日本民俗大辞典

下

た〜わ・索引

福田アジオ・新谷尚紀・湯川洋司
神田より子・中込睦子・渡邊欣雄
編

吉川弘文館

た

た　田　畦によって区画し、そのなかを湛水して耕作を行う農地。「たんぼ(田圃)」とか「たなぼ」などとも呼ぶ。古代中国では田といえば耕地全般を指したが、日本では『日本書紀』に「水田種子《たなつもの》」「陸田種子《はたつもの》」とあるように、耕地は水田と陸田に区別され、田は水田の意味に用いられてきた。陸田は畠だが、それは古代においては班田の対象となり、租税対象地の意味をもった。日本の田を、その立地・景観から分類すると沖積地の田、谷田、棚田、浮田に大別できる。沖積地の田は河川沿岸など低平な地が続く平野に拓かれた田で、おもに河川や溜池から灌漑水を引いて耕作する。こうした田のうち、たとえば佐賀平野や利根川流域の潮来などのように広範囲にわたって高低差がないところでは、灌漑水が自然流下しにくく、引水には足踏みや手回しのミズグルマ(水車)を使わなければならなかった。しかし、その反面、水路には水が滞留し、収穫した稲などの運搬には舟が利用できるという利点もあった。谷田は台地や丘陵の谷間に形成された水田で、ヤトダとかヤツダなどと呼ばれている。谷に段差を設けて拓かれており、最奥部など随所から湧き出る水を灌漑水とした。棚田はなだらかな丘陵や山地の斜面に階段状に拓かれた田である。能登の千枚田や「田毎の月」で知られた長野県更級郡の冠着山の田などが典型的な例で、天水を灌漑水としている。浮田は文字どおり水に浮いている田で沼沢地にあった。現在では見られなくなったが、茨城県の牛久沼にはこうした田が一九六〇年代までであり、盛時には百八十町歩もあったと伝えている。浮田は、枯れたマコモが堆積して浮島状になったケトの上に沼の泥を盛って造った田で、広げるにはケトを他から切ってきて繋ぎ、柄の長いジョレンで泥をすくいあげて載せればよかった。以上のような田の景観は、それぞれの立地に基づいているが、それは単に地形だけではなく、耕作時に平均的な湛水を保つために人工的に耕作面を水平にする必要があるという田のもつ特性がかかわっている。田は畦で区切り、水口から水を入れて湛水し、水尻から次の田へ水を抜くのであり、その区切りは一枚ごとの田が水平になるように地形に合わせて造られている。明治時代末以降次第に盛んになる耕地整理以前は、田が不定形で面積もまちまちだったのは、こうした理由による。田には、耕土や排水の状況によって乾田と湿田の分類もある。乾田は内水の排水が可能で水稲の裏作ができる田、湿田は内水の排水が思うようにできなかったり、なかに湧水があって冬期も乾かず裏作ができない田である。湿田は水が滞留しているため、中に入ると泥深く潜ってしまう田が多く、鍬の泥飛沫《しぶき》避け、田下駄・田舟など独自の農具が必要だった。また、田で栽培する作物には、水稲のほかにイ、レンコン、クワイ、ミズイモなどがあり、藺田・蓮田・慈姑田などとも呼ばれている。いうまでもなくもっとも一般的なのは水稲で、これが連作されるのが特色である。　→隠田《かくしだ》　→乾田《かんでん》　→耕地《こうち》　→湿田《しつでん》　→新田《しんでん》　→千枚田《せんまいだ》　→棚田《たなだ》　→天水田《てんすいだ》　→フケダ　→陸田《りくでん》

参考文献　玉城哲・旗手勲『風土―大地と人間の歴史―』(「平凡社選書」三〇、一九七四)、今村奈良臣他『土地改良百年史』、一九七七、木村茂光『ハタケと日本人―もう一つの農耕文化―』(「中公新書」一三三八、一九九六)

(小川　直之)

たあそび　田遊び　新春や田植え時期に、稲作の理想的な耕作過程を模擬的に演ずる予祝行事。御田《おんだ》・春田打・お田植祭などとも呼ぶ。伊勢神宮の『皇太神宮儀式帳』(八〇四)に、二月の鍬山祭として忌鍬で神田を耕し種子を蒔き、田儛を奏した記録がある。また鎌倉時代初期の『皇太神宮年中行事』には「以レ藁殖レ田遊作法」とあり、今日東北地方で雪の上に藁を差して田植えの真似をする庭田植などの行事が、原初的形態とも思われる。しかし稲作行程の模擬芸能として、「田遊」の文字が文献に登場するのは、鎌倉時代末期、一三三三年(元弘三)の年号がある静岡県小笠郡浜岡町の笠原庄一宮に関する文書で、修《しゅ》正会《しょうえ》に神楽(巫女舞)などとともに田遊びが行われている。東海地方から関東にかけての地には、現在も社寺の修正会に田遊びが伝承されているが、その特色は長い詞章を唱えつつ象徴的な模擬的動作を演じることで、詞章などの類似から考えて、その伝播には鎌倉幕府の所領に対する勧農政策があったことが考えられる。東京都板橋区の徳丸・下赤塚、横浜市鶴見区杉山神社(廃絶)、静岡市日向、静岡県志太郡大井川町藤守、藤枝市滝沢、引佐郡引佐町寺野・神沢・川名、袋井市法多山、天竜市懐山、磐田郡水窪町西浦や、愛知県南設楽郡鳳来町鳳来寺をはじめとする三河の山間村など、この種の田遊びを伝承した所は非常に多い。なお徳丸に伝承された曲を例示すれば、「町歩調べ」「田打ち」「田耕ひ」「代掻き」「草すき」「田ならし」「足踏み」「種まき」「寄するまじきもの」「鳥追ひ」「田廻り」「春田耕ひ」「田掻き」「草すき」「ならし」「田植」「米坊」「やすめ太郎次」「田の草取り」「稲刈り」「倉入れ」で、この内「やすめ太郎次」は、男女の生殖行為を真似て見物を笑わせる。秋の豊穣を予祝するかまけ技である。一方近畿地方では、御田とかお田植神事などの名で呼ばれる所が多く、東日本とはその芸態において一線を画す。文献的にも早く、奈良春日大社の神主の『中臣祐定記』一二四六年(寛元四)正月十八日条に、「今日可レ有二田殖之義一」とある。田殖といっても正月十八日であるから一種の模擬的な田遊びで、興福寺膝下の所領の郷

滝沢の田遊び「孕五月女」(静岡県藤枝市)

徳丸の田遊び(東京都板橋区)

民に対し、春日大社が行なった勧農の神事であろう。近畿地方の田遊び系芸能の特色は、その演出が中世に郷民の間に流行した猿楽狂言の影響を受けていることである。稲作の行程が翁面をつけた田主役や、農民たちの即興的な会話体で進行し、面を付けた牛役や、少年が扮する早乙女なども出る。奈良県磯城郡川西町六県神社の「おんだ」では、「水見廻り」「牛使い」「施肥」「土こなげ」「田植」「安産の神事」「福の種まき」などの曲が演じられる。なおこの狂言風に仕組んだ田遊びは、静岡県の三島市の三島神社や、福島県都々古別神社など全国的広がりもみせている。またこの予祝の模擬演技を、田植え時期に演じる所もある。東北地方に広く分布する正月の田植え踊りなども、広い意味での田遊びの一種である。　↓お田《た》植祭《うえまつり》　↓田植《たう》え踊《おど》り　↓庭田植《にわたうえ》　↓春田打《はるたうち》

参考文献　本田安次『田楽・風流一』(『日本の民俗芸能』二、一九六七)、芸能史研究会編『日本庶民文化史料集成』二、一九七四、新井恒易『農と田遊の研究』、一九八一、黒田日出男『日本中世開発史の研究』、一九八四

(山路　興造)

ターブックヮ　ターブックワ　沖縄での水田地帯を指す呼称。田袋とも表記する。沖縄では稲作水田が広くまとまって存在するのは、谷間の袋状の河谷低地に限定されるので、この名前がある。地名や姓名に多い島袋(シマブク)もこれと同様な命名。沖縄島北部の奥間ターブックヮ(国頭郡国頭村)、羽地ターブックヮ(名護市)が有名であるが、一九六〇年代の干魃以降、水田がサトウキビ畑に転換されたため、今日ではこの語も使用されなくなった。

(目崎　茂和)

タイ　タイ　鯛と名がつく魚は日本近海産だけで二百種以上あるが、マダイ、チダイ、キダイが本当のタイ。縄文時代の貝塚からもタイの骨は多く出土し、文献では『古事記』神代に山幸彦の釣り針をのどにひっかける記述を初見とする。『日本書紀』仲哀紀や『万葉集』『風土記』にも鯛釣りの歌などがみえ、古代から美味な食料で魚の王とされてきた。伊勢神宮では平安時代からアワビと並ぶ重要な神饌とされ、御幣鯛《おんべだい》という乾鯛が伊勢湾の篠島(愛知県知多郡南知多町)で調製され、千年以上お供えがなされている。中世になると七福神のえびすが釣り上げて小脇にかかえる姿、語呂合わせから「めでたい」象徴となり、祝膳や贈答品にされるが、「めでたい」は「めでたし」の口語体で、それほど古い言葉でない。それより縁起のよい赤い色と姿形の美しさ、味の良さから吉祥魚とされたのである。中世の料理書ではタイより鯉が上等と記す。これは中国でタイは下品な魚とし、鯉を竜と化す出世魚とした影響だろうが、生け簀が発達し、ワサビと醬油が開発され刺身として食べるようになって、桜鯛という美しい名で愛好される世になり、より一層高級食品になった。二尾の塩鯛を腹合せに結ぶ掛鯛の風習は江戸時代から関西を中心に各地の祭礼や婚礼にみられ、これを歳神に供えたり、田植えの日や旧暦六月一日に食べると邪気が払われるといわれた。またにらみ鯛といって正月に膳に置き十日戎《えびす》まで飾る所もあった。愛知県南知多町豊浜の鯛祭は七月中旬に張り子の大鯛を海中に担ぎ出すので有名だが、これは明治時代に始まった。

参考文献　矢野憲一『魚の民俗』(『日本の民俗学シリーズ』五、一九八一)、同『魚の文化史』、一九八三、鈴木克美『鯛』(『ものと人間の文化史』六九、一九九二)

(矢野　憲一)

たいあん　大安　六曜の一つで大吉日の意味を持つ日。結婚式をはじめ、移転・開店・旅行など、新規に行うことや祝事のすべてにわたって最適の終日吉日とされる。大安・友引・仏滅といった六曜による日の吉凶はもっとも広く行われており、仏滅を休日とする結婚式場業者や友引を休日とする葬式関係者も少なくない。六曜は中国から伝わった暦注で、唐代の李淳風の時刻の吉凶占いである六壬時課《ろくじんじか》に由来するとされる。日本に伝わったとき

は、それに基づく大安・留連・速喜・赤口・将吉・空亡の小六壬で時刻の吉凶を占うものであった。現在の六曜の名称は、朝がよいとされる先勝、吉凶が引き合って昼が凶の先負、大吉日の大安と万事凶の仏滅、それに昼だけが吉の赤口、となっているが、友引や赤口などに時刻の吉凶占いの名残がうかがえる。こうした六曜が一般に広まるのは江戸時代の末期のようだが、友を引き込むかということで葬式に友引の日を敬遠したりというように、民間では暦注とは異なる吉凶がなされている場合が少なくない。仏滅は物滅とも記され、もともと仏教とは関係がないものである。六曜の順序は、旧暦の各月の朔日にそのまま配置したものにすぎず、特に意味はない。すなわち、正月・七月の朔日を先勝、二月・八月は友引、三月・九月は先負、四月・十月は仏滅、五月・十一月は大安、六月・十二月は赤口として、二日以下は六曜の順序に従って配当する。 (佐々木　勝)

だいかぐら　太神楽　江戸時代の初期に伊勢や熱田神宮の御師《おし》などが獅子を舞わして諸国をめぐり、大神宮のお祓いと称して家ごとに悪魔払いの祈禱舞を行なった神楽。大神楽・代神楽とも書く。神札を配布、神社の境内やムラの広場などに筵を敷いて獅子舞とともに放下芸や滑稽掛け合いを演じてみせた。現在太神楽と称するものには、次のような三系統の芸能が伝承されている。一番目は「伊勢の太神楽」で、山本源太夫を代表とする太夫村(三重県桑名市)系六組、阿倉川(同四日市市)系一組の七組で組織されている宗教法人伊勢大神楽講社による活動である。伊勢の太神楽組は現在でも四、五人の集団で西日本各地の檀那場を一年中回檀し、各戸めぐりと広場での獅子舞と放下芸を演じてみせる形式を守り続けている。彼らが伝えている演目は、獅子舞が八演目(鈴の舞・四方の舞・跳の舞・扇の舞・吉野舞・楽々《ささ》の舞・剣の舞・神来舞《しぐるま》)、放下芸八演目(綾採の曲・水の曲・手毬の曲・傘の曲・献燈の曲・玉獅子の曲・剣三番叟・魁曲)である。二番目の系統は「江戸の太神楽」で、彼らの多くは太神楽曲芸協会に所属して、寄席のいろものとして曲芸を演じることを中心に、祝儀の宴席などに招かれて獅子舞を演じるなどの活動をしている。江戸の太神楽の範疇に含められているのが、神奈川県厚木市の木村幸太夫社中、水戸市の柳貴家社中、福島県会津若松市の遠藤春子社中などで、地方在住の彼らは檀那場めぐりの活動を続けている。江戸の太神楽十二代目鏡味小仙(先代)によれば、江戸太神楽が古くから伝承してきた演目は「太神楽十三番」(曲撥・曲鞠・傘の曲・長撥の曲・羽子板相生の曲・花籠鞠の曲・相生茶碗・五階茶碗の曲撥・水雲井の曲撥・天鈿女の舞・鹿島の舞・末広一万燈の建物・悪魔除獅子)と称する十三演目である。伊勢の太神楽と江戸の太神楽の演目名(内容)の違いからも明らかなように、芸態的にもかなりの違いを示している。三番目の系統は、全国の町や村の氏神の祭礼に、氏子の青年などによって奉納されている二人立ちの獅子舞とその余興芸である。これらの数限りない各地の太神楽は、伊勢太神楽や江戸太神楽などの専業者の一団が、毎年同じ時期にめぐって来る芸を習い覚え、各伝承地独特の芸態をもった太神楽に練り上げたものである。伊勢太神楽の本拠地である三重県には、太神楽発生以前から伝承されている伊勢市山田の御頭神事《おとうしんじ》や、丑・辰・未・戌歳の三年に一度の獅子舞がある。それらは椿《つばき》大神社《おおがみしゃ》(山本流)、伊奈富神社(稲生《いの》流)、都波岐奈加等《つばきなかと》神社(中戸流)、久久志弥《くぐしみ》神社(箕田流)の四山の獅子舞と呼ばれるもので、旧正月七日から三月三日まで、南は津市から北は四日市辺まで回檀していた。これらの地域は、伊勢大神楽講社が檀那場としている地域ではないことから、のちに発生した伊勢太神楽が意識的に四山の獅子舞のめぐっていた地域を回避した可能性があるという。

江戸太神楽「花籠鞠の曲」

参考文献　中村茂子「大神楽の発生と展開および万歳周辺の芸」(三隅治雄編『大衆芸能資料集成』二所収、一九八二)、大高弘靖・大高宣靖『(水戸藩御用)水戸の大神楽』、一九九四、北川央「旅する舞人・伊勢大神楽—現代に生きる「奇跡」の遊行宗教者たち—」(『宗教と現代』一五ノ四・五、一九九四)
(中村　茂子)

だいかぞく　大家族　常識的には家族員数が多く、かつ複雑な構成形態の家族をさし、しばしば小家族と対比して用いられる。また、夫婦家族(核家族)に対して直系家族や複合家族(何人もの既婚子を同居させる家族)の中で、人数の多いものを大家族と規定する見解などもみられる。しかし、そこでの大小なり多寡を区分する人数の基準があいまいであり、学術用語としての適正を欠いている。大家族として注目される構成上の特徴は、世帯主(戸主)との親族関係の比較的薄い者や、親族関係のない者まで含むという複雑な形態である。その結果、しばしば多人数の成員を包含することにもなるのである。近代に入って親族集団としての家族の考え方が西欧から導入されると、右の構成上の特徴との整合性をめぐって論議が交わされることになる。日本にはこの家族概念の導入以前から家という独特の制度があった。この家制度は、超世代的連続を優先とする家産にもとづく家経営体であり、生活共同体である。この伝統的な慣習上の家制度に着目して、いわゆる大家族の問題を明らかにした研究者の一人に有賀喜左衛門がいる。有賀によれば、大家族は家の一形態であるとみなされる。すなわち、家の形態は、単一の家(戸主および戸主直系の尊・卑属のみが配偶者をもつか、もちうる形態)と、複合の家に大別される。後者は、戸主直系のみならず傍系や奉公人・使用人らも配偶者をもつ形態であり、通称大家族といわれるものに相当するというものである。この複合の家は、第二次世界大戦の前までの日本の村落や都市の商家などに分散的にみられたが、特に東北や中部地方の農山村に比較的顕著であった。そこでは、家内労働力を多く必要とする大規模な家経営をもつ本家親方という特定の家であったり、経営基盤である土地の分割抑制による分家創設の制限といった特殊事情など、さまざまな条件によって複合の家が出現していた。この複合の家の典型は、岩手県旧石神村(二戸郡安代町)の大家《おおや》の例にみられる。明治初年のこの大家では、当主・長男夫婦のほかに、次・三男夫婦と四組の奉公人夫婦、およびそれらの子が同居し、一つの家を構成していたケースである。同じく大家族として著名な、岐阜県大野郡白川村中切地区の諸集落に集中的にみられた家の場合には、やや性格が異なる。ここでは傍系や養い子(奉公人の一種)は結婚後も生家(または養家)にとどまり、夫が妻のところに通うという妻問婚の形をとり、生まれた子はマカナイゴとして原則的に母親の家で養育するという、複合の家の形態である。一九〇〇年代初期の成員膨張のピーク時には、三十人から四十人を越え、しかも、そうした家が集落の全戸にほぼ共通して現出している点に特徴があった。これらの複合の家に関する従来の研究では、強大な家父長の統制下の賦役制という、封建的家族としての性格が強調されていた。しかし、詳しく見ていくと、複合の家は、それをとりまく内外の条件に適合し、家の存続や成員の生活を維持するための機能を組み込んだ構造であり、固定的なものでなかった。それは生活集団としての柔構造を基本とする家の一形態として理解することが、より現実的である。大家族は、こうした視点から再考することが期待される。 ↓小家族《しょうかぞく》

合掌造の下の大家族（岐阜県白川村）

参考文献 戸田貞三『家族制度』、一九三七、有賀喜左衛門『日本家族制度と小作制度』(『有賀喜左衛門著作集』一・二、一九六六)、江馬三枝子『飛驒白川村』、一九七五、柿崎京一「資本制成立期の白川村「大家族」の生活構造」(『村落社会研究』一一、一九七五)、小山隆『山間聚落の大家族—越中五箇山・飛驒白川村の実証研究—』、一九六八

(柿崎　京一)

だいく　大工　家屋などの建築を担う木工職人。番匠《ばんじょう》ともいう。大工の語も幾多の変遷を経ており、古代には「おおきたくみ」と読んで「大匠」(中国の建設担当役所の最高官「将作大匠」の略)と同様の意味で、日本でもすでに『続日本紀』に七世紀の記録がある。律令制度下では木工寮の長官を大工といい、次官を少工といった(その下に長上工・番上工がいた)。中世になると官名とは別に建築事業にあたるさまざまな職種ごとに、その工人たちの長となる者を指すようになり、たとえば、番匠・瓦葺・瓦造・鋳物師などそれぞれに「大工《だいこう》」がいた。建築関係の木工職の長が番匠大工である。近世になり建築関係の木工職を番匠あるいは大工《だいく》と呼ぶのが一般的になると、大工の長を示す言葉として棟梁の名が登場する。今日でも各地の職人呼称には、建築関係ばかりでなく桶大工・家具大工・水車大工などがあり、木工以外でも、たとえば漁網を仕立てる職人を網大工という例がある。また、木工職が宮大工・車大工・船大工・櫓大工などさまざまに分化した結果、一般の家屋建築にあたる大工は家《や》大工とも呼ばれる。日本の家大工の技術を特徴づけるのは、柱や梁などを構造材とする軸組工法の技術である。このために複雑な組み手が用いられ、刻みの技が重要になる。大工道具は、黒掛道具と定規類、鋸、鉋、鑿、錐、玄能と槌、釘締と釘抜、毛引、釿とまさかり、その他雑道具の十種に分けられるが、必要にして充分な編成としては合計百七十九点、必要最小限でも七十二点といわれている。いずれの場合も鑿と鉋が主体で、日本の家大工技術の特質を示すものといえる。大工棟梁は、建築の設計から施工までの全過程を統率したが、準備段階の材木の調達と木割り、木組みのための作業に多くの労力を要し、棟上の作業などは地域の人々の共同労働(ゆいなど)に、都市では鳶職に負うところが大きかった。農山村では一般の農民にも、ある程度の大工技術を持ち、小屋ぐらいなら自分で造れた者が少なくなかった。特に大工技術を持つ者が多い地方では、周辺の村や町に出稼に行くことが慣例になり、次第にそれぞれの地方の大工集団として知られるようになった。越中大工・長州大工・気仙《けせん》大工など多くの例がある。また、専門の大工職人として活動する場合にも、西行《さいぎょう》などと称して各地の棟梁のもとを渡り歩いて修業するのが普通で、このような大工の存在が口承文芸の主人公となり、話の伝播者となる場合が多かった。棟上の由来を語る説話(大工の女人犠牲譚など)は、建築儀礼の場で語られ、祭祀の趣旨や対象となる神霊の性格がよく示されている。社寺の堂塔などを建造する宮大工(堂宮大工)には、規矩《きく》術の修得を前提にした高度な技が要求され、秘伝書を伝えるなどして格式が高い。特に大

屋根の構造や、その重量を支える軒下の精緻な組み物などに優れた技を見せ、また彫刻にも腕をふるった。名工も生まれ、江戸時代の左甚五郎などは伝説化して全国にその足跡を残す。大工がしばしば神格化されて語られることがあるのは、壮大な建築物を作り上げる優れた技と大勢の職人を統率する力への畏敬の念が基盤にあるに違いない。その上に大工棟梁が建築儀礼を担う宗教者の役を兼ねることも関係があろう。船大工の場合にも船霊の管掌者としての役割が注目される。日本の伝統的木造船(和船)を造る船大工は、摺り合わせ・接《は》ぎ合わせの技などによって大板を造り、これを曲げ、組み合わせて基本構造とする技が、家大工の技と際だって異なる。これらの作業に用いる船鋸類・釘差鑿(つば鑿)類など船大工特有の道具類がある。しかし、家大工・船大工のいずれの技も、木材資源の豊富な日本の風土から生まれた特徴的なもので、材木となる樹の霊や、その母なる山の神への畏怖の念をその信仰や儀礼の中に秘めている。なお、大工の職能神として聖徳太子が広く信仰対象となっているのは、聖徳太子が日本の寺院建築の祖と考えられていたからで、大工仲間は太子講を組織してまつる。柳田国男は太子が大師と同様に神霊を意味し、これを迎えた信仰が背景にあったことを示唆している。聖徳太子のほかにも飛騨の木鶴神など、地方的な信仰形態にも注意しておきたい。→建築儀礼《けんちくぎれい》 →太子講《たいしこう》 →鳶職《とびしょく》 →船大工《ふなだいく》

参考文献 磯貝勇「大工」(『日本民俗学大系』五所収、一九五九)、大河直躬『番匠』(「ものと人間の文化史」五、一九七一)、神野善治「建築儀礼と人形―河童起源譚と大工の女人犠牲譚をめぐって―」(『日本民俗学』一四六、一九八三)、労働科学研究所編『わが国大工の工作技術に関する研究』、一九八四

(神野 善治)

だいく・しょうくせい 大区・小区制 明治新政府が作った統一的な新しい地方統治の制度。一八七一年(明治四)の戸籍法と七二年の大蔵省布告で法制化したが、その実態は各地千差万別であった。旧来の郡や町村を無視したのではなく、近世的行政秩序を継承する形で数大区がおかれ、大区のもとに数小区がおかれた。従来の庄屋・年寄・名主《なぬし》の呼称を廃止し、大区に区長、小区に戸長が任命された。一八七四年準官吏の身分となり、末端の行政官吏として扱われた。一八七八年の郡区町村編制法で廃止された。

参考文献 大島美津子『明治国家と地域社会』、一九九四

(新井 勝紘)

だいくとおにろく 大工と鬼六 巨人の助けをかりて橋を完成させた昔話。流れの早い川があり、いくら橋をかけても流されてしまう。腕のいい大工に依頼したが大工は川のそばに立って、この川に橋をかけるにはどうしたらよいかと考えていると、川から鬼が現われ、大工が目をくれれば、橋をかけてやるという。目を鬼にやっては仕事ができないとことわるが、次の日には仕方なしに鬼に目をやると約束してしまう。その次の日行くと橋はでき上がっている。目を鬼にやらなければならなくなった大工は山へ逃げるが、村の子どもたちが「鬼六、目玉持ってくればいいなぁ」と歌っているのを耳にする。目を取りに来た鬼にもう一日待ってくれるように頼むと、鬼は「名前を当てたら目はいらない」という。大工はいろいろの名前を出し、最後に「鬼六」といって当てたので、鬼は川底に沈んでしまう。佐々木喜善の岩手の昔話集『聴耳草紙』に収録されており、山形・福島からも採集されているが、全国的にはきわめて少ない。この話は、大正時代初期に北欧伝説から翻案され、巖谷小波などによる口演童話運動の波が高まる中で、人気を博し、全国にひろがった。翻案したのは水田光で、「鬼の橋」の名で紹介され、その後に改作を経て、各地にひろがったものという。口演童話の東北地方におけるひろがりとともに「大工と鬼六」が『聴耳草紙』にも入り込んだと見られる。

参考文献 柳田国男「桃太郎の誕生」(『柳田国男全集』一〇所収、一九九〇)、高橋宣勝「「大工と鬼六」は日本の民話か」(『口承文芸研究』一一、一九八八)、桜井美紀「「大工と鬼六」の出自をめぐって」(同)

(武田 正)

たいこ 太鼓 日本の膜鳴楽器の総称。打ちものともいう。通常は、膜を胴に固定し、その膜を手あるいは桴《ばち》を用いて打つが、摺り鼓のように膜を擦る奏法もあった。膜の材質は、革・紙・プラスティックなどだが、一般には動物の革を用いる。膜の胴への固定方法、胴の形によって楽器の形態を分ける。膜の胴への固定方法は、胴に膜を鋲で打ち付けて固定する場合と革に紐を通し、その紐を結んで胴に付ける方法がある。ほかに直接膜を胴に張り付けることも可能だが、実例は少ない。膜を胴に鋲で固定する太鼓を鋲打ち太鼓、紐で胴に固定する太鼓を締め太鼓という。太鼓の胴は、円柱形、中央のふくらむビア樽形、碗状の胴を円柱あるいは、多少のふくらみのある円筒形で、二個結合する砂時計形がある。胴の厚さは、胴の開口部より短く薄いものから、広いものまで種種ある。胴は、木をくり抜いた場合と桶状に張り合わせた胴があり、胴の両端に膜を固定する。しかし、胴を持たない団扇太鼓、片面の沖縄のパーランクーも存在する。ティンパニーの釜形胴やドンパックのワイングラス形の胴は、日本にはない。鋲打ち太鼓は、神社の神事、歌舞伎の陰囃子、盆踊り、民俗芸能などで用いられる一般に大太鼓とよばれる太鼓である。雅楽の管絃の楽太鼓、祭

大太鼓

礼囃子の大胴あるいは太鼓という大太鼓より小形の太鼓、六斎念仏に用いる手に持つ太鼓など種々の形がある。いずれも桴を用いて、太鼓の片面を打つ。胴はくり抜きで、中央がふくらむ。締め太鼓は、膜を胴に直接紐で固定する場合と膜をまず枠に張って固定し、その張られた枠に紐を掛けて胴に固定する場合とがある。前者は枠なし締め太鼓、後者は枠つき締め太鼓である。枠なし締め太鼓は、陰囃子の桶胴、念仏に用いる桶胴と同型の太鼓、関東地方の三匹獅子舞で獅子が腰につけて打つ太鼓などである。三匹獅子舞では、地域によっては、枠付き締め太鼓や鋲打ち太鼓を打つところもある。枠付き締め太鼓は、雅楽では、舞楽に用いる火炎太鼓(大太鼓ともいう)、管絃と左方の舞楽で用いる鞨鼓《かっこ》、能楽や近世邦楽の囃子に用いる太鼓、民俗芸能の種々の形の太鼓がある。鞨鼓は、中央が多少ふくらむ円筒形で、両手の桴で、左右両面の膜を打つ。能楽や近世邦楽の太鼓は、膜面を上下にして二本の桴で上面を打つ。胴は短く、多少ふくらむ。各地の民俗芸能の神楽、太鼓踊りなどでは、種々の形態の枠付き締め太鼓を用いる。関東の神楽の大拍子は、長い円柱形胴で、片面を二本の桴で打つ。砂時計形の胴の枠付き締め太鼓は、雅楽の右方の舞楽に用いる三鼓、能楽や近世邦楽の小鼓と大鼓である。いずれも片面を打ち、三鼓は右手の桴で、小鼓は右手で打ち、大鼓は右手の指に指皮をはめて打つ。小鼓は、祝福芸の万歳や民俗芸能の三番叟、祭礼囃子などでも使用され、大鼓もしばしば民俗芸能で、竹の細い桴で打つ。田楽踊りでは、胴の薄い紙張りの太鼓を腰に付けて、上から摺るように打つ。

参考文献 吉川英史編『図説日本の楽器』、一九六二、国立歴史民俗博物館編『日本楽器の源流―コト・フエ・ツヅミ・銅鐸―』、一九九五

(樋口　昭)

たいこおどり　太鼓踊り　太鼓や羯鼓《かっこ》を打って群舞する民俗芸能の総称。太鼓を伴う踊りは全国的に分布するが、西日本一帯に広く分布する風流《ふりゅう》系の太鼓踊りをさすことが多い。それらは、踊り手たちが太鼓や羯鼓を腹のあたりにくるように肩から下げ、両手の撥で打ち、作り花や飾りのついた竹などを背負って踊るのが特徴的である。踊る目的はさまざまである。雨乞い踊りは雨乞い祈願やその返礼に踊るもので、それぞれを大踊・小踊と区別するところもある。盆踊りに太鼓踊りを踊るところもあり、武士の戦勝記念に始まったという伝説をもつものもある。また、害虫駆除や疫病防除の目的で踊る場合もある。太鼓の音は特に重要な意味を持ち、太鼓踊り・かんこ踊り・羯鼓踊りなどといった一般的な用語を踊りの名称にするところも多い。太鼓を打つときの口唱歌《くちしょうが》の頭の部分をとってチャンココやザンザカ踊りを名称にするところもある。宮崎県周辺では太鼓の姿から臼太鼓踊りという。太鼓以外には笛・銅拍子《どびょうし》・スリザサラ(摺り筅)などの楽器を用いる。また、多くは中世末に起源を持つ小歌を伴うので小歌踊りの一種でもある。持ち歌は十曲や二十曲といった多数のレパートリーをもち、鎌倉踊り・花の踊りといった代表曲名を踊りの名称としている場合もある。踊りの一行は行列を組んで道行をし、家々の庭や寺社の境内で適当な数曲を踊って次の場所へ移動する。踊り場へは入り端《いりは》の曲で練り込み、曲によって一列に並んだり、円陣を組んだりして踊る。二重の円を作って側踊りと中踊りとが別の動作で踊ることもある。踊り手は拍子に合わせて足を踏み出し、横を向いたり引き下がったりし、同時に撥を持つ手で大きな動作を取ったり、撥を器用に廻したりしながら太鼓の腹や縁を打つ。時折見せる跳ねる動作や前かがみをする所作で背中の竹などが大きくなって見せ場となる。ハネ踊りやハネコミといった名称はこうした芸態の特徴をつかんだ命名である。曲と曲の間に、次の曲名や口上を述べて進行役を巣たす新発意《しんぼち》の役がつくところも多い。背中に背負う挿しものは神籬《ひもろぎ》と考えられ、大きく揺れる長い竹をシナイという。これにつける飾りものは大団扇・御幣・矢旗・作り花・幟など、地域によってさまざまである。竹を背負わずに花笠などをかぶる地域もあるが、いずれにしても意匠に優れた風流と呼ぶにふさわしいものがほとんどである。こうした平均的な風流系の太鼓踊りとは別に、小歌を伴わない楽打が福岡県から大分県周辺に分布する。やはり福岡県・佐賀県周辺の浮立《ふりゅう》(風流)は背中に背負い物をしない。ま

太鼓踊り（京都府南山城町田山）

ザンザカ踊り（兵庫県大屋町大杉）

た、踊り手が太鼓を下げるのではなく、大太鼓を中央に据え、数人が踊りながら打つまわり太鼓の系統が東京都西多摩郡の鳳凰の舞、福岡県嘉穂郡桂川町のまわり太鼓ほかに分布する。さらに、東日本の三匹獅子舞に代表される一人立ちの獅子踊りも太鼓踊りの一種にかぞえられる。沖縄では手に持った片面皮張りのパーランクーという小太鼓を打ち鳴らしながら踊るペッソー(遊び太楽《たいらく》)が広く分布する。　↓雨乞い踊《あまごいおど》り　↓臼太鼓《うしでいく》　↓楽打《がくうち》　↓かんこ踊《おど》り　↓小歌踊《こうたおど》り

参考文献　本田安次『風流』一(「本田安次著作集」一〇、一九九六)
（伊東　久之）

だいこくてん　大黒天　七福神の一つ。食物神、さらには稲作の神としてもまつられる。本来、大黒天はインドの神で仏教信仰とともに伝わった。古代寺院では食厨の神として食堂にまつられていたと考えられる。一般的には、えびす・大黒として農家などの台所にまつられる神で、俵の上に座った姿で描かれたり彫刻されていたりする小さな像である。春と秋の二回のえびす講に生の魚を腹合わせにした供物が供えられてまつられる。えびすとともに商業神としての性格も持っていて、春には稼ぎに行き、秋には稼ぎから戻るとも称される。農耕神としての神の去来信仰が加わってこのような伝承が生じたとされる。米俵を担いだ姿から大国主命《おおくにぬしのみこと》と習合して、広く信仰されるに至ったと考えられる。茨城県勝田市(ひたちなか市)の伝承では、田植えが終ると苗を供えたり、稲刈りの終了には稲の束が供えられたりして、収穫の神としての性格も備えていた。各地に大黒天をまつる甲子講が組織されていたり、水田のかたわらに大黒天の石碑が建てられるなどの信仰もある。鹿児島県を中心に分布するタノカンサア(田の神)には大黒天の像もある。一方では中世以来、えびすとともに商業神としての信仰を獲得し、大黒舞などと呼ばれる民間宗教者の手によって広く木像などが売り歩かれて広まった。木食僧などの仏教修行者による彫像も各地に残されている。このような信仰の展開が複雑な伝承を生み出したものと考えられる。　↓甲子講《きのえねこう》　↓大黒舞《だいこくまい》

参考文献　紙谷威広「福神と厄神」(『講座日本の民俗宗教』三所収、一九七九)、長沼賢海「大黒天考」(宮本袈裟雄編『民衆宗教史叢書』二〇所収、一九八七)
（紙谷　威広）

だいこくばしら　大黒柱　母屋の土間と居室との境に立つ太い柱。ほかの柱よりもきわだって太く、三〇チセン角程度のものが多い。ほぼ建物の中央に立つことや、建物のなかではもっとも太い柱であることから、その家の中心をなす象徴的な柱となっている。転じて、一家の家長や働き者を大黒柱ともよぶ。しかし、太い柱の出現は、民家の構造上古くにはさかのぼれない。一般の民家では、もともと細い柱を一間ごとに配置していたが、その後の指物《さしもの》などの発達によって柱を省略するために、指物を支える太い柱が使われるようになり、大黒柱が出現した。また、叉首《さす》構造の多い日本の民家においては、たとえ大黒柱が建物の中央に配置されていても、棟木にまで達した棟持柱《むなもちばしら》になっている例は少ない。中国地方では、大黒柱をロックウ柱とよんでおり、そこにロックウサン(土公神)をまつっている。そのほかヤク柱とかテイシュ柱とよんでいる地域もある。大黒柱には、正月に注連縄を張りミカンや松を飾るところ、注連縄を大黒柱に巻きつけてそのままとらずにしているところなどがある。また、新調した着物を着るときには、まず大黒柱に着せてから着用するという地域や、新築の家の家移りのときには、粥を大黒柱にかけてから入るとか、大黒柱に蓑笠をつけるとかという習俗がある。そのほか、葬式のときには、椀・しゃもじ・米・弓矢を大黒柱に吊すという習俗もみられる。なお、大黒柱の次に太い柱は、小黒柱・恵比須柱・長者柱などとよばれている。

大黒柱（山梨県塩山市）

参考文献　牧田茂「大黒柱の精神性」(ミサワホーム総合研究所編『日本人住まいの文化誌』所収、一九八三)、鶴藤鹿忠『岡山の通過儀礼と住まい儀礼』、一九八六
（津山　正幹）

だいこくまい　大黒舞　門付芸の一つで、室町時代に始まり、江戸時代に盛んになった。大黒はえびす(夷・恵比須)と並び、日本の福の神の代表的存在であるが、もともとインドにあっては戦の神であった。それが、中国に渡ると金袋を手にとり、床几に腰かけた姿であらわされ、厨房の神として寺々にまつられるようになった。日本の大黒は、右肩に袋をかけ、左手に小槌を握り、米俵を踏まえた福徳円満な姿をしている。大黒舞は、そうした大黒を模した姿で門戸に立ち、新年嘉祝の詞を唄い舞うものであり、江戸よりも京坂において早くから盛んであった。京都では、多くが悲田院とか垣内といったところに暮らす者たちによって演じられた。また、大坂の大黒舞は、各町に所属していた長吏(非人頭)やその部下たちが行なったもので、四角に縫った袋の上部をそのまま後ろに折った投頭巾は被ったが顔は出したままで寿歌を唄い三弦を弾いて家々を巡り、米や銭を乞うた。そして、ある程度の見入りがあった家には覚書を渡した。これを戸口に貼っておけば、節季候や鳥追いなどの門付けはいっさい寄りつかなかった、という。一方、江戸の大黒舞は、投頭巾を被り大黒面をつけ、打出の小槌を振りながら、「ござったござった、大黒殿がござった」と三弦を弾きな

がら家々を訪れた。この打出の小槌は、御祝棒でもあった。えびす舞を広めた夷まわしと同様に、大黒舞をもって各地を巡るこうした下層の芸人たちによって、大黒天信仰が広く民間に広がっていったのである。

参考文献　高柳金芳『江戸の大道芸』、一九八二　（神崎　宣武）

たいこやぐら　太鼓櫓　太鼓を吊った櫓状の建物。寺院では太鼓楼と呼ぶこともある。太鼓は楽器であると同時に合図の道具ともなり、城下町などで時鐘と同様に使われる例は全国的にも見られる。近江の農村では、現在も祭礼や法事などの開始や進行、村人の召集など常・非常の情報を、太鼓や鉦の音によって周知することが多い。特に滋賀県八日市市周辺では集落の中央に太鼓櫓を建て、右のような用にあてている。ただしその利用はムラにとって公的な情報に限られ、釣鐘などと同様みだりに打つことは許さないのが普通である。

太鼓櫓（滋賀県八日市市）

参考文献　福田アジオ『可能性としてのムラ社会―労働と情報の民俗学―』、一九九〇　（米田　実）

だいこん　大根　アブラナ科に属する一年生または二年生根菜。一般に根は多汁・多肉・長大で白色のものが多いが、紅や紫のものもある。原産地については諸説が多く明確でないが、古く中国大陸を経て日本に伝わったと考えられている。日本では最も古い野菜の一つで『延喜式』には栽培のほかに利用についても触れられている。古くから栽培されたのは中国南部地方の大根で、その後中国北部地方の大根が入ったものとみられている。中国南部地方の大根は日本の大根の主流で葉に毛が多く、根は長いものから短いものまであり、澱粉含量が少なく水分が多く漬物・煮物・沢庵漬に適している。中国北部地方の大根は根が一般に短形で澱粉含量が多く、緑色や紫紅色、紅色品種が多く、貯蔵性が高い。中部地方から東北地方に多く栽培される。大根は四季を通じて栽培されるが、晩秋に収穫される大根が昔から一般に広く愛用され、民俗を規制してきた根菜である。この大根は秋口に種子播きされ、時季的には旧暦十月十日の十日夜《とおかんや》などの行事を済ませてから収穫する大根で、品種としては練馬・宮重《みやしげ》・聖護院《しょうごいん》大根などをあげることができる。古くから重要な野菜であったので各地で品種の分化が進み、限られた地域で栽培されてきた在来品種の地大根は急速に姿を消していった。秋大根の場合は八月中旬に種子をまき、間引き・土寄せ・追肥などの作業を行い、収穫は地域により差はあるが、旧暦十月十日過ぎに行われる。この日関東地方北西部から甲信越にかけての内陸部に集中して十日夜の行事が行われ、子供たちが藁鉄砲で地面を打つ。この日を東北地方から新潟県・長野県の一部にかけて大根の年取・大根の年越などと呼び、大根の首がのびる、大根畑に入らぬ、この日が終ってから大根をぬくというところが多い。大根を供え、食べるというところもあり、大根の収穫儀礼の要素が濃い。旧暦十一月二十日のえびす講に大根をそのまま供えたり、けんちん汁に入れて儀礼食に用いるところも多い。二股大根を神への供え物とする事例は全国的に見られ、素朴なものとしては収穫の際に形のいい二股大根を地神へ供えるといって近くの木につるす方法から、奥能登に伝承する田の神祭のアエノコトのように田の神に二股大根を供える例もある。正月の年神棚への供え物として、あるいは長崎県や熊本県などにみられる正月の幸木という特別な飾り物にも正月の主要な食物としてつるされる。正月三箇日の儀礼食としても大根はサトイモとともに不可欠なものであり、サトイモと大根を一緒に煮たイモズイモノや大根を入れた雑煮が食される。日常的な食べ方としては沢庵などの漬物用や切干しなどの保存食にするほか、かつては澱粉含量の多い大根が冬期の煮物用として大切なものであった。葉も食料として用いられ、かつて北陸から東北地方の雪国では乾燥した大根葉を入れた混飯がつくられた。干した大根葉をヒバといい、ヒバを入れたヒバ湯に産後の女性が入る風があった。婦人病に効くという。

参考文献　青葉高『野菜―在来品種の系譜―』（『ものと人間の文化史』四三、一九八一）、高松圭吉・賀曾利隆『食べものの習俗』、一九八二　（大舘　勝治）

だいこんがわ　大根川　弘法大師に不親切にしたために冬に水が涸《か》れる川の伝説。弘法清水の伝説に類似している。大師が廻国の途中で大根を所望したが、洗っていた老婆が与えなかったために、冬に水が流れないという由来を持つ。西日本、特に九州に多い。大根は米の貴重な時代の重要な食料で、ハレの日の供物として大切にされていた。大師講のような収穫儀礼の折に訪れる外来神（産土の信仰圏の外から訪れるまれびと神）を迎える習慣が、この種の伝説の背景にあった、と思われる。

→弘法清水《こうぼうしみず》　→水無瀬川《みなせがわ》

（渡辺　昭五）

だいこんのとしとり　大根の年取　関東で旧十月十日を十日夜《とおかんや》として祝う行事。大根が秋にならないと収穫できなかったころは十日夜までは取らなかったことを表わした言葉である。群馬県下ではこの日（または九日）に餅を搗いて月に供え、大根おろしで食べることが一般的で、餅と一緒に大根を二本、または二股大根を、神棚あるいは縁側に供えた。大根の年取とは、十日夜のころが大根の旬にあたり、大きくなって食べごろになるので、十日夜までとるなといった。大根は十日夜まで育つとか、十日夜を境に日増しに育つといわれる。群馬県各地では、十日夜には子どもたちが藁鉄砲を作って地面を叩くので藁鉄砲の音を聞いて育つとか、音を聞いて大根が抜け出るともいった。同県邑楽郡明和村では、十日夜に「十日夜のワラ鉄砲、麦も小麦もよくできろ、野良の大根つきぬけろ」と子どもたちが歌った。また、高崎市や勢多郡北橘村などでは、十日夜に蚕のよくあたる家の大根を盗んで食うと、翌年の蚕があたるといって養蚕地帯らしい伝承があった。同県吾妻郡六合《くに》村や長野原町では、十日夜には案山子を作って庭先に立て、アワやヒエの藁束を立てた上に餅を供えたりする案山子あげというのをしたが、餅を入れた膳を箕《み》の中に入れて庭に出し、その傍に大根・豆ガラ・サツマイモを供える例もあり、十日夜になると大根を掘って干し、漬物にした。高崎市山名八幡宮の秋祭(十月十五日)には、二股大根が供えられた。→十日夜《とおかんや》

[参考文献]　『群馬県史』資料編二七、一九八〇　(阪本　英一)

たいさく　泰作　高知県幡多地方に伝承されているおどけ者話の主人公。現在の中村市に住み、小間物や乾物の行商、追っかけ商売(仲介)をしていたという。そのモデルといわれる中平泰作の墓が同市土生山にあり、一八五七年(安政四)に没している。泰作話は、村々を渡り歩いた行商人が有力な伝播者であったと考えられている。「虎の油」「蚤は薬」など多数の話が報告されているが、県内をはじめ他地域のおどけ者話と共通する話型も多い。

[参考文献]　野村純一『昔話伝承の研究』、一九八四　(常光　徹)

だいさん　代参　遠隔地の神社や寺院を信仰する人々が講集団を結成し、毎年定期的に代表者が参詣する方法。これには信仰の対象である霊場側の指導者との繋がりが顕著である。この指導者として各霊場には御師・先達、近代であれば先導師などが存在していた。各霊場によってその起源はまちまちであるが、古くは御師・先達が地方の信者をまわり、守り札や祈禱札もしくは縁起物などを配り歩いたが、江戸時代になって五街道をはじめ交通事情が比較的よくなると、一般庶民の旅が容易になり、信者たちの方からみずから霊場へ出かけることが多くなった。それでも今日に比較すれば交通事情は悪く、経費もかかるので信者すべてが毎年特定の社寺に参詣することは不可能であったから、代参という方式が編み出された。そのため受入れ側の霊場では、村落内部に代参講をつくることに専念した。代参者は毎年籤引きなどで選出され、講員の数だけ祈禱札などを持ち帰り、講員に配った。代参講が村に帰ると下山日待と称して講ごとが開催されることも多く、この会合が村寄合になっている地域も少なくない。この寄合は単に旅行したという満足感だけでなく、代参者自身が旅で得た情報なども知らせることができる貴重な場であり、その点では代参による旅の方式は個人の人格形成に一役を担っていたことも注目される。→総参《そうまい》り

[参考文献]　桜井徳太郎編『山岳宗教と民間信仰の研究』(『山岳宗教史研究叢書』六、一九七六)、新城常三『(新稿)社寺参詣の社会経済史的研究』、一九八二、宮本袈裟雄『里修験の研究』、一九八四、桜井徳太郎『講集団の研究』(『桜井徳太郎著作集』一、一九八八)、宮田登『山と里の信仰史』(『日本歴史民俗叢書』、一九九三)　(西海　賢二)

だいさんこう　代参講　遠隔地の寺社などに代参者が順次参詣する信仰集団。これに対して村中などの信仰者全員がお参りすることを総参りと称している。代参講が著しく展開するのは江戸時代中期以降の現象で、特に村方の共同体制が確立してからのことである。代参にかかる諸費用は村方全員もしくは特定の者全員による積み立て方式をとるものが多い。また、代参の費用はお参りという行為だけでなく、神社への寄進、神符守札の授与を依頼する目的もあった。江戸時代、ムラで路銀を負担し、村人の代表として、伊勢参宮へ赴くことが行われたが、これが近代になっても「一生に一度は伊勢に行きたい」という思いとなって表われ、第二次世界大戦前までの学校教育の実践として行われた修学旅行の最たる地が伊勢となって表出している。代参講の特典は個人がお参りをできることを可能としただけでなく、たとえば百人の村人が毎年五人ずつ代参を行えば、二十年で村人全員が参詣したことにより、これを契機にさらに村人全員がお参りをするという総参りが行われることもしばしば見られた。また、この代参講による寺社参詣という行為は信仰行為という問題だけでなく、その道中において著名な神社仏閣を参詣することも多く見られ、人々にとってはその過程で新しい知識を得たり、情報をも得るというまたとない機会でもあった。

[参考文献]　真野俊和『旅のなかの宗教―巡礼の民俗誌―』(『ＮＨＫブックス』三六四、一九八〇)、新城常三『(新稿)社寺参詣の社会経済史的研究』、一九八二、西海賢二『武州御嶽山信仰史の研究』、一九八三、桜井徳太郎『講集団の研究』(『桜井徳太郎著作集』一、一九八八)　(西海　賢二)

だいじ　大字　奈良県で大字《おおあざ》のこと。近世の大和は、一村一集落の村落が多かったので、大字は、近世村や、生活空間としてのムラに重なることが多く、生活上の重要性を持ったため「だいじ」と呼称されるようになったと思われる。盆地部では大字《だいじ》の領域がそのまま中世荘園の荘域に連続していることもある。大字《だいじ》の内部は近隣組織である垣内《かいと》に分割されている。　(市川　秀之)

だいしがゆ　大師粥　大師講で作られる小豆粥。大師講の日は、ダイシサマが身なりを変えてこっそりと訪れてくるという伝承があり、家々では小豆で粥を作ったり、団子を作ったりして供える。この粥には塩を入れてはいけないとする伝承も多い。これは、ダイシサマには多くの子供がいて生活が苦しく、子供たちに粥をこしらえて食べさせようとしたが、あまりに貧乏なために、塩が買えなかったためであるという。あるいはこの二十三日に

吹雪の中を粥に入れる塩を買いにいって行き倒れになったためとも伝えられる。大師講の由来としてはスリコギカクシ、デンボカクシ、あと隠しの雪の説話が代表的なものである。この話はスリコギのように片方の足の指のない老婆が、この夜ダイシサマのために隣家から食料を盗んでもてなしてくれたので、ダイシサマは足跡から後で盗みが発覚することを憐れんで、足跡を隠すための雪を降らせたという伝承である。またデンボとは片足の不自由なことを意味する。一説には、元来この十一月二十三日は、小豆粥や団子を供えて収穫を祝う新嘗祭のための日で、まれびとである豊穣をもたらす遊幸神が去来するとされてきたという。その風習に仏教が習合して弘法大師をはじめ、天台宗地域では元三大師・智者大師がダイシに充当されたともいわれている。　↓大師講《だいしこう》

参考文献　柳田国男「鯖大師」(『柳田国男全集』八所収、一九九〇)、宮田登『ミロク信仰の研究(新訂版)』、一九七五、野村純一「「タイシ」伝説の担い手」(『日本伝説大系』三所収、一九八二)

（菅根　幸裕）

たいしこう　太子講　職人の講の一つ。聖徳太子を職能神として信仰する同業の職人たちが、特定の期日に集まって、太子をまつり、飲食しながら親睦を深めたり、価格や賃金協定などの取決めをしたりする。聖徳太子をまつる職人の職種は、桶屋・下駄屋・指物師・曲物師・木型屋・鳶・大工・左官・瓦屋・屋根葺き・建具屋・畳屋・井戸屋・杣・樵・鍛冶屋・石工など、木工・建築職人を中心として非常に幅が広い。聖徳太子は歴史上の人物であるが、後世、太子を理想化して超人的な聖王とみなす信仰が生じ、太子講・聖霊会《しょうりょうえ》を通じて一般に広がっていった。それが木工・建築関係の職人の守護神となった経緯は明らかではないが、その時期は中世から近世にかけてといわれ、俗信としては、聖徳太子が法隆寺を建設したから、あるいは曲尺《かねじゃく》を発明した人物であるから、などといわれている。多くは、聖徳太子の忌日といわれる月の二十一日、あるいは二十二日前後に太子講を行う。その際、宿にかけられる掛軸の画像は、ほとんどがいわゆる「孝養像」である。これは太子が十六歳の時、父の用明天皇の病気平癒を願い髪をみずらに結って柄香炉《えこうろ》を持つ姿である。もともと太子というのは聖人と考えられていたものが、仏教が広まるにつれて弘法大師などの大師とも重なり、地域によっては太子講と大師講が交錯する結果となっている。　↓太子信仰《たいししんこう》

参考文献　堀一郎「職業の神」(『日本民俗学大系』八所収、一九五九)、遠藤元男『建築金工職人史話』(『日本職人史の研究』五、一九八五

（三田村佳子）

だいしこう　大師講　旧暦十一月二十三日夜から二十四日に行われる行事の名称。講といっても信仰集団を示すのではない。この夜はダイシサマが身なりを変えてこっそりと訪れてくるので、大師粥といわれる小豆粥を作って接待するのだという伝承が、東北はじめ関東北部・中部・北陸や山陰地方、さらに鹿児島県の大隅地方にまで存在する。このダイシサマとは弘法大師とする伝承が多いが、元三大師・達磨大師・智者大師などとする地方もある。元来タイシは太子のことで尊いまれびとを指し、異邦からの来訪神として歓待する風習が古代から存在した。これを高僧としたのはのちの仏教の一般民衆への普及によるものである。大師講の由来として有名なものは、あと隠しの雪という説話である。一人の貧しい老婆の家にダイシサマが一夜の宿を求めた。ところが何も食べ物がないので、隣の家から稲を一束(あるいは大根一本)盗んで団子を作って汁にして出した。この老婆には片方の足に指がなく、盗んだことが足跡で発覚してしまうだろうと憐れんで、ダイシサマは足跡を隠すための雪を降らせたという内容である。あるいは、ダイシサマ自身が子だくさんで、生活が不自由であるためこの日に食料を盗みに来て足跡を隠すため雪を降らせるのだと伝える地方もある。　↓大師粥《だいしがゆ》

参考文献　柳田国男「鯖大師」(『柳田国男全集』八所収、一九九〇)、五来重『増補高野聖』、一九七五、宮田登『ミロク信仰の研究(新訂版)』、一九七五

（菅根　幸裕）

たいししんこう　太子信仰　聖徳太子をまつる信仰。弘法大師を主とするダイシ(大師)信仰と混同されることがあるが、由来も内容も別のものである。聖徳太子は日本仏教の導入者として、また理想的な政治家として早くから崇拝の対象となってきた。しかし民間における聖徳太子信仰はその延長上にあるとともに、相当な逸脱を示してもいて、次のような実態が知られている。(一)建築職人からの信仰　ここでいう職人とは大工・左官・木挽《こびき》・建具職・畳職・鳶職・屋根屋などさまざまである。職人たちは太子講を結成し、おおむね正月から春にかけて集まって、聖徳太子の掛軸の前で祭をする。この講は賃金の協定やさまざまな申し合せを行うなど、職人仲間の運営にとっても大事な集まりとなってきた。(二)引導仏としての信仰　越後・信州境の秋山郷にはかつて、いわゆる黒駒太子像(太子が黒駒に乗って富士山の上を飛ぶ図)の掛軸を死者の上で振って引導を渡す風があった(鈴木牧之『秋山紀行』)。これと類似の風習が東北地方には詣りの仏という名で、近代まで行われていた。なおその中には十六歳孝養像が用いられることもあった。(三)山・川の民による信仰　かつて、北陸から東北地方にかけての鉱山師・金物師・木地師などの山の職人や、水運にたずさわる川の民たちの間に、広範に太子信仰がひろがっていた。これを中世浄土真宗の原初的な担い手のあり方とする考えがある。

太子講の掛軸

参考文献　林幹弥『太子信仰の研究』、一九八〇、井上鋭夫『山の民・川の民―日本中世の生活と信仰―』（「平凡社選書」六九、一九八一）、田中嗣人『聖徳太子信仰の成立』（「古代史研究選書」、一九八三）、信仰の造形的表現研究委員会編『真宗重宝聚英』七、一九八八

（真野　俊和）

だいししんこう　大師信仰　大師号をもつ高僧に対する信仰の意だが、通常、弘法大師空海に対する信仰をいう。大師号は高徳の僧に朝廷が贈る諡号で、最澄の伝教大師、円仁の慈覚大師を嚆矢とし、良源の元三大師、法然の円光大師などもよく知られるが、超宗派性と民衆性においては弘法大師に勝るものはない。全国津々浦々に分布するのは超自然的な力を発揮する来訪者として弘法大師を登場させる伝説で、厚遇したお蔭で水の乏しい土地に清水を湧かせてもらったという弘法清水、反対に冷遇の報いでイモが食べられないものになったという食わず芋の伝説などを典型とする。唐から麦の種子をもたらした文化英雄として語る伝説もある。また、村落や組の行事として大師講を営むところは真言宗地域に限らず、三月二十一日の正御影供《しょうみえく》（命日）を寺参りや農休みの日とするところも多い。弘法大師の修行の跡をたどる四国遍路では、万事を大師信仰で意味づけるとともに、巡礼者に交じって今も大師が四国を巡歴し続けているとする。験力とカリスマ性にすぐれた宗教者が「弘法大師の再来」「今弘法」「今大師」などの称号を得る例も少なくない。弘法大師信仰がこのように大きく展開した契機の一つは高野山に生まれた入定《にゅうじょう》信仰で、空海は弥勒下生を待って生身で入定しているとし、さらには今なお衆生済度のために諸方を行脚していると考えるようになった。この信仰の伝播には高野聖が関係したとみられている。他方、大師信仰のなかには霜月二十三日の大師講のように非常に古い来訪神信仰とみられる要素もあり、柳田国男は、訪れる神を神の子の意味で大子《おおご》と呼んだのがのちにダイシとなり、仏教の大師と結びついたと推定する。祖師崇拝と民俗的神観念との結合の上に展開した信仰といえよう。　→弘法伝説《こうぼうでんせつ》　→大師講《だいしこう》　→遍路《へんろ》

参考文献　斎藤昭俊『弘法大師伝説集』、一九七四―七六、日野西真定編『弘法大師信仰』（「民衆宗教史叢書」一四、一九八八）、川崎市市民ミュージアム編『弘法大師信仰展』（特別展図録、一九九六）

（小嶋　博巳）

たいしゃくてん　帝釈天　古代インドの太陽神・雷神であるインドラが仏教に取り入れられて、仏教を守護する神となったもの。須弥山《しゅみせん》の頂上に在って、部下の四天王を中腹の東西南北に配置し、仏法を守護するために、阿修羅と戦う存在とされている。また、その力は医術書『医心方』風病篇にも記されていて、風邪の治療薬をつかさどる存在とされた。そのことから転じて、舟の舳先《へさき》にこの薬を塗ると風や波の被害を受けないともされたようである。日本には比較的早期に伝わったようで、法隆寺の玉虫厨子の図に現われている。これは、釈迦の前生譚にあたる施身聞偈図で、身を投じた修行者が帝釈天に変身するというモチーフが描かれている。このほか東大寺法華堂や法隆寺金堂などにも古くからまつられた。特に密教寺院では金剛杵や独鈷杵《とっこしょ》を持って白象に乗る姿で描かれた。岡山県西北部では、死者の霊が湯灌の湯が沸くまでに備後東城（広島県）の帝釈天詣りをするとされており、死後の救済についての信仰も生じている。庶民の信仰を早くから集めた帝釈天には、葛飾柴又の帝釈天（題経寺、東京都葛飾区）があり、江戸の町人の信仰を集めた。『東都歳事記』（一八三八）によれば四月六日が帝釈天の祭で、柴又の帝釈天が参詣の霊地として選ばれるようになった理由は明らかではないが、水戸街道にも接する江戸の東のはずれであり、矢切の渡し場に隣接しているから、江戸町人の遊興地の性格を持っていたためと考えられる。

参考文献　中尾堯「仏教儀礼行事」（『日本民俗文化大系』九所収、一九八四）、坂本要「農耕儀礼と仏教―盆・祖霊・まれびと―」（同）

（紙谷　威広）

たいしゃづくり　大社造　島根県簸川郡大社町の出雲大社本殿に代表される古代建築の一形式。『梁塵秘抄』にその大規模さが詠われている。高床式で切妻妻入り。建物中央の心の太柱（大黒柱）を中心に八方に柱を配し、正方周囲に高欄つきの縁をもつ。緩やかな反りをつけた檜皮《ひわだ》葺屋根の棟に千木《ちぎ》・堅魚木《かつおぎ》を置く。田の字形殿内の奥が内陣で、神座は西向。入口の屋根付き階段は左右いずれ

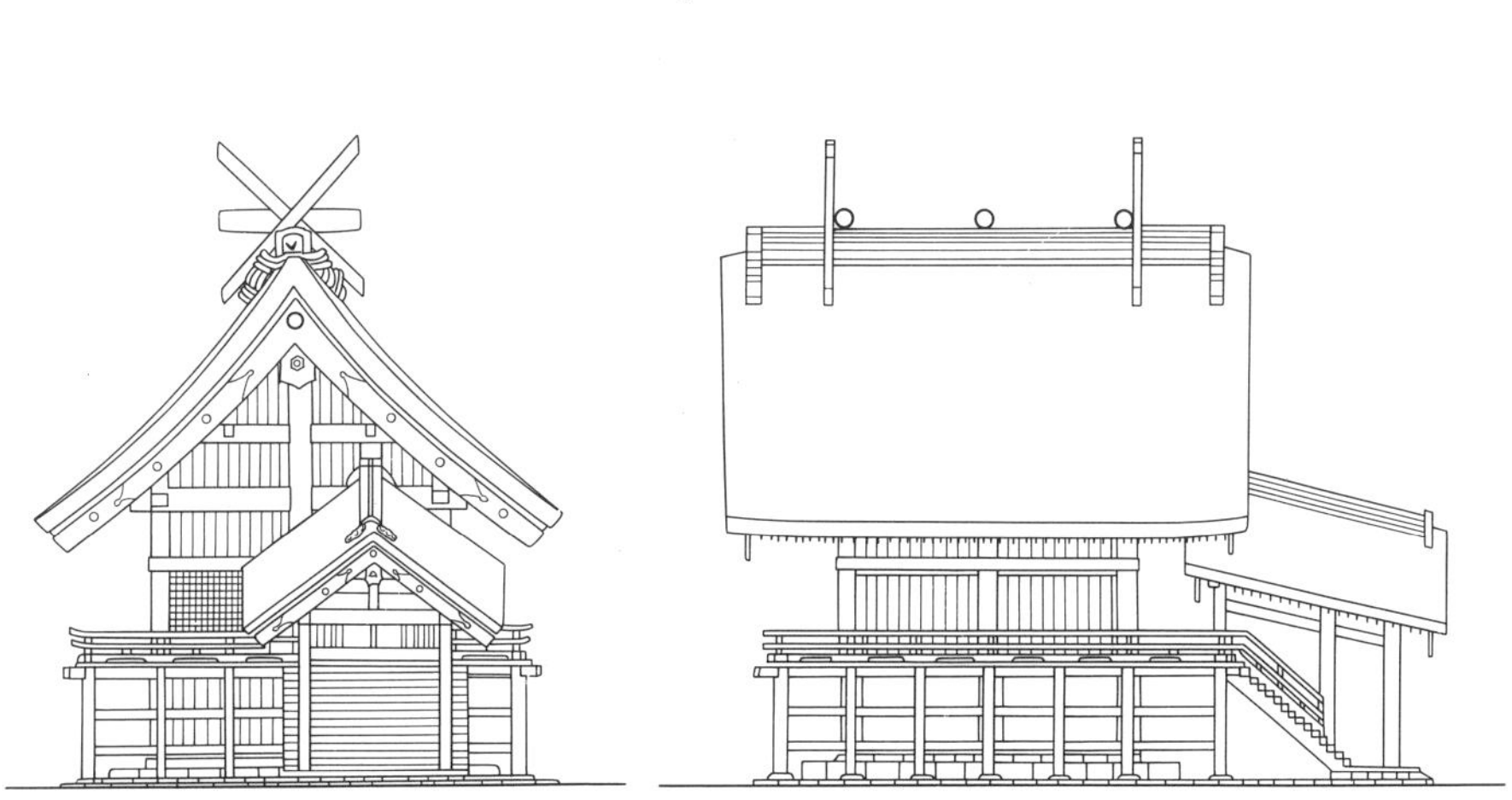

正　面　　　側　面

大社造　出雲大社本殿立面図

かに設ける。島根県内に分布。かつて出雲大社では金輪の造営という巨大な神殿が建造された。

参考文献　大林組プロジェクトチーム編『古代出雲大社の復元―失なわれたかたちを求めて―』、一九八九

（桜井　治男）

たいしゅうえんげき　大衆演劇　広義には、芸術性より娯楽性に重きをおいた演劇の総称。商業演劇とほぼ同義。この意味での大衆演劇という語は、一九三五年（昭和十）ごろから使われるようになった。しかし今日では、東京、名古屋、大阪、中国、四国、北九州などの都市の下町に点在する小劇場と、温泉・保養地にあるヘルスセンター、ホテル、健康ランドを拠点に活動する、家内労働的色彩の濃い小規模な一座による演劇に限定して使われることが多い。かつて旅芝居・寄席芝居・ドサ回りなどと呼ばれたこの種の演劇をさして大衆演劇の呼称が定着するのは、一九七〇年代以降である。正確な数は把握できないが、一九九七年（平成九）現在で、全国におそらく百以上の大衆劇団があると推定できる。座長を中心に十～二十人ほどの役者たちが一座を組み、十五日から数ヵ月を単位として各地を巡演する。演目は原則として毎日替えるので、一つの劇団の演目数は二百～三百本にのぼる。また、芝居には台本がなく、口立《くちだ》て稽古と呼ばれる、口頭での稽古によって教えられる。ヤクザものを主人公に、勧善懲悪・義理人情をテーマとし、最後はチャンバラでしめくくるという時代人情剣劇が中心だが、歌舞伎・新派・節劇《ふしげき》（浪花節芝居）・喜劇・現代劇など、レパートリーは多彩で、役者たちも立役・敵役・老け役・女形・舞踊・歌謡などを一通りこなす器用さを備えている。特徴的なのは大げさな身ぶり、せりふ回しによる「クサイ」芝居である。歌舞伎を源流とし、新派・剣劇・喜劇などさまざまな芝居を取り込み今日に至っていると考えられるが、文字に残された資料・記録は少ない。

参考文献　村松駿吉『旅芝居の生活』（「生活史叢書」二五、一九七三）、南博・永井啓夫・小沢昭一編『かぶく―大衆劇団の世界―』（「芸双書」一〇、一九八二）、橋本正樹『旅姿男の花道』、一九八三、鵜飼正樹『大衆演劇への旅―南條まさきの一年二ヵ月―』、一九九四

（鵜飼　正樹）

ダイジョウコ　ダイジョウコ　大将軍が転訛したと考えられる神。主として近畿地方に分布する。神札や古文書・地名から、ダイジョウコは陰陽道の方位の神「大将軍」の転訛と考えられている。ダイジョコ、ダイジョゴ、ダンジョコ、ダイジゴ、ダイジク、ダイジョウゴン、ダイジュク、ダイジョウモン、ダイジングウ、ダイショウグンなどとも呼称され、神名の表記も大将軍・大神宮・大地護・大地権・大上宮・大上郷・大城護・大常宮・大上皇・大縄号・大聖権現・大乗子・大政護など、さまざまな宛字が見られる。俗に「三年ふさがり」といわれるように、三年ごとに一巡する大将軍神の司どる方角は大変おそれられ、中世以降陰陽師によって方除けの信仰が地方に伝播し、在来の民俗信仰と習合して、畿内から江州、若狭にかけてダイジョウコ信仰を形成した。氏神としてまつられているものもある。ただし、平安遷都の折、王城鎮護のために京都の四方にまつられた大将軍社との勧請関係は見られない。江州の湖西、湖北から若狭にかけて分布するダイジョウゴウは、森神・祖霊信仰・作神・二十三夜待・大師講などと著しく習合している。普遍的には、祭日は霜月二十三日が多い。カブ、マキ、イッケ、苗《みょう》などと呼ばれる同族組織によって講がもたれ、先祖まつりが営まれる。若狭ではタモ（タブ）の木が神さびた森を形成しており、祠のない社地も多い。神饌は小豆飯・ボタモチ・煮しめ・二股大根を供える。祭地（社地）が墓域や墳丘上に位置するものや、三十三回忌の弔い上げがすむと先祖神や地の神になるとの伝承もあることから、葬墓制との関連も一部に見られる。当日はダイジョウコ荒れと呼ばれる荒天になることが多く、片脚神の足跡を消すために雪が降るとされ、跡足隠しの雪の伝説には大師講との関連が認められる。

参考文献　橋本鉄男「大将軍のこと」（『近畿民俗』五、一九五一）、同「荘厳と大荘厳―近江に於ける大将軍の研究―」（『民俗学研究』三、一九五三）、同「大縄号―境の祭とダイジョウゴー」（『民間伝承』一六ノ五、一九五三）、美濃晃順「口能登に於ける大師講と大将軍社」（『加能民俗』二ノ一〇、一九五四）、橋本鉄男「大将軍祭祀の一形態」（『滋賀郷土史』一、一九五七）、金田久璋「同族神の試論的考察―若狭におけるダイジョコ、地荒神、杜神をめぐって―」（『民俗学論叢』一一、一九八〇）、東条寛「湖北における大将軍の春祭」（『近畿民俗』九二、一九八二）、佐々木勝『屋敷神の世界―民俗信仰と祖霊―』、一九八三、松本芳郎「泉州の大将軍信仰」（『泉南歴史民俗資料』六六、一九九五）、高島幸次「大阪天満宮と大将軍信仰」（『大阪天満宮の研究』二所収、一九九五）、今井登子「ニジュウソウ考」（『女性と経験』二一、一九九六）

（金田　久璋）

たいしょうごと　大正琴　大正時代に森田伍郎が創作した楽器で、日本の一絃琴《いちげんきん》・二絃琴《にげんきん》の構造原理を発展させたもの。全長七〇センチ前後の木製箱形で内部は空洞。絃数は五、六本で、それらを二グループに分け、両者をオクターブ関係に調絃する。絃上に、西洋音階の半音順にキーが取り付けてあり、そのキーを左指で押さえ、音高を作りながら、右指に持ったピックで弾く。現在、愛好家に楽しまれている。

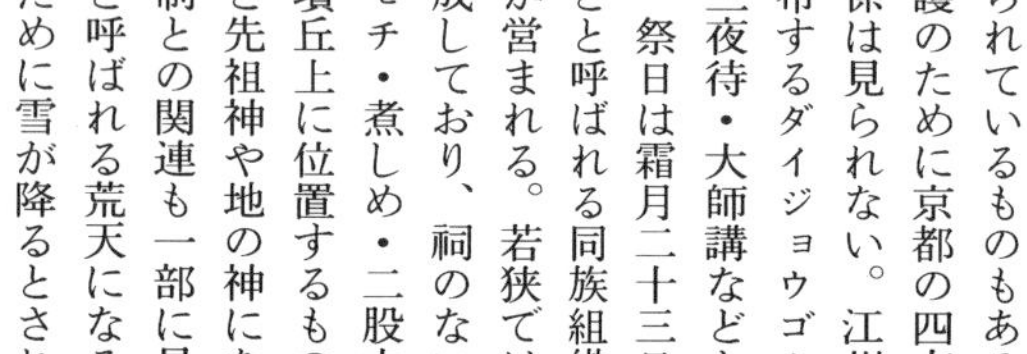

大　正　琴

参考文献 小島美子・藤井知昭・宮崎まゆみ編『図説日本の楽器』、一九九二　（宮崎まゆみ）

だいじょうさい　大嘗祭　天皇が即位礼ののち、はじめて新穀を天照大神《あまてらすおおみかみ》をはじめ天神地祇に献ずる儀式。おおにえのまつりともいう。大嘗はおほにへ、おほんべともよみ、御べとも書いた。嘗はニヘ、ニハ、ニヒ、ニフともよまれ、その意味は難解であるが、一般には神に供える贄といわれている。その贄は新穀、特に米である。古くは大新嘗との語もみられ、新嘗と大嘗の語の区別は明らかでないが、天皇が即位礼ののち、はじめて行う一世一度の新嘗が大嘗祭であり、大祀で行われた。『延喜式』によると、大祀は践祚大嘗祭だけであり、最も重要な祭祀であったことがわかる。斎戒期間はもと三ヵ月だが、養老の神祇令では一ヵ月と規定する。平安時代の朝儀・公事の次第を記した『貞観儀式』『江家次第』などによれば、十一月下の卯日が祭日、卯日が三回あれば中の卯日、また即位が七月以前ならばその年に、八月以後ならば翌年に行うとある。当日、天皇は廻立殿で湯を召し、祭服に改め悠紀《ゆき》殿へ渡御し、神饌を神に供え、最後にみずからもこれを飲食する。のち廻立殿に還御、再び湯を召し祭服に改め、主基《すき》殿へ渡御、悠紀殿と同じ祭がある。翌辰日は悠紀帳へ出御、中臣が寿詞を奏し、忌部が神璽の鏡剣を奉り、のち風俗歌舞などが舞われ、のち主基帳でも同様のことがある。巳日も悠紀帳へ出御、大和舞があり、のち主基帳では田舞がある。午日は豊明節会で、吉野の国栖の歌笛、久米舞、吉志舞、風俗舞、五節舞、大和舞などがある。後日も清暑堂神楽などがあり、また大嘗祭当日に至るまでも、悠紀・主基の国郡の卜定、大嘗宮の造立、抜穂の儀、寅日の鎮魂祭など重要な儀式が見られ、大祀の名のとおり、日本で最も大規模な祭祀である。一般に『日本書紀』六七三年(天武天皇二)十二月五日条の「侍奉大嘗、云々」との記事を大嘗祭の始行とするが、その歴史はさらにさかのぼるとの説もある。大嘗祭の本義については諸説を見るが、およそは㈠収穫儀礼説、㈡服属儀礼説、㈢寝座秘儀説とに整理される。㈠は新嘗・神今食《じんごんじき》との関連を重視した農耕儀礼とする説であり、㈡は天皇が諸国から奉る新穀を食することにより国土の統治権を確認するとの説、そして㈢は天皇霊を継承するための儀礼との説である。　↓新嘗祭《にいなめさい》

参考文献 折口信夫「大嘗祭の本義」(『折口信夫全集』三所収、一九六六)、倉林正次『饗宴の研究』儀礼編、一九六五、岡田精司『古代王権の祭祀と神話』、一九七〇、西郷信綱『古事記研究』、一九七三、松前健『古代伝承と宮廷祭祀―日本神話の周辺―』、一九七四、益田勝美『秘儀の島―日本の神話的想像力―』(「評論シリーズ」、一九七六)、皇学館大学神道研究所編『大嘗祭の研究』、一九七八、倉林正次『饗宴の研究』祭祀編、一九八七、真弓常忠『大嘗祭』、一九八八、岡田荘司『大嘗の祭り』、一九九〇、谷川健一『大嘗祭の成立―民俗文化論からの展開―』、一九九〇　（三橋　健）

たいしょくかん　大食漢　笑話・世間話で並外れた飲食をする者。『日本昔話大成』は同名の笑話を愚人譚「愚かな男」に、「大食較べ」の笑話を巧智譚「業較べ」に分類し、『日本昔話通観』は「おどけ・狡猾」のタイプ群に収める。世間話では奇人変人に位置づけられるように、話によって奇癖のある異常者、食欲ばかりの愚人、技を持つ狡猾者などさまざまに扱われる。祭などで儀式的に多量の飲食をする風習もあり、大食は富や恩寵を体現する芸でもあった。

参考文献 倉田一郎「口頭伝承に表はれた村の人物」(柳田国男編『山村生活の研究』所収、一九三七)　（斎藤　純）

だいず　大豆　マメ科の一年草の作物。古代から栽培されており、五穀の一つに挙げる場合もある。畑や焼畑にも作るが、田畑の畦畔などの狭い土地や荒れ地でもよくでき、根瘤バクテリアによって隣りあった作物の成長を促すなどの利点がある。大豆を原料とした食品に味噌・醤油・納豆・豆腐とその加工品、豆乳、黄粉、煮豆・枝豆・煎り豆などがある。餅に搗き込んだ豆餅、餅にからませたズンダ(ヌタともいう)、湯葉、打ち豆、呉汁も大豆食品で、各地域の特産物、御馳走になっている。これら多彩な食品をみると、大豆食品が日本の食文化に大きな位置をしめていることがわかる。なかでも醤油と味噌の二大調味料の存在は、和食を成り立たせる重要な要素である。納豆、豆腐とその加工品、煮豆などは近代の町場の毎日に欠かせない副食物であった。しかし、農村ではふだんに豆腐を買いに行けば、豆腐屋に「客が来たか」と問われるほど貴重品で、ハレの日の食品であった。特に、葬式があると豆腐を真っ先に作るという地域もあり、仏事の必需品であった。納豆もハレの日の食品であった。豆は正月のめでたい食品として黒豆・青豆などが使われ、一年中「マメで暮らす」ように豆殻を燃やしたり、節分には豆撒きと作占いをしたりする。関東北部では節分に煎り大豆とおろし大根の煮物であるスミツカリ(シモツカレ)を食べる。青森県上北郡野辺地町では十二月九日大黒様の年取りにマメシトギを作った。十三夜は豆名月といわれ、十五夜と並んで畑作物の収穫祭であった。　↓醤《しょう》油《ゆ》　↓豆腐《とうふ》　↓味噌《みそ》　（増田　昭子）

だいせんしんこう　大山信仰　大山に対する信仰。鳥取県の西部、日本海を望んでそびえる中国地方の最高峰大山(一七一一メートル)は、『出雲国風土記』に「火神岳」(一本では「大神岳」)と記され、古くから信仰の対象にされた山である。大山信仰は、原初的には素朴な自然崇拝に基づく山岳信仰ないしは山の神信仰であったと思われるが、平安時代以後になると、こうした基盤の上に、大山が地蔵の聖地とされたことから、地蔵菩薩を本地とした智明権現の信仰が盛んになり、さらに室町時代以降、下山明神の信仰がこれに加わることによって、多彩な信仰形態が形成されていった。病気平癒や雨乞いなどの霊水信仰や農耕神としての信仰は、山の神の信仰を基盤にして成

立したと考えられるが、その中でも特に牛馬の守護神としての信仰が盛んであった。その信仰圏は、江戸時代中期には、中国地方一円に及び、四月二十四日の春大山と呼ばれる縁日には、各地から大勢の人が牛を引いて参詣した。日本第一といわれた大山博労座《ばくろう》の牛馬市は、これを背景にして成立した。一方、大山を死霊の赴く山とする信仰は、地蔵信仰と結びついて、地獄谷や賽の河原の石積みを現在まで伝えている。岡山県の美作地方には、成人儀礼としての大山への十三詣りも見られた。下山明神の信仰は、智明権現の託宣を伝えるみさきとしての狐の信仰が御霊信仰と習合したもので、それを奉じる修験者たちが、その霊験を説いて広めていった。

参考文献 佐々木一雄『大山寺縁起』、一九七二、三浦秀宥「伯耆大山と民間信仰」(『岡山民俗』百号刊行記念特集、一九七二)

(坂田　友宏)

だいだいかぐら 太々神楽 室町時代末期から江戸時代を通して、伊勢や熱田の大神宮の御師《おし》および社家《しゃけ》の家の神前で、全国各地から参詣に訪れる太々講などによって奉納される神楽。初穂料の多少に応じて小神楽・大神楽・太々神楽の区別があり、太々神楽は最も大規模に行われた。江戸時代の後期には、御師や社家の家で行われた太々神楽の様子を描いた絵図などを、江戸をはじめとする各地へ配布するなどの宣伝行為によって、広範囲の地域で太々神楽講が組織されていった。明治維新に太々神楽が廃止され、伊勢では再興することができなかった。熱田神宮では一九二八年(昭和三)に境外摂社である高座結《たかくらむすび》御子《みこ》神社で復活されたが、現在熱田神宮太々神楽の伝統を継承しているのは笠寺(名古屋市南区)の保存会で、氷《ひ》上姉子《かみあねご》神社(名古屋市緑区)・護山《もりやま》神社(岐阜県恵那郡付知町)で奉納されている。熱田神宮太々神楽は、古くから社家によって行われていた内神楽《うちかぐら》をもとに、京都の磐戸組と称する神楽十四番を習い、一七一三年(正徳三)に新しく始めたものである。現在太々神楽を名乗る神楽が多数分布しているのは、関東・中部・東北地方の順で、これらの地域に伝承されているのは、熱田系の太々神楽である。伝播・伝承には二つの方法があり、一つは楽人だけを熱田から招いて演奏してもらう方法であり、もう一つは、太々神楽講中が神楽のすべてを伝授してもらう方法であった。

参考文献 本田安次「祭と神楽」(芸能史研究会編『日本の古典芸能』一所収、一九六九)、同『神楽』一(『本田安次著作集』一、一九九三)、鬼頭秀明「近世後期の熱田太々神楽」(『武豊町歴史民俗資料館紀要』八、一九九六)

(中村　茂子)

長野県木曾郡上松町駒ヶ岳神社の太々神楽

ダイダラぼうし ダイダラ法師 巨人伝説の主人公。同系の名称に、ダイダラボッチ、デエラボッチ、ダイラ坊、大太法師、大道法師、デーデーボなどがあり、関東・中部地方を中心として東日本に多く分布する。もっこで山を運んだ、それが落ちて山になった、足跡が池・沼・泉になったなどと伝え、こうした超自然的行為から、大昔の正体不明の巨人とされたり、法螺話や大話の題材のようにも扱われる。一方、坊・法師という言葉から伝説的な僧にあてはめ、大力・乱暴で有名な弁慶の話になることもある。しばしば、山を背負うのに藤蔓を用いたといい、藤に関する由来譚が付属する。また、伝説に因む代田(東京都世田谷区)、太田窪(浦和市)などの地名が各地に残る。一般に、この伝説に因む地形は地域の特徴となるもので、巨人が運んだ山も富士山・筑波山など信仰を集める山が多い。池・湿地・湧水も生産上重要な意味を持ち、この伝説は、人々の生活の舞台となる土地の形成を説くものであったらしい。風土記にも同様な説話がみられ、古代にあったと想定される偉大であり、巨大である神による国土創成神話に連なる伝説と考えられている。また、この巨人が二つの山を較べたり、一方の山の頂上を欠いたとする話もあり、山同士が高さを競う山の背くらべ伝説や蹴裂伝説との関連が注目される。なお、ダイラ、ダイダラの意味は不詳だが、柳田国男は古代の貴人や神の名に含まれるタラ、タリなどの言葉に注意を向けている。 →巨人伝説《きょじんでんせつ》

参考文献 柳田国男「大人弥五郎」(『柳田国男全集』六所収、一九八九)、同「ダイダラ坊の足跡」(同)、大林太良「房総のデーデッポ伝説」(『神話と民俗』所収、一九七九)、『季刊自然と文化』一〇(特集巨人と小人、一九八五)

(斎藤　純)

だいちふみ 大地踏み 山形県東田川郡櫛引町黒川、春日神社の王祇祭(二月一日、二日)に行われる五、六歳の男子稚児による儀礼。その名称は、王祇様と呼ばれる扇状の依代の前で、稚児が大地を踏む反閇《へんばい》の所作をすることに由来する。王祇様は一日未明、上下両座の王祇守・提燈持ち・座の諸役をはじめ冠りと呼ぶ白く長い木綿布を頭に結わえた子供たちなど供奉の一行が春日神社に迎

えに行き、両座の当屋にまつられる。この王祇様は長さ二・四メートルほどの三本の杉の丸木で、頭部に紙のシデが固まりとなって結わえてある。根元を結わえた王祇様は白布を着けて開くと扇の形状となり、王祇様という名称は扇に因むと想定されている。一日夕刻上座・下座それぞれの当屋での能は大地踏みから始まる。この時王祇様は舞台上に出されて頭人が根元を押さえ、王祇守と提燈持ちが左右を持って前傾して開かれる。稚児はまず王祇様の方を向いて足を踏み、次に中啓を上下に振りながら足を踏みながら逆(左)に回る。地謡は笛・鼓の囃子で「大地」という謡を謡う。王祇様がたたまれて神座に戻ると、稚児は御幣と中啓を持ち延年の開口風のめでたい言口《いいくち》を唱え、足を踏みながら回る。当屋ではこの後、式三番以下能・狂言を夜通し演じ、翌日の午前に春日神社で上・下両座の脇能の後大地踏みが行われる。　→黒川能《くろかわのう》

参考文献　本田安次『能及び狂言考』、一九四三、真壁仁『黒川能—農民の生活と芸術—』(「地域文化シリーズ」、一九七一)、戸川安章『櫛引町史』黒川能史編、一九七四

(高山　茂)

だいどうげい　大道芸　寺社の境内、都市の盛り場などの広場や路傍で不特定多数の観客を集めて演じられる芸の総称。辻芸・街芸ともいわれる。厳密には、各戸を一軒一軒訪れ、庭先や室内で演じる門付芸、粗末とはいえ屋根と舞台を有し、料金を取る見世物小屋などの仮設舞台芸とは区別されるべきであるが、同じ芸能者が異なる上演形態を兼ねる場合も少なくない。たとえば、周防(山口県)の猿まわしでは、大道芸的上演形態をバタ打ち、門付芸的上演形態をドカ打ちと呼んで区別している。多くの芸能はもともと屋外の青天井下で演じられたものであり、それが成長して劇場など屋内の舞台で演じられるようになった。したがって、大道芸は芸能本来の姿であるともいえる。中世の大道芸(人)には、傀儡子《くぐつ》・放下《ほうか》・鉢《はち》叩《たた》き・絵解・瞽女《ごぜ》・座頭・猿曳《さるひき》などがあり、都市文化が繁栄した江戸時代になると、大道芸はますます盛んになった。江戸とその周辺を例にとれば、辻能・辻歌舞伎・独狂言・猿若・門説教・猿まわし・辻講釈・居合抜き・曲独楽・曲鞠・願人踊り・覗機関《のぞきからくり》・阿呆陀羅経・太神楽などが見られた。これらを演じる大道芸人は、穢多頭弾左衛門・乞胸頭《ごうむねがしら》仁太夫、香具師《やし》・寺社奉行の配下にあり、芸の種類と芸人の所属をめぐって係争を生じた例も多い。明治以後は、演歌師・チンドン屋・紙芝居など、新たな大道芸も生まれたが、全体としては衰退の道をたどった。また、太神楽・講談・浪曲など、劇場や寄席の舞台芸として洗練されていったものもある。ただし、これを洗練と見るか、権力による囲い込みと見るかは、見解の分かれるところであろう。近年はストリートパフォーマンスという名前で、ジャグリングやパントマイムなど西洋に起源を持つ芸を中心に復活の気運も見られる。明確に区画された舞台と客席を持たない大道芸の上演は、通常、以下のような過程をふむ。まず、不特定多数の人びとを観客とすること。このために、大道芸人は奇抜な扮装や行為、音楽などで、人の目や耳をひきつける。それから、芸に入っていく。最初はやさしい演目から入り、徐々に難度を上げていくことが多い。ところどころでわざと失敗したり、ためらったり、観客を演技の中に引き込んだりして、観客をじらしつつのせていく。そして、最後にたたみかけるようにして「やま」へと持っていく。興行という視点からは、大道芸を三つに類型化できる。第一に、芸と金を直接に交換する投げ銭型。多くの大道芸はこのタイプに分類される。第二に、芸に乗せて物品を売る愛敬芸型。有名な松井源水の独楽回しや長井兵助の居合抜きはいずれも薬を売る人寄せの芸として演じられたもので、現在では香具師のタンカバイをこれに含めることができる。日本をはじめ、東アジア諸国にはこのタイプが広く分布している。第三に、情報を芸に乗せて売るチンドン屋型。このタイプでは、芸に金を払う顧客と芸を見る観客とは別になる。また、上演の形態という視点からは、演者自身が一定の場所にとどまり観客を集めるか、演者自身が移動するか(チンドン屋など)という類型化も可能である。　→絵解《えとき》　→紙芝居《かみしばい》　→傀儡子《くぐつ》　→瞽《ご》女《ぜ》　→座頭《ざとう》　→猿《さる》まわし　→太神楽《だいかぐら》　→覗機関《のぞきからくり》　→鉢叩《はちたた》き　→放下《ほうか》

参考文献　南博・永井啓夫・小沢昭一編『のせる—香具師の世界—』(「芸双書」九、一九八二)、高柳金芳『江戸の大道芸』、一九八二、神崎宣武『わんちゃ利兵衛の旅』、一九八四、村崎義正『猿回し千年の旅』、一九九一、小沢昭一『放浪芸雑録』、一九九五、森直実編『大道芸人』、一九九七

(鵜飼　正樹)

パリでの日本人による大道芸

横浜市野毛の居合抜きの大道芸

たいとうまい　大唐米　日本の栽培稲品種の内、インド型の特徴を示す在来の品種群の総称。「たいとう」(大唐・大冬・太冬)、「とうぼし」または「とぼし」(唐干・唐法

師・乏)などともいう。かつては九州および四国を中心に北陸から沖縄まで栽培がなされたため多様な品種が存在するが、概して初期生育、栄養生長が旺盛であり、穂数は多いが一穂粒数は少ない。籾は細長く芒《のぎ》はない。多くの品種が赤米である。短日に対する日長感応性が弱いため栽培地では早生の性質を示す。一方深水や干魃には耐性が小さい。日本におけるインド型の特徴を持つ稲の考古学的存在は、目下平安時代よりさかのぼることができない。大唐米に関する記述は十四世紀初期にはじめて現われ、十八、十九世紀には年貢米の五〇%をこの品種が占める村も存在した。特に九州各県の谷底平野や海岸平野ならびにデルタや干拓地、千葉県利根川流域の谷地田などでは早生の特徴を生かし八、九月に発生しやすい干魃、洪水回避のために大々的に導入され、これによって、新田開発が促進された。一方山陰・北陸地方では田の周囲に植えるぐるり植え・大唐ざしにより水田の高度利用と危険分散が行われた。これらの品種群は、十一世紀に中国長江(揚子江)下流域に導入普及した占城《せんじょう》(チャンパ)稲に由来するものが多いと推定される。中世にあっても大唐米の価格はきわめて安く、明治時代に商品経済が農村に浸透するにつれ、栽培は急速に衰退した。

参考文献 嵐嘉一『日本赤米考』、一九七四、宮川修一「大唐米と低湿地開発」(渡部忠世編『稲のアジア史』三所収、一九八七)

(宮川 修二)

たいどく 胎毒 出生した子の体内に胎児期の老廃物が滞留して生ずると考えられた毒素。毒素によって皮膚疾患や虚弱体質などを引き起すと考えられていた。胎毒下しのため、出生後まず一～二日間はマクリや五香、ヨモギなどの煎じ汁を吸わせて胎便を出すことが図られた。マクリは海仁草という海草、五香はフキの根で、これに甘草を加えて煎じた。子がこの世で確実に生きていくには、胎児期の残留物は危険だと考えられた。

参考文献 大藤ゆき『児やらい』(「民俗民芸双書」、一九六八)、鎌田久子・宮里和子他『日本人の子産み・子育て―いま・むかし―』(「医療・福祉シリーズ」三三、一九九〇)

(吉村 典子)

だいどころ 台所 調理場所をさすが、民俗語彙としてのダイドコロは居間や客の応対をする部屋をさす場合も多い。ダイドコの呼称もダイドコロと併存する地域が多く、同じ意味で使われている。台所の語源は内裏にあった台盤所に求めることができる。台盤とは食物の容器をのせる台のことで、台所の本来の意味は配膳室ということになる。そのため膳所とも呼ばれた。中世の絵巻物に描かれる台所は、調理をする場だけである。水洗いの機能をもつ流しが付設されるのは近世になってからである。それまで水洗いの作業は井戸端や住宅付近の水辺で行なっていた。流しは木製の箱型をした簡単な構造で、傍に懸樋などで引いてきた水を貯めるための水甕が置かれる。木製の水船を置く地方もあった。また水洗いをした食器などの水切りをするために、床の一部に竹を簀子状に張った台所が、宮崎県の山間部などで報告されている。流しを使用する際の姿勢にも変遷が認められる。屋外の井戸端や水辺では、かがんだ姿勢で水洗いをしていた。屋内の調理をする部屋に流しが移ったあとも同じ姿勢で作業をしていたようである。やがて土間に流しが設けられるようになり、立って使用するようになった。さらに流しが床上に移動しても、この姿勢は続くことになる。このように立ったりかがんだりする必要がなく、土間の冷えからも解放された快適な台所が登場するのは、比較的新しいことである。台所は一般的には住居の裏側の空間で、土間に接した部屋に設けられる。土間との境に建具を用いることは少なく、部屋と土間が一体として使用される。部屋には囲炉裏を切る場合も多い。このため調理や飲食の場だけでなく、親しい人との接客の場になることもある。玄関を入ったところにある表側の部屋をダイドコロと呼ぶ事例があるが、台所のもつ接客機能から派生した呼称であろう。また関東地方の農家では、奥の土間をダイドコ、土間に接した板の間をカッテと呼んで区別をしているところもある。西日本の町家では、通り庭の奥に台所が設けられる。しかし通り庭が廃されるに伴って玄関の横に設けられるようになり、前勝手型と呼ばれる住居が登場する。名古屋地方では通り庭が廃されても、台所が奥の空間に残った。炊事場としての台所の名称は多様で、愛知県の海部郡や熱田郡ではオカソバ、またはオカソ、伊豆御蔵島ではセイジ、三宅島ではナベドコロと呼んでいる。台所には生活に直接関わる神々がまつられる。煮炊きをする場所には、荒神や秋葉など火伏せの神札が貼られる。また食事をする場所や囲炉裏のある部屋には、えびすや大黒をまつる縁起棚が設置される。

→勝手《かって》 →流《なが》し

参考文献 大河直躬『住まいの人類学―日本庶民住居再考―』(「イメージ・リーディング叢書」、一九八六)、西山夘三『日本のすまい』一、一九七六、小菅桂子『にっぽん台所文化史』、一九九一

(森 隆男)

たいないくぐり 胎内くぐり 山中の岩穴や洞窟を母胎・子宮にみたてそこに出入りすることにより、新たな生命を得る擬死再生儀礼。各地の成人登拝習俗に認められる。福島・山形県境の飯豊山《いいでさん》では初山の若者はお秘所と呼ばれる危険な箇所を先達の人に「おまえたち命はないな」といわれ死ぬ思いで通過した後、頂上付近の胎内潜りで先達と「どっちから生まれる」などの問答をして岩穴を潜り出た。少年の死と成年としての再生が象徴的に行われたのである。このような岩穴や洞窟を胎内岩とか胎内洞窟と称するが、元来は山全体が母胎に見立てられ、その集約した性格がそれらの岩や洞窟に付与されたと考えられる。山に伏して山の精霊と交わり験力を得ることを修行の基本とする修験道では山中の岩や樹木、滝などすべてが象徴的な意味をもつが、羽黒山修験道の秋の峰入りの期間は赤子が胎内にいる十月十日を表わすとされ、

山を下りるときにあげる喚声は産声とされるなど峰中修行全体が母胎における生命の更新のモチーフに貫かれている。修験道の山に胎内岩が多いのは、このような十界修行と呼ばれる擬死再生の象徴的儀礼が山中で行われるからでもある。民俗儀礼としても女性神とされる山の神の多産性とも重なり、生命を育む母胎、生命の再生装置としての山は胎内くぐりだけではなく、姥捨山の伝説や愛知県北設楽地方の花祭の白山行事などに見られたようにさまざまな形を取り象徴的に登場している。

参考文献 佐野賢治「山岳信仰の重要性」(千葉徳爾編『日本民俗風土論』所収、一九八六)　(佐野 賢治)

ダイニングキッチン ダイニングキッチン dining kitchen、略してDKだが、ダイニングキッチンは和製英語で、欧米にこれに相当する空間はない。ダイニングとは正餐をいい、ダイニングルームは正餐のための食事室・食堂をいう。日本式にいうDKは、欧米でいえばキッチンの近く、あるいは片隅で簡単な食事をとる、いわゆるモーニング・テーブルのある台所、ということになる。ダイニングキッチンは、台所と食事室を一室化した食卓(キッチンスタイル)をいい、起源は一九五五年(昭和三十)、日本住宅公団(住宅都市整備公団)の成立に始まる。日本の公営住宅建設を第二次世界大戦前からの日本住宅営団から引き継いだ公団は、新発足にあたり、これからの日本の住宅のあり方を徐々に洋風の生活様式に変えていくべきと考え、新しい国民的居住様式のモデル創出に意欲的に取り組んだ。国民的とは全国の庶民に普遍的にあてはまる、という意味であり、その主眼として親子別寝室・寝食分離を謳った。寝食分離とは、茶の間で食事のあと、片付けて蒲団を敷く起居様式の否定、食事室の独立であった。しかし、公団発足当時の住宅事情からこれらの目標をわずか十三坪(約四三平方メートル)で実現せねばならず、キッチンにダイニングスペースをもちこむ2DKという居住様式が確立した。以来四十余年、キッチンを独立させたD+Kとするか、内包したDKとするかをめぐって工夫が重ねられてきた。一方では、のちに加わったリビングルームを正餐室 dining room に仕立てる家もあり、これを公団式表記にならえば、寝室(個室)数をnとするとnDDK、あるいはnLDDKということになる。この際、DKのDを小文字にすれば、表記はより明確になろう。

参考文献 西山夘三『これからの住まい』、一九四七、同『日本のすまい』一、一九七五　(山口 昌伴)

だいねんぶつ 大念仏 融通《ゆうずう》念仏が踊り念仏化した集団芸能。大念仏は十二世紀はじめの『拾遺往生伝』の沙門清海伝に「正暦之初、勧進自他修七日念仏、所謂超證寺大念仏是也」とあるのが古いが、これが一般化したのは融通大念仏以降だといわれる。融通念仏は良忍が作曲した「うたう念仏」で、大勢が集まって合唱するところから融通大念仏といわれた。なお、良忍は融通念仏宗の開祖ではなく融通念仏の作曲者である。融通念仏と踊り念仏が結合したのは鎌倉時代中ごろで、『融通念仏縁起』(清涼寺本)には、一二七九年(弘安二)に道御《どうぎょ》が清涼寺で始めた踊り念仏が描かれている。また、一遍も同年に信州佐久で踊り念仏を始めている。これ以後、融通念仏は大念仏の名で踊り念仏化が進むことになる。融通大念仏は、南北朝時代には一般民衆に積極的に取り入れられ、弊害も出てきた。そこで、道御は融通念仏を唱えるには持斎《じさい》(潔斎)せよと持斎念仏をすすめた。これがのちに六斎《ろくさい》念仏といわれるようになり、うたう六斎念仏と踊る六斎念仏に分かれていく。うたう六斎念仏は融通念仏の詠唱の伝統を受け継いだもので、踊る六斎念仏は融通大念仏の踊り念仏が残ったものである。今日大念仏として残る念仏芸能は、この踊る六斎念仏の系譜につながるもので、千葉寺系と空也堂系がある。土着の文化を取り入れて地方に定着すると、踊りの風流化が進み、雨乞い踊りや太鼓踊り、花笠踊りといわれる風流大念仏となって今日に残った。

参考文献 五来重『踊り念仏』(「平凡ライブラリー」、一九九八)　(吉川 祐子)

だいはちぐるま 大八車 木製二輪の物資運搬用車両。一六五七年(明暦三)の江戸大火後、復興事業に用いられたのが最初である。その後、物資運搬業者を中心に市中に普及し、関東地方の城下町にも波及した。引き手と押し手がつくが、一人で引くのは禁止され、二～三人で引く。押し手は一～二人で、重量物を扱う米屋・酒屋などは自家用を所有したほどだが、農村部へ導入されたのは明治維新以降のことである。→車力《しゃりき》

車輪に鉄を巻いた大八車（東京都練馬区）

参考文献 豊田武・児玉幸多編『交通史』(「体系日本史叢書」二四、一九七〇)、遠藤元男『路と車』(「日本人の生活文化史」五、一九八〇)　(胡桃沢勘司)

だいはんにゃ 大般若 『大般若波羅蜜多経』(略して『大般若経』という)転読の略。『大般若経』は唐の玄奘が印度より請来し漢訳した仏教の経典で、仏典中最大の六百巻からなる。八世紀には日本に伝来し、以後盛んに書写され、またこれを供養する法会である大般若会が営まれ、現在も天台・真言・禅などの各宗寺院で年中行事となっ

ている。『大般若経』は実際に読誦する真読が容易でないことから、特に折本装の場合は、各巻の経題と巻数などを読むにとどめ、手で経本をかかげ順次ぱらぱらとめくることで真読と同じ功徳があるとした。これが転読である。『大般若経』は災害や疫病を防ぎ豊作をかなえる経典として尊重されたため、荘園支配などを通じて地方にもたらされ、のちには土豪らも競って所の寺社へ施入した。奥書にはその経緯や流転の跡を留めるものがある。近世以降、特に地方の経典の多くは、村人たちの護持するところとなり、勧請吊などの年頭祈願や、虫除け・雨乞いなど農事祈願において転読され、ムラの永続が祈られた。これが結果的に地方に多くの古経を伝えることともなった。滋賀県下の農村では、今も中世の『大般若経』を用いる例がある。また転読の証として刷られる札は護符として尊重され、むしろこの札を受けることが行事の目的とも解された。惣祈禱の札などは村境や辻などに立て、各家でも門口に貼り災難除けとすることが多い。

参考文献 高橋正隆『大般若経の流布』、一九九五、加増啓二「大般若経―経巻に守られたミクロコスモス―」(『歴史手帖』二五ノ一、一九九七)　(米田 実)

たいひ 堆肥 藁・雑草・落葉・海藻などを積み重ね、水や硫安などの窒素を補給しながら切りかえし、発酵腐熟させて作る自給肥料。堆肥は、藁や草などを積み重ねていくところから、ツミゴエ(積肥)とか、バラケともいう。淡路ではバラケルは散らすことを意味する。武蔵から相模・甲斐・信濃の三州にかけては、ツクテまたはツブテという。羽前の各郡ではコエヅカという。家畜の糞尿や踏藁を堆積して作った厩肥《きゅうひ》とともに、日本の代表的な自給肥料である。堆肥は堆積していく段階で、発酵腐熟に伴い六〇度以上の熱を発生することにより、有害な病原菌や害虫の卵、雑草の種子などを死滅させる効果もあるといわれる。堆肥は田畑の主要な自給肥料として、日本の農家ではその製造と確保に努めてきた。水田や畑などに板で四角に枠を組んで囲み、その中へ藁や土・草など敷き詰め、水や尿などをかけて製造する。春先には多くの堆肥を必要とするため、堆肥製造は重要な仕事であり、屋敷のまわりにも堆肥積場を確保していた。春先の田起し前には、堆肥を水田に運んでおく。雪のない地域では、馬の背で運んだり、背負籠で運ぶ。雪国では二月から三月の堅雪の季節に、肥引きといって橇で運んでおく。田起しをした後に、堆肥をまき散らし塊返《くれかえ》しといって、再び耕起する。堆肥は地力維持に欠かせぬ、重要な肥料である。 →肥出《こえだ》し　(佐々木長生)

タイプ＝インデックス type index 昔話の話型目録(索引)。一見別個の存在のようにみえる昔話もよくみると話の展開を同じくする類話であることが多い。そのときそうした類話は同じ話型に属するという。話型目録はこうした話型に番号を付して整理したもの。国際的な話型基準として用いられているのはアールネ、トンプソンの『昔話の型』(The Types of the Folktale、一九六一)の話型目録で、ここでは昔話全体が「動物昔話」「本格昔話」「笑話と逸話」「形式譚」に大別され、各グループがさらに小項目(話型)に分類されて番号(AT番号)が付されている。その数は話型(タイプ)と亜話型(サブタイプ)あわせて三千二百二十九。ただしこの目録は全世界の昔話を対象にしているわけではなく、そうした対象外の昔話の話型が現在世界的に調査・補充されている。日本の本格的な話型目録は関敬吾が『昔話の型』を参考にして作成した『日本昔話集成』(一九五〇―五八)。これはのちに増補されて『日本昔話大成』(一九七八―八〇)となる。約七百五十の話型それぞれに代表例と各地の類話の要約が添えられ、可能な限りAT番号が付されている。中国にはエーバーハルト Eberhard, W. の『中国昔話の型』(一九三七)と丁乃通の『中国昔話話型索引』(一九七八)が、韓国には崔仁鶴の「韓国昔話のタイプインデックス」(『韓国昔話の研究』所収、一九七六)がある。

参考文献 S・トンプソン『民間説話―理論と展開―』(荒木博之・石原綏代訳、一九七七)、関敬吾『日本の昔話・比較研究序説』、一九七七　(高橋 宣勝)

だいふくちょう 大福帳 江戸時代から明治・大正期ころまで一般的に用いられた帳簿名。大福帳は大宝恵帳などと同様、縁起をかついで用いた名称で、内容・実態を示すものではなかった。しかし、商家においては売買両帳および金銭出入帳を総括するものとして用いられ、本帳または大帳とも呼ばれた。大福帳は当座帳・売帳・金銀出入帳などから、売掛商品の種類・数量・諸経費・代価などを得意先別口座ごとに転記し、売掛金の状況と差引決算の状況をはっきりさせる帳簿で、今日の得意先元帳の役割を果たしていた。したがって、商家にとっては最も重要な帳簿であり、主として主人またはおもだった支配人・番頭だけが取り扱った。なお、商家はもちろん、農家においても、金銭出納帳や貸金帳などに家政の繁栄を祈念して大福帳の呼称を用いることがしばしば見られた。　(山口 徹)

タイマ タイマ 麻の別称。大麻とも書く。その表皮から得られる繊維は強靱で耐水性に富み、漁網・釣糸・畳

タ イ マ

糸・弓弦・下駄の芯縄、各種の紐や綱などに加工される。細く紵んだ麻糸は夏物の着物地や洋服地に織られる。また、表皮を剝いで残った麻幹は屋根材に使われたり焼いて懐炉灰の原料となる。盆の迎え火に麻幹を焚く地方もある。繊維を取る際に扱き落とされるかすは土壁のつなぎに使われ、第二次世界大戦後の一時期は煙草の巻紙にも加工された。

参考文献 宮本八恵子「鹿沼の大麻」(『日本民俗文化大系』一四所収、一九八六)、広島市郷土資料館編『広島における麻苧の製造と民俗』、一九八七 (宮本八恵子)

たいま 大麻 伊勢神宮から出される神符・お札。神宮大麻あるいは単に大麻と称されている。地域によっては、お伊勢さま・お正月さま・お万度さまとよばれていることもある。御祓《おはらい》・御祓大麻《おおぬさ》の通称が、一八七一年(明治四)の神宮制度改革期に神宮大麻と改称し、タイマと音読されるようになった。オオヌサは、神に祈る時の捧げ物、罪を祓う時の差し出し物、さらに祓行事の祭具をいう。仏寺での誦経祈禱の巻数を願主に贈った慣例を神社に取り入れたとされ、神宮では平安時代末期にその例がある。

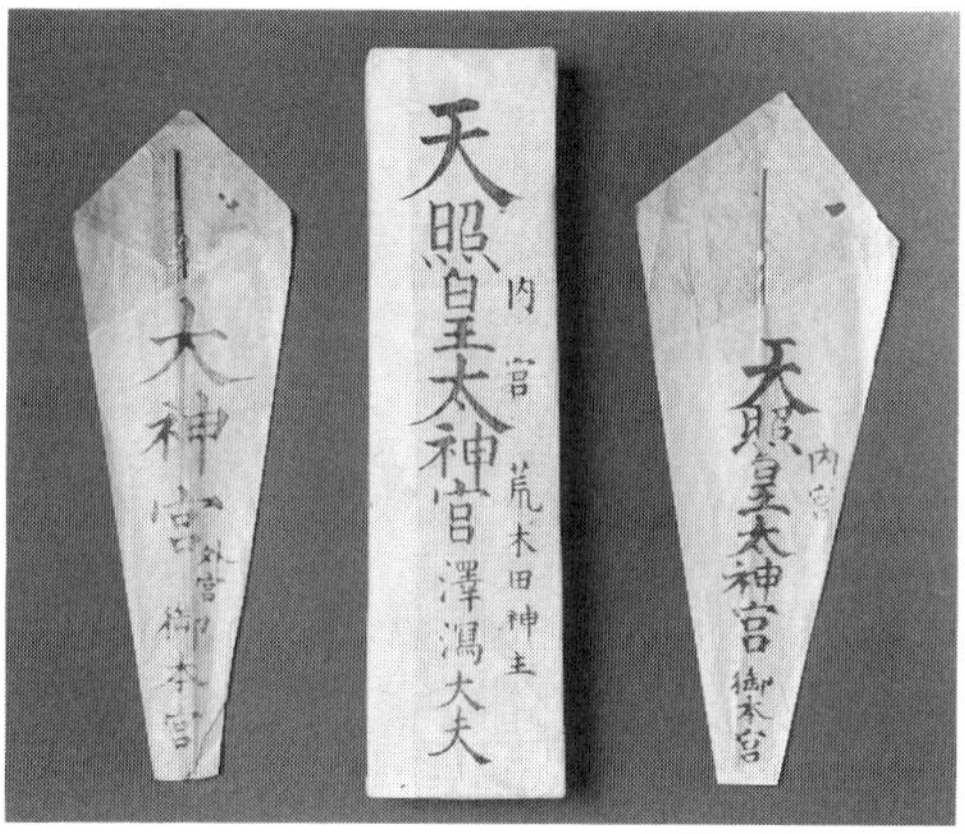

江戸時代の伊勢神宮の大麻

中臣の祓詞を読誦した回数で一万度祓などと称し祈願者へ渡した。近世には御師がオオヌサを収めた箱大麻や剣先祓を暦などとともに各地の檀那筋に配布していた。一九九六年(平成八)の公称では九百三十万体頒布。

参考文献 『瑞垣』五八(神宮大麻全国頒布九十周年記念号、一九六二)、神宮司庁編『神宮・明治百年史』下、一九七〇、西川順土「神宮大麻頒布の変遷」(『瑞垣』九六、一九七二)、『瑞垣』一二七(神宮大麻全国頒布百十周年記念特集、一九八二) (桜井 治男)

たいまつ 松明 葦・苧殻・竹・松などの割木を手ごろな太さに束ねて、これに点火して手に持って照明としたもの。特に脂分の多い松材を裂いて束ねたものが多く用いられた。松明は最も原始的な照明の一つであり、野外における携帯用の照明として、古くは合戦に際しての夜間照明、あるいは信号として利用された。各地の祭や行事の中に松明が出てくる。京都市伏見区の三栖《みす》神社で十月十二日の夜に行われる祭礼は俗に松明祭と呼ばれ、直径一メートルほどの大松明一対が担ぎ回された。天武天皇がこの地を通ったときに闇夜を照らすために大松明を点火したという故事による。奈良県大神《おおみわ》神社の火祭も巨大な松明を焚いている。群馬県桐生市広沢の賀茂神社では節分の夜、御篝火神事を行う。境内に男たちが南北に向き合って真っ赤に燃えた松明を投げ合う。松明がぶつかりあうと火の粉が飛び散り闇夜が一瞬明るくなる。投げ松明にもかかわらず、不思議とけが人は出ないという。小正月の行事に柱松がある。高い柱の上に火籠を付けて、火のついた松明を下から競って投げ入れる行事である。この柱松は山口県・兵庫県などに分布している。群馬県富岡市高瀬の火祭は八月の盆行事に行われる。毎年文字を変えて山を焼く。火文字に点火すると、すぐに村人は松明を手に持って山を下り家に持ち帰る。盆の迎え火として把握できる。民俗の中で松明が儀礼的に用いられてきたのは、結婚式と葬式の場である。葬式の場合、野辺送りに先立って先松明《さきたいまつ》といって、火をつけない松明を持った者がいちばんはじめに墓地へ行く。これは葬列の道案内の役目があると考えられている。先松明は、あくまでも儀礼的なものと考え実際には点火しない。しかし、古くは松明に火を燈して行列の先頭を歩いたと思われる。この先松明は単なる照明ということではなく、家から墓地へ忌火を移動しているという説もある。花嫁の入家儀礼の際に、竹を渡して花嫁の通行を妨害する土地がある。その時に若者が松明を燈して入る。松明の明かりで足元を照らす役割であったのであろう。新潟県蒲原郡では松明をかざして、その下をくぐらす。それを嫁いぶしなどと呼んでいる。栃木県安蘇郡では松明をかざして尻を打つ真似をした。このように婚姻における入家儀礼や葬送儀礼に松明が用いられる事例が多い。それは結婚式ならびに葬送がかつては夜間に行われていた名残の一つであると考えられる。 ↓照明《しょうめい》 ↓柱松《はしらまつ》

参考文献 井之口章次「葬式」(『日本民俗学大系』四所収、一九五九)、宮本馨太郎『燈火―その種類と変遷―』、一九八四 (板橋 春夫)

たいまつまつり 松明祭 松明を依代としたり、あるいは火によって清めをする祭。火祭・鬼火焚き・鬼夜・お火焚きなどの呼称がある。祖霊の迎え火・送り火の性質をもつ正月のとんど・道祖神祭・盆の柱松・火アゲなどのほか、修験の関与する火祭に特色がある。福岡県久留米市大善寺町の大善寺鬼夜は一月七日に行われ、孟宗竹を束ねた重さ一・二トンに及ぶ松明を六基境内に据え点火する。新年に邪気を払う追儺の一つの形である。羽黒山修験の柱松行事は松例祭の名で大晦日の晩に行われるが、精霊祭の意との説がある。修験の験《げん》競べの形式をとり、二人の松聖に従う松打が競って柱松に点火し、火の切り替えを行う。烏飛びと兎の神事は日月の運行を整え、国分けは領土の区分けをして世の秩序を再制定することに意義がある。山口県岩国市行波《ゆかば》の神舞は、かつて秋の刈

上げ後に行なった修験の松登りで、柱松に登り先端の日・月・星辰の三光に火をつける。柱松は毎年行うというより瀬戸内沿岸や九州では式年の神楽の中で行われることが多い。式年祭は七年とか十三年目に行われる霊祭で、死霊の供養を目的としている。火祭はとかく霜月や冬至のころのものが重視され、衰弱した陽光に活力を与え一陽来復を願う神事とされている。しかしヨーロッパに比べ中国には不思議なほど冬至儀礼はなく、日本の冬の火祭も意義ははなはだ重層的で、一陽来復だけでは説明がつかない。火を燈す柱は、神霊の依代であり、宇宙の中軸としての意味が濃厚である。↓柱松《はしらまつ》 ↓火祭《ひまつり》

参考文献 柳田国男「柱松考」(『柳田国男全集』一四所収、一九九〇)、岩田勝『神楽源流考』、一九八三、萩原秀三郎「東アジアにおける柱立ての系譜」(『季刊自然と文化』三三、一九九一)

(萩原秀三郎)

だいまなこ 大眼 ⇩事八日《ことようか》

タイモ タイモ 水田に栽培されるサトイモ類の総称。田芋とも書く。山形県西田川郡、和歌山県日高郡、高知県吾川郡、山口市などでこの名前をもつサトイモの栽培が知られている。タイモ以外のサトイモを特にハタケイモと称する地域もある。薩摩地方など、ミズイモ、あるいはミゾイモと呼ぶ地方もある。沖縄島ではターンムという。九州以南ではタイモの栽培が盛んで、福岡県の筑後川流域、沖縄県国頭郡金武町、八重山郡西表島などではかなり広い面積で栽培されている。植物学的には、単一の品種ではなく、田や湿地などの水分の多い土壌に耐えるものを漠然と指す言葉である。屋久島以北の九州では、タイモあるいはミズイモと呼ばれるのはミカシキ群という品種群であることが多いのに対し、奄美以南のタイモは、センクチ群やオヤイモ群が主であることは注意を要する。また、匍匐枝《ほふくし》を長く伸ばし移動していく能力をもつ野生型の変種も、湿地に自生しているので、タイモと見誤りやすい。那覇では行事食として重視され、茹でたタイモが市場を賑わせる。奄美・沖縄の島々では、イモが太るのは冬場であるが、夏にはずいきを野菜として活用している。タイモを茹でてサツマイモと混ぜるなどしてつぶしたものは、強い粘りをもつ田芋餅とされる。吐噶喇列島では霜月祭、奄美諸島では冬折目(フユウンメ)、沖縄の島々では冬至祭などとよぶ行事にタイモが欠かせない。八重山郡西表島では、祖先供養の儀式には季節を問わずタイモを用いるのを正式としている。

参考文献 下野敏見「田芋の栽培と食法・儀礼―田芋列島の田芋民俗―」(『南西諸島の民俗』一所収、一九八〇)、安渓遊地「西表島のタロイモ」(『農耕の技術』八所収、一九八五)

(安渓 遊地)

だいもく 題目 南無妙法蓮華経という文字や言葉。首題ともいい、日蓮系の教団で崇拝し唱える。『妙法蓮華経(法華経)』の経題に帰依することを意味する「南無」をつけ、日蓮が法華経信仰の象徴として広めた。題目の光明を表現するために、文字の点画を伸ばして揮毫《きごう》した曼荼羅を本尊として掲げ、太鼓や木柾《もくしょう》にあわせて題目を唱える(唱題)。また、首題帳をもって寺院の巡拝をするなど、多彩な信仰習俗がみられる。

(中尾 堯)

だいもくこう 題目講 日蓮宗系の信者で構成された題目行を中心に修行を行う講集団。題目講の内容は二つに大別される。一つには、本山や霊跡・由緒寺院などと結びつき、講元の家や道場での日頃の修行実践のほかに、宗祖忌であるお会式や彼岸をはじめ折に触れて寺院参拝を行う講があげられる。こうした講は、在家の法華行者や先達を指導者として形成される場合が多く、講員は必ずしも地縁によって結ばれているとは限らない。また、このような講は寺院の経済的基盤を支える上で、欠くことのできない存在でもある。修行集団としての性格も濃厚に認められ、『法華経』や日蓮の遺文などによる教義的自覚も講員の中に反映されやすい。それに対して、地域寺院の檀家集団の中から、僧侶を指導者に題目講が結成される例もみられる。その場合、講はしばしば地縁性を帯びたものとなることが多かった。講員の葬儀や年忌のあと、あるいは盆・彼岸、さらには寺院行事の際に、講元・当屋の家や寺院などに集まって団扇太鼓で題目を唱えたり飲食をしたりする。中には自我偈のような経文を読む場合もある。こうして後者にあっては、修行のみでなく、地縁的結合を維持・強化する上で果たしてきた役割も小さくない。

参考文献 坂本要「題目講・念仏講および子安講―仏教民俗にみられる講の機能―」(中尾堯編『日蓮宗の諸問題』所収、一九七五)、中山法華経寺誌編纂委員会編『中山法華経寺誌』、一九八一

(長谷部八朗)

だいもんじやき 大文字焼き 京都で行われる盆の送り火の一種。京都では大文字送り火とか五山《ござん》送り火と呼ばれる。八月十六日の夜、最初に東山如意岳の「大」の文字に点火される。松ヶ崎の万燈籠山に「妙」が、大黒天山には「法」の火文字が同時に浮かぶ。西賀茂の船山に船形が、北山の大文字に左大文字、嵯峨鳥居本《さがとりいもと》の曼荼羅山に鳥居形が順次点火され、人々はこれらの火に向かって手を合わせる。右大文字は第一画八〇《メートル》、第二画一六〇《メートル》、第三画一二〇《メートル》の規模で、火床の数は七十五ヵ所。火床には総数約六百束の割り木(護摩木)が分配されるが、八月十六日に護摩木志納で受け付けたもので、これには先祖供養や無病息災などの祈願文が書かれている。浄土寺地区には、弘法大師が人体をかたどって「大」の字に護摩壇を作り、精霊《しょうりょう》供養や五穀豊穣、国家安泰を祈願したことが大文字送り火のはじまりとする伝承が残る。『花洛名勝図会《からくめいしょうずえ》』(一八六二)にさまざまな創始説が掲載されているが、大文字送り火は万燈籠《まんとうろう》と称された時期もあり、室町時代末期から江戸時代初期に開始されたようである。『案内者』(一六六二)に、杭を打ち松明《たいまつ》を結び付けて点火した有様が記述されており、五山送り火の形態が十七世紀中期には成立していた様子が窺える。『都名所図会』(一七八〇)五に

「七月十六日の宵に、この所にて船の形に火を焼き、精霊会の送り火とするなり」とあり、海や川に流す盆船《ぼんぶね》と同様に火で船形を作り、この船で死者の霊をあの世に鎮送しようとしたと考えられる。船形が燃焼している間、船山山麓の西方寺《さいほうじ》で精霊回向と鎮魂のために、太鼓と念仏に合わせて六斎《ろくさい》念仏が踊られる。なお神奈川県箱根、岩手県平泉など地方でも行われている。→送《おく》り火《び》

参考文献 田中緑紅「京の送り火大文字」(『緑紅叢書』四、一九五七)、岩田英彬『京の大文字ものがたり』(「京都文庫」一、一九九〇)、大森恵子『念仏芸能と御霊信仰』、一九九二、和崎春日『大文字の都市人類学的研究―左大文字を中心に―』、一九九六 (大森 恵子)

たいや 逮夜 法会や年忌法要の前夜のことでお逮夜ともいう。もともと「逮」は「及ぶ」の意味で、大夜・太夜・迨夜とも書かれ葬儀の前夜のことであった。仏教の法要儀礼では、一昼夜を六時に分ける日没・初夜・中夜・後夜・晨朝・日中の時刻に礼讃が行われるが、このうちの日没が逮夜のことであるともされる。浄土真宗の本山報恩講では七昼夜の法要が執行されるが、晨朝・日中・逮夜・初夜の繰り返しで儀礼が構成されている。一般寺院でも期間が短縮されながらも同じで、最終日の日中法要をゴマンザ(御満座)と称し、その前日の逮夜法要を特にオオタイヤといって重視している。岐阜県吉城郡古川町の三寺まいりといわれる報恩講行事では、オタイヤである一月十五日晩のお参りをオシッチャサマ(お七昼夜さま)などと呼び、人々は巡回して寺へ参り、寺では大蠟燭を点して夜通し説教が行われた。富山県高岡市伏木の勝興寺などでも、オオタイヤの晩に御示談《ごじだん》といって、夜通し信心問答が行われた。真宗門徒の間では、旧暦十一月二十七日(親鸞命日の前日)や十二月二十七日のオオタイヤに勤行をしたりするところもある。また、年忌法事のとき、その前日夜に同行仲間が集まってお参りすることをオタイヤヅトメなどという。このほか、『葬送習俗語彙』には、岡山県英田郡では、死後四十九日の祭を終り、亡霊を祖先の霊舎に合祀することを逮夜上げ、またはマツリアゲという例(郡誌)がみえている。

参考文献 蒲池勢至「蓮如上人と伝承の土壌」(『真宗』一一〇二・一一一四、一九九六・九七) (蒲池 勢至)

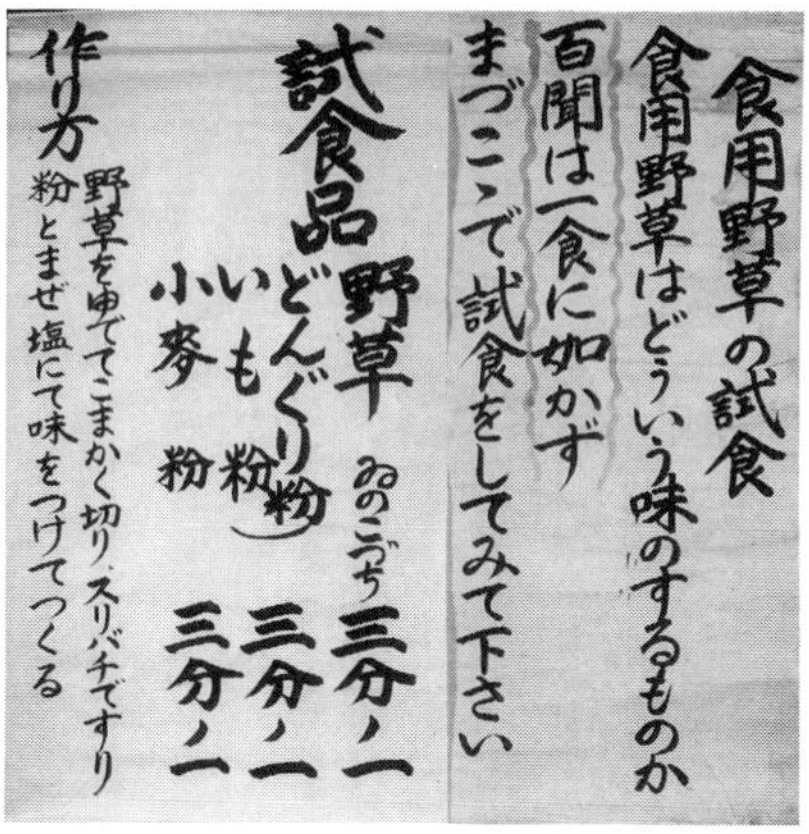

代用食 愛知県の食用野草調理説明

だいようしょく 代用食 日本人の主食は米であるという考え方から、米に代わる食品をいう。この用語が一般に用いられたのは、日中戦争から太平洋戦争にかけての食糧難時代である。戦前まで、代用食の利用は農山村に限られ、米の不足を補うため、雑穀類や大根葉などを増量材として使ったものを常食としていた。一方、都市では白米を常食していた。戦時下に食糧難が全国に及ぶと、国や地方自治体は、農山村の食生活の実地調査をしていた民俗学研究者の宮本常一や山口弥一郎に代用食・救荒食品の研究を委嘱している。戦時下の食糧難は、一九三九年(昭和十四)に始まる。この年、政府は、米の七分搗きと代用食の奨励をしている。一九四一年には、米の配給制度が実施された。国民一人当り一日二合三勺の配給は、この当時の主食依存型の食生活のもとでは十分ではなかった。翌年から、麦・サツマイモ・大豆が米の配給に混ぜられ始め、年を追うごとにその比率は増加した。一九四二年には野菜も配給制となり、都市生活者は、家庭菜園でカボチャなどを作ったり、近隣の農村へ買い出しに出かけた。大政翼賛会は、タンポポ、ハコベなどの野草の利用を各地の地方自治体とともに国民に推奨した。名古屋では、野草・ドングリ粉・イモ粉・小麦粉をまぜた代用食の試食会も開かれている。江戸時代の飢饉関係資料も出版された。代用食は、地域によっても個人によっても違いが大きいが、小麦粉やイモ類・カボチャを加工して食べることが多かった。小麦粉の団子を汁に入れた水団がその代表的な食物であった。敗戦の前後には、イモの蔓やミカンの皮・茶殻・ワラビなどの草木の根まで粉にして食べた。戦時下の小麦の増産と代用食の体験は、今日のパンや麺類の消費量の増加を促した一因ともいわれている。

参考文献 宮本常一「日本における食事情の変遷」(『宮本常一著作集』二四所収、一九七七)、高木和男『食と栄養学の社会史』二、一九七八、安達巌『パン』(「ものと人間の文化史」八〇、一九九六) (松本 博行)

たいようしんわ 太陽神話 太陽をめぐる神話。どの民族にも何らかの太陽についての神話がある。太陽の起源神話には㈠地上から投げ上げられた物体が太陽になった、㈡地上の人間が死んで太陽になった、㈢最初の巨人の目が太陽になった、の三種がある。『古事記』に伊邪那岐命《いざなぎのみこと》が黄泉《よみ》国から帰って禊をしたとき、左目を洗うと天照大神《あまてらすおおみかみ》(太陽)、右目から月読命《つきよみのみこと》(月)が生まれたとあるのは㈢形式の変種である。太陽の運行神話には、太陽が鳥として、舟に乗って、馬車に乗って運行するの三種がある。福岡県浮羽郡吉井町の珍敷塚《めずらしづか》古墳壁画の舟は太陽の舟とみなされる。はじめ多数の太陽が存在していて暑くて困ったため、ある英雄が射落として一つにしたという射日神話が中国を中心に分布している。垂仁天皇の時八つの太陽が出たのでこれを射落としたなど、日本各地にも類話がある。ポリネシアには速すぎる太陽の運行を遅らせ

た神話があるが、日本では太陽を招き返した湖山《こやま》長者伝説がある。日食の起源神話には㈠怪物が太陽をのみこむ、㈡太陽が病気になる、㈢太陽と月が夫婦で、二人が性交したりけんかするためなどの諸形式がある。東南アジア大陸部には太陽と月は兄弟(姉妹)で、その下に悪い弟(妹)がいる。上の二人は死後太陽と月に、下の弟は怪物になった。日食はこの弟のために起るという㈢の変種がある。日本の天岩屋戸神話はこの形式に入る。太陽の精気に感じて懐胎した母から始祖や英雄が誕生する日光感精説話が、満蒙・朝鮮・日本・沖縄・オセアニアに見出せる。（依田千百子）

[参考文献] 松前健「日月の神」(『講座日本の古代信仰』二所収、一九七九)、吉田敦彦『天地創造神話の謎』(「古代学・ミニエンサイクロペディア」六、一九八五)

たいようすうはい 太陽崇拝 人間の生活に重要な光源・熱源である太陽に対する信仰のこと。これをもつ民族は数多い。太陽信仰には日の出に向かって手を合わす何げない行動から、発達した太陽崇拝までさまざまな段階のものがある。太陽崇拝はアイヌやツングース族など採集狩猟民にも見出せるし、中央アジアから北アフリカにかけての遊牧民の聖火崇拝は、太陽信仰と結合している。太陽崇拝が最も盛んなのは古代エジプト、古代インカ、現在ではインドのドラヴィダ族、東部インドネシアなどかなり高度に発達した文化をもつ民族であり、そこでは王権と太陽崇拝が結合している。太陽の女神天照大神を皇室の祖神とする日本はその一例である。エジプトの神王ファラオは太陽神ラーの子であり、ファラオの肉体はミイラとして保存されたのち、再び蘇るとされたのも太陽の不死性による。インカ帝国の王権も太陽崇拝と密接な関係をもっていた。太陽は王家の祖先神とみなされていたし、インカ帝国は征服した諸民族にも太陽崇拝を強制した。インカの支配領域のいたるところに太陽神の神殿が建てられたが、首都クスコの太陽神殿では太陽は巨大な黄金の円盤で表わされていた。インカ王は父なる太陽から休息に招かれるだけで、決して死なないと信じられていた。このような太陽崇拝では、太陽は全能者であり、人間を指導し、裁く存在である。日本人は古くから日輪崇拝の念が強かった。古代神話の天照大神は太陽神として崇拝されてきたが、民間には異系統の太陽神が崇拝されていたらしい。太陽のことを俗語でオテントウサマ・天道様・日天様などという。長崎県対馬では天童地、シゲという聖地が各地にあるが、それらは太陽信仰によるテントウさんの遥拝所・祭場だった。天童(法師)は母が日光に感じて生まれた子という日光感精説話が伝えられている。古代日本では、皇室以外の諸豪族で太陽を祖先とするものが少なくなかった。天照御魂神を奉ずる尾張氏や対馬氏などはその典型であるが、これらはやがて皇室の系譜に組み入れられるに際し、そうした観念は除去され、あるいは天照大神の事蹟の中に吸収されてしまった。天岩屋戸神話は皇祖神の鎮魂祭の儀礼と結びついているが、民俗的な太陽復活祭にもとづいている。太陽神に関する祭祀は現在ほとんど残っていないが、正月に初日の出を拝むこと、彼岸の社日参り、お日待ち、日の伴、天道念仏、天道花、お火焚神事などの行事の中に痕跡を残している。また入日を招き返したと伝える湖山《こやま》長者の話や田植え女の話、またはその遺跡と伝える日招壇、日招岩などはかつての太陽祭祀を物語るものであろう。関東地方に広く分布する新春の弓祭おびしゃでは、三本足の烏または烏と兎を一対とした的を射るが、この烏と兎は太陽と月を表わし、射日神話と関連する。おびしゃは、三重県鳥羽市神島のゲーター祭で日輪を象《かたど》った木製の輪をたたき落とすのと同様、太陽の死と再生を象徴するもので、村落の時間と秩序の更新を意味している。

→天道信仰《てんどうしんこう》

[参考文献] 三品彰英『(増補)日鮮神話伝説の研究』(「三品彰英論文集」四、一九七二)、松前健「日月の神」(『講座日本の古代信仰』二所収、一九七九)、大林太良「太陽と火」(『日本民俗文化大系』二所収、一九八三)、萩原法子「弓神事の原初的意味をさぐる―三本足の烏の的を中心に―」(『日本民俗学』一九三、一九九三) （依田千百子）

タイラー Tylor, Edward Burnett 一八三二―一九一七 イギリスの文化人類学者。進化論によって未開および古代社会の研究を行なった。一八八四年にオックスフォード大学人類学講師、一八九六年から一九〇九年まで初代人類学教授をつとめ、その間の功績により「文化人類学の父」と称される。タイラーは、人の心性の基本的同一性を認め、それによってさまざまな文化の比較が可能であると考えた。さらに、遺制としての文化要素を用いて先行する文化を再構成できるとする「残存」の概念を適用して、人類の文化全体の進化発達を段階的に論じようとした。『原始文化』(一八七一)の中で定義された総合的な「文化」の考え方は、人類のさまざまな文化を経験的にとらえて比較する際に有効な基礎概念として、現在に至るまで教科書などに引用されることが多い。宗教の基本に霊的存在への信念をおき、それにアニミズムという術語をあてたことは、人類学的な宗教研究に多大の貢献をした。統計的手法による社会制度間の相関関係の研究は、通文化的研究法の先駆をなすと評価されている。タイラーの著作で使われた研究方法と分析概念・術語は、当時の学問の世界の主流である進化論に沿うもので、現在はさまざまな批判を受けるが、人間の文化と社会の科学的な比較研究を意図していた点では、現代的な現地調査による実証的研究に通じるものを含んでいるといえよう。なお、『原始文化』は一九六二年(昭和三十七)に翻訳(比屋根安定訳)され、ほかに『文化人類学入門』(星野恒彦・塩田勉他訳、一九七三)がある。（小川 正恭）

だいりき 大力 牛馬を片手で持ち上げるなど人並み外れた力を持った人物の総称。昔話の力太郎、世間話では実在の人物とする大力が登場するが、ともに性格が愚直で、土地・田畑を持たない貧しい家の出である点が特色である。このことは大力の家筋がムラの中で特殊視され、差別の対象となっていたことを物語っている。そしてその背景には大力に対する人々の憧憬と畏怖の念とともに大力の根源を信仰に求める強固な意識の伝承があった。

参考文献　宮田登『民俗宗教論の課題』、一九七七、松本孝三「大人伝承の系譜―南山城の「森のズンドウボウ」をめぐって―」(『立命館文学』五五二、一九九八)

(小堀　光夫)

たいりょういわい　大漁祝い　漁業において、通常の漁獲量より特異的に多く漁獲された際に行われる祭や儀礼。その方法は、漁撈形態、対象魚種などによって異なる。漁撈儀礼は、漁の開始を祝う前漁儀礼、初捕りを祝う初漁儀礼、漁の終了を祝う終漁儀礼などの定期的な儀礼と、豊漁祈願など漁獲状況の推移に応じて行われる不定期的な儀礼とに分けることができる。定期的な漁撈儀礼は時間的に固定化されており、一年間ではほぼ一回性をもつのに対し、不定期的な儀礼はその出現する時間が流動的で、さらに状況の推移次第では複数回、連続的に行われることもある。大漁祝いは、本来的にはこの後者の不定期的な漁撈儀礼である。たとえば岩手県宮古市津軽石川では、鮭が一日に百尾捕れるとヒャッポンイワイ、三百尾でサンビャッポンイワイ、千尾でセンボンイワイといって、大漁の時にはそのつど漁師たちに祝儀がふるまわれている。また、沖縄県宮古島の平良《ひらら》市では、カツオ漁一回の漁期で一万尾以上釣り上げると大漁祝いが行われていた。この時、魚の形をした菓子を船の上からまき、さらに木製のカツオの魚形でカツオ釣りの模擬儀礼を行う。大漁祝いは漁の総決算時、すなわち終漁儀礼として行われることもある。この儀礼をマンイワイ、マイワイ、マンゴシイワイと呼ぶ地方は広く分布し、千葉県安房郡千倉町では、豊漁の年には漁期の最後にマンイワイを行い、赤手拭と背中に縁起の良い絵柄を施した万祝着《まいわいぎ》を、船の乗り子たちに贈っていた。これらの儀礼の名に付いている「マン」「マ」という語は、豊漁祈願マンナオシの「マン」などと同じく運を意味する言葉と考えられる。

参考文献　関敬吾「漁撈と祝祭」(柳田国男編『海村生活の研究』所収、一九四九)

(菅　豊)

たいりょうぶし　大漁節　大漁の時の祝い唄。大漁唄・大漁祝い唄ともいう。大漁祝いの席でうたうばかりでなく、大漁の帰りに大漁旗をなびかせ港入りする時に櫓を漕ぎながらもうたった。また出漁の前にうたった豊漁の予祝唄としての大漁節もある。沿岸各地でうたわれ、広義の船唄に属する。よく知られる大漁節に「銚子大漁節」「大漁唄い込み」がある。港名をつけた大漁節は多いが、「銚子大漁節」は特に有名。千葉県銚子港一帯でイワシの大漁の時にうたわれてきた大漁の時に、網元らが作った数え唄に三味線伴奏の節をつけたもので、揃いの万祝《まんいわい》(大漁の万祝で配る引出物の着物)姿の踊りもついて盛大に披露した。やがて全国に広まり、大漁節の代表格となった。太鼓や笛ではやし、威勢がよい。九十九里浜地方をはじめ各地に替え唄が作られた。「大漁唄い込み」は宮城県から岩手県にかけた沿岸にうたわれてきた大漁節であるが、一九二七年(昭和二)ころに「ドヤ節」「斎太郎節」「遠島甚句」の三曲を組み合わせて「大漁唄い込み」とした組唄が全国的に有名になった。「ドヤ節」は元来出漁の時に大漁を願ってうたった予祝唄といい、「斎太郎節」は松島湾沿岸の漁師が、カツオの大漁の時港を目指して櫓を漕ぎながらうたってきた祝い唄であり、「遠島甚句」は酒宴の酒盛り唄としてうたわれてきた。今日では「ドヤ節」を省いた組み合わせが一般的である。なお、同じ大漁でも水揚げが千両を越えた時にうたったという大漁節(佐賀県唐津地方の「千越祝唄」)など地方によっては特別な大漁節もあった。

参考文献　竹内勉『うたのふるさと―日本の民謡をたずねて―』、一九六九

(大貫　紀子)

だいろくてん　第六天　第六天の魔王のことで、他化自《たけじ》在天《ざいてん》ともいい、仏法に仇をなす邪神。欲界の第六天の主で、眷族を率いて人の善心を害して世を乱し、仏教に仇をなしてその信仰を妨げるという。他化自在天という別称は、他の天がもたらした楽を奪って、自由自在に振舞うことから来ている。日蓮は、教説の中で第六天の魔王について繰り返し述べ、さまざまに姿を変えて現われて仏法を妨げると説く。『兄弟抄』には、「第六天の魔王が妻子の身に入って親や子をだまし、国王の身に入って法華経の行者を脅す」といい、日蓮が『法華経』の伝道にあたって激しい法難を蒙るのは、第六天の魔王の仕業であると糾弾している。「天魔」「天魔破旬」とあるのも、第六天の魔王とその眷族を指す。日蓮の没後、弟子たちは第六天の魔王について触れることはなかった。第六天をまつる寺院や神社は、房総をはじめ関東地方に分布していて、その本山は山倉の観福寺(千葉県香取郡山田町)という真言宗の寺院である。この観福寺では、馬に乗って両刃の剣をかざした第六天の木像を秘仏の本尊として崇め、毎年十二月七日には大勢の参詣者があって、本堂では護摩を焚いて祈願を捧げる。この寺はお鮭の寺ともいい、栗山川から上ってくる鮭を塩漬にしたものを黒焼きにして、護符とともに出している。これを服することによって招福攘災を祈る。祈禱札には第六天の像や観音の姿が刷ってある。かつては信仰の講社が盛んで、縁日にはお籠りする信者も多かったという。観福寺の近所には山倉大神がまつられていて、近世までは神仏混交であったという。第六天の信仰は地域的なもので、全国的な広がりは持たなかった。

(中尾　堯)

たうえ　田植え　苗代で育てた稲苗を田に植えること。広義には苗代からの苗取りや代掻きなど、苗植えに伴う一連の作業を含む。北陸から東北地方ではサツキ、近畿地方ではシツケ、関東地方などではウエタともいい、稲作の過程でもっとも重要かつ労力がいる作業の一つであ

人力で苗を補植

田植え機による苗入れ

山間部の田植え（山口県）

田植えをする女性（茨城県）

る。田植え時期は、現在では奄美・沖縄地方以外はおおむね五月上旬から六月中旬の間で、寒冷地方ほど早く行う傾向にある。しかし、稲の品種改良や苗代様式・灌漑施設などの改善が進むまでは、現在より半月から一ヵ月遅く、旧暦でいえば五月中・下旬が盛時だった。気候が異なる鹿児島県奄美では旧暦二、三月、沖縄では旧暦十二月に田植えを行なった。五月のことをサツキというのは、この月が田植え月だったからである。田植えの開始はコブシの開花、山の残雪の形など各地方ごとに目安になる自然現象が伝えられたり、暦の十二支で吉日を選んだり、苗忌みといって苗代に播種をした日から三十三日・四十二日など一定日数が過ぎてから行われた。田植え終いについても、半夏《はんげ》半毛・半夏半作などといって半夏生を目安にしたり、神社の祭などを目標とした。田植え作業は、動力田植え機が普及する以前はすべて手植えで、その方法は、明治時代後期以降は正条植えが警察権力を背景としながら強力に普及され、全国的に平準化されていった。しかし、正条植えが一般化する前は、一文字植え、ころび植え、廻り植え、車田植えなど各地にさまざまな植え方があったし、九州地方ではモンツケなどといって稲苗の根に肥料を付けて植える方法、東北地方などには苗代田には田植えをしない通し苗代の慣行もあった。こうした推移をたどる一方、田植えにあたっては水田状況などへの適応が技術伝承として伝えられている。たとえば稲苗に冷たい灌漑水が直接当たらないように、田の畦の内側に小水路を造り、水口から入る水をここで暖めてから田に引くことは各地で行われたし、東北・中部地方では水口に冷水に強いヒエを植えた。水が多い湿田では通常より長い稲苗を作って植えることも広く行われた。田植え作業で注目されるのは、男女による作業分担が決まっていたり、手植えの時代には他家などとの共同や互助が顕著だったことである。また、田植え開始時には初田植、終了時にはサナブリなどという儀礼があるとともに、作業自体にもさまざまな禁忌伝承があって、神祭的色彩が強いのも特色である。田植えの共同・互助は、灌漑水との関係で適期が限定されることによっており、これには大田植のように本家・親方百姓の田植えに分家や子方が賦役的に参加する場合と、モヤイ・ゆいのように近隣や親戚が対等の立場で行う場合がある。また、別に旅早乙女など、他所からの出稼者を雇う慣行も各地にあった。男女の分業では、女が苗代からの苗取りと苗植え、男が代搔きと苗運搬を行うのが一般的で、特に苗植えを行う女性を早乙女と呼ぶところは広い。→植《う》え田《た》 →車田《くるまだ》 →皐月《さつき》 →正条植《せいじょうう》え →田植《たう》え法《ほう》 →苗取《なえと》り

参考文献 有賀喜左衛門『村の生活組織』(『有賀喜左衛門著作集』五、一九六八)、早川孝太郎「稲作の習俗」(『早川孝太郎全集』七所収、一九七三)、野本寛一『稲作民俗文化論』、一九九三

（小川 直之）

たうえうた 田植え唄 田植えの作業でうたわれる仕事唄。皐月節・早乙女唄ともいう。かつて田植え唄は単なる仕事唄ではなく、田の神に祈願する神事的要素をもっていた。すなわち、広島・島根の中国山間部に残る囃し田(大田植・花田植とも)は古い田植えの形式を残しており、田植え唄が作業の能率をあげるためばかりでなく、稲の豊作を田の神に願う神事儀礼の唄でもあったことを伝える。そこでは、田の神迎え唄・朝唄・昼唄・晩唄・田の神送り唄など、時刻にあわせて決まった唄がうたわれる。田の神ともいわれる音頭取りが作業の采配をし、苗を植える早乙女たちと音頭取りが掛け合いで田植え唄をうたい、青年男子たちが大太鼓・小太鼓・笛・ささら・鉦などで賑やかにはやす。音頭取りは歌詞やテンポの緩急を選択し、早乙女はそれに合わせてうたい、苗を植える。歌詞は五五調・五七調・七七調・七五調やその変形で、それらに対応する曲節がある。この囃し田の田植え唄には江戸時代初期ころに記録した歌詞集『田植草紙』が残されている。今日一般に残る田植え唄は近世の七七

七五調が多く、歌詞も作業の辛さを紛らすための、信仰を離れた内容が少なくない。楽器も使わない。ほかに、豊作祈願で行われる民俗芸能の田植え踊りや田遊び、神社のお田植祭にも田植え唄がうたわれる。田植え唄は長い歴史をもつ貴重な民謡であるが、今日では作業の機械化により、通常はうたわれなくなった。

参考文献 田唄研究会編『田植草紙の研究』、一九七二、渡辺昭五『田植歌謡と儀礼の研究』、一九七三、内田るり子『田植ばやし研究』、一九七八、竹本宏夫『田植歌の基礎的研究―大山節系田植歌を主軸として―』、一九八二　（大貫　紀子）

たうえおどり 田植え踊り　主に宮城・岩手県など東北各地で伝承される正月の予祝芸能。同種のものに春田打やえんぶりがある。春田打は岩手県北上市江釣子に伝承され、田遊びの一種で春の田起しから秋の稲刈りまでの一連の農作業を模擬的に演ずる。えんぶりは青森県八戸地方を中心に岩手県北部でも行われる。ほかに東磐井郡平泉町の毛越寺延年で舞われる田楽躍がある。これらに対し、北上川流域や仙台市周辺に分布する田植え踊りは、田遊びが近世において一段と風流《ふりゅう》化したもので、舞踊的要素を取り入れて娯楽性を高めているが、小正月の予祝儀礼と結びつき、田の神の出現など信仰行事的な要素を強く保っているものが少なくない。仙台市の秋保《あきう》田植え踊りは、現在では秋保神社の祭礼(九月十六日)に演じられるが、古くは旧正月から二月にかけて春田植と称して家々をまわり、座敷などで踊った。弥十郎の口上に続き、花笠をかぶった早乙女が入羽・一本そぞろぎ(一本扇)・鈴田植・二本そぞろぎ(二本扇)・銭太鼓・手拍子・ぢぢ田植・腰ふり・太鼓田植・上りはかなどを踊る。福島県双葉郡浪江町の津島田植え踊りは、小正月に神社や寺院に奉納し、家々をまわり、座敷で演じられる。鍬頭・種おろし・太鼓・ささら・五月女が種おろし・より返し・刈取り・稲こき・籾すり・あがりの順で踊る。岩手県の田植え踊りは、庭(土間)や戸外で踊る庭田植、座敷で踊る座敷田植がある。庭田植は県南部や遠野地方などに分布し、座敷田植は稗貫地方以北の岩手県中央部に分布する。さらに地域ごとに大別できる。㈠中部型は、県中部の岩手郡岩手町から花巻市に分布し、座敷田植で、早乙女の笠ふりと間をつなぐ中踊りが中心。一八という道化(実は作業の取締役)が活躍する。一八の女房が陣痛を起してあわてる場面は、稲の穂ばらみに照応させた呪的笑劇といえる。三番叟・狂言・万歳・はやし舞なども複合されている。紫波《しわ》郡紫波町の山屋田植え踊りなどがある。㈡和賀型は、北上和賀地方に分布し、庭田植で、各曲目の踊りに先立って、エンブリスリと弥十郎が口上を述べる。輪踊りが中心で、踊子はドドリ(小太鼓)とアヤトリ。間《あい》狂言・万歳なども行う。北上市の荒屋田植え踊り、切留田植え踊りなどがある。㈢胆沢型は、胆沢地方に分布し、庭田植で、仰々しい装束のエンブリスリ(旦那)と弥十郎が口上を述べた後、カッコ(小太鼓)とヤッコ(鳥毛槍)が二列で踊る。中入りに各種のはやし舞を行う。胆沢郡胆沢町の都鳥田植え踊りなどがある。㈣気仙・東磐井型は、気仙地方から東磐井地方に分布し、庭田植で、孫蔵の口上で早乙女太鼓ぶちが二列で踊る。大船渡市の菅生田踊りなどがある。㈤その他、別趣の型として江刺地方や遠野地方の田植え踊りがある。契約会(若者組)が主宰する田植え踊りも多く、北上市の煤孫中通り契約会では道普請や屋根替えなどの生活互助・夜警などの活動のほかに、小正月は田植え踊り、夏はひな子剣舞を伝承してきた。

→えんぶり　→田遊び《たあそ》　→庭田植《にわたうえ》　→春田打《はるたうち》

大沢田植え踊り（岩手県滝沢村）

参考文献 森口多里『岩手県民俗芸能誌』、一九七一、門屋光昭『淡路人形と岩手の芸能集団』、一九九〇、本田安次『田楽』一(『本多安次著作集』八、一九九五)　（門屋　光昭）

たうえざかな 田植え肴　農民が、田植え期間中に食べる魚のこと。魚種は所によりさまざまで、南九州では鯨を使う例も見出されているが、共通の特徴は山間地においても必ず海水魚が用いられることである。信州下伊那郡遠山郷(長野県下伊那郡南信濃村)ではこの時出される干した小魚を田作りと呼ぶが、田植え肴の由来を暗示する事例として注目されている。田植えは、元来神事としての色彩が濃いものであった。神事であれば、当然のこととして物忌あるいは精進の期間が設けられる。しかし、そのままの状態では実生活としての田作りの労働に入ってゆくことができないため、これを落とす意味を籠めて海水魚が食されたのである。遠山に残された呼称は、この間の経緯を象徴的に物語るものといえるだろう。田植え肴は、時季になれば魚売りによってもたらされたが、搬入を大仕掛けに行なった例として知られるのは五月船である。これは、飛島(山形県酒田市沖)の住民が、対岸の庄内や秋田県由利郡の農村の田植えの直前に、船に海産物を満載のうえ、日を決めて一斉に出帆し、一万余戸に上る得意先廻りをするものであった。米と交換したが、実際に米を貰うのは秋の収穫期である。その時出す船は秋船と呼ばれ、時季の海産物も持って行くが、主眼は決済にあった。五月船の大規模な展開は、田植え肴が稲作労働の開始を告げる重要な要素であるのを示す、象徴的な事例と位置づけられる。↓魚《さかな》売《う》り ↓五月船《さつきぶね》 ↓年《とし》取肴《とりざかな》

参考文献 柳田国男「食物と心臓」(『柳田国男全集』一七所収、一九九〇)、北見俊夫『市と行商の民俗―交通・交易伝承の研究(二)―』(「民俗民芸双書」、一九七〇)

(胡桃沢勘司)

たうえじぞう 田植え地蔵 地蔵菩薩が田植えを手伝ってくれたという伝説。愛媛県喜多郡長浜町では次のように伝えている。ある百姓が、田植えが終らないうちに日が暮れたので、苗をそのままにして家に帰った。ところが、翌朝田に来てみるとすべて植えてある。日頃信心しているお地蔵様にお参りに行くと、お地蔵様の足に田の泥がついていた。夜のうちにお地蔵様が田植えをしてくれたことを知った百姓は、その田を地蔵尊に寄付したという。田植えにかぎらず、地蔵菩薩が農作業の手助けをした話は多い。群馬県吾妻郡吾妻町では、田掻きができずに困っていると、どこからともなく小僧がやってきて鼻取りをしてくれた。仕事が終ると小僧は姿を消すが小さな泥の足跡が地蔵堂までつづいていた。この話は「田掻き地蔵」とか「鼻取り地蔵」と呼ばれている。ほかにも、草取りを手伝った「草取り地蔵」、旱魃のときに田に水を引いた「水引き地蔵」の伝説が知られている。地蔵信仰が庶民のあいだに深く浸透していた実態がうかがえる。人々の苦しみを救済する地蔵信仰が広められていく過程で、こうした話が喧伝され土地に根づいていったのであろう。田植え地蔵は鎌倉時代の仏教説話集である『地蔵菩薩霊験記』や『宝物集』にみえており、近世の地誌類などにも書き留められている。地蔵菩薩ではないが、『古本説話集』六七には、田植え観音の話が収められている。

参考文献 桜井徳太郎編『地蔵信仰』(「民衆宗教史叢書」一〇、一九八三)

(常光 徹)

たうえじょうぎ 田植え定規 正条植えをするため水田に苗を植える位置を決める定規。一間ほどの横板に筋付け用の棒を等間隔に配したもので、これで田面に縦横筋を引き、その交点に苗を植える。田植え機の登場まで西日本を中心に広く一般的に用いられた。正条植えのためにはこのほか、縄・枠(転がし)・線引き(馬引き)があった。

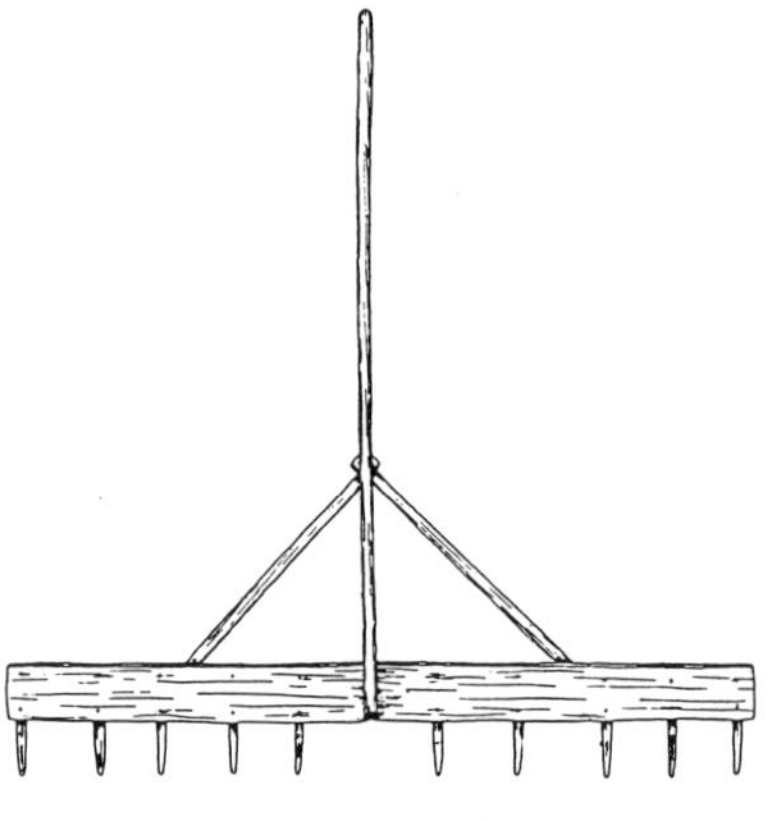

田植え定規(『御殿場市史』別巻1より)

参考文献 和田一雄『田植の技術史』、一九八七

(中山 正典)

たうえづな 田植え綱 正条植えのため水田に苗を植える位置を決める綱。麻で編んだ綱で、等間隔に結び目を付けただけの綱である。この綱を畔の両側で引っ張り、結び目を目印に苗を植えて行くと、整然と稲の苗を植えられる。大原幽学が指導したものと伝えられたり、遠江国長上郡天王村(静岡県浜松市)で嘉永年間(一八四八―五四)に報徳思想啓蒙時に導入されたものと伝えられる。近代に入り、除草機の普及により、全国的に広がる。田植え機導入前一九五〇年(昭和二十五)―五五年、東海・関東・近畿を中心に約五割の農家でこの綱による正条植えが行われていた。

参考文献 和田一雄『田植の技術史』、一九八七

(中山 正典)

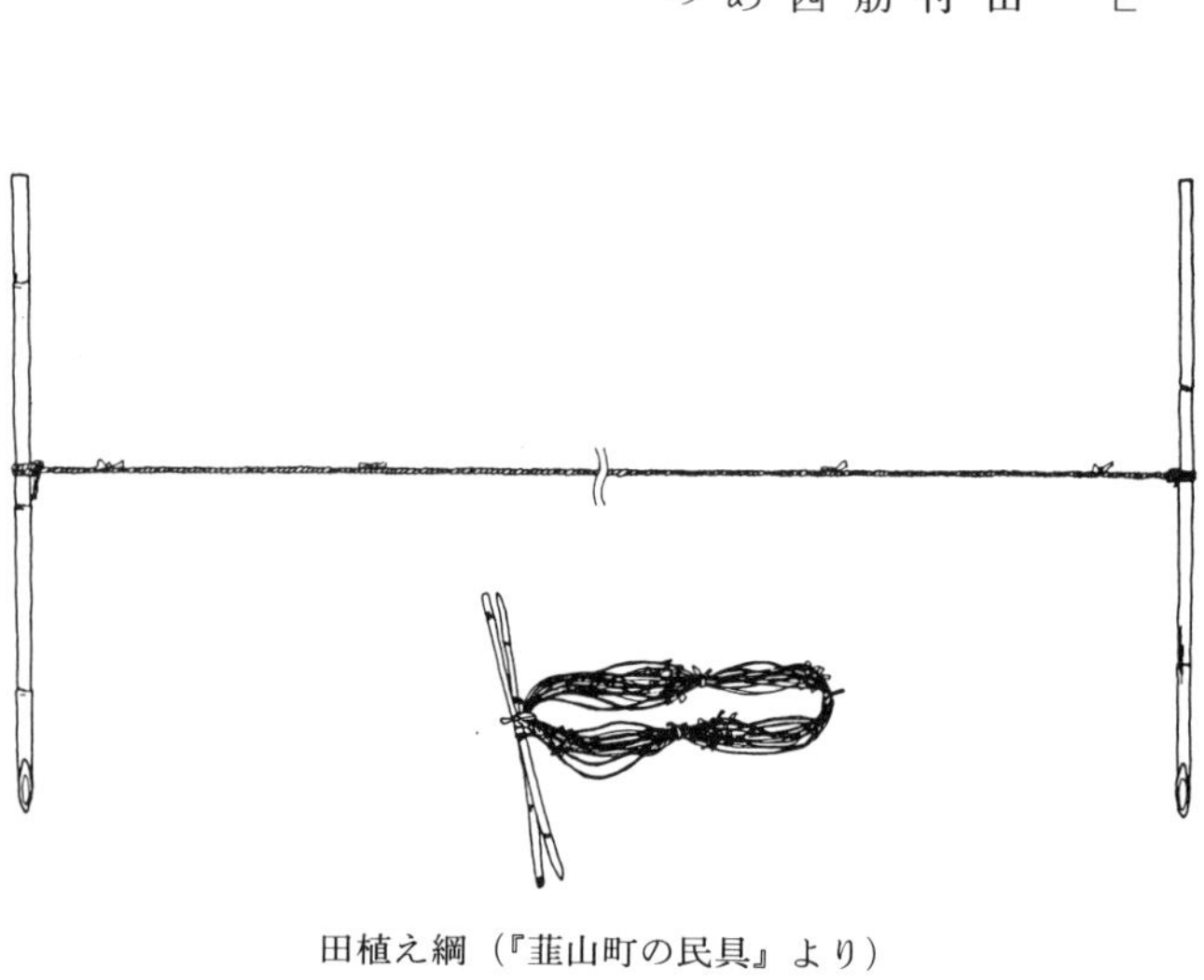

田植え綱(『韮山町の民具』より)

たうえほう 田植え法 稲苗を田に植える方法。これには、明治時代以降、大きな二つの変化を認めることができる。一つは、一八九六年(明治二十九)の害虫駆除予防法や一九〇三年十月の農商務省諭達などに基づいて正条植えが広められ、次第にこの方法が一般化したことである。すでに遠江では江戸時代末に二宮尊徳の門下生や報徳社によって縄張定規植えの普及が計られていたが、正条植えが全国的になるのは明治時代末以降だった。これは植えた稲株の縦横の列が揃うように、一定間隔に縄を張ってそれを基準として植えたり、田に引いた筋を目安に植える方法であった。これ以前の苗植えの方法には、

一文字植え・ころび植え・廻り植え・ぐの目植え・やたら植えなど、各地にさまざまな方法があったが、正条植えだと手動除草機の田打車が使いやすいこともあって、この方法が急速に広まった。もう一つの変化は、一九六〇年代以降の動力田植え機の普及であり、これによって稲苗の手植えは、一部の棚田や谷田と、田植え機では植えにくい田の隅で行われるだけとなり、苗植え作業の省力化が進んだ。苗作りを苗代から田植え機専用の箱に変えることで、苗取りと苗植えを行う早乙女が必要なくなり、さらに苗を束ねた藁輪の中に稲苗を植え込んではいけないといった、苗植えの禁忌伝承も希薄化するなど、稲作に対する考え方全体が変わったといえる。

参考文献 早川孝太郎「稲作の習俗」(『早川孝太郎全集』七所収、一九七三)、農業発達史調査会編『日本農業発達史(改訂版)』二、一九七八
(小川　直之)

たうち 田打ち 春先から代掻きまでの間に水田を鍬でもって耕すこと。狭義には春先の田での鍬を用いた荒起しをさす。機械化以前には春先の田では鍬で何度か耕起した。十七世紀後半の『百姓伝記』には彼岸が過ぎたら、二度耕すとし、一度目は深く起し、その起した土塊を砕いておき、再び起し、次はより細かく砕土しておくことが記されている。タウナイというと荒起しを指す地方(静岡県中・東部)もあり、タウチは荒起しを指す地方が多い。近世農書の中では、荒起しから砕土までの鍬を用いた田の土を起す作業全体を体系的に論じているものが多い。春先の田での起耕作業で用いられる農具は鍬が中心であるが、鋤、あるいは牛馬耕である犂も全国的に用いられてきた。鍬は、荒起し一つとっても地域によって、時代によって、土質によってその形態が異なった。『農具便利論』(一八二二)に「鍬ハ国々にて三里を隔ずして違ふものなり」というように、その土地土地で形態の違ったものがあることは知られている。大日本農会が編んだ『日本の鍬・鋤・鎌』には、全国の鍬がその用途、地域別に示されている。田打ちの鍬も示されているが、その多様な形態をみることができる。近年、近世農書内の鍬と民具の鍬の形態を比較しながら鍬の形態と機能との関係を探る試みも提出されている。田打正月は全国的に見られる正月の予祝行事である。一月十一日に行う地方が多いが、この日に田に出、田打ち初めとして、焼米などの供物を供え、模擬的に鍬で田を起す所作をするものである。田打ちは、民俗芸能においても予祝芸能である田遊びにおいて、田の豊穣を祈る象徴的なものとして、他の演目が時代の流れとともに脱落する中で、よく伝承されている。
(中山　正典)

たうちしょうがつ 田打正月 年頭に行われる農耕の予祝儀礼。正月十一日に行われることが多い。近年は、正月二日や四日に行う地域が多くなってきて、ウチゾメとか鍬入れなどと呼ばれている。正月十一日を田打正月と称している地域は、兵庫県の北部から鳥取県・島根県の中央部までとびとびに分布している。一方、静岡県榛原郡あたりでは、田打初めあるいは田打講といい、田の稲株を打ち起して、カヤに切紙をつけたものを松とユズリハの小枝とともにそこに挿して、飾りの餅の小片を供えて豊穣の祈願をした。一般的には、この日に田や畑に鍬を入れて土を起し、竹や松・ユズリハなどを挿している。これらの木は神の依代と考えられ、これに供物をあげるところも多い。福島県いわき市では正月十一日の田畑に初鍬を入れる式をノウダテ(農立て)といい、年男の役目の一つにしている。また、福島県あたりでは十一日にはじめて田畑の神をまつり、餅や米を供える。それを早・中・晩稲と定めて三ヵ所に置き、最初に鳥が喰ったものをその年に播種する。一種の年占を行なっている。鳥取県日野郡では家の中でいろいろな田遊びを行い、松を地面に立てて祝った。石川県鳳至郡では、雪の深い土地は屋外の儀礼を制限して、たとえばこの日に食べた雑煮餅の数を田にたとえ、七枚の田を打ったなどというところもあった。これらの儀礼は仕事始めの一種であるが、最近では消えつつある習俗である。 →鍬《くわ》入《い》れ

参考文献 酒井卯作『稲の祭』(「民俗民芸双書」、一九五八)、倉田一郎『農と民俗学』(同、一九六九)、早川孝太郎「農と祭」(『早川孝太郎全集』八所収、一九八二)
(鈴木　通大)

たうど 田人 本来は田植えで働く男女の全体の呼称。とうどともいう。『田植草紙』に「けふのとうどに米千石をかしいた」(二十九番)、「けふのとうどに酒をまいらせうやれ」(四十五番)、「酒をのふてはなんほうとうどかいそうた」(四十八番)などとみえ、このことを示している。その後、若干概念が分化して使われるようになった。その一は、苗取り・田植えをする女性に早乙女《さおとめ》の称が独立して用いられるようになり、田人は男性の働き手を指すようになった。早乙女が腰をかがめての仕事が多いのに対して、男性は、代掻《しろか》き・えぶりつき・囃子方・苗運び・苗配りなど立仕事が多く、立人《たちゅうど》・立男《たちおとこ》とも呼ばれ、これと関連して説かれる。その二は、田植えの日雇のものを呼ぶ場合で、「とうどに行く」などという。五月田植えに他所から働きに来る人を、さつきとうどと呼ぶ例がある。ゆいやマキなど田植え組内部の労働力に対して外部から雇い入れるものを指している。その三は、田仕事を意味する場合で、たとえば新潟県南魚沼郡では同族をマキといい、マキで行う日常の田仕事をとうどといっている。その四は、正月十四日の晩の田植えの予祝行事として餅を貰い歩く地域は多いが、その人をとうどと呼ぶことがある。 →早乙女《さおとめ》 →田植《たう》え →タロウジ
(藤井　昭)

たか 鷹 タカ目のタカ科やハヤブサ科など、鷹の類は、日本にも多くの種類が生息している。精悍で、飛翔力が強く、生きた鳥獣を捕食する習性を利用して、オオタカ、ハイタカ、クマタカ、ハヤブサなどを飼いならし、野鳥や小動物などを捕獲する鷹狩が、貴族や武家の間で古く

から愛好され、江戸時代まで盛んに行われた。武運長久などを祈って奉納した鷹図絵馬も多い。また、鷹の尾羽根は矢羽として珍重され、紋章などにもなっている。また、「一富士、二鷹、三茄子」といい慣わされ、鷹の夢は吉夢とされた。現在は、自然環境の変化に伴い、鷹類の中には、急速な減少が心配されているものもある。→鷹狩《たかがり》

(犬塚　幹士)

たかあし　高足　中世前期を代表する芸能であった田楽における演目の一つ。竹馬もしくは十字架のような棒に乗って演じる曲芸をいう。豆腐や蒟蒻を串に突き刺した田楽という食べ物の名称は、その特異な芸態に由来している。そもそも外来系の散楽における曲芸であったと考えられるが、初出史料は一〇九六年(永長元)の永長大田楽を記録した『洛陽田楽記』および『古事談』であり、一足とともに登場したことを伝えている。一方、『中右記』は永長大田楽に一足・二足が登場したことを記録する。各々の実態について従来も諸説が提出されてきたが、一足は一本の棒、二足は二本の棒に乗って曲芸を演じたものであり、高足はその総称であろう。だが、二足は子供の遊戯として現存する竹馬や鷺足を除けば、絵画史料などによってようやく数例を確認することができる程度であり、大半は一足であった。今日でも民俗芸能化した田楽の演目として各地で伝承されている。奈良市の春日大社や宇都宮市の二荒山神社における事例は芸態を象徴的に見せるだけであるが、茨城県久慈郡金砂郷村の西金砂神社における事例は一本高足といって、鬼面を被った高足力士が一本の棒に乗って飛びはねるものである。また、静岡県磐田郡水窪町西浦《にしうれ》の観音堂や兵庫県加東郡社町上鴨川の住吉神社における事例は一本の棒に乗って飛びはねるのみならず、もどきを伴っており、滑稽な所作などを折りこみながら演じられる。

兵庫県社町住吉神社の高足

参考文献　浜一衛『日本芸能の源流―散楽考―』、一九六八

(橋本　裕之)

たかいかん　他界観　人間の死後に霊魂が行く世界や神霊の住まいする世界についての観念。現世に対する他界で、あの世や異界ともいう。死後の他界は霊魂が肉体から分離して他界で存続するという霊肉二元観を基礎にしている。いわゆる両墓制の基礎になる霊魂観や、赤子が他界からの霊魂の再生と見做されること、霊魂が肉体から抜けると死に至るという見方である。ミタマ(死霊)は近くの山に登り子孫を見守り続け、正月や盆には家を訪れ、春秋の彼岸には供養を受けるなど、他界と現世は連続的で頻繁に交流すると信じられた。年忌供養を経て死霊は次第に個性を失い三十三回忌で弔い上げをしてカミ(祖霊)になる。山に葬地が設けられる場合もあったが、死霊の行く山として、恐山・月山・日金山・立山・朝熊《あさま》山・高野山・妙法山・弥谷《いや》山は名高い。これが山中他界である。『今昔物語集』に描かれた立山のように、平安時代以降は仏教の浄土教と習合して、山中に地獄や極楽浄土があるとされた。十～十一世紀に山中への納骨や納髪が始まり、骨とタマが山岳を介して結び付く。山岳は水源地で恵みをもたらし物を育む一方で、死霊が鎮まるという両義性を帯びた場となる。そこは神霊や仏・菩薩の居地とされ、修験道は山で擬死再生の修行や仏と一体になる即身成仏を願う峰入りを行なった。中世の熊野修験は海上に観音の浄土を想定し補陀落渡海で到達を目指した。これは海上他界である。記紀には高天原、黄泉国《よみのくに》、根の国、常世《とこよ》、妣《はは》の国、海神宮《わたつみのみや》などの他界が記され、山中や海上のほかに、天上や地下の他界もあり後世まで残る。山岳は天上と地上、洞窟は地上と地下、島は海上と地上を繋ぐ他界相互の接点の聖地となり、生死・善悪・正負の要素が同居する。琉球ではあの世をグショウ、海上他界はニライカナイやニーラスク、天上他界のオボツカグラを信じた。一方、観念上の他界に対して身近な場所に現実上の他界が設定される。自然界の山・海・湖・川・島・森・原野などを神霊の住む他界とし、接点である山麓・浜辺・湖畔・岬・峠・河原・村境・橋・坂・辻などを祭場とする。家でも便所や井戸は他界の入口とされた。山の神、海神、水神、荒神は境にまつられ、村境や辻には道祖神、塞の神、庚申、地蔵が多い。墓地も境界で賽の河原や三途の川と呼ばれる場所もある。辻や境はお盆の精霊の送迎、施餓鬼、念仏行事、虫送り、疫病送り、悪霊祓いが行われる。道切り、勧請縄掛け、大人形などで魔物の侵入を防ぐこともある。ムラの内と外が現世と他界に見立てられ、境に幽霊や妖怪が出現する。ムラの外には蓮台野や姥捨てと呼ばれる老人が置き去りにされる身近な他界もあった。内と外の境界は両義性を帯びて対立し相補する。外から訪れる漂泊民・芸能民・遊行者・鋳物師・木地師・乞食・聖・巫女・修験者は他界の属性を持ち異人と見做され、村内の定住民は畏怖と賤視、憧憬と恐れの感情を抱く。巫女は死霊を呼び出して生者と対面し、他界の実在性《リアリティ》を認識させた。漂泊民は境界に住みついて葬送儀礼に携わり差別視された。年の変わり目には他界から異形・仮装の来訪者が訪れる行事があり、本土では小正月、琉球では六月の豊年祭や九月の節という境界の時間に出現して祝福を与え、規範を諭して去っていく。これが折口信夫のまれびとである。一日のうちにも黄昏時《たそがれどき》や逢魔時《おうまがどき》など昼と夜の境の薄暮に幽霊や妖怪が訪れる時間があり、他界との交流が開かれた。他界は混沌に満ちた想像力の源泉で、現世を相対化して

生き方を再考させる機能を果たしていた。→来世観《らいせかん》

参考文献 柳田国男「海上の道」(『柳田国男全集』一所収、一九六九)、折口信夫「民族史観における他界観念」(『折口信夫全集』一六所収、一九七七)、桜井徳太郎編『聖地と他界観』(『仏教民俗学大系』三、一九八七)、谷川健一『常世論―日本人の魂のゆくえ―』(『講談社学術文庫』八九七、一九八九)、五来重『葬と供養』、一九九二

(鈴木 正崇)

たかいやま 高い山 四月のある一日、山麓の村人が近くの小高い山に上り、仲間と酒食をともにする行事。願いごとが叶うといわれている。日時・内容は地方ごとに差異がみられる。山形県南部の白鷹山は二市三郡に跨る山で頂上に虚空蔵尊がまつられているが、江戸時代末期から四月十七日には高い山といって麓の村々から夥しい群衆が登山参拝し、その賽銭は数個の叺《かます》に入れて運び下されたといわれている。蚕神として信仰を集めていたから、春蚕の掃立を前にして守護札やお守りにする桑の小束を買い求めるためであった。下山の途中、秋の精米時に使う籾打棒など取ってきたものである。山から遠い村村では、近くの山の神社や不動堂などの庭に筵を敷いて酒宴を張った。今は五月十三日に行なっている。四月八日を高い山の日とするところも多く、岩手県上閉伊郡ではオハナミといい、重箱持参で近くの小山に上り山巡りをする。新潟県刈羽郡では山へ行って藤の花を取ってくる。山から取ってきた花をタカハナ、テンドウバナ、ヨウカバナなどといい、高い竿の先に結びつけて立てる風が関西以西に見られるようである。長野県などではこの日を山の神の祭日とするところ、福島県いわき地方のように山の神と田の神との御座替えとするところなどもある。その内容はさまざまであるが、いずれの場合も山の神・田の神・蚕神・作神などとの関連が見られるので、やがてくる農繁期を前にして一種の神遊ばせをやって、その年の農作業の安全と豊作を祈念したものと考えられる。

参考文献 置賜民俗学会編『置賜の庶民生活』、一九六四、同編『置賜の民俗』(『日本民俗調査報告書集成』北海道・東北の民俗 山形県編六、一九九五)

(奥村 幸雄)

たかがみ 高神 下位の神霊や妖怪などに対して高次の神のこと、霊験あらたかな神のことなど、さまざまな神を指す。実態はきわめて複雑であり、その性格を統一的に説明することは困難である。岡山県美作地方では村の神々をタカガミとゲドウに分類し、狐や祟るだけのミサキの一群をゲドウと呼び、天照皇大神をはじめ氏神、地方の大社など、一般に神棚にまつられる神をタカガミと呼ぶ。備前地方では勢威のある神の総称として用いられる。宮崎県高千穂地方でも下位のヤブガミに対する上位の神のことをタカガミという。長野県南安曇郡では、厠の神がタカガミサマであり、虫歯が痛んだらそれに燈明をあげれば治るという。沖縄県の石垣島では厠の神はカムタカと呼ばれる尊い神であり、重い病気のときにこれに祈願すれば治るという霊験あらたかな神である。タカガミはまた産や死の穢れにうるさいという側面がみられ、愛知県日間賀島(知多郡南知多町)では男子は成長後、タカガミに参ることがしきたりになっているため、女子の産の忌は二十一日と短いのに対し、男子のそれは五十日と長い。新潟県西頸城郡能生町能生谷周辺では、タカとは薪などをおく二階のことで、正月二日にはそこにいるタカガミサマに主婦が供え物をする。高知県でも天井裏にまつる天の神やオンザキサマなどをタカガミと呼ぶことがあり、これらの事例は高い所にまつる神々もタカガミと呼ぶ場合があることを示している。

参考文献 和歌森太郎編『美作の民俗』、一九六三

(吉成 直樹)

たかがり 鷹狩 鷹を使って野鳥や小獣を捕獲する狩猟。放鷹ともいう。古く中国大陸から伝来したといわれ、古墳より鷹匠埴輪の出土例もあり、令制では主鷹司《たかのつかさ》が置かれるなど貴族の間で盛んに行われていた。のち、武家の愛好するところとなり、特に戦国時代から江戸時代に盛行した。将軍をはじめ諸大名にも好んで鷹狩を行うものが多く、鷹場が設けられ、鷹匠・餌差などの職が置かれるなど鷹狩の諸作法やしきたりも決められた。しかし明治以降、宮中に継承されたにとどまり、わずかに民間の各地に伝承された鷹狩習俗も、現在では稀少となり、鷹そのものも種類によって、絶滅が心配されるものもある。鷹狩に使われる鷹には、オオタカ、ハイタカ、ハヤブサ、クマタカ、イヌワシなど数種類。狐、狸、テン、兎、カモ、キジ、ウズラ、ヒバリなど捕獲する獣や鳥類は多種にわたった。猟に使う鷹は雄より雌がよいとされ、巣鷹といって幼鳥を捕えて慣らす方法が最もよく、成鳥を網や罠《わな》で捕りこれを飼育することも行われた。人に慣れさせ、鷹匠の甲手に据えることからはじめ、飛来、突っこみなどを覚えさせるため、繰り返し訓練を行う。猟期が迫ると給餌など鷹の体力の調整にも、細心の注意を払う。鷹匠は、四～五キロの鷹を、コテを着けた片手で支えながら山野を歩き、獲物を見つけると鷹を放つ。現在、鷹狩を継承する人は、鷹の保護規制などもあって、きわめて少なくなっており、山形県では東田川郡朝日村在住のただ一人の鷹匠が、クマタカを使って、雪の山中での猟を行なっている。

鷹狩中の鷹匠と鷹
(山形県真室川町)

参考文献 文化庁文化財保護部編『狩猟習俗』一(「無

形民俗資料記録」一八、一九七三、宮内省式部職編『放鷹』、一九八三、石川純一郎「狩人の生活と伝承」(『日本民俗文化大系』五所収、一九八三、天野武『野兎狩り』、一九八七

(犬塚　幹士)

たかくら　高倉　床を地上から一定の高さに上げて柱で支える高床式の収納庫。発生は東南アジアといわれるが、日本でも弥生時代には存在が確認される古い建築様式で、奈良東大寺の正倉院もその一例である。以来、近世までは本土でも見られたが、現在民俗例として見出されるのは伊豆八丈島・南西諸島のそれが代表的なものである。高倉の特徴は、正倉院の良好な宝物保管に象徴されるとおり、湿気の遮断および鼠害防止の機能がきわめて優れていることにある。民俗例でもこれを最大限活用しようとする姿勢がうかがわれ、一定期間確実に貯蔵をしなければならない米が収納対象とされる事例が数多い。南西諸島では、重要産物としてやはり確実な保管が求められたサトウキビもここに納められた。高倉の構造上の着目点は二つある。第一は壁の有無で、ない例は奄美のものだが、この場合床の上に直接寄棟形式の屋根が載せられた恰好になっている。第二は柱で、特にその数に違いがあることである。同じ南西諸島のなかでも、奄美では四柱が一般的だが、沖縄では六ないし九柱のものがともにある。形も、奄美では丸柱のみなのに対し、沖縄では丸と角の両者が併存をしている。存在形態は、個人の屋敷地内に建てられる場合、およびムラの一角に数棟まとめて建てられる場合の二種がある。後者は群倉と呼ばれるが、現在では鹿児島県奄美大島の大和村に残されるもの(ブリグラという)のみとなってしまった。

高倉　鹿児島県大和村の群倉

参考文献　野村孝文『南西諸島の民家』、一九六一、胡桃沢勘司「群倉考」(『物質文化』四八、一九八七)、蛸島直「高倉の神秘―奄美沖永良部島を中心に―」(『比較民俗研究』一一、一九九五)

(胡桃沢勘司)

だがし　駄菓子　雑穀やくず米などの安価な材料で作られた、庶民や子供相手の菓子。雑菓子・一文菓子ともいう。飴玉・おこし・金花糖など固く日持ちのするものが多い。製造と販売が別れていることが多く、製造元や問屋から町の横丁や村々にある小さな店に卸されて販売された。江戸時代後期から第二次世界大戦前くらいまで、小さな村々にまで茶店を兼ねて駄菓子を商う店や、文房具や雑貨などとともに駄菓子を商う店があった。茶店を兼ねるような店では子供たちだけでなく、道行く人が腰をおろし、また農作業の合間などに寄って駄菓子をつまんだ。駄菓子のほかにおもちゃや文房具なども置く子供相手の店では、大きな菓子や景品を争って籤を引く「あてもの」が人気を集め、小遣いを握った子供たちが集まって子供の社交場のようになる場合もあった。近年は駄菓子を商う店や子供の集まる店も減りつつあるが、子供たちの間ではスナック菓子が好まれ、景品やおまけ目当ての籤つきの菓子も相変わらず人気がある。一方、昔ながらの駄菓子は民芸品化し、土産品などとして大人が求めるばかりである。　→菓子《かし》

参考文献　三田村佳子「川越菓子屋横丁の飴屋」(『埼玉県立民俗文化センター研究紀要』三、一九八六)、『日暮里の民俗』(「荒川区民俗調査報告書」五、一九九七)

(小林　裕美)

たかちほかぐら　高千穂神楽　宮崎県西臼杵郡高千穂町を中心に行われる神楽。夜通し神楽が舞われるので夜神楽とも、岩戸開きに重きを置いているので岩戸神楽ともいう。神社の祭礼に神社で行う神楽と、集落の祭として民家で行う神楽とがある。後者は十一月下旬から翌年一月中旬にかけて、各集落の民家を神楽宿とし、その一室を神庭《こうにわ》として、神座を設け、ここに神を勧請する。神庭の四周に注連縄をめぐらし、その上段に、えりものという種々の絵模様の切紙飾りを施し、天井中央には雲という天蓋様のものを吊す。一方、宿の縁先の庭に一間四方の外注連という祭壇を設ける。夕方、神楽衆が氏神社から行列を組んで神楽宿にのりこみ、舞入れといって外注連を三巡して家に舞い込む。神座に神楽面を供え、神庭固めを行い、それがすむと神庭を舞処《まいと》に神楽舞になる。曲目は全部で三十三番あるが、曲名・次第・内容は集落によって小異がある。その曲目構成は、神おろしの儀式舞(神下し・地固など)、素面の採物《とりもの》舞(武智・正護など)、岩戸開き(手力男命《てぢからおのみこと》・鈿女命《うずめのみこと》・戸取・舞開きなどの仮面舞)、神送りの儀式舞(日の前・繰下し・注連口・雲下しなど)からなる。起源は不明であるが、中世にはすでに行われていたと推定され、神仏混淆の神楽であった。近世以降、明治維新の神仏分離に至るまで数次の神楽改革が行われ、神道化が進み、現在は仏教的、修験的な要素が稀薄になっている。

参考文献　後藤俊彦・武田憲一・沼田啓美『高千穂夜神楽』、一九八三

(渡辺　伸夫)

たかとうろう　高燈籠　新仏の霊が道に迷わずに帰って来るようにと、道しるべとして新盆の家が主として庭先に立てる燈籠の一種。その一般的な形態は頂に葉をつけた杉・ヒノキ・竹を支柱とし、両端に葉をつけた横木を結びつけて、横木が水平を保てるように支柱の上部から横木の両端まで縄を張り渡したもので、木枠に紙を張り付けた燈籠を吊って夜になると燈りをともす。これを高燈籠・燈籠木・燈籠柱などと呼ぶが、三重県志摩郡阿児町安乗ではデシコシと呼んでいる。伊勢湾の神島(鳥羽市)では「ご先祖様の腰かけ」といって、女性が山から採取してきたカヤを十字形あるいは逆T字形にして竿の先に縛りつけ、燈籠を吊す。盆月(新暦七月・新暦八月、旧暦七月など地方により異なる)の始まる前の晦日、一日あるいは七日などと盆より早く立てて、二十日盆・地蔵盆あるいは晦日を過ぎてから片付けるというように、盆より長い期間立てておくところが多い。また新盆を一年のみとする地方は一回の盆、三年間とする地方は三回の盆に立てる。高燈籠の代りに切籠《きりこ》燈籠や提燈を軒先に吊すようになったところもある。『明月記』一二三〇年(寛喜二)七月十四日条に、「近年民家今夜立長竿、其鋒付如燈楼物、張紙、挙燈、遠近有之、逐年其数多、似流星、人魂著綿」と記されているが、この記載からは新盆に限られた習俗であったのか否かは不明である。長竿に燈籠をつけて立てる習俗は新盆に限らず、盆には普通に行われていたと考える説もある。

高燈籠（三重県志摩町御座）

参考文献　高谷重夫『盆行事の民俗学的研究』、一九九五

(喜多村理子)

たかとりまさお　高取正男　一九二六―八一　日本古代思想史・民俗学者。名古屋市に生まれる。京都大学文学部史学科卒業、京都女子大学文学部および短期大学部で教鞭をとる。個人と共同体の問題を論じた『日本的思考の原型』(一九七五)、日本古代の政治と神祇との関係を社会・民俗の視点で追求した『神道の成立』(一九七九)、葬制・山民・女性・生活学など、幅広い視野と斬新な発想と問題提起の論著・エッセイを残し、宗教社会史研究を前進させた。他の著作として、『民間信仰史の研究』(一九八二)があり、『高取正男著作集』全五巻(一九八二―八三)が刊行されている。

(西口　順子)

たかまのはらしんわ　高天原神話　記紀神話において、地上世界(葦原中国《あしはらのなかつくに》)に対して構想された神々の世界が高天原であり、そこに根拠をもつ神々を天つ神と呼ぶ。その中心に位置する神が天皇家の祖先神、天照大御神《あまてらすおおみかみ》であり、高天原を舞台とする天照大御神をめぐる神々の物語を便宜的に高天原神話という。『古事記』によれば、地下にある黄泉国《よもつくに》から地上にもどった伊耶那岐命《いざなきのみこと》は、死の国での穢れを祓うための禊祓《みそぎはらひ》の最後に、左右の目と鼻から天照大御神・月読命《つくよみのみこと》・須佐之男命《すさのおのみこと》の三貴子を生み、天照大御神に高天原の統治を命ずる。その天照大御神のもとに、伊耶那岐命から地上を追放された須佐之男命が挨拶に訪れ、弟の邪心を疑った天照大御神との間で心の清濁を占う子生みによるウケヒ(誓約)が行われ、五柱の男神と三柱の女神が誕生する。その後、須佐之男命の高天原での乱暴に手を焼いた天照大御神は天岩屋に籠ってしまい、天も地も暗闇に覆われる。そこで、高天原の神々は、思兼神《おもいかね》に命じて天照大御神を岩屋から引き出すための祭祀を行うことで、闇の世界を終息させるのである。この天の岩屋戸神話には鎮魂祭が反映しているといわれ、その背後には、冬至における太陽の死と復活の儀礼が見出せる。高天原神話に続いて、『古事記』では須佐之男命と大国主神《おおくにぬし》を中心とした出雲神話へと展開する。なお、高天原神話の中心である天の岩屋戸神話は、民俗芸能における神楽などの演目として今も各地で伝承されている。

参考文献　西郷信綱『古事記の世界』(「岩波新書」青六五四、一九六七)、大林太良編『高天原神話』(「シンポジウム日本の神話」二、一九七三)、講座日本の神話編集部編「高天原神話」(「講座日本の神話」四、一九七六)

(三浦　佑之)

たかむれいつえ　高群逸枝　一八九四―一九六四　詩人・評論家で、のちに女性史家。本名橋本イツエ。熊本県の教育者の家庭に育ち、女学校四年終了ののち、代用教員をしながら文学をめざす。一九一九年(大正八)上京し、詩集『日月の上に』で注目された。一九三〇年(昭和五)から三一年にかけて雑誌『婦人戦線』を主宰し、アナーキズムの評論家として活躍した。同年、一転して自宅にこもっての女性史研究に入り、以後終生、独学で在野の研究を続けた。一九三八年の『母系制の研究』では氏族系譜の分析から日本古代における母系制の遺存を論じ、一九五三年の『招婿婚の研究』では平安貴族の日記類の考察を中心に妻問婚―婿取婚―嫁取婚という婚姻史の体系を明らかにした。そのほか通史として『女性の歴史』全四巻(一九五四―五八)、『日本婚姻史』(一九六三)や、自伝『火の国の女の日記』(一九六五)がある。主な著作は、死後に夫の手でまとめられた『高群逸枝全集』全十巻(一九六五―六七)におさめる。家制度・父系制の普遍性を否定する家族・婚姻史体系の樹立によって、女性史学の大きな基礎を築いた。妻方居住婚の歴史的先行性や父系二世代非同居、同火のタブー、婚姻儀礼の具体的考察など、民俗学の婚姻研究の成果とも関連し対立する論点が少なくない。その後の婚姻史研究の進展によって修正の明らかになった部分もあり、全集からの戦時中の著作の意図的脱落、史料操作の恣意性をめぐる指摘などもなされている。 →招婿婚《しょうせいこん》

参考文献 村上信彦『高群逸枝と柳田国男―婚制の問題を中心に―』、一九七七、鹿野政直・堀場清子『高群逸枝』（「朝日選書」二九一、一九八五）、関口裕子『日本古代婚姻史の研究』、一九九三、栗原弘『高群逸枝の婚姻女性史像の研究』、一九九四 （義江 明子）

たかやままつり 高山祭 岐阜県高山市で春と秋に行われる曳山祭の総称。春は山王祭、秋を八幡祭と呼び、屋台と称する山車とからくり人形で知られる。高山市の旧町並みが続く三町筋を中心に繰り広げられ、春は南部の日枝神社、秋は北部の桜山八幡宮の氏子町内の祭礼である。日枝神社は四月十四・十五日、桜山八幡宮は十月九・十日が祭日で、前者は十二輛、後者は十一輛、春秋合わせて二十三輛の屋台が曳き出される。笛と鉦の音を響かせながら獅子舞や闘鶏楽《とうけいがく》の行列も出て、神輿とともに町並を練る。祭初日の夜を春は夜祭、秋は宵祭と呼び、屋台には提燈を吊して曳行する。からくり人形の奉納は両日ともに社前など、定められた場所で行う。高山祭は、一六九二年（元禄五）まで高山を治めた金森氏のころに下地は形成されており、その後、天領になってから花開いたという。江戸や上方文化の影響で、独特の屋台祭礼が生まれ、江戸時代後期には現在の姿になった。高山の屋台は三層造の豪華絢爛な山車である。屋台の建造や彫刻・金具・塗・幕などの装飾には、飛騨の匠の技術が存分に発揮されている。なかでも地元の彫刻師、谷口与六の名は知られる。からくり人形は、春が三番叟・石橋・竜神、秋は布袋の四輛にある。それぞれ屋形から前方へ突き出た出樋において、後方からの遠隔操作で曲芸や変身をする。

参考文献 『高山祭の屋台』、一九七四、高山市教育委員会編『高山祭屋台の人形』、一九八四 （鬼頭 秀明）

たかゆかじゅうきょ 高床住居 床面が地上から離れて柱（杭）の上にのっている家屋で、杭上《こうじょう》住居・杙上《よくじょう》住居ともいう。㈠軒桁まで通し柱で、高床はあとで設置する型と、㈡通し柱でなく、高床を支える束柱または土台があって、高床の上にそれとは別の柱や壁がある型に分類される。世界における高床住居の濃厚分布地域は、東南アジアで、オセアニアの一部に及んでいる。日本の伝統的住居（民家）は、土間部分と床上部分（高床だが、東南アジアに比べて低床で、揚床《あげゆか》という表現もある）からなっており、半高床だが、広義の高床住居に含めることができる。日本民家の源流については、高床住居（南方的要素）と竪穴住居（北方的要素）という対立概念でとらえ、この別系統のものが接触融合して形成されたとする説がある。中国浙江省河姆渡《かぼと》遺跡（六、七千年前）が稲作を伴う高度な文明をもち、出土した柱の痕跡から高床であることが判明した。さらに長江下流域から類似のものが出土している。中国の建築学や考古学の分野では、長江下流域の木造文化の中心地域を重視している。高床住居は、この木造文化の中心から南中国各地へひろがり、その後、漢族の南下で地床住居化し、西南中国の山間部にわずかに残る。一部は稲作とともに日本に渡来し、日本列島に古くからあった地床住居（竪穴系）と接触し、変容しながら半高床の形で定着したという推定も可能である。今後の学際的研究の進展が期待される。

参考文献 杉本尚次『日本のすまいの源流』、一九八四、同『住まいのエスノロジー―日本民家のルーツを探る―』（「住まい学大系」七、一九八七）、浅川滋男『住まいの民族建築学』、一九九四 （杉本 尚次）

たからがい 宝貝 ⇩子安貝《こやすがい》

たからくじ 宝くじ 江戸時代に人気を集めた富籤を原型として発達したもの。富籤は、寺社に関係した座元が管理運営して大量の富札を発行し、日時を決めて役人立ちあいのもとに同数量の番号札のなかから当り札を選ぶという仕組みである。そして、その純利益は社寺の修理費などにあてられた。そうした仕組みは、今日の宝くじに踏襲されているといえよう。現在、宝くじを発売できるのは、全国都道府県と十二政令指定都市と決められている。これらの地方自治体が自治大臣の許可を得て宝くじの発売元となり、発売などの事務を銀行に委託する。つまり、富籤の座元が宝くじにおける発売元の地方自治体ということになる。役人立ちあいで行われていた当り札の抽籤は、宝くじでは公開の抽選会となっている。さらに、その収益金は発売元の地方自治体に納められ、公共事業に使われる。政府第一回宝籤が発売されたのは、一九四五年（昭和二十）十月のことであった。一枚十円、一等には賞金十万円のほか、副賞としてカナキン（綿布）五十ヤール《ヤール》がついた。またハズレ券四枚で紙巻タバコ十本と交換でき、当初からたいへんな人気を呼んだという。翌年、法律の改正により政府のほか全国都道府県での宝籤発売が許可された。さらに一九四八年には当選金附証票法が制定され、それまで政府命令で発売されていたものが、銀行に業務委託するかたちとなった。それに伴い「籤」が「くじ」と改められ今日に至っている。 →富籤《とみくじ》

参考文献 増川宏一『賭博』一・三（「ものと人間の文化史」四〇ノ一・三、一九八〇・八三） （神崎 宣武）

たからぶね 宝船 正月の縁起物の一つで、七福神や米俵や宝物を乗せた帆掛け船の絵。その中に「なかきよのとおのねふりのみなめさめなみのりふねのおとのよきかな」という回文（下から読んでも同じ文句）の歌が書かれている。江戸時代に正月の一日あるいは二日の晩、これを枕の下に敷いて寝るとよい初夢を見ることができると信じられていた。当時、「お宝、お宝」と呼びながらこの

絵を売り歩く宝船売りがいたが、東京では明治の中期までその姿が見られた。枕の下に宝船の絵を敷いて初夢を見ようとすることは中世に起り、除夜に米俵を積んだ船の絵を敷き、悪い夢の場合にはその絵を水に流したという。また宮中では、宝船の帆に悪い夢を食うとされる想像上の動物である貘《ばく》という字を書いた絵を配られるのが慣例であったという。初夢を見る日についても、古くは除夜の晩や元日、あるいは節分の夜から、次第に現在のように正月二日とされてきた。事始めはすべて正月の二日とするという考え方に吸収されたといえよう。宝船は初夢を見るための手段であり、その初夢が吉夢かどうかを気にしていたのである。本来宝船は富をもたらすものではなく、年の境にあたって、旧年の災いや穢れを乗せて流す厄払いという役割を担っていたものと考えられる。文字通り宝船という性格が強くなるに従って、吉夢をもたらすものとして正月行事に組み込まれたのであろう。

宝船の図

参考文献　民俗学研究所編『年中行事図説』、一九五三

(佐々木　勝)

ダカリ　ダカリ　沖縄本島における集落の下位区分を示す呼称。班や組など行政的な区分ではなく、伝統的な集落区分で、日常的にはほとんど機能していない。ハーリーや綱引きなどの伝統行事の際にこの区分によって村人が複数組に分かれて競うことがある。ダカリは、集《たか》り・群の意で、メーンダカリ(前の集落)、クシンダカリ(後ろの集落)と解釈される。区分法は、前後のほか、上下や東西などに二分される場合と、前中後などに三分される場合がほとんどである。ダカリのほかにバーリあるいはバールの呼称を用いる地域がある。バーリは、「～の方」「～の側」を意味するハラからの音韻変化ではないかと考えられる。バーリは名護市以北に多く分布し、ダカリは国頭郡恩納村以南に多く分布する。

参考文献　福田アジオ「沖縄本島村落における近隣組織」(『日本村落の民俗的構造』所収、一九八二)、仲原弘哲「山原の集落区分の呼称」(南島地名研究センター編『南島の地名』三所収、一九八八)

(小熊　誠)

たき　滝　流水が落下もしくは急傾斜を流れ落ちる場所。国土の五分の四が山地である日本には、急斜面が多く、勢いよく水が流れる滝が散在する。山は日常生活と密接な関係にあり、古くから信仰の対象とされ、全国各地にその地方独持の山岳信仰が生まれた。山岳信仰の中では滝の周辺に神をまつり、穢れを清める行事の場として滝行や水行といわれる荒行が行われ、滝が神聖な場として崇められてきた。日本三霊山の一つ北アルプスの立山の称名滝は、水の落下する音が称名念仏に聞こえ、それが滝の名になったといわれ、滝が信仰と深い関係にあった事がうかがわれる。その称名滝では滝つぼに蛇が棲み、滝のそばでしゃべると滝つぼに引き込まれるといわれ、霊山登山者は遠くから滝を崇め拝んだともいわれている。また、古くから愛知県生駒山の小馬寺付近にある滝では天候が変わるとき(雨になるとき)はいつもは聞こえない滝の音が集落まで聞こえてくるところから、滝が天候を占う信仰対象として崇められてきた。旱魃の時などには降雨を願う雨乞いの行事などが滝を対象に行われ、全国に雨乞いの滝といわれる滝がたくさん存在する。このように滝はその豪快なあるいは神秘的な姿で自然崇拝・水神信仰・滝修行などの対象とされ、多くの滝で滝に棲む竜の話や女の人が滝つぼに身を投げる滝伝説などが生まれた。

参考文献　西海賢二『生活のなかの行道』、一九八七、加藤庸二『日本滝めぐり』(「JTBキャンブックス」、一九九六)、福島邦夫「滝行・祓」(『歴史読本』事典シリーズ二九所収、一九八六)

(西海　賢二)

たきぎ　薪　燃料にする木のこと。クヌギ、ナラ、栗、杉、ヒノキ、松、桜、ブナ、イタヤ、ヒバなどを用いる。炊飯用、囲炉裏の焚きつけ、風呂焚き(亜炭と併用)などの日常生活の燃料をはじめ、酒造・味噌醤油業・菓子業・湯屋(松の木)・瓦・陶器業などの商工業者や、役所・学校の燃料、軍隊の炊さん用などとなった。伐採・採取した薪は棚積みしてよく乾燥させたうえで自家用(主に末《うら》、枝の部分)または販売用となる。販売用は長さ三尺～一尺ぐらいに伐ったものを縄・藤・竹で結び、人が背負ったり、荷馬車・馬橇などで都市部の薪炭仲買商に卸売り、または消費者に直売した。大量輸送法には、管流し(木流し)、架線・索道やトラックによる運搬、鉄道輸送などがある。陸送・流送が困難な河川や、島嶼・半島などでは船を利用した。平地・低地の農村部では冬場の農閑期を利用して、共同で山林を買い、自家用薪を伐採して家まで運ぶ。薪がなければ麦稈・籾殻・藁・茄子の木・豆の木も利用した。しかし一九五〇年代以降には、次第に石油・ガス・電力への転換が進み、薪は燃料としての主役の座を明け渡した。なお正月には、薪の伐り初め(その年の木の伐り始めの日、注連縄を張ったり、洗米、餅などを供えるところもある)、売り初め(正月二日などに町に薪を売りに行く)などの風習がある。また年木・新木《にゅうぎ》は、幸木《さいぎ》・御棚薪《おたなまき》・若木・祝い木などとも呼ばれ、新年の燃料を意味し、ナラ、タブ、シイなどの木を門松の根元や門口・前庭・表などに立てる。

参考文献 民俗学研究所編『年中行事図説』、一九七五、佐藤雅也「仙台地方の薪炭市場形成にみる地域民衆の歴史的役割—民俗学的方法による近代史研究—」(『宮城歴史科学研究』三五、一九九三)、同「薪炭と民具—仙台地方の木流し・炭焼き・薪伐り—」(『民具研究』一〇四、一九九三)、大舘勝治『田畑と雑木林の民俗』、一九九五

(佐藤　雅也)

たきぎのう　薪能　奈良興福寺の修二会に行われた神事猿楽で、古くは薪猿楽、薪の神事といった。東西両金堂に神々に奉じる神聖な薪を迎え、堂外でそれを焚いて諸神を勧請する薪の宴に付随して行われるようになったもの。のちに薪能は東西両金堂を離れて、南大門に場所を移して上演されるようになった。世阿弥の『風姿花伝』四「神儀云」には、大和猿楽四座が興福寺の薪能に参勤していたことが記され、その時代の薪能については金春禅竹の『円満井座壁書』に言及されている。室町時代の薪能の構成はまず二月五日に春日大社において四座の長による式三番(呪師走り)の奉納があり、六日から十二日までの七日間南大門で能が上演された。六、七日は四座立合能で、八日から十一日までは金春・金剛・観世・宝生の順に一座ずつ春日若宮社に行って能を演じ、これを御社上りの能といった。そして十二日に南大門で四座立合の能を上演して終了する。この間に四座は興福寺の寺務を勤める別当坊にも参上して能を演じるきまりだった。盛大だった薪能も応仁の乱以後、興福寺の勢力が弱まるとともに次第に衰退し、江戸時代には観世座以外の三座が二座ずつ交替で参勤したが、一八七一年(明治四)以後途絶えた。現在五月十一・十二日に興福寺南大門跡の般若の芝で行われる薪能は、第二次世界大戦後復活されたものである。また今日、全国各地で盛んな薪能の催しは、かがり火を焚いて野外で演能するという意味でそう呼ばれ、古の薪猿楽と歴史的には無関係である。

参考文献 能勢朝次『能楽源流考』、一九三八

(高山　茂)

奈良市興福寺の薪能

だきにてん　荼吉尼天　インド仏教で鬼神・夜叉神の一種。胎蔵界曼荼羅外金剛部の南方、閻魔天の下方に描かれる荼吉尼天は、三鬼からなり、そのうちの一人は人間の手と足を食べる姿をしている。『大日経疏』でも人の肉を食べることを禁じられ、死者の心臓を食すことを許されたとある。しかし稲荷と習合した日本の荼吉尼天は、白狐に乗った女神像として描かれ、魔法と恐れられながらも福神と観念され、行者や密教の僧などが荼吉尼の法を修している。

参考文献 五来重編『稲荷信仰の研究』、一九八五、大森恵子『稲荷信仰と宗教民俗』(『日本宗教民俗学叢書』一、一九九四)

(宮本袈裟雄)

たくあんづけ　沢庵漬　日本の代表的な糠味の大根の漬物。干し程度は種々であるが、大根を干し、塩と米糠を加えて漬け込む。今日では、短期間に仕上げたものが主流となっている。米飯を主食とする日本の食事では、糠や大根は全国的に生産でき、しかも糠を使用した沢庵漬は米と味があい、保存性もよいところから普及した。僧沢庵が、江戸時代初期の大徳寺の僧董甫宗仲が但馬(兵庫県)の出石にある宗鏡寺に滞在中門下に入り、そのとき大根漬を改良して、沢庵漬を創製したといわれる。

(河野　友美)

タクシー　taxi　路線を定めず、利用者個々の要請に従い、運行する運送機関。タクシーはメーター料金制をとり、ハイヤーはチャーター料金制をとる。日本におけるタクシーは一九一二年(大正元)八月に、数寄屋橋(東京都)に設立されたタクシー自動車株式会社が最初とされている。当時のタクシーは、料金メーターを備えてはいたものの、車庫で待機して客からの呼び出しを待つ車庫待ち営業が中心であった。今日のような流しの営業が盛んになるのは、いわゆる円タクからである。円タクとは、特定の範囲内の利用であれば均一に一円というタクシーで、そのはじめは、一九二四年に設立された大阪の均一タクシーであった。当時のタクシーの料金メーターは、まだ規格が不統一で混乱しており、客側の信頼度が薄かった。その不安が、均一料金システムの出現によって解消され、タクシーは一気に大衆化していった。東京に円タクが登場したのは一九二五年のことで、以後増加の一途をたどり、当初は約千五百台だったが、五年のあいだに五千台を数えるまでになっている。これは、一九二〇年代から三〇年代にかけて産業や人口が東京に集中、ターミナルや盛り場が発達したことが大きな要因といえよう。いうまでもなく、流しのタクシーは、常に不特定多数の人び

とが路上に群がる大都市を前提として成り立つ。なお、円タクは一九三八年(昭和十三)、メーター制の復活によって姿を消した。現在では全国的に無線タクシーが発達し、営業所待ちに加えて、無線により指定の場所にタクシーを呼ぶ方法も確立されている。

参考文献 渡辺清『バックミラー風俗史』、一九六二、高田公理『自動車と人間の百年史』、一九八七 (神崎 宣武)

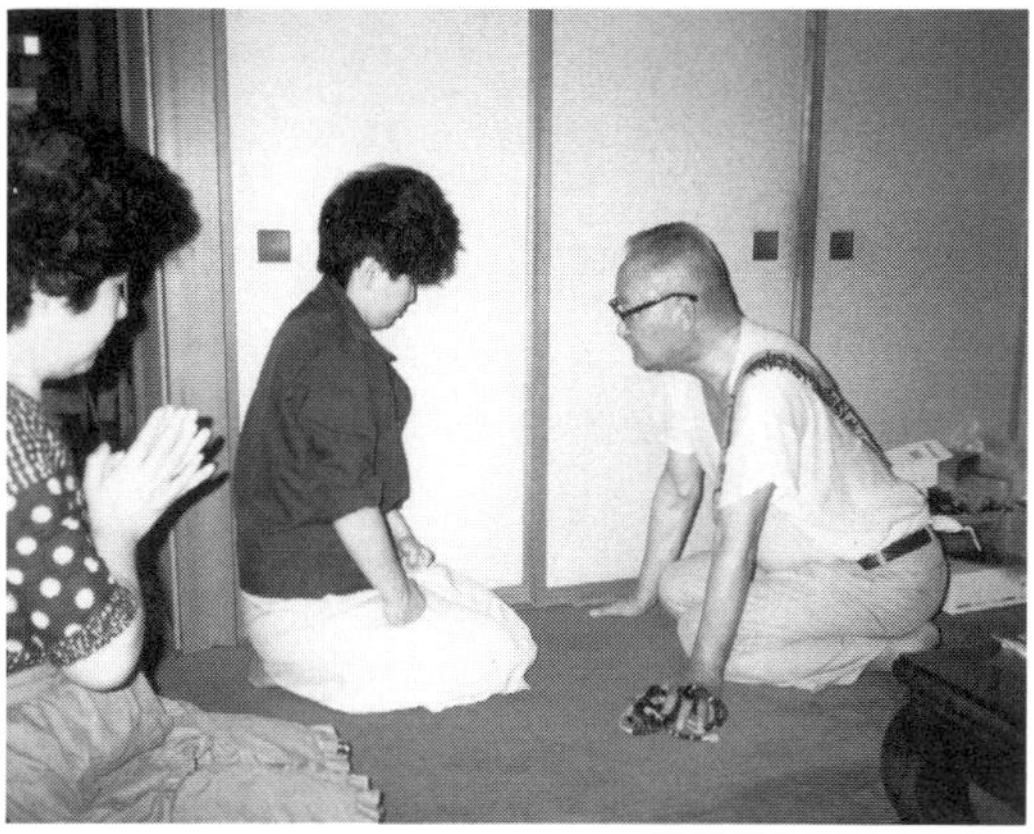

託宣 守護神の憑入した霊媒(左)とシャーマン

たくせん 託宣 神がかりや夢の中で、神意を告げ知らせること。神託ともいう。狭義の神がかり(憑入型)は、神自身として神語を語るが、当事者には意識がないため、神語の内容を覚えていない点に特色がある。他方、広義の神がかりは、身体に付着した神霊と会話をしたり(憑着型)、神霊の姿や声を目・耳にしたり、心に浮かんだりした事柄(憑感型)を神意として伝えており、当事者には意識がある点に特色がある。通常、託宣は狭義の神がかりで生起すると解されていることが多い。だが、広義の神がかりにおいても託宣儀礼が執行されることもある。新潟市の女性シャーマンの中には、神に変身する一方で、自己に意識があるため、神語を耳にしている者がいる。この場合、神語を聞いていても、自己の意思を介在できず、神の命ずるままに語り、かつ振る舞うのだという。儀礼終了後、耳にした事柄を覚えているので、この段階で託宣の内容を解説する。この例は、神がかりと託宣の関係を再考する上で示唆的である。狭義の神がかりで託宣をする場合、正神か邪神かを審らかに見抜き、さらに神語を解説するなどの役割を担当する審神者《さにわ》の存在は、古代より歴史を貫いて現在に至っている。神がかりと並んで、夢もまた神霊との直接交流の回路である。夢の中で脱魂型(他界に飛翔して神霊と直接交流する型)、憑入型・憑着型・憑感型などが生起し、神霊の意思が告知される。

↓巫女《みこ》

参考文献 渡辺勝義「「本田親徳」の神道行法にみる「審神者」の宗教的機能について」(『西日本宗教学雑誌』一一、一九八九)、西郷信綱『古代人と夢』(「平凡社ライブラリー」、一九九三)、佐々木宏幹『聖と呪力の人類学』(「講談社学術文庫」一二五一、一九九六) (佐藤 憲昭)

たくはつ 托鉢 語義は、鉢をささげて食を乞うこと。古くは持鉢などとも書いた。出家者としての僧の集団(サンガ)が生産に携わらないことから来ており、日本では禅宗をはじめ各宗で修行として行われた。特に江戸時代に盛んになったが、道心なくただ僧形となって衣食を乞う者が出現したりして弊害が多くなったため、明治初頭に一時禁止された。現在は、主として禅宗で冬の期間などに行われ、寒行《かんぎょう》と称される場合もある。 (由谷 裕哉)

たけ 竹 一般的にはイネ科のタケ亜科とされる多年生常緑木本。竹は、種類が多く、世界中では六百種あるいは千二百五十種、日本では四百五十種あるいは六百種あるといわれる。イネ科の中ではただ一つの木本で、繊維は木質化するが、中空で節があり、木のような年輪はない。きわめて稀に開花し結実して枯れることがある(ただし地下茎は生きていて十年ほどで元の状態になる)が、通常は地下茎で毎年繁殖する。地下茎は太りはしないが毎年新たに伸長し、常には節部のところから芽を出し、それが筍となって地上に伸び竹となる。筍が成長して成竹になるのに要する期間はきわめて短く、わずか三ヵ月ほどで成長しきってしまい、その後はほとんど太くもならず、丈も伸びない。筍が成長して竹となる間に節部から竹皮が自然に剝がれ落ちるマダケ属やナリヒラダケ属などを竹類、成長しても竹皮が剝がれないヤダケ属やメダケ属などの細い竹を笹類、とするのが一般的である。竹類は地下茎を長く伸ばすので、広い竹林を形成する。しかし、そのうちホウライチク属やマチク属は地下茎がわずかしか伸びず、先端がすぐ地上に出て竹となるので、株分けしたように叢生し竹林を形成しない。そのため東南アジアに多くみられるこの種の竹をバンブー類とする場合もある。笹類は竹類とバンブー類を混合したような成育形態をもつので密集した藪を形成する。日本の竹でもっとも多く利用されるのがマダケで、モウソウチクやハチクもよく使われる。これらはいずれもマダケ属の太く大きく成長する竹だが、中部から関東・東北の山岳地帯や、平地でも岩手県以北になると成育が少なく、青森・北海道にはほとんどない。そうした地域では俗に篠・篠竹などと呼ばれる笹類のメダケ、ヤダケ、スズタケ、ネマガリダケなどの細い竹が用いられる。沖縄もマダケ類がほとんどなく、ホウライチクやマチクが用いられる。竹はその神秘的なほどの成長の早さのほか、毎年自然にまとまって繁殖する、真っすぐに伸びる、中空で軽い、強靱で弾力性に富む、縦に割りやすい、一年中青々としている、表皮が艶やかである、乾湿による伸縮度がきわめて低い、稈《かん》だけでなく枝も葉も竹皮も利用できる、筍は食用になる、など数多くの利点がある。こうしたいくつもの利点を持つ竹は、きわめて有効で身近な自然素材として、さまざまに利用されてきた。最も多いのは籠や笊の素材としてであり、稈を大小に割ったり剝《へ》いだりした籤《ひご》で編む籠や笊は各地で実にさまざまなものが作られてきた。物干竿・自在鉤《じざいかぎ》・簾《すだれ》・簀《す》・竹梯子・物差・焼串・編針・熊手・杓子・水筒・茶筅・篊《ひび》・簗《やな》・尺八・笛・簓《ささら》・弓・矢・竹刀・竹馬・竹とんぼなどのように、稈を丸のままで、あるいは半分に割ったり細く削ったりして作るものも多種多様にある。細工物ばかりでなく草屋根のカヤ受けや土壁の木舞《こまい》、駒除《こまよ》け・竹垣・化粧戸、古くには竹床・竹樋・竹瓦など住まいのあちこちにも使われてきた。傘・扇子・団扇《うちわ》・提燈・凧・箒などの骨や柄、煙管《きせる》の羅宇《らお》、織機の筬《おさ》、桶・樽の箍《たが》などほかの素材とともに使うものも多く、竹皮は食物の包装や、笠・草履・馬連《ばれん》などに使われる。葉も寿司や餅を包むのに使われるが、これは竹が食物の腐敗を防ぐビタミンKを多量に含んでいるからである。また七夕竹や門松、注連縄を張り巡らす忌竹、酉の市や戎神社などの縁起物の熊手や小笹、御神酒徳利に差す神酒の口、京都鞍馬寺の竹伐会式の青竹など、竹はさまざまな祭や神事にも使われてきた。特殊な利用としては、エジソンが一八七九年に発明した白熱電球の炭素フィラメント(これには京都八幡の竹が使われた)があり、竹炭や竹紙もある。さらに、竹林は防風林となり、網目のように地中を這う地下茎は土砂崩れを防ぐ。笹類は山野に自生するのがほとんどだが、栽培が主となる竹類が屋敷の周囲や裏山、河岸に多く植えられたのはそのためである。このように、竹は日本人の暮らしのあらゆる面でさまざまに利用されてきた。　↓笹《ささ》　↓竹馬《たけうま》　↓竹細工《たけざいく》

参考文献　上田弘一郎『有用竹と筍―栽培の新技術―』、一九六三、室井綽『竹類語彙』、一九六八、草月会編集局編『竹』、一九六九、佐藤庄五郎『図説竹工芸―竹から工芸品まで―』、一九七〇、室井綽『竹』(「ものと人間の文化史」一〇、一九七三)、上田弘一郎『日本人と竹』、一九七九、工藤員功『暮しの中の竹とわら』(「日本人の生活と文化」六、一九八二)、沖浦和光『竹の民俗誌―日本文化の深層を探る―』(「岩波新書」新赤一八七、一九九一)

(工藤　員功)

たけうちよしたろう　竹内芳太郎　一八九七―一九八七　農村住宅改善の実践者。全日本建築士会会長として特に大工職人・建築労働者の地位向上を計り、組織化、教育に尽力する。一九二八年(昭和三)民俗学者柳田国男が主宰する民俗芸術の会発足とともに幹事を務める。今和次郎の勧めで同潤会技師となり、一貫して東北地方の農・山・漁村住宅改善の調査研究にあたる。農・山村舞台の研究者としても著名。

参考文献　『竹内芳太郎年譜・著書目録・論文その他執筆目録』、一九七八、池浩三「竹内芳太郎先生を偲ぶ」(『民俗建築』九三、一九八八)

(山崎　弘)

たけうま　竹馬　竹の棒に横木をつけ、その上に足を乗せ、棒を手で操作して歩く玩具。これを竹馬というのは江戸時代からで、平安時代から竹馬といえばホビーホース(春駒)をいった。方言は、鷺足(訛ってサンギシ)・高馬・高足、と異なるものの、いずれも歩く様にちなんでいる。今日ではもっぱら子供の遊びとなっているが、平安時代から散楽芸として行われ、また鎌倉時代の住吉大神宮の御田植祭に竹馬で湿田を渡ったことが記されていることから、稲作と関わる儀礼であった可能性も考えられる。リンドブロムによれば、竹馬は世界的に分布するが、その全体は、棒を手で操作する形式と、棒を脚に縛りつけ手を解放する形式とに分かれる。日本に行われるのは前者の手で操作型である。これまで日本の竹馬は中国の高蹻にさかのぼるという説が行われていたが、高蹻は両手解放型である。アジアとオセアニアの竹馬は手で操作する型が主体で、両手解放型は中国の漢族とベトナムの一部漁村に限られ、発達が小さい。ここから、高蹻は両手解放型の一大盛行地である中近東・アフリカからの伝播とみる説も出る。いずれにせよ、日本の竹馬を高蹻系統とするには、両手解放型から両手操作型の派生を中国あるいは日本について説明せねばならず、研究の現状では、まだ成功していない。

参考文献　K. G. Lindblom: The use of stilts especially in Africa and America (1927). 寒川恒夫「比較民族学からみた日本の竹馬の系譜」(『体育史研究』五、一九八八)

(寒川　恒夫)

たけきりじい　竹伐爺　昔話の一話型。屁ひり爺ともいう。『日本昔話大成』では「隣の爺型」の一つに位置付ける。㈠爺が山で木(竹)を伐っている。領主(持ち主・山の神)から咎《とが》められて、名を聞かれる。屁ひり爺と答える。㈡妙音の屁をひって許され、褒美を貰う。㈢隣の爺が真似て失敗し、罰せられる。以上が話の荒筋である。柳田国男は咎める側を山の神とする例を最も古型だと見做した。話の分布はきわめて広く、北は青森から南は九州に及ぶ。爺の放つ屁の音を「錦だらだら黄金だらだら、粟の調子ですっぽんぱい」(広島)としたり、「粟ぶんぶん、米ぶんぶん、白銀黄金がちゃっぽんぷーん」(岡山)と表現したり、「綾きゅきゅ錦さらさら五葉の松原、とんぴんぱらりのぷう」(秋田)といってみたりする。共通するのは、招福致富の呪的機能を擁した妙音である。これによって、この話には元来が、身体から放つ特別の音によって、貧者がやがて富み栄えるといった祝儀性が期待されていたことがうかがえる。事実、それを裏づける材料として、この話と『お伽草子』の「福富草紙」は通底するところが多い。その際、注意すべきは、絵巻『福富草紙』の最末端に登場する二人の琵琶法師である。これはおそらく、この説話の担い手、あるいは潜在する語り手としての彼らが顕在化した姿と認められる。それからすれば、昔話「竹伐爺」の語り手、もしくは伝播者の存在もおおよそはそうした職掌の人々かと察知しうると思われる。

参考文献　野村純一「「竹伐爺」の伝播者」(『日本文学論究』一九、一九六二)、臼田甚五郎『屁ひり爺その他』(「昔話叙説」二、一九七三)

(野村　純一)

竹細工

たけざいく　竹細工　竹を素材として作るさまざまな細工物の総称、またそれを作ることも指す。細工には物干し竿・釣竿・自在鉤・火吹き竹・水筒・竹箒・竹梯子《たけばしご》・尺八・笛・矢・花器・竹馬などのように竹を割らずに円のまま加工したものや、網針《あばり》・編針・竹箸・竹杓子・竹《たけ》篦《べら》・竹串・竹釘・簓《ささら》・茶筅《せん》・竹刀《しない》・物差・簀・簾・御簾《みす》・熊手・竹トンボ・竹独楽《たけごま》などのように竹を割ったり削ったりして作るものもあるが、最も多いのが竹を割ったり剝いだりした籤《ひご》で編む籠や笊の類である。これには用途により、また地域により、大小さまざまなものがある。枯れ葉を入れて背負う木葉籠、魚を活かしておく生簀籠、収穫物などを入れて背に負う背負籠、腰籠・手籠・岡持・弁当籠・飯籠・苗籠・魚籠《びく》・漏斗《じょうご》・虫籠・箕《み》・篩《ふるい》・竹行李・文庫・花籠・屑籠・米揚笊・菜笊・味噌漉笊・盛笊・水嚢などである。編み方は四目編み・六目編み・茣蓙《ござ》目編み(笊編みともいう)・網代《あじろ》編みが、縁の作りは巻縁・当縁が、基本的なもので、底編みは西南日本が菊底、中部以北は網代底が多い。細工にはほかに馬簾・竹皮草履・笠など竹皮を利用したものや、和傘・扇子・団扇などのように和紙とともに加工するものもある。細工に用いる竹は、全国的にみるとカラタケ(唐竹)、ニガダケ(苦竹)ともいうマダケ(真竹)が最も多く、マダケと同じ仲間のモウソウチク(孟宗竹)、ハチク(淡竹)も使われる。マダケは寒冷地になるに従って少なくなり、関東や中部や北陸の一部や、東北・北海道ではヤダケ、メダケ、スズダケ、ネマガリダケといった俗にシノ(篠)とかシノダケ(篠竹)と呼ばれる細い竹を用いるところが多い。一九六〇年代以降のプラスチック製品の普及や、車の普及、住まいの変化などによる急速な暮らしの変化に伴い、こうした竹細工の多くが減少しつつある。

巻　縁

四目編み

当　縁
縁の作り

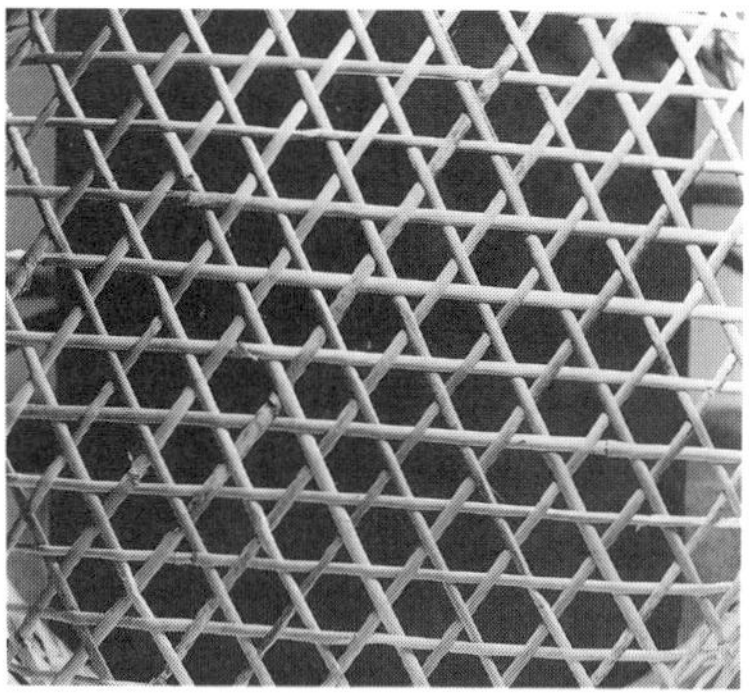
六目編み

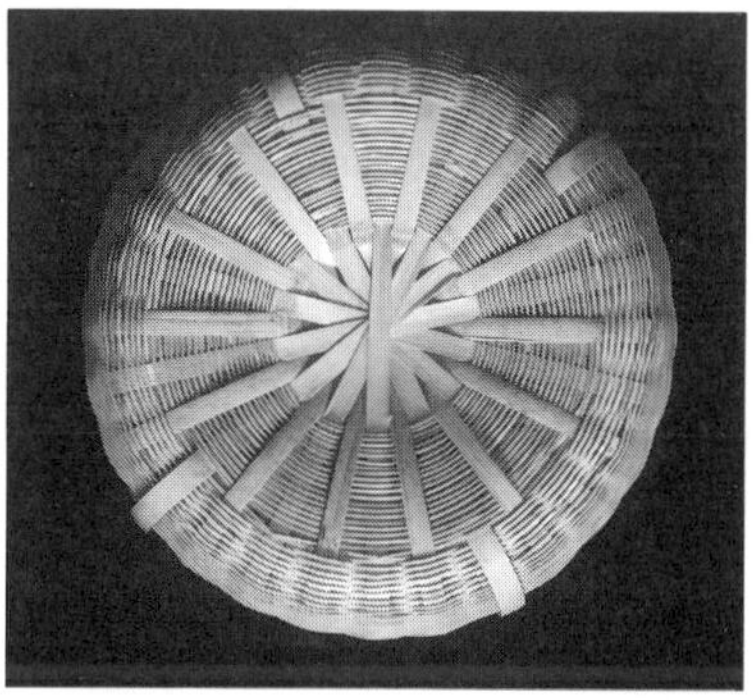
菊　底

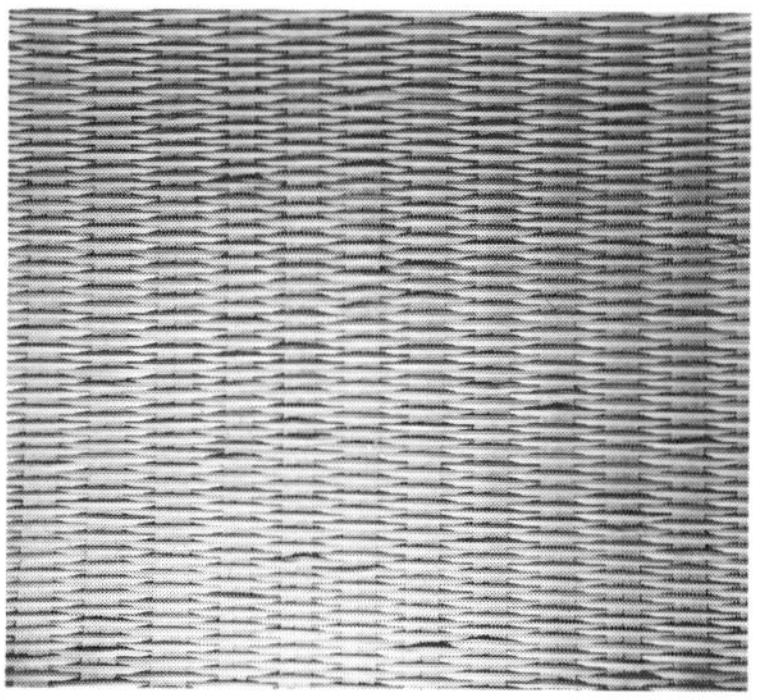
茣蓙目編み

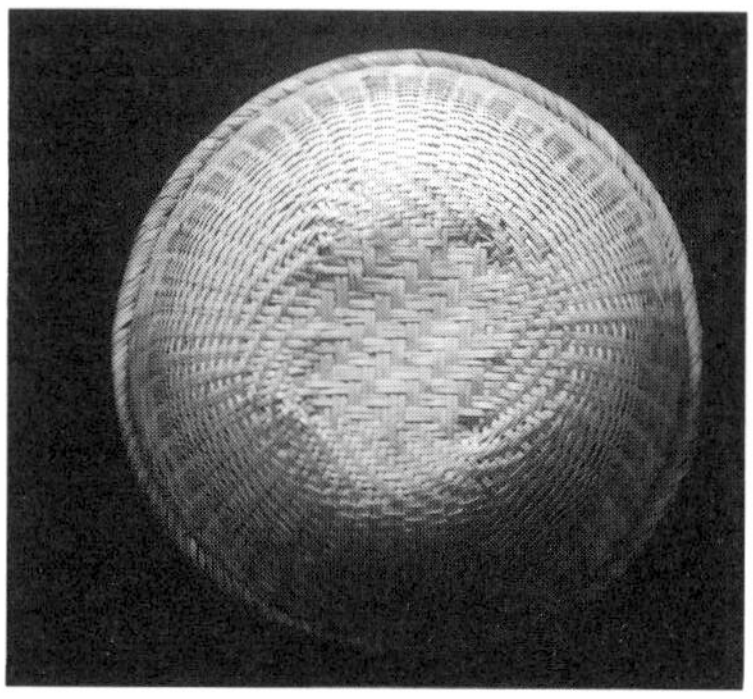
網代編み
底編み

網代編み
編み方

参考文献　水尾比呂志『日本の造形』二、一九七〇、室井綽『竹』(「ものと人間の文化史」一〇、一九七三)、佐藤庄五郎『図説竹工芸』、一九七四、工藤員功『暮らしの中の竹とわら』、一九八二、日本民具学会編『竹と民具』、一九八八、『竹―暮らしに生きる竹文化―』(淡交別冊・愛蔵版一三、一九九五)　(工藤　員功)

たげた　田下駄　深田の代掻きや稲刈り、湿地・川原・沼地で行う蘆刈りや蓮根掘りなどに際して用いる履物。弥生時代中・後期の静岡県の内中遺跡・登呂遺跡・山木遺跡からナンバ(板型田下駄)、大足(枠型、輪樏型田下駄)の足板、アシイタ(下駄型無歯田下駄)などが出土している。オオアシは当時田植え前の残り藁の踏み込みに、アシイタは苗運びの畦歩き、ナンバは秋の湿田で稲の穂刈りに埋没を防ぐためにはかれたものと思われる。田下駄は形態から、枠大型・箱型・下駄型・輪樏型・すだれ編み型・台型などがある。枠大型や箱型は多く春の代掻きや肥料としての草の踏み込みの際に用いられ、そのほかは湿田での稲刈りや川原の蘆刈りなどの際に埋まらないためにはかれた。関東地方に広く稲刈りに使われた輪樏型、枠小型の田下駄はカンジキという。雪の多い新潟県や福島県では雪中のカンジキを稲刈りにもはくことから、カンジキは雪中や深田に埋まらない履物の意であろう。板型のナンバは四孔をあけて縄緒で足を結束する田下駄で、ほかの田下駄が鼻緒式であることと異にしている。田下駄と思われる下駄型無歯が中国の長江(揚子江)の南の慈湖《ジフー》遺跡(寧波《ニンボー》市、紀元前三〇〇〇年)から出土しており、ほかに出土を聞かないので、江南から稲作が田下駄とともに伝わった。田下駄は一九六五年(昭和四十)ごろまで一般に使用。　→大足《おおあし》

参考文献　潮田鉄雄『田下駄図集』千葉県篇、一九六七、同「田下駄の変遷」(日本常民文化研究所編『民具論集』一所収、一九六九)　(潮田　鉄雄)

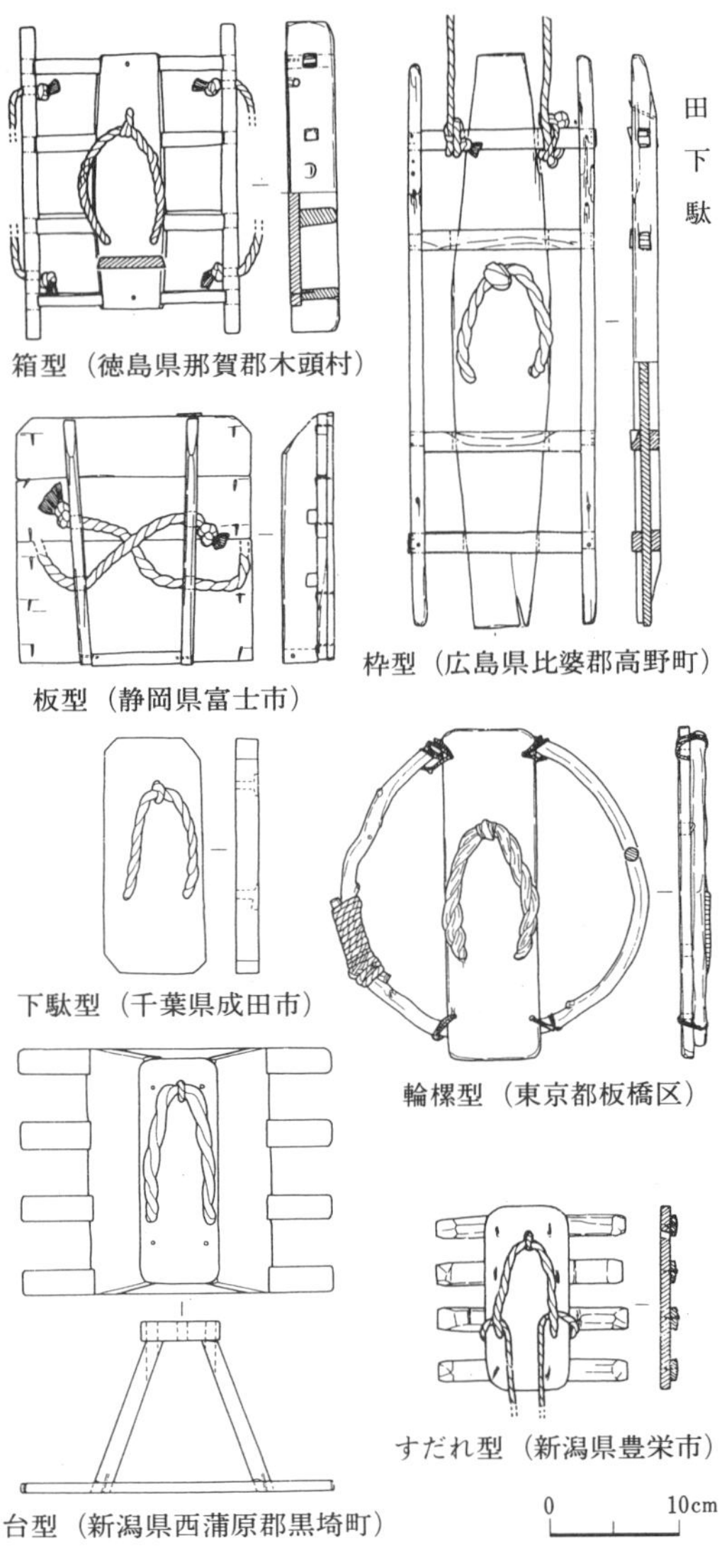

田下駄

箱型（徳島県那賀郡木頭村）

枠型（広島県比婆郡高野町）

板型（静岡県富士市）

下駄型（千葉県成田市）

輪樏型（東京都板橋区）

すだれ型（新潟県豊栄市）

台型（新潟県西蒲原郡黒埼町）

たけだちょうしゅう　竹田聴洲　一九一六―八〇　日本宗教社会史学者・民俗学者。大阪市内の浄土宗寺院に生まれる。幼名を靖と称したが、第四高等学校卒業の年に浄土宗の僧籍編入のために聴洲と改名。京都帝国大学国史学科在学中に西田直二郎・柳田国男・原田敏明などの強い影響を受け、宗教民俗学への道を歩み始める。第二次世界大戦後、京都府亀岡市の浄土宗寺院住職となり、民俗資料の豊富な居住環境を生かして、以後民間寺院と村落、家と祖先信仰、村落祭祀と同族、葬墓制などの調査・研究に没頭した。同志社大学・仏教大学教授。竹田の代表的著作である『民俗仏教と祖先信仰』(一九七一)では、民俗資料のみならず、文献史料や金石文をも駆使した方法論をとりつつ、近世の浄土宗末寺の由緒記録である『蓮門精舎旧詞』を基礎資料とし、民間寺院の成立過程および村落における寺・墓・祖先信仰の史的関連性を明らかにし、奈良県や京都府などの性格が異なる複数の村落における徹底した調査より、石塔発生以前には寺堂がいわゆる詣り墓の機能を果たしていたことを主張した。この成果はのちの両墓制研究の基礎を築くことになった。また、常民論を中心とした民俗学理論の研究や祇園祭などの都市民俗研究など、その対象はきわめて多岐に及んでいる。『竹田聴洲著作集』全九巻(一九九三―九七)が刊行されている。

参考文献　竹田聴洲博士還暦記念会編『日本宗教の歴史と民俗』、一九七六、『鷹陵史学』八(森鹿三・竹田聴洲両博士追悼特集号、一九八二)　(八木　透)

たけだひさよし　武田久吉　一八八三―一九七二　明治のイギリス外交官アーネスト=サトウの次男として東京に生まれ、東京外国語大学を卒業する。その後イギリスの大学にも学び、早くから自然保護の先駆的な活動を行う。特に高山植物の研究を行い、尾瀬の美しさを世に広めたことでしられる植物学者。同時に登山家としても活躍し、一九〇五年(明治三十八)には同志とともに日本山岳会を創立する。植物に関する民俗にも深い関心を寄せ、秩父や上州の小正月のオッカド棒や削り花を考察した『農村の年中行事』(一九四三)や草木の方言と名義を考察した『民俗と植物』(一九四八)などの著作もある。柳田国男とも深い交

友があった。

参考文献　倉田悟『続樹木と方言』、一九六七

（篠原　徹）

たけのこつゆ　筍梅雨　四—五月の筍の生えるころに吹く南東風あるいは長雨。タケノコナガシ（筍流し）ともいう。『物類称呼』（一七七五）には伊豆および鳥羽の船詞としてこの風を筍梅雨と呼ぶ例がみえている。最近は季語として使われる。また菜の花の咲くころなので菜種梅雨ともいう。日本南岸の八丈島あたりに、梅雨前線に似た前線が停滞して長雨となることが多く、雨が降らなくても、どんよりした曇り空が何日も続いたりする。

（吉岡　郁夫）

タコ　タコ　頭足類タコ目の軟体動物。蛸・章魚・鮹などと表記するが、タコは「多股」の義で、たくさんの足を持っているという意味であるとの説もある。タコは夜間、主として活動すること、また、平常はのっそりとしているが、いざとなると泳ぎが速く、保護色を使い、墨をはいて身を隠すなどの習性をもつことから、洋の東西を問わず、怪物と考えられてきた。そのため、日本の各地にはタコの怪を伝える古い話が残されている。なかでも大ダコの話や牛馬にかかわる話が多い。日本近海のタコの主なる種類はミズダコ、マダコ、イイダコ、テナガダコである。タコの漁獲方法はさまざまなものがあるが、浅い所ではヤスで突きとったり、独特の釣具で漁獲する。この釣具は手頃な金石、竹片や木片、大きな釣針から構成されるもので、漁民が手作りし、タコイシ、タコズイシ、イシャリ、タコシブキイシなどと呼ぶ。これに小ガニなどの餌をとりつけて手釣りする。タコは夜行性であるため、昼間は穴の中に入っていることが多い。ヤスでとる場合は、まず、タコ穴をさがし、竹竿の先端に小ガニや赤い布をとりつけ、それを穴に近づける。これを見つけ、タコが穴から出てきたところをヤスで突く。山形県酒田市の飛島ではタコ穴が一種の私有財産として認められ、新潟県の粟島ではムラで共同に伝えるものを村穴といった。やや深い所では蛸壺で漁獲する。↓蛸壺《たこつぼ》

参考文献　井上喜平治『蛸の国』、一九七三、辻井善弥『磯漁の話—一つの漁撈文化史—』、一九七七

（辻井　善弥）

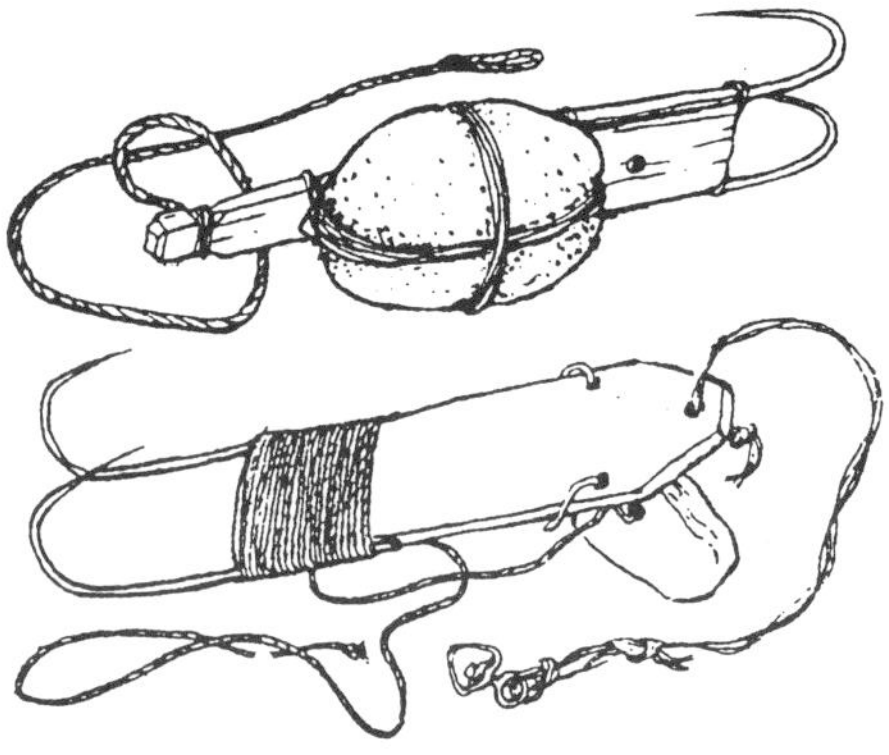

神奈川県三浦半島

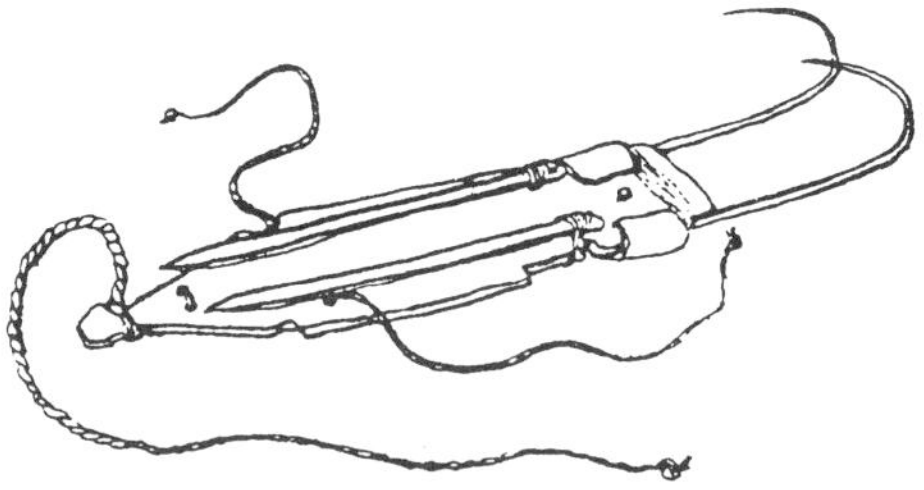

三重県神島

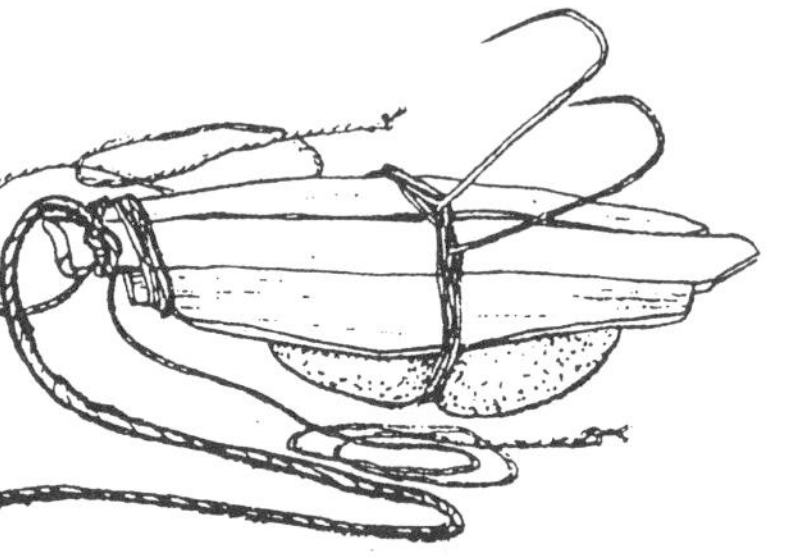

宮城県唐桑半島

タコ釣具（『磯漁の話』より）

たこ　凧　竹・木・プラスチックを用いた骨組みに、さまざまな形の紙や布、現在ではナイロンなどを張って糸を付けた玩具で、糸を操作し風に乗せて空へ揚げる。紙鳶とも書く。凧は遊戯に用いられる以外にも、男児の初誕生の祝いに凧を贈ったり、村落同士の競争のために凧揚げを行う、という事例もある。凧が一般に普及したのは江戸時代になってからで、江戸中期にはすでに凧の専門店が江戸に存在した。凧揚げは子どもだけでなく大人の間でも流行し、大型の凧や華美な凧がつぎつぎに現われたため、凧の禁令がしばしば出された。また凧同士を闘わせ、相手の糸を切り合う競技も盛んに行われた。また凧揚げの季節は正月だけでなく、地域によっては春や

凧

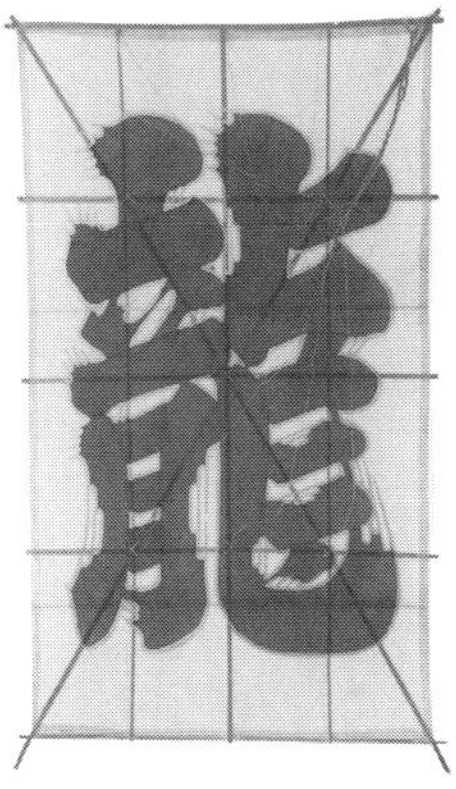

錦凧（東京都）

花泉凧三竦（山形市）

男べらぼう（秋田県能代市）

夏まで行うところもある。親しまれ続けた凧揚げも近代にはいって交通量の増加、電線の架設、高層建築の増加などの理由で規制され、デパートの催しとしてビルの屋上で凧揚げ大会が開催されるようになる。現在では観光資源として新潟県白根市や静岡県浜松市など各地で大凧揚げ大会が行われており、凧に新しい価値を見出している。

参考文献 斎藤良輔『日本のおもちゃ遊び』、一九七二、斎藤忠夫『凧の民俗誌』（「ニュー・フォークロア双書」、一九八六） （川越 仁恵）

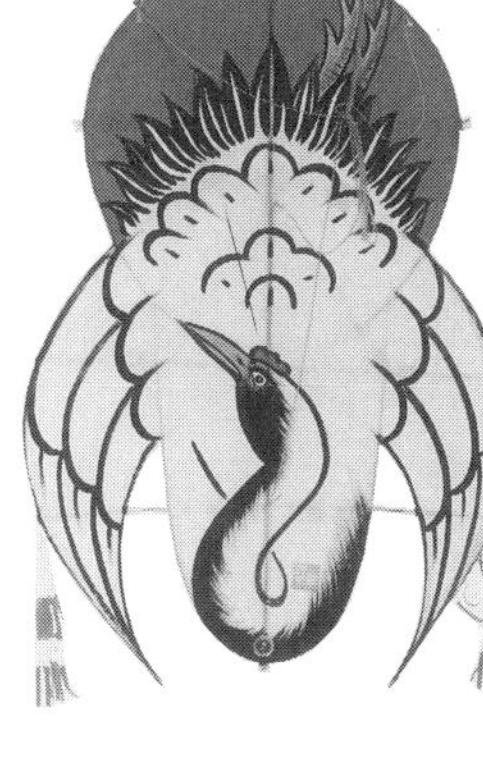
日の出鶴（長崎県福江市）

酒田奴（山形県酒田市）

駿河凧（静岡市）

たこあげ 凧揚げ 竹ひごの枠に紙を張り、糸をつけ、風を利用して空に揚げる遊び。凧は、元来関東（それに東海道・土佐・肥前唐津）の方言。江戸時代に著わされた『諸国方言物類称呼』によれば、奥州でテングバタ、上野・信州でタカ、畿内・越路でイカ、イカゴ、西国でタツ、フウリウ、長崎・伊勢でハタと呼んだ。大きさや揚げた高さを競うほか、相手の凧糸を切り落とす凧合戦も盛ん。このために、自分の凧糸にガラスや磁器の粉末を塗布するところもあった。今日では男子の正月の遊びとするのが一般的であるが、静岡県浜松市では長男誕生に際し母方の里や親類から初凧と称する大凧が贈られ、これを初節供の端午に若衆を頼んで揚げてもらう習慣がある。長男あるいは男子出産時に凧を揚げる習俗は、ほかに佐賀県東松浦郡呼子町の小川島や高知県の宿毛市や幡多郡大月町柏島などに伝わるが、小川島では盆に、宿毛では三月三日に揚げる。凧はアジアの全域に行われるが、男子誕生の凧揚げは、朝鮮半島や中国それにカンボジアに行われる身代わり凧（当人が負うべき災厄を凧に移し、これを空に揚げ、糸を切って遠方へ放棄する）と関係があるかもしれない。三月三日は元来、人形でからだをなでて、これを川に流し健康を願うミソギの節供であった。凧の民俗利用は多岐にわたる。凧で魚を釣る凧漁がインドネシアやソロモン諸島にみられるが、日本では、まだ報告がない。

浜松祭の凧揚げ（静岡県浜松市）

参考文献 寒川恒夫「遊戯」（『日本民俗文化大系』七所収、一九八四） （寒川 恒夫）

たごしかんがい 田越し灌漑 水田の用水を直接水路から取り入れるのではなく、隣接する田の畦越しに引く灌漑の一形態。畦越し灌漑ともいう。田越し灌漑には、田の後水口から次の田に水を落とすやり方や、田の一部に小畦状に土を寄せ、簡易な水路を作って水を次の田に流すやり方などがある。いずれにせよ、田越し灌漑では、田は耕地であると同時に隣りの田の用水路（排水路）の機能も併せ持つことになる。用水路に接した田から取り入れられた水は、連続した田越し灌漑によって複数の水田に掛けられるが、この一団の水田は灌漑の一単位をなしており、利水の面で密接な関係を有する。そのため、それぞれの田が独自に水を掛け引きし、勝手に作付をするということができず、水田一枚一枚の耕作単位としての独立性は著しく弱められることになる。このような連続した田越し灌漑が行われる水田の範囲は、もともと開発・開田の一単位であることも多かったと考えられる。田越し灌漑が行われる一団の水田を一軒の耕作者が所有・占有している場合もあるが、灌漑面積が大きくなれば複数の家の耕作水田が入り混じっていることも多い。後者の場合には、それぞれの水田の耕作は水利の上で相互に強い規制を受け、耕作者間に対立を含んだ共同関係が形成されることになる。

参考文献 玉城哲・旗手勲『風土―大地と人間の歴史―』（「平凡社選書」三〇、一九七四）、香月洋一郎『景観のなかの暮らし』、一九八三、斎藤卓志『稲作灌漑の伝承』、一九八七 （飯島 康夫）

たこつぼ　蛸壺　タコが岩間に潜む習性を利用して捕獲する漁具。タコガメ（蛸甕）などとも呼ばれ、素焼きの壺が多く用いられる。長い幹縄に適当な間隔で枝縄をつけ、おのおのの先に壺を結びつけたものを、タコが生息する岩礁近くの海底に沈め、しばらく放置した後に繰り上げる。壺の中のタコは、真水や塩や木灰などを浴びせて取り出す。荒天でも割れない素材の壺を用いたものや、小型のイイダコを捕獲するために巻貝や二枚貝を用いたものもある。　→タコ

蛸壺（山口県大島郡大島町）

参考文献　農商務省水産局編『（完全復刻）日本水産捕採誌・日本水産製品誌』、一九八三、金田禎之『日本漁具・漁法図説（増補改訂版）』、一九九四
（清水　満幸）

だし　だし　麵類や野菜・乾物を美味にたべるために用いるうま味を水に移した液体。出汁とも書く。味噌汁やすまし汁を仕立てる時にも用いる。うまみを持っただしの素には動物性のものと植物性がある。前者は鰹節やサバ節・ウルメ節・ムロアジ節、カタクチイワシの煮干しなどがある。これらのほかに干しエビや干貝柱、鶏や豚の骨なども使われる。後者はコンブやシイタケ、カンピョウ、炒り大豆や炒り米などである。単独で用いることもあるが、たいていは動物性のものと植物性のものを合わせて使う。たとえば削り鰹節とコンブというようにである。場合によっては、たとえばうどんのだしなどはカツオ節とサバ節・ウルメ節を合わすし、精進ではコンブにシイタケ・炒り大豆を合わせてだしをとることもある。混合した方が異なったうまみが相乗して、よりだしの味がうまくなる。だしの取り方には煮だしとつけだしがある。煮だしは水から、あるいは沸とうした湯にだしの材料を入れ、短時間煮て、うまみを引き出す。鶏や豚の骨の場合は一時間から三時間とろ火で煮る。これらの材料の場合は臭いを消すために、ニンニクやショウガ、ネギ、タマネギ、ニンジンなどを加える。これらは、だしの酸化を防ぐ働きもある。つけだしは水に材料を入れ、一時間ぐらいおいてうまみを引き出す。煮だしより、上品な味に仕上がる。

参考文献　藤村和夫『だしの本』、一九八八
（奥村　彪生）

ダシ　ダシ　山峡から平地あるいは陸から海へ吹き出す風。風向は土地により一定しない。ダシは日本海沿岸でよく使われる。新潟県北蒲原郡紫雲寺町松塚のダシは、夏から秋にかけて阿賀野川・胎内川・荒川の峡谷から吹き出す風で、安田ダシ・胎内ダシ・荒川ダシなど固有名詞をもって呼ばれる。高温乾燥の風であるため山々の残雪が一気の雪どけをおこして洪水を招くことがある。
（伊藤　彰）

だし　山車　祭礼にあたり、種々の飾り物による風流《ふりゅう》をこらし、曳いたり担いだりして練る屋台の総称。その名称は山車、ダンジリ（檀尻・地車・車楽）、太鼓台、鉾、山《やま》、軸、山笠、曳山、屋台など地方により多様である。このうち京都祇園祭の山・鉾は代表的なもので、江戸の神田祭、大坂の天神祭、名古屋の東照宮例祭など近世都市には山車を伴う祭礼が多く、周辺の町村にも大きな影響を与えた。「だし」という言葉は、屋台などから飾り物を高く掲げる「出し」からきたと推測される。それに山車という字をあてるのは、祭に神霊を招く作り山に由来する。その古い例は、九九八年（長徳四）の祇園会に、無骨という雑芸人が祇園社頭に作り山の曳きものを渡そうとした事件が初見である（『本朝世紀』）。その原型となったのは大嘗祭《だいじょうさい》に際して大嘗宮の前にすえる悠記《ゆき》・主基《すき》二つの標山《しめやま》であった。その後、幾多の変遷を経過するが、祇園祭の山は円い山の形を作り、松などの木を立て、その前で人形もしくは神体が物語の一齣を示す。もう一方の鉾は、武具としての鉾が中核で、採物《とりもの》としての鉾に御霊を依らせて神泉苑に送ろうとしたことが起源である。鉾は次第に風流化して傘鉾や鉾車に進化した。現在の鉾車は中央にそびえ立つ真木《しんぎ》が地面近くまで貫通して鉾の名残を示している。先端に月や長刀などの鉾頭がつくものと、船鉾のような船形のものとがある。鉾は曳き車で、祇園囃子で囃し、かつては羯鼓稚児が舞った。また、風流傘のみの傘鉾もいったん滅びたが復元されている。こうした山鉾は地方に伝わるにつれてさらに複雑になる。地方の祭で鉾を立てるところはほとんどなく、柱と破風《はふ》屋根の屋形をもつ曳き車の形式が多い。山車上で演じられる芸能も稚児舞から歌舞伎まで時代の変遷がある。瀬戸内海沿岸部に多い檀尻は屋形の中で太鼓を打って囃す山車である。愛知県津島神社の川祭はだんじり船という形をとり、祇園祭のような羯鼓稚児が健在である。滋賀県長浜市の曳山は山車の上で本格的な子供歌舞伎が演じられる。埼玉県秩父祭の屋台は歌舞伎を演じるときに両翼を張り出して三間舞台とする。同所には笠鉾があることも注目される。一方、山の系譜上にある山車でも祇園祭のように山を築くことはまれで、人形が主題を示すだ

愛知県知立祭の山車

滋賀県長浜曳山祭の曳山

福岡市博多祇園山笠

埼玉県秩父夜祭の屋台

高山秋祭の布袋台のからくり人形

岐阜県高山春祭の屋台

けの場合が多い。また、山は本来は担ぐものであったことがうかがわれる。舁山《かきやま》と曳山とがみられ、明治以前の愛知県津島祭や同熱田祭礼では山車のほかに大山という何層にも重ねて天にそびえる山が存在していて「出し」の意義を端的に示していたが、大山は失われて山車のみになった。関東の旧城下町などに広がる山車は上層に人形を乗せ、下層で囃すものが多いが、中には大山の系譜をひくものがある。福岡市櫛田神社の博多祇園山笠は人形を乗せた舁山である。名古屋市周辺の山車や岐阜県高山市の祭屋台では山車上でからくり人形が演じられる。↓祇園祭《ぎおんまつり》 ↓標山《しめやま》 ↓曳山《ひきやま》 ↓屋台《やたい》 ↓山鉾《やまほこ》

参考文献 祇園祭編纂委員会・祇園祭山鉾連合会編『祇園祭』、一九七一 (伊東 久之)

タシロ タシロ 地名。水田適地。開墾地。主として中世の新田地名。タシロは『平家物語』あたりからみえる語で、「田にする所」の意。地名の分布は、田代(佐賀県鳥栖市)ほか、全国各地にみられ、特に九州から山口県と中部地方以東に多く、中央部の近畿・四国・東中国に少ない。これは、中央部では、開墾地の名称として、古代にタドコロ、ミヤケの命名があり、その分布域では、開墾がほとんど終って新村の成立の余地がなく、その東西の周辺地域に、中世の新しい開墾地名が多く命名されたためと解されている。室町時代以降、特に江戸時代には、関東平野を中心に東日本の各地を主として、シンデン(新田)の名で開墾が行われ、タシロの名に交替する。ただしシンデンの語は江戸時代発生ではなく、室町時代の上方の荘園の中にすでに名があるが、江戸時代に入って、東日本の未開拓地域に多く名が適用されるに至ったものである。近畿周辺にも新田の地名はある。タドコロ(田荘・田所)は上代の豪族の私有地で、文字通り「田の所」の意である。ミヤケ(三宅・御宅)は大化改新(六四五年)以前の天皇の直轄地で、その役所を御宅《みやけ》といい、その直轄地の名ともなった。屯倉とも書く。東北地方では、山中の湿地地名などに、田代の名がみられることがあり、この場合は、田を連想させる湿地、苗代に形容した湿地などと説明されている。秋田県北秋田郡の田代岳は山頂近くに田代沼の湿地がある。

参考文献 鏡味完二『日本の地名』(「角川新書」、一九六四) (鏡味 明克)

たすき 襷 着物の袖をたくしあげるために肩から背中を回して脇の下に掛ける紐。日常を和服で過ごした時分には、袂袖や元禄袖に襷を掛けて家事や野良仕事などを行なったもので、襷は働く姿の象徴とされ、客の前へ出るときにはそれを外すのが礼儀とされた。しかし、古くは襷を礼装として用いた時代もあり、神事に奉仕する者が木綿襷《ゆうだすき》を掛けるのはその伝統を受け継いだものといえよう。生児の宮参りの日には親戚回りをした先々で生児に麻苧を掛けて祝福する民俗が各地にみられるが、麻苧を掛けることをタスキガケともいう。江戸時代初期に行われていた京都市中の小町踊りでは少女たちが綸子の襷を掛け、徳島県海部郡由岐町阿部の祭ではホンガクと呼ばれる四人の青年が白衣に千早姿で白浅葱鶴亀文様入りの襷を掛けて神輿の守護にあたる。鹿児島県の奄美大島では祝言の杯事で給仕女が玉襷を掛け、広島県佐伯郡では出産時の産婆が片襷を掛ける。また、広島県では、葬式の際に湯灌を行う者が縄襷を左肩から右脇下に掛け、これを左襷あるいは玉襷と呼ぶ。このように襷が祭祀儀礼の礼装とされていた名残は各地にみられる。田植えにおける早乙女の襷掛けも、田植えが田の神をまつるハレの行事とされていたゆえんであろう。広島県の芸北地方では、地区の田植えが終了すると人々が一ヵ所の田んぼに集まり、囃し田、花田植と称して囃しや田植え唄に合わせて着飾った早乙女たちが苗を植える行事があった。ここでの早乙女は、紺絣の着物にサバキと称する幅広の赤襷を掛け、背中で蝶々結びにして長く垂らしたという。

参考文献 瀬川清子『きもの』、一九七二 (宮本八恵子)

だたい 堕胎 産まれた子供を育てる経済余力や、出産にあたっての母性の健康に不安がある場合、中絶する場合がある。これを、産まれてからの人口調節である間引きと区別して、堕胎とよぶ。通常は水にするといわれる。一七五一年(宝暦元)の序がある中条帯刀《ちゅうじょうたてわき》の『中条流産科全書』によれば、江戸時代には水銀丸薬の服用による堕胎があり、子おろし術とよばれた。川柳に「中条でたびたびおろす陰間の子」「今までのこと中条水にする」とよまれた。この丸薬は朔日丸・月水早流し・自由丸とよび、表向き生理薬の名を冠していたが、実際は堕胎薬であり、力者《りきしゃ》とよばれた堕胎業の人々によって配付されることもあった。商品経済の早くから浸透した都市や西日本に多いが、津軽などでも、ホオズキの根を陰口に差し込むなどの民間処方があった。都市では「腹取りの上手」という堕胎専門業があった。江戸でも堕胎業の専門家が「宅あづかり」といって堕胎した遺体を両国の回向院に集めて、水子塚に納めた。避妊方法が確立しておらず、男性が妊娠後の経済や女性の子育て労働に理解がない時代では、「子は湧き物」として処理せねば女性が生きていけなかった。こうした傾向は、堕胎罪のあった第二次世界大戦前の社会でも存在し、各地で堕胎の事実は公然の秘密であり、その慰めとしての地蔵和讃が唱えられた。現代でもその傾向があり、人工中絶は女性のみが産婦人科を訪れて実施し、その慰めは女性のみで行う水子供養である。堕胎の伝承は、泡子地蔵として伝えられる。すなわち、旅の僧侶・六部(場合によっては弘法大師)の茶の滴の残りを娘が飲んで懐妊したが、のちに生まれた子供にあわせると、僧侶・六部は子供を茶の滴の泡とした。その供養のために泡子地蔵を建てたという。また、子あずけ観音でも、堕胎のための水銀丸薬が売られ、宿った魂を預ける信仰があった。↓間引き《まびき》 ↓水子供養《みずこくよう》

参考文献 梶宗次『明治前日本産婦人科史』、一九六四、千葉徳爾・大津忠男『間引きと水子―子育てのフォーク

ロアー』(「人間選書」六七、一九八三)、森栗茂一『不思議谷の子供たち』、一九九五
（森栗　茂一）

だだおし　だだおし　奈良県桜井市初瀬町にある長谷寺(新義真言宗豊山派本山)において、修二会の結願の日にあたる二月十四日夕刻に行われる、赤鬼・黒鬼・青鬼の三匹が松明に導かれ、本堂の回廊をめぐり歩く行事。当日、本尊十一面観音の前で修二会の法会が営まれ、それが終ると本堂内陣右の壇上の鬼面三面に「鬼面加持」が行われる。これが終ると、控室で待つ鬼役三人に鬼面が据えられる。「鬼が出るぞ」という掛け声と同時に太鼓・法螺貝・鉦が打ち鳴らされ、内陣の裏の戸口が開けられ、最初、青鬼が小松明に導かれ、本堂周囲を三回右に廻る。次に黒鬼が中松明に導かれ左に三回廻る。最後に赤鬼が大松明に導かれて三回右廻りする。この行事のことをだだおしと称する。だだおしのことばの意味は不明であるが、(一)閻魔大王の持ち物に「だだ」というのがあり、これで悪人の罪を罰したり、穢れを祓ったりする所作からきた、(二)修正会・修二会で使用する宝印である「閻浮檀《えんぶだ》金《こん》宝印」あるいは「檀拏印」を人々の額に押す「だんたおし」からきた、(三)鬼が走る音「だだ…」からきた、などの解釈がされている。奈良県五條市大津の一月十四日の晩に行われる鬼走りの堂が、通称、陀々堂と呼ばれていることから、だだということばは長谷寺だけでなく、かなり広く分布したと思われる。また、奈良市東大寺修二会(お水取り)の十三・十四日のだったんの行法も、この「だだおし」のことばと何らかの関係があると思われる。
→修二会《しゅにえ》

参考文献　辻本好孝『和州祭礼記』、一九四四
（浦西　勉）

たたみ　畳　日本住宅の室内に使われる独特の敷物で、帖ともいう。古代から『古事記』や『万葉集』などに畳の語がみえるが、古くは、莚《むしろ》・茵《しとね》・莫蓙などの薄い敷物も、すべて畳と称し、座臥両用に使用して、普段はたたんでおいたので、「たたみ」の語が生じたといわれている。当時の畳は、薦を数枚重ねて麻糸などで綴じ、表に藺草でつくった莚をかぶせて縁《へり》をつけたものであったが、のちに稲藁を綴じ固めた床の上に畳表と縁布をつけた厚畳を畳と称し、縁布をつけない莚・茵などと区別した。この厚畳は、平安時代の建築様式の寝殿造では、板敷の間に座具や寝具の一部として置くいわゆる置畳《おきだたみ》として使用されたが、鎌倉時代末期になると部屋全体に敷くいわゆる敷畳《しきだたみ》が始まった。そして、室町時代に書院造がうまれ、間仕切が多くなると、床一面に敷き詰める座敷が来客用の部屋として用いられ、さらに江戸時代には、武士の住宅や寺社などだけでなく、市中の民家の一部でも敷き詰められるようになった。しかし、一般の庶民にまで普及したのは、封建制社会が崩壊した明治時代以降のことである。畳床は、稲藁を縦横交互に重ねて麻糸で刺し縫い、足で踏んで引き締め、薄い頭板や藁で厚さを調整し形を整える。刺し数が多く重くて厚いものほど上質である。これに畳表をかぶせ、黒・紺・茶などの無地または染柄や織模様の縁布を縫いつけてでき上がりとなる。かつては畳刺しと呼ばれる職人の手仕事であったが、現在では、すべて機械で製造され、畳床も化学製品のものが多くなっている。畳の大きさは地方によって異なり、大京間(長辺の長さ六・五尺、約一九七センチ)、京間(六・三尺、約一九一センチ)、中京間(六尺、約一八二センチ)、田舎間(五・八尺、約一七六センチ)などの名称がある。大京間は京都御所や寺社など、京間は青森・秋田ならびに福井県以西、中京間は愛知・岐阜・高知・沖縄ならびに千葉県以東、田舎間は石川および静岡県以東がおもな使用地域である。近年、都市部の住宅やアパートなどでは団地間(五・六尺、約一七〇センチ)が多く採用されている。
→田舎間《いなかま》　→薄縁《うすべり》　→京《きょう》間《ま》

参考文献　小川光暘『寝所と寝具の文化史』(「雄山閣ブックス」一五、一九七三)、佐藤理『畳のはなし』(「物語・ものの建築史」二、一九八五)、広島県立歴史博物館編『備後表―畳の歴史を探る―』、一九九〇
（松崎　哲）

たたみや　畳屋　畳を製作する職人。中世では畳差(畳刺)と呼んでいたが、近世になって畳師・畳屋といった。主に居職であるが、出職もした。畳は古代では板敷の部屋に敷く、折りたためる敷物のことであったが、中世には現在の畳の原型ができた。近世の初めには都市においては民家にも畳敷が普通となったが、村落では住宅に板間・板敷が多かった。畳屋町という職人町もあった。また、畳屋で仲間をつくっていた。床《とこ》材料としての畳は、藁の床とイの表と切地の縁《へり》が主な部分である。畳屋の仕事は、床をつくる床作りと、その床の上に表をかぶせて長い方の縁を麻糸で縫い付ける表付けであった。それぞれ得意とする分野があり、床作りは床師、表付けは付師といっていた。そのほか、畳を敷くことはもちろん、表替え・裏返しといった畳替えもした。畳表は、近世では備後表・備前表・肥後表・豊後表・小松表などがよく知られ、備後表・備前表は、今日でも代表的なものとしてあげることができる。これらの畳表は座敷用に使われた。琉球表は柔道場や台所などに使われた。道具には大道具として畳台・長さ尺・副尺・おおがね・定規、小道具としてきり・手当・針・庖丁・くわい(くわえ)・かぎ・わたりなどがある。茨城県龍ヶ崎市半田町における畳屋の徒弟は掃除・使い走りなどの家事手伝いをしながら針や庖丁の

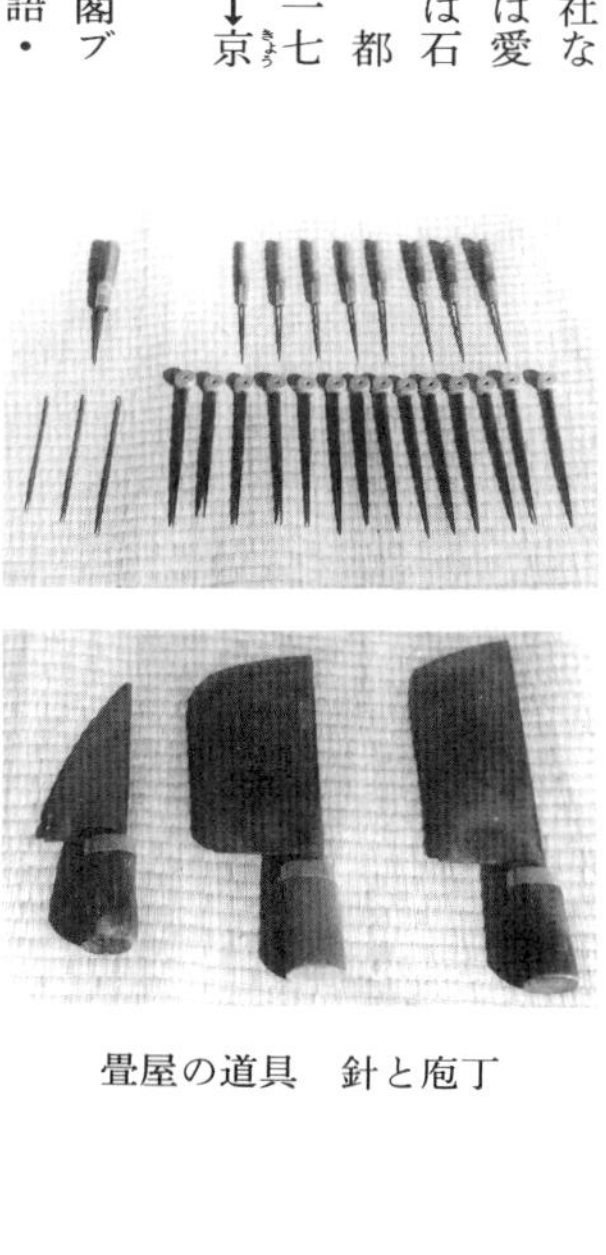

畳屋の道具　針と庖丁

使い方と研ぎ方を練習し、薄縁《べり》・裏返し・表替え・新床の製作などの順に技能を習得した。畳の縁の締め加減は技能を要した。また、一人前の仕事基準量は、表替えで一日六畳であった。職祖神として聖徳太子をまつり、太子講を構成しているところが多い。近代になって洋間や板敷の部屋が多くなり、畳の需要は次第に少なくなってきた。畳屋は、以前には施主の家で仕事をしていたが、機械化により自宅で仕事をすることが多い。機械の導入により自営する場合には多くの資金が必要となった。

(西村　浩一)

参考文献　遠藤元男『日本職人史の研究』三・六、一九六五、佐藤理『畳のはなし』(「物語・ものの建築史」一一、一九九五)

たたら　鑪　古くは銅や鉄など金属を溶融する炉の送風装置として使用された踏鞴や炉自体、近世では製鉄用の建物である高殿《こうどの》、あるいは製鉄を行う場所(鉄山)を指す言葉。多多羅・蹈鞴・鈩・高殿など、時代により異なる漢字をあてる。そして、俵国一が一九三三年(昭和八)著わした『古来の砂鉄精錬法』の副題に「たたら吹製鉄法」と記して以来、砂鉄を鉄原料とする製鉄法および製鉄炉に限定して用いられるようになった。『日本書紀』神代巻に「蹈鞴、此云多多羅」とあるのがもっとも早い。当時の蹈鞴は、『和名類聚抄』には鍛冶用として載せ、『宇津保物語』や『職人歌合絵巻』には、鋳物師の送風器としている。また、『醍醐雑事記』の一一八三年(寿永二)の記事や、『東大寺造立供養記』の建久大仏の鋳造では、鋳造炉を指しており、『日葡辞書』も「砂から鉄を製したり、銅や鉄の釜を鋳造したりする炉」としている。近世ではもっぱら製鉄炉ないし高殿をいう。高殿は十七世紀末、中国地方で開発された永代鑪の中心的建物で、十間四方の押立柱《おったてばしら》をもつ丸打《まるうち》、横広の角打《かくうち》形式をもつ。そのなかは製鉄炉(鑪)を中心に両脇に天秤鞴《てんびんふいご》各一基、周りに小鉄《こがね》・木炭・粘土《ねんど》などの材料置場、村下《むらげ》・炭坂《すみさか》・番子《ばんこ》など職人控室を配置した製鉄作業場であった。操業は一年中行われ、年間四十ないし八十吹を行い、三万から七万貫の鉄(釼《はがね》・鉧《けら》・銑《ずく》)を得た。一吹(代)は三昼夜の鉧押《けらおし》、四昼夜の銑押の別があった。近代になると鑪製鉄は、西洋技術をとり入れて技術革新をはかったが、伝統的なあり方は大正期に終焉した。　→鍛冶屋《かじや》　→山内《さんない》　→鞴《ふいご》

参考文献　島根県教育委員会編『菅谷鑪』、一九六八、永原慶二・山口啓二他編『採鉱と冶金』(「講座・日本技術の社会史」五、一九八三)、河瀬正利『たたら吹製鉄の技術と構造の考古学的研究』、一九九五

(土井　作治)

たたらまつり　踏鞴祭　鑪師《たたらし》・鍛冶屋《かじや》・鋳物師《いもじ》など鞴《ふいご》を使う職人の間で、旧暦十一月八日に行われる祭事。鞴祭《ふいごまつり》として普及する。京都や東京の鍛冶屋は、仕事を休み鞴を清め、注連《しめ》を張り、神酒、ミカン、スルメ、赤飯などの供物を供えてまつるなど、稲荷信仰と重なったところが多い。もともと、古代以来の自然通風や吹革《ふきかわ》、踏鞴《ふみふいご》を利用して冶金加工を行なった時代の風神信仰の遺風が、陰陽五行説や稲荷信仰、山王系祭祀などをとり込んで形成されたといわれている。『人倫訓蒙図彙』(一六九〇)六によれば、「吹子は京童の説に、稲荷の神(風神)が天上よりもたらしたもの」という伝えや、『江戸年中行事』(一七五二)に、「十一月八日鞴祭、此日鍛冶、鋳物師、白銀細工、すべて吹革を使ふ職人、稲荷の神を祭る。俗にほたけと云、ほたけは火焼也」とあるなど、京都の鍛冶屋・鋳物師はもちろん、伏見稲荷大社をはじめ諸社のお火焚きなどにも普及し、また、江戸をはじめ全国各地で鞴を使用する人人の間で鞴祭を催す風習が拡がり、定着していったようである。なお、祭日は古くより製鉄関係の祭祀が旧暦十一月に集中して行われている民俗に因んで、鞴祭の日も山王系祭祀の影響から十一月の初甲の日(九日)であったものが、本祭の前日八日の神ほぎ祭にとってかわり、十一月八日に祭日を固定していったと考えられる。

参考文献　窪田蔵郎『(増補改訂)鉄の民俗史』、一九八六

(土井　作治)

たたり　祟り　神霊・精霊・死霊・祖先その他の霊的存在が人間に対して災厄を与える現象およびその災厄のこと。元来はタツ・アリで、神の示現を意味する語であった。一般に、祟りは人間による禁忌の侵犯や供養・祭祀の欠如・不足などに対する霊的存在側からの制裁ないし要求の表現であると解釈されている。災厄の内容は、死・病気・怪我・家の衰退、その他個人的あるいは社会的な種々の苦悩で、こうした災厄の原因が科学的、合理的なものに求められないときに、祟りの観念が持ち出されてくる。祟りかどうかの判定は、災厄を被った本人の夢や当該社会に伝承される判断基準によってなされる場合もあるが、民間宗教者によって祟りであることが判示されることも多い。災因が祟りであると判明した場合、次には祟りの解消がなされることになる。これは、霊に対する謝罪、禁忌侵犯状態の修復、供養、まつり上げなどによって可能であるとされ、種々の儀礼が行われる。これについても当該社会に伝承されている方法に従う場合と民間宗教者が介在する場合とがある。祟りの語は古代から存在するものだが、現在、この語は共通語としての位置を占め、各地域においては土地の言葉としてサワリ、カラミ、シラセなどを用いていることも多い。この場合、祟りとの微妙な意味の相違の検討が課題となろう。なお、祖先の祟りについては、日本を含む東アジアにおいてはこれを認めたがらない傾向があると指摘されてきたが、近年、社会構造との関連から、祖先の祟りへの認識に男女差がある場合があるとする仮説がR・ジャネリら人類学者によって提示されている。

参考文献　折口信夫「「ほ」・「うら」から「ほがひ」へ」(『折口信夫全集』一六所収、一九六七)、真野俊和「たたり・怨霊・異人―個と社会の葛藤をめぐって―」(『民俗宗教』二、一九八九)、R・ジャネリ・任敦姫『祖先祭祀と韓国社会』(樋口淳他訳、「Academic Series New Asia」一二、一九九三)

(島村　恭則)

たたりち　祟り地　⇒忌地《いみち》

たちうり　立売り　常設の店を構えずに路上に立って物品を売る商業活動。期日や場所を定めた市、店舗販売が成立するまでは、振売りとともに主要な販売方法であった。一三七三年(応安六)に京都四条町での立売り禁制が発令されたり、一四六九年(文明元)の宇治市場の人別課役では店売り十銭に対して立売りからは半額の五銭を徴収している。江戸時代には口上売り・大道商などと同義になった。現在も見られる駅弁の立売りは一八八七年(明治二十)山陽鉄道姫路駅で始まった。　⇒振売り《ふりうり》

参考文献　北見俊夫『市と行商の民俗―交通・交易伝承の研究(二)―』(「民俗民芸双書」、一九七〇)　(松崎かおり)

たちおどり　太刀踊り　主として太刀を採物《とりもの》とし、愛媛県および徳島県の一部と高知県全域にみられる民俗芸能。花取踊り・花跳び踊り・花鳥踊り・花踊りと称していたところが多いが、近年は太刀踊りと称する傾向が著しい。演目名も各地多様で違い太刀・鎌取り・柄なぎなた・扇子踊り・突き棒・五尺手拭の呼称からも知られるように、手踊りのほか太刀・鎌・長刀・扇子・団扇・棒・手拭などを採物とし、必ずしも終始太刀だけで踊るとは限らない。太刀は用いず、ザイと称する綾竹を採物とするところも多く、花取踊りの語意を示唆する重要な採物である。服装は高知県東部・中部では袴や裁着《たっつけ》姿が多いが、西部に移るにつれて浴衣の着流しが多くなる。踊られる時期には盆踊りとしてのものと、秋祭に踊るものとがある。双方とも演目・服装・所作など同類であり、鉦を楽器とし、各演目に先立って「ナムオミドー(南無阿弥陀仏)」の掛け声を唱和し、跳躍所作が多くみられることなどからもともと念仏踊りであり、それが盆踊りへ、特に激しかった高知県の排仏毀釈による秋祭神事芸能へと移行した経過があり、踊りの由来についてもこれを踊って敵を油断させて攻略した偽装攻略説もあるが、祖霊供養、合戦の追善供養の踊りとする説もある。また寺堂・神社の境内、神社拝殿内で踊るなどの差異がみられるが、これも念仏踊りから神事芸能へと推移する過程で生じたものである。太刀が呪具であり、武具であるから全国に分布する神楽には太刀の舞があり、盆の供養の舞としては岩手県の鬼剣舞《おにけんばい》などがある。

参考文献　高木啓夫「花取踊り(太刀踊り)」(『高知県史』民俗編所収、一九七八)　(高木　啓夫)

太刀踊り　高知県須崎市大谷の花取踊り

たちがみ　立神　海岸部に屹立し、神が立ち顕われたり、籠ったりする海辺聖地として神聖視される岩や小島。神社の神体が近くの海中から上がったとの伝承を持つ場合もあり、特に月経中の女性が近づくことへの禁忌が目立つ。祭礼では、まずは立神へ向けて神楽を回すなど、立神を通して海の神を迎える儀礼行為が認められる。立神のほかに、立髪・太刀上などの漢字が当てられて地名化した例も少なくない。

参考文献　葛野浩昭「海民のコスモロジー」(大林太良・宮田登・萩原秀三郎編『日本人の原風景』所収二、一九八五)、阿部一『日本空間の誕生―コスモロジー・風景・世界観―』、一九九五　(葛野　浩昭)

たちぎき　立ち聞き　昔話のモチーフ。立ち聞きによって、主人公やそれに繋がる者の人生を左右する秘密を得る。その内容は、子供に与えられた運命・幸福・災難(「運定め話」「炭焼長者」)や、妖怪や悪人など主人公の敵対者の計略・弱点(「蛇聟入り」「猫女房」「狐の求婚」「食わず女房」「クスクェー由来」「猿神退治」「妻の三ついぼ」「茸の化け物」「大工と鬼六」「二人の狩人」「博労と狐」「鶏報恩」「鳥獣合戦」「もぐらと太陽」「子守唄内通」)、長者・鬼などのちに主人公の援助者になる者が抱える不幸の原因や富のありか(「聞き耳頭巾」「蛇の聞き耳」「狐女房」「兄弟と狼」「大木の祟り」「にせ占い」「かまくらえび」)など。「運定め話」では、神社・海辺・大木の下に泊まった男が、来訪神と土地神の会話から生まれてくる子供の運命を知る。「蛇聟入り」では、蛇聟を追跡した娘の親が、子種のおろし方を話す蛇の親子の会話を聞く。柳田国男は、「蛇聟入り」に関して、立ち聞きは霊界の秘密を知る説話上の趣向だと指摘した。一般に、立ち聞きの対象は神霊・妖怪が多く、場所は神社、霊の依代である木の下、森・山など異類の本拠地で、時間も夜である。立ち聞きは禁じられた異界との接触法といえ、聞き耳頭巾のような異類の言葉を聞く呪宝は、その物象化と解釈できる。また、立ち聞きは偶然の出来事でもあるが、そのめぐり合わせには、登場人物に与えられた運命という観念もうかがえる。　⇒産神問答《うぶがみもんどう》　⇒聴耳《ききみみ》

参考文献　柳田国男「伝説」(『柳田国男全集』七所収、一九九〇)、同「童話小考」(同九所収、一九九〇)、稲田浩二『昔話タイプ・インデックス』(「日本昔話通観」二八、一九八八)　(斎藤　純)

たちもの　断ち物　神仏に願を掛ける際、一定期間あるいは願の成就の時までみずからに禁忌を課し、定められた食物や行為を忌むこと、およびその対象となる禁忌食物などのこと。絶ち物とも書く。たとえば『江戸神仏願懸重宝記』(一八一四)には、東京都新宿区市ヶ谷の茶ノ木稲

荷について、「眼のわつらひあるもの七日が間煎茶たち心願をかけるに眼の煩ひすみやかに平癒す」とあり、この神に眼病治しを祈願する者は七日間の茶断ちをしたという。さらに同書には、両国橋で錐大明神という神に疱瘡平癒祈願を行う際、「断物《たちもの》いわし・ひしこ・ごまめ・たたみいわし」とし、「右三ヶ年の間禁ずべし」としている。このように七日間とか三年間とかの謹慎期間と、その間に食べてはならない物とが定められていた。断つ物は神仏によっていろいろで、塩断ち・酒断ち・穀断ち・甘味断ち・火断ち（火を通した物を食べない）・煙草断ち・女色断ちなどがあり、その期間も数日間、一～三年、一生涯などさまざまで、親兄弟が本人に代わって行う場合もあった。一定の食物・嗜好品や行為を忌むことの背景には、物忌苦行や精進の意識があり、祭の期間中に氏子がキュウリやネギなどの一定の食物禁忌を守ることなどにも通じる。長野県北安曇郡では夏物断ちといって、六月一日に青物蔬菜を食べない習俗があったし、千葉県館山市の一部にも、一度食いといって九月二十三・二十四日の祭の期間中、米一釜・アワ一釜を炊いて日に一食だけ食べ、他の二食を忌むという習俗があった。これらは願掛けとは関係ないが、いわば村中共同で行うもの断ちの精進であった。（長沢 利明）

だちんつけ　駄賃付け　牛馬の背に荷物を載せて運び駄賃を得ること、もしくはそれに従事するのを業とする者。駄賃は運賃のこと。類似の用語に駄賃稼ぎがあるが、こちらは貨客両者を対象とするものに充てられるのに対し、駄賃付けはもっぱら物資のみを対象とするものに限って用いられる。この種の業者が出現するのは中世からで、先駆的存在は京都周辺部で活動した馬借である。近世には大規模に展開する例が多く見られ、信濃（長野県）の中馬、会津（福島県）の中付駑者、甲斐九一色郷（山梨県西八代郡）の馬、南部（岩手県）の牛方、尾州領奈川（長野県南安曇郡奈川村）の牛稼ぎなどが代表的なものとして挙げられる。河川舟運に恵まれない、内陸山間地帯が活動基盤とされているのが共通の特徴といえる。これらのなかには、明治以降、昭和初期ころまで活動したものもあり、民俗例として確認される。駄賃付けは、元来は農民の余業として行われていた。後年に至るまで、かなりの部分はこの形を踏襲する者により担われていた。一方で、特に近世半ば以降、ほとんど専業に近い者も現われ、就業形態は複雑化した。駄賃付けの実際の呼称は、南部ではダンコヅケ、周防山代（山口県）ではコニダウマ、土佐（高知県）・伊予（愛媛県）の国境ではカチンマ等々、土地によりさまざまだが、なかにはダチンツケをそのまま民俗語彙として伝えている所もある。↓牛方《うしかた》　↓中馬《ちゅうま》　↓馬《ま》子《ご》

参考文献　文化庁文化財保護部編『中馬の習俗』（「民俗資料選集」五、一九七七）、同『中付駑者の習俗』（同八、一九七九）、胡桃沢勘司「辟武伽の「中馬」―椎葉の馬背輸送伝承―」（『民俗文化』九、一九九七）（胡桃沢勘司）

だつえば　奪衣婆　三途の川の番人。『仏説地蔵菩薩発心因縁十王経』には、衣領樹という大樹の影に住む二鬼のうち一を奪衣婆、二を懸衣翁と記す。一般にはショウズカノババ・ソーズカノババなどといい、死者の衣をはぎ取る恐ろしい形相の婆と理解されている。納棺に際して、死者の着物の襟に小さな着物を縫いつけたり、草鞋の中に銭を隠し入れたりするのは、奪衣婆がいるためだという。各地の寺院の境内にある閻魔堂や十王堂には、獄卒や地蔵菩薩などとともに奪衣婆像も据えられている。（嶋田 忠二）↓三途《さんず》の川《かわ》

奪衣婆　秋田県本荘市正乗寺の優婆様

たつがしら　竜頭　葬具の一種で、竜の頭を型どった飾り。竜頭だけで単独の葬具として用いる地域もあれば、提燈や幡、天蓋などの竿の先につけて使用する地域もある。形態は、竹を頭の形に切り、シダやビワなどの葉を耳にし赤紙で舌を作る簡素なものから、紙の張り型のもの、藁製のもの、木彫で何度も使用できるものなど多様である。胴として、紙を筒状に張り、鱗を描いて下げているものも多い。地域によっては、単に竹の先の枝を丸

和歌山県古座川流域の竜頭

めたものをこう呼ぶこともある。またタツという地域や、形態が似ていることから蛇《じゃ》といったり、獅子《しし》という地域もある。

参考文献 五来重『葬と供養』、一九九二

（山田　慎也）

だっこく 脱穀　穀粒を茎から分離すること。さまざまな方式がみられる。脱穀機具は古くは二本竹の棒の間に穂を挟んでしごく扱箸、竹もしくは鉄製の歯の間に穂を挟んでしごく千歯扱きが用いられ、明治末年から足踏式回転脱穀機が普及し、昭和初期から動力回転脱穀機、第二次世界大戦直後から自動脱穀機、そして自走式脱穀機（バインダー、コンバイン）というように変化してきている。現在は自動・自走式のものが大部分を占め、足踏脱穀機は一部で種子籾用の脱穀に用いられる程度になっている。稲の脱穀は容易でなく、古くは稲積みから少量ずつ家に持ち帰り外庭や屋内の土間で脱穀することが一般的であった。千歯扱きでも一回でこぎ落とすことはできず、こいだ稲束を裏返してもう一度こがねばならなかった。それにかなりの力も必要であった。下に筵などを敷き千歯扱きを用いて田で脱穀することを熊本ではノコギといい、この方法が普通であった。さらに能率的な足踏式回転脱穀機が普及するようになってからは刈り取り後の田で行うことが一般化した。足踏式回転脱穀機は二人用のものが多く使用されたが、小規模な田では一人用のものが使われることがあった。これを田に運んで作業した。この場合、籾が周辺に飛び散るのを防ぐため、前方に使わなくなった幟を縫い合わせて作った幕や古くなった蚊帳をたらした。明治期の神力・旭などの品種は比較的脱粒しやすいものであったが、足踏式回転脱穀機が一般化した大正中期以降に育成された品種の多く（農林一号など）は脱粒しにくいものであった。これは脱穀に脱粒しやすいものでなければならないという必要がなくなり、むしろ脱粒しやすいと運搬中などに籾が落ちて無駄が多くなるという理由からであった。麦の場合は、ハダカは終戦後しばらくまで先端の尖った丸い棒状の歯で、稲（裸麦）用に比べ歯と歯の間隔が広い千歯扱きがみられた。鉄製のものが多かったが、竹製のものでもこぐことが可能であった。小麦は高さ二尺ほどの木枠に丸太を並べた台や臼などに束にした麦を打ち付けて脱穀していた。その際麦粒が周囲に飛び散らないように台や臼のまわりを戸板や薦などで囲って行なった。それから足踏脱穀機、昭和初期から動力脱穀機が使われるようになった。アワの場合は、鎌で穂をちぎっていった。鹿児島県鹿児島郡十島村では竹を二つに割ってその端で穂をちぎることがみられた。ソバや大豆は、竹の棒の先端に回転する短い棒をつけたもので叩いて脱穀した。大豆の脱穀には足踏脱穀機を用いることもあった。　→足踏脱穀機《あしぶみだっこくき》　→扱箸《こきばし》　→千歯扱《せんばこ》き

（安田　宗生）

たつま　たつま　⇩巻狩《まきが》り

たつまき 竜巻　激しい空気の渦によって大きな積乱雲・の下から柱状に雲が垂れ下がり、陸上では巻き上がる砂塵、海上では水柱を伴うもの。古くから竜が昇天する現象と信じられ、江戸時代前期の『百姓伝記』には「竜は海に千年、川に千年、山に千年すみてのち、天上する」という伝承を記している。台風は竜が通るために起り、竜の尾でなでると屋根が飛ぶ（名古屋市中川区下之一色町）といわれるように、上陸した台風の約四〇％は竜巻を伴っている。

（吉岡　郁夫）

たつみしょうがつ 辰巳正月　⇩巳正月《みしょうがつ》

タテ　タテ　地名。館《たて》の字を書くことが多く、砦や豪族の屋敷跡に名がある。茨城県下館市、秋田県大館市・仙北郡角館町など関東から東北地方に多い。低地に臨んだ丘陵の端に多く立地する。「建てた館」からの名という説と、立地の台地の地形を「立て」といったという説とがある。館の字でタチともいう。山形県村山市の楯岡《たておか》などの楯も館と同義。西日本に多い城山に対して、東日本では、館山・楯山がある。

参考文献 柳田国男「地名の研究」（『柳田国男全集』二〇所収、一九九〇）

（鏡味　明克）

たてあみ 建網　水中に張り建てる漁網の総称。明治期に『日本水産捕採誌』などで網漁の大分類の一つとして建網類の名が使われているが、今日の定置網とほぼ同義。現在では比較的単純な構造を持つ内水面用の定置網（たとえば角建網など）や、地方的な伝統のある定置網（北海道のニシン建網、陸奥のタラ建網など）にこの名が残る。地方的な名称では水中に一定時間敷設する漁網を広く示すときにも用いられ、刺網類に分類される網のうちに建網と呼ぶ例があり、また、沿岸に来遊するカツオ、マグロ、イルカの群の進路を断つ建切網《たてきりあみ》がこの名で呼ばれることがある。　→定置網《ていちあみ》

（神野　善治）

タテザク　タテザク　傾斜地の畑で傾斜の方向に並列する畝のこと。サクは畝と溝が交互に配列する状態をさし、耕起具を使って畝と溝を交互に造ることをサクルという。傾斜地の畑の畝は、土の流亡をくい止めるために、傾斜の方向と直角に立てる場合が多いが、傾斜の方向に立てることがある。これがタテザクであり、傾斜地の斜面に縦方向に畝が配列しているために、つけられた呼称であろう。畝を傾斜の方向と直角に立てるか、並行に立てるかは、畝を造る目的によって決まる。降雨時に水と一緒に流下する土の量をできるだけ少なくするには、畝を傾斜方向と直角に立てて、それぞれの畝に土止めの縁堤の役目をもたせる必要がある。土層が薄い傾斜地では、土の保持が農作物の生産量を一定に保つ不可欠の手段である。降水量が多い日本では、このような等高線型の畝が多い。しかし、傾斜と並行に畝を立てるタテザクも若干見られる。タテザクにすれば排水は促進されるが、大量の降水時には、土壌浸食の恐れがあるので、降水量が多い日本ではタテザクにする理由を排水の促進以外に求める必要がある。東北地方の傾斜地の畑では、大型の踏鋤

を使って、傾斜の方向と並行にタテザクを造る場合があったが、これは踏鋤の使い勝手によるものであろう。タテザクの合理性は聞き取りで検証するほかない。↓畝《うね》

（有薗正一郎）

たてまえ　建て前　民家の建築工程において、地搗きが終了し、土台が完成し、柱・梁・桁などの主要な部材の加工が終った後、その部材を現場で組み立てる作業と、それに伴う儀礼のこと。柱建て・建て始めともいう。棟上（上棟式）と同じと考えられているが、もとは柱を建てる作業とその儀礼を建て前と呼び、棟をあげる棟上と区別されていた。建て前は、大安などの吉日を選んで行われる。仏滅・三隣亡は避ける。どうしても都合がつかない場合には、あらかじめ仮柱を建てて、工事を開始したことにして、別の日に、あらためて建て前を行う。建て前の前に、吉日に一本だけ柱を立てておくという地域もある。当日の朝、大工は身体を浄めてから現場に向かう。建て前の日に大工が梅干を食べるという習俗もある。まず四方の角の柱、大黒柱、床柱などの重要な柱の礎石を、御神酒や塩で浄め、幣束を切って飾る。そして、家の設計図である、板図の番付通りに柱を配置し、それを順番に組み立てていく。柱を建てる順番は、暦書によれば、春は南から東・西・北、夏は北から南・西・東、秋は東から西・北・南、冬は西から東・南・北の順に建てるとあるが、地域差があり、辰巳の方から建てるという地域もある。一般的には、戸口構えのまわりから建てる場合が多く、柱を立て横架材でつぎつぎに連結していく。建て前が終了すると、引き続き、棟上が始まる。↓棟上《むねあげ》

建て前（山形県飯豊町）

参考文献　牧田茂「建築儀礼」（『日本民俗学大系』六所収、一九五八）、下野敏見「建築儀礼の特色と問題点」（『日本民俗学』一五〇、一九八三）、宮内貴久「住居空間の創造とその維持—奥会津地方の建築儀礼の分析を通して—」（同一七九、一九八九）

（宮内　貴久）

たてやまじごく　立山地獄　富山県の北アルプス北端に位置する立山三山直下の室堂平から下った地獄谷。周辺には畜生ヶ原・赦免滝などの地獄に関連する地名がみられる。地獄谷は火山性の亜硫酸ガスが噴出して、一木一草も生えない荒涼とした風景が展開する。湧き出す噴泉には百姓地獄・紺屋地獄・鍛冶屋地獄などさまざまな地獄の名称が付けられ、なかでも血の池地獄は如意輪観音による女人救済の場として知られ、女人禁制のため登拝できない女性の依頼により岩峅寺《いわくらじ》の僧が『血盆経』を血の池に投じたといわれる。立山地獄の文献上の初出は十一世紀前半ごろに成立した『法華験記』であり、近江出身の女人が観音の代受苦と両親の法華経供養によって立山地獄から救済された物語がみられる。平安時代末期の『今昔物語集』には立山地獄に堕ちた女人と地蔵菩薩の代受苦の説話が登場するなど、古くから中央に知られていた。室町時代の謡曲『善知鳥《うとう》』には立山地獄に堕ちた津軽外ヶ浜の猟師の話が登場する。立山信仰の絵解きに使われた立山曼荼羅には、左上端の地獄の針の山にたとえられた剱岳の下部に立山地獄の世界が大きく描かれているが、この表現は近世初期に成立した熊野観心十界図に由来するものと考えられ、時代の変遷とともに立山の地獄観にも移り変わりがみられる。↓血の池地獄《ちのいけじごく》

立山曼荼羅に描かれた立山地獄

参考文献　高瀬重雄『古代山岳信仰の史的研究』、一九六九、林雅彦『日本の絵解き—資料と研究—（増補版）』、一九八四、広瀬誠・清水巌『山と信仰立山』、一九九五

（岩鼻　通明）

たてやましんこう　立山信仰　富山県中新川郡立山町にあり、飛驒山脈（北アルプス）の北西に連なる立山連峰に対する信仰。立山とは立山連峰の主峰群を指す総称であり、最高峰は大汝山（標高三〇一五メートル）。雄山・別山・浄土山を立山三山と称する。古代から霊山として有名で、山麓に芦峅寺《あしくらじ》・岩峅寺《いわくらじ》の二つの宗教集落が存在したが、明治の神仏分離以降は衰退した。岩峅寺は加賀・能登・越中の三国を檀那場とし、芦峅寺はそれ以外の諸国を檀那場とした。立山山中の権利は岩峅寺が有していた。芦峅寺では、村外れの墓地に通じる布橋をはさんで両側に閻魔堂と姥堂が置かれ、神仏分離以前は秋の彼岸の中日に女人救済儀礼としての布橋灌頂が行われた。現在は雄山山頂に雄山神社の奥宮が、芦峅寺と岩峅寺に雄山神社の里宮が鎮座する。立山の開山縁起は、奈良時代に越中

国司であった佐伯有若が逃げ出した白鷹を追いかけて立山山麓の千垣に至ると熊が出現し、その熊を山中の室堂の玉殿窟に追い詰めたところ、熊は阿弥陀如来の化身であったという物語である。立山信仰の布教に使われた立山曼茶羅には立山の地獄極楽の景観と開山縁起と芦峅寺での布橋灌頂の儀礼などが描き込まれており、かつては檀那場廻りの際に絵解きが行われたが、現在は開山伝承にゆかりの魚津市大徳寺で、唯一絵解きが継承されている。室堂の山小屋は一六一七年(元和三)のものが日本最古とされ、重要文化財に指定されている。近年、芦峅寺に立山に関する総合展示を行う富山県立山博物館が開館した。

参考文献 高瀬重雄『立山信仰の歴史と文化』(「高瀬重雄文化史論集」一、一九八一)、岩鼻通明「越中立山女人救済儀礼再考」(『芸能』三四ノ二、一九九二)、広瀬誠『立山のいぶき—万葉集から近代登山事始めまで—』(「とやまライブラリー」二、一九九二)
(岩鼻 通明)

たてやまとざん 立山登山 立山修験を背景とする宗教的登山から近代的スポーツ登山に変わってきた。近年では宗教的登山から近代的スポーツ登山のこと。越中立山(三〇〇三メートル)は古来山岳信仰の山で、山麓には芦峅《あしくら》・岩峅《いわくら》の宿坊集落があり、江戸時代には諸国の檀那場から参集する登山者の案内をした。『越中立山古文書』には、「六、七月のうちに自他国よりの参詣人六、七千人もこれあり」と記している。明治初年の神仏分離によって立山修験は瓦解し、宿坊経営も衰退した。しかし、大正から昭和にかけてスポーツ登山が盛んになり、かつての宿坊の僧徒は山小屋経営などに転じた。一方、江戸時代には女人禁制で芦峅寺の姥堂までしか参詣できなかった女性も登山できるようになった。富山県の東部では男子は十五歳になって立山に登らないと若連中へ入ることができないという成人登山の習俗がある。成人儀礼の一種であるが、これは明治時代以後に生まれたものである。少年たちは新調の白装束で、笠には「立山登拝」の文字を書き、金剛杖をついて「六根清浄」を唱えながら登った。大正・昭和時代になると次第に白装束は着なくなったが、杖だけは新しいものを用いた。立山の開山伝説では、七〇一年(大宝元)に越中国司佐伯有若(有若の子、有頼とも)が、逃げた白鷹のあとを追って山へ入り、ついに山頂に達した。その鷹(途中で熊に代わる)は立山権現で、有若(有頼)を導いて開山させたものとある。少年有頼が開山したというこの伝説が成人儀礼としての立山登拝が生まれるもとになったのであろう。

参考文献 広瀬誠『立山黒部奥山の歴史と伝承』、一九八四
(佐伯 安一)

たとえことば 譬え言葉 タトエとも。諺の中に比喩的な表現が多いことから、タトエということばで諺全般をさす地域が多い。他にテーモン、チャーモン、テーチ、ターキなどの呼び名がある。山梨県富士吉田市では歯を洗わない人のことを「味噌コガ(桶)」と呼ぶ。味噌桶は洗わないことから、「味噌桶じゃあるまいし」「味噌桶のようだ」という意味になる。短い秀逸なタトエは、聞く者をハッとさせ、人々の記憶に残り、口真似されて伝わっていったものと推測される。このような伝承されていくタトエは記録にも残りやすかった。しかし、談話の技術としてタトエを捉えるならば、秀逸なタトエが生まれた瞬間、その場の文脈を捉えることが重要になってくる。つまり、狭い集団の中で共有されるタトエがどのような話の場で生まれてきているのかを探るという方法が必要になるであろう。学校で使われるあだなを調べると、生物のハゲの先生を「ナマハゲ」、ドラえもんに似ている憎らしい先生を「ニクドラ」など、共通の知識を背景に部外者にはわからないタトエが生まれてきていることがみてとれる。また、集団の中で共通の教養となっているタトエが具体的な生活の場面でどのように使いこなされているのかということも、タトエの研究には不可欠な要素であろう。タトエは話のマクラに使われたり、話のオチに使われたりする。あるいは、タトエが集団の成員によって理解されていることを前提に、わざと間違って使われたり、ひねって使われたりする。たとえば、「親はなくても子はできる」「人の身つねって我身の痛さ知れ」などである。さらにはタトエを了解しない者を笑うのに使われたり、タトエのいわれを話として語ったりすることもある。千葉県浦安市では、「寝る」ことを「矢向の化けもん」と表現することがある。このことばの背景には「ねんねろよォ」といいながら出てくる化けものの話が存在し、タトエを理解しない者には話として語ることになるという。タトエを場の文脈から切り離さず、話の総体の中に位置づけることで、タトエの持つ効力を知ることができるといえる。 ↓諺《ことわざ》

参考文献 柳田国男「なぞとことわざ」(『柳田国男全集』二三所収、一九九〇)、大島建彦「民俗としてのことわざ」(『咄の伝承』所収、一九七〇)、山田厳子「ことわざの効力—定型と笑い—」(『世間話研究』五、一九九四)、米屋陽一「ハナシからタトエへ・タトエからハナシへ」(野村純一編『昔話伝説研究の展開』所収、一九九五)、山田厳子「ことわざ採集の方法」(『ことわざ研究会会報』二〇、一九九六)、『(月刊)言語』二一九七(特集ことわざ学のすすめ、一九九六)
(山田 厳子)

たないけ 種子池 苗代に蒔く稲の種子籾を水に漬けて発芽を促すための池。近畿地方以西でタナイケ(種子池)と呼ぶ傾向があるのに対して、中部・関東地方ではタナイ、タネエなど、種子井と呼ぶところが多い。種子籾は種子籾俵に入れたまま一定期間水に漬け、水を切ってから菰《こも》や藁でくるむなどして催芽を行なってから苗代に蒔く。種子を水に漬けることをタネカシ、タネツケなどといい、その期間は明治時代末には三十日程度と長いところもあったが、その後短縮されて昭和初期には東北地方でも二週間から十日ほどになった。寒冷地ほど長い傾向

にあり、沖縄県では明治時代末でも一昼夜から数日だった。秋田県山本郡山本町では彼岸の中日にタナゲ（種子池）に入れ、二十一日後の土用の入りにあげ、風呂や湯釜で湯通しし、堆肥の中に藁や籾殻を敷いて作った床に入れて催芽をしたが、床入れ後は家で湯を使うことや入浴が禁じられた。なかには床入れした種子籾の上に寝る人もあった。このように浸種には特定の日が選ばれたり、催芽中の禁忌が伝承されるなど、種子籾の扱いには特別な心意が働いていた。種子池・種子井は個人所有、共同所有とがあり、正月から二月にかけてタネイバライ、タナイケサライなどといって掃除が行われた。茨城県龍ヶ崎市では旧暦二月初午に利用者がタネイバライをし、終ると日待を行なった。種子池がない場合の浸種は、近くの川に種子籾俵のまま入れたり、水を張った桶に種子籾を入れて行なっている。 →種子《たね》浸《つ》け →種子《たね》もやし

参考文献 早川孝太郎「稲作の習俗」（『早川孝太郎全集』七所収、一九七三） （小川 直之）

たなだ 棚田 山腹や沢の傾斜面に石積みなどし、階段状につくられた田。地すべり地との関連性が強い。全国に存在するが新潟県の頸城丘陵、岡山県の吉備高原、大分県の阿蘇・九重火山山麓が三大棚田卓越地域。大型農具など導入できず、耕作・田植え・刈取りなどに昔ながらの方法が残っているものや水利慣行にも種々あり、稲作文化の原点を知るに欠かせぬ存在だが、生産効率が低く休耕田（荒廃田）が増大している。 →千枚田《せんまいだ》

棚田（高知県吾北村）

参考文献 香月洋一郎「定住―農耕生活領域の形成と発展―」（『日本民俗文化大系』六所収、一九八四）、同「久賀の石積横穴」（同一四所収、一九八六）、向山雅重「信濃の谷水田」（同） （坂本 正夫）

たなばた 七夕 七月七日に行われる年中行事。牽牛星と織女星が天の川を渡って会うという伝説や少女が星に技芸の上達を願うという、奈良時代ころに中国から伝えられた乞巧奠《きこうでん》に由来する伝承が七夕行事の表層をなしているが、その基層には水神を迎える祭儀が存在していた。折口信夫によれば、タナバタとは「棚機《たなばた》つ女《め》」であり、水辺のかけづくりの棚で機を織りながら水神の訪れを待つ乙女というのがその意味であるという。七夕とは本来、乙女と水神の聖婚をモチーフとする古代祭儀であったと考えられる。南四国には、六日の晩に、結婚するまでの娘たちが宿に集まって夜を明かすことを織り明かしと呼び、また七日には河童（あるいは水神）がいるから川に行ってはいけないという伝承があるが、これら二つの伝承を重ね合わせると機を織りながら水神の訪れを待つ乙女という構図の面影を認めることができる。七夕には夏の畑作物や稲の収穫の祭、あるいは収穫予祝の祭という農耕儀礼としての性格も広くみられるが、こうした性格も七夕が水神の祭儀であったことと深く関係しているものと考えられる。七夕の日には水に関する伝承がきわめて多い。女性が髪を洗ったり、水浴びする日とする伝承は全国的に存在し、また牛馬を洗うとする伝承も近畿地方や中国地方などに分布している。このほか井戸浚《さら》いをしたり墓掃除をする日という伝承も多く、さらに長野県などには油のしみた道具を洗うと良く落ちるとする伝承さえある。七夕には雨が降ると良い、七夕には必ず雨が降るとする伝承も関東から東海にかけて分布し、これとは逆に雨が降ると悪いという伝承も近畿・中国・四国にかけて分布している。こうした水をめぐる伝承は、この七夕の日を七日盆《なぬかぼん》と呼ぶ地域が広く存在することから、祖霊を迎えて行う盆の望の日の祭を神聖なものにするために、水の潔斎が行われていたことの名残であるというのが定説である。しかし、日本の年中行事と多くの共通性をもつ東アジアの水稲耕作文化領域を視野に入れると、この日の水をめぐる伝承の問題はそれほど単純ではなく、正月の若水汲みに関係するものと考えられる。四国をはじめとする地域の七夕の水をめぐる伝承には、水によるよみがえりに基づくとみられる伝承があり、またこの日の水が天に由来することを示唆する天人女房譚が付随しているが、中国華南の七月七日に汲む七月七水にも同様の伝承が伴っている場合がある。ことに華中、江南では華南の七月七水に相当する行事は六月六日に行われるが、ここでは女性が髪を洗うばかりか、犬や猫も洗う日であるとされる。こうしてみると、さまざまな七夕の水をめぐる伝承が、盆の準備段階の禊に由来するというのは二次的なものであり、本来、正月の若水に対応する行事、生命の水、蘇りの水の表象に基づく行事が存在していた可能性を考慮する必要がある。 →七日盆《なぬかぼん》

参考文献 折口信夫「水の女」（『折口信夫全集』二所収、一九六五）、大林太良『正月の来た道―日本と中国の新春行事―』、一九九二、鈴木満男『環東シナ海の古代儀礼』（「Academic Series New Asia」一三、一九九四）、吉成直樹『俗信のコスモロジー』、一九九六 （吉成 直樹）

たに 谷 山または丘陵の間にはさまれた溝状の低地をさす地形名。本州中央の新潟県親不知と三重県桑名とを結ぶ線を境界として河川名と地名の語尾に東日本では沢、西日本では谷がよく使われている。峻険な峡谷では尾根や山腹に往還を通じ、緩斜面に散村が形成されているが、河岸段丘や河谷平野では河川沿いに往還を通じ開けた場所に集村が形成されている。ことに山岳地帯の谷は古くから重要な交通道として人馬の往来や物資の運搬に利用されてきた。また、近世以降谷川そのものが奥地からの木材流送や通船などに利用された。中部山岳地帯を縦断

する木曾街道はじめ多くの街道が谷に沿って走り、関所や宿駅が設けられ、また谷口の集落や峠越しに結ばれた交通交易の要衝には市場が設けられて集落の発達をみた。天竜川沿いに諏訪神社が多くまつられているように谷川はまた神の通い路でもあり、文化や信仰の伝播経路でもある。小さな沢水が流れ出すような場所は小規模な水田が開かれ、やや大きな谷川の沿岸は湛水灌漑に不便なところから長く畑として耕作されてきたが、近世後期から昭和初期にかけて土功工事により用水路が開かれ、水田への転換が行われた。尾根から谷に真直ぐにとおった稜線は天狗またはヤマワロの通路であるとしてその尾先に家屋を建てることを忌む。また谷を塞ぐような方向に棟を構えることをタニキリまたはカワキリといって嫌う。谷川に沿って建てる家屋の間取りは川上に座敷・床の間を設け、川下に台所や常居、厩を設けるのがならわしとなっている。

参考文献 鏡味完二『日本地名学』地図篇、一九五六、石川純一郎「住まいの文化」(『舘岩村史』四所収、一九九二)

（石川純一郎）

タニシ タニシ タニシ科の淡水巻貝の総称。タツボ、タツブ、タニナ、ツブ、ツボとも呼ばれる。日本にはマルタニシ、ヒメタニシ、オオタニシ、ナガタニシの四種が棲息する。このうちナガタニシは琵琶湖の特産であるが、そのほかは日本各地の水田や川などの淡水域に棲息する。水田に水のある時期だけでなく水田から水がなくなる冬季においても土中に潜って過ごすことができる。そのため民俗的認識ではタニシは水田との関係で捉えられることが多い。どんなに採集しても次年にはまたもとのように殖えているため水田から湧いて生まれるともいわれる。タニシは稲作農家にとっては大切な自給食料であった。一年を通して水田ではタニシヒロイやタニシホリが行われた。一般にタニシはタニシ汁や煮物、ヌタなどに調理され副食物とされた。水田で取れるタニシは精力剤とも考えられ、長野市犬石では暑い盛りの盆にタニシの天麩羅を食べるとよいとされた。またゆでたタニシを天日で乾燥させ救荒食料として蓄えておいたり、さらには長野県の南信地方のように贈答品に使うところもあった。また沖縄県西表《いりおもて》島では副食料とともに民間薬としても重要で、肝臓薬などさまざまに用いられた。そうしたタニシをかつては商品として扱うタニシ売りが存在した。与謝蕪村の歌に「そこそこに京見過ごしぬたにし売り」とある。都市部だけでなく、長野県の南信地方のような農村部にも愛知県岡崎方面からタニシ売りがやってきた。

参考文献 榑松文雄『タニシ―人工養殖の実際―』、一九七〇

（安室 知）

たにしちょうじゃ 田螺長者 田螺の姿で生まれた主人公が、機知と策略を用いて妻を獲得し富み栄える昔話。子のない老夫婦が神仏に祈願したところ田螺を授かる。何年たっても成長しないが、ある日口をひらき「嫁をもらってくる」といって長者の家を訪ねる。屋敷に泊まった田螺は、その夜、持参の米を嚙んで寝ている長者の娘の口もとにぬりつけ、翌朝、米が盗まれたといって騒ぐ。娘の口もとを見て怒った長者は、娘を田螺に与える。娘を連れ帰った田螺は、その後若者に変身して結婚し幸せに暮らす。田螺のほかに蝸牛《かたつむり》・なめくじ・蛙などが登場する例もあるが分布範囲が限られており報告数も少ない。田螺が富を獲得する主人公に形象化された背景には、農耕社会のなかで、水をなかだちにして人間と深い交渉の歴史を持ち、水神的性格をもつ存在に注目すべきであろう。嚙み砕いた米を娘の口元にぬるモチーフは、『御伽草子』の「一寸法師」にも描かれており早くから成立していたことがわかる。若者に変身する方法には、田螺を叩く、踏みつぶすといった破壊的行為による場合、湯や水に入って変身をとげる場合、あるいは、娘が田螺を懐に入れて神仏に参詣し、その願いがかなって若者になる例などがある。いずれの場合も、娘が変身の手助けをする援助者としての役割を果たしている。本話のように、動物が人間に変身して結婚し富み栄える話は日本では珍しい。田螺の登場する話としては、ほかに「田螺と狐」「田螺と烏の歌問答」などがある。

参考文献 柳田国男「桃太郎の誕生」(『柳田国男全集』一〇所収、一九九〇)、大島建彦「昔話の伝承」(上田正昭・大林太良・大島建彦他『日本の民俗』所収、一九七四)、常光徹『学校の怪談―口承文芸の展開と諸相―』(『Minerva 21世紀ライブラリー』三、一九九三)

（常光 徹）

たぬき 狸 漢字の狸は、中国において山猫的動物の総名であった。ところが日本には、弥生時代以来山猫は生息していない。そこで古代・中世の知識人は、中国の書籍に記された狸が、動物学上のイタチ、テン、ムササビ、タヌキ、それに野性化したネコ(以下動物学上の名はカタカナで表記する)などに相当すると考えたようである。狸の読みはさまざまであったが、中世にはおおむねたぬきに落ち着いた。『日本書紀』にすでに現われる貉《むじな》の名称もこれと並行して流通していた。総じて西日本では狸、東日本では貉が優勢だったようである。さらに近世になると、狸と貉(以下両者を含めて狸と表記する)は、タヌキ、アナグマの両方または片方を意味するようになった。近世、特にその後期には、狸はその肥満体の印象から、滑稽なイメージを得た。現在行われている狸の民話の多くは、この新しい狸イメージにもとづいて成立した。一九一〇年代に流布し始めた徳利と通帳を持ち、腹部と陰嚢をふくらませた陶製の狸も、その延長上にある。しかし現在に至るまで、狸の名には、依然としてネコ的な要素も潜んでおり、「かちかち山」系の昔話の第二段で婆を殺す狸は、婆を殺す類話の化け猫の面影を宿す。「猫と茶釜」系昔話においても、現在の昔話のネコの役割を近世においては狸が演じた。昔話における性格にとどまらず、日常生活においても、狸は狐と異なり人を化かして死に至

らしめる動物だと信じられている地域がある。特に古くから狐信仰が盛んであった東北日本においてこの傾向が著しいようである。狐が生息しない四国の大部分と佐渡では、狸について独特な民俗が発展した。佐渡では近世になって、おそらく稲荷信仰の代替物として狸(地元ではムジナまたはとんちぼーとよぶ)信仰が生まれ、これにかんする昔話も形成された。この島には二つ岩の団五郎貉をはじめ、その配下たちが割拠しており、これらの貉をまつる行者は、呪術的な祈禱により、信者に現世利益を保証する。四国の香川・徳島・愛媛県においても、それぞれ固有名詞を与えられた狸をまつる小祠が多く見られ、やはり現世利益を約束することによって、信仰の対象になっている。成立は近世中期あるいはもう少し後になるかもしれない。四国は空海の出身地である。四国の狸信仰は、主として行者・修験者によって流布された。ただし現在では、日蓮宗など他宗の寺院と結びついている場合もある。この狸信仰に関連して、香川・徳島県では金長対六右衛門の狸合戦の話、愛媛ではお家騒動にからむ刑部狸一派の話が知られるが、いずれも近世末の創作と推定される。なお四国においては、狸憑きの事件が他の地方にくらべて多く発するのも、狸信仰と表裏一体の関係にあるのだろう。 →ムジナ

参考文献 富田狸通『たぬきざんまい』、一九六三、宮沢光顕『狸の話』、一九七八、井上友治『狸と日本人』、一九八〇、中村禎里「佐渡 狸の旅」(『図書』四八〇、一九六九)、同『狸とその世界』(「朝日選書」四〇〇、一九九〇)

(中村 禎里)

たぬきのはちじょうじき 狸の八畳敷 狸が陰嚢を八畳敷くらいに広げ、焼石を投げ入れられて火傷をしたり、庖丁で斬られたり、針で刺されたりして死ぬ昔話。愚かな動物譚の一つ。畳屋が仕事帰りの日暮れ、道が見えなくなり、尼の了解を得て辻堂に泊まる。畳屋は道具箱を側に置き、横たわると畳が毛むくじゃらで温かい。気になって毛をむしると、その度に尼の読経はとぎれ顔をしかめる。畳屋は道具箱から畳庖丁を取り出して畳に突き刺すと、尼も辻堂も消える。血の跡をたどると、陰嚢を切られた狸が死んでいる。この話は全国的に分布している。狸の正体を暴くのは畳屋・針屋・小間物屋・和尚・爺・婆らで、庖丁などの刃物、針による退治は、旅商人・旅職人による伝播を示唆している。狸が主人公の昔話には、「文福茶釜」「ずいとん坊」「葬式の使い」「かちかち山」などがある。昔話・世間話に、狸は数多く登場するが、それらには人々の観察した狸の姿態・生態から、可愛らしく愛敬をふりまく間が抜けた狸の失敗がゆかいに表現されている。そこには、八畳敷の恐怖は後退し、滑稽さが前面に押し出されている。狸が陰嚢を広げて人を包むという記載は人見必太の『本朝食鑑』(一六九七)にみえ、八畳敷の表現は大田南畝の『蝶夫婦』(一七七七)がもっとも古いといわれている。『日本昔話名彙』では「小間物屋と狸」、『日本昔話大成』では「狸の八畳敷」、『日本昔話通観』では「畳屋と狸」の名称になっている。

参考文献 中村禎里『狸とその世界』(「朝日選書」四〇〇、一九九〇)

(米屋 陽一)

たねおろし 種子下ろし ⇩種子浸《たねつ》け

たねがえ 種子換え 農作物の種子を交換すること。農民にとって作物の品種と農具・農法の農業技術は直接に生産に関係するので最も関心のある事柄であった。稲の種子籾はその年の最も作柄の良い田からとり、種子籾俵などに入れ、鼠害に注意して蔵や梁の上に翌春まで大切に保管された。種の品種改良や新種の導入へのこだわりは、クネンカクシという稲の品種がかつて愛知県にあり、新種の発見を九年もの間、他人には知らせなかったことから名付けられたという一例を見てもわかる。各地の風土にあった品種がその土地の篤農家により発見、作り出されるとともに、近世においては伊勢参りの折に、良く稔っている田の穂を貰い受け、帰って自分の田の稲と交配したともいう。伊勢外宮の神は農業神である豊受大神《とようけのおおかみ》であり、伊勢参りは信仰の側面だけではなく、稲の品種や農法の情報交換の機会でもあった。

(佐野 賢治)

たねつけ 種子浸け 水田稲作の農作業において苗代に種子籾を播く前に、種子籾を川や池に浸し発芽を促すこと。苗代で苗を作っていた時代までは、全国的に見られた作業であった。水田稲作において、移植(田植え)が前提となれば、発芽を促す種子籾を浸す作業が、田植えに欠くことのできない作業と考えられる。苗代に乾燥したままの種子籾を播けば浮いて定着しないし、発芽まで時間がかかり、その間に鳥についばまれる危険性が高いことになる。故に苗代で苗を作るのであれば種子籾を播く前に浸し、若干発芽した種子籾を播いたはずである。弥生時代という初期農耕段階で、すでに田植えを行なっていたという説もあり、種子浸けもそこまでさかのぼる可能性は指摘しうる。近世農書の中に種子浸しの方法を説いたものが幾つかある。地域・場所、稲の早稲・晩生な

種子浸け(青森県深浦町)

どにより、浸し方に違いはあるものの、概していえば、彼岸の中日ごろ大切に特別保存していた種子籾を俵のまま川または池に浸ける。二十日前後浸したままにしたのち、取り上げ、今度は筵に種子籾を広げ、二、三日干すと籾の割れ目から芽が顔を出す。この籾を苗代に播くのである。民俗の例としては、彼岸の中日や、四月の諏訪様の祭(長野県諏訪地方)、西日本に多い八十八夜などの日を選び、神棚や納屋に保存してあった籾の入った俵を下ろし、俵ごと水に浸す。これを種子下ろしと呼ぶ。この行事は村落の中で共同作業として行われ、浸す池や川も共同で管理されていた。浸す場所は神聖化され、悪水が入ることが忌み嫌われた。この清浄な水を必要とすることは農書の中でもしばしば説かれ、稲の病気を防ぐ処置としても合理的であった。 ↓種子池《たないけ》 ↓種子籾俵《たねもみだわら》 ↓種子《たね》もやし

（中山 正典）

たねとり 種子取り 沖縄・奄美で稲種子を播く日の行事。沖縄では立冬前日に種子籾を水に漬け、翌日苗代に播く所と壬《みずのえ》・癸《みずのと》の日に漬け戊《つちのえ》・己《つちのと》の日に播く所があった。沖縄県全域と奄美諸島の喜界島ではタネトリ、タントイといい、奄美大島ではタネオロシ、徳之島ではタネツケ、タネンブシ、沖永良部島ではファンダネ(初種)という。沖縄・奄美の種子取りは旧暦九月末から十月初めに行われ、新暦二―五月初めに行われるヤマト(日本本土)の種子播きとは半年も違い、結果として沖縄・奄美は冬稲作、ヤマトは夏稲作である。種子取りの日、沖縄の慶良間諸島では神役の女が赤衣を着て八重の神として現われ、奄美大島や徳之島では子供たちが餅貰いといって仮装して家々を訪れる。沖縄の竹富島では踊りなどして盛大に祝う。沖永良部島ではファンダネの晩、膳にカジギの葉をのせ、それに米飯を盛って、ススキの箸で食べる。徳之島の大津川ではタネツケして帰宅後、発芽しやすいようにとしばらく横になって休んだ。喜界島では冬折目《うんめ》の三日前の戊午《つちのえうま》の日に行い、大朝戸では海から小石三つを拾い、汁碗に入れて飲むまねをし、小石をなめた。固く大きい実が稔るようにネリヤの神に祈る類感呪術であろう。ヤマト・琉球接点の吐噶喇《とから》では旧暦二月中旬にタネオロシといって、苗代田にススキ三本を立て種子籾を少し播いて祈り、余りの米は焼米にして内神《ウチガミ》や火の神に上げる。吐噶喇の北隣の種子島では春彼岸の中日にタネマキといって水口に少し播いて豊作を祈る。沖縄・奄美では播種儀礼と初穂儀礼が重視されているのに対し、日本本土では小正月予祝儀礼と田植儀礼が強調されている。
↓タントゥイ

参考文献 北見俊夫「年中儀礼」(『日本民俗学大系』一二所収、一九五九)、竹内譲『喜界島の民俗』、一九六九、伊藤幹治『稲作儀礼の研究―日琉同祖論の再検討―』、一九七四、下野敏見「徳之島の年中行事」(『南西諸島の民俗』二所収、一九八二)、同「沖永良部島の年中行事」(同)

（下野 敏見）

たねまき 種子播き 種子籾を苗代に蒔く作業。種子蒔きとも書く。タネオロシとか、長野県北部から新潟県にかけてはスジマキともいう。種子池や川などに一定期間漬けて催芽した種子籾を桝や笊などに入れて持ち、苗代に手で平均的に振って蒔く。種子籾の量は明治時代末には一反分の稲苗をとるのに五升から一斗以上と厚蒔きだったが、次第に薄蒔きになり、太平洋戦争後には五升以下が一般的になった。動力田植え機を用いる現在では二升五合から三升程度になっている。種子播きの時期は、早植え品種が広まる以前は四月下旬から五月下旬、奄美・沖縄では二期作以前は旧暦九・十月(新暦十一月)だった。現在は田植えの期日から逆算して播種日を決める傾向にあるが、水苗代の時代は遅霜の心配のなくなる八十八夜が一つの基準になり、タネマキオッコなど山の残雪の特別な形、種子蒔き桜と呼ぶコブシなどの花の咲き具合、筒鳥など渡り鳥の鳴き声が種子播きの目安となった。種子播きの日にはさまざまな禁忌が伝承されているのが特色で、この日には風呂に入ったり、洗髪や髭剃り、洗濯などを行なってはいけないと各地で伝え、沖縄県の八重山地方ではこの日から三味線を弾いたり薪割りなどを慎むという。また、卯の日は種子播きをしないなど、十二支によって期日を決める伝承も各地にある。種子播きは近隣組などで共同したところもあり、蒔き終ると種子播き祝いなどといって水口祭を行うとともにカワリモノを作って祝った。 ↓播種法《はしゅほう》

参考文献 早川孝太郎「稲作の習俗」(『早川孝太郎全集』七所収、一九七三)、野本寛一『稲作民俗文化論』、一九九三

（小川 直之）

たねまきざくら 種子蒔き桜 稲の苗代に種子籾を播く時期をヤマザクラの開花で知ること。典型的な自然暦の一つ。自然暦を表現する俚諺は大きく予知と予兆と因果の三つに分類できるが、これは予知として機能する。自然暦は生業暦としても生活暦としても有効であった時代が長く、暦の普及後もその正確さゆえに使われてきた。日本のように南北・東西長いところでは地域によって予知するものと予知されるものは多種多様に変化する。秋田県鹿角郡では田打ち桜というが、この場合の桜は早春のころ咲くコブシの方名である。東北地方では田打ち桜・田植え桜はコブシのことである。逆に、四国の伊予地方では「山桜が咲くと甘藷の種をふせよ」といい、関係はサツマイモとヤマザクラの同調性になる。なにも野生植物と栽培植物の関係だけでなく、残雪の形態と栽培植物の播種の関係でもよい。雪の形が白馬や猿や牛でもいいわけである。多くの場合、こうした自然暦としての俚諺は予知するもの、予兆するもの、原因となるものが自然の側にあり野生植物、野生動物、雨や雪など気象や気候である。その反対に予知されるもの、予兆されるもの、結果となるものが栽培植物や狩猟や漁撈や採集の対象となるものであり、生業暦の役割を果たしている。これらは当然生活暦としても使われるので、地域の歳時記の役

割も担う。

[参考文献] 川口孫治郎『自然暦』、一九四三、宮本常一「民間暦」(『宮本常一著作集』九所収、一九七〇)、和歌森太郎「花と日本人」(『和歌森太郎著作集』八所収、一九八一)
(篠原 徹)

たねもみ 種子籾 稲の種子のことで、長野県北部から新潟県にかけてはスジとも呼ぶ。収穫時に自家の水田から稔りの良い穂を刈ったり、抜いて脱穀し、品種別に専用の小型の俵などで保存する。秋田市では良い穂から種子籾を採ることをタナダテという。宮城県古川市では大きな穂の先七分ほどを種子籾に採ったといい、選種法を限定している場合もある。脱穀は足踏脱穀機が普及したのちも、籾を傷つけないように千歯扱きを使ったところが多い。稲はこうした自家選種が原則で、稲作を続けるには種子籾の継承が欠かせない。石川県能登地方のアエノコトでは田の神を田から家に迎えたのち、種子籾俵に供物をすることが田の神への饗応となる。また、種子籾俵を正月の年神としたり、西日本にはこれを納戸などに置いてまつる伝承もある。こうした儀礼は種子籾の継承によって稲作が持続されることに基づいているのであり、秋の収穫後から苗代への種子播きまでの間は、種子籾が稲を象徴するものとなっている。つまり、種子籾の継承は、人間の年取りひいては家の継承と重なるのであり、種子籾のスジは家筋・血筋の筋と同義といえる。また、種子籾をまつることは心意的には春の稲の再生に通じているのであり、正月儀礼と重なることで人間の活力の再生にもつながる。福島県東白川郡の都々古別神社では旧暦十一月に行われるツトコワケでは、神前の種子籾と自家の種子を交換してくるが、これも種子籾による再生儀礼といえる。

[参考文献] 加藤治郎『東北稲作史―東北稲作機械化前の技術と習俗―』、一九八三、坪井洋文『民俗再考―多元的世界への視点―』、一九八六
(小川 直之)

たねもみがこい 種子籾囲い 種子籾を収納する屋外の施設。滋賀県湖西地方で集中的に見られるほか、奈良県天理市、山口県阿武郡、新潟県中蒲原郡・北蒲原郡などでも作られた。屋敷の前やその周辺の畑地などに作られた。大きさは収納する種子籾の量によって異なり、四本の杭(丸太)で支える構造。作る目的は(一)脚柱を高くして大切な種子籾を鼠の害から守る。(二)床を高くしたり床に隙間を作って通気性を良くし、乾燥しやすい状態にして保存するなどである。構造は四本の杭、二本の桁、五～八本の床によって構成されている。材料の丸太はクリ材が最もよく、外皮を剝いで使用すると虫がつかず十年ぐらいは使用できる。ネズミヨケとして、杉やカヤの枝を脚柱の頭部と床の下部に細縄で縛る。十一月ころ作り、翌年三月末に籾を取り出し、種子浸けし苗代田に播く。四本脚の施設に収納するほかに柿の木などの樹木の股の部分に収納する方法もある。種子籾やミョウサ(よく実らなかった青米)を俵や叺《かます》に入れ、宅地内の立木の股にのせる。屋根として藁束の片側を広げたテンガイ(ワラボッチ)をのせた。高さ一・五～二メートルぐらい。滋賀県高島郡今津町伊井では、種子籾囲いは籾種子ガコイ・籾グラなどと呼ばれていた。中蒲原郡横越町沢海で、ヒエ、アワ、キビなどの雑穀の種子も一緒に入れる例や、北陸・東北地方、日本海側に作られていた魚網を格納しておくアミニオなども、関連する資料として注目される。

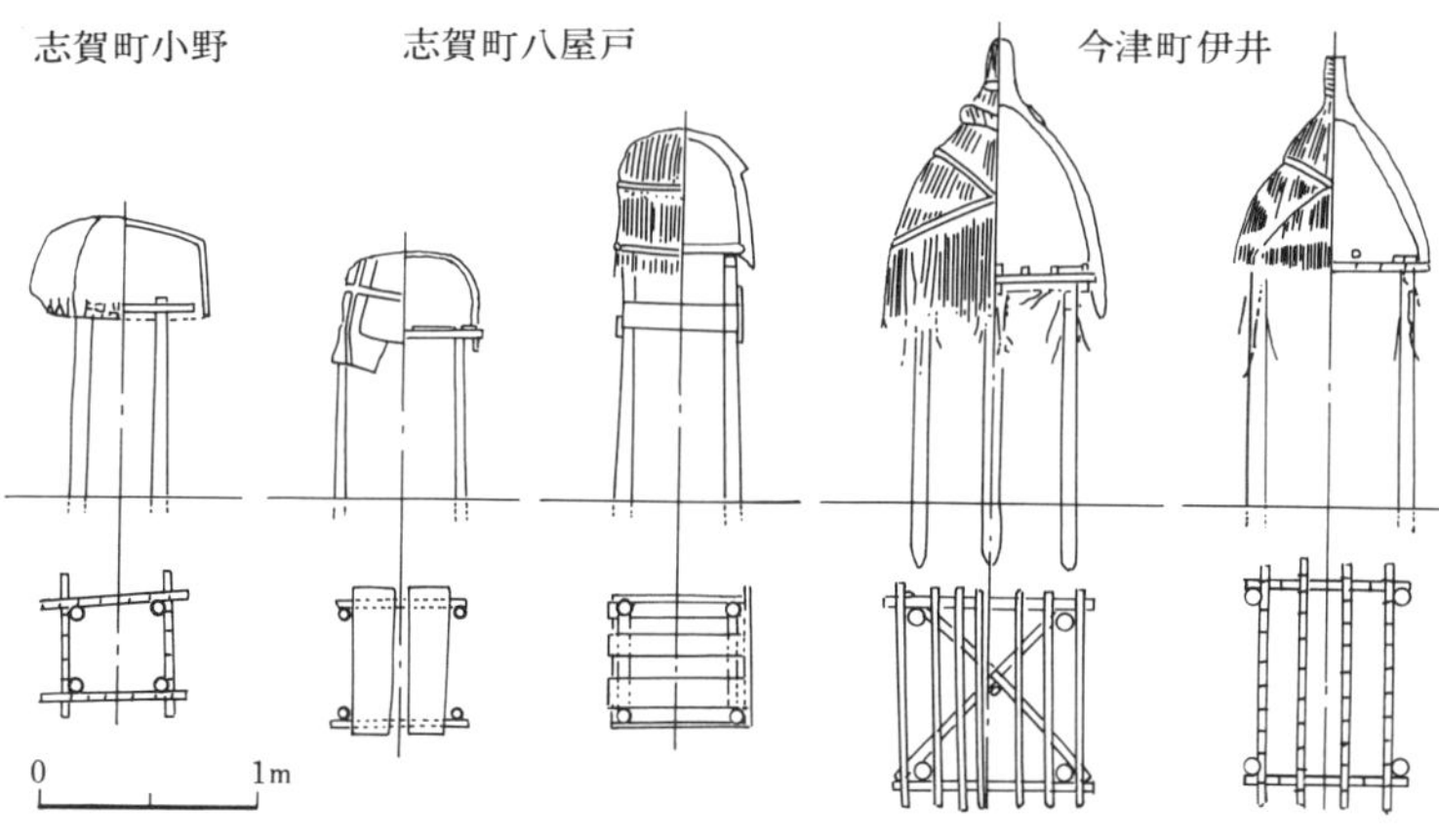

琵琶湖岸の種子籾囲い

[参考文献] 酒井和男「滋賀県湖西の種籾囲い」(『民具マンスリー』六ノ七、一九七三)、同「山口県阿武川流域の種籾囲い」(同九ノ三、一九七六)
(酒井 和男)

たねもみだわら 種子籾俵 翌年の種子籾を入れる特別な俵。収穫され脱粒・乾燥した籾は俵で保管されたが、近世農書でも詳細に記されているように、籾を苗代に播く前に俵のまま池または川に二十日前後浸し、発芽を促し、わずかに発芽した籾を播いた。種子籾は俵の中で越冬し、水に浸されると発芽するため、俵は母胎の役割と考えられ、穀霊の宿る籾を包み、まつられる衣であると解釈できる。西日本では特に種子籾を俵に詰め神体として、岡山県阿哲郡大佐町ではオンタネサマなどと呼んで神格化し、厳しい物忌のもと、種子籾俵を水に浸す種下ろしまで家内でまつられる。能登半島のアエノコトでは、各家々で床の間に種子籾俵を飾り、田の神を田からこの俵に依り憑くように招き、俵を神体としてその年の収穫物で饗応する。田に神が帰る時期は地域によって異なるが、正月過ぎにやはり儀礼を伴ってこの種子籾俵から丁重に送られる。この俵の中の籾はその年の苗代に播く種子籾であり、他の収穫された籾と特別に分けられた神聖、

霊的な存在である。若狭や越前地方では正月に田の神または歳徳神をまつるとして床の間や納戸に種子籾俵をまつるところもある。↓アエノコト ↓種子浸《たねつ》け

（中山　正典）

たねもやし　種子もやし　稲の種子籾を発芽させること。もやしとは萌であり、種子から出た芽のことであるが、秋田県男鹿市大倉では苗代に種子籾を播く前に籾に湯をかけて発芽を促し、もやしが出たところで籾を播くことをもやし播きという。苗代に種子籾を播く際には、籾はすでにわずかに発芽している状態がよいとされた。近世農書でも説かれているが春彼岸のころ、種子籾俵を川や池に浸し、取り上げた後、二、三日筵の上に置くと発芽する。これを苗代に播くのが一般的であったが、寒冷な地域では発芽させるために工夫をした。吉田三郎『男鹿寒風山麓農民日録』(一九三六)には発芽を促すため風呂釜の上に二本の棒を渡し、その上に水に浸した種子籾俵を乗せ、湯をかけたという記録が紹介されている。↓種子池《たないけ》 ↓種子浸《たねつ》け

（中山　正典）

たのかみ　田の神　稲作を守護する神のこと。また、全国各地で稲の豊作を祈願する神の総称にもなっている。田の神と呼ばれる所が多いが東北地方では一般的に農神・農神様といわれ、山梨県や長野県南部ではサクガミ(作神)、新潟県の一部では作神あるいは農神様といわれている。近畿地方では作り神、神奈川県ではジジン(地神)、瀬戸内海周辺ではジガミ(地神)などといわれている。また、漁撈神でもあるえびす・大黒を田の神と考えている地域もあり、さらにサンバイ、ソートクなどと呼ばれる田の神も存在する。田の神は、このように名称としても統一的なものはなく、しかも複雑な神格をもっている。田の神の神体としては、一般的に具象的な姿をみることができないが、鹿児島県では田の神殿といわれる石像や祠が田の神の具体的な神体としてまつられている。福岡県嘉穂郡や佐賀県神埼郡あたりでは、霜月丑の日に田の神が田から天、田から家へ赴く日と伝え、この日、稲刈りの日に刈り残しておいた数株の稲を刈りとる。それを一荷にして重い重いと担いで家に帰り、土間の臼の上に、飯や赤飯、魚などとともに供えて田の神をまつるという。これは、最後の稲束儀礼といわれる型で、山口県・香川県・愛媛県・兵庫県などの地域でもみることができ、能登半島にみられるアエノコト行事に酷似している。具体的な神体として、眼で見ることはできないが、アエノコト行事では、主人が田の神に接していることから、具体的な姿を想像することができる。田の神は常在している神ではなく、去来する神と考えられているので、稲作の耕作過程に従って送迎されているといえよう。このような去来信仰は、田の神だけではなく日本の神々に共通している性格であるといわれている。田の神にみられる神の送迎は一つの型を表現しているが、それは一年を単位として捉えると三つの段階に分かれている。一つは、田植え当日における送迎である。田植えの朝に田の神を迎え、田植えが終ってから、夕方に送るのである。二つ目は、田植え耕作中における送迎である。これは一般にサオリといわれ、いわゆるサの神降ろしで、サンバイオロシ、サワウエなどともいわれる。また、このサオリに対して、さなぶり、サノボリといわれるサの神を送る行事もある。三つ目は、春になると田の神を山から里(田)に迎え、秋になるとふたたび山に送るという。この間、田の神は里にとどまって田を守護すると信じられている。しかも、柳田国男によれば、田の神は里あるいは田にあっては稲作を守護し、やがて山に帰って山の神になると考えられている。しかし、ここでいう山の神は、いわゆる猟師など山の仕事に従事する人びとが信仰している山の神とは同じ神ではないようである。また、能登のアエノコト行事にみられるように田の神は正月九日に野に下り、家と田の間を去来するとも考えられた。十一月五日に家に帰るといわれ、鹿児島大隅地方では二月丑の日に山から田に下り、十一月丑の日に田から山へ帰るといわれ、田の神が山の神に変身したように考えられる。これら時を定めて里に下り、豊かな実りをあたえる神は、元来は家々の先祖(祖霊)ではなかったと説かれている。いずれにしても、田の神信仰は日本における神観念と深く結び付いていたといえよう。↓アエノコト ↓サオリ ↓作神《さくがみ》 ↓さなぶり ↓サンバイ ↓地神《じがみ》 ↓農神《のうがみ》

参考文献　柳田国男「新たなる太陽」(『柳田国男全集』一六所収、一九九〇)、同「狐塚の話」(同)、西谷勝也『季節の神々』(「考古民俗叢書」二、一九七〇)、伊藤幹治『稲作儀礼の研究―日琉同祖論の再検討―』、一九七四、早川孝太郎「農と祭」(『早川孝太郎全集』八所収、一九八二)、石塚尊俊『神去来』、一九九五

（鈴木　通大）

たのかみおっとい　田の神おっとい　旧鹿児島藩領に広く行われていた、田の神像のない村落や不作の続いた村落が、豊作だった村落の田の神像を盗み取ってくる民俗のこと。田の神は、何をされても決して祟ることをしない神で、むしろ、盗まれるのを好むともいわれ、盗んできた村落は豊作になるといわれる。盗みに行くのは青年たちで、数人、時には十数人の集団で、夜陰に紛れて目的の村落に出かけて行き、縄で背負ったり担い棒で担いだり、大きいものは大八車で引いたり、牛に引かせるダシゴロに乗せてきたりしていた。盗んでも数年したら返すものであるといわれ、盗んだ後、台座の上に手紙を置き、返すときにはその旨を手紙で相手方に通知する。返すときは、田の神像と土産の米俵・焼酎を持ち、太鼓や三味線を鳴らしながら、村人総出で送ってくる。迎える側もサカムケ(境迎)と称して村境で歓迎の宴を開く。日置郡東市来町養母に残る、「西目より被相頼方として差越候に付(中略)然所当年より先五六年も差越居候はば帰郷可致候(中略)二仲帰村之節は宜敷　御土産物持参可致候」と「拙者儀明治十四年巳旧二月十日より○○へ出掛候処(中略)漸く諸願之処漸く帰郷仕候様に相成り(中略)自作

を持参致候程宜しく思考され村内にも宜しく御伝声下され(後略)」という一八九一年(明治十四)の田の神の名で地区民に宛てられた手紙は、その状況をよく伝えている。鹿児島県祁答院町藺牟田のあたりでは、一九四五年(昭和二十)ころまで行われていた。

参考文献 岡島銀次『田の神』、一九三四、小野重朗『かごしま民俗散歩』、一九六六、寺師三千夫『薩摩のタノカンサア』、一九六七、野田千尋『田の神像—南九州大隈地方—』、一九七二、小野重朗『南九州の民俗神』、一九八二、同『田の神サア百体』、一九七九
(川野 和昭)

田の神舞神職型の田の神像（鹿児島県姶良町）

たのかみぞう 田の神像 旧鹿児島藩領にみられるタノカンサア(田の神様)とかタノカンドン(田の神殿)と呼ばれる石像。田の神石像は、水田の畦や水田が見渡せる場所、あるいは井堰や溜池などの水の取り入れ口などに覆い屋などもないままに据えられている。また、田の神をまつる田の神講の座に据え、その年の講宿から翌年の宿に移していく、回り田の神と呼ばれる小型化した田の神石像もある。田の神石像は、旧鹿児島藩内である鹿児島県と宮崎県諸県地方にのみ分布している。しかし、奄美諸島には全く分布しない。田の神石像は、記年銘からみると、十八世紀初頭に五穀成就・長産米穀を願って作り始められたことがわかる。最初は、仏像や神像として作られたと思われる。最古のものは、鹿児島県薩摩郡鶴田町紫尾の地蔵型のもので、背面に「御田神、宝永二年乙酉、十月日」の銘があり、一七〇五年に建立されている。宝永八年銘の同入来町副田の田の神も地蔵型である。薩摩北部で作られ始めた仏像型は、やがて立ち姿の僧型となり、さらに歩き回る旅僧型へと変化していく。一方、神社の神体をモデルとした衣冠束帯の神像型は、宮崎県諸県地方で造り始められたと思われる。最古のものは、小林市新田場の一七二〇年(享保五)のものである。神像型は、神職型さらに神舞を舞う神舞神職型・田の神舞神職型へと、仏像型に対応する形で変化していく。田の神の代表的な持ち物であるメシゲやスリコギ、かぶりもののシキなどは、第二段階の僧型・神職型からみられる。この段階の像は、背後から見ると男性器に似ており、豊穣を祈る類感呪術的な信仰がうかがえる。そのほかにも、鹿児島県川内市と隣接する串木野市に限ってみられる男女二体の像を彫った道祖神的な田の神像やその中から女性だけを独立させたと思われる女子像型などもみられる。こうした田の神像をめぐって、山の神が田の神として田に下るといわれる二月の丑の日や再び山に帰り山の神になる十月の丑の日に行われる田の神講で、顔に化粧を施したり、背中に餅を入れた藁苞を背負わせたりしてまつる。また、鹿屋市周辺では、青年たちが結婚式の花嫁の前に田の神像を据えて祝い、新婚夫婦はそれを翌日元の場所に戻す田の神据えが行われる。 (川野 和昭)

たのかみまい 田の神舞 鹿児島県各地で、春の打植祭、神田のお田植祭、カンメ(神舞)と呼ばれる秋の神楽の場で舞われる舞。田の神は、見物の人々に向かって、豊作を約束する文言を唱えながら舞う。舞人の構成は、田の神一人で舞う形ともう一人の連れの者と掛け合いをする形で、装束は、顔は翁や嘘吹きの仮面を付けたり、覆面をしたり、頭にはシキや笠を被り、手にはメシゲやスリコギ・鈴などを持ったものがある。この田の神は、田の神石像と酷似しており、両者の関係が深いことを示している。一人舞の代表的な例が、旧暦五月に行われる姶良郡隼人町の鹿児島神宮のお田植祭の田の神舞である。田の神は、白の上着、白のたっつけ袴、白の手甲、素足に脚絆をつけ、顔に翁の面、頭にシキを被り、右手にメシゲと中啓《ちゅうけい》、左手に鈴を持ち、腰に二本の御幣を交叉させて挿している。舞の途中で豊作を約束する論議を述べる。舞が終ると、早乙女・早男が神田に下りて田植えを始める。一人舞は、川辺郡川辺町飯倉神社のお田植祭、伊佐郡菱刈町湯之尾神社、曽於郡大崎町照日神社などのカンメがある。また、連れと滑稽な掛け合いをしながら舞う例は、連れ合いに男が出てくる姶良郡霧島町霧島神宮のお田植祭、曽於郡有明町熊野神社や同志布志町田浦山宮神社のカンメと、女が出てくる志布志町安楽神社の打植祭、肝属郡串良町万八千神社のカンメなどがある。一方、数十人の眷族を伴う群行形で、装束が素顔で羽織・袴に烏帽子姿のものに、出水郡野田町熊野神社のカンメなど

鹿児島神宮の田の神舞

がある。

参考文献 『鹿児島県文化財調査報告書』八―一〇・一六、一九六二―六九
(川野　和昭)

たのじがたみんか　田の字型民家　民家の間取り分類の一名称。日本の民家の間取りは居室部と土間部からなるのが一般的である。居室が四室からなる間取りは、一般に四間取りと呼ばれる。田の字型は四室の居室が田の字型に配置されている間取りに付けられた名称で、整形四間取りともいう。間仕切りに喰違いがあるものは喰違四間取りという。この間取りは、書院造の影響のもとに、上層農民の家では近世初頭にみられるが、一般に普及するのは近世中期以降である。ただし近世のうちに四間取りまでに至らず、近代初頭になってようやく四間取りが成立した地域もある。田の字型は客座敷が整い、その多くは二室または鍵座敷《かぎざしき》と称して三室の続き座敷があって床の間を構える。土間沿いの奥の部屋は茶の間、台所などの機能をもつが、このほかの部屋は座敷化する。田の字型民家は、全国的に広く分布しており、日本民家を代表する間取りの一つであり、民家間取りの完成した一つの姿とみることができる。田の字型の四室の間に、玄関・仏間・寝室など二室がくわわって六室からなる間取りは、六間取り、また間仕切りが「サ」字になることからサの字型とも呼ばれる。庄屋や名主など上層の家に採用された。田の字型とかサの字型とか、間取りの形に付けられた分類名称は、現在の民家研究ではそれほど大きな意味をもっていない。民家の四間取りは大変に古い間取りであると以前は考えられていた。しかし、田の字型の間取りの前身の間取り、たとえば広間型三間取りが知られるようになり、田の字型も民家史の展開のなかで把握し理解することが求められている。　↓間取り

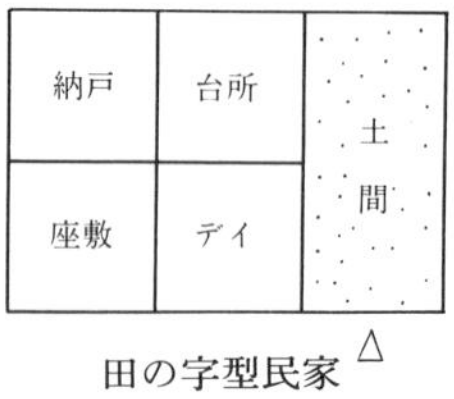

田の字型民家

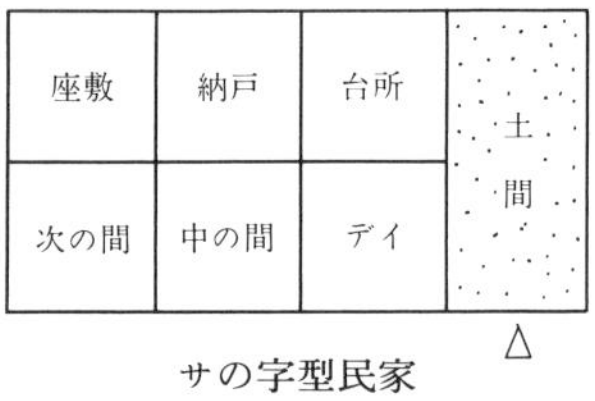

サの字型民家

参考文献 藤田元春『増補日本民家史』、一九三七、大河直躬「四つ間取りの成立」(大河直躬先生退官記念会編『民家小論集・著作目録』所収、一九九五)
(宮澤　智士)

たのみのせっく　たのみの節供　⇩八朔《はっさく》

たのもし　頼母子　互いの金品の融通を目的とする民間の救済的互助組織。田の実・頼む・頼み申すから派生した語彙かといわれ、憑子・頼子などの字もあてる。中世前期にはすでに存在したといわれ、近代まで代表的な民間金融制度であった。無尽・模合も同様の組織である。かつては布団・牛馬・膳椀など購入する品目をあらかじめ定め、順次取得した講金でそれらを調達するものや、屋根を葺くための材料と労力を提供し合う屋根無尽も多かったが、現在は現金掛けの頼母子講がほとんどである。困窮した特定の人物をオヤに立て、それを優遇しその救済を目的とする親有頼母子と、講員相互の扶助を目的とする親無頼母子がある。売り掛け・買い掛けの多い木材業・漆器業などの同業者、成年式・厄年をともに迎える同級生、パートや行商の職場を同じくする主婦同士など親密な人間関係にある数名から十数名が集まって、一定の期日に一定の掛け足(掛け金額)を払い込み、抽選・入札などの方法で集計金全額を一人が受け取る。その人物は以降の抽選・入札権利を持たないため、必ず講員全員が取得する。全員が受け取ったところで講は満了を迎え解散する。落札時期の遅早によって割返し金(利息)額に高低差が生まれること、三、四番目に高い落札額には花籤という特別賞を用意するなど、若干の射幸性も含んでいる。最近では、厳密な入札制度をとらず、金銭を積み立てて祭礼の運営費用にあてたり、講員の旅行資金とするなど、経済的救済を目的とするよりは、講員の親睦団体に変化する傾向にある。　↓講《こう》　↓無尽《むじん》

参考文献 三浦圭一「中世の頼母子について」(『史林』四二ノ六、一九五九)、松崎かおり「経済的講の再検討―「輪島塗り」漆器業者の頼母子講分析を通して―」(『日本民俗学』一九三、一九九三)
(松崎かおり)

タバコ　タバコ　ナス科の一年草で、葉は長円形でニコチンを含む。この葉を乾燥したものを喫煙に供する。酒・茶と並ぶ代表的な嗜好品である。喫煙の歴史は世界的な広がりから見ると約五百年で、日本に伝えられてからでも約四百年の歴史を持つ。さらにさかのぼれば中南米に栄えたマヤ文明の遺跡から喫煙に関係したものが六世紀あたりから見られる。嗜好品としてのタバコは、喫煙のほか、細かく粉にしたものを鼻から吸う嗅タバコ、葉を口中で嚙む嚙みタバコなどが世界各地で行われているが、日本では喫煙以外は行われていない。その後の大航海時代、正確な日本のタバコ伝来時期は、現在のところ明確ではないが、十七世紀の初めには喫煙も栽培も盛んに行われていた記録が日本とヨーロッパ双方に現存し、十六世紀の末には伝来していただろうことが想像できる。当初は栽培も簡単にはできず、たいへん高価なものであったが、やがて身近な嗜好品となっていった。その過程において、江戸時代初期には厳しい取り締まりがなされていた。一つはタバコの耕作の禁令、もう一つは禁煙令である。幕府による禁令は、タバコがまだ高価なもので、換金作物として農民が本来は米を作る田畑にタバコの栽培を始めたからである。租税の対象の米の生産量が減る結果となり、創草期の幕藩体制の危機につながる可能性があった。禁煙令も同様のことと、火災が多かったことなどから再三出された。しかしこの厳しい取り締まりもあまり効き目はなく、十七世紀後半にはほとんど出され

なくなった。耕作地においては、タバコの種子をもたらした人物を僧侶(筑後坊など)になぞらえた伝承や、タバコの豊作を祈る(祝う)祭礼などが各地にみられる。また、嗜好品以外のタバコの使用、たとえば傷薬(止血)・衣服や書籍の虫除けなどへの利用もみられた。

参考文献 日本専売公社編『たばこ専売史』、一九六四、宇賀田為吉『煙草文化誌—「蔫録」研究ならびに訳註—』、一九六二、同『世界喫煙史』、一九八四、たばこと塩の博物館編『たばこと塩の博物館』、一九八五、神田孝一『日本煙草考』、一九八八 (岩崎 均史)

たばこどうぐ 煙草道具 喫煙具ともいい、喫煙に用いる道具類の総称で、煙管・煙草入れ・煙草盆などを指す。日本の煙草道具の諸形態は、細刻みタバコを煙管で吸うという、独特の喫煙とタバコを取り巻く環境の中でさまざまな文化が存在し、性別・階層・地域などにより差異をみせ、さらに美意識など庶民の感覚とも深く関連して形成された。煙管は、喫煙に直接欠かせない道具であり、喫煙具で最も古い歴史を持つ。各部の呼称は、タバコを詰めるところを火皿、火皿を支える部分を雁首、口を付けタバコを吸う部分を吸い口、雁首と吸い口の中間部分を羅宇《らう》と呼び多くは竹が使用された。古くは火皿が大きく、羅宇が長いもので、雁首が大きく湾曲していた。この湾曲した様子が雁(鳥)の首に酷似していたところから、雁首の名が付けられたといわれる。タバコの栽培による品質の向上と喫味の変化や細刻みの技術の向上により、より細い刻みが可能となり、羅宇は短く、火皿は小さくなった。煙草盆は、室内において喫煙に便利なように炭火や灰落し、煙管などをまとめて置く什器である。初期には、香盆などありあわせの盆などを転用した。使用する場所で便利なように考えられたり、持ち手の階級や趣味・趣向あるいは性別などで、さまざまに形をかえた。呼称としてはすべて煙草盆と呼ばれ、明確に盆状を呈していなくともこの呼称であった。煙草入れは、タバコや煙管などの喫煙具をまとめて、いつでもどこでも喫煙ができるように携帯するための道具である。喫煙具であると同時に江戸から明治の男性の装身具としても利用されたが、この点は他の喫煙具に見られない特殊性であった。しかし、現在では社会生活の変化によりこれらの道具を使用した喫煙形態は、日常生活の中で極く稀にしか見ることができなくなってしまった。

参考文献 たばこと塩の博物館編『たばこ入れ』(たばこと塩の博物館図録目録、一九八六)、同編『きせる』(同、一九八八)、同編『たばこ盆』(同、一九九三) (岩崎 均史)

たび 旅 居住地を離れて遠方の土地を訪れる行為。交通機関や宿泊施設の発達で、誰でも気軽に旅に出られる時代である。だが、タベ(たまわれ)とかタビ(他火)という語源が示すように、旅は、古くは苦行ともされた。弥生時代以降、日本人の多くは、ムラに代表される一定の生活圏内に定住して生活を営んできた。一方、不定住、つまり移動を余儀なくされる人々の群れもあった。狩猟・漁撈・行商・旅芸などの生業をもって移動する者、また定職をもたずに流浪する者たちである。むしろ、古くは、そうした移動生活をなす旅人が主流であった。古代から中世にかけて、一遍や西行など遊行僧《ゆぎょうそう》(聖)に誘われて信仰の旅が発達した、特に一遍の影響は大きく、たとえば『一遍聖絵』には、彼に従ってぞろぞろと大勢の人が旅に出ている様子が描かれている。一遍は、時宗の開祖であると同時に、旅の開祖としてもよかろう。そこから同行二人とか骨のぼせといった旅を派生させている。同行二人の旅は、まず熊野に向けられ、蟻の熊野詣といわれるほど民衆を熊野に向かわせた。当時は、道中の設備が不十分であり、特に熊野は不便の地であった。しかし、信仰の旅は、かえってその不便さを「馬にて参れば苦行ならず」といって尊び、徒歩参拝を定法として広めたのである。遊行僧たちは、いわば旅の仕掛け人であった。それがのちの先達や御師に展開するとみてよいだろう。その後、旅が急速な発達をみせたのは江戸時代である。参勤交代の制度とあわせて幕府の交通政策が迅速に進められ、街道や宿駅が整備されて旅がしやすくなった。そして、庶民も盛んに旅に出るようになった。とはいえ、彼らは無条件に旅が許されたわけではない。ムラ社会からの離脱をさまざまに規制されていた庶民にとって、旅に出る方便としてもっとも有効だったのが、国家安泰や豊作祈願をするための寺社詣であった。もちろん農閑期の旅立ちであり、さらにムラ社会を代表して、あるいは講に参加しての旅であった。つまり寺社詣と代参という大義名分をもつことで、支配者も黙認せざるをえなくなったのである。なかでも、「一生に一度は伊勢参り」といわれたように、伊勢参宮が爆発的な人気を呼んだ。ちなみに、伊勢の山田奉行の調書から類推すると、当時年間約百万人の伊勢参宮客があり、人口比を求めれば、現代の海外渡航者とほぼ同じ割合になるのである。そのほとんどが、講などを組織しての団体行であった。なかでも、御師が組織した伊勢講は、その宿泊から祈禱・参拝まですべて定められているという点において、まさに伊勢参宮団体パッケージツアーといえるのである。団体旅行の形態は、何も昨日今日に生じた現象ではない。江戸時代の旅から共通するものであり、日本人における旅の習俗の特性、としてよいであろう。 ↓伊勢参り《いせまいり》 ↓蔭膳《かげぜん》 ↓観光《かんこう》 ↓木賃宿《きちんやど》 ↓熊野詣《くまのもうで》 ↓坂迎え《さかむかえ》 ↓餞別《せんべつ》 ↓土産《みやげ》

参考文献 宮本常一『庶民の旅』、一九七〇、神崎宣武『観光民俗学への旅』、一九九〇 (神崎 宣武)

たび 足袋 皮や木綿・絹などで足を覆い包んだ指股のある上ばきの履物。足袋の語源は、古くは狩りの遠出や旅にはく皮製の履物をタビといい、一枚皮で足を覆い包んだ原始的なものであり、旅先で相手方から食住を賜《た》ぶ(頂く)ことから旅の語も生まれ、その履物もタビといったという説もある。平安時代中ごろから鼻緒式の草履や

草鞋が創作され、普及すると、これらをはく足履いが必要となる。奈良時代に中国の隋・唐から伝来したシタグツ(襪)は靴にはく指股のない靴下であった。鎌倉時代にこのシタグツの甲にさらに底をつけ、指股を分けた履物を創作し、古くからあるタビの名を付け足袋と宛て字をした。当時は武将が貫《つらぬき》(毛沓)をはくための靴下で床の上でもはいた。江戸時代初期に朝鮮半島から木綿栽培の技術が伝わり、十七世紀中ごろから木綿足袋が始まり、順次普及した。江戸時代は紐結びや釦《ぼたん》掛け、鯨のひげのこはぜがけの足袋があった。足袋の大きさは身近にある寛永通宝の一文銭(直径二・四センチ)を並べた数で何文と表わしたが、一九五九年(昭和三十四)にメートル法が施行されるまで行われた。一八八三年(明治十六)ころからこはぜはブリキ製となり、一八八七年から真鍮製のこはぜとなった。こはぜは古くは三枚であったが、第二次世界大戦後、足首をかくす四～五枚こはぜの足袋が出現し、主に和服の礼装にはかれるようになった。現在、礼装にはキャラコや縞の白足袋、冬の防寒には色木綿の足袋が下駄や草履とともに普段にはかれる。→履物《はきもの》

参考文献 潮田鉄雄『はきもの』(『ものと人間の文化史』八、一九七三)

(潮田 鉄雄)

たびげいにん 旅芸人 各地を移動して芸を演じる芸能者。テレビが普及するごく最近までは、実際にその上演を目にする以外に芸能を享受する方法はなかった。そのためには、芸能者が観客を求めて移動するか、観客が芸能を見に移動するしかない。後者は都市や交通手段の発達をまってはじめて可能になるが、それでも、身につけるのに必要な年月の長さに比して、あまりにも短時間で享受、消費されてしまう芸能というものは、常に新しい観客を開拓する必要に迫られざるをえない。このように考えてみれば、芸能と旅とは切っても切れない関係にあることが理解されよう。あらためて旅芸人などといわなくても、すべて職業的芸能者は旅することを要請されているのである。それが証拠に、マスメディア、再生メディアが発達した現代においても、コンサートツアーなどは盛んに行われている。とはいえ、旅芸人の研究は、もっぱら定着農耕民の視点で研究されてきた民俗学を、再構成・相対化する視点を提供してくれる。定着農耕民から見れば、旅芸人は、生産に従事せず、祭などのハレの場を演出し、同時に村の外の世界についての貴重な情報をもたらす外来者、またときには一部の村人をだましたり、村の外へと連れ去る危険な存在でもあった。歓迎され、畏怖され、差別される人びとであった。しかし、旅芸人にとっては、芸を演じることはケの労働である。地域の気風や人情を即座に読み取り、みずからの芸をそれらに合わせて演じ、いかに農作物や金銭をうまく手に入れるかが課題となる。そこにあったのは定着農耕民とは異なる論理や倫理や心情である。

参考文献 三隅治雄『さすらい人の芸能史』(『NHKブックス』二一九、一九七四)、鎌田忠良『日本の流民芸』(一九七四)、J・オークリー『旅するジプシーの人類学』(木内信敬訳、『晶文社アルヒーフ』、一九八六)

(鵜飼 正樹)

タビごや タビ小屋 ⇩月小屋《つきごや》

たびとでんせつ 旅と伝説 民俗資料および民俗学研究者の論述を中心に掲載した月刊の一般雑誌。創刊一九二八年(昭和三)、終刊一九四四年(一七巻一号)。創刊当初は観光の対象として各地の民俗事象を位置づけた趣味的な雑誌であったが、柳田国男ら民俗学研究者の投稿を機に民俗学専門雑誌の呈をなした。民俗資料蓄積に資しただけでなく、付録として『南島談話』を刊行するなど南島研究を進展させた。複刻版(岩崎美術社刊)の別巻に総目次・総索引がある。

『旅と伝説』創刊号

参考文献 柳田国男「『旅と伝説』について」(『柳田国男全集』七所収、一九九〇)、葛野浩昭「観光旅行の諸類型—疑似体験としての観光旅行—」(山下晋司編『観光人類学』所収、一九九六)

(小野 博史)

たびびとうま 旅人馬 日本に異色な魔法昔話。二人の旅人が宿に泊まる。夜中に一人が目を覚まし宿主が囲炉裏に種をまいているのを見る。種はまたたくまに稲となり、宿主はそれを収穫して餅をつくる。翌朝その餅が供され、なにも知らない旅人が食べると馬と化す。難を逃れたもう一人の旅人は友人を助ける方法を探し求め、ある茄子が有効であるのを知る。そこで茄子を手に入れて宿に帰り馬に食わせると友人は人間に戻る。この話は外来の昔話であり、本源は古代インドの説話集『カター＝サリット＝サーガラ』のなかにある。旅人が夜中に目を覚ますと宿主の女が呪文をとなえて種をまいている。それはすぐに大麦となり、女は刈り取って団子をつくる。怪しんだ旅人は女が家を空けたすきにその団子を本物の団子とすり替えておく。女は戻ってくると旅人を起して団子をすすめ、自分は知らずに魔法の団子を食べる。するとたんに女は山羊と化すという話。これが中国に伝わって『幻異志』のなかの「板橋三娘子」となり、その話が日本に入って「旅人馬」となった。日本の昔話には伝統的に魔法使いは存在せず、その点で「旅人馬」は異彩を放っているが、元の話と比べると魔法使いである宿主の存在感がいかにも希薄である。「板橋三娘子」は泉鏡花の『高野聖』を想起させ、モデルがないという作者のことばにもかかわらず有力な素材とみなされている。

参考文献 高橋宣勝「昔話の変身構造—『旅人馬』を

めぐって―」(『国文学』三四ノ一一、一九六九)

(高橋　宣勝)

タブー　taboo　合理的説明のつきにくい日常の禁止事項などを表現する言葉。一七七七年にポリネシアを訪れたジェームズ＝クックが、当地で語られていたtabu（あるいはtapu）という言葉を西欧世界に紹介したことに由来する語で、西欧では民族学・宗教学などの学術用語となり、一般の世俗的次元とは異なると想念された神聖で霊威的な次元を区分画定し、一定の制裁や禁止事項によってこの区画を維持しようとする感覚や習俗の総称、として用いられるようになった。民俗学では禁忌として分類されてきた諸観念や諸習俗に、ほぼ該当する。大相撲の土俵に女性が入れないといった慣行から、天皇や皇室に対する独特の畏れの感情まで、タブーは現代社会の問題とも結びついている。学術用語としてのタブーは、その形態・起源・社会的機能などをめぐって、多くの議論が重ねられてきた。フレーザーの消極的呪術説、マレットの消極的マナ説、人間の無意識の欲望に注目したフロイトによる精神分析学の立場からの解釈、などが知られている。ダグラス Douglas, Mary Tew やリーチ Leach, Sir Edmund Ronald は、人間の心理や情緒を離れた構造主義的な観点からタブーを考察し、本来恣意的な文化の分類を正当なものとして確立するために、分類の境界をなす曖昧で両義的な部分にタブーが強く働くとした。これらの学説は、不浄論や、白色の象徴的意味などに関する民俗学の理論研究にも大きな刺激を与えた。↓禁忌《きんき》

参考文献　J・G・フレーザー『金枝篇』(永橋卓介訳、「岩波文庫」、一九五一・五二)、メアリー＝ダグラス『汚穢と禁忌』(塚本利明訳、一九七二)、竹中信常『タブーの研究』、一九七六、エドマンド＝リーチ『文化とコミュニケーション―構造人類学入門―』(青木保・宮坂敬三訳、一九八〇)

(池上　良正)

タフサギいわい　タフサギ祝い　⇩褌祝《ふんどしいわ》い

たぶね　田舟　湿田用の運搬具として用いられる小型の舟。田植えのときに苗代から本田まで苗束を運び込んだり、稲刈りのときに刈った稲束を濡らさないように畔まで運ぶために用いられる。また、堆肥の運搬や土壌改良のための客土をするときの泥運び用として使う場合がある。寸法は概して小型で箱型のものが多い。底が前後にゆるやかに反り上がっており、綱を付けて引いたり、直接押したりして田の泥の上を滑らせることができる。単にフネ、タブネと呼ぶほかにナエブネ、ドロブネ、ハイブネなどの名がある。珍しい例では秋田県平鹿郡十文字町には杉の厚板を刳り抜いて作った角盆状の田舟の例もあるが、一般にはヒノキの板などで軽く作ってあり、空の田舟は背負って運べる。また、箱状の田舟の縁に馬鍬を取り付けた代掻き用田舟が関東地方などに見られた。静岡県田方郡韮山町の山木遺跡からは弥生時代の田舟と見られる小型の刳船(丸木舟)状木製品が出土し、さらに前後に二本ずつの把手が付いた形式のものも田舟と考えられており、すでにそのころから湿田農耕に田舟が用いられたことが想定されている。なお、水路の発達した地域では人間が乗って農具や収穫した稲などを運んだ川舟も田舟と呼ばれている場合がある。

参考文献　木下忠編『湿田農耕』(「双書フォークロアの視点」三、一九八八)

(神野　善治)

たまおくり　魂送り　葬送儀礼において、遺体とは別に霊魂を送る儀礼。青森県八戸では、通夜の明け方、玄関に笠や杖などを持ち出して死者を送り出す挨拶をする儀礼をタマオクリという。千葉県下などで多く見られるウマカタ、コニダ(小荷駄)、カマスなどという米を叺や筵に包み、蓑・笠などと一緒に葬列の出発前に出て行く儀礼や、これに類似した儀礼である秋田県下のアトミラズなどが知られている。↓あとみらず

参考文献　最上孝敬『霊魂の行方』、一九八四、新谷尚紀『日本人の葬儀』、一九九二

(山田　慎也)

タマカゼ　タマカゼ　冬季に北日本の日本海側で吹く西北の風。たば風ともいう。タマは霊魂の意で、船乗りたちからは悪霊の吹かせる悪風として畏怖されている。風が突然に吹き抜ける現象が毎年ほぼ同じ時期に同じように続けばそれが霊魂の息づかいのようにも感じられたことは想像に難くない。主として富山県以北の日本海側から津軽海峡を経て三陸海岸周辺にまで分布しているが、日本海側の地域にとって西北の方角は海上交通路としてもほとんど往来のない方角であることから、人びとの間で西北方向の海上は霊魂の行く方角と考えられており、その霊魂がこの風を吹かせると考えていたことが推測される。西北から吹く悪風にはアナジという呼称もあるが、アナジという呼称が分布している地域にはタマカゼという呼称は見られない。

参考文献　柳田国男「風位考」(『柳田国男全集』二〇所収、一九九〇)

(小島　孝夫)

たまぐし　玉串　祭典時の拝礼作法に用いる木綿や紙垂を付した榊の小枝。神に捧げて誠心を披瀝する行為とされる。これを一般に玉串奉奠《ほうてん》と称されるが、近代以降における神社祭式作法の整序過程で統一化された所作といえる。榊の得がたい地域では杉などで代用され、初穂を供える場合に玉串料と記す場合もある。玉串を供物的に手向串とか、神霊を招請する霊串との解釈もある。『日本書紀』に八十玉籤とあるが用法は未詳。大嘗祭や伊勢神宮での古祭儀に登場する太玉串の例から、それらを刺し立て、あるいは奉持して祝詞などが読まれたことがうかがえる。神符の類を玉串と称した場合もみられる。

参考文献　千家尊宣「神まつりの玉串」(『神道宗教』七四、一九七三)、川出清彦『祭祀概説』、一九七八、桜井勝之進『伊勢神宮の祖型と展開』、一九九一、神社本庁編『神社祭式行事作法典故考究』、一九四四

(桜井　治男)

タマサイ　タマサイ　アイヌ語で女性が盛装するときに用いる首飾りのこと。古くは大陸諸地域との交易品とし

シトキウシタマサイ

タマサイ

てアイヌにもたらされたガラス玉を連ねたものである。江戸時代、一般的には青玉と呼ばれていたが、入手経路や地域により、それぞれ山丹玉・樺太玉・アイヌ玉とも呼ばれた。このガラス玉には、青玉のほか、黒・紺・紫・緑など、さまざまな色の玉がある。首飾りには、タマサイと呼ばれる下部に親玉という大きな玉を配したものと、シトキウシタマサイと呼ばれる下部にシトキ(金属製の飾り板)を配したものと、二つの形がある。

(児玉　マリ)

たましいのいれかわり　魂の入れかわり　⇩生《う》まれかわり

たましずめ　鎮魂　⇩ちんこん

たます　たます　⇩獲物分配《えものぶんぱい》

たままつり　魂祭　神や祖先の霊をまつる行事のこと。二つの大きな魂祭の機会である盆と正月には、遠く離れて住む家族も郷里に帰って家の祭に加わるべきものと考えられていた。また、大正・昭和まで、売り掛けの決済は盆と正月の前、年二回という慣行があったように、魂祭を境に一年を二期に分けて考える考え方があった。それは正月が稲の収穫祭であり、盆が遅い麦の収穫祭であったからだと思われる。麦の収穫祭は田植えの真っ最中であり、本来なら六月朔日がその日であったと推測される。盆は魂祭行事の最大のものである。盆は七日の七夕の御器洗いに井戸がえ、そして、墓掃除などから始まり、つづいて、仏具の清掃、墓地の草を刈ったり、村まで盆道をつける。また、庭先に高く燈籠をつりあげる。これを目当てに死者が来るという。そこで十三日の夕方、高燈籠に燈を入れる。新盆の家では、庭先に新霊を迎える盆棚を作っていたが、現在では一般には、盆棚は家の中に設け、あるいは略して仏壇を掃除したりするだけのところが多くなった。盆の魂祭に供える品々を売る十二日の市を、草市という地方は多い。家の戸口でオガラなどを焚いて迎え火としたり、正装して墓へ詣り、ナス、キュウリなどを細かに刻んだ「水の実」を蓮の葉にのせて、墓ごとに供える兵庫県但馬地方のような例もあり、祖先の霊はこのとき墓参した者の背に負われて帰ると尼崎市ではいっている。盆棚にはナスやキュウリにオガラなどで足をつけた牛や馬をつくり供える。送り盆の十六日には送り火を焚き、ほかの供えものと一緒にマコモに包んで川へ流す。その馬に乗ってご先祖さまは帰られるなどという。精霊船や小さな燈籠をたくさん流す流し燈籠も、納涼をかねて盛んになってきた。大正月のタママツリのことは、『日本霊異記』や『枕草子』などに書かれている。大晦日の晩に亡き人が訪れてくるというのである。『徒然草』にみえる東国のタママツリの風習は稲の神のミタマをまつる事実を記したものである。確かに現在でも、東北地方では正月の神にみたまの飯を供える風習がある。しかし、仏壇は閉めて先祖をまつることはしない。正月はどこまでも稲の神をまつる時であった。秋に収穫した稲を神体にしたり、種子籾を神体にしたりしてまつり、さらには一年間の収入を貯金通帳に代表させて、年棚などに供えたりもする。また、「大歳の客」のように、大晦日の夜に神から黄金をもらった正直な人がいるという話がある。大晦日の晩に幸いを持ってくる貴い存在としての神があった。祖先神ではない。先の『日本霊異記』の話でも亡くなって間もない人がまつられている話があり、それへの供物も死者一人一人に供えられるものであった。その供物には名前がつけられていた。祖先という名の神に供えるものではなく、ちょうど、盂蘭盆会の自恣《じし》僧《そう》に饗される百味の供養と同じである。↓盆《ぼん》

参考文献　田中久夫「六月朔日考—『菅江真澄遊覧記』・『諸国風俗問状答』を中心として—」(横田健一先生古稀記念会編『文化史論叢』下所収、一九八七)、同『地蔵信仰と民俗』、一九八九

(田中　久夫)

たまや　霊屋　埋葬地の上に据えた家形の構造物。九州地方に多くみられる。四本竹を柱とし、小麦藁葺きの簡単なものから、木造の堅牢なものもある。建てる期間は、葬式の時からそれが壊れ去るまで建てておくもの、墓石建立の際に取り除く場合もあり、また墓石の上にさらに瓦葺きの半永久性のものを作ることさえ生じている。葬送の後、何日かたって持っていくところもあるが、葬送の当日建てるところも多い。対馬・壱岐・隠岐などでは、これをスヤと呼ぶ。隠岐では、墓石は三年から五年後、遅い場合は十年以後にはじめて建立する場合がかつてあり、それまでは木造のスヤで覆っていた。このほか、類似の構造物がサヤ、ヒヤ、ヘヤなどと呼ばれ、地域によってその名称が変わっていた。高知県幡多郡や福岡県八女郡などでは、これをアマオイと呼ぶ。また、静岡県地方では、竹か木の棒を四本立て、板屋根をかけたものをアマブタ、アマヨケ、ヒオイ、ヒヨケ、カンブタ、ノブタ、ノヤネ、ヤグラなどと呼ぶ。棺に入った死体は、すでに土中に埋葬されてはいるものの、なお生きたもののごとく、天日や風雨・風雪にさらされないためという考え方もある。また喪屋と同様に、かつてはある一定期間、遺族たちがそこで寝起きしていた名残とも考えられる。一方、霊屋と同じ墓上に蓑笠をつけた仮屋を立てていたことを考え合わせれば、これと一連のモガリ、モン

ドリ、オオカミハジキなどとともに、霊屋そのものを霊魂をまつるための施設であったか否か再検討する必要があるかもしれない。↓犬弾き《いぬはじ》 ↓仮屋《かりや》 ↓殯《もがり》 ↓喪屋《もや》

参考文献 井之口章次編『葬送墓制研究集成』二、一九七九、五来重『葬と供養』、一九九二 （近藤 直也）

たまよび 魂呼び 気絶や死の前後に生き返らせようとして、多くは枕元や屋根の上でその人の名を呼ぶこと。ヨビカエシ、マスウチともいう。枕元で大声で呼びかけることは宮崎県東臼杵郡西郷村山三ヶで死人の寝ているところで「〇〇は帰れや」とどなると生き返る例があった。これは『日本書紀』仁徳紀にもみえ『塵添壒囊鈔《じんてんあいのうしょう》』(一五三二)にも記され、日本で古くから存在していたと考えられる。これは中国の『礼記』にもみえる。屋根の上での魂呼びは平安時代中期の日記『小右記《しょうゆうき》』などに、藤原道長が娘嬉子の死に陰陽師に屋根の上で娘の衣服を用いて魂呼びをさせたことが、当時なかった風習のため貴族たちが非難したと記されている。これ以後、記録になく江戸時代後期に修験者が屋根の上で衣服を用いて魂呼びをしたと『越後風俗志』にみえる。枕元で大声で呼びかけることは経験的にも効果があり、死者の名を呼ぶことは自然な感情から出たもので、これを習俗とみるか無意識の行為かは判断が難しいところであるが、習俗としての行為と無意識の行為が交互に繰り返されながら各地で行われたと思われる。このような状況の中に屋根の上での魂呼びが導入され、人々は枕元での行為の特殊な作法として受け入れた場合がある。たとえば福島県耶麻郡高郷村で人が死ぬと居合わせた人が死者の名を呼び、死産のときは夫が屋根に登り一升枡をたたいて名前を呼んだなどがそれである。

参考文献 井之口章次『日本の葬式』(『筑摩叢書』二四〇、一九七七)、田中久夫「平安時代貴族の葬制」(『祖先祭祀の研究』所収、一九七八)、籔元晶「魂呼びについて」(『御影史学論集』一一、一九八六) （井阪 康二）

たまり たまり 味噌醸造中、表面に浮いてくる液体。味噌だまり、また、たまり醤油ともいう。醤油は大豆と小麦を原料にするが、たまりは大豆だけを発酵させて作る。蒸した大豆に麴をつけ、塩水と混ぜ、味噌玉を作り、一年以上熟成させる。固くて混ぜにくいので、昔はもろみの中に細長いざるを入れ、これにたまった液汁を汲んだが、現在は醤油同様に発酵したもろみを麻袋に入れ、圧力をかけて絞る。味は醤油に劣るが、色が濃いため、照り焼きのたれやポンス醤油に混ぜる。これを使うのは愛知・岐阜・三重で刺身醤油として用いる。

参考文献 川村互『味噌と醤油の百科』(「日本の食文化大系」一〇、一九八五) （奥村 彪生）

田峯田楽の朝田楽

だみねでんがく 田峯田楽 愛知県北設楽郡設楽町田峯の谷高山高勝寺の観音堂でもと旧暦正月十七日、現在は二月十一日に行われる修正のおこない。同種の祭礼が三信遠地域では、長野県下伊那郡阿南町新野、静岡県天竜市神沢・懐山、引佐郡引佐町寺野・川名、磐田郡水窪町西浦、愛知県北設楽郡東栄町西薗目、同郡設楽町黒倉、南設楽郡鳳来町鳳来寺などで行われる。祭に奉仕するのは、大役者と呼ばれる禰宜・羽織(二人)・先払い・鳥追・笛吹を中心として、四天殿四人・小田楽十人・代駒・ひるまもち・汁持・子守・加用二人・歩行の各役で、いずれも世襲されている。行事は昼田楽・夜田楽・朝田楽の三部に分かれ、昼田楽は観音堂の内陣での献饌と修祓、境内の所々への献饌、扇の舞、万歳楽、仏の舞を全員が順の舞に舞い、終ると伽藍神をまつる祠の前に移って同様に三種の舞を順の舞にし、また膳・湯桶の舞で献饌を行う。昼田楽は内陣における田遊びで、日選び・種子選び・溝浚い・田打人雇入れ・田打ち・苗代搔き・芽づら取り・大足踏み・種子播・おしづめよなどう・鳥追・柴刈・田植え人雇入れ・代搔き・代ならし・大足・田植えの次第で、羽織と鳥追を中心に農耕の過程を物真似と問答・歌で演じ、予祝とする。庭で行う朝田楽は、先払いによる庭固め、才松・ちらし棒・太刀で庭の方固めを行い、次に四天殿と小田楽のろん舞、総田楽、かわら総田楽、あたま総田楽の田楽躍となる。最後に仮面を用いる殿面の舞・女郎面の舞・おきな・駒の舞・獅子など猿楽風の能が演じられる。 ↓西浦田楽《にしうれでんがく》

参考文献 新井恒易『中世芸能の研究』、一九七〇、板谷徹「田峯田楽の扇の舞」(『演劇学』二五、一九八四) （板谷 徹）

たむらひろし 田村浩 一八八六―一九四五 村落共同体の研究を進めた官僚・経済学者。群馬県碓氷郡安中(安中市)生まれ。一九〇三年(明治三十六)、安中中学校在学中にキリスト教に入信。一九二二(大正十一)―二六年に沖縄県視学・国頭郡長・沖縄県産業課長を歴任ののち辞任して帰郷。一九二七年(昭和二)に岩手県農務課長に復帰、『琉球共産村落之研究』を刊行。一九三〇年に青森県農務課長に転任、また、柳田国男に「おしら神の考察」の原稿送付。一九三一年に『農漁村共産体の研究』を上

梓。一九三四年に山形県経済部長となり、三六年に『五人組制度の実証的研究』を刊行するが、このころから皇国農村体制づくりのイデオローグ的役割をなす。一九三八年に福岡県経済部長に転じ、四〇年退官とともに朝鮮の植民地経営にかかわり、四二年に総督府嘱託となる。敗戦直前に病没。

参考文献 田村浩『沖縄の村落共同体論』、一九七九 （岩本 由輝）

たむらまろ 田村麻呂 古代の武将。坂上田村麻呂は平安時代初期に実在した人物で、七九五年（延暦十四）から十年に及ぶ東北の蝦夷征討に、征夷大将軍として加わり平定した。その功績によりすぐれた武将としての名声を博し、没後はさらに崇敬され、ついに伝説的英雄として造型されていった。田村麻呂の悪鬼・悪竜退治の伝説や、創建に関わったとする社寺の伝承は多い。岩手県西磐井郡平泉町の達谷窟の大武丸退治は有名であるが、同様の伝説は各地にある。秋田県河辺郡雄和町の女米木《めめき》山の夜叉鬼、宮城県加美郡色麻《しかま》村の沼田の大蛇、福島県双葉郡浪江町の大滝根山の赤頭《あかがしら》などの退治譚は東北に多く、その遺跡・遺品をも伝えている。関東にも群馬県利根郡新《にい》治《はり》村の三坂峠の鬼や、埼玉県東松山市の悪竜退治譚が縁起に記されている。近畿でも三重県鈴鹿山の悪鬼、和歌山県那賀郡貴志川町の土蜘蛛退治などを伝える。こうした悪鬼・悪竜退治は、巡行してくる神が土地の悪霊を退治し鎮めるという神話的構造の上に成り立っていると思われる。そのことが、田村麻呂の社寺創建とも深く関わっているといえる。東北での田村麻呂の建立・再建を伝える社寺は二百三十一例あり、そのうち宮城（七十）・岩手（六十一）・秋田（四十七）の順に多い。これは田村麻呂が京都市清水寺の檀那であった（『清水寺縁起』）ことや、北方の守護神である毘沙門天の化身とされることなどから、清水寺の観音、同市鞍馬の毘沙門天信仰が東北に伝播していく過程で、社寺創建が漸増していったと説かれる。田村麻呂に関わる書物は歴史・説話・物語・謡曲など数多い。東北では奥浄瑠璃『三代田村』『篦嶽《ののたけ》本地』などの語り物があり、これには巫女語りもみえるなど、宗教的芸能者の関与が考えられる。

参考文献 成田守『奥浄瑠璃の研究』、一九八五、福田晃「「馬の家」物語の系譜」（『立命館文学』四八六―四八八、一九八五・八六） （花部 英雄）

ためいけ 溜池 灌漑目的のために利用される人工的な池。堤ともいう。降雨量の少ない瀬戸内地方・近畿地方などに多くみられる。溜池は土を積み上げて作られた堤、池から水を出すための樋《ひ》、水が堤を越えないよう設置された余水吐《よすいばけ》、取水口などの要素によって構成される。また立地によって谷の下方を堤でしめ切った谷池、四周を堤で囲んだ皿池《さらいけ》に分類できる。日本の溜池の発生については、『古事記』『日本書紀』などにも記載があるが、最古の溜池の一つといわれる大阪府大阪狭山市の狭山池では、築造時期が七世紀初めであることが考古学的に検証されており、特に堤を築く技術については渡来系のものである可能性が指摘されている。元来が少雨地域に作られたものであるため、溜池には強固な水利組織、複雑な水利慣行が伴うものが多い。奈良県の広大寺池は聖徳太子によって作られたという伝承を持つが、地元の村には水利権がなく、遠く離れた大和郡山市稗田が強い権利を持っている。先にあげた狭山池では、近世には五十以上の村からなる水利組織があり、水割符帳《みずわりふちょう》という帳面に従って厳密な番水制が保たれていた。溜池に関する儀礼として、年頭や田植え前に樋をまつる樋祭《ひまつり》、池祭といったものがある。雨乞いの儀礼なども池で行われることが多い。古い溜池には行基・聖徳太子・空海といった人々によって作られたという伝承を持つものが多く、それにちなむ祭祀が行われている溜池も多い。 ↓池守《いけもり》

参考文献 末永雅雄『池の文化』（『百花文庫』二一、一九七二）、喜多村俊夫『日本灌漑水利慣行の史的研究』各論篇、一九七三、森浩一編『池』（『日本古代文化の探究』、一九七七） （市川 秀之）

ためともでんせつ 為朝伝説 源為朝に関する英雄伝説。『保元物語』によれば、為朝は保元の乱で、父源為義とともに崇徳上皇方に与《くみ》し、強弓で知られた腕前を存分に発揮するが、戦いに敗れて捕縛され、「左右のかゐなを抜」かれて伊豆大島に流される。しかし為朝は伊豆諸島を勢力下に置き、遠くの鬼の棲む島まで制圧するに及び、恐れた朝廷は討伐軍を派遣し、ついに自害へと追いやる。物語の為朝自体も十分に伝説的人物として誇張潤色されているが、各地の為朝伝説は超人的英雄として形象されている。房総の南端から伊豆諸島、八丈島には転々と為朝の伝説が残されているが、ことに八丈島は濃密である。大蛇・鬼退治など英雄伝説の基本的モチーフのほかにも、岩石や地形の形状に関わる地名伝説など、巨人伝説の面影も有する。なおこれには、柳田国男が指摘するように巫女の語りの影響が考えられる。九州の為朝は、日本武《やまとたける》尊《のみこと》のように十三歳で都から九州に放逐されるが、その地で鎮西八郎として君臨する、といった史伝に対応してか屋敷跡の伝説が多い。ほかにも弓掛け松、落ち矢など強弓為朝にふさわしいものもある。沖縄の為朝伝説は、史譚の領域に属するもので、早く『琉球神道記』（一六四八）、『中山世鑑』（一六五〇）などに記される。大里按司《アジ》の妹と結ばれ、その子尊敦が琉球初代の舜天王になるという王朝の始祖伝承へと組み込まれるところが、本土と大きく異なっている。為朝伝説は北日本に伝承の濃い義経伝説と対照的な面もあるが、共通性も多い。二人とも源氏の貴種として都を追われ、島巡りしながら英雄化されている。

参考文献 柳田国男「伝説」（『柳田国男全集』七所収、一九九〇） （花部 英雄）

たや 他屋 ⇩忌小屋《いみごや》

たやしんめい 田屋神明 伊勢神宮の御師《おし》が勧請した伊勢の神の社。各地にあるタヤ、オタヤとか、タヤの神明

様などと呼ばれている神社は、中世末から近世初頭にかけて、伊勢御師が伊勢への信仰を全国にひろめていった際に、信仰の拠点として勧請した神社である。伊勢御師が地方の檀家まわりをする際に出張宿泊する旅館が神明社化した例は多い。田屋神明の成立には、その語源からいって、出作小屋としての田屋が発展した新田村に御師が神明社を勧請した例のあること、御師が出作小屋としての田屋と同様な建物を設けて布教伝道の根拠地としたこと、タヤは精進潔斎し祈禱する他部屋・他屋から発展してきたことなどがかかわっているとみられる。

参考文献 桜井徳太郎「田屋神明社の成立」(『桜井徳太郎著作集』三所収、一九八八)　（真野　純子）

たゆう　太夫　芸能人の称号あるいは敬称。本来中国の制に倣った官位の称号であった。官位としては「だゆう」と呼んで従四位、「たゆう」と澄めば五位をさす。古代の官位では五位の者が芸能や儀式を司ることが多く、五節舞や踏歌節会《とうかのせちえ》では、舞妓を導く役を楽前の大夫と称した。また神事や祭の祭祀者を宮太夫と称したことにより、神職を称する名称としても用いられた。また高級な遊女を太夫と称するのは、巫女としての資格で芸能に奉仕した者の称号の名残ともいわれる。観世太夫・金春太夫などと、猿楽(能)座の頭領を太夫というのも、神主同様に神事芸能に携わった時代の名残である。太神楽を演じて諸国を巡った伊勢神宮の御師《おし》や、修験の流れを汲む諸国の御師たちも太夫号を名乗る。また傀儡子《くぐつ》がまつる百太夫のように、神社における末社の神を称する場合もある。関東においては、神社に属して芸能を奉仕するものを神事舞太夫の名で呼び、その頭に田村八太夫を擁したが、これは三河時代から徳川氏に従って、祝言の万歳や幸若《こうわか》舞《まい》などを演じた舞々太夫の流れである。江戸時代には歌舞伎女方の首座の役者を太夫と呼んだが、これは遊女歌舞伎時代の余風であろう。人形浄瑠璃の語り手も、掾《じょう》号を持つ者以外は義太夫・加賀太夫・文字太夫など太夫号を名乗ったが、長唄や地歌、三味線方・囃子方などは太夫とはいわない。　（山路　興造）

たゆうむら　太夫村　神職・芸能などを専業とする村。芸能集団の多くは農村に居を構え、農閑稼ぎとして各地を廻るが、三重県北伊勢には名実ともに太夫を名乗る村(桑名市太夫町)がある。一七一五年(正徳五)「覚」(『加藤家文書』)によれば、村の開発は慶長以前のことで全戸神職であった。村名の起りもここからきている。一七二七年(享保十二)の「村差出帳」(同)によれば、草分けは尾張津島神社御師職支配頭の山本十右衛門と神楽職支配頭の山本市太夫で、御師《おし》職は三十余戸、神楽職は十二戸あった。太夫村の津島御師は関東方面を回檀したので下《しも》行き、神楽師は関西方面を回檀したので上《かみ》行きともいった。御師職は明治中ごろに禁止され転職した。伊勢内宮・外宮の大神楽とは別に鈴鹿市稲生に古くから獅子神楽があった。桑名太夫町や四日市市阿倉川の伊勢大神楽はその流れを汲んでいた。阿倉川には大神楽の組が十二あったが、転廃業して現在は一組もない。桑名太夫町の組も十二であった。現在は四組が残っている。一組十二、三人で廻っていたが、最近はメンバーが少なくなった。伊勢詣りの容易でなかった時代にはこれを心待ちにする村々が多かった。現在は桑名の四組と松阪市の阿倉川系の一組、島根県西伯郡会見町の一組で宗教法人伊勢大神楽講社を組織している。歳の瀬の二十二日までには旅から戻り、講社の決算をし地元増田神社に神楽を奉納して、二十八日ごろには再び旅に出る。桑名の太夫村は伊勢御師と関わった形跡もあるが、系譜的なつながりはなく、近世には京都土御門家の支配を受けたこともあった(『勢桑見聞略志』)。回檀ではその家で竈祓《かまどばら》えをしてから獅子舞をすることからも、陰陽師の芸能としての側面を垣間みることができる。中世末には京・大坂を追放された陰陽師が大挙して尾張に入村し(『駒井日記』一五九四年(文禄三)条)、卜占・祈禱や万歳を舞って各地を回檀している。これらの地域で活躍した陰陽師たちとの関連も問題になろう。

参考文献 堀田吉雄編『伊勢大神楽』、一九六九、桑名市教育委員会編『桑名の民俗』、一九八七　（伊藤　良吉）

タラ　タラ　寒流系の魚の一つ。鱈、または大口魚とも記す。日本近海では、マダラ、スケトウダラ、コマイの三種類があるが、民俗的にはマダラが重要である。深海に棲息するため、漁業の対象となったのは中世末で、江戸時代には重要な魚種となった。日本海沿岸から北海道が主な漁場で、タラの漁場はタラ場といった。日本海沿岸のタラ場は水深百三十尋から三百尋の海底斜面にあり、タラ場に出漁するため、帆走性能に優れた、カワサキと呼ばれる大型漁船が用いられた。タラ場には江戸時代より、タラ場株による藩の規制が加えられ、漁場の範囲は船ごとに山あてによって決められた。沖合のタラ場では、延縄《はえなわ》で漁獲し、産卵のため近海に接近するタラは、刺し網で漁獲した。青森県陸奥湾口の平舘海峡では、明治時代に底建網の発明があり、漁獲量を大幅に伸ばした。タラ漁は冬場の漁で、天候の急変による遭難の危険も多く、出漁の決定や漁を切り上げる場合などに、厳密な規約が設けられていた。タラは乾燥した棒タラや塩蔵の新タラに加工された。江戸時代には平舘海峡で漁獲したタラは主に新タラに加工され、正月魚として江戸に送られた。これは腹を割かずにエラから内臓を取り出し、塩蔵を行なったため、武家の正月魚として珍重された。その年の初水揚げは江戸に急送し幕府への献上品とし、漁師には報奨金が与えられた。青森県東津軽郡平舘村では網下ろしの時には、タラのシラコに模した粢《しとぎ》を顔に塗り、豊漁を祈願した。また、秋田県由利郡金浦町金浦山神社には縄に通した寒タラを奉納する行事がある。

参考文献 山口和雄『日本漁業史』、一九五七、桜田勝徳「越後の鱈場漁村と其の漁業権」(『桜田勝徳著作集』二所収、一九八〇)、赤羽正春「タラ漁業の展開と二枚棚漁船

の導入」(日本民具学会編『海と民具』所収、一九八七)　　（昆　政明）

タラ　タラ　アイヌ語で、樹皮製の背負紐(荷縄)のことで、ニペシ(シナの木の内皮から採取した繊維)やアッ(オヒョウの木の内皮の繊維)などをよって糸を作り、その糸を用いて編んだものである。用いる糸は、細く裂いた内皮の繊維二本を、両手の親指と人さし指でよりをかけながら一本にまとめて作る。額にあてて、背中で荷物を運ぶ。額にあたる部分には文様を編み込む。　　（畑井　朝子）

たらい　盥　桶の種類の一つ。通常の桶にくらべ、間口に比して深さの浅い容器の総称であるが、諺に「盥半切を笑う」とあるように底の浅い形の桶である半切も盥の類に含むと理解できる。盥本来の素材は木製であるが、現在では金属、ポリエステル、プラスチックといった新素材にとって変わられた。盥は、生活用具・生産用具として利用度の高い容器であり、かつての生活用具例としては、産湯盥・洗濯盥・行水盥などがある。

参考文献　仲村恒明「桶—昭和期における終焉の民具—」(『近畿民具』一一、一九八七)　　（仲村　恒明）

たらいぶね　盥舟　新潟県佐渡島小木半島の岩礁地帯の磯で行われる見突き漁に際して、舟代わりに使われるハンギリと呼ばれる桶の舟。盥舟は観光宣伝の中で名付けられた。ハンギリとは桶の丈を半分に切ったという意味で、海上で小回りがきき、しかも桶の箍《たが》をしっかり締めておけば岩礁にぶつかっても回転するので壊れることもなく、底も平らなことからごく浅くて狭い岩礁の間にまで入り込んで漁撈ができる。明治初年ころ味噌桶を半分に切って使ったのがここでのはじまりだとされる。

参考文献　小木町編『南佐渡の漁撈習俗』、一九七五　　（池田　哲夫）

たる　樽　容器の一種。箍《たが》でしめた木製の結樽《ゆいだる》は『一遍上人絵伝』(一二九九)にもみえており、その始用は鎌倉時代を降らない。樽は桶と同種の容器であるが、桶との相違点は、樽には固定蓋があるという点で容器の大小を問わない。かつて生活用具・生産用具・流通用具として重要な民具であった。酒・醬油・酢・油・味噌など液状物を主として収容するが、まれに空気圧を利用した浮樽なども存在する。今日のガラス、金属、プラスチック、ポリエステル、セラミックといった新素材が導入される以前は杉材を主とした木質素材の樽もしくは、陶磁器が一般的であった。樽の用途は多岐にわたっており、二次的に漬物桶としても使用される。酒に関する樽は、祝勝・婚礼・棟上などの祝儀・祭祀・日常的にと、貯蔵・運搬・携帯・販売など用途に相応した各種の樽が存在する。通常酒樽に縛樽《しぼりだる》があり、四斗樽(大樽)・二斗樽(半樽)・一斗樽(斗樽)などがある。樽の蓋部を鏡と呼び、鏡開き・鏡割はこれに由来する。鏡板面に酒詰用の穴栓があり木栓を天星、酒を出す呑口は側面板下部に取り付け、この種の別称を薦被《こもかぶり》という。酒器では、角樽・兎樽・柳樽・竹筒樽・指樽・片手口樽・鏡樽などがある。酒造用具では大砲・水樽・暖気樽など。このほか洋酒(ウイスキー、ワイン、ビールなど)の樽がある。製樽用具の主なものに、刃物類(正直台・内セン・外セン・面廻セン)、鉋類(口切・グリ・目違取・内鉋・尻払・内面取・口モミ・小口切)、仮輪類(口仮輪・腰仮輪・金輪)、槌類(中槌・小槌・コンコン槌)、そのほかブンマワシ・締木・殺棒・立棒などがある。

参考文献　仲村恒明「桶—昭和期における終焉の民具—」(『近畿民具』一一、一九八七)、同「食文化の変化と桶」(『民具研究』一〇六、一九九四)、灘酒研究会編『灘の酒用語集(改訂版)』、一九九七　　（仲村　恒明）

たるいれ　樽入れ　縁談の成立に際して樽入りの酒を相手方に贈ったり、祝宴の座席へ空樽を投げこみ樽入りの酒を相手方に強要したりなどする習俗の総称。酒がもの日に重要視されてきたこと、その容器に結いものの樽が広く使われてきたことなどを物語っている。婚姻儀礼に関係して、決め酒・サケタテなど、貰い方から嫁方に対して手締めの目的で贈られる酒をめぐる習俗、タルダシ、ツレザオなど、婚礼の宴席に投げこまれるいわゆる若者酒に関わる習俗、鹿児島県甑島における正月二日に娘連中から若者集団に供された酒、他村の男と通じた娘に対して若者集団が持ちこんだ水入りの樽などをめぐる兵庫県本山村(神戸市東灘区)の習俗など、若い男女間に交わされた生活の一面を裏付ける習俗と場面を異にし、その内容に違いがあった。手締めの目的で供される酒は仲介人の手によって供されることも少なくなかったし、それに応分の肴が添えられたこと、後日村人たちに披露されることがあった、など多くのことが付着していた。若者酒としては、空樽に苞《つと》が対になって投げこまれたり、カキヤブリ(垣破り)、ツブシウチ(石礫打ち)などが伴ったりした。不漁続きの漁民たちが樽酒を携え行き、大漁のあった漁民たちとともに酒宴を開くのは、大漁にあやかりたいという趣旨の習俗である。酒のとり持つ縁は多大だった。　↓決《き》め酒《ざけ》　↓手《て》打《う》ち酒《ざけ》

参考文献　柳田国男「婚姻の話」(『柳田国男全集』一二所収、一九九〇)、天野武『結婚の民俗』(「民俗学特講・演習資料集」一、一九九四)　　（天野　武）

タルチュム　タルチュム　主に顔に仮面(タル)を被って演じる朝鮮の演戯(チュム)。タルチュムの歴史は古い。大陸から伝来したものが韓国化した高句麗の舞楽、新羅の五伎、百済の伎楽などが歴史的に変遷して李朝時代に民俗劇化し、それが現在まで伝承されているという。全国的に十数ヵ所に伝承されているものは李朝時代から民間に伝承されたものと考えられており、多くが無形文化財として指定されている。踊りは中部地域のものが静かであるのに対して、朝鮮半島の北部のものは激しいものである。劇の主題は破戒僧と両班の堕落現象を風刺するものである。たとえば僧が禁欲をせず民家におりて両班の妻と妾の二人の女性と遊び、最後には両班の本妻が死

タルチュム　楊州の仮面劇

亡するというストーリーである。仮面劇の演劇的な要素や台詞は、第二次世界大戦前から日本人と朝鮮人の学者によって研究されたが、戦後本格的な調査研究が進んだ。その結果、仮面劇は民衆の諧謔や風刺などによって芸能化されているが、元来は神をまつってから始めるもので、仮面の祟り観念が存在し宗教性のあるものである。それが宗教性を抜きにして民俗芸能として公演されるようになった。一九六〇年代からは庶民の両班への風刺が反政府運動に切り替えられて、全国的に学生たちの反政府運動として普及した。それは広場で行う性格から、マダン劇という演劇の一部門さえ出現させたのである。

参考文献　李杜鉉『朝鮮芸能史』(「東洋叢書」六、一九九〇)

(崔　吉城)

在日韓国・朝鮮人もタルチュムを民族文化として位置づけ、民族学校において学習の一環として取り入れている。京都の九条マダンなど、在日の行事では民族が集う祝祭をマダンで行う場合に精力的なタルチュムが演じられる。

参考文献　李杜鉉『朝鮮芸能史』(「東洋叢書」六、一九九〇)

(岡田　浩樹)

だるま　達磨　禅宗の始祖、達磨大師の座禅姿を模した縁起物の玩具。赤塗りで手足がなく、底に重りを付けて倒しても自然に起き上がるように作った張り子製が、全国に最も普及している。原型は中国の木製人形、盤不倒酒胡子だといわれ、明の中ごろに日本へ伝来して最初は不倒翁と呼ばれていたが、室町時代末には子供の人形玩具として童形の起き上がり小法師が生まれ、江戸時代になって全国に普及した。また「起き上がる」「七転び八起き」の縁起と結びついて縁起物として広く社会に迎えられ、各地の起き上がり玩具が生まれたが、姿は達磨に統一されていった。達磨の赤衣に模して達磨を赤く塗るのは、鴻巣の赤物玩具についていわれるように赤い色には魔除けの効果があると信じられたからで、特に疱瘡神は赤色をきらうとの俗信から赤塗りの達磨を枕元に飾り、また玩具として子供に与えた。張り子達磨の産地は、福島県郡山市三春、群馬県高崎市豊岡、埼玉県越谷市、甲府市、愛知県豊川市、大分県竹田市など全国的である。関東では左目を入れて祈願し、成就したら右目を入れる目なし達磨が一般的であるが、関西では鉢巻き達磨などが普及している。張り子製のほかに、堤達磨(宮城県仙台市)・伏見焼き(京都市)などの土焼き人形があり、練り物としては鴻巣赤物(埼玉県鴻巣市)が有名である。また、宮城県玉造郡鳴子町などの東北地方のこけしの産地には、木地屋の手になる木製の達磨、姫達磨、輪抜き達磨などが、岐阜県高山市、愛知県西尾市、香川県琴平町には木製の一刀彫りがある。なお、最近では、商売繁盛・五穀豊穣、さらには受験・結婚・選挙などの縁起物としての需要がのびている。

参考文献　竹内淳子編『江戸の伝統芸能技と心』一九九三、安達健・水上勉編『日本の伝統工芸』二、一九八五

(内田　賢作)

だるまいち　達磨市　張り子などの達磨を売る市。「丸くおさまる」「起き上がる」「七転び八起き」の縁起と結びついて、江戸時代から縁起物として社会に迎えられ、全国に普及した。ことに養蚕が盛んな関東地方の農村では、蚕のあがり(上簇《じょうぞく》)にちなんで、張り子の起き上がり達磨が縁起物として求められた。商家でも商売繁盛・招福開運の縁起物として求めるので、歳末から正月・初午などにかけて全国各地で達磨市が開かれ、賑やかに売買されている。関東において広くその名を知られる群馬県高崎市の少林山達磨寺の付近では、近世後期以降農家の副業として張り子の達磨作りが盛んで、一月六、七日の達磨寺の縁日のほか、東京都葛飾区柴又の帝釈天、足立区西新井大師、埼玉県川越市喜多院、神奈川県川崎市川崎大師など、広く東京や関東一円、信州あたりの達磨市に張り子の目なし達磨を出している。埼玉県越谷市・岩槻市の武州達磨も県内や東京の達磨市に出しているが、

達磨市（群馬県高崎市）

昔は月遅れ正月などに市が立つ所も多く、市まわりといって市を順に回って売り歩いていた。いずれも張り子の目なし達磨で、買った者は家内安全・商売繁盛・五穀豊穣・養蚕倍盛の縁起を担いで、片目を入れて神棚に飾っておき、念願がかなうともう一方の目を入れ、翌年の達磨市で新しい物を求め、古い達磨は社寺に納めて焼いてもらったり、どんど焼きなどの時にお焚き上げした。最近では、達磨は受験・結婚・選挙などの縁起物としても需要がのびている。

参考文献 上野勇編『生きている民俗探訪群馬』、一九七八、秋岡芳夫他編『日本の技』一―一〇、一九八三、安達健・水上勉編『日本の伝統工芸』二、一九八五

（内田 賢作）

タロウジ タロウジ 田植えを主宰し、田人《たうど》を取り仕切る人。漢字では太郎次などと表記する。田主（たあるじ・たぬし）からの転訛とみられる。田植え唄に「今日の田のたろじどんの背戸に咲く花は、そよな、咲く花は、飯の花酒の花、さてはときの花」「けふの太郎次殿の腰見れば、さふよなう、腰見れば、銀黄金さすぞ、鞘巻」などとうたわれる。石川県珠洲郡では、田植えの役割を、タロウジ（太郎次）、ソウトメ（早乙女）、ソウトメマワシ（早乙女廻し）、イブリサシ（先男）、ナエシキ（苗配り）とし、タロウジは総指揮者であった。また、タロウジは田遊びの主役でもあった。大津市の八所神社の春鍬踊りでは、田老《たろ》人《じ》二人が中老・頭人《とうにん》とともに登場する。その役には、歌のうまい若者が選ばれ、烏帽子《えぼし》・素袍《すおう》・丸帯の太襷の大夫姿である。鍬《くわ》初《ぞ》め・荒田起し・代かき・えぶり指し・田の神祭・種子播き・鳥追い・苗取り・田植えの各場面で、上の句をうたい、一同の下の句をリードしたり、祭《さい》文《もん》・唱え言や所作を通して行事の主役を務める。東京都板橋区の諏訪神社では、尉面《じょうめん》・紺の法被《はっぴ》・股引《ももひき》、腰にスリササラ姿の太郎次が登場し、嫗面《おうな》のやすめと抱擁し、稲の豊作を予祝する。このようなタロウジのあり方は、中国地方のサンバイサン、サゲという田植えの指揮者に共通する部分が多い。本来、田主は中世耕作農民を駆使して名田経営をしていた名主《みょうしゅ》層に連なる存在と考えられた。みずから田植えを主宰する場合と代理者に任せる場合があった。タロウジは後者の性格をいっそう強めたものといえる。 ↓田遊《たあそ》び

参考文献 新井恒易『農と田遊びの研究』、一九八一

（藤井 昭）

たろうのついたち 太郎の朔日 二月一日の呼称の一つ。新年のはじまりを旧暦一月十五日の小正月とすれば、二月一日は最初のツイタチになるので、初朔日として祝われ、全国的にも異なる名称で呼ばれていた。もともと、太郎の朔日と呼ばれていたが、元日が新年になったため、太郎の朔日と呼ぶのは都合が悪くなり、次郎の朔日というようになったといわれている。熊本県の球磨郡でもまだ太郎の朔日と呼ばれており、古い呼称を継承している。香川県仏生山《ぶっしょうざん》や徳島県祖谷《いや》山も同じであるが、この日を正月の終りといい、雑煮を祝って仕事を休む。熊本県でも、一般には年まわりの悪い人（厄年などの人）が家にいると、二月一日に改めて餅を搗き祝いをしなおすという風習がある。球磨地方では、この日は山ン太郎と川ン太郎が入れ替わる日とされ、麦の団子を作り神棚や仏壇に供え、仕事を休み家の中にこもり、雨戸のフシ穴からそれを見ているという。この日は神の交替が行われるのでこのように厳しいタブーを守るのだと信じられている。熊本県人吉市の大塚では、正月一杯山仕事をし、太郎の朔日には男は男、女は女だけ、老人は老人だけで集まり肴を持ち寄り宅廻りをする。女の人の集まりを芝切講といって大変にぎやかであったという。二月に入ると田の仕事が始まる。このように太郎の朔日は、一つの節変りの日になっている。 ↓次郎《じろう》の朔日《ついたち》 ↓二月正月《にがつしょうがつ》

参考文献 文化庁編『日本民俗地図』二、一九七一

（奥野 広隆）

タワ タワ 峠の古称。タオ、トウともいう。中国地方に集中分布する。トウゲの語はより新しく、平安時代以降で、柳田国男がいうように、「タワ越え」からタウゲ、トウゲの語ができたらしい。タワは『古事記』などにもみえ、「たわむ」などと同語源で、山の鞍部のたわんだ地形をさす。峠の字も国字であるが、岡山県備前地方の嵶《たお》、美作地方の乢《たわ》、山口・広島県の垰（タオ、トウ）などは地方で形成された国字である。

参考文献 柳田国男「地名の研究」（『柳田国男全集』二〇所収、一九九〇）、鏡味明克『地名学入門』、一九八四

（鏡味 明克）

たわら 俵 薦を円筒状に縫いあわせて胴とし、その左右から桟《さん》俵を被せ、藁縄でしばって成形される袋状容器。米麦・大豆・イモ類・塩・海産物などを貯蔵・運搬するために広く用いられた。収納物の別により米俵・芋俵・炭俵などと呼び分けられるが、米麦や種子籾用には稲藁、木炭用などには葦や茅などが用いられた。種子籾俵は、鼠を除けるため、太縄で梁から吊して保存された。全国的に規格化が定着して以降は四斗俵と五斗俵が多く用いられたが、近世までは地域ごとに大きさが異なり、俵の容量が年貢の量を意味していた。たとえば、江戸時代に四斗五升俵が使用されていた地域では、米一石の収穫に対し、四斗五升の上納米が取り立てられた。平安時代や鎌倉時代の俵は『信貴山縁起絵巻』や『石山寺縁起』にみられるが、いずれも、形状や製作方法は近世のものとほとんど変わらない。機械編みが普及する以前までは、薦《こも》けたとつつろを用い、夜業として米俵の薦編みが行われた。米俵は富の象徴でもあった。田の面積、上田や下田などの田の質も、たとえば「五俵穫りの田」などと表現された。また、米俵をになえるようになることをもって、一人前の証とする民俗もみられる。予祝の飾り物として米俵状の苞《つと》をつくり、小正月の供物とする地域も多い。大俵を二組に分かれた若者衆が引き合い、豊作を祈

念したり感謝する祭もある。俵の左右に被せられる桟俵は、俵の中身がこぼれ落ちるのを防ぐため、また、俵の形を整えるための円形の蓋である。直径およそ三〇センチ内外で、稲藁でつくられる。円形の木製台に乗り、まわりながら編まれる。その編み方には、並べ組み・菊花組みなどがある。各地の呼称も、サンダラボッチ、タワラッパワシ、タラバス、サンバイシ、バセなどと多様である。道祖神への供物を載せる皿、疱瘡送りや流し雛の船などにも用いられることから、藁座の意味を有していると考えられる。

参考文献 宮本馨太郎『民具入門』(『考古民俗叢書』五、一九六九)、中村たかを『日本の民具』、一九八一、宮崎清『藁』一(『ものと人間の文化史』五五ノ一、一九八五)、同『図説藁の文化』、一九九五 (宮崎 清)

たわらのとうた 俵藤太 生没年不詳 藤原秀郷のこと。十世紀初頭の武人。父は藤原魚名の子孫下野大掾村雄。母は下野掾鹿島氏の娘。出身は近江田原とも下野田原ともいうが、特に父祖代々下野との繋がりは密接で彼も下野押領使であった。藤原氏屈指の武人として知られ、戦国以降の武門には蒲生氏・小山氏・佐野氏・赤堀氏など彼の後裔を称する家々が多い。その武勇の伝承は、平将門討伐の話と、近江琵琶湖での神戦援助の話とが名高い。前者は『将門記』に初出。『俵藤太物語』によれば秀郷は将門に対面した時、彼が櫛削った髪を束ねず大童で現われ、飯を袴の上にこぼし散らしたのを見て、その人となりを推し量った。また将門は鉄身不死身で六人の影武者を操ったが、彼の乳母子の小宰相の御方を秀郷が籠絡、本物の将門と影武者との見分け方や将門の急所を教えられてこれを討ち果たしたともいう。伝承の後者は近江琵琶湖に住む竜神の請いにより比良山(三上山)から来襲する大ムカデを呪矢で射殺した話で、『太平記』以後『俵藤太物語』『寺門伝記補録』『蒲生記』などに散見する。ムカデ退治の謝礼に竜宮から吊鐘・刀・槍・鎧、布が尽きぬ巻絹、米が尽きぬ俵などを貰った。俵藤太の名はこの俵に由来するという。宝物の数や種類は文献により異なるが、鐘だけは園城寺に寄進されたと諸伝が一致し、この話が本来当寺の鐘の縁起譚であったらしいことが推察される。宝物に金物が多いのは、話の生成伝播に鍛冶職・鋳物師の関与があったためか。同様のモチーフ、シナリオは日光山の縁起や磐次磐三郎の話にもあり、伝承相互の親縁関係の深さをうかがわせる。

参考文献 柳田国男「神を助けた話」(『柳田国男全集』七所収、一九九〇)、小川要一「将門と秀郷の伝承について」(『軍記と語り物』五、一九六七)、南方熊楠「田原藤太竜宮入りの話」(『南方熊楠全集』一所収、一九七二)、高崎正秀「唱導文学と巫祝の生活—俵藤太物語を中心として—」(『高崎正秀著作集』五所収、一九七二)、中村節「田原藤太竜宮入り伝説の一考察」(『国文学解釈と鑑賞』三六ノ二、一九七二) (山本 節)

たわらやくし 俵薬師 狡猾者がつぎつぎと嘘をついて主人をだまし、財産を手に入れる昔話。下男で嘘つきの名人が金持ちの主人を欺くので、怒った主人が使用人に、下男を俵詰めにして水中に投じるよう命じる。下男が運ばれる途中、家に金を埋めたのを忘れてきたというと、使用人たちは俵を放り出して金を掘りに戻る。そこへ目の悪い魚屋が通りかかり、俵の中で下男が「俵薬師、目の養生」と唱えているのを耳にし、眼病が治ると聞いて俵の中の下男と入れ替わる。だまされたと知って戻ってきた使用人たちが俵を川へ投げる。下男は自分の身代りになった魚屋の魚を家にもち帰り、竜宮でもらってきたと話す。主人はうらやましくなり、自分を俵詰めにさせて川に投じさせる。下男は主人の家督を継ぐ。前半のだましの手口は、家が火事で焼けたと偽って主人を旅に出す、大杉に鷲が巣をかけたといって主人を木に登らせる、「金ひり馬」や「火なし釜」を売りつけるなど、多様で、ほら比べから始まる話もある。「金ひり馬」や「火なし釜」は近世初頭の『醒睡笑《せいすいしょう》』に記述がある。後半の俵詰めのモチーフは「馬の皮占い」にもあり、世界に広く分布している。眼病の治療と結びついた背後には、俵に包まれた薬師仏が海から出現したとする俵薬師伝説がある。眼病の治療を含む類話があるのは日本・中国・朝鮮・シベリアなどアジアに限られ、ヨーロッパにはない。

参考文献 柳田国男「俵薬師」(『柳田国男全集』八所収、一九九〇)、馬場英子「中国の俵薬師型の話について」(『中国民話の会通信』二三・二四、一九九二) (斎藤 君子)

だんか 檀家 特定の寺院に所属してその寺院経済の維持・発展を支える家ないし世帯。だんけともいい、檀中・檀徒などともいう。真宗では門徒という。檀は施主をあらわすサンスクリット語 dāna-pati の音写語である檀越《だんのつ》・檀那の略で、檀越は奈良・平安時代から寺院や僧尼に施物して経済的に支援した仏教信者として登場するが、檀家は檀家制度成立後の寺院経営を支える単位組織をいう。檀家制度の成立は、一六三五年(寛永十二)キリシタン摘発を目的とした宗門改・寺請《てらうけ》が全国的規模で展開されてから以降のことである。一六七一年(寛文十一)には全国の村・町単位の宗門人別改帳作成が制度化されて、人々がキリシタンやその他の邪宗門徒ではないことの証明を檀那寺に求めることが義務化したことで、寺檀関係は制度として確立した。寺院住職はこの制度に則り檀家を組織化していった。一七〇〇年(元禄十三)ころには宗門檀那請合之掟などが偽作された。宗祖忌・釈迦忌日・春秋彼岸会・盆、先祖の忌日には寺参りすること、先祖の忌日には檀那寺の僧を招くこと、僧の生活費の負担、堂宇の修復・新築には寄付することなどが謳われ、各宗とも本山から末寺に布達されて利用された。檀家制度は明治維新で法的権利は失われたが、代わって家族制度が補強する形で慣習的に持続され、今日に至っている。各地に男寺・女寺と一家で檀那寺を異にする半檀家ないし

複檀家といった習俗も伝えられている。↓複檀家《ふくだんか》

参考文献 圭室諦成『葬式仏教』、一九六三、大桑斉『寺檀の思想』(『教育社歴史新書』日本史一七七、一九七九)、福田アジオ「近世寺檀制度と複檀家」(『仏教民俗学大系』七所収、一九九二)
(藤井 正雄)

だんかそうだい 檀家総代 寺院と寺檀関係を結んだ家である檀家を代表して寺院の維持管理、法会・講などの行事の運営に住職とともに携わる役員。檀家の組織では総代とは別に、より実務に携わる世話人を置いている例が多くある。檀家総代は家柄・資力などが考慮されて特定の家が世襲していることが多く、また各寺院の檀家の所在地ごとに選出していることもある。その存在は近世の檀頭・檀那惣代・檀中惣代として確認されている。↓寺檀関係《じだんかんけい》
(青木 俊也)

たんけい 単系 出自にかかわる分析概念として単系出自体系の意味で用い、成員権を一方の性の系譜的連鎖にもとづいて伝達する体系をさす。父系出自・母系出自・二重単系出自を含む。よく発達した単系制をもつ社会では、単系出自集団が法人格を伴った団体として社会構造の単位となり、政治・経済・法・宗教などの諸分野で活動する。集団内部は、始祖との伝承上の系譜的結びつきにもとづく上位の単位(クラン=氏族)と、成員相互の系譜的な結びつきが明確に認識される下位の単位(リネージ)に分割され、リネージはさらに最大リネージから最小リネージまでの何段階かに再分割されることがある。どの単位も単系出自集団であり、全体は上下秩序を伴った入れ子構造をとることによって統合される。この体系(分節体系と呼ぶ)は世代の更新に伴って新たなリネージを創出し、分岐させてゆく。文字で記録された系図をもつ社会では、一つの出自集団が数十世代を数えることがある。一方、無文字社会では何らかの調整が行われ、出自集団の世代深度が通時的に変わらないことがある。出自集団は土地と結びつき、成員が一定の地域内で共同生活を営むことがある。また、集団は外婚規則をもち、婚姻の絆を通じて他の出自集団と連帯する。日本では、沖縄の門中は外婚規則を欠いているが、父系出自集団に比定することができる。なお、成員権の伝達以外に、土地など有形の財産(有体財)の相続や、地位や名誉などの無形の財産(無体財)の継承が単系的に行われることが多く、単系出自と財の相続・継承とが絡み合う場合も多い。

参考文献 M・フォーテス「単系出自集団の構造」(大塚和夫訳、村武精一編『家族と親族』所収、一九八一)、M・フリードマン『東南中国の宗族組織』(末成道男他訳、一九九一)
(加藤 正春)

だんご 団子 米その他穀類の粉をねって丸くした食品。多くは蒸して食べるが、その形状、加工法、食べ方には種類が多い。団子の名称は、ダンゴのほかに各地さまざまで、ダンス、ダンシは青森県・岩手県・秋田県・山梨県に、アンブは新潟県に、オマル、オマルモノ、マルメモン、マルコなどは新潟県・長野県・滋賀県や四国、鹿児島県喜界島・沖縄県石垣島などに、ボチ、ポチは岐阜県・愛知県にみられ、長野県ではオツメイリともいう。柳田国男は、団子を「滋賀県の田舎などでは、餅団子をツクネモノとい」ったのは「本来が生粉の塑像」で、ツクネル、つまり捏ねあげた名残だといい、「一方に粢《しとぎ》が国固有の古い食物である以上、これを外国から学ぶべき必要はあり得ない。新たに採用したのは言葉だけで、それはたしかに丸いから団子といった」といって、粢と団子の関係を述べた。すなわち、粢は団子より古く、団子は「丸く作った粢だけを意味していた」とする。また、丸いからオマルなどの名称もあるといい、逆に「山梨でもカラコの白餅だけを、特にオダンスという村もある」、粢に「秋田県の鹿角地方ではシロコダンゴという名がある」としている。厳島神社(広島県)の御島廻式の粢はシトギダンゴという。滋賀県愛知郡愛東町では祭礼の宵宮にヨミヤダンゴと呼ぶヨモギ入りの餅を作る。東京近辺では団子をダンゴモチ、新潟県では焼餅をアンブという。このように団子を餅と粢、あるいは焼餅から区別することは容易でない。団子の定義は柳田国男や瀬川清子も明快な説を展開しているわけではなく、現在も明らかとはいえない。柳田国男は沖縄のモチと団子を念頭におきながら、横杵の発達で可能になった現在の餅とそれ以前のモチを区別し、粉を材料とするモチ、すなわち粢と団子の歴史を解明しようとした。彼岸や盆、二月十五日の涅槃の日、地蔵講、枕団子など仏事の食物・供物として印象づけられているが、小正月の団子挿し・繭玉団子、十五夜・十三夜などの供物にもなっている。俵の形をしている団子に、岩手県遠野地方の俵団子、島根県伊波野村(簸川郡斐川村)の大師講の日に作る十二個のダエセンダンゴなどがある。収穫時のこぼれた米で作った土穂団子、十二月のススハキダンゴは各地で作った。秋田県鹿角市のシロコダンゴは彼岸に、香川県高見島(仲多度郡多度津町)のオシロイモチは生団子で庚申の日に、東京近辺では事八日やオカマサマの日に作られた。愛知県下津具村(北設楽郡津具村)ではアワやキビの団子は節日などに用いた。長野県では生団子は死者の団子だからと嫌った。団子はこうした特定の日だけではなく、普段にも食べた。愛知県では団子をボチといい、大根・サトイモなどとともに味噌汁に入れたし、東京都多摩地方にもツミイレ・煮団子・団子汁などといい、夕食の主食にした。こうした粉物と野菜中心の夕食は全国的なもので、その材料は砕米・屑米・粃などの米のほかに挽割の大麦、小麦、アワ、キビ、ヒエ、シコクビエ、蕎麦、モロコシ、トウモロコシ、サツマイモ、小豆、トチの実などであった。米の場合は粒食できない砕米や屑米、粃などの利用法としての夕食の団子汁は大きな意味をもっていた。

参考文献 柳田国男「木綿以前の事」(『柳田国男全集』一七所収、一九九〇)、瀬川清子『食生活の歴史』、一九六八
(増田 昭子)

たんこう 炭鉱 石炭を採掘する鉱山。金属鉱山の金山《かなやま》に対して石山《いしやま》と呼ぶ。全国に広く分布していたが、炭層が広範囲に発達した炭田地帯は、福岡・佐賀・長崎・熊本・山口・福島・茨城の各県と北海道に存在した。いずれも近世に始まっているが、地表から深く掘り進むにつれて金山掘りの技術が導入された。金山で坑口を坑《マブ》、稼働者をゲザイ、分配所を勘場《かんば》と呼んでいたのが、そのまま炭鉱用語に用いられている。新しく坑口を開くのをシババグリ、狭い坑道から石炭を搬出する初期の採炭を狸掘りと呼び、ツルバシで掘った石炭を、セナ、スラなどの人力運搬で坑外に搬出していた。坑道が深くなるにつれ、地下水と可燃性のガスが発生し、水没・爆発・落盤の危険性が増大したので、明治以後、排水・通気・坑道保守・運搬から遂次機械化され、それにつれて資本投下と経営規模も拡大された。坑口付近に捲上機《まきあげき》を設け、その先にボタ山(北海道ではズリ山)、周辺に選炭場・積込場・事務所などの施設、少し離れて坑夫納屋《なや》のあるのが普通であった。坑夫納屋は長屋形式で、独身者の大納屋と家族持ちの小納屋とがあり、納屋頭《なやがしら》が統括して、労働と生活管理が一体化した独特の社会が形成されていた。坑夫自体が各地からの寄り集まりであっただけに、家族はいても家は成立し難く、村落社会とは集団の構成原理が異なり、氏神に代わり山の神が信仰対象となっていたところにも民俗の違いがみられた。↓坑夫《こうふ》 ↓石炭《せきたん》

参考文献 高野江基太郎『日本炭礦誌』、一九〇八、永末十四生『筑豊万華』、一九九六
(佐々木哲哉)

たんごのせっく 端午節供 五月五日に行われる年中行事。古代中国では、五と午は同音で、端午は五月初めの五日を意味した。夏至のはじまりで、雨期に入るこの季節に毒気を祓うヨモギやショウブを門に飾ったり、菖蒲酒や雄黄酒を飲んで邪気とくに疫病を祓った。また、汨《べき》羅《ら》の淵に身を投げた屈原の故事に倣って、粽《ちまき》を食べ、長江流域では古くから竜舟競争が行われてきた。これは、本来水死者の霊を慰めると同時に竜神をまつり、雨を乞う農耕儀礼の意味をもつといわれる。日本には、古代に中国から伝来して端午の節会が行われた。ショウブを軒に吊したり、菖蒲縵と称して頭に挿したり身につけて邪気を払ったことが『続日本紀』などにみえる。近世武家社会では、ショウブは尚武に通じるとして、菖蒲縵が冑になり、武者人形を飾るようになった。また、男児の初節供には母親の実家や親戚から幟や立身出世を願う鯉幟が贈られた。幟には、家紋や鍾馗《しょうき》などの絵が描かれた。鍾馗は、邪鬼を祓う道教の神で、辟邪のために除夜にその絵を貼ったが、端午に飾られるようになった。この時期は田植えと重なり、農耕儀礼と結びついた行事がみられる。幟竿の頂には杉の葉などがつけられ、本来は田の神を迎える依代と考えられた。農村では田植えをひかえて、稲の苗に霊を込めて植える早乙女役の女性たちが、五月五日にショウブを屋根に挿した特定の家で田の神を迎える忌籠りをした。女の家と呼ばれる民俗で、その他にも五月五日には田仕事を休んだり、禁止する伝承が各地にある。↓五月節供《ごがつぜっく》 ↓鍾馗《しょうき》 ↓ショウブ

参考文献 山中裕『平安期の年中行事』(「塙選書」七五、一九七三)、中村喬『中国の年中行事』(「平凡社選書」一一五、一九八八)
(小熊 誠)

たんごぶね 丹後船 青森県西・北津軽郡の俗信。丹後日和に同じ。山椒太夫伝説を背景とし、岩木山の神としてまつられる安寿(あるいは厨子王姉弟)が丹後由良の山椒太夫のもとで酷使されたがため、岩木山の神は丹後の国の者を嫌うといい、丹後船が津軽の地に入ると天候が崩れ風雨が続き、海上は大荒れになるという。この伝承は菅江真澄の『外が浜風』『外浜奇勝』、古川古松軒の『東遊雑記』、橘南谿の『東遊記』など近世末の諸書にみられる。↓山椒太夫伝説《さんしょうだゆうでんせつ》

参考文献 酒向伸行『山椒太夫伝説の研究』(「御影史学研究会民俗学叢書」五、一九九二)
(酒向 伸行)

たんこん 単婚 同時に婚姻関係にある配偶者の数で分類される婚姻型式の一つ。男女各一名の場合をいい、一夫一妻婚ともいう。人類の諸社会では複婚が社会的に正当と認められ、あるいは、望ましい婚姻形態とされている場合が八割以上を占めるが、どの社会でもほとんどの家族が一夫一妻婚に基づいて営まれるのが通常である。社会進化論の立場から、人類の歴史においては、初期の乱交である乱婚や集団婚などを経て、遅くになって単婚小家族が出現したと提唱されたこともあったが、この考え方は現在ではほとんど支持されていない。なお、別に愛人を持つなど男女の性関係と制度的な婚姻関係とは、それぞれの社会によって独自に区別・認知されるのであって、どこまで単婚の概念が適用されるかは、注意深く調べなければならない。厳密に定義すれば、一生涯、たとえ離婚したとしても新たに配偶者をもたないのが単婚ということになるが、もっとも単婚的とされるアメリカなどで離婚して再婚する者の割合が目立って増加している。この状況に対して、系列単婚 serial monogamy という術語が用いられ始めている。いわゆる文明社会において性別を問わない型式や社会的承認の意味のあいまいな婚姻が増える傾向と、諸社会の多様な婚姻のあり方を考え、単婚という術語の意義の再検討が必要であろう。↓複婚《ふくこん》

参考文献 G・P・マードック『社会構造—核家族の社会人類学—』(内藤莞爾訳、一九七八)、和田正平『性と結婚の民族学』、一九八八
(小川 正恭)

たんざくなわしろ 短冊苗代 苗代に溝を掘って幅四、五尺(約一二〇〜一五〇センチ)の短冊形にした高みに種子籾を播き、苗を育てる苗代。正条植えと同様に近代的な稲作を代表する農法。報徳社のネットワークで普及する以前の明治初年の段階では、苗代全面に一度にべた播きをするのが普通だった。これは播きかたに粗密のむらが生じ、雑草や螟虫《めいちゅう》の卵が産みつけられた苗を取り除くにも

不便であった。しかし、短冊苗代の普及にあたって応じない農家に駐在所での拘留や過料を課す府県が多かった点から、正条植え同様に普及させにくい現場の状況があったことがうかがわれる。その状況とは、短冊苗代では苗代の単位面積あたりに播く種子の量がそれまでの数分の一ほどにも少なく指定されており、農家は田植えの際の苗不足を心配した点を、まず挙げなければならない。鹿児島県日置郡の旧東市来村農会長の手記には、「(苗が不足した際は)其責農会長にありと酷責抵抗するもの続出す(中略)或るものはこん棒を携え来り将に打ち掛らんとせしものさえ有之」という生々しい状況が記されている。もっとも、同様に指導された正条植えでは、苗の間隔が広く本数も少なくて済み何よりも夏草取りの労苦を激減させた田打車が正条植えを大前提としたために、これらの新手法はようやく普及していくこととなった。→正《せい》条《じょう》植え

参考文献 安田健「稲作の慣行とその推移」(『農業発達史調査会編『日本農業発達史』二所収、一九五四)、同「明治期における官府の稲作指導」(同五所収、一九五四)、中池秀雄編『東市来町行政沿革史』三、一九五四

(牛島 史彦)

だんじき 断食 一定期間、すべての飲食物を断つこと。世界宗教の多くに見られる。広くいえば、特定の食物をとらない断ち物・物忌をふくむが、ユダヤ、イスラムの豚やヒンズーの牛などの恒常的食物禁忌は除外する。断ち物が、主として一定の願をかけて塩・茶・酒・穀類をとらない個人的な祈願であるのに対して、物忌は宗教的行事に入る際の潔斎・浄化であり、より共同性が強い。一般に、行事のはじまりとしての物忌と終りとしての共食(直会)は、禁欲と放縦、形式性と祝祭性という二元的対比をなしている。すなわち、栄養摂取のための食の日常をマイナスとプラスに極端化することによる非日常性の創出である。社寺参詣の際の境内での精進潔斎(参籠)でも、非日常的境地へと移行して神仏の顕現と託宣に出会うための準備として、不眠・水垢離・断食が行われる。こうした慣行から生まれた宗教史上の大きな出来事には、親鸞の六角堂での百日参籠体験が、九十五日目の聖徳太子の顕現によって法然との出会いをうながしたことや、一遍が熊野本宮での参籠体験で阿弥陀仏の夢告《むごう》を得て時宗を開いたことなどがある。断食にはまた、修験道の餓鬼行にみられるような純然たる修行としての性格に加えて、断食療法にみられる養生法といった民間医療の性格も含まれる。

参考文献 柳田国男「日本の祭」(『柳田国男全集』一三所収、一九九〇)、同「食物と心臓」(同一七所収、一九九〇)、E・R・リーチ『人類学再考』(青木保・井上兼行訳、一九七四)

(関 一敏)

たんじょうび 誕生日 各人にとってその生まれた日のこと。生まれた月日は毎年めぐってくるが、初誕生の祝いを除いて、その日を特別な日として祝う風習は日本の民俗の中にはなかった。それは年齢についての考え方によるもので、年齢は年玉の一つ一つと考えられたため、生まれた段階で一歳で、あとは正月の年取りを期していっせいに一つずつ年を取っていくという数え年の考え方が一般的であった。したがって、年を取るのは正月であり個々人の誕生日をもって加齢とする観念は稀薄であった。それはまた個々の子供の出生日を登録する戸籍の考え方が浸透していなかったことにもよる。ただし江戸時代の将軍の場合には一部に誕生日の祝宴の記事が散見される。誕生日を祝う風習は基本的には近代以降に西洋の社交風俗の影響によって起ってきたものと推定され、大正期の資料には誕生日の祝宴の記事がみられる。しかし、一般化するのは第二次世界大戦後の占領下を経てからで、学校教育とくに小学校における誕生会の催し、また新聞・雑誌・テレビの芸能人や有名人の報道からの影響も少なくなかったと思われる。バースディケーキに年齢の数だけの蠟燭をたててその火を一息で吹き消す小さなセレモニーが流行した。現在では誕生日のもつ社交的な意味は大きなものとなって根付いてきており、小学生たちの小さな誕生会から政治家たちの誕生パーティまで、誰を呼び何を持ち寄り何をプレゼントするかが重要な関心事となっている。

参考文献 小川了「伝統的子供文化の再生＝誕生日」(井上忠司編『都市のフォークロア』所収、一九八八)、井上忠司・サントリー不易流行研究所『現代家庭の年中行事』(『講談社現代新書』一一八二、一九九三)

(中村 彰)

たんじょうもち 誕生餅 ⇨初誕生《はつたんじょう》

だんじょべつぼせい 男女別墓制 埋葬する墓地を男女で別々にするもの。これまで三つの型が知られている。その一は、千葉県・東京都・山梨県などの例で、村落の中でも家格の高い家や宗教職にある家など特定の家だけに見られるものである。たとえば千葉県下では出羽三山に参ってきた男性は行人と呼ばれて特別な場所に葬られるのに対し、女性は一般の共同墓地へ葬られるため墓が別々になるものである。その二は、南島の沖縄県池間島の例で、夫婦男女の墓が別々というだけでなく親子でも墓が別々になるという例である。池間島では伝統的に夫婦が同じ墓でなければならないとか、同一家系のものが同一系統の墓に入るものだという考え方自体が存在せず、死ねば人間は自由で自分の好きな墓に入るのが自然とされた。だから、遺言で自分の墓を指定したり、夫婦仲が好かったか、親の墓に入りたがっていたか、などを勘案して遺族が判断して墓を決めた。そのため、夫婦一緒のこともあり、親と一緒だったり、まったく血縁関係のない気のあった友だち同士で墓を一緒にする例も少なくなかった。最近では、このような夫婦別入墓や親子別入墓を恥ずかしいものとする考えも起ってきて家ごとの墓へとまとめられていきつつある。その三は、奈良県下の大

和高原一帯の例で、埋葬墓地が村共有で家ごとの区画がなく古い埋葬地点はつぎつぎと掘り返されて再利用されている墓地で、年齢別・男女別に埋葬区画が分けられている例である。これは、子供だけの子墓を設営していたり村の長老を特別扱いして埋葬していたりする奈良県下の諸事例の中で見られる男女別墓の例である。これら男女別の墓を営んでいる事例は各地で確認されてきているが、それらをどのように位置づけるかなど総括的に論じたものはまだない。 ↓子墓《こばか》

参考文献 最上孝敬「男女別墓制ならびに半檀家のこと」(『日本民俗学』一ノ二、一九五三)、杉本尚雄「男女別墓制及び半檀家について」(同一ノ四、一九五四)、野口武徳「複檀家制と夫婦別・親子別墓制」(『成城文芸』四四、一九六六)、関沢まゆみ「村と墓―墓の共同利用と年齢秩序―」(『民俗学論叢』一二、一九九七) (新谷 尚紀)

ダンジリ ダンジリ ⇩山車《だし》

たんす 箪笥 衣類・小物などを整理・収納・保管するための引き出し形式の家具。十七世紀中ごろ大坂で生まれ、十七世紀末から十八世紀にかけて全国的に普及していった。箪笥の特徴は引き出し形式にある。これは生産力が向上して、一般民衆も頻繁に出し入れするほどの衣服類を持てるようになったことと、流通機構が整備され、木材、それも厚さの揃った薄板材が簡単に、比較的安価に入手できるようになったことによって可能になったもので、この条件が最初に整ったのが大坂だった。箪笥の種類は非常に多く、一般家庭用の衣裳箪笥・整理箪笥のほか、商店用の帳場箪笥・帳面箪笥、商品を入れる商品箪笥、職人用の道具箪笥・材料箪笥、武家用の刀箪笥・玉薬箪笥、医療用の薬箪笥をはじめとして多種多様である。このうち衣裳箪笥は嫁入り道具の中心とされ、現在に及んでいる。材料としては桐が代表的なもので、桐は収縮率が小さいため狂いが生じにくい。また湿気を吸いにくく、割れにくく、樹脂が出にくく、軽くて扱いやすいなど収納家具の材料として適している。ほかにも杉、モミ、ケヤキ、栗、桑なども多く用いられる。また木地のままのものと塗箪笥があり、後者には漆塗・拭漆塗・渋塗などがある。箪笥が民衆家具として本格的に発展するのは明治以降で、広く普及していくにつれ全国各地で地方色あふれる箪笥文化が開花した。その後、大正・昭和にかけては東京箪笥の影響が全国に及び、全国一律のデザインになった。一方明治以降は洋服箪笥が使われるようになり、特に第二次世界大戦後は伝統的な和風箪笥に代わって洋風・近代的デザインの箪笥が主流になってきた。 ↓船箪笥《ふなだんす》

参考文献 小泉和子『箪笥』(「ものと人間の文化史」四六、一九八二) (小泉 和子)

たんぜん 丹前 着物や浴衣の上に羽織る防寒用の長着。広袖の綿入れ仕立てで、縞紬や縞木綿の表地に縹《はなだ》絹や縹木綿の裏地、黒八丈や黒じゅすやびろうどの掛襟、袖口と裾に袘《ふき》がある。夜着のように綴じ針で綴じる。江戸時代初期に江戸松平丹後守の屋敷前(丹前)にあった風呂屋に通う、奇異を好む男たちの装いを丹前風と呼んだことに由来するという。これが上方に伝わり丹前と呼ばれる防寒着となった。 ↓褞袍《どてら》

参考文献 喜多川守貞『守貞漫稿』一四(東京堂「守貞漫稿」二所収、一九九二)、飯泉六郎編『日本人の服装』(「(写真で見る)日本人の生活全集」二、一九五六) (近江恵美子)

だんだんばたけ 段々畑 山腹や丘陵、海岸などの斜面を切り拓いてつくった階段状の畑のこと。段畑・棚畑ともいう。土壌や肥料分の流出防止のため、ほぼ等高線に沿って石垣や土堤を築いたり、低木・草などを植えたりする。耕作・施肥、収穫物の運搬などに多大の労力を要するが、平地の乏しい地域では効果的な土地利用法である。中部地方の盆地周縁部や火山山麓、伊豆・能登半島など各地に広く見られるが、瀬戸内海の島々、四国南西部の南予海岸地方は代表的な段畑の分布地域として知られ、いわゆる「耕して天に到る」景観が随所に見られる。人口の増加につれて山麓から頂上へと段々畑が開発されたが、瀬戸内の島々では上の子から土地を分与し、分家させていく末子相続制も一つの要因であった。食糧にあてるサツマイモ、換金作物の除虫菊・ミカンなどが導入されると、つぎつぎと急峻な山地が開発され頂上まで段段畑になった。南予海岸地方の段々畑を築きあげたのもサツマイモの導入であった。雨量が少なく石もない花崗岩風化土壌地帯の広島県倉橋島、因島などでは小石一つ使わぬ土岸だが、石の出る広島県大崎下島、蒲刈島や愛媛県の北部の島々などでは石垣である。段々畑は風雨に弱いので水はけをよくすることが必要だが、耕土を守るための土上げと土質に合った畝立ても重要な作業である。運搬具・運搬法にも特色がある。老齢化、過疎化、ミカンの過剰生産による生産意欲の減退などで荒廃畑が増加している。 ↓千枚田《せんまいだ》 ↓棚田《たなだ》

参考文献 神田三亀男「瀬戸内段々畑の民俗」(『日本民俗学』一二六、一九七九)、同「瀬戸内の段々畑」(『日本民俗文化大系』一三所収、一九八五) (坂本 正夫)

だんち 団地 集団住宅地のこと。特に一九五五年(昭和三十)に日本住宅公団法が成立し、日本住宅公団によって建設されたアパート団地形式の住宅が盛んに造成されたことから、公団住宅地がそのイメージを固定した。狭い土地を有効に利用するための中高層住宅、あるいは高層住宅が多く、都市の中流家庭の憧れの住宅であった。かつては、そこに住む人々をダンチ族と呼んだ。財団法人同潤会による鉄筋コンクリート造りのアパートは関東大震災後に作られているから、団地アパートは全く新しい居住形態ということではない。しかし、大規模に全国的に造成されるようになったのは、一九五〇年代後半以降であり、そこに生活する人々は、特定の価値観や生活様式を持っていると考えられたのである。確かに出身地や

職種を異にし、いわゆるホワイトカラーの人々が集まり、新たな地域社会がそこに形成されなければならなかったので、在来の生活とは異なる点も多かった。団地の住宅形態は一様ではない。造成主体によって公営・市営・社宅に分けられ、居住条件が異なる。また、これらにはそれぞれ借家と自宅の別があり、それらはアパート・棟造り・一戸建て・マンションなどに分けることができる。アパート、マンションには、二階建・中高層・高層建築などの種類があり、居住者や内部における交際の仕方などに違いがみられる。しかし、母親と子供を中心とする生活が重視され、小集団が形成されやすい点は同じであった。また、特に分譲住宅団地においては異なる出身地の民俗の集合から新しい習俗を創り出そうとする努力も見られるとともに、地域に対する帰属意識を高めようとする活動も行われ、それが「故郷づくり」として認識されることも多い。入居者は夫婦、あるいは夫婦と子供など、いわゆる核家族である場合が多い。次第に子供が成長し、結婚して独立すると団地社会は高齢化が進み、老人問題が深刻化してきている。ただ、分譲住宅においては三世代同居の例も増えてきている。（倉石　忠彦）

参考文献　生活科学調査会編『増補・団地のすべて』、一九六三、倉石忠彦『都市民俗論序説』、一九九〇

タントゥイ　タントゥイ　沖縄で稲の種子を苗代に蒔く種子下ろしの行事。苗代に播種した稲の種子が立派に成長し、発育することを願い、併せて稲の豊作を祈願する重要な行事である。祭日は、旧暦九月か十月。『琉球国由来記』(一七一三)にも、九月十月中立冬の節に行うとある。沖縄諸島ではタントゥイ、八重山諸島ではタナドゥイ、タニドゥルという。種子取という漢字をあてる。タントゥイの供物の中心的なものは、テームイあるいはイバチィと称する大きな握り飯である。このように豊作であるようにと願いを込めているという。箸はススキの茎を使うことが多いが、稲がススキのように繁茂するようにという意味がある。また、小石を何個か供えるところもある。稲の実入りが小石のように重くなるようにという願いを込めている。『琉球国由来記』には、タントゥイは斎戒であるので常の仕事をしてはいけないし、「二日遊也」とある。タントゥイの禁忌には、種子を蒔いた後は掃除をしてはいけない。食器を洗うと種子が流れるからその日は洗わない。三線《サンシン》をはじめ楽器を演奏すると、稲が踊り出して根付きが良くない。粥を熱いといってフウフウ吹いたり、箸でかき混ぜない。稲が片寄って生えたり、鳥やネズミが苗代をかき混ぜることになる、といったものがある。八重山諸島の竹富島のタニドゥルは、十日間行われる。五日目までは祭の準備や芸能の稽古にあてられる。六日目は身を慎み、鳴り物の禁止など物忌がある。七日目にユークイ(世乞い)といって豊年を招く儀礼を行う。七日目と八日目に、御嶽《ウタキ》の広場と仮設舞台で芸能公演がある。「竹富島の種子取」は国の重要無形民俗文化財に指定されている。↓種子取《たねとり》　（大城　學）

タントゥイ　竹富島での芸能公演

ダントバ　ダントバ　⇨ラントゥバ

だんなでら　檀那寺　⇨寺檀関係《じだんかんけい》

だんなば　檀那場　檀家ないし祈禱の依頼者としての檀那衆、ないしはその住む場所の意味で、修験道においては霞ないし霞場とも称する。檀那場ないし霞の支配権を霞職と称した。山伏が加持祈禱や札配りをして檀那場を回ることを、檀那場回り（略して檀回《だんかい》）と称した。山岳信仰においては短い夏季にしか信者の登拝は行われないために、それ以外の季節に信仰を維持し布教するために信者の居住する檀那場を回る檀回は不可欠であり、その際の加持祈禱の場こそ山伏が山野で修行して身につけた霊力を誇示するための絶好の機会でもあった。檀那場もしくは霞には、山伏および本寺や先達に付与された地域的な統括権限を指す場合もあり、多様な意味が存在する。檀那場の権利は相続・売買・入質の対象となり、それを檀那場株と称した。熊野三山においては中世前期に参詣組織を再整備し、御師と先達が全国の武士や有力農民を檀那とする檀那場制度を確立していたが、中世後期には山伏の教団組織の形成が進み、本山派・当山派・羽黒派・英彦《ひこ》山派が成立するに至るが、これらの教派が檀那場もしくは霞の権利を組織化するようになった。各教派によって霞の支配方法が微妙に異なったため、近世初期にはこれらの教団組織の相互間でしばしば霞争いが生じた。↓霞《かすみ》

参考文献　宮本袈裟雄『里修験の研究』、一九八四、森毅『修験道霞職の史的研究』、一九八九、藤田定興『近世修験道の地域的展開』(『宗教民俗学叢書』三)、一九九六　（岩鼻　通明）

だんぶりちょうじゃ　蜻蛉長者　夢に導かれて裕福になるという長者譚。ダンブリとは、東北地方北部でトンボのこと。畑で昼寝している夫の顔の上を蜻蛉が飛び回る。目を覚ました夫は、山陰の酒の泉を飲んだ夢を語る。妻は蜻蛉のことを話し、二人で山陰へ行くと、酒の泉があった。それを汲んできては売り、裕福になった。夫婦には申し子の美しい娘がいて、それが殿様の后となり、夫

婦は安楽に暮らしたという。同じ酒泉発見モチーフでも、孝行息子が酒の泉を発見して親を喜ばせるという伝説「酒泉」「子は清水」には、蜻蛉の件《くだり》がない。昔話「夢買い長者」は、昼寝する男の鼻の中を蜂が行き来するのを見て、別の男が事情を聞くと、木の下に壺が埋められている夢を見たという。その夢を譲ってもらい、木の下を掘ると金を入れた壺が見つかり、夢買い男は長者になったという。こちらは酒泉が金の壺に替わっているが、同一系統の話といえる。蜻蛉や蜂・虻などを霊魂の形とする古層の観念は、日本以外にアジアなどにも多い。関敬吾は、この系統の話を動物の形をとって遊行する魂の信仰を基礎として成立した昔話の背後にある宗教性を指摘している。「蜻蛉長者」は早く菅江真澄の「けふのせば布」に記録されているが、口承では秋田・岩手県の一部に、伝説化して伝えられているだけのようである。奥浄瑠璃「檀毘尼長者本地」は奥州鹿角郡田山村(岩手県二戸郡安代町)を舞台としたものであるが、その初段「檀毘尼長者」は、ほぼこの「蜻蛉長者」と同内容であり、両者の関係が注目される。

参考文献 関敬吾『昔話と笑話』(『民俗民芸双書』、一九六六)、成田守『奥浄瑠璃の研究』、一九八五　(花部　英雄)

だんぼう　暖房　建物全体、もしくは居室全体を暖めることが暖房だが、日本は暖房という観念に乏しく、寒さの厳しい東北地方でさえドンブクなどの防寒着を厚く着込んで囲炉裏のそばに坐る、という生活が近年まで続いた。謡曲『鉢の木』では暖房が最高のもてなしだったほどであり、家内に焚火の施設があるのが伝統的住宅の条件にもかかわらず、暖房効果は著しく低い住宅構造の時代が長く続いた。このため民俗学の研究対象としても火に関する信仰や囲炉裏の座の名称・役割など炉端《ろばた》の習俗の研究はなされてきたものの暖房そのものについての研究は少ない。地面に穴を掘り、上部に屋根をかけた構造の竪穴《たてあな》式住居は湿度の高いのが難点だが、夏涼しく冬暖かい、暖房効率の高い家屋だった。その竪穴式住居の時代から、家の中に炉があり、暖房・調理・照明の用を兼ね、床が張られ、炉が囲炉裏に変わっても、煙突のない、排煙や暖房を考えない住宅構造だった。ただ、煙の充満する家屋構造は茅《かや》などの屋根材の維持・保護には効果があったし、南部の曲家のようにその煙が厩の方に流れ結果として厩の暖房にはなった。また、養蚕を営む家では、春蚕《はるこ》の時期はまだ寒いので、室のまわりに紙帳《しちょう》をはったり目張りをしたりして外気を防いだり、二階部分を養蚕室として建てたりして、蚕のための採暖には注意を払っていた。家屋内で裸火を焚くことは最近まで続き、囲炉裏や竈の火をめぐっての禁忌《きんき》や作法が多いのは火の神聖を守り、災厄を避けようとする思想から来るものであり、裸火に依存する程度が強かったことにも起因するのだろう。かつての囲炉裏の位置に薪《まき》ストーブを置き、座の持つ機能もそのままに継承しながらも、住宅構造の関係で逃げていく熱エネルギーの方が大きいので家全体あるいは部屋全体を暖めることができなかった日本では、温石《おんじゃく》・懐炉《かいろ》・ゆたんぽ・行火《あんか》などの個人的な保温に頼らざるを得なかった。囲炉裏が持っていた暖房機能は、無煙燃料を使い、持ち運びが自由な火鉢や行火、炬燵の出現で分化し、囲炉裏のそばを離れる人間が多くなるにつれて、全てを兼ね備えていた囲炉裏の火の権威は炊事・照明・暖房とそれぞれの役に分化されることにより失墜し、囲炉裏に関する禁忌や制限もゆるやかにならざるを得なくなった。茶の湯や古代の貴族などはススを嫌って燃料に木炭を用いたが、木炭は元来鍛冶屋や鋳物師など強い火力を必要とする者が用い、彼らによって「炭焼長者」の昔話とともに各地に広がったが、炭焼きの技術が一般に普及するのは明治中期であった。火鉢や炬燵など移動できる暖房具の燃料は囲炉裏や竈でできた熾《おき》や消し炭で、その火を十能で運ぶ生活は近年まで長く続いた。炬燵は熱源こそ電気になったが、日本人の生活からは切り離せない。炬燵は囲炉裏を持たなかった町場の人々の団欒《だんらん》の中心にもなった場所であり、囲炉裏と同じ機能を持つ可能性がある。ヨコザ、カカザなどの名称はなくても坐る場所は一定で、家内での人間関係も類推可能である。近年はストーブの普及や断熱材の使用などで部屋を暖房する方法に変わり、この暖房法は採暖のために火のそばにいる必要はなく、屋内での行動も自由になり、それにつれて生活様式や火に対しての考え方も変化し、家の中心がわかりにくくなった。家の中で裸火は消滅しつつあり、家での火をめぐる民俗も変化せざるを得ない。これからも火に対する信仰の変遷過程の調査・研究は必要不可欠であり、また、家屋の構造と暖房との関係、各地の暖房具・暖房効率・使い方・名称など今後、調査・研究の必要がある。　→懐炉《かいろ》　→炬燵《こたつ》　→火鉢《ひばち》

参考文献 中田功一「個人用暖房具について」(『民具マンスリー』二七ノ四、一九九四)　(中田　功一)

たんぼせい　単墓制　死体を埋葬する場所に石塔を建てて墓地とする墓制。両墓制に対する語として設定されたもので、屋敷墓、ムラの共同墓地などのさまざまな形態があるが、埋葬墓地と石塔墓地が一致することを条件とする墓制である。ただし、両墓制が墓制研究の主要テーマであることに対して、単墓制はそれ自体が研究テーマとして扱われることはなく、両墓制でないものとして調査報告されるにすぎない存在で、その概念規定も厳密な議論を経ているとは言い難い。　→両墓制《りょうぼせい》

参考文献 新谷尚紀『両墓制と他界観』(『日本歴史民俗叢書』、一九九一)、青木俊也「墓を考える―中川流域の墓より―」(『三郷市史研究葦のみち』六、一九九四)

(青木　俊也)

ち

ち　血　血は生命維持の源であるという理由で神聖視されるのが人類に共通した感覚だが、他方、多量の出血が死につながるという経験的事実から血はタブーの対象ともなる。日本の民俗においては後者の傾向が強く、女性の月経や出産時の出血が赤不浄と呼ばれ、黒不浄と称される死の穢れと並んで忌み嫌われた。奈良時代以降、外来の仏教に対抗するため神道側は穢れの観念を強調することになり、とりわけ内裏を中心とする貴族社会、伊勢神宮に代表される神祇信仰においては血の忌みが厳しく、たとえば伊勢斎宮では血を忌詞《いみことば》として「阿世《あせ》」と言い換えるよう規定していた(『延喜式』)。そのため経血・産血を避けることのできない女性は不浄視されることになり、さらに仏教の五障三従思想がそれに理論的根拠を与え、女人禁制や『血盆経』などの性差別的現象が拡大した。他方、仏教でいう血脈《けちみゃく》は仏法の正しい継承を意味し、その次第を記録した系図が「お血脈」と呼ばれ護符として重用されたほどだから、一概に血のタブー視が全社会に行きわたっていたとは言いがたい。しかし血を嫌悪する日本人の一般的な感性は、不殺生戒をかかげて肉食を罪悪視する仏教、米を清浄なもの、肉を不浄なものとする神道的穢れ観の影響下で強化され、ひろく民俗社会に浸透していった。餅無し正月の由来では正月に餅を搗いたら血で真赤になったからという、血に対する忌みの感覚によって説明しているものも多い。白い米や餅が清浄さをあらわす一方、赤い血は不吉で危険な徴候を示す民俗的な記号であった。　↓ケガレ　↓血穢《けつえ》

参考文献　武見季子「赤不浄と仏教」(『仏教民俗学大系』八所収、一九九二)、高取正男『神道の成立』(「平凡社ライブラリー」、一九九三)、西田知己『血の思想—江戸時代の死生観—』、一九九五　(中村　生雄)

ちいきしゃかい　地域社会　人びとが生活をするために共同的あるいは相互扶助的に連携する一定地域空間の領域での社会集団、社会関係のこと。local communityの訳語。ムラ、農村や村落、集落といった旧来からよく使用された用語の使用頻度が少なくなり、農山漁村でも地域社会という用語が一般的になった。旧来からの用語は、旧慣や村落共同体的な内容を扱う場合に用いられ、地域の生活、社会の現状を扱う場合、地域社会の用語が優先されるようになった。現実に社会学では、農村研究ではなく地域社会研究の中に都市地域社会とならんでかつての農村研究が包含されるようになってきた。現在の村落における集団形成は、これまでの慣行的領域を越えた広範な地域に拡大している。この背景には、車社会となって人びとの行動領域が大きく拡大されたことと過疎化が進行し、農村地域といえども少産少死型の家族形成となり、学校などの通学圏、商業的な施設などの基礎的な生活関連施設の広域化が進展した。それに伴って人間関係、社会関係の広域化が進展した。ここでの集団形成は、旧来の伝統的村落の集団形成原理ではないネットワーク的関係性、つまり村内とか隣保といった地縁や親族や姻族といった血縁、あるいは本家・分家といった旧来からある集団形成原理よりも学友や仕事仲間、気のあった仲間といったより広域な地域社会空間に展開する社縁を中心とする関係性によってなされるようになってきた。こうした展開は、旧来の集落などの伝統的な社会集団による問題解決能力が低下してきたことを意味している。また、地域社会という展開には、ジェンダー概念による見直しを受けて旧来の男性を中心とする戸主、イエ、村落を代表例とする集団形成原理と主婦・母親という実質的な生活をもとにする原理のせめぎ合うものとして理解されるようになってきた。また、一方で高度経済成長期に形成された大都市集中型の経済構造の矛盾が環境や生活の質の向上と関連して生じてきたのが地域経済という考え方である。農村女性が伝統的な集落を越えてグループ形成をして、これまで自家用専用であった野菜や果実・山菜といった産物の直売所を設置したり、朝市・土曜市・日曜市といった形態で地場の新鮮な野菜を地域社会に供給する運動も近年非常に盛んになってきた。地域社会という空間が大きな意味をもつようになったことを示す例である。

参考文献　長谷川昭彦『地域の社会学—むらの再編と振興—』、一九六七、中村尚司『地域自立の経済学』、一九九三、富田祥之亮「生活農林業の成立と市」(『農村生活総合研究』八、一九九五)　(富田祥之亮)

ちいきせい　地域性　地域的性格あるいは地域特性を表わす用語。本来は、個々の地域が有している総合的な個性という意味での地理学の用語であるが、民俗学では異なる文脈で用いられることが多く、民俗事象に表われる地域差(地方差)から、民俗文化の形成過程、あるいは地域社会の性格を捉えようとするときの概念として用いられる。従来の民俗学は日本文化の同質性(等質性)を前提に、民俗事象の地域差を同質文化の中の変差と捉え、民俗資料間の比較によって個別民俗事象の変遷過程を描き、個々の民俗の元の意味や形を明らかにすることに主眼をおいてきた。民俗事象の古い形態や変遷過程を求めるために、「地方差(地域差)は時代差の表れ」として、重出立証法や周圏論的な方法が採用されてきた。これに対して、その方法や視点が、民俗が展開してきた生活の場であるムラや地域社会の地域的条件、地域的性格を捨象してきたという批判的視点から、地域性に焦点をあてる地域民俗学・地域民俗論が提示された。すなわち個々の地域社

会の生活は当該地域社会の生態的条件・歴史的経緯・社会経済的条件(生産形態や社会的結合を生み出す優越的な原理など)によって規定されて個性的に展開し、その個性的な生活の場を伝承母体として、民俗が生成・維持・改変・消滅するという捉え方が、地域民俗学・地域民俗論の多くに共通する視点である。個々の地域社会の中でこれらの各種条件とその変化、民俗を担う人々の選択過程、および民俗事象を複合的に関連させて捉えることになる。このような地域性に焦点をあてる地域民俗学・地域民俗論にも複数の立場がみられる。一つは民俗の地域差を指標にして地域文化の特性(地域性)を追究する方向(地域社会における民俗学的研究)であり、もう一つは民俗と各種条件の相互関係の分析を通して地域社会・生活の場の性格を追究する方向(民俗学的な地域社会研究)である。前者は民俗事象が地域的差異をもって現われる要因を民俗の分布域・分布領域から求める民俗文化領域論・民俗領域論などの地域民俗論と関連し、後者は民俗誌的な記述を一つの目標とする地域民俗学的な志向と関連する。民俗領域論では、民俗事象に現われる地域差の要因を生態的条件や歴史的条件との関連において求め、民俗形成の経緯を解明していくという方法が示されるが、具体的な事象の地域差を抽象的な地域性との関連において捉える際には、複雑な手続き、資料操作が必要になる。たとえば、民俗事象の地域差を地表面で捉えるとき、事象の広がりはある分布相として把握されるが、これを何らかの意味のある分布構造(民俗文化領域、伝承地域、地域圏など)として捉えるためには前述の各種条件との複合的な関連を検討しなければならないことが指摘されている。同様に、民俗学的な地域社会研究においても、地域の諸条件の複合的全体あるいは個別の条件がどのように、地域の生活および民俗を規定しているかという理解が不可欠である。地域性研究においては、地域の範囲の設定も重要な要件であり、さらに、日本社会において多様な地域差をもって展開する民俗文化に対して、同質文化の中の程度差(密度差)と捉えるか、質的な違いの表われとして捉えるかという点も、地域性研究の視点と関連した大きな課題である。

参考文献 千葉徳爾『民俗と地域形成』、一九六六、同『地域と民俗文化』、一九七七、上野和男「日本の地域性研究における類型論と領域論」(『国立歴史民俗博物館研究報告』三五、一九九一)、『国立歴史民俗博物館研究報告』五二(特集民俗の地域差と地域性(二)、一九九三)、ヨーゼフ＝クライナー編『地域性からみた日本―多元的理解のために―』、一九九六、小川直之「地域差と地域性―その可能性の検討―」(宮田登編『民俗の思想』所収、一九九八)

(山本 質素)

ちいきみんぞくがく 地域民俗学 民俗と地域社会の関係を追究する、民俗学の一分野。地域民俗論、地域民俗研究とも唱えられる。地域民俗学には、民俗文化の特質を地域性として捉えようとする視点と、地域社会の性格や地域社会形成の過程を民俗学の立場から明らかにしようとする視点とがある。前者からは、民俗資料に現われる地方差・地域差を民俗の地域性として認識することにより、民俗形成の過程を歴史的に明らかにし、民俗文化の性格を捉えるという民俗領域論、民俗文化領域論が提唱されている。文化人類学が捉える文化領域論(東日本と西日本の文化の対比など)もこの視点と関連して捉えられる。後者の視点からは、民俗事象が地域社会の生活の中で相互に関連する姿を捉え、民俗の変化から生活の変化を民俗誌として描き出す道筋も示される。いずれにしても、文化の同質性を前提に、個別民俗事象の広域的比較研究から、その変遷過程や民俗を求めようとする従来の民俗研究の視点ではなく、地域の特質に即して、地域文化・地域社会の形成過程を理解しようとする視点である。地域民俗学は一九七〇年代以降に提唱された視点であるが、柳田国男編『山村生活の研究』(一九三七)に対する山口麻太郎の批判が源流にある。すなわち民俗事象を、それが存在する地域から切り離して比較・研究することへの反省から始まり、地域社会の生活に根ざした視点や研究姿勢を確立すべきであるという主張が地域民俗学の基底にあると考えられる。

参考文献 山口麻太郎「民間伝承の地域性について」(『民間伝承』一三ノ一〇、一九四九)、宮田登「地域民俗学への道」(和歌森太郎編『日本文化史学への提言』所収、一九七五)、福田アジオ『日本民俗学方法序説―柳田国男と民俗学―』(「日本民俗学研究叢書」、一九八四)、小川直之『地域民俗論の展開』、一九九三

(山本 質素)

チーゴブアン 七月半 ⇩普度《ふど》

チェサ チェサ 朝鮮における儒教的祖先崇拝の儀礼。主に李朝時代に中国の『朱子家礼』に基づいて書かれた『四礼便覧』によって形成され、一般化されたものである。家族や親族などの死者を血縁者がまつる。原則的には生前の父母への親孝行の儀礼を死後までに延長して行うものであり、死者を神としてまつる儀礼ではない。しかし、儒教学者の非宗教的な主張にもかかわらず、民間に定着する際には墓の位置などが子孫へ影響するという墓地風水信仰などと混合して、死者を祖先としてまつるような宗教になった。つまり祖先は子孫や近い親族によってまつられるようになっている。まつられる祖先の「亭祭者」とまつる子孫の「奉祭者」の関係は父系制を表わすのである。つまり亭祭者は男子を残さないといけないとか男子の子孫だけが奉祭者になるという条件がある。男子の中でも、長男が祭祀権をもち、それを行い、祭祀相続をするのである。基本的には父子関係を核にして世代をさかのぼって祭祀が行われる。四代前の祖先の高祖までは家祭としてまつる忌祭祀と節祀、そして五代以上の祖先を親族単位で墓でまつる墓祀などがある。特殊な祭祀としては王族の宗廟祭祀、村祭の洞祭などがある。つまり広義では儒教式の儀礼の形式のものを意味し、狭義では

血縁関係により行われるものだけを意味する。祭祀を行うことは親孝行をすることであり、このような人は社会的に地位の高い両班であると思われる傾向があり、韓国人の家族主義や血縁主義を高める主因にもなっている。

参考文献 崔吉城『韓国の祖先崇拝』(重松真由美訳、一九九二)、R・ジャネリ『祖先祭祀と韓国社会』(樋口淳訳、一九九三)

在日韓国・朝鮮人においては五代よりさかのぼる祖先は本国に墓があるために、もっぱら近親に対するチェサ(忌祭、キジェ)のみを行う。このときには姉妹も含めた近い親族が集まり、親睦や相互扶助の契機である。またチェサの際に調理される儀礼食などを通し、家庭内での民族文化伝承の機会を提供し、同時に民族的なアイデンティティの拠り所ともなり、より内在的で具体的経験となっている。一方で在日のチェサには日本社会における少数民族として独自に発達した習慣も見いだされる。たとえば一部の在日はチェサを法事と呼び、遺骨を寺に預けたり、本国では日常的な食器であるステンレス、真鍮製の椀や箸などを祭器として保管している。同姓同本が集まった宗親会が墓地をもち、共同の墓参を行うこともある。チェサは家々礼として供物の種類などに各家庭それぞれのやり方があるとされるが、在日のチェサは本国でも行われていない伝統的方法で行う例、簡素化した例、特に若い世代で在日向けに編集されたチェサの教科書に沿って行う場合など多様化している。 (崔 吉城)

参考文献 崔吉城『韓国の祖先崇拝』(重松真由美訳、一九九二)、R・ジャネリ『祖先祭祀と韓国社会』(樋口淳訳、一九九三)、宗教社会学の会編『宗教ネットワーク』、一九九五、丸山孝一「都市のなかのマイノリティー―在日朝鮮人の戦後生活と文化―」(『広島新史』都市文化編所収、一九八三) (岡田 浩樹)

チエプケリ チェプケリ アイヌが冬の履物として用いた鮭やイトウなどの魚皮でつくった靴のこと。鮭の皮は海から河川に入ると厚みを増して丈夫になり、チェプケリに適したものとなる。またイトウの魚皮はさらに丈夫な素材とされていた。鮭皮の処理は鱗と内側の肉や脂を落とすだけの皮鞣めして、乾燥すると堅くなる。短めの靴は片側を一匹の鮭でつくることができる。履くときに湯で柔らかくして形を整え、乾燥した草を詰めて保温材とした。 (渡部 裕)

参考文献 アイヌ文化保存対策協議会編『アイヌ民族誌』、一九七〇

チエプル チェプル アイヌ語で魚皮製の衣服をいい、サハリン(樺太)では、カヤともいう。魚皮はどの魚でもよいのではなく、大型のサケマス科の魚(サケ、マス、イトウ、オペライペなど)に限られ、産卵のために遡上した魚の皮は厚く丈夫で、特にイトウやオペライペは珍重された。雌魚に比べて雄魚の皮は一回り大きいので、体格の大きな男性用の衣料材に使われるほか、背・腹などの部位によって色の濃淡があるので、それを活用して模様を構成したが、火や炎にあたると皮が縮むので、注意が必要であった。 (藤村 久和)

ちえもらい 智恵貰 広義には学業の神とされる天神や文珠に勉学の増進や各種の合格を祈願すること。狭義には一種の記憶法である虚空蔵求聞持法《こくうぞうぐもんじほう》に由緒を持つ虚空蔵寺堂に知恵を貰いにいく寺院行事。十三歳になった男女児が虚空蔵寺堂にまいる十三参りの主な目的となっている。なかでも京都法輪寺(嵯峨の虚空蔵さま)は有名で三月十三日(開白法会)、四月十三日(中日法会)、五月十三日を結願として、この間、十三参りの祈禱を授ける。しかし、現在では学校の春休みとの関係もあり、四月初めの日曜日が最も賑わう。小学校六年生(中学一年生の場合もある)になった男女児が厄年にあたるため、厄を除き一生の知恵をつけてもらうために参るものだとされる。虚空蔵は何でも願いを叶えてくれる仏だと考えられ成績良好・進学祈願などさまざまな祈願をする。以前には境内で十三品の菓子を売っていて、虚空蔵に供えてから、持ち帰り家族の者と食べたという。十三参りは一名「衣装くらべ」ともいわれ、女の子は西陣や友禅などで着飾り、また、昔はこの日はじめて四つ身から本裁の着物を着たという。帰路、渡月橋の上で振り返ってはならぬとされ、振り返るとせっかく授かった知恵が逃げてしまうという。法輪寺の十三参りは近世の社寺案内の記載などから一七七三年(安永二)ごろが起源と考えられる。虚空蔵寺堂ではまた撫仏信仰も盛んでお賓頭盧《びんずる》さまやお使いとされる牛や寅の石像の頭部を撫で、知恵の増進を願う姿が見られる。岐阜県大垣市赤坂町の明星輪寺(本尊・虚空蔵菩薩)には「智恵もらい」といい、虚空蔵信仰と賓頭盧信仰が合わさった形で頭のよくなるようにと帽子が数多く奉納されている。 ↓十三参り《じゅうさんまいり》 (佐野 賢治)

参考文献 佐野賢治「十三参りの成立と展開」(『虚空蔵菩薩信仰の研究』所収、一九九六)

ちえん 地縁 ともに居住すること、あるいは隣接して居住することを契機として社会関係を成立させる組織原理。血縁とともに人類の人間関係と社会集団の構成にあたる二つの基本原理と考えられてきた。特に、進化論的人類学によって、血縁から地縁へ進化する歴史的変化が提唱されたが、現在ではあまりに大まか過ぎる図式だとして否定的に受けとめられている。近年では、各種の結社の編成の基礎となる「社縁(または約縁)」も加えて、少なくとも三つの原理が複雑に入り交じって人々の生活が作り上げられている状態を、現地調査に基づいて分析することが求められている。地縁は村落などの地域社会成立の基盤となるが、規模が小さく特定の居住規制が強く作用した結果、その構成員から血縁集団であるかのように意識される場合もしばしばある。逆に、現代の単婚家族は、少数の近親者からなる側面が強調され、血縁的な集団と考えられることが多い。しかし共同生活の営まれる場である家庭に注目して、地縁に基づく集団という

こともできる。また、近隣の間で婚姻が繰り返されれば、小集落的な規模で一種の血縁集団に似たものが形成される。こうした意味では地縁は血縁によって表現されるのである。ただし、社会的統合の水準の拡大に伴い、地縁は社縁を組織原理とする政治・経済・宗教的な結合の表現として、たとえば、領土による国家の観念のように用いられるようになる。最近では、地縁や社縁とも異なる新たな結びつきを求める動きが強まっている。 ↓血縁《けつえん》 ↓地域社会《ちいきしゃかい》

参考文献 G・P・マードック『社会構造—核家族の社会人類学—』(内藤莞爾訳、一九七八)、R・M・キージング『親族集団と社会構造』(小川正恭他訳、一九八二)

(小川 正恭)

チェンバレン Chamberlain, Basil Hall 一八五〇—一九三五 王堂と号す。英国の言語学者。一八七三年(明治六)に来日、東京の海軍兵学校の英語教師を経て、八六年、東京帝国大学博言学科の教師となり、言語学・文学を教える。九〇年に大学を辞すまで、英語学の岡倉由三郎、国語学の上田万年などを育てた。日本語だけでなく日本の文化、アイヌの文化や言語、琉球語についての関心も深く、多くの業績がある。一八九三年、一ヵ月間の沖縄現地調査を行い、その成果は、『琉球語文典及び語彙』『琉球—その島と人々—』として世に出た。現在、日本語のなかの二大方言の一つとみなされている琉球方言を日本語の姉妹語として位置付けている。ちなみに、一八一六年(文化十三)に英艦ライラ号の艦長として琉球を訪れ、『大琉球航海記』を残したバジル＝ホールは母方の祖父にあたる。

(比嘉 政夫)

ちおや 乳親 新生児に初の授乳を行う実母以外の女性。多くは擬制的親子関係が結ばれる。平安貴族の間では乳母とは別の乳付《ちつけ》と呼ばれる女性が授乳前に新生児の口中清掃と投薬をし、儀式的に乳房を含ませる儀式があったが、民俗でも誕生後三日間ほどはマクリなどの薬草を飲ませて授乳はせず、はじめて乳を飲ませるときに、男児なら女児を出産した女性に、女児ならば男児を産んだ人に乳を飲ませて貰ってから実母の授乳を始めるという習俗が広く行われていた。これをチツケ、チチアワセ、ツケヂチ、アイチチなどといい、兵庫県などのように行わないと成長後結婚できないという地域もある。また、岐阜県・山口県などでは異性の子を持つ人に乳付けをしてもらうことで縁組が早くなるなどともいう。子供の育ちにくい家は子が丈夫に育っている家の、しかも異性の子を持つ人の乳を貰うという事例もある。乳をくれた人をチオヤ、チチツケオヤ、チヅケオヤ、チシロ、チアンマなどと呼び、奄美では新生児の七日目にはじめて日の目を見せるイジャシハジメ(出し初め)に、チアンマが抱いて庭に出、小蟹を子の顔に這わせるという役をする。長崎県壱岐島では成長後も盆・正月には親子の礼をつくすというような親子としてのつきあいが一生続く。乳親にあたっ性格が似るとする地域もあり、また乳親の選定にあたって方角や家筋・家格などを気にすることも多く、乳母の選定に類似している。乳親の選定が厳格であることについて、乳児にとっての乳は生命の源であるために重要視されたと考える説もあるが、生命を司る者としてのオバ、ウバが持つ、呪術的な力を期待するからとも解釈されている。異性の子を持つ女性の乳を貰うのは、異性の力に呪力があるという説もあるが、将来結婚することが一人前の条件の一つと考えられていたことを考えれば、乳を媒介にして異性との縁・つながりをもたせ、結婚できることを確実にさせるという意味を持つとも解釈できる。このほか、同じ乳を飲んだ子供同士が乳兄弟になる事例もある。 ↓乳母《うば》 ↓乳兄弟《ちきょうだい》 ↓乳《ち》つけ

参考文献 『日本産育習俗資料集成』、一九七五、柳田国男「社会と子ども」(『柳田国男全集』一二所収、一九九〇)、岩切登「各地の誕生習俗—奄美大島—」(『旅と伝説』六ノ七、一九三三)、大藤ゆき『児やらい』(「民俗民芸双書」、一九六八)、鎌田久子「ウバの力」(『日本民俗学』九八、一九七五)、大藤ゆき『子どもの民俗学—一人前に育てる—』、一九八二、吉海直人「「乳付」ノート」(『風俗』二三ノ三、一九八四)、竹内利美「生育習俗と親方子方慣行」(『竹内利美著作集』三所収、一九九一)

(浅野 久枝)

ちがいだな 違棚 床の間の床脇にある飾り棚。天袋《てんぶくろ》・地袋《じぶくろ》と呼ぶ戸棚の間の空間に二枚の棚を段違いに取りつけ、上下の棚の間に海老束という短い材を入れる。一般の農家では床の間や棚をつくることを禁じる制令がたびたび出されたが、名主・庄屋・肝煎の家では役人を迎える接客の場として許されていた。床の間の左右に違棚と付書院という形が基本の構えである。

参考文献 川島宙次『滅びゆく民家—間取り・構造・内部—』、一九七三

(宮村田鶴子)

ちかむかえ 近迎え 嫁入りの一行を聟方から迎えに出ること。嫁入りの際は、仲人などが嫁方に迎えに行くのが一般であるが、第二の迎え人を聟方から途中まで出す事例も多く、東北から北陸にかけて近迎え、中部地方から西で坂迎えなどと称している。この迎え人は昼でも提燈に燈りを点し、途中の辻や橋、峠などで嫁一行と出会った。この時、嫁や荷物の受け渡しとして酒を飲んだり、嫁方と提燈の蠟燭を取り替える事例もある。

参考文献 松岡利夫「婚姻成立の儀礼」(『講座家族』三所収、一九七三)

(服部 誠)

ちからいし 力石 若者が力試しに用いた石。力石の名称はすでに近世初頭の『日葡辞書』に項目としてあり、「力試しをする石」という説明もつけられている。力石は全国的に分布するが、特に関東地方・東海地方に顕著に見られる。一般に河原から拾ってきた大きな楕円形の石で、氏神境内や若者宿の前庭などに置いて、若者がそれを持ち上げたり、担ぎ上げたりする競争をして力比べをした。石には単に力石と彫られていたり、その重量や寄付した者の名前が彫り刻まれていることも多い。刻まれ

た重さは三十八貫目・三十貫などであり、五十二貫目や七十貫目に及ぶものもある。また必ずしも多くないが、年月が彫られているものもある。古いもので十七世紀後半、大部分は近世末以降のものである。力石を担ぎ上げることができれば一人前として認められたので、若者たちは休みには練習し、それを競った。また巨大な石で、持ち上げることが不可能な巨石を起すことを競うものもあった。群馬県伊勢崎市八斗島では七十五貫目の大石があり、これを起すことができればオッタテイチニンといったという。力石が実際に意味を持ったのは若者組の活躍した時代であり、明治末・大正初年に青年団に再編成されて以降は、その機能を失い、石のみが神社境内に放置され、石の呼称も明らかでないことが多い。

参考文献　高島慎助『三重県の力石』、一九九八

（福田アジオ）

力石（埼玉県和光市）

ちからくらべ　力くらべ　㈠日本の民俗社会に展開した競技は豊かであるが、わけても人気が高いのは相撲・綱引き・力石で、全国的に行われる。力石は、もちあげ対象が石以外に鏡餅や米俵などの例もある。水の競技は競船が発達している。島根県八束郡美保関町の諸手船《もろたぶね》競漕や長崎のペーロンや沖縄のハーリーがカヌー漕法であるのに対し、山口県萩市や長崎県対馬のフナグロは櫓こぎ、広島県や愛媛県の櫂伝馬競漕は櫂の横漕ぎと、漕法は多彩である。空の競技は凧合戦。静岡県浜松市や新潟県白根市では若者数十人がかりで揚げた大凧を空中でからませ、相手の凧綱を切るのを競う。ボールゲーム・走跳投系は発達が小さい。しかし徒競走でなく何か物体を担いで競走するのなら発達は著しい。博多祇園祭に出る追い山は、一トンの山車《だし》を引きまわし五キロを走るタイムレースであるし、祭礼時に御輿が神社への一番乗りを競うのは、どこでもしばしば目にすることだからである。これまで競技は、沖縄の綱引きのように勝者側をあらかじめ定めた予祝競技の場合も含めて、年占など卜占の一形式として片づけるのがもっぱらであった。しかし、競技の組織運営が双分制的であったり、地域の世界観が刻印されていたりなどする。そこで近年、競技を一つの文化複合とみて、これを構成する要素と要素間諸関係の分析とから、伝統文化が活性化・顕在化・再生産される特異なイベントとみる見方が提出されている。　→競技《きょうぎ》　→相撲《すもう》　→綱引《つなひ》き

参考文献　寒川恒夫編『写真・絵画集成日本スポーツ史』一、一九九六

（寒川　恒夫）

㈡力くらべをテーマとする奇想天外な誇張された笑話。この話には二とおりある。一つは力くらべを唐の大力坊と日本の大黒、天竺の土用と日本の仁王のような日本人と外国人の対比とし、地震や大黒・仁王・鑢《やすり》の由来と結びつけて語る笑話である。もう一つは、大力者の嘉藤治・おそだ・太兵衛などの主人公が、その大力を試されたり勝負させられたりする、現実にありえそうな内容で語られる話である。柳田国男は「もとの形があったのであらうが、今は大話しか伝はらず」とし大話に分類している。大話風に語られる話が多くみられる。力持ちを主人公とした昔話には「力太郎」がある。コンビ（垢）から異常誕生したコンビ太郎が、途中力くらべをして打ち負かしたみ堂コ太郎・石コ太郎の助力を得て化物退治をし、長者の娘を助け、聟となり幸福の獲得へと至る話である。類話は朝鮮や『グリム昔話集』の「六人組世界歩き」「六人の家来」などにもみられ、世界的な比較研究もできる話である。また、この昔話と桃太郎のあいだに歴史的関係があると推定される。また例祭の折などに、力石を持ち運び競う習俗や、各地に伝わる大力持ちの世間話との関係も、とらえる必要がある。

参考文献　関敬吾「桃太郎の郷土」（『関敬吾著作集』四所収、一九八〇）

（矢口　裕康）

ちからごめ　力米　出産にあたって産婦にかませる生米のこと。出産の際だけでなく妊娠のとき、出産直後あるいは難産のときにも生米をかませて力をつけさせるところが各地にあった。岡山県の離島、長崎県では分娩後ただちに生米を十粒あるいは数粒かませた。また座産が行われていたころ産後一週間も座りつづけ寝ることを厳しく禁じていた三重県伊賀東部地方では産婦が眠りそうになるとメザマシ、キゴメ（生米）をかませて睡魔を追い払った。出産に臨んで生米をかむのは髪が抜けないためとか産婦に力をつけるためとか説くところもあるが、米は古来、人の生命・活力のもとであり、特に生命を産み出す大事にかかわって産婦に生米を数粒かませることには米のもつ活力を産婦に付与しようとする呪術的な意味があった。埼玉県川越地方では産後に里方の親が持って来た米を炊いたものを力御飯というが、とりわけ産婦の生まれた里の米は、里方の生命力が産婦の生きる力を強くする特別な呪力をもつとされている。米ができるのはム

ラ集団の協同作業の結果であり、その集団の力が宿っていることを現わすものであろう。力米はこのように出産をめぐって産婦に特別な力をつけ危機を避けようとするものである。

参考文献 大藤ゆき『児やらい』(「民俗民芸双書」、一九六八)、赤田光男・天野武・野口武徳他『日本民俗学』(「弘文堂入門双書」、一九八四)、新谷尚紀『日本人の葬儀』、一九九二

(岡田 照子)

ちからづな 力綱 産小屋の梁や、納戸の天井などから地上二〇～三〇㌢の長さに垂らした坐産用の綱や紐。分娩末期の母体には腹圧をかけて産み出さずにはいられない強いいきみが起る。それを民俗ではシキリガクルといい、その陣痛をホントノイタミといった。その時、坐産姿勢の産婦が力綱の結び目に両手ですがっていきむのである。

力綱（京都府三和町大原神社）

参考文献 松下石人『三州奥郡産育風俗図絵』、一九八一

(吉村 典子)

ちからもち 力餅 おもに正月に年棚などに飾る餅の一つ。供物としてのみでなく、その名のようにこれを食べることにより活力を得ようとするもので、充分に搗き上げないものが多い。山陰地方では力《ちから》祝いともいう。これは各個人自身を祝福するという身祝いを意味するもので、そのために、ふつうの餅とは異なるところが多い。秋田県山本郡などでは一五㌢ほどの丸餅を、元旦に竈に供えるが、山陰地方から山口県にかけては蒸したままの飯、またはこれを外側のみ餅で包むか、半搗きのものを椀にとって伏せて山状にしこれを桝に入れて年神棚に供える。かつては、稲籾俵のうえに置いて年神をまつるところもあった。これらの力餅は正月十五日に小豆粥のなかに入れて食べ、これを成木責(果樹に傷をつけて粥を付け、豊産を願う儀礼)に用いたり、正月の終りを示す二十日正月に家族全員で食べるが、これらの行事に用いる鏡餅や供餅を山梨県ではチカラ(力)ともいい、新潟県長岡市周辺では鏡餅を力餅と称している。福岡市志賀島では、正月の飾り餅を十四日の雑炊、十五日の小豆飯に入れ、これを荒神に供えたあとに食べる。島根県仁多郡の一部ではトンドの火で焼いたあと食べる。また、初雷の折に食べるというところも多い。一般に、これを食べると力が出る、病気にかからないなどという。これは他人に食べさせないとするところもあるが、チカラと称して、神仏に供えたあと近隣に配ったり、年末に親許に持参する力餅もある。正月のほかに、産婦に与えたり、長野県や四国地方のように子供の初誕生の祝餅をさす地方もある。いずれも、米の力にあずかろうとするものである。→鏡《かが》餅《もち》 →米《こめ》

参考文献 柳田国男「米の力」(『柳田国男全集』一七所収、一九九〇)

(白石 昭臣)

ちからもち 力持ち 若者らが重い物を持ち上げて行なった力競べ、その技能やそれが芸能化した見世物などをいう。力競べの方法には古来さまざまなものがあり、相撲・空手・柔・首引き・腕押し・綱引きなどもそれにあたるが、もっとも一般的だったのは力石である。これは大きな楕円形の自然石を、肩から頭上に持ち上げて力量を競うもので、差し石ともいう。力石を持ち上げることを「差す」といい、肩挙げ・両差し・片手差しなどの差し方があった。持ち上げた石には、二十貫とか六十貫とかの重量と、持ち上げた者の姓名などが刻まれ、各地の神社の境内などに多数それが残っている。力石の歴史は古く、戦国時代の京都の町中の様子を描いた、上杉家伝来の「洛中洛外図屏風」の中にも、鴨川の三条河原で大石を持ち上げて力競べを行う男たちの一群が見られ、その大石のことをべんけい石と呼んでいた。江戸の米問屋では若者を雇う際に、力石や米俵を持ち上げさせて試験をし、その能力に応じて賃金を決めることもあった。東京都江東区深川佐賀町に伝わる郷土芸能「深川の力持ち」は、それが芸能化されたもので、米俵・力石・酒樽の曲持ちが今でも年に一回、一般に披露されている。そこでは、俵や酒樽や力石の差し分け、江戸の花五人持ち、布袋の川越し、虚無僧などと称されるいろいろな技も発達し、七福神宝の入り船などといって、腹の上に米俵を積んだ舟を乗せ、さらにその上に人が乗って臼で餅を搗くという荒技も生み出された。→力石《ちからいし》

(長沢 利明)

深川の力持ち（東京都江東区）

ちきょうだい 乳兄弟 同じ女性の乳で育てられて、兄弟同様につきあう関係。主君とその乳母の実子が実の兄弟以上のつながりを持つ話は、軍記物語や浄瑠璃などに

よく現われる。平安時代から乳を与え、子を養育する人はオモ、チオモ、オチノヒト、メノトなどと呼ばれ、時には実母よりも発言権があったことは知られているが、乳母の実子も乳母《めのと》子として、養君と非常に近い関係にあった。これも乳兄弟とするのが一般的だが、平安時代の文学に現われる乳母子と、乳兄弟は必ずしも同一ではないとする説もある。それは本来、乳を与えた女性（チオモ）と養育した女性（母の妹・女弟・メノト）とは別であったと考えられること、また、のちに両者が乳母として混同されていったが、それでも貴族の女性がはたして実子に乳を与えたかどうかは疑問であるという論拠による。民俗では新生児にはじめて飲ませる乳は、その子と性の異なる乳児を持つ女性に与えて貰う例が広くある。これをチツケなどといい、その女性を乳親・乳付け親などと呼ぶ。愛知県日間賀島のチヅケノオヤの実子とチヅケして貰った子供とは互いにチチキョウダイという事例や、東京都御蔵島では同じ母乳を貰う仲間をチノミキョウダイと呼ぶなどの事例が報告されている。しかし、御蔵島でもチノミキョウダイの間では特別のつきあいはなかったようであり、兄弟分と呼ぶような乳兄弟の関係は全国的に見て顕著ではない。育児の関係で考えれば、沖縄の宮古諸島、八重山諸島、伊豆諸島の利島など、子守をした子とされた子の間で兄弟同様の関係が結ばれる事例の方が多い。　↓乳母《うば》　↓子守《こもり》

参考文献　柳田国男「社会と子ども」（『柳田国男全集』一二所収、一九九〇）、折口信夫「水の女」（『折口信夫全集』二所収、一九六五）、大藤ゆき『児やらい』（「民俗民芸双書」、一九六八）、平山和彦「兄弟分」（『講座日本の民俗』二所収、一九七九）、吉海直人「『宇津保物語』乳主考」（臼田甚五郎先生の古稀を祝ふ会記念論文集編集委員会編『日本文学史の新研究』所収、一九八三）、同「乳母の基礎的研究」（『国文学研究資料館紀要』一二、一九八六）

（浅野　久枝）

チクドゥン・ペーチン　筑登之・親雲上　琉球王国の位階を表わす語。筑登之は士族の子で元服した者が名乗る「子《し》」「仁屋《にや》」が二十四、五歳で最初に与えられる位階である。近世では農民身分にもこの位階は与えられている。親雲上は古琉球時代には「大やくもい」と表記され、地方の役人である「大やく」（大屋子《ウフヤクー》）に対して中央の役人を表わしていた。近世では親方に次ぐ位階称号であるが、就いている役職は評定所の高官から地方に派遣された下級役まで幅広い。

参考文献　渡口真清『近世の琉球』、一九七五

（梅木　哲人）

ちけいめい　地形名　地形の名。地形に対する表現は、地名として使われた場合、地名型の最も基本的なものとなる。土地の広狭・高低・乾湿・形状、川や池や海との関係などの特徴が名となる（佐野（狭野《さの》の意）・高山・水野・沼袋・川尻など）。広義には、植生・生息動物・水質・土質などの自然環境を広く加えることもできよう（菅野・烏山・渋沢・赤羽（赤埴《はに》の意）など）。地名の語源を知るには、まず土地の地形、立地条件を観察することが重要である。ただし、あて字には十分な注意が必要である。井《い》の頭《かしら》（水源）を猪頭、山端を山花・山鼻、高島を鷹島、埋田を梅田、峡《かい》を貝、赤埴《はに》を赤羽、隈《くま》（曲り・隅）を熊など、動植物のあて字にした地形名は数多い。崖の意のクワにはよく桑の字をあてる。柿もカケと同じ崖地名の場合が多い。崩れた崖のアズには小豆を当てる。また好字によって、窪を久保、隈を久万、九州のハル（原）を春などとする。サカリ（坂下り）を好字で「盛」（岩手県大船渡市）、戯訓（女盛りの連想）で「十八女」（徳島市阿南市）と書く。地形語にみえて人名由来の地名は要注意である。東京都港区の青山、板橋区の高島平、横浜市西区の平沼などは人名（姓）に由来している。地方語のよみにその地形を表わす漢字をあてることもある。「平」をナルと読み、芝草地のコウゲに「芝」の字、ツルに「水流」の字、スカに「渚」の字、トー（アイヌ語で沼）に温根沼《おんねとう》とあてる例などがある。↓地名《ちめい》

参考文献　柳田国男「地名の研究」（『柳田国男全集』二〇所収、一九九〇）、鏡味明克『地名が語る日本語』（「叢書・ことばの世界」、一九八五）

（鏡味　明克）

ちご　稚児　成人式前の子ども。社会的には稚児の性差はないとされるが、前近代の寺院・武家・公家社会における召使いの少年をさすこともある。中世には、成人式前の子どもは童名・垂髪や童髪・童装束など、名前・髪型・服装などの点で、髻《もとどり》を結い烏帽子を被る成人男子とは明確に異なり、一人前とはみなされていなかった。もともと寺院における稚児は、沙弥になる前の修業中の童男・童子とよばれる従者・雑役者であり、その役割には扈従《こしょう》労働、見習い労働、舞童に代表される寺院行事への参加、僧侶の性愛の対象となるなどがある。女人禁制の寺院では美形の稚児が同性愛の対象となることが知られている。比叡山には「一稚児二山王」という言葉があり、もともとは最澄が比叡山にはじめて登ったとき、最初に稚児に会い、ついで山王に会ったと伝える故事であるが、後世には僧たちが山王権現よりも稚児を第一に愛し尊んで、男色にふけったことをあざけっていう言葉にもなった。禅宗の喝食《かっしき》も、本来は喝食行者といい、禅寺の食事の種類や作法の次第を唱える役目であったのが、のちにきらびやかに着飾った有髪の童僧をさすようになったといい、何々美丈とか何々美人と愛称された喝食もいた。修験の世界にも稚児がおり、雑役労働とともに延年芸能を演じた。武家社会の稚児としては軍陣における武将のための存在として知られている。近代社会でも男性の寄宿舎などに稚児の話が多く聞かれるように、稚児は一般に男色の対象となる少年をさすようになった。また、神社の祭礼・寺院の法楽などの際、舞ったり、行列に加わって練り歩いたりする子どもも稚児という。たとえば、氏子の中から両親が健在であるなどの条件の整った稚児

を選んで一定期間潔斎を行わせる。祭の当日は化粧し、着飾り、騎乗して行列の主役となる。祭の間、清浄に保つため地面に足を触れさせないなどの特別な扱いをうける場合もある。この背景には、神が稚児の姿、童形で出現する小さ神という神観念があり、稚児は神そのもの、あるいは神の依代とされ、神祭の主役になる。河童(水神)や少童神(海神)に童の文字が用いられるのも、これらの神が稚児と同様に、この世の秩序を逸脱し、この世と異界との仲介をなすと考えられている。また祭の場に臨んで、稚児に神霊が憑りついて託宣などを下すとされる事例もある。このような稚児は神と人を媒介するよりわらの役割を果たし、人よりも神に近い聖なる存在とみなされてきた。現在、祭礼・法会などにおいて親に伴われて参加する稚児行列や祭礼の供物頭上運搬役の少女などは儀礼を飾る風流という性格が強い。 ↓ヒトツモノ

参考文献 黒田日出男『境界の中世 象徴の中世』、一九八六、飯島吉晴『子供の民俗学―子供はどこから来たのか―』(「ノマド叢書」、一九九一)、土屋恵「中世寺院の児と童舞」(『文学』六ノ一、一九九五)

(福原 敏男)

祇園祭長刀鉾の稚児

ちごまい 稚児舞 稚児、すなわち幼童、少年によって舞われる舞のこと。稚児は古代より巫女とともに神のよりましとされたが、稚児と、神楽などの神がかりを基本とする舞踊とは根源的な結びつきがあったものと考えられる。稚児の愛くるしさがもてはやされたことも確かで、平安時代の猿楽芸の諸相を記した『新猿楽記』には、ある稚児の舞楽の舞手について「その姿、美麗にして、衆人、愛敬す」とある。能においては、人物が本来少年である場合のほか、「花筐《はながたみ》」の天皇、「大仏供養」の源頼朝、「船弁慶」や「安宅《あたか》」の源義経ら、天皇・将軍などの貴種は子方《こかた》として稚児が勤めることとされているが、神のよりましとしての稚児といった信仰に基づく配役といえる。美童賞翫の欲求は、女人禁制とされた寺院社会において特にはなはだしく、中世に畿内の諸大寺で催された延年においては、稚児による舞楽・白拍子などの歌舞がもてはやされた。富山県加茂神社の稚児舞楽や岐阜県長滝白山神社の延年など、地方に伝播して現在まで伝承される舞楽や延年にも、稚児舞の脈を引くものが少なくない。美麗な装束を着て芸能や祭礼に奉仕する稚児は権威と富の表象でもあった。たとえば春日若宮御祭においては、着飾って馬に乗った「馬長」と呼ばれる稚児が、興福寺僧侶の僧位僧官の資格を帯びて祭礼行列に連なるが、これは興福寺の大和の支配者としての権威を内外に示す意義を有していた。騎乗の稚児はヒトツモノとも呼ばれ、中世の権門寺社の祭礼の多くに見られるが、神のよりましとして登場したものとも考えられる。

稚児舞 毛越寺延年「花折」

参考文献 松尾恒一「延年風流」(『大系日本歴史と芸能』九所収、一九九一)、福原敏男「ひとつ物考」(『祭礼文化史の研究』所収、一九九五)、土谷恵「中世寺院の児と童舞」(『文学』六ノ一、一九九五)

(松尾 恒一)

ちし 地誌 特定地域における地域的性格を総合的に究明して記述した書物、もしくはその学術的体系としての地誌学。地理学における地誌の占める位置は、民俗学における民俗誌の位置に相当する。奈良時代に各国に命じて編纂させた風土記が日本で最初の地誌であり、完本が残るのは『出雲国風土記』のみで、播磨・常陸・肥前・豊後の風土記は一部が残存している。近世に入ると、中国明代の代表的地誌である『大明一統志』をモデルとして、江戸幕府や各藩がそれぞれの領国内の地誌編纂に力を注いだ結果、各地で『新編武蔵国風土記稿』『紀伊続風土記』などの数多くの地誌が編纂された。近世前期以降盛んに作成された『京童』などの名所図会も地誌の一種とみなされる。当初の地誌は特定地域についての自然・人文現象を百科事典的に記載する傾向が強かったが、近代地理学において法則定立指向の系統地理学と一対となる位置づけを与えられ、特定地域における自然環境と人間生活との関係を科学的に究明することを目的とするようになった。とりわけフランス学派のブラーシュが地誌を重視し『世界地誌』を編纂したが、その学問は『地中

海』を著わしたアナール学派のブローデルに受け継がれており、地誌と社会史と民俗学をあわせたユニークな展開がみられる。

参考文献 石田竜次郎「日本における地誌の伝統とその思想的背景」(『地理学評論』三九ノ六、一九六六)、矢守一彦『古地図と風景』、一九八四、野沢秀樹『フランス地理学の群像』、一九八六 (岩鼻 通明)

チシナオッ チシナオッ アイヌ語で包装遺体のこと。死者は通夜を経て、湯灌をし、死者としての装いを整えた後、親戚の人と幾度か食事をする。最後の食事が終ると、本格的な死装束を身につけ、遺体を茣蓙で包装する。茣蓙は遺体よりも長いものを用い、頭と足の上へ残りを被せ、両脇の部分を遺体の上へ折り曲げて、要所にとめ串を打つ。それへ扁平に作った組み紐二本を交叉させながらとめ串にかけていくと包装遺体は完成する。とめ串の数や組み紐のかけ方には地方差がある。包装された遺体には、刺繡入りの広布(葬儀用の棺がけ)を被い、三ヵ所に紐をかけ、死体かつぎ棒にかけて野辺送りをし、墓地へと運ばれていく。 (藤村 久和)

ちすじ 血筋 字義どおりにいえば、血縁関係を意味するが、それには父方血縁・母方血縁・父系血縁・母系血縁などがある。日本国内のそれぞれの地域で、家や親族の永続のためにさまざまな方法がとられるが、その方法の重要な一つとして血筋がある。日本本土では非血縁者を容認するが、琉球社会では父系血縁のみに正統性を認めている。 (村武 精一)

チセ チセ アイヌ語で家屋の意味。狩猟小屋は、クチャとかクチャ＝チセといい、漁撈小屋は、イヌン＝チセと呼ぶ。屋根・壁を葺く材料の違いにより、笹で作ったウラシ＝チセ、カヤで作ったムン＝チセ、木の皮で作ったヤラ＝チセの区別がある。新築の際、敷地を神から借り受けるという考えから、外で焚き火をして敷地の神への祈りを行う。家ができあがると、新しく切った炉でチセ＝ノミ(新築儀礼)を行う。その後、屋根裏のチセ＝カムイ＝サンペ(家の神の心臓)めがけて矢を射る。これをチセ＝サンペ＝トゥカン(家の心臓に矢を射る儀礼)という。家の間取りは、一軒一部屋が伝統であり、中央か、少し上手に炉があり、炉の上手(横座)をロㇽと呼び、ロㇽにあるカムイプヤㇽ(神窓)から向かって右をシソ(右座)と呼び、左をハㇼキソ(左座)と呼ぶ。右座の壁際は、セッまたはトゥㇺプーという夫婦の寝床で、床面より一段高くなり、竿に茣蓙をたらして仕切りとする。神窓は、多くの地域で上流に向けて作られる。その反対側が入り口で、モセとかモセㇺという片屋根の物置きが付随している。家自体が神であるとの考えがあり、静内の真歌などではチセ＝カッケマッ(家の女神)と呼ばれている。家に住むことは、家の女神のウプソㇽ(懐)の中で生活することである。死人が出たときには、小さな家を庭先などへ別に建てて、カソマンテ(家送り)をする地方が多い。

↓カソマンテ (大島 稔)

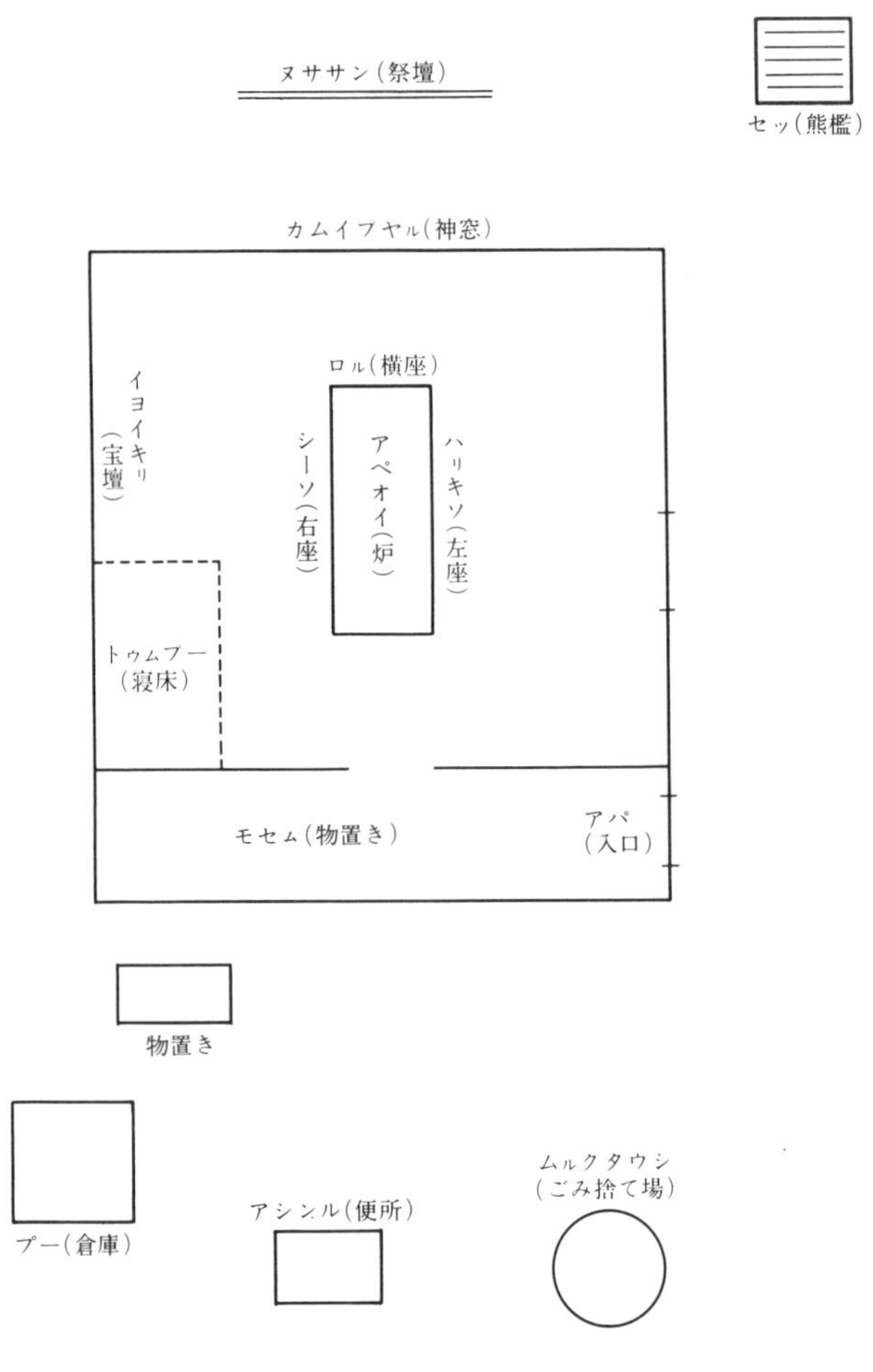

チセの内部(『アイヌ民俗調査』1より)

チセコロカムイ チセコロカムイ アイヌ語で家の守り神のこと。イヨイキㇼ(宝壇)の前に家の守り神として丸太の上部に削り掛けを垂らしたものを安置する地方が多い。この丸太を、北海道日高地方の様似では、チセコロカムィ、カムィエカシと呼び、男神と女神の二体があるという。他の地方では、単にチセコロカムィとか、カムィ＝エカシと呼ぶ。旭川では、イオマンテ(クマ送り)の時に祭壇にまつる。 (大島 稔)

ちそかいせい 地租改正 明治初年の土地・租税改革。明治政府は一八七一年(明治四)の廃藩置県以後、幕府領・藩領ごとに異なる土地租税制度の統一と金納化、関税その他の租税とのバランスも含めた租税改革を構想し、一八七二年明治政府は土地永代売買を解禁し、農民の土地所有を法認し、その権利証として一筆ごとの土地に地券を発行することとし、売買価格または適当な地価を記載させた。これを壬申地券という。さらにこの地価を租税標準とする租税改革を企図し、翌一八七三年七月地租改正条例等を布告して地租改正事業を開始した。まず土地の測量と収穫量・利子率の調査を行なって、地価の算定を行い、地価の三%を金納地租、一%以下を村入費とした。定額金納制により豊凶による増減はないこと、将来物品税が二百万円以上になったときには減免することを公示し、また五年後に見直すことを公約している。調査は各府県でいっせいに始まったが、多くは老農や農民側代表の協力を得た事業として進められた。その結果、多くの畝延び・隠田畑が登録され、土地面積は増大している。しかし地価を左右する収穫量や利子の認定は困難を極め、一八七五年ころから各地で地位等級を導入し、それを標準とする算定が行われるようになった。同年統括官庁として地租改正事務局が設置され、一八七六年中に終了することを指示し、また全国的に旧租税額を継承することとし、各府県に予定租税額を提示したから、各府県は反当収穫量認定をかさあげしたりして、目標を達成しようとし、農民代表とはげしい対立が生じた。一部の県当局は地価認定を一方的に強行したから、一八七六年末には三重県・茨城県などでは反対一揆が起った。そこで政府は一八七七年初頭地租を地価の二・五%に減免、「竹槍でどんと突き出す二分五厘」といわれた。これは士族反乱との分断策であった。山口県のみは地租改正法以前に試験的に着手され、一八七四年全国最初に認可されているが、鹿児島県は一八七七年の西南戦争後に実施している。政府をになう薩摩と長州両藩閥の動向は対照的である。新地租は全国平均化をめざしたから東日本は旧幕府領を中心に高くなり、西日本は旧西南雄藩領を中心に安くなった。田畑宅地・市街地の地租改正につづいて山林原野の地租改正も行われたが、農民の共同利用地である入会山野が官民有区分で大量に官有地に編入されて大きな問題を残した。地租改正事業は一八八〇年に基本的に終了、一八八一年地租改正事務局は廃止された。なお山林原野についても一八八二年終了した。なお、地租改正の結果、土地所有者には地券が交付されたが、その交付原簿としての地券台(大)帳のほか、測量図を含む野取帳・野取絵図帳、町村ごとの集計である地価帳・地所取調帳・地租上納帳など、府県によって名称の異なる多種大量の文書が作成された。これらは一八八六年登記法施行とともに廃止され、新しい法体系に継承された。

参考文献 福島正夫『地租改正の研究』、一九六二、丹羽邦男『明治維新の土地変革』、一九六二 (田村 貞雄)

ちちいちょう 乳銀杏 乳の出の悪い女性が祈願すると効果があるとされるイチョウ。イチョウは中国原産であるが日本のものは原産かどうかについては確定していない。老木になると乳房によく似た気根が生じ、形状からの連想で母乳への影響を説く伝説や信仰が発生したと考えられ、全国的に分布している。多くは社寺の境内といった信仰に関係する施設付近にあり、弘法大師や親鸞、蓮如といった著名な宗教者の伝説が付随することもある。愛知県尾西市の鞆江神社では気根を削って飲むと乳の出が良くなるという。東京都港区元麻布の善福寺では親鸞が東国下向の際、教義に将来があれば枝葉が出ると挿した杖が大木になったと伝えられ、乳の信仰を集めていた。愛知県には弘法大師が挿した杖の銀杏という同様の伝説がある。香川県三豊郡詫間町大浜津には乳薬師の境内にある大チョウに乳房の形の小さな包みを供えるという。乳の効果を得る方法は、木を跨ぐ、気根を撫でたり白紙を結びつける、樹皮を剝ぐ、供えた白米を粥にして食べるなどさまざまである。乳銀杏はこの樹木の霊木という神的な側面に依っていると考えられるが、ほかに桜や杉などの乳の出に効験ありとして信仰を集める木もあることから、広い意味で樹木信仰との関連や子安信仰の展開などとの関係も考慮に入れなければならないだろう。

参考文献 柳田国男「神樹篇」(『柳田国男全集』一四所収、一九九〇) (榎 陽介)

ちちのひ 父の日 父に感謝する日。父の日の起源は、一九一〇年に、アメリカ合衆国ワシントン州スポケーンで、ソノラ＝スマート＝ドッドが、男手一つで六人の子供を育てた彼女の父への感謝から、父に感謝する儀式を提唱し、六月第三日曜に教会関係者とともに始めたのが最初とされている。先行する母の日に刺激されたためか、アメリカではほかにも独自に同様の行事を思いつく者がおり、母の日ほど速くはないが全米に広がった。そして一九一六年にはウィルソン大統領が公式に父の日を認めた。日本への伝来時期は不明だが、母の日よりも遅く、高度経済成長期にデパートなどが「父の日セール」を始めてからようやく普及したとみられる。というのも、近代日本では夫婦の性別役割分業が進行したため、夫は経済活動に従事する一方、妻は専業で家事・育児を担当する風潮が生まれた。このため、妻が子育てに専念する一方で夫は仕事に没頭し、父という家庭人としての存在は希薄になり、職業人として経済的扶養の責任を果たすだけの存在になってしまった。こうして日本の父の日は、子供が「いつもお仕事ご苦労さま」といいながらネクタイなど仕事の道具を贈って地味に祝う行事となっている。

↓母《はは》の日《ひ》

参考文献 Jane Hatch: The American Book of Days (1978). (阿南 透)

ちちぶじゅんれい 秩父巡礼 埼玉県西部にある秩父盆地に散在する観音を本尊とする寺院を巡る巡礼。全行程で約九〇キロとされる。西国三十三ヵ所観音巡礼の移植版である。しかし、西国巡礼と異なり、秩父巡礼は三十四ヵ寺となっている。観音巡礼の三十三は『観音経』の観音三十三身に依拠したものである。秩父巡礼は、西国三十三ヵ所巡礼、坂東三十三ヵ所巡礼と併せて、百観音巡礼として位置づけられている。つまり、本来は三十三寺であるが、百という数に合わせて、秩父を三十四にしたと推測されている。秩父巡礼に関する文献上の初見は、三十二番札所の法性寺の「長享二年秩父観音札所番付」である。室町時代中期の一四八八年（長享二）には秩父巡礼が存在していたことがわかる。しかしこの文献では札所の数は三十三となっている。その後大永年間（一五二一―二八）、天文年間（一五三二―五五）の記録には秩父三十四ヵ所となっている。つまり、十六世紀前半には、秩父巡礼は三十四ヵ所となり、また、百観音という習慣もそのころ成立したと考えられる。秩父巡礼が隆盛をみるようになるのは、江戸時代中期である。特に江戸の人々が

秩父巡礼　三十四所観音

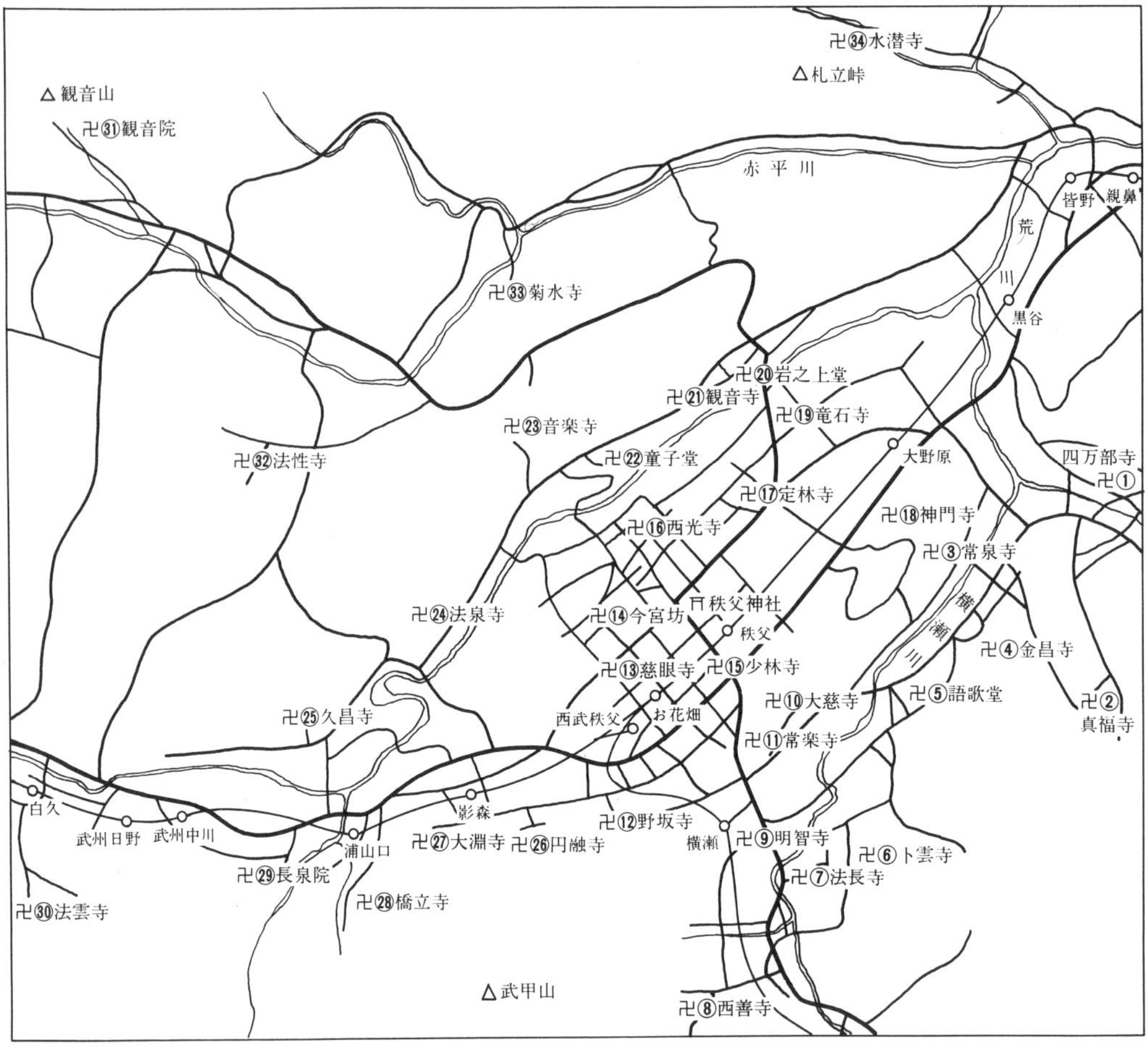

札順	山　号	寺　名	本　　尊	宗　　派	札順	山　号	寺　名	本　　尊	宗　　派
1	誦経山	四万部寺	聖観音	曹洞宗	18	白道山	神 門 寺	聖観音	曹洞宗
2	大棚山	真 福 寺	聖観音	曹洞宗	19	飛淵山	竜 石 寺	千手観音	曹洞宗
3	岩本山	常 泉 寺	聖観音	曹洞宗	20	法王山	岩之上堂	聖観音	臨済宗南禅寺派
4	高谷山	金 昌 寺	十一面観音	曹洞宗	21	要光山	観 音 寺	聖観音	真言宗豊山派
5	小川山	語 歌 堂	准胝観音	臨済宗南禅寺派	22	華台山	童 子 堂	聖観音	真言宗豊山派
6	向陽山	卜 雲 寺	聖観音	曹洞宗	23	松風山	音 楽 寺	聖観音	臨済宗南禅寺派
7	青苔山	法 長 寺	十一面観音	曹洞宗	24	光智山	法 泉 寺	聖観音	臨済宗南禅寺派
8	清泰山	西 善 寺	十一面観音	臨済宗南禅寺派	25	岩谷山	久 昌 寺	聖観音	曹洞宗
9	明星山	明 智 寺	如意輪観音	臨済宗南禅寺派	26	万松山	円 融 寺	聖観音	臨済宗建長寺派
10	万松山	大 慈 寺	聖観音	曹洞宗	27	竜河山	大 淵 寺	聖観音	曹洞宗
11	南石山	常 楽 寺	十一面観音	曹洞宗	28	石竜山	橋 立 堂	馬頭観音	曹洞宗
12	仏道山	野 坂 寺	聖観音	臨済宗南禅寺派	29	笹戸山	長 泉 院	聖観音	曹洞宗
13	旗下山	慈 眼 寺	聖観音	曹洞宗	30	瑞竜山	法 雲 寺	如意輪観音	臨済宗建長寺派
14	長岳山	今 宮 坊	聖観音	臨済宗南禅寺派	31	鷲窟山	観 音 院	聖観音	曹洞宗
15	母巣山	少 林 寺	十一面観音	臨済宗建長寺派	32	般若山	法 性 寺	聖観音	曹洞宗
16	無量山	西 光 寺	千手観音	真言宗豊山派	33	延命山	菊 水 寺	聖観音	曹洞宗
17	実正山	定 林 寺	十一面観音	曹洞宗	34	日沢山	水 潜 寺	千手観音	曹洞宗

秩父に巡礼に出かけた。秩父巡礼自体も江戸に出開帳を行なった。十二年に一度の秩父巡礼午歳開帳には、少なくとも七、八万人の巡礼者があったと記録から推測される。明治時代初頭の廃仏毀釈は、秩父巡礼に大きな影響を与えた。元来、秩父巡礼の形成と発展には修験者の力が大きかった。廃仏毀釈以降、無住の札所寺院が現われることになった。その後、明治期には埼玉県熊谷および寄居まで鉄道が敷設され、また大正期には秩父までそれが延長された。第二次世界大戦後は、一九六八年(昭和四十三)西武鉄道が秩父まで乗り入れた。一九六〇年代後半以降の自動車の普及は、その地理上の便利さから、東京方面から多くの巡礼者が詣でるようになり、現在に至っている。少なくとも年間五万人の巡礼者があるとみられている。

参考文献 新城常三『(新稿)社寺参詣の社会経済史的研究』、一九八二、田中智彦「昭和三十・四十年代の秩父巡礼―関東地方からの巡礼者―」(『大阪女子短期大学紀要』一五・一六、一九九〇・九一)、佐藤久光「秩父巡礼の動向・推移」(『密教学』二九、一九九三)
(星野　英紀)

ちちぶよまつり 秩父夜祭　埼玉県秩父市に鎮座する秩父神社の例大祭の通称。地元では冬祭とも妙見祭《みょうけんまち》とも呼ばれ、十二月二日と三日から四日未明に及ぶ神幸祭に盛んな花火打ち上げとともに豪華な山鉾・屋台が奉曳される祭礼として全国に知られ、京都祇園祭と飛驒高山祭と並ぶ日本三大曳山祭の一つと称する。同社付属神楽とともに国指定重要無形文化財。二基の山鉾は屋形に花鉾を立てる高さ十数メートルの山車の形態が神霊を招く標柱を示し、四基の屋台は両側に張出しと下座を設けて全体が張出し舞台となる仕掛けがあって神賑《しんしん》行事の地方歌舞伎が上演されるなど有形文化財として貴重である。また独特で勇壮な太鼓打ちを主調する屋台囃子も広く評価される。秩父神社は、九世紀後半に成立した『旧事本紀《くじほんぎ》』国造本紀に崇神天皇の代に八意思金《やごころおもいかねの》(兼)命《みこと》十世の子孫、知知夫彦《ちちぶひこの》命《みこと》が国造に任じられて大神を拝祠とあることから武蔵国成立以前の知知夫国に創建された八意思兼神を主祭神とする関東屈指の古社で、延喜式内社、旧国幣小社。承平・天慶の乱で平将門討伐に軍功のあった秩父平氏が帰依した妙見菩薩と習合して秩父妙見宮となり、中世には武家のあいだに戦勝奇瑞の信仰、近世には養蚕農家の崇敬をあつめたことから、この大祭も妙見の高市《たかまち》の名があった。祭の祖型は、春の田植祭(四月四日)で迎えた土地神を初冬に秩父盆地の神体山と目される武甲山へ歓送する祭礼だが、中世以来の縁起譚では本社妙見の女神が武甲山の男神と一年に一度結ばれるのが同山麓に面した御旅所での神事だという。

参考文献 浅見清一郎『秩父―祭と民間信仰―』、一九七〇、千島寿『秩父大祭―歴史と信仰と―』、一九八一
(薗田　稔)

ちつけ 乳つけ　生児に母乳を飲ませる前に、他人の乳を飲ませること。他人の乳と生母の乳とを合わせて飲ませるところもあり、チアワセなどともいった。かつて母乳を与えるのは出産後三日目くらいからが適当な時期とされ、母乳を与える前に生児の胎毒を排泄させるためにマクリと呼ぶ植物などを煎じたものを与え、さらに他人の乳を飲ませてから、母乳を飲ませる習慣があった。現在、初乳には生児のために必要なさまざまな抗体が含まれていることが明らかになり、生児に与えるように心がけるが、かつては初乳をアラチチなどともいい、これを生児に飲ませると下痢を起すなどといい、生児にあたえてはいけないもののように考え、しぼって捨ててしまったりするところもあった。したがって生児にはじめて乳を与えるのは、母親ではなく近所のすでに子供に乳を与えているような女性であった。乳を提供してくれた女性をチヅケオヤなどといい、長崎県などでは盆・正月に贈答をし、終生親子としてのつきあいをした。チヅケオヤには、生児の性と反対の子をもつ親、性格のいい人、生活程度の同じくらいの人などが選ばれた。逆に、方角の悪い人や同年の子供を持つ人の乳は勝ち負けがつくなどといって、嫌った。チヅケオヤを選び、さまざまな伝承を付随させるところから、乳つけには母乳の出がよくなるまでの繋ぎという意味より、他人の乳を飲ませたり、異性の子をもつ母親の乳を飲ませたりすることによる、呪術的な意味があったものと思われる。　→初乳《しょにゅう》　→乳《ち》親《おや》

参考文献 大藤ゆき『児やらい』(「民俗民芸双書」、一九六八)
(倉石あつ子)

ちどめ 血止め　止血。民間療法の対象は小さい切り傷が主であるが、ヒルによる吸血、鼻出血・吐血・喀血・下血、痔の出血、血尿・子宮出血などの血止めも行われてきた。切り傷には、ヨモギ、チドメグサ、フキ、オオバコなどの葉をもんでその汁をつける。煙草も広く用いられた。ヒルに吸血されて血が止まらないときにはチドメグサがよいという(京都府)。外傷以外の出血には、ワレモコウ、キヅタ、オトギリソウ、クチナシ、ケイトウなどが煎じて服用される。　(吉岡　郁夫)

ちとりば 血とり場　定期的にハクラク(伯楽)などと呼ばれる民間の獣医がやってきては、馬のひづめを削ったり悪血を抜いたりした場所。馬の首などの静脈から血をとることによって馬の健康が保たれるとされた。最後にナイラ(馬の腹病み)に効く薬を飲ませたりする。チトリバラ(血とり原)ということもあった。ムラなどの共有地に設定されることが多い。たとえば長野県内の事例をみると、松本市東側山間部のあるムラでは溜池の端の共有林のなかにあり、ツクレイバラ(繕い原)と呼んで木の枠を組んであった。枠を作ってあったのは馬が暴れないようにするためで、一年に一、二回、そこで馬のひづめを削った。馬のひづめを専門に削る人がどこからかそこへやってきたという。別のムラでは、ウマツクレッパラ(馬繕い原)で牛のひづめを削った。何月何日の何時ごろ牛の

爪切りをやるというフレがあって、当日は人々が牛を引いて集まってきた。牛を飼う家がなくなると爪切りの必要もなくなって、この土地は個人に払い下げられ今は畑になっている。ここには馬頭観音がいくつもあった。牛の放牧が盛んだった南安曇郡奈川村では山際の萱刈り場のあたりに血とり場があって、やはり牛も爪切りをやってもらったという。また、新潟県南蒲原郡本成寺村(三条市)では、馬の爪を切ることを「ソウゼンをとる」といい、その場所をソウゼンバ(爪揃場・爪剪場)などと呼んだ。この時、馬の口にかませたサクチ(割口《さくち》)縄を家に持って帰り、門口にかけて魔除けにするという。 ↓博労《ばくろう》

参考文献 外山旦正「越後のソウゼン」(『郷土研究』二ノ八、一九一四)、黒田三郎『(信州)木曾馬ものがたり』、一九七七、小島瓔禮編『人・他界・馬—馬をめぐる民俗自然誌—』、一九九一、山森芳郎・有馬洋太郎・岡村純編『図説日本の馬と人の生活誌』、一九九三 (巻山 圭一)

ちのいけじごく 血の池地獄 中国成立の偽経『血盆経』に説かれる血盆池地獄のこと。出産や月経の折に流す血の穢れゆえ、女性は死後この地獄に堕ちるとされる。『血盆経』自体は、室町時代中期までには日本に伝来して受容されていたが、民間に広く流布するようになったのは、中世末期以降のことのようである。血の池地獄のイメージが広まる際には、絵画が大きな役割を果たした。熊野比丘尼の唱導に用いる「熊野観心十界図」には、血の池地獄の様相が描かれており、比丘尼らはその絵の絵解を行い、『血盆経』を配布した。また、「立山曼荼羅」や各地に遺存する地獄図・十王図などの多くにも、血の池地獄が描かれている。これらの中には、如意輪観音を血の池地獄の救済者として描く場合がある。この信仰の源流は中国にあるらしいが、日本では中世からみられるもので主に天台系の宗教者によって広められていったようである。近世の女人講の石造物や女性の墓碑に刻まれた如意輪観音像は、これに由来し、地蔵と子どもに比すべき関係が、如意輪観音と女性の間にあったと思われる。血の池地獄は観念的なものにとどまらず、現実の池と重ね合わされることもあり、立山・恐山・湯殿山、山寺(立石寺)、千葉県我孫子市正泉寺などにおいては、堕地獄者救済のためとして池や川に『血盆経』が投ぜられた。また、各地で産死者供養として行われた流灌頂の多くは、血の池地獄に堕ちた産婦を救うためのものとされる。 ↓血《けつ》盆経《ぼんきょう》 ↓流灌頂《ながれかんじょう》

血の池地獄（「熊野観心十界図」より）

参考文献 ミシェル=スワミエ「血盆経の資料的研究」(『道教研究』一、一九六五)、高達奈緒美「血の池地獄の絵相をめぐる覚書—救済者としての如意輪観音の問題を中心に—」(坂本要編『地獄の世界』所収、一九九〇)、牧野和夫・高達奈緒美「血盆経の受容と展開」(『男と女の時空』三所収、一九九六) (高達奈緒美)

ちのけがれ 血の穢れ ⇨血穢《けつえ》

ちのみち 血の道 月経・妊娠・出産・閉経など女性の生理現象に関係して生じる症状や変化、および婦人病一般のこと。症状には主に月経不順・不正出血・腹痛・頭痛・めまい・のぼせ・発汗・肩凝り・腰痛・排尿障害などが含まれている。対処は、全国的には煎薬の実母散、主に関西地方で五香などが一般的であったが、地域によりさまざまな薬草、植物の根の煎液、クイナ、カワセミなどの鳥の黒焼が薬として用いられた。

参考文献 『旅と伝説』九六(特輯民間療法、一九三五)、『日本の民間療法』、一九七六・七七、大柴弘子「十九世紀以降近江農村の母性健康障害—過去帳成人女子死因の考察—」(『公衆衛生』四九ノ七、一九八五) (大柴 弘子)

ちのわ 茅の輪 チガヤで作った輪のこと。束ねたカヤの大きな輪をくぐることを茅の輪くぐりという。六月晦日の夏越《なごし》の祓《はらえ》の際に、神社の鳥居の下や境内にこれを据え、参拝者がくぐると、病災を免れるとか身体についた穢れが祓われるという信仰がある。茅の輪が災厄を除く呪術的な力を有しているという信仰は、すでに奈良時代の『備後国風土記』逸文の「蘇民将来」にみえる。蘇民将来と巨旦将来という兄弟がいた。あるとき武塔神が宿を乞うたところ、裕福な弟の巨旦将来はこれを拒否したが貧しい兄の蘇民将来はこれに応じ手厚くもてなした。数年後に神が子を率いて蘇民将来の家を訪れ、その家族に茅の輪を腰につけさせてから、神力をもって疫を起し

茅の輪（福島県相馬市八坂神社）

他をことごとく滅ぼし、「吾《あ》は速須佐雄《はやすさのを》の神なり。後の世に疫気《えやみ》あらば、汝、蘇民将来の子孫と云ひて茅の輪を以ちて腰に着けたる人免れなむ」（原漢文）といったという。このほかにも茅の輪についての歴史上の記録は数多い。茅の輪を用いた茅の輪くぐりの神事などは、天王《てんのう》と呼ばれる京都八坂神社、愛知県津島市の津島神社など祇園系の神社に多く行われ、疫病など夏季の災厄を避ける信仰と強く結びついている。茅の輪をくぐることにはある世界からの脱皮再生を図るという意味があると考えられ、六月の晦日が十二月の晦日と並び重要な折り目であることがわかる。また青々とした植物は再生を促す力を宿すという信仰があり、青い茅が特に重視されたのかも知れない。

参考文献　民俗学研究所編『年中行事図説』、一九五三
（岩崎　真幸）

チプ　チプ　アイヌ語で舟の総称。舟の中で最もよく知られているのが一本を刳り抜いて作る丸木舟であるが、かつて巨木が生育していたころの丸木舟は長さも幅もあり、幅だけでも一五〇㌢を越えるものが存在した。丸木舟の材質は地域によって異なるが、枝やこぶ、ひびのないもの、腐れの少ないもので、まっすぐに育った木（カツラ、バッコヤナギ、ヤチダモ、キハダ、エゾヤマザクラ、ハルニレ）が好まれた。山で神事のあと伐り倒すと、不用な部分を取って粗く仕上げ、里へ下げてからは乾燥に気をつけながら調製して作りあげる。アイヌの人々にとって丸木舟は重要な交通手段であり、たいていの家では二、三艘の丸木舟を所持していた。舟の操舵には水棹と櫂とを使いわけている。ほかに航海用の板綴り船、沿岸や湖で使う板舟、皮を綴り合せた大型の皮船など用途に応じた船が作られていた。
（藤村　久和）

ちほうかいりょううんどう　地方改良運動　政府主導で展開された日露戦争後の国民統合運動。日露戦争で辛勝した日本は、きびしい国際関係を生き抜くためには一層の国力増強の必要性を痛感し、戦後経営に着手した。軍備の拡張や植民地経営、教育施設の増設などは歳出をふくらませ、一層の税負担を国民に求める必要が生じ、酒造税ほかの増税に着手した。また進展する工業化は、個人主義や社会主義に共感する国民を生み出し、国民の政治意識は拡散する傾向をみせた。富国強兵という国家目標にむけて国民を再統合するために、一九〇八年（明治四十一）に戊申詔書を公布し、一方で報徳精神を鼓吹して国民精神の引き締めをはかるとともに、他方で農事改良を強化するなどして経済力の強化につとめた。具体的には、町村基本財産の造成（義務教育年限延長に伴う町村財政の負担増を解決するため）、神社祠殿の町村社への整理統合（各所の小神社は旧村割拠の精神的拠りどころと目されていた）、国家祝祭日の定着と民俗的な休日慣行の廃止、正条植えの強制をはじめとする農事改良の活発化、町村是の作成、などがあった。こうした一連の運動は日本人の仕事と生活に大きな改変をもたらし、農業と民俗の変容を加速させることになった。宗教面では民俗的宗教に代えて国家神道の浸透がはかられ、天皇を頂点とする宗教意識が定着した。→村是《そんぜ》

参考文献　宮地正人『日露戦後政治史の研究』、一九七三、米地実『村落祭祀と国家統制』、一九七六
（藤井　隆至）

ちほうし　地方史　特定の地域に関する諸事象を、地域の独自性や地域固有の問題のなかで究明することを課題とする歴史研究の方法。第二次世界大戦前の郷土史に対する、お国自慢的で郷土に限定された視野の狭さ、好事《こうず》家《か》的研究、非科学的で論証が不確実といった批判のうえに、戦後まもなく「地方史」が使われるようになり、一九五〇年（昭和二十五）には地方史研究協議会が発足して、地方史研究の普及・発展に大きな役割を果たした。しかし、戦前の郷土史への批判は、逆に地方史研究に日本史全体との関連性や法則性を意識させることになり、地域の独自性や固有性が希薄になる傾向を生じ、こうした姿勢に対しては中央志向型との批判がなされた。また、「地方」が「中央」への従属性を感じさせることなど、地方史への批判から一九七〇年代になると「地域史」という呼称が現われた。このように郷土史→地方史→地域史という用語の変遷がみられるとともに、三者が並存しているのが現在の姿といえる。ともあれ、戦後、主に近世の地方史料を利用した村落史研究から始まった地方史研究は、地方自治体史編纂の盛行とも相まって発展してきたが、近年ではその方法論をめぐって、文書史料の見直しやそれ以外のさまざまな史料の利用、景観論の導入、民俗学や考古学・地理学など関連諸科学との連携・協業が提唱されている。一方、地方史研究は、文化財や史料の保存運動と密接に関わりながら発展してきたのであり、各地の史料保存利用機関設置の推進力となっている。→郷土史《きょうどし》

参考文献　木村礎「郷土史・地方史・地域史研究の歴史と課題」（『（岩波講座）日本通史』別巻二所収、一九九四）、地方史研究協議会編『地方史―研究と方法の最前線―』、一九九七
（佐藤　孝之）

ちぼしん　地母神　大地に宿る母なる神で、自然や動植物や人間や神々を生み出した女神のこと。しばしば地下の死者の世界の神ともみられている。この種の神は未開・文明両民族を含めて新旧両大陸にまたがって世界的に広く分布し、かつまた歴史的にも先史時代にまでさかのぼって古く知られ、信仰の対象となった。地母神の外見的な類型としては、㈠単独の姿で現われる独存神型、㈡幼い一人の子神を伴う母子神型、㈢夫神を共伴する夫婦神型がある。おそらくは㈠が原型であり㈡と㈢は後発の変化型であろう。㈠の型のわかりやすい事例としては、ギリシャの地母神ゲあるいはガイアがある。その世界から子供や最初の人間が来たと信じられた。ギリシャのほかの女神たちはこの女神に由来するか、あるいはこれに関

係した存在だが、その一柱のデメーテルは特に耕地の女神であり穀母であった。この女神をめぐるある儀礼においては、生きた豚が地下の聖所に投げこまれたが、それは作物と人間の成長・発展を企図してのことだった。㈡の型としては、中東のセム族地帯の地母神たちの例がある。カナンのアシュタルト、シリアのアタルガティ、そしてバビロニアのイシュタルはかつてはいずれも地母神であり、豊穣性と母性と子供の与え手であり、人の母と呼ばれ、しばしば子供一人を抱いた姿で表現されていた。そしてこのうちのバビロニアのイシュタルは、ギリシャのガイアやデメーテルと同様に、生の世界の神であると同時に、地下の死者の世界の神としての性格も併せ持っていたことが知られる。㈢の型としては、記紀神話中に登場する伊邪那美命《いざなみのみこと》がおそらくこれに入るであろう。この女神は男神伊邪那岐命《いざなぎのみこと》と結婚し協力して大八島《おおやしま》の島々をつくり、また多くの神々を生んだあと、単独で死者の世界の黄泉《よみ》の大神となった神である。以上は旧大陸側の例だが、この種の地母神の存在はメキシコのアズテック人のトウモロコシの女神センテオトル(㈡の型)や、南米ペルーの地母神パチャママ(㈠の型)においても明確に認められる。

参考文献 石田英一郎「桃太郎の母」(『石田英一郎全集』六所収、一九七七)　　(杉山　晃一)

ちまき 粽 ウルチ米やその粉を笹の葉などに包んで蒸した、五月五日の節供の食物。中国の屈原の命日の供物に由来するといわれているが、『延喜式』にもみえ、日本でも古くからの食物であったと考えてよい。関東の五月節供には柏餅が多く用いられるが、これは江戸時代からである。粽は包む葉が地方によって異なり、名称もまちまちである上に、形も違う。笹の葉以外に真菰《まこも》、カヤ、ヨシなどを使う。秋田県ではツノマキ、愛知県ではヨシマキ、岡山県ではマコモモチなどという。山形県米沢市や福島県南会津郡では五月節供に笹の葉で三角形に作り、ササマキと呼んで、マメゴ(黄粉)をつけて食べた。南会津では笹の葉は解毒作用があるので、食べた後、戸口に貼ると魔除けになるという。愛知県の日間賀島では五月節供にスキに包んだ粽を作り、タネマキと呼び、年中床の間に掛けておき、男の子はこれを見てから外出すると、災いがないという。奈良県の天川村でも五月節供に粽をこしらえたが、一つだけ残して家の中に吊っておくと、マムシが家に入らぬといった。これをルスチマキという。徳島県の祖谷山では化物に誘われた子供の命が節供の粽によって助かった話を伝えている。粽に魔除け・除災の意味があるのは、京都の祇園祭に各家々の門にまつる円錐形の粽と同様である。柳田国男は鏡餅や握り飯とともに粽が三角形であることを、「人生の大事を表徴している」として人間の心臓になぞらえたものと論じている。

参考文献 柳田国男「食物と心臓」(『柳田国男全集』一七所収、一九九〇)　　(増田　昭子)

チマ＝チョゴリ チマ＝チョゴリ 朝鮮固有の女性用衣服で、チマはスカート、チョゴリは上衣である。男性はパジというズボンをはく。チマ＝チョゴリは日本の着物に比べると、着るのが容易である上、軽くてかさばらないし保管も楽である。しかも胴をしめる上帯がない上、裾も広いためはるかに活動的である。着物もチマ＝チョゴリも、どちらも身体の曲線を隠すことが重視されているが、着物が窮屈なのに対し、チマ＝チョゴリは裾から胴まわりに余裕をもたせている点で対照的である。またチマ＝チョゴリは、儒教的な礼節と日常の女性領域における活動性という女性の両面的な性格を象徴しており、韓国社会では近年、チマの裾をなびかせてさっそうと歩き回る主婦の活動性と影響力をチマパラム(スカートの風)と表現している。在日韓国・朝鮮人社会ではチマ＝チョゴリを親戚の結婚式に着たり、最近の若い女性の間では成人式に日本の振り袖の感じで着る傾向がみられる。大阪の生野区にある在日韓国・朝鮮人の衣裳店には、チマ＝チョゴリ風のウェディングドレスもある。男性はパジ＝チョゴリをまれにしか着ないが、チェサ(祭祀)の時に着たりする。彼らにとって民族服を着ることは、日本人が着物を着るのと同じようにハレの日に着るという以外に、民族学校で学ぶ女生徒のチマ＝チョゴリ姿をはじめ、自己の存在根拠を他者に披露するという意味をもつのであろう。

チマ＝チョゴリ

参考文献 『月刊韓国文化』一八五(特集韓国の生活文化「衣」、一九九五)　　(朝倉　敏夫)

ちめい 地名 土地の名。広義には伊勢湾・木曾川など、土地以外のすべての地理的存在の名も含む。地名の起源と発達という観点から、柳田国男は、まず土地利用の目印として鏡岩とか川合などの自然地名が、ついで土地を開墾して、大野・山田・治田《はるだ》(墾田《はる》)などの利用地名が生まれ、次に土地を個人や団体が占有することから、人名や団体の名をつけたり領主の居住地の名で領地の名を呼んだりする占有地名の段階に進むと説明した。さらに土地の所有が複雑化すると、上・東などを冠して区別する地名を生ずる。これを柳田は分割地名と呼んだ。占有地名に人名があてられ、または地名を姓氏として名乗るので、人名と地名との深い関係が成立する。日本の地名の歴史は漢字使用の歴史でもある。古代の地名では、国策として好字の使用が進められた。『続日本紀』七一三年(和銅六)五月甲子条の風土記撰進の詔では、諸国に対して「郡郷名に好字をつけよ」(原漢文)と命じている。好字をつけよとは語源にかかわらず良い字をあてよということである。また、『延喜式』民部上でも、「諸国部内の郡里等の名みな二字を用ひ必ず嘉名を取れ」(原漢文)と規定している。これは古代中国の地名が二字を原則としているのにならい、また対外的に恥ずかしくない好字で飾った地名にしようとの、大陸文化模倣の国策であった。古代日本の地名はことごとく二字化されることになった。たとえば、武蔵《むさし》国は『古事記』では「牟邪志」と書いていたのを、やや時代の下る『日本書紀』では、好字二字の「武蔵」に変わった。この表記はムザに武蔵の二字をあて、シにあたる文字は略してしまっている。あるいは和泉《いずみ》などは、二字にするために、読まない「和」の字を加えた。このような結果、古代地名は、表記と読みとの間に隔たりが多くなり、多くの難読地名が発生した。「飛ぶ鳥のアスカ」のような枕詞の字が地名の方へ移って、飛鳥《あすか》と読まれるようにもなった。あて字が音読されると、別の地名のように変化する。摂津国武庫郡の山、武庫《むこ》山に六甲《むこ》の字をあて、これを音読して現在のロッコウ山の名ができた。荒城《あらき》郡から吉城《よしき》郡のような縁起の良い字への置換もある。近代の地名変化の一つの型に合成地名がある。これは複数の地名から一部の字を合わせて一地名にするものである。愛知県稲沢市などは「稲の沢」ではなく、「稲葉」と「小沢」の二村合併時に旧村名から一字ずつを合わせて作られた。一九六二年(昭和三十七)公布・施行の「住居表示に関する法律」に伴い地番整理とともに、都市の町名の統廃合・名称変更が盛んに行われ歴史的地名の多くが失われた。地名保存運動がおこり、一九六七年には「できるだけ従来の名称に準拠すること」を盛り込んだ「住居表示に関する法律の一部を改正する法律」が公布され、一九八五年には「旧町名の継承」の方法などを規定した同法の抜本的な改正が行われた。地名には国字が多い。全国的な字には峠・畑・畠・俣・辻・栃などがあり、地方の国字(地方字)には圷《あくつ》・杁《いり》・垰《たお》などがある。また、関東の谷《や》、九州の原《はる》のような地方訓がある。なお、地名に関する辞典には、吉田東伍『増補大日本地名辞書』全八巻(一九六九‐七一)、『角川日本地名大辞典』県別四十七巻・別巻二巻(一九七八‐九〇)、『日本歴史地名大系』全五十巻(一九七九‐)などがある。

参考文献 柳田国男「地名の研究」(『柳田国男全集』二〇所収、一九九〇)、鏡味明克『地名学入門』、一九八四、千葉徳爾『新・地名の研究(新訂版)』、一九九四

(鏡味 明克)

ちめいでんせつ 地名伝説 地名の由来を説く伝説。高木敏雄の『日本伝説集』は「縁起伝説」に「地名縁起伝説」を含める。一方、木・石など伝説の対象に注目した『日本伝説名彙』には「地名」の項目がない。『日本民俗資料事典』の関敬吾の分類は「歴史伝説」で地名を扱うが、『日本伝説集』同様、他項にも地名に関した伝説がある。そもそも『日本伝説名彙』の話名のように、伝説の対象には固有の名称があり、それが地域の小地名や通称地名であることが多い。また、伝説の名称は、不定型で伸縮自在な伝説の内容を圧縮したものといえ、地名自体、多様な語り方が可能な伝説の異伝の一つと考えられる。つまり、多くの伝説は地名伝説としての側面を持つ。それらが、特に地名に関したものとして浮上するのは、説話中の語呂合わせによって、言葉、すなわち名称に関心が集まる場合である。『出雲国風土記』意宇《おう》郡条の有名な国引き神話によると、新羅などから土地を引き終えた八束水臣津野命は、意宇社に杖を立て「おゑ」と叫んだ。それで郡名が意宇になったという。また『常陸国風土記』記載の一説によると、倭建命が新たに掘らせた泉で手を洗おうとした時、衣の袖が垂れて水にひたされた。そのため常陸《ひたち》という名がついたという。風土記には、こうした地名伝説が多くみられ、古代の語源意識のあらわれと評価されている。また、地名や地名にからむ伝説が、地方の特色を表わす基本的要素であったことを示している。伝説の多くは神・王・英雄の行為や言葉が地名になったと説くもので、優れた存在を地域に取り込もうとする傾向がうかがえる。なお、地名は地域の共有物として、古いものが長く継承される場合がある。この点に注目し、伝説・地名の類型要素と地域の特色を重ね合わせ、潜在化したり、非主流化した文化を探る研究も行われている。

参考文献 楠原佑介「地名伝説と地名研究」(『歴史百科』五、一九七九)、谷川健一編『現代「地名」考』(「NHKブックス」三三六、一九七九)、阿部源蔵『古代地名伝説考』、一九九四

(斎藤 純)

ちゃ 茶 常緑の低木でツバキやサザンカの仲間だが、その葉を加工して飲用すること。茶樹は中国西南部が原産地とされ、日本を含む東アジアで広く栽培されてきた。茶の製品の種類は茶自身がもっている酵素の働きの程度により、熱処理して酵素を殺した不発酵茶(緑茶)、途中で熱処理する半発酵茶(ウーロン茶)、不処理の発酵茶(紅茶)となるが、蒸した葉を漬け込んでバクテリア発酵させた後発酵茶《こうはっこうちゃ》もある。明治以降日本でも、輸出を前提にウーロン茶や紅茶の製造も試みられたが、現在生産されているのは抹茶・蒸し製煎茶・釜炒り茶・番茶などの緑茶で、一部に阿波番茶、土佐の碁石茶などのような後発酵茶もある。日本史上では平安時代初期に宮廷で茶が愛好された記録があるが、現代に直接つながるのは、鎌倉時代に栄西が宋から導入した茶である。それは中国での流行を反映しており、新芽を蒸し、揉まずに焙炉で乾燥させ、その粉末を茶筅で泡立てて飲む抹茶法であった。この茶は寺院や武士の間に広まり、室町時代には闘茶として普及し、やがて精神的な要素を強め茶道へと発展していく。茶道にみられる狭いにじり口を経て茶席に至るという構成には、空間的にハレとケとを区分する民俗的な意識も影響している。しかし、庶民が利用した茶は、抹茶とは製法や飲み方が異なる番茶が主であった。狂言に

「天道干しのいとま乞わず」という名の粗雑な茶がみえるが、これは茶葉を蒸し、そのまま天日干しにしたものと考えられ、愛知県の足助町には類似の製法が伝えられている。番茶は現在でも西日本の各地の自家用茶に見られ、釜で炒った生葉を筵や笊の上で揉んで天日に干し、煮出して利用するのが普通である。製法からも利用方法からも、番茶が抹茶の普及型と見ることには無理があり、記録に見えない別な経路から日本列島に入り、庶民の暮らしに密着して、禅的な日常茶飯という言葉を文字通り日常あたり前、という意味にしていったと考えられる。番茶は飲用のほかに、茶粥や茶漬など基本的な調理法として広く利用されてきたため、間食のことをチャと呼ぶなど、茶という言葉が軽い食事の代名詞となった。そのため、茶がイエの食を管理する主婦の権能の象徴ともなり、九州全域や東北の一部で結納の際に茶を贈る習慣や、結婚式のあとで嫁が近所に挨拶の印に茶を配るなどの民俗を生んだ。また、墓地に茶を植えたり、棺桶に茶を入れる習慣から、茶が境界区分の標識となると考えられ、それは盆の期間を中心に旅人に茶を接待する四国各地の茶堂や、全国の峠の茶屋での接待にもつながっている。このような多面的な茶の役割や番茶の製法は、東アジア各地の事例と類似しており、茶にかかわる民俗研究にはそれらとの積極的な比較が不可欠である。なお、和紙を張った焙炉の上で蒸した葉を揉むという蒸し製煎茶製造技術は、近世中期に開発された。この手揉み技術者は静岡でお茶師と呼ばれ、開港以後に重要輸出品となった茶の品質向上に工夫をこらし、青透流などとみずから流派を名乗って弟子の養成に努め、他県の産地へも技術指導に赴いた。彼らが明治後半に完成させた技法が現在の機械製茶の基礎となっている。　↓茶漬《ちゃづけ》　↓茶《ちゃ》の湯《ゆ》

参考文献　千葉徳爾「茶の民俗」（『季刊植物と文化』九、一九七三）、守屋毅編『茶の文化』、一九八一、大石貞男『日本茶業発達史』、一九八三、中村羊一郎『茶の民俗学』、一九九二、同『番茶と日本人』（「歴史文化ライブラリー」四六、一九九八）

（中村羊一郎）

ちゃがゆ　茶粥　番茶の汁で煮た粥。愛知県海部郡蟹江町あたりを東端にした本州から北九州一帯で広く愛好されている。一般的な作り方は、自家製の番茶を木綿の袋に入れて煮出した汁に米を入れ、強火で煮る。土地によっては、豆、イモ、カンコロ（イモの粉の団子）などを混ぜ、その名称を冠して、たとえばマメチャなどと呼ぶ。塩で味付けをすることが多い。和歌山県熊野地方には三度の食事すべてが茶粥という所もあった。高知県の山間地で作られている碁石茶という後発酵茶は、地元では消費されず、瀬戸内海方面に運ばれて茶粥に使われた。茶粥を好んだ香川県多度津町佐柳島では塩分を含んだ土地の水によく合うという。茶粥は単純に白粥を茶で煮ただけのものと思われがちだが、茶は基本的な調理法として古くから利用されていて、たとえば苗代にまいた種子籾の残りを焼き米とし、茶をかけて食べるという習慣とも通じる可能性がある。近世初期の『料理物語』に出てくる奈良茶は、茶を焙じてから煮出し、米・栗・クワイなどを混ぜて煮たものをさしていることも、茶と調理との関係の深さをうかがわせる。そこで、茶が単なる飲料ではなく、茶粥などに代表される簡単な食そのものをさす言葉でもあると理解すると、間食をチャと称したり、何か口にする休憩のことをチャという理由も明らかになる。茶粥をよく食べる場所として有名な山口県の周防大島では、領主が飢饉に際して空腹をまぎらわす手段として教えたというが、これは貧しさを連想させる茶粥の由来を権威づけようとした説明にすぎない。　↓茶漬《ちゃづけ》

参考文献　中村羊一郎「食べるお茶」（『全集日本の食文化』六所収、一九九六）

（中村羊一郎）

ちゃくし　嫡子　家の継承者を意味する法令用語。嫡子以外の子を庶子という。嫡子は、古代の律令では嫡妻の子、嫡妻の長子、選定された相続人の三通りの意味で用いられているが、中世になると家の相続人を表わす言葉となった。多くは生得嫡子つまり嫡妻の長子であったが、取立嫡子として能力によって他子が選ばれる場合もあった。一家一門の首長である総領の地位は嫡子が継承し、所領も嫡子がより多く相続した。江戸幕府の武家法では、家督相続人を嫡子とか惣領といい、どちらも用いられたが、のちに大名家の相続人を嫡子、旗本・御家人のそれを総領と呼び分けた。相続人は、能力とは無関係に決められたのであり、嫡妻の長子は出生届もしくは丈夫届により直ちに嫡子と認められ（法定嫡子）、嫡妻に子のないときは妾腹の子が届出により嫡子となった（届出嫡子）。また彼らが早世したり廃嫡の場合は、一定の順序に従って孫などを嫡子として願い出ることもできた（願出嫡子）。庶民にあっては、嫡子という語はほとんど使われず、総領・跡取・アトツギなどという言葉が多く用いられた。他にもイセキ、イハイゴ、ヨユヅリなど、地域的呼称がさまざまにあった。これらの言葉は長男をも意味するのがふつうであり、江島其磧『世間子息気質』（一七一五）に「惣じて世間の大法なれば、家の跡目は総領に継すが極ったる事」というように、総領が家の家督を継ぐという観念が浸透して広く行われた。しかし、東北日本における姉家督相続、西南日本における末子相続など、長男が家の継承者とならない相続慣習も各地に存在した。明治民法には嫡子の語はないが、妻の生んだ嫡出子はしばしば嫡子と表現されたのであり、その長男（嫡男）は法定推定家督相続人として優先順位を認められたので、長男子相続制が国民に強制され、姉家督《かとく》相続・末子相続などが衰退する結果となった。　↓家督　↓長子相続《ちょうしそうぞく》　↓長男《ちょうなん》

参考文献　柳田国男「家閑談」（『柳田国男全集』一二所収、一九九〇）、石井良助『日本相続法史』（「法制史論集」五、一九八〇）

（牧田　勲）

チャグチャグうまッコ　チャグチャグ馬ッコ　岩手県岩手郡滝沢村の駒形神社（蒼前神社）で六月十五日に行われ

チャグチャグ馬ッコ

る祭礼。駒形神社から盛岡市の盛岡八幡宮までの十五キロを約百頭の装束馬がパレードする観光行事で知られる。馬姿は盛岡藩主の南部氏が参勤交代で用いた小荷駄装束に因むという。旧盛岡領は古代からの馬産地で、駒形神や蒼前神・馬頭観音に対する信仰が篤い。また、生活を支えてくれる馬に感謝する気持ちが強く、旧暦の端午節供には農作業を休み、馬を一日慰労した。滝沢村の駒形神社はお蒼前さまと愛称され、美しく馬を着飾り、その健康と安全を祈願する人でにぎわった。馬の首につるした鳴輪と装束につけた鈴とが歩くたびに鳴り、チャグチャグと聞こえたことから祭の名が生まれたという。宮沢賢治は「ちゃんがちゃが馬コ見さ出はた人。ほんのぺこ夜明けがかった雲の色、ちゃがちゃんが馬コ橋渡て来る」と歌っている。朝露を踏んで早駆けをする慣行があり、一九三〇年(昭和五)秩父宮の観覧があって功労者を表彰することになり、盛岡八幡宮までのパレードが始まった。第二次世界大戦中・戦後の一時期中断したが、一九四八年に復活。一九五八年から旧暦端午節供より現在の祭日となった。以前は岩手郡玉山村の芋田駒形神社でも行われており、石川啄木の一九〇六年(明治三十九)の日記には着飾った馬を走らせて参詣するとあり、紅・白粉をつけた新婦をのせて、鈴の音をすがすがしく鳴らし、手綱をとる若き夫の姿などを「みちのくの詩」だと記している。芋田駒形神社は旧盛岡領全域からの参拝者があった。

参考文献 盛岡市教育委員会編『チャグチャグ馬コ調査報告書』、一九八一、門屋光昭編『祭礼行事岩手県』(『都道府県別祭礼行事』、一九九二)　(門屋　光昭)

チャシ　チャシ　アイヌが残した砦・館・柵・柵囲いなどの構築物を指すといわれる語。朝鮮語のサシを語源とする説とアイヌ語起源説チ=アシ(われわれ=立てる)がある。十六―十八世紀に多く構築。舌状台地先端部、海や川に面した崖上、尾根上、孤島などに一から数本の壕を配し、砦のほかに、聖地・見張り場・談判の場などの性格をもつ。十七―十九世紀の古記録では砦の表現が多い。北海道では約五百三十が確認され、日高以東の太平洋岸に多く分布。茶志内《ちゃしない》・茶志骨《ちゃしこつ》などのアイヌ語地名も多く残されている。

参考文献 北海道チャシ学会編『アイヌのチャシとその世界』、一九九四　(宇田川　洋)

ちゃせご　ちゃせご　主として宮城・岩手両県で行われる小正月行事。小正月の訪問者。一月十五日夜に子供たちが「アキの方からチャセゴに来した」と唱えながら家家をまわって、餅などをもらう。宮城県本吉郡志津川町折立ではアワビをつないだものを鳴らしながら歩く。岩手県沿岸南部ではカセギドリ、カセドリと呼び、大船渡市立根町ではケラを着て藁で作ったケンデァ(肩かけ)を首に巻き、馬の鳴金を鳴らしながら歩き、「旦那さま、かかさま。お祝いどっさり、どっさり」と、祝い物を催促する。　(門屋　光昭)

ちゃづけ　茶漬　飯に茶をかけ、かき込む食べ物で、残り飯を素早く食べたり、酒宴の最後の軽食として愛好されている。すでに平安時代の記録にある湯漬の応用とする見方もあるが、テンプラを入れた天茶、鰻を使ったウナ茶など、多様な具を加える地方もあり、苗代に蒔いた残りの籾を煎って茶をかけて食べるという事例や茶粥の存在をあわせ考えると、最初から米と茶とを組み合わせて発達した食品という可能性が高い。　→茶粥《ちゃがゆ》　(中村羊一郎)

ちゃっけい　嫡系　家の創始者から代々家を受け継いできた継承者の系譜を指す。民法に規定される直系が親子関係の連鎖を意味するのに対して、嫡系は家の継承とそれに伴う地位や財産の継承の系譜を意味している。このため、現世帯主の直系親族であっても嫡系とはならない場合(次・三男など)や、直系親族でなくとも家を継承した者を嫡系とみなす場合などがあり、直系と嫡系とは概念的に区別される。後者では、家の成員は嫡系と傍系とに二分され、嫡系成員には家の継承者としての諸権利義務が委ねられ、また傍系成員に比べてより多くの財産や地位役割が継承される。　→嫡子《ちゃくし》　→直系《ちょっけい》　→傍系《ぼうけい》

参考文献 森岡清美「家族の構造と機能」(『講座社会学』四所収、一九五七)、有賀喜左衛門「大家族・日本の事例」(『講座家族』二所収、一九七四)　(小野　博史)

ちゃとうじまいり　茶湯寺参り　死後百日目または百一日目に供養のために相模大山山麓(伊勢原市大山)の茶湯寺へ参詣する習俗。参詣の途中で必ず亡くなった人に会えるといわれ、相模川流域沿いに色濃くみられる。参詣者は寝釈迦の像と血脈をもらい、これを墓地に埋めたり、位牌の裏に貼っておく。また帰りに茶を求め隣家に配ったという。茶湯寺は俗称で正式には誓正山涅槃寺(浄土宗)といい、一九五二年(昭和二十七)にかつて大山にあった西迎寺・西岸寺・相頓寺の三寺が西迎寺の地に合併して建立された寺院である。

参考文献 田中宣一「相模大山の茶湯寺参りについて」(『成城文芸』九一、一九七五)　(鈴木　通大)

ちゃのま　茶の間　民家で、平入り主屋の、土間に接する部屋のこと。茶の間を指す呼称は、地方によりさまざまである。広い部屋で、板敷きで囲炉裏が切ってあり、

天井がはってない場合もある。土間側は板戸、座敷側とは襖や障子で仕切られている。神棚や仏壇などが設置されていることも多い。食事や団らん、軽作業など日常生活を営む部屋である。また、日常的な接客空間としても使用される。

（宮内　貴久）

ちゃのゆ　茶の湯　喫茶を中心とした日本の芸道の一つ。喫茶の習慣は鎌倉時代より定着し、はじめ薬として導入された茶は嗜好飲料として十四世紀には庶民の間にも拡がった。やがて茶の味を当てるゲーム（闘茶）が登場し、喫茶を中心とする宴会の形式（茶会）が成立した。喫茶の場を飾るために中国から舶載された美術工芸品（唐物）を飾り、前半に飲食、後半に闘茶、さらに宴後の酒宴という茶の遊びが流行した。一方で、このような茶の遊びに精神的やすらぎを求める人びとが登場し、連歌の影響をうけながら、満ち足りない不足のなかにかえって美を見いだそうとするわび茶すなわち茶の湯が誕生した。十六世紀になると、わびの思想のもとに茶の湯の道具が選ばれ、茶をたてるための方法（点前《てまえ》）と飲み方や道具の鑑賞法など（作法）が整えられ、さらに茶の湯のための特別な空間（茶庭・茶室）が創造されて、一つの芸道となった。わび茶の大成者といわれる千利休によってこうした体系がつくられ、その子孫や弟子の系譜が茶道の家元としてこの芸道を伝えている。茶の湯は非常に洗練された高度な社交文化といえるが、その反面、民俗的な性格を強く持ち、手水鉢などにみえるミソギ、キヨメの動作や、にじり口や中門に象徴される結界の構造、あるいは濃茶のまわし飲みにうかがえる共同飲食の作法など、その根底は民間信仰の儀礼や生活の中の習俗と共通する部分が多い。　→喫茶《きっさ》　→数寄《すき》

参考文献　熊倉功夫『茶の湯―わび茶の心とかたち―』（「教育社歴史新書」日本史八一、一九七七）、同『茶の湯の歴史―千利休まで―』（「朝日選書」四〇四、一九九〇）

（熊倉　功夫）

ちゃばん　茶番　江戸で流行した素人による即興寸劇。もとは近世の歌舞伎の楽屋で茶菓をふるまう役の名称であったが、茶菓をふるまう際に即興で洒落た口上を言い立てることが吉原に伝わり、やがて一般に広まったとされる。十八世紀末から次第に流行し、幕末にかけては茶番師といわれる専門の芸人まで生まれた。式亭三馬の『茶番早合点』（一八二一）によれば、当時茶番には多くの種類があったようだが、その主なものは、種々の景物《けいぶつ》を取り出してそれにちなんで洒落やオチをつける景物茶番（口上茶番・見立て茶番ともいう）と、歌舞伎芝居をもじって滑稽を演じる立茶番（茶番狂言・俄狂言ともいう）であった。江戸の茶番は近代になり寄席興行に取り入れられ、立茶番は江戸太神楽の滑稽掛けあいに受け継がれ、また景物茶番は寄席の大喜利の趣向に痕跡をとどめている。民俗芸能化した茶番については、未だ十分な研究がなされているとは言い難いが、かつて関東一円に分布していた万作芝居は、江戸の立茶番の脈を引くものといえよう。また宮城県桃生郡雄勝町の一月の秋葉神社祭礼に伝わるおめつきは、野菜や男根・女陰をかたどった物などを景物として滑稽なやりとりを行うなど、茶番の地方化した形態と思われる。

参考文献　中村茂子・三隅治雄編『大衆芸能資料集成』二、一九八一、『民俗芸能』三九（特集にわか・茶番、一九七〇）、郡司正勝『地芝居と民俗』（「民俗民芸双書」、一九七一）

（宮田　繁幸）

ちゃぶだい　ちゃぶ台　脚を折り畳む脚折れ機構を持った座卓。卓袱台とも書く。円形・角形・小判形などがある。ヒノキ、ナラ、センの材質にワニス塗り・黒漆塗りがあり、形状では円型の丸チャブが主流。材質ではセンが、センチャブという通称ができるほど普及した。ちゃぶ台の語原は諸説があり、定説はない。明治初期の横浜・神戸で外国人向け軽食堂をちゃぶ屋・ちゃぶちゃぶ屋と呼んだので、ちゃぶ屋の洋風食卓の名として引き継がれたという説、米国に取り入れられた長崎チャンポン風の麺、チャプスイを語原とする説もあるが、「ちゃぶ」の宛て字と思われる卓袱の字が中国式の円型食卓にかける布を卓袱と書き、南中国でCho-fuと発音するところから、長崎の卓袱《しっぽく》料理の食卓をいうようになった、というのが最も有力な説である。ちゃぶ台をしっぷく台・しょっぷく台と呼ぶ地方も中部以西に多い。ちゃぶ台は、江戸時代の絵図に見当たらないように、日本古来の食事風景のなかには、もともと存在しなかった家具であり、近代日本の発明だった。その元祖は、一八九一年（明治二十四）特許一一八八号である。この特許は甲板が円形（丸ちゃぶ）であり、脚折れ機構も枢《くるる》機構とよぶピボットヒンジ形式で、今日にいうちゃぶ台の折脚機構をととのえている。ただし、背（高さ）がちゃぶ台の二八～三〇チ《セン》より高く、三六チ《セン》はある。脚も刳り物で、洋風の様式だった。これは、もとは洋風ティーテーブルであり、搬送にかさばらないために脚を折り畳む機構をもたせたものであった。四半世紀ののち、脚を短くして脚のデザインも竹を模した刳り物や三味線の撥《ばち》を半割りにした撥型と和風化して再登場する。洋風ティーテーブルが和風ちゃぶ台に姿を変えて普及し始める時期については判然としないが、特許・実用新案の歴史の上では、一八九一年のものに対抗する特許が出現するのは、一九〇八年特許一四五〇号の鋼鉄バネを用いたものである。この食卓が大いに普及を遂げた理由は、収納に便利な機能をもった合理性が、日本の発明であるにかかわらず、欧米の進んだ文明の産物と錯覚されたこととともに、その形状が丸テーブルという、洋風味をそなえていたことも、考えられる。ちゃぶ台が急激に普及するのは大正時代からで日本的生活の原風景になるまで普及を遂げるのは、第二次世界大戦前の昭和時代である。そして、掘建小屋、壕舎生活からスタートする大戦直後には、まず食事の台がなければということで、ちゃぶ台は造れば売れる黄金期であった。し

かし、一九六〇年代、椅子テーブル式の食卓(食堂セット)での生活こそ近代的とされて、ちゃぶ台は姿を消していく。ちゃぶ台が普及し始めたころの食卓は、脚《あし》つき銘々《めいめい》膳《ぜん》や各自が所有する箱膳だった。家族の一人ひとりの前にする子膳は、脚の高さや甲板の広さ、料理の違いなどで身分格差を象徴するものであった。ちゃぶ台は同じ高さの台で、同じ料理を同じ時間に会する家族の平等と団らんのそなえとして、大正デモクラシーの時代の新しい家族像の象徴ともなった。

[参考文献] 石毛直道・井上忠司編『現代日本における家庭と食卓―銘々膳からちゃぶ台へ―』(「国立民族学博物館研究報告」別冊一六、一九九二)　(山口　昌伴)

ちゃみせ　茶店　路傍などで休息する人に茶などをだす小さい店。日本では茶の葉だけを扱う葉茶屋《はちゃや》、茶を飲ませる掛茶屋《かけちゃや》・水茶屋《みずちゃや》・茶店《ちゃみせ》などがある。喫茶の風習が庶民に一般化して広がるのは江戸時代前期の寛永年間(一六二四―四四)、街道や社寺門前の水茶屋に始まる。その後、喫茶の種類と機能が増し、劇場付近の芝居茶屋、相撲の角力《すもう》茶屋、遊里の引手茶屋・料理茶屋などができる。元来、喫茶は禅宗寺院に始まり、施薬の一種として伝わった。そのため社寺門前に茶屋ができ、参詣客相手に商売するようになった。茶を喫して休息するに際して、煙草盆を備え、軽食を用意するようになると、街道の各宿場や立場《たてば》にも往来人の休憩所として茶屋が設けられ、よしず掛の掛茶屋が全国に広がっていった。江戸時代の交通網の整備と街道を往来する人々の増加が茶屋の需要を高めていった。街道沿いの茶店は、住居の前面を茶屋にして、餅・蕎麦・うどん・飯などを扱い、その土地の名物になるものもあり、江戸時代の中期からは酒を出すことが一般化する。その営業は、単なる掛茶屋ではなく茶店としての構えをして商売として成り立っていた。都市における蕎麦屋・鰻飯屋・すし屋と類似した店舗機能を十分持つようになっていたといえる。現在もなお、観光名所などに小屋掛けした茶店がみられるが、高度経済成長期の車社会の伸展により、ドライブインやファーストフードレストランも茶店の系譜を引くものととらえることができる。　(鈴木　章生)

ちゃや　茶屋　客相手に飲食・遊興させることを業とする店。一般的には湯茶を接待することからでた言葉だが、その種類と機能は一様ではない。室町時代には行商形態の売茶が見られるが、江戸時代の前期には街道や社寺門前でよしず掛の水茶屋が登場する。京坂では早くから看板娘を置いて接待をした。江戸での水茶屋の全盛は宝暦から寛政ころで両国・浅草・上野山下などの盛り場や社寺門前に置かれ、鈴木春信の錦絵に描かれた谷中の笠森お仙などは評判をとった。一方で享保以前から江戸市中で存在したとされるのが出合《であい》茶屋で、奥座敷を利用した風俗営業の店である。その多くは不義密会場所として使われ、川柳や雑俳に多く登場する。出合茶屋は、明治になって待合茶屋(待合と省略した)と呼ばれ、芸者の増加とともに隆盛した。表向きは宿泊・調理ができなかった。今日の連込み宿やラブホテルにあたる。さらに劇場周辺にあって、客席の予約確保、見物人の案内、幕間《まくあい》の休憩、茶菓・酒・食事の接待などをするのが芝居茶屋である。芝居茶屋の多くは、座元や劇場関係者などの兼業によって経営されている。通常芝居が一日がかりの興業であることから、客相手の接待が商売として成立した。これとよく似たものに角力《すもう》茶屋がある。相撲興行の際の席を確保し、飲食を接待する茶屋である。芝居茶屋や角力茶屋は席の確保、観客の休息や飲食の場であると同時に、客と役者の出会いの場、役者遊びの場としても使われた。遊里にあって客と遊女との出会いの場として使われたのが引手《ひきて》茶屋である。客はまず茶屋に上がり、遊女を招いて酒宴を行なってから各妓楼へ行くが、引手茶屋では芸妓・幇間が接客をする。料理茶屋は江戸時代前期に登場してくる種々の会合に利用された店である。これは十八世紀半ば以降の高級料亭の出現によって料理屋にとってかわられるようになる。

[参考文献] 花咲一男『江戸の出合茶屋』、一九七三、佐藤要人『絵本水茶屋風俗考』、一九七七　(鈴木　章生)

チャランケ　チャランケ　アイヌ語で紛争や抗争を解決するための方法の一つ。関係者が揃った中で、第三者の介入を必要とせず、当事者同士がその正当性を裁判形式で主張しあうこと。アイヌ社会においては、紛争が生じるとチャランケという荘重な形式に則る談判で解決した。チャランケはコタンコロクル(集落の長)の家や広場などで行われ、近親者・弁士などが双方同じ人数で、対座のまま論じ合った。コタンコロクルや長老が、介入することもあった。カムイイレンガ(神意)によって社会の秩序が維持されるとの考えに基づき、紛争が生じるといずれが神意にそうものであるかどうかを、さまざまな伝承を引き合いに出したりして判断した。ときには飲まず、食わずで数日に及び、論者が変わることもあった。漁撈・狩猟・採集活動によって食糧を獲得していたアイヌ社会では、事前の申し入れなく他の領域内で狩猟を行なったり、村人に被害や損失が生ずるとチャランケが行われ、ほかに男女問題・犯罪行為についても行われた。十勝アイヌと石狩アイヌの紛争などはこれによって、平和的に解決された。しかし判決に不服がある場合は、当事者および傍聴者でも異議を唱えることができた。→コタンコロクル

[参考文献] アイヌ文化保存対策協議会編『アイヌ民族誌』、一九七〇、北海道史編纂委員会編『新北海道史』一、一九七〇、藤村久和「アイヌ」(『国文学解釈と鑑賞』五八六、一九八〇)　(遠藤　匡俊)

チャルメラ　哨吶　複簧の管楽器。リード付きの笛を意味するポルトガル語から来た呼称。十六世紀後半にポルトガルや中国から日本に伝来。十九世紀前半、唐人飴売りやホニホロ飴売りが唐人や南蛮人の姿でこれを吹き、

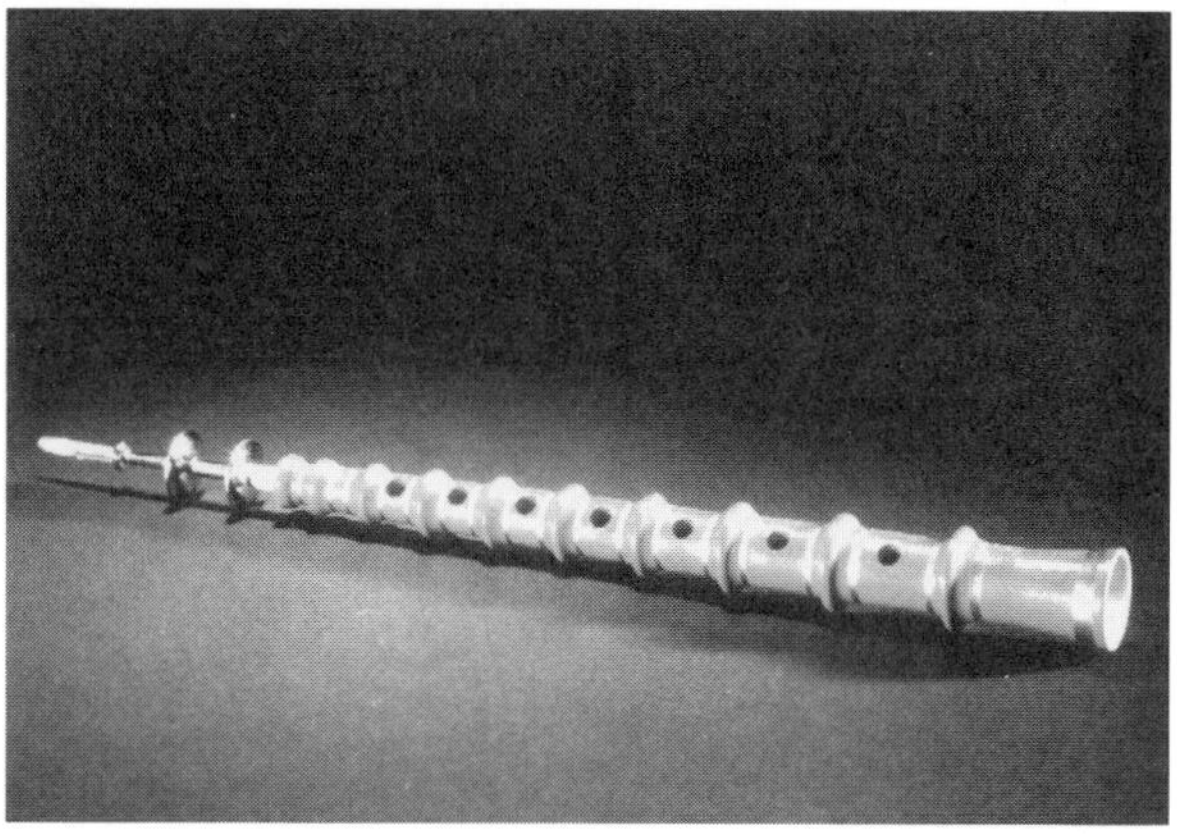

哨　吶

唐人笛とも呼ばれた。ちゃらほら・チャンメラの呼称もある。指孔は表七孔、裏一孔。円錐形の木管の上部に金属の吹き口を取り付け、麦藁のリードを付けて発音。歌舞伎の『国姓爺合戦』や『唐楽合方』で中国風の雰囲気を出す部分に下座で演奏したり、江ノ島の竜神囃子など民俗芸能で使われている。 （茂手木潔子）

参考文献　喜多村信節『嬉遊笑覧』五(『日本随筆大成』別巻二、一九七九)、三谷一馬『江戸物売図聚』、一九七九

ちゃれい　茶礼　朝鮮半島において正月と八月十五日などの名節の日の朝に行われる祖先祭祀。もともとは茶を祖先に捧げる中国祭礼であったが、李朝時代になって儒教式の祭祀の一つに代わった名残を持つ節祀。『朱子家礼』には茶を捧げる祭祀があるが、それに基づいて書かれた『四礼便覧』には、中国にあって朝鮮にない茶の礼に関して言葉自体欠如しており、韓国の儒教儀礼では茶を捧げる儀礼がなかったことがわかる。しかし儒教化以前の高麗時代までは仏教儀礼として、茶礼としての祖先供養も盛んであったようであり、それが李朝になって排仏崇儒の政策によって茶飲み習慣や儀礼が衰退し、名称のみが残ったものと考えられる。現在、朝鮮半島で正月と秋夕《チュソク》の朝食の時に行う祖先祭祀は、仏教儀礼の継承ではなく儒教儀礼の参礼や薦新礼という節祀から形成された儒教儀礼である。つまり、参礼は朔日(一日)と望日(十五日)に祖廟で行う祭儀であり、薦新礼は年中行事としての祭祀であったが、それが茶礼という名称を借用した季節祭祀の節祀になった。一般的に茶礼の儀礼形式やまつられる祖先の範囲が四代祖先までであるなど忌祭祀と同様である。しかし、まったく同じではない。忌祭祀は深夜に行われるが、茶礼は朝に行われ、前者は飯が重要な供え物であるが、後者では雑煮や餅など特別の供え物である。ただ、忌祭祀は命日ごとに深夜に行われるので、公然としては行われないが、茶礼は全国的に家ごとに祖先祭祀が一斉に行われるので、名節の雰囲気が高まるのである。 （崔　吉城）

茶礼の供え物

参考文献　張哲秀『韓国伝統社会の冠婚葬祭』、一九八四

在日韓国・朝鮮人においても、正月と秋夕は重要な年中行事であり、茶礼の基本的性格は韓国と共通している。この時期になるとコリアンマーケットは供物の材料や餅を買う客でにぎわう。在日の中には新正月、新盆で行う者もいる。在日の正月と秋夕は儒教的祭祀として祖先祭祀が中心となっているものの、秋夕に仏教的死者祭祀の性格が強く現われているのに対し、正月の茶礼に寺へ行くことはあまりなく、家族・親族間の新年の祝賀の挨拶が主な行事である。ここに正月と盆の区別といった日本文化の影響を見いだすこともできるかもしれない。 （岡田　浩樹）

参考文献　紀葉子「在日シャーマンの宗教儀礼—祖先祭祀の事例研究—」(『立命館産業社会論集』一六ノ三、一九八〇)、李仁子「異文化における移住者のアイデンティティ表現の重層性」(『民族学研究』六一ノ三、一九九六)

ちゃんちゃんこ　ちゃんちゃんこ　袖のない羽織、つまり袖なしのこと。主に子供が着用する場合に用いる呼称で、このほかに還暦祝いに着る赤い袖なしをちゃんちゃんこという地方が多い。成人が着用する場合は主に袖なし、あるいは袖なし胴着という。一般的な形は脇に襠《まち》を入れる。袷または綿入れが多く冬期防寒用として着用された。袖がないので動きやすく着脱が楽で重ね着もできるため、仕事着としても着用された。→袖《そで》なし （近江恵美子）

参考文献　宮本馨太郎『かぶりもの・きもの・はきもの』(『民俗民芸双書』、一九六八)

ちゅう　中　⇩夏至《げし》

ちゅう　忠　日本の非血縁的な上下の身分関係(典型例は主君と家来)において、下位の者(家来)が上位の者(主君)に対して、とるべきとされた人間のあり方(倫理)。一般には、忠義という言葉で、主君のために身命を惜しまな

い武士の行為が想起される。しかし忠という言葉は、本来、心の内にいつわりのないこと、つまり、真心を意味し、真心でもって相手をおもいやることをさしていた。したがって忠は、どの人間関係にも必要な心のもちようであった。実際、常民にあっては、忠は本来の意味で用いられるのがふつうであった。町人や農民を対象とした心学のテキストには、「いつも主人を大事と考えれば、仕事をするのも楽」「針についてくる糸を見て、主に忠、親に孝をつくせ」と書かれている。また日本では、忠は忠孝という言葉で使われることが多い。これは幕末期に「忠孝一致」(吉田松陰)とか、「忠孝一本」(藤田東湖)とかいわれるようになってからのことで、そこには非血縁関係の倫理である忠を、血縁関係の倫理である孝より上位において、日本人の倫理を統一したいという為政者側のおもわくがあった。ただ、親と家の維持を目的とする孝と主君や所属集団を優先する忠とが両立しがたいことは明白で、ここから古来、両者の選択に苦しむ人間の悩みが生じた。そして結局、忠が孝より優先される点に、日本の特色があった。 →恩《おん》 →孝《こう》

参考文献 相良亨「儒教の倫理思想」(金子武蔵編『新倫理学事典』所収、一九七〇)、和辻哲郎『日本倫理思想史』(『和辻哲郎全集』一二・一三、一九九〇)、丸山真男「忠誠と反逆」(『丸山真男集』八所収、一九九六) (布川 清司)

ちゅういん 中陰 仏教では死有と生有の中間の状態であり、死んでから次の生を受けるまでの間の状態。中有ともいう。この期間は七七日(四十九日間)であり、多くの地域で忌中として七本塔婆を立て、七日ごとに墓参や法要などを行う。またこの間、死者は死出の旅の途中であり、十王思想から七日ごとに審判を受けるという地域も多い。中陰があけることを満中陰といい、中陰より一般に用いられている。この時には忌明けとして法要を営み、四十九餅などを作る。死者の霊は中陰の間、家の棟にとどまっているが、四十九の餅をつく杵の音で霊が離れるという地域もある。 →忌明《いみあ》け →四十九日《しじゅうくにち》 →四十九餅《しじゅうくもち》

参考文献 井之口章次『日本の葬式』(『筑摩叢書』二四〇、一九七七)、藤井正雄『祖先祭祀の儀礼構造と民俗』、一九九三) (山田 慎也)

ちゅういんあけ 中陰明け ⇨忌明《いみあ》け

ちゅうかがい 中華街 都市における華僑・華人たちの集住地ないしは商業地。日本では長崎の新地、横浜の山下町、神戸の栄町にある。このうち神戸の中華街は現在でも南京町と呼ばれている。世界各地のチャイナタウンと比較すると、日本の中華街は欧米人の居留地と隣接する形で形成された点が大きな特徴である。これは、幕末の開国とともに来日した欧米人が港湾都市の居留地に住んだのに対し、華僑は一八七一年(明治四)に清国と日本が修好条約を締結するまでは無条約国人であったため、商館の買弁(買付商)や家庭の使用人など、欧米人に付随する形で来日し、治外法権に守られた居留地ではなく、隣接地域に居住したことによる。江戸時代の長崎では、オランダ人が出島に収容されていたのと同様に、中国人も唐人屋敷に居住が限定されていたが、すでに相当数の人口があり、幕末の開国により、新来の中国人とともにいち早く隣接する新地に中華街を形成した。横浜や神戸でも開港から約十五年後には中華街が形成されている。一八九九年内地雑居令が公布され、外国人が自由に日本人と雑居できるようになると、中華街の住人は次第に日本人のほうが上回り、中華街は華僑の生活の場から商業地へと変貌し、第二次世界大戦後は日本人客を対象とした中国料理や中国雑貨の店が増加した。一九七二年(昭和四十七)日中国交正常化を契機に、一層民族的特色を前面に出した観光化が進められている。 →華僑《かきょう》

参考文献 外山幹夫『長崎歴史の旅』(『朝日選書』四一一、一九九〇)、山下清海「横浜中華街と華僑社会―開港から第二次世界大戦まで―」(山本正三編『首都圏の空間構造』所収、一九九一)、山崎健「神戸南京町の形成とその背景―開港から明治期までを中心に―」(安井三吉編『近百年日中関係の史的展開と阪神華僑』所収、一九九七) (曾 士才)

ちゅうかかいかん 中華会館 在日華僑の第二次世界大戦前における自治組織またはその集会所。一八五九年(安政六)、安政の開国以後、華僑は長崎を経由して横浜・函館・大坂・神戸へと進出し、華僑社会を築いていった。やがて華僑人口が増加し、華商の財力が蓄積されると、すでに成立していた同郷同業団体である公所《こうしょ》・幇《パン》を基礎に、当該地域の華僑社会全体を統括する中華会館が、横浜(一八七一年)、神戸(一八九三年)、函館(一九一三年)に成立していった。会館の成立には当時の日中両国の対立が、次第に華僑に民族意識を覚醒させ、華僑全体を統一する何らかの機関の必要を感じさせるようになったことが影響しているという指摘もある。横浜・神戸(大阪華僑も統括し、神阪中華会館と呼ばれた)の会館は第二次世界大戦で焼失し、現存するのは函館のみであるが、三つの中華会館はともに中国の建築様式で建てられ、三国時代の武将関羽を主神としてまつっていた。関羽は信義を重んじたことから商業神として華僑の篤い信仰を集めている。会館の機能は対内的には華僑墓地の管理、関羽などの民間神の祭祀および葬祭の執行、公共慈善事業の運営、華僑社会全般に関する事項の協議、民事紛争の調停などがあり、対外的には中国在外公館や日本の役所など外部機関との折衝があった。戦後は自治行政的機能は各地にできた華僑総会が担い、会館の機能は関帝廟と中華義荘の管理運営、民間祭祀、葬祭執行に縮小した。 →華僑総会《かきょうそうかい》 →華僑墓地《かきょうぼち》 →公所《こうしょ》・幇《パン》

参考文献 内田直作『日本華僑社会の研究』、一九四九、山田正雄「神阪中華会館の創設」(『史学研究』五七、一九五四)、陳来幸「日本の中華会館について」(『神戸華僑華人研究会通訊』二九、一九九六) (曾 士才)

ちゅうかぎそう　中華義荘　⇩華僑墓地《かきょうぼち》

ちゅうげん　中元　七月十五日のこと、もしくはそのころになされる贈答習俗をいう。中国では一月十五日を上元、七月十五日を中元、十月十五日を下元といい、あわせて三元と称していたが、それが日本に採り入れられた結果、中元は盆の行事にあてられていった。中国の中元は中元節で亡魂供養の行事となっているが、日本では盂蘭盆会がそれに結びつき、盆前になされる贈答習俗がいわゆる御中元となっていった。中元の贈答は、日頃世話になっている本家・仲人・嫁の実家・世話人などへの夏の挨拶で、今日では職場の上司などに対してなされる上半期の感謝の意をこめた挨拶行事となっている。現在の中元の贈答は七月初旬から新暦盆の七月十五日にかけて行われるのが普通で、盆を過ぎればそれが暑中見舞い、立秋の後であれば残暑見舞いとなる。東北や関西では月遅れの八月に行う所も多い。第二次世界大戦前の贈答の品は米などのほか、麦の収穫期を終えた直後なので小麦粉・素麵・麩などの麦製品を贈る例がよく見られた。町場の商家ではそれを売るための中元大売出しを行なった。しかし、各地には中元の品として魚を贈る民俗が見られ、島根県安来市などでは分家が本家へサバを贈る習慣が今でも見られる。サバは仏前の生飯《さば》の語呂合わせともいわれ、吉日に採れた日本海のサバを開き干しにし、二尾を鰓《えら》の部分で刺し連ねた刺しサバを、持参箱という専用の木箱に入れて本家に届けつつ、独特の口上を述べることになっている。中国地方から北九州地方でも盆肴《ぼんざかな》釣りといって、盆肴を得るための出漁を行う所がある。新潟県長岡市では川狩りと称して川でその魚を採った。これらはいわゆる盆の贈り魚として、親元などへ魚を贈るイキボン、イキミタマの習俗にも通じるもので、生臭物を忌む仏教の精進思想以前の習慣を伝えるものと思われ、正月行事でいえば歳暮の新巻鮭などの魚の贈答習俗に対応するものと考えられる。　↓歳暮《せいぼ》

（長沢　利明）

ちゅうこう　中耕　播種後、もしくは田植え後、畝間を耕転する作業のこと。この作業は除草を兼ねて行われることが多く、作物の重要な管理作業の一つと考えられてきた。水稲の場合は、明治以降は回転式の除草器を用いることが多くなった。明治期には田打車とよばれるものが多く使用され、大正時代には雁爪(押雁爪。初期のころは長い歯の付いたもので、押すのにかなりの力を要したが、のちに短い二枚歯のものが普及してきた)が使用されるようになり、これで縦横十文字に押し、浮いた草は田の中に踏み込んでいった。その後、大正期にはタオシグルマが使われるようになった。しかし、最初の中耕には手雁爪が使用されることがあった。これを用いて二回ほど土を掘り起し、それから稲株をまたいで根元付近の土を手でかき混ぜる。熊本ではこれをカブノネツカミという。そうすることによって稲の分けつがよくなるという。ただ、中耕は稲の根を切ってしまう恐れもあるので十分に生育した後は好ましくないとされていた。麦は発芽して一週間をすぎたころに土入れといい、土を掘り返して麦にかける。　↓除草器《じょそうき》

（安田　宗生）

ちゅうごくみんぞくがく　中国民俗学　中国民俗学は民国初年の文学革命の影響のもと、民謡研究から出発した。一九二〇年に北京大学歌謡研究会が発足し、一九二二年には『歌謡週刊』が発刊された。さらに一九二三年に風俗調査会、一九二四年に方言調査会ができ、研究領域が広がった。一九二七年には中山大学民俗学会が組織され、鍾敬文が『民俗週刊』を編集した。その後杭州に活動の拠点を移した鍾敬文は一九三〇年に中国民俗学会を創立し、民俗学研究が盛んになったが、一九三七年の日中戦争とともに低迷してしまった。一九四九年の新中国成立から文化大革命までの間、民俗学は古い慣習や迷信を扱うブルジョア学問とされ、研究組織もなかった。特に漢族の風俗習慣の研究は、タブーとされた。一九五〇年に口承文芸を主に研究する中国民間文芸研究会が成立し、民俗学研究者たちはこの中に取り込まれていた。一九七九年十二月に、雑誌『民間文学』に鍾敬文ら七人連名による「民俗学及び関係研究機構の設立に関する建白書」が発表され、それを受けて一九八三年に中国民俗学会が成立した。正式の機関誌はないが、影響力のある雑誌として山東大学社会学系編の季刊『民俗研究』、上海民間文芸家協会・上海民俗学会編の『中国民間文化』(旧称『民間文芸集刊』『民間文芸季刊』)、中国民間文芸研究会編の季刊『民間文学論壇』がある。従来は、文献研究に偏りがちであったが、中国民俗学会編『中国民俗学研究』第二輯(一九九六)のように漢族を対象とし、フィールドワークを重視した中堅・若手による研究成果が発表されつつある。

参考文献　直江広治『中国の民俗学』(「民俗民芸双書」、一九六七)、佐野賢治「中国民俗学の現状」(『民俗学評論』二七、一九八七)、何彬「中国本土における民俗学の現状」(『文化人類学』八、一九九〇)

（曾　士才）

ちゅうこんひ　忠魂碑　近代日本において戦死者をまつるために建立された石碑。忠魂碑の出現は日本にとって本格的な対外戦争であった日露戦争(一九〇四年(明治三十七)—〇五)後である。それまでの内戦および対外戦争における戦死者碑は、遺族や村民が神社境内を中心に建立した個人碑であって、招魂碑・弔魂碑というものが見出せる。それが日露戦争での戦死者の激増によって、忠

忠魂碑（群馬県太田市）

魂碑という新たな石碑の建立に至った。この時期には戦死者のみならず従軍者の氏名を刻印した日露戦役紀念碑が神社境内を中心に建立され、彰忠碑・表忠碑なども出現している。しかし戦死者氏名のみを刻んだ碑は忠魂碑だけであって、同碑にはムラ出身の複数の戦死者がまつられた。さらに建立場所は神社境内ではなく小学校敷地内に移っており、学校教育との関連が注目される。各地の招魂社が靖国神社の末社として位置づけられたのもこの時期であった。靖国神社(東京都千代田区)や各地の護国神社は巨大な忠魂碑といえる。昭和期に入ると一枚岩の忠魂碑よりも規模の大きないくつかの石材を組み立てて作った忠霊塔が建立されるようになる。忠霊塔には三種類があった。第一種は外地の戦跡用(敷地約五万平方《メートル》、建設費約五百万円)、第二種は内地の大都市用(敷地は第一種と同様、約百万円)、第三種は内地の市町村用である。敗戦後は忠魂碑の撤去が命じられたが、対日平和条約調印(一九五一年(昭和二十六))のころより「ムラやマチの靖国」として復権し、同碑をめぐる慰霊祭などが靖国問題・憲法問題として現在も議論されている。→忠霊塔《ちゅうれいとう》

参考文献 大原康男『忠魂碑の研究』、一九八四、大江志乃夫『靖国神社』(「岩波新書」黄二五九、一九八四)、今井昭彦「群馬県下における戦没者慰霊施設の展開」(『常民文化』一〇、一九八七)、同「忠魂碑の歴史的考察」(『群馬評論』五五、一九九三)　(今井　昭彦)

ちゅうざんせいかん　中山世鑑　琉球王国の最初の正史。中山王尚質の命を受けて、一六五〇年(順治七)羽地朝秀(向象賢)が著わした。序に「世系図を撰ぶ」とあるように、王の系譜を記したものであるが、源為朝の漂着と舜天の即位を詳説したり、金石文を多く記載したりして独特の構成をしている。主として和文で書かれ、尚王統に王号は用いず公号を用いており、日本(薩摩)との関係を強く意識したものである。『琉球史料叢書』五(一九四二)に収められている。　(梅木　哲人)

ちゅうじょうひめ　中将姫　伝説上の人物で「当麻曼茶羅《たいまんだら》」を発願した女人。奈良県北葛城郡当麻町の当麻寺には「浄土変観経曼荼羅」(「当麻曼荼羅」)があり、その縁起は鎌倉時代の『建久御巡礼記《けんきゅうごじゅんれいき》』『当麻寺流記《たいまでらるき》』『古今著聞集《ここんちょもんじゅう》』『私聚百因縁集《しじゅひゃくいんねんしゅう》』、十三世紀後半に成立した『続教訓抄《ぞくきょうくんしょう》』や『当麻曼荼羅縁起絵巻《たいまんだらえんぎえまき》』、さらに奈良絵本・謡曲・説経節・浄瑠璃・歌舞伎・小説(青本・合巻)の諸作品など、鎌倉時代から江戸時代にかけて諸文献に広く取り上げられている。それらによれば中将姫は無常を観じ当麻寺に入って法如尼と名乗り、阿弥陀仏を念じていたところ阿弥陀仏と観音菩薩とが現われ、彼女を助けて蓮の糸で曼荼羅を織った。その功徳により彼女は諸菩薩の来迎を受け七七五年(宝亀六)に極楽往生したという。西誉の『当麻曼荼羅疏』やお伽草子の『中将姫本地』では、これに継子譚が付随する。淳仁天皇の御代、長谷観音の申し子として生まれた横佩《よこはぎ》右大臣豊成の女中将姫は、幼くして母を失い、継母に苛められる。十三歳になった時、帝に入内を勧められるが、嫉妬した継母に彼女が密通したと讒言され、怒った父は武士に命じて姫を紀州有田郷の雲雀山山中で殺させようとする。しかし武士は情ある人で姫を助けて養育する。姫はのちに父豊成と巡り会い、父は妻の虚言を知って姫を連れ帰る。帝は姫を后に迎えようとするが、姫は無常を観じ当麻寺で出家するというものである。伝承内容は諸伝により差異があるが、阿弥陀が比丘尼となって現われ、姫を助けて曼荼羅を織る部分は共通しており、その管理・伝播に比丘尼など女性唱導者の関与があったことがうかがわれる。中将姫の名は託宣者を示す中乗(中告)姫、阿弥陀仏の信仰史を表わす中寿姫、または中小君《なかご》、中書王姫などからの転訛であろうといわれる。神と人との媒介者としての巫女すなわち女性唱導者がみずからを姫に仮託して伝承したものであろう。継母による娘の受難、やがての救済と往生という主題は、中世浄土教が唱導した「女人往生」の思想とも連なるものであった。それはまた人々の好みに合致し、その故に中将姫のこの伝承は、特に近世に至ってさまざまの芸能分野に取り入れられ、大衆の受けを狙っての一層の趣向の手が加えられていったのである。

参考文献 奈良国立博物館編『社寺縁起絵』、一九七五、元興寺文化財研究所編『中将姫説話の調査研究報告書』、一九八三　(山本　節)

ちゅうじょうりゅう　中条流　江戸時代の産婦人科医の代表的存在。豊臣秀吉に仕えたとされる中条帯刀が興した金創医の一派。金創医とは戦乱の世に刀剣・矢じりなどの金属製の武器によって受けた創傷の処置をする外科医のこと。金瘡医とも書く。南北朝時代の戦乱が生み出した医療技術の分科として生まれた。戦陣に従軍した時宗の僧の医療が金創医のはじまりとされる。のち武家出身の金創医も出現し、戦国時代にますます盛んとなり、方剤や術式の多少の違いで一派をたてたため、多くの流派が生じた。金創に対する出血の手当も出産時の手当も同様の技術であるとして、金創医の中から助産にあたる者が出て産科医が生まれた。金創医が陣痛で使用した気付け、止血の金創薬(熱湯の中で振って成分を出す薬)が産前産後の薬として転用されたものもある。中条帯刀もこうした金創医の一派であるが、その伝は定かではない。三宅意安『延寿和方彙函《えんじゅわほういかん》』によれば豊臣秀吉が聚楽城にある時、その家臣に中条帯刀がおり、平和時に医術を好み、婦人科を得意としたことが記してある。その産科術は戸田旭山編『中条流産科全集』(一七五二)に中国伝統医学に基づく内服薬や坐薬の服用に経験による手技を加えたものと記されている。医者ではなく堕胎を専門とする者の中に中条流を騙《かた》る者が多く、堕胎医の代名詞となった。川柳にも「そそうしんしたと中条にそつといひ」などと詠まれている。　(宮本由紀子)

ちゅうそんじえんねん　中尊寺延年　岩手県西磐井郡平泉町中尊寺で演じられた延年芸能。故実舞あるいは故実

式三番と称して「開口」「祝詞」「若女」「老女」の四番が四月の初午の日に鎮守白山神社の祭礼において演じられた。その始行は鎌倉時代以前からとの伝承もあるが、記録によって確認できるのは近世期以降である。寺院の延年は法会の法楽として催されるのが鎌倉時代以降の一般的なかたちであるが、白山神社祭礼における芸能はまた鎮守社祭礼における芸能としての特徴を有している。祭当日は、早朝の白山神社での奉讃のための仏事・奉幣の後、芸能諸役と寺僧が集会所である金色院より行列を組んで白山神社に赴く。芸能の諸役には、笠をかぶった児が馬に乗る御一馬、田楽、獅子舞が含まれるが、これらは中世に畿内の大社寺で盛行した鎮守社祭礼における神幸行列の風流を構成した主要な芸能である。中世の鎮守社祭礼においてはヒトツモノと呼ばれる笠をかぶり美麗な装束をまとった乗馬の児が行列に従ったが、御一馬はそのかたちばかりでなく名称からも、ヒトツモノの系譜に連なる役といえる。白山神社では拝殿において禰宜役による神楽、寺僧による『大般若経』転読に続き、田楽・路舞・故実式三番・能の順で芸能が演じられた。翌未の日も祭礼は行われたが、前日と同様の行列を組んで寺内の諸堂・諸社を廻拝した後、やはり白山神社拝殿において前日とほぼ同様の次第で芸能が演じられた。なお、現在では五月初旬の平泉藤原祭の期間中に式三番が寺僧によって演じられ、さらに喜多流の能と和泉流の狂言が奉納される。

参考文献 倉林正次「中尊寺の祭りと行事」(『饗宴の研究』祭祀編所収、一九八七)、本田安次「中尊寺延年」(『本田安次著作集』一五所収、一九九八)　(松尾　恒一)

チューネン Thünen, Johann Heinrich von ⇩孤立国《こりつこく》

ちゅうのう 中農　政府の小農保護政策を批判し、農民問題の抜本的な解決をはかるために、柳田国男が用いた用語。彼によれば、眼前の農民は小農であり、農民が貧しいのは、農業が資本主義的な企業経営をとる以前の状態にあるからであった。農業経営を企業化するためには、農家一戸当りの農地面積を二倍以上に増やして生産量・販売量を増大する必要がある、そうすれば、農民は農業だけで自立できるはずだという主張をし、それを中農と呼んだ。農業基本法にいう自立経営と共通点が多い。↓小農《しょうのう》

参考文献 柳田国男「中農養成策」(『柳田国男全集』二九所収、一九九一)、藤井隆至『柳田国男　経世済民の学―経済・倫理・教育―』、一九九五　(藤井　隆至)

ちゅうふう 中風　脳卒中(脳の急激な循環障害によって生じる、意識障害と運動麻痺を主徴とする疾患)の発作後、半身不随や言語・意識障害を生じている病態のこと。チュウブ(中風)、チューキ(中気)、あるいはチューブヤミ(中風病)、チューキヤミ(中気病)ともいう。中年以降、加齢とともに多発する病気。半身不随はヨイヨイになる（長野県佐久地方）、言語・意識障害はボケる（全国的）ともいわれ、主に年寄りの病と考えられた。予防・治療には冬至にカボチャを食べること(全国的)、桑の葉や根あるいは蚕の糞を煎じて飲む(全養蚕地域)、松葉を煎じて飲む(ほぼ全国的)のほかに、家鴨を食うと良い、特に生血を吸うと効果大(新潟県佐渡郡佐和田町)、大根のカラミを飲む(岩手県)、カニをつぶして絹で漉した汁を飲む、ミカンの皮と味噌を交ぜて食う(長野県諏訪地方)、シャクナゲの葉を蔭干にして茶のかわりに飲む(滋賀県高島郡)など、その食養生と煎薬は土地の食と風土を背景にさまざまある。また、首を吊った縄を焼いて、あるいは煎じて飲む(山口県周防大島・岡山市付近・滋賀県高島郡)、千の鳥居をくぐる(宇都宮市ほか)、新調した桶の初風呂に入るあるいは近年は新調した車に初乗りするなど、さまざまな呪術・祈願の方法がある。特に高齢化が進む近年においては、老後のボケを心配する人が増え、中風予防の祈願寺参りやお守りが人気を集めている。

参考文献 有賀恭一「民間療法集覧」(『旅と伝説』六ノ一一、一九三三)、『旅と伝説』九六(特輯民間療法、一九三五)、『日本の民間療法』、一九七六・七七、立川昭二『近世病草子―江戸時代の病気と医療―』(「平凡社選書」六三、一九九九)　(大柴　弘子)

ちゅうま 中馬　近世から明治中期ころにかけ、信濃を中心に活動した馬背運送業、もしくはそれに使役された馬のこと。近世には、舟運に恵まれない山間地帯を中心に、大規模な駄賃付けが各地で展開をしたが、その代表的な例と位置づけられる。中馬の由来は農民が自家の産品を町場へ運んだことにあるが、やがて公的輸送制度が持つ難点を解消する輸送機関に変質、発展を遂げるようになる。当時の公的輸送システムを担った伝馬は、宿場から宿場へとリレー式に継ぎ送りをするものであったが、これは、そのつど積み替えをするため荷痛みが激しく、時間もかかるうえに運賃もかさむ等々、利用者にとっては不備が多いものであった。その難点解消の決め手となったのが、中馬輸送のなかの多数追いおよび付け通し(長距離続行)の二つの要素である。多数追いは、荷物を一度に多量に運んで運賃を安くするのに不可欠の技術だが、馬子一人が連れ歩く標準は四頭であった。馬は牝が使われることが多い。おとなしく協調性があり、集団行動に適しているからである。また、馬は引くより追うほうが楽だが、この方式の導入によって馬子の負担を減らし、長距離続行も可能となった。これらに基づき、中馬は特に多量の物資輸送を行う商人荷主から歓迎されたが、一方で利権を侵害するものとして伝馬を扱う宿場問屋から激しい反発を受け、両者はたびたび抗争に及んだ。↓駄賃付《だちんつ》け　↓馬子《まご》

参考文献 古島敏雄『信州中馬の研究』(「古島敏雄著作集」四、一九七四)、文化庁文化財保護部編『中馬の習俗』(「民俗資料選集」五、一九七七)　(胡桃沢勘司)

ちゅうもんぐち 中門口　田楽躍《でんがくおどり》の曲名。平安時代から鎌倉時代にかけて流行した田楽躍の源流は、大陸から渡

来した散楽系の芸能と思われる。躍りの隊形が対称的である点や、動きが幾何学的である点で、同じ大陸渡来の芸能である舞楽に共通するが、もう一つ、舞楽では楽器演奏の最初に、音取りと称し各パートが個別に試楽を奏するのと同様に、田楽躍でも躍りの一団を構成する成員が、自分の担当楽器を個別に奏しつつ躍る部分がある。これが中門口である。田楽躍は、多くの場合行列して躍りの会場に練り込むが、まず会場の入口で各パートが順次この中門口を躍り、その後にメインの会場に進んで総田楽を演じるという構成を持つ。中門口の名称は、貴族の館や寺院の中門前で演じる故の名であり、岩手県西磐井郡平泉町の毛越寺や中尊寺の田楽躍では、この部分を化粧坂の下で演じたため化粧と称した。また佐賀市川久保の田楽では、鳥居の前で演じる故に鳥居と呼んでいる。なお今日民俗芸能として残る田楽躍のうち、中門口の曲名を残すのは、奈良市の春日若宮御祭、東京都台東区浅草神社、島根県隠岐島美田八幡宮などで、いずれも一人または二人の演技の名称として使われている。なお平安時代末期に描かれた『年中行事絵巻』には、祇園御霊会の祭礼行列を描いた巻九の冒頭に、貴族の館の中門で、半円形を描く田楽衆の中央に進み出た鼓役が、一人で鼓を高く投げ上げて得意の演技をしている。まさに中門口の場面の描写である。

参考文献　本田安次『田楽・風流一』（『日本の民俗芸能』二、一九六七）　（山路興造）

ちゅうもんづくり　中門造　民家の主屋の一形式。その代表的なものは本屋の土間前面に出入口・馬屋を突出部としてもち、鍵型の平面をつくる。秋田県・山形県・福島県会津・新潟県・長野県北部など日本海側の豪雪地域に広く分布していた。出入口・馬屋とともに、上手前面に座敷が突出するものは両中門造という。新潟県では本屋から突出する部分をどれも中門といい、背面の後中門・寝間中門、側面の水屋中門などがあって、本屋より中門の面積のほうが大きいものさえある。中門造の名称は、寝殿造の中門廊に由来するものと考えられる。民家で中門造が成立した時期は、越後では寛文年間（一六六一―七三）ころという。その発生の要因は豪雪と大きく関わっている。まず第一は、軒先まで積もる積雪時に家へ容易に出入りできるための工夫である。今でもお寺の本堂などでは積雪時に木材などを三角形に組んで出入りの便をはかっている例は多い。次に、雪の多い冬期には、離れている建物間の移動は容易ではない。日常生活をできるだけ一棟のなかでする工夫として中門造はつくられた。内部の機能が外に向かって張りだしたのである。この点、同じ鍵型の平面をつくっていても、別棟であった馬屋がくっついた曲家とは異なっている。中門造は、南西諸島の分棟型とは相対するつくりである。分棟型では日常生活は家の内部に留まることなく、外と組み合わせることで成り立っている。↓曲家《まがりや》

中門造（新潟県魚沼地方）

参考文献　宮澤智士『日本列島民家史―技術の発達と地方色の成立―』（「住まい学大系」二一、一九八二）、同「近世民家の地域的特色」（『講座・日本技術の社会史』七所収、一九八三）　（宮澤智士）

ちゅうれいとう　忠霊塔　市町村や戦地に建設された納骨施設を伴った巨大な建造物。これを建立した財団法人大日本忠霊顕彰会は陸軍の強い支援を受け、一九三九年（昭和十四）七月に発会した。日中戦争の激化で戦病死者が増え、その顕彰・慰霊の碑表建設の要望が民間に拡がり、これを総力戦を闘い抜く精神的動員運動に活用しようとしたのが忠霊塔である。一九四一年の陸軍墓地規則には、忠霊塔の規定が含まれ墓碑誌を備えた合葬墓として扱われている。一九四二年十月の時点で、完成した忠霊塔は百二十四基、近く完成するものが百四十基あり、そのほかに建設希望市町村は千五百もあったというが、戦局が厳しくなりその多くは実現しなかった。↓忠魂《ちゅうこん》碑《ひ》

忠霊塔（群馬県新田郡尾島町）

参考文献 村上重良『慰霊と招魂―靖国の思想―』(「岩波新書」青九〇四、一九七四)、大原康男『忠魂碑の研究』、一九八四、本康宏史「「軍都」と民俗再考―祈願と慰霊を中心に―」(『石川県立歴史博物館紀要』八・九、一九九六)

(横山　篤夫)

ちゅうろう　中老　村落の年齢区分の一階梯で、若衆を終えた段階のこと。中老の形態には大きく分けて二つある。第一に、若衆を終りオトナまたは隠居衆に入る前の段階であり、村落運営および経済的にも中心的存在となる壮年層のことをさすもの。第二に、若衆内部で年齢的に上位にあり、若衆の後見的存在・顧問役であるもの。また、中老は年齢集団となっている場合と、特定の役職名となっている場合とがある。中老は若者組などと比較すると年齢集団としての独自の機能は不明確であることが特徴である。それに対して、福井県敦賀市白木では一九六一年(昭和三十六)まで、特定の役職名としての中老が存在していた。白木では中老が、農業・漁業・林業などの経済面において指揮をとり、漁場の共同利用、共有林の管理、田植えや稲刈りの日、休み日の指示をするほか、会計、村外からの連絡に対応するなど、村落生活全般の責任者であった。現在では、壮年世代の集団は壮年会・実業団・消防団などになっている。→オトナ

参考文献 肥後和男『近江に於ける宮座の研究』(「肥後和男著作集」二期一、一九八七)、竹内利美『ムラと年齢集団』(「竹内利美著作集」三、一九九一)

(関沢まゆみ)

チュソク　秋夕　韓国の代表的な名節の一つ。旧暦八月十五日にあたり、ハンガウィまたは中秋節《チュンチュジョル》ともいう。新羅時代、婦女たちが織物を織る試合をして負けた側が、飲食物を出して接遇をしながら会蘇曲を歌ったというところから由来しているが、歴史的な変遷とともにいろいろな要素が加味され、その特徴が複合的になってきたようである。現在では、女性たちが中秋の満月を迎えカンカンスウォレという円舞をし、家々では新米でご飯と餅を作って祖先に供えてまつる祖先祭祀の年中行事、特に墓掃除や墓参りなど祖先崇拝の名節になっており、いわば稲の収穫を感謝する稲作農耕儀礼と儒教式の祖先祭祀が混合しているのである。日本の盆のような仏教的祖先供養とは系統が異なっている。村落では男性たちにより農楽が演奏され、全村民が参加する綱引きを行い、円舞などの民間芸能や遊びが多く行われる点に注目すると、農楽は古代南部朝鮮における祭天儀式から伝統を引き継ぐ農耕儀礼のようである。農楽は農耕過程を演じる内容があり、それとともに農耕行事の綱引きを行う村落も多くあり稲作文化圏の民俗として注目されている。また朝鮮半島の南部地方ではその日の朝、ハレの食事として粳米餅を食べ、イモのスープを飲む風俗があり、綱引き・円舞などとともに南方文化的な民俗もある。それは、中部以北地方で五月五日の端午節を重要な名節としていることとは異なり対照的である。秋夕は開化時代(十九世紀末)以降、旧暦の陽暦化政策によって民俗としては存在していても公的な名節にはなっていなかったが、最近韓国政府は伝統文化の復活によりこの日を国家の公休日にした。

秋夕の際の墓参り

参考文献 金宅圭『韓国歳時風俗の研究』、一九九七

(崔　吉城)

在日韓国・朝鮮人社会でも、秋夕(旧暦八月十五日)は、元旦《ソル》とともに最も重要な名節(節供)行事である。元旦と同様の儒教式の祖先祭祀を行うが、本国(韓国)のような、歌舞を伴う地域の祭といった性格はもたない。主として来日以来の父系の故人をまつる。屏風の前に置かれた卓上に、故人の名を書いた紙牌を立て並べ、それぞれに酒・飯・餅・汁・肉・魚・果物・菓子などを供える。かたわらに門膳(玄関神など雑霊のため)をおく。祭主は、祭文を読み上げ、故人ごとに匙で供物の一部をとって給仕する。集まった親族は、順に拝礼をしたあと、宴に移る。今日、在日の人々の間では、その生活文化の多くは日本人のそれと変わらないが、このような祭祀(チェサ)は良く守られ、親族結合と家門意識を保持し、民族意識を涵養する機会となっている。

参考文献 李光奎『在日韓国人』、一九八三、飯田剛史「在日韓国・朝鮮人の祖先祭祀と民族意識」(『国際宗教ニューズ』一三、一九九〇)

(飯田　剛史)

ちょう　蝶　鱗翅目に属する蛾類以外の昆虫の総称。蝶の俗信の一つに天候予知に関するものがある。雨乞いに、蝶が出現するのを晴れの兆とする事例があり、和歌山県有田郡清水町室川では占いの一つとして、蛙か蛇が出たら雨、蝶が出たら晴れの兆とする。滋賀県坂田郡山東町梓河内では、山中にある雨壺のかぶせた蓋をとって、蝶が出れば日照り、蛙が出れば雨が降るといって、旱魃の際にはこれで天候を占った。これとは反対に蝶の出現を

雨の予兆とする事例もあり、香川県三豊郡大野原町田野々の法泉寺の縁起に、酒と米を供えて妙典を読経すると蝶が出てくる、そこで酒器に臨んでこれを飲めば必ず雨になるという伝承がある。群馬県北群馬郡では蝶が家に舞い込むと雨という。また、蝶の出現により霊魂を予知するとか、蝶そのものを死霊の化身とするなどの伝承もあり、千葉県では夜の蝶は仏様の使い、宇都宮市では盆の黒い蝶に仏様がのってくるという。墓地に舞う黒揚羽をみて霊を感じたとか、両親の魂が蝶になって法事に現われるなどの言い伝えもある。秋田県山本郡で蝶模様の着物を好む者は短命というのも、同様の考えによるもので、小泉八雲は平将門の乱の時に現われた蝶の群をおそらく死を予感した人々の魂であろうと述べている。蝶の出現は凶兆とする場合が多いが、ゼニチョウ(銭蝶)が家の中に入ってくるとお金が入ってくる(鹿児島県国分市)という例や、娘のいる家に蝶が舞い込むと良縁がある(岐阜県大野市)などこれを吉兆とする例もある。また、埼玉県入間郡では「にしや何方」といって蝶や蝶の蛹を手でつまみ揺らして、西はどっち東はどっちと問いかける遊びがあるがこれは各地にあり、この遊びが蛹の呼び名になっている。

参考文献 柳田国男「西は何方」(『柳田国男全集』一九所収、一九九〇)、鈴木棠三『日本俗信辞典』動植物編、一九八二、今井彰『地獄蝶・極楽蝶』、一九九二

(川名　興)

ちょうかいさんしんこう　鳥海山信仰　秋田県と山形県境に位置する標高二二三六メートルのコニーデ型の火山を神体とする信仰。古くから火山活動の活発な山で、噴火のたびに石鏃が降り、瑞兆とされた。鳥海山の神は大物忌神《おおものいみのかみ》と称し、『三代実録』八七一年(貞観十三)条で、弘仁年中(八一〇—二四)に鳥海山の噴火と戦前兆との関係を記述した記録が初見で、山の噴火が何かの予兆と捉えられ、この山が荒ぶるたびに中央政府から位階勲等が昇叙されてきた。鳥海山の山名が登場するのは「暦応五年(一三四二)」の銘のある鰐口が最初である。近世には山麓の山形県側の飽海郡遊佐町蕨岡・吹浦、秋田県側の由利郡象潟町小滝、仁賀保町院内、由利町滝沢、矢島町矢島の各登山口には修験集落があり、それぞれ独自の一山組織を形成して、鳥海山への登拝者の案内や牛玉《ごおう》札の配札、御頭様と称する獅子頭を廻しての巡行を行なっていた。また鳥海山麓の各村落では、修験の家に生まれた者が通過すべき儀礼としての舞楽と、人々を信仰へ導くための唱導の芸能である番楽が伝えられて、修験者が鳥海山への信仰の媒介となっていた。一方、山形県庄内地方や秋田県由利地方では、どこからでも眺めることができたから、鳥海山は荒ぶる神としてだけではなく、自然の恵みの恩恵を授けてくれる水分《みくまり》の神であり、農耕開始を告げる神であり、北東の風(ヤマセ)を遮り、四季の生活の暦ともなり、民間においても鳥海山への信仰には深いものがあった。

参考文献 神田より子『蕨岡延年』、一九八四、同『吹浦田楽』、一九八六、同編『鳥海山—自然・歴史・文化—』、一九九七

(神田より子)

ちょうきはどう　長期波動　歴史を長い波長で捉えるための分析概念。伝統的な政治史や外交史が、歴史的時間を刻々と変化する短期波動の相において捉えていたのに対し、現代歴史学は短波・中波・長波といったさまざまなレベルで歴史を捉えなおし、とりわけ長い波長で変化する歴史の深層を重視する。ラブルースはこれを長期波動 mouvement long と呼び、ブローデルは長期的持続 longue durée と名付けた。このような視点をとることによって、歴史学は民俗学や人類学との協働が可能となり、一九七〇年代には歴史人類学と呼ばれる潮流も生まれた。

参考文献 F・ブローデル「長期持続」(井上幸治編『フェルナン・ブローデル一九〇二—一九八五』所収、一九八九)

(二宮　宏之)

ちょうさこうもく　調査項目　民俗調査を行う際にあらかじめ準備する調査内容に関する項目。調査の意図を反映するものであり、調査の目的が異なればそのつど作られるべきものである。人類学に「焼畑」の、社会学に「社会調査」の調査項目があるように、それ自体が民俗学に特有のものではない。山村調査では百項目の質問項目が準備され、その後の調査ではこの種の項目表が必須と考えられるようになった。柳田国男・関敬吾の『民俗学入門』(一九四〇)は詳細な調査項目集であった。台湾においても一九四〇年代前半に刊行されていた『民俗台湾』の編集者が調査項目の作成に着手したほどである。第二次世界大戦後も文化財保護委員会『民俗資料緊急調査要項』、郷田(坪井)洋文・井之口章次の「日本民俗調査要項」(『日本民俗学大系』一三)などが出されている。ノートと鉛筆を片手に話者から豊富な資料を引き出してくる名人芸的な調査のありかたを、だれにでもできる道筋として示した功績はあるが、その実際上の用法や研究上の位置づけは十分には行われておらず、作成の目的はもっぱら調査の効率を上げることに終始している。既成の調査項目を利用しながら調査を行うと、調査もれが防げるためいわゆる行政調査に重宝がられた。しかし、用意された項目の枠内で調査が制約されることにもなり、現場で気がついた問題を深めることができにくいという短所を伴う。むしろ、独自の視点を盛り込んだ調査項目を提示し民俗誌の製作過程や執筆の意図をも示すものとして積極的に活用すべきと思われる。それは調査が客観的に行われうるのではなく、調査するものの主観によって資料として切り取られてくるからであり、調査項目は調査の意図を一次資料の収集の場で明らかにする有効な方法と考えられるためである。

↓採集《さいしゅう》

参考文献 福田アジオ『日本民俗学方法序説—柳田国男と民俗学—』(「日本民俗学研究叢書」、一九八四)

(古家　信平)

ちょうさひょうちょうさ　調査票調査　調査票を用いた社会調査の手法のこと。調査票というのは、比較的少数の調査項目に関して質問文を列挙して構成される質問紙のことであるが、調査対象を世帯として構成されている場合には、世帯(調査)票と呼ばれる。民俗学における伝統的な調査の手法は、主に少数の古老を情報提供者とする民俗事象に関する聞き書き調査が主であり、これにより得られた結果は、特定の民俗事象ごとに全国的な比較のために用いられた。これに対して民俗学における調査票調査は、主に一つの村落を構成する全世帯あるいは一定の基準で抽出された一定数の個人を対象として、同一の質問文に基づいて質問する調査方法であるので、民俗を担う、近隣や親族の関係を具体的に捉え、それらの間における慣行や意識の実態などを把握するのに適している。こうした調査方法は、主に第二次世界大戦後の農村社会学や社会人類学の分野で発展したものであり、民俗学の領域でもその影響を受けて、事例研究法の一つとして採用されるようになった。ただ事例研究法自体は、事象の全体的な関連や質的な属性を把握することを目的とした研究方法であるから、調査票調査で得られた資料についても、そうした関連を理解するための枠組みの中に位置付けられる必要がある。　↓アンケート調査《ちょうさ》　↓聞《き》き書《が》き

参考文献　福田アジオ『日本村落の民俗的構造』(「日本民俗学研究叢書」、一九八二)、福武直『社会調査(補訂版)』(「岩波全書」、一九八四)　(白井　宏明)

ちょうし　提子　盃に酒を注ぐのに用いる器。銚子とも書く。元来は金属製で燗鍋と同じものであった。円形容器の一ヵ所に長口あるいは片口があって、長い柄のついたもの、弦《つる》のついた提子様のもの、蓋のあるもの、ないものなど形状は多様である。『和名類聚抄』では佐之奈遍《さしなべ》とあって、弦のついた温器と記しているので、提子様のものが古いようである。近世初頭に徳利が普及してからも、元服礼や婚礼などの祝宴には広く用いられた。　(岩井　宏實)　↓徳利《とくり》

ちょうしそうぞく　長子相続　英語 primogeniture の訳語。長子が被相続人の地位あるいは財産を包括的に承継する相続。逆に、末子が相続をする形態を末子相続 ultimogeniture という。長子とは男女を限らないが、普通は男子のことである。日本の初生子(姉家督)相続は長子相続の一形態である。長子相続は古くから世界中に広く行われてきた慣行であるが、石井良助は古代社会に発現した長子相続と封建社会のなかで発現した長子相続では異なった性格をもつとする。つまり、古代社会の長子相続は宗教(祭祀)的、政治的地位あるいは官職の地位の承継と結びついており、財産相続はそれほど重要性をもたなかった。封建社会の長子相続は軍事的性格をもち、封的勤務と封地(土地)の承継が結びついてきた。日本では鎌倉時代に惣領制と結びついた長子相続制が確立するが、近世になると武士の社会では家相続が封禄の承継として現象するため、長子単独相続が確固たる原則になった。江戸時代の家相続は、家長の地位の承継であるが、家長の地位と家の財産(家産)は密接に結びついていたので、実質的には長子が単独で家の財産を承継するようになった。このように長子による単独相続が行われるところでは、長子と長子以外の兄弟の関係は主従関係として現われることが多く、兄弟間における長子の特権的な地位が認められた。しかし、農民階層においては百姓株の承継が単独相続であっても必ずしも長子相続が普遍的ではなく、西南日本では末子相続を含めた非長子相続が広範に行われていた。明治政府は一八七三年(明治六)七月二十二日太政官布告第二六三号において長男子による家督相続制を規定した。この布告は当初は華士族の家督相続を規定したものとされたが、一八七四年に庶民にも適用されることになった。しかし、この布告によって長男子相続が実施されたというより、嗣子(長男)の免役を定めた徴兵令の改正を通じて次第に他の相続方式が動揺し、明治民法の施行(一八九八年)により長男子相続が庶民階層にも現実化したといえるだろう。

参考文献　石井良助「長子相続制」(『法律学大系』二所収、一九五〇)　(森　謙二)

ちょうじゃ　長者　一般には、徳のすぐれた者、富豪、長老、氏族の長、目上の人、京都東寺の座《ざ》主《す》、宿駅の長などをいうが、説話文学、伝説、昔話の世界ではほとんどが分限者としての登場である。もちろんこの意での例としては文献にも古く、『竹取物語』の「あべの右大臣の話」に、「火鼠の皮衣、此国になき物也。おとには聞けども、いまだ見ぬなり。(中略)もし天竺にたまさかにもて渡りなば、長者のあたりにとぶらひ求めむに、なき物ならば、使にそへて、金をば返したてまつらん」とある。また『今昔物語集』の例もおもしろいが、『宇治拾遺物語』の「上緒の主金を得る事」で、女の家に黄金のかたまりを見付けるところは、「あやしの小家一つあり。(中略)女ひとりあり。(中略)平なる小唐櫃のやうなる石のあるに、尻をうちかけてゐたり。小石をもちて、此石を、手まさぐりに、たたき居れば、うたれてくぼみたるところを見れば、金色になりぬ。(中略)女に問ふやう、『此石はなぞの石ぞ』。『何の石にか侍らん。むかしよりかくて侍るなり。昔、長者の家なん侍りける。此家は倉共の跡にて候なり』」という表現である。昔話、伝説としては、若い貧しい男が長者になる話や、逆に長者が落ちぶれていく話が全国的に分布している。有名なものとしては、「真野《まの》長者」「炭焼長者」「躄《いざり》長者」「芋掘長者」「蕪焼き長者」「蛸長者」「藁しべ長者」「夢買い長者」「蜻蛉長者」「猿長者」などがある。　↓朝日長者《あさひちょうじゃ》　↓湖山長者《こやまちょうじゃ》　↓炭焼長者《すみやきちょうじゃ》　↓蜻蛉長者《だんぶりちょうじゃ》　↓藁《わら》しべ長者《ちょうじゃ》

参考文献　柳田国男「炭焼き小五郎が事」(『柳田国男全集』一所収、一九八九)、同「長者栄華」(同五所収、一九八九)　(田畑　千秋)

ちょうしゅう　**町衆**　中世後期の都市の住人、とりわけ町《ちょう》に拠って地域的な集団生活を営む人々。最も著名なものは京都の町衆である。室町時代の辞書『節用集』では「チョウシュ」と読んでおり、「まちしゅう」ではなく、「ちょうしゅ」もしくは「ちょうしゅう」と読むべきである。古代以来の京都の町割りは碁盤目状のものであったが、その東西と南北の大路小路で区切られた正方形の一辺に相当する街路の両側によって構成された町を、両側町と呼ぶ。この両側町が京都における町の原則的な形とされているが、具体的にいつごろ町が形成されたかについては室町時代初期から戦国時代まで諸説ある。町衆は、一定の程度の自治を実現していた。まず、町内の治安維持は、町衆が連帯してこれにあたり、犯罪者は町衆の手で捕えられた後に幕府の侍所に引き渡された。町の出入口には釘貫《くぎぬき》と呼ばれる木戸が設置され、外からの攻撃に対する備えとなった。町衆の中には、土倉《どそう》などの金融業者も当然含まれていたため、近郊村落より発生した土一揆が土倉を襲撃した際には、他の町衆が巻き添えになることもあり、土一揆と町衆は次第に対立的になった。また、町では、町掟や町式目などの法が定められており、町家《まちや》という寄合所にて会議がもたれた。娯楽としては、彼らがみずから演じる手猿楽や風流踊りがあり、祇園社の祭礼に登場する山鉾は、町衆の文化を象徴するものといわれる。京都の町衆は、鎌倉新仏教とりわけ法華の信者が多く、法華一揆のような一大武装勢力を結成することもあった。現在でも京都の祇園祭の山鉾巡行は、町家を拠点とする各町によって運営されている。

参考文献　林屋辰三郎『中世文化の基調』、一九五三、同『町衆』(『中公新書』五九、一九六四)、秋山国三・仲村研『京都「町」の研究』(『叢書・歴史学研究』、一九七五)

(高橋慎一朗)

ちょうしょう　**嘲笑**　仲間からさげすみ笑われること。ムラ社会の中で人々が寄り添いながらその一生を送っていた時代には、人並みという十人並みであることがムラで暮らす上で重要なことであった。ムラの規範を逸脱することは、ただちに他の村人の笑いの対象となった。笑われることは本人にとって侵害であるとともに屈辱であった。笑いは自分と比べて相手の非力・失敗・敗北・無知・貧窮・卑賤などを罵り攻撃する残酷な一面があった。そこで、公衆の面前で笑い者にされ恥をかかされれば、もはや二度と立ち上がり生きてゆくことさえできなくなった。人に笑われまいとする努力が逆にムラの道徳律や慣習法を作り上げていったともいえる。他人に笑われぬように日頃から心がけ、他の者が笑われている際にも自戒に努めることが肝要であり、諺はその点で生きた生活の知恵とされた。諺は言の技で言葉による一種の武器であった。その場面に相応しい奇抜な警句を発して笑いが巻き起り皆の共感を得れば、その笑いは味方の士気を鼓舞し相手を威圧する力となる。勝って笑った時の喜びもさることながら、満座の中で一人笑われる苦痛は耐え難いものであり、諺は実際の生活に即して笑いの教育であった。昔、借金の証文にも「万一返済が滞るにおいては人中にて御笑い下さるべく候」と記したという。それほど、人の面前で笑われ嘲笑されることは、村ハチブなどの実際的な制裁とは別の意味で精神的に大きな打撃を与えるきつい制裁であったのである。

参考文献　柳田国男「笑いの本願」(『柳田国男全集』九所収、一九九〇)

(飯島　吉晴)

ちょうせい　**調製**　生産物に含まれる劣悪なものや病害虫に侵されたものなどを除去し、一定の基準に生産物を類別する作業。これには自然の風を利用したり、大きな団扇を使ったり、足踏みの扇風機を用いたりした。しかし、最もよく利用されるのは唐箕である。唐箕は送風口から風を送り、上から落下してくる穀物を飛ばし一番口・二番口・三番口に穀粒の大きさによって分けられるようにしたものである。明治期のものは大型であるが、大正期にはより小型のものが普及した。これは一人でも持ち運ぶことが可能であった。それから籾摺りにかかる。籾摺りは脱穀された籾殻を取って玄米にする作業である。古くは上臼と下臼の摩擦面に歯が付けられ、上臼の中央部から籾を入れて、上臼を回転させて殻を分離させる籾摺り臼が使用されていた。その後馬にひかせる臼(ウマドウス)が使われるようになり、昭和初期には動力籾摺り機がみられるようになった。分離した玄米と籾殻を唐箕や万石通で、ふるい分けする。最もよく使われるのは万石通で、一～四枚の網目の大きさの異なる篩《ふるい》を組み合わせたもので、これで籾と玄米とをふるい分けた。

(安田　宗生)

ちょうせんじんコミュニティー　**朝鮮人コミュニティー**　在日韓国・朝鮮人としての帰属意識と連帯性をもつ人々が多く生活する地域社会。在日韓国・朝鮮人は日本全国に住んでいるが、都道府県別にみると大阪・東京・兵庫・愛知・京都の順に多く、都市生活者が多い。中でも大阪市生野区の猪飼野、東京都の荒川区・江東区、神戸市の長田区、神奈川県の横浜市・川崎市、名古屋市、広島市、山口県の下関市、福岡市などにはコリアンタウンとも呼ばれる在日韓国・朝鮮人の集住地区がある。こうした地区では、公立の小・中学校に民族学級が設置されていたり、たとえば大阪の生野民族文化祭や、京都の東九条マダン、神戸の長田マダンなどのように、在日韓国・朝鮮人としての民族性の回復と主体性の確立とともに、地域住民との共生・共存を目的とした祭の場が設けられている。在日韓国・朝鮮人の中には済州島出身者が多く、そのコミュニティーは独特の性格をもっている。海洋性に富む生活文化をもつ済州島人は、歴史的にも移動が頻繁であったが、ことに一九二〇年代から第二次世界大戦終戦まで日本の植民地支配という時代背景と定期連絡船の運行という利便さとが相まって日本への移動が目ざましかった。彼らはある程度経済的に安定した現在に至っても、他の地域の出身者とは比較にならない規模で集住し続けている。日本最大の在日韓国・朝鮮人の密集地である大阪の生野区も済州島人の集住地である。また、荒川区に住む村出身者の数が、本村の人口よりも多いという済州島の村落もある。そして一九八〇年代後半から韓国の就職難と日本の労働市場における底辺労働の慢性的な人手不足と円高により、多くの済州島人が就労目的で日本に住む親族を頼ってこれらコミュニティーに入って来ている。 →在日韓国《ざいにちかんこく》・朝鮮人《ちょうせんじん》

参考文献 金賛汀『異邦人は君ヶ代丸に乗って—朝鮮人街猪飼野の形成史—』(「岩波新書」黄三二一、一九八五)、江東・在日朝鮮人の歴史を記録する会編『東京のコリアン・タウン枝川物語』、一九九五、高鮮徽「横浜市A町の済州島人と韓国人労働者」(駒井洋編『日本のエスニック社会』所収、一九九六)、原尻英樹「日本敗戦後の在日朝鮮人—済州島人の生活史—」(『半島と列島のくにぐに』所収、一九九六) (朝倉 敏夫)

ちょうせんでら 朝鮮寺 大阪近郊の生駒山系ないし六甲山系の一部にあって、在日韓国・朝鮮人による仏教とシャーマニズムの混交した活動を行う六十余の「寺」をさす。韓寺ともよばれる。いずれも調査者による呼称である。これらの寺は、修験行者の水行場であったものを在日一世のポサル(菩薩)、スニム(僧任)、シンバン(神房、済州島の伝統的な巫覡《ふげき》)などの祈禱師・霊能者が譲り受けて寺としたもので、仏殿、住居、クッ(シャーマニックな祈禱)をする房、および水行場を有している。仏殿には、諸仏像が安置され、背後の壁に海神図・山神図・七星神図の三幅が掛けられている。これら三幅図はそれぞれ小堂にまつられることもある。宗派の系統は、韓国仏教系の曹渓宗・太古宗などと日本の修験系の真言宗醍醐派・高野山大師教会・金峰山修験本宗などがあるが、宗派の別なく祈禱ないしクッの場となる点に特質がある。一九八〇年代以降は世代交代期で、韓国から来た若い仏僧の住する寺が増えてきているが、クッへの場所貸しは続いている。また、市中の在日韓国・朝鮮人の集住地域にあるポサルやスニム、シンバンの住まいに寺号を掲げ、占いや小規模なクッを行うものが約二十ある。関東や北九州、下関にも同様な活動をする十余の寺がある。他方、クッを行わない、純然とした韓国系仏教寺院が十余あるが、これらは朝鮮寺とはよばれていない。 →クッ

参考文献 宗教社会学の会編『生駒の神々—現代都市の民俗宗教—』、一九八五、飯田剛史「在日韓国・朝鮮人社会における仏教および民俗宗教寺院の諸形態」(『富山大学日本海経済研究所研究年報』一五、一九九〇)、曺奎通「生駒・宝塚の韓寺を歩く」(『済州島』三・四、一九九〇・九一) (飯田 剛史)

ちょうせんみんぞくがく 朝鮮民俗学 朝鮮半島に成立、展開した民俗学。朝鮮民俗学の成立は、一九二〇年代前半からの崔南善と李能和の歴史文献学的研究を先駆とし、一九二〇年代後半からの孫晋泰・宋錫夏を中心とする調査研究を嚆矢とし、一九三二年に朝鮮民俗学会が設立されたという経緯をふまえて、一九三〇年代におくのが通説である。また当時は日本の植民地時代にあり、今村鞆・村山智順・善生永助などによる朝鮮総督府の『朝鮮民俗資料集』が刊行され、京城帝国大学の秋葉隆・赤松智城による民俗学的研究が行われた。第二次世界大戦後の混乱期を経て、韓国の民俗学は国文学の方面から説話文学と民間信仰の研究を中心に再出発した。一九六〇年代後半になると韓国社会は工業化、人口の都市集中、セマウル運動による農村の生活改善など近代化が進んだが、その陰で衰退し軽視されてきた民俗行事や信仰を民族の伝統文化として再評価しようとする努力が民俗学者たちの手で行われた。民俗学も国文学の補助学問からの脱皮が図られ、一九六九年に民俗学研究会が結成され、七一年に民俗学会と改称した。六七年からは文化人類学会との協力により全国民俗綜合調査が実施され、六九年から『韓国民俗綜合調査報告書』として刊行された。さらに七五年に国立民俗博物館、七九年に安東大学民俗学科が設立され、八一年に文化政策としての「国風'81」が行われ、また一方でマダン劇による政権批判の文化活動や民具ブームが起るなど、一九七〇年代後半以降は、研究と教育、保存と啓蒙の事業、実践活動、生活への応用と、さまざまな形をとって民俗文化の復興が見られた。そして民俗文化は、実生活では農村でも急速に衰退していく中で、都市部における伝統から乖離した新しい民衆層の形成と結びつき、むしろ国民統合の象徴となっていった。そうした中で、一九八三年に比較民俗学会、八九年に歴史民俗学会が創立され、民俗学は研究者の拡大とともに、多様な観点からの研究や試みがなされ、『韓国民俗大観』(一九八二)、『韓国民俗大事典』(一九九〇)をはじめ民俗学関係書の刊行も隆盛をきわめている。

参考文献 朝倉敏夫「韓国民俗学の現状」(『民俗学評論』二七、一九八七)、川村湊『「大東亜民俗学」の虚実』(「講談社選書メチエ」八〇、一九九六) (朝倉 敏夫)

ちょうそんがっぺい 町村合併 複数の町村の区域の全部または一部を合体して新たな市町村とするか、あるいはある町村の区域の全部または一部を他の市町村の区域に編入すること。いずれの場合も市町村数の減少を伴う。明治以降こうした措置は地方ごとにはその事情に応じて頻繁に行われてきたが、とりわけ町村制施行直前の一八八八年(明治二十一)と第二次世界大戦後の一九五〇年代の町村合併は、全国的に行われた大規模なものであった。前者は一八八八年の町村合併標準(内務大臣訓令三五二号)によるもので、三百戸から五百戸を基準として近世以来の町村を合併し、一年間で全国の町村数を約五分の一に減少させた。これは町村制施行の前提として、いわゆる不要公課町村の創出を目指して強行されたものであり、これにより旧町村は大字となった。また後者は一九五三年(昭和二十八)の町村合併促進法(三ヵ年の時限立法)に

よるもので、人口八千人以上を標準として町村を合併し、一九五六年までの三年間で全国の町村数は約三分の一となり、また市の数はほぼ倍増した。もちろん戦後の市町村は、法制度上は地方自治法に基づく完全自治体であり、したがって合併も関係市町村の合併協議を通じて行われたが、そこで目指されたのは財政力の強化であり、そのための市町村規模の拡大であった。結果的にこの時期の町村合併は、高度経済成長のための財政的基盤の創出であった。

参考文献　島恭彦編『町村合併と農村の変貌』、一九五八、都丸泰助『地方自治制度史論』、一九八二　（白井　宏明）

ちょうそんせい　町村制　一八八八年(明治二十一)に公布された市制町村制に基づく地方制度のこと。この法律によって、大区小区制から三新法体制さらには官選戸長役場制へと変遷した明治初年の地方制度が確立された。すなわちこの法律は、その後幾度かの改正を経ながら、一九四七年(昭和二十二)の地方自治法施行によって廃止されるまでの間、府県制(一八九〇年公布)とともに日本の地方制度の骨格を規定した法律であった。町村制による町村は、三百戸から五百戸を基準としてこの法律の施行直前に全国的に実施された町村合併によって成立した区域に設定され、近世以来の旧町村の多くは、町村の処務便宜のために設けられた区となった。また町村には、町村公民の選挙で選ばれた議員によって構成される町村会と、議員の選挙による町村長とが置かれ、基礎的地方団体として一定の自治的な権能を有するものであったが、議員の選挙は納税額を基準とした等級制限選挙であったから、その担い手は事実上地主層を中心としたものであった。他方、町村長および助役の選任は府県知事の認可を必要としたばかりではなく、町村会の議決および町村行財政についても、広範な内容にわたって官(郡長・府県知事・主務大臣)の認可を必要としており、町村は国の行政区画として、基本的には政府の統制の下に置かれるものでもあった。町村制による町村自治が官治的自治と呼ばれるゆえんである。

参考文献　亀卦川浩『自治五十年史』制度篇、一九四〇、大石嘉一郎『日本地方財行政史序説―自由民権と地方自治制―』、一九六一　（白井　宏明）

ちょうだい　帳台　近世以降の民家において主人の寝室。寝殿造の寝殿の調度である帳は寝台であり、平安時代の終りから鎌倉時代にかけて帳台という名に変わった。帳台は浜床と称する低い台の上に畳をしき、四隅に柱を立てて天井をつくり、四面にたれぎぬをたらしたもので、貴人の就寝に用いた。民家では、寝室・納戸あるいは主人の部屋などの部屋名として用いられている。たとえば飛驒白川郷では寝室をチョウダ、チョンダなどという。ここでは入口の敷居を一段高い位置に入れ、柱間一間のうちの半間を袖壁として、ここに半間の戸を引込む閉鎖的な入口の形式をとっている。これを帳台構・納戸構という。書院造の上段の間などにも帳台構がある。これは中敷居を入れた装飾化した入口であって、襖を中央から左右に引き開ける。民家における帳台構の存在は、古い民家であることを示す一指標であって、近畿地方ではおおむね元禄年間(一六八八―一七〇四)以降を境にしてつくられなくなるが、佐渡島の民家では明治期にもつくられているなど、地域によって大きな差がある。民家の帳台構の古い例として、奈良県橿原市今井町の一六五〇年(慶安三)建築の今西家住宅のナンドの入口のものが現存する。この帳台構は接客空間であるナカノマに面しており、その装飾的役割も果たしている。このほか後世の改造で帳台構は取りのぞかれているが、その痕跡のみを残しているものも多い。東日本の民家に帳台構はあまりみられない。　↓納戸《なんど》

参考文献　太田博太郎『建築学大系』住居編、一九五四　（宮澤　智士）

ちょうちん　提燈　竹ひごと和紙の火袋でつくられる代表的蠟燭用燈火具。古くは挑燈とも書き、道中行燈《あんどん》と同様に持ち歩いて使われた。原形は籠《かご》挑燈で筒形の竹籠の上に把手をつけた物で、今の竹ひごによる伸縮自在の折たたみ式に工夫改良されたのは江戸時代以後で箱(筥《はこ》)提燈が古い形である。提燈の普及は和蠟燭の生産にもつながり、天正年間(一五七三―九二)ころより油火に比べて使い易いことから屋外のあかりとして柄をさげ歩く提燈となっていった。提燈の需要は屋内外の生活に活性化をもたらすとともに用途も拡大し多様な提燈が出現していった。従来提燈代わりとしていた行燈は室内に定着し、屋外の主流は提燈にとって代わられた。初期の大型の箱提燈は婚礼祭事や太夫提燈として使われたのをはじめ、竹の弾力を利用して火袋を金具で固定した弓張提燈、看板用の高張提燈、箱提燈を小型化した携帯用の小田原提燈、鯨のひげ利用の長柄の馬上《ばじょう》提燈、安全性を考えた金

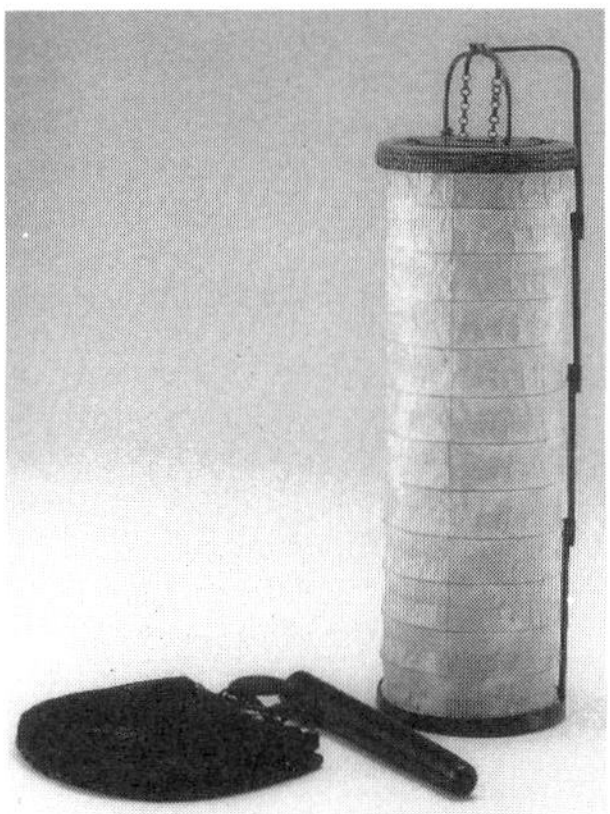

小田原提燈（懐中提燈）

蔵　提　燈

網製の蔵提燈、社寺門柱の御神燈《ごしんとう》提燈、たて長の竹骨を縦にたたんだけんさき提燈、鹿児島県川辺郡知覧町の傘提燈、蠟燭光に方向性をもたせた龕燈《がんとう》提燈など細工物も作られた。提燈は実用的照明のほか祭礼や夜間の行事のあかりとして趣を添える必要具となったり、夜間の標示燈として看板の役を果たす道具にも利用され、提燈に書かれた家紋や屋号は、その所在や身分を明示する宣伝具にもなった。仕事場での御用提燈や火消提燈など幅広く使用された日本的な燈火具の一つである。↓行燈《あんどん》 ↓照明《しょうめい》

参考文献 関重広『燈火の変遷』(「科学新書」一〇、一九四二)、内阪素夫『日本燈火史(復刻版)』、一九七四、中野政樹編『燈火器』(至文堂「日本の美術」一七七、一九八一)
(飯野　貞雄)

ちょうちんまつり　提燈祭　数多くの提燈や特殊な提燈が出る祭礼に用いられる別称。提燈に火を燈すことで神慮を慰めるのだと称したりするが、本来は祭場の表示であり、一種の依代と考えるべきであろう。これが華やかであることから次第に風流化し、特に春から夏にかけての風流系祭礼に多く見られるようになった。神戸市の生田提燈祭では御輿渡御に際して多くの高張提燈が掲げられ、子供たちは高張提燈を持って参拝し、神符をそれに結んで持ち帰る。岐阜市桜町伊奈波神社の提燈祭では、参拝者が小型の提燈を献納するために、境内が提燈で埋めつくされる。茨城県古河市野木神社の提燈揉みと呼ばれる祭礼では、先端に提燈をつけた竹竿を持った裸体の若者たちが揉み合って、提燈を消し合う。また、山車などに提燈を吊す例も多く見られる。たとえば、福島県二本松市の二本松提燈祭では、いくつもの提燈が吊された太鼓台が町内を巡行する。山口県下関市亀山八幡宮の夏越祭では、神幸時に、多数の提燈を船につけて航行することから、やはり提燈祭の名がある。一方、大型の提燈の出る提燈祭としては、愛知県幡豆郡一色町の一色提燈祭がある。長さ一〇メートル《メートル》もの大きな提燈が諏訪神社境内に吊され、一色の大提燈、馬鹿提燈として知られる。滋賀県神崎郡五個荘町での五個荘大提燈と呼ばれる祭礼でも、やはり大型の提燈が登場し、町を練り歩く。また、秋田市の七夕祭として知られる竿燈《かんとう》も、この部類と考えられるであろう。四十六もしくは四十八の提燈を九段に吊り下げた竹竿を若者たちが持って町中を練り歩くものである。
(久保田裕道)

ちょうな　手斧　斧《よき》や鑿《のみ》などで打ち割った材の面を平坦に削る木工具である。『和漢三才図会』は「案ずるに釿は手斧《てをの》なり、両刃《もろば》片刃《かたば》の二種有り、船工は両刃を用う、尋常は末濶くして片刃なり、又小釿あり、片手を以て木を斫《はつ》る、欂《おのえ》は楡《にれ》を以て上と為す、槐《えんじゅ》・欅《けやき》之に次ぐ」(原漢文)と記している。文書記録では「釿」ともあるが、「手斧」とか「手鉾」の表記が多くテヲノ・テウノと読ませている。越谷吾山の『物類称呼』(一七七五)には「関東にて、てうな、大坂にてちょんのと云」と記しているが、このように時代により呼称の変遷がみられる。すでに弥生時代後期、静岡県登呂遺跡出土の建築材の中に、手斧を用いた刃形が見られたといい、奈良法隆寺の五重塔の部材の隠蔽部分にも手斧の跡が見られるというなど、かなり古くから使用されてきた工具であった。手斧の削り目は木材の繊維方向に平行に、並列形・千鳥形の模様を残している。今は建築工具としては用いられないが、社寺の建立、造船、家の新築などの儀礼として、手斧始め・おの始めに用いられている。

参考文献 中村雄三『道具と日本人』、一九八三
(勝部　正郊)

ちょうない　町内　都市における行政および生活の基本単位。行政末端の単位でもあった。この生活単位は明治時代以降の近代化の中でも破壊されることなく継承されてきた。町内内部は隣組あるいは班・組などと呼ぶ単位で区分され、道路を境界とする。町内を区切る道路が大通りであるのに対して、班や組を区切る道路は小路であり、路地である。各家屋は互いに近接し密集しており、町内では、火災の危険を予知・予防するため、火の見小屋・集会所・消防ポンプなどの設備を持つ会所を配置している。会所には町内から依頼を受けた鳶の頭(町内頭)が常駐し、防火・防犯など町内秩序維持のために働いた。また、祭礼は町内連帯の機会として重要な場であり、町内頭は神酒所の設営や山車の梶棒をとるなど、祭礼演出の裏方としての仕事を担った。かつての町内はほかの町内に対して独特な個性があり、町内相互の違いが強調された。町内の地理的範域は町内会の範域と重なる。町内会は町内を代表し、町内の主たる意思の決定と事業を行う組織である。町内会は、その加入単位を世帯とし、防火防犯活動や環境衛生活動・募金・美化運動などさまざまな生活に関わる活動をしており、住民の融和と親睦を目的とした地域団体である。だが、かつて町内の連帯に重要な役割を果たしてきた鳶の頭はその数を減じており、町内ごとに見せたかつての独特な雰囲気は失われつつある。一方、町内会と行政とはきわめて密接な関係となり、公共行政を補完する役割を果たしている。行政との関係が密接になるほど、町内会相互の違いが見えにくくなり、行政の要望を引き受けた結果、どの町内会も同じ事業を行うようになった。災害対策を積極的に押し進めて避難訓練を行なったり、高齢者に対する在宅福祉活動への支援をしたり、さまざまな活動が展開されているが、これら行政との関わりのある事業を行うことで、町内独自の事業をする余裕がなくなり、町内のかつて持っていた個性は失われる結果となった。↓会所《かいしょ》 ↓隣組《となりぐみ》

参考文献 似田貝香門「日本の都市形成と類型」(倉沢進編『社会学講座』五所収、一九七三)、岩本通弥「城下町の社会と民俗―茨城県古河の常民生活誌から―」(『日本民俗学』一二九、一九八〇)、倉沢進・秋元律郎編『町内会と地域集団』(「都市社会学研究叢書」一一、一九九〇)、鳥越

皓之『地域自治会の研究—部落会・町内会・自治会の展開過程—』、一九九四

（畑　聰一郎）

ちょうなん　長男　第一番目に生まれた男子。セナ、アダ、オホゴ、アニなどのほか、長男を指す民俗語彙は豊富であり、ウチトリ（家取り）・ホンヤドリ（本家取り）・イセキ（遺跡）・ソウリョウ（惣領）・アトトリ（跡取）・ヨトリ（世取り）・カトク（家督）など家を相続継承する者、あるいはイハイモチ（位牌持ち）、労働組織の長としてのオヤカタ（親方）などその属性を示す語も同時に長男を指すことが多い。一般的に家の後継者として予定されている長男は、家族の生活では次男以下や女子より厳しくしつけられたが、家長と同じようによい食事があてがわれたり、囲炉裏の座席において横座や客座という上座の座席を占めたり、最初に入浴するなどして優遇され、大事に育てられた。また、家の代表者となるべき長男の誕生祝いや初節供は盛大に祝うが、家を離れる次・三男や女子については簡素化したり、省略してしまうことも多かった。そうした長男には、先祖や親の名前、家名を継承させたり、それらの一部を名前に付けることも行われてきた。村落生活のうえでは、関東地方や東北地方においては若者組の加入が家の後継者として予定されている長男のみ許されるところや、長男と次男以下の加入や脱退の年齢に差をつけているところがあり、また近畿地方の宮座では長男のみ参加資格を得て、特定の座席を占め、祭に参加することができるところもある。今日では長男とその他の子との日常生活での差別は少なくなったが、相続に関しては、長男を優先する場合が、農村部では依然として多い。　↓跡取《あととり》　↓アニ　↓イセキ　↓家督《かとく》　↓惣領《そうりょう》

参考文献　橋浦泰雄『日本の家族』、一九五五、桜田勝徳「位碑持ち」（『桜田勝徳著作集』五所収、一九八一）、福田アジオ『日本村落の民俗的構造』（「日本民俗学研究叢書」、一九八二）

（竹本　康博）

ちょうなんそうぞく　長男相続　⇩長《ちょう》子《し》相続《そうぞく》

ちょうにん　町人　江戸時代の都市に居住する商人・職人・人足など庶民の総称。鎌倉時代にも町人の語はあるが、戦国時代の城下町などに商人や職人が定住させられ、町人の原型が成立した。町人は領主の軍事力や生活の維持、さらに領内の必需品の生産・流通のために集められた。このため城下町には職種別に集住する町がつくられ、町には各種の役負担が強制された。町の構成は、はじめは家屋敷を保有する家持が基本的な町人とされ、交代で町の運営にあたった。しかし、江戸などでは中心部に地方の商人が進出し家持層が減少した。進出した不在地主は家屋敷を管理する家守を置き、彼らが町政の中心となっていく。他方、地借・店借などの町人は当初から町政に参加できず、行政上の問題を生じた。つまり、下層の町人の生活上の問題は個々の町では処理できず、都市全体の問題となっていった。寛政改革における江戸の町会所の設置は、こうした下層町人を救済する相互扶助的政策であった。しかし、その前提には天明の打ちこわしにみられるような各都市の町人階層の分化が存在した。町人社会の発展のなかで、都市には集団的な生活文化現象が生まれた。行動文化といわれるような四季の行楽をはじめ、盛り場が成立し、各種の芸能が生みだされている。さらに、江戸の富士講に代表されるように、農村とは異なる民俗も生じ、いわゆる都市民俗学の研究対象とされている。なお、町人という言葉は明治時代以降使われなくなったようである。

参考文献　吉原健一郎『江戸の町役人』（「江戸選書」四、一九八〇）

（吉原健一郎）

ちょうば　帳場　(一)商店・料理屋・旅館などで勘定や帳付けなどをする所。勘定場・会計場。一般に帳場は店の奥にあり、二つ折か三つ折の低い帳場格子でかこわれていた。帳場格子の中には机が置かれ、主人や番頭などが座って机に向かい、勘定や帳付けなどの事務をとっていた。帳場は帳場格子によって客座と分けられていた。帳場格子は別名結界ともいったが、それは仏教で僧俗の座席を分ける木柵を結界と呼んだことからきたものと思われる。現在でも、銀行の出納室や店の勘定場などがスクリーンやガラス戸などでかこわれているが、金銭の出納・勘定を行う場所を他の一般事務と分ける、帳場・帳場格子の意味を継承していることを示していると思われる。

（山口　徹）

(二)葬儀の際、会葬者からおくられた香典のほか米などの品物を含む香資を受け付けるところ。座敷の前や前庭に設置する。香典場ともいう。帳場の責任者には葬式組の者（あるいは親類の者）で人望のある筆のたつ人が二人くらいでなる。見舞い受け係ともいう（長野県諏訪湖畔地方）。またこの帳場の役につく者が葬儀執行委員長になることも多い（茨城県稲敷郡桜川村浮島など）。帳場での仕事は、会葬者の悔やみの挨拶を受けること、香典およびその他の香資について香典帳に記録すること、また、もらった香典を張り出す習慣がある地域では、すぐに「誰々より玄米何俵」と半紙に書いてなげしにはることなどである。帳場は単に会葬者が持参した香典を受け取る集金窓口であるというだけでなく、その記録と管理とを役目とし、さらに喪家の顔として悔やみの挨拶を受け、会葬者から喪家への義理の仲介をするところなのである。帳場が葬式において重要な場所であることから、葬式組のことを単にチョウバとよぶところもある。そしてこの交際をチョウバヅキアイといった（東京都保谷市）。　↓香典《こうでん》　↓香典帳《こうでんちょう》

参考文献　『旅と伝説』六ノ七（特集誕生と葬礼、一九三三）

（関沢まゆみ）

チョウハイ　チョウハイ　加賀・能登などで嫁が婚家（姑）の承認を得て実家（親里）へ帰る習俗。チョウハイガエリ、ヘチガエリ、センダクドマリなどと呼ぶのも同じ内容である。最初のそれをハッチョウハイと特別に呼んで、婚

家から改まった土産品を嫁の実家へ届ける慣例であるとか、「初へチ二十日」(初里がえりは二十日間が限度である)と戒められてきたとかの気配りがあったが、それ以後も姑の目を気にしながら行われることが多かった。その機会は、実家における冠婚葬祭・節日・祭礼日に顕著にみられ、それは農閑期ないし農休みの日々でもあった。チョウハイは嫁の寝だめと食いだめのために認められた慣例だとたとえられているように、婚家における家族関係からしばし解放される一時でもあった。能登中島(石川県鹿島郡中島町)では、嫁いでから日の浅い嫁の場合に典型的にみられ、新旧の正月、春先の農閑期、春祭、田植えあがり、草取りあがり、盆礼、秋祭、秋あがりなど定期的なものに限っても年間十三回、延べ日数にして百数十日に及ぶとする例さえ確認されている。婚家での嫁の地位が安定するに伴って回数・日数ともに減少することから、主婦権の所在いかんに深く関わっていると考えられる。チョウハイに嫁風呂敷《よめぶろしき》が深く関わっていたことから、チョウハイの間、嫁は衣料を大風呂敷に包んで持ち帰り、その調整に精出してきたことがわかる。↓センタクガエリ ↓嫁風呂敷《よめぶろしき》

参考文献 瀬川清子『婚姻覚書』、一九五七、大間知篤三『婚姻の民俗』(「大間知篤三著作集」二、一九七五)

(天野　武)

ちょうばこ　帳箱　帳簿や書付を保管するための容器。形態はさまざまだが、黒箱と呼ばれる帳箱は、漆塗りを施したり、長期の使用で黒く変色したものである。また船箪笥の一様式としての帳箱は、金庫としての色彩が強い。宮座や講などで保有される帳箱には、組織や村落の規約・記録、会計簿、儀礼の次第書などが納められ、また帳箱自体にも墨書銘が記されることが多く、村落調査で重要視される。頭役などの交替の際に祭具などとともに引き継がれ、近世初期にまでさかのぼるムラの記録を記した古文書が残されていることもある。

帳箱（大阪市福島区海老江）

参考文献 小泉和子『箪笥』(「ものと人間の文化史」四六、一九八二)

(澤井　浩一)

ちょうへいけんさ　徴兵検査　満二十歳の男子が原則として受ける兵士への適否を判断する検査。身長と体重をはかり、軍医の診断の上、甲種乙種(第一・第二・第三)、丙種、丁種、戊種に分けられ、その場で徴兵官(聯隊区司令官)から口頭で伝えられた。丙種までが合格であった。一九四五年(昭和二十)まで、一人前の一つの基準になっていた。性病であることが判明すると戊種(翌年再検査)となり、きわめて不名誉とされることから、この日に登楼することが慣行になっていた地域もある。職人の年季奉公も徴兵検査までであった。主に身体検査で軍隊に徴兵されるので、徴兵逃れのため絶食するなどして病を装う者もあった一方で、現役兵に徴兵される甲種合格が一人前の男子という風潮も作られていった。

参考文献 赤松啓介『非常民の民俗文化―生活民俗と差別昔話―』、一九八六、黒田俊雄編『村と戦争―兵事係の証言―』、一九八八

(松本　博行)

ちょうへいのがれ　徴兵逃れ　一八七三年(明治六)の徴兵令の制定から、一九四五年(昭和二十)の十五年戦争の敗戦による旧日本軍の解体まで行われた徴兵忌避のこと。一般的に、故意の罹病、醬油を飲む、下剤を飲む、減食、近眼鏡の使用などにより、一時的に身体的欠陥を作り出し、あるいは狂人を装うことにより、徴兵検査の診断を欺き、徴兵免除になることを徴兵逃れといった。徴兵令制定後、一八八九年の改正が行われるまでの十五年ほどは、免除規定も多く、それを利用した徴兵逃れもあった。免除規定のうち、特に、戸主および継嗣の徴兵免除は、もっとも徴兵逃れに利用され、養子縁組などにより実行された。また、徴兵逃れで注目すべきは、それを成功させるための徴兵逃れ祈願とでもいうべき信仰があったことで、特に、軍事的緊張の弱い時代には、乙種合格・丙種合格だけでなく、甲種合格であっても抽選で兵役免除になることが多かったため、徴兵逃れの信仰も盛んであった。埼玉県比企郡吉見町の元巣神社、静岡県静岡市の竜爪山、同県引佐郡引佐町の奥山半僧坊などが、徴兵逃れ信仰の寺社として知られており、いずれも、戦時中は弾丸《たま》除《よ》け信仰に転化、爆発的流行を見た。

参考文献 菊池邦作『徴兵忌避の研究』、一九七七、喜多村理子『徴兵・戦争と民衆』、一九九九

(岩田　重則)

ちょうみりょう　調味料　食品素材を調理する際に、味付けに使う料。たべものの味をおいしく調整するための液体や半固体・固体を指す。基本的には塩と酢があるが、これを塩梅《えんばい》と呼んだ。適宜に使うと味が按配よく仕上るので「あんばい」と呼び方が変わる。塩には海水を煮詰めたものや岩塩をくだいたものがある。酢は米あるいは酒粕から作ったもののほかに、ワインから作るワイン酢、リンゴから作るリンゴ酢などがある。梅酢やレモン、スダチの果汁も酢の代用にされる。塩は固体であるが、砂糖はその仲間で、主に甘味をつけたり、塩からさや酸っぱさを押えるために用いられる。上・白・黄・ざら・三温糖・黒砂糖を目的に応じて用いる。甘味料としてはこのほかに味醂や蜂蜜などが使われる。半個体のものは味噌。大豆・米・麦などその色や原料によって味や、赤・白・黒などと色が異なる。味噌の中にたまった液をすくって調味することもある。日本料理に欠かせないのが醬

油で、濃口・淡口《うすくち》・白醬油などがある。濃口は全国的に使われるが、淡口は関西、白醬油は愛知県や岐阜県・三重県などで用いられる。ほかにたまり醬油・甘露醬油があり、前者は愛知県、後者は中国地方でよく使われる。変わったものに魚醬油がある。これらの調味料を合わせ、他の薬味や香味料を加えたソースとしての合わせ調味料は無数にある。近年はトマトケチャップやマヨネーズ、ドレッシング、たれ類がひんぱんに使われている。油類も調味料として使われる。 ↓油《あぶら》 ↓甘味《あまみ》 ↓辛味《からみ》 ↓砂糖《さとう》 ↓塩《しお》 ↓醬油《しょうゆ》 ↓酢《す》 ↓たまり ↓味噌《みそ》

参考文献 クライナー＝ヨーゼフ編『地域性から見た日本―多元的理解のために―』、一九八六 （奥村 彪生）

ちょうや 庁屋 静岡県の伊豆・遠江地方を中心に見られる神社付属の建物。祭祀の場としての拝殿、神社の日常的な庶務を行うための社務所と異なり、供物の調製や祭祀集団の控え所、祭祀当番の交替のための儀礼の場となる。内部に床を張っただけの細長い構造から長屋と記されたり、書類を保管しておくことから帳屋、あるいは神社の事務を扱う建物の呼称から庁屋などと書かれる。境内での配置を見ると、拝殿と直角に位置することが多く、外壁に沿って祭礼用の幟竿を保管したりする。庁屋は祭礼前には打ち合わせの場になり、宵祭や本日には芸能が上演され、また頭屋の引き継ぎの会場となる。旧遠江国に多く存在した宮座の例を見ると、湖西市新所の女河八幡宮では、三つの集落によって構成される宮座が、神社境内にそれぞれ専用の庁屋をもっており、そこで祭礼当日の流鏑馬や相撲など多くの役割を定め、当日には控え場所とし、祭礼の最中には、互いに使いを出し合って進行状況を管理し、執行に遺漏ないことを期した。それに対して、一村単位の宮座においては、庁屋における席順が宮座内での位置関係をそのまま表わしたり、階上に上れるかどうかが、座の構成員としての資格の有無を示した。一方伊豆においては、若者組が実施する三番叟の舞台となるほか、日常的に彼らのヤドとして使用した集落があり、若者たちは境内に置かれた力石で遊んだ。神社に庁屋があるかどうかは、伊豆では三番叟の伝承の有無、遠江では宮座的な神事の有無を外観から推定する根拠にもなりうる。なお、宮座の多くみられる近畿地方では、滋賀県信楽町朝宮のようにこのような建物自体を宮座と呼んだり、村落内に複数存在する座の個別名称が建物をさすこともある。

参考文献 早川孝太郎「伊豆内浦の若者制度」(『旅と伝説』五ノ七、一九三三)、福田アジオ「民俗史料と祭祀組織」(『静岡県史』資料編二五所収、一九九五) （中村羊一郎）

庁屋での祭礼の打ち合わせ（静岡県湖西市・女河八幡宮）

ちょうり 長吏 主に、寺院の長と被差別民の呼称として用いられた。長吏は、座主・別当・検校などと同義で、古代末期から明治初年まで三井園城寺・勧修寺・横川首《しゅ》楞厳院《りょうごんいん》・白山神宮寺などに置かれた。他方、中世には奈良坂・清水坂をはじめとする非人宿の長の呼称だったが、近世には東国・九州・奈良などではえた身分の呼称となった。ただし、大坂では非人の長を長吏と呼んだ。現在においても、被差別部落の蔑称として用いられることがある。

参考文献 『喜田貞吉著作集』一〇、一九八二、京都部落史研究所編『京都の部落史』一、一九九五 （斎藤 洋一）

ちょうりほう 調理法 食品を素材から消化吸収のよい食べ物に調整する方法。動物は外界から食物を摂ってみずからの体を養い、子孫を残す。人間もまた同様である。人間と動物の違いは調理という文化を人間が持ったことである。西アフリカの一部のチンパンジーにはアブラヤシを石で割り、中の身を食べたり、宮崎県串間市の幸島の日本ザルの群はサツマイモや麦を海水で洗って食べる。

これなどは狭義の調理・調味であろうが、人間の文化行動とは大きな隔りがある。チンパンジーと人間の違いは、人間は火を使って調理をすることである。そして器に美しく盛り、食卓に並べ、マナーに基づいて食べる。㈠生食。最も基本的な食べ方である。魚貝や獣肉も鮮度がよければ生で食べるのが日本の食文化の最たるものである。それが刺身である。奈良時代は鮮割《あざらけきをさく》といっている。この刺身を二杯酢様のソースで食べたのである。室町時代になると材料により、ソースを変えている。古代では野菜も生で食べることが多かった。鱠、今風にいえばサラダである。㈡焼く。デンプン質の食材にしろ、タンパク質を多く含む魚貝鳥獣肉にしろ、これらは加熱調理した方がおいしい。フレーザー『火の起源』の神話にそれらしい話が出てくる。焼き方には直火の火で焼く、穴に埋めて焼く、炉(オーブン)で焼く。これらは熱した空気で加熱する。別にフライパンの上で油焼きする方法もある。今日では当り前だが、日本では大正時代以後普及する。アルミホイルで包んで焼くこともある。これは古代にあった包み焼きでハスの葉がよく利用された。㈢煮る・ゆでる。土器の発明により、これらが可能になった。固い物が柔らかくなる。何種類もの食材を入れて煮ることにより、複雑な味がたのしめる。なによりも衛生的である。ゆでたものはそのまま食べるか、和えて食べる。㈣揚げる。高温の油の中で加熱調理する。伝統的には日本ではこの調理法は一般的でなかったが、一九五〇年代からそのひん度が高くなる。㈤炒める。揚げる調理法とともに、台所に換気扇がつけられてから、家庭の調理の中心になる。日本料理は伝統的に油脂欠乏型であったが、今や油脂過剰気味である。㈥和える。二杯酢や三杯酢・酢味噌やゴマ酢・白酢・ゴマ醤油などで野菜や乾物を和えるのが、かつての日本料理で、煮物とともに家庭料理の中心であった。今はサラダにとって代わられている。㈦炊く・蒸す。米は、ウルチは炊いて飯や粥・雑炊に、モチ米は蒸して強飯にする。卵豆腐や茶碗蒸し、ハマグリやアサリの酒蒸しは蒸し器で蒸すが、現在は家庭内ではあまり蒸し物は取り入れられていない。

(奥村　彪生)

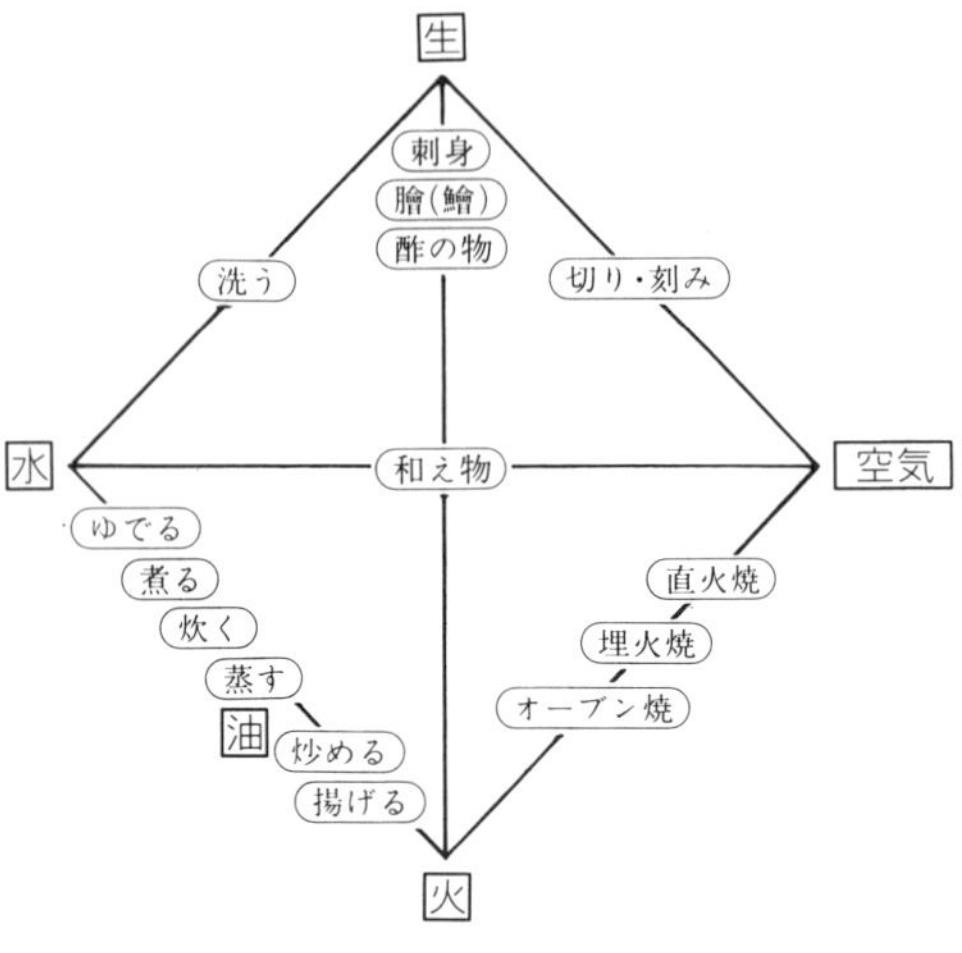

調理法相関図

参考文献　大塚滋・川端晶子編『調理文化学』(「二一世紀の調理学」一、一九九六)

ちょうろうせい　長老制　マックス＝ウェーバー Weber, M. が設定した支配の一形態を表わす術語。Gerontoratie の訳。ウェーバーは支配の諸類型を合法的、伝統的、カリスマ的の三つに類別し、そのうち長老制は伝統的支配であるとした。伝統的支配の原初形態には家父長制支配と名望家支配があり、両者は首長の個人的な行政幹部が存在しないという点が共通する。家父長制支配の基盤は家であるのに対して、名望家支配は名望家の威信(社会的名誉)への服従を正当性の根拠としている。そこで名望家資格を有するのが経験豊かで伝統をよく知っている長老であり、同輩仲間がその判断に服従するものとした。人類学では長老制をジェロントクラシー gerontocracy と呼び、フレーザー Frazer, J.らによって老人支配・老人政治を表わす用語として用いられるようになった。長老制はアフリカ、メラネシア、オーストラリア原住民などの社会でみられ、男子のみの制度であることや年齢とともに社会的地位や敬意が高まることが共通した特徴となっている。日本では長老制は、宮座組織のなかに顕著で、村落における長老に氏神の祭祀および村落運営に関する一定の権限を認める制度として存在する。この宮座の長老制は、村に生まれた男子が座入りによって長老につながる年齢秩序のもとに組み込まれ、年齢順に頭屋をつとめるなど、所定のつとめを果たしながら長老にいたるものである。長老個人の資質によらず、最も長生きした者が順番に長老の地位につき、終身つとめるというかたちがとられている。宮座にみられる長老制は長幼の序や年功序列と言い表わされる年長者を重んじる観念を体現したものともいえる。世代と役割分担という観点からすれば、宮座の長老制においては座入りした子供から長老にいたるまで、世代ごとに神事の頭屋をつとめる、神輿を担ぐ、芸能を演じるなどの役割分担がなされている点や、一定の役割を次々と年齢の上昇にしたがってつとめていくことによって長老の資格を得る点が特徴的である。→座《ざ》入《い》り　→頭屋《とうや》　→宮座《みやざ》

(関沢まゆみ)

参考文献　M・ウェーバー『支配の諸類型』(世良晃志郎訳、一九七〇)、高橋統一『宮座の構造と変化―祭祀長老制の社会人類学的研究―』、一九七六、関沢まゆみ「宮座における年齢秩序と老いの意味の変化―奈良阪の老中の分析から―」(『日本民俗学』二一一、一九九七)

ちょきぶね　猪牙船　江戸の河川、特に隅田川で使われた一挺櫓で漕ぐ小舟が有名。猪牙の語源は、船頭長吉が考案した長吉船の転訛、小早いことをチョロとかチョキというところからとされるが、舳先《へさき》が猪の牙のようにとがった形状をしているとする説が有力。全体に細長く、屋根のない、一～二人乗りで、速力がはやいことから隅

田川を往来する交通手段として重要な役割を果たした。特に吉原通いの客を山谷堀などへ送迎するのに使われ、山谷船と呼ばれたこともある。関西では、瀬戸内や紀州から大坂方面に薪などを輸送していた小型の荷船を呼んだ。（鈴木　章生）

ちょっけい　直系　先祖から子孫へと親子関係のみを通じて直線的にたどられる系譜のたどり方。民法の規定では、父母や祖父母など自己の存在の前提となる上位世代の直系親族を直系尊属、子や孫など自己がそのものの存在の前提となる下位世代の直系親族を直系卑属とする。日本の家制度では、父系の直系を通じて家が継承されることを原則としており、直系は家の継承者間の関係に限定される傾向が強い。したがって直系とみなされるものも家の創始者から続く代々の継承者夫婦のみであり、自己の子孫であっても家継承者でないものは含まないとする理解がみられる。→嫡系《ちゃっけい》　→傍系《ぼうけい》

参考文献　中根千枝『社会人類学—アジア諸社会の考察—』、一九八七　（小野　博史）

ちょっけいかぞく　直系家族　夫婦とその後継者となる一子の夫婦およびその他未婚子女からなる家族構成。家族形態のあり方から家族を分類する場合の一用語。この用語は、日本では、鈴木栄太郎により、夫婦家族・直系家族・同族家族の三類型論において導入された。鈴木の規定した直系家族とは「戸主及びその婦と直系尊属及び直系卑族とその内将来戸主たるべき者の配偶者及び未婚の傍系者だけから成っている」家族である。この用語はのちにアメリカの人類学者であるマードック G. P. Murdock の『社会構造』(一九四九)で類型化された stem family に該当する。ただし、鈴木の規定した直系家族は、日本に存在してきた家の精神を内包した一系的家族の特質を明示・分類するものであった。この用語はその後、森岡清美・大間知篤三・蒲生正男らの家族類型論に発展的に継承されている。森岡清美は、マードックの用法に従い、日本に支配的な直系家族を「一人の既婚子を要として定位家族と生殖家族が世代的に結合した形態」として分類している。大間知篤三は一子残留の直系家族のあり方に着目し「家の複世帯制」であるのか否かにより、日本の直系家族の再分類を試みた。日本の家族の多様性とその地域性研究に重点をおく蒲生正男は、拡大型家族(主として東日本)、直系型家族(全国的)、核心型家族(主として西日本)の三類型論を提示している。→家族類型《かぞくるいけい》　→同族家族《どうぞくかぞく》　→夫婦家族《ふうふかぞく》

参考文献　森岡清美「家族の分類」(『社会学講座』三所収、一九七二)、上野和男「家族の構造」(『日本民俗文化大系』八所収、一九八四)　（山内　健治）

チョッパリ　チョッパリ　本来はひづめが割れた足を意味するが、日本人が下駄・草履などを履いたときに足指のさまがひづめのように割れることから、日本の植民地時代に朝鮮人が日本人を差別するときに使った語である。

参考文献　原尻英樹『日本定住コリアンの日常と生活』、一九九七　（朝倉　敏夫）

チョッポ　チョッポ　朝鮮半島の一族の家系に関する記録。族譜と書く。そこには父系血縁主義に基づき、先祖の起源・官位・行状・生没年月日・墓の所在地などが記されており、それが編纂されて書物のかたちになっている。韓国人は、族譜によって一族の祖先を語ったり、遠い親戚や姻戚の人との間柄を説明したりして、祖先たちの世界に自己を統合させ、自分自身のアイデンティティを証明する。韓国では両班《ヤンバン》(本来十世紀の高麗時代に端を発する特権官僚階層を指していたが、十四世紀末からの朝鮮王朝時代に身分制度化されていった一種の貴族階級)への上昇志向がいまだに強く、近年になってむしろ拡大する傾向にあり、両班の証書でもある族譜の編纂事業が盛行している。在日韓国・朝鮮人の中には、第二次世界大戦中・戦後の混乱で族譜を失った家も多いが、ある程度の経済力をつけた後に本国から取り寄せた家も少なくない。族譜に関する知識は総じて若い世代にはなくなりつつあるが、在日韓国・朝鮮人にとっても、族譜に記載される先祖のチェサ(祭祀)や墓が民族的アイデンティティの表現の場にもなっている。

参考文献　尹学準『オンドル夜話—現代両班考—』(『中公新書』六八二、一九八三)　（朝倉　敏夫）

チョンダラー　チョンダラー　沖縄諸島の民俗芸能。現在は沖縄市泡瀬、宜野座村宜野座のほか、石川市伊波、名護市呉我、読谷《よみたん》村長浜などに残っている。現行の民俗芸能としてのチョンダラーは青年男子十～三十人ほどで演じられる舞台芸能であるが、これらはいずれも近代以降、首里・那覇の商業演劇を受容したものである。その本来的なありかたは、人形をつかった小人数(人形遣い二人、太鼓打一人の都合三人)の門付け芸能であったといわれるが、近代に入って消滅したとみられる。その歴史がどこまでさかのぼるものであるかは不明。一七一三年(康熙五十二)成立の『琉球国由来記』四「事始坤」の「遊戯門」に「京太郎」の項があり、「当国、京太郎、准二傀儡一者歟、昔日、京都ノ人渡来、教レ之乎、又京小太郎ト云者、其業ヲ作リタルヤ、不レ可レ考也(下略)」とある。これにより、十八世紀以前にはすでに存在していたことが知られる。この記事に「傀儡に准ずる者」とあることからこの芸能が人形を使ったものであることは明らかであり、宮良当壮も、人形をフトゥキ(仏)と呼び、その舞台をテラ(寺)と称していたことを報告している。チョンダラーの名称は、『琉球国由来記』の記事や起源伝承からも「京の太郎」に拠るものとみられる。渡来者によって始められた芸能であったことが推測される。宮良の調査の時点でチョンダラーはその当人たちにおいても、民間の宗教的芸能者集団であるニンブチャー(念仏者)と混同されていたようで、彼らの伝える芸能も、門付けの祝福の芸能と、親への孝養を説く念仏宗的芸能が一緒になっている。

現行の民俗芸能では「早口説」「御知行」「馬舞さー」「鳥刺し舞」が演じられている。

参考文献 宮良当壮『沖縄の人形芝居』(『宮良当壮全集』一二所収、一九八〇)、池宮正治『沖縄の遊行芸―チョンダラーとニンブチャー―』、一九八九

(波照間永吉)

ちりがく 地理学 地表とそこに生起する諸事象を研究する学問。近代地理学はドイツにおいて十八世紀末から十九世紀初頭にかけて確立された。当初は地表の学として自然と人文にまたがる総合的な学問であり、地誌の記述はその大きな目的であった。法則や理論を重視する系統地理学の部門では、やがて自然地理学と人文地理学が分化し、両者はさらに多くの下位分野に細分化された。人文地理学の分野では、第二次世界大戦後の計量革命の展開とそれに対する人文主義地理学やマルクス主義地理学による批判を経て、現在は異なる学問的伝統の交錯と多様な方法論の共存を許す状況に至っている。人文地理学が地域・環境・景観・空間・場所などのキーワードをもとに地表に現われた人間の営みを明らかにしようとする学問であると理解すれば、民俗学との間に多くの接点を見出すことは容易である。事実日本の地理学と民俗学との交流は古く、明治末の郷土会以来、民俗学の調査研究には必ず地理学者が加わっていたし、村落研究は久しく両学問の入会地であった。民俗事象の分布研究や地名研究も同様である。その他環境利用の生態学的研究、村落の空間構成と世界観をめぐる研究など、一九八〇年代に盛んに行われたアプローチも民俗学との連携が欠かせない分野を構成してきた。近年は地域文化の創造と再編や生活環境などをめぐる新たな共通のフィールドも形成されつつある。このような民俗学との境界領域は文化地理学と呼ばれて人文地理学の一部門をなしている。

参考文献 大島襄二他編『文化地理学』、一九八九

(八木 康幸)

ちりましほ 知里真志保 一九〇九―六一 言語学(アイヌ語)学者・民俗学者。北海道登別生まれ。アイヌ民族の出身。第一高等学校、東京帝国大学卒。北海道大学文学部教授。文学博士。師の金田一京助が開拓した学問的なアイヌ語学を継承するとともに、その精密化に努めた。その成果は、『アイヌ語法概説』(一九三六)、「アイヌ語法研究―樺太方言を中心として―」(『樺太庁博物館報告』四、一九四二)、『アイヌ語入門』(一九五六)として現われた。また、単にアイヌ語を狭義の言語学的研究の対象とするだけでなく、文化的、民俗学的な背景の重要性を指摘し、アイヌ語のより深い理解への道を開いた。特に語源分析に力をそそぎ、アイヌ語諸方言・文化に関する該博な知識と鋭い言語学的分析によって、アイヌ語・アイヌ文化の先史を探る上で多くの示唆を与える独自の優れた研究を行なった。その成果は学位論文となった『分類アイヌ語辞典植物篇』(一九五三)、『分類アイヌ語辞典人間篇』(一九五四)として結実したが、病に倒れ、業半ばにして早世した。没後、『分類アイヌ語辞典動物篇』(一九六二)が遺稿として刊行された。今なお多くの読者を持つ『アイヌ神謡集』の著者知里幸恵は姉、英雄叙事詩の筆録で名高い金成マツは伯母にあたる。『知里真志保著作集』全六巻(一九七三―七六)が刊行されている。

参考文献 藤本英夫『知里真志保の生涯―アイヌ学復権の闘い―』、一九九四

(佐藤 知己)

ちんかさい 鎮花祭 ⇨鎮花《はなしずめ》

ちんこん 鎮魂 身体から遊離した、あるいは遊離しようとする霊魂を体内に呼び戻し、鎮めて、生命力を活発にすることで寿命の永続をはかる意。たましずめ、たまふりともいうが、前者には荒ぶる遊離魂を鎮静するとの、後者には停滞した状態の魂を活性化させるとの意味合いが強い。宮中では、新嘗祭に際して、天皇・皇后の魂を鎮め、長命を祈る儀礼が執り行われてきた。折口信夫によれば、天皇の即位儀礼において真床襲衾《まどこおぶすま》で天子の身体に天皇霊が憑依する。こうして外来魂を付着せしめて新たな威力を授かるところにたまふりの本来の意味があるという。折口は鎮魂の原義を、このように外来魂の内在魂化をさすたまふりに求め、離脱しやすい状態の魂を鎮静するたましずめという考え方をのちに派生した観念とみる。奈良県天理市の石上神宮をはじめ、鎮魂祭を伝統神事として伝える神社もみられる。鎮魂を陰陽五行説と関連づけて解釈する神道儀礼も存在する。五種類の玉に五行の神霊を招き入れ、それらを振って五気の循環をうながし、病気・災厄を祓い去り、健康や安寧をもたらそうとする。たまふりを象徴的に表現した儀礼である。また、臨終の時、肉体から分離しようとする霊魂を呼び戻し、生命の回復をはかる魂呼びの民俗は、一種のたましずめ的な性格を示している。さらには、荒魂の段階にある新霊を慰撫し、鎮めて、守護神としての祖霊へと昇華させようとする死者供養のあり方にも同観念と通底するものがあろう。 ↓魂呼《たまよ》び

参考文献 『折口信夫全集』二〇、一九六七

(長谷部八朗)

ちんじゅ 鎮守 土地ないし施設を霊的な疫災から守護する神。鎮主とも書く。鎮安守護の意で鎮守府・鎮守使など一般に形容語としたが、日本では平安時代以来独立の成語として鎮守神を指す。もと大乗仏教の護法善神の思想により寺院の守護神として勧請したもので、興福寺の春日明神、高野山の丹生明神、比叡山の山王権現、東寺の鎮守八幡宮など多くは寺院の建立以前からの地主神《じぬしがみ》を改めてまつった。これには本来、強力な来訪神が在地の神霊を慰撫し服属せしめる方式が生かされており、鎮守神としての奉斎がおのずから他の諸霊を制する神威を高めることになる。その後、鎮守神祭祀が一般化し、一国鎮守・王城鎮守・家宅鎮守などの信仰が普及した。古くは『本朝世紀』九三九年(天慶二)四月十九日条に「鎮守正二位勲三等大物忌明神」の称号がみえ、『本朝文粋』の願文にも「鎮主熱田宮」とある。『神道集』には「信濃国鎮守諏訪大明神」と記し、『源平盛衰記』に厳島神社を

「安芸国第一の鎮守也」としている。『上野国神名帳』に鎮守十二社と複数を挙げる例もあり、『二十一社記』にも「王城鎮守とて廿一社を定置」とある。城内鎮守として有名なのは、一五九〇年(天正十八)に徳川家康が江戸城内の旧祠山王権現を鎮守として紅葉山にまつり、のちに赤坂山王(日枝神社)を建立した例がある。また『江戸砂子《すなご》』(一七三二)には、富岡八幡宮に「当社四隅鎮守」として丑寅(東北)の鬼門にえびす神など境内の四方に鎮守神をまつったことを記している。なお平安時代から地方の荘園に領主の鎮守神を盛んに分祠したことで次第に村落にも鎮守信仰が普及し、近世には氏神や産土神をも鎮守と称するようになり、今日では鎮守とか鎮守の森が地域の氏神の社を指すようになったが、やはり鎮守には土地や建物を守護する地縁的な神格の意味が強く、その点で氏神や産土神の血縁的な神格の表現と微妙な違いが残っている。
↓氏神《うじがみ》 ↓産土《うぶすな》 ↓地主神《じぬしがみ》

参考文献 萩原竜夫『中世祭祀組織の研究(増補版)』、一九六二、国学院大学日本文化研究所編『神道要語集』宗教篇一、一九七七

(薗田 稔)

ちんそうじゅじゅつ 鎮送呪術 災いの原因となる悪しきものの活動を鎮め、生活空間の外へ放逐して除災をはかる呪術的儀礼の総称。年中行事のなかの虫送り・ネムリ流し・鳥追い、また臨機に行われる盗人送りや憑物送り、そして臨時および恒例の種々の病気送り(疫病神送り・疱瘡送り・風邪の神送り)などが典型的なものである。祓《はら》え・禊《みそぎ》とも近く、それらを範疇に含めることも不可能ではないが、通常はもう少し狭く、災いを悪神・悪霊の為すところとみなし、これを威圧あるいは慰和して鎮め、形代ないし依代をもって境界の外に送り出す儀礼をさしていう。形代・依代は不可視の霊的存在を操作するために必要なもので、幣束や桟俵、小豆飯・団子などの供物がしばしば用いられるほか、人形を使う例も多い。これらを一定の儀礼的手続きを経たのちに、辻に捨てる、村境に送って放置する、焼き捨てる、川や海に流すなどの方法で処分して、それで災いを放逐したと考えるのである。鎮送対象が高度に人格化された霊的存在である場合など、送る前に供物を供えて饗応することもある。ときには生身の人間が形代・依代の役を負う例もあり、近世の大坂の風邪の神送りや、現行では愛知県稲沢市の国府宮の儺追《なおい》神事が知られている。今日ではそれと意識されない行事のなかにも鎮送呪術に発するとみられるものは少なくない。流し雛や七夕流しの語に痕跡をとどめる雛祭や七夕のほか、御霊会に起源をもつ夏祭や、精霊送りを中心としてみた盆行事もそれに加えることができる。
↓疫神送り《えきじんおく》 ↓疫病送り《えきびょうおく》 ↓鳥追い《とりお》 ↓流し雛《ながびな》 ↓ねぶた ↓疱瘡送り《ほうそうおく》 ↓疱瘡神送り《ほうそうがみおく》 ↓虫送り《むしおく》

参考文献 堀一郎『我が国民間信仰史の研究』二、一九五三、同「日本の民俗宗教にあらわれた祓浄儀礼と集団的オージーについて」(『民間信仰史の諸問題』所収、一九七一)、神野善治「人形送り」(大島建彦編『(講座)日本の民俗』六所収、一九七八)

(小嶋 博巳)

チンベー 君南風 沖縄県久米島の祝女《ヌル》たちを束ねる上級の女性祭司。具志川村仲地・山里の旧家(複数)の女子から選ばれ、当代で十二代目という(一九九八年(平成十)現在)。仲地の君南風殿内《チンベードゥンチ》の火の神をまつり、かつては五月稲穂祭《シチュマ》・六月稲大祭《ウマチー》に、島内の祝女を従えて具志川城・宇江城に登り、祭祝を行なった。チンベーはきみはえの方言発音。起源は神代に三姉妹があり、姉は首里の弁《べん》の嶽に住み、次女は久米島の東嶽から八重山のおもと嶽に渡り、三女は久米島の西嶽に住みついて君南風になったという。この由来をもって尚真王の八重山攻めの時(一五〇〇年(弘治十三))、首里の御神の託言により従軍して、八重山の神を靡かせ、戦勝を導いたという伝えがある。琉球王国の上級神女三十三君の内とされているが、他の君々と違って、地方に住み、地域社会と深く結びついて王国崩壊後も存続した。『おもろさうし』原注に「のろ大神也」とあり、王国時代にも君よりは祝女に近い認識があったらしい。久米島は中国航路の要衝にあたり、航海安全の祈願は神女の重要な役目であった。君南風が地方にあってなお特異な地位をもって重んじられた理由はその辺にあるだろう。 ↓聞得大君《きこえおおぎみ》 ↓祝女《ヌル》

参考文献 『君南風由来幷位階且公事』、「女官御双紙」(『神道大系』神社編五二所収、一九八二)、上江洲均「久米島」(谷川健一編『日本の神々』所収、一九八七)

(高梨 一美)

ちんもくこうえき 沈黙交易 ⇩無言交易《むごんこうえき》

つ

ツァプコッ　摯骨　中国南部および台湾における喪葬習俗で、洗骨のこと。拾骨あるいは撿骨ともいう。死人を埋葬したのち、五年・七年などの一定期間後に掘り出す。遺骨を陽光に晒して乾燥させたのち、骨を拭いて、金斗と呼ばれる甕に足の骨から順に入れ、頭蓋骨を最上部に収める。この作業は、撿骨士あるいは土公と呼ばれる専門職人によって行われ、親族は傍らで見ている。第二次葬は、風水上の吉地に作られた墓地に改葬される。神戸や横浜の広東系・福建系華僑の間では、第二次世界大戦前までは、本埋葬するために、本国に送還する際に摯骨が行われていた。しかし、土葬から火葬への変化や戦争によって香港から職人を呼びよせることができなくなって、この習慣は廃れた。（小熊　誠）

ついじまつ　築地松　島根県出雲地方の散居に限って見られる、黒松を刈り込んだ屋敷林。刈り込みは母屋の屋根が少し隠れるほどの高さを目安にして水平に枝を切り落とす難作業のため、特にノオテゴリ（陰手刈り）と呼ばれ、専門の陰手刈り職人がこれを行う。陰手刈りは四、五年に一度の割で行われ、かなりの出費を必要とするが、黒松の枝振りがダイナミックな風格を見せることから家格のシンボルとして競って行われてきた。築地松は主に屋敷地の西側から北側にかけて配置され、その理由の一つとして冬に出雲地方を吹き荒れる西あるいは北風をあげることができる。しかし、築地とあるように築地松が分布する出雲地方が古来より暴れ川として知られる斐伊川によって形成された低湿地であり、ここに立地する屋敷を洪水から防ぐため屋敷地周囲に低い土手を築き、土手を固めるため樹木を植えたことが築地松成立のはじまりと考えられる。このため、同じ出雲地方でも山あいや高台に立地する屋敷には築地松がまったく見られず、平地でも自然堤防などを利用した古い屋敷はスダジイ、タブノキ、マテバシイ、ヤブニッケイや竹林が主であり、築地松は低湿地の水田地帯に点在する屋敷に多い。築地松は西側、北側ともに十数本に及び、刈り込まれた築地松を遠望すると緑の屏風が林立する卓越した景観を構成する。近年、松枯れや陰手刈り職人の不足で築地松が減少し始めたが、地元の強い要望で保存運動がおきている。（伊藤　庸一）

参考文献　三宅登『出雲の築地松』、一九八〇、有田宗一・伊藤庸一・三宅登『築地松物語』、一九九三

築地松（島根県簸川郡斐川町）

ついしゅ　堆朱　中国で始められた彫漆《ちょうしつ》の一種。朱漆《しゅうるし》を何層も厚く塗り重ね、これに模様を彫刻する技法。宋代より盛んになり、元・明代には官営工房で多く作られた。日本へも鎌倉時代以降、仏教僧の往来や中国貿易で多く輸入され、珍重された。室町時代ころから日本でも同じような堆朱を作るようになった。一方、木胎に直接模様を彫り、それに朱漆を塗る木彫り堆朱もみられ、現代の鎌倉彫や村上堆朱などはその名残である。盆・手箱・香合などにみられる。（北野　信彦）

参考文献　沢口悟一『日本漆工の研究』、一九六六

ついぜんくよう　追善供養　中陰・百ヵ日・祥月命日・月忌・年忌などに、遺族が仏事を営み供え物をして死者の冥福を祈ること。本来仏教行事であり、語義は死者の苦しみを除き冥福を増進するため、遺族が善根福徳を修することである。追善供養はインド・中国を経て日本仏教界で新たな展開をした。古代における天皇・貴族の追善供養は「御はて」と記された一周忌で終えていたが、中世以降庶民に普及し始め、また仏教側の経済的理由から追善供養の回数が増やされていった。中陰の七日ごとに追善供養を行うのは、仏教ではさまよっている死者が極楽に行けるようにするためであるが、民俗では中陰は死の忌みが段階的に薄らいでいく時期であり、愛媛県下では初七日が忌明けの第一段階で、周桑郡小松町あたりでは初七日に親戚・縁者が集まってきて供物をし、斎《とき》の飯を食べて故人を偲びながら懇ろに弔うのをブクバラシという。一般に、追善供養のときは親戚・縁者などを招き、僧侶に死者供養の仏事を行なってもらい、御布施をし、墓に塔婆を建て水向けなどし、死者に供物・香華を手向け、参会者で精進料理などで会食し、配りものなどもする。和歌山県下の浄土宗などでは浄土三部経をあげるので、朝から坊さんに来てもらって、昼飯前に一般客が集まり、読経が済むと供養のために酒肴を供えた料理で賄う。島根県下では初七日までは僧侶が来て読経をあげて供養を行う。香川県下では、中陰の法事以後、毎月の命日に僧侶を迎えて精進料理をすすめ、死者の追善供養をし、これを常斎《じょうとき》蜀という。追善供養のうち、七日、三十五日または四十九日、ミカワリ、ムカワリ（一周忌）、

トムライアゲ(三十三年忌・五十年忌)などを盛大・丁重に行う所が少なくない。広島県芸北地方では、三十五日または四十九日の忌明けの仏事は一番大切で、招く範囲も広く、仮境の寺も呼ぶなど盛大に行う。香川県下では、四十九日の満中陰に七七の法会として僧侶を招き、親戚・知己に案内して丁重に供養し、親戚や隣保から供えられた果物や菓子を近所に配り、死者の菩提を弔う。島根県下では、一周忌に燈りを多くし、精進料理の御馳走をし丁重な供養を行う。大阪府和泉市父鬼では、五十回忌は化主《けしゅ》といい八人の僧を呼び『大般若経』を誦んで祝いをし、墓に四角の大塔婆を建て、和歌山県下では、三十三回忌のトムライアゲに葉付き塔婆をあげ、霊魂が神になると信じられ、重要な法事をつとめる所が多い。↓月忌《がっき》↓四十九日《しじゅうくにち》 ↓中陰《ちゅういん》 ↓弔《とむら》い上《あ》げ ↓年忌《ねんき》 ↓百カ日《ひゃっかにち》

参考文献 圭室諦成『葬式仏教』、一九六三、同「葬式と仏事」(竹田聴洲編『葬送墓制研究集成』三所収、一九七九)、藤井正雄「日本人の先祖供養観の展開」(『仏教民俗学大系』四所収、一九八八)

(小松 清)

ついな　追儺　十二月晦日の大祓いについで行われ、悪鬼を払い、悪霊を退け、疫病を除く儀礼。オニヤライ、ナヤライともいう。中国では大儺と称され、日本に伝えられて七〇六年(慶雲三)にはじめて土牛を立てて行なったとあり、以後宮廷年中行事となった。平安時代初期の追儺は、群臣が中庭に立ち、大舎人のなかから身体の大きな者が方相《ほうそう》氏に扮し、方相氏は熊の皮をかぶり、四つの黄金の目の仮面をつけ、黒衣に朱の裳を着て鉾と盾を持ち、紺の衣に朱の鉢巻き姿の振子(童子)二十人を引き連れて参入し、陰陽師が祭文を読み終えると方相氏が大声を発して鉾で楯を三度打ち、群臣は桃弓・葦矢で鬼を追いやるものであった。本来鬼は登場しないが、平安時代末期になると、方相氏が悪鬼と考えられるようになり、群臣が方相氏を射るようになった。貴族の家や寺社でも行われ、寺社では修正会の結願に追儺が行われ、三人の鬼を竜天・毘沙門天が追い、堂内の参列者が牛玉杖《ごおうづえ》で打ち、堂外の群集が鬼につぶてを放った。室町時代には追儺と節分と豆撒きが結びついて、邪気を払い、福を招く行事として定着した。現在も節分行事として、広く寺社で行われており、京都の吉田神社・壬生寺、奈良県法隆寺、兵庫県鶴林寺・長田神社などの追儺式は有名である。↓鬼《おに》やらい ↓修正会《しゅしょうえ》 ↓節分《せつぶん》

参考文献 山中裕『平安朝の年中行事』(「塙選書」七五、一九七二)、喜多慶治『兵庫県民俗芸能誌』、一九七七

(西口 順子)

ついほう　追放　社会的規範の違反者を地域社会から追いはらうこと。近世村法では所払い・村払い・追い出し・帳外《ちょうはずし》などと呼ばれる。追放刑は村落の共同生活を全面的に否定され、村制裁としてはいちばん重い刑である。追放刑は大火の火元や放火・殺人・博打・作物盗みなどの重犯罪に対して発動される処罰である。長野県下伊那郡では、追放刑の場合に被追放者の財産は没収処理された。追放の範囲は村法の場合は村外であり、五里四方と明記される規約もある。江戸幕府は、村ごとの追放刑を原則的に禁止した。したがって幕府法を視野に入れつつ転居・欠落ちという合法を装いながらも、実際には追放処分が実施されていたといわれる。第二次世界大戦前に民俗資料として採集されてきた追放の事例はそのような近世村法における追放処分のいくつかであった。江戸幕府法の追放刑は、重追放・中追放・軽追放・江戸十里四方追放・江戸払い・所払いなどがあった。追放刑に処せられると、人別帳からはずされ、村民の資格を剝奪され村内に居住することは許されない。一定の場所から放逐してその地域への立ち入りを禁止した。親族集団で行われる追放に勘当がある。父母が同居の子どもに対して行う懲戒的な制裁処分である。勘当も今まで住んでいた家から追い出されてしまう点では追放と似ている。↓勘当《かんどう》

参考文献 荒井貢次郎「制裁」(『日本民俗学大系』四所収、一九五九)、神崎直美「近世農民の罪と罰―近世村法研究序説―」(『中央史学』一三、一九九〇)

(板橋 春夫)

つう　通　十八世紀後半に、江戸町人社会に成立した意気という美意識にもとづく行動原理。洒落本『一目土堤』(一七六八)によれば、通という語は一七六九年(明和六)ごろから盛んに使われ始めたという。人情・世態や色ごとなどの機微に通じることを意味し、その機微によく通じる人を、通人とか通者《つうしゃ》・通者《とおりもの》と称した。ものごとの限度をよくわきまえ、臨機応変に聡明な振舞いをし、少しのいやみもなく、下卑ず、高慢ちきを全くみせず、金遣いがさっぱりしており、片意地を張ったり、脱線・悪口・見栄張りをしない。こういう行状の人が通人である。その反対に、こうした人情の機微を全く解さないのを、野暮《やぼ》とか不通《ふつう》といい、中途半端なのを半可通《はんかつう》といった。十八世紀後半に、通や通人が江戸で大流行した背景には、同じ時期に流行した遊里風俗小説の洒落本があった。遊里の風俗・習慣を細密に描いた洒落本を読めば、遊里の事情に精通し、人情の機微にも通じるようになる。洒落本は、通の教科書として多くの読者に親しまれた。その結果、この時期に吉原通とか、深川通とか、芝居通とか、風俗通というように、その道々をよく心得た通人が輩出した。なかには、みずから大通と称し、個性的な文化活動や放埒な行動をした一群の富裕な江戸町人がいた。世に十八大通といわれた人々である。彼らの多くは蔵前の札差であったので、この風俗を蔵前風とも称した。↓意気《いき》 ↓粋《すい》 ↓野暮《やぼ》

参考文献 九鬼周造『「いき」の構造』(『岩波文庫』、一九七九)、西山松之助『江戸ッ子』(「江戸選書」、一九七九)、中村幸彦「通と文学」(『中村幸彦著作集』五所収、一九八二)

(竹内 誠)

つうかぎれい　通過儀礼　人の誕生から死に至る過程で、人生の節目にとり行われる儀礼。広義には、場所から場所への空間的移動、時間帯から時間帯への時間的移動、

社会的な地位の移動などを含む。

〔通過儀礼に関する理論〕通過儀礼を体系的に論じたヘネップ Gennep A. v. は、これらの諸儀礼には分離・過渡・統合という三つの段階を伴う共通パターンが存在し、社会体系における変化が処理されているとしている。通過儀礼は参加者に、神話的世界と人間界の秩序を確認させる機会であるとともに、受礼者にとっては集中的な社会化の場ともなっている。通過儀礼の過程で社会的な地位の変化が見られ、その認知には村落の成員のみならず祖霊・カミなどがかかわる。儀礼の進行の中で㈠日常的時空間からの分離、㈡非日常的時空間における儀礼の過渡、㈢日常的時空間への統合という三つの段階が見られる。日常生活から隔離され、カミまたは祖霊と時空間を共有しつつ、神話的原初にさかのぼって宇宙観・祖霊観を確認する場である。それを象徴的に示すために、祭場の境界標識、音曲・唱文などによる時間の分節化、衣装・仮面・香料などによる日常的秩序の逆転などのモチーフが用いられている。儀礼的時空間への分離と日常性への回帰は「死と再生」に比定されることが多い。こうした三つの段階の移行は一つの儀礼について見られるだけでなく、一つながりの儀礼群の中に段階的移行が存在する例もある。グラックマン Gluckman, M. は政治組織が解体して新たな均衡状態を回復する社会動態過程の解明にヘネップのモデルを援用している。ターナー、Turner, V. は、この方向をさらに進めて独自のコミュニタス論を展開した。日常的な秩序における垂直的な構造は、儀礼が作り出す境界領域における無構造的共同状態（コミュニタス communitas）の共通体験により維持されているとしている。

以上のような広義の通過儀礼から出発した儀礼論が存在する一方で、狭義の通過儀礼を人の誕生から死に至る過程で、人生の節目にとり行われる人生儀礼であると特定してヘネップの仮説を検証する作業も進行している。

日本における通過儀礼について坪井洋文は、死後の死霊・祖霊期も含めて通過儀礼の一環とみなすことを提唱している。それに従えば、誕生から産育過程を経て成人・結婚に至る成育階梯、婚姻から葬送儀礼に至る成人階梯、葬儀から祖霊化に至る死霊階梯、祖霊化から子孫としての再誕に至る祖霊階梯という円環的な通過儀礼の体系が想定される。祖霊階梯にかかわる通過儀礼は他界観と関係しており、仏教との習合など、宗教複合のあり方により、時代的、地域的な変異が顕著である。

〔通過儀礼の段階的区分〕日本の民俗社会の通過儀礼は人の成長の段階に応じて以下のような形をとっている。

㈠　成育階梯の通過儀礼（出生儀礼・成育儀礼・成人儀礼・婚姻儀礼）
㈡　成人階梯の通過儀礼（厄年祝い・年祝い）
㈢　死霊階梯の通過儀礼（葬儀・年忌供養）
㈣　祖霊階梯の通過儀礼（先祖祭）

㈠成育階梯の通過儀礼　⑴出生儀礼・成育儀礼　妊娠・出産や月経は穢れ（赤不浄）とされ、カミとの接触を忌む慣行が見られる。また、産屋・産室によって日常的な場からの隔離が行われる。産湯には血穢《けつえ》を除去する機能があるが、十九盥《だらい》・二十一日盥などや日数で浄化の程度が数えられる。床上げまでは産婦が別火生活をするという禁忌や宮参りの禁止によって穢れが明示される。一方、新生児の穢れと不安定な状態は、拾い親の儀礼、七夜の祝い、名付親との親子成り、十一日目の初外出などの通過儀礼によって克服される。「七歳までは神の子」とされ新生児は氏神と特別な関係をもっており、出産の忌明けとともに、宮参りが行われる。男児は生後三十二日、女児は三十三日目に行われ、氏子として認知される。生後百日前後で食初めの儀礼が行われる。満一歳を迎えた幼児の初誕生の祝いでは、餅をついて一升餅を幼児に背負わせる慣行がみられる。さらに子供の前に筆・硯・物差・裁縫道具などをおいて選ばせるなどの儀礼によってその子の将来の職業を選ばせるなど、社会化の予祝となっている。帯結び・帯付けと称される三歳の祝いはかつては女児に限定されず、帯を使う衣装に替える成育の区切りであった。男子五歳の袴着の慣行は、五月五日の菖蒲の節供に固定化された。七歳をもって男女ともに子供の階梯に移行する。七所モライという子供が隣家で雑炊をもらい回る慣習のように社会的認知の節目となっていた。子供は神の領域から人の領域に移行するとされ、男女ともに氏子入りの儀礼が行われた。子供組は小正月行事に代表される道祖神の祭祀組織として機能を持ち、成人後の若者組の予備的な訓練の場となっていた。女子の子供組は一般的ではないが、三月の雛送りの際、女児が川原などに竈を用意し死霊に対して供物を料理するママゴトの慣行は広く見られる。⑵成人儀礼　かつて十五歳程度を画して男子は若者組、女子は娘組に入り、結婚するまで共同生活を行う慣行が見られた。それぞれ若者宿・娘宿などの合宿所を構え、村内の治安維持・消防・災害救助などの村落生活で重要な役割を果たした。一般的に若者組への加入によって、村人として一人前とされた。加入条件としては田畑を耕作する能力や、俵・力石を持ち上げる筋力が課された。また宮籠りや隔離空間での訓練・秘儀伝授なども課されていた。女子については、初潮に際して成女式の意味をもつ鉄漿《かね》付け祝い・ユモジ祝いなどが行われた。親族の年長者から赤い腰巻を与えられ、歯に鉄漿付けをすることによって一人前であることが明示された。男子については伝統的武家社会で元服・烏帽子着などの成人儀礼がみられたが、村落社会では霊山への山登りによる修行経験が成人式の機能を果たしていた。これらの成人儀礼では、元服親・鉄漿付け親との関係で儀礼的親子関係が結ばれていた。⑶婚姻儀礼　婚姻儀礼によって世帯をもち、子供の養育に責任をもつ立場に転換するが、その前に若者組・娘組などからの離脱が行われる。家としての独立性をもった後のつきあいは戸主・

主婦としての責任を伴うものとなった。

㈡成人階梯の通過儀礼　⑴厄年祝い　結婚後の戸主・主婦としての成人階梯の段階で、中年組・老年組(男性)、嫁組・主婦組・婆組(女性)などの年齢階梯的な組織を通した村落運営への関与がみられる。自警団・行政組織・宮座などの機能をもつこれらの組織の役職に就任することは、重要な通過儀礼でもあった。個人としては男子二十五歳、四十二歳、女子十九歳、三十三歳などの身体的な変化の節目を厄年として意識した。厄年には重い災厄に見舞われるとし、神への祈願によって厄払いをし、厄の明けた時には知人・縁者を饗応する慣行が見られた。⑵年祝い　還暦後の年祝いには幼児の成育儀礼に類似する祝賀の意味が強く見られる。六十一歳(還暦)、七十歳(古稀)、七十七歳(喜寿)、八十八歳(米寿)などがあるが、八十八歳では天寿を全うしたとして、生仏・生菩薩として祝う慣習も見られた。

㈢死霊階梯の通過儀礼　⑴葬儀　人の死によって死者をとりまく領域は死の穢れによってみたされた「殯《もがり》の時空間」に入る。青竹・藁・簾・紙により殯の空間の領域を示す標識がたてられ、人は服装・髪型などで服喪を明示し禁忌事項を守る。古くは邸内に喪屋を建て、棺をそこに安置した。古代の墳墓祭祀以来、親族縁者による殯の別火生活は数ヵ月以上にわたるものがみられた。服喪者による祭祀が行われるのと平行して死者は三途の川を渡って黄泉《よみ》の国への旅を行うとされ、死者には旅装束が施された。渡し賃としての六文銭が頭陀袋に入れられるなどの習俗は現在に残っているが、仏教的な他界観の導入に伴い、「西方浄土への往生」という異質な来世観と重層化している。⑵年忌供養　時間とともに死の穢れの浄化が進むが、死体の白骨化とともに年忌供養によって段階区分が行われる。日本各地に分布している両墓制の習俗も死霊階梯の進行を示す指標の一つである。埋め墓は、ふつう人里はなれた場所におかれる。一方、死者の霊魂をまつる詣り墓は、寺の境内など生活空間に隣接してつくられる。詣り墓には穢れはなく、墓が家の象徴的中心になっている。火葬が一般化する以前埋め墓から詣り墓への移行は、十三年忌・十七年忌などを期して行われた。白骨死体の改葬、オコツアゲは洗骨を伴い、埋墓は遺棄された。最終的な祖霊化は三十三年忌・五十年忌など弔い上げの法要によって締めくくられたがこれをカミアガリと呼ぶ地方もある。

㈣祖霊階梯の通過儀礼　⑴先祖祭　弔い上げの後、死霊は個別の死霊として意識されることがなくなり、集団的な祖霊としてまつられる。祖霊は、山の神・田の神と同定されることも多く、先祖祭・年中行事・農耕儀礼によって子孫にまつられ、子孫の繁栄を保証する。祖霊はまた人の誕生にも深いかかわりをもっている。出産の場にあらわれる産神が祖霊とされているばかりでなく、新しく生まれる子に宿る霊魂は実は祖霊であるとされている事例もある。

〔赤不浄と黒不浄の平行関係〕日本社会の通過儀礼を、人の誕生から死に至るまでに限定させず、死後の他界観念まで含めて考えた時、日本の民俗社会に見られるいくつかの平行的パターンがより良く理解できる。たとえば月経・出産の赤不浄に関連する産屋・別火などのいくつかの慣行は、死に伴う黒不浄に関連する喪屋・別火などの慣行と類似性をもっている。老人に対して行われる通過儀礼である年祝いは、成育階梯の通過儀礼と平行的である。また、成育階梯の通過儀礼は、死霊階梯での年忌供養と類似性をもち、そこでは他界への再生の意味付けがなされている。こうした、一定のパターンの確認は日本の民俗社会のもつ固有の構造を考える手がかりとなる。

[参考文献]　柳田国男「先祖の話」(『柳田国男全集』一三所収、一九九〇)、同「氏神と氏子」(同一四所収、一九九〇)、棚瀬襄爾『他界観念の原始形態』、一九六六、坪井洋文「日本人の生死観」(岡正雄教授古稀記念論文集刊行委員会編『民族学からみた日本』所収、一九七〇)、芳賀登『葬儀の歴史』、一九七〇、R・エルツ『「死」の民俗学』(内藤莞爾訳、一九八〇)、ターナー『儀礼の過程』(冨倉光雄訳、一九七六)、ヘネップ『通過儀礼』(綾部恒雄・綾部裕子訳、「文化人類学ゼミナール」三、一九七七)、飯島吉晴『子供の民俗学—子供はどこから来たのか—』(「ノマド叢書」、一九九一)、藤井正雄『祖先祭祀の儀礼構造と民俗』、一九九三、新谷尚紀『死と人生の民俗学』、一九九五、浅野久枝「日本人の生死観」(佐野賢治他編『現代民俗学入門』所収、一九九六)

(小野沢正喜)

つうこんけん　通婚圏　婚姻による婚舎形成のために当事者の一方が、他の当事者へ居住地を移す地理的範域をいう。多くの人々が都市への大移動を始める以前の農村では、人々は誕生から死を迎えるまで同じ村落に居住し続けることが多く、嫁あるいは聟を迎える形態を取っていた。村落の内部から迎える場合を村内婚、村落の外部から迎える場合を村外婚と呼ぶ。古くは婚姻の相手の選択に対等の家柄を選ぶことが一般的であり、一般村民は村内から配偶者を求め、村落の支配層では、家柄のつりあいをとるために村外から求めることが多かった。だが、江戸時代以来一般村民でも村外から配偶者を求める村落がかなり見られ、この村外婚の村落と、一部支配階級を除き村内から配偶者を求める村内婚の村落とは、社会関係や親族関係、相互扶助などにかなりの差異が認められる。この二つの型の村落を歴史的な先後関係として捉えるのではなく、各村落の置かれた自然条件や社会環境を含めて考察する必要がある。婚姻は家結合の媒介項であり、通婚圏は親類の所在分布を示す。村外婚の村落にあっては、各家の交際や互助協力関係は、村内の本分家および地縁関係の各家と、村外に分布する親類縁者に任され、本家と配偶者の実家がそれぞれの中心となる。村内、村外の親族とのネットワークの形成により、村外社会に対してより開放された社会ということができる。一方、村内婚の村落にあっては、各家の交際や互助協力関係は、村内親族および地縁集団がその核となり、寝宿のヤドナカマ、ヤドのオヤ、あるいは若者組などが関係した。結婚相手との出会いは村内に限定されるが、当人の主体的意思が尊重され、当人同士の合意によって結婚に至る場合が多い。また嫁の地位は比較的高く、配偶者の実家とその兄弟姉妹との関係が深い。村内婚の村落は村外社会に対してはより閉鎖的であり、ネットワークは村内内部で完結されている。明治以降の近代化・都市化の流れは通婚圏の拡大を示しており、エンブリーの調査で有名な熊本県球磨郡須恵村では、明治初年の村内婚が三五%であった。以後村内婚は減少していくが、一方須恵村を中心に半径一五キロから二〇キロの球磨郡内では、第二次世界大戦前を通じて六〇・五%から六五%の通婚率であった。戦後の一九六七年(昭和四十二)では村内婚は六%と激減しているが、球磨郡内の圏域では五〇%、熊本県外で三五%前後であった。同じく村外婚であっても、周辺村落から配偶者を求める場合と全くの遠方から求める場合とがある。周辺村落から配偶者を求める場合は須恵村における球磨郡内のような通婚圏域を設定することができる。その範域は、村落の周辺八キロから一四、五キロの距離が一般的であり、江戸時代あるいは明治時代の村外婚の村落では、配偶者をこの範域から選んでいたのである。これに対し、村内婚の村落では、明治以降になっても村内婚は激減せず、漸減傾向を示していった。だが、須恵村の例にみられるように村内婚は確実に減少した。都市への人口の集中化や進学率の拡大などさまざまな社会的要因に原因があった。さらに現在では、都市化の進展に伴い通婚圏域は極端に拡大した。関東と関西、東北と九州も不思議ではなくなっている。↓婚姻《こんいん》 ↓村外婚《そんがいこん》 ↓村《そん》内婚《ないこん》

参考文献 竹内利美「通婚圏についての一考察」(新明博士還暦記念論文集刊行会編『社会学の問題と方法』所収、一九五九)、合田栄作『通婚圏』、一九七六、川口洋「近世非領国地域の通婚圏について」(『歴史地理学』一二四、一九八四)

(畑 聡一郎)

つうしんほう 通信法 広義には様子を知らせること。狭義には隔地間でメディアを介して情報を伝えあうことを指し、口頭での伝達や一方向的な伝達(放送など)を含まない。双方向メディアを用いた隔地間のコミュニケーションを通信とすると、日本人の生活に大きな影響を与えた通信法としては、郵便・電報・電話があげられる。識字率が高い日本では、狼煙《のろし》や旗を用いた情報伝達だけでなく、文字を用いた手紙が古くから普及した。そして飛脚制度が江戸時代後期には確立し、三都や主要都市を定期的に結んでいた。その下地の上に、一八七一年(明治四)には近代郵便制度が発足したが、国営独占、全国均一料金、切手による料金前納、郵便ポストへの投函といった制度的特徴があった。手紙の文面は、「拝啓」などの起首に時候の挨拶が続き、結びの言葉のあと「敬具」などの結語で締めくくるとか、宛名の敬称の使い分けなどの形式が確立した。最も安価な葉書が広く利用されたが、これは短文通信の多いこと、信書の秘密をさほど気にしなかったことなどが原因と思われる。一八六九年には電報の取扱いが始まる。電報は国営独占、全国均一料金を特徴とし、日清戦争後に全国的ネットワークが整備され、戦時体制に突入してから電話の普及までが最盛期であった。電報は二十四時間配達可能であり、儀礼的文言をいっさい省いて用件のみを片仮名で迅速に伝えた。しかし家庭生活のなかで電報が使われるのは、危篤や死亡など緊急事態に限られ、私用電報の大部分は経済情報の伝達であった。一八九〇年に一般利用が始まった電話は、料金が時間と距離に比例し、情報を文字化せず音声で伝え、双方が同時に情報を伝えられるという特徴がある。高度経済成長期には一般家庭にも普及した。その結果、速度で劣る郵便は日曜配達がなくなり、絵葉書や年賀状のように、情報伝達よりも儀礼・社交を目的としたものが興隆した。また、すぐ消える音声で伝えるのは不適当な、ダイレクトメールや請求書などの業務用郵便が増加した。電報も、電話の普及により、緊急用よりも慶弔用に用途が限られていった。近年に至り、携帯電話、ファクシミリ、Eメール、インターネットなど、新たな通信法が普及し始めており、生活に大きな影響を与えつつある。
↓電話《でんわ》 ↓狼煙《のろし》 ↓旗振《はたふ》り通信《つうしん》

参考文献 郵政省編『郵政百年史』、一九七一

(阿南 透)

つうちょう 通帳 代金後払いの約束で商品を先渡しし、一定期間ののちに代金の決済をする掛け売りに際し、売主が買主に対し、仕切書(代金支払の請求書)の代わりに交付した帳簿。通《かよい》・通帳《かよいちょう》ともいう。売主は商品の送付の際にその代金数量などを通帳に記載しておき、決算期直前にこれを取り集め、その金額を合計し、仕切書に代えてこれを買主に再送付し、売掛金の集金を行なった。売掛金の集金にあたる店員を掛取《かけとり》といった。売掛期間は古くは一年、通常は盆暮の半年から二、三ヵ月であった。近代以降は原則として一ヵ月に一定された。月末決済の場合、通常は二十五日に仕切り、以後の分は翌月回しとする慣行があるため、通帳は年間を通して用いられた。
↓掛《か》け売《う》り

(山口 徹)

つうぶんかてきひかくけんきゅう 通文化的比較研究 主として人類学の間で提唱されてきた異文化間の比較研究法の総称。Studies of Cross-cultural comparison の訳語。人類学の創始者タイラー Edward Burnett Tylor が、「制度発展の調査法」(一八六九)で初めて用いた比較法を、通文化的調査法という。この方法によってタイラーは三百五十社会の民族誌から事例を抽出し、婚姻と出自の関係が社会進化の定向的規則性を示すかどうか、定量的に裏づけようとした。それに対しアメリカ人類学の創始者ボアズ Franz Boas は『未開人の精神』(一九一一)で、タイラー

とは異なる特定の歴史復元のための比較法を提唱。これを通文化的分析という。ボアズは比較を、文化要素間の相関が可能な限定された隣接文化領域間の比較に限るべきだとして、北米先住民地域に限って適用を試みた。さらに前代からの比較法をより発展させ、タイラーやボアズのように人類の社会進化や特定の歴史復元のためでなく、全地球的かつ同時代的な人類社会の特徴を、定量的に把握するために用いた比較法がある。アメリカ人類学者マードック Murdock, George Peter の提唱した比較法で、これを通文化的比較という。イェール大学のＨＲＡＦ（Human Relations Area File）資料が用いられ、かれの著書『社会構造』（一九四九）では二百五十社会、『世界諸文化の地図帳』（一九六二）では五百六十三社会の事例を用いて項目ごとの定量的比較を行い、諸民族の政治・経済・社会の相対的特徴を明らかにした。日本民俗学のなかで比較民俗学を唱える研究成果があるが、まだ通文化的比較研究の水準に達する研究成果はない。その他の研究分野では、今日では一般に、異文化間の比較研究そのものを通文化的比較研究と称する傾向があるが、同時に、その異文化比較そのものの限界もまた明らかになっている。

（渡邊　欣雄）

参考文献　W・H・グッドイナフ『文化人類学の記述と比較』（寺岡襄・古橋政次訳、「人類学ゼミナール」五、一九七七）、蒲生正男編『現代文化人類学のエッセンス』、一九七八

つえ　杖　歩行の補助具。これによって体のバランスをとったり坂道を上るささえにするが、運搬の際に使用される荷杖は歩行の補助具であるばかりでなく、休息のときには背に負った荷物の重さを支える道具ともなる。そうした実用性から転じて、特に宗教者の持ち物として使用される杖はさまざまな象徴性を示すことでも知られる。僧侶や修験者の持つ、頭部に輪のついた錫杖は、山野を遊行する際の補助具であると同時に、振り鳴らして毒蛇や毒虫を追い払う役目があったとされるが、さらに加持や祈禱などには不可欠の呪具でもある。在俗の修行者である巡礼も金剛杖と称して杖を持つが、とりわけ四国遍路の場合、その杖は多様な象徴性を示している。まず第一にその杖は五輪塔をかたどったものであり、その形状からもわかるように、墓塔をあらわしている。すなわち杖は万一その巡礼が旅先で死亡した時に実際に墓標として利用されることにもなるが、そればかりでなく巡礼の習俗に通底している死の象徴性に伴って、死者としての巡礼を表わしているといえる。第二に金剛杖は、四国遍路習俗の象徴体系の中心にある弘法大師そのものである。杖を携行することによって同行二人（常に弘法大師と同行している）という観念が具体的に表象され、杖は何よりも大切に取り扱われなければならない。第三に杖は呪具である。杖の霊力によって旅の途中の巡礼自身はもちろんのこと、通りがかりの人びともまた、実体は俗人にすぎない巡礼にさまざまな霊験を期待することが可能になる。伝説のなかでも杖はさまざまに登場する。弘法水の伝説では、諸国行脚の弘法大師が杖を突き立てたところ後々まで枯れることのない清水が湧き出たと語られる。また高僧がふとしたことで地面に突き立てた杖にやがて根がはえ、成長して大木になったという話がある。一般に杖立伝説とよばれるが、その大木の種類は杉・桜・竹・カヤなどさまざまで、また必ずしも杖でなく、箸や矢立であってもよかった。しかし高僧の持つ杖に神秘的な力がやどる、もしくは神秘性を帯びた持ち物として杖が携行されるという観念は普遍的に存在したと考えられる。空也が愛した鹿の死を悲しみ、鹿の角をつけた杖を持ち歩いたことは伝説にも語られるが、以後その鹿角杖は、空也の流れをくむ念仏聖たちの象徴として定着した。さかのぼって『古事記』には、神功皇后が新羅の国主の門に杖を突き立てたとある。これは新羅の領有を意味していよう。同じく『古事記』に、伊邪那岐命《いざなぎのみこと》が黄泉《よみ》の国から帰って身を清めたとき、投げ捨てた杖から衝立船戸神《つきたてふなどの》が生まれたという。フナドの神とはサエノカミとも同一視される神であるから、杖は障塞の象徴でもあった。そして道をふさぐことはその内側を占有することにほかならないから、さきの神功皇后の杖とも相通じることになる。

（真野　俊和）

↓錫杖《しゃくじょう》

つえたてでんせつ　杖立伝説　高僧や貴人が旅の途中に持っていた杖を大地に挿したところ、それが根づいて大木となったとする伝説。杖立杉・杖桜・杖銀杏など木の伝説のほかに、村落などの境界（産土信仰圏の境界）となる坂や峠の地名として伝存している場合もある。たとえば、杖突坂（三重県四日市市采女）や箸折峠（和歌山県西牟婁郡中辺路町）や箸立峠（福岡県朝倉郡）などである。今日のごとく、神社として神が里に常在する以前の原始古代社会では、神（祖）霊は他界である山上や水平線の彼方から、節季ごとに訪れてくるものと考えられ、その際に生木を挿して神聖な霊域（屋代《やしろ》→社）をしつらえた。その霊木がそのまま大樹化して神域となる標示と化した場合は多かったに違いない。その種の神域の起源の伝説に付加される伝承が、これらの高僧行脚の折の杖立伝説とか箸立伝説である。神域には常に憑《よ》り木や標《しめ》としての霊木を伴うことが多く、杖立木の根もとには涸《か》れない泉の所在する場合も少なくない。寺社の開祖としての旅人僧の伝承となっている例（兵庫県明石市の人丸神社の盲杖桜など）もある。主人公には、弘法大師や西行法師のほかに、行脚の某上人や善知識という例が多い。古い例では『常陸国風土記』行方《なめかた》郡条の夜刀神《やとのかみ》と箭括氏麻多智《やはずのうじのまたち》の土地占有に関わる杖立伝説や、『肥前国風土記』杵島郡舟つなぎ坑、『出雲国風土記』意宇郡の総記、『播磨国風土記』宍禾郡御方里、揖保郡枡田里や同郡粒丘の条などに記されている。

↓弘法清水《こうぼうしみず》　↓杖《つえ》　↓箸立伝説《はしたてでんせつ》　↓矢立杉《やたてすぎ》

参考文献　柳田国男「神樹篇」（『柳田国男全集』一四所収、一九九〇）、赤坂憲雄「杖と境界をめぐる風景杖立伝説」（『境界の発生』所収、一九八九）

（渡辺　昭五）

つか　塚　土や石、あるいは木の枝を人工的に積み上げたり、盛った信仰的構築物の総称。塚は築《つく》を語源としているように高く築いた場所という意味である。壇とか森と呼ぶ地方もあり、その性格は祭場・祭壇である場合を主としながら、死者供養・境界指標・辟邪・厄除け・修法壇を示している。戦死した十三人の武将をまつったとの伝説を伴う十三塚の発掘事例などからも埋葬の跡は認められず、実際の死体を埋葬した塚は墓として別に扱われてきた。この意味から高塚式の古墳も塚研究の対象にはならなかった。塚信仰の背景には平地より高い所には神霊が寄り付きやすいとの信仰がある。もともと神社の社の字源は土をまつる、つまりは塚をまつることであった。中国における社の古態はモンゴル族のオボ(石堆)に想定できると考えられているが、オボもその中心はポプラなどの樹木である。天から地上への神霊の垂直的来臨の依代として石・樹木・塚が拝され、さらにその総体として森や山が拝された。この意味で塚は疑似的な山ともいえ、山登りに石を携えて山に供えたり、ケルンを築くと山の神が喜ぶとする伝承にも重なる。千葉県下総地方の出羽三山講中により築かれた梵天塚や茨城県南部に見られる大日塚は出羽三山を象《かたど》ったものとされている。また、塚の多くが村境に築かれた。兄妹婚伝説を伴う双体道祖神に柴を折って供え、それが塚のようになっている例もあった。悪霊のムラへの侵入をさえぎる、塞の神としての道祖神信仰はやがて地蔵信仰と習合し、賽の河原の石積みの場所ともなった。村境の塚の中から赤ん坊の泣き声が聞こえるという赤子塚の伝説が語られるのも、「七歳までは神の子」といわれ神と人の境に存在する子供の性格に起因している。村境はムラの内外だけでなく、この世とあの世との境としても意識され、二つの世界を繋ぐ地蔵や子供に係わる場所となったのである。さらにそこには地母神信仰の発現も認められ、塚が地中から地上、天に向かう神霊の方向性をうかがわせる場所となっている。土中入定した行者をまつる行人塚も命の再生の場としての塚の性格をよく示している。行人塚・山伏塚と呼ばれる塚が各地に残り、七人塚などは彼らが殺され埋められたとの伝説を伴っており、これは御霊慰撫を目的とし、築造に彼らが関与したことを逆に物語る。宮本常一は中世の行者の流れに二派あり、一方は石を立てることをもっぱらにした念仏聖、中でも時衆聖、もう一方は塚を築く山伏の活躍を想定していた。一般的に近世に至ると庚申塚が庚申塔に変わるように塚から石塔への移行が認められる。この間にあって塚上に石塔が立つ折衷型も残っている。　↓赤子塚《あかごづか》　↓経塚《きょうづか》　↓行人塚《ぎょうにんづか》　↓七《しち》人塚《にんづか》　↓十三塚《じゅうさんづか》

参考文献　柳田国男「民俗学上に於ける塚の価値」(『柳田国男全集』一五所収、一九九〇)、宮本常一『野田泉光院』(『旅人たちの歴史』一、一九八〇)、佐野賢治「十三塚と十三オボ」(桜井徳太郎編「日本民俗の伝統と創造」所収、一九八八)

(佐野　賢治)

ツカサ　ツカサ　沖縄の宮古・八重山諸島村落における御嶽《ウタキ》祭祀の最高司祭。沖縄本島地域における祝女《ヌル》・根神《ニーガン》に対応する。村落から一名の女性を選ぶ場合が多いが、村落内の複数の御嶽ごとにそれぞれの御嶽を管掌する祭祀担当者として複数の女性を選ぶところもある。ツカサを選ぶ方法およびその就任期間に関しては村落ごとにいくつかの型式がある。選び出す方法は、母から娘への母系継承、一定年齢層ないしは生年干支の者を対象に神籤を降ろして定めるなどがあり、その任期は㈠終身、㈡三年、五年など一定期間とするなどがみられる。村落を単位とする御嶽の祭祀は各地区一様でなく、また個々の村落においても御願と呼ばれる一年間の祭祀の数は多数にのぼり、個々の祭祀ごとにさまざまな参与形態あるいは祭祀集団を構成して祭祀が遂行される。そのためツカサの機能を一括して述べることは困難である。とはいえ、いかなる祭祀においてもツカサは最高司祭者として最高の地位につき御嶽にまつられる神霊に唱え言を述べ、供物を捧げ祭祀全体を主導する。村落によってはツカサには日常生活の中で種々の行動上の制約・タブーを課しているところもある。たとえば任期中は不浄(出産や葬儀)の場への参列を慎しむ、毛髪を切ったりパーマをかけてはいけない、頭上運搬をしないなど地区ごとに多様である。また、その役職に対し村落から金銭・米などで手当を支給するところも多い。近年、就任後の責任の大きさと制約ゆえに、後継者が順調に選定されず祭祀が慣行どおりに営まれていないところもある。

参考文献　植松明石「女性の霊威をめぐる覚書」(谷川健一編『叢書わが沖縄』四所収、一九七一)、宮城栄昌『沖縄のノロ研究』、一九七九、佐々木伸一「宮古島の部落祭祀」(『民俗学研究』四五ノ二、一九八〇)

(大本　憲夫)

つがるかぐら　津軽神楽　青森県津軽地方一円の社家により代々継承されている神楽で、各神社の祭で舞われる。創始は、南津軽郡藤崎町の堰明神を司る堰八豊後守安隆が、一七一二年(正徳二)に江戸に上り浅草の第六天神のもとで修業し、京都で吉田神主から官位を受け、一七一四年に帰藩し高岡霊社(中津軽郡岩木町高照神社)にそれ

津軽神楽

まで伝えられていた山伏神楽などを整理し、奉納したのがはじまりとされる。現在、継承されている演目は、神入舞・宝剣・磯浪・千歳・榊葉・弓立・天王・朝倉・湯均舞・御獅子・四家舞である。

参考文献　『青森県民俗芸能緊急調査報告書』、一九六六

（外崎　純一）

つかわしめ　**使わしめ**　神の前駈・みさきとして神の意志を示すとみなされている鳥や動物。神使・神令ともいう。『日本書紀』や『古事記』の神武東征の折八《や》咫《た》烏《がらす》が導き役をなしたという記述にみられるように、鳥類や動物を神の使わしめとみる信仰は古く、熊野権現の使いを烏としたほか、日吉山王・富士浅間の猿、春日明神の鹿、八幡大菩薩の鳩、稲荷明神の狐、日光神の大蛇、赤城明神や鞍馬毘沙門天のムカデなどはよく知られている。しかし大社に関連したもののみではなく、大黒天の使いを鼠、弁財天や水神の使いを蛇、山の神の使いを猿・山犬（狼）、田の神の使いを狐としてきたように、神霊の使いとされる鳥や動物はその種類も多く、使わしめに関した信仰は広くみられる。この信仰は、目に見えない神霊を形あるものに求めたことによるものであり、とりわけそれを鳥や動物に求めたのは、それらが人間の計り知れない特別な霊的能力の持ち主であるという観念に基づくものであったといえよう。鳥や動物の鳴き声・所作によって未来を予知したり託宣をすることが多く、たとえば、烏の鳴き方を死の予兆としたり、烏の啄《つい》ばんだ供物によって栽培する稲の種類を決めたりする民俗をはじめ、烏が霊的能力を備えたものであるとするさまざまな伝承が伝えられている。こうした民俗は狐をはじめ他の動物についてもいえることである。また鳥や動物の色、とりわけ白鳥や白狐のように白い色の鳥類・動物を神聖視してきたことも認められる。　↓みさき

参考文献　柳田国男「みさき神考」（『柳田国男全集』一五所収、一九九〇）

（宮本袈裟雄）

つき　月　地球の唯一の衛星で、地球の回りを公転し、その周期が一ヵ月と数えられる。太陽に対して、太陰と呼ばれ、月の満ち（望・満月）、欠け（朔・新月）は太陰暦の基本となった。日本では月そのものに対する信仰は特に顕著とはいえないが、農村部では月見と月待の行事が広く知られていた。月見は八月十五夜と九月十三夜の月の出を拝む行事で、どちらかの月を見そびれるのを片月見といい、嫌われた。中秋の八月十五夜を芋名月と称し、ススキ・団子・豆類とともにサトイモ（衣被《きぬかつぎ》）を必ず供物とする地方が多い。畑作物の収穫儀礼としての性格や稲の収穫に先立つ穂掛けの祭の性格がそこにはうかがわれる。望月と餅搗きの連想から、月の陰影は兎が竪杵で餅を搗いている姿とされ、団子や餅も供物として欠かせないものであった。また、この団子や餅を盗むのは公認され、望ましいこととされていたのは、神霊の仕業と考えられていたからである。愛媛県東・中予地方では八月十五夜の日、初収穫したサトイモの親イモを竹竿などにくくり付け、月に供えるといい、戸外に高く掲げ、月の出を家族一同で拝んだ後、イモ飯・イモ入りおかずで夕食をするというようにイモ尽くしの一日を過ごす。この供えたイモの竹竿を盆花と呼び習わし、盆の精霊迎えにも同じようなものを作る。月見には盆祭の一環としての先祖祭祀の要素も認められる。月待は十三夜・十六夜・十七夜・十八夜・十九夜・二十二夜・二十三夜・二十六夜・二十九夜の各月齢の月の出を拝み、男女別、年齢階梯別に講組をつくって飲食しながら、お籠りをする行事である。月を童言葉でノノサマ、アトサンと呼ぶのは月を拝んだ痕跡である。月待は念仏講の形を取ることが多く、利根川中流域では女人講として十九夜念仏が行われ、如意輪観音を主尊として安産が祈願され、講中によって犬卒塔婆が立てられた。月待の中でも二十三夜待は特に知られ、隔年の正・五・九月の二十三夜には、戸主が精進潔斎して頭屋に集まり、月読命《つくよみのみこと》の掛軸を床の間に飾り、月の出を待つことが行われた。太陽神、天照大神《あまてらすおおみかみ》に対照される月神である月読命は、『日本書紀』に保食神《うけもちのかみ》を殺したために、天照大神の怒りをかい、以後日月が離反したとの記事に登場する。保食神殺戮の神話は月と農耕との関係の深さをよく示している。月の朔望は女性の月経と重なるために、月読命はツキ（月経）、ヨミ（数える）を表わし、高級巫女の職掌を神格化したものと考えられている。月経を知らせるための木が槻の木とされ、巫女はその元に立ったものという。「月読の持てる変若水《おちみず》」（原万葉仮名、『万葉集』一三）とあるように月・女性・水に不死再生の力を認める世界的信仰にもつながっている。　↓月待《つきまち》　↓月見《つきみ》

参考文献　松村武雄『日本神話の研究』二、一九五五、N・ネフスキー『月と不死』（「東洋文庫」一八五、一九七一）、石田英一郎「月と不死―沖縄研究の世界的連関性によせて―」（『石田英一郎全集』六所収、一九七二）、桜井徳太郎『講集団の研究』（「桜井徳太郎著作集」一、一九八八）

（佐野　賢治）

つぎ　つぎ　⇩裁縫《さいほう》

つきあい　つきあい　人と人、または家族と家族の間で言葉や物を取り交わし、あるいは時間や場を共有することによって互いの絆を強めようとする交渉の形式。交際・社交のこと。近所づきあい・親類づきあい・友達づきあいなどの言い方にみられるように、一般には社会的に対等なもの同士の互酬的な交渉をさすが、本家・分家の間での儀礼化されたやりとりを本分家のつきあいと称したり、村の共同作業への出役を村づきあいとみなしたりする用法もあり、広義にはさまざまな交渉形式が含まれる。つきあいの具体的な方法には、挨拶・贈答・訪問・饗応・互助協力などさまざまなものがあるが、「つきあいで〇〇する」という言い方がされるように、物の供与や労力提供そのものの実質的効果が期待されているというよりも、これにことよせて互いの関係を確認したり、より強固な

ものにしようとするところにつきあいの本質がある。つきあいが地方によってギリ、ジンギなどとよばれるのも、これを適切に行うことが人間関係を維持するために不可欠であり、社会生活の規範として求められることをあらわしている。つきあいの機会は、日常の生活や労働の場面から、盆・正月などの年中行事、冠婚葬祭や新築、災害などの取り込みごとまできわめて多岐にわたる。そうしたつきあいのあらゆる場面にみられる最も基本的なものは挨拶で、日常の朝夕の挨拶、訪問や贈答に伴う挨拶、儀礼的な場面での口上など、その時と場合に応じた適切な挨拶をすることが一人前の社会人の条件とされる。贈答・訪問・饗応の機会も数多いが、いずれも食を通じて互いの結び付きをより強いものにしようとする意図を含むもので、しばしば相伴って行われる。贈答品としてはさまざまなものがあるなかで、節日の贈答や祝儀・不祝儀の贈答、見舞では、それぞれの機会ごとに定まった食品を贈る習わしがあり、また贈物には必ず返礼を伴う。訪問に際しても贈答とともに酒食の接待が行われるのが通例である。贈答や饗応は、一つ火で煮炊きしたものをともに食べ、酒をくみかわすことで分かちがたい結びつきを得られるとする共食の観念に裏打ちされており、縁組や新しい成員の仲間入りなどに際してもこの手続きは欠くべからざるものとなっている。一方、つきあいには、困難な状況にあるものを実質的に援助する意図のもとに行われるものもある。葬儀や婚礼では客として招かれ饗応を受けるのみならず、その執行のために労力を提供しさまざまな役目を負うのも大切なつきあいと考えられている。こうした援助や協力は、同時に他日の見返りを保証する貸し借りであり、贈答や饗応と並んで互いの絆を深める重要なつきあいの一つになっている。これらのつきあいの相手は、親族・近隣・村内・友人・知人、職場の関係者や取引先など、個人がもっている社会関係のすべてに及ぶ。その中から、機会に応じて適切な相手を選び、適切な方法で過不足なくつきあいを行なっていくのが義理堅い者であり、これらを怠ることは不作法な、あるいは信頼関係を損なう行為として社会的な非難をあびる。この意味でつきあいは、普段さほど意識されていない互いの位置関係を再確認する機会であり、かつこれを相手方のみならず社会全体に公表する機会にもなっている。香典や祝儀の金額が話題に上り、また会食のメンバーや座順がしばしば紛争の種になるのはこのためである。とりわけ贈答は、互いの社会関係を如実にしかも計測可能な形であらわすものとしてこれまでも注目されており、贈与の範囲・品目・贈与量からその背景となる地域社会の特質を明らかにしようとする研究が積み重ねられている。このようにして濃密な人間関係を前提として行われてきたつきあいも、生活圏の拡大や生活の多様化によって急速に変化しつつあり、従来のつきあいを煩わしいもの、簡素化すべき因習として変えていこうとする動きが強まっている。こうしたつきあいの動向を視野にいれつつ、日本社会においてつきあいの何が継承され何が変化していくのかを見きわめていくことが今後の研究の課題といえよう。 ↓挨拶《あいさつ》 ↓贈答《ぞうとう》 ↓見舞《みまい》

参考文献 柳田国男「食物と心臓」(『柳田国男全集』一七所収、一九九〇)、同「毎日の言葉」(同一九所収、一九九〇)、守随一「村の交際と義理」(柳田国男編『山村生活の研究』所収、一九三七)、桜井徳太郎・北見俊夫『人間の交流』(『日本の民俗』四、一九六五)、野口武徳・福田アジオ『約束』(「ふぉるく叢書」八、一九七七)、和歌森太郎「日本人の交際」(『和歌森太郎著作集』一二所収、一九八二)、伊藤幹治・栗田靖之編『日本人の贈答』、一九八四

(中込 睦子)

つきあげにかい 突上げ二階 屋根棟や屋根の平の一部を突き上げた櫓造の二階をもつ民家の形式。草葺きの切妻造民家が分布するのは、山梨県下では甲府盆地の東部である。切妻の屋根型は、近世以降は切破風《きりはふ》と呼ばれた(『甲斐国志』一二)。このような屋根をもつ民家の中に、屋根の中央に突上げの庇や屋根を設けた形式があり、一般に突上げ二階と称している。本来はケブダシ(煙出)または櫓といい、養蚕時に屋根裏飼育を行う場として、換気や採光をはかるために工夫された屋根型である。 ↓かぶと造《づくり》

参考文献 関口欣也『山梨県の民家』、一九八二

(堀内 真)

突上げ二階（山梨県山梨市七日市場）

つきぎょうじ 月行事 一ヵ月交代で家々が順番に、その月内のムラの行事や各種の仕事を担当する役目。がちぎょうじともいう。月行司・月行持とも記し、月番とも称する。江戸時代、江戸や大坂などでは毎月交代で名主または町年寄を補佐して町内の事務を担当し、江戸では名主をおかずにこの月行事に代行させていたところもあったが、これは町に限らず農村や漁村などにもみられた。

支配単位としての村には、江戸時代には名主や庄屋、組頭、百姓代などの村役人が、近代以降は区長などが設定されたが、これらとは別に生活組織としてのムラの運営のための役職と機構が存在しており、その一つがこの月行事であった。埼玉県和光市ではこれを月番と称し、たいてい二軒ずつが順番に担当することになっており、月掛けと呼ばれるムラの経費の各戸負担分の徴収や鎮守の祭礼の世話役、ムラの道切り行事であるフセギの執行、ムラ内の家の葬儀に際し中心的担当者を務める、ムラ内の講の世話をし、講金を集めるなど、ムラ運営においての多岐にわたる重要な任務を担っている。そして、月番は前月の月番より月番提燈と月番帳を引き継ぎ、その月番帳に担当した一ヵ月間の収支や担当した仕事を記録することになっていた。このような月行事は、経済的階層や家の新旧あるいはその時の世帯主の政治的威信に左右されず、あくまで家を単位として順番に担当する形式的平等に基づくものであり、これをもとに生活組織としてのムラは運営されてきたのである。 ↓年行事《ねんぎょうじ》

参考文献 豊田武「日本の封建都市」(『豊田武著作集』四所収、一九八三)、福田アジオ「民俗の母体としてのムラ」(『日本民俗文化大系』八所収、一九八四)、同『可能性としてのムラ社会―労働と情報の民俗学―』、一九九〇、同『番と衆―日本社会の東と西―』(『歴史文化ライブラリー』二五、一九九七)

(政岡 伸洋)

つきごと 月事 ⇩月経《げっけい》

つきごや 月小屋 生理中の女性が家族から離れて生活するための建物。このような習俗は関東地方から西の、主に海岸地帯に多く分布し、その名称もタヤ、タビ、ヨゴレヤ、ヒマヤ、ベツヤ、カリヤなど多様な例が報告されている。また月小屋と出産のための産小屋が別々に設けられた所も多く、中には両者が混同して存在していた例もある。愛知県設楽町では明治時代まではブンヤあるいはベツヤと称される月小屋があり、女性は月経になると昼は田畑に出て働くが、夜はそこで食事をして寝泊まりした。また同県南知多町篠島では、かつては出産のための産小屋と月事のためのカリヤという二種の小屋があったが、明治後期からは両者が合体し、そこで食事だけをして夜は自家に帰って寝たという。このような忌小屋はほとんどの地域で大正時代までに廃絶した。伊豆諸島最南端の青ヶ島では大正末期までは島内の集落にそれぞれタビ小屋が設けられていたが、以後各戸ごとに畑や庭の隅に設けられるようになり、それは一九五〇年代まで残ったという。月小屋の習俗の背景には、生理中の女性の血は赤不浄などと称されて、いわゆる穢れの対象とみなされ、特に家族と火を分けるために別小屋に籠ったものと思われる。しかし一方で、女性の生理や出産を神聖視する伝承もある。そもそも女性の生理や出産の血が穢れの対象として忌まれるようになったのは、中世後期以降に庶民階層に普及したとされる『血盆経』の影響が大きいとされている。月小屋がいつごろから存在したかは明らかではないが、少なくとも中世に月小屋が存在したとすれば、その意味は決して穢れとしての女性を隔離するためではなく、肉体的、精神的にも不安定な状態にある女性を安静に保つために、日常の暮らしから遠ざけるという目的があったのではないかと考えられる。近年でも女の子に初潮があると一人前になったとして、赤飯を炊いて祝うという慣習が一般的に聞かれるように、今日においても女性の生理がすべて穢れであるとされているわけではない。女性の血や出産に対する認識は歴史的に変化したと同時に、常に両義的な価値を有しており、一概に解釈することは問題であろう。 ↓忌小屋《いみごや》 ↓産小屋《うぶごや》

参考文献 大間知篤三『伊豆諸島の民俗』二(『大間知篤三著作集』五、一九七九)、瀬川清子『女の民俗誌―そのけがれと神秘―』(『東書選書』五八、一九八〇)

(八木 透)

つぎば 継場 江戸時代、人馬により貨客を継立する場所、またはその施設。五街道や主要脇往還の宿場の人馬継立問屋はその代表的なものである。ただし宿場は、この貨客継送機能としての継場と同時に、旅行者の休泊施設をも兼ね備えていた。江戸時代の貨客の継送制度は、律令制の駅制や中世に発展した宿を継承したものである。江戸幕府は一六〇一年(慶長六)に東海道に宿場を設置して一宿に三十六疋の伝馬を常備させ、翌年以降に中山道以下の五街道にも宿場を徐々に設定した。宿々では継場機能を果たすために一定の伝馬と人足を常備する代償として、伝馬屋敷地の地子が免除されたり、駄賃稼ぎや本陣・脇本陣・旅籠屋などの宿泊施設を設けることが許され、のちには旅籠屋に飯盛女を抱えることも許された。宿場で常備すべき人馬数は次第に増加し、寛永末年ごろには一宿に東海道では百人・百疋、中山道では五十人・五十疋、甲州・奥州・日光道中では二十五人・二十五疋になったが、やがてそれでも不足するようになり、周辺の村々から助郷として人馬を動員した。特に農繁期に集中する助郷の動員は農民を苦しめることもあったが、一方で貧農層にとっては現金収入の機会であり、街道を伝播する東西文化を村々へ流入させる作用があった。村の共同作業に際して、人数だけをそろえて率先して仕事をしないことをお伝馬仕事と称している地域もあり、継場へ動員される助郷は必ずしも悪い仕事とは認識されていなかった。宿内でこれらの交通業務を差配するのが問屋である。なお、交通施設の整備されなかった地域では特定の継場や問屋を設定せず、村から村へと村継ぎで貨客を継送した。

参考文献 丸山雍成『近世宿駅制度の基礎的研究』、一九七五、渡辺和敏『近世交通制度の研究』、一九九一

(渡辺 和敏)

つきまち 月待 月の出を待って礼拝する講行事。十七夜・十九夜・二十三夜などが代表的である。月の出る時

間によって、立ち待月・居待月・寝待月などと呼ばれるが、精進潔斎を必要とする伝承もあり、忌籠りのための行事と考えられる。集まった講の人々が飲食や話に興じるので、毎月の慰安を兼ねていたとも思われるが、また、この日には肥料を扱ってはいけないとか、男女の同衾を忌むなどの禁忌も伝えられていた。二十三夜は早くから行われていたらしく、『時令類聚』によれば十六世紀ごろの公家社会で行われていた。民間では、正月や五月・九月の二十三夜が特に広く行われていた。これは満月の後の半弦の月が特徴的であったためとも思われる。十七日から二十三日の間月待を行なって、七夜待などとも称したようである。それぞれの月待には特定の仏・菩薩があてられていて、十九夜は如意輪観音、二十三夜は勢至菩薩などの掛け軸が、当日宿をつとめる家の床の間に飾られたが、月読命《つくよみのみこと》の神像の掛け軸を飾る場合もある。地域によっては、月待は女性の講とされているところも多く、男性の庚申講に対して女性の十九夜講・二十三夜講として行われる。このような場合には嫁たちの安産祈願と称して行うこともあり、二十三夜を産夜と理解したものであろう。これらの講行事の記念に石仏を建立することもしばしば行われてきて、道ばたにこれらの供養塔を見ることも多い。↓十九夜講《じゅうくやこう》 ↓二十三夜待《にじゅうさんやまち》

参考文献 桜井徳太郎『講集団の研究』(『桜井徳太郎著作集』一、一九六八)

(紙谷 威広)

つきみ 月見 旧暦八月十五日などの月に、花瓶にススキを飾り、団子・イモ・枝豆・柿・酒などを供え、月を鑑賞する習俗。名月を賞美する月見は、奈良時代に中国から伝来し、まず貴族社会で月を賞しながら詠歌や詩歌管弦の遊びを催すことが盛んになり、鎌倉時代になると武家や庶民にまで及んだものといわれる。八月十五夜や九月十三夜の月見は全国的に分布するが、片月見を忌むといって両方ともするものという所が多い。芋名月・栗名月・豆名月などの別名があり、これらの供物を箕の中に入れて供えたり、また月見の供物はどこの家のものを取ってもよいといって野荒し(畑アラシ)をしたり、供え物を貰い歩く習わし、十五夜・十三夜の天気で翌年の大麦・小麦のできを占う作占い(関東地方)、十日夜《とおかんや》と同様に藁鉄砲を打ってまわる習俗(栃木・茨城県)、十五夜綱引き・相撲などの年占的習俗(九州南部から南島)、蓑笠姿の子どもが来訪神となって訪れる(九州南部)、新穀を神に供えて踊る豊年祭《プーリ》としての八月踊り(南島)など、畑作物の収穫儀礼や稲の穂掛け祭的要素を強く持ち、中国伝来の名月の鑑賞という以上の内容を含んでいる。↓芋名月《いもめいげつ》 ↓片月見《かたつきみ》 ↓十五夜《じゅうごや》 ↓十三夜《じゅうさんや》 ↓二十三夜待《にじゅうさんやまち》 ↓豆名月《まめめいげつ》

参考文献 郷田洋文「年中行事の社会性と地域性」(『日本民俗学大系』七所収、一九五九)、小野重朗『(増補)農耕儀礼の研究』(「南日本の民俗文化」九、一九九六)

(内田 賢作)

つきもの 憑物 広くは神霊・精霊・動物霊、人間の生霊・死霊などの霊的存在が人にとり憑き、のりうつるとする宗教的観念や現象、あるいはそれらの霊的存在をいい、憑依や憑霊とほとんど同じ意味でつかわれる。しかし、ふつうは、狐などの動物霊またはある種の生霊がとり憑くとする信仰のみをいい、世界的にみれば精霊憑依信仰 spirit-possession の一つである。この狭義の憑物では、憑くのは邪悪な霊で、憑かれた人は肉体的または精神的な病気になると信じられており、その点で神などの善霊が憑くシャマニズムなどとは異なる。また、日本の憑物信仰の場合、憑く霊的存在は特定の家、家系に保有されているとする。いわゆる憑物持ち、憑物筋という観念を伴っており、その点で、他の文化の精霊憑依信仰とちがっている。憑物信仰は、ほぼ日本全国にみられるが、石塚尊俊は大きく三つに分けられるという。一つは、近畿地方とその周辺で、そこでは狐や狸が憑くという信仰はあるが、憑物筋の考えはない。第二は東北と南九州で、狐を憑けたり犬神を使うとされる家があるが、一村に一、二軒程度と数が少なく、多くは祈禱師である。第三は北関東から中部地方の一部、中国・四国・東九州などで、ときには一村の半数以上が憑物筋の場合もあるほど数が多い。憑くとされるものでは狐系統がもっとも多いが、呼び方はさまざまである。東北地方ではイヅナが多く、関東北部ではオサキ、中部地方ではクダ(クダ狐)などといわれる。中国地方ではヒト狐とかニンコ(人狐)といわれ、九州ではヤコ(野狐)といわれる。犬神は中国地方の一部、四国・東九州でいわれる。中国・四国でいわれるトウビョウは蛇の憑物である。中国地方にはゲドウ(外道)の信仰もある。岐阜県などで信じられたゴンボダネ(牛蒡種)、沖縄のイチジャマは人間の生霊である。その他、猫・猿・河童などがいわれることもある。ただし、トウビョウと生霊以外は、鼠やイタチのような小動物が考えられていることが多い。憑物は人に憑くだけでなく、近隣の家から財産を盗み、憑物筋の家を富ませるとも信じられている。また、憑物筋の観念が深刻な社会問題となっている。憑物筋は血縁関係、姻戚関係によっても伝染するとされ、結婚のときに忌避されるからである。憑物信仰を学問的研究の対象としてとりあげるようになったのは明治以降で、憑依症状については精神医学が早くからとりあげてきた。民俗学では柳田国男が「おとら狐の話」(一九二〇)で論じている。柳田は憑物信仰を、過去の信仰の零落したものと考えた。その後、民俗学における憑物研究を集大成したのは石塚尊俊で、『日本の憑きもの』(一九五九)を著わし、憑物筋とされる家が村の最古の草分け層でも新しい家でもなくその中間の第二期入村者であり、新来者に対する先住者の恐怖やねたみが憑物筋発生の原因ではなかったのかと論じた。ほかに、社会経済史の観点から速水保孝は、憑物筋が発生したのは江戸時代中期以降であり、その時代が農業中心の経済体制から貨幣・商品経済への転換期であり、その流れの中で急速に村の経済

的、政治的な力を獲得した新興農民に対する旧支配層の反感に宗教職能者の暗躍が加わって、憑物筋が形成されたのではないかとした。また、吉田禎吾の社会人類学的、機能主義人類学的な研究もみられる。吉田は『日本の憑きもの』(一九七二)の中で、憑物信仰を社会構造との関係の中でとらえようとし、憑物信仰が不幸の説明原理としての心理的機能や社会秩序維持などの社会的機能をもつことを明らかにしようとした。 ↓イチジャマ ↓イヅナ ↓犬神《いぬがみ》 ↓オサキ ↓クダ狐《ぎつね》 ↓外道《げどう》 ↓牛蒡種《ごんぼだね》 ↓トウビョウ

参考文献 速水保孝『出雲の迷信』、一九七六、喜田貞吉『憑物』、一九六八、谷川健一編『憑きもの』(「日本民俗文化資料集成」七、一九九〇)　(板橋　作美)

つきものすじ　憑物筋　憑物信仰において、人間にとり憑くと信じられている動物霊や人間の生霊を所有または飼育しているとされている家、その家の者、あるいはその家系のこと。憑物持ちという言い方もあり、これは狐持、犬神持などといわれるものの総称である。憑物筋と憑物持ちはほとんど同じ意味でつかわれるが、憑物筋の場合、家系・家筋という観念が強く出た言い方である。憑物筋の家は、世代が代わろうと永久に憑物筋であり、その分家もまた同じとみなされる。憑物筋は、実際にはオサキのマケ、犬神の統《とう》などの言い方がされる。憑物筋や憑物持ちをクロ(黒)、そうでない人や家、家系をシロ(白)といい表わすことも多い。日本の憑物信仰が他の文化における精霊憑依信仰と異なる一番の特徴が、この憑物筋の観念である。憑物信仰が、単に霊的存在が人に憑くという信仰だけでなく、憑物筋という考えを伴うようになったのは、おそらく江戸中期以降であり、日本における家の観念と結びついたものと考えられる。憑物筋の観念は、憑物信仰を深刻な社会的な問題にしている。憑物が血縁関係だけでなく、姻戚関係を通しても伝染するとされるため、憑物筋とされる人が結婚に際して忌避されるのである。今日では憑物による婚姻差別は減少しているが、まだ完全になくなってはいない。

参考文献 石塚尊俊『日本の憑きもの—俗信は今も生きている—』、一九五九、吉田禎吾『日本の憑きもの—社会人類学的考察—』(「中公新書」二九九、一九七二)、喜田貞吉『憑物』、一九六八、谷川健一編『憑きもの』(「日本民俗文化資料集成」七、一九九〇)　(板橋　作美)

つきりょう　突き漁　ヤスや銛《もり》などで水中の魚介類を突きとる漁法。ヤスは先端鋭利な鉄鉾に木製もしくは竹製の柄をつけ、その柄を把持して水中の魚介類を突き捕る漁具で、見突き漁などで使用される。これに対し、銛は脱着式となっていて、海面に浮んだ漁獲物に投げ突きするもので、ツキンボ漁などで用いられる。このように、用いる突具の違いによって突き漁を区分することもできるが、ヤスや銛は魚種や漁期により、さらに用いられる道具が海か河川かによって微妙な差異があり、また、地域によってはヤスと銛とが呼称上では区別されていない所もあることから、漁獲対象物によって突き漁を区分する方法もある。海の突き漁では江戸時代に行われた鯨の突き捕り、カジキマグロのツキンボ漁、南島のサワラ突き、ボラ突き、スズキ突き、コチ突き、タコ突き、ナマコ突き、アワビ突き、ミルクイ突きなどがある。内水面での突き漁では、サケの突き捕り、イワナ突き、ウナギ突きなどがある。昼行性の魚は夜間には動きがにぶく、突きやすくなることから、暗夜に松火や松明をたいて、浅瀬や磯で魚を突くことも行われる。これを夜突き・イザイ(イサリ)という所もある。浜名湖のタキヤ漁は広く知られる。夜突きは乱獲や密漁などにつながることから、禁漁となった所もある。 ↓磯漁《いそりょう》 ↓見突《みつ》き

参考文献 農商務省水産局編『(完全復刻)日本水産捕採誌 日本水産製品誌』、一九八三、辻井善弥「ヤス・モリ」(岩井宏實・河岡武・木下忠編『民具研究ハンドブック』所収、一九八五)　(辻井　善弥)

つくだに　佃煮　魚介・海藻・野菜・肉などを醬油・砂糖さらには水飴などで調味煮熟した保存性のある食品の総称。発祥が江戸佃島(東京都中央区)であることから佃煮と称される。漁師が時化《しけ》時や漁猟中に腐りにくい副食物として雑魚を塩煮したのが元とされ、『産業事蹟』には「佃島住吉神社の祭典に、雑魚を塩煮に製し、神前に供する慣例あり」とある。調味が醬油となったのは、江戸時代中期に野田の醬油が上方からの下り醬油を凌いで江戸市中に普及し始めたことによる。文化・文政期に著わされた『俚言集覧』には四手網漁による鰕魚を濃醬で煮たのが佃煮であると述べられている。佃島は江戸初期に摂津国佃村(大阪市)より移住し、隅田川河口の砂州を与えられた漁民の島である。江戸幕府よりシラウオ漁の専漁権を認められ、その漁期以外は河川および内湾漁撈に携わっていた。将軍家の御前御用をはじめ諸家へ鮮魚を納め、また、江戸市中へも販売したが、売物にならぬ小さな雑魚が佃煮にされたのである。安価な保存食であることから、大店の使用人や下級武士に受け入れられ、勤番侍の帰国時の土産となり、江戸名物として広まる。江戸末期に佃島のほかにも製造は興り始めていたが、各地に製造業者ができ需要も伸びるのは明治時代以降となる。日清・日露戦争での軍需品としての需要が刺激となり業界が拡大し、一般家庭へも広く普及する。大正時代には従来の生鮮物のほかに乾物を原料とする製法が関西方面で開発され、味覚も鹹口から甘口の製品へと比重が移行していった。現在では冒頭に述べたように多様な原料での佃煮が製造されている。

参考文献 水産庁編『佃煮便覧』、一九五一、杉山是清「佃島の佃煮」(『日本民俗文化大系』一四所収、一九八六)　(藤塚　悦司)

つくどれいかん　筑土鈴寛　一九〇一—四七　中世文学・仏教文学を専門とした国文学者。唱導文芸を中心に民衆の想像力の世界を掘り下げたところから民俗学者として

の位置づけもなされている。東京府北多摩郡神代村（東京都調布市）に住職の長男として出生。十六歳で得度受戒し鈴寛と改名。国学院大学在学中から東京都台東区上野桜木の寛永寺内東漸院住職。大学では国文学者の高野辰之に師事。中世文学を専攻するが、折口信夫に強い影響を受ける。東京帝国大学文学部副手、大正大学予科講師、のち大正大学教授となる。『神道集』をはじめとする唱導文芸・山岳宗教文芸・護法童子・常世思想・御伽草子と昔話・『琉球神道記』といった文学と民俗学の境界にあたる領域や仏教文学の世界に対し、スケールの大きな論証・仮説を発表した。生前の主著は『宗教文学』（一九三八）、『慈円・国家と歴史及文学』（一九四二）、『復古と叙事詩』（一九四二）、遺稿集として『宗教芸文の研究』（一九四九）、『中世芸文の研究』（一九六六）がまとめられ、没後三十年を経て『筑土鈴寛著作集』全五巻（一九七六・七七）が刊行された。民俗学では、同著作集の刊行と前後して、彼の民俗学者としての再評価がなされたが、その後、民俗学からする筑土の業績の吟味は必ずしも進んでいるわけではない。

参考文献　大島建彦「日本民俗学の進展のために」（『筑土鈴寛著作集』一月報所収、一九七六）、小松和彦『神々の精神史』（「講談社学術文庫」一二七九、一九九七）

（島村　恭則）

つくばさん　筑波山　阿武隈山系の南端、茨城県新治郡に位置し、広い裾野を有する山容をもち、古代以来信仰対象となってきた山。『常陸国風土記』が祖神伝承と嬥歌《かがい》伝承を伝えており、『延喜式』に「筑波山神社二座」とあるごとく、二峰に分かれる山頂の東峰には筑波女大神、西峰には筑波男大神がまつられ、仰ぎ見る山であると同時に山麓部の人々が登り集う山とされてきたところに山岳信仰からみた筑波山の特色があろう。四月一日と十一月一日との年二回執行される御座替神事は、子神が親神を慕うために夏に女神は山上へ、男神は里へ、冬にはそれとは逆に移るという伝承を伝え、山麓部の村落では大同（当）講と称し、五穀豊穣・子孫繁栄などを願って筑波山の神をまつり、木製の男根を供えたり、講中の全員が当屋に集まって飲食するナベカケズなど特色ある祭祀が行われてきた。これらは筑波山信仰の中核に作神信仰があり、山麓部の村落にとっては氏神的存在であったことを示すものであろう。一方神仏混淆の結果、最澄との三一権実論争で知られる徳一上人が知足院中禅寺を建立し、中世には坂東三十三ヵ所観音霊場の第二十五番の札所（大御堂）ともなり、修験道の道場としての性格をもつものの、修験者の集団的入峰が行われていたか明らかではない。近世には江戸幕府の祈願所として繁栄するが、御師制度を発達させることはなかった。

参考文献　宮本宣一『筑波山歴史散歩』、一九六八、西海賢二『筑波山と山岳信仰―講集団の成立と展開―』（「ふるさと文庫」、一九八一）

（宮本袈裟雄）

つくまい　つく舞　茨城県龍ヶ崎市、千葉県野田市・旭市・香取郡多古町などに伝わる民俗芸能の一つで、蜘蛛舞の系統を引く曲芸をいう。以前は茨城県北相馬郡利根町布川でも演じられており、幼少期の柳田国男が実見している。その語源は、「つく」が柱を意味するともテラツツキ（キツツキ）を意味するともいうが、諸説あってはっきりしない。龍ヶ崎で撞舞、野田で津久舞、布川で尋橦と書いて、いずれもつくまいと読む。旭の事例はエンヤーホー（陰陽法）、多古の事例はしいかご舞とも呼ばれており、ほかにも近世の利根川流域に数件のつく舞が分布していたことが知られている。また、類例として高知県幡多郡三原村広野の猪舞、高知県中村市利岡の猪子舞などをあげることができる。その芸態は高い柱を立てて頂上から地面へ綱を張り、柱や綱の上で曲芸を演じながら綱を降りてくるというものである。柱に登る役はさまざまな動物に扮装しており、龍ヶ崎・野田・布川は蛙、多古は猿、旭は獅子、広野・利岡は猪である。利根川流域のつく舞は水運に関係することによって各地に定着していったらしい。多古・布川の舞台は船、布川の柱は帆柱といい、龍ヶ崎にも利根川筋の船頭が帆柱の上で曲芸を演じたという伝承が残っている。だが、つく舞はそもそも奈良時代に中国から伝来した散楽の一つであり、室町時代以降に流行して寺社などで勧進興業も開催された蜘蛛舞に淵源していると考えられる。

参考文献　岩橋小弥太「蜘蛛舞」（『芸能史叢説』所収、一九七五）、龍ヶ崎市歴史民俗資料館編『利根川流域のつく舞』（特別展図録、一九九四）

（橋本　裕之）

つぐら　つぐら　⇨イジコ

つくりざかや　造酒屋　酒を醸造し出荷する酒屋のこと。酒を商品化する元ともいえよう。したがって酒を商品として取り扱う問屋・小売といった酒屋とは明確な相違がある。一般的に造酒屋は、地酒屋・醸造元として知られ、村落社会においては富裕な家であった。この醸造元は日本全国に二千を超え、銘柄に至っては優に四千銘柄を超える。現在は消費者の好みの中にビール、ウイスキー、ワインなどが加わり、また日常の食生活・生活習慣の変化などにより酒造が意気消沈の傾向にあることは否めない。そこで造酒屋は、醸造化学の追求、設備の機械化、ハイテク化、四季醸造化といった格段の改良に日夜努めている。蔵人《くらびと》の構成は、旧制度では杜氏・世話役・こうじ師・酛廻り・道具廻り・釜尾ほかで、一九六七年（昭和四十二）ごろ以降の新制度では杜氏・杜氏補佐・こうじ主任・酒母主任・蒸米係・整備係ほかである。また、酒蔵の設備には洗い場（洗米）・釜屋（蒸米）・室（麴仕込）・酛場（酛仕込）・大蔵（醪仕込）・槽場（しぼり）・火入れ（滓引）などがある。造酒屋が今もって全国的に地酒屋として拡散している要因に水・米・技・風土をあげることができよう。たとえば兵庫灘の生一本で有名な灘五郷（今津郷・西宮郷・魚崎郷・御影郷・西郷）において、水は宮水と称する六甲山脈の伏流水で一八四〇年（天保十一）に山邑太左衛門によって発見された。米は六甲山脈の北側生産の山田錦と呼ばれる酒米で、宮水とよくなじみ、技は丹波杜氏といった篠山地方からの杜氏率いる蔵人集団、風土は六甲おろしと俗称される寒風、または住吉川をはじめとする各河川の水流を利用した精米、加えて荷出しをするに便利な水路・陸路など灘の造酒屋を全国一に育んだ。このような要因は全国各地の杜氏技術の妙や地域風土特性と相まって造酒屋(地酒屋)として今日に伝えている。

↓杜氏《とじ》

参考文献 仲村恒明「兵庫灘の酒造用具」(『民具マンスリー』一八ノ三、一九八五)、灘酒研究会編『灘の酒用語集(改訂版)』、一九七七

(仲村 恒明)

つくりもの 作り物 ⇩風流《ふりゅう》

つげと 告げ人 死者が出たとき、ムラの外に住む親類や山仕事に出ている人などに葬式の知らせにいく役の者。ヒキャク、シニヅカイ、シラセ、ソウとも呼ぶ。また二人使いの語が示すように、必ず二人でなければならないとする地方がきわめて多い。静岡県裾野市では「一人でいくとオオカミに襲われる」といって、葬式関係はツゲ以外でも二人で組むことが多く、普段は二人一組で他人の家へいくのは「ツゲビトみたいだ」といって嫌われた。また昼間でも提燈を下げたり花を持っていくところは多く、宮城県伊具郡小斎村(丸森町)ではやむを得ず一人でいくときには、椀や皿などを懐に入れたり杖をついたりするという。いずれも忌みに対抗し、あの世に魂を引きずり込まれないための気遣いであろう。死去の知らせを受けた家では、必ず酒や食事を出すという地方も多い。前橋市ではこの飯が、ツゲがきてから急いで炊くため熱くてまずい飯だったことから、芯のある飯をツゲメシと呼んでいる。ただし地方によっては、訪ねた家では一切飲食してはならぬというところやツゲトが食物を持ってまわる例もある。大阪泉南部では村中に米を配るというが、このトキマイ(斎米)には同じ忌みの飯を食べるという意味があると思われる。通信方法が発達してから、他所の親類には電報や電話を使うようになって、ほとんどツゲトの姿を見ることはなくなった。一方、村内への伝達方法はツゲトではなく年番がまわったり有線放送で伝えるほか、イイツギが使われることも多い。

(斎藤 弘美)

つけまつり 付祭 江戸時代、江戸の山王神社や神田明神の祭礼において、神輿や山車に付随して参加した踊りや曲芸などの行列のこと。本来は祭の余興的なものだったが、次第にその華麗さを競うようになった。一時は参加規制まで行われたが、年々華美になり、毎年その番付までだされた。また、ほかの神社の祭に付随して行われる祭のことを付祭と呼ぶこともあり、氏子の数が少ない神社や、由来の上で関係の深い神社が、他社の祭に付随して祭を行う場合がある。

(岩井 洋)

つけもの 漬物 動植物性食品の素材を塩漬、発酵させたもの、および塩漬けした材料を熟成した酒糟・味噌・酢・醬油・糠などに漬け込んだもの。基本的にはすべて塩漬から各種漬物へと加工される。漬物は、塩がかなり自由に入手できるようになった時代以降に発生したもので、現在のところ確たる証拠は発見されていないが、かなり古い時代と思われる。奈良時代にはすでに塩で漬けた野菜が食べられていたが、平安時代の『延喜式』に漬物についてかなり細かく記載されているところから、当時、漬物が多く食べられていたと判断できる。しかし、漬物が盛んに作られるようになるのは、製塩が大規模に行われるようになった江戸時代になってからである。食品の保存法としては、塩が十分に入手できるまでは、主として乾燥や、乾燥を伴う燻煙が主たる方法であったが、塩による漬物法の発見は、食文化や食生活全体に大きな変化をもたらした。たとえば、漬物を肴にして酒を飲むという楽しみ方などである。漬物の全盛期は江戸時代初期で、種々雑多な漬物が市場に現われたようである。『江戸流行料理通』には香の物の種類が多く収載されている。たとえば、春の部では、若大根の当座漬・古茄子醬油漬・大根味噌漬・京菜黒胡麻塩漬・新沢庵・とうたち菜辛子漬・二年子大根・とも葉大坂漬・生姜味噌漬・百一茄子麴漬・もりぐち大根かくあへ・胡瓜味噌漬・干大根五分ぎり・茄子胡瓜大根生姜古漬かくあへ・天王寺蕪味噌漬・辛子菜、夏の部では花落茄子胡瓜糖漬・もみ大根塩圧・小茄子当座味噌漬・白瓜印籠漬・種抜月光とうがらし蛇の目花丸・新生姜ぬかづけ・小茄子紫蘇実早味噌漬・丸漬瓜雷子青とうがらしとも塩おし・もぎり茄子辛子漬・胡瓜醬油漬・越瓜らんぎり小茄子小石しそこまごま蓼塩圧、秋の部ではひなた茄子早菜漬・丸漬くり茄子うすぎりやたら漬・よまき胡瓜味噌漬・もりぐちかくあへ・丸日大根当座ぼし糠漬・両とも葉圧漬・名残茄子三割漬・くき菜花まる糟漬・みそつけしやうが・大根小口きりぼし・煮かへし醬油・梅づけ・牛蒡味噌漬・干大根ひしほ醬油漬、冬の部では、小蕪早味噌漬・浅漬大根・新菜漬・沢庵漬・はさみ辛子味噌漬大根・干大根五分切漬・煎漬・かしら雷子瓜味醂漬・うど味噌茎・小松菜漬・長蕪ぬか漬・浅漬大根薄ぎり・なんばん漬・水菜辛子漬といったものが出ている。これをみれば、今日の漬物の大部分がこの時代すでに広く食べられ、売られていたことがわかる。甘味のある漬物では、味醂漬のほか、砂糖の生産・輸入が始まり、これを用いることができるようになったためか、甘露梅などの砂糖漬もみることができる。また、塩漬したものを強く乳酸発酵させる漬物の紫葉漬は平安時代からみられるが、すぐき菜を乳酸発酵させたすぐき漬も江戸時代中期より食べられている。沢庵漬は糠漬け大根の一種だが、これも江戸時代に作られたものである。漬物は、今日より江戸時代の方がはるかに豊富であったことがうかがえる。今日では漬物といえば野菜が主である。しかし、漬物の歴史が始まった当時は、野菜はもちろん、海や山からとれる魚貝・獣肉など、多くのものを漬物として貯蔵していた。たとえば、現在のすしは、本

来は魚の漬物である。塩蔵しておいたものが、素材に含まれる酵素などにより蛋白質の分解が起り、熟成してうま味を呈する漬物となったことが考えられる。それが仏教伝来以来、肉や魚を敬遠する傾向が強くなり、漬物は野菜に重点がおかれるようになったようである。日本の漬物は、気候と大きな関係がある。塩には、保存性や酵素作用などを抑制する作用があるが、これは温度と関連が深い。極寒や高気温の場合には、酵素作用が停止するか、過剰発酵のため、塩漬の漬物は成立しない。そのため、塩漬した後、調味料に漬けるなどの方法がとられる。日本の例では、塩漬発酵漬物は南は山口県、北は青森県あたりの範囲内に限られる。他は、調味料漬物が主体となる。南九州のつぼ漬け、北海道の麴漬などがそれにあたる。漬物は、日本の場合、米飯に合うものとして、塩漬を主体としたものが中心であった。しかし、食生活が洋風化し、穀物離れが進むに従い、漬物は添え物としての地位に低下した。また、販売の上から、袋詰めのものが多くなったが、袋に詰めたものが発酵すると破裂するので、塩漬したものに化学的な調味料や食品添加物を使用した、調味料漬の一種といったものが主流になった。しかし、こういったものでは、本来のものとは風味や歯ざわりの異なるものが多い。↓梅干《うめぼし》 ↓糟漬《かすづけ》 ↓塩干《しおから》 ↓塩漬《しおづけ》 ↓沢庵漬《たくあんづけ》 (河野 友美)

参考文献 石橋四郎編『和漢酒文献類聚』、一九三六、時雨音羽『塩と民族』、一九四三

ツシ ツシ もともと高いところを指すことばであるが、転じて民家の屋根裏空間の呼称。民家は草葺きに限らず板葺き・瓦葺きであっても同様に呼ぶ。床は梁上に丸竹や小板を並べたりして、上に薦や莚を敷き物置などにつかう。用途によっては屋根に採光や換気をはかり、養蚕の飼育や使用人の寝間にあてたりもする。近畿地方においては竹簀子の上に薦や莚、稲藁などを一面に敷いて、練った泥土を塗りつけて仕上げをし、小麦藁・稲藁・干草などの屋根葺材や雑具の集納場所にもなる。これを大和天井と呼ぶ。一般的にツシと呼ぶ地方は関東平野をはじめ東海・近畿、九州南部にまで分布している。地方によっては、ツジ、ジス、ズシ、ズシニカイ、メキアゲニカイなどとも呼んでいるが、西日本においては神仏を安置する厨子に由来すると考えられており、小屋裏そのものが神の住まいであったことを暗示している。またアマと呼ぶ地方も多く、東京八丈島・静岡・富山・岐阜・島根・山口にも及び、特に合掌造においては主屋中二階以上の空間を指す呼称となり、中二階をアマ、中三階をソラアマと呼んでいる。新潟十日町周辺ではソラの呼び名があり、三層だての小屋裏においては下をソラ、上をオオソラと呼び分けている。このほかに高いところをテッチョという民家もある。京都府船井郡地方においては物置や養蚕などに使用した二階梁から上の屋根裏をソラニカイと呼んでいる。(山崎 弘)

参考文献 鶴藤鹿忠『岡山の通過儀礼と住まい儀礼』、一九九六、津山正幹「屋内のソラ」(『民具マンスリー』二八ノ一二、一九九六)

つじ 辻 二本以上の道が交わった場所。ただ山頂などの高所を辻と呼ぶ地方もあり、語義には時代的な変遷がある。辻には、境界性と公共性という二つの特性がある。境界の場としての辻は、他界への出入口として認識され、祖霊や妖怪との出会いの場となった。辻の境界性と公共性は、一見矛盾するようでいながら、深層において通底する面をもち、辻での市や芸能などには、両方の性格が見られる。辻で行われる行事には盆行事が多い。辻まで先祖の霊を送迎するという地方は多い。また近畿地方では盆の間、辻に無縁仏が集まるといわれ、辻に花を立てたり茶を供えたりする。岐阜県下では盆の十四、五日に女の子が集まって辻に竈を置き共同飲食をする辻飯という行事があるが、これも無縁仏をなぐさめるためだといわれている。辻は不思議なものとの遭遇の場でもある。兵庫県の淡路島では辻に出る妖怪をツジノカミと呼ぶが、他の地方でも辻で妖怪に出会ったり、また狐や狸にだまされたりという話は多い。以上の例から明らかなように、辻は人々にとって自分たちの世界と、他の世界との境界の場であり、そこを通るときには日常とは異なった心意をもたざるをえない特別な場所であった。辻にまつられる神には、このような辻の霊的な性格を反映し、境界にあって外界からの厄災を防ぐ地蔵・道祖神・塞の神などが多い。辻祭についての記録は『本朝世紀』など平安時代の史料にもみられる。また辻は諸霊が集まる場所であることから、占いや芸能の場となることもあった。近世にはツゲの櫛を持って道祖神を念じながら辻に立ち、通行する人の無意識に発する言葉から吉凶をみる辻占が行われた。辻で相撲や綱引が行われることが多かったのも、一種の年占の意味があったのであろう。また大道芸のことを辻芸ともいうように、辻は芸能の場でもあった。辻は多くの人が集まる場であり、大衆芸能の場としてふさわしいが、先に述べた辻の霊的性格を考えれば、原初的には辻につどう霊を鎮めるために芸能がなされたと考えられるだろう。多くの人が通る辻は、また商業の場でもあった。金沢市では辻が市場の意を指し、また各地の市神は辻に設けられることが多かった。日本の都市の盛り場は街路を中心に形成されているが、辻はその中心的な場所であった。城下町などにおける札の辻は、辻のもつ中心性を象徴している。商業が盛んとなるにつれて、辻は他界との境界といったイメージのほかに、にぎやかな中心的な場としての性格を持つようになったとも考えられるが、市もまた中世以前には境界の場に設けられ霊的な意味を付加された空間であったことを考えれば、辻と市の間には共通の性格をみることもできよう。また村の庄屋を辻本という地域は多く、中国地方では村の公共の仕事を辻仕事・辻の事などと呼ぶこともある。簡単な村の寄合を辻寄合という地域も多い。村の中にある辻は日

常的な住民の集合の場所であり、共同作業の時にも、一旦辻に集合し作業にかかることが多い。辻は村の広場としての性格を有していた。↓市《いち》 ↓市場《いちば》

参考文献 笹本正治『辻の世界—歴史民俗学的考察—』、一九九一 (市川 秀之)

つじうら 辻占 道の交差する場所（辻）において行われる占い。一般には四辻に立って、最初に通った人の言葉を聞いて吉凶を判断する。占いは未来の事象などについて神意をうかがうことで、吉凶などを占う際に通りがかりの人の言葉から、未来を読み取ろうとして辻占が利用されたのである。道の重なり合う辻という場所は、あの世とこの世の接点になり得る場所と考えられたので、未来を知らせる神々と人間が接触できるとして、ここで占いがされた。また言葉の中に特別な意味を持たせる言霊《ことだま》信仰も背景にある。『万葉集』に夕占《ゆうけ》がうたわれているが、それは夕方、辻などで行われる占いであった。古来夜は神々の活動する時間帯で、昼は人間などの活動する時間帯と考えられていた。したがって夕方はこの世とあの世の重なり合う特別な時で、神がこの世に出やすいため神意を聞くことができる。その上、場所的にも辻は神と接触をしやすい。この意識のもとに夕占が行われたのである。次第にこうした原初的な意味は忘れられ、近世にはツゲの櫛をもって道に立つ、つまり告げとツゲの櫛と言葉を重ねることがなされた。このころには紙に恋などの占い結果を書いた辻占を販売する者が現われ、特に河内瓢簞山（大阪府東大阪市）の辻占が有名になった。近世末期には物を売るための景品として利用され、吉凶を占う文句を刷った紙を封じ込んである菓子の辻占菓子、辻占煎餅、辻占昆布なども売られた。こうして印刷した占いの紙片が辻占の代名詞となった。現在では言葉のみが残り、実態はほとんど残っていない。↓占い《うらない》

参考文献 笹本正治『辻の世界—歴史民俗学的考察—』、一九九一 (笹本 正治)

つしましんこう 津島信仰 愛知県津島市にある津島神社に対する信仰。かつては津島天王社の名で知られ、主として中部から東日本に三千余の津島社が勧請されている。京都の祇園社（八坂神社）と並ぶ天王信仰の中心をなす。津島神社の創建年代は不明で、『延喜式』には記載がないが、平安時代末期の史料にはその名が記されており、そのころから知られるようになった。しかし津島神社がもっとも発展したのは、戦国時代、安土・桃山時代以降のことであった。織田氏が津島を領したが、織田信長は氏神として津島神社を尊信し、豊臣秀吉も社領を寄進し、社殿を修復した。彼らにとって津島は、交通の要路であるとともに、門前町・港町であり、重要な経済的基盤としても機能していた。一方、一六〇八年（慶長十三）の『大吉御檀那帳』によれば、上野・越後・越中・越前・甲斐・信濃・飛驒・美濃・遠江・三河・尾張・伊勢・志摩・近江・山城・丹波・播磨・紀伊・伊予・豊後の二十ヵ国に檀那がいた。江戸時代に津島御師《おし》が廻国し、神札を配り、牛頭天王《ごずてんのう》と疫癘退散の信仰をひろめるため講社を組織し、檀那場の拡張につとめた。神札は「お禊《ふせ》ぎさん」と呼ばれ、正月前と夏季に津島信仰のある地域から代参によって神札をうけに参宮する慣習が「お禊ぎ迎え」と称されている。四月上旬には講社大祭がひらかれ、太々神楽が奉納されている。また天王祭が、七月第四土曜日から日曜日にかけて行われ、天王川に車楽《だんじり》船や市腋《いちえ》船が渡御する。深夜に神葭《みよし》放流神事といって、厄祓いの秘事が行われる。津島神社門前には、あかだ・くつわという米粉でできた揚菓子が有名で、食べると疫病に罹らないといわれる。↓御葭神事《みよしのしんじ》

参考文献 『津島市史』資料編三、一九七一 (林 淳)

つしままつり 津島祭 愛知県津島市の津島神社で行われる夏の大祭。天王川祭・津島天王祭ともいう。同社は牛頭天王《ごずてんのう》を祭神とし、祇園祭礼の影響を受けているが、山車の川渡御など川祭の部分が発達して、独自の形をなしている。狂言『千鳥』の題材となるなど、室町時代から有名であった。同社は中部地方の天王信仰の中心で、この地方の夏祭に大きな影響を与えてきた。もとは旧暦六月十四、十五日が祭日であったが、現在は、七月第四土曜、日曜に行われる。初日は宵祭で、五艘のダンジリ船に多数の提燈を飾って巻藁船《まきわらぶね》に仕立て、天王川（現在は天王池）を渡御する。翌日は朝祭で、前日の五艘に市江車が加わって六艘となり、提燈をおろして能人形を乗せ、津島楽を奏しながら再び渡御する。ダンジリ船は二艘並べた川船の上に三層の屋形を載せたもので、宵祭には三百六十五個の提燈を半円形に飾り、柱にも十二本の提燈をつける。朝祭に乗る能人形二体は二百番の能楽より毎年選定される。また、津島楽も能がかりである。船中には羯鼓稚児が乗るが、その所作の多くは伝わっていない。名古屋市蓬左文庫蔵『張州雑志』には十八世紀後半の津島祭の盛況が極彩色で多数描かれている。それら絵画資料によると、近世にはそれぞれダンジリ船に、もう一艘の大山を乗せた船が随行する姿がみられる。これら船渡御とは別に、御葭《みよし》に穢れをつけて流す厄祓いの神事が行われる。↓御葭神事《みよしのしんじ》

参考文献 愛知県教育委員会編『無形の民俗資料記録 津島祭』、一九六六 (伊東 久之)

つち 土 岩石が風化した微細な無機物質に植物遺体などの有機物が加わったもので、土壌ともいわれる。土の中には多種類大量の微生物がおり、これが有機物を無機物に変える。この無機物を植物が根から吸収して、植物が生育する。植物を草食動物が食べ、草食動物を肉食動物が食べるが、植物も動物も、死ぬと土に帰って、微生物がこれらの有機物を分解する。このように土は、その中や上で食物連鎖が展開する場であるがゆえに、古来から万物を造る根源の一つであると考えられてきた。古代中国で万物の消長を説明する論理として構築された陰陽

五行説の五行(木・火・土・金・水)の中に土が含まれているのは、土を軸とする食物連鎖が経験的に理解されていたからであろう。近世の日本では、陰陽五行説が農耕技術を説明する論理として使われた。平田派の国学を学んだ人が著作した農書に、この傾向が顕著である。近世農書の中には、土の種類ごとに特徴を説明し、それぞれに適合する農作物の栽培法を記述したものがある。それぞれの土の特徴は、色・生成起源・土性(粒径組成)・肥沃度を組み合わせた指標を使って説明されている。生成起源とは無機質の母材が水成岩か火成岩かの区分であり、土性とは単位容積当りの粘土・微砂・砂・礫の構成比のことで、構成比が最も高い粒径でねば土、真土《まつち》、砂、石地のような名称がつく。伊予の土居水也の著わした農書『清良記』七は土をまず「真土」(壌土のこと、土性による分類)、「音地《おんじ》」(火山灰土のこと、生成起源による分類)、「疑路《ぎろ》」(粘質土のこと、土性による分類)の三種類に区分する。次に、作土として最も適する上の土を「上　紫真土」(紫色の壌土、色と土性による分類)、「上ノ中　油音地」(粘質の火山灰土、土性と生成起源による分類)、「上ノ下　紫抓真土」(壌土混じりの粘土、土性による分類)に区分し、中の土を「中　黒真土」(黒色の壌土、色と土性による分類)、「中ノ中　石音地」(石混じりの火山灰土、土性と生成起源による分類)、「中ノ下　真疑路」(粘性土、土性による分類)、下の土を「下　白真土」(白色の壌土、色と土性による分類)、「下ノ中　風音地」(火山灰土、生成起源による分類)、「下ノ下　山疑路」(山の粘質土、土性による分類)の九種類に区分している。『清良記』七が記述する「真土」「音地」「疑路」の呼称は、現在でも同書の舞台になった愛媛県北宇和郡三間町で使われている。土の地域呼称が全国的に知られるようになった例として南九州のシラス、関東地方西部のノッペがある。上質壌土をさすフクジ(東海地方)、底土を意味するニガッチという呼称は、土の性格をよく表現している。このように土の呼称は地域ごとに異なるが、長年の経験に基づいて設定された複数の分類指標を組み合わせてつけてあるので、分類指標で整理すれば、地域比較が可能になる。土は人々が生活し、死んで戻る場でもある。そこには先祖の神々が宿っているので、新たなことを起こす前に、神神の許しを乞う祭が行われる。地鎮祭はその例である。

参考文献　松井健・近藤鳴雄『土の地理学―世界の土・日本の土―』、一九九二　(有薗正一郎)

つち　槌　ものを打ち叩く用具。材質の上からは金槌と木槌とあるが、金槌はもっぱら大工・石工・鍛冶屋などの仕事に用いることが多い。これらに対して木槌は農山村で藁細工など農作業に広く用いられる。杭を打つなどに用いるのは概して大槌であり、藁叩き石の上で藁を打つのは小槌の類、紙漉きに用いる槌、豆類の脱穀に用いる槌は叩き棒ともいう。木槌の材料は欅・樫・柊などの堅木あるいは杉材などが用いられる。木槌には古来、信仰上のいろいろな利益があった。社に供えてある木槌で痛むところを叩くとよくなるとか、一寸法師の打ち出の小槌にしても、大黒が持つ小槌も同じである。『日本書紀』景行紀に「海石榴《つばき》樹を採りて椎《つち》を作り兵《つわもの》となす」(原漢文)とあり、槌は神霊を宿す武器でもあった。槌の形式は上記のように叩部に柄を直角に取り付けた縦槌と叩部と連続した棒形式の横槌とがある。横槌はヨコロズチともいい、形態・大きさ・材質・重量・叩く対象物などによってそれぞれ用途が異なる。これについて渡辺誠は藁打ち用、豆打ち用、砧用、楮打ち用、綿打ち用、工具用、形代用など、七つに分類し、出土した考古資料の横槌と比較を試みている。

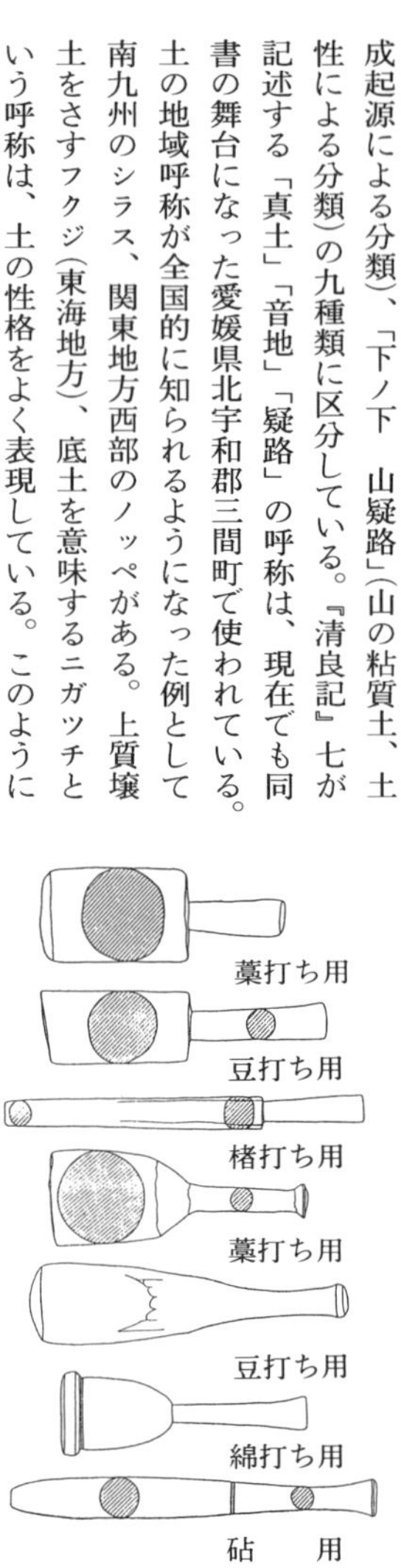

横槌の各種形態

参考文献　渡辺誠「考古資料と民具」(『民具研究ハンドブック』所収、一九八五)、同「ヨコヅチをめぐって」(岩井宏實他編『民具が語る日本文化』所収、一九八九)　(勝部　正郊)

つちいれ　土入れ　麦の株の中へ土を入れる作業をいい、フルイコミ、フリコミなどとも呼び、その用具をさす場合もある。麦作技術のうえで革新をもたらした土入れは、一八八九年(明治二十二)埼玉県熊谷市生まれの、世に「麦翁」と呼ばれた権田愛三によって考案された技法である。彼は寒さにふるえている麦の株の間に竹箒で土を入れると、さながら麦に着物を着せたようになり、麦の株が土で広がることに気付いた。やがて春になって土入れをした麦とそうでない麦を比較すると、根の張り具合いや穂がついてからの倒伏の面から土入れの有効性を発見した。土入れの技術開発に伴い、フルイコミ、フリコミジョレンなどという土入れの道具も考案された。土をすくう部分は金網と鉄線でできており、先端には幅三センチほどの鉄板の刃が付いたものである。柄は杉などの軽い材が使われ、柄のすげ方によって引いて土をすくう後退型と押して土をすくう前進型とがある。第二次世界大戦後の食糧増産の時代には、ネジ一つで前進型にも後退型にもなり、麦の丈に応じて角度が変えられる改良型のフリコミジョレンが一部に採用された。土入れは春の彼岸までに二回ないしは三回実施するのが一般的で、サク切り(中耕)を行なった後に麦の根元に寄せた土をすくって株の中へふるい込む作業である。これを行うことによって日光が株の中までよく入って茎が強くなり、分けつも促進する。また、霜や強い風で浮いた根を活着させる効果がある。

参考文献　埼玉県立歴史資料館編『麦作りとその用具』、一九八五、『所沢の民具』一(『所沢市史調査資料別集』一六、

一九九二)、大舘勝治『田畑と雑木林の民俗』、一九九五

（大舘　勝治）

つちにんぎょう　土人形　土製の造型物。人形というが人を象《かたど》ったもののほかに動植物・建物・乗り物などを象ったものも含めてこう呼んでいる。土を成型し焼成した後、表面に絵付けを施しただけで釉薬は用いない。成型の方法にはいくつかあるが通常土人形といった場合には粘土片を型に貼りつけて形を写し型をはずす手起しのものを指す。土人形は江戸時代中期から大正期まで各地で盛んに作られ産地は百三十五を数えた。それらは仙台市の堤人形、京都市の伏見人形、福岡市の博多人形のいずれかの系統を引いているものと見られる。近代に入ってブリキやゴムなどの新型の玩具が普及するまでは、子供の日常のおもちゃ、節供の人形、民間信仰の対象として用いられた。

参考文献　奥村寛純『伏見人形の原形』、一九七六、岩井宏實・河岡武春・木下忠編『民具研究ハンドブック』、一九八五

（川越　仁恵）

ツツガムシ　ツツガムシ　クモ網ダニ目の仲間でツツガムシ科に属するダニの総称。日本では八十種以上が知られているが、ツツガムシの幼虫が媒介する伝染病のリケッチャによりツツガムシ病を引き起すものは数種である。「恙無し」の語源になるほど恐れられたツツガムシ病は主としてアカツツガムシの幼虫が媒介してきたが、近年アカツツガムシの繁殖地である河川中・下流域の中州より山間よりの地域でフトゲツツガムシなどにより再発生している。アカツツガムシは幼虫のみが河原のヨシ原などに棲息するハタネズミの耳殻に寄生し、これが河原から採草したり河原の耕地で働く農民に寄生すると感染する。ツツガムシ病は古くから秋田県の雄物川、山形県の最上川、新潟県の信濃川や阿賀野川の中・下流域でしばしば猛威を振るい、高熱・発疹・妄語《もうご》の状態になり、死亡率は高かった。疾病史では明治にベルクがこのツツガムシにより起る病気を日本洪水熱と名づけたが、秋田県の医師、田中敬助が一八九九年(明治三十二)に幼虫が媒介することを確かめ、昭和になってリケッチャが発見された。信濃川中流域では、このアカツツガムシを方名でシマムシといってきた。山形県の最上川流域ではケダニといっていた。こうしたツツガムシ病の多発地帯では河原に小祠を建て毛谷大明神とか島虫神をまつり、ツツガムシ除けの祭祀を行い、病気にかからないことを祈願した。一命を落とすかもしれないことを承知しながら河原の耕地に出かけた零細な農民の信仰であったが、信濃川中流域では祭神には三つの形態があった。一つはシマムシ自身を神としてまつる。これには御霊神的傾向がある。次は別の神を勧請して災い除けをする。これには伊勢神と稲荷神が多い。他に被害者である死者を神にまつる例も少数ある。しかし、島虫神様については未知の点も多い。

参考文献　鈴木昭英「信濃川中流域における島虫神の祭祀」(『長岡市立科学博物館研究報告』一八、一九八三)、佐久間淳一「古典的恙虫病をめぐる民俗(一)―(六)」(『高志路』二八一―二八三・二八五・二八六・二八八、一九八六―八七)

（篠原　徹）

つつがゆ　筒粥　粥占の一種で管粥《くだがゆ》ともいう。正月十五日などに行われる粥占の粥の中に青竹、アシ、カヤなどの筒を入れて炊き、空洞の中に入った米粒・小豆の多少によってその年の農作物の豊凶を判断する。また別の方法として粥棒の先端を割って粥を付け、付着した分量によって判断することも行われたが、こちらは早く衰退した。信州の諏訪神社の筒粥神事を実見した菅江真澄は、一七八四年(天明四)の紀行『諏訪の海』で「夜さり子の始より御階に日当たる迄煮やして奉ることは、年毎のためしなりける」と記述し、当時は社の傍に柱を四本立て、それに鼎を据えて粥を煮たことやワラグツをはいた群衆が霜柱も溶けるほど押し寄せ、小さい戸口から社の奥へ入り込み矢立に息を吹きかけつつ神官の読み上げる作凶を書き取る様を描いている。この諏訪神社の筒粥神事は、正月十五日に行われているが前夜から粥炊舎で小豆を炊く。この時長さ五寸五分のヨシ管四十二本を麻で簾状に編み巻いたものを中に入れ、終夜煮立てる。翌早朝神前に供えたあと神殿大床でヨシ筒四十二本を割り、中に入った粥の分量で四十二種の作柄を判定し、大声で参拝者に知らせている。また粥占の粥棒には呪力があると信じ、田の水口に立てられたり、女の尻を叩くと子を産むという若嫁や娘の尻を叩く、嫁叩きは全国各地に見られた。成木責の叩き棒として用いる地方もある。　↓粥占《かゆうら》

参考文献　柳田国男「新たなる太陽」(『柳田国男全集』一六所収、一九九〇)、滋賀県教育委員会編『滋賀県の祭礼行事』(「滋賀県祭礼行事実態報告書」、一九九五)

（明珍　健二）

つつみ　包み　一枚の紙や布を用いて、物の形にそって全体を覆うこと。包むという語は苞《つと》と語源を同じくする。苞は藁などを束ねて両端を縛り、中間部に物をくるむ藁苞であり、贈物や土産物を包むのに用いられた。藁苞のほかに芋、ササ、ホオ、フキ、カシワなどの葉や竹の皮なども包みの材料として用いられた。特にカシワの葉は供物の容器とされ、数枚の葉を細い竹釘で刺しとめ、盤のようにして用いられたことが『延喜式』にもみえる。こうした食料のほかさまざまのものを包むが、正倉院御物や法隆寺献納宝物では、包むものによって白絹・白麻・羅などの布、紙などが用いられており、それも平たい布のままのもの、巾着型のもの、紙袋などの形式があった。平安時代末期の故実書『雅亮装束抄《まさすけしょうぞくしょう》』には文の包み方、名香の包み方、童装束や束帯の包み方など包みの技法が詳細に記述されている。室町時代には公家故実・武家故実が確立するが、江戸時代中期に故実家伊勢貞丈の著わした『包結図説《ほうけつずせつ》』は包の部と結の部とから成るが、包みについては包む中味の用途に従った各種の礼法のあったことが記述されている。だが日常的には今日いうところ

の風呂敷が一般的であった。風呂敷という名称は天和・貞享年間(一六八一―一八八)の文献にみえるのがはじめであるが、それまでも平包み・平裏《ひらづつみ》という名称で古く平安時代から重宝がられていた。大阪市四天王寺の『扇面古写経』の下絵に、衣類を平裏に包んで頭上運搬している図がある。平裏が風呂敷と呼ばれるようになったのは銭湯の流行からであった。江戸時代も宝永年間(一七〇四―一一)ごろまでは、入浴のとき男は入浴用の風呂褌、女は湯文字をして入り、足を拭うために方形の布を敷いたり、濡れ物や風呂道具を包んだり、湯上がりの身じまいをするために、四角の布を用いた。ここからこの方形の布を風呂敷と呼び、のち物を包む方形の布、すなわち平裏を風呂敷というようになった。　↓風呂敷《ふろしき》　↓藁苞《わらづと》

参考文献　額田巌『包み』(「ものと人間の文化史」二〇、一九七七)　(岩井　宏實)

小　鼓

つづみ　鼓　中央にくびれのある砂時計形の胴の両側に革を張る膜鳴楽器の総称。古代では、膜鳴楽器の意。雅楽の三鼓、能楽や近世邦楽の大鼓と小鼓が現行する。構造は、乳袋という二個の椀状の部分が円柱形あるいは中心の膨らむ小鼓でいう如弧(大鼓では棹)の両端に付く。三鼓と大鼓は、棹の中央に節とよぶ三条の輪があるが、小鼓にはない。丸い枠に張った革を、調べとよぶ紐で胴に固定させる。三鼓は右方の舞楽に使用され、右手に持つ一本の桴で打つ。大鼓は左膝にのせて、調べを左手で握り、右手の指に指帯と手皮を付けて打つ。小鼓は左手で調べを握り、右肩にかまえて右手で打つ。打つ際の左手の調べの操作と右手の打ち方で音色、音高を変化させる。民俗芸能においても大鼓・小鼓は、祭礼囃し・三番叟・風流踊り・田楽系統の芸能などで使用される。大鼓は手で打たず、細い竹の桴で打つ奏法も民俗芸能で行われる。この種の鼓は、インド起源といわれ、中国の敦煌の壁画にも胴のくびれた太鼓を演奏する場面がある。古い鼓の胴は、正倉院や各地の寺社に残される。これらの胴には、大鼓や三鼓の節と同型の輪が棹に付く。朝鮮半島の鼓形の杖鼓にも三条の輪があるので、これらは同系統の鼓といえる。これらの鼓は、腰鼓ともいわれるように、腰に付け、手で打って演奏した。鼓形の太鼓は、奈良時代に唐楽とともに伝来したようで、四種類の異なる形状の鼓があり、一鼓・二鼓・三鼓・四鼓とよばれた。

参考文献　国立歴史民俗博物館編『日本楽器の源流―コト・フエ・ツヅミ・銅鐸―』、一九九五　(樋口　昭)

竹の網代に一貫張りをした葛籠

つづら　葛籠　一人でかかえられる程度の大きさの編組《へんそ》の櫃。盛んに使われるようになるのは室町時代からである。おもに衣類などを入れる。本来はツヅラフジを経《たて》は丸のまま、緯《よこ》は割って編んで長方形の箱に作り、四隅と縁をなめし革で補強したもので、かぶせ蓋がつく。しかしのちには竹の網代《あじろ》に一貫張りをしたものや、杉や竹で枠を作り、これに筵《むしろ》を張ったものなども葛籠とよばれるようになった。近世では産地が発達し、安芸の広島、近江の高宮(彦根市)が有名であった。　(小泉　和子)

ツトッコミョウジン　ツトッコミョウジン　宮城県本吉郡・岩手県気仙郡地方などでいう屋敷神の呼称。ツトコミョウジン、ツットコミョウジンともいう。宮城県内では屋敷神をミョウジンサマなどと呼ぶ例が多い。ツトッコとは藁苞《わらづと》を意味し、祠の形状が藁苞に類似している屋敷神であることからこう称するものであろう。毎年旧暦九月節供や正月などに新藁で作り替える。藁束を地面に円錐状に立て、中に幣束を納め赤飯などを供えてまつる。　(岩崎　真幸)

ツトッコミョウジン
(岩手県陸前高田市)

つな　綱　植物繊維や針金などをより合わせた太く長い縄。綱の原義は強縄《つよなわ》とか続縄《つぐなわ》などともいわれている。綱の材料は藁・葛・麻・綿・シュロなどがある。中でも藁が最も多く、藁が使われる以前は山葛が用いられた。稲作・畑作が行われたこと、野山に豊富な山葛があったことにもよるが、藁や山葛の中に潜む穀霊・呪力に寄せる信仰が綱のハタラキを、より強力にしていた一面がうかがえる。普通、綱を作ることを綱打ちという。古来三本

の縄・紐をより合わせた綱が強力とされてきた。三本よりの綱で知られる『出雲国風土記』の国引きの綱は「三身(自)の綱」であった。三本よりで作る綱だから強いというだけでなく、三に潜む呪力が現われているともみられる。たとえば、今も年中行事に残る綱引きの綱、注連縄、荒神信仰の蛇体も多くは三本よりである。宮崎県小林地方では、正月の仕事始めの儀礼として牛馬の鞍に結びつけて引く藁製のヒキオを作る。ていねいに仕上げた藁細工で、その長さは一ヒロ八ビキ、「寿」や「唐団扇」などに整えて結び、長押や板戸の上などに飾る綱もある。また漁師は最悪の時化に備え、カガソという繋留用の麻綱を常備していたという。山間部では危険を伴うイワタケ採取綱として、棕櫚《シュロ》綱を用いた。『高鍋藩・本藩秘典』(高鍋町歴史総合資料館所蔵)の記録には、「苧かせ拾縄糸二拵へ」「投網糸拵苧百目」などとあり、麻の用途やかつての綱と民俗の関連を知ることができる。

参考文献 『宮崎県史』資料編民俗一、一九九二、泉房子『民具再見』(「鉱脈叢書」八、一九八〇)

(泉　房子)

つなかけまつり　綱掛け祭　⇨勧請吊《かんじょうつり》

つなひき　綱引き　藁で大綱を作り、地域を東西・南北、上下などに二分したり、在と浜(農村と漁村)のようにムラが対抗して綱を引きあう行事で、豊作や健康を祈願する。勝敗は神意の表われとされ、山方の勝ちは豊作、海方の勝ちは豊漁など豊凶を占うことが多い。年占の競技と見れば、舟漕ぎ・物奪い・相撲・競馬と共通性を持つ。ただし、南九州には子供組が綱を引いてムラを回り、最後に綱で土俵を作って相撲をとるだけの所がある。勝負を競わない場合や、勝つ方があらかじめ決まっている地域もある。東北では小正月、関東の千葉・茨城、西日本や北九州は盆行事、南九州や奄美では八月十五日(中秋の名月)、沖縄では六月か八月の吉日や満月に行うことが多い。小正月の綱引きは新年の年占の様相がある。秋田県仙北郡西仙北町苅和野では、正月十五日に行われ、上町が雄綱、下町が雌綱で市神を奉戴する。祈願の後、陰陽の綱頭を結び付け合図とともに引き合いが始まる。勝った方は市を開設する権利を得たという。この時、嫁は実家の側の綱を引く。秋田県湯沢市三関や大曲市寺町では月遅れの二月に行われる。近畿では盆の行事が多く、仏の出立ちを送る意味を持つ。鹿児島県川辺郡知覧町では、綱引きの後に子供たちが裸に新しい褌をつけ頭にアンガサという藁の帽子を被ってソラヨイと唱えて踊るが、これは来訪神とも見られる。南九州では綱引き直前に綱を蛇のように巻いて積み、子供がその中に入って月を拝んだり、輪の中にサトイモ、サツマイモ、アワ、稲を供えて豊作を祈る所がある。綱は蛇で竜神や水神への祈願がこめられ、脱皮や生命力に託しての再生観もある。綱を竜や蛇と見て切ったり、引き回して穢れをつけて川や海に流すなど、綱は幸福をもたらすとともに災厄を祓う様相があり両義性を持つ。社会構造の違いに注目すれば、南九州は子供組と青年組の対抗が多く年齢階梯制と関連があり、奄美では女組と男組の対抗で女性の勝ちが望まれて、九州とは異なる女性の男性に対する霊的優位をとく社会との関連がある。沖縄本島の宜野湾市大山では、六月十五日前後の土・日曜日に行う。南のメンダカリと北のシンダカリに分かれ、おのおのが性器をかたどった綱を作る。御嶽《ウタキ》での祈願の後、棒を差し込んで雌雄を合体させて綱を引く。豊作祈願とお祓いが目的だという。石垣四箇《しか》(沖縄県石垣市)では六月の吉日に収穫を感謝し、豊作を祈願するための豊年祭のプーリが行われ、綱引きも組み込まれる。東西に綱が引かれ、東から西への五穀の授与、旗頭の行列に続き女性だけの綱引き、アヒャージナが行われる。西の勝ちが願われ、これは世曳き、つまり東方の理想世界から豊饒(世《ユー》)を島にもたらすユークイ(世乞い)である。女性の力で世を引き寄せる願いで、勝敗は最初から決まっている。鳩間島や波照間島でも西方の女性側が勝つ。綱の材料は稲藁が主で、畑作地帯ではカヤや蔓を使う。左ないが多く綱自体が神聖視され、触るだけで健康になるという言い伝えもある。稲作地帯と畑作地帯で微妙な差異をみせながら、類似する世界観を表現する場合もある。

十五夜の綱引き（鹿児島県枕崎市）

参考文献 松平斉光『祭』、一九四三・四六、青柳真智子「綱引についての一考察」(『石田英一郎教授還暦記念論文集』所収、一九六四)、小野重朗『十五夜綱引の研究』(「常民文化叢書」八、一九七二)、伊藤幹治『沖縄の宗教人類学』、一九八〇

(鈴木　正崇)

つなみ　津波　平均海面が上昇する現象で、気象原因によらないもののこと。一般には地震発生に伴う海底の変動による海水の急激な運動の結果引き起されるものが多い。日本列島を襲った津波のうち記録に現われた被害津波の主なものは、一四九八年(明応七)八月二十五日の明応地震、一六〇四年(慶長九)十二月十六日の慶長地震津波、一七〇三年(元禄十六)十一月二十三日の元禄地震、

一七〇七年(宝永四)十月四日の宝永地震津波、一八五四年(安政元)十一月四・五日安政東海・南海地震、明治以降では一八九六年(明治二十九)六月十五日明治三陸津波、一九三三年(昭和八)三月三日昭和三陸津波がある。これらすべて太平洋岸の広い地域にわたり大きな被害をもたらした。最近では一九八三年五月二十六日の日本海中部地震、一九九四年(平成六)七月十二日の北海道南西沖地震津波など日本海東縁部においても大規模な被害津波が発生し、プレート境界の研究に新局面をもたらしつつある。またこのほか、震害が認められないが、異常に高い津波で厖大な人命が失われた一七七一年(乾隆三十六)三月十日の八重山津波や、「島原大変、肥後迷惑」といわれ、噴火に伴う山崩れが津波を引き起した一七九二年(寛政四)四月一日の島原雲仙岳噴火などがある。自然災害の地域的記録は十七世紀以降、飛躍的に増加するが、実際に発生した事実が必ずしも記録化されているわけではない。最近では地質学や考古学の発掘成果から津波痕跡が検出される場合も多い。最大級の被害をもたらした明治三陸津波は岩手県太平洋沿岸の漁村を中心に二万二千人以上の死者を出した。津波は景観破壊のみならず、田畑にも長期の塩害をもたらすなど社会的回復に時間を要する。津波常襲地帯には遭難者の供養とともに、後世への警告を刻んだ石碑を建てる慣習が康暦碑(徳島県海部郡東由岐町、一三六一年正平津波碑)以来続いている。↓洪《こう》水《ずい》

参考文献 牧野清『八重山の明和大津波』、一九六八、渡辺偉夫『日本被害津波総覧』、一九八五、千葉県郷土史研究連絡協議会編『房総災害史』、一九八四、『三陸町史』四、一九八八、島原市仏教会編『たいへん』、一九九二、石橋克彦『大地動乱の時代―地震学者は警告する―』(『岩波新書』新赤三六〇、一九九四)、長谷川成一『失われた景観』、一九九六、「公開研究大会―震災と阿波の地域史―」(『(徳島地方史研究会)史窓』二七、一九九七)
(北原 糸子)

つのかくし 角隠し 女性のかぶりものの一種で、白地の麻・木綿・羽二重・練り絹などでつくった袋のようなかぶりもの。婚礼や葬礼など改まった日に頭から被り、顔を覆う綿帽子の略式のものをいう。花嫁には角があるのでその角を隠すためのツノカクシと説くのは俗説であろう。本来、ハレの日には頭部を覆う必要があったようでカツギ(被衣)などの衣裳を被る地域は広い。広島県世羅地方では、白の木綿地で作られたヤノテンボーシという片袖のようなものをかずく。婚礼には縫目を縦にして被り葬礼には横にして用いる。もともと、角隠しは一向宗門徒の女性が寺参りの時に用いたかぶりもので、幅が一二㌢、長さ七二㌢の白絹(裏は紅絹)を前髪にかぶせ、後で二つ折にして回し、髷の後上で留めておくものである。現在では、婚礼の時に花嫁が被る頭飾りに用いられていることが多い。もっとも非日常の生活で頭にかぶるカヅキは婚礼では生家を出る時にカヅキを両手でささえ頭から被り婚家に入ると同時に脱ぐ。葬礼では死者と身近な者は野辺送りに被った。カヅキ、カブセキモノ、フカボーシ、アゲボーシなど呼び名は異なるが儀礼にはかぶりものが必要であったことは広い地域に同種のかぶりものが分布していることからも理解される。花嫁が何かを被る、打掛ける、羽織るなどして頭を隠す。本来、カヅキを被る装いから略式の綿帽子を被るように変わり近年は華やかな打掛け、角隠しが用いられるようになった。

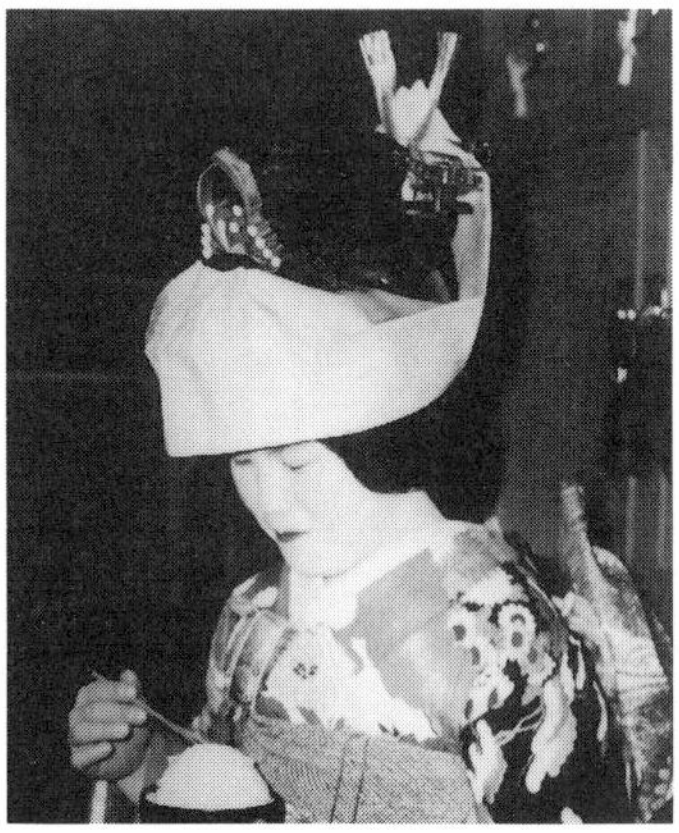
角隠し (1962年)

参考文献 瀬川清子「晴着とかぶりもの」(『日本民俗学大系』六所収、一九五八)
(岡田 照子)

つのだいし 角大師 ⇩元三大師《がんさんだいし》

つのだる 角樽 清酒の容器の一種で、一般の樽は樽側立(くれ)が均一であるが、角樽は樽側の一部を柄のように対に長く組み、把手や飾り状に仕立てたものである。長い柄が動物の角に似ているのでこの名がある。古くは柄も胴も短いものであったが、次第に長くなり、現在一般的によく見受けられる型となった。主として御祝儀用として用いられたもので、婚礼用としては、朱塗りのものが嫁取りに、地方によっては墨黒塗りが婿入りとして使用された。一升入りは一生、半升入りは繁盛などと語呂合わせて縁起をかついだ。材質は杉を使うが、柳を使うものを柳樽という。

参考文献 仲村恒明「桶―昭和期における終焉の民具―」(『近畿民具』一一、一九八七)、灘酒研究会編『灘の酒用語集(改訂版)』、一九九七
(仲村 恒明)

角 樽

つのつき 角突き ⇩闘牛《とうぎゅう》

つば 唾 生理的に反応し唾液腺から出てくる消化液。唾には生理的機能をこえた文化的、社会的意味がある。人の前で唾をはくことは非常に嫌われる。これは身体か

ら出る糞尿や血などが忌まれる感覚と同じである。また、しびれのきれた時、額または眉毛に唾をつけると直るといわれる。また目にゴミが入った時、目を開いて三度、唾をはくとゴミが出るといい、簡単な火傷や虫さされなども唾で直るという。これは「唾は万病の薬」といういい方があるように唾は病気などの身体に危険な状態を転換させることができる。この唾の力がより強力に作用するとムカデとクモは唾をかけたら死んでしまい、虫を殺したらそれに唾をかけないと虫にたたられるという。子供が川で泳ぐ時、水中に唾をはいて河童の存否を占うことは河童の害をあらかじめ防ぐためであり、便所で唾をはくことも同じく便所の穢れ、恐怖などを避けるためである。また水面に唾をはいて翌日の天気を占うことがあるように唾によって未来が見えることがあると考えられている。さらに狐の嫁入りを見るには井戸へ唾をはいて指を組み合わせればよいという。唾はこのように現在と未来、この世と異界を媒介すると考えられている。また、唾は人間関係にも及び、約束を固めるために二人で地上に一回、あるいは三回ずつ唾をはくことがある。

(野沢　謙治)

参考文献　丸山学「唾考—伊弉諾命と伊弉冊尊と之を盟ふて乃ち唾く…(彦山縁起)—」(『旅と伝説』八ノ九、一九三五)、野沢謙治「身体のフォークロア—糞尿・ツバ・裸・髪—」(『日本民俗学』一四一、一九八二)

ツバキ　ツバキ　ツバキ科の常緑高木で暖地に自生するが、人為的な植栽や品種改良も盛んである。海石榴・山茶などとも表記されるが国字の椿が一般化している。青森県や秋田県の椿山に注目したのは柳田国男であった。柳田は北のツバキは天然のものではなく、人為的な伝播によるもので、八百比丘尼《はっぴゃくびくに》のごとき諸国巡遊の人々がこれにかかわっていたことを示唆した。青森県夏泊崎の椿山には南の船乗りが椿油を求める恋人のためにツバキの実を伝えたという要素を含む伝説があり、秋田県男鹿半島の椿山にも海路伝播を暗示するように能登山という名がつけられている。男鹿半島の真山では玉串としてツバキの枝を使う。木偏に春をもってツバキを示してきた日本人の心意の中にはツバキに対する季節的共感があった。古代、宮中の正月行事に使われた卯杖・卯槌にはツバキの木が使われたという。また、東大寺では、修二会に際して二メートル余のツバキの枝に、タラの木を芯にして赤・白・黄の和紙で作ったツバキの造花をつけ、二月堂の内陣に飾る。奈良県磯城郡川西町六県神社御田祭の模擬苗はツバキの葉である。宮崎県西都市上揚では一月十四日に麦ドキと称して、ソノ(屋敷周辺の畑)の麦畑一枚ずつに、先端に餅を刺したツバキの枝を立てた。早春に咲く赤い花とともに、光沢に満ちた常緑の葉も活力の象徴として意識されていたのである。静岡県熱海市初島の畑にはツバキの生垣がある。これは、防風垣・区画垣の機能を果たすものではあるが、何よりもツバキの実を採取利用するためのものであった。ツバキの実から油を搾るのである。ツバキ油は髪油として広く知られているが、初島のツバキ油は髪油としてだけではなく、熱海・伊東の温泉旅館でテンプラ油として珍重された。初島にはツバキ油を売って正月用の金とした時代があったという。ツバキの木を屋敷垣にする地もある。静岡県御殿場市印野では富士おろしを防ぐためにツバキを屋敷垣にした。ツバキの木は火伏になるとも伝えたが、その実を利用したことはいうまでもない。一方、ツバキの花がまるごと落花するところから「首が落ちる」として屋敷に植えてはいけないと伝える地もある。和歌山県熊野地方ではツバキの葉に煙草を巻いて喫する風があり、ツバキの葉を焙って腫物の薬に使う地方もある。「紫は灰さすものぞ海石榴市《つばいち》の八十の衢《ちまた》に会へる子や誰」(原万葉仮名、『万葉集』三一〇一)とある。紫の染料は紫草の根のしぼり汁に灰を加えて作るのであるが、その灰としてはツバキの木の灰が最も媒染効果があるとされた。静岡県志太郡岡部町三輪の神《みわ》神社では六月四日に茅巻を作る際、ツバキの木の灰汁に餅をひたす。ツバキの灰は防腐効果をもたらすと伝えている。池田末則は、奈良県内に「椿井」(ツバイ)という地名が約二十例あるとしている。椿井とは、文字通り、周囲にツバキの木が植えられている井戸のことであり、それは、奈良・滋賀県などで現在も見ることができる。井戸の周囲にツバキの木を植えた理由は、常緑で美しく密な葉を持つツバキの木によって井戸を蔽《おお》い、井戸の清浄を保ち、夏季の冷温を保たんとしたためと考えられる。

(野本　寛一)

参考文献　柳田国男「椿は春の木」(『柳田国男全集』二所収、一九八九)

ツバメ　ツバメ　スズメ目スズメ科の代表的な鳥。ツバクロ、ヒイゴなどの方名を持つ。人家の軒先など身近な場所に営巣するため、日本人にとってなじみ深い鳥であるが、狩猟鳥・鑑賞鳥などの実際的な利用に供されることはほとんどなかった。害虫を捕食する益鳥でもあり、ツバメを殺すと火事になる、あるいは盲目になるといった捕獲を戒める俗信が伝えられている。ツバメの周期的に去来する渡りの習性は、かつては不可思議な神秘的現象であり、自然暦の指標となるとともに、さまざまな事象と関連づけた予兆ととらえられている。たとえば、ツバメが巣を作ると家が栄え、逆に渡りが止まると家が衰えるなどといったツバメの営巣を家の盛衰に関連づけた言い伝えがある。また、ツバメの宙返りは天気が変わる、雨中ツバメが飛ぶと天気になるといった、ツバメの飛翔する姿を見て天気を占うといった伝承もある。さらにツバメは、昔話などの口承文芸にも登場している。スズメは親の臨終の際にすぐに駆けつけ、その親孝行のために一生五穀を食べて暮らすことを許されたとする「雀孝行」や、その類話の「雀の粗忽」では、スズメと反対に親の臨終に間に合わなかった罰として、ツバメは一生、虫や土を啄まねばならぬとされる。これは、その鳴き声を「土食って、虫食ってしぶーい」と聞きなして表現するのと同様、土で巣を作り、虫を主食とするツバメの生態を反映したものである。

参考文献　柳田国男「野鳥雑記」(『柳田国男全集』二四所収、一九九〇)　(菅　豊)

つぶれやしき　潰れ屋敷　家が潰れ、住人がいなくなり、家屋も取り払われた屋敷のこと。静岡県では潰れ門《かど》ともいう。かつて名主などの村役をつとめたり本家筋であったりして村落社会で一定の地位と勢力をもった家で比較的旧い家の屋敷跡についていう。潰れ屋敷という表現は村落社会における家の盛衰を表わす一つの伝承である。井戸跡だけになったり、畑のようにならされた土地になっていることが多く、サカヤ、オキヤシキなどその家の屋号で屋敷跡を呼ぶ例が多い。家が潰れる理由には、事業に手を出して失敗したり、他人の保証人になって被害を受けたり、放蕩で財産を失うなど経済的なものと、跡継ぎがなく人材的に恵まれない理由で家が絶える例などがある。潰れる時には何代かのうちに徐々に潰れるというのではなく、ある当主の代で突然潰れるのも特徴である。潰れ屋敷となるのは家の事情によるものであり、村として保護を与えることはない。一度潰れた屋敷はその次世代の者が復興することは難しい。他所から来た者が潰れ屋敷の株を利用して村入りする例もあり、潰れ屋敷が他の村人によって利用されることがある。潰れ屋敷の墓地の管理などは、潰れ屋敷が本家であれば、分家が行うのことが多い。家が絶え、潰れ屋敷となっても、その家先祖の供養や屋敷神の祭祀は残された村人や次にその屋敷に入った人にとって守らねばならないものとして認識されている例が多い。→屋敷先祖《やしきせんぞ》　(関沢まゆみ)

つぶろさし　つぶろさし　新潟県佐渡の羽茂町や小木町に伝わる子孫繁栄と五穀豊穣を予祝する芸能。地元では大神楽・チトチントンなどとも呼ばれている。「つぶろ」は瓢を乾燥させた容器のことで男根を意味し、「さし」はさすりのことだといわれる。伝承地によって芸態に相違はあるが、いずれも主役は木製の男根をもった男神と簓《ささら》をもった女神で笛や太鼓にあわせてユーモラスなしぐさで性交のまねをする。

参考文献　近藤忠造編『祭礼行事新潟県』(『都道府県別祭礼行事』、一九九三)　(池田　哲夫)

つぶろさし

つぼ　坪　茨城県や栃木県などで村落内の村組や小集落を示す呼称。坪は一般的には、土地や建物の面積の単位として用いられるが、その起源は条里制の坪付にあると考えられる。条里制では土地区画の単位を坪といい、条里の中の田地の所在地や面積などを集計した文書を坪付といった。転じて、坪は耕地につけられた土地の名称、すなわちのちの小字ともなった。また坪が、ある限られた範囲を示す言葉であったことから、小集落を表わすようにもなったと考えられる。近世の関東地方では、多くの藩制村が複数の集落を含んでいたため、坪をはじめニワ、ホラ、ヤトなどと呼ばれる小集落が村落として実質的な機能を果たしてきた例もあり、坪は戸数の増減による拡大と分裂を繰返しながら、村組としても一定の大きさを保ってきた。すなわち、坪は北関東では単なる地名・小字名として用いられるばかりでなく、むしろ村組の機能をもつ小集団を示すことが多く、またそうした村組の多くが実質的には自立したムラとなっている。また信仰の単位としても機能しており、現在も講集団や葬式組の単位となっているほか、常総地方では、坪を単位に寮や行屋といった宗教施設が作られ、ここを拠点に村組としての活動が展開されてきた。公民館に建て替えられた寮や行屋は、いまもムラの集会所として盛んに利用されている。江戸時代には、村落内に複数の坪が存在した場合、坪総代が順に村役についたり、坪ごとに年貢組が組織されることも多く、村の公的な下部組織として行政的に機能した例は珍しくない。同様に、第二次世界大戦時下の自主防災や配給などにも、上意下達組織として利用された。坪は、現在でも行政が「地区」として把握する集落単位となっているが、伝統的な講や祭の単位として、共通の神社をまつり、墓地を共同し、また年齢集団構成単位として機能している。

参考文献　木村礎編『村落生活の史的研究』(『日本史研究叢書』、一九九四)　(斎藤　弘美)

つぼ　壺　胴体に比して口の小さい形の容器。つぼまったという音からできた言葉である。土・陶磁・金属・ガラスといった材料で作られている。その中でも土器・陶磁器の壺が長い歴史の中で多く使われてきた。壺とともに甕も多く使われたが、甕は口の広がった形の土器・陶磁器をさしている。土器生産は新石器時代の縄文式土器から始まり、食物の煮炊き、貯蔵用のものが作られた。やがて用途による機能分化が弥生式土器から起り、五世紀後半に須恵器の技術が朝鮮半島から入ってきて、現在の壺や甕の基本形ができ上がった。平安時代末から鎌倉時代になるといくつかの産地で集中的に生産が行われるようになり、土師器《はじき》・須恵器の技術を基にした高温の焼きしめ焼成での製品作りが行われるようになる。いわゆる六古窯で作られた壺甕が全国に流通するようになったのである。近世に入ると磁器が焼かれるようになり、壺や甕も無釉から施釉の陶器・磁器のものが焼かれるようになった。中世までの壺の用途は水などの運搬、穀物や種子の貯蔵であり、近世になると桶や樽との役割分担が起り、水溶液状のものや種子の貯蔵が中心となる。また、茶入れとしての用途も増加した。現在でも壺や甕を作る産地では作るものを土間ものあるいは荒ものと呼ぶところがあり、近世中期以降の床上で使う陶磁器製の壺・碗・鉢とは異なる技術の系統を示すものであろう。　→甕《かめ》

（坪郷　英彦）

参考文献　小泉和子『家具』（「日本史小百科」一七、一九八〇）

つぼいしょうごろう　坪井正五郎　一八六三―一九一三　日本における人類学の草分けで、日本人類学の祖とも呼ばれる。江戸幕府の奥医信良を父とし、東京で生まれる。一八八一年（明治十四）に東京大学理学部生物学科に入学したが、日本人の起源や考古学に多大な関心をもち、在学中の一八八四年に人類学会を発足させた。一八八六年に卒業とともに大学院に入学し、人類学を専攻する。一八八九年から九二年まで英国に留学し、帰国後は東京大学の初代の人類学教室教授、一八九六年からは人類学会会長となる。人類学は人類の本質・現状・由来を究明する「人間の理学」とし、日本各地で住民の生体計測などを行うとともに、習俗・方言・考古遺物などを精力的に収集・考究し、日本考古学・古代風俗・アイヌ民俗研究などの先駆けとして活躍した。日本の人類学の黎明期における最大のテーマは日本人起源論であり、アイヌや大陸の北方民族との関連が注目されていた。坪井は、日本原住民はアイヌ伝説にみられる小人であるコロポックル族と考え、アイヌ起源説を唱えた白井光太郎や小金井良精と激しく論争した。一方で、坪井は国際的な視野にたった人類学の体系、人類の起源、エジプトや南米の古代文明に関しても造詣が深く、きわめて多岐にわたる分野の紹介論文・著書を数多く著わした。一九一三年（大正二）に、ロシアのペテルスブルグで開催された万国学士院連合大会に出席後、当地で客死した。

参考文献　斎藤忠編『坪井正五郎集』下（「日本考古学選集」三、一九七二）、寺田和夫『日本の人類学』、一九七五

（大塚柳太郎）

つぼいひろふみ　坪井洋文　一九二九―八八　一九二九年（昭和四）、広島県大朝町に生まれる。本姓は郷田。広島青年師範学校に入学し、民俗学に興味をもった。卒業後中学校の社会科教員をしながら、『芸備民俗』を四号まで発行する。二十二歳のとき民俗学を本格的に勉強するため国学院大学文学部に入学。卒業後、財団法人民俗学研究所の研究員となり、『綜合日本民俗語彙』の編纂にあたる。研究所研究員を辞職してからは、民族学者の岡正雄のもとで伊豆諸島や瀬戸内海など村落社会の調査に従事し、民族学の強い影響を受ける。その後国学院大学文学部助教授となり、この時期にのち大きな論議をよぶことになる論文「イモと日本人(一)」を発表。これは餅無し正月の儀礼に着目して日本文化論を再考したものであり、それまでの稲作一元論に対して新たな畑作文化論の可能性を提示したものである。しかし照葉樹林文化論との関係などはいまだに明確ではない。国立歴史民俗博物館の創設に加わり、民俗研究部教授となり、共同研究「畑作農村の民俗誌的研究」など多くの共同研究を推進する。民俗学の新たな展開を求めて中国への海外学術調査を組織し貴州省少数民族の調査を開始したが、成果をあげる前に病死。

参考文献　坪井洋文「ハレとケの民俗学―坪井民俗学の世界―」（『季刊 iichiko』一二、一九八七）、上野和男「坪井洋文年譜・著作目録」（『国立歴史民俗博物館研究報告』二一、一九八九）

（篠原　徹）

つまいり　妻入り　建物の妻に主要な出入口を設けて、それを正面とする形式名称。妻とは大棟に直角な側面をいい、大棟に平行な側面を平、平に出入口を設けるものを平入りと称する。妻入りの建物は平入りにくらべて事例は少ない。寺院建築の大半は平入りであるが、庫裏の建物には妻入りが多い。神社建築では、大社造・住吉造・春日造などが妻入りである。民家では、富山県南部の五箇山の合掌造、長野県南部の本棟造、京都・大阪・兵庫の府県境周辺の摂丹型、京都府中東部から福井県西部にかけての北山型、滋賀県北部から福井県東部にかけての余呉型、そして町家の一部などに妻入りがみられる。妻入り民家の中には、妻を正面とすることで格式を表現する場合がある。本棟造は、庄屋・本陣など役人層に採用された板葺き民家で、大規模なものが多く、勾配のゆるい大きな妻を正面に向けて破風と雀踊りを備え、その外観は草葺きや板葺きの平入り民家の中で際立っている。摂丹型民家は、その分布地が細川管領支配領域と合致することから、中世末期に在地支配に携わった名主・地侍層の身分地位の建築的表現として、妻正面に座敷と広縁、破風を配する格式的構成が成立したと考えられている。地元では摂丹型の妻入り民家をホンヤ、それ以外の平入り民家をヨコヤと呼ぶことがある。町家は、東北・関東・近畿周辺、中国・九州などに妻入りがみられる。妻入りの場合、敷地間口に余裕があって隣家との間で雨水が適切に処理される必要があるが、一方、棟を高くしなくても奥行の深い家を建てられる構造上の利点がある。　→合掌造《がっしょうづくり》　→平入《ひらい》り

参考文献　藤田元春『増補日本民家史』、一九三七、永井規男「摂丹型民家の形成について」（『日本建築学会論文報告集』二五一、一九七七）、『日本の民家』（学習研究社、一九八〇・八一）

（中川　等）

つまどいこん　妻問婚　夫が妻の家を訪問する形態の婚姻。通い婚ともいう。婚舎が妻方におかれる婚姻形態の

うち通い式の婚姻を指し、この意味で広義の聟入婚の一形態ともみられるが、妻問式(通い式)の婚姻の内、婚姻成立の儀礼が夫方で行われるものを足入れ婚、妻方で行われるものを聟入婚とする区分も大間知篤三によって提示されている。妻問婚には、しばらくの妻問期間を経て最終的に夫婦が同居する一時的妻問婚と、生涯妻問が続けられる終生妻問婚の形態とがあるが、後者の例はきわめて稀である。伊豆諸島で広く行われていた足入れ婚は、アシイレといわれる嫁が普段着姿で聟家を訪問する儀礼によって婚姻が開始され、以後しばらくの期間聟の妻問が続けられ、やがて聟の両親の隠居を契機として嫁が聟家に引き移るという形態をとる。一方聟入婚は、聟の嫁家への初入りの儀礼であるムコイリで婚姻が開始され、以後しばらくの期間聟の妻問が続き、やがて嫁が聟の家へ引き移るという形態をとる。ゆえに終生聟が嫁の家で生活を営む、いわゆる聟養子婚とは基本的に区別されるべきものである。このような妻問婚の背景には、女性の労働力を特に重視するという経済的な要因と、隠居慣行に象徴されるような親子二世代の夫婦が同居を忌避するという家族制的な要因とが考えられる。また後者の例は一部地域にのみ見られた特殊な婚姻である。すなわち岐阜県の飛驒白川郷では、種々の理由から、かつては家の跡取である長男の嫁となる女性を除き、他の女性は他家に嫁がず、かつ分家の慣習もなかったので、生涯夫が妻の家へ通い続ける生活を営んだ。生まれた子は表面上は妻方の家の子として育てられたが、夫婦の関係は決して不安定なものではなく、周囲からは正規の夫婦として認められていた。 ↓足《あし》入《い》れ婚《こん》

参考文献 瀬川清子『若者と娘をめぐる民俗』、一九七二、大間知篤三『婚姻の民俗』(「大間知篤三著作集」二、一九七五)、江守五夫『日本の婚姻―その歴史と民俗―』(「日本基層文化の民族学的研究」二、一九八六)

(八木 透)

つみだ 摘み田 水稲の直播き栽培のことで、この言い方は東京都・神奈川県・埼玉県など関東地方で伝承されている。マキタ(蒔き田)ともいったが、『百姓伝記』(一六八一―八四)、『本朝食鑑』(一六九二)、『地方凡例録』(一七九四)、『和訓栞』(一八六二)にも摘田と記され、江戸時代には水稲の直播きが広く摘み田の名で知られていた可能性がある。九州地方では実植え・実蒔きなどといった。『地方凡例録』では摘み田は棒などで田に穴をあけ、そこに種子籾を摘み入れる方法、蒔き田は「苗代に蒔くごとく」蒔く方法としているが、『地方凡例録』に記された方法は一般的とはいえない。各地に伝わる農法では種子籾を堆肥や灰などの肥料と混ぜ、これをツミオケやツミザルに入れて持ち、田に点播するのが通常の方法だった。摘み田という呼称は種子籾と肥料の混合物を手で摘んで点播することに由来している。摘み田が行われたのは、台地・丘陵地の谷やその辺縁の田で、この方法の存続理由としては湿田あるいは灌漑水が十分でないという、稲作にとって悪条件があったことがあげられている。大宮台地や多摩丘陵地域では一九六〇年代まで行なったところもある。しかし、全体的には明治時代末から次第に植え田となって、現在では行われていない。神奈川県や埼玉県などでは、種子播き終了後、摘み田正月などの儀礼があり、焼き米が作られるとともに、ムラ一斉の休日が出された。また、摘み田鳥と呼ぶ鳥が鳴いたら種子播きを行うといった伝承もある。 ↓直播《じかま》き

参考文献 小川直之『摘田稲作の民俗学的研究』、一九九五、高島緑雄『関東中世水田の研究』、一九九六

(小川 直之)

ツム ツム ⇩糸繰《いとく》り

つめ 爪 指の先にある角質の形成物。爪の特徴は髪の毛と同じく放置すれば絶えず伸びることである。沖縄の水納島では爪が伸びることを死の起源伝承の中で次のように説明している。昔、天の神が人間を若返りさせるため若水を人間に浴びせようと鳥を人間のもとに送った。ところが途中で鳥が野いちごを食べている間に蛇とトカゲが若水を浴びてしまった。若水は少なくなり人間は手足の指の先にしかつけられなかった。そこで蛇やトカゲは脱皮して若返るが、人間は爪だけがはえかわり死ぬことになった。爪は人間の死後も伸びつづけるほどの不可思議な生命力を宿していた。爪をのばしていると狐がつくといったり、爪かき地蔵や爪かき不動のように爪で彫られた神仏の霊験も爪の生命力によるのである。死者の爪を死霊が行くと考えられている山や寺に納めるのは、爪が死者あるいは死霊とみなされているからである。また、このような生命力を宿す爪も切られると禁忌や不浄の対象となる。夜、爪を切ることは一般に嫌われるが、切った爪を火に入れて燃やすと気がふれるといわれたり、病気になったり、その悪臭に悪魔が集まるという。そのため囲炉裏端で爪を切ってはいけなかったし、爪切り正月といい特定の日に爪を切るといつ切ってもよいといわれた。また、爪に白い星があらわれると幸運になるといい、爪に縦筋が入ると回虫がいるというなど、爪はその人の運不運・健康にも関係する。

(野沢 謙治)

つめいん 爪印 自分で署名したり花押、あるいは判を捺したりする代わりに、指先に墨・印肉をつけて捺印したもの。これには指の指紋に主体を置いた拇《ぼ》印と、爪そのものの方に主体を置いた爪印とがある。普通は判を所有していない幼年者、女子もしくは無筆者に見られるが、判を持ち合わせていない場合にも使われた。たとえば江戸時代の刑事裁判で被疑者が口書に捺印する場合、重罪の者は取り調べ中に牢に入れられ、判を持っていなかったのでこの方法が取られた。 ↓捺印《なついん》

参考文献 石井良助『印判の歴史』、一九九一

(笹本 正治)

つや 通夜 死亡後、葬儀執行までの間に行われる儀礼。死亡した日から葬式の前夜までの夜、あるいは葬式の前

夜のみ、さらには葬式の夜以降何日間かの夜にも行われる所もある。これを表現する民俗語彙で全国的に広くかつ多く分布するのはツヤ(通夜)とヨトギ(夜伽)である。葬式前夜に、喪家に親戚・近隣・組・講・村人・友人知人などが食物・供物・香典などを持参したりして訪れ、御詠歌・念仏・百万遍・題目、僧侶の読経などを行なって死者を弔う。親戚や地域の人々が葬儀の段取りと役割分担を決めたり、葬具を作ったりもする。会食し、死者と身近な人のほかは夜半までに辞去し、その後はごく身近な人が死者と添い寝したり、身近な人が死者を寝かせてある部屋で一晩中起きていて、死者について語り明かすなどする。線香や蠟燭の火を絶やさず、猫を遺体に寄せつけない。飛驒高山で第一夜の通夜を病人伽・内伽といい、生臭を食べ、本通夜といわれる翌日の通夜で精進料理に変わるが、この変化が死の忌籠りの生活に入る時と考えられる。山梨県北都留郡丹波山村で、通夜に妻や子は死者に供えた食物、菜や汁・団子などを食べて死者と食い別れをするなど、死者との最後の夜をともにする意味もある。宮崎県下で通夜は死者の番をすることであり、誰か側にいなければ火車《かしゃ》が遺骸を盗みにくるといわれている。千葉県手賀沼周辺や君津市などで、通夜に泊まった人はボクがかかるので初七日までは家に帰れないといわれるが、和歌山県東牟婁郡本宮町野竹では、通夜に参加した親戚は、葬式前夜だけでなく七日間にわたって喪家で起居し、籠って外歩きせずに、七日シマイの習俗を経て、八日目に他人から贈られた重箱で食事をし、自家の火替えをしてから焚いたものを他人に食べてもらい、はじめて帰宅することができたという。通夜に始まる死の忌籠りの生活がこの間続いていたことがわかる。

↓ヨトギ

参考文献　大間知篤三「御通夜について」(『民間伝承』三ノ二、一九三七)、井之口章次『仏教以前』、一九五四、新谷尚紀『日本人の葬儀』、一九九二

(小松　清)

つゆ　梅雨　六月上旬より七月上旬にかけて降る長雨。北海道には梅雨はない。気象学的には梅雨《ばいう》という。そのころ栗の花が落ちるので栗花落《ついり》ともいい、古い中国の文書には立梅と書いたものがある。梅雨という言葉は中国から来たもので、梅の実がなるころの雨の意といわれるが、かびの生える季節から黴雨だという説もある。これをツユと読むのは露の連想といわれる。日本ではサミダレといった。暦では六月十一日か十二日が入梅とされるが、年あるいは地方によってかなりの差がある。入梅から夏至の前後までの一ヵ月が梅雨の期間とされている。そのころの天気を五月晴れに対して五月闇または梅雨闇という。梅雨の間に晴れることがあり、「梅雨の夕晴れ」などといわれる。梅雨どきには、梅・桜桃・ビワ・桃などの果物があり、アユ釣りが解禁になる。この雨によって灌漑用水や生活用水がまかなわれるが、長雨は水害をもたらしたり、東北・北海道の太平洋岸では冷たいヤマセが吹いて冷害をもたらす。空《から》梅雨になると、灌漑を溜池にたよる西日本では旱害を生じるが、東北や中部山岳地方では「旱魃に凶作なし」といわれる。梅雨明けは入梅ほど地方差はなく、七月十日から二十日の間が多い。梅雨前線が北上するとき上昇気流を生じて雷雨となり、また梅雨が明けて日射が強くなって雷雲を生じ、「雷が鳴ると梅雨が明ける」という。梅雨の季節には疫病や食中毒が多いので、梅雨の終わりに行われる祇園祭には無病息災が祈願される。

参考文献　田口竜雄『風祭』、一九四一

(吉岡　郁夫)

ツラダシ　ツラダシ　ツラは石川県能登地方の村落における構成員資格を表わし、ツラダシはその構成員資格を獲得する村入りのこと。面出しとも書く。ツラマジリ、ザイレともいう。他村落からの移住者や村内の既存の家が創設した分家は、村入りを行なってツラを手に入れ、一軒前と認められることが必要であった。ツラの数を決めて戸数制限を行なっている村落では、絶えた家や転出した家の古面《こづら》や伏面《ふせづら》と呼ばれる余っているツラを引き継いで、ツラダシを行なった。　↓村入《むらい》り

参考文献　天野武「面出しとヨボシ子—ヨボシ親・ヨボシ子の一類型」(『加能民俗』五ノ一三、一九六三)

(安井眞奈美)

つり　釣り　鉤《はり》や糸を使って魚を釣る技術。古くは釣鉤のことを釣りともいって釣り漁の代名詞ともされた。約一万年前に鮭・マスなどの河川漁撈が起ったと推定されているが、漁撈の開始が釣りであったかどうかは確認されていない。日本では、すべての漁業は縄文時代に始まっていたと考古学的な知見からいえる。海岸に暮らす人人の生業の大半は漁業であり、原始時代に大きな足跡を残した釣り漁も、歴史時代になると稲作や畑作の発展によって食料の獲得手段の主体から外れてくるが、連綿として現在まで続いていたことは確かである。歴史時代では中世までの記録は少なく、記紀にみる神功皇后玉島川アユ釣りの記事や海幸山幸の釣鉤の話と国譲条の延縄の記述などがみえる。これが江戸時代の中期初頭になると、釣具の改良と造船技術の発達を基盤に、都市の発達から、庶民の需要が新鮮な魚を求めるようになったことが釣り漁を促進させている。それに趣味の釣りという考え方も見られるようになる。明治時代中期からは、大量捕獲を目指す近代釣り漁となっていく。地域によって釣られる魚種の違いから、北陸から東北の日本海岸で長い形の鉤が、太平洋沿岸に角形の鉤が、西日本に丸形の鉤が分布するという大まかな釣具の分布が見られるのも釣り漁の特色である。釣りの普遍的な形態は一本釣りである。腕一本の一本釣りといって小舟に揺られて漁をする漁師の姿が描かれる。天下御免の一本釣りともいい、どこででも漁をしても良いということを意味している。それに較べて、延縄は釣り漁の中でもっとも発達したものである。

↓一本釣《いっぽんづ》り　↓釣具《つりぐ》

参考文献　日本学士院・日本科学史刊行会編『明治前

日本漁業技術史』、一九五九、渋沢敬三『日本釣漁技術史小考』(『渋沢敬三著作集』二所収、一九九二)

(立平　進)

つりがき　**釣書**　縁談の際、仲人が持参する身上書。かつて結婚では、相手の家柄が重視されたため、まだ見ぬ相手と見合いを行う場合、その情報が必要であった。釣書は系図上、姓名が釣られたように見えるところからついた呼称で、家柄や本人の経歴が記された。もともとは遠方との婚姻が普通であった上流階級で用いられたものであるが、通婚圏が広がるにつれ、一般にも普及するようになった。

(服部　誠)

つりぐ　**釣具**　魚釣りの道具。釣りの六物というのは、昔から、鉤・糸・竿・餌・沈子・浮子《うき》と称されてきたが、魚を釣る時に、これがすべて要るというわけではない。糸と鉤があれば引き掛けることもでき、餌の付け方如何により錘の役割をすることもできるというようなこともあるが、歴史的変遷と地域的な変化は日本の文化さえ論ずることができるものである。最初は、考古学の発掘資料による知見が重要である。縄文時代になると、基本的な漁具がほぼ出揃い、ほとんどの水産資源が捕獲の対象となっていたと考えられている。骨角製の釣針の出土や魚の骨の出土からカツオやマグロ、マダイなどが盛んに釣られていたと思われる。東北地方の外洋性漁業は縄文時代中期に発達するが、晩期になると大型の結合釣針を現出させてマグロ漁が盛んになる。九州の西北部にも大型の結合釣針が出現してマグロやアラなどが捕獲されている。弥生時代には骨角製のものと金属製のものが使われ、骨角製釣針は、西北九州では縄文時代の伝統を引く結合式が残存する。歴史時代に入っても、江戸時代初期までは、漁具を記録した古文書類が少ないこともあり、不分明である。もともと釣具は、漁師がみずから考え経験に基づいて個別に作るものであったがため、他の人にはわかりにくかったのが実情である。近代になると専業者が出てくるようになり、均質化と大量生産へとつながっていく。釣り糸は古くは繊維質の豊富な植物から採られ、クズや藤、麻糸の柿渋染めから天蚕のテグスへと移り替わる。地方によって呼称が異なり、ヨマ(関西以西)、ヤメ(北陸)、ヤマ(関東)と呼ばれる。竿は竹製がほとんどで、延べ竿と継ぎ竿の区別があり、それぞれに工夫が凝らされ、内湾性の釣りや川魚漁では独自の発展をとげている。

(立平　進)

ツリモノ　ツリモノ　愛知県尾張地方を中心に嫁入り道具のうち、簞笥・長持など棹で吊って行く道具。ツリモノの数によって婚礼の格が決められ、簞笥一棹を一吊り、簞笥二棹、長持一棹を三吊りといい、ツリモノのないものを風呂敷ヨメゴといった。嫁入道具の数はそれぞれの家の経済力と格を示すものであり、オダイ衆と称される地主であれば五吊り以上というように、それぞれの家の分に応じた道具を準備することが求められた。

(服部　誠)

ツル　ツル　㈠地名。川沿いの小平地。全国に地名例があるが九州に特に多い。宮崎・鹿児島県では水流《つる》の字をよくあてる。山梨県都留市、大分市津留、各地の鶴川など都留・津留・鶴の字の例は各地に多く、大分県の玖珠郡付近には、荻釣《おぎづる》など釣の字の集中分布もある。ツルは植物の蔓や鶴の首などとともに、細長いものを表わす共通意味があり、地名のツルも川沿いの細長い平地を表現することからの語であろう。

参考文献　鏡味明克「地名と漢字」(佐藤喜代治編『漢字講座』三所収、一九八七)

(鏡味　明克)

㈡大きい材木を容易に回転移動させるのに用いられた集材・搬出用具。鉄製で先端が鶴のくちばしのように細くとがり、ふくろ部分に堅木の柄をつける。堅い地面などを掘り起すツルハシに、その形が似ている。江戸時代後半に成立した『倭訓栞』中編一五に、「つるのはし　鶴觜也、鐽の類にいふも、其形の似たる也」とある。

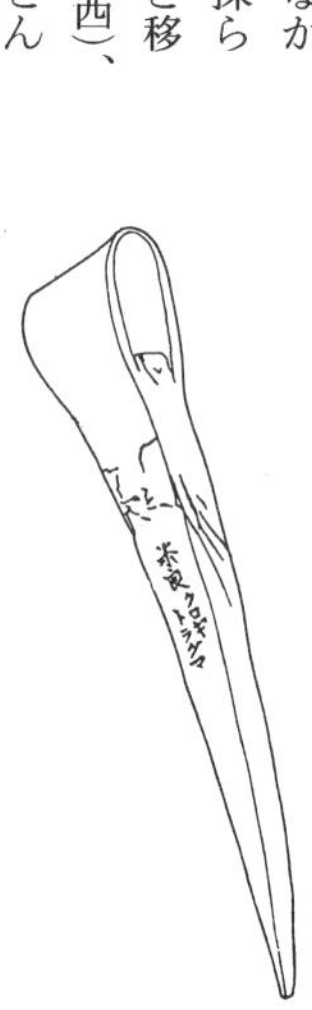

ツルの先端の鉄

参考文献　宮崎県総合博物館編『日向の山村生産用具』資料編一、一九九二

(泉　房子)

つる　**鶴**　大型渉禽類で、タンチョウヅルは日本で繁殖するが、ナベヅル、マナヅルは冬鳥として渡来する。古代には「たづ」と呼ばれた。タンチョウは純白で、ナベヅル、マナヅルは季節を定めて去来するところからともに人びとに神秘感を与え、霊的な鳥と認識されてきた。鶴が稲穂をくわえてきて落としたことから稲作が始まったとしたり、鶴が落とした稲穂の籾を種子にしたところ巨大な穂が稔ったとする鶴の穂落とし伝説が各地に伝えられている。志摩の伊雑宮《いざわのみや》にも鶴の穂落とし伝説が伝えられ、御田植祭関係の歌謡に、「昔まな鶴いざわの千田に、お穂を落としたその祭り」と歌われている。これらの伝承は、単に鶴が霊鳥だとする観念によって発生したものではなく、候鳥としてこの国土と異郷との間を去来する生態、冬季水田にあって落穂をついばむ生態などの観察がその基層にあったと見るべきであろう。つがいの鶴の一羽を射落とした猟師のところへもう一羽の鶴が飛来する。それを見て猟師が殺生をやめたり、供養のために祠を建てたりするという「鶴の宮」「鶴子明神」の伝承も、鶴の求愛・繁殖活動の生態観察を基層に持つと見ることができる。このほか、助けられた鶴が女房となり、機織をして恩返しをするという異類婚姻譚も各地で語られてきた。また、鶴亀を対として長寿・繁栄の吉例とする観念は根強く、「この家の屋敷は良い屋敷鶴と亀とが舞い遊ぶ」(高知県の地搗き唄)、「八戸小唄」の囃し詞「鶴さん、亀さん」などの民謡や、吉事の図柄・意匠にも多く見られる。

参考文献　大林太良『稲作の神話』、一九七三

（野本　寛一）

つるにょうぼう　**鶴女房**　鶴が男の妻になる昔話。男のもとに美しい女が訪ねてくる。女は見ないでくれといって籠って美しい布を織る。町に売りに行くと布は高く売れる。男はどうやって織るのか、と機織の場を覗いてしまう。中で織っていたのは男が助けた鶴で、恩返しに自分の羽で織っていた。姿を見られた鶴は去っていく。男は鶴のおかげで裕福になる。また謎を解く話もある。水を入れた皿に針を入れて鶴が去っていく。針の皿の池で「播磨の国の皿池」と解かれ、妻である鶴はそこにいるとわかり、会いに行く話になっている。播磨の国には皿池が二つある。その付近に座頭の本拠地があったとして、座頭がこの話に関与していたとする見方もある。女性が籠って機を織るのは、江戸時代越後や秋田で上布を織るときに見られた。伊勢神宮の神衣祭の布も籠って織られていた。この話の機織の場面もこうした神の衣を織ることが反映されている。また、鶴の姉さまがいくら出してもなくならない小袋から米を出したり、二粒の米で鍋一杯の米にしたと語る話もある。鶴が稲穂を運んできたという話も伝わっており、こうした鶴へのイメージもこの話の背景にある。御伽草子『鶴の草紙』は鶴が恩を返す話だが機を織る場面はない。『蛤の草紙』に機織はあるが、鶴ではなく蛤となっている。中国には、天の織女が孝行息子を助けるため絹を織り去っていく話がある。

参考文献　古川洋子「鶴女房説話小考」（『伝承文学研究』一一、一九七一）、関敬吾『昔話の歴史』（『関敬吾著作集』二、一九八二）

（長野ふさ子）

つるのゆ　**鶴の湯**　⇩温泉発見伝説《おんせんはっけんでんせつ》

つるべ　**釣瓶**　掘り井戸の井戸水を汲み上げるための容器。滑車を利用した車井戸や梃子を利用した跳ね釣瓶井戸で綱や棹の先に付けて用いる。木製の桶やブリキ製のものが多いが古くは陶製のものが用いられていた。釣瓶に関する言葉は多く、銃の乱射を釣瓶撃ち、秋の日が垂直に早く落ちることを釣瓶落としなどと表現したり、妖怪の名称にもなっている。『和名類聚抄』や『日本書紀』などにも釣瓶の名称がみえ、江戸時代の長屋では共同井戸の釣瓶や釣瓶縄の修理や交換にあたって店子にその経費を負担させる釣瓶銭の風習もあった。

（大島　暁雄）

跳ね釣瓶井戸（青森県六ヶ所村）

車井戸の釣瓶

ツレ　**ツレ**　同年齢もしくは若干の年齢差の者たちで構成される友人仲間。東日本ではケイヤク、ケヤキなどと称する所があるが、西日本ではホーバイ、ドシ、同年、兄弟分などともよばれる。男女それぞれに見られる民俗ではあるが、西日本では主に男子の仲間の名称として用いられている。愛知県知多半島では同齢者をツレとよび、もし未婚の仲間が死んだ場合、ツレが中心となって年の近い者たちによびかけて、葬式から初七日まで毎夜七ヵ所の地蔵に参って鉦をたたきながら『般若心経』を唱え、最後に葬家の霊前で死者の冥福を祈る、ナナハカ（七墓）という民俗が報告されている。また兵庫県家島では同級生をツレとよび特に親しくつきあうが、その中から小学校卒業のころには兄弟分とよばれる特に親しい関係が形成される。兄弟分は生涯実の兄弟同様の関係を持ち続け、特に仲間の婚姻や葬式などの際には率先して主要な役割を演じ、時には親類の紐帯を優越する機能を果たすこともある。このような同年齢の者たちの強い紐帯を示す民俗はほぼ全国的に見られる。若者組などのいわゆる年齢集団が村落内において公式な性格を持つのに対して、ツレはどちらかというと非公式な集団であるが、このような仲間こそが若者たちの恋愛や性をはじめ、たとえば親の葬式、家の新築祝い、新造船の船おろしなど、個人の地位や財産とその継承が公になるような場合に、個人と個人、あるいは個人とムラなどの間に生じる種々の矛盾や葛藤を緩和し、暮らしの中の民俗的秩序の維持のための重要な役割を果たしてきたのである。また同年齢者に対する特別な同齢感覚にもとづく耳塞ぎなどの習俗との関連にも注意を払う必要がある。　↓兄弟分《きょうだいぶん》　↓同年《どうねん》　↓ドシ　↓ホーバイ

参考文献　瀬川清子『若者と娘をめぐる民俗』、一九七二、竹田旦『兄弟分の民俗』、一九八九

（八木　透）

つわり　**つわり**　妊娠を本人が知る徴候の一つで、妊婦の八〇％以上が経験するといわれる。受胎後二〜三週間目ころから食べ物の臭いに敏感になり吐き気を催したり、生唾が出て食欲がなく体調が悪くなったりするが、安定

期の二十週過ぎにはケロリと治まる人が多い。また、朝起きぬけの空腹時だけむかつきを感じたという人から、安定期まで何を食べても吐き続け栄養剤で持たせたという重症の人まで個人差が大きい。つわり発症のメカニズムはまだはっきりしていないが、妊娠に伴うホルモンバランスの乱れとか過剰な免疫反応によるなどの説がある。また、つわりは心理的影響が大きいから夫や家族などが妊婦に余計な不安を与えないように協力すべきだと説く本が多い。東北ではクセヤミという地方もある。また妻のつわりのころに夫がまるでつわりになったように体調がすぐれない状態になることがあり、これをオトコノクセヤミという。さらに夫がクセヤミになると妻はつわりが軽いという。奈良県ではこのような状況をアイボノツワリといい、全国的にこのような例が見られ、妊婦とその夫とのつわりを通した一体感が、妊婦の身体不調の治療薬になると思われる。つわりへの対処としては、つわりは妊娠による必然の事柄として特別に手当しない地方も多いが、愛知県渥美郡では、「竈の土を挽臼で挽いた」粉を少量服用したという。また、一般的につわりの時期には、梅干や柑橘類など酸味の強いものが食べやすいとされている。

参考文献　鎌田久子・宮里和子他『日本人の子産み・子育て―いま・むかし―』(「医療・福祉シリーズ」三三、一九九〇)、新村拓『出産と生殖観の歴史』、一九九六

(吉村　典子)

て

でい　出居　民家の間取りのうち、接客、儀礼用の空間を示す名称の一つ。本来、寝殿造において母屋の南廂の間に設けた部屋で主人の居間兼来客接待用に用いた。民家においては出居のほかデ、デエ、デイノマなどとも呼ばれ、部屋の位置・機能が地方によって多少異なる。東京都伊豆大島・同新島、宮城県遠田郡田尻町、福島県会津地方西部、栃木県栗山村、千葉県下、香川県小豆島、熊本県球磨郡などでは、平入り母屋の後部上手の部屋、一般にオクザシキと呼ばれる部屋をいい、宮城県下、新潟県上越市、東京都多摩地方、愛知県春日井市などでは、平入り母屋の前部上手の部屋、一般にはマエザシキとかオモテノザシキをいう。あるいは青森県十和田市・同上北郡、富山県東礪波郡、奈良県宇陀郡御杖村・和歌山県下などでは、平入り母屋の前部下手(土間側)、一般にはカッテとかヒロマなどと呼ばれる部屋をいう。福島県相馬郡・福井県大野市などでは、平入り母屋の前部に部屋が三室並ぶ民家においてザシキとカッテとの間の部屋、一般にはナカノマと呼ばれる部屋を出居という場合がありザシキ同様に利用される。このように地域によって部屋の場所が異なるが、共通するのは、囲炉裏のある部屋ではないこと、寝室や物置に利用される納戸ではないことである。つまり、民家においても出居は、日常生活の場であるよりは、主人が客を迎え入れ応対するハレの場としての意味合いが強い部屋であり、さらには機織や裁縫など屋内作業場に利用される。

(柏村　祐司)

ティーサージ　ティーサージ　近年手拭の意味に解され、手巾の文字をあてている。沖縄語で、古語「たふさき」に由来する語といわれ、サージは布を意味する。頭に巻き付ける神サージ、マンサージなどがあった。古くは大別して二つあった。一つは愛人のために織った「思いのティーサージ」であり、もう一つは、旅に出る兄弟の航海安全のために織った「思い兄弟ティーサージ」である。材質は木綿・芭蕉布・麻(苧麻)があり、首里・読谷《よみたん》・与那国で織られた。

(上江洲　均)

ていきいち　定期市　一定の周期で開かれる市。広義には年に一度、月に一度の歳の市・盆市・祭礼市・縁日市など長い周期の市(大市)をも含むが、狭義には十日に一度の三斎市や五日に一度の六斎市など短い周期の市を指す。平安時代中期には干支(十二日)の周期による定期市が現われたが、平安時代末期以降は旬(十日)の周期による三斎市が多くなり、特に鎌倉時代中期にはその数が急増した。室町・戦国時代には開催頻度が二倍の六斎市が多くなり、一部には九斎市も見られた。近世以降、先進地域を中心に毎日市化・常設店舗化が進むが、定期市はなお全国的に存続し、一部の地域では明治以降も残存した。現在、定期市群が認められるのは、岩手・青森の交界地域、秋田県米代川流域・八郎潟周辺・横手盆地、新潟県中・下越平野と上越地区、千葉県の夷隅・長生地区、三河平野、三重県四日市市周辺、高知平野などである。このうち、青森・岩手・秋田・新潟県などの定期市は、比較的古い姿をとどめている。市には、近在の農民が農産物や家内工業品を売りに出すとともに、市回りの商人が衣類・雑貨・食料品などを販売し、時には旅回りの芸人や遍歴する職人が顔を出した。かつては、市が立つ集落の住民はいうに及ばず、近在の農民も、これらの定期市で日用必需品を購入するのが常であった。市日には農家の嫁も公然と外出が可能で、定期市は人々の情報交換の場、社交の場、そしてささやかな娯楽の場でもあった。

↓市日《いちび》　↓三斎市《さんさいいち》　↓六斎市《ろくさいいち》

参考文献　中島義一「三河の定期市」(『駒沢地理』一三、一九七七)、石原潤『定期市の研究―機能と構造―』、一九八七

(石原　潤)

ていしっち　低湿地　地下水面が浅く、排水の悪い湿気の多い土地。日本ではさまざまな要因から低湿地が形成される。遊水池、三角州、潟湖の周辺、山間の湧水地などにできやすい。湧水地のフケ、水辺のアシなどが繁茂するアワラ、谷間のヤチなどその成因やできる場所などによりさまざまに呼ばれる。低湿地の暮らしには、輪中、掘り田、水塚、上げ舟、上げ仏壇など独特な生活文化が形成されており、かつてそうした物質文化のあり方から低湿地文化論が展開されたことがある。米の不適作地として負のイメージで捉えられがちな低湿地ではあるが、生業の場として生計維持の上では特に重要な意味を持っていた。一つは漁撈活動、カモなどの狩猟活動、またヨシやヒシの実の採集活動の場として利用されてきた。もう一つは開田の場としての重要性である。大規模な新田開発は近世以降の比較的新しいことであるが、それ以前から各地の低湿地は私的な単位において埋め立てられ水田化されてきた。そうした開田作業は低湿地に暮らす人人にとって重要な冬場の仕事であった。また、一般に陸上交通は未発達で、その分クリーク地帯などにおいては、田舟などを用いた水上交通が発達していた。

低湿地　長野県大町市木崎湖畔

参考文献　籠瀬良明『低湿地―その開発と変容―』、一九七二、河岡武春「低湿地文化と民具」(『民具マンスリー』九ノ三・四、一九七六)、安室知「低湿地文化論・再考」(『長野市立博物館紀要』一、一九九二)、菅豊「「水辺」の開拓誌」(『国立歴史民俗博物館研究報告』五七、一九九四)

(安室　知)

ていそうかんねん　貞操観念　操を守らねばならないとする観念、または価値観。日本の貞操観念は儒教思想によって推進され、もっぱら女性の貞操が要求された。貞操道徳は時代的には江戸時代、階層的には武士社会で受容され、普及していった。村落社会においては、家格が高く、家父長権が強い上層の村民のあいだでは、家格維持の必要性と儒教思想の受容とが相まって江戸時代からすでに貞操が尊重されたとみられる。しかし、一般の村民のばあいは、結婚の前後で違いがあった。すなわち地域や階層による差異が著しいが、結婚前の娘の場合、貞操観念の普及はおおよそ大正の前後ごろのことであったと考えられる。そのころまでは、未婚男女の婚前性交渉としてのヨバイが村民によって公認されていた。それのみではなく、今日知られる事例こそ少ないが、成人したと見做された娘が、婚前に、親や本人の意思によって特定の成年男子に性交渉を依頼するという民俗がヨバイとは別に存在した。これは処女性禁忌ともいうべき慣習であり、女性性器に対する呪術的な観念が根底には認められる。しかし、ヨバイによって配偶者を選択するような地域では、ひとたび特定の相手が定まった後には娘の多情な行為は糾弾された。また既婚男女のうち、特に女性の場合は、盆踊りの夜などの特定の性的放縦が公認されるときを除けば、夫以外の男性との性交渉は非難の対象とされたから、伝統的な貞操観念も存在したといえる。↓女《おんな》のよばい　↓娘組《むすめぐみ》　↓ヨバイ　↓恋愛《れんあい》　↓若者組《わかものぐみ》

参考文献　平山和彦「性民俗をめぐる諸問題―いわゆる初夜権の慣習を中心に―」(『歴史人類』二四、一九九六)

(平山　和彦)

ティダ　ティダ　太陽を意味する沖縄語。『おもろさうし』ではテダとされ、太陽と太陽を神格化した日神、および支配者である按司や王を指す。このことから古琉球における王権と太陽の関係が議論される。久高島では太陽を神格化してティントゥガナシーとし、旧暦六月をその誕生日としてまつる(ミルクグゥワティ)。また、日昇の直後を神々の来訪の時とし、祝女《ヌル》のもつ扇の表面には赤い太陽と鳳凰(裏面は月と牡丹)が描かれている。

参考文献　比嘉康雄『神々の原郷久高島』、一九九三

(加藤　正春)

ていちあみ　定置網　魚群の通路に一定期間設置し、魚群をその中に誘導して捕獲する網漁具。ブリ、鮭、カツオ、マグロ、イワシ、イカなどの魚介類が季節的に沿岸まで来遊する習性を利用する。今日でも定置網を建網と呼ぶ地方があるが、明治ごろには建網と総称されていた。一般に帯状の網を垣根のように張り建てて獲物を誘導する垣網部分と、魚群を閉じ込め、捕獲する身網部分とからなり、次第に複雑な形式のものが工夫され、規模も壺網・枡網などの小・中規模のものから、台網(大敷網・大《だい》謀網《ぼうあみ》)・落網《おとしあみ》など大型のものまであり、時代的な変化も激しく、地方名も加わるため名称と形式の間に微妙にずれがある。すでに近世初頭に肥前・長門でブリ、マグロなどを対称にした大型の定置網が考案され、各地に伝播し、陸前・陸中方面でも鮭、マグロを対象にした定置網が近世初頭に存在したというが、構造の詳細はわかっていな

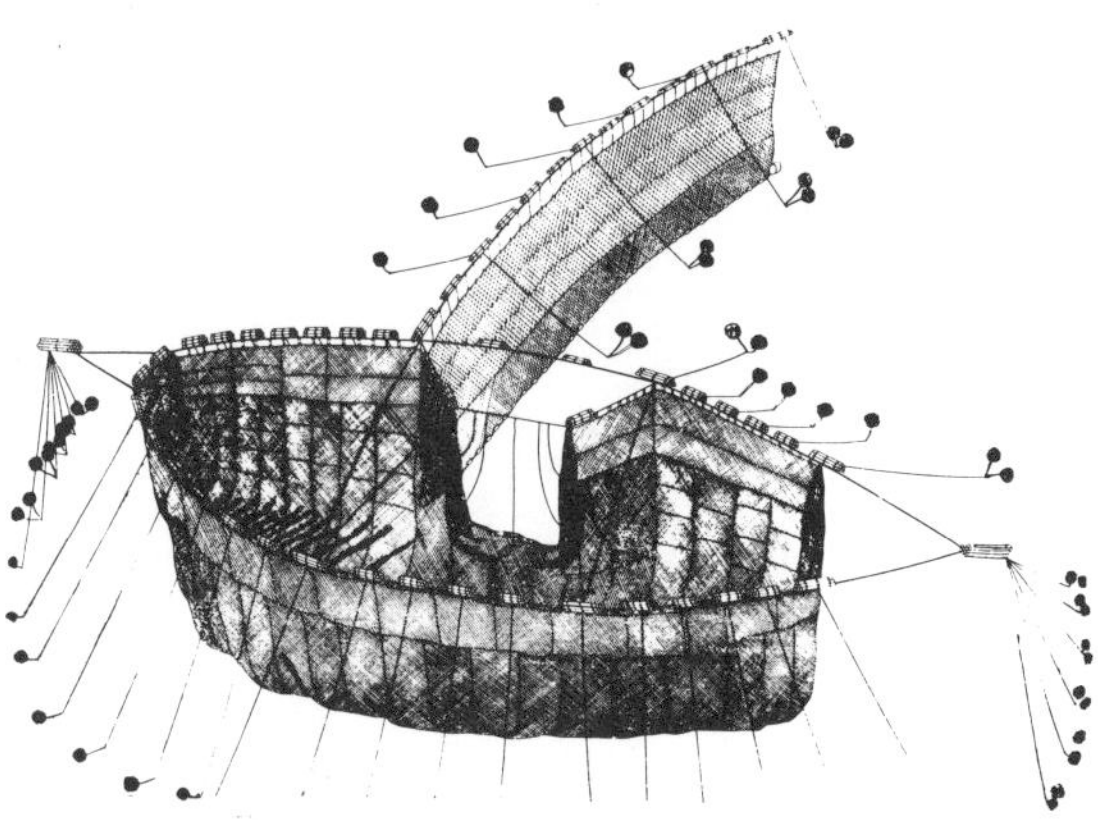

定置網　大謀漁業(『漁具図集』より)

い。身網部分が箕の形で開口式の大敷網から、明治期に身網の開口部に前垂網を付けて開閉するように工夫した大謀網が発展し、さらに身網の入口に魚の群の溜まり場を設けたり、スロープを設け、魚群が袋網に落ち込む方式にした落網などが工夫されている。定置網は巨大なものになるとその敷設と経営には大きな資本と人員が必要で、地元以外の遠方からの資本が動き、人と技術の移動を伴う。主要な網漁の技術の伝播とともに船や関連する漁具、漁民の習慣が伝播する例も見られる。↓建網《たてあみ》

参考文献　金田禎之『日本漁具・漁法図説』、一九七六

(神野　善治)

ていねん　定年　ある社会組織や団体から引退すべき年齢のこと。法律では国公立大学の教員と自衛官には停年という字をあてている。近畿地方および周辺地域では家長が六十歳になると、村の寄合や共同労働に出るなどの村づとめの役を跡取に譲って、村落運営を隠居することが伝統的な制度として存在する村落がみられる。このような村落では、六十歳前の一家の家長を特別にヤクハリ(役張り)、コシュ(戸主)、クワガシラ(鍬頭)などと呼んでいる。家長が六十歳で村落運営を隠居する制度によって、世代交替を円滑かつどの家も平等に行なっている。律令制下では、六十一歳以上が次丁とか老丁とされ、税負担が二分の一になり、十五世紀後半の山城国一揆のときに「上ハ六十歳、下ハ十五六歳」(『大乗院寺社雑事記』一四八五年(文明十七)十二月十一日条)と記されているように、中世社会においても六十歳が基準となっていた。定年という用語は明治期の旧陸海軍で現役定限年齢を設け、その略語として用いられるようになった。また明治の終りころに海軍工廠で職員に対して五十歳を定年としたのは定年制の早い例である。その後、定年は軍から公務員、会社にも採用されていった。企業においては一九三〇年代以降、定年制が急速に広まり、一九八一年にはそれまで支配的であった五十五歳定年から、六十歳定年へと定年年齢も上がっている。村落社会においては村落運営から引退しても、神社祭祀などにおいて社会的役割があるが、企業などでは定年後には社会的地位の保障はないため、高齢化社会の到来とともに定年後の生活をめぐる問題の多様化が予想される。↓一人前《いちにんまえ》　↓隠居《いんきょ》　↓村隠居《むらいんきょ》

参考文献　荻原勝『定年制の歴史』、一九八四、中村桂子・宮田登他『老いと「生い」―隔離と再生―』(「叢書産む・育てる・教える―匿名の教育史」三、一九九二)

(関沢まゆみ)

ていまえ　亭前　契約講における役職名。ティメイとかテイカタ、テカタ、トウマエなどともいう。宮城県などにみられる村落内部の社会組織である契約講は、通例年に一、二回ケイヤクとか寄り合いと称する定期的な会合を持つ。こうした会合にヤドを貸したり、諸連絡や料理作りなどの世話をする役がティマエである。この世話役は講員全員が平等に担うのが常であり、多くは会合のつど、家単位で回り番に務める仕組みになっている。

参考文献　福田アジオ『日本村落の民俗的構造』(「日本民俗学研究叢書」)、一九八二、『志津川町誌』二、一九八九

(岩崎　真幸)

てうちざけ　手打ち酒　当時者の双方に異存がなく合意に達した際に飲んだり贈ったりする酒。商談が決着をみた場合や反目していた者同士が和解した場合などに供される酒または酒宴を指す。また縁談が決まった際に間髪をいれずに聟方から嫁方に贈られる酒を意味することもあり、広狭さまざまな意味を含んでいる。手締めの酒と同義である。人間一人の所属移動を決定づける関係から、縁談が決着をみた場合のそれには、注目すべき点が少なくなかった。結納をする前段の習俗と解されて、聟となる側の意を体していると否とにかかわらず、仲介人のとっさの判断で渡されることがあった。よい返事が貰えそうな場合、あらかじめ袂に酒を隠し持って行き、期待どおりであれば咄嗟にそれを差し出して、飲み交わしたことにより袂酒《たもとざけ》と呼ばれる酒にほぼ相当する。酒の授受に託しても破約のおそれなしとしながらも、そのことに多くを期待した一面もあった。釘酒《くぎざけ》と称する習俗にも通じた。手打ち酒を飲み交わすことにより、当事者間の取り決めがたやすく反古にされないという心理がはたらいたからだと思われる。それでも不安を感じた聟方では、第三者からの中傷により口約束が不履行になるのを避けるためにも、早々に改めて結納の儀礼をもうけたのである。ときには、手打ち酒が実質的に結納そのものを意味することもあった。手締めの酒、締め酒などと呼ばれる習俗と共通する点である。その場合、授受される酒量は、当事者が簡単に飲み交わす程度という分量にとどまり、大量のものではなかった。これが済むと、日を経ずにアシイレをすると伝えているところもあった。

参考文献　天野武「酒と人生儀礼」(『酒の文化』一所収、一九九六)

(天野　武)

ておどり　手踊り　持ち物を手に持たない踊り、あるいは楽器を持つ踊り。盆踊りをさすこともある。歌舞伎の所作事の踊地でいう手踊りは素手で全員揃って踊るもので、盆踊りなどの名残である。手はまた手猿楽など素人をさして、子供手踊り・娘手踊りなどの見世物、寄席芸をいうことがある。また地芝居のことを手踊りといったのは、近世の農村で歌舞伎の奢侈をはばかってのことであった。

参考文献　本田安次『民俗芸能の研究』、一九八三
（板谷　徹）

でがい　出買い　購買者が、直接生産者のところへ赴いて商品を購入すること。この方式で取引された代表は魚で、鮮度が重視されるものが対象となる例が数多い。魚の出買いが盛んに行われたのは瀬戸内海で、たとえば小豆島へは明石の魚問屋がデガエと呼ばれる専用の船を仕立てて買い付けに来ていた。デガエは、船底に生け簀《す》を設け、海水が出入りする造りとなっており、捕った魚を生きたまま運ぶことができる。冷蔵技術が未発達な時代、魚を生のまま遠隔消費地へ届けることができるものとして重宝された。瀬戸内海は、タイを筆頭に赤魚系統の魚の占める割合が高い。しかし、赤魚は、鱗の構造上塩魚にはしにくく、勢い保存がきかず、販路は限られていた。デガエを擁した出買いはそれを一気に拡大しうる存在として、瀬戸内全域で歓迎された。加えて、水域の東端に大消費地の近畿地方が位置していることが、この方式の発展に拍車をかけた。野菜も鮮度が重視されるものだが、飛騨高山(岐阜県高山市)では、農民が運んでくるのを商人が町の入口付近で待ち受け、買い取ることが行われていた。そのための小屋が路傍に設けられ、出買い小屋と呼ばれた。出買いは、消費者みずからが行うこともあった。常設店舗もなければ市立ても行われず、行商の来訪も限られるようなところでは、塩など生活必需品は買い出しをせざるを得なかった。

参考文献　北見俊夫『市と行商の民俗―交通・交易伝承の研究(二)―』(「民俗民芸双書」、一九七〇)
（胡桃沢勘司）

でがいちょう　出開帳　遠隔地や郊外の寺が江戸や京坂の市中の寺を宿寺に頼んで持仏を公開して、参詣の便を図ること。自分の寺で行う居開帳に対する語として用いられた。出開帳は遠隔地の神仏のため、居開帳に比して開帳の期間が長く、門前には宮地芝居《みやちしばい》、勧進相撲や各種見世物小屋が立ち並び、賑いを示し、宿寺の収益も増した。江戸で出開帳の四天王といわれ参詣者が多かったのは、信濃善光寺(長野市)の阿弥陀如来、嵯峨清涼寺(京都市右京区)の釈迦如来、甲州身延山久遠寺(山梨県南巨摩郡身延町)の日蓮祖師像、下総成田山(千葉県成田市)不動明王である。うち善光寺と清涼寺は両国の回向院(東京都墨田区)、身延山は深川浄心寺(同江東区)、成田山は深川永代寺(同、富岡八幡宮別当寺)で多く出開帳を催している。出開帳の回数では成田山十二回、清涼寺十回、下総中山(千葉県市川市)の法華経寺九回、ほか下野高田専修寺(栃木県芳賀郡二宮町)、鶴岡八幡宮(神奈川県鎌倉市)、奈良東大寺二月堂が多い。回向院は明暦の大火の焼死者の霊を回向するために建てた寺であるが、一六七六年(延宝四)の近江石山寺(大津市)の開帳に始まり幕末まで百六十六回の出開帳があった。出開帳の期間を六十日以上とすると、居開帳を含め常時開帳があり、勧進相撲や見世物がまた人を呼ぶという盛況であった。開帳は三十三年に一回であったが、老中に伺いをたてると三十三年未満でも認められた。深川浄心寺は深川八幡の北にあり、日蓮宗諸寺院の出開帳を行なった。日蓮宗は開帳による信者獲得をはかったため、他宗より開帳が多い。ほかに宿寺になったのは浅草寺(東京都台東区)、湯島天神(同文京区)、護国寺(同)などがある。→開帳《かいちょう》

参考文献　朝倉無声『見世物研究』、一九二八、比留間尚『江戸の開帳』(「江戸選書」三、一九八〇)
（坂本　要）

でかせぎ　出稼　生活本拠地を一時的に離れ、家計補助を目的に主として賃労働に一定期間従事した後、再び本拠地の生活に復する労働形態。その特徴は、労働力あるいは労働技能を他地域へ運んで現金に換えるところにあり、歴史的にはさまざまな方面にわたって行われてきた。たとえば、江戸時代の都市の米搗きに、江戸は上信越地方から、上方は丹波・丹後・播磨・備前・讃岐・淡路・紀伊などの諸地方から多数の出稼人夫がやって来た。また江戸の三助や左官が能登地方、江戸の大工や火の用心番が越後からなど、同じ地方の出身者で占められることが多かった。大坂平野の棉作地帯には淡路島や小豆島の女性が棉摘みに出た。志摩の海女は海に潜る季節の合間に三重県北部や濃尾平野、奈良盆地などの水田地帯へ田植えや稲刈りに出たし、また一八九〇年代以降には親方に率いられ二十～三十人ほどの集団をなして東北から北海道地方の沿岸に進出し小屋掛けしてテングサやワカメ、コンブなどの採取に従う動きもあった。一般に漁民は移動性が高く、遠隔地まで進出し、ときに定着することもあった。紀州の串本などの漁民は江戸時代から第二次世界大戦前までオーストラリア沿海まで白蝶貝を求めて移動し、摂津佃村の漁民が江戸へ白魚漁業や各種の曳網、敷網を携えて進出しやがて佃島へ定着したことは、佃煮の名とともに有名である。能登半島の輪島の海女が五～十月の間、舳倉島へムラごと島渡りをして活動し、のちに舳倉島に定着を見るようになったのも同様である。そのほか、大工や石工、杣・木挽などの職人が仕事を求めて諸国を渡世する姿も多かった。富山の売薬や越後の毒消し売りのように行商の形をとった出稼も見られ、猿まわしや各種の旅芸人なども各地を移動した。福島県会津地方から冬季に関東方面へ屋根葺きに出た会津茅手は農民たちの農閑稼ぎとして発達したが、連年出稼を続けるなかで初心者の技術も磨く一種の職人育成の機会にもなっていた。各地に輩出した杜氏にも同様の一面がある。

今日、出稼といえば家計収入確保のためにやむなく行う趣が強いが、かつては若いころに世間を見て歩く大切な機会ともされた。山口県豊浦郡豊北町滝部で行われていた奉公市で出稼先を見つけた慣行も、そうした意識に支えられていた。高度経済成長期には、東北や九州、中国・四国地方から多くの出稼労働者が出た。それは増大する大都市圏の労働力需要に応ずるためであったが、他方農山漁村における旧来の生業が経済的意味を次第に失い仕事がなくなったためでもあった。出稼は経済構造が大きく変動するなかで手間をかけずに現金を得る手段として地方の農家経済にとって不可欠の労働になり、季節的副業的出稼から周年的専業的出稼へと転換する者も現われた。その結果、三チャン農業といわれるような壮年男性を欠いた営農が広がり、他方、農業に見切りをつけて挙家離村する動きも出現し、過疎化に拍車がかかった。現在、出稼従事者の比率は低下してきているものの、外国人労働者による出稼も含め出稼はなお行われており、日本の地方農山村が抱える問題に数えられる事例も見られる。

参考文献 羽原又吉『漂海民』(『岩波新書』青五〇四、一九六三)、妻有の婦人教育を考える集団編『豪雪と過疎と—新潟県十日町周辺の主婦の生活記録—』、一九七六、宮本常一『生業の歴史』(『日本民衆史』六、一九九三)、大川健嗣『出稼ぎの経済学』(『(精選復刻)紀伊国屋新書』、一九九四)

(湯川 洋司)

てがた 手形 人の手のひらの形で、手のひらに墨などをぬって紙などに押しつけたもの。おし手ともいう。手形証文・約束手形などのように手形は、本人であることの証明であり、誓約であった。神もまた人々の前に出現する時、手形を石などの上に残した。それが全国に残る手形石の伝説である。福島県下では、小正月の団子さしの時に団子を丸めた粉だらけの手を家の入口の戸に押しつけ、手形をつけるが、これは泥棒除けになるという。また、正月十六日の仏のはじめに仏にあげる団子をねった白い手で戸口に手形をつけると泥棒除けになるという。同じように、流行病や疫神を避けるために手形をおした紙を家の前にはることがある。流行病の犠牲になりやすい子供の手形には「コノ手ノ子ドモハルス」と書きそえる。ルスは留守で子供は家にいないということであり、疫神の目をごまかすわけであるが、手形が本人の証明であることからすると家の前に手形をはることは本人がここにいますということであり、かえって流行病や疫神の的になりやすいことになる。それでもなお手形を悪しきものを避ける呪《まじな》いに転用したのは手形には、悪しきものをさける呪力があったからである。なお、近畿地方では八十八歳の米寿《べいじゅ》の祝いに本人の手形を押して近隣縁者に配る習俗がある。→米寿

参考文献 柳田国男「王禅寺」(『柳田国男全集』三所収、一九八九)

(野沢 謙治)

てがたいし 手形石 神仏や英雄や高僧の手の形が残っているという石や岩。盛岡市名須川町の三ツ石神社には、三つの巨石がある。昔、羅刹という鬼が出没したとき、この三つ石の神が鬼を捕えた。鬼は二度と悪いことはしないと誓い、そのしるしに三つ石に手形を付いたという。現在でも、雨あがりの日などに手形がうっすらと見えるという。岩に手を付いたというので、これが岩手の名の由来になっている。群馬県群馬郡榛名町白岩の白岩観音堂の本尊の十一面観音は行基の作といわれているが、武田信玄の箕輪城攻めのとき、観音に火がせまった。すると一羽のキジが観音を背負って運び出した。観音がキジから降りるときに石の上に手を付いたので石に手の跡が付いたという。山梨県西八代郡市川大門町では、昔雄の鬼と雌の鬼が住み数百貫の大石をもてあそんで村人を驚かし、今も鬼の手の跡といわれるくぼみが付いた大石が二つある。長野県諏訪市の諏訪大社上社の御手形石は、弘法大師が手を付いたとも、明神様がここから一歩も出ないと誓ったものだともいう。これらの石や岩は、かつてそれらを依代として祭祀が行われた際に、石や岩の表面の特徴的なくぼみや模様が神の降臨したしるしだと信じられ、さらに神の手の形とみなされるようになったのであろう。→足跡石《あしあといし》 →馬蹄石《ばていせき》

参考文献 野本寛一『石と日本人』、一九八五

(大嶋 善孝)

でがわり 出替り 奉公人が年季を更改し、奉公の切り替えや入れ替わりを行う日。奉公の形態にはいろいろあるが、そのなかで年季を定めて一定の給金で雇われるものは、雇用契約の色彩が強く、期日が満ちると奉公人はそこで帰郷するなり、改めて雇用関係を結ぶことになる。契約期限には年季・半季・一季・日雇などがある。出替りの日は雇用期間によって相違するが、同じ期間の場合でも地域によってまた異なってくる。半年ぎめの場合、盆と節季の二日に行うのが一般的である。一年を期限とする場合、十二月末に出て、正月あるいは二月一日に、あるいは三月になって入ったりすることもある。江戸では、古くは二月二日と八月二日と定められていたが、一六六八年(寛文八)二月の大火の結果、幕府が三月と九月にずらすよう命じたため、従来の期日と二つの期日が入り交じったという。ただし、大坂はもともと三月と九月の五日が出替りであった。いずれにせよ、出稼ぎの者の大半は地方の農家出身であるため、出替りの時期は地元での農作業の都合を考慮して設定されたと考えられる。また、出替りにあたって雇い主から仕着せを渡されることもあった。かつては出替りの時期に、奉公人の仲介斡旋を目的とする奉公人市が立ち、そこで雇用契約をする地方もあった。あるいは口入れを通じての雇用も行われた。農地改革以後、農家の奉公人《ほうこうにん》は姿を消した。→口《くち》入《い》れ →年季奉公《ねんきぼうこう》 →奉公人

参考文献 柳田国男「明治大正史世相篇」(『柳田国男全集』二六所収、一九九〇)、同「都市と農村」(同二九所収、一九九一)

(三田村佳子)

てきおう　適応　自然淘汰によって選択的に残った性質とその過程のこと。本来、生物学の概念であり、ダーウィンの進化論のなかで説かれた。その性質は形態や生態や行動の場合もあるし、集団の社会構造や仕組みの場合もある。いずれにせよある生物がその環境のなかで生存や繁殖を維持、向上させる遺伝的な変化をいうが、人間の文化や社会にこの語が使われるときは、文化的適応や社会的適応の意味である。人間のある小集団が比較的外側の社会の影響を受けにくい場合に、その集団の特に生業にかかわる慣習や制度や技術を適応的な現象として記述するときもある。しかし生物学の適応でも自然淘汰と関連して適応を論ずるとき、過程そのものの説明がすべて可能ではないし、結果のみを適応と表現する例が多い。人間の社会や歴史の産物である民俗や制度あるいは技術をすべて適応といってしまうのは単なる説明原理でしかない。むしろ外側からの影響の受容や反発の過程を研究するものとして考えたほうがよい。生態人類学の研究には島の漁法が近代化に伴い、多様性から一つの漁法に専業化したり、その逆であったりする例を適応過程として論じているものがある。適応は説明概念ではなく分析概念として、民俗的な現象の考察への有効性を今後確かめていく必要がある。

参考文献　掛谷誠「小離島住民の生活の比較研究—トカラ列島・平島・悪石島—」(『民族学研究』三七ノ一、一九七二)、原子令三「嵯峨野島漁民の生態人類学的研究」(『人類学雑誌』八〇ノ二、一九七二)、市川光雄「宮古群島大神島における漁撈活動」(加藤泰安・中尾佐助・梅棹忠夫編『探検地理民族誌』所収、一九七八)
(篠原　徹)

できもの　できもの　一般には癤《せつ》を指す場合が多いが、癰《よう》・毛嚢炎・皮膚の腫瘍を含むことがある。おできともいう。ネブト(根太)は癤の俗名である。癤は化膿すると口が一つしかあかないが、癰は蜂の巣のように数個の口があくので区別できる。チョウ(疔)は「中央が尖って痛みが劇しいが、容易に口が明かない」ものともいわれているが、癤との区別ははっきりしない。顔にできた疔は面疔といい、抗生物質のない時代には脳に血行感染を起しやすく危険とされていた。ハレモノ(腫物)もほぼ同じ意味に用いられるが、丹毒や乳腺炎など腫脹を伴う疾患も含め、やや広い意味に用いられている。できものの民間薬で吸出し(排膿)として全国各地で用いられているのは、ドクダミ、ユキノシタ、ツワブキ、オオバコなどの葉を火で焙って貼ったり、生の葉を揉んで汁を塗るものである。これらのうち、ドクダミ、ユキノシタ、ツワブキの水煎液には細菌に対して抑制作用があり、特にドクダミには強い制菌作用のあることが知られている。ゴボウの種子をそのまま飲んだり、煎じて飲むところが多い。また直接ヒルに膿を吸わせる療法もあった。腫れをひかせる目的で、スイセンの球根、ヒガンバナの球根をすりおろして患部に貼布することも各地で行われている。オオバコにも利水作用がある。タニシの肉をすり潰して貼ったり、マムシの皮を貼ったりした。その他地方に特有の民間薬も多く、祈願や呪《まじな》いも行われていた。

参考文献　築田多吉『家庭に於ける実際的看護の秘訣(改訂増補)』、一九四四、根岸謙之助『医療民俗学論』、一九九一
(吉岡　郁夫)

てきや　てき屋　縁日・祭礼・市・盛り場など人出の多い場所で独特の口上や見世物などで客を集め商売を行う人のこと。てき屋(的屋)の語源は、ねらいが的中すれば利を得る商売形態を矢が的に当たるさまにたとえたとする説、「香具師的」から転化した隠語とする説などがあるが、定かではない。てき屋という呼称は明治期以降のものと考えられ、古くから香具師《やし》(野士・弥四・矢師などとも表記)あるいは「こうぐし」の呼称が使用されてきた。露天商・神農《しんのう》ともいう。香具を扱う売薬商人としての立場が近世の基本的な職分規定とされ、なかにはいでたちが一般の売薬商人と区別のつかないケースも存在したが、次第に非売薬商人や見世物芸人なども香具師の範疇に含まれるようになった。さらに広く農間余業の商いを含む場合もあり、職分内容を明確に規定することは難しい。また、全国の風聞収集や不法の諸薬種売買取締などの一端にあたる三廻下役といった隠密的な役目を果したともいわれる。近代以降は主に露天で商う広義の形態を指すようになり、現在では日常用品・玩具・飲食物など広範な商品が商われている。商いの形態には、主に能弁を駆使して薬などを売る典型的なオジメ、組立式店舗の代名詞ともなっているサンズン、小店(古店)を示すというコミセ、サーカスなど小屋掛けの仮設興行を行うタカモノ、茶屋式の店構えで客に飲食させるヤチャ、植木を商うハボクなどがあり、またタンカバイ(口上をつけて売る)を行うコロビと仁義を重んじ生活必需品を売るジンバイの別もあるが、現在その区分は明確ではない。出店機会の大小や性質の違いによるタカマチ(高市)、ボサマチ、ヒラビ(平日)などの区別や、出店場所の善し悪しによるテンショバ、ガリショバといった別も存在する。いずれにしても、祭礼空間の構成要素の一つとして露店を位置付け、ハレの時空間を渡り歩く演出者としててき屋を捉えることができる。組織面では帳元(庭主・親分)・世話人を頂点とする縦型の集団を形成し、庭場と称するナワバリを持つ。庭場内で実施される縁日・祭礼・市などにおける店割り(出店位置の決定)やすべての手配を取り仕切るのが帳元・世話人の役目である。集団は一家をなし、一家はさらに複数集団による連合体の体裁を採る場合もある。また、集団内部では親分・子分の関係も成立する。分家独立などの一家名乗りに際して稼業上の系譜をすべて示す形式はてき屋集団独特のものであり、跡目の相続が原則として実子ではなく擬制的親子関係を結んだ実子分によって継承される点は博徒集団と同様である。百草を嘗めて交易を広めたという中国の神話上の人物である

神農を守護神とし、医薬業との関連を示唆するが、えびすを信仰する集団も少なくない。仲間内では独特の符丁や隠語が使用される。昭和末期以後、広域博徒組織による系列化がてき屋集団を巻き込みながら急速に進み、旧来の枠組は大きく変化している。

参考文献 添田知道『てきやの生活』(「生活史叢書」、一九六四)、八木橋伸浩「秩父郡における近世後期の香具師集団」(地方史研究協議会編『内陸の生活と文化』所収、一九八六)、同「香具師・市・行商」(『調布市史』民俗編所収、一九八八)、吉田伸之「複合する職分―香具師の芸能と農間商い―」(久留島浩・吉田伸之編『近世の社会集団』所収、一九九五)

(八木橋伸浩)

テクノニミー teknonymy 個人を同定する時に、本人の名前や関係名称などによってではなく、近い親族関係にある特定の子どもを起点として同定する方法。たとえば「何々ちゃんのお母さん(あるいはおじいちゃん、お兄ちゃんなど)」というように子どもとの関係で個人が同定される。このような同定の仕方は名称としても呼称としても用いられる。テクノニミーは家族のようにごく小規模で、かつ親密な集団の中ではどこの社会でも時として観察される用法であるが、社会によっては、特定の親族を個人名や親族名称で同定することが忌避される結果、組織的にテクノニミーが用いられることもある。起点とされる子どもや孫は初生児であることが多い。村落のような小集団の中でこのような同定が組織的に行われると、集団の成員は個人名で呼ばれる子どもたち、子どもたちの親たち、祖父母たちというふうに限られたカテゴリーに分類されることになり、年齢階層的な秩序が現出することもある。テクノニミーは世界の各地で報告されているが、その具体的用法や親族制度・名称システムなどとの関わりは多様である。というより、詳細な報告はまだほとんどないというのが実情である。なお、テクノニミーとよく似た同定法に、子どもを起点とするのではなく、家のあるべき構造とでもいうべきものを想定して、その家の成員を同定するやり方がある。たとえば、父系直系構造をもつ日本の家制度において個人を何々家の「おじいさん」「嫁さん」「長男」または「跡取」「孫」といった呼び方で同定する方法で、この用法では特定個人ではなく、家のような集団内部での個々人の地位が問題となる。日本の村落などで広く行われているのはテクノニミーではなく、この例である。

参考文献 鈴木孝夫『ことばと文化』(「岩波文庫」、一九七三)、田中真砂子「沖縄の親族関係語彙」(『民族学研究』四一ノ三、一九七六)、斉藤尚文「呼称と名称」(合田濤編『現代の文化人類学―認識人類学―』所収、一九八二)

(田中真砂子)

テクンペ テクンペ アイヌ語で手甲のこと。盛装用と労働用の二種がある。本州で労働の際に用いる手甲と同形のものが多く、手袋型をした指先が出てしまうものと、広げた形で、中指に糸の輪をはめて固定し、ぐるっと手首に巻きつけるものとがある。素材として紺木綿を用いるが、労働の際、虫除けの効果があるといわれている。

(児玉 マリ)

デコ デコ ⇩人形《にんぎょう》

てこまい 手古舞 江戸の深川八幡祭(東京都江東区)に出た舞のことで、神輿や山車の先導役をつとめる。手古舞は梃前(梃を持って作業をする仕事師)という語から出たという説、テコは『万葉集』の手児奈(女性のこと)から来たという説、手古は木遣《きや》りにあって、それを歌うところからついた、など諸説がある。芸妓が髪を男髷に結い、片肌ぬぎにたっつけ袴・手甲・脚絆、足袋に草鞋履き、背に花笠を掛け、右手に扇を持って煽ぎ、木遣りが女性特有の甲高い声音で歌われ、合いの手に左手の鉄棒をジャランジャランと突き立てながら練り歩く。

手古舞

参考文献 三田村鳶魚『(裏面探訪)江戸趣味の研究』、一九二三、三隅治雄『日本舞踊史の研究』、一九六八

(中村 規)

でこまわし でこまわし 人形まわし(舞・回)のこと。人形遣いや人形芝居を指すこともあり、単にデコやデクともいう。『邦訳日葡《にっぽ》辞書』(一六〇三)にDoconbô と記され、淡路人形芝居は摂津国西宮のえびす神に仕えた開祖道薫《どうくん》坊《ぼう》に因み、その形代《かたしろ》をもって回国したと伝える。道薫坊まわしの転訛説であるが、逆にもとてぐつと呼ばれる人形遣いたちがいて、道薫坊伝説が生まれたという説もある。信仰的なえびすや三番叟のほか娯楽的な人形芝居まで幅広い。

(西角井正大)

てじな 手品 巧みな手さばきで、見る人の目をくらまし種々の不思議なことをやってみせる演芸。奇術・魔術なども呼ばれ、近世末には手妻が一般的。奈良時代に散楽の一つとして中国から伝わり、曲芸などと一緒に宮廷で演じられた。古代楽舞の図譜である『信西古楽図《しんぜいこがくず》』にも吐炎舞・入馬腹舞など手品と考えられる芸がみえる。その後、咒師《じゅし》や田楽法師に伝わり、中世に入ると放下《ほうか》師(僧)が受け継いで、外術・品玉・幻戯・放下などとも呼ばれ、弄玉や輪鼓、綾織などの曲芸とともに大道で演じられた。近世に至り小屋掛け興行も行われるようになったが、これは狭義の手品ばかりでなく、からくり・曲芸・踊りなども盛り込んだバラエティショーで、その特色はすべてが鳴物と口上によって芝居がかりで進行するところにあった。飛驒高山などに残る曳山人形はそのからくりの技術を伝えたもの。その一方で、座敷の座興として素人にも流行し、元禄以降には『神仙戯術』『さんげ袋』などを皮切りに手品の種本の出版も相つぐ。明治に入り西洋手品が輸入され、帰天斎正一・松旭斎天一などがそれを売り物にした。大正に入り、天一の女弟子の松旭斎天勝が、アメリカ仕込みの大掛かりな道具、電気や鏡を利用した仕掛け、スピーディーな舞台運びなど、マジックショーのスタイルを日本に輸入して一時代を築き、同時に、レビューなども演じ、手品界を越えて、日本の舞台芸術に多大な影響を与えた。

参考文献 朝倉無声『見世物研究』、一九二八、平岩白風『図説・日本の手品』(『青蛙選書』三〇、一九七〇)、南博・永井啓夫・小沢昭一編『めくらます―手品の世界―』(『芸双書』四、一九八二)、国立劇場資料課編『(国立劇場演芸資料館所蔵)緒方奇術文庫書目解題』、一九九二

(上島 敏昭)

テシマ テシマ アイヌの人々が用いる、ローマ字のU字型材二本を組合わせO字型に作った輪樏《わかんじき》のこと。積雪の多い時期に山猟用として使われるが、春先になって雪の表面が解け、あるいは小雨の降った後に冷え固まった堅雪《かたゆき》に輪樏はすべって使用できない。そこで輪樏のつなぎの部分に木釘ですべり止めをつける。堅雪になってからは、チンル(ヒョウタン形に作った樏)を用いる。山で豪雪に遭ったときは、ブドウやコクワの茎を切って使いすて用のものを作ることもある。サハリン(樺太)では、ストー(スキー)が同様に用いられる。

(藤村 久和)

テシマ

てじるし 手印 岐阜県大野郡白川村中切地方で、婚姻関係の契約として取り交わされていた品物。分家が制限され、大家族制をとっていた白川村では、家を継ぐ者以外の婚姻は妻問いの形態をとった。通ってくる男性に対し、女性が要求したものが手印であり、子供ができたときの証拠にもなったという。相手が違う村の場合は互いに取り交わした。品物は特に決まっておらず、民謡では簪や前掛が手印としてあげられている。

参考文献 江馬三枝子『飛騨白川村』、一九七五

(服部 誠)

でぞめしき 出初式 火消組や消防組が、年頭に火消し道具を持って勢揃いして行う出動初めの儀式。出初《でぞめ》・初出《はつで》・消防出初式ともいう。木遣りや梯子乗りの妙技などもなされ、江戸・東京における新春の風物詩ともなっていた。加賀鳶の「足ならし」がその起源だとする説もあるが、一六五九年(万治二)一月四日に定火消四隊が上野東照宮(東京都台東区)に集まって気勢を上げたのが、そもそものはじまりらしい。以後、毎年それが続けられて出初と呼ばれていたが、一七一八年(享保三)に発足した町火消にもそれが伝わり、初出と呼ばれた。明治維新後は定火消が廃止され、町火消も消防組に改組されたが、一八七五年(明治八)一月四日に警視庁練兵場で、東京中の消防組が集まって第一回東京警視庁消防出初式が実施され、出初式が復活した。その後、会場は呉服橋・馬場先門外・不忍池畔・日比谷公園・皇居前広場などに移り、第二次世界大戦中は帝都消防検閲式となって軍事色の濃い式典となった。戦後は東京消防出初式として復活し、

出初式 梯子乗演技之図

一九五三年(昭和二十八)からは一月六日に行われるようになって、皇居前や明治神宮外苑などが会場とされたが、一九六五年から今の中央区晴海の会場になった。現在の消防出初式は東京消防庁の行事となっているが、かつての火消組は江戸消防記念会に衣替えしてこれに参加し、頭取・世話役などの鳶頭を先頭に、揃いの半纏・股引姿で纏を掲げ、行進する。四間三尺、十七段の梯子を立てて披露される梯子乗りの妙技には、大の字・逆さ大の字・吹き流し・背亀・腹亀・腕だめ・膝掛・遠見などの形があり、かつての火消組の伝統を今に伝えている。

参考文献　江戸消防記念会編『江戸消防』、一九八四

(長沢　利明)

でたち　出立ち　社寺参詣などの遠距離旅行の出発に先立って、地縁血縁の者たちを招いて催される壮行の宴、もしくは旅立ちに際しての一連の儀礼。徒歩交通時代の旅は多くの困難を伴い、旅立ちが永遠の別れになることも後を絶たなかったため、出発前に送別会を催して、去る者と残る者とが水盃を交わして旅の安全を祈願して別れを惜しむことが広く存在した。その際には旅費となる餞別を集めたりした。そのため道中記に付随する形で餞別帳が近世の古文書に残されることがある。出発前には氏神にも必ず参詣したという。これは他国の神仏参りにでかけることを氏神に了承してもらうためとされる。村境まで親しい村人たちが見送って神酒を飲んで出発する儀礼は、帰参の際に行われる坂迎えの儀礼と一対をなす。これらの儀礼は日常的な生活世界から脱却して非日常の空間に旅人を送り出し、また逆に受け入れるための通過儀礼と解釈でき、氏神への参詣も日常の生活空間といったん縁を切るための手続きとも解釈できる。出発に先立って、行屋と呼ばれるような別宅で、しばらくの期間は女性を遠ざけたり、竈の火を別にして精進潔斎する場合もみられた。なお、葬送儀礼における出棺のことを出立ちといい、出立ちの飯などといって汁かけ飯を食べる習俗も広くみられる。出立ちに際しては、他にも茶碗を割るとか、門火をたくなど死者との訣別を象徴する儀礼がみられる。　↓坂迎《さかむか》え　↓餞別《せんべつ》

参考文献　新城常三『庶民と旅の歴史』(「NHKブックス」一四三、一九七二)、岩鼻通明『出羽三山信仰の歴史地理学的研究』、一九九二

(岩鼻　通明)

でたちのめし　出立ちの飯　出棺のときに出す食事。岡山県倉敷市下津井では近親者と僧に立食させるなど、死者や埋葬地には死穢や死霊がまとわりついているので、それにとりつかれない力をつけるために親族は飯を食べるのが本来の意味であった。しかし、それが兵庫県川西市国崎では出棺を送りに来た人に食事を出すことが死者への供養というように、死者への供養が強調されて一般会葬者も出立ちの飯を食するようになったのであろう。

参考文献　柳田国男「生と死と食物」(『柳田国男全集』一四所収、一九九〇)、井之口章次「あの世とこの世」(『日本の葬式』所収、一九七七)、井阪康二「斎の膳と四十九の餅」(『人生儀礼の諸問題』所収、一九八八)

(井阪　康二)

てつ　鉄　鉄には鉄鉱石や砂鉄を製錬して造った人工の鉄と隕鉄《いんてつ》とがある。重金属で、研磨すれば暗い銀色であるが黒錆に覆われた姿でも使用された。青銅の唐金に対してただカネといえば鉄のことである。従来、古代日本の製鉄は砂鉄を原料としたと考えられてきたが、今日では鉄鉱石の使用と併存していたことが判明している。この鉄は青銅器時代末期に製錬が始まり、現在では金属材料の中心である。炭素の含有量によって、鋳物に用いられる銑鉄、熱処理で硬くでき靱性も出る鋼、極低炭素で軟らかい純鉄に分類され、添加物(ニッケル、クローム、モリブデンなど)を加えた特殊鋼もある。銑はずくとよばれ、鋼は刃物の刃の部分に使われるため刃鉄《はがね》、鋼でも炭素の低い軟質のものは広く各種の鉄製品に用いられ、地《じ》鉄《がね》とか錬鉄《ねりがね》とよばれていた。『万葉集』には「真鉄《まがね》吹く丹生の赤土《まそほ》の色に出で」(原万葉仮名)とあり、平安時代中期ころになると黒鉄《くろがね》の呼称が多い。江戸時代中期以降の鑪《たたら》製鉄の産品としては、銑・鉧《けら》・庖丁鉄《ほうちょうてつ》があった。銑は鍋鉄ともよばれた。鉧は品質・塊状などによって八種類程度に格付けされ、小粒なものは織物の染色にも用いられていた。産地名を被せて千草《ちぐさ》鋼(播磨)とか出羽《いずは》鋼(石見)とよばれた場合もあった。明治時代に入っては玉鋼の呼称が一般的になった。庖丁鉄は銑や鉧を脱炭し鍛造した短冊状の鉄で、長割とか小割ともよばれた。東北地方の炯屋《どうや》(銅屋)では銑に該当するものを鉏《そ》、鉧に相当するものを鉊《しな》とよび、庖丁鉄を延鉄《のべてつ》とよんでいた。刀剣・甲兜などの武器を除いて、生活民具としては、鉄鋳物は鍋釜、関西で牛馬に引かせる犂、風呂釜など。鍛造品は鍬・鋤などの農耕具、鉈・鎌・庖丁などの刃物、縫針や釣針、釘や針金などになった。鉄の霊力については、十拳剣をはじめ神宝の剣や節刀の儀なども、武器としての前に鉄の神秘性に由来するものと思われる。三輪山伝説の大蛇への縫針、鉄を嫌うという水神にかかわる河童伝説などもよく知られ、弁慶や平将門のような鉄人伝承はその進展であろう。地方によっては剃刀や蹄鉄・農工具などの製品でもその偉力が信じられていた。鉄は、古墳には鉄《てつ》鋌《てい》の形で副葬され、平安時代の上級官僚の給与の一つともされ、社寺への奉献品ともなっていた。薬用としてはすでに『種々薬帳』(正倉院蔵)の記載にも禹余粮と太一禹余粮の名があり、これらは褐鉄鉱の一種であるが、鉄落・鉄精・鉄華粉など酸化鉄系のものも用いられた。歯染めの鉄漿《かね》は鉄を使った濃艶な化粧法である。この鉄の名は堅くて強いものの形容詞として、鉄心・鉄拳などのようにも用いられている。　↓砂鉄《さてつ》

参考文献　俵国一『古来の砂鉄製錬法』、一九三三、前田六郎『和鋼和鉄』、一九四三、田村克己「鉄の民俗」(『日本民俗文化大系』三所収、一九八三)、窪田蔵郎『(増補改訂)鉄の民俗史』、一九八六

(窪田　蔵郎)

でづくり　出作り　焼畑を含めた耕地が遠隔地に造成された時、効率化をはかって営農地に住居をかまえ、そこで生活すること。その慣行は白山麓で盛んであった。白山麓の石川・福井県側には、一九三〇年（昭和五）ころには出作り住居が約八百十戸あった。特に石川県側に多く約五百五十戸、そのうち石川郡白峰村は約三百二十戸を占めていた。白山麓の焼畑では、耕地を数年間利用した後、二十年以上の長期に及ぶ休閑をする。焼畑の安定経営のためには広面積の休閑地が不可欠で、必然的に山地に出作り地を求めることになった。焼畑作物の栽培期間山地で生活する場合を季節出作り、一年を通して生活し続ける場合を永住出作りという。出作りは焼畑のほか、養蚕・製炭、鍬の柄や雪掻板《かきいた》（除雪具）作りなども行う、複合経営であった。一戸ごとの独立性が強いが、出作り群で農作業・屋根葺き替え・葬儀などで相互扶助もみられた。製炭業がエネルギー革命で打撃を受けたことと、さらに林道が発達し遠隔地の耕地であっても自動車により往復可能となり、白山麓の出作りは急激に衰退した。

参考文献　佐々木高明「白山麓の出作り―その盛衰と実態―」（『尾口村史』三所収、一九六二）、橘礼吉「白峰村の焼畑・出作り」（『白峰村史』三所収、一九九一）

（橘　礼吉）

でづくりごや　出作り小屋　居住地から離れた耕作地における耕作の便のために設けられた住居。出作り小屋という語彙からは仮設的住居を連想しがちであるが、構造材や屋根材料を自前調達した立派な民家である。石川県白山麓では出作り小屋への定着度や海抜高度により構造・規模に差がある。分家して間のない出作りは、建築材料の調達が自由にならず、間口二間奥行五間程度の小型で間仕切りのない単室住居、時には土間住まいで屋根を直接地面においた竪穴式住居型式の素朴な建築もあった。幾世代もつづく永住出作りともなれば、間口四間奥行八間、二階建ての大型で、一階には座敷・仏間等の格式風空間がみられる。白山麓は豪雪地帯の南縁に位置し、その雪は水分を含み重い。そのため構造材は多量の積雪に備え、太い杉やブナをあてる。壁は土蔵のように厚くして気密性を高め吹雪侵入と寒さを防ぐ。風衝地に建つ出作り小屋は、強風時の避難小屋を別棟に建てていた。概して大型住居が多いのは、材料を自前調達できること、養蚕空間の確保を最優先させたためである。小屋の立地に関しては「尾ザキ、谷ザキ、宮の前」という語呂の良い伝承があり、急尾根の末端部、本谷と支谷の合流部、神社より高い場所を忌避していた。また、焼畑の火入れや雑穀穂の乾燥に火を使用することに関連して、日常生活での囲炉裏の火をめぐって、「囲炉裏の四角に神サンがござる。角を跨いだり、踏んではいけない」「シモ（便所・馬屋）に使った古材を焚いてはいけない」など厳しい作法や数多くの禁忌があった。

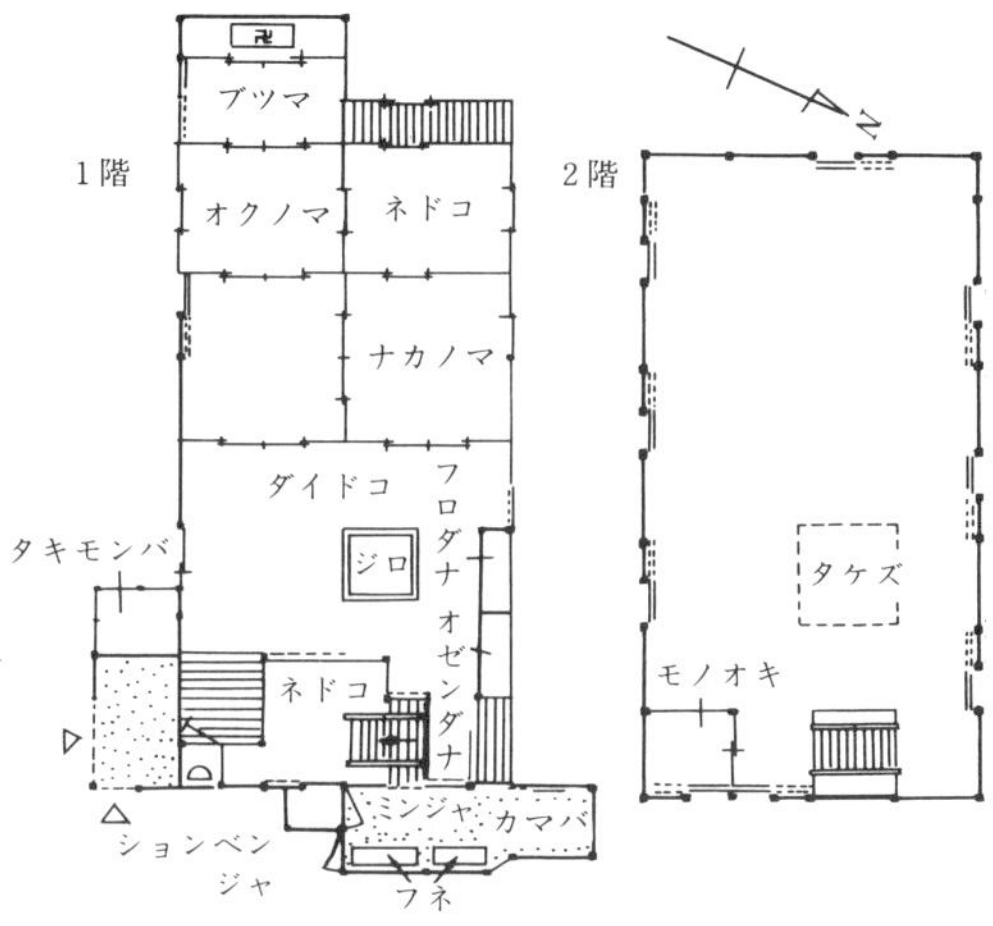

右の出作り小屋の間取り

白山麓の出作り小屋（石川県石川郡白峰村）

参考文献　石川県立郷土資料館編『白山麓―民俗資料緊急調査報告書―』、一九七三、橘礼吉「石川県白山麓の出作り住居」（『中部地方の住い習俗』所収、一九八四）

（橘　礼吉）

てっこう　手甲　手の甲から手首にかけての部分を覆うもの。テオイ、テサシともいい、甲に掛けることからコガケとも呼ばれる。また、東北地方ではテカエシ、長野県伊那地方ではテベ、同県更級・諏訪地方ではイガケ、ユガケ、福島県会津地方ではコバアテ、秋田県ではコデコ、三重県ではニキリの呼称がある。野良仕事や山仕事では、腕の保護と防寒を兼ねて、元来の手甲と腕貫とを一続きにした形の肘までを覆う手甲が多く用いられた。各地の手甲を指す呼称はこれをも含んだものである。袂袖の襷掛けや平袖あるいは筒袖で仕事をすると肘から下がむき出しになるので、肘までを覆う手甲が必要であった。テッポウ、トウロク、ウデヌキなどと呼ばれる細袖の着物やシャツであれば、袖が腕貫の役目を果たすので丈の長い手甲は不要となる。千葉県では、手首に近い五、六寸のところを小鉤《こはぜ》留めにした細袖の着物をテッコウジバンといい、これは袖が手甲のような形をしていることからついた呼称である。ただし、細袖を着た場合でも袖をまくりあげて手甲をはめるところがあり、これは着物を汚さぬ工夫であった。手甲の布地には木綿の紺無地などが用いられ、甲掛けから手首にかけては裏地をつけたものが多い。小鉤で留めるものもあれば、紐を巻いて締めるものもあり、そのほか左右の手甲を紐でつないで肩から吊る形のものもあった。ゴムが普及してからは、肘・手首ともにゴムを入れるようになった。

参考文献 瀬川清子『きもの』、一九七三

（宮本八恵子）

てつだい 手伝い 労働慣行の一つで、返済を期待しない片務的な無償の労力提供。ゆいが相互的な協同労働（交換労働）であるのに対比される。屋根葺き材のカヤの提供など、物質的な援助も手伝いに含まれる。手伝いを表わす名称はスケ、ツキアイ、九州のカセイ（加勢）、中国地方のテゴ（手合）、隠岐や岩手県二戸郡のヤトイなど各地で多様である。これは手伝いの慣行が多様な家関係に対応して各地で独自に展開していたことを示している。かつては分家から本家へ、小作から地主へ、子方から親方への各種農作業、年中行事や家事労働の場でみられた無償労働（徭役・賦役など）があり、日常的な庇護・扶養行為に対する反対給付として行われたものである。たとえば岩手県二戸郡石神村（安代町）では大屋に対して名子が、労働力や薪をスケとして出す義務があった。一般的に手伝いには婚姻・葬式などの吉凶時、屋根替えや農作業などがあり、近隣・知人・親類の間で行われる。病気や災害などで農作業が遅れた家に対する手伝いもある。手伝いに対する直接的な返済は考えられていないが、長い期間に手伝いを重ねあうことで、互いの義理を果たすものであり、手伝いは日常的な交際関係を背景とした、契約によらない互助慣行とみることができる。現在も続いているものとしては、隣保班などによる葬儀の際の手伝いがあり、これは村落社会だけでなく、新たに作られた都市の近隣組織においても行われている。↓加勢《かせい》 ↓共《きょう》同労働《どうろうどう》 ↓モヤイ ↓ゆい

参考文献 橋浦泰雄「協同労働と相互扶助」（柳田国男編『山村生活の研究』所収、一九三七）、郷田洋文「互助協同」（『日本民俗学大系』四所収、一九五九）、有賀喜左衛門『大家族制度と名子制度―南部二戸郡石神村における―』（「有賀喜左衛門著作集」三、一九六七）、福田アジオ『可能性としてのムラ社会―労働と情報の民俗学―』、一九九〇

（山本 質素）

てっぽう 鉄砲 火薬を装塡して弾丸を発射する火器のうちの小銃のこと。近世中期には江戸幕府が農作物の獣害防止のため、農村に威し鉄砲（威し筒）を貸し付け、猟師には猟師鉄砲（猟師筒・殺生筒）の所持を免許した。仙台藩は軍事上の必要から領内の農民三千八百人を限って山立猟師鉄砲持主とし、自由に銃猟せしめるとともに軍備のための予備とした。幕藩領主による鉄砲の取締りは厳しく武士と猟師以外の所持を禁じた。一八七二年（明治五）の鉄砲取締規則により銃猟が大衆化した。近世における鉄砲は火縄銃（種子島）であったが、末期に至って雷管撃発式になり、村田銃が用いられた。鉄砲がそれまでの弓矢に完全に取って替わったが、冬籠り中の熊狩りには大正時代まで一部で槍が用いられた。弾丸は昭和初期まで猟師が自分で鉛をもって作ったが、その際獲物に当った玉をシャチダマと称して鉛の中に溶かし込んだ。こうして鋳た玉は当りがいいとされた。また、魔物撃退などの護身用に命弾と称し、鉄の玉か金の玉を所持した。玉を作る際は猫を遠ざける。また、作った玉の数を数えるのを避けた。その背景には化け猫が鉄瓶の蓋をくわえて銃弾をはねかえし、玉が尽きると猟師に食ってかかるという伝承がある。三遠南信国境地帯の猟師たちは鉄砲の当りが悪くなると「シャチがきれた」といってネギ（民間覡《げき》）に祈禱により呪《まじな》ってもらう。女性が鉄砲に触れるのを穢れるといって忌む。

参考文献 所荘吉『火縄銃』、一九六九、千葉徳爾『狩猟伝承』（「ものと人間の文化史」一四、一九七五）、石川純一郎「ヤマの生産技術」（『静岡県史』資料編二五所収、一九九一）

（石川純一郎）

てっぽうぜき 鉄砲堰 山地での木材搬出の一方法。沢の水量が少なく、丸太を筏に組んで流す方法はおろか一本ずつ流す管流《くだなが》しができない場合にこの方法を使う。伐採した丸太を谷に落とし、これを用いて沢に構造物を作り、これで流れを堰き止め、貯水した水を一気に流す勢いで同時に丸太を流す方法である。水圧のかかった堰を開ける場合に特別の工夫がなされている。↓筏《いかだ》 ↓流《りゅう》送《そう》

（中川 重年）

鉄砲堰（埼玉県大滝村大山沢）

てなしむすめ 手無し娘 継母に手を切られた娘が数奇な運命のあとで再び手を得るという奇跡を語る昔話。継母によって両手を切られ家から追い出された娘が長者の息子に見初められて結婚する。ある日夫が旅に出る。その留守中に子供がうまれ、夫の母が赤子誕生の手紙を若い衆に持たせて飛脚に出す。しかし若い衆は途中で継母のところに立ち寄り、赤子誕生を知った継母は娘が鬼の子をうんだという手紙に書き換える。夫は手紙を読み、鬼の子でもよいから大事に育てるようにと返事を書く。その手紙はまた、若い衆が帰りに継母のところに立ち寄

ったとき、娘を追い出せという手紙に書き換えられる。かくして娘は子供を背負って家を出る。疲れて喉が渇き、水辺に降りて飲もうと身をかがめる。背中の子がずり落ちてくる。あわてて押さえようとした瞬間に両手が生える。旅から戻った夫は若い衆を問いつめて真相を知り、妻子を見つける旅に出、数年後に巡り会う。この話は日本では継子譚とされているが、西洋にも同じ話があり、そこでは魔法昔話としてAT七〇六「手無し娘」と分類されている。伝承の古さでは西洋が圧倒的に古いので(西洋の文献は十二世紀にまでさかのぼれるが、日本では一八六九年(明治二)に筆写された『高野山女人堂由来記』が最古の文献)、日本の「手無し娘」は西洋から伝わった可能性が強い。ただし本源が西洋であるとしても、この話は朝鮮半島でも伝承されているから直接には朝鮮から入って来た可能性もある。

参考文献 三原幸久「昔話『手無し娘』の伝承と伝播」(福田晃編『民間説話—日本の伝承世界—』所収、一九六九)、小池ゆみ子「手無し娘」の話型研究」(『昔話の成立と展開 土曜会昔話論集』一所収、一九九一)、松原孝俊「朝鮮の『手無し娘』のふるさと」(『口承文芸研究』一六、一九九三)

(高橋 宣勝)

てぬぐい 手拭 洗面・手水《ちょうず》・入浴などで、顔・手・身体をぬぐうための木綿《もめん》の布。古くは、タナゴヒ、テノゴヒとも呼び、その長さは一定せず、用途によって適宜に切って使用したが、近世以降は、ほぼ九五センチ(鯨尺二尺五寸)に定まった。布地も晒《さら》し麻布の白地であったが、近世以降、麻布は原料が高価だったので、代わって、木綿が広く用いられるようになった。またいろいろに染色加工した手拭も行われるようになり、芥子玉《けしだま》絞り(しらみ絞り)・半染め・紅染め・藍《あい》染めなど、染め上がりのきわめて精巧な日本独特な手拭染めの技法が発達した。このほかに、錦紗《きんしゃ》・縮緬《ちりめん》の手拭が歌舞伎や舞踊界で用いられ、またハンカチーフのような普通の手拭の半分の長さの半手拭が花柳界などで用いられていた。一方、手拭は、鉢巻・頬《ほお》被り・置手拭など、かぶりものとしても利用されることが多かった。布で頭を包むことや、鉢巻のように頭を巻くことは、古くから行われていた民俗であるが、これには労働の折に、髪などが乱れるのを防ぐためと、神事などの礼装の意味とがあり、これに手近な手拭が利用されたのである。鉢巻は、頭の鉢に手拭などの布を巻く民俗で、古くは、抹額《まっこう》または末額《もこう》とも呼んだ。鎌倉時代以降は、武士が出陣の時に、精神を引き締めると同時に、烏《え》帽子《ぼし》の脱げ落ちるのを防ぐために締めたので、鉢巻は長く武装の一つと考えられていた。江戸時代になると、額のところに金具を付けたり、内部に鎖を仕込んだ鉢巻も作られた。これに対して庶民は、ありあわせの手拭を利用して鉢巻を行い、細長く折り畳んで頭に巻き、額のところで結ぶのをムコウハチマキ、後頭部で結ぶのをウシロハチマキ、しごいて撚《よ》りをかけ、結ばずに額に挟み込むのをネジリハチマキといった。幕末の伊勢辰の錦絵『手拭かぶり各種』によると、テッカ、ヒョットコ、ヤゾウ、ワカシュ、アネサンなど、二十九種もの手拭かぶりが描かれている。鉢巻をする民俗は、ごく近年まで各地で行われていたが、たとえば、頭痛その他の病気や出産の折に鉢巻をしたり、端午節供に男児がショウブの葉を鉢巻にしたりした。このほか、ヒッシュ、アカテヌグイなどといって、伊豆諸島の婦人たちは、儀式や神仏の参詣の折に、赤・紫・浅黄などの六尺(一・八一メートル)の布を二つに折った鉢巻をした。これらの民俗は、いずれも鉢巻に一種の霊力を感じているといえよう。鉢巻は、現在もなお、祭礼・芸能・生産の場で、重要な意義を持っているといえる。また手拭は、かぶりもののほか、帯・目印《めじるし》などとして利用されることもある。たとえば、祭礼や花見などの団体行動に揃いの手拭を掛けて目印としたり、商店では年賀や広告用、芸能界では祝儀用として、それぞれ意匠を凝らした名入りの手拭を配ることなどが、現在も広く行われている。しかし、近年は、タオル、ハンカチーフなどが、手拭にとって代わりつつある。↓鉢巻《はちまき》

参考文献 宮本馨太郎『かぶりもの・きもの・はきもの』(「民俗民芸双書」、一九六八)

(宮本 瑞夫)

てのくぼ 手の窪 手のひらを上に向けて、軽く内側に曲げたときにできる窪みのこと。食べ物を取り分けるのに、取り皿のかわりに手の窪を使う習慣は、珍しいことではなかった。手の窪を用いるのは、日常の食事以外が多く、人が集まったときに茶受けの漬け物や煮物などを分けたり、葬式などの賄いのときの味見をしたりするときに、よく手の窪を使った。また、味噌の仕込み用の大豆を煮るときに、煮えた大豆を間食に食べることがあるが、その大豆をオテノクボとよび、手の窪に分けて食べるところもある。

参考文献 瀬川清子『食生活の歴史』、一九六八

(山崎 祐子)

てぶくろ 手袋 防寒・防護などのために、手にはめる袋状の着装具。五指が着いているもの、拇指とほかの四指の入る二股になっているもの、指部のない角または丸形の袋状のもの、指の露出するものなどがあり、在来のものには保温によい藁製のほか、木綿布製や毛皮製などもあった。藁手袋は、木型にあてて、編んだ二股状のものが多く、テワラ、ワラケテシ、テケシなどと呼ばれ、冬の外出、仕事用に広く用いられた。布製のものは、保温と補強のため何枚もの木綿布を合わせて、細かくさした刺子にしたものが多く、特に、漁師が冬の沖漁に用いたテケシは、きびしい寒風と波浪に耐えるように厚く作ってあり、櫓をこぐときに使うものをロブクロとも呼んでいる。指の露出するものは、手の甲部を保護し、細かい作業をするのに便利であった。狩猟など山仕事のときには、カモシカなどの動物の毛皮で作ったものがよく使われた。また、鷹匠が鷹を据えるために片手にはめるコテ、テカと呼ばれるものは、鋭い爪から手を護るため、

綿や真綿などを入れて厚くした独特のものである。藁製や布製のテケシは太い白綿糸を編んだ軍手や、毛糸の手袋が広く普及するようになっても、自家製の手軽さもあって最近まで使用されていた。

参考文献 宮本馨太郎『かぶりもの・きもの・はきもの』(「民俗民芸双書」、一九六八)　（犬塚　幹士）

でぶそく 出不足　道普請や堀浚いなどの村仕事に出られない家に課せられた日当にあたる金。不参料のこと。男性の一人前を基準としており、子どもや女性が出た場合には女手間といって半日分の日当を不足分として納めたり、「女子どもは八分の手間」といって二分に相当する出不足金を納める場合があった。あらかじめ金額を決めていることもあるが、自発的に茶菓子代や酒などを出すことも多い。村仕事の夫役には、各戸から一人前の者を一人ずつ出すのが原則で、共同労働に義理を欠くことは村ハチブの原因ともなった。群馬県吾妻郡長野原町では、ムラの共同作業をオテンマといい、雪かきのオテンマに出られない人は出不足帳につけておいて、あとでほかの労働作業の際の労働力で調整をするという。大変な作業ほど出不足は問題になる。一方で、村中が農作業に従事していたころには、均等な負担に意味があったが、非農家が増えたり、道や堀が整備されて普請を必要としなくなり、村仕事そのものが変質してきたため出不足金は次第に意味を持たなくなってきた。埼玉県三郷市では、かつて村仕事だった用水浚いなどを、現在では関係する農家が雇った請負の人にまかせている。また、千葉県安房郡天津小湊町では、金を払えばよいとなって、共同作業に出る人がいなくなっては困るとして出不足金をやめたという。ムラとその成員との間に以前のような一体感がなくなってきたことで、共同作業や出不足に対する捉え方も大きく変化しているといえよう。

参考文献 橋浦泰雄「共同労働と相互扶助」(柳田国男編『山村生活の研究』所収、一九三七)　（斎藤　弘美）

でほ 出穂　穂が株の半分近くになった状態のこと。稲が花を咲かせる前に穂の部分が膨らんでくる。これを九州ではミバラミなどという。そして数日後に出穂となる。この時期になると極力田に入らないように心がける。分けつ期から出穂期までをよい条件で経過させると穂につく籾数も多くなるからである。この時期に田に入るとどうしても穂と穂が擦れ合って劣化した実が多くなる。したがって、除草もこの時期前までに済ませるのが普通である。また、このころに強い風が吹くと人が田に入った場合と同じ状態になる。出穂に続いて花が開くが、この時に強風にあうと花が散って実の入らない穂(シイラ)になってしまう。これが大体二百十日から二百二十日にあたる。風祭は多くこの時期になされている。この時期には水が必要になる。このため水を一時的に田へ入れる。これを出穂水・穂水などともいう。　（安田　宗生）

テボカライヨメ テボカライヨメ　長崎県対馬では、女性が嫁入りの際に普段着のまま、簡単に聟の家に引き移るが、その嫁をテボカライヨメという。テボとは背負い籠のことであり、カラウとは背負うことの意味である。そのテボを背負って山仕事にでも行くように引き移るということからこのようにいわれた。対馬では、成女式がカネツケ祝い・ハゾメ祝いなどといわれ、晴着を作り非常に華やかに行われ、村中にその成人を披露したのに比して、婚礼は簡略なものであった。婚姻の成立に関しては、聟方から嫁方に申し入れがあるが、その際には焼酎一升を携えて交渉にあたったという。その他には結納にあたるようなものもなく、仲人というものもない。対馬においては村内婚が一般的であったため、婚姻の当事者は互いにすでに見知っている。さらに、嫁入りは「借りてゆく」「手伝いにくる」「稽古にやる」などともいわれるように、必ずしも一度で落ち着くものとは考えられていなかった。そのため、「焼酎一升で嫁が貰える」ともいわれ、嫁方は申し入れを容易に承諾した。したがって、嫁の衣類や道具はみな生家に置いておき、テボを背負っただけの女性の引き移りが行われた。そして、初子の妊娠五ヵ月目、あるいは七ヵ月目にカネギトウと呼ばれる祝いが婚家において行われた。この祝いは、初子のときのみ、双方の親族や村人を招待して行われ、嫁となった女性はこの時はじめて婚家の者として披露されるのである。これによって婚姻が社会的な承認を得ることになる。これら対馬の婚姻は村内婚を前提として行われ、成女式、婚姻成立、初子の妊娠という三つの段階を時間の経過とともに行うことにより成立すると考えられている。

参考文献 九学会連合対馬共同調査委員会編『対馬の自然と文化』、一九五四、大間知篤三「対馬のテボカライ嫁」(『大間知篤三著作集』二所収、一九七五)　（蓼沼　康子）

でまえ 出前　注文された料理を作り届けることで、主に蕎麦・寿司・丼物などの単品料理を届ける。膳形式で配達される仕出屋の料理とは異なる。電話一本で注文でき、わずかな時間で届けてくれるというのが特徴である。出前先は大きく家庭と職場に分けられる。家庭へは来客があった場合が多く、職場へは昼食が多い。料理は出前持ちが店から注文先まで盆に乗せたり岡持に入れたりして配達する。岡持は二～三段に仕切られた、いわゆる慳貪箱が多く、現在ではこれをバイクの後部につけて配達していることがある。食べ終った後は食器を玄関先などに出しておくと、店の者が引き取りにくる。出前でとった料理のことを、店屋物という。出前は非常に都市的な習慣といえ、江戸時代には、江戸をはじめとする大きな都市にすでにみられた。家庭への出前を考えてみると、都市の家庭では食料を自給できず、また基本的に家族分しか用意していないので、不意に来客があった場合はもてなすことができず、出前を取ることになる。しかし村の場合は食料を自給しているので、自分たちの台所でまかなえるのである。このような都市の食料事情が出前を生み出した。現在ではピザやスパゲティー、ケーキなどの宅配と呼ばれる出前が盛んである。関西では茶会の懐石料理を配達する仕出屋が発達したが、関東では出前が発達した。→仕出屋《しだしや》

参考文献　高松圭吉・賀曾利隆『食べものの習俗』（「日本人の生活と文化」九、一九八六）　（中野　佳枝）

テマガエ　テマガエ　労力（テマ）のほぼ対等な交換にもとづいて行われる農作業上の共同労働。この形態は一般的にゆいと呼ばれているが、岡山・鳥取・京都・愛知・静岡・千葉などの各地では、テマカリ、テガワリなどと呼ばれ、労力の交換という意識が明瞭であり、また必ずしも同一の農作業を行うのではない場合も多い。したがって集団的な共同労働というよりは、個別の家相互間での同量の労力のやりとりを指していることが多く、この関係を取り結ぶ家々も、比較的替わりやすいものが多い。→ゆい

参考文献　和歌森太郎『日本民俗学の理論』（「和歌森太郎著作集」九、一九八二）　（白井　宏明）

てまちん　手間賃　職人などの仕事にかかった日数や時間に対して支払われる賃金。略して手間とも呼ばれた。江戸時代では、賃金を手間賃ともいい、それぞれの地方によって異なっていた。領主または藩で公定していたが、大火後の復興工事などのときは値上げが行われた。技能の上手・下手によって手間賃の差もあった。大工などの建築関係の職人の仕事は、出職の典型的なもので、労働時間は中世では十時間が一般的であったが、近世になると八時間が普通になってきた。また、中世では出来高払いのこともあり、近世では職人の社会的地位が高くなるにつれて時間払いが一般的となってきた。手間賃は出職をする職人にとって重要な生活の基盤であった。その手間賃には別に飯米料が支給される場合もあったが、含まれることもあったし、現物支給の場合もあった。職人は手間賃の引上げを望んでいたが、領主はそうした引上げの申し合わせを禁止していた。江戸幕府も、こうしたことの禁止の触れをたびたびだしている。建築職人たちは同業組合や太子講をつくり、米価に準じて賃金を決め、みずからの生活の防衛をした。京都府丹後地方では、職人の手間賃は日当計算であり、「一日一人いくら」でいい表わされた。昔も今も職人の最大の関心であり話題であった。それには経済的な意味および認められたという社会的承認もある。手間賃については社会的目安のようなものがあった。手間賃の支払いは古くは年二回（盆・正月）であった。しかし町方では常雇《じょうよう》（常用）の場合、次第に月払いになった。建築関係の職人の相互の情報と連絡をはかる役割をする岩手県気仙地方の気仙二協会協議会は、一九七六年（昭和五十一）より気仙管内統一賃金を実施することになった。その理由は職人の賃金は各市町で格差があるので、多数の職人は高い地域へは仕事に行くが、安い地域へは行かなくなる傾向になり、特に境界地域は大きな影響を受けたからである。

参考文献　遠藤元男『職人と生活文化』（「日本職人史の研究」四、一九八五）、同『日本職人史百話』（同六、一九八五）、全国建設労働組合総連合編『五〇万への道』、一九八五、吉野正治『民家をつくった大工たち』、一九八六　（西村　浩一）

てまり　手毬　毬を手で突く遊戯。手鞠とも。手毬は現在の通念では毬を手で突く遊戯をさすが、その先行形態として空中に突き上げる遊戯もあった。ゼンマイ綿などを芯にして麻糸を巻きつけた毬は弾みが悪くもっぱら突き上げて遊ぶだけで、一人で突いたり数人で輪になって突き合ったりした。この遊びは蹴鞠から派生したという説、石なごからお手玉を経て派生したという説、放下《ほうか》田楽の芸人による品玉取りの芸を模倣したという柳田の説などがある。巻きつける糸が麻糸から木綿糸に変わってからは毬が良く弾むようになり、突く遊びが可能になった。木綿栽培が普及してからは、晩秋の農閑期に機織をした時に出る残り糸で毬を作りお年玉にしたので、正月の女児の遊びの一つとして認識されるようになった。毬の突き方は十六世紀末から十七世紀にかけては立って突く方法で屋内でも屋外でも行われていたが、のちに座ったまま突く屋内の遊戯へと移行した。この習慣は子女は奥に居るものという社会的通念と相まって都市上層部の子女を中心に広まったと考えられる。大正末期、糸毬よりさらによく弾むゴム毬の出現によって、複雑な突き方が可能になり体操の教材となる一方、毬を突きながら口ずさみ拍子をとる手毬唄はすたれていった。→鞠《まり》つき歌《うた》

参考文献　柳田国男「村と学童」（『柳田国男全集』二三所収、一九九〇）、右田伊佐雄『手まりと手まり歌―その民俗・音楽―』、一九九二、森下みさ子「女児文化としての「手鞠」の成立過程」（日本人形玩具学会編『かたち・あそび』七所収、一九九六）　（川越　仁恵）

でめん　出面　北海道方言の一つで、日雇労働者の意味。明治期の開拓時代から、一般に「でめん取り」として用いられることが多い。語源は必ずしも明確ではないが、東北地方などでは日雇労働者の賃金をでづら、また、工事現場で労働者の稼働を確認することを「でづらとる」と呼んだことによる、という説がある。また、近代の北海道開拓は、アメリカ人の指導の下に推進されたことから、英語のデーメン day men に由来する、という説もある。

参考文献　渡辺茂『北海道方言集』、一九五三、北海道新聞社編『ほっかいどう語』、一九七〇　（桑原　真人）

てやり　手槍　狩猟用具の一つ。タテともいう。山刀と併用する型もある。秋田県阿仁マタギのフクロナガサ、岩手県沢内マタギのマスケなどがそれで、柄の部分が袋状になっている。袋部に槍の柄となる木を差し込み固定し、槍として使用した。通常の手槍は武家槍を転用したものもある。雪国の猟師たちの場合、熊用とカモシカ用、

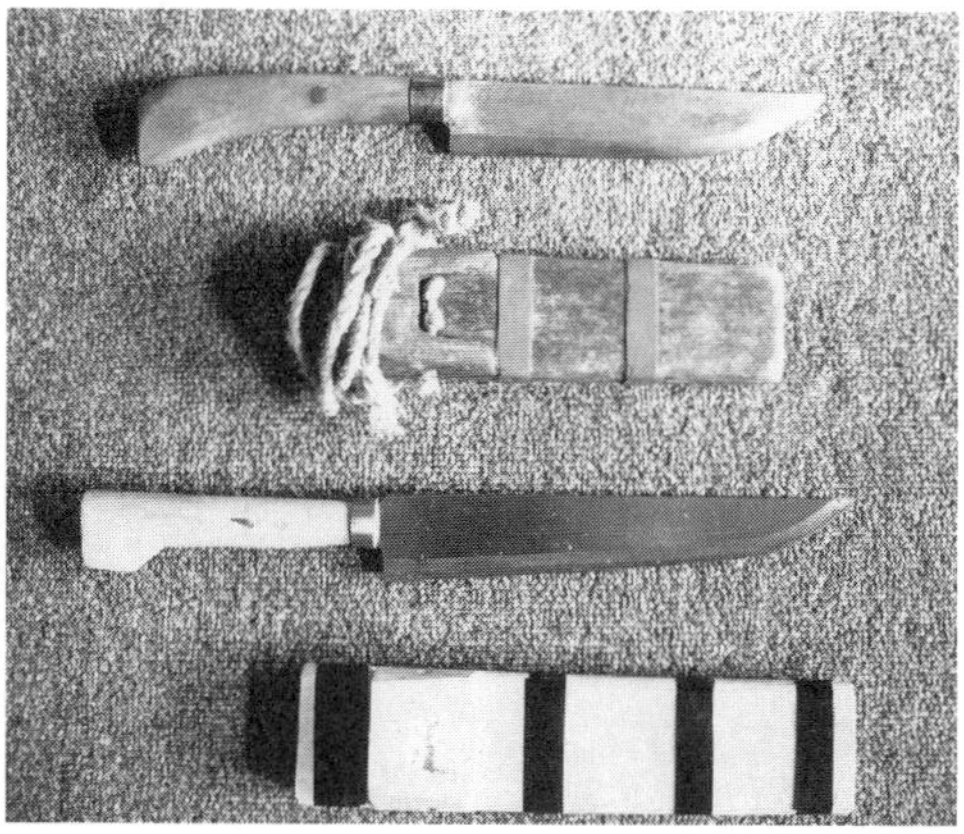

柄付きナガサ

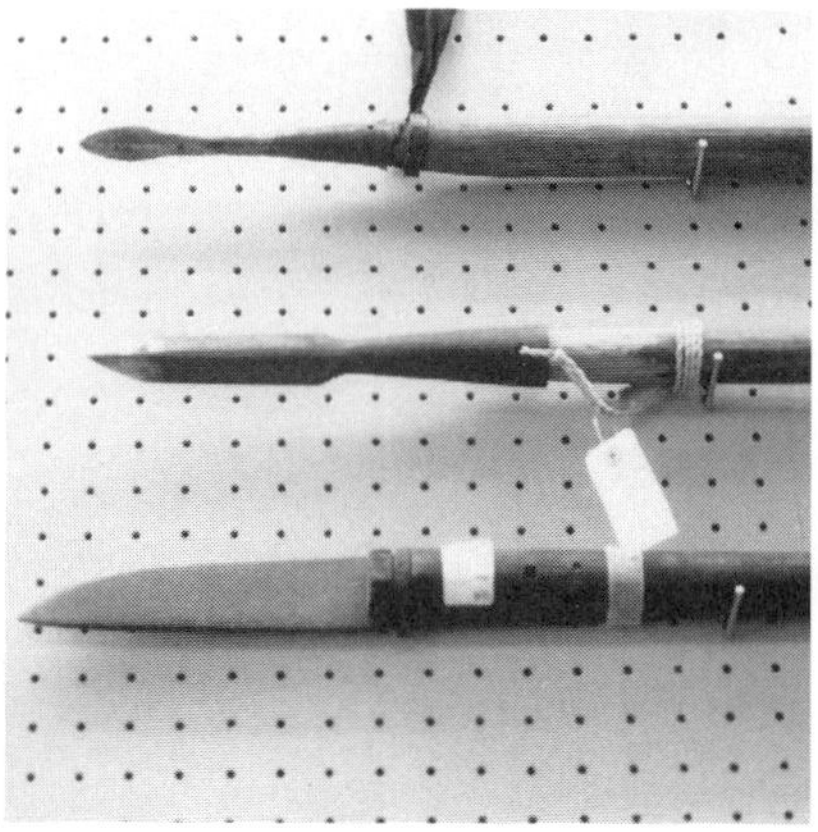

カモシカ用フクロナガサとクマヤリ(下)

秋田県阿仁町の手槍

西日本などでは猪や鹿用のものが現存している。連発銃が普及する一九四〇年代までは使用されていた。

参考文献 太田祖電・高橋喜平『マタギ狩猟用具』、一九七六 （田口 洋美）

デュルケム Durkheim, Emile 一八五八―一九一七 フランスの社会学者。いわゆるデュルケム学派を形成し、ドイツのマックス＝ウェーバー Weber, Max とならび二十世紀社会科学の基礎を築いたとされる。文化人類学の創始者マリノフスキー Malinowski, B. K. やラドクリフ＝ブラウン Radcliffe-Brown, A. R.、現代を代表する知識人の一人で構造主義者のレヴィ＝ストロース Lévi-Strauss, C.、歴史学のアナール学派、アメリカ社会学の大成者パーソンズ Persons などに大きな影響を与えている。ユダヤ教のラビ(教師)の家に生まれ、ボルドー大学で教えたのちパリ大学教授となった。社会現象を個人意識とは区別された集合的な意識の上に基礎づけようとする、独特の集合表象論を展開して社会学固有の方法論の確立に努め、『社会学年報』を創刊するとともに、多くの社会学研究者を養成してデュルケム学派を形成した。社会からの個人の孤立化による内面的規範性の喪失と、それにもとづく欲求の異常肥大というアノミー現象論を軸にすえた現代社会論を基礎に、分業論や自殺論、さらには家庭・国家・法・倫理規範・社会主義の問題など当時の西欧社会にかかわるさまざまな主題に社会学的観点から取り組むとともに、社会生活の形成基盤を探求するため未開社会の宗教現象にも関心を向けた。代表的な著作としては、『社会分業論』『社会学的方法の基準』『自殺論』『宗教生活の原初形態』などがある。共同の習慣や内面的倫理意識、宗教などを内容とするその集合意識論は、さまざまな民俗における社会的、集団的要因を重視する柳田国男の民俗学にも影響を与え、とりわけ柳田の氏神信仰の分析は、人間の信仰の原型を追求しようとするデュルケムの宗教理論からある程度の影響を受けたものと思われる。

参考文献 田辺寿利『デュルケム社会学研究』(『田辺寿利著作集』三、一九八八)、川田稔『柳田国男―「固有信仰」の世界―』、一九九二 （川田 稔）

テラ テラ ⇩ミャー

てら 寺 礼拝対象である仏像を安置し、僧尼が居住して修行に励み、教えを説く道場。寺刹・仏寺・僧院・道場は寺の別名。寺を「てら」というのは礼拝所を意味する朝鮮語の chyŏl の転訛、ないし長老を意味するインドのパーリ語 thera の音写に由来するともいわれるが定かではない。寺はもともと中国で外国の使者を接待する役所の意であったが、『僧史略』上によると、後漢明帝の六七年(永平十)鴻臚寺《こうろじ》にインド北方の大月氏国から仏像・経巻を携えてきた摩騰《まとう》・法蘭《ほうらん》の二僧を住まわせたのが、精舎の意に用いられるようになったといわれという。寺院は寺と同義であるが、院とは寺のなかの垣をめぐらした小院をいうことから建物の総称でもある。また坊というのはおおくの僧房のある区域をいい、刹《せつ》とは幡竿の意で、寺堂の前に幡竿を建てる風があったことからとされている。寺院の体裁が整うのは聖徳太子の四天王寺や法隆寺の造営からのことである。のちに寺は山号・院号・寺号の三号で呼ばれるようになる。山号はもと寺院は山中にあったことの名残とされる。平地にあっても浄土宗総本山の知恩院は華頂山知恩(教)院大谷寺というのはその例である。寺の展開はさまざまで、伽藍《がらん》の造営・維持が国費で賄われる官大寺・国分寺・国分尼寺・有食封寺《ゆうじきふじ》・定《じょう》額《がく》寺《じ》などの官寺や、藤原氏の興福寺といった有力氏族の建立した氏寺などのほかに草庵や村堂や町堂から出発した民間の私寺もある。各宗とも寺は本末関係をもって展開された。ほとんどの寺は、切支丹摘発を目的とした宗門改・寺請《てらうけ》に始まり、一六七一年(寛文十一)全国の村・町単位の宗門人別改帳《しゅうもんにんべつあらためちょう》作成が制度化されて檀家制度が制度として確立されて以降、寺檀関係によって維持された。寺と檀信徒とを固く結び付けた要因として、墓の果たした役割は大きかったといえる。すでに死体尊重の思想と礼拝対象としての位牌とをもっていたので、設墓は当然の帰結とみることができる。浄土宗寺院が墓を媒介として成立する例もおおい。原田敏明は奈良県下の浄土宗寺院は御坊聖による墓寺であったといい、竹田聴洲は寺と墓との主体性という指標をもって墓地の方へ寺の成立が吸収される形の墓寺と、逆に寺の方に墓地がひきよせられる形の寺墓とに大別して、士庶・地域の相違、墓の形態分化を越えて寺と墓との強い相互吸収性を論じている。浄土教団史のうえで、名もなき村落寺院における葬祭の司祭者が法師ないし法印とよばれる下級僧によって担われていたことが知られる。分類としては、機能的には檀家の先祖代々の慰霊をもっぱらにする回向寺と加持祈禱をもっぱらにする祈禱寺の別をたてたり、経済的指標から、檀家からは寺を檀那寺・菩提寺と呼び、このほかに修行寺・観光寺・宿坊寺などと機能的に区別していう。各地に散在して残存する習俗として、一家で檀那寺を異にする半檀家ないし複檀家制の場合にはそれぞれを男寺・女寺と呼んでいる。

参考文献 原田敏明「浄土宗の伝播」(『宗教と民俗』所収、一九七〇)、『竹田聴洲著作集』一・二、一九九三　(藤井　正雄)

てらうけせいど　寺請制度　江戸幕府がキリスト教禁圧のため寺院の住職に檀家がキリスト教徒ではないことを保証する証文を作成させた制度。この結果、寺院は全国民を仏教徒としてその配下に組織化し、仏教は国民仏教となった。キリスト教徒を改宗させる目的のみではなく、日本人全員に対して寺請証文(寺院住職が書いたキリシタンではないという保証書)の提出を迫った。寺請制度の始期は、幕府が本格的に鎖国制度を確立した一六三五年(寛永十二)ころと考えられている。しかし寺請証文の作成は、京都では一六三〇年、九州の熊本では一六三四年など、キリシタンの勢力が強かった所ではやや時期がさかのぼる。しかし全国的に見ればそれは一六三五年で、この時の寺請証文はかなり広い範囲で発見されている。幕府が寺請証文の雛型の文案を作成し、全国同一の文体での書上げを命じたのは島原の乱の半年後の一六三八年十月のことである。一六七〇年(寛文十)以後一八七〇年(明治三)に至るまで、毎年作成される戸籍(宗門人別帳)には寺請証文の提出、宗門人別帳への住職の押印が義務づけられた。人口の移動、すなわち結婚・養子縁組・出生・死亡・年季奉公などの折にも菩提寺の寺請証文の提出が義務づけられた。寺院の側では寺請証文を書き身分保証することとひきかえにそれらの人々を檀家として組織化し、寺院の経営基盤として組みこんだ。檀家をつなぎとめるため、檀家に対して葬式法要・十三仏事・初穂料・堂塔伽藍の修理などを義務づけ、その台帳として檀家帳や過去帳を作成した。一方、寺院側のさまざまな要求に対して檀家側が抵抗した証文がかなり残されている。しかし寺院は一度寺請証文によって結ばれた関係を切ることはせず、離檀は原則的には許されなかった。それは現在に至るも檀家制度としてつながっている。なお、キリスト教徒に限っていえば、転び(改宗)を寺院住職ならびに村役人が保証した転び寺請証文は、一六一三年(慶長十八)十二月、幕府が伴天連追放令を出した翌一四年二月～三月に全国で作成されている。たとえば、京都の例は『本光国師日記』に記されているし、小倉藩(細川忠興)の場合は、領内で二千四十七名の転びキリシタンが報告されており、その内下毛郡百二十六名、速見郡六百五十六名、合計七百八十二名については、転び寺請証文が残っている(熊本大学蔵『松井家文書』)。

参考文献 藤井学「江戸幕府の宗教統制」(『(岩波講座)日本歴史』一一所収、一九六三)、北西弘「幕藩制下の仏教—宗旨・寺旨をめぐって—」(赤松俊秀教授退官記念事業会編『(赤松俊秀教授退官記念)国史論集』所収、一九七二)、福田アジオ「近世寺檀制度の成立と複檀家」(『社会伝承研究』五、一九七六)、圭室文雄「幕藩体制と仏教」(圭室文雄編『論集日本仏教史』七所収、一九八六)、同『日本仏教史』近世、一九八七　(圭室　文雄)

てらおくり　寺送り　葬式の前後に米や餅、死者の遺品や金品などを寺院に納めること。長崎県壱岐では四十九日に位牌を寺に納めることをいい、長野県北佐久郡では葬式の翌日に位牌、死者の遺物、布施などを菩提寺に納めることをいう。米や餅、死者の遺品などは死者の霊魂の依代と考えられ、死者の霊を寺に送り込むものと考えられている。→魂《たま》送《おく》り

参考文献 井之口章次『仏教以前』、一九五四、最上孝敬『霊魂の行方』、一九八四　(山田　慎也)

テル　テル　奄美の背負籠の呼称。テルノオという一本の背負縄を竹籠の胴部にまわして額にかけて背負う。鹿児島のテゴと同じく手籠の意味であろう。沖縄でも、ティール、ティルと呼ばれる。頭背負いの運搬は、喜界島・大島・徳之島の奄美諸島、沖縄本島北部、伊豆諸島、北海道のアイヌにだけみられる。鹿児島県十島村・三島村では一本の負い縄で籠の胴部を巻き、籠の底を通し背面で結び合わせて肩で背負う形と、二本の負い縄を籠の底に通し背面に結びつけて背負う形とがある。こうした沖縄から鹿児島に分布する背負籠の類型は、ラオスやタイの少数民族の背負籠の中にすべて存在し、その間に深い系譜関係がうかがえる。

参考文献 小野重朗『南九州の民具』(『考古民俗叢書』三、一九七三)、上江州均『沖縄の民具』(同一一、一九七三)、小野重朗「南西日本の負い縄の分布と系譜」(『民具マンスリー』一二ノ三、一九七九)、上江州均『沖縄の暮らしと民具』、一九八二、鹿児島県立歴史資料センター黎明館編『海上の道—鹿児島の文化の源流をさぐる—』(特別展図録、一九八八)　(川野　和昭)

テルテルぼうず　テルテル坊主　特別な日の前日や長雨の続くときなどに、晴天を祈って軒下や窓辺につるす簡単な紙人形。テルテルをテリテリとも、坊主を法師ともいう。晴れると墨で目を入れる、神酒を供える、川に流すなどの扱いもある。江戸時代に盛んに行われたことは当時の文芸で知られるが、起源は詳らかでない。中国の日乞いの人形、掃晴娘《そうせいじょう》が伝わったともいう。柳田国男は、虫送りや疫神送りと同様の、風雨の害を人形につけて鎮送する人形送り形式の日乞い行事に起源をみている。

参考文献　柳田国男「テルテルバウズについて」(『定本柳田国男集』三一所収、一九七〇)　（小嶋　博巳）

テレビ　テレビ　テレビジョンの略語。電波で送られた動く画像と音声を再生する装置。日本では一九五三年(昭和二十八)に放送開始。受信機は高価であったため、初期には盛り場に置かれた街頭テレビが人気を集めたが、やがて月賦販売により家庭に普及し、家族を結びつける団らんの手段として、一九六〇年代前半には耐久消費財の「三種の神器」の一つとされた。その普及には、一九五九年の皇太子の結婚、一九六四年の東京オリンピックなどのイベントが契機となった。初期のテレビ放送で人気を集めたのは、スポーツ中継・舞台中継などの娯楽番組であった。やや遅れて報道番組が情報源として認知されたが、新聞より早く伝え、いま起きていることを生中継で目の当たりにできるという、放送メディアの速報性・同時性が評価されたためである。番組は基本的に曜日と時間により決められており、朝昼晩のニュースや天気予報で定期的に情報を入手し、好みの番組を楽しみにすることが人々の生活リズムを形作った。また大晦日の紅白歌合戦のように、年中行事化した番組もあった。NHKに加えて民間放送が全国に誕生すると、チャンネルが複数化し、見たい番組のチャンネルを争う「チャンネル争い」が家庭内で頻発した。民放につきもののコマーシャルは、大量生産・大量消費を促進する有力な手段になった。民放の系列化により、中央の情報がテレビ電波で日本の隅隅に行き渡ることになり、情報の一元化、文化の画一化、標準語の普及を押し進めたとする意見もある。やがてテレビにチャンネルリモコンが付くと、視聴者は頻繁にチャンネルを替えるようになり、長い時間一つの番組に縛られなくなった一方で、ホームビデオの普及により、じっくり見る番組はビデオに録画した。一九八三年に登場したファミコン(ファミリー=コンピューター)が大ヒットしたころから、子供が専用のテレビを持ち始め、家庭内に複数のテレビがあるのが普通になった。こうしてテレビは家族団らんの道具から、個人用のメディアへと変わっていった。

参考文献　関口進『テレビ文化―日本のかたち―』、一九九六、荒俣宏『TV博物誌』、一九九七　（阿南　透）

デロレンさいもん　デロレン祭文　近世中期に江戸周辺で発生し、幕末から明治初期に全国に伝播した語りもの。デロレンとは、口で唱える法螺貝の擬音のこと。それを物語のあいまに唱えて、近世の実録小説などに由来する講釈ネタを語るのだが、デロレンを唱えるときは、口にあてた法螺貝で声を共鳴させることから貝祭文とも、また単に祭文とも呼ばれている。江戸の町修験によって考案されたデロレン祭文は、寛政ごろには俗人の祭文太夫の門付け芸となり(『嬉遊笑覧』)、それが北関東から東北、さらに北陸・関西・中国地方に伝播したらしい。現在も、山形県と奈良県の一部でかろうじて行われているが、出し物や演唱方法、芸人の屋号など、東北と関西とで共通するものが少なくない。また、関西ではデロレンのフシが盆踊り唄に取り入れられ、江州音頭・河内音頭などの祭文音頭を生み出している。幕末から明治初年に流行したデロレン祭文は、一八八七年(明治二十)ころには、新興の浪花節にとって代わられる。関西地方で浪花節の元祖といわれる浪速伊助、明治期に活躍した京山恭安斎、二代吉田奈良丸などは、いずれももとは祭文語りだったといわれ、また明治末年に一世を風靡した桃中軒雲右衛門も、上州高崎出身の祭文語りである。明治二十年代は、祭文から浪花節への交代期だが、関東で発生したデロレン祭文は、関西地方のチョンガレとともに、近代の浪花節のなかに発展的に解消された。

参考文献　兵藤裕己「祭文語り」(『(岩波講座)日本文学史』一六所収、一九九七)　（兵藤　裕己）

でわさんざんしんこう　出羽三山信仰　山形県の中央部に位置する月山(標高一九八四メートル)・湯殿山(一五〇四メートル)・羽黒山(四一九メートル)の三山に対する信仰。これらを総称して出羽三山と呼んでいるが、かつては羽黒三山、羽州三山などと称し、出羽三山の呼称が一般化したのは昭和以降のことである。湯殿山は、山そのものが神体ではなく、仙人沢の上流に湧き出る温泉の成分が固まった噴泉塔が神体となっている自然崇拝的な信仰に特徴がある。月山の山麓には八方七口と称される登拝口の山岳宗教集落群が立地している。庄内地方には手向《とうげ》・七五三掛《しめかけ》・大網《おおあみ》の三つの集落が存在する。手向は羽黒山門前の宿坊集落であり、近世には麓三百六十坊と称され、多くの妻帯修験が居住し、今も茅葺きの宿坊が点在する景観がみられる。仁王門を隔てた羽黒山の山中には清僧修験(妻帯しない修験)が居住していたが、明治の神仏分離によって離散した。羽黒修験は、本山派と当山派とは別の独立した地方修験として九州の英彦《ひこ》山とともに江戸幕府から公認されていたが、明治以降も現在に至るまで、羽黒山伏の峰入り修行が仏教側と神道側に分かれて、それぞれ行われている。一方、七五三掛の注連寺と大網の大日坊は明治の神仏分離以降も仏教を護持したために湯殿山の祭祀権を失い、今は即身仏をまつる寺として知られている。内陸部には、最上盆地に肘折、村山盆地に本道寺・岩根沢・大井沢の四つの集落が存在したが、肘折は登拝口としては明治半ばに衰退し、今は温泉地として著名である。本道寺は山形と庄内を結ぶ信仰の道でもある六十里越街道に沿い、岩根沢は街道から少し北に入った地点に、大井沢は少し南に入った地点に近接して立地しており、参詣者の争奪を繰り広げた。近世において、手向・岩根沢・肘折は天台宗、七五三掛・大網・本道寺・大井沢は真言宗に属し、天台宗は三山の開山者を崇峻天皇の蜂子《はちこ》皇子、真言宗は弘法大師が湯殿山を開いたとし、湯殿山の祭祀権をめぐって争論を繰り返した。明治以降は手向に社務所を置く出羽三山神社が三山の祭祀権を有している。各集落は霞や檀那場と呼ばれる勢力圏を有しており、その総体が出羽三山の信仰圏となる。七五三掛と大網は庄内から越後方面、本道寺と岩根沢は岩手・宮城・福島県方面、肘折は最上盆地から仙台方面、大井沢は置賜・会津盆地から栃木県方面、手向は東北・信越・関東一円に勢力圏を有していた。三山信仰は、山形県近辺では祖霊信仰としての性格が強く、羽黒山の霊祭殿での卒塔婆奉納や湯殿山での戒名を記した紙をぬれた岩にはりつける岩供養などの祖霊供養の儀礼が今なお行われている。遠く離れるに従い、農耕神的性格が強まる。近在の参詣者にとっては成人儀礼、羽黒山への女性参詣者にとっては女人救済儀礼、遠来の参詣者にとっては老年集団への加入儀礼としての側面も有していた。羽黒山の境内には、国宝の羽黒山五重塔や、特別天然記念物の杉並木があり、山頂には出羽三山歴史博物館、門前には羽黒町立いでは文化記念館があり、羽黒修験に関する展示がみられる。手向の正善院の向かいには、源頼朝の寄進と伝えられる重要文化財の黄金堂がある。　↓山岳信仰《さんがくしんこう》　↓修験道《しゅげんどう》

参考文献　戸川安章『(新版)出羽三山修験道の研究』、一九八六、内藤正敏『修験道の精神宇宙』、一九九一、岩鼻通明『出羽三山信仰の歴史地理学的研究』、一九九二、戸川安章『出羽修験の修行と生活』、一九九三、岩鼻通明『出羽三山の文化と民俗』、一九九六

(岩鼻　通明)

てんがい　天蓋　神楽に際して神殿《こうどの》や舞殿の天井につけて神を招き降ろす作り物。元来は寺院の仏像や法座の上に吊す荘厳の名称である。宮崎県椎葉の雲、備後・備中の白開《びゃっかい》、愛知県奥三河の花祭の白蓋《びゃっけ》、羽後の仙北や由利の大乗も同系統で、かつての伊勢神楽では真床覆衾《まどこおぶすま》といった。動かす場合と装飾のみの場合がある。石見の大元神楽では前段の神事の終了後に天蓋引きがあり、神楽歌に合わせて神名を唱え、天蓋を上下に引き、次第に急調子となる。曳き糸が縺れた時は歌いながら解く。かつては幣と扇をもつ中ノ舞がこの下であり、剣をかざして神がかりに入ったという。天蓋は降居《おりい》ともいい、神が降りて威力を示す。奥三河の北設楽郡豊根村山内の花祭では湯蓋とは別に設定され中に舞手が入って神がかったという。託宣が祭文化したと思われる降居の遊びはこの状況を推定させるが、現在では市の舞・中申し・鎮めなどに断片化した。生まれ清まりや浄土入りを行なった御神楽の「白山《しらやま》」にも白蓋があり、擬死再生の装置であったと見られる。白は誕生や成育を意味する。羽黒修験道の秋峰では、二の宿の最後に道場の天井の天蓋から血管に擬せられる赤白の紐が降りてきて天地合体を示し、下で延年の行事があった。天蓋自体が母胎に見立てられ、擬死再生も意図された。修験は芸能の担い手となり、神霊や人間の再生や活性化を意図する民間の神楽に影響を与えた。天蓋は虚無僧の被る深編笠や葬送の時の棺覆いの名称でもあり、死者の霊の再生や復活を願う生まれ変わりの装置ともなった。　↓白蓋《びゃっけ》

大元神楽の天蓋引き（島根県桜江町市山）

参考文献　本田安次『神楽』(「本田安次著作集」一、一九九三)、山本ひろ子『変成譜—中世神仏習合の世界—』、一九九三、宮田登『白のフォークロア—原初的思考—』(「平凡社ライブラリー」、一九九四)、石塚尊俊「白蓋考」(『女人司祭』所収、一九九四)

(鈴木　正崇)

でんがく　田楽　一般には新春に予祝として演じられる田遊びを含めて、稲作に関する芸能の総称。その芸態は必ずしも一様ではなく、㈠田植えを囃す楽、㈡専業田楽法師による芸能、㈢風流田楽に分けるのが実体の把握には都合がよい。㈠は囃《はや》し田《だ》・花田植などとも呼ばれ、田植えにあたって神を勧請し、田を植える行為を厚みのある太鼓・笛・すりささら・銅拍子などの楽器で囃し歌をうたう芸能の名称。平安時代の『栄華物語』『長秋記』などにすでに記録がある。中世までは一般にみられた田植えの方式であり、今日でも広島県・島根県などの山間部に伝承され、早乙女が歌大工(サンバイともいう)と掛け合いで中世の面影が残る田植え唄をうたい、男たちがそれを囃す。『栄華物語』にはこの時に用いる太鼓を「でむがく」とは呼んでいるが、行事全体を田楽の名では呼ぶことはない。ただしこの田植えの楽を貴族たちが賞翫の対象とするに至り、㈡の田楽法師や猿楽者が、田植えの囃しに加わるようになり、芸態に混乱が生じた。田楽は歴史的には、㈡の僧形の専門芸能集団が演じる芸能のことで、その芸態の中心は薄手の腰太鼓打五～六人、びんざさら(編木)五～六人、笛一人、小鼓一人、銅拍子一人などの構成で、楽器を奏しながら隊形を変えつつ躍る田楽躍で、ほかにも大陸渡来の散楽芸能である品玉《しなだま》・刀玉《かたなだま》・高足《たかあし》・一足などの曲芸を演じた。平安時代中期にはすでに獅子舞・王の舞・細男《せいのお》・巫女舞などとともに社寺の祭礼に活躍しており、その芸態が舞楽などと同様に対称的な隊形で、幾何学的な動きを見せリズミカルに躍ること、主要楽器に渡来楽器と思われるびんざさらを用いることなどから考えて、この芸能の成立は㈠の田植えを囃す楽とは直接関係がなく、散楽系の渡来芸能であったと思わ

れる。中央では新座・本座など専門の座が成立しており、鎌倉時代末期には、猿楽の能をとりいれた田楽能も演じた。室町時代中期には田楽能の方が本芸となり、猿楽芸団と互いに競いあったが、末期には猿楽座に押されて中央から姿を消した。現在、地方の民俗芸能として、岩手県西磐井郡平泉町の毛越寺、長野県下伊那郡阿南町新野の雪祭、和歌山県東牟婁郡那智勝浦町の那智大社、奈良市春日大社、島根県隠岐島美田八幡宮（隠岐郡西ノ島町）など六十余ヵ所に形骸化しながらも伝承される。㈢は平安時代の末法思想や政治的意図により、下級貴族や院の武士などが、㈠の田植えの楽に出る田主《たあるじ》や早乙女・昼飯《ひるま》持《も》ちや、㈡の田楽法師の田楽躍や曲芸を真似て、都大路を熱狂的に練り歩いた特殊な芸能で、一〇九六年（永長元）を頂点に爆発的に流行した。その様子は『洛陽田楽記』や当時の公家の日記である『中右記』などに記される。この芸系はのちに残らなかったが、わずかに祇園御霊会に朝廷が出した文殿《ふどの》の役人による歩田楽《かちでんがく》に面影を残した。

→田遊《たあそ》び　→花田植《はなたうえ》

参考文献　能勢朝次『能楽源流考』、一九三六、『まつり』五（特集田楽の研究、一九六三）、同六（特集田楽躍、一九六三）、本田安次『田楽・風流一』（『日本の民俗芸能』二、一九六七）、新井恒易『（続）中世芸能の研究―田楽を中心として―』、一九七四、伊藤磯十郎『田楽史の研究』、一九八六

（山路　興造）

てんかまつり　天下祭　近世の江戸で幕府の官祭であり、将軍上覧祭とされていた山王祭礼・神田明神祭礼の二大祭礼のこと。山王社は将軍家の産土神、神田社は江戸の物鎮守であった。なお正徳年間（一七一一―一六）に将軍徳川家宣の産土社であった根津権現祭礼が、ただ一度同じ格式で執行されている。天下祭という言葉は幕府の公的な文書にはみられないので、この呼び名は江戸の町人がみずからの祭礼の格式を誇って呼んだ誇称であったようである。両社の神幸祭は一年交代で行われ、祭礼年には華麗な祭礼行列が江戸市中・江戸城内を巡行した。祭列は山車行列と神輿行列とで構成され、山王祭礼の場合は四十五基、神田祭礼は三十六基の山車が曳き出されることになっていた。山車行列の間には付祭と御雇祭がはさまれたが、付祭は若い女性を主役として趣向を競った踊りや所作事で、文化・文政期には二十組ほど、天保改革以後は三組が繰り出されている。一つの付祭は練物・地走・踊台の三種からなり、つごう九組の練物が出されるのが幕末の慣例であった。御雇祭は幕府の資金で加えられた練物をいい、太神楽や独楽廻《こままわ》しなどである。こうした付祭の芸能部分が天下祭最大の呼び物であり、江戸の民衆はその趣向に熱狂した。巡行の最高潮は江戸城内

福島県いわき市の御宝殿の田楽

愛知県設楽町田峯の朝田楽

島根県西ノ島町美田八幡宮の田楽

への練り込みであるが、城内吹上の上覧所において将軍や大奥の女性たちが祭礼行列を台覧したことから、町人たちはその賞賛を得ようとしてますます趣向に力を入れ、芸能を洗練させた。天下祭は近世を代表する大祭であったが、明治になって幕府の後楯を失い、また山車行列も消滅したため往時の華やかさを喪失した。↓神田祭《かんだまつり》 ↓山王祭《さんのうまつり》

参考文献 『天下祭』(「東京市史」外篇四、一九三九)、岡田米夫編『日枝神社史』、一九七六、牧田勲「天下祭の性格」(『摂南法学』一、一九六九)、黒田日出男「天下祭り絵巻の世界」(『王の身体王の肖像』所収、一九九三)、作美陽一『大江戸の天下祭り』、一九九六、牧田勲「江戸祭礼と女性(一)」(『摂南法学』一七、一九九七) (牧田 勲)

てんきうらない 天気占い 自然現象や動植物の状況に着目して、天気や気象の状態を知ること。また、「明日、天気になあれ」などといって、下駄を放りなげて天気を占う遊び。農事に明け暮れした時代には、天気や気象の状態は作業の手順や収量に多大な影響を及ぼした。このため苦慮しながらもその観測や予知に関心をはらい、いつしか四周に生起するさまざまな事象の中に天気の前触れとなる要因を見出し、それを手掛かりとして予知することを体得していったと考えられる。こうして体得した知識は、天気俚諺のような体裁で言い伝えられているものが多い。科学的知識の未発達な時代にあっては広く行われてきたことで、中に真偽の定かでないものも含まれているが、多くは積み重ねられた経験から汲み取った知識で、信頼に足り民俗知識の名に値するものが少なくない。自然現象によるものは、西が曇ると雨、西風は天気、東風は雨、朝虹は雨、夕虹は晴、朝雷は七日のしけなどといったように雲・風・光象・音、あるいは時制・方角などを予知の手段としている。動物を手段とした予知に登場するのは、雀が餌を運んでいると雨、尾長や雉が鳴くと雨、蛇が出てくると雨、カエルが飛び込んでくると雨などといったように鳩・雀・烏・尾長・雉・蟬・蜂・蛇・ミミズ・蟻・カエル・魚・犬・猫などで、いずれも周囲に棲息する、あるいは棲息してきた小動物であることを特色としている。折りに触れて目のあたりにしてきたこれら小動物との因果関係が熟知され、予知が心掛けられるようになったと思われる。これらの動物による予知に比べると、有効性が小さかったものか植物によるものは少ない。なお、予知の内容を晴と雨とに大別すると、雨に関するものが、圧倒的に多い。このように雨についての関心が高いのは、生業の主体を農業に置いていた往時の状況からすると、当然の帰結と考えられる。

参考文献 田中正明「民俗知識小考」(『八潮市史研究』三、一九八二) (田中 正明)

てんぐ 天狗 山の神、山の妖怪の一種。通常、大天狗・小天狗と称されているごとく、天狗に対するイメージには二種類ある。前者の大天狗は鼻が異常に高く、山伏のような服装をして高下駄をはき、羽団扇を持って自由自在に空中を飛翔するというイメージであり、祭礼における神幸行列の先頭にいる天狗(猿田彦)も大天狗に属しているといえよう。一方小天狗は背に翼を備え、鳥の喙《くちばし》をもつ鳥類型としてイメージされている。こうした天狗のイメージは次第に形成されてきたものであり、平安時代末の『今昔物語集』には、空中を自由に飛行する、僧・仏・聖人に変化したり、人に憑く、山中を住処とする、屎鵄《くそとび》(中形の鷹)を天狗とするなど、必ずしも形が定まったとはいえないさまざまな天狗伝承が記されている。それが中世の『太平記』では「天狗山伏」と記されているように山伏と一体化するとともに、謡曲『鞍馬天狗』では、彦山の豊前坊、白峰の相模坊をはじめ各地の霊山に棲息する天狗が登場し、中世末から近世に成立したという『天狗経』には愛宕山太郎坊、比良山次郎坊、鞍馬山僧正坊をはじめ全四十八の大天狗が列挙されている。つまり天狗伝承の隆盛は修験道の隆盛と時期を同じくするものであり、柳田国男の挙げた天狗の気質(清浄を愛する、執着心の強さ、復讐を好む、任俠の気質)は、中世修験道がもつ気質が反映されたものといえる。こうして大天狗・山伏型の天狗が形成されたのであるが、それは古代において山の妖怪の主役であった鬼の位置を天狗が奪ったことを意味している。また図像的にみて、鼻高は伎楽面の一つ胡徳《ことく》面、鳥類型の天狗は仏教の迦楼羅《かるら》像の影響を受けて成立したとする考えもある。天狗の一種で、信州の飯縄山《いいつなやま》、静岡の秋葉山、東京の高尾山などにまつられる飯綱(縄)権現は、鳥類型の天狗像の一種で、荼吉尼《だきに》天・不動明王・天狗が習合して形成されたとみることが妥当であるが、迦楼羅との関係も無視できない。一方民俗世界の天狗伝承は、天狗を山の神とする信仰のほか、山中の怪異伝承・神隠し伝承として語られるものが多い。山の怪異伝承としては、山中において深夜に鋸や斧で木を伐り倒す音が聞こえるという「天狗倒し」「狗賓さんの空木倒し」、どこからともなく石が飛んでくる「天狗の礫《つぶて》」をはじめ「天狗笑い」「天狗太鼓」「天狗のゆすり」など各種のものがあるが、怪異伝承にみる天狗には具体的なイメージがない。しかし子供や若者が突然姿を消し、数ヵ月あるいは数年後に戻るという「天狗隠し」(神隠しの一種)は、「天狗の止木《とまりぎ》」「天狗松」などと称される一種の神の依代と結びつけられて語られることが多く、空中を自由自在に飛行できる点が強調されている。怪異伝承・神隠し伝承にみる天狗は恐れ畏怖される存在であるが、隠れ蓑笠型の昔話に登場する天狗は、人間よりも劣った存在として描かれている。

参考文献 知切光歳『天狗考』上、一九七三、五来重「天狗と庶民信仰」(『新修日本絵巻物全集』二七所収、一九七八)、宮本袈裟雄『天狗と修験者―山岳信仰とその周辺―』、一九八九 (宮本袈裟雄)

テングサ テングサ 暖海の干潮線付近の岩に着生する紅藻。古くから心太《ところてん》の原料となり、江戸時代に寒天の製

造技術が発明され、需要が飛躍的に増した。ダイナマイトや医療用、食品加工用とその用途はひろまり、特に朝鮮戦争（一九五〇年六月―五三年七月）の末期には異常なほどの高値になって、漁村がテングサ景気にわいた。このころ伊豆諸島では済州島や志摩の海女がやってきて潜りに従事していた。奈良時代の都平城京には心太店もあったといわれ、室町時代の末期には心太売りの絵図も残されている。一七一二年（正徳二）の『和漢三才図会』に伊豆国がテングサの産地として記録され、明治時代初期には内務省の福羽逸人《ふくばはやと》は伊豆諸島を巡察してテングサ（石花菜「新島・神津島・三宅島」）の記録を残している。今ではそのテングサも海外から輸入されるが、加工の段階で凝固を確実なものとするために三宅島産のテングサを混ぜる。寒天の製造には寒冷な気候が適していて主に中部高地に運ばれる。テングサの採取には今でも素潜りと簡易潜水具による潜り、それに寄り草採取の三通りがあり、潜水具を用いる場合は深さ三尋《ひろ》（約四・五メートル）以上に限られる。着生したテングサを採取するためには、岩で怪我するので手製の綿布の指サックが欠かせない。寄り草の採取は春一番のころ波打ち際に寄せられたテングサを大網で掬うもので泳ぎの達者さが要求される。なお、出荷にあたり寄り草はアカのまま干し、潜りテングサは水をかけて乳白色の晒し干しにする。

参考文献　橋口尚武「三宅島のテングサ採り」（『日本民俗文化大系』一三所収、一九六五）　（橋口　尚武）

てんぐまつ　天狗松　天狗が休んでいる、住んでいる、あるいは天狗の遊び場になっているなどといわれる松。全国的に広く聞かれる伝説であり、天狗がその木の下を通る人にいたずらをしたとか、その木を伐ったり伐ろうとしたところ祟りがあったなどという。特徴的な形態の樹木や巨木は、古くから神の依代とみなされており、そうした木には神霊が宿ると信じられ、樹木自体も神聖視されていた。→笠掛け松《かさかまつ》　→腰掛け松《こしかまつ》

参考文献　柳田国男「神樹篇」（『柳田国男全集』一四所収、一九七〇）　（大嶋　善孝）

てんこうかいぶつ　天工開物　中国明代末の一六三七年（崇禎十）に宋応星の著わした技術書。上中下の三巻からなる。著者は江西省生まれで地方官を勤めた人。商品経済の浸透した時代を反映して穀類・油料作物・綿・麻・豆類の栽培・加工や養蚕・養蜂・鉱石珍珠玉石の採取、紡績・染色・搾油・製糖・製塩・製紙・陶磁器・精錬・鋳造・鍛冶・造船・兵器製造などの生産工程が絵入りで簡潔に解説されている。絵図は稚拙であるが『三才図会』などとは別系統で、前書の孫引きではなく新図と考えられ、当時の技術を知る上で資料的価値が高い。藪内清訳注で『東洋文庫』に収められている。　（河野　通明）

てんじょう　天井　古くは組入れまたは承塵を天井といい、後世においては室内の上部意匠の一つでもある。天井と組入れという名称は承塵の板もしくは絹布などを支持するために桟《さん》を縦横に組んだものをいったが、承塵の名は組んだ桟の上を覆って塵埃の落下を防ぐことからきている。屋根の小屋組や階上の床組を隠すことにあるが、防塵・防音・防寒・保温などに役立ち、室内環境を快適にする。水平に張るのが普通であるが特殊な天井として傾斜や曲面に張ることもある。また天井を設けず小屋組や床組を化粧として表わすこともあり、化粧屋根裏あるいは化粧梁《けしょうはり》天井と呼ぶ。天井下地の構造によって分類すると、吊天井、直張り天井、直塗り天井がある。仕上げによっては板張り天井、塗天井、各種張り天井、化粧梁天井がある。板張り天井は天井下地の野縁の上に直接天井板を張った平板張り天井、竿縁《さおぶち》の上に直角方向に天井を張った竿縁天井、格縁を格子に組んでその上に鏡板を張った格縁天井、民家においては二階梁や根太の上に直に厚い板を張った踏板天井あるいは根太天井、梁組上に簀子に丸竹や板を並べた簀子天井などがある。塗天井は野縁に木摺り貫を打ちあげ、漆喰・プラスター・石膏・スタッコなどの塗り仕上げをしたもので洋風建築に広く用いられるが体裁もよい一方亀裂が入りやすい。各種張り天井は目透板張り・平板張り・漆喰塗り・繊維板張りがある。化粧梁天井は意匠上梁や根太を化粧として表わした天井をいう。普通居室の天井高は床面から天井の下面までをいい、建築規準法で二・一メートル以上と定めている。

参考文献　『古事類苑』居処部、一九六九、建築学ポケットブック編集委員会編『新編建築学ポケットブック』、一九八四　（山崎　弘）

でんしょう　伝承　文化の時間的な移動を意味する概念。文化の空間的な移動を意味する伝播に対する語。すなわち広義には、上位の世代が語る言葉、または上位の世代が示す動作・所作を、下位の世代が聴くか見ることで受け継いでいく行為のこと。前者が口頭伝承であり、それに対し後者は動作・所作伝承である。口頭伝承では、語り継ぐ行為とともに、語られる神話・昔話・伝説・諺・民謡などもまた伝承と称されるが、伝達手段としての言語、たとえば日本語そのものも基本的には伝承されてきたものである。一方、狭義の伝承は型を伴う。すなわち何らかの事柄が世代を越えて繰り返されていくことによって型が形成され、その型が伝承されていくこととなる。伝承は文化のうちでも基層文化とか伝承文化の形成要素であるが、上層文化のうちでも伝統的な演劇・武術・工芸といった分野にも伝承は存在する。つまりこれらのいわゆる伝統文化もまた伝承によって成立しているのである。口頭伝承と動作・所作伝承は盆踊りと盆唄が示すように複合的に表出されることが多いとともに、価値観を随伴することも少なくない。つまり伝承は伝達する側も、継承する側も、意識的に行うばあいと無意識的になされるばあいとあるが、いずれにしてもそこには規範や禁忌がしばしば付随し、それらも伝承されていく。

参考文献　務台理作「伝承的文化」（『表現と論理』所収、一九四〇）、和歌森太郎「民俗学の歴史哲学」（『和歌森太郎

著作集』一〇所収、一九六二)、平山和彦「伝承の理論的考察」(『伝承と慣習の論理』所収、一九九二)
(平山　和彦)

でんしょうしゃ　伝承者　民俗調査の聞き書きの対象となる人物のうち、ある社会の民俗を把握するために好ましいと考えられた者。柳田国男の表現によれば、たとえ文字の教育に疎くとも思慮深く感性豊かで、若干の指導能力を具え、幾分の余裕のあった男女で、今まで古い慣行を守ってきた人々の中で聞かれれば語りたいと思う者のことである。民俗はある地域で集団の規制力をもって世代を超えて継承されているものであるから、調査が一定の地域を単位に行われ、被調査者の固有名詞を問題とせず、ある社会の人々として集団的にとらえられることが、伝承者を論じるときの前提となる。変動が少なく比較的閉鎖的な社会にあって、成長する間にさまざまな人生儀礼や年中行事を体験し、社会集団の中でそれぞれの役割を果たして老齢に達し、民俗に対する関心をもっていれば、その人を通してその社会で保持されている一通りの民俗をとらえることが容易である。そうした民俗を豊富に伝承している人がおり、その人からの聞き書きによって多くの民俗資料を得られることが、経験的に知られている。年は若くとも民俗のある側面については非常に詳しい人もいる。人々の間でもたとえば昔話ではその語り口まで含めて、伝承の担い手であることを自負する人もあり、調査を行うときの問題意識によって同一の社会であっても、別の人が伝承者とされる。こうした伝承者のとらえかたの背後には、民俗調査の目的が前代的な伝承の採集にあり、なるべく崩れていないと考えられる状態を聞き書きによって探し出そうとする意図がある。そのため伝承者の死とともに消滅するような民俗の記録が重視され、その体験や伝聞の収集をめざしたので、過去の生活を追求することに重きがおかれた。ほかにそうした側面に注目する学問がないならばそこに意義を見いだすこともできるが、反面では調査時の現実の状況への配慮は十分になされなかった。調査対象の村落の現状よりも、伝承者の記憶にある古いものを引き出して、古いムラ社会の再構成をめざしたのであり、伝承者は民俗語彙を通して過去に想定される原型を見いだすための資料を提供したのである。一九六〇年(昭和三十五)前後に、すでにそうした意図のもとでは変貌しつつある郷土生活の実態に迫っていく方法は出てこない、との批判が行われていた。文字教育に疎く、口承によっていたというかつての伝承者像も、伝承のあり方が書承からさらに電子情報化されたものにまで広がることによって変わらざるをえなくなっている。

参考文献　福田アジオ『日本民俗学方法序説―柳田国男と民俗学―』(『日本民俗学研究叢書』、一九八四)
(古家　信平)

でんしょうぶんか　伝承文化　世代を越えて伝え、受け継がれる文化。文化は伝播と伝承によって移動する。伝播は空間的な移動であり、伝承は時間的な移動である。たとえば都市の文化が村落へ、外国文化が日本へ輸入されるのが伝播であるのに対し、上位の世代から下位の世代へ伝達されていくのが伝承である。伝承文化とは、伝承によって成立している文化のことで、伝統文化と同義である。伝承文化は、上層文化に対し生活文化ともいうべき基層文化に濃厚にみられた。機械化や合理化が進展するまでの、たとえば、衣食住・通過儀礼・年中行事・民間信仰・生業など、人々の生活と生産活動は先祖代々受け継がれてきた文化を主な内容としていたからである。しかし基層文化が即伝承文化ではない。上層文化にも伝承文化の要素は存在する。歌舞伎・能狂言・浄瑠璃などの古典芸能や、いけばな・陶芸などの美術工芸、剣術・弓術・棒術といった古武道、その他、さまざまな職人の世界などは、それらの技術と精神とが師匠から弟子へと伝承によって伝達・継承されて成立してきたものだからである。基層文化と上層文化における伝承の顕著な差異は、前者の伝達者と継承者が集団的で、その伝承のあり方が無意識的であることが多いのに対し、後者の伝承が師弟といった限られた社会関係の間で意識的になされる場合が多い点である。いずれにせよ価値観の変化や世代間の齟齬や断絶により、伝承文化は変容もしくは衰微する。→基層文化《きそうぶんか》　→民間伝承《みんかんでんしょう》

参考文献　務台理作「伝承的文化」(『表現と論理』所収、一九四〇)、平山和彦「伝承の理論的考察」(『伝承と慣習の論理』所収、一九九二)
(平山　和彦)

でんしょうぼたい　伝承母体　民俗を保持・伝承する単位。伝承単位体・民俗継承体・伝承基盤などとも捉えられる。民俗事象を、それを維持している社会や社会集団から切り離して資料化し、集積・比較して、事象自体の歴史的前後関係を捉えようとする民俗学的方法を批判して生まれた概念である。民俗事象は地域社会の環境・歴史・生産構造・社会的性格の影響を受ける存在であり、伝承母体の中で社会的機能を持ちながら生成・維持・伝承されるとする捉え方が基本にある。一般的には伝承母体は村落社会・地域社会とされるが、家族・親族・村組・講集団・青年会・同業者組合など、地域社会の中に存続している個々の社会集団、社会組織も民俗を保持する単位として考えるべきである。民俗と、それを担う具体的な伝承母体との関係を設定することで、民俗が相互関連する姿を捉えることができる。個々の民俗事象は孤立して存在するのではなく、伝承母体の中でそれを構成する具体的な人々の集まりによって関連して担われ、そして民俗を生成・維持・受容・伝播、変化・消滅させるのは人々の内的、主体的意思であると捉えることになる。また伝承母体を設定することで、社会状況の変化の中で民俗が変化する過程を捉えることができる。生活の変化を促す外的要因に対して、人々は受容・拒否・修正などの選択を行い、その過程および結果が、保持している民俗

に反映されるのである。

参考文献　山口麻太郎「民間伝承の地域性について」（『民間伝承』一三ノ一〇、一九四九）、福田アジオ『日本村落の民俗的構造』（『日本民俗学研究叢書』、一九八二）、山本質素「日本民俗学における「地域差」と「地域性」概念について」（『国立歴史民俗博物館研究報告』五二、一九九三）　（山本　質素）

てんじんえんぎ　天神縁起　京都の北野天神社の神の由来を解き明かしたもの。菅原道真の一代を叙述し、後半に北野社の霊験説話を付加する。道真が北野の地にまつられるまでの物語は雷神信仰と御霊信仰とを基盤としている。作者は未詳だが、天台宗の僧侶だとみなされている。伝本が多く、数系統に分けられ、古いところでは建久本・建保本がある。承久年間（一二一九―二二）に絵巻九巻本が作られ、この承久本はかなり流布し（根本縁起ともいう）、中世後期以降もこれを踏襲する多くの縁起が編まれた。絵巻ではほかに永仁本・正嘉本・弘安本がある。これらと内容をかなり違えたものに安楽寺本があり、特に道真の受難と、怨霊となった以降を詳しく説いている。諸本いずれも三つの内容でき上がっており、第一部は、道真の幼児での出現（この世に化現したとして、父母を明らかにしない）から、文才の名声、藤原時平の讒言《ざんげん》、大宰府への配流、天拝山での祭文、死去である。第二部は、道真が怨霊と化して、都や宮中に落雷など危害を及ぼすという物語で、その中に法性房尊意（道真の亡霊との対面）、浄蔵法師（加治祈禱）、日蔵上人（六道巡り）のエピソードを交えている。第三部は、西京に阿夜古（文子）という女性がいて、天神となった道真の霊の託宣を請け、北野の地にまつりあげたことや、数かずの霊験譚を物語る。なお『神道集』の第五十話「北野天神事」は安楽寺本の系統のもので、本地譚的性格が強い。また御伽草子の本地物に『天神の本地』があるが、この安楽寺本系統の影響下にあり、さらに各種の説話を利用し、室町時代の伝承を加えて成ったものである。民間伝承としての天神伝説も流布しており、よく知られた飛梅説話のほかに、現在報告されるそれが、特に西日本の各地に多いのは、道真が京都から大宰府へと都落ちする経路にあたっているからである。『寺社縁起』（『日本思想大系』二〇）、『新修日本絵巻物全集』、『日本絵巻大成』、伝承文学研究会編『神道物語集』、横山重・松本隆信編『室町時代物語大成』一〇、真壁俊信編『神道体系』神社編一一などに複製・翻刻と解説が載る。→天神信仰《てんじんしんこう》

参考文献　柳田国男「雷神信仰の変遷」（『柳田国男全集』一一所収、一九九〇）、村上学「神道集巻九北野天神事ノート」（『名古屋大学国語国文学』一五・一七、一九六四・六五）、梅津次郎『絵巻物叢考』、一九六八、笠井昌昭『天神縁起の歴史』（『風俗・文化史選書』一〇、一九七三）、中野玄三「社寺縁起絵論」（奈良国立博物館編『社寺縁起絵』所収、一九七五）、徳田和夫「太宰府天満宮蔵天神縁起三種」（林雅彦・渡辺昭五・徳田和夫編『絵解き―資料と研究―』所収、一九八九）、山中耕作編『天神伝説のすべてとその信仰』、一九九二、松本隆信『中世における本地物の研究』、一九九六　（徳田　和夫）

てんじんこう　天神講　一月・二月ごろ、子供の仲間によって行われる講。一般的には、学問の神様、菅原道真をまつるための講であると解釈されているが、そこに、御霊信仰としての天神信仰を認めることは難しい。信仰の形態としては、一年に一、二回程度の天神講の際に、天神社と呼ばれる小祠への参詣、天神様の掛け軸をかけ、習字の上達、勉学の向上などを祈願する程度であり、強い信仰が向けられているわけではない。むしろ、民俗としての天神講の重要性は、天神信仰としての側面にあるのではなく、子供によってなされて来た社会伝承としての側面であろう。天神講は、特に、関東地方から長野県、山梨県、静岡県東部・伊豆地方に濃厚に分布しているが、おおむね十五歳を上限とする子供（ほとんどの場合、男女とも）が、宿《やど》や天神社などに集まり、食事をして遊ぶ。いわゆる子供組の行事といってよいが、静岡県伊豆地方では宿をとる場合が多く、宿の家の主婦が食事などの準備をするため、ほかの子供組の行事、たとえば当該地域のドンドヤキなどと比べ、最年長者の指導性は弱くなっている。埼玉県秩父郡小鹿野町や吉田町などでは、一月二十四日夜から翌朝にかけてが天神様の祭で、コーチ（耕地）の天神様に子供たちが集まり、ひと晩泊まって遊んだという。このように、天神講と呼びながら、天神信仰としての性格が弱いため、古い天神信仰が子供の世界に残存したというような視点ではなく、宿をとったり、天神様に泊まるという民俗の実態から、その意味を解いて行く必要があるだろう。　（岩田　重則）

てんじんしんこう　天神信仰　㈠菅原道真の霊をまつる信仰。現在では学問の成就を願って信仰する若者が多い。菅原道真は十八歳で文章生、三十三歳で文章博士となり、その学問を深めた。五十五歳で右大臣になったが、九〇一年（延喜元）に大宰府に左遷され、二年後に他界した。その後、九二三年（延長元）に皇太子保明親王、その二年後には皇太子慶頼王、九三〇年には清涼殿への落雷で大納言藤原清貫が他界するなどの異変が続き、道真の御霊によるものと恐れられた。大宰府では、味酒安行が九〇五年に道真の神託によって祠廟を建て「天満大自在天神」と称し、京都では、九四二年（天慶五）多治比文子に道真の託宣があり、右近馬場でまつるように告げ、また近江国比良社の禰宜良種の子供にも同様の託宣があり、北野の地に道真をまつる神社を建てた。九八七年（永延元）、はじめて官幣になり、「北野に坐します天満宮天神」とされた。→御霊信仰《ごりょうしんこう》

参考文献　村山修一編『天神信仰』（『民衆宗教史叢書』四、一九八三）　（上井　久義）

㈡石川・富山を中心に北陸地方でみられる信仰。富山県では天神様は正月神とされている。明治ころまでは土人

形の天神を、その後は画像の掛軸を床の間に飾り、鏡餅・神酒を供える。正月様の歌も「天神様、天神様、どこまでござった」で始まる。正月二十五日の天神講にしまう。掛軸は男の初孫が生まれると、妻の実家から年末に贈る。石川県では金沢市を中心にミニチュアの天神堂がある。玉垣で囲んだ長さ一メートルほどの社地にお堂・鳥居・狛犬・幟旗などを配し、堂には土人形の天神・随身などを飾る。加賀・越中の領主前田氏の祖が菅原道真とされたために天神信仰が広まったものと考えられる。

〔参考文献〕 青柳正美『学芸の神菅原道真―天神信仰と富山―』、一九六六
（佐伯　安一）

てんじんまつり 天神祭 ⇩天《てん》満《ま》祭《まつり》

てんすいおけ 天水桶 雨水を受けて防火用に備えた桶。一六五七（明暦三）の江戸の大火、いわゆる明暦の大火（振袖火事）の前より諸文書・町触に登場している。屋根上・軒下・町角に設置し、雨樋《あまどい》を利用して雨水を溜める工夫をした。桶は木製と鋳物がある。軒下には天水桶の上に板を横に渡し、手桶を三角形に積み上げている。消火能力は低く、火消がくる初期段階の防火手段であった。
（鈴木　章生）

てんすいだ 天水田 河川・溜池などからの水路を持たず、もっぱら雨水に灌漑用水を依存する水田。天水を表わす語彙にオテンスイ、ミゾトリアメがある。天水田は、山間の谷筋に多く分布し、天水のほか、山のしみ出し水をたよりに耕作される。年間を通して水を溜めるために、常に湿田状態にあり、普通水稲一作しかできない。こうした条件の悪い天水田は、減反政策の進行とともに著しく減少した。

〔参考文献〕 斎藤卓志『稲作灌漑の伝承』、一九八七
（斎藤　卓志）

でんせつ 伝説 民俗学が対象とする口承文芸の一分類。一般にはイワレ、イイツタエなどと称され、土地に根差した形で伝承されてきた。日本の民俗学的伝説研究を確立した柳田国男は、伝説と領域を接するほかの分類との比較を通しながら、その輪郭を明らかにした。すなわち、(一)伝説はこれを信じる人がいる。(二)伝説には必ずその記念物がある。(三)伝説の説明には決まった形式がない、という三つの要点を挙げた。これは伝説の定義ではないが、伝説をとらえる場合の便利な指標となっている。伝説の源流は神話にあるとされ、その神話が祭祀において語られなくなった時に機能分化が起り、信じられる部分が伝説として残ったとする。伝説が信じられるものであることは、記念物があること、叙述形式がないこととも関わって、伝説の本質を表わしている。伝説が事物に結びつき、聞き手に応じた表現をとるのは信憑性を高める装置でもあり、本来的に信じてもらうことを強く要求しているからである。昔話が童幼の個的な情操の涵養の一面を担うのと対照的に、伝説は集団の一員としての社会性、アイデンティティの獲得を第一義とする。これは両者の機能の違いであって、伝説はいわばかつての村落社会における成人の不可欠な知識であったのだといえる。一九一三年（大正二）に高木敏雄が示した伝説の分類は、モチーフ・趣意に偏したと柳田に批判され、また分類基準が曖昧なこともあって、その後利用される機会がなかった。柳田は伝説の対象となる目的物による分類を提唱し（「木思石語」、一九二八）、それを一九五〇年（昭和二十五）の『日本伝説名彙』によって具体的に示した。それによると全体を「木」「石・岩」「水」「塚」「坂・峠・山」「祠堂」の六部立てとし、各部にさらに下位項目を設けた。この柳田の整然とした分類方法は伝説を発生的にとらえようとする意図に拠っている。神話からの一次的発生の伝説が、のちに家の没落などで管理者を失った段階で、旅の宗教者（座頭・巫女・旅芸人など）がこれに歴史的人物名を冠して新たな装いを施した。この歴史化、合理化を二次的発生ととらえるが、しかし前代伝説は地物名として残っていると洞察する。この地物の名を伝説名に用いて分類するというのが、柳田の伝説名彙の方法であった。しかし、柳田の分類は、一方で伝説のことばを冷遇することになった。この二次的発生の伝説のことばを復権しようとする動きが、関敬吾や臼田甚五郎の分類案に見られる。そうした流れの中に『日本伝説大系』全十五巻が編まれた。これは伝説をその性格から「文化叙事伝説」「自然説明伝説」とに大別し、前者はさらに主題に基づいた下位項目を設け、後者は柳田の『日本伝説名彙』を踏襲した。伝説はコトかコトバかといった議論を止揚折衷した形の分類といえる。日本の伝説研究は、初期には高木敏雄・松村武雄・島津久基らの比較研究や文学研究もあったが、次第に『旅と伝説』（一九二八創刊）誌上を中心に、柳田主導の一国の伝説の発生的研究に染まっていった感がある。昨今のこうした伝説研究の停滞を打破する意味でも、比較研究や文学・歴史との接点をもっと広げた研究が望まれる。

〔参考文献〕 柳田国男「伝説」（『柳田国男全集』七所収、一九九〇）、同「伝説のこと」（同）、高木敏雄『日本伝説集』、一九七三、福田晃「伝説の分類と定義」（『歴史公論』八ノ七、一九八二）
（花部　英雄）

でんせんびょう 伝染病 病原微生物の感染により伝染し、集団的に流行する疾患の総称。伝染は必ずしも人から人とは限らないが、伝染病とは元来人から人に伝染する病気を意味した。かつての疫病に代わって伝染病といわれるようになったのは、医学の発達・普及に伴い、伝染する病という認識がもたれるようになる明治期以降である。伝染病への対策はまず、疱瘡・コレラの伝染病予防対策から始まり、一八八〇年（明治十三）には総合的な「伝染病予防規則」が制定された。この対象となった伝染病はコレラ・腸チフス・赤痢・ジフテリア・発疹チフス・疱瘡の六種が中心であり、これらは代表的な疫病であった。一八九七年には伝染病予防法が施行された。伝染病治療は、一九三〇―四〇年代にかけてサルファ剤や抗生

物質などの科学療法剤が出現し飛躍的に進歩したが、それまでは疫病神退散を祈願する呪術的方法が中心であった。なかには村落の掟として強制的に患者隔離をしたり集落内外の通行制限をした所、また個人的に流行病の発生したムラを逃げ去り感染を防いだという人もあり、記録も残されている。伝染を恐れ病人を薬師堂や村はずれの小屋に隔離して特定の看病人のみが食事を運んで出入りしたり、接触を避けて、食物を竹棹に吊して囲いの中の病人の家に届けることもあった。伝染を防ぐために病人の家に行くとき、またその家の近くを通るときは必ず口に梅干を入れる（滋賀県野洲町）などが行われていた。

→疫病《えきびょう》　→疫病神《えきびょうがみ》　→コロリ　→疱瘡《ほうそう》

参考文献　遠藤冬花「小通信―流行病除けの呪い―」（『土俗と伝説』一ノ一、一九一八）、富士川游『日本疾病史』（「東洋文庫」一三三、一九六九）、今村充夫『日本の民間医療』（「日本民俗学研究叢書」、一九八三）　（大柴　弘子）

てんそんこうりん　天孫降臨　記紀神話において、葦原《あしはら》の中国《なかつくに》（地上）を統一した大国主神《おおくにぬしのかみ》のもとに、高天原《たかまのはら》から遠征軍が派遣され、二度の失敗の後に建御雷神《たけみかずち》によって「国譲り」が果たされる。その葦原中国へ、天照大御神《あまてらすおおみかみ》の孫にあたる迩々芸能命《ににぎのみこと》が降りてきて、天つ神による地上支配が始まることになるというのが、いわゆる天孫降臨と呼ばれる神話である。この神話は、天つ神の子孫を主張する天皇家の地上支配の根拠を語るうえで、もっとも重要な神話の一つであり、ここには、歴代天皇の即位儀礼である大嘗祭の投影が指摘されている。あるいは逆に、天孫降臨という起源神話を代替わりごとに演じてみせるのが大嘗祭だとみることも可能だろう。『古事記』と『日本書紀』とではいささかの相違をもち、『日本書紀』には本伝のほかに多くの異伝も伝えられており、天照大御神の高天原での役割など注目すべき相違点も見出せる。天上から地上への垂直的な降臨による地上の支配者の誕生を語る神話は、東アジアを中心にして多くの民族に共通し、それらを北方的な要素とみなす見解もある。起源神話の構造としてみると、地上世界を支配する天皇家が、自己の根拠を聖なる異界に置き、その聖性が天空世界である高天原に幻想されるというのは、それが北方的か否かは別にして、国家神話の論理としては理解しやすい。なお、天孫降臨のあとは、いわゆる日向神話における火《ほ》遠理《おり》命（山幸彦）・鵜葺草葺不合《うがやふきあえず》命の誕生を経て、初代神武天皇へと直結する。

参考文献　松村武雄『日本神話の研究』三、一九五五、西郷信綱『古事記の世界』（「岩波新書」青六五四、一九六七）、中西進『天降った神々』（「古事記を読む」二、一九八五）　（三浦　佑之）

てんちかいびゃくせつ　天地開闢説　⇨開闢神話《かいびゃくしんわ》

でんとう　伝統　世代から世代へと伝えられてきた集団の文化や習慣で、それをもち伝える成員に一定の規制力を及ぼすと考えられているもの。起源や誕生の経緯がわかっているものも伝統として機能しうるが、多くは世代をこえて存続した集団のなかで、すでにその成立経緯が忘れられているものが多い。その連続性にプラスの価値を付与して、守り伝えるべき良き慣習として主張される場合と、新たな試みを抑圧し排除する因襲というマイナスの価値を付与して論じられる場合とがある。前者は保存・保護の関心とむすびつき、後者は改善・変革の主張とともに取り上げられる。いずれにせよ、過去の意味はその時々の現在の問題意識から、社会的に意味づけられ再構成され、価値づけられているという点を見過ごしてはならない。近年における伝統の「発明 invention」論が提起しているのも、その論点である。そこにおける発明は、単純なる創造と異なり、捏造という極端に意図的な再編成までが含意されうる。それゆえ民俗学の研究においても、伝統に付与されている正統性の観念はそれ自身が解明されるべき対象であり、伝統の語によって事象の存在理由を説明してすませるような素朴な概念の使いかたにとどまってしまうのは、不十分の誹りを免れない。

参考文献　E・ボブズボウム・T・レンジャー編『創られた伝統』（前川啓治・梶原景昭他訳、「文化人類学叢書」、一九九二）　（佐藤　健二）

てんどうしんこう　天道信仰　中世から現代まで、特に対馬で固有の祭祀習俗を伝えた信仰。天道は天童とも書き、テンドウサンと呼ばれ、対馬から北九州に分布する。対馬神道ともいわれる宗儀が確立したのは平安時代以降だが、その伝承行事には古い穀霊信仰と日神信仰の要素を核として、真言密教の仏説により習合したものである。この穀霊信仰の核心は、赤米を耕作し、その穀霊を鎮呪して神霊をつくり、これをテンドウと称して崇拝したものだが、このテンドウ（穀霊）とは別に天道童子と称する擬人格の菩薩が信仰の象徴としてまつられた。この天童は、母が日光に感精して懐妊し、日神の子を誕生したという神話を伝え、生長して僧となり、方術に長けた聖者として天道法師、または天道菩薩と称された。穀物をボサツと称し、「ボサツを粗末にすれば眼がつぶれる」と戒めた俗信は、日神オテントウと天道菩薩と穀霊を巧妙に摺り合わせた真言で、これが大日如来を本地仏とした教理である。天道の祭祀は全島各地にあるが、神社に列する社殿はなく、古式の磐座《いわくら》・神籬《ひもろぎ》の形式か、または観音堂で祭礼が行われる。なかでも対馬六観音と呼ばれる六所の天道観音が有名だが、特に上県郡の佐護（長崎県上県郡上県町）と下県郡の豆酘《つつ》（同県下県郡厳原《いずはら》町）が中心で、主要な行事はこの両所に集中している。現存する観音堂の仏像で最も古いのは厳原町佐須観音堂の千手観音で、平安時代末期の造像とみられているが、ほかは鎌倉時代以降のものである。上県町志多留の天道は、積石の磐座で、俗に神座壇と呼ばれるが、神の漂着説話を語る神器の甕が、平安時代後期の土器とみられている。また、佐護には観音堂と別に女房神と呼ばれる祭祠があり、神体の女神像は胸に赤い日輪を懐いた形で、天童神話を具象した姿である。女房神とは日神の妻であり、母でもある原始信仰の系譜を示唆している。その像底に「天道女躰宮御神躰、永享十二年(庚申)」と墨書銘があり、一四四〇年(永享十二)の造像であることを明示している。祭礼の年中行事は今も旧暦で行われるが、主なものとして正月二日、佐護と豆酘で年頭の亀卜が行われたが、一八七一年(明治四)の廃藩後、正式の卜事は絶えた。同月十日、頭人の新旧交替があり、頭家の座敷の天井に奉安されているテンドゥ(赤米の神俵)の動座が行われ、夜を徹して酒宴が続く。翌十一日早朝、日の出を待って宴を終え、新任の頭は神田へ赴き赤米の餅(年神)を田に埋め、新年の豊作を祈る。五月、神田の田植えを終えて祭を行う。水口に一対の生竹を立て、注連縄《しめ》を張り、幣とネズミ藻を懸け、茅とワカメと梅干を供えて古い仕来りを守っている。六月初午の日、小麦と豌豆の餅をまつるのは、夏作物のテンドゥ(穀霊)にほかならず、十月十七日、収穫した赤米の種俵を鎮呪してテンドゥと称し、神として頭家の奥座敷の天井に吊る。これが祭祀の神体で、この座敷が神座となる。翌十八日観音堂で新嘗の古俗に通じる祭礼が行われ、歳末には神の赤米で餅をこしらえ、正月の年神としてまつる。穀霊が年神となる神道の本義が、豆酘には今も遺っている。

参考文献 三品彰英「対馬の天童伝説」(『三品彰英全集』四所収、一九四三)、鈴木棠三『対馬の神道』、一九七二、和歌森太郎「対馬の天童信仰」(『和歌森太郎著作集』一〇所収、一九八一)、永留久恵『海神と天神』、一九八八 (永留 久恵)

てんとうねんぶつ 天道念仏 福島県から茨城県・栃木県・千葉県にひろがる民間念仏。春先に行うところが多い。四本の竹で櫓を組み注連縄を張り、中央に梵天をたて、供え物をし、梵天を中心にして、右まわりに「テントゥだ、念仏だ」の念仏を唱えて踊る。この形態は千葉県北部に多いが、栃木県の南那須郡や鹿沼市では湯殿山の行者姿で念仏を唱える。この念仏は一月から三月彼岸にかけて集中し、テントゥすなわち太陽を拝んで豊作を祈るものと解釈されている。しかし、大日如来をテントゥであるとしたり、出羽三山講のものが取り行なったり、念仏が終ると梵天を出羽三山碑や大日塚に収めたり、四十八尊の唱えをすることから羽黒修験の影響が強いとされる。出羽三山の信仰や大日信仰と念仏が結びついたものと考えられる。『江戸名所図会』の船橋駅の項に天道念仏と天道念仏踊之図がある。四竹に梵天をたて幣束で垣をめぐらしそのまわりで踊っている図であるが、説明には「土をもって壇を築き」「四つの門を開く」とある。千葉県の東北部では築壇を伴うものもある。また「弘法大師出羽国湯殿山を始て踏分給ひし頃、同国、山形の東南天道村といふ地にてこれを開闢し給ふ」という記述があり、天道村は山形県天童市に比されているが、成立については不明である。

参考文献 尾島利雄「天念仏と念仏踊り」(『栃木県民俗芸能誌』所収、一九七三)、坂本要「六座念仏の講と行事」(『社会人類学年報』五、一九七九)、船橋市教育委員会編『船橋の天道念仏』、一九八〇 (坂本 要)

天道念仏 さんじもさ踊り (福島県白河市)

てんとうばな 天道花 四月八日に長い竹竿の先にツツジ、シャクナゲ、ウツギなどの花を付けて庭に立てるもの。また、八日花・夏花《げばな》・立て花ともいう。奈良県山辺郡では、この天道花は月と星に供えるものという。その花はツツジ・藤などで、これを高い竹竿の中間に花束を棒状に取り付け、竹竿の先端に花束を十字架状に取り付ける。棒状の花を星に、十字架状の花は月に供えるものという。また、竹の中ほどに、竹のカゴ(シングリ)・イッカケ(笊)を吊すところもあり、三本足の蛙や雨蛙が入ることを吉とした。この天道花は九日の日に倒した。この天道花を立てる風習には、これにつくハナノツユをよろこび、雨を待つ占いの意味も認められる。また、水口に立てる水口祭の花とも関連があり、この風習は稲作との関係が強く存在していると思われる。→卯月八日《うづきようか》 →花祭《はなまつり》

参考文献 「シンポジウム仏教と民俗学」(『日本民俗学』一二八、一九八〇) (浦西 勉)

てんにんにょうぼう 天人女房 白鳥処女説話として世界的に分布している異類婚姻譚の一つ。男が水浴びをしている天女の羽衣を隠す。天女は天上へ戻れない。男は天女を家へ連れ帰り、妻にする。子どもが生まれる。子どもの歌から天女は羽衣を発見する。羽衣を着た天女は天上へ戻る(離別型)。男は天女に教えられた通りに夕顔や瓜などを植え、それに登って天上へ行き、天女と会う(再会型)。天女の父親が男に、森の伐採・播種・収穫に関した難題を出す。男は最後に失敗し、大洪水となり天女と別れる(再会難題型)。男と天女は星になって年に一度、七月七日だけ会うことになる(七夕結合型)。離別型の中で子どもを天上に連れて行かない話は、始祖伝説となることもある。また、沖縄では北斗七星の由来として

も語られている。これらと同類の話は中国にもあり、難題型は山岳少数民族、七夕型は北京市・山東省、七星由来は海辺部に色濃く分布している。天人女房については、男の職業が狩人・樵・漁夫という非農耕民の場合が多く、天上での難題が農耕に関することなので、非農耕民と農耕民との接触通婚の時代を背景にしているという考え方や、羽衣の隠し場所が奄美・沖縄ほかで稲を積んだ空間となっているところから、穀霊信仰と深く結びつくとする考え方がある。また、天上での生産的世界が焼畑農耕社会であるところから、天上界を焼畑民的世界、地上界を稲作民的世界と位置づけ、天人女房には、焼畑農耕民の平地民化への過程での異文化接触の事実が投影されているともいわれている。↓羽衣伝説《はごろもでんせつ》

[参考文献] 郷田洋文「天人女房譚に於ける農耕儀礼的背景」(『国学院雑誌』六一ノ五、一九六〇)、臼田甚五郎『天人女房その他』、一九七三、君島久子「東洋の天女たち」(梅棹忠夫他編『民話と伝承』所収、一九七八)、関敬吾「昔話の歴史」(『関敬吾著作集』二所収、一九八二)、坪井洋文『民俗再考―多元的世界への視点―』、一九八六、君島久子「天女始祖型洪水説話の周辺」(『日本伝説大系』別巻一所収、一九八九)
(大島　広志)

てんねんとう　天然痘　⇩疱瘡《ほうそう》

てんのう　天皇　歴史的には高天原の神々の子孫として古代より日本の統治者と見なされてきた君主をさす。しかし柳田国男が、天皇は「運命的」なものであり「宗教と同じように感情問題」だと述べた(「村の信仰」、思想の科学研究会編『私の哲学』所収)ことから理解されるように、日本の民俗学は天皇というテーマを終始回避してきたといえる。あるいは同じく柳田が宮中の祭と村々の祭の類似を繰り返し強調したこと、さらには彼が日本の民俗の担い手として概念化した常民の範囲をめぐって、晩年には天皇も常民に含まれるというに至ったことからも、そこでは天皇(宮廷)と常民(村)との差異をできるかぎり無視しようとする意向が強く働いていたと見なければならない。同様の傾向は、地方の民俗の源をたどれば宮廷の信仰に至ると見た折口信夫の場合でも変わりはない。特に新嘗祭・大嘗祭に代表される宮廷の祭祀と村々の民俗祭祀がともに稲の収穫感謝と予祝という共通の性格をもつこと、言い換えればそれが稲作農耕民に固有の稲魂信仰だとする理解にもとづいて、民俗学は天皇に民間におけるそれと同質の稲の祭の主宰者という性格を付与したのである。しかし地方の民俗と中央の文化がそれほど連続したものではなく、むしろ対立する側面があることも一部では指摘されてきた。たとえば坪井洋文は上述のような柳田民俗学の天皇理解に異議をとなえ、宮廷での生活様式を基準につくられた稲中心の文化(オホミタカラノアリカタ)と、地方の民衆による稲以外の雑穀をも重要視する文化(クニブリ)との対抗関係のなかに民俗の形成を見ようとする立場から、民俗学はコメ文化とは異質なイモ文化の存在に着目すべきだと主張した。坪井はこのように稲をめぐる権力的背景のなかに天皇を置き直し、そこから民俗学の対象として天皇をどう扱うかを問いかけたが、彼の死によって中絶したままになっている。また宮田登は、観天望気の術など村々の古老によってになわれてきた民俗の技法と国見などの古代王権の呪的な支配の技法とのあいだには、日和見という共通の性格があると見て、天皇の権威を民俗の考察を通じて相対化し無化しようとする見通しを提示した。しかし、このように民俗学内部から民俗と天皇とのかかわりを批判的に問おうとする試みは非常に少ない。その理由としては、宮内書記官として天皇の身近にあって明治天皇の大葬に奉仕したほか、一九一五年(大正四)には大礼使事務官に任じられて大正天皇の即位式ならびに大嘗祭に奉仕するなど、皇室ときわめて親しい距離にあった柳田にとって、天皇は畏敬と親愛の対象でこそあれ決して研究の対象にはなりえなかったことが関係している。また、後世の稲の祭の主宰者イメージとは対照的に古代の王権が狩猟儀礼と深くかかわっていたこと、中世の即位灌頂に見られる天皇と密教儀礼との関係、あるいは近世庶民信仰における牛頭天王《ごずてんのう》など天王信仰との重層など、歴史的に解明されるべき問題は多い。さらに第二次世界大戦後の熊沢天皇に代表される偽天皇の続出や天皇の御落胤伝説、あるいは現在でも口頭のフォークロアとして頻繁にささやかれる皇室ネタの噂話など、天皇は今もなお人びとの民俗的想像力をかきたてる存在である。

[参考文献] 坪井洋文『イモと日本人―民俗文化論への疑問―』、一九七九、同『稲を選んだ日本人―民俗的思考の世界―』(「ニュー・フォークロア叢書」九、一九八二)、網野善彦・上野千鶴子・宮田登『日本王権論』、一九八八、船木裕『柳田国男外伝』、一九九一、宮田登『日和見―日本王権論の試み―』(「平凡社選書」一四三、一九九二)
(中村　生雄)

てんのうしんこう　天王信仰　⇩祇園信仰《ぎおんしんこう》

てんのうでんせつ　天皇伝説　天皇や皇子の流浪、あるいは異族征討などを語る伝説。大きく二つの内容に整理できる。一つは「流され王」と称される伝説で、天皇が王権から追放され、諸国を流浪するというものである。源平の乱に壇ノ浦で死なずに落ちのびた安徳天皇は、九州の内之浦まで行き、そこから硫黄島へ渡ったとされ、その陵墓が島にあるという。同趣の伝説は後鳥羽上皇・後醍醐天皇・土御門天皇・長慶天皇・花山院などにも見られ、行在所《あんざいしょ》・陵墓、関係する地名などが残されている。もう一つは天皇みずから征夷、悪鬼退治などに出かけたとする伝説である。景行天皇の熊襲征討、日本武尊《やまとたけるのみこと》の西征・東征、また神功皇后の三韓征討などが挙げられる。前者が歴史時代の天皇であるのに比して、こちらは神話時代の天皇に多い。悪鬼退治には日本武尊の子武穀王《たけかいと》の悪魚、用命天皇第三皇子磨子《まろこ》親王の鬼退治などがある。この王権の支配施策の系列に天皇の巡狩や国見、明治天

皇の巡幸などを位置づけることができる。この二つの天皇伝説の根底には、遊幸神の信仰がある。神霊は決まった時期に他界から訪れて祝福を与え、悪霊を威圧し去っていくという民俗信仰があり、これに人神としての天皇の巡遊が習合していったとされる。村人はまれびととして来訪する天皇を歓待し、また流され王をまつる形で接合させていったのである。なお天皇伝説には、天王と同音であることから、牛頭《ごず》天王をまつっていたのが天皇伝説に転化していったものも見られる。また室町時代以後、職能集団が由来書・偽文書などで天皇と結びつきを強めていったが、これが天皇伝説の管理・伝播者としての側面を担っていった部分がある。

参考文献　宮田登『生き神信仰—人を神に祀る習俗—』(「塙新書」三五、一九七〇)、網野善彦・上野千鶴子・宮田登『日本王権論』、一九八八　（花部　英雄）

でんぱ　伝播　事象が空間的に伝わり、広がっていくこと。時系列で伝わる伝承と対応する語ともいえる。民俗学では離間した土地に同一の民俗事象が存在する時にこれをどう考えるかが伝播論として論議されてきた。たとえば、A・B・Cの三地点に同一の民俗事象が認められる時、単純化していえば㈠伝播、㈡独立発生、㈢残存が考えられる。伝播論に立てば、A→B→CなのかB→C→A、A→B・Cの順に伝わったのかなどその起源地と伝播の経路、時期という歴史的関心が持たれる。㈡は同じ事象を生じせしめる生産・社会構造の類似などを考える共時的関心を重視する立場であり、㈢は㈠、㈡を合わせ持った立場といえる。伝播論においては、人の移動を伴うものなのか、事象のみの伝播なのかが問題となり、また文化伝播論の上からは外来文化と在来文化との関係が文化接触(transplantation、移植)・文化受容(translation、翻訳)・文化変容(transformation、変化)という過程の中で論じられることになる。柳田国男によって提起された方言周圏論は、民俗学の方法論として、文化の中心地からの波状的な伝播が同心円的な民俗分布を示し、周辺部の民俗はより古態を示すという空間差を時間差に置き換える民俗周圏論として概念化された。しかし、方言分布における通婚圏との関係、仏教の伝播と先祖祭祀の変容など伝播論上のさまざまな具体的な問題は十分解明されているとは言い難く、民俗学における伝播論そのものの確立が求められているといえる。　→形骸伝播《けいがいでんぱ》　→周圏論《しゅうけんろん》

参考文献　柳田国男「蝸牛考」(『柳田国男全集』一九所収、一九九〇)　（佐野　賢治）

てんぱく　天白　信州を分布の中心とし、東北・関東から東海、伊勢志摩にかけて広く見られる神名。柳田国男が「山民の生活」(一九〇九)で、関東のネの神、十二ソウとともに天白を紹介し、『石神問答』(一九一〇)で、その性格が不明瞭ながら由来が古いということを指摘して以来、注目されるようになった。各地の伝承からは、天白には星神・猿田彦・天狗・山の神・十二山の神・金神・祟り神・漂着神・水神・御霊神・雷神・稲荷・地主神・地の神、屋敷神的な性格や、災害除け、雨乞い、厄除け、平癒祈願、安産祈願、子育て祈願などの信仰のあることが確認できる。三信遠地方の霜月神楽などにも天白が登場する。長野県下伊那郡の遠山祭や静岡県周智郡の西浦《にしうれ》田楽では、好ましい神として祭の場に出現する。愛知県奥三河地方の花祭の高根祭では、五穀と称するアワ・蕎麦・小豆・トコロの芋・山芋・カヤの実・栗などを供え五方祓いをする。高根祭を天白返しという所もあるが、本来は天白とも重なる高根を花宿の祭に迎えまつるための重要な神事であった。天白は天博・天縛・天獏などと表記され、修験道(『和訓の栞』)や陰陽道との関連が予想される。三重県員弁郡員弁町では天白が流れてきたとき、三本足の鳥が道案内をしたという。中国の金烏伝説の影響を受けた熊野信仰とも関わっているようである。天白信仰は地域的な特色を持ち、おしなべて東北から中部にかけての山岳地帯では山の神的性格がみられ、関東から東海にかけての丘陵地・平野部では農耕神・水神的性格がみられる。

参考文献　堀田吉雄『山の神信仰の研究(増補改訂版)』、一九八〇、遠藤鉄樹「三信遠霜月神楽と天白神」(『まつり』四〇、一九八二)　（伊藤　良吉）

でんぱしゅぎ　伝播主義　英語 diffusionism の訳語。遠隔の地域に類似の文化が存在することを伝播によって理解しようとする民族学の学説。二つの文化は、過去において直接・間接的な接触があり、一方の文化から他方の文化へと、文化要素が移行し受容されたと考える。類似の文化要素はそれぞれの社会で独立に発生し、共通の発展段階をたどって変化したとする進化主義への批判として、二十世紀初頭に登場した。伝播主義には、大きく分けて以下の三つの学派がある。第一に、世界の文明の唯一の源泉は古代エジプトにあり、ここから世界中に広がったとするE・スミス Smith やペリー Perry に代表されるイギリスのマンチェスター学派。この極端な伝播主義は超伝播主義とも呼ばれる。第二に文化圏・文化層を唱えたシュミット Schmidt などによるウィーン学派の文化圏説または文化史的民族学。類似する文化要素の分布からいくつかの文化圏を設定し、その重なりかたを調べることで、世界的な規模での人類文化史の再構成を試みた。第三にボアズ Boas を中心とするアメリカの歴史学派も伝播主義に含めることができる。地球上の全域にまたがる文化圏のかわりに、地理的に接続し歴史的にも確実に関連がたどられる文化領域を設定し、実地調査も踏まえて、北米インディアン社会という限られた地域に関して歴史的復元を試みた。伝播主義は文化史において伝播が果たした役割を強調した点で功績があったが、マンチェスター学派においては実証的でないこと、ウィーン学派においては図式的な文化史の再構成になっていることや考古学の成果と合致しないこともあることで批判された。

日本民俗学においては、民族学の伝播主義とは別個に、柳田国男が「蝸牛考」において、方言の分布の状態から伝播・変遷の問題を論じた。彼は、文化の中心であった近畿から新語が作り出されるたびに各地へ伝播していくため、方言の分布は近畿を中心とした同心円構造を示し、外側の圏に分布する語が内側に分布する語よりも古いとする方言周圏論を唱えた。方言周圏論の考えを民俗事象全般に適用しようとする民俗周圏論、または文化周圏論の是非については議論がある。 ↓文化圏《ぶんかけん》

参考文献 F・グレーブナー『民族学研究法』(小林秀雄訳、一九四〇)、ヴィルヘルム＝シュミット・ヴィルヘルム＝コッパース『民族と文化』(大野俊一訳、一九七〇)、井之口章次『民俗学の方法』、一九七〇、福田アジオ『日本民俗学方法序説』(『日本民俗学研究叢書』、一九八四)、クネヒト＝ペトロ「文化伝播主義」(綾部恒雄編『文化人類学十五の理論』所収、一九八四) (中山 和芳)

てんびんぼう 天秤棒 担いで物を運搬するために使用される棒の、主として関東地方での呼称。西日本ではニナイボー(担棒)・オーコ(朸)・サス(差)などの方名が広く分布するが、ロクシャクボー(六尺棒、香川)という長さを表わす呼称もある。一般に水桶や肥桶、竹製の苗籠や稲藁製フゴ(畚)などをつり下げて担ぐ偏平な棒のこと。長さは農作業用のもので六尺(約一八〇センチ)～五尺五寸。『和漢三才図会』で「軟檐《しないぼう》」とあるように撓《しな》うことで荷を軽く担ぐことができる。棒屋・堅木屋などと呼ばれる棒職人はムクノキを最も良材とし、代用にエノキ、ネズミサシ、シリブカガシ、シイ、杉などを用いる。荷をつり下げる部分にカシなどでツクなどと呼ぶ木楔を打ち込む。左右一本ずつ、二本ずつなどさまざまある。水専用の鈎付天秤棒はやや短く、道路工事用は短く太いもの、タビオーコとかマチユキボーと呼ばれた買い物用天秤棒はさらに短く華奢。北宋の『清明上河図』や日本の職人歌合の類には天秤担ぎの職人が多く描かれる。近江商人の天秤担ぎは有名。中国では扁担《ビエンタン》という。 ↓尖棒《とがりぼう》 (織野 英史)

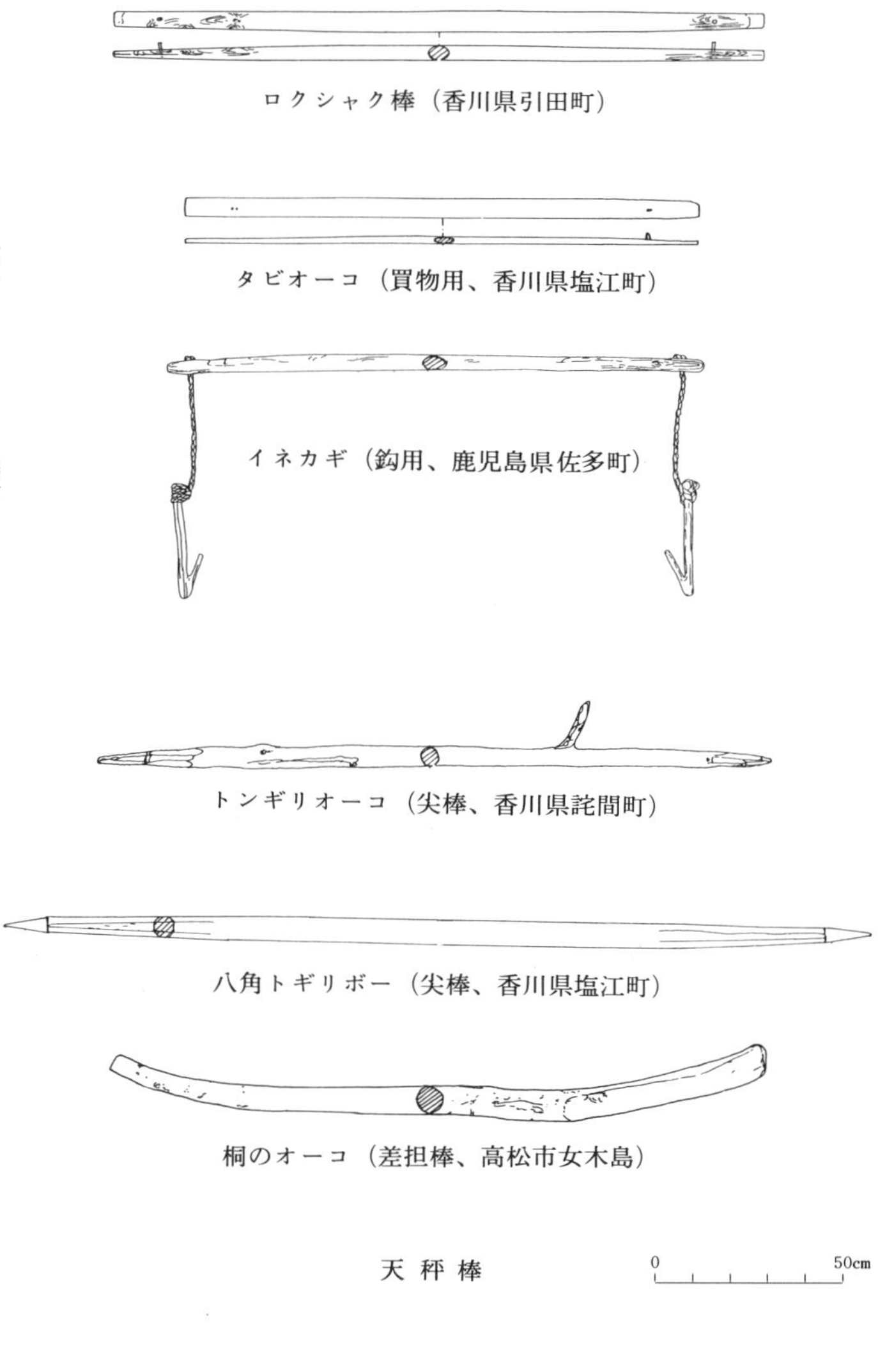

ロクシャク棒（香川県引田町）

タビオーコ（買物用、香川県塩江町）

イネカギ（鈎用、鹿児島県佐多町）

トンギリオーコ（尖棒、香川県詫間町）

八角トギリボー（尖棒、香川県塩江町）

桐のオーコ（差担棒、高松市女木島）

天秤棒

てんぷら 天麩羅 現在では、魚介類や野菜に小麦粉を水で溶いた衣をつけて油で揚げた料理のこと。テンプラという名称は十七世紀末からみられる。語源は南蛮語など諸説あるが確証はない。関西ではテンプラといえば、魚のすり身の素揚げ(薩摩揚げ)を意味し、衣揚げはツケアゲと呼ばれている。現在では、衣揚げを天麩羅という標準語も並存している。これら揚物を指す名称は、時代・地方によって偏差がある。埼玉県幸手や岐阜県大垣では蒟蒻の煮物をテンプラと呼び、石川県鹿島郡ではイワシの団子汁をテンプラと呼んだ。雑多な料理がテンプラと呼ばれていた時代があった。今日の衣揚げの天麩羅は当初、屋台売りが中心で高級な食べ物ではなかった。農村部では、各種講の寄合や葬儀などの機会に限られ、日常の食卓に上るのは第二次世界大戦以降である。

参考文献 平田まりを「天ぷら起源考」(『月刊食堂別冊天ぷら』所収、一九七六)、野林正路『山野の思考―かまぼこ・さつま揚げ・テンプラ・フライをめぐる認識と語義―』、一九八六 (竹内由紀子)

てんままつり 天満祭 大阪市北区、大阪天満宮の夏大祭。天神祭が今日では一般的な名称。祓えの神事が、地縁や職業によって結ばれた講社という奉仕集団によって支えられ、近世から都市的な拡大をみせた祭礼で、日本三大祭に数えられる。毎年七月二十四日に宵宮祭・鉾流《ほこながし》神事《しんじ》、二十五日には神霊移御祭・船上祭・還御祭が行わ

船　渡　御

鉾　流　神　事

天満祭

れ、祭礼の中心となる陸渡御《りくとぎょ》・船渡御《ふなとぎょ》が繰り広げられる。近世には旧暦六月の神事で、『難波鑑』(一六八〇)などの文献には天満天神大祓、天満祭、天満天神祭などの名称で記される。社伝によれば九五一年(天暦五)に、神鉾の漂着地を御旅所に占定する鉾流神事が開始されたが、近世初期の御旅所常設化により中絶した。現行の行事は一九三〇年(昭和五)に古式を復活させたもので、木製の神鉾とともに菰に包んだ人形《ひとがた》などの祓具を流す。近世の戎島、近代では松島(ともに大阪市西区)の御旅所への渡御は、乗船場までの陸渡御、約八十隻の船(現在は約二百隻)による船渡御から成る。神霊を移した鳳神輿・玉神輿、明治以降はこれに御鳳輦が加わって渡御の中心となり、御旅所で深夜の祭典を行なって還御し、翌日の昼ごろに行事が終了した。また第二次世界大戦前までは御旅所氏子地域から等身大の御迎人形を乗せた船列が出され、華麗な祭礼として親しまれた。しかし戦災や高度経済成長期の都市の急激な変化は、船渡御が御旅所を目的地としない船上祭形態をとるなど、祭礼にさまざまな変容をもたらしている。約三十の講社は、催太鼓・獅子舞・地車などの芸能や職能で奉仕するが、氏子地域以上に同業者組織を母体とするものが多く、天神祭の組織上の大きな特徴となっている。また宵宮までは、商店街などが独自に獅子舞や神輿を出すことも多くみられる。

参考文献　米山俊直『天神祭—大阪の祭礼—』(『中公新書』五四三、一九七九)、井野辺潔・網干毅編『天神祭—なにわの響き—』、一九九四　(澤井　浩一)

てんりきょう　天理教　大和の庄屋敷村(奈良県天理市)の農家の主婦、中山みき(一七九八—一八八七)が創始した新宗教。模範的な主婦として婚家につくしたみきだったが、息子の秀司の足痛を契機に神の救いを願うようになり、一八三八年(天保九)、みずから神がかって天理王の命《みこと》(親神)のメッセージを世に告げるようになる。みかぐらうたを歌い手踊りを踊りながら祈るおつとめの儀礼と、身体をなでるようにして癒しを祈願するおさづけ、奉仕活動を意味するひのきしん、布教を意味するにおいがけなどが主な信仰実践である。しかし、何よりもそれらを通してみずからの心のほこり(おしい、ほしい、にくい、かわいい、うらみ、はらだち、よくにこうまんの八つのほこりがあげられる)を払って心をすますことが求められる。『おふでさき』はそうした教えを記した教典である。天理王の命は月日の二神でもあり、身体と宇宙の諸機能をつかさどる十神でもあるとし、月日親神が泥海から人間を創造し、陽気暮らしをさせるために育てあげたとする『こふき』(古記)の神話も記された。明治期に急成長して大きな教団となったが、その間、政府や諸勢力との軋轢がたえず、ようやく一九〇八年(明治四十一)に教派神道の一派として独立し、公認を得たが、それまでに教義変更などの妥協を強いられた。癒しの信仰(病だすけ)を軸として悩める人を探して回心を促し、信仰上の子をふやしてみずから教会長となることが熱心な信徒の目標となり、無一物で不況に歩く単独布教という布教形態が盛んに実践された。親の教会と子の教会をつなぐ教会の連鎖によって構成される複雑な教会組織は、家的な組織原理と急速な増殖を目指す近代的な要素とがからみあった特異なものである。一九九四年(平成六)末の公称信徒数は、約百九十一万人。

参考文献　村上重良『近代民衆宗教史の研究』、一九七二、大谷渡『天理教の史的研究』、一九九六　(島薗　進)

でんわ　電話　離れていても相互に会話が可能な電気通信装置。文字などを符号化して送る電信とは異なる。日本での電話の普及は、一八九〇年(明治二十三)に東京・横浜間で一般の電話利用を認めたことに始まる。情報を素早く伝える手段として、行政、金融機関や新聞社、ごく一部の富裕層が利用した。その普及は、一九六〇年(昭和三十五)ころまでは徐々に増加し、その後急増する。高度経済成長期以前の電話は社会的地位の象徴であり、表札と並べて電話番号札を掲げて存在を誇示したり、電話機を乗せる専用の台や座布団もみられた。高度経済成長期に電話が家庭に普及すると、仕事の用件だけでなく、遊びの約束なども伝えるようになり、若者の長電話が家族の団らんを妨げると不評を買った。電話の置場所も、玄関の下駄箱の上から居間へ、そして子機つき電話の登場で寝室や子ども部屋へと移動した。やがて、用件伝達より話すこと自体が電話の目的となる。伝言ダイヤルサービス(一九八六年開始、用件伝達のための電話伝言板を使い、知らない者同士でメッセージの交換を楽しんだ)、ダイヤルQ2のパーティーライン(一九八九年(平成元)開始)は、不特定多数との会話を楽しむものであり、こうした傾向の極致である。一九八〇年代には留守番電話が登場して不在時の連絡が可能になり、一九九〇年代には携帯電話が急増し、電話の個人所有が進んだ。こうして時間や場所を問わずに電話が可能となったが、電話の使用にふさわしくない場所でのマナーをめぐって、さまざまな軋轢を起した。電話は、対面せずに声だけでコミュニケーションする道具であり、離れていても会話を可能にするが、親密に会話しながら身体的には隔たっている。二人で話すものであるが、不特定多数に開かれており、誰からかかるかわからない。このためベルが鳴ったら受話器を取ることを強制され、「もしもし」から始まる、相手を確認する儀式的なやりとりを行う。電話中に沈黙は許されず、相槌を打たねばならない。切る際は、突然切らずにきっかけを作る必要がある。夜遅い電話は失礼であり、急用である旨の言い訳を必要とする。電話の普及により、予告なしに人に会いに行くのは失礼となり、電話で予約を取る習慣が一般化した。こうした点で、電話は対面的コミュニケーションとは違う、独自のコミュニケーション手段となっている。

[参考文献] 逓信総合博物館編『日本人とてれふぉん—明治・大正・昭和の電話世相史—』、一九九〇、吉見俊哉・若林幹夫・水越伸『メディアとしての電話』、一九九二

(阿南　透)

と

と　戸　門や建物の出入り口、窓、家具などにあって内・外を遮断するために立てた建具の一種。大別すると金属製と木製がある。金属製戸は網戸・鐙《あぶみ》戸などがあり、木製戸は洋風と和風に分けられ、洋風には構造の簡単な門扉・木戸・物置などに使用する桟《さん》戸、最も広く用いられる唐《から》戸、その他上部にガラスを嵌め込んで採光をとった腰唐戸、羽板付きのガラリ戸または鐙戸、格子状の骨組の両面に薄い板を張った張合せ戸、音響に配慮した防音戸などがある。また開閉方式によって分けると開き戸、開き戸の一種自在戸、引戸、吊戸、大きな開口や間仕切などを必要としたときの折り畳戸、回転戸などになる。一方和風には雨戸・格子戸・板戸(帯戸・中透戸・桟戸・鏡戸・網代戸・戸襖など)、紙障子戸・ガラス戸・襖戸、上・下框《かまち》間に沢山の横桟または舞良子を取り付けた舞良戸などがあり、横桟幅と桟間を同一幅にしたものを特に小間返しという。用途により分けると雨戸・潜り戸・仕切り戸、小脇門の袖戸、寝殿造りの四隅の妻戸、茶庭の露地入口の簡雅な露地戸などになる。また構造形式により分けると竹やアシなどで編んだ編戸、框・桟・入子板からなる唐戸、碁盤目状に縦横に桟を組み、突き上げた蔀《しとみ》戸、杉板を鏡板とした杉戸などになる。その他土蔵造の出入り口や窓に用いる土戸などがある。民家においては土間出入り口に板戸、土間境に障子戸・格子戸、座敷境に障子戸・襖戸、外回りに障子戸が主に用いられる。
↓雨戸《あまど》

[参考文献] 十代田三郎・蛭田捨太郎『建築構造一般』、一九五一

(山崎　弘)

どい　土居　中世、防御のために居館や城の周囲にめぐらした土塁。平地部に位置する武士の居館には土塁と堀が併設されていることが多いため、土豪の居館を土居または堀之内といった。また転じて、土居をもつ武士の直轄地である田地を中世の検注帳などで土居と記載していることもある。関東地方などで中世武士の屋敷のようすを現在にとどめる旧家には土塁と堀を残すものもあり、中世武士の子孫とされる家の家号や名字をドイ(土居・土井)という例は全国に多い。また中世の居館跡に由来する土居という小字名も各地に残存する。民俗語彙としては名《な》主《ぬし》や地主の屋敷のみドイという地域が広島・山口・島根などにある。岡山県ではムラをジゲということが多いが、美作などでは集落の内部の小単位をドイといい、葬式の互助単位となったり、同姓集団をなし、〇〇ドイなど姓を称するものもある。このような村組としてのドイが中世の土塁としての土居とどのような関係にあるのかは不明。歴史学的には、土塁と堀は平安時代の武士の出現以来その居館にあったと考えられてきたが、近年の考古学的研究では土塁と堀を伴う方形館が展開するのは中世後期であり、中世前期の関東の武士居館は柵などで囲った開放性の高いものであったことが明らかになりつつある。

[参考文献] 橋口定志「中世東国の居館とその周辺」(『日本史研究』三三〇、一九九〇)、岡陽一郎「中世居館再考」(五味文彦編『中世の空間を読む』所収、一九九五)

(勝田　至)

といし　砥石　刃物・石材などを研ぎ磨く石。砥石には荒砥・中砥・仕上砥の区別がある。荒砥は荒研用の質の粗い砥石で、刃物の形状を整え修正するため、研粒が粗く、柔らかいものを使い、できるだけ注水をしながら研ぐ。中砥は荒砥で研いだ刃物をさらに研ぐのに用い、荒

砥より質が密で堅い砥石である。荒研ぎによって形は修正されても、条痕の残っている刃の部分を平らにするため、研粒と石の堅さが中程のものを用いる。仕上砥は最後の仕上げに用いるきめの細かい砥石で、刃の面を鏡のように仕上げるために、粒子が小さくしかも堅い石が用いられる。このほか研ぐ時に油を垂らして研ぐ油砥石と称するのもあり、すべて天然石で主として木工用の刃物を研ぐ時に用いる。砥石を採取するには磨石《あわせど》や中砥は土石に混じっているから坑道を掘り込んで行く方法がとられることが多い。砥石の生産地は各地に多いが、特に荒砥では長崎県大村市の大村砥など、中砥では京都府亀岡市佐伯・宮川の青砥、群馬県沼田市の沼田砥が、仕上砥では京都府鴨滝山・本山の本山砥、長崎県対馬の海中や愛知県・栃木県の名倉砥などが知られている。油砥石ではアメリカ、カナダのアーカンサスなどがあげられる。現代では人造石の金剛砂があるが、摩耗の速度が速い。

参考文献 『古事類苑』金石部、一九二七、大石慎三郎「上州の砥石」(地方史研究協議会編『日本産業史大系』四所収、一九五九)　(勝部 正郊)

といた 戸板 木製の板のこと。雨戸の別称。雨戸は、民家の開口部の外側に用いられる建具で、防犯と風雨を防ぐなどの目的で使用される。高さ一・八メートル、幅〇・九メートルくらいの木製の板桟戸で、戸袋に収納される。取り外しが可能であるため、緊急時にけが人や物などを運ぶための板としても使用されてきた。　(宮内 貴久)

ドイツみんぞくがく ドイツ民俗学 ドイツで、民俗学に発展する学問的関心は、十八世紀末ごろからたかまりをみせ、当初は官僚による国土の実態把握の性格がみられたが、まもなくロマン派の思潮が優勢になり、神話研究に傾斜した。グリム兄弟においては古代研究に民俗資料を補足的に用いる程度であったが、兄弟の弟子たち、特にマンハルトとカール＝ヴァインホルトによって、民俗学の型が作られた。後者はドイツ民俗学会の設立（一八九一年）に尽力した。またリールは、現行の民俗への注目や文化史的な視点で健筆を揮った。民俗学をさすドイツ語 Volkskunde は非常に一般的な名称であり、またフォルクも多義的ながら実感を伴う語彙であるため、民俗研究の対象など、理論面であいまいな点が多かった。このため、在野の研究者や愛好家の間で文献資料を軽視した「通俗民俗学」と呼ばれる潮流が発生した。アカデミズムとしての民俗学も二十世紀はじめころから、ナショナリズムの傾向を強め、最後はナチズムに合流した。ナチズムが強調した「北方民族としてのゲルマン人」という見方も、民俗学がゲルマン神話や北欧とのつながりに偏ってドイツの民俗を解釈してきたことと無縁ではなかった。第二次世界大戦後は民俗学の戦争責任が大きな議論になり、専門学としての存亡の危機を迎えた。再建にあたっては、当初はポイカートなどナチ時代に不遇であった研究者が中心になった。新しい世代では、スイスのヴァイスと並んでレーオポルト＝シュミットの活躍がめざましく、物質文化研究を中心としたその学派は、今日もオーストリアを中心に活発な活動を続けている。また、クレッツェンバッハーは南東ヨーロッパの比較研究を推進した。西ドイツでは、ナチズムへの合流の経緯を民俗学の生成以来の本質と関係づける批判的姿勢の強い方法や学派が形成された。法制民俗学のクラーマー、現代フォークロアのバウジンガー、ヨーロッパ・エスノロジーのヴェーバー＝ケラーマン、民俗交流論のグレヴェルスらがその代表で、国際的にも影響をあたえるとともに、一九六八年の学生運動以降には大学に民俗学が定着する原動力となった。東ドイツでは、シュパーマーが民俗学の再建の基礎を据え、社会主義国家らしい分野での発達がみられたが、一九八九年のドイツ統一ののち、その学会は西ドイツの学会に吸収された。最近では、ヨーロッパ諸国がＥＵという新しい多民族社会に移行しつつある現実に民俗学が対応する上での方法論議が盛んであり、今後の方向を示すものといえよう。

参考文献 坂井洲二『ドイツ民俗紀行』(『教養選書』四六、一九八二)、I・W・ケラーマン「ドイツ民俗学」(河野真訳、『愛知大学法経論集 経済・経営編』一一七―一一九、『愛知大学経済論集』一二六、一九八八―九〇)、L・シュミット『オーストリア民俗学の歴史』(河野真訳、一九九二)、河野真「ドイツ民俗学とナチズム」(『愛知大学経済論集』一三五―一三七、一九九四・九五)　(河野 真)

どうあげ 胴上げ 多人数が、一人の人を頭上高く持ち上げ、横にして、そのまま幾度となく空中にその人物を投げあげること。当該人物は空中に舞い上がることになる。その人物に対する、周囲の人びとの祝福の意が込められた行為であることが一般的だが、ごく稀に懲罰的な意味合いを込めて胴上げが行われることもある。胴揚げとも書き、江戸時代には胴突きなどとも称された。元来は、すぐれて神事と密接に関連した儀礼・行事であった。ことに、日常的な状態から、非日常的な状態への移行に際して、文字通りケジメをつける意味合いをもって、胴上げが行われた例は枚挙に暇がない。江戸時代、新年を目前にした歳末十二月十三日に煤払いをしたのち、その家の主人や女中を胴上げしたり、節分に際して年男を胴上げしたことなどは、その最たる例といえよう。この行事においては、胴上げされる人物の足が地に着かないことが重要である。すなわち、その人物の足が宙空に浮いている状態をもって、ケの状態からハレの状態への推移を人びとは実感したのである。そうした点、足が地に着かない肩車などとの関連が見出せる。現在、野球などさまざまなプロ、アマのスポーツで優勝の瞬間に監督や立役者を胴上げする習慣があるが、これにも勝者への祝福、勝利の喜びを分かち合う意とともに、戦いの連続というケの状態から、祝祭というハレの状態への移行のための儀礼の意が、無意識のうちにも込められているものと思われる。

参考文献　柳田国男「肩車考」(『柳田国男全集』二二所収、一九九〇)　(天沼　香)

トゥイタク　トゥイタク　アイヌ口承文芸のうち、メロディーを伴わない散文の説話・物語を指すが、北海道の中東北地方(石狩・天塩・北見・釧路・十勝・日高の静内以東)における呼称である。サハリン(樺太)においては、同様な散文の説話をトゥイタハと称するが、元はやはり同じ語とみられる。なお、北海道西南部では同様の散文説話をウウェペケレという別の呼称で呼ぶ。知里真志保はトゥイタクという語の語源をル＝イタク(なかば＝語る)であるとするが、いまのところ定説はまだないといってよいと思われる。ちなみに、西南部の千歳方言においては、散文の説話は、やはりウウェペケレと呼ぶが、これとは別にトゥ＝イタクという語もあり、口承文芸の特定の分類ではなく、危険な体験をした話、苦労話を指すという。この場合、イタクは明らかに「言葉・話」という意味であると考えられるが、トゥとは何か、問題が残る。一つの仮説としては、トゥ＝ライ(悪い＝死に方)のような定形的表現の中に主として現われるトゥ＝(悪い)という要素と同じものである可能性があると思われる。その場合、トゥ＝イタクの原義は、「悪い＝話」ということになる。説話には主人公の危難からの脱出を物語るものが少なくないことを考え合わせると、最初は千歳におけるごとく苦労話という一般的な意味であったものが、一部の地域で特定の分類を指すよう特殊化した可能性は十分にあろう。　→ウェペケレ

参考文献　『知里真志保著作集』二、一九七三、久保寺逸彦『アイヌの文学』(「岩波新書」青九八九、一九七七)　(佐藤　知己)

とうか　燈火　⇩照明《しょうめい》

とうかしんじ　踏歌神事　大阪市の住吉大社や名古屋市の熱田神宮などで行われる正月の神事。平安時代には宮廷行事として一月十四日に男踏歌、十六日に女踏歌(踏歌の節会)があったが、男踏歌は九八三年(永観元)ごろに停止し、その後は女踏歌のみが衰退しながらも江戸時代まで存続した。一方、諸方の社寺にも正月行事として踏歌が行われてきた。宇佐八幡宮(大分県)・石清水八幡宮(京都府)・宗像大社(福岡県)・鹿島神宮(茨城県)・観世音寺(福岡県)・興福寺(奈良県)・四天王寺(大阪府)など二十余ヵ所に及ぶが、そのほとんどが廃絶、今日では熱田神宮・住吉大社・阿蘇神社(熊本県)に伝存するだけである。梅住吉大社では一月四日、第一本殿の庭上で行われる。梅の楉《ずばえ》を持つ所役と小餅を入れた袋持ちの所役が出て向き合い、楉役が「袋持ち」と呼び、袋持ちが「おうともよう」と答えて、ともに三歩ずつ進むことを三度繰り返した後、袋持ちは拝殿に昇り、袋の小餅を数え、「万歳楽」と三度唱える。熱田神宮では一月十一日に末社影向間《ようごのま》社・本宮・別宮・末社大幸田《おおさきだ》神社で神事が行われる。詩頭・舞人・陪従《べいじゅう》・高巾子《こうこじ》などの役があり、陪従の歌う催馬楽「竹川」や「浅花田」に合わせて、舞人は一人ずつ順次、卯杖舞と扇舞を舞う。次に詩頭が詔文を読み、仮面をつけた高巾子が振鼓を持ち、これを高く捧げて打ち振る。宮廷の男踏歌は言吹《ことぶき》が祝詞を唱え、嚢持《ふくろもち》が綿を計え、催馬楽が歌われた。社寺の踏歌神事は男踏歌の流れをくむもので、豊年を祈る予祝儀礼としての性格が強い。

参考文献　熱田神宮編『熱田神宮の踏歌神事』(「熱田神宮文化叢書」五、一九七六)、小山利彦『源氏物語　宮廷行事の展開』、一九九一、臼田甚五郎「日本に於ける踏歌の展開」(『臼田甚五郎著作集』二所収、一九九五)　(渡辺　伸夫)

トゥキ　トゥキ　アイヌ語で酒杯のこと。酒杯は酒を注ぎ、それをもって神々に感謝や祈願をするのに不可欠の容器である。トゥキは日本語の杯に通じ、今日伝えられている酒杯の古いものは、浅い小皿形の漆器である。その形態などから、寺院や高級武士などからの破棄や払い下げ品であり、高台の裏に寺院名や所有者を示す文字が朱で書かれている。その後、貴賓杯としての天目台を利用して組み合せることにより、江戸中期末からは深い酒杯を一組にして製作されるようになった。木地は轆轤《ろくろ》によって薄く削られ、良質の砥《と》の粉や多色のウルシを用い、そこへ蒔絵・沈金・象嵌《ぞうがん》など多彩な技術をもって作られている。アイヌの中には入手できない酒杯に限らず製作可能なものを複製して使用する人もいた。　(藤村　久和)

どうぎ　童戯　⇩遊戯《ゆうぎ》

とうぎゅう　闘牛　人対牛、牛対牛の闘争競技。日本を含む東アジア、および東南アジアでは雄牛同士の闘いが基本。牛突き・角突き・角合わせともいう。十二—十三世紀の作とされる『鳥獣戯画』にも描かれ、近世には名越左源太『南東雑話』、橘南谿『西遊記』、滝沢馬琴『南

闘牛（沖縄県）

総里見八犬伝』などにも闘牛の記事が登場している。現在でも、新潟県古志郡山古志村、愛媛県宇和島市、東京都八丈島、島根県隠岐地方、鹿児島県徳之島、沖縄県本島および八重山地方などで行われている。本来、闘牛は農耕使役牛を用い、農閑期の遊技、あるいは神社祭祀に付随する奉納競技として行われてきた。しかし、現在では観光・興行的な目的で行われている地方も多く、特に、徳之島・沖縄など南島の闘牛は、肉用牛の生産拡大と軌を一にして、専門化が進行した。競技の方法は地方によって異なるが、新潟県山古志村では、それぞれの勢子数十人が牛を取り巻き、勝負がつきそうになると、引き離して必ず引き分けとするのを通例とする。隠岐では、鼻綱と呼ばれる誘導綱で牛を動かし、人牛一体となった競技形式が特徴的である。一方、南島地域では、それぞれ一人の勢子が牛の傍らでかけ声を発し挑発するが、競技上は牛の力量に大きく依存する。このような競技方法以外にも、飼育法や売買・個体識別・賭けなど、闘牛を取り巻く多様な民俗知識・技術が各地で伝承されている。
↓闘鶏《とうけい》 ↓闘犬《とうけん》

参考文献 曾我亨「徳之島における闘牛の飼育と、その分類・名称・売買の分析―人々はいかに闘牛を楽しんでいるか―」(『日本民俗学』一八八、一九九二)

(菅 豊)

どうきょう 道教 儒教・仏教と並ぶ中国の三大宗教の一つ。中国古来の呪術的性格の強い民間信仰と、不老長生を追求する神仙思想を核として、道家思想・易・陰陽・五行・緯書・医学・占星・シャーマニズムなどの要素を取り入れ、仏教や儒教の思想・組織・儀礼を包摂しながら次第に体系化されていったものが現在みられる道教の姿である。道教は中国固有の歴史・文化的風土の中で醸成された、独自の民族宗教である。成立宗教としての道教の歴史は二世紀の太平道と五斗米道(天師道)に始まる。五世紀には北魏の寇謙之が改革を行い、道教(新天師道)を国教とした。道教の組織・儀礼・教義は、隋・唐代に整備され、隆盛をみる。北宋末には数種の新道教が出現、厳しい内面的修行を説く王重陽の全真教は、元代より正一教(かつての新天師道)と勢力を二分するようになったが、両教派とも明・清代には衰退の道をたどった。道教は多神教であるが、中心的な神に太上老君・元始天尊・玉皇上帝などがある。道教の祭司を道士といい、中国大陸では道観と呼ばれる宗教施設に起居し、祭祀活動を行なっている。道教の根本教典は、明代に編纂された『道蔵』である。成立宗教としての道教そのものが体系的に日本に伝えられることはなかったが、奈良時代以降、道教思想の核をなす神仙思想や、道教的民俗(符呪、守庚申《しゅこうしん》など)は断片的に流伝し、日本の在来宗教、特に民間信仰や修験道と習合し、沈澱していった。たとえば、近世以降庶民の間に流行をみた庚申信仰は、奈良時代に伝来した道教の三尸《さんし》説が仏教や神道、修験道と習合する中で形作られていったものである。妙見信仰は、道教の北極星や北斗七星に対する信仰に由来する。また、日本の民俗芸能や修験道儀礼にみられる呪術的なステップである反《へん》閇《ばい》は、道教の禹歩《うほ》と関連あるものとされている。修験道の九字《くじ》、入山符などさまざまな符呪の原型は西晋末の葛洪『抱朴子《ほうぼくし》』の中にみられる。↓神仙思想《しんせんしそう》 ↓仙人《せんにん》

参考文献 福井康順他編『道教』、一九八三、秋月観暎編『道教研究のすすめ』、一九八六、宮家準「修験道と道教」(『東方宗教』八一、一九九三)

(高橋 晋一)

どうぎょう 同行 檀那寺を同じくする真宗門徒集団。真宗門徒は檀那寺を手次寺と称している。寺院からみると広くは村落の門徒全体を同行ともいうが、村落の中ではいくつかの講組に分かれており、互いにドウギョウといっている。村落の寺檀関係が複数の場合、原則的には手次寺ごとに同行を形成している。一村一ヵ寺の門徒の村では、村落組織である組が同行組織になっていたりする。これは寺院の門徒組織が村落組織の中に包括されていることになり、門徒の宗教生活形成に大きな影響力と規制力がはたらいた。組単位やセコ(カイト)単位で手次寺のセワカタ(世話方)・ネンギョウジ(年行司)・ネンバン(年番)・コウシュウ(講衆)と呼ばれる役が選出され、こうした役になると同行を代表して手次寺の行事を手伝ったり、村落や同行単位で行われる報恩講などのヤド(宿)を引き受けたりする。葬式においても同行は中心的役割を果たし、毎月集まってオコウ(お講)を勤めたりしてきた。同行組織の成立は、村落における寺檀関係の成立、家格差、村組などと関連してくる。必ずしも血縁的な関係だけではないが、イットウ(一統)で同行が成立している場合もある。真宗以外では、四国八十八ヵ所の巡礼者が笠に同行二人と書いたりする。弘法大師と一緒に歩いているという意味とされる。

参考文献 九学会連合能登調査委員会編『能登―自然・文化・社会―』、一九五五、『八開町史』民俗編、一九九四、『四日市市史』五、一九九五

(蒲池 勢至)

どうきょうかい 同郷会 異郷にある中国人が同郷者の相互扶助のために結成する団体。かつては中国大陸の大都市にもあったが、華僑が多く住む都市には多い。日本では十九世紀中葉の安政の開国以来、長崎・神奈川そして神戸・大坂などへ中国人が居住するようになり、はじめは商人の同郷・同業組織として公所や会所が成立した。これらは会館とも呼ばれる。長崎には広東会所、三江会所(現在の江蘇・浙江・江西および安徽省の出身者による)、三山公所(福建省福州)があり、同郷人の位牌や遺骸を保管した。しかし、狭義にはこうした裕福な商人や職人の団体とは別に、さまざまな職業に就く人々が親睦と相互扶助を目的にして結成した団体を同郷会という。現代では京都・大阪・神戸・横浜などにおいて、各省出身者による同郷会が組織されている。そのなかでも九州地区で組織されている福建同郷会は、毎年全国的な規模で懇親会を開催し、中国の故郷との絆は強い。大阪・神戸・横

浜には江蘇省あるいは広東省、山東省の各出身者を中心とした同郷会がある。↓公所《こうしょ》・幇《パン》

参考文献 内田直作『日本華僑社会の研究』、一九四九、神戸新聞社編『素顔の華僑―逆境に耐える力―』、一九六七、吉原和男「移民都市のボランタリー・アソシエーション―香港の宗親団体と同郷団体―」(『文化人類学』五、一九八八)

(吉原 和男)

どうぎょうににん 同行二人 四国遍路において遍路者たちの間に広まっている信仰。同行とは一般的には、仏教において道を同じくして修行に励む者という意味であるが、四国遍路を行う巡礼者が、たとえ一人でいても、常に四国遍路の創始者とされる弘法大師とともに歩んでいるという信仰である。遍路中の笠に同行二人と書きつけている。この信仰の起源などは不詳であるが、弘法大師が今も生きているという大師信仰がその根源にあることは間違いない。

参考文献 日野西真定編『弘法大師信仰』(「民衆宗教史叢書」一四、一九八八)

(星野 英紀)

どうくつ 洞窟 斜面や崖に形成された横穴で、海蝕洞窟・石灰鍾乳洞窟・熔岩洞窟・河川浸蝕洞窟などがある。古くは「いわや」とも呼ばれた。日本の神社には、宮崎県の鵜戸神宮、岡山県の日咩坂鐘乳穴神社など洞窟を神の座《くら》とする神社がある。また、島根県八束郡島根町加賀の潜戸《くけど》や宮崎県西臼杵郡高千穂町岩戸の天安河原洞窟なども信仰と深くかかわっている。洞窟は信仰的、伝承的に、生命誕生の場、生命再生のための籠りの場、他界への入口、死と葬の場、といった機能を負わされてきた。五来重は、海辺の辺路《へじ》をめぐる海の修験道の存在を明らかにしたが、その辺路修行において海蝕洞窟は重要な存在であった。洞窟に籠ることが擬死再生につながったからである。高知県室戸市行当岬の洞窟、室戸岬の弘法大師修行の窟などはその典型である。神奈川県真鶴岬の根もとに鵐《しとど》の窟《いわや》があり、静岡県下田市田牛に三日月穴がある。ともに源頼朝が隠れて命びろいをした窟だと伝えられている。石川県能登金剛の巌門、富山県氷見の雨晴の窟、新潟県弥彦山海側の舟寄せ洞窟は源義経とのかかわりが伝えられる。静岡県焼津市当目の御座穴は徳川家康がここに隠れて助かったといわれている。武将の敗走と洞窟をつなげる伝説の底には、籠りと再生復活の場としての洞窟の力が潜んでいると考えられる。各地の熔岩洞窟や鍾乳洞窟は、その低温を利用して、養蚕の蚕種の孵化抑制貯蔵の場として利用された。

参考文献 五来重『遊行と巡礼』(「角川選書」一九二、一九八九)、野本寛一『海岸環境民俗論』、一九九五、辰巳和弘『「黄泉の国」の考古学』(「講談社現代新書」一三三〇、一九九六)

(野本 寛一)

どうぐのとしとり 道具の年取 農具や金物に年を取らせる年中行事。道具の正月ともいう。一月十五日ごろの小正月に行われることが多い。福島県相馬市などでは、道具の餅と呼ぶ丸い小さな餅をつくり、これを臼や鍬・鎌、囲炉裏の鉤、針箱などふだん使用している道具類に注連縄をまわしたうえで供える。こうして道具類にも年をとらせるのだといわれている。同時に馬の年取として厩にも餅を供える。これと同じように十五日を道具の年取といって農具や金物を飾る日だといい、この日は他に貸していた道具なども返してもらって飾るものだというところもある。また、同じ日をカナモノの正月といって、ふだん使用している鍋をよく磨いたり、鍬や鉈などの金属製品をきれいに掃除したりするなどしてまとめて飾り、これに餅を供えるというところもある。この道具の年取の行事は、小正月に行われる一連の農耕の予祝行事の一つと考えられる。秋の収穫後に行われる馬鍬洗いなどの行事が、その年の農作業の終りにあたって、農作業に使用した道具類に一年の収穫を感謝する行事であるのに対し、道具の年取は、一年の初めにその年一年間の農作業の無事と豊作を祈願し、農具類を飾り年取をさせる行事であると考えられる。

参考文献 『相馬市史』三、一九七五、『西会津町史』六上、一九九一

(菊池 健策)

とうげ 峠 尾根越えの道を上りつめた地点。その道は最短コースを通るため、尾根が撓《たわ》んで低くなった鞍部の峠を越えることになった。峠のほか、タオ、トウ、コエ(越え)などとも呼ぶ。タオは『日葡辞書』にみえ、『古事記』には「山の多和《たわ》より御船を引き越して逃げ上り行でましき」(原漢文)とある。タオもタワも同様に撓むから出た語と見られ、塞の神などの神がまつられている所が少なくない。そのため従来、「畏みと告(宣)らずありしをみ越路のたむけに立ちて妹が名告りつ」(原万葉仮名、『万葉集』三七三〇)のように、峠の神への祈りなしには通れないとした手向けの行為が峠の語源とも見られたが、むしろタワ越え、タオ越え、あるいはトオ越えがつづまってトウゲになったと考えられている。峠をめざして上る間は目の前は山々に遮られているが、峠に至れば向こう側の世界が見え始めるところから、峠はこちらとあちらを分ける境界として強く意識されてきた。たとえば、筑豊の炭鉱で働く男女が結婚を許されない場合に、福岡平野に抜ける八木山峠を越えて決行した嫁盗みが八木山越えと表現され成功を収めてきた事実に、峠のもつ境界性が具体的に示されている。そうした境界性は、峠にさまざまな恐ろしい伝説や怪異談を生む下地ともなった。峠に棲む山姥が牛方を襲う牛方山姥の昔話はその現われの一つである。その一方で、峠は人の往来や物質の輸送が活発に見られた場所でもあった。江戸時代後期の旅日記である『筆満可勢』によれば、秋田・岩手県境に位置する生保内《おぼない》峠では南部側から秋田側へ荷物を持って峠へ上り置いておけば、秋田側から来た人足が同様にして荷を入れ替えて持ち帰ることで荷の交換が果たされたという。これは一種の無言交易でもあり、類例はほかにも見られた。そうした流通機能によりながら多くの人々が峠を往

来するとともに、人が住み着き、やがて集落を形成して賑いを見せた峠もあった。四国山地西部の愛媛県喜多郡肱川町中津の峰峠《みねんとう》は、同郡内子町の木蠟生産に使われたハゼの実や、同郡五十崎町の和紙作りの原料になったミツマタなどの山の産物が、馬背に載せられ駄賃持ちにより運ばれた峠であり、旅館・飲食店をはじめ、蹄鉄鍛冶屋・床屋・時計修理店、さらには骨接ぎ・山伏までも居住し町のような様相を呈した。しかし、昭和時代に入り、自動車が走る道路が峠下に開かれて以来急速に衰えた。自動車利用が一般化した今日では廃された峠道は数多く、それゆえ峠口の集落は行き止まりのような印象を与えるが、武州・上州・信州の国境となった三国峠を通って、武州側の埼玉県秩父郡大滝町中津川から信州側の南佐久郡川上村へ買物に出かけたり、両者間に嫁入りや婿取りも行われたように、峠の両側の集落が生活上強く深く結びついていた例は案外多い。峠は境界性をもつと同時に、異なるものたちを結び付ける働きも持っていた。

参考文献　柳田国男「峠に関する二三の考察」(『柳田国男全集』二所収、一九八九)、上野英信『地の底の笑い話』(「岩波新書」青六三九、一九六七)、北見俊夫『旅と交通の民俗―交通・交易伝承の研究(一)―』(「民俗民芸双書」、一九七〇)、山村民俗の会編『峠路をゆく人々―山村の交易・交通と運搬―』(「シリーズ山と民俗」三、一九九〇)、飯野頼治『山村と峠道―山ぐに・秩父を巡る―』(同一三、一九九〇)
(湯川　洋司)

どうけ　同家　滋賀県など近畿地方で同族を指す呼称。滋賀県北部、東浅井郡びわ町では家々の関係のまとまりをシンルイと呼称している。シンルイには同族や親類だけではなく、ナコウドシンルイのような擬制的親子関係、トナリシンルイなどのように近隣のツキアイの範囲に関するものなども広範に含まれている。そのうち本分家の系譜で結ばれる関係にある家々をドウケと呼び、特にオモシンルイとして重要な位置におかれている。近畿地方の同族が一般にそうであるように、びわ町のドウケの範囲は直接の本分家関係の範囲にとどまり、孫分家をも一つのドウケとすることは少ない。→オモシンルイ　→同族《どうぞく》

参考文献　中川ユリ子「「シンルイ」の構造と機能」(『ソシオロジ』八九、一九八四)
(古川　彰)

どうけ　道化　人を笑わせる滑稽なこと、もしくは滑稽なことをする人をさす。道外・道戯なども書く。また、歌舞伎の道化方の略として用い、滑稽なことをする役者をも意味する。その語源はオドケが転訛したとも、タハケ(戯気)が転訛したとも、童戯を意味するとも、道に外れることをいって笑わせるためとも、戦国大名斎藤道三の家来であった道家某に由来するともいうが、諸説あってはっきりしない。滋賀県愛知郡湖東町北菩提寺の押立神社で六十年ごとに行われるドケ祭は渡御の行列が種々の歌舞音曲を披露するものであるが、その名称にたがわず文字どおりドケという道化が登場する。ドケは鬼面を被り長襦袢と陣羽織を着用して羯鼓を携帯しながら、「ドッケノ、ドッケノ、シッケノケ」などという掛け声にあわせて踊る。同様のドケ祭はかつて滋賀県愛知郡愛東町百済寺の日吉神社でも六十年ごとに行われており、鼻高面を被ったドケが踊りを披露したという。また、奈良県山辺郡山添村中峯山の神波多神社の天王祭にも、鼻高面を被りスリザサラを持った道化(ドケ)以下、各人各様の意匠を凝らした道化衆が出て、渡御の行列を先導するのみならず道化狂言を上演する。こうした道化はさまざまな呼称を冠して各地の祭礼や芸能にしばしば登場するが、いずれも異形性と境界性を帯びており、その滑稽な所作によって文化的秩序を攪乱して、日常性と非日常性の境界を侵犯もしくは無化する存在であると考えられよう。

神波多神社の道化狂言

参考文献　橋本裕之「「もどき」の視線―道化から見た神代神楽―」(相模原市教育委員会編『神楽と芝居―相模原及び周辺の神楽師と芸能―』所収、一九八九)、山口昌男『道化の民俗学』(「ちくま学芸文庫」、一九九三)、森容子「押立神社古式祭ドケ祭について」(木村至宏編『近江の歴史と文化』所収、一九九五)
(橋本　裕之)

とうけい　闘鶏　鶏を闘わせる遊戯。鶏合わせともいう。中国で清明節に行われていた雄鶏を闘わせる年中行事が、日本に伝来したものと考えられている。日本では平安時代には宮廷貴族の間で遊技として広まり、また三月三日の年占行事として儀式化された。その様子は多くの文献・絵画史料に描かれ、特に『古今著聞集』に記された、一一七二年(承安二)の東山仙洞の鶏合わせは有名である。また、十二―十三世紀の作とされる『鳥獣戯画』には、民間の闘鶏が描かれており、このころ、庶民の間にも流布していたことがわかる。年占という闘鶏の神事性は、神社儀礼の中に引き継がれており、和歌山県田辺市の闘鶏神社や兵庫県加西市北条の住吉神社には闘鶏神事が伝えられている。シャモなどの外来品種の導入により遊興性を強くした闘鶏は、賭博としての性格から幾度となく禁じられたが、現在では賭博性を払拭した競技会も各地で行われている。中国、東南アジア、ヨーロッパ、アフリカ、南アメリカなど世界的に広く分布する民俗文化として注目されており、また競技方法から繁殖・飼育法、売買、個体識別、賭けなど、闘鶏を取り巻く多様な民俗知識・技術は文化考察の重要な指標とされている。人類

闘鶏(鹿児島県)

闘犬(茨城県)

学者C・ギアーツはインドネシアのバリ島の社会を分析するにあたって、闘鶏に用いられる雄鶏とバリの男性との心理的一体化に着目し、バリ文化における社会構造の表出した闘鶏の象徴的重要性を明らかにした。 ↓闘牛《とうぎゅう》

参考文献 山口健児『鶏』(「ものと人間の文化史」四九、一九八三)、C・ギアーツ『文化の解釈学』二(吉田禎吾・柳川啓一・中牧弘充他訳、一九八七)、A. Dundes: The Cock-fight (1994). (菅 豊)

とうけん 闘犬 犬を闘わせる遊戯。犬合わせ・犬くいともいう。十二―十三世紀の作とされる『鳥獣戯画』には、闘犬が描かれ、また、十四世紀の『太平記』には、北条高時らの武将が愛好していたことが記されている。近世には、秋田藩や土佐藩において、闘技による心身鍛練の目的で闘犬が行われていた。現在、闘犬に用いられている犬は通称土佐犬と呼ばれているが、これは明治以降、四国在来の土佐犬にブルドッグ、セントバーナード、マスチフなどの外来種を交配作出したもので、厳密には土佐闘犬と呼ばれる品種である。闘牛・闘鶏と違って完全に農業生産と無関係なため、より一層遊興性が強く、かつては賭博の対象ともなっていた。第二次世界大戦前に競技団体の全国組織が結成され、隆盛を極めたが、戦中の食料不足のなか一時衰退した。現在では再び復興し、愛好者により賭博性を払拭した競技会が各地で行われており、競技は二頭の犬を円型の土俵で闘わせ、鳴いたり逃げたりした犬を負けとして勝敗を決めるが、大会により、その競技方法はさまざまある。闘牛・闘鶏・闘犬は、競技方法から繁殖・飼育法、売買、個体識別、賭けなど多様な民俗知識・技術を保持し、文化考察の重要な指標となる。しかしその遊興性や、一般の民俗事象と比べ、その属性として男性性が強調されるといった性差の偏りの問題、そして任意編成の可変的な特定集団によって、目立たぬように伝承されるという特質を持っていることから、従来の民俗学においては、ほとんど省みられることはなかった。 ↓闘牛《とうぎゅう》 (菅 豊)

とうこう 陶工 やきものをつくる職人。やきものには茶陶に代表される高級品や美術品のいわゆる上手物《じょうてもの》と、廉価な日常雑器、つまり下手物《げてもの》がある。歴史を通じて数量的にみると、下手物が圧倒的に多く焼かれてきた。かつて、職人は、徒弟制のなかで厳しい修業に耐え技術を習得した。苦労して弟子修業を終えてもすぐに職人として独立できたわけではなく、慣習として一年間のお礼奉公が必要で、その間は給金が半分というのが相場であった。晴れて一本立ちしたあとは、そのままその窯で働いてもよかったし、ほかの窯に移ることも許された。一人前の職人という基準は窯場ごとに明確であった。壺なら壺、徳利なら徳利、茶碗なら茶碗を毎日同じようにつくれることがその条件だったのである。給金は、日払い(月給)と出来高払いがあった。出来高払いの場合は、女房を相方にして共働きをする例が多かった。女房に轆轤を回させて出来高を競うのは、備前(岡山県)や清水(京都府)などの手轆轤を用いる窯場で顕著であった。かつての職人のなかには、旅をしながら腕を磨く者も少なくなかった。いわゆる流れ職人とか渡り職人である。日常雑器が盛んに焼かれていた一九五〇年代ごろまでは、職人の腕は高く評価されていたが、その後、電動轆轤や鋳込み、ガス窯などが普及し、規格品の大量生産が可能になると、熟練の職人の技術はさほど必要とされなくなり、その数も激減していった。

参考文献 神崎宣武『暮らしの中の焼きもの』(「日本人の生活と文化」四、一九八二) (神崎 宣武)

どうこうかいぐみ 同航海組 ブラジルをはじめ南米諸国に移住した日本移民が、同一移民船で航海をともにした仲間との間に築いた強い連帯のネットワークあるいは集団。ブラジルでは同航海・同船者という。日本からの海外移民には挙家移住はまれで、農家の次・三男などの若い男女が家族的、親族的紐帯《ちゅうたい》を出身地に残して単独あるいは少人数で渡航した。したがって移民先国では多く

の親族縁者をもたず、また学校を舞台に築いた同級・同窓の友人関係も一般に弱い。一方、異文化・異民族の支配する、言葉や事情のわからない異邦にあって、その初期の適応過程では連帯のための新しい代替関係を必要とした。それを提供した最大のものは、日本人であることを基礎としたエスニシティの関係で、移民の間では一般に日本人としてのアイデンティティが渡航後に強化された。同時に少人数の仲間形成には、生涯はじめての海外渡航という異常体験をともにし、同じ釜の飯を食った同航海仲間の間に戦友の関係に酷似した友情が培養され、「同航海は親戚以上」といわれた。出身地・方言や訛《なまり》を共有する同県人・同村出身者の間にも同様の紐帯が形成された。これらの関係は長期にわたって強いネットワークを構成し、それらを契機として結社・村人会・県人会が組織された。プランテーションを出て開拓前線に入って独立し、植民地を創設する際にも、都市で商業・企業を興すにも連帯の基となり、これらの中から新しい姻族・親族関係も多く築かれてきた。

参考文献 半田知雄『移民の生活の歴史―ブラジル日系人の歩んだ道―』、一九七〇、前山隆『エスニシティとブラジル日系人―文化人類学的研究―』、一九九六

（前山　隆）

どうざこう　堂座講　奈良県の南部や和歌山県などでみられる祭祀組織の呼称。宮座講・堂座講・座講・堂講と呼ばれる。堂座講は、ホトケをまつる堂を中心とする宮座組織で正月行事の修正会・おこないなどに関係することが多い。奈良県明日香村稲淵では、堂講（堂座という）と呼び、宮講と対をなす。正月七日に堂講の人々は、大日堂をまつり修正会をつとめる。明治の廃仏毀釈により宮座講が主になったが、かつて堂座講も重要で必ず存在したと思われる。和歌山県紀ノ川流域では、村落内の上層家格の家が座を占めるのが通例であったが、近年は多く衰退している。　→祭祀組織《さいしそしき》　→宮座《みやざ》

参考文献 浦西勉「宮座とムラの成立」（『飛鳥の民俗』所収、一九八七）

（浦西　勉）

とうざし　頭指　頭屋を指名決定すること。宮座の運営は当番制によることが多く、特に頭屋を決定する方法、または儀礼をこのように呼ぶ。古くは祭礼の主体者、寺院などが、村人内から頭屋を選んで指し示したこともあった。一般的に宮座は年齢階梯制が強く、宮座の構成員はその役割も常に認識していた。そのもっとも重要な役割は春と秋の祭礼を勤めることである。この役目を決定するには、年齢順、籤、神意によるフリアゲによるものなどがある。頭指で頭屋が決定すると、すぐにその家に御幣や注連縄などが付けられた。　→頭人《とうにん》　→頭屋《とうや》

（浦西　勉）

どうざん　銅山　銅鉱を採掘する鉱山。古くはあかがねとよばれた銅は金・鉄と同じく古墳時代には広く存在することが知られるから金属が弥生時代と古墳時代を分ける有力指標の一つであることは言を待たない。史料では七〇八年（和銅元）貨幣として和同開珎が製造されている。原料は秩父（埼玉県）産といわれる。現に秩父郡長瀞町井戸の金嶽山法善寺の近くにある銅の入沢では純銅が石に含まれて産出し、児玉郡児玉町の金鑽《かなさな》神社には発見者羊《よう》太夫《だゆう》の伝説が残っている。また、奈良大仏鋳造の折には周防の銅が用いられている。銅山は一般に鉱気《やけ》といって、銅の蔓筋が山上に吹きあがり岩石が赤黒く染まっているのが特徴である。石見や佐渡の鉱山伝説に沖を通る船から山上に立ちのぼる鉱気をみてそこに鉱山のあることを知ったとするのは古代以来の伝承を伝えるものであろう。採銅は山上にあらわれた鉱気に従って穿《ほ》りさがるから坑は竪坑となる。つるし掘りという形である。各地の鉱山につるしの名称が残る例をみるがそれは古い鉱山の由来を示す。室町時代にあっては穿り出した璞《はく》を細かく砕き（砕女《かなめ》）、銅鉱をとり、かまどで焼きそれを炉に入れて炭火でとかし（はくふき）、銅と銀の合金をとった。戦国時代末に至って鉛をまぜて再焼して銅と銀を分離（南蛮しぼり）することが可能になった。銅に鉛錫をあわせたものはからかね（響銅）とよばれ鐘・鏡などの用に用いられた。中世には寺社の鏡・仏具・武具製造に利用されたほかアジア諸国との交易品にも用いられた。古く長門の銅山、中世の備中吉岡銅山、近世・近代の愛媛県の別子、栃木県の足尾、秋田県の小坂など、銅山は多い。

参考文献 小葉田淳『日本銅鉱業史の研究』、一九九三、田中圭一「中世金属鉱山の研究」（『日本史学年次別論文集』中世一所収、一九九六）

（田中　圭二）

とうざんたん　逃竄譚　主人公が切迫した危機から遁走するのを主題とした話。異界に住む山姥や鬼のところに知らずに行ってしまったり、人間の姿に化けて妖怪が人間界にやってきて住みついたりして主人公は危機に陥るが、とっさの知恵や何らかの援助で脱出・逃亡に成功して危機から逃れるという話型の昔話。「三枚の御札」では、小僧が知らずに迷い込んだ山姥の家から逃げ、和尚からもらった護符で、追いかけてくる山姥の前に山を出し、川を出して逃れる逃走劇。「牛方山姥」では山姥の家に知らずにまぎれ込み、とっさの知恵で逆に山姥の甘酒や餅を取り上げた上に、木の唐戸（長持）に閉じ込めてしまい、山姥を退治する。「食わず女房」では山姥が男のところに飯を食わないで働く嫁としてやってくる。夫の知らぬ間に飯を炊いて頭の真ん中にある口から食べていると知らされた夫が、天井にかくれて、妻の正体を知る。妻は夫を桶に入れてつれ去るが、途中で脱出し遁走が始まる。夫が、ショウブとヨモギの繁みに身をかくして難を逃れたこの日が、五月五日だったことから、それ以来五月節供に家の軒に魔払いのショウブ、ヨモギをさすようになったという由来譚になって流布することになった。鬼の登場する逃竄譚には「鬼の子小綱」「鬼と賭」「妹は鬼」などがあるが、聞き手は妖怪の登場する昔話を通して、異界の存在を知り、昔話の豊かな世界にひきつけられる。

↓牛方山姥《うしかたやまんば》　↓鬼《おに》の子《こ》小綱《こづな》

参考文献　関敬吾『日本の昔話―比較研究序説―』、一九七七、河合隼雄『昔話と日本人の心』、一九八二、小沢俊夫『昔ばなしとは何か』、一九八三、武田正『昔話漂泊』、一九九四

（武田　正）

とうじ　冬至　一年中で太陽が天球上の最南に位置する日。旧暦では十一月、太陽暦では十二月二十三日前後が冬至になる。北半球では最も昼が短く、夜が長くなる。衰えた陽光を再び元へ戻し、暖かい春の日が早く訪れることを願う日でもある。大師講の行事も本来、冬至の日の行事であったと考えられる。冬至の日には、冬至粥・冬至カボチャ・冬至蒟蒻《こんにゃく》などを食べるとする所が多い。生命力の衰えた時期に、少なくなった野菜類を食べる薬食の意味もあったと考えられるが、冬の祭に供えるという意味もあった。群馬県下仁田地方では十二月八日の事八日や十三日、そして冬至の日などに蒟蒻を食べると体中の砂を払ってくれるといわれており、災難除けや厄払いの意味があると考えられる。また、冬至には冷酒を飲み、柚子湯に入るとその冬風邪をひかないといわれ、柚子湯に入るという所も多い。冬至は暦の上では冬の最中で、これから春に向かうことになるが、実際にはむしろ寒さが厳しくなっていく時期であり「冬至冬なか冬始め」などともいわれている。冬至の日からは昼の長さが少しずつ長くなるので「冬至から藺《い》の節だけのびる」とか、「冬至十日めから米一粒づつのびる」などともいわれる。沖縄地方では冬至正月といって、冬至の節の入りに雑炊を作って祖霊に供える年中行事が行われる。冬至は衰えた太陽の再生と、体力の回復を願う日であったといえる。

参考文献　萩原秀三郎・宮田登『催事百話―ムラとイエの年中行事―』、一九八〇

（菊池　健策）

とうじ　杜氏　⇨とじ

とうじ　湯治　湯治は療養や治療を目的にして、温泉などに入浴することで、長期間に及ぶことが多い。日本人は古くから湧出する温泉の湯に霊力を認め、温泉湯治を盛んにしてきた。温泉地には温泉神社や温泉寺をまつり、入浴時に神仏に祈り念仏を唱えながら入浴した。『出雲国風土記』には国造が朝廷に向かう前の禊に、あるいは老若男女が容姿端麗になることを願ったり、治癒や娯楽のため玉造温泉を訪れていたことが記されている。『日本書紀』には歴代の天皇が今の有馬・白浜・道後温泉などに長期間行幸したとあり、続く貴族や武士の時代にも湯治が行われていた。近世にはいると庶民層における湯治記録が見られるようになり、温泉地の管理運営の制度も整い、湯治についての案内の書なども多くなる。温泉湯治は湯七日・湯十日などといい、一週間から三週間の長期療養が原則で、一度の湯治期間を「一回り」といった。室町時代の『有馬入湯記』にははじめと終りの七日間は少なく、中央の七日間は多くはいるよう書かれている。東北でいった三日一回りは、はじめの三日を試し湯、次の三日を本浴、最後の三日を仕上げ湯とする湯治法をさしていた。入浴の初期の段階で体調が一時的に悪くなることを湯あたりといったり、一日に何度も入りすぎることを戒めて過湯・欲湯・貧欲などという言葉もある。農村での湯治は農閑期に行われ、骨休め・気保養・泥落としなどと呼ばれた。寒湯治は東北など雪に閉ざされる寒い地方で盛んで、身心の抵抗力をたかめる効果があった。西日本など二毛作地帯は春湯治と秋湯治が盛んで、春は田植え前後、秋は稲刈り前後に行われ、労働への備えと疲労回復の目的があった。一般に夏湯治は少なかったが、漁民の場合には漁閑期が一定せず、夏湯治も行われた。別府温泉などでは、船に寝泊まりしながら湯治することもあった。温泉湯治の効能は泉質によって異なるが、子宝の湯・子持の湯、目洗の湯・明目の湯、中風の湯など特定の治療を目的に湯治をすることもあった。東北では客舎と呼ぶ自炊宿に泊まり、布団や台所用具、食糧まで持参したので経費は安くあがった。湯治の途中に親戚、家族などが御馳走を持って、湯治見舞にくることもあった。見舞を同宿の人たちにふるまい、歓談することも湯治の一つの精神的な効用となった。都市を中心に物見遊山としての温泉旅行が始まったことや、医学の発達に伴い、温泉湯治は次第に避暑や保養・娯楽などの性格を強めるようになった。鉄道の発達は一夜歓楽の団体客を増やし、温泉へ行くことは行楽の大きな目的の一つとなった。温泉客の増加は大型宿泊施設や各地に温泉土産を生みだした。湯治は一般的には温泉湯治をさすが、温泉の少ない地方では石風呂・砂風呂・蒸湯・潮湯なども古くから利用された。

参考文献　西川義方『温泉須知』、一九三七、今野信雄『江戸の風呂』（「新潮選書」、一九八九）、八岩まどか『温泉と日本人』、一九九三、大石真人『温泉の文化誌』（「丸善ライブラリー」一四九、一九九五）

（印南　敏秀）

どうじょう　道場　法会・仏道修行を行う場。『改邪鈔』（一三三七）第一二条には「いくたびも為凡をさきとして道場となづけてこれをかまへ、本尊を安置したてまつるにてこそあれ、これは行者集会のためなり」とある。しかし、中世においてはこれ以外に、往生・出家の場、あるいは戦いに敗れた武士や謀叛人が命を助かるために逃げ込む場というアジール的機能もあった。時宗の金蓮寺・歓喜光寺・金光寺などは寺号をもちながら、人々からは四条道場・六条道場・七条道場と呼ばれていた。中世末期から近世にかけては寺院前姿形態としての道場が成立し、今日まで中部山間部の真宗地帯などに残存してきた。名称は道場・惣道場・立合（寄合）道場・表裏立合道場・毛坊道場・別当道場・辻元道場・下道場・兼帯道場・内道場・家道場・講道場・自庵・看坊・法名元・本尊元などがあり、門徒の総意によって成立したものが惣道場、毛坊主が道場主であるものが毛坊道場、民家の一部にあるものが内道場・家道場である。辻元は厨子元の転訛と考えられ、名号や絵像本尊を安置する厨子のある家を意味

する。岐阜県高山市の照蓮寺(一五〇四年(永正元)建立)、富山県西礪波郡福光町の願成寺、滋賀県伊香郡木之本町の西徳寺などが古い建築構造を伝えている。真宗門徒は毎月のお講をはじめ、ホンコサマ、オシッチャ、オブツジなどと呼ばれる報恩講などに集まり、宗教生活を形成してきた。住職がいなくても、門徒が毎日交代でお仏飯を上げたり勤行を行なってきた。道場内では、座席順や男と女の座る場が決まっていた。 →毛坊主《けぼうず》

参考文献 千葉乗隆『真宗教団の組織と制度』、一九七八、橘礼吉「白山麓真宗道場の講行事とムラ―石川県尾口村東二口の親鸞忌を中心に―」(『加能民俗研究』一六、一九八七)、神田千里「中世の「道場」における死と出家」(『史学雑誌』九七ノ九、一九八八)、桜井敏雄『浄土真宗寺院の建築史的研究』、一九九七 (蒲池 勢至)

どうじょうじ 道成寺 和歌山県日高郡川辺町鐘巻にある天台宗の寺で、鐘巻寺とも呼ばれ、天音山千手院と号す。本尊は千手観音で、寺伝には文武天皇の勅願により七〇一年(大宝元)に紀道成が創建し開山は法相宗の僧義淵であると伝える。熊野詣の男と牟婁の里の女の話の道成寺物語は、『本朝法華験記』、『今昔物語集』一四、『元亨釈書』一九、『日高川雙子』、『道成寺縁起』、謡曲『道成寺』、『鐘巻』、古浄瑠璃『道成寺』などで有名であるが、のち、舞台芸能として浄瑠璃・歌舞伎・長唄・舞踊などに取り入れられた。一方、東北には山伏神楽として『鐘巻』が伝承され、沖縄では組踊りとして演じられている。中世歌謡『田植草紙』や中国地方に伝わる田植え唄にも主人公の清姫が登場する。『本朝法華験記』では、熊野詣の二人の僧が牟婁郡の里で日が暮れたので宿をとったが、その家主は寡婦であり、夜半に若い僧の寝所にいい寄った。僧は帰りに寄ると嘘をついて逃げ出した。ところが偽りであることを知った女が蛇と化して僧を追い、僧の隠れた道成寺の鐘を取り巻いて焼くという執念を示し、若い僧は焼け尽くしてしまった。その後この寺の老僧が『法華経』如来寿量品を書写して供養すると女は忉《とう》利《り》天に若い僧は兜率《とそつ》天に往生したという。『元亨釈書』では、主人公の若い男の名が安珍となる。女の名が清姫となるのは、高野辰之によれば、一七四二年(寛保二)八月豊竹座の操浄瑠璃『道成寺現在蛇鱗』であるという。 (丸山 顕徳)

トゥスクル トゥスクル アイヌの巫者。アイヌ語のトゥス(巫術を行う)クル(人・男性)は、トゥス(巫)メノコ(女性)やサマン(シャーマンのできる男女)ともいう。巫者の巫術行為は、憑き神の中でもその力のある神がさせるものとし、その神も多様でたとえ同種の憑き神であっても巫術行為や能力・託宣などに違いがある。巫術をさせる憑き神は、あの世からこの世へ向かう一個人とともに誕生し老いていく先天的な場合と、個人の言動にほれ込んで憑き神となって巫術をさせる後天的な場合とがあり、幼少時にその能力があったとしても憑き神がその人を嫌って離れていくと急速に能力が衰えていく。突然巫者になることもあるが、多くは家系や親戚内に世代を越えて誕生することが多いものの、数村落から十数村落に一人ぐらいの割合とされている。巫者は人から依頼されたことに対し憑き神を通じて実直に答えるものの、代償を要求してはならず、ささやかなお礼を受け取るだけで、その生活は一般に貧しく、その不足分は居住する村人が負っていた。憑き神は問題の解決のために関連する神々と連係や協力体制をとりながら情報を取りまとめて巫者に知らせる。時折巫者は憑き神の求めに応じて適宜巫術行為の練習もするものの、北海道では正座やあぐらをかいて両手を軽く握ったり合掌しながら身体を震わせて巫術を行うことがほとんどであるのに対し、樺太では部屋を暗くして焚火に太鼓をかざして温め、ばちを打ちながら身体を躍動させて踊りながら託宣することが多い。

参考文献 藤村久和「アイヌ神話と儀礼について」(『国文学解釈と鑑賞』五四六、一九七七) (藤村 久和)

どうせいあい 同性愛 自分と同性の相手を性愛の対象とする性的指向。異性愛(ヘテロ＝セクシュアル)に対してホモ＝セクシュアルと呼ばれるが、男性同性愛をさすホモ、オカマ、女性同性愛をさすレズ(レズビアン)などは差別的な意味を帯びて使われる場合が多い。ゲイは同性愛者をさすアメリカの俗語表現で、現在広く使われている。同性愛は、異性愛と同じく性的指向の一つであるが、これまで異常性欲・性倒錯・変態としてとらえられ、社会的に差別の対象となることが多かった。また、自己の生物学的な性とは異なる性として自己の性を認識するトランスジェンダー(性自認)や、男性の女装、女性の男装などの異性装、手術によって性転換を行うものなどとも混同されてきたが、これらは同性愛とは概念上区別されるべきものである。同性愛は、差別や禁圧の対象になることが多かったにもかかわらず、世界的に広く見られる現象であり、日本でも、男色・衆道などと呼ばれる男性同性愛が貴族や僧侶・武家の間で公然と行われていた。近世には男色の流行が一般庶民にまで及び、男色を売る男娼(陰間)や男色を主題とする男色物と呼ばれる文学の一部門が登場した。明治以降も軍隊などを中心に男性同性愛が存在したが、これらの中には純粋な性的指向によるもののほかに、異性愛の代償としての同性愛も含まれており、今日一般にいう同性愛とは同列に論じられない。欧米に比べて日本では同性愛者の割合は少ないといわれるが、同性愛者の比率が比較的高いアメリカなどでは、近年、同性愛者の社会的認知をもとめる運動が高まっており、みずからが同性愛者であることを公表(カミングアウト)する人々も現われている。日本でもこの流れを受けて、同性愛を異性愛と同じく共同生活の一つの形として認め、異性のカップル(夫婦)が受けているのと同じ法的優遇を同性カップルにも認めようという運動や裁判が起されるようになっている。また、同性愛者のグループの施設使用についての差別をめぐる裁判では、一九九四年(平成六)

三月に同性愛グループ勝訴の判決がでており、その判決文には同性愛を単なる性的指向の一つと位置付け、同性愛者が差別されている現状が明記されている。しかしながら、同性愛というとき、セックスのみを取り上げて興味本位に語られることは依然として多い。異性愛のみを正常とし同性愛を特異・異常なものとみる風潮が根強いことから、自分が同性愛者であることを隠そうとする人人は多く、カミングアウトする人は日本ではまだ少数派である。

参考文献 伊藤悟『同性愛の基礎知識』、一九九六、クィア・スタディーズ編集委員会編『クィア・スタディーズ96—クィア・ジェネレーションの誕生—』、一九九六

（中村　彰）

どうせいふこん・いせいふよう 同姓不婚・異姓不養 韓国において、戸籍の上で姓および本貫（氏族発祥の地）を同じくする者は、どんなに遠い血縁関係であっても無条件に婚姻を禁じられることを、同姓不婚という。氏族制度の伝統のもとで、この原則が今日に至るまで強い婚姻規制となっており、民法でも同姓同本結婚を禁止する条項が定められていた。この条項の是非をめぐっては長年にわたり論争が続いてきたが、一九九七年七月に憲法裁判所がこの条項は「個人の尊厳と平等に基づいた婚姻と家族生活の成立・維持をうたう憲法精神に反する」との決定を下したことで、法改正に向かうことになった。異姓不養とは、異なる姓の者には養われないの意である。韓国では老後の奉養と死後の祭祀を行うのは男子に限られており、男子がいない場合、その役割を担当する後継者を確保するための方策として養子がとられた。その際、異姓不養の原則から、養子となる者は同姓同本の近親内の、しかも子の世代にあたる者に限られた。在日韓国・朝鮮人社会では近年、日本人との結婚が増加し、養子をとることも少なくなっており、同姓不婚・異姓不養の原則が現実に機能することは少なくなっている。したがって、在日韓国・朝鮮人同士の結婚においても、在日三世・四世といった若い世代では同姓不婚という社会的慣習について全く知らない者もでてきている。しかし、一世はもちろん二世の親世代でも、この慣習をみずからの考えとして保持している人は多く、ことに見合い結婚の場合には、同姓同本が問われることが多い。なお、在日華僑の間でも同姓不婚・異姓不養の観念は、弱いながらも存在する。

参考文献 福岡安則・辻山ゆき子『同化と異化のはざまで—「在日」若者世代のアイデンティティ葛藤—』、一九九一

（朝倉　敏夫）

どうぞく 同族 本家・分家の系譜関係によって構成される家々の連合。同族を意味する民俗語彙としてはマキ、バルイ、ミヤウ、カブ、ヨリキ、イッケ、イットウ、ジルイ、ドウゾクなど多様な用語があり、その民俗語彙によって意味されている内容も地域によって多様性をもっていて、たとえば同じイッケという用語を使っていても、厳密な意味での同族とは呼びがたい例も少なからずある。地域による多様性は親類と区別のつきにくい組織であったり、地主に従属する小百姓集団を意味したりする。同族研究の初期段階においては、同族と親類との区別が研究者の間でも明確ではなかったが、及川宏や喜多野清一らによる実証的な研究の結果、現在では、民俗語彙での使用ではともかく、専門用語としては同族と親類とは概念的に明確に異なるものと理解するようになった。この両者の概念上の差異は以下のとおりである。同族は本家と分家とのあいだの家相互の本支（本末）の系譜関係によって結びついている家々の連合である。本家の構成員と分家の構成員との間の親族関係（いわゆる血縁関係）によって結びついているという定義をしないところに同族の特徴が如実にでている。すなわち、本家と分家との関係は家相互の関係であって、家構成員という人間相互の関係ではないのである。たしかに本分家の成立の契機は家構成員の親族関係であることが多い。たとえばある同族は三代前に本家を長男が継ぎ、分家を次男が創設したというような伝承がある。その成立の時点では本家と分家の構成員の間には長男・次男という親族関係（兄弟関係）が成立していた。しかしながら、それからたとえば相互の家で五代が経過したとしたら、相互の家の構成員の間にはもはや親族関係があるとはいえないほど親族としての関係は遠くなっている。しかし、家相互の関係においては、本家から直接分かれた分家として相互にたいへん近いのである。その近いという意味は家の本支という家の系譜関係において近いのである。また、奉公人など、もともと本家の構成員と親族関係のない人も、認められれば、分家を創設することもできる（非親族分家）。したがって親族関係の有無は同族であるか否かの概念上の判断基準とはならないのである。一方、親類も同族と同じようにその構成単位は個人ではなく家である。しかしながら、A家とB家が親類だというとき、A家の構成員とB家の構成員との間に親族関係があることが条件である。親族関係はいわゆる血縁関係（養取も含まれる）と婚姻関係によって成り立っているから、親族関係は自己（エゴ）

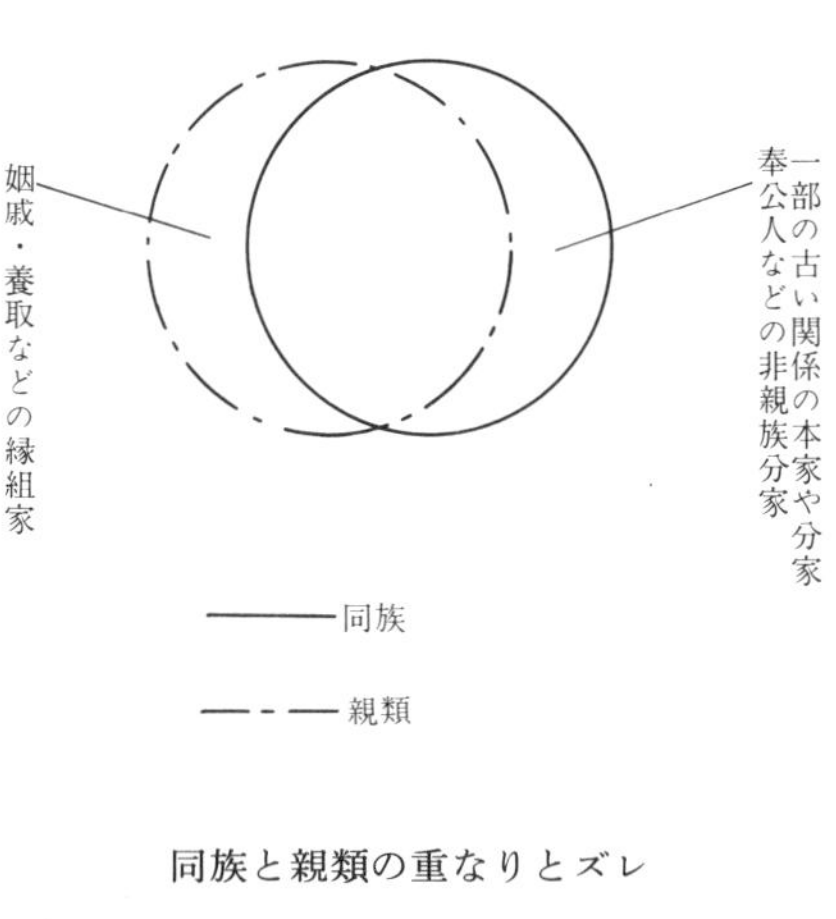

同族と親類の重なりとズレ

からみると父方母方の両方に双方的(バイラテラル)に広がっている。同族もその構成員のあいだに親族関係があることもあるからそのときはその家は同族であって親族でもあるということになる。つまり、図に示すように同族と親族は一部が重なり、一部がずれることになる。柳田国男はここで整理したほど明瞭ではないけれども、研究史的にはかなりはやい一九四二年(昭和十七)時点で同族と親類との差異に気づいていた。その差異を『族制語彙』で次のように述べている。なお引用文ででてくるマキは同族のことである。「今日我々が親類と呼んで居るものと、マキとはどこが異なり、又どれだけの範囲の差があるか、是は一応考へて見る価値のある問題である。私の注意して居る点は二つ、其一つはマキが婚姻即ち女系の親族を含まぬこと、他の一つは六等親以外の遠い同系もマキの中には入つて居て、従つていつも親類よりは広い範囲に解せられて居ることである。妻母祖母までの里方、姉妹伯叔母までの縁付先は、以前も交通が繁く義理のつき合ひは固かつたが、もうそれ以上になると今でも疎遠になりやすい。之に対して同族は仮に親等が数へられぬ程遠くなつても、なほ一定の関係を絶たぬとすると、少なくとも両者の端々に於ては、マキと親類とは外貌が丸でちがはざるを得ないのである」。

同族は一軒の本家を中心にして数軒の分家から成り立っているが、この同族内相互のあいだに、冠婚葬祭などを通じて一定程度の秩序化された関係が維持されていれば、それを同族組織とよび、さらに本家と分家のあいだに、上下的な支配・被支配の主従関係が認められるときには、特に同族組織と区別して同族団とよぶならわしが研究者の間にある。同族が親族関係を機軸において存在していないとするならば、なにを機軸において存在しているのかという問いが多くの研究者を同族研究、特にその特徴が顕著にみられる同族団研究に向かわせた。それらの研究のうち、説得的な説明の一つは有賀喜左衛門によってなされた経営体説である。それは結果的には同族(団)の機能を説明することになった。すなわち、同族団が成立・維持されうるのは、農家を例にとれば、ふつう本家が安定した農業経営を行なっており、分家が本家の農業経営に依存するという形態をとったばあいである。安定した農業経営は、一定程度の土地の集積を前提とする。その結果、典型的には本家とは本家地主であり、分家とは分家小作ということになる。漁家のばあいだと、網元や船元のような資本を集中できた家が本家となったり、商家のばあいも本家に経済力があると本家と分家とのあいだに上下・主従の関係をもつ強固な同族団が成り立つ。それに対し、本家が経済力があまりなく、経営の中心となり得ないばあいは強固な同族のまとまりはなく、ゆるやかな家々の連合だけがみられることになる。そのようにゆるやかになってしまうと、どこが本家か明らかではないという例もみられるようになる。伝統的には東北日本農村では強固な同族団が観察でき、近畿などの西南日本ではとりあえずはお互いに同族であることを認め、冠婚葬祭でのつきあい程度のゆるやかな同族組織がみられる傾向にあった。農村では第二次世界大戦後の農地改革によって、本家の経営基盤である広大な農地が失われたことによって、農村における同族団はほぼ完全になくなり、それ以降、同族組織だけがみられるようになった。すなわち同族(団)のありようは、本家経営のありように大きく左右させられるといってよい。そのため、分家の創設は単に次男や三男がいたら機械的に創設されるというものではない。あくまでも本家の経営の発展にあわせて分家が創設される。それは同族団そのものが一個の経営体であり、そのために経営の原則に基づいて分家が創設されるからである。父系親族組織の原則に基づくものではない。そこで本家経営に発展がなければ、次・三男は村内か村外において独自の生活のみちを歩むことになる。また反対に、本家経営の発展がみられれば、子飼奉公人(ふつう元服前にその家の奉公人として入ったもの)が分家にだしてもらえるばあいもある。この分家は非親族分家である。

このような有賀喜左衛門の本家を軸とした上下・主従の支配関係をもつ経営説では、十分に説明できない現象が同族にはみられる。同族を構成する家々は同じ姓をもっていること、必ず家の本末の系譜がみられること、つまりある家がある家から分かれたという家をつなぐ縦のつながりがあること、同族祭祀といって、同族の家々が集まって先祖祭祀を行なっていることなどで、このような現象に着目して、喜多野清一は同族の本質は家相互の系譜にこそあるという主張をしている。喜多野は次のようにいっている。「系譜は家の出自に関するものであり、自然そこには系譜の本源とそれからの分岐という事実に従うところの上下の関係が生じ、この本分間に営まれる生活慣行に一種の主従関係を付与することは看過さるべきではありませんが、これも系譜関係を基礎としていえるものであって、その基礎に根拠をおく上下・主従の関係と、然らざるものとを区別して考えることは、同族結合の本質を理解する上で大切なことであると思うのであります」。この喜多野の家の系譜の本源とそれからの分岐という考え方は社会人類学で理論的に発達した父系出自 patrilineal descent という考え方と類似しているようにみうけられるが、一方は家という制度体を単位にしており、他方は始祖と結びつく人々という人間を単位にしているところが根本的に異なる。なお、第二次世界大戦後の同族団の衰退に伴い、村落内では親類の社会的機能が目立つようになってきた。また、韓国でも同族という用語が使用されているが、その用法は日本と一部重なりを示しつつもかなり異なる。韓国では同族とは、同祖意識をもっている同姓同本(同じ本貫)の父系親族集団をさす。そして韓国の同族は生活の共同というよりも、共同の祖先に対する祭祀がもっとも大きな機能となっている。また中国の漢民族のあいだでは韓国の同族に近いものとして宗族がある。　↓イッケ　↓ウチワ　↓カブ　↓クルワ　↓ジルイ　↓マキ　↓マツイ　↓ヤウチ　↓ヤゴモリ　↓ヨリキ

参考文献　有賀喜左衛門『農村社会の研究』、一九三八、喜多野清一「同族組織と封建遺制」(日本人文科学会編『封建遺制』所収、一九五一)、及川宏『同族組織と村落生活』、一九六七、鳥越皓之『家と村の社会学(増補版)』(「世界思想ゼミナール」、一九九三)
(鳥越　皓之)

どうぞくかぞく　同族家族　直系家族のみならず、将来戸主たる直系卑属の配偶者と傍系親の配偶者を含む家族形態。家族内に含まれる成員の世帯主・戸主からの続柄により分類するための一用語であり、鈴木栄太郎により『農村社会学原理』(一九四〇)において夫婦家族・直系家族以外の続柄構成を示す家族として類型化された。こうした家族形態は、東日本の主に農村部を中心に散見されてきた。また、同様の家族を有賀喜左衛門・森岡清美は複合家族と名付けている。　↓家族類型《かぞくるいけい》　↓複合家族《ふくごうかぞく》　↓傍《ぼう》系家族《けいかぞく》
(山内　健治)

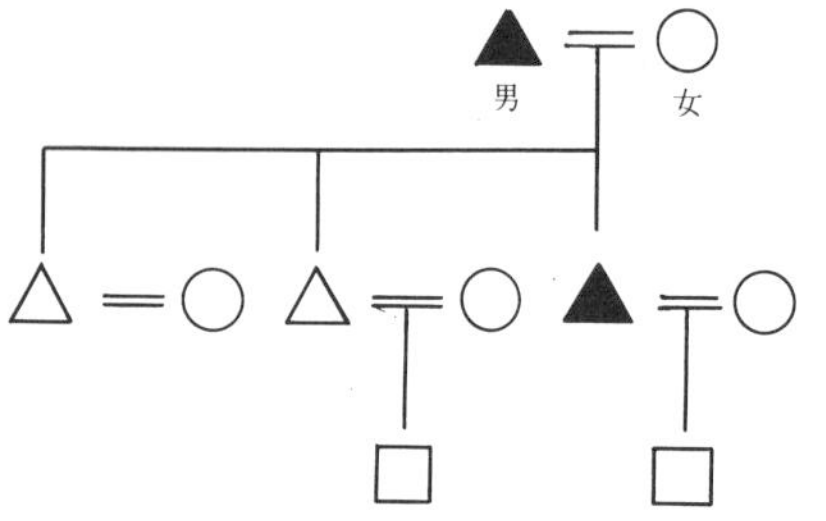

同族家族

どうぞくしん　同族神　本家・分家の集団である同族の共通の出自を象徴する神あるいは同族祭祀の対象となった神。一門氏神(マキ氏神)ともいう。同族の始祖を祖先神としてまつるという形態だけではなく、屋敷神・産土神などの神々の祭祀を同族集団が行なっている形態も多い。同族神の形態は多種多様であり、その分布も全国的に広がっている。同族神の理解としては、祖先神を直接の祭祀の対象としていなくても、その本質は先祖であり、同族神本来の姿である先祖の座を特定の神々や仏が代位しているとする見解が有力である。しかし、本来的に同族神の伝統が祖先神の信仰に基礎付けられたものであるのか、土着の産土《うぶすな》信仰や屋敷神の信仰が同族集団によって祭祀されているものか、なお検討の余地があるであろう。同族神を代表するものが祖先神であったとしても、現実には多種多様なものが祭祀の対象となっている。第一は、中央・地方の有名な神社の名前を借りているもの、たとえば稲荷社・八幡社・熊野社・諏訪社・神明社など。第二は、地域の個性豊かな伝統に支えられてきた神々の名称をもつもの、たとえばウチガミ様(内神、鹿児島・福島)・イワイデン(祝殿、山梨・長野)・ジガミ(地神)・ウブスナ(産土)様・オシラサマ・森神(ニソの杜、福井県)・ダイジョコ(若狭)・モイドン(薩摩半島)・鎮守様など。第三は、仏教系の霊格の名称をもつもの、阿弥陀様・薬師様・大日様・観音様・不動様など。丹波・丹後地方では、同族集団が株講・先祖講あるいは苗講を構成し、同族祭祀を営んでいる。この地域では、マキやカブ(株)と呼ばれる同族がその先祖の法名・曼荼羅・名号を祭祀の対象とし(京都府与謝郡与謝村(加悦町))、同苗(同族)が祖霊社をもっていたとか(同北桑田郡美山町知井)、荒地神様・天神様・地主様などを祭祀の対象とするなど多様な形態を示している。山梨県西部から長野県南部には、祝殿と呼ぶ神がまつられている。長野県諏訪郡下諏訪町下の原では同族を先祖マキと呼び、マキの成員になると祝殿の祭祀に参加する。この地域ではマキごとに祝神(オイウェージン)をまつっているが、祝神を一つの家が単独でまつる形態あるいは地区が共同でまつる形態もある。このほか、岡山の美作地方でも多様な同族祭祀が行われ、狭い地域のなかで多様な祭祀の形態が並存している。同族祭祀の形態も多様であり、系図祭などの先祖祭の習俗も、同族神を祠でまつるのもこの一形態である。この祭祀は年中行事に組み込まれ、同族結合の維持に大きな役割を果たしたことは否定できない。柳田国男は、氏神を村氏神・屋敷氏神・一門氏神(マキ氏神)に区分し、氏神の古い姿を一門氏神に求めた。柳田は村・屋敷(家)・一門(同族)を祖霊・祖先祭祀の枠組みで一元的に捉えることにより、日本の民俗宗教の特質を明らかにしてきた。これまでの民俗学における同族神の研究も柳田の一門氏神との関連で展開したものが多い。このような祖霊を中心とした日本の民俗宗教の一元的な理解については、批判がある。

参考文献　杉浦健一「同族神」(柳田国男編『山村生活の研究』所収、一九三七)、平山敏治郎「家の神と村の神―氏神の系譜―」(『日本民俗学大系』八所収、一九五九)、原田敏明『宗教と民俗』、一九七〇、竹田聴洲『村落同族祭祀の研究』、一九七七、原田敏明『村の聖なるもの』、一九八〇、竹田聴洲「仏教的同族神」(『竹田聴洲著作集』八所収、一九九三)、住谷一彦『日本の意識―思想における人間の研究―』(「同時代ライブラリー」、一九九四)
(森　謙二)

どうそじん　道祖神　境の神の総称。ドウソジンと呼ばれる神のほかサエノカミ、サイノカミ、ドウロクジンなどと呼ばれる神をも含むことが多い。これらの神々の存在は全国的に認められるが、いずれも同じ神であるとの前提によって報告されることが多いので、その関係や分布は必ずしも明確ではない。ドウソジン、サエノカミなどは全国的にみられるが、ドウロクジンは、本州中央部および高知県などにおいて多く分布し、近畿地方や東北地方にも見られる。道陸神・道禄神・道六神などと表記されるが、室町時代成立の真名本『曾我物語』では「道

（長野県明科町）

（長野県真田町）

双体道祖神

鹿神」が鹿島大明神の第八の王子であるとしている。『古事記』に登場する道返大神・塞坐黄泉戸大神などがサエノカミの古い姿であるとされるが道祖神と表記されていない。平安時代の『和名類聚抄』には「道祖、佐部乃加美」と「祖神、太無介乃加美」とが併記されているが、ここにも道祖神の記載はない。「道祖」という表記は、『今昔物語集』にみられ、サエノカミと訓じられた。「道祖」だけでサエノカミと訓じたが、次第にこれだけではサエノカミと訓ずることができず、「神」の字を添えて「道祖神」と表記されるようになった。ドウソジンはこれ以後の呼称と思われる。また、これは境において旅の安全を祈って供物を供える習俗などから、「道祖」と「祖神」とが同一の神と認識されたことによるものとも思われる。境には荒ぶる神がいて旅人を悩ますという信仰は風土記にもみられるし、現行の民俗にも存在する。碑や祠などがなくても峠には境の神がいるといって供え物をするところもある。どこを境と認識するかはそこに生活する人の空間認識に基づくが、みずからの生活世界を維持するために境を設定し、そこで道切りの儀礼を行なったり、祭や流行病の時に注連を張ったりすることが多い。そのような境を特別視し、そこにまつられているさまざまな神を一括して道祖神とするのである。したがって、村境に立てられる大人形や鹿島人形なども、境界の神であるから道祖神であるとすることがある。その形態は碑や祠であることが多く、自然石の場合もある。碑は、神名を刻んだ文字碑であることも、神像を刻んだものであることもある。碑に刻まれた神名は古典に記された境界にかかわる神名や、地方名に漢字をあてたものなど多様で、道祖神・塞神《さいのかみ》・岐神《ふなどがみ》・道俣神《ちまたのかみ》・衢神《ちまたのかみ》・道神・久那戸神・道陸神《どうろくじん》・道禄神・猿田彦大神・幸神その他がある。神像は単体・双体のものがあり、いずれも僧形・神形の両者がある。それは性別不詳であったり、男女が対になったものであったりする。特に男女双体像は性的な側面を強調するものがあり、近親相姦説話が付随するものがある。本州中央部においては兄妹相姦説話がみられ、北九州には父娘相姦の説話が伝えられている。また、長野県には厄神の去来伝承とかかわる説話を伝えるところもある。伊豆地方に多い丸彫り単体像は椿の枝を担いでいると説明されるものもある。これらは年中行事や共同祈願、あるいは個人祈願にかかわる儀礼の対象とされることが多い。時間的、空間的な境界にかかわる神としてその信仰内容や行事が多様であるために、性格や歴史的展開については明らかでないことが多い。 →塞《さえ》の神《かみ》

参考文献 柳田国男「石神問答」（『柳田国男全集』一五所収、一九九〇）、和歌森太郎「歴史と民俗学」（『和歌森太郎著作集』一〇所収、一九八一）、倉石忠彦『道祖神信仰論』、一九九〇、森納『塞神考―因伯のサイノカミと各地の道祖神―（増訂版）』、一九九〇、大島建彦『道祖神と地蔵』（「民俗叢書」、一九九二）、神野善治『人形道祖神―境界神の原像―』、一九九六

（倉石 忠彦）

どうちゅううた　道中唄　遠路を旅したり、物を運搬する道中でうたう唄。柳田国男の分類案には道唄の一種として道中唄をあげ、「雲助唄、但し九州北部のは長持唄簞笥唄と同じく、専ら嫁入荷送りの日の歌である」とある。しかし広義には、柳田が道唄に分類するところの旅唄・坂迎唄・馬子唄（馬方唄）・牛方唄（牛追唄）・木遣り唄なども含められる。「伊勢道中唄」など参詣の道中にうたわれた唄は祝い唄として残る。街道筋で荷物運びの人足であった雲助がうたったという雲助唄は、やがて農民たちが聞き覚えて、嫁入り道具を運ぶ時にうたわれる婚礼道中唄の長持唄として全国に広まった。長持唄は別に荷持唄・嫁入唄・簞笥担ぎ唄などとも呼ばれる。この唄は歩きながらうたうのではなく、場所場所で立ち止まってうたわれ、歌詞も場所ごとに決まっていた。広島県の例ではこの種の唄で、婚礼の時に酒樽や調度品を運んだり、祭礼で俵を担いで練り歩く時にうたう唄を道中節と称する。青森周辺の「道中馬方節」や四国の「金毘羅道中馬子唄」などのように道中を冠するまでもなく、街道・峠を往来しながらうたう馬子唄も道中唄としての仕事唄である。大木や石を多勢で曳いて行く道中にうたわれた木遣り唄も祝い唄の性格をもつようになる。

参考文献 竹内勉『うたのふるさと―日本の民謡をたずねて―』、一九六九

（大貫 紀子）

どうちゅうき　道中記　近世に作成された旅に関わる文字資料。道中記と称されるものを大別すれば、二種類存在した。一つは、現代風にいえば旅行ガイドブック的内

容を有する木版刷りの旅行案内記であり、もう一つは旅の途上で旅人自身が書き記した旅日記であった。木版刷りの旅行案内記には、絵図的な表現のものも存在し、主要な城下町の城主と石高が記されるなど、簡便な地誌書としての役割も兼ねていた。十返舎一九の『東海道中膝栗毛』なども広義の道中記といえよう。旅日記は伊勢参りなどの信仰の旅と湯治の旅の二つが大部分を占めるが、参勤交代の際の記録を記した武士の旅日記なども存在する。旅日記は道中のメモでもあるが、個人的な控えというだけではなく、同じ道程で旅をする後進のための道案内の役割も兼ねることが多く、帰宅後に清書されたものも散見する。したがって、文中には地名や里程のみならず、宿屋や茶店の善し悪しなどの評価などもしばしば記されている。金銭の出納も詳細に記されている場合が多いが、個人的感想を述べたものは意外に少ない。和歌や俳句、挿画を交えたものもみられる。女性連れの旅日記からは関所や渡し場を迂回したり、霊山などの女人結界を避けて通行するなどの近世の女人禁制の具体例を読み取ることができる。旅日記は近代の産業革命の進展に伴う交通機関の発達によって、個人的な旅の記録を書き残すことの意味が薄れて消滅に至る。

参考文献　原田伴彦『道中記の旅』(「旅シリーズ」二期四、一九八三)、今野信雄『江戸の旅』(「岩波新書」黄三四九、一九八六)、深井甚三『江戸の旅人たち』(「歴史文化ライブラリー」九、一九九七)　(岩鼻　通明)

トゥナ　トゥナ　アイヌ語で火棚・炉棚のことをいい、北海道東部ではパラカともいう。火棚は内梁に二本に直角に渡した丸棒二本から炉上に吊下げられている。火棚は丸棒や半割材に孔を穿ち、ほぞを切って巧みに組みたてられていて、広く二段の干し棚をもっている。干し棚には、ヨシ、オギ、ヨモギなどで編んだ簾が敷かれている。広く大きな上段は、生干しの肉や魚、穀類の穂や山菜を乾燥させるのに、都合よく、より多くの水分を含んでいる物は、火に近い下段を用いる。火棚が木組みであることから、突出する箇所からも吊下げて物を干す。下段の棚の下には長さを調整できる自在鈎が設けられている。炉棚は物干しのほかに食器や食べ残しの食事を置く場所にもなっている。　(藤村　久和)

トゥナ

とうにん　頭人　宮座における神事・祭礼の中心的な役割を担う人。当人とも書く。頭人の用例を宮座文書に求めると、滋賀県蒲生郡島村(近江八幡市)の『大島奥津島文書』の一二八四年(弘安七)二月十日の注進状にある「とう人のさた」、一三二六年(正中二)正月十六日の文書の「頭人花餅五十枚」などが古く、記録のうえでは頭屋よりも頭人の方が古い。滋賀県野洲町大篠原の大笹原神社では、一五〇七年(永正四)以来、頭人差定書を伝え、七人の子供がそれぞれ正月三日・十九日・二十日、六月十五日の神事頭人になるとされている。頭人は神事の中心的役割を果たすため、強い禁忌が課せられる。たとえば、一年間別火すること、葬式には出席しないこと、身内の服《ぶく》(忌み)がかからないこと、汚れたものにさわらないこと、一年間精進潔斎することなどさまざまの取り決めがあった。頭人の役割については、頭人子《とうにんご》という言い方があるように、稚児が頭人として指名される例が多い。福井県敦賀市白木でも赤ん坊が生まれると、一役《いちやく》といって優先的に頭人になる。実際のつとめは親がするが、子供が頭人の役を果たすことによって氏神と村人から氏子入りが認められる。→一年神主《いちねんかんぬし》　→頭屋《とうや》　→宮座《みやざ》

参考文献　肥後和男『宮座の研究』(「肥後和男著作集」一期七、一九八五)、同『近江に於ける宮座の研究』(同二期一、一九八七)、関沢まゆみ「村落における年齢の二つの意味―「家」と「個人」の視点から―」(『帝京史学』一一、一九九七)　(浦西　勉)

どうねん　同年　村内の同性で同年齢の者が結合し、生涯にわたってお互いに協力し合うような友人関係もしくは仲間。主として近畿地方で用いられる語。地域によってツレ、ドシ、トモダチ、ホーバイなどともよばれる。滋賀県は一般に同齢結合が顕著に見られる地域であるが、たとえば野洲郡野洲町では村落内の同齢者をドウネン、ツレ、ホウユウなどとよび、同年会という会を結成し、結婚や葬儀、農作業や家普請などの際に互いに助け合う。この仲間は親類以上に親しくつきあい、何でも相談し合える関係だという。また神崎郡五個荘町では、村落内の同年齢の男性をドウネン、ツレ、ドウギョウなどとよび、祝言の翌日にドウネンヨビ、ドウギョウヨビなどと称して仲間を招待して新嫁を披露する。また四十二歳の厄年には、ドウネンが一つの単位となってムラの氏神に鳥居や石燈籠を寄進するという民俗が見られる。愛知県知多半島の大治町では、小学校の同級生仲間をドウネンといい生涯親しくつきあう。特に仲間の婚姻と葬式にはさまざまな役割を担うという。これらと類似した事例は全国的に見られる。このようなドウネン、ツレなどと称される仲間は、村落内における公式な集団ではなく、非公式な仲間として存在している場合がほとんどである。また特定の親方のもとに意図的に構成されるような集団ではなく、きわめて自然発生的であり、かつ親の世代の関係が子の世代に及ぶような性格を持たないところが特徴である。→兄弟分《きょうだいぶん》　→ツレ　→ドシ　→ホーバイ

参考文献　瀬川清子『若者と娘をめぐる民俗』、一九七二、竹田旦『兄弟分の民俗』、一九八九　(八木　透)

とうば 塔婆 ⇩卒塔婆《そとば》

トウビョウ トウビョウ 憑物の一つ。中国・四国地方でいわれる。四国ではトンベガミとかトンボガミなどということが多い。トウビョウというのは小さな蛇の一種で、白蛇だとか首に黄色の輪があるとかいわれる。ミミズのような虫だといわれることもある。なお鳥取県にはトウビョウ狐と呼ばれるものがあるが、これはヒト狐などの狐系統の憑物である。トウビョウを所有、飼育しているとされる家、家系、その家の人をトウビョウ持ちという。結婚に際して忌避された。トウビョウ持ちはトウビョウを瓶や徳利に入れて台所の床下などに隠し、ときどき食べ物や酒・甘酒などをあたえてひそかに飼っているとされている。四十九匹、七十五匹、百匹いるなどといわれる。トウビョウ持ちの家の人と喧嘩をしたり、恨みをもたれると、その家のトウビョウにとり憑かれるとされる。トウビョウ持ちは、トウビョウをよくまつっていればその恩恵によって金持ちになるが、粗末にすると逆に祟られ、家は没落するともいわれる。徳島県ではトウビョウ憑きを予防するには、トウビョウ持ちの家の周囲に糞をまくとよいといわれた。憑物信仰では、狐・犬神・クダ・オサキ・外道などが名称とは異なり多くがネズミやイタチに似た動物が想定されているが、トウビョウはその中で唯一蛇の憑物である。トウビョウの信仰は、日本文化における蛇の宗教的あるいは象徴的な意味づけを考えるとき、重要である。 ↓憑物《つきもの》

参考文献 石塚尊俊『日本の憑きもの—俗信は今も生きている—』、一九五九、喜田貞吉『憑物』、一九八八、谷川健一編『憑きもの』(『日本民俗文化資料集成』七、一九九〇)

(板橋 作美)

どうひょう 道標 道路の進む方向や目的地とそこまでの距離・道程などを記した道しるべのこと。元来は木の枝を折ったり、立てたりして目印としたが、登山道では現在もそのような標識を見かけることがある。道標は街道の交差点や分岐点(追分)、一里塚などに立てられる場合が多く、近世の参勤交代に伴う街道整備や庶民の社寺参詣や湯治の旅の隆盛に伴い、普及した。庶民の旅の拡大期にあたる元禄年間(一六八八—一七〇四)に道標がはじめて登場することが、千葉県や群馬県での調査事例で報告されている。道標に刻まれた目的地としては、城下町や宿場町・社寺・湯治場などがみられる。木製や石造の道標は今日でもよく見かけられ、巡礼塔や石仏などに道案内の銘文が付加されることも多く、路傍の守護神に旅の安全を祈る信仰が存在したことをしのばせる。高野山には参詣路に沿って一町間隔で立てられた町石(丁石)が現存するが、かつては多くの霊山にも同様の道標が存在したものと思われる。道標は古道の歴史地理学的復元や、近世の庶民交通の発達過程、社寺参詣や巡礼・霊山登拝などの近世庶民信仰との関連、および近世都市の影響圏などを知るための重要な手掛かりとなるため、文化財としての保護と悉皆調査が望まれる。 ↓一里塚《いちりづか》 ↓追分《おいわけ》 ↓街道《かいどう》

中仙道の一里塚（東京都北区西ヶ原）

高野山の町石(和歌山県高野町)

西新井大師道の道標（東京都北区）

大山道の道標(東京都世田谷区)

東海道と中仙道の分岐点の道標（滋賀県草津市）

道 標

参考文献　萩原進『道しるべ』(「みやま文庫」一九、一九六五)、白井豊「道しるべからみた近世の交通」(『法政大学大学院地理研究』四、一九七七)

（岩鼻　通明）

どうびょうし　銅拍子　体鳴楽器。銅製シンバル。仏教楽器の一つ。土拍子《どびょうし》とも書く。古くは銅鈸子《どうばっし》ともいい、銅鈸《どうばち》・銅鉢とか、単に鈸《はち》とも書く。中国では、東晋時代(三一七―四二〇)に使われているが、楽器、鈸の字は、もともと抜・跋の字を用いていたという。西アジアに起源を持つとされ、唐楽とともに伝来。日本では、七八〇年(宝亀十一)『西大寺資財流記帳』に銅鈸子の記述がある。京都府宇治市の平等院鳳凰堂中堂壁画や、各寺の来迎図に、笙《しょう》や篳篥《ひちりき》など雅楽の楽器とともにその存在が描かれている。仏教の法会で使われる場合は銅鑼型の鐃《にょう》と組み合わせて読経の区切りに打つ。銅・真鍮・錫などの

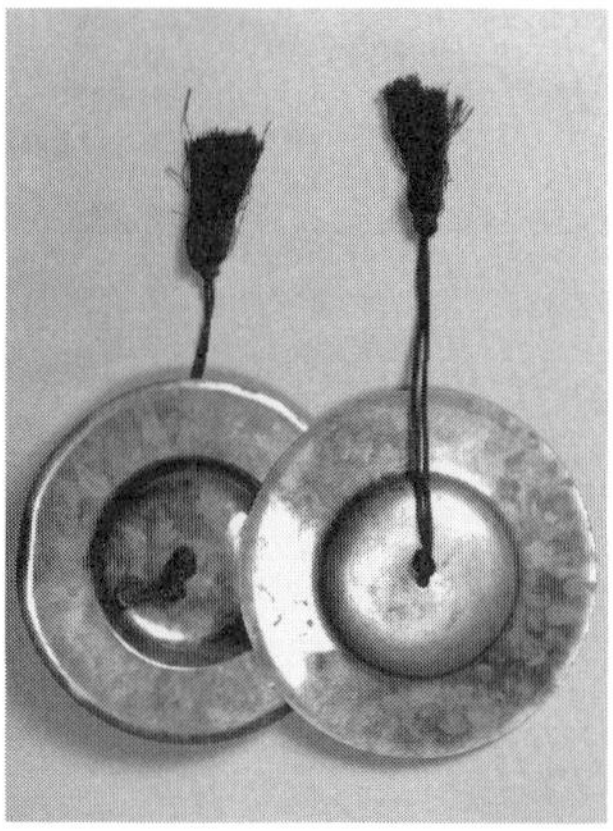

銅拍子

合金で作られ、洋楽のシンバルとの大きな違いは、その複雑な倍音の混ざりあった音色である。銅拍子は、民俗芸能で使われる中形の鐃を指す傾向がある。青森県下北半島の能舞、岩手の山伏神楽、また第二次世界大戦後はねぶた囃子でも使う楽器で、東北地方の民俗芸能のリズム楽器の代表となっている。歌舞伎のチャッパもこの系統を引くが、歌舞伎の場合は真鍮製が一般的。

参考文献　林謙三『東アジア楽器考』、一九七三、国立音楽大学編『日本美術に表現された音楽場面』、一九六七

（茂手木潔子）

とうふ　豆腐　大豆豆乳に苦汁《にがり》などの凝固剤を入れて凝固させた大豆蛋白食品。前漢の淮南王劉安が発明したという俗説があるが、豆腐の文字は北宋時代の文献に初出するので、その発明はもっと後世になる。製造法は生しぼりと加熱しぼりの二つに大別できる。水に漬けた大豆を少量の水を加えながら臼で擂り潰し、どろどろの液状にする。これを呉《ご》あるいは呉汁《ごじゅう》という。この呉を豆乳とおからに分ける際に、前者は加熱しないでそのまま絞り、豆乳だけを後に加熱する。後者は加熱後に絞り分ける。前者の製法は中国・韓国などでの方法で、歴史的にも古く、日本各地にみられる堅い豆腐の製法はこの方法による。木綿豆腐と絹こし豆腐の相違は、型箱に水抜きの穴があるかないかで、木綿豆腐は穴あきを用いる。豆腐の堅さは、原料大豆の量、苦汁の種類、苦汁を入れて掻き混ぜる早さなどで違ってくる。木綿豆腐を適当な大きさに小切りし、凍結させ、解凍後脱水・乾燥させたのが凍《こおり》豆腐(東日本では凍《し》み豆腐・シバリ豆腐・ツルシ豆腐、西日本では高野豆腐という)で、保存食品としても大いに利用された。また、大豆豆乳を平鍋に入れて、弱火で煮詰め、表面にできた薄膜を竹串で引き上げると生湯葉ができる。これを乾燥させたのが湯葉で、凍豆腐とともに精進料理や懐石料理などの日本料理には欠かすことのできない食品である。

（野堀　正雄）

どうぶつかん　動物観　動物に関する知識と観念の総体。古代以来、一部の野生動物は信仰の対象になってきた。主なものは猿・鹿・狐・狼・烏・蛇であるが、狼をのぞいてはいずれも里山に住み、人と接触する機会が多い動物である。狼は、犬との類似、および獰猛な性質によって神としての資格を得たのだろう。昔話「蛇聟」「狐女房」のような異類婚姻譚は、動物神が人の姿で宗教者の前に示現するという信仰から生まれた。このように古くは、人と野生動物を連続的に見る観念が普及していたが、仏教における畜生界の説、人を万物の霊とする中国の思想が定着するとともに、両者のあいだの距離感が顕著になった。さらに中世の本地垂迹説のもとで、かつての動物神は神使に格下げされ、特定の神社に付属することになった。日吉の猿、春日の鹿、稲荷の狐、三峯の狼、熊野の烏、三輪の蛇はその例である。野生動物はまた、日本人の主な動物蛋白質供給源であった。海岸線が長いので魚類をはじめ海産動物の利用度が高いが、陸生の哺乳類・鳥類、淡水産の魚類も十分利用された。ししの語はがんらい肉を意味するが、食用に重宝された動物は猪《いのしし》・鹿《かのしし》・羚羊《あおしし》とよばれ、さらに大型哺乳類一般を指す慣用が生じる。熊をくまししと称し、牛を田のししとよんだ例さえ知られている。野生動物の神聖視と食用との関連は微妙であり、簡単な説明は不可能であるが、日本においては両者が重ならない傾向がつよい。人に飼育管理される家畜は、人より一段下の存在とみなされ、これらの動物を信仰する例は原則として見られない。したがって家畜は、異類婚姻譚の主人公になることも、人に化けることもほとんどない。しかしまた日本の中央部においては、弥生時代に一時入った豚と、そのほかの特殊例をのぞいて食用家畜は飼育されなかった。このため食用家畜を持った文化に比べて、日本人のあいだでは家畜に対する人の側の感情移入は著しい。家畜との婚姻譚として例外的な馬娘婚姻譚は、飼育者の娘と労役に使われる馬のあいだの心の交流を示す。なおこの説話のもとは中国にあるが、中国の類似説話においては、馬に対する娘の優しい心遣いは欠落する。家畜のなかでも犬の役割は複雑である。古代以来昭和の前半までは、犬は主として放ち飼いにされていた。そのため野犬が多く、しばしば人と敵対したり、死体を食い荒らしたりする事件があった。他方、人も犬を犬追物で射殺し、鷹の餌に用い、さらにときには人自身の食用とした。犬食の習慣の強弱は、時代・地域によりさまざまであるが、近代以後においても第二次世界大戦中から直後の食糧不足期に、多くの犬が食われた。

ただし犬が人の忠実な従者であるというイメージが偽りというわけではない。狩猟・警備用に、また人の同伴者として大きな役割を果たしてきたことは、いうまでもない。

参考文献 中村禎里『日本人の動物観』、一九八四、同『日本動物民俗誌』、一九八七、同『動物たちの霊力』(「ちくまプリマーブックス」三一、一九八九)、原田信男『歴史のなかの米と肉—食事・天皇・差別—』(「平凡社選書」一四七、一九九三)、塚本学『江戸時代人と動物』、一九九五 (中村 禎里)

どうぶつくよう 動物供養 動物を捕獲・食用・使役などする者が、供養塔や墓碑・塚を作って慰霊すること。人間と同様に動物にも霊魂が存在するという考えに基づく。山形県庄内地方から新潟県下越地方にかけての漁村部では、鮭が千尾捕れるごとに千本供養塔と呼ばれる卒塔婆を立てる。これは「鮭千本で人を一人殺したのと同じ」とされるためであり、これと同様のことは西日本の狩猟者にも見られ、千匹塚と呼ばれる猪などの供養塚が作られた。捕鯨に関しても供養は盛んで、瀬戸内海西部から豊後水道にかけて鯨墓が多く分布し、愛媛県東宇和郡明浜町金剛寺、大分県臼杵市大橋寺などには鯨の過去帳が、高知県室戸市中道寺には位牌が残されている。また、使役牛馬の斃死に伴い、その場に馬頭観音塔を建てる習俗は全国に見られ、死牛馬の冥福を祈るとともに家畜の安寧を願った。牧畜業・食肉業・鮮魚商・料理人など、その生活において動物と密接に関わる人々において行事として行われる動物供養も多い。これらの習俗の形成・伝播には神道・仏教を問わず宗教者の介在が指摘されるが、動物に霊魂を認め人間同様に弔わなければならないという思考は、宗教者による儀礼化が進行する以前から存在したと考えるべきである。そして現代においても、動物供養の思考は、ペットといった人間と動物の新しい関係性の構築の中で再生されている。 →千匹供養《せんびきくよう》 →馬頭観音《ばとうかんのん》 →漁供養《りょうくよう》

参考文献 吉原友吉「鯨の墓」(『東京水産大学論集』一二、一九七七)、鎌田幸男「魚供養塚の考察」(『秋田短期大学論叢』四三、一九八九)、松崎憲三「ペットの供養—犬・猫を中心に—」(『信濃』四五ノ一、一九九三) (菅 豊)

どうぶつほうおんたん 動物報恩譚 動物の恩返しを主題とした昔話群。『日本昔話名彙』では、完形昔話の動物の援助の項に「聴耳」「金の扇・銀の扇」「尻鳴篦」「文福茶釜」「狐遊女」「動物報恩」「犬と猫と指輪」「舌切雀」「腰折れ雀」「ココゥ次郎」「猫檀家」「猫寺」「見るなの座敷」「猿の一文銭」「鼠の浄土」「地蔵浄土」「団子浄土」「花咲爺」「竹伐爺」「鳥呑爺」「猿地蔵」「瘤取爺」といった話例を掲げるが、それらは必ずしも人間の善行に対する報恩の形を取るものばかりでなく、むしろ動物の援助にその本質的意義を置いているともみられる話もある。『日本昔話大成』は、本格昔話の動物報恩の項に「狼報恩」「鶏報恩」「猫檀家」「猫又屋敷」「鼠退治」「絵猫と鼠」「猿報恩」「報恩動物・恩知らずの人」「忠義な犬」「枯骨報恩」「文福茶釜」「狐と博労」「狐遊女」を掲げる。また、異類女房譚の「蛇女房」「魚女房」「鶴女房」「鳥女房」「狐女房」「天人女房」や異類聟譚の「蛙報恩」「蟹報恩」「鴻の卵」といった話柄もまた動物報恩譚の範疇に入るものであり、人間が鳥獣などの動物の危難を救うという行為の結果としての恩返しと見れば、むしろ動物報恩譚としての主題をより明瞭に持っているともいえる。自然界の鳥獣の救助が人間界に富を授けてくれるという観念が、その道徳観と相まってこのような昔話を育ててきたのであろう。

参考文献 柳田国男「口承文芸史考」(『柳田国男全集』八所収、一九九〇) (松本 孝三)

どうぶつむかしばなし 動物昔話 動物を主人公とする昔話をいい、動物の由来や葛藤を語る。柳田国男は『日本昔話名彙』(一九四八)で昔話を完形昔話と派生昔話に分けているが、後者の鳥獣草木譚がそれに相当する。関敬吾の『日本昔話大成』では、三分類された動物昔話・本格昔話・笑話のうち動物昔話がこれにあたり、動物葛藤・動物分配・動物競走・動物競争・猿蟹合戦・勝々山・古屋の漏・動物社会・小鳥前生・動物由来の十項目に分類する。動物昔話の特徴は、本格昔話に比してその構造が単純であり、その叙述の形式はカタリよりもハナシの傾向にある。同じ動物と人間との交渉を語るものでも、本格昔話における動物の場合は、異類婚姻譚・動物報恩譚などのように、動物は超自然的存在として異常な能力を持ち、その信仰的な一面が人間世界と深く関わった形で話される。それに対して、動物昔話における動物たちは自然な存在として、何よりも動物それ自体が主人公として語られている。昔話によく登場する動物として、雀、ホトトギス、ヒバリ、フクロウなどの鳥類、蛇、蛙、ミミズ、カニなどの小生物、犬・狼・猿・狸・狐・カワウソ・兎・熊・猫などの哺乳動物があげられよう。由来を語るものとしては、たとえば「雀孝行」「水乞鳥」「時鳥と兄弟」「片足脚絆」といった小鳥前生譚、「梟紺屋」「雲雀と借金」といった鳥の羽根の色や鳴声の由来をいうものがある。「時鳥と兄弟」のホトトギスは古来、あの世とこの世を往来する鳥として「死出の田長《たおさ》」といわれ、ヤマイモを食べるころに夜通し鳴く声が哀しい伝承を育んできたといえる。小鳥の前生譚は日本人の霊魂観とも関わるものであろう。また「雨蛙不孝」はその親不孝だった前生を語りつつ、雨が降るころになると鳴き出すという習性を説き、「かせ掛け蚯蚓」「蚯蚓と土」「蚯蚓と蛇の眼交換」「犬の脚」などもその形態や習性の由来を説いたものである。また、「蕨の恩」のように、蛇と行きあった時の呪文として伝承されるものもある。一方、動物の葛藤を語るものとしては、「雀の仇討ち」「猿蟹合戦」「勝々山」「尻尾の釣り」「犬と狼と猫」「拾い物分配」「猿と蛙の餅争

い」などの話が全国的によく知られている。それらの昔話には、たとえば、狡猾者・正直者・愚鈍な動物などが登場し、動物相互の関わりの中で反目や怒りや哀しみ、喜びや笑いが描かれるが、その行動や感情はわれわれ人間社会の模様をそのまま反映したものといえよう。南西諸島には、本土のそれとやや趣の異なる話も伝承されている。沖縄県八重山諸島に伝わる「雲雀と生き水」は、昔、神が人間に生き水を与えようとヒバリに運ばせたが、途中でこぼし、それをハブが飲んでから脱皮をするようになり、わずかに残ったのを人間の爪と歯にかけたので生え代わるようになった。蛇の脱皮と再生および人間の死の起源を説く話で、正月の変若水と関わり、神話的要素が強い。また「猿の生き肝」は南西諸島に猿が棲息しないにもかかわらず、濃い密度で伝承されており、空想の中での昔話の広がりがみられる。動物たちが人語を操ったり、時には人間とも声を交わすなど、いわば荒唐無稽な伝承世界の背景には、その話の面白さだけでなく、人間と動物との長い関係のなかで、動物の存在に霊的なものを感じ取ってきた人間が、その話を通して子供たちに人間の心のありようを語る教訓譚的な意味を託してきたことがあるのだともいえよう。→異類婚姻譚《いるいこんいんたん》 →小鳥前生譚《ことりぜんしょうたん》

参考文献 柳田国男「口承文芸史考」(『柳田国男全集』八所収、一九九〇)、福田晃「鳥獣草木譚の意義―時鳥と兄弟をめぐって―」(『昔話の伝播』所収、一九七六)、関敬吾「日本の昔話―比較研究序説―」(『関敬吾著作集』六所収、一九八二)、真下美弥子「鳥獣草木譚の自然」(福田晃・岩瀬博編『民話の原風景―南島の伝承世界―』所収、一九九六)

(松本 孝三)

トウマイリ トウマイリ 奈良県山辺郡、宇陀郡で八月一日から七日までのある一日に行われる先祖供養。トウマイリの日は家ごとに定まっており、都祁村吐山では、当日の午前中に親類が参集し、仏壇を拝み、供えものを供え、集合した親類により宴会が行われる。その後、石塔墓に畑作物を供え、供養をして再度家に戻り宴が行われる。トウマイリ慣行は、家や家へ婚入した家筋を核とした親類関係における親族行動義務の一契機であり、それが祖先祭祀と結びついたものである。しかし、当地方の親類の範囲とトウマイリの範囲とは重層するものの、両者は同じではない。トウマイリをする相手の家は原則として当該家に婚入してきた者の実家の家筋であり、具体的には配遇者の実家(デアト、デサトという)、母の実家、父の母の実家などである。他方、トウマイリに来る人は父の世代の婚出者や自己世代の婚出者である。両親が健在の場合には、子供世代はトウマイリに参集せずに、両親のどちらかの死亡を契機として、それが開始される。蒲生正男は、一九五二年(昭和二十七)に吐山のトウマイリを日本の親族組織研究との関連で注目したが、その時にはトウマイリ先は自己の母のデアト、自己の父の母のデアトまで行われていた。しかし一九九〇年(平成二)には、その範囲は自己より上向二世代(イトコ)の親類に範囲が限定されるようになっている。

参考文献 蒲生正男『日本人の生活構造序説(増補版)』、一九七八、山内健治「奈良県都祁村のトウマイリ再考」(村武精一・大胡欽一編『社会人類学からみた日本』所収、一九九三)

(清水 由文)

とうみ 唐箕 人工的に風を起し、穀物を精選する農具。唐箕の名の由来は、従来の箕の仕事を能率よくしたことを意味するが、それとともに発祥の地が中国であることとも関係している。中国では唐箕のことを颺扇《よう》・田扇・扇車などと呼んでいるが、その形態が文献に登場するのは、元の王禎が編纂した『農書』(一三一三)から、日本の文献に唐箕が初出するのは『会津農書』(一六八四)からである。日本に現存する唐箕には、年号を記しているものが少なからず存在する。その中で最も古い年号を有する唐箕は、京都府船井郡八木町から発見された一七六七年(明和四)のもの、このほかに江戸時代の年号を有するものは六十数点を数えている。このような絶対年代の判明する唐箕を比較すると、形態の面で地域的な特色がみられ注目される。その大きな違いは近畿地方を中心とする西日本型と関東地方を中心とする東日本型の唐箕があるということである。その相違点は次の通り。(一)太鼓部芯棒の受け板が東は短く、西は柱のように長い。(二)落下量調節装置の操作が東は側面、西は正面で行う方法。(三)二つの選別口が東は正面と背面に分離、西は正面に並列する形をとっている。以上が年号を有する唐箕を基本にした地域的特色であるが、しかしながら年号の有無にかかわらず、

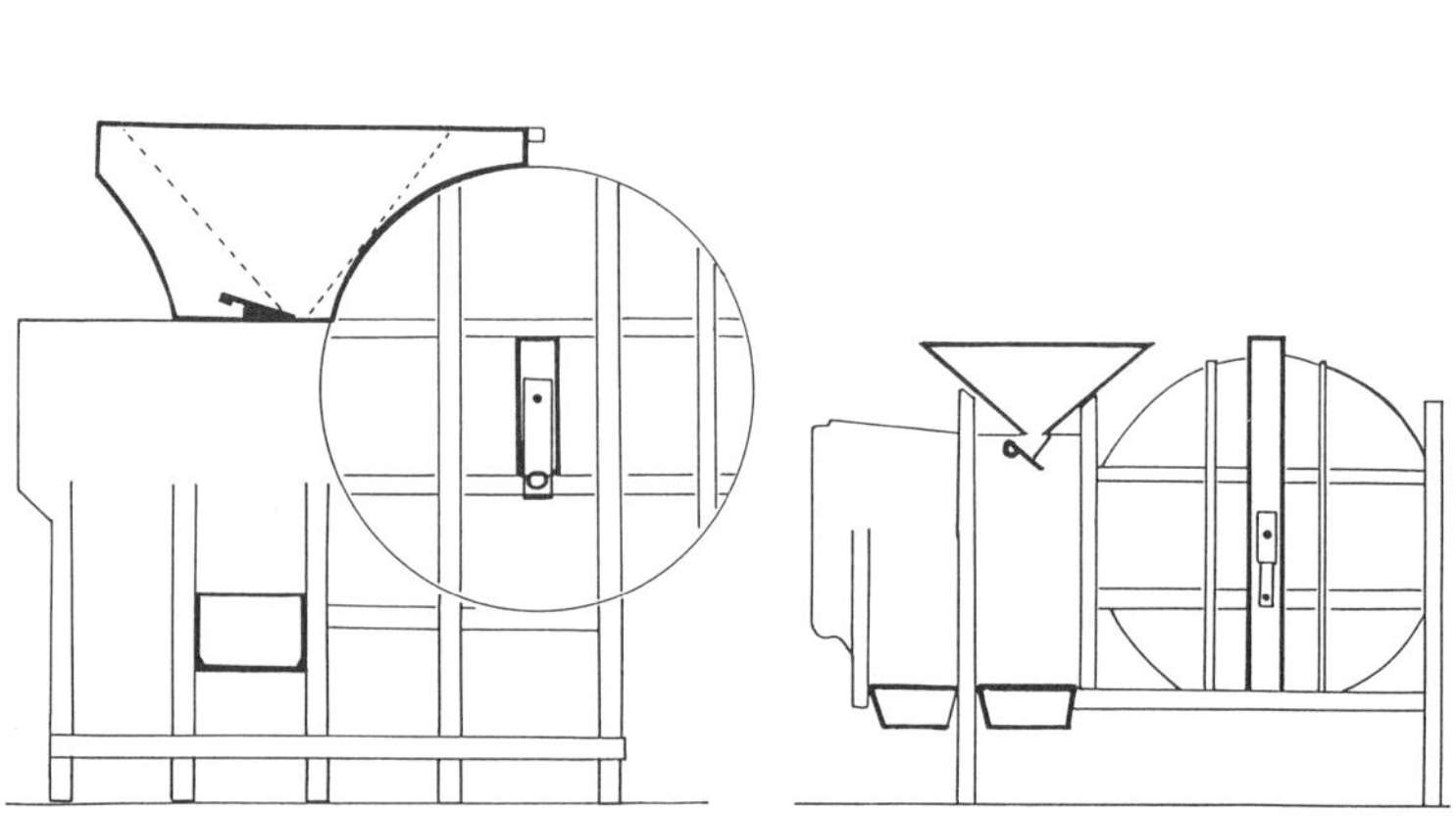

東日本型　　西日本型

唐箕

日本の各地からは特異な形態の唐箕が存在していることが報告されている。それは会津地方にみられる半唐箕、奥三河のX脚型唐箕、播磨の通し付唐箕などである。今後、これらを含めたより綿密な地域分類、さらには変遷過程の研究が必要とされている。江戸時代初期に使用され始めた唐箕は各地へかなり浸透していくこととなるが、全国的な規模で農家に普及するのは明治期になってからである。大正から昭和初期になると自動脱穀機や自動籾摺機を利用するようになり、手動の唐箕は不用化していった。

参考文献 小坂広志「紀年銘を有する唐箕について—東日本を中心に—」(『日本常民文化研究所調査報告』六、一九八〇)、佐々木長生「会津地方における脱穀・調整農具」(同)、角山幸洋「唐箕の原型を求めて」(『近畿民具』四、一九八〇)、小坂広志「畿内の唐箕と伝播」(『近畿地方の民具』所収、一九八二)、大島暁雄「上総唐箕」(『上総掘りの民俗』所収、一九八六)、町田市立博物館編『多摩の民具—江戸時代の農具—』(特別展図録、一九八一)、近藤雅樹「紀年銘唐箕の形態分類」(『国立民族学博物館研究報告』一六ノ四、一九九一)

(小坂 広志)

ドウメキ ドウメキ 河川において、水流が少し淀んだところから急流に変わる遷急点付近を示す地名。河川のこのような箇所は井堰に利用される場合があるため、井堰の存在に伴う地名でもある。水流が水音を響かせて流れ下るようすが表現されたもので、他にドウドウ、ドドメキ、トドロキ、ザワメキなども同様の音の響きを表わす地名である。ドウメキに対する文字は、百目木・百米木・道目木・道目記などがあてられている。

参考文献 松尾俊郎『地名の探究』、一九八五

(小口 千明)

トウモロコシ トウモロコシ 中南米原産のイネ科の作物。日本への渡来は十六世紀とされるが、以後、主として農民の暮らしの中に深く定着した。呼称としては、トウキビが広く用いられるが、コウライキビ(愛知県尾張地方)・ナンバンキビ(和歌山県熊野地方)・ツトキビ(静岡県北遠地方)など多様である。現在はハニーバンタム種などを蒸したり焼いたりして間食用に食するのが一般的であるが、一九五〇年代前半までは、畑作地帯を中心に、在来種を粉化したり粗碾《あらび》きしたりして主食として食べるのが主流だった。栽培法には直播き法と移植法がある。四国山地では移植法が盛んで、「彼岸の中日にトウキビの実を蒔き、桜が咲いたら移植せよ」(愛媛県西条市千々野)といった自然暦もある。山梨県の富士山麓や熊本県の阿蘇地方は畑作地帯として知られるが、両地では、二、三粒ずつ一定間隔を置いて蒔くという直播き法を行なった。山梨県南都留郡鳴沢村では粒を粉化し、団子・掻き粉・ネリクリ(煮た野菜と混ぜる)・焼きモチなどにした。阿蘇地方では粒を碾《ひ》き割りにし、コザネ(米粒の半分ほど)と粉に分け、コザネと米とを混ぜて飯にした。粉は団子にした。高知県高岡郡の山地では、トウモロコシの粒を炒って粉化したものをコンコと称して食前に食べる習慣があった。熊本県阿蘇郡高森町にはトウキビ碾き唄が伝承されている。高知県土佐郡本川村寺川では荒神祭にトウキビの粢《しとぎ》の上に洗米をのせ、榊の葉に盛って供えた。宮崎県西都市上揚や東臼杵郡諸塚村本村では屋根替えの日には必ずトウキビの団子を作ったという。また、同椎葉村胡麻山神楽の「年の神」は採物《とりもの》としてトウモロコシを持ち、その粒が村人に分与される。新大陸系の渡来穀物であるトウモロコシが儀礼食として使われ、神楽に登場する点が注目される。

参考文献 野本寛一「畑作」(『講座日本の民俗学』五所収、一九九七)

(野本 寛一)

とうや 頭屋 神社の祭や神事、講などの行事に際して、一定の任期でその主宰をしたり、準備や世話をする中心的な人、またその人の家。多くの場合男子がつとめる。頭屋の呼称や制度は全国的に分布しているが、西日本に比較的多く、近畿地方では宮座の制度の中にもみられる。頭は、歴史的にはある事柄の主宰者や責任者を意味し、やがて頭役・頭人・頭屋という呼称が生じたが、近世以降、当番制・交替制に重点がおかれるようになってから当・当人・当屋という表現も使われるようになった。地域によっては禱屋などとも表記される。頭屋をさす別の呼称には、島根県美保関町などの「頭屋神主(一年神主)」のように、祭祀の主宰者である神主として呼ばれるもの、奈良市大柳生町などで「明神さん」と氏神の分霊そのものの名前を呼ばれるもの、三重県名張市黒田など「御供家」と供物を用意するという役割で呼ばれるものなどがある。頭屋をさす呼称が多様であるように、頭屋の役割も頭屋神主のように祭の主宰者としての重い位置付けから、行事の日だけの単なる当番という軽い位置付けまで幅広いことが特徴である。これについて、近畿の宮座における頭屋を調査・分析した原田敏明によれば、頭屋は氏子全体の代表として氏神に奉仕する存在であるとともに、氏子内部に対しては氏神の権威を背負って神そのものとして臨むものであったが、近世以降専業神職の成立、神事の複雑化などにより、頭屋は今日のような神職の補佐役、神事の鋪設を主な役割とするようになったとされる。頭屋の順番は、宮座の場合には座員の出生順や入座順のように個々人の条件によるもの、家並び順、古来より決められている一定の家順のように家を単位としたもの、抽籤によって決める場合などがある。頭屋は、清浄な状態を保つために、頭屋期間中毎日の潔斎をはじめ、死の穢れに触れない、獣肉を食べない、女人禁制の生活をする、などの禁忌が課せられる場合が多い。そのため、近親に死者が出ると頭屋の交替も生ずる。頭屋宅では、門口への竹立てと注連張り、庭先への柴立て・幟立てなど神の依代や斎場の意味を持つ施設を設置し、室内には御幣や神号掛軸などの神霊をまつり、潔斎の場としての清浄を保つ。頭屋の任期は通例一年で、祭の終了後、次

の頭屋との間で頭渡しが行われる例が多い。頭屋をつとめる年齢はいろいろであるが、子供の場合には氏子として、家長の場合には家の代表者として、老人の場合には長老として、それぞれ一人前であることを認められる機会であり、村人としての重要な通過儀礼といえる。頭屋制度は広義に理解すれば、村の行事などの機会や負担を均等化するという意味も持っている。蒲生正男は、神社祭祀の執行を中心としながら、村落運営全般に、長期的にみて各戸の平等を貫くような構造を持つ近畿周辺の村落を、頭屋制集落として類型化した。→一年神主《いちねんかんぬし》 →頭人《とうにん》 →頭渡し《とうわたし》 →宮座《みやざ》

参考文献 原田敏明『村の祭祀』、一九五五、蒲生正男「日本のイエとムラ」(『世界の民族』一三所収、一九七九)、原田敏明『村の祭と聖なるもの』、一九八〇、肥後和男『宮座の研究』(『肥後和男著作集』一期七、一九八五)、堀田吉雄『頭屋祭祀の研究』、一九八七 (関谷 龍子)

とうゆうき 東遊記 ⇩西遊記《さいゆうき》・東遊記《とうゆうき》

とうゆうざっき 東遊雑記 古川古松軒の記した近世の紀行文。幕府巡見使一行の随員として一七八八年(天明八)に奥州一帯を視察した際の記録で、一七八九年(寛政元)の序文がある。現地観察に重点を置いた内容で、東北地方の城下町を西日本と比較したり、地域経済や村落社会、林業や交通などへの言及は人文地理学の萌芽、衣食住や方言への言及は民俗学の萌芽ともいうべき著作である。現代語訳が『東遊雑記』(『東洋文庫』)に、原文は『日本庶民生活史料集成』三などに収録。

参考文献 矢守一彦『古地図と風景』、一九八四、大嶽幸彦『旅と地理思想』、一九九〇 (岩鼻 通明)

どうよう 童謡 広義には子どもの歌全般をさすが、狭義には子どもが遊びの付随として歌ってきた伝承童謡とは違い、大人が子どものために創作した創作童謡をさす。童謡は歴史的に意味を異にしてきた。近世には釈行智の『童謡集』(一八二〇)のように伝承童唄の意であったが、鈴木三重吉が主宰する雑誌『赤い鳥』の刊行(一九一八)から始まる大正期に興った童謡運動は創作童謡で、以後一般的に童謡は創作童謡をさすようになる。その中心的役割を果たした北原白秋は、従来の学校唱歌の歌詞が美・生命・童心を欠き不純蕪雑拙劣であるとし、伝承童謡を童謡の根本にすべきであったと批判した。その後『金の船(星)』をはじめ数多くの雑誌が刊行され、当時の一線級の詩人・作曲家が関わる一大童謡運動となる。詩人では白秋のほかに西条八十・三木露風・野口雨情ら、作曲家では成田為三・弘田竜太郎・本居長世・中山晋平や山田耕筰らが参画した。童謡は学校唱歌より子どもに好意的に迎えられ一定の成果をあげたが、白秋らの目指した「わらべ歌という民族的伝統と日本の子どもの生活感情を尊重した」伝統的な旋律法に基づく童謡は少なく、必ずしも子どもの歌の主流とは成り得なかった。そして近世邦楽調のセンチメンタリズムや、子どもをテーマとした大人のための芸術歌曲、乱作やレコード童謡に見られる商業主義などで当初の精神が揺らぎ衰退する。また、新日本音楽を興した宮城道雄の箏を伴奏とした童曲は、童謡の一つの試みとして注目されたが、箏曲界内にとどまり一般の子どもの口には至らなかった。第二次世界大戦後は歌のおばさん(NHKにより一九四九年(昭和二十四)開始)から子どもの歌が復興し、中田喜直・団伊玖磨・大中恩やサトウハチローらのろばの会などによる新しい子どもの歌が登場する。この中には、「小さいかくれんぼ」のような童唄の旋律法を用いた歌も含まれていた。その後マスメディアの発達で、幼児・子どもテレビ番組がつぎつぎと子どもの歌を提供していった。ただ、これらすべてがそのまま子どもに受け入れられていったとはいえない。

参考文献 与田準一編『日本童謡集』、一九五七、園部三郎・山住正己『日本の子どもの歌』、一九六二、小島美子「童謡運動の歴史的意義」(『音楽教育研究』一七―四二、一九六七―六九)、藤田圭雄『日本童謡史』一・二、一九七一・八四、北原白秋『童謡論―緑の触角抄―』、一九七三、三瓶政一朗編『日本童謡全集』、一九七四、岩井正浩「子どもの歌の音楽文化史的研究」(『子どもの歌の文化史』所収、一九九八) (岩井 正浩)

とうよんかじ 唐四ヵ寺 江戸時代の長崎に作られた中国人の出身地別の寺。唐船の長崎入港のはじめは、西川如見の『長崎夜話草』によると、一五六二年(永禄五)と記される。その後、一五七〇年(元亀元)に長崎が開港されるとポルトガルとの貿易が始まるが、それに伴って唐船も入港するようになり、入港唐船の数も次第に増え、長崎に居住する唐人のための寺が造られるようになった。最初のころは、一五九八年(慶長三)に創建された悟真寺に身を寄せるが、一六二〇年(元和六)に中国江西省の人で長崎に渡来した真円によって興福寺が開かれると市中の唐人たちは、みずからの出身地の寺を頼りとするようになる。続いて一六二八年(寛永五)福建省出身の覚悔が弟子の了然と覚意とともに福済寺を開山したと伝える。一六二九年には、福州人と伝える超然が崇福寺を開山している。さらに、聖福寺は、やや遅く、一六七七年(延宝五)に日本人の西村氏と結婚した唐人陳朴純との間に生まれた鉄心によって開山され、唐四ヵ寺が完成する。このように悟真寺より後にできた、中国系の僧が開いた四つの寺を、唐四ヵ寺と呼んだ。また、三ヵ寺という場合は、興福寺・福済寺・崇福寺をいい、三福寺とも呼ばれた。

参考文献 長崎県教育委員会編『中国文化と長崎県』、一九八九 (立平 進)

どうらく 道楽 本職ではない趣味を楽しむこと。江戸時代には井原西鶴が強調しているように、商人の理想は財産ができたならば、家を譲り遊楽の生活を送ることであった。商人のみならず大名などの武士においても、隠居後には遊楽を求める者が少なくなかった。江戸時代は戦争のない社会であったから、こうした遊楽は各階層の人々の楽しみであった。しかし、遊楽の一種である道楽

は本業を持ちながら趣味におぼれることから、否定的な意味で用いられるようになる。ところが、大坂の船場の商店の主人のように直接商売に手を出して失敗するよりも、番頭や手代に店をまかせ、道楽に打ちこむほうが望ましいという風潮も生まれた。さらに、単なる酒色におぼれる道楽だけではなく、趣味を生かし、その道の達人になることによって文化的な業績をあげる者も多かった。こうした点からみれば、江戸時代の多様な文化発展は、身分制をも越えて展開した趣味の世界が生みだしたものと考えることもできる。見方を変えれば、こうした趣味・道楽の世界が再編成され、茶・立花・絵画・音曲などの芸能が発展したのは、それぞれの分野における家元制度成立の根拠ともなっているのである。この世界では本業とは全く異なる身分階層から自由な世界に生きることが可能となり、現実社会の秩序とは違う空間が生みだされた。その意味で江戸時代の道楽を一面的、否定的にのみとらえることはできない。

参考文献 高尾一彦『近世の庶民文化』(岩波書店「日本歴史叢書」、一九六八)
(吉原健一郎)

とうりょうおくり 棟梁送り 棟上式の祝宴が終了した直後、あるいはその翌日に、親戚や近隣の者が、大工の棟梁を自宅まで送っていく儀礼。あるいは、棟梁に棟上式で使用した弓矢や米俵や酒樽などを贈答することを称す。新潟県では、棟梁の後について親戚や知人が新築の家を三度回り、棒や槌で柱などを叩いたのち、棟梁を家まで送った。めでたい唄が歌われ、にぎやかに送った。福島県会津地方では、棟梁が履いてきた草履の鼻緒を切ったものを、棟上式の際に、棟木に他の呪物とともに結ぶ。祝宴が終了したのち、トゥリョウオクリといって、新しい草履に履き替えるか、誰かに背負ってもらって、自宅まで送ってもらう。送る際には、建て主の親戚が付き添っていき、めでたい唄を歌いながら送った。地方によっては、棟上式で使用した弓矢や餅などを棟梁の家に送るという習俗もある。福岡県や長崎県などでは、棟上式の翌日、大工の棟梁の家に、棟上式で用いた弓矢、木槌・米などの祝い物を送ることをムネアゲオクリという。受け取る棟梁の方では、酒肴を用意して酒宴をする。大工の棟梁は単なる技術者ではなく、棟上式などの儀礼を執行する司祭者でもあり、呪術的な能力が期待されている。棟梁送りは、チョウナハジメという大工の起工式から、棟上式という棟と柱が立てられた祝いまでの、一連の建築工程の大きな節目に行われる儀礼である。そこには、建築の最終段階に入ったことを祝い、大工への慰労と感謝をあらわすとともに、その後の工事の安全を願うという意味があると考えられる。

参考文献 山口貞夫『地理と民俗』(「民俗選書」、一九四四)、牧田茂「建築儀礼」(『日本民俗学大系』六所収、一九五八)、下野敏見「建築儀礼の特色と問題点」(『日本民俗学』一五〇、一九八三)
(宮内 貴久)

どうれいかんかく 同齢感覚 同じ年齢の者同士が共有する特別の感覚。宮城県栗原郡金成町では、同齢の者が死ぬと耳フタギ餅を行う。鍋のフタに餅をつけて「いい事聞くように、悪い事聞かないように」といいながら耳にあてる。このように、同年の者が死んだ時、急いで餅を搗き、これを耳にあてて凶報を聞かぬようにするが、これを耳塞ぎとか年違《としたがえ》といっており、全国的に分布している呪法である。この時搗く餅を耳フタギ餅とかトシタガイ餅・トシマシ団子などと称しているが、餅を搗いて早く年を一つとり、同齢者の負う忌みから逃れようとする儀式である。このような同じ村落内の同齢者に対する特別な感覚は、出産や年祝い・婚姻など吉事にも見られ、「祝い負けする」という理由で互いに祝い合うことを避けるのである。一方、同齢者相互が特別に親しい関係となり、積極的に吉事や凶事に参加する例も多い。たとえば愛知県知多郡東浦町では適齢期の未婚の若者が死ぬと、同年のツレが中心となり初七日まで七日間村内七カ所の地蔵を巡回するナナハカという習俗がある。また近畿地方や九州では同年講とか同年会などの組織があり、同齢者が亡くなると野辺送りに参加したり、葬儀の手伝いを積極的に行う。年に一度必ず同齢者で集まって宴会をしたり、祝儀には同齢者を必ず呼ぶという地域もある。このように同齢者に対する感覚は、一方に耳塞ぎのように忌避・退去する行動となる反面、他方にナナハカや同年講のように参画・接近する行動となる場合があり、相反する民俗が認められる。いずれにしても同齢者に対して特別な感覚があることは承認できよう。 →ツレ →同《どう》年《ねん》 →ドシ

参考文献 大藤時彦「耳塞餅」(『日本民俗学のために』六所収、一九四七)、竹田旦『兄弟分の民俗』、一九八九
(畑 聰一郎)

トゥレンカムイ トゥレンカムイ アイヌ語のトゥレン(憑き)カムイ(神)は万物の中で唯一、人に憑く神のこと。一人の人がこの世に誕生し、再びあの世に戻るまで同行する先天的なものと人生を送る間に憑依する後天的な憑き神とがある。先天的な憑き神も人と同様に成長し老いていくが、おおよそ人の個性や人生を決めているものの、みずからの能力の向上に邁進する一方、憑き神へ加護と感謝を月ごとに行うならば、より幸福な人生を送ることができる。しかし憑き神だけに身をゆだねたり、みずから怠けることは不運を招来するもととなることから、勤勉や努力をいとう怠け癖をアイヌの人々は最も嫌う。先天的な憑き神の数は一神を最低とするが、人によっては二、三神がついていることもある。憑き神はその人の行動の片鱗に見えるといい、幼少時に両親たちはそれを見極めるように努力するが、両親らに解らない憑き神は両親以上の能力があるとして巫者に霊視や託宣を乞うことになる。後天的な憑き神には幾つもの場合がある。その人の言動にほれ込んで後ろ立てとなるほかに、仇や恨みをはらしたり、救助を求めて憑依することなどがある。

人に加害する場合には、巫者を通じて原因を確かめ求めに応じて対応をし、親元となる神の国に昇天してもらうことになる。帰還を願う種々のお守り類もそうするほか、憑き神の力が本人の能力や体力を超える場合には、その理由を述べて丁重な送りの儀礼を行う。

参考文献 藤村久和『アイヌ、神々と生きる人々』(「小学館ライブラリー」、一九九五)　(藤村　久和)

とうろうながし 燈籠流し　⇩精霊流《しょうりょうなが》し

どうわ 童話　一般に児童のために作られた物語をいう。童話という語は、滝沢馬琴の『燕石雑志』(一八一一)にみえ、『骨董集』(一八一三)には童話考《どうわこう》の語がでている。また、山東京伝の「わらべのものがたり」と読んでいる。童話の語は明治の後半から盛んに使用されるようになるが、その内容はおおむね昔話をさしていたようである。柳田国男は、古くから民間に伝えられている昔話を総称して童話と呼ぶことを批判した。一九三〇年(昭和五)の『桃太郎の誕生』で、子供のための話や子供にむく文芸はもとは村にはなかったと説き、童話の根源は数ある昔話のなかから子供に似つかわしいものを選択することにあったと指摘した。そして昔話が子供を相手に多く語られるようになった背景にふれている。昔話のなかに固有の信仰をたどろうとした柳田にとって、子供のための話として童話の名のもとに文飾が加わるのを心配した一面もあったかと思われる。重信幸彦は、柳田が用いた「童話化」、言い換えれば話し方という視点に着目し、童話は話の種類ではなく、話が生起する場の関係性の問題として捉えなおすべきではないかと主張している。童話を昔話とする見方はその後変化する。鈴木三重吉が主催した『赤い鳥』の活動などをとおして創作童話が広まり、やがて童話の意味は昔話から離れてもっぱら創作物語をさすことばとして使われるようになった。

参考文献 重信幸彦「お伽噺、童話、民話」(『(岩波講座)日本文学史』一七所収、一九九七)　(常光　徹)

とうわたし 頭渡し　頭屋交替の儀式のこと。通例一年間の頭屋の期間が終了すると、新しい次の頭屋との間で分霊や道具類の受渡しと引継ぎを行う。祭終了後や翌日などに行われることが多く、年頭の場合もある。場所は頭屋宅や神社などで、座の人々や神職が立ち会うことも多い。頭屋は祭の中心的な役割を担う者であり、頭屋宅は神霊を奉斎して神に直接奉仕する場ともなっている。頭屋宅の門口には竹を立てて注連を張り、あるいは柴立てなどを行うが、これ自体が神の依代、また斎場としての意味を持っている。頭渡しの儀式では、新旧頭屋の盃の遣り取りの後、御幣・神号軸や厨子といった分霊の神体に相当するもの、頭屋の帳簿・記録類やそれを入れた箱、神社の鍵、衣装・幕・幟などが、新頭屋に渡される。新頭屋はそれらを自宅に持ち帰り、期間中清浄な場所で奉斎する。この頭渡しを行なってはじめて頭屋の交替が社会的にも表明される。　↓頭屋《とうや》

参考文献 柳田国男「神道と民俗学」(『柳田国男全集』一三所収、一九九〇)、原田敏明『村祭と座』、一九七六　(関谷　龍子)

トゥン 殿　南西諸島域の特に沖縄本島において拝所《ウガンジュ》や祭祀場を意味する語。類似の性格をもつものとして神アシャギ(アサギ、アシアゲ)がある。トゥンは村落内でカミをまつったり、来訪神を定期的に迎えたりする場として複数おかれるが、時には草分け(根屋《ニーヤ》)の屋敷内におかれていることもある。ムラの住民はいずれかのトゥンに所属することになり、その所属方式は血縁原理によって決められ、複数のトゥン祭祀集団がムラに存在することになる。

参考文献 仲松弥秀『神と村―沖縄の村落―』、一九七五　(高桑　史子)

とおかえびす 十日戎　一月十日の初恵比須をいう。兵庫県西宮市の西宮神社、大阪市浪速区の今宮戎神社、京都市東山区の恵美須神社の祭がよく知られている。西宮神社では、九日の宵戎に居籠りと称する厳重な物忌が行われ、氏子は門戸を閉ざして謹慎した。鎌倉時代より記録に登場し、江戸時代には商人の祭として発展した。今宮戎神社では、七日におかがみ講による餅搗き神事があり、八日の夜には宮司が広田神社へと渡り、十日戎の斎行を祈願するお千度神事が行われる。九日にはタイの奉納があり、十日は南花街から芸妓を乗せた宝恵駕籠行列の練り込みがある。九日を宵戎、十日を本戎、十一日を残り福といい、参拝者は大福帳・米俵・小判などの吉兆のついた福笹を求めて商売繁盛を祈願する。江戸時代より、参拝には社殿の裏手から入り、小槌で羽目板を叩いて正面にまわり、祈願するという方法が行われていた。これはえびす神の耳が不自由であるとの伝承にもとづくものである。なお十日戎の三日間は、ブリ、サワラ、タイなどを調製した供物が本殿や境内社、氏神である広田神社などに供えられる。大阪府では、今宮戎のほか、大阪市北区の堀川戎、福島区の野田恵美須、貝塚市の脇浜

十日戎

戎などが知られている。えびす神は本来、漁業の神であったが、室町時代に七福神の一つとなり、福徳をもたらす神として、商売繁盛と結びついて各地に広まった。

参考文献 岩井宏實・日和佑樹『神饌―神と人との饗宴―』、一九八一　（伊藤　広之）

トーカチ　トーカチ　沖縄で数え年八十八歳の長寿者（米寿）の祝い。斗掻《とかき》ともいう。トーカチという言葉は、本来米の舛切りに使う斗掻の方言である。旧暦の八月八日の祝いに訪れた客に平たい籠に米を盛り、盛米の上に斗掻の形をした竹筒を立てて、土産として一本ずつ配ったところからその名称がついたといわれる。今日、トーカチ祝いのある家に親戚や近隣の者が集まり三線《サンシン》・太鼓や踊りをして、盛大に祝いを行う。また、市町村単位で共同して祝う祝事でもあり、公民館などの公共施設で祝いの行事が催され、婦人会や青年会などによる民謡や踊りが披露される。第二次世界大戦直後位までは地域によっては、トーカチの祝いの前夜に当人の模擬葬式を行うことがあり、カジマヤーの祝い（九十七歳）と同じように「死と再生」を示す象徴的な儀礼が行われた。これは八十八歳を契機に子供に帰ることを意味しており、八十八歳の祝いをむかえた者は、黄色などの服を着て祝われる。したがってトーカチの祝いは、単なる祝事であるだけではなく、人間の一生の節目に行われる通過儀礼の一つとして重要な意味を持っている。

参考文献 安達義弘「沖縄における長寿者の儀礼」（『九州大学文学部九州文化史研究紀要』三六、一九九二）　（喜山　朝彦）

とおかんや　十日夜　旧暦十月十日に行われる刈上げの行事。甲信地方から群馬・埼玉の諸県、および栃木・茨城にかけての北関東一帯で行われる。九州・四国、さらに関西から中部地方にかけて広く西日本一帯で行われていた旧暦十月亥の日の亥子と対応している。千葉・東京・神奈川は亥子地帯である。埼玉県南部には「十日夜、十日夜、亥子のボタモチ生でもよい」の唱え言葉の所もあって、分布上の接点ともなっている。この日の夜、子どもたちがモグラ追いだといって、藁を巻いてこしらえた藁鉄砲で地面を叩いて回る。藁鉄砲の音を聞いて畑から大根が抜け出すともいう。藁鉄砲は柿の木などに掛けておくと、成りものがよく成るという。長野県では案山子の年取とか案山子上げといって田の案山子を縁先や内庭に飾り、餅や牡丹餅、団子などを臼や枡、箕などに盛って供える。案山子や田の神の家来の蛙が餅を背負って山に帰るともいう。栃木・茨城・福島県などではこの日を刈上げとか地神祭といい、田の神が仕事を終えて帰る日だといっており、この日が稲作終了後の神送りの日だったことを示している。また、大根の年取などといって、この日まで大根を取らないとか、この日は大根畑に入らない、えびす・大黒に二股大根を供えるなどの大根に関する伝承は東北地方まで広がり、この日は純白で保存食としても有用な、古くからある冬野菜として、どこの神祭にも供える。大根の収穫祭でもあった。また、畑作地帯ではこの日が麦蒔きの蒔き上げの日とされ、鍬や振り馬鍬などの畑作道具をきれいに洗って、蕎麦や牡丹餅などを供えている。　↓亥子《いのこ》　↓案山子《かかし》あげ　↓大根《だいこん》の年取《とし とり》　↓藁鉄砲《わらてっぽう》

参考文献 宮本常一「亥の子行事」（『民俗学研究』二所収、一九五二）、文化庁編『日本民俗地図』一解説書、一九六九、『関東の歳時習俗』（「日本の歳時習俗」三、一九七五）、森正史「亥の子」（『講座日本の民俗』六所収、一九七八）　（内田　賢作）

とおしなわしろ　通し苗代　早苗を取った後、田植えをしない苗代。苗代は早苗育成の重要な水田で、地力が劣らないように、早苗を取った後も水をたたえ、刈敷や雑草などの緑肥を入れ、代を掻きながら肥料分を持続させておく。一年間、苗代としてのみ使用するところから、通し苗代という。主として東北地方にみられた。苗代は早苗を育てる水田で、親田《おやた》ともよばれ、清浄に保つ観念があり、下肥《しもごえ》（糞尿）とか堆肥・厩肥《きゅうひ》など不浄物を含んだ肥料を入れることを嫌う地方が多い。そこで刈敷などの青草を入れ、肥料分を確保し、一年間注意しながら管理した。通し苗代が苗の成育にのぞましいが、耕作面積の都合から苗をとった後に、田植えをする場合が多かった。特に明治以後、短冊苗代の普及などにより、徐々に通し苗代は見られなくなっていった。　（佐々木長生）

ドーソン　Dorson, Richard M.　一九一六―八一　一九一六年にニューヨークで生まれ、一九四三年にハーバード大学からアメリカ文明史で学位を獲得した。学位論文は、文献に基づいてニューイングランドの民間説話と伝説を論じたもので、一九四三年に『ジョナサン長弓を引く』として刊行された。一九四四―五六年にミシガン州立大学で教鞭を取ったあと、トンプソン S. Thompson の後継者としてインディアナ大学に歴史学と民俗学の教授として転じ、民俗学部の主任教授となる。この間、一九四九年にはグッゲンハイム特別研究員として英国民俗学研究史を調査し、また一九五二年にはアメリカ学術会議の特別研究員としてノースウェスタン大学で文化人類学を学んだ。一九五六（昭和三十一）―五七年にはフルブライト交換教授として東京大学で講義し、その成果として一九六二年に『日本の伝説』を刊行しており、一九六三年には日本の民俗学研究の論文集 Studies in Japanese folklore も編集している。四〇―五〇年代にはアメリカ各地の黒人社会で精力的な民間説話の調査を実施したり、アメリカ史関係の著作を相ついで公刊し、一九五九年には概説書『アメリカの民間伝承』を出している。一九五八年から、『アメリカ民俗学誌』the Journal of American Folklore の編集に携わるが、一九六一年に「世界の民俗学研究」を特集した。伝統的な民俗分野だけではなく、早くから都市・学校・軍隊・病院などモダン＝フォークロアへの関心を示し、一九七〇年の第九回国際人類学民

族学会議では民俗学部門の責任者として「現代世界の民俗」をテーマに取り上げた。ドーソンは、五〇年代後半からアメリカ民俗学会の指導者として活躍しただけでなく、国際的にも幅広く活動し民俗学界の要職を歴任した。しかし、その死後、アメリカ民俗学は大きな転換期を迎え、古い型の民俗学の代表の一人として生前大きな政治力を発揮した反動もあって厳しい批判を寄せる者もいる。

参考文献 Carpenter and Inta Gale: Selected Bibliograph of Richard M. Dorson, Folklore Today A Festschrift for Richard M. Dorson (1976); Jan Harold Brunvand: OBITUARY, Richard M. Dorson (1916-1981); Journal of American Folklore. 95vols. No. 377 (1982).

（飯島 吉晴）

トーテミズム totemism 人間・社会と特定の動植物などの自然種との間に、崇拝や禁忌を介して、つながりを見出す信仰。従来は、以下の四つの現象のうち一つ以上が指摘できるような場合をトーテミズムと呼んできた。すなわち、㈠未開社会の各氏族が、一定の動植物種をみずからの祖先とみなし、氏族の標識や名称にする。こうした種を、トーテムというが、㈡トーテムは損傷・殺害を禁止され礼拝の対象になる。㈢トーテムの採食は禁じられる。しかし祭祀の場合は逆に、氏族の全員がこれを共食する。㈣トーテムが同じ男女のあいだでは婚姻は禁止され、したがって婚姻は氏族外婚制となる。トーテミズムを崇拝する社会として特に知られてきたのは、オーストラリアのアボリジニーや北米先住民の社会である。トーテミズムは古くから多くの学者たちの関心を集め、さまざまな見解が提出されてきたが、今日最も説得的なのは構造人類学者レヴィ＝ストロースによるものである。彼は、自然種が禁止されるのは「食べるに適している」からではなく、「考えるに適している」からであり、自然種のあいだの違いや差異を使って人間集団間の差異や関係を表現しようとする、分類体系の一例としてトーテミズムを捉えた。トーテミズムにおいて人間は自然と社会に対して同じ構造を刻印したといえよう。この分類体系は人々の行動を統制している点で同時に規範体系でもある。

参考文献 レヴィ＝ストロース『今日のトーテミズム』（仲沢紀雄訳、一九七〇）、上野千鶴子『構造主義の冒険』、一九八五

（出口 顯）

トートーメー トートーメー 沖縄で先祖、あるいは先祖をまつる位牌のこと。沖縄本島とその周辺離島では、主に沖縄位碑《ウチナァイヘー》と一般に呼ばれているものが採用されている。位碑立ての中に上下・左右に位碑を安置できるようになっている形式のものであり、上下二段に区分され、中央に帰真霊位と刻まれている。上段は男性の先祖、下段は女性の先祖をまつり、夫婦は上段・下段同じ位置になるようにあわせる。元来沖縄では月、先祖をトートーメーと呼んだが、現在ではもっぱら先祖の意味で使われることが多く、祖先の位牌の別称ともなっている。トートーメーは尊御前（尊いお方）が訛ったものといわれる。位牌を大切にしてまつり、次の世代へと受け継いでいく民俗はほぼ沖縄全域にみられるが、なかでも沖縄本島とその周辺離島（特に本島中・南部）などの、門中《ムンチュウ》が確立・整備化されている地域では、以下に述べるような四つの位牌祭祀および位牌継承に関する禁忌が存在しており、住民にも禁忌にふれるようなまつり方や継承を回避しようとする姿勢が強くみられる。㈠チョーデーカサバイ（兄弟重牌） 生まれた家の同じ仏壇の位牌立てに兄弟どうしの位牌を並べてまつってはならない。この禁忌は息子のうち一人（長男）だけが生まれた家に残るのを原則とする家《ヤー》の仕組みと合致している。すなわち長男が生まれた家を相続・継承し、次・三男以下は分家もしくは自分と同じ門中で跡継ぎのいない家に養子に入る。なんらかの事情でチョーデーカサバイが生じた場合、もし次世代に複数の男子がいれば、通常次男以下が分家する際に傍系の位牌を継承するなどの方法で禁忌と現実の間の矛盾を解消しようとする。㈡チャッチウシクミ（嫡子押し込み） 長男を排除して次男以下が生家を継承してはならないし、夭逝した長男の位牌を生家から排除してはならない。原則として生家の継承や財産相続は長男が優先される。出生順が重要視されるので、たとえば同父異母間に産まれた子供たちのなかで出生順が早ければ、庶出子が継承者となる場合もある。㈢タチイマジクイ（他系混淆） 異なる門中の者（同じ男系の血縁に連ならない者）が養子や聟養子として位牌を継承して、一つの家に複数の系統が含まれる状態を作ってはいけない。この状態を避けるためには、養親と男系血縁を同じくする門中から養子をとるのが良いとされており、特に兄弟の次男以下を選ぶのが最適とされている。つまり、非男系血縁者を跡継ぎにむ

トートーメー（沖縄県国頭郡）

かえ位牌を継承させることはできない。㈣イナグガンス（女位牌・女元祖）　生家を女子が聟養子を迎えるなどして継ぎ、位牌を継承することや女子が家を創設し初代先祖になることは認められない。男系血縁重視の沖縄本島とその周辺離島社会においては、強い忌避の対象である。したがって、娘しか産まれなかった場合は、娘はすべて嫁に出し、あらためて同じ門中内から男系血縁に連なる者を養子として迎え跡継ぎにする。この男系血縁を排他的にまで強調した位牌継承の方法については、一九八〇年（昭和五十五）に地元新聞が取り上げて以来、男女平等を主張している現行民法と男系優先の慣習法、霊的職能者としてのユタを中心とする超自然主義と現代的な合理主義、過疎化と人口移動による核家族化の進行と直系家族を指向する門中イデオロギーなどの諸点を中心に社会問題として広く関心を集めている。　→シジタダシ

参考文献　大胡欽一「上本部村備瀬の社会組織」（『沖縄の社会と宗教』所収、一九六五）、松園万亀雄「沖縄の位牌祭祀その他の慣行にみられる祖先観と血縁観について」（『現代諸民族の宗教と文化』所収、一九七二）、琉球新報社編『トートーメ考』、一九八〇、上原エリ子「位牌継承をめぐる禁忌と回避」（『沖縄民俗研究』六、一九八六）

（喜山　朝彦）

トートーメーろんそう　トートーメー論争　沖縄における位牌継承をめぐる社会問題。女性の権利や地位を見つめ直すことを主眼とした国際婦人年の一九八〇年（昭和五十五）一月から、『琉球新報』紙上でトートーメー（位牌）をめぐる沖縄の社会問題に関する記事が連載され、地元で大反響を呼んだ。この記事は位牌継承と財産相続をめぐるさまざまな問題（特に男女同権を規定する現行民法と次・三男や女子の相続を認めない長男優先の慣習法との矛盾・葛藤・対立）を紹介しており、その結果現代沖縄社会の抱えるいろいろな課題を浮き彫りにすることとなり、沖縄全体を巻き込む形で活発な議論の対象となった。

参考文献　琉球新報社編『トートーメー考―女が継いでなぜ悪い―』、一九八〇、国際婦人年行動計画を実践する沖縄婦人団体連絡協議会編『トートーメは女でも継げる』、一九八一、江守五夫「沖縄における祭祀継承に関する社会問題」（有地亨・江守五夫編『家族の法と歴史』所収、一九八一）

（喜山　朝彦）

とおのものがたり　遠野物語　岩手県遠野出身の佐々木喜善が口述した事柄を話材として柳田国男がみずからの筆で描いた文語体の口頭伝承百十九を集成した作品。一九一〇年（明治四十三）六月、聚精堂より三百五十部限定出版。柳田は、一九〇八年十一月四日、水野葉舟の案内で訪れた佐々木から採話を始める。『遠野物語』原稿には毛筆初稿とペン字再稿と校本があり、遠野市立博物館に所蔵されている。初稿は一話から七十三話までの一と七十四話から百九話までの二に分かれるが、八話が欠番で、百九話が空白なので、都合百七の話からなる。初稿には刊本七話、七十四話、九十～九十二話、百一～百二話、百九話、百十六～百十九話はない。初稿の成立は、一九〇九年一月から三月にかけて帰省していた佐々木が聞いてきた六十九話（刊本六十九話）と九十話（刊本九十四話）が載っていることから、佐々木が上京した一九〇九年四月以降、柳田が遠野を訪れた八月下旬以前である。柳田の遠野の来訪時、佐々木は在京中であった。初稿にない話には柳田が遠野で伊能嘉矩から聞いた話（刊本九十一話）や柳田の実見記（刊本百九話）が含まれる。刊本に収録された話を柳田は目次のかわりに「題目」として分類して巻頭に載せ、それぞれの項目に話の番号を付して索引としているが、「家の盛衰」が九と最も多く、「山男」と「魂の行方」が各八、「家の神」と「昔の人」と「狼《おいぬ》」が各七、「山の神」が六、「里の神」と「山女」と「まぼろし」と「川童」と「小正月の行事」が各五の順になっている。柳田の関心は山人《やまひと》にあり、その蒐集に努めているが、収録された話のうちには「ひょうはくきり」と呼ばれる話上手が語っていたものを佐々木が再話したものが多い。しかし、同じ人による同じ話であっても、その時時に内容に違いが生ずるので、すべてを遠野の口頭伝承のスタンダードとみるわけにはいかない。　→佐々木喜《ささきき》善《ぜん》　→柳田国男《やなぎたくにお》

参考文献　岩本由輝『もう一つの遠野物語』（「刀水歴史全書」一五、一九八三）、菊池照雄『遠野物語をゆく』、一九八三、同『山深き遠野の里の物語せよ』、一九八九

（岩本　由輝）

とおりにわ　通り庭　町屋の中には、間口が狭く奥行が深い敷地間口いっぱいに建てられるものが多いが、その町屋内部の片側ないし真ん中に表口から裏口まで通り抜けることができるように設けられた細長い土間のこと。通り土間ともいい、通り抜け機能のほかに炊事場・仕事場などに使われる。床上の居室部分はこの通り庭に面することになる。京都の町家が典型であるが、京都の影響の強い西日本そして日本海側の町屋にはこの通り庭のあるものが多い。

参考文献　上田篤・土屋敦夫編『町屋』、一九七五、玉井哲雄「江戸の町屋・京の町屋」（『列島の文化史』一所収、一九八四）

（玉井　哲雄）

とがくししんこう　戸隠信仰　長野県北部に位置する戸隠山に対する信仰。平安時代末の『梁塵秘抄』に「伊豆の走湯、信濃の戸隠、駿河の富士の山、伯耆の大山、丹後の成相とか」とあるように、戸隠山は古代より信仰の山とされてきた。学門行者の開闢するところと伝え、中世には三十三の霊窟をはじめ、不動から十三仏に至る行場、堂塔・坊舎が整い一大修験道場が成立し、俗に戸隠十三谷三千坊と称されるほどの繁栄をみた。しかし室町時代になると天台・真言両派の内紛が起り、戦国時代には武田・上杉両者の争いにまき込まれ、一時戸隠山衆徒が山を離れるほどに衰微する。近世には一千石の神領を得て、顕光寺は東叡山寛永寺の末寺となり奥院（奥社）・

中院(中社)・宝光院(宝光社)の三谷三十六院(十八世紀末以降)より構成されていたが、明治初年の神仏分離によって戸隠山は神道に転じ今日に至っている。また近世には奥院衆徒を除いて神領の配当にあずからなかったこともあり、次第に御師化し、近世後期には中部・関東・東北地方を中心に祈願檀家を成立させ、なかには数千軒の檀家を有する坊もみられた。戸隠山は地主神として九頭竜権現をまつっていることでも明らかなように、水分神・作神をまつる山として信仰され、旱魃などに行う雨乞いに際して種子水貰いのために登拝し、その種子水をリレー式で運ぶことも少なくなかった。また戸隠修験は飯縄《いいづな》山《やま》の祭祀も行なっており、飯縄(綱)信仰の普及に関与していたと考えられるほか、基本的には修験の験力を示す行事であった柱松(七日《なぬか》盆)の行事を執行していた。

参考文献 信濃毎日新聞社戸隠総合学術調査実行委員会編『戸隠―総合学術調査報告―』、一九七一、和歌森太郎「柱松と修験道」(『和歌森太郎著作集』二所収、一九八〇)
(宮本袈裟雄)

とかげのお 蜥蜴の尾 トカゲが人間を見ると逃げていく習性はなぜかを語る由来譚。トカゲの尻尾。関敬吾は『昔話大成』で「動物昔話・動物由来」に、柳田国男は『日本昔話名彙』で「鳥獣草木譚」に分類している。日本の伝承では福島市、福岡県豊前地方の二話、類話として沖縄県宜野湾市の「はぶの言いわけ」を加えても採話数の少ない昔話である。福島市の伝承では「蜥蜴の尻尾」として、昔はトカゲには尻尾がなかったので、トカゲは尻尾をほしがり神に頼む。神は「尻尾のいらないものを捜してそれをやろう」という。神は、人間は着物を着ているから尻尾がなくてもかまわないからと、人間の尻尾を切ってトカゲにやった。それでトカゲは、人に見つかって追いかけられると、人間が「尻尾を返せ」といっていると思い、尻尾をはずして姿を隠すのだという。福岡県の伝承では、昔、人間には尻尾があってトカゲにはなかった。そこで、トカゲが人間のところに尻尾を借りに来た。トカゲは借りたまま今に尻尾を返さない。そこで人間がトカゲに近づくと、尻尾をとりに来たと思って、尻尾を残して逃げていくという。人間を見ると尻尾を残し逃げていく習性を語る話となっている。沖縄の伝承では、ハブは人を嚙むと自分の尾を食い切る。神に咎められると、人間が尾を切ったので、やむなく嚙んだと弁明をする話になっている。

参考文献 稲田浩二・小沢俊夫編『日本昔話通観』二八、一九八八
(矢口 裕康)

どかた 土方 土木工事に従事する作業員。土木作業員のかつての俗称。土工ともいい、土掘り・土運び・土埋め・地ならしなどの単純筋肉労働をする。明治初期における土木建築労働には、㈠東京・大阪など大都市に住む土木建築日雇、㈡地方土木工事に雇用される場合がある。前者は都会に定着する下層貧民である。都市土木建築労働者の形成は、主として政府や地方公共団体による公共土木工事の実施のうちに行われた。その典型は、のちの東京府土木掛工役所の前身である日雇会社である。後者の地方行事の土木建築労働は、地方農村における零細農民が兼業として働くか、あるいは、遠隔地の土木建築工事に一定期間出稼として働きにでるかの、どちらかで稼働し、賃労働化したもので、いずれにしてもその性格は、農家の出稼的労働者としての特徴が強い。地方工夫の訓練の典型的事例は、土木建築飯場であり、土工部屋である。横山源之助は、大都会の土木建築労働者を次のように類型化している。その一つは、「土方人足」と呼ばれるもので、主に大規模な土木工事で専業に働く。彼らは親方・子方の身分関係で強く結ばれた労働者である。常用化した人足であり、単純筋肉作業では重作業を担当する専門化した人足であって、この種の作業の基幹労務者である。二つめは、道路修繕に稼働する「日稼人足」である。彼らは東京府の請負工事に出て働き、その仕事は道路修繕・堤防築造修理・橋梁修繕などで、親方との関係はうすく、日々異なるところが多かった。三つめは、土木建築職人の「手伝人足」である。これは、大工・左官・石工などの手伝をするので、若干の職人的技能を必要とした。

参考文献 横山源之助『日本の下層社会』(『岩波文庫』、一九四九)、石原孝一『日本技術教育史論』、一九六二、内山尚三『建設労働論』、一九六三
(西村 浩二)

とがりぼう 尖棒 両端を尖らせ藁束、薪などを突き刺して運ぶ棒。一般に長さ六尺程度。粗い作りで、自作が多い。両端は粗い丸太(円形)、四角などさまざまあり、六角、八角といったものには立派に整形した職人製作のものも多い。自作の尖棒には片方に枝木を残したものもあり、これによって一方に荷を刺し、もう一方の荷を突くときすでに刺した荷がずれ落ちないようにする。代わりに藁ねそなどを一方に巻く工夫もある。これをオーコ(朸)・サス(刺)などとも呼ぶ。『和漢三才図会』では「俗に山阿布古」とあり、柳田国男は鉾が訛ったと推定している。このほか差し担いという長い棒を二人で担ぐ方法もある。オーコ呼称はホコ(鉾)からきたとの説もあり、実際に鹿児島ではそういう呼称をする地域もある。差し渡す意でサシ、サスと天秤棒を呼ぶ愛媛県東部や鹿児島県では尖棒をオーク、オコと呼び、突き刺す意で、サスと尖棒を呼ぶ高知県で天秤棒をオークと呼ぶ呼称の転換は興味深い。→天秤棒《てんびんぼう》
(織野 英史)

トキ トキ ㈠西日本でも特に南九州に多く分布し、節の日などに、近隣の者たちがその日は仕事は休み、家ごとに団子や餅を作って食べる日のこと。時または斎とも書く。南九州のトキはサガ(赤痢)ドキ、ネッポ(熱病、腸チフス)ドキ、祈念ドキなどの病気を防ぐものと、火のトキ、風ドキ、雷ドキなど災害を防ぐもの、栗植ドキ、田植えドキ、仕舞ドキのような農作儀礼のもの、ハゲ(半夏生)ドキ、四月ドキ、正月ドキのような季節に関するもの

などがあって多彩である。鹿児島県川辺郡知覧町永里のサガドキでは子供たちが笹竹を振りながら法螺貝を吹き、鉦《かね》を叩いて村境まで行き、左縄を張って道切りをする。家々の門口にも縄を張って南天やヤツデの葉をつりさげる。トキには藁苞《つと》を家の近くの木枝にさげる例が多いが、火のトキには餅を入れた藁苞を横にして、つり縄でさげ、つり縄には家族数かもう一人分多く竹箸をはさんでおく。藁苞はトッボシサア（トキ法師様）に上げるのだという。ミサキドンに上げるともいい、ミサキドンは烏だという所もある。琉球王国では一七二八年（世宗雍正六）までは巫覡《ふげき》の長として時之大屋子という官職があって日時の吉凶を占った。この流れの遺制は琉球の村々に見られ、奄美の加計呂麻島の芝（鹿児島県大島郡瀬戸内町）にはトキの主の屋敷跡があり、諸鈍《しょどん》（同）にはトキ双紙、宇検村屋《や》鈍《どん》には日柄見という帳面がある。南九州のトキは物忌と共食の要素が強いが琉球のトキは占いの要素が強い。日を重視する点で両者は深くつながっていて、古い時代の陰陽道の影響が強いと思われる。

サガドキの子供たち（鹿児島県知覧町）

田植えドキの藁苞を下げる（鹿児島県川辺町）

参考文献　村田熙「トキ双紙」（『加計呂麻島の民俗』所収、一九六六）、小野重朗『生活と儀礼』（「南日本の民俗文化」一、一九九二）
（下野　敏見）

（二）沖縄地方の宗教的職能者の一つ。ヌル（祝女）、ツカサ（司）などウタキ（御嶽）祭祀や村落祭祀を担う職能者と異なり、先祖探し・地相・家相・占いなど個人的な要求に応じて活動する。また、死者の霊魂を呼び寄せるのもトキの特徴である。同様の職能者にユタがいるが、トキユタという呼び名があるように両者は区別しがたい。
（渋谷　研）

とき　時　時間経過における一時点のこと。民俗語彙のトキは、トキオリ、オリメ、モンビなどとともにハレの行事が行われる日をさす。西日本の山間部では、正・五・九月の十六日を三トキといって精進日としており、また南九州一帯でも正・五・九の十六日にトキの神を迎えるトキマツリが行われる。寺院の法会を意味する仏教用語に斎があり、トキという訓があてられているが、民間のトキの日の内容が法会の祝宴に通じるところからきたものであろう。ハレの日のことを、別に節・節供とも称するが、これに対してトキの語は、節・節供という漢字が渡来する以前の古い語であるとされる。ハレの日のことをトキというのに対して、常の日をアイダと称する地域があり、トキ（時）とアイダ（間）によって構成されるのが民俗的時間であるとする考え方もある。なお、トキの語は一日を構成する時間という意味でも用いられているが、時計が普及する以前の社会においては、一日六度の勤行のたびに鳴らされる寺院の鐘がトキを刻み、生活を律していた。この場合、鐘の音は神霊や他界との交流を表現する手段であるとされ、時を刻む行為がきわめて呪術的な営みであったことが推測されている。

参考文献　柳田国男「年中行事覚書」（『柳田国男全集』一六所収、一九九〇）、宮田登『日和見―日本王権論の試み―』（「平凡社選書」一四三、一九九二）、小野重朗『（増補）農耕儀礼の研究』（「南日本の民俗文化」九、一九九六）、宮田登『日本人と宗教』（「日本の50年日本の200年」、一九九九）
（島村　恭則）

とき　斎　法要の際、会食に供される精進料理。お斎・時食《じじき》・斎食《さいじき》ともいう。もともと斎は、神仏をまつる場所、あるいは斎場に出るために心身を慎む斎戒をさし、仏事や節の日も斎という。斎には普段と違った特別な食事をともにすることから、その時の食事そのものも斎というようになった。六〇六年（推古天皇十四）に設けられた四月八日・七月十五日の斎会や、天武期に大陸から伝わった月ごとの六斎日には、斎日ということで種々の戒律が課せられたが、中でも食事に関する戒の斎食が重んじられた。戒律では、正午以前が正時であり、食事はこの時にとるべきであって、正午以後の非時《ひじ》に食してはならないとする。正時であるからトキと呼び、トキ中の食であるから、その食事もトキと呼んで斎事の字をあてた。トキに対する午後の食事はヒジであるが、仏事に伴う精進料理という性格上、午前・午後を問わずに法要時の食事をすべてトキというようになった。満中陰を待たずに、三日目に仕上げの法事を行うのを三日斎という。北斉の梁氏が地獄に堕ちたが、遺族が僧を招いて斎を供養して追善を積んだ功徳により、地獄の苦を免れたという故事にもとづくもので、死後三日目に僧を招いて斎食を設ける。盆施餓鬼を思わせる故事であるが、いかに斎に功徳があるかを物語っている。西日本の一部で、正・五・九月の十六日に精進をして仕事を休む風習を斎の日という。年が明け、門信徒宅での最初の仏事を斎始めというのも、共同飲食が伴っているからにほかならない。

参考文献　佐々木孝正「本願寺教団の年中行事」（『仏教民俗史の研究』所収、一九八七）
（西山　郷史）

とぎ　伽　話し相手になり、相談にのったり、共同行動して協力し合うこと。またはそれをする人。鹿児島県では、女子のヨナビ（夜業）に青年たちが、菓子やお茶、三味線などを持参し、歌遊びなどしながら過ごすことをトギといった。西日本では、婚礼の付添人をトギという場合が多い。大分県や愛媛県などでは、当日媒酌人などとともに花聟に同行する人を、聟トギ、聟のトギといった。同年輩の男から選んで同行し、嫁方の宴における聟いじめを受けた。同様に花嫁に同行する女を、嫁トギ、嫁のトギといい、嫁と同じ衣裳を着けた。死者の出た夜の通《つ》夜《や》をヨトギといい、家族・親族や近所の人々などが死者とともに夜を明かす。安芸真宗地域（広島県）では、一月十六日を宗祖親鸞の御正忌《ごしょうき》とし、門徒は十五日から寺に参り、ヨトギ（御逮夜《おたんや》）を行う。寺では、親鸞絵伝などを掲げて宗祖の偉徳をわかりやすく説く。ニゴメという食事が寺や門徒の家で食される。香川県三豊郡詫間町の志々島では、会葬者をトギノシュウ（伽の衆）という。葬式の帰途海水に手を入れて振る。海が遠い時は蛸壺に潮水を入れておき、これで代用する。それから葬家に立ち寄り、座敷口から仏壇を拝んで帰る。村落内の友達や仲間のことを、トギという。若干の年齢差のある同輩集団が、日常生活で協力し合う習俗の一つである。山口県大島郡では、年上の者が年少者を遊んでやることを、トギになるといっている。　→ヨトギ　（藤井　昭）

ときのかね　時の鐘　時刻を知らせるために打つ鐘。『日本書紀』によれば、六三六年（舒明天皇八）に朝臣の参内時刻を鐘の音で示すように命じた。古代・中世まで時の鐘は一般化せず、寺や神社などでは時刻を告げる鐘が打たれていたが、その時間を民衆までが共有したわけではなかった。純然たる時の鐘は、十七世紀になって城下町を中心に見られるようになった。時の鐘の普及は一般民衆の生活の隅々にまで時間の観念が浸透したことを意味する。

時の鐘（埼玉県川越市）

参考文献　笹本正治『中世の音・近世の音』、一九九〇
（笹本　正治）

とぎょ　渡御　神輿が進むこと。天皇・皇后・将軍などを神になぞらえて、かれらが外出することの尊敬語として使用することもある。神の御霊代を神輿に移して移動する陸渡御と、御座船による船渡御がある。その行列は風流の細工物や衣裳で華々しくよそおわれることが多い。この形式が整ったのは、平安京で御霊会が盛行した平安時代中期であると考えられる。神輿渡御の源流は大陸の古代仏教儀礼に求める説もある。北魏時代の中国では、釈迦誕生日の浴化節に、演技をしながら練り歩く走会が盛んに行われた。さらにさかのぼれば中央アジアやインドで行われた行像にも至る。行像は、釈迦や菩薩の像をのせて、美しく飾りたてた車や輿の行列である。走会や行像が日本に伝播し、その影響のもとに、輿に疫神をつけて水辺に流す初期の御霊会、さらには行道法会が確立したとされる平安中期に、神輿が氏子域を練り歩く御霊会に変化したものとも思われる。現在の祭礼における神輿渡御の範囲は、境内地のなか、境内外の御旅所、各地を巡幸するものなどさまざまである。　→神幸《みゆき》

参考文献　田辺三郎助編『行道面と獅子頭』（至文堂「日本の美術」一八五、一九八一）
（福原　敏男）

どく　毒　身体に害を与えるものの総称。病毒・胎毒といった病との関わりを指すものから鉱毒、動植物の毒といった具体的なものに至るまで範囲は広い。誤って口にしてあたるフグの毒、毒キノコ（テングタケ科）、新潟県見附市付近でヒトコロビと呼ばれるドクウツギなど、あるいは馬が口にして足をしびれさせる馬酔木《あしび》、反対に咬まれることで毒の害の及ぶヘビや毒虫の類（蜂・アブ・蚊など）、蝶やガの幼虫の毛虫の毒と、身の回りにはさまざまな毒が観察される。また、毒抜き、アク抜きをほどこすことで食べることが可能となる植物も多々あり、充分に処理しないことで中毒することとなる。毒は狩や漁にも利用される。近世末期にはすでに松前地方のアイヌによる矢毒の使用が記録されており、トリカブト毒はその代表であった。狂言『附子』でも知られる毒である。この矢毒は『吾妻鏡』四八によると人を殺すのにも使われている。川の漁では毒流しが全国で行われている。サンショの皮をアク汁で煮て、それを搾った抽出液を使ったり、サワグルミの木の皮も同様に使った。トコロイモをアク汁と一緒に搾った汁もサポニン成分を含み、よく使われている。身体の毒はしばしば毒消しによって治される。近世末期より第二次世界大戦後に至るまで行商として越後の毒消し売りが広く知られ、毒消丸は食中毒や暑気あたり、虫さされの薬であり、体内の毒（虫）を外に出す虫下しの効果もあった。

参考文献　前川文夫『日本人と植物』（「岩波新書」青八四九、一九七三）、武藤鉄城「秋田郡邑魚譚」（『日本常民生活資料叢書』一〇所収、一九七三）、一戸良行『毒草の雑学』（「のぎへんのほん」、一九九〇）、杉山二郎・山崎幹夫他『毒の文化史』、一九八一、宮本常一『塩の道』（「講談社学術文庫」六七七、一九八五）、田口洋美『マタギ—森と狩人の記録—』、一九九四
（原　毅彦）

とくい　得意　伝統的な行商行為における固定された取引相手のこと。得意を示す民俗語彙としては、得意のほかに、ケヤク、コメビツ、ウリツケ、ダンカ（檀家）、ダンナバ（檀那場）などがある。得意先との関係はナワバリ

のように固定されて行商圏を形成しており、行商人はお互いに侵すことを慎んだ。さらに、娘が嫁に行くときに得意先を譲り渡すなどにより、その関係が子どもに継承される場合もみられた。福岡県の海辺から来るシガという行商は、海産物を農村の得意先に献ずるかわりに、穀物を交換品として取得し、これをクモツ(供物)と呼んだ。また、鹿児島県の山村などにおける塩売りの行商人と得意先とのつきあいをみると、盆や正月には海産物と餅を贈答品として交換したり、祭礼や市の時にはお互いに招待しあったりしたという。さらに、塩売りの行商人にヤシネゴオヤという仮親を頼むことがあったという。得意先との関係は行商上の取引関係だけでなく、贈答行為や仮親関係などさまざまな社会関係や信仰に連なっていた。得意を示す民俗語彙のダンカやダンナバは寺院や神社と信者との関係を示す言葉と一致しているが、また遊行の宗教者や芸能者と訪問先の家との間にも、得意がみられる。→シガ

参考文献 北見俊夫『市と行商の民俗―交通・交易伝承の研究(二)―』(「民俗民芸双書」、一九七〇)

(野地 恒有)

戦前の毒消し売り

どくけしうり 毒消し売り 新潟県西蒲原郡巻町の角海浜を発祥の地とする薬売りのこと。巻町の角海浜とその周辺の村々の角田浜・越前浜など、多い時で十五ヵ村の女が、明治の初めごろから昭和五十年代まで、毒消しと呼ばれた腹痛用の薬をはじめ各種の薬を売って歩いたもので、その名は越中富山の薬売りと並んで知られている。富山の薬売りは男が置薬の方法で行商していたのに対して、越後の毒消し売りは女が現金払いの方法で行商していた。昔は、娘は尋常小学校を卒業するとすぐに親方に弟子入りして毒消し売りに連れていってもらい、三年ほどして独り立ちをした。彼女たちは春の村祭が終ると毒消し売りに連れ立って出かけ、秋の村祭の前に帰って来た。村のなかでは毒消し売りに出ない娘は、一人前として認めてもらえなかった。毒消し売りは日清戦争から日露戦争にかけて長足の発達を遂げ、関東大震災のころが全盛であった。しかし、その後は薬事法の施行などによって次第に薬が売れなくなり、それに代わって昭和三十年代以降主に金物や衣類・乾物・髪油などを扱うようになった。売って歩いた所は、戦争中は遠くサハリン(樺太)や北海道などにも及んでいるが、主に東北と関東地方および長野県・新潟県であった。毒消しの発祥に関する伝説には、弥彦神社神霊授与説・上杉謙信持薬伝播説・唐人伝授説・称名寺伝授説の四つがある。このうち、富山の僧が称名寺に一晩の宿を借りに来て、その御礼に霊薬を授けたという、角海浜の称名寺に伝わる伝説が最も注目される。

参考文献 小村弌『越後の毒消し―角田・浦浜の歴史―』(「巻町双書」八、一九六三)、佐藤康行「毒消し売りの生活史」(『環日本海地域比較史研究』三・四、一九九四・九五)

(佐藤 康行)

とくしゅしんじ 特殊神事 神社の祭で、当該神社に特別の由緒があり、神社祭式の規定による一般的な神社祭典とは異なった特有の形態で行われている神事を指す用語。類同語として特殊神饌がある。神社によっては、古式祭などと呼ぶ場合もあるが、特殊神事という語には、ほかでは行われていないとか、特別な儀式内容を有するといった意味で受けとめられる傾向にある。一九二四年(大正十三)に、官国幣社から内務省神社局長へ報告された各社に特有の神事調査を主として、一九二八年(昭和三)の追補とともにまとめ発刊された『官国幣社特殊神事調』(一九四二)があり、その影響を受け各府県神社における特殊神事の調査が盛んとなったとされるが、これらが用語使用の広まりに関係しよう。ここで特殊とされる神事は、明治以降の神社制度の整備過程において定められてきた神社祭式に対比されるもので、一九一四年に発布された官国幣社以下神社祭祀令に基づく全国神社の統一的祭式とは異なった、各社固有の神事・祭祀ということになる。特殊神事の特徴として、全国一般に行われないもの、当該神社に特有の由縁あり伝来のもの、古く一般に行われてのちの変遷があってもその神社独自のものとなった神事・祭礼の一部分となっているようなものが指摘されている。神社の祭は、それぞれの地域の特性や神社の歴史的な展開に関わって行われてきており、また神事において神々に供される神饌も、何をもって特殊というのか、その使用は慎重になされる必要がある。→神社祭式《じんじゃさいしき》

参考文献 宮地直一「特殊神事について」(『大八州』一四ノ六・七、一九三五)

(桜井 治男)

どくながし 毒流し 毒性を有する植物を砕くなどして川の上流で溶かし、付近の魚を一時的に麻痺させ動きを鈍くして捕る漁法。『吾妻鏡』一一八八年(文治四)六月十九日条に「焼狩毒流之類」の停止の記事があり、全国的に古くから行われていたが、稚魚を全滅させるため禁止漁法とされた。それでも秋田県仙北郡では下檜木川一円で行われていたため一八二九年(文政十二)肝煎が責任をとって寺に入り詫びをいれた。山椒もみ・ナメ流し・毒とり・毒もみ・ヨワシカワともよばれ、山椒がもっともよく利用された。クルミ、エゴノキ、ムクロジなどの実、柿渋、タデ、ウルシなどのほか、近代には石灰や農薬を用いるようになった。皮や実をつぶして出る汁を流すの

と、それらを煮詰め木灰を混ぜる方法とがあり、鰻、コイ、アユ、ウグイなどを捕った。秋田県では、山椒の木の皮を二、三日乾燥させ、粉にして灰と混ぜたナメを叺に入れ、上流で踏むと濁流となり、浮き上がった魚をタモですくい捕る。二里ぐらい下流まで効き目がある。長野県では、一八七九年(明治十二)の県下の調査報告によると、山椒の皮を煮て臼でつき、藁灰を加えて練った本毒、ジシャの実、ネムの葉、藁灰を臼でつき水で練った青毒のほか、投毒《なげどく》といって山椒の実と米糠を鍋で煎り、味噌を加えて摺ったものを、八・九月の早朝、流れの緩やかな川で徐々にまくと、これを食べた魚が死ぬが、毒で捕った魚は肉が締まり腐敗が遅いという。岡山県苫田郡阿波村では共同作業として行い、山椒の煮方が悪いと魚が酔わなかったという。

参考文献 鎌田幸男・斎藤寿胤『秋田県の漁業・諸職』(「東北の生業」二、一九八二)、湯浅照広『岡山県の漁業・諸職』(「中国の生業」二、一九八二)、松村義也『長野県の漁業・諸職』(「南中部の生業」二、一九八二)

(長谷川嘉和)

とくほん 徳本 一七五八—一八一八 江戸時代中期に諸国を遊行して念仏を広めた浄土宗僧侶。一七五八年(宝暦八)紀伊国日高郡(和歌山県)に生まれ、一七八四年(天明四)に出家。諸国を巡錫して、木食《もくじき》修行を行い、長髪長爪の異様な姿で念仏を大声で唱えた。その念仏を徳本念仏と呼ぶ。『阿弥陀経』の句読がもっぱらで、教義を学ばなかったが、修行を重ねるうちにおのずから念仏の真髄を会得したという。一八〇三年(享和三)に京都法然院で髪を剃り落とし、さらに江戸小石川伝通院(東京都文京区)の智厳に師事して、浄土宗の法を伝授された。その後、一八一四年(文化十一)に小石川一行院の中興開山として招かれ、一八一八年(文政元)に没した。徳本念仏は江戸で爆発的に流行し、彼は信者の求めに応じて独自な書体の名号を揮毫して与えたが、それを石に刻んだ名号塔が各地で念仏講などを担い手として造立された。名号塔には没後に造立されたものも多く、五十回忌に建てられたものさえみられる。

徳本名号塔（群馬県赤城村勝保沢）

参考文献 田中祥雄「徳本と原町一行院について」(『大正大学研究紀要』六二、一九七六)

(時枝 務)

とくり 徳利 口がすぼみ胴がふくらんだ陶磁製の容器。元来は酒にかぎらず酢や醬油などの保存や運搬にも用いられたが、今日では徳利といえば酒徳利をいう。神前に捧げる神酒徳利は白磁製で、日常用いる酒徳利は燗するときの燗徳利と、酒屋が計り売りして貸し出した貧乏徳利がある。燗徳利は大きくても五合入りで、一般には一合入りから三合入りぐらいである。貧乏徳利は五合入りから三升入りまであり、なかには五升も入る大型のものもある。

徳　利

(岩井 宏實)

とけい 時計 時刻を表示する機器。今日のわれわれの時計観念の中心におかれた機械時計は、中世後期の十三世紀に西ヨーロッパで発明され、教会や市庁舎などの公共建築の塔に公共時計として設置されていった。貴族や富裕な商人の世界で利用され始めた個人用の時計は、十八世紀には分業生産体制が成立し、十九世紀になると大衆向けの大量生産が始まった。日本では、西洋の機械時計はすでに室町時代末にはもたらされ、江戸時代には櫓時計や尺時計などの和時計も作られている。西欧化とともに一般に導入されていったが、輸入高級品であり、明治の懐中時計は官員や将校の地位の象徴にすぎなかった。国内の工業生産は一八九〇年代に始まり、明治末には、掛け時計・目覚まし時計・懐中時計の量産化を実現した。腕時計は一九〇二年ごろからの流行で、最初は懐中時計の流用、日露戦争ごろより専用のものが軍人・学生などの間に用いられ、次第に小型化して普及していった。時計と時間意識との関係について、エルンスト＝ユンガーは、われわれの時間観念の中にひそむ人類史的な重層性を指摘し、古代的な時間意識(戻りくる太陽の永遠性など)と対応する日時計、中世的な人生を満たす時間意識(「メメント＝モリ」の意識など)と対応する砂時計、そして近代の時間意識と対応する機械時計をあげている。機械時計の、無限につづく直線的で均質でまた不可逆的な時間、すべての事象から超越した形式性、前進のイデオロギーに時間意識の近代的特質をみている。時計の普及は、近代にむかって脱宗教化し均質化しつつあった時間意識を、ひとびとの生活空間のなかに定着させた。→時間認識《じかんにんしき》 →時刻《じこく》 →時《とき》

参考文献 C・M・チポラ『時計と文化』(常石敬一訳、「みすず科学ライブラリー」五二、一九七六)、角山栄『時計の社会史』(「中公新書」七一五、一九八四)、E・ユンガー『砂時計の書』(今村孝訳、「講談社学術文庫」九一七、一九九〇)

(佐藤 健二)

とげぬきじぞう とげぬき地蔵 延命地蔵尊を本尊としてまつる東京都豊島区巣鴨三丁目に所在する、曹洞宗高

岩寺の通称。高岩寺は、一五九六年(慶長元)に神田明神下同朋町に開創した。のち、上野屛風坂の東南に移転し、さらに、一八九一年(明治二十四)に現在地に移った。とげぬき地蔵の由緒は、一七二八年(享保十三)成立の『下谷高岩寺地蔵尊縁起霊験記』(同寺蔵)に紹介される。その内容は、一七一三年(正徳三)小石川の人、田付又四郎が夢枕で地蔵を得て妻の病気平癒が叶ったこと、ついで一五年に誤って針を飲み込んだ毛利家の御殿女中が、その地蔵の御影を印した御符(印像)を飲み一命を取りとめた話からなっている。『江戸砂子《えどすなご》』(一七三二)は、同寺の項で「はやり地蔵有尺ヶ一寸斗の小仏也」と紹介し、さらに三年後の『続江戸砂子』では、「印像地蔵」と題して先の『霊験記』の全容をそのまま掲載し、重病難病の者にあらたかな霊験を示す地蔵としている。とげぬき地蔵の名称の流布ははっきりしないが、一九〇二年の『東京名物誌』に「世俗釗抜《とげぬき》地蔵と称し、其名江都の間に高まり」とある。毎月の四の日の縁日は、一八九七年に着任した住職が定めた。一九〇二年に巣鴨駅が寺の近くに開設され、大正初年には市電も開通し、どちらも参詣人の増加に拍車をかけた。今日、寺ではとげぬき地蔵の御影のほか、各種招福除災のお札が売られる。境内には一九五九年(昭和三十四)開館したよろず相談所のとげぬき生活館が建ち、参詣者の相談に対応している。また由緒不明だが洗い観音がまつられ、参詣時の祈願行為の具体化がはかられている。第二次世界大戦前から参詣人が多かったが、一九八〇年ころよりことに老人の参詣が目立ち、門前のとげぬき地蔵通り商店街は高齢者向け商品の品揃えを特徴とし、その賑いは、若者で賑わう東京都渋谷区の原宿に名をとり、おばあちゃんの原宿と呼称されるまでになった。

参考文献 『高岩寺誌』、一九六六、川添登編『おばあちゃんの原宿―巣鴨とげぬき地蔵の考現学―』、一九六九、倉沢進編『大都市高齢者と盛り場―とげぬき地蔵をつくる人々―』、一九九三

(北村　敏)

とこいれ　床入れ　婿方での結婚披露宴の終りごろ行われる寝所での儀礼。山形県置賜地方では披露宴の終りごろ、花嫁の分として椀に高々と盛ったブッツケメシが出される。花嫁はそれをほんの少し食べ(残りは婿が翌朝食べる)、その後ころ合いをみて床入れが始まる。床入れには若者頭が、婿づき・嫁づきとともに二人を納戸(寝所)に連れて行く。納戸には生ネギ、タロイモを載せた膳が調えられ、二人をその前に坐らせ若者頭の音頭で謡曲を謡いながら夫婦の盃が取り交わされる。これを床入れのオサンコトという。盃のあと花嫁の帯を解き、敷き延べてその上に二人を寝かせ縛って部屋を出る。これで夫婦の契りが済んだことになる。床入れがすめば披露宴も終りになる。若者頭の役は本家など近親者や五人組の若者が代わるところもある。山村地帯ではこうした床入れは一九五〇年(昭和二十五)ころまで行われた。地方により内容に若干の差異が見られる。岩手県下閉伊郡川井村箱石ではナンド祝いといい、若者が集まって酒宴してから床入れとなるし、宮城県栗原郡栗駒町角ヶ崎では婚礼の仲人とは別な床仲人が二人を連れて納戸に入り、酒を飲んだ後、二人に夫婦として必要なことを教えるという。福島県岩瀬郡長沼町では床入れには土蔵が使われるので、土蔵のない家では近所のものを借してもらうという。このように少しずつ差があるが、床入れにムラの若者の参加が見られることは、婚姻成立と若者仲間の関係を示すものであり、また床仲人など他者の関与は婚姻成立の社会的承認を示すものとして注目される。↓床盃《とこさかずき》

参考文献 文化庁編『日本民俗地図』六、一九七五、置賜民俗学会編『置賜の民俗』(「日本民俗調査報告書」北海道・東北の民俗 山形編六、一九九五)

(奥村　幸雄)

どこうじん　土公神　陰陽道由来の土を司る地神。ドクウジン、ロックウサンとも呼ばれる。中世や近世には土木工事に際して、土公供が行われた。春は竈、夏は門、秋は井戸、冬は庭と遊行する神で、この期間に所在の土を犯すと祟りがあるとされた。大地神や地霊の性格が強いが、竈神・荒神・火の神と習合した。神体は蛇であるともいう。広島県甲奴郡上下町では、年頭の家祈禱でその由来を説く土公祭文を弓神楽で唱えて穢れ祓いや土豊饒を祈願した。土公祭文を舞う神楽は王子舞・所務分け・五竜王と呼ばれる。広島県比婆郡の荒神神楽では王子舞、島根県邑智郡の大元神楽では五竜王を神がかりに先立って舞う。広島県の阿刀《あど》神楽や水内神楽でも神がかりの将軍舞の前に舞う。大地を鎮めまつり地霊の威を仰いだ後に神託を得るのであろう。祭文は宇宙の創世を語る内容である。盤古大王に五人の王子がいたが、父の死後に生まれた五郎の王子は所領を貰えず、兄の四人の王子に戦いを挑む。戦闘は文撰博士《もんせんはかせ》が仲裁し、四人の王子はおのおの東西南北、春夏秋冬を司るが、四季の土用、各七十二日を五郎に譲り、中央に土公神としてまつった。歴史的には陰陽道の『簠簋《ほき》内伝』に由来し、一四七七年(文明九)の「五竜王祭文」(安芸国佐伯郡)が文献の初見で、大土公祭文に展開する。修験・陰陽師・法者を通じて各地に伝播した。中国地方では土公祭文が問答劇となって神がかりと一連の儀礼を形成し、土公神は家の守護神、大地の神、火の神として多様な信仰を習合させた。奥三河の花祭では榊鬼や鎮めの反閇《へんべ》と結び付き、「盤古・大王・堅牢・地神・王」と唱えて五足に踏む。この地の大土公祭文では五郎は姫宮で地霊として畏怖され、邪鬼を退散させて、延命息災を約して豊饒をもたらす。

参考文献 岩田勝『神楽源流考』、一九八三、鈴木正崇「弓神楽と土公祭文―備後の荒神祭祀を中心として―」(『民俗芸能研究』三、一九八六)、岩田勝編『中国地方神楽祭文集』(「伝承文学資料集成」一六、一九九〇)

(鈴木　正崇)

とこさかずき　床盃　婚姻儀礼の一つである床入れの中で取り交わされる盃のこと。床入れの盃ともいう。仙台市太白区秋保《あきう》町馬場では、三三九度の盃を取り交わして

から床入れになるといい、床盃を夫婦の契りの盃とみなしている。岩手県下閉伊郡の海岸部でも、床入れの盃は三三九度の盃を兼ねており、山形県米沢市三沢地区では床盃を取り交わすことを、床入れのオサンコトといっている。床盃を行う地方では祝儀の席での夫婦盃を行わない場合もある。たとえば、秋保町馬場では、嫁方の祝儀で嫁の親が飲んだ盃を仲人に渡し、娘をくれる印とし、仲人は婿方の祝儀の席でその盃で飲んだ後、婿の親に渡し、嫁を渡したこととし、婿と嫁の間の盃の取り交わしは行わない。米沢市三沢の場合は、婿方の祝儀の席で嫁婿間の盃を取り交わしているが、その後秋保町と同じく床盃も交わしている。米沢市周辺では、婿方の婚礼の席に婿は着かないのが古いかたちで婿はお燗番をするものといわれている。このように祝儀の席での盃ごとは嫁と婿の両親の間の親子固めの盃が中心であった。青森県津軽地方・長野県南佐久地方も同様で嫁婿間の盃ごとはなかったという。　↓床入《とこい》れ

参考文献　大間知篤三「婚礼」(『日本民俗学大系』四所収、一九五九)、文化庁編『日本民俗地図』六、一九七八

(奥村　幸雄)

とこぬしのかみ　地主神　⇩じぬしがみ

とこのま　床の間　近世住宅の座敷飾りの一つ。中世住宅の押板に起源をもつ。民家では書院造風の接客座敷に造りつけられる。そのもっとも整った形式は、床《とこ》と棚をならべ、床と鍵型に縁側もしくは外側に面して書院を配置する。床・棚・書院の座敷飾り三要素がそろっているのは上層の家であり、一般には、付書院・平書院など書院がないもの、棚を伴わないもの、棚・書院がなく床(床の間)のみのものなど省略した形式のものが多くみられる。床の間は、民家にかぎらず和風住宅の空間を秩序づける重要な要素であり、床の間がある座敷がその家の上手になる。床の棚の境の柱を床柱という。床の前面下方に床框、上方に落掛《おちがかり》が入る。床のユカ面は、床畳または床板とし部屋のユカ面より床框の幅分だけ高くする。落掛は内法より少し高い位置に入る。壁面は土壁・紙貼り・貼壁四分一廻しなどとし、壁面の上方に蛭釘《ひるくぎ》を打つ。天井は竿縁《さおぶち》などとする。床柱・床框・落掛にいわゆる銘木を用いることが多いが、これは新しい形式であったり、数奇屋風のものであり、古いものでは柱など普通の角柱とするのが一般である。床の間の壁面に一幅または三幅の掛け軸を掛け、ユカ面に花瓶・香炉・卓などを飾る。床の間の形式は、本床・蹴込床《けこみどこ》・踏込床・琵琶床・鎧床《よろいどこ》・洞床《ほらどこ》など多くの変化がある。座敷に床と仏壇とをならべて造りつけるものも多い。なお、床と仏壇の位置関係は、床を外側、仏壇を内側とする場合が多いが、これとは反対に床の間を内側に置くものも古い家にしばしばみられる。床の間が普及する時期は、民家に四間取り(田の字型)が成立する時期とほぼ一致する。四間取りの成立は書院造で行われる接客方法が民家に取り入れられ、書院造風の接客座敷が整ったことを意味しており、床の間が造られることとなった。したがって、大庄屋、宿駅の本陣など上層の家では江戸時代初期、一般には江戸時代中期以降、明治時代にかけて普及する。比較的新しい上層の家では、床の間は一ヵ所でなく数ヵ所にあるのが普通である。たとえば、越後平野の大地主層である笹川家住宅は文政年間(一八一八—三〇)の建築であるが、床の間は玄関の大床、書院座敷の床の間をはじめとして九ヵ所にある。床の間と座敷に関するタブーに、いわゆる床差《とこざし》がある。床差とは、座敷の天井竿縁が床の間の方向を向いている形式をいう。床差は床刺しに通じるという。しかし、このタブーは東北地方の一部や九州ではつうじないし、琉球文化圏ではむしろ床差をよしとしている。天明年間(一七八一—八九)建築の大阪府の仲村家住宅の座敷は床差であるから、このタブーがでてきたのはそう古くないことがわかる。なお、江戸時代初期の書院造で、床差であるものは多い。正面の床の間と、柱の心と天井竿縁の心とを一致させることが難しいという設計・デザインの気遣いとも関係があろう。床差でなければこの問題はなくなる。　↓押板《おしいた》

床の間（三重県町井家）

参考文献　太田博太郎『書院造』、一九六六、同『床の間』(「岩波新書」黄六八、一九七八)

(宮澤　智士)

とこばらい　床ばらい　⇩産明《うぶあ》け

とこや　床屋　おもに髪を刈ったり結ったり、あるいは髭剃りなどの頭髪や顔の手入れをする職業。髪を結い、月代《さかやき》を剃ることを生業とする者が登場するのは、近世に入って社会的分業が進み、また髪型が複雑になったことなどを背景にしている。床というのは、本来人が座する一段高い所を指す語であったが、人の住まない仮の店や出店を床店《とこみせ》というようになり、人通りの多い橋詰などで床店を出して営業したところから髪結床の名が生じ、さらにここから床屋の名称が使われるようになった。床場ともいう。歌舞伎の役者や力士の髪を結う職人を床山と呼ぶのも、同様の背景からである。西洋式の理髪店ができたのは、一八七一年(明治四)の断髪廃刀令の出た後で、同年四月にはすでに東京常盤橋門外に西洋風髪剪所《かみきりじょ》とい

う看板が登場している。散髪床・西洋床などといわれ、一八七九、八〇年からは理髪店・理髪業・理髪師の語が使用されるようになった。さらに一九四六年(昭和二十一)からは理容業・理容師の語が使用されるようになった。近代以降の男性の髪型の基本は、長髪の長刈り、短髪の丸刈り、短髪の角刈りである。長刈りは癖直し・粗刈り・基礎刈り・仕上げ・髪洗い・顔剃り・仕上げの順に行われる。使用する道具は、おもに櫛・鋏・剃刀・バリカンなどであるが、バリカンは一八八三年ころに、フランス駐在公使がはじめて海外から持ち帰り、一八八五年に理髪師が使用し普及したといわれる。髪には呪力があるという信仰を背景に、この髪を扱う床屋もかつてはそうした目を向けられていた。また浮世床の語もあるように、床屋は地域の人々が集まる社交の場としての機能も果たしていた。床屋の職能神として徳川家康や采女亮《うねめのすけ》がまつられている。その由来は、三方ヶ原の一戦で敗走する徳川家康を助けて天竜川を渡らせたのが髪結の采女亮(あるいはその子孫)であり、家康は褒美に一銭を下し、江戸での開業を許可したことによるという。それを書き記した「髪結職由来」「一銭職《いっせんしょく》由来」の文書が流布している。→剃刀《かみそり》　→髪結《かみゆい》

[参考文献]　坂口茂樹『日本の理髪風俗』(『風俗文化史選書』六、一九七二)　(三田村佳子)

とこよ　常世　古代日本人の他界観念を表わす代表的な語。『古事記』『日本書紀』『万葉集』、風土記などにみえる。これらの文献中の用例から、常世を他界観念(異郷意識)の問題として掘り起したのは、柳田国男・折口信夫の研究であった。神武天皇の兄御毛沼命《みけぬのみこと》が波の穂を跳《ふ》んで常世国に渡ったとあるように、常世は海の彼方に想像される異郷であった。常世の神少名毘古那《すくなひこな》がアワ稈に弾かれるような小人であり、田道間守《たじまもり》が常世に行って帰って来ると時じくの香《かぐ》の木実《このみ》(常時、香りを出す木の実)を求めた垂仁天皇はすでに亡くなっていたというように、この世界と常世とは空間・時間の尺度が極端に違うと考えられていた。皇極天皇代に一時流行した常世神が富と若返りをもたらすと説いたが、それは常世は豊穣と生命力に充ちた世界との信仰から派生したものだった。それに神仙思想の影響から恋愛的な要素も加わって、ついには理想の国と考えられるようになった。しかし『古事記』神代に「常夜往く」とあるように、常世の原像は絶対の闇の国、死の国であったと折口は強調する。今日では常世と常夜は上代特殊仮名遣いの違いから別語とされ、常夜から常世に転化したとする語源説明は成り立たない。しかし折口の論の焦点は、豊穣と生命力、暗闇と死とが交錯する混沌とした異郷の様相にあり、それは常世から訪れるまれびとの神として純化しきらぬ性格に繋がる問題でもあった。折口は異郷意識を日本人の精神史の問題として早くから論じたが、そこに具体像を提供したのは、沖縄のニライカナイの信仰であった。海の彼方のニライカナイは、豊穣をもたらす来訪神の原郷であり、同時に疫病や害虫の故地でもあった。論の形成過程に批判もあるが、日本人の他界観念・神観念の根本に関わる問題として今日もなお考えるべきところを残しているといえよう。→異郷《いきょう》　→他界観《たかいかん》　→ニライカナイ

[参考文献]　折口信夫「妣が国へ・常世へ―異郷意識の起伏―」(『折口信夫全集』二所収、一九六五)、同「古代生活の研究―常世の国―」(同)、同「民族史観における他界観念」(同一六所収、一九六七)、鈴木満男「マレビトの構造」(『文学』三六ノ一二・三七ノ一、一九六八・六九)、皆川隆一「常世」(西村亨編『折口信夫事典』所収、一九八八)　(高梨一美)

とこよがみ　常世神　常世から富と若返りをもたらす神。七世紀半ばに流行した。『日本書紀』六四四年(皇極天皇三)七月条は次のように伝える。東国不尽川《ふじがわ》の辺の人大生《おおふ》部多《べのおお》が常世の神として虫をまつった。巫覡《ふげき》らが集まって「常世の神をまつらば、貧しき人は富を致し、老いたる人は還りて少《わか》ゆ」と神語を託し、勢いを増して都に向かった。沿道の人々は財物を施し酒食を陳《つら》ねて「新《にい》しき富人《き》来《た》れり」(原漢文)と歓呼して迎え、常世の虫を清座にまつり歌舞して福を求めた。葛野の豪族秦造河勝《はたのみやつこかわかつ》が、民を惑わすのを憎んで大生部多を打ち懲らすと、さしもの勢いも衰えた。この虫はタチバナや曼椒《ほそき》につく緑色に黒点のある四寸余りの蚕に似た虫だったとある。神託を降ろすシャーマンを中心に、地方で急速に信徒を獲得した宗教集団が熱狂的な勢いをもって上京したもので、同様の事件は奈良時代の八幡神、平安時代の志多羅神など、古代社会に間歇的に起っている。不老長寿・富貴豊穣を求めるところに中国の民間道教の影響が指摘されているが、事件を構成する諸要素に日本の古代社会で発展した常世信仰の特徴も見え、一面的には解ききれない。それは常世・タチバナ・虫の独特の相関である。タチバナはかつて田道間守《たじまもり》が常世の国から持ち帰った時じくの香《かぐ》の木実《このみ》(常に芳香を放つ木の実の意)であり、豊かな生命力の象徴とみなされていた(『万葉集』)。また常世の神が虫の姿をもつのはこれがはじめてではない。先にひむし(蛾)の皮衣を着て現われた少名毘古那《すくなひこな》の伝承があり、古代人にとって虫は変態を重ねて再生する生命力の象徴でもあったことを考えあわせると、この事件の背景に流れる常世信仰の水脈は深いといわねばならない。

[参考文献]　下出積與『道教と日本人』、一九七五、益田勝実「古代の想像力」(『秘儀の島』所収、一九七六)　(高梨一美)

ところてん　心太　晒したテングサを水と少量の食酢で煮溶かし、ろ液を冷やし凝固させたもので、三杯酢・出し汁・きな粉などで食す。古代にはテングサは、その性質から凝海藻《こるもは》と呼ばれ、この製品を心太(こころふと・こころてい)といい、心は凝るが転訛したもの。農村・漁村を問わず、炎暑期の清涼食品として親しまれてきた。また仏様の鏡、仏様の御馳走と呼ばれ、盆や法事の供物と

する習慣は広く分布している。

参考文献　宮下章『海藻』(「ものと人間の文化史」一一、一九七四)　(今田　節子)

どざづくり　土座造　地面をユカ面として、ここに籾殻・藁などを敷きならべ筵を敷いてユカとした住まいの一形式。一般には土座住まい・土間住まいともいう。柱を礎石や土台の上に建てずに、地面に穴を掘って柱を建て家をつくった古代・中世の民家は、土座住まいであった。近世に入っても土座住まいは多くあったが、有力農民は掘立て、土座の住まいから抜けだし、柱を礎石の上に建て、居室には床を張った本格的な建築の家を建てるようになった。しかし、一方では間取りや構造は床張りの家と同じ形式であるのに雪深い秋山郷(長野県下水内郡栄村)などでは土座に住む生活は江戸時代末期までも続いた。大阪府豊中市の日本民家集落博物館に秋山郷から移築した山田家住宅(重要文化財)はその好例である。土座住まいは、古い住形式を伝えたものであるが、土座住まいであるから古いとはかぎらないし、また貧しい家であるとはいえない。生活慣習として近代でも、土座を一部の部屋に残した地域は多い。たとえば、滋賀県湖北地方では、大正期ころまで作業空間である土間庭に続き、日常生活の中心となる居間を土座とする家が建てられていた。このほかの地域でも、江戸時代には居間を土座としている地域は多くあった。なお、アイヌのチセ(家屋)は一室住居であり、ユカを張ることなく土座造のまま近代に至った。

参考文献　藤田元春『増補日本民家史』、一九二七、太田博太郎『秋山郷の民家』、一九六〇、宮澤智士『越後の民家—中越編—』、一九七七　(宮澤　智士)

とざん　登山　山に登拝すること。少年がある年齢に達するとその地方の霊山に集団で登拝する習俗が、各地方に見られる。登拝を終えると、少年たちは一人前の大人とみなされる。また、こうした地方の山(国御岳《くにみたけ》と称されることも)だけではなく、若者が講を組んで、出羽三山・富士山・木曾御岳・石鎚など遠方の著名な霊山に登拝する習俗も各地で見られる。たとえば関東地方の出羽三山講などは非常に盛んであった。このような登拝講(山岳登拝を目的として結成された講)の仲間は、同行《どうぎょう》などとも呼ばれてそのつきあいが一生続くことが多い。特に、婚姻、子の誕生、葬送など人生の節目の時期に、その協力関係が顕著になる場合が多い。このように霊山への登拝、あるいは集団でのそれに通過儀礼的な意味付与がなされたのは、修験道の山林修行に関して近世に成立した教義書(『峰中秘伝』など)で、霊山登拝と山中での修行を一種の擬死再生の儀礼と意味付けていることからの影響が推測できる。すなわち、古代末ころ修験道が体系化されて以降、密教その他の影響で山林修行の詳細やその教義的意味付けが徐々に定められた。近世には、山伏が峰入りに際して一度死に、山中の宿坊などで凡夫が仏になるまでの十界になぞらえた修行を行い、山を下りた時に出生する、というような意味付けがなされるようになったからである。

参考文献　宮家準『修験道思想の研究』、一九八五　(由谷　裕哉)

どさんこ　道産子　もともとは北海道産の馬をどさんこ(土産馬)と呼んでいた。土産馬は頑健で粗食に耐え寒さに強く、性質は温順で持久力に富んでいる。北海道への和人の移住は、主として明治以降において盛んになったが、移住初代は、みずからを北海道人だとする認識はなかった。世代が二、三、四代と重なるにつれて、次第に北海道への帰属意識が高まり、いつしか北海道生まれの人をも、北海道産の馬になぞらえて、道産子と呼ぶようになった。　(宮良　高弘)

とし　都市　都市(的)地域とは、何より人口規模の大きな集落である。そこでは農・林・漁業など第一次産業従事者の割合が、人口比として非常に小さい。この二点と、第二・三次産業、特に第三次産業の比重が大きいという特徴は、都市の地域中心的な機能による。つまり、周辺地域あるいは遠隔地との関係で、物・人・情報などの集散地である点が都市(的)地域の本質である。歴史的に見て、港町や宿場町・市場町など商業都市だけでなく、古代宮都や城下町など政治都市、門前町や寺内町など宗教都市、鉱山町など工業都市、すべて地域の何らかの中心地となっている。たとえば背後に農・漁・山村など村落があり、その産物がそこで交易される。工業製品など加工品が製造され、都市内あるいは周辺に出荷される。むろん経済面だけでなく、政治・文化などの面でも地域の中心地となっている。そのため、都市には多種多様な職業・階層の人々が集まるようになる。商工業者だけでなく、芸能民や宗教者などがサービス的職能者として集まる。また政治家や運動家など、人々を先導し、情報を与える人々が多く活動する。また雇用機会が多いため、労働者とその家族が移住してくる。そこでの社会は、村落とはまったく異なってくる。いずれも、都市のもつ中心地的な機能のためである。景観的には、農・林地よりも、住居・工場・商店など建物が多く集まり、宿駅・ターミナルなど交通面の結節施設、また企業の本社・支社や行政の中心的施設が多く立地する。また盛り場が必ず存在する。次に都市(的)社会とは何か。村落社会とは異なり、人間の流動性や匿名性に富んでいる。また異質な社会集団から成る複合社会である。彼らはつぎつぎと新しい生活様式を生み出している。この特徴は、多種多様な価値観を許容し、束縛のない自由な社会を生み出す。雇用機会の多さと相まって、都市の魅力となっている。むろん、このようなプラス面だけでなく、貧富の格差など多くのマイナスを都市生活は含んでいる。にもかかわらず都市の魅力のため村落から都市への移住者は多い。都市への人口集中の現象である。そこでは血縁・地縁的な結合契機よりも、社縁的あるいは選択縁的な結合契機の役割が大きい。この特徴的な社会の有様は、町(マチ)、町場などと呼ぶにふさわしい。第三に都市(的)民俗とは何か。これは、都市化の民俗と都市独自の民俗との二分類ができる。前者には二つの型がある。村落(地域・生活)の都市化の過程で民俗文化が変容した場合と、村落出身者が都市に移住後、彼らの持つ民俗文化が残存あるいは変容した場合である。一方、都市独自の民俗とは都市生活の中で生成した民俗文化で、都市から発信される流行とか風俗と呼ばれる大衆文化である外来文化を取り入れ、変化し続ける生活文化がこれにあたる。このほか、都市と村落の関係、たとえば両者は連続か不連続かというテーマは、柳田国男の都鄙《とひ》連続体論をはじめ、都市を考える際、重要であろう。↓都市化《としか》 ↓都市民俗《としみんぞく》 ↓町《まち》

参考文献 宮田登『都市民俗論の課題』(「ニュー・フォークロア双書」八、一九八二)、網野善彦・大林太良・高取正男他編『都市と田舎—マチの生活文化—』(「日本民俗文化体系」一一、一九八五)、倉石忠彦『都市民俗論序説』、一九九〇

(内田 忠賢)

とじ 刀自 家内を統率する女性の古風な尊称。現在でもまれに使われる。通説的には「ト(戸)ヌシ(主)」の約とみて主婦の意かとされるが、古くは豪族層の女性に対する尊称で、一族をまとめる長老的女性をさし、家内の統率に限定されなかった。八、九世紀には里刀自や寺刀自の存在もしられ、里刀自は村内の男女を率いて農耕労働の指揮を行なっている。刀自や刀自売というのは、庶民を含めた古代の女性のもっとも一般的な個人名である。家刀自の語は八世紀の金石文や写経奥書にみえ、九世紀初めの『日本霊異記』の「家室」に古訓で「伊戸乃止之」とある。霊異記のイエノトジにみられる食料分配権(上ノ二)や女性労働指揮権(中ノ三四)については、夫である家長《いえぎみ》との経営権限の分担をめぐる歴史学上の論争がある。夫婦を核とする家族経営の成立に伴い、家長と一組の経営者としてのイエノトジを経て、一般的に刀自(家刀自)となるのは平安時代以降かと考えられる。宮中の下級女官にも刀自の称があり、内侍所《ないしどころ》・御厨子所・御膳宿などに奉仕した。民俗学では、主婦権や女性の祭祀権の問題と関わってもっぱら家刀自のありかたが注目されてきた。酒造りの職人である杜氏の語も、家刀自の酒造りの権限に由来するとされる。朝廷の造酒司には酒甕神が大・小・次の三座の邑刀自としてまつられ、伊勢神宮の摂社・末社にも桜大刀自・多岐大刀自などの刀自神がいた。

参考文献 柳田国男「女性史学」(『柳田国男全集』一七所収、一九九〇)、折口信夫「上代日本の文学」(『折口信夫全集』一二所収、一九六六)、義江明子「刀自考」(『史叢』四二、一九八九)、同「刀自神考」(『帝京史学』一二、一九九七)

(義江 明子)

とじ 杜氏 酒造業における酒造職人の呼称で蔵人《くらびと》の長(親爺《おやじ》)。「とうじ」ともいう。杜氏は季節労働者で、毎年冬期になじみの酒造蔵に出向き酒造りの最高責任者として酒造りに従事した。蔵人とは、酒造に従事する季節従業員の総称であり、その職階を責任度と給与の面から順序づけると、兵庫灘五郷では杜氏・頭・大師・上酛廻り・下酛廻り・釜屋・道具廻しなど、一九六七年(昭和四十二)ごろからは杜氏・杜氏補任・こうじ主任・酒母係・蒸米係・整備係・係員などとなる。杜氏を中心に酒造従事者の集団を形成し、特定の地域から特定の酒蔵に出向く場合が多い。ちなみに丹波地方の蔵人を丹波杜氏と呼び、兵庫灘五郷の酒造りに従事することで有名。但馬杜氏は但馬地方の蔵人が近畿地方を中心に、中部・中国・四国地方にわたり就労した。このほか越後杜氏は杜数が多く、関東・中部地方を中心に広く全国にわたって就労している。以下北方から、青森県の津軽杜氏。秋田県の山内杜氏。岩手県の南部杜氏は杜氏数多く東北地方を中心に関東・北海道をはじめ福井・兵庫県にも就労している。山形県置賜ほかの最上杜氏や、長野県の小谷・飯山・諏訪杜氏。静岡県の志太杜氏。主として石川県・滋賀県で就労している石川県の能登(珠州・松波・門前)杜氏。福井県の越前・大野糠杜氏、特に大野糠杜氏は大野地区からの酒造従事者で過去に精米作業にも就労したことから精米杜氏の名が残っている。岡山県の備中・寄島・成羽・笠岡杜氏。島根県の出雲・石見杜氏。広島を中心に一部四国・中国などに就労している広島県の広島・西条・安芸津・竹原・三次杜氏。山口県の山口・熊毛杜氏。愛媛県の越智郡・西宇和郡杜氏。高知県の高知杜氏。福岡県の芥屋・久留米・城島・瀬高・柳川杜氏。佐賀県の肥前杜氏。長崎県の生月・小値賀杜氏などがある。

参考文献 仲村恒明「兵庫灘の酒造用具」(『民具マンスリー』一八ノ三、一九八五)、灘酒研究会編『灘の酒用語集(改定版)』、一九九七

(仲村 恒明)

ドシ ドシ 九州から沖縄に至る、いわゆる南西諸島において、同年齢もしくは若干の年齢差の者たちが強い紐帯を持ち、共同労働や通過儀礼などの際にお互いに協力し合う関係、もしくは仲間。日本の広い地域でツレ・同年・ケヤク・兄弟分などと称される非公式な友人仲間が見られるが、それらと同様の民俗である。南西諸島ではドシと同意の語彙としてアグ、チリ、トンガラなどが聞かれるが、どれも地域的偏差が見られるのに対して、ドシは全地域に分布しているのが特色である。↓兄弟分《きょうだいぶん》 ↓ツレ ↓同年《どうねん》 ↓ホーバイ

参考文献 竹田旦『兄弟分の民俗』、一九八九

(八木 透)

ドジ ドジ 土間。農民家屋などの建物の内部で、地面のままの状態。群馬・山梨・宮崎県などでいう。農家では、ニワとよぶ地方が多い。ニワは苦汁《にがり》や漆喰《しっくい》などを含ませ、叩きしめる場合が多い。ニワは農家の顔ともいわれ、手入れを怠らない。ニワは稲扱きや藁仕事などの農作業の場でもある。明治以前の農家は、日常生活は土間に籾殻や藁を敷き、その上に筵《むしろ》を敷いたニワが中心で、中央には囲炉裏が設けられていた。

(佐々木長生)

としいわい　年祝い　特定の年齢に際してこれを祝うこと。特に長寿の祝いを指すことが多い。一升餅などを背負わせて故意に転ばす初誕生、明治以降都市部を中心に定着した七五三、袴着や元服と呼ばれる十三歳や十五歳、二十歳の成人式、男性の二十五歳や四十二歳、女性の十九歳や三十三歳の厄年などがその対象となる。人の一生を仮に幼年期・青壮年期・老年期と三分すれば、そこでの年祝いの特徴が浮かび上がる。誕生から一人前とみなされる十三歳あるいは十五歳までの幼年期は、不安定な霊魂の付与に行事の力点が置かれる。還暦までの働き盛りの年祝いは、生きていくうちに積もる厄や穢れを払ったり、生きていくのに必要な霊魂の更新といった点が強調される。したがって、この時期の年祝いは厄年と密接な関係をもつことになる。厄年の背景には十二支の考え方が結び付いており、西南諸島では生まれ年の干支が巡ってくる十三・二十五・三十七・六十一・七十三・八十五歳を年祝いと呼ぶのに対して、多くの地方ではこれらと重なる十三・二十五・三十七歳を厄年としている。こうした年齢を瀬戸内地方では厄祝いと呼ぶが、厄年と年祝いが本質的には同じであることを示している。六十一歳の還暦以降、すなわち老年期は長寿を祝うという趣旨がはっきりしてくる。七十歳の古稀、七十七歳の喜寿、八十八歳の米寿、さらに九十歳の卒寿、九十九歳の白寿、百歳の百祝い、百八歳の茶寿などがある。

参考文献　佐々木勝「厄年と年祝い」(『厄除け―日本人の霊魂観―』所収、一九八八)　（佐々木　勝）

としうら　年占　一年の吉凶を占うこと。作物の作柄を占うものと、その作柄と密接な関連をもつ天候を占うものとがある。年占の年というのは、もともと米を意味しており、結局は米の出来不出来を占うものであった。したがって年占の時期は、年のはじめの小正月が多く、ほかに節分・盆などにも見られる。方法は豆を年の数だけ並べて、その焼け具合によって、白く灰になるのは晴れ、黒く焦げれば雨というように天候を占う豆占。粥を煮るときに、十二本の竹の筒を入れて、それに米粒の入る量によって出来具合を判断したり、あるいは棒を粥の中に入れ、付着した粥の粒で判断する粥占がある。現在は粥占神事・筒粥神事として神社で行われているものが多いが、以前はムラや家で行われていた。粥は病人食ではなく、元来は特別なハレの食事として神に供え、人間が一緒に食べるものであった。ほかにも餅を三つ用いて、白米のつき具合によって早・中・晩種の稲作の吉凶を占う年見、炭火を十二個並べて、これを十二ヵ月にみたて、炭の燃え尽きる状態によって月々の天候を判断する置炭がある。今日競技と呼ばれて勝ち負けを争うものも年占行事に由来するものが多い。人々が漁民と農民との二組に別れて、大漁か豊作かを占う綱引きや、さまざまな毛色の馬をかけさせて、何色の馬が勝つかによって豊凶を占う競馬がある。ほかにもどちらが勝つかによって神意を問うものとして、相撲・羽根つき・凧揚げ・舟競争などがある。→粥占《かゆうら》　→筒粥《つつがゆ》　→豆占《まめうら》　（佐藤　良博）

としおけ　年桶　正月にまつられる年神への供物を入れた桶。三方《さんぼう》に盛って供える形式より古い形式を伝えている。大晦日ごろから正月十一日のトシオロシまでの期間、床の間にも置かれるが、もとは納戸や蔵でまつられていたものらしい。主に兵庫県・岡山県・鳥取県でみられ、さらに島根県にもあり、分布の中心は中国地方の東半分。桶の中には米・餅・串柿・栗・カヤの実などが入れられるが、なかには一年間もうけたお金を入れるという兵庫県宍粟郡波賀町上野のような例もある。同朝来郡朝来町多々良木など但馬地方ではこれを年神そのものとし、同美方郡浜坂町では年桶作りの部屋には女を入れないという、これ自体が神聖な祭祀対象になっている例も多い。

参考文献　神戸新聞社学芸部編『兵庫探険』民俗編、一九七一、田中久夫『年中行事と民間信仰』(『日本民俗学研究叢書』、一九八五)　（藤原　修）

としおとこ　年男　正月行事を司る者。正月迎えの準備からその祭の全般を取り仕切る役で、若男《わかおとこ》・節男《せちおとこ》ともいう。年男としてどういう役割を果たすかということが大切なので、はっきりした期間があるわけではない。岩手県下閉伊《しもへい》郡では大正月は年取から一月八日までをいい、十五日から二十二日までを小正月というが、若水を迎える役にあたる男を年男という。年男の仕事は、煤払い、山への門松迎え、注連縄作り、年棚の設営といった準備から、年取の晩の祭事、元朝の若水汲みや年神の供物のあげおろしなど広い範囲にわたる。特に供物の世話は重要なものであった。みたまの飯と呼ばれる民俗は関東地方北部から東北地方にかけて顕著なものだが、正月の一定期間仏壇に供えて扉を閉じてしまう形態の場合には、年男しかその存在を知らないといった事例さえある。年男はその家の主人があたるのが本来だが、長男や奉公人が務めることも少なくなかった。一般的に東日本においてこうした傾向が見られ、正月三箇日の食事の支度を女にさせることを忌む地域が多い。それに対して、中国地方や九州など西日本には女性が年男の役目を果たしている所もある。節分や年越しに豆をまく人を年男というのも同じ意味からきているが、神社や寺院では厄年の人をあてて厄落としの意味合いを持たせている。近年は人寄せに、名の知れた人が年男や年女として登場するようになった。

参考文献　佐々木勝「正月行事と司祭者」(『朱』三〇、一九八六)　（佐々木　勝）

としか　都市化　人口という観点からいえば、都市は大量の人口が凝集した地域であるが、都市化とはそうした人口の凝集点の拡大や増殖、稠密化に伴う社会変動を広くさし示す。しかしながらこれはさまざまな水準において、操作化してとらえることができるのであって、それぞれにおいて焦点をあてられる都市化の意味が異なってくる。第一に全国的もしくは全世界的規模での都市地域への人口の移動および蓄積の現象、すなわち総人口のうちの都市地域居住人口比率の上昇として対象化することができる。これはマクロな把握というべきで、『時代ト農政』における柳田国男の論考「町の経済的使命」(一九〇九)が出発点にしたのも、こうした事実である。それらのマクロな変動は多くのばあい第二の特定地域における変化の水準での都市化、すなわち周辺への無秩序な開発の拡大や、産業人口構成の変化(たとえば第二次・第三次産業就業人口の増大など)を伴い、また生活様式の変容を生み出している。都市化が単なる人口統計上の現象にとどまらず、社会構造や生活様式にかかわる変化を意味するのは、こうした変動の過程を包含するからである。そこから第三の用法、すなわち生活様式や行動様式の水準での変化をとりだして都市化を規定する用法が導き出される。マイホーム主義的、個人主義的傾向の拡大や、消費を軸にした生活態度、匿名性を前提とした私化と公共性からの撤退など、都市的とされる人間関係やパーソナリティが浸透拡大していく過程に焦点があてられていく。そこでは人口が減少しつつある農村地域においても、生活様式・意識構造の水準における都市化が論じられることになる。『明治大正史世相篇』(一九三一)の試みがふみこんだのは、こうした意識の集合的レベルにおける都市化の現実であった。ひるがえって民俗学のなかでの蓄積を見渡すと、実質的には農村民俗学ともいうべき対象領域に無自覚なままとどまって、都市民俗学のありうべき立場を本格的には構築しなかったこととあいまって、都市化そのものを概念化する装置に乏しい。わずかにハレとケという二項的概念を応用したハレ化の議論が、『明治大正史世相篇』の色彩の解放論にみられるような社会史的な把握とともに、都市化の意識の一部分に切り込んでいる。しかしながら非日常的な興奮の日常化とそれによる本来の意味の喪失という論理だけでは、民俗学の都市化分析として十分とはいえないだろう。たとえば妖怪の把握において、場所に属していた化け物の表象が、個人的な怨みなどをその存在理由に、どこまでも追いあらわれる幽霊へ変容していく過程に、都市化という関係性の変容の効果をよみとる試みなどをふくめて、新たな解読が幾重にか積み重ねられていいと思う。そうした試みに役立つ素材と問題の再発見は、いまだ本格化していない都市民俗学の、これからに属する理論的課題である。　↓都市《とし》　↓都市《とし》民俗《みんぞく》

参考文献　神島二郎『近代日本の精神構造』、一九六一、P・E・パーク他『都市―人間生態学とコミュニティ論―』(大道安次郎・倉田和四生訳、一九七二)　(佐藤　健二)

としがみ　年神　正月に家に迎えまつる神のこと。歳神とも書く。「正月つぁんがござる。譲り葉に乗って、ユズリユズリござる」という子供の歌にあるように、年神は迎えるものであり、徳島県板野郡藍住町では、元旦の朝三時か四時ころに歳徳を迎えに行くといって、家長が羽織袴で松明をかざし、家の男ばかりを従えて、屋敷の出入り口まで行き、東に向かって扇をひろげ、神をいただいて家内の年棚におくというように、厳重に迎えるものであった。そして、年神(年桶)を十一日まで神棚と同じようにまつり(兵庫県朝来郡朝来町多々良木)、このような年神をトシトクサマ、トシトコサン、正月さまなどとも呼ぶ。オイエ(居間や台所)の年棚に年桶をご神体としてまつる土地が多い。また、俵を年神としてまつるところもある。もっとも、今ではほとんどのところがオイエではなく座敷にまつるようになった。そして、その座敷には女性を入れないとか、座敷を閉め切るとかいうところがある(兵庫県但馬地方・長野県中野市新野)。仏壇を閉めてまつるものであるというところも多い(大阪府大阪狭山市など)。東北地方のみたまの飯も正月中に供えられる供物であるが、仏壇に供えると七日間何もお供えしないといって(青森県三戸郡五戸町)、仏壇の戸を閉めるという。そして、正月の間は念仏を唱えないというところが多く、さらには、年神は米倉の貯米器や俵をご神体にしてまつられる神である。ここから正月の神は目が不自由であるとかハゲであるとかいわれている。岡山県の年神は片足であると信じられており、年神は正月の守り神、作神、社日さまと同じ神であるとか、タガミ(田神)が年神になるなどと伝える地方があるように、作神としての性格が顕著な神である。ここから兵庫県のように金銀鉱山が多いところでは年神も金銀をもたらす神となる。なお、年神の司祭者である年男は、家長とする地方も多いが、主婦の任務としているところもある。また、その家の年男がするものともいう。正月の神が田の神的性格を持っていることは、大分県の国東半島では五月に苗代田に種子籾をまく際、水口に小さな石をすえ、これを田の神に見立て、神体の石にミキンといって半紙をかぶせ焼米を供えてまつるが、このミキンの紙は、正月に年神に供えた年玉の餅の下敷きの紙であり、これをたいせつにしまっておいて、このときに用いるしきたりの土地が多い。また兵庫県の篠山地方では五斗俵二つを縦に並べ、その間に根引きの松を立て御幣を掛けたものを歳徳神というが、この松を苗代を作ったとき、榊とともに水口に挿してまつるという。これらなどは年神と田の神の関連を示すよい例である。したがって、亥子神とも似通ってくる。　↓年桶《としおけ》　↓年男《としおとこ》　↓年棚《としだな》　↓年玉《としだま》　↓歳徳《としとく》さん　↓みたまの飯《めし》

参考文献　田中久夫「収穫祭としての大正月行事」(『祖先祭祀の研究』所収、一九七八)、同「みたまのめし―大正月の祖先祭祀―」(同)　(田中　久夫)

としぎ　年木　門松の根元などに寄せかける割り木など、正月の神祭に利用する木のこと。鹿児島県桜島ではエノキ、茨城県多賀郡ではナラなど、特定の木種を指定する地域も多い。正月の神聖な火の燃料になるとともに、年神を迎えるにふさわしい供え物ともなった。また和歌山県有田郡の穂木《ほぎ》などのように、保存され田植え飯の燃料

年木（長野県阿南町）

などに利用されることも多かった。神戸市兵庫区衝原ではは山からトシノキ(カシの木)を切って帰り、門口でアキ方に向くよう倒しておき、正月三箇日間供え物をしたのは、これを神聖視したからである。また節木《せちぎ》ともいうが、節日(正月が代表)の木の意である。福島県石城郡(いわき市)などでは正月に焚く薪。神戸市垂水区での節柴《せちしば》は正月三箇日間の燃料のことで十二月一日に主人が採って来た。囲炉裏で小正月まで保たせて焚く丸太を、奈良県吉野郡では節榾《せちほだ》というが、和歌山県伊都郡では竈の前に立てて注連《しめ》を飾った一尺ほどの生木をホタという。本来は門松も年木であるが、年木はやがて門松の支柱のように扱われる。大阪の泉南地方では支える木の意でサエギと呼ぶが、年木の別称であるサイワイギ(幸木)が訛ったもの。愛媛県周桑郡では一尺ばかりの松・カシなどの割り木をオサイワイギという。これを迎えるのに家内の者が門口に出るというのも、神聖な木ならばこそである。なお、熊本県八代郡泉村の五家荘では年始に年木を親元に贈る習慣があり、宮中では正月に御薪《みかまぎ》の儀といって、諸官がその位に応じた薪を天皇に献じたことがあった。これは、年木が神をまつるときに必要な供え物であったことと関連する。正月二日など、初山入りして切り出す新年の年木を、特に若木《わかぎ》を迎えるという。これによって、山の神が里に迎えられ田の神になるとする説がある。 ↓鬼木《おにぎ》 ↓幸木《さいわいぎ》

参考文献 柳田国男「新たなる太陽」(『柳田国男全集』一三所収、一九九〇)、橋浦泰雄『月ごとの祭』(「民俗民芸双書」、一九六六)、山中裕『平安朝の年中行事』(「塙選書」七五、一九七二)、小野重朗『(増補)農耕儀礼の研究』(「南日本の民俗文化」九、一九九六)
(藤原 修)

としごいのまつり 祈年祭 その年の稔りが豊かにもたらされることを願って行われる祭儀。「きねんさい」とも呼ぶ。トシは、稲、稲の稔りの意。早くから国家祭祀体系に位置づけられ、神祇令は「仲春(二月)祈年祭」とし、季夏(六月)・季冬(十二月)両度の月次《つきなみ》祭、および仲冬の大嘗《おおにえ》祭(新嘗祭)とともに「国家之大事」である四箇祭に数えられた。古代中国における「大祀祈穀」を参照し、恒例二月の祭儀として天武朝に制度化されたと見られており、令制下では神名帳所載の官社(三千百三十二座)を対象とした幣帛を班《わか》って祭を行う形態に重点があった。神祇官のまつる神としての官幣社と国司がまつる国幣社との区分のほかに、大小の別が設けられていた。平安時代になると祭祀の形骸化をもたらすようになった。その基本は、春の農耕儀礼に淵源が求められる。『古語拾遺』に、大地主神《おおとこぬし》が御歳神《みとし》の祟りにふれ、白猪・白馬・白鶏を献じてその祟りを鎮めたことを祭の由来と語っている。『延喜式』所載の祈年祭祝詞《のりと》では、水田の泥や水泡が身体に付着しながらも米作りを営む姿が表現されており、豊かな収穫への祈念がうかがわれる。宮中における祭儀は室町時代後期の戦乱期に中断し、元禄期の復興運動などを経て、一八六九年(明治二)に再興され、延喜式を基準とした近代の神社制度再編期における「四時祭典定則」「地方祭典定則」(一八七二)、「神社祭式」(一八七五)制定により、全国の神社でも「祈年祭」の呼称で統一的な祭典形式で行われるようになり、現在に及んでいる。しかしながら、神社によっては、祈年祭とは別に、御田祭のような稔りを願う祭儀や予祝的な行事が見られる。春田打ちや田植えの模擬行事などはそれに関連する。

参考文献 新井恒易『農と田遊びの研究』、一九八一、井上光貞『日本古代の王権と祭祀』、一九八四、阪本是丸「近代神社制度と国家祭祀の再編」(『国家神道形成過程の研究』所収、一九九四)
(桜井 治男)

としこし 年越 大晦日から元旦にかけての夜や立春前日の節分の夜など、一年が更新される時、節分の方を本来の年越とする地域が多い。また七日正月や小正月の前夜を、それぞれ六日年越や十四日年越と呼ぶ地域もあった。また家畜や道具にもそれぞれ年越の日が設けられているが、人だけでなく全てが更新されるべきであるとする心意によるものであろう。年末の年越は次につづく元旦と一連のものであり、新年の神(年神)の来臨を待つ大正月の祭儀はこの時からすでに始められていた。大阪府河内長野市滝畑では年越に行われる行事を後夜《ごや》の祝《いわ》いと称した。除夜の鐘が鳴る直前に家族全員が座敷で重ね餅・干柿・栗などをのせた八寸膳を明きの方に置いてそれに向かっていただき、その後「おかん」といわれる汁を入れない一種の羹《あつもの》を食べたのは、新年を迎える古風な形を残している。東京で年越の正式な夕食だけをオセチというのも、同じ観念に基づく。またこの夜は遅くまで起きているものだとされ、大阪ではヨネンコウといって早く寝ると白髪になるとか顔に皺がよるとかいったり、寝るという言葉を嫌って特に「稲ヲツム」という忌言葉が使われる。できるだけの大火を炉で焚いたり、新しい火に切り替えたり(京都八坂神社のオケラ火など)、年越に炉にくべた火種をある期間まで絶やさないとするなど火に関する伝承も多い。

参考文献 橋浦泰雄『月ごとの祭』(「民俗民芸双書」、一九六六)、今野円輔『季節のまつり』(「日本の民俗」七、一九七六)、平山敏治郎『歳時習俗考』、一九八四
(藤原 修)

としたがえ 年違 死者の同年者が死の災厄からのがれる呪法。同一地域内の同年者には一人に及んだ災厄は他

に及ぶ可能性を持つと考えられていた。同年の者が葬送の鐘の音を聞くと死ぬという地方がある。この危機を脱する方法の一つが耳塞ぎであり、年を違えたり年を増したりする呪法が行われる。山梨県では年違い豆といって豆を炒り、自分も食べまた近隣の子供にも食べてもらう。石川県上甘田村（羽咋市）ではトシマシ団子をつくり親戚知己に配るなどは一つ歳をとり同齢拘束を免れようとするものである。年違の例は『看聞御記《かんもんぎょき》』などの室町時代の公家の日記にもみえる。 →耳塞《みみふさ》ぎ

参考文献 瀬川清子「同齢感覚」（柳田国男編『山村生活の研究』所収、一九三七）、大間知篤三「同齢習俗」（『大間知篤三著作集』四所収、一九七八）、大藤時彦「耳塞餅」（『日本民俗学の研究』所収、一九七九）、平山敏治郎「耳ふさぎ資料」（井之口章次編『葬送墓制研究集成』二所収、一九七九）
（井阪 康二）

としだな 年棚 正月に迎える年神をまつる棚。年徳棚とか恵方棚ともいう。煤はきの後でその日に作る所が多い。板の四隅の穴に荒縄を通して天井からその年の恵方に向けて吊したものや、梁から下げた棒に回転式の棚を取り付けたものなどがある。大きさは、三〇チセン四方のものから畳大のものまでさまざまで、一枚板のものや、障子のように板を組んだもの、割り竹や篠竹を新藁の縄で編んだものなど形態もいろいろである。また、新年にあたって特別の棚を設けず常設の神棚の一部を使用する場合や俵・桶などを祭壇（年神をまつる装置）にする所もある。簡便な物では、床の間に年神の掛け軸を掛けてまつる所もある。いずれの場合でも注連縄や白幣を張り、松を飾って、鏡餅やお神酒・雑煮・塩などを供える。また、前に竹竿を吊って干柿・かち栗・するめ・コンブ・ごまめ・半紙・手拭・炭・ミカンなどの縁起物や貰った荒巻鮭・大根などを下げて供物とする。年棚には年神のほか、先祖の霊を神の基本と考える祖霊信仰に基づき正月に迎える祖霊かと思われるオミタマサマを併せてまつる所もある。一つの棚を年神とオミタマサマとに二分してまつる場合と、年神とオミタマサマ用の小さな二つの棚を向き合わせにする場合がある。年棚の飾りは十五日までそのままにしておいて、小正月に繭玉団子や削り掛けに飾り代えて、正月終いの二十日正月に片付ける所が多い。年棚の設営や供物を供える仕事は、古くは年男たる家長の仕事とされていた。

年棚（埼玉県秩父市）

参考文献 文化庁文化財保護部編『正月の行事』四（『民俗資料叢書』一三、一九七二）、文化庁編『日本民俗地図』二解説書、一九七一、『関東の歳時習俗』（『日本の歳時習俗』三、一九七五）
（内田 賢作）

としだま 年玉 正月に子供らに与えるこづかい。オトシダマを新しい言葉と理解している人がある。長野県中野市新野ではオネントウとかオタルといった。二日のオネントウには、挨拶先へ「お供えした重ね餅」を持って行ったという。兵庫県三田市でも二日の里帰りにトシダマとしてお金や砂糖を持って行き、大津市田上では、山の神の当番が二日に川原から全戸の竈の数分の石を拾い、それを三日にトシダマといって配ったという。これに対して各家では玄米一升を山の神の米といって出した。兵庫県朝来郡朝来町多々良木では「神さんのトシダマ」がある。それは餅二つを紙に包み、コンブ、串柿をそれに添えたものである。これを元旦の朝、年男が神棚に十一日のトシオロシまで供える。子供の年玉も元旦に与える。これはお金である。また、年男が初水を汲みに行くひしゃくにも、年玉という紙に包んだ米十粒を付けている。それを水神さんに捧げる。山の神にも米の年玉を供える。なお、贈り物に対するオウツリのことをトシダマとよぶところもある（佐渡・対馬・桜島）。正月の鏡餅のほかに、伊豆の八丈島のように、家族の人数分だけの餅を神棚に上げておく風があり、これを身祝い餅ともいって、四日に下ろして雑煮にして食べるという。鹿児島県の甑島では、トシドン（年殿）という年神に扮した村人が元朝各家を訪れ、子供らに配る丸餅を年玉と呼ぶ。出雲の海岸部では、大晦日に年神が年玉（柿）を投げつけるので、いくら隠れても年を取るのを免れないなどという。奈良県吉野郡下北山村では白紙の上にトシダマ餅（ションガツモチ）をのせ、その上にミカンとお年玉（お金）を置いて「今年は何歳になりました…」といいながら、親から順にいただくという。トシダマ餅で年取りの儀式をするのである。

参考文献 和歌森太郎「年中行事」（『和歌森太郎著作集』一二所収、一九八二）、田中久夫『年中行事と民間信仰』（『日本民俗学研究叢書』、一九八五）、同『地蔵信仰と民俗』、一九八五
（田中 久夫）

としでんせつ 都市伝説 都市的な状況を背景として発生する語りの一分類。アメリカの民俗学者ブルンヴァンが、消えるヒッチハイカーの話やねずみフライの話などを指す用語として積極的に用いた urban legends の翻訳語である。現代伝説という言葉も、ほぼ同じ対象を指すものとして使われる。これらの話は、現代社会のおもに

同年代の人々の集団のなかで、友達からの又聞きという形で、「友だちの友だち」程度の人たちに「実際に起きたこと」として語られる。しかし、その出来事の当事者には結局たどりつくことができないのが通例である。話の内容は、現代的な都市生活と伝統的な生活様式の間でわれわれが共通にいだく不安に訴えて、「ひょっとしたら」という形で好奇心を刺激していくものが多い。そして、これらの話の伝承には、マスメディアが関与して、仲間うちでのひそやかな語りとの相乗効果をなしながら、非常に速く類型的な話が全国的に広まっていくという現象が見られる。日本では、一九七九年(昭和五十四)に爆発的に流行し、その後も長く語り継がれた「口裂け女」や一九八九年(平成元)から九〇年にかけて流行した「人面犬」の話などがその例であった。都市伝説に見られるはやりのテーマやモチーフは、その時々の人々の関心のありかを示す指標と考えることができるが、そこに伝統的な話の類型やモチーフとの連続性が見られることも多い。研究方法としては、現代の話の背後に伝統的な類型の存在を探る通時的な方向と、現代社会のなかでのこれらの話の社会的機能やそこに反映される現代人の意識のありかを探る共時的な方向の二つがある。日本の民俗学においては、世間話という研究領域の延長線上に位置づけられるが、都市伝説という枠組みは、特に高度経済成長期以降、日本全土に都市的な状況が浸透した中での若者たちの伝承を主題化していくうえで、重要な切り口となっている。↓噂《うわさ》 ↓語《かた》り ↓ゴシップ ↓世間話《せけんばなし》

参考文献 J・H・ブルンヴァン『消えるヒッチハイカー―都市の想像力のアメリカ―』(大月隆寛・菅谷裕子・重信幸彦訳、一九八八)、R・W・ブレードニヒ編『悪魔のほくろ―ヨーロッパの現代伝説―』(池田香代子・真田健司訳、一九九二)、池田香代子・大島広志・高津美保子他編『ピアスの白い糸―日本の現代伝説―』、一九九四

(川森　博司)

としとくさん　歳徳さん　その年における福徳を司る神。歳徳神のこと。陰陽道では歳徳神のいる方角を恵方という。その年の干支によって定め、その方角に向かって事を行えば万事が吉であるとする。民俗としては毎年正月に、恵方に向けて棚を作り、歳徳神を迎え、この棚を歳徳棚という。関西では正月の年神をこの歳徳さんと理解しているところが多い。多くの場合、オイエ(居間や台所)にまつるが、今では座敷に歳徳神をまつるようになった。歳徳神の掛け軸を掛け、その前に米俵に入れた新米(あるいは種子籾)や三方に供物をのせた蓬萊《ほうらい》を供える(京都府船井郡園部町高屋)。もっとも、米俵そのものを歳徳神と呼ぶところもある。なお、掛け軸の歳徳神の胸には北斗七星が描かれている。また、同じ高屋で歳徳神を迎える棚を作る家がある。この棚を豊年棚と徳島県ではいっている。奈良県吉野地方ではトシトクダナといい、これに鏡餅を供える。そして、徳島県板野郡藍住町では朝三時から四時ごろに、家長が羽織袴で松明を先頭にカドヤ(屋敷の入り口)の道まで男たちがそろって歳徳神を出迎えに行く。正月の神が作神の性格を持つだけ、福徳を司る神という歳徳神を、幸いをもたらす神と信じて正月にまつるに至ったと考えられる。したがって、この棚に一年間の収入としての貯金通帳や年玉などを供えたりする。喜界島(鹿児島県大島郡喜界町)ではトシトコさんという。

参考文献 田中久夫「収穫祭としての大正月行事」(『祖先祭祀の研究』所収、一九七八)

(田中　久夫)

としとりざかな　年取肴　大晦日の食事の際に食べる魚のこと。年越肴・正月肴ともいう。地域により魚種がほぼ特定されるのが特徴で、大まかに区分けをすれば、東日本が鮭、西日本がブリだが、境目はフォッサマグナ周辺とされている。重要なのは、どんな山間地においても必ず海水魚が用いられていることである。これは、年越が、新年を迎えるに際し、心身を清める期間としての性格を有するのと密接な関係を持つ。清めるにはケガレを落とさなくてはならないが、その最も素朴な方法は潮に浸ることである。海の魚を食べるのはこの行為に通じ、海水魚に限るとの習俗が形成されたとも考えられる。それが、名残として今なお伝えられているのである。これを食べる日は、大晦日に限定されるわけではない。小正月や節分などにも食する所がある。魚種の代表格は鮭とブリなのだが、山陰地方ではシイラが珍重されるし、イワシがあてられる所も見出される。実態はかなり多様だといえるだろう。そして、前近代的交通体系下では、特に山間地において、魚の輸送に莫大な労力が費やされていた。ちょうど積雪期間にあたるため、畜力に依ることができず、ボッカのようにもっぱら人力で運ぶ例が多かった。ただ、鮭を使う所は例外で、溯上してくるものを捕らえれば良い。たとえば越後では、秋から冬にかけ、捕獲した鮭を加工して塩引きと称し、保存しては使っていた。↓田植《たう》え肴《ざかな》 ↓飛驒鰤《ひだぶり》 ↓ブリ ↓ボッカ

参考文献 柳田国男「食物と心臓」(『柳田国男全集』一七所収、一九九〇)、渡辺定夫「松本―糸魚川間の正月魚―ブリとサケの問題―」(『民間伝承』三九ノ一・二・三、一九七五)、胡桃沢勘司「鰤荷の発生」(『物質文化』二八、一九七七)

(胡桃沢勘司)

トシドン　トシドン　鹿児島県下甑島の各村落および種子島の野木ノ平《たいら》・鞍勇《くらさみ》・平山、屋久島の宮之浦などで大晦日に五、六歳の幼児のいる家を訪問する仮面来訪神。歳殿とも書く。下甑島ではトシジイサン、トシノイ(歳直し)サマ、トシトイサマともいい、種子島ではトシトイドン、屋久島ではトイノカンサマという。トシドンの面は厚紙を切り、鬼面を描いて作るが、下甑島瀬々野浦では明治ごろは赤風呂敷を頭から被って目と口だけあけ、小袖の長着物を着た。あるいは糸で目をくくり、鼻の穴に突っ張りをして、着物は裏返しにして現われた。手打のトシドンは厚紙の面に長い三角状の鼻をつけ、鋭い目や恐ろしい口を描き、顔のまわりにはソテツの葉やシュロ

トシドン（鹿児島県下甑村）

の皮をつける。夕食がすんだころ、突然馬のいななきがして、戸板を叩く音がする。トシドンが雨戸を少しあけて、「子供ァおいか、おいか」という。トシドンの来訪を今か今かと待っていた幼児はその恐ろしい姿に驚いて親のひざ元へいく。トシドンは幼児の一年間の行動を述べ、反省させ、善行を誓わせたのち、トシダマと称する大きな餅を与える。トシドンは青年たちが神に扮して幼年(男女)の者の心を一段上の少年少女の心に転換させる役目を果たす。トシドンは首切れ馬に乗って天道からいつも見ているという。瀬々野浦では一週間前から左兵衛ヵ松に降りて来て、近くのトシドン石で餅を搗くという。トシドンは、手打の浜では港の入口のウマノイセに上ってやって来て、本町では貝殻船にのって海からやって来るといい、垂直来訪と水平来訪の二通りがある。

参考文献 下野敏見「おとずれ神—南日本の来訪神をめぐって—」(『南西諸島の民俗』二所収、一九八二)、同「原始のカミの出現」(『カミとシャーマンと芸能—南九州の民俗を探る—』所収、一九八四)、新谷尚紀「人と鳥のフォークロア」(『ケガレからカミへ』所収、一九八七)、小野重朗「正月の準備」(『鹿児島の民俗暦』所収、一九九二)

（下野　敏見）

としのいち　年の市　十二月の下旬に都市部で行われる、もっぱら正月用品を扱う歳末の市のこと。市で商われる売物は、門松・注連飾り・盆栽・三方・神棚・若水桶・破魔矢などの雑貨類および縁起物などである。青森県・岩手県などでは年の押し詰まったころの市なので詰市《つめいち》といい、山口県などでは斎満市《さいみていち》などという。埼玉県大宮市氷川神社の大湯祭なども、神社の祭礼に合わせて門前に市が立ち、正月用品や熊手が盛んに売られている。江戸・東京では浅草寺の年の市がもっとも歴史が古く、毎年十二月十七・十八日に行われていたが、宝暦年間(一七五一—六四)ころから他の寺社の門前でもなされるようになり、活気を奪われたと『塵塚談』(一八一四)には記されている。その後、江戸の年の市は江東区の深川八幡(十四・十五日)を皮切りに、台東区の浅草寺、千代田区の神田明神(二十日あるいは二十一日)、港区の芝神明宮(二十二・二十三日)、同区の愛宕神社(二十四日)、千代田区の麴町天神(二十五・二十六日)の順で行われるようになり、六大市と称された。また、二十八・二十九日には中央区の薬研《やげん》堀《ぼり》不動で年の市が立つようにもなり、年内最後の納めの市となった。薬研堀不動では現在でも行われており、浅草でも十五日ごろに観音堂裏で業者相手の卸市の形で、注連縄・縁起物の市が続けられ、関東一円から鳶職人などが集まる。俗にガサ市・天幕市と呼ばれている。そのほか、東京近郊では足立区西新井大師の年の市(二十一日)、府中市大国魂神社の晦日市(三十一日)などが今も行われている。

（長沢　利明）

東京薬研堀不動の年の市

としまわり　年廻り　人の一生のうち回ってくる特定の年齢によって、その人に吉凶があるということ。一般的には厄年をさすことが多い。年廻りには、個人の生年の干支でその人の性質を判断したり、五行・九星などを配した暦年が特定の事柄に関する吉凶を指示している。十干十二支では、丙午の女(夫を亡き者にする)との結婚を忌避したり、己午の縁組(負け勝ちがある)を避けるとか丑年の娘は嫁に出さぬなどといわれもする。年廻りは一般的には厄年とのかかわりが多い。その年齢は時代・地域・性別などによって異なるが、陰陽道でいう厄難に会う年で慎まなければならない年齢として、たとえば『拾芥抄』八卦部では「厄年十三、二十五、三十七、四十九、六十一、八十五、九十九」とみえる。通例男の二十五歳と四十二歳、女は十九歳と三十三歳が多い。特に男四十二歳・女三十三歳を大厄といい、この年を本厄としてその前後の年を前厄・後厄とし三年にわたることが多い。感覚的に数の語呂合わせと関係して、四(死)・九(苦)・四二(死に)・三三(出産、さんざん)を厄の年とする観念が強くまた広くゆきわたっている。また、男四十二歳の時に子が二歳の年回りを四十二の二つ子といい、親の足をとる（命を奪う）などといって、出生後七日目ころ捨子にして拾ってもらった人と拾い親の縁を結ぶ伝承もある。女三十三歳で子を生むと厄落としになるともいう。このように年廻りには道教・陰陽道の影響も強く十干十二支とも関係が深い。 →年祝《としいわ》い →厄年《やくどし》

参考文献 瀬川清子「厄年の忌と厄児」（『民間伝承』九ノ二、一九四三）、吉野裕子『陰陽五行と日本民俗』、一九八三

（岡田 照子）

としみんぞく　都市民俗　都市を対象とした、あるいは都市を視野に含めた民俗学的研究の総称。一般に都市民俗学と称され、一九七〇年代後半より、それまで村落一辺倒であった民俗学において、この分野の開拓が盛んに唱えられ、研究が活発化したが、今日、人によっては都市民俗は存在するが、都市民俗学は存在しなかったと評する論者もある。しかし、その場合、都市民俗は村落とは環境の異なる都市生活に根ざした民俗を指すことになろうが、こうした捉え方は都市民俗学において展開されてきた議論を矮小化するものであろう。都市民俗学台頭の要因とその意義は、それまでの固定化した既成の民俗学に対し、アンチテーゼ的な機能を果たしたことにあり、既成の方法論や調査論・記述論に対し、その前提となる概念規定などに再検討を促すものであった。都市民俗学を自称する研究が一九九〇年代に入って少なくなったのは、あたかもその対立語として、農村民俗学（村落民俗学というものが存在するかのような錯覚と囲い込みを行う恐れが生じてきたからであり、先の批判にみるような本来の意図とは異なる方向で民俗学内部に受けとられてしまったからである。都市民俗学という看板を標傍したのは、都市と現代を同義語とみて、当時の民俗学が現代科学と規定した柳田国男の研究姿勢とは掛け離れた過去の復元のみに陥っていることに対する批判にあった。確かに初期の都市民俗学の主張は、ムラの解体に伴う民俗都市化や、都市にもそれなりの伝承があるといった都市に根生いの民俗の発見であったが、一九九〇年代に至って、民俗学自体の認識論や方法論に大きな転換がもたらされるに従い、その研究は多様化するとともに、都市すなわち現代、あるいは近代、国家などを視野に含めた研究に移行していった結果、ことさら都市を標傍する意義が薄れていったといえよう。当初の都市民俗学は宮田登の主導の下に進められたといって過言ではないが、その研究が近世都市江戸からの連続として、後述するような境界論と世間話の二つを軸に象徴論的に展開されたのに対し、従来の民俗学的方法を踏襲した都市のある地域を対象とした民俗誌的研究からも、伝統的都市における色彩の問題といった都市生活者の感覚を扱おうとする研究や、年中行事の分析から団地生活者の生活のリズム（時間論）を探る研究なども生まれてきている。しかし、都市民俗学的研究の最も大きな特徴の一つは、こうした地域を民俗の伝承母体として対象としたような伝承母体論からの解放にあった。都市社会の特質を考えた場合、住民の移動が激しく、またムラのようにさまざまな社会関係が累層化し地域内で完結しているわけでもない都市に対し、町内会などといった、地域的限定の加わった視角は、最初から限界のあることが予想されたゆえ、宮田の研究以来盛んに行われた都市の空間論的な研究では、伝承母体論を超えた、都市全体を俯瞰した象徴論的な傾向が認められる。こうした研究は当時流行した文化人類学的な中心・周縁論の影響から、境界という周縁に着目したものであったが、その後、河原や結界、また辻や広場などの独自の研究も展開していった。これらは各テーマを史料を駆使し歴史民俗学的に追究したものとも評価されるが、近年の新たな傾向としては、むしろ都市の中心性に注目するものが増えてきている。その一つが盛り場論であり、なぜ人々が都市に集まるのかといった、都市の魅力や都市らしさの追求に関心が置かれ、また盛り場とは同じ求心的空間としては対称関係にある行楽・観光を扱った研究や、都市の魅力をムラの過疎化との関連で捉える研究、あるいはムラ起しマチ起しの問題を扱った故郷論も、大きくいえばこの流れのなかにあるといえよう。都市民俗学以前から行われてきた都市の祭礼研究も、基本的には同じ視角のなかにあったが、近年、人類学の王権論や歴史学の天皇論・都城論の進展とも関連して、権力すなわち中心との関わりで都市を捉えようとした研究も現われてきている。次の変化や近代に求める視点も同様であるが、こうした権力や政治を問題とする傾向は、今後ますます増えていくことが予想される。

これらに対して都市民俗学のもう一つの大きな流れは、柳田国男の『明治大正史世相篇』（一九三一）の継承を目指した、日本文化の社会変動論的な研究であり、ここでは都市と農村といった対比でなく、それらを連関させた、日本文化全体の都市化や近代化、あるいは西欧文明との接触による文化変容の問題がテーマに据えられている。日本民俗学の体系化に努めていた昭和初期の柳田には、『都市と農村』（一九二九）、『明治大正史世相篇』などの都市を扱った著作があるが、都市民俗学が提唱された当初、そこから注目されたのは「日本の都市はもと農民の従兄弟に由って作られた」という都市・農村の文化的親縁関係の深さや、土の生産から離れた都会人の心細さや帰去来情緒といった言説ばかりであった。それはレッドフィールドの民俗社会論とも絡み合って、都鄙連続体論として一括されてしまったが、柳田都市論の読み直しが進んだ今日、その理解の偏りが指摘される。「蝸牛考」（一九二七）以降の柳田の民俗学は、むしろ積極的に都市を中核に据えているのであって、たとえば「聟入考」（一九二九）では「都市の生活が始まってからは、新しい文化は通例其中に発生し、それが漸を以て周囲に波及し」といったように、柳田は外国文化（帰化文明）の窓口である中央都市の影響を重視し、

都市を「旧慣因習」を変革し、新たな「文化の基準」を作り上げ、それを地方に普及させる装置として位置付けた。常に都市との関連を考慮しながら、一国民俗学として体系化したのであり、文化統合や社会変動の核として都市の役割を把握していたものであった。すなわち都市を中核とした文明史的把握の結果、柳田はみずからの疑問の根源であった「遠方の一致」を捉え直したのであり、換言すれば、新たな「文化の理法」として柳田は都市を発見したといってよい。こうした柳田都市論の新たな解釈は、都市を存在するものとしての都市 city から、現象として生起する都市的なもの urban への視角の転換ともなり、空間的な都市から都市すなわち現代へと議論を移していった。それは民俗学の認識論・調査論にも少なからず影響を与え、調査自体も、集団を捉えるためになされるのではなく、都市環境における個人の都市的な生活世界、その生きている現実を描くことが目的とされていく。現象学的社会学から方法として提示された口述の生活史やライフヒストリー論における歴史とは、歴史学でいうような時系列的な歴史ではなく、日常の生活世界の経験として構造化される、物語 story としての歴史(歴史叙述)のことを指している。民俗学においてはその意図が充分生かされたとは言い難いが、今日多くの民俗誌において、従来は捨象されてしまった個人の内面描写も含めて、個人史が記述されるようになったことは、一つの大きな成果であったともいえる。

こうした方法の提言とも軌を一にしていると思われるが、以上とは方法的に大きく性格を異にするものは、アメリカン＝フォークロアの影響を濃厚に受けた、語りそのものに注視し、分析する方法であり、一九八〇年代後半より、現代の大衆文化や消費社会を直接視野に入れた研究として盛んとなっていく。語りそのものへの注目は、口承文芸の一分野である世間話の重視として、宮田の都市論のなかにもすでに現われていたが、一九八〇年代後半の都市伝説の研究の導入とともに提唱された方法は、語りや世間話を、都市空間という別な枠組みに還元させるのではなく、語りを語りとして、コミュニケーションの回路のなかで分析する、パフォーマンス論的な見方であった。一九八八年に翻訳されたブルンヴァンの著作に従えば、言葉と習慣とによって人から人へ日常的に伝えられる伝承 lore(集団的に蓄積された知識や行動様式)は、普段われわれは何ら気にもとめず、次の聞き手へ伝達していくだけであるが、こうした無意識に伝えられていく口述の回路の中で、一つのはっきりした話の筋を獲得していく情報のことを、語りのフォークロア narrative folklore と呼び、そしてそれが本当のことだと主張されるような話(話し手が実際にあった出来事として語る場合)を、伝説 legend と捉えるなら、フォークロアは日常的相互作用からなる口述の回路として、ダイナミズムのままに分析される。すなわち断片的あるいは曖昧な情報(噂話)も、口から口へと話が伝えられる過程で、詳細なディテールや合理的説明(民衆的想像力)が加えられていくことで、ある一定の確定された意味の段階を獲得していくと同時に、口述の伝承 oral tradition は、そのコミュニケーション過程の、共一創造 communal re-creation と呼ばれる創造的な語り継ぎの過程によって、全く別なものへと組み替えられ、変化してゆく。そうしたフォークロアの生成過程、いかにどのようにして話が作られていくかを、そのコンテクストのなかで解読しようとするのが、この新しい見方の方法であった。こうした視角は、これまで民俗学ではごく当り前に考えられてきた自明の理論や認識を、より根源的に問い直す動きともなったが、こうした現象学的な発話レベルの分析ではないにせよ、学校の怪談など、話(都市伝説)の生成に関した研究が活性化していく。一方、これらとは別な形で、現代の大衆文化や消費社会を追求した研究には、少年少女漫画の分析をはじめ、新聞の人生相談欄や婦人雑誌の記事の分析、写真を資料とした研究なども現われてきている。こうしたマスメディアを直接資料対象とする新しい動向は、従来民俗学が扱ってきた口頭伝承に代わって、今後ますます強まっていくことが予想されるが、都市民俗学の名称は消えたとしても、村落を対象とした研究も、こうした意味での都市を視野に含まず議論することは困難になりつつあり、その境界はきわめて曖昧となりつつあるのが、その現状といえよう。　→都市《とし》　→都市伝説《としでんせつ》　→都鄙連続体論《とひれんぞくたいろん》

参考文献　柳田国男「明治大正史世相篇」(『柳田国男全集』二六所収、一九九〇)、同「都市と農村」(同二九所収、一九九一)、服部銈二郎『盛り場—人間欲望の原点—』(「シルバーシリーズ」、一九八一)、宮田登『都市民俗論の課題—都市の想像力のアメリカ—』、一九八二、J・H・ブルンヴァン『消えるヒッチハイカー』(大月隆寛・菅谷裕子・重信幸彦訳、一九八八)、岩本通弥・倉石忠彦・小林忠雄編『都市民俗学へのいざない』一・二、一九八九、岩本通弥「都市民俗学の現在」(『(韓国中央大学校日本研究所)日本研究』六、一九九一)

(岩本　通弥)

どしゃかじ　土砂加持　密教で行われる除災儀礼(密教では修法と呼ぶ)の一つ。密教の代表的な真言である光明真言により土砂を加持する法会。光明真言とは、大日如来への賛嘆と帰依を表わす真言であり、この真言を三度、七度、二十一度など唱えることで、その功徳は無上であるとされる。これは、『大灌頂光明真言《だいかんじょうこうみょうしんごん》儀軌《ぎき》』に説かれている。また『不空羂索神変真言経《ふくうけんさくじんぺんしんごんきょう》』によれば、光明真言で加持(この場合は、加持とは真言を唱えることで仏の不可思議な力を得て清めること)された土砂をもって、死者の遺骸・墓・塔の上などに散ずると、たとえその死者が地獄・餓鬼・畜生・阿修羅の世界に苦しんでいても、その土砂の功徳により光明を得て極楽浄土に往生し菩提を得ると説かれている。日本では、鎌倉時代初期に明恵上人が『光明真言加持土砂義』『土砂勧進記』などを著わし、

その功徳を高唱した。また同じく鎌倉時代の南都の僧叡尊も往生への方法として光明真言の功徳を盛んに説いた。こうして、光明真言の読誦および土砂加持の功徳は、真言密教が民衆化し葬儀を管掌していく過程で、重要視されていくようになった。つまり土砂加持は、法事・葬儀などで施主の希望を募って修される場合が多い。

参考文献　真言宗法儀研究会編『真言宗実践双書』、一九八二　（星野　英紀）

トシャマ　トシャマ　伊豆諸島御蔵島の旧家でまつる屋敷内の神地。御蔵島では百姓と呼ばれる二十八軒の旧家に限り屋敷神を持つが、これをトシャガミサマと呼ぶ。屋敷の隅にある、石祠あるいは塚状の上に自然石を置いただけの祭場である。この場所をトシャマと呼ぶ。ここはカミヤマであり、木を伐ったり汚してはならぬとされる。歳末には、鏡餅のモチ木をふかすための燃料であるトシャマ木を山から伐ってくる。正月の神はこのトシャマ木にのって山から里に下り、トシャガミサマに鎮座し、それから屋内の年神様へ迎えられるという。

参考文献　桜井徳太郎「東京都御蔵島」（日本民俗学会編『離島生活の研究』所収、一九六六）　（畑　聰一郎）

ドジョウ　ドジョウ　コイ目ドジョウ科に属する淡水魚の総称。泥鰌とも書く。日本産のドジョウ科にはアユモドキ、ドジョウ、シマドジョウ、アジメドジョウ、ホトケドジョウ、北海道だけに分布するフクドジョウなどがある。このほかにも、イシドジョウ、エゾホトケドジョウなどがいる。ドジョウは底生魚で、砂泥底や砂礫底に棲息する。ドジョウの棲息場所は水田や溝で、かつては多く棲息していたが、最近は農薬の散布や用水路の改修により激減した。多摩川の中流および浅川水系ではシマドジョウを雑魚筬で捕るドンドンと呼ぶ漁法がある。利根川下流域の支流の千葉県佐原市では竹で編んだ笊状の網の柄のついた形をしたドジョウフミと呼ばれる漁具が使われた。エンマと呼ばれる水路や小川で使用されていたようである。泥の中にひそむドジョウを足を使って追い込みすくい上げる方法をとるのである。栃木県那珂川流域の水田ではドジョウケでドジョウを捕る方法がある。各地に残る俗信には、神池にすむドジョウは片目であるとか、ドジョウを流し場に捨てると目がつぶれるとか、滝にドジョウを流して眼病祈願をするなどがある。ドジョウ料理は浅草駒形の越後屋が一八〇四年（文化元）に始めたのが元祖といわれている。ドジョウ鍋にささがきゴボウと卵を加えたのが柳川鍋である。東京の名高いドジョウ料理屋では、ドジョウの四文字を避けて「どぜう」という暖簾《のれん》をさげている。一般家庭でのドジョウの調理法は、ドジョウの泥臭さをとるために料理する前に真水で泳がせて泥をはかせる。ドジョウすくいの踊りは、山陰地方の民謡である「安来節」でよく知られている。この滑稽な踊りは砂鉄精選作業の土壌すくいから真似て伝わったという説があるが、定かではない。「安来節」は大正から昭和に全国的に広まった。

参考文献　関東地区博物館協会編『利根川流域の自然と文化』、一九八三、川那部浩哉・水野信彦『検索入門川と湖の魚』一、一九八九　（宅野　幸徳）

としより　年寄　本来、年齢を重ねた高齢者を意味する語。武家社会では重臣をさす。室町幕府では評定衆・引付衆の総称で、江戸幕府の大老・老中・若年寄をいい、諸藩の家老も年寄といった。都市の町人社会では、町政を行う町役人を町年寄といった。村落では村役人の一種で、名主《なぬし》・庄屋を補佐する役目を担い、村落の発行する書類に署名するなどした。民俗の中で年寄には、およそ六十歳を目安とする一般的な高齢者の意味と、宮座組織における年長者を意味する場合とがある。宮座組織においては、オトナ・宮年寄などと呼ばれ、たとえば滋賀県愛知郡湖東町小田苅の八幡神社には、四つの座があり、各座には三人ずつの宮年寄がいる。そして宮年寄が宮座に関する絶対的な権限を有するといわれている。同郡永源寺町蛭谷の筒井八幡神社の氏子の例では中老から肝煎へ、そして年寄に宮座の階梯を進むという。また同町箕川の八坂神社では四十四歳から六十歳までの氏子を年寄という。このように宮座においては、年寄、または宮年寄という地位があり、宮座の運営と祭祀に関して年長者としての特別な役割を担っている。　→オトナ　→宮座《みやざ》

参考文献　原田敏丸『近世村落の経済と社会』、一九八三、肥後和男「近江に於ける宮座の研究」（『肥後和男著作集』二期一所収、一九八七）　（関沢まゆみ）

としよりぐみ　年寄組　老人世代を成員とする伝統的な組織を指す術語。具体的には年寄衆（伊豆伊浜）、ジィッツァマ講・ババ講（宮城県牡鹿半島）、念仏講などと呼ばれているものを指す。男女別に構成されている場合が多い。若者組や壮年組の戸主会とは異なり、村落運営に直接かかわるような役割の分担や規約書、正式な役員、上限年齢もない。宮城県牡鹿郡牡鹿町小網倉では若者契約をぬけた四十二歳以上の年寄が年寄契約（隠居契約）に入る。村落運営の主体である若者契約を監視し、意見を出す場合もあり、その権威は大きいとされる。小網倉では女子の年齢集団は男子に対応していないが、地蔵講（ヨメ講）、観音講（ガガ講）、念仏講（ババ講）というように家庭内での地位によって所属する集団が変化していく。ババ講でも定例の行事はないが、仲間が誘い合って寺に参集して念仏をあげる程度である。福井県敦賀市白木では、アンニャラ、オヤジラ、ジーサンラという男子の組織に対応して、女子にもムスメラ、カカラ、バーサンラという組織があった。男子が六十歳になるとオヤジラからジーサンラに移行し、その妻もバーサンラに移行する。この隠居連中は茶菓や弁当を持ち寄って半日を過ごすオコウと呼ばれる講ごとが楽しみとなっている。このように年寄組は公的な信仰的な目的をもつと同時に娯楽のための集団といえる。　→隠居《いんきょ》

参考文献　竹内利美『ムラと年齢集団』（『竹内利美著作

集」三、一九九二)、関沢まゆみ「村落における年齢の二つの意味—「家」と「個人」の視点から—」(『帝京史学』一一、一九九六)　(関沢まゆみ)

とそ　屠蘇　肉桂・桔梗・防風・山椒・白朮《びゃくじゅつ》・大黄などの薬種を浸出させた酒。元旦に飲むことで邪気をはらい延命長寿を祈る。日本では正月三箇日に白散《びゃくさん》や度嶂散《どしょうさん》などの薬酒とともに天皇に献じた供薬の儀が、弘仁年間(八一〇—二四)には成立していた。製法は大晦日の晩、薬種を調合した袋を井戸に吊し、元旦に取り上げたのち酒に浸出させる。またこれは年少の者より順次飲むものともされるが、いずれももとは中国に源がある。民俗としては、神棚に供えていた神酒を屠蘇として飲む例も多く、全体としてさほど重視されていない。

参考文献　山中裕『平安朝の年中行事』(「塙選書」七五、一九七二)、中村喬『続中国の年中行事』(「平凡社選書」一三四、一九九〇)　(藤原　修)

どそう　土葬　遺体を木棺・桶・甕棺・竹棺・薦《こも》で編んだ薦などに納めた上で、土中に葬る習俗。古来日本で最も一般的な葬法であったが、近代社会において急激に火葬化が進み、近年では土葬はきわめて少なくなっている。現在でも法的には特定された市街地以外では土葬の選択も可能である。近世、儒教の思想から火葬を禁じて土葬化した水戸藩などがあった。明治初期にも政府が火葬を禁じた一時期があった。近現代の民俗でも、富山県上新川郡大山町などで神仏が火葬の煙を嫌うからとか、石川県石川郡尾口村などの養蚕地域で火葬にすると蚕が腐るからといって、土葬にしてきた所がある。土葬のしきたりが長く続き、火葬にされることは嫌だという古老もいる。神道では土葬を採用している。死者の体をかがませて坐棺に納めたことが多かった。その遺体に縄をかけ、さらに強く縛る習俗が石川県鹿島郡・能美郡などであった。長崎県対馬などで葬式のたびに埋葬墓地の方角を選定したり、高知県安芸郡・長岡郡などで土葬しようとする場所を地の神から買ったりする儀礼が行われていた。全国的に、新たな土葬のために古い土葬箇所を掘り返すことが行われていた。墓穴の深さは、所により深浅さまざまであるが、坐棺の場合五～七尺ほどが多い。鹿児島県曾於郡財部町などでは、女を男より深く埋めるのは女は業が深いからといわれている。顔の向きを西向きにして納める所は少なくないが、死者は南の国へ行くといって南向きにしている所が鹿児島県揖宿郡開聞町にある。熊本県下では側位屈葬で穴の向きを北枕にし、頭は北、顔は西に向けている。墓掘り人・道具には穢れが生じる。掘った穴に魔物が入ることを恐れる。土葬箇所には盛土をし、諸種の設置物がつくられるが、これには、狼などの獣などに掘り返されて遺体がさらわれないようにとか、魔除けの意味がいわれるものと、もしもの死者の蘇生に備える意味がいわれるものとがある。　↓埋《う》め墓《ばか》　↓坐《ざ》棺《かん》　↓葬法《そうほう》

土葬（岩手県二戸郡）

参考文献　『日本の葬送・墓制』、一九七九、土井卓治・佐藤米司編『葬送墓制研究集成』一、一九七九　(小松　清)

どぞう　土蔵　倉の一形式で、木骨で厚い土壁を塗った構造の建物。中世になって商業が盛んになると、京都の商家では土蔵が多く造られるようになり、土倉は金融業者の代名詞になった。中世の土蔵は現存しないが、『春日権現霊験記』に火災で焼け残った大壁造の土蔵が描かれているのでおおよそのことは察せられる。『洛中洛外図屏風』にも土蔵が描かれており、そのなかには三階の土蔵もある。近世になると土蔵は民家にも普及し多く建てられるようになり、家格の高さをあらわすものにもなった。大壁造りの土蔵は耐火性があり室内気候が安定していることから、多くは大切な物品を収納する建物に用いられるが、このほか座敷蔵・店蔵など住居・店舗としても用いられ、また酒蔵や藍蔵など生産の場としても活用された。日本の近世都市はしばしば大火に見舞われており、その経験から店舗を土蔵造として防火的な町並みをつくっている町もある。埼玉県の川越では一八九一年(明治二十四)の火災後に再建した土蔵造の店舗が多く並んで特徴ある町並みを形成している。飛騨高山では表通りに面する店舗は木造の真壁造りであるが、この背後の敷地境に土蔵を建て並べて防火帯にあてている。土蔵造は、柱の外側に丸竹などを取りつけ厚く土を塗り漆喰《しっくい》仕上げとするものが多い。窓も小さく厚い土戸を用い防火に配慮している。高知の土蔵は壁面に水切りを何段もつけて豪雨時に備えている。このように土蔵には地方色がみられる。　↓倉《くら》

参考文献　伊藤鄭爾他『築蔵人間史』(「住まいの文化誌」一四、一九八四)　(宮澤　智士)

どぞく　土俗　各地の風俗や言い伝え・伝説・方言などをさして、主として明治から大正時代にかけての人類学研究で使われた用語。土俗は『礼記』にみえるほか、山

城国の地誌である黒川道祐『雍州府志』(一六八六)に「是謂黒木、日日売京都、大原土俗亦然」などとあるように本来一般語であるが、明治時代に人類学の一分野に土俗学 ethnography が加えられたことと相まって、現在の民俗に近い意味を与えられて使われた。その使用は東京人類学会に始まる。同学会機関誌『東京人類学会報告』(のち『東京人類学会雑誌』と改称)収載の論文・報告では当初、婚姻風俗や年頭風俗・風習、風俗測定などと風俗や風習の語が用いられた。一八九三年(明治二十六)十一月の九二号に荒井第二郎が「ニューヘブリッド」群島土俗」と題した報告を寄せ、はじめて標題に「土俗」が用いられたが、それ以前の同年七月には第一回土俗会が開催され、土俗の語はすでに使用されていた。同九五号(一八九四年二月)に坪井正五郎が「土俗調査より生ずる三利益」を発表。一〇八号(一八九五年三月)に佐藤初太郎が「羽後国男鹿半島の土俗」を報告し、以後、「土俗」を冠した論文・報告が増えた。その使用は、一九一八年(大正七)八月に折口信夫らにより発刊された雑誌『土俗と伝説』(翌年一月、四号まで)にまで続いたものの、石橋臥波《がは》らによる日本民俗学会の創設(一九一二年)と同機関誌『民俗』の発刊などにも見られるように、それ以降はあまり使われず、民間伝承さらには民俗の語に次第に置き換わった。

参考文献 関敬吾「日本民俗学の歴史」(『日本民俗学大系』二所収、一九五八)、大藤時彦『日本民俗学史話』、一九九〇、岩本通弥「民俗・風俗・殊俗」(『現代民俗学の視点』三所収、一九九八)　（湯川　洋司）

どぞくかい　土俗会　明治時代中期に坪井正五郎や鳥居龍蔵・八木奘三郎らの東京人類学会の主要メンバーが発起人になって開催した土俗学にかかわる談話会。毎年一回開かれ、第六回まで開催された。第一回は、一八九三年(明治二十六)七月二十四日夕刻、東京で開催され、鳥居龍蔵の司会により「日本各地新年の風習」が話題となった。その席では、山形県西置賜郡、新潟県魚沼地方のほか長野・愛知・熊本県など数地方の事例が取り上げられたにすぎなかったが、同種の試みは前例がなく、画期的なことであった。翌年八月二十日に第二回(話題「各地贈答の風習」)が開かれ、以後、第三回(一八九五年八月二十五日、話題「各地方の若者が一年中の楽とせるものの種類」)、第四回(一八九六年八月二十二日、話題「育児風習」)、第五回(一八九七年八月七日、話題「日本諸地方の食事に関する事実」)と毎年続いた。第五回は百三十一名の参加を得るまでになり、岩手県から沖縄県までに及ぶ報告がなされた。第六回は一九〇〇年八月九日に開かれ、「諸地方の妄信俗伝」が話題とされた。当時の人類学は、今日の民俗学をはじめ、考古学・形質人類学・文化人類学などの諸分野を包摂する幅広い間口をそなえていたが、各地の風俗習慣は土俗と呼ばれて土俗学の名のもとに研究され、その一部を占めた。土俗会は明治義会講堂で開かれた人類学会夏期講習会への出席者に呼びかけて始められたもので、毎回の話題に関し坪井正五郎が講演をした後、参会者が順次居住地の風習を報告した。その内容は、『東京人類学会雑誌』九四・一〇二・一一五・一二八・一四〇・一四一・一五〇(一八九四-九八)に「土俗会談話録」として収録されている。

参考文献 大藤時彦『日本民俗学史話』、一九九〇　（湯川　洋司）

どぞくがく　土俗学　民族誌学 ethnography あるいは民族学 ethnology を示す古い語。特に民族誌学の訳語として主として明治年間(一八六八-一九一二)に用いられた。日本に人類学を紹介・導入した坪井正五郎は一八九三年の「人類学研究の趣意」で人種学 ethnology は諸人種そのものを調べ、土俗学 ethnography は諸人種の風俗習慣を調べる学問と説明し、人類学の下位区分を構成する分野とした。その年から開始された毎年一回開催の土俗会を通して土俗・土俗調査・土俗学という用語は普及し、論文・調査報告などの記述に使用された。土俗学は、当時の人類学の状況を反映して、日本列島と世界各地の文化を区別せず対象にし、人類の古い段階の姿を明らかにする学問という性格を持った。一九〇〇年代に入り、人類学の研究対象地域は次第に台湾・朝鮮半島さらに太平洋の諸地域へと移り、日本列島内の調査研究が少なくなった。それと呼応するようにエスノロジーの訳語として民族学という用語が登場し、世界各地の調査研究は民族学と表現されることになった。それに対して日本列島内の風俗・習慣の調査研究は民俗学ということになり、土俗学は姿を消したが、中山太郎のように民俗学の同義語として土俗学を用いた研究者もいた。

参考文献 坪井正五郎「人類学研究の趣意」(『東京人類学会雑誌』八六、一八九三)　（福田アジオ）

どぞくちょうさ　土俗調査　土俗学の資料となる土俗を収集するために行われた調査一般のこと。明治時代、人類学研究を主導した坪井正五郎により、その意義や調査範囲が示され、日本の国内外における諸地域の土俗を調査した報告が東京人類学会の機関誌『東京人類学会雑誌』に掲載された。布施千造「陸前国黒川郡全部土俗一斑」(一二三号、一八九六)、中井伊与太・曾木嘉五郎「阿波国祖谷土俗調査」(一三三号、一八九七)、水越正義「伊豆国新島の土俗を調査し本邦古代の遺風最多き所以を論ず」(一七二号、一九〇〇)などはその一例。坪井正五郎は、土俗調査は人類の本質・現状・由来を明らかにする目的をもつ人類学の上に考えられるもので、(一)「諸地住民所業の異同が知れる」、(二)「如何なる有様が存在し得べきものであるかと云う事が悟れる」、(三)「風俗習慣の起源変遷が推測される」とその意義を三点数え、特に第三点は意味のわからない風俗習慣も他地の類例を集めて比較すればその由来を理解できる点でもっとも価値が高い、と説いた。また土俗調査項目として、飲食・玩味品・火・住居・身体装飾・衣服・器具・動作・表意法・一日中の事・一生涯の事・家族・社会・礼儀・娯楽・分業・技術・意匠・交易・交通・運搬・教育・迷信・宗教・俚諺伝説をあげている。土俗調査という用語は、土俗学や土俗と同じく大正時代末までにはほぼ使われなくなったが、その内容は現在の民俗調査に近かった。

参考文献 坪井正五郎「土俗調査より生ずる三利益」(『東京人類学会雑誌』九五、一八九四)、同「人類学上土俗調査の範囲」(同一五六、一八九九)、大藤時彦『日本民俗学史話』、一九九〇 (湯川 洋司)

どだい 土台 柱からくる建物の全重量を柱の根元で受けてその荷重を平等に基礎に伝える横木。旧来の建物には土台のないものもあったが、土台があった方が耐震・耐朽的に有利である。外回りの土台を側土台、内部間仕切り回りの土台を間仕切り土台または繋土台という。隅や間仕切りに角度をもって組み付けた土台を火打土台という。材質は一般に栗、ヒノキ、ヒバなどの耐朽力のある材をえらび、柱と同寸法かやや太めの大きさを用いる。

参考文献 十代田三郎・蛭田捨太郎『建築構造一般』、一九五一 (山崎 弘)

とだな 戸棚 収納具の一つで、棚のまわりを板で囲み、正面に引戸をつけたもの。主なものとして台所用・居間用・夜具入れなどがある。台所用は膳棚・水屋などとよばれるもので、食器や食物などを入れる。初期の戸棚は大きな舞良戸《まいらど》がつき、中は棚だけという簡単なつくりであったが、江戸時代末から明治になると一部に金網戸や葭簀《よしず》戸を入れたり、箸や小皿入れの引き出しをつけたものが作られるようになった。家の造り方などの関係から関西では水屋を重視するため、関西の水屋には引き出しや装飾のついた戸がある。これに対し関東・東北はずっと後まで舞良戸だけの戸棚が使われていた。農家では土間に置くことが多いため、下に車をつける場合もあった。居間用戸棚は部屋戸棚とか押込みとよばれ、間口約六尺(一八〇センチ)、奥行二～三尺、高さ六尺と、大形で、上下二段に分かれ、上は襖戸、下は舞良戸になっていて、上には蒲団や衣類、下には行李《こうり》や葛籠《つづら》、金庫代りの小簞笥などを入れた。のちには家につくりつけになったものも多い。夜具戸棚は寝具入れで、これものちになるとつくりつけになるが最初は置押入《おきおしいれ》で、形も一定せずいろいろあった。間口半間、一間とあり、片開戸のついたもの、突上げ戸式のもの、引違戸のもの、上下二段になっているものなどが一般的な形で、ほとんどが杉などの板戸でごく質素なものであった。大正時代になると長持を改良した蒲団戸棚が作られるようになった。これは嫁入り道具として用いられたため桐などで作られ、上等のものは黒漆塗に蒔絵で定紋などをつけた。以上のほかにも用途に応じていろいろな戸棚がある。→押入《おしい》れ

参考文献 小泉和子『家具と室内意匠の文化史』、一九七九 (小泉 和子)

トチ トチ トチノキ科トチノキ属の落葉高木。栃とも書く。縄文時代すでに食用されていたトチの実は、主として本州と四国各地の山村で採集され、ハレの日の食品としてのトチモチや、日常的な食品であるコザワシとよぶ団子や粥につくられてきた。トチモチは粗割りしたトチの実をアク抜きし、モチ米などとともに搗いてつくった食品で、中部地方の山村ではこれを正月に供してきた。コザワシは粉にひいたトチの実をアク抜きした食品で、普段の食事に供された。山村の人々にとって重要な木の実食品であったトチの実の採集には、大別して三つの形態があった。一つはムラの共有林野などで各自が自由に採集するもので、この場合にはトチの木のある場所を誰もが知っていたために、採集は人々の競争となることが多かった。二つめはネギドチ、ナカマドチなどとよんだ私有のトチの木で採集するもので、これは他人の採集が禁じられた。三つめはムラの共有林野で村人が共同して採集する形態で、そのために採集場所と採集日があらかじめ決定されていた。この共同採集では、採集したトチの実を一ヵ所に集め、村人の全員に平等に配分することも行われていた。こうして採集したトチの実は、正月のハレの食品ともなったが、日常の食品とするためには、皮つきのままよく乾燥したあと、虫がつくのを防ぐために、囲炉裏の煙がよくあたるような場所に保管した。その量は多い場合で一石にも達したという。

参考文献 渡辺誠『縄文時代の植物食』(「考古学選書」一三、一九七五)、松山利夫『木の実』(「ものと人間の文化史」四七、一九八二)、辻稜三「わが国における堅果食の分布に関する基礎的研究」(『立命館文学』五三五、一九九四) (松山 利夫)

とちかいりょうく 土地改良区 農地の生産条件を改善し、生産の向上を図る各種の土地改良事業を行う法人格の団体組織。一九四九年(昭和二十四)制定の土地改良法に基づいて組織される。土地改良法による土地改良事業は灌漑排水施設や農業用道路の建設・管理、さらに田畑の区画整理、交換分合、開田畑や埋め立てなどを含むが、土地改良区はそれらのうち小規模で、比較的容易な事業を行う団体である。土地改良区の組織範囲は、一つの村落あるいは数村落の連合から一つの河川の流域全体に及ぶものまで大小あるが、その規模・範囲は、事業内容によって決められるので、市町村などの行政単位には関係なく組織される。土地改良区は耕地整理のように期間限定的な事業だけでなく、灌漑・排水を行う水利組織として恒常的に活動し、多くは独立した事務所を持つ。→耕地整理組合《こうちせいりくみあい》 →水利組合《すいりくみあい》 (福田アジオ)

とちこう 土地公 中国人、華僑のまつる神。中国では春分および秋分のころに、土地の生産力を祈って土地神をまつる習俗があった。華僑の社会においても、土地神はさまざまな神の姿を取ってまつられている。福徳正神などとも呼ばれる。江戸時代の長崎では唐四ヵ寺のほか公所でもまつられた。禅宗寺の興福寺でも、釈迦を本尊とするほかに、天后・関帝などと並んで大道公(三官大帝)と呼ばれた土地神がまつられた。また唐館内の土神堂に

は土地神がまつられ、唐寺が輪番で例年三月の祭を担当した。現代日本の中華街たとえば横浜では、関帝廟でまつられるほかに、各種の華僑団体の会所にも見られる。中華料理のコックの同業組合である京浜華厨会所の部屋の隅の床の上には高さ五〇センチ位の小さな厨子が置かれている。まつられているのは五方五土竜神と前後地主財神で、線香・蠟燭・花が絶えず供えられている。

参考文献 内田直作『日本華僑社会の研究』、一九四九

（吉原 和男）

とつきば 十月歯 生後十ヵ月目に生えてくる歯。かつては歯が生えて生まれてくる子を鬼子と呼んで嫌ったが、同じように歯が早く生えてくるのも嫌った。六ヵ月以内に生えてくる歯はムツキバ、十ヵ月目に生えてくる歯はトゥバ、トツキトゥバと呼んで、「親を喰う」「親を喰うか身を喰うか」といって忌んだ。このような子には橋・川・辻・村境などに一旦儀礼的に捨てて近所の人に拾ってもらうなどの呪術を施した。家の子としてふさわしくない属性を祓い、望ましい子への再生を図る行為とみなすことができよう。しかしまれには、このような子を出世が早いといって喜ぶこともあった。また歯だけではなく成長が早い子も嫌われた。初誕生（生後一年）前に立ち上がって歩く子は、「親に早く死に別れる」「家から逃げ出す」「ケダモノの子だ」などといって嫌った。このような場合に餅や白米を背負わせてころばせたり、押さえ付けて歩かせないようにする習俗がある。これらの伝承からは子どもの成長を注意深く観察し、人並みとの遅速に心を砕いたかつての人々の子どもを見るまなざしがうかがえる。しかし柳田国男はこのような子を茨木童子・弁慶などの異常誕生譚の英雄の系譜につながるものとして捉えていた。 →異常誕生譚《いじょうたんじょうたん》 →捨子《すてご》 →福子《ふくご》

参考文献 柳田国男「山の人生」（『柳田国男全集』四所収、一九六九）、南方熊楠「一枚歯—歯の生えた産まれ児—」（『南方熊楠全集』三所収、一九七一）、斎藤たま『生とものの け』、一九八五、下野敏見「鬼子殺しの伝承」（『鹿児島民俗』九二・九三、一九八八）

（山田 厳子）

とていせいど 徒弟制度 技術習得を目的として行われる封建的な社会制度の一つで、おもに職人や商人の世界で実施されてきた。幼いころから親方の家に住み込んで修業し、家事や雑用を手伝いながら仕事を覚えていく方法。一定の年限を決めての修業という、いわゆる年季奉公の形態をとるのが一般的である。明治以降は、小学校終了後の十二、三歳ころから二十歳の徴兵検査までがその期間にあてられた。表面的には親方—弟子・徒弟（職人宅では小僧、商人宅では丁稚と呼ばれる）という、擬制的親子関係をとる。弟子同士でも入った順に兄弟子・弟弟子と兄弟関係となる。修業期間は原則として無給であり、仕着せや小遣銭をもらい、年二度の藪入りの休暇があった。仕事場での基本的な構成員は親方・職人、弟子であり、技術習得にあたっては、「仕事は盗め」という言葉に象徴されるように、手取り足取り教えてもらえることはなかった。理屈ではなく身体で覚えることに重点が置かれ、長時間にわたる訓練や経験から勘やこつを得ることが大切であった。年季が明けると、さらに一年間をお礼奉公として、親方のもとに留まって働くことが求められ、それが終了するとはじめて一人前と認められた。ただし、その後も親方と弟子の主従関係は公私にわたって生涯続くことになる。 →お礼奉公《れいぼうこう》 →年季奉公《ねんきぼうこう》

参考文献 遠藤元男『日本職人史の研究』三、一九八五

（三田村佳子）

どてら 褞袍 防寒用に着用される広袖仕立ての男子用綿入れ長着。部屋着・普段着として用いられる。丹前と同一のもので、江戸でおこった丹前の呼称は、上方に伝わったが江戸ではすたれ、江戸では褞袍、上方では丹前と呼ばれるようになった。鳶の者や職人がこれを結城紬の着物などの上に着て礼装ともしたが、それらには背中に印をつけることもあった。中には表着のかわりに外出着にする者もいた。 →丹前《たんぜん》

参考文献 喜多川守貞『守貞漫稿』一四（東京堂「守貞漫稿」二所収、一九三二）、飯泉六郎編『日本人の服装』（「写真で見る」日本人の生活全集」二、一九五六）

（近江恵美子）

となえごと 唱え言 目に見えない神霊などに願いをこめて唱える言葉。口承文芸の一種で、諺と歌謡との中間にあり、童言葉や童唄などの形態に通ずるもの。その多くは、定型句が、主に五音・七音を中心とした一定の音調で反復されて、唄のように唱えられる。深く信仰に結びついた言葉で、言霊信仰をその起りとし、言語の技によって超自然の力をも動かそうとするものであり、諺の古態をとどめているとみられる。俗に呪文といわれるものも、神霊にむかって唱えられるが、個人の秘伝に属し、人に知られぬように唱えるもので、口承文芸の範囲には入らないとされる。これに対して本来の唱え言は、ある集団に受け継がれた社会共有の知識で、だれにでも聴かせ、必要に応じてくり返されたものとみられる。しかし、両者は混同して用いられ、一般には、呪文も唱え言と呼ばれることが多い。唱え言の目的は、招福と災厄の防除や対症などにあり、暮らしの中には、さまざまな唱え言が伝えられてきた。それらは、神事や年中行事の多くに伴って用いられる。「雨たもれ竜王のう」と雨乞いをしたり、虫送りには「実盛殿の御上洛、稲の虫はお伴せい」などと唱えたりする。正月行事などでは、七草の日に「七草なずな唐土の鳥と（下略）」と唱え、小正月の予祝行事に、成木責、ハラメウチ、モグラ打ち、鳥追いなどに伴う唱え言がくり返され、節分の「福は内、鬼は外」などの例もある。古い信仰に基づく唱え言は、いまでは、その数も少なくなり、多くは子どもによって受け継がれている。 →言霊《ことだま》 →諺《ことわざ》 →呪文《じゅもん》

参考文献 柳田国男「口承文芸史考」（『柳田国男全集』八所収、一九九〇）

（中島 恵子）

となり 隣 ⇩隣家《りんか》

となりぐみ 隣組 日中戦争を契機とした戦時体制のもとで、地域における最末端の近隣組織として設けられた団体。隣保班。国民精神総動員運動の過程で設置が進められ、特に一九四〇年(昭和十五)の内務省訓令、町内会部落会等整備要領によって、町内会・部落会の下部組織たる隣保班として法制的に位置付けられ、全国的に整備されるようになった。隣保班は十戸内外の戸数で組織されるものとされたが、こうした近隣組織自体は、近世以来の五人組や、あるいは明治以降の衛生組や什長組、さらには地方改良運動や経済更生運動などを通じて地方ごとにさまざまな名称と形態で成立しており、また内務省訓令でも、隣保班の名称や規模は旧慣を尊重して適宜とされていたから、この時期の隣組の多くは、こうした近隣組織を戦時体制に相応しく再編したものであった。もちろんそうした近隣組織をもたなかった特に大都市では、この時に新たに設置された場合が多かったが、戦時体制のもとでの隣組は、葬式や婚礼あるいは屋根葺きなどの互助組織として機能するとともに、この範囲での常会が義務付けられ、そこでの上意下達的な協議を通じて、各種の供出や配給あるいは貯蓄や国債の割当て、さらには防火訓練やその他の勤労動員および防諜に名を借りた言論・思想統制など、戦時体制を支える最末端の実行組織でもあった。なお、第二次世界大戦後の町内会・部落会の解散によって隣組も法制度上は解散させられたが、配給や供出その他、生活上の互助のために近隣組織として事実上、存続していた場合が多く、現在では多くが、自治会・町内会の班となっている。 ↓五人組《ごにんぐみ》 ↓部落会《ぶらくかい》

[参考文献] 秋元律郎『戦争と民衆―太平洋戦争下の都市生活―』、一九七四、竹内利美『村落社会と協同慣行』(『竹内利美著作集』一、一九九〇)

(白井 宏明)

となりのじい 隣の爺 成功した爺と真似をして失敗する隣の爺が、対照的に描かれている昔話。「こぶ取爺」「花咲爺」「舌切り雀」「鼠浄土」「地蔵浄土」「鳥呑爺」などの話がある。主人公の爺が正直者で働き者であるのに対し、真似をする隣の爺は悪い爺で欲深だったとされる。行動も対照的で、成功した爺が地蔵様や授かった犬を大切にするのに対して、隣の爺は真似をしながらも粗末にあつかう爺として描かれ、しまいには失敗してひどい目にあう。この隣の爺の失敗は、善良な爺を際立たせるとともに、笑いを誘う部分にもなっている。話の最後に「だから人真似をするもんではない」という教訓がついている話も多い。柳田国男は生まれつき福分を持っているものにはかなわないことを極端に並べることで説いた話だとした。いい爺に対比して描かれている人物は、隣の爺と婆が一番多い。ほかに継子と実子、東と西、兄と弟が対比されている場合もある。特に日本の中央部では隣人が対比され、列島の北と南に上と下、貧者と富者など隣ではない人物が対比されていることが多い。このように人物を対照的に描くことは世界的に見られるが、特に日本の話に隣人が描かれることが多い。これは、日本社会が隣人関係を気にする社会であったことの反映と見られている。上と下の爺の話から、元の形はむしろ外部社会との対立を語っていたとする見方もある。

[参考文献] 柳田国男「桃太郎の誕生」(『柳田国男全集』一〇所収、一九九〇)、三原幸久「対立の論理」(『国文学解釈と鑑賞』五一七、一九七五)、小沢俊夫「昔話にみられる隣モチーフ(日本)」(川田順造・徳丸吉彦編『口頭伝承の比較研究』一所収、一九六四)

(長野ふさ子)

となりのねたろう 隣の寝太郎 怠け者で貧しい男が巧智を使い長者の聟になる話。物くさな男で寝てばかりいるので、寝太郎と呼ばれている。隣の長者のところで聟をさがしているのを知り、寝太郎は鳩の足に提燈をつけて飛ばす。それを見て驚く長者に、「隣の寝太郎を聟に迎えよ、さもないと家がつぶれるぞ」と叫ぶ。長者はそれを神のお告げと信じ、寝太郎を娘の聟に迎える。「鳩提燈」型の寝太郎話である。青森県から沖縄県まで分布しており、歴史的に見ても、『宇治拾遺物語』に博打うちの物くさ者の話があり、『御伽草子』の「物くさ太郎」はあまりにもよく知られている。寝太郎話は各地に伝説の形で伝承されているものも見られ、山口県厚狭《あさ》の寝太郎荒神の由来譚では、働きもせず三年三月も寝ていた寝太郎が、ある日むっくと起き上がり、村の田の水が枯れたのを救うために、水路を作り広い田を拓いたという話になっており、新潟県にも砂金と治水事業に取り組んで農民を救った話が見られる。昔話としては先の「鳩提燈」のほかに「蕪焼き長者」「蛸長者」「博徒聟入り」などがあって、一計を案じて長者の家の聟に納まるという奸計が主たるモチーフである。聟に入ってから勤勉に働くといったモチーフが加えられることも多く、さらに笑話への傾斜を強めたのは、隣の寝太郎話を持ち運んだ遊芸人である座頭がかかわったためではないかと指摘されている。本来は庶民のしたたかさが隣の寝太郎のテーマだったのではないかという。 ↓物《もの》くさ太郎《たろう》

[参考文献] 柳田国男「桃太郎の誕生」(『柳田国男全集』一〇所収、一九九〇)、佐竹昭彦『民話の思想』、一九七三、同『下剋上の文学』(「ちくま学芸文庫」、一九九三)

(武田 正)

ドニン ドニン 静岡県西部地方を中心に用いられる土地の人の意味で特に近隣集団である組の内の者を示す。ドニン衆と用いられる場合が多く、セケンの衆という村落の外の者を指す語と対になり、またイットウと呼ばれる血縁の者に対して近隣の者を指す語として一般的に用いられる。現在では、葬儀のときの手伝い人である隣保の者を指すことで、ドニンという語が伝承されている。元来は葬儀のときのみ意識されたのでなく、結婚・出産のときなどにも、組の者が面倒見合うことより、この社会組織をドニンと呼んで結束してきた。遠江では広く葬儀を取り仕切る隣保の人(組内の人)のことをドニンと呼

び、死去の知らせから野辺送り・埋葬・片付けまで中心になって行う。また、婚礼のときの手伝いもこのドニン衆が行い、婚礼の翌日、ドニン披露があり、手伝いの礼とともにドニンブルマイの宴がある（周智郡春野町杉）。出産時に産見舞に行く範囲も、このドニンと血縁であるイットウである場合が多い。

参考文献 中道朔爾『遠江積志村民俗誌』（『諸国叢書』二、一九三三）、『杉の民俗―周智郡春野町―』（『静岡県史民俗調査報告書』八、一九八六） （中山　正典）

とねがわずし 利根川図志 下総国布川（茨城県北相馬郡利根町）の医師赤松宗旦により一八五八年（安政五）に刊行された利根川中・下流域の地誌。全六巻。全体の運輸・天候・物産が述べられたのち、上流から下流へと神社仏閣や名所旧跡についての記述が続く。特に利根川の鮭漁やネネコ河童の話、布川明神のツクマイや鹿島の弥勒謡など伝説や伝承、行事の記録が豊富にあり民俗的な関心をひく内容も多い。柳田国男校訂『利根川図志』（『岩波文庫』、一九三八）がある。 ↓赤松宗旦《あかまつそうたん》 （榎　陽介）

とばく 賭博 ⇨博打《ばくち》

トビ トビ 贈り物に対する返礼、また、贈り物そのものを指す民俗語彙。オトビ、トミ、トメ、タメ、オウツリ、オタメなどともいう。中国・四国地方などでは、トビという語を、オウツリやオタメなどと同様に、もらい物の容器の中に、マッチや半紙などわずかなものを入れて返す返礼の意味で用いていた。また、贈り物そのものを指す例も多く、九州の阿蘇地方では、歳暮に新嫁の里へ聟方から米一升を袋に入れて贈るのがトビの米であり、また、福岡県では正月に聟が嫁の里を訪問するときに二重ねの年の餅とともに持参する塩ブリをオトビといった。さらに、神詣に米・豆などを紙に包んだオヒネリを鏡餅の上にのせたり、神に供えたりするものもトビとして知られている。トビが年玉のことであり、元旦に白紙に米とコンブと銭を包んで人に与えることをトビヲヒネルというところもある。このように贈答に用いられるトビという語の意味は必ずしも一様ではないが、米を中心とした食物であること、主として正月の行事に属すること、贈られる者は人間だけではなく神、またものの精霊にも及ぶことが共通点とされ、神への供物としての意味が込められている。したがって返礼としてのトビは、神に供えたものを神のたまわりものとして家族などとともに食べることであると考えられてきた。 ↓オウツリ ↓オヒネリ

参考文献 柳田国男「食物と心臓」（『柳田国男全集』一七所収、一九九〇） （竹本　康博）

トビウオ トビウオ ダツ目トビウオ科、暖海性の回游魚。日本近海には約三十種類のトビウオがいる。方名としては、トビウオ、アゴ、ツバメウオであり、大まかにいうと、太平洋側がトビウオであるのに対して、日本海側はアゴである。さらに、トビウオ類のなかでも種類ごとに分類され、たとえば、鹿児島県屋久島ではジキトビ（和名ツクシトビウオ）、ガタンコ（和名ホソトビ）、アカ（和名アカトビ）、アオ（和名ホソアオトビ）など、山陰沿岸ではカクアゴ（和名ツクシトビウオ）、マルアゴ（和名ホソトビ）などである。五月から七月に産卵のために沿岸に来遊するのを漁獲対象とすることが多い。漁法では、糸満系の追い込み網に関係する漁法のほかに、旋網・刺網で漁獲され、山陰沿岸や四国太平洋岸では夜間集魚燈による掬い網漁がみられる。地先漁業時代には、村落全体で漁業経営をする大網の形態をとったことが多く、そこには村落組織が反映した漁業慣行がみられた。回游の出現時にトビウオ漁にまつわる儀礼が行われることが多く、たとえば屋久島のトビウオ招きをはじめ、独特な初漁祝いが山陰沿岸や伊豆七島、正月の豊漁祈願が鹿児島県種子島や島根県隠岐諸島でみられた。食制では、ネリモノ・干物・ダシなどの食品として地域的に特色ある展開がみられる。近畿地方の山村では、盆魚としてトビウオが用いられたという。回游魚としてのトビウオは漁業関係の民俗を比較するうえで指標とする魚種として有効である。

参考文献 野地恒有「回游魚の道」（森浩一編『海と列島文化』二所収、一九九〇）、同「潮流と民俗」（『講座日本の民俗学』四所収、一九九六） （野地　恒有）

とびがみ 飛び神 他の地から飛んで来て、新たな地でまつられることになった神のこと。元来、神々は一つの場所に鎮座するのではなく、ときには神の意のままに、または祭祀する人の願いにまかせて、同時に他の場所にも姿をあらわして鎮座することができると信じられていた。飛び神として、古くは飛神明《とびしんめい》が知られる。室町時代には、伊勢神宮の神霊が各地に飛来して迎えられてまつられることが相ついだが、このような神社は今神明とよばれることが多かった。江戸時代にも、空中を飛来して奇瑞を示し、その地にまつられることで急速にはやりだした神がある。一七二七年（享保十二）に江戸本所にある香取明神の森に光ものが発しつづけ、突然の震動とともに折れた松の枝には白い御幣がかかっていた。誰がいうともなく、これは麻疹・疱瘡の厄除けで知られる常陸国阿波大杉大明神が飛び移ったとされ、そこへの参詣がはやりだした。江戸をはじめ近在の者が屋台・練りものをこしらえて鳴り物入りで、美しい揃の着物をきて群参したという。福島県南会津郡檜枝岐《ひのえまた》村に残された『疱瘡神縁起』によれば、一六九六年（元禄九）に疱瘡にかかった男子に疱瘡神が乗り移り神託をくだした。この疱瘡神は信濃国善光寺の境内に鎮座していたが、盗人が宮殿に火をつけたために、飛び出て、各地を転々としたが、檜枝岐村の社と氏子が気にいったので、新社をたてるようにとの神託であったと記す。この二例からは、一時にはやる伝染病の厄除けとして、神が飛来してくることが望まれたものと考えられる。 ↓飛神明《とびしんめい》

参考文献 宮田登『民俗神道論―民間信仰のダイナミズム―』、一九九六 （真野　純子）

ドビキ　ドビキ　木材の運搬方法、およびそれに従事する人。土曳きと書く。山中で伐採した木材の土場までの運搬に用いた。専業者もいたが山村の農家の冬季の副業として行われる場合も多かった。木材の木口に鐶を打ち込み、鎖や綱をつけて牛馬または人力で地表面を牽引する。カンビキ、トチカンヒキ、ドンビキ、ドンタビキ、ズリビキ、ジビキなど地域によりさまざまな名称がある。鐶は鉄製で、太い釘またはクサビに環をつけたもので、トチカン、トッカン、キマワシとも呼ばれる。人が引く場合は、鐶に綱を取り付けて肩にかけて引く。牛馬で引く場合は、複数の木材に打った鐶を鎖でヒキギに連結して牛馬に結び牽引した。地面との抵抗を減らし、木材の損傷を防ぐため、木口の角を削り落とすこともあった。複数の木材を運搬する場合は、鐶やカスガイで筏状に組むこともあった。木馬《きんま》などと違って運搬路には特別な施設は必要とせず、運搬を繰り返すうちに自然に運搬路が形成される。したがって運搬の準備作業に手間を要しない方法であった。直接地面の上を引くため、橇《そり》などに比べると運搬の効率は高くなく、木材が痛む場合もあった。そのため、小規模な運搬や山中での集材に用いられることが多い。牛馬を用いる場合は、運搬路が平坦であった急傾斜地や岩石質の地形では用いることができなかった。り多少の上りがあっても運搬が可能であるため、ドビキは地形によっては欠くことのできない木材運搬方法の一つであった。

参考文献　中沢和彦『日本の森を支える人たち』、一九九二、遠藤ケイ『山に暮らす―失われゆく山の民俗学―』、一九九三

（永島　政彦）

とびくち　鳶口　山中での伐採から集材、そして川狩にも利用され、特にヒヨ衆には欠かせぬ材木の移動用具。単にトビともいう。岐阜県内のトビは、飛騨地方へくるとその形から、ツバクロトビとカラストビの二つの型式に分けられる。前者は、一名をカギとも呼び、さらにコトビ、チュウトビ、オオトビの三種類をみることができる。いずれも、穂《ほ》の長さは三寸ほどで、ヒツの直径に違いがみられる。素材はジガネだが、遠州などにはハガネの利用もあるという。この穂の曲がり具合が、各鍛冶職で微妙に異なり、名のごとくトビの嘴に似るのを理想とされてきた。柄には竹を使うのがふつうであった。なかでも、川狩に従事するヒヨ衆は、着衣に気を配って伊達を競いあい、用具は用具でトビや鉈など名の通った銘品をもつのを誇りとする気風が強かった。当時は、ツラヅケといいその姿はむろんのこと、携行する道具によって腕のほどを読みとり、賃銀が決められていたからでもある。カラストビは穂の曲がり加減がゆるいか、もしくは直線状で、大小の差もあり、その上に各種の変り型をもち、柄にはカシやナラなどの素材を使う。木材関連業種はいうまでもなく、農家の山仕事にも重宝されてきた。飛騨川流域では、コトビ系の銘品が江戸時代より各地で産出された。いずれの産地の鍛冶職とも、全国の山林関係者から高い評価を保持し続けていたが、第二次世界大戦後、急変した時代の流れには克てず、その技法は途絶えてしまった。

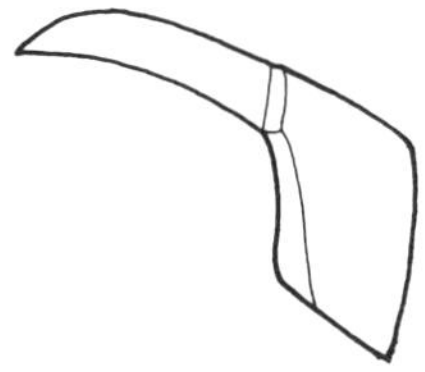

ツバクロトビ系コトビ

カラストビ系

鳶　口

参考文献　萩原町教育委員会編『萩原の職人衆』(「はぎわら文庫」七、一九八五)、脇田雅彦「飛騨川流域のトビについて」(『東海の野鍛冶』所収、一九八四)

（脇田　雅彦）

とびしょく　鳶職　建築土木の作業工程で建物の解体や杭打ち・足場組みなどを行う職人。鳶あるいは鳶の者ともいう。江戸や関東の城下町など古くからの町場では、頭(町内頭)と呼ばれる町抱えの鳶が、その町内の会所に常住し、その町内をナワバリとした特異な社会慣行を生み出していた。鳶の名は樫棒の先に鉤をつけた道具(鳶口)に由来するが、京坂では手伝い、手伝い人足と呼ぶのが普通であり、また江戸とその影響を強く受けた東日本の近世都市では、仕事師とも呼び、火事師に通じるとされ、町火消も兼ねた。鳶には町内と結びついた町鳶と、それ以外の建築土木のみを請負う野鳶に区別されるが、町鳶の場合、仕事師の名のごとく、その携わる仕事の範囲は多岐にわたり、半鐘や消防器具を設置した会所に詰めて火災に備えたほか、平素は町内の道路の補修や溝の清掃をはじめ、町費の集金や町内の知らせの各戸への連絡、また祭礼の準備や警護、正月の注連縄・門松や大売り出しの飾り付けなど、その町内をナワバリとして、さまざまな町内の雑用を務めた。さらにその町内の各大店の出入りの職人として、その冠婚葬祭には職人らを統率する役を担い、祝儀には各商家から贈られた屋号入りの皮半纏を着て、木遣りを唄いながら嫁の荷送りや嫁入り行列の先導役を務めたり、正月二日の初荷の運搬や、葬儀にも野辺送りの先導役や香典返しを一軒一軒口上を述べて配り歩くなど、商家の社会的儀礼を演出する不可欠な存在であった。

参考文献　岩本通弥「鳶の社会史―城下町古河の社会と民俗―」(『日本民俗学』一三四、一九八一)、『古河市史』民俗編、一九八三

（岩本　通弥）

とびしんめい　飛神明　伊勢神宮の神霊が飛んできて神社としてまつられたもの。伊勢神宮は皇室の氏神であり、律令制下では厚い待遇をうけて、厳重な規定にもとづいた祭が行われていた。律令制の崩壊とともにそれが維持できなくなり、平安時代末期になると、神宮神職団は世俗的色彩の濃い活動を始める。その活動もあって、伊勢の神が国主神であることへの認識が深くひろまり、伊勢

の神をまつる神社が各地に建立され、伊勢参りが盛んになっていった。ことに室町時代初中期に、伊勢の神が飛んできたとか、託宣によるものだといって、今神明と称する社が京都の周辺を中心とする各地に建立された。『看《かん》聞《もん》日記』や『康富《やすとみ》記』などの日記類のほかに、『今神明』という狂言にも、「此ごろ、宇治へ神明のとば(飛)せられたが、中々、まい(参)りと云事が、きせんくんじゅ(貴賤群集)をなすと申ほどに」と出てくる。飛神明の出現で、そこへ多くの参詣人が集まってきたことが知られる。今神明へ参ることが伊勢参りのかわりとなっていたふしもあり、伊勢神宮側では経済的不利益から今神明の廃止を求めた。伊勢神宮の御師ではなく、唱門師ら民間宗教者が今神明の勧請をになっていたことも反対する理由の一つであった。疫病退散を求める都市住民の期待にこたえるために、京都周辺の怨霊・悪霊の存在する場に飛神明が勧請されたのであり、室町時代の初中期に、国家最高の神、国主神である伊勢の神がさまざまな悪霊・憑物からの解放を実現してくれるものとうたわれて登場してきた一面もみのがせない。疫病の厄除けとして飛神明が勧請され、流行神《はやりがみ》となった状況は、江戸時代の飛び神の事例にも共通している。なお、近世初頭から数回にわたって全国に流行した伊勢踊りのうち、慶長の伊勢踊りは飛神明がきっかけとなった。一六一四年(慶長十九)に伊勢の神が伊勢国野上山へ飛び移ったという託宣が流布され、その奇特にあずかろうとして美をつくした老若男女が村里から踊り出て参詣したという。 ↓田屋神明《たやしんめい》 ↓飛《と》び神《がみ》 ↓流行神《はやりがみ》

参考文献 萩原竜夫『中世祭祀組織の研究』、一九六二、西垣晴次『お伊勢まいり』(「岩波新書」黄二五二、一九八三)、桜井徳太郎「田屋神明社の成立」(『桜井徳太郎著作集』三所収、一九八八)、瀬田勝哉「伊勢の神をめぐる病と信仰—室町初中期の京都を舞台に—」(『日本歴史民俗論集』九所収、一九九四)

(真野 純子)

とびち 飛地 同一支配にある行政区画のなかで、その一部が主要部から切り離されている土地。または、本村と地続きでない他村に入り組んだ土地のこと。村境の河川が流路を変えた場合、離れた土地に新田開発に入った場合、平地の村が山間に入会地をもった場合などにみられる。複数の村が入り混じって枝郷を形成した場合、各親村の所領が入り組み、村落領域が曖昧となる例もある。現在でも、大字・市町村の飛地は全国的にみられ、県境では奈良・三重県境への和歌山県の飛地がよく知られている。

参考文献 岩田孝三『境界政治地理学』、一九五三

(関戸 明子)

とひれんぞくたいろん 都鄙連続体論 都市と農村を異質のものとみるのではなく、同質の連続した民俗社会とみる考え方。都鄙を連続したものとみる考えは、都市への農村民の流入による都市の突出した発展と農村の疲弊が問題化した昭和初期に柳田国男によって提示され、その後、レッドフィールド Robert Redfield の発展図式としての都鄙連続体論なども援用しつつ整理されてきた。都市の多くは周辺の村落社会から人々が多数移り住むことによって成長し、都市ができた後も周辺の村落との人・経済の交渉が絶えず続けられてきたことなどの歴史事実を考慮すれば、都市の民俗は村落社会の民俗を土台にして形成されており、それぞれは別個のものではなく連続した民俗社会とみるべきであるとする。都鄙連続体論は主に次のような二つの論点から取り上げられてきた。一つは民俗の伝承母体としての村落社会が都市化する過程で、都市社会が民俗学研究のフィールドになり始めた一九七〇年代の後半に民俗学の方法論をめぐって論じられた。それは村落社会の研究から作り上げられてきた民俗学方法論の中心概念としての民俗・常民を都市社会にも適用するための方法論的な観点、つまり都市と村落を連続した民俗社会であるとみなせば、従来の概念が都市社会や都市化した農村、現代社会の民俗研究にも適用可能ではないかという視点からである。もう一つは都鄙連続体論の延長線上に展開される田園都市論に、人口の都市集中を背景とした都市・農村それぞれが抱える問題を解決する可能性をみる、といった現実的、政策的な場面への適用である。こうした連続体論的発想に対して、都市には農村とはまったく異質の民俗があり、それを研究するためには都市民俗独自の方法論と研究対象の設定が必要であるという議論も展開されている。今後そうした観点からの資料が蓄積されていくことによって、都市農村関係だけではなく、民俗学の多くの概念が再検討されていく可能性が期待されている。 ↓都市《とし》 ↓都市化《としか》 ↓都市民俗学《としみんぞくがく》 ↓農村《のうそん》

参考文献 柳田国男「都市と農村」(『柳田国男全集』二九所収、一九二九)、北見俊夫「社会経済史と都市の民俗」(『民俗学評論』一六、一九七八)

(古川 彰)

ドブ ドブ 農村部では排水不良を起していつも水が溜まっているような低湿地を意味することが多い。そのため土深や土腐の文字をあてる。それに対して、都市部においては地表を流れる下水路を意味する。東京の下町ではかつては上水は水道でやってくるが、生活雑排水は家と家の間や道の脇を流れるドブに流していた。そうしたドブには木の羽目板が被せられているところもあり、神奈川県横須賀市には繁華街の一角にドブ板通りの名称をとどめる通りがある。 ↓湿田《しつでん》 ↓低湿地《ていしっち》

(安室 知)

とぶさたて 鳥総立て 木を伐った後にトブサ(木の梢端)を切株の上に立てて山の神に手向ける伐木儀礼。福島県の奥会津のモトヤマ(杣職人)は伐採のはじめのヨキダテ(斧立て)として、最初に伐った木の株にその木の末を挿し立て、斧・鋸を立てかけ、神酒・洗米・尾頭付などを供えて、雪で口を漱ぎ手を清め、「千早振る神のとり木に斧立てて元のとり木に違へ給ふも」の文言を繰り返し唱

える。単に梢端を切株に立て拝むことは他地方の杣の間にも広く伝承されている。

参考文献 長野県営林局事業部作業課編『木曾式伐木運材図会』、一九五四、石川純一郎「林業・林業諸職の技術」(『只見町史』三所収、一九九三) (石川純一郎)

どぶね どぶね 日本海側に特徴的な複材型刳船。バンと呼ばれるとがった舳を持つ。船底から舷側にかけてL字形に刳ったオモキ(コマキ)を入れ、船材ははめ込み木釘のタタラと⧗形の木の鎹《かすがい》・チキリで木口どうしを接合する。若狭のトモブト、能登のマルキ、ドブネ、山形県酒田市飛島のハマブネなど、すべての同系統である。どぶね衆は、若狭・能登を根拠地に佐渡や庄内・羽後との間を往来し、津軽にも名称を残す。棚構造以前の日本海伝統造船技術による船。

邑知潟のどぶね（石川県羽咋市）

参考文献 赤羽正春「タラ漁業の展開と二枚棚漁船の導入」(日本民具学会編『海と民具』所収、一九八七) (赤羽 正春)

トベラ トベラ 日本では暖流域の海岸近くに自生する常緑小高木。特に山陰・四国・九州沿岸に多く、その葉幹根に悪臭があり、燻すとさらに甚だしくなる。『和漢三才図会』には「除夜之を門扉に挿せば能く疫鬼を辟く」(原漢文)とある。山口県大津郡油谷町大浦では節分の夜トベラとダラの小枝を二本ずつ門口や背戸に結ぶ。種子島ではリュウマチに葉を煎じてのみ、南九州のかなりの地域で女陰のことをトベラ○○の隠語で呼ぶ。その葉二枚を燻して豊凶や吉凶の占いに用いた地方もある。 (橋口 尚武)

どま 土間 ⇩ニワ

トマリゾメ トマリゾメ 正月一日、二日などに嫁入りした女性がはじめて親里(生家)に寝泊まりする習俗の総称。または宮城県・長野県・宮崎県の一部などで縁談が決まった後、はじめて女(嫁)が男(聟)方へ赴き寝泊まりしてくる習俗のこと。後に挙げた場合のトマリゾメは、出入り初めと同じ意味に解され、全国各地に伝えられていた行《い》き初め、行《ゆ》き初めなどと呼ばれる習俗と酷似するがその意義付けはしにくい。当事者の双方または一方に経済的余裕が乏しいとか、階層相応に振舞わざるをえないなどの事情によって、人目につかぬ形で聟方に赴き、簡素な会食(婚礼)に臨むので、社会的には披露ぬきの祝言であると解されることもあれば、簡素な会食に臨むのを仮祝言と受け止めて聟方に一晩または二、三晩寝泊まりして生家へ帰ることが容認される習俗であることもあって、その実態は必ずしも一様ではないからである。前者は嫁入婚の一態様であり、後者は足入れ婚であると解されよう。しかも、この足入れの場合に、後日引き移るまでの期間中においては、双方のいずれ方からトマリゾメに伴う約束ごとに拘束されることなく解消することができるという一面があった。こうした状態では、男女(夫婦)の関係が不安定な状態におかれたことは否定できないと思われる。

参考文献 大間知篤三『婚姻の民俗』(『大間知篤三著作集』二、一九七五) (天野 武)

トマリヤド トマリヤド ⇩寝宿《ねやど》

とみくじ 富籤 単に富、あるいは富突《とみつき》・突富《つきとみ》・万人講《ばんにんこう》とも呼ばれた。もともとは、主として寺院などの福徳施与の宗教的行事として楽しまれていたものらしく、何人かが集まり少しずつの金を出しあって、籤を引き、当たった者たちがその全額を分けて取得し、各自の取り分から少額ずつ割いて、他の当たらなかった者たちに施与する形式であった。それが次第に発達し、江戸時代初期に至って、一定の期日に抽籤で多額の賞金が与えられる富籤になったのである。富籤は、庶民のあいだで人気を博し、元禄ごろには最盛期を迎えたが、やがて一時禁止された。しかし、一七三〇年(享保十五)京都仁和寺の修理費捻出に苦慮した江戸幕府が、あらためてこれを公認。以後、特に江戸の各所で盛んになった。特に、湯島天神・谷中感応寺・目黒不動堂の富籤は、俗に「江戸の三富」と呼ばれ、人気を呼んだ。富籤を管理・運営するのは寺社に関係する座元で、大量の富籤を発行、日時を決めて同じ数の番号札を駒箱に収め、錐をさしこんで抜き取り、それを当り札とした。これには、役人が立ちあって監督したという。富籤の利益は、寺社の修理費や運営費にあてられた。幕末ごろには、富籤は各藩でも積極的に採用され、一時は、札数二十万枚をも発行する大規模なものまで出現。だが、明治になると急速に衰滅していった。いうまでもなく、宝くじは、富籤を原型として発達したものである。また現在、商店街の中元や歳暮の大売出し期間に行われている札《ふだ》取り機も、富籤の変形としてよかろう。 ⇩宝《たから》くじ

参考文献 増川宏一『賭博』一・三(『ものと人間の文化史』四〇ノ一・三、一九八〇・八三) (神崎 宣武)

トムズ Thoms, William John 一八〇三―一八八五 十九世紀イギリスの古代学者・民俗学研究者。フォーク

ロアFolkloreという用語を作り出した研究者。一八四六年に文化情報誌『アシニーアム』The Athenaeumにアムブローズ＝バートンの名前で書簡を送り、八月号に掲載された文章によって、それまで民間の古い風俗とか民間の文芸と呼ばれてきたものをまとめて民俗folkloreと呼ぶべきことを提唱した。フォークロアは民衆の知識lore of peopleの意味であり、風俗・習慣・民謡らを広く含んでいる。トムズの提案は受け入れられ、フォークロアを冠した本が一八五〇年代にはいくつも出版されるようになった。

参考文献 A・ダンデス他『フォークロアの理論―歴史地理的方法を越えて―』(荒木博之訳、一九九四)　(福田アジオ)

とむらいあげ　弔い上げ　最終の年忌に行われる仏事のこと。問いきり、マツリジマイ、アゲホウジなどともいう。これ以後、先祖になるとか、神になるとかいうところもある。この最終年忌を十七年か三十三年とするところが多い。ことに浄土真宗では百回忌をするともいうが、現在では死者を知る人が亡くなったときが弔い上げである。「法事は孫子の正月」という言葉があるくらいである。これに対して「五十回忌をする人は不幸な人」というのは、両親を早く亡くした人が行う法事であるという意味である。兵庫県多紀郡では弔い上げが終ると、枝葉のついた杉やシイや松の木の表皮を削り、そこへ戒名などを書いて墓石の前に立てる。ことに青森県や岩手県では二股に分かれたものを使用している。三重県の伊賀地方では詣り墓への墓参も五十回忌までで、後は無縁仏として墓石を倒して放棄してしまう。長崎県の小値賀島では最終の法事をテアゲといい、位牌を仏壇から撤して墓に納める。対馬の下県郡美津島町濃部でも三十三回忌がすむと位牌を寺に納めて、以後はまつることはしないという。兵庫県多紀郡では位牌を埋葬地の棺台に置く。青森県の津軽地方では仏流しといって川に流し、墓に栗の木で作った又仮塔婆を立てるが、これをカミアガリともいう。福岡県宗像郡玄海町地島でも弔い上げがすめばカミになるといい、長野県上伊那郡朝日村(辰野町)では死者が鳥になって天に登ると伝えている。これらいずれも死者をまつらないことは同じである。

参考文献 柳田国男「犬そとばの件」(『柳田国男全集』一六所収、一九九〇)、田中久夫「仏教と年忌供養」(『仏教民俗と祖先祭祀』所収、一九八六)　(田中　久夫)

とめそで　留袖　和服で袖を脇に縫い付けた衣服、またその袖。本来成人男女、既婚女性が着た。小袖の細い筒袖が肘の緩みのため下に伸び袂《たもと》ができたが、全部縫い留めた。元服の儀式の時振袖の袂を切って、それ以後留袖を着る。近世、公家など上流階級では月見といい、六月十六日の嘉祥の日に供えた月見団子に萩の箸で穴を明け、月を見ている間に袖を切る儀式をした。幕末、成人女性の袖にも振りができ、本当の留袖は男物に残り、女物は名称だけとなった。現在、女性の式服では既婚のしるしとして黒地の江戸褄文様のものを留袖の名で呼び、未婚者は色物の地色の色留《いろとめ》を着て区別することもある。

参考文献 遠藤武「服飾上よりみた近世女性の風俗論」(『遠藤武著作集』一所収、一九八五)、同「小袖の袖丈に関する一考察」(同)　(大塚　綸子)

ともかせぎ　共稼ぎ　夫婦ともに職業労働に従事すること。通例、夫婦ともに雇用労働者である場合を指すので、農家・商家は含まない。共働きともいう。明治時代以降の産業化により、次第に雇用労働者が増加し、外で働く夫とその夫の俸給をやり繰りしながら、家庭管理に責任をもつ妻という役割が一九六〇年ごろまでは大多数の家庭の姿として定着していた。しかし、高度経済成長や第三次産業の発達により、女性の雇用機会の拡大があり、既婚女性の雇用労働者が急増した。家電製品などの普及により、既婚女性に時間的なゆとりが生まれたことも共稼ぎ夫婦を増加させた。住宅ローンや高学歴化による子供の教育費の増大なども、家庭内の女性たちを賃金の得られる労働へとかき立てた。一人の人間として男性と同じように自立し、生き甲斐をもって生きていくために就業するという女性も多く、共稼ぎ夫婦の増加の背景には、女性意識の変化も見逃せない。家庭内にあった女性たちが外に出て働くことにより、妻の育児放棄や夫婦間・嫁姑間の葛藤などが問題にされた時期もあるが、働く母親を見ることによって子供が過保護にならず自立性が育つなどの反論もある。妻の就労の職種や就労時間の差異によって程度の差はみられるが、妻が職業をもつことによって仕事と家事との二重の負担を抱えたり、加えて育児や介護の負担を抱え込むこともあり、男性や社会の協力・援護が求められる場合が少なくない。

参考文献 原ひろ子編『母親の就業と家庭生活の変動―新しい父母像創造のための総合的調査研究―』、一九八七　(倉石あつ子)

ともこ　友子　鉱山で五、六年の掘子修業を終えた一人前の坑夫をいう。金銀銅山では江戸時代にはいると生産の規模が拡大し、ヨーロッパの技術がとりいれられて生産のしくみに大きな変化が起きた。とりわけ採掘と精錬が分業したことが注目される。杉原寿山『鉱夫雑談』(一八二五)を参考にすると、鉱山では発見者の山先、経営者の山師、検断・床屋頭・買師(買石)・鍛冶・留大工・鎚頭・大工などがみえる。江戸時代の初期を経過すると山師のもとにそれぞれの坑区の経営を担当する金児《かなこ》(金名子)が生まれた。金児は大工・掘子をかかえて独立した経営を営むことになった。享保期を過ぎると幕府の消極策とも相まって鉱山のうち不採算のものは閉鎖されるなど次第に鉱山経営は不安定さを増したが、そうした事情の中で鉱夫の社会集団、鎚親が生まれた。これが友子である。彼らが一般に「渡り金掘」と呼称されたのは金掘たちが常に特定の場所に居住することができなかったことによると考えられる。友子は互いの扶助、技術の保持を約束して取立式という儀式を経て、兄弟の関係をとり結ぶもので、彼らは他所の鉱山へ移住する場合も常に取立式でとりかわされた書付を所持して相手側鉱山社会での地位を保証された。

参考文献 石川博資『日本産金史』、一九三八、荻原慎一郎『近世鉱山社会史の研究』、一九九六 (田中 圭二)

ともびき 友引 六曜の一つで、吉凶が引き合って朝夕はよいが昼が凶とされる日。六曜は、中国唐代の李淳風の六壬時課《ろくじんじか》という時刻の吉凶占いが、江戸時代末期に一般に広まった。現在の名称は先勝・友引・先負・仏滅・大安・赤口で、この六星を旧暦各月の朔日に機械的にあてはめて、日の吉凶が行われている。もとは「相打ち友引きとて勝負なし」の意味だが、友を引くといった解釈から葬式をしない日とされている。 (佐々木 勝)

鳥屋（栃木県安蘇郡田沼町）

とや 鳥屋 鳥を飼育する小屋、あるいは鳥を捕らえるために待機する小屋、また、その狩猟場、狩猟行為自体を指す。千葉県印旛郡などでは、鶏を飼育するための小屋を鳥屋と呼び習わしていた。また、近世には鷹狩用の鷹を飼育する小屋が鳥屋(塒《とや》)と呼ばれ、さらにその鷹を捕護するための猟小屋も鳥屋と称された。十八世紀末の作とされる『奥民図彙』には、青森県津軽地方岩木川沿岸で行われていた鷹待と呼ばれる狩猟法の解説があるが、これによると狩猟者は鳥屋に潜み、鷹網という伏せ網を用い、鶏などを餌にして鷹をおびき寄せ捕っていたという。それに使用された鳥屋は、藁で作った高さ一間半の円形で、稲藁積みのニオのように作り、簀のかかった監視用の窓があったという。現在、湖沼・水郷地帯・海岸部などで行われる鳥屋撃ちという銃猟でも鳥屋は用いられている。このような狩猟に供する小屋を鳥屋と称する例が中部地方に多く見られる。これはツグミ、ホオジロ、ヒワなどの渡り鳥を捕獲するもので、捕らえた鳥は現地において伝統的に食利用されてきた。渡りの経路にあたる山間地や稜線に捕鳥場(鳥屋)を設け、数十反のカスミ網を張り巡らし、一網打尽にする狩猟法(鳥屋)である。この狩猟の対象鳥は、現在では捕獲の禁じられた保護鳥であるにもかかわらず、岐阜県などを中心として密猟が行われており社会問題となっている。

参考文献 堀内讃位『写真記録日本鳥類狩猟法』、一九三九 (菅 豊)

どやどや どやどや 大阪市天王寺区の四天王寺六時堂において一月十四日に営まれる修正会結願法要。堂内では元日から天下泰平・五穀豊饒を祈願する法要が営まれる。一方、堂前では旧天王寺村が東西二つに分かれ、紅白(東は白で百姓、西は紅で漁師をあらわす)の鉢巻と褌に色分けした若者が押し寄せ、双方背中合わせになった代表四人を中央に挟み、左右から押し合い揉み合い、押し切った方が勝ちとする。揉み合う際に皮膚が擦り剝けるのを防ぐために、回りから柄杓で水を掛けるが、たちまち湯気となって立ち上る勇壮な行事である。勝った方が紅であれば豊漁になるといい、白であれば豊作になるという。勝敗がつくと篝火が燈され、堂の梁の上から柳の枝に挾んだ牛玉宝印《ごおうほういん》が群衆の中に投じられる。農家はこの牛玉宝印を田畑に立てておくと豊作になるという。このように、一見寺院の法要が中心とみえるが、その根底には農村における農耕儀礼が基盤となっている。どやどやという名称のいわれには諸説があり定かでないが、左義長の掛け声の「とうどやとうど」から出たともいわれている。「東土」や「尊」の漢字があてられている。しかし、この行事は畿内でおこないと呼ぶ農耕儀礼と法会が結びついた同種の行事で、「どやどや」は賑やかな、大きな音を表わし、それを出すことによって、悪霊を退散させようとするところに、その意義を見出すことができる。 (野堀 正雄)

どやどや

どよう 土用 立春・立夏・立秋・立冬の前、それぞれ約十八日間。四季を陰陽五行説で説明するために考案された説。一年三百六十五日を五分割し、春—木、夏—火、秋—金、冬—水とを結びつけ、それぞれにあてがう。五行の真ん中の土の七十三日を四分割し十八日余とし、これを各季節の終りに配当して、これを「土」が司るものとして土用とした。土気が働いて四季が始まるという。現在では、梅雨あけの夏の土用だけが普通いわれている。年間の最も暑い時節であり、土用干しといって衣類の虫干しをする。また土用の丑の日には、土用餅を食べたり、鰻・シジミ・卵・牛肉などを食べて夏ばてを防ぐことは一般的である。中国地方には牛の祇園といって、牛を海に入れる民俗があるが、丑の日に海辺で水浴する所(静岡県遠州地方)や、天から薬草が流れてくるといって川で水浴する所は多い。夏の土用に取った薬草は薬効があるといい、またこの日菖蒲湯や薬草を入れた風呂に入る地方もある。草津温泉では温泉祭が行われるが、全国の温泉でも丑湯と称して入湯客が多い。夏の土用に灸をすえると特効があるともいう。これらは水や火による潔斎からきた風習かとも考えられる。土用の三日目を土用三郎といい、この日の天候で豊凶を占う。この日雨だと土用中多雨だという。土用のころは大根の播き時であるが、土用の入りに大根を播くな(新潟)、土用の四日と九日(死と苦の連想)に大根を播くな(長野・北九州)ともいう。土用の丑の日も禁ずるが、土用以外でも丑の日に播くと大根がうむといって、この日に播くことを避ける。この日に播くと大根が苦くなるともいう。群馬県や埼玉県の山間部では、土用の丑の日に麦の初刈りをして竈神に供える。土用にもう一度灌漑の必要なことを意味する土用の又水という言葉もある。

(内田　賢作)

参考文献　内田正男『暦と日本人』、一九九二

とら　虎　虎は二万年ぐらい前まで日本にも生息していたが、縄文時代にはすでに絶滅していた。しかし虎にかんする知識と民俗は、中国文化や仏教文化とともに日本に渡来した。奈良県高松塚古墳の四神図はその例である。『日本書紀』には虎にかんする記載が三ヵ所あり、そのうち一つは百済で虎を殺し毛皮を持ち帰った男の報告である。日本内部における虎関係の民俗は、ほとんどが四神・十二支の一つとしての虎・寅にかかわる。たとえば寅の日が祭日・縁日になっている寺社が、虎の絵馬を出す習慣はその一例である。虎皮の褌をつけた鬼の絵は、鎌倉時代中期の六道絵にあらわれているが、この虎褌は、丑寅の方角を鬼門とする俗信に由来しているのだろう。四神・十二支と無縁の虎の民俗には、各地の虎が石伝説がある。有名な大磯の虎が石は、近世初期に知られるようになった。ここでは虎が石は、石占に使われていた。柳田国男によれば、虎が石は、女人結界の山を登ろうとして石と化した老女の伝説と関係がある。とらとはこの種の伝説に登場する融《とおる》の尼、類似伝説の都藍尼《とらんに》の名と同源であって、巫女を意味するという。意味不明になった語が、虎という耳になれた語形に固定したのは、理解しやすいなりゆきであった。『曾我物語』における大磯の虎との関係はのちの付会だろうが、もともとこの物語の虎は遊女だったらしいので、巫女のとらと通底しているかもしれない。

(中村　禎里)

参考文献　柳田国男「老女化石譚」(『柳田国男全集』一一所収、一九九〇)、大場磐雄『十二支のはなし』、一九八〇

どら　銅鑼　鑼は薄手の金属の円形の体鳴楽器を意味し、銅製のものを銅鑼と呼ぶ。したがって、同種の形態で演奏法が同じ厚手の金属製のものについては鉦《かね》・鉦《しょう》と呼んでいる。日本では仏教音楽、歌舞伎音楽、民俗芸能の音楽で使われ、また船の出帆や茶道でも合図の音として用いる。この楽器は東アジア・東南アジアに広く分布するが、日本への伝来は鎌倉時代。形には、中央に突起を持つもの、平板なもの、表面全体に小さな突起を打ち出したものなどがあり、大きさもいろいろある。仏教音楽では同種の形の楽器を鐃《にょう》と呼び、シンバル型の鈸《はち》とセットで読経の区切りに打つ。銅鑼の円周上部に孔を開けて紐で吊して打つ方法が一般的であるが、天台宗の場合、凹面を膝に乗せて音を消して打つ方法が伝承されている。歌舞伎の銅鑼は銅鑼鉦《どらがね》とも呼び、梵鐘の代用として、時刻を知らせる時の鐘や禅寺の読経の様子を表わす禅の勤めの音として、また、遠くで聞こえる戦闘の音に使う。民俗芸能では、長崎の獅子舞や沖縄のハーリー船の競い合いに使われる。桴《ばち》(撞木《しゅもく》)には頭部がT字型のものと球形のものがあるが、頭部を柔らかい布や裏革で覆って(銅《ど》鑼桴《らばち》・銅鑼バイ)柔らかい響きを出す場合や、木でそのまま打って鋭い響きを出す方法がある。　→鉦《かね》

銅　鑼

(茂手木潔子)

ドラウチ　ドラウチ　静岡県東部・伊豆地方から山梨県にかけての地域における嫁盗みの呼称。ツケドラ、ドラブチと呼ばれるところもある。親の反対や経済的事情によって若者と娘の婚姻が困難なときに、若者が仲間からの協力を得て娘を連れ出し、婚姻を決定させることをいう。柳田国男の『婚姻の話』(一九四八)以来、若者と娘との間に存在したという自主的恋愛・婚姻の代表的民俗とされて来たが、近年、疑問も提出されている。　→嫁盗《よめぬす》み

(岩田　重則)

参考文献　岩田重則『ムラの若者・くにの若者』、一九九六

とらがあめ　虎が雨　旧暦五月二十八日に降るという雨。曾我の雨ともよばれる。この日には曾我兄弟が仇討ちを遂げて、兄の十郎が討死をしたので、その愛人の虎御前が悲しんで、涙の雨を降らせるなどという。一般に五月から六月にかけては、田植えのための水が求められるとともに、疫病や災害のたぐいもおこりやすく、何か恐ろしい御霊の祟りが、その間の降雨の伝承と結びつけられがちであった。特に曾我兄弟の仇討ちがもてはやされて、その御霊の祟りが恐れられることによって、この虎が雨の伝承ができ上がったとみられる。『曾我物語』の諸本によると、この虎御前は大磯の遊女で、兄弟の菩提を弔うために、諸国の霊場をめぐりあるいたものと伝えられる。この虎御前のゆかりの石などが、日本の東西にわたって残されており、トラと称する遊行の巫女が、曾我の御霊の物語を語りひろめたと考えられる。

参考文献　大藤時彦「虎が雨」(『日本民俗学の研究』所収、一九七九)　(大島　建彦)

とらがいし　虎が石　虎子石・寅子石・虎石・虎ヶ石などと呼ばれる石にまつわる伝承。虎の斑点・皮、あるいは猛虎の嘯《うそぶ》くような形をした石をいうが、一般に女が石に化したという伝承としても知られる。虎という名称から多く『曾我物語』の大磯の虎の連想が働き、たとえば静岡県駿東郡足柄峠の虎子石は、曾我兄弟の仇討ちのとき十郎の恋人である虎御前が心配でたまらず、この地に至り、遥かに富士の裾野を眺めながら、その一念が石と化してしまったと説く。大阪府堺市南半町東の臨江庵近くには、虎御前がここで石に化したという虎が石がある。また、福島県信夫郡岡山村(福島市)のものは、そこに大磯の虎がやってきて石の面を麦の葉で撫でれば思う人の俤《おもかげ》が見えたとも伝える。また、神奈川県中郡大磯町の延台寺にある虎御石は、子供に恵まれない大磯の山下長者が虎池弁財天に願掛けして美しい小石を得、生まれた女の子を虎と名付けるが、虎女の成長につれて小石も成長、十八歳のころには菱餅型の大石になったという石の成長譚を伝える。一方、これらの石には、大磯の虎ヶ石のように、美男が持てば軽く持ち上がり、醜男が持てば上がらないとか、長野県上水内郡上駒沢町(長野市上駒沢)の虎御前石のように雨乞いに霊験があり、雨が降ると石の重さが十倍になるとか、静岡県富士市厚原の虎ヶ石の、洗って祈願するといかなる病気も治癒するとかいった伝承もある。それらは古い時代の石占の面影を伝えるものといえ、特定の行法を持った巫女がそれに従ったものと見られる。全国に残る虎ヶ石・虎石などの遺跡は、もともとは大磯の虎に関係なく、トラ、トラン、トウロなどといった廻国の巫女の足跡を反映したものであろう。長野県上水内郡戸隠村の比丘尼石は、昔一人の尼僧が女人禁制の山に登り、神罰によって石に化したというが、それは立山や白山の登宇呂の尼あるいは融の尼の話と同様、姥石の伝承と関わるものといえる。

参考文献　柳田国男「曾我兄弟の墳墓」(『柳田国男全集』七所収、一九九〇)、同「老女化石譚」(同一一所収、一九九〇)、大島建彦「長野県下の曾我伝説」一―三(『西郊民俗』五八―六〇、一九七一・七三)、同「能引寺の虎御前」(『文学論藻』四八、一九七三)、福田晃「曾我語りの発生」(『立命館文学』三三一・三三三・三七三・三七四、一九七一―七九)　(松本　孝三)

とらごぜん　虎御前　『曾我物語』の登場人物。相模国大磯の遊女で、曾我十郎祐成《すけなり》の恋人。仇討の最中に兄十郎は討死し、弟五郎は処刑されるが、非業死した兄弟の亡魂をとむらうべく、虎は、五郎の恋人の遊女、化粧坂《けわいざか》の少将と連れだって回国修行の後半生を送る。虎と少将の後日談には、曾我兄弟の霊をまつり、その非業死の物語を語り歩いた女性宗教者のおもかげがうかがえるが、両人の回国経路は、すでに『曾我物語』の諸本において異同がある。物語が転写されていた当時、虎の後日談には、さまざまな異伝があったものだろう。なお、虎の伝説を伝える墳墓が各地にあり、また『曾我物語』と一見なんの関係もない巫女虎の伝説も少なくない。越中立山や加賀白山には、女人結界を破ったために石と化した登宇呂の姥、融の尼の伝説があり、類似の話は、各地の霊山の麓などに虎が石伝説として伝えられる。柳田国男は、虎は固有名詞ではなく一派の巫女の通り名であり、虎にまつわる各地の比丘尼石伝説は、彼女らの全国的な足跡を伝えるとともに、それらは石の傍らで修法をした彼女らの信仰の遺物であったと推定する。虎を称する女性宗教者は、各地の修験の霊山をもち伝えた遊行の巫女であり、特に熊野や箱根、善光寺の信仰と関わりの深い念仏比丘尼だったろう。それが曾我兄弟の物語を語るうちに、ついには物語中の人物となったものと考えられている。

→曾我《そが》兄弟《きょうだい》　→虎《とら》が雨《あめ》

参考文献　柳田国男「女性と民間伝承」(『柳田国男全集』一〇所収、一九九〇)、同「妹の力」(同一一所収、一九九〇)、福田晃『中世語り物文芸―その系譜と展開―』(「三弥井選書」八、一九八一)　(兵藤　裕己)

とらまい　虎舞　虎を型取ったり、描いたりしたものを頭に被り、虎の柄を描いた幕の中に二人あるいはそれ以上の人が入り、囃しに合わせて舞うもの。その形態が獅子舞に似ているところから、獅子舞が虎の外容に変わったものと考え、虎舞の起源を獅子舞と見做している説がある。沖縄の獅子舞のように頭から体まで被ってしまうものや、神奈川県横須賀市の虎踊りのような縫い包みの虎舞もある。日本では北から南まで数多くの虎舞が分布しているが、中でも岩手県の太平洋沿岸地域では釜石市の十四団体をはじめ、三十団体以上の虎舞がある。そのほか青森県・宮城県・神奈川県・鹿児島県など、総じて太平洋沿岸地域に多く伝えられている。虎舞の中で伝えられている伝承で最も多いのは、和藤内という若者が虎退治をするという内容で、これは近松門左衛門の浄瑠璃『国姓爺合戦』に題材を取ったもので、一七一五年(正徳

尾崎虎舞（岩手県釜石市）

五）に初演された。虎舞では和藤内が虎退治をするときに、母から授けられた天照大神《あまてらすおおみかみ》の札を虎に向けると、その威光で虎がたちまち尾を伏せ、耳を垂れて、意のままになるという筋書きで、伊勢神宮の札を配って歩いていた伊勢の御師が伝えた大神楽との関わりが考えられる部分である。また虎が千里行って千里帰るという諺と結び付いて、海で漁をしたり船に乗って航海をする人々にとって、虎のもつ神秘的な力を信じたいという信仰も見て取ることができよう。

参考文献 森口多里『岩手県民俗芸能誌』、一九七一、佐藤敏彦編『全国虎舞考』、一九九八、神田より子「日本の虎舞と虎文化」（『季刊自然と文化』五〇、一九九五）

（神田より子）

トランス trance 通常意識の変異状態。心理学的には、催眠状態・強硬症・エクスタシーなどを意味する。シャーマニズム研究で用いられるトランスの語は意識の例外状態・変性意識状態・異常心理状態などを意味するが、これらの語は、通常の意識が変化した状態一般を指しているのではなく、神霊と出会うために通常の意識を変異させた状態を指している。つまり、シャーマン自身は異常心理状態になる一方で、他方では通常の意識状態にある依頼者・信者に対して予言・託宣・治病行為などの役割を担当する。したがって、神霊との直接交流を欠いている単なるトランス状態とは明確に区別される。厳密にはシャーマニック＝トランス shamanic trance と呼ばれる。この状態の典型は人格転換である（憑入型）が、これだけがトランス状態というわけではない。他界に飛翔して神霊と出会い（脱魂型）、普通の人には見えないモノである霊的存在と対話し（憑着型）、見えないモノを見、聞こえないモノを耳にする（憑感型）などは明らかに通常の意識とは異なっている。こうした状態もトランスである。つまりトランス状態とはシャーマンの形相が著しく変わる状態から、通常と少しも変わらないように見える状態までをも含む幅の広い状態である。こうした状態をシャーマンはみずから作りだして神霊と直接交流をする。
→エクスタシー →神《かみ》がかり →託宣《たくせん》 →憑依《ひょうい》

参考文献 佐々木宏幹『シャーマニズムの人類学』、一九八四、桜井徳太郎『日本のシャマニズム—構造と機能—』下（『桜井徳太郎著作集』六、一九八八）

（佐藤　憲昭）

とりあげおや 取上げ親 出産に際し、出生児を取り上げ、その子と擬制的な親子関係を結んだ人物。実際に取り上げなくても取り上げ親と呼んだり、拾い親や名付け親などを取り上げ親と呼ぶ地域もあるが、取上げ親と呼ばれる事例の多くは新生児にとっての仮親の一種である。取り上げるのはたいてい女性でしかも経験豊富な老女の場合が多いので、取上げ婆さんなどと呼ばれることが多いが、婆の夫も親となることがある。取上げ親は子どもの成長儀礼に出席し、子の家からは盆暮などに金品が贈られる。この関係は子が七歳になるまで、などのように期限が区切られる場合もあるが、一生続くこともある。長野県北信地方の場合、取上げ親（トリアゲババ）は子（トリアゲッコ）の成長儀礼に必ずいなければならない人であり、嫁入りにも同行する。その後も取上げ親の死まで親子の関係は続き、トリアゲババの死に際しては遠方でも必ず来て、男のトリアゲッコは湯灌をし、女のトリアゲッコはトリアゲババの着物を洗ったりした。程度の差はあれ、一生つきあうという事例は愛知県や兵庫県などにも見られる。北信地方の事例では本来的には実際に取り上げることが取上げ親になる契機であるが、実際に取り上げなくてもトリアゲババを頼むことも多く、呪術的および社会的に子どもと社会の間をつなぎ、子の成長を保護する役割が強く期待されている。そのため、男性が取り上げ親となり、トリアゲジジと呼ばれ、一生つきあうこともある。このように重要な役割を持つ取上げ親には誰でもなれるわけではなく、どのような人に取上げ親を頼むかということは、その家あるいは社会の経済状態や社会関係にかかわっている。

参考文献 『日本産育習俗資料集成』、一九七五、柳田国男「社会と子ども」（『柳田国男全集』一二所収、一九九〇）、大藤ゆき『児やらい』（『民俗民芸双書』、一九六八）、竹内利美「生育習俗と親方子方慣行」（『竹内利美著作集』三所収、一九九一）、荒井和美「北信地方の擬制的親子関係—長野県下水内郡栄村の事例—」（『日本民俗学』一九二、一九九二）

（浅野　久枝）

とりあげばあさん 取上げ婆さん 出産の介助をして、出生児を取り上げる女性のこと。職業として助産する産婆や助産婦とは異なりムラの中の経験豊富な人、器用な人、あるいは人柄のよい人などが頼まれて助産をする。このような人は老婆であることが多く、特に群馬県などのように老婆に取り上げられると長生きするという地方も多い。一八七四年（明治七）以後、職業人として産婆が、一九四七年（昭和二十二）からは助産婦が出現したが、それ以後も一九五〇—七〇年代まで、取上げ婆さんに取り上げてもらった人はいた。取上げ婆さんは各地でトラゲババ、ヘソバアサン、テンヤクババ、ウマシババア、コトリババ、コナサセバンバ、コズエババ、ヒキアゲババなどと呼ばれる。特にコズエババのスエルは子を座らせる、仲間に入れるという意味があることや、ヒキアゲババはこの世に引き上げるという意味があるとして、単に出産の物理的な介助をするだけではなく、呪術的な意味があると考えられている。引上げ婆さんが葬式の時の泣き婆さんも務めるという岡山県の事例や、宮参りや誕生祝いなどの出生児の成長儀礼や婚礼に取上げ婆さんが出席したり、正月に年玉(年霊)を子に与えるという事例が各地にみられることからも、取上げ婆さんがあの世とこの世の霊魂の移動、あるいは魂の成長に関与する女性であったという呪術的側面がうかがえる。実際の出産に立ち会わなくても取上げ婆さんを依頼し、その子供とは親子として一生つきあい、子供は婆が死ぬときは湯灌をしたり棺を担いだりする事例もあり、婆と子供の間での生命力のやり取りもある。また、取上げ婆さんが親として、子と子が所属する社会をつなぐ重要な役割を持つこともある。職業としての産婆・助産婦が多くなってからは、彼らが儀礼的な親としての取上げ婆さんの役を引き受けたり、名付けをすることも多くなった。しかし、病院での出産の場合、医師を取上げ親に頼む事例は少ない。病院での出産が増えた現在では、長野県北信地方など取上げ婆さんが重要な役割を担っている地方では実際に取り上げていないが、ムラの中から適当な人を選び、取上げ婆さんと呼び、一生親子としてのつきあいをする場合もある。

参考文献 『日本産育習俗資料集成』、一九七五、柳田国男「社会と子ども」(『柳田国男全集』一二所収、一九九〇)、同「産婆を意味する方言」(『定本柳田国男集』一五所収、一九六九)、大藤ゆき『児やらい』(『民俗民芸双書』、一九六八)、鎌田久子「ウバの力」(『日本民俗学』九八、一九七五)、竹内利美「生育習俗と親方子方慣行」(『竹内利美著作集』三所収、一九九一)、浅野久枝「とりあげること おくること」(『信濃』四四ノ一、一九九二)、荒井和美「北信地方の擬制的親子関係—長野県下水内郡栄村の事例—」(『日本民俗学』一九二、一九九二)
(浅野 久枝)

とりい 鳥居 (一)神社を表象するものとして、その入口や参道・社頭に建てられている構築物。寺院や墓所にもみられ、内部が聖域であることを標示して、俗域とを隔離する機能を果たしている。仏教でいう結界に建てられることが多い。語源として「鳥の居るところ」「通り入る」など諸説あるが未詳。文献的には『皇太神宮儀式帳』(八〇四)に同種の構築物を「於不葺《うえふかずの》御門《ごもん》」と表現しており、鳥居の名称はこれ以降と考えられている。「華表」の字を宛てることもあるが、中世以前にはその用例がみられない。鳥居の起源について、日本固有説、朝鮮半島の紅箭、中国の華表、タイの高門やインド源流説など種々ある。鳥居の関連でシャーマニズムに結び付ける見解もあるが定説をみない。基本構造は地面に垂直に立てた二本の柱を、貫《ぬき》と呼ぶ水平材で固定し、柱の上端に笠木《かさぎ》を水平に乗せて覆う形式をとる。種類は多岐にわたり、素木の神明鳥居(伊勢神宮)、樹皮付きの黒木鳥居、朱塗りの春日鳥居、両部鳥居、また山王鳥居のように神道思想と結びついた形式、三面構造をした三柱鳥居(京都市木島神社)や三輪鳥居(奈良県桜井市大神神社)など特別な構造をとる例もある。民間信仰においては、祈願や謝恩の節に木製や鉄製の小鳥居を祠や大木の根本に奉納したり、鳥居を潜ることによる願望成就の意味付けもある。また稲荷社のよ

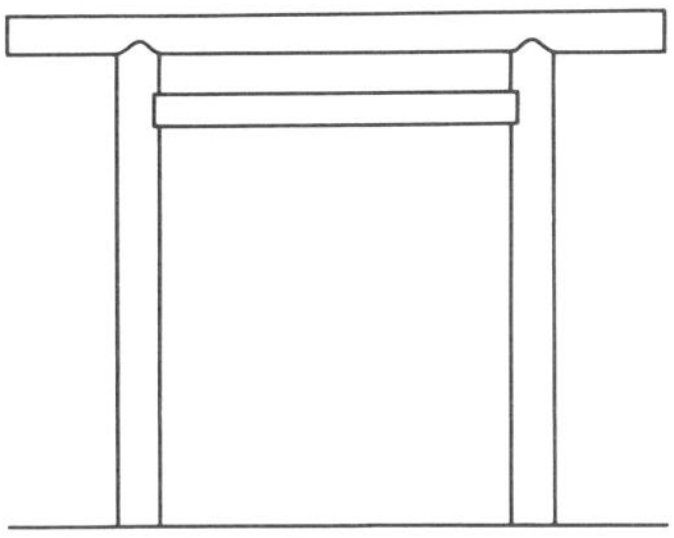
神明鳥居

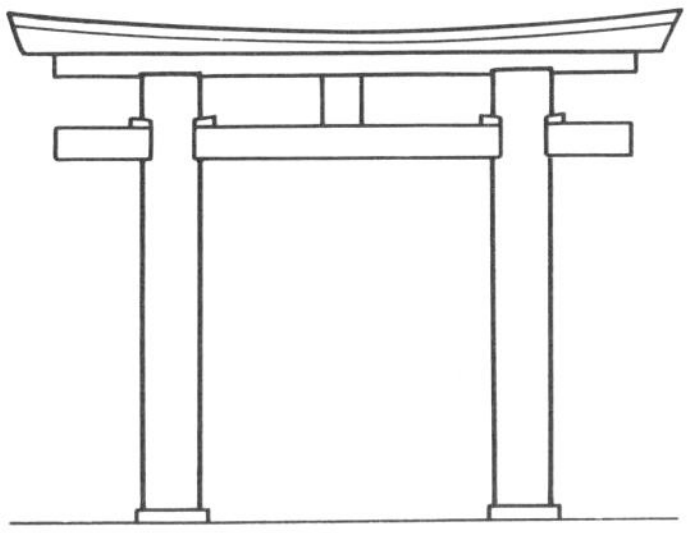
春日鳥居

山王鳥居

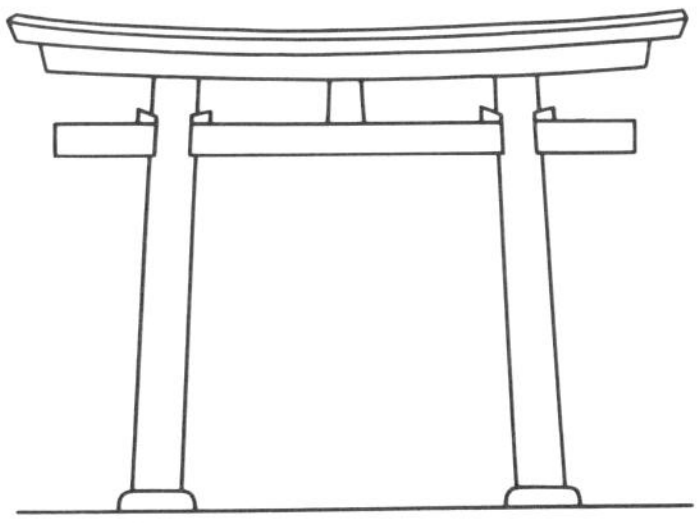
明神鳥居

京都府伏見稲荷大社の稲荷山参道

うに多数の鳥居が参道に奉建される場合や、家の塀や壁に鳥居の図を描き立小便を防ぐ習俗もある。

参考文献 根岸栄隆『鳥居の研究』、一九四三

（桜井 治男）

㈡海外の神社でもその入口にある鳥居は日本のものと変わらないが、それとは別に日本人や日系人の多く住む町にはそのシンボルとして鳥居が建てられることがある。サンパウロ市のリベルダーデ地区には朱色の大鳥居が目抜き通りのガルボン、ブエノ街にそびえている。これは一九六九年に日系の商工会が建立したものである。

（中牧 弘允）

とりいりゅうぞう 鳥居龍蔵 一八七〇―一九五三 東アジア人類学の先駆者。一八七〇年（明治三）徳島市生まれ、一九五三年（昭和二十八）東京都で死去。東京人類学会の創設者の一人坪井正五郎の勧めで人類学を学び始める。一八九二年に徳島の実家煙草問屋をたたみ、一家をあげて上京。翌年帝国大学理科大学人類学教室の坪井に師事して標本整理係となる。一八九五年の遼東半島調査を皮切りに、台湾・クリール（千島）・中国西南部・朝鮮・東部シベリア・中国東北地方・蒙古および日本各地で総合的な人類学の調査を行なった。彼の調査研究の特徴は、㈠当時としては最新の写真・録音機材を導入した。一八九七年の台湾紅頭嶼の調査以降は乾板写真機を使用し、一九〇一年の岐阜県大野郡白川村の調査では蠟管蓄音機を使用している。㈡豊富な歴史文献のある東アジアにあって、当時利用しうる限りの漢籍資料や欧米人の調査報告に目配りしている。㈢現地の遺物の持ち帰りは必要最少限にとどめ、克明な調査記録を確実に公刊している。彼は、形質人類学に加え、現存する民族の風俗習慣を対象とする土俗調査も精力的に行なっており、一九〇二年には日本における最初の民族誌『紅頭嶼土俗報告』を出版している。一九一八年（大正七）刊行の『有史以前の日本』で展開した日本人の系統論や銅鐸と銅鼓との機能面の類似性の指摘、またドルメンや陵墓の発掘・同定など先駆者としてスケールの大きい仕事を成し遂げており、彼の先駆的業績は人類学・先史学・考古学・民族学など各分野から現在も高く評価されている。『鳥居龍蔵全集』全十二巻別巻一（一九七五―七七）が刊行されている。

参考文献 寺田和夫『日本の人類学』、一九七五、末成道男「鳥居龍蔵―東アジア人類学の先駆者―」（『文化人類学群像』三所収、一九八八）、中薗英助『鳥居龍蔵伝―アジアを走破した人類学者―』、一九九五

（曾 士才）

とりおい 鳥追い 年頭にあたり害鳥を追い払って農作物の安全と豊穣を祈る小正月行事。害獣を追い出す狐狩りやモグラ送りと同じ趣旨の予祝儀礼である。主として東日本で子供たちを中心に行われてきたが、今はその多くが廃止された。地方名でトリボイ、カラスオイ、ヨノドリオイなどともいう。秋田県平鹿郡の村々では、かまくらといわれる雪むろを作り、子供たちが正月十五日にそこに行って籠り、その後地域の家々を訪れて挨拶をし、鳥追い唄をうたった。新潟県の魚沼・頸城の山間地ではホンヤラドウ（トリオイドウ、ユキンドウ）という雪むろを作り、子供たちはそこに入って餅やミカンを食べて楽しみ、その後鳥追いに出かける。拍子木や太鼓などをたたき、鳥追い唄を唱えながら村中を歩きまわる。この地方では、雪で高い櫓（トリオイヤグラ）を築き、その上にあがって鳥追いするところもある。東北地方には杉や藁で小屋（トリオイゴヤ）を作り、子供たちがそこに入って飲み食いし、やがてその小屋に火をつけて焼き、大声で鳥追い唄をうたうところがある。これは鳥追いが火祭のサイノカミ焼きと習合したものであろう。鳥追いの行事は、大勢で鳴り物をはやしたて、害鳥を罵倒し、あるいは懲らしめて追い出す趣旨の唄を唱えるのが基本である。追われる鳥は雀、烏、カモ、サギなどさまざまであり、送り先は仮想の島または佐渡ケ島のような実在の島であったりする。家の門ごとに訪れる農村の鳥追い行事は、近世に京や江戸などの都市で、職業化して行われ、編笠姿の女性が三味線や胡弓を携えて鳥追い唄をうたいながら門付けして歩く芸人の鳥追いや女太夫を出現させた。

参考文献 橋浦泰雄『月ごとの祭』（「民俗民芸双書」、一九六六）

（鈴木 昭英）

トリカジ トリカジ 船を左に向けるようにする梶で、船の左舷をさす場合もある。十二支で方角を見る和磁石の場合、子を北に合わせると左舷は酉《とり》方向になることからトリカジ（酉舵）といわれるようになったという。不浄物の乗り下りに使われるオモカジ（右舷）とはちがい、聖なる側の意識が強く、船下し《ふなおろし》（進水式）で船を海に浮かべてから村落の湾口付近の神が宿る岩礁地や聖域とされている島、あるいは神社前の海域を三回まわる習わしが各地にあるが、この時も船が旋回するのは左まわりのトリカジである。また、船霊《ふなだま》さんは進水式の前に船梁や帆柱を立てる筒のあたり、もしくはタツなどに人形・十二文銭・サイコロなどを封じ込めるが、この時も左舷から船大工が乗って行う。祭や盆・正月には船主は必ず船霊さんにも供え物をするが、この時もトリカジから乗船して供える。また、海神祭などではよく年一度聖域内の海に入ることが多く、その海域に来ると船から神酒が海の神（竜宮様）にツヨとかツイヤとかのねずみ声を発しながらトリカジから注がれるが、このようなことからも船の中の神聖な域であることが理解できる。また、木造和船は定期的に船底に付着した海の生物を掃除して藁を燃やした火で船底をあぶる船たでを行うが、これは船底の生物を焼却する効果もあるが浄める意味もあり、この時も聖なるトリカジ（左舷）の船首から行う。 →オモカジ

参考文献 三重県教育委員会編『鳥羽・志摩漁撈調査報告書』、一九六八

（野村 史隆）

とりご 取子 子供が弱い、あるいはこれまで子供が育たなかった場合などに神仏の子にしてもらうこと。神仏の取子の場合、神仏そのものが取親となるが、具体的に

はその神社・寺院の神主や住職が取親として名をつけたり、一生つきあったりすることが多い。また、岩手県ではボサマ(盲目の僧)やオカミンサマ(盲巫)などの民間宗教者や神主・僧侶に取親を依頼し、盆暮のつきあいから子供の成長儀礼、取親の死に至るまで親子として一生つきあう事例もある。秋田県では子供を四つ辻に形式的に捨て、僧侶が拾って取子にする事例もあり、拾い親との関連も考えられる。福島県にもトリゴオヤの習俗があり、僧侶に名を付けてもらう。神の取子の場合も、その神に仕える神官などに名付けてもらうことが多い。一方、弱い子供の場合、その子を抱いて四つ辻に出て待ち、その日の最初に通りがかった人のトリコにしてもらって一生つきあう事例が愛媛県にみられる。東北地方でも、イタコや民間宗教者の取子にしてもらう事例もある。神の取子については、宗教者と擬制的親子関係を結ぶ習俗がはじめにあり、その親子成りの効果を神仏に期待し、その派生として神仏自体を親にするように変化したとする説もある。

参考文献　柳田国男「社会と子ども」(『柳田国男全集』一二所収、一九六〇)、最上孝敬「親方子方」(柳田国男編『山村生活の研究』所収、一九三七)、野口光敏『日本の民俗愛媛』、一九七三、大間知篤三「呪術的親子」(『大間知篤三著作集』四所収、一九七八)、平山和彦「いわゆる「親子成り」について」(『日本民俗学の課題』所収、一九七八)、竹内利美「生育習俗と親方子方慣行」(『竹内利美著作集』三所収、一九九一)

(浅野　久枝)

トリックスター　trickster　もともとはいたずら者の意味だが、神話や昔話に登場する人物や動物から、演劇における道化までをさす幅広い概念のこと。代表的なものとして、アフリカの民話の野兎やクモ、北米先住民の神話のワタリガラスなどが挙げられる。トリックスターは、機知をめぐらしいたずらをして周囲をからかうが、自分のわなに自分でかかるという失敗をおかすという愚かさももっており、それが聴衆の笑いを誘うことになる。いたずらがひどくなると、既存の制度や組織を破壊するという過激な反秩序性をトリックスターは帯びることになる。しかしこの破壊性は、旧弊な因習を解体し世界を始源の状態へと立ち戻らせ、そこからこれまで存在しなかった事物や制度を導入するという文化英雄としての役割、つまり創造性・秩序性に結びつくものでもある。したがってトリックスターは相反する性格を併せ持つという両義性を備えている。江戸時代末期に庶民のあいだに流布した鯰絵に描かれるナマズも、地震と結びつくという破壊性だけでなく、壊すことによる世直しという性格ももっており、トリックスターといえるだろう。さらにこの両義性は、対立する二つの世界や範疇を自由に行き来できる故に、両者を仲介する媒介者という形で現われることにもなる。全く異質なものを予期せぬやり方で遭遇させるというこの特性が笑いをもたらすのであり、さらにそれは現実の異なった在り方にも目をむけさせることになるのである。

参考文献　山口昌男『アフリカの神話的世界』(「岩波新書」青七七四、一九七一)、C・アウエハント『鯰絵―想像力の世界―(普及版)』(小松和彦他訳、一九七九)、山口昌男『道化的世界』(「ちくま文庫」、一九八六)

(出口　顕)

とりのいち　酉の市　東京で十一月酉の日に、鷲《おおとり》・大鳥神社に立つ縁起物の熊手の市。かつては酉《とり》の市《まち》と呼んだ。十一月中に酉の日は二回もしくは三回あり、それぞれ一の酉・二の酉・三の酉と呼ばれ、三の酉まである年は火事が多いともいう。東京には鷲・大鳥系の神社が数多くまつられており、台東区浅草の鷲《おおとり》神社、目黒区下目黒の大鳥神社などが有名であるが、その本社は大阪府堺市の大鳥神社であるといわれている。しかし、酉の市が行われるのは東京のみで、関西でそれにあたるものは一月十日の十日戎《とおかえびす》の祭であり、大阪府の今宮戎神社・堀川戎神社、兵庫県の西宮神社などで縁起物の福笹が売られている。

浅草鷲神社の酉の市

静岡県三島市の三島神社では酉の市が行われ、東京風である。東京の酉の市は足立区花畑《はなはた》(旧葛西花又村)の鷲神社に始まったといわれ、これを大酉・本酉といい、浅草の酉の市を新酉と呼んだ。足立区千住勝泉寺の鷲明神のそれを中酉という場合もある。新宿区の花園神社・須賀神社、江東区の深川八幡神社、江戸川区の香取神社などでも酉の市が行われているが、もっとも盛況なのは浅草の鷲神社で、今でも多くの人出でにぎわう。市の売物である熊手は、福をかきこむということにちなんだ縁起物で、商売繁盛を祈願して商家などは毎年これを求めて店先に飾った。熊手には御多福・入船・檜扇・大福帳・大判小判・千両箱・当り矢・えびす・大黒などの縁起のよい飾り物がたくさん付いており、威勢のよい掛け声を発しながら熊手売りたちが、それを売った。

(長沢　利明)

とりばみしんじ　鳥喰神事　⇨御鳥喰神事《おとぐいしんじ》

とりもち　鳥黐　モチノキ科モチノキ属の植物、およびヤマグルマ科ヤマグルマから取れる粘着性の物質。鳥類の狩猟に使われるほか、子どもの遊びとしての捕虫に使用されてきた。春から夏にかけ樹皮を水に浸して腐敗させ、秋にこれを搗き組織を洗い流して、再び水につけて保存する。古くは山間地から出荷され広域に流通する重要な換金植物で、たとえば鳥黐を鴨猟に用いる千葉県手賀沼には会津・紀州・薩摩などから供給されていた。

↓鴨猟《かもりょう》

参考文献　桜田勝徳「流しもちともち」(『桜田勝徳著作集』三所収、一九八〇)　（菅　豊）

とりもの　採物　神事において、神を招くために手に持つものをいう。平安時代に内侍所御神楽と称され宮中で行われた神楽の中から、歌謡だけを抜き出して記録した「神楽歌」には、榊《さかき》・幣《みてぐら》・杖《つえ》・篠《ささ》・弓《ゆみ》・剣《つるぎ》・鉾《ほこ》・杓《ひさご》・葛《かづら》の九種が採物歌として納められている。この神楽歌は㈠採物(神おろし)、㈡前張《さいばり》(神あそび)、㈢星(神あがり)という構成となっていて、このことから採物は神おろしあるいは神迎えの道具とされたと考えられる。もっとも採物歌は人長《にんちょう》の役のものが手に持つ物にちなむ歌であるが、実際にここに記録された採物すべてを持って舞ったという記録はみられない。このうち幣は神に差し上げるものという意味で、実際には絹や木綿などの織物が多かった。また幣・榊・鉾は、まずこれを持って清めの舞を舞い、その後この採物に神が宿る神座《かみくら》とされた。このうち鉾は両刃の剣に柄をつけたもので、単なる武器ではなく、神を招くために用いられたもので、『日本書紀』では天岩戸の神話で天鈿女命《あめのうずめのみこと》が持ったとある。杓は瓢とも書き、瓢箪やふくべのことで、二つに割って水を汲むために用いたりもするが、神霊の容器とする信仰は広く、『古事記』によれば小さな神少彦名《すくなひこな》は瓢箪から生まれたという。篠は巫女が手にして神がかりとなる道具で、能の狂い物『隅田川』や、歌舞伎の『保名』でもこれを手にすることで異常心理を表わすという約束となっている。剣・弓は悪魔を祓う武器であり、そのうち弓は神霊を招き、悪鬼を退散させる採物で、巫女が口寄せのときに使う梓弓はその代表である。剣は神楽の荒神による悪魔退治などに用いられ、岩手県の早池峰山の山伏神楽では真剣を使う。仮面異装の鬼が山づとの杖を手にして祝福に訪れる神楽舞は日本各地にあるが、特に広島県の荒神神楽における荒平舞で用いられるしはんぢょうの杖は再生と豊饒を表わすものとされる。これら以外にも出雲佐多大社の御座替の祭では神職が莫座を手に採って舞を舞うが、これも神の御座としての採物である。また東北地方の巫女が祭文を唱えながら遊ばせるオシラサマと称する木の人形も採物といえる。採物と混同しやすい手草《たぐさ》は、折口信夫の「上世日本の文学」によれば、物忌の印として手にとるもので、採物は霊魂をゆり動かすことで、その霊魂を身に付ける道具へと用途を広げたものという。採物は神霊の降臨を願うもので、これを持つことで神が宿るとされ、神の依代としての機能をもつ。そこから神事に起源をもつとされる諸芸能において、主役を務めたり、指揮の役の者が手に携えるものを採物と呼んだ。またそれを持つ者にも神の依代としての性格を付与する。一方これを手にして振ることで、神霊を発動させる祭具・呪物としての機能も同時に内包している。だから形の大小や性質により、霊魂あるいは神々を迎えるための依代としてか、または神霊の発動を期待する呪物かのどちらかが強くあらわれると考えられ、そこから神の正体も予測し得るものとなっている。

宮崎県西都市銀鏡神楽の御幣と鈴

宮古市牛伏の七つ踊りの扇

岩手県宮古市黒森神楽御堂入りの桶とすりこぎ

採　　物

参考文献　C・ブラッカー『あずさ弓』(秋山さと子訳、「岩波現代選書」三八、一九七九)、高取正男『民間信仰史の研究』、一九八一、岩田勝「しはんぢょうの杖」(『神楽源流考』所収、一九八三)、本田安次『神楽』二(「本田安次著作集」二、一九九三)　（神田より子）

ドルメン　ドルメン　人類学・民族学・考古学・民俗学など各学界の交流を目的とした一般雑誌。創刊一九三二年(昭和七)、終刊一九三九年(五巻七号)。各学界の研究者の記す随筆・紀行文・資料報告など多様な話題を扱う。大学などの研究機関に属する研究者が執筆者の中心だが、民俗学分野については各地の民俗研究家からの寄稿も少なくない。また対象地域は日本に限らず朝鮮・台湾・南洋諸島など当時の日本領、さらに中国に及ぶ。一〜三巻には総目次あり。

『ドルメン』創刊号

参考文献 岡茂雄『本屋風情』(「中公文庫」、一九八三)　(小野　博史)

トロ　トロ　地名。淀み。ドロともいう。ただし、ドロのつく地名には泥土のものもある。埼玉県の荒川渓谷の長瀞《ながとろ》や紀伊半島の熊野川支流北山川の瀞《どろ》八丁のように、瀞の字で代表される地形。岐阜県大野郡久々野町に長淀《ながとろ》の例があるように、水の滞る淀みを指す。土呂・登呂とも書く。奈良県吉野郡天川村の洞川《どろがわ》も同義。瀞の字は浄の字の俗字で、トロと読むのは国訓、水が澱んで静かな意に字面の連想からあてたものであろう。　(鏡味　明克)

どろえ　泥絵　胡粉を基調とし、水性・不透明で安価な泥絵具で描いた絵のうち、西洋画の影響をうけて描かれた絵のこと。無名作家や職人が大量生産し、民間に流布した民画としても評価されている。江戸時代に長崎・上方・江戸で発展し、長崎では異国人物や異国船、港風景などを題材とした土産絵に、上方では上方風景を画題とした小型の眼鏡絵に特色がある。江戸でも眼鏡絵を中心とするが洋画の遠近法による風景の土産絵や、浮世絵の影響がみられることに特色がある。

参考文献 吉田小五郎「泥絵の話」(『工芸』七三、一九三七)、小野忠重『ガラス絵と泥絵』、一九九〇　(印南　敏秀)

どろおとし　泥落とし　田植え完了時に村落で行う田休み。しろみてともいうが、中国地方ではこの用例が多い。他地方では、さんばいあがり・さなぶりがよく知られている。田の神を送り祝う。苗を分けて持ち帰るなど苗の後始末の儀礼が多い。柏餅やマキの葉で包んだ団子を作り、早乙女や男たちを慰労する。馬鍬など農具を洗い、供物をしたり、牛馬を洗い、水をかけあうなどの行事がある。新嫁を実家に帰らせた。田植え労働力の過不足の計算をし、不足分の日当を支払う。　→しろみて　(藤井　昭)

トロヘイ　トロヘイ　中国地方を中心に分布する小正月の来訪者の行事。トラヘイ、トノヘイ、トロトロなどともいう。一月十四日夜、若者(地域によっては厄年の人)が各家を廻り、藁馬を付けた袋と松枝に小額の金包をつけたものを家の前に置く。家人は袋へ餅や菓子などを入れ、金を倍にして返す。顔を隠した若者がそれらを秘かに持ち帰った。見つかれば水をかけられるので蓑を着ていた。また家人が水を巧くかければ豊作といった。昭和初期に姿を消した。　(藤井　昭)

ドングリ　ドングリ　ふつうドングリというときには、ブナ科のコナラ属コナラ亜属に含まれるウバメガシやクヌギ、コナラやミズナラといった落葉樹の種子と、アカガシ亜属のイチイガシやシラカシ、アラカシなどの常緑樹の種子、それにマテバシイ属のマテバシイをさすことが多い。同じブナ科の種子でもブナやクリ、シイ類は、ドングリとよばないのがふつうである。ただし、細かくみるとこれにも地方差がある。たとえば九州山地の一部の山村では、ドングリはクヌギの種子だけをさしていた。一般にドングリと総称される種皮のかたいこれらの木の

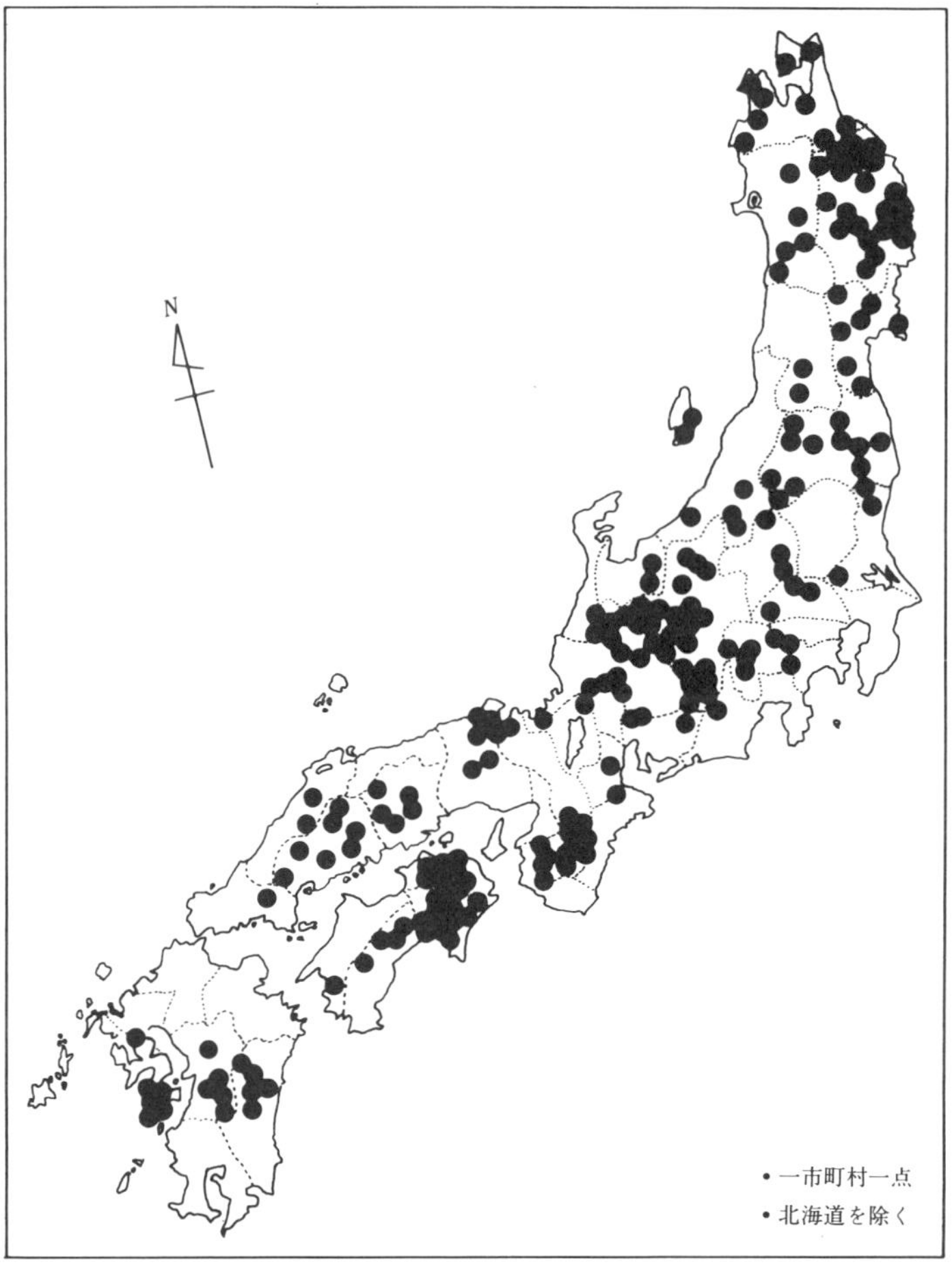

ドングリ食の全国分布

実は、日本列島の各地の山村で採集され、アク抜きをし粉にひいて、ダンゴやドングリコンニャクともドングリトーフともよばれる食品に加工され、日常的に食用に供されてきた。その痕跡は一九五〇年代末までは、確実に存在した。そのためドングリを食用にした伝承はひろく認められ、一九九二年(平成四)の調査でも、それが全国に分布していたことが確かめられている。食用に供するためのドングリの採集は、共有林野で行われることが多かったが、なかには北上山地の一部の山村のように、ドングリの木をセイロとよんで大切にし、この木を個々人が所有した例もしられている。また、北海道に居住してきたアイヌの人たちも、ドングリをニセウとよんで食用に供してきた。こうしたドングリを加工し食用にする伝統は、古く縄文時代にまでさかのぼることが考古学的に確認されている。

参考文献 渡辺誠『縄文時代の植物食』(『考古学選書』一三、一九七五)、松山利夫『木の実』(『ものと人間の文化史』四七、一九八二)、辻稜三「わが国における堅果食の分布に関する基礎的研究」(『立命館文学』五三五、一九九四)、同「天草地方のカシノミコンニャクとその系譜をめぐって」(『民俗と歴史』二六、一九九四)　(松山 利夫)

トンコリ トンコリ アイヌの弦楽器。長さが一二〇、幅が二〇、厚さが一〇センチ位の散弦系の楽器で通常五本の弦を張る。主にサハリン(樺太)と北海道の北部(宗谷)に分布し、北海道ではカー(弦の意)の名称をもつ。曲は自然の音響を模倣するものが多く、踊りの伴奏にも使われる。楽器の胴にラマッ(魂)とかサンペ(心臓)とか呼ばれる小さな玉を入れる。これによって楽器に精霊が宿るとされている。持主が亡くなると副葬品として焼却する習慣があった。

トンコリ　蝦夷人弾琴図

参考文献 谷本一之「アイヌの五弦琴」(『北方文化研究報告』一三、一九五八)　(谷本 一之)

ドンザ ドンザ 紺木綿・縞・絣の袷《あわせ》の着物を刺子にして丈夫に仕上げた仕事着。青森県津軽地方のサグリ、コギン、山形のサゴリ、丹後東部や佐渡のサッコリ、サキオリ、岩手・宮城のズブ、ハダコ、茨城のボッタと並んで第二次世界大戦前の日本の代表的な仕事着の一つ。山仕事ではいばらなどによる外傷から身体を保護したり、漁仕事では防寒着・防護着・雨具をかねた仕事着として着用された。寒風や潮風を通さないようぼろや端切れ布を重ね厚手にして糸で刺した冬漁の仕事着をさす場合が多く、サシコ・シオ(潮)ハライと呼ぶこともある。袖はもじり袖か筒袖になっていて労働の際動きやすくなっている。房総半島ではタイ網漁の仕事着、志摩半島(三重県)一帯ではカツオ一本釣りの漁着や、海女が潜水作業後、冷えた体の体温保持用に着用する綿入れ半纏にみられる。愛知県知多では地曳網漁の仕事着、また、佐渡(新潟県)、能登半島輪島(石川県)、大分県佐賀関のほか、愛媛県・岩手県などでも漁師の仕事着として着用されていることから農山村の仕事着である野良着より海の仕事着の要素が強い。特に船の上での仕事は行動性が重要視されたので合羽が一般化するまではもっぱらドンザが使われた。刺子に仕立てられていることが多いためサシコ、地方によってはゾンザ(佐渡)、ドンジャ(日本海沿岸・伊豆半島)、ヤンダ(愛媛県三崎町)、ドンダ(東京都)、ジョンジャ(同)と呼ぶところもある。名称は違うが、シオハライ、モッパ(志摩)、サシコバンテンなども同様の部類にはいる。

→サックリ

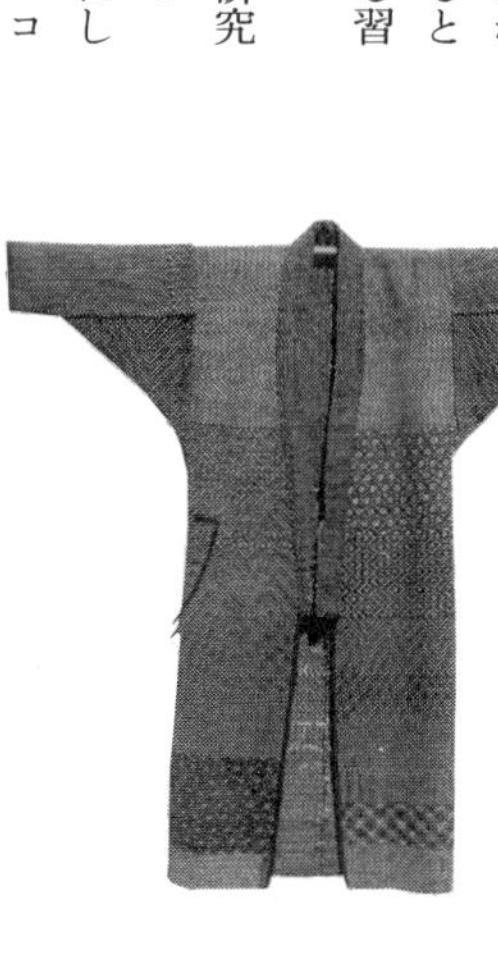
ドンザ　坂手のサシコ（三重県鳥羽市）

参考文献 須藤功編『写真でみる日本生活図引』二、一九八八、京都府立丹後資料館編『日本海の裂き織り』(特別展図録、一九九三)　(野村 史隆)

どんたく どんたく 福岡市で五月三・四日両日にわたって行われる大規模な街頭行事。「博多どんたく港まつり」と呼ぶ。中心街をどんたく広場にして、花自動車・仮装車に続いて、地元の商店・企業・団体・学校・市民グループなどに、九州各地、アジアの諸都市からも参加した総勢二百団体にも及ぶどんたく隊が、それぞれに趣向を凝らした一大パレードを繰り広げる。ゴールデンウィークの行事としては最大規模のもので、二日間の人出は二百五十万人にも及ぶ。どんたくは、休日を意味するオランダ語の Zondag がなまったもの。福岡市民の祭でありながら博多どんたくと呼ぶのは、祇園山笠とともに、博多町人と深く結びついてきた博多松囃子《まつばやし》を受け継いだからにほかならない。博多松囃子は、小正月に博多町人が、稚児、福神・恵比寿・大黒の三福神、傘鉾、通りもん(仮装や囃子に趣向を凝らした行列)からなる行列風流を仕立てて福岡城を訪れ、藩主に祝賀の意を表するのを恒例としていた。それが明治の版籍奉還後、政府や県の干渉によって天長節、のちには紀元節の祝賀行事となり、通りもんの方をどんたくと呼ぶようになった。五月三・四日の行事になったのは一九四九年(昭和二十四)からで、憲法記念日から二日間、博多港の宣伝もかねて「松囃子ど

博多どんたくの松囃子

んたく港まつり」とした。現在の博多どんたくでもパレードとは別に、昔ながらの松囃子が博多の町を祝って廻る。

参考文献　井上精三『どんたく・山笠・放生会』、一九八四、福岡市民の祭り振興会編『博多どんたく読本』、一九九二

（佐々木哲哉）

とんでんへいそん　屯田兵村　明治期の北海道で屯田兵の集団移住により成立した開拓村落。屯田兵の募集は一八七五年（明治八）に開始され、一八九九年まで続いたが、この間、全道各地に三十七兵村が建設され、七千三百三十七戸が移住した。兵村は通常一中隊（二百戸）を単位とし、屯田兵の家屋と農地（平均五町歩）のほか、中隊本部・官舎・練兵場・射的場といった軍事施設、学校、社寺・墓地、防風林、公共施設を置く番外地などから構成されていた。一九〇四年の屯田兵制度の廃止により、一般開拓農村の中に解消された。

参考文献　上原轍三郎『北海道屯田兵制度』、一九一四、北海道教育委員会編『屯田兵村』（「北海道文化財シリーズ」一〇、一九六八）、伊藤広『屯田兵村の百年』、一九七八

（桑原　真人）

とんど　とんど　小正月の火祭行事。ドンド、ドンドヤキ、ドンドンヤキなどとも呼ぶ。このほかオンベヤキ、サイトヤキ、サギチョウ、ホッケンギョウ、サンクロウなどと呼ぶところもあり、小正月の火祭行事の呼び名は多い。トンド、ドンド系の呼び名は全国的に見られるほか、サイト系は関東地方以北に、ホッケンギョウ、オニビ系は九州地方に、サギチョウ系は北陸・東海地方以西に多く見られる。そのほか地域性の濃い呼称もありサンクロウは長野県の中信地方にのみ見られるものである。それぞれの呼称の意味は明確ではないが、正月に行われる火祭に対する人々の印象は強く、生活環境や行事の位置づけなどによって地域的な特徴がみられる。火祭の意味についても一様ではない。正月飾りの処理を行うとともに、正月の神送りとして考えられることが多い。しかし、火祭を行うために山から若木を迎えてくる所もあり、そうした所では大正月にまつる神とは別に改めて若木とともに山から神を迎えてまつる行事としての一面を持っている。関東・中部地方を中心として道祖神祭として行われるところもある。この行事には子供組の活動が顕著に見られ、若者組と争うところもある。鳥追いなどの行事が付随することもある。また、厄落としの行事が行われるところも多く、この火でモノヅクリの団子などを焼いて食べると病気にならないとしているところも多い。火の燃え方や心棒の倒れ方でその年の作を占うこともある。こうした望の正月における神祭や年初の年占行事などさまざまな要素が、この行事に含まれているため、その性格や意味が地域ごとにかなり錯綜している。↓鬼《おに》火焚《びた》き　↓おんべ焼《や》き　↓サイトヤキ　↓左義長《さぎちょう》　↓三《さん》九郎《くろう》焼《や》き　↓ホッケンギョウ

参考文献　柳田国男「新たなる太陽」（『柳田国男全集』一六所収、一九九〇）、和歌森太郎「年中行事」（『和歌森太郎著作集』一二所収、一九八二）、倉石忠彦『道祖神信仰論』、一九九〇、田中宣一『年中行事の研究』、一九九二

（倉石　忠彦）

トンプソン　Thompson, Stith　一八八五―一九七六　アメリカの民間説話研究、民俗学研究者。アールネ・トンプソンのインデックスと称される『昔話の型』を一九二八年に、『民間文芸モチーフ索引』を三六年に、それぞれ完成することにより、民間説話の比較研究のための基本的な枠組みを設定した。続いて、四六年に『民間説話』を刊行して、民間説話研究の目的と方法論を包括的に示した。民俗学研究の世界的な中心地の一つとなったインディアナ大学民俗学科の基礎を築いた学史上重要な人物である。なお、『民間説話』は邦訳・刊行されている。↓アールネ　↓アールネ・トンプソンの話型《わけい》

参考文献　小沢俊夫『世界の民話』二五、一九七八

（川森　博司）

どんぶり　どんぶり　江戸時代以降広く普及してきた陶磁器製の鉢の一種。丼鉢の略称で、丼とも表記する。転じてこの器の中に盛った具をのせた飯のこともさす。また、食器とは別の意味で職人などがつける腹掛けの前かくしをさす言葉でもある。漢和字典によると、「丼」という字を食器の意味にあてるのは、日本での使い方で、「どんぶり」という読みは井戸にものを落とした時の音からきたものだという。どんぶりは最初はおかずや漬物・菓子を入れる器として用いられていたが、江戸時代の中ごろになると蕎麦・うどんを盛る器として用いられるようになる。これは食物屋が営業用として使い出したことを意味する。蕎麦屋で広く使われ出したどんぶりは、やがて鰻の蒲焼と飯をとり合わせた鰻丼飯の器としても広がる。幕末に成立した『守貞漫稿』には「鰻飯、京坂ニテ「マブシ」江戸ニテ「ドンブリ」ト云、鰻丼飯の畧也」

とある。また、箸も文政のころから三都で杉の割箸を使い始めたことが同書に書かれている。現代にもつながる、どんぶりに割箸という店屋物の型がこのころでき上がった。

参考文献　石毛直道・大塚滋・篠田統『食物誌』(「中公新書」四〇三、一九七五)
(坪郷　英彦)

トンボ　トンボ　昆虫綱トンボ目に属す。蜻蛉とも書く。日本には百八十種ほどが生息する。成虫は、ほぼ同型の四枚の羽と細い腹部、そして複眼と呼ばれる独特の大きな目とアゴをもち、優れた飛行性能で空中の小昆虫を捕食する。一方、幼虫は水中に生息し、ヤゴと呼ばれる。トンボは古くは銅鐸に描かれており、古名ではあきつ(あきづ)とも呼ばれ、『日本書紀』には、神武天皇が国見をして、「蜻蛉の臀呫の如くにあるかな」(原漢文)といったことが記されている。また、「あかとんぼ」に代表されるように童謡にも取り入れられ、なじみ深い昆虫であり、かつて、トンボは、夏の遊びとして少年たちが捕獲対象とする昆虫の代表であった。トンボ捕りはトンボ釣りとも称され、高速で飛行するトンボを巧みに捕らえるところが醍醐味であり、さまざまな捕獲技術が考案されて競われた。その方法は、素手で採る方法から、鳥黐《とりもち》、とんぼ玉など全国各地でさまざまなバリエーションがみられる。また、トンボの幼虫および成虫は一部地域では食用や薬用にもされた。最近では、幼虫の生息可能な水域が少なくなったため、トンボの姿も次第に見かけなくなりつつある。その一方で、トンボとその環境保護を目的としたトンボ公園が各地で設けられるようになった。なお、疳の薬で奥州名産として名高い孫太郎虫はヘビトンボの幼虫であるが、トンボ目とは異なる脈翅目ヘビトンボ科である。

参考文献　渡辺武雄『薬用昆虫の文化誌』(「東書選書」八三、一九八二)、植村好延「トンボを釣った頃」(『別冊歴史読本』一五、一九九〇)
(野中　健一)

とんや　問屋　卸し売を業とする商人。本来はトヒヤ、近世、江戸でトンヤと訛る。機能的には港津の地で物品の委託販売や倉敷保管を行なっていた、『和名類聚抄』(九三一－九三八)に登場する邸家《つや》・津屋《つや》に、字義的には『長秋記』一一三五年(保延元)八月十四日条に出てくる桂川で水上輸送に従事していた戸居《とい》男(問《とい》男)に由来する。問男は淀川や木津川にもいた。鎌倉時代になると、問は問職として職務に対して問給・問田が与えられる一種の荘官となり、年貢輸送の任にあたって問丸とも呼ばれたが、その際、取扱貨物の一定量を賃料として給せられることもあった。こうした過程で問丸は水上交通での労働奉仕、年貢米の輸送、陸揚作業の監督、倉庫管理などの機能を有するようになるが、水運を利用する荘園では倉庫が港津の地に設けられたことから、邸家・津家と問・問丸は同質化する。問丸はやがて荘園領主の年貢を保管するばかりでなく、年貢を貨幣に代えようとする領主の委託を受けて販売に従事するようになるが、鎌倉時代末には、他の領主の注文にも応ずるようになったことから、輸送業・倉庫業・委託販売業を兼ねる存在として自立する。問丸の荘官から商人への転化である。南北朝時代の『庭訓往来』に「湊々替銭、浦々問丸、同以割符進上」とあるごとく、金融業にもたずさわる。室町時代になると、商品交換の場として定期市にかわって問丸が台頭するが、集散地や大都市の問丸のなかには輸送の機能を廻船業者に委ね、商品を自己の裁量で購入して小売商へ再販売する卸し売を専門にするものも現われた。このころ、問丸にかわって問屋の称が一般化するが、近世初頭の『節用集』に「問屋、商人宿」とあることからみて、旅館業を営むものもあった。また、廻船業者と荷主との間に立って貨物輸送の取次ぎをする廻船問屋も登場する。こうして卸し売を中心とするようになった近世の問屋には、まず積出地・中継地・集散地において各種の物品を扱う諸物品問屋が挙げられるが、大集散地の大坂の遠国と取引する問屋に多くみられた。次に、特定の商品を扱う専業問屋であるが、大坂でも近国と取引する問屋にはこれが多く、大消費地江戸ではむしろ一般化しており、時代の降下とともに全般的に諸物品問屋は専業問屋に分化する傾向にあった。この過程で問屋が核となって幕藩権力との関係で商品流通機構の組織化が行われるが、それが株仲間の形成であり、それとは別に江戸の荷受問屋が十組問屋を組織すると、大坂の江戸積問屋は二十四組問屋を組織する。なお、卸し売市場や投機市場が設立されると、そこに市場問屋が出現するが、特殊な専業問屋である。さらに、取扱商品に加工を加えて販売する加工問屋があるが、それが手工業者や農家の家内労働を前貸支配するとき、問屋制家内工業となり、資本制生産につながって行く。このほか、宿駅において伝馬・商荷の継立や御用通行の宿泊の差配などを行う宿駅問屋があった。近代になると、問屋は卸し売として仲買いと一括して扱われるようになり、卸し売をする大商人という程度の意味にすぎなくなる。また、近代的な商品取扱資本である商社にその機能を吸収された面も見逃せないが、商品生産者が中小企業や農民である場合、問屋がいぜん流通段階における主導権を握っていることは厳然たる事実である。↓卸《おろ》し売《うり》 ↓商業《しょうぎょう》 ↓仲買《なかが》い

参考文献　宮本又次『日本近世問屋制の研究』、一九五一、同『続日本近世問屋制の研究』、一九五四、豊田武「中世日本商業史の研究」(『豊田武著作集』二所収、一九八二)
(岩本　由輝)

どんりゅう　呑竜　群馬県東南部にみられる子育て祈願の信仰。浄土宗大光院の開山の然誉呑竜は、慶長年間(一五九六－一六一五)に貧家の子どもを弟子にして自分の禄米で養育したところから、死後子育て呑竜として人々の信仰を集めた。その由緒にちなみ、大光院に子育ての願をかけた子どもを呑竜坊主・呑竜っ子・お弟子、あるいは七歳まで願をかけるところから七つ坊主などと呼ぶ。

本来は大光院に伴う信仰であったが、現在では群馬県東部を中心にその末寺なども子育て呑竜をまつり、地域の人々の信仰を集めている。呑竜子どもは虚弱な子どもが丈夫に育つように願をかけた証として子どもの髪を剃るが、丸坊主にするものと、トトクイゲ、イトビン、オケシだけを残して坊主にし、満願に際してそれを剃るものがある。前者は男子に多くみられ、女子の場合には三歳(三つ坊主)や五歳(五つ坊主)で満願とするか、はじめから剃らないことがある。後者のうちもっとも一般的なのはトトクイゲを残すもので、子どもが転んだときにオブスナ神がトトクイゲをつかんで起してくれるとか、囲炉裏に落ちて火傷しないように神が引っ張ってくれるなどの伝承が聞かれ、トトクイゲが産土神と関わるものであることが知られる。七歳になってそれを剃るのは、「七つ前は神のうち」といわれるような存在であった幼児が、神の世界から離れてムラの子どもとして認知されることを意味すると考えられる。

参考文献 渡辺千佳子「七つ坊主」(『群馬県史』二七所収、一九八〇)

(時枝　務)

な

ないがま 薙鎌 長い柄をつけて両手で持ち、藪や草地の払い刈りに用いる大形の両手使いの鎌。一般には林業地で杉、ヒノキの下草払いに使用するもので、苗木の生長に合わせて一番草・二番草・三番草と肉厚の異なるものに替えて用いた。その柄は払い刈りに適するように杉材の天辺の芯を用い、元の方に鎌をつけて、先の方を柄とした。これを用いる動作から払鎌《はらいかま》ともいう。ナイ、ナギ、ナジはハライに通じて、南西諸島の山地で使う刃物にはヤマナジの呼称がある。ナイは邪悪なものを除いて安定させる意味があり、海の凪《なぎ》にも通じるようである。これに関連して、長野県諏訪の神は風神であるとされており、諏訪大社およびその系統社では、特殊な形をした鉄器を薙鎌といって神体・依代・宝器としてきた。また、これを神木に打ち込んで境界を示す鎌打ちの神事をとり行なってきた場合もある。この地方の農家では、棟の両端に鎌を取り付け、あるいは竿の頭に鎌を逆さに付けて高く立てるなどして、これを風切鎌と称して暴風を鎮める民俗を伝承しており、また、八月に風祭をとり行なってきた。これらもナギに通じるものであると考えられる。

参考文献 青木治「長野県小谷四ヶ庄地方の諏訪神社及びその伝承と薙鎌」(『信濃』三三ノ一、一九八一)

(朝岡　康二)

ないこん 内婚 特定の集団の内部で結婚すること。英語のエンドガミー endogamy の訳語。世界の民族の中には集団内婚を規則にしているところも多い。有名な例はインドのカースト内婚であろう。カーストの場合、その内部での婚姻規制が厳格なルールとなっているが、一般に、内婚を理念としていても絶対的に遵守される例は少なく、集団内部での婚姻を好むために、統計的な傾向性として内婚の頻度が多いという程度に留まることが多い。日本の伝統的農村では内婚的傾向があったが、格の高い家は他地域の同格の家と縁組を結ぶことがよく行われた。これは階級内婚と地域内婚の共存する事例である。しばしばその規則違反には制裁を伴った。男性から見て「ムラの娘は自分たちのもの」という意識が存在したという例も報告されている。その際、他地域の男性と通じた娘は、ムラの若者たちにより、泥田につきこむ、髪を切るなどの制裁が加えられることもあった。また、内婚率の高い村落では姉女房婚の比率が高いという報告もある。内婚は、民族・地域・宗教・階級・親族集団などが単位となるが、しかし、内婚であるかどうかは、あくまで相対的な問題である。たとえば、国家レベルでみれば日本は内婚的であるが、家族レベルでみれば外婚的である。その意味で、いかなる社会も多かれ少なかれ内婚的であるといえる。→外婚《がいこん》

参考文献 中根千枝『家族を中心とした人間関係』(「講談社学術文庫」一〇一、一九七七)、G・P・マードック『社会構造―核家族の社会人類学―』(内藤完爾訳、一九七八)

(河合　利光)

ナイショ ナイショ 家族、特に女性が家長に隠してたくわえる私用の金銭。長崎県対馬では、針箱銭などというほかナイショガネなどともいう。このほかホマチ、ワタクシ、シンガイなどともいった。家の経済の基本であった穀類などの管理・分配権を握っていた主婦は、自分の才覚でそれらを取り分け売ることによって、ナイショをたくわえる機会に恵まれていた。飛驒白川村(岐阜県)などのように、家長黙認のもとに公然とシンガイを得るための働きができる地方もあった。たくわえた金は、副

食物の購入などにあてた。 ↓私財《しざい》 ↓しんがい ↓へそくり ↓ホマチ
（倉石あつ子）

ないしょく 内職 本業のほかに家計の補助などの目的で行う仕事。夫が家庭外で職業労働に従事する間に妻が家事の合間を利用して行う賃仕事などをいうことも多い。本務のかたわら人目に触れないようにこっそり隠れて行う仕事や、授業中に生徒が先生の目を盗んでほかの科目の予習などを行うことをもいい、人目を忍んでこっそり行う内緒の仕事というイメージがある。かつて家の資産は原則として家長の管理下にあり、家族員の労働による成果も家長の管理する家計の中に組み込まれた。したがって家族員それぞれは何らかの家業以外の仕事をしないと、個人の自由になる私財はもつことができなかった。そこで次・三男や隠居した老人、住み込みの奉公人などは、家長の統制の及ばない私的な稼ぎをして、それぞれに蓄財する例があちこちにみられた。古くは田畑を開墾し、個人の資産を作った。こうした家族員の私財をシンガイ、ホマチ、ホリタなどと呼んだ。そのほか、藁細工・竹細工・狩猟・駄賃稼ぎなどさまざまな仕事が行われ、傍系家族員の生活は彼らの私財に大きく依存し、シンガイカセギは実際には家計の大きな助けになっていた。女性も家業を終えてから他家へ手伝いにいったり、農間やよなべに俵編み・苧績み・機織り・糸紡ぎなどの家内仕事をしたりして家計の補助とした。今でもこうした形態はみられ、たとえば新潟県十日町市の織物などは、近在の農家の女性たちの賃機によって支えられている。都市の俸給生活者・職人の妻なども内職をし、そのヘソクリにより家計の補助をするものも少なくなかったが、一九六〇年代以降女性の雇用機会が拡大したことにより、次第にパートタイム就労者へと転換していった。 ↓農間《のうかん》稼《かせ》ぎ ↓よなべ
（倉石あつ子）

なえいみ 苗忌み 特定の日に田植えを避けること。苗代に播種してから三十三日・四十二日目、または四十九日目をナエイミとかナエヤクという。すなわち、播種してから数えて特定の日、あるいはその期間は苗を手にすること、田植えをすることを忌んでいる。田植えのころ、旧五月五日を中心に、数日間を「伊勢のお田植え」「蘇我殿の田植え」「山の神の田植え」などと称して、この日に田植えを行うと、足が腐るとか棒になるとか、あるいは田を植えても稲はよくできないとか、または田に近寄ると目がつぶれて死ぬといったいろいろな禁忌が伝承されている地域が多い。すなわち、種子播きの日から数えて特定の日に、苗を手にすることを忌む地域はきわめて多いといえよう。また、関東地方では苗忌みの期間を「苗が産屋に入っている」といい、苗の成長を祈願するための忌籠りの期間であると考えられている。いずれにしても、苗忌みとは苗の成長を祈る慎ましい期間であったと考えられる。神奈川県足柄上郡では、種子播きから四十九日をネエミの日といい、苗見の日と考えられているが、これは俗説で本来は苗忌みのことであろう。高知県長岡郡などでも四十九日目をナエユミといい、田植えを行わない地域がある。また、苗日というのも苗忌みのことで、この日に苗を取らないという地域が多い。栃木県那須地方では、苗日は種子播きから四十日目で、この日を避けてその前後の日に苗を取る。あるいは苗日が四十二日目と四十九日目で、この日に田植えをすると苗が病むという。愛知県設楽郡あたりでは、苗日は籾播と同じ干支の日で、この日に田植えをすると稲の発育が悪いという。苗忌みは、田植えにあたり、一日あるいは何日間か忌籠りをした名残ではないかと考えられている。 ↓初田植《はったうえ》

参考文献 酒井卯作『稲の祭』(『民俗民芸双書』、一九五八)、倉田一郎『農と民俗学』(同、一九六九)、早川孝太郎「農と祭」(『早川孝太郎全集』八所収、一九八二)
（鈴木 通大）

なえじるし 苗印 苗代に種子籾を蒔いた後、苗の生育の目安とするために立てる木や竹などの棒。苗の先が、その棒の高さに達したとき、田植えをするということから、苗見竹とか苗尺ともよばれる。福島県会津若松市湊町ではカヤを×印に立て、これを田の神とよんでいる。青森県三戸郡でも農神が降る日（三月十六日）に白山社の境内から枯れた竹を受けてきて、苗印にする。苗印は、田の神が下るときの依代とみる地方もある。
（佐々木長生）

なえとり 苗取り 苗植えに先立って苗代で育てた稲苗を取る作業。田植えは代掻き・苗取り・苗運び・苗植えなどが一連の作業として構成され、これらを一日に行うのが原則だった。そのため老若男女によって作業分担が決まっていた。田植え日には早朝、男が代掻き、女が苗取りから始め、取った苗を男が運び、それを子供か老人が田の中に配り、早乙女である女が植えるというのが一般的といえる。苗取りには苗代田に水を張り、隅から手の指で苗の根元を摘むように取り、苗が両手に一杯になったところで根の泥を洗い落として藁で束ねる。苗を束

苗取り（山口県）

ねる藁は、ノウデ、ナエデ、ノデワラ、ノウバセ、ナエバワラなど、各地でさまざまな名が与えられている。神奈川県平塚市では正月の注連縄をとっておき、この藁の根元と穂先を切り落としてナエバワラにし、石川県鹿島郡では小正月のサツキの晩にノウデを打ってとっておいて使うなど、苗藁を神聖視するところが多い。苗植えには、苗束から抜いたこの藁輪の中に苗を植え込むことを忌む伝承も広くある。苗取りの期日については、苗代への種子播きから三十三日・四十二日・四十九日などを苗忌みといって苗取りを忌む風が広く、この後で田植えとなった。これを千葉県香取郡などではナエオビヤが明けるといった。苗代での稲苗の成長を忌籠りに見立てているのである。また、苗取りには早乙女が苗代田に入るときから歌い始める苗取り唄を伝えるところもある。

参考文献 早川孝太郎「稲作の習俗」(『早川孝太郎全集』七所収、一九七三)
(小川直之)

なえま 苗間 田に植える稲苗をつくる苗代や畑に植えるサツマイモ・野菜類などの苗をつくる床のこと。中部地方や関東地方などでの言い方で、ネーマ、ナマなどと訛ったりする。苗代としての苗間には田に作る水苗代や畑などに作る陸《おか》苗代がある。畑作物の苗間はおもに屋敷内の庭に四本の杭を打って周りを藁で囲い、なかに落葉・藁屑などを敷き詰め、腐熟した堆肥をのせて苗床とする。落葉や藁屑の発酵熱で蒔いた種の発芽が促進される。

参考文献 『岩槻市史』民俗史料編、一九八四
(小川直之)

なおえひろじ 直江広治 一九一七―九四 民俗学者。民間信仰研究、とりわけ屋敷神を一門屋敷神・本家屋敷神・各戸屋敷神と三分類し、その変遷を論じた『屋敷神の研究』(一九六六)をはじめとする一連の屋敷神信仰研究、沖縄・中国を中心とした東アジアにおける比較民俗学研究をおし進めた。青森県八戸に生まれ、東京高等師範学校・東京文理科大学(東洋史専攻)に学び、高師在籍中より柳田国男の教えをうける。北京輔仁大学専任講師、東京教育大学・筑波大学・清泉女子大学教授をつとめ、民俗学研究所・日本民俗学会理事を歴任。主要著書には『中国の民俗学』(一九六〇)、『民間信仰の比較研究』(一九六七)などがある。
(宮本袈裟雄)

なおらい 直会 祭に参加した人たちが供物をさげて食べる宴、また祭が終り神事の禁忌から解き放される解斎と慰労の宴。神事には、禁忌をまもって供物を供え、奉斎する者たちもその場に参加して神と人との饗宴がある。特定の司祭者によって神事が進行する場合、まず供物を供えて神事をすませ、ついでその奉斎者たちによって宴がひらかれる。その場に供物をさげてともに食べることによって、直会に神人共食の姿をとり入れることになる。供物は神と司祭に供されたあとは、一定の場所に埋めて処理することもあるので、神事のあとでひらかれる宴は、禁忌に拘束されない食物をとり、日常生活にたちもどる契機とすることもある。新穀の収穫を祝う新嘗祭では、その前に神に供える神嘗祭があり、ついで新嘗祭があり、これらを終えてから直会として豊明《とよのあかり》節会がひらかれる。五節の舞・催馬楽・ひんたたらと称する乱舞などあり、華やいだ宴になる。六月・十一月の神今食では、終った次の日である十二日に解斎御粥が供される。これを食べることによって神事の忌みから解き放されたことを示している。豊明も神事に参加した者たちの解斎の宴であったと思われる。頭屋儀礼の場合に、何十人分もの膳を神前に供える例がある。これは神と祭祀構成者の人数分の膳を供えたもので、直会として供物を食べるのは、神人共食の内容が解斎の宴に含みこまれた姿であろう。神事の場では、定められた食品が用いられることが多いが、直会にはその制約がない。このことが直会に出される食品や品物が贅沢な内容となり、これをさけるためにその献立の品目を定めて、現代での行事の宴に継承している例も多い。

参考文献 倉林正次『饗宴の研究』祭祀編、一九六七
(上井久義)

ながえ 名替え 一度付けられた名前を、成人・婚姻などの際に再び別の名前に付け替えること。人は名前があってはじめてこの世の存在とされることから、誕生した子どもに名前を付けずにおくことに不安を感じて、とりあえず仮の名前を付けることもあった。そして、その仮の名は名付けの日に正式の名前に替えられた。また、誕生の際に付けられた名前を童名・幼名といい、成人の際に名前を替えることも行われていた。成人して付けられる名前を実名・名乗り・烏帽子名などといった。誕生の際に名前をつけてくれる名付け親は、生涯にわたって仮親としてその親子の関係が続くが、成人の時の名前は烏帽子親からはその一字をもらうなどその親子関係は、後見人としての意味も強く重要なものである。そして、婚姻の際に嫁がその名前を替えることも行われていた。滋賀県では、嫁になる人の名前が婚家の人の名前と同じであったり、似通っていたりする場合には嫁がその名前を替えた。嫁入り後は、嫁はその名前によって呼ばれ、地域社会にもその名前で認識された。この場合には、嫁となった女性が生家の成員から婚家の成員となり、生まれ替わったことも意味している。成人の際の名替えも子どもから大人へと生まれ替わり、新たな人間としての誕生を意味している。このように、一生の節目に名前を替えることにより人は新たに生まれ替わることが行われていた。

参考文献 井之口章次「誕生と育児」(『日本民俗学大系』四所収、一九五九)、塩野雅代「妙光寺の婚姻儀礼と名替え」(『近江村落社会の研究』三、一九七八)、同「数量的にみた嫁の名替え」(同六、一九八一)
(蓼沼康子)

なかがい 仲買い 問屋と小売商、生産者・荷主と問屋との間に立って物品や権利の売買を媒介し、営利をはかる行為、または、それを業とする商人。室町時代中期に

商業仲立人としての「すあひ(牙儈)」が登場したことは、『七十一番歌合』でも確認できるが、それは「とんび(鳶)」「さいとり(才取)」とも呼ばれ、専門的な知識と技能をもって他人の依頼を受け、他人の名と他人の裁量による売買の仲介を行い、一定の手数料を得るものであった。しかし、相場をみて自己の裁量で商品を売買し、利鞘を稼ぐこともあり、近世になると、それが発展して大量の商品を中継ぎ売買する商人が現われ、仲買いと呼ばれるようになる。また、売り出しを主とする一般の問屋を売問屋と呼ぶのに対し、買込みをもっぱらにする業者を買問屋と呼ぶことがあったが、これが要するに仲買いである。この間、商品の種類によって問屋→仲買いという流通経路と仲買い→問屋という流通経路をとるものがあったが、やがて問屋が自己の裁量で生産者・荷主から直接商品を買い受け、そのまま小売商に売り捌くようになり、問屋と仲買いの商行為に本質的な区別は薄れ、ともに卸し売商とか卸問屋と呼ばれるようになる。近代に入り、一八八〇年(明治十三)の営業税則では仲買いは卸し売とされた問屋とは別扱いにされたが、実際には仲買いは問屋とともに卸し売として一括され、仲買いは牙儈・鳶・才取・取次人などの補助業者の名称になり、ブローカーとも呼ばれるようになった。卸売市場では、仲買いは場立ちのもとで商品を糶《せ》り落とすが、そのとき賑やかに声をかけ合うのが通例であり、それによって相場が決定される。しかし、山口県下関のフグの市場の糶《せり》のように仲買いが無言で袋の中で指をにぎり合い、取引価格を決定する場合がある。なお、証券取引所では正会員間の売買をとりつけるものを才取会員と呼んだ。また、中央卸売市場において仲間取引を扱う仲買いを、一九七一年(昭和四十六)制定の新中央卸売市場法では仲卸業者と規定したが、これは自己の裁量で生鮮食料品を競り買いし、小売商に売って差益を得るものである。 →卸《おろ》し売《うり》 →商業《しょうぎょう》 →問《とん》屋《や》

参考文献 宮本又次『日本近世問屋制の研究』、一九五一、同『続日本近世問屋制の研究』、一九五四、豊田武「中世日本商業史の研究」(『豊田武著作集』二所収、一九八二)

(岩本　由輝)

なかがわぜんのすけ　中川善之助　一八九七―一九七五　民法・家族法学者、法社会学者。東京都生まれ、東京帝国大学法学部独法科卒業後、一九二七年(昭和二)東北帝国大学教授、その後学習院大学教授・金沢大学学長などを歴任。第二次世界大戦後臨時法制調査会委員として家族法改正事業に参加し、我妻栄らとともに新民法制定に大きな役割を果たした。思想的にはテンニースの影響が強く、家族法理論のなかでは財産法に対しての家族法の独自性を強調した。また家制度のもとで特有な扶養理論を展開し、扶養義務を配偶者や子に対しての生活保持義務とその他の親族に対しての生活扶助義務に区分した。この理論は扶養についての研究に大きな影響を与えただけではなく、中川の家族に対する歴史的認識を示すものであった。また、中川はミクロネシアの調査に従事する一方で、日本の家族慣行にも関心をもった。末子相続や姉家督相続などの相続慣行に関する調査研究を一九三〇年代から実施し、ことに姉家督相続の学会への紹介は塩田定一とともに中川善之助をもって嚆矢とするだろう。著書として、『略説身分法学―親族相続法の社会法律学―』(一九三〇)、『相続法の諸問題』(一九四九)などがある。

参考文献 『法学セミナー』二五三(特集中川善之助、一九七六)

(森　謙二)

ながぎ　長着　身丈が足首まである長い着物。単物《ひとえ》と袷《あわせ》と綿入れがあり、布地や袖の形によってよそゆきとふだん着に分けられる。また、仕事着に腰切りの短着を着用するところでは、短着に比べて身丈の長いものをナガギ、ナガナツギ、ナガラコなどと呼んで区別した。綿入れの長着には丹前・縕袍《どてら》・掻巻《かいまき》・夜着・夜具・夜衾《よぶすま》と称するものも含まれ、これらは就寝時に着用されるだけでなく寝具も含まれ、これらは就寝時に着用されるだけでなく寒い時期には常着ともなった。

参考文献 瀬川清子『きもの』、一九七二

(宮本八恵子)

ながさきちゃんぽん　長崎ちゃんぽん　さまざまな物を混ぜて作る長崎で考案された麵料理。明治時代の中ごろ中国福建省から長崎へ移住した陳平順らが、中華料理店で惣菜の残りものを使い、モヤシやキャベツなど野菜とイカや貝類など海鮮ものを豚肉と混ぜ合わせてラードで炒めたものに湯麵を煮込んだものがはじまりという。麵は唐灰汁を使った太麵の黄色いものである。料理法は簡単で、手早くでき、安価で、当時中国からの留学生の間で人気があり、そこから長崎市中に広まった。

(立平　進)

なかし　仲仕　荷車の曳子や雇われて荷を担ぐ労働者。仲間衆が略された言葉と考えられるが、江戸時代の大坂で仲仕という名称が始まったとされる。江戸では曳子を車力《しゃりき》あるいは車夫と呼び、荷を担ぐ者を軽子と称した。狭義には上荷船《うわにぶね》・茶船の荷役作業をする者をさす。菱垣《ひがき》廻船・樽廻船などの船内荷役を専門とし、積み入れ・積み下ろしに従事する者は特に沖仲仕と称した。同じように仕事内容によって、船から陸へ、あるいは陸・浜地から店頭や蔵屋敷へ米を水揚げする米仲仕、浜先や河岸で荷物の水揚げを行う浜仲仕、蔵屋敷の役人の指示の下で米の出入り一切の差配をする蔵仲仕、材木の積み出しに従事し、筏を組んで材木の川下りをする鳶仲仕などの種別があった。また、船の積荷を陸揚げすることやそれに従事する者を小揚《こあげ》とも称した。こうした名称の分化がみられるということは、それぞれに多少なりとも専門的な技能が必要とされたからであろう。とりわけ、沖仲仕は人数も多かったので他の仲仕とは区別されて扱われた。一方、アンコウ、フラテンなどと称される臨時雇用の浮浪仲仕もいて、仕事さえあれば何でもやったといい、その日暮らしの最下級の仲仕である。以上のような仲仕も、

荷役機械の導入や、港湾労働法の制定などによる近代的な港湾の整備に伴い、船内荷役作業員・船内労働者という呼称の定着により忘れ去られようとしている。（野堀　正雄）

ながし　流し　主に炊事のための水を使う設備や場所。ナガシ、ナガシバ、ナガシモト、ミズヤ、ハシリ、ハシリモトなどと呼ぶ。農家や商家の流しは土間の後部、背戸に近い側に設けられることが多いが、そこに部屋より一段低い板の間を張り出して流しを置いたり、土間近くの板の間に流しを置く地方も少なくない。流しの部分は下屋になっていることが多く、いくらか外側に出る場合もある。山形県置賜地方では水屋中門といって流しが裏側に張り出した中門になっている家がある。流しを板の間に置く例は寒い地方に多いが、中部地方や九州などにも見られる。屋内の流しは坐り流しと立ち流しがある。坐り流しは古い形で、山梨県では土間後部にあった坐り流しが江戸時代後期に土間際の床上に置かれるようになり、その後土間と床上境の後ろの土間側へ置かれ、次第に立ち流しが普及した。流しは屋内ばかりでなく、屋外につくられているところも多い。小川の水を家の近くや背戸まで引き入れて、この水を飲料水や流しに使った。岡山県ではこれをツカイガワ、アライガワと呼び、背戸に引いたツカイガワには家から庇を出して雨や雪でも使いやすいようにした。これとは別にタナモトと呼ぶ竹の簀がきの炊事場を囲炉裏の部屋の後ろに設けている家もあった。水道の普及によって屋外の流しは、屋内に設けられるようになった。屋内の流しは、水道の普及当初はさほど大きく変化しなかったが、土間の改造や公の衛生指導により坐り流しは姿を消した。水漕もコンクリートで排水口のついたものへと変わっていった。→洗《あら》い場《ば》→水屋《みずや》

参考文献　木村正太郎『出羽の民家採訪』、一九七三、鶴藤鹿忠『岡山県の民家研究』、一九七六、関口欣也『山梨県の民家』、一九八二、坂本高雄『山梨の草葺民家』、一九九四（宮村田鶴子）

ながしびな　流し雛　人間の穢れを移して身代わりとして川に流すための人形《ひとがた》あるいはその行為。後者は雛流しともいい普通は年中行事として行われている。人形に人間の形代としての役目を負わせる風習は古くから宮中、民間を問わず広くあったようで、平安時代には天皇の災いを負わせた人形を、七瀬の祓えといって七ヵ所の河海の岸で流していたし、鎌倉幕府でもこれに準じた人形禊を行なっていた。『源氏物語』須磨の巻に光源氏が巳の日の祓えに等身大の形代を海に流したことが書かれているが、次第に禊祓えの特別の日にまとまってきた。特に陰暦三月の初の巳の日(上巳)が物忌日とされ、いつしか三日に固定していった。鳥取県八頭《やず》郡用瀬《もちがせ》町の流し雛は有名で、千代《せんだい》川の河原で着飾った少女たちによって行われる。丈一〇チ《セン》ほどの紙製の男雛女雛が桟俵《さんだわら》に乗せられて流されるサンダラオクリ(桟俵送り)との習合型かもしれない。紙製とはいえ男雛は金色の烏帽子と袴、女雛は紅色の着物に金色の帯という可憐な姿で、菱餅、桃花の小枝、椿の花、雛菓子、田螺《たにし》などが供えられている。万一岸辺に引っ掛かると一家の災厄が流れないとして忌み、翌日まで流れずにいると妖怪になって戻ってくるという。五月人形も古くは流したが江戸時代後期から明治にかけて、雛が立派になって三月雛ともども流さないようになった。六月《みなづき》祓えの紙の撫物人形も流し雛である。流し雛を神送りの神の形代とする見方もある。

参考文献　柳田国男「神送りと人形」(『柳田国男全集』一六所収、一九九〇)、折口信夫「偶人信仰の民俗化並びに伝説化せる道」(『折口信夫全集』三所収、一九六六)、永田衡吉『日本の人形芝居』、一九六九（西角井正大）

ながたきのえんねん　長滝の延年　岐阜県の長滝白山神社で演じられる芸能の祭。地元では、一月六日に行われることから六日祭とも、また社殿に吊り下げられる花笠の花を奪い合うことから、花奪い祭とも呼ばれる。明治の神仏分離以前は、長滝寺の年頭祈願の行事として行われる修正会の法楽としての催しであった。現在でも、造花(花笠)や餅、白山を中心とする地勢を木の実や穀物でかたち作る菓子台に、修正会の堂飾りとしての特色が認められる。また冒頭に演じられる酌取《しゃくと》りと呼ばれる盃事では豆腐・鱠・餅が供されるが、これは修正会最終日の法楽として行われた饗宴の儀礼・芸能であったことを示すものである。氏子によって作られる花笠は、菊・椿・牡丹・桜・ケシの五種類であるが、この花を家に置くと稲の豊作をもたらし、蚕の育ちがよいといわれ、こうした信仰より参拝者による花の奪い合いが行われる。なお昭和初期ごろまでは、この造花を近隣の町村に新年の縁起物として売り歩いた。梅とウグイスの精がかけ合いで新春の祝言を述べる当弁や、稚児による乱拍子の舞、古くは僧侶が舞った大衆舞などの演目は、中世に京洛や大和の大寺院で行われた延年芸能を伝えるものとして芸能史上貴重である。後半に配される代すりでは、田打ち親子によって田を耕し稲を刈り取る所作が演じられるが、これはその年の豊作を祈願して農事を模擬的に演じる予

長滝の延年

祝芸であり、田遊びの芸能が採り込まれたものである。

参考文献　五来重「長滝六日祭延年と修験道」(『講座日本の民俗宗教』六所収、一九七九)、同『鬼むかし―昔話の世界―』(「角川選書」二〇九、一九九一)　(松尾　恒一)

なかつぎそうぞく　中継相続　家の相続人が幼少などの理由によりすぐに相続ができないとき、入夫・寡婦・養子や傍系の親族などが相続人となり一時的に相続をすること。非嫡系の相続人が被相続人とその嫡系の相続人の間を一時的に繋ぐという意味で、中継相続と呼ばれる。仲継相続とも書く。中世では名代家督とも呼ばれ、幼少戸主の後見制とともに、嫡系の相続人を助けて家の維持・継承をはかるという目的をもった。幕藩体制のもとでも、後見制と中継相続は並存して実施され、多様な中継相続の形態が容認されていた。その形態は、㈠入夫相続によるもの、㈡養子をとって嫡子孫を順養子とするもの、㈢祖父の再相続によるもの、㈣寡婦の相続によるもの、など多様である。しかし、明治民法は中継相続による家の継承を認めなかった。民俗社会の中継相続は全国的に報告がある。秋田県の田沢湖周辺地域では長男が幼少であるとき姉に聟をとり一時的に跡を見てもらうことをアネカタリと呼んでいる。岩手県岩手郡では、姉に聟をとり幼少の長男に代わって戸主となった聟を看抱人《かんぼうにん》と呼んだ(『全国民事慣例類集』)。後見的中継の終了後、聟の世帯は分家となることが多い。これらの地域は、初生子(姉家督)相続・後見《うしろみ》の役割を果たす帰り聟が並存している。初生子相続はこの聟が相続人になったものであり、帰り聟は後見の終了後(あるいは一定の労働力の提供後)聟が姉を連れて実家に帰る習俗である。東北地方では、初生子相続・中継相続・後見の民俗が並存しており、労働力の補充の問題とも絡みながら、多様な方法で家の維持・継承がはかられてきた。その他、中継相続については、京都丹波や島根県隠岐島後のナカモチ、香川県三豊郡のミツギ養子、茨城県久慈郡里美村のアトミ養子の報告がある。

参考文献　竹田旦『「家」をめぐる民俗研究』、一九七〇、石井良助『日本相続法史』(「法制史論集」五、一九八〇)　(森　謙二)

ながとこ　長床　山伏の修行の場所としての機能を備えた堂宇の呼称。本来は峯宿の護摩炉壇を意味し、その後、山神をまつる本殿を拝する社の礼殿・拝殿をも指した。長床の建築様式の特色は簡素で、柱間に壁を設けず吹貫になっている。それは内部を広くして空間を確保し、修行の場あるいは拝殿の機能を考慮したためといわれる。その早い例は熊野本宮大社の礼殿(長床)で、一〇五〇年(永承五)の増基法師の紀行文『いほぬし』には、当時「礼堂」(拝殿)が熊野本宮の一番立派な建物であったことを記す。中世の長床の建物とそこでの諸行については、一五二四年(大永四)の『三峰相承法則密記』に先達と堂衆、新客の座席などを含む勤行などの有様がみえる。また熊野本宮では長床で修行した山伏を長床衆と呼び、鎌倉時代初期ごろにその役職を長床宿老といった記録もある。彼ら修験集団はこの地から全国へ熊野権現の勧請・流布を目的とした遊行回国に旅立った。鎌倉時代末期の勅撰集『玉葉和歌集』の詞書には、おなじ熊野本宮の証誠殿《しょうじょうでん》の前の礼殿に通夜した庶民が、後世《ごせ》のことを祈り、夢告《むごう》で熊野の神の啓示をうけた歌を載せている。しかし修験道の寺院は、一八六八年(明治元)の神仏分離によって大打撃を受け、現在、長床の名称を残している例は少ない。そのなかで鎌倉初期の創建として知られる福島県喜多方市の熊野神社の長床(重要文化財)は、正面九間・側面四間堂の規模で貴重な建築である。このほか日光の二荒山《ふたらさん》神社の拝殿や岡山県倉敷市林の熊野権現長床なども知られ、後者は五流修験といって、本山派に属しながら中国地方に多くの霞を有した熊野修験の一派として著名。

福島県喜多方市熊野神社の長床

参考文献　宮地直一『熊野三山の史的研究』、一九五四、宮家準『山伏―その行動と組織―』(「日本人の行動と思想」二九、一九七三)、同『熊野修験』(吉川弘文館「日本歴史叢書」、一九九四)　(豊島　修)

ナカバーヤ　中柱　沖縄で民家の中心に立つ柱のこと。地域により名称に相違がある。宮古では中柱のことをウニカミバラ(棟を頂いている柱の意)ともいうが、穴屋と呼ばれる掘立式の民家の基本形は、四隅に柱が立ち、その中心に位置する中柱が棟を支える構造になっていた。その中柱が、建築儀礼や家の祭祀などにおいて儀礼的意味を有す事例が、特に八重山に顕著にみられる。まず、中柱を建てる時には、柱立てと呼ばれる儀礼が中柱に対して行われる。そして落成式の時にも、中柱に祈願がされる事例が少なくない。さらに、落成式の日から三年、五年、七年目などの家屋の誕生祝いに中柱を拝む事例があり、その儀礼のことをヤーヌタンカー(家のタンカーの意で、タンカーとは、本来は人間の生後一年目の誕生祝いのことである)とか、ヤーパラヌヨイ(家柱の祝い)と称する地域がある。石垣市平得では、毎年八月に家屋と家族の健康願いを中柱に対して行う。宮古の多良間島では、正月儀礼などに中柱が拝まれたといい、沖縄本島の北中城村熱田でも、分家儀礼の時に火の神や仏壇とともに、中柱を拝んだという。ヤシチヌウガンという屋敷神の祭祀にナカジン拝みというのがあるが、ナカジンは中芯で、中柱あるいは中柱の立つ場所に対する祈願である。中柱に神霊が宿るという信仰があったものと思われるが、その神霊の性格については十分明らかにはされていない。

参考文献 鶴藤鹿忠『琉球地方の民家』、一九七二、赤嶺政信「八重山諸島の建築儀礼―中柱信仰とユイピトゥガナシー」(『沖縄文化』二七ノ二、一九九二)

(赤嶺 政信)

ながはまひきやままつり 長浜曳山祭 毎年四月十五日に滋賀県長浜市の長浜八幡宮の春季例祭に奉納される山の芸、すなわち舞台付曳山での子供歌舞伎の上演を中心とした旧長浜町内の祭。近世の長浜町に属する各町と七郷と呼ばれる隣接集落(一部市街地を含む)が出仕する。現在、その組織は、十三名の総当番と、長刀組を含む十三山組および氏子総代などから出す三十一名の負担人から構成されている。各山組には歌舞伎の上演そのものにかかわる若衆(若連中ともいう)と、山の管理や祭礼全般の運営を受け持つ中老がいる。この祭のはじまりは、中世から続いていた太刀渡りなどの祭礼に近世以降登場した新興の曳山が次第に主流を占め、固定化したものである。伝承では豊臣秀吉が長浜在城の時、子供の誕生を喜び、町民に金子《きんす》をふるまいこれを基に山を作って曳き回したことによるという。この曳山開基伝承は、同形式の伝承が隣町の東浅井郡虎姫町の曳山にも付随しており、子供のない富裕な商人が秀吉に代わる。現存する長浜の十二基の舞台付曳山＝芸山で最古のものは、一七四五年(延享二)に本体の建造を行なった宮町組の高砂山であり、最新は、一八二九年(文政十二)の祝町組の鳳凰山である。長浜の曳山は、舞台上で男の子による歌舞伎狂言が行われるという特色を持つが、最古の狂言台本は一七四二年(寛保二)である。また曳山に吊す幕の箱に一七二九年(享保十四)の墨書があることなどから現行の曳山が完成したのは十八世紀前期と想定される。十二基の芸山(毎年四基)に加え、大刀かざりのみの三輪形式の長刀山がある。祭礼は、四月十三日の御幣迎えを皮切りに、神輿渡御・籤取り式、十四日の登り山・夕渡り、十五日の春季例祭・朝渡り・太刀渡り・狂言執行・神輿還御、十六日の後宴狂言、十七日の御幣返しで終了。この間、旧町内各所で芸が披露される。

参考文献 長浜城歴史博物館編『山車・屋台・曳山』(特別展図録、一九九五)

(中島 誠一)

なかはらぜんちゅう 仲原善忠 一八九〇―一九六四 おもろ研究を中心とした沖縄の歴史・民俗・文学研究者。沖縄県久米島出身。広島高等師範学校地理歴史科卒。成城大学教授。沖縄史の時代区分を試みている。また、古代沖縄人の信仰の対象が、これまで漠然と考えられていた杜・嶽・神(巫女)などではなく、一種の霊力であるセヂであることを明らかにしたことは特に有名。著書に『琉球の歴史』上・下(一九五四)、『校本おもろさうし』(共編、一九六五)などがある。『仲原善忠全集』全四巻・別巻一巻(一九七七・七八)が刊行されている。

(梅木 哲人)

ながもち 長持 衣服・調度などを収納・保管・運搬するための長方形で蓋のある大型の箱。櫃の一種だが、両短側面に把手と棒通しを兼ねた金具がついていて、運ぶ時にはここに棒を通して前後で担ぐ。蓋は蝶番《ちょうつがい》で開閉するようになっているものが多い。江戸時代中期以降はどこの家にもあるほどに普及し、昭和初期まで使われていた。塗長持・木地長持・車長持がある。塗長持は漆塗を施したもので衣裳や蒲団収納用で、嫁入り道具として使われることが多かった。木地長持はもともとは雑長持ともよび、蒲団や蚊帳《かや》などのほか、膳椀なども入れたものだが、桐や杉で美しく作り、嫁入り道具として用いられたものもある。この嫁入りの荷物送りの時にうたわれたのが長持唄である。このほか、長持は近世初期には花見や遊楽の際にも料理道具や毛氈・幔幕などを運ぶのにも使われた。車長持は車付きの非常に大型の長持で、厚い板で頑丈に作られていて鍵もかかる。近世のごく初期に大坂・京都・江戸などの都市で使われたもので、家財や商品などの一切を入れておき、火災などの際に持ち出せるように作られたものである。都市化が進み商業が活発化し、商品の種類や量がふえ、人々の衣類や家財もふえた一方、都市への流入人口の増大で建物が稠密化し、窃盗などの犯罪の増加が進む中で生まれたものである。一六五七年(明暦三)の江戸の大火の際、人々が道路にひき出して交通渋滞をきたし、大惨事をひきおこしたため、以後、三都では禁止された。

参考文献 小泉和子『室内と家具の歴史』、一九九五

(小泉 和子)

ながもちかつぎ 長持担ぎ 婚礼に際し、嫁入り道具を嫁方から聟方へ運ぶ人足。タンスカツギ、ニモチ、オトモなどともいう。嫁入り道具は親族や近隣の者、ところによっては若者組が運んだが、宮城県牡鹿町・女川町、伊豆大島岡田、淡路島由良などの海村では女房衆が運ぶ事例もある。荷物は、嫁方の者が聟方まで選び入れる場合と、村境や中宿など途中まで運んで聟方から来た者に引き渡す場合とがあり、後者の場合は聟方と嫁方で人数を合わせ、荷送りと荷受けの人足が必要となった。荷物を運ぶ際の責任者はニザイリョウなどと呼ばれ、才覚のある人や仲人が務め、目録を確認しながら聟方に荷物を引き渡し、受け取りの証文をもらった。長持担ぎの人足には、相応の祝儀とともに、嫁方を出る際はオタチ酒、聟方ではワラジ酒などと称される酒が振舞われ、婚礼の正客としてもてなされることもあった。また、途中で道具を引き渡す場合は双方の人足で酒宴となり、道行く人

にも酒を振舞った。嫁の荷物の運搬は、遠方との婚姻が一般化する中で華やかなものとなり、道中では長持唄や祝い唄が歌われたところから、声のよい、酒の飲める人が長持担ぎとなることが多かった。長持担ぎの人足は、青竹で作った息杖をついていったが、この杖は荷渡しの際に聟方に引き渡し、また、最後には叩き割るなど、呪術的な意味合いがあった。ここから、長持担ぎは単なる荷物の運搬役ではなく、嫁の引き渡しの一つの要素を担っていたことがうかがわれる。

参考文献　松岡利夫「婚姻成立の儀礼」(『講座家族』三所収、一九七三)　（服部　誠）

ながや　長屋　細長く建てた建物の総称。古代の寺院や官庁では僧尼や下級官僚の住まいとして用いられ、『万葉集』には「橘の寺の長屋」、『宇津保物語』には「十一けんのながや」という記述がみられる。江戸時代には大名屋敷の周囲に長屋を建てて家臣を住まわせた。この武家の長屋には別に門が設けられ、この門を長屋門と称した。島根県隠岐の島後では、こなし場、牛小屋などを一緒にした建物を長屋といい、岡山県阿哲郡には二階建の長屋があり、下を牛小屋と農具置場、階上には藁などを置いたりした。江戸時代末期から明治時代にかけて都市に人口が集中し、それに伴い長屋住まいが増加し、表通りに面する表長屋と路地に立つ裏長屋が形成された。とりわけ裏長屋の借家人は、裏店《うらだな》借りと呼ばれた行商人や日傭《ひよう》取《とり》などの下層庶民であった。江戸時代における庶民住宅の代表は、棟の前後で部屋を分ける形式のもので棟割長屋と呼ぶ。平屋が中心であるが、二階建てのものもある。屋根は柿葺《こけらぶ》きで、仕切りの壁も薄く、火事に対しては弱いところから焼屋《やけや》とも称された。大きさは「九尺二間の裏長屋」の言葉があるように、間口九尺(約二・七メートル)、奥行二間(約三・六メートル)広さは約三坪で、居室部分が四畳半ほどの大きさが標準であった。戸口を入ると土間がある。台所兼用で、床上に置き竈がある。部屋に押し入れはなく、夜具は部屋の片隅に積み、衣類も風呂敷に包んだり、行李に入れられた。　（野堀　正雄）

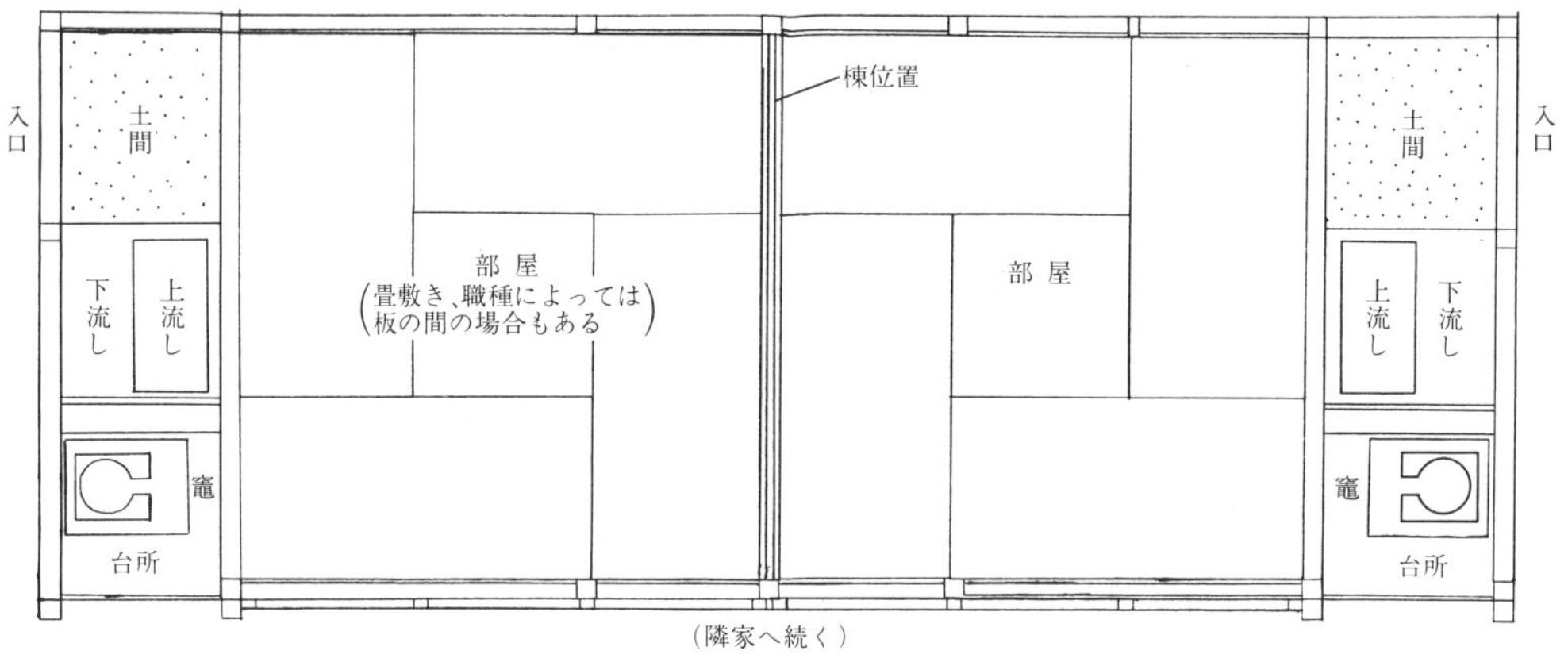

九尺二間の裏長屋間取模式図（部分）

なかやど　中宿　嫁入り行列の一行が途中で立ち寄り休息する家のこと。チュウヤド、コヤド、マチヤド、オチツキなどと呼ぶ地域もある。中宿は、聟の家の近所であったり、聟方の仲人あるいは聟の親方の家であったりする。他村から来る嫁を村人として認めるためには、村の有力者を親方に取る必要があったためで、中宿を取るのは親方取りとしての意味もあった。花嫁は中宿に着くと、ここで盛装して迎えを待ち、聟方の人々に伴われて婚家に入るのである。したがって花嫁を中宿まで送ることが嫁方の責任であり、中宿からは聟方の責任となった。中宿で嫁引き渡しの式が行われることがあるが、聟方嫁方双方の客人が、携えてきた重箱を開き、徳利の酒を酌み交わすのである。村外婚での中宿が花嫁の村入りを意味したのに対して、村内婚でも中宿を設けることがあった。この場合は婚家の近所が選択される場合が多く、ここでは花嫁の衣装を整える場所として利用された。中宿は、親方の力の弱体化により、次第に強い指導力を持たない仲人の家が選択されるようになった。さらに中宿の機能が花嫁の休憩場所のみとなり、婚家にとって都合のよい位置の家に移され、仲人の家である必要もなくなった。こうして婚姻儀礼の責任は、村落の有力者や親方層から仲人、さらには両家家長に移った。村入りの承認は、仲人の仲介を経て婚家の家長が責任をもつことになり、披露宴で花嫁を紹介する村披露が盛んになった。

参考文献　有賀喜左衞門「日本婚姻史論」(『有賀喜左衞門著作集』六所収、一九六八)　（畑　聰一郎）

なかやまたろう　中山太郎　一八七六－一九四七　民俗史の再構成を目指した歴史民俗学者。栃木県足利市生まれ。柳田国男や折口信夫などにつぐ初期の民俗学者の一人で、早稲田大学卒業後に出版社の博文館に勤務するが、研究機関には属さず主に著述で生活した。柳田主宰の日本初の民俗学専門誌『郷土研究』を知って民俗学界入りする。中山は、歴史民俗学を標榜して歴史的な文献史料を多用した民俗史の分野に大きな功績を残した。かつて柳田国男が「上野の図書館の本をすべて読み尽くさんとした男」と評したように、中山の広範囲にわたる膨大な読書と前後二十年間に作成した三万枚余のカードが、中山民俗学の基礎を築いたといえる。関東大震災で被災した際も家財を置いてもまずカードを守ったといい、このカードを縦横に駆使して数多くの論文や著書を残した。処女作は『日本民俗志』(一九二六)で、最後は『万葉集の民俗学的研究』(一九五七)で遺作となったが、特に『日本巫女史』(一九三〇)および『日本盲人史』正・続(一九三五・三六)は高い評価を受けている。震災後は東京市本郷区本郷弓町(東京都文京区)に長く住み、ロシア人民俗学者のネフスキーと最初に交友したのも中山であった。史料批判が不十分で信用できないという批判もあるが、テーマは盲人・巫女・若者・祭礼・婚姻・売娼・愛欲(性愛)など多様で斬新な視角のものも多く、昭和初期に独力で『日本民俗学辞典』正・補遺を編集し、論文集『日本民俗学』全四巻を刊行するなど「日本民俗学」の名称をはじめて本格的に使用した。第二次世界大戦中に空襲にあって郷里に疎開し、そこで没した。柳田系の民俗学者から無視されてきたが、近年再評価され著作の覆刻も相ついでいる。

参考文献　飯島吉晴「中山太郎の民俗学」(『日本民俗学』一六四、一九八六)、平山和彦「中山太郎」(『日本民俗学のエッセンス(増補版)』所収、一九九四)

(飯島　吉晴)

ながやもん　長屋門　長屋の一部に出入口を設けた門。本来、武家屋敷などで前面に下男や家臣などを住まわせるための長屋を設け、その一部をあけて門としたもの。武家屋敷の長屋門は、瓦葺き屋根、白壁土蔵造で門扉には丈夫なケヤキ材を用い大きな鋲を打つなど堅牢な造りとなっている。これが、農家にも普及するが、江戸時代において門は家格を象徴するもので、農民が門を構えることは、領主の許可を必要とされ、名主や組頭など上層農民にのみ許された。明治時代になり、規制がなくなると多くの農家で競うようにして長屋門を構えるようになった。長屋門は、他の門に比べ規模が大きく財力を誇示するには都合がよく、かつ実用性が高かったからである。農家の長屋門は、茅葺き屋根、土蔵造が多い。また、出入口の両脇は、納屋ないしは蔵になっている場合が多く、まれに隠居屋や奉公人の居所に利用されている。栃木県内には、長屋門を構える農家が多いが、屋根も壁も特産の大谷石の独特な造りの長屋門がある。　↓門《もん》

大谷石造りの長屋門（宇都宮市）

参考文献　柏村祐司『しもつけのくらしとすまい』、一九八一

(柏村　祐司)

ながれかんじょう　流灌頂　産死者・水死者をはじめ不慮の死、変死を遂げた者の供養のために行われる、水辺での儀礼。川施餓鬼の一種。仏教的には、灌頂幡や塔婆を川や海に流すことによって魚類や無縁を済度するなどと説明されるが、原拠は未詳。仏教儀礼として諸宗で作法が定められており、これらは民間における執行方法にも影響を与えているが、もともと中世に民間で行われていたものを取り入れて、作法が成立したとみられている。流灌頂、川施餓鬼、アライザラシなどと称され、やり方として最も多いのは、川に棒を四本立て、経文などを書いた白か赤の布を張り、道行く人にひしゃくで水を掛けてもらうというもので、布の文字や色があせて消えるくらいになると、死者が成仏できるという。また、塔婆を立てて水を掛ける、塔婆に結んだ縄を水にさらす、塔婆を川に引き流す、縄を川に引き流してほどいたり洗ったりする、棚を設けて櫛や鏡・遺髪などをのせ、水を掛ける、死者の着物に水を掛ける、といった方法もあり、これらが複合して行われることもあった。その意味としては、死者が冥土の火の山を越えるときに熱くないようにとか、産死者は血の池地獄にはまるから、そこから救い上げるためなどとされる。「産で死んだら血の池地獄、あげておくれよ水施餓鬼」といった俚謡を伴うこともあり、流灌頂には、『血盆経』信仰の影響が認められる。水を掛けるという行為については、水掛け着物との関連も指摘されている。なお、産死者が減少したこともあって、現在民間で行われることはほとんどない。　↓川施餓鬼《かわせがき》　↓血盆経《けつぼんきょう》　↓血の池地獄《ちのいけじごく》

参考文献　井之口章次『日本の俗信』、一九七四、北嶌邦子「流れ灌頂研究」(『東洋大学短期大学論集日本文学編』一九、一九八三)、佐々木孝正『仏教民俗史の研究』、一九八七

(高達奈緒美)

ながれぼとけ　流れ仏　海の漂流死体のこと。流れビト、海ボトケ、あるいはえびすとも呼び、これに対する作法次第で豊漁をもたらす縁起の良いものとして考えられている。海上で操業をしている時これに会うと、漁民は、水死体に「豊漁させてくれるなら、連れて帰ってやる」などのことばをかけ、船に収納するにあたっては、これを必ずトリカジ側(オモカジ側の例もある)から上げ、陸に下ろす時は、その反対側から下ろすなどの作法により陸に連れ帰り埋葬や供養をほどこすと、必ず豊漁をさずけてくれるとされる。水死人は、事故による不慮の死で

あれ、入水自殺によるものであれ、この世に未練や怨みをとどめ、怨霊化しやすい荒ぶる魂を宿していると考えられ、扱いをまちがえれば、祟りをもたらす要素もある。この強力な霊力を逆手にとって、招福へ導く方法は、漁民にとっての漁神えびすにも相通ずるものがある。水死人をエビスという地域があることからみても、外からやってくる荒ぶる異人や神に、日常生活の延長の中では期待できない、強力な招福力を望む漁民の心意がうかがわれる。また、漁民の世界では、死忌(黒不浄)を血忌(赤不浄)ほど忌まわぬ傾向があり、むしろ死者が身につけていたものを、船や漁具につけて出漁すれば、必ず豊漁になるという信仰も見られる。水死体の処遇に関する漁民の民俗も、このような漁民の黒不浄に係わる心意と密接に関係しているものと考えられる。 ↓水死人《すいしにん》 ↓寄り物《よりもの》

[参考文献] 亀山慶一「流れ仏考―夷神考序―」(『日本民俗学』二ノ三、一九五五)、波平恵美子「水死体をエビス神として祀る信仰―その意味と解釈―」(『民族学研究』四二ノ四、一九七八)

(高桑 守史)

なきおんな 泣女 葬送のときに儀礼的に泣くことや、死者をしのぶことを唱えながら泣く女。岩手県平泉町・大阪府大阪狭山市・岡山県久米町・長崎県壱岐島など日本全国に分布していて、ナキメ、ナキテ、ナキババ、トムライババと呼ばれている。泣女は、半職業的泣女もあり、与えられた米の量により一升泣き・二升泣きという名称がある。しかし、沖縄にはこの名称はない。泣く所作には死者をしのんで唱える節回しの言葉が基本であった。たとえば、福井県越廼村では出棺のときに死者の生前の生活ぶりを一種の節回しをもって語りながら泣く。石川県能登の七尾では死者をいたむ言葉をきちんとした口説きにして唄われている。鹿児島県徳之島伊仙では葬式のときに死者を囲んで唱える女たちの歌をウムイという。沖縄県宮古島狩俣では故人のことを歌い泣きすることをユンナキという。徳之島ではウムイがなければ後世に行けないという。死者を送るのは親疎集まって、人々は自分たちの涙や言葉で送った。僧侶の参加しなかった時代に、肉親の女性たちのこの泣く儀礼が大きな役割を果たしたのである。たとえば新潟県佐渡の相川では僧侶が読経している間、泣女は棺に手をかけて泣いている。これは僧侶と泣女の分業の成立である。長崎県五島では泣く女の泣き声は僧侶の読経が始まると止む。以上のような泣哭儀礼は、死者への哀悼表現と死霊を鎮めるためのものと考えられるが、死者を蘇らせる呪術という考え方もある。

[参考文献] 井之口章次『日本の葬式』(『筑摩叢書』二四〇、一九七七)、酒井卯作「泣き女の系譜」(『南島研究』三三、一九九二)

(井阪 康二)

なきずもう 泣き相撲 氏神の前で赤ん坊に相撲をとる真似をさせ、氏子として認めてもらうと同時に丈夫で健やかな成長を願う行事。長崎県平戸市岩ノ上町の最教寺では、赤ん坊の泣き声で亡霊が退散したという伝説から大声で泣く子は邪鬼を払い、丈夫に育つと信じられるようになり、一歳までの赤ん坊二人を向かい合わせてしゃもじを持った行司があやしたり脅したりして泣かせる子泣き相撲が行われている。栃木県鹿沼市樅山町生子神社の子供泣き相撲では一歳から五歳ぐらいまでの子どもを若衆が抱きかかえ、掛け声とともに高く持ち上げて泣かせ、先に泣き出した方を勝とするが、京都府相楽郡笠置町有市の国津神社では先に泣いた方が負となる。おそらく本来は勝負に関係なく大声で泣かせることが目的であったと思われるが、子どもの泣くことに対する大人の考え方の違いから勝敗が意識されるようになったのであろう。岩手県和賀郡東和町成島の熊野神社で行われる十二番相撲では北成島と南成島から数え年二歳の男子が六名ずつ出て勝抜き戦を行う。先に泣き出した方を負けとし、供餅に墨で印を付け、印の少数の方が豊作という。その他静岡県焼津市の焼津神社では、神ころがしと称し赤ん坊を転がして泣かせる。また泣かせるわけではないが、宮相撲の三役力士が赤ん坊を抱いて土俵の上で足踏みをさせたり、赤ん坊に八幡幣を持たせて土俵の上で胴上げをするなどによって氏子の仲間入りをさせる例も各地に多い。

[参考文献] 瀬戸口照夫「演じられる相撲」(寒川恒夫編『相撲の宇宙論』所収、一九九三)、山田知子『相撲の民俗史』(『東書選書』一四一、一九九六)

(山田 知子)

なげあげまんじゅう 投上げ饅頭 物知らずを笑う愚人譚。饅頭は(おいしいので)顎が落ちると聞いたり、蒸されて湯気の立つものを見るなどした主人公が、饅頭は怖いもの、生きものだと勘違いし、天井に投げつけて殺してから食べようとする。あるいは饅頭の食べ方を知らず、放り上げて口で受けようとする。饅頭を投げるという行為のおかしさに関心が集まるためか、投げた理由は必ずしも一定しない。この話は、『日本昔話名彙』では、笑話の「愚か村」の「引っ張り屏風投げ団子」に登録されている。その名称にうかがえるように、折って立てるべき屏風の立て方がわからず、一晩中両側から屏風を引っ張り続ける「引っ張り屏風」の笑話と複合して語られることがある。『日本昔話大成』では、愚人譚の「愚か聟(息子)」に「投上げ饅頭」が、同じく「愚か村」に「引っ張り屏風」が分類され、『日本昔話通観』も、「愚か婿」と「愚か村」のタイプ群に収める。主人公は愚か婿が一般的だが、西日本では愚か村の村人や田舎者の場合があり、愚行の舞台も舅の家から町の宿にかわる。いずれも無知が露顕しては面目を失する場での出来事だが、菓子の饗応や屏風の提供など、慣れないもてなしへの戸惑いが、話を聞く者に共感と笑いを誘ったものだろう。食物での失敗という共通点から、素麺の食べ方をまね損なう「首巻きそうめん」の笑話と複合したり、家具の使用法を間違うという点から、燈籠や行燈を持ったまま徹夜するという展開にもなる。

参考文献　稲田浩二・小沢俊夫編『昔話タイプ・インデックス』(「日本昔話通観」二八、一九六八)

（斎藤　純）

なげし　**長押**　鴨居の上にかぶせるように取りつける化粧材。古くは家の骨組(軸組)をひきしめるという実用性もあったが、主に部屋に格式を与える飾りとして用いられ、床の間がある座敷につけられることが多い。近年では一般住宅にも見られるが、かつては接客などの格式のある部屋が必要な家につけられるものだった。高さのある差鴨居を用いて長押を省略することもある。庄屋や名主を務めたような家格の高い旧家や大きな商家では縁側に面して外まわりにもつけられることがある。

（宮村田鶴子）

なご　**名子**《みょうしゅ》　近世における隷属農民の呼称。中世では、名主に隷属して名田の耕作などに使役され、売買の対象にもなった。近世には本百姓を中核とする村落体制が成立するが、そうしたなかでも各地に隷属身分の農民が存在した。彼らは、被官・譜代・家抱《けほう》・門屋等々さまざまな呼称で呼ばれたが、特に東北地方の南部藩領、および九州の日田地方などには名子と称する隷属農民が分布していた。東北地方の名子は、本百姓である地主から貸与された土地を耕作する小作人であり、家屋の貸与も受け家族を形成していたが、地主の農耕に労働力を提供し、年中行事や冠婚葬祭などの際にも労働奉仕をするなど、地主に世襲的に隷属し、通常の小作人より地主への依存度は高かった。漁村においても、隷属的な漁民を名子と称した。有賀喜左衛門は名子の発生要因として、(一)血縁分家によるもの、(二)主従関係によるもの、(三)土地・家屋の質流れ、永代売りによるもの、(四)飢饉に際しての救済によるもの、の四点を指摘している。領主の本百姓取立て策や名子自身の成長によって名子抜けが行われ、名子は江戸時代を通じて徐々に減少したが、一部地域では明治以降も残存し、特に南部藩領であった岩手県南部地方では、第二次世界大戦後の農地改革まで名子制度が存続した。　↓被官《ひかん》　↓譜代《ふだい》

参考文献　倉田一郎『経済と民間伝承』、一九四八、有賀喜左衛門『日本家族制度と小作制度』(「有賀喜左衛門著作集」一・二、一九六六)、同『大家族制度と名子制度』(同三、一九六七)、森嘉兵衛『奥羽における名子制度の研究』(「森嘉兵衛著作集」五、一九八四)

（佐藤　孝之）

なこうど　**仲人**　婚姻の成立にあたって、嫁方・聟方の双方の仲介役となるもの。チューニン、ナカド、セワニン、ゴシナンサマなどともよばれる。今日では仲人は一組というのが通例であるが、嫁方・聟方に一組ずつ仲人を立てる慣行も各地にみられ、これを両仲人・相仲人という。また、実質的な仲介役を果たすものをハシカケ、シタヅクロイ、クサムスビなどとよび、これとは別に婚礼の席にすわる座敷仲人・盃仲人を立てる場合もある。仲人の形態や役割、仲人を依頼する相手は地域によりさまざまであるが、大別すれば婚姻成立に実質的な役割を果たすものと、すでに確定した婚姻において形式的、儀礼的な役割を演ずるものとに分けられる。一般に村内婚を基盤とする婚姻形態では、婚姻当事者はすでに旧知の間柄であり、配偶者の選択は当事者の自主性に任されている場合が多い。婚姻の成立にあたって親の意向が反映される場合は少なく、親はすでに成立している仲を承認するのみである。このような婚姻形態では、事実上の仲介は若者仲間などによってなされるため、仲人の役割は形式的、儀礼的なものにとどまる。仲人は聟方の叔父夫婦など近い親族の者が務め、寝宿の存在する地域では宿親が仲人を務めることもある。しかし、いずれも仲介役というよりは婚姻の立ち会い人または新夫婦の相談役といった意味合いが強い。聟入婚の地域では、聟の近親や同輩などが初聟入りに付き添うのみで格別仲人を要しない地域もあった。仲人の役割が重視されるのは遠方婚を主体とする嫁入婚の場合で、このような婚姻形態では配偶者の選択に当事者の意志が介入する余地は少なく、婚姻は家と家との縁組という形をとる。婚姻の成立にあたっては、家格のつりあいや嫁・聟としての適格性が重視され、当事者の意志よりも親の意向が強く反映される。このため、両家の仲介役としての仲人の役割は大きく、「仲人草鞋千足」「仲立ちは逆立ち」などともいわれるように縁談成立のため奔走する役目を仲人が果たす。仲人は、見合の席に立ち会い、縁談が成立すれば酒入れ、結納から婚礼当日の嫁迎え、盃事、披露宴、婚礼翌日の嫁の挨拶回りまで婚姻儀礼のすべてに関与する。また、両仲人の場合は両家・親族の代表者としての役割も兼ねる。結婚後も、新夫婦の後見役として家庭内の問題について相談にのり、新夫婦の側からも盆・正月の付け届けを欠かさぬものとされる。仲人は仲人親として新夫婦との間に仮親関係を結ぶほか、千葉県では新夫婦の子供との間に取上げ親と取上げ孫の関係を取り結ぶ所もある。このように仲人は、両家の仲介役のみならず、その婚姻の正当性を保証する証人、新夫婦の社会的後盾となることが期待されており、本家や親方・地主など地域の有力者に仲人を依頼するのが通例である。実際の仲介役が家格などの点でこれにふさわしくないと判断される場合には、しかるべき地位の者を別に座敷仲人に立てることもある。今日でも職場の上司に仲人を依頼する例が多いのはこのためである。一方、長野県や山梨県では婚姻に際して仲人とは別にカネオヤ、ハネオヤ、オヤブンなどの仮親を頼む慣習がみられ、この場合は仲介役としての仲人と後見役としての仮親が事実上分化している。　↓はしかけ　↓見合《みあい》

参考文献　柳田国男「婚姻の話」(『柳田国男全集』一二所収、一九九〇)、有賀喜左衛門「日本婚姻史論」(『有賀喜左衛門著作集』六所収、一九六八)、蒲生正男「日本の婚姻儀礼―伝統的社会の女性像に関する一考察―」(『日本歴史民俗論集』三所収、一九九三)

（中込　睦子）

なこうどおや　仲人親　結婚に際して頼む仮の親。チューニンオヤ、セワオヤ、単にオヤブンなどともいう。結婚話をある程度までまとめるハシカケや下仲人とは異なり、結婚の際の正式の仲人となって、新夫婦の生活の面倒を見る。仲人親の事例は関東や中部、東海地方などから報告されている。山梨県北都留郡棡原《ゆずりはら》村大垣外《おおがいと》(上野原町)では、ハシカケが大体話をまとめると、嫁・聟双方でナカゥドオヤを頼む。オヤとなる家はおのおの世襲的に決まっており、一般に本家がオヤとなる。オヤは新夫婦の社会生活上の後循となり、経済的な支援をし、慶弔時や節季ごとに義理を果たす。新夫婦はオヤを親分として仕え、年末年始の礼、盆彼岸の参詣のほか、農繁期や慶弔時には手伝いに行く。一方地域によっては、ナコウドオヤのほかにオヤブンまたはカネオヤ、ハネオヤといったオヤをたて、それらが主に新夫婦の面倒を見るところもある。山梨県南巨摩郡富沢町では、結婚の際嫁・聟双方でナコウドオヤをたて、そのほかに嫁ぎ先の関係者で相談できそうな年長者にカネオヤを頼む。どちらのオヤとも子どもの祝いなどの折に付き合うが、前者は主として両家の間をとりもつ役で、後者は家庭内の問題の相談にのったりする親代りの役をするという。また長野県松本市でも、チューニンのほかに本分家や近親者の中の一組の夫婦にハネオヤを頼む。どちらもオヤとして遇するが、相談事や日常的に行き来をするのはハネオヤで、チューニンよりも重要だとされる。

参考文献　柳田国男「婚姻の話」(『柳田国男全集』一二所収、一九九〇)、有賀喜左衛門「日本婚姻史論」(『有賀喜左衛門著作集』六所収、一九六八)　（荒井　和美）

なごしのはらえ　夏越の祓え　旧暦六月晦日に神社で行われる祓え。大祓えとして、十二月晦日に行われる行事と一対と見做されている。鳥居の下に大きな茅の輪を作り、この輪をくぐり抜けることにより、身の不浄を祓い落とすことができると考えられていた。このほか、人形や形代に、家族の名前や年齢を書き、撫物として神社に納め、これを川に流す。また人形ではなく、人みずからが川や海に浸り、さらに人だけでなく牛馬などの家畜も水浴させるところがあった。これもまた、身の不浄を禊祓によって除去するところにその目的があった。六月一日は、ムケカエリツイタチ、ムケゼックと称し、この日は桑の木の下で蛇が皮を脱ぎ、さらに蛇だけでなく人や虫けらの皮も剝け、この状況を見ると死ぬとまでいわれ、恐れられている。さらに、キヌヌギツイタチ、ワタヌキツイタチなどともいわれ、蛇や人の脱皮が象徴されている。この延長線上に、旧暦六月半ばごろに全国的に展開される祇園祭があり、さらにその先に夏越の祓えがあった。旧暦の六月は新暦の七月から八月の初旬ごろに相当し、一年で最も暑くて湿度が高く、食べ物が腐りやすく、これに伴う流行病も最も蔓延しやすい時期である。このような、身体にとってきわめて危険な時期を乗り越えるために、予防手段としてさまざまな試みが旧暦六月一日から晦日にかけて展開されていた。夏越の祓えは、一連の予防手段の集大成でもあった。一方、十二月には、来るべき寒さと、それに伴うさまざまの流行病に対処するため、朔日のカワビタリノツイタチから晦日の大祓えまで、一連の禊祓行事が集中していた。↓大祓《おおはら》え　↓祇《ぎ》園祭《おんまつり》　↓茅《ち》の輪《わ》　↓むけ節供《ぜっく》

参考文献　『日本民俗研究大系』三、一九八三、近藤直也『ハライとケガレの構造』、一九八六　（近藤　直也）

なじみ　馴染　若者と娘が結婚を前提とした恋愛を続け、事実上婚姻が開始されているような関係の男女、もしくはそのような男女がお互いに相手を示すための呼称。あるいはそれが転じて単に恋愛関係にある男女を指す場合もある。馴染とほぼ同様の語彙はケンシ、ゲンサイ、シャンス、オキセン、ネンゴロなど各地でさまざまなものが聞かれる。一例として兵庫県家島では、ゲンサイアソビという男女の自由な交際から婚姻が導かれた。かつては兄弟分とよばれる男子の非公式な友人仲間が連れ立って村内の娘の家へゲンサイアソビに出かける。やがて一人の若者がある娘に恋心をいだき、お互いの気持ちが高まると、若者はまず兄弟分にその心境を打ちあける。その時から二人は馴染とよばれるようになり、以後は他の若者による娘への横恋慕はできなくなる。このように兄弟分のような友人仲間が恋愛や婚姻を差配する例と、寝宿が存在する地域では、宿親が男女の間を承認することで馴染の関係に入るという例もある。いずれにしても馴染になれば双方の両親は形式的に事後承諾を与えるだけで、事実上の婚姻はこの時点から開始されたとみなすべきであろう。これまで婚姻の承認や成立儀礼の呼称に比べて、事実上は夫婦もしくはそれと同然の関係にあるが、正式な披露を行なっていない男女の関係を示す呼称に関する報告例は少ないが、自由恋愛と婚姻を支える民俗的秩序の具体的表現として注目する必要がある。

参考文献　瀬川清子『若者と娘をめぐる民俗』、一九七二、八木透「家島の兄弟分慣行と妻問い婚」(竹田旦編『民俗学の進展と課題』所収、一九九〇)　（八木　透）

ナス　ナス　インド原産のナス科の多年草。近畿地方ではナスビという。渡来年代は不明であるが、キュウリと同様に比較的早い時期にもたらされたもので、日本でも奈良時代には栽培されていた。その品種は地方品種まで含めると、百五十種以上にも及ぶ。栄養的価値はさほどないが、漬物をはじめ、汁の実、煮物、揚げ物、焼き物と幅広く調理されている。嫁に秋ナスを食べさせることを戒めることばが、各地に存在する。その理由としては、嫁憎しの一念により美味な秋ナスを食べさせないとする説、嫁の体をいたわり消化が悪く体を冷やす秋ナスを食べさせないとする説、種子が少ない秋ナスを食べることにより嫁の子種がなくなることを憂慮する説とさまざまである。盆に小枝やカヤの茎を脚にして牛の形を作り盆棚に供えた。仏が帰るときに、牛に荷を運ばせて行くと

いわれている。また、その餌として、ナスをさいの目に切ったものをハスやサトイモの葉などにのせて供える。（古家　晴美）

なぞ　謎　言葉の中にその意味以外の内容を含ませて答えさせる言語遊び。なんぞ・なぞなぞなどともいう。「千人小僧の綱引き（答えは納豆）」や「立てば低くなり、座ればたかくなるもの（答えは天井）」や「上は算術下はぶらんこ（答えは時計）」のような二段式のものと、「破れ障子とかけて何と解く、ウグイスと解く、その心は春（貼る）と解く」や「千両役者とかけて何と解く、夕立と解く、その心はふりも良ければなりもいい」のような三段式のものに大別される。二段式のものは、主に子供によって伝承されて来たものが多い。それに対し、三段式のものは、語呂合わせに基づくものや人情の機微を主題にしたものが多く、主に大人によって伝承されて来たと考えられる。また、三段式のものは江戸時代になって発達したが、江戸時代に落語家が寄席で謎解きをした記録があり、伝承には落語家などの芸能者が深く関与していたと推測される。謎と諺は、口承文芸のなかの異なるジャンルに属しているが、その根底には共通点がある。謎では、たとえば「要るとき要らないで、要らないとき要るもの（答えは風呂の蓋、刀のさや）」というように抽象的なものを示して、具体的なものを答えさせる場合が多いのに対し、諺では「糠に釘（効果がない）」というように具体的なもので抽象的な観念を示す場合が多く、方向は異なるが、具体的なものと抽象的なものとの比喩が共通の原理として存在する。特に三段式の謎は、諺との共通性がさらに明確である。たとえば「女心と秋の空」という全国的に広く聞かれる諺は、「女心とかけて何と解く、秋の空と解く、その心は変わりやすい」というように三段式の謎にそのまま置き換えることができる。秋田県では「なぞ、なぞ、なんぞ」というと、これに対して「なかなか」とか「たてろ」と応じて謎解きを始めたという。「何ぞ」とか「何ぞ、何ぞ」と問いかけるところから謎と呼ばれるようになったと推測されるわけである。東京でも「なぞなぞナアニ、菜っ切り庖丁、なあぎなた、納戸のかけがね、はずすがだいじ」といってから始めたという。また謎が解けないときには「あげて聞きましょ」ということになっている地方も広く見られた。神の託宣など、そのままでは理解できない言葉をさまざまに解釈したのが、謎の起源ではないかと推測されているが、あるものをそのままではなく比喩的に表現する点は忌言葉や唱え言とも共通点がある。謎を集成した書物が江戸時代には多数出版されており、口承の謎との間に密接な関係があったと推測されるが、こうした事情は現在も同様だと思われる。たとえば、二段式の謎を集めた子供向けの謎の本は現在もたくさん出版されており、新聞や雑誌のコラムなどに三段式のものが掲載されているのを見かけることも多い。

参考文献　柳田国男「なぞとことわざ」（『柳田国男全集』二三所収、一九九〇）、鈴木棠三『ことば遊び』（『中公新書』四一八、一九七五）　（大嶋　善孝）

なた　鉈　薪や炭木の伐採や林業・焼畑で枝払いに使用する多目的の厚刃刃物の総称。山に入る時に鞘に入れて腰に下げるなどして携行した。刃物の先端を直角に作って尖らせない点が鉈の特徴で、この点が山刀と異なるが、場所によっては先尖りの鉈を用いて剣先鉈という。九州山間地で山仕事をする人々はヤマガラシと称する山刀を用いていたが、これがのちに剣先鉈に変化したと考えられる。鉈は大きく分けて二つの系統に分類することができる。一つは先端を直角に切断した形式で、はななし、腰鉈などと称して、腰に下げて用いる。もう一つは刃先側に突起をもつもので、この突起をはな、とびなどといい、そのために、はななたなどの呼称がある。山へ入る時には背負籠などに入れて持っていく。西日本で鉈といえば一般に後者のことを指すが、東日本では両者が同じ地域に共存している場合が多く、専業的に山仕事を行う人々は前者を用い、農民が薪炭材の伐採などに用いる場合は後者を使う。山では、樹木の所有物であることを示すためなどで、立ち木に鉈で目を打ちつけて刻印とする場合があり、これを鉈印という。このほかに椎茸栽培のためにクヌギの木に刻みを付けるナバ鉈、竹細工師が用いる両刃の竹鉈、削り花・下駄・桶細工に専用のもの、桶樽や屋根葺きの材料となる榑丸、クレ、コバを割る割《わり》鉈《なた》（ホウチョウともいう）などがあり、家庭で用いた薪割鉈もある。

参考文献　朝岡康二『鍛冶の民俗技術』（『考古民俗叢書』二〇、一九八四）　（朝岡　康二）

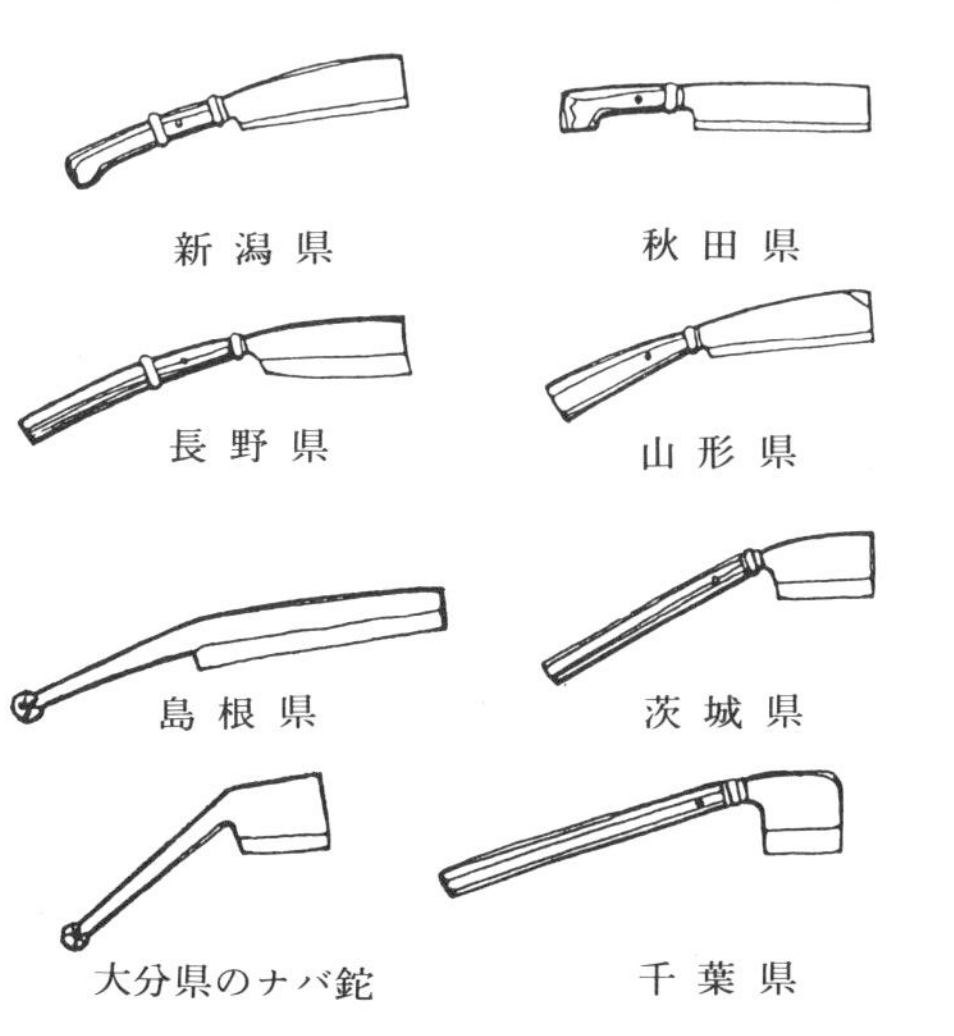

各地の直鉈

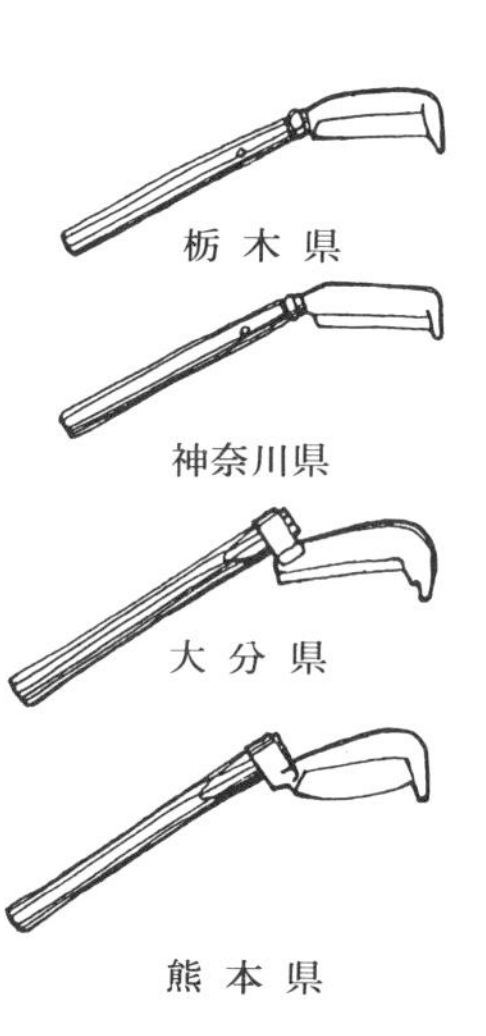

各地のハナ付鉈

なだ 灘 海面のうち浜際ないし海岸に沿う浅い海域。漁民の空間認識としては沖に対して用いられる。日御碕神社（島根県簸川郡大社町）の和布《め》刈《かり》神事の際、宇竜の権現島との間の瀬戸に船を並べて船橋とするが、十二艘の船は陸側の灘と島側の沖とに二分される。灘は神戸市灘区、石川県河北郡内灘町のように海面を離れて海沿いの陸地をいうこともある。なお、玄海灘・熊野灘など灘には広い海域を指す用法が見られるが、これは漁民というより航海（沖乗り）を生業とする者の呼称であろう。→磯《いそ》 （伊藤 彰）

ナタネ ナタネ 菜種科（アブラナ科）の工芸作物。菜種と書く。種子を搾った燈油や食油が主な用途であるが、搾った後の油粕も重要な肥料として取引された点は大豆やイワシなどと同じである。旧来から綿や藍と並び代表的な商品作物であって、畑作のほか水田の裏作としても栽培された。一八七八年（明治十一）にいわゆる朝鮮種が導入・試作されて以来、明治の後期以降は福岡県が全国一の産地となった。なかでも北東部の粕屋郡から出荷される粕屋菜種は、大阪市場にも聞こえる特産物として、一九五〇年代まで栽培された。この地域では、品種や耕地によって違いがあるものの十二月後半から翌年五月後半が作期であり、それぞれ収穫・脱穀と稲の苗代・田植え、また稲の収穫・脱穀と菜種畑の耕起・定植（苗の移植）が連続する。加えて炭鉱地帯への若年層の流出もあり、人手不足の解消策として犂を使う牛馬耕が発達した。朝鮮種は、外来の西洋種の俗称という説もあるが、これは晩生であって農繁期の労働を一層重いものとした側面もある。一般に、排泄される厩肥を犂で深く耕された田畑に施すことは合理的な農法であり、菜種のような商品作物と主穀である稲との二毛作に牛馬耕を組み合わせた形態は、近世以来の西日本の複合経営の典型ともいえるだろう。牛馬耕の前提として湿田の乾田化工事と耕地整理が実施され、米の単位面積あたり収量も増加したものの、裏作としての菜の花畑の風物詩が見られない寒地や雪国にまで、犂耕による畝立てが指導された問題点は留意せねばならない。

参考文献 井上国雄「畑作物の衰退と興隆」（農業発達史調査会編『日本農業発達史』三所収、一九五四）、戸田節郎「激動の時代とともに生きた工芸作物（特用作物）」（昭和農業技術発達史編纂会編『昭和農業技術発達史』三所収、一九九五） （牛島 史彦）

なだまわり 灘回り 能登半島の輪島沖合にある舳倉島で操業する海女たちの交易方法。海女が夏季間に潜水漁でとった魚介類などの干ものや塩漬け・糠漬け・麴漬け・海草類などを舟で運び半島内陸の農村で米や野菜と交換したもので、毎年十月中旬から約一ヵ月間、半島の内浦、富山湾（灘）側に約三百艘の船を一斉に回したことからこの名称がある。江戸期から始まったとみられ、古くはコテントと呼ぶ一枚帆の小舟はノマブネとも称され、輪島の海士町に住居を持てない家族が船住生活をしながら交換に回る例も多かった。したがって大半は内浦の河川の河口に停泊し生活をしながら越冬することもあり、その間主に女性たちが海産物を担いで、ダンナバと呼ぶ得意先の農家を訪れ、塩漬けや糠漬けの鰯二十本と米一升の比率にて物々交換した。交換した米は二十～三十俵、多い船で五十俵を越えるものもあり、一年分の主食を確保した。海女の夫は子守をするか港の荷担ぎ仕事にあたった。海産物のうちモダツと呼ぶ海タナゴの塩漬けは農家の昼食用として人気があり、これは魚を食べるというよりは塩分を取るための副食品であった。海女の社会では女性の働きが重要なので、農村から養女を迎える例も多く、それも灘回りを契機としている。昭和期からは帆船から発動機船へと変化し、そして近年ではトラックの陸送による行商の方式によって存続している。

参考文献 沖谷忠幸「舳倉島の海女の灘回り」（『社会経済史学』四、一九三五）、瀬川清子『海女』、一九七〇、石川県立郷土資料館編『海士町・舳倉島―奥能登外浦民俗資料緊急調査報告書（輪島市）―』、一九七五 （小林 忠雄）

なだれ 雪崩 山の斜面に積もった雪が崩れ落ちる現象で、ナデとも呼ばれる。日本海側積雪地帯ではナデを二種類に分ける。全層と表層である。新潟県朝日村旧奥三面では、土から落ちてくる全層ナダレをジヌゲといい、寒中、新雪が大量に降った後に来る表層ナダレをワカバとかワスといった。ジヌゲは冬の間に積もった雪が固くしまり、三月ころ、気温の上昇によって土と雪の間にすべる水の面ができて起る。ジヌゲの起る場所は柴の生えた斜面であることが多く、春のゼンマイやウドの生える場所であった。ナダレがつく場所をナデヒラといい、ワラビの根の澱粉採集の適地としたのが岩手県沢内村や山形県小国町である。ワスは寒中、アラレで埋まった時に一気に表層が落ちるもので、ワカバは音もなく雪がしんしんと降り、風がない時に新雪がすべり落ちるものをいった。ワカバにまき込まれた時は、泳いで上にあがれば助かるといわれた。無風状態の時に、突然尾根から風が来るのが表層ナダレの前兆で、風が集まるといい、雪が落ちる前に突風が来た。突風は、富山県黒部渓谷ではホウと呼ばれる。寒は小寒と大寒に分けられるが、「半寒（小寒）すぎたら山かけるな（山へ行くな）」との伝承はシシ（カモシカ）狩に共通する。アオシとりで「三度、笠の雪を払うと山かけるな」ともいった。ナデにまき込まれた人を探す方法は、上からツエ棒をさし込んで埋まっている所をあてる。鈴木牧之の『北越雪譜』（一八三七）には、鶏を放ってときを告げる場所に埋まっているとの記述がある。

参考文献 高橋喜平『日本の雪』、一九七四、朝日村教育委員会編『朝日村の民俗』、一九七七、高橋喜平『雪国の人びと』、一九七八、馬瀬良雄『秋山郷のことばと暮らし』、一九八二 （赤羽 正春）

なちおうぎまつり 那智扇祭 七月十四日に和歌山県東牟婁郡那智勝浦町の熊野那智大社で行われる祭。滝を飛竜権現としてまつり、その形を表わす十二基の扇神輿が本社から滝前に渡御し、十二本の大松明がこれを迎えて神事の後に還幸する。火祭としても知られている。扇神輿は高い柱に開いた扇三十二本・鏡八面・檜扇(生花)をつけて本社前に飾る。渡御前に本社境内で大和舞・田楽舞・田植え舞などがある。田楽舞は衆徒が行なっていたが、神仏分離で中断し、一九二一年(大正十)に復興した。踊り手は、ささら方四人・太鼓方二人・シテテン(鼓打)二人で、笛方一両人がでる。綾藺笠《あやいがさ》に直垂《ひただれ》・くくり袴・白足袋の装束で舞う。乱声からシテテン舞まで二十二節から構成され、農耕を模倣した予祝儀礼の様相がある。発輿の式が済むと、滝に向かってザァザァアホゥと三度オメク太鼓が乱打される。大松明は先に滝に下り、ザァザァアホゥと三度オメク太鼓が打たれる。扇神輿は途中の伏《ふし》拝《おがみ》(遥拝所)で止まり再度立てられる。一の使が滝から伏拝に向かい、行列の先頭にいた子の使いと火合わせを三度行う。二の使と三の使が、ケヤキと杉の下でおのおの繰り返す。烏の帽子を被った神職は、光ヶ峯の遥拝石で大松明に火を点じて祈願する。大松明は石段の途中で神輿と出会い、焔であぶると扇の前が扇を開いて松明を扇ぎハリャハリャと唱える。神職は石段下で打松(ヒノキの削り掛けの扇)で扇神輿を打ち扇ほめの清めを行うと、神輿を担ぐ扇指しはヒョウヒョウと唱えながら出て、滝本に扇を立てる。十二基立つと滝本の儀となり、神職の献饌と祝詞、若者による田苅舞と那瀑舞の奉仕があり、終了後に扇神輿が還御する。この祭は明治以前には六月十四日と十八日に執行されていた。かつては修験の滝籠衆《ひろうしゅう》が担い手で、験力や呪語で水と火を操作し、神霊を扇に憑着させてまつり、五穀豊饒や害虫駆除を願った。→扇祭《おおぎまつり》

参考文献 吉野裕子『扇』、一九七〇、宮家準『大峰修験道の研究』、一九六八、本田安次「那智の田楽」(『本田安次著作集』九所収、一九九六)

(鈴木 正崇)

なついん 捺印 印章を捺すこと。またそこから派生して捺された印のこと。印とは個人や家・官職などを象徴する記号で、一般には判(判子・印判)の形態になっているものをいう。これを捺す場合は、記された名前などの下に捺すことが多く、判を押すという行為を通じて捺印者がその人物に間違いないことを証明する。単に名前だけだとほかの人でも書けるが、印章はその所有者もしくはその役職にある者のみが持ち得ることを前提としている。日本の印章は古代では中国の影響を受けて官印が主体で、戦国時代には家を示すものや個人を示すものが使われ、近世になると民衆も用いるようになった。基本的には近世以降、現代と同じような印章の使われ方がされるようになった。官印の場合の捺印は文書の内容に間違いがないことなどを、印章の保管者もしくは保持者が確認する。個人の印の場合には捺印する書類などに、同意や反対などの態度や主張を明示することが多く、意志の確認手段になっている。捺印は他人に対して確認する作業なので、社会的に捺印者が認知されていなくてはならない。したがって捺印者が社会的に一人前の人間としてみなされる状況に成長していなくては、印章を所有する必要はなく、捺印をすることもない。一方で印章は他人とその所有者を区別する道具として社会に認知されているので、貯金通帳を作る時などに必要になる。このため子供名義の通帳を作る時などに必要な場合は親などが捺している。→印鑑《いんかん》 →爪印《つめいん》

参考文献 石井良助『印判の歴史』、一九九一

(笹本 正治)

なづけ 名付け 新生児に名を付けること。名前は人の生存に必要なものと考えられていた。新生児には産室に居合わせた人や取上げ婆がすぐに仮名を付けることがある。名がない間に雷に遭うと耳が不自由になったり(福岡県)、一週間名がないと口がきけなくなる(熊本県)、先にヤマノモノに名付けられると命がない(長野県)、名のない間に地震があると不祥事がある(千葉県など)など、名がない状態は危険と考えられている。そのため命名したら早く世間に知らせて、社会的に承認されねばならない。その儀礼が名付け祝い、名びろめなどの儀礼である。三日目・五日目・七日目、十一から二十一日目まで、三十日、半年などとさまざまであり男女によって違うこともあるが、七日目に付ける事例が多い。産屋の忌明け後に命名することも多いことから、名付けの日がさまざまであるのは産穢の期間と関わりがあるとする説がある。名付け祝いには親族や近所の人を招待するが、取上げ婆や産婆が出席する地域は多く、特に取上げ婆が子供を抱いて、名を書いた紙を出席者に披露する事例も多い。大阪には正月に寺で名を読み上げ、男児には「偉いやっちゃー」とほめ、女児の場合は笑う、という所もある。名付ける人も重要で、親族・祖父母・両親のほか、神官・僧侶・民間宗教者や、取上げ親や拾い親などさまざまであり、中には道で行き逢った人や、行商人などの村の外部の人が名付けることもある。名付けた人とは名付け親などとして一生つきあう例も少なくない。名前の意味を考える上で見落とせないのは往来の人に付けてもらう事例で、名付け岩の前で往来の人に名付けてもらう伊勢の話は近世随筆にもみえ、このほか佐渡にもツジクレといって、道の辻で逢った三人目の人に付けてもらう事例もある。これはナツケイシと呼ぶ小石を河原などから拾ってきて名付け祝いの膳に供える習俗とも関係し、赤子の霊が戻された、道祖神の管轄するあの世とこの世の境から名前と霊魂をもらってくる、と解釈されている。道で逢った人がオサイ・才太郎など道祖神にちなむ名をつける長崎県壱岐島の事例もその類例であろう。このほかにも、名を書いた紙を親が籤のように引いたり、生児自身あるいは幼児・兄弟に選ばせたりする例も多い。名前はどこ

からか頂くもので、名付けることで霊魂が宿り人格も備わると考えられていた。そのため名前自体も人格と関わりがあり、病弱であったり、事故に遭った場合名を替えることもあった。鉄や岩などの堅い物の名や男女反対の名、二人分の長い名を付けると丈夫で長生きをし、へその緒を首に巻いて生まれた子には袈裟男・今朝吉、逆さ子にはサカエ、サカギクなどとすれば丈夫に育つという。弱い子を形式的に捨てる習俗があるが、この場合は拾い親が「捨」「外」などの字を付けて命名することが多い。名前の力はその子本人だけの問題にとどまらず、末子を望むときにはスエ、トメの字を、次に男の子を望むなら産まれた女児にアグリなどの名を付ける。また、神仏祈願をして授かった神申子《かみもうしご》には神の名を一字もらったり、親や先祖の名をもらう祖名継承の習俗もある。また、成人儀礼で新たな名を付けたり、沖縄県では神女になる時に神名をもらうなどの事例もある。あの世からこの世へ生まれ出た新生児の名付けに見られるように、個人と新たな社会とを、社会的および呪術的に結ぶために名付けは必要なことと考えられているが、新生児のみならず、子供から大人へ、俗人から神職へ、あるいはこの世の人からあの世の人へ(戒名)など、社会的立場が変わる(新たな社会へ所属する)ときにも名付けの行為が行われる。すなわち、名付けは、個人と新たな社会、あるいは社会と社会、あの世とこの世をつなぐために重要なことと考えられていた。 ↓祖名継承《そめいけいしょう》 ↓名替《なが》え ↓名前《なまえ》 ↓命名《めいめい》

参考文献 『日本産育習俗資料集成』、一九七五、柳田国男「赤子塚の話」(『柳田国男全集』七所収、一九九〇)、同「社会と子ども」(同一二所収、一九九〇)、最上孝敬「親方子方」(柳田国男編『山村生活の研究』所収、一九三七)、大藤ゆき『児やらい』(「民俗民芸双書」、一九六八)、原田敏明「命名と改名」(『宗教と民俗』所収、一九七〇)、大間知篤三「呪術的親子」(『大間知篤三著作集』四所収、一九七八)、高橋六二「名付け祝いと初宮参り」(『日本民俗研究大系』四所収、一九八三)、竹内利美「生育習俗と親方子方慣行」(『竹内利美著作集』三所収、一九九一)

(浅野　久枝)

なづけおや　名付け親　名付けをして、その子供との間に結ばれる擬制的親子関係を結んだ人物。名前や名付けることが人にとって重要な意味を持っていたため、名付ける人の選定も重要である。名付け親には大きく分けて二種類ある。一つは新生児の名を付ける親で、もう一つは成人になるときの名替えのための名付け親である。新生児の名は祖父母や実親が付けることももちろん多いが、他人に名付けてもらうことも広く行われる。名付け親をナヅケオヤ、ナソエオヤ、ナオヤ、トリアゲのジイサンバアサン、カナオヤ、子供をナトリゴ、ナゴ、ナンゴ、トリゴなどと呼び、親子同様のつきあいをし、その関係を一生続けることもある。名付ける人は出産で取り上げた取上げ婆さんや産婆、僧侶や神官や山伏、丈夫な家の人、村の有力者や親戚、両親の親分などさまざまだが、拾い親に付けてもらうという事例も多く、拾い親をナヅケオヤと呼ぶ場合もある。一方、成人の際に名前を替えることはかつては広く行われており、こちらの名付けの親はナヅケオヤ、ナガエオヤ、オヤブン、エボシオヤ、カナオヤ、ヒロイオヤなどともいわれ、オヤの死までつきあうことが多い。村内の有力者や同族内の人や遠縁にあたる人などを頼む。沖縄などでも童名から成人への名替えが行われた。子供の名付けにしろ成人の名替えにしろ、名付け親に頼む人の社会的立場やその影響力を期待したり、その人あるいは家との社会的つながりを深めたいとする側面は充分にあるが、子供の命名の場合、道で偶然行き逢った人や村の外部の人、民間宗教者などに名付けてもらうという事例や、名付け親との相性が悪いためによく泣く、などの事例からは、人の生存、あるいは霊魂の安定のために必要であるとされる名前をつけるという呪術的役割をも、名付け親は持っていることがわかる。 ↓擬制的親子関係《ぎせいてきおやこかんけい》 ↓名替《なが》え

参考文献 『日本産育習俗資料集成』、一九七五、柳田国男「社会と子ども」(『柳田国男全集』一二所収、一九九〇)、最上孝敬「親方子方」(柳田国男編『山村生活の研究』所収、一九三七)、大藤ゆき『児やらい』(「民俗民芸双書」、一九六八)、大間知篤三「呪術的親子」(『大間知篤三著作集』四所収、一九七八)、高橋六二「名付け祝いと初宮参り」(『日本民俗研究大系』四所収、一九八三)、竹内利美「生育習俗と親方子方慣行」(『竹内利美著作集』三所収、一九九一)

(浅野　久枝)

なっとう　納豆　大豆を発酵させた食品で、無塩発酵の糸引き納豆と、加塩発酵の唐納豆に分けられる。糸引き納豆とは、煮た大豆を藁苞《わらづと》に包み、納豆菌によって発酵させたものである。糸引き納豆の発祥伝説には、源義家の奥州遠征にまつわる話が多く、納豆の消費は東北や北関東に多い。西日本では、丹波や熊本など一部の地域である。おもに東北で、納豆のトシヤと称し、納豆をねかせる日を正月準備の一つとして行う地域もある。糸引き納豆は、醤油か塩で味をつけて飯や餅につけて食べたり、納豆汁にしたりする。自家製の納豆を食べる地域では、納豆はどちらかといえばハレの日の食べ物であるが、大量にねかせ、その残りに塩や麹を加えてねかせたり、乾燥させたり(干し納豆)という二次加工をして、保存食にするところもある。江戸時代になると、江戸の町に納豆売りがあらわれてくる。『人倫訓蒙図彙』(一六九〇)などには、菜や豆腐を刻んだものを添えた叩き納豆売りが書かれてあり、当時、江戸の人々が納豆汁にして食べていたことがうかがえる。唐納豆は、大豆を麹カビによって分解し、塩を加えて熟成したものである。寺納豆ともいわれ、中国大陸から伝えられた製法が、僧侶の蛋白源の一つとして寺院を中心にひろがったといわれ、大徳寺納豆が有名である。静岡県浜松の名産である浜納豆は、大福寺の製法によって作ったものだといい、山椒や生姜が加えられ

ている。

参考文献 今越祐子「大豆の発酵加工—納豆をめぐって—」(『常民文化研究』五、一九六一) (山崎 祐子)

なっとうねせ 納豆寝せ 納豆を製作すること。降雪量の多い東北地方を中心として冬期間、各家庭ごとに行われる。作り方は一〜二升の大豆を水洗いし柔らかくなるまで煮る。それを熱いうちに藁で作った苞《つと》(ツトッコ)に詰める。さらに豆を詰めた苞はまとめて藁クダを敷いた筵で包み、積み藁・炬燵・雪穴の中などで発酵させる。これを寝せるという。三日ほどで納豆となる。一升の大豆から約十四、五本の納豆ができる。特に十二月二十五日を節《せち》納豆ねせ・納豆の年取といい正月用の納豆を作った。

参考文献 『新潟県史』資料編二二、一九八二、福島の食事編集委員会編『聞き書福島の食事』(「日本の食生活全集」七、一九八七)、『只見町史』三、一九九三 (佐治 靖)

なつまつり 夏祭 夏季に行われる祭。高温多湿の日が続き、疫病がまん延しそうな時期になると、病気や災いをひき起すことが多い。そこで各地の神社では、これを祓いさる夏の祭が行われる。特に都市部で盛んとなり、祭には町ごとに鉾や人形など趣向を凝らした山車が飾られ、競い合って氏子圏を巡行することで夏の祓えとした。古代では毎年六月・十二月の晦日に麻・刀・人形を用いた大祓があり、罪や穢れを祓った。都市において御霊《ごりょう》信仰が盛んになると、蘇民将来の故事にならって茅《ち》の輪による祓えも行われ、夏の祭礼が祇園御霊会の形態をとって各地で伝承されることになった。神前に大きな茅の輪をたて、氏子たちがこの輪をくぐりぬけて神社に参拝することで災害から免れるとされている。また小さな茅の輪で身体を祓ったり、神社から受けた人形《ひとがた》に穢れを託して流しすて、災いから身を護る。その季節が夏から秋に越すころであることから、夏越《なごし》の祓えと称したり、邪神を祓いなごませるのでなごし、茅の輪をくぐることから輪越神事などという。一般には夏季に行われることから夏祭というが、大阪では七月一日に勝鬘院《しょうまんいん》本尊の開扉があり、これを愛染まつりと称し、浪花夏祭の最初とされている。大阪天満宮の天神祭がこの代表的なものである。七月二十四日に、神官・神童らが祓いの人形を包んだ菰と木製の鉾を鉾流橋の上手から堂島川に流し、参加者は茅の輪をくぐって神社にもどる。二十五日は、神輿の船渡御があり、人形が飾られた御迎船が加わって華やいだ祭となる。住吉大社では、七月晦日に堺の宿院まで渡御をする。この列に平野から選ばれた童が樹木の枝を負って参加する。童をアハラヤというが、これがハラエヤの意味であれば、夏越に童に託して祓いを務めさせる姿である。この夜、神輿が住吉に還幸するのを御迎提燈を持って迎える。これで大阪の夏祭は終了したと考えられている。 ↓祇園祭《ぎおんまつり》 ↓天満祭《てんままつり》 ↓夏越《なごし》の祓《はら》え (上井 久義)

夏祭 大阪天満宮天神祭の鉾流神事

なつやみ 夏病み 夏期に個人に降りかかってくるとされる悪病などの災厄。夏期は災厄が最も起りやすい季節であり、六月晦日の夏越の祓えでの人形や茅の輪くぐり、または虫送り(実盛送り)など、災厄を除去し、暑い夏を無事に過ごせるようにと願う行事が多く見られる。また、祇園祭などの風流の行列を伴う夏祭でも、夏病みを含めて疫病・風水害などの災害を除去することに重点が置かれている。 (大本 敬久)

なでもの 撫物 禊や祓えの時に、人間の身代わりとして用いる人形《ひとがた》や衣類。陰陽師などが祈禱を行う場合に、依頼者は紙や木製などの人形を撫でたり息を吹きかけて、陰陽師がそれを以て祈禱し、後から川などに流すことがあった。撫でることによって人間の穢れを撫物に移し、川に流したり、焼いたりすることで穢れを除去しようとした。平城宮跡から人形が出土したり、『延喜式』木工寮に金・銀・鉄・木・土の人形がつくられたとみえることからみると、人形は陰陽道成立以前から使用されていた。しかし平安時代に天皇が罪・穢れを撫でつけた人形を京都周辺の七ヵ所の水辺である七瀬に流して祓う七瀬祓《ななせのはら》えのような陰陽師の祓えのなかで、人形が大々的に使用されるようになり、陰陽道関係の呪具として広まった。七瀬祓えでは陰陽師から送られた人形に天皇が息をかけ身体を撫でた後に、陰陽師がそれを七瀬に流して、祓うというものであった。六月、十二月の晦日の大祓えでは、神祇官が天皇へ御贖物《みあがもの》として服を奉るが、それが撫物の機能を果たした。鎌倉幕府・室町幕府が設けた撫物役という役職は、将軍家の人々の祓えのために、撫物を祓い棄てることを職掌としていた。また毎年三月初巳日には朝廷では上巳《じょうし》の祓いが行われた。撫物が川に流され、穢れの除去が期待されたが、上巳の祓えは、その後も各地の流し雛の風習に受け継がれた。雛人形の場合、元来は毎年流すものであったのが、近世以降工芸品として保存されるようになった。 ↓流《なが》し雛《びな》

参考文献 村山修一『日本陰陽道史総説』、一九八一 (林 淳)

ななくさ　七草　一般に春の七草(芹・薺《なずな》・御形《ごぎょう》・はこべら・仏の座・鈴菜・すずしろ)をさすが、民俗行事としては七日正月に七草などを入れた粥を食べる行事をいう。七草を大正月終了後に供え物をおろして食べる直会の行事と考えることもできるが、病疾を祓うに効ありとされるなど除災儀礼の性格が強い。七草全部を入れることはむしろ稀で、たとえば七草と呼ぶ草があり、また七草とは薺だとする地域が多い。人参・サトイモ・大豆・柿など七草以外の七種のものを入れたりするところもある。初見は八〇四年(延暦二十三)の『皇大神宮儀式帳』。「七日、新菜御羹《あつもの》奉レ作、太神宮幷荒祭宮供奉」とあり、当初は粥ではなく羹(吸い物のこと)であったが、室町時代以降はほぼ現行の形になった。中国風俗の影響が強く、『荆楚歳時記』は正月七日が人日で「七種の菜をもって羹をつくる」(原漢文)とし、同夜には邪気の象徴である鬼鳥《きちょう》の過ぎることが多いために、人家で床や戸を打ちこれを払う風習があったと記すが、日本でも六日の晩、または七日の早朝に七草を刻む時、大きな音をたてることに力点が置かれ、その際「唐土《とうど》の鳥が日本の土地へ渡らぬ先に七草なずな(後略)」などの詞章を唱える。初春の若菜摘みの風習と結合して平安時代には定着。しかし『延喜式』など平安時代の文献にある「七種粥」とは、正月十五日に供御されるもので、米そしてアワ、キビ、ヒエ、葟子《みのこ》、ゴマ、小豆などの雑穀を主としていた。これと七草粥を結びつけ、元来は固有の風俗とする説もあるが、必ずしも明らかでない。

参考文献　山中裕『平安朝の年中行事』(『塙選書』七五、一九七二)、酒向伸行「七草考」(『生活文化史』三、一九八四)

(藤原　修)

ななつのいわい　七つの祝い　幼児の七歳の祝い。正月、氏神の祭日、霜月十五日などの式日に、幼児に晴れ着を着せ、親・祖父母・親元・親戚など大勢の人たちが連れ立って宮参りをさせる例が多い。引き続いて、祝宴を催すこともある。岩手県胆沢《いさわ》郡衣川村の月山神社には七つ子参り、また愛知県幡豆《はず》郡吉田町(吉良町)の宮崎幡豆神社には七つの宮参りと称する儀礼が伝えられており、本来は七歳児を対象とした儀礼であった。しかし、商業資本の働きかけによって、同年齢の幼児を対象とした七五三の祝いが盛んになり、その実態は今日では三つの祝い、五つの祝い、また袴着、帯ときなどの儀礼となっていることが多い。秋祭に七歳になる男児に七つの餅を背負わせ、家族親類近隣の者が付添って未明に神に参る(福島県刈田郡)、男児七歳になれば、六月二十日に海岸に出て水垢離を取り氏神に詣る(千葉県夷隅郡)、下芳養村の王子社の十月九日の祭には、七歳内外の男女児を着飾らせて肩に乗せて大幣とともに参拝する(和歌山県西牟婁郡)、男子七歳になれば幟のタテアゲとして初節供以来の幟竿を飾り祝宴を開くが、その時幟を一切始末し、以降は再び立てない(高松市付近)、などは各地に伝承されてきた七歳児が関わる習俗である。これらの習俗からもうかがえるように七歳という年齢は幼児期の終期であり、また幼児期を脱し村落社会の中で、氏子入りや子供組などの年齢集団への加入を果たす時期にあたっている。七つの祝いはそのための年祝いであり、重要な通過儀礼と考えられている。→帯《おび》とき　→髪置《かみお》き　→七五三《しちごさん》　→袴着《はかまぎ》　→紐落《ひもおと》し

参考文献　民俗学研究所編『年中行事図説』、一九五五、大藤ゆき『子どもの民俗学―一人前に育てる―』、一九八二、姫田忠義『子育ての民俗をたずねて』、一九八三

(田中　正明)

ナナトコマイリ　ナナトコマイリ　生児がはじめて外に出る儀礼として、便所神・井戸神・火の神などに参ること。生後七日目の七夜の祝いとして行われることが多いので、お七夜まいりともいう。七夜はコヤアガリ、マクラサゲ、ヒトシチヤなどと称して、広く産婦の床上げや産神の神送り、名付け披露が営まれる。その際、生児が産婆に抱かれて家の神などを巡る。関東から甲信越地方にかけてはことに盛んで、生児がはじめて産室から出る出初めの式として雪隠参り・井戸神参り・門参り・橋参りなどが行われていた。たとえば、群馬県山田郡では七夜の行事は命名とセッチンマイリである。セッチンマイリには額に京紅で犬の字を書いた生児を産婆が抱き、オビヤマイリといって橋を渡らずに井戸一ヵ所、便所三ヵ所に参る。半紙と水引とで結んだもろこしの箸で汚物を食べさせるまねをするという。また、栃木県河内郡ではけずり鰹節と生米を供物として、火傷をしないようにと竈の前に連れて行き、何を食べてもあたらないようにと便所に行って汚物を三箸食べるまねをして、ウルシにかぶれないようにとウルシの木の下へ連れて行くという。井戸や橋、便所さらにウルシの木などに参るのは、産神の庇護から離脱する生児を危険な場所から守ろうとする呪術的行為といえる。雪隠参りには自家の便所だけでなく、近隣七軒の便所に参るといった風習もある。→雪隠参《せっちんまい》り

参考文献　『日本産育習俗資料集成』、一九七五

(佐々木　勝)

ななふしぎ　七不思議　不可思議な事態を七つ数え挙げて示すこと。鈴木牧之『北越雪譜』の初編巻之上「雪中の火」には、「世に越後の七不思議と称する其一ツ蒲原郡妙法寺村の農家炉中の隅石臼の孔より出る火、人皆奇也として口碑につたへ諸書に散見す」とある。その後、一八九〇年(明治二十三)刊行の『温古の栞《しおり》』は「越後の七不思議とは古来より人口に膾炙する処其説区々《まちまち》なれど」とした上で「燃る水、燃る土、海鳴、土鳴、神楽、白兎、鎌鼬《かまいたち》とす」と記した。こうしてみると「古来より人口に膾炙」してきたはずの「越後の七不思議」といえども「其説区々」であったのがわかる。おそらくはお国自慢、あるいは観光十選とか百選に似て、出入りは盛んであったに違いない。江戸の「本所七不思議」は、無燈蕎麦・送

り拍子木・片葉の芦・足洗邸・送り提燈・置行堀《おいてけぼり》・狸囃子であった。しかもそれらは昨今もなお再生産されている。子どもたちに人気のある「学校の七不思議」がそうである。ただし、時空を超えてここに通底するのは数を「七」に整えることにあった。これは「七塚」「七人塚」、あるいは「七つ石」など、かつての斬死・刑死・惨死・客死といった「非業の死」と、それへの慰撫・慰霊にもとづく、いわば一種の聖数信仰に原因があるものと理解される。

参考文献 『怪奇・謎日本と世界の七不思議』(「別冊歴史読本」二八、一九八三)

(野村 純一)

なにわぶし 浪花節 関東のデロレン祭文、上方のチョンガレなどを母胎として、幕末から明治初期に成立した語りもの。明治初年までは大道芸として行われ、明治中期には寄席や劇場に進出した。東京では、桃中軒雲右衛門が、一九〇六年(明治三十九)に上京して一世を風靡し、以後、大正・昭和の浪花節の大流行となる。一九三二年(昭和七)に行われた第一回の全国ラジオ調査では、浪花節は聴取者の好む番組の第一位で、五七%を占めている。近代の大衆社会の形成に関与した浪花節は、文学・芸能史はもとより、社会史・思想史の研究対象としてもっと重視されてよい。

参考文献 正岡容『日本浪曲史』、一九六八

(兵藤 裕己)

なぬかしょうがつ 七日正月 正月七日のことで、前日が六日年越。なのかしょうがつともいう。関東や中部地方などで松飾りや年神の供物を七日におろすのは、この日を大正月終了日と考えていたからである。またこの日は十五日正月に入るための物忌開始日で、身体を清め邪気を祓う必要があったとされている。たとえば、新潟の佐渡島では六日年越は大晦日より大切で一年中で最も静穏にしなければならず、また天からハショグンという悪神が来るから大戸を開けず勝手口など大戸以外の戸口に線香を立てて出入りをしたといい、また全国的に分布する七草粥は病疾を祓うために食すものであった。なおこれを刻むに際しては、「唐土《とうど》の鳥が日本の土地へ渡らぬ先に七草なずな(後略)」などと唱えながら大きな音をたてることに力点を置き、音声によって「唐土の鳥」(『荊楚歳時記』では鬼鳥《きちょう》)に象徴される邪気を祓おうとしたのである。さらに長野県では沢蟹を戸口に挿し病除けとし、鹿児島では豆をまいたり爆竹を鳴らして鬼を払い、長崎県の五島ではトンドの火をたきながら「鬼の目」と叫ぶ。いずれも邪気を祓おうとする点は共通しており、中国渡来の人日《じんじつ》の風習に大きな影響を受けている。なお、古くは群臣卿を招いて宴する日であり(『日本書紀』景行天皇五十一年が初見)、五節会の一つである白馬節会《あおうまのせちえ》もこの日行われ、近世以降は江戸幕府の施策として設けられた五節供(正月七日の人日、三月三日の上巳《じょうし》、五月五日の端午《たんご》、七月七日の七夕《しちせき》、九月九日の重陽《ちょうよう》)の一つとなった。↓七草《ななくさ》

参考文献 橋浦泰雄『月ごとの祭』(「民俗民芸双書」、一九六六)、鳥越憲三郎『歳時記の系譜』、一九七七

(藤原 修)

なぬかぼん 七日盆 七月七日をさす。盆行事のはじまり。東北や中国地方では、「なぬかび」、関東以北では「なのかぼん」ともいう。近畿地方などでは月遅れの八月に行われる所もある。一般に、墓掃除や墓道の草を刈ったり、仏具をみがくなど、盆の準備をする。この日を盆の入りとして、新仏のために盆棚を作ったり高燈籠を立てるほか、迎え火を燃やして精霊迎えをする所も多い。『日本霊異記』上ノ三〇の膳臣広国の蘇生譚には、正月一日、五月五日とともに七月七日は死者の霊が家を訪れた日だとの記述があり、この日は先祖をまつって供養する日だと古くから意識されていたようである。このほか、この日に井戸替えや井戸掃除が行われ、井戸神をまつるために供え物をする地域も多い。大阪府の泉南地方から和歌山県にかけては、牛神祭の日だとして、朝早く牛を川へ連れて行って水浴びをさせる。また、牛神をまつる祠の前で子どもたちが集まって相撲を取ったり、各家から集めた米を炊いて、一晩を過ごすことも行われていた。そのほか、女の人がこの日に髪を洗うとよく汚れが落ちるとか、七回食事をして七回川へ行くとよいとするなど水との関係が強い行事も多い。これは、同じ日の竹や笹を川へ流す七夕の行事とも重なっており、盆の祖霊祭祀における禊の行事だとする説や、祖霊祭祀以前の水神祭や農耕儀礼との関連を指摘する説もある。

参考文献 折口信夫「たなばたと盆祭りと」(『折口信夫全集』三所収、一九五五)、萩原竜夫「盆行事の根本問題」(『民間伝承』一四ノ七、一九五〇)、小野重朗「正月と盆」(『日本民俗文化大系』九所収、一九八四)、高谷重夫『盆行事の民俗学的研究』、一九九五

(黒田 一充)

なぬし 名主 江戸時代の村役人・町役人《ちょうやくにん》の呼称の一つ。村や町の代表という側面と、領主支配の末端という側面を併せ持つ。村の名主は、庄屋・肝煎ともいわれる。概して名主という呼称は東日本に多く、庄屋という呼称は西日本に多い。町の名主は、年寄・肝煎・検断などとも呼ばれ、江戸をはじめ東日本に名主という呼称は多い。江戸では当初各町に名主が置かれたが、十八世紀初めから複数の町を支配する名主制度(支配名主)へと再編される。↓庄屋《しょうや》

(吉田ゆり子)

なのりがしら 名乗り頭 琉球王国時代に沖縄の士族男子が持つ公称名であった名乗《ナヌイ》の頭字一字のこと。士族の女子と平民男女はこれを付けられなかった。名乗は元服の際に与えられるもので、姓《ウジ》(氏)・門中《ムンチュウ》ごとに特定の頭字(漢字一字)が決まっており、その共有が同一血族であることの証明になった。姓(氏)というのは士族のみが有した唐名《トーナー》における姓《せい》のことであるが、広義には士族の門中名にあたり、たとえば毛《もう》氏門中、翁姓家譜(系図)といった言い方をする。ただし、姓が共通であっても門中は

異なるという場合が多く、そうしたときには名乗頭字を指標にして血統を識別したのであり、同姓で同字の男子は同一の血族とされた。首里士族のいわゆる四大姓を例にとると、向姓の場合には頭字が朝《ちょう》、毛姓（護佐丸《ごさまる》系・豊見城《とみぐすく》毛姓）の場合は盛《せい》、毛姓（大新城《おおあらぐすく》系・池城《いけぐすく》毛姓）が安《あん》、馬《ば》姓（国頭御殿《くにがみウドゥン》系）が正《せい》、馬姓（小禄殿内《おろくドゥンチ》系）が良《りょう》、翁《おう》姓が盛《せい》などであり、そのうち王家からの分かれである向姓は、一六九一年（康熙三十）に尚貞王より名乗頭として朝の字を与えられたという記録がある。このような士族男子の名乗頭は、十七世紀後半の系図座設置や家譜編纂事業などを通して定められ、それ以降、身分制度の確立と相まって士族階級における門中意識を強化する要因になったといわれる。そして、琉球王国崩壊後の現在でも、名乗り頭は、旧士族の子孫とされる人々の間で慣行として受け継がれている。

参考文献 東恩納寛惇『琉球人名考』（『東恩納寛惇全集』六所収、一九七九）、多和田真助『門中風土記（第二版）』、一九九三

（笠原　政治）

なべ　鍋　煮炊に用いる器。漢字では鉄製は鍋とあらわし、焼物は堝《なべ》とあらわす。中世あたりまでは焼物の堝がたくさん使用され、滑石製もあった。鉄鍋には竈に据えたり五徳で用いる平鍋（鍔鍋ともいう）や、弦《つる》付きで囲炉裏の鉤にかけて用いる弦掛《つるかけ》鍋、弦を把手とした手取鍋などがあり、両方に把手を持つ両手鍋や片手使いの片手鍋もある。文字上は釜の字をあてるが、実際は鍋である塩釜などもあり、沖縄ではサンメーナービ、シンメーナービなどという大鍋と手取鍋を用い、釜は使用しなかった。鍋は古くから阪南・狭山の河内鍋が知られ、多くの鉄鋳物師はこの地を本貫としており、ここから諸国に分散したという伝承をもっている。中部地方以東では城下に鍋屋町をもつところが多く、江戸では近江の辻村（滋賀県栗太郡栗東町）からの移住鋳物職人が著名であった。底の抜けた鍋は鋳掛屋が修理にあたったが、最終的には鋳物屋に回収されて、再度鋳物材料として使用された。このために古鍋を新品と交換して、不足の材料分と手間賃を支払う仕組みが確立していたところが少なくない。このような古鍋回収と関連して、能登では中居鋳物師が塩釜を独占的に生産して貸し付ける仕組みがあったし、高岡鋳物師も日常の鍋・釜を近隣の農家に貸し付けて、これを貸鍋と称していた。貸鍋は一年単位で鍋・釜を貸し付け、米の収穫後に貸賃を取り立てる慣行であった。こうした鍋底にできる鍋炭を子供の頰に塗る産育習俗があった。

→釜《かま》

参考文献 『高岡市史』中、一九六三、朝岡康二『鍋・釜』（「ものと人間の文化史」七二、一九九三）

（朝岡　康二）

ナベカリ　ナベカリ　結婚後、若夫婦が正月・盆などの嫁の実家へ里帰りすること。節礼の里帰りは食物の贈答を伴う場合が多く、ナベカリの名も、里の両親に米・餅・野菜などを土産として持参し、鍋を借りてご馳走を作って会食するところからきている。長野県や群馬県では、正月に若夫婦が餅を持って里方に行き、親戚を招き会食をした。埼玉県や神奈川県ではナベカリは盆の前で、小麦饅頭や魚などを親に饗した。

参考文献 瀬川清子『婚姻覚書』、一九五七

（服部　誠）

なべもの　鍋物　材料を鍋に入れて、食卓で煮ながら食べる料理。家族で囲んだ囲炉裏に鍋をかけて煮炊きしたものも広義にいえば鍋物であり、歴史は古いといえる。しかし、代表的な鍋料理である鋤焼き・寄せ鍋・湯豆腐・ちり鍋・水炊き・おでんなどの登場は近世以降であり、盛んになるのは近代になってからである。これには鉄製の浅い小鍋が近世後期に出回るようになったこと、七輪・木炭の入手が容易になるなどの背景がある。一つの火で作った一つの鍋の料理を家族全員が食べることが社会規範であった時代には、一部の家族員のみ小鍋立てをすることは嫌われた。囲炉裏を囲んだ食事では各自膳へ取り分けてから食事になるのが一般的だったが、狭義の鍋物は何人もが直箸で一つ鍋をつついた。鍋物の普及は、銘銘膳からちゃぶ台へという食卓の変化と連動しているとの指摘もある。一つ鍋を直箸でつつく食事は、日常的な秩序を破る解放感と連帯感を作り出す効果があり、都市部・農村部を問わず若者層を中心として支持された。農村部でも、冬場の共同作業などの場面で鍋物が盛んに行われた。一方、鍋物は鋤焼き・牛鍋をはじめ獣肉食とも関わりが深い。獣肉を調理することは囲炉裏や竈の火を汚すとされ、神棚の見える所で調理してはならないといった禁忌が強かった時代には、可動式の熱源である七輪などを用いた鍋物にすることが肉食の導入を容易にしたと想像される。また、囲炉裏の失われた今日、鍋物は囲炉裏をイメージさせるものとなり、ふるさとをほうふつとさせる存在であって、土地の特産物を容易に取り込むことができることから、さまざまな鍋料理が各地の郷土料理としてもてはやされている。

参考文献 柳田国男「明治大正史世相篇」（『柳田国男全集』二六所収、一九九〇）、石毛直道「民衆の食事」（『日本民俗文化大系』一〇所収、一九八五）

（竹内由紀子）

なまえ　名前　有形・無形を問わず、事物をほかの事物から区別して表わすために用いられる呼び方。広義には名詞一般をさすが、狭義には人名や地名などのような、ある事物特有の名称として使われる固有名詞の意味。『産育習俗語彙』（一九三五）をはじめとする柳田国男による民俗語彙の収集は、名詞を主とするものであった。産育・婚姻・葬送についての語彙を集め、その意味を調べることで人の一生のおおよそが理解できると考えたように、民俗学にとって語彙の収集は当初より大きな方法の一つであった。ものを何と呼ぶかを調べることで、呼ぶ側の心意を探るものであった。野草や野鳥の名前のつけかたから、人と自然の関わりを理解し、名をつける行為の場から老

人や子どもの役割を知る(「野草雑記」、一九三六、「野鳥雑記」、一九二八)。地名を調べることから、地形や地質などの自然をどのように把握したかを探り、その土地の歴史をかいま見ることもできる(『地名の研究』、一九三六)。語彙への興味は固有名詞のみに向けられているのではない。「女の名」(一九四四)を収集することで、親族研究にもひろがり、『族制語彙』(一九四三)がまとめられる。語彙の研究は社会をどのように分類するのか、どのように意味づけるのかを知ることであり、その対象を自然環境に向ければ、地形語彙や地質語彙の研究になる。近年はこうした語彙研究が分類の問題として取り上げられることが多く、その背後にある認識体系が検討される。また分類上曖昧な、境界的なものに注目することから、常民の心意を探る研究もある。狭義の名前研究で最も多いものが個人の名前をめぐるものである。近代化のなかで「一人一名主義」が法制化され、名前の機能がその人を特定化するものだけにしぼられていったにもかかわらず、現実には名前は社会的側面を多く持っている。姓名が特定の集団に所属することを示すことはいうまでもないが、名前も社会的な集団のなかでの地位や役職を表わすものであった。家族の中での出生順や両親の名前を指示するときもある。末子であったり、それを望まれた子どもにつけられる、末吉・留吉なども家族内の位置を示している。男子を期待してつけられる名前、ワクリ、アグリなども同様である。出産の状況を表わす名前もある。逆子で生まれた子どもを、サカエ、サカギクとしたり、臍帯《せいたい》が身体に巻き付いた状態で生まれた子どもにつけられる、袈裟男・今朝吉などである。特定の干支が名に含まれれば、その人の生年が表示されよう。神社名や神名にちなんでつけられる名前もある。こうした場合、その子どもの属性というより、つけた側の期待が名前に込められていることが多い。同様に特定の個人にあやかるようにと、その人の名前にちなむ場合もあり、祖先の名前にちなむときは、子孫であるという社会的な位置づけとともに、先祖の生まれ変わりといった意味づけもされることがある。名前にはこのように、個人の特定機能、社会的属性の表示機能のほかに、その個人の霊的側面にかかわる機能もある。名をつけることで、目にみえない危険を避けたり、名前を呼ぶことで死者の魂を呼びよせることもできる(魂呼ばい)。また、子供の病弱さの原因が、つけられた名にあるとされ、名を改めることで命を救えることもある。こうした名前のもつ霊的側面は、実名を公にすることを忌む習俗にもかかわろう。霊魂としての名前といった考え方である。すなわち霊魂それ自体には本来ふさわしい名があり、それゆえに名をつける行為にも、宗教者あるいは神が関与することが多いものと考えられる。 ↓襲名《しゅうめい》 ↓祖名《そめい》 継承《けいしょう》 ↓名付《なつ》け ↓命名《めいめい》

参考文献 柳田国男「社会と子ども」(『柳田国男全集』一二所収、一九九〇)、同「毎日の言葉」(同一九所収、一九九〇)、原田敏明「命名に就て」(『民族』三ノ六、一九二八)、岩淵悦太郎・柴田武『名づけ』、一九六四、高梨公之『名前のはなし』(「東書選書」六七、一九八一)、上野和男「日本の祖名継承法と家族」(『政経論叢』五〇ノ五・六、一九八二)、豊田国夫『名前の禁忌習俗』(「講談社学術文庫」八四七、一九八八)、関戸明子「山村社会の空間構成と地名から見た土地分類」(『人文地理』四一、一九八九)、篠原徹『自然と民俗―心意のなかの動植物―』、一九九〇、田中克彦『名前と人間』(「岩波新書」新赤四七二、一九九六)

(原　毅彦)

なまぐさ　生臭

仏事で食べることを忌まれる魚肉。子供の葬式で埋葬に魚を一緒に埋めたり、日常生活に戻る忌明けの精進落としに魚の料理が使われたりする。子供が早く生まれかわるようにといって、岡山県真庭郡落合町栗原では子供の葬式は寺僧の引導はせずイリボシなどをくわえさせて納棺する。愛媛県の宇和地方ではコノシロという魚を一緒に埋める。忌明けには魚が使われるのが一般的である。たとえば、伊豆の三宅島では葬儀の翌日に男が魚釣りをして魚を調理し、これより精進することがない。これを魚普請といい四十九日の前日にも魚普請をする。

(井阪　康二)

なます　鱠

魚貝や鳥獣の生肉や野菜に酢を加えた料理。膾・生酢とも書く。『日本書紀』に「白蛤を膾に為す」(原漢文)とあり最古の調理法の一つ。古代は魚肉を細かく切って盛ったもので現代の刺身と区別はつけにくい。室町時代に醬油ができ、それまで酢や塩や醬《ひしお》を用いていたものをナマス、醬油を用いるものをサシミと区別したらしい。今日も正月料理や祭事の祝膳に大根・人参・干柿などで紅白に作り、出される伝統食である。

(矢野　憲一)

ナマズ　ナマズ

ナマズ目ナマズ科に属する淡水魚。鯰とも書く。ナマズは川の中・下流域や湖沼に棲息している。同属に滋賀県の琵琶湖産のビワコオオナマズ、琵琶湖と余呉湖の特産種のイワトコナマズがある。生きたアマガエルにハリを掛けて、水面を泳がせて誘い出して釣る方法がかつてはとられていた。滋賀県高島郡高島町鯰川や近江八幡市の西の湖円山ではサオバエと呼ばれるナマズを捕る漁法が行われていた。篠竹に糸をつけて上の鉤にドジョウなどをつけて泳がせて、それを食べにきたナマズが下の鉤にかかる方法をとっていたようである。同じ方法が島根県江の川水系でもあり、この漁法は、千本釣り・夜漬け・ゴマ掛け・ナマズ掛けといわれる。多摩川水系の支流および水田地帯の農業用排水路では、かつてはナマズが多く棲息しており、鯰筌を仕掛けてナマズを捕っていたようである。ナマズ料理には蒲焼き・空揚げ・煮もの・天麩羅などがある。一八五五年(安政二)の大地震の直後に鯰絵と呼ぶ浮世絵版画が流行する。茨城県鹿島神宮の神が要石《かなめいし》で地底にいるナマズの頭をおさえていたという伝承がある。ナマズの伝説には、愛知県海部郡の物言う魚、北九州阿蘇山の神の使い伝承、また

徳島県麻植郡のナマズが粟飯を食べるなどがある。熊本県・佐賀県ではナマズを神令として食することを忌む人もいる。香川県大川郡、高知県幡多郡などの各地では、ナマズの絵馬を奉納して平癒祈願を行うところもある。また、ナマズは地震を知らせる魚として知られている。ナマズが暴れると地震が起るという伝説もある。現在、ナマズが地震予知能力があるかどうか実験観察が行われている。なお、のらりくらりして要領を得ないことを瓢簞鯰という。

参考文献　滋賀県立琵琶湖文化館編『びわ湖の魚と漁具・漁法』(特別展図録、一九六四)、安斎忠雄『多摩川水系における川漁の技法と習俗』、一九六五、矢野憲一『魚の文化史』、一九八三
(宅野　幸徳)

なまずえ　鯰絵　一八五五年(安政二)十月二日の安政江戸地震後大量に出版された錦絵版画。ナマズが地底で動くため地震が起るという俗信に基づいて、さまざまなナマズの姿態が戯画的に描かれている。この地震鯰絵に先行して一六二四年(寛永元)「大日本国地震之図」には、日本を地震から守る動物として竜が登場するが、十七世紀後半にはナマズに特定された。いずれも水界の主に予兆の力があるとする民間信仰が基盤となっている。安政江戸地震の鯰絵版画は、作者や版元の記されない無届出版で、地震発生直後から登場する災害報道を主とする読売瓦版とともに大量に摺られた。被災地江戸の世相に合わせ、世情諷刺を盛り込む鯰絵は大いに人気を博しとどまる所を知らぬ勢いであったため、震災後二ヵ月半を経た十二月半ばには八十七軒の版元から三百枚以上に及ぶ板木が没収され、削り取られるという強行処置を受けた。現在残されている鯰絵だけでも二百種以上の図像が確認される。当時の人気を支えたのは、作者が明記されないものの、当代一流の浮世絵師歌川国芳の社会諷刺のセンスと技量、仮名垣魯文の機転と文才など、浮世絵や戯作の世界で活躍する有名無名の作者たちの関与があったとされる。彼らが創り出す作品は、震災後の都市民衆の悲惨を厄災として払い、世直りへの期待と置き換えるエネルギーを人びとに与えた。鯰絵の時代を超えた魅力は、ともに災害から立ち直ろうとする作り手と受け手の交流が発信源であろう。

参考文献　A・ハント『鯰絵―民俗的想像力の世界―』(小松和彦他訳、一九七九)、北原糸子『安政大地震と民衆―地震の社会史―』、一九八三、気賀誠『鯰絵新考―災害のコスモロジー―』、一九八四、加藤光男「鯰絵に関する基礎的考察」(『埼玉県立博物館紀要』一八、一九九三)、宮田登・高田衛『鯰絵―震災と日本文化―』、一九九五、富沢達三「「鯰絵の世界」と民衆意識」(『日本民俗学』二〇八、一九九六)
(北原　糸子)

ナマダンゴ　ナマダンゴ　長野県にみられる特別な家筋の名称。生団子とも書く。ナマダンゴと称される人々は、「団子団子」と密かに卑賤視されていた。その理由として、死人の葬儀の穴掘りなどを扱ったので、死人の枕団子すなわち生の団子を食べると一般に考えられていた。しかし、実際はナマダンゴは「ナマイダ講」すなわち南無阿弥陀仏講の訛りであるという。また旧家で財産があっても、あれはナマダンゴだといって縁組みを嫌う家筋もあった。

参考文献　平瀬麦雨「生団子」(『郷土研究』二ノ五、一九一四)、高島冠嶺「生団子」(同二ノ六、一九一四)、竹内利美「特殊職能の下層民」(『日本民俗学大系』四所収、一九五九)
(田沢　直人)

ナマハゲ　ナマハゲ　年の折り目・年越しの晩に神が来臨して祝福を与える行事。男鹿半島において、十二月三十一日の夜か一月十五日の夜に行われている。ムラの若者らが鬼のようなナマハゲ面を被り、藁製のケラミノやケダシ・脛巾《はばき》を着けて、素足に藁沓を履き、手に木製の出刃庖丁を携えて家々を訪れる。冬の囲炉裏に長く暖をとっていると、手足に火型・火斑ができる。これを日本海沿岸においてはナモミ、ナガメ、ナモミョウ、ナゴミ、アマミなどと呼んでいた。新しい年にあたって古い火型を剝ぐことが祝福の一つとされた。その剝ぐ対象は子供らや初嫁・初聟とされた。それは新年に向けて怠け者を懲らしめたり、注意を促したりという訓戒の意味も含んでいた。ナマハゲには伝承上三つの起源説がある。一番目は武帝説で、漢の武帝が五匹のコウモリを従えて男鹿半島に飛来し、ナマハゲになった。二番目は異邦人説で、漂着した大兵肥満の紅毛碧眼の外国人を怪物としてナマハゲとした。三番目は修験者説で、修験道の霊場だった男鹿半島の山伏らをナマハゲと考えた。ナマハゲに類似した行事は日本海沿岸に分布している。秋田県内にも海岸地帯を中心として類似の行事に能代市のナゴメハギ、雄和町のヤマハゲ、豊岩(秋田市)のヤマハゲ、象潟町のアマノハギなどがある。また、岩手県や三陸地方には、ナモミハギと呼ばれる同様の行事がある。男鹿のナマハゲは一九七八年(昭和五十三)に国の重要無形文化財に指

ナマハゲ（秋田県若美町）

定された。

参考文献　吉田三郎『男鹿寒風山麓農民目録』(「アチック・ミューゼアム彙報」一六、一九三八)、稲雄次『ナマハゲ』、一九八五、同「能代のナゴメハギ」(『東北民俗』三〇、一九九六)　(稲　雄次)

なまもの　生物　煮焼きや乾燥させない生のもの。平安時代の貴族の祝宴の食膳は、飯《いい》・醤《ひしお》類・汁物・干《から》物・生物・焼物・菓物で構成されている。ここでの生物は刺身の前身である鱠《なます》のこと。一般に料理の形態は、生物、和《あ》え物、ゆで物、揚物、焼き物、汁物、蒸物、漬物となろう。そして生物といえば魚料理が中心となるが、貝や野菜、特に瓜類が好まれたようだ。電気冷蔵庫や冷凍庫が普及する一九六〇年代まで、生物を口にできる人は生産地に近い限られた人だけで、しかも一年に数えるほどであった。ほとんどの人が口にするのは保存食の塩乾物で、生物を形容して無塩《ぶえん》といっていた。塩を加えていない新鮮なものの意で、ぜいたくを意味する言葉であった。

↓刺身《さしみ》　↓鱠《なます》　↓肉食《にくしょく》　(矢野　憲一)

ナモミハギ　ナモミハギ　⇩ナマハゲ

なや　納屋　生業に関わる物品の収納を目的にした施設。漁村の納屋は、網や漁具などを入れる海岸にある簡単な小屋をさし浜納屋・浜小屋などと呼ぶ。その多くは、漁港や海岸の整備によって恒久的施設である船小屋などに統合され、姿を消しつつある。一方、農家の納屋は、別棟の小屋であったり母屋の一部であったりし、地域差があって必ずしもその場所は特定されない。しかし、いずれの場合も収穫物の置場であるとともに、農耕具や脱穀具などに使用する器材を納め、その一部は作業場として利用される点で共通する。同じ付属建物であっても、生活什器類を長期間にわたって格納する倉や、雑多な物品の置場である物置とは、その意味において性格に多少の差がある。一般的に農家における別棟の納屋は、農作業の利便を考えて屋敷地内の一角、前庭やムラ道に面した位置に建てる。これに対し母屋の納屋は、土間や厩など に隣接する家の下手に位置し、作業生産空間を構成していた。ところがこの部分は生産の場としての家の機能衰退に伴い、子供や新夫婦の居室などに改築される例が多い。屋外の納屋はこれを補完し、農具の収納目的だけでなく車庫の併設、二階の住居化などの多目的利用、さらには他の小屋機能をも吸収し、母屋に似た建物に改築され、今後もその用途を増すと思われる。しかし、その形状は母屋と同様に地域性を弱め、画一化した建物に変化すると推測される。こうした変容は、農家の今日的状況の一端を示している。　↓小屋《こや》

参考文献　柳田国男「民間些事」(『柳田国男全集』一七所収、一九九〇)、三井田忠明「小屋の諸相」(『柏崎の民俗』三所収、一九九〇)　(三井田忠明)

なやしゅうらく　納屋集落　海岸平野に形成された漁業基地から発達した漁村。元来、漁民の漁具や船を置き、魚の加工場として利用していた一時的な漁業基地(納屋)が、汀線の移動、漁法の変化、人口の増加などに伴って本拠地化し、定着住民をもった集落となった。日本海沿岸部にも分布するが、千葉県九十九里浜沿海部に広がる納屋集落が最も著名である。この地の納屋集落の形成は、近代以降と比較的新しい。それ以前は半農半漁的な生業を営む親村から、漁業をする際に通う漁業基地として利用されていたにすぎない。海岸汀線より離れた台地縁辺部に、自然発生的集落として発達した親村(岡集落)は、近世の海岸平野の開拓を契機として、砂丘堤防の後背湿地に、まず子村(新田集落)を形成した。この両者は、併せてオカ(岡)、タカ(高)と呼ばれている。しかし、近代にはいり、一八九〇年(明治二十三)ごろのアグリ網の導入による漁業の発展、また、一九〇〇年の海浜地帯の芝地無償払い下げをきっかけとして、オカ、タカから漁業基地の納屋設置地へと移住する者が増加した。その結果、オカ、タカの子村として定住性をもった集落(納屋集落)が、さらに形作られたのである。納屋集落が主として漁業を担った結果、岡集落、新田集落において漁業従事者は減少し、純農村化した傾向がある。九十九里浜中央部以北では、納屋集落の地名には、親村の地名に「浜」という接尾辞を付すことが多いが、以南では「納屋」と付す例が多い。後者の方が臨海集落の特徴を的確に表現していることから、地理学者青野寿郎は、この地理学的に特異的な景観と、形成過程をもつ集落を納屋集落と命名した。

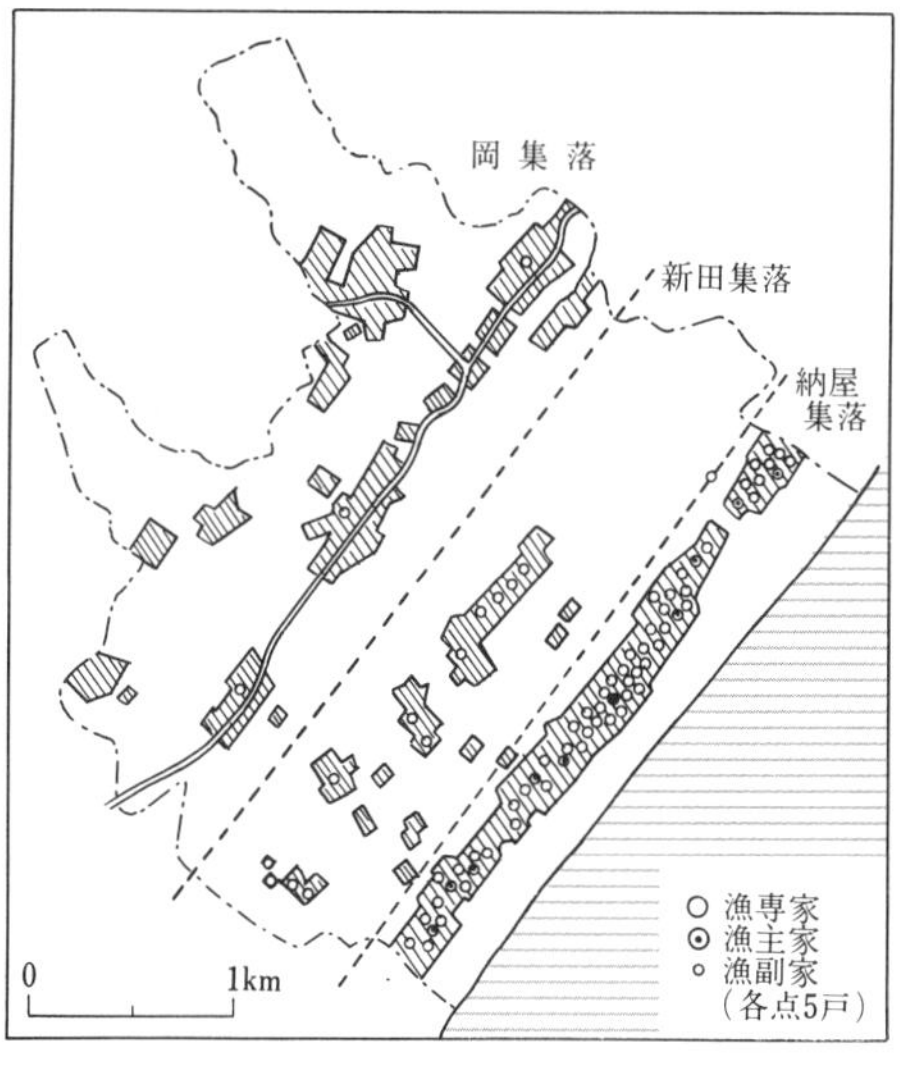

千葉県緑海村（成東町）の納屋集落

参考文献　矢島仁吉『日本の集落』、一九六七、青野寿郎「九十九里浜海岸に於ける集落の移動」(『青野寿郎著作集』一所収、一九八四)　(菅　豊)

ナライ　ナライ　東日本の太平洋岸で吹く冬の季節風。この冬の卓越風は地方により風向が異なり千葉県(市原・香取)や茨城県南部では北西風、伊豆大島・三宅島・八丈島や千葉県・神奈川県(茅ヶ崎)・大分県では北風、三宅島や千葉県・静岡県(静岡市・伊豆半島)・愛知県・三重県では北東風、静岡県(東海道線沿線)や愛知県では東風、岩手県では南西風などさまざまであるが、概して当該地

域の山並みの関連が密接で、山並みの側面に並行して吹く傾向がある。また、伊豆諸島の新島では北風をナライと呼び、西北風をシモサナライと呼び分けたことが知られているが、新島に対する下総地方の方角とは正確には合致していないことから、この例はシモサナライという呼称が漁民や船頭などを介して伝播したことを伝えている。さらに当該地域ごとに、風向に応じてツクバナライというように風の吹いてくる方向の地名を冠して呼ぶこともある。農村部では「ナライが吹くと霜柱が溶けぬ」といわれているが、この風の時は海上は比較的静穏であることから海岸部では良い風とされている。

参考文献 柳田国男「風位考」(『柳田国男全集』二〇所収、一九九〇)

(小島 孝夫)

ならずのもも 成らずの桃 花が咲いても実が成らない桃の伝説。主として、弘法大師が訪れて桃の実が食べたいと望むのに、木の持ち主の老婆が与えなかったために、大師が怒ってそれから実が成らないように呪詛したからそのとおり、実がならなくなったという理由を具えている。意地悪をすると、その報いがあるとした伝説で、「喰わず芋」などの型や水を与えなかった「弘法清水」「水無瀬川」「大根川」などの型に相通ずる。実の成らない植物の伝説も共通してこのパターンで、他に「ならずの椿」「ならずの梅」「ならずの李《すもも》」「ならずの大豆」などもある。植物不成実の不思議が、これらの共通の型を生んだといえるのだが、その根底に流れる思想は、古代中世の農村のもっとも関心の払われた生活必需品としての救荒食物と水の不自由さをかこった農民の伝承が、まれびと歓待(異郷から訪れる神が幸福をもたらす)の信仰と提携して、この種の伝説を生んだものと思われる。この伝説の定型として蹴《け》鞠をしていて飛んだ鞠が花を落してしまったために花が咲かなくなったとか、実を全部落してしまったとか(たとえば愛知県宝飯《ほい》郡小坂井町の菟足《うたり》神社のならずの梅)、名匠が建てた門のわずかな造作のミスを、老婆によって咎められた棟梁が自殺した後に、門の傍の梅に実が成らなくなったとか、行脚僧を殺したために実が成らなくなったなど、種々の型がある。→食《く》わず芋《いも》 →弘法清水《こうぼうしみず》 →大根川《だいこんがわ》 →水無瀬川《みなせがわ》

参考文献 柳田国男「大師講の由来」(『柳田国男全集』二六所収、一九九〇)

(渡辺 昭五)

なりきぜめ 成木責 柿などの実の成る樹木に、鉈や鋸などの刃物でおどかして、秋の稔りを約束させる小正月の予祝行事の一つ。木責め・木おどし・なれなれともいわれる。主として柿の木に対して行われることが多いが、ナシや桃・アンズなどに行うという地域もある。二人一組で行われる儀礼で、一人が鉈などの刃物を持ち柿の木などに向かい「成るか成らぬか、成らねば切るぞ」と唱えながら切るまねをしたり少し切ったりする。そうするともう一人が「成ります、成ります」と答えながら、木に小正月の小豆粥を塗りつける、というのが一般的な形で、小正月の行事としてほぼ全国的に分布している。大人の行う行事であるが、子どもの遊びとなった地域もある。また、福島県の会津地方のようにサッキといわれる庭田植を行うときに同時に行なっている地域もある。成木責では、小正月の他の予祝儀礼とは異なり、「成るか成らぬか、成らねば切るぞ」と問答し威嚇して木の霊に豊饒を約束させる形をとっている点が特徴といえる。このような予祝儀礼はフレーザーの『金枝篇』にも記され、ヨーロッパ各地に日本の成木責と類似した予祝儀礼が分布していることが知られている。成木責に見られる問答形式は、「猿蟹合戦」の昔話にも同様の形式がみられる。

参考文献 『長野県史』民俗編五、一九九一

(菊池 健策)

なりたさん 成田山 成田山新勝寺のこと。成田不動の名で親しまれる。千葉県成田市成田にあり、真言宗智山派別格本山、本尊は不動明王。寺伝によると九四〇年(天慶三)平将門を平定するために、勅命により京都より僧寛朝をよび、公津ヶ原(成田市)に京都神護寺の空海作とつたえる不動明王を持して祈願した。願いはかなったが不思議にも不動明王が動かないので、そこに寺をたて神護新勝寺としたとある。成田村に遷座したのは、永禄年間(一五五八―七〇)で、一七〇〇年(元禄十三)中興の祖照範が着任すると、嵯峨大覚寺の直末となり、佐倉藩の庇護も受け堂塔も整備され、発展の基礎を築いた。一七〇三年深川永代寺(富岡八幡別当)に第一回の出開帳を行う。この時成田村近くの幡谷村出身の初代市川団十郎が『成田山分身不動』を演じ、宣伝に一役買ったこともあって、出開帳は盛況を呈し、江戸町人の信仰を獲得し、幕末までに以降十一回の出開帳を行う。逆に江戸から二泊三日の成田詣も盛んになり、船橋経由でいく陸路と、木下《きおろし》経由で利根川を船でいく水路が使われ、町人たちは講を結成して行き来した。成田山の信仰は火難除けの不動として はじめ信仰されたが、幕末からは身代わりになって災難を防いだという話がひろがり、身代わり不動として信仰を集めた。明治時代になると、鉄道が開通し成田と東京を結び日帰りの参詣が可能になり、東京近郊の初詣客が増大した。

参考文献 大野政治『成田山新勝寺』、一九七八、『成田市史』民俗編、一九八二

(坂本 要)

なりもの 成り物 果実をつける木、またその木に豊かな果実がなるように行う呪術のこと。広義には、田畑の収穫物全部を指すが、一般には柿・栗・梨・桃・梅など果物の実をつける木をいう。このような果物は農村の生活では、秋の味覚として喜ばれたが、それが柿の木に代表される果樹に、直接的な豊作の祈り(生殖の呪術)が集約されてきたところに、果樹の大切さ、価値の高さが示されてくる。鉈や祝い棒で叩いて責める成木責の行事が、全国的に伝承されてきた。→成木責《なりきぜめ》

参考文献 野本寛一『焼畑民俗文化論』、一九八四、今井敬潤『柿の民俗誌―柿と柿渋―』、一九九〇

(大村 和男)

ナル ナル 地名。山中の平地。山腹の緩斜面。中国・四国地方の地名に特に多く、この地方では傾斜がゆるいことをさすナルイという形容詞も用いられる。成・鳴・均・奈留などの字があてられるが、中には愛媛県新居浜市の旧地名東平《とうなる》のように、平の字でナルと読ませ、平地であることを表わした地名も少なからずある。高知県に多い奈路《なろ》や、各地にみられる奈良・野呂などの地名も同義である。なお、ナルの地名の中には、川音を表わした「鳴る」の地名もある。

参考文献 柳田国男「地名の研究」(『柳田国男全集』二〇所収、一九九〇) (鏡味 明克)

なるこ 鳴子 田畑の農作物を音によって鳥獣の害から守る威しの一種。シシオドシ、トリオドシともいう。板に数本の竹筒を吊したもので、板と竹が打ち合わさって音を発する。風の力で振動し自動的に鳴るが、一般には、農民が田畑にはりついて紐を引っぱり、吊した鳴子がいっせいに響き合うようにさせていた。収穫前の作物を守る番を、タオイといい、鳴子は中世には、すでに広く使われていて、その様子が『一遍上人絵伝』(一二九九)などに描かれている。→威《おど》し

鳴子を鳴らす農民(『耕稼春秋図屛風』より)

参考文献 西岡虎之助『新日本史図録』一、一九五三、野本寛一『焼畑民俗文化論』、一九八四、大村和男『音の民俗学』、一九九五 (大村 和男)

ナレズシ ナレズシ ⇨鮨《すし》

なわ 縄 撚る・編む・織る・絎《くけ》るなどによって作られる紐のうち、撚り紐の代表的なもの。縄の太く丈夫なものが綱である。縄の材料は稲藁・麻・棕櫚《しゅろ》・科・布などさまざまだが、なかでも稲藁を綯《な》った藁縄が多用されてきた。藁縄は、二つの藁束に下撚りをかけながら上撚りをかけていくことによって、線状形態にしたものである。おのずと、互いに撚り合わせていく藁束の太さ、つまり藁稈の本数が縄の太さに対応している。縄綯いが素手でなされたものは、手綯い縄と呼ばれる。縄綯いは、古くから手作業で行われてきた。縄綯いの種類には、数本の藁に撚りをかけて一本としたものどうしで綯う二本綯い、三本で綯う三本綯い、三本を編み組んで平たい紐状にする三つぐり、四本を編み組みする四つぐりなどがある。また、綯いの方向に、右と左とがある。一般に広く用いられるのは右綯い縄である。日常用や労働用は右綯い縄、神事などの非日常用は左綯い縄と、使い分けている地域もみられる。各地で右綯いにくらべ左綯いの方が丈夫で美しいといわれるが、実際には、右綯いも左綯いも強度に変わりはない。縄の綯い目をすこし戻し、その隙間に縄や紐を通していく技法もみられる。これは縄縫いと呼ばれる技法で、カタデ型・メグリ型・テル型の三つがある。藁縄は、結束・包装などに不可欠であったから、収穫を終えると、たいていの農家が縄綯いに励んだ。雨天で野良に出られないときの家内労働も、たいてい縄綯いであった。また、「縄綯いができるようになって一人前」などといわれるように、かつてはだれもが修得すべき基本的な生活技術であった。それは、藁縄の需要そのものが多かったばかりか、生活必需品としてのさまざまな藁工品を製作するための基本的技術が、縄綯いにあったからである。藁縄の種類も、荷作り縄、樽掛け縄、堅縄、藁三本を綯った三つ子縄、撚りの弱い縄数本を撚り合わせた網の子縄、ミゴの部分で綯ったミゴ縄、左綯いの左縄、藁に撚りをかけ糸で巻いて連続させた糸巻き縄などの特殊なものまで、実に豊富である。また、藁縄はその需要の広さから、比較的早くに商品としても生産されてきた。用途によって、太さや強さなどの異なる藁縄が規格化されていた。農林物資規格法に基づく藁縄の日本農林規格によると、たとえば、一九五三年(昭和二十八)には、荷作り縄の場合、一・五分、二分、二・五分、三分、三・五分、四分、五分、六分、七分の九段階の規格が設けられていた。直径およそ四・五㍉の極細縄から二一㍉の極太縄まで、用途に応じて生産されたのである。なお、手綯い縄に対し、機械によって綯われたものは、機械綯い縄もしくは機械縄と呼ばれる。この機械縄は明治時代以降の産物で、足踏み縄綯い機・自動縄綯い機・三つ子縄綯い機・網つくり機などによって綯われた。小型の縄綯い機が実用化されるようになったのは、一九〇六年(明治三十九)ごろのことである。手綯いのおよそ三倍の速度で仕事をしたから、一台の価格が米二俵に相当するほど高価であったが、多くの農家に導入された。左右のラッパ管に藁を入れながら足踏みするだけで綯われた縄が送りだされてドラムに巻きつくのだから、当時にあっては「魔法のように縄ができる機械」であった。第二次世界大戦後ビニール縄が出現すると藁縄の需要は激減したが、今日でも、枝吊り・木起しなどには欠かせないものとして、生き続けている。

参考文献 中村たかを『日本の民具』、一九八一、宮崎清『藁』(「ものと人間の文化史」五五ノ一・二、一九八五)、同『図説藁の文化』、一九九五 (宮崎 清)

なわしろ　苗代　田に植える稲苗を作る場のこと。オヤダ（親田）・ナエマ（苗間）・ノトコ（野床）・ノシロ（野代）などとも呼び、毎年同じ田に作った。稲作では「苗半作」「苗代半作」などといって、稲苗の出来具合がその後の稲の成育状況を大きく左右し、収穫にも影響した。苗代田を親田と呼ぶのは稲苗作りの重要さを示しているのであり、この田にはできるだけ条件の良い場所が選ばれた。日当りと水利の便がよい乾田で、家に近い所が理想的だった。日当りはいうまでもないが、水利の便が良いと成育途中で昼間は水を抜いて地を暖め、夕方に水を入れて地面の熱が抜けるのを防ぐことができ、成長を促すことができた。苗代田が家の近くにあれば、こうした水の掛け引きが行いやすかったし、突然の雷雨などのときには急いで水を入れて苗床が雨に打たれるのを防げるなど、行き届いた管理が可能で、成育度の揃った苗ができた。このような条件が揃った田は少ないため、おのずから各家の苗代田は特定の場所に集中し、しかも例年同じ田が使われることになった。中部地方や東北地方には通し苗代といって、決まった田を苗代田とし、ここには苗を植えないという慣行があった。これも苗代田の条件を充す田が少ないことと、苗半作ということから地力の保持を意識しての慣行と考えられる。苗代への種子播きは、品種改良に伴う早植えが広まる前は四月下旬から五月下旬で、山の残雪の形や特定の花の咲き具合、渡り鳥の鳴き声などを目安にして、苗代田一面に種子籾をばら蒔くのが古くからの方法だった。しかし、一八九六年（明治二十九）三月に発布された害虫駆除予防法および一九〇三年に出された農事改良に関する農商務省論達によって、通し苗代を止め、短冊苗代にすることが指導されるようになった。短冊苗代への指導は、短冊幅などを定めた府県令に基づいて警察権力を背景として行われ、四尺幅前後の短冊を苗代田に作って種子籾を蒔く方式が広まった。四尺前後というのは短冊の両側から手を伸ばして害虫駆除ができる幅だった。これによって苗代は平床から次第に短冊型が一般的になったが、通し苗代は太平洋戦争後まで行われた。苗代の方式は、一九五〇年代前半から寒冷地を中心に早播き・早植えのための保温折衷苗代が普及し、さらに陸《おか》苗代などといって畑に短冊型に苗床を作って種子籾を蒔く苗代が広まった。これらに加え新品種の導入によって寒冷地や秋の洪水常襲地での早植えが可能になり、田植え時期は水苗代である短冊苗代の時代までに比べ一ヵ月以上早まり、生産暦が変貌した。その後、動力田植え機が使われるようになり、現在のような専用箱での苗作りに変わった。保温折衷苗代以後衰えたが、水苗代の時代には苗代作りが終るとシメモチ・苗代粥・畝割粥など、特別な食物を作ったり、竹や木の枝を苗印として立てる儀礼があったし、種子播き後には水口祭などという播種儀礼が行われていた。→陸苗代《おかなわしろ》　→短冊苗代《たんざくなわしろ》　→通し苗代《とおしなわしろ》　→苗間《なえま》

参考文献　早川孝太郎「稲作の習俗」（『早川孝太郎全集』七所収、一九七三）、加藤治郎『東北稲作史―東北稲作機械化前の技術と習俗―』、一九八三、野本寛一『稲作民俗文化論』、一九九三

（小川　直之）

なわとび　縄跳び　一本の縄の両端を二人が持ち、これをまわし、他の者が跳び越える遊び。一人ですることもある。江戸時代までの史料や絵画にはみえないところから、明治以降に欧米から伝来した可能性が高い。明治の前半には、子供の手軽な教育玩具といえる絵草子に縄跳びが登場する。一八八七年（明治二十）に東京で製作された『小学運動図解』や『小学生徒運動遊』などに描かれている。絵草子に縄跳びが小学生の運動あるいは運動遊としてとりあげられたのは、一八八一年の小学教則綱領で遊戯が簡易体操のニュアンスではじめて初等科一・二年生の教材と定められたことと関係があるかもしれない。『日本児童遊戯集』（一九〇一）は、縄跳びを行う東京について「小学校において最も盛ん」と記す。縄跳びは小学校を中心に広まったものと思われる。縄跳びは歌を伴うのがしばしばである。茨城では「郵便やさん、配達で、もうかれこれ、十二時だ、エッサカマッサカどっこいしょ」といった近代的内容のものから「すーりじょ、すーりじょ、すーりじょの道楽ギツネ、今一つおまけで、まわせ、一つ二つ三つ」など伝統的文句まである。

参考文献　茨城民俗学会編『子どもの歳時と遊び』、一九七〇

（寒川　恒夫）

ナワバリ　ナワバリ　一定の土地に結界を設けて、その土地に対する支配や使用を占有すること。結界は表示される場合もあれば、されない場合もある。通常、占有される空間自体をさすが、民俗慣行として漁業や狩猟・採集における規制やしきたりもナワバリの一種とみなすことができる。城を築くにあたって各種の建物の配置を決めて縄を張ることを縄張りというが、この語もこうした民俗慣行の上に成立したものであろう。近世の博徒やてき屋（香具師《やし》）の勢力圏を表現する言葉としても使われ、それはシマと同様である。現在ではむしろ動物生態学の用語であるテリトリー territory の訳語で使われることが多い。動物生態学では習性として単にナワバリ行動を示すものをテリトリーといい、その動物の社会構造の一部になっているナワバリ制をテリトリアリティ territoriality として区別している。動物では脊椎動物や鳥類で広くみられるが、基本的には同種間における食物の獲得や繁殖を保証するものとして機能する。人間におけるナワバリを海や山の資源の分配や支配問題と考えれば、薪取りやぜんまい採取の林野の入会権とか地先のアワビやサザエやイワノリの採取権などの民俗慣行に広くみられる。個人・家族・村落などさまざまなものを単位として、これらの慣行が成立していて、資源の枯渇の防止や資源をめぐる争いを調停し危険を分散させる仕組みとしての民俗慣行は多い。資源としての土地の利用を共有にすれば、誰も資源の枯渇に対して責任をとらずいわゆる「共有の

悲劇」がおこるといわれるが、日本の資源をめぐる民俗慣行はそれを防止させる慣行であったかどうか検討を要する。

参考文献 藪内芳彦『漁村の生態—人文地理学的立場—』、一九五八、池谷和信「多雪地帯の山村におけるゼンマイ採集活動と採集ナワバリ」(『季刊人類学』二〇ノ一、一九八八)、田口洋美『越後三面山人記—マタギの自然観に習う—』、一九九二、秋道智弥『なわばりの文化史—海・山・川の資源と民俗社会—』(「小学館ライブラリー」、一九九九)

(篠原 徹)

なんじゃもんじゃ なんじゃもんじゃ 樹木伝説の一つ。その木の名の不明なことから、その樹名をなんじゃもんじゃと呼ぶ。たとえば、長野県南佐久郡大沢村(佐久市)の仁王堂境内にある直径二メートルほどの老樹を地もとの人は、この名で呼んでいる。伐ると災いがあり、家が火災に遭ったりすると伝える。千葉県香取郡神崎町のその木は、水戸黄門が何じゃと尋ねて問い返したところ黄門がその意味がわからずにこの名が付いたという。樹種は楠である。東京都渋谷区の明治神宮外苑や調布市深大寺境内にもこの木がある。樹種と関係なく神聖視され恐れられている点は共通している。なんじゃもんじゃとは、樹木の精霊との問答を意味していて、樹木も人と同じく物いうと信じられて、その木に作物の豊かな稔りを問うた民俗信仰が、この種の伝説を生んだと思われる。正月の成木責の民俗や年占も同様である。樹木(特に常緑樹)は神の招代《おぎしろ》であり依代《よりしろ》であって、その神樹を中心にして異郷から訪れる神を接待する霊域が設けられた。その神樹を中心にめぐりながらお正月に全裸の男女が問答をして、作物の成否に共感する性交を行う民俗が、神樹との問答の伝承の素型であろう。これらの神樹との問答から生まれた伝説が成木責であり、このなんじゃもんじゃの樹木伝説を生んだと考えられる。 ↓争《あらそ》いの樹《き》 ↓成木責《なりきぜめ》

参考文献 柳田国男「神樹篇」(『柳田国男全集』一四所収、一九九〇)、同「信州随筆」(同二四所収、一九九〇)、渡辺昭五「霊魂を宿す柳と斎の木」(『田植歌謡と儀礼の研究(増補版)』所収、一九七三)、同「正月行事の周辺と歌垣」(『歌垣の研究』所収、一九八一)

(渡辺 昭五)

なんじょうおどり 南条踊り 広島県西北部(旧安芸国北部)・島根県西南部(旧石見国南部)を中心に踊られる踊り。一部、山口県に及ぶ。太鼓踊り・花笠踊り・虫送り踊り・火(日)の山踊りなどの名称で呼ばれる場合もあるが、古くは南条踊りもしくはナンジョと呼ぶのが一般的。一五七八年(天正六)、吉川元春《きっかわもとはる》(本拠は安芸国山県郡新庄)が伯耆国羽衣石《うえし》城を攻めるにあたり、城主南条元続《もとつぐ》が踊りが好きであったことを利用し、兵士を踊り子に変装させて城に乗り込ませたことに由来するという伝承を持つ。夏に踊られる踊りであり、虫送り踊り(七月上旬)・盆踊り(八月中旬)・豊年踊り(八月下旬)として踊られ、また頭に被るかぶりものから花笠踊り・燈籠踊り(あんどん踊り)と呼ばれることもある。踊りは行列を作って練り歩く道行と、特定の会場で円陣を組んで踊る本踊りからなり、踊り子は腰に付けた太鼓をたたきながら、体をキリキリと廻して踊る。かぶりものが花笠である場合、頭上に花芯を置き、そこから四方に竹を細く割ったシビを半円形に垂らし、造花を一面に飾りつけた直径二メートルにも及ぶ巨大な花笠をゆるやかに廻しながら踊ることになる。また、燈籠踊りは小振りの花笠の花芯に燈籠(昔は蠟燭、現在は電池)を置いたもので、夜に踊られる。かぶりものが菅笠などの踊りもある。

南条踊り（山口県岩国市）

参考文献 新藤久人『田植とその民俗行事』、一九五六、『広島県文化財調査報告』六、一九六六、『広島県史』民俗編、一九七八、片桐功他「伯耆国羽衣石城攻略の伝説に基づく太鼓踊りの比較研究」(『エリザベト音楽大学研究紀要』五、一九八五)、片桐功「広島県山県郡大朝町新庄の南条踊りについて」(同一〇、一九九〇)、『千代田町史』近世資料編下、一九九〇

(六郷 寛)

なんしょく 男色 ⇩同性愛《どうせいあい》

なんだいむこ 難題聟 難題を主人公の知恵・才覚などにより解決して幸福な婚姻へと至ることを主軸にした昔話。関敬吾は『日本昔話大成』で「本格昔話・難題聟」に分類し「絵姿女房・桃売型」「絵姿女房・難題女房型」「蕪焼長者」「嫁の輿に牛」「ぼっこ食い娘」「蛸長者」「博徒聟入」「鳩提燈」「蜂の援助」「娘の助言」「播磨糸長」「謎解聟」「一把の藁十六把」「話三荷」「山田白滝」の十五話型としている。また『日本昔話通観』では「婚姻の成就」とし、「難題婿—歌の謎」「播磨糸長」「菓子の死体」「話三荷」「話上手」「一わの藁」「一芸の達人」「仕事の早技」「縄ない上手」「娘の助言」「荒馬静め」「蜂の援助」の十二話型を収めている。難題聟では婚姻を成就するためには、娘の残した「恋しくば訪ねて来て見よ十七の国腐らぬ橋の袂にて夏なく虫のぼた餅」という歌の謎を解いたり、一わの藁を十六わに数える者を娘の聟に

するという金持ちの問い掛けに対して「ちょいと入《はい》りし、臼庭《うしにわ》ござる、縁《へり》に掛けたる鍬《くわ》ござる、おばあの顔見りゃ皺《しわ》ござる、一把《いちわ》の藁そえて十六把」と答えられる秀れた才覚を発揮して、婚姻へと至ることを語る昔話である。難題聟の昔話は、主題を婚姻とした話で大人の管理するものであったとする説もある。

参考文献　武田明「難題聟の昔話」(『昔話研究』二ノ一一、一九三七)　(矢口　裕康)

ナンテン　ナンテン　生け垣や庭木として使われる赤い実のなる常緑の低木。南天とも表記される。実《み》は喘息・百日咳、皮は胃や目の病に効能がある。出産の見舞のお礼に重箱に入れた赤飯を配るときに、一番上にナンテンの葉を置いたり、不祝儀の際にはナンテンの葉を裏がえして置くことがあった。贈答品に水引やのしをつけてハレの品物であることを明らかにしたのと同様に、日常の物品のやり取りと区別するためであり、表裏を違えることによって祝儀と不祝儀の違いを明確にしたのである。柳田国男はかつて貴人に捧げるものは手でじかに持たず、手紙のようなものまで木の枝にくくりつけて差し出していたことの名残としている。出産後の後産の処置にはさまざまな方法がみられるが、その一つとして庭のナンテンの木の根元に埋めることがあった。ナンテンは庭木として場所の選定にも気を使う植木の一つで、生児の運にかかわりを持つと考えられた後産を埋める場所として選ばれたのである。西日本で屋敷神としての荒神の石塚の上にも植えられていることがある。長野県下高井郡野沢温泉村などでは「ナンテン栄えれば、家栄える」とも言い習わされ、家の盛衰と関連づけられている。調理用品のすりこぎや日常用いられる箸にもナンテンを用いることがあった。社寺の土産物の中に加えられることもある。ナンテンに南天を当てるが、難転すなわち難を転じるという語呂合わせから、災厄を祓い運をよくすることが期待されてきたのである。

参考文献　柳田国男「日本の祭」(『柳田国男全集』一三所収、一九九〇)、宇都宮貞子『植物と民俗』(「民俗民芸双書」、一九八二)　(古家　信平)

なんど　納戸　古くは納殿《おさめどの》と称し、宝物・衣類・調度などを収納した屋内の物置部屋。寝殿造の塗籠《ぬりごめ》の系譜をひく三方を壁で囲まれた閉鎖的な収納空間で、物を多く納める大納戸と日常使うものを納める小納戸に区別することもある。かぐや姫を月よりの使者から隠した部屋も、塗籠であった。『家屋雑考』(一八四二)には「納殿、納戸はおなじ、古くはヲサメドノといひ、納戸は、やゝ後の称なり、金銀、衣服、調度の類、何によらず納めおく所なり、禁中にては、後涼殿の内にあるよしなり、源氏藤壺の巻に、くらづかさ、をさめどのに物を尽くして、いみじうせさせ給ふなどみえたる是なり、納戸といふ名は、室町将軍の頃より専ら見えたり、高貴の御納戸には、押板などありて、客人をも通さるべき構えなり」とある。伊勢貞丈『安斎随筆』には「本名納殿、また塗籠とも云(土倉と云意なり)、納戸と云も古き名なり、参考平治物語頼朝挙義兵条に云く、京師本に、丹波藤蔵鎌倉へ参りたり、いしくも参りたる者かな、頼朝に向つての芳恩の目に余る人なり、其の上に池殿の功臣にて、旁大事に存ずる客人なり、引出物せばやと仰せければ、近習の輩納戸を開きて、豹虎皮、鷲羽、鷹羽其の外鎧、腹巻、太刀、長刀、腰刀数を知らずより出だす云々」とあるが、一般に『平治物語』の版本では納戸ではなく納殿とあり、納戸の語はやはり室町時代ごろから使われたのである。江戸幕府では将軍の衣服調度を管理し、諸侯旗本からの献上品や将軍の下賜する金銀諸物の出納を司る役職を納戸役と称し、若年寄支配の納戸頭も置かれた。なお、鼠がかった藍色を納戸色といった。民家でも納戸は、ヘヤ、オク、ネマ、ネベヤ、ウチマなどと呼ばれ、衣類や穀物など貴重な家財の収納場所のほか、主人夫婦の寝間として使用された。家屋の中では最も閉鎖的な暗い部屋で、時には産室や病室、さらに遺体を最初に安置しておくのに使うこともあった。また飛驒白川郷や越中五箇山などでは、チョウダイという古風な呼び方をし、書院造の帳台構えと同様な位置に設けられていた。かつては、入口の敷居を高くして中を掘り下げて籾殻や藁を敷き詰めて寝間としていたが、のちには藁を入れた藁布団を万年床として使用した。部屋の開口部はほとんどなく、内鍵も掛けられるため、人が暗闇の中で大地と接触して生活していたころの住まいの原感覚をよくとどめていた。納戸は、他人の犯すことのできない私的空間であり、親しい人でも普段ここには入れなかった。納戸には、その家の家族を守護する霊威が宿るという信仰もみられ、寺院の本尊を安置した背後の後戸に尊い霊威が宿っているとする信仰の系譜をひくものと指摘されている。実際、中国地方を中心に正月に米櫃や種子籾俵を祭壇にして年神・田の神・女の神などの性格をもつ納戸神をまつる風習があり、納戸に最も立派な正月飾りをする家もある。正月のほかは、農作業の節目に簡単にまつるだけで普段は特別なことはしない。納戸神には田と家を去来する伝承もあり、主婦が納戸神の祭祀を司るなど家の神の古い姿をとどめている。

↓帳台《ちょうだい》　↓納戸神《なんどがみ》

参考文献　竹内芳太郎「屋敷・間取り」(『日本民俗学大系』六所収、一九五八)、大阪建設業協会編『建築もののはじめ考』、一九六六、高取正男「民俗と芸能―芸能未発の部分―」(芸能史研究会編『日本芸能史』一所収、一九八一)　(飯島　吉晴)

なんとう　南島　九州以南の島々の総称。すでに『続日本紀』六九八年(文武天皇二)の記事にみられる。新井白石の『南島志』(一七一九)は琉球の地誌であり、日本の一部としての認識と文化的共通性を求めた。大正末期、柳田国男・折口信夫らは南島を日本の古代文化を残す原日本と捉え、南島談話会の活動などを通し南島研究を確立した。昭和初期、沖縄県出身者は南島研究会・南島文化協会を設立した。今日、南島史学会・南島文化研究所などの研究組織や機関の名称に使われる。また文化・歴史的観点から奄美・沖縄地域を包含する語として使用されることが多い。一方、南島は日本本土からの呼称であり、また本土からのロマンティックな視線を含んだ呼称とする指摘がある。 →沖縄文化《おきなわぶんか》 →琉球《りゅうきゅう》

参考文献 村井紀『(増補・改訂版)南島イデオロギーの発生—柳田国男と植民地主義—』(「批評空間叢書」四、一九九五)
(生地 陽)

なんとうかよう 南島歌謡 奄美・沖縄・宮古・八重山の四つの諸島に伝承される歌謡の総称。これら四諸島は琉球文化圏を構成し、現在も生活の諸々の面で大和文化との相違をみせている。その大なるものが言語であるが、これを日本語学では琉球方言と呼称している。これは大和朝廷の成立の前後に日本祖語から分岐、独自の変化をたどって現在の形となったとされる。このような独自の言語・文化・歴史を有する南島各地で生まれ、享受されてきた歌謡が南島歌謡の名で呼ばれる歌謡群である。これら四つの諸島に伝承される歌謡は差異に富んでおり、必ずしも均質ではない。四つの諸島にはそれぞれ特定の歌謡群を呼び分ける方言呼称があり、これを網羅的に並べるだけではその全体像を把握することは困難である。それを文学研究の立場から、発生論的に整理したのが外間守善の理論的仮説である。外間は、四諸島の歌謡を呪詞・呪禱的歌謡、叙事的歌謡、叙情的歌謡に大分類し、その下に各諸島の方言呼称によって示される歌謡群を整理した。これによって、四諸島の全ての歌謡の部門が横断的にみわたせるようになった。まず、㈠呪詞・呪禱的歌謡は、祭祀の現場で、神女などの神役を中心として、唱え、うたわれる歌謡群である。これには、オモリ、クチ、タハブェ、マジニョイ(奄美)、ミセセル、オタカベ、ノダテゴト、マジナイゴト、ティルクグチ(沖縄)、カンフチ、ニゴーフチ、ニガリ、タービ、フサ、ピャーシ、ニーリ、マジナイ(宮古)、カンフチ、ニガイフチ、カザリフチ、タカビ、ジンムヌ(八重山)などがある。㈡叙事的歌謡は、対語・対句を重ねて、事件や事柄を叙事的に展開する長詞形の歌謡である。なかには呪禱的機能を保持して、祭祀の現場でうたわれるものもあるが、世俗的内容で労働その他の場でうたわれるものが多い。祭祀でうたわれるものについては、歌唱の場や歌唱者、歌唱形式などに制限がある。ナガレ歌、八月踊り歌(奄美)、クェーナ、ウムイ、ティルル、オモロ(沖縄)、長アーグ、クイチャーアーグ(宮古)、アヨー、ジラバ、ユンタ、ユングトゥ(八重山)などがある。㈢叙情的歌謡は、形式的には、短詞型の定型歌が多い。宮古のクイチャーや八重山の節歌には長詞型のものもある。一般に歌唱の場、歌唱者などに特別な制限がつけられることはない。島歌(奄美)、琉歌、ウタ(沖縄)、クイチャー、トーガニ、シュンカニ(宮古)、節歌、トゥバラーマ、スンカニ(八重山)などがある。これらのなかにはすでに伝承者を失って、消滅したものも多いが、なおかなりの程度残存しており、村落の祭祀や庶民の生活の現場でその機能を保ち続けている。外間守善編『南島歌謡大成』全五巻でその全貌を知ることができる。音楽学的には日本放送協会編『日本民謡大観』奄美・沖縄全四巻が近年最大の研究成果としてある。

参考文献 喜舎場永珣『八重山古謡』、一九七〇、沖縄県教育委員会編『沖縄の神歌』、一九六八—九二、外間守善『南島歌謡』、一九九五
(波照間永吉)

なんとうざつわ 南島雑話 薩摩藩士名越左源太時敏の残した絵入り民俗誌の稿本。名越左源太は、幕末奄美大島へ流罪となり、一八五〇年(嘉永三)—五五年(安政二)の五年間滞島した。奄美大島で見聞した自然、人々の生業、生活から動植物に至るまで、得意とした絵図とともに詳細に記録しているものである。文書記録の少ない奄美研究にとって、貴重な参考資料となっている。校合本として『東洋文庫』に収められている。

参考文献 名越左源太「遠島日記」(『日本庶民生活史料集成』二九所収、一九七三)、永井亀彦『高崎崩の志士名越左源太翁』、一九三四
(山下 欣一)

なんどがみ 納戸神 納戸にまつられる神。納戸神は、中国地方、特に兵庫県宍粟郡、鳥取県東伯郡、岡山県真庭・久米・勝田郡、島根県隠岐島などに濃く分布し、東日本ではオカマサマ系統の神がこれに対応している。その祭祀形態はさまざまで、納戸の一隅にお札を貼ったり簡単な神棚を設けてまつるほか、隠岐島の島前では正月に種子籾を入れた米櫃を祭壇にしてまつる。普段は特にまつることはないが、正月、三月の苗代、五月の田植え、秋の穂掛けや刈上げ、十月の亥子といった正月や農作業の節目などに榊や御神酒をあげ飯や餅を供えてまつる。納戸神はトシトコサンとも呼ばれるように、正月にまつる年神とも同一視され、正月飾りも床の間よりも大きく立派なものを納戸に飾る。隠岐や長崎県五島列島の宇久島などでは、納戸神は田の神ともされ、春秋に納戸と田とを去来する伝承がみられる。また兵庫県佐用郡上月町では、納戸神はオクノカミと呼ばれ、女の神で作神であると信じられており、毎月一・十五日にまつるほか、正月には年棚に米・餅・柿・栗などを供え、亥子には升に餅を入れて供えるという。納戸神は正月の神、田の神、作神、女の神のほか、子供の神、婦人病の神、夫婦神、安産の神などともされ、主に人や稲の多産豊饒にかかわる神で、穀霊を本体とするのではないかという説もある。納戸神には産の忌は嫌わないが、穀物などが減るのを嫌ったり、多産だが恥ずかしがりやで暗いところを好むという伝承もある。納戸神は田の神の性格を基本に家族の命運や稲の豊饒・富・福運など家の盛衰にかかわる神であり、祭場や祭祀形態などの面で家の神信仰の古い形を示すものといえる。

参考文献 石塚尊俊「納戸神をめぐる問題」(『日本民俗

学』二ノ二、一九五四)、高取正男「民俗と芸能―芸能未発の部分―」(芸能史研究会編『日本芸能史』一所収、一九八一)、石塚尊俊『女人司祭』、一九九四

(飯島 吉晴)

に

ニーガン 根神 沖縄本島と周辺離島において、村落の草分けの家(根屋《ニーヤ》・根所・元屋)やその一門から選出される女性祭司。ニガミとも発音する。複数の村落の祭祀を束ねる祝女《ヌル》の下、一つの村落には一名もしくは二、三名の根神がおり、さらにその下に居神・脇神などさまざまな名称を持つ下位の祭司が多数いて、全体として村落の祭司組織を形作っている。祝女や根神など主要な祭司は神事のあらゆる場面に関与するが、下位の祭司ほど関わる祭祀の数・場面が限定され、知識の質・量に大小の差違がある。沖縄本島地域の祭司組織は、このように祭司の地位が上下に階層化され複雑になっているのが特徴である。ちなみに宮古・八重山諸島の村落祭祀を司るツカサやサスと呼ばれる女性祭司は、職掌や機能を分担しあう並列的な関係を結ぶことが多い。南島では、女性祭司と男性祭司がおなり(姉妹)とエケリ(兄第)を理想とするペアを形成する傾向が強いが、その根底には根屋から出る根神と根人《ニッチュ》との関係に求められるとされている。すなわち、村落の草分けの家の女子が代々御嶽《ウタキ》の神をまつり、その兄弟が村落の創始者の後裔として村人を導くのを助けた。この形を基本にして、複数の村落を支配する地方領主(按司《アジ》)にはその姉妹が祝女になってその権威を支え、国王にはその姉妹である聞得《きこえ》大君《おおぎみ》が宗教的庇護を与える、というようにおなり神信仰を規範とする関係が拡大していったと考えられている。 →おなり神《がみ》 →根人《ニッチュ》 →祝女《ヌル》

参考文献 鳥越憲三郎『琉球宗教史の研究』、一九六五、宮城栄昌『沖縄のノロの研究』、一九七九

(高梨 一美)

にいなめさい 新嘗祭 収穫を祝い初穂などを神に供えて感謝する意義をもって行われ、また奉仕者・参加者も共食する祭儀。祈年祭《としごいのまつり》がその年の稔りを願う趣旨において行われることに対応した祭儀となっている。現在、宮中や神社などにおいて十一月二十三日に行われている。もとは、旧暦十一月下卯日であったが、一八七三年(明治六)の新暦採用により十一月下卯日が二十三日にあたったことから、その祭日が継承されている。現行の祝日法では勤労感謝の日となっている。初収穫を祝っての行事については、『万葉集』東歌に「新嘗にわが背を遣りて」(原万葉仮名、三四六〇番)や「葛飾早稲を饗すとも」(同、三三八六番)また『常陸国風土記』に「新粟の初嘗して家内諱忌せり」(原漢文)などとみえ、古くから民間で行われていたことがわかる。その場合に、男性が村の広場などに集まり収穫を祝ったとか、むしろ男性を除いて家の中で女性が祭儀を行なっていたと解する説にわかれる。律令国家の祭祀制度では、六月・十二月の月次《つきなみ》祭、二月祈年祭とともに四箇祭として重視され、仲冬(十一月)に行われた。伊勢神宮(三重県伊勢市)では季秋(九月)の神嘗祭(現行十月)として実施されている。『日本書紀』や神祇令には新嘗とはせずに大嘗との記載もあり、のちに天皇一代一度の大嘗と毎年の新嘗とが表現上も区分されたことがわかる。古代中国における新穀を神に奉る秋の祭である嘗祭と対比される。現在、宮中においては神嘉殿に神《かみ》座《くら》・御座《みくら》を設け、天皇みずからによる夕・暁の二度、新米の蒸飯と粥、粟飯と粥、白酒・黒酒、魚介類などの供御と共食がなされる。新嘗祭を基盤として天皇の即位時にあたり行われるのが大嘗祭で、天武・持統朝に制度上の体系化が図られたとされる。新嘗・大嘗両祭の祭儀形態や儀式内容には共通する点も多く見られる。伊勢神宮における年中での最重要の祭儀である神嘗祭は全国的に

行われる新嘗祭に先立つ祭ともいわれ、夕・朝の供饌や新穀を用いる点など共通性がみられる。また、神嘗祭を大規模に二十年ごとに実施するのが、式年遷宮祭である。今日全国の神社で一律に新嘗祭が行われるようになったのは明治初年以降のことで、新嘗祭との呼称や統一的な祭祀執行とは別に、全国各地では秋の収穫時にさまざまな祭が行われている。九州地方に多いオクンチもそうした祭の一種である。春祭などが予祝的、呪術的な性格の行事が含まれるのに対して、神社などの秋季例祭では、収穫物を供えたりする行事が多く、百味の御供(御食)と称し多種の穀類・木の実を献じたり(奈良県桜井市談山神社、京都府相楽郡山城町涌出宮)、芋《ず》茎《いき》や野菜で飾られた神輿が登場する(京都市北野神社、滋賀県野洲郡野洲町御上神社)などの例がある。また、濁酒《どぶろく》祭・甘酒祭のように伝来の酒類が醸成される場合もある。新嘗祭にしろ収穫に関わる祭では、神前への献供とともに、祭の参加者をはじめとする一同がともに飲食することに比重がおかれており、その性格の一端がうかがえる。なお、十月の亥子行事も内容的には、収穫時との関係が見られる。↓秋祭《あきまつり》 ↓収穫祭《しゅうかくさい》 ↓大嘗祭《だいじょうさい》 ↓祈年祭《としごいのまつり》

[参考文献] にいなめ研究会編『新嘗の研究』一・二、一九七八、岡田精司編『大嘗祭と新嘗』、一九七九

(桜井　治男)

にいばし　新箸　千葉県を中心として六月二十七日にスキやカヤで箸を新調しうどんや小麦饅頭などを食べる行事の名称。源頼朝が石橋山の合戦で敗れたときスゲの箸で昼食をとった後、地面に挿したところ芽が出たという伝説と関連付けられることもある。同様の民俗は広く分布し、茨城県では六月二十一日に青屋祇園とか青屋箸・青箸などと呼ばれる行事があり、家族の人数分箸を作りうどんを食べる。『新編常陸国誌』には「青萱ノ箸ヲ以テ青物ヲ調シテ食ス、コレヲ青屋祭ト云、但那珂川以北ニコノ事ナシ、元コレ府中ノ青屋祭ヨリ出タリ」とあり、常陸大掾氏が現在の石岡市の青屋馬場にカヤで葺いた仮殿を作り鹿島神宮を遥拝したことに起源を求めている。ほかにも新潟県では七月二十七日を青箸の日としカヤの穂先を箸にして朝食をとったという。柳田国男は稲の成育過程での儀礼の一種として捉える考えを示唆したが、新箸に代表される行事には初夏に青々としたスキやカヤという植物を用い疫病を克服する清浄な力を得、茅の輪潜りと同様の効果をもたらすものと考えられる一方、うどんといった小麦製の食品をとることから小麦の収穫の祝いの意味も見出される。また、箸という体内に直接食物を取り込む道具に特別な力を見出すこともこの行事の特色の一つといえる。

[参考文献] 柳田国男「御箸成長」(『柳田国男全集』二五所収、一九九〇)、更科公護「常陸の青屋祭について」(『茨城の民俗』一、一九六三)

(榎　陽介)

にいぼん　新盆　死後一年以内あるいは三年以内の新しい仏の霊を迎えてまつる盆。ニイボン、アラボン、シンボン、ハツボン(初盆)など、呼称はさまざまである。死後何年も経過した先祖の霊は盆月の十三日から十五日ころまでまつるのに対して、新盆の場合はそれより長く、かつ丁寧にまつることが一般的である。新仏が帰って来る時の道しるべとして、盆月の一日か七日に親戚や近隣が集まって家の前に高燈籠を立てるが、これを二十日過ぎ、あるいは晦日まで立てておく。切子燈籠を軒先に吊るす地方もある。濃い親戚から家紋の入った岐阜提燈などが贈られ、祭壇の前に飾る地方も多い。新仏は他の先祖とともにまつるところ、床の間・座敷・縁側・軒下などに特別の棚を設けて、他の先祖とは別にまつるところなど、まつり方も地方によりさまざまである。盆の期間中に親戚や近隣が素麺・砂糖などの供物を持って新盆見舞いに訪れるが、この時に「新盆でお淋しいことです」と挨拶する。これは新盆以外の家々が、「結構なお盆でおめでとうございます」と挨拶を交わし合うことと対照的である。盆の間に行われる大念仏・火祭・精霊舟・燈籠流しなど地域共同の行事は、新盆の家を中心にして行われることが多い。このように親戚や近隣が新盆見舞いに訪れたり、地域共同で祭祀することについては、死者に対する哀慕の情からばかりでなく、新しい精霊は荒々しく祟りやすいため血縁・地縁の人々によってまつり慰める必要があるからと考える説もある。

[参考文献] 田中宣一『年中行事の研究』、一九九二

(喜多村理子)

ニールピトゥ　ニールピトゥ　八重山諸島の古見・小浜・新城・宮良の各村落において、旧暦六月のプーリィと呼ばれる豊年祭に出現する仮面仮装の来訪神。ニローガミ(神)ともいう。それにはアカマタ・クロマタの二神、あるいはそれにシロマタが加わる三種の神がある。アカマタは男神、クロマタは女神、シロマタは子神と考えられている。豊年祭の二日目の日没とともに、小浜や宮良ではナビンドーと呼ばれる聖地から出現する。赤と黒に彩色された木の面を被り、カヤや草の葉で全身を覆い、村の家々を祝福して廻る。不幸のあった家は慰め、無事の者は励まし、次に来る年の豊年を告げ、舞をする。そして夜明け前に再びナビンドーへ戻っていく。ニールピトゥは遥か彼方にあるニールから訪れる人を意味し、その来訪が神の来訪と信じられ、その出現が幸福をもたらすものと人々に待ち望まれる。その出現は、来るべき年の豊年の予祝的意味をもつ。ニールピトゥが出現するナビンドーは、海岸洞窟であり、この世とあの世であるニーラスクを結ぶ境界であると考えられている。↓アカマタ・クロマタ

[参考文献] 宮良賢貞「小浜島のニロー神」(大藤時彦・小川徹編『沖縄文化論叢』二所収、一九七二)、伊藤幹治『稲作儀礼の研究―日琉同祖論の再検討―』、一九七四

(稲福みき子)

ニオ　ニオ　⇩稲積《いなづ》み

におくり　荷送り　嫁入り道具を聟方に運搬すること。村内婚では一般的に道具は少なく、また道具をすぐに婚家に移さず里方に長くとどめておく慣行すらある。一方、村外婚では多種多様の嫁入り道具をたくさん持たせようとする傾向がある。そのため、娘の数が多いと身代を傾けるという話も伝えられる。道具の運び方はさまざまで、運び人足を聟方で出して嫁の家で受け取る場合、中宿あるいは嫁方聟方双方の中間で双方持参の酒を酌み交わし受け渡す場合、すべて嫁方の負担で送る場合などがあった。荷送りは、荷宰領と呼ばれる指揮者に率いられ、長持唄・道中唄などを歌って華やかさを添え、喚声をあげて進むことが多い。破れ笠を必ず一つ添えるとか、嫁入りとは別の道を行かなければならないとか、婚家では聟方の者が戸口に立って、荷物を担ぎ込む若者を防ぎしばらく押し合いをするなどさまざまなしきたりがある。たとえば、福島県梁川町舟生では嫁入り行列に伴い、マケウチの若い衆が聟方の見参が持参したユイダルを含めて着物などの荷を送る。道中は長持を担ぐ二人が力杖《りきづえ》、力《りき》棒《ぼう》と呼ばれる竹の杖をつきながら「嫁コ、ホーイ、ホーイ」と掛け声をかけて行く。途中でウケトリワタシを行う。送ってきた嫁方の嫁添えと聟方から迎えにきた見参とで、提燈の蠟燭を取り替え、ウケトリワタシの盃をする。ユイダルをまん中に置き、その上で盃を交換し、「所は高砂」をかけ合いで歌う。荷送りの時期も嫁入りの前日、あるいは当日に行われることが一般的であるが、荷の一部を長く里方に残すことがある。これは嫁の引き移りが完了していないことを意味する。一連の婚姻儀礼により、花嫁の身柄は婚家側に引き渡されるわけだが、里方から婚家側への花嫁の引き移り完了時期はもっと後となる。最後の荷が送られることにより、嫁の引き移りが完了したことになる。　↓道中唄《どうちゅううた》　↓嫁入り道具《よめいりどうぐ》

参考文献　大間知篤三「婚姻の意義」(『大間知篤三著作集』二所収、一九七五)
（畑　聰一郎）

にがつしょうがつ　二月正月　二月一日をいう。二月年《にがつとし》・二月年取・重ね正月などと称して、この日に厄年の者が厄落としをする民俗が各地にある。東北地方では、年重ねの祝いともいい、厄年の者がこの日にも門松・雑煮などの正月祝いをして仮にもう一つ年を取る。西日本で一《ひと》日《ひ》正月・オクリ正月といったのもこれで、厄年を早く終らせて、新しい無事の年を迎えようとしたことによる。↓次郎《じろう》の朔日《ついたち》　↓太郎《たろう》の朔日《ついたち》
（富山　昭）

ニガテ　ニガテ　特殊な呪力を持つ手の者をいう。ニガテの者が芋の茎を折るとその味は苦くなるといわれ、ニガテでさわると癪や腹痛などが治癒するともいう。また、蝮指やナマスなどもニガテの一例とされる。蝮指の者にかかれば蝮はおそれて動かず、自由に捕えられるといわれる。ナマスは蜂に刺されることなく素手で蜂の巣を握ってとることのできる人のことである。なお、ニガテは気の合わない好ましくないものの意に転じている。　↓蝮指《まむしゆび》
（大本　敬久）

にぎりめし　握り飯　調理した飯を手で握りかためた食品。携帯食、簡易な食事の飯が握り飯、との観があるが、祭や神仏の供物にもなっている。平安時代の屯食《とんじき》が握り飯であるというが、その普及はずっと後年のことであろう。江戸時代の享保年間(一七一六―三六)あたりからニギリメシと呼ぶようになった。ムスビは江戸時代あたりから使われた言葉で、昔話にも「オムスビコロリン」などと握り飯を携帯食にした話が登場する。岡山県平川村(川上郡備中町)ではムスビといい、鎮守の祭の中食に煮染めとともに食べる。新潟県北魚沼郡では間食に、塩ムスビ・ごま塩ムスビ・黄粉ムスビを食べた。福島県や愛知県・福井県・静岡県ではヤキメシともいう。味噌などをぬり、焼いて食べたからである。福井県坂井郡ではツクネ、島根県の隠岐島ではツグネといい、漁から戻る時に飯をツグネにし、子供たちに分けた。普段に米の飯を食べられない子供たちへの心遣いであろう。祭礼や葬式、火事などの非常食としても用いられた。熊本県玉名郡では葬式に際して近親者が食べる力飯も握り飯である。栃木県足利市では正月十五日にオミタマサマと呼ぶ丸い握り飯を十二個作り、仏壇に供える。秋田県ではニタマという。関東では大晦日と盆の十六日に握り飯を竈や囲炉裏の灰に埋めるミタマ、ミタマノメシがある。柳田国男は、東京近辺では普段の握り飯は三角で、葬式には丸く握る形の違いに言及し、供される機会と形による意味を見出そうとしている。普段と吉・凶事における握り飯の意味は今後の課題である。

参考文献　柳田国男「食物と心臓」(『柳田国男全集』一七所収、一九九〇)、樋口清之『日本食物史―食生活の歴史―』、一九六〇
（増田　昭子）

にくしょく　肉食　魚鳥や獣類・家畜の肉を食することをいうが、狭義には四足獣の食用を指す。古来、人間にとって肉は最も基本的な食料で、猿から人間への進化の契機は、肉を得るための狩猟活動にあったとも考えられている。日本でも、旧石器時代・縄文時代とも、狩猟・漁撈の占める位置は大きく、特に縄文時代には植物性食料も重要な役割を果たしたが、猪をはじめとする動物性の肉は不可欠な食料であった。稲作農耕が本格化した弥生時代には、動物としては鹿が重要視された。またこれまで猪と考えられていたのは実は豚であることが指摘され、稲作とセットとなって豚を飼育する文化が入ってきた可能性が高い。しかし古墳時代になると、この豚も姿を消すことから、食用家畜を飼う風習は廃れたものと思われる。『魏志』倭人伝に日本人は服喪中には肉食をしない旨が記されており、すでに弥生時代末期には、肉食を穢れとみなす風潮が存在していたことがうかがえる。その後、水田稲作を基調とする古代律令国家が完成すると、六七五年(天武天皇四)には、いわゆる肉食禁止令が出て、牛・馬・犬・猿・鶏の肉を食することが禁じられた。しかし、これは四月から九月までに限られ、最も重要な食

肉であった鹿と猪が除外されていることからも、殺生禁断令の一種とみなすべきである。これに前後して、旱魃や水害などの際に官人たちの肉食が禁じられており、斎部広成の選述により、八〇七年(大同二)に成立した『古語拾遺』にみえる御歳神の話に象徴されるように、肉食をすると農耕がうまくいかない、という信仰が根付きつつあったためと思われる。やがて平安時代には、肉食に対する穢れ観念が発達し、また仏教的には殺生の罪が強調された。動物の生命を尊ぶべきことを説いた話が、『今昔物語集』などの仏教説話に頻繁に登場するようになり、これに呼応して肉食への蔑視も始まったようである。こうした傾向は、中世を通じて進行し肉の否定が一種の社会通念として定着するが、現実には肉食が広汎に行われていた。旧仏教は殺生や肉食を厳しく禁じたが、法然や親鸞などは、生きるためにはやむをえないとして、肉食を許容している。また京都や地方都市にも、鹿肉をはじめ犬肉までも売る店が存在しており、社会的な傾向としては下層民に肉食を行う者が多かったが、貴族や支配者のなかにも鳥獣の肉を好む者もいた。こうした食用肉の供給は、近世初頭まで続いたが、徐々に肉食の禁忌は浸透し、江戸時代に、肉食の忌避は最高潮に達した。ただし、鳥類や兎などの食用は続き、山間部では猪や鹿が食用とされて、諏訪神社の鹿食免などの抜け穴が用意されていた。また薬喰いと称して、肉食を行う者もいたが、一般には肉を食べると口が曲がるなどという俗信が広く定着していった。しかし一八七一年(明治四)に、宮中で肉食の禁が解かれ、天皇が肉食を行い西洋料理を食するようになると、肉料理の料理本が出回ったり、牛鍋屋が繁盛したりして、徐々に肉の消費量は増えていった。
↓鋤焼き《すきやき》

参考文献 鈴木晋一『たべもの史話』、一九八九、原田信男『歴史のなかの米と肉―食事・天皇・差別―』(『平凡社選書』一四七、一九九三)
(原田　信男)

にくづきめん 肉付き面 嫁と姑の葛藤を語る話で、姑が嫁をいじめる話型である。『日本昔話大成』では、笑話の愚人譚の「愚か嫁」に分類されている。姑が嫁を憎んで鬼の面をかぶっておどすが嫁は恐れない。面が姑の顔についてはなれない。嫁が寺に連れて行って経を上げるととれるが、面をとったときに顔の皮がついていたので、肉付き面という題名がつけられている。二人はそれから仲良くなるというのが一般的な内容である。鹿児島県から青森県まで全国的に分布している話であるが、特に、福井県坂井郡金津町吉崎の吉崎御坊の蓮如上人の功徳を語る話(『吉崎の鬼面』)で、仏教の唱導説話として語られたものが広まったと考えられる。『嫁威谷物かたり《よめおどしだにものがたり》』(山科西宗刊)などの文献が知られる。百姓与惣治夫婦は蓮如上人の教化をうけていたが、与惣治の母は邪見で信心せず、夫婦が吉崎に日夜参詣するのを憎んでいた。ある時嫁が夫の留守に一人で参詣したとき、姑は氏神社の鬼の面を付け、帰り道の竹藪で待ち構えて嫁をおどした。嫁は姑が居ないので帰宅した夫と二人で捜し、鬼になった姑を見つける。蓮如上人に教化をうけ、前非を悔い南無阿弥陀仏を唱えると鬼の面が取れたという話である。御伽草子の『磯崎』では、本妻と妾の葛藤の話に変化している。関敬吾はアールネ・トンプソンのA・T番号八三一「狡猾な牧師」を類話としている。貧乏な若者が金を発見する。牧師が山羊の皮を被って悪魔を装い、その男をおどして金をとろうとする。家に帰ってもその皮はとれないという話である。

参考文献 美濃部重克「室町物語『いそさぎ』の伝本形態」(『伝承文学研究』二〇、一九四三)
(丸山　顕徳)

にぐるま 荷車 荷物を運ぶ車両のこと。由来は古く、力車《ちからぐるま》と呼ばれる荷車が『万葉集』四にみえることから、すでに奈良時代には存在したことが確認される。ただ、普及の範囲は、平城京・平安京など時の中心地域および周辺部に限定される。この状況は近世まで続き、広く利用されるようになったのは近代以降のことである。形態は、近年鎌倉時代の遺跡から三輪車が発見されているが、基本的には一輪車と二輪車に分けられている。民俗例では、前者はネコグルマ、後者は大八車が、それぞれ代表的なものである。一輪車と二輪車の違いは、単に車輪数にのみとどまるものではない。まず使用法は、前者は押すものであるのに対し、後者は基本的には引くものであって、押すのは坂道などの補助力が必要とされる際に限られる。動力源は、前者は人間のみだが、後者には牛馬も使用される。また使用地域を見ると、後者は平坦部の広い道に限定されるが、長距離でも行くことができ、一方、前者は急な山道や狭い農道でも使えるが、続行距離は短いと、対照的な姿を呈している。第二次世界大戦ころまでは、幹線道路とムラを結ぶ連絡路が二輪車が通るには未整備な所も少なくなかったから、一輪車の果たす役割は大きかった。さらに積載対象は、前者は物資のみで、人間が乗るのは不可能だが、後者はそれが可能で、たとえば仕事の帰り道、空いた荷台に子供を載せてくるといったことが行われた。↓車力《しゃりき》 ↓大八車《だいはちぐるま》 ↓ネコグルマ ↓馬車《ばしゃ》 ↓馬力《ばりき》 ↓リヤカー

参考文献 豊田武・児玉幸多編『交通史』(『体系日本史叢書』二四、一九七〇)、礒貝勇『日本の民具』(『民俗民芸双書』、一九七一)、遠藤元男『路と車』(『日本人の生活文化史』五、一九八〇)
(胡桃沢勘司)

にじ 虹 太陽光線を構成するいくつかの平行光線が水滴(雨滴)に当たって屈折し、分かれて現われる現象。これらは四〇～四二度の屈折率をもっているので、太陽が高いときには地上から見て四二度以上になり、虹を見ることができない。虹が見られるのは観測者の後方が晴れて太陽があり、前方に水滴が落ちているときである。このような状況は夕立の後によく現われる。太陽が東にある朝の虹は西の空に見え、このときには東は晴れて西では雨が降っている。天気は西から東へ移動するので「朝

虹は雨」になる。夕虹は東の空に見え、西が晴れて東で降っている。雨はすでに西から東へ移っているので「夕虹は晴れ」となる。上の部分が消えている虹を株虹といい、夏の干天が続くとき、夕立ちの後で見られることがある。暑いときに快晴の日が続くと、雨が止んでもすぐ乾燥するので、虹の上層が消える。したがって「東南に株虹が出れば干天続く」といわれる。古代には虹は神の支配する神秘的な現象と見られ、市が虹と密接な関係にあったことが説かれている。平安時代には関白ならびに春宮大夫の家に虹がかかったので、世俗の説により売買が行われ、また宮廷に虹が立ったので市を開いたことが記録されている。虹とよく似た現象として、雲の一部が美しく色づくことがあり、彩雲という。昔はこれを吉兆として、景雲・慶雲・紫雲・瑞雲と呼ばれ、慶雲あるいは神護景雲のように年号まで変えたことがあった。

参考文献 北見俊夫『市と行商の民俗—交通・交易の伝承論(二)—』(「民俗民芸双書」、一九七〇)

(吉岡 郁夫)

にしうれでんがく 西浦田楽 静岡県磐田郡水窪町西浦の所能山観音堂で、豊穣を祈願し一月十八日夜を徹して催される修正会の結願行事。古くはおこないと呼ばれていた。観音は行基菩薩が刻んだものと伝える。祭事は別当によって管理され、地域ごと(上・中・下組)に選ばれた世襲の能衆によって担われている。初夜から後夜まで十二時間余の次第は、現在、前段の地能三十三番、後段のはね能十一番(閏年は十二番)、番外の四番からなり、前段の舞は世襲だが、後段の舞は能衆なら誰が舞ってもよいとされた。途中十四番〜二十七番は田遊びだが、口拍子に合わせて唄い、観音の加護を願う次第である。二十八番の田楽は観音に奉納する旨を申述べて舞い、祓いの反閇を繰り返すが、観衆も参加し、別当は内陣で心経を読唱する。次の仏の舞は六観音の行道で、旗・松明が前後を飾り口拍子で三度巡る。以下、面舞が続いて地能を終えるが、詞章を伴い他地域で松影と呼ばれるのたさまの能は、独特の舞である。はね能は面舞で、腰を落し両手をはねる芸態を見せ、詞章は能に依拠する。西浦の芸能の特徴は、地能に加えて猿楽の能(はね能)を採り入れたことで、このため田遊びが一部省略されているが、能が呪法と結びつき地域に根をおろした例として貴重である。朝方の番外三番は呪師の行法で、清めの獅子、しづめの鬼王、はらいの火王・水王が登場するが、この構成も独特といってよい。西浦の芸能伝承は史料が欠けていて明らかでないが、同じ水窪町でかつて地蔵堂の修正会を伝えていた小畑地区には「天文十四年正月廿一日」記銘の鬼神面(しずめ)が遺されている。西浦の面は面長の相貌が独特で、造形的にも近世面とは異なった特色をもち、この点でも小畑の面と共通性をみせている。室町時代の地域再編成の時代に、真言の修法を採り入れ、成立した芸能とみてよいだろう。

参考文献 新井恒易『中世芸能の研究』、一九七〇、早川孝太郎『民俗芸能』二(「早川孝太郎全集」二、一九七二)

(武井 正弘)

西浦田楽 高足舞

にしつのいまさよし 西角井正慶 一九〇〇—七一 折口信夫の学統を継いで、芸能や古代祭祀の研究を行なった民俗学者・国文学者・神道学者。埼玉県生まれ。武蔵国一宮である氷川神社の社家の長男として生まれ、のちに国学院大学国文学科で、折口信夫に師事することになる。国学院大学教授・文部省文化財専門審議会専門委員・神道宗教学会会長などを歴任した。西角井の研究で今日でも評価が高いのは、神楽および神楽歌研究で、この方面の系統的研究の先駆者である。一九三四年(昭和九)に上梓された『神楽研究』は、全国四千社に及ぶ神社に対し送られた質問状の回答をもとに、分析を行なったものである。また、一九四一年に上梓された『神楽歌研究』は長く神楽歌研究の指標となったもので、祭祀と歌との関係については卓見が多く含まれている。第二次世界大戦後に発表された主な論文を集成する著作としては一九六六年の『古代祭祀と文学』がある。これらの著作は折口の古代学の影響を強く受けたものであるが、折口の予言的ともいえる仮説を実証しようとする姿勢も見られ、事実それを跡付ける文献の精査を行なったあとが見受けられる。西角井の芸能研究の特色としては、芸能のもつ宗教的意義を強調する点にあるといえよう。また、霊魂論の視座から民俗・芸能の古態を説明しようとする点も、折口の影響を強く受けたものである。

参考文献 阿部正路「西角井正慶」(『芸能』三六八、一九六九)

(上野 誠)

にじゅううじこ 二重氏子 一人が二つの氏神の氏子になること。二重氏子の関係には二種類がある。一つは、明治末期の神社合祀政策の一市町村一神社の理念による総鎮守の制の実施に伴い、合祀先の神社と合祀以前の小社との二つの氏神の氏子になった場合である。もう一つは、婚姻や他所への独立などを契機に村外へ他出して新たな居住地の氏神の氏子になっても、生後宮参りをした実家の氏神との関係も外氏子として維持している場合である。前者では二つの氏神との関係を表わす時にいずれも氏子といい区別はしない。また二重氏子の関係が家ごとに規定されるが、後者では他所からの配偶者が実家の氏神の外氏子としての関係を維持するように個人を単位にしている点で、地域的限定を受けずに一軒の家に複数の氏神との外氏子の関係が持ち込まれる点が異なる。

↓外氏子《そとうじこ》

参考文献 千葉正士『祭りの法社会学』、一九七〇、関沢まゆみ「「外氏子」と「内氏子」―三重県名張市黒田・勝手神社の氏子組織と祭祀―」(『日本民俗学』一九四、一九九三)

(関沢まゆみ)

にじゅうさんやまち 二十三夜待 月待講の一つ。月待は特定の月齢の夜に行われる忌籠りの一種で、講の人たちが集まって念仏を唱え飲食したりしながら月の出を待って月を拝む。講の人たちが集まる宿は、現在ではまわり番でつとめることが多くなっている。二十三夜待は特に多く行われているが、二十三夜の月の出は遅いので深夜まで講が続くことになる。二十三夜講を略して三夜待・三夜講・三夜様などともいっている。もともとは毎月行うものであったと思われるが、多くは特定の月だけ行うようになっている。千葉県印旛郡地方では、十一月二十三日を霜月三夜といって餅を搗いて祝ったといわれている。多くは女性の講であるが、福島県西郷村では二十三夜は男の月待といわれている。二十三夜講では月天子・月読命《つくよみのみこと》・勢至菩薩などをまつり、念仏を唱えたりする例が多いが、一方ではお三夜様というばかりで神や仏の名がまったく出てこないという例もある。もともと月そのものが神体であったと考えられる。月の満ち欠けは日時の推移を知る手段であり、それだけでも信仰の対象になっているが、女性の生理と結びついて安産の信仰が加わったものもある。農耕や漁撈などは、太陽や月・雨・風などの気象条件に強く影響されるので、それらをまつって恩恵を受けようとする信仰がおこる。太陽を拝む日待や水神・風神などと同様に自然神信仰から出発した講である。

参考文献 萩原秀三郎・宮田登『催事百話―ムラとイエの年中行事―』、一九八〇

(菊池 健策)

にじゅうしき 二十四気 太陽が春分点から再び春分点に戻るまでを二十四等分して、そこに節気を配置して気候の推移がわかるようにしたもの。二十四節気ともいう。各節気の間は約十五日となる。月の満ち欠けを基準とした暦である太陰暦では、一年が約三百五十四日となって太陽年より約十一日短くなるために実際の季節との間にずれが生じてくる。太陰暦に二十四気を導入して、太陽の動きを考慮することによって、太陰暦から太陰太陽暦へと移行することになり、気候の推移を太陽の推移で示すことができるようになった。これによって、毎年同じ季節に同じ節気が暦に記載されるようになり、農作業などを行う上で、大変に便利になった。もともと二十四気は、中国の黄河流域での季節の推移に基づいているため、日本の北海道や沖縄では季節のずれが感じられるが、およそ半月ごとの季節の変化を示すものとしては非常に便利なために、次第に日本の風土の中に根付いていき、今日では気象情報などでも使われている。また、二十四気は、歳時記の季語の春・夏・秋・冬・新年といった季節を決める際の基準にもなっている。二十四気は以下のとおりである。

立春 雨水 啓蟄 春分 清明 穀雨 立夏 小満
芒種 夏至 小暑 大暑 立秋 処暑 白露 秋分
寒露 霜降 立冬 小雪 大雪 冬至 小寒 大寒

↓啓蟄《けいちつ》 ↓夏至《げし》 ↓清明《せいめい》 ↓冬至《とうじ》 ↓立秋《りっしゅう》 ↓立春《りっしゅん》

(佐藤 良博)

にじゅうはっしゅく 二十八宿 月が天空上をめぐる周期を二十八に区分する星座。古代インドの天文・暦法に発している。月が天空を一周するのは二十七日強であるから、およそ一日に移動する場所に位置する星宿(星座)を一宿とすれば、全体で二十七宿となる。それに最も吉祥なる宿である牛宿を加え、二十八宿とする。『宿曜経《すくようきょう》』によれば、角・亢・氐・房・心・尾・箕・斗・牛・女・虚・危・室・壁・奎・婁・胃・昴・畢・觜・参・井・鬼・柳・星・張・翼・軫をさし、古代中国では、これを順に七宿ごとに東(青竜)、北(玄武)、西(白虎)、南(朱雀)の四方に配している。月の運行を星宿で把握する天文学にもとづいた二十八宿の考え方は、太陰暦における月日に配当され、日の吉凶を知る占星術に用いられるようになった。ただし、牛宿は除いて二十七宿を配当する形が一般的である。その際、牛宿は毎日の午時(正午)に当てる。日蓮は二十八宿を、『法華経』を信仰する行者の守護神とみなしている。すなわち『開目抄』に、「家を治め、孝をいたし、堅く五常を行ずれば(中略)天も来って守りつかう。(中略)後漢の光武には二十八宿来って二十八将となりし此なり」とある。こうした見方は祈禱儀礼に応用され、儀礼空間を守護する二十八の善神を象徴した注連幣をつるすことが、同宗の祈禱では広くみられる。

参考文献 速水侑『呪術宗教の世界―密教修法の歴史―』(『塙新書』六三、一九八七)、岩原諦信『星と真言密教』(『岩原諦信著作集』一、一九八八)

(長谷部八朗)

ニシン ニシン ニシン目の魚名。鯡または鰊とも書く。カドともいう。ニシンのよび名は二親の魚、または二親のまな、といった語の下略かとする考え方がある。ニシンは北太平洋に広く回游するが、三～五月にかけて産卵のため南下してくる。特に群がって接岸する様子はクキリと称され、北海道西海岸はニシン漁業の盛んな地域として古くから知られる。水揚げされたニシンは一時的に廊《ろう》家《か》や魚坪《なつぼ》に保管される。また製造にはニシンつぶしと搾粕づくりがある。前者は笹目・白子・数の子を切り取り干場にかける一連の作業をいう。そしてそれは身欠き・開き・干数の子など食用乾製品となる。数の子は縁起物などとされた。後者はニシンを煮て圧搾し搾粕と魚油を

製造する。また胴ニシン・笹目・白子なども肥料となる。

参考文献　柳田国男「食物と心臓」(『柳田国男全集』一七所収、一九九〇)　（鎌田　幸男）

ニシンば　ニシン場　北海道におけるニシンの漁場、およびその根拠地。北海道においてニシン漁は、アイヌがタモ網などの簡単な漁具で行なっていたが、十五世紀には和人が参入し、刺網や建網という大型の漁法が導入された。松前藩成立以降、藩の財源として重要視され、十八世紀初頭には、藩士である知行主からその経営を移管して、近江商人などの請負人による場所請負制が始められた。このころ、肥料不足によって本州各地でニシン肥料(鰊肥)の消費が飛躍的に伸び、北前航路の発達もあってニシン流通は隆盛をきわめた。そのため、ニシン場は、従来認められていた道南に加えて、北海道西海岸から北へと拡大された。場所請負人は、運上金と引き替えに営業権を得たニシン場に、番屋という漁小屋を設け、網、船など資本を投下した。さらにアイヌや道南、東北地方からの廉価な労働力を大量に雇い入れ、大規模経営を行なった。ニシンは明治期に入っても安価なタンパク源として需要が衰えず、多くの投機的な参入者をさらに呼び込んだ。成功した者の中には、ニシン御殿と呼ばれる大がかりな家屋をニシン場に建てて定住する商人(親方)もでて、ニシン場は賑わいをみせた。一八九〇—一九〇〇年代がニシン生産の最盛期で、ヤトイと呼ばれる季節労働者を四十人余りも雇用することもあったが、その後、徐々に漁獲量が減少し、一九六〇年代には北海道南部のニシン場は完全に壊滅した。　→番屋《ばんや》

参考文献　高桑守史『日本漁民社会論考—民俗学的研究—』、一九九四　（菅　豊）

ニシンりょう　ニシン漁　近世から近代にかけて北海道の経済を支えた水産業の一つ。近世の松前藩の経済は、基本的に漁業に依存しており、鮭、コンブとともにニシンは蝦夷地の三品と呼ばれた。近世の文献には、鯡・鮴(明治以降は鰊を使用)と表記されることが多い。これは、「魚に非ず」を意味し、松前藩にとってニシンとは本州の米に相当する重要な産物であり、また、多量の漁獲があったからといわれている。ニシン漁はアイヌ民族によって始められたが、十五世紀以降来住和人も手がけるようになり、松前藩の成立とともに次第に漁業の形をなしていった。とりわけ、場所請負制の進展により一層の発達をみた。ニシン漁の中心は、毎年三月以降、北海道の日本海からオホーツク海沿岸に産卵のため回遊する春ニシン漁であり、四月ころが最盛期であった。初期の漁法は、アイヌのタモ網に対し和人は刺網を用いたが、請負人はより効率的なざる網などの大網を使用したので、和人の下層漁民と対立した。幕末になると、より生産性の高い行成網《ゆきなり》が、さらに一八八〇年代には角網《かく》が発明され、漁獲量は著しく増加した。当初ニシンは、食用のほかは数の子・ひらき・身欠《みがき》などに加工、移出されたが、のちには内地向けの肥料加工品であるニシン搾粕が主流を占めるようになった。明治以降、開拓使は場所請負制を廃止し、漁場を請負人の独占から開放した。これによりニシンの漁獲量は飛躍的に増加、一八七二年(明治五)の約二九万四〇〇〇トンが、九七年には九六万九八〇〇トンと史上最高に達した。しかし、その後は豊凶を繰り返しながら減少してゆき、昭和期に入ると漁獲量は激しく変動した。そして、一九五八年(昭和三十三)を最後に、ニシンの回遊は全く途絶えた。このため、ニシン漁で発展した北海道の日本海沿岸の漁村は、急速に衰退した。　→場所請《ばしょうけ》負制《おいせい》

ニシン漁(『古平鰊漁十態』より)

「北海道鰊大漁概況之図」

ニシン漁

参考文献　北水協会編『北海道漁業志稿』、一九三五、地方史研究協議会編『日本産業史大系』二、一九六〇、今田光夫『ニシン文化史—幻の鰊・カムイチェップ—』、一九八六　（桑原　真人）

ニス　ニス　北海道・サハリン(樺太)・クリール(千島)のアイヌ語で臼のこと。北海道東部ではニスイ、ニシュイという。臼の形態は丸太を木口から掘りこんだ縦長の臼と、丸太の胴部を穿ち横長に置いて用いる横臼とがある。脱穀と製粉を行うのは竪臼であり、横臼は粉砕や練り合せ専用とする。竪臼には竪杵が組み合わさり、横臼の杵は竪杵の短いもの、砧状のもの、乳棒様のものと形態はさまざまである。竪臼の杵つきは一～五人までとし、平均三人で、横臼は一～二名までとする。杵つき唄や杵つきの速度は、北海道西南部は速く、本州から遠くなるにつれて遅くなる。竪臼と竪杵は、栽培農耕の盛行地である本州に由来することが推測される。　（藤村　久和）

ニセ　ニセ　鹿児島県における若者、あるいはその組織のこと。男子は、数え年十五歳になるとニセグミ(二歳組)に加入し、ニセ、ヘコニセと呼ばれるものであった。ニセグミに加入することを、ニセイリ、ジューゴイリなどといい、正月の二日・三日・五日・八日・十四日・十五日・二十三日などのハツョイ(初寄り合い)の日に行われた。焼酎などを持っていき加入の許しを得たが、長島町小浜では親か近所の人に伴われ、郡山町大平ではナカニン(仲人)二人を立てて挨拶をした。加入に際しては、ニセイイウタを歌わされたり、挨拶の仕方やニセグミの掟などを厳しく教えられた。下甑村浜では、新入りのニセの顔にヘグロ(鍋墨)を塗ったり、胴上げして落としたりするなどの試練を与えた。ニセ入りすると、ニセヤド、ニセガイヤ(二歳の家)という泊宿に寝泊まりした。泊宿には、大きな家や主人が話好きな家が選ばれたが、佐多町伊座敷や串良町立小野などでは、老夫婦の隠居屋があてられた。集落内では一人前の男として扱われるようになり、コドン(子ども)と遊ぶことが禁じられた。フレ(触れ)、朝夕の時鐘打ち、集落の道普請、棒踊り・太鼓踊り・十五夜綱引きなど行事にかかわること、夜警(火の用心)、消防、葬式の手伝い、漁場荒らしの警戒など、重要な仕事をになった。ニセグミは、コニセ、コニセガシタ、ニセ、ニセガシタなどという厳格な年齢階梯制が採られていた。笠沙町姥では、十五〜十六歳をコニセ、十七〜十九歳をヒラニセ、二十〜二十四歳をアニョニセと呼んだ。ニセガシタやアニョニセたちは、挨拶をしなかったり、年長者に口答えしたりするなど、決まりに反した者に対して、寄合の場で割り木の上に座らせたり、肝試しに墓場などに行かせたりするなどの、厳しい罰を与えた。時には、ニセハナシ(二歳離し)、ヤカンなどといって除名されることもあった。ニセグミを脱退するのは、二十五歳・二十七歳・二十八歳・三十歳・三十三歳などとさまざまであるが、その後も数年間はサンゼ(三歳)と呼ばれ、ニセグミの相談に乗っていた。ニセグミの運営費は、泊宿での縄綯《な》いや草履作りなどの夜業による収益があてられたが、笠沙町姥ではニセヤマと呼ばれる共有林からの収入、テングサトリなどの共同作業による収入があてられた。こうしたニセグミも、明治末から大正の初めにかけて青年団と呼ばれるようになり、集合の場も公民館へと移っていった。

参考文献　『鹿児島県民俗資料緊急調査報告書―県下三〇地区の民俗資料―』(『鹿児島県文化財調査報告書』一二、一九六五)、村田熙『日本の民俗鹿児島』、一九七五、水流郁郎他『九州の祝事・誕生・婚姻・年祝い』、一九七八

(川野　和昭)

ニソのもり　ニソの杜　福井県大飯郡大飯町大島に所在する三十二ヵ所の森神信仰の聖地。地名を付して、浦底の杜、瓜生の杜、清水の前の杜、大谷の杜、オンジョウの杜、畑の杜、サグチの杜、新保の杜、上野の杜、井上の杜などと呼称されるが、ふだん地元では「モリサン」「ニンソー」と呼んでいる。霜月二十二・二十三日の祭日以外は決して近づいてはならない禁足地とされ、タモ(タブ)や椎の巨木、椿・ヤブニッケイなどの照葉樹が生いしげり、神さびた社叢を形成する。神木の下に小祠が安置されているものも多いが、数ヵ所のモリは照葉樹林だけの原初的な形をとどめているものもある。リゾート開発によって破壊されたり、祭祀組織の変動によりすでに祭が途絶えたままになっているものも一部に見られ、存続が懸念される。大島の二十四名(苗)の島の開拓先祖をまつるとされ、古墳や墓地に隣接するモリも多い。毎年、ニソ講、モリ講、モリマツリと呼ばれる霜月祭が行われ、神田のニソ田から収穫した新米の小豆飯やタガネ(粢《しとぎ》)を藁苞にのせてモリの神に供え、豊作を感謝する。モリの一角にカラス口《ぐち》・カラスグイと呼ばれる鳥勧請の場をもつものもあり、鳥が御供を食べると「オトがあがった」といい安心する。「オト」は「御当」であり、当屋輪番制のなごりであろう。小祠のなかには「奉勧請大聖権現」「大上宮」と記した神札があり、若狭に普遍的に点在するダイジョコ(大将軍)信仰の派及が認められる。

参考文献　安達一郎「若狭大島採訪記」(『南越民俗』九、一九三九)、鈴木棠三「若狭大島民俗記」(『ひだびと』一二ノ三―五、一九四四)、安間清「ニソの杜」(『民間伝承』一四ノ二、一九四九)、直江広治「ニソの杜」信仰とその基盤」(和歌森太郎編『若狭の民俗』所収、一九六六)、金田久璋「同族神の試論的考察」(『民俗学論叢』一一、一九八〇)、佐々木勝『屋敷神の世界―民俗信仰と祖霊―』、一九八三

(金田　久璋)

にたまち　にた待ち　⇨ヌタ場《ば》

にちりゅうどうそろん　日琉同祖論　日本と琉球(沖縄)が祖先を同じくするとする説。人種(民族)的に起源を一つとする考え方と、文化の起源が一つとする説が、しばしば並行して語られる。言語を同源とする考え方は古琉球時代からうかがえるが、文化だけでなく人種(民族)的にも同祖だとする説は、羽地朝秀(一六一七―七五)がはじめて主張した。羽地は言葉の上で若干の違いがあるのは日本から遠隔の地にあり、交渉がしばらく途絶えていたためとした。一八七九年(明治十二)の廃藩置県以降、日琉同祖は表向き同意されたものの、言葉をはじめとして服飾や葬制などの各種民俗の本土との差異がしばしば強調された。この差異は本土との落差と解される場合が多く、その改良あるいは廃棄が主張された(一八七六―一九四七)。沖縄学の祖とされる伊波普猷は、民族的に同祖であることを主張した上で、琉球固有のものを沖縄の個性として評価すべきことを主張した。一方、柳田国男は沖縄を日本の分家とみなし、日本人起源の北進論を証する有力な位置に据えた。彼が説く日琉同祖論の背後に、文化人類学における文化進化論が控えていたことが指摘されている。現象的な文化の差異を時間的落差に置き換える方法の論拠として沖縄があった、ということになろ

う。第二次世界大戦後の日本復帰運動において、日琉同祖論は運動の思想の表裏で尾を引き、一部からは(日琉)異族論も主張されるに至った。日本本土と沖縄・琉球の差異と同一性は、民俗のレベルから政治・社会・思想のレベルまで、今後も問われ続けるテーマだろうが、日琉同祖論も見え隠れしながら引き続き後を追うことが予想される。

参考文献 柳田国男「海上の道」(『柳田国男全集』一所収、一九六八)、同「海南小記」(同)、羽地朝秀『中山世鑑』(『琉球史料叢書』五、一九七二)、伊藤幹治『稲作儀礼の研究—日琉同祖論の再検討—』、一九七四、渡名喜明「日本「本土」と沖縄の「差異」はどう解釈されてきたか」(『昭和20年沖縄の政治・社会変動と文化変容』所収、一九九五)
(渡名喜 明)

にっかん 入棺 死者を棺に入れること。兵庫県伊丹市荒牧では棺が丸い桶であったときは先に死者の手・足を曲げておいた。岐阜県大野郡白川村では湯灌が終るとスベ縄で膝の下側から首筋へかけて、棺に入れよいように堅く縛りあげてしまう。この縄をジョウドナワといい、ところによってはゴクラクナワとかフジョウナワともいう。死者に着せる帷子・手甲・脚絆・足袋・頭陀袋などは糸尻を結ばず女の人二人以上で引っぱって縫う。これは手伝いの老女や観音講などの人がする。入棺の前に湯灌が行われる。兵庫県朝来郡朝来町多々良木で入棺の前によそゆきの着物を着せる、その上にジバンのようなものと手甲・脚絆・白足袋・草鞋をはかせる。額には△印をつける。本来死者はホトケとして一番良い着物を着て旅立った。しかし念仏行者として亡くなることが理想化されてくると皆白い着物を着せられるようになった。死者の額の△印は仏が被る宝冠であろう。福島県耶麻郡高郷村では冠をつけるという。修行のための行者姿で葬られる。死者はあの世で旅をするのでその旅費や食料として六文銭や米を頭陀袋に入れる。六文銭は六地蔵があの世へ導いてくれるのでその賽銭が必要と考え死者に持たせる。また頭陀袋の中に死者の好物を入れる。

参考文献 田中久夫「玉殿考」(『祖先祭祀の研究』所収、一九七八)、井阪康二「送終の礼」(『人生儀礼の諸問題』所収、一九八八)、田中久夫「死者と着物」(『阡陵』三十周年記念特集号、一九九二)、井阪康二「六文銭考」(『出土銭貨』四、一九九五)
(井阪 康二)

にっき 日記 日々の生活を日次で書き記したもの。まず年月日を記した上で、その日ごとの記述がなされるのが一般的である。すでに日記と銘記した記録などは平安時代からあるが、庶民が日記を残すようになったのは江戸時代からだった。中世までの日記はほとんどが公家や僧侶・神官、武家が記したものである。村役人や上層町民が日記を書き残すようになるのは、十七世紀後半～十八世紀初頭以降といえる。こうした日記の内容は、記述者の立場や状況によって違いがあるが、大別すると役用日記、経営日記、旅日記、農業日記(農事日誌)、その他になる。役用日記は名主・庄屋などが職務上のことを中心に記したもので、しばしば御用留的な内容を兼ね備えている。経営日記は金銭出納を合わせ記したもの。旅日記は道中記であって、主に社寺参詣途次の記録である。農業日記は作付や作業内容の記録を中心としたもの。その他には普請日記・病中日記など特定事項の記録がある。また、以上のほかにこれらのいくつかを組み合わせた日記もある。近代の日記も、ほぼ同様な内容をもち、その数は近世に比べて飛躍的に多くなる。これら諸日記には民俗事象の記載を含むことが多く、日記は民俗資料としての性質を強くもつといえる。日記を資料とした民俗研究には、まず民俗資料としての記載内容の研究がある。これはある歴史時点での民俗事象の復原的研究だが、さらに日記を記述すること自体を、伝承がもつ規範力との関連のなかで捉え、記録と伝承との関係を捉えようという研究なども成り立つ。 →道中記《どうちゅうき》 →農事日誌《のうじにっし》

参考文献 水本邦彦「近世の農民生活」(『日本村落史講座』七所収、一九九〇)、福田アジオ「歴史民俗学的方法」(『日本民俗研究大系』一所収、一九九一)、小川直之『歴史民俗論ノート』、一九九六
(小川 直之)

にっけいしゃかい 日系社会 海外に移住した日本移民とその子孫(その両者を日系人と呼ぶ)が受入れ社会において構成するエスニック集団(みな事実上少数民族集団)をいう。江戸時代の長期にわたる鎖国の結果、日系社会は現在事実上明治以降の移民を創設者とする集団に限定される。アジア諸地域では日本国家権力と結びつくことが多く、ヨーロッパ諸国への移民は極少であったから、移民は一般に定着せず、日系社会の形成は弱く、多くは一時的なものだった。典型的な日系社会は、労働移民として大量に日本人が渡航して高い定着性を示した新大陸方面(ハワイを含む)の諸地域に見出される。ブラジル、北米合衆国本土、ハワイ、カナダ、ペルー、パラグアイ、ボリビア、アルゼンチン、メキシコなどのものがその代表的な例である。各地の日系社会の規模を人口で示すのは困難で、比較論的にも妥当な規準というものはない。混血の進行、各人のもつアイデンティティ、社会生活上の集団帰属度などに大きく左右されるからである。一九八八年(昭和六十三)の調査によると、ブラジルの日系総人口は百十六万人、その内混血していない純日系人は八十四万人であり、これが海外における日系社会の最大のものであるといわれる。合衆国本土とハワイの日系人を総合すると数はブラジルより多いが、ポリネシアに位置するハワイ日系社会は一般に本土から区別して考えられる。ブラジル日系人の混血は、一九六〇年代以降ようやく顕著になってきたが、まだ新しい現象で、北米やハワイではその歴史も長く、どこまでが日系社会といえるのかは難しい問題である。新大陸の諸国は国籍を出生地主義によっているため、現地生まれの日系人はほとんどがその国の国民であり、その国家への帰属意識が強く、日

本人意識は一般に稀薄である。一九六〇年代以降、次第に文化多元主義的な政策や国民感情が育ってきて状況は変化してきているが、それまではどの国でも国民国家観に基づく国民化と同化政策が支配的で、多数派からの社会的、文化的圧力は強く、二世・三世の間では先祖の文化や日本社会への関心は抑圧されていて、日系社会は分裂していた。一九六〇年代後半から北米合衆国をはじめとして世界的展開を示し出した民族問題、文化的多元主義、ブラック・パワーなどの運動とも関連してエスニック集団のもつ下位文化(サブ＝カルチャー)や民族的アイデンティティに新しい照明が当てられ出し、日系アメリカ文化・日系ブラジル文化などの再評価も一般化した。こうして父母・祖父母の移民体験を素材とした欧米語による文学作品も多く出てきた。キリスト教文化圏下の日系社会では日本宗教も抑圧されてきたが、このような風潮のなかで宗教運動が各地で表面化し、仏教諸派・生長の家・PL教団・天理教・真光などの教団が欧米語による宣教を活発に展開して、日系人アイデンティティを支えたり、現地人を教化したりしている。盆踊り・短歌俳句・七夕祭・カラオケなども広く滲透している。　↓移民《いみん》

参考文献　半田知雄『移民の生活の歴史―ブラジル日系人の歩んだ道―』、一九七〇、『ハワイ日本人移民史』、一九七七、Y・イチオカ『一世―黎明期アメリカ移民の物語り―』(富田虎男・粂井輝子・篠田左多江訳、「刀水歴史全書」三二、一九九二)、モリモト・アメリア『ペルーの日本人移民』(今防人訳、一九九二)、竹沢泰子『日系アメリカ人のエスニシティ―強制収容と補償運動による変遷―』、一九九四、新保満『石をもて追わるるごとく―日系カナダ人社会史―』、一九九六、前山隆『エスニシティとブラジル日系人―文化人類学的研究―』、一九九六、同『異郷に「日本」を祀る―ブラジル日系人の宗教とエスニシティ―』、一九九七

(前山　隆)

にっこう　日光　栃木県北西部に位置し、男体山・女体山・太郎山を中心とした日光山を含む地域。日光山は明治初年の神仏分離以降、東照宮・二荒《ふたらさん》山神社・輪王寺の二社一寺によって維持され、関東における有数の観光地ともなっている。日光山は古くは二荒山と呼ばれ、その名称も男体神・女体神の二神が現われたことに由来するとも、あるいは観音の浄土補陀落に由来するとも考えられている。勝道上人の開山と伝え、中世には女峰(田心姫《たごりひめ》命・阿弥陀如来、滝尾)・男体山(大己貴《おおなむち》命・千手観音、新宮)・太郎山(味耜高彦根《あじすきたかひこね》命・馬頭観音)の三所権現が成立するとともに修験道の霊山として繁栄する。天正年間(一五七三―九二)の豊臣秀吉による小田原攻めに際して北条方に味方したことから衰退するが、江戸時代天海が徳川家康の遺骸を日光山に移して東照宮を建立し、さらに三代将軍徳川家光没後に大猷院が建立されて神領も一万三千石を超えたほか、輪王寺の号を得て、その門跡は上野寛永寺を兼務するなど、近世の日光山は江戸幕府の精神的支柱として繁栄することとなった。そのため日光修験も御師化することなく、日光山の権威保持のための修行に中心がおかれており、俗に三峰五禅頂といわれる華供峰・冬峰・秋峰の入峰修行とともに遶堂《にょうどう》形式の大千度修行も行われていた。このほか、男体山禅定や中禅寺湖での船禅定には別火精進を経た俗人が加わっており、限られた範囲ではあるが、そのための講中がみられる。また日光の女神(大蛇)が猟師猿丸の援助を受け、赤城の神(ムカデ)に勝つことができたとする神戦を伝える縁起もよく知られたものであり、日光の神の許しを得て狩をするようになったという由来記を持ち伝えるマタギの一派もいた。

参考文献　日光二荒山神社編『日光男体山―山頂遺跡発掘調査報告書―』、一九六三、宮田登・宮本袈裟雄編『日光山と関東の修験道』(「山岳宗教史研究叢書」八、一九七九)

(宮本袈裟雄)

ニッチュ　根人　沖縄本島を中心とする島々において、村落の草分けの家(根屋《ニーヤ》・根所《ニードゥクル》・元屋《ムトゥヤー》)から選出される男性祭司。『琉球国由来記』(一七一三)に「アナゴノ子ト云人、彼嶋(久高島)ニ住居始タル根人ナリ」とあるように、根人は村落の神話的創始者をさし、草分けの家の当主が代代その象徴的な地位を継承した。村落祭祀ではおもに、同じ一門から出る根神《ニーガン》などの女性祭司が儀礼の宗教的中心を担うが、国頭地方のシヌグのように男性祭司が中心になって活躍する祭もある。国頭地方で根人にあたる神役はシマンペーフ、シドゥ神など村落ごとにさまざまな名称をもつ。　↓根神《ニーガン》

(高梨　一美)

にひゃくとおか　二百十日　立春から数えて二百十日目の日をいい、太陽暦の九月一日ころにあたる。多くの地域では、稲実の開花期にあたり、特に台風の襲来時期であるために被害も多く、その体験上から農村地帯では厄日として警戒している日である。江戸幕府の天文方であった渋川(安井)春海が品川の一老漁師から教えられたこの日の知識を、のちに『貞享暦』を編んだ際に、暦のなかに入れたといわれる。実際に台風が多く襲来するのは八月で、被害が多いのは九月中旬以降であるが、五年に一度くらいの割合で台風が二百十日に襲来している。そこで、二百十日に風鎮めの祈願を行う地域は多くみられる。長野県北安曇郡ではこの日に刈り掛けと称して、稲を少し刈り、田の神をはじめ、氏神・道祖神などの神々に一、二筋または三筋ずつ掛けてまつるという。

(鈴木　通大)

にひゃくはつか　二百二十日　二百十日から十日遅れた日で、九月十一日ごろのこと。実際には台風が被害を及ぼすのはこれより遅れていることが多いが、農村地帯では第二の厄日として警戒していた。新潟県の弥彦神社ではこの日に風祭を行い、さらに兵庫県の伊和神社ではこの日に風鎮めの開願祭を行なっている。また、千葉県印旛郡あたりでは無難正月と称して、二百十日あるいは二

百二十日が無事に過ぎるとその翌日に仕事を休んで祝った。（鈴木　通大）

にほんご　**日本語**　主に日本の国土で使われている一言語。国語ともいう。話し手は一億を超えるが、世界の他の言語と言語学的な近縁関係が証明されておらず、同系語のない孤立した言語である。日本語とアイヌ語も別系統の言語とされる。『魏志』倭人伝に記された言葉からみて、弥生時代・古墳時代の言語は日本語である。縄文人の言語については確証がないが、のちの蝦夷（エミシ、エゾ）の言葉につながり、最近まで北海道・サハリン（樺太）などで使われていたアイヌ語と関係があるとみなされる。日本語の系統・起源については諸説があり、北方説では朝鮮語・モンゴル語などのアルタイ語族と結び付け、有力である。南方説では東南アジアやオセアニアの言語との関係を唱える。また両者の混合を唱える説もある。琉球王国の言語は独自の発達をとげ、琉球語という別の言語にまで分化した。ただし一八七九年（明治十二）のいわゆる琉球処分以降、日本の標準語の圧倒的な影響を受け、現在は日本語の一方言に数えられる。日本語の言語的特徴は、英語などとくらべると際立つが、世界の諸言語の中には、日本語と同じ特徴を持つ言語は多い。発音では、子音＋母音という開音節が基本で、撥音「ン」、促音「ッ」、長音「ー」などとともに「神、カン、カッ、カー」などが、等間隔で発音される。単語には高さ（アクセント）がかぶさって「橋・箸」などが区別される。日本語は文法的な類型からいうと膠着語に属し、名詞のあとに助詞を、動詞のあとに助動詞を重ねて付けて、細かい意味を表現する。語順は「犬が猫を追う」のように主語・目的語・動詞（SOV）の順で、「赤い花」のように修飾語＋被修飾語の順である。また敬語のための助動詞や接辞があり、尊敬語・謙譲語・丁寧語などが発達した。男女差も代名詞や助詞などに見られる。語彙については、和語・漢語・外来語が並存し、「回り道・迂回路・バイパス」のような類義語が多い。表記は世界一複雑といわれる。表音文字であるひらがな・カタカナとローマ字に加え、表意文字である漢字を混ぜて使う。漢字には音読みと訓読みがあり、音読みには「明（ミョウ、メイ、ミン）」のように呉音・漢音（唐宋音）のセットがあり、訓読みも「明ける、明らか」のように一字に複数ありうる。かつては漢文が正式な表記とされ、中国語と語順が違うので返り点などをつけて読んだ。言語行動については、場面・文脈に頼り、相手の推測にゆだねる「腹芸」的なコミュニケーションが特徴とされる。日本の民俗事象のうち民話・民謡・言葉遊びなどの言語芸術は、日本語の特質を反映する。日本語では音韻・文構造が単純なために、和歌・俳句・歌謡で頭韻・脚韻を踏むことは少ないが、同音・類音を用いた「だじゃれ」は落語や言葉遊びで用いられる。また地域・階層による言葉の違いが大きいので、言葉のすれ違いや誤解を利用した笑話も多い。またなぞなぞや笑話の中には「あたる・とる」のような多義語を利用したものもある。

参考文献　池田次郎・大野晋編『日本人種論・言語学』（「論集日本文化の起源」五、一九七三）、大野晋・柴田武編『（岩波講座）日本語』、一九七六–七八、金田一春彦『日本語（新版）』（「岩波新書」新赤二・三、一九八八）、河出書房新社編『ことば遊び』（「ことば読本」三、一九九〇）（井上　史雄）

にほんじょうみんぶんかけんきゅうじょ　**日本常民文化研究所**　渋沢敬三により設立された民具・民俗資料の収集・研究、漁業・水産史の研究を中心とした民間研究所。はじめアチック＝ミューゼアム（屋根裏博物館）と名づけられていたが、一九四二年（昭和十七）に時局の要請により敵性語である英語にかえて、日本常民文化研究所と改称し、一九五〇年には財団法人となった。常民とは貴族・僧侶・武士といった支配階級を除いた普通の庶民の意であり、渋沢敬三は常民たちの文化の中に日本の文化を正しく理解し、日本文化を継承する道を求めた。一九二五年（大正十四）にアチック＝ミューゼアムとして設立されたころは民俗・民具の収集・研究が中心であったが、一九三二年ごろから漁業・水産史研究にも力を入れ、漁業史研究室も開設された。この間に集められた民具や民俗資料は一九三六年に民族学研究所・民族学協会付属博物館に収納され、その後一九七七年に開館された国立民族学博物館に寄贈され、同館設立の基礎資料となった。また祭魚洞文庫として蒐集された水産関係の図書・文献は文部省史料館（のちの国文学研究資料館史料館）・水産庁水産資料館に寄贈され、その設立の基礎となった。この間、多くの著名な民俗学・民具学・漁業史研究者を輩出した。一九四九年からは水産庁の委託を受け漁業制度改革にかかわる水産資料の蒐集・史料化を行なった。三十万枚にも及ぶ筆写校本は現在、神奈川大学日本常民文化研究所・水産庁中央水産研究所に収蔵されている。本研究所は一九七二年に東京都港区三田、二の橋に移り、河岡武春を中心に民具研究を進めた。しかし、主宰者であった渋沢敬三の没後財政的にも危機を迎え、一九八一年に神奈川大学に移譲され、神奈川大学日本常民文化研究所として新たな活動を開始し今日に至っている。→アチック＝ミューゼアム　→渋沢敬三《しぶさわけいぞう》

参考文献　山口徹「日本常民文化研究所の招致にあたって」（『神奈川大学日本常民文化研究所論集』所収、一九八七）、網野善彦他「座談会渋沢敬三と日本常民文化研究所」（同）（山口　徹）

にほんじん　**日本人**　㈠自然人類学で日本人という場合は、先史時代いらい日本列島に住み、遺伝的に断絶することなく現代まで連続している集団を意味する。したがってそれは政治的意味での日本国民とは異なり、日本国の市民権を取得した外国人などは含まない。また一方、文化的な意味ではいわゆる大和民族に限らず、沖縄の集団（琉球民族）や北海道の集団（アイヌ民族）を含む。なぜ

ならこれらの集団も大和民族と同じ祖先集団に由来するからである。現在のところ、現代日本人と遺伝的につながると思われる最古の骨は、沖縄で発見された港川人をはじめとする後期旧石器時代(最終氷期末期)の化石で、年代はほぼ一万五千〜二万年前と推定される。最近は日本でも数十万年前とされる前期旧石器時代の遺跡が発見されているが、これらの遺跡に住んだ人が日本人の直接の祖先かどうかは不明である。その理由の一つは、これらの遺跡から人骨が発見されていないために比較研究が不可能であることによる。また第二は、ミトコンドリアDNAの配列分析に基づき、現代型人類の祖先は十数万年前にアフリカから拡散したという可能性が指摘されていることである。もしこの説が正しいとすれば、日本人に限らず、すべての現代人は原人段階の人類の子孫ではないことになる。したがって、いわゆる「日本原人」と現代日本人との関係は今のところ不明といわざるをえない。日本の後期旧石器時代人は、形態分析から東南アジアに住んでいた原アジア人の系統をひくと考えられる。その移動の経路は現在のところ不明だが、おそらく多様な経路をとって日本列島に入ったと想像される。これらの集団はその後、縄文人に進化し、また縄文人集団が現代の大和民族(本土日本人)、琉球民族およびアイヌ民族の各集団の基層となった。縄文人はほぼ一万年間にわたり、日本列島の中でやや孤立した集団を形成していたが、縄文後期以後になると大陸からの渡来が始まったと思われる。この渡来は弥生時代になってから特に活発になり、以後七世紀ころまでほぼ千年にわたって続いた。これらの渡来人の大部分は北東アジアの集団で、主として朝鮮半島経由で渡来したと思われるが、中国から直接、または中国→朝鮮半島南部→日本列島の経路をとった可能性も考えられる。彼らは在来の東南アジア系集団(縄文人)とは形態的、遺伝的にかなり大きく違っており、さらに米を主体とする農耕や金属器の使用など、高度な文化をもたらした。したがって弥生時代以後になると、人骨の形態からみて在来系と渡来系との二重構造が形成されるようになったが、おそらく文化の面でも縄文系(採集狩猟中心)と渡来系(水稲耕作中心)の二重構造ないしは混合が生じたであろう。渡来集団はまず北部九州や本州西端部に住み、その後徐々に本州を東方に向かって拡散するとともに在来系集団との混血が進んだ。また渡来系集団は多くの小規模なクニを作ったが、やがてそれらが統合されることによって朝廷の基礎が築かれたと思われる。古墳時代になると、人骨のうえで西日本では渡来系の特徴をもつ個体が増え、これに対して東日本では在来系の特徴が比較的濃厚に残った。同様の現象は九州南部や南西諸島でも認められ、骨形態の二重構造がさらに顕著になった。古代から中世にかけてエミシやクマソ、ハヤトなどと呼ばれた人々は、おそらく在来系の特徴と縄文的文化を残していた集団と思われる。『日本書紀』『続日本紀』などに記録されている彼らの身体的、文化的特徴は、縄文人の名残を留めるものと考えても矛盾はない。歴史時代に入ると渡来系集団の特徴が本州・九州・四国の各地に拡散するが、その程度は地方によって異なっていた。つまり、朝廷が置かれた畿内を中心として渡来系の特徴が濃厚に分布するようになるが、東日本では在来系の特徴が比較的多く残った。南部九州や南西諸島でもほぼ同様である。これは、朝廷の中枢部が渡来系集団によって構成されたことに加えて、大陸から積極的に招致した渡来系氏族が畿内に濃厚に居住したことによると思われる。渡来系集団の影響は北海道や琉球を含む南西諸島にはほとんど及ばず、したがってこれらの地方では在来系と渡来系との混血も本土に比べて格段に少なかった。そのため、アイヌおよび琉球の集団と本土集団との差が徐々に顕著になり、現在のような地方的特色がみられるようになったのだが、縄文人という祖先集団を共有する点においては本土集団と変わらない。

参考文献 埴原和郎編『日本人と日本文化の形成』、一九九三、埴原和郎『日本人の成り立ち』、一九九五、同『日本人の誕生―人類はるかな旅―』(「歴史文化ライブラリー」一、一九九六)

(埴原 和郎)

(二)日本人が社会・文化的な集団としての民族を形成したのは、定住農耕(水稲栽培)を始めたと考えられる弥生時代である。その民族的性格は、基本的には、農耕民のそれであって、定住型の地域社会を構築し、互いに協調しながら生活することを原則としてきた。家族ごとに勤勉に働くとともに、灌漑や農作業においては互いに手助けをすることが要請された。地域が一つにまとまることが大切であり、結果的には他の地域と張り合うことも多かった。生活共同体ないしゲマインシャフトとしての特色が備わっていたといってよい。その構成員のすべてが、地域社会の運営に深くかかわることになる。このような農耕民的な国民性は、近代化された現代社会においても色濃く保たれている。企業をはじめとする官僚制化された組織においても、部や課といったそれぞれのセクションは、地域社会に似た生活共同体を構築している。仕事をするときも、一応の役割分担はあるものの、農漁業での協同と同じように、相互に作業をカバーし合っている。その際、業務は各人に配分されるのではなく、部や課という職場に割り当てられる。しかもそうした部門の間での競争・対立は激しい。もっとも、そのような団体競争によって、組織の生産性が高まることも事実である。会社ぐるみのTQC(総合的品質管理)活動が盛んなのは、この理由によっている。作家のきだみのるは、長年住んでいた小さな山村での観察から、そこでも日本人の組織の運用原理が見出せる、といっている。こうした自然村での意思決定は、満場一致方式でなされる。多数決は成員の間にうらみを残し、村落の円滑な運営を妨げるからである。したがって、十人中七人も賛成すれば、残りの人は、たとえ反対でも付き合いのために賛成することになる。だがこの事実から、日本人が、個人の自主性を放棄して集団のために献身する、すなわち一種の全体主義である集団主義を信奉している、と結論づけてはならない。各人は、たとえ賛成にまわるとしても、どうすれば所属する集団の運営がうまく行くか、ということに配慮した上でそうするのであって、単なる集団への同調行動ではない。そこには、連帯的自律性といった形での個人の主体性は確保されている。ただしかし、各人が職分を越えて協力し、組織目標の達成を図ろうとする傾向は強い。相互の協力によってまず組織の業績をあげ、結果的にその利潤の配分に与かろうとするのである。つまり、個人と集団との相利共生が目指されているのであり、こうした社会編成原理を協同団体主義と呼ぶことができる。それがどうして可能かというと、日本の社会システムが、一方では疑似血縁的な形で「家」をモデルに形成され、同時に他方では、近代組織に類した団体性を保持するからである。中国生まれの心理人類学者、F・L・K・シュー（許烺光）は、その組織化原理を縁約 kin-tract の原理と名付けている。それは、中国の原組織「族《ツウ》」を基礎づける親族の原理と、欧米の自由結社を成り立たせる契約の原理との折衷形態だという。シューは、縁約の原理でもって運用される日本の原組織を、芸道の家元をモデルとするイエモトと呼んでいる。それは、一種の団体家族としての「家」や、本家―分家の主従的関係としての「同族」を模して構築された組織的集団なのである。このような見解は、すでに法社会学者の川島武宜によって「日本社会の家族的構成」説として提起されていた。武士や民衆における家族制度が一般社会に反映され、親子に擬制化された間柄、たとえば親方―子方、親分―子分、大家―店子などが、世間に拡散しているとする。川島は、こうした擬制家族形態を封建遺制と見なしているが、シューは、「家」や「同族」のもつ団体性が日本の近代化の推進力であった、と肯定的な評価をしている。日本人がこのように家族との密接な連関において生活することに由来して、日本人の社会的性格はどのように規定されるであろうか。この点については、土居健郎の「甘え」理論がある。母子関係における「甘え」の許容が成人後も持続され、他人に対する依存欲求が広く拡がっているとする。日本人の人間関係の基盤にはこの「甘え」があり、それは、精神発達上は克服されるべきパーソナリティの特性なのである。しかし木村敏は、相手が甘えられる人かどうかの分別ができる「甘え」こそ、世渡りのこつをわきまえた大人だと見なしている。文化型の立場から日本人を捉えたのは、R・ベネディクトであった。その著『菊と刀』においては、日本文化を、欧米の「罪の文化」と対比して「恥の文化」だと規定した。そこでは、日本人は他者の噂や批評を恐れて、つまり恥をかくことを避けて行動する、とする。だが世評を気にするのは、非自律的な態度ではなく、行為の基準を常に他者の側に設定する志向パターンを示すだけだ、とも解される。

参考文献　きだみのる『にっぽん部落』（『岩波新書』青六二三、一九六七）、F・L・K・シュー『比較文明社会論―クラン・カスト・クラブ・家元―』（作田啓一・濱口惠俊訳、一九七一）、土居健郎『「甘え」の構造』、一九七一、木村敏『人と人との間―精神病理学的日本論―』、一九七二、川島武宜「日本社会の家族的構成」（『川島武宜著作集』一〇所収、一九八六）、濱口惠俊『「日本らしさ」の再発見』（『講談社学術文庫』八二八、一九八八）
（濱口　惠俊）

にほんじんるいがっかい　日本人類学会　一八八四年（明治十七）に坪井正五郎らによって組織された学会で、幾度かの名称変更ののち、一九四一年（昭和十六）から日本人類学会となった。当初は、人体の解剖・生理・遺伝、住居、貝塚、土器・石器・青銅器、生業、言語の系統・方言、家族組織・社会組織、宗教、風俗習慣などの広範な内容を対象としていたが、昭和初期までに考古学会・民俗学会・民族学会が発足するにつれ、自然人類学の色彩が強くなっている。→人類学雑誌《じんるいがくざっし》

参考文献　寺田和夫『日本の人類学』、一九七五
（大塚柳太郎）

にほんすいさんほさいし　日本水産捕採誌　農商務省水産局により編纂された明治時代初期の全国的な漁具・漁法集成。全三巻。一八八六年（明治十九）に、『日本有用水産誌』（未刊）、『日本水産製品誌』（一九一三）とともに、『日本水産誌』三部作の一つとして、編纂が企画され、一八九五年に執筆は完了したが、全三巻が刊行されたのは一九一二年（大正元）であった。機械化以前の伝統的漁具・漁法を集成して、体系的に分類整理した。本書で行われた網漁（上巻）・釣漁（中巻）・特殊漁（下巻）という大分類とその細目分類は、その後の漁業技術の分類に踏襲された。本書の企画刊行の背景には、各地方で行われた伝統的漁具・漁法調査や漁業誌の編纂があり、一八七七年には内務省勧業局によって全国規模の水産調査が実施され、また、各県では、当時開催された内国勧業博覧会（第一回は一八七七年）や水産博覧会（第一回は一八八三年）への出品資料として、魚種や漁具・漁法を図解した資料書が作成された。

参考文献　田辺悟『（完全復刻）日本水産捕採誌・日本水産製品誌』解説、一九八三、中田四朗「目で見る三重県漁業史」（石井勇次郎編『（合冊）三重県水産図解』所収、一九八四）
（野地　恒有）

にほんでんせつたいけい　日本伝説大系　全国の伝説を北から伝承圏別に整理し、体系化した叢書。資料篇十五巻に研究・索引篇の別巻二巻から成る。一九八二年（昭和五十七）から一九九〇年（平成二）にみずうみ書房より刊行された。編集は荒木博之・野村純一・福田晃・宮田登・渡辺昭五による。内容は、「文化叙事伝説」と「自然説明伝説」とに二分された各伝説が、典型話・類話・文献の順に記されている。巻末には編者による解説、使用資料一覧・資料参照地図などがまとめられている。本叢書は、

柳田国男の「伝説はコトであってコトバではない」との考えに対し、「コト」の重要性を認めながらも伝説の持つ「コトバ」の要素、すなわち「モノガタリ」を重要視する必要があるとの認識のもとに編まれている。事物中心の『日本伝説名彙』(一九五〇)に漏れた伝説も拾い上げ、柳田の伝説研究から一歩進めたものとなっている。また、口承資料を例話に載せている点も本叢書の特徴といえよう。　（菱川　晶子）

にほんでんせつめいい　日本伝説名彙　柳田国男監修による日本の伝説分類法に基づく索引書。一九五〇年(昭和二十五)に日本放送協会から刊行。編集も同協会によるが、直接の編集は関敬吾・石原綏代が柳田の指導のもと行なった。『日本昔話名彙』(一九四八)の姉妹篇にあたる。内容は、柳田の序文「伝説のこと」に始まり、「木」「石・岩」「水」「塚」「坂・峠・山」「祠堂」の各部に大別され、さらに細分類された上で各伝説の概略が示されている。分類の目安は伝説の拠り所となっている個々の事物によっており、先行する高木敏雄の内容を中心とした伝説観とは異なった観点、すなわち「伝説はコトであってコトバではない」との考えに基づいている。刊行の意図は、土地それぞれに散在する類似した話を全国規模で集成することによって比較研究をしやすくすることにあった。一九七一年に日本放送出版協会から復刊された改訂版では、便宜をはかって巻末索引を五十音順とし、また、新地名も付記されている。　↓日本昔話名彙《にほんむかしばなしめいい》　（菱川　晶子）

にほんまち　日本町　⇩リトル東京《とうきょう》

にほんみんぞくがく　日本民俗学　日本民俗学会の機関誌。一九五三年(昭和二十八)創刊。季刊で実業之日本社から発行。それまでの機関誌『民間伝承』を引き継ぎながら、学術性を高めようとして、一号あたりの頁数を増やし、比較的長文の論文を掲載した。一九五七年に第五巻二号で発行を停止。翌五八年より『日本民俗学会報』と題して隔月刊の比較的薄い機関誌を発行し、調査報告と論文を掲載したが、短文が多く、内容的にも研究の深まりを示すものは少なかった。一九七〇年に『日本民俗学』(第六七号以降)となり、そのころから掲載論文数も多くなり長文の論文が増え、特定の課題をめぐる特集や地方別研究動向の連載も行われた。年会でのシンポジウムの記録も多くが雑誌に掲載された。一九七五年の第一〇〇号に特集「日本民俗学の研究動向」が組まれ、民俗学研究各分野の動向、成果が紹介された。この研究動向はその後二年ごとに掲載され、途中の断絶はあるが、今も続けられている。それらの企画に対応して、一九八七年から季刊になり、各号の頁数を大幅に増加させた。一九九八年(平成十)現在二一四号に達している。全体としては会員の個別研究の論文を掲載しており、機関誌上で論争や批判が行われることはまれであり、また民俗学に関する情報の会員への発信という面でも必ずしも十分とはいえない。第一期の『日本民俗学』および『日本民俗学会報』『日本民俗学』は復刻版が刊行されている。『日本民俗学会報・日本民俗学総目次(第一号～第二〇〇号)』がある。　↓日本民俗学会《にほんみんぞくがっかい》　↓民間伝承《みんかんでんしょう》　（福田アジオ）

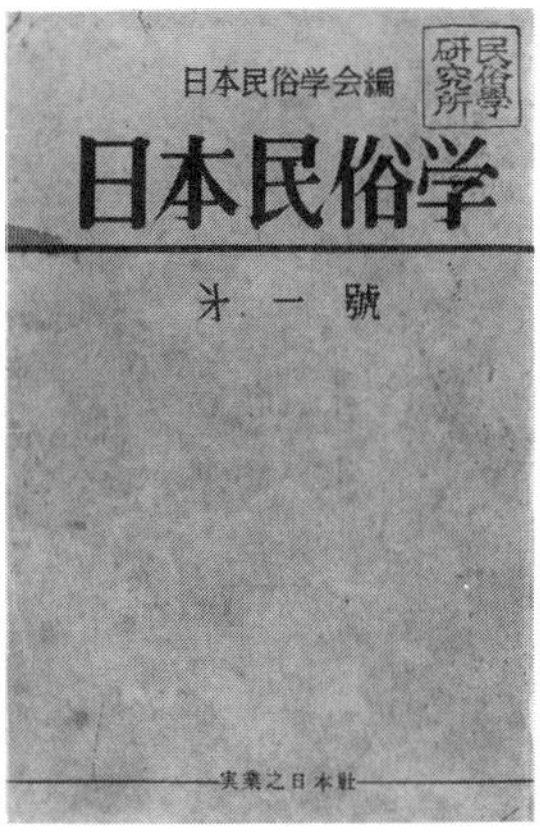

『日本民俗学』第1号

にほんみんぞくがくこうしゅうかい　日本民俗学講習会　日本民俗学の普及と民俗学研究者の養成をめざして行われた講習会。柳田国男の還暦を記念し、一九三五年(昭和十)七月三十一日から八月六日までの七日間、東京の日本青年館において開催された。参加者は百六十六人を数え、民俗学関係者による初の全国大会となった。その内訳は青森県から沖縄県まで全国から七十二人、東京在住者は国学院大学郷土研究会十九人、慶応義塾大学の校友十一人、早稲田大学民族学会五人、その他の東京在住者三十三人、世話人二十六人であった。講習会は午前中に一時間半の講演会が二つあり、午後は座談会という構成になっていた。講演会の講師は、柳田国男・伊波普猷・金田一京助・折口信夫・橋浦泰雄・松本信広・岡正雄・桜田勝徳・杉浦健一・関敬吾・大間知篤三・後藤興善・最上孝敬・佐々木彦一郎で、松本以下は三十代の新進研究者であった。座談会では、食物・民謡・祭祀・婦人と労働をテーマに、各地の参加者から資料報告があり、質疑応答が交わされた。この講習会を契機に民間伝承の会が結成され、機関誌『民間伝承』の刊行が決定された。民俗学講習会は、その後、一九三六年八月に国学院大学院友会館で第二回日本民俗学講習会が開催され、その年の九月から翌年三月にかけては、近畿民俗学会の主催により、大阪で日本民俗学二十五回連続講習会が開かれた。また東京では一九三七年一月から三年間、日本民俗学講座が開催された。

参考文献　柳田国男編『日本民俗学研究』、一九三五、戸塚ひろみ「民間伝承の会」(柳田国男研究会編『柳田国男伝』所収、一九八八)、大藤時彦『日本民俗学史話』、一九九〇　（伊藤　広之）

にほんみんぞくがっかい　日本民俗学会　日本における民俗学研究者を組織する全国規模の統一学会。一九四九年(昭和二十四)四月にそれまでの民間伝承の会が名称を変更して成立した。一九四九年以降、毎年一回年会を開催し、毎月東京で談話会と呼ぶ研究会を開き、学会機関誌を刊行する。機関誌は当初は『民間伝承』(月刊)を受け継いだが、一九五三年に『日本民俗学』(季刊)を創刊し、学会活動を充実させた。発足当時は会長に柳田国男がなり、柳田中心の学会という色彩が強かったが、その指導力の後退とともに弱体化し、一九五七年、民俗学研究所の解散に続いて『日本民俗学』も五巻で廃刊され、活動は休止状態となった。機関誌は一九五八年に『日本民俗学会報』(隔月刊)として再刊されたが、質量ともにそれまでよりもはるかに低いものであった。一九六〇年代後半から再び学会活動も活発になり、学会機関誌にも多くの論文が発表されるようになった。また年会も毎年シンポジウムや共通論題による発表を行うようになったが、その時期は過疎化と都市化が全国的に急速に進み、民俗学の研究も大きな転機を迎えていた。しかし、社会の急激な変化に十分対処できないまま、研究は個別的になり、学会は新たな方向を主導することができなかった。八〇年代以降、現代的課題に関して『日本民俗学』において特集を組み、年会のシンポジウムで議論するなど、打開策を試み、一定の成果をあげてきたが、十分とはいえず、学会としてのより一層の取り組みが待ち望まれる状況といえよう。一九九八年(平成十)現在の会員は約二千四百五十名。三年に一度の会員の直接選挙による七十名の評議員、評議員から選出された二十名の理事が会務にあたっている。代表するのは代表理事。東京に事務所を置く。↓日本民俗学《にほんみんぞくがく》　↓民間伝承の会《みんかんでんしょうかい》　(福田アジオ)

にほんみんぞくがっかい　日本民族学会　民族学・文化人類学とその関連分野の研究者らがつくっている全国的な学会組織で、会員は約千七百人(一九九七年(平成九)三月末)。機関誌『民族学研究』を発行(現在、年四冊)し、定期的な研究大会と地域ごとの研究懇談会などを開催して、民族学の研究発展を図っている。一九三四年(昭和九)に発足した日本民族学会以後、何回かの組織上の変遷を経つつ、一九六四年には第二次世界大戦後再出発した日本民族学協会を、財団法人民族学振興会と新たな日本民族学会に改組・分離し、現在に至っているが、流動化する世界を前にさらなる発展を求めて模索中である。↓民族学研究《みんぞくがくけんきゅう》

参考文献　中根千枝『財団法人民族学振興会五十年の歩み―日本民族学集団略史―』、一九八四　(小川正恭)

にほんむかしばなししゅうせい　日本昔話集成　関敬吾によりまとめられた日本昔話のタイプ＝インデックス(話型索引)。一九五〇年(昭和二十五)から五八年にかけて刊行された。全六巻。柳田国男の『日本昔話名彙』(一九四八)について作られたものであり、明治末年より第二次世界大戦の直前までに、語り手から直接、口頭で採集された資料を収録している。「昔話の存在は単に一民族的な現象ではなく、超民族的な事実である」という認識にもとづき、昔話の国際的な比較研究のための基礎作業として編纂されたもので、それまでに採集された日本の昔話を集成・整理して、日本の昔話の型の規定を行い、日本国内での分布状況を記述している。動物昔話・本格昔話・笑話という三つの分野への分類は、アールネのものを踏襲しているが、それぞれの下位区分は日本の伝承状況に即した昔話群へのまとめを行なっている。このインデックスの特筆すべき点は、各話型ごとに、まず代表的な採集例の全文を掲げ、続いて同じ話型に該当する類話すべてのあら筋を、北から南へ地域的な分布を示す形で配列していることである。このような個々の類話の内容まで収録したインデックスは世界的にも例がない。『日本昔話集成』を参照するだけでも、日本国内の昔話の伝承状況を具体的に知ることができるようになり、国外との比較のための基礎が固められた。一九七八年から八〇年にかけては『日本昔話集成』の増補版である『日本昔話大成』全十二巻が刊行されている。↓関敬吾《せきけいご》　↓日本昔話名彙《にほんむかしばなしめいい》　↓話型《わけい》　(川森博司)

にほんむかしばなしたいせい　日本昔話大成　関敬吾による日本昔話のタイプ＝インデックス(話型索引)。全十二巻。『日本昔話集成』の増補版として一九七八年(昭和五十三)から八〇年にかけて刊行された。一九七六年までに直接語り手から採集された資料を収録している。『日本昔話集成』と同じく、動物昔話・本格昔話・笑話に三分類したうえで、各話型ごとに、代表的な採集例の全文を掲げ、続いて同じ話型に該当する類話すべてのあら筋を示している。日本における昔話の伝承状況の概要を的確に示す完成度の高い資料集成である。↓関敬吾《せきけいご》　↓タイプ＝インデックス　↓話型《わけい》　(川森博司)

にほんむかしばなしつうかん　日本昔話通観　日本民間説話の調査研究の成果を、昔話を中心に北から県別に整理し通観した叢書。総合索引を含む資料篇二十九巻、研究篇二巻が一九七七年(昭和五十二)から九八年(平成十)の間に同朋舎出版より刊行された。稲田浩二・小沢俊夫の責任編集による(第二十七巻以降は稲田のみ)。主な内容は、昔話調査図に続き「むかし語り」「笑話」「動物昔話」に分類された各話が、典型話・類話・モチーフ構成の順に記される。また、県内に類話の認められない孤立伝承話は各部類の最後に置かれている。資料篇ならびに研究篇の第一巻は、今後の日本昔話研究の基礎作りを目指して共時的な観点から、研究篇第二巻は国内外の古典資料を扱い通時的な観点からの記述となっている。周辺諸民族の昔話との話型比較(研究篇第一巻および第二巻)は、本叢書を特徴づけるといえよう。　(菱川晶子)

にほんむかしばなしめいい　日本昔話名彙　柳田国男監修による日本初の本格的な昔話話型の索引書。一九四八年(昭和二十三)刊。日本放送協会編。内容は柳田の序文「昔話のこと」に始まり、昔話を完形昔話と派生昔話とに二分した上で、完形昔話の十分類百八十三型、派生昔話の五分類百五十八型に分けられている。さらに「昔話の魅力」「昔話の名称・発端・結語など」が記され、資料の解説、索引も付記されている。それぞれの型のはじめには典型的な話の概略が示され、類話と参考がそれに続く。柳田は、日本の昔話の型は百前後になると考え、一九三六年の『昔話採集手帖』でその百話を実例をもって示した。蒐集した昔話は『旅と伝説』『昔話研究』誌上に掲載

し、その成果を『全国昔話記録』十三冊にまとめた。そのように進展してきた昔話研究を体系的にとりまとめたものの一つが本書であった。一九七一年には改訂版も刊行されている。 →昔話研究《むかしばなしけんきゅう》 →昔話採集手帖《むかしばなしさいしゅうてちょう》

(菱川 晶子)

にほんりょういき 日本霊異記 日本最古の仏教説話集。正式には『日本国現報善悪霊異記』という。奈良薬師寺の僧景戒《きょうかい》選述。八二二年(弘仁十三)までで終るので、八二二年以後間もないころに成立したと考えられている。上・中・下三巻に百十六話を収め、各巻に序があり、選述目的を記している。五世紀後半の雄略天皇の説話から始まり、ほぼ年代順に並べ、聖武天皇代の話が中巻のほとんどを占め、おおよそ上巻は聖武天皇以前、下巻は聖武天皇以後の記事であるが、本書は民間伝承と『冥報記』などの中国文献や諸経典も参考にして作成したと思われる。本説話は『本朝法華験記』『三宝絵詞』『今昔物語集』などの説話集のほか、霊験記・縁起・高僧伝などへと継承されていき、卑近な例から仏教を説明しようとしたため、結果的には、奈良時代の民俗が描かれることとなった。登場者は二百余人、貴賤・職業・男女の差はなく、その上、宗教が女性と深い関わりを持つだけ、はからずも女性の仏教に対する活躍のあと、夫婦別財のこと、家の経営のことなどが記されることになった。仏教を唱導するために、死後の世界のこと、さらには民俗宗教との葛藤の側面も描かれた。聖徳太子の話、長屋王の変、役小角や行基の説話などの歴史上有名な政治家たちも世間話の側面から描かれている。また、『法華経』の持経者への供養を薦めた。乞食同然の人にも「隠身の聖」があると庶民に説いた。民俗の時代性を出すことのできる有益な資料である。『新日本古典文学大系』や『角川文庫』などに収められている。

参考文献 田中久夫「雷を捉える話」(『年中行事と民間信仰』所収、一九八五)

(田中 久夫)

にもうさく 二毛作 一年間に同一耕地において二種類の作物を作季を別にして栽培する作付様式。同じ作物を年間二回作付ける場合は二期作とよび、二毛作と区別する。作付頻度を高めて耕地の高度利用を図ろうとする多毛作体系の一つで、水田と畑を問わず行われる。特に特定する場合は、水田二毛作あるいは畑二毛作という用法も一般的である。年間の二作のうち、主要な作物・作季を表作といい、それに続くものが裏作とよばれる。水田の稲麦二毛作の場合、稲が表作、麦が裏作となる。水田二毛作が日本でいつごろから始まったのかははっきりしないが、史料的には平安時代末には二毛作が行われたことをうかがわせるものがあり、鎌倉・室町時代には犂耕のひろがりとともに、二毛作が行われたことを確実に示すものがある。近世に入り、小農による家族労作経営が定着するにつれて、米納年貢のための表作の稲作とナタネなどの裏作商品作物を組み合わせた二毛作、あるいは表作の棉と裏作の麦・ナタネなどを組み合わせた田畑輪換による商品作物の二毛作が畿内など西南日本で拡大した。二毛作の展開による稲作の収量低下をおそれ、裏作の作付け制限の命令が出ていることなどをみると、近世後期には二毛作が相当一般化していたことがうかがえる。しかし、水田二毛作の基本となる乾田化が進まなかった地方も多く、関東や東北などでは明治期まで二毛作ができなかったところも少なくない。

参考文献 古島敏雄『近世日本農業の構造』(『古島敏雄著作集』三、一九七四)、同『日本農業技術史』(同六、一九七五)、岡光夫『日本農業技術史―近世から近代へ―』、一九八八

(田中 耕司)

にもの 煮物 材料に味をつけて煮ること、または煮た食品。調理法としては、直接火にかざして焼くことともに、器に水を入れて煮ることが、もっとも古くからある調理法と考えられる。現在では、寺院の精進料理の発達などにより、さまざまな種類がある。しかし、かつての自給自足を基本とする農家などでは、ふだんの副食としての煮物は、季節の野菜を味噌かスマシなどとよばれる味噌の上澄みで味つけをした単純な煮物であった。しかし、農繁期には材料を油で炒めてから煮る炒め煮を作ったり、ハレの日には、醬油や砂糖で味をつけた煮しめなどの御馳走を作ったりした。たとえば、福島県会津地方では、冠婚葬祭や建て前、正月などにはザク煮またはコヅユとよばれる煮物を作る。これは、干し貝柱でだしをとり、大根、ニンジン、サトイモ、タケノコ(塩漬)、蒟蒻、豆腐など何種類もの材料を小さめに切って、醬油で味をつけたものである。ふだんの煮物ではだしをとることはしなくても、正月や人寄せのときには、だしをとって煮物を作った。このような煮物は、地域によってだしの種類や材料にさまざまな特徴がみられる。野菜ばかりではなく、魚の煮物もある。新鮮な魚が手に入らない地域でも、棒タラや身欠きニシンを利用し、農繁期や人寄せの御馳走にした。

参考文献 福島の食事編集委員会編『聞き書福島の食事』(「日本の食生活全集」七、一九八七)

(山崎 祐子)

にゅうかぎれい 入家儀礼 嫁が聟家へはじめて入る際に行われる種々の儀礼を指す。入家儀礼は、火をめぐる儀礼、水をめぐる儀礼、笠や鍋蓋をめぐる儀礼、草履をめぐる儀礼、その他の所作を伴う儀礼の大きく五種に分けることができる。第一の例として、門口で藁火を焚き、その上を嫁が跨いだり、松明をかざした間を嫁が通り抜けるという事例が関東から中部地方で見られる。また嫁が竈を三度廻ってから勝手へ上がるという例や、シリタタキなどと称して、松明で嫁の尻を叩く所作をするという例もある。第二の例として、入家に際して嫁に水を飲ませたり、水をかける真似をするという事例が東北から関東・北陸地方で見られる。またトボウサカズキといって、門口で姑と盃を交わすという例や、あわせ水と称して生家と婚家の水を合わせて嫁に飲ませたり、飲んだ後

の茶碗や盃を土間に叩きつけて割るという事例が北陸地方で見られる。さらに、婚家へ着いた嫁の足を水で洗う足洗いが東北から近畿・山陰などの地方で見られる。第三の例として、入家の際に嫁に笠を被せたり笠の下をくぐらせることが東北から関東地方に、また鍋蓋や藁製の蓋を嫁に被せる事例が九州の諸地域で見られる。第四の例として、嫁が履いてきた草履の緒を切ったり、草履を放り上げたりすることが東北や中部地方で見られる。そのほかに、嫁抱きなどと称して、嫁を聟以外の男性が抱いて家の中へ入れたり、筵敷きなどと称して、門口に筵を敷いてその上を嫁が歩いて家の中へ入るという例が東北から関東・中部・近畿など広く報告されている。これらの儀礼の意味として、いくつかの事例で葬送儀礼との類似性が指摘できるが、それは基本的には嫁の所属が変わることによって生ずるさまざまな矛盾を回避するための呪術的儀礼であると考えられる。嫁は生家を出て婚家へ入ることで「生まれかわる」と考えられていたのであり、具体的には新夫婦の離縁を忌むことから、嫁の生家と婚家の紐帯を確認したり、嫁が婚家に早く定着することを願う意味があったと思われる。しかし一方で、祓えや浄化の要素を含んだ呪術的儀礼も多く、何らかの危険から嫁を守るという潜在的意味があるようにも考えられる。それは笠をめぐる儀礼や、嫁抱きや筵敷きにも見られ、象徴的な境界を越える際の呪術的儀礼として捉えることも可能であろう。さらに家の主婦と竈との深い繋がりを象徴する意味があることも無視できない。

火を跨ぐ入家儀礼（福島市）

参考文献 柳田国男「婚姻の話」（『柳田国男全集』一二所収、一九九〇）、大間知篤三「婚姻の民俗学」（『大間知篤三著作集』二所収、一九七五）、江守五夫『日本の婚姻―その歴史と民俗―』（「日本基層文化の民族学的研究」二、一九八六）

（八木　透）

ニューカマー　ニューカマー　一九八〇年代後半以降の外国人労働者・居住者のこと。古くからの定住外国人をオールドカマーと呼ぶのに対する語。韓国からのニューカマーも多く、彼らは新々一世あるいは新韓国人と呼ばれる。一世とは日本の植民地支配の直接的な結果として第二次世界大戦前に来日せざるをえなかった人々であり、新一世とは戦後の高度経済成長期に済州島などから日本に密航してきた人々であり、新々一世とは近年外国人労働者として日本にやってきている人々である。今日多数のニューカマーの流入によって、オールドカマーとの間に社会的、文化的な摩擦・葛藤も起きている。

参考文献 高鮮徽「「新韓国人」の定住化」（駒井洋編『講座・外国人定住問題』二所収、一九九五）、同「済州島から横浜へ―一九八〇年代来日者の定住の試み―」（奥田道大編『都市エスニシティの社会学』所収、一九九七）

（朝倉　敏夫）

にゅうしゃしき　入社式　⇩イニシエーション

にゅうじょう　入定　仏教では禅定、つまり精神的に安定不動の状態に入ることをさす。民間では行者が衆生の済度を願い、土中に生きながら埋められたことをいう行人塚・入定塚伝説として多く語られている。その背景には赤子塚伝説のように土中を母胎とする擬死再生儀礼の伝説化も考えられるが、実際に出羽三山の湯殿山系の一世行人は土中入定を行い、死後ミイラ仏として地域住民から厚くまつられている。新潟県村上市観音寺の仏海上人の即身仏は、土中入定を禁じられた明治期のもので、生前の上人の希望を聞き、死後信徒の手で従来通りの作法で土中埋納され、その後、発掘されミイラ仏としてまつられている。湯殿山系ミイラ仏は鉄門海・仏海というように空海にあやかった海号がつけられ、釈迦入寂後五十六億七千万年後に弥勒菩薩の下生《げしょう》とともに空海が高野山奥の院から再生して衆生救済にあたるのに従うためにみずからの肉身を保とうとする弥勒信仰と弘法大師信仰に基づいている。五穀断ち・十穀断ちの厳しい修行、また、水銀・漆などを飲用しながら体を涸らすなどの知識は修験道の本草・鉱物の知識を背景としている。行者が土中読経中、熱心な信徒の老婆により供えられた牡丹餅が息継ぎ竹に詰まって絶命したとの類型化した伝説は庶民の罪障を一身に背負い土中入定し、即身仏を志向する行者と地域住民の関係を物語る。死後は行者に所縁の現世利益信仰がとかれ、流行仏化する傾向があった。↓行人塚《ぎょうにんづか》　↓即身仏《そくしんぶつ》

（佐野　賢治）

にゅうせいひん　乳製品　動物乳の保存性を高める目的で、脂肪分離、タンパク質分離、濃縮・乾燥などの手段により加工された食品。『大乗理趣六波羅蜜多経』の「乳より酪、酪より生蘇、生蘇より熟蘇、熟蘇より醍醐を作る、醍醐の味は微妙第一」（原漢文）なる記述により、醍醐味なる形容が生まれた。『本草和名』などの本草書によれば醍醐とはバターオイルであると推定されるが、日本で醍醐が作られた形跡はない。だが古代日本において蘇と呼ばれたチーズ様の乳製品が存在し、全国四十七ヵ国から朝廷に貢進された記録がある。『延喜式』によれば「造蘇法は、乳一斗を煮詰め蘇一升を得」とあり、実体は生湯葉を堆積したようなものと推測されている。蘇は宮中の典薬寮に納められ、天皇家ならびに貴族階級で薬用として珍重されたが、のちの鎌倉時代に消滅した。江戸時代になって、将軍徳川吉宗は一七二七年（享保十二）房州嶺岡に牧場を開設し、白牛三頭から搾乳し白牛酪なる薬用乳製品を作った。その実体は牛乳を鍋で固形になるま

で濃縮したものと推測されている。明治に入って近代乳加工技術が移入され、最初に工業化された乳製品は、一八九一年(明治二十四)静岡県三島の花島兵右衛門によって商品化された加糖れん乳であった。その後北海道製酪販売組合(雪印乳業)によって、一九二五年(大正十四)にバター、一九三三年(昭和八)にチーズの商業生産が始まった。第二次世界大戦後、食生活の洋風化の風潮によって消費が急速に伸びている現状である。

参考文献　日本乳製品協会編『日本乳業史』二、一九七八、和仁皓明「酥酪考」(『飲食史林』七、一九六七)

(和仁　皓明)

にゅうぶしゅぎょう　入峰修行　修験道の最も重要な修行で、峰《みね》入りともいい、また入峰修行をすべて峰中《ぶちゅう》と呼ぶ。山伏は精進潔斎後、霊山に入り、山中にある祠・谷・岩・滝・池・峰などを巡拝・参拝する修行を行い、各行場で定められた行法を果たし下山する。四季の入峰修行があり、それを春峰・夏峰・秋峰・冬峰と呼んだ。これが儀礼的にととのったのは平安時代末期と考えられ、入峰修行の根本道場とされた吉野の大峯山(奈良県)では、春峰は二月はじめに熊野(和歌山県)から山に入って北上し、七十五靡《なびき》という多数の修行場で勤行や灌頂を行い、五月半ばに吉野へ出る修行で百日を要した。この山中抖《と》擻《そう》(山中での修行)を順峰《じゅんぶ》(順の峰入り)といったのは、南に位置する熊野を表とし、北の吉野を裏としたからで、鎌倉時代に西行法師もこのコースを二度も越えている(『西行物語絵巻』)。これに対し秋の峰入りは、吉野から入って七十五日の山中抖擻を行なって熊野へ出るもので、それを逆峰《ぎゃくぶ》(逆の峰入り)という。四季の峰入り修行で最も重要な専門の山伏を養成する修行で、諸国山伏出世の峰とも呼ばれ、入峰の度数により位階を与えられた。このほか夏峰は一定の場所に籠居して苦行し、山中の諸仏諸尊に花を供えて供養する花供会《はなくえ》といわれ、冬峰は山中の岩屋籠りという荒行で、大峯修験道では「笙《しょう》の窟《いわや》」の冬籠りが最も有名であった。しかし室町時代後期になると、大峯修験道や諸山の入峰修行は形式化・儀礼化した十界修行として整備された。なお入峰中は擬死再生をモチーフとした修行が行われ、それによって即身成仏した山伏は、超自然的な力である験力を身につけ、出峰後は衆生の救済を目的とする宗教活動に従事した。

↓花供《はなく》　↓峰《みね》入り

参考文献　『山岳宗教史研究叢書』、一九七五－八四、宮家準『修験道儀礼の研究(増補版)』、一九七八、五来重『修験道入門』、一九八〇、修験道修行大系編纂委員会編『修験道修行大系』、一九九四

(豊島　修)

にょうぼうざ　女房座　宮座において座衆の妻を成員とする座。宮座は、男性のみの組織であると考えられているが、ごく稀に女性の組織を有する場合がある。たとえば奈良県桜井市白木の女座や京都府相楽郡山城町棚倉涌出宮の宮座の一部に見られる神楽座などは成人男子の構成する宮座に対して、その妻によって構成されたものとなっている。また、近世には、大和小南の牛頭天王社に座衆の妻によって構成される女房座があったことが史料中にみえる。中世では、惣村として有名な近江八日市の今堀に女房座があったことが知られている。この史料は一三八四年(永徳四)の「結鎮頭等入物注文」で、正月に頭人の行う結鎮行事に準備する物を列記したもので、「一斗座酒」の次に「三枡女房座」とある。この時期の今堀の宮座では、この結鎮行事が新座の輩が勤めるべき重要な行事であり、これに女房座が参加していたことは注目すべきである。白木の女座は、座衆の妻を頭屋が接待する行事を意味し、湧出宮の神楽座は座衆の妻たちが年に一度、宮座とは別の頭屋を決めて集まり、飲食をともにして頭屋の男性が作った大根の男根を湧出宮に奉納する行事となっている。現行の宮座の事例の中には、組織としては全く男性だけで構成されていながら、頭人が中心となる祭祀の場面で、その妻や娘が御供を運ぶ重要な役目を果たすものがあって、必ずしも宮座が男性のみの祭祀組織としていいがたい面がある。その意味で量的には少ないものの、中世・近世史料や現行の事例に見られる女房座の存在は注目すべきものがあり、座衆の妻たちの集団としての女房座とその社会的機能や祭祀上の位置付けなど、古代の祭祀における女性の問題や家の成立の問題と関連付けて今後の検討がまたれる。

参考文献　京都府教育委員会編『京都の田遊び調査報告書』、一九八〇、栢木喜一「桜井市白木の女房座」(『歴史手帖』一一ノ八、一九八三)、高牧実「大和小南の宮座と女房座」(『宮座と村落の史的研究』所収、一九八六)、東条寛「宮座と女房座―中世今堀郷の女房座―」(『日本文化史論叢―横田健一先生古希記念論集―』下所収、一九八七)、同「宮座・オボヤケ・女房座」(『歴史手帖』一七ノ一一、一九八九)

(東條　寛)

にょにんきんせい　女人禁制　山岳霊場や寺院、神祭の場などの特定の場所を聖域として、結界を設けて女性の立入りを禁止すること。仏教では、女性は罪深く、仏道修行の妨げとして、結界内への立入りを禁じた。中国では隋代に廬山化城寺、唐代に雅州開元寺は女人の入寺を許さず、また、五台山の竜池に比丘尼・女人が近づくと雷電風雨が起り、毒気にあたって死亡したと伝える。日本で女人禁制が知られるのは僧尼令で、尼の僧寺・僧房への立入りを禁じている。奈良時代末から平安時代初期に山林修行が盛んに行われるようになると、僧侶の修行の妨げとして聖俗を峻別する結界を設けて女性の入山を禁じた。『本朝神仙伝』に、吉野金峰山で女性修行者である都藍尼が禁制を犯して金峰山に入ったために罰をこうむったとある。立山や白山でもトウロ尼と称する尼姿の女性が結界を越えたために石にされたという伝承がある。また、空海の母が息子に会うために高野山に登ろうとしたところ、結界に囲まれて果たせなかったという伝承がある。柳田国男はこれらの伝承から、仏教以前の山の神

をまつる巫女の姿を見ている。神の住む山から仏教的聖地への転換過程で、巫女たちは山を追われたという。女人禁制は必ずしも厳重に守られたとはいえず、平安時代中期になると、結界を侵犯した女性や、山内に居住する尼もあった。海住山《かいじゅうせん》寺(京都府相楽郡加茂町)・勝尾《かつお》寺(大阪府箕面市)などでは、例外規定を設けて、僧の近親で扶養義務のある老齢の女性は居住可能とし、夜宿・参籠が許された。女人禁制を標榜する比叡山でも、一五七一年(元亀二)の織田信長による山上焼き討ちのとき、女・子どもが殺されたといい、女性の居住もあったようである。女人禁制の成立理由について、柳田は、必ずしも女性の山岳登拝を禁止したのではなく、女人結界は足弱の女性のために設けられたものではないかと考えた。以後、(一)女性特有の生理を穢れた存在とみなす女人不浄観・穢れ観が、仏教の女性忌避と結びついて聖域から排除したとするもの、(二)仏教の戒律の護持のため、修行の妨げとするもの、(三)本来男女を問わない聖域への立入り禁止にはじまり、次第に女性に限定されていったとするもの、など諸説があるが確定していない。寺院の場合はともかく、神祭の場合、女性による神祭もあり、さらなる検討が必要であろう。山岳寺院の女人禁制は一八七二年(明治五)に廃止されたが、現代でも、大峯山は禁制を守り、神祭でも、女性を排除するものもある。大相撲の土俵上や土木工事の現場などでは女性の立入りを嫌っているが、後者については女性の職場進出に伴い、解放されつつある。↓女人堂《にょにんどう》

参考文献 西口順子『女の力—古代の女性と仏教—』(「平凡社選書」一一〇、一九八七)、宮田登『山と里の信仰史』(「日本歴史民俗叢書」、一九九三)、牛山佳幸「「女人禁制」再論」(『山岳修験』一七、一九九六) (西口 順子)

にょにんこう 女人講 女性だけを構成員とする講のこと。関東地方に顕著にみられ、女人講のほか子安講・産泰講・十九夜講・二十三夜講などさまざまな名称がある。これらの多くは、構成員自身あるいは構成員の家族の安産・子授け・子育てに関する信仰が基礎となっており、安産の神の姿が描かれた掛軸などの神体をまつったり、月の出を待つなどしながら、歓談しつつ飲食あるいは酒食をともにする。数珠繰り・百万遍をしたり、念仏や題目・和讃を唱えることもある。女人講の構成員は嫁・姑、さらにその上の老婆の世代などさまざまだが、各世代が一つの講に混在することはほとんどない。また、一つの講を出て次の年齢の講に入ったり、ある年齢から念仏講に入るなど、年齢階梯的な側面もある。たとえば、利根川流域は子安講・安産講が盛んなことで有名であるが、一つのムラの中に二十代・三十代の既婚女性が成員となっている講と、老婆たちの念仏講とが存在し、組織的にも別になっている場合が多く見られる。二十代・三十代の嫁の講では、安産の神の掛け軸などは掛けても特に儀礼はなく、食べたりしゃべったりする茶会のようなものが多いようである。女性だけの講は同世代の女性同士の情報交換や娯楽の場になっていると同時に、ムラを構成する組織の一つとして重要である場合も多い。↓尼講《あまこう》↓子安講《こやすこう》↓十九夜講《じゅうくやこう》

参考文献 坂本要「民間念仏和讃と安産祈願—利根川流域について—」(藤井正雄編『浄土宗の諸問題』所収、一九七八)、宮田登『女の霊力と家の神—日本の民俗宗教—』、一九八三、桜井徳太郎『講集団の研究』(「桜井徳太郎著作集」一、一九八八)、鎌田久子他『日本人の子産み・子育て—いま・むかし—』(「医療・福祉シリーズ」三三、一九九〇)、竹内利美『ムラと年齢集団』(「竹内利美著作集」三、一九九一) (浅野 久枝)

にょにんこうや 女人高野 高野山では女人禁制を設けて女性の登山参拝を許さなかったために、特に女性の参詣を認めた真言宗寺院の別称。高野山麓の九度山町にあって、山上への登山口、一山の伽藍や僧侶を支える基地であった高野政所慈尊院には、弘法大師空海が母尼を住まわせたとされ、母尼をまつる御廟、本尊弥勒菩薩は母尼であるとの伝承がある。一一〇〇年(康和二)高野山経蔵の落慶法要を営んだとき、道俗男女が慈尊院に群集したと伝え、鎌倉時代末期には結縁寺と称されるようになった。空海母の伝承は、室町時代に慈尊院周辺に住んで再建に尽力した尼たちや、高野山の信仰を勧めて諸国を歩いた高野聖によって語られるに及び、女人高野と称されるようになる。慈尊院のほか、平安時代後期に僧阿観が高野別院として再興し、八条院祈願所となった大阪府河内長野市の金剛寺は、阿観の門弟で八条院女房であった二人の尼(浄覚・覚阿)が跡を継承したところから女人高野と呼ばれるようになった。奈良県室生寺が女人高野と呼ばれるようになるのは、一六九四年(元禄七)に、徳川綱吉の生母である桂昌院を外護者とした知足院隆光が、興福寺から分離独立を要求し、桂昌院の命令で真言宗豊山派になって以後であろうという。門前の「女人高野室生山」の標石は一八二九年(文政十二)に立てたものである。

参考文献 日野西真定「高野山の女人禁制」(『説話文学研究』二七・二八、一九九三) (西口 順子)

にょにんどう 女人堂 女人禁制の山岳寺院で、登山を許されない女性のために、山麓に建てられた堂。名称や由来は一様ではないが、女性の参籠の場となった。奈良県吉野の大峯山麓の旧女人結界地にある母公堂《ぼこうどう》は、役行者《えんのぎょうじゃ》が母を住まわせたと伝え、ここまでは女性の参詣が認められていた。また、最澄が母と対面したという比叡山東坂本(大津市)の花摘堂は、旧暦四月八日に限って参詣が許されて、山麓の女性が花を持って供えていたといい、女人堂には開山とその母にまつわる伝承が残っている。諸国の山岳霊場で山麓や中腹にある女人堂あるいは姥堂《うばどう》までは女性の立入りが許されていた。富山県立山を描いた『立山曼陀羅』にも姥堂が描かれている。女性たちが布橋を渡って姥堂に入り、ここで『血盆経』の護符を授

与えられて浄土に生まれることを保証される儀式（布橋大灌頂《ぬのはしだいかんじょう》）も行われた。また、新潟県の米山は、一五九七年（慶長二）の絵図に女人堂が描かれており、中世後期すでに存在していたことが確認され、オンナシラバ、オンナテンジョウ、オンナドウと称されていた。江戸時代、高野山では登山道七箇所のうち六箇所の登山口にあった山堂に女性が止宿し、のちに整備されて女性専用の女人堂として参拝の拠点となっていた。女人堂は、一八七二年（明治五）の女人禁制廃止後、有名無実となったが、現在でも安産・豊乳に験があるといわれ、土地の人々に信仰されている。

参考文献 高瀬重雄編『白山・立山と北陸修験道』（『山岳宗教史研究叢書』一〇、一九七七）、日野西真定「高野山の女人禁制」（『説話文学研究』一七、一九八二）、渡辺三四一「米山と女人救済」（『柏崎市立博物館館報』八、一九九四）
（西口 順子）

ニライカナイ ニライカナイ 奄美から八重山に至る琉球列島の村落祭祀の儀礼で表現される世界観のなかで、人間の住む世界と対比される他界、別の世界。ニライ・カナイは対語であり、ニルヤ・カナヤ、ギライ・カナイ、ミルヤ・カナヤなどの異なる表現もある。ニライの大主のように対語表現でなく、地域によって単にニライ、ニレー、ニーラン、ニッラ、ニローなどと表現されることもある。稲やアワなど主要な穀物の収穫を終え、新たなる農耕のサイクルへのはじまり、すなわち年の変わり目にニライカナイから人間の世界・村落に神がやってきて、ユー（幸福・豊饒）をもたらしてくれるという信仰が、琉球各地の祭祀、農耕儀礼の際の神歌や儀礼に見られるが、その信仰の表出は地域によって異なる。八重山諸島の石垣島川平《かびら》のマユンガナシ、西表島の古見などのアカマタ・クロマタの祭祀のように、仮面や草木をまとった異装の神が出現し村落内の家々を訪れ、呪術的所作を行い呪言を残していく形態もあり、また、竹富島のユークイや、沖縄本島北部の一地域のウンジャミ（海神）祭祀のように、具象的な神の出現はなく、神の去来は村人や神役たちの儀礼的所作や神歌などによって象徴的に表現される場合もある。ニライカナイがどの方向にあるかについても、地域によって差異があり、琉球王国編纂による祭祀歌謡集『おもろさうし』のなかには、ニライカナイが東方の海のかなたにあるという観念とむすびつくものがみられる。しかし、ニライカナイの方位は村落の地理的条件によって左右されるものであり、沖縄本島の西海岸にある村落では西の海に向かってニライカナイの神を送る儀礼を行なっている。また、宮古諸島の多良間島では、人は死後、ニッラ（ニライ）の神の座に就くという観念があるが、根の深い草の表現として、根がニッラまで届いているという。そのことはニッラが地底にあるという観念を示すものである。また、海底と思わせるような伝承もあり、ニライカナイの方位、ありかについては、かなりの振幅性がみられる。ニライカナイが神の在所であり、そこからさまざまな豊饒がもたらされるという観念、理想郷としての観念だけでなく、ときには悪しきもの、災いをもたらすものの住むところという伝承もあり、その両義的な意味は琉球列島の来訪神信仰の解釈に重要な鍵となる。なお、ニライカナイ信仰が海のかなた、海底・地底にむすびつく神観念・世界観を示すものであるならば、それに対比されるものとして、オボツ・カグラという天上世界を志向する神観念・世界観を示す語彙が『おもろさうし』など祭祀歌謡のなかにみられることも忘れてはならない。 →アカマタ・クロマタ →ウンジャミ →オボツ・カグラ →マユンガナシ →ユークイ

参考文献 植松明石編『神々の祭祀』（『環中国海の民俗と文化』二、一九九一）
（比嘉 政夫）

にらめっこ にらめっこ 二人あるいは数人で対座して互いに無言で睨み合い、先に笑った者を敗者とみなす遊び。ただ睨むだけではなく、時には手指を使って滑稽な表情を作ったり、さまざまな所作で相手を笑わせるよう努めたりもする。ニラミクラともいい、『守貞漫稿』によると江戸時代には京坂地方ではニラミゴク、江戸ではニラメッコと称するとある。古くは目比《めくらべ》と称し、顔の中の目だけを使って勝負をしたもので、『平家物語』にも目比の場面がある。平清盛が悪夢のなかで幾千万ものしゃれこうべと目比し、互いに瞬きもせずに睨み合ったすえ、睨み負けたどくろはどっと笑って消え失せたというもので、遊戯というより真剣な勝負事に近い。『平家物語』の成立年代は鎌倉時代初期と推定されており、このころにはすでに目比なる勝負の方法があったことがわかる。現在ではもっぱら子どもの遊びとして定着しているが、かつては大人の間でも酒席の遊びとして目勝《めか》ち、面拳《つらけん》と称して行われていた。にらめっこ遊びでは、同時に目を合わせるよう掛け声をかけることが多い。もっとも一般的なものは「ダルマさん、ダルマさん、にらめっこしましょ、笑うと負けよ、アップップ」という唱え文句で、アップップといったあと、同時に顔を上げてにらめっこを始める。もっと簡単には「一、二、三」で始めた。また、埼玉県東部では「アイカメウン」、仙台では「ドカンスイ」と唱えていた。

参考文献 前田勇『児戯叢考』、一九四四、大田才次郎編『日本児童遊戯集』（『東洋文庫』一二二、一九六八）
（高橋 典子）

ニワ ニワ 母屋の前庭および母屋内の土間。前者をソトニワ、後者をウチニワと呼んで区別している所もある。前庭をカドと呼ぶ地方は多く、広島県にはカドニワの呼称がある。岐阜県ではヒノリバと呼んでいる。土間については、島根県や鹿児島県でウスニワの呼称があるが、これは主として臼を使用する作業場であったことに由来する。前庭は穀物の乾燥や脱穀など農作業の場になる。土間には唐臼や藁打石が据えられ、雨天の日や冬期の屋内作業の場になる。土間が裏まで通っている住居では裏

側に竈が設けられており、炊事の場になる。前庭は作業場という実用的な役割のほかに、儀礼の場としての役割を果たす。まず神霊を迎える場として、盆には祖先の霊を迎えてまつる盆棚、正月には年神を迎える門松が設けられる。京都府南部から奈良県北部にかけてみられる正月の盛砂も、前庭に年神を迎えるためのものである。近畿地方を中心に分布する頭屋儀礼において頭屋の前庭に設けられる御仮屋も、氏神を迎えてまつる施設である。卯月八日にツツジの花などを挿した棹を立てるのも前庭である。また死者を家から送り出す儀礼の場にもなる。関東地方の北部では出棺の際、前庭に臼を伏せて棺を置いたり、棺を三度回す習俗がみられる。前庭で藁火を燃やしたり、死者が生前使用していた茶碗を割ることも広くみられる。婚礼においても、出立《でた》ちの門火のほか、入家時に嫁に火を踏み越えさせるのもやはり前庭で行われる。さらに正月の春駒や獅子舞など、季節の節目に家を訪れる芸能者たちは、屋内に入ることなく前庭で所作をする。これらの門付けを行う芸能者と家の間で、穢れの交換が行われるとする説がある。カドは、本来は住居を取りまくかなり広い空間を意味する言葉であったが、ニワも同様である。埼玉県入間郡ではニワバタケの呼称が残っており、屋敷つづきの畑をさす。東北地方でみられる小正月の行事庭田植も、前庭や住居前の田で行う予祝儀礼である。土間が儀礼の場となる事例もある。かつて近畿地方の中央部を中心に分布していたニワカマドは、正月にニワに新しい竈を築いて煮炊きし、皆で飲食する儀礼であった。兵庫県淡路島の北部では作神であるジノカミを土間でまつっており、この神は、正月二十日に田へ出て九月二十日に家に帰って来ると伝承している。庭木については多様な禁忌がみられる。松やナンテンが縁起の良い木として歓迎されるのに対し、藤は家運が下がるといって嫌われる。柿など実のなる木も避ける所が多い。庭木に多様な禁忌が存在することは、それが植えられているニワが神聖な空間であり、神との関わりがある場所と意識されていたことを示している。以上のように、ニワは作業の場としての実用的な役割とともに、祭祀や儀礼の場として重要な役割を果たし、来訪する神霊や宗教者との交流の場になっている。この理由はニワ、特に前庭が屋敷地の中にありながら外部との境界的な空間であることに求めることができる。土間もまた、このような前庭の性格を屋内に持ち込んだ空間といえる。その他、関東地方の一部では、村内の区画をニワバと呼ぶところがある。また芸能を演じる場をさすこともある。今後は生業の違いが、ニワに対する観念にどのような影響を与えるのかなどについて検討を加える必要がある。

参考文献 網野善彦「中世「芸能」の場とその特質」(『日本民俗文化大系』七所収、一九八四)、朴銓烈『「門付け」の構造―韓日比較民俗学の視点から―』、一九八九、福田アジオ「日本の村落空間と広場」(『国立歴史民俗博物館研究報告』六七、一九九六)

(森　隆男)

にわあげ　庭上げ　稲の籾摺りなどの農作業が終った日で、庭仕事終了の際の祝い。関西地方では、庭上げと称している地域が多い。岡山県あたりではニワゲといって、嫁などに休みをとらせて里へ帰したり、人を招き祝いの食物を配った。新潟県岩船郡では十一月十六日の田の神祭日の宵に餅を搗いて配り、庭をきれいに掃く。また、当日の朝には、その餅を鍋蓋にのせて田の神に供えたという。近年は、このようなこともみられなくなった。

(鈴木　通大)

にわか　にわか　もとは即興で思いついた芸能の意。俄・仁和賀・仁輪賀・仁和加・二〇加とも書く。即興の芸能は芸能の発生とともにあったが、滑稽を主としオチをつける特定の芸能名称として使用されたのは、近世の大坂に始まる。大坂では、夏祭の祭礼の風流として享保年間(一七一六―三六)に始まったとされ、近世を通じて行われた。その後、次第に俄師と称する専業者により芝居のパロディを題材とするようになり、明治にかけて舞台芸能として流行し、上方喜劇や漫才にも大きな影響を与えた。民俗芸能としてのにわかは、各地の祭礼に結びついて西日本を中心にかつてはかなり広範囲に分布していたと思われるが、現在所在を確認しうるのは二十ヵ所に満たない。その伝承形態は伝承時期の流行を反映して変化に富むが、多くの場合、演じ手の中心は地域の若者である。その最も典型的な例は、地域青年団による河内だんじりにわかや若衆宿が主体となっていた土佐の佐喜浜にわかなどであり、にわかを演じることが若者の通過儀礼的意味を持っていたことをうかがわせる。また美濃流しにわかに見るように、毎年の新作を演じることを不文律とする意識も強く、その年々のニュースや話題を色あせぬうちに仕組むのを良しとする、即興性重視の姿勢が色濃く残っており、芸態そのものに伝承性の強い他の民俗芸能とは趣を異にする。

参考文献 西角井正大編『大衆芸能資料集成』八、一九八一、『民俗芸能』三九(特集にわか・茶番、一九七〇)、郡司正勝『地芝居と民俗』(『民俗民芸双書』、一九八一)、西角井正大『祭礼と風流』(同、一九八五)、佐藤恵里編『室戸市佐喜浜町俄台本集成』二、一九九五、本田安次「俄と狂言と」(『本田安次著作集』一〇所収、一九九六)

(宮田　繁幸)

にわき　庭木　四季折々の変化や枝振り、色合いの美しさを観賞するため庭に植え込まれた樹木。広義には、柿・栗・ナンテンなどの食用・薬用のために植えられた樹木や庭の背景を構成する植栽も庭木に含む。日本の造園は中国の影響を受けて始まったため、古くは風水思想に基づき東西南北をつかさどる四神に代えて南に桂、東に柳、西に楓、北に檜を植えて庭を構成したが、次第に日本化され、自然の情景を庭に写し込む技法や庭木を造形的に仕立て上げその美しさを観賞する手法が発達した。庭木はその土地ごとに生育特性が左右されるため、その土地の環境条件にかなった樹種を選ぶとともに、植え込んだときの庭木相互のバランス、四季による色合いの変化、成木の姿や刈り込んだときの形を考慮しながら選定、配植する。植え込みの基本は、主賓の位置からもっとも眺めのよいところを庭の中心とし、ここに主木をおき、主木とのバランスを考えて副と添えの木を左右に配置したうえで、根締め、留め、前付けの木を配列して庭木のまとまりを作る。庭の遠景が優れている場合はこれを借景して庭の美しさを仕立てることができるが、遠景がふさわしくない場合には生垣、高生垣を植栽して庭の背景を構成する。庭木には手入れが欠かせず、整枝、刈り込み、芽摘みをほどこして樹形を整え、生育を誘導し、若木のころ寄せ植えしたものは成長にあわせ間引きなどの手当てを行い、庭の美しさを保つ。

参考文献 伊藤ていじ・岩宮武二・亀倉雄策『日本の庭』、一九七一、増田友也『家と庭の風景』、一九八七

（伊藤 庸一）

にわしごと **庭仕事** 田畑で作った穀物の脱穀・調製作業の総称。水田稲作では早稲種は九月から収穫が始まり、脱穀は順次行われる。しかし、籾摺りはまとめて行う場合が多く、庭仕事が終るのは年末近くになった。脱穀は大正時代に足踏脱穀機が普及し、千歯扱が次第に使われなくなり、さらに昭和初期からは石油発動機による脱穀機になった。千歯扱が使われ始めたのは元禄年間（一六八八―一七〇四）で、これ以前は扱箸だった。千歯扱は扱箸に比べると能率がよく、脱穀作業の省力化が進んだが、途中で切れた穂や籾に芒《のぎ》があり、籾摺りの前には庭で莚の上に籾を広げて干してから、唐竿とかクルリボウ、メグイボウなどと呼ばれる連枷《からさお》で打った。足踏脱穀機になってこれらの作業は必要なくなったが、稲籾を傷めることもあり、種子籾の脱穀にはのちまで千歯扱が使われた。籾摺りには唐臼が使われ、唐箕で塵を取り除いてから万石とか千石という名の選別機で砕米やシイナなどと呼ぶ未成熟米を除いて俵詰めした。脱穀は野扱ぎといって田で行われることもあったが、脱穀・調製は家に運んで屋敷の庭や納屋などで行なったので、全体を庭仕事という。作業途次では脱穀が済むとコキアゲ、籾摺りが終るとニワヨセ、ニワアガリなどといい、それぞれ使った道具に供物をあげたりする儀礼が行われた。麦の脱穀・調製も刈ってから家に運んで行われ、千歯扱や麦打台などで脱穀してから庭に敷いた莚の上で干し、連枷で打って選別して俵詰めされた。

参考文献 小川直之「日本の脱穀具と脱穀法」（『農具は語る―多摩の近代―』所収、一九九三）

（小川 直之）

にわたうえ **庭田植** 東北地方や北陸地方で、小正月に模擬的に行われる田植えの行事。本来の田植えと区別して庭田植という。家の前すなわちニワ（庭）の雪の上に籾殻を敷いて田とみなし、藁を束ねたものを稲束にみたて、蓑笠を身につけ田植えを行う仕草をする、あるいは豆殻を束ね豆を植える仕草をする、あるいは稲や豆など五穀豊穣を小正月にあらかじめ祝うものである。福島県会津地方では、藁でカボチャやユウガオの実などを形作り、これを木の枝にかける。このように豊作になってもらいたいと願いをこめて行う。会津地方では田植えをサツキとよんでいるところから、庭田植もサツキとよんでいる。庭田植はその家の主人が行うのが本来の姿であるが、それが変化して村の青年たちや子どもたちによって行われ、芸能化したものもある。東北地方にみられる青年が早乙女に女装して舞う田植え踊り（早乙女踊り）なども、庭田植の変化した予祝行事とみられる。また、正月早々に神社境内で行われる御田植神事なども関連があるといえる。中部地方では、庭田植の行事がさらに変化し、職業化した者（旅芸人）が家々をまわり、歌を歌い舞を演ずる。旅芸人の来ない土地では、近所の男の子が「小苗打ちにまいった」といい、女の子が「ショットメにまいった」と唱えて家々を訪れる。これらの行事に共通する点は、歳徳神に豊作を祈願し、模擬的に田植えを行うことにより豊作にあやかろうとするものである。

参考文献 倉田一郎『農と民俗学』（「民俗民芸双書」、一九六九）

（佐々木長生）

にわとり **鶏** キジ目キジ科の家禽。東南アジアで野生種のセキショクヤケイが家畜化され、すでに弥生時代後期には日本へ渡来している。鶏飼育の目的は、時を告げる報晨、闘鶏、愛玩、卵・肉などの食用の四つに分けることができる。鶏は明け方に決まって鳴き声をあげ、丑の刻（午前二時）に鳴くのを一番鶏、寅の刻（午前四時）に鳴くのを二番鶏とし、時間を知る目安として利用された。さらに『古事記』の天の岩屋戸神話に描かれるように、その報晨性は太陽の再生信仰と結びつき霊鳥視されている。鶏鳴を元旦に聞くと長寿を保ったり、富貴になるとか、魔を追い払うなどとされ、そのため神聖なものとして昔話などでも重要な要素となっている。たとえば「地蔵浄土」「灰坊太郎」「継子の椎拾い」「鶏報恩」「馬と犬と猫と鶏の旅」など、鶏鳴により鬼や化け物を退散させたり、危機から脱出する型の話が多く伝えられている。さらに、石や地中、川の淵から黄金の鶏の鳴き声が聞こえるとする鶏石・金鶏山・金鶏塚・鶏淵にまつわる金鶏伝説など、鶏・鶏鳴を要素とする口承文芸は枚挙にいとまがない。このように鶏を霊鳥とすることは、鶏・卵を食用禁忌とするところが各地にあるなど多くの民俗事象からうかがえる。闘鶏もその一つで、日本では平安時代に宮廷貴族の間で遊技として広まり、民間に流布したが、本来、年占という神事性を持つものとされる。この神事性は、現在でも和歌山県田辺市の闘鶏神社や、兵庫県加西市北条の住吉神社の闘鶏神事に引き継がれている。さらに鶏の鳴き声で死者、特に水中の死体の所在を知る方法は各地で行われた。愛玩動物としての発展は比較的新しく、近世初頭にシャモや大唐丸・チャボなどの外来種が日本に導入された以降のことである。それらが日本在来種や小国《しょうこく》などと交配、あるいは独自に品種改良された

結果、鳴き声を楽しむ声良鶏《こえよし》、その容姿を愛でる尾長鶏などの愛玩に特化した鶏が登場した。現在、日本人の食生活において鶏卵・鶏肉は頻繁に利用されている。これは近代の大規模養鶏技術と高生産外来品種の導入以降のことであり、それ以前は食品としては高価なもので、生産地である農村部においても大半が売却され、自家消費はハレの日を除いてほとんどなかった。近世にはすでに農村から都市へと運搬され、商品として流通していたのである。農村部では農業の副業として少数の鶏を物置や軒先に設えた簡単な鳥屋で飼育し、米や雑穀の屑を餌として育てていた。昼間は放し飼いにしていたが、この一見粗放的に見える飼養形態も、農耕との関係性において完全に粗放的ではありえなかったと考えられる。沖縄県島尻郡玉城村などでは、稲刈り後の一定の期間、干している稲籾を食い荒らさないように放し飼いを禁止する、トイバット(鶏法度)という厳密な社会規制が存在したという。このような飼育を維持する上で不可欠な伝統的民俗知識・技術は、家畜文化の展開が未成熟とされる日本において文化考察の重要な民俗事象であるが、近代養鶏に転換後、その様相は不明瞭であり、今後のさらなる究明が望まれる。 ↓金鶏山《きんけいざん》 ↓闘鶏《とうけい》

参考文献 山口健児『鶏』(「ものと人間の文化史」四九、一九八三) (菅 豊)

ニワバ ニワバ 神奈川県内、東京都西多摩郡などに見られる互助共同のための近隣組織。ニワ、ニワグミなどともいう。現在では伝承が薄れていてその本質をとらえることは難しい。近隣組や、いくつかの近隣組からなる村落内部区分として報告されている場合が多いが、系譜に基づく家集団という事例もある。村落内部区分の場合は、ニワバごとに地神講・代参講など信仰的講組、村役員の選出、道普請のような村仕事などが行われる。

参考文献 和田正洲「ニワバ」(『日本民俗学会報』一九、一九六一)、『神奈川県史』民俗、一九七七 (平野 文明)

ニンカリ ニンカリ アイヌ語で針金状のものを円形にした耳輪のこと。かつては男女とも耳朶に穴をあけて用いた。素材の多くは真鍮や銀で、稀に鉛のものもある。耳輪の一端に真鍮の透かしの玉やガラス玉をつけているものなどがあり、大きさは、小さいもので直径三センチのものから、大きなもので直径一五センチのものもある。耳輪を通す穴は、幼少期に年寄によって開けられ、耳輪を通さないときは、紅絹の布を通して穴が塞がるのを防いだ。江戸時代後末期の蝦夷地幕領期にたびたび禁令が出され、一八七一年(明治四)の禁令以降は耳輪をつける女性は急減した。 (児玉 マリ)

にんぎょう 人形 人体を象《かたど》った作り物。ニンギョウと音読みするようになるのは室町時代になってからで、それまではヒトガタ。人形のほか偶人、人像、木人などをあてる。芻霊《すうれい》と書いてクサヒトガタと訓んだが、草類で造ったヒトガタに霊性を感受していたことを物語る。縄文時代以降古代に至るまで土・石・木などを素材とした偶人の出土例は全国的だが、単なる愛玩でなく霊的対象物であったと考えられている。手足を欠いたり、妊娠状態を表わす土偶などから病災除けや豊穣、子孫繁栄などの祈禱の形代、あるいは呪咀《じゅそ》目的など人間の運命の身替わり的役目を負わされていたらしい。また神の形代という可能性もある。平安時代初期に祓えの贖料《あがもの》として宮中儀礼として用いられていたことが『延喜式』木工寮によって証明できるが、遺跡出土遺物などからみて平安時代以前の人形呪術の風習を制度化したことを物語る。現代まで知られたり、伝わった呪性人形は次のように分類できる。しかし、時代とともに単目的から多目的化したり、目的転換したりした例もあるだろう。㈠祓えを目的とする「贖料《あがもの》人形」―『延喜式』の金銀鍍金人像。天皇の身体を小竹・カヤで計って作る等身大の六人部《むとべ》(身度部)ヒトガタを賀茂川に流した。巳の日の祓えとして鳥取県八頭郡用瀬町の流し雛や、六月《みなづき》祓えの半紙製のヒトガタも同じ思想。㈡本来は流されるものが、人形が立派になったため保存され、子供の誕生に贈られる「祝儀人形」―桃の節供の雛人形や端午の節供の武者人形。㈢子供の順調な成長を願う「守護人形」―天児《あまがつ》・這子《ほうこ》と呼ばれるもので子供の枕辺に置き、夜中に子供の魂が抜け出して遠くに遊びに行く(死を意味)のを防ぐ。天児・這子が遊離魂と遊んでくれるとの考え。㈣成女戒の標とした「七夕人形」―長野県松本地方。㈤雨乞いや晴乞いのために出す「祈禱人形」―埼玉県秩父郡皆野町の出牛《じゅうし》人形では、雨乞いに菅丞相の人形を出す。晴乞いのテルテル坊主は一般的。㈥学業の向上を願う「祈願人形」―各地の泥製の天神(菅原道真)像。㈦神意を宣り祝福を授ける「祝福人形」―オシラサマあそび、えびすまわし、三番叟まわしなど芸能的な祭文呪技を伴う。愛知県知多半島のカラクリにみる山猫や鉢叩きなどは珍しい例。㈧豊年予祝する「田遊び・田楽人形」―滋賀県の油日神社のズズイコは彫像人形で立派な男根を動かせる。十六世紀初頭の作。東京都板橋区の田遊びのヨナボは藁製。甲府市小瀬町の天津司《てんづし》人形は杖頭の田楽人形。㈨非業の死を遂げた人物の怨霊《おんりょう》を送る「御霊《ごりょう》人形」―実盛人形・鹿島流し・ネブタ流し・弥五郎送りなどで、稲虫送り・疫神送り・豊穣祈願に用いる。(一〇)風祭・田実祭に対応する「八朔《はっさく》人形」―藁馬に乗った武者人形。(一一)神を迎えるために山車や舟に飾る「山車人形・お迎え人形」。(一二)人を呪うための「呪咀人形」―丑の刻参り。(一三)その他案山子・田《た》の神《かん》など。
↓天児《あまがつ》 ↓えびすまわし ↓案山子《かかし》 ↓鹿島人形《かしまにんぎょう》 ↓形《かた》代《しろ》 ↓テルテル坊主《ぼうず》 ↓流し雛《ながしびな》 ↓人形《ひとがた》

参考文献 柳田国男「人形とオシラ神」(『柳田国男全集』一五所収、一九九〇)、折口信夫「偶人信仰の民俗化並びに伝説化せる道」(『折口信夫全集』三所収、一九六六)、永田衡吉『日本の人形芝居』、一九六九、西角井正大「偶人劇の成立と変容」(『日本民俗研究大系』六所収、一九八六)、網野善彦他編『傀儡・形代・人形』(「音と映像と文字によ

る大系日本歴史と芸能」一一、一九九二）　（西角井正大）

にんぎょうおくり　人形送り　人間の身体を模した人形《ひとがた》を何らかの霊や魂の依代として、村境や川や海などに送り出す呪術的行事。大晦日の大祓えや夏越の祓えのように、身体についた罪や穢れを形代《かたしろ》に託して送る行事も人形送りの類だが、これらは特に形代送り・形代流しなどと呼ばれる。また、祭礼の屋台や山車に乗せて引きまわされる人形は風流《ふりゅう》の出し物の性格が強くなっている。これらに対してはっきり人形送りの行事と意識されているのは、疫病送り・虫送りなどのように、人々の生命や生活を脅かす悪霊を送りだす趣旨が明確な行事の場合で、地域の人々が藁などで素朴な人形を作ることが多い。たとえば、利根川下流域の人形送り、北茨城のオオスケ人形、三河や遠州の事八日の人形送りなど、地域的に特徴のある行事が見られる。秋田県に濃密に分布する鹿島送りは鹿島祭ともいい、稲の根株などを頭にし、ガツギ（真菰）で身体を作った小型の人形を家々で用意して、藁船や板船に乗せて地域を巡ったのち川や海に流す。虫送りは稲を食い荒らす蝗《いなむし》の害を避けるための呪術的行事で、やはり人形送りの形式をとることが多い。これは全国的に行われたが、特に北九州から中国・四国地方と美濃・尾張地方では、これをサネモリ送りと称し、平家の武将斎藤実盛の怨霊が稲虫と化して害をなすのだという伝承を伴い、その藁人形を作り、松明を掲げ、鉦太鼓で囃して村はずれに送る。このように人形送りには災厄をもたらす御霊を鎮送する儀礼の性格が強く見られる。　↓疫病《えきびょう》送《おく》り　↓鹿島流《かしまなが》し　↓虫送《むしおく》り

参考文献　柳田国男「神送りと人形」（『柳田国男全集』一六所収、一九九〇）、神野善治「人形送り」（『講座日本の民俗』六所収、一九七八）　（神野　善治）

にんぎょうじょうるり　人形浄瑠璃　浄瑠璃と呼ばれる語り物の三味線音曲を地《じ》として演じられる人形芝居の総称。浄瑠璃は三河国の矢作《やはぎの》長者の娘浄瑠璃姫と牛若丸の恋物語から出た名称で、姫の名は浄瑠璃教国の主薬師如来の申し子話に由来し、瀕死の牛若を姫が薬師の功徳で救うという説経的説話に出ている。『十二段草子』『やすだ物語』『阿弥陀胸割《あみだのむねわり》』などが知られているが、こうした霊験譚は十五世紀半ばから平曲の流れを汲む琵琶や扇拍子で語られ出したようで、十六世紀半ばに琉球から三線《サンシン》が渡来し、十七世紀初頭に三味線として邦楽器化すると琵琶や扇拍子に代わって浄瑠璃語りと結び付いた。他方平安時代中期に大江匡房が『傀儡子記』で「舞二木人一云々」と存在を明らかにした人形戯はその後も伝承され、聴覚の浄瑠璃に視覚の人形戯を合体させることによって物語りに現実味を与え、人形芝居の新生を見ることになった。慶長・元和ごろ（一五九六―一六二四）と考えられている。一六八五年（貞享二）「出世景清」で名声を博し当流を称した初代竹本義太夫のいわゆる義太夫節以前のものを古浄瑠璃と括り呼びしているが、正確な記録に欠けながらも丹後掾・浄雲・源太夫・丹波少掾（金平《きんぴら》節）・上総掾・播磨掾・岡本文弥・土佐掾・加賀掾などが江戸・京都・大坂で多くの物語りの曲節を競っている。人形は一人遣い式で裾突込みから背中突込み、構造は簡単ながら操法に工夫を要したと思われる。初代義太夫や作者近松門左衛門生存のころは未だ一人遣い。辰松八郎兵衛が有名だったが、没年の一七三四年（享保十九）に吉田文三郎が精巧な三人遣いを開発し、今日の人形浄瑠璃文楽の基を築いた。文楽の名は一八〇五年（文化二）のころ大坂に建った文楽軒（高津新地の席）に由来する。人形操りの祖と語られる兵庫県の西宮の道薫坊に因むというデコ・デクの名で親しまれた回国の淡路人形芝居の影響を受けて全国的にも普及し、村々の祭礼の神賑わいの娯楽として村人自身の手で上演する例も珍しくなかった。約二百の故地を数えるが、さまざまな形態があり、三人遣いが百十八座、主に幕末のできながら一人遣いが五十三座ある。あとはその他の形式。人形だけ残存の廃絶地も多くなったが、日本は人形芝居の宝庫である。　↓義太夫《ぎだゆう》　↓浄瑠璃《じょうるり》

参考文献　若月保治『人形浄瑠璃史研究』、一九四三、日本演劇文献研究会編『浄瑠璃研究文献集成』、一九四四、角田一郎『古浄瑠璃』、一九五六、宇野小四郎『現代に生きる伝統人形芝居』、一九五六、内海繁太郎『人形浄瑠璃と文楽』、一九八二、西角井正大「人形浄瑠璃を育てた人々」（『江戸時代人づくり風土記』三六所収、一九九六）　（西角井正大）

にんぎょでんせつ　人魚伝説　人魚の肉を食して長寿を得た話。『清悦物語』には、ニンカンという皮のない朱色の人魚の肉を食したため、四百年の齢を得て、源義経について語ったとある。鳥取県米子市の粟島の八百ベクサンについての伝承では、十八歳の娘が、人魚の料理を食べたことから、八百年の齢になり瞑想の世界に入ったという。一方南島の人魚は、本土の人魚伝説とはだいぶ趣きが違っていて、物言う魚となって登場する。沖縄県宜野湾市では、漁師がジュゴン（人魚）を釣り、食べようと網に乗せると、海中から「早く帰れ」と、どこからともなく声がする。人魚が「津波を起こして助けてくれ」というと、間もなく津波が島を襲ったため、人魚は海に戻ってしまったという。宮古郡城辺町長北の伝承では、下地島（宮古郡伊良部町）のある漁師がヨナタマ（人魚）を取って帰り、皆を集めて、それを焼いて食おうとした。ところがヨナタマは、竜宮から津波を起して「助けよ」と呼ぶと、そのとおり津波が起り、現在伊良部町にある通り池ができたという。通り池が津波によって生じたという伝説になっている。八重山郡竹富島では、昔、若者三人が漁に出て、半人半魚のザン（人魚）を取った。悲しみの涙を流すので海に逃がしたところ、ザンが津波の襲来を知らせてくれ、その村落の人々は助かり、その警告を無視した村落の人は、海にさらわれたという。人魚をヨナタマと呼ぶのは、海の霊を意味し、海の神ととれよう。

海の神を大切にした者が、神の加護を受け、背信の村落の人々が罰を受けたとする民間信仰と係わった伝説がもとの形で、本土の話は、人魚が登場する珍しい出来事として世間話化したものと説かれている。近代の児童文学に小川未明の『赤い蠟燭と人魚』があり、これは上越地方に伝わる人魚伝説をもとに書かれたといわれ、人魚の母親の怒りが最後には嵐となり、人魚の娘を拾った蠟燭屋の老夫婦ともどもその町も滅んでしまうという話になっている。 ↓ヨナタマ

参考文献 柳田国男「物言う魚」(『柳田国男全集』六所収、一九八九)、野村純一編『日本伝説大系』一一、一九八四、福田晃編『日本伝説大系』一五、一九八九

(倉田 隆延)

にんしん 妊娠 医学的には男性の精子と女性の卵子が結合し女性の子宮に着床したときをいう。一回の射精で三億から五億の精子が送り込まれ、そのうちの一つが卵子と結合する。一つの生命の誕生は何億分の一かの確率であり、しかも女性の出産年齢や出産回数などが限られるため、その確率はさらに天文学的な数字となる。かつて、女性の月経の仕組みや妊娠についての医学的な知識が十分でなかったころには、結婚した男女には子供ができることがあたりまえのこととされ、「嫁して三年子なきは去る」などといわれ、子供ができない原因は女性側にあると考えられていた。妊娠の兆候がなかなかないときなどには、さまざまな妊娠祈願が行われた。妊娠は月経がとまりつわりが始まることによって、まず女性が自覚する。受胎することをタナブ、カタルなどといい、胎児が成長し始めてからの時期と区別するところもあった。妊娠がわかると夫に告げるとともに、生家の母親から「頼みにいく」などといい、婚家の姑に挨拶してもらった。妊娠が確認されると、仲人が嫁・聟に祝いの品を贈ったり、生家の親や近親者を招いてハラミブルマイなどの祝いをし、社会的にも胎児の存在を承認してもらった。妊娠中は妊婦の食事や行為などにさまざまな禁忌があり、それを守らないと生児になんらかの影響が生じると信じられていた。 ↓子授《こさず》け ↓妊婦《にんぷ》

参考文献 大藤ゆき『児やらい』(「民俗民芸双書」、一九六八)、鎌田久子・宮里和子他『日本人の子産み・子育て―いま・むかし―』(「医療・福祉シリーズ」三三、一九九〇)

(倉石あつ子)

にんしんきがん 妊娠祈願 ⇩子授《こさず》け

にんそう・てそう 人相・手相 人体の様相を判断材料にしてその人の性格・健康状態・運勢などを占う観相の一種。人相は顔の形や顔面各部位の特徴を、手相は手の形や筋の特徴を判断の基準とする。人相・手相は西洋においても東洋においても紀元前から行われており、日本では遅くとも古代以降、中国および朝鮮半島伝来の観相術が用いられ、近代に入ってからは西洋流との混淆が進んだ。路傍で街占を行う大道易者をはじめとする易者たちは易による占いを得意とするが、加えて人相・手相も彼らの占術の主要なレパートリーとなっている。また、高度経済成長期以降は、実用的な書物としても人相・手相の知識が普及するようになった。現在、人相・手相ともきわめて多くの流派が存在し占法も多種多様だが、最終的な占断は占い師自身の解釈・語りの独自性によるものとなっており、そこに占い師の民間宗教者としての腕の見せどころがある。現代都市の民俗宗教を構成する主要な要素に占いブームがあり、これは一九九〇年代後半に入っても一向に衰える様子を見せないが、人相・手相はこのブームの中で主役の座を占め続けているといえる。 ↓占《うらな》い ↓占《うらな》い師《し》

参考文献 竹内照夫『やさしい易と占い』(「現代教養文庫」、一九八二)、宮田登『終末観の民俗学』(「シリーズ・にっぽん草子」、一九八七)、露木まさひろ『占い師!―ココロの時代の光と影―』、一九九三

(島村 恭則)

にんとうぜい 人頭税 近世の沖縄の先島地方(宮古島・八重山島)において行われていた人に課税される税制。人頭税というのは明治期の史料にみられる呼称で、当時の史料では「頭懸り」と記されており、「代懸り」に対するものであった。沖縄本島などでは、検地の後、石高に対する税率(代)が定められたが、先島では米だけではなく、当時高度に発達していた布(上布)の収納を恒常化するためこの制度が行われるようになった。

参考文献 「御当国御高並諸上納里積記」(『那覇市史』資料篇一ノ二所収、一九七〇)

(梅木 哲人)

ニンニク ニンニク ユリ科の多年草で鱗茎を食用にする。強壮の薬効があるとされ、強い臭気によって邪気・病魔・悪霊を祓うと信じられてきた。大蒜と表記する。『奥州秋田風俗問状答』六月の「土用につきたる行事の事」の項に「大蒜をこまかに刻み赤小豆との二品を、ちとばかり井華水にて呑なり。」とあり、『奥州白川風俗問状答』には「土用に入日、南天の葉・にんにく・附木等を門に釣、疫除等の事いたし候へ共是は白川に限り候事と不存候」とある。病魔・悪霊が屋内に侵入するのを防ぐ呪術としてニンニクを玄関に吊す例は現在も全国各地で広く行われている。ニンニク、ノビルなどを総称してヒルという場合がある。『日本書紀』景行天皇四十年是歳条の、日本武尊《やまとたけるのみこと》信濃坂(神坂峠)越えの場面に、「信濃坂を度《わた》る者《ひと》、多《さわ》に神の気《いき》を得て瘼《お》え臥せり。(中略)是の山を踰《こ》ゆる者《ひと》は、蒜を嚼《か》みて人及び牛馬に塗る。自づからに神の気《いき》に中《あた》らず」(原漢文)とある。ノビル、ニンニクなどの呪力信仰の古さがよくわかる。静岡県榛原郡中川根町尾呂久保では二月八日に家につく病魔・悪霊を追放する八日送りを行うが、その際、悪霊を付着させた御幣にヒルをしばりつけた。同周智郡春野町杉では、ツバメの卵や雛を狙うアオダイショウ(蛇)除けにニンニクを吊した。ジフテリア除けにニンニクを腰にぶらさげた(群馬県)、百日咳にかかった者はニンニクを袋に入れて腰にさげた(福島県・茨城県)、不眠症にはニンニクを砕いて枕もとに置く(沖

縄県)などニンニクは呪術的民間療法とも深くかかわった。

参考文献 野本寛一『軒端の民俗学』、一九八九 (野本 寛一)

にんぷ 妊婦 妊娠している女性のこと。受胎することをカタル、胎児が生育しはじめてからをハラウムなどといい区別するところもある。妊婦をハラビト、ミモチ、グスイなどともいう。妊娠したことがわかると生家の母親に知らせ、生家の母親が餅・うどん・赤飯などをもって、婚家の舅・姑に「子供ができたようなのでよろしくお願いします」と挨拶に行く。タノミニイクなどといい、仕事の軽減や世話をしてくれるように依頼をする。現在は妊娠を自覚すると病院に行くが、かつてはコズエババなどと呼ばれる産ませ上手な年配の女性や産婆にかかるのが常だった。かかり始めるのは五ヵ月目ごろで、産婆にかかったりするようになると妊娠が公然と発表されるようになるところもあった。五ヵ月目の戌の日に妊婦に岩田帯(腹帯)を巻くところが多く、腹帯にする布は妊婦の生家から米や小豆などを添えて贈られた。産婆・親戚・近隣の女衆を招いて、赤飯などで祝いをした。胎児の霊魂が母親の体内で安定したことが、社会的に認知される最初の祝いとなった。間引きが行われた近世においても、帯祝いをすませた子は育てねばならないとされた。妊娠中は油っぽいものを食べてはいけないとか、箒をまたぐと産が重くなるなど、食事や行為など日常生活のなかで妊婦にさまざまな禁忌が課せられ、守らないと生児になんらかの影響があるものと信じられていた。 →帯祝《おびいわ》い →産婆《さんば》 →妊娠《にんしん》 →腹帯《はらおび》

参考文献 大藤ゆき『児やらい』(「民俗民芸双書」、一九六八) (倉石あつ子)

ぬ

ぬえ 鵺 トラツグミは異名。虚空の魔。鵼とも書く。『日本紀略』に九〇五年(延喜五)、空中で鵼が鳴いたとあり、『古事記』では、八千矛神が高志国の沼河比売に求婚したとき、青山で鳴いた。『万葉集』は「ひさかたの天の河原にぬえ鳥のうら嘆けましつ為方《すべ》なきまでに」と詠み、『徒然草』に「鵺の鳴くとき招魂の法をば行なふ」とある。不吉な怪獣であって『太平記』では、頭は人の如く、身は蛇の形。『平家物語』では、頭は猿、軀は狸、尾は蛇、手足は虎。四神の妖怪化したもの。 (阿部 正路)

ヌカ ヌカ 穀物を精白するときに出る外皮や胚芽などの混合物のこと。麦やアワ、ヒエなどのヌカもあるが、もっとも多いのが米のヌカなので、単にヌカという場合は米ヌカをさす。ヌカの栄養分や風味をいかしたヌカ漬は、ヌカに塩と水を加えて発酵させたものに野菜や魚などを漬けたものである。野菜のヌカ漬は、乳酸発酵により野菜によい風味がつき、重石を使わずに短時間で食べることができる漬物である。魚のヌカ漬は、魚を長期保存するための保存食で、またヌカに含まれる灰分は、タケノコやワラビなどのアク抜きに利用される。食用以外でも、小紋を染めるときにも用いられた。小紋の型紙をおいて、糊置きをしたあと、ヌカをふりかけて糊が割れるのを防ぐ。また、紅絹の袋にヌカを入れた糠袋は、皮膚をなめらかにする効果があり、江戸時代以降、石鹸が普及するまで女性の入浴のときに用いられた。米ヌカは、脂肪やタンパク質が多いので、現在では米油の原料に多く用いられ、家畜の飼料としても使われている。また、籾米から玄米にするときに出る籾殻をヌカ、アラヌカなどとよぶこともある。古く、稲は籾のままで貯蔵し、必要に応じて籾すりをし、出た籾殻は塚の形に積んでおくものであった。ひろく分布している糠塚の伝説の形成には、このような籾殻を塚状に積む習慣が関わっていて、長者が籾殻を捨てたところに黄金を埋めたなどの長者伝説が付随していることが多い。

参考文献 『漬物・保存食品』(週刊朝日百科「世界の食べもの」日本編二六、一九八二) (山崎 祐子)

ぬかづか 糠塚 長者がその家の飯米を搗き、その籾殻がそのまますずたかく放置され、塚となったという伝説。すくも塚ともいう。『播磨国風土記』にもあり、糠岡《ぬかおか》の地名由来伝説となっている。それによると、伊和《いわ》の大神と天日桙命《あまのひぼこのみこと》の二柱の神が戦った時、大神の軍勢が寄り集まって稲を搗いた。その折の糠が集まって丘となったと伝えている。記念すべき糠の山が、化して土石となって永遠に伝承されるという思想を背景にした伝説となっている。粕塚・味噌塚も類似の伝説である。

参考文献 柳田国男「木思石語」(『柳田国男全集』七所収、一九九〇) (田畑 千秋)

ぬかふくこめふく 糠福米福 日本の継子話の一つで、東日本以北に広く分布する。継母が継子の糠福に穴のあいた袋をもたせ、実子の米福には新しい袋をもたせて栗拾いにいかせる。糠福はいつまでたっても袋がいっぱいにならず、山姥の家にいき、山姥の頭のシラミを取ってやり、つづらをもらう。継母は糠福にヒエを搗いておくようにいいつけ、自分は米福をつれて芝居見物(祭)に出かける。鳥がきて仕事を片づけてくれ、糠福も山姥にもらったつづらから着物を出して着替え、芝居見物に出かける。糠福は見初められ、駕籠に乗せられて嫁にもらわれていく。ヨーロッパのシンデレラは灰にまみれて働く娘だが、日本の糠福は糠にまみれている。朝鮮の「コン

ジ(豆福)・パッジ(小豆福)」と同じ命名である。実子と継子の名は他に紅皿と欠皿、紅皿と糠福などがみられる。援助者は山姥のほか、死んだ実母、鳥、鬼、神などがある。真の花嫁選びは日本では美人くらべ、歌詠みくらべ、木の枝に雀を止まらせるなどといった課題によって行われ、靴による花嫁探しは以下のような二、三の例外を除いて存在しない。青森県北津軽郡の話では、主人公が祭で靴をなくし、殿様が拾って落とし主を探すが、援助者として牛が登場するなど、海外から伝播した可能性が高い。山口の話では継娘はシンデレラの靴の代わりに簪《かんざし》を落とす。　↓シンデレラ

参考文献　水沢謙一「「ぬかふく・こめふく」の昔話について」(『昔話ノート―採集と研究―』所収、一九六九)、関敬吾「糠福米福の話」(『関敬吾著作集』四所収、一九八〇)

(斎藤　君子)

ぬかぶくろ　糠袋　篩にかけた米のヌカを布の袋に入れたもの。洗面や入浴のときに用いた。ヌカの成分であるデンプンやタンパク質、油脂によって石鹸のような洗浄効果が得られた。使用するときは、湯につけた糠袋で肌をこするようにした。袋は、木綿や麻のものもあったが、赤い色が肌を美しくすると信じられていたため、紅絹がいいとされ、紅絹の糠袋はモミジ袋とよばれていた。江戸時代半ばから、石鹸が普及するまで使われていた。
↓石鹸《せっけん》

(山崎　祐子)

ぬけまいり　抜参り　主に近世にみられた伊勢参りの一形態。抜参宮ともいう。貞享年間(一六八四―八八)の会津の風俗帳が「ぬけ参ハ路銭之無貯者、或召仕之者親主人ニ隠れ道中勧進を致参宮仕候」と規定するように、抜参りの抜けるとは、奉公人や少年・少女が属している家、村などの組織から、その許可を得ずに一時的に離脱し参宮することをいう。また「路用乏しき者、道すがら諸人の助力を得て参詣するをいう」ともされる。一方、一六五〇年(慶安三)の大量群参は抜参りと呼ばれ、それは江戸の売人のはやらせたものという。以後、お蔭参りを抜参りと称することが多かった。一七〇五年(宝永二)の大量群参は七、八歳から十四、五歳の男女の子供が抜参宮をしたのが発端であり、次の一七七一年(明和八)の場合も女子や子供が一団となって伊勢に向かったことが記録されている。抜参りは支配者により禁令が出されてはいるが全面的に禁止されることはなく暗黙のうちに認められていたようである。抜参りをした奉公人を処罰した主人が神罰をうけたという神異談が各地に伝えられているのも抜参りの伝統が強かったことを示していよう。抜参りに年少者が多かったことの背後に、成年式儀礼としての山岳登拝・霊地参拝の習俗があったことも考慮すべき点であろう。親や村役人の許可を得なかった抜参りが帰郷にあたり一般の参宮道者と同様に村をあげての坂迎えによって迎えられている例もそれに関連するものである。
↓伊勢参《いせまい》り　↓お蔭参《かげまい》り

参考文献　吉岡永美『抜参りの研究』、一九四三、大西源一『参宮の今昔』、一九五六、西垣晴次『ええじゃないか―民衆運動の系譜―』、一九七三、瀬田勝哉「下人の社寺参詣―抜参りの源流―」(『洛中洛外の群像』所収、一九九四)

(西垣　晴次)

ぬさ　幣　⇩御幣《ごへい》

ヌササン　ヌササン　アイヌ語でヌサ(幣)サン(棚)とは、各村落・各家で神祭を行うために作られた木幣群を横列に立て並べたものをいう。単にヌサともいうほかに、イナウサン、カムイサン、イナウカラウシの名称があり、一村または近村との共同用のものは、チパ、イナウチパと区別していたが、江戸時代末期から明治期にかけて、集落や地域集団が崩壊するにつれて、その名称はおのおのの用の幣棚をも指すようになった。幣棚の作りは二様あって、多くは又木を左右に立てて横棒を渡し、それへ神神への使者となる木幣を立てかけるが、多量に捕獲した動物の頭蓋骨をはじめ食事後の四肢骨なども安置できるように作られた棚をも指す。幣棚(神垣・磐座《いわくら》)は、三、四群に分かれていて、向かって左側のものは祖先供養の専用の幣棚、ついで幣棚全体を掌握統治する幣棚の女神用幣棚で、ここは使用済みの器物類や穀類の不用物を納める箇所としても用いられる。その次の幣棚は、ほぼ幣棚の中央部にあって棚の構えも一番高く、ここへは各村落・各家を加護する河川流域内の主要な神々(数神から十数神)への木幣が立てられるほか、種々の動物の霊送りをはじめ広く神々の祈願や謝礼もここで取り行われる。最も右に作られる幣棚は各村落・各家の近くや隣接地域を守護する神々、地域によってはパセオンカミ(祖先神)が併置される。それより右に離れた所に炉灰や火の神用に作られた木幣を納める箇所がある。幣棚は固定されたもののほか、一過性のものは随時清浄な場所に作られる。

参考文献　藤村久和「アイヌの信仰―葛野家に見る神と人との共存―」(『探訪神々のふる里』一〇所収、一九八二)

(藤村　久和)

ぬし　塗師　ウルシを塗る専門の職人。十一世紀には独立した職となっていた。塗る素地は、挽物は木地師、箱物は指物師、桶・膳のような曲物は曲物師(檜物師)によって供給されていた。技法的にはウルシを塗り放す塗装と、その上に装飾を加える加飾に大きく分かれ、加飾は蒔絵や彫漆《ちょうしつ》に分けられる。塗師はこのうち塗装を中心に行う役割である。古くは宮廷や豪族の下で食器・家具調度・武具などを作っていたが、近世に入ると庶民の生活用具を作るようになり、各藩の殖産振興もあって各地に特産地ができた。現在も大きな産地の一つである輪島塗(石川県)は近世中ごろから塗師を中心とした産地が形成され、塗師は木地作りなどの職人をとりまとめるとともに、行商を販売の手段とした問屋的役割も担っていた。しっかりした技術と信用を基にした直接販売は北前船の航路を中心として広がっていった。塗師の信仰は虚空蔵《こくうぞう》菩薩を始祖としたもので、産地によっては木地の目止め

用の材料であるコクソと重ねてコクソさんと呼んで信仰しているところもある。京都市右京区にある法輪寺は京都・金沢・輪島ほか多くの地方の塗師の信仰を集める。虚空蔵菩薩をまつり、また一般的に木地師の祖とされる小野宮惟喬親王が漆器製造技術を伝授したとする伝承が伝わる。　→漆器《しっき》

参考文献　『輪島漆器資料』（『輪島市史』資料編六、一九七三）、佐野賢治『虚空蔵菩薩信仰の研究―日本的仏教受容と仏教民俗学―』、一九九六　（坪郷　英彦）

ヌシドリ　ヌシドリ　熊本県・鹿児島県などで用いられる村落の世話人。熊本県球磨郡須恵村のヌシドリについてはエンブリーの『須恵村』（一九三九）で紹介された。葬式・祭礼・道普請などの共同作業を指揮・監督する。ムラの話し合いで選ばれ、任期は二年である。ムラヌシドリのほかに掛け（講）にも掛けヌシドリがいた。幕末から昭和初期までの屋根替えのためのカヤ掛け講の記録には主取（ヌシドリ）が四名記されている。現在も観音講などには経理を担当するヌシドリを置く。

参考文献　牛島盛光『変貌する須恵村』、一九七一　（佐藤　征子）

ヌジファ　ヌジファ　沖縄地方で行われる抜霊儀礼のこと。抜霊とも書く。ヌジとは「抜く」とか「脱ぐ」ことをいい、ファは霊を意味する。ヌギファというところもある。この儀礼の形態はさまざまであるが、㈠主として異常死した死者の供養の一環として行う。たとえば死に場所が不明の死者、遠隔地での不慮の死、海難事故による死亡、さらに戦死の場合、死者の霊が現地に漂流・残存し、生家への帰還を望んでいると考えられている。そこで当該地から霊を呼び戻し、家族のもとで供養できるようにする。こうした一連の供養の中でヌジファが行われる。ヌジファの執行はユタが担うことが多い。ユタは霊的能力を駆使して死亡場所を確定したり、遠隔地で赴けない場合でも操作的に霊を呼び寄せたりしてヌジファを行う。霊が海を渡ってくることからこれをシューカーワタイ（潮川渡り）のヌジファと称したりする（宮古ではタマスウカビという）。さらに戦死によって遺骨が得られない場合でも、海岸に出向いてヌジファを行い、石に霊を憑着させ納骨することも行われる。㈡一般の死者に対するヌジファ。異常死でなくても村落外で死亡した場合、霊の一部はその当地に残ってしまうと考えられている。また生前縁の深い土地にも霊が残るとされている。さらに病院での死亡についても同様の理由からヌジファが行われる。㈢生者のヌジファ。マブイウチ（魂落とし）によって離脱した霊を戻すマブイグミもヌジファの一形態である。また、婚姻儀礼における生家から婚家へのヒヌカン（火の神）の灰の移動もヌジファによって執り行われる。
→マブイグミ

参考文献　桜井徳太郎『沖縄のシャーマニズム』、一九七三　（渋谷　研）

ヌスットオクリ　ヌスットオクリ　村落社会で盗みが発生し、犯人が見つからないときに実施される犯人摘発法の一つ。人形突き・ヌスット祭などの呼称があり、東日本に広く分布した慣行である。藁人形を犯人に見立て、村人全員が参加して竹槍で突き刺す。すると犯人は刺されたところが痛むといわれる。村中の者が参加するので不参加者は疑われる。共同生活の維持を優先する呪術である。ヌスットオクリは近世後期の史料にも散見し、昭和初期まで各地で行われていた制裁方法である。

参考文献　坪井洋文「村の論理」（『日本民俗文化大系』八所収、一九八四）、板橋春夫「盗人送り慣行に関する一考察」（『信濃』四四ノ一、一九九二）　（板橋　春夫）

ぬすみ　盗み　反社会的行為である盗みも、民俗行事のなかでは容認されたり、積極的に奨励されたりする場合があった。八月の十五夜をはじめ、九月の十三夜、七夕などの年中行事の際に他人の畑からサトイモなどの作物を盗む習俗は、その代表的なものである。十五夜や七夕にサトイモやウリ類を盗む習俗は中国南部にもあり、それらの事例は日本と中国南部の文化的な繋がりを想定させるばかりか、この夜の盗みが単に許容されるというのではなく、むしろ積極的に奨励されるものであったことを示唆する。十五夜などの盗みの背景には、サトイモやウリは豊饒（豊作や子授けなど）の象徴であるとみなされ、その象徴を手に入れると豊饒がもたらされると考えられていたこと、象徴を手に入れるための手段としての盗みは、もらう、買うなどの順社会的行為に比べはるかに難しく、その分ご利益も大きいと考えられていたことなどがあったと考えられる。ことに十五夜の盗みは月が煌々と照る、昼のように明るいなかで行われる難しい盗みであり、ご利益もそれだけ大きいという考えがあった。また、漁村で豊漁を祈願してまつるえびす神像の盗みも広くみられ、田のわきにまつられる田の神像の盗みも鹿児島県や宮崎県などにみられる。これらの神体盗みには、神みずからの意志で盗んだ側のムラに来たのだから豊漁や豊作がもたらされたのだという考えがある。この盗み手が神体を盗んだにもかかわらず、神みずからの意志で自分たちのムラにやってきたと考える背景には、誰にも気づかれず達成された盗みは神意にかなったものであり、もし神意に背く盗みであれば他人に気づかせるという手段によって神みずからの意志を表明するはずであるという自己を正当化する論理があるのではないかという説がある。こうした積極的な盗みがある一方で、消極的に許容されるだけの盗みも存在する。親方―水夫《かこ》関係に基づく網漁業が行われている漁村では、カンダロ、ドウシンボウなどと呼ばれる盗み魚の慣行がみられる場合があり、水夫は網からこぼれ落ちた魚は無断でもらって良いとか、「浜のどろぼうは、どろぼうにならぬ」といってとれた魚を公然と盗むなどという例がある。こうした盗み魚の慣行は、水夫に対して歩合賃金制がとられながら、近代的資本制漁業に脱皮できぬ過渡的段階にある状況が生み出

したものと考えられている。つまり、水夫の意識のなかで賃労働者としての自立性が形成されず、共同漁業、共有漁業の段階の分配観がいまだ残っている状態での産物であるという。このほか、燃料としての枯枝拾い、肥料としての下草とりなども盗みにならぬ盗みで、これなども家単位の所有が進展したのちも、ムラ全体の共有意識が機能しているもとでみられるものである。また、柿の実を盗んでもその木の下で食べる分には盗みにならない、垣根からはみだした柿の実は自由にとって良いというのも盗みにならない盗みの例である。　↓えびす盗《ぬす》み

参考文献　高桑守史「儀礼的盗みとムラ」(『日本民俗文化体系』八所収、一九八四)、大林太良『正月の来た道—日本と中国の新春行事—』、一九九二、吉成直樹『俗信のコスモロジー』、一九九六　（吉成　直樹）

ぬすみうお　盗み魚　漁師が網元や船頭の目をかすめて、漁獲物の一部を盗む習慣。九州一円ではカンダラ、カンダロ、スエノイオなどと呼び、山口県下関あたりではトウスケ、千葉県九十九里ではドウシンボウ、東北地方の太平洋沿岸ではモスケなどと呼ぶ。大網漁業のような組織的漁撈形態の中で行われるのが普通で、網元はこの事実が判明しても、見て見ぬふりをしていることが多い。

参考文献　倉田一郎「かんだら攷」(『民間伝承』三ノ三、一九三七)、大藤時彦「盗み魚など」(同一二ノ二、一九四八)　（高桑　守史）

ヌタ　ヌタ　地名。湿地。沼田・怒田・奴田などと書くほか、山梨県には東八代郡境川村の藤垈《ふじぬた》など、垈の国字が用いられる。新潟市の沼垂《ぬったり》などもヌタの地名。ノダ、ムタなども同義である。ニタ(仁多・仁田・似田など)もヌタと同系の地名と、アイヌ語ニタッ(同じく湿地を意味する)からの地名とがある。岩手県花巻市の似内《にたない》などは、アイヌ語と同じ語構成で(ニタッ・ナイ(川))、北海道にも枝幸郡浜頓別町の仁達内《にたちない》など同系の地名があるものはアイヌ語起源である。　↓ムダ

参考文献　柳田国男「地名の研究」(『柳田国男全集』二〇所収、一九九〇)　（鏡味　明克）

ヌタば　ヌタ場　猪が体を横たえたり、転げまわったりする、山中の水たまりや崖下のじめじめした場所。ヌタは沼地や湿田をさす。転げまわって水をあびるのを「ヌタうつ」といい、ダニで火照る体を冷やすためとされる。猪の体には無数のダニが食いついているため、猪を解体する前にはかならず毛を焼くか、しばらく流水に浸してダニを除去する。苦しい様子をいう「のたうちまわる」は、この「ヌタうつ」の転訛したもの、また「ヌタ場にされた」というのは、田畑を荒らされたり、そこで転げまわられることをいう。猪は結実して間もない、つぶすと乳状になる稲をしごいて食べ、そのあと水の残る稲田でヌタうつことがある。それがひどいと、その稲田は全滅して収穫は望めない。ヌタ場そのものではないが、沖縄では砂糖黍を食いながら、その畑に臥していることもある。湿地を指すヌタと同意のニタは、下仁田など各地の地名にもよく見られる。猪狩りで知られる仁田四郎の仁田も、単なる偶然の姓ではないだろう。にた待ちは、猪がヌタ場に現われるのを待って射止めるもので、猟犬を使わず、ヌタ場を見下ろす木の上で、ただ一人、一晩、二晩と待つこともあった。猟師はヌタ場には山の神がいて、祈るとかならず獲物が現われると信じていた。しかし魔物が現われるのもこのにた待ちで、命弾は決して忘れてはならないとされた。日向山中(宮崎県)のにた待ちでよく聞くのは、カリコボウズという妖怪に尻をなでられた話である。

参考文献　須藤功『山の標的—猪と山人の民俗誌—』、一九九一　（須藤　功）

ヌチジャー　貫木屋　沖縄における本格的な構造を持つ木造建築のこと。角柱に上下五～六本の貫穴を開け、貫を通して柱同士をつなぎ、楔で締める構法から名付けられた。この構法は、王国時代に都であった首里の公館を建設するにあたり、日本から伝えられたという。これに対し、掘立小屋形式のものをアナヤー(穴屋)という。

参考文献　『那覇市史』資料篇二中ノ七、一九七九　（古塚　達朗）

ぬの　布　動植物の繊維または化学繊維、あるいは鉱物繊維を材料として、平たくのばしたりあるいは編んだり組んだり織ったりして、うすくてしなやかさのある幅と長さをもったもの。昭和初期までは麻、藤、科《しな》、コウゾ、カラムシ、葛など山野の草木から繊維を取り出し、それを績いで布に織り、生活着のほか、さまざまなものに仕立てられ日常の場で使用されていた。木綿が普及し始める江戸時代中ごろから保温性に優れ肌に柔らかい木綿に主役の座をとって代わられた。明治以降には紡績の木綿が全国的に普及したが、山間部に住む人々にとって木綿は高価であり入手が困難であったので、麻・藤・科・コウゾなどの繊維を糸にして織った布が自家用として使われ続けた。一九六〇年代からの高度経済成長による大量生産・大量消費の波が全国を覆い尽くし、自給自足の生活、つまり採取・栽培による衣料材料の調達から、購入への転換がされ、昔ながらの生活や生産体系が崩れていった。福島県大沼郡昭和村の苧麻《からむし》織り、山形県西田川郡温海町関川・新潟県岩船郡山北町雷の科織り、京都府北部の丹後地方の藤織り、徳島県那賀郡木頭村のコウゾや穀《かじ》(梶)を材料に織る太布など、今日でもその技術を守り伝えている。藤織りの伝承地である京都府宮津市字上世屋では、藤や麻で織ったものをノノ(布の訛)と呼び、木綿はノノとはいわずにモメンとはっきり区別して使う。こうした言葉の使い分けには木綿以前の名残が言葉にとどめられているといえる。　↓麻《あさ》　↓カラムシ　↓コウゾ　↓科布《しなぬの》　↓藤《ふじ》　↓木綿《もめん》

参考文献　京都府立丹後郷土資料館編『藤織りの世界』、一九八八、井之本泰「山の織物のひろがり」(『丹後の紡織』二所収、一九八六)　（井之本　泰）

ぬま　沼　自然のくぼ地に水がたまってできた水界。ときに湖沼と一括されるが、沼は湖に比べて面積が小さく水深の浅いものを指すことが多い。しかしその区別に厳密な規定はない。ほぼ水深が五《メートル》以下で水底まで日光が射すような水界である。そのためヨシなどの岸辺の水棲植物だけでなく、水底にも水草や藻が生えていることが多い。当然コイやフナなどの淡水魚も多く棲息した。また池が自然の小水界だけでなくその多くは溜池のように人為を受けた人工または半人工の水界であるのに対して、沼は自然の水界がほとんどである。そのため沼は人里離れたところにあったり、また底なしの伝承や妖怪・水の神などの伝説を持っていたりと、その存在は神秘性を帯びていることが多い。歴史的にみて、沼は浅く小さいため比較的低度な技術によって開田が可能であった。近代的な土木技術以前から、岸辺付近において個人的に開田が行われてきたほか、沼全体を埋め立てたり干拓したりする大規模な新田開発の対象ともなってきた。そのため、江戸時代に都合三回の大規模な干拓が行われた印旛沼(千葉県)のように、現在ではその姿が大きく変わってしまったり、また沼自体が消滅してしまったところも多い。そのほか、沼は漁撈・狩猟・採集の場として地域住民に利用されてきた。沼の底に溜まった土を掻き上げて低湿田の嵩上げをしたり、水田の肥料にするために水底に生えるモクと呼ぶ水草や藻を刈り取ったりモクが枯れて沈殿したゴミと呼ぶ底土を掻き取っては田に入れた。↓池《いけ》

参考文献　神野善治「浮島沼周辺の生産用具」(『沼津市歴史民俗資料館紀要』三、一九七九)　(安室　知)

ヌル　祝女　奄美・沖縄諸島で村落祭祀を司る女性祭司の長。ヌールとも発音、伝統的にはヌルクミー(のろくもい)・ヌルガナシーと尊称を付して呼ばれた。歴史的表記は「のろ」(『おもろさうし』など)、漢字は祝を宛てることが多く、村落の祝と宮廷の君とは王国の女性祭司の二大区分であった(『中山世鑑』など)。琉球王国の時代、祝女は聞得大君を長とする王国の祭司制度の末端に位置付けられ、王府から就任の認可や役地の給付を受け、同時に祭祀内容の統制を受けた。その伝統を受け継ぐ祝女を公儀祝女という。現代では祝女のありかたも多様化しているが、伝統的な公儀祝女の特徴を以下にあげる。㈠大概複数のシマ(村落)に一名で、シマごとにいる根神以下の祭司を束ねて祭にあたる。たとえば、本島北部・田港の祝女は田港《タンナー》・屋古《ヤフュ》・塩屋《サー》・白浜を伝統的な祭祀圏(現在は七に増加)とし、主要な祭司を率いて順繰りにシマを廻り祭祀を行う。㈡田港祝女《ヌル》のように出身のシマ(村落)名を冠して呼ばれる。これは王国時代の辞令書や由来記も同様で、男性の村役人の呼称との共通性を指摘する説がある。㈢原則として特定の旧家やその父系親族集団の女子に受け継がれる。父系を辿る場合が多く、伯(叔)母から姪への継承が典型的だが、稀に母から娘へ母系で相続した所もあった。十七世紀半ばまで王府から交付された辞令書には、元の祝女の娘・妹・姪・孫などの例がある。嫁継ぎは近代になって増えた継承法である。㈣国頭地方では祝女不婚の伝承が根強いが、古い辞令書にも娘の例があり、祝女が子を持つことは事実として忌避されなかった。㈤祝女殿内《ヌルドゥンチ》の祭祀、祭具、祝女地などを代々受け継ぐ。祝女殿内はヒヌカン(火の神)と祝女の位牌などをまつる祠で、祝女の住居に付設する場合と別個の場合がある。原型は祝女の住居の火の神(竈神)だったと考えられている。伝領の祭具には、玉ガファラ(祭時に付ける玉を連ねた首飾り)・ジファー(簪)・神衣裳(祭衣)などがある。祝女地は王国時代、祝女に給付された田畑(のろくもい地)の後身で、初期の辞令書には〇〇原という風に具体的な記述がある。田植え神事など農耕儀礼の舞台となる祭祀田を含む場合があり、役地の前型をうかがわせる。㈥村落祭祀、公共の祈願の担い手であり、原則として個人の祭祀・私的祈願に関わるべきでないという意識が強い。㈦原則として終身務める。昭和前期まで祝女の葬儀には祭司たちが神衣裳を付けて参列しウムイ(祭式歌謡)を謡うなど特殊の儀礼があった。墓も区別して祝女墓を設けた所もある。このような公儀祝女の様態は近代化の進展とともに徐々に揺らぎ始め、祝女の祭祀圏の崩壊、祭具・財産・伝承知識の喪失、従来の系譜に依らぬ祝女の誕生などがおこり、近年では後継者不足が深刻になって祭司組織の存続を脅かしている。今日、祝女をめぐる宗教的状況は社会や生活様式の変化、ユタの介入などによって流動化しており、現状の緻密な観察と動態的把握が求められる。また第二次世界大戦前から蓄積された膨大な調査資料の活用、かなり様態の異なる宮古・八重山の女性祭司(ツカサ、サス)との本格的な比較検討も今後の課題である。歴史方面では、祝女は王国の統一以前地方に割拠した按司のおなり神として成立したといわれるが、この時代の具体像は不明の部分が多く、グスクの発掘調査などによる研究の進展が待たれる。↓大《おお》アムシラレ　↓聞得大君《きこえおおぎみ》　↓根神《ニーガン》

参考文献　植松明石「女性の霊異をめぐる覚書」(谷川健一編『(叢書)わが沖縄』四所収、一九七二)、宮城栄昌『沖縄のノロの研究』、一九七九、渡邊欣雄『沖縄の祭礼―東村民俗誌―』、一九六七、高良倉吉『琉球王国史の課題』、一九八九、高梨一美「神に追われる女たち―沖縄の女性司祭者の就任過程の検討―」(大隅和雄・西口順子編『巫と女神』所収、一九八九)　(高梨　一美)

ヌルドゥンチ　祝女殿内　祝女《ヌル》の住まいをさす沖縄語。トゥンチ(殿内)とは地頭以上の役職にある家をさす言葉であるが、祝女の住む屋敷も殿内をつけてこのように呼んでいる。祝女殿内には代々の祝女の位牌とヒヌカン(火の神)がまつられている。祝女殿内のヒヌカンは村落の最高位の神とされ、村落祭祀はここでの神事が起点となっている。かつては祝女は生涯をこの屋敷で過ごしたともいわれるが、昨今の祝女殿内は祝女の生活場としての機

能は失せ、祭祀場としてのみ使用されているのがほとんどである。（渋谷　研）

ぬるめ　ぬるめ　田へ引く水が温まるように、迂回させた水路。長野県地方の呼称。山際の水田は、沢から流れる水や湧き水が冷たいため、用水堀を迂回させ日光をあて、水を温めてから水田に引き入れる方法をとった。長野県諏訪郡では用水をヌルメといい、同県南安曇郡でも苗代の水面部または溝のことをヌルミとよんでいる。これらの呼称は、冷水を日にあてる場所を指している。このような田の水をあたためる水路の呼称として、ヒエリ(高知県)・ヒヤリミズ(山口県)・ヨケミズ(広島県)などがある。（佐々木長生）

ね

ネエシ　ネエシ　鹿児島県鹿児島郡十島村(吐噶喇列島)における神と交流する能力を備えた女性。まれに男性の場合もある。一般に特定の巫系は存在せず、神祭の日などに突然シケ(トランス)がかかり、島でまつる神が憑霊する。死霊・祖霊とも交流でき、日常は個人的なお祓いや子どもの成育儀礼に関与する。神籤によって村の神役になると、祝詞をよみ、神楽をあげ、神口を伝えるほか、男性神役とともに司祭者としての機能を果たす。

参考文献　安田宗生「トカラ・悪石島のネーシに関する覚え書」(『民俗学評論』九、一九七二)、下野敏見「トカラ列島ネエシのイニシエーションと機能」(『鹿児島大学人文論集』一七、一九八二)（川崎　史人）

ネギシ　ネギシ　山の麓に沿う領域を表わす地名。ただし、その山は単なる山岳や丘陵ではなく、武士の占拠したタテ(館)地、すなわち山城と考えられている。したがって、ネゴヤ、ミノワ、ヨリイ、あるいは地方によってサンゲ(山下)などとよばれる地名と同様に、地方豪族とその隷属者が居住し、防御施設を備えた豪族屋敷村の一部を示すとみてよい。地名のネギシはおもに根岸と表記され、関東から東北地方にかけての分布が多い。↓ネゴヤ　↓ヨリイ

参考文献　柳田国男「地名の研究」(『柳田国男全集』二〇所収、一九九〇)（小口　千明）

ねこ　猫　中国から仏典や仏像が舶載されてきたとき、それを鼠の害から防ぐために船に乗せたのが、日本の家猫のはじまり、とする説が有力である。時代はふつう奈良時代にはいる前後とされているが、そうと定まったわけではない。より古くから散発的に仏典・仏像は到来しているから、家猫もおなじように散発的に上陸した可能性がある。日本では弥生時代以降、山猫は生息していないので、日本で独自に山猫が家猫化したことはなかっただろう。ちなみに中国に家猫が入った時期は確定できないが、十二支に猫が含まれていないので、かなり遅れると推定され、六世紀説もある。ともあれ、文献上の猫の初出は『宇多天皇御記』の八八九年(寛平元)二月の記事であり、それよりほぼ半世紀前に成立した『日本霊異記』の狸も、猫を指すらしい。以後、猫は日本人の物質生活と生活感情に大いにかかわってきた。第一に家猫が、人のペットとして愛されたことはいうまでもない。『宇多天皇御記』の猫がすでに、そのことを示している。ペットとしての猫の飼育は、初期においては上流階級に限られていただろうが、時代をくだるにつれて大衆化し、近世後期においては現代とあまり違わない状態に達した。猫の体型は小型であり、牛馬と異なり人に使役されることもなく、犬と違って人の従者ともみなされていなかった。そのため猫は、擬人的に扱われる傾向が著しい。大木卓は、猫の産所・捨て方・貰い方・居つかせる呪法・失踪探しの呪法・葬法などがいずれも、人の場合の習慣に似ている、と指摘している。第二に、家猫移入の経緯からいって当然だが、鼠の害をしりぞける益獣として重宝された。寺院や庶民の家庭が猫を飼育した初期の動機は、これであったろう。なかでも近世後期に至り養蚕が農家の副業として発展すると、蚕を食う鼠を防除する目的で猫が重視され、猫を蚕神としてまつったり、神社から猫石を借りたり、猫の石像を奉納したり、また猫絵で鼠を脅したりする習慣が見られるようになった。猫に関する特殊な民俗として招き猫を置くしきたりがあるが、岡田章雄は、中国の文献にもとづき江戸の知識人が発案した

ものだろう、と推定している。また沖縄には、猫をマヤの神として信仰する地域があるが、猫を蛇と入れ替える場合もあり、起源について定説はない。第三に、猫が人に危害を加える伝承も存在し、猫またともよばれていた。文献初出は『明月記』の一二三三年(天福元)八月の記事である。やがて近世には、老婆に化けて人を食い殺す怪猫や、化け猫騒動の話が流行するに至る。もとは中国の山猫、つまり狸の怪異譚および猫鬼を使う呪術に由来するのだろうが、現実の猫の野生から脱しきれない性状も、この伝承に一役買ったと思われる。

参考文献 上原虎重『猫の歴史』、一九五四、渡辺義通『猫との対話』、一九六八、大木卓『猫の民俗学』、一九七五、岡田章雄『犬と猫』、一九八〇、平岩米吉『猫の歴史と奇話』、一九九二

(中村 禎里)

ねこえ 猫絵 鼠除けに描かれた墨絵の猫。養蚕業の発展に伴って、蚕の大敵である鼠をよける一方法として猫絵が流行した。上州岩松の新田の殿様が画いた猫絵は、鼠よけに効能ありとして周辺地域の農民に受け入れられた。八方にらみの猫、万次郎の猫絵と呼ばれる。徳純から俊純まで四代にわたって描いた。特に明治初年、海外に輸出する蚕種に猫絵が添付されて送られた。貴種性を有する新田義貞の系譜をひく岩松新田氏の描く猫絵がもてはやされる背景には、近世後期以降の養蚕業の興隆がある。 →養蚕《ようさん》

参考文献 板橋春夫「新田猫と養蚕—岩松新田四代が画いた猫絵をめぐって—」(『民具マンスリー』二一ノ七、一九八八)、落合延孝『猫絵の殿様』、一九九六

(板橋 春夫)

ネコグルマ ネコグルマ 収穫物や肥料・石炭・木炭・土砂・木材などを運搬する手押しの一輪車。猫車とも書く。特に瀬戸内地域では、山道のような狭い所で物を運搬する際に使われ、この車輪のきしむ音が猫の鳴き声に似ているために、ネコとかネコグルマと呼ばれている。ネコグルマの形態としては二種類あり、一つは箱形の荷台に両手で持ち上げる手木がついている。この種のネコグルマは、現在、鉄板の荷台に鉄パイプの手木がつけられ、ゴム製のタイヤがつけられて、全国的に一輪車として活用されている。特に、土木工事現場などでよく見かけるが、農作業用としてもさまざまな運搬に利用されている。いま一つのネコグルマは、反りのある湾曲した二本の木の間に数本の横木を渡して車台にし、大きな木を胴切りにした車輪を一つつけたものである。これは瀬戸内・中国山地などで利用されているもので、大型のものでは六〇貫(二二五キログラム)以上の荷物が運べたという。ネコグルマは明治中期にはすでに使われているが、木製の車輪は鉄製となり、一九五〇年代にはゴム製となった。岡山県備中地方(県西部)では備中鍬と同様、備中車と地方名を冠して呼ぶところもある。また、同県児島湾地方では、山地で使われるためにヤマネコと称している。島根県宍道湖岸ではニコグルマといい、広島県佐伯町ではジンタと呼んで、ネコという呼称は縁起が悪いと忌む。

参考文献 神田三亀男「瀬戸内の一輪車」(『日本民俗文化大系』一三所収、一九八五)

(松田香代子)

ねこだんか 猫檀家 寺の飼い猫が呪力を用いて和尚に恩返しをする昔話。ある貧乏寺の和尚が、食べるものもなく飼い猫に暇を出す。猫が和尚の夢枕に立ち、長者の娘の葬式の時に屍体を奪うが、その時和尚が「ナムトラヤー」と唱えて祈れば取り戻すことができると告げる。葬式の日、本当に娘の屍体が空中に持ち上がり、他の寺の和尚たちがいくら祈っても下ろすことができない。貧乏寺の和尚が呼ばれて祈ると棺は元に戻る。それから和尚の寺は檀家が増え、栄えたという。あるいは猫が山で仲間と踊る、または酒宴を和尚に発見され、追い出されるといった猫の怪異性に由来するものもある。この話は昔話として語られるほかに実在の寺に結びつけられ、その由来譚として語られる場合も多い。棺が空中に舞い上がるモチーフを持つものは東北地方を中心に濃厚に分布しており、「ナムトラヤー」という和尚の祈禱の文句によって棺が下りるところに興味の中心があるといえる。昔話的傾向が強いのに対して、西日本にゆくにつれて暴風雨のために葬式が出せず、貧乏寺の和尚が経を唱えると嵐が静まり葬式が出せるという筋の話が多くなる。こちらはしばしば特定の寺院とのつながりを説き、伝説的傾向が強いようである。さらに、飼い猫の恩返しの形を取らず、怪猫の起した雷雨を和尚の力で鎮めたという世間話的な形の名僧譚として話される傾向のものもある。いずれも葬式の時、猫が死体を盗むといった葬制に関わる民俗がその背景にあったと思われる。そして、「猫檀家」の変容と伝播にはそのような猫の魔力を封ずる呪法を持った僧侶の存在があったものと考えられる。

参考文献 稲田浩二・福田晃編『大山北麓の昔話—鳥取県東伯郡東伯町・赤碕町—』(「昔話研究資料叢書」四、一九七〇)、大木卓『猫の民俗学』、一九七五、福田晃「猫檀家の伝承・伝播」(『昔話の伝播』所収、一九七六)

(松本 孝三)

ねこのおどり 猫の踊り 猫の神秘性をもととした怪猫譚の一つ。『日本昔話大成』では、本格昔話に分類され、『日本昔話名彙』では化物語の中の「猫浄瑠璃」「猫の秘密」などがそれに該当しよう。猫の飼い主が留守の時、退屈する女房に猫が浄瑠璃を語って聞かせる。主人には内緒にしておくよう約束するが、女房がそれを破り、夫に告げようとすると、猫が突然女房の喉笛に嚙み付き殺すという昔話。岡山市の例は、山寺の飼い猫が和尚の留守に手拭をかぶり、「こちの和尚さんを、いつとろか、おひゃりこ、ひゃり、ひゃり」と踊り狂っているのを飯炊き爺が見つける。和尚が猫を問い質すと、飯炊き爺を取るのだという。爺が病気で死んだので猫に取られないよう棺に入れ、七条の袈裟を掛けて葬式をし、埋めた上から大石を置いたが、それを跳ね返して死体は取られてい

たという。また、岡山県阿哲郡の猫神の祠の伝承は、爺婆の前で芝居をして見せた猫を恐れた二人が、翌朝叩き殺そうとすると猫は山中の岩屋へ逃げるが、人が入り口の番をしているうちに成長して出られなくなり、ついに死ぬ。やがて猫神としてまつられたといい、伝説化している。この猫神は人に障り、呪いのためにこれを頼むこともあるという。「猫の秘密」のような「猫と南瓜」につながる話もある。猫が踊りや浄瑠璃や芝居、時に忠臣蔵や義経東下りを演ずるなど、芸能的な演技力を強調するところにこれらの昔話の一つの特徴があるといえる。そこにはかつての農村における芝居興業や地芝居などの盛んだった時代の反映があり、また門付芸人などの頻繁な往来もあったのであろう。一方、これらの猫にまつわる怪異譚的な話の伝播には、葬制にまつわって猫の怪異を語る旅の宗教者やその芸能化した者たちのかかわりがあったものであろう。

参考文献 大木卓『猫の民俗学』、一九七五、福田晃「猫檀家の伝承・伝播」(『昔話の伝播』所収、一九七六)
(松本 孝三)

ネゴヤ ネゴヤ 丘陵・台地・段丘などを利用して築造した中世地方豪族の居館の縁麓に、その隷属者の住居を人為的に集中させて形成した集落。また、この集落を示す地名でもある。根小屋とも書く。城砦は、居館の背後となる山上に置かれることが多かった。豪族と隷属者により形成されたこのような集落は豪族屋敷村とよばれ、根小屋のほか、根岸・箕輪・堀ノ内・館・屋形・構・要害・寄居・土居・山下《さんげ》なども豪族屋敷村の存在を示す関連地名である。このうち根小屋はまた根古屋・根古谷・根興野などとも表記され、関東地方を中心に東日本に多く分布する地名である。根小屋の小屋は、豪族の屋形または殿に対する小屋の意との見解がある。根小屋集落は、室町時代から戦国時代にかけて形成された。戦時には武士は山城に集結するが、平時には農民・職人・商人とともに武士も麓の根小屋に居住した。城下にこれらの人々が集住する状況にみるように、根小屋集落は近世城下町の前身ということができる。ただし、中世の豪族屋敷村数は関連地名の分布からみておびただしい数にのぼり、このことから、個々の城館が直接支配する領域はごく狭小であったとみなされる。神奈川県津久井郡津久井町の根小屋集落を例にとると、標高三七五メートルの山上に城砦、その山麓部の標高二一〇メートル付近の小平担地に豪族の居館があり、さらに一段低い標高一九〇メートル内外に本根小屋とよばれる集落がかぎ型に折れる道路に沿って発達、典型的な根小屋集落の景観を示している。 →ネギシ →ヨリイ

参考文献 柳田国男「地名の研究」(『柳田国男全集』二〇所収、一九九〇)、籠瀬良明「中世の豪族やしき村」(浅香幸雄編『日本の歴史地理』所収、一九六六)、菊地利夫『日本歴史地理概説』、一九八四
(小口 千明)

ねしょうべん 寝小便 睡眠中、本人の自覚なしに尿のほぼ全量を排出してしまう現象。遺尿症・夜尿症ともいう。尿失禁とは異なり、膀胱機能は正常である。最も多い型は、親が排尿の習慣をつけようとして幼児に昼夜を問わず排尿を強制し、遺尿が習慣性になったものである。また弟妹ができて親の愛情を独占できなくなった子供に見られるように、生活環境に対する欲求不満が成因となるものも少なくない。一般的な注意としては下腹を冷やさないようにすることぐらいで、治りにくい病気であった。このため、火遊びをすると寝小便をする、といって子供の躾にも利用された。民間療法として祈願や呪《まじな》いが行われ、民間薬にも呪的なものが多かった。各地に見られる療法は、ネズミ、赤イヌ、ニワトリのとさか、アカガエルを焼いたり、黒焼きにして食べさせたり、銀杏を食べさせたりした。その他、牛、豚、猪、狸、イタチ、ムササビ、モグラ、鳥、カワセミ、イシガメ、イモリ、フカ、蜂の巣、シジミ、ハマグリ、ナメクジ、ミミズ、ナマコ、ニンジン、ニラ、ニンニク、リンゴ、カリン、アサガオの実、柿のヘタ、松葉、甘草、イタドリの根、アザミの根など枚挙にいとまがない。このように民間薬の種類が多いことは確実な治療法がなかったことを示している。第二次世界大戦前の家庭医学書でも、寝小便の原因は不明で叱るとかえって悪く、困った病気だとほとんどお手あげの状態であった。灸も有効とされたが効果は不明である。
(吉岡 郁夫)

ねずみ 鼠 鼠は人に管理され、飼育される家畜ではない。しかし家鼠は人と共生しているので、ふつうの野生動物とも異なる。しかも家鼠と野鼠は、日本人の心のなかでは充分には分別されず、鼠一般が穴居性の動物と思われてきた。鼠は食物・蚕・農作物などを荒らす。また異常大発生をして、通過した野山田畑に甚大な被害をあたえる。大発生をした鼠は、最後には海に突入して溺死するが、近隣の島に泳ぎつくこともある。このような行動を背景にして、鼠にかんする多様な民俗がうまれた。大発生の場合を含め、有害な鼠に退散を願うために、祠が営まれることがあった。静岡県富士宮市の子の神はその一例である。大発生が示す多産の印象は、「鼠の嫁入り」系の昔話に反映され、さらにこれに関連して、正月になると家鼠に餅を供える民俗が成立した。信州では「鼠の年取り」、伊豆諸島の八丈島で「嫁御祝い」、長崎県の五島で「鼠の年玉」とさまざまな名称でよばれているが、内容的にはそう違わない。南西諸島においては、海から流れ着く鼠を、海のかなたの他界から生命と幸福をたずさえて到来する使いとみなす信仰が行われている。日本中央部でも、鼠を福神として、家に居つくことをむしろ歓迎する土地もある。一つには、共生する鼠の存在は、その家における食物の潤沢、ひいては富裕の証明とする理解があったのだろう。鼠が大黒の従者だという信仰も、たぶんこれに関係する。大黒と鼠との因縁については諸説あり、南方熊楠は、インドにおいてクベラの使いとさ

れた鼠が、日本に入って大黒と結びついたと主張する。あるいは鼠福神説は、南西諸島における鼠信仰の変形かもしれない。また『古事記』において大国主を鼠が救助する挿話と、大国―大黒の音通にもとづき、鼠の大黒従者説が強化された可能性もある。日本の中央部では、昔話の「鼠浄土」などで知られるように、鼠が住む他界を地下にもとめている。野鼠が地下に巣を作る事実がもとになった観念であろうが、柳田国男が唱えるように、これも南西諸島の海のかなたの他界が姿を変えて成立したのかもしれない。人は地中に埋葬されるので、鼠は死のイメージともつながった。古くは『源平盛衰記』『太平記』(十四世紀)における頼豪説話がある。頼豪は、三井寺の戒壇院造立の勅許を妨げた比叡山の僧をうらみ、鼠と化して延暦寺を襲った。近世後期になると、鼠をペットとして愛玩する習慣が始まり、他方その後足だけに履物をつけ、熱炉の上を踊らせたりする見世物が興行されることもあった。そしてこの延長線上に、現在の医学・生物学・心理学における実験動物としての鼠を位置づけることもできよう。その他鼠の糞を医療に用いたり、乳歯から新歯へ生え変わるとき鼠の歯にかんする唱えごとをしたり、鼠関係の俗信は非常に多い。これも鼠が人と共生する動物だからだろう。

参考文献 柳田国男「鼠の浄土」(『柳田国男全集』一所収、一九六八)、大内恒『鼠』、一九四四、南方熊楠「鼠に関する民俗と信念」(『南方熊楠全集』一所収、一九七二)、長谷川恩『ネズミと日本文学』、一九七九、同『ネズミと日本人』、一九八六 (中村禎里)

ねずみじょうど 鼠浄土 正直爺の幸運を、隣の欲深爺が真似て失敗する隣の爺型の昔話。囲炉裏端の鼠穴に落ちた団子のお礼に、爺を鼠の家に招待する。目をつぶり尻尾につかまっていると、鼠の立派な家に着く。そこで大勢の鼠が、「孫ひっこ(曾孫)やっしゃご(玄孫)、ぞんぞりご(曾々玄孫)の果てまでも、猫の声ぁ聞きでねぇ、テッタンパッタン、テッタンパッタン」と餅搗きをしている。爺は御馳走の後、餅をたくさん土産に貰って帰る。隣の爺はこれを聞いて、真似るが「ニャォーン」といってしまう。すると辺りは真っ暗になり、出口を求めて必死で土を掻いているうちにモグラになってしまう。明暗のはっきりした昔話で、全国的に報告例が多い。団子の行方を追って穴の中に入ると地蔵がいたとする「地蔵浄土」とは同じ構造であるが、「鼠の餅搗き」が「鬼の博奕打ち」に入れ替わっている。鼠浄土の昔話の原形を、大《おお》国主命《くにぬしのみこと》の根の国訪問譚とする説もあるが、『古事記』には「鼠の餅搗き」の条がない。鼠の土産に銭や小判、宝物といった例も多いが、それよりも搗いた餅や米の方が本来的のように思われる。柳田国男は、鼠の住む国とされる根の国を地下の世界と固定せずに、南島のニルヤ、ニライカナイなどの海上の国と同じものととらえ、ニルヤが稲を繁茂させて人間の力と幸福を、豊かにするとし、そのニルヤの神のミサキの機能を鼠が担っていると説いている。鼠浄土の鼠と米(餅)とのつながりの説明として説得力がある。

参考文献 柳田国男「海上の道」(『柳田国男全集』一所収、一九六八)、五来重『鬼むかし―昔話の世界―』(『角川選書』二〇九、一九九一) (花部英雄)

ねずみのとかい 鼠の渡海 九州島原地方に見られる果無し話。ひどい飢饉の年に長崎に住んでいる鼠は、薩摩にでも行けば食物があろうかと、舟を仕立てて不知火の海へ漕ぎ出した。途中で長崎へ行けば食うものがあろうかと舟に乗って来た薩摩の鼠に出会う。双方の舟の鼠が声をかけ合って、どちらも渡って行く甲斐もない、死んだ方がよいと、長崎の鼠が一匹チュウチュウと泣いてドンブリ、薩摩の鼠がチュウチュウ、ドンブリ…。昔話の形式譚としての果無し話を見れば、鼠が大きな米蔵の破れ穴から米一粒をくわえて、チュウと現われ、また一匹が米一粒くわえて、チュウと現われる話もある。鼠のかわりに蛙・蚤・虱などが、果無し話に登場することにもなり、昔話の語りを豊かにした。果無し話を持ちだすことは、今夜の語りの終了を予告することであるだけでなく、凶年に遠い島から鼠が海を渡ってくるという、歴史の一端が語られており、それを聞き手の子どもへ笑いの中で伝えようとしているのだろうと、柳田国男は指摘している。加えて異国の文化との出会いをも意味しているという。 →鼠《ねずみ》 →果無し話《はてなしばなし》

参考文献 柳田国男「昔話と文学」(『柳田国男全集』八所収、一九九〇)、武田正『昔話漂泊』、一九九四 (武田正)

ねずみふたぎ 鼠塞ぎ 関東地方の一部に見られる麦作の播種儀礼で、ネズップサゲなどともいう。麦播き終了の祝いで大福餅や牡丹餅、饅頭などをこしらえて神仏に供えて家族で食すほか、囲炉裏の灰で焼いた焼き餅を麦をまいた畑の四隅に埋めることもある。焼き餅・焼き饅頭のように焼いたものを畑に供えるのが、麦の播種儀礼の特色の一つで、稲作儀礼における焼き米などに対応するものであろう。鼠よけとの伝承がある。

参考文献 大舘勝治『田畑と雑木林の民俗』、一九九五 (大舘勝治)

ねっき ねっき 先を尖らせた棒、または鉤形の棒の一端を尖らせたものを、柔らかい地面に交互に打ち込んで相手の棒を倒して勝負を争う遊び。主として男子の遊びで、倒した棒を自分のものにできるので、獲得した棒の数の多さを競った。全国的に分布しており、その呼称も多様で、関東ではネッキ、ネンボウ、北陸から九州の日本海側ではネンガラと呼ぶところが多い。このほかネックイ、ネンギなどと呼ぶところもある。愛知県知多半島ではこの遊びをネギゴトといい、棒をネギという。古くは念ずる木・祈願する木という意味で神事として神占などに用いられた木であったと考えられている。兵庫県有馬の唐櫃神社ではネングイという神事があり、石川県鳳至郡門前町では鎮守の祭の日の遊びであったという。ま

た、九州天草島では山の神の祭の日の遊びであったという。のちには信仰的な意味は意識されず、その技術的な面に興味が移り、地面に棒状のものを打ち込む点を維持しながら、さまざまな規則のもとにその技術を競う遊びを生んだ。また適当な木の棒を入手することが困難になるに従い釘なども用いられるようになった。釘を用いるためクギサシなどと呼ぶところもあり、釘を地面にさす遊びは近年まで行われた。秋の収穫の済んだ水田や、雨上がりの庭などで男の子供たちが釘を交互に打ち込みあい、その跡を渦巻き状につないで結び、相手を閉じ込めてしまうような遊びも生まれた。

参考文献 柳田国男「こども風土記」(『柳田国男全集』二三所収、一九九〇)　(倉石　忠彦)

ネドガエリ　ネドガエリ　伊豆諸島の利島において夫婦が婚舎であるネド、もしくは嫁の生家へ帰ること。利島ではかつて男女別々に泊まり宿が存在した。若者の宿はムラに一ヵ所であったが、娘のネドは複数あり、あらかじめ頼んでおいた島内の適当な家をネドにあてた。利島の婚姻はいわゆる足入れ婚に含まれ、配偶者の選択は若い男女の意志に委ねられていた。婚姻は嫁が普段着で聟家を訪問して聟の親と対面する、ヨメニギリと称される簡素な儀礼で開始される。以後嫁は毎日早朝から聟家の仕事をして食事も聟家でとる。しかし夜には聟とともにネドへ帰る。これをネドガエリという。すなわち婚姻開始以後もネドが婚舎にあてられる、いわゆる寝宿婚の形態をとった。やがて初子の誕生を契機として、婚舎はネドから嫁の生家へ移される。そして聟の親が隠居屋へ移り、嫁が名実ともに主婦となる機会に婚舎は聟家へ移された。すなわち利島では、かつては婚舎が三段階にわたって移動したのである。この時まで夫婦は、たとえ子供ができても、ともに毎夜嫁の生家へ帰り、また嫁の一切の財物も生家に留め置かれた。親子二世代の夫婦が同居を忌避する慣習が伊豆の他の島々にも増して強かったことがうかがえる。ところが利島では大正中期ころにネドが消滅し、以後夫婦は当初から嫁の生家を婚舎とするようになった。しかし夫婦が毎夜嫁の生家へ帰ることをなおネドガエリとよんだ。つまりネドが存在した時代の呼称がその消滅以後も使用されたのである。

参考文献 大間知篤三「伊豆諸島の社会と民俗」(『大間知篤三著作集』五所収、一九七九)　(八木　透)

ねのかみ　子の神　十二支の北方にあたる子を神格化したもの。子の権現ともいう。関東地方では子の神をまつる鎮守や小祠、子の神の神号を刻んだ石造物などが多くみられ、なかでも埼玉県飯能市の子の権現は著名である。子の権現の開基である子の聖は、八三二(天長九)壬子年子月子日子時に紀伊国天野郷(和歌山県)で生まれたところから名付けられたといい、干支の子にちなむ信仰であることを物語っている。その子の聖が比叡山や出羽三山で修行を積んだのち、現鎮座地付近で休息したところ、悪鬼が現われて猛火を放った。すかさず、聖が祈禱すると天竜が出現し、法雨を降り注いで鎮火し、十一面観音に変じて岩窟に消えた。聖はこの地にとどまり、天竜をまつる草庵を結んだが、一〇一二年(長和元)に没し、弟子の恵聖によって子の権現としてまつられたという。この伝説は子の権現の別当寺である天竜寺に伝えられるもので、荒唐無稽な内容であるが、子の権現が天台系修験道と深い関係にあることなどがうかがえる。子の聖が修行したという聖地は神奈川県伊勢原市栗原の山中にもあり、子の聖の伝説と子の神信仰が修験者によって伝播されたことが知られる。飯能の子の権現は火伏せや足腰の病に効験があるとして広く信仰されているが、とりわけ後者は関東地方の子の神に広くみられる信仰で、病気が治癒すると新しい草鞋を奉納する習俗を伴う。なお、子の神には石神を本尊とする例が多い。

参考文献 加藤章一「子ノ聖と天竜寺」(『仏教と民俗』四、一九五九)　(時枝　務)

ねはんえ　涅槃会　二月十五日の釈迦入滅の日に営まれる法会。涅槃忌・仏忌・常楽会ともいう。所依の経典は『大般涅槃経《だいはつねはんぎょう》』や『仏般泥洹経《ぶつはつないおんぎょう》』であり、涅槃図の図像もこれらの経典による。釈迦最後の言葉を記したという『遺教経《ゆいきょうぎょう》』をよむところから遺教経会ともいう。インドでは早くからこの法会があったようであるが、釈迦の死を悼むというより、涅槃すなわちニルヴァーナに入り、業の断ち切れたことを理想として尊ぶ意があった。初期は涅槃はストゥーパで表わされていたが、仏像が出現するに及んで釈迦の涅槃像や涅槃図は多く作られ崇められた。中国では二月十五日を仏忌として『遺教経』を読むことが行われた。日本では八〇四年(延暦二十三)石山寺に始まるとされているが、これより前の七六六年(天平神護二)興福寺に涅槃図があったとされる。平安時代に入ると源信が涅槃講式を、鎌倉時代に明恵が四座講式を作り、涅槃会で読誦した。涅槃図は和歌山金剛峯寺の一〇八六年(応徳三)のものが現存では古い。釈迦が仰向けに横たわっているが、鎌倉時代以降は横向きになっている図が多くなる。現今の涅槃会としては京都東福寺・善光寺の御《お》会《え》式、興福寺の常楽会、嵯峨清凉寺の御松明が有名である。民間でもこの日、仏壇に小さな涅槃図をかかげ、涅槃団子を作ったり、ヤショウマ(痩せ馬)という藁の馬を作ったりする。この日より涅槃西という春風が吹くとして、農耕開始の合図としている。

参考文献 元興寺文化財研究所編『涅槃会の研究』、一九八一、中野玄三『涅槃図』(至文堂「日本の美術」二六八、一九八八)、宮治昭『涅槃と弥勒の図像学』、一九九二　(坂本　要)

ネフスキー　Nevskii, Nikolai Aleksandrovich　一八九二―一九四五　ニコライ＝アレクサンドロヴィッチ＝ネフスキー。ロシアの東洋学者。ヤロスラブリ市生まれ。ペテルブルグ大学で中国語・日本語を専攻、当時未知の言語とされていた西夏語の研究家イワノフを知る。一九一五年(大正四)、二年間の日本留学を実現し、東京で柳田国男、金田一京助、折口信夫らの知己を得、特に柳田には、「唯一の師」として傾倒する。一九一七年、祖国ロシアにおける社会主義革命勃発のため帰国の機会を失い小樽高商、大阪外語大学でロシア語の教鞭をとりつつ、オシラサマなど東北の民俗や、アイヌ語、台湾の山地民族の言語の調査研究を続ける。柳田の薫陶もあって沖縄の民俗・言語の研究に興味を持ち、特に宮古諸島に強い関心をよせる。一九二二・二六年に宮古諸島の民話・言語について現地調査をしている。宮古の多良間島(宮古郡多良間村)では、ネフスキーが島に来てすぐに多良間方言で挨拶をしたという彼の語学力と宮古によせる愛着を示す伝承が残っている。一九二九年(昭和四)、故国に帰りレニングラード大学で日本語を教えながら、西夏語の研究に没頭するが、一九三七年当時吹き荒れた「粛清」の嵐のなかで逮捕され、一九四五年、五十二歳の若さで没した。一九六二年、西夏語研究への貢献に対してレーニン賞が与えられる。沖縄の民俗・歌謡などについての論文を集めた『月と不死』(岡正雄編、一九七一)がある。

参考文献 加藤九祚『天の蛇』、一九七一

(比嘉 政夫)

ねぶた ねぶた 旧暦七月七日の七夕の行事。この日の朝にネブタ流し・ネムタ流しなどといって川に笹飾りやネムノキを流す行事は東北地方や関東地方を中心によくみられる。このとき「ネブタ流れろ、マメの葉とどまれ」などと唱える。中には燈籠を流すところもある。これは夏季の睡魔を払う眠流しの民俗行事に災厄を払うための人形流し、盆の精霊送りである燈籠送りなどが習合したものと考えられている。燈籠祭の形態は北東北に多く、秋田県鹿角市毛馬内の切り子燈籠、同花輪市の角燈籠、同能代市の屋台燈籠のほか、青森市の人形燈籠や青森県弘前市の扇燈籠は特に大型で美しい。現在青森ねぶたでは八月二―七日、弘前ねぷたでは一―七日の夜、賑やかな囃子やかけ声で街を練り歩く。七日をナヌカビといい、早朝からネブタを出し川に流したが今はほとんど行われていない。青森では七日の晩にネブタを船に乗せてみせる海上運行を行なっているが、これはネブタ流しの名残ともいえる。青森県ではねぶたの名称は行事の総称であり、燈籠自体の名称ともなっている。青森でねぶた祭、弘前でねぷた祭という名称を用いるようになったのは行事が観光化してきた一九六〇年代から確定したもので、それ以前は双方で両方の名称を併用していた。弘前藩の『御国日記』の一七二二年(享保七)七月六日の記事に藩主が城下のネブタを見物したとあるが、同文中に「禰ふた」「禰むた」双方の名称が用いられている。青森ではネブタの起源を坂上田村麻呂がネブタを作って蝦夷をおびき寄せ討ったという伝説に結びつけた考えが根強く残っている。

参考文献 『東北の歳時習俗』(「日本の歳時習俗」、一九七五)、藤田本太郎『ねぶたの歴史』、一九七六、高橋秀雄・成田敏編『祭礼行事青森県』(「都道府県別祭礼行事」、一九九三)

(成田 敏)

弘前ねぷたの扇燈籠

青森ねぶたの人形燈籠

ねま 寝間 ⇩納戸《なんど》

ねまき 寝巻 寝るときに身にまとう衣服。寝衣《しんい》。古くは常着との兼用であった。庶民の寝床はその多くが敷藁の上に筵や茣蓙を敷いた万年床であり、その上で常着の袖を脱ぎ体にまとって寝たのである。東日本で用いられた袖付きの夜具は、着物をそのまま寝衣としていた古風の名残であり、これには丹前・褞袍《どてら》・搔巻・夜着・夜衾《よぶすま》・夜かぶりと呼ばれるものがある。いずれも夜の寒さを凌ぐ着物として作られ、形態は長着を幾分か大きめにしたもので中には綿を入れる。秋田県で用いられた夜衾は、中に苧屑、ぼろ布、蒲《がま》の穂、鳥の羽根を入れ、これらをワタと称した。また、岩手県では木綿布を何枚も厚く縫い重ねたものを夜衾という。夜具を指してネマキと呼ぶところは関東地方や新潟県などに多く、かつて夜具を寝巻ととらえていたことがわかる。このように寝巻は、古くは掛布団と一体化したものであり、布団と寝巻とが分離されたのは近年のことである。布団から独立した寝巻は、そのはじまりには着古した木綿の長着を下ろすことが多かったが、のちに浴衣が一般化し、防寒用に綿ネルも用いられるようになった。第二次世界大戦後には、衣生活の洋装化に伴って寝衣にも若い者を中心にパジャマが普及していった。パジャマはヒンズー語で長袴を意味し、その起源は古代フン族が用いた乗馬用の長ズボンにあるとされる。のちにインドへ伝わり、十九世紀ころからはイギリスで寝衣とする習慣が広まった。

参考文献 瀬川清子『きもの』、一九七二、奥平志づ江『衣生活と社会—家政学衣生活教本—』、一九九五

（宮本八恵子）

ねむりながし 眠流し ⇩ねぶた

ねやど 寝宿 未婚の若者や娘たちが寝泊まりするための施設を指す総称。一般には若者たちの宿は若者宿、娘たちの宿は娘宿と称される。これらの呼称は、寝宿も含めてすべて学術用語であり、いわゆる民俗語彙としては、トマリヤド、ワカモノヤド、ヨナベヤド、ワカシュウヤド、ニセヤド、ヘヤ、コヤド、ネド、ネンヤ、マワリヤド、ヤガマヤーなど各地域においてきわめて多くの呼称が聞かれる。寝宿は村内のだれかの家の一室を借りてそこへ寝泊まりに行く場合と、作業小屋やムラの会所などの独立した家屋を宿にあてる場合とがあるが、後者は若者の寝宿に多く見られる形態で、娘の寝宿はだれか信頼のおける主人のいる家を借りる場合がほとんどである。寝宿は古くは日本の広い地域で見られた民俗であった。どちらかというと西南日本の海に近い地域に多く見られるが、東北日本や内陸地域にも広く分布している。寝宿は近年は徐々に衰退し、特に娘の寝宿は若者たちの宿に較べて早くに消滅した。寝宿は原則的には男女別々に存在した。稀には男女同宿の場合もあるが、それは本来の寝宿の機能が崩壊した特別な例であると考えられる。寝宿にはほぼ同世代の者たちが複数で寝泊まりし、その人数は地域によって異なり、二、三人という場合から多い場合は十数人が一緒に泊まるという例もある。成人儀礼前の子供が宿へ出ることはなく、成人儀礼を経て寝宿へ泊まりに出るようになり、婚姻によって宿を退くのが通例である。しかし寝宿婚とよばれる婚姻のように、稀に婚姻後も夫婦がしばらくの期間寝宿に寝泊まりするという例も見られる。しかし基本的に寝宿とは、成人儀礼を経た男女が婚姻まで、家族から離れて同世代の者たちとの共同生活を営むことを目的としたものであるといえる。寝宿は、若者の宿では一人前の村人になるための修練や経験の場となり、また娘たちの宿では、夜なべ仕事をしたり宿の主人から裁縫などのさまざまな手仕事や、結婚生活の智恵などさまざまな躾を習うということもあるが、特に明確な目的を持たずに、単に仲間と自由な会話をしたり遊んだりするという例も多い。何よりも寝宿の果たした重要な役割は、娘の寝宿が若者たちのヨバイの対象となったことである。特に若者仲間の結束が比較的強固な地域では、村内の男女の恋愛と婚姻は若者たちの監督下におかれていることが多く、未婚の男女は自由な意志で未来の伴侶を見つけ、寝宿をその恋の舞台として利用した。その意味で寝宿は婚姻の媒介としての機能を濃厚に有していたのである。たとえば伊豆三宅島では、昭和初期には、娘に初潮があるとハツヨゴレまたはハツカゴといい、鮨などの御馳走を作って盛大に祝い、また村の若者たちにもふるまった。三宅島には村内にたくさんの娘の寝宿があり、娘の親は寝宿親のしっかりした家、あるいは本人の好む家に頼んで娘を泊まりに行かせた。若者たちの宿もあったが、ここに泊まるのは一年のうち一晩か二晩だけで、あとはほとんど娘の寝宿へ泊まりに行ったという。寝宿親は若者たちの往来に常に注意し、娘との恋の顛末を婚姻に至るまで温かく見守りながら、時には厳しく説教をすることもあったという。ゆえに寝宿で結ばれた夫婦は生涯仲むつまじかったといわれている。このように、宿親は宿子のよき相談相手となり、実質的な仲人役を務めるという例も見られた。寝宿で寝泊まりする若者や娘と宿の主人とが、寝宿を退いた後も生涯親しくつきあい、いわゆる擬制的親子関係を結んで後々までオヤとコの関係を維持するという例も多い。また同じ寝宿に寝泊まりする仲間をヤドホーバイなどといい、親兄弟にも話せないさまざまな悩みを相談できる仲間として親しくつきあう。また宿を退いた後も、生涯兄弟姉妹同様の関係を続けるという例もある。

↓若者宿《わかものやど》 ↓宿親《やどおや》・宿子《やどこ》

参考文献 有賀喜左衛門「日本婚姻史論」（『有賀喜左衛門著作集』六所収、一九六八）、瀬川清子『若者と娘をめぐる民俗』、一九七二、大間知篤三「寝宿婚の一問題」（『大間知篤三著作集』二所収、一九七五）

（八木 透）

ねやどこん 寝宿婚 婚姻承認の儀礼を経た夫婦が寝宿を婚舎にあてる形態の婚姻。大間知篤三により、概念として設定された。寝宿はもともと未婚の男女のためのものであると考えられるが、中には夫婦が寝宿に寝泊まりするという事例も見られる。伊豆諸島の利島では、ヨメニギリという婚姻承認儀礼の後もしばらくの期間夫婦は嫁の寝宿を婚舎とした。やがて初子の誕生を契機に婚舎は嫁家へ移され、また聟の両親が隠居する機会に婚舎は聟家へ移された。山口県見島では、婚姻承認儀礼の後も嫁は聟の宿へ通い、初子の誕生と聟の親の隠居を契機に婚舎は聟家へ移された。見島では若者の宿が婚舎にあてられたのである。鹿児島県甑島では、聟方で行われるサンビャカレーという婚姻承認儀礼の後も、夫婦は初子の誕生まで嫁の寝宿を婚舎とし、聟の両親の隠居を契機に聟家へ移った。以上の典型的な寝宿婚の三事例ともに共通するのは、まず妻問婚の形態をとること、寝宿婚舎の期間は初子の誕生までであること、婚舎は最終的には聟家へ移されるが、その時に聟の両親が隠居することである。すなわち寝宿に寝泊まりする夫婦とは、戸主と主婦になったいわゆる既婚者ではなく、初子の誕生以前の、まだどちらの家にも帰属しない立場の夫婦であったことがわかる。妻問婚のような長期にわたって夫婦の関係を

徐々に定着させてゆく営みの中で、寝宿婚舎の期間は、その婚姻が最終的に確定するまでの一段階であり、またそれは聟の両親の隠居の時期が到来するのを待機している状態であったともいえよう。　→ネドガエリ

参考文献　有賀喜左衛門「若者仲間と婚姻」(『有賀喜左衛門著作集』四所収、一九六八)、大間知篤三「寝宿婚の一問題」(『大間知篤三著作集』二所収、一九七五)、八木透「寝宿婚と婚舎をめぐる民俗研究—大間知・有賀論争の再検討—」(『鷹陵史学』一三、一九八七)　（八木　透）

ねりくよう　練供養　当麻寺(奈良県北葛城郡当麻町)の二十五菩薩来迎会のこと。二十五菩薩が本堂と娑婆堂の間に架けられた橋の上を練り歩くので、練供養の名がある。現在は五月十四日に行われるが、かつては三月十四日であった。西方浄土に見立てられた当麻曼荼羅を飾る本堂と境内の娑婆堂の間に橋が架けられ、まず中将姫の輿を娑婆堂に安置して、練供養が始まる。本堂で法要の後、天童二人、二十五菩薩に観音・勢至・普賢の三菩薩が、娑婆堂に向かう。娑婆堂で三菩薩は中将姫の像内から、化身の宝冠阿弥陀像を取り出しそれを蓮台に載せて極楽である本堂に向かう。二十五菩薩も三菩薩に従って本堂に戻る。これは二十五菩薩が来迎して中将姫を極楽に引接《いんじょう》する様子を演じたものである。この来迎会は、菩薩の面の古いものには鎌倉時代のものがあるが、一九五八年(昭和三十三)から六〇年にかけての本堂解体修理の時、平安時代末の板光背や蓮台が見つかり、来迎会に使用されていたとみられることから、平安時代に菩薩が行道するような来迎会が始まったと見る説がある。一五三二年(天文元)の『当麻寺縁起絵巻』の末尾に踟《ねり》供養として来迎会の様子が描かれているが、橋はなく地面の上を娑婆堂へ練っている。このように来迎会で菩薩などが練り歩くのは伎楽や舞楽の行道や練行《れんぎょう》に由来する。練供養の呼び名は他の二十五菩薩来迎会でも使用する。

参考文献　元興寺仏教民俗資料研究所編『当麻寺来迎会民俗資料緊急調査報告書』、一九七五、須田蘄勝仁「当麻寺の迎講—擬死再生儀礼から来迎会儀礼へ—」(『尋源』三三、一九八二)　（坂本　要）

ねりよめ　練り嫁　熊本県玉名市の伊倉北八幡宮・伊倉南八幡宮でそれぞれ行われる、春秋の例祭神幸式(四月十五日・十月十五日)の練り嫁行列に出る着飾った女性。その年の節頭(頭屋)を出す地区の未婚の女性が花嫁姿で、稚児や節頭の妻とともに町内を練り歩く。北宮ではかつて節頭区の少女を若者が肩に乗せて宮に参るナカマツリという行事があり、また古くは練り嫁を肩に乗せ後ろから大団扇で煽いだともいう。人身御供の娘を食べる怪物を旅の山伏が犬で退治し、その感謝のために練り嫁行列が始まったという起源伝承がある。練り嫁は稚児や節頭の妻とともに、神幸行列における神のよりましとも考えられる。

参考文献　及川儀右衛門「筑紫野民譚集」(『日本民俗誌大系』二所収、一九七五)、『熊本県未指定文化遺産調査』三(『熊本県文化財調査報告』一四七、一九九四)　（村崎真智子）

ねんき　年忌　死後一定の年数を期して行われる死者の供養の儀礼で、原則として死没した月日に行われる。回忌ともいう。天皇の回忌は国忌とよばれた。この日に死者供養の仏事が行われる。一周忌(ムカワリ)・三回忌・七回忌・十三回忌・十七回忌・二十五回忌・二十七回忌・三十三回忌・五十回忌・百回忌とある。通常は三十三回忌で終るが、浄土真宗の地域では五十回忌、百回忌も行なっている。最終年忌を弔い上げといい、これ以後、仏事をすることはない。なお、一周忌をムカワリというのがきわめて一般的ない い方であるが、佐渡ではこれをアゲブツジといい、三回忌を本仏事といっている。持統天皇の死以来、天皇などの寺での年忌供養が制度化された。持統天皇自身の周忌の斎《とき》は奈良法華寺の西南の隅にある阿弥陀浄土院で行われた。そして、天武天皇の九月九日と天智天皇の忌日は廃務の日と定められた。ただし、奈良時代には年忌は一周忌で終った。平安時代の初めになると、墳墓や遺体を安置した喪屋の側に庵を作り三年間ほど祭祀をすることが起った。なかには廟を建ててそこに像を安置して死者をまつる者が出た。このような一部の例外を除いて一周忌とそれまでの月忌が一般的であった。青森県上北郡野辺地町での一周忌にサンモチ(算木形の餅を井桁に組んだもの)を作り、佐渡では一周忌をアゲブツジ、三回忌を本仏事というのも、古くは年忌が一周忌で終るものであったということを示すものであろう。石川県能登の珠洲郡直村(珠洲市)では法事を檀那寺に託すことを揚法事といい、資産の豊かな者のすることであった。経済力が出てくるとこのように法事が長びいていった。平安時代末になると個人的な追善としての遠忌が現われ、鎌倉時代になって三十三回忌が出てきた。四十九日から始まり三十三回忌に至る年忌のそれぞれに仏が配置された。これは十三仏信仰のあらわれである。なお、年忌の機会に墓石を建立することもあった。

参考文献　田中久夫「仏教と年忌供養」(『仏教民俗と祖先祭祀』所収、一九八六)　（田中　久夫）

ねんきぼうこう　年季奉公　一定の期限、すなわち年季を定めて奉公することで、給金や仕着せ(奉公中の待遇)などの条件を明確にして契約する雇用関係である。雇用期間によって、複数年限を決めての年季奉公、一年ごとの年雇《ねんやとい》、半年ごとの半季奉公、季節ごとの一季奉公などがある。もっとも一般的に行われたのは、農家での奉公であった。口べらしや現金収入の獲得などを背景としており年季奉公に出るのは、多くは同一村内の貧農の子弟で、比較的長期間にわたることが多いのが特徴である。多くの農地をかかえた主家側でも、安価な労働力は歓迎された。低賃金でしかも労働条件は厳しかったが、奉公人を準家族員として扱う意識のもとに行われた慣行で、長期の年季が明けると、分家として独立することもあっ

た。奉公の契約は、かつては顔見知りの関係によることが多かったが、時代が下がるにつれて遠方からの雇い人も増えるようになり、またそのための市も立つようになった。それと平行して、雇用期間も次第に短くなり、一年単位の年雇が増えた。しかし、こうした慣行は一九五五年(昭和三十)ごろには消滅した。職人や商人の技術習得方法としても、徒弟制度のもとでの年季による修業は、もっとも普遍的に行われてきた形態である。ここでの年季の期間は十～二十年前後が一般的であり、明治以降は、小学校終了後の十二、三歳ころから二十歳の徴兵検査までがその期間にあてられた。年季奉公にあたっては口約束のこともあったが、契約書を交わすこともあった。その内容は東京の床屋の場合、修業の期間を定め、期間中は無給で食費を払うこと、修業中はまじめに励むこと、途中で止めたり解雇された場合はその損害を支払うことなどを記し、本人・保護者・保証人の署名を必要とした。年季が明けると、さらに一年間をお礼奉公として、親方のところに留まって働くことが義務づけられた。その後、一人前の職人・商人として働き、条件が整うと暖簾分けを許され、独立することもあった。→お礼奉公《れいぼうこう》 →出《で》替《がわ》り →徒弟制度《とていせいど》

参考文献 竹内利美「奉公人・雇い人・徒弟」(『日本民俗学大系』四所収、一九五九)、遠藤元男『日本職人史の研究』三、一九八五
(三田村佳子)

ねんきむこ 年期聟 聟が定められた年限(年期)を嫁方に住み込みで働き、その年限をつとめあげて、はじめて嫁を連れ出し自分の世帯をもつ婚姻習俗。年季婿とも書く。この習俗はおもに東北地方に分布し、嫁方に住む年限に力点をおく三年聟・五年聟、嫁を連れ出すことに力点をおく帰り聟・出帰り聟、嫁方に労力を提供することに力点をおくかた奉公、あるいは奉公人のように手間賃を取る手間取り聟と呼ばれる習俗も同じものと考えることができる。大間知篤三は岩手県九戸郡山形村の年期聟について住み込み式の一時的聟入婚とした上で、この習俗が労役婚的性格をもつものとして紹介した。また、歴史学から見前村(盛岡市)の一八〇二年(享和二)の年季婿手形が紹介され、近代社会の理解を超越した婚姻契約と論じた。また、菅江真澄の一七九二年(寛政四)の紀行文『牧の冬枯』のなかで、田名部(青森県むつ市)における三年聟・五年聟の習俗を後見《うしろみ》の習俗として紹介している。聟が一定の年限嫁方に住み込んで労働力を提供することの意味をいかに評価するかについては学説が分かれている。第一は、本来は労役婚的な性格をもつもの、第二は、労働力の提供を奉公人契約に近いものとするもの、第三は、妻家の後見をしたのちに帰る習俗と理解するものに区分できる。これらの習俗は後見の機能と結びついて伝承されている場合が多いが、日本海側を中心として山形県庄内地方のアギタイ聟、山形・新潟県境のシュウトノットメ、新潟県南魚沼郡六日町の半分働きなどの習俗のように、婚姻習俗との関わりのなかで夫や妻(嫁)の労働力の帰属が問われる習俗が分布していることを考えあわせると、妻家方の労働力調達と婚姻が結びついた習俗として理解した方が年期聟習俗の意義をより明確にするであろう。

参考文献 大間知篤三「日本結婚風俗史」(『大間知篤三著作集』二所収、一九七五)、森嘉兵衛「手間取婿に就て」(『森嘉兵衛著作集』九所収、一九八三)、江守五夫「伝統的な婚姻制度」(『日本民俗文化大系』八所収、一九八四)、森謙二「カエリムコ(年季婿)習俗について」(大竹秀男・竹田旦・長谷川善計編『擬制された親子―養子―』所収、一九八八)、江守五夫『家族の歴史民族学―東アジアと日本―』(『日本基層文化の民族学的研究』三、一九九〇)
(森 謙二)

ねんぎょうじ 年行事 生活組織としての村落の運営のために一年交代で務めていく役職。年行司・年番などとも称する。年行事といえば、中世の博多における十二人の年行司の存在が有名であるが、民俗事例においては神社祭祀、特に宮座に関するものが数多く聞かれる。滋賀県野洲郡中里村大字八夫(中主町)の高木神社には四人の年行事がいて、これは以前のおとなが変化したものとされ、同県蒲生郡平田村大字上平木(八日市市)では社守のことをいう。また、大阪府中河内郡大正村太田(八尾市)の免田神社では宮座から出る神主と当屋を兼ねた当番がのちに当屋のみとなったが、これを年行事と称した。さらに南河内郡千早村大字中津原(千早赤阪村)の中津神社では神職制設置以前には氏子の家順による一年交代の年行事があり、境内の掃除のほか、毎月一・十三・二十三日に行われる月次祭には神酒・供物を献じていたが、その後は神職の手伝いや宮座の準備をするようになったという。このほか大阪府北河内郡山田村大字中宮(枚方市)の百済王神社では、神主を出した座の九人衆以下年齢順に三人の者を年行事と称した。このように、年行事の中には神主や当屋に近いものもみられるが、一般的にはこれらとは別に設けられ、神社の雑用をもっぱらとするものが多い。またのちの変化の中でその役割も大きく変わっていくものもあり、歴史的変化をふまえた上でみていく必要がある。→月行事《つきぎょうじ》

参考文献 豊田武「日本の封建都市」(『豊田武著作集』四所収、一九八三)、肥後和男『宮座の研究』(『肥後和男著作集』一期七、一九八五)
(政岡 伸洋)

ねんぐ 年貢 領主が領民から取り立てた年ごとの貢租のこと。荘園領主に納める年貢は、乃貢《のうぐ》・土貢・乃米と呼ばれた。田方の年貢は原則として米納であったが、のち銭納するところもあった。また、畑方は雑穀で納めた。近世の年貢は本年貢・本途物成《ほんとものなり》といい、検地帳に登録され石高に結ばれた田畑屋敷地に賦課された。このほか、高外地にかかる雑税で、郷帳に書き載せられて定納になっている野銭、山銭、林永、漁猟役、池・川・海役などの小物成や、年限があるものや臨時に賦課される運上・

冥加永などの浮役、付加税である口米・口永などを含めて広義に年貢ということもある。または小作料の別称としても用いる。本年貢の取り方には反取りと厘取りがあった。反取りは、田畑の地種ごとに反当りの取米(根取米)を決める方法で、凶作の場合には検見をして不作の田畑を畝引きし、残りの反別に根取米を乗じて取米を算出した。関東地方に多く行われた。厘取りは、あらかじめ決めた免率を高に乗じる方法で、凶作の場合は不作の田畑の高を引いて、残りの高に免率を乗じて取米を算出した。上方に多く行われた。生産力が安定した享保年間(一七一六―三六)には、過去五年から二十年の取米を平均して免率を決め、三年から十年の間、免率を一定にする定免法が行われた。さらに、十八世紀半ばには検地高と実際の生産力の上昇分を収奪すべく、検地高を無視して年貢高を決定する有毛検見法《ありげけんみほう》が行われた。年貢は米納が原則であるが、関東では田方は米納、畑方は永納といって銭で納められた。上方では取米の内、畑方にあたる三分一を銀納とした。また、米がとれない地域や米の輸送が困難な地域では、すべて貨幣で納入する石代納《こくだいのう》が行われた。

参考文献 大石久敬『地方凡例録』(「日本史料選書」一・四、一九六九)　(吉田ゆり子)

ねんぐむらうけせい　年貢村請制　江戸時代、村を単位として年貢・諸役を納入させる制度。戦国時代に発達した惣村の地下請《じげうけ》を淵源とし、共同組織である村の自立性を支配制度として取り込んだもの。年貢・諸役は、村高を基準とし(厘取り)、または村の反別を基準として(反取り)決定され、年貢割付状(免定)に記載して村宛に発給された。これに基づいて村役人は、個々の百姓に割り付け、村としてまとめて納入した。完済できない百姓の年貢・諸役も、村の責任で融通することが求められた。

参考文献 嶋谷ゆり子「幕藩体制成立期の村落と村請制―信州下伊那郡虎岩村を中心として―」(『歴史学研究』五四八、一九八五)、水本邦彦『近世の村社会と国家』、一九八七、勝俣鎮夫「戦国時代の村落」(『戦国時代論』所収、一九九六)　(吉田ゆり子)

ねんこう　年糕　中国の春節(旧正月)の食品の一つで、蒸し菓子、餅菓子の一種。中国各地にそれぞれ特色ある年糕があり、北京・山東など北方のもの、上海をはじめ蘇州・揚州地方など華中のもの、福建・広東の南方のものでは材料や味が異なる。米・麦・豆の粉いずれかが使用され、加熱方法も焼く・蒸す・油で揚げるなどと異なる。横浜中華街では、広東人が多いので広東年糕がよく知られるが、山東式の年糕もある。

参考文献 洪光位「飲食文化の中の中国糕点」(田中静一訳、石毛直道編『東アジアの食事文化』所収、一九八五)　(吉原　和男)

ねんこうじょれつ　年功序列　年齢が増すにつれて社会的地位が上がっていくしくみ。企業においても、年功序列という制度があるわけではないが、勤続年数が長くなり、経験をつむにつれて給与が上がり、地位が上昇していくという慣行がある。また学校においても同窓生を何回生とか何年卒業という卒年次で、序列づける慣行にもあてはまる。この年功序列の伝統は、基本的には「長幼の序」という言葉が示すように、年齢の上の者を尊重する伝統的な村落社会における習慣がもとになっている。人は村落社会に生まれ、そこの一人前の村人として生涯をおくることが理想とされ、その社会においては、本人の能力を基準とするのではなく、年齢を増すに従って地位を高め、権限を認めることが行われたのであった。近畿地方を中心に分布する宮座組織の構成には年功序列が顕著である。個人の能力や経済力に関係なく、その村で生まれた男子は年齢順に序列づけられ、神事のトウヤをつとめるなど、所定の役割を果たすことで、やがて、長生きした者が長老の地位につくのである。その他の能力や資質を考慮せず、すべての村人を年齢のみを基準として体系化させることが平等だとする価値観が表われているものといえる。これに対し、能力給や飛び級という考え方は、年齢を無視したものであるため、秩序を乱すものとして受け止められがちであった。しかし最近では年功序列は放棄される傾向にある。　→長老制《ちょうろうせい》　→年齢階《ねんれいかい》梯制《ていせい》　(関沢まゆみ)

ねんし　年始　本家や世話人になった家などに対してなされる年頭の挨拶のこと。年賀・年礼ともいい、その挨拶を受けることを年始受けという。元旦をはずして一月二日から七草ころまでにかけてなされるのが普通で、いわゆる寺の年始の行われる四日を忌む地方も多い。持参する年賀の品は関東地方の場合、半紙一帖に手拭一本が普通で、御年賀としたためた熨斗紙を巻く。商家などは得意先を回って扇子を配ったので、もらった側に溜まった扇子を小正月過ぎに集めて買い取る業者までいた。年始の客は座敷に上がって主人と新年の挨拶をかわし、屠蘇やおせち料理などをふるまわれるが、決して長居をするものではないという。多くの年始客の集まる家では、いちいちそれもやっていられないので、門礼といって略式に戸口で挨拶を済ませたが、さらにそれを簡略化して名刺受けのみで済ませたりするようにもなり、今日の年賀状の交換もそこから発したものだといわれる。門礼の場合、米・餅・コンブ・串柿・エビ・田作り・数の子・橙・勝栗などの縁起物を盆や鉢に盛り、ユズリハ、ウラジロを飾ったものを玄関先に飾る風もよく見られ、手掛け鉢・蓬萊飾り・喰積《くいつみ》などと呼んだ。年始客はそれをすすめられると、一つつまんで食べる真似をするのが通常である。神奈川県下では村年始・回礼・字礼《あざれい》などといって、集落内の全戸を一軒ずつ世帯主が巡回して新年の挨拶をかわす所もある。埼玉県下や山梨県下ではセチ(節)、オオバン、コヨビ(子招び)といって、松の内中に本分家・親戚一同が本家に集まり、合同で挨拶をかわして新年会を催す例がよく見られる。そのもともとの形は、大晦日から元旦にかけて分家が本家に集まって年籠りをする、

いわゆるカドアケ、カドビラキの儀式と思われ、それが年始の古い姿であったようである。（長沢　利明）

ねんだいりょういきげんり　年代領域原理　アメリカの人類学者C・ウィスラーの提唱した文化史復元の方法論。最小の文化要素を文化特性と呼び、文化は諸特性の複合によって成り立つ複合体だとする。文化特性を地図上に投影させて分布図を描くと、特性が高い密度をもって集中する地域と、密度が次第に薄くなる同心円的な辺縁部とに分けられる。したがって文化には分布密度の濃い文化中心と、次第に薄くなる辺縁部とがある。このような分布を示すのは、第一に文化特性が起源地から全方向に等しく拡散伝播する傾向があるからであり、第二に文化特性が広く分布しておれば、より狭い分布の特性よりも古い年代に起源地から拡散伝播したと考えられるからである。そして第三に特性分布の最も薄い辺縁部には別の文化特性が認められ、別の特性は別の文化中心から波及したものと考えられる。したがって特性の混合した辺縁部を境界として、いくつかの文化領域が設定できる。とすれば同一文化領域内において、文化特性の最も薄い辺縁部から分布の最も濃密な文化中心部へと、文化の発展過程が復元できるはずである。ウィスラーはこのように考えて、文化特性の分布状態から各文化領域の文化史復元をめざそうとした。かれの年代領域原理の提唱は『アメリカ・インディアン』(一九一七)においてだったが、この原理は柳田国男が『蝸牛考』(一九三〇)で唱えた方言周圏論ときわめてよく似ている。その後日本民俗学で「民俗にみられる近くの不一致と遠方の一致」、すなわち民俗周圏論にまで議論が及んだ経緯を考えると、日本民俗学理論史の復元にあたって、年代領域原理は欠かせぬ存在である。↓文化複合《ぶんかふくごう》　↓文化領域《ぶんかりょういき》

参考文献　佐々木高明「アメリカにおける民族地理的研究の発達」(今西錦司・姫岡勤・馬淵東一編『民族地理』上所収、一九六五)、岩田慶治「文化と地域―文化領域説の展望―」(同)、久武哲也「文化地理学学説史」(大島襄二・浮田典良・佐々木高明編『文化地理学』所収、一九八九)（渡邊　欣雄）

ねんちゅうぎょうじ　年中行事　㈠一年ごとに、同じ日もしくは、暦によって決められた日に繰り返される一連の行事。多くは儀礼や式典を伴う。暦が日本に入ったのは六〇二年(推古天皇十)とされるところから、暦の上の日を決めて行事が行われたのはこれ以降と考えられる。六〇六年「自是年初毎寺、毎年四月八日、七月十五日設斎」、六一一年「夏五月五日薬猟於菟田野」などの行事が『日本書紀』に初見する。以降正月七日の宴、十七日の射《じゃ》礼《らい》、三月三日の曲水の宴などが順次行われるようになる。正月七日の宴はのちに白馬《あおうま》の節会《せちえ》とされる行事である。『養老律令』(七一八)の雑令の中に「正月一日、七日、十六日、三月三日、五月五日、七月七日、十一月大嘗日を節日と為(せ)よ」(原漢文)とあり、この七日が行事の日として定められた。宮廷の年中行事は天智・天武天皇によって、おおよそが形作られ、天平勝宝年間(七四九―五七)には確定したが、平安時代になると『弘仁儀式』『貞観儀式』『延喜式』と儀式が細かく規定され、饗宴性も強まり宮廷年中行事は完成する。年中行事の語は漢語にはなく、平安時代以前の文献には、歳時・歳事・四時・月令などの語が散見する。年中行事の語が用いられたのは年中行事障子からとされる。これは平安時代以降現在まで宮中で執行されているもので、その年に行われる年中行事を月日を追って書いた衝立を置き、告知するものである。平安時代には清涼殿の上戸《かみのと》の前に立てた。『年中行事秘抄』の殿上年中行事障子事に八八五年(仁和元)にこの障子を立てることを始めたとある。年中行事はこのように宮廷の公事としての意味で使われた。宮廷年中行事は正月・新嘗祭などの古来の行事をとりいれているものの、その基本は中国の隋や唐の皇帝儀礼を範として、暦の知識を媒介に陰陽道の影響が色濃く出ている。それに仏教行事や神社の祭礼および民間の行事をいれて構成されている。しかし、この時代それぞれの摂家や寺社でも年中行事が形成され、それぞれの公私の年中行事が存するようになる。

一方、民間ではこのような公の暦ができる以前から月の満ち欠け、季節の移ろい、作物の成育にあわせて行事や儀礼が展開されていたと考えられる。たとえば月齢の朔月と満月にあたる一日、十五日をもの日(モンビ)として休み日とする風習、これは神を迎える物忌の日からきているとされる。さらに一日・十五日の中間の日の八日や二十三日に祭や講が集中するのも月の満ち欠けを基準とした行事の取り方を表わす。山の降雪や雪解けによって季節をはかる方法もあった。各地にある駒ヶ岳の名称も山肌の残雪や雪解けした部分の模様が馬の形をしているからで、相対的な季節を知る方法であった。このように現行の民俗にみるような暦を用いない月日の数え方、それにそった行事があったとされる。農耕儀礼は作物の成育にあわせた儀礼であるが、民間の年中行事の多くは、この農耕儀礼とくに稲作の農耕儀礼によって構成されている。正月は作物の豊作をあらかじめ祝う、予祝《よしゅく》儀礼とみる。小正月の物作りや餅花が好例であるが、この時に豊穣をもたらす性的儀礼も集中する。男女双体像であった道祖神祭などがそれにあたる。春の行事の多くはサオリという田の神迎えに解釈される。天道花といって山に花をとりにいく行事や、卯月(四月)八日に田に入らないとすることが、一連の田の神迎えとされる。夏になると行われる八朔の行事をたのみの節供として初穂儀礼ととる。多くの秋祭、浄土宗のお十夜、日蓮宗のお会式、浄土真宗の報恩講などの仏教行事にも収穫祭の性格がある。収穫祭は十一月二十三日の新嘗祭に代表されるのだが、本来の正月は収穫祭に続いてくるという考えがあった。とすると二十四日に霜月祭があったり霜月大師の伝承があったりするのは年越の正月を迎える意味があった

と考えられる。ただし農耕は稲作だけではなく、畑作や稲作以前の主食だったと考えられているイモの収穫祭の残存があるとされる。亥子や十日夜に子供が地面をたたく儀礼を畑作物の種子を播く播種儀礼の一つとしたり、七夕に麦饅頭を食べる、盆に畑作物である青物を飾る、あるいは小麦で作る素麺を飾りに用いるのは畑作の収穫祭の一面があるとされる。よりはっきりするのは十五夜の月見でここでは芋名月といってサトイモをそなえる。これら夏から秋にかけての年中行事に畑作農耕儀礼をみるものである。このように暦に定められた年中行事も多くは農耕儀礼が移行して定着したものととらえることができる。民間年中行事をささえるもう一つの要素は祖霊祭祀である。祖霊は正月と盆に去来する。盆と正月は同様の年二回祖霊を迎える行事であったが、正月は歳神を迎えるおめでたい行事に盆は死者を迎えるといった陰気なものに、仏教の影響もあって分化したというのが柳田国男や折口信夫の考えであった。また民間の年中行事は盆と正月のように、同じことを二回繰り返して一年を二分する構造をもっていた。

　年中行事には宮廷年中行事と民間年中行事の双方が混淆して現在に至る形を作ってきた。日本民俗学は、この年中行事の成立と定着については農耕儀礼還元論を前提とした論で終始してきた。すなわち年中行事は一部民間行事を取り入れながら宮廷で成立したが、それが民間に定着するにはもともと宮中年中行事に時期を同じくして行われる農耕儀礼があったからだという考えである。たとえば五月五日の節供はもとは重日の中国の風習であるが、日本では古来この日に女の家といって女の人が家に籠る事例が見られたことから、これらの行事は女子による田の神迎えが移行して定着したのではないかとする柳田国男の解釈(『家閑談』、一九四六)がそれである。このような解釈の可否は別にして年中行事の成立と定着に関しては、宮廷年中行事を民衆に喧伝、伝播させた人を特定することが課題となる。現在明らかになってきつつあるのは、暦をつかさどった陰陽師の働きで、特に中世から近世にかけての民間陰陽師の活動が大きいとされる。宮廷を離れた陰陽師は伊勢神宮や出雲大社のような有名神社の神社暦の作成に関与して、暦注をつけていく。この暦注には雑書《ざっしょ》という手引きのような本が何種類も作成されていく。そこには吉凶・方位・夢占などの占いから、八十八夜・土用のような雑節といわれる年中行事も記されている。このような暦の売買をつうじて新たな年中行事が形成されていったことも考えられる。また平安時代には五月五日を疫病除けの日としてショウブやヨモギを売り歩いていた陰陽師の話がある(『長秋記』一一三〇年(大治五)五月五日条)。追儺《ついな》の鬼ももとは方相氏という陰陽師の役であった。これが節分の鬼追いとなって定着する。このような例から年中行事の定着に陰陽師が多く関与したことが想定できよう。もう一つ年中行事の課題は日本の近隣地区である沖縄・朝鮮・中国との比較である。これら近隣地区との異同を明らかにすることによって、伝播や混淆の問題への展望が得られる。盆と中元節を例にとると、もともと盆は『盂蘭盆経』という仏典をもとにした行事なのだが、この経が伝播する過程にさまざまな民間信仰を巻き込んでいく。まず中国では地官をまつる中元節と習合し、地獄観念を肥大化させて、この季節に中国南部では目蓮戯《もくれんぎ》などの地獄芝居が上演される。台湾では中元節のある旧暦七月は地下からいろいろな悪霊がでてくるとされ、吉事は控える。中元節に新亡《しんぼう》の人の霊を送り、孤魂という日本でいう無縁仏のような霊を迎える点はにている。朝鮮では中元節はなく、仏寺の行事としてのみある。沖縄では盆行事もあるが、八月踊りなどの収穫祭としての要素が強い。日本ではいろいろな要素がいわれるが、新亡と祖先と無縁仏という三つの霊をまつる。また畑作物収穫祭としての一面も指摘されている。これらの違いは仏教・儒教・道教の盆の取り扱いの違いにより受け入れに差がでていることが考えられるが、祖霊祭、新亡供養、無縁供養に東アジア共通の観念があったことも考えられる。これが共通の儒教文化から生まれたものなのか、もっと深い霊魂観によるものなのか。また中国本土全体に共通するのかなど課題は多い。ほかに正月十五日、三月上巳、清明節、五月端午、七月七夕、九月重陽、冬至、除夜など、中国で行われている節日との比較を問題にしなければならない年中行事は多い。実際、民間に伝わる年中行事は正月行事・盆行事のように、神棚・竈神・屋敷神・仏壇というように、家の屋内・屋外にまつってある神や祖霊に対する儀礼が多く家ごとの家礼により、同じ村内でも少しずつ異なることがある。一方、虫送りや嵐除けといった農耕儀礼や共同祈願のものはムラの行事として行われる。これらは各家の日記や農事日誌に書き留められているものもあり、年中行事の史料として活用できる。現在、盆・正月を除いて、年中行事は希薄になりつつあるといわれるが、近代に入り交通の発達に伴って、盛んになった初詣で、第二次世界大戦後流行したクリスマス、最近のバレンタインデーなど新たな年中行事も誕生している。このように年中行事の一つ一つは成立は別々で、行事の流行りすたりがあり、統一がとれないように見えるが、盆と正月の行事に類似点がみられるとか、春送り出した神を秋に迎え入れるといった、春と秋、冬と夏の行事には対称性が見られる。

↓ウイミ　↓暦《こよみ》　↓節供《せっく》

参考文献　橋本万平・小池淳一編『(寛永九年版)大ざっしょ』(「岩田書院影印叢刊」一、一九九六)、遠藤元男・山中裕編『年中行事の歴史学』、一九八一、和歌森太郎「年中行事」(『和歌森太郎著作集』一二所収、一九八二)、所功『平安朝儀式書成立史の研究』、一九八五、田中久夫「端午の節句考」(『年中行事と民間信仰』所収、一九八五)、倉林正次『饗宴の研究―儀礼編―』、一九六七、中村喬『中国の年中行事』(「平凡社選書」一一五・一三四、一九八八・九〇)、

同『中国歳時史の研究』(「朋友学術叢書」、一九九二)、田中宣一『年中行事の研究』、一九九二

（坂本　要）

㈡沖縄の年中行事の特徴は、一定の時間単位を基準にして定期的に繰り返される集団活動だという点である。時間単位は一年に一度が多いがそれのみでなく、また集団活動も宗教儀礼を伴う活動が主だが、それのみではない。一七一三年(康熙五十二)、琉球王国によって編纂された『琉球国由来記』には、王府の行事を「公事」とし、地方の行事を「各処祭祀」「年中祭祀」として載せている。「公事」はいわば王府の年間スケジュール、「各処祭祀」「年中祭祀」は拝む対象や祭場を中心とした各村の年間スケジュールだった。暦による行事は多いが、十八世紀当時は稲、麦、アワ、イモその他の作物の農耕儀礼による行事が多く、行事日は作物の成長に合わせて、王府ないしは地方の日撰見(日選び)によって年ごとに決められることが少なくなかった。近現代の沖縄の年中行事には、なお年ごとに日選びを行う行事が少なくないが、おおかた旧暦にもとづいて日を定めた行事がほとんどである。正月行事や新設の行事など若干の行事は、本土の習慣に合わせて新暦でも行われるようになった。暦日による年に一度の行事だけでなく、月に二回行う家庭内の火神《ヒヌカン》や位牌の祭祀、年二回行う彼岸祭や屋敷浄化の儀礼、年三回儀礼を行うシマクサラシ(玉城村)、観音や関帝の祭祀などもある。また三年や五年に一度行われる遠祖祭祀は本島にかなり普及しており、その他数年に一度行われる行事が沖縄各地に散見される。十二年に一度の午年に行われた久高島のイザイホーは、特に名高い。

参考文献　崎原恒新・山下欣一『沖縄・奄美の歳時習俗』、一九七五、小川徹『近世沖縄の民俗史』(「日本民俗学研究叢書」、一九八七)、崎原恒新『ハンドブック沖縄の年中行事』、一九八九、沖縄タイムス社編『おきなわの祭り』、一九九一、比嘉政夫『沖縄の祭りと行事』、一九九三

（渡邊　欣雄）

ネンネコ　ネンネコ　⇨半纏《はんてん》

ねんばん　年番　村落の運営に関わる役員や神社の世話人を一年交代の当番制で行う役職。年番に対して毎月交代で当番を担当するのが月番である。年番は、月番とともにその年の村落の行事や祭礼あるいは村落内部の組や班などで行う各種の作業や事務をこなす。具体的にはオヒマチの触れとその費用の徴収、祭礼の準備と執行、葬儀の段取り、月掛けの徴収などさまざまであるが、日常生活の維持のためには必要不可欠であった。家並み順の当番制をとることが多く、村人であれば必ず回ってきた。経済的階層や家の新旧、政治的威信とは関係なく必ず担当する役割であり、各家が平等に受け持つ制度といえる。村落は講中とか村組と呼ばれる小地域単位で構成されていることが多いが、これらの村組の役員は年番とか月番が担当することがしばしばある。たとえば群馬県高崎市倉賀野上正六では村内を四つの組合に分け、組合の代表を年番と呼ぶ。年番は毎年各戸交代の順番制である。四人の年番の中から一人年番長を選び、年番と年番長とは町内で行われるあらゆる行事の世話をする。年番体制は連絡員制を経て班長制に変わったが、今でも班長代表を年番長と呼ぶことがある。このように年番制度が現代の町内会の班制度の中に組み込まれる例は多い。年番制度は、各家がムラの運営に関わることにより、運営責任を分担することになり、村落やムラに対する連帯感を強める機能を果たしてきたといえよう。このような関東地方に特に特徴的に見られる当番制に対して、近畿地方では人々が集合して作業・協議を行い、集団で執行するムラが多い。協議集合する組織はしばしば十人衆とか長老衆というように衆と呼ばれる。関東と近畿との村落の運営上の違いを番と衆の差異として見る見解が提出されており、今後検討していかなければならない課題である。

参考文献　福田アジオ『可能性としてのムラ社会—労働と情報の民俗学—』、一九九〇、同『番と衆—日本社会の東と西—』(「歴史文化ライブラリー」一一五、一九九七)

（畑　聰一郎）

ねんぶつ　念仏　狭義には南無阿弥陀仏と阿弥陀仏の名を唱える称名念仏のこと。民間では真言や経文・和讃を唱えることも含めて仏になにか唱えることを念仏としている。念仏の原義は梵語の buddhānusmṛti の漢訳語で仏を憶念する、思念するの意味である。初期仏教においては心を集中して仏・法・僧・戒・施・天の六つを思念する六念という修業法の一つであった。大乗仏教の『般舟三昧経』や『観仏三昧海経』になると具体的には仏の姿・相貌を一つ一つ思い描くという、見仏の方法とされ、観想念仏といわれた。この思想は往生の思想とも結びつき仏を念ずることによって往生できるとする『観無量寿経』の説く思想になっていく。中国に仏教が入ると浄土の様相を瞑想して描く観法の一つとして念仏は広まり、浄土教により仏は一尊阿弥陀仏のみとされる。さらに難行に対する易行として阿弥陀の名のみ唱えればよいとする称名念仏、さらにそれを頭に思うのではなく口から声を出して唱える口称念仏が唐代の浄土教僧善導により広められた。日本でも最初にはいってきた念仏は最澄のもたらした天台宗の摩訶止観に説く止観・観想の念仏であった。しかし、その後円仁により中国五台山より法照の始めた五会念仏が伝えられた。これは善導の口称念仏を音楽化したもので、比叡山の常行三昧堂で不断念仏として行われた。十世紀より源信などの影響により貴族の間にひろまった念仏はこの不断念仏である。平安時代末に良忍は京都大原に来迎院を開き大原流声明《しょうみょう》を開くとともに、融通念仏を説いた。これは一人の念仏が万人の念仏のためになるというもので、念仏は融通しあって百万遍にもなる。多くの人があつまって唱える念仏が民間に流布し、寺で僧侶の唱える念仏とは別に民間の念仏が形成されていった。融通念仏は諸寺の勧進聖に引き継がれ全国に普及したが、十三世紀末に活躍した唐招提寺の律僧円覚は

京都の壬生《みぶ》寺や法金剛院、嵯峨清凉寺ほかで大念仏を開催、念仏に伎楽を奏したり、黙劇の念仏狂言を行なった。このように詠唱の念仏以外に踊りや狂言などのつく念仏を大念仏といったが、この流れは風流《ふりゅう》踊り・太鼓踊りと芸能化し各地に残っている。このような大念仏に対し、持斎の念仏として起ったのが六斎念仏で、これものちに一部は芸能化するが現在伝わる念仏である。これらの念仏とは別に空也にみられるような踊る念仏があった。もとは鎮魂の踊りとみられるが、民間の聖で行われ、十三世紀一遍の時衆の徒によって踊り念仏として広められる。民俗では葬式・年忌に死者供養の百万遍や念仏講が、盆に念仏踊りが行われる。雨乞い・虫送り・嵐除けの農耕儀礼や疫病払い・辻払いにも念仏が唱えられるが、和讃や真言を唱えて念仏としている所が多い。また、雨乞いの念仏踊りは西日本で多く行われている。これは念仏が死者供養だけでなく、災害・災疫を防ぐ呪術的力を持っているとされたからである。 ↓踊《おど》り念仏《ねんぶつ》 ↓大念仏《だいねんぶつ》 ↓念仏講《ねんぶつこう》 ↓念仏聖《ねんぶつひじり》 ↓百万遍《ひゃくまんべん》 ↓六斎念仏《ろくさいねんぶつ》

参考文献 仏教大学民間念仏研究会編『民間念仏信仰の研究』資料編、一九六六、藤田宏達『原始浄土思想の研究』、一九七〇、佐藤哲英『叡山浄土教の研究』、一九七九、五来重『踊り念仏』(「平凡社ライブラリー」、一九九八)

(坂本　要)

ねんぶつおどり　念仏踊り　踊り念仏が芸能化・娯楽化し、曲調や踊り歌・囃子詞《はやしことば》・芸態のうえに念仏や和讃の残存形態が見受けられる芸能。念仏踊りは盂蘭盆《うらぼん》や忌日《きじつ》・彼岸・命日などに、死者供養(新精霊・祖霊・無縁仏・政治的非業の死者・戦死者など)のために踊られ、念仏芸能とも総称できる。各地の念仏踊りの開始由来は、非業の死を遂げた者の御霊を供養するためという点で共通しており、勧進聖が大念仏会や御霊会を催してその地にかかわりがある怨霊(御霊)を祭祀し、その祟り(日照り・長雨・虫害・風害・死亡・災難・病気など)を鎮めようと勧進活動を展開した結果と考えられる。芸能的念仏による聖の教化《きょうげ》活動は祖霊・死霊供養と五穀豊穣祈願を一体化させて、田楽系念仏踊りを数多く成立させる要因ともなった。念仏や和讃の死者を供養する文句に代わって、恋歌や叙情歌や数え歌などが取り入れられるようになり、特に恋歌は五穀豊穣を願う呪的歌謡として、田楽系の念仏踊りの文句に好んで使用されるようになった。南北朝の動乱が終ったころ、造った人形を美しく飾って、村人が念仏を唱えながら鉦鼓を叩いて行道する念仏拍子物《はやしもの》の有様が、『看聞御記』に記されている。『看聞御記』の一四三一年(永享三)七月十五日条に、「即成院念仏躍例の如し、所々念仏躍地下計会に依て略す云々」とあり、盆の芸能として念仏踊りが踊られたことがわかる。十五世紀中期ころが、踊り念仏が芸態のうえで風流化し、念仏踊りが成立した時期と考えられる。逆修関係の六斎念仏の供養碑や、『看聞御記』などから、室町時代末期から安土桃山時代にかけて風流化が急激に進行し、立念仏(直立したままで唱える念仏)から変化した念仏踊りが出現した状況がうかがえる。近世初頭に出雲阿国《おくに》が念仏踊りを京都で演じて、歌舞伎踊りと呼ばれるようになったが、北野の舞台で阿国が鉦を叩きながら念仏を唱える姿と、その念仏に引き寄せられて登場する名古屋山三の亡霊が『歌舞伎草子』に描かれている。阿国の歌舞伎踊りは霊を弔う念仏の呪術性を主題とし、舞踊化・演劇化されたものと推定でき、念仏踊りの本質を示している。一六八〇年(延宝八)に記録された「称名寺と念仏躍りの由来」のなかに「天暦三年巳酉ノ七月十五日の夜何国とも見なれぬ、異形の童子多くあつまり、念仏歌をうたひ庭前に舞躍りける有様、いと殊勝におもしろく有りければ(略)毎年七月十五日には念仏躍りとて老若男女打あつまり通夜躍る事今に伝りしぞ。今は精霊供養躍りと云」とみえる。この踊りは京都市左京区で踊り伝えられており、上高野の念仏供養踊りと称される。住職が施餓鬼棚に向かって念仏の詠唱をし新精霊の回向《えこう》をした後で、踊り手たちは歌念仏に合わせて手踊り型の念仏踊りを踊る。同区市原にも盆に新仏の供養を目的に踊られるハモハ踊りが伝わっており、背中の帯に新仏の戒名を書いた板塔婆を挿んだ踊り手が和讃調の踊り歌に合わせて踊る芸態をとる。盆の期間に踊られるさまざまな趣向を凝らした風流踊りや風流太鼓踊りは、宗教儀礼である踊り念仏が娯楽化して念仏踊り(風流大念仏)へと変遷し、さらに風流化が進んだ結果、形成された民俗芸能と推定できる。この種の芸能は、愛知県鳳来町の放下大念仏や島根県佐田町の須佐切明神事、長崎県嵯峨島のオーモンデーなどである。 ↓踊《おど》り念仏《ねんぶつ》 ↓大念仏《だいねんぶつ》

念仏踊り　愛知県鳳来町の一色放下大念仏

参考文献 仏教大学民間念仏研究会編『民間念仏信仰の研究』資料編、一九六六、五来重編『日本庶民生活史料集成』一七、一九七三、芸能史研究会編『日本芸能史』四、一九八五、大森恵子『念仏芸能と御霊信仰』、一九九二、五来重

「念仏芸能の成立とその諸類型」(『仏教民俗学大系』五所収、一九九三)　(大森　恵子)

ねんぶつこう　念仏講　念仏を唱える講。無常講・往生講ともいう。通夜や葬式に念仏を唱えるのを本来の機能とするが、寺堂や路傍にまつられている仏の供養、安産祈願などはば広く諸祈願を行なっている。おおかたムラ単位、もしくはそれより狭い村組単位で行われている。女人講や老人の講が任にあたっている所が多い。百万遍のように、南無阿弥陀仏を唱えるほか、光明真言や和讃や御詠歌を唱えるものも念仏講という。元来は念仏を唱え往生を願う、同信者の結社で、中国では四世紀末に慧遠が廬山で結成した白蓮社のような堅い結束を強いた。日本では十世紀末に源信ら二十五人が結成した二十五三昧講が有名であるが、これは死者に特別な儀礼を施すために結成された往生講である。ムラに葬式を目的とした念仏講が組織されるのは中世以降で、民間に定着しつつあった聖の影響が大きいとされる。念仏講は音頭取り・法眼《ほうがん》といわれる人を中心に数珠繰りを行なったり、太鼓や伏せ鉦で調子をとるなどして始まる。各宗派の勤行経典に和讃や御詠歌を唱える所が多い。関東では各種和讃が関西では西国三十三ヵ所の御詠歌が主である。関東の例では葬式には善光寺和讃、安産祈願には十九夜和讃を唱える。念仏講は老人組・婦人会などの組織とかさなっており、同性、同年代のものが定期的に集まれることから、信仰とは別の遊山講としての機能がある。千葉県北部では、十五夜講・十九夜講・二十三夜講などの女人講が世代別に組を作り、遊山講と称し念仏を唱えており、最も年長の人の講は念仏講になっている。　→数珠繰り《じゅずく》　→百万遍《ひゃくまんべん》　→無常講《むじょうこう》

参考文献　坂本要「祖先崇拝と葬式念仏」(『葬制墓制研究集成』三所収、一九七九)　(坂本　要)

ねんぶつひじり　念仏聖　口に阿弥陀仏の名を称えることをもっぱらとする聖。平安時代中期の空也は初期の念仏聖で、後世には空也につながるとする伝承をもつ念仏聖の集団があらわれた。中世には一遍がひらいた時衆の念仏聖が広範な活動をし、文芸や芸能に大きな影響を及ぼした。高野聖も高野山を拠点としながら、一面では時衆の影響下にある念仏聖でもあった。さらに近世には浄土宗に属する念仏聖が多数出現した。　(真野　俊和)

ネンヤ　ネンヤ　三重県志摩半島や島部の漁村を中心に、若者仲間の寝宿のことをいう。学校をでた若い衆は、気の合う者同士で親戚や頼みやすいところに宿を依頼し、結婚して所帯を持つまでそこで寝泊まりした。宿親をネヤオヤ、宿子をネヤコと称し、ネヤオヤは親代わりとしてネヤコの面倒を見て、そのつきあい関係は結婚後も一生続いた。ネンヤは答志島などを除き、現在は多くの地域で衰退している。　→ホーバイ

参考文献　平山和彦・宮原兎一「青年の社会生活」(和歌森太郎編『志摩の民俗』所収、一九六五)、川島武宜「イデオロギーとしての家族制度」(『川島武宜著作集』一〇所収、一九八三)　(服部　誠)

ねんりょう　燃料　生活や生産に必要な熱エネルギーを得るために燃やす材料。薪・木炭・石炭などの固体、石油などの液体、天然ガスなどの気体に三区分されるが、いずれも炎を上げて燃えて出す熱を利用する。現在、燃料の中心は石油やガスに移っているが、歴史的には薪が長い間よく使われ重要であった。石油は草生水《くそうず》(臭水)と呼ばれたように、燃えると強い臭気を発生させるものの燈火として利用され、『日本書紀』の六六八年(天智天皇七)七月条に「燃土燃水」(石油)が越の国から朝廷に献上されたとある。石炭は福岡県筑豊地方では十七世紀末に薪代わりに使われたが、十八世紀末から燃料として重視されるようになり、一八九〇年代にその利用が飛躍的に伸張した。薪は食物の調理や暖房、風呂焚きなどの家庭生活に欠かせず、その確保に人々は努めたので、薪利用にはさまざまな慣行や工夫が見られた。福島県南会津郡南郷村木伏では、一九七〇年ごろまで共有林から薪を伐る春木伐りが行われていた。まず共有林の権利を持つ旧戸の代表者数人が山へ出かけ、山を一戸当り三〜四坪(一坪は高さ六尺・幅六尺に積んだ薪の容量)分ずつ家数分に区画し番号を打ち、ついで小正月過ぎに各家の代表が区長宅に集まり籤を引き、その日に山へ出かけて引き当てた籤の区画の木口に各自の家印を打って戻った。これを春木の山のぼりといった。雪が凍って歩きやすいカタユキ(堅雪)になる二月ごろを待って雪上に出ている若木だけを伐り、タナに積んで乾燥させておき、次の正月を迎える前に橇《そり》に載せるなどして家に運び、自家用に使った。他方、こうした山林をもたない地方では薪の入手に苦労した。たとえば青森県五所川原市北西の北津軽郡から西津軽郡にかけての新田と呼ばれる一帯は山が遠く薪が得られずサルケと呼ぶ泥炭を燃料に用いた。そのため当地方では薪が採れるだけでも天国とされて、山地を背にして薪に困らなかった北津軽郡中里町の中里や今泉へ嫁入りを望む者が多かった。また薪を買うほかなかった漁村や町場に向けて薪を売り出す所は少なくなく、たとえば琵琶湖の運送船である丸子船の船長は薪山の伐採権を得て薪を伐り出し大津市や滋賀県近江八幡市へ運んだ。山口県下関市の農村地帯ではワルキという一尺二寸長に切り揃えた松木の大束《だいそく》を家庭用に、クヌギやカシなどの堅木を二尺長にしたジョーキを商家用にそれぞれ伐って売った。ところで、薪は家庭用に限らず産業を支える燃料としても重要であった。松木は焼物を作る登窯に今でも使われるし、製塩に用いる塩木の生産は山村の重要な生業になっていた。製塩業が早くから発達した瀬戸内地方では薪が次第に不足し始めると石炭を用いるようになり、山口県三田尻浜(防府市)では大束や千葉《せんば》(松葉)に代わって一七七八年(安永七)から石炭を用い、一七八一年(天明元)に筑前津屋崎浜から石炭焚の竈を伝習した。明治時代以降、石炭は製鉄をはじめ近代産業の発展に大きく貢献

し、数多く開発された炭坑に多数の労働者が働き、炭鉱独得の民俗も形成された。

参考文献　山口県立山口博物館編『防長産業の歩み』、一九八一、永原慶二・山口啓二他編『採鉱と冶金』(「講座日本技術の社会史」五、一九八三)、樋口清之『木炭』(「ものと人間の文化史」七一、一九九三)、出口晶子「琵琶湖水運と陸の環境変動」(鳥越皓之編『試みとしての環境民俗学』所収、一九九四)

（湯川　洋司）

ねんれいかいていせい　年齢階梯制　人間が年齢という階段 Stufen を昇っていくという意味をこめた用語で、社会成員を年輩により幾つかの階梯に区分し、上位の年齢階梯が下位のそれを統率して社会的な統合をはかる制度。原語 Altersklassen に年齢階級の訳語を避け、別の術語 Altersstufen を参照して年齢階梯制の訳語を用いたのは、社会科学者に無用の疑惑をおこさせないための江守五夫の配慮にもとづくもので、岡正雄がこの訳語法を支持し学界で一般化した。一般に成人式以後の男子により編成され、その社会的な地位ないし、行動基準がその属する階梯によって規定される。特に若者たちの年齢階梯はそれ自体強く凝聚した年齢集団(若者組)を構成し、厳しい内部規律に服する場合が多い。子供が一、二の年中行事で仲間を形づくったり、娘が気の合った数人で寝宿に泊まり、若者と交遊することもあるが、このいわゆる子供組や娘仲間が年齢階梯制の一環をなすとは考え難い。年齢階梯制は人類学上、成人男性の組織とみなされている。年齢階梯制は日本では主として西南部にみられ、伊豆半島において最も顕著に発達した。たとえば、静岡県賀茂郡三浜村伊浜地区(南伊豆町)では若衆組・中宿老・大宿老・年寄衆の四階梯に区分されるが、それと同時に若衆組が内部的に小若衆・小中老・中老・頭脇・親方に再区分されていた。もっとも、このような細密な階梯区分は日本ではむしろ稀有で、若衆・中老・年寄といった三階梯区分が最も多い形態といえよう。人々は年齢が長ずるに従って順次、上の階梯に上昇していく。ただ、若者入り(成人式)が数年に一度挙げられるところでは、一緒に仲間入りした者たちが仲間(年齢組)を構成し、終始同じ年齢組に属するのであり、この特殊な形態は日本では滋賀県から石川県にかけての地帯で見られ、近接の民族では台湾先住民の間で見出された。年齢階梯制のもとでは人々はこのような年齢諸階梯に配置されるので、家族や親族は封鎖的な集団として存立しえない。たとえば若者は若者宿で、親は未成年の子とともに母屋《おもや》で、祖父母は隠居屋《いんきょや》で、それぞれ別々に生活の大半を過ごし、その対人称呼もこの居住形式に照応している。日本西南部の太平洋岸にみられるこの現象を、江守は世代階層制と称し、年齢階梯制から派生した一つの親族形態として把えた。東北地方(主に太平洋岸)に分布する契約講は世代別に構成されており、世代階層制の一環をなすものとも考えられるが、男性の講に対応して女性の講も形成されているので講組との関連も考慮される必要があろう。また年齢階梯制は家族や親族の成員を年齢諸階梯に分属せしめ、そのことにより人々を家族的利害関心から解き放ち、共同体(村落・部族)全体のための行動を促す作用を演ずる。まさにそれ故に好戦的な部族は年齢階梯制や少なくとも若者集団を軍事組織に再編したし、日本の会津藩の軍制は年齢階梯制的に組織され、薩摩藩の兵児二才《へこにせ》も若者組を改編したものにほかならなかった。大正初年に軍部が青年団を在郷軍人会の下部組織に位置づけようと計ったのも、同様の意図によるものであろう。また第二次世界大戦後、「村ぐるみ」で闘争せねばならない非日常的な場合にも、全村民が少年行動隊から老年行動隊に至る年齢階梯制的な闘争組織に組み入れられたのである。　↓宮《みや》座《ざ》　↓若者組《わかものぐみ》

参考文献　大日本聯合青年団編『若者制度の研究』、一九三六、大塩俊介他「伊豆伊浜部落の村落構造」(『人文学報』一

年齢階梯制

年齢	年齢階梯
60歳	年寄衆
50歳	大宿老
40歳	中宿老
35歳	宿老
17歳	若衆組

若者組内部の階梯区分

年齢	年齢階梯		役員
35歳	(宿老)		……組頭 ……頭
32歳	親方		
29歳	頭脇		
27歳	中老		
25歳	小中老		…頭役(小若衆の)
19歳	使い上り	小若衆	
17歳	走り使い	小若衆	

(静岡県南伊豆町伊浜)

若者組の年齢組的編成

組	年齢
大老	25〜27歳 23〜25歳
中老	22〜24歳 20〜22歳
兄組	19〜21歳 17〜19歳
若組	16〜18歳 14〜16歳

滋賀県栗太郡瀬田町南大萱の「若中」では、3年に1度14歳から16歳までの青年が一緒に加入し、これを「名替入」という。彼らは末端の「若組」を形づくるが、同時に、それまで各組にいた者がそれぞれ昇進し、「大老」にいた者は「若中」を脱退する。

二、一九五五)、関敬吾「年齢集団」(『日本民俗学大系』三所収、一九五八)、竹内利美「東北村落と年序集団体系」(『東北大学日本文化研究所研究報告』別巻四所収、一九六六)、江守五夫『日本村落社会の構造』、一九七六、肥後和男『宮座の研究』(「肥後和男著作集」一期七、一九八五)

(江守　五夫)

ねんれいしゅうだん　年齢集団　年齢を主要な組織原理として形成される集団。年齢は、世代・性別・血統などとともに、生得的な属性であり、集団や序列形成の基準として用いている社会が少なくない。年齢自体が生物学的に普遍的属性であっても、社会的に利用されるか否かは、文化の次元の問題であり、年齢を社会組織原理として重視しない社会もあり、その利用の仕方は、東アジアをとってみても一様ではなく、日本国内でも地域性・時代性が認められる。通常ムラなどの地域ごとに結成され、男子のみの場合が多い。加入年齢は、子どもから大人まで社会によりさまざまである。年齢集団には、年齢が関わっていれば、友人関係や一時的集団をも含む広義の用法もあるが、ここでは、年齢が主要な組織原理となっている永続的集団のみを指すことにしたい。たとえば、宮座の中には成年に達してはじめて加入を認められ、跡継ぎ息子の成人とともに引退するものがあるが、成員権はその所属する家により決まっているので、年齢は補助的要素にすぎず、年齢集団とはいえない。また、韓国や沖縄のように、年齢秩序が社会全体に重視され、年齢の上下による礼儀作法など厳格であっても、個人相互の相対的関係を律するにとどまり、一定の年齢とむすびついた年齢集団が生成しない場合もある。年齢組織として典型的なものには、年齢階梯と年齢組がある。年齢階梯とは、一定の年齢に達すると、その年齢に相応する階梯に所属し以後歳をとるにつれ上の階梯に上がっていくものである。これに対し年齢組というのは、一定の年齢に達するとその年齢または年齢幅に応じた組が結成され、一生その年齢集団が継続するものである。近代的な制度でいえば、学校の学年は年齢階梯であり、各学級は在学中は集団であるが、卒業とともに解体してしまう。ただし、卒業後も同級会として存続してゆけば永続的な年齢組といえる。日本の、若者組などにおいては年齢階梯制が顕著で、個人は年齢とともにそれぞれの階梯を通過して行く。その間、同じ階梯のものは、仲間として一時的な集団を形成するが、若者組を卒業してしまえば解散してしまう。これに対し、子供組として結成され、それが終生組仲間として親密なつきあいが続くような年齢集団は日本では比較的少ない。厄年に、祭礼の折りに結成される連と称されるグループなども、解散せず次の厄年まで続くものは一応年齢集団に相当するが、普段の生活での機能は微弱である。いずれのタイプにせよ、日本の伝統的な年齢組織は、明治以降、国家からの干渉、生業形態の変化、進学や就職による青年層の都市への流出により、一部は青年団など新しい組織に組み込まれ変質しながらも存続しているものもあるが、多くは壊滅状態にある。しかし、地方によっては、奉納舞踊ないし芝居などのために結成される集団やそれと照応した村の役員組織などに、年齢階梯的特徴が認められるものがある。また、年齢の序列感覚の強いところでは、こうした永続的組織はなくても、同年者に特別な親近感を感じ特別な関係を結んだり、韓国の契《ケー》のように年齢以外の要因を主にして形成される集団においても結果的に同年齢層のもので占められる場合がある。これらは、個人を中心とした関係であったり、一時的なグループであったりして、年齢集団とはいえないが、関連した組織形態として注目に値する。→若者組《わかものぐみ》

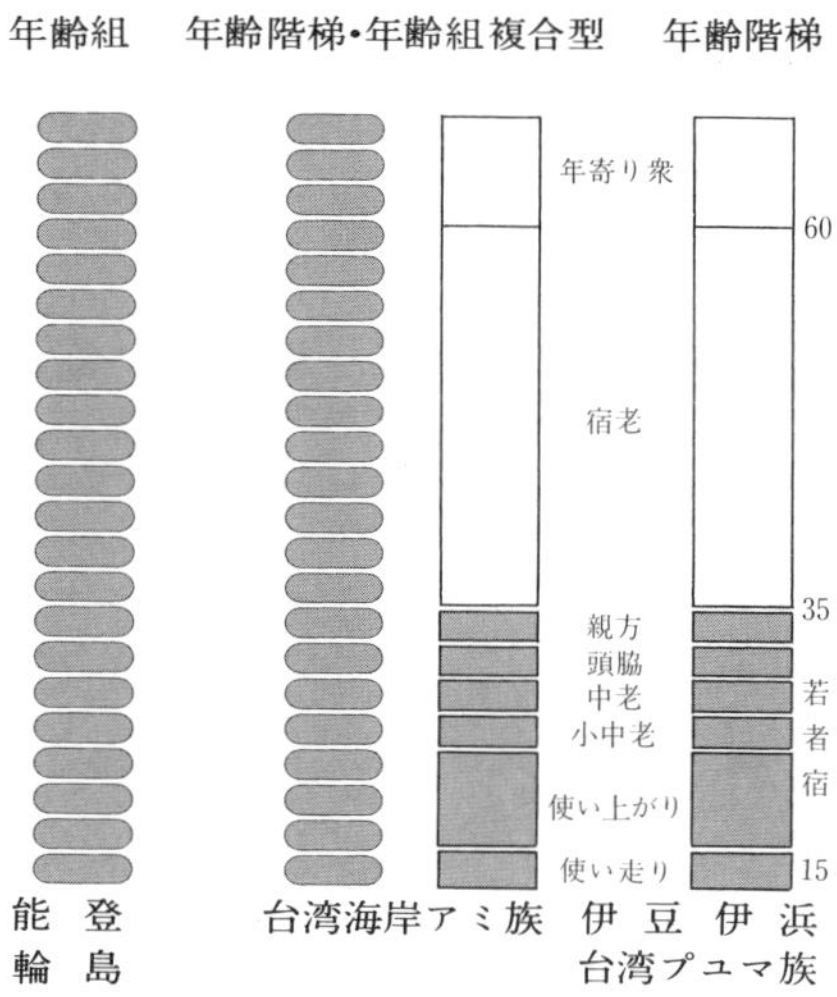

年齢集団　年齢階梯と年齢組

参考文献　瀬川清子「同齢習俗について」(『民族学研究』一二ノ一、一九四七)、平山和彦『青年集団史研究序説』、一九七八、末成道男「対馬西浜の盆踊りと年齢階梯制」(『聖心女子大学論叢』五七・五八、一九八一)、同「年齢層序制」(『人類科学』三七、一九八四)

(末成　道男)

の

のあがり　野上り　野上げ、植え付け休みともいわれ、村全体が田植えが終ったことを共同で祝う行事。田植え仕事を休むこと。兵庫県印南郡あたりでは、柏餅や小麦団子などをつくって田植えを手伝ってくれた人びとに配る。また、この日に日雇賃金の勘定などもするという。三重県鈴鹿市白子では、村中の田植えが終った時の祝いで、家々の田植えが終ったことはサノボリといわれている。地域によっては七月上旬に行なっているところもある。野上りは田植えのすべてが終った後の行事で、この時に米が乏しいので新たに収穫した小麦を用いてうどんなどの御馳走をつくるという特徴がみられる。

（鈴木　通大）

のあらし　野荒し　田畑などを荒して作物を盗む行為をいい、作荒し・稲穂盗み・田畑作物盗み・田畑作物荒しなどの総称。野荒しにおいて荒す対象は山林・畑・漆・下草・落ち葉など種類に富んでいる。田畑を荒すことは、すなわち盗みである。近世社会において盗みは重罪であり、その最高刑は追放であった。野荒しが発生すると、家捜し、入札など犯人探索の方法がいろいろと採用され犯人の摘発が執拗に行われた。それは田畑の作物は公儀への上納物という考え方があったからである。野荒しは盗みであるから刑事事件である。時代や状況によって対応は異なる。特に凶作による野荒し横行期には厳しい制裁が行われた。現代社会でも野荒しは消滅したわけではない。第二次世界大戦後の食糧難の時期には頻繁に同種の騒ぎが全国的にみられた。儀礼的な盗みである十五夜の作物盗みやえびす信仰に基づく盗みなどは、ある一定の月日に限り、村落社会においては許容されたものである。また、野良に出て畑のキュウリなどの果実を無断で取って食べるなどは、農山村では日常的にみられた光景であり、それほど罪悪感を意識していなかった。

参考文献　水本邦彦「公儀の裁判と集団の掟」(『日本の社会史』五所収、一九八七)、神崎直美「近世農民の罪と罰—近世村法研究序説—」(『中央史学』一三、一九九〇)、菊池勇夫『飢饉の社会史』、一九九四、吉成直樹『俗信のコスモロジー』、一九九六

（板橋　春夫）

のう　能　日本の古典芸能の一種。廃絶した田楽能と並んで、中世に隆盛をみた猿楽能の系脈に属す歌舞劇をいう。源流は古代に大陸から伝わった散楽にあり、平安時代中期以降、散楽の物真似芸が発展していく過程で猿楽と呼ばれるようになった。中世に入ると畿内を中心に各地に大小の猿楽座が形成され、中でも南北朝時代には大和猿楽と近江猿楽が勢力を誇っていた。南北朝時代から室町時代初期にかけて、大和猿楽の結崎座(のち観世座)で活躍した観阿弥・世阿弥父子は、能を大成し芸術性を高めることにおいても多大な貢献を成した。豊臣秀吉は無類の能愛好者であったが、江戸時代になると大和猿楽四座と間もなく樹立された喜多流が、江戸幕府の保護を受けて式楽への道を歩んだ。今日の観世・宝生・金剛・金春・喜多のシテ方五流がその系譜に連なる。能は家元制に基づく分業制度をとっており、能を上演するためにはシテ方以外に、ワキ方・囃子方・狂言方(三役ともいう)の参加を必要とする。シテ方はほとんどの曲で主人公役を演じるほか、地謡なども勤め、ワキ方は主としてシテの登場を導く、導入部の演技を担当する。囃子方は笛・小鼓・大鼓・太鼓の四種をそれぞれ一人で演奏する。シテ方以外にも三役すべてに流派がある。能の詞章を一般に謡曲、その本を謡本といい各流派ごとに一定のものを使用している。能は仮面芸能であるが面を着けるのはシテ方のみで、また面を用いない曲も多く、これらは直面《ひためん》物と呼ばれている。五流合わせて演じ得る現行曲は約二百四十曲。内容は豊富で、これらは『翁』(式三番)を別格として神・男・女・狂・鬼、あるいは初番目物(脇能物)・二番目物(修羅物)・三番目物(鬘物)・四番目物(雑能物)・五番目物(切能物)のように五分類されている。これらの登場人物の身に着ける衣装を能装束といい、役柄の類型別に定まった種類の組合せがある。能は専用の能舞台で上演される。ヒノキ造りの能舞台は一定の様式を持ち、京間三間四方の本舞台に地謡座・後座(囃子座)、舞台と鏡の間を結ぶ橋掛りほかが付帯する。能舞台と観客席が建物の中に入っている場合には、その建物全体を能楽堂と呼ぶ。なお、能楽という言葉は能・狂言の総称で、明治になってからの造語である。　↓狂言《きょうげん》　↓猿楽《さるがく》　↓薪《たきぎ》

能　「嵐山」（金春禅鳳作）

能《のう》 →囃《はや》し

参考文献 能勢朝次『能楽源流考』、一九三八、表章編『能』（『別冊太陽』、一九七八）、『能・狂言』（『図説日本の古典』一二、一九八〇）、横道万里雄・小山弘志・表章編『（岩波講座）能・狂言』一—七、一九八七—九〇 （高山　茂）

のうがみ　農神　岩手県下などで用いられている田の神の別称。作神などともいう。岩手県内では稲作の守護神という意味よりもむしろ五穀の神を指し、畑作が卓越していた岩手県北上山地や沿岸北部などでは畑作の神という意識が強い。また農神ではなく野神と表現する土地もある。春秋二度祭があり、春は旧暦三月十六日、秋は旧暦九月十六日が多い。春は農神迎えとか農神おろしと呼び、この日を境に山の神が山に帰り、代わって農神が穀物の種子を持って降りてくるとか、山の神が農神に変身するなどと伝える。秋は農神様のお昇り日、農神上げといい農神を送る祭と考えられている。岩手県紫波郡赤沢村（紫波郡紫波町）あたりでは、かつては三月十六日を農神おろしと称して仕事を休んだ。未明に起き、炉に青松葉などを焚いて盛んに煙をあげる。農神はこの煙に乗って来臨するからだという。この日山の神は農神に化し、農民を守護するというのでアワなどの陸物《おかもの》で作った餅や小豆粥を供えるものであった。この伝承は地神の伝承などとも共通するもので、農神は春秋に去来する神と観念されている。この農神の祭日には十六団子などと称し、早朝に臼を搗いて粉をこしらえ、団子を作って供える例が多い。この団子は、米だけではなく畑作物のアワ、ヒエ、キビなど粉で作る土地も少なくない。岩手県下の事例をみるかぎり農神は田の神というよりも穀物の神と考えることができる。　→十六団子《じゅうろくだんご》

参考文献 田中喜多美「農神信仰」（『岩手史学研究』二七、一九五八） （岩崎　真幸）

のうかんかせぎ　農間稼ぎ　江戸時代に農民が農業の合間に行なった商工業や手間賃稼ぎの仕事。農間渡世・農間余業・作間稼ぎなどともいう。近世初期には江戸幕府や諸藩は城下の商工業者の保護のために農民の商工業従事を原則として禁止していたが、一方では農業の合間の手仕事や商いを奨励もしていた。農村でも自給的な商工業は必要であり、貨幣経済の浸透はさらに農間稼ぎの発達に拍車をかけた。農間稼ぎの種類も多様なものがあり、はじめは大工・屋根屋・左官・鍛冶屋・紺屋などの農村の日常生活を維持するために必要な職人的仕事が主体であったが、次第に生計補充の手段として重要視されるようになり、煮売・酒屋・髪結・呉服・小間物商いなどの商業的行為も多く見られるようになった。江戸時代も中期以降になると農間稼ぎはさらに普及し、特に畿内地方や大都市周辺の農村、街道沿いの農村、在郷町などに多数の農間稼ぎが出現したため、幕府では一七二二年（享保七）以降、たびたび禁止の触れを出し新規の稼ぎを禁止したが、あまり実効はなかった。農間稼ぎを伝える史料には村明細帳や農間余業取調帳などがある。関東では文政年間（一八一八—三〇）と天保年間（一八三〇—四四）に農間稼ぎの調査が行われた。これはあらかじめ作成した雛型に基づいて調査項目を指示し、村内で農間稼ぎをする人名・業種・営業開始時期などを取り調べたものである。農間稼ぎは農村の半職人層の広範な展開を生みだし、農村手工業や特産物へと発達するものもあった。農間稼ぎの普及は幕末農村の階層分解を一層促進するとともに近代産業の発達基盤を醸成する役割をも果たした。

参考文献 野村兼太郎『村明細帳の研究』、一九四九、安藤精一『近世在方商業の研究』、一九五八 （大島　暁雄）

のうぎょうきょうどうくみあい　農業協同組合　一九四七年（昭和二十二）に成立した農業協同組合法による、農民を主たる組合員として、その事業を通して組合員に奉仕することを目的とした農業団体。こうした農業団体はすでに明治期から産業組合として各地に作られ、府県および全国規模の系統組織も成立していたが、基本的には地主的支配のもとに運営され、また一九四三年には農会など他の農業団体とともに農業会に統合されて、戦時体制のもとでの農業統制組織になっていた。第二次世界大戦後の農業協同組合は、この農業会の資産と組織を継承する形で市町村の範囲ごとに成立したが、運営に参加できる正組合員は農民に限定されている。こうした単位農協には、特定の作目に限定されない総合農協と、酪農・果樹・園芸など特定の作目だけを扱う専門農協とがあるが、農協の行う事業は販売・購買事業ばかりではなく、特に総合農協は信用・指導・利用・共済・厚生といった諸事業に加えて国の農政に関わる事業も行なっており、またムラないしその内部区分を単位とした実行組合を事実上の下部組織としており、農村における経済生活の全体を補う団体となっている。さらにそれらの主要な事業ごとに都道府県および全国規模の系統組織をもち、これらは、農業・農村を取引相手とする事業体としては最大規模の企業に匹敵するばかりでなく、政府・地方自治体の農業政策の実施についても大きな影響力をもつ団体となっている。なお、この団体の呼称については、一九九二年（平成四）から、JAという愛称が用いられるようになった。

参考文献 立花隆『農協—巨大な挑戦—』、一九八〇、斎藤仁編『農業協同組合論』（『昭和後期農業問題論集』二〇、一九八三） （白井　宏明）

のうぎょうしゅうらく　農業集落　農林業センサスにおいて調査・集計単位として設定された、日本の農村地域における単位的な地域社会を指す術語。これがはじめて用いられた一九五五年（昭和三十）の臨時農業基本調査では、「農家が農業上相互に最も密接に共同し合っている農家集団」と定義され、いわば属人的に捉えられているが、技術的には実行組合と行政区の重なり具合を基準として、それに共用林野・農道と用水路の賦役および野辺送りの範囲など、生産と生活の共同の範囲も勘案して農業集落

を決定しており、実質的には非農家も含む農村における単位的な地域社会を指していた。認定された農業集落の総数は、一五万六四七七であった。地域社会という場合は一定の地理的範囲が前提となるが、こうした属地的な側面は一九七〇年の農林業センサスで明確にされており、農業集落を一定の土地(地理的領域)と家(社会的領域)とを成立要件とした農村の地域社会として定義し、具体的には従来の農業集落決定の要素に加えて、その地理的領域が明確かどうかを新たに採用している。こうした定義の変更による修正のために一九七〇年のセンサスでは、農業集落数が一九六五年のそれに比べて約七千ほど減少しているが、これによって、生産と生活の両面にわたる共同関係の拡散という高度経済成長期を通じた変動に対応した、農村における単位的な地域社会の統計的把握が可能となった。 →集落《しゅうらく》 →世界農林業《せかいのうりんぎょう》センサス

参考文献 農業集落研究会編『日本の農業集落』、一九七七、福田アジオ『日本村落の民俗的構造』(「日本民俗学研究叢書」、一九八二)

(白井 宏明)

のうぐ 農具 田畑での作業から調製や用水、筵《むしろ》編みなど農作業で用いられる用具の総称。現在では、農業機械と区別するときイメージ的に用いられることも多い。現代的かつ普遍的な技術文明に関わる農業機械以外の農機具と定義するのが妥当である。木の棒で土をうがったのが農具のはじまりとされている。これに足をかける部分を付けたり先端に石やがては金属を付けるようになった。これらは、掘棒と呼ばれるが、現在でも一部の民族に見られる。やがて先端が幅広くなって踏鋤《ふみすき》となった。また綱を付けて引っ張ったのが犂のはじまりとされている。日本では弥生時代の遺跡から発達したひとそろいの農具が出土している。これらは中国の江南から伝えられたものであるが、すべて木製で湛水した水田で用いられた。四―五世紀にかけて鉄器化され、権力者によって集中的に所有された。七世紀ころ、犂(長床犂)が中国から伝えられ各地に広まり中世を通じて名主《みょうしゅ》の大規模経営で使われた。春臼で脱孚《だっぷ》(籾すり)とわずかの搗精《とうせい》(糠とり)が行われていたのが、平安時代ころ、それぞれ木臼と唐臼へと代わり、やがて穂首刈りから根刈りへと代わっていった。長床犂は深く耕せないので、室町時代末ころから一般化していった施肥栽培に対応できず、鍬を使っていた隷属農民(名子、被官)の生産力が犂を使っていた名主のそれを上回るようになった。近世では小農民が基本単位(近世本百姓)とされ、鍬農耕が展開した。元禄期を過ぎると商業活動の発達とともに農村でも労働力が不足し労賃が高騰したため多くの省力農具が現われた。千歯扱きは、その代表的なものであった。また、多くの省力農具や各種の鍬を解説した大蔵永常『農具便利論』(一八二二)はこの時代の、そして鍬の時代を象徴する刊本である。なお、犂農耕から鍬農耕に代わり高度な集約農業が発達したことは、世界史的にみても特異なことといえる。文明開化とともに西洋の農機具が紹介され、犂耕への認識が改まり近代短床犂の開発が始まった。十分な深耕と反転ができる短床犂の出現は、近代農業生産の基盤技術の一つであった。明治時代の末になって足踏み式回転脱穀機が普及し千歯扱きは急速に終焉した。脱穀・調製作業の機械化は徐々に進展していったが、圃場作業の機械化は一九五〇年代の耕うん機普及以降である。農具の製造・供給で画期となったのは、省力農具の出現と近代短床犂の登場であった。千歯扱きの歯や短床犂は、従来の農具のように在地の鍛冶屋や農具職人では作ることができず、一定の技術水準と知識を蓄積した専門の職人集団でしか製造できなかった。

参考文献 鋳方貞亮『農具の歴史』(「日本歴史新書」、一九六五)、飯沼二郎・堀尾尚志『農具』(「ものと人間の文化史」一九、一九七六)

(堀尾 尚志)

のうぐいち 農具市 農具が売買される市。社寺の縁日や祭日に立つ市のとき、ほかの品物とともに扱われる場合が多い。佐渡の大願寺市、埼玉県秩父の夜祭、新潟県南魚沼郡塩沢町一の宮神社の市、東京都世田谷のボロ市、東京都府中市の大国魂神社の晦日市など各地にあった。農山漁村の人々は暮らしの折り目に立つこの市で、普段ではなかなか入手できない農具を購入した。たとえば養蚕の笊など、そこで求めたものには神仏の加護があると考える場合もあった。

参考文献 桜井徳太郎・北見俊夫『人間の交流』(「日本の民俗」四、一九六五)

(佐藤 広)

稲含社八十八夜の農具市(群馬県伊勢崎市)

のうこうぎれい 農耕儀礼 稲や麦、アワなどの穀物を中心とする農作物の生産過程の節目に行われる行事。稲作儀礼と畑作儀礼からなるが、米を主食にしてきた日本では稲作儀礼が農耕儀礼の中心になっている。稲作儀礼は、春の種子播きから田植え、秋の収穫にかけて行われるが、春と秋に山や天、家と田のあいだを去来すると伝えられる田の神をめぐって行われる。種子播きの折に行

われる播種儀礼は、苗代の水口や畦に榊や柳、栗などの枝または桜や山吹などの季節の花をさし、これに焼米や洗米を供えて田の神をまつる。新潟県古志郡では、苗代に立てる榊をタノカンサマ（田の神さま）とかタノカンサマノヤドリキ（田の神さまの宿り木）と呼び、長野県北安曇郡では、種子播きがすむと柳の枝を三本か五本取り、これを水口や田の中央に立てるが、その枝は田の神さまの腰掛けと呼ばれている。どの枝も田の神の依代であろう。田植え儀礼は田植え開始と田植え終了の二度にわたって行われる。前者はサオリ、サビラキ、後者はサノボリ、サナブリなどと呼ばれ、田の神である「サの神」の送迎祭である。いずれも田の水口や畦、あるいは家の神棚や床の間、土間、庭に三把の苗や餅、ご飯、ワカメ、昆布などを供えて田の神をまつる行事である。収穫儀礼は穂掛け儀礼と刈上げ儀礼からなる。穂掛け儀礼は、八朔（旧八月一日）・八月十五夜などに、初穂をすこし刈り、これを田の隅に掛けたり、家の柱に掛けたりする。刈上げ儀礼は神棚や床の間、土間、庭の臼の上、納戸や倉の種籾俵の上に、大根や稲束、小豆ご飯、餅、野菜、魚などを供える。これは収穫を田の神に感謝する行事で、大根や稲束、種子籾俵は田の神の依代であろう。稲作儀礼には、このほか一月初旬から中旬にかけて行われる予祝儀礼や虫送り、鳥追い、雨乞いなどがある。畑作儀礼はあまり発達していないが、その痕跡を伝える行事が各地にみられる。島根県大原郡の一月十九日の夜の麦正月や福岡県宗像郡の三月三日の麦ほめ節供は、麦の豊作を祈願する行事である。島根県の一部では麦の刈入れがすむと、村のお堂に集まって麦念仏をするという。また、八月十五夜を芋名月とか豆名月と呼ぶところも多い。沖縄では、稲作儀礼や畑作儀礼が、御嶽とかウガン、ワンと呼ばれる聖地で女性祭司によって執り行われている。稲作儀礼は旧九月から十一月に行われる播種儀礼と旧五月から七月に行われる収穫儀礼を基調とし、田植え儀礼がほとんど行われていない。麦やアワを中心とした畑作儀礼が発達していて、旧一月から旧二月と旧三月に麦の初穂儀礼と刈上げ儀礼が行われているが、畑作地帯の宮古では、麦とアワの収穫儀礼は旧二月と旧四月に行われている。また、沖縄本島から八重山にかけて、甘藷の収穫儀礼がひろく行われるほか、宮古の一部では旧二月に豆類の植え付け儀礼がみられる。　→稲作《いなさく》儀礼《ぎれい》　→畑作《はたさく》儀《ぎ》礼《れい》

参考文献　井之口章次「農耕年中行事」（『日本民俗学大系』七所収、一九五九）、倉田一郎『農と民俗学』（『民俗民芸双書』、一九六九）、伊藤幹治『稲作儀礼の研究―日琉同祖論の再検討―』、一九七四、早川孝太郎「農と祭」（『早川孝太郎全集』八所収、一九八二）

（伊藤　幹治）

のうこうぶんかろん　農耕文化論　農耕のあり方を視点とした文化論。耕地から食糧を生産する農耕活動には、さまざまな技術と様式、組織、価値観が成立しており、農耕は人類が生み出した文化の一つということができる。そして、大地の立地条件や気候など、農耕をめぐる環境は地球上すべてが同一ではなく、環境に適応した地域差が存在しているのが特色である。食糧の確保は人類にとって普遍的な課題であり、これに地域差が存在することが農耕に関する文化論を成立させる要件となっている。つまり、農耕文化論は環境に適応するために、いかなる技術と様式、組織、価値観を成立させ、継承しているかを明らかにすることに眼目があるといえる。こうした問題に対する研究手法には、農耕様式のなかに形成されている技術や組織、価値観の特質を見きわめることで文化全体の研究に迫ろうという手法と、逆に文化形成全体の研究のなかから農耕の役割を見きわめる手法がある。いいかえれば稲作とか畑作といった農耕様式から日本文化の構成や特質を研究するという方向性と、日本人の生活のありさま全体のなかから農耕による文化形成を研究するという方向性である。農耕文化論といった場合には、これら両面からの研究が必要なことはいうまでもないことだが、研究のあり方には二つの手法がある。その一つは農耕文化の叙述的研究であり、もう一つは農耕文化の原理的研究である。ある地域の、ある時代における農耕実態の研究が叙述的研究であって、これは農耕様式の実態とか他の生産様式との関連などを明らかにすることなどに目的がある。後者の原理的研究というのは、卓越した農耕様式がもつ文化形成の原理を研究することが目的で、稲作文化論や畑作文化論などが成り立つ。日本では稲作と畑作の二つの農耕様式が卓越しており、それぞれがもつ文化原理を明らかにしようということである。たとえば稲作文化論としては、その農耕のあり方は同一耕地の継続的な耕作と稲という単一作物の連作を基本とし、ここからは耕地を資本とする観念、収斂的な生活サイクルと指向性などが形成されているという原理が見いだせ、これに基づくさまざまな文化認識が可能となる。また、畑作文化論としては、その農耕のあり方は焼畑・切替畑・牧畑・常畑といった多種多様な耕地利用の方式と複数作物の輪作を基本とし、ここからは肥培に基づく農耕観、分散的な生活サイクルと指向性などが形成されているという原理が見いだせる。従来、民俗学が行なってきた農耕文化論は、日本文化のなかの農耕文化的な要素を見いだすことに主眼があって、しかもそれは稲作文化に結び付く研究が多く、特定な研究方向に片寄っていたことは否めない。今後は実際の農耕様式に立脚し、まず、その原理的研究に対する議論が必要となる。

参考文献　坪井洋文「日本人の生死観」（岡正雄教授古稀記念論文集刊行委員会編『民族学からみた日本』所収、一九七〇）、小川直之「畑作と稲作」（『名古屋民俗』二七、一九八三）、同「農耕文化研究の視座」（『摘田稲作の民俗学的研究』所収、一九九五）

（小川　直之）

のうこつ　納骨　火葬後に拾骨して、遺骨を墓あるいは霊場に納めること。土葬の場合には遺髪などを納める。

奈良県吉野郡野迫川村ではコツノボセ、コツオサメといって、葬式のアケの日、毛や爪をもって高野山奥の院の骨堂に納めに行く。一般的には、四十九日の供養をすませて墓に納骨する。高野山納骨は、一〇二六年(万寿三)の上東門院の納髪(『高野春秋』)、一一〇七年(嘉承二)の堀川天皇の納髪(『中右記』)、一一五三年(仁平三)の御室覚法法親王の高野山御骨堂納骨(『兵範記』)、一一八一年(養和元)の平重盛の高野山納骨など平安時代後期から成立し、鎌倉時代には高野山を極楽浄土とする意識や念仏信仰が確立した。そして、高野聖が勧進活動として高野山納骨を行い全国を回国した。高野山への納骨信仰が盛んになると、各地に納骨霊場が形成されていき、奈良市元興寺極楽坊では十三世紀半ばから納骨が始まっている。木製小塔婆(五輪塔・宝篋印塔・板碑など)や竹筒・曲物・羽釜などが納骨容器として用いられ、十五世紀ころから盛んになり、十六世紀の天文―天正年間(一五三二―九二)がピークであったという。奈良県北葛城郡の当麻寺や会津の八葉寺(福島県河沼郡河東町)なども同形態の納骨霊場であった。近世になって、大谷本廟などの本山納骨が盛んになる。これは近世教団体制を整え廟所を構えた浄土真宗が、阿弥陀堂や高野山などの霊場へ納骨していた中世の納骨形態を、近世的に展開したものであった。東本願寺の御影堂下に納める須弥壇納骨はその典型例である。→大谷本廟《おおたにほんびょう》 →高野納骨《こうやのうこつ》

参考文献 元興寺文化財研究所編『日本仏教民俗基礎資料集成』七、一九八〇、五来重『(増補)高野聖』(『角川選書』七九、一九七五)、藤沢典彦「日本の納骨信仰」(『仏教民俗大系』四所収、一九八八)　（蒲池　勢至）

のうさぎりょう　野兎猟　野兎を捕る狩猟活動の総称。関東北部山間地では、カリ(狩り)・カル(狩る)と称すれば、野兎猟を指すと伝えているところがある。大正期以降の狩猟統計によれば、野兎の捕獲数は狩猟獣中最も多く、群を抜いている。専業化した猟師仲間のなかには野兎猟を軽視してきた者のいたことは確かであるものの、単独でも容易に猟果を得ることができる利点もあって、野兎の生息していない島を除いて、全国的に行われてきた。猟法は、罠猟法・鉄砲猟法など多様であり、特に盛んなのは熊鷹を使ったタカヅカイ猟法と威嚇猟法で、習性などを逆手にとった猟技術にたけたものである。前者は東北地方の一部に限定されて分布してきた。調教された熊鷹と猟者が一体となって地上の野兎を捕獲する猟法である。後者は多雪地帯に広く分布する猟法で東日本はもちろん、西日本の山間地でも点々と伝えられてきたことが判明している。木の棒切れや、ワラダ、シブタなどと称する桟俵状の猟具を投げ飛ばすものと、糸の先端に取り付けた鳥の羽根や平たく削った竹片を竿ごと振り回すものとの二類型に大別されるが、上空から鷲鷹類が襲ってきたように擬装する点では共通している。猟果は、動物蛋白・カルシウムを供給する食材のほか、薬・撫で物、蒔絵師・傘屋などが必要とした職人用具、化粧刷毛・遊具などに利用され、広く生活に組みこまれてきた。

参考文献 天野武「白山山麓の野兎狩り―雪と人間との関わりを中心に―」(『日本民俗学』一〇三、一九七六)、同『野兎狩り』、一九八七、同「威嚇猟法における二つの型」(『鳥取民俗』一一、一九八八)　（天野　武）

のうさつ　納札　霊場巡礼者が、参詣のしるしに寺院に札を納めること、またその札を指す。別に巡(順)礼札ともいう。木や紙で作られ、まれに金銅製のものもある。札の中央上部に「四国八十八ヵ所霊場巡拝同行二人」「奉巡礼西国三十三所」などの巡礼名をかき、その左右あるいは下に住所や年月日および姓名を記す。弘法大師の御影を印刷した札もある。古くは紙ではなく木でこれを堂宇に打ちつけた。巡礼寺院のことを「札所」、巡礼のことを「札を打つ」という表現はここから生まれた。今日では堂内に納札箱が設けられているのが普通である。納札の民俗は、巡礼の高まりとともに広まり、十四、五世紀から盛んになった。文献での初出は一四一六年(応永二十三)以前成立の『桂川地蔵記』上で「或有二三十三所ノ順礼行者一打レ簡《ふだ》」というものである。古い納札の所蔵報告例は、鑁阿寺(栃木県足利市)に一三三九年(暦応二)のものがあったとされている。現存例では、広峰神社(兵庫県)の一四四八年(文安五)の西国三十三ヵ所巡礼札が最古とされる。納札は西国・坂東・四国八十八ヵ所の札所寺院になされるだけでなく、札所参詣の途中で詣でた社寺堂宇に対しても行われた。また、四国では巡礼者に接待した人が巡礼から札を貰い、家の鴨居などに俵に入れて保管し、一家安泰の魔除けとする事例もある。『諸国図会年中行事大成』(一八三三)に、三井寺では毎年六月十七日に「札《ふだ》上《あげ》」と称して巡礼札を焼く年中行事があった、と記されている。このように、古い納札は処分されるのが一般的であった。したがって今日残存する中・近世の納札は巡礼の実態を知る貴重な材料となっている。

参考文献 武田明『巡礼の民俗』(『民俗民芸双書』、一九六九)、稲城信子「順礼札からみた西国三十三所信仰」(浅野清編『西国三十三所霊場寺院の総合的研究』所収、一九九〇)　（北村　敏）

のうじ　能地　広島県三原市幸崎町能地。能地の漁民は近世から瀬戸内海一円に船所帯で、出職を行なってきた。出職先では主として漁業に従事し、農村に漁獲物を販売したり、農産物と物々交換を行なったほか、近世には幕府御用の煎海鼠《いりこ》の生産に携わった。近世の浦条目には、盆・正月には帰村し宗門届けを勤めるべきことが掲げられているが、出職先の村に寄留したまま申付を守らないものや出職先の檀那寺に転籍し移住するものもみられた。大多数の漁民の檀那寺であった能地の善行寺の過去帳によると、出漁先の記載されたものの初見は一七〇九年(宝永六)であり、それらは、讃岐・備前・伊予・備後・安芸・周防・長門・豊前・豊後に百ヵ村を数える。また、一八三三年(天保四)に作成された宗門改人別帳によると、地

元在住者が六百四十六人であるのに対して出職者は二千五十三人を数え、出職者が在村者の約三・二倍となっている。このように能地では近世中期から瀬戸内全域にわたる出職がみられたが、民俗学研究者はこのような出職の原因を、物々交換および魚介小売りの生業形態と末子相続制という家族制度にもとめ、さらにこうした単純なものとして把握される生業形態や家族制度を前段階の生活様式として日本民族の創世に結びつけようとした。しかし近世には伊予や讃岐に出職をした漁民が幕府御用の煎海鼠生産に従事し、明治期以降では、水夫や貰い子を他所から受け入れたり、魚問屋とさまざまな集団的な駆け引きを行なったり、石炭運搬船や行商船に転業したり、朝鮮に能地町を開発したりしたことなどをふまえて、出職の考察は行われる必要がある。日本民族論という表象を再考するとともに、そうした物語に矮小化しない歴史的文脈をふまえた日常的実践へのアプローチが望まれる。

[参考文献] 池内長良「近世における漂泊漁民の分散定住と地元との関係」(『伊予史談』一四二、一九五六)、瀬川清子『販女』、一九七一、河岡武春『海の民』(『平凡社選書』一〇四、一九八七)、小川徹太郎「近世瀬戸内の出職漁師―能地・二窓東組の「人別帳」から―」(『列島の文化史』六所収、一九八九)、同「「浮鯛抄」物語」(網野善彦・石井進編『中世の風景を読む』六所収、一九九五)

(小川徹太郎)

のうじにっし　農事日誌　日々の農作業を記した日記。村役人や上層町民層を中心とした日記の記載は、おおむね十七世紀後半から十八世紀初頭にかけて始まり、その後急速に盛んになっていくが、農事日誌が多く記されるようになるのは、やや遅れて十九世紀初頭からである。ただし、なかには十七世紀中ごろには、種子播きの期日と品種、収穫の期日と収穫高のみを日記形式で記載したものがあり、この形式も含めるなら農事日誌の出現は日記史料全般とほぼ同時期になる。播種と収穫といった限定的な期日の日誌に対し、たとえば東京都八王子市石川家の『諸色覚日記』は一七二〇年(享保五)から書き起された農事日誌で、その記載は代々の当主に受け継がれ、二百年以上にわたっている。江戸時代における農事日誌の出現は、戦国時代から江戸時代前期における大規模な耕地開発、さらに干鰯・締粕といった魚肥や油粕などの流通、千歯扱き・唐箕など作業能率を高めた農具の開発と流通、商品作物の普及等々を背景としている。これらは伝承により受け継がれてきた農耕技術・作付体系・生産暦の変容をもたらしたのであり、農事日誌の記載は従来からの農業体系の見直し、新たな体系の確立を主目的にして行われてきたといえる。農事日誌は明治時代以降も多く記されているが、太平洋戦争後に化成肥料や動力農機具が普及するとともに減少の傾向にある。

[参考文献] 佐藤常雄・大石慎三郎『貧農史観を見直す―新書江戸時代二―』(『講談社現代新書』一二五九、一九九五)、小川直之『歴史民俗論ノート』、一九九六

(小川　直之)

のうしょ　農書　主として江戸時代に著述された農業技術書。日本で農業技術を本格的に著述したものは、近世に至るまで出現しなかった。農書は、幕藩体制のもとで自立しつつあった小農民の技術体系の確立という背景のもとに生まれてきた。元禄年間(一六八八―一七〇四)に各地に農書が誕生してきた。三河・遠江の『百姓伝記』や会津の『会津農書』、紀伊の『地方の聞書』(『才蔵記』)などが、その主なものである。これらは、著者である農民からの体験にもとづいた地方《じかた》農書であるところに特色がある。中国明代の『農政全書』を参考に畿内の農業技術を著わした宮崎安貞の『農業全書』(一六九七)は、日本最初の刊本の農書として、この時期を代表するものである。以後、『農業全書』を範として、各地で農書が著述されていった。農書著述の第二期として、文化・文政期から幕末にかけて多くの農書がある。特に大蔵永常の業績は、畿内を中心とした先進地の農業技術を刊本化し、広く各地へ普及させた。『除蝗録』や『農具便利論』『広益国産考』などが、その代表的なものである。また幕末には、みずからの農事体験を日誌に記述し、それを農書に著わす方法が多くみられた。河内の『家業伝』や下野の『農業自得』などがあげられる。江戸時代の農書の知識は明治期へ継承され、明治時代にも数々の農書が著述され、その技術は現代農業にも継承されてきている。農書の多くは『日本農書全集』に収録されている。

[参考文献] 飯沼二郎編『近世農書に学ぶ』(『ＮＨＫブックス』二七一、一九七六)、古島敏雄編『農書の時代』、一九八〇

(佐々木長生)

のうぜいくみあい　納税組合　納税のために一定の地域あるいは職域において組織された任意団体。こうした団体は、明治末の地方改良運動のころから、ムラあるいは農家小組合などを単位として、貯蓄組合として組織されるようになっていたが、特に昭和の経済更生運動の過程で、全国的な整備が進められ、多くは第二次世界大戦後にも引き継がれている。なお現在では、一九五一年(昭和二十六)の納税貯蓄組合法に基づく納税貯蓄組合もある。

[参考文献] 潮見俊隆他『日本の農村』、一九五七

(白井　宏明)

のうそん　農村　農業を主とする家々により形成された社会。一般的には、農業を生業とする地域を空間的連続した一定領域としてとらえる概念であり、農業を中心的生業とする地域の居住様式を保持した、都市と対峙する総体的な社会概念である。農林業センサスに農業集落という空間的、領域的な統計単位があり、その総和を農村地域と見なすと非農家の割合は、一九九〇年(平成二)の場合、八四・三%を占め、生業としての地位から農村という概念は成立しなくなった。そこで用いられるのが、土地利用としての地理的空間的概念である。一九九三年の国土庁の調べによると森林・原野は、六七・四%、農用地

は一三・八%であり、合計八一・二%が農林業空間ということになる。このような環境のうえで、都市とは異なる生活様式を営む地域空間を村落という語で総称できる。英語の rural の対応語である。農村という語で、農村・山村・漁村を総称した語としても用いられる。特に行政用語の場合、この種の用法がしばしば使用される。この場合、農山漁村という語が用いられることもある。

参考文献 富田祥之亮「村落生活の総合的理解に向けて―民俗学的方法論の検討―」(『農村生活総合研究』七、一九六九)、国土庁編『国土利用白書』、一九九五
（富田祥之亮）

のうそんぶたい　農村舞台　村芝居を上演するための営利を目的としない舞台(芝居小屋)。江戸時代の農村では、村に巡業して来る玄人の歌舞伎や人形芝居を請けて見物して楽しむ一方(買芝居)、地元で素人の農民がみずから歌舞伎や人形芝居を演じて楽しんだ(地芝居)。地芝居は江戸時代には表向きは禁じられており、村の民俗的な行事や祭礼に取り込まれ、祈願・奉納などの名目で黙認されていた。したがって舞台も神社の境内に建てられたものが多く、回り舞台や花道や太夫床などの舞台機構を備えていても拝殿・長床・舞殿・神楽殿・籠り所などと神社建築の呼称で呼ばれた。それらはほとんど舞台だけが建物で客席は露天のままである。ただ、岐阜県東南部の限られた地域には客席も屋内に取り込んだ劇場様式(劇場型)の農村舞台が幕末から明治時代にかけて多数建てられた。また、農村舞台の中には少数ながら船底式の人形浄瑠璃芝居専用のものもある。農村舞台の分布は北海道から九州に及ぶが、岐阜・愛知・静岡・長野・群馬・兵庫・岡山・徳島の各県などが濃密で本州中部から遠ざかるほど少ない。一九六〇年代に行われた学術調査ではおよそ千二百棟の現存(ほかに廃絶がおよそ六百棟)が確認された。年代の古い現存舞台は上三原田の舞台(群馬県勢多郡赤城村)、下谷上の舞台(神戸市北区)などで、重要有形民俗文化財として国の指定を受けた舞台が右の二棟を合わせて十六棟ある。　↓地芝居《じしばい》　↓芝居小屋《しばいごや》

参考文献 松崎茂『日本農村舞台の研究』、一九六七、角田一郎編『農村舞台の総合的研究―歌舞伎・人形芝居を中心に―』、一九七一、景山正隆『愛すべき小屋』、一九九〇、角田一郎編『農村舞台探訪』、一九九四
（景山　正隆）

のうだたよこ　能田多代子　一八九〇―一九七〇　青森県五戸地方の方言・昔話を中心に生活技術全般にわたる民俗誌的研究を行なった民俗研究者。青森県三戸郡五戸村(五戸町)に生まれ、方言・民俗学研究家の能田太郎と結婚後、夫を通じて柳田国男門下に入る。夫の助手として方言・昔話・伝説の研究に携わり、夫の死後は瀬川清子らとともに女の会を結成して女性民俗研究グループの中心的存在となった。その生涯を通じて郷里五戸地方の民俗研究に専念し、『五戸の方言―用言から出発して―』(一九三八)、『村の女性』(一九四三)、『手っきり姉さま―五戸の昔話―』(一九五八)、『能田多代子著作集』(一九六七)などの著作がある。
（中込　睦子）

のうちかいかく　農地改革　一般的には農地の所有制度の改革のこと。特に第二次世界大戦後の農地所有制度の変革のことを指す。この改革ははじめ、日本政府が独自に構想した農地調整法改正案が一九四五年(昭和二十)十二月に帝国議会で可決されることにより着手されたが、この法律はアメリカ占領軍の承認を得ることができず、ほとんど実施されずに終った(第一次農地改革)。ついで翌四六年に占領軍総指令部の指示のもとで改めて成立した農地調整法の改正と自作農創設特別措置法に基づいて、第二次農地改革が着手され、その改革は主に一九四七年から四九年にかけて実施された。その主要な内容は、不在地主の小作地の全部、在村地主の平均一町歩(北海道四町歩)を超える小作地、平均三町歩(北海道十二町歩)を超える自作地を政府が買収し、耕作者に有償で譲渡するというものであった。これら解放農地の認定実務を行なったのは、地主三・自作二・小作五の十人の委員からなる市町村農地委員会であった。改革の進捗《しんちょく》は地方ごとに一様ではなかったが、農地価格がきわめて低く抑えられたこともあいまって、一九四九年には四五年の総小作地の約八割に及ぶ一九四・二万町歩が解放され、この結果改革前(一九四一年)の全農地の四六%、田の五三%に及んだ小作地は、改革後(一九四九年)はそれぞれ一三%、一四%に激減した。この農地改革は、林野の解放が行われなかったこと、平均一町歩の小作地の残存を認めたことなど不徹底な点を残したが、小作料は低額の金納に統制され、地主制は基本的に解消された。ただこの結果成立した戦後自作農の経営規模は平均一町歩(都府県)に満たず、その零細性は克服されなかった。　↓地主《じぬし》・小作《こさく》

参考文献 農地改革委員会編『農地改革顛末概要』、一九五一、R・P・ドーア『日本の農地改革』、一九六五
（白井　宏明）

のうまい　能舞　青森県下北半島の東通村に伝わる山伏神楽系統の民俗芸能。近世に南部藩に属していた下北の修験者は、盛岡在住の本山派修験の大先達自光坊から霞証文をもらい、その霞内を初春に春祈禱をして廻っていた。下北の修験は熊野修験の流れをくむこの自光坊の配下にいたので、春祈禱で舞う権現舞の獅子頭を熊野様ともいう。そのうち目名の修験三光院(東通村目名神社)、田名部の修験大覚院(むつ市大覚院熊野神社)などが伝えた芸能が能舞である。現在下北の各地に分布している能舞は、この修験者から直接伝授された東通村の大利《おおり》、上《かみ》田屋《たや》、鹿橋《ししばし》の三集落を師匠所《ししょうどころ》として広められたもので、舞い手は地元の若者が中心となっている。東通村の能舞は十二月十九日の熊野様の年取りの日に幕開きを行い、内習いを始めるのが本来で、この日から別火をして四足の獣類を食べないという禁忌があった。正月になると昼は権現様を携えて家々を廻って門打ちを行い、夜は宿で能舞が演じられる。演目は三十数曲あり、権現舞・儀礼

能舞の渡辺綱（青森県東通村上田屋）

舞・祈禱舞・武士舞・道化舞の五つのグループに分類できる。現在は修験者ではなく地域の人々によって演じられている能舞だが、最初に必ず演じられるのは鶏《とり》舞・籠舞・翁・三番叟の儀礼舞であり、年のはじめを言寿《ことほ》ぐ内容である。また権現舞は悪魔を祓い、火伏せを行う呪的な意味をもち、信仰の中で芸能が息づいている。↓権《ごん》現舞《げんまい》

（神田より子）

参考文献　神田より子「下北の能舞」(宮家準編『山の祭りと芸能』下所収、一九八四)、『東通村史』民俗・民俗芸能編、一九九七

のうりょう　納涼　涼み。暑さをしのぐため涼をとること。水辺や木陰で憩うもの、冷たい食物をとるなど生理的なものと、涼しさを想起させる視聴覚面の演出効果によるものに大別できる。近世では、江戸大川(隅田川)畔の夕涼み、京都四条河原の夕涼みが有名である。納涼の季節は五月から九月ころまでで、江戸の夕涼みの名所は、不忍池畔、上野広小路など数あり、出茶屋が立ち賑わった。なかでも隅田川畔両国橋界隈の夕涼みは、五月の川開きの花火に始まり、酷暑の間夕涼みと花火見物を兼ね人々が繰り出した。扇子や団扇を手に橋の上で涼む姿や川面の涼み舟の様子は浮世絵ほかに多く描かれている。また、『東京風俗志』中(一九〇二)には、屋形船ならぬ土船・砂利船を涼み船に仕立てた庶民の姿があり、各自の生活状態は異なっても工夫をこらしていることがわかる。夏の縁日が夜間に行われるのも涼みをねらったものとの考えがあるが、出店の味覚にも水菓子や氷水屋、ゆで小豆など涼味ある記述がある。また、氷が高級品であった時代は、甘酒など熱い味覚で暑さを紛らわせることも好まれた。一方、夕涼みに比べて朝の涼みは茶道の朝茶事に見られる程度で少ない。夏の暮らしは、涼しい朝方に一仕事する方が効率的であり、一日の労働の後、涼んで体を休めるものであったようである。町場では夕暮れに縁台を路地に出し団扇を持ち浴衣姿で涼んだり、農村部では野回りを兼ね風にあたりながら畦道を歩くなど、涼み方にも地域の特色があった。近年のものでは都市のイベントの一つである東京湾納涼船や商店街の納涼盆踊りなどがあげられる。イメージの演出効果では、秋草や流水文様など涼味のある柄をほどこした薄物や浴衣の着用、江戸では夏の夕暮れの風物であるこうもり柄などを採用した。また、軒先の風鈴、透かし彫りや透明感のある簪や器など、衣食住の身近なものに涼しさの意匠をとりいれた。演出の意匠には現代にも通じるものが多い。

（友野千鶴子）

参考文献　斎藤月岑『東都歳事記』二(「東洋文庫」一七七、一九七〇)

のがえり　野がえり　埋葬あるいは火葬を終えて帰宅したおりの作法。このとき清めに塩を使うのが一般的である。都会では葬式に行った香典返しの中に小さい袋入りの塩が入っている。鹿児島県大島郡では墓に行った人は必ず海岸に出て潮水をかけて清める。老人で海岸に行けない人は縁側に臼の上に置いた塩をなめたりかけたりする。海水で身を清めるのは長崎県壱岐などがある。神戸市北区道場では盥にヌカと塩を入れて足を洗うまねをする。兵庫県多紀郡篠山町新庄では塩と灰をふんで家に入る。野がえりの作法は死の穢れを清めることもさることながら、生者が死に引き込まれないための呪法である。野がえりに生米を食べ米の力により死に引き込まれないようにする例がある。それは兵庫県宍粟郡波賀町斎木、美作地方、若狭の大飯町(福井県大飯郡)・新庄村(同三方郡美浜町)・安川村(大飯町安川)、香川県丸亀市塩飽《しわく》本島・広島などがそうである。そして若狭の新庄村・安川村では生米を食べるのは葬式のオモヤク(重役)を勤めた死者の身内である。死者の身内は死の忌みが重いため死に引き込まれる危険が大きいので、生米を食べて米の力により体に力をつけようとしたのである。このため、葬送のときに往く道と帰る道をかえたり、死者の縁者が履物を墓に脱ぎ捨てたり、帰りは墓の方を振り向かないということも行われる。

（井阪康二）

参考文献　井之口章次『日本の葬式』(「筑摩叢書」二四〇、一九七七)、井阪康二「野がえり考―米をかむ習俗についての考察―」(『人生儀礼の諸問題』所収、一九八八)

のかじ　野鍛冶　⇨鍛冶屋《かじや》

のがみ　野神　奈良県や滋賀県に多くみられる、集落から少し離れた水路や池の脇、山麓などにまつられている神。奈良盆地では野神と称せられる塚およびそれをまつる行事を野神さんという。このような塚は、奈良盆地では四十あまり確認されている。多くは集落の少し離れた水路の脇、池の脇にヨノミ(榎)などの木のある塚を野神さんという。祭礼の日は、五月五日が多く(一月遅れの六月五日の場合もある)、行事内容は子供組が中心で麦藁で作ったジャ(蛇)を持って、この野神さんの塚まで持ち運ぶ。道中、行き交う人やその年結婚などめでたい家にて、このジャで祝うこともある。またその時、農具(鋤・鍬・馬鍬・唐鋤などの小さな模型)や牛馬を描いた絵馬を奉納する場合、粽を供える場合が多い。また、子供が中心と

野神祭　シャカシャカ祭
(奈良県橿原市上品寺町)

なるその宿ではワカメ汁を必ず食べるという風習もある。このように野神に対する信仰の定まった儀礼が存在する。この信仰は、これから始まる稲作との関係、特に水との関係によるものが背景にあると考えられている。また、滋賀県の湖東・湖北の村には、村はずれか山麓の大木の下に自然石で野神と刻んだ碑があり、かなりの分布をみる。蒲生郡竜王町橋本では、二ヵ所に野神がまつられており、五月五日に飾り付けた牛を引いて御供を持って参るのと、九月二の申の日に村の子供たちが野神の下で相撲を取る。滋賀県の野神は八月下旬から九月にかけて多くの祭礼が認められる。日野町中山で九月一日から十日まで行われる芋競べ祭も、野神祭と考えられる。中山東・中山西の二つの集落がサトイモの大きさを競べる場所が、野神をまつるところである。その他、近畿地方では、大阪・京都などにも、この信仰があり、農耕とりわけ稲作との関連で水の信仰と深いかかわりがあると考えられる。

参考文献　保仙純剛「奈良盆地の「ノ神」」(『日本民俗学』三ノ三、一九五六)、奈良県教育委員会編『大和の野神行事』、一九六五・六六

(浦西　勉)

のき　軒　屋根のふきおろしの端で、壁や柱の外側に突き出た部分。庇ともいう。日本建築における軒は風雨や日射から建物をまもる上で欠かせないもので、軒を深く差し出すために、はね木を用いた屋根の構造が発達し、これが日本建築の特徴の一つとなっている。建物の高さと軒の出の割合や軒先の線が隅で反る軒反りの形は、建物の外観を決定する要素として重視された。民家建築においても軒は建物をまもるばかりでなく、軒下を農作業や生活空間として利用するためにも重要で、そのつくり方には地域的に顕著な特徴が見られる。梁を軒からはねだして、出し桁を受けて、軒を深める構造は出し桁造またはセガイ造と呼ばれ、各地の上層農家の民家に見られる。長野県諏訪地方では板葺き屋根を二重の出し桁構造で三メートル近くもはねだす大軒造がみられる。これはこの地方の霜や霧の多い気候条件のなかで、収穫物をまもるために発達したものである。伊勢から紀伊半島南部にかけて、雨除けのために軒先に幕板を垂らす枝法が広く分布している。切妻屋根の場合はけらばの先から三角形の幕板を取り付けて、軒先の幕板とつなげて家をぐるりと囲う。その姿はさながら建物に傘をさしたような景観を呈する。このような雨除け板は壁と窓を台風時の横なぐりの雨から守るために発達したもので、軒の機能を強化したものといえる。　↓セガイ造《づくり》　↓庇《ひさし》

参考文献　渋谷五郎・長尾勝馬『日本建築』、一九五四

(安藤　邦広)

のこぎり　鋸　木材の挽切り、挽割りに使用する連続的な歯をもつ刃物。歯形によって縦挽きと横挽きの区別があり、鋸屑の排出機能をもつメトバシなど特殊な歯もある。古くは仕口の木口を挽切るための歯線が曲線の木の葉形鋸(横挽鋸)、挽割り板を作る枠付きの張り鋸(縦挽鋸、大鋸《おが》ともいう)、弦をもつ念珠挽鋸・櫛挽鋸などの細工用があったが、やがて幅の広い前挽《まえびき》大鋸《おが》が使われるようになって挽割材が広範囲に普及した。伐木には片挽きの手《て》曲鋸《まがりのこ》を用い、材木の玉切りには両側に把手をもつ二人挽きの台挽鋸《だいびきのこ》を使用した。町の大工は丸頭《がんとう》鋸(縦挽き)・胴《どう》付《つき》鋸(横挽き)・回挽《まわしびき》鋸・畔挽《あぜびき》鋸などを用いたが、明治時代以後は一枚で縦挽きと横挽きを兼ねる両歯鋸が普及した。これらは乾燥材を加工するものであるから、歯が堅く鋭利でなければならず、そのために焼入れ技術が発達した。和船は接ぎ合わせ構造を持つために特殊な鋸を多く利用し、目的によって使い分けていた。鋸の産地は近世以来播州三木の前挽大鋸が著名であるが、関東地方では越後の三条鋸が知られ、焼入れ技術の改良には会津の鋸鍛冶が関わっていたという。信州諏訪湖では氷を挽き出したから、のちに諏訪鋸が知られるようになった。鋸歯が磨耗すると能率が落ちるので、頻繁に目立てを行う必要があり、そのためのヤスリとハワケが必需品であった。大工用など精密な鋸の目立ては専門の目立て職人が行なった。伐木・製材用の大形鋸は刃先だけに焼入れをしていたため、鋸目の焼きをたびたび入れ直す必要があり、林業地にはこの焼入れを受け持つ鍛冶屋がいることが多かった。　↓大鋸《おが》

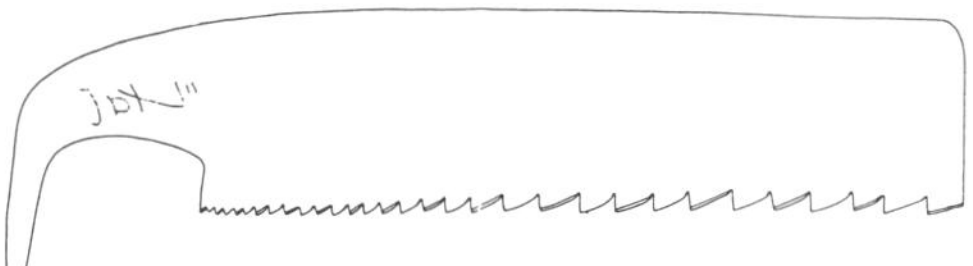

江戸時代の前挽鋸

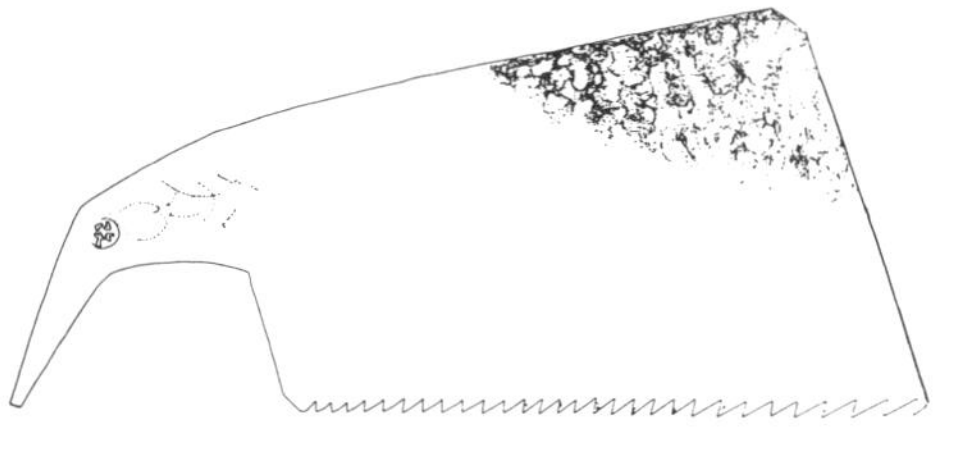

明治時代の前挽鋸

参考文献　吉川金次『鋸』(「ものと人間の文化史」一八、一九七六)

(朝岡　康二)

のこぎりがま　鋸鎌　刃弦角(柄と刃の弦のなす角)が一四〇度前後に大きく開き、刃は薄手で、刃に鋸状の刻みが入っている鉄鎌。史料上では、土屋又三郎『耕稼春秋』(一七〇七)に麦刈り用の鎌としてみることができ、そのほか鹿野小四郎の『農事遺書』(一七〇九)には稲刈りでその効用が示されている。大蔵永常『農具便利論』(一八二二)には畿内において麦刈りに用いられたことが記されている。稲刈り鎌として全国に普及するのは近代以降のことで、特に播州鎌が全国を席巻していく中、稲刈りという限定された用途で販売され、使いやすさも手伝って広がっていった。

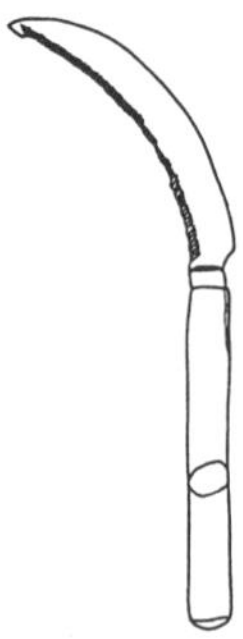

鋸　鎌

参考文献　中山正典「稲刈り鎌の民具学的検討」(『民具研究』九九、一九九二)

(中山　正典)

のさかけ　のさかけ　山仕事に携わる人々が行う初山踏みの行事。ヌサウチ、ヤマノカミオサメ、ハツヤマイリともいう。仕事始めとなる正月山入りの日、ノサ、ヌサ、オサと呼ぶ特製の幣束と神酒・洗米・餅を、沢口や山中の特定の木に供え、当年の山中安全を祈る。この行事は東北地方から新潟県にかけて分布し、新潟県岩船郡から山形県温海町の山間部では山の神をオサトサマ、オサドサマといい、ノサを掛ける所はオサトサマの木とされている。

のさかけ（新潟県山北町）

参考文献　『新潟県史』資料編二二、一九八二

(佐治　靖)

のざきまいり　野崎参り　大阪府大東市野崎にある慈眼《じげん》寺《じ》の無縁経法要に参詣すること。毎年五月一日から十日に営まれる。慈眼寺は歌舞伎や浄瑠璃で有名なお染・久松ゆかりの地で、俗に野崎観音と称される。近松門左衛門の『女殺油地獄』には「野崎参りの屋形船」と描かれ、また上方落語の「野崎まいり」には寝屋川を船で行く者と、堤を徒歩で行く者との間で大声で口喧嘩をしたいわゆる悪態祭(悪口祭ともいう)の様子が巧みに描写されている。

(野堀　正雄)

のし　のし　熨斗鮑《のしあわび》の略。アワビの肉を薄く長く剝ぎ、乾燥して伸《の》したものを他人に進上する品や祝儀の贈り物に必ず添える習慣が古くからあった。『肥前国風土記』には熨斗鮑の製作の話がある。奈良市平城宮出土の木簡にも房総半島で作った四尺五寸(一・三メートル)のアワビ三本の束を物納した記録がある。『吾妻鏡』にも一一九二年(建久三)条に「長鮑千百五十帖」が年貢として大将家へ送られていて、古くは水に漬けてやわらかくして煮て食べれば精がつき長寿になるという保存食で、最高の贈答品であった。そして戦国時代には武運長久を祈る陣中見舞として喜ばれた。現在では紅白の色紙を、上が広く細長い六角形にして細く黄色っぽい紙をその中に張り付けたり、印刷したり、省略して「のし」と書く。この黄色の紙がアワビの代用である。のしをつける理由は、日常の食事のおかずは野菜が中心で、めでたい食事には魚類など生《なま》臭気《ぐさけ》を食べたいと念願し、葬式など不祝儀の際は生臭を食べないことから、穢れのないこと、贈り主の心の清浄と品物の無害を示す象徴として、生臭を代表するアワビを添えるといわれてきた。のしの起源は古代中国の束脩《そくしゅう》(乾肉の贈答品)だと考えられるが、日本では海の幸のアワビには不老長寿の伝説があり、古代から長生きを祝う

熨斗鮑作り

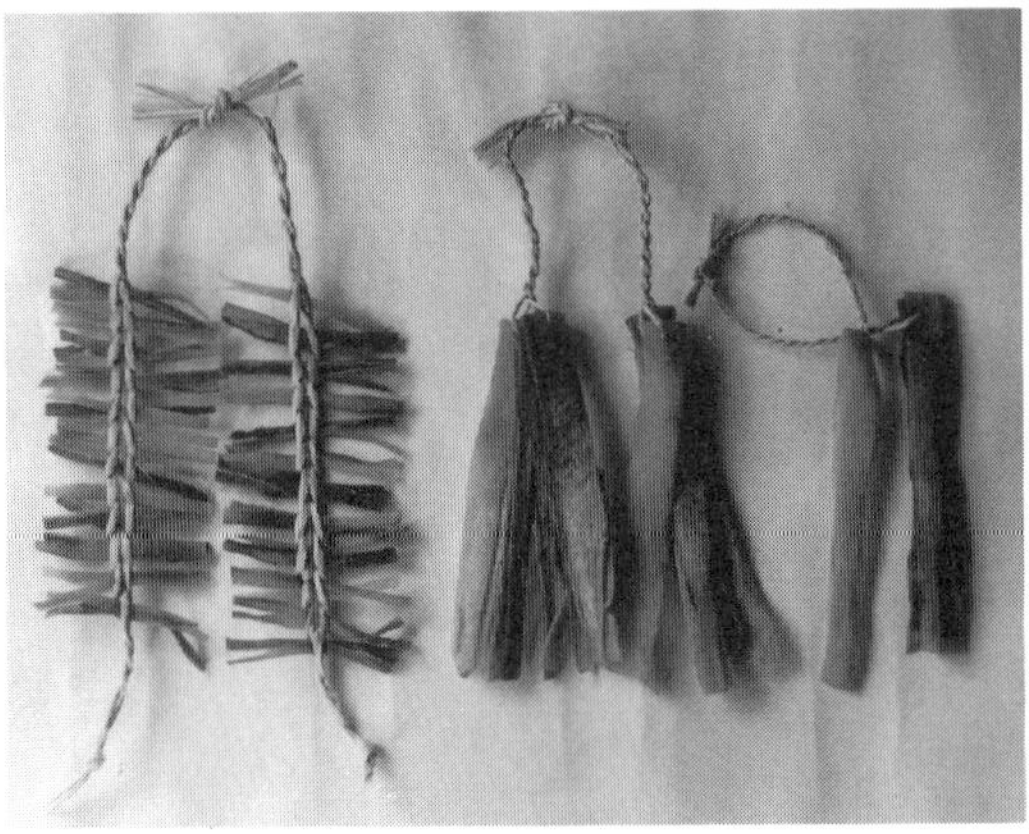

玉貫鰒(左)と身取鰒

現代の熨斗

めでたい食品とされてきたから、それを添えて飾ることで、長命を祈るという祝福のしるしとなったのである。なお、のしとは火熨斗の略でもあり、布の皺などを伸ばす道具のことでもある。のしは伸す、つまり生命を伸す、身代を伸すという語の近似から意味を感じてきたのだと考えられる。伊勢神宮では『延喜式』以前の昔から、神饌の一品として身取鰒《みとりあわび》・玉貫鰒《たまぬきあわび》という熨斗鮑を鳥羽市国《く》崎《ざき》町で調製し、一年に三度の大祭に供えている。

参考文献 矢野憲一『鮑』(「ものと人間の文化史」六二、一九八九) (矢野 憲一)

のじゅく 野宿 宿泊施設や住宅ではない場所に宿泊すること。古来巡礼・物乞いなどの漂泊者は日常的に野宿を余儀なくされたが、その際付近の定住民との間にはさまざまなしきたりがあった。完全な山野に宿泊することは稀で、たいていは人里にある小堂など、風雨を凌げる場所に宿泊したためであった。たとえば大正期まで慣習化していた北陸白山から冬季に出る物乞いが小堂に野宿する場合、必ず村人にことわることになっていたが、その際火に気を付けることを注意されたという。そのため、河原まで降りて焚き火をして炊事を行い、また火の中に大きめの石を入れて熱し、小堂内に持ち帰って睡眠中の暖をとったという。この物乞いは子供を伴うことが多かったが、北陸の厳しい風雪から守るため、子供を腹部の下に入れ、俯せになるウックバイという方法で睡眠をとった。また、出火を恐れるためか、野宿を申し出ると、たいていは、その家の物置小屋などに泊まることを勧められたという。一方、定住者も村落内に入り込んで宿泊する漂泊者には、細心の注意を払った。たとえば、街道沿いに位置する兵庫県山間部の神崎郡福崎町では、西国三十三ヵ所巡りの巡礼、六十六部などさまざまな遍歴の宗教者が野宿を求めたが、宗教的背景のない怪しげな物乞いには、村堂を貸すことはしなかったという。 (菅根 幸裕)

のぞきからくり 覗機関 幅数尺の屋台の下部に、数個の覗き穴をうがってレンズを仕込み、内部の絵画を拡大して見せる大道の見世物。左右に立つ演者が竹の鞭などで調子をとって節を語り、数枚から十枚程度の絵を糸で順に引きあげて物語を進行する。台上には演題に関わる絵看板を置く。内部に燈りを点し、夜景を演出することもあった。一説に寛永ころ、中国より渡来したものという。幕末に著わされた『守貞漫稿』には、京坂では「のぞき」、江戸では「からくり」と略したとある。明治以降も庶民に支持され、代表的な演目に「八百屋お七」「俊徳丸」「肉弾三勇士」「不如帰」などがあった。

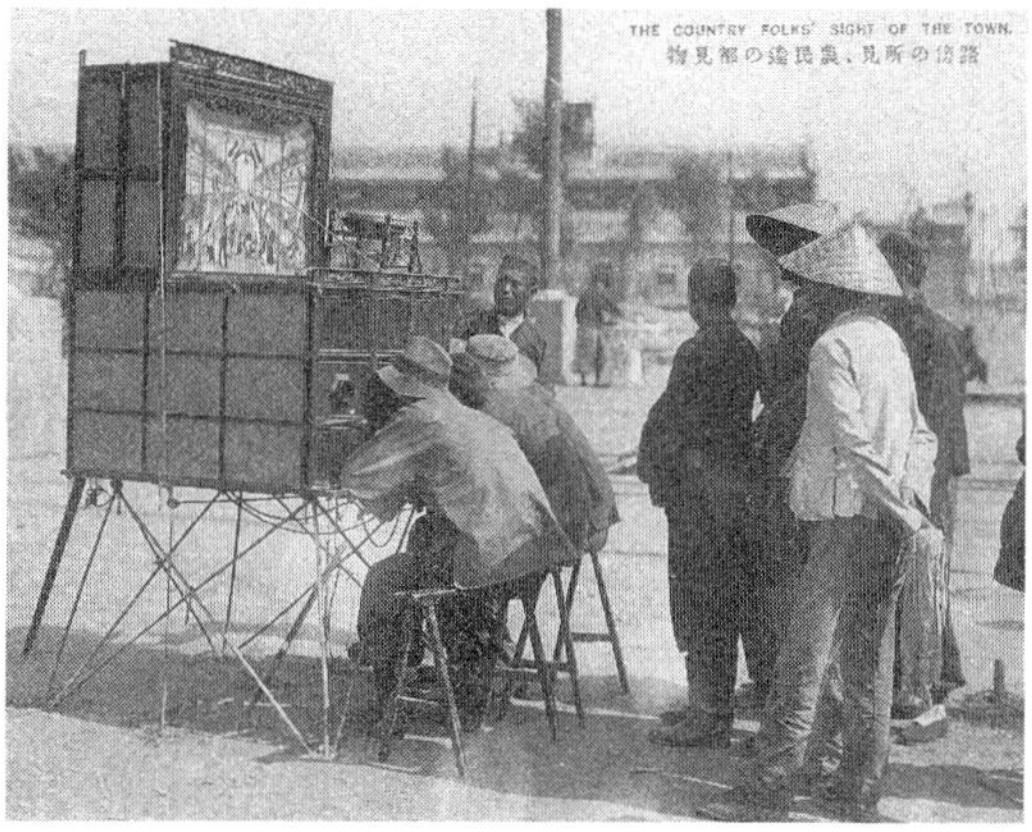

満洲の覗機関

参考文献 古河三樹『図説庶民芸能―江戸の見世物―』、一九七〇 (橋爪 紳也)

のちのかりことばのき 後狩詞記 一九〇九年(明治四十二)、柳田国男が著わした民俗学関係ではじめての書。自家出版で五十部のみ発刊された。出版の前年、柳田はおよそ三ヵ月にわたる九州の旅のなかで宮崎県東臼杵郡椎葉村を訪れ、中瀬淳椎葉村長の案内で五日間、椎葉村内を巡り猪鹿の狩猟民俗などを調査。そのなかで、大河内地区の椎葉徳蔵家で『狩之巻』を発見した。同書はそのときの記録を書き綴ったもので、伝聞資料と「狩の巻」の文書紹介の二部構成からなる。細かな内容は「序」「土地の名目」「狩ことば」「狩の作法」「いろいろの口伝」「附録狩之巻」からなる。書名は室町時代の『狩詞記』に因み名付けたことが序文から読み取れる。前半部は狩の民俗を辞典的に書き綴っており、狩猟民俗の資料としての価値はよく知られている。焼畑の語彙も書き留めているほか、狩猟に伴う獲物の所有権争いなどの裁判例も記されており、近代山村の生活誌ともいうべき資料集となっている。柳田の帰京後、中瀬が『狩之巻』の写しを送っている(成城大学民俗学研究所蔵)。柳田がまとめた『諸国叢書』(同研究所刊)には中瀬村長の筆による宮崎県の用紙に記した焼畑・狩猟関係の聞き書きが記される。この狩猟秘伝書は児湯郡西米良村から伝わったともいわれるが(田中幸人『漂民の文化誌』)、大河内の位置から見て西米良との交流が深いのは今も同じである。この秘伝書は一九五四年(昭和二十九)の台風で流されて今はない。
→狩《かり》の巻物《まきもの》

参考文献 牛島盛光『日本民俗学の源流―柳田国男と椎葉村―』、一九九二 (永松 敦)

ノツゴ ノツゴ (一)香川県西部、高知県東部、徳島県、愛媛県松山地方でまつられる神。香川県三豊郡高室村室本(観音寺市)では、五月五日に麦藁で牛の形を作り、ノツゴの祠に参り、牛に災いのないことを祈る。また八月十五日には、左義長といって藁小屋を焼く行事があった。徳島県麻植郡では、五月四日の晩を牛正月またはノツゴ祭といって、イタドリにヨモギとカヤをくくったものに水をそそぎ、死んだ牛を供養する所がある。高知県では中央の平野部にノツゴという小地名があり、叢林のなかに塚や小祠のあることが多い。原野開発にあたって野の神や開発の主をまつったものと伝えるが、江戸時代の『南路志』をみるとやはり牛馬神としての性格が強いらしい。㈡愛媛県宇和地方、高知県西部で路上に出現する妖怪。夜間、山道を歩いていると、足がもつれて歩けなくなったり、赤子の泣き声を出すもので、草鞋のチ（乳）をやるか、草をちぎってチボ（乳首）にして投げてやるとやむという。宇和地方では間引きされた死児のこともノツゴといい、流れ灌頂をすれば成仏するが、供養しないと亡霊になるといわれている。また死んだ赤子を埋葬するときに草鞋のチボを棺といっしょに墓穴に放り投げるともいう。赤子の声で泣き、乳を求めるのは、ノツゴが赤子の死霊だったためのようである。桜井徳太郎は、農業神であった㈠野神＝ノツゴが零落し、㈡幼児の亡霊＝ノツゴとなっていった過程を想定しているが、両者の関連は不明である。

参考文献　桂井和雄「土佐ノツゴ考」（『土佐民俗記』所収、一九四八）、桜井徳太郎「ノツゴ伝承成立考」（『桜井徳太郎著作集』四所収、一九九〇）　（梅野　光興）

のべおくり　野辺送り　死者を墓地や火葬場へ運ぶこと、またその葬列をさす。ノオクリ、オクリともいう。葬列の道具は葬儀屋が関係する以前は同行などの手伝いの人が作った。出棺は午後が多い。神戸市西区櫨谷では葬列に先立ち松明を持って埋葬地にいき六地蔵の前で藁火を焚いた火で蠟燭をつけて六地蔵に供える。これがないと式がでないという。葬列に先立ち六地蔵に蠟燭や線香を供えることは一般的である。兵庫県川西市国東では葬列の前に大松明と竹の先に一本の線香をつけたものを七本持っていく。国東の事例では葬列は㈠ハタ四本、近隣の人が持つ、㈡タテバナ二つ、これはだれが持ってもよい、㈢モリモン団子、親類のあまり濃くない男の人が持つ、㈣ラクガン、持つ人はモリモンより少し濃い男でも女でもよい、㈤シカ、親類の濃い人が持つ、㈥ツルカメ、親類の濃い人が持つ、㈦コウロウ、親類の濃い人が持つ、㈧レイゼン、昼飯持ちといい主婦が持つ、㈨チョウチン、孫が持つ、㈩導師、(一一)コシ、甥がかつぐ、(一二)イハイ、喪主が持つ、(一三)チョウチン、(一四)テンガイ、母屋の血の濃い人が持つ、(一五)ツエ、孫が持つ、(一六)ハナカゴ、娘婿が持つ、善の綱は観音講の人が前から引っ張る。葬列では輿に近くなるほど親類でも血の濃い人になる。マゴノコシといって輿を孫がかつぐことを喜ぶところがある。女の服装はレイゼンモチは白い着物で昔はそうれんまげを結った。コシカキ、タイマツモチは白の着物に白の袴、イハイモチは白の裃、手拭はタイマツモチ、レイゼンモチ、イハイモチが頭にまく。三角の印はコシカキ、イハイモチがする。墓に着くと蓮台の上に棺を置き、導師が引導を渡し埋葬か火葬にする。イハイモチ、アトコシカキ、タイマツモチは墓の出入口で送ってくれた人に礼をする。葬列は死者をホトケとしてあの世へ送り出す形を現わしたものであろう。葬列は死者が阿弥陀や聖衆に導かれて行く様子を模したものという考えもある。

参考文献　伊藤唯真『未知へのやすらぎ―阿弥陀―』（「日本人の信仰」、一九七九）、井阪康二「六文銭考」（『出土銭貨』四、一九九五）　（井阪　康二）

のぼり　幟　神を招いたり、神の到来を表象する依代として使われる旗飾り。五月の節供の鯉幟や武者幟、あるいは神社の祭礼に立てられる幟などがある。本来は寺院の仏前に飾られる幡に由来すると考えられる。布のままでは風に翻って描かれた印が見えなくなり標識としての役割を果たさない場合もあるので、上端と下端に布や革製の乳《ち》を付けて竿に通したものであろう。戦国時代の武将が戦争の際に使用して、兵数の威勢を見せつけようとするなど、形態に工夫がこらされた。江戸時代以降には、歌舞伎の看板としても使われるなど一般化した。神社の祭礼には豊穣祈願などのめでたい言葉が書かれて社頭や村境に立てられる。柱を立てるための支柱も木製から、石材あるいは恒久的なコンクリート製などさまざまな材料で作られている。本来は神の巡幸に供奉するための旗としての役割を持たせたものが、特定の場所に固定されるようになったものであろう。五月の節供には、男児の生まれた家に初節供と称して武者人形や幟が贈られた。これを贈るのは里方その他の親族であるが、座敷に武者人形を飾り、庭先には贈られた幟を立てる。かつては長方形の布に勇ましい鐘馗や武将の姿を描き、上部に父方と母方との両方の紋を染め抜いた武者幟を立てる地域も多かった。しかし、近年は吹き流しとコイを上下に配置した鯉幟が多くなっている。五月の風に翻る美しさが好まれるためであろう。また、矢車の上に常緑樹の葉が飾られて、神の依代としての性格を残したものもある。

参考文献　『古事類苑』兵事部・歳事部、一九六六・六七、柳田国男「日本の祭」（『柳田国男全集』一三所収、一九九〇）　（紙谷　威広）

のまおい　野馬追い　福島県相馬地方の相馬三妙見と呼ばれる、中村（相馬市）・太田（原町市）・小高（相馬郡小高町）神社の祭礼。相馬野馬追とかオノマオイなどとも称する。妙見三社は相馬地方を支配していた相馬氏の氏神で、領内の守護神でもあったため、旧相馬藩領挙げての行事になっている。相馬氏の祖、平将門が下総国小金原の牧の野馬を妙見社に神馬として献納した故事にならうという。今日では七月二十三日から二十五日の三日にわたって行われるが、古くは旧暦五月の中の申の日を中心にしていた。二十三日のお繰り出しには、甲冑に旗指物をつけた騎馬武者が三社の神輿に従って、原町市の御旅所まで神幸する。二十四日には祭場の雲雀が原で、打ち上げた旗を騎馬武者が取り合う野馬追の行事があり、祭礼の中心の神事になっているが、江戸時代には講武を兼ね、牧の野生馬を追い出す行事であった。三日目には小高神社境内で野馬がけ神事がある。境内の周囲に巡らした竹矢来に追い込んだ野馬を、御小人《おこびと》という役の者たちが素手で捕え、小高神社に神馬として奉納する。武家の講武の意味合いを強く有しているが、野生馬を捕え神馬とし

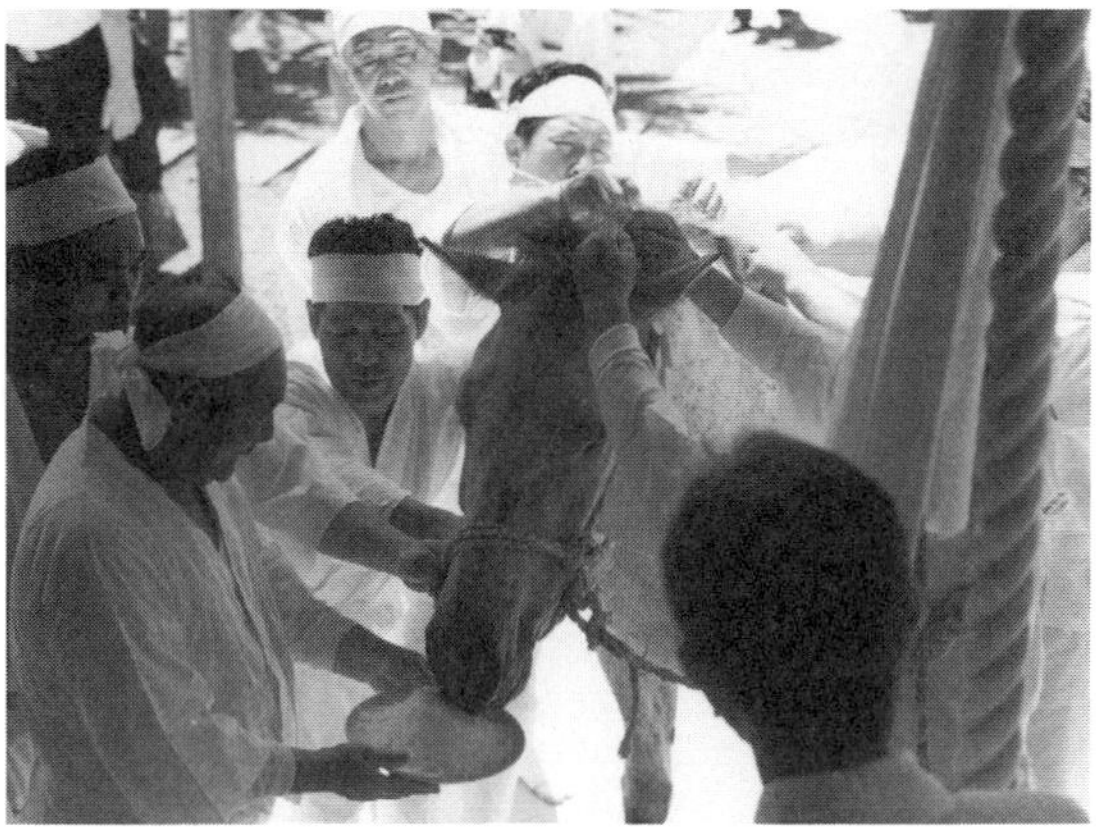

野馬追い　福島県小高神社の上げ馬の奉納

て一門の守護神の妙見社に奉納する神事が素地にあることは、旧暦五月中の申という旧来の祭日や参加者に科す厳しい別火精進や禁忌からもうかがうことができる。実態が不明瞭な神馬の奉納の習俗を示す一例といえよう。

参考文献　岩崎敏夫『相馬野馬追』(「ふくしま文庫」一二、一九七五)、『相馬市史』一・六、一九八三・七六

(岩崎　真幸)

ノミ　ノミ　ノミ目に属する昆虫の総称。体長数ミリの褐色の体軀を持ち、ほ乳類や鳥類に寄生して吸血する。吸血後、激しい搔痒感をもたらす害虫で、蚊、シラミなどとともに古くより人々を悩ませてきた。日本人は長い間、日常生活の中で蚊、ノミ、シラミなどとは身近に接してきたにもかかわらず、そのわくように現われる発生は不可思議とされており、形態や生態が厳密に把握されたのは、近世末以降のことである。それ以前は、これら人を煩わす小昆虫は、鬼や鬼婆・悪女などが御霊的に出現したものと理解されていたようである。それは、悪鬼を捕え殺し、田の中で焼いたところ、血がノミとなった、また、鬼婆を囃しながら切り刻んでいたところ、跳ねたものがノミになったとする「蚤蚊の起り」という生成由来譚からも理解される。その他、「兎と亀」型の動物競争譚である「蚤と虱の駆け足」とその亜型の「蚤と虱」、「小さい比べ」の亜型と考えられる笑話「蚤の牙」「蚤は薬」など、多くの口承文芸にノミは登場している。また、「蚤の四月に蚊の五月」(佐賀県小城郡)などという諺が語られたり、ノミを火鉢にくべてはじけると翌日は天気になるという俗信が伝承されている。その防除は困難で、ノミを葉にくるみ川に流すという虫送り的な呪術などが行われていたものの、実際の駆除という方法が本格的に始められるのは、明治初頭の除虫菊から作ったノミ取り粉の登場を待つ。その後、第二次世界大戦後には、合成殺虫剤DDTが利用されるようになるとノミは人間の生活の場からほとんどその姿を消した。　→蚊《か》　→害虫《がいちゅう》　→シラミ　→蚤《のみ》と虱《しらみ》の駆《か》け足《あし》　→虫送《むしおく》り

参考文献　小西正泰『虫の文化誌』、一九九二

(菅　豊)

のみ　鑿　木材に穴・溝を掘ったり削ったりする道具である。叩き鑿と突き鑿とがある。静岡市登呂遺跡の出土品にも鑿の使用の痕跡が認められるように、その使用は弥生時代までさかのぼるが、当時はまだ鉄鑿ではなかったと推測される。五世紀以降の鉄鑿になると漸次工夫された形式が見られ、七世紀末から八世紀になると、奈良県法隆寺堂塔建立の材に精巧な鑿を用いた技法のあとがみられる。中世末から江戸時代にかけての鑿は『和漢三才図会』『和漢船用集』に壺鑿・佐須鑿・鐔鑿・無刃鑿・打抜といったものが取り上げられている。こうした鑿の発達と技術が特に組立細工などにみられ、後世にいわゆる茶室・数寄屋建築などに、高度な技法をもたらした。

参考文献　中村雄三『道具と日本人』、一九八三

(勝部　正郊)

のみとしらみのかけあし　蚤と虱の駆け足　ノミとシラミが出会って駆け競べをし、ノミは途中で昼寝をしたためにシラミに負ける動物昔話・動物競争譚の一つ。日本ではノミとシラミの組合せは人気があり、「蚤と虱」「蚤と虱の相撲」のほか、ノミの生成由来を説く「蚤蚊の起源」「虱と蚤の由来」、笑話「蚤の牙」「蚤は薬」などが伝承されている。この話はイソップ寓話の「兎と亀」に重なる。『日本昔話大成』では「蚤と虱の駆け足」、『日本昔話通観』では「しらみとのみの競争」とある。

(米屋　陽一)

のら　野良　地形用語に始まり、人の劣称や蔑称にも使われる用語。起源的には平地の一部分をさす言葉で、地形を表わす「ノ」に場所をしめす接尾語「ラ」がついたものである。地形用語としては野良仕事・野良着・野良声・野良稼ぎ・野良育ちなどのように、現在は田や畑などの耕地をさす言葉として使われる。しかし『日葡辞書』がNoraを「野原に同じ」とするように、中世以前には開発されていない野・野原のことをさして、野良風・野良藪・野良鼠という使いかたがされた。また、野原は無主の地であったため、主がいないという用法にも使われていた。今も野良犬・野良猫や、種子を播かないのに自生した野良生《は》えといった言葉にその痕跡が残る。無主をさす野良はさらに転じて、無主の人間は怠け者であるといった観念で理解され、野良者・野良息子・野良友達という言葉が近世まで使われた。こうした用法は平地の開発と無主の地の消滅とによって中央の言葉にはなくなるが、地方の民俗語彙には現代まで生き延びているものがある。神奈川県の相模川流域で殺生人と呼ばれる川漁師とは別に鰻などの雑魚を捕る漂泊的漁民をノラボウと呼ぶのもその一例である。こうしたノラという言葉の変遷は野の開発の歴史と、それに伴う地形認識の変化、さらには無主のものと有主のものに対する人々の価値観を知る資料となる。　→別刷〈野良仕事〉

参考文献 伊東久之「「ノラ」の語義変遷をめぐって―村の領域認識における中世と近世―」(塚本学・福田アジオ編『日本歴史民俗論集』四所収、一九九三)　(伊東　久之)

のらぎ　野良着　野良仕事を行う際に着用する衣服。ノラギ、ノラッキ、ノラシギモンなどという。また、田畑をさしてヤマともいうことからヤマギ、ヤマッキ、ヤマギモンの呼称も広くみられ、近畿・中国地方では袷《あわせ》仕立てのヤマギをヤマアワセと呼ぶ。野良着の形態は、東日本においては上下二部式が多く用いられ、上衣には腰切りの短着、下衣には山袴や股引を着用した。また、女のあいだでは畑仕事において短着と腰巻を組み合わせる者も多かった。西日本では、男は短着に股引、パッチ、山袴という二部式が用いられたが、女のあいだでは遅くまで一部式の長着が残り、長着を短めに着て裾から腰巻をのぞかせる者が多かった。第二次世界大戦中からは、地方を問わず女のあいだでモンペと標準服が用いられるようになった。野良着の素材には古くは麻布や藤布が用いられたが、明治以降は木綿の紺無地や縞、絣が広く普及した。野良着の準備は冬場の農閑期に行われ、女たちは農作業が一段落すると糸ごしらえを始め、機に掛けて布に織りあげ、春までに着物に仕立てたものである。また、傷んだ野良着にはつぎを当てて繕い、ほどいて縫い返しをしてその寿命を延ばした。稲作地帯では、新しい野良着を田植えにおろすところが多かった。田植えは農作業の大きな節目であり、ハレの意識を持って行われたためである。中でも早乙女の着物はタウエゴ、ゴガツギなどと呼ばれ、晴着に匹敵するものとされた。↓仕事着《しごとぎ》

参考文献 『仕事着』(「神奈川大学日本常民文化研究所調査報告」一一・一二、一九八六・八七)　(宮本八恵子)

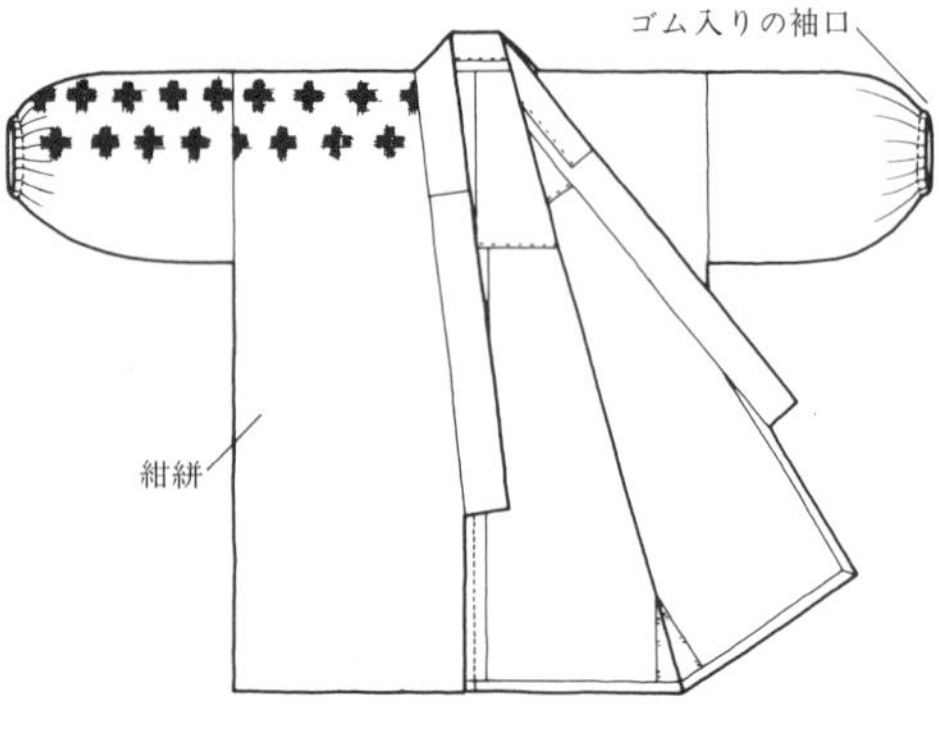

野良着　埼玉県所沢市のハンキリ

ノリ　ノリ　紅藻類ウシケノリ科アマノリ属の海藻。海苔とも表記する。古代から食用にされ、内湾性と外洋性がある。内湾性のものは江戸時代に養殖技術が開発され、量産されるが、外洋性のものは一般に岩ノリと呼ばれ、今でもなお岩場に打ちつけられ着生したものを採取する。八世紀初頭の『大宝律令』では、紫菜と書かれ地方産物貢納品である調の一種とされ、『正倉院文書』の中でも神への供物としての記載がある。十世紀初頭の『和名類聚抄』では、神仙菜と書き阿末乃里と読ませ、また紫菜と書き無良佐木乃里と読ませている。中世になると甘苔・甘海苔の文字が多用され、近世以降に海苔の字が定着した。内湾性のノリの養殖は、秋口に篊《ひび》または麁朶《そだ》と呼ぶ木や竹を海岸や河口に挿し立て、そこにノリの胞子が付着し、冬場に成長したノリの葉体を摘み採るものである。養殖の開始は史料により幅があるが、十七世紀後半から十八世紀前半のものと思われる。養殖の場所も、かつて江戸湾に流入する隅田川河口に位置した浅草とも、品川沖ともされるが定かでない。ただし、江戸幕府は一七四六年(延享三)より品川・大森地先で生産されるノリに運上を課していることより、それ以前からこの地で恒常的生産をなす海産物になっていた、と推定することができる。江戸湾と並んでノリの養殖の早い広島湾の仁保村大河では、享保期に女竹篊《めだけひび》による養殖法を江戸に学んだと伝承されている。均一で量産可能な板状の乾ノリの加工法として、簀と型枠を用いた抄製法も江戸時代に確立する。こうした江戸の生産加工技術は、十九世紀になると駿河三保村(一八一九年)、遠江舞坂宿(同年)、上総人見村(一八二一年)、下総葛西浦(一八二七年)、紀州和歌村(一八三四年)、三河前芝村(一八五四年)、陸前気仙沼(同年)などに伝播し、各地に乾ノリの産地を生み出した。明治から昭和初期にかけてのノリ養殖は、篊の移植法の発見と普及、浮き篊や網篊の開発など経験的技術に科学的な技術を加えて、太平洋岸と九州・瀬戸内の府県を中心に沿岸漁場の開拓と生産の拡大が企てられた。ノリ養殖が飛躍的に発展するのは一九五〇年(昭和二十五)以降に開発された人工採苗法と種苗《しゅびょう》の冷凍網保存法の確立であ

東京大森海岸のノリ漁場（大正時代）

る。これにより、それまでの自然依存から科学的管理の養殖法に移行する。また乾ノリは手抄きで天日乾燥により仕上げられたが、一九六〇年以降徐々に機械化が進み、現在では抄製から乾燥まで全自動の機械により加工されるようになっている。こうしたことを背景に、乾ノリの生産量は、一九九〇年(平成二)ころからは例年百億枚前後を記録し、数十年の間にかつての希少価値食品から、日本を代表する大衆的な食材へと変化した。ノリの生産地も東京・広島・静岡など江戸時代から続いた場所は沿岸部の埋立で消滅し、代わって九州有明海や瀬戸内での養殖が盛んになっている。近畿地方では二月節分の夜、恵方に向いて巻寿司を無言のまま丸ごと食べると、願い事が叶うという民俗がある。なお、汽水性の緑藻植物に青海苔と総称されるアオノリ、アオサ、ヒトエグサなどがあり、ふりかけ、薬味、佃煮などの原料とされている。また、太平洋側特定河川の上流域のみに産する淡水性の

宮城県松島湾のノリの摘採作業

緑藻植物のカワノリもあり、その希少性から珍味とされている。

参考文献 岡村金太郎『浅草海苔』、一九〇九、殖田三郎『海苔養殖読本(増補版)』、一九五八、宮下章『海苔の歴史』、一九七〇、東京都内湾漁業興亡史刊行会編『東京都内湾漁業興亡史』、一九七一、宮下章『海藻』(「ものと人間の文化史」一一、一九七四)

(北村　敏)

ノリカケウマ　ノリカケウマ　花嫁を乗せて婿の家まで送った馬。自宅で婚姻が行われていたころ、花嫁が乗る乗り物は駕籠や馬などが使われた。ノリカケウマ(乗掛馬)は駕籠を馬の両側につけ、その上に蒲団や半蒲団を敷いて祝儀樽をつけるなどきれいに飾り立てた馬である。地域によってハナウマ(花馬)、カザリウマ(飾り馬)、ムカエウマ(迎え馬)などさまざまにいわれていた。栃木県那須地方では、嫁入り行列の人数は普通七人ぐらいといわれ、ハナウマと称する馬に花嫁が乗り、その前にサキウマ(先馬)と称する馬に乗った仲人の女房が行くが、そのほかの人たちは婿も含めて皆歩きであった。茨城県の旧高岡村(高萩市)では、嫁迎えに行くときに嫁を乗せて帰る飾り馬を仕立てていく。明荷《あけに》と呼ぶ大きな駕籠を馬の両側につけ、その上にノリカケ蒲団二枚を二つ折りにし、さらに半蒲団を一枚敷いて祝儀樽を二つつけたものである。明荷馬とも乗掛馬ともいわれた。この馬に嫁だけが乗ってくるのであり、そのほかは歩いてきた。長野県諏訪地方でも、ムカエウマと呼ばれる迎えの馬が婿方から出された。アブカケを掛け立派に化粧し、鈴をシャンシャンならして迎えに行ったものだという。嫁の入家の際にはこのノリカケウマの腹の下を松明をくぐらせるなどの儀礼が行われることもあったが、現在では自宅での婚姻がほとんど行われなくなったこともあって、ノリカケウマを見ることも稀になった。

参考文献 文化庁編『日本民俗地図』六、一九七五

(菊池　健策)

のりぞめ　乗り初め　漁業や海運に従事する者の正月の仕事始めの式。乗り初めと呼ぶ地方が多いが、それ以外に初船・初出・初沖・乗り出し・打ち叩きなどともいう。多くは正月二日の行事となっているが、四日・十一日に行う所もある。海に船を出して湾内を巡るが、回るときはトリカジ廻りとする所が多い。船は明きの方へ乗り出すという所もある。このとき、船霊に供えた供物を海に納めることもある。高知県土佐清水市では、乗り出しと称するが、二日に初漁の式を行い、カツオ漁師はカツオを釣る真似をする。釣り糸の先に薪をくくりつけてカツオを釣るしぐさをするということは静岡県田方郡にも見られる。カツオに限らず魚を釣る真似をすることは各地で行われている。山口県下関市では日露戦争ころまで同地に碇泊していた千石船は元日に乗り初め式を行い、そのときオモテに立つ者(オモテ師)とトモの者とが問答を交わす式があった。その問答は、オモテ師が「トモに申し、トモに申し」というと、トモの者が「おっと」と答える。次にオモテ師が「今日は天気日柄もよし。宝ヶ島へ宝を積みに廻ろうではござらぬか」という具合である。問答を交わすことは同県小野田市にもあり、船頭が紋付き袴でトモに立ち、乗組員はヘサキに立ち、両者の間で乗り初めの問答が行われる。香川県丸亀市や愛媛県温泉郡興居島でも同様の民俗があり、いずれも下関の場合と類似の内容となっている。

参考文献 松永美吉「乗りぞめ」(『民間伝承』二ノ一〇、一九三七)、武田明「香川県丸亀市広島」(日本民俗学会編『離島生活の研究』所収、一九六六)

(安田　宗生)

のりと　祝詞　神祇をまつり、神祇に祈ったりする際に、神前でとなえる古体の文章。諄詞・告刀・詔戸・詔刀などとも表記する。古くはのと・のっと、またのとごと・のりとごと・ふとのりと・ふとのりとごとともいい、『万葉集』一七には「中臣のふとのりとごと言ひ祓へ」(原万葉仮名、大伴家持、四〇三一番)との用例もみえる。音読

して「しゅくし」という場合もあるが、現在は一般に「のりと」と読んでいる。広義には、称辞《たたえごと》・寿詞《ほがいごと》(『台記』など)・護言《いわいごと》なども含む。のりとの「のり」は宣るの連用形であるが、「と」の解釈については、場所の意と呪言の意の二説がある。祝詞の基底には言霊に対する信仰が見られ、古くは神名を称え、神徳の発動を願ったものと思われる。参集した人々に向かって宣読する形と、神前に向かって奏上する形とがあり、前者は文章の末尾が宣で終り、後者は申・白で終る。『延喜式』八所収の二十七編の祝詞は、現存する最古のものであるが、それらの成立は一定していない。内容は五穀の豊穣、天皇の御代の長久と御殿の平安を祈願したものである。これらは古代の国家祭祀の祝詞であるが、当然、祝詞は地方の神社でもとなえられたわけで、その代表的なものとしては一三〇三年(嘉元二)に書写した若狭彦神社(福井県小浜市)所蔵の『詔戸次第』がある。呪文的要素をもつ祝詞も存するが、祝詞と呪文とは相違している。神祇をまつり、神祇に祈るという宗教的行為に唱える言葉が祝詞であるが、呪文は超自然的、神秘的存在に働きかけて目的を達成しようとする呪術行為に用いられる言葉である。次に祝詞の文体は、体言・用言の語幹を漢字で大きく、用言の語尾や助詞などを万葉仮名で小さく書くという宣命書(宣命体)を用いてあり、その伝統は現在に継承されている。このような独特の文体は、祝詞を最も正確に、しかも誤読しないために案出されたものであり、そこに言霊に対する信仰をうかがうことができる。祝詞は古代の文学の一分野を占めているが、神道古典としても重要で、古代の人人の信仰・思想・言語などを知るための根本史料である。現代の神社祭祀において祝詞を奏上することは最も重要な儀礼とされており、したがって祝詞を作文するに際しては、祈りの内訳、対象となる神、どのように祈るかなどの心構えが必要とされている。

参考文献 白石光邦『祝詞の研究』、一九四一、青木紀元『祝詞古伝承の研究』、一九八五、神道大系編纂会編『祝詞・宣命註釈』(「神道大系」古典註釈編)、一九七八

(三橋 健)

ノリワラ ノリワラ ハヤマ信仰の祭祀において行屋やハヤマの山頂で神の座につき、神がかり状態に陥り神託を告げる人物。乗童・法童・尸童などの語をあてる。ノリワラは神官・僧侶・巫女・修験などの宗教職能者ではなく、普段は一般的な職に従事する普通の村人であり、ハヤマの儀礼・行事の場に限り神霊が憑依する力能を発揮する。しかし、ノリワラには巫女・巫覡《ふげき》などのように神霊をみずからに憑依させたり制御する能力はない。神霊の憑依には先達や他の参加者による詞唱など他者からの働きかけが必要であり、神霊を迎え入れる聖なる容器としての性格が強い。この点では修験道にみる憑祈禱のよりまし、御嶽教の御座立ての前座などと、その役割が類似する。毎年旧暦十一月十六日から三日間行われる福島市松川町金沢の羽山籠りでは、籠り屋と呼ぶ行屋で精進潔斎の後、羽山に登拝し、そこでノリワラによる託宣儀礼が行われる。山頂の小祠には注連縄が張り巡らされ、その傍らにノリワラは両手に御幣を持ち腰をおろす。そして先達が耳元で五鈷鈴を鳴らし神霊の憑依を促す。神霊が憑依すると御幣を持つノリワラの手が激しく震え、まず羽山大神が世の中・作柄・天候などの託宣をし、ついで諏訪大神など村内にまつられる神霊が憑依し託宣する。羽山山頂では主に翌年の村落生活全体に関わる事項の託宣であるが、籠りの最中にも祭祀の運営に関わる事項を神霊にたずねるノリワラによる託宣儀礼が行われ、また新たなノリワラを選出するためのノリワラ養成と呼ぶ儀礼が施行される。ノリワラ養成では、御幣を手にした候補者の耳元で先達が五鈷鈴を鳴らし、一同で「ついた、ついた、つきやまはやまのだいごんげん、ならびにとうかのだいみょうじん」と太鼓を叩きながら囃し、候補者に神霊が憑依するかどうかが試される。金沢の羽山籠りに見られるようにノリワラの資質を有する人物を意識的に創出する形態がある一方、磐梯山麓の村々で行われていた麓山籠りのように、年ごとの祭祀の場において不特定の中から偶発的に出現する憑依者を指してノリワラとする形態もある。この例では必ずしも託宣を伴うとは限らず飛躍・震えといった身体動作の中に神霊の啓示を表わすと理解されている。

参考文献 岩崎敏夫『本邦小祠の研究』、一九六三、『飯舘村史』三、一九七五、『猪苗代町史』二、一九七九、佐治靖「憑霊の一形態」(『宗教学論集』一五、一九八九)、同「羽山籠りの救済世界」(『福島県立博物館紀要』六、一九九二)

(佐治 靖)

ノリワラ 福島市松川町の羽山山頂での託宣

のれん 暖簾 目隠しや風避け、間仕切などのために掛け吊す布。基本的な形は縦に何条かの布を縫いつなげ、下部を縫いはずしたものであるが、布を横に引くみずひき(御厨子引)暖簾もある。上に乳《ち》をつけ、竿や綱を通して掛ける。外暖簾と内暖簾に分けられ、外暖簾は主とし

て商店などで店先に掛けるもので、戸口の上から下までの長暖簾、半分までの半暖簾、さらに短いものもある。材料は木綿または麻が中心で、色は紺・浅黄・茶・白などが多く、屋号や店名、または店を象徴する図案などがつけてある。内暖簾は寝室や納戸などの入口に掛けるもので、主として絹と木綿、夏用は麻も使われる。嫁入り道具の一つになっていた地方もある。外暖簾と内暖簾は別々の系統のもので、内暖簾は寝殿造で使われていたとばりが変化したものであり、外暖簾の起源は竪穴住居の入口に垂らした筵である。外暖簾が発展してくるのは室町時代末ごろからで、このころになると商業が発展し始めて、店の看板としての役割に変わってきたためで、これに伴って暖簾という言葉が使われるようになった。本来は禅林用語で当時は「のうれん」「なんれん」とよばれていた。しかし暖簾が本格的に発展するのは江戸時代に入ってからで、形も多様化し、図柄も色彩も豊富になった。その結果暖簾という言葉はそのもの自体だけでなく、「暖簾にかかわる」などと使われるように店の格式や信用を意味したり、暖簾分けのように営業権の一種ともなった。 →嫁暖簾《よめのれん》

内暖簾

外暖簾（『江戸名所図会』三より）

参考文献　小泉和子『家具と室内意匠の文化史』、一九七九　（小泉　和子）

のれんうち　暖簾内　商家における同族団。特に暖簾分けによって形成される商家同族団の呼称。ノォレンウチ、ノォレンジュウ、イットォウチ、タナウチなどの呼称もある。暖簾内は暖簾を等しくする本家・分家(親族分家)・別家(奉公人・雇人分家)によって構成される家連合である。暖簾内を構成する家の家業は商業であるが、本家をはじめとする自営の店持の家だけではなく、本家に通勤する通い番頭の分家・別家を含んでいる。暖簾内形成の契機は農家の同族団と同様、本分家間の系譜関係の相互承認とその社会的承認によって与えられる。これを媒介するのが店の信用や営業権を象徴する暖簾である。本家は分家や別家を出すにあたって本家の屋号と暖簾の使用を許可し、営業の必要条件の分与や連帯保証を行うことで信用の裏付けを行なった。これが商家の分家行為としての暖簾分けである。商家の経営は単なる商店経営ではなく、商業を家業とする家の超世代的な存続と繁栄を目的とする家経営であるから、暖簾を分けられた分家・別家は暖簾を使用する限り、家業の経営のみならず祭祀や冠婚葬祭、さらには日常生活においても本家の統制下におかれた。違反行為に対しては暖簾を取り上げられることもあった。江戸時代後半に成立した暖簾内は明治時代後半には同族財閥へと成長していくものもあったが、近代的雇用関係の浸透に伴って崩れ始め、昭和期前半までに多くは衰退した。 →分家《ぶんけ》 →別家《べっけ》 →奉公人分家《ほうこうにんぶんけ》 →本家《ほんけ》

参考文献　中野卓『商家同族団の研究』、一九六四　（古川　彰）

のれんわけ　暖簾分け　商家などにおいて営業権を分与して分家・別家をとりたてること。主に江戸時代後半から明治中期にかけて、暖簾分けを受けた分家(親族分家)・別家(非親族の奉公人分家)は分与された資金と暖簾に象徴される本家の信用によって経営を発展させる基盤を得た。分家・別家の創出は日本の家の特質としての一世代一夫婦の原則によって行われる分家行為であり、農家の分家行為と同質のものである。商家の場合は商業を家業とする家経営であるから、商業経営上の信用の象徴である暖簾を分与することが重視された。同時に暖簾を分与することによって本家との系譜関係を相互承認し、社会的、経済的にも分家・別家を承認させたのである。こうして同族団が形成され、それらは暖簾内と呼ばれた。別家への暖簾分けは、長く本家で徒弟修行し貢献した住み込み奉公人(手代)に対して行われた。暖簾分けに際しては、屋号や商標を記した暖簾とともに資本金、得意先、仕入先などの権利も分与された。これらは分家・別家のあらたな経営の基盤となったが、その裏付けとなったのが本家が築きあげてきた社会的、経済的信用であった。暖簾を分けられた別家は、そのまま新しい店をもって店持ち別家となる場合や本家の店の通い別家となるものもあった。いずれの場合も本家を頂点とする暖簾内の構成戸として、生涯、さらには世代を越えて本家への忠誠が期待された。 →分家《ぶんけ》 →別家《べっけ》 →奉公人分家《ほうこうにんぶんけ》

参考文献　中野卓『商家同族団の研究』、一九六四　（古川　彰）

ノロ　ノロ　⇨祝女《ヌル》

のろい 呪い 超自然的な力によって特定の人物や集団に災厄を発生させようとする呪術のこと。呪詛(ずそ、じゅそ)とも呼ばれる。人類学でいう邪術・黒呪術に相当するとされている。呪いの歴史は古く、トコイ・呪詛《ずそ》などと称されて古代から行われており、呪禁道・陰陽道・密教などにおいて発達させられてきた。原初的には言霊信仰にもとづいて相手に呪いの言葉を吐くだけで呪いが実現するとされていたが、いわゆる丑の刻参りのように呪う相手に見立てた藁人形や相手の写真に釘を打ち込んだり、狐や犬神・イズナ・蛇などの動物霊や式神と称する陰陽道の使役霊を駆使(憑依させたり)などして相手を苦しめる方法が呪いの技法として伝承されている。このうち、丑の刻参りのほうは一般人によって、また霊を使役するものは憑物筋の者や呪いの依頼を受けた陰陽師・祈禱師などの宗教者によって行われてきている。何者かによって呪いがかけられたと判断された場合、かけられた側はこれの解除を宗教者に依頼し、呪いを払い落として鎮めてもらったり、あるいは呪いをかけた側に対して呪い返しをしてもらったりする。すべて呪いは秘密裏に行われるのであり、呪いが反社会的性格を有するがゆえ、呪いの依頼を受けた宗教者もよほどのことがない限り呪いを実修することはなく、また呪い実修の経験があってもその事実を認めたがらないことが多い。呪いの実態は長らく不明であったが、近年、陰陽道の系譜に連なる高知県物部《ものべ》地方のいざなぎ流祈禱における呪いの実態が体系的に記述され始めている。→丑《うし》の刻参《こくまい》り →呪術《じゅじゅつ》 →呪詛《じゅそ》

参考文献 高木啓夫「憑き物としての呪咀《すそ》と呪咀《じゅそ》—土佐いざなぎ流祈禱—」(『日本民俗研究大系』八所収、一九八八)、小松和彦『日本の呪い—「闇の心性」が生み出す文化とは—』(「光文社文庫」、一九九五) (島村 恭則)

のろし 狼煙 近代的な通信法の登場以前、緊急時に上げた合図の火煙。遠方から見ることができる通報手段であったため古くから用いられた。古代には軍事警報用に、律令制による通信法の一つとして整備されたが、次第に廃止された。しかし、海岸では航行船舶の標識や漁業の合図として、離島では緊急連絡の手段として近代以後もしばらく用いられた。たとえば南西諸島の一部では、病人発生や死亡の連絡、魚群発見の連絡、役人到着の合図などに使われ、合図の方法が細かく決められていた。

参考文献 下野敏見「南島の通信法」(『南西諸島の民俗』一、一九八〇) (阿南 透)

のろまにんぎょう のろま人形 佐渡に伝承されている人形芝居。喜(木)之助人形ともいわれる。現在では新穂村の広栄座が唯一伝承している。のろまで愚鈍な喜之助のほかに下の長者・お花・仏師の四体が一組となって、すべて方言を用いて遣い手(演者)がセリフを語りながら人形も遣うという一人遣いの人形芝居である。いくつかの演目が伝承されているが、いずれも最後には喜之助が裸にされ放尿して終りとなる。

のろま人形

参考文献 佐々木義栄『佐渡が島人形ばなし』、一九六六 (池田 哲夫)

は

は　歯　歯は食物の咀嚼や言語の発音に重要であるばかりでなく、顔の審美性にも大きな役割を果たしている。乳歯は生後六ヵ月ごろから生え始め、二歳四ヵ月ごろまでに二十本となる。古文献には奥歯や向こう歯が生えて生まれたという話がいくつかあり、「差し下駄に腰掛けると歯の生えた子を生む」（和歌山県那賀郡）という俗信があるが、生まれつき歯が出揃うことはない。乳歯から永久歯への移行は六歳ごろから始まり、十二歳以後永久歯がほぼ出揃う。乳歯が抜けたとき「上の歯は縁の下、下の歯は屋根の上に投げると丈夫な歯が生える」といわれる。最後に第三大臼歯が生えて三十二本で完成するが、この歯は生えない場合や歯肉下にかくれた埋伏歯となることが少なくないので、成人の歯数には個人差がある。第三大臼歯は智歯または親知らずともいわれる。智歯は知恵の歯というギリシャ語に由来し、知識の完成するころに出るという意味であろう。親知らずというのは大人になってから生えるので、親の死後に出ることが多かったからである。健常な歯を抜く抜歯の習俗はアフリカ、オセアニア、アジア各地、アメリカ大陸で行われ、日本では縄文時代に盛行した。歯を染める涅歯《でっし》の習俗もアフリカ、オセアニア、インド、東南アジアで行われた。日本でも江戸時代にはタンニン酸第二鉄塩が用いられ、お歯黒と呼ばれた。これは庶民の既婚女性の象徴となり、明治末、一部は大正中期ごろまで行われた。

参考文献　藤田恒太郎「歯牙の人類学」（『人類学・先史学講座』八所収、一九三九）、山崎清『歯と民族文化』、一九四三、南方熊楠「一枚歯―歯が生えた産れ児―」（『南方熊楠全集』三所収、一九七一）
（吉岡　郁夫）

パーソナリティ　personality　心理学用語で、性格を意味する。さらに文化人類学では、ある地域の住民、あるいは部族、民族などの集団のメンバーが共有するパーソナリティ特性とそれぞれの集団の文化的環境因子との関連性を扱う分野を「文化とパーソナリティ」と呼ぶ。一九二〇年代から一九三〇年代の米国で出発し、ミードによるサモア、ニューギニア、バリなどの現地調査に基づく研究が先鞭をつけている。さらに一九四〇年代の米国では国民性、民族性に関する研究が多くなされ、ベネディクトが日本人の国民性を調査して著わした『菊と刀』（一九四六）はその代表例といえる。この研究に刺激されて、日本人の心理の分析が数多く試みられてきており、県民性についての考察もなされている。なお一九七〇年代以降には、文化的環境因子とパーソナリティとの関連性だけを分析するだけでなく、さまざまな文化的現象を心理学的側面から扱うようになり、これらを総括して心理人類学という名称が使われるようになった。いわゆるシャーマニズム（巫術）は全世界に分布し、日本でも特に東北地方と沖縄では日常生活で大きな役割を果たしているが、この現象の分析などはこの分野の重要課題の一つである。また異文化への移動に伴う適応、不適応の問題とそれに対処する教育の問題なども最近特に注目されており、この分野は異文化間教育学、多文化間精神医学などと呼ばれる最近開発された新分野と重なり合っている。

参考文献　祖父江孝男『文化人類学のすすめ』（「講談社学術文庫」九七、一九七六）
（祖父江孝男）

パーマ　パーマ　英語 permanent wave の略語。薬品や電気などで長く保つように髪を縮れさせること。また、その波形の髪をパーマネントウェーブ、略してパーマという。一九〇五年、ドイツ人カール＝ネッスラー Karl Nessler がアルカリ性液と電気で髪にウェーブやカールをつける近代的パーマの技術を発明した。日本では一九一一年（明治四十四）に銀座に美容術の店ができて、電気アイロンによる七三分けの女優髷《まげ》・耳隠しなどの髪型が現われたが、本格的パーマではなく、また一部にしか馴染みがなかった。第一次世界大戦後、女性の職場進出で動きやすい服装に合わせてパーマが世界的に流行し、日本でも一九三〇年代にアメリカから電気パーマネントが輸入されて、地方にも普及した。ただし機械のない所では練炭で熱したコテをあててパーマとする場合もあった。はじめての客にはパーマのかかった鬘をかぶせ、安心させてからかけたという。その後、第二次世界大戦中は電力統制が行われてパーマ禁止となったが、炭を持参で美容院に通う女性が絶えなかった。戦後、一九四七年（昭和二十二）に輸入開発されたコールドパーマは、熱の代わりに薬品を使う方法を用い、簡便で火傷の心配もなかったため急速に普及した。これに伴い、男性にもパーマが受け入れられるようになる。一九七五年ごろにはパンチパーマによる縮れの強い髪型も登場し、一九八〇年代に流行した。同じころ、若い女性の間では、ロングヘアにソバージュと呼ばれる連続的な波状のパーマをかけることが流行した。
（榎　美香）

バーリ　バーリ　⇨ダカリ

ハーリー　爬竜　沖縄で旧暦五月四日に行われる競漕行事。ハーリー（糸満市ではハーレー、八重山諸島の鳩間島ではパーレー）の起源については、十四世紀の閩人《びんじん》三十六姓による招来説や『琉球国旧記』『那覇由来記』には、長浜大夫が中国南京の爬竜船を模倣して造り、太平を祝すために那覇港で競漕したという説、中国の屈原の故事から出た行事であるという説などがある。しかし必ずしも中国からの伝来ではなく、農耕儀礼と深く結びつく要素も多分にあることがわかっている。糸満のハーレーは豊漁祈願行事として行われている。五月四日の午前十時ご

爬竜

ろ、サンティンモーと称する高台に糸満祝女《ヌル》、南山祝女が祈願を行う。祈願の趣旨は、四方の神、海の神に対して西村・中村・南村の三組のハーレーに神の加護を祈り、また、神もそのハーレーに乗ってともに遊ぶことを請うのである。トゥクヤ(徳屋)という屋号の家から出る男神役をサンティンモーに残し、神女たちは白銀堂と呼ばれる拝所《ウガンジュ》に移動する。サンティンモーの男神役が合図の旗を降りおろすと最初のウガンバーレーが行われる。競漕の後、白銀堂で勝った順に並んで輪になって神歌をうたい、その中の一人が神女たちと杯をとり交わす。その後、転覆ハーレー、アガイバーレーが行われる。五月四日以外の船漕ぎ儀礼は、国頭郡国頭村比地・奥・安波や同郡大宜味村謝名城・塩屋、同郡今帰仁《なきじん》村古宇利では旧暦七月のウンジャミ、旧暦七月の同郡本部町具志堅のシヌグ、八重山諸島の黒島・鳩間島では旧暦六月のプール(豊年祭)、八重山諸島の西表《いりおもて》島祖納《そない》・干立・船浮では旧暦九月か十月のシチィ(節祭)などに行われる。競漕よりも、沖合いからユー(豊作)を船に満載して島に戻って来るという観念が強い。

参考文献 白鳥一郎・秋山一編『沖縄船漕ぎ祭祀の民族学的研究』、一九九五

(大城　學)

バーン Burne, Charlotte Sophia ?―一九二二　二十世紀初期のイギリスの女性民俗学研究者。早くからイングランド中西部のシュロップシア地方で民俗調査を行い、イギリスで最初の民俗誌となる詳細な報告書を刊行した。一八八三年にイギリス民俗学協会に入り、学界での活躍めざましく、八七年には協会評議員に選ばれた。ゴムが編者となって民俗学協会から刊行された民俗学概説書『民俗学ハンドブック』(一八九〇)の編纂に協力して重要な役割を果たし、引き続き機関誌『民俗学』の編集に携わった。一九〇九年に女性として初めて協会の会長に選出された。当時すでに絶版となっていた『民俗学ハンドブック』の新版の編集を計画し、大半をみずから執筆して一九一四年に刊行した。これが岡正雄によって日本語に翻訳され、一九二七年に『民俗学概論』という書名で刊行され、日本ではじめての概説書ということで民俗学にも少なからず影響を与えた。『民俗学概論』は「信仰と行為」「慣習」「説話、歌謡及び言い慣し」の三部構成となっており、柳田国男の開拓した民俗学の範囲とほぼ対応している。バーンは優れた民俗調査者であり、かつ民俗学の方法論に大きな関心を抱き、民俗学の科学としての確立を目指した理論家でもあった。

参考文献 E. S. H.: Obituary Chalotte S. Burne, FOLK-LORE. Vol. 34 No. 1 (1923).

(福田アジオ)

パーントゥ パーントゥ　沖縄県宮古島の平良市島尻の仮面仮装神。島尻では地区を四分する里集団ごとに年三回プナカというウガンが行われ、旧暦九月のウガンにこの神が出現する。若者三名がンマリガー(かつて産水を汲んだ井戸)で全身にキャーン(蔓草)を巻き異臭のする泥土を塗り、母・中・子のパーントゥに扮する。夕刻右手に仮面、左手に杖を持ち出発、祭場や地区内を廻り厄災を祓い幸を与え歩く。パーントゥとは異様な形相をしたものの意。秋田のナマハゲや沖縄八重山諸島のアカマタ・クロマタなどに通じる来訪神の一つ。

(大本　憲夫)

はい 灰　物が燃えたあとの粉末。燃料に薪や藁などを用いていたころは、竈や囲炉裏から毎日大量の灰が出た。農家では、灰を俵などに入れて蓄え、肥料とした。ことに摘み田の施肥では播種肥に灰を多く使用する地域が神奈川県をはじめ関東地方にひろくみられる。また、桶などに木灰や藁灰を入れ、上から水を注いで作った上澄み液は、灰汁《あく》といい、洗濯、食べ物のあく抜き、染色の媒染剤などに用いた。このように利用範囲のひろい灰は、非農家からの需要も多く、農家が町へ灰を売りにいくこともあった。特に、料理屋や遊郭で需要が多かった。農家では、囲炉裏の灰を篩って袋に入れ、売りにいったという。また、囲炉裏や竈の火は神聖視され、その火から生まれた灰も特別な力があると考えられてきた。昔話に出てくる灰も、主人公に幸福をもたらすような不思議な力を持つものとして描かれていることが多い。「花咲爺」では、主人公の爺は、灰をまくことによって枯れ木に花を咲かせ、幸福を手に入れる。シンデレラの男性版ともいえる「灰坊太郎」は、灰をかぶるような仕事につき、幸せを得る。また、難題の解決をモチーフに持つ話の中には、姥捨山などの話でよく聞かれる「灰の縄」がある。竈は、家の象徴でもあって、分家するときには、本家の竈の灰を分けてもらう習慣もみられる。→灰小屋《はいごや》　→灰屋《はいや》　→木灰《もくばい》

参考文献 佐藤正『農の文化史―古老に学ぶ―』(「たいまつ新書」七)、一九七六

(山崎　祐子)

ばいう 梅雨　⇨つゆ

はいきゅうせいど 配給制度　統制経済下で一定量の商品を割りあて、購入通帳・切符など特別の方法・機関により消費者に売る制度。一九三八年(昭和十三)から第二次世界大戦後の一九四八(昭和二十三)、九年ころまで、物資不足の中で食料品はじめ衣類その他生活必需品に適用された。戦争激化とともに配給量は減り、主食に脱脂大豆やドングリ粉まで配給する苛酷な状況となったが、

米を口にすることのなかった国民にまで米食を普及させたように、従来口にできなかった食品に接する機会ともなった。

参考文献 岩崎爾郎『物価世相一〇〇年』、一九八二、中村隆英『昭和経済史』（『岩波セミナーブックス』一七、一九八六）（野村みつる）

はいく 俳句 近世に入って俳諧連歌が盛んとなり、その発句が独立した、五・七・五の十七音と季題から成る短詩形文芸。松永貞徳の貞門、西山宗因の談林、松尾芭蕉の蕉風、その後は低落、与謝蕪村・加藤暁台らによる蕉風回帰など、その作風や理論はさまざまな変遷をたどった。その後も庶民層にまで底辺が広がり、俳人同士の交流が盛んになる一方、文学的な質は落ちて行った。明治になって、正岡子規はそれらを月並調と呼び、写生という手法を用いてその革新を断行し、一八九七年（明治三十）に発刊された『ホトトギス』に拠った。その運動は、高浜虚子・河東碧梧桐の二人に継承され、二人の対立ののち、虚子の守旧派宣言、花鳥諷詠、客観写生の主張が俳壇を制覇した。その後も、さまざまな俳句運動が展開されたが、いずれも批評の的は虚子の主張にあり、そしてついに虚子を抜くことに成功はしていない。その一因は、虚子の方法が大衆にもっとも理解しやすく、平凡さを重んじたところにあった。文芸として季節を主題とすることは、俳句は芸能に近いといえ、結社とその主宰者という構図は、近世と変わらぬ座の文芸であることを示すと同時に、その関係は家元と弟子のそれに近く、読者すなわち作者という独特の世界を構築している。すぐれた俳人の名句は、名もない愛好者の無数の凡作の上に成立していること、名句の多くが時に諺的解釈をされること、また現代の俳句ブームの中で作られる句の多くを、有季定型が占めるのも、季語という集団感覚が美的、詩的に昇華した語を用いる点に起因するなど、俳句と民俗との関わりは大きいといえる。

参考文献 鈴木勝忠『俳諧史要』、一九七三、高浜虚子「俳句の五十年」（『定本高浜虚子全集』一三所収、一九七三）、尾形仂『俳句と俳諧』、一九八一 （三村昌義）

はいごや 灰小屋 肥料などに用いる灰を収納管理するため専用の小屋。灰納屋・アク小屋・灰部屋とも呼ぶ。農家にとって、田畑から収穫する作物の出来は、今も昔も最大の関心事である。それだけに収穫を左右する肥料としての灰は、かつて堆肥とともに貴重なものであった。雪国では肥料や土壌改良材としてのほか、消雪材として藁や籾殻を焼いた灰（クンタン）を晩秋ここに用意し、早春の水田に撒いた。雪消えの遅れは、苗作りと田植えに深刻な影響を与える。しかし、灰はそれ自体の持つ性質から扱いに注意を要した。この配慮が灰を保管する小屋の形状にもうかがえ、その一つが火災に対する備えである。一般的な灰小屋の構造は、間口四尺から一間、奥行一間前後と比較的小型で、灰の出し入れ口を落し板にし、内壁を土や漆喰、コンクリートなどで塗り込めた。土地によっては、周壁に石材や厚い堅木板を用いる。さらに位置取りにも、同様の防火意識が指摘される。通常灰小屋は屋敷内の一隅、道に面し母屋から距離を置いた場所に設置し、出し入れ口は風向と反対に建てる。つまり、小屋構造は出火自体を防ぎ、設置位置は延焼を防止しているのである。いま一つの特徴は、灰は水分を含むと団粒化し、利用価値が失われる。そこで屋根を瓦葺きにしたり、床を地面から離したり、土間を突き固めて雨水の流入と防湿をはかった。こうしたさまざまな配慮を要する灰小屋は、化学肥料の普及でその役割を終えつつある。

参考文献 山岸智香「灰納屋」（『民俗建築』一〇五、一九九四）（三井田忠明）

ばいしゅん 売春 女性が不特定の男性と性的交渉を通じて、金銭または物品の授受をうける行為のこと。しかし、古代の遊女や白拍子、港に船が入っている間の売春は、ある程度の期間の特定した相手との性交渉であり、一つの婚姻形態でもあった。商品経済の発達した近世の売春や、産業化以後の近代の売春とは別である。従来の民俗学では、近世以前の売春をおもに研究対象としてきた。たとえば、柳田国男は、南島のゾレ（奄美）、ズリに、聖なる遊行婦女をみている。また、遊女《あそびめ》と傀儡子《くぐつ》が併存することをみて、売春も一つの宗教行為と指摘した。相撲や瞽女も本来は、売春と深くかかわっており、宗教と芸能、それに売春が非日常的機能として一体化していた。近世都市の芝居と遊廓と寺社参詣も、浅草・吉原や名古屋の大洲などのように一体化している。村の青年の成人儀礼であった、大峯修験登山や伊勢参りにおける参拝と精進落としの売春の初体験も非日常における宗教上のエクスタシーと生理上のエクスタシーが表裏をなしている。これとは別に、近世の商品経済の進展や近代の産業化とともに興隆した売春もある。この場合、男の買う行為を問題にする場合は買春と表記し、売る行為と買う行為の相対を問題にする場合は売買春と表記する。東北地方では売春婦をゴケとよぶことや、瀬戸内のオチョロ船という船で女郎を運ぶ売春、筑前田助浦では、娘は悉く娼妓の鑑札を受けていて、貸し座敷に客を迎える。羽後温海では浜のオバといった売春活動をする村があった。こうした民俗については近世の商品経済、特に海運業の展開や商品漁業の展開と関わらせて、その発生をみる視点がある。さらには、近代に入ってからの「からゆきさん」などの出稼ぎ売春も、当時の村の状況をもとになぜ出稼ぎに出たのかを考える必要がある。ヨバイの風土が近代の売春制度に展開するという指摘もあるが、むしろ前近代のヨバイの方式を失ったために、男たちが近代の買春に走ったという見解もある。近代日本では公娼制度があり赤線とよばれ、未公認の青線と併存していた。一九五六年（昭和三十一）に売春防止法が制定され公娼制度が廃止されたものの、個室付浴場（トルコ風呂、のちソーププランドと改称）や愛人クラブ、ホテトルなど、さまざまな形態の売春が横行し、近年はデートクラブ、テレフォン＝クラブ(テレクラ)などを利用したアルバイト感覚の未成年売春が社会問題化している。→遊廓《ゆうかく》

参考文献 柳田国男「妹の力」(『柳田国男全集』一一所収、一九九〇)、中山太郎『売笑三千年史』、一九五六、谷川健一編『娼婦』(『近代民衆の記録』三、一九七一)、森崎和江『からゆきさん』(『朝日文庫』、一九八〇)、森栗茂一『夜這いと近代買春』、一九九五

(森栗 茂一)

パイスケ パイスケ 主として土砂や石炭などの運搬に用いる大型の笊。バイスケと呼ぶ地域もある。形状は、開口部が底部より若干開いた皿状や、半球状をしている。材質は全国的には真竹《まだけ》のものが多いが、関東では静岡県や埼玉県で生産された篠竹《しのだけ》製のものが広く流通していた。紐をつけて天秤棒の両端に吊して使うことが多いが、単体で抱えても使用する。土砂の運搬などのほか、苗籠や魚介類を入れる容器・塵芥を入れる容器などにも用いられた。

参考文献 斉藤正義「蕨市におけるパイスケ職人聞き書き」(『埼玉民俗』一〇、一九八〇)、服部武「在来産業と民俗―蕨の篠竹籠パイスケについての報告―」(『埼玉県立博物館紀要』二三、一九九八)

(服部 武)

はいそん 廃村 挙家離村により集落が廃され消失すること。山村では、かつて集中的な原生林の伐採による集団的な移住がなされた地域や鉱山などの特殊資源の採取が経済的に成り立たなくなった地域の廃村があった。現在では、むしろ、立地条件の悪い地域から現金収入をもとめて他産業に従事すること(安定兼業従事)に依存することと、地域資源依存や相互扶助・共同化といったムラの生活維持と現金収入が主体となる生活への希求という矛盾により離村する例が多くなってきている。いわゆる生活の都市化である。山村経済からみると狭隘な農耕可能地面積と山林の採取資源では、一日の生活の大半の時間を費やしても生活が成り立つことが少なくなった。山村経済は、かつて林産品の供給といった都市経済との密接な関わり合いをもちながら存立してきた。薪炭製造や用材搬出、鑪《たたら》・木地などの諸職との関係が密接なのも山村の特異性であった。またこれらの社会は移動性も高く、廃村して他地区に移動する暮らしもかつては存在していた。日本の定住様式には、地域の家族構造と密接な関係を持っており、中国山地のように廃村が多く出る地域と東北地方のように廃村が出にくい地域があるのが知られる。また、四国山地の一部に見られるように、挙家離村で一定戸数が維持されなくなると、隣接する集落と合併をしたり、役場などの地域の中心的集落が一定戸数を超えると分離したりする慣行をもつ地域では、この廃村の概念が成り立たない地域もある(徳島県名西郡神山町寄居・左右内)。条件の悪いムラでの定住には、現金収入も必要であるが、それに加えてムラで暮らせる技術や時間がなくてはならない。つまり、地域の地理的、自然的条件をもとにした生活を営む知恵が必要であることを意味している。こういう社会条件下での生活の仕組みの理論的説明に民俗学が果たす役割があるといっても過言ではない。廃村になるのか、人口が減少しても細々ながら集落社会が持続するのかは、地域を異にして差違がある。これは、家族形成の地域的差違とも関係している。中国地方においては、挙家離村の傾向が強く、東北地方は、人口は減っても世帯数は一時、増えたりすることも稀ではなかった。家の継承者を強く残していこうとする地域と家の後継者も外に出して、一定時期になったら戻ってくることを期待する地域とがある。また北陸や近江湖北(滋賀県北部)では、次男や娘も地元に残していこうとする地域も存在する。廃村の、このような家族構造と村落構造というきわめて民俗的、文化的な要素でこの地域的差違を説明することの責務が民俗学にはある。

参考文献 富田祥之亮『むらと慣習』(「むらと人と暮らし」二〇、一九八二)、農村生活総合研究センター編『山地村集落の生活構造』(「生活研究レポート」三一、一九九〇)

(富田祥之亮)

ハイヌウェレ Hainuwele インドネシアのセラム島ウエマーレ族の神話に登場する少女神のこと。ハイヌウェレは、陶器や鐘などの貴重財を人便として排泄し、彼女の父にあたるアメタを裕福にした。しかし、マロ舞踏という祭で踊り手の男たちが噛むびんろうじゅの実とシリーの葉を大便として排泄して与えたため、気味悪がった男たちによって祭の最後の晩に殺されてしまう。アメタが地面から死体を掘り出し断片に切り刻んで埋めるとそこからさまざまな種類のヤムイモが生じ、以後それがウエマーレ族の主食として栽培されることになった。このように身体の分泌物として貴重財を排泄する女神の殺害後その身体から栽培食物が生じ、それを契機とする農業の開始を物語る神話をハイヌウェレ型神話という。この神話を採集したドイツの民族学者イェンゼンは、熱帯地方で原始的焼畑農業によりイモや果樹を栽培する古栽培民の文化とともに発生したものと考えている。しかしこの型の神話は熱帯の古栽培民のあいだだけではなく、より高度の形態の農業を営む民族のあいだにも流布している。日本でも、鼻や尻や口から食物を出しもてなそうとしたオオゲツヒメをスサノオが殺害すると、殺された女神の身体から蚕・稲・アワ・大豆・麦・小豆が生じたという『古事記』の神話や『日本書紀』のツクヨミによるウケモチ殺害、さらには柳田国男が紹介する「海神小童」に属するダイダイの起源を語る島原の昔話などはハイヌウェレ型神話とみなすことができる。このことから、縄文時代中期にすでにイモ類を主作物とする栽培文化が行われており、この時期の土偶も、当時すでにこの文化の要素として流入していたハイヌウェレ神話を反映したものではないかという仮説もある。

参考文献 吉田敦彦『小さ子とハイヌウェレ―比較神話学の試み―』、一九七六、A・イェンゼン『殺された女神』

（大林太良他訳、「人類学ゼミナール」二、一九七七）、吉田敦彦・松村一男『神話学とは何か―もう一つの知の世界―』（「有斐閣新書」Ｃ一五五、一九八七）（出口　顯）

ハイネ Heine, Heinrich　一七九七―一八五六　ライン川畔の町デュッセルドルフに生まれ、亡命先のパリで客死したユダヤ系のドイツの詩人。ドイツ叙情詩の最高峰の一人で、また社会批判に富んだ風刺的作品が多い。民俗学と接する著作が数点あり、日本では柳田国男がエッセイ『流刑の神々』に注目した。そこには古ゲルマン時代などキリスト教以前の多神教の神々が、キリスト教の普及に伴い、周辺に追いやられ、また聖者崇敬のなかにも形を変えて生き続けているという考え方をみることができる。しかしこれは、十九世紀前半のヨーロッパで流行したもので、ハイネの独創ではなく、また学問的に厳密でもない。もともとハイネの意図は民俗学にはなく、むしろ流行のアイデアを枠にして、キリスト教の禁欲主義の欺瞞性をあばき、官能の復権を説くなど、文学評論や文化評論にあった。しかしドイツの民俗学がほとんど知られていなかった当時、柳田国男はハイネの文学作品を介してドイツ民俗学の一端に触れ、ヒントを得たとされるため、日本民俗学の発達史のひとこまとなっている。しかし柳田国男が着目した意味においては、ハイネがドイツの民俗学界で評価されたことはない。またキリスト教によって抑圧された異教の神々という見方も、十九世紀を通じて通念となったが、今日では否定的に見られている（特にナチズムがそれを強調したことも関係している）。ハイネについては、民俗学の理論家としてではなく、むしろ民謡など民俗情念を基盤にした叙情詩を確立した詩人として、近・現代の民衆文化のあり方にとってきわめて重要な位置を占めていることを付記したい。

参考文献　柴田実「柳田国男とハイネの『諸神流竄記』」（『日本民俗学』九四、一九七四）（河野　真）

はいぶつきしゃく　廃仏毀釈　仏教あるいは寺院を排斥する運動、およびその政策。江戸時代末期から明治初年にかけて全国で展開された。江戸時代の廃仏毀釈政策の代表といえるのは、水戸学者藤田東湖・会沢安の影響をうけ一八四四年（天保十五）水戸藩主徳川斉昭が領内で行なった政策が最大である。斉昭はまず領内の有力大寺を破却、神社の別当寺を廃止、特に東照宮の別当寺を廃止し領内寺院のすべての撞鐘を徴収して大砲に鋳直した。一方で寺請制度を廃止して寺院の収入源を絶ち、すべて領民を神社の氏子として鎮守社で宗門改めをさせる氏子制度をとった。しかしあまりの過激な政策のためこれは挫折した。このほか平田派国学の強い地域ではしばしば仏教排斥運動が展開されている。また吉田神道の影響が強いところでは仏式の葬祭を拒否し神葬祭に変わることも多く、そのような願書は寺社奉行の史料に数多く残っている。廃仏毀釈が全国的に広がりをみせたのは一八六八年（明治元）で、明治政府の神仏分離令を契機として、全国津々浦々までこの運動は浸透し、江戸時代の寺院の多くがこの時灰尽に帰した。特に明治政府の中枢であった薩摩藩や土佐藩、平田国学の思想的影響が強い津和野藩・松本藩・富山藩、伊勢神宮のおひざ元の度会県、幕府直轄領であった佐渡県などでは徹底した廃仏毀釈政策が行われた。また有力な仏教信仰の霊場であった延暦寺・高野山・興福寺・粉河寺・永久寺・羽黒山・熊野山・吉野山・日光などはほとんどかい滅状態になった。また全国の山岳信仰の霊場はすべて仏教的施設は廃止され、神社としてその存在がはかられた。　→神仏分離《しんぶつぶんり》

参考文献　村上専精・辻善之助・鷲尾順敬編『明治維新神仏分離史料』、一九二六―二八、藤井学「廃仏毀釈」（『京都の歴史』七所収、一九七四）、柴田道賢『廃仏毀釈』、一九七三、村田安穂「明治維新廃仏毀釈の地方的展開とその特質」（池田英俊編『論集日本仏教史』八所収、一九八七）（圭室　文雄）

はいや　灰屋　灰を扱う商人・商店。灰を売買する灰屋は、すでに室町時代前期には京都や大坂にはあって、京都の灰屋紹由・紹益父子（本姓佐野氏）は江戸時代初期にかけて灰の売買で巨万の富を築いたことで知られている。佐野家は紺灰《こうばい》を扱い、問屋組織である紺灰座・紺座を支配していた。『守貞漫稿』（一八五三）には、竈や囲炉裏の余分な灰を糠や綿種子と一緒に買い回った灰買の姿が描かれており、買い集められた灰は紺屋ばかりでなく、造酒屋にも大量に売られた。灰はこれらのほかに紙漉きや焼物の釉としても用いられたし、少なくとも近世以降は肥料に使うことも一般的で売買の対象となっていた。関東地方の武蔵野台地や大宮台地の地域には灰問屋があって、肥料に使う灰の取り引きをしていた。大宮台地周辺では、沖積地の水田地帯をサト（里）とか里方、台地に立地する畑作地帯をノガタ（野方）と区別し、野方では麦やサツマイモ作、摘み田に多くの灰を使ったので、仲買人の灰引きが里方の農家から藁灰を買い集め、大俵と呼ぶ大型の俵に詰めて灰問屋に卸し、これが野方の農家に売られていた。里方では藁を竈や下囲炉裏の燃料とし、出た藁灰は灰小屋に蓄えていた。この地域の埼玉県岩槻市には昭和初期には五軒の灰問屋があって、太平洋戦争後まで二軒が営業し、農家に肥料として売るだけでなく、昭和初期には岐阜県の多治見や京都の陶磁器業者、埼玉県川口市の鋳物工場などにも卸していた。

参考文献　小泉武夫『灰の文化誌』、一九八四、『岩槻市史』民俗史料編、一九八四（小川　直之）

ばいやく　売薬　製薬と薬の家庭配置とを併せて売薬と呼ぶ。売薬が盛んな県として富山・奈良・滋賀・岡山・佐賀などがあり、江戸時代には、行商主帳主《ちょうぬし》が薬研《やげん》・乳《にゅう》鉢《ばち》・製丸機・箔打《はくうち》などを使い自家製剤をした薬を持って全国の町や村々に行商に出かけた。行商人である売薬さんは、読み・書き・算盤ができ、薬や医学の知識もあり、人々の健康を守ってくれることから、得意先での信頼も

売薬さんの得意先訪問

高かった。富山売薬の場合、得意先を懸場《かけば》といい、一年に二度の訪問を原則とした。懸場は二千五百軒ほどあると経営が成り立ち、これを一人脚《ひとりあし》と呼び、領国や地方ごとに仲間組を結成し、幕末には、二十一組・二千九十八人脚があった。行商主は、二人から十人の若いっさん(若い人)を使用していたので、一万人ほどの人々が行商を行なっていたことになる。正月をすぎると行商に旅立つが、繁盛を祈願し、親戚・近所への挨拶を行い、長着物に五段重ねの柳行李を包んだ大風呂敷を担いで出発した。旅先では、定宿《じょうやど》をとり、行商の拠点としたが、山間地では、大百姓の家で泊まり、他の地域の情報を伝えるなど、文化の交流に果たした役割は大きい。明治になり洋薬の近代的生産技術や組織が導入されると、帳主たちが近代的設備を持つ製薬会社を設立した。一九四三年(昭和十八)薬事法が制定され、売薬の名称も家庭薬と改称されたが、着物が洋服に変わり、洋傘を持ち、行李を自転車につけての行商であった。現在約三千二百人の家庭薬配置員が後継者不足に悩みながらも、地域産業の一翼を担っている。→置き薬《おきぐすり》

参考文献 『富山県史』民俗編、一九七三、北日本新聞社編『先用後利』、一九七六、『富山県薬業史』、一九八三－八七、『富山市史』、一九八七　（本庄　清志）

ハイヤぶし ハイヤ節　九州の西海岸一帯を中心に港町で酒宴にうたわれた騒ぎ唄。南は鹿児島から、瀬戸内海沿岸、そして日本海沿岸を北上、また東北地方の太平洋沿岸など港づたいに広範囲に普及した民謡。帆船の船乗りたちが各地の港に伝えた。曲名は歌いだしの「ハイヤエー」によるが、地方によって「ハンヤ」「ハエヤ」「アイヤ」などと異なり、それぞれハンヤ節・ハエヤ節・アイヤ節などの曲名になっている。ハイヤエーは出船の掛声とも、「南風や」の転訛ともいう。町田嘉章は現在のハイヤ節を奄美の六調が甚句と結びついたものとする。発祥地に関しては諸説あるが、歌詞の面から、囃し詞にその地名が読み込まれている熊本県天草の牛深港が有力視される。節回しは土地によって異なるが、七七七五形式の歌詞、二上り調三味線の伴奏で賑やかに歌い踊る点が共通する。テンポは鹿児島・牛深地方が早く、北上するにつれて緩やかになる。ハイヤ節とその系統の伝播は、九州地方の鹿児島ハンヤ節・牛深ハイヤ節・田助ハイヤ節(長崎)をはじめとして、日本海側では浜田節(島根)・宮津ハイヤ節(京都)・白峰ハイヤ節(石川)・小木ハンヤ節(新潟県佐渡)・佐渡おけさ(同)・庄内ハエヤ節(山形)、東北地方では津軽アイヤ節(青森)、太平洋側を南下して南部アイヤ節(岩手)、甚句の盛んな三陸地方で塩釜甚句(宮城)、それがさらに南下して潮来甚句(茨城)・三崎甚句(神奈川)・下田節(静岡)、瀬戸内海で三原ヤッサ節(広島)などが知られる。徳島の阿波踊りにも三味線と踊りにはハイヤ節の手が残る。

参考文献 町田佳声「民謡源流考」(『日本の民謡と民俗芸能』所収、一九六七)　（大貫　紀子）

はいろう 牌楼　中華街入口の大門。日本語で楼門という。鳥居形の門で、ひさしのついた屋根があり、軒下には文字を刻んだ牌匾(横額)がある。もともと中国では町の重要な地点や景勝地に装飾的な門つまり牌楼を建てる伝統があったが、観光地化が進んでいる世界各地のチャイナ＝タウンでは町の象徴として建てられることが多い。日本では長崎中華街、横浜中華街、神戸南京町にある。→中華街《ちゅうかがい》

牌楼　神戸市南京町の長安門

参考文献 山下清海『東南アジアのチャイナタウン』、一九八七　（曽　士才）

パウチカムイ パウチカムイ　アイヌ語のパウチ(異様な)カムイ(神)とは、突然に異様な言動をしたり、普通の人とは一風変わった行動をする者への蔑視語であり、性悪な子供たちへの罵倒語としても用いられる。異様な神とは、人に付着する魔性の神であり、その人へ、あるいはその人を通じて周辺の人へ仇をなしたり、人にすくうことでみずからの思いを満足させようとする。トゥスクル(巫者)によって原因をきわめ、荒療治をもって魔性を剥離させるが、後遺症に悩む場合もある。　（藤村　久和）

ハエ ハエ　(一)双翅目の昆虫。家の中を好む種類にはイエバエ、ヒメイエバエなどがいる。初夏イエバエが増えてくると、うるさい存在になる。『古事記』『日本書紀』には、騒ぐ、荒ぶの枕詞として「さばえ(狭蠅・五月蠅)なす」の語がみえており、「五月蠅」と書いて、「うるさ

い」と読んでいるのも人につきまとうハエの生態を示している。ハエを防ぐために、シュロの葉を短く切ったハエタタキや粘着紙を使ったハエトリリボン、ハエトリ紙、ラッパ型のガラス製ハエトリ器などが広く使われた。愛知県ではスベリヒュを戸口にさげておくとハエが来ないとか、ハエの多い時は「儀方」と書いて貼っておくとよい、と伝えている。ハエの動きから吉凶や天候を占う俗信は各地にあり、すでに『日本書紀』にもハエの群の飛来を不吉の兆として「救軍《すくいいくさ》の敗績《やぶ》れむ怪《しるし》といふことを知る」(原漢文)という記載がある。これとは反対に、沖縄県島尻郡では、オバエが座敷で飛ぶと吉、飲む茶にハエが入ったらよいといい、長野県北安曇郡では、大田植の祝いの飯にハエが三匹とまると豊作になるという。ハエによる天候占いには、夜ハエが出ると、翌日雨になる(千葉など)、天気が悪い(愛知)、夜中に出ると雨(宮城)、夜遅くまで飛んでいると雨が降る(福島)などがあり、クソバエがでて七十五日たつと雪が降る(長野県北安曇郡)ともいう。

参考文献　鈴木棠三『日本俗信辞典』動植物編、一九八二、安富和男『害虫博物館—昆虫たちの小「進化」—』(「三一新書」、一九九四)　(川名　興)

(二)晩春から夏にかけて吹く南風(季節風)。ハイともいう。西日本を中心に分布するが、マジと競合し現在は広島・山口・島根・鳥取の各県と九州・沖縄(バイ風という)で使われている。桜の咲くころから次第に吹き始め、梅雨期には低い曇天をもたらす。この多湿な風を黒バエと呼ぶ。梅雨明けの風を白バエといい、この風は一週間くらい続けて時化ることがある。長崎・山口両県の南風泊《はえどまり》は、帆船時代の風待ち港であった。　(伊藤　彰)

はえなわ　延縄　一本の長い幹縄に一定の間隔をおいて釣針の付いた枝縄を付けた釣漁具。ノベナワ、ナガナワとも呼ぶ。釣針に餌を付けて投下し、幹縄が水中で水平になるよう設置する。一定の時間をおいてから幹縄を巻き揚げて魚類を釣りあげる。対象とする魚類の生息域に応じて、水界の表中層に流して使用する浮き延縄と水底に生息する魚類を対象とする底延縄とがある。釣漁は一般に、使用する漁具が簡便で小規模であるので大規模な資本を必要としない。魚体を傷めずに漁獲することができるので、タイなどの単価の高い魚種を対象とすれば漁獲量が少なくても生業として成立するという特徴がある。網漁の漁場として不適な岩礁海底や水深の深い場所や潮流の速い漁場でも操業できるという利点がある。なかでも、延縄は大量の釣針を同時に仕掛けることができるので、一度に広範囲の水域から多数の漁獲を得ることが期待できる釣漁法のなかで最も効率のよい漁法である。『古事記』に記された「千尋縄」は延縄と同義のものと考えられており、かなり古い時代から延縄漁が海面や内水面漁場で用いられていたことをうかがわせる。代表的なものには若狭湾や瀬戸内海をはじめ全国で行われたタイ延縄、能登半島以北の日本海で行われたタラ延縄、沿岸漁場が飽和状態になった近世末期に沖合漁場開拓の嚆矢となった房州布良(千葉県館山市)のマグロ延縄などがある。小規模の延縄漁では現在も幹縄一組を一鉢ずつ格納して用いる鉢操業が続けられている。

参考文献　山口和雄『日本漁業史』、一九四七　(小島　孝夫)

はおり　羽織　着物の上に着る和服の外衣。近世まで男性だけが着た。室町時代末期から戦国時代の胴服あるいは陣羽織から発達した衣類とされ、語源については羽織るから、道中尻端折りするから、鳥の羽根織りから、ポルトガル語のジバオに由来するなどの諸説がある。普通は脛丈ぐらいで真直ぐな襟を外に折り返して着る。前の部分はくけ紐で結んだが、のちには組紐を環という金具で留めた。江戸時代、武士は家紋を付け平服にしたが、末期には準礼装となった。旅行用に打裂羽織《ぶっさきばおり》、幕末の調練には洋服感覚のレキション羽織が用いられる。農村では贅沢品で、婚礼の時に花婿などが着用したが、借り着も多かった。時には庄屋でも人目を憚り、外出時風呂敷で包み村を出てから着たりした。また、身分で制限されるところもあった。幕府などの衣服制限は町人に対しては厳しくなかったため、羽織の流行も町人から起ることが多く、遊里に通う人や上方の浄瑠璃語りから驚くようなものも出た。たとえば身丈より袖丈の長い蝙蝠羽織、銀座役人を真似て座ると床すれすれになる短い羽織、引きずるほどの長羽織、袖無し羽織など種々の羽織が作られた。また羽織紐の長さや太さ、環の形、珊瑚・翡翠入などと工夫を凝らしお洒落をする。正式なものは黒縮緬や羽二重で、普通には種々な生地が使われた。女性は着用が禁じられ、深川の芸者だけが男姿で許されたが、明治以降制約が消えた。儀式用やお洒落着のほかに火消しの火事羽織など職業服もあった。　(大塚　綸子)

参考文献　喜田川守貞『守貞漫稿』一四(東京堂「守貞漫稿」二、一九九二)、豊泉益三『日本近世時好誌』、一九四〇

ハカ　ハカ　一人が行うべき仕事の分担範囲を表わす語。田植えの際によく使われ、植え手一人が受け持つ幅をハカといった。田植えにおけるハカは、苗の株の数で示される場合が多かった。岩手県江刺市伊手では、一人が四株ずつ植えて後ろに下がるが、その四株が一ハカであった。家によっては一ハカが五株の場合もある。茨城県や富山県・徳島県などの各地で、かつて畦に沿って一番外側を熟練者が植え、その苗列を基準として、他の植え手が植える田植えのやり方が行われていたが、最も外側の植え手の区画、あるいは植え手自身を一番ハカあるいはサキハカ、サキパカといい、それから田の内側に向かって、順に二番ハカ・三番ハカと称した。この場合、幅は同じでも、一番ハカは畦に沿って大回りをするから、植える面積は多くなる。田植え以外でも、稲刈りや除草・草刈りなどの作業において一人の持ち分の幅をハカとい

う例がある。先の江刺市伊手では稲刈りの一ハカも田植えと同じ四株であった。新潟県西蒲原郡吉田町では、田の打ち返しは二株間ずつ、除草は五株間ずつを一ハカといった。また、埼玉県志木市宗岡のヒトパッカのように仕事の一区切りを指す場合もあった。群馬県多野郡上野村で朝仕事をアサッパカというのも同じ用例であろう。山口県柳井市では半日仕事をカタハカといい、一日の仕事量の意味でも用いられた。仕事が順調に進むことを意味する「ハカがゆく」という言葉もここから来ている。

[参考文献]『田植に関する習俗』二(「無形の民俗資料記録」七、一九六〇)、福田アジオ『可能性としてのムラ社会―労働と情報の民俗学―』、一九九〇　(飯島　康夫)

はか　墓　死者の遺体が納められている場所およびその装置のこと。墓とか墓地と呼ぶのが一般的であるが、サンマイ、ラントウバなど地方によりさまざまな呼称もある。土葬の場合には遺体が土中に埋納されており、火葬の場合には遺骨が土中に埋納もしくは石塔下部に納骨されている。石塔が死者供養の装置として導入されるのは地域や階層によって異なるが一般的には江戸時代中期以降のことである。それ以外の墓の標識としては塚状に土を盛り上げるものや石を積み上げるもの、目印の石を置くもの、生木もしくは木墓標を挿し立てるものなどがある。個々の遺体の埋納場所を墓とすれば、墓の集合が墓地とか墓所であり、土地利用の上で一定の意味づけがなされている。墓の立地は多様で屋敷近くにある例、集落内の田畑の一角にある例、集落から遠く離れた山野や海浜に設けられている例、寺の境内に設けられている例などがある。また、土地利用の上からみると個人ごとに適宜地点を定めて散在的に埋葬する例、家ごとに墓地を設ける例、同族や村落で共同墓地を設ける例などがあり、村落の共同墓地の場合、家ごとの区画があるものとないものとがある。家ごとの区画のないものは近畿地方の両墓制の事例で多くみられ墓地は完全な共同利用でつぎつぎと古くなった埋葬地点は掘り返されて再利用される。集落と墓地の関係性からみると住居が散在的であれば墓地も散在的で、集中的であれば集中的という対応もみられる。古代平安京の外縁の鳥部野《とりべの》や化野《あだしの》、近世の江戸の五三昧(小塚原、千駄谷など)、大坂の七墓(千日、飛田など)、近現代の東京の青山霊園・谷中霊園や多磨霊園などは大規模墓地の例である。墓地は単に遺体やその一部が存在する場所というだけでなく、葬るという行為によって作り出された社会的装置であり、死穢として忌避される場か死者が眠る供養の場かという意味付けの差異はそれぞれの地域社会の死生観を表わしている。→三昧《さんまい》　→墓制《ぼせい》　→屋敷墓《やしきばか》　→ラントウバ　→別刷〈生と死〉

[参考文献]『葬送墓制研究集成』四・五、一九七九、新谷尚紀『生と死の民俗史』、一九八六　(新谷　尚紀)

はかいし　墓石　死者の供養のために立てる石造墓塔を表わす民俗語彙。石造墓塔、すなわち石塔を表わす民俗語彙はセキトウ、セキヒ、ハカイシ、ボセキ、ラントウなど地域によって多様である。墓地に建てる石塔の原点は石卒塔婆で、その早い例は比叡山の第十八代天台座主良源が『慈恵大僧正御遺告』(九七二)で自分の死後は石卒塔婆を建ててその下三、四尺ほど掘りその穴に自分の火葬骨を埋納するように指示したものである。比叡山に現存する良源の墓がそれと推定される。院政時代になると盛んに貴族の墓塔が建てられるようになりその型式は五輪塔が多かった。文献では『兵範記』一一六七年(仁安二)条の藤原基実の五輪石塔、現存遺物では岩手県平泉中尊寺釈尊院墓地の一一六九年の五輪塔などが知られる。宝篋印塔《ほうきょういんとう》の墓塔では京都栂尾《とがのお》高山寺の明恵のものが知られている。中世には関東地方を中心に板碑が大量に造立されたが急速に廃れた。庶民が石塔を建てるようになるのは江戸時代になってからで、地域差はあるが早いものでは十七世紀後半の寛文・延宝期または元禄から享保期で、幕末には一般化する。型式は五輪塔、板碑型、舟型光背型仏像碑から箱型、角柱型へと変化し、造立趣旨は菩提のためとするものから霊位であるとするものへと変化した。また個人で一基とか夫婦で一基というのが一般的であったが一九〇〇年代以降、家単位の先祖代々の大型の石塔が建てられるようになった。現在では無宗教的な球体、方体のものも多くなってきている。→卒塔婆《そとば》

[参考文献]新谷尚紀『生と死の民俗史』、一九八六、谷川章雄「近世墓標の変遷と家意識」(『史観』一二一、一九八九)　(新谷　尚紀)

はかじるし　墓じるし　墓地で死者の遺体や遺骨が埋納されている場所を表示するもの。一般的なのは木の角柱状の墓標で正面に戒名、その他の面に没年月日や俗名が書かれている。石塔は必ずしも死者個人ごとに建てられるものではないので墓じるしではない。墓じるしとしての埋葬地点の表示物は地方によって多様であるが、その構成からみると、塚(ドマンジュウ、モリッコなどと呼ばれる土盛りや、ツカなどと呼ばれる石積みの類)、目印(マクライシとかハカジルシなどと呼ばれる自然石や、挿し木のように立てておく生木や角柱状の木墓標の類)、設え(イヌハジキ、イガキ、サギッチョ、シズクヤ、タマヤなどと呼ばれる竹囲いや家型の類)、呪的付属物(魔除けの鎌、帽子、草履、杖、笠、模型の鍬などの類)、供物(花、膳、水、線香、蠟燭、燈籠などの類)という五つの構成要素からなる。これらはいずれも埋葬してのち一定期間の死者の存在を表示するものであると同時にそこへの関係者の来訪を示すものである。しかし、風雨に晒されやがて朽廃していくものであり、特別保存の手立てはなされない。最後には目印の石か自然木が残るだけとなる。その石や木は関係者だけにしかわからないもので、死者の個性が保存されるものではない。犬弾きや霊屋《たまや》などの設えも死後の一定期間、死者を野犬の害や太陽の光を避けて忌籠りの状態にしておこうとした装置であり、死者に対する継続的な供養や霊魂祭祀の装置ではない。

一石五輪塔（奈良県）

五輪塔（奈良県）

宝篋印塔（京都府）

無縫塔（埼玉県）

如意輪観音像墓塔（千葉県）

板碑型墓塔（埼玉県）

舟型光背五輪浮彫塔（奈良県）

墓地の墓石群（三重県）

角柱型墓塔（東京都）

角柱型墓塔（東京都）

自然石の墓じるし（三重県阿児町）

生木の墓じるし（千葉県）

↓イガキ　↓犬弾《いぬはじ》き　↓霊屋《たまや》

参考文献　井之口章次「狼弾きの竹」(『民間伝承』一三ノ一一、一九四九)、河上一雄「日本葬制上の一問題―喪屋及び墓覆いについて―」(『西郊民俗』一二三、一九六二)、新谷尚紀『両墓制と他界観』(「日本歴史民俗叢書」、一九九一)

(新谷　尚紀)

ハカセ　ハカセ　伊豆諸島の新島などで信仰されている子どもの守り神。ハカセサマともいい、利島や式根島でもハカセサマをまつる。出産のときの守り神として、七歳ごろまで、子どもを怪我や病気・災難から守ってくれるありがたい神だと理解され、神棚にまつられている。また、新島のもう一つの村である若郷では、ハカセサマは産婆が信仰している神だと理解されている。産婆の家にはよく鬼子母神や子持ち観音の掛け軸がまつられていたことからも、ハカセサマの解釈は新島とは異なっていると思われる。ハカセサマは、十二ハカシサマ(十二は十二ヵ月、つまり一年中子どもを守る)とも呼ばれ、白い半紙で三つの峰ができるように折ったものに、七枚のササンパ(笹の葉)を添え、根元の部分を麻で結んだものをその姿としている。ササンパが折られた半紙の内側に入っていればアマ(女の子)のためのハカセサマであり、外に出ていればニュウ(男の子)のためのものとされている。ハカセサマを結う人は、ホーリーと呼ばれる神主の手助けをする神役衆、宮司とオヤコ(親戚)の関係となっている家柄の人など限られたが、近年は手先の器用な年配の女性らも結っている。新島にはハカセサマを屋敷裏の小祠にまつる特別な家(屋号テーム)がある。この家では十二ハカセサマにちなみ毎月十二日には神米が供えられている。ハカセサマはオンナガミサマであり、コノハナサクヤヒメだと理解されている。この小祠には今でも子どもが病気の際に親がお参りする。無事に治ればハカセサマのお礼に、鈴などが奉納されている。

ハカセ　ダイサン

(斎藤　修平)

はがため　歯固め　正月一日もしくは六月一日に餅やかち栗などを食べる行事。正月一日の朝に餅やかち栗、干し柿、豆などを食べて歯を固くするという例と、その正月の餅を凍み餅や干し餅にして保存し氷の朔日とかむけ節供と呼ばれる六月一日の朝にその固い餅を食べて歯固めとするという例とがある。この歯固めの習俗が平安貴族の社会にも存在したことは『枕草子』に「齢を延ぶる歯固めの具」とか、『源氏物語』に「歯固の祝して餅鏡をさへ取寄せて」などとあることからわかる。『西宮記』などの有職故実の書にもみえる。朝廷の行事が民間に広まった結果であるか、民間の行事がその背景に存在したか明らかではないが、正月一日と六月一日の二回とも同じように餅などで歯固めをするというのは、正月と盆の二回の魂祭のようにちょうど一年を二分する考え方によるもので、年玉の象徴である餅で年齢の象徴である歯を固く丈夫に保ち延命長寿を願ったものと位置づけることができる。なお、このような年中行事の上での歯固めとは別に、子供が生まれてちょうど歯が生え始める時期に行われる百日の食初めの祝いの膳に、歯固めの石とか、石のおかずなどといって赤飯と鯛の尾頭付きに浜辺や河原から拾ってきた小石を添えて新生児になめさせて歯が丈夫になるようにと願う行事もある。いずれからも歯が齢《よわい》に通じるという考え方がうかがえる。　↓食初《くいぞ》め

参考文献　和歌森太郎「年中行事」(『和歌森太郎著作集』一二所収、一九八二)、新谷尚紀『生と死の民俗史』、一九八六

(新谷　尚紀)

はかでら　墓寺　墓地に付属する寺院の総称。墓地における供養を担当する寺院と埋葬・清掃・雑役などの墓地管理を担当する寺院の二種類がある。後者は三昧聖などの聖方により運営されており聖寺と呼ぶこともある。両

寺は上下の重層構造をなし、江戸時代末までは並立する例が多いが、明治以降聖寺の多くは退転した。墓寺の源流は武士階層の墓所に付属した菩提寺や寺僧墓所の奥の院などにさかのぼる例が多い。一族あるいは一定の構成員による念仏講のような組織が墓所運営にあたったと考えられる。宗派的には地域により異なるが、多くが天台または真言であった。しかし鎌倉時代後期以降になると墓所は中小の武士階層から上層農民階層に開放されるようになり、地縁的な惣墓的なものに変質してゆく。並行して墓所の運営も武士を離れ村落の念仏講集団に移っていく。葬送儀礼に積極的に関与した律宗系の僧侶がそれら講集団の指導者になることが多く、中世畿内では墓寺の多くは律宗であった。戦国時代を通して在地領主制が崩壊していく趨勢の中で、墓地はさらに下の階層にまで開放される。彼らを主たる布教対象にしていた浄土系の遊行念仏僧が念仏講の指導者として墓寺に入るようになり、中世末から近世初頭にかけて多くの墓寺は浄土宗へと転派していった。そして現在も墓寺の多くが浄土宗である。墓寺の本尊は基本的に阿弥陀如来だが、定印《じょういん》坐像と来迎印《らいごういん》立像とがみられる。定印坐像は平安時代末から鎌倉時代初期に、来迎印立像は鎌倉時代後期以降に集中的に造立されており、前者から後者への変化がみられる。墓寺の宗派は天台・真言→律→浄土と大きく変化したが、来迎印立像への展開は墓寺の律への展開と重なるものである。墓地には行基菩薩供養塔・同碑がみられ、墓寺には行基菩薩像をまつるところが多く、聖の行基の後裔としての系譜とその行基信仰を示している。そして各墓所間には聖組織を通じたネットワークがあり、地域ごとに七ヵ所の墓所が選定され、それらを一夜でめぐる七墓参りの行事が近世中期から近年まで行われていた。

参考文献 奥田真啓「武士の氏寺の研究」(『社会経済史学』一一ノ一・二、一九四二)、藤沢隆子「惣墓に所在する阿弥陀如来像―定印坐像と来迎印立像―」(『元興寺文化財研究』一五、一九八三)、細川涼一『中世の律宗寺院と民衆』(「中世史研究選書」、一九八七)、吉井敏幸「大和地方における惣墓の実態と変遷」(石井進・萩原三雄編『中世社会と墳墓』所収、一九九三)、竹田聴洲『民俗仏教と祖先信仰』(「竹田聴洲著作集」一―三、一九九三―九五)

(藤沢 典彦)

ばかばやし 馬鹿囃子 ⇩祭囃子《まつりばやし》

はかま 袴 和装で腰から下に穿く脚のわかれた衣服。洋服のズボンに相当する。装束や、小袖系の儀礼服として用い、また仕事着にも用いる。すでに縄文土偶に袴の描写がある。古墳時代の騎馬文化系の男の埴輪に見られ、律令時代の衣服制度から公家装束へと継承された。女子の装束は長袴になったが、不便なので私生活で省略されていく。武士の服装では、平安時代末台頭した直垂《ひたたれ》など足首までの袴も、礼装化して長袴になった。町人も袴を礼装とした。今日の男の礼装、紋服という場合も紋付袴のことである。また幕末出現した行燈袴は明治以降女学生が男袴にかわって流行させ、卒業式に今も着る。袴を着ることは成長の節目とされ、男女児が着袴を祝う。農村では琵琶湖東岸以北、および中国山地を中心に山袴類が多く分布する。雪袴・もんぺなど機能や保温を考えた仕立や着かたをするが、特に脚を保護する筒形のハバキを付けたタッツケは中世末ごろ武士や舞台での衣装から普及した。戦国大名らが好んだ南蛮服の袴カルサンは、タッツケや膨らんだ形の仕事袴の名称として、東日本の街道沿いに多く分布する。左右別仕立のものを一本の紐で繋ぐ股引は立体的縫製で鳶職や職人も用いた。股引の分布には稲作との関連が推察される。徳川吉宗の時代、朝鮮通信使来訪から朝鮮語のパッチの名が流行し西日本では長股引のことをいうようになり、東日本では絹股引の名となった。第二次世界大戦中の女子の標準服もんぺに由来する衣類である。

参考文献 豊泉益三『日本近世時好誌』、一九四〇、大塚綸子「文化現象としての仕事着」(『和洋女子大学文家政学部創設三十五周年記念論文集』所収、一九六五)

(大塚 綸子)

はかまいり 墓参り 死者・先祖の墓を訪れ、弔う行為。墓参りには葬式後の習俗と、年中行事化しているものとがある。葬式後四十九日までの墓参りは近親者が服す死の忌みの生活と関係し、また旧来の墓参習俗の日が葬式当日に近づいてくる傾向があるなど、各地の民俗は錯綜している。最初の墓参りは埋葬直後に行われ、次に翌早朝など埋葬翌日(死後三日目)の墓参りがある。四十九日までの墓参りは、毎日、あるいは七日ごとや、初七日まで毎日とそれ以降七日ごとに行われている。墓参りのときには団子・飯・米・水・花・燈明・線香などを供える。七日ごとに七本塔婆を一本ずつ供えた所は多い。埋葬翌日、あるいは初七日や四十九日までの間、墓地で魔物から守るという理由で火を焚き、墓の番をした所も多い。息つき竹から声を掛け生死を確かめた所は東日本に多い。奈良県吉野郡野迫川村弓手原では、翌朝まず若い衆が墓に参って異状がないか、狼に掘られていないかなどを確かめ、それから家人が塔婆を持って墓参りする。その後三十五日か四十九日までに墓に石垣を積んで形を整え、川原石を据えてまつり、この日で家の忌中が切れるという。この例などから考えると、埋葬が終了しても四十九日までの墓はいわば仮埋葬の状態で、死の忌みに服している近親者が墓参し、忌明けのときに墓を整えるという習俗であったように思われ、各地の錯綜している民俗は墓参習俗の日の移動などが原因となっているのではないかと考えられる。歴史的には考古資料・文献史料から墓に食物・水を供えることは弥生時代以降認められている。また人骨のそばに火を焚いた痕跡があることが縄文時代・弥生時代の考古資料にある。四十九日の後は百ヵ日、各年忌、また祥月命日、里帰りその他の臨時の機会に墓参りが行われている。年中行事化した墓参りの民俗は、新しい死者に対するものと、それ以後の死者・先祖に対するものとがある。一般的に春秋の彼岸・盆・施餓鬼などが墓参りの機会である。新潟県岩船郡粟島浦村では、一月十四日の晩をミダの年夜とか仏の年夜といい、墓参りし、小正月の元日にあたる十六日にも墓参りする。徳島県・香川県・愛媛県などで行われる仏の正月、巳正月で、十二月のはじめての巳の日や辰の日などに新しい死者の墓参りをして正月行事を行う。 →ウヤンコー

（小松 清）

参考文献 鎌田久子「沖縄宮古島周辺の墓」（『女性と経験』三ノ四、一九七〇）

はかまぎ 袴着 男児にはじめて袴を着けさせ、宮参りをさせる儀礼。袴着や裳着の儀礼は古く、平安時代の中期に公家社会で、また鎌倉時代初期に武家の間で行われていたことが知られている。その後、江戸時代になると奢侈を好んだ江戸町人の間でも、袴着、また七五三の五歳の男児の祝いとして盛んになった。江戸で一八三八年（天保九）に板行された『東都歳事記』に、十一月十五日は、衣類を新調し、着飾った嬰児の宮参りの日とある。男女三歳の髪置き、男児五歳の袴着、女子七歳の帯解きの各祝いは町屋に移って華侈をきわめ、ついには天保年間（一八三〇―四四）に至って華美を厳禁されることになったと記されている。公家や武家社会で行われていた袴着は、こうして庶民社会に広がりを持つことになったが、明治時代のことについては、士族階級の儀礼（盛岡市）であるとか、旧時上流家庭では袴着用に佩刀させたという（愛知県額田郡）など、袴着は維新まで帯刀の者がした。町屋にはなかったゆえに、今日では士族および士族から分家したものが祝いをする（松江市）、男子は生後五年にはじめて袴をつける祝をする、これは士族間では厳格に行なったが一般民間ではしなかった（福岡県田川郡）などといった伝承があり、ここに例示した地域では庶民の間の儀礼とはなっていなかった。しかしながら、その後は営利目的の商業行為と結びついて全国的に活発となった。年齢的には五歳に達した男児を中心とするが、前後に幅があり、また同齢の五歳の女児に正装をさせ、帯を着けさせて宮参りをさせている地もある。髪型や着衣によって子どもの成長段階を象徴することは、しばしば行われてきた民俗で、こうして改まって袴を着けさせることによって年祝いをするとともに、この日までのつつがない生育を喜び、さらにこの先も健やかに成長するように願った儀礼と考えられている。 →帯《おび》とき →七五三《しちごさん》

（田中 正明）

参考文献 『日本産育習俗資料集成』、一九七五、民俗学研究所編『年中行事図説』、一九五五、若月紫蘭『東京年中行事』（『東洋文庫』一〇六・一一一、一九六八）

ばかむこ 馬鹿聟 ⇩愚《おろ》か者《もの》

はかり 秤 物の重量をはかる器具。目方の単位になる錘《おもり》や分銅によって物の目方を知る。梃子《てこ》の原理を用いた棹秤（棒秤）と、天秤《てんびん》で平衡をとって量る天秤秤とある。棹秤は竿の一端に皿または鉤があって、その近くに把手がついていて、それを支点として量る物を皿に載せたり鉤にかけて、竿の反対にかけた分銅を竿が水平になるまで移動させ、その位置の目盛を読んで重さを知る。天秤秤は中央を支点とする竿の両端に皿を吊し、一方の皿に量る物を載せ、他方の皿に分銅を載せて、竿が水平となった時点での分銅の重量から物の重さを知る。棹秤は一つの錘でいろいろの物の重さを量ることができるが、天秤棒はいくつもの分銅を用意して、その組合せで平衡を求めて量るものである。近世においては日常的には棹秤が用いられ、天秤秤は両替屋が金銀の計量に用いるためにだけ許された特別の秤となった。天秤秤の天秤は堺の職人が製作し、分銅は大判座の後藤家が職掌し、後藤家の検印のないものの使用は禁止されたので、後藤分銅の名がある。分銅の形は分銅銀を模したもので、十匁から一分まで十七種類あった。なお、近代には棹秤に鉤のかわりに真鍮や銅製の皿を三本の鎖で吊した皿秤が生まれ、魚屋・乾物屋・菓子屋などで用いられた。また重量物用の秤として物を荷台に載せて量る台秤も現われ、当初棹秤の原理を用いて分銅を使用したが、やがてバネを利用して針で重さを表示するようになった。

（岩井 宏實）

参考文献 小泉袈裟勝『秤』（『ものと人間の文化史』四八、一九八二）

はきたて 掃き立て 養蚕の過程で蚕の卵が産み付けられている種紙から、数ミリの毛蚕を蚕座紙の上に掃き落とす作業のこと。掃き立てを行う日は仏滅を避けたり、午の日に行なったりするという家もあり、良い日取りを選んで行われた。春蚕の掃き立ての時期は八十八夜のころで、このころ養蚕の無事を祈る絵馬や、お札を出す蚕神の祭が執り行われる。掃き立ては、籠にハトロン紙などを敷きその上に種紙を置く。そこに細かく刻んだ桑の葉を篩《ふるい》で篩ってかけ、毛蚕が桑の葉に乗ったら産卵紙をひっくり返し羽箒の柄で種紙をたたいてハトロン紙に落とす。これで落ちなかったものをさらに羽箒で掃き落とす。また、毛蚕が種紙から落ちやすいように焼いて細かにした籾糠を糠篩で、あるいはやはり焼いた粟糠を篩う方法もある。毛蚕を掃き落とす羽箒は、鷹や鳶や雉などの鳥の羽を用いた。鷹の羽が良いといわれ、実際には鷹の羽でなくともタカノハネといったり、神仏の市で買い求めたりして、掃き立てにおける羽箒が重要な用具であったことがうかがわれる。箸も使われ、箸で蚕を痛めないように挟んで毛蚕を籠に広げた。桑を与えずに、木の棒や竹のヘラを用いて毛蚕を種紙から直接落とす方法、糸網を使う方法などもある。掃き立ては、養蚕の良し悪しを左右する重要な節目の作業と考えられていた。

（佐藤 広）

参考文献 群馬県教育委員会編『群馬県の養蚕習俗』、一九七二、中島信明「養蚕」（『福井市文化財総合調査報告書』一二所収、一九八〇）

はきもの 履物 足にはいて立つ物の意で、下駄や草履・草鞋《わらじ》・足袋・沓・田下駄などがある。九州ではフミモノ、

はきもの

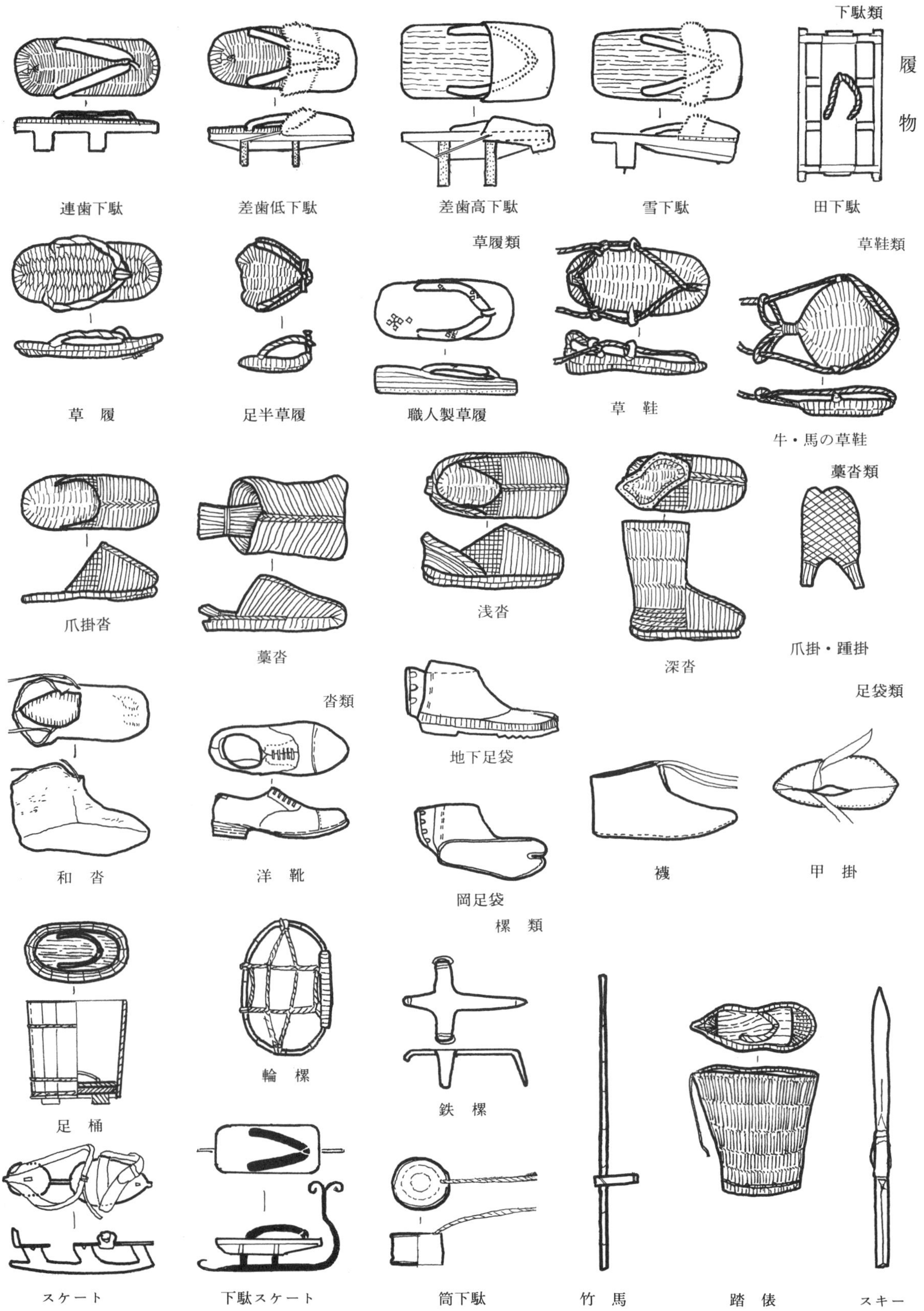
履物
下駄類
連歯下駄
差歯低下駄
差歯高下駄
雪下駄
田下駄
草履類
草履
足半草履
職人製草履
草鞋
草鞋類
牛・馬の草鞋
藁沓類
爪掛沓
藁沓
浅沓
深沓
爪掛・踵掛
沓類
和沓
洋靴
地下足袋
岡足袋
足袋類
襪
甲掛
樏類
足桶
輪樏
鉄樏
スケート
下駄スケート
筒下駄
竹馬
踏俵
スキー

フンモン（踏物）という。履物は足の裏で押しつけてはくのでこの語が生まれたものであろう。気候や立地条件、生業形態などにより、北方狩猟民や牧畜民の影響を受けた、足の甲を包む閉塞性の靴やスキー・樏《かんじき》などの foot-wear（足の衣服）と、南方稲作民の影響を受けた開放性の下駄や草履、草鞋などの foot-gear（足の道具）に大別される。日本の履物を歴史的にみると、縄文時代は皮沓と樏が雪中狩猟に用いられたと思われる。弥生時代には中国南部の江南から稲作が伝わり、田下駄が肥料としての草踏みや湿田での稲の穂刈りにはかれた。古墳時代には進んだ古墳の築造技術とともに、クツの語も伝わり地方豪族に下駄がはかれた。奈良時代には隋や唐から閉塞性の各種沓が伝わり、貴族や地方豪族の儀式にはかれた。平安時代中ごろには、高下駄のアシダ（足駄）も用いられ、草鞋《わらくつ》を鼻緒式に改良した草鞋《わらじ》が、さらに草鞋を簡略にした草履が創作され、一般庶民の労働や旅にはかれた。鎌倉時代には、草履の形をした草鞋の機能をもった半物草（のちの足半草履）と、これら鼻緒履物にはく指股を分けた革足袋が創作された。江戸時代初期に木綿が普及し、住居に畳を敷くようになると木綿足袋が普及する。中期になると和鉄生産が盛んとなり、より良い玉鋼が作られると、台鉋や胴付き鋸、溝挽《ありひ》き鋸などの工具が出現し、工作に難かしい桐が下駄材に採用される。差歯下駄や前のめりの下駄、中折れ下駄、ぽっくり下駄など各種の下駄が作られるようになると、京都や大坂・江戸など都会地に下駄屋街が出現し、鼻緒屋や職人製の草履も出現して、裕福な町人が下駄や草履を日常にはくようになる。開国とともに、欧米の靴も伝わり、日本でも洋靴が作られて、役人や貴族が靴をはくようになる。明治時代末期から下駄の生産を機械化した広島県福山市松永町では大正時代には雑木の下駄を量産できるようになり、庶民に下駄が普及した。第二次世界大戦後の欧風化生活は高度経済成長により一九五五年（昭和三十）ごろから、靴やサンダルが庶民にもはかれるようになる。今では、下駄や草履・草鞋・田下駄・藁沓など伝統的な履物は廃れつつある。一九一四年（大正三）に創作された地下足袋は、一九五五年ごろから脚絆を縫いつけた縫い付け地下足袋も出現し、世界一の鉄道併用橋である瀬戸大橋の主塔上の作業やメインケーブルを太く束ねる作業に鳶職にも用いられた。二千年前から田下駄を、七百年余り前から指股を分けた足指に力の入る足袋をはいてきた長い伝統がこの瀬戸大橋の縫い付け地下足袋にも生きている。仕事の功率を高めるために、足の道具として各種のはきものが発明・創作されてきた。雪国では雪下駄をはく。また下駄占いで、表が出ると晴れ、裏が出ると雨というが、これは裏はいつもぬれており、表が乾いているからである。→足半《あしなか》 →田下駄《たげた》 →樏《かんじき》 →沓《くつ》 →下駄《げた》 →地下足袋《じかたび》 →雪踏《せった》 →草履《ぞうり》 →足袋《たび》 →草鞋《わらじ》

参考文献　近藤四郎『はきもの』（「岩波写真文庫」一一八、一九五四）、潮田鉄雄『はきもの』（「ものと人間の文化史」八、一九七三）、同『日本人とはきもの』、一九七六

（潮田　鉄雄）

はぎわらたつお　萩原竜夫　一九二〇―八五　歴史学者、民俗学者。東京生まれ。一九四一年（昭和十六）、東京文理科大学史学科国史学専攻卒業。在学中、肥後和男・和歌森太郎の影響をうけ、また柳田国男に師事し、文献と民俗の両面から村落組織とのかかわりを通して祭祀組織の究明につとめた（『中世祭祀組織の研究』、一九六二、『神々と村落』、一九七八）。離島調査では兵庫県三原郡南淡町の沼島を担当した。晩年には東国の中世から近世への村落の変化と宗教の展開と熊野信仰の究明（『巫女と仏教史』、一九八三）に力を注いだ。その他に『郷土の風習』（一九四八）、『祭り風土記』（一九六五）、和歌森太郎との共著に『年中行事』（一九四九）、杉山博との共編に『新編武州古文書』（一九七〇）などがある。

参考文献　萩原竜夫先生追悼会編『萩原竜夫』、一九八六

（西垣　晴次）

ばぐ　馬具　馬を乗馬や荷役・農耕に使用する時に、馬体に取り付ける道具の総称。乗馬の装備は、口には轡《くつわ》を嚙ませて面懸《おもがい》で留め、轡から左右に手綱《たづな》を繋ぐ。背中には韉《したぐら》（大滑《おおなめ》）を掛けて鞍をのせ、腹帯《はるび》で留めて前輪から胸《むな》懸《がい》を回し、後輪から鞦《しりがい》を尻尾の付け根を回して鞍が前後

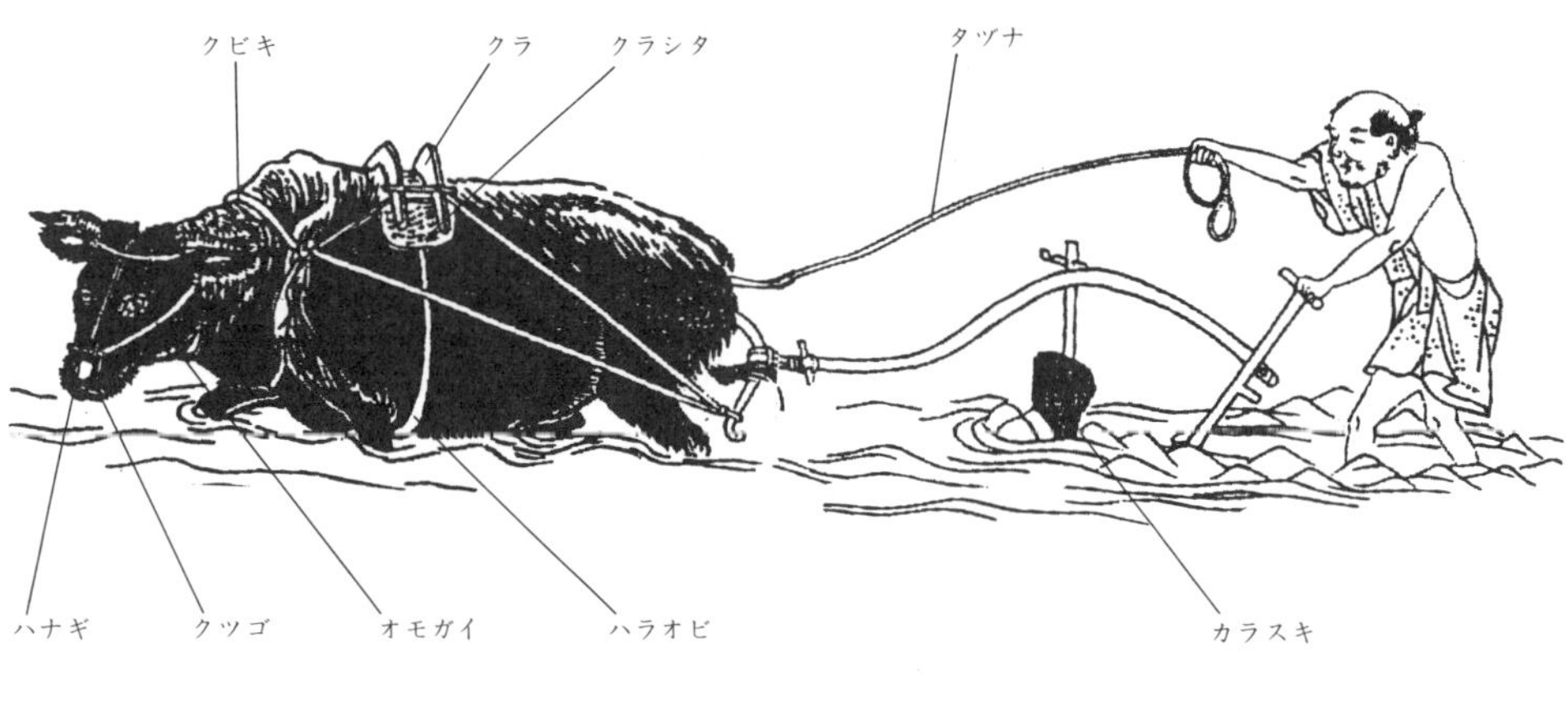

犂を引く牛（『絵本通宝志』より）

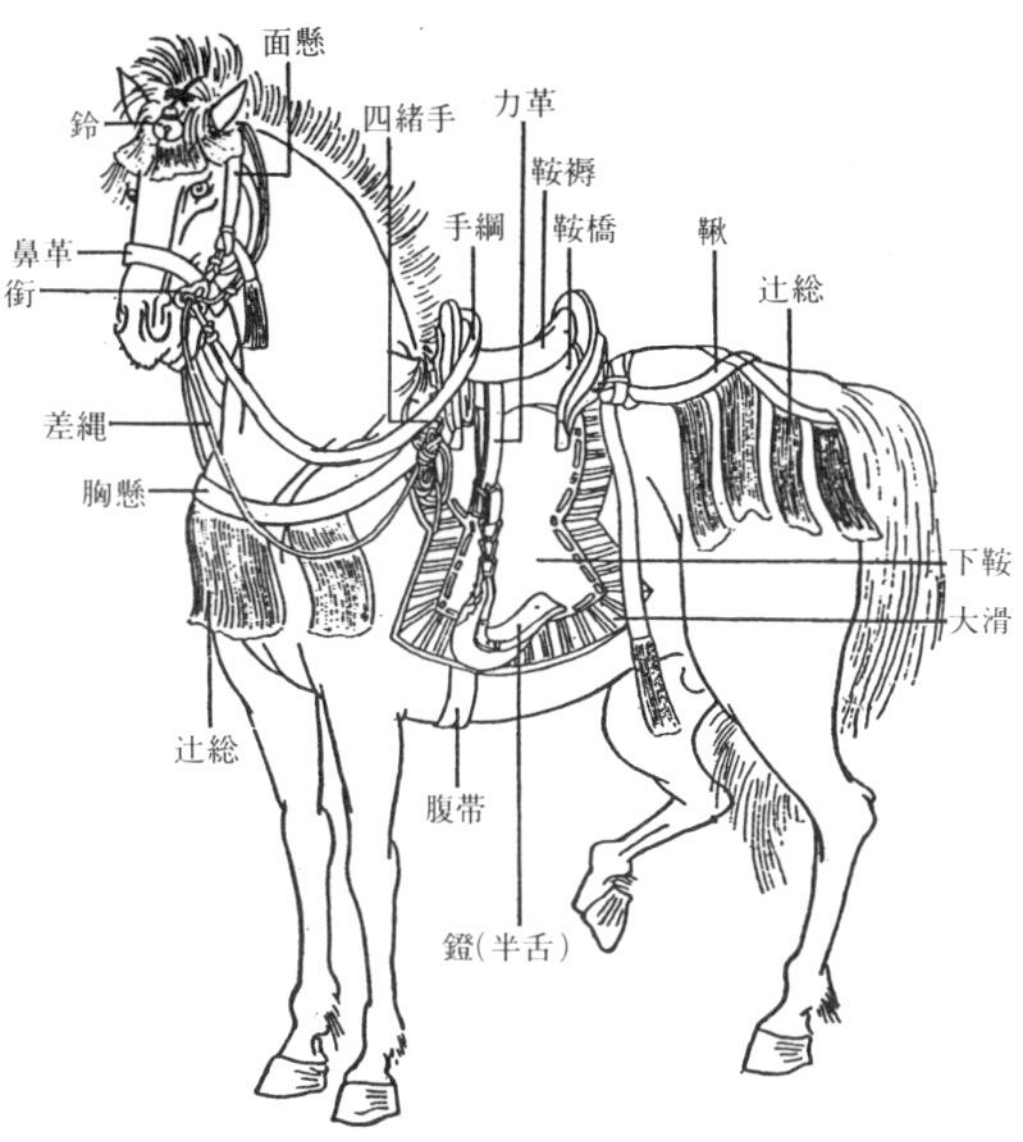

馬具の名所

にずれないようにする。鞍の居木からは鐙《あぶみ》を垂らす。荷役の駄馬では、厚さ二〇㌢ほどの下鞍に大振りな荷鞍をのせ、腹帯・胸懸・鞦で固定する。農耕の場合にも轡・面懸を付ける場合と面懸のみの場合があり、轡は藁で編んだ簡素なもの、鞍も荷鞍より小さめの簡素なものを用い、鞍から引綱を伸ばして馬鍬《まぐわ》に繋いだり、尻の後ろに尻枷《しりがせ》と呼ぶ一㍍ほどの横棒を渡し、その中点から犂を繋ぐ。牛に農具を引かせる場合は、頸に首木を置いて引綱を掛けるのが中国や朝鮮半島の牽引法で、日本では地域によって首木だけの首引き法、首木と鞍を併用する首引き胴引き法、鞍のみで引かせる胴引き法が行われていた。→鞍《くら》

(河野 通明)

はくさんしんこう 白山信仰 白山に関する信仰。白山は、福井・岐阜・石川の三県にまたがる。最高峰の御前峰が二七〇二㍍と北アルプスの山々に比べればそれほどの標高ではないが、周囲にこれと匹敵するほどの高い山がないため、古代から霊山として信仰された。たとえば、すでに『万葉集』に「志良夜麻」として言及されており、『枕草子』では観音信仰の山と位置付けられていた。このような白山信仰を考えてゆくうえで、いくつかの歴史的な背景がある。一つは、越前・美濃・加賀の三方の登拝口ともに独自の宗教施設を形成し、中世に至って各々権門寺院との本末関係を持ったため、白山全体にわたる姿を求めるのが容易でないことがある。すなわち、越前側は平泉寺、美濃側は長滝寺、加賀側は中宮寺、のち白山寺あるいは本宮寺を中心に、一種の一山《いっさん》組織(加賀側から始まった通称として「馬場《ばんば》」)を形成し、おおむね比叡山の末寺と化した。特に、加賀側では、比叡山の山王神道をまねた加賀馬場下山七社を形成していた。もう一つは、これら三方の登拝口の寺社の多くが、中世後半には浄土真宗の蓮如支配下の門徒衆に攻撃され退転したことがある。そのため、白山の三方の寺社組織の中心に位置していたと考えられる修験・衆徒が関わった儀礼、修行や彼らが依拠していた宗教的体系などは、現在ほとんど不明となってしまっている。そのような歴史的背景のもとで、知ることのできる白山に関する信仰を、三つほど指摘できる。まず第一には、伝説的な開山泰澄《たいちょう》に関する伝説である。泰澄は、七一七年(養老元)越前側から御前峰に到達し、そこで十一面観音を感得、さらに別山で聖観音、大汝峰で阿弥陀を感得したという。この伝承の成立時期は必ずしも明確ではないが、十世紀中ごろまでさかのぼる可能性もある。この三つの本地は、中世にかけて白山三所権現として崇拝され、関連寺社の多くにまつられたし、泰澄自体も空海や役行者に相当するような行者として、北陸の寺社で開創者に位置付けられることが多い。第二には、かつての三方の寺社やその周囲に残る、芸能や祭礼である。加賀側や越前側は一向一揆の影響が大きかったが、美濃側のかつての中心長滝には、白山衆徒が行なっていた延年が今なお一月に行われている。このほか、美濃能郷白山の猿楽、越前水海の田楽など周辺施設に白山山内での芸能が伝播したと考えられる事例が、今も行われている。最後に、全国に白山神社が分布しているように、三方の麓を遠く離れた地域での白山信仰に関しては、被差別部落での白山信仰との関連を指摘する説もあるが、これは不明な点も多い。むしろ越前側白山麓に最初の拠点を作り、白山神社の分布に沿うかのように展開し、近世には鎮守神的な形で白山を信仰した曹洞宗教団との関わりが、今後の研究の一つの課題であろう。

(由谷 裕哉)

[参考文献] 白山総合学術書編集委員会編『白山―自然と文化―』、一九九二、由谷裕哉『白山・石動修験の宗教民俗学的研究』、一九九四

はくじゃ 白蛇 ⇨しろへび

はくしゅ 拍手 両手の手のひらを何度か連続的にうち合わせること、もしくはその行為によって生じる音そのもの。賞讃・礼讃・祝福・歓喜・同感・賛同・励まし・歓迎・歓送といった気持を示す、言語によらない感情表現である。手という身体の一部を使って、言葉を発する以上に明確にみずからの気持を相手に伝達することができることを示す典型的な例の一つといえる。現在では、拍手はその主体の、拍手を受ける側(客体《きゃくたい》)に対する賛意・共感を示す、言語表現以外では最も適切なコミュニケーションの手法である。ことに抱擁など、身体の直接的な接触を最大限に避けようとする傾向の強い、日本人同士間の意志伝達手段としての拍手の果たす役割はけっして小さくない。また時に拍手は、その行為および音声によって、相手の注意を喚起するという効果も有する。信仰に関連する一場面で、この行為を行うことなどに典型的にみられるように拍手をより限定された局面での作法としてみることもできる。神道において、神社に参拝し、神に何らかの願いの成就を祈る際などには拍手が付随することはいうまでもない。拍手という行為には、拍手を

する主体の神霊を招き寄せたいという願望が込められていることもある。こうした神を拝む折の拍手は、柏手《かしわで》ともいう。「柏手を打つ」というように表現する。この行為は、かつては宴会開催の際などにも取り行われていた。密教の儀礼でも魔除けのために拍手をする風習がある。こうしてみると、拍手は、人びとを日常的な場から、非日常的な空間へと誘《いざな》う契機をなすという意味合いを、時にまたその逆の意味合いを持っていたという解釈も可能であろう。（天沼　香）

はくじゅ　白寿　九十九歳の祝いのこと。白という字が百に一足りないということに由来する。長寿を祝う趣旨の年祝いは、六十歳もしくは六十一歳の還暦、七十歳の古稀、七十七歳の喜寿、八十八歳の米寿などがあり、親戚や縁故者を招いて祝宴や贈答が行われる。近年は平均寿命の伸長によるためか、これらに九十歳の卒寿、九十九歳の白寿、百歳の百祝い、百八歳の茶寿などの賀寿が加わり、それぞれ定着を見せている。（佐々木　勝）

はくじょうまつり　白状祭　明治以前、千葉県の香取神宮の忍男宮《おしおのみや》(東宮)で十一月七日の夜行われていた祭。伊藤泰蔵の『維新前年中祭典式稿』(一八六四)は「大宮司大禰宜以下各忍男社頭に至り下馬し、庭上列立す、是より先、忍男神社庭上に燎一所を置く、正判官中央に進み白状の文を詠む」とあり、『香取宮年中祭典記』(一八七二)は「忍男社境内祭事」とし「依託於神語、正判官、両検非違使紏問白状図」が示されている。庭火を前に白状の詞を述べる正判官が坐し、その後に正・権二人の検非違使、縄取の田冷判官の三人が立ち、庭火の向かい側に大禰宜、大宮司以下の神官が列坐する状況が描かれている。この時正判官が述べた白状祭の詞が『香取源太祝家文書』(『千葉県の歴史』資料中世二)のうちに残されている。そこには「陸奥の五万長者の馬屋より、父馬千疋母馬千疋の馬種を盗出し」の文言がみられる。久保木清淵は『香取私記』で、これは「祭事に似たる戯事」で『江家次第』にみえる春日祭で勅使下向の際、梨子原でなされる終夜の酔宴で盗人として一人を捕え白状させ、その盗んだとされる品物を官人たちに分配するのを模倣したのではないかという推測を述べている。忍男社は東宮、瞻男《まちお》社は西宮と呼ばれ、ともに津宮に位置し、香取社の境界に位置しており、このことが馬にかかわる白状祭の成立に関係するかと思われる。

参考文献　香取神宮編『香取群書集成』一―六、一九四三―九五　（西垣　晴次）

ばくち　博打　賭け事の一種。財物を賭け、サイコロ・花札・トランプなどを使って勝負すること。ばくえきともいう。もともとは遊戯であったが、奈良時代にはすでに金銭をかけて勝負することが、かなり広範に行われていたようである。六九八年(文武天皇二)七月の禁令には博戯遊人の徒を取り締まり、賭博の場所を提供した宿主も同罪とある。だが、古代から中世にかけて博打人気はとどまるところをしらず、僧侶や公家のあいだにも広まっていった。それに伴い、くりかえし禁令がだされている。鎌倉時代には武士や庶民のあいだで、特にサイコロ賭博の一種である四一半が大流行。夜昼の区別なく博打にうつつをぬかす者が増えたという。四一半は、筒取りが介在し、賭金の幾分かを得るしくみで、これが博打で生計をたてようとするいわゆる博打《ばくうち》の出現、蔓延につながった。こうした博打の流行は、武士たちの奉公の怠慢を招くだけでなく、集団盗賊化の恐れもあるとして、幕府はこれを厳しく禁じ、たとえば違反者には所職や所帯(権利・財産)の没収を命じている。また庶民に対しても、指を折り、家屋を破壊し流刑に処すなどの厳しい処置がとられた。一二二六年(嘉禄二)には、双六を手すさびとする京都の博打たちが、一人もらさず捕えられたうえ、鼻をそがれ指二本を斬られた。だが、室町時代になるとそうした規制もゆるみ、樗蒲《ちょぼ》が流行するに至った。樗蒲は、カリウチともいい、四個の楕円形の木板を投げうって、そこにあらわれる黒・白・犢《こうし》・雉によって勝負をきめるというもの。その歴史は古く、日本最古の百科事典とされる『和名類聚抄』(九三一―三八)に、すでに「加利宇知」の名がみえる。特に人気を呼んだのはチョボ一で、一個のサイコロで勝負を争い、予期した目が出ると賭け金の四倍を得られるというもの。一説によると、四一半はこのチョボ一のことではなかったか、ともいわれる。戦国時代には、武家の家訓で博打は厳しく禁じられている。だがその解釈は一様ではなかったようで、たとえば北条氏綱の遺訓(一五四一)には、「百姓に無理なる役儀を掛るか、商賈之利潤か町人を迷惑さするか、博奕上手にて勝とるか、(中略)商賈の利潤も、博奕の勝負も無調法なれハ是非なし」と博打を経営にたとえる記述がみられる。江戸時代になると、丁半賭博が大流行。また、富籤や賭的、宝引、独楽賭博など種々の新しい型や方法が考案され、その人気は高まる一方であった。そして、武士・僧侶から町人・農民のあいだにまで広まっていき、特に祭や縁日、旅先などでそれに興ずる者が多かった。ハレの日の遊戯として広まったのである。そのなかで、家や仕事を捨てて博打に生きる、いわゆる無職渡世の博徒が増えていった。博打は、その後も折々に厳しく取り締まられたが、そうした法の目をくぐり、非公認に今日に伝えられている。→賭け事《かけごと》　→花札《はなふだ》

参考文献　増川宏一『賭博』一・三(「ものと人間の文化史」四〇ノ一・三、一九八〇・八三)　（神崎　宣武）

ばくとむこいり　博徒聟入り　寝てばかりいる怠け者が悪だくみによって金持ちの聟に納まる昔話。寝太郎と呼ばれる怠け者が隣りの金持ちの聟になろうと思い、元日の朝に隣りの家の井戸のかげに隠れる。隣りの父親が現われ、井戸の神に「娘にいい聟がさずかりますように」と拝むと、隠れていた寝太郎が「隣りの寝太郎を聟にとれ」と告げる。父親は水神の言葉と信じて寝太郎を聟にする。『日本昔話大成』では本話とは別に、鶴や鳩の足に

提燈を結び付けて松の木に登り、出雲の縁結びの神を装う話が「鳩提燈」の名で分類されているが、鳥を用いるトリック以外は本話と同じである。岐阜県の類話では、三人兄弟の長男は「びっこ」なので嫁のきてがなく、弟が身代わりになって見合いをし、式には兄が出る。式が終ったとき仲人が屋根に登って天狗になりすまし、今夜嫁のびんがはげるか、聟が「びっこ」になると叫ぶ。翌日になると聟が「びっこ」になっているが、嫁はびんがはげなくてよかったと喜ぶ。『宇治拾遺物語』九に収められている「博徒聟入りの事」もこのタイプである。中国にも同じタイプの話があり、文献による伝播が考えられる。この話は体を使うことが大嫌いな怠け者の突然の豹変ぶりにおもしろさがあり、その点で「三年寝太郎」と共通する。こちらは、三年間寝て暮らすほどの怠け者がある日突然起き上がり、耕地を開拓するなど、偉業を成し遂げる。→隣《とな》の寝太郎《ねたろう》

参考文献　柳田国男「隣の寝太郎」(『柳田国男全集』一〇所収、一九九〇)　(斎藤　君子)

はくまいじょう　白米城　落城伝説の一つ。広く全国に伝承されている。敵方に包囲され、兵糧攻めや水攻めにされた城内の者が一計を案じ、白米を湯水のごとく使って馬の脚を洗ったり滝のように流して、いかにも水が豊富なように見せかけて危難を脱しようとするが、白米に鳥が群がったり、老女・娘・僧などの密告、あるいは水を求めて水辺にきた犬によりことの真相が露見、結局は落城するというもの。石川県能登地方の七尾城に伝わる話は、上杉謙信が北陸攻めの時、まず水路を断つが、城内では白い滝水が落下している。城攻撃は無理と引き上げにかかると無数の鳥がその滝に群がったため、ついに米とわかり落城した。また、香川県仲多度郡多度津町の天霧山城は長宗我部氏が讃岐へ攻め込んだ時、白米で軍馬を洗ったり谷間から水のように米を流して敵の目を欺こうとしたが、城から出て来て捕えられた尼の口から城中に水のないことが発覚、落城した。城に戻った尼は罪を問われて斬られ、それからそこを尼斬山といい、それが転じて天霧山となったと伝えている。白米城伝説の多くは中世以降の山城を舞台にその土地にゆかりの合戦や武将を結びつけ、悲惨な結末を語ることが多いが、話柄は類型的でありそのまま事実譚とは考えがたい。伝承地から出土する焼米などは神供とみられ、その出土地が山上の聖地や城跡においてそこに集まり来る霊をまつり、鎮魂のための祭礼を営む霊場であったことを思わせる。この伝説の伝承と伝播には、そのような死者の鎮魂の語りを業とした物語僧・巫女などの存在を考える必要があろう。また同型の伝説は、朝鮮半島や中国にもみられる。

参考文献　柳田国男「木思石語」(『柳田国男全集』七所収、一九九〇)、依田千百子「朝鮮からみた日本海域の神話伝承」(国学院大学院友学術振興会編『新国学の諸相』所収、一九九六)　(松本　孝三)

ばくろう　博労　馬喰とも記し、馬・牛の仲買人のこと。馬市や牛市が立つときには各地から寄り集まり、牛馬を競り落とした。牛馬を買ってまた別の土地に行きそこで競りにかけて売ったりした。長野県松本市では、第二次世界大戦前道路工事の請負師をしていた人が仕事の合間に博労をして、青森県や北海道へ汽車で農耕馬を買いに行き、松本界隈で売っていたという。このように市の場に限らず牛馬の売り買いをした人がバクロウと呼ばれる。もっと若い牛にしたいなどといった農家の希望をかなえ、農家どうしの牛の交換を担当して手数料をとったバクロウヤサンもいた。このバクロウヤサンのなかには以前は民間の獣医だったという人もいる。バクロウという語は伯楽から転じたもので、もともとは中国の言葉であった。伯楽は韓愈の『雑説』のなかに登場する言葉で、馬の良し悪しを見分ける名人という意味である。このハクラクという語も、日本においては免状を持たない民間の獣医という意味で使われる場合が多かった。長野県塩尻市の村落では一九三五年(昭和十)ごろまで、年に一度産土様の境内に松本市内から民間の獣医が訪れ、馬の悪血をとったりひづめを削ったりした。彼はハクラクと呼ばれて人々に親しまれ、彼が来たときには境内で酒を飲んで祭をした。また、新潟県や岩手県などでは、馬の血で伯楽に鳥居の絵を描いてもらい、その紙を厩などに貼りつけておいたという。伯楽は牛馬の健康を守る行事の司祭者でもあった。→馬市《うまいち》　→血《ち》とり場《ば》

参考文献　黒田三郎『信州木曾馬ものがたり』、一九七七、小島瓔禮編『人・他界・馬―馬をめぐる民俗自然誌―』、一九九一、『塩尻市誌』四、一九九三　(巻山　圭二)

はぐろめ　歯黒　⇨お歯黒《はぐろ》

ハケ　ハケ　地名。崖。崩れた地形。ハゲ、カケ、ホケ、ボケなども同義。前橋市端気《はけ》のほか、峡・波介・化・八景・岾などの字が用いられる。埼玉県の川越市や狭山市に垳下《はけした》、川越市に大垳《おおばけ》の地名がある。垳の字は国字で、崖地が同時に赤土の土地であることを表現している。長野県小県郡丸子町の鹿教湯《かけゆ》(松本市に崖《がけ》ノ湯《ゆ》がある)、熊本県阿蘇郡小国町の岾《はげ》ノ湯《ゆ》、徳島県三好郡山城町・西祖谷山村の大歩危《おおぼけ》なども、ハケと同じ崖地名である。

参考文献　柳田国男「地名の研究」(『柳田国男全集』二〇所収、一九九〇)　(鏡味　明克)

ばけもの　化け物　字義のうえからは、何かが化けて姿を変えたもので、いわゆる変化《へんげ》にあたる。お化けともいう。一般には妖怪と同じ意味で用いられる場合が多い。「化物草紙」をはじめ、「化物尽」「化物話」「化物屋敷」といった言葉からもうかがえるように、明治以降に妖怪という言葉が広く使われだす以前には、化け物という言い方が普通であった。いうことをきかない子にむかって「〇〇しないとお化けがでるぞ」というのも決まり文句のようになっていた。柳田国男は『妖怪談義』(一九五六)のなかで、お化けと幽霊の違いについて論じ、『日本昔話名彙』では派生昔話のなかに化物話という項目を設けている。

昔話にはさまざまな化け物が登場する。「化物寺」では、旅の僧が古寺に泊まると化け物があらわれ「ふるみにふろしきふるだいこ」と叫びながら踊る。旅僧も水屋から味噌笊を持ち出してかぶり「ちゃん笊こ水屋の隅この味噌笊こ」といって踊るとそれらがついてくる。翌朝、縁の下を見ると古箕・風呂敷・古太鼓があった(秋田)。この話の背景には、古くなった道具類はときとして化け物となるという信仰がある。「化け物問答」の話では、荒れ果てた寺に泊まった旅の坊主を殺そうと化け物がつぎつぎに現われるが、坊主に正体を言い当てられて退散する。化け物の正体は、白狐、池のコイ、カニ、狸など生き物であることが多い。→幽霊《ゆうれい》 →妖怪《ようかい》

参考文献 阿部主計『妖怪学入門(新装版)』(「雄山閣ブックス」一九、一九九二)　(常光　徹)

ばけものやしき　化物屋敷　祟りのこもった土地に建てられた屋敷、または妖怪変化が出没すると信じられている家屋。古代から現代に至るまで、化物や幽霊の出現する建物に関わる伝承、噂話の類は尽きない。概していえば柏正甫『稲生物怪録絵巻』(一七八三)に描かれたように雑多な化物が行きかう住居と、「皿屋敷」のように特定の妖怪・幽霊の類が、そこに棲みつく場合とがある。「座敷わらし」「天井なめ」「開かずの間」「化け物寺」など各地に分布、ひろく知られる化物屋敷談もある。納戸・便所・軒先・門など化物が現われる空間は、住居内の「境界領域」が多い。一方、化物屋敷の立地を考えると、都市における怪異な場所・不思議な場所の分布が検証できる。人々が抱く化物屋敷観は、文芸や演劇、映画など、さらには仮設興行や遊園地などのアミューズメントに、より了解しやすい擬似体験の場として再現されてきた。寛政年間(一七八九―一八〇一)から文化・文政にかけて、歌舞伎や黄表紙のなかで怪異を楽しむ物語が登場する。これに応じて死体見世物、化物細工、芝居や落語の怪談話に題材をとった人形見世物の類が流行する。奇怪な場面を見せるこの種の見世物が、明治以降、西洋起源の「メーズ」を基にした「八幡の藪知らず」「鏡抜け」などの趣向とあわさって、日本的な化物屋敷のデザインが確立された。戦後も一九五〇年代以降、各遊園地に和風・洋風のお化け屋敷が造作される。その後もマスメディアが新たな怪奇談を流布させるたびに、遊園地の化物屋敷にその趣向が採りいれられている。

参考文献 宮田登「「化物屋敷」考―都市のフォークロア―」(『現代思想』一〇ノ一二、一九八二)、同『妖怪の民俗学―日本の見えない空間―』(「同時代ライブラリー」一九九〇)、小松和彦『妖怪学新考―妖怪からみる日本人の心―』、一九九四、橋爪紳也『化物屋敷―遊戯化される恐怖―』(「中公新書」一一九五、一九九四)　(橋爪　紳也)

はげやま　はげ山　植物が育たず岩石や土が露出している山。土壌や気象条件などの自然要因により出現する場合もあるが、多くは林地がもつ生産力を超えた人為的利用による植生の破壊や土壌侵蝕の結果引き起こされ、平野近くの丘陵の稜線部や日向斜面に特徴的に見られた。中世的な林地所有形態が近世の交換経済型農業経営の進展と矛盾し、窮乏した農民層の生活需要が過度の林地利用を誘発し、これが花崗岩の地質や気象条件と結び付いて、土壌組織の変化を招いた結果であるとされる。たとえば、近世前期の都市近郊で著しかった林地荒廃は、小農の副収入としての夜業に用いる燈火に充てるために山林の樹根を掘り取り、土砂の流出が生じたためであり、近世末から明治初年にかけて瀬戸内海沿岸や近畿低地から伊勢湾沿岸に顕著に見られたはげ山は、入会林地を利用する共同用益権を残しながらも交換経済が著しく浸透した時代と地域とに特徴的に現われたものである。すなわち瀬戸内海沿岸地域では、製塩業が盛行して燃料が不足したために薪の値段が高騰し、入会林地を利用する農家が一般販売用に薪を伐り出すとともに、増大した貧困農家が入会林地に生計を依存する度合を強めたのであり、東濃の製陶業地帯においても同様の事情があったと指摘されている。したがってこうした地域のもつ条件が緩和されれば、はげ山は回復されていくことになる。近畿地方ではげ山の進行は大正時代まで激しかったものの、以後は植生が回復に向かった。その理由として、窮乏農民が工業労働者として都市に吸収されたこと、金肥が普及し緑肥採取が止んだこと、林地が個人に分割されたことなどがあげられている。

参考文献 千葉徳爾『(増補改訂)はげ山の研究』、一九九一　(湯川　洋司)

はごいた　羽子板　羽根突き遊びで、追羽根を突く遊具。羽子板の字句は、「ハゴイタ、コキイタ」(『下学集』、一四四四)と傍訓が付され、「こき板、こきの子」(『看聞御記』一四三四年(永享六)六月条)、「羽子板、胡鬼板子」(『林逸節用集』明応年間(一四九二―一五〇一))、「羽子木板」(『本朝医考』、一六六三)などと表記されており、古くはハゴイタのほかコキイタの呼称も用いられていた。その形も「古制の羽子板は笏に似たらん」(『私可多咄』、一六五九)という記述があり、今の形とは異なっていたように思われる。羽根突き遊びは、江戸時代に盛んになった。それとともに美しい色彩を施した京羽子板や内裏羽子板、正月行事の左義長の模様を描いた左義長羽子板が、さらにまた文化・文政期になると押し絵羽子板が現われて歳の市や羽子板市で売られ、飾り羽子板として人気を集めることとなった。他方児童用の遊具として、明治時代に輪郭を電気ごてで描いて彩色をした焼絵羽子板が創案された。今日でも羽子板は縁起物としてもてはやされたり初正月の贈答品とされたりするが、文献にも羽根突きは正月の邪気払い、蚊にくわれない呪《まじな》いなどと記されている。また、各地で行われてきた羽根突きには、童戯の範疇を越え、成人が競い合うものもあった。伊豆の三宅島で正月の御毬神事のあとで羽根を突き合って勝負をした、正月二十日を山梨県西山梨郡や中巨摩郡でハゴイタクダキ、新潟県佐渡郡でハゴ

イタワラシと呼んで、羽子板が割れるまで突き合った、羽根の突き納め、などといった伝承が残されている。一種の年占ではなかったかと考えられているが、これらの事柄から判断すると、羽子板は遊具であるというだけでなく、信仰や競技のための有用な具でもあった。 ↓羽《は》根《ね》つき

参考文献 有坂与太郎『日本玩具史』、一九三一・三二、小高吉三郎『日本の遊戯』、一九四三、山田徳兵衛『日本のおもちゃ(愛蔵版)』、一九六九 (田中 正明)

はこガラス 箱ガラス 見突き漁などで用いられる海底や川底・湖底透視用の道具のこと。この道具はガラス眼鏡・ガラス箱・水眼鏡・箱メガネ・覗きメガネなどとも呼ばれる。箱ガラスは一八九〇年代に普及したが、それ以前は海底を見通しやすくするため、海面に油をたらし、油まくを張る方法がとられていた。箱ガラスの普及により、見突き漁にあっては、水中の漁獲物をより的確に捉えることができるようになった。さらにより深い所でも漁獲物を発見することが可能となり漁場は一段と拡大した。 ↓水中眼鏡《すいちゅうめがね》

参考文献 柳田国男「北小浦民俗誌」(『柳田国男全集』二七所収、一九九〇)、辻井善弥『磯漁の話―一つの漁撈文化史―』、一九七七 (辻井 善弥)

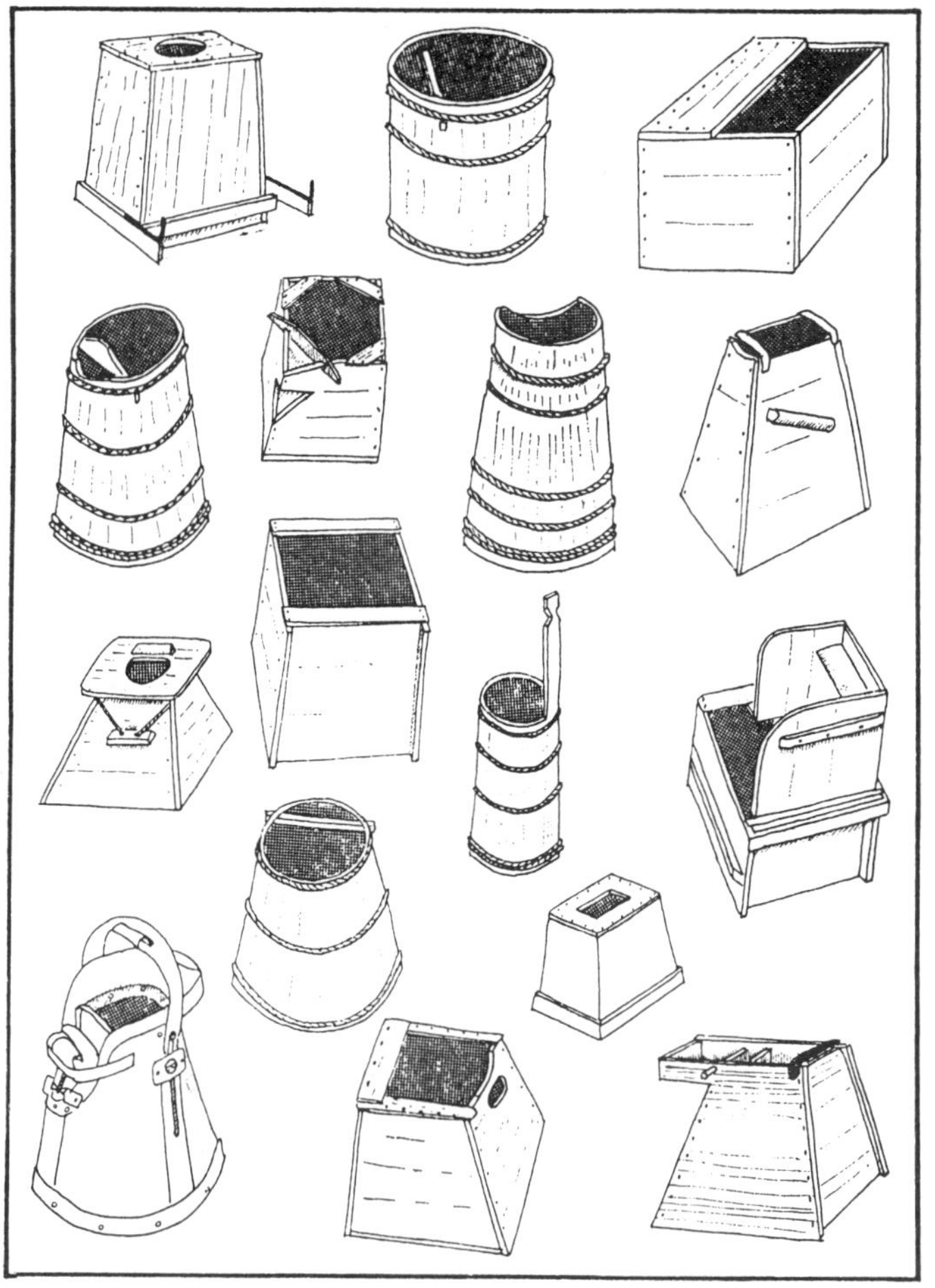

箱ガラス (『磯漁の話』より)

はこぜん 箱膳 ⇩膳《ぜん》

はこどこ 箱床 四方を板で囲った箱状の寝具。福島県南会津郡地方では、一九四〇年ころまで長さ二メートル、幅九〇センチ、高さ三〇センチほどの箱に、藁を詰め、その上に筵《むしろ》を敷き、着物を着たまま掛蒲団をかけて寝る習俗がみられた。このように箱に寝ることは、一七九〇年(寛政二)の高山彦九郎の『北行日記』にも現在の山形県南陽市赤湯の部分に記されている。岐阜県揖斐郡徳山村(藤橋村)でも第二次世界大戦前まで使用されてきた。 (佐々木長生)

はこまわし はこまわし ⇩旅芸人《たびげいにん》

はごろもでんせつ 羽衣伝説 天女が地上の男に隠された羽衣を発見し、天上に戻るモチーフのある伝説。世界的に分布するこのモチーフを、日本では羽衣説話と総称し便宜的に、昔話として語られると「天人女房」、伝説として語られると「羽衣伝説」と呼んでいる。世界でももっとも古い文献は中国の『捜神記』一四にある「毛衣女」で、天女の原身は鳥であったと説く。日本の『近江国風土記』逸文も天女の原身を鳥としているが、ここでは羽衣を隠した土地の男伊香刀美と天女の間に生まれた子が伊香連の祖であったと、始祖伝説の形態をとる。沖縄県には飛び衣を隠した奥間大親と天女の間に生まれた子が琉球国の察度王(一三五〇―九五在位)となったという伝説があり、鹿児島県喜界島(大島郡喜界町)では、天女は三人の子どもにそれぞれ、兄はトキ(占者)、姉はノロ(祝女)、妹はユタ(巫女)の職を授けたと伝える。下総国の千葉一族の千葉常長も天女の子だと伝えられている。羽衣のモチーフは伝説化しやすく、天女の子が、王・地方豪族・職業の祖となったとする伝承のほかに、鳥取県東伯郡東郷町には天女が衣を干していた羽衣石、千葉市や静岡県清水市には天女が衣を掛けた羽衣松など、天女ゆかりの木・石・山・井などが各地に存在している。別に、『丹後国風土記』逸文の奈具社や沖縄県島尻郡南風原町宮城の伝承のように、天女が天上に戻らないで、死後、土地神となったとする伝説もある。 ↓アモレ女《おなぐ》 ↓天人《てんにん》女房《にょうぼう》

参考文献 柳田国男「犬飼七夕譚」(『柳田国男全集』一

六所収、一九八〇)、関敬吾「昔話の歴史」(『関敬吾著作集』二所収、一九八二)　(大島　広志)

ハサ　ハサ　刈った稲を干すものに対して、ハサ、ハザ、ハセ、ハゼ、ハデという呼び方があるが、稲を掛ける構造物に対しての呼び名ではなく、杭立・三又・立樹稲架など稲架全般に対しての呼び方である。地方的特色としては、いずれもこのほかの呼び名とともに混在していて特定はできないが、青森・秋田・新潟・富山・石川・福井・岐阜・愛知の各県はハサ地帯であり、岩手・宮城・山形・福島・群馬・和歌山・山口はハセ地帯である。なお福島の南会津、群馬の桐生・富岡両市、新潟は東蒲原郡、鳥取では伯耆全域、島根・岡山・広島ではハデと呼んでいる地域が見られる。また新潟平野の湿田地帯では立樹稲架をキハサ、栃木県東北部の黒羽・馬頭両町、群馬の大間々町・小持村・利根郡全域から上越国境三国峠を越えて湯沢から十日町市にかけて東西に長くハッテという呼び方が聞かれる。ハサなどの呼び名は八四一年(承和八)太政官符に稲栈とあるのを初見とするが、江戸時代の農書には、はさ・はで・懸ぼこ・杭がけ・楯《だて》などがみられる。その後多くの呼び名が収録されたりしたが、ハサ、ハデなど語原の不明なものが多い。

参考文献　渋沢敬三編『日本常民生活絵引』一、一九八四、山田竜雄他編『日本農書全集』四・七―九・二五、一九七八-八〇　(浅野　明)

ハサぎ　ハサ木　ハサは稲刈りをした稲束を乾燥させる棚を設けるための樹木。ハサ場は屋敷に近い田の脇で、稲を集めやすく、風通しが良く、日当たりも良い所を選んで決めていた。新潟県南・西・中蒲原郡を中心に広く見られた。構造はハサ木とハサ木の間にハサ縄を横に十二段張り、上段からハサ木にハサ縄をかがり、順次一番下の段まで縄で縛る。ハサ木の種類はタモギ(トネリコ)かハンノキがほとんどである。ハサ縄は冬に作っておく三ツ縄を用いる。最上段に渡した長木や竹を笠木と呼ぶ。

ハサ木（新潟県西蒲原郡岩室町）

参考文献　酒井和男「生産と生業」(『新潟市史』資料編一一所収、一九九四)　(酒井　和男)

ハザマ　ハザマ　地名。狭間・ハサマとも。狭い谷間の地形。愛知県豊明市の古戦場桶狭間もこの地名。廻間・峡間・羽佐間・迫・迫間・間・挟間《はさま》などとも書く。中部地方以東は迫の字でハザマと読む地名が多いが、以西では同じ字でサコと読む地名が多い。狭い谷間を指すことは同じである。狭い谷を指す地名型にはサコのほかに、セコ、サクなどがある。神奈川県伊勢原市の小字名伯母《おば》様《さま》はこの地形への当て字で、小狭間にあたる地名である。

→サコ

参考文献　柳田国男「地名の研究」(『柳田国男全集』二〇所収、一九九〇)　(鏡味　明克)

はさみ　鋏　二つの刃を交差させて切る刃物。糸切り・裁縫・化粧に用いるもので、和鋏《わばさみ》といい、あるいは使い方から握鋏《にぎりばさみ》といって、中世以来用いられてきた。これは二つの刃がU字形に繫がり、U字形部分のバネの力を利用して切る。毛抜きと同じ形式で、日本に独特のものである。布を切るには、布端に切り込みを入れるのに用いて、あとは裂き切る。髪を切るにはそろえて直線に断つ。一般に刃長は短く、切り込みを入れるのに用いるから、切先の合いの正確さが要求される。その構造から曲線断ちがむずかしいことも特徴の一つである。屋根葺きや植木の剪定に用いる大形の鋏は、二つの刃をX形にピンで接合したもので、金挟みと同じ構造を持ち、長い柄を付けて両手で用いる。古くはもっぱら屋根葺職人が使用したが、やがて植木鋏となって普及した。盆栽などに用いる小形の植木鋏は、同じX形でも片手使いで、両方の柄に指を入れる輪が付く。これは中国鋏の形式である。明治時代に洋服が導入されると、洋服は曲線裁断で作るものであるから、片手使いのX形の鋏が必要となり、新たにラシャ鋏が作られた。ラシャ鋏は、形は西洋風であるが、刃の作りは日本の伝承的な刃物製作方法をとる折衷的なものであった。また、断髪の普及に伴って散髪鋏も必要になった。これらは和鋏に対して一般に洋鋏《ようばさみ》という。鋏と同じ原理であるが、片側だけに刃を持つものは藁切り(秣《まぐさ》切《き》り)・たばこ刻み・金切りなどに用いた。

参考文献　岡本誠之『鋏』(「ものと人間の文化史」三三、一九七九)　(朝岡　康二)

はし　箸　食事のとき食物を食器から口に運ぶのに用いる二本の棒。『古事記』崇神天皇段のなかに、倭《やまと》迹《と》々《と》日《ひ》百《もも》襲《そ》姫《ひめ》が三輪の大物主神《おおものぬし》の妻となったが、大物主神の正体が蛇であることを知り、驚いてその場に尻を落とし、箸で陰部を突いて死んでしまったという話があり、ここからその姫の墓を箸墓と呼ぶようになったという。また『古事記』に須佐之男命《すさのおのみこと》が出雲国の肥の河上の鳥髪の地に降りたとき、箸がその河上から流れてきたという話がある。『和名類聚抄』一四の厨膳具に箸の項があり、「波之」と記している。だが、その箸は今日のような二本箸ではなかったようである。それは一本の細い棒をピンセットのように曲げたものであったらしい。大嘗祭に用いられる箸もそうしたもので、箸の古風をとどめるものと考えられる。奈良県平城京跡からは棒状の箸が出土しているので、奈良時代から二本箸が用いられたのかもしれないが、スプーンが多く出土しているので、箸よりもスプーンの方が先であったかと思われる。二本箸というのは俎箸《まなばし》の方が先行する。俎箸は俎板の上で庖丁を使って魚を調理する際、魚が動かないように左手で差し押える箸である。俎のマナは本来真魚《まな》のことである。今日、日常使う箸の材料は竹・柳・杉・ヒノキなどがあるが、紫檀・黒檀・漆塗り、蒔絵を施したものもある。ハレの日に用いる箸は新しい材料を採取してきて作るが、正月の年神の箸や小正月の粥に用いる箸は、柳やヌルデの木を材料とし、真中を太く、両端を細く両口箸を作って神の膳に添える。箸を使うのは、日本のほかには朝鮮半島・中国・ベトナムなどで、東南アジアでは手で食べるのが主であるが汁気のある麵類を食べるときだけ、箸を使うというところが多い。

参考文献　川端豊彦「食事・食器」(『日本民俗学大系』六所収、一九五八)、宮本馨太郎『めし・みそ・はし・わん』(「民俗民芸双書」、一九七三)

(岩井　宏實)

はし　橋　水流・渓谷などに架けて交通路とする施設。橋は、物と物、端と端を繋ぐ意味であり、嘴・箸・梯子なども同類の言葉である。橋の原初形態は流れに丸木を渡したものだが、徳島県祖谷のかずら橋、富山県五箇山地方の籠橋のように山間部には古風な橋が今でも残る。橋の種類は水流に対して架設・浮設した吊り橋、浮橋、船橋があるが、橋脚を埋設した木造桁橋が最も多い。流量が増すと水没する沈没橋や人が徒歩できるように作られた人工的な瀬も橋といえる。橋が流失しないために人柱をたてた伝説が各地で語られるが、実際には常盤橋・万代橋と命名したり、三夫婦揃った家族が渡り初めをするなどその永久性を願った。水平的に二者を結び付ける橋には当然のことながら水流の上に架けられるなど、実用に供されるものと、その一方では象徴として用いられるものがあり、前者の場合、架橋が人々の利便をはかることから作善の行為とされる。行基橋の言い伝えをはじめ各地に聖橋があり、橋と宗教者の関係を物語る。橋は川・河原とともに景観を成し、領主権の及ばないことから市の場になるなど特異な空間となり、散所民や河原者が集まり、文芸や芸能を醸成する場所ともなった。洛中洛外図の二条橋には物売り・物乞い・芸人などが描かれている。象徴としての橋の背景には境界性と両義性の二性格がある。怒れば人の生命を奪い取り、悦べば世にまれな財産を授ける嫉妬深い女神として描かれる橋姫は、橋のもつ僻邪と守護の性格の二面性を表わしている。新潟県南蒲原郡下田村の大谷・大江の橋の上での盆踊りなどは橋上が神人合一の場となっていることを示す。二つの世界を結ぶ通路、橋には人も神も諸々のものがより集うところと意識され、幽霊の出現をはじめ、さまざまな不思議が語られる場ともなった。空間と時間の境界が結びついた朝占・夕占など、橋占が橋で行われたのもその性格をよく示している。霊や生命が行き来する通い道としての橋、境界神としての橋神の性格が出産・育児における橋に関わる民俗を醸成してきたといえる。「おまえは橋の下から拾われてきたのだ」という言い回しには子供は川から流れてくるということと、実の親の子供ではないという出産と育児に関わる心理が端的に表われている。桃太郎・瓜子姫から河童まで水神少童の誕生と川・橋の関係はユーラシア諸民族に及び、また、自我形成期における親ばなれ・子ばなれの強烈な印象がこの伝承を育んできた。生後はじめて赤ん坊が橋を渡る橋参り・橋渡しという儀礼がある。白米などを橋の上から川に撒いたり、橋は三つ渡るものだとか、帰るとき同じ橋を渡らぬようにするとか、さまざまな伝承がある。福島県いわき市の事例ではオビヤアキに産婦が実家に帰るとき、片道見せるといい、必ず泊まらずに帰る。どうしても泊まる場合は、橋を一つ渡っておかなければならないという。橋を渡ることによって社会的な誕生とみなす心意がうかがわれる。同じ橋を二度渡らないとか、初外出に橋を渡らせる土地と、その逆に橋を避ける土地があるのは、この世に送られた生命を再びあの世に帰さないためであろう。山形県南陽市小滝では四十二歳の男親の厄年に生まれた子供は橋の下をタライに乗せてくぐらせ拾い親に拾ってもらう。沖縄では神に捧げる七つに刻んだ紙垂の類を、天地《ティンジ》、または七つ橋といい、地上から天上界に通じる七段の梯子にたとえ、天―地、神―人を結ぶものとされているが、久高島(島尻郡知念村)の成女式的儀礼であるイザイホーの七つ橋は移行期の象徴的役割を果たしている。花祭の白山儀礼における無名の橋、布橋はこの世とあの世を繋ぎ、擬死再生を象徴的に示す儀礼の重要な役割を担っていた。このように橋は産育や葬送・季節交替の儀礼において人や時間が更新、再生する際、象徴的な役割を示している。

参考文献　柳田国男「橋姫」(『柳田国男全集』六所収、一九六九)、五来重「布橋大灌頂と白山行事」(高瀬重雄編『白山・立山と北陸修験道』所収、一九七七)、北見俊夫『川の文化』、一九八一、『季刊自然と文化』五(特集橋、一九八四)、佐野賢治「橋の象徴性」(『民俗学の課題と進展』所収、一九九二)、松村博『京の橋ものがたり』(「京都文庫」四、一九八四)

(佐野　賢治)

はじ　恥　主として、自他の関係性のなかで生ずる感情。往々にして、他者の目、世間の目を意識した時に強く生ずる。みずからの言動、身体的特徴、行為の結果などが他者・世間の嘲笑や侮蔑の対象になっているのではないかと案じる気持。他方で、自省的、内省的な側面もある意識。ベネディクトが、日本文化の型を考察する際に、西欧などが罪を基調とする文化であるのに対して、日本は恥を基調とする文化であると規定して以降、日本文化や日本人を考えるときには、見落とせない鍵概念の一つと見做されるようになった。彼女は「真の罪の文化が内面的な罪の自覚にもとづいて善行を行うのに対して、真の恥の文化は外面的強制力にもとづいて善行を行う。恥は他人の批評に対する反応である。(中略)恥を感じるためには、実際にその場に他人がいあわせるか、(中略)いあわせると思いこむことが必要である」と考えた。だから逆にいうと、日本人にとっては、悪業も道徳に反する行いも、世間に露見しない限りにおいては恥とはならないことになる。恥を基調とする社会では、人びとはみずからの行動に対する世評を気にするから、他人の判断を基準にしてみずからの行動方針を決定するというのである。こうした彼女の見解は、恥の意識における内省的な側面をほとんど無視している点などにおいて、みずからの属する罪の文化を優位においてみる見方の限界を示している。恥を考える場合には、公恥ばかりではなく、私恥ないし自恥という局面にも十二分に思いを至して考察しなければ、その十全な理解には到達しえないのである。公恥が、みずからの言動などが他者・世間の目にさらされることを媒介として起る感情とするなら、自恥は「永遠的なもの(=真・善・美)からの距離意識に由来する恐怖」という恥を生む、より根元的感情なのである。

参考文献 R・ベネディクト『菊と刀—日本文化の型—』(長谷川松治訳、「現代教養文庫」、一九六七)、作田啓一『恥の文化再考』、一九六七、森三樹三郎『「名」と「恥」の文化』、一九七一、向坂寛『恥の構造』、一九八二

(天沼　香)

はしうら　橋占　占いの一つ。橋のたもとに立って通行人の会話を聞き、それを判じて吉凶を占った。藤原頼長が養女多《まさる》子《こ》の入内に際して一条堀川の橋(一条戻橋)で行なった橋占が『台記』に記される(一一五〇年(久安六)九月二十六日条など)。『法然上人絵伝』四七では西山証空上人が十四歳の時元服を拒んだので、父母が一条堀川の橋占を問い、僧が四句偈を唱えて渡るのを聞いて出家を許した。『源平盛衰記』一〇でも建礼門院の出産に際して二位殿(平時子)が一条堀川戻橋で橋占を問うたところ、童部十二人が予言の歌を歌ったとし、この童部は安倍晴明が橋の下に置いた十二神将だという橋占起源説話をのせる。史料上は平安京北端に位置する一条戻橋が橋占の場所として多く現われるが、橋占と似た占いである辻占(夕占《ゆうけ》・道占《みちうら》とも)は平安京南端の鳥羽造道《つくりみち》の四塚《よつづか》で行われたことが『沙石集』にみえる。『大鏡』は藤原兼家室時姫が若いころ、二条大路で夕占を聞いたときに現われて未来を保証した白髪の女性は「人にはあらで、さるべきもの」だったろうと記す。橋占や辻占で聞かれる見知らぬ通行人の言葉は神意の現れとされていたようで、橋のもつ境界性が神仏の化現の場として期待されていた。一条戻橋の語源は説話では浄蔵貴所が父を蘇生させた所だからという(『撰集抄』)が、柳田国男は、戻橋は徘徊する意味の古語「もとおる」に由来し、各地の思案橋・細語《ささやき》橋は橋占の行われたところであろうと推定している。→辻占《つじうら》　→橋姫伝説《はしひめでんせつ》

参考文献 柳田国男「木思石語」(『柳田国男全集』七所収、一九九〇)、同「西行橋」(同)、同「細語の橋」(同)

(勝田　至)

はしうらやすお　橋浦泰雄　一八八八—一九八〇　社会主義者、画家、家研究を中心に活躍した民俗学者。一九一〇年代から社会主義者、画家として活動していたが、一九二五年(大正十四)五月、スケッチ旅行の際に、当時、原始共産制の遺制が存在しているといわれた青森県下北郡東通村尻屋を訪れ、それをきっかけに、堺利彦の薦めによって、同年九月柳田国男の門をたたき民俗学者としての活動を開始している。若き日、ロシアのアナーキスト、クロポトキンの『相互援助論』の影響を受け、一九三〇年代は消費組合運動、第二次世界大戦後は生協運動にもかかわったことからもうかがわれるように、橋浦の民俗学研究の中心は、日本の協同体の研究、なかんずく家の研究であった。『日本民俗学より見たる家族制度の研究』上・下(一九四二)、『日本の家族』(一九五五)は、その代表的著作といってよいだろう。一九三三年(昭和八)から開催された木曜会、山村調査(一九三四—三七年)、海村調査(一九三七—三九年)、一九三五年結成の民間伝承の会(のちの日本民俗学会)に参加、この間、『民間伝承』の編集にかかわり、柳田を中心とする民俗学のグループの中で、大きな指導力を発揮した。調査報告として、『五島民俗誌』(共著、一九三四)、『民俗採訪』(一九四三)、戦後は年中行事などの概説書・啓蒙書として、『まつりと行事』(一九四九)、『月ごとの祭』(一九五五)、『民俗学問答』(一九五六)を刊行。晩年は、その半生を記した自伝『五塵録』(一九八二)を執筆している。

参考文献 鶴見太郎『柳田国男とその弟子たち—民俗学を学ぶマルクス主義者—』、一九九八

(岩田　重則)

はしか　麻疹　全身の急性発疹性伝染病で、主に幼児期に罹り終生免疫を得る。古代において麻疹と疱瘡の区別は不明確である。医学が発達普及する以前は、恐ろしい疫病の代表であった。幼児のほとんどが罹るため、「麻疹は大厄」「麻疹が済んで一人前」などとほぼ全国的にいわれ、通過儀礼のごとく考えられた。「麻疹は命定め、疱瘡は見目定め」といわれていたように、麻疹の死亡率は高く、特に内攻する(発疹が外に吹き出ないことをいった)と命取りになると恐れられた。対処は、麻疹を疫病神として追い出すための呪術的療法や祈願が主で「俵蓋に赤飯を盛り赤紙の御幣を立て村はずれに、あるいは川の向岸へ送り棄てて帰る。そのとき振り返ると疫神が再びついてくる」「子供留守とかいて門口に貼っておく」など、疱瘡と類似の対処方法がほぼ全国的に見られる。治療・看護は、内攻を防ぐことを重視し暖かく寝かせておく(全国的)、犀角や伊勢エビの殻を煎じて飲ます(主に西南日本)など。また、煎薬や食養生には「生卵を飲ませると早く吹き出る。山ゴボウの煎汁・ゴボウの実を食べる」(長

野県諏訪地方)、「丸いキンカン、氷砂糖、正月の鏡餅に飾ったエビを混ぜたものを煎じて飲む。かくすれば内攻することなく出してしまう」(摂津国大石地方)、「ハシカは赤い牛の糞を煎じて点てるとよい。またはネコヤナギを煎じて飲ませる。モチゴメの粥を炊いて食わせる」(山口県周防大島)など多様な方法がある。

参考文献 有賀恭一「民間療法集覧」(『旅と伝記』六ノ一一、一九三三)、『日本の民間療法』、一九七六・七七、今井充夫『日本の民間医療』(「日本民俗学研究叢書」、一九八三)

(大柴 弘子)

はしかけ はしかけ 縁談の下交渉をして両者の間柄をまとめる者。村外婚が一般的になり、花嫁を村落の外から求めることが多くなるにつれ、仲人の二段制とも呼ばれる形式が発達した。実際にあちこち走り回り縁談をまとめた者以外に、婚礼の席では別に仲人を依頼することがある。婚礼の席での仲人が正式の仲人として認められ、盃仲人・座敷仲人あるいはタノマレ仲人などと呼ばれる。これに対して縁談の成立に奔走した者を橋カケ、橋ワタシ、シタシャベリ、太鼓タタキ、口仲人、シロヅクロイ、草結ビなどという。和歌山県の有田郡では仲人の交渉を橋掛けといい、長野県飯田市ではオハシカケは最初に話をする人という。山口県周防大島では下仲人は女たちがするが、話が決まってから男が出て行き話をつけるという。伊豆大島でははしかけ役をクチアイといって、隠密裡に活動し話が決まると別に仲人が依頼される。このようにはしかけは、縁談成立のために奔走するが、決まると仲人にその役割を引き渡す。近代化・都市化の流れは仲人の形式化を一段と進めた。はしかけの口聞きで縁談が決まると、親類などから改めて仲人が選択され話が具体的に進められるが、婚礼の時にはさらに式に参加するだけのタノマレ仲人を、地域の名士や議員、大学の教授などに依頼し、出席して貰う形が多くなっている。 ↓仲人《なこうど》

参考文献 柳田国男「常民婚姻史料」(『柳田国男全集』一二所収、一九九〇)

(畑 聰一郎)

はしご 梯子 高い所へ上るために用いる用具。二本の長い軸となる材料の間に等間隔に横木を幾本もつけた形をしている。この梯子の先を高い目的の場所に立てかけ、横木に手と足をかけて上る。古くは弥生時代の銅鐸に高床式住居に地面から立てかけられた梯子の図が確認される。この形式の住まいや倉庫への上り降りに丸太を切り欠いて作った階段と同様に、梯子が用いられていたことを示している。『和漢三才図会』には「梯、和名加介波之、今云波之古」とあり、古くはかけはしと呼ばれていたが、近世にははしごと呼ばれていたことがわかる。種類は丸木梯子・竹梯子・縄梯子・長梯子・折れ梯子などがあり、基本形は同じで部材の違いや可変機構がついたものを呼び分けた。単純な構造と形をした用具だが、用途に合わせてのさまざまな工夫がみられる。たとえば緊急時に使う梯子は急いで踏みはずすことのないように横木の間隔が決められていた。造林用の長梯子(一本軸足のむかで梯子を使う地域もある)は木の成長にあわせていくつかの長さのものが用意されており、梯子を選ぶとき木の成長を確認した。背負梯子は運搬用具であり、二本の軸木の間に横木を渡す形が梯子に似ているためその名がついた。

参考文献 小泉和子『家具』(「日本史小百科」一七、一九八〇)

(坪郷 英彦)

はしごのり 梯子乗り 町火消《まちびけし》(一七一八年(享保三)組織)の鳶の者が火事の方角を見定めるために身につけた技。梯子は高さ六・四メートル(三間半)の青竹を鳶口十二本(一・八メートルの鳶口八本、二・四メートルの鳶口四本)で支える。演技は頂上技(遠見《とおみ》・八艘・邯鄲《かんたん》・鯱《しゃち》・唐傘)、返し技(肝潰《きもつぶ》し・脊亀《せがめ》・腹亀・二本腹亀・逆大《さかさだい》の字・藤下り・屋形返し・大返り・外返り・鯱落し)、途中技(鼠返し・膝掛け・吹流し・谷覗き)、わっぱ(象鼻・子亀づるし)の四種に大別できる。

参考文献 社会思想社編『東京生活歳時記』、一九七一、中村規『江戸東京の民俗芸能』四、一九九二

(中村 規)

はしぞろえ 箸揃え ⇩食初《くいぞ》め

はしたてでんせつ 箸立伝説 高僧貴人が食事の際に用いた箸を大地に挿して、それが成長して大木となったとする伝説。箸杉・箸立て杉・大師杉ともいう。多くは神聖な木として注連を張り霊木視されている。弘法大師が多く、西行や親鸞、源頼朝・太田道灌などの例もある。原始古代の日本では神は里に常在せずに、他界から訪れるもので、その際に依代としての生木を挿して仮の霊域とした。その木が根づいてそのままの神域をなすことも多く、これらの神域起源の伝説が、箸立の伝承を成りたたせてきたものと考えられる。 ↓杖立伝説《つえたてでんせつ》

(渡辺 昭五)

はしひめでんせつ 橋姫伝説 橋姫にまつわる伝説。橋姫とは橋のたもとにまつった女神のこと。古来各地に伝承されるが、京の五条、山城の宇治、摂津の長柄、近江の瀬田などの例が名高い。文献では『古今和歌集』一四「さむしろに衣かたしき今宵もや我を待つらむ宇治の橋姫」、同一七「千早ぶる宇治の橋守(『奥儀抄』には橋姫汝をしぞあはれとは思ふ年の経ぬれば」の歌、また『今昔物語集』の瀬田唐橋《せたのからはし》の鬼女の話などにみえ、口碑にも多くの事例がある。この神は一般に嫉妬の神と考えられた。悋気に狂った女が宇治川の水に漬かり貴船明神に祈って生きながら鬼になる『古今為家抄《こきんためいえしょう》』(一二六三)や屋代本『平家物語』剣巻の話などはその典型的な例であるが、山本吉左右によれば神の威力としてのネタミが妬心の意味に限定され、嫉妬深い鬼女伝説になったのだという。川は往古境界として観念され、橋は異界とこの世との接点であった。外界から来襲する病や悪霊を防御するためにここに祭の場が設けられた。柳田国男によれば、ここにまつられた神は本来道祖神と同じく男女の対偶神で、それに近寄ったり二神の間を通り抜けたりすることは最も

忌むべきこととされ、これを侵したものは神の怒りを招くと信じられたという。たとえば『古今為家抄』によれば、宇治の橋姫も双体神の一つ、また近江瀬田橋畔の雲住寺の『雲住寺縁起』によれば、唐橋の橋姫も男女二体の一つであった。この信仰が母子神信仰に結びつき、産女姿の橋姫に赤子を抱かされたという伝えも存する。また長柄の橋の伝説では、架橋の時人柱となった女を橋姫としてまつったという。橋姫の信仰においては他にもさまざまの禁忌が課せられていた。たとえば、『出来斎京土産《できさいきょうみやげ》』(一六七七)によれば、山城国の宇治橋では嫁入りの時宮前を通ってはならず、宇治・久世二郡の民は縁結びの時には舟で橋下を通った。また甲府市の国玉《くだま》大橋では橋上で女性の嫉妬に関わる謡曲『葵の上』を謡うと道が暗くなり、『三輪』を謡うと道が明るくなるといわれた。山梨県大月市の猿橋にも同様の伝えがあり、二橋のどちらかで他の噂をすると怪異があったという。このような伝承は、水辺で水神をまつる巫女らによって管理・伝播されたものであろう。

参考文献　柳田国男「橋姫」(『柳田国男全集』五所収、一九六九)、宮田登『妖怪の民俗学―日本の見えない空間―』(「同時代ライブラリー」、一九九〇)　(山本　節)

はしまいり　橋参り　⇨歩《ある》き初《ぞ》め

ばしゃ　馬車　馬に引かせる二輪もしくは四輪の車。日本では、牛車は、地域こそ限定されるものの、平安時代以来乗用・運送用の双方に使用されてきたが、馬車は幕末の開港(一八五九年(安政六))直後ごろに欧米人が持ち込むまで用いられることがなかった。本格的に使われたのは明治維新後に限られ、庶民がこれと日常的に接した時間は、半世紀からせいぜい一世紀弱と短い。馬車は、これを操る者の形態により二種に分けられる。第一は馬車の前部に乗る場合で御者と呼ばれ、第二は馬の手綱を持って歩く場合で馬方と呼ばれたが、後者は駄賃稼ぎの馬方を踏襲した呼称といえる。両者は車そのものの名称も分けられ、第一はそのまま馬車といったが、第二は馬力と呼ばれていた。第一はかなりの速度で走ることが可能で乗用にあてられることが多く、乗合から高級車まで幅広く運用されている。第二はほとんど庶民に用いられ、もっぱら運送用であった。第一の乗用は、乗合の場合、一八九〇年(明治二十三)ころまでは、たとえば東京―高崎間、東京―宇都宮間など長距離を走るものもあったが、鉄道網の整備に伴い駆逐され、以後は駅と周辺地を結ぶ近距離輸送を主な業務とするようになった。馬車には、道路を行くもののほかにレール上の客車を二頭立てで引く鉄道馬車もあった。一八八二年に新橋―日本橋間が開通したのを皮切りに、全国へ広まっていく。もっぱら乗用で、路面電車の前身であった。　→荷車《にぐるま》　→馬力《ばりき》　→馬子《まご》

参考文献　遠藤元男『路と車』(「日本人の生活文化史」五、一九八〇)、山本弘文『維新期の街道と輸送(増補版)』、一九八三、篠原宏『明治の郵便・鉄道馬車』(「東西交流叢書」三、一九八七)　(胡桃沢勘司)

はしゅほう　播種法　農作物の種子を田畑に蒔く方法。播種は種子播きとかタネオロシというほか、畑作では麦蒔き、アワ蒔きなどと作物名を冠したり、稲作の植え田では苗代への播種をスジマキ、摘み田などの直播きではタツミ、ショヅミ、ミウエという。水稲や麦、アワの播種には神迎えや予祝の儀礼が伴っているのが特色。播種法も各地に定型的な方法がある。その方法には、ばら蒔きの撒播、作条・畝立てをして筋状に蒔く条播、株状に蒔く点播、耕地に点々とあけた穴に蒔く穴播がある。さらにこの時の施肥法には、肥料を施さないで播種をする無肥法、耕地に施肥をして蒔く耕地肥法、種子と肥料とを混ぜて蒔く播種肥法の三通りがあって、両者の組み合わせで十二方式に類型化でき、播種はいずれかの方式で行われる。焼畑では、北上山地のアラクは播種肥点播法・播種肥条播法をとるが、一般的には無肥撒播法で行われる。常畑では耕地肥点播法・同条播法・播種肥点播法・同条播法が多いが、北上山地や関東・九州地方では播種肥方式が顕著で、これ以外では耕地肥方式が多いという地域差があった。歴史的には、常畑では大正時代から昭和初期にかけて播種肥方式が衰退化し、耕地肥条播方式に平準化されていくという推移が認められる。なお、このような播種法からは、雑穀文化と根栽文化という農耕文化の系譜に係わる問題を考えることもできる。　→種《た》子《ね》播《ま》き

参考文献　佐々木高明『東・南アジア農耕論―焼畑と稲作―』、一九六九、小川直之『摘田稲作の民俗学的研究』、一九九五　(小川　直之)

バショウ　バショウ　バショウ科の多年生草本で、沖縄には、繊維をとるためのイトバショウ(糸芭蕉)、実をとるためのミバショウ(バナナ)、観賞用のハナバショウ(花芭蕉)がある。イトバショウの繊維でつくった芭蕉衣は、その製法に技術的な差はあるが、上流から庶民まで着用された。琉球藍や車輪梅を染料として、縞・格子に絣模様などで織られた。また、この繊維をとったのこりの部分では芭蕉紙を作った。唐紙や和紙よりも格安の紙として用いられた。　→芭蕉布《ばしょうふ》　(上江洲　均)

ばしょうけおいせい　場所請負制　近世の北海道における蝦夷地経営の一方式。場所請負制の性格は、一八〇七年(文化四)の松前氏の移封以前と一八二一年(文政四)の松前氏の復領以降とでは大きく異なるので、移封以前の松前藩時代と復領後の松前藩時代の二期に分けて捉える必要がある。前松前藩時代の場所請負制は、松前藩の商《あきない》場知行制《ばちぎょうせい》を前提として、その商場の経営形態が変化したことにより成立したものである。商場知行制とは、松前藩の上級家臣に対する知行のありかたを指したもので、同藩の経済的基盤は他藩のような農業にではなく、アイヌ民族との交易の独占にあったために、同藩は蝦夷島を和人の定住地としての「和人地」(松前地ともいう)とアイ

ヌ民族の居住地としての「蝦夷地」の二つの地域に区分したうえで、蝦夷地を藩主と上級家臣の独占的な交易の場とした。この蝦夷地内に設定されたアイヌ民族との交易の場を商場といい、こうした知行制を商場知行制という。近世初期の商場経営はアイヌ民族との交易を主体としていたが、十七世紀末ごろから次第に商場内での漁業経営へと変化し、十八世紀後半には大部分の商場が商人の請負による漁業経営の場へと変質したため、こうした経済体制を場所請負制と呼んでいる。復領後の松前藩は商場知行制を廃止し、蝦夷地全域を藩主の直轄地として蝦夷地における漁業経営を商人に請け負わせて彼らから運上金を徴収し、家臣に対する封禄も金で支給した。したがって、この期の場所請負制は商場知行制を前提にしていない点で前松前藩時代のそれとは性格が根本的に異なる。一八五五年(安政二)の蝦夷地幕領以降もこうした性格の場所請負制は存続したが、一八六九年(明治二)廃止され、場所請負人は場所持と改称された。

参考文献 田端宏「場所請負制成立過程についての一考察」(『史流』二一、一九八〇)、『松前町史』通説編一、一九八四・八六、榎森進『(増補改訂)北海道近世史の研究—幕藩体制と蝦夷地—』、一九九七
(榎森 進)

ばじょうこんいんたん 馬娘婚姻譚 蚕の由来を説く話の一つ。『日本昔話名彙』や『日本昔話大成』では、「蚕神と馬」という名になっている。ある家で飼っていた馬をその家の娘がかわいがり、馬と娘が恋をしてしまう。父が怒って馬を殺し、皮をはぐ。娘が悲しんでいると、馬の皮が娘を包んで天に昇っていく。夢で娘から蚕を下ろすと告げられ、あるいは馬や娘の死んだ後に蚕ができてきたので大切に育て、それ以来蚕を飼うようになったという話である。もう一つは、夫(父)がいなくなったので、捜してくれたら娘を嫁にやるという。馬が聞いて捜してくる。帰ってきた夫が話を聞いて怒り、馬を殺す。後半は前者の話とほぼ同じである。前者は東北地方で多く語られ、オシラサマに結びついている話も多い。オシラサマのまつりでは、馬と娘の頭の形のものを振って神を下ろすことが行われ、イタコが蚕神の祭文を歌う。祭文はやや長く、話によって少しずつ細部も違っている。しかし、馬の名前がセンダンクリゲであるなど、昔話と共通する部分も多く、関わりがあったことをうかがわせる。四世紀ころの中国の小説『捜神記』の話も後者の話と共通しており、中国からの伝播も考えられる。馬は、神とも神の乗り物ともされてきており、受け入れられた背景には、神を下ろす際の、神と結ばれ神と一体化する心意が関わっていると思われ、蚕由来の話にはほかに継子の話もある。

参考文献 柳田国男「大白神考」(『柳田国男全集』一五所収、一九九〇)、今野円輔『馬娘婚姻譚』(『民俗民芸双書』、一九六六)、大島建彦「昔話と民俗」(『季刊民話』六、一九七六)
(長野ふさ子)

ばしょうふ 芭蕉布 イトバショウの繊維で織られる沖縄特有の織物。夏の衣料として好まれたが、近代になって木綿が一般に普及するまでは、冬でも重ねて着たという。北は鹿児島県奄美から南は沖縄県八重山・与那国島まで、身分の上下や貧富の差を問わず、あるいは都市と地方の別なくして織られ、着用されたのは芭蕉衣であった。イトバショウの植栽から始まり、糸作り・デザイン・染色・織り・仕上げまで、一貫した工程を女性一人(もしくは一部共同)で行なった。第二次世界大戦前まで主婦や一家の女性の家内生産が主体であった。正月や村の祭、長寿の祝いなどで、家族が着用する芭蕉布を織るのは女性の重要な仕事であった。国頭郡大宜味村喜如嘉では、昭和初期ごろまで、芭蕉布織りの技術は嫁入り前に習得すべきものとされていた。一般の芭蕉衣は、縞や絣模様を植物染料(琉球藍や車輪梅)で染め、地は無地であったが、王族・士族の芭蕉衣は糸の段階で精練し、地・柄ともに染色して織った布でつくられ、官服の衣料ともなった。歴史的に見ると、『明王大王実録』(『李朝実録』)の一五四六年の記事に、イトバショウから繊維を採って織物にする旨の記載がみられる。また、島津侵入直後の一六一一年(万暦三十九)に布達された薩摩に対する貢納目録にも芭蕉布が含まれている。しかし、明治以降も家族用の家内生産が主であったことは、一九二三年(大正十二)の統計で総生産量八万一千反のうち九五%が自家用となっていることからもわかる。組織的な生産・販売体制ができたのは、県内有数の生産地であった喜如嘉でも昭和に入ってからである。現在では、喜如嘉の芭蕉布が国指定無形文化財となっていて、衣料のほかに装飾布・小物類として使われている。衣料事情の変化から生産量は少ないが、一部には類似品も出回り、隠れた人気を維持している。 →バショウ

参考文献 となき明『喜如嘉の芭蕉布』(『講談社人間国宝シリーズ』四一、一九七七)
(渡名喜 明)

はしら 柱 建物の屋根・壁・床からくる荷重を基礎に伝える垂直材。風圧・地震などの横力に耐える軸組(柱や壁を含む垂直面の骨組)中、最も重要な部材。貫を通したり、筋違いを取付けたりして軸部を固める役割を果たす。古くは地中を穿って直に立てた柱をいったが後世には柱礎石や土台の上に立てた。目的や構造によりいろいろの呼び名がある。各階ごとに立つ管《くだ》柱、上・下階を一本物で通して一本に組み固めた通し柱または建登せ柱、単独に立つ独立柱、壁と一体となった壁付柱、建物の隅に立つ隅柱、柱と柱の間にあって壁の下地をうける間《ま》柱、大きな荷重をうける柱に添えた添柱、主柱を支える控柱などがある。材質はヒノキを第一とし、杉、松、ツガなどがこれにつぎ、中でも最も多く用いられるのが杉である。露出した真壁構造の柱は普通ヒノキ、杉が用いられ、柱を覆った大壁構造の柱は主に松、ツガが、また宮殿や社寺などの上質な特殊建物にはヒノキ、ケヤキが用いられている。江戸時代においては座敷回りに杉、ツガが、ま

た農家の建物には雑木の栗が多かった。仕上げにより角柱・丸柱があり、他に皮付きのもの、皮を剝いで磨いた磨丸太、しぼり丸太(床柱)がある。民家においては土間境に立つ太い柱を大黒柱と呼んだが、もともとは大黒様をまつった柱の呼称で、家中の要になる柱をそう呼んだ。また棟木まで通る柱を、近畿地方においてはうだつ柱という。

参考文献 『古事類苑』居処部、一九六九、川島宙次『美しい日本の民家』二、一九九二 (山崎　弘)

はしらまつ　柱松　七夕や盆の時に大きな柱を柴草で立て、先端に御幣や榊をつけ、下から松明を投げて先端に点火する行事。火の燃え付く度合いで勝敗を争い、年占とする所もある。火あげ、火投げ、投げ松明、揚げ松明、ホアゲ、ハシライマツ、ホテム、柱祭、柱巻などと呼ばれ、若者が担い手のことが多い。盂蘭盆に精霊を招く高燈籠や迎え火・送り火と同じ機能を持ち、火の呪力で悪魔退散を祈願する。畿内・信濃・周防などで行われる。修験道の影響が加わると、修行で得た霊力を競う験競《げんくら》べとなる。長野県の戸隠では夏峰結願で、七月七日(現在は八月十五日)に柱祭として三本の柱を三神に擬し、上端の柴に火を投げ上げて豊凶を占った。煩悩業苦を焼尽して修行の威験を顕わすとされ、柴燈護摩《さいとうごま》とも類似してくる。新潟県中頸城郡妙高村関山神社で七月十七日(旧六月十七日)に、山伏の子孫の若者が上と下の柱松に点火の競争をする。正月の祈年祭の柱祭もあり、山形県羽黒山の大晦日の松例祭はツツガムシに見立てた二本の大松明を広庭に引き出して焼く。これは冬峰の結願で、松聖の先途《せんど》と位上《いじょう》が験競べをして豊作か豊漁を競った。北九州では松会《まつえ》といい、福岡県の英彦山《ひこさん》では二月十三―十五日であった。等覚寺《とがくじ》(福岡県京都郡白山多賀神社)では四月十九日(旧二月)に獅子舞・馬とばし(流鏑馬)・田遊びの後、大幣を持った施主が柱に登り、祭文を読んで四方を祓い幣を切る。松は供養の意味があり山口県岩国市行波《ゆかば》の神舞《かんまい》の松登りや荒神神楽の松の能では死霊鎮めがなされた。↓揚《あ》げ松明《たいまつ》　↓松例祭《しょうれいさい》　↓松明祭《たいまつまつり》　↓火祭《ひまつり》　↓松会《まつえ》

参考文献 柳田国男「柱松考」(『柳田国男全集』一四所収、一九九〇)、和歌森太郎「柱松と修験道」(『和歌森太郎著作集』二所収、一九八〇) (鈴木　正崇)

ハシリガネ　ハシリガネ　志摩地方の船客相手の遊女。帆船時代には船遊女が志摩の鳥羽・安乗《あのり》・的矢《まとや》・渡鹿野《わたかの》・三箇所《さんがしょ》・浜島・小浜《おはま》とその周辺の港にもいた。ハシリガネの語義は不詳。走り蟹・走り金・走り鉄漿《かね》・針師兼の転訛などの説がある。女郎衆《じょろし》・洗濯女《せんだくおんな》・菜売《なうり》などともいった。地元や近在のほか、紀州方面から身売りされた娘が多かった。女たちは沖に入船があると、衣類寝具などを携え小舟で出かけた。長い船旅の後なので、船員の衣服の繕いや洗濯もした。志摩のハシリガネは一九三七年(昭和十二)ころまでに姿を消した。

参考文献 岩田準一「志摩のはしりかね」(『日本民俗誌集成』一四所収、一九九八) (伊藤　良吉)

ばすえ　場末　賑やかで華やかな町の中心部から離れた町外れ、あるいは都心から離れた所。江戸時代初期以降、計画的な都市建設のプランに基づいて城下町が建設されたが、その周辺部に無秩序・不規則的に都市部・町部が拡大して場末町が形成されていった。この場所は農村部と都市部を結ぶ接点にあたり、農村からは主に農産物、都市部からは商品が交流する場として町が成立した。この町の住人の中心は農村部から移り住んだ人や都市部から農村部へ行商する振売りであった。多くの人たちが住むようになった要因は、都市部より遥かに安い店賃《たなちん》の町家がつくられたこと、行政的には町・都市続きの土地であるにもかかわらず、農村扱いを受け、年貢などの負担が低かったことなどがあげられる。また、この場末に集まった安い労働力を使った笠縫や布生産などの特産物の手工業が発達し、さらにこの賃金収入を当てにした下層民が集まり独特の雰囲気の町が形成された。一方、場末町の商工業の発達は中心部の商工業に大きな打撃を与え、その営業活動をめぐる紛争も越後長岡・越後三条・信州善光寺・紀州橋本・紀州田辺など数多くの記録がみられる。現在の都市における場末では、高度に発達した都市中心部に比べ取り残された感のある、うら寂しい雰囲気とたたずまいのイメージを与えている。 (野堀　正雄)

ハゼ　ハゼ　ウルシ科の落葉高木。はじともいい、櫨・黄櫨などと書く。五、六月ごろに黄緑色の小さな花をつけ、秋に紅葉する。樹勢が旺盛な時期に触れると皮膚がかぶれるが、実は搾って木蠟に、樹皮は染料にされる有用樹のため山野や川岸などに植栽され、秋にはハゼの実を採る風景が見られた。木蠟とはハゼノキの実を砕いた粉を蒸して搾った油で、搾り取ったままの蠟を生蠟《きろう》、晒して精製した蠟を晒し蠟・白蠟という。製蠟原料としてウルシの実を用いた東日本に対し西日本で広く栽培された。十七世紀中ごろに琉球から桜島に伝えられ(佐藤信淵『草木六部耕種法』)、その後、薩摩藩から種子を求めた肥前島原・長州・肥後・紀州などの西日本諸藩に製蠟業が栄えるとともに、最も良質とされる松山をはじめ品種数も増えた。有名な愛媛県喜多郡内子町の木蠟生産は大洲藩の奨励により一七四二年(寛保二)にハゼノキが植えられて始まった。製蠟工程は搾る作業と晒す作業に大きく二分され、山間部の段々畑に植えられたハゼノキの実は山間部中腹の蠟搾り小屋に運ばれ生蠟に搾り取られた後、平野部の晒し作業場へ牛背で運ばれ精製された。十九世紀中ごろまでに伊予式箱晒法が確立して良質の白蠟を産出できるようになり明治時代にかけて隆盛をきわめ、海外に輸出もされ内子の繁栄を支えたが、西洋蠟燭の普及により衰退した。重要伝統的建造物群に選定された八日市の町並みや内子座(劇場)、内子及び周辺地域の製蠟用具千四百四十四点(重要有形民俗文化財)、ハゼ採り唄などに、かつての繁栄ぶりが偲ばれる。

参考文献 大蔵永常『広益国産考』(「日本農書全集」一

四、一九七八)、内子町町並保存対策課編『(図録)内子及び周辺地域の製蠟用具』、一九九一　(湯川　洋司)

はせいむかしばなし　派生昔話　柳田国男が日本の昔話の分類のために用いた用語。発生の順序を基準にした分類によって完形昔話と対をなすものとして設定されている。つまり、非凡な主人公(神話的人物)の誕生から幸福な結末までの一代記を述べる完形昔話から、あるときの一つの出来事、またはある人物の若干の行動のみを、興味本位の関心によって取り出して、分離独立させたものが派生昔話とされる。因縁話・化物話・笑話・鳥獣草木譚(動物昔話)などが、派生昔話として位置づけられている。　↓動物昔話《どうぶつむかしばなし》　↓日本昔話名彙《にほんむかしばなしめいい》　↓笑話《わらいばなし》

参考文献　柳田国男「口承文芸史考」(『柳田国男全集』八所収、一九九〇)　(川森　博司)

パセオンカミ　パセオンカミ　アイヌ語でパセ(重厚な)オンカミ(拝礼)は広く重要な神祭を指す。北海道の噴火湾沿岸から日高中部にかけては、各村落および各家の祖先とかかわりをもった神(祖先神・氏神)や世代を重ねるうちに多大な功績のあった神々(一〜三神)を特別にまつる儀礼を指す。春秋の大祭儀礼にあっては、神々をまつる儀礼の最終にあたり、その神への木幣は、立て並べた右端の位置にある。最も雄弁な人物が代表して謝辞を述べることになる。

参考文献　久保寺逸彦「アイヌの祖霊祭り」(アイヌ文化保存対策協議会編『アイヌ民族誌』下所収、一九七〇)　(藤村　久和)

はた　畑　水を引き入れない耕地の総称。日本ではタ(田)は水稲栽培地のみの呼称である。それに対してハタ、ハタケといい畑または畠の字をあてている。いずれも国字である。畑・畠は古くから同義に用いられており、現在では畠は常用漢字から外れているのでもっぱら畑が用いられている。しかし、北九州や山口県などでは畑はハタ、畠はハタケと区別していたところが多く、他の地方でも畠は定畑を、山地の傾斜畑や切替畑などに畑を用いていたところが少なくない。山口県錦川上流域の山村では昭和初年まで、定畑が畠で、山畑または自然畑と呼ばれる山腹に拓かれた耕地と切畑(焼畑)を畑として明確に区別していた。畠は蔬菜や雑穀類を主として栽培し、畑にはコウゾ、ミツマタ、蒟蒻などが多く作られていた。切畑は蕎麦、アワ、小豆、大豆などを三、四年つくり、その後にコウゾやミツマタを植えていた。この地方の畑は、一部条件の良いところは定畑になるが、植林が盛んになるにつれて杉林などにかわり減少していった。この例からも推測できるように、畑は定畑ではない焼畑・牧畑・林畑・山畑など、肥料を施さないで作物を栽培する切替畑を指すものであった。そのことは、畑という字が火田の造成語であることからも明らかである。定畑には畑から転換したものが少なくない。畑には山腹の斜面などをそのまま利用した傾斜畑の多いのが特徴で、耕耘に犂を用いることはほとんどなかった。石垣などを築いて段々畑にするのは定畑化してからの加工である場合が少なくない。ただし牧畑の場合はきちんとしたものではなくても段畑式になっており、隠岐の牧畑では牛耕も行われていた。また山地には畑あるいは何畑という名称の集落が少なくない。そして畑地名をもつ集落のほとんどがかつて焼畑の盛んに行われていた地であり、農業以外の生業、杣、木工など山に関わる仕事を主として成立したところが多い。　↓切替畑《きりかえばた》　↓定畑《じょうばた》　↓段々畑《だんだんばたけ》　↓畠《はたけ》　↓牧畑《まきはた》　↓焼畑《やきはた》

参考文献　日本学士院編『明治前日本農業技術史』、一九六四、古島敏雄『日本農業技術史』(『古島敏雄著作集』六、一九七五)、佐々木高明編『畑作文化の誕生―縄文農耕論へのアプローチ』、一九六八　(田村善次郎)

はた　旗　特定の図柄を描いた四角形の布や紙。これを掲げることが目印や合図となり、また象徴的な役割を果たす。縦長のものは幟と呼ぶこともある。目印としては、素性や所属を示す符丁として使われ、船に掲げられたり、源氏の白旗と平家の赤旗のように軍団を示すものとして使われた。純然たる合図としては、幕末から明治にかけて旗を振る回数で米相場を伝えた旗通信、魚群の来遊を示す魚見の合図、手旗信号などがある。また、祭の中で、神を招く依代とされる柱や鉾につけられたり、神社の入口に掲げられると、象徴的価値を帯びることになる。稲荷などの小祠に旗を奉納して信仰の証とすることもある。近代以後も、国旗は世界中で権威の象徴として扱われ、日本国内でも軍隊から企業・学校・政党・労働組合・スポーツチームに至るまで、旗に集団の象徴としての特別の価値を与えてきた。第二次世界大戦前の日本では、祝日に日の丸を掲げるものとされたが、現在では日の丸をどう扱うかが政治信条の表明と結びついている。また、万国旗のように、賑いを醸し出すために旗を利用する例もある。　↓幟《のぼり》　↓旗振り通信《はたふりつうしん》　↓村旗《むらばた》

参考文献　小島昌太郎・近藤文二「大阪の旗振り通信」(『明治大正大阪市史』五所収、一九三三)　(阿南　透)

はたおり　機織　織機により織物を製織すること。機織《きしょく》ともいう。織機によらない編成品は、織物とはいわず、編物という。つかわれる織機は、日本では、古代より原始機(弥生機・古墳機)、地機、高機、空引機などが中国から導入され、明治以後には厩機・力織機・自動織機が西欧から導入され、また最近では無杼織機(ジェット＝ルーム)などが、革新的で能率的な織機として出現している。織機は弥生時代の湿潤遺跡から断片が出土し、古墳時代中期には地機・高機が伝えられたが、麻を製織する地機が各地に伝播し、絹を製織する機は、上層階級の衣服に使われるという着用制限もあって、全国への伝播はおくれた。江戸時代には、各藩は下級武士の救済、あるいは藩の独自経営のため、京都西陣より織工を招聘し、米沢織(米沢藩)、仙台平(仙台藩)などの生産品を生みだすことになる。織物を製織するには、いろいろな技術を必要

機　織

とするが、機の性能により、基本的には平織・綾織・朱《しゅ》子《す》織の三原組織に分けることができる。自家製機に使われる機は、現在は高機が一般的であり、それに在来の地機が加わるが、これらの機で製織できる織物には限界があり、平織とその変化組織、縞・絣・畝織までで、綾・朱子織は織り出されることはなかった。それを生む踏み木は、既成の機では、六ないし八本までにとどまっている。明治以後、欧州から技術導入されたジャカード機が、在来の空引機から転換して用いられ、またバッタン装置が、在来の高機に追加され、生産能率化が計られ全国的に拡大された。織物の長さと織幅は、当時の着用物に影響され最も合理的な寸法に決められるが、古代の律令制下の織幅は唐代の服制を模倣したもので、和様に移行するとともに装飾化が図られ、それに従って織幅は次第に狭くなる。江戸時代の服装規制は、明暦の大火により織幅を狭くし用布量を減少させるようになった。ただ、それ以外の生産地では効果がなかったので、元の幅・広さが使用されている。日本の服装は、直線裁ちであり、機織の途上で技術的に操作し、広狭にすること、あるいは変形することなどはなかった。民俗的には木綿が近世に導入され盛んに生産されることになるが、外国と比較して低技術の段階にとどまり、日本では庶民の衣料として生産され、熱帯植物である木綿の栽培地域は北に拡大し、真岡木綿の産地である栃木県真岡市あたりがその北限になった。それに外国では双糸撚にしているが、日本では手紡ぎではあるが、すべて単糸のみであった。また中国の綿糸と比較して非常に繊維が太く、単に布を織るだけの実用的な存在だけで、装飾的な加工は染色に依存した。
↓筬《おさ》　↓織物《おりもの》　↓杼《ひ》

参考文献　角山幸洋「日本の織機」(永原慶二・山口啓二他編『講座日本技術の社会史』三所収、一九八三)

(角山　幸洋)

はたおりぶち　機織淵　沼や淵の中から機を織る音が聞こえる、また水底に機を織る女がいるという伝説。全国に広く分布する。福島県いわき市川部村の御前淵では、樵《きこり》が山刀を落として淵中に入ると、水底に壮麗な御殿があり女が機を織っていた。三日ほどいて村に帰ると三年経っていた。それは七夕の日だったので、毎年七夕にイモで作った機を淵に沈めてまつるようになったという。女を乙姫様・女神様・淵の主の妻と伝える所もあり、旅の女が機具もろとも水に落ち込んで、あるいは機織が下手だと姑に虐められた嫁が入水して、それ以来機を織る音が聞こえるようになったと伝える所もある。また機織の音が聞こえると必ず雨が降るというなど、雨乞いとの関係を示唆する伝承もある。機織淵と水神の信仰とは広く結びつきがあると考えられている。機織淵の伝説はかつて柳田国男が紹介し、その提示した問題について折口信夫が一つの解答を示したという経緯がある。折口によれば、古代の祭時には村里を離れた水辺で巫女が物忌の生活を送る習俗があった。水上にさし架けた棚の上で神御衣を織って神の訪れを待ったので、「たなばたつめ」と呼ばれた。このような巫女の印象が民間に根強く残留して、機織淵の伝説が形成されたとする。

参考文献　柳田国男「筬を持てる女」(『柳田国男全集』一一所収、一九九〇)、同「機織り御前」(同二五所収、一九九〇)、折口信夫「水の女」(『折口信夫全集』二所収、一九九五)、同「七夕祭りの話」(同一五所収、一九九七)、高梨一美「神の嫁」(西村亨編『折口信夫事典』所収、一九八八)、『日本伝説大系』、一九八二-九〇

(高梨　一美)

はだか　裸　体の全体または大部分の肌がむきだしになっている状態。裸がおかれる歴史的、文化的条件の中でいろいろな意味付けがなされる。E・S・モースは『日本その日その日』(一九一七)の中で、日本人は裸を無作法とは思わないと述べている。日本人にとって裸は恥ずかしいことではなく禁止の対象でもなく、まして犯罪でもなかった。しかし一八七二年(明治五)の日本最初の軽犯罪取締法令の違式詿違条例《いしきかいいじょうれい》には裸、かたぬぎ、もも・すねをあらわにすることが犯罪と規定されている。一八七一年の東京府達では裸は外国人に笑われるから禁止するとある。近代化、西欧化の中で裸は禁止の対象になっていった。また違式詿違条例では男女の混浴、いいかえれば男女が互いに裸を見せることを禁止しているが、男女が裸になり、豊作を予祝する行事があった。たとえば元旦の朝や小正月の夜、夫婦が裸になり囲炉裏をまわり、妻が「さがった、さがった、八重穂がさがった」というと夫が「われた、われた、こらわれた」という裸回りがあった。これは男女が互いの性をほめ作物の豊作を祈ることであった。また病気の平癒を祈る裸の千度参りは裸という生まれたままの清浄無垢な姿で神に訴えることであった。また全国各地に裸祭といわれる祭があるが、共通しているのは正月の修正会の直後、六月の川祭、夏越の祭などの機会であり、禊の後、裸になりもみあい神木などをうばう占いを目的としている。　↓裸祭《はだかまつり》　↓裸回り《はだかまわり》

参考文献　矢頭保・萩原竜夫・山路興造『裸祭り』、一九六六、三浦雅士『身体の零度—何が近代を成立させたか—』(「講談社選書メチエ」三一、一九九四)　(野沢　謙治)

はたかけまつ　旗掛け松　武将が旗を掛けたという伝説をもつ松。千葉県鴨川市の白旗明神の旗掛け松は、源頼朝が源氏の白旗を掛けたという。これらの樹木はかつては神の依代であり、祭のときに旗を掛けて依代としての目印にしたので、旗掛け松と呼ばれていたのだろう。ところが、そうした名称だけが残って意味が忘れられたために、武将が旗を掛けたと考えるようになったのだと推測される。↓笠《かさ》掛《か》け松《まつ》　↓腰《こし》掛《か》け松《まつ》　↓駒繋《こまつな》ぎ松《まつ》

参考文献　柳田国男「神樹篇」(『柳田国男全集』一四所収、一九九〇)　(大嶋　善孝)

はだかまつり　裸祭　人々が裸形で参加する祭礼。裸になることは、本来は禊や精進潔斎のためであるが、のちには裸になること自体に主眼がおかれるようになった。代表的なものとしては岩手県水沢市黒石寺の蘇民祭、福島県河沼郡柳津町柳津虚空蔵《やないづこくぞう》(円蔵寺七日堂)の裸詣り、大阪市四天王寺のどやどや、岡山市西大寺の会陽《えよう》などが挙げられる。これらに共通するのは、いずれも正月の修《しゅ》正会《しょうえ》系の祭礼である点である。つまり禊の意味と、呪物を奪い合う押し合いを裸形で行うことからこの形態となったと考えられる。中には四天王寺のどやどやのように、浦方と里方とに分かれて押し合い、その結果からその年の豊作を占う年占的性格を帯びた裸祭もある。また、秋田県本荘市の裸参りのように、村の青年が厳寒の中に裸で参詣する姿を誇示することによって、通過儀礼的な一面を持つ裸祭も見られる。こうした修正会系の裸祭のほかに、夏には禊を中心とした裸祭も各地で行われている。夏越しや天王祭の際に神輿とともに海や川に入ったり、水をかけあう祭礼などはそれに該当しよう。裸で泥をかけあう祭礼も同様の部類に含めて考えることができる。↓押合《おしあ》い祭《まつり》

参考文献　末武保政『黒石寺蘇民祭』、一九七六、田中久夫「裸参り」(『仏教行事歳時記』一月初詣所収、一九八八)　(久保田裕道)

裸祭　岩手県水沢市黒石寺の蘇民祭

はだかまわり　裸回り　正月に夫婦が裸で囲炉裏の周囲を回りながらアワやヒエの豊作を予祝する儀礼。現在まで五十例ほどが報告されているが、東日本の畑作地帯に濃く分布し、西日本では「おおぼがぶらぶら」という昔話として語られている。この儀礼の主要な構成要素としては、第一に大晦日・元旦・小正月・節分など一年の時間の替わり目に行われること、第二に夫婦が真っ裸で四つん這いになって行うこと、第三に夫が男根をもって「粟穂も稗穂もこのとおり」と唱えると、妻が女陰を叩きつつ「叺に入ってこら割れた」と答えてアワ、ヒエの予祝をすること、第四に旧家筋の秘儀とされ神聖な性的儀礼になっていること、第五に囲炉裏や火所が儀礼の中心とされ、夫婦が三回同じ方向に巡ることなどが挙げられる。裸回りの儀礼は、イザナキ、イザナミによる国生み神話と比較されることが多いが、全国的に夫婦の唱え言が共通しており、古代にまでさかのぼることができるかどうかは疑問である。しかし、この年頭の性的儀礼が、日常生活での男と女という性的に分離した不連続な状態を脱して、男女両原理の統合という聖なる連続性を創出し、世界創造神話と同様の始原の時に一度回帰することを目的としたものということはできる。新たなはじまりの時に、夫婦で囲炉裏の火の周囲を裸で三回まわる裸回りは、単にアワやヒエの予祝儀礼というだけでは不十分で、カオスからコスモスへの変換を象徴する聖なる儀礼の一つとみるべきであろう。

参考文献　安田尚道「イザナキ・イザナミ神話とアワの農耕儀礼」(『民族学研究』三六ノ三、一九七二)、大島建彦「日本神話研究と民俗学」(『講座日本の神話』一所収、一九七七)、安田尚道「東北地方の裸回り」(『東北民俗』一五、一九八一)、三谷栄一「説話文学冒頭の第一話と農耕儀礼—イザナキ・イザナミのミトノマグハヒをめぐって—」(『国学院雑誌』八四ノ五、一九八三)、飯島吉晴「裸回りの民俗」(『天理教学研究』三〇、一九九一)　(飯島　吉晴)

はだぎ　肌着　肌に直接まとう下着。シタギヌ、ハダツキともいう。和装の着物では、肌襦袢、腰巻、男物の褌、猿股がこれにあたる。東北地方では、ボトと呼ばれる袷《あわせ》の刺子衣を冬期間の下着として用い、これは肌着を兼ねるものであったが、のちにハダコと称する白木綿の襦袢をボトの下へ着るようになった。ハダコはその名のとおり肌着であるが、古くは紺縞や紺の麻布で仕立てられ、夏季にはナツジバンと称され外衣ともなった。↓下着《したぎ》

参考文献　瀬川清子『きもの』、一九七三　(宮本八恵子)

はたけ　畠　水田、つまり畦《あぜ》で囲い、土地を平らに均して水を湛える設備をした耕地に対して、湛水しない耕地

の総称。水田では水稲を主として栽培し、ほかには田ビエ・ハスなどの限られた作物しか栽培しないのが一般的だが、ハタケでは穀類・豆類・イモ類・蔬菜類・果樹・桑・茶など多様な作物を栽培するのが普通である。以前は一枚のハタケに、複数の作物を混播することも多かった。ハタケには畠・畑の字をあてる。畠は水田に対して白く乾いた田を意味する白田からつくられた国字であり、古くはハクとも訓《よ》んでいた。また古代には中国風に陸田とも表記している。畑も中国で焼畑を意味する火田を合成してつくった国字である。したがって畑と畠は本来別のものとして区別されていたのだが、中世の末ごろから混用されるようになり、近世に入ると検地帳などでは畑が多く使われるようになって区別が曖昧になった。そして、現在では畠が常用漢字から外されたこともあってもっぱら畑が用いられている。しかし、近年までハタケ(畠)は、半永久的に継続して作物を栽培する耕地を指し、焼畑や林畑・牧畑などの切替畑や山間の傾斜地に拓かれた地味の悪い山畑などをハタ(畑)と呼んで区別していた地方が少なくない。そういう土地で畑とよばれるところは、施肥や除草もほとんど行わない粗放経営で、何年か作物を作って地力が衰えてくると放棄して山に返すというものが多かった。人口も少なく、空閑地の多い時代には畑的な土地利用が多かったと考えられている。ハタケと総称される耕地のうち、屋敷内や屋敷まわりなど近間にあって、日常的に利用する蔬菜類などを栽培する所を園《その》とか前栽《せんざい》・前栽畑《せんざいばた》などとよんで区別している土地も多い。園や前栽は日常目の届くところにあることから手入れも行き届くし、肥料などもよく施すので、肥えた良いハタケになっている。日本では、米が年貢の主たる対象であり、水田稲作中心の政策が長く続いてきたので、政治の上では畠や畑は副次的なものとされてきたが、生産者である農民にとって、畑作物は、食料その他の生活資料としても、また換金作物としても大きな意味をもつものであった。→前栽畑《せんざいばた》 →畑《はた》

〔参考文献〕 宮本常一『開拓の歴史』(『日本民衆史』一、一九六三)、日本学士院編『明治前日本農業技術史』、一九六四、古島敏雄『日本農業技術史』(『古島敏雄著作集』六、一九七五)

(田村善次郎)

はたさく 畑作　深水灌漑しない耕地すなわち畑において蔬菜・穀類その他の作物を栽培する農業のこと。畑には常畑ないし熟畑と焼畑とがある。畑はその用途により普通畑・野菜畑・桑畑・茶畑・果樹園・その他に分けられる。普通畑をシラハタともいい、主に穀種とイモ類を栽培する。宮崎県椎葉村ではハタ(普通畑)にサエンバとソノの別があり、サエンバは屋敷の地続きにある一反どまりの菜園で、もっぱら日常消費のための蔬菜を栽培し、その地先にあるソノで穀類・イモ類を栽培している。福島県南会津郡下ではジョウバタケ(スエノとも)のうちでも地味の肥えた熟畑をセゼバタケとよんで、麻苧《まちょ》を栽培し、そのあとにセゼモノすなわち蔬菜を作付けする。同じ普通畑でも選択的な経営がなされている。山地畑作農村や平地水田稲作農村における一般農家の普通畑経営は四反歩前後と経営面積が狭小であるが、その中で実に二十種にあまる作物の栽培を行なっており、いきおい小園芸ならざるをえない状況にあった。これに比して平地畑作地帯では経営面積が広大で商品作物の大量栽培がなされている。山地畑作地帯では焼畑で穀物を栽培して食料を補った。普通畑と焼畑とは相補完する関係にあった。また、焼畑跡地にはコウゾ、ミツマタや桑を植え、和紙原料の生産と養蚕とを営んで現金収入を計った。一時代前の代表的な産物は太平洋戦争後の生活様式および経済構造の変動によって終息し、東海地方以西の山地畑作地帯ではそれらに代わる換金作物として茶栽培の拡大を計るとともに食料生産としての畑作は縮小されるに至っている。小規模農家における畑作の衰退は全国的な傾向である。水田の機械化が進んでいる一方で、小規模な畑の耕作は昔ながらの鍬・鎌による手作業にたよっている。畑作農村における食生活は麦、アワ、ヒエ、蕎麦などの穀物とイモ類を中心に営まれていた。特にサトイモは儀礼食として畑作文化の象徴ともみなされている。畑作儀礼は稲作儀礼ほど顕著ではないにしても、小正月の予祝儀礼や仲秋の収穫儀礼が行われた。予祝儀礼には正月二日の耕《うな》い初め(静岡県佐久間町)、若木バヤシ・鍬入れ(椎葉村)、十一日のハタシメ(佐久間町)、サクノトシ(長野県天竜村)、十二日のミヤダゴ(椎葉村)、十四日の粟穂・稗穂(全国各地)、鳥獣放逐儀礼には正月十五日の鳥追い・猪追い(長野県駒ヶ根市)、収穫儀礼には仲秋の芋名月・豆名月(全国各地)がある。

〔参考文献〕 坪井洋文『イモと日本人―民俗文化論の課題―』(『ニュー・フォークロア双書』二、一九七九)、石川純一郎「日向山地畑作農村における村落祭祀」(『国立歴史民俗博物館研究報告』一八、一九八八)、同「畑作(焼畑)農耕の技術と儀礼」(天竜川流域の暮らしと文化編纂委員会編『天竜川流域の暮らしと文化』下所収、一九八九)

(石川純一郎)

はたさくぎれい 畑作儀礼　畑作物の栽培に伴う農耕儀礼。日本の農業は、一般に稲米に対する志向が強いため、畑作は稲作に併行し、さらにはこれに移行しながら営まれてきた傾向があり、稲作儀礼に集約されつつ畑作儀礼の行われてきたところが多い。だが、麦、アワ、ヒエ、蕎麦、豆、イモ類などを主要な農作物とする畑作を反映したとみられる儀礼も存在する。たとえば、正月十五日を中心にみられる粟穂《あわぼ》・稗穂《ひえぼ》のモノツクリ、夫婦が囲炉裏の周囲を廻る裸回りや麦ほめなどの模擬行為、南関東のハンゲ(半夏生)の麦作儀礼、盆の供物、秋の芋名月、豆名月、亥子、十日夜《とおかんや》などがある。一般に畑作物は、稲に比べ収穫量が少なく栽培期が短いうえに、連作が難しいことから時間と土地を巧みに区分・転換し、多様な栽培方式を展開させてきた。しかしその節目に行う儀礼も

多様であるが、大きく括れば、年間の節目は正月と、地域により異なるがハンゲまたは盆との二つに集中し、一年の二分化が明確である。　↓稲作儀礼《いなさくぎれい》　↓麦《むぎ》ほめ

参考文献　白石昭臣『畑作の民俗』、一九八八、増田昭子『粟と稗の食文化』、一九九〇、宮田登『民俗文化史』、一九九五、大舘勝治『田畑と雑木林の民俗』、一九九五

（白石　昭臣）

はたさくぶんかろん　畑作文化論　⇩農耕文化論《のうこうぶんかろん》

はだし　裸足　足をつつむことなく、足に履物をつけない素足のこと。日本人の履物が草鞋・草履・下駄などのように足をつつむものでないことからもわかるように、日本人にとって裸足の暮らしは親しいものであった。また足をつつむ足袋は近世、老人などが冬期、屋内ではくことが許されていただけで、一般にはかれるようになったのは近代になってからであり、それも外出用や旅行用であった。そのため日々の暮らしの中では近所を外歩きする場合、裸足が多かった。また、葬式の野辺送りの際、裸足の喪主が位牌をもち、草鞋や草履をはく場合も裸足ではき、墓地で脱いで帰ったり、別な履物にかえることがある。裸足である者は死者と深い関係にあり、死の穢れが及び、忌みの状態にあることを示している。『東京朝日新聞』の一九〇一年(明治三十四)六月一日の記事によれば、お百度といえば裸足にきまっていたのにペスト予防のため裸足がいけないという禁令が出たため東京市内の寺社では、「はだしにてお百度をふむべからず」という貼紙を出した。この記事からもわかるように、お百度参りのような神聖な行為の際には裸足になっていたのである。神聖なところに入る時、わざわざはいているものをぬぐのも同じことである。しかし近代になると裸足は衛生上、不潔なことであり、人前では不作法とみなされることになる。　↓履物《はきもの》

参考文献　和歌森太郎「はだしの庶民」(『和歌森太郎著作集』一四所収、一九八二)

（野沢　謙治）

はたふりつうしん　旗振り通信　手旗を振って遠方へ情報を伝達する方法。漁村で、岬や高台に設けられた魚見から魚群の近づいたことを、旗を振ってムラに知らせることも旗振り通信であるが、普通は旗振りで知らされたことを同様に旗を振って次の中継地点へ知らせ、それを順次繰り返して、素早く遠隔の目的地まで情報が届くようにした仕組みをいう。手旗信号と同じように手旗の上下の振り方によって数字を表わし、約束を承知している者が見れば確認できる。近世後期には大坂堂島の米相場を近江彦根、伊勢桑名、阿波徳島などへ知らせる五つの経路が設定され、明治末まで機能していた。実際に行われていた当時に旗振り通信と呼ばれたわけではなく、のちに学術用語として設定された言葉である。近世にはこれを気色見といい、これによって相場が知らされることを相場移しといった。堂島の米市場の相場が仲買店に伝えられると、その値段を屋根の上の櫓から旗を振って知らせ、それを大坂周辺の山上に設けられた中継地で確認し、次の中継地に伝える。一〇キロ前後の間隔で主として見晴らしのきく山頂に中継地点が設けられていた。その場所が相場山・相場振り山などという地名として残っている。電信開通当初は旗振りの方が電信よりも早く達したというが、電信の発達や明治末の電話の開通により消滅した。

参考文献　小島昌太郎・近藤文二「大阪の旗振り通信」(『(明治大正)大阪市史』五所収、一九三三)、中島伸男「滋賀県内の旗振り通信ルート」(『蒲生野』一〇、一九六五)

（福田アジオ）

はち　蜂　昆虫綱膜翅目に属す。多くの種類のうち、日本人になじみ深い蜂はミツバチとスズメバチ類であろう。ミツバチは、古来、在来のニホンミツバチの養蜂が行われてきた。樹洞に営巣する習性を利用して、円筒形にくり抜いた木や木箱を用意し、その中に分蜂群が入るのを待ち、入ったものを育て、やがて蜜を採る。山間部各地で行われており、なかでも産物としてかつては紀州熊野産が名高かった。明治期以降アメリカからセイヨウミツバチが導入された。これはニホンミツバチに比べ容易に扱え、大量に飼育できるため、養蜂が産業として急速に普及した。蜜を効率的に採るために花を求めて巣群とともに日本列島を南から北へと移動する、移動養蜂も行われる。スズメバチ類は、平野部から山間部にかけて生息し、樹木・土中・家屋などに大型の球形の巣を作る。不用意に巣に近づき過ぎると蜂の攻撃を受け、刺されると、激しい痛みや腫れを伴う。さらに蜂アレルギーによって死者も毎年出るほどで、危険害虫の一つである。蜂に刺された際の民間療法として、傷口に小便をかける、柿渋や山椒の葉を擦り潰して塗布するなどが知られている。一方、スズメバチ類は食用にもされてきた。また、家に架けられた蜂の巣をみて吉凶の占いもなされる。蜂の巣のかかる位置が高ければ大風が吹く、あるいは、巣がかけられた家は繁栄するなどの言い伝えはその一例である。昔話には蜂は幸運を助ける役割を果たすものとしてしばしば登場する。なお、蜂は古名スガレと呼ばれ、腰の細い女性を形容する言葉としても使われた。　↓蜂の子《はちのこ》　↓蜂蜜《はちみつ》　↓養蜂《ようほう》

参考文献　松浦誠『スズメバチはなぜ刺すか』、一九八八、宅野幸徳「西中国山地における伝統的養蜂」(『民具研究』九六、一九九一)

（野中　健一）

はち　鉢　皿よりも高さがあり、壺よりも口が広く高さの低い形態の容器。縄文・弥生時代には鉢形土器が作られており、また弥生時代の遺跡からは鉢形の木器が出土して、この形のものが早い時期から用いられていたことがわかる。正倉院御物には漆鉢・磁鉢・硝子鉢・銀鉢・錫鉢が伝えられている。承平年間(九三一―三八)に成立した『和名類聚抄』には、「はち」は梵語の音訳で、和名はなく、仏道を学ぶものの食器であると記してある。鉢の形態は円形のものが多いが、四角・六角・八角・花形

のものもある。素材としては銀や錫などの金属製、木製、陶磁器製の違いがあり、金属製の鉢は貴族や僧侶階級で用いられた。多角形のものは金属製・陶磁製のものである。木製の鉢は、槽《ふね》と同じように大木を刳って作ったり、あるいは轆轤《ろくろ》にかけて挽物として作られた。いずれも近世では木地師の仕事であったが、刳る技術は、石製の用具を使った時代からあったので、木鉢もそのころからあったと考えられる。大型の木鉢はうどん・蕎麦など粉食の加工に欠かせないもので、漆を塗ったり、あるいは素地のままで日常的によく用いられた。近世になって陶磁器が大量に出回るようになると、調理・食事用のさまざまな鉢が作られた。磁器製の浅いものを砂鉢《さはち》、深い厚手の陶器製のものを丼鉢と呼んだ。ほかに飯鉢・肴鉢・香物鉢・菓子鉢など食の機能分化にあわせてさまざまなものがデザインされた。　→擂鉢《すりばち》　→どんぶり

参考文献　宮本馨太郎『めし・みそ・はし・わん』（「民俗民芸双書」、一九七三）　（坪郷　英彦）

バチェラー　Batchelor, John　一八五四―一九四四　イギリス聖公会司祭、アイヌ語・アイヌ文化研究家。一八七七年（明治十）初来日し、函館に上陸、以後六十年余にわたり布教の傍ら研究を続けた。一八八七年、『東京帝国大学文科大学紀要』にA Grammar of the Ainu Language（「アイヌ語文法」）を発表し、一八八九年には主著『アイヌ・英・和辞典』の初版である『蝦和英三対辞書』を、一九二七年（昭和二）にはAinu Life and Loreを刊行した。これらをはじめバチェラーの著作は今なお研究上きわめて有益だが、今日では訂正を要する点が少なくない。

参考文献　ジョン＝バチェラー『我が記憶をたどりて』、一九二八　（佐藤　知己）

はちおうじしゃ　八王子社　ある神の八柱の御子神《みこがみ》あるいは眷属神をまつる社。平安時代末期の俗謡『梁塵秘抄』に、「峰には八王子ぞ恐ろしき」と歌われた近江の日吉山王は、一実神道と呼ばれた神仏習合思想を発展させ、山王七社・山王二十一社を形成して、四宮（大八王子）とともに八王子・八王子宮がまつられる。また祇園牛頭天王《ぎおんごずてんのう》の八王子や、稲荷神の眷属神である八大童子・八人童子・八大王子なども有名。前者は『祇園牛頭天王縁起』に、天王は八王子を儲けたことを記す。全国に散在する八王子社の一種はこの系統であるといわれる。

参考文献　西田長男「祇園牛頭天王縁起の成立」（『神社の歴史的研究』所収、一九六六）、景山春樹校注『日吉』（「神道大系」神社編二九、一九八三）　（豊島　修）

はちがつおどり　八月踊り　⇨十五夜踊り《じゅうごやおどり》

はちかづき　鉢かづき　継子話の一つ。頭に鉢を被っていることにより異形とみられる娘が、継母または異形のために嫌われ家を追われる。昔話の中の名は必ずしも「鉢かづき」ではなく「鉢かぶり」「鉢かつぎ姫」「鉢つき」といろいろである。鉢の中には多くの着物や金銀・宝物が入っている。娘は長者の女中（風呂焚き・釜焚き・飯炊き）に雇われる。長者の息子が求婚すると、父親が反対する。父親は「鉢の梅の木に鶯をとまらせて床の間に持ってきた者を嫁にする」という難題や、寝こんでいる息子に、茶または薬を飲ませた者を嫁にすると宣言する。それを鉢かづきが解決する。または息子と逃げようとすると鉢がわれる。鉢がとれたことにより結婚となり、鉢の中にはさまざまな宝物が入っていたと語る昔話。宮城・山形・福島・埼玉・新潟・兵庫・奈良・石川・福井・岡山・広島・鳥取・愛媛・徳島・佐賀・熊本・鹿児島・沖縄と、ほぼ全国的に伝承の跡がみられる。『御伽草子』など文献との関係も考えなくてはならない話である。『御伽草子』では、河内国交野あたりに住む備中守さねたかの娘が、母の死没の時、長谷の観音に祈誓して被せた鉢は異形の象徴ではなく、観音の功徳を強調せんがための一つの手段として機能している。折口信夫は鉢を河童の皿と関連づけ、河童の皿は富の貯蔵所であり、風呂焚きとしての娘の存在を「禊ぎの役を勤めた古代の水の神女の俤」としている。

参考文献　折口信夫「河童の話」（『折口信夫全集』三所収、一九六六）、黄地百合子「「姥皮」型説話と室町時代物語」（『昔話―研究と資料―』五所収、一九七六）　（矢口　裕康）

はちじゅうはちや　八十八夜　立春から数えて八十八日目の呼称。各地で広く聞かれる「八十八夜の別れ霜」という言葉は、寒さの終りを意味しており、その年の農作業が新しい段階に入る節目であった。米という漢字を分解すると八十八となることから、特に稲作と深い関係があるとされ、三重県鈴鹿市では籾種子を池の水に漬けて種子播きの準備をし、朝から鳥飯を炊く。茶を作る地方では、この日に摘んだ新芽をたとえ少量でも焙烙《ほうろく》などで炒り、神仏に供えるとともにみずからも飲めば、老いてから中気にならないという。宮崎県ではこの日の茶を夏病みをしないといって飲み、その残りをとっておいて年越の晩に飲む。本州中部の焼畑地帯では、「ヒエの種子播きは八十八夜がマキシュンの下限」といった。千葉県の「八十八夜のはね豆」という言葉は、豆を蒔くには八十八夜に豆の子葉が割れるようにせよとの意味とされる。岩手県ではヨモギを摘んでヨモギ餅を搗き、宮城県では年寄りが菜の花畑に集まって中風にかからぬようにと宴を開いたり、山登りと称して海の見える山に登って飲食をし、さらに繭団子を作って蚕の神に供えた。東北地方で三月三日の節供と同様な行事が見られることは、気候に合わせて行事の日をずらしたためと思われる。月の満ち欠けに連動した旧暦と異なって、八十八夜は太陽の運行に基づく日取りであるために毎年気候が同じとなり、作物の仕付けの目安として重要な意味をもっていた。

参考文献　富山昭『静岡県の年中行事』、一九八一　（中村羊一郎）

はちたたき　鉢叩き　空也の流れを汲むと称する念仏聖の一派。『雍州府志』（一六八四）などには次のような伝説が語

られる。空也がかわいがっていた鹿を、あるとき平定盛という男が射殺した。空也はこれを悲しみ、皮をもらい受けて衣にし、角を杖の先にさして愛用のものとした。定盛はこれをみて自分の行いを後悔して空也の弟子となり、瓢簞を叩いて京都の町々を巡ったという。その末裔は光勝寺(空也堂・極楽寺とも、京都市中京区)に有髪俗体のまま居住して、空也僧とか鉢叩きと称し、空也作という和讃や念仏を唱えながら、寒の夜々、市中や墓地を巡った。また彼らは茶筅を作って売ることもなりわいとしていた。鉢叩きの図は室町時代の『七十一番歌合』に載せられるが、それをみても、彼らが実際に叩くのは鉢ではなく瓢簞であった。光勝寺では、今日でも毎年十一月十三日に踊躍念仏が行われている。鹿角杖を手にした導師を先頭に、鉦・焼香太鼓・瓢簞などを持った空也僧たちが堂内で、ゆっくりとした念仏を唱えながら、単調な踊躍を行う。このほか福島県会津の八葉寺(河沼郡河東町)は、空也入滅の地という伝承をもち、近在一円には、死者の歯骨を小さな木製の五輪塔に入れて八葉寺に納めるという風習があるが、ここでも毎年八月五日に光勝寺と同様の念仏踊りが演じられている。 ↓念仏聖《ねんぶつひじり》

鉢叩き　八葉寺の空也念仏踊り

参考文献　柳田国男「俗聖沿革史」(『柳田国男全集』一所収、一九九〇)、大橋俊雄『踊り念仏』(「大蔵選書」一二、一九七四)、八葉寺五輪塔調査委員会編『会津八葉寺木製五輪塔の研究』、一九八三
(真野　俊和)

はちのこ　蜂の子　蜂の巣盤に入っている幼虫やサナギまたは、それらを材料とした食品を表わす。スズメバチ類の蜂の子が塩炒り、砂糖醬油による煮付け、蜂の子飯など、さまざまに調理されて賞味される。なかでもクロスズメバチの食用が名高く、蜂の習性を巧みに利用した採集や飼育が行われている。全国の山間部各地で食べられてきたが、特に信州名物として知られ、クロスズメバチの缶詰や瓶詰がみやげものに市販される。

参考文献　野中健一「昆虫食にみられる自然と人間のかかわり(二)」(『行動と文化』一三、一九六七)
(野中　健一)

ハチブ　ハチブ　⇩村《むら》ハチブ

はちまき　鉢巻　㈠頭部を手拭などの布で巻くこと。髪の乱れを防ぐと同時に、気持ちを引き締め威勢をつけることから蕎麦屋・魚屋・寿司屋・石工・大工・鳶などの職人のあいだで広く用いられる。また、「しっかりしろ前結び、油断するな後鉢巻」のことばがあるように、戦闘にのぞむ者は鉢巻を締めて気合いを入れたもので、運動会において学童が紅白などの鉢巻姿で競う光景は全国にみられる。日常の労働でも、力仕事を行う男たちのあいだでは鉢巻を締める者が多い。形態には、前頭部で結ぶ向鉢巻、横で結ぶ横鉢巻、布をねじって結ぶねじり鉢巻、額の汗止めを兼ねた後鉢巻などがある。また、秋田県では、日本髪の女が寝るときには髪油で夜具を汚さぬよう鬢《びん》締めと称する半幅の布を頭に巻いたもので、これも鉢巻と呼ばれる。こうした鉢巻は、今でこそ労働の身ごしらえの一つとなっているが、古くは礼装に用いるものとされており、古代人がカツラと称して植物の蔓を頭に巻いたのも礼装の意を表現するものであった。祭礼や通過儀礼において、頭に布を巻いたり被ったりするのは威儀を正し敬意を表するためであり、鉢巻もまたハチ(頭)に布を巻くことから礼装の一つとされていた。その遺風は各地にみられ、伊豆諸島の新島では、女が寺社を詣でる際ヒッシュといって丈六尺の赤手拭を二つ折りにして前頭の片脇に結んで垂らす。また、滋賀県今津町の弘川祭や京都市中の小町踊りでは童女が絹の鉢巻を締め、神前の舞踏でも鉢巻は盛んに用いられる。祭に子供衆や若衆が鉢巻を締めて神輿を担ぐ姿は、各地にみられることである。山口県では初宮参りの子供が鉢巻を締める。五月五日の端午節供には、ショウブを屋根にさしたり菖蒲酒を飲んだり菖蒲湯に入る民俗が各地にみられるが、埼玉県秩父地方では、男児がショウブを鉢巻にして遊ぶ民俗があり、広島県戸河内町では子供に朝露を飲ませたあとショウブを頭に巻いた。これらは、魔除けの効力を持つショウブを頭に巻くことで子供の成長の無事を願ったものである。伊豆大島では、婚礼に招かれた女衆の正装として紫縮緬の鉢巻を結び垂らす民俗があり、葬式では男衆が白鉢巻を締め、女衆が紫の紐を巻き垂れて白布を被る。また、鉢巻は霊力が宿るものとして病気平癒や出産の無事を案ずるかぶりものともされ、出産時に産婦が締めたり、頭痛鉢巻・病鉢巻と称して病人が紫縮緬の鉢巻を額の左脇に結んで締めるところもあった。芸能衣装としても広く知られるところであり、屋台囃しで太鼓を叩く者は鉢巻を締めて威勢をつける。能では、そのかぶりものとして烏帽子・冠・頭巾とともに鉢巻やカツラと称する細紐が用いられる。歌舞伎十八番の一つ『助六』は、鉢巻を額の右脇で結んで先を垂らし、その意気がった出立ちは江戸時代の伊達姿としてもてはやされた。『義経千本桜』に登場するいがみの権太も、鉢巻姿がトレードマークである。また、歌舞伎舞踏の「玉兎」では、前頭部で結んだ白手拭の先を兎の耳のように長く立てる。

参考文献　岡田全弘『かぶり物―昔と今―』、一九六二、瀬川清子『きもの』、一九七二、奥平志づ江『衣生活と社会―家政学衣生活教本―』、一九五五　（宮本八恵子）

(二)北海道アイヌの男性が髪が邪魔にならないよう締めていた帯状の布。かつては男性だけが締めるものであったが、女性も締めるようになった。北海道のものは帯状になっていて、端をしばるようになっている。額の部分を広くしたり、刺繡が施されているものもある。サハリン(樺太)のものは後ろの部分が縫い合わされて、輪状になっている。これにアップリケをしたり、ビーズを縫いつけたりしたものもある。

参考文献　山本祐弘『樺太アイヌ住居と民具』、一九七〇、萱野茂『アイヌの民具』、一九七八、佐々木利和編『アイヌの工芸』(至文堂「日本の美術」三五四、一九九五)、昭和女子大学光葉博物館編『アイヌ民族の服飾展そのわざと美』、一九九五、アイヌ民族博物館編『樺太アイヌ―児玉コレクション―』、一九九六　（笹倉いる美）

はちまんしんこう　八幡信仰　八幡神を信じ、たっとぶ信仰。八幡はヤハタともよむ。八幡の語義は(一)天から降りた多数の幡、(二)仏教の修法に用いる幢、(三)シャーマニズムで託宣をするヤハタ神などの諸説があるが、いずれも確かではない。神道を基盤に仏教・道教と融合し、さらにシャーマニズムとも結びついて成立した信仰で、その中心に位置づけられる八幡神の神格も多岐にわたっている。八幡神は全国に鎮座する八幡宮・八幡社・八幡神社・何々八幡神社などにまつられ、村の鎮守といえば八幡さんといわれるほど数も多い。応神天皇を主神とし、比売神《ひめのかみ》と神功皇后を併祀するのが一般的であるが、これらに仲哀天皇・仲津姫、あるいは住吉神・武内宿禰・高良神などを加える場合、また応神天皇だけをまつる神社もある。さらに御霊信仰と結びついて成立した若宮八幡・今宮八幡では仁徳天皇を祭神としている。全国の八幡神社の総本社は豊前の宇佐神宮(大分県宇佐市)で、はじめ宇佐では菟狭津媛《うさつひめ》と菟狭津彦《うさつひこ》が馬城峰の神を山麓でまつっていたが、大和朝廷の配下となると、日の神と素戔嗚《すさのおの》尊《みこと》の誓約によって生まれた三女神が宇佐島に天降るとの神話(『日本書紀』神代一書)が受け入れられた。ついで朝鮮の巫覡《ふげき》が入り、豊国奇巫・豊国法師と呼ばれ、託宣による病気治療を行なった。巫覡は祭場に多くの幡を立てヤハタという託宣神をまつったといい、これを八幡信仰の原型とする説もある。八幡神の託宣は、その後の歴史にもしばしば見られ、『八幡宇佐宮御託宣集』(一三一三)に大《おお》神比義《がのひぎ》が三年間祈ると、三歳の童子が現われ、「我は広幡八幡麻呂なり」と託宣したとある。この託宣によって八幡神は応神天皇であるとの信仰が確立したという。七二五年(神亀二)神宮寺を建立し、七三三年(天平五)前記した三女神を比売神として併祀、七四一年聖武天皇は「八幡神宮」と称え、七四七年勅使を宇佐に派遣し東大寺(奈良市)大仏造立の祈願をさせたが、その際にも大仏造立を成功させると託宣があり、七四八年八幡神は東大寺の鎮守としてまつられ、ひいては国家仏教の鎮守神となった。翌七四九年大仏鋳造に必要な黄金の託宣があり、天平勝宝と改元後、大仏の鋳造が終ると、八幡大神禰宜尼が上京し、大仏を拝するという出来事が起きた。ついで七六九年(神護景雲三)道鏡天位の託宣があった。この託宣は一地方の神である八幡神が鎮護国家の神となったことを意味している。このような神徳によって七八一年(天応元)大菩薩号が奉られ、弘仁ごろになると、僧形八幡像が造られた。『延喜式』神名帳にも「八幡大菩薩宇佐宮」と登載されている。さらに八幡神は南都の寺院や真言宗の鎮守としてまつられた。八二三年(弘仁十四)神功皇后が併祀され、ここに応神天皇・比売神・神功皇后のいわゆる八幡三所が成立した。さて神功皇后は応神天皇の母神で、大帯姫命《おおたらしひめのみこと》とも称すが、帯《たらし》は子を養育するとの意である。一三一三年(正和二)に完成した『八幡宇佐宮御託宣集』、また同時代に成立したといわれる『八幡愚童訓』などに、震旦国の陳大王の娘大比留女は七歳の時、日輪の光が胸に差し込んで懐妊し、王子を産むが、不憫に思った大王は二人を空船に乗せて流す。やがて二人は大隅国八幡崎に漂着し、王子は正八幡(鹿児島神宮)としてまつられ、大比留女は筑前の若椙山に飛んで香椎聖母大菩薩となって顕われたとある。このような母子神に対する信仰が、八幡信仰の中核であるとの見解もあり、筑前の鎮懐石八幡宮や宇美八幡宮(粕屋郡宇美町)に見られる安産子育信仰は母子神信仰から生じたものといわれる。また八幡神は国分寺の鎮守としてまつられることが多く、これらは国府八幡と称された。八六〇年(貞観二)行教は平安京の鎮守として石清水八幡宮(京都府八幡市)を勧請し、当宮は「我朝大祖」「二所宗廟」とも称えられ、皇室の尊崇を受けた。それに伴い西日本一帯に八幡宮の勧請が流行し、一方、清和源氏の氏神となり、石清水社前で元服した源義家は八幡太郎と名乗った。ここに八幡神は弓矢の神として信仰され、東国地方では合戦のたびごとに八幡宮が勧請された。神奈川県鎌倉市の鶴岡八幡宮は源頼義が一〇六三年(康平六)に勧請したのに始まるが、のちには鎌倉幕府の守護神となった。武神としての弓矢八幡は、武士によって信仰されたが、時には「弓矢八幡」「八幡うそはいわぬ」との誓いの言葉にも用いられた。室町時代になると「神は八幡」といわれ、八幡神は神々の代名詞となった。江戸時代に庶民の間で盛行した三社託宣にも八幡神は加えられており、清浄の大切さを託宣している。一八六八年(明治元)菩薩号が禁止されるまでは八幡大菩薩と称される場合が多く、この大菩薩は衆生が悉く救済されるまでは仏の位に着かないとの誓願を持っており、それが八幡信仰の本義となっている。

参考文献　柳田国男「妹の力」(『柳田国男全集』一一所収、一九九〇)、宮地直一『八幡宮の研究』、一九五六、中野幡能『(増補版)八幡信仰史の研究』、一九七五、同編『八幡信仰』(「民衆宗教史叢書」二、一九八三)　（三橋　健）

はちみつ　蜂蜜　ミツバチが花から集めた蜜を巣房に貯えたもの。蜂蜜の成分は、水分・糖類・無機物・ビタミン類・ミネラル類など多種多様の物質が含まれている。江戸時代の蜂蜜は、『日本山海名産図会』により紀州の熊野蜜が有名であったことがわかる。その中の「熊野蜂蜜」には蜂蜜づくりの工程も描かれている。江戸時代は蜂蜜が貴重な医薬品として利用されていた。水戸藩主徳川斉昭は、養蜂書『景山養蜂録』に蜂蜜の民間療法もとりまとめている。セイヨウミツバチでは、蜜のたまった巣脾枠を遠心分離器にかけて巣房内の貯蜜をふるい出す。採蜜した後の巣脾枠は再び巣箱に戻す方法をとる。一方のニホンミツバチの採蜜方法は、巣箱の中の巣板を三分の一を取り出して網の上にのせ自然にたらして採蜜を行う。採蜜時期は各地により違い、長崎県対馬地方の養蜂家のニホンミツバチの採蜜は十月中旬に行われる。奈良県吉野郡十津川村の採蜜は六月から七月に行われる。ニホンミツバチの蜜は自家消費用と贈答品として使われることが多い。対馬、和歌山県東牟婁郡古座川町、奈良県十津川村のニホンミツバチの蜂蜜は万病の薬として、高額で売られる。種類には、レンゲ蜜・アカシア蜜・ミカン蜜・トチノキ蜜・クローバー蜜・ナタネ蜜・シナノキ蜜・百花蜜などがある。民間療法には、口の中の荒れ、吹出物、やけどにも蜂蜜をつければ効用があるとされている。また、蜂蜜を湯や水に溶かして飲めば、便秘や下痢に効くともいわれている。さらには、蜂蜜は甘味料としてだけでなく滋養強壮剤ともされている。→養蜂《ようほう》

参考文献　井上敦夫『はちみつ診療所(クリニック)』、一九八八、原淳「蜜蜂今昔」(『別冊歴史読本』一五、一九九〇)、佐々木正巳『養蜂の科学』(「昆虫利用科学シリーズ」五、一九九四)

(宅野　幸徳)

はちろうたろう　八郎太郎　十和田湖・八郎潟・田沢湖をめぐる水界伝説。十和田湖の主となった八郎太郎は長い年月無事に過ごしていた。しかし、紀伊熊野権現のお告げを受けた南祖坊という修験者が十和田湖にやってきて、八郎太郎との争いが始まった。その結果、八郎太郎は南祖坊の法力に敗れ、十和田湖を出て米代川を逃げ下り、阿仁川と合流する七座山あたりに住むことにした。ところが七座の神々たちは、八郎太郎を海に追い出すことを謀り、鼠を集めて七座山の土手に穴を開けさせ、大洪水を起して八郎太郎を押し流した。秋田県山本郡琴丘町の天瀬川に流れ着いて老翁と老婆の住む家に厄介になった。八郎太郎は神に祈願して男鹿島とこの陸地を繋いで八郎潟を造り住んだ。八郎太郎は天瀬川ではそこの娘と一時情を交したが、八郎潟に落ち着くと、男鹿島の一の目潟の姫神に懸想した。ところがこの姫神は八郎太郎を嫌って真山《しんざん》の武内神主に追い払ってくれるように懇願した。そこで武内神主は弓矢を構えて、雨雲に乗って現われた八郎太郎の片眼を打ち抜いて追い払った。一の目潟を追われた八郎太郎は、今度は田沢湖の辰子と恋仲になった。毎年秋の彼岸に田沢湖に来て、翌春彼岸まで辰子と同棲冬籠りをする。この地方では、毎年十一月九日の晩から十日の未明にかけて御座石《ござのいし》神社で潟《かた》のお神酒《みき》上《あ》げという宴会をする。八郎太郎が田沢湖に入る音を聞かないようにするためという。この八郎太郎の潟越しの音を聞いたものは命がなくなるといわれている。

参考文献　木崎和広『羽後の伝説』、一九七六、佐々木孝三『伝承文学論と北奥羽の伝承文学』、一九九〇

(稲　雄次)

パチンコや　パチンコ屋　バネ仕掛けで釘の穴のたくさんある盤面に小さな玉をはじき上げ、穴に入れる遊び。パチンコの起源は定かでない。大正期にピンボール、ウォールマシーンなどの輸入ゲーム機を改良して日本で作られたという。第二次世界大戦前のパチンコはメダルを弾いて穴に入れる子供の遊びで、パチンコ屋は露店で営業していた。戦後、金属球のベアリングを使った大人向けのパチンコが登場する。初期の機械は小物といい、多数の釘を等間隔に打った盤面に二十五の穴があり、玉の入った穴の場所により出る玉の個数が違うものであった。一九五〇年(昭和二十五)ごろ、どの穴に入っても同じ数の玉が出るオール物と、玉の動きに多彩な変化を与える独特の釘配列の正村ゲージの発明により、その後の機械の基本が確立した。さらに連発式や電動機の登場により、短時間に大量の玉を打てるようになり、人気は高まった。パチンコが戦後人気を博したのは、ほかに娯楽が少なく、配給では少ししか入手できない煙草を景品としたからである。一九五三年、パチンコ屋総数は四万三千軒にまで増加したが、これが今までの最多で、ギャンブル性が高まったとして翌年には警察が連発式の使用を禁止したため、約一万店にまで減った。けばけばしいネオンサインで飾り立てた店には、軍艦マーチなど威勢の良い音楽が流れ、玉が入り流れる音がチンジャラと騒々しく、狭い店内は人混みでごった返した。人の集まる駅前にはたいてい存在したが、自動車の普及とともに郊外に大規模店が登場した。また、客は玉を特殊景品と交換し、それを別の場所で換金する仕組みが次第に定着した。なお、経営者には在日韓国・朝鮮人や中国人が多いという特徴がある。やがて店のオートメーション化、システム化が進み、一九八〇年にフィーバー機(玉が入るとスロットが回転し、七が揃うと開口部が開きっぱなしになる)の登場以後、機械がコンピュータ化、デジタル化された。そして射幸性の高い機械が出現するたびに警察が規制することを繰り返している。こうしてパチンコは、玉を弾く技術がものをいう、少しの金で長時間楽しめる娯楽から、偶然に左右されるスロットの回転に大金をつぎ込み、特定配列を出して一攫千金を狙う、ギャンブル性の高いものに変わっていった。

参考文献　加藤秀俊『パチンコと日本人』(「講談社現代新書」七二八、一九八四)、室伏哲郎『パチンコ白書199７』、一九九七

(阿南　透)

はつい　初亥　新年最初の亥の日。亥の日は、像容が猪面もしくは猪上に乗る姿であった摩利支天《まりしてん》の縁日。東京上野の徳大寺(台東区)や雑司ヶ谷の玄静院(豊島区)、深川猿江の日先社(江東区)などの摩利支天が有名で、初亥には特に参詣する者が多かった。摩利支天は仏教の天部に属し、陽炎を意味する女神。信仰すれば姿を隠して障難を除く利益があるとされた。日蓮は行者の守護神とし、やがて武士の守護神ともなったが、近世以降には蓄財福徳の神としても信仰された。このため初亥は開運を願う商工業者や芸人などで賑わった。

参考文献　若月紫蘭『東京年中行事』(『東洋文庫』一〇六、一九六八)、斎藤月岑『東都歳事記』一(同一五九、一九七〇)

(藤原　修)

はついち　初市　年が明けてはじめて開かれる市。商店の初売りや、初不動・初観音など新年最初の縁日にたつ市のことも初市と呼んだりする。初買い・初売りを正月二日にすませる所もあるが初市は別にあり、人々にとり一年最初に大きく金銭を使う機会で招福財福を願うものであり、商人にとっては一年の商売繁盛を願うもの。その年最初の市ということで、新年を寿ぐ縁起物の売り買いが多く種々の縁起かつぎがみられる。福達磨や千両小判を付けた繭玉飾りなど、また値段以上の商品が入った宝袋や宝箱などが売り出される。初市の日取りは土地によって決まっており、群馬県下の例では早い所で七日、遅い所で二十日に行なっていた。小正月前に初市のある所では削り花や寒鮒などの縁起物も売られており、小正月を迎えるための買い物の機会の性格もうかがえるという。初市は、正月十日ころに市の神をまつる市神祭として行なっていた所も少なくない。福島県会津若松市では正月十日の市祭に、町を上下に分け米曳きをし、その年一年の商運を占い、初市としたという。初市は、若水汲み・初詣・初夢などとともに新年最初の行い事を重視する表われの一つといえる。　↓市《いち》　↓市神《いちがみ》　↓縁起《えんぎ》かつぎ　↓年《とし》の市《いち》

参考文献　『群馬県史』資料編二七、一九八〇

(畠山　豊)

初市　山形市の十日市

はつう　初卯　正月最初の卯の日。関西では住吉大社(大阪市)・賀茂神社(京都市)など、関東では亀戸天満宮内の妙義(御嶽)社(東京都江東区)に詣ることがかつて盛んであった。これを初卯詣ともいう。厄除け開運のため、住吉では卯の札という神符、賀茂では卯杖《うづえ》が授けられた。妙義では神符を竹串に挟み頭髪にさし、繭玉《まゆだま》や卯杖などを土産にして帰った。一方、埼玉県比企郡では初卯の日に年神が去るといわれ、群馬県多野郡では初卯が早いほど豊作だとするなど、卯の日と年神信仰は関連する。なお古くは新嘗祭も卯の日で、高知県では卯の神が農耕神としてまつられている。

参考文献　赤田光男『ウサギの日本文化史』、一九九七

(藤原　修)

はつうし　初丑　福岡県で旧暦二月・十一月の初丑の日に行う田の神祭。丑どんとか丑さまとか呼ぶ。ニワの荒神の前に新筵を敷いて臼を置き、テミイ(手箕)をのせて、桝に入れた餅、ナマノクサケ(鮮魚)、神酒・塩・米などを供え、蠟燭を立てる。二月を下り丑・出丑、十一月を上り丑・戻り丑などと呼ぶほか、春にタナ天神が下って田の神となり、冬は天に戻るというように、天神信仰の伝播を物語っている。

参考文献　佐々木哲哉『福岡の民俗文化』、一九九三

(佐々木哲哉)

はつうま　初午　二月最初の午の日。『山城国風土記』逸文に、稲荷神は七一一年(和銅四)二月七日初午に稲荷山三ヶ峰に鎮座したとある故事に因み、人々は五穀豊穣・招福・商売繁盛などを祈願して、全国各地で稲荷神を祭祀する。京都市の伏見稲荷大社では二月の初午になると、社殿に稲荷山の杉と椎の枝で青山飾りがなされる。これは、稲荷山の山の神を山麓の社殿に田の神として迎える神籬《ひもろぎ》の役割を果たしているとおもわれる。全国から初午に福を求めて参詣する人々は、杉の枝にお多福面が付いた験《しるし》の杉《すぎ》を買い求めるのが習わしであり、この枝が神籬となって、稲荷神を家へ招来することになる。近世には初午に伏見稲荷へ参詣することを福詣りと称し、帰路に土産として参道脇の店で五穀の種子や伏見人形・田炮《でんぽ》(土器状の物を大・中・小と三枚重ねたもの)などを買い求めた。現在でも京都市では火伏せを願って毎年一回り大きな布袋《ほてい》像を初午詣の時に買い、台所の火の神の供物として七つ揃える習俗がある。不幸があれば布袋像をすべて壊し、新たに最小の像から揃えることになっている。初午に畑菜の辛子《からし》和えを稲荷に供え、家族も食べる。茨城県美野里町では、初午に大根・人参・油揚げ・酒粕を材料として、スミツカリを作り、藁苞《わらづと》に入れて稲荷祠に供え、屋根の庇へ藁苞を二つ投げ上る家もある。初午まえにスミツカリを作ると、火災にあうとする俗信がある。

兵庫県北部では養蚕が盛んなころは、初午に繭《まゆ》の豊作を祈願して繭団子や糸餅を作って稲荷に供え、そのお下がりを味噌汁に入れて食べた。各地の屋敷神稲荷も初午を祭日とする場合がほとんどで、神前には幟が立てられ赤飯・餅・油揚げなどが供えられる。宝塚市川面《かわも》では女性が中心になって稲荷講を結成し、初午に太鼓を叩きつつ稲荷祠に参詣し、この前で重箱を開けて会食する風習がある。初午に寺院では、稲荷神の本地仏とされる十一面観音像の御開帳や、諸願成就の祈禱が修せられる。↓稲荷講《いなりこう》 ↓稲荷信仰《いなりしんこう》

参考文献 直江広治編『稲荷信仰』(『民衆宗教史叢書』三、一九八三)、五来重編『稲荷信仰の研究』、一九八五、茨城県の食事編集委員会編『聞き書茨城県の食事』(『日本の食生活全集』八、一九八五)、大森恵子『稲荷信仰と宗教民俗』、一九九四　(大森　恵子)

パッカイタㇻ　パッカイタㇻ　アイヌがこどもを背負うときに使う編み紐。パッカイは子をおぶう、タㇻは編み紐を意味している。紐の両端に近いところに、短い木の棒をわたしてしばったもの。背負う者が着ている着物の中でこどもを背負い、着物の外側からパッカイタㇻの木の棒に、こどもの尻をのせる。紐の中央部分を背負う者の額にかけて、紐の両端は前にまわしてしばる。イエオマプという地方もある。

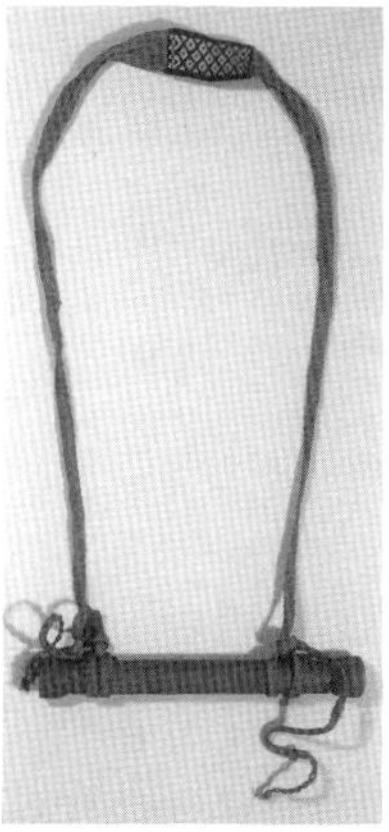

パッカイタㇻ

参考文献 萱野茂『アイヌの民具』、一九七八　(笹倉いる美)

はつかえびす　二十日戎　正月二十日にえびす神をまつる江戸の年中行事。えびす講の市が立った。『東都歳事記』(一八三八)は正月二十日を商家愛比寿講とし、愛比寿大黒の二神の前にタイを供え、万倍の利益増加を祈るとある。江戸では十月二十日と正月二十日に戎祭を行なっていたが、正月の戎祭は、関西の十日戎に対して享保以後生じた風習らしく、二十日正月をえびすの年取と呼ぶ農村の風習を、江戸の商人が繁盛を祈る行事として取り入れたのがはじまりではないかと考えられている。現在では行われていない。　↓十日戎《とおかえびす》　(中野　佳枝)

はつかしょうがつ　二十日正月　正月の二十日をいい、この日を重要な節日として特別な行事をするところが多い。「ハツカ正月目がさめた」などといい、正月行事の一つの区切り目、すなわちその終りの期日と観念してそれに伴うさまざまな行事が用意されたようである。北陸地方のシマイ正月・正月オサメをはじめ、正月ナガシ、オクリ正月とも呼ぶところがあるのはそのためだが、ほかにも行事の特色に応じたさまざまな呼称があった。西日本の各地でいうホネ正月(骨正月)・カシラ正月(頭正月)などは、正月用の年肴《としざかな》の食べ残しの骨や頭を使ってこの日の料理とするからで、これを食べて正月を終える意味である。東北地方ではマユダマ下ろし・稲刈粟刈などと称して小正月の飾り物を収めるところが多く、長野・静岡両県で飾る小正月のオニギ(お新木)もこの日に収める。一方、島根・山口・広島県などでは、この日をムギ正月(麦正月)・ムギメシ正月などと称して麦飯を供え、麦飯を腹一杯食べたりする日とされ、麦の実りを予祝する麦ほめも行われた。島根県那賀郡では、この日の夜に麦畑にあおむけに寝て「今年の麦はよい麦だ、腹から割れえ、背から割れえ」と唱えて豊作を祈っていた。なお、この日にハツエビスと称してえびす講を行うところも、関東地方を中心に各地にある。秋のえびす講とともにえびす神の去来を説く伝承は注目される。　↓骨正月《ほねしょうがつ》

参考文献 田中宣一『年中行事の研究』、一九九二　(富山　昭)

はつがね　初鉦　年明け後、最初の仏拝み。香川県小豆島では、正月の十日までは正月神をまつる期間であるため、仏事に関することは遠慮されていた。このため、仏壇の鉦を鳴らし仏を拝むのは十一日まで待たねばならず、この日をハツガネと称し、年が明けてはじめて仏を拝むための日と見做されていた。広島県比婆郡では、このことをホトケノクチアケと称し、正月十六日に行う。カガミビラキの餅を焼き、これに黄な粉をかけて仏壇に供え、この日からはじめて鉦を叩いて仏を拝んでいた。また、大阪府南河内郡ではカネオコシと称し、正月二十四日まで仏壇の鉦を叩き念仏を唱えることができなかった。さらに、一切の凶礼に携わることも忌避されていた。このほか、多くの地域ではこれらの事柄を仏の正月と呼ぶが、神事と仏事を峻別しようとした意図をうかがうことができる。　↓仏の正月《ほとけのしょうがつ》

参考文献 近藤直也「仏の正月」(『近畿民俗』一四六・一四七合併号、一九九七)、同「外道から祖先神へ」(同一四八、一九九七)　(近藤　直也)

ばっきん　罰金　制裁のために取り立てる金銭。各地の村制裁の中で最も一般的に採用されているのが過料である。過料には物納と金納(罰金)がある。村規約などに明瞭な規定があり、それに違反すると過料が課せられた。近世期における金納の場合、作物の収穫期の盗みが最も重く罰金十両という例がある。年齢に応じて差を設けている村もあり、金額は村により異なる。過料は村へ支払われ、村の道・橋普請などに使われた。物納は貨幣納に比べると事例が少なく、米や酒などが用いられた。貨幣経済のもとでは金納が一般にわかりやすく、処理しやすかったのであろう。明治以降、村落社会で冠婚葬祭の節倹励行を強固にするための罰則として一定の罰金を設ける例がみられる。生活改善の励行などでも同様である。これらは、いずれも共同生活の秩序維持という観点から理解できる罰則である。道普請、共有山の手入れなどの

共同作業に参加しない場合の出不足金なども一種の罰金と考えることができる。現代社会では、この種の共同作業は減少しているだけでなく、出不足金を払ってもよいから休日を余暇にあてたいという考えの人々が増加しているのが実状である。

参考文献 神崎直美「近世農民の罪と罰―近世村法研究序説―」(『中央史学』一三、一九九〇) (板橋 春夫)

はっけ 八卦 易占は、筮竹《ぜいちく》や算木を使った占いで、日本には古代に陰陽道とともに中国から伝えられた。『日本書紀』には、百済から遣わされた易博士の名がみえる。卦とは算木にあらわれる形象で、それによって天地間の変化をあらわし、吉凶の判断をする。卦は八卦を基本とし、さらに運勢の類型で六十四種の変化を生ずる。そのなかから、五十本の筮竹によっていずれかの卦をたて、『易経』に記されたその卦の説明文を解釈しながら占う。八卦とは、乾《けん》・兌《だ》・離《り》・震《しん》・巽《そん》・坎《かん》・艮《ごん》・坤《こん》で、「当たるも八卦、当たらぬも八卦」というように、いつからか八卦は易占の代名詞となり、易者は八卦見と呼ばれるようになった。また、卦の記号は算木を置いてあらわすので、易者のことを算置きともいう。近世、儒教の広まりとともに易の研究も盛んになり、僧侶・山伏・浪人・隠者など易占を専業とする者が増えた。辻や往来にも易者の姿が目立ち、一時易者が占い師の総称となったほどであるが、本来の研究者を除くとその実態はたぶんにうさんくさいものだったようで、『風俗画報』では「売卜者の秘伝」として、自信満々の態度をとって信用させるとか、机の上に算木を並べ八卦の順序を見て筮竹を音を立てて動かすなどして亡者の引っ掛かるのを待つ態度をとる、といった記述もみられる。なお、近世以降は、街角で商う易者はてき屋組織に属し、ロクマと呼ばれた。現代も易は廃れない。たとえば、高島易断の暦は毎年末のベストセラーであるし、街角の易者もしばしばマスコミに登場して人気を得ている。

参考文献 菊池貴一郎・鈴木棠三編『絵本江戸風俗往来』(『東洋文庫』五〇、一九六五)、村山修一『日本陰陽道史総説』、一九八一 (神崎 宣武)

はっこうしょくひん 発酵食品 微生物の力を借りて食材を別の味に変容させ、保存性を高めたもの。発酵と腐敗の違いは、食べても安心か、食傷するかである。世界にはいろいろな発酵食品がある。その発酵に重要な役割を担っているのが微生物である。発酵によってつくり出される食品には、酒やビール、ブドウ酒のようなアルコール飲料がある。酒はコウジカビや乳酸菌・酵母など何種類かの微生物の働きによって発酵するが、ビールは酵母だけである。そして味噌・醤油・味醂・酢・魚醤などの調味料もコウジカビや自己消化によって生み出される。大豆製品である糸引納豆はナットウ菌で、豆腐で作る沖縄の豆腐糕《よう》はコウジ菌の働きでできる。日本最古のスシ、滋賀県のフナのナレズシは、飯の乳酸発酵により、酸味がつき、保存性を高め、骨まで軟らかくする。これは一種の魚の漬物であるが、野菜の漬物や糠漬も乳酸発酵により、味と保存性が高まる。日本料理の煮物や吸物に欠くことのできないうま味の食材、鰹節もカビ付けをしてうまくなる。なめ物の三大珍味、このわたやカラスミ、練りウニも発酵食品である。近年消費がのびているパンやチーズ、バター、ヨーグルトなども発酵食品。パンはイースト菌と呼ぶ酵母の働きでふくらむ。ヨーグルトは乳酸菌によって牛乳が半固体状に固まってくる。チーズは哺乳中の子牛の第四胃から調製されたタンパク質凝固酵素レンニンを含むレンネットで作られる。

参考文献 島英治『発酵食品への招待―食文明から新展開まで―』、一九八九、村尾沢夫・藤井ミチ子・荒井基史『くらしと微生物(改訂版)』、一九九三 (奥村 彪生)

はつこうしん 初庚申 一年の最初の庚申の日に行う庚申講。初庚申が開催される時は「話は庚申の晩」といわれるところが多いように、この日は村方では年最初の寄合を兼ねることが多く、また庚申講が無尽を兼ねることも多かったことから、この初庚申に一年の村方の取決めをすることがよく見られた。→庚申講《こうしんこう》 →庚申信仰《こうしんしんこう》

参考文献 圭室文雄・宮家準・宮田登編『民間信仰調査整理ハンドブック』、一九八七 (西海 賢二)

はっさく 八朔 旧暦八月一日をいい、八朔節供ともいわれる。古くはこの日をたのむの祝いといい、宮中に米などを献上する例があったようであるが、民間習俗が取り入れられたものらしい。江戸幕府では八朔御祝儀といい、正月に準じた盛大な祝を行なった。一五九〇年(天正十八)のこの日に徳川家康が江戸入りしたことにちなむものといわれ、諸大名も白帷子姿で登城した。民間では概して稲の実りの前の豊穣祈願習俗と、さまざまな贈答習俗がみられた。中国・九州地方では作頼みが行われ、たのみの節供・たのもの節供などといって頼み・田実・田面などの字をあてている。鳥取県では田の畔で大声をあげ、「ホウタイマエ(穂賜え)」などと唱えて作頼みをする。熊本県では稲穂一束を神に供える所がある。瀬戸内地方では牛馬の労をねぎらって馬節供の祝いをし、餅を搗く。張り子の馬を飾ったり、糝粉《しんこ》細工の馬を贈ったりもする。西日本では八朔雛・八朔人形の贈答習俗も広く見られ、嫁を里帰りさせたり、八朔踊りをしたり、八朔盆といって盆の終りの日としたりする例も多い。神社の八朔祭も各地で行われているが、伊勢神宮でも八朔参宮といって、この日に初穂を神前に供えている。このころは農作業の区切り目でもあり、いよいよ野良仕事も忙しくなるので鬼節供・婿の泣き節供といったり、麦饅頭の食いじまいの日としたり、その饅頭を泣き饅頭と呼んだりする。岡山県ではサトイモの掘り始めで、初物のサトイモを神社に供える。関東地方では二百十日も近いので、八朔に風祭をする所が多く、農休みの祝宴をしたり、風除け札を神社から受けてきたりするが、風の神送りの習俗もよく見られる。このように、八朔は本来民間の農耕儀礼で、

それが宮中・武家社会にも取り入れられていったようである。（長沢　利明）

ばっし　末子　⇩まっし

はつしょうがつ　初正月　誕生または婚礼後はじめて迎える正月、またその祝い事。前者では嫁の里方(親元)から新生児に対して、また後者では嫁の里方から婚家、婿家から嫁の里方に向けて、あるいは新夫婦(聟)から仲人親や嫁の親などにさまざまな品を贈るのを例としている。このように人生の節目の儀礼である初正月は、贈答の主要な機会となっている。新生児の初正月には、親元・親戚・隣組などから、男児は破魔矢・弓、天神の人形、武人の掛軸、女児は羽子板・手鞠、高砂の爺婆の掛軸などが贈られ、これらの品々を飾ったり掛けたりして祝う。しかしながら、豊かでなかった時代、経済的な理由から、長男・長女だけを祝って済ませる場合もあった。婚礼後はじめての正月には、初歳暮といって暮のうちに婚家から嫁の実家に塩鮭や塩鰤を贈った。これに対して歳暮返しといって嫁の里から婚家へ鏡餅や酒を贈ることも広く行われ、この餅をオソナエとか宮津市や兵庫県美嚢郡ではヨメカガミと呼んでいる。さらに仲人親などに贈答の範囲を広げることもある。なお、富山県では嫁の里から婚家に向けた贈答が顕著で、ネントー(年頭)、あるいはネントと称して、嫁の男親がお鏡一重ねに酒をつけていく(礪波地方)、舅へお鏡、子どもができていれば反物、下駄、菓子(射水地方)といったように、嫁の男親が祝いの品物を持って婚家を訪れる。

参考文献　『日本産育習俗資料集成』、一九七五、大藤ゆき『子どもの民俗学―一人前に育てる―』、一九八二、大間知篤三「ツケトドケとウッチャゲ―富山県下の婚姻習俗―」(『双書フォークロアの視点』四所収、一九八八)

（田中　正明）

はっせい　発生　事物・現象の起源にさかのぼり、それが生まれ出る道筋を追求する研究方法。発生論は、折口信夫の学問を特徴づける方法で、「国文学の発生」「翁の発生」など、○○の発生を名乗る数多くの論文がある。折口がいう「発生」は、はじまりの時のただ一度きりの誕生・生成を意味しない。「一度発生した原因は、ある状態の発生した後も、終熄するものではない」とし、あるものを発生させた要因・構造はその後も働き続け、さらなる発生を促すとする。したがって折口の発生論は歴史時間の進行に必ずしも沿わない。いかなる時代にも、発生せしめた要因・構造にごく近い基層と、そこから発展して本質を確立し、さらに展開する層とが、幾重にも重層的に存在すると考えるのである。

参考文献　折口信夫「日本文学の発生序説」(『折口信夫全集』七所収、一九六六)、長谷川政春「解説・折口信夫研究」(角川書店『古代研究』五・六、一九七七)、山折哲雄「折口信夫の歴史認識と時間」(『日本人の民俗的時間認識に関する総合研究』所収、一九八六)、阪井芳貴「発生」(西村亨編『折口信夫事典』所収、一九八八)

（高梨　一美）

はっせつ　八節　二十四節気の中の、春分・秋分の二分、夏至・冬至の二至、立春・立夏・立秋・立冬の四立のことをいう。暦の春夏秋冬はそれぞれ立春・立夏・立秋・立冬から始まる。立春は旧暦では一年のはじめとされ、八十八夜などの雑節の基準日とされた。春分・秋分は春と秋の真中にあり、春・秋を二分するところから名付けられたようである。夏至と冬至は夏と冬の真中にあたり北半球ではそれぞれ昼の長さと、夜の長さが最長になる日である。（佐藤　良博）

はつぜっく　初節供　子供が産まれて最初の節供を初節供といい、女児は三月三日で、男児は五月五日という例が多いが、日本全国の初節供についてみていくと、さまざまな様相がみられる。三月三日の節供は女の子には母親の実家をはじめ親戚などからお雛様が贈られることが多いが、女の子だけでなく男の子にも天神様や武者人形などが贈られる例が群馬県・埼玉県・静岡県・岡山県・広島県などにみられる。お雛様や天神様などをもらったお返しには菱餅などの餅の場合が多いようである。贈答は初子の時が共通して派手である。五月五日の端午節供は男の子の初節供として祝うことが多く、母親の実家をはじめとした親戚などから、鍾馗などの描かれた幟や鯉のぼりを贈ることが広くみられたし、特に男の子の初節供には大凧を上げる例が、千葉県・神奈川県・静岡県・高知県などにみられる。若い衆が凧を上げてくれると、初節供の家では、御馳走を作り、接待をすることがしばしばみられる。広島県では五月の初節供には幟を立て、子供は赤い鉢巻をし、産土神《うぶすな》にお参りする。千葉県では男女をとわず初節供には仲人や親戚を招待して祝う。奈良県では三月の節供に女の子にヒナギクモノ、五月の節供に男の子にショウブヒトエモンという着物が贈られる例がみられるし、大分県でも三月三日には女の子に、五月五日には男の子に産着が親元から贈られる。

参考文献　文化庁編『日本民俗地図』五、一九七五、『群馬県史』資料編二六、一九八二、埼玉県立歴史資料館編『秩父の通過儀礼』、一九八三、『新編埼玉県史』別編二、一九八六

（栃原　嗣雄）

はったいこ　はったい粉　米または麦の新穀を炒って粉にしたもので香煎《こうせん》ともいう。大麦を炒って粉にしたものは麦焦《むぎこがし》という。京都府竹野郡では正月二十日をはったい正月といい、玄米を炒って粉にし湯を注いで食べる。麦焦を儀礼食として食べる民俗は全国的にあり、福岡県柳川市付近の二月十五日の香ばし節供、五月五日ないしは六日に麦焦を食べ、家のまわりにまいて虫除けをする行事は広く分布する。寺院の涅槃会に麦焦を食べるところも多い。（大舘　勝治）

はつたうえ　初田植　本田植に先立って儀礼的に行われる田植え。苗忌みの日、あるいは旧四月の卯の日に行う地域が多い。関東・中部地方および南西諸島あたりでは、

サオリ、ソオリなどといわれているが、一般的にはサンバイオロシ、サビラキの呼称がひろく分布している。この日、三株の苗を田に植え、別に三把の苗を神に供え、赤飯を炊いて祝う。さらに田の水口に栗など、実のなる木の枝を挿して田の神をまつったり、三把の苗をニワの臼の上にのせて酒や赤飯を供えたりする。また、苗取りにとった最初の苗を三把もち帰り、ニワに臼を伏せた上にのせて酒と赤飯とを供えて田の神をまつる。その苗をその日一番先に植えるのを青森県三戸郡では初田植といっている。供物には、炒米・焼き味噌などを蕗の葉に包んだものや、ハラミダンゴといって、小麦の団子を葉に包んだものがみられるが、この包みものが稲の実るのを形取ったものと考えられている。山形県最上郡では、苗代の種子播きから三十三日目に、形ばかりの田植えを行い、これを苗開きといっている。栃木県芳賀郡あたりでは、苗開きも初田植の日のことで、これは六月上旬である。この日、赤飯を炊いて田の神へ供え、手伝った人たちや親類に食べさせた。長野県南安曇郡あたりでも、種子下ろしから三十三日目を田植え始めの日とし、この日は必ず一株でも植えておかねばならないといわれた。熊本県天草地方では、旧四月卯の日に二、三把の苗でも挿し、これを卯の月卯の日の植え始めというところがあった。これらの儀礼からもわかるように、初田植は一つに播種後の三十三日目に始めることから苗忌みの民俗との関連がうかがえる。二つ目に、儀礼として苗を三把程度植えるのが一般的であり、この苗が田の神の依代となっている。三つ目に、田の水口にも木の枝を挿すことから、水口祝いとも関連があるのではないかと考えられている。
↓サオリ　↓苗忌《なえい》み

参考文献　酒井卯作『稲の祭』(「民俗民芸双書」、一九六八)、倉田一郎『農と民俗学』(同、一九六九)、早川孝太郎「農と祭」(『早川孝太郎全集』八所収、一九八二)

（鈴木　通大）

はつたび　初他火　伊豆八丈島における女性の初潮祝い。ハツデ、ウィデともいう。他地域ではハツイワイ、ハツハナ、ハツカドなどと呼ぶ。八丈島では月経の忌小屋をタビと呼んだので、ハツタビとはタビにはじめて出るという意である。隔離の期間が終り、海水で身を清めて帰宅した後、ウィディワィと呼ぶ祝宴が行われた。女性の一世一代の祝いで、婚礼よりも盛大であり、この祝いの後すぐに縁談の申し込みがある場合も多く、娘の成女式の意味を持っていた。↓初潮《しょちょう》

参考文献　大間知篤三『伊豆諸島の社会と民俗』(「考古民俗叢書」、一九七一)、同「八丈島—民俗と社会—」(『大間知篤三著作集』四所収、一九七八)、瀬川清子『女の民俗誌—そのけがれと神秘—』(「東書選書」五八、一九八〇)

（浅野　久枝）

ばったり　ばったり　⇩水車《すいしゃ》

はつたんじょう　初誕生　生後満一年目の誕生日をいう。この日、餅を搗き、近親者や隣近所を招き宴を開いて祝う。初誕生のころは早い子はもう立ち歩きを始め、遅い子はこれからという時期であるが、誕生前に立ち歩きを始める子は、将来親や家から遠く離れるなどといってこれをきらい、この日、餅を子供に背負わせて歩かせたり、わざと突きころばせたりする。地方によっては餅を子供にぶつけて倒すところもある。また、その餅を背負った子供を箕の中に立たせて「しいなは舞い出ろ、よい実は残れ」などと唱えるところもある。九州地方では餅踏みといって平たくのばした餅を子供に踏ませるところが多い。まだしっかり立ち歩きできない子も大人が手をとってやって餅を背負わせて歩かせたり踏ませたりする。餅は一升の餅を搗くところが多く、これをタッタリ餅、ブッツケ餅、力餅などと呼んでいる。一般に、年齢は、数え年で数えられ年玉の一つ一つと考えられたために、年を取るのはみんな一緒で正月の年取りのときとされ、個人ごとの毎年の誕生日を祝う習慣はなかった。しかしこの初誕生日だけは祝うものであった。それは、子供が立ち歩きを始めるに際してやどるかもしれない邪霊の追い出しと、新しい清らかな稲魂《いなだま》の注入、魂《たま》入れをはかるための儀礼であったと考えられる。また、この日には、筆や算盤、財布、枡それに鋏《はさみ》や物差しなどを子供の前に置き、どれを取るかによってその子が将来何が上達するか、何になるかなど占ったりするところが、西日本の各地にみられる。↓誕生日《たんじょうび》

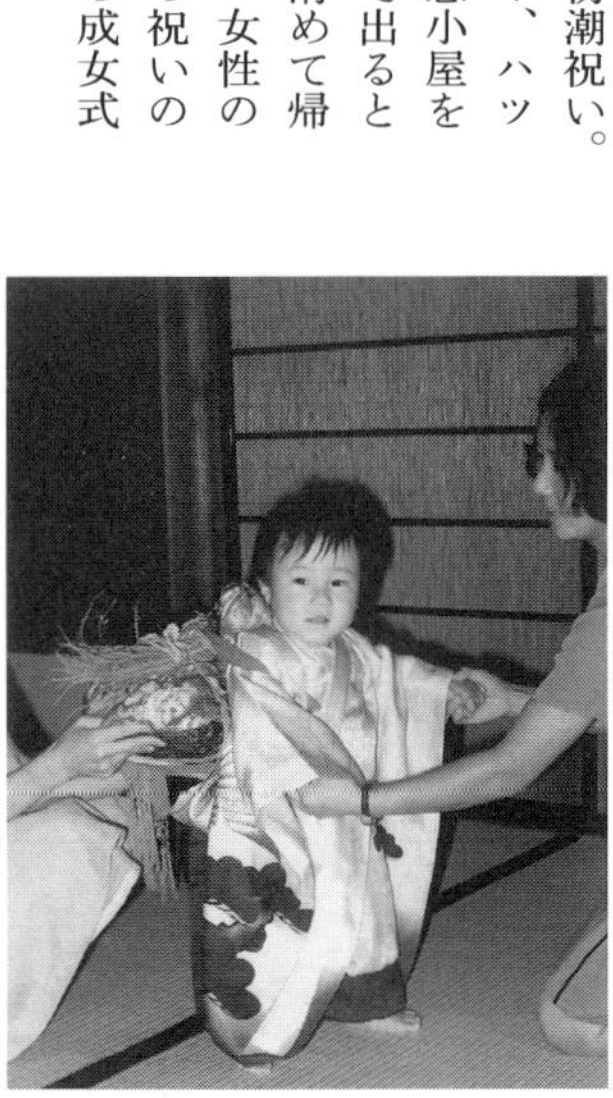

子供に鯛を背負わせる初誕生の行事(島根県八雲村)

参考文献　『日本産育習俗資料集成』、一九七五、大藤ゆき『児やらい』(「民俗民芸双書」、一九六八)、新谷尚紀『死と人生の民俗学』、一九九五

（新谷　尚紀）

ハッチョウジメ　ハッチョウジメ　疫病などの災いがムラに入って来ないように、ムラの入口に注連縄などを張る道切り行事の一種。八丁注連とも書く。北関東、特に群馬県と栃木県によく見られる。群馬県伊勢崎市では、道の両側に二本の竹をたて、注連縄を張って幣束を下げた。ハッチョウジメで守られるムラの内側は安全な空間とされ、「ハッチョウジメの外に出るときは褌を引き締めろ」「ハッチョウジメの外は仇と思え」などといった。

（斎藤　弘美）

はつに　初荷　かつては一月二日が仕事始めとされたが、その際商家が正月行事の一環として行う営業行為のこと。取り扱う商品そのものを指す場合もある。また、旬の農水産物をはじめて出荷する時にもいう。前者の場合、得

新年市中初荷の図(『風俗画報』85号より)

意先へ届ける形を採るのが特徴で、店を出発する時は儀礼が行われる。荷を積んだ車には飾り付けがなされ、賑やかに触れながらいった。届け先からは祝儀が出るが、通常の決済とは違い、お互いに損得は問われない。この点は現今の福袋に通ずるものがあるといえるだろう。
→仕事始め《しごとはじめ》

参考文献 『豊島区民俗資料調査報告書』、一九七七
(胡桃沢勘司)

バッハオーフェン Bachofen, Johann Jakob 一八一五—八七 スイスの法学者。バーゼル大学でローマ法の教授をつとめたのち、判事となる。一八六一年には神話や古典文献の研究に基づいて『母権論』を著わし、人類の婚姻と家族の歴史は、娼婦制→女人政治制→父権制という三つの段階を経過して発展してきたとする進化論的学説を唱えた。第一段階の娼婦制とは乱婚制であり、彼は原始乱婚制の最初の提唱者でもあった。第二段階は、乱婚制がなお跡をとどめているものの、婚姻制度も形成されて、第一段階から第三段階への過渡的な段階と位置づけられた。第三段階では乱婚的な関係はまったくなくなり、夫婦の間での排他的な性関係が確立したという。乱婚制のもとでは、子供の父親が誰であるかを確定することは困難であったので、系譜は母から子へと辿られ、子供は母方に居住し、確実に知られる唯一の親として母親が尊敬された。これが制度化されて、第二段階では女人政治が行われた。こうして、第一と第二の段階においては母権制であったが、婚姻制度の確立した第三段階においてはじめて父権制が登場したと主張した。彼の母権制先行説は、人類は昔から男性による支配が続いているとする通説に衝撃を与え、モーガン Morgan らの進化主義の人類学者によって継承され大きな影響を与えた。しかし、彼の主張には厳密な実証的根拠を欠くところがあり、のちには批判された。翻訳として、『母権論序説』(吉原達也訳、一九八九)、『母権論』(岡倫男・河上倫逸訳、一九九一—九四)、『母権制』(吉原達也・平田公夫・春山清純訳、一九九二・九三)などがある。
(中山　和芳)

はっぴ 法被 半臂《はんぴ》の転じたもので、半幅の袖をつけた半纏様の短着をいう。その起りは一六五七年(明暦三)正月の江戸振袖火事にあるとされ、火事場の人々が着ていた家紋や家印入りの羽織が法被のはじまりであるという。職人や商人のあいだで用いられる印半纏もここから起った。岩手県では袖なしの上衣をハッピといい、半袖のついたものは身頃と手首に橋を架ける意からハシカケハッピと呼ばれる。また、三重県では筒袖襦袢をハッピという。

参考文献 『江馬務著作集』二、一九七六
(宮本八恵子)

はっぴゃくびくに 八百比丘尼 長寿伝説の一つ。漁師が珍しい魚を釣る。その魚は人魚の形をしていた。そこへ通りかかった坊さんが「庚申祭にこの奇魚を供えて祈ると、厄除けになるとともに福徳がやってくる」という。その奇魚を小さな娘が一切れ食べてしまう。その娘は八百歳の齢を得る。その後横穴に入って往生したと伝える。『康富記』一四四九年(宝徳元)五月二十六日条に、若狭国から「二百余歳の比丘尼」が上洛したとあり、当時この話は評判になり、衆人の関心を高めたようで『臥雲日件録』や『唐橋綱光卿記』などにも記録されている。若狭・能登・越後・佐渡・出雲・隠岐などの日本海側の地や、太平洋岸でも、土佐・播磨・安芸に、また内陸部では、尾張・会津にも伝えられている。『拾椎雑話《じゅうすい》』の高橋の長者の娘が類話とみられるが、『清悦物語《せいえつ》』には、ニンカンという皮のない朱色の魚(人魚の肉という)を食したため四百年の齢を得て、源義経について詳細に語ったとある。また若狭の八百比丘尼も源平の合戦を目のあたりに見たことから、義経・弁慶の北国街道下りに出会ったという、義経伝説とのかかわりについても説かれている。折口信夫は女の唱導者によって、柳田国男は比丘尼によって、この伝説が伝播したとする。話の荷担者とされる八百比丘尼や女性唱導者の民間信仰に果たした役割は大きい。八百《やお》比丘尼とも、また肌が白かったので白《しら》比丘尼とも称されている。

参考文献 高橋晴美「八百比丘尼伝説研究」(『東洋大学短期大学論集日本文学編』一八、一九八二)
(倉田　隆延)

はつほ 初穂 神前に供えられる初物。元来は、その年最初に収穫された稲穂を指す言葉であるが、ほかの初物や新穀ばかりではなく金銭でもって奉じられる場合もこの語が用いられている。こうした、初穂を供え共食する神事が新嘗祭の基本的な性格である。伊勢神宮(三重県伊勢市)では秋の収穫時の祭を神嘗祭(十月、元は陰暦九月)と称するが、神田で熟成した稲は穂先を抜いて収穫される。これを抜穂という。大嘗祭の斎田における収穫も抜穂であり、かつては童女が最初に手を染める例であった。抜穂を田の神、氏神、竈神(荒神)、道祖神などに掛け献じたことから穂掛《ほかけ》ともいい、本格的な収穫祭に先立って

穂掛を行う地方もある。伊勢神宮では懸税《かけちから》と称して、刈り取った稲束が外玉垣に掛けられる。歴代天皇の陵墓に献じられるものを荷前《のさき》というが、十二月の奈良市春日若宮御《おん》祭では荷前と称して、稲束を振り分けに担いだ所役が行列に加わる。稲穂そのものではなく米を白紙に包み上部を捻りオヒネリとして供えられるのは新たな展開の形である。初穂を調理して蒸飯としたり、一夜酒などの酒に醸造して献ずる場合も見られる。こうした収穫に対する感謝・喜びや再生回帰する生成力・生命力に対する信仰が、稲以外の穀物・野菜・果物・花卉・海産物など季節感のあるいわゆる初物を尊ぶ観念と結びついている。

↓供物《くもつ》、↓神饌《しんせん》

参考文献 神社本庁編『神社祭式行事作法典故考究』、一九九四　（桜井　治男）

ばつぼく　伐木　樹木の伐採作業のこと。伐採にあたっては樹木が伐採適期であるかは重要である。切り旬《きしゅん》の良い時期に伐採すると耐久性も増加し、虫食いなどの被害が少なく、加工にあたって木材表面に光沢がでる。通常伐採適期は晩秋、十一月下旬とされる。落葉樹では葉が一枚枝先に残った時を最良としている。実際には九月から一月いっぱいを適期と呼んでいる。反対に五〜七月にかけては切り旬の悪い時期とされている。実際にこの時期に伐採したものはすぐにカビが生える。ところがこうしたカビを積極的に生えさせて黒斑を生じさせたサビ丸太は装飾に使われ、通常以上の価値を生むこともあり、一概に悪い時期とはいえない面もある。伐採にあたってはすこしでも材積を多くとることが要求されるため、根元際で伐採することが普通である。樹木は斜面に生えていることが多く、このため斜面下方に傾いていることが普通であることから、谷側に倒れやすい。こうした場合伐採時の衝撃が大きく木材の割れなどの原因となりやすいことから山側斜面に倒すことも行われる。実際には枝の偏り、幹の曲がりも関係して伐採の方向は決定される。時には切り口にくさびを入れて転倒する方向を変えたり、まったく逆の方向に倒すこともある。転倒させる方向に大きく受け口を切って方向を決める。この時受け口が不十分な大きさであった場合、芯抜け、あるいは伐った木が倒れずに他の木にかかる掛り木となることもある。伐採にあたっては塩・酒などを木に供え、切り株に常緑樹の枝を差すこともある。↓杣《そま》

参考文献 林野弘済会長野支部編『木曾式伐木運材図会』、一九七五　（中川　重年）

はつぼん　初盆　⇩新盆《にいぼん》

はつみやまいり　初宮参り　⇩宮参《みやまい》り

はつむこいり　初聟入り　婚姻の当事者である男性自身がはじめて相手方の女性の両親(家)を訪ね、正式に親子名のりをし固めの盃を交わす儀礼。単に初聟《はつむこ》と称されるほか、新客《しんきゃく》、見参《げんぞう》、打揚《うちあ》げなど地域により、さまざまな呼称がある。越中・能登では、ウチアゲに対してハリアゲという表現で聟養子を迎えた女性(嫁)がはじめて男性(聟)の両親(家)を訪ねる儀礼を指す例もある。聟入婚、足入れ婚、嫁入婚ともに不可欠の儀礼とされ、婚姻の成立ないし承認に深く関係した。その儀礼が挙げられる時期について、一時的聟入婚において婚姻成立後である例が確認されており、初聟入りは一律に、婚姻成立前に行われたわけではなかった。また、嫁入婚では、結納時に行われる例、嫁が引き移る日の日中に執り行われる例、嫁の初里帰りの際の例、嫁の引き移りから半年後、一年後などの例があって一様ではなかった。しかもその儀礼の実態は、ある行事に兼ねて行われるとか、とりたてて親子盃を交わす雰囲気のものではなかったなど、四角ばったものでなかったとする伝承例が少なくない。柳田国男は、初聟入りは元来嫁入りに先立って行われねばならぬ儀礼であって、嫁方がある男性を聟として承認する意義があったと説き、嫁入り当日の日中に済ますのは古い形ではないと説いた。しかし実際の伝承ではそうした理解に逆行する変化をとげたとする資料が広い範囲に分布していること、儀礼の実態からすればとうてい聟承認とは信じ難く、かえって聟方が婚姻を確定しようとする意義があったこと、などの理由から疑問視する者がいる。少なくとも地域を超越して同じ変遷をたどったとか、婚姻形態の違いにかかわらず、同じ意義を有するなどといった理解はできないであろう。↓ウチアゲ　↓見参《けんざん》

参考文献 柳田国男「婚姻の話」(『柳田国男全集』一二所収、一九九〇)、大間知篤三『婚姻の民俗』(『大間知篤三著作集』二、一九七五)、江守五夫『日本の婚姻―その歴史と民俗―』(「日本基層文化の民族学的研究」二、一九八六)、天野武『結婚の民俗』(「民俗学特講・演習資料集」一、一九九四)　（天野　武）

はつもうで　初詣で　新年にはじめて社寺に参詣すること。元日早朝に行くのが一般的である。産土神や鎮守・氏神にもうでるのが古い形である。氏子の人々が元日に時刻を決めて集まって、新年の挨拶をかわすところもある。今では著名な社寺へ参詣する人が多く、毎年、三百万人以上の参詣者を集める所もあり、大晦日の夜の古い年から新しい年への二年参りとして電車の終夜運転が行われる。以前は、その年の年神が宿る方角である恵方にあたる神社に、開運札やお守りを受けるために暗いうちから出かけることが行われていた。初詣では、現在でも和服を着たりして改まった気持ちで出かけ、賽銭をあげて家内安全などの願い事を行い、新しい年の幸せを祈り、神籤《おみくじ》をひいて運勢を占ったりする。お参りしないとよくないことが起るかもしれないという不安感が多くの人々が初詣でを行う理由と思われる。正月の期間は死の穢れをきらうために寺とのかかわりをさけようとするが、近年、祈禱寺に御利益を得ようと参拝する人が多くなった。東京浅草の浅草寺《せんそうじ》、千葉県の成田の新勝寺などは多くの参拝者を集めている。元日から七日までの間に、大黒・えびす・弁天・毘沙門・寿老人・布袋・福禄寿の七福神

を参拝して福神を集める七福神参りが行われる。初詣でに娯楽の要素が加わったものといえる。→七福神巡り《しちふくじんめぐり》

参考文献　宮田登・萩原秀三郎『催事百話―ムラとイエの年中行事―』、一九八〇　（佐藤　良博）

はつもの　初物　その年のはじめに取れた収穫物・漁獲物などをいう。特に、旬に先立つものを走り・走り物・初成りなどといい、珍しさから献上品・贈答品などに用いられた。「目に青葉山ほととぎす初鰹」といわれるように、江戸・東京では初夏に水揚げされる初物のカツオが特に珍重された。その季節になると取れ始める回遊魚を、神社に供えて海の恵みに感謝し、大漁祈願をする漁民の習俗は全国的にみられる。農家にとっても、初物の作物を神棚や神社にささげ、収穫感謝と豊穣祈願とする例が広く見られ、秋の新嘗祭・献穀祭も稲の初穂を神に供える祝祭であった。盆棚の正面にチガヤの縄を張り、そこにナス、サトイモ、豆類、ホオズキ、穀物の初穂などを飾るのも、夏作物の初物を精霊にささげたものである。十五夜の衣被ぎ《きぬかつ》のサトイモ、三月節供のハマグリ、十日夜・亥子の牡丹餅なども同様な意味を持っている。初物は儀礼的にも特別な意味を持っており、まずそれを供物として神にささげ、しかるのちにその御下りを人間が食すべきものともされていた。関西などでは、七夕の供物に用いられるウリやトウモロコシなどを、「七夕様が初物を食べたい」といっているからと、子供らが他人の畑から勝手に採ってもよいことになっている例がみられる。先の盆棚の供物についても、同様なことがよくいわれる。初物はまた、贈答品としてもよく用いられた。埼玉県などの麦作地帯では、初夏に収穫された初物の小麦を粉にひき、饅頭などに作って嫁の里などに届けるが、これをコナバツ（粉初）とかコナバチとかいっている。東京都の多摩地方では、麦やアワの収穫期にその初物を寺に納めて布施としたが、これを麦初《むぎばつ》・粟初《あわばつ》と称している。　（長沢　利明）

はつやのいわい　初矢の祝い　狩猟儀礼の一つ。男子がはじめて獲物を射止めたときの祝福の儀礼。『吾妻鏡』によれば、源頼朝の長子、頼家が十四歳ではじめて鹿を射て早速その夜、矢口祭を行なったことを記している。九州各地ではヤビラキ、ハツヤの儀式と称して、生まれてはじめて獲物を仕留めたものが、仲間の狩人全員を招き、祝宴を催している。小謡を歌うこともあった。関東ではヤマイワイと称して、酒宴を催している。鹿児島県大隅地方ではオリメと称して一人前の猟師と認める儀式とされた。

参考文献　千葉徳爾『狩猟伝承』（『ものと人間の文化史』一四、一九七五）　（永松　敦）

はつやま　初山　正月はじめて山へ入り、山仕事始めを祝う儀礼。山入り、山の口明け、キリゾメ、コリゾメ、ヤマタテなどともいう。行う日は二日・四日・八日・十一日とさまざまであるが、行事内容は神酒・幣束・餅・洗米などを持って近くの山へ入り、適当な木の元で幣を切り、餅を焼き山の神へ供える点、形式的な山仕事をする点で全国ほぼ共通している。戻る際には小正月用の若木を迎えてくる地方も多い。和歌山県西牟婁郡では四日に若山へ行くといい、山の神をまつり、カシの木を月数分だけ切り一荷とし柴とともに持ち帰る。柴は恵方棚に上げ、カシは細かく割って竈の上に保存し、田植えの昼食や年末の餅搗きの燃料とする。これを穂木《ほぎ》と呼ぶ。福岡県八女郡では二日に切ってきたカシの木を一本だけ残しておき、初田植に飲む茶を沸かすのに使う。京都府桑田郡では二日をキリゾメ、コリゾメといい明きの方へ向かって木を切り、山の神へカギをかける。鹿児島県大隅地方では二日に山の口明けを行い、タラなどの木を多く採取し皮を削り家へ持ち帰り、神棚・仏壇・墓に供える。また初山には鳥呼びが行われる。山の神への神供として持って行った餅や粢を呼び集めた鳥に与える行事で、その食べ具合によって年占を行うもの。主に東日本に多く見られるが、西日本では鳥呼神事・鳥喰神事とよび、神社祭礼に散見される。厳島神社のお島廻式の一環として海上で行われるお鳥喰神事がよく知られている。→仕事始め《しごとはじめ》　→山の神《やまのかみ》　→山の口明け《やまのくちあけ》

参考文献　柳田国男「野鳥雑記」（『柳田国男全集』二四所収、一九九〇）、文化庁編『日本民俗地図』一・二、一九六九・七一　（明珍　健二）

はつゆめ　初夢　新年最初に見る夢。夢は単なる生理現象ではなく、神仏のお告げであると考えられて、夢見を重要視し、その吉凶に気を使う伝承がある。年頭によい夢を見て幸運のお告げを得ようという願いが強かった。初夢の夜をいつにするかについては一様ではなく、節分の夜、大晦日の夜、元日の夜、二日の夜など諸説がある。現在ではさまざまな事柄を始める日ということで、二日の夜に見る夢を初夢とするのが一般的になった。よい初夢を見るために宝船を描いた絵を枕の下に敷いて寝ることが古くから行われてきた。宝船は他界から金銀財宝を積んで訪れ、富をもたらしてくれる船で、金嚢・打出小槌・隠れ蓑・酒壺などを積んだ帆掛船に七福神が乗っている江戸の絵柄が一般的になった。この宝船の絵の上の方には、「ながきよのとおのねふりのみなめざめなみのりふねのおとのよきかな」という、下から読んでも上から読んでも同じ文句になる廻文が記され、これを三度読んで寝るとよい夢を見ることができ、幸運が訪れるといわれている。めでたい夢の代表格は、一富士・二鷹・三茄子であるが、地方によっては、このほか葬式・火事・蛇の夢もよい夢とされている。初夢が悪い夢であった場合には、起きたら宝船の絵を川に流すとよいとか、ナンテンのところに行って夢の内容を話すと難を転じてよくなるといっている地域もある。近世には京・大坂では節分に諸社寺で宝船が頒布されていたが、江戸では正月早々から宝船売りが町中を宝船の絵を売り歩いていた。→宝船《たからぶね》

参考文献　山本明『ふくしまの年中行事』、一九七八　（菊池　健策）

はつりょういわい　初漁祝い　その年の漁期のはじめに、えびすや船霊などの漁神にハツウオを供え、豊漁を祈願する儀礼。この祝いはそれぞれの地域で漁の対象となる魚ごとに行われる場合もあるが、その地方で最も重要とされる漁の開始の祝いが中心となっていることが多い。この祝いのことをエビスイワイ、クロヤキイワイ、アヅキスゴシ、サンバアヅケ、ハツドリイワイなどと呼んでいる。静岡県榛原郡御前崎町では八十八夜の日に一同が集まり、カツオ漁の開始を祝ったという。東京都青ヶ島では春の彼岸前後から開始されるトビウオ漁の季節に漁獲が豊富であることを祈願して、イモで団子を作り、浜に降りて船の前で踊り、終ってから団子を海に投げ、海の平穏と豊漁を祈願する。これを船祝いという。佐賀県東松浦郡鎮西町加唐島では漁期に先立ってその年の春、氏神社で飲食することをデフネという。長崎県福江市椛島では、漁期のはじめに焼酎一斗を漁師に飲ませていた。これをオキダチという。また、入船の時に港近くの神に魚の胆を供える民俗が岩手県気仙郡三陸町や宮城県気仙沼市大島でみられる。牡鹿半島や宇建、愛媛県など、カツオ漁やマグロ漁では心臓を供物とする場合もある。初漁の魚は船霊、えびすなど漁の神に供え、それから船主・船子一同で共食するのが普通であるが、特定の人物に食べさせたり、妊産婦には食べさせないという所もみられる。妊産婦を避けることはカツオ漁において特に強い。→船祝い《ふないわい》

参考文献　桜田勝徳『漁村民俗誌』、一九三四　（安田　宗生）

ばていせき　馬蹄石　馬のひづめの形のくぼみがあるという伝説をもつ石。千葉県安房郡鋸南町には名馬池月のひづめの跡だという石があり、田の真ん中にあった。耕作の邪魔だと取り除くと病気になるといわれていた。神が馬に乗ってこの世を訪れるという観念があったことを考慮すると、馬のひづめは神の来臨のしるしとみなすことができる。すなわち、かつてこれらの石を神の依代として祭が行われたのだと推測される。→足跡石《あしあといし》　→手《て》形石《がたいし》

参考文献　野本寛一『石と日本人』、一九八二　（大嶋　善孝）

はてなしばなし　果無し話　昔話の語り手が語りの終了をのぞんでいるのに、聞き手がなお話をせがむのを防ごうとして、際限なく同じことを反復する話。聞き手が閉口して多くの場合、話が切り上げられた。「蛇が伊勢詣りに今日もノロノロ、明日もノロノロ（下略）」などと一つの動作を反復したり、聞き飽きるまで語りを聞きたいという殿様に果無し話を語って褒美をもらう形をとるものがある。きりなし話、長い話などと呼ぶこともある。→鼠《ねずみ》の渡海《とかい》

参考文献　柳田国男「昔話と文学」（『柳田国男全集』八所収、一九九〇）、田中瑩一「わが国における形式譚の分類について」（『日本文学の伝統と歴史』所収、一九七四）、武田正『火もらい婆考』、一九八六　（武田　正）

ばとうかんのん　馬頭観音　六観音の一つ。頭上に馬頭を戴く忿怒相の多面多臂の観音菩薩で、経典に動物や畜生道に苦しむ者を擁護すると説かれ、馬頭をもつところから馬の守護仏として信仰されるようになった。馬頭観音はすでに奈良時代に仏像が製作されているが、古代・中世を通してその作例は少なく、独立した信仰対象となっていたか疑わしい。馬の守護仏としての信仰が広まるのは江戸時代になってからのことで、各地に馬頭観音を本尊にまつる堂が建てられ、大量の石仏が路傍に造立された。各地の馬頭観音堂では、馬にまつわる霊験を説き、馬のための守札などを発行したところから、北関東などでは愛馬を引き連れて参詣することが広くみられた。絵馬を出す堂も多く、埼玉県東松山市上岡の妙安寺観音堂では毎年縁日の二月十九日に絵馬市が立ち、参詣者が愛馬に似た毛色の絵馬を求め、厩に取り付けておくと一年間馬が健康であるといった。また、馬頭観音の石仏には、像容を表わしたものと、「馬頭観音」や「馬頭尊」などの文字を刻んだものがある。その造立者から愛馬の供養のために馬主が造立したものと、馬持中や博労など馬に関係する職業集団などが造立したものに大別されるが、数量的には圧倒的に前者が多い。造立場所は、屋敷内の厩付近、馬捨て場や村境、峠や山道など交通の難所などが選ばれた。一九六〇年（昭和三五）ごろを境に、馬が激減し、馬頭観音の信仰も衰退している。→馬力神《ばりきじん》

馬頭観音（群馬県群馬町中里）

参考文献　大護八郎「馬に関する信仰と馬頭観世音」（『日本の石仏』一〇、一九七九）　（時枝　務）

はなかご　花籠　葬具の一種で、多くの場合、割竹で籠を編み、編み残しの割竹の部分を長く残して束ね、放射状に広げたもの。これを竹棒の先につけ、残したひごには、花型や三角などに切った色紙を張り付ける。籠の中には紙吹雪や小銭を入れ、葬列の途中などでこれを振る。高齢者の葬儀の場合、長寿にあやかろうとこの小銭を争って拾うという地域もある。また、葬儀の規模によって、花籠の数が決められている地域もある。新潟県佐渡島では、子供の葬儀の折に戸外に立てる小型の籠をいい、椿の葉と水と柄杓を添え、通行人に葉を籠に入れ水を掛けてもらう。

参考文献　浜口一夫『佐渡相川の歴史』八、一九八六、五来重『葬と供養』、一九九二
（山田　慎也）

はながさおどり　花笠踊り　頭に花笠をかぶって踊る風流系の芸能の総称。花笠は平安時代には、祭礼の馬長児《めちょうちご》が尾長鳥の羽根や、花などで飾った綾藺笠《あやいがさ》をかぶって登場しており、中世の絵画資料には、宴席に神の依代として飾られる島台《しまだい》を、頭に頂いて踊る姿が描かれるなど、神勧請の依代としての機能と、華やかさを競う風流の趣向とが相まって、早くから祭礼に登場する。特に田楽躍の笛吹き役は、美麗な造花で飾り立てた大きな花笠をかぶることで知られる。集団の踊りである風流踊りの登場は、室町時代後期であるが、その趣向として踊り手全員が揃いの衣裳に採物《とりもの》を持って踊ったが、頭に花笠をかぶる場合も多かった。現在民俗芸能としても、各地の風流踊りに残るが、中央に菊・牡丹・人形などを飾り、周囲に三十本ほどの垂れ花を垂らした笠をかぶり、胸の太鼓を打ちつつ風流系の踊り歌にあわせて踊る広島県山県郡千代田町本地や、大花燈籠と垂れの小さい小振りな花笠をかぶって踊る山口県熊毛郡熊毛町八代が著名である。京都市左京区久多の花笠踊りは、精巧な造花で飾った美しい燈籠をかぶり、滋賀県東浅井郡浅井町集福寺でも、実体は太鼓踊りであるが、踊り手が造花で飾った花笠をかぶる故にこの名で呼ぶ。なお山形市の観光行事としてつくられた花笠踊りが、東北の夏祭の一つとして、近年急速に著名になった。

葬列で花籠をふる

幡・花籠・燈籠

和歌山県古座町の花籠

花笠踊り（山形市）

花笠踊り（山口県熊毛町）

参考文献　本田安次『田楽・風流一』（「日本の民俗芸能」二、一九六七）、同『語り物・風流二』（同四、一九七〇）
（山路　興造）

はなく　花供　修行として峰中の霊地や拝所に花を供えてまわること。山伏はこの花を立てて依代とし、峰中のいたるところに実在する霊や神をまつった。その由来は南都諸大寺の堂衆が行なった当行《とうぎょう》という一夏安居《いちげあんご》の供花修行にあったといわれ、平安時代後期には東大寺の堂衆も、奈良東山の花山から採ってきた花（樒《しきみ》）を諸堂社に供花する千日供花行（千日不断花行）を行なっていた（法華堂扉柱落書の刻銘）。近世末期の『花供手鑑《はなくてかがみ》』によれば、五月五日から八日まで天川《てんかわ》村坪内《つぼのうち》から小篠《おざさ》を経て吉野へ出るのを花供といったとある。現在、京都醍醐寺三宝院では毎年六月六日から九日にかけて、大峯山花供入峰修行が行われる。

参考文献　『山岳宗教史研究叢書』、一九七五－八四、五来重

『修験道入門』、一九八〇、修験道修行大系編纂委員会編『修験道修行大系』、一九九四　（豊島　修）

ハナコドリ　ハナコドリ　長崎や南九州でムラの氏神や小祠の世話をし、時には祭祀を執り行う者。コウハナトリ、ハナゴトなどともいい花香取の義か。神社の近くの信心深い人が務め、何代か続いている家もあるが必ずしも特定の家筋ではない。小祠を清掃し花や水を替えて宮を守り、祭には注連縄をない、供物を準備する。熊本県上益城郡矢部町では祭を執り行い、熊本県宇土市花園町の山王神社では神殿に納めてある御籤で神意を伺う。↓鍵取《かぎと》り　↓宮守《みやもり》

参考文献　佐藤征子「護法童子―近世肥後における信仰の展開―」（『仏教民俗学大系』八所収、一九九二）、同「ハナコトリ」（『熊本日日新聞』一九九四年二月一日号）　（村崎真智子）

はなさかじい　花咲爺　爺がわが子のように育てた犬が呪力をもって幸運をもたらす昔話。隣の爺型としても典型的なもので、川に洗濯に行った婆が川上から流れてくる赤い小箱と白い小箱のうち赤い小箱を拾い上げてみると小犬が入っている。子のない爺婆は小犬を育てると、ある日犬が畑へ連れて行き、財宝を授ける。隣の爺が犬を借りて真似るが、失敗したので犬を殺して埋め、木を植える。たちまち木は大木になり、正直爺さんはその木で臼を作る。その臼でつくと宝物が出る。隣の爺が真似てつくと汚いものが出るので焼いてしまう。正直爺さんはその灰をもらい、枯木にまくと花が咲く。隣の爺が真似て失敗する。マメ（正直）とヘヤミ（欲深）の対比がみごとで、聞き手の子どもにも十分納得がゆく。この昔話の原形は「雁とり爺」であるといわれている。欲ふか爺が自分のヤナにかかった犬を捨てるが、それを拾った正直爺が犬をつれて狩に行くとたくさんの獲物を与えられる。欲ふか爺がその犬を無理に借りて狩に行くと獲物がとれない。怒った爺が犬を殺して焼く。正直爺さんが犬の灰をまくと空を飛ぶ雁の目に入って落ちるが、欲ふか爺はそれを真似て失敗する。花を咲かせるというモチーフがどのように生まれたかは不明であるが、このモチーフは中国・韓国には見られない。日本での語りの中で生まれたモチーフではないかと考えられている。また中国・韓国では、隣の爺型よりは兄弟型が一般的である。「桃太郎」などあまりにも著名な昔話と同様に近世に入って急に成熟したために、元の樹の所在が不明だが、果実のような新鮮な昔話と柳田国男は述べている。江戸時代に赤本として普及し、俗にいう五大昔話にも数えられた。さらに巌谷小波《さざなみ》によって明治以来小学国語読本に加えられた。

参考文献　柳田国男「昔話と文学」（『柳田国男全集』八所収、一九九〇）、佐竹昭彦『民話の思想』、一九七三、伊藤清司『「花咲爺」の源流』（『新民俗叢書』三、一九七八）　（武田　正）

はなし　咄　散文形態の口承文芸の一種。噺とも書く。その本来の意義は、カタリとの対比によって、もっとも明確にとらえられる。ここにカタリというのが、その文句に節をつけながら、きまった長さに切ってのべるのに対して、このハナシの方は、いっそう自由にものをいうことをさしている。古くはカタリを表わすのに、話という字を用いていたので、別にハナシを表わすのに、咄・噺の字を用いるようになった。このハナシに長じた者が、戦国時代から江戸時代にかけて、伽の衆として武家に仕えていたが、江戸時代からそれ以後にかけて、いわゆる咄家として高座にものぼって、いっそう専業化の方向をたどっている。そのようなハナシの名手は、また彦八話や吉四六話などというような、笑話や奇人譚の主人公としても知られている。ひろい意味の昔話でも、本格昔話に属するものは、もっとも整ったカタリに近かったようであるが、笑話などにあたるものは、むしろ自由なハナシに傾いており、特に世間話と称するものが、著しくハナシの傾向を帯びていたとみられる。

参考文献　大島建彦「咄の者の系譜」（『咄の伝承』所収、一九七〇）　（大島　建彦）

はなしずめ　鎮花　古代四時祭の季春祭礼の一つ。鎮花祭・華鎮《かちん》祭ともいう。律令国家では神祇令に祭祀規定があり、毎年三月、大和国城上郡大神《おおみわ》神社（奈良県桜井市三輪）と狭井《さい》社（同）の二社が神祇官から幣帛を受けて祭祀を行なった。狭井社は大神神社の摂社で、のちに華鎮《けちん》社あるいは鎮《しずめ》目社とも称した。『令義解』には、春花の散じるときに花片とともに疫神が分散するので鎮花祭を行うとある。春花を桜と解し、桜は稲花の予兆とみて、稲の未熟を予感するような散花を厭う農耕祭祀とする説がある。この祭祀は『延喜式』にも記載があり、平安時代にも引き継がれた。八〇一年（延暦二十）五月の太政官符には鎮花祭について祭祀闕怠の罰則規定がみえ、盛衰を繰り返しながら継続されたことがわかる。大神神社の祭祀は、現行では四月十八日。古代には黄蘗《きはだ》・茜など薬種が神祭料に含まれ、現在は百合根・忍冬《すいかずら》が特殊神饌として奉献され、薬種と祭祀の関係が特徴の一つとされる。また一一五四年（久寿元）四月、京都紫野疫神社《えきじんじゃ》で民衆が始めたというやすらい花は、歌謡に散花を厭う詞章がみられることから、鎮花祭の一つとされる。ただし、やすらい花は古代末期の御霊信仰に基づく行事で、同一祭祀か疑問が残る。御霊信仰や道教との関係については未詳。鎮花祭の名称は、奈良市春日大社の摂社水谷神社や大津市長等神社など、各地に残る。↓結鎮《けち》　↓やすらい祭《まつり》

参考文献　西田長男「鎮花祭一班（上）」（『神道史研究』一五ノ二、一九六七）　（青盛　透）

はなしせんりょう　話千両　諺を金で買って難を逃れる昔話。世界的に分布している。話買いともいう。大阪府高石市の話では、ある男が出稼に出て金を稼ぎ、故郷に帰る途中、知恵売り処で「寂しいところに立ち寄るな」「急がば回れ」「短気は損気」の三つの知恵を買う。泊まった宿の主人が客を殺して金を奪おうとするが、男は最

初の諺を思い出して難を逃れる。翌日、近道を教えられるが、二つめの諺を思い出し、遠回りをして助かる。家に帰ると、男の影が見えるので間男だと思って殺そうとするが、三つめの諺を思い出して気を鎮める。間男と思ったのは藁人形で、女房が一人暮らしの危険から身を守るために作ったものとわかる。諺にはほかに、「大木より小木」「柱なきところに宿をとるな」「ごちそう食うたら油断するな」などがある。ヨーロッパでは「良き教え」（AT九一〇B）に分類される話型。文献記録は古く、オリエントやインドの古い説話集、『千一夜物語』、十一世紀に編まれたアイスランドの民間説話集にもある。ヨーロッパでは十六世紀にイタリアのストラパローラによって書かれた『楽しい夜』にある。日本では十八世紀に沖縄と壱岐で編まれた説話集に収められている。日本へ伝わったのは近世と考えられる。

参考文献　S・トンプソン『民間説話』上（荒木博之・石原綏代訳、「教養文庫」、一九七七）

（斎藤　君子）

はなしょうがつ　花正月　伊豆諸島の神津島で小正月の十四日のこと。またはその日行われる行事のこと。疱瘡から身を守るため、一月十四日になると子どもたちは米の粉で作った大きな団子を三つほど挿した笹の小枝とツバキの花を持って、村の石田家（屋号ハンザブロー）が代代、世話をしているホーソガミサマにお参りする。お参りがすむと、子どもは、この三つの団子と祠の裏などにあるトベラの小枝を取って家に戻り、囲炉裏に「ヒッチリバッチリ」と唱えごとをいいながら、このトベラの肉厚の葉をくべた。トベラの葉が燃えるときのパチパチという大きな音が疱瘡を追いやると理解されていた。団子も焼いて病除けとして食べた。十四日は漁師にとっては物忌奈命神社で巾着網漁の漁区（アダ）の順位を決める籤祭が行われる重要な日でもあり、団子のついた笹とツバキの花を持つ子どもたちの姿が見えることから花正月と呼んだ。島はこの日までは正月気分であったという。

参考文献　大間知篤三「神津の花正月」（『大間知篤三著作集』四所収、一九七八）

（斎藤　修平）

はなたうえ　花田植　中国山地に遺存している、稲の苗を苗代から本田に移植する作業の一形態のうち、芸能的動作を伴い神事性・儀礼性に富むものをいう。同じ田植えでもこれらの性格の希薄な大田植と区別される。別称の囃し田は、田植えに伴う田植え唄そのものをいう場合もある。大田植（仕事田）は普通に行われていた田植えで、ゆいによる共同作業が基本となるが、花田植（囃し田）は豪農などが近郷近在の人々を集めて行い、簓《ささら》・笛・太鼓・銅鈸子《どうばっし》・鉦《かね》などの鳴り物を用いて歌い囃すところに特徴がある。田の神を迎える作り物風の棚の設置、代掻きする飾られた牛、早乙女の道行などがあり、風流《ふりゅう》行事ともいい得る。現行の構成は、たとえば広島県山県郡大朝町新庄、千代田町川東では、花牛による代掻きに始まり、サンバイ（音頭取）の先導で苗代田から本田に早乙女が移る道行、サンバイによる神迎えの後、田植えとなり、作業終了の後神送りをするのが代表的な形である。サンバイ・早乙女・囃し方による簓・笛・鼓といった人的構成は、古く平安時代の『栄花物語』一九「御裳ぎ」中、藤原彰子の田植御覧の条にもみられる形態で、その来歴の古さが確認できる。田植え作業は終止サンバイの指揮で行われるが、その際重要なのは早乙女との掛けあい唱歌である。中国山地に伝わる田植え歌を書き留めた中世末期の『田植草紙』一巻があり、そこでの田植え唄は、朝・昼・晩唄に大別され、それぞれ四番ずつ十二番に細分され、田植えの進捗《しんちょく》にあわせて一日に歌うべき唄が有機的に組織づけられている。現在までの田植え唄の系統は、民俗・歌謡の両面から考察した音楽学からすると、掛けあい・詩型・曲型の三要素によって、出雲・備後系、安芸・石見系、小笠原流、島根県美濃郡・那賀郡系、広島県安芸郡・高田郡系、および短章の田唄に分けられている。前述の山県郡の花田植は、比較的古風を残す安芸・石見系に属しており、文化財としても貴重である。→大田植《おおたうえ》　→サンバイ

花田植（広島県千代田町）

参考文献　本田安次『田楽・風流』一（「日本の民俗芸能」二、一九六七）、内田るり子『田植ばやし研究』、一九七八、牛尾三千夫『大田植の習俗と田植歌』（「牛尾三千夫著作集」二、一九八六）

（菅野　扶美）

はなどり　鼻取り　牛馬を田畑で使う時に鼻に繋いだ手綱を取って先導すること、またはその人をいう。気の荒い牛馬を使う時に角で突かれたり噛まれたりしないよう、二《メートル》ほどの鼻竿の先に手綱をくくり距離をおいて先導した。また子馬にはじめて田畑の耕起や代掻きを仕込む時も鼻取りが付いた。鼻取りは子供や女が担当することが多く、妻が鼻取りをし夫が犂を使う地域もある。鼻取りを必要とするのは馬に多く、馬の個性や地域の習慣によって異なる。牛では一般に雄牛に限られる。

（河野　通明）

はなのうち　花の内　小正月から一月末までの期間を指す古い名称。菅江真澄の『かすむ駒形』にみえる。平泉(岩手県西磐井郡平泉町)あたりでは正月十五日から晦日まで、削り花や粟穂・稗穂を立てておくのでこう称したという。花正月の花と同様に、この花は稲の花を意味する。朔旦正月、つまり大正月に対して、こちらは小正月にあたり、その中心が農作物ごとに稲の予祝を行うことにあり、しかも比較的長期間にわたるものであったことを示す。

参考文献　橋浦泰雄『月ごとの祭』(「民俗民芸双書」、一九六八)　（岩崎　真幸）

はなのとう　花の頭　主として近畿地方の頭屋祭祀および行事を意味する語。また、祭礼の中では花が頭屋を象徴する言葉となったり、行事そのものの名称になったりしている。京都市西京区の松尾大社の神幸祭のときにハナノトウといって頭屋から稚児が出た。乗馬で牡丹の造花を持って社へ納めに行き、それが帰るとはじめて御輿の出るのが古例であった。滋賀県坂田郡山東町志賀谷では、二月十日のおこない準備の時、ケヤキの先端にシキビを付け、部分的に餅を巻いた五㍍余の御華(まい玉ともいう)を作る。志賀神社に供えたのち、御鏡・牛玉・御華の順番で下げ渡すが、新頭屋へ御華が入った時、村の人たちが御祝いの挨拶に行く。この場合、華の頭とは、新頭人のことである。ただし当地には『昭和七年花之当祝及諸事控』『昭和十九年華之頭改正行事控』などと記された史料が残っており、華の頭が行事そのものを示していることもわかる。ほかにも花の撓《とう》そのものが祭礼の名称になっている場合があり、内容はいずれも年占的要素が強くでている。名古屋市の熱田神宮の五月八日からの花の撓祭では稲作・麦作・綿作の作柄を示す作り物を殿舎に飾る。この作り物をみて作柄を占い、解釈し合う。岐阜市の伊奈波神社では三月一日に行う五穀豊饒・養蚕守護の神事も花の撓祭という。愛知県津島市の津島神社でも旧暦四月八日から三日間花の撓行事が行われるが、神ト祭の結果に基づいて社殿内に人形・農機具などの模型でその年の豊凶旱雨を示す花の撓という飾り物をする。なお、家々の軒先に山から採取してきたツツジやウノハナを立てかける行事も、京都地方では花の塔などと呼ぶ。

→天道花《てんとうばな》

参考文献　井上頼寿編『近江祭礼風土記』、一九六〇、井上頼寿『(改訂)京都民俗志』(「東洋文庫」一二九、一九六八)、長浜城歴史博物館編『雪そして花』(特別展図録、一九六六)　（中島　誠一）

はなび　花火　黒色火薬に発色剤を混ぜて筒につめ、あるいは玉にして点火して破烈燃焼させ、光・色・爆音などを楽しむもの。煙花・起火などとも書く。通信にも利用する。花火が日本に伝わったのは一五四三年(天文十二)の鉄砲伝来とともに火薬の配合が伝えられたのちとされる。一説では花火の原料となる硝石の製造法を日本に伝えたのは、文禄・慶長の役(一五九二―九八年)で渡来した職人ともいわれる。日本で最初に花火を観覧したのは徳川家康といわれる。『駿府記』には、一六一三年(慶長十八)八月六日、明国の商人がイギリス人を案内して駿府に家康を訪ねた際に花火を観せたとある。これにより家康の鉄砲組が花火製造に手を伸ばし、駿府・三河岡崎で花火づくりが始まり、稲富流・池田流・豊田流が誕生する。江戸では最初、大名の藩邸の庭などで花火が催され、市中では花火売りが線香花火や撚《より》花火を売り歩いた。しかし、市中での花火は火事の原因となることから江戸幕府は一六四八年(慶安元)の第一回目の禁止をはじめとして五回ほど禁令を出しており、花火の流行がわかる。一六五二年(承応元)の禁令では、町中の花火を禁じているが、大川端では許されている。一六五九年(万治二)大和国篠原村(奈良県吉野郡大塔村)より江戸に出てきた弥兵衛は、アシの管に火薬をつめ、星の飛び出す花火を開発し評判を得たのが初代鍵屋のはじまりである。元禄から享保にかけて江戸の花火は隅田川を中心に展開する。夏の納涼時期には隅田川で客寄せのための茶屋花火が行われるようになり、花火船が船遊山を楽しむ屋形船などの客の求めに応じて代金をとって花火を見せたりして華やかさが増していった。しかし、このころの花火は、まだ木炭・硫黄・硝石を使った小規模のもので、線香・流星・鼠・蝶・火車などの名の立花火が主流であった。打ち上げ花火が登場するのは、一七三三年(享保十八)五月二十八日に鍵屋によって行われた花火からといわれている。

花火　「東都両国ばし夏景色」(歌川貞秀筆)

前年に関西を中心とした大飢饉が発生し、また江戸ではコロリ(コレラ)が流行して多数の死者がでたため、その冥福を祈り、災厄を除くことを願って両国で水神祭を開催した際に花火を打ち上げたといわれている。これがきっかけで川開きに花火を打ち上げることが年中行事化したといわれている。その時の七代目鍵屋が打ち上げた花火は二十基内外とされるが詳細なことはわかっていない。その費用は船宿と両国辺の茶屋から出されている。このころになると原料の変化改良がなされ、銅粉・鉛丹・樟脳などを混ぜて発色を良くした。また鉄も砂鉄でなく鋳物を使い、使い古しの釜を叩き薬研《やげん》にかけて細かくしたものを利用した。文化年間(一八〇四—一八)に八代目鍵屋の手代清七が分家して玉屋市兵衛を名乗り、両国横山町(東京都中央区日本橋横山町)の鍵屋と両国吉川町(同東日本橋二丁目)の玉屋が両国の花火を担当し人気を博した。明治になって塩素酸カリウムを取り入れたことで発色や変化の富んだ花火を打ち上げるようになり、日本独特の花火も少なくない。多種多様な花火が製造され輸出もされている。両国の花火は第二次世界大戦中、および一九六二年(昭和三十七)から一九七七年まで中断したが、今日まで継続されている。日本各地でも夏を中心に打ち上げ花火が行われるが、神事や民俗芸能にも取り入れられて花火を奉納するところが多い。愛知県宝飯郡小坂井町の菟足神社で四月十一日の風祭に手筒花火が、埼玉県秩父郡吉田町の椋神社で十月五日に行われる竜勢祭にはロケット式の花火が打ち上げられる。

参考文献 清水武夫『花火の話』、一九七六、隅田川花火大会実行委員会編『花火/下町/隅田川』、一九八三

(鈴木 章生)

はなびし 花火師 花火を製造し打ち上げる職人。火薬を調合し、複雑で変化に富んだ色調の花火を製造し、それを打ち上げる専門的職人をいう。徳川家康の鉄砲組が花火製造に手を伸ばし、駿府・三河岡崎に花火師が誕生する。江戸の花火で名高いのは鍵屋であるが、一六五九年(万治二)に大和国篠原村(奈良県吉野郡大塔村)より江戸へ出た弥兵衛が初代鍵屋を名乗り、アシの管に火薬をつめて飛び出す花火を開発して人気を集めた。元禄時代の末には四代目鍵屋が煙火御用達として公認される。文化年間(一八〇四—一八)に八代目鍵屋の手代清七が分家して玉屋市兵衛を名乗り、両国横山町(東京都中央区日本橋横山町)の鍵屋と両国吉川町(同東日本橋二丁目)の玉屋が江戸の花火の人気を二分した。しかし玉屋は一八四三年(天保十四)十月十四日に出火類焼を起し江戸から追放処分を受け断絶する。それでも「玉屋・鍵屋」の掛声は玉屋断絶後も続いた。明治維新により諸大名お抱えの花火師の多くは独立して家業とした。明治初年に塩素酸カリウムの導入により化学的調合が進み多種多様の花火を作り出すことが可能となった。全国に分布する花火師は独自の調合により色調や花火の規模を決めて、それぞれ美しさを競い合っているが、花火師は火薬類取締法によって製造・販売・貯蔵などはきびしく規制されている。全国各地で盛んな花火大会は、花火師らの新作発表の場でもあり、コンピューターの導入、光と音の演出などを採り入れた新しい花火の打ち上げが繰り広げられてきている。

参考文献 隅田川花火大会実行委員会編『花火/下町/隅田川』、一九八三

(鈴木 章生)

はなふだ 花札 日本のかるた史上では比較的遅く出現した、十二ヵ月にそれぞれ花や草花を描いた四十八枚型(ほかに鬼札一枚)のカードゲーム。花かるた・花合せともいう。手札と中央に積んだ札を順次取っていくめくり札系統の遊びで得点の多寡を競うが、役などが複雑で地方により独特のルールもある。最近の研究では花札の出現は十八世紀中ごろに京都か上方と推定され、初期は上流階層の遊戯具であったとみなされる。当初は絹本仕立てに手描きであった。最古の遺品は福岡県大牟田市立カルタ記念館に、初期の木版花札は兵庫県芦屋市の滴翠美術館に所蔵されている。これらの遺品から従来の定説となっていた寛政改革後にめくり札の代替品となったという見解や和歌付きが最古という意見が否定された。花札は絵柄・着色・寸法・金銀彩など時代および地方により変化した。得点を競う花札は賭博として流行し寛政改革時に厳禁されたが遊び継がれ、明治維新後の一八八六年(明治十九)に解禁になった。東京日本橋の上方屋で販売されるとともに、手役《てやく》のある八八《はちはち》という新しい遊戯法を宣伝し、のちに花札の主要な遊戯法となった。解禁の翌年から花札は大流行し日本の代表的な賭博として定着した。このころからハワイ、アメリカ、朝鮮、中国へも輸出され、今日の朝鮮の花札の原型となった。一九〇二年の骨牌税《こっぱいぜい》創設により製造業者は大打撃をうけ廃業が相ついだ。第二次世界大戦後は娯楽の多様化により衰退しつつある。

参考文献 江橋崇「花札の歴史」(『遊戯史研究』七・八、一九九五・九六)

(増川 宏一)

はなまつり 花祭 (一)釈迦の誕生日といわれる四月八日に行われる、釈迦誕生仏に甘茶を注いでまつる灌仏会(仏生会)。寺院では木で作られた花御堂を設け、その屋根に季節の美しい草花を葺いて飾る。その花御堂の内部に、灌仏盤を置き、その中へ釈迦誕生仏を安置する。花御堂に多彩な花が飾られ、印象的なので、花祭と呼ばれる。この祭は全国的に行われるが、特に近世になると村落の寺院が盛んにこの灌仏会を行なった。この行事は『灌洗仏形像経』などに基づいて行われている。また『三宝絵』には、「承和七年(八四〇)四月八日に清涼殿にてはじめて御灌仏の事を行なはしめ玉ふ」とある。民間において、四月八日を卯月八日と呼び、農耕の開始・籾種子を下す時期であり、農耕と関係を持つ季節と意識された。このような仏教法会の灌仏会と卯月八日とが習合して、今日の花祭は成り立っているとする考えもある。たとえば、

甘茶で「ウヅキヨウカは吉日でオナガムシの成敗をする」と書いて、便所に貼っておくと虫がつかぬとか、甘茶を家の廻りにまけば蛇が入らぬとか、田圃の周囲にまけば虫がつかぬという信仰が近畿地方各地で伝えられる。これなど、この日何らかの信仰を本来有していたと考えられる。ウヅキヨウカの天道花もその背景にあるようだ。
→卯月八日《うづきようか》　→天道花《てんとうばな》

参考文献　柳田国男「卯月八日」(『柳田国男全集』一六所収、一九九〇)　(浦西　勉)

(二)愛知県東栄町・豊根村の十六ヵ所、同津具村下津具、静岡県佐久間町今田で行われている湯立神楽。地域では「はな」と呼ぶ。本来は霜月祭祀として冬至に合わせて挙行されたが、現在では十一月から新年にかけての催しとなっている。この祭は一九二〇年代の終り、早川孝太郎『花祭』によって紹介され注目を集めたが、明治以来の改廃に遭いながらも、呪禱・芸能の本質を失わず伝統しているところに特色がある。祭は神事、素面の舞、面舞、湯立、神返しの順で、夜明けに終了するが、このあと場を改めて、しずめの神事を実施する。昔の式は三十三番の次第で構成され、素面の舞が終るまで(午前零時)を前夜、以後を後夜と呼んだ。舞は五方(東・南・西・北・中央の順)に、同じ所作を三度ずつ三回繰り返す三三九度の型を舞うため、所要時間が長く、神歌と笛・太鼓のリズムで緩急をつける。舞の途中、観衆が舞台に舞いこんで囃すが、舞手はかまわず舞い続ける。本来は祈願の素面の舞には参入を許さず、後夜の鬼の舞のとき、周囲で囃して疲れさせ、西方の休み柱で休息すると、注連外に連れ出し、「鬼様出たぞ」と唄って、注連内への立ち入り・木の根祭(男女の自由交際)が始まったという。祭の主宰は紙雛に彫《え》られたみるめの女巫、幣に形どられた切目の王子で、それぞれ水・火を司り、神遊びで招いた神々をもてなすのだが、これは象徴としての役割で、詞章はのこるが現在は実施されない。式舞は楽の舞、市の舞、山見鬼の舞、榊鬼の舞で、舞出しに四半畳の新筵の上で反閇を踏む。このうち市の舞は巫女舞を写したもので、美しい反りの型をみせたあと、はな(榊枝)をかざし、神憑きの態で観衆を叩き、手荒く祝福する。幼童が神の子として認知される花の舞は、神妻八乙女に替わって神おろしをし、献饌する態を組み立てた可憐な舞で、このあと山見鬼が斧で上中下と天地を割り開き、榊鬼が生命の証しの榊枝を禰宜と引き合い、負けると宝渡し(現在省略)、大地踏みをして悪霊を鎮める。花祭の鬼は土地の祖霊で、祭ごとに生命を更新する守護霊なので、人々は鬼様と敬称をつけて呼ぶ。湯立てはみょうど一同が御幣を持ち、湯釜を囲んで神讃えして巡り、湯を撥ね上げて神遊びさせる形式で、暁方の湯囃しでは若者が湯たぶさ(たわし)で湯を撥ね散らして清めるが、観衆もともに湯を浴びる。愛知県の伝承地域では、かつて花祭の母体である式年祭の大神楽を共同で実施した。一八五六年(安政三)を最後に絶え、内容・形態が不明だったが、一九七四年(昭和四十九)以降の文書資料発見で、ほぼ全容が解明でき、一九九〇年(平成二)豊根村花祭保存会の努力により、浄土入りの次第を再現できた。これは、現世の罪・穢れを滅すため、立願して白山(死者の国)に入り、苦しむところを仏神の加護で、鬼に救い出されて、この世に生まれ清まり、祝福を受けるという内容で、平安時代以来、日本の現世救済実現の方式を、修験道呪術を媒介として神・仏の加護祈禱の祭に仕立ててあり、その構成は立願祈禱の形式、救済を助ける鬼の出現、湯を浴びて清まる意味などが、より明確に認識されるように組み立てられていた。花祭は地域ごとに舞のテンポや服装・飾り付けなどが異なるが、伝承地域が多いので、神事・芸態の相互比較によって、他の芸能とも共通する大の祭・能・しずめなどの意味を探り、明らかにしていくことが可能であるだろう。

花祭(二)　反閇を踏む榊鬼
(愛知県豊根村下黒川)

参考文献　芳賀日出男『花祭』、一九七七、武井正弘「花祭の世界」(『日本祭祀研究集成』四所収、一九七七)、『本田安次著作集』六、一九九五　(武井　正弘)

はなみ　花見　三月から四月にかけての春の一日、野山に出かけ、花を見て行楽の日を過ごすこと。一般的には久しい伝統をもつ桜の花見を中心とした気ままな娯楽行事で、花のもとで酒宴を催したりして楽しむ。だが、これを山遊び・花見と称して、特定の期日に全員出払って行うべきたいせつな年中行事としていたムラもかつては多かった。西日本では三月のひな節供の日の山遊びが多く、四国・九州には、雛流し・花チラシと称して節供の翌日に花見遊山をするところが目立つ。香川県の塩飽諸島には、節供のオハナミと称して島民すべてが弁当持参で山行きをする島があり、広島市郊外では、ハナミゼックと称して連れ立って山に行き、一日ツツジの花見をしながらの宴を楽しんでいた。一方、関東・東北などでは四月の山遊びが多くなり、岩手県には、四月一日または八日をハナミ、ヤマミ、ハナミヨウカと称して野山での酒食を催すところがある。この四月八日の山行き・花摘みの習俗は、灌仏会《かんぶつえ》の花祭と相まって西日本の各地にもその伝承がある。それらはやや信仰的な色彩を帯びており、山の神・田の神の去来伝承に結び付く山行きや花折りの民俗ともみられている。こうした春の野行き・山行きの花見に関して折口信夫は、その本来の意味をその年の春咲く花を見て、一年の豊凶を占う民俗と解し、和歌森太郎は、花見・花摘みなどの春山入りの本質を、農事

開始にあたっての物忌や、田の神迎えにかかわる祭祀とみている。 ↓山遊《やまあそ》び

参考文献 折口信夫「年中行事に見えた古代生活」(『折口信夫全集』一六所収、一九六七)、和歌森太郎「春山入り」(『和歌森太郎著作集』九所収、一九八二) (富山 昭)

はなみち 花道 歌舞伎の舞台機構。舞台下手側から客席後尾に向かって伸びる、劇中の主要な人物の登退場に用いる通路。演出や観客との交流などに多大な効用を持つ。役者にハナ(祝儀)を贈るための道からとも、平安時代の相撲節会《すまいのせちえ》で、力士が花を飾って登場したことに発するなど諸説あるが未詳。一六八〇年(延宝八)ころから仮設のものが作られたと考えられ、十八世紀に入って常設された。舞台上手側にもう一本設けられることがあり、仮花道と呼ぶ。 (小笠原恭子)

地狂言の舞台の花道(愛知県設楽町田峯)

はなよめまつり 花嫁祭 ⇩嫁市《よめいち》

ハナワ ハナワ 地名。台地の端《はな》で、一段と高い所。花輪・花和・半縄なども書く。茨城・栃木・福島県に多い。この地域で塙の字の使用がみられるが、塙の字は「土が固い・石地」が原義、ハナワは国訓で、土偏に高いという字面の連想で、高い土地のハナワの地形にあてたもの。ハナワの崖下によくアクツの湿地がある。塙の字でハナと読む例もある。花や鼻の字をよくこの台地の端の意に当て字する。 ↓アクツ

参考文献 柳田国男「地名の研究」(『柳田国男全集』二〇所収、一九九〇)、鏡味明克『地名学入門』、一九九四 (鏡味 明克)

はねつき 羽根つき 羽子板で羽子をつく遊び。羽子突きとも書く。一人でつくのを独り突、二人でつきあうのを追羽子突という。羽子はムクロジの実に鳥の羽根をつけたものを用いる。正月に女子の遊戯として行うのが古態。山梨県中巨摩郡では、正月二十日を羽子板砕《くだ》きと称し、これを羽根つきの遊びおさめとしている。また、新潟県東蒲原郡でも同様に、羽子板が割れるまで羽根つきをするという意味から、この日を羽子板割りと呼ぶ。室町時代には、羽子板を胡鬼板《こきいた》、羽子を胡鬼と記したことがあり、鬼を突くことで、新しい年の無病息災を願ったものと思われる。江戸時代に出た『世諺問答《せげんもんどう》』に、羽子をつくのは蚊にくわれないための呪《まじな》いであるとの説がみえる。ムクロジをトンボの頭、これに羽根をつけてトンボとし、空につきあうことで、蚊をくうトンボの飛翔にみたて、夏の蚊の害にあわないことを祈ったという。胡鬼板と同じ発想に立つものである。今日でも、正月に羽子板を神社で交付する地方があるが、やはり厄除け祈願がその背景にみられる。 ↓羽子板《はごいた》

参考文献 酒井欣『日本遊戯史』、一九三三 (寒川 恒夫)

ははがくに 妣が国 古代日本人の他界観念(異郷意識)を表わす語。折口信夫が古典から発見し独自の内容をこめて用いた。『古事記』に須佐之男命《すさのおのみこと》が「妣国根之堅州国に罷らむ」(原漢文)と泣く、稲氷命《いなひのみこと》が「妣国として」(原漢文)海原に入るとある。折口は初期の論考で、妣が国・常世を海の彼方の異郷とし内容を対比的に論じた。妣が国は故郷への懐郷心《ノスタルジイ》を基盤に、常世は未知の国への憧憬を基盤に空想化されたとする。その後も妣が国の問題は継続して論じられ、内容に推移があるが、母(父)権制・異《エ》族結婚《キゾガミイ》・トーテミズムなど民族学の概念も援用して多様な角度から検討された。中でも神話や民間文芸に多い異類婚姻譚を、他界から来て他界に去っていく「他界の妻」の問題として、妣が国と関連させて論じたことが注目される。 ↓異郷《いきょう》 ↓常世《とこよ》

参考文献 折口信夫「妣が国へ・常世へ—異郷意識の起伏—」(『折口信夫全集』二所収、一九六五)、同「信太妻の話」(同)、同「日本文学の発生序説」(同七所収、一九六六)、同「大倭宮廷の刱業期」(同一六所収、一九六七) (高梨 一美)

はばき はばき ⇩脚絆《きゃはん》

ははのひ 母の日 母に感謝する日。母の日に似た慣習はヨーロッパに存在したが、現在行われている母の日の起源とされるのは、一九〇八年にアメリカのウェストバージニア州グラフトンで、メソジスト教会に属するアンナ=ジャービスが行なったものである。これは、アンナの母親が母の日設立を願っていたことから、その死後三年目に母をたたえる礼拝を行い、母の好きだったカーネーションを参列者に配った。その後のジャービスらの運動の結果、一九一四年にウィルソン大統領によって五月第二日曜が正式に母の日と決定され、全米に広まった。日本では母が民俗語彙として一般的でなく、近代教育の中で普及した言葉であり、日を決めて母に感謝する習慣もなかった。大正期に母の日が紹介されても、熱心に活動したのは、日本キリスト教婦人矯風会などキリスト教関係者であった。その一方、一九三一年(昭和六)には文部大臣が皇后誕生日である地久節(当時は三月六日)を「母の日」と定め、大日本連合婦人会などが母性を強調する催しを行なった。皇后を母の最高の存在とみなして賛美し、皇室への尊崇と国体観念の強化をはかろうとするも

のであった。しかしそれは定着せず、第二次世界大戦後は五月第二日曜に母の日が一本化された。そして核家族化が進み、夫婦の性別役割分業が強まり、育児担当者としての母親像が強調される中で、子どもが母へ感謝を表わす日として定着した。高度経済成長期以降、感謝は主として贈り物で表現され、その品物はカーネーションからさまざまに多様化しつつある。→父《ちち》の日《ひ》

参考文献 Jane Hatch: The American Book of Days (1978). （阿南　透）

はふ　破風　日本建築の屋根の妻側に山形に取り付けられた板。破風板ともいう。屋根葺材の端部や母屋桁の小口を守る役割を果たすと同時に妻の飾りとして、さまざまな発展形をもつ。切り妻の板葺き民家でも屋根の妻の保護のために破風板を取り付ける例が多い。一方で茅葺き民家の場合に、入母屋屋根の三角形の開口部を破風という地方がある。京都府の亀岡地方では、家格を表わす場所として重視され、破風に家紋の透かしをいれる。また茅葺き屋根の平側に設けた煙出しの小窓をハフあるいはハホと呼ぶ地方も多い。山形県東田川郡朝日村の田麦俣地方で発達した養蚕農家は、妻側に兜形の大きな破風、平側に小さな破風を備えそれぞれタカハッポウ、ハッポウと呼ばれる。（安藤　邦広）

破風（山形県朝日村田麦俣）

ハブ　ハブ　沖縄県や鹿児島県奄美諸島に生息する陸生毒蛇。ハブ、ヒメハブ、サキシマハブがおり、さらに鹿児島県吐噶喇列島にはトカラハブがおり、ハブ属の北限とされる。琉球諸島の中でもハブの生息する島、生息しない島がある。これについては、島々が隆起沈降・分離結合をくり返した結果だとする半沢正四郎説に対し、ハブの不思議な分布は、島々の地質や気候、海流や人為的な駆除などによるのでもなく、ハブ属および無毒蛇の垂直分布、すなわち種による高地生息・低地生息によるものとする高良鉄夫説がある。ハブは六―八月に数個ないし十数個の長楕円形の卵を産卵し、七―九月に孵化する。孵化直後は三〇センチほどであるが、成蛇は二メートルにも達する。背面は灰白色に黒色の斑紋があり、腹面は黄白色で横に平行したいわゆる蛇腹である。無毒蛇に比べて顎が開き、三角状である。上顎の前方に内向きの毒牙が一対あり、一～三対の副牙がある。日中は陰湿な場所にひそみ、夜間活動をする夜行性である。活動の時期は四―六月と十―十一月が活発である。餌はネズミや小鳥・両生類などである。古くから人とハブとの関わりは大きく、咬症による死亡率も高かった。またハブは、聖地（御嶽《ウタキ》）を汚した時や神女の交替時などに神意を伝える神の使いとして出現するとされて恐れられる一面もあるが、反面、咬症者を出した家では年中行事のなかで祓いをする所があり、島によっては、ハブ咬症による死者を異常死者として扱う事例などがみられる。度数の強い泡盛に漬けたハブ酒が、強壮剤として販売されている。

参考文献 高良鉄夫「琉球列島における陸棲蛇類の研究」（『琉球大学農学部学術報告』九、一九六三） （上江洲　均）

はふうばか　破風墓　沖縄の代表的な墓の一形式。その名称は屋根の破風形に因む。破風墓は、(一)丘や山裾を掘り込んで墓室とした掘り込み式、(二)掘り込み式墓室を設けず丘陵に接した背山式、(三)平地に造営した平地式の三形式に分類される。掘り込み式→背山式→平地式へと変遷する。平地式破風墓は、家型墓に分類される。最も古い破風墓は、一五〇一年（弘治十四）に造営された第二尚氏歴代王墓、玉御殿《たまウドゥン》とされる。また、近世に庶民へ通達された破風墓造営禁止令は、一八七九年（明治十二）の廃藩置県に解かれた。

参考文献 名嘉真宜勝他『沖縄・奄美の葬送・墓制』、一九七九、平敷令治『沖縄の祖先祭祀』、一九九五 （玉木　順彦）

破風墓（沖縄県北谷町）

パフォーマンス　パフォーマンス　通常は上演・演奏・演技・遂行・履行・性能などを意味するが、一方で既存のジャンルを逸脱した芸術的表現や社会的行為の全域を意味するきわめて広汎な概念。文化現象としてのパフォーマンス（文化的パフォーマンス）は身体的基礎と社会的基礎が複合する実践の諸領域をさしており、儀礼・演劇・祭礼・見世物・スポーツのような社会的イベントを中心として想定しながら、その周辺をも広く包含するものである。パフォーマンスはさまざまな文化現象の構造を解読するキー＝ワードとして一九七〇年代以降の人文科学・社会科学において一世を風靡したのみならず、一種の流行語として日常的にも盛んに使用された。だが、その内包と外延が必ずしもはっきりしないため、イメージを喚

起するレトリックの範囲をあまり出ていない場合も多い。パフォーマンスは民俗学にとっても重要な概念であり、民俗をコミュニケーションの創造的な過程として理解するパフォーマンス＝センタード＝アプローチがアメリカで登場、従来のテクスト中心主義を批判してパフォーマンスの一回性や創造性を強調した。テクストとしての民俗からパフォーマンスとしての民俗へ。日本の民俗学はこうした成果を必ずしも十分に摂取していないが、民俗芸能・民俗音楽・口承文芸のみならず、民具・生業・社会組織などにおける実践の諸領域を分析する際にも、有益な視座を提供するものと考えられる。

参考文献 中川真人「パフォーマンス・その構造と意識」（木村重信編『民族芸術学・その方法序説』所収、一九八六）、福島真人編『身体の構築学—社会的学習過程としての身体技法—』（「未発選書」二、一九九五）

（橋本 裕之）

はま 浜 海と陸の境界に広がる空間。岩石質の磯浜、砂質の砂浜がある。浜は、日常的な生産にかかわる場としては、網引場や船揚場、網干場や魚干場、網繕場や船繕場などとして利用されてきたが、決して生産性の高い場とはいえない。むしろ公共性の高い空間として意識されてきた。一方、祭や信仰の場として、海を意識した行事が、数多く行われてきた。浜は、海陸の境界に位置するところから、異界や他界としての海への出入り口として考えられてきた。三月節供や五月節供、虫送りなどにみられる穢れ祓え、盆行事や、浜降り祭、沖縄の海神祭にみられる神の送迎や精霊の送迎に象徴されるように、陸と海を結び、またたちきる重要な信仰空間として機能してきたといってよい。沖縄八重山地方の島嶼に今も伝えられるアカマタ・クロマタも、海辺の聖地、ナビンドゥから、この世に出現する神である。浜には、種々の来歴を伝える聖地も多く、時には妖怪などの出没する祟り地として恐れられている所もある。人々は、そこに立ち入る時には、一定の作法を踏まえ、これを怠ると祟る場合もあるとされる。その多くは、海辺の葬地に源を発したり、あるいは、漂着物の多く寄る一角であったりする。また房総では、「浜の泥棒は泥棒にならぬ」ということばがあり、盗み魚などが公然と行われた例もある。浜にはムラでの世俗的権限の及ばぬ所としての意識が伴っていたこともうかがわれる。 →磯《いそ》

参考文献 高崎裕士・高桑守史『渚と日本人—入浜権の背景—』（「NHKブックス」二五四、一九七六）、谷川健一編『海の民俗誌』（「日本民俗文化資料集成」五、一九九〇）

（高桑 守史）

ハマウリ ハマウリ 沖縄・奄美諸島の年中行事の一つ。浜下りとあてる。沖縄・奄美諸島で一般的なハマウリは旧暦三月三日の行事である。沖縄ではその日若い女性が潮に手足を濡らさないと、美男に化ける蛇、アカマタの子を生むといわれた。女性だけで船遊びを楽しむ例もあるが、普通は村中の者が決められた浜辺に集い、御馳走を食べた後で、潮干狩をし、手足を潮に濡らすことによって、不浄を祓い、健康を願う。奄美では老若男女が潮干狩を楽しむが、その日海の幸を鍋に入れないと、一年中不漁になるとか、耳が悪くなるなどという。沖縄では、その日にハマスーコー（浜焼香）と称して、海で亡くなった者の霊を弔うところもある。奄美諸島のなかでも、徳之島のハマウリは旧盆後の丙・丁・戊の三日間にわたって行われる。一日目は仮小屋と竈をつくり、二日目は村人全員浜に下り、生まれて一年以内の新生児に関する儀礼を行い、一晩浜に泊まる。翌日ムラに戻って、七月踊りなどを行う。徳之島のハマウリはヤドゥリと称する祭祀集団の関与が知られている。それとたとえば宮古諸島の狩俣や多良間における三月三日行事の際のムトゥなる祭祀集団の関与とは一脈通ずるものがあるが、比較研究は未だなされていない。なお、沖縄では家屋の中に鳥類や虫類が入り、仏壇に侵入することを死の予兆と見なし、それが起きた家では、厄払いのため家族全員浜に下り、三日間寝る習俗があった。それもハマウリといった。

参考文献 島袋源七『山原の土俗』（「炉辺叢書」、一九二九）、『沖縄県史』二三、一九七七、植野弘子「奄美徳之島の祖霊祭祀」（『社会人類学年報』八、一九八二）

（津波 高志）

はまおり 浜降り 神体や御輿、あるいは人が海岸に出て、潮水を浴びる神事や行事。海水にはものを浄化したり再生させたりする力があるという考えに基づく。村落の祭礼としての浜降りは東日本の太平洋岸の諸社に広く見られるが、年中行事あるいは個人の浜降りは九州の西海岸から南西諸島にかけて顕著である。祭礼としての浜降りは岩手から神奈川にかけての太平洋岸諸県に色濃く分布する。宮城県や福島県の諸社の多くは旧暦四月八日に、行列を作って御輿を海岸に出し、神体を潮水に浸けたり、桶に汲んだ潮水を振りかけたり供えたりする。毎年、あるいは十二年に一度の例が多いが茨城県久慈郡水府村、同郡金砂郷町の東・西金砂神社などは七十三年目

福島県鹿島町鶏足神社の浜降りの神事

ごとに挙行される。漂着神伝承も浜降りを行う諸社に共通する。祭礼としての浜降りは神体が禊をして蓄積した穢れを払拭したり、弱体化した霊力を再生させることに目的があると思われる。また九州から沖縄にかけては年中行事や個人の浜降りが多く、三月や五月節供の磯遊びに行う。鹿児島県奄美の加計呂麻島では四月午の日に仲間で浜に出、竈を作って飲食し一日中遊ぶ。また奄美や沖縄地方には小動物が屋内に飛び込んで来ることを凶兆とし、祓いのためにハマウリをすることも多かった。静岡県東部地方では葬儀後、もしくは三十五日に海岸に行き、位牌を流すことを浜降りという。毎朝もしくは月の決まった日に海岸に出、潮水や海藻・砂を持ち帰って家を清める西日本沿岸のオシオイ行事も浜降りの一種といえよう。

（岩崎　真幸）

参考文献　藤田稔「浜降り祭考」（『茨城の民俗』六、一九六七）、小野寺正人「宮城県における浜降り神事について」（『東北民俗』六、一九七一）、大迫徳行「浜降り神事考―日吉神社浜降り神事を軸として―」（同）、佐々木長生・岩崎真幸・菊池健策『福島県における浜下りの研究』、一九九七

ハマグリ　ハマグリ　マルスダレ科の二枚貝で、アサリと並ぶ重要な浅海資源。呼称の由来は、殻の形が栗に似ることからとか、小石を指すグリという呼称が転じたものなどといわれている。東北地方以南から九州にかけて分布し、内湾砂泥底の潮間帯から水深一〇メートル位までを生息域とする。淡水の流入する汽水域を最も好む。殻は丸みのある三角形で表面は平滑で光沢があり、殻長八センチ、殻高六・五センチ、殻幅三・五センチほどまでに成長する。アサリは一生をほとんど移動せずに過ごすが、ハマグリは動き廻るものという印象を与えてきた。それはハマグリは足を使って潜行したり移動するだけではなく、粘液糸を分泌しこれを抵抗板として干潮時などに潮流を利用して広範囲に移動する習性があるためである。さらに水温が一一度を下回ると砂泥に一五センチも潜って越冬するため突然姿を隠してしまう。これらの習性はアサリにはないもので、養殖を行う際にも干潟を囲うことなどが必要となる。主要な産地は千葉県・三重県・熊本県などであるが、埋め立てや水質変化などにより近年の漁獲量は激減している。アサリと同様に古くから食料として利用されてきたが、上品な風味が好まれていた様子は『日本書紀』や武井周作『魚鑑』（一八三一）などの記述からうかがうことができる。肉は焼き蛤・蒸し物・吸い物・釜飯・時雨煮などに調理されるが、殻も仏教の経文を一文字ずつ記述する貝殻経に利用されている。また、二枚貝の蝶番《ちょうつがい》は同一個体でないと左右に合わないため、鎌倉時代からハマグリの殻は貝合わせの材料として用いられており、貝合わせの道具は貞操や夫婦和合の象徴として嫁入り道具に加えられた。同様の意味から雛祭や婚礼の祝いの膳にハマグリ料理が供せられる。「蛤女房」という昔話の題材や家紋のモチーフにもなっている。

（小島　孝夫）

参考文献　川名興編『日本貝類方言集』、一九八八

はまぐりにょうぼう　蛤女房　貝や魚が人間の妻になる話。柳田国男の『日本昔話名彙』では妻が蛤である話のみを指し、関敬吾の『日本昔話大成』では、妻が魚であった話も「蛤女房」としている。男のもとに妻にしてくれと女が来る。作る汁がとてもおいしいので不思議に思ってのぞいてみると、汁に小便を入れていた。それを見られた妻は、蛤（魚）の姿になって去っていったというもの。妻が蛤の話は四国・九州などにみられ、全国的には鮭、コイ、タイなどの魚になっている話が多い。数は少ないが蛤が妻である他の型の話も伝わっている。男が海に行くと大きな蛤がとれ、中からきれいな姫がでてくる。男と蛤姫は結婚する。蛤姫が籠って織った布は高い値段で売れ、蛤姫は私は天の使いだといって去っていく。御伽草子の『蛤の草紙』とほぼ同じ内容の話で、青森・山形・島根・福岡で採録されている。山形県上山市の話は、主人公の名前も御伽草子と同一である。新潟には、法螺貝の話がある。おいしい汁を作ったり、美しい布を織ったため、殿様に難題を出されるが、女の知恵で謎を解き、幸せに暮らした話になっている。岩手には妻の魚が、宝物をおいて去った話もある。柳田国男は、汚い調理の場面は話の堕落だが、食物をおいしくする部分は古い形だとした。オオゲツヒメ、ウケモチノカミ神話（『古事記』『日本書紀』）の身体から食物を出す話と、蛤女房の調理法とは関連があるとする見方もある。

（長野ふさ子）

参考文献　柳田国男「蛤女房・魚女房」（『柳田国男全集』八所収、一九九〇）、大島建彦『お伽草子と民間文芸』（「民俗民芸双書」、一九六七）、三谷栄一『古典文学と民俗』（同、一九六八）、斧原孝守「オオゲツヒメ・ウケモチノカミ神話考」（『口承文芸研究』一九、一九九六）

はまげた　浜下駄　新潟県中越地方から富山県東部の海浜地域で使用された砂浜歩行用の下駄。近年まで粗粒の砂浜での地曳網漁や夏季の焼けた砂地歩行に使用され、歯のない幅広の台部を特徴とする。形態には、鼻緒が前後反転できるよう台部に四孔が穿たれた前後交換式と、台前低部が胸そぎのポックリ式がある。前者は新潟県柏崎市から上越市にかけて多く使用され、台部は杉かキリ、鼻緒はシュロか藁製。後者は糸魚川市から富山県魚津市

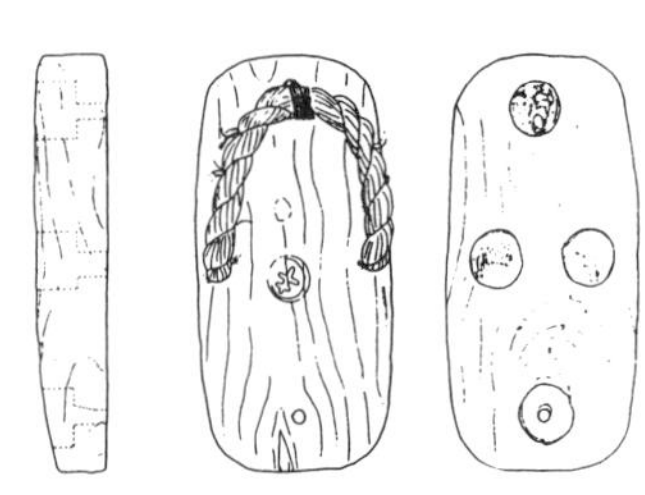

前後交換式の浜下駄

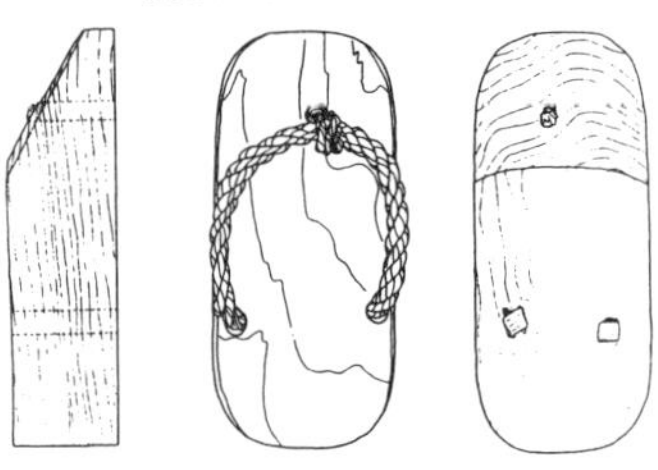

ポックリ式の浜下駄

にかけて使用され、杉製の台に藁の鼻緒をつける。なお、前者は史料上、近世中期には確認でき、もっぱらこの地域を貫通する北国街道で貨客輸送に携わる者の履物として紹介されている。前後交換式の特種な工夫と形態は、こうした歴史的背景から生まれたものと考えられる。

↓下駄《げた》

参考文献 潮田鉄雄『はきもの』(「ものと人間の文化史」八、一九七三)、渡辺三四一「越後の浜下駄―上・中越の事例から―」(『柏崎市立博物館報』四、一九九〇)、同「浜下駄とその環境―とくに前後交換式をめぐって―」(井之口章次編『日本民俗学 フィールドからの照射』所収、一九九三)

(渡辺三四一)

はまそうじ 浜掃除 商品価値の高い特定の海藻を育成するために、磯や岩礁に生えている対象外の海藻を除去する作業。イソアライとかイソミガキとも呼ばれる。磯根資源の海藻は主として口明けという採取慣行により集落全戸あげて採取されることが多いため、効率よく採取できるように胞子が付着する前に集落の共同作業として実施された。また、除去された海藻は廃棄されるのではなく、農作物用の肥料として自給的に利用したり、販売したりすることがある。

参考文献 柳田国男編『海村生活の研究』、一九四九

(小島 孝夫)

はまや 破魔矢 邪気を払う魔除けの縁起物の矢で、今日では神社への初詣での際に受けてくるものなどをいう。本来それは破魔弓と一組になっているもので飾り弓ともいい、東京などでは子供の初正月の祝に親戚などが贈った。女子であれば羽子板、男子であれば破魔矢・破魔弓を贈り、それを正月に座敷に飾った。しかし、その飾り弓矢も、もともとは新春の弓占・年占習俗から発したハマ弓の遊戯からきている。ハマ弓とは、ハマと呼ばれる丸い輪の的をころがし、二組に分かれた子供らが弓矢でそれを射るもので、破魔矢はこのハマに破魔の字をあてており、破魔弓のことを弓破魔というのもそのためである。ハマ弓は印地打ち・打毬・歩射・モモテなどに通じる古風な遊戯で、その起源はもちろん新春の年占にあった。

初正月の破魔矢・破魔弓・羽子板

参考文献 柳田国男「浜弓考」(『柳田国男全集』一六所収、一九九〇)

(長沢 利明)

はまゆみ 破魔弓 魔を破り、災厄を払う弓。破魔弓・破魔矢は子供の成長の無事を祈り、呪具として男児の初正月や初節供に母親の里方から贈られる。また棟上げにも縁起物として飾られる。初詣での人々に破魔矢をさずける神社も多い。破魔弓のハマは元来はハマ打ちのハマで丸い輪を意味する語であったが、のちに破魔の字をあてるようになったと考えられる。ハマ打ちは年頭にハマと称する丸い輪を射たり打つ遊びで、ハマ弓ともいった。薩南の黒島片泊では正月二日集落にある堂の庭にクロメカズラとカンネカズラで作ったハマを持ち出し、弓矢を持った射手が数人向き合って並び、一方の者がその中間にハマを投げ出しハマが地上を転がっていく所を一斉に射る。よく射当てた者を勝とした。佐賀県松浦郡馬渡島や広島県佐伯郡、高知県の山間部では縄や藁で円座形のハマを作り射て遊んだ。古くは全国的に行われたらしく、神奈川県のほか各地にハマイバという地名が残っている。その多くが村はずれや浜であることも注目に値する。正月の単なる子供の遊びとなる以前に神事としてハマを射る、あるいはハマを棒や竹で打つといった民俗があったと思われる。現存する事例では一月十一日の佐賀県藤津郡太良町の円座つきがある。これは円座とよぶ藁縄をとぐろに巻いて作ったものを空高く投げ上げ、落下するところを三、四十人の少年が篠竹の先をそいだもので突くという行事で、これは神事として破魔弓が残った例である。

参考文献 柳田国男「浜弓考」(『柳田国男全集』一六所収、一九九〇)、萩原秀三郎・萩原法子『神島』、一九七三

(萩原 法子)

はもの 刃物 石・焼物・ガラス・金属などの硬質材料を用いて、切断・研削・彫刻・穿孔などの加工に使う道具。利器ともいう。石器時代には石製刃物を用い、青銅器時代には青銅製刃物が使われたが、鉄の技術が普及すると、一般には鋼鉄を用いて、刃先に熱処理を施して硬化させたものが普及した。世界的に、刀剣などには神秘的な霊力が宿ると考えられて、これと関わる王権神話も少なくないが、同様に、山仕事に従事する人々の斧、猟師が獲物の腑分けをする小刀、女の鋏・針・懐剣など、呪術的な意味合いが込められた日常の刃物も少なくない。刃物は刃金(鋼鉄)もしくは地金(軟鉄)と刃金の組み合わせによって成り立ち、さまざまな技術があるが、日本の日常的な刃物には地金のあいだに刃金をはさんだ割り込み刃金と地金の片側に刃金を張った付け刃金とがあり、地域によって(西日本の割り込み刃金、東日本の付け刃金)、あるいは、ものによって(鑿・鉋の片刃・付け刃金)、使い分けている。日常的な刃物に庖丁・小刀・剃刀・鋏、職人刃物に斧・鑿・鉋・せん・たがね、農具に鉈・鎌・秣《まぐさ》切りなどがある。刃物は使用に伴って磨耗するから、必要に応じて砥ぎ直さなければならず、砥石が必要であった。砥石は粒度によって荒砥から仕上砥まであり、産地の名称をつけて売られていた。刀剣の研師は卓越した

技術を持っていたが、家庭の刃物も行商の刃物研ぎが回って歩いた。 ↓鋏《はさみ》 ↓庖丁《ほうちょう》 （朝岡　康二）

はやかわこうたろう　早川孝太郎　一八八九―一九五六　花祭の研究により、民俗芸能研究の基礎を築いた民俗学者。愛知県南設楽郡長篠村大字横川（新城市）の農家に生まれ、画家を志して上京し、黒田清輝の白馬会絵画研究所（葵橋洋画研究所）で洋画を学ぶ。のちに川端竜子に日本画を学び、柳田国男の末弟松岡映丘の新興大和絵会に所属した。雑誌『郷土研究』への寄稿をきっかけに柳田国男の知遇を得て、民俗学の世界へと入る。渋沢敬三の援助のもと、大正末から天竜川流域に伝わる花祭の調査に専念し、大著『花祭』（一九三〇）を著わす。一九二七年（昭和二）からは渋沢敬三主宰のアチック＝ミューゼアムの同人となり、民具の収集と研究に従事し、初期の民具研究を主導した。一九三六年、農村更生協会へ入り、農山漁村経済更生運動にかかわる。第二次世界大戦後は全国農業会の高等農事講習所（鯉淵学園）で専任講師として、「村落社会」の講義を担当した。おもな著書には、『三州横山話』（一九二一）のほか、『羽後飛島図誌』（一九二五）、『猪・鹿・狸』（一九二六）、『大蔵永常』（一九三八）、『古代村落の研究―黒島―』（一九四二）などがある。なかでも、『花祭』は日本最初の民俗芸能のモノグラフとして高い評価を得ている。また『古代村落の研究―黒島―』は、小社会の相互連関分析によって、村落生活の原初形態に迫ろうとした民俗誌で、村落社会の機能主義的把握を試みたものとして評価される。なお、『早川孝太郎全集』全十一巻、別巻一巻が刊行されている。

参考文献　野口武徳「早川孝太郎」（『伝統と現代』二五、一九七四）、三隅治雄・川添登『今和次郎・早川孝太郎』（講談社「日本民俗文化大系」七、一九七八）、福田アジオ「早川孝太郎―その研究と方法―」（瀬川清子・植松明石編『日本民俗学のエッセンス（増補版）』所収、一九九四） （伊藤　広之）

はやくちことば　早口言葉　子供の言語遊戯の一つ。同音が重なることなどによっていいにくい言葉を早口で間違えずにいうこと、また、その言葉をいう。早言葉ともいい、舌がもつれるような言葉なので、舌もじりともいう。こうした早口言葉の源流にある早口芸としては、室町時代以降の記録に残る、座頭の語った早物語が挙げられる。江戸時代、二代目市川団十郎が演じた外郎売《ういろううり》の口上は、のちに歌舞伎十八番の一つになった。また、落語の「寿限無《じゅげむ》」は、昔話「長い名の子供」（『日本昔話名彙』）としても知られるが、これは早口言葉を取り入れた話である。こうした早口言葉には、「永年住んだ蛇があるそうじゃが何じゃかかんじゃか判らんそうじゃ」「伝染病予防法」など廃れたものも多いが、「赤巻紙青巻紙黄巻紙」「東京特許許可局」「隣の客はよく柿食う客だ」などは、現代の小・中学生でもよくいう。「社長さん車掌さん所長さん」「バスガス爆発」「少女処女喪失」などは、近年の新作らしい。「生ゴミ生米生卵」は「生麦生米生卵」、「坊主が上手に屛風にジョーズの絵をかいた」は「坊主が屛風に上手に坊主の絵をかいた」から、それぞれ改作されたものである。こうした新作や改作には、雑誌やテレビなどのメディアが介在しているようだが、子供たちは時代の流行に敏感に反応して、優れた作者であることを止めていない。早口言葉については、社会の中で果たす役割を考察してゆく余地は十分にある。 ↓早物語《はやものがたり》

参考文献　綿谷雪『ことばの民俗学』、一九四三、鈴木棠三編『（新版）ことば遊び辞典』、一九八一、石井正己「伝承文学教育の課題㈠―中一の学習指導と伝承文学資料集―」（『筑波大学附属駒場中・高等学校研究報告』、一九六九） （石井　正己）

はやし　囃し　㈠芸能分類の一つ。囃子物・拍子物ともいう。芸能史的には中世に流行した民衆の芸能で、中世後期には人形などの造り物や仮装といった風流を伴って風流囃子物と記録されることが多い。太鼓・羯鼓《かっこ》・笛・摺鉦《すりがね》・ささらの楽器を奏して、単純で短い歌謡に囃子詞を繰り返し挿入して歌い踊る様式で、かつては松囃子などの芸能が各地にあったが、現在では島根県鹿足郡津和野町に伝承される鷺舞や京都やすらい花などが代表的な芸能。歌唱法が音節的で、リズムが強調された音楽となっているのが特徴。特に囃子物では羯鼓が中心的な役割をもち、それを囲んで囃す多数の囃し手によって構成される。中世後期には棒振り・風流傘・風流燈籠・踊り・仮装などを複合的に含み、大規模で多様な形式に発展する場合もあった。また現行の狂言にも囃子物とよぶ挿入舞踊があり、「大黒舞をみばやな」とか「げにもさあり、ようがりもそうよの」の特徴ある囃子詞をもつ。三河地方に分布する笹踊りや滋賀県甲賀地方のケンケトなど、各地の民俗芸能にこの囃子詞をもつものがあり、中世囃子物歌謡の一つの様式と考えられる。中世には囃子物は疫神送りの行事に用いられる習俗があった。神霊の憑依した花傘や藁人形などを町や村の境まで囃しながら行列し、最後にこれらを炎上させたり破壊したりする各地の民俗行事は、このような囃子物の伝統を伝えるものといえる。

参考文献　青盛透「民俗芸能における囃子物の様式―サンヤレ・ケンケト・踊子・笹囃子―」（『民俗芸能研究』三、一九八六） （青盛　透）

㈡民俗芸能における囃しは声や楽器で歌舞を誘いこみ、調子に乗せ、時にはみずからその雰囲気に浸ることを指す。のちに囃すための楽器またはそれを奏する人（囃子方）をも指すようになった。奥三河の花祭は一晩中舞い続けられるが、舞い手が疲れると周りの観衆が「テーホヘ、テホヘ」と掛け声を掛け、みずから手を挙げ足を踏み鳴らして舞い手を励まし興奮の渦に巻き込む。この囃す、囃される行為が囃しの原形といえる。日本の民俗芸能における音楽は単純素朴なものから洗練されたものまで大半がこの囃し、囃される関係にある。壺を打つ、弓を鳴

らす、地面を踏み鳴らして囃した動作が楽器の渡来以後楽器へと移行したと考えられ、古代には宗教的儀式の中で鎮魂《たましずめ》・招神《たまふり》に声や楽器が欠かせなかったことが楽器を持つ埴輪の出土や記紀の記述からうかがえる。楽器を伴う囃しとして、神楽囃子、祭囃子、各種歌舞に用いられる踊りの囃しなどに発展し、中世以後さまざまな踊りが派生し形態を整え芸能化していく。そういう中で本来の目的が薄れがちではあるが、いずれも神迎え、神送り、悪疫退散の祈願が込められているために、ドロドロと打ち鳴らして神を迎え、轟音とともに悪疫を追い払うのに相応しい楽器としての太鼓、時には神の声とも考えられる笛、それに鉦が重要な役割を果たしている。踊り手が持つさまざまな楽器も同じ願いを込めて打ち鳴らされるものであった。中部地方に分布する田楽には編木《びんざさら》、中国地方の囃し田や三匹獅子、雨乞い踊りには摺りざさら、五箇山のコキリコ踊りや新潟県柏崎の綾子舞にはこきりことそれぞれの踊りには欠くことのできない楽器もある。このほかに打楽器として各種の締め太鼓・鼓・銅鈸子・四つ竹・銅鑼などがあり、管楽器には竜笛・神楽笛・能管・法螺貝、弦楽器では三味線・サンシン・胡弓などが用いられ、いずれも伝統音楽の範疇を越えた構造と奏法の工夫がみられる。沖縄のエイサーでは指笛、裏声なども加わる。囃しの曲は踊りの動きに応じて緩急・強弱・挿入句の組み入れをしながら数種の短いパターンの反復、組み替えで構成されている。なお日本の民謡は元来楽器を伴わなかったが近世以後三味線を伴い、現在は尺八や太鼓も付くようになった。歌の歌い出しや中間または終りに声をあげて歌の調子をとるための短い言葉を囃子詞《はやしことば》という。民謡の場合これを前囃子・中囃子・後囃子に分けられる。前囃子として付けられる「ハァー」や「ヤーレ」は歌い手自身が声の調子を整えるために付けられるが、歌い手以外の囃し手が調子に乗せるために唱える場合が多い。地搗唄(群馬県)の「アーエンヤラヤレサノエ」のように掛声で歌詞の内容とは直接関連のないものもある。中囃子の例では貝殻節(鳥取県)の「ア、カワイヤノーカワイヤノー」、後囃子では伊勢音頭(三重県)の「ヤートコセー、コノヨイトコセー」のほか三崎甚句(神奈川県)など早口で調子の良い長い文句の後囃子、中には阿波踊り(徳島県)の「アーえらい奴ちゃ、えらい奴ちゃ」と旋律化したものもある。労作唄の木挽唄では「ゴッシン、ゴッシン」と鋸の擬声音を後囃子に採り入れ、さらに越中おわら節(富山県)では三種の囃子詞が揃っている。ソーラン節・ホーハイ節・デカンショ節と囃子詞がそのまま曲名になったものなど民謡の囃子詞は多様である。

参考文献 小島美子「囃子と楽器」(三隅治雄編『民俗芸能』七所収、一九六九)、本田安次『田楽』二(『本田安次著作集』九、一九九六)

(城所　恵子)

はやしだ　囃し田　⇨花田植《はなたうえ》

はやちねかぐら　早池峰神楽　岩手県の早池峰山麓に伝承される山伏神楽。一般的には稗貫郡大迫町内川目の大《おお》償《つくない》と岳《たけ》に伝承される大償神楽・岳神楽を指す。獅子頭を権現様と呼ぶ獅子神楽の一種で、能大成以前の要素を含むといわれるさまざまな舞も演じられる。この芸能が中央から東北地方にもたらされた時期は定かではないが、大償には一四八八年(長享二)の奥書のある『日本神楽之巻物』が存在し、岳の早池峰神社には一五九五年(文禄四)銘の獅子頭も保存されているために、中世末期には獅子を伴った神楽が執行されていたことがうかがえる。江戸期に記された『山陰文書』によれば、大償・岳両神楽は大迫の田中神社より伝えられたとされ、現在でも両者は阿吽《あうん》の関係とも兄弟関係ともいわれる。リズム的に大償が七拍子、岳が五拍子といわれるが、これは西洋音楽の拍子とは異なり、七拍子が優美な、五拍子が軽快な舞となる。演目には重要な儀式舞とされる式舞(鳥舞・翁舞・三番叟・八幡舞・山神舞・岩戸開舞)のほか、神舞・荒舞・武士舞・女舞に大別できる数多くの舞がある。最後には必ず権現舞があり、観客が獅子に頭を噛んでもらったり、胴の下をくぐるなどして息災を祈る。また、舞の間に狂言も演じられている。現在定期的に上演されるのは、八月一日、岳の早池峰神社例大祭およびその前日の宵宮、また正月の舞初めが大償の一月二日、岳の一月三日となっている。しかし、かつては冬期に村々を巡業する通り神楽・廻り神楽が本来の上演形態であったといえる。秋の農作物の収穫・調製が終ったころから翌年二月ころにかけて旧内川目村内を一戸一戸廻って権現舞を行い、夜にはヤドを決めてさまざまな舞を舞った。舞手となるのはかつては大償・岳のおのおの決められた家の長男に限られていたという。また、この周辺には大償・岳から舞を伝授された弟子神楽も存在し、早池峰流を名乗る団体もある。そのほかに、遠野市や川井村など早池峰山周辺には数多くの山伏神楽が伝承されている。

早池峰神楽　大償神楽「権現舞」

参考文献 森口多里『岩手県民俗芸能誌』、一九七一、久保田裕道「山伏神楽の芸能伝承と民俗」(『民俗芸能研究』一五、一九九二)、本田安次『山伏神楽・番楽』(『本田安次著作集』五、一九九四)　(久保田裕道)

ハヤマ　ハヤマ　主として東北地方南部にみられるハヤマの神をまつる里近くにある山。山岳信仰の中核をなす霊峰・霊山とは異なり、里近くにあって秀麗な山容で、さほど高くない山であることが多い。葉山・端山・羽山・麓山・早馬・飛馬の漢字をあて、山自体が神聖視され、山頂には小祠が設けられ普段立ち入ることは忌み嫌われる。ハヤマの意については奥山に対して里近くにそびえる端山、または出羽三山を奥山とみての、端山とも考えられている。分布は宮城・山形・福島の東北南部を中心としている。『奥相志《おうそうし》』(一八六三)に記された旧相馬藩領に限ってみてもハヤマの祠は六十九にも及ぶ。ハヤマの特性がもっとも顕著に示されるのは稲作をはじめとする農耕を司る作神の性格である。相馬地方ではハヤマの神の祭は春秋二回行われ、春は旧四月八日で作の豊饒を祈願し、秋旧十月八日は収穫を感謝するものであり、作占い・田植え踊り、千本杵での餅搗きなどの行事が行われた。これは霊峰にみる作神信仰とは異なり、里近くの山で子孫の生活を見守る祖霊信仰を基層としたものと解釈されている。しかしハヤマに関わる儀礼や祝詞・経文などの点からみると、羽黒派の修験による信仰の影響もうかがえ、祖霊信仰と作神信仰、さらには修験・神道・仏教といった関係が複雑に絡み合っている。ハヤマの祭祀は精進潔斎のために行屋に一定期間籠った後、ハヤマに登拝するというもので、代表的なものとして旧十一月十六日から三日間行われる福島市松川町金沢の羽山籠り、旧十月十日(現在は十一月の第三土曜日)を祭日とする飯舘村大倉の葉山祭が知られている。この祭祀ではノリワラと呼ぶ巫者的人物による託宣が特色とされる。また阿武隈山系のハヤマの中には馬産と結びつくもの、かつて祭日には山頂の小祠の周辺で市が立ったというハヤマもある。

参考文献　岩崎敏夫『本邦小祠の研究』、一九六三、同「山と日本人の祖霊観」(『山岳宗教史研究叢書』六所収、一九七六)、大迫徳行「葉山信仰」(『仏教行事歳時記』十一月籠り所収、一九八九)、佐治靖「羽山ごもりの救済世界」(『福島県立博物館紀要』六、一九九二)　(佐治　靖)

ハヤマしんこう　ハヤマ信仰　東北地方南部を中心に分布する作神信仰の一つ。葉山・羽山・麓山・端山・早馬などの漢字をあてる。多くは里に隣接した身近な山を信仰の対象とし、そこにハヤマの神がまつられる。こうした身近な山を信仰対象とすることとあわせ、信仰全体に共通する特徴はお山かけと称してハヤマへの登拝を行う点、またそれに先立って別火・垢離《こり》とりなど厳重な精進潔斎のための籠りが存在する点である。また登拝や籠りには女人の参加を忌むのも共通する特徴である。祭日をみると福島県相馬地方では十月八日前後、磐梯山麓では九月十五日前後、信達地方では十一月十五日前後であることが多い。祭祀の形態は祭と称して参道に露店が軒を連ね、神輿渡御や一般の参拝者を集めて祭礼化してにぎわいをみせるもの、籠りと称して若者組などの年齢集団や信仰者をつのり、籠り屋・行屋などで別火し精進潔斎するもの、また宮城県南部のハヤマ信仰のように講の形態をとる三つに大別できる。福島市金沢の羽山籠りは、旧暦十一月十六—十八日の三日間、黒沼神社境内の籠り屋で別火生活の後、十八日未明、羽山に登拝する。籠りはカシキと呼ばれる祭祀集団によって運営され、その中心となる人物はオッカァと呼ばれる。籠りの最中には豊作を祈願し農作業の過程を模した予祝の儀礼が行われる。また相馬郡飯舘村大倉の葉山祭は、もとは旧暦十月十日(現在は十一月の第三土曜)が祭日で、福善寺を行屋として籠り、翌朝お山かけとなり、途中おふくでんと呼ぶ場所で田植え踊りが催された。この二つのハヤマの祭祀に限らず、多くのハヤマ籠りにはノリワラと呼ばれる神がかりして神託を行う巫者的人物が登場する。大倉の葉山祭では籠りの最中神がかりしたノリワラの先導で火づるぎ(火渡り)、その後翌年の吉凶や作柄などを告げる神託が行われ、金沢の羽山籠りでは籠り屋と羽山の山頂の双方で託宣儀礼がなされるが、人々の重大な関心事は羽山山頂において羽山大神がノリワラに憑依し託宣を下すかどうかに向けられる。また磐梯山麓の村々でのハヤマ籠りでは不特定の籠人の中に憑依者が現われ、これをノリワラといった。このほかにも福島県東和町木幡の幡祭のように元来ハヤマの登拝儀礼であったものが、源義家の前九年の役の故事と結びつき五反の幡をなびかせ、羽山に登拝する勇壮な祭となったもの、同県伊達町のある家で行われる羽山籠りのように屋敷神としてまつる羽山を信心し、婦人の安産祈願のために籠りを行う例もある。いずれの羽山信仰の場合でも、唱え言や火渡りなどの儀礼、先達などの呼び名などに修験の痕跡がうかがえ、また里修験が直接関与している例もあり、出羽三山信仰、これを広めた修験の影響は見のがせない。

参考文献　岩崎敏夫『本邦小祠の研究』、一九六三、同「山と日本人の祖霊観」(『山岳宗教史研究叢書』六所収、一九七六)、大迫徳行「葉山信仰」(『仏教行事歳時記』十一月籠り所収、一九八九)、佐治靖「羽山ごもりの救済世界」(『福島県立博物館紀要』六、一九九二)　(佐治　靖)

はやものがたり　早物語　早口《かっちゃ》で語られた短編の物語。早口物語・てんぽ物語・逆ま物語などともいい、単に物語ともいう。「そうれ物語語り候」と始まり、「…の物語」と終わる形式を持つところに特徴があり、座頭が本格的な語り物を語る前に、口慣らしとして覚えたものらしい。室町時代には、座頭が「平家」とともに語ったことが、『経覚私要鈔《きょうがくしようしょう》』『言継卿記《ときつぐ》』など僧侶や貴族の日記にみえ、江戸時代になると、東北地方を中心とした記録類に、その詞章が書き残された。『出羽国秋田領風俗問状答』では、物語坐頭が「平家」を語った名残に物語を語り、『北越月令』では、盲法師が「平家」を語った後、初心の盲人が

「てんぽうがたり」を語る。これらは、正月の門付けであった。菅江真澄の『はしわのわかば』では、盲法師が『尼公物語』の浄瑠璃を語った後、小盲人《こほうし》が手を打って、「それ、ものがたり語りさふらふ。黄金砂《こがねすな》まじりの山の薯蕷《いも》、七駄片馬《しちだんかたま》ずつしりどつさりと曳込《ひきこん》だるものがたり」などと語る。『ひなのひとふし』にも十編が記録された。その後、座頭の活動が終息するのとともに、早物語の伝承も途絶えたかと思われたが、山形県庄内地方の昔話調査に伴って、早物語が一般の人々の間で豊かに語り継がれてきたことが明らかにされた。その内容を見ると、祝言を語ったものと性に関わるものがきわめて多い。この地方の伝播には、山形県の内陸部から来た祭文語りが関与したのではないかと推定されているが、実態はよくわからない。

参考文献 安間清『早物語覚え書』、一九六四、矢口裕康『出羽の庄内早物語聞書―庄内弥右衛門の伝承―』、一九七七、石井正己「てんぽ物語論」(『物語研究』一、一九六六)

(石井　正己)

はやりがみ　流行神　何らかの理由で突然流行した神。地域社会を守るとされる産土《うぶすな》神・氏神や特定の技能集団などがまつる職能神などとは異なって、これをまつる信仰集団も変動性が高く、流行する時と同様に急速に衰退することも多く、その結果として熱狂的な信仰が一時的に広がるが、わずかな痕跡しか残さない場合も多い。古代の志多羅神(常世神)のように、突然東海地方から京都まで広まる信仰もあり、それぞれの時代を通じて流行神の現象が見られたと考えられる。流行神が急速に信仰を獲得する過程は明らかではないが、特定の利益や霊験を説くことも多く、さまざまなきっかけを考えることができる。流行神の多くは夢や前兆によって、土中から神仏を発見したとか、海上から漂着するとか、天空から飛来したなどをきっかけにまつられたという縁起などが知られている。さらに、この神仏の祟りなどがあって、人々の間に急速に霊験が伝わるなどして、信仰を集めることになるようである。霊験譚の伝播と神仏の流行神化にはシャーマン的な呪術宗教者の託宣がきっかけになることも多い。これらの流行神信仰の基盤には、多くの場合、神仏の祟りの克服と福神化の過程を見ることができる。疱瘡は、かつては悪神によって引き起される疫病の代表的なものとして恐れられていたが、供物を供えて送り出すことで災難を免れると信じられ疱瘡送りなどの呪術が行われた。各地で疱瘡神の小祠などが見られるのはこれらの疱瘡神の祟りを鎮送する儀礼が流行したためであると考えられる。いわば、災厄をもたらす畏怖すべき神は、まつられることによって福徳をもたらす神に転化するのである。また、近世の江戸などの都市では、多くの流行神がもてはやされたことが、『江戸神仏願掛重宝記』(一八一四)や随筆類などからも知られる。これらの流行神の流行は、神仏に対する個人的な祈願が盛んになっていったことを意味していよう。これは、共同の祈願では都市民衆の宗教的な願いには応じられなくなったことを示している。それと同時に、都市の神社や寺院の経済的な脆弱さを補うための、開帳興行などの宗教活動と、都市民衆の物見遊山の結びつきを見ることもできる。しかし、これらの流行神信仰の中には、一種の終末論的な傾向も現われていた。すなわち、飢饉の後の世直しを考えさせる弥勒踊りの流行やええじゃないかにつながるお蔭参りなどである。さらに、木食徳本などの入定行者への信仰などには、救世主を求めるメシアニズム的な傾向も感じられる。いずれにしても、これらの流行神は急速なまつり上げとまつり捨てを伴う激しい変化が特徴的であり、永続性に欠けている。これらの信仰自体が時代の変動期に即応して展開・衰退するからである。　→お蔭参《かげまい》り　→飛《と》び神《がみ》　→疱瘡神《ほうそうがみ》　→弥勒踊《みろくおど》り

参考文献 宮田登『江戸のはやり神』(「ちくま学芸文庫」一九九三)

(紙谷　威広)

はやりめ　流行目　伝染性の眼病。ヤンメともいい、病目の意とされるが、メヤニ(眼脂)がたくさん出るからだともいわれる。その多くはアデノウイルスの感染によって起る流行性角結膜炎と考えられる。メヤニは比較的少なく、流涙と羞明(まぶしいこと)が強く、まぶたの腫れ、結膜の充血などを伴う。結膜炎は二～四週間で自然に消褪し、発症後十日ぐらいで点状表層角膜炎が発症する。接触による感染がきわめて強く、流行する。本症の予防には手を清潔にして接触を防ぐことが必要であるが、流行目に効くといわれる社寺の水には、流水でないものがあり、これに眼をつけたりして、かえって流行を助長することもあった。呪《まじな》いとしては、「やん目大売出し」「やん目大安売り」などと書いた紙を貼って読ませたり、路傍に捨てて拾わせるとその人にうつる、あるいは小石や炒り豆に眼をこすりつけて三本辻に捨てるなどのヤンメ送りが各地にあった。民間薬では、洗眼に茶、ショウガの汁、ミョウガの汁、ハブソウの煎汁、石菖の煎汁、ナンテンの葉の煎汁、キハダの皮の煎汁などが使われた。硼《ほう》酸で洗眼するのは比較的新しい。眼につけるものには、ミョウガの根の汁、メギバラの皮の煎汁(群馬県)などがあり、ゴマ油の点眼(熊本県)も行われた。その他、ヤツメウナギやイヌザンショウの種子を食べたり、白ナンテンの実を煎じて飲むなどの療法がある。自分の尿をつけるというものもあるが、呪的な効果以外には有効とは考えられない。

(吉岡　郁夫)

ハヨクペ　ハヨクペ　アイヌ語で鎧のことをいうほかに、動植物神が着用する衣装(動物ならばつるぎ様の毛皮・羽根・鱗・貝、植物なら樹皮や殻など)をさす言葉。鎧は英雄詞曲(ユーカラ)などに登場する神や人物が戦争の場へ着用するものとして表現される。鎧は英雄の枕べに、櫃様のものに腰をかけたり、立像のようになり、兜にあたる部分は陣笠様に語られる。胴部は胸板に沿ってループ状またはホック状に開閉され、手甲から腕、眼から足の

甲までも同様の作りになっている。鎧の部品は多く、完形品は国内に二点存在するだけである。（藤村　久和）

ハラ　ハラ　南島の親族用語の一つ。ハラの呼称は鹿児島県奄美から沖縄本島地域にみられる。沖縄本島では同一先祖から出た父系血縁集団を指して用いられる。門中の同義語として用いられたり、また門中内の姓や家号などの名称を冠して「～バラ」と称し、門中の下位集団や分枝をさす場合がある。ハラが墓の共有集団の場合もある。ハラに腹の字をあてるのは、同じ腹から生まれ血を分けたものという観念がみられる。比嘉春潮はハラは腹の意味ではなく、「あのはら」のようにハラを側・方の意味と考えた。

参考文献　比嘉政夫『沖縄の門中と村落祭祀』、一九八三

（萩尾　俊章）

はら　原　耕地や宅地として利用されていない平坦地あるいは緩斜面地のこと。森や林とは異なり、樹木が群生せず、草がはえている場所が原と呼ばれることが多い。またほぼ同義の空間呼称に野があるが、原の場合は野以上に水利の便が悪く、耕地としての利用が困難な場所が多い。したがって原はもっぱら採集や狩猟の場となってきた。山林と同じく原も、共有地であることが多かった。高知県高岡郡檮原町にはかつて千五百町歩という広大な草原があり、村落共有の採草地として利用されていた。肥料や牛の飼料はもちろん、屋根をふくカヤもこの原より得られた。また奈良県吉野地方では草刈り場となる斜面をカリバあるいはノーと呼ぶが、やはりここは牛の飼料の供給地となっていた。原が複数村落の共有地である場合にも、草の利用については分割がみられることが多い。鹿児島県曾於郡輝北町にはかつて共有の茅場があったが普段は鎌止めされ、刈る前になると村落ごとに家数に応じて分割した。村落内では籤で当たった家がカヤを刈ったという。原はまた猟の場ともなった。兎・狸などの小動物や鳥類が原での獲物であった。山における山の神、耕地における野神や田の神のような神が、原には特に見られないのは、原と人間との関係の希薄さによるのであろう。（市川　秀之）

はらえ　祓え　心身についた汚穢《おわい》や罪・災厄・疫病などを除去し清める儀礼。黄泉国から帰った伊邪那岐《いざなぎ》が死の穢《きたな》き国に行っていたので禊《みそぎ》をしなければならないとして、竺紫の日向の橘の小門の阿波岐原で禊ぎ祓えを行なったという記紀神話を起源とする。禊ぎ祓えは汚穢に対する対処法であり、禊ぎは水につかって洗い濯ぐこと、祓えは幣束や大麻《おおぬさ》、人形などの具を用いて祓うことをいうが、禊ぎ祓えは一連の行為として行われている。祓えには罪の贖いの意味もあり記紀では罪を犯した須佐之男《すさのお》命に祓《はらえ》具《つもの》として千座置戸《ちくらのおきど》を負わせて追放したとあり、罪の贖いのためには祓具としての財物が必要とされていた。朝廷では「神祇令」の規定によれば六月と十二月の晦に大祓えを修すとされており、中臣は御祓麻《みはらえのぬさ》を、東西史部は抜刀をそれぞれ用意し、中臣は祓詞を宣り卜部は解除をすることなどが定められていた。律令国家の大祓の制度は令制解体とともに廃れたが、各地の神社では神事祭礼に先立つ禊ぎ祓えの儀礼が重視され、中臣の祓詞が広く定着して今日に至っている。また神社の年中行事の一つとしても伝えられ、六月の大祓えが夏越祓《なごしのはらえ》、水無月祓《みなつきのはらえ》などと称され水辺での祓えや茅《ち》の輪くぐりなどが行われている。民俗学ではハレ、ケ、ケガレなどの分析概念の設定に伴い、ハラヘを術語として民間信仰の分析を試みる説も提示されてきているが、まだ議論が十分でなく今後の課題となっている。

参考文献　原田敏明「古典の語る罪穢と祓禊」（『日本古代思想』所収、一九七二）、桜井徳太郎『結衆の原点—共同体の崩壊と再生—』、一九八五、坪井洋文「コモリ・ミソギ・ハラエの原理」（『民俗学論叢』二、一九八〇）、近藤直也『ハライとケガレの構造』、一九八六、新谷尚紀『ケガレからカミへ』、一九八七

（新谷　尚紀）

はらおび　腹帯　妊娠五ヵ月目の戌《いぬ》の日に妊婦が腹に巻く布。五が縁起のよい数とされ胎児も安定しつつある時期が多い。この帯を岩田帯ともいうが、イハダオビ（斎肌帯）のことという説もある。イは斎・忌と通じるので、着帯の時から忌み慎む意であり、岩田の字をあてたのは堅固・丈夫に育つようにという予祝の意味らしい。帯は里方から紅白の木綿を三尺三寸、あるいは紅白二反、黄色などのものを持ってくる。また神社の祭礼で使った紅白の布や夫の古い下帯など異常な力をもっているものを使ったり、安産にご利益がある寺社のお守りを腹帯に入れてしめたり、戌の日に帯をつけるのも犬のように産が軽い安産を願ってのしきたりであった。帯祝いはイツキイワイ、オビカケ、オビマワシ、ナカイワイなどといい、子どもを迎えるための共食（仲人・近親者）の機会でもある。三重県南島町ではオビアテの祝膳を神棚・仏壇・エ

腹帯（愛知県一宮市）

ビスサンにも供え、熊本・愛知県の地域では、帯祝いの日から産神をまつり始めるといい、これは胎児の発育を予祝するとともに帯をしめることによって魂をこめる意味が含まれていたと思われる。惣領(初の子)は、妊娠が安定するという七ヵ月目に帯祝いのナナツキイワイをして妊娠したことを社会的に披露したと伝える地域は少なくない。医学の進歩にかかわらず現在も行われていることが多い。→帯祝《おびいわ》い

参考文献 大藤ゆき『児やらい』(「民俗民芸双書」、一九六八)、瀬川清子『きもの』、一九七二、新谷尚紀『死と人生の民俗学』、一九九二 (岡田 照子)

はらがけ 腹掛け 胸から腹までおおい、細い共布を背中で十文字に交差して着る労働着の一種。または、小児用は寝冷え知らず、金太郎ともいい、四角布の一角《すみ》を折り紐を付けて首にかけ、脇の紐を背で結ぶ衣類。腹部にポケットを付け、どんぶりともいう。江戸では腹掛け、京坂は腹当てという。紺木綿に浅葱裏で主に職人が用いる。行商人・農夫も用い、寿司屋職人の黒羽二重はみえで着る。裸馬や荷馬の腹をおおう綿布・麻縄《おなわ》も腹掛けという。

参考文献 喜田川守貞『守貞漫稿』六・一五(東京堂出版「守貞漫稿」一・二、一九九二) (高橋 春子)

腹掛け(『拾遺都名所図会』四より)

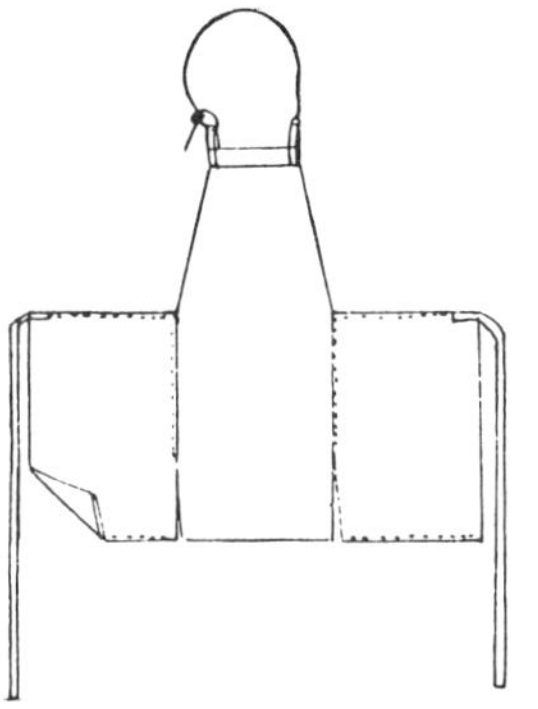
京坂にて男子所用の腹当(『守貞漫稿』一五より)

はらだとしあき 原田敏明 一八九三―一九八三 日本の祭礼行事・祭祀組織について広汎な実態調査を行なった研究者。一八九三年(明治二十六)、熊本県鹿本郡吉松村(植木町大字今藤)に生まれ、一九八三年(昭和五十八)に九十一歳で死去。神宮皇学館本科を経て、一九二七年東京帝国大学文学部宗教学科を卒業。一九三八年神宮皇学館教授、第二次世界大戦後は熊本大学法文学部教授となり、雑誌『社会と伝承』(一九五六年創刊)を主宰、一九五九年東海大学文学部教授。一九七四年定年退職、晩年はもっぱら日本西部の宮座祭祀について農村調査をし、その成果を『宗教と民俗』(一九七〇)、『宗教と社会』(一九七二)、『村の祭祀』(一九七五)、『村祭と座』(一九七六)、『宗教と生活』(一九七七)、『村祭と聖なるもの』(一九八〇)として著わし、また『日本祭礼行事集成』(第一期六巻、第二期三巻、一九六七-八七)を監修して世に問うた。その業績は、彼のいわゆる「宮座＝村の氏神」論が基軸となっている。原田の独自な宮座論は、同じく独自といってよい柳田国男の宮座(「氏神＝祖霊」)論と対比することによって浮彫りにされよう。柳田は日本人に固有な祖霊信仰論の視角から、氏神信仰を家の先祖祭の展開として一門氏神から村氏神および屋敷氏神の成立を説明する。「同じ血筋に繋がる者が集まって、共々に同じ祖先の好意に信頼し、又是に感謝しようとするのが、社に於て神を祭り始めた唯一の動機だった」。これに対して原田は、「一般に氏神といっても、もとよりこれを直ちに祖先神であるということはできない。(中略)氏神は特に地域に即したものであり、この点にそのほかの神に比べて大きな差異があることである。(中略)要するに一つの氏子集団には一つの氏神があって、しかもただ一つに限るのである」とし、「氏神とその氏子との関係は(中略)必ず地縁的な集団でなければならない。(中略)氏子にとっては絶対の神である。従って氏神は本来何の神、彼の神というように、神の個性があったり、特殊の機能があったりするのではない。いわば至上神でもあり、唯一神でもある」。氏神は村という共同体を象徴するが故に、無個性であり、それは仏像のような偶像を持たない。どの村の氏神社(お宮さん)をみても、そうした像が見られないことが、それを雄弁に物語っていると主張する。村の氏神は、原田によれば、柳田のいうような祖先神ではなく、無像性を特徴とする高神《ホッホゴット》 Hochgott なのである。原田は宮座の座は座席の意と解し、その席に着く座衆は古くは結衆・社家・刀禰・社人・神家・神人とよばれ、さらに古くはモロト(諸頭・諸戸・室人《むろと》・村人)とよばれていたとみる。座衆は同時に村人であった。村の神は村人が当番として当屋でまつられるが、やがて祭の広場にできた社でまつられるようになり、ついには神は神社で常祀されるに至る。その境内は神域であるため、死者は村外の埋め墓に葬る。仏教の死者祭祀が発達すると、両墓制が生まれるが、それは日本の東北・西南部といった周辺地域に見られないところから、日本文化の古層は、柳田のいう僻遠の地域よりは、むしろ古くから文化の発達した近畿・中国の地域に見られるという文化のすり鉢型発展論を展開しているのが原田学説の特色である。

原田敏明

参考文献 住谷一彦『日本の意識―思想における人間

の研究—』(『同時代ライブラリー』、一九九四)　(住谷　一彦)

バラッド ballade　物語を内容とした歌。中世イタリアの舞踏歌 ballata を語源とする。十三世紀から十五世紀にかけて、フランスの詩人たちが、抒情詩を ballade とよんだ。十八世紀になると、イギリスで、ポピュラーな物語詩を ballad とよぶようになった。その内容は抒情のみならず、宗教的、政治的物語にひろがり、同時にヨーロッパ各国へもひろがっていった。定義は確定していないが、共通認識としては、伝承、創作を問わず、物語内容をもった歌とされている。　(小沢　俊夫)

はらまき　腹巻　人の腹に巻く帯状の布で、腹の冷えを防ぐため腹に巻く綿布。腹巻の形態は明治以降になり、綿布・毛糸編みなどで筒型に作られるようになった。この腹巻は防寒用とともに物入れを兼ねる用途にもなり、これには職人などの使用者がみられた。腹巻はまた腹帯ともいわれ、腹帯を締めるという精神的な意味を表わす場合もある。つぎに、妊婦が妊娠五ヵ月目の戌《いぬ》の日から晒《さらし》木綿を巻く岩田帯がある。安産を祈る目的とともに生理的な必要性からでもあった。略式鎧の一種で、徒歩《かち》用として鎧の下に着用されたものもあり、南北朝時代から袖・兜を加えて三つ物と呼ばれ、室町時代より兜・大鎧を具足し武将に着装された。

軍兵の腹巻姿(『蒙古襲来絵巻』より)

参考文献　鈴木敬三「腹巻の名称と構造」(『国学院雑誌』六三ノ一〇・一一合併号、一九六二)、同編『甲冑写生図集(中村春泥遺稿)』、一九七九　(高橋　春子)

はらみいし　孕み石　⇩子産石《こうみいし》

ハラメウチ　ハラメウチ　宮崎県・鹿児島県など南九州地方の小正月行事の一つ。モッドシ(望歳)、コドシ(小歳)、ワカドシ(若歳)とも呼ばれる。十四日の晩にムラの男の子たちが、ケズリカケ(削り掛け)、ハラメンボウ(孕めの棒)、カタナ(刀)などと呼ぶ、削り掛けや左巻の巻模様を施した棒を持って、この一年の間に嫁の来た家を訪れ、唱え言を唱和しながら嫁を叩いたり突いたりする。ヨメジョユエ(嫁女祝)、ハラミダセ(孕み出せ)、ダセチッ(出せ突き)などとも呼ばれる。鹿児島県大口市下木場では、七歳から十四歳までの男の子たちが、ハラメンボウと呼ぶ削り掛け棒を持ち、新しく嫁の来た家や新築した家を訪れ、「ハーラメ、ハーラメ、ハラマンモノハ、ソーギノタキノ、ナナマタアゲテ、ヤーヒロコヒロ、ヨメジョヲ、ミッシャイ」と唱えながら、嫁にハラメンボウを突き付けるようにする。この後、ハラメンボウは梅や柿などの成り木の枝に掛けておくとよく実るという。昔のハラメンボウは、先端に男根を彫り出してあった。ハラメンボウを男性器に似せて作ったり、嫁への贈り物に男根そのものの作り物を贈ったりする意識は、大口市・伊佐郡・姶良郡の地域に濃厚に見られる。一方、こうした全国的にみられる類感呪術的な行事とは別に、鹿児島市旧谷山市域・垂水市ではハラメンボウで垣根を叩き壊したり、南薩では前庭を突いて掘り起したりする、防災儀礼的な事例が見られる。各家では訪れた子どもたちを座敷に上げて御馳走したり、餅やみかんなどを与えたりする。

参考文献　小野重朗「ハラメウチ(孕め打ち)の原像」(『民俗学評論』一〇、一九七三)、川野和昭「小正月祭具考—ケズリカケ・ハラメボーをめぐって—」(『陵雲』六、一九六五)、小野重朗「南九州小正月モノツクリ地図」(『南日本の民俗文化』三所収、一九九三)　(川野　和昭)

はり　針　主に衣類を縫うための金属などでつくられた棒状の用具。手縫い用の針には大きく分けて和裁用の和針と、洋裁用のメリケン針、それに特殊針がある。和針は中国から伝えられたのちに国産化したもので、唐針とも呼ばれ昭和初めまでは手作りされていた。孔は主に円形で針先の腰が次第に細くなっている。メリケン針は、明治の初めに洋服の仕立て職人が構浜で入手したもので、イギリス製やドイツ製のものがあった。孔が楕円形で孔のある部分は平たくなく孔から上に向かって糸溝がついている。腰は短く急に細くなっている。特殊針には待ち針、とじ針、革を縫うとぎ針、足袋用の針、刺子針、蚊帳刺し針、畳針、屋根葺き用の竹針、手術用の針などがある。麻布や襤褸《ぼろ》つくろいなどでは木綿針の長いものが使われ、皿付きの指抜きが用いられ、衣料が麻から木綿、そして絹へと変化する過程で縫い方も針も変化した。針はなくしやすく危険でもあり、針筒や針刺しの付いた針箱に納められる。和裁は学校教育のほかに家庭や近所の者、奉公先などでも習った。針には金属・刃物としての呪術的側面がある。千人針や産着の背縫いなどは、特別な定まった方法で多数の者が力を合わせて縫う。二月八日、あるいは十二月八日に針仕事を休み、折れた針を豆腐に刺したり土の中に埋めたり、川や海に流して針に感謝して裁縫の上達を祈る針供養の行事がある。このときに淡島様をまつり淡島信仰と結び付いている場合もある。
↓千人針《せんにんばり》　↓針供養《はりくよう》　↓針箱《はりばこ》

参考文献　矢島せい子「ゆびぬき考(予稿)」(『女性と経験』二、一九七七)、八王子市郷土資料館編『縫う 針の周辺』、一九六八　(佐藤　広)

はり　鍼　按摩(指圧を含む)・灸と並ぶ民間での伝統的物理療法の一つで、高度な技術を必要とし主に専門家(ハリイと呼ばれた)が行なった。身体の部分を撫でさすりツボに鍼を刺し、主に肩凝り・神経痛・リウマチ・高血圧をはじめさまざまな内臓疾患に治療効果が期待される。また、写血療法として行われる場合、デキモノ(腫物)のウミをとる(排膿)目的で行われる場合があった。後者の二つは、素人の間でも一部行われていた。

参考文献　『日本の民間療法』、一九七六・七七、今井充夫『日本の民間医療』(「日本民俗学研究叢書」、一九八三)　(大柴　弘子)

ばりき　馬力　荷馬車の一種。四輪が多いが、操る者が車に乗らずに馬を引いて歩くのを原則とする。轡《くつわ》を取ることから操る者は馬方と呼ばれ、駄賃稼ぎの馬方の呼称を踏襲している。乗合馬車は、はじめは長距離輸送にもあたったが、明治中期以降は鉄道網の整備に伴い、駅と周辺地を結ぶ近距離輸送を主な業務とするようになっていく。荷馬車も遠距離から近距離輸送となり、一八九〇年(明治二十三)ころより馬力が多用されるようになるが、鉄道の恩恵に恵まれない所では四、五〇キロの道のりを往来するものもあった。一九一五年(大正四)に武蔵野鉄道(西武池袋線)が開通するまで、東京池袋と埼玉県飯能を結んだ馬力はその一例である。池袋が所在する東京市街西北部では、馬力は、個人営業者もあったが、大方は馬力屋と呼ばれる専門業者により運行されていた。馬力屋は、七、八台の車と馬を持ち、馬方を雇用する。車一台の積載量は五百キログラムほどだが、食料などの日用品から建築資材、はては引越し荷物に至るまで、あらゆるものを運んでいる。池袋・板橋駅周辺には、大正末年ころまで馬力屋が軒を連ねていた。当時、中仙道の西巣鴨にはタテバと呼ばれる休憩所のような施設があり、一度に馬力を十台前後収容できたが、日本橋—板橋間では唯一の存在で、食事時などは賑わったものである。しかし、トラック輸送の拡大に伴い、馬力の活動の場は徐々に狭められた。　→車力《しゃりき》　→駄賃付け《だちんつけ》　→荷車《にぐるま》　→馬車《ばしゃ》　→馬子《まご》

参考文献　『豊島区民俗資料調査報告書』、一九七七、『与野市史』民俗編、一九八〇、山本弘文『維新期の街道と輸送(増補版)』、一九八三　(胡桃沢勘司)

ばりきしん　馬力神　馬の守護神。自然石に「馬力神」と刻んだ石塔が栃木県や宮城県でみられるが、その大部分は愛馬の供養のために造立されたもので、神名のほか紀年銘と造立者名を記すだけのものが多い。馬力神の石塔は、栃木県下都賀郡壬生町南犬飼北坪の一八五一年(嘉永四)例が現在知られる最古のもので、幕末に出現し、明治時代にもっとも多く造立され、昭和戦前期まで造られたが、戦後衰退したことが知られる。馬力神が明治時代に盛んに造立された背景には、神道家の積極的な活動があったとみられ、仏教色の濃厚な馬頭観音を排除しようとした彼らによって創出された神である可能性が高い。
→馬頭観音《ばとうかんのん》

参考文献　下野民俗研究会編『下野の野仏』、一九七三　(時枝　務)

はりぐみ　梁組　主に、家屋の水平方向を強化する目的で組まれた骨組。外回り・内部柱上部を縦横につないでねじれ・ゆがみを防ぐ役割を果たす。和小屋においては梁をわたし、叉首《さす》を組んだとき軸部が外に開かないように梁をわたし、梁と叉首とで強固な三角形の構造体を組む。ときには有効に軸部の変形を防ぐため梁を二重に架けたりする。梁は棟木と交叉する方向に普通一間から一間半の間隔で架けるがときには棟木と平行して梁を井桁に組む。また前後の桁に一本物で架けるのが理想であるが、大きな梁間のときは棟通り下部に中引梁あるいは牛梁を通して前後の桁から中引梁に梁を架ける。梁を側柱頂に直接柄《ほぞ》差しにしてのせた工法を折置組《おりおきぐみ》、側柱頂に桁をのせその上に梁を架けた工法を京呂組《きょうろぐみ》という。折置組が古い工法である。普通は中引梁端と土間境の梁が交叉する位置に大黒柱がたつ。美濃地方においては二本の柱に枕梁をわたして中引梁を架ける工法や梁間が大きくなると二重に梁数を増したりして堅固にする。東北地方においては梁組を太い梁で組み、叉首組と和小屋の束立てを組み合わせて屋根の荷重をうける。北陸地方においては「さしもの造り」といって茶の間の上部に井楼に組みあげた架構もある。東北・北陸地方の架構法は雪対策の一方法である。民家の梁組は一番の見所になる。梁の材質は主に松が使用され湾曲した釿《ちょうな》梁を中起《むく》りにして用いる。

参考文献　川島宙次『美しい日本の民家』二、一九六二、堀江亨「木造民家の構造原理」(茶谷正洋『住まいの建築学』所収、一九六五)　(山崎　弘)

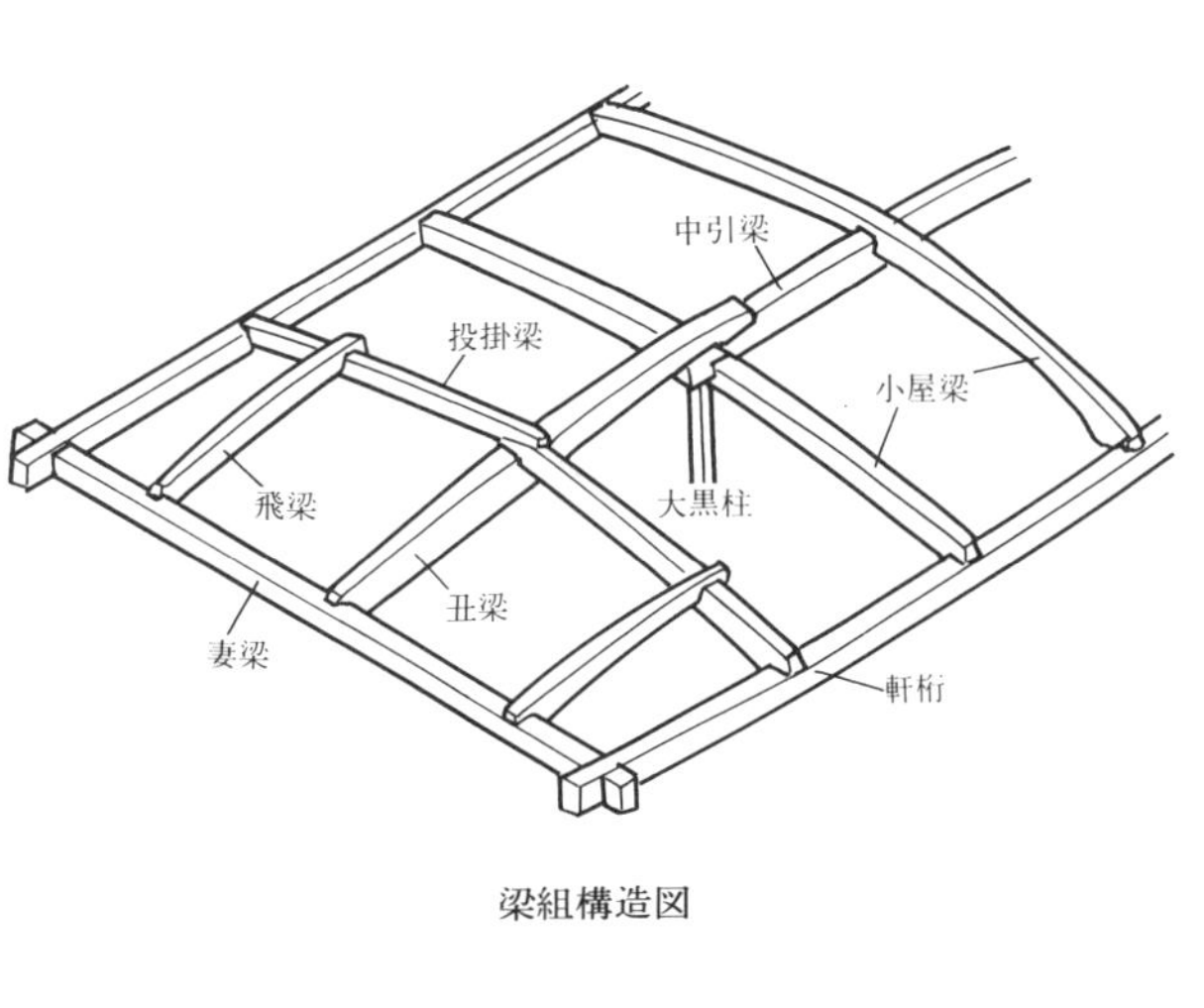

梁組構造図

はりくよう　針供養　針の使用を忌んで針仕事を休み、古針(折れ針)の供養などをする行事。全国的に、実施の日は事八日(二月と十二月の八日)がほとんどで、両月(二

回)とも行う地方とどちらか一回という地方とがある。一般的には、針休めのほか、古針を豆腐や蒟蒻《こんにゃく》あるいは餅や団子に刺して川や海などに流す家々の行事だったが、今日では裁縫関係の従事者たちの間で行われることが多い。実施日の事八日には、災厄・魔物の来襲を伝える地方もあり、ヨーカブキ(八日吹き)と称して強風が吹き荒れる日とするところも、北陸・山陰地方にはある。またこの日(十二月八日)に、ハリセンボ(針千本)という怪魚が浜へ吹き寄せられるという伝承が日本海沿岸部に広くあり、針千本の上陸を伝えたり、この魚をとらえて魔除けにするというところもある。さらに、ハリセンボがハリセイボ(針歳暮)と化したものか、この日に嫁の里から餡餅や饅頭などを歳暮として贈ったり、女子のいる家で餡餅を作って近所や知人に配ったりすることも、富山県・石川県にはあった。なお、東京をはじめ各地で、淡島明神(和歌山市に本社)をまつっているところでは、針供養を淡島さんの祭事として縫針を奉納、供物をして針仕事の上達をねがっている。淡島明神は女の守り神とされ、また一説によると、淡島信仰の祭神婆利《はり》才女の名に付会してのことだともいう。 ↓事八日《ことようか》

参考文献 大島建彦編『コト八日―二月八日と十二月八日―』(「双書フォークロアの視点」八、一九八九)

(富山 昭)

はりし 針師 針を専門に作る者。室町時代の前期から、京都姉小路で作られた針が良質のものとして名高く、次第に播磨・但馬・伏見・京都・大坂・堺・越中・江戸でも製造されるようになった。御簾屋の針が京針を代表するが、京都三条の福井伊予・冨永伊勢・井口大和などの名も知られる。内職として針を作る者も多く、特殊針などは鍛冶屋が作る場合もあった。『人倫訓蒙図彙』に縫針師と針摺、『七十一番職人歌合』に針磨の図がある。

参考文献 宮本常一「針」(『日本観光文化研究所)研究紀要』四、一九八三)

(佐藤 広)

ハリセンボン ハリセンボン フグ目ハリセンボン科の海産魚。外敵が迫ると体を膨らませ体表のトゲを直立させる。方名では、ハリフグ、イガフグなどという。冬期、対馬暖流を北上し日本海沿岸に漂着。十二月八日は八日吹きといい、特に海の荒れる日とされているが、この日に浜歩きをして漂着したハリセンボンを求め、膨らませて戸口などに吊して魔除けにする。 ↓事八日《ことようか》 ↓八日《ようか》吹《ぶ》き

(野地 恒有)

はりばこ 針箱 裁縫に使う針・針山・糸・指貫《ゆびぬき》・ヘラ・鋏などを入れておく箱。裁縫箱ともいう。文庫型や引出しのついた箱で、綌台《くけだい》が取り付けられたものもある。町方の家庭で使われた。嫁入り道具の一つでもあった。農山村部では、古い笊や苧桶を利用し、針山を取り付けた綌台と合わせて使用した。針苧桶《はりおぼけ》と呼んだ。常に女性の身近におくもので、女の私有物を入れておくものの呼び名でもあった。

(柳平 則子)

ハル ハル (一)九州では台地のことをハル、バルといい、対岸の台地をムカイハ(バ)ルと呼ぶ。もともとはハラ(原)と区別していたが、近世以降、原の字をあて始めたのではないかといわれる。『魏志』倭人伝の「一支国」に比定される長崎県壱岐島の原《はる》の辻遺跡、特別史跡の宮崎県の西都原《さいとばる》古墳群、柳田国男が長者伝説で取り上げる熊本県菊池の米原《よなばる》にある古代の鞠智城跡などはその例。

参考文献 柳田国男「妹の力」(『柳田国男全集』一一所収、一九九〇)

(佐藤 征子)

(二)沖縄で主として畑を意味する語。原とも書く。この畑作地にはウイバル(上原)・メーバル(前原)のようにハルが位置する方位や立地に由来した名前がつくことがある。また、ハルの名称はハルを所有する村落、または開拓した村落の名と一致することが多い。たとえば本村の畑地の一部を取得し、独立に至った新村落の場合、本村のハル名をそのまま村落名として用いたりする。西原・桃原など沖縄にハル(原)の名が付く村落が多いのはこうした理由による。

(渋谷 研)

はるぎとう 春祈禱 年のはじめや春先に行われる農耕祈願祭。おこない・オコト・おびしゃ・天道《てんとう》念仏・春日待ともいう。おこないは近畿地方を中心とした農耕祈願祭で、修正会や修二会に似た行法が頭屋組織によって行われる。天道念仏は四本の竹の櫓の中央に五色の梵天と重ね餅を飾り、掛け念仏を唱えながらその周囲を回るもので、千葉県北部ではこれを行うのは出羽三山講の人に限られていた。おびしゃは関東地方で歩射行事のことをいい、的に鬼などの字を書いて弓で射るもので、使われた矢は魔除けや五穀豊穣のお守りとする。修験者が行う春祈禱もあり、各家々を回檀して歩く日待や、地域の行事に招かれるものなどがある。岩手県や青森県下北地方では、修験者が伝えた山伏神楽の一行が、権現様と称する獅子頭を奉じて村々を廻って歩き、権現舞を舞ったり、神楽を演じている。人々は「神楽が舞い立ったから来んべえ」といい、神楽に春の訪れを重ね合わせて待つ。また巫女が行う春のはじめの予祝の祈禱を春祈禱という。福島県白河地方では村の代表者がワカサマという巫女を訪れ、その年の農耕や来るべき村の出来事を占ってもらい、結果を村に持ち帰り、みなに伝えている。岩手県陸中沿岸地方の神子の行う春祈禱では、ヒイミ降ろしと称する個人個人の今年一年の占いや、村落の託宣を行う。また、春祈禱で神子を招いた折に先祖と話がしたい、先祖の誰それの年忌だからなどの理由で口寄せを依頼することもある。一年を無事に、豊かに過ごすために神仏に祈り、その手応えを得るために行われるもので、宗教職能者や芸能者を迎えて行うことが多い。

参考文献 五来重『仏教と民俗―仏教民俗学入門―』(「角川選書」七四、一九七六)、同『宗教歳時記』(同一三四、一九八二)

(神田より子)

はるごと 春事 三月から五月にかけての季節の折り目にあたって祝われる休み日。関西地方に多い。奈良県の

盆地部ではこれをれんぞと呼ぶ。元は神祭的な要素があったともいわれているが、本格的な農仕事に入る前の労働慰安日としての色彩が強い。日取りは各ムラ単位で決められ、大阪府大阪狭山市では三月二十五日・四月三日（シガサンニチという）・四月十六日など。餅をつき、花見や山登り・潮干狩・社寺参りなどをする遊び日で、仕事をしたら笑われる日であった。また他所に出た人もこの日はムラに帰ってきた。　↓れんぞ

参考文献　『奈良県史』一二、一九八六、『大阪狭山市史』九、一九九七　（藤原　修）

佐渡相川町の春駒

はるこま　春駒　新春、馬の頭の作り物を持って、祝言を唱えながら各家々をめぐり歩く門付芸。古くは、正月八日に宮中で行われた白馬節会《あおうまのせちえ》を模倣したものであろうといい、農耕または養蚕の予祝として、江戸時代には広く各地で行われていた。新潟県でも、佐渡や魚沼、頸城地方で見られたが、第二次世界大戦後、そのほとんどが姿を消した。春駒には男駒と女駒の二種類がある。男駒とは男の春駒のこと。駒に跨がる乗馬形式のもので、主として男が演じた。女駒は女の春駒で、駒頭を手に持って女が演じた。魚沼では、早くに門付けはなくなったが、「春の初めの春駒、夢に見てさいわいと申す（下略）」の唄だけが残っている。養蚕予祝の祝言唄である。上越市から新井市にかけてのいわゆる中頸城地方の春駒は、太鼓に三味線の囃しで老若混合で踊る。手に木製の駒を持つから女春駒というべきであろう。唄は「めでたやめでたや、春の初めの春駒なんぞや（下略）」と歌う。門付芸ではなく手踊りである。佐渡では、春駒をハリコマと呼ぶ。ここには男女両方の春駒があるが、一般に知られているのは男春駒で、茜染めの手拭をかぶり、その上に房の付いた笠をのせ、赤い袖なし羽織、右手に鈴、左手に扇子をひろげ持ち、馬上姿となる。伝えに、相川金山全盛期の山師味方但馬の姿を模したものといわれる。演目には、「さまよ踊り」「御祈禱踊り」「ほった踊り」などがある。

参考文献　桑山太市『新潟県民俗芸能誌』、一九七二　（近藤　忠造）

はるた　春田　おもに湿田のことをいう。岐阜県恵那郡川上村のように水田の多くが二毛作田であるところは、二毛作のできない水田をハルタと呼んだ。一般に香川県・徳島県・高知県といった四国地方や大分県など九州地方でも二毛作のできる水田をムギタと呼ぶのに対して、一毛作田をハルタと呼んでいる。二毛作ができないことから群馬県ではハルタのまたの呼び名をヒトケダともいう。しかし、湿田の意味とは反対に、稀ではあるが、広島県蘆品郡のようにハルタを乾田とするところもある。さらに讃岐国善通寺・曼荼羅寺領関係史料の中では、灌漑用水の不足で稲を作付けできず冬に麦を栽培した水田を春田と表現している。つまり、ハルタはハリタ（墾り田）に通じ、それまで人の力が及ばず荒地となっていたところを新たに開墾することを意味した。そうした新開地は日本の場合、その多くは低湿地であったが、中には反対に水不足のため、それまで水田化されなかった土地も含まれると考えられる。十七世紀に書かれたとする農書『百姓伝記』には、「冬田にかへし春田にうつ」とあるが、この場合ハルタは単に立春後に鍬により水田の耕起をすることを意味している。民俗事例でも春田打ちとは春になってから行う田起しのことをいう。春になるとすぐに田の土を起すことができるということはつまり一毛作田であること、冬の麦栽培ができないことを意味しているといえよう。　↓湿田《しつでん》　↓低湿地《ていしっち》　↓フケダ

参考文献　黒田日出男「中世農業技術の様相」（『講座日本技術の社会史』一所収、一九八三）　（安室　知）

はるたうち　春田打　正月の予祝芸能で、田遊びの一形態。春の田起し・種子播きから秋の稲刈りまで、一連の農作業を模擬的に演ずる。長野県飯田市近郊では、かつて春田打を名乗る芸能集団が農家を巡って田遊びを演じていた。岩手県北上市江釣子の春田打は、以前は小正月の予祝行事として正月十四日から二十日ころまで同地区で伝承する田植え踊り組とともに家々をまわり、田植え踊りは民家のニワ（内庭）、春田打は座敷で踊っていた。現在では各種の芸能大会などで公演する。伝承では、一五七六年（天正四）、江釣子を知行した新渡戸家が累代の守り本尊十一面観世音を安置する観音堂を建立、その落慶祝いに地元の妻川・川内家の農民に春田打を舞わせて豊穣を予祝したのがはじまりという。太夫の口上から始まり、神歌と笛・太鼓・手平鉦の囃しに合わせ、田打ち・

春田打（岩手県北上市江釣子）

種子播き・田かき・田植え・稲刈り・お田の神舞の順序で演ずる。田かきと稲刈りは狂言風にコミカルに演じられ、他の踊りは扇舞を主とした緩やかな舞で、お田の神舞には猿楽能の名残がうかがわれる。江戸時代、盛岡藩抱えの芸能集団七軒丁はお駒乗り・太神楽・万歳など多彩な芸能を持っており、正月二日には藩主の前で祝儀舞として春田打を演じていた。一人で面を変えながら田打ちから稲刈り・お田の神舞までを謡曲に合わせて舞った。盛岡市の庄ヶ畑田植え踊りはその流れをくんで春田打を伝承していたが、今は絶えた。→田遊《たあそ》び →田植《たう》え踊《おど》り

参考文献 森口多里『岩手県民俗芸能誌』、一九七一、門屋光昭『淡路人形と岩手の芸能集団』、一九九〇

（門屋 光昭）

はるなしんこう 榛名信仰 群馬県の榛名山をめぐる山岳信仰。現在は群馬県榛名町の榛名神社が信仰の中心であるが、山麓には戸榛名《とばんな》と呼ばれる神社が多く存在し、本来は山麓でまつられた神であると推測される。平安時代後期に、修験者が祭祀に関与するようになり、榛名山中に移したのが現在の榛名神社のはじまりという。十二世紀以降、神仏習合が進み、別当寺である榛名寺が祭祀の主体となり、勝軍地蔵を本地仏とする満行大権現が成立した。近世の榛名神社は、榛名山巌殿寺と称し、山麓の天台宗光明寺が学頭と別当職を兼務し、中之坊・満福院・金剛院・円乗院・実相院の五ヵ院からなる衆徒が運営にあたった。また、社家は御師として活発な布教活動を展開し、関東地方を中心とする各地で榛名講が結成された。榛名講は農村で多く結成され、毎年順番で一人ないし数人の代表者を参詣させる代参講の形態をとっていた。代参者は榛名神社に参詣し、経済的余裕があれば太々神楽を奉納するなどして、社家でお札などを受けて帰った。高度経済成長期以降、衰退し古くからの参詣習俗は大きく変容したが、現在でも自家用車を利用して参詣する講が多くみられる。社家は信者がいる区域を檀那場として把握し、定期的に回檀して配札し、そこから初穂料などの収入を得た。社家は宿坊を経営し、檀那場から代参に来た榛名講の人々の宿泊の便宜を図った。近代には、徹底した神仏分離が実施され、衆徒らは還俗した。榛名信仰は作神信仰としての性格を強くもつ。たとえば、榛名神社で毎年正月十五日に行われる筒粥神事では、その年の作物の豊凶を占い、結果を表にまとめて印刷し、希望者に配る。また、水不足の際には、榛名山内の御神泉の水を汲んで竹筒に入れて持ち帰り、田畑に撒くと必ず雨が降るといい、村々から代表者が汲みに出かけた。

参考文献 勝守すみ「榛名御師について」(『上毛史学』三、一九五三)、尾崎喜左雄『上野国の信仰と文化』、一九七〇、井田安雄「榛名信仰」(『山岳宗教史研究叢書』八所収、一九七九)、桜井徳太郎「民間信仰の重層性」(『桜井徳太郎著作集』三所収、一九八八)

（時枝 務）

はるまつり 春祭 春に穀物の豊穣を祈念する祭。二月の祈年祭を代表とする。祈年とは中国の用語であるが、和訓ではトシゴイと読んだ。旧暦でいう新春とか初春の正月も春祭である。その年の農耕を始めるに先立って、春、新たに神を迎えて農作を祈願する。祭を行う季節はその土地の生産暦と関係するので、春祭の時期も土地土地でずれがある。五穀の豊穣を祈るとはいえ生産暦としての時間を区切る目安は、雑穀ではなく稲によるため、神社の春祭は多くお田植祭を伴う。稲作の過程を模擬的に演じ、今年もこのように順調に進むようにと願う。春祭には鎮花祭のように花どきの疫神送りも含まれるが、疫神祭そのものは起源が新しい。京都今宮神社のやすらい祭の唱歌は、田歌の流用である。神社の春祭に祈念の性格がもともと濃いのは、春に山の神が里におりて田の神となり、田仕事を守護するという民間信仰と関連する。さらにその背景は、柳田国男によれば山に鎮まる祖霊が子孫の田畠を守るため山と里とを去来することにあるという。神社でのごく一般的な春祭として、田遊びがある。トシゴイの意味は、トシを乞い願うことであるが、田遊びの中では「年よし、世よし」という用語が広く使われていて、トシの生産が豊かであることを乞い求める。伊勢神宮では鎌倉時代から内宮・外宮ともに春祭として田遊びを行なってきたが、現在では伊勢神宮の別宮である伊雑宮の御田植祭がよく知られ、六月二十四日に三重県志摩郡磯部町の伊雑宮御料田で盛大に行われている。→祈年祭《きねんさい》

参考文献 柳田国男「日本の祭」(『柳田国男全集』一三所収、一九九〇)、新井恒易『日本の祭りと芸能』、一九九〇、中村喬『(続)中国の年中行事』(「平凡社選書」一三四、一九九〇)、萩原秀三郎『稲と鳥と太陽の道―日本文化の原点を追う―』、一九九六

（萩原秀三郎）

はるやましょうぶ 原山勝負 沖縄で近世以来、第二次世界大戦後まで行われた勧農行事。原勝負などともいう。ふつう春と秋に行われ、多くの場合、郡と村の間の行政単位である間切を東西や南北の地区に分け、農地の手入れや除草、農道の掃除、山林の管理などの状態を役人が検査し、問題があれば定められた罰金を課して、その総額により地区の優劣を決めた。この結果は、近世には田地奉行に報告されていた。明治中期の旧慣調査によれば、勝者は少量の酒や敗者からの一礼など名目的な報賞をうけるだけであるが、罰金は農民にくわえ、関係する村役人からも監督不行届の名目で徴収された。ただし、勝敗が決定してからは、競馬などの余興が行われ、罰金などで購入した酒を飲むなど、娯楽性もあわせもっていた。また、敗者側の村役人を木馬にのせ、ひきまわしてはずかしめるというような、ヨーロッパのシャリヴァリを思わせる制裁が行われる場合もあった。のちに近代的行政にくみこまれて、納税成績も勝敗に考慮され、農作物や家畜の品評会などもあわせて行われるようになったが、原番札の制度(他人の作物を盗むなど違反を犯した人は原

番札をわたされ、その人が次の違反者をみつけて原番札をわたすまで毎日罰金を加算して徴収する制度）にくわえ、定期的に耕地を割り替える地割制などとあわせて考えられるべきものといえよう。

参考文献　仲吉朝助編「琉球産業制度資料」前編（小野武夫編『近世地方経済史料』九所収、一九三二）、奥野彦六郎『南島の原山勝負制の構成―南島労働推進史―』、一九五五

（小林　茂）

はれぎ　晴着　日常の衣服である褻着《けぎ》に対するハレの衣服および装い方の総称。単に上等な衣服の意味で使われることもある。礼服・式服・正装、あるいはイワイギモンなど晴着を総称するもののほか、ミヤマイリゴ、ヨメリゴ、セツゴ、マツリゴなど晴着を着る場面や儀礼に則した個々の呼称で呼ばれることも多かった。晴着を着る場面の一つは誕生・成人・婚姻・死などに伴う通過儀礼の折で、産着から死装束まで人は新たな状況・年令・地位などを迎えるたびに衣服を着替えた。テトウシ、オビトキ、ヘコワイ、エボシギなど通過儀礼を衣服にちなんで呼ぶことが多いのも、晴着に着替えることが儀礼に不可欠な要素であったことを示している。正月・盆をはじめとする年中行事や祭の折にも、身を浄め晴着に着替えて神を迎え、新たな時間や季節を迎えた。また、このような儀礼に伴うものではないが、よそゆきと呼んで常とは異なる空間に出向く折にも着替えをした。すなわち、晴着とは新たな時間・空間や状況を乗り越えるために常とは違う身なりになるための衣服であり、人が常とは異なるハレの状況にあることやハレの時間・空間にいることを表示するものでもあった。晴着といっても儀礼の当事者なのか儀礼への参加者なのかによっても異なるし、地域差もあってその表わし方は一様ではなかったが、次第に婚礼衣裳・喪服など儀礼ごとに専用の晴着が成立し、式服・正装と呼ばれるように全国共通の装い方に統一されてもいった。かつて晴着であることを表わすのに用いられたものの一つがかぶりものや、袖を通さずに頭に被る、肩に掛けるという着方である。カムリカタビラ、ソデカブリ、カケイショウなどとも呼ばれる被衣《かつぎ》や、フナゾコ、オカザキ、綿帽子、角隠し、鉢巻、笠（傘）などのかぶりものは被り方で違いを表わすことはあるが花嫁の装いや喪服に共通するもので、生児の初外出や宮参り、嫁の入家儀礼、祭礼などに広くみられた。また、晴着の上に身につけるほか、日常の衣服に被ることで晴着の装いに変えるものであった。白という色もハレであることを表わした。婚礼や葬儀に着用するシロ、イロ着、シロムク、シロギモンなどの女性の長着や男性の裃に白が用いられたほか、被衣やかぶりものも多くが白であり、喪服の肩や衿には白い布片がつけられた。祭礼・神事に欠かせない色でもあった。日常で使うことの稀な絹は、ハレを表わす衣料であるが、粗末な物でも新しいということにハレであることをみる感覚もあって、正月や祭礼には仕立て下ろしを身につけることを心がけた。このように儀礼の違いを越えて共通点をもっていた晴着だが、次第に吉凶で着分ける意識が生まれ、婚礼衣裳・喪服など儀礼ごとに専用の晴着が成立した。婚礼衣裳は上層階層を中心に紋付や羽織袴・打掛・留袖・振袖といった武家社会の装いを導入するなど早くから階層化に伴う差異が顕著になり、喪服も白から黒に変化した。今日も一枚の晴着を吉凶に併用する意識は残っているが、忌がかりしない者も喪服を着るように晴着を着る範囲がひろがりをみせる一方、正月や盆・祭に晴着を着るという意識は薄れるなど、晴着をめぐる様相には変化がみられる。→褻着《けぎ》　→婚礼衣裳《こんれいいしょう》　→喪服《もふく》　→紋付《もんつき》　→よそゆき

参考文献　瀬川清子「晴着とかぶりもの」（『日本民俗学大系』六所収、一九五八）、同「式服」（『日本民俗学』一一五、一九七八）

（中村ひろ子）

ハレ・ケ　ハレ・ケ　柳田国男によって設定された生活のリズムを把握する二項概念。ハレ（晴）とは祭礼や年中行事、冠婚葬祭など特別な時間と空間、ケ（褻）とは日常的なふだんの労働と休息の時間と空間を意味する。このハレとケとの循環のリズムの中に日本の生活文化が分析できるとしたもの。ハレとケの提示は著書の随所にみられるものの特に柳田自身による明確な定義はない。ハレは晴着や晴れ舞台という一般的な語から、ケはふだん着を意味するケギ（褻着）や日常食を意味するケシネ（褻稲）などの民俗語彙から抽出された概念である。ハレの時空とは、具体的には神社の祭礼、正月や盆などの年中行事、出産や結婚や葬送などの人生儀礼、突発的な事故や事件などで、ふだんの日常的な生活とは異なり、特別な場所の設え、特別な衣服、特別な飲食物、特別な行為による非日常的な世界が設定される。晴着とは文字通り晴天の日の衣装のことで人目につく派手な衣装、互いに見る見られる関係が設定される状態である。ハレの飲食物とは、酒・魚・米・餅・菓子、また肉、それに寿司などかわりものと称される特別な料理の類で御馳走である。ハレの日は祭礼・神事が行われるとともに客事《きゃくごと》・呼《よ》び事《ごと》も行われ、神の来臨や賓客の来訪がありその供応が行われる。そこでは、芸能や競技が行われ交流が深まり、陶酔が導かれる。御馳走への陶酔は飲酒により促進され、芸能や競技の陶酔は性の解放や喧嘩・暴力の陶酔へと展開する。まさに脱社会の世界、遊びの世界を現出する。経済的には消費と蕩尽《とうじん》である。ハレの中核は陶酔にある。一方、ケの時空とは具体的にはふだんの日常的な生活で、朝起きて食事をし、昼間は働き、夜になったら休眠するという状態である。ハレが消費・遊興とすれば、ケは生産・労働である。柳田は、このハレとケの循環の中に稲作を基礎とする民俗の生活があったことを指摘しながら、それが近代化とともに特に都市生活の中でハレとケの区別が曖昧になってきたことを指摘している。服装も色彩鮮やかになり飲酒や魚食肉食も日常化してハレの日常化がすすんだという。このハレとケの概念について、一時期、

聖と俗の対立というデュルケムの聖俗二元論にあてはめる考え方が有力であった。デュルケムの学説の基礎にあったのは、中央オーストラリアの一部族社会における生活実態で、乾季と雨季の交替の中で乾季における労働の生活(俗)と雨季における祭儀の生活(聖)とが明確に区別されていることから、聖と俗との二元的対立と規則的交替が、季節交替のリズムに対応してその社会生活に反映していると考えたものであった。しかしその後、日本の稲作社会では一年は労働と祭儀とに二分されているわけではなく、農作業の折目ごとに祭儀が繰り返し行われており、聖と俗との絶対的対立を説く聖俗二元論をそのまま日本のハレとケにあてはめることはできないとの指摘がなされた。ハレとケを聖と俗の二元論にそのまま結びつける安易さへの批判である。そして、稲作を基調として、春夏秋冬の祭礼や正月・盆などの年中行事が展開する日本の民俗においてはむしろハレとケは絶対的対立の関係ではなく、たとえばケの住居空間が注連縄を張るなど特別な措置を施すことによってハレの場所へと転換するというような両者の相互補完的な関係を重視すべきであるとの見解が示された。そして、ハレとケを相互補完、相互転換する二項とみる考え方の延長線上にその媒介項としてケガレという概念をあらためて設定する考え方が提示され、ハレとケをめぐる問題は、ハレ・ケ・ケガレ論へと展開している。しかし、それに対する批判もあり、ハレとケという分析概念をめぐる問題は再検討の段階にある。 ↓ケガレ

〔参考文献〕 柳田国男「明治大正史世相篇」(『柳田国男全集』二六所収、一九九〇)、伊藤幹治「日本文化の構造的理解をめざして」(『季刊人類学』四ノ二、一九七三)、波平恵美子『ケガレの構造』、一九八四、桜井徳太郎『結衆の原点―共同体の崩壊と再生―』、一九八五、伊藤幹治「非日常的世界考」(『成城大学民俗学研究所紀要』一四、一九九〇)、宮田登『ケガレの民俗誌』、一九九六

(新谷　尚紀)

バレンタインデー St. Valentine's day 二月十四日、聖バレンティヌス(三世紀のイタリアの司教)殉教の日で、人々が愛や感謝を述べ、贈り物をする日。日本では、女から男にチョコレートを贈る日として独自の展開を遂げた。バレンタインデーはクリスマスとともに、日本に異性間の贈答慣行を作り出したが、特にバレンタインデーは、女性が男性に贈り物と愛の意志表示をする行事となった。日本でバレンタインデーが最初に取り入れられたのは一九五〇年代後半で、特に品物を限定せずに愛する人にプレゼントを贈るバレンタインデーセールをデパートなどが始めたが、一般には普及しなかった。同じころ、チョコレート会社が愛する人にチョコレートを贈る日として宣伝し、これが一九七〇年代以降、女性から男性へチョコレートを贈る日として定着する。はじめは愛する人にだけ贈ったが、やがて日頃世話になっている男性たちに贈る義理チョコの習慣が職場を中心に普及した。そこでは、もらったチョコレートの数が男性の人気を示すとされるため、職場内で日頃は劣位にある女性たちが、特定の男性にだけ贈らなかったり、内容に差を付けるなど、男性に単に感謝するだけでなく、男性を評価する行事となっている。また、義理チョコと区別するため、愛情表現のチョコレートは手作りにしたり、セーターやマフラーなどをつけ加えることもある。さらに日本では、チョコレートをもらった女性に男性がお返しの贈り物をするホワイトデーが考案され、三月十四日に設定された。

〔参考文献〕 石井研士『都市の年中行事―変容する日本人の心性―』、一九九四、Yuko Ogasawara: Meanings of Chocolate; Power and Gender in Valentine's Gift Giving, International Journal of Japanese Sociology. 5 (1996).

(阿南　透)

ハロウジ ハロウジ 親類を意味する奄美・沖縄方言。奄美諸島と沖縄本島北部、久米島および宮古の池間島から報告されている。沖縄本島では親類の意味でウェーカーの語が用いられるが、ウェーカ、ハロージという対句が用いられることもある。パロージ、パラジ、ハラウズなどの発音上の変差がある。農業や家の普請など生活上の互助共同の機会に動員されて合力し、冠婚葬祭に参加して役割分担や加勢を行う。ハロウジの組織原理は、自己を中心として、双系的に親族の間に関係を拡大してゆくもので、その範囲はイトコ関係にあるものまでを中心とし、マタイトコ関係にある親族を少し遠くに位置づける。内部はフンシないしシジカタ(父方)とグエシチ(母方・妻方)に類別され、特定の場面で父方への偏重が示されることがある。自己の妻方もハロウジに含まれるが、自己の婚姻の当初は、姻戚はミーハロウジ(新しいハロウジ)という類別をうける。一方、ハロウジは一定の世代範囲内で祖霊祭祀にかかわる。奄美では三十三年忌で死者はカミ化＝祖霊化するとされるが、この儀礼の際には、まつられる死者の兄弟姉妹と子および孫の参加が重要とされる。同時にこの儀礼には、儀礼を主催する自己(世帯主。死者の孫にあたることが多い)を中心とした双系的な親族も動員されるので、このときのハロウジには自己中心的な組織原理と祖霊中心的な組織原理が同時にあらわれる。

〔参考文献〕 大胡欽一「上本部村備瀬の社会組織」(東京都立大学南西諸島研究委員会編『沖縄の社会と宗教』所収、一九六五)、蒲生正男『(増訂)日本人の生活構造序説』、一九七八、加藤正春「双系社会の親族体系―与論島における親族再編成の構造―」(『南島史学』一七・一八合併号、一九八一)

(加藤　正春)

はん 判 ⇩印鑑《いんかん》

パン パン 小麦粉に塩・油脂・イーストなどを加え、水で練って発酵させて焼いたもの。日本には十六世紀にポルトガル人が持ち込み、ワインとともにキリスト教の儀式に欠かせないものとなり、ポルトガル語の pão はそのまま日本語に定着したが、鎖国とともに衰微した。幕末の一八四二年(天保十三)、伊豆韮山の代官、江川太郎

左衛門が兵糧用に乾パンを試作したのをきっかけに、各藩で兵糧用パンが普及する。しかし、パンの本格普及は明治以後である。日本酒の糀種子を使って発酵させ、中にアンを入れたアンパンを、一八七五年(明治八)に東京の木村屋が発売してから、菓子としてのパンが普及する。こののちクリームパン、ジャムパンなど、さまざまなものが登場する。これら菓子パンは間食として受け入れられ、饅頭と同様に贈答品としても使われた。これに対し、主食としてのパンである食パンは、明治中期以降、米不足の折の代用食として普及し、一九二〇年(大正九)からは軍の食事に週一回採用された。食パンにバター、ジャム、砂糖などを塗って味を付ける食べ方が、日本人の食生活に定着し、主に朝食に取り入れられた。第二次世界大戦後の食糧難時代には、小麦粉などに重曹を加え、家庭で手軽に無発酵のパンを焼く電気パン焼き器が登場した。また一九五〇年(昭和二十五)から実施された小学校の完全給食では、コッペパンや食パンが主食であり、これは一九七六年に米飯給食が取り入れられるまで続いた。このことはパン食の普及に多大な影響を与えたものの、米食に取って代わることはなかった。平常時の主食の地位を占めるには至らず、朝食と昼食には取り入れられたが、夕食に登場することは現在でもまれである。一九七〇年代以降はフランスパン、デニッシュ、ペストリーなどの普及、ファーストフードの登場によるハンバーガーの消費急増など、パンの多様化が見られる。

参考文献 パン産業の歩み刊行会編『パン産業の歩み』、一九八七、安達巌『パンの日本史』、一九八九、大塚滋『パンと麺と日本人』、一九九七

(阿南透)

ばんがく 番楽 山形県の北部、秋田県ほぼ全域に伝わる芸能の一種。修験道信仰を基盤に山伏修験が伝えた神楽で、岩手県の山伏神楽、青森県の能舞と同系のもので獅子神楽に分類されている。番楽という名称のおこりについては、菅江真澄の十二の番舞説ほかがあるが、その由来は明確ではない。番楽は能風の情趣をもった中世的な性格の芸能で、成立は江戸時代初期以前と想定される。鳥海山麓の秋田県側に数多く分布する本海流番楽などのように獅子舞を含む番楽と、山形県側の比山番楽その他のように獅子舞を含まない番楽とがある。本海流番楽の獅子舞は番楽諸曲に先んじて上演されるが、単独で新築の家の火伏せを目的とする『柱がらみ』(神宮獅子)、健康祈願の『祓い獅子』などの祈禱も行い重要視されている。番楽諸曲は式舞・神舞・武士舞・女舞・道化舞に分類することができる。式舞は『鳥舞』や猿楽能に由来する『翁』『三番叟』など儀式的な舞である。神舞は『山神舞』『小弓の舞』など神々に関連した舞。武士舞は『曾我』『信夫』『鈴木』などで、仇討・源平合戦などを主題とする。女舞は『蕨折』『年寿』『鐘巻』『機織』など若い女性が登場する曲。道化舞は古くは「可笑《おかし》」ともいい、狂言風の滑稽な舞や芸を演じる。楽器は太鼓・笛・銅拍子の三種を用い、登場人物のセリフは、別の謡方が担当する。一方、秋田県南部には近世的な芝居風の演技を主体とする番楽も伝承している。→獅子舞《ししまい》 →能舞《のうまい》 →山伏神楽《やまぶしかぐら》

横岡番楽の翁(秋田県象潟町)

参考文献 高山茂「鳥海番楽と修験」(『芸能』一九九〇年一月号)、本田安次「山伏神楽・番楽」(『本田安次著作集』五所収、一九九四)

(高山茂)

ばんぎ 板木 集会所や火の見櫓などに吊した厚い木の板で、これを叩いて村人全体に必要な事項を知らせる。通信のための器具であり、村寄合の招集や火事など緊急事態に対して、人々を呼び集めるために叩いたもので、時刻を知らせるために使われたこともあり、半鐘の前身であった。江戸では、火の見櫓に半鐘あるいは板木が吊されともに使用されていた。明治になっても初期には半鐘と板木のどちらを採用するかで若干の混乱が見られたが、結局半鐘の採用で決着した。板木の聞こえる範囲は狭く、実用に耐えなくなってきたために次第に使用されなくなった。→半鐘《はんしょう》

(畑聰一郎)

荒立神社の板木(宮崎県高千穂町)

ハングル ハングル 韓国の文字。李朝の世宗が学者たちとともに創製して一四四六年に発表した。十月九日がハングル頒布を記念する祝日である。最初のこの文字の名称は訓民正音であったがハングルと変えた。発音器官

をかたどって、舌音・唇音・牙音などの子音と、天地人を象徴するという母音を、初声と中声と終声を組み合わせて一つの文字になる表音文字として、現在母音十、子音十四の二十四字によって表現するようになっている。簡単な構造原理のため覚えやすい文字である。それ以前には韓国には文字がなく漢字を使い、日本の万葉式に訓読みや音読みなどによって韓国語を表現したりしたが、十分ではなく不便であったので、ハングルを作った。しかしできた当時は漢字を重要視し、ハングルを諺文《オンムン》や反切などとよび、軽蔑する風潮があり、主に女性が使っていた。しかし近代において民族主義が高まることにより、国文やハングルという言葉ができて、一般的に使われるようになった。特に日本植民地によって日本のように漢字と仮名を使うことをまね、国漢文を混用しはじめ、韓国文化が抹殺されるような危機を感じて、ハングルが民族精神を保つものと認識され、研究しながら民族独立運動をする学者もいた。ハングル学者の周時経が名付けたというハングルのハンは大きい、一つしかない、正しいという意味付けがなされている。第二次世界大戦後、韓国の国作り過程において、ハングル政策は重視され一九四八年ハングル専用法を発表し、漢字を捨ててハングルの純粋化を辿ってきた。戦後、韓国と北朝鮮(朝鮮民主主義人民共和国)では国語政策の相異によりハングルの綴りも異なっている。　(崔　吉城)

在日韓国・朝鮮人においても、ハングルは民族文化の中心的要素の一つであり、単なる文字以上の意味をもつ。本国の政治状況を背景に、総連(在日本朝鮮人総連合会)系の民族学校では北朝鮮式、民団(在日本大韓民国居留民団)系の民族学校では韓国式の綴りを教えている。また呼称も朝鮮語・韓国語のどちらで呼ぶかの問題もあり、一般にはウリマル(私たちの言葉)という呼称を用いることが多い。日本への文化的同化が進んだ在日二世以降の世代には、ハングルを使えない者も多い。そこで子弟を本国の大学に語学研修に行かせる親もいる。日常生活の中ではキムチやコチュジャンなどの食生活に関わる言葉、アボジ、オモニなど親族呼称が日常会話の中に根強く残っている。あるいはチェサの際の祭文はハングル読みが好ましいとされる。しかし一般に世代が下るにつれてハングルの読み書き能力は低下している。

〔参考文献〕姜在彦・大沼保昭・徐龍達「在日韓国・朝鮮人の形成と現状」(大沼保昭・徐龍達編『在日韓国・朝鮮人と人権』所収、一九八六)　(岡田　浩樹)

はんげ　**半夏**　夏至から数えて十一日目のこと。半夏生ともいう。夏至をチュウといい、その日から数えて十一日目をハンゲ、ハゲンという。ふつう七月二日ころになり、季節・気候の変わり目と意識され、全国で作物の植え付けの目安にした。島根県邑智郡石見町ではハンゲを田植え終いとし、田の神サンバイは畑に上がり、七日には小豆とアワを蒔けといい、ハンゲ前に大豆を、ハンゲ後に山(焼畑)に行くといった。東京都西多摩郡檜原村ではハゲンジイは畑や焼畑の神で、働きすぎて火事になった畑で焼け死んだので、この日は畑に入るなとか小麦餅を食べる日だとかいう。神奈川県平塚市でアワ蒔きの適期とされ、同県藤沢市ではハンゲ過ぎての田植えは一穂で三粒減ずるという。栃木県下都賀郡ではこの日は神を汚すので、田や畑の仕事をするなといい、この日までに田植えを終らせた。稲作・畑作・焼畑いずれも作物栽培の適期や禁忌、また、麦の収穫祭的要素が伝承され、その地域の自然環境と農業の関係を示している。ハゲンジイ伝承は死体化生説で、作物の豊穣を予祝するもので、群馬県や長野県に濃厚な伝承を残している。この日、山口県でハゲダンゴといい、団子を食べた。鹿児島市桜島では半夏生は梅雨の上がった日でハゲッソといい、メンザンと呼ぶ小麦の団子を食べた。大阪府河内周辺ではタコを食べる習慣があり、ハゲダコという。小麦とモチ米を搗いたものをアカネコといって食べた。福井県ではハゲッショサバといってサバを食べた。タコやサバなど海のものを食べる日であったとの説もある。

〔参考文献〕倉石忠彦「年中行事の中の方言」(『言語生活』三九七、一九八五)、増田昭子『粟と稗の食文化』、一九九〇、白石昭臣『イネとムギの民俗』、一九九四　(増田　昭子)

ハンコタナ　ハンコタナ　山形県・秋田県などの日本海に近い地域で使われている作業時の覆面布の一種。ハンコは半分、タナは手布のこと。長さ一五〇㌢くらい、幅六㌢くらいの紺地や、細かい絣の木綿布を顔に巻いて、目だけ出るように覆面し、布の先端につけた穴あき銭を、巻いた布にはさんで止める。烈しい季節風による飛砂や吹雪を防ぎ、夏には田の草取りの葉ずれや汗止めにもなる。近年は二本の短い布で顔の上下を覆う人が多い。

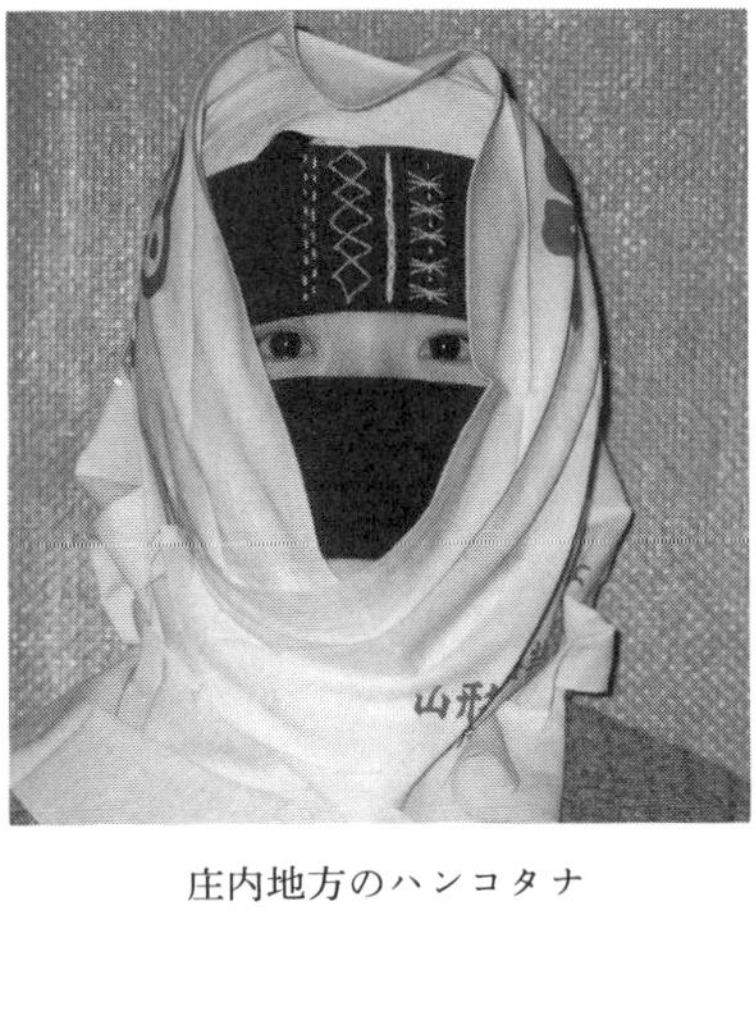

庄内地方のハンコタナ

〔参考文献〕守屋磐村『覆面考料』、一九七七　(大塚　幹士)

ばんざい　**万歳**　永遠に生きること、恒久的に繁栄すること。慶賀・歓喜・祝福・歓呼などそのものを意味するとともに、そうしたもろもろの時に際して発する言葉。現在では、同時に、これを唱える行為そのものをも指す。この万歳は、スポーツなどの勝負事(特に団体競技)で、勝った側やそのチームを応援する人びとが一斉に唱えたりする。万歳の三唱は、各種選挙で当選した候補の陣営が勝利を祝って行なったり、企業の忘年会や新年会などで、会社の彌栄《いやさか》を祈念して皆で高唱したりする。長らく栄えることを願って唱えられるめでたい言葉として、日本人の生活のなかで欠かせないアクセントを持つ言葉といえよう。わけても、日常的な状態から非日常的な状態へ、あるいは逆に非日常から日常への移行に際してのケジメの言葉として好んで唱えられることには注目する必要がある。古くは「ばんぜい」と称し、国家ないしその象徴的存在の長久・長寿を念じて唱えられた。中国では戦国時代のころから千秋万歳の語が祝賀の用語として使われ始めたといわれている。韓国や朝鮮にも万歳《マンセイ》の語があるところからすると、中国起源で朝鮮半島を経て日本へもたらされ、初めは国家や支配者の長久・長寿を祈念する語だったのが徐々に敷衍され、一般的に慶賀・歓喜を示す語になったものと考えられる。ちなみに万歳《まんざい》は慶事の芸能として長らく人びとに愛されてきた。江戸時代には正月行事として流行したが、現在でも愛知県の三河万歳などが伝統芸能として継承保存されている。

（天沼　香）

ばんじばんざぶろう　磐次磐三郎　東北地方に広く分布する狩の神の名。万次万三郎とも称す。岩手県上閉伊郡宮守村字塚沢に伝わる『山立《やまだち》由来記』によると、清和天皇の時代に、下野国日光山の麓に万三郎という人がいた。弘名天皇の九十三代末で、下野に流され日光の麓に住み、弓の上手であったという。日光二荒山権現と赤木明神との合戦に、権現側に荷担し白木の弓にて明神の両眼を射て勝利を得た。その褒美に山々岳々を知行する特権を与えられると同時に、日光山の麓に正一位伊佐志大明神としてまつられた。また、この由緒があることから、狩人である山立は、全国どこの山でも行けないところはなく、その御免を得ているという。また山形市山寺の立石寺に伝わる『山立根元之巻』という旧記によると、磐次磐三郎は猿王と山姫との間に誕生した子で、猿王は、二荒の神に加勢して、赤城の神に勝ち、その功によって山を司り狩の権を得たとある。土地の伝えでは、磐次と磐三郎とは兄弟で、貞観年間（八五九―八七七）、慈覚大師山寺開基の折、兄弟は大師の教えを受け、仏法に帰依したことから、猟の業を止めたという。殺生禁断は、動物たちの歓迎するところ、旧暦七月七日の祭には、磐次の祠の前で鹿子踊りが奉納されるようになったという。柳田国男は、磐神は、岩の神で峠の頂上の巨石を指すとされ磐司岩・万事岩も同じ磐神岩の神とされた。

参考文献　柳田国男「神を助けた話」（『柳田国男全集』七所収、一九九〇）

（倉田　隆延）

はんしょう　半鐘　釣り鐘の小型のもので、寺院または陣中・火災の合図に打ち鳴らされたもの。各地域では、ムラの中心部の適当な木に半鐘を吊し梯子を掛けた素朴なものから、櫓を組んで梯子を掛け半鐘を吊したものまでさまざまである。火災や水難事故など、人々に緊急事件を伝えるために用いられたものである。火災対策として、江戸時代には組織的な消防組織が成立していた。江戸では一七二三年（享保八）幕命によって、町の各所に火の見櫓が建設された。火災通報には、幕府の定火消は太鼓を用い、江戸町火消は当初半鐘を用い、その後板木にし、さらに銅羅に変更し、結局、火事の混乱時には銅羅では聞こえにくいということで、一七三四年に再び半鐘に戻った。半鐘は半鐘泥棒という言葉を生んだほど全国各地に見られた。この言葉は高い火の見に吊されている半鐘を盗めるほどに背の高い人ということで付けられたあだなである。明治になり消防組が全国的に整備されていったが、消防信号は都市・農漁村など地域の特性により、半鐘の打ち方、板木や太鼓の打ち方、打点間の余韻の間合いなど地方独自に定められていた。たとえば東京府では近火信号は乱点とされ、宮城県や秋田県では二点連打、愛知県では知らせの後に四つ打ち、大阪府では乱打無数というように地域により違いがあったが、一八九四年（明治二十七）の勅令十五号消防組規則が公布されることにより、全国的な統一がなされた。近年では半鐘にかわり火災報知の器具として、火災報知器や電話などが用いられ、火災警報もサイレンや拡声器になり、半鐘が使用されることは少なくなった。道路事情などにより火の見櫓が撤去され、半鐘は元の寺院などに戻されることも多い。しかし、村落の多くにいまだ火の見櫓が見られ、火の見櫓の四方に設置された拡声器とともに、半鐘を吊した風景を各地で見ることができる。　→板木《ばんぎ》

参考文献　日本消防協会百周年記念事業常任委員会編『日本消防百年史』一、一九八二、山本純美『江戸の火事と火消』、一九九三

（畑　聰一郎）

ばんすい　番水　灌漑用水を、時間を基準に分配供給する方式。ひでりになって通常の用水の配水方法では、井組に関係するムラに灌漑用水が廻らない時に採用する。番水は、共通する水利施設単位で実施されるので、実施の単位は広狭さまざまであり、複数のムラからなる同じ井組の中で行うものと、井組を単位に行う大規模なものとがある。いったん番水に入ることが決定されるとムラから選出されている井頭が協議して、番水に要する人足の確保、資材の調達、堰の築造などが進められる。用水の分配は、ムラの位置、井組への加入時期、用水開設の功労など、ムラごとの権利の差を前提とする時間配分に従って実施される。また水利組織の末端で、個別の家の水田への分配を番水で行うことも、かつては盛んであった。番水には、番水が一巡する順番であり、また権利関係を示す順水《じゅんすい》・井主《ゆうしゅう》・大番《おおばん》の呼称がある。順水は、用水が不足し水番がついた状態での分配、井主は、特定の権利を有するムラへの分配、大番は権利に関わりなく行われる分配の呼称である。いずれも昼夜を単位として切り換えられる例が多い。なお、番水の中止は、大量の降雨によるほかはない。こうした配水方法は、必ずしもすべ

てのムラが平等ということではない。しかし、こうした慣行は用水源に近い上流が絶対的に有利な状況にあるなかで、関係するすべてのムラが合意する方法として機能し、これを遵守することで用水秩序を維持してきたことの意味は大きい。→水利慣行《すいりかんこう》

参考文献 宝月圭吾『中世灌漑史の研究』、一九四三、喜多村俊夫『日本灌漑水利慣行の史的研究』各論編、一九七三、斎藤卓志『稲作灌漑の伝承』、一九八七 (斎藤 卓志)

はんせいそん **藩制村** 近世の支配単位としての村落を把握表示する用語。藩政村とも書く。地理学・社会学などの民俗学の隣接諸学でもほぼ同様に使用される。近世の村は、太閤検地およびそれ以後の初期検地によって行われた村切りにより成立した。検地は中世末までに形成された地域的まとまりを、領主側が村(または郷)として把握し、村を単位に行われた。耕地や屋敷は一筆ごとに面積と生産高である石高が把握され、名請け人が確定され、名請け人は耕作権が承認されると同時に年貢納入の義務を負った。検地とともに刀狩や身分統制令によって兵農分離が行われ、武士身分は原則として城下に集住させられて、村は百姓の家によって構成された。毎年の年貢の賦課が、個々の百姓の経営ではなく、村を単位として掛けられているため(年貢の村請制)、年貢納入の共同責任を持つという面で、いわゆる封建的な経済外的強制の面からも、次第に強化された。近世の村は、枝村(枝郷)が独立したり、新田村落として一村が新たに形成されたり、村が上下、東西南北などに分かれるなど、その数を増やしている。村には、名主(庄屋)・年寄(組頭)・百姓代の村役人(村方三役)がおり、村政にあたるとともに、村方を代表して領主側の支配に対峙した。近世の村は、一六九七年(元禄十)の『郡村石高帳』(『元禄郷帳』)では全国に六万三千二百七十六、一八三四年(天保五)の『天保郷帳』では六万三千五百六十二あったというが、郷帳に載らない村、無高の村、一軒も人家のない村(入り作のみの村)など、さまざまな村が存在した。近世村の領域は、検地によって耕地と屋敷が把握されるが、山野や海浜・河川の境界については、一律に決定されるのではなく、以後の境論を通して、次第に確定される例が多い。なお、一八八九年(明治二十二)の町村制成立の際の町村合併によって登場した大字は、藩制村とほぼ等しい場合が多い。→大字《おおあざ》

参考文献 中村吉治『日本の村落共同体』、一九五七、安良城盛昭『幕藩体制社会の成立と構造』、一九五九、大石慎三郎『近世村落の構造と家制度』、一九六八、矢守一彦『幕藩社会の地域構造』、一九七〇、木村礎『日本村落史』、一九七八、同『近世の村』(「教育社歴史新書」日本史一〇五、一九八〇)、福田アジオ『日本村落の民俗的構造』(「日本民俗学研究叢書」、一九八二)、山澄元『近世村落の歴史地理』、一九八三、水本邦彦『近世郷村自治と行政』、一九九三 (菊池 邦彦)

ばんた **番太** 村や町に置かれた番人をさす呼称。番多・番太郎・番非人・番子ともいう。江戸時代の町や村に広く見られ、火の番、盗人の番などの警備を職業としたが、その性格や職務内容は地域・時代によりさまざまである。近世江戸では町の木戸の開け閉め、夜の通行人監視と夜警、町触《まちぶれ》の知らせなどをした。番小屋に住み込み、履物・小間物・駄菓子などの小商いもして商番屋《あきないばんや》とも呼ばれた。国学者、本居内遠《うちとお》は江戸の番太を「平民にて卑職なるのみ」としている(『賤者考』)。近世の大坂でも木戸番や夜警をする夜番人が各町に雇われていた。一方、近世の京都で木戸番・夜警を行なっていた番太は悲田院年寄支配下「非人小屋頭」の番人親方が各町に派遣しており、非人身分であった。このため一般非人の統制も受け持っていた。近世の村々にも番太が置かれ、山野溜池の番、夜番、浮浪者の取締りなどの仕事をした。また、湯灌・穴掘り・火葬などのオンボウ役を兼ねた所も多い。山陰地方では鉢屋《はちや》、山陽地方では茶筅《ちゃせん》が番太の役割を帯びており、非人が番太の職にあった土地も多い。番太の制度がなくなった明治以後も農山村ではオンボウ役を行う番太の役職が近年まで残っていた。このうち、北関東から東北地方にかけて生まれた子供を丈夫にするために番太の取子《とりご》をする民俗が見られた。栃木県那須地方では正月に廻ってくる番太の帳面に赤ん坊の名を書きつけたり、彼らの持ってくる笊の中に入れたりすると疱瘡や麻疹を免れるといった。盛岡市では類似のことをマンニチの取子といった。また、埼玉県比企郡小川町では産婆は番太のオバアがあたっていた。いずれも賤しい身分の人たちは、特異な霊力を保持していると考えられていたからと理解される。

参考文献 清水文弥『郷土史話―那須地方―』、一九二六、大藤ゆき『児やらい』(「民俗民芸双書」、一九六八) (伊東 久之)

はんだんか **半檀家** ⇩複檀家《ふくだんか》

はんてん **半纏** 羽織の代用として庶民に親しまれた上衣。なかでも鳶職や大工・左官・植木屋などの職人が着る印半纏は、襟や背に紋所や屋号などを染め抜いたしるしの意匠に特徴がある。雇主が使用人や出入りの職人に仕着せとして与えたものである。昭和初期まで会社名を染め抜いたものなどつくられたが、今日では祭半纏にわずかにその伝統が見られる。刺子半纏と呼ばれる火事装束も「火事と喧嘩は江戸の華」と謳われたように、火事に立ち向かう町火消しが身を守るために着た。表面は所属する組名と幾何学文を反転させた柄に、裏面に竜虎や武者の絵を表わし、刺子で補強したものである。また一般の仕事着としても半纏は広く用いられた。短い羽織のようなものを指す地域もあるが、袷《あわせ》や綿入れに仕立て寒さ除けとして用いる地域が多い。半纏の別称であるハンチャと呼ぶ地域は東北・近畿・中国地方など広範囲に及んでいる。栃木・群馬県ではスッポバンテン、埼玉県ではモジリバンテン、佐賀・長崎県ではハンテントッポな

ど地域によって呼称が異なるが、いずれも綿入れの仕事着を指す。子どもを背負う時に着るネンネコ、またシリキレバンテン、コシキリバンテンは名が示すとおり短い半纏のことである。

参考文献 『仕事着』西日本編(「神奈川大学日本常民文化研究所調査報告」一二、一九八七)、中村たかを編『日本の労働着―アチック・ミュージアム・コレクション―』、一九八八　（井之本　泰）

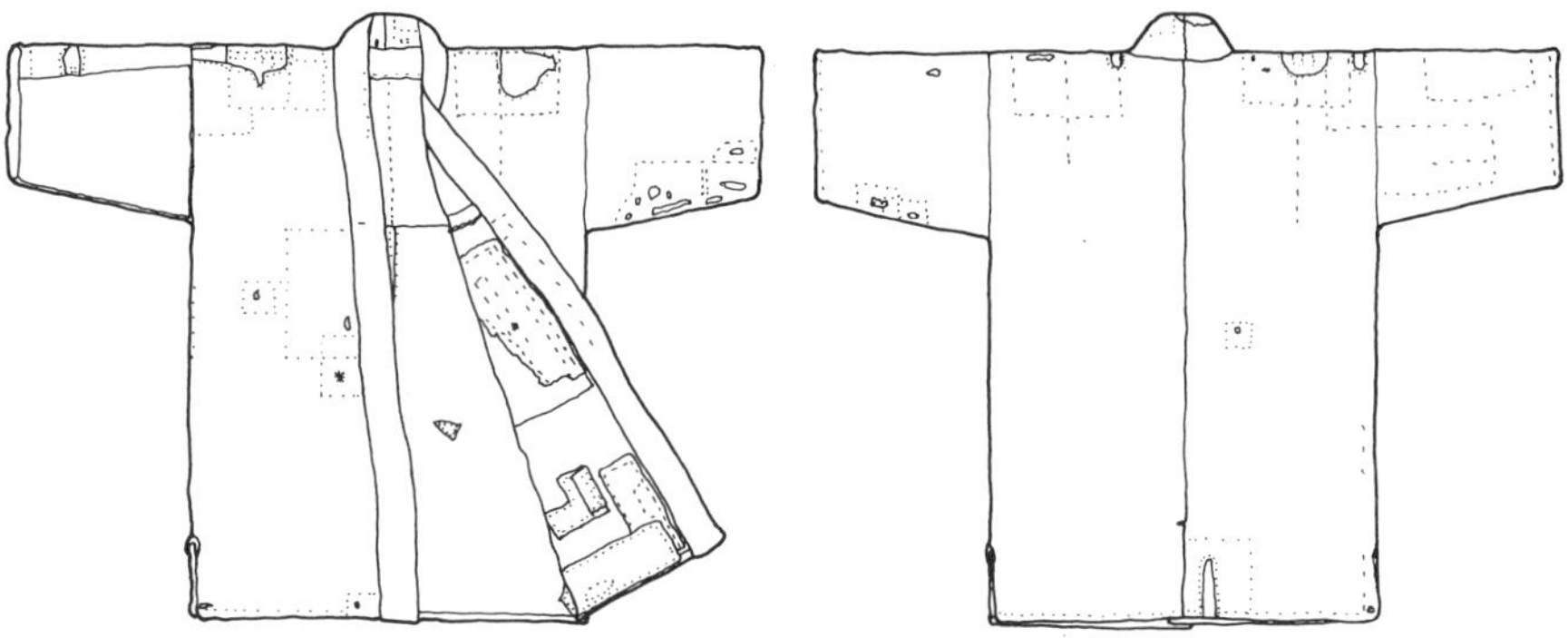

京都府丹後地方の半纏

ばんとう　番頭　荘園における下級荘官、幕府の奉公衆の統率者も番頭といったが、商家の番頭がよく知られている。商家の番頭は奉公人の最高の家産的身分で主人につぐ役職者。奉公人は元服前に勤め始め、丁稚・小僧・手代などを経て番頭になる。番頭になるにはふつう三十年くらいかかり、勤務年限・営業成績・勤務態度などが勘案されて昇進または抜擢された。番頭は支配人ともよばれ、主人に代わる経営責任者として、取引や奉公人の管理、店内のとり仕切りにあたった。番頭が複数置かれた店では主席の番頭が支配人となった。その支配権は主人から委任されたものに限る代理権であり、代表権ではない。しかし、事件などで主人が処罰されるような時には、番頭も同程度以下の罪に連座させられた。また多年の功績により別宅居住を許され、通い番頭となることもあった。通い番頭は終身的奉公人であり、代々一家に仕えることも珍しくなかった。また、主家から資本と暖簾《のれん》を分けられて別家を許される者もいたが、その場合も主家への忠勤・奉公から解放されることはなかった。→奉公人《ほうこうにん》

参考文献 幸田成友『日本経済史研究』、一九二八、足立政男『近世商人の別家制度』、一九七九　（山口　徹）

祝いバンドリ

バンドリ　バンドリ　蓑や背中当のこと。北陸から東北にかけての各地に多くいわれる。その形が、バンドリ(雀やムササビのこと)に似ているところから名付けられたという。山形県庄内地方では、荷物を背負う時に背中を保護する藁製の背中当をバンドリと呼び、補強のために、縄や紐で手のこんだ編み方をしているが、特に婚礼の嫁入り道具を運搬するための祝いバンドリには、色糸や布を使って意匠をこらした美しいものが多い。

参考文献 犬塚幹士「庄内地方のバンドリ」(『民具研究』四七、一九八三)　（犬塚　幹士）

ハンノキ　ハンノキ　カバノキ科の落葉高木。榛の木とも書き、榿《はりのき》ともいう。湿地に自生し成長が早いため、田畑のあぜ、ワサビ田、焼畑などに人為的に移植されてきた。宮崎安貞の『農業全書』(一六九七)には、「甚民用に利あり、所によりて多くもちゆべし」とあり、江戸時代の中ごろにはその植栽が大いに奨励されていた。燃料用の薪材として利用されたほか、木地屋による刳り物の原料、実が染料として利用されてきた。また、ハサ木として立木そのものがハサの支柱として使われてきた。滋賀県米原地方などに多くみられ、北陸・東海地方の沖積平野の水田地帯でも行われていた。並べて植えられた木と木の間に横木をわたして結び、それに刈った稲をかけて干した。農耕生活と結びついたハンノキの植林は、日本各地の焼畑地帯においても行われていた。山梨県南巨摩郡早川町奈良田の焼畑では、焼畑二年目にハンノキの苗木が移植され、十六年後に再び伐られて焼畑にされたという。実生二年目の苗木は、山から取ってきたといい、放棄した焼畑跡地のヤブの再生を意図的に早める植林法であった。また、ハンノキを植えると地がこえると認識されていた。伊豆半島のワサビ田地帯でも日陰をつくるためのコサ木として多く植えられている。このように、山の農地利用、特に休閑サイクルを短縮した集約型焼畑を主とした発想の中で、自然の再生利用(二次林)を人間の都合に合わせて調節するかたちで、成長の早いハンノキが選択され、植林されてきたことを示している。

参考文献 福井勝義『焼畑のむら』、一九七四、野本寛一『焼畑民俗文化論』、一九八四、民族映像文化研究所編『奈良田の生活と自然のつながり―焼畑を中心に―』、一九八七　（大村　和男）

はんば　飯場　土木工事や炭鉱などにおける労働者の集団宿泊所。タコ部屋・土坑部屋ともいう。日雇座や納屋頭などによって労働者の身分的隷属・束縛・監視などを行なった。労働者は入るときに前借金をうけ、日用品も雇用側から不当な高値で買わねばならず、報酬のピンハネが日常化していた。その結果、借金は拡大し、労働者は継続的に支配された。しかし、縁故もなく保証人もなく口入れ屋の甘言によって都市に流れた人々が、まず向かったのは、宿泊ができて労働を斡旋してくれる労働下宿、最低限の食糧保障のある飯場であった。厳しい隷属・束縛や中間搾取のため、体力を消耗し厳しい労働に耐えられなくなった者は、なんとか自由意思で泊まれる木賃宿に至る。そして、体力に応じて、日雇労働に出る。人夫・手伝・土工・仲仕（港に関わる沖仲仕・倉庫仲仕・石炭仲仕・陸仲仕・駅仲仕）などの日雇労働で、一般には鮟《あん》鱇《こう》とよばれた。雇用関係においてその日限りを原則とし、技術を要しない不熟練労働者である。いわば、日雇と鮟鱇は、都市流入者の落ち着き先であった。飯場が半強制的な労働力確保の場であるのに対して、木賃宿は、好景気に集められ不景気に切り捨てられる調節弁的労働者の宿であった。　→仲仕《なかし》　→日雇《ひやとい》

参考文献　杉浦薫・玉井金五編『大正大阪スラム―もうひとつの日本近代史―』、一九八六、野添憲治『聞書花岡事件（増補版）』、一九九六

（森栗　茂一）

バンバおどり　バンバ踊り　盆を中心に踊られる民俗舞踊。熊本県阿蘇郡高森町峯ノ宿の盆踊りでは、二本扇の踊りと、木刀と扇で踊る太刀切をこの名称で呼び、同県草部村（高森町）や、島根県安田村（伯太町）、東京都三宅島、長野県更埴市八幡では盆踊り自体の名称となっている。また宮崎県西臼杵郡五ヶ瀬町鞍岡では盆に念仏を唱えて踊る団七踊りをこの名で呼び、岡山県久米郡久米南町では、仏教寺に雨乞いの時に竜神に感謝して踊る踊りとされる。

（山路　興造）

はんぴ　半ぴ　おどけ者話の主人公。宮崎市跡江に半ぴどんがおり、げなげな話として語られている。半ぴは墓標に刻まれている俗名半平が訛った名と考えられる。貧農だが頓智にたけ、本来はよだきんぼ（怠け者）であったが、反骨精神旺盛なおどけ者である。また宮崎県内では西臼杵郡五ヶ瀬町のひできちから日南市飫肥《おび》の徳蔵主《とくぞす》まで二十数人のおどけ者も確認できる。このことは宮崎県が江戸時代小藩分立であったことが影響した可能性もある。

参考文献　比江島重孝編『半ぴのげな話―日向の昔話―』（「日本の昔話」一〇、一九九九）、矢口裕康『語りつがれる「宮崎」―民話伝承にみる宮崎県民性―』、一九九五

（矢口　裕康）

ばんや　番屋　北海道でニシン漁師の宿泊する小屋。春の短い季節に集中するニシン漁に従事する雇い漁夫を宿泊させるために、前浜に近い山や崖を背に選んで建てられた。ニシン漁は、道南の松前・江差を基点に発達したが、道南のニシン漁が明治初期に不漁になるにつれて漁場は北海道日本海沿岸を北上した。それに伴いこれらの地域につぎつぎに番屋が建てられた。姿を消した番屋が多いなかで、熊石から羽幌に至る海岸線に現存する遺構は表に示した通りである。初期の番屋は漁期だけに人が住み、漁が終ると漁具などを収納して帰るという方法がとられたが、のちのちまでも季節的番屋であった例や網元の住居とは別棟の雇い漁夫を宿泊させるための施設であった例もみられた。漁夫を監督する必要性から網元も定住するようになった。これが同じ棟を網元の居住部分と雇い漁夫が宿泊する部分とに土間ニワで区分する番屋建築の基本的構造となった。番屋はコケラ柾葺きで、付属する建物には、網倉・米倉・土蔵・干し場、ニシンを入れる漁坪やローカ、釜場などがあった。留萌管内の小平町鬼鹿の花田番屋は、一九〇五年（明治三十八）に建立された九〇六平方メートルに及ぶ木造平屋（一部二階）建築で、今でもその遺構をとどめている。蝦夷地の運上屋も基本

北海道日本海岸の番屋遺構

支庁	所在地	遺構数	建設年代					
			明治初期	明治中期	明治後期	大正期	昭和期	不明
檜山	熊石	1	1					
	大成	2	1	1				
	瀬棚	1						1
後志	島牧	2		1	1			
	寿都	2			1	1		
	泊	3		2	1			
	神恵内	1		1				
	積丹	3	1	2				
	古平	4	1		2	1		
	余市	2	1			1		
	小樽	4	2	1		1		
石狩	浜益	7		4	3			
留萌	増毛	8	3	2	2		1	
	留萌	1		1				
	小平	4		2	1	1		
	苫前	2		2				
	羽幌	5			3	1		1
計		52	10	19	14	6	1	2

（1）　建設年代は、1882年以前を明治前期、1897年までを明治中期、1911年までを明治後期、1926年までを大正期、以降を昭和期とする。

（2）『建造物緊急保存調査報告書』による。

花田番屋（北海道小平町）

的には番屋の性格を併せ持つ施設で、漁夫の監督、漁場の管理、見張り、さらに漁期以外の番人の居所であった。なお猟師《りょう》などの寝泊まりをする山小屋をいう場合もある。→ニシン漁

参考文献　北海道教育委員会編『日本海沿岸ニシン漁撈民俗資料調査報告書』(「北海道文化財シリーズ」一二、一九七〇)、同『建造物緊急保存調査報告書』(同一三、一九七二)

(宮良　高弘)

ハンヤぶし　ハンヤ節　⇨ハイヤ節《ぶし》

ひ

ひ　火　火は文化の基本的な要素であり、自然と文化の境界に存在して、自然から文化への移行を媒介する。土は土器に、動植物は調理されてさまざまに意味付けられ、鉱石は加工して利器として用いられる金属に転換する。火あるいは火の神の起源を語る神話には三つの型がある。一つは『古事記』『日本書紀』にある火の神カグツチがイザナミから誕生し、そのためイザナミの陰部は焼けて死に至ったというもので、妻の死を悲しんだイザナキはカグツチを斬り、その死体から流れ出た血が火の原料である石(火打ち石)や木を発生させた。大林太良はこの神話の文化的背景を焼畑耕作文化に求めている。二つ目は火の起源を海に求める神話で、火と水が関連づけられており、海人が担い手であると考えられ、三つ目は雷に起源を求めるもので、アルタイ系諸族の同様の神話との関係が推測されている。火が水界に由来するという発想は古代日本に限られているのではなく、東北地方の竈神由来譚の中で黄金をもたらしたヒョウトク(火男)が水の神の神座《かみくら》と関連することが、柳田国男によって指摘されている。沖縄で台所にまつる火の神を示す三つの石を海や川から拾ってくるのも、東方海上のかなたにあるニライカナイから来たものという信仰と関係するとみられ、水界とのつながりを示している。日本では火そのものを神聖視することは少ないが、日本各地で正月と盆を中心に多くの火祭が行われている。正月のものは予祝儀礼で豊作を願って行われると考えられているが、長野県下伊那郡のホンヤリ行事で人形にみたてて焼くのは、太陽の活力が衰えた時期に、人間を犠牲として捧げて活力を回復させ、豊作を得ようとしたと解される。民家の屋内の火所は古くから炉と竈が代表的なものとしてあげられる。竈は炉から分化したと考えられ、双方とも地方によってさまざまな呼称がある。新潟県東蒲原の山村では、炉のまん中をカマドといい、その周囲をイロリということから囲炉裏は本来、「居る場所」「坐する場所」の意味を読み取ることができ、家庭生活の中心であったことがうかがえる。かつて同族団の神祭や祝儀・不祝儀、日常の交際が本家の炉を中心に行われたため、炉のある間の名称がオイエ系(オウエ、オユエ、オエ、オエー、オーエ、オイなど)の言葉、すなわち本家のそれと一致したとも考えられている。家の生活が火を中心に営まれていたことから、火を長く保つことは家の永続も意味していた。不絶火として知られるものであり、主婦に火の管理は任せられ、埋火などの方法で消さないように保存された。火は穢れを祓うことができるので産屋では火を焚き、山伏などの火渡りの儀式が行われ、火に対する清浄観により、死穢を避けるために新しい火に切り替えたり、火を通して穢れた状態が伝わるために別火として一般に使われる火と区別することもある。このように火は日常と非日常の区別を表わす指標ともなる。→火《ひ》の神《かみ》　→火祭《ひまつり》

参考文献　郷田洋文「いろりと火」(『日本民俗学大系』六所収、一九五八)、大林太良「太陽と火」(『日本民俗文化大系』二所収、一九八三)

(古家　信平)

ひ　杼　織物を製織するときに、緯糸を通すときに使われる道具の一つ。いざり機に使われるものは、打ち込みと緯糸を入れる二つの機能をかねるものであったが、高機では、この機能が分離し、緯糸のみを通す道具となる。一八七三年(明治六)ウィーン万国博覧会に派遣された織工が、バッタン杼(飛杼装置)を新しく杼を送る装置とし

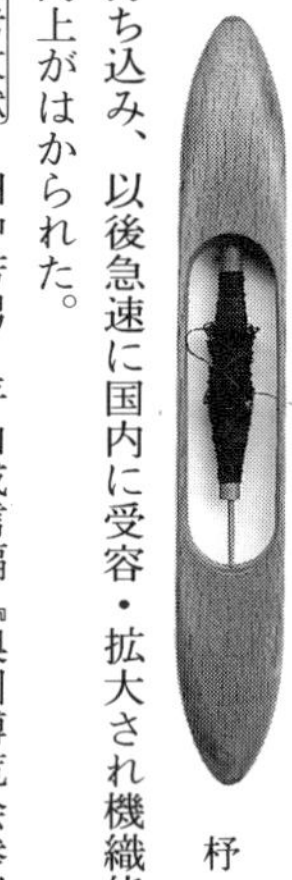
杼

て持ち込み、以後急速に国内に受容・拡大され機織能率の向上がはかられた。

参考文献　田中芳男・平山成信編『澳国博覧会参同記要』、一八九七　（角山　幸洋）

ヒアキ　ヒアキ　死や出産などの忌みの状態から脱して、普段の生活に戻る忌明けを意味する民俗語彙の一つ。他に同様の語彙としてヒアケ、ヒハレ、ヒアガリなどがある。産の忌明けには、初宮参りを行う時期をヒアキと呼んだり、日の照るところに生児をはじめて出すのをヒアケ（日明け）と呼ぶことがある。長崎県対馬の阿連や濃部では、死後四十九日目をヒアケといい、宮崎県東臼杵郡椎葉村では、死後三十五日の忌明けをヒアゲという。　（青木　俊也）

ひいき　贔屓　後援者・ファンをいう。本来は力を用いる意の漢語で、援引《ひき》の延音だというが、一説に和語の「引き」の長呼ともいう。演劇・芸能はもとよりスポーツの世界にも存在する。演劇・芸能においては演者個人に対するもの、一門・組・劇団など演技者集団に対するもの、演劇・芸能そのものに対するものとがある。また贔屓は個人的なものと団体として後援を行うものがある。連中・見連《みれん》・組見《くみみ》と称するものは団体として後援を行う贔屓の集合体である。歌舞伎の世界での贔屓集合体である連はすでに一七三五年（享保二十）の、三世市川団十郎襲名の際にみられ、そののち四世中村歌右衛門のイ菱連、四世坂東彦三郎の勝見連などがあり、明治時代に入ると六二連などが著名である。個人の贔屓は幟・花輪・幕などを贈り、団体の贔屓は後援会を組織して総見をしたり、贈り物をしたり、さまざまな後援活動をする。相撲や近代スポーツの贔屓もほぼ同様である。　（岩井　宏實）

ヒートリよめ　ヒートリ嫁　能登地方で嫁入り後の一定期間、婚家と実家とを定期的かつ交互に往き来して両方に交替で寝泊まりしてくらす嫁。ヒヲトル嫁、ハンデガイ嫁、ナイシャトル嫁、ヒドリ嫁、イッタリキタリする嫁などとも呼ばれる。実家（親里）へ帰って過ごす間は婚家から干渉されないことが容認されている嫁である。本人は実家の生活にあわせて、手伝いをするなり内緒の仕事をするなどしてすごす。それでいて、本人は基本的に婚家に帰属するものと世間一般から解されている。嫁入りに際して、双方の親同士間で嫁の里がえりする期間・年限などの条件が口約束で決められている。それに沿って忠実に履行されるものの、オンナデ（家事に関する諸仕事をこなす）に変化をきたすという、主として婚家の家庭事情の変化に伴って中途で変更されることもあった。嫁が交互に往き来する期間は、個人差があって変化に富むものの、三、四日以内ずつ滞在する例が一般的であった。しかも、年月が経過するにつれて婚家で過ごす日数が増し、逆に実家に帰って過ごす日の比重が軽くなる傾向がある。石川県鳳至郡能登島町半浦では、その里帰りの継続期間を嫁入り後十年間ぐらいまでとするのが通例であったが、もっとも長い例では十七年間に及んだ。その往き来には単身であることもあったが、子供がいれば子連れで赴くのが常態だった。また、村落内の通婚例において顕著にみられた習俗であったが、やや距離をおく隣村から嫁いだ嫁の場合にもあった。北陸地方に点々と確認されている番《ばん》、半分働きなどと呼ばれてきた、定期的かつ継続的に嫁が里帰りした習俗と同じ趣旨のものと解される。嫁入り婚における主婦権をめぐる慣行、嫁入り婚の実態を具体的にしめす習俗として注目される。

参考文献　瀬川清子『婚姻覚書』、一九五七、平山敏治郎『民俗学の窓』、一九八一、天野武「能登島半浦のヒヲトル嫁」（竹田旦編『民俗学の進展と課題』所収、一九九〇）　（天野　武）

ビーフン　ビーフン　米から作る押し出し麵。中国福建省をルーツとする米の麵。米粉とも書く。ビーフンは福建語。中国南部、台湾、東南アジアで好んで食べられる。東南アジアや日本へは華僑によって持ち込まれた。一種の保存食品である。インデカ米を粉にして湯で練り、押し出してゆで、乾燥させる。デンプンがα《アルファ》化しているので日持ちがよく、虫がつかない。乾燥させないものも福建やベトナム、タイなどでは売っている。日本の米、ジャポニカではおいしいビーフンはできない。　（奥村　彪生）

ひいみ　日忌　物忌をする日。カミゴトの日の意味であるが、伊豆七島には旧暦正月二十四日から二十五日にかけてをヒイミ、キノヒ（忌の日）といって島中が物忌にはいる行事がある。また伊豆半島から神奈川県にかけての相模湾岸にはキノミヤ（忌の宮・来宮）という神社があり、ヒイミと関連するものと考えられている。もっとも厳しい物忌のあった神津島では二十五日様という神が島内を巡っていくといってこの日を恐れる。旧の二十四日と二十五日は仕事は休みで漁にもでない。山に入ったり、高い所から海を見てはいけないとされる。二十五日様が島に上陸するのが見えるからといわれる。二十四日の晩はさらに厳しく雨戸を閉めてあかりの漏れないようにして音もたててはいけない。二十五日様は港である前浜の竜神様からあがり、島の中央の天上山に登り、三宅島に抜けて行くとされる。その晩村社の物忌奈命《ものいみなのみこと》神社の神主と祝《ほう》役のものが村内の道祖神を拝んで歩く。このまわる姿を見たものは死ぬといわれるほど見ることを厳しく忌まれている。これほどではないが同様のことは大島ではヒイミ（日忌）様、利島・新島ではカイナン（海難・海南）法師、御蔵島ではキノヒノ（忌の日の）明神が来るといい、三宅島ではこの日をキノヒ（忌の日）といい、新島では忌《き》の宮《みや》をまつる。八丈島にはこの民俗はない。柳田国男は十一月二十四日の大師講や二月八日の事八日の例とともに伊豆七島の例をあげ、新年にあたって神を待つ物忌の籠りの日であったことを示唆している。　→忌日《いみび》　→海《かい》

難法師《なんぼうし》　→カミゴト

参考文献　柳田国男「日本の祭」（『柳田国男全集』一三所収、一九九〇）、小島瓔禮「神津島の物忌神事―暦書以前の新年儀礼―」（宮田登編『海と列島文化』七所収、一九九一）　（坂本　要）

ヒイラギ　ヒイラギ　モクセイ科の常緑小高木。本州の福島県以西・四国・九州の山地に自生するが、観賞用庭木として植えられる。葉は対生し卵形か長楕円形で数個の切れ込みがあり、それぞれの先は針状になっていて痛い。材はかたく、将棋の駒、算盤の玉などが作られる。邪霊を寄せつけないような葉の刺や材のかたさなどから古来、呪力のある神聖な樹木とされてきた。節分の夜、豆がらにイワシの頭をさして焼いたヤキカガシとともに家の入口などにさして邪霊除けとする民俗が広く分布する。ヒイラギの小枝にイワシの頭をさすところも多く、和歌山県や徳島県ではこれを鬼の目突きと呼ぶ。千葉県・静岡県・愛知県周辺では目籠にヒイラギを付け、竹竿の先に付けて家の門口に立てたり、籠を軒につるしたり、屋根にのせたりする。この籠を愛知県では鬼籠といい、静岡県では鬼おどしともいう。ヒイラギの葉を髪の毛と燃やしてその臭いにおいで邪鬼を防ぐ風習やヒイラギの燃える音でその年の雷や風を占うところもある。ヒイラギは山地で採ってくるほか、行事のために庭木として植えておいた。都市においては節分用のヒイラギ売りも見られた。なお、『古事記』や『続日本紀』には「杜の八尋《やひろ》矛《ほこ》」「比比羅木之《ひいらぎの》八尋矛」を天皇が将軍に授ける話がある。これはヒイラギの木で作った長い矛で、武器ではなく邪霊を鎮める儀礼用具であった。

参考文献　文化庁編『日本民俗地図』二、一九七一　（大舘　勝治）

ビール　ビール　麦芽にホップを加えて発酵させたアルコール飲料。ビールは幕末に伝来し、明治中期に国産化が始まるとメーカーが設けたビヤホールがブームとなった。大正期にはまだ贅沢品であったが、瓶の栓としてコルクに代わって王冠が普及し、家庭でも飲みやすくなった。晩酌にビールを好む者が現われ始め、夏には井戸で冷やして氷を浮かべて飲んだ。また中元の贈答にもビールが登場した。しかしビールの本格普及は高度経済成長期で、一九五九年（昭和三十四）にはじめてビールが清酒の生産量を抜いた。この時期に電気冷蔵庫が普及したが、どのメーカーもビール瓶を入れるポケットをつけていた。内風呂の普及もあって、家庭でビールを飲む習慣が一般化し、女性も好んで飲むようになった。夏にはビルの屋上にビヤガーデンが登場し、ビールが中元品の一位になった。農村でもこの時期に普及するが、家庭と公民館での消費が多いのが特徴という。一九五八年に登場した缶ビールは、一九七七年ころからメーカーが普及に努め、カラフルで軽く多様なサイズによって爆発的に普及し、自動販売機でも手軽に買えるようになった。そして暖房の普及により、冬でもビールを飲む時代となった。こういった普及の背景には、アルコール度の低い酒が好まれる傾向がある。酔うことを目的にする飲酒から、酔いは結果ではあっても目的ではない、水を飲む感覚での飲酒へと移っているのである。ビールが日常的な飲料として広く受け入れられた結果、宴会など集団の飲食では、ビールで乾杯し、しばらくビールを共飲してから各自好みの飲料へ移る傾向があるが、宗教儀礼の中では日本酒が使われ、ビールはまだ登場していない。なお、ビールを飲む際、瓶からグラスに互いに注ぎ合うお酌の習慣を清酒から引き継いだが、缶ビールや、ジョッキで飲む生ビールではこうした習慣が消えている。→酒《さけ》

参考文献　キリンビール編『ビールと日本人―明治・大正・昭和ビール普及史―』（「河出文庫」、一九八八）、麻井宇介『「酔い」のうつろい―酒屋と酒飲みの世相史―』（「食の昭和史」八、一九八八）　（阿南　透）

ひいれ　火入れ　焼畑農耕において草木を伐採し乾燥したのち焼き払う作業をさす、焼畑造成中、最も象徴的な作業。生育期の長い雑穀ヒエ、アワを作付ける畑地では春に、生育期の短い蕎麦や大根・カブを作付けする畑地では夏に、それぞれ火入れする。山火事の危険があるので、多くの人手を要し、相互に労働を交換し合って行う場合が多い。作業の共通原則は、周囲に防火帯を作ること、上から下へ焼き下ろすことである。燃料素を焼き払う際、平均的に広げたまま焼く技法と、横縞状に集め最上部より焼き下ろす技法がある。さらに燃え残りを集めて二次的焼却をする。日本の焼畑では火入れに多くの労働力が投下される。各地域に唱え詞があり、宮崎県東臼杵郡椎葉村では「これよりこの藪に火を入れ申す、蛇や虫けらども早々に立退き給え、山の神様火の神様、どうぞ火が外にまわらぬよう、焼残りがないようお守りあって給うれ」、徳島県那賀郡木沢村では「這う虫はほうて行け、飛べるものは飛んで行け」などという。石川県白山麓では、「火様《ひさま》は産の穢れを嫌う」として、出産の忌みが明けない女性は火入れ作業ができなかった。

参考文献　佐々木高明『日本の焼畑―その地域的比較研究―』、一九七二、野本寛一『焼畑民俗文化論』、一九八四、橘礼吉『白山麓の焼畑農耕―その民俗学的生態誌―』、一九九五　（橘　礼吉）

ひうちいし　火打ち石　火打ち金と打ち合わせて火花を飛ばせて火をつける着火用具。この発火法を撞撃法《とうげき》とか衝撃法という。火打ち石には主に石英の一種である燧石《すいせき》を用いたが、メノウ・水晶なども使用した。近世には、山城国鞍馬山と美濃国養老滝の名産地をはじめ、常陸・駿河・近江・紀伊・伊賀・阿波・豊前・豊後・筑後・肥後などの産地があった。硬い石でたたかれた鉄から微少な鉄粉が飛び散り、空気との摩擦熱と酸化する時の生成熱で燃える。そのため、火打ち金は適当な硬さと含有炭素が必要となる。京・大坂ではヒウチガネ、江戸ではヒウチガマと呼ばれた。小型の平たい三角形の火打ち金は

火打ち金三種と火打ち石

携帯用で、家庭用にはカスガイ型の鋼を四角い木片に埋め込んだものを用いた。近世には、京都に甲冑鍛冶の明珍や久吉・吉守などの鍛冶所があり、火打ち金を製造して全国に売り出していたし、江戸時代末期には上州に吉井家という製造元があった。火打ち石と火打ち金を打ち合わせて飛んだ火花を火口《ほくち》で受けとめて火を起した。自家用の火口として、麻、ガマ、イチビなどの茎の消し炭の粉末を用いた。ガマの穂などに煙硝を混ぜて赤や黒に染めた火口も販売されていた。火打ち石・火打ち金・火口・付け木などの発火用具を入れる容器には、携帯用の火打ち袋・火打ち筒、家庭用の火打ち箱があった。花柳界や歌舞伎の芸能界などには、キリビ(切り火)といって、人や物に火を打ちかけて清浄にする民俗が残っている。

参考文献 宮本馨太郎『燈火—その種類と変遷—』、一九九四

（段上　達雄）

ピウチオプ　ピウチオプ　アイヌ語で火打ちの道具を入れるもの。火打ち道具入れは、湿気を除ける毛皮・鳥皮・魚皮などで作った蓋つきの鞄で、その中には、火打ち石・火打ち金、それに火口を入れた筒物容器が入っている。人によっては硫黄、白樺の皮、木炭、松枝のつけ根の薄片などを合わせて所持する。ピウチは、日本語の火打ちに由来し、その道具も本州から持ち込まれたものである。それ以前にあっては、火切り板と火切り棒を使って発火を行い、火切り棒の操作は手もみのほかに、狩猟用の弓を使うこともあった。また、長めに取った笹の外皮の上によく乾燥した棒や板を置いて片足でその根元を軽く踏み、両手で笹の外皮を交互に引きあううちに摩擦によって発火させることもあった。

（藤村　久和）

ヒエ　ヒエ　イネ科の一年生作物で、水田・定畑・焼畑で栽培された。岩手県和賀郡沢内村貝沢のある家では一九四一年(昭和十六年)に水稲二反歩に対し田稗《たびえ》八反歩を栽培した。ヒエ田の伝統が強かったことがわかる。田稗は水田に苗代を作って移植した。ヒエは寒冷に強いので、水の冷える谷田の上部の田に植えた。最上部にはワセヒエを、次にオクテのヒエ、その次にモチ稲のワセ、以下モチ稲オク、ウルチ稲ワセ、ウルチ稲オクの順にした。寒冷地では山田の水口周辺のみにヒエを植え、他は稲を植えるという工夫もした。石川県石川郡白峰村ではヒエを水田・定畑・焼畑で栽培した。焼畑のヒエは直播き、水田と定畑は水田の苗代で育てた苗を移植した。定畑の移植は水のないところの土を手で掘って植えるので指先がとても痛かった。苗は五本ずつ、間隔は五寸あけ、苗の根先と葉先を切って移植した。焼畑のヒエに比べて水田や定畑のヒエは穂が大きくなった。岩手県九戸地方では定畑に、肥と混ぜたヒエ種子を直播きした。焼畑では輪作の一年目にヒエを栽培する例が多い。ヒエの脱孚・精白に際しては、それに先立ち、焙煎するか蒸すかしなければならない。その後、臼で搗くか、石臼で碾くかで脱孚・精白する。その際、稗搗き節のごとき民謡も歌われた。食法としては稗飯・稗粥が中心で、それらは畑作地帯のケの食の中心だった。稗飯は地方・時代、家の経済状態などによって配合物・配合率が異なった。稗飯は囲炉裏の鍋で煮た。ヒエ六割に米四割ではじめ米を煮、まだ米に芯があるころヒエを入れ、煮えきったところで汁をこぼし、箸で穴をあけて空気を抜く(宮崎県西都市上揚、昭和初年)、米麦の飯が炊け、火を引く時に、その飯の上に粉にしたヒエをのせる。あげる時に塩一つかみを加えてかきまわす。米三合・麦六合・稗粉一升の比率だった(静岡県榛原郡川根町、昭和初年)、など多様である。収穫を終え、焼畑地の出作り小屋から里の家に帰る際に儀礼食としてヒエの団子や粢《しとぎ》を作る地があった。団子は石川県石川郡白峰村・福井県大野市・熊本県八代郡泉村、粢は静岡県の大井川・安倍川上流域などに見られた。ヒエの豊穣予祝として、小正月にヌルデの木を使い、粟穂とともに稗穂の模造品(モノツクリ)を飾る地方もある。ヒエの種類の中にノギの長い、毛稗と通称される種類があり、神奈川県の足柄上郡では、猪がそれを嫌うとして焼畑の外周部に栽培した。アフリカのサバンナ原産と伝えられるシコクビエはイネ科ではあるが、穂が掌状に開き赤茶色の実をつける。穂の形状からカモアシ、ヤツマタ、マタビエなどと呼ばれ、唐稗《からびえ》・朝鮮稗・弘法黍などと渡来性を強調する呼称もある。福井・岐阜・石川・長野・静岡・愛知など中部地方山地や徳島県などで栽培された。荒蕪地に強い、多収穫性がある、精白減少率が低い、長期貯蔵に耐える、といった特色から救荒作物としても重視された。定畑では移植栽培が、焼畑では輪作最終年に直播き栽培が行われた。粉化して、団子または掻き粉にするのが一般的な食法である。ヒエもシコクビエも細粒の雑穀で山間地域で栽培されることが多かった。

参考文献 野本寛一『焼畑民俗文化論』、一九八四、増田昭子『粟と稗の食文化』、一九九〇、橘礼吉『白山麓の焼畑農耕—その民俗学的生態誌—』、一九九五

（野本　寛一）

ひえしま　稗島　刈り取ったヒエを畑で自然乾燥させるため、杭を支えとして立てた稗束の集合。岩手県の北上山地で行われた一例によれば、ヒエは鎌で生え際から刈り取り、束を作る。刈り終ったら背丈ぐらいの杭を畑に少し斜めに突き立て、これを支えとして両側から四把ずつ穂を上にして立てる。さらにその外側の一段高いところに一把ずつ添え、ヒエの茎を使って全体を三ヵ所で縛る。その頂部に蓋の役目をする一把を乗せて縛るから、一島は計十一把の束で作られる。この蓋の作り方には二種あり、穂先までの長さが揃っているときは穂のすぐ下を縛って裏返し、穂が下向きになって周りに茎が放射状に垂れた状態で頂部に被せる。長短不揃いのときは束の

元の方を縛り、逆さまの状態のまま広げて頂部に被せる。こうして作る稗島の数は、一反歩の畑で三十～四十島ほどで、普通一島から五～六升の玄稗が取れる。ヒエを主食にしていた時代には三百島も作る人がいた。島を立て、秋風に当てて乾燥したヒエを運び込むには、稗島を杭ごと横倒しにして、土が付いている杭の元の方を持って引き抜くか、立っている杭の上からヒエの束だけをそっくり抜く。いずれ稗島の元の方に付いている土をたたき落としてから、一本の縄で二～三島を背負い、住まいに付属している板敷きの作業場まで運んで収納する。脱穀をするには、島を解き、一把ずつ、横倒しにした臼に、あるいは臼に差しかけた幅広い板にたたきつけた。

参考文献 名久井文明「岩手の雑穀―北部北上山地にコメ以前の文化を探る―」(『岩手県立博物館調査研究報告書』五、一九八九)、畠山剛『縄文人の末裔たち―ヒエと木の実の生活誌―』、一九八九

(名久井文明)

稗島（岩手県九戸郡山形村）

ひえた　稗田　ヒエを植える田。ヒエは、水田に栽培する湿地に適した田稗《たひえ》と、乾地を適地に生育する畑稗《はたびえ》とに大別される。ヒエも稲と同じく苗を仕立て、移植栽培する方法がとられる。田稗は、水温が低く稲の生育のよくない水口などに栽培され、水口稗《みなくちびえ》の名もある。ヒエは冷《ひえ》田《た》に実るからヒエという説もある。『会津農書』(一六八四)には、「穇《ヒエ》田」とあり、肥料分のある水がかかって稲ができすぎて倒れてしまうような水口の田には、ヒエを植えるとよいと勧めている。ヒエを植えた冷える田に肥えた水を受けて、その水が稲田へ流れるので、稲は肥えすぎることがなくなるからだという。すなわち、稗田は肥過田《ひかでん》の調整田として有効に利用されてきたことがわかる。同書によると、稗田への植え付けは、五月中(夏至、六月二十一日)ごろがよく、六月土用でも立派に実るという。植え付けるとき、ヒエ苗は葉先を切り、一株に二本ずつ、稲よりも株間をあけて植えるとよいとある。ヒエも畑稗の栽培が多くなり、また稲作技術の発達により田稗の栽培技術は消滅しつつある。

参考文献 佐瀬与次右衛門『会津農書・会津農書附録』(「日本農書全集」一九、一九八二)

(佐々木長生)

ひえまつり　日吉祭　比叡山の地主神である大津市坂本にある日吉大社の祭礼。古く毎年四月中の申を祭日としてきたが、現在は四月十四日に例祭を行なっている。春に山の神が里に下るのを模したものとされる。三月一日(現在は第一日曜日)の神輿上げは、七基ある神輿のうち三宮と牛尾宮を比叡山東麓の八王子山の両社社殿へ担ぎ上げる。四月三日の大榊神事は、奈良の三輪明神を勧請したとき大津の四宮(天孫神社)でとどまった故事により大榊が坂本から天孫神社へ送られる。十二日の午の神事は、牛尾・三宮両宮の神輿を八王子山から下し東本宮拝殿へ納める。十三日の宵宮は東本宮など四基の神輿を宵宮場へだす。日吉茶園でとれた茶を献上する献茶祭、氏子の各地区からは鎧を着けた稚児が造花を仕立てて東本宮四社の神輿を拝するため参道を練り歩く花渡り式、京都市室町仏光寺の日吉神社からは未の御供献納祭と続き、宵宮場での宵宮落し神事のあと神輿は西本宮へ遷される。十四日の例祭には天台座主が参拝し、天孫神社から大榊が還御すると七基の神輿は鎧武者に守られて神社を下り、下坂本の七本松から乗船、湖上を渡御、唐崎沖で粟津の御供を受け、比叡辻で上陸して還御する。十五日の西の神事で祭は終る。近世においては比叡山内の公人が谷々から動員されて祭礼に奉仕していたが、現在は氏子が四つの駕輿丁(中部・八区・至誠・下阪本)に分かれ、分担して神輿を担いでいる。宵宮落しは神輿を激しく上下に振動させるが、これは若宮誕生の苦しみを具現化したとされ、農耕をはじめとする生産の豊穣祈願がこめられている。

参考文献 『近江名所図会』三、一八一四、景山春樹編『日吉』(「神道大系」二九、一九八三)、『新修大津市史』七、一九八四、長谷川嘉和「日吉山王祭―神輿の祭り―」(『湖国と文化』六八、一九八八)

(長谷川嘉和)

ヒエラルヒー　Hierarchie　個別的な支配・被支配関係が一つの頂点から末広がり的に下方に連鎖する位階秩序、もしくはその組織のこと。個別的な支配・被支配関係がとぎれなく連鎖する点で、個々の階層が横断的な層序をなす身分階層制とは区別される。もともとこの言葉は、西欧中世のカトリック世界において、天界の天使の位階秩序をいい、また教皇を頂点として枢機卿以下へと続く聖職者の段階的人事構成や教会行政機構を意味する言葉でもあった。そこでは下位の聖職者が一つ上の地位の聖職者に従属して監督命令を受け、その職務に委ねられた任務を全うすることで、キリスト教世界の秩序を維持していた。近代になるとヒエラルヒーは、右のような宗教的要素が切り離されて、末広がり的に支配と服従、指揮と命令が連鎖する組織や位階秩序を表わす社会学的な分析概念として用いられるようになった。特に官僚制・軍

隊・企業など、近代国民国家を構成する諸集団の組織原理や職務と権限の体系に使われることが多いといえよう。日本の伝統的な組織の中にも、ヒエラルヒー秩序をもつものが少なくない。伝統芸能や武芸の世界にみられる家元制度は、家元を頂点に師匠と弟子の権威服従関係の連鎖が形成されており、また農村の親分・子分慣行の中にも、一戸の有力地主を親方として村落全体にわたって親分・子分の連鎖が広がっているものがある。↓家元《いえもと》 ↓親分《おやぶん》・子分《こぶん》 ↓身分《みぶん》 ↓身分階層制《みぶんかいそうせい》

参考文献 マックス＝ウェーバー『支配の社会学』一・二(世良晃志郎訳、一九六〇–六二)、川島武宜「農村の身分階層制」(『川島武宜著作集』一所収、一九八二)、同「家元制度」(同一〇所収、一九八三)
(牧田勲)

ひかくけんきゅうほう 比較研究法 民俗学において、周圏論と並んで、主要な方法とされてきた研究方法。重出立証法は同義語である。比較というのは学問のみならず、自己を相対化するために必要な手段であるが、民俗学では全国各地より類似の民俗事象を採集し、これを類型化して、それらを比較することによって生活の変遷を明らかにする資料操作法として用いられてきた。民俗学の研究目的をこのように生活文化の変遷を明らかにすることにおくと、まず民俗事象の先後関係を明らかにすることが必須の作業となる。民俗資料の中でも物質文化である民具をはじめ、有形の部分は近世農書、中世の絵巻物、原始・古代の出土遺物などを参考にすることによりかなりの部分においてその変遷を跡付けることができ、そこから農法・農業技術などの変遷を明らかにすることができる。しかし、民俗資料の中の無形の分野や、口頭伝承はその類型から前後関係を考えなければならない。同類の民俗資料を類型化し、その中の各要素の重なる部分とずれる部分を重ね写真の方式で連続化して変遷を明らかにするのが重出立証法であり、同類の民俗事象が同心円状の周圏分布をなすことから、池に投石してできる水紋が中心から波状に広がり、やがて消えるように周辺部には古態が残るとし、空間差を時間差に読み替える方法論が民俗周圏論である。民俗学はこの二つの方法を組み合わせることにより、民俗事象の変遷を実証しようとしてきた。比較研究法は美術史や考古学でいうところの様式史的方法 typology である。さらに考古学ではこれに地層の上層から下層の出土順で新旧が確定する層位学を合わせて編年をするのである。民俗周圏論ではこの層位学的基準を満たすことができない。A→B→Cの変遷は逆にC→B→Aかもしれないのである。美術史では作者銘や紀年銘のある仏像などを指標にすることにより前後関係特定の参考にすることがあるが、民俗事象にもたまたま史料に記載があり、参考にすることができるものがあるが、実年代的な変遷の証明には至らない。民俗学の目的は生活文化の型の変遷を示せばよく、また伝承資料は現在までの累積的な性格を特長とするので、歴史学に求められるような実年代の想定にこだわる必要はないという考えもある。また、比較研究法は全国を均質的にみ、一通過点としての地方を前提とするが、民俗事象は孤立的に存在するのではなく、生活の有機的繋がりの中で意味を持つものであり、一民俗事象の持つ意味をその地方、地域の歴史過程の中でまず位置付けなければならないとする批判がおきた。この立場から個別分析法が提唱され、比較研究法に対し地域民俗学の基本的な方法として示された。↓個別分析法《こべつぶんせきほう》 ↓周圏論《しゅうけんろん》 ↓重出立証法《じゅうしゅつりっしょうほう》

参考文献 高桑守史「日本民俗学方法論(一)」(上野和男・高桑守史・野村純一他編『民俗研究ハンドブック』所収、一九七八)、福田アジオ『日本民俗学方法序説』(「日本民俗学研究叢書」、一九八四)
(佐野賢治)

ひかくみんぞくがく 比較民俗学 他民族の民俗と比較することによって自民族の民俗・文化を研究する民俗学の一分野。柳田国男の『民間伝承論』(一九三四)に示されているように、比較という言葉は民俗学において二つの意味で用いられてきた。一つは比較研究法・重出立証法という資料操作法であり、もう一つは一国民俗学・日本民俗学に対する比較民俗学・世界民俗学である。前者の比較は全国各地から同種の民俗資料を集積し、それを類型化し、類型間の比較をして民俗の変遷を時間軸に沿って明らかにしていく方法であり、後者は空間軸、横並びの他民族の民俗文化との比較によって日本人らしさを明らかにしようとする方法論であるといえる。いずれにしろ、同一民族内の民俗文化の一元性・均一性をその前提としていた。民俗学は民間伝承を素材にして、日本人の民族《エトノス》性を明らかにしていく学問とされるが、この場合、日本人を生物学的範疇である人種はともかくとして、民族・国民のいずれの範疇でとらえるのか、議論がなされなかったため、比較民俗学の用語法において混乱がみられた。一国民俗学との対照から、比較民俗学といえばその対象を国民国家である韓国や中国との民俗比較を考える。しかし、現代中国が五十六の民族からなることを考慮しただけでも漢民族の民俗との比較なのか、中国国民文化としての民俗の比較なのかわからない。このことからも比較民俗学は国内外を問わず、日本(大和)民族の民俗とアイヌ民族の民俗との比較のように、比較民族民俗学として自民族・自文化と他民族・他文化の民俗比較を通して自民族の民俗文化の特質を明らかにする比較民俗研究の方法論、と考えるべきである。昔話の比較はもとより、シャーマニズム・死後結婚・仮面劇から背負梯子のような民具まで比較民俗学の個別的成果があがりつつある。一方、民俗学の成立が各国の国民国家形成の性格を反映することから、ドイツ民俗学、中国民俗学など各国の民俗学との比較民俗学は比較近代化論の課題ともなる。↓一国民俗学《いっこくみんぞくがく》 ↓比較研究法《ひかくけんきゅうほう》

参考文献 直江広治『民間信仰の比較研究—比較民俗学への道—』、一九八七、下野敏見『日本列島の比較民俗学』、一九九四
(佐野賢治)

ひがしゅんちょう 比嘉春潮 一八八三—一九七七 沖縄の歴史・民俗研究に先駆的な役割を果たした研究者。一八八三年(明治十六)、沖縄県中頭郡西原村字翁長《おなが》(西原町)に生まれる。一九〇六年、沖縄師範を卒業し教職につき、のち新聞社や沖縄県庁に勤める。新聞記者時代に伊波普猷を知り多くの影響を受け、県庁在職中の一九二一年(大正十)、伊波を介して『海南小記』の旅の途上にあった柳田国男に出会う。一九二三年上京し、出版社に勤めながら柳田の主宰する南島談話会に参加し、『島』の刊行にかかわるなど柳田の厚い信頼を得る。青年時代におけるキリスト教への接近と離反、社会主義思想への傾斜など明治期の沖縄の近代化の過程をみずから生きた彼は、上京当時社会主義運動への関心が強かったが、柳田ら研究者との邂逅《かいこう》によって沖縄の歴史・文化への関心を強めていく。晩年の大著『沖縄の歴史』(一九五九)は彼の歴史家としての位置を高めたが、一九二六年、雑誌『民族』に処女論文「沖縄の神隠し」を発表し、「翁長旧事談」や「首里の門中と祭祀」など民俗に関する貴重な論考も多く残している。一九六一年(昭和三十六)から二年間、ハワイ大学の東西文化センターに招かれ「沖縄文化史」をまとめた。ハワイでの研究以後、彼の関心は中国南部や東南アジアの民族文化に向けられたようであるが、その夢を果たすことなく、一九七七年九十四歳で死去。第二次世界大戦後の混乱のなかで困窮する伊波普猷など沖縄出身の研究者を励まし力づけた行為も沖縄研究史のなかで特筆されよう。また、首里方言の語彙をまとめた国立国語研究所の『沖縄語辞典』の編纂にも言語伝承者として協力した功績も大きい。ほかに、『比嘉春潮全集』全五巻(一九七一—七三)、『新稿沖縄の歴史』(一九七〇)がある。

参考文献 比嘉政夫「比嘉春潮—その研究と方法—」(瀬川清子・植松明石編『日本民俗学のエッセンス(増補版)』所収、一九九四)

(比嘉 政夫)

ひがたりょう 干潟漁 河口に面した浅い内湾性の海で行われる漁。特に有名なのが筑後川の河口に広がる有明海である。内海の最奥、佐賀県杵島郡有明町では、干潮になると数キロにわたって潮が引き、汀線がはるか沖合にまで後退する。長崎県諫早市小野島沖でも同じような干潮の度合いであるが、特にこの範囲を泉水海《せんすいかい》と呼ぶ、有明海の中でも特異な場所である。いずれも干満の差が六メートル近くになる潟地で、そこで展開される漁業については、干潟の漁撈として区分される。干潟漁は、有明海のほか干拓されてなくなった岡山県児島湾や福岡県和白干潟・豊前海などにあり、特異な漁法が見られる。有明海では代表的な漁法としてスクイという、干満の差を利用して行う漁がある。満潮時に潮に乗ってきた魚が、潮が干上がるとともに塞き止められて石垣の内側にとり残されるという漁法である。その石垣が大きな構築物で、有明海の風物の一つであった。ムツカケもまた特異な漁の一つである。長さ五メートルほどの棹の先に四メートルほどの先糸を付けて、その先端に五本鉤をとりつけたものを持ち、潟スキー(跳ね板)をあやつりながら、ムツゴロウを引き掛ける漁であるが、熟練を要する。これ以外の干潟の漁撈もきわめて多彩である。網漁だけ分類しても、敷網五種類、流し網五種類、巻き網四種類、手網五種類のほか、十種以上の網があり、いずれも小型であるのが特色である。また、魚の種類も豊富で、ムツゴロウ、ワラスボ、アゲマキ、シャッパ、ウミタケ、エツ、メカジャなどと珍しい魚名が四十種以上もあげられる。干潟漁は、有明海が代表格であるが、川漁と海漁との折衷的な漁法を持つのも特色である。 →石干見漁《いしひみりょう》

参考文献 佐賀県教育委員会編『有明海の漁撈習俗』、一九六二、文化庁文化財保護部編『有明海の漁撈習俗』(『民俗資料叢書』一五、一九七二)、長崎県教育委員会編『有明海沿岸地区の民俗』、一九七二

(立平 進)

ひかん 被官 近世における隷属農民の呼称。被官百姓ともいう。被官とは、元来上級官職に直属の下級官職をいったが、中世には広く従属関係にある者を指すようになり、特に隷属農民の身分呼称となった。近世には本百姓を中核とする村落体制が成立するが、そうしたなかで中世以来の従属関係が存続し、各地に名子《なご》・譜代《ふだい》・家抱《けほう》・門屋《かどや》などと称する隷属農民が存在した。被官もそうした隷属身分の一つで、信州伊那郡(長野県)の被官制度は著名である。これは、御家《おいえ》・御館《みたち》と呼ばれる有力本百姓のもとに従属した被官が、貸与された土地を耕作するとともに、御家・御館に対し農耕をはじめ家事労働などにも労役を提供するほか、儀礼的な勤めを含む被官役儀を強制されたもので、被官は譲渡・売買・質入れされることもあった。被官村落は、㈠御家・御館がただ一人の本百姓で、ほかはすべてその被官である一村一人百姓村と、㈡一村内に数人の御家・御館が存在し、その被官とほかに本百姓が存在する混合型の村とに分けられるという説もある。そして、延享年間(一七四四—四八)の集団的な被官身分からの自立運動でも、実際に自立が認められることは少なかったように、被官制度は宝暦年間(一七五一—六四)ごろまでは大きな変化なく維持されていた。しかし、明和年間(一七六四—七二)以降、中馬制度の確立に伴う商品流通の発展によって、それに関係した村々では、被官が特定の御家・御館に従属する必要性が減じ、被官制度は急速に解体した。 →名子《なご》 →譜代《ふだい》

参考文献 古島敏雄『徭役労働制の崩壊過程』(『古島敏雄著作集』一、一九七四)、平沢清人『近世南信濃農村の研究』、一九七八

(佐藤 孝之)

ひがん 彼岸 春分・秋分それぞれの中日とその前後三日間、あわせて七日間のこと。この期間寺院で彼岸法要が営まれるので彼岸という。太陽が真東からのぼり真西に沈むことから、民俗では太陽や日にちなんだ行事が多い。彼岸とは到彼岸で悟りの境地に至ることをさす。浄土教ではこれを阿弥陀のいる浄土に至った状態と解した。阿弥陀浄土が西方にあるところから、太陽の真西に沈む、

春分・秋分の日没時に夕日を観想すると浄土にいけるとする日想観が成立した。唐の善導の『観無量寿経疏』の中に記されている。中国には立春・春分・立夏・夏至などの季節の変わり目に持斎(戒律を守り身心を清浄に保つこと)するとよいとする考えはあったが、この時に法会を営むことはなかった。法要として彼岸会は日本独自のものと見られている。文献としては『日本後紀』八〇六年(延暦二十五)条に「諸国分寺の僧をして春秋二仲月別七日、金剛般若経を読ましむ」(原漢文)としたのが初見である。平安時代には浄土教の高まりから、西方浄土へ往生を願う念仏聖がでて、大坂四天王寺西門に行者があつまり、彼岸の中日に夕日にむかって西行し入水するものが多数でたとある。民俗では、春分・秋分の日に日《ひ》の伴《とも》をする。一日太陽にむかって祈願するもので、太陽のめぐる方向に沿って、東から南へ、南から西へ社寺を拝したり、鳥居を七つくぐるとよいとされた。この民俗は江戸時代に六阿弥陀詣とか七観音参りとして定着した。また巡礼が盛んになるのも彼岸の前後である。彼岸に仏教行事が集中し、墓参りも盛んになった。

参考文献 中村康隆「彼岸会と花祭り」(『講座日本の民俗宗教』二所収、一九八〇)　(坂本　要)

ヒキ　ヒキ　奄美から沖縄全域で使用される、ある集団や組織あるいは系統などへの帰属認識を意味する語。他の語と複合した形でも使われる。ピキ、ビキ、フィチなどともいい、音韻上の地域差もみられる。その観念は場面によって異なり、南西諸島社会の構造原理の多様性とも関連させて理解すべきである。自己の上位世代者との関係づけを意識する際のヒキは多系的なものとして認識されながら、実際には複数の系統の中から状況に即して特定のヒキ、つまり特定の祖先との結びつきが強調される。門中《ムンチュウ》に代表されるような集団帰属においては父系(男系)血縁筋のヒキが確認される。これは家の相続・継承や門中の成員獲得が父系性を基礎に実行されるべきという価値が存在しているからである。御嶽《ウタキ》や拝所《ウガンジュ》の神役(司祭者)の継承に関する場合のように、ヒキが地位や職能の取得・継承に結びつけられて確認されることもある。特に女性の神役の継承に関しての理由づけの根拠として用いられるが、この際のヒキの観念は、近年の父系血縁原理の強調の動きとも重なる。たとえば八重山の鳩間島の例では、「〇〇(個人名)は～御嶽のオガミビキである」という表現でヒキが神役就任(前任者からの継承)の正当性を示す(拝むべき系統にある)語として用いられる。シジタダシにおいても「時定位牌のトリビキの家」という表現で、ある家が位牌祭祀を継承するのが正当であることを示す語として、位牌継承線のあり方の説明手段として用いられる。このようにヒキとは、上位世代との関係付けや特定集団への帰属、特定の職能や地位の継承線に関する説明原理として使用される語で、この点で同じく南西諸島で用いられるハラ系の語と類似している。これらの社会の構造を理解するためには、自己を中心とする双系的な親族関係(時には姻族関係も)を示す語であるハロウジ、チョーデー、ウトゥザなどの語との関連にも注意を払う必要がある。　→シジタダシ　→門中《ムンチュウ》

参考文献 村武精一『家族の社会人類学』、一九七三、馬淵東一「波照間島その他の氏子組織」(『馬淵東一著作集』一所収、一九七四)　(高桑　史子)

ひきあげばあさん　引上げ婆さん　⇩取上《とりあ》げ婆《ばあ》さん

ひきあみ　引き網　漁獲対象を包囲した長大な帯状の網。海岸あるいは船上から水平方向に引き寄せ、最後は網中央部のたるみや魚捕部の袋網に入れ込んで捕獲する。水面に近いところを引く地曳網・船引網と、中層を引くもの、海底をさらう底引網(トロール網)に大別され、風を帆に受けたり人力で綱を巻き上げて引く打瀬網《うたせあみ》、船を碇で固定し人力で引く手繰網《たぐりあみ》、網袋の口に木や鉄製の枠をつけて貝類などを引く桁引《けたひ》き網など多様である。人力や風力による引網類はほとんど衰退したが、観光用の地曳網のほか茨城県北浦の帆引き網漁などが残っている。動力船の発達に伴い、底引きのトロール網が普及して、大規模なものでは母船式の船団を組んで北洋にスケトウダラやメヌケ類、カニ類など底層の魚介類の漁獲を行なったことが知られている。　→地曳網《じびきあみ》

参考文献 山口和雄『日本漁業史』、一九五七　(神野　善治)

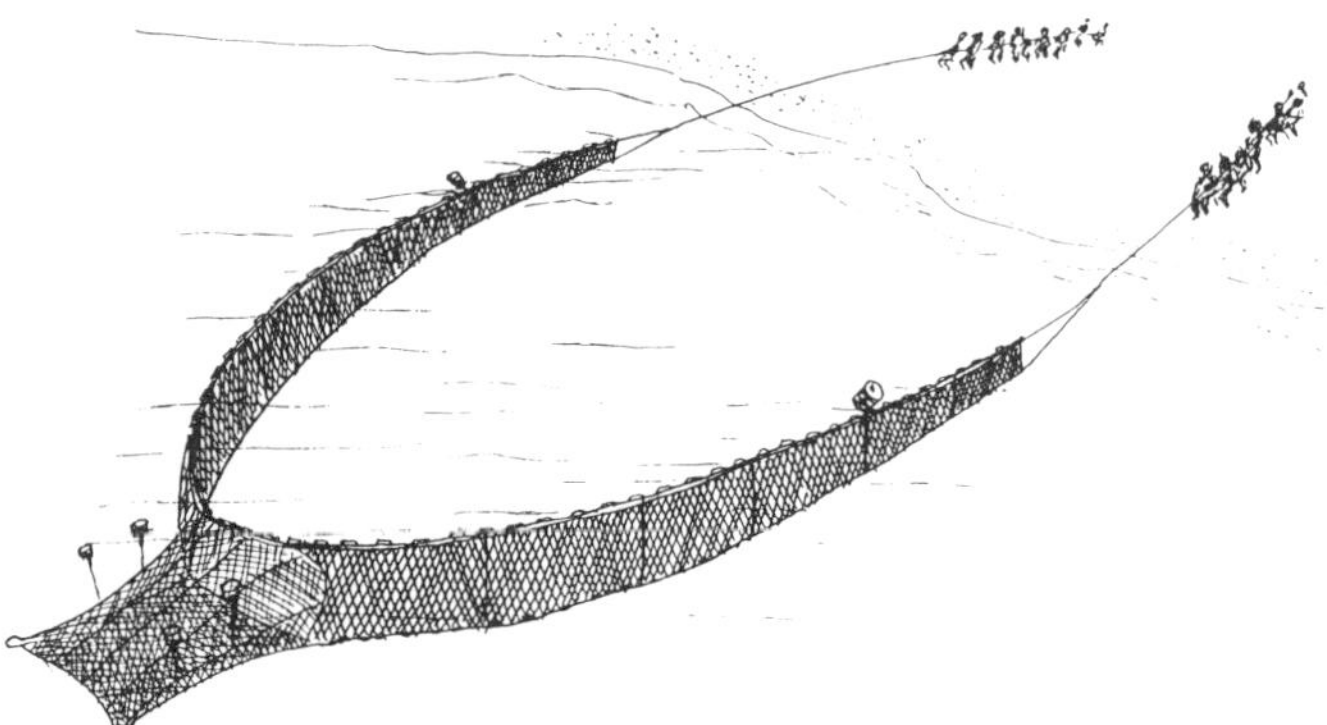

引き網　地曳網漁業(『漁具図集』より)

ひきうす　挽臼　⇩臼《うす》

ひきつけ　引付け　発作性の全身痙攣をいう。特に乳幼児の全身痙攣をいう場合が多い。要因はてんかんに伴う場合もあるが、かつては特に小児の疳の虫に伴う痙攣が多かったといえる。急激に卒倒・痙攣・意識喪失などの状態を表わすため、まず、ショウキ(生気)を戻すための

早急な対処がとられる。顔面に冷水をかける、名前を呼ぶなどの方法はほぼ全国的に見られる。このほか気付け(生気を戻すこと)のために飲ませるものに、マムシ酒、梅の液、ユキノシタ(薬草)を塩で揉んだ汁、生醬油、菊の葉のしぼり汁、大豆やショウガの根の擂りつぶした汁などがある。また、「カラスの羽を焼いて匂いを嗅がせると生き返る、梅干の汁を鼻から入れる」(福井県)、「ニラを揉んで嗅がせる」(富山県)などがある。また、「背の中央脊椎の上に灸をする、ときにはそこを剃刀で切って血液を吸い出す」などは経験的に得られた気付けの対処方法といえる。また、祈願・呪術的対処も同時になされた。「八幡様の御供を飲ませる、足の親指をかんぴょうでしばる、手の掌に三つ丸をかく」(長野県)、「鬼の字を三べん重ねて墨書しそれを堅く握り締めさせアブラケンソワカを三べん唱える」(兵庫県姫路市飾東村)など。このほか、屋上に上がり大声で病人の名を呼ぶことも行われた。これは魂の天に上がるのを呼び返すためだと考えられた。たびたび発作を起す場合の療法や予防には「虫封じ」がしばしば行われる。 ↓疳《かん》の虫《むし》 ↓虫封《むしふう》じ

参考文献 石橋臥波「民間療法(二)」(『民俗』一ノ二、一九一三)、『旅と伝説』九ノ六(特輯民間療法、一九三五)、『日本の民間療法』、一九七六・七 (大柴 弘子)

ひきでもの 引出物 婚礼や法事などの饗宴の客の膳に添えた贈り物。また、招待客への土産物。古くは庭に馬を引き出し贈ったところからの名称とされる。ヒキ、ヒキデ、ヒキモノともいう。一般に肴や菓子などの食べ物が多く、その肴は引き肴といい、鰹節、するめ、タイの塩焼き、料理の折り詰めなどが用いられる。また、引出物の菓子は引き菓子といい、慶事には松竹梅、法事などには蓮の花などをかたどった装飾的な練り菓子のほか、饅頭・砂糖などであることが多い。東京都町田市のかつての農村においては、婚礼には膳の脇に折り詰めにされた自家製の羊羹・きんとん、市販物の蒲鉾と塩焼きのタイ、出産後のオビアケの祝いには赤飯・蕎麦・するめ・鰹節、さらに葬儀の後のナノカノザシキ(七日の座敷)には饅頭とナノカダンゴ(七日団子)がそれぞれ引出物として広く用いられた。こうした引出物が饗宴の膳にあらかじめ添えられている場合にも、客の多くはその場では手を付けず、土産物として持ち帰り、神供のおさがりと同じように家族などとともに分け合って食べることが期待されていた。今日では食べ物以外の食器や風呂敷などの日用品も引出物として広く採用されるようになっている。

参考文献 『町田市史』下、一九七六、神崎宣武『おみやげ—贈答と旅の日本文化—』、一九九七 (竹本 康博)

ヒキハカ ヒキハカ 両墓制における詣り墓の呼称。および埋め墓から詣り墓へ移るときに埋葬地の土を一握り持っていくことをいう。群馬県白郷井村(子持村)、同長野原町横壁、埼玉県水富村根岸(狭山市)、同大田村池辺(川越市)、東京都檜原村や、岐阜県北武芸村(美山町)、愛知県七郷村一色(鳳来町)などで使われる。埋めて三日目、あるいは初七日、四十九日にハカウツシなどといって土を移す早い事例から、七年忌・十三年忌などヒキハカへ石塔を建てるときに行われるところもある。引き移った後、盆や彼岸になると埋め墓に参るところもあったが、完全に埋め墓を捨ててしまうところもあった。改葬の問題と関連するかどうかで論じられた。

参考文献 最上孝敬『詣り墓(増補版)』、一九八〇 (蒲池 勢至)

ひきふだ 引き札 江戸時代以降、商店が開店や商品の売りだしを宣伝するために配る札。幕末の『守貞漫稿』には江戸では引き札、京坂ではちらしと呼んだと記されている。江戸時代初期には報条《ほうじょう》・札まわし・口上・目録などと呼ばれ、引き札の語は十八世紀中ごろ生まれた。江戸では商品広告を文人に依頼したり、作品に引用してもらったり、色刷りの絵入りに仕立てられ宣伝効果を高めた。商品の銘柄名と役者や七福神や福助の絵柄とともに描かれ、家内の装飾としての役割も持って得意先に配られた。

参考文献 遠藤武『図説広告変遷史』、一九六一、中瀬喜一『日本広告産業発達史研究』(「学術選書」、一九六八)、増田太次郎『引札・絵びら・錦絵広告—江戸から明治・大正へ—』、一九七六 (鈴木 章生)

ひきめしんじ 蟇目神事 中をくりぬき、表面に数ヵ所穴をあけた鏑状の矢を射て、降魔・祓霊を行う神事。矢を射ると穴を風が通って音を発するところから、響目が音韻変化して蟇目と呼ぶようになったとか、穴が蟇蛙の目に似ているのが蟇目の語源であるなどといわれる。的を射通すのではなく、鏑矢の発する音によって威嚇し、悪魔・邪気の調伏をめざす祈禱法である。京都の松尾大社や栃木県日光市二荒山《ふたらさん》神社における神事が有名である。神事の目的は多岐にわたり、生霊・死霊の祓除、狐憑きなどの憑物落とし、病気祈禱、祈雨・止雨、家移り、出産に際しての祓い、子供の夜泣き止め、一年の無事を祈る年頭の初祈禱など、さまざまな内容を含んでいるが、とりわけ憑物落としや物の怪調伏に修されることが多かった。蟇目の法を用いる宗教者も、神職をはじめ、僧侶・修験者・民間巫者と多彩である。いずれの場合も鳴り鏑で威嚇することによって悪魔調伏をめざすのを基本としながらも、さらに、宗教者によって特徴的な儀礼解釈が加えられている例が少なくない。たとえば橘家の系譜をひく神道家には、陰陽五行説の影響が濃厚にみられる。五気相関の原理を応用し、鏑矢を射ることで発動せられた気の流れが邪気を祓除するというのである。また降魔が容易でないときは、蟇目の法と鳴弦の法をあわせて修することもある。鳴弦によって、退散した悪魔・邪気が再来するのを防ぐのだとされる。

参考文献 長谷部八朗『祈禱儀礼の世界』、一九九二 (長谷部八朗)

ヒキャク ヒキャク ⇩告《つ》げ人《と》

ひきやま　曳山　山本体や付属する轅《ながえ》などを直接、もしくは綱などを使い、人力で牽引して移動する車輪付きの祭礼具。曳山という呼称は、祇園祭の明応の山鉾の再興を記述した「祇園会山鉾次第以鬮定之」(『祇園社記』)に曳山を舁山として祭礼に出したなどの記載がみられ、担いで移動する手舁き山に対する表現であり、曳いて動かすという機能面から使われている名称である。また滋賀県蒲生郡日野町日野に残る江戸時代の記録には、当地の飾り山に引山・牽山・挽山と種々の表現がなされている。現在、滋賀県下には、飾り山・からくり山・芸山など外観も趣向も異なる山が各地に伝承されているが、曳き回すという共通行為からいずれも曳山と呼ばれている。ただし全国的に見れば曳山という呼称に普遍性はない。祇えの祭で知られる兵庫県美方郡浜坂町浜坂の宇都野神社の祭礼には大屋台と小屋台が結合して高さ三メートル余となり、曳き回す芸山を屋台、大阪府下では曳き回す山をダンジリと呼ぶ。疫病退散を祈願する兵庫県多紀郡篠山町の波波伯部神社の例祭には、御山と呼ばれる木製のコマ(四輪)を持った高さ七メートル余の竹組の巨大な山が登場し、木偶《でく》回しを奉納することで知られている。この時、八基のダンジリも曳き出されるが、呼称は、山車《さんしゃ》・ヤマなど定まっていない。また九州の北西部沿岸地域には、博多山笠の系譜をひく飾り舁山が分布しているが、呼称は山笠である。ただし疫神送りを祈願する佐賀県東松浦郡呼子町小川島の山笠のように土台部には鐘・太鼓をおき先端には竹の笹をつけ胴部を鏡などで美しく飾った飾り山を、舁き手の減少で曳山に変更した結果、単に山と呼ぶようになった例もあり複雑である。

参考文献　長浜城歴史博物館編『山車・屋台・曳山』(特別展図録、一九九五)　(中島　誠一)

翁山の子ども歌舞伎

左から翁山、常盤山、孔雀山

滋賀県長浜曳山祭の曳山

びく　魚籠　採捕した魚介類を運搬するための容器で、概して竹籠製のものが多い。魚籃とも表記。生け簀は大量の活魚を蓄養したり運搬するのに用いるが、魚籠は少量の魚介類を収納したり運搬するのに用いる。投網《とあみ》や釣り漁などの小規模な漁法で用いられることが多く、採捕しながら運搬できるように主に腰に下げて用いる。三十三観音の一つで手に魚籃を持った魚籃《ぎょらん》観音は魚売りの美女が実は観音の化身であったという説話を起源としたものので、漁民からも信仰されている。　(小島　孝夫)

びくに　比丘尼　出家して仏道修行する女性宗教者。日本の最初の出家者が女性であったことは有名。古代の尼は、得度制度による分類では、在俗の女性信者である優《う》婆《ば》夷《い》から、沙弥尼(式叉摩那尼・学法尼)、正規の尼である比丘尼がある。正規の尼は官寺に住む官尼、貴族・豪族の私寺(尼寺または尼房)あるいは貴族の家に止住して、仏事、経典読誦、説法を行い、経典書写などに携わっていた。平安時代以後、国家法会からの排除によって官尼は減少したが、尼が減少した訳ではなく、逆に居宅や山麓・寺辺に住む尼、遍歴する尼、乞食の尼などさまざまな形で増加した。出家の動機は、仏教信仰に基づくもののほか、自身の病気や死にかかわる場合もある。のちに後家尼と呼ばれるような、夫や子どもの死を契機とする場合も多い。鎌倉時代、専門的宗教者として諸教団に属する尼が増加する。特に律宗・禅宗・浄土宗・時衆は尼を教団機構に位置づけるようになる。室町時代になると、天皇家・貴族・上級武士の女性が幼年から出家し、比丘尼御所と称される尼寺に住む尼もいた。しかし、一方では、諸国を遍歴しながら、熊野参詣曼荼羅の絵解きによって人々に信仰を勧めて歩く熊野比丘尼など、民間の女性宗教者の活動も活発であった。通説では、尼は僧の監督下に置かれ、宗教活動も僧に比して劣っていたといわれているが、近年の研究では、尼のさまざまな活動が掘り起こされ、見直されつつある。

参考文献　大隅和雄・西口順子編『尼と尼寺』(「シリーズ女性と仏教」一、一九八九)、牛山佳幸『古代中世寺院組織の研究』(「戊午叢書」、一九九〇)　(西口　順子)

ひげ　髭　男性の口・あご・ほおなどにはえる毛。口ひげは髭、あごひげは鬚、ほおひげは髯と書き、歴史的、文化的条件のちがいにより、髭に対する意味もちがってくる。明治時代に日本を訪れた外国人の観察によれば大体の日本人にはみな髭がなく、髭を見たのは隠者・山伏、オモチャの達磨だけであったという。近代以前の日本人の間では髭をはやすことは、隠者や山伏などの特殊な人人に限られ、不精髭・貧乏髭のようによいことではなかった。また髭は老人と密接な関係があり、ことに白い髭は長命や神に近い存在をあらわすものであった。白髪の老人が川上からあらわれ大洪水を予言する白髪水伝説では白鬚の老人であることもある。この伝説は洪水という危機に際してあの世から再生した異人のような力ある存在に託言を仰いだ民俗が根底にあるといわれる。日本では神は翁の姿で出現するが、琵琶湖の主(神)は白鬚明神であった。赤松宗旦の『利根川図志』(一八五五)に下総国香取郡大倉山(千葉県佐原市大倉町)の側高《そばたか》神社の鬚撫祭のことがのっている。この祭は毎年行われ酒宴の席でにごり酒をくみかわす時、もし口のあたりの鬚をなでた者があれば強いて三杯の酒を飲ますというのである。髭をなでることは得意げな様子を意味するので、それをなくすために酒を強いて飲ませたと考えられる。↓白髭水《しらひげみず》 ↓白髭明神《しらひげみょうじん》 ↓毛髪《もうはつ》

参考文献 宮田登『白のフォークロア―原初的思考―』(「平凡社ライブラリー」、一九九四)、篠田鉱造『明治百話』(「岩波文庫」、一九九六)

(野沢 謙治)

ひけしつぼ 火消し壺 風呂・竈の傍や、囲炉裏の中に置いて、薪を燃して、できた熾《おき》火を入れて蓋をし、空気を断って火を消し貯える蓋付の壺。消し壺とも呼ばれる。京阪地方では熾火を消すのに火消し壺に入れて消すカラ消しと水を使って消す水消しがあったので、火消し壺をカラ消し壺と呼んだ。火消し壺は、瓦質製・鋳鉄製のほかに軟質な凝灰岩などを多く産出する地方には、石を刳った火消し壺がある。

大型の火消し壺（山梨県山梨市）

参考文献 宮本常一「民具解説抄すまい(住居の道具)」(『日本観光文化研究所研究紀要』四、一九八三)

(米川 幸子)

ひごい 日乞い 雨乞いと対照的に、止雨・晴天を祈る共同祈願。地方により、テリゴイ(照り乞い)・アマアゲ(雨上げ)・ヒモウシ(日申し)・ヒヨリモウシ(日和申し)・テンキマツリ(天気祭)などの語がある。日乞いは雨乞いほど一般的ではなく、日照りの害よりも長雨による冷害が深刻な地方や地域、すなわち北日本や日本海側、それ以南でも高冷の地で多く行われた。儀礼の内容には雨乞いと共通するものも多く、氏神社へ参籠したり雨の神である竜神の祠に参って止雨を祈るほか、小高い山の上で大火を焚く風もある。関東地方では日乞いの目的で臨時の天道念仏を行うこともあった。群馬県吾妻郡中之条町大道の例では、雨が続くとムラ中が出て数珠を回しながら天道念仏をやり、終るとムラで一番高い箱岩に上がって大火を燃やして、「雨が上がるよう、乾かすように」と祈った。人形を用いる例もあり、同利根郡白沢村では小皿で目を入れた杉の葉の人形を作り、天をにらむ格好で立てて天気祭の祈禱を行なった。しかし、この種の人形は送り出すのが本来の形式であったらしく、秋田県仙北郡では鎮守社の前に藁馬に乗せた等身大の藁人形を、各戸の屋根には小型の藁人形を立て、雨が止めば板舟に乗せて供物や燈明を供えて川に流した。ここではこれを鹿島流しといった。岩手県上閉伊郡でも藁製の男女の人形をムラ一同で境まで送って行ったという。雨害の因となる悪霊を人形を依代として送り出す鎮送呪術といえよう。テルテル坊主の原形もそこにあったというのが柳田国男の推測である。↓雨乞い《あまごい》 ↓鹿島人形《かしまにんぎょう》

参考文献 柳田国男「神送りと人形」(『柳田国男全集』一六所収、一九九〇)、原田敏朗「俗信」(『日本民俗学大系』七所収、一九五九)

(小嶋 博巳)

ひこいち 彦市 笑話・おどけ者話の主人公。熊本県球磨郡・八代郡の一帯に伝承されており、その話群を彦市(彦一)話と呼ぶ。彦市は農民・物売り商人・町人として登場するが、町人的な面が多く、実在の人物として語られている。彦市は殿様に鯨肉を買わせ、河童釣りに行く。なかなか釣れないので殿様は退屈し声を出す。彦市は逃げたといい、餌の鯨肉をせしめる。この「河童釣り」の話のように、頓知をもって殿様をだます「生き絵」、天狗をだます「隠れ蓑笠」「何が怖い」、狐をだます「化けくらべ」、狸をだます「石肥三年」、旦那をだます「借金とりの香典」など、いずれの話も彦市は知恵者として活躍する。彦市話は、話型・話数が少ないわりにはその名が全国的に知られている。その理由として、一九三五年(昭和十)に丸山学が雑誌『昔話研究』に「球磨の民話抄」として彦市話を紹介したことや、同年代の七年間、小山勝清が雑誌『少年倶楽部』に「彦一頓智ばなし」を連載したことがあげられる。もう一つは木下順二の熊本弁での狂言『彦市ばなし』の上演をあげることができる。各地のおどけ者の主人公や話上手に、彦八・彦七・彦兵衛ら、彦を名のる人物がいるが、これは江戸時代に大坂・京都で活躍した咄家・米沢彦八の影響が考えられる。肥後に彦市が多いのは肥後一との語呂合わせによるものかもしれない。八代市出町・光徳寺に彦市の墓があるといわれているが定かではない。

参考文献 野村純一『昔話伝承の研究』、一九八四

(米屋 陽一)

ひごかずお 肥後和男 一八九九―一九八一 歴史学者。茨城県久慈郡太子町生瀬に誕生。東京高等師範学校文科から京都大学文学部史学科卒業。大学では西田直二郎、浜田耕作の影響をうける。大学院時代、滋賀県下の史跡調査に従事。「大津京阯の研究」「紫香楽宮阯の研究」は

その成果である。一九三三年（昭和八）東京文理科大学に赴任、四三年、同学教授。門下から和歌森太郎、萩原竜夫、桜井徳太郎など歴史と民俗の関係に関心を注いだ研究者が出た。彼は民俗事象と歴史の関係について鋭い観察を加えた論文を発表した。「鞍馬の竹切について」（『民俗学』三ノ三・四）、「山の神としての素戔嗚尊」（同三ノ五・六）などがそれで、のち『古代伝承研究』（一九三八）にまとめられた。村落と深くかかわる祭祀組織である宮座について近畿地方で広く調査を実施し『近江に於ける宮座の研究』（『東京文理科大学紀要』、一九三八）、『宮座の研究』（一九四二）という宮座研究の基礎をなす研究を公表した。また一九三九年に発表した「平安時代における怨霊の思想」（『史林』二四ノ一）は御霊信仰を歴史学の対象として扱った最初の論文として高く評価されている。民俗学についても多くの論考があるが「生活における年令の表現」（『民間伝承』一三ノ六）、「民俗における古代的なもの」（『日本民俗学』二ノ三）など、社会心理と民俗事象との関係について触れる立場の論考が多い。『（肥後先生古稀記念）日本文化史研究』（一九六九）に年譜と著述目録があり、『肥後和男著作集』全一七巻（一九八五－九三）が刊行されている。

（西垣　晴次）

ひこさんしんこう　英彦山信仰　福岡県南部と大分県の境に聳える英彦山に対する信仰。標高一一九六・六メートル。南嶽を主峰として中嶽・北嶽の三峰がある。平安時代初期に彦山と記されるまでは「日古山」と書かれ、近世中期の一七二九年（享保十四）に、霊元天皇の院宣により「英彦山」に改めた。神仏習合の発展に伴い、鎌倉時代に彦山三所権現の信仰が展開し、南を俗体嶽（本地釈迦）、中を女体嶽（千手観音）、北を北体嶽（阿弥陀）という（『彦山流記』）、三神三容《さんじんさんよう》の山岳信仰に基づいて崇拝された。このほか白山以下、大行事・北山殿・般若窟（玉屋）・大南窟・豊前窟・智室窟・鷹巣窟・中宮の九拝所があり、以上を英彦山十二所権現として信仰された。さらに四十九窟の洞窟を霊地や行場にあて、それを弥勒の兜率天《とそつてん》の四十九院に比したという。これが英彦山信仰の特色の一つであるが、それは中世以前の洞窟信仰や洞窟籠り修行の信仰形態を現わしていると考えてよい。室町時代以降には三季の峰入り（春峰＝順峰、夏峰＝花供《はなく》峰、秋峰＝逆峰）の修行形態が成立。英彦山を胎蔵界として、春は太宰府に近い宝満山を、秋は福智山をそれぞれ金剛界にあて、片道六十キロの山道に四十八宿の行場を設定して、山岳抖《と》擻行《そうぎょう》の修行を行なった。このうち宝満山との関係は、役行者が七〇五年（慶雲二）に彦山の俗体嶽から宝満山に至り、さらに唐土におもむいた故事によるという（『彦山縁起』）。また春峰は熊野との早い関わりから（『熊野権現御《ご》垂迹《すいじゃく》縁起』）、熊野の春峰入り行事が残存したという見解もある。近世には天台修験別格本山として、細川・小笠原両家などの庇護があり、また九州全域に檀那をもって祈禱札や不老円という薬を配り、英彦山信仰の伝播と参詣を積極的に勧めた。現在も荘厳な建物の奉幣殿《ほうべいでん》（重要文化財）や、霊地で修行場の四十九窟などが遺り、かつての隆盛した世界を偲ばせている。

参考文献　中野幡能編『英彦山と九州の修験道』（『山岳宗教史研究叢書』一三、一九七七）、田川郷土研究会編『（増補）英彦山』、一九七八、『英彦山修験道遺跡』（『添田町埋蔵文化財調査報告書』、一九八五）、長野覚『英彦山修験道の歴史地理学的研究』、一九八七、佐々木哲哉校注「英彦山」（『神道大系』神社編五〇所収、一九八七）、修験道修行大系編纂委員会編『修験道修行大系』、一九九四

（豊島　修）

ひこはち　彦八　笑話・おどけ者話の主人公。鳥取・島根・岡山・広島・香川・愛媛・高知県を中心に伝承されており、その話群を彦八話と呼ぶ。江戸時代の元禄期、大坂に米沢彦八（？－一七一四）という咄家がおり、辻咄（大阪落語）の元祖として知られていた。彦八の軽口本には『軽口男』『軽口御前男』がある。その後、二代目・米沢彦八が京都に現われ、『軽口福をかし』『軽口新年袋《はるぶくろ》』『軽口耳過宝』『軽口ふくれ雀』の四部作を出した。米沢彦八を名のる咄家は四代目まで続いたという。「彦八が一本橋を渡った。真中の所で橋がくるりと廻り、彦八がぶら下がった」（ここで話をやめる）「その先をはなせ」「いやはなさん」「はなせ」「はなせば落ちるよ」という「彦八はなせ」の話がある。彦八に話を求める言葉であると同時に、一口話にもなっている。上方では、彦八は大道芸人の別称として、彦八話は笑話の代名詞として使われるほど人気を得た。この咄家の話し上手の名前と笑話は西南日本の各地に伝播していった。そして土地に伝承された笑話と落語・小咄、咄本との交流、融合を経て、彦八話は形成されていったのであろう。主人公に彦八の名を冠したり、彦八は登場しないが、おどけ者話・おとし話の話群を彦八話と称したりしている。なお、昔話の「話千両」をはじめ、「木の茶釜」「首のとりかえ」「狸の巣」「涎がこぼれる」など、笑話・おどけ者話の主人公に彦八が登場している。

参考文献　大島建彦『咄の伝承』（『民俗民芸双書』、一九七〇）、野村純一『昔話伝承の研究』、一九八四

（米屋　陽一）

ひさぎめ　販女　行商を行う女性。『今昔物語集』二八ノ一や『和名類聚抄』などに販婦・販女と記して、ひさぎめ・ひさめと読み、市女《いちめ》（『源氏物語』など）ともいった。伝統社会では、漁師の妻が漁獲物を売り歩くさまざまな行商行為がみられた。民俗語彙として、ヒサギメということはないが、行商婦人について、総称して、あるいは古文献にみられる行商婦人の伝統性を強調する意味において、販女ととらえる場合がある。海産物の行商婦人を表わす民俗語彙をみると、イタダキ（徳島県海部郡由岐町阿部・島根県江津市波子町・京都府竹野郡丹後町竹野・石川県河北郡内灘町大根布など）、オタタ（愛媛県伊予郡松前町）、カベリ（広島県尾道付近）、カネリ（山口県萩付近）、シガ（福岡県糸島郡志摩町野北や志賀島）、ショイカ

ゴボテ、カツギッコなどである。そのなかで、イタダキやカベリは頭上運搬を示す民俗語彙でもあり、その行商形態の特徴として頭上運搬を伴うことが多い。このほかに、石川県舳倉島の海女の灘回りや山形県飛島の五月船という行商がある。漁村の女性以外では、京都の大原女が知られている。→大原女《おはらめ》 →五月船《さつきぶね》 →得意《とくい》

参考文献 瀬川清子『販女』、一九七一、北見俊夫『市と行商の民俗―交通・交易伝承の研究(二)―』(「民俗民芸双書」、一九七四)

(野地 恒有)

ヒサゴ ヒサゴ ⇩ヒョウタン

ひさし 庇 日本建築において、建物の主体部分を母屋と呼び、それに対してそのまわりに付加された部分を庇あるいは庇の間という。平安時代の寝殿造では、切り妻屋根の母屋の前後左右に庇を取り付けて内部空間の拡大を計り、母屋―庇の空間構成が確立していた。さらに孫庇が付加されて空間が拡張された。この母屋―庇の構成は、空間を拡張する上で、構造的にも合理的な方法であり、母屋が囲われた居室として確立していくのに対して、吹き放ちの開放的空間として、多様な使われ方に対応した。民家において庇とは一般に出入口や窓の上部についた小屋根をいい、直射日光をさえぎり、雨から開口部を守る役割を果たす。その最も簡便なものは、窓の鴨居の上に板一枚を打ち付けたもので、霧除け庇あるいは単に霧除けと呼ぶ。沖縄では軒下から竪羽目板を鴨居の上におおいかぶさるように打ち付けて、暴風雨から窓まわりをまもり、これを霧除けと呼ぶ。青森県津軽地方の民家では、土間の出入口の前に突き出た空間を設けて雪除けとし、これをシャシ(ひさし)と呼ぶ。このようにもとの意味で、付加的な空間を庇と呼ぶ言い方も各地の民家に散見される。 →下屋《げや》 →軒《のき》

(安藤 邦広)

ヒザナオシ ヒザナオシ 婚礼の翌日か翌々日に嫁が実家へいったん帰る行事。福島県田村郡常葉《ときわ》町久保では、翌日新夫婦・仲人・父母のいずれかが嫁の実家を訪れて挨拶する。この日は泊らずに帰る。帰りには嫁の親が付添い嫁ぎ先まで送る。三日目なので、山形県置賜地方ではミツメという。福島県相馬郡飯舘村・山形県西置賜郡小国町では、二月一日にもヒザナオシをする。飯舘村飯樋では仲人も招待し、仲人の責任はこの日までとしている。ヒザナオシは疲れを癒すためのものである。 →三つ目《みつめ》

参考文献 文化庁編『日本民俗地図』六解説書、一九七八

(奥村 幸雄)

ひさべつぶらく 被差別部落 近世の身分制度のもとで最下層に位置付けられ、賤視されたえた・非人の系譜を負い、一八七一年(明治四)八月の部落解放令以降も、現在に至るまで、社会的、経済的、精神的に差別を受けてきた地域社会。未解放部落・同和地区とも称し、単に部落ともいうが、部落の呼称は村落一般を意味することも多い。また近代以降、第二次世界大戦までは一般農村と異なるという差別意識を含んで細民部落・後進部落・特殊部落などと呼ばれていた。被差別部落の人々は河川敷や低湿地あるいは山腹や谷間・坂下など、劣悪な立地条件の所に居住することを余儀なくされ、生業もいわゆる部落産業と称される皮革業・草履作りをはじめ日雇・土建業・廃品回収業・行商など、不安定な職種、経済変動に影響されやすい職種に就かざるを得ない場合が多く、同一人がいくつもの職種を経験している場合も少なくない。衣食住の民俗においては、作業場としてのムロ、間借りの生活、古くからの肉食、共同風呂、一張羅の衣類をはじめ特色ある習俗が伝えられているが、それらを含めて顕著な工夫の習俗が伝えられていることに注目する必要があろう。年中行事や人の一生の儀礼においては基本的に一般の習俗と変わるところがないとはいうものの、簡素かつより実質的で、かくあるべきとする定型的なものが少ない。衣食住の民俗や儀礼などは基本的に消費生活に属し、被差別部落の不安定な職業と低所得とに密接に関係しているところからして、形式的、建前の生活ではなく、本音の生活がその基本にあり、それ故に全体としては都市的な民俗を示しているといえよう。また被差別部落の社会でも歴史や本分家関係、財力などによる階層差が認められるが、通婚圏や生活圏が広いことも被差別部落の民俗がもつ特徴の一つと思われる。しかしながら、生活環境・経済的(生産・消費の両面)諸習俗のうち被差別部落の民俗の特徴と思われる多くは、差別によって余儀なくされていたものであることも忘れてはならない。その点で近代初頭の部落解放令が実質の伴わない名目的なものであり、その後も差別の解消のための有効な政策がとられてこなかったことはもちろん、明治民法の施行によって家制度の強化がなされたことも差別意識の存続を許してきた要因の一つとして挙げることができよう。被差別部落に対する差別は信仰習俗においても明確な形で表われている。その一つは、生活環境と同じように一般と被差別部落との墓を区別し部落の墓を劣悪な場所に設けていたことであり、革門・革尼、僮婢・僮男などといった差別戒名、部落の檀那寺が穢多寺と称されてきたこと、近世以来の被差別部落は枝村・枝郷であることが少なくないが、そうした場合村氏神の祭祀から外されてきたことなどを挙げることができる。このうち檀那寺に関してみると、西日本の場合、真宗寺院を檀那寺とし部落の精神的主柱としてきた所が多いのに対し、東日本では、近代以降に檀那寺を替えたとする伝承が少なくないことも注目される。また特に東日本の場合、部落の氏神として白山神社をまつることが多いとされ、関八州・伊豆・甲斐・駿河、陸奥の一部を支配していた穢多頭の浅草弾左衛門と結びつけて歯の神と説く伝承や、子供を好きな神とする伝承が少なくないほか、産の神とする伝承もあり、加賀の白山信仰とともにハクサ(歯臭)・シラヤマ(白山、清浄)・キヨメ(清め)との関係にも注目すべきであろう。被差別部落の起源は近世幕藩体制における

身分制度、つまりえた・非人を社会の最下層におき、身分・職業・居住を固定・世襲させたところに求められるのであるが、地域・部落によって必ずしも一様ではなかった。たとえばえたと非人との関係も近畿地方では相互に独立した身分とされているのに対し、関八州では浅草弾左衛門の支配下におかれている。また皮革業・履物業・膠《にかわ》の製造・燈心の生産などが主要な産業であり牢番役・行刑役などを負わされてきたが、農業も出作《でづくり》地や小作地が多いとはいえ無視できないものがあり、斃牛馬《へいぎゅうば》の処理にしても、草場・旦那場・職場などと称された権利を持たない部落は取り扱うことができなかった。さらに部落の成立についても一様ではなく、中世賤民との関連なども問題として残されている。近代以降、被差別部落の解放運動が行われてきた。初期のものは部落の努力と自粛の上に、一般の同情・融和を得ようとするもので限界があり、一九二二年(大正十一)に発足した水平社の解放運動、なかでも差別糾弾闘争は大きな影響を与えてきたといえよう。第二次世界大戦後、部落解放委員会(のちに部落解放同盟と改称)が結成されて行政闘争が展開された結果、一九六九年(昭和四十四)、十ヵ年の限時法である同和対策事業特別措置法が施行されるようになり、三ヵ年の延長ののち、一九八二年には地域改善対策特別措置法(五ヵ年間の限時法)、八七年より地対財特法(地域改善対策特定事業に係わる財政上の特別措置に関する法律)が施行されるなど生活環境の整備などが計られている。しかし、いまだ解決しなければならない問題も少なくはない。

↓えた　↓差別戒名《さべつかいみょう》　↓水平社運動《すいへいしゃうんどう》　↓非人《ひにん》　↓部落解《ぶらくかい》放運動《ほううんどう》

参考文献　柴田道子『被差別部落の伝承と生活―信州の部落・古老聞き書き―』、一九七二、原田伴彦『被差別部落の歴史』(「朝日選書」三四、一九七五)、小林初枝『被差別部落の世間ばなし』、一九七九、宮田登『神の民俗誌』(「岩波新書」黄九七、一九七九)、乾武俊『伝承文化と同和教育―むこうに見えるは親の家―』、一九六八、中村水名子・坪井和子・多田恵美子『被差別部落その生活と民俗』、一九七二、宮田登『白のフォークロア―原初的思考―』(「平凡社ライブラリー」、一九九四)、乾武俊『民俗文化の深層』、一九九五、部落解放研究所編『被差別部落の民俗伝承―大阪・古老からの聞きとり―』、一九九五

(宮本袈裟雄)

ヒシ　ヒシ　沖縄・奄美でのサンゴ礁の地形名称。干瀬とも書く。一般に低潮時に干出する岩盤(瀬・シー)の礁原を指し、浅海のイノー(礁池)と対をなしてサンゴ礁を構成する。またサンゴ礁全体を意味する場合もある。宮古の池間島沖のヤビシ(八重干瀬)、那覇沖のチービシ(慶伊瀬島)はその例。低潮時には海藻・貝・魚などを採取して歩けるため、イノーとともに生活場。ヒシの切れ目はクチ、バリ、潮溜りはクムイと呼ばれる。↓イノー

参考文献　柳田国男「海南小記」(『柳田国男全集』一所収、一九八九)

(目崎　茂和)

ひしお　醤　塩分やうまみを多く含んだ液体調味料。奈良時代以前醤と呼ぶ調味料やなめものがあった。穀類で作る穀醤が醤油や末醤へと発展する。野菜で作ると草《くさ》醤で、漬物へと変身する。魚で作ると魚醤。肉(イノシンやシカ)で作ると肉《しし》醤と呼んだ。シカの胃からも作っている。肉醤は醢とも書かれるが、これはスターターに糀を用いたものと考えられている。一種の肉の塩辛である。ウニやコノコ、カツオの腸、鮭背腸、アワビの腸漬、アユのうるかなどもあった。

参考文献　関根真隆『奈良朝食生活の研究』(「日本史学研究叢書」、一九六九)

(奥村　彪生)

ひしゃく　ひしゃく　水や湯などを汲む用具。柄杓とも書く。竹・金物などで作ったものも多いが、基本はヒノキ・杉の曲物《まげもの》製である。薄板を曲げて桜の皮で綴じて側板とし、底板をはめ、側板の重ね合わせ部分の上寄りに方形の穴をあけ、その対象位置の下部にかけて柄を差し込んだもの。ヒシャクの語はヒサゴの変化ヒサクの変化形であり、ひしゃくそのものは瓢を二つに割って作ったものがもとである。室町時代の『たなばた』と呼ばれる物語の初本である『天稚彦物語』は、アメワカヒコを慕って昇天するヒメキミの話で、後世の七夕の主人公織姫と牽牛の物語となるのであるが、その中にヒメキミが「一夜ひさごにのりて、空へのぼらんとおもふに(下略)」という下《くだ》りがあり、昇天しつつあるヒメキミが手にひしゃく様のものをもっている挿図が描かれている。すなわちここでいうヒサゴは現世と他界の掛橋であり、その容器は「一夜ひさご」をもったヒメキミは死出の旅路にあり、そこでいうヒサゴは現世と他界の掛橋であり、その容器は霊の入れ物としての意味をもつのであった。そうした意識が曲物ひしゃくを蔵骨器として用いさせた。奈良の元興寺極楽坊には応永・文明銘の曲物ひしゃくの柄を抜いた蔵骨器が伝えられ、江戸時代のものでは当麻寺や西大寺にもみられる。また中世から近世にかけて曲物ひしゃくは勧進聖や仏餉取《ぶっしょうとり》の必携の具であった。『三十二番職人歌合』にも勧進聖が長柄のひしゃくをもっている場面が描かれているし、「洛中洛外図屏風」(東京国立博物館蔵)にも勧進聖がひしゃくをもっている姿がみられる。『人倫訓蒙図彙』(一六九〇)の仏餉取の項にも曲物ひしゃくを腰にさして歩む仏餉取の姿を描いており、京都六道珍皇寺の『珍皇寺参詣曼荼羅』では、六人の覆面の者が本堂の縁に並び、それぞれ長柄の曲物ひしゃくを差し出して、参詣者から喜捨を受けている。また曲物ひしゃくは巡礼の必携のものとして用いられ、西国観音霊場や四国遍路に巡拝する巡礼の装束の一つになっている。お蔭参りにも『甲子夜話』続篇に「柄杓一本腰に差し候」というようにひ

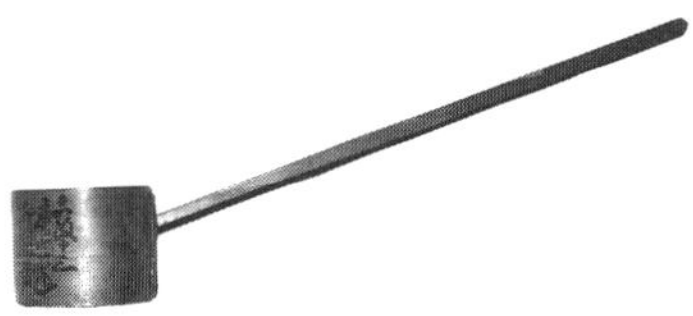
文政年間のおかげ参り柄杓

しゃくを一本ずつ持つ姿は共通していた。また、曲物ひしゃくは安産にご利益があるとされる神仏に、底板を抜いて奉納する例が全国随所にみられ、『産育習俗語彙』や『日本産育習俗資料集成』などに多くの事例が報告されている。

参考文献　岩井宏實『曲物』(「ものと人間の文化史」七五、一九九四)

（岩井　宏實）

びしゃもんてん　毘沙門天　多聞天《たもんてん》とも別称され、四天王・十二天ともに北方の守護神。富貴財宝を司り、単独で勝利の神としても尊崇される。須弥山の第四層に住し、仏の道場を守護し、常にその説法を聞いているからヴァイシュラヴァナ(多聞天)でもあるという。密教では胎蔵曼荼羅《まんだら》の外金剛部院の北門に位置する。一般には二鬼を踏み、左手に宝塔を、右手に宝棒を持った神王像であるが、三叉戟、宝剣を持つ異形の像もある。京都市の教王護国寺蔵の兜跋毘沙門天は唐代の作例といわれ、王城守護の優作である。毘沙門天の開帳は正・五・九月の最初の寅の日がほとんどであり、縁日には百足《むかで》小判と守札を授与した。同市の鞍馬寺にも左手を額にかざす秘仏があるが、七七〇年(宝亀元)に鑑禎上人が白馬に導かれて鞍馬山に登り、大聖毘沙門天の姿を感得した日が寅の日、寅の刻であったと伝えられ、毎年一月寅の日・寅の刻(午前三時)に本堂で初寅大祭が行われる。初寅の期間には福徳授与に霊験あらたかな「お宝札」と、諸願成就に御利益がある「魔除けあうんの虎」が授与される。以前は、熊手と同形の「福掻《か》き」や、木製の鍵、「御福百足」、火打ち石などが売られていた。京都市山科区の毘沙門堂も寅の日が縁日で、特に初寅の日は参詣者で賑わい、魔除けの寅の宝笹や虎の面、ムカデの絵で牛玉宝印《ごおうほういん》の字を象《かたど》った御札が授与される。ムカデは多聞天の使いとする信仰があるため、毘沙門天の縁起ものに好んで使用される。民間において毘沙門天は七福神の一尊として、福神信仰が寄せられている。　↓七福神《しちふくじん》

（大森　恵子）

ビジュル　ビジュル　沖縄の霊石の一種。高さ一五センチ～一メートルくらいの自然石で、ダルマ型のものが多い。ビジュルと呼ぶところが多いが、ビンズル、ビンジリ、ビジュンなどと呼ぶところもある。ビジュル所在地は沖縄本島におよそ百ヵ所。津堅島(中頭郡勝連町)・屋我地島(名護市)・伊江島(国頭郡伊江村)にも各一ヵ所ある。ビジュルを安置した洞穴や石祠、あるいは木造神殿をテラ(ティラ)と呼ぶところが二十ヵ所ある。十八世紀の史料に記されている識名の神応寺・末吉宮、鏡水の箕隅の賓頭盧《びんずる》(十八羅漢の筆頭)はいずれも石体で、近代以来ビジュルと呼ばれている。ビジュルはビンズルの訛であろう。『琉球国由来記』(一七一三)に記録されている農村の権現社の霊石もいまではおおかたビジュルと呼ばれている。ビジュルの縁起については漂着譚が多く、一部には土中から顕現したという伝承がある。国頭郡国頭村桃原のビジュルは近代にまつり始めたもので、旧家の主人が海に浮かんでいた石を持ち帰り拝むようになったという。一般に旧暦九月九日を例祭とする。ムラによってはビジュルヒチあるいはホーイ(祝)と呼ばれる男性が司祭する。子授け・子育て・豊作・豊漁・雨乞い・航海安全などビジュルに対する祈願の内容は多様である。祈願ののち持ち上げて吉凶を占う重軽《おもかる》石の例もある。子授け・子育てを願うという点では、日本本土の賓頭盧信仰と共通する。宮古諸島にはビジュル信仰は普及していない。八重山諸島でビジリ、ビッチリ、ビディリと呼ばれる石は、田畑の神・牧場の神・屋敷神など地神系統の神体が主で、石敢当の類の魔除け石、持ち上げて力を競う力石を指すところもある。寄り石の伝承は一例だけである。鹿児島県奄美、徳之島の天城町三京のテラヤマの麓にビンズルガナシがまつられ、九月九日には例祭が行われる。同奄美大島の竜郷町秋名でも近代までビンズル神様がまつられていた。ビンズル(ビジュル)信仰は奄美諸島と沖縄諸島に分布しているといえよう。

ビジュル石かつぎ（沖縄県石垣市）

ウフワタビンジュル（沖縄県具志川市字前原）

参考文献　平敷令治「ビジュル信仰」(窪徳忠編『沖縄の外来宗教―その受容と変容―』所収、一九七八)

(平敷　令治)

ひじり　聖　既成の教団の周辺や外部にあって、独自の価値観のもとに活動を行なっていた宗教者のこと。実際の存在態様は時代により状況により人により多様で、一方の極に寺院や教団の正規僧であることを否定して深山幽谷に一人籠り激しい修行にあけくれるという修行型の聖が、他方の極には町中に住んで積極的に人と交わり、時には肉食妻帯も辞さないという生活型の聖が存在した。同じ修行型の聖にも各地を遍歴して布教や社会活動にたずさわった聖たちの存在も見逃せない。その宗教的な評価においても、一方に高い徳と学識で多くの信者や弟子たちに慕われ、後世までその名をとどめるようないわゆる聖僧もいれば、他方にはほとんど経文もしらず、ただいくつかの呪《まじな》いの文言をとなえるだけという呪《まじな》い師もいる。いずれにせよ聖とは教団中枢の活動からは遠い位置に場を占める宗教者の一群で、教学的にもそれと異質なものを生み出し、ときには教団から異端として攻撃弾圧されるような局面も生じた。しかしそれ故に、たとえば鎌倉新仏教をはじめとする諸種の新宗教的理念は、こうした集団のなかで育まれることになった。また社寺参詣や死者供養の風習にも、聖の存在は大きな役割を果たしてきた。さらに文芸や芸能の面でも、かれらの布教活動のなかから生み出されてきたものが少なくない。↓勧《かん》進聖《じんひじり》　↓高野聖《こうやひじり》　↓三昧聖《さんまいひじり》　↓念仏聖《ねんぶつひじり》

参考文献　柳田国男「俗聖沿革史」(『柳田国男全集』一所収、一九九〇)、堀一郎『我が国民間信仰史の研究』二、一九五三、平林盛得『聖と説話の史的研究』、一九八一、萩原竜夫・真野俊和編『聖と民衆』(「仏教民俗学大系」二、一九八六)

(真野　俊和)

ひぞく　卑属　⇩尊属《そんぞく》

ひたい　額　顔の中の髪のはえぎわからまゆの間の部分であり、おでこともいう。額の広い者は運が良い、額に傷をつけると出世しないといわれるように、額の状態によって、われわれはそこにある意味を読み、また化粧や彩色などをほどこすことによってさらにいろいろな意味付けをする。そのもっとも典型的な例は宮参りの時、赤ん坊の額に鍋墨や墨・紅で犬・大・小・×・十・一・点がほどこされることである。宮参りは生後三十日目前後に行われ、赤ん坊がこの世のものとして認められる通過儀礼である。額につける×はアヤツコといわれ、それは日常とは異なる状態を示し、誰もふれることができない忌みの状態を意味する。福島県田村郡三春町西方では旧暦三月十五日の不動様の祭に『大般若経』六百巻の転読が行われムラの安寧を祈るが、転読する人々は俗なる状況から離れるために額に墨をつける。また福島県耶麻郡西会津町では正月十五日のサイノカミの際、燃え残りの灰を額につけるが、こうすると頭痛がしないという。これは額に藁をつけるとしびれがとれるのと同じように額はその人の健康に関係する。このように額は身体の表面の中でも重要な場所であり、その人がどのような状況にあるのかを示すことができるのである。↓あやつこ

参考文献　柳田国男「阿也都古考」(『柳田国男全集』二一所収、一九九〇)、三浦雅士『身体の零度―何が近代を成立させたか―』(「講談社選書メチエ」三一、一九九四)

(野沢　謙治)

ひたちぼうかいそん　常陸坊海尊　長寿を保った伝説的人物。『義経記』では、海尊は源義経の家臣として目立つ活躍はないが、奥州下りに同道する。しかし衣川の戦の朝、近くの山寺を拝みに出かけたまま行方がわからなくなる。ところが近世の記録や文芸に、齢四百、五百歳を越えた海尊が名を残夢・残月などと称して登場し、源平や義経主従のことなどを語る。林羅山の『本朝神社考』に、僧天海が残夢に会い、長生の秘密が枸杞《くこ》飯にあったと聞いている。元禄初年の浅井了意の『狗張子《いぬはりこ》』によると、海尊は富士山に身を隠して仙人となり、今は残夢と称し、時折奥州にも出かけると語っている。随筆『堤醒紀談』(一八五〇)に「老談一言記」からとして、金沢で残月が昔の犀川の流れや、春日山で富樫と義経が酒宴を開いたことを伝えている。『会津風土記』に、実相寺(福島県会津若松市)二十三世の残夢和尚は、実は常陸坊だとする風評を載せている。『清悦物語』は、義経の家臣清悦が、義経主従のことを述べた内容であるが、清悦は海尊だという伝承がある。柳田国男はこうした海尊・清悦の懺悔譚風の話は、盲目のボサマが語り広めたものであろうと述べ、また在地の語りが『義経記』の形成に関わった可能性を指摘している。民間の伝説もこれと深く関わっていると考えられる。宮城県塩釜市岩切の青麻神社は、海尊あるいは清悦をまつるといわれる。岩手県東磐井郡川崎村の清悦塚に、土地の人は杖を納めて長寿を祈願するという。青森県下北郡脇野沢村寄波の海尊社は、義経とともに蝦夷に渡る際、海尊が航海の安全を祈願したのが由来とされる。石川県珠洲市狼煙町の山伏山は、一説に義経と別れた海尊がこの山に籠り、山伏となったことからの命名とされる。神官・山伏など、伝説の背景にそのような宗教者の関与が想定される。

参考文献　柳田国男「東北文学の研究」(『柳田国男全集』九所収、一九九〇)、佐野正樹「海尊伝説と咄―義経主従を語ることなど―」(『昔話伝説研究』一三、一九八七)、野村純一「椿は何故「春の木」か―「八百比丘尼」と「常陸坊海尊」―」(荒木博之他編『日本伝説大系』別巻一所収、一九八九)

(花部　英雄)

ひだな　火棚　囲炉裏の上部に自在鈎が中央を貫くように梁から縄や角材で吊り下げた板枠、あるいは格子状ないしは複雑な井桁に組んだ枠。大きさは、約六尺(一・八メートル)に五尺(一・五メートル)。杉の角材を組んだものが多いが、真竹を組んだものもある。囲炉裏の火の粉が屋根裏に舞い上がるのを防ぐとともに、火棚に吊した鈎に濡れた衣

火　棚

服や履物を引っ掛けて乾燥させたり、マッチやツケギなどを乗せておいたりする。特に板枠の火棚は、火の粉が舞い上がるのを防ぐ意味合いが強い。東北や中部地方の山間部では、六尺四方を超す大型でしかも太い角材を組んだ火棚が見られる。濡れた雪沓や衣服を吊すだけでなく、火棚に荒縄でしばった味噌玉(大豆を主原料とする玉味噌の工程品)を吊したり、火棚の上にヒエやトチの実などをのせて保存するなど、多くのものを吊したりのせたりするためである。また、川魚の保存のために川魚を突き刺した藁束を下げる光景もよく見られた。このほか、栃木県塩谷郡栗山村や福島県南会津郡檜枝岐村の山椒魚の燻製作りでは、串に刺した山椒魚をぶらさげ煙でいぶしたものである。篠竹やスズ竹、ネマガリ竹で笊編みを行う東北から関東の山麓の農家では、編み材である割った竹を火棚に長時間のせて燻蒸する光景が見られた。こうしておくと自然に燻蒸され虫がつかないという。

参考文献　柏村祐司『しもつけのくらしとすまい』、一九八一

（柏村　祐司）

ひだびと　ひだびと　飛驒考古土俗学会(編集代表・江馬三枝子)発行の月刊研究誌。前身の『飛驒考古学会々報』『石冠』の後を受けて、一九三五年(昭和十)一月に創刊。

『ひだびと』第11年1号

一九四四年五月の通巻一一八号で終刊した。主に岐阜県飛驒地方の歴史・民俗・考古学に関する研究成果を発表した。柳田国男、大間知篤三、最上孝敬など、全国の第一線研究者からも多くの寄稿を得ており、水準が高い。一九七九年に歴史図書社より復刻。斐太高等学校図書館編の『ひだびと総目録』がある。

（伊東　久之）

ひだぶり　飛驒鰤　信濃中南部地区で年取肴に用いられるブリが、かつては富山から飛驒経由で移入されたことに基づき生じた呼称。商品に、生産地ではなく、経路地名が付された点に特徴がある。輸送はボッカにより行われたが、信飛国境では野麦峠を越え、その後松本方面に行くものとさらに権兵衛峠越しに伊那方面へ向かうものとに分かれていた。飛驒鰤が存在したのは日露戦争前後ごろまでのことである。　↓年取肴《としとりざかな》　↓ボッカ

参考文献　向山雅重『山村小記』、一九四二、胡桃沢勘司「野麦街道の交通伝承―第一報・その概要報告―」(『信濃』三二ノ一、一九八〇)、同「越中鰤の伝承―「飛驒鰤」の原像を探る―」(『物質文化』三六、一九八一)

（胡桃沢勘司）

ひだり　左　日本の文化にみる左の習俗は、従来、葬式に際しての左マワリなど主として不浄の意味で理解されてきた。しかし、その習俗は、葬式に際してのみみられることではなく、神祭に際してもみられることに注意を向けなければならない。つまり、左の習俗が浄としての神祭と、今日不浄と認識されている葬制とともにみられることが注目される。たとえば、注連縄が左ナイであるとともにかつて土葬であったころの棺縄(棺をしばる縄)がまた左ナイであった(左手の重視)。神の前に進み出る際、最初に左の足から進み出て(進左)、退くときには右の足から退いて(退右)、左の足を少しでも永く神の前に残すとする「進左退右」ということをきくが、一方、葬式に際しての同じ作法として「左右左右《さうさう》」ということをのべる人もいる。また、御神体、幟、祭具、その他を左肩に担ぐ一方、かつて野辺送りに際して棺を左肩に担いでいたという話がある。その点、柳田国男が葬列の先頭に立つサキダイマツ(先松明)を左肩に担ぐ習俗を収録していることが留意される。かつて土葬であったころ埋葬の前に墓穴の周囲を左マワリにまわっていたが、出棺に際して棺を左マワリにまわす習俗が今日なおよくみられるとともに、田の神信仰など豊作を願う神祭に際しても同じ左マワリの習俗を知る。同じ左マワリの習俗が船と乗組員の無事を願いかつ豊漁を願って行われていることも知られる。ただし、伊勢神宮の御田祭においては左マワリにまわり、一方、宇佐神宮の御田植祭においては右マワリにまわっている例もみられる。しかし、基本的には、左の習俗が神祭と葬制とにともにみられることが注目されなければならない。そのような左の習俗は、ともに、世俗的生活活動における右(農作業上の右ナイの縄など)のサカサとして認識され、聖―俗／左―右の象徴的対比が想定される。日本の氏神祭祀にみる左の習俗は、南面する神からいって左側が太陽の昇る東にあたるとする方位観から解釈され、葬制上の左の習俗は、死が不浄なるがゆえに、常日頃の右のサカサの左にすると語られることが多い。しかし、左の習俗が魔バライの意味で理解され、注連縄などその意味であり、棺縄の左ナイに関してもその意味で語る古老がおり、さらに、柳田国男の報告にもみるハラメン棒(新妻が無事懐妊し、無事元気な赤ん坊を出産することを願って、新妻の腰を打つ棒)が左巻

きであること、生まれた子牛が乳を飲まないとき左ナイの縄を首にかけて飲むようになることを願う習俗、百日咳で苦しいとき左ナイの縄をなって左手で地蔵にかけて病気の治癒を願う縄掛地蔵の例など、招福、事態の好転(への願い)などの意味合いでなされていることもある。日本の文化の左の習俗に関する研究でのもう一つの論点は、左―男性／右―女性の意味連関が指摘されている一方、その逆に、左―女性／右―男性の意味連関も指摘されていることがある。左の文化的意味に関する研究で重要なのは、『右手の優越―宗教的両極性の研究―』で問題を提起し浄―不浄／右―左の二元論(dualism)研究の出発点をなしているエルツ Hertz, Robert、男性―女性／右―左の二元論を論じたエヴァンズ＝プリチャード Evans-Pritchard, E. E.、聖―俗／左―右の二元論を論じているニーダム Needham, Rodney、日本の研究者としてはエルツの所論を台湾・高砂族について考察した古野清人、日本の文化について以上の論点を論じている村武精一・吉田禎吾・伊藤幹治などの指摘が注目される。

参考文献 柳田国男「こども風土記」(『柳田国男全集』二三所収、一九七〇)、古野清人『高砂族の祭儀生活』(『古野清人著作集』一、一九七三)、Rodney Needham, ed.,：Right & Left-Essays on Dual Symbolic Classification (1973). 吉田禎吾『魔性の文化誌』、一九七六、同編『漁村の社会人類学的研究―壱岐勝本浦の変容―』、一九七九、吉田禎吾『宗教人類学』、一九八四、村武精一『祭祀空間の構造―社会人類学ノート―』、一九八四、伊藤幹治『宗教と社会構造』、一九八八、村武精一『家と女性の民俗誌』、一九九二、松永和人『左手のシンボリズム』、一九九五

(松永 和人)

ひだりまえ 左前 死者に死装束を着せる際、その右襟を左襟の上に重ねて着せること。左ムネというところも多い。また左衽(袵)とも記される。左前にする行為には、日常生活における襟の重ね方と違えて、サカサ(逆さ)にする意識が強く働いている。たとえば、鹿児島県徳之島では、死装束の着物を裏返してから左前にし、さらにその襟の中に針の耳の方を差し込み、その針先を外側に向けて差すというように、サカサにする行為を幾重にも行なっている。死装束を着せる場合に通常の着方とサカサにする理由について、死をケガレ(不浄)とみる見方に基づいて説明する考えがあるが、沖縄県久高島で神に仕える最高位の神女が着物を左前に着る例があるように、左前の習俗を必ずしも死のケガレ観から解釈することはできない。左の習俗は、たとえば、左ナイの注連縄と棺縄がともに魔バライのためと理解されていることもある。一般に、左が意識されている諸例は、注連縄と棺縄がともに左ナイであることが農作業上の縄の右ナイであることとの対比において意識されているように、世俗的生活において広く用いられる右に対する、呪術・宗教的生活における左として、対比的に理解する考えが指摘できるが、左前の左に関しては、必ずしもそのようにいい切れない。時代をさかのぼれば、『続日本紀』七一九年(養老三)条に「初令天下百姓右襟」とあって、それ以前において世俗的生活で左前が通常であったことが知られるからである。したがって左前の意味については、過去にさかのぼった場合、呪術・宗教的生活―世俗的生活／左―右という対比に基づく二項対置ないし象徴的対立として説明することは必ずしもできない。

参考文献 佐田茂「人物埴輪に見える衣服の形式」(『(九州大学文学部紀要)史淵』一一一、一九七四)、関根真隆『奈良朝服飾の研究』(「日本史学研究叢書」、一九七四)、松山光秀「徳之島の葬制」(土井卓治・佐藤米司編『葬送墓制研究集成』一所収、一九七九)、嘉陽妙子「久高島の年中行事と神女の服装」(『沖縄民俗研究』七、一九八七)、比嘉康雄『神々の古層(一)』(「女が男を守るクニ」久高島の年中行事(一)、一九八九)、小沢和子「高松塚壁画に見る古代服飾」(『生活文化史』二七、一九九五)

(松永 和人)

ひだるがみ ひだる神 山の峠道や四辻などで人にとりつき空腹にさせるという神霊。「ひだるい」は空腹の意味。ひだる神は奈良県・兵庫県・高知県などでいう名前で、同様の怪を、和歌山県でダルック、ダリ、岐阜県でタリ、兵庫県武庫郡六甲山でガキ、ヒダルボウ、徳島県でフダルガミ、高知県でガキ、ダレ、愛媛県宇和地方でジキトリ、長崎県でダラシなどという。いずれもこれに憑かれると激しい空腹に襲われ、動けなくなるといい、食物を少しでも口に入れるとなおる、米という字を手のひらに書いてなめるとよいなどという。奈良県宇陀郡では室生寺の参詣路にひだる神の取り憑く場所があり、腹をへらして通ると一足も歩けなくなるという。同県吉野郡十津川のダルは山路で憑くもので、誰かが来あわせないとそのまま死んでしまうこともある。高知県幡多郡十和村では、ガキに憑かれたときのため、弁当は全部食ってしまうものではないといい、また山で弁当を食うときは最初の一箸はガキにやるといって捨てるものだという。憑く霊にあらかじめ食べ物を与えておく、あるいは憑かれたときに与えればよいという伝承は多い。たとえば山口県大島郡の源明峠のヒモジイサマという石碑は昔飢餓のために死んだ旅人の墓で、空腹をいう者があると必ず足腰の自由を失うが、握り飯を供えるともとに戻るという。餓死者の霊が、その場所や山野に漂っており、その霊に憑かれると飢餓症状を起すと考えられていた。

参考文献 柳田国男「ひだる神のこと」(『柳田国男全集』六所収、一九六九)、大藤時彦「ヒダル神」(『民間伝承』九ノ一、一九四三)

(梅野 光興)

ひちりき 篳篥 雅楽に使用されるダブルリードをもつ縦型の管楽器。竹製の管に蘆舌というリードをさし込んで奏する。横笛とともに主旋律を担当する。中国より七世紀ごろに唐楽とともに伝来した時には大篳篥と小篳篥があったと思われ、奈良時代末期の『西大寺資財流記帳』には「篳篥二口」とみえる。律令制では雅楽寮の唐楽に

篳篥師一人、篳篥生四人が置かれ、篳篥師は篳篥生を教習した。平安時代初期から中期にかけて雅楽が国風化され舞楽と管絃が成立すると、篳篥は舞楽の左方唐楽・右方高麗楽、管絃のいずれにも使われ、また歌物である催馬楽や朗詠、十一世紀初頭に成立する内侍所の御神楽《みかぐら》などの古来の歌舞にも伴奏された。これは主として小篳篥の方であり、大篳篥については『源氏物語』末摘花などにみえるように平安時代中期までは使用されたが、『教訓抄』八に九六六年(康保三)のころ、良岑行正が大篳篥を吹き源博雅に伝えその後絶えたとあり、「当世ニ吹ハ小篳篥ナリ」とあるように、後期以降には廃絶した。したがって、平安時代に「篳篥」とあればおよそ小篳篥をさすとみてよいであろう。雅楽の管楽器のうち横笛や笙は天皇や公卿によって好まれて奏されたが、篳篥については主として地下の者の掌る楽器とされたようで、御遊《ぎょゆう》においても地下の者が召されて奏することが多かった。名人としては和邇部用光などがおり、十二世紀以降は楽家安倍氏・三宅氏などによって相伝された。現在、篳篥は雅楽(舞楽・管弦・催馬楽・朗詠など)の演奏において用いられている。

参考文献 増本喜久子『雅楽―伝統音楽への新しいアプローチ―』、一九六六、芸能史研究会編『雅楽―王朝の宮廷芸能―』(「日本の古典芸能」二、一九七〇)、荻美津夫『日本古代音楽史論』、一九七七

(荻 美津夫)

ひつ 櫃 蓋のある大型の箱。櫃は中国語の櫃子《きす》からきている。脚付きの唐櫃《からびつ》と脚のつかない和櫃がある。唐櫃は長方形のものには長側面に各二本、短側面に各一本の六本の脚がつき、正方形のものは各側面に一本ずつの四本の脚がつくのが一般的である。櫃には漆塗の塗櫃と素《しら》木の明櫃《あかひつ》があり、塗櫃には蒔絵をほどこしたものもある。正倉院には赤漆塗の唐櫃が六十二合伝わる。中世までは多く唐櫃が用いられたようであるが、近世になると唐櫃はほとんど用いられなくなり、和櫃の形式である長持が主に用いられるようになった。櫃は武器・衣類・文書・経巻・貴重品・家具などあらゆるものの収納・保存の具であるが、同時に運搬用具としても重宝された。運搬の際は長唐櫃の方が便利で、脚に紐をかけて蓋の上で結び、担い棒を通して前後二人でかついだ。『一遍聖絵』などの絵巻物にその情景がよく描かれている。 ↓唐櫃《からびつ》

(岩井 宏實)

びっちゅうかぐら 備中神楽 ⇩荒神神楽《こうじんかぐら》

びっちゅうぐわ 備中鍬 金鍬の一種で、刃を鍛造により二本、三本あるいは四本の又状にした。粘土質の田畑の耕起に用いられる。略して備中、あるいは又鍬《またぐわ》と呼ばれる。土中に打ちこんだときの土の変形と破壊が体積的に小さく、また刃の断面積が小さく貫入時抵抗が少ないため、より深く貫入しやすくなる。土と刃の摩擦抵抗が小さいため、というのは誤り。一般には又状部分の断面形状を縦横比の小さい矩形にして貫入しやすくなっているが、湿田用は刃が薄く、又状部分の間隔が狭く刃長も長く作られている。これは湿田の土をすくい取るようにして起し反転させるためである。柄と刃床部の角度は打ち鍬一般と同じ約六〇度が多い。九州でみられる特殊な形のものでは、その角度は三〇度と小さく柄は極端に短い。これらはしゃがんだ姿勢で使われる。粘土質の田畑以外でも石の多いところで使われる。備中鍬の類は弥生時代の木製農具の中に見出せるが、鉄製のものが現われるのは江戸時代後期である。中国では十三世紀の玉禎『農書』に「鉄搭」として記されている。これが備中鍬としての来歴なのかどうかはわかっていない。なお、日本農書でも鉄搭と文字があてられているものがあるが、一般には柄の長い熊手のようなもので、騎上の武者を引きずり落とす武具である。 ↓鍬《くわ》

備中鍬

参考文献 飯沼二郎・堀尾尚志『農具』(「ものと人間の文化史」一九、一九七六)

(堀尾 尚志)

ヒッパリ ヒッパリ 関東周辺で親類関係者もしくは親類関係者のうち、遠い関係者を表現する民俗語彙の一つ。マキ、イッケといった本分家集団の呼称を欠如する茨城県ひたちなか市高場では、親戚のことをヒッパリ、ナカマ、エンピキと称している。いずれも同義であるが、特に当事者の遠い関係をいうときには「ひっぱっている」と表現される。また、その関係の程度をいうときには「エンの深い」「エンのうすい」と表現されている。同様の用法は、千葉県成田市・埼玉県和光市にもみられる。 ↓エンルイ

参考文献 福田アジオ「家連合としての親類」(『講座家族』六所収、一九七四)

(山内 健治)

ひっぱりもち 引っ張り餅 葬儀の折に餅を引っ張りあう習俗。特に兄弟で行うことを強調している場合には兄弟餅という。四十九日の笠の餅を引っ張り合って食べる、もしくは引きちぎって肩ごしや屋根ごしに投げるという作法を伴う事例は全国に散見する。また東北地方では、埋葬時に六個の餅を作り、四個は串にさして墓の四方に差し、他の二個を後向きに引きちぎって投げるという地域も多い。また高知県下では暮れの巳正月の時に、墓地で餅を引っ張り合って食べるなどの報告がある。なお、この習俗は、死者との食い別れの儀礼として解釈されている。 ↓笠《かさ》の餅《もち》 ↓兄弟餅《きょうだいもち》

参考文献 井之口章次『仏教以前』(「民俗選書」、一九五四)、新谷尚紀『日本人の葬儀』、一九九二、五来重『葬と供養』、一九九二

(山田 慎也)

ヒデ　ヒデ　よく乾燥された松の根の脂《あぶら》分の多い部分を小さくさいた薪。地方により肥《こえ》松（宮崎県）・油松《あぶらまつ》（東北各県）・ベタ松（静岡県浜松）・ツガ松（鹿児島県）などと呼ばれている。主にヒデとは東日本の呼称で、あかし・続松《ついまつ》ともいわれた。もともと農山村で多く使われ、大きい松の根株を土中に四、五年ねかせておき、脂分だけの根を乾かし細木にして一年分ぐらいを専用の箱で保存し使った。ヒデ用の燈火具は主に石製のヒデ鉢が使われた。↓照明《しょうめい》

ヒデ鉢

参考文献　柳田国男「火の昔」（『柳田国男全集』二三所収、一九九〇）、榎恵「あかり・ひでのともしび」（『照明文化研究会会報』八、一九八三）、国立歴史民俗博物館編『暮しの中の灯火』（特別展図録、一九八九）、宮本馨太郎『燈火―その種類と変遷―』、一九九四　（飯野　貞雄）

ひとえ　単　裏をつけずに仕立てた衣類の総称。多くは単長着の略称として用いられている。明治時代初期までは衣更《ころもがえ》の風習があり、陰暦五月五日に袷から単に着替え、再び袷を着る九月九日まで単を着用した。一般に今は、初夏から初秋にかけて、夏物として着用されている。蒸し暑い日本の夏を少しでも涼しく過ごす着物の工夫が、単仕立てである。↓袷《あわせ》

参考文献　江馬務「日本服飾史要」（『江馬務著作集』二所収、一九八八）　（近江恵美子）

ひとがた　人形　災いや穢れを祓うために、人の身代わりとしてつくられた人体を模したもの。紙などの人形を身体の上でなでまわして、人の受けた災いや穢れを背負わせてから流したり焼いたりして災厄を除く。人形の材料は紙や板のほか、藁やチガヤを使う場合がある。古くは陰陽師がつくり、平安時代には宮廷や貴族の間の行事として行われていた。現在では神社によって六月の大祓えや十二月の大晦日に行われている。拝殿前に設営されたチガヤの輪くぐりをして、前日あたりに配られた人形に氏子の氏名や年齢を記入して納める。神職がお祓いをした後、この人形を船の上から流したり、境内で燃やしたりして災厄を回避する。よく知られている鳥取地方の流し雛は、紙や土でつくった人形を桟俵にのせて流すものだが、三月節供の雛人形なども本来は毎年流す一回性のものであることを示している。なお、人の身代わりとしての人形だけでなく、人形を神の形代とする考えも古くから存在している。鹿島人形・オオスケ人形などの名で呼ばれる各地の人形送りは人形を送り出すことによって災いを除くものであり、疫病送りもまた、疫神の形代としての意味を持つ。また、人形送りの多彩なもののうちの一種に泥棒送りというものがある。茨城県那珂郡では犯人が不明の場合に被害にあった村人が藁で等身大の人形をつくり、これを村境まで叩き出す。このほか、丑の刻参りなどの呪い人形もある。

村境に立てられた人形（千葉県本埜村）

参考文献　神野善治『人形道祖神―境界神の原像―』、一九九六　（佐々木　勝）

ひとがみ　人神　人を神格視してまつることで形成された神。生存する人をまつる場合と死後に祭祀の対象とされる場合とに大別しうる。前者の例として、神や霊との交流をめざす神事・祭事の場で、降神・憑霊の結果、儀礼執行者が神や霊の意志の伝達者と化す場合があげられる。また、こうした非凡な霊的交流の能力を具えているとか、あるいはカリスマ的資質や生き方ゆえに、単に儀礼の時間や空間にとどまらず、永続的に神聖視される場合もある。こうした例は新宗教の教祖にしばしばみられる。金光教教祖赤沢文治は生神金光大神と称したことで知られる。武家や神道家などの中には、自己をまつる社祠をみずから創設した人もいる。他方、死者が人神化される契機には、およそ二つのタイプが存在する。個人の周辺に不幸が続いたり、地域に天変地異が重なった原因をある死者が怨霊化したためとみなし、その怒りの鎮静をはからんとしてまつる形が一つである。いわば、御霊信仰を背景に形成される人神である。もう一つの形は、生前の卓越した業績や信望を鑽仰してまつる場合である。徳川家康の死後、朝廷より東照大権現の神号を与えられ、東照宮にまつられたのは、最もよく知られた一例といえよう。こうした武家や宗教家に加えて、義民の中にも人神と崇められ、まつられた人が存在する。近世の百姓一揆の指導者として知られる下総国佐倉領の佐倉惣五郎や上野国沼田領の杉木茂左衛門などはその代表的な例である。

参考文献　柳田国男「人を神に祀る風習」（『柳田国男全集』一三所収、一九九〇）、岩崎敏夫『本邦小祠の研究』、一九六三、宮田登『生き神信仰―人を神に祀る習俗―』（『塙新書』三五、一九七〇）　（長谷部八朗）

ひとがら　人柄　人物を評価する際などにいわれる人の中味。人柄の良し悪しについていう場合の主要な規準は、

よく働くか否かということであり、仕事本位に黙々と生きることが日本人の一つの道徳となっていた。岐阜・長野県あたりではこれをセッコイイ、飛騨ではゴクタがあるといい、一人の労働力以上に精出して働いている人に対する評語であった。東北から北関東にかけては精いっぱい働いている人をコギコギ働く、キメーガイイといい、中国地方ではギバル、シンマクなどといった。またよく働く人をズクノイイというが、ズクとは本来骨・根性の意味であり、根性があるからあれだけ働くのだと考えられていたのである。逆に無駄な浪費は怠け者として嫌われ、山口県大島ではこのような人をゲジキガミといった。これに関連しておしゃべりも嫌われる対象で、徳島県那賀郡ではこれをクチバッサイヤツ、新潟県北魚沼郡ではゲナイヤツと悪くいった。しかし仕事や世話は、通常一般あるいは家の分というものがあって、これに歩調を合わせて行う者が良しとされた。ほかには、公共的行事に対する義理を重んじる者や、ハレの日の贈答や挨拶の仕方をわきまえている者が良しとされ、「怠け者の節供働き」は嫌われた。また特に若者や嫁については、素直、おとなしい、柔順である気立てもほめられる条件であり、愛敬のある女はエソーシイといってほめられた。このように村人の評する人柄は、日本人の道徳観や倫理観を知る手がかりとなる。 →人物評《じんぶつひょう》 →悪口《わるくち》

参考文献 瀬川清子「ほめられる男女」(柳田国男編『山村生活の研究』所収、一九三七)、和歌森太郎『庶民の精神史』(『和歌森太郎著作集』七、一九八一) (宇田 哲雄)

ひとだま 人魂 遊離魂で、ふつう青白い光を放ちながら飛ぶ怪火《かいか》をいう。ヒノタマ、ヒダマ、タマセ、オニビなどとも呼ばれ、夜間に飛ぶことが多いが昼間目撃したとの報告もある。色は、青白いというほかに、黄色や赤色だともいい、形についても、円形・楕円形・杓子型などさまざまである。飛びかたも、中空を尾をひいて飛ぶ、低空をふわふわ飛ぶ、ぴかぴか光りながら飛ぶなどという。また、人魂に死者の顔が現われるとか、若者の人魂は速いが老人のはゆっくり飛ぶともいわれ、人魂にまつわる伝承は多様である。人魂は、人間の体から抜け出た魂の姿だと信じられてきた。いつ抜け出るかはまちまちだが、一般には、死の前後に遊離するとされ、日ごろ親しかった人を訪れたり寺に行ったという話が各地に伝えられている。また、人魂を目撃した後で病気で寝ていた者が死んだとか、死者をだす事故が発生したという話も多い。生者から人魂がでるのはその人に不吉なことが起きる前兆だとされているが、人魂と死のあいだに科学的に説明できる関係があるわけではない。実際には死に直面した現実から、それを説明する一つの手段として人魂のうわさ話がもちだされるといってよい。そのほか、死後長い年月がすぎたあとで現われたとの報告もある。人魂に対する人々の関心は早くからあったようで『万葉集』一六に「人魂のさ青なる君がただひとり会へりし雨夜は非左思《ひさし》思ほゆ」(原万葉仮名)とみえている。 →鬼火《おにび》 →霊魂《れいこん》

参考文献 今野円輔編『日本怪談集』幽霊篇(「現代教養文庫」、一九六九) (常光 徹)

ひとつおぼえ 一つ覚え 愚か者が教えられたとおりに行動し、つぎつぎに失敗を重ねていく笑話・愚人譚の一つ。愚か者が花売りに行く。人通りがなく売れない。大勢いる所へ行けと教えられる。火事場で花を売り叱られる。水をかけるものだと教えられ、次に鍛冶屋に水をかけるというように失敗が続く。この話は全国的に分布しているが、類話は江戸小咄本や、古典落語の「かぼちゃ屋(みかん屋)」にみえ、「馬鹿の一つ覚え」の成句に連なる。 (米屋 陽一)

ひとつめこぞう 一目小僧 全国各地で広く伝承されている妖怪で、一眼一脚として描写されることが多い。小僧という名が示すように、子どものような姿とするところもあれば、巨人とする伝承もある。関東では事八日《ことようか》にやってくる妖怪とされ、目の多い籠を軒先に掲げてこれを防ぐ。高知県山間部には山父・山爺という一目一本足の山の怪の伝承がある。山父は蓑のようなものを着ており、雪の後に飛び飛びに足跡を残すという。一目小僧と関連して一眼一脚の神の伝承も各地に分布している。山の神を一眼一脚とする伝承は全国的で、片足分の大草鞋《わらじ》を供える習俗なども各地に見られる。また、大師講のダイシと呼ばれる来訪神は片足という伝承があり、この日に雪が降るのはダイシの足跡を隠すためだとされる。片目神の由来を説く伝承は各地に分布しており、神あるいは武将がある種の植物で目を突いて片目となったため、その氏子たちの間でそれらの植物を栽培することを禁忌とする習俗がある。これはまた片目の魚の伝承とも結びついている。さらに、御霊信仰から生まれた鎌倉権五郎や、鍛冶神の天目一箇神などの片目の神の伝承は重要な問題を含んでいる。柳田国男は、古くは神祭に選ばれた神主を常人と弁別するために特別の植物で目を潰し片足とする風習があったとし、そこから一眼一脚の神への信仰が生まれたのではないかと指摘した。一目小僧の伝承の背景には、これら一眼一脚の神をめぐる古い信仰があると考えられる。 →片目《かため》の魚《うお》

参考文献 柳田国男「一目小僧その他」(『柳田国男全集』六所収、一九八九) (高橋 典子)

ヒトツモノ ヒトツモノ 祭礼にあらわれる特別な扮装の童子や人形。文献史料には一物・一者などと記される。華美な装束に山鳥の尾をつけた風流笠などのかぶりもの、化粧などを施すが特別な芸をすることはなく、肩車や騎馬で神幸行列に加わることが多い。その本質を神霊や祭神のよりまし・依代と考えるのが通説である。現行習俗に伝承・文献・絵画資料を合わせると、西日本を中心に五十ほどの事例が確認できる。一人だからヒトツモノと称するという考えもあるが、実例をみると一人でない事例も多い。現在あるいは近年まで人がヒトツモノ役を行

う例としては、京都府宇治市県神社の大幣《おおぬさ》神事、奈良市春日若宮御祭、姫路市射楯兵主神社の一つ山・三つ山祭、同市大塩神社の秋祭、和歌山県粉河町丹生神社の粉河祭、兵庫県高砂市曾根の曾根天満宮秋祭、同市荒井神社の秋祭などがあげられる。人形をヒトツモノとみなす現行事例としては和歌山県新宮市熊野速玉神社御船祭、茨城県下妻市大宝神社の秋祭がある。ヒトツモノは平安時代の比叡山の日吉山王祭、園城寺祭礼、祇園御霊会、稲荷御霊会、宇治離宮明神祭、春日若宮御祭、肥前一宮河上社祭礼、醍醐長尾社祭礼などにおいて、当時流行していた馬長童《めちょうわらわ》の影響を受け、田楽や流鏑馬などの祭礼芸能に組み入れられることによって成立した。もともとヒトツモノは祭礼の行列において、一回性・意外性を特色とする装飾的な目立つ出で立ちで人目を驚かす風流であった。ヒトツモノが神聖視されたり、これに人身御供譚などが加えられたのは、伝播した在地において出で立ちが固定したヒトツモノが村人に飽きられ、そのままでは消滅してしまうことをさけるためと考えられよう。

肩車されるヒトツモノ（兵庫県高砂市曾根天満宮秋祭）

参考文献 柳田国男「氏神と氏子」(『柳田国男全集』一四所収、一九九〇)、萩原竜夫「まつりと象徴」(『神々と村落』所収、一九七八)、福原敏男「ひとつ物考」(『祭礼文化史の研究』所収、一九九五)　(福原　敏男)

ひとばしら　人柱　堰などの工事を完成させるために犠牲として人を捧げること、またその人を指す。茨城県那珂郡大宮町上合地区の玉川に注ぐ小さな支流に作られたおさなご堰は、新の長者の一人娘おさなご姫が人柱にたつことによって治まった堰である。また歌枕として有名なのが長柄の人柱伝説で、袴に縫いはぎのある者を宛てよと提言した、その本人自身が埋められることになってしまいその娘が「ものはいはじ父は長柄の人柱雉も鳴かずば打たれざらまし」と詠んだことで名高い。熊本県下益城郡小川町河江では、淵の完成のために稚児をたてたとあり、全国のこの種の伝説をみるに、男・女・稚児が人柱に立つ。柳田国男によると、古代は親子夫婦のようなかかわりのある者が二人以上一緒に殉じたと述べ、山伏・盲僧・六部・椀売りなどが多く犠牲者になっていることから彼らによってこの種の伝説は伝播して行ったと説く。例を挙げると、鹿児島県薩摩郡入来町元村の新田用水路は、その堰の礎石を埋める時、何度も破壊されてしまうので、山伏に占ってみてもらうと、工事に当たっている者の中に、着物に横切れをふせている者がいる、それを神が怒っているという。調べてみると監督の一人の袴にそれがあったので、彼が礎石の下敷き、犠牲者となり、それ以後工事は順調に進んだという。柳田は以上のような伝承があることから、人柱のはじめは、夢知らせ、占いなどのほか、犠牲者自身の暗示、それが歌の形となって現われていると説いた。→人身御供《ひとみごくう》　→松浦《まつら》佐用媛《さよひめ》

参考文献 柳田国男「一目小僧その他」(『柳田国男全集』六所収、一九八九)　(倉田　隆延)

ひとまろ　人麻呂　歌人伝説。石見国(島根県)の語家《かたらいのいえ》の柿の木の下に童子が立っており、歌をよくする。養われて柿本人麻呂と称し、その歌才が認められて宮廷歌人となるが、密通の罪で上総国山辺郡(千葉県)に流される。晩年郷里に帰る途次、難船に遭い溺死したとされ、その墓が島根県安来市の仏島にあるという。同江津市・浜田市にも、人麻呂と結婚した娘の家や、紙漉きを伝えたという話、まつられた神社などがある。石見に限らず、柿本社・人丸神社、人麻呂にまつわる伝説は多い。折口信夫によると、柿本氏は春日和珥《わに》氏の系統で、「呪術を行ひ、呪詞を諷誦して廻る」巡遊神人であったという。その中の傑出した大作詞人が人麻呂であるが、ほかの柿本氏人の諷詠も人麻呂作として流通していったとする。平安時代の『古今和歌集』仮名序で、人麻呂は「うたのひじり」と記されて以後、歌聖と仰がれていくが、その典型的な儀礼が人丸影供《ひとまるえいぐ》(人麻呂の画像をかけ、供物をそなえて行う歌会)である。一方、中世の古今伝授の世界でも人丸は神秘化され、人丸作とされる「ほのぼのと」の歌は、密教・仏教・両部神道などでさまざまに解釈されている。近世初期の『人丸秘密抄』は、中世以来の歌聖人丸の伝説を大成したものである。こうした歌学の世界の流れを汲むかのように、各地では音楽・芸能の神として以外に、人丸が「人生まる」「火止まる」に通じることから、安産・火伏せの神としてまつられ、また兵庫県明石市の柿本神社は「明かしの神」であるから、眼病の神としても信仰される。一七二三年(享保八)は人丸生誕千年にあたり、一種の人丸ブームの中で、広範で雑多な信仰が付与され伝承されてきたと思われる。

参考文献 折口信夫「柿本人麻呂」(『折口信夫全集』九所収、一九六六)、桜井満『柿本人麻呂論』、一九八〇　(花部　英雄)

ひとみごくう　人身御供　人を生贄《いけにえ》として神にそなえること。人身供犠儀礼として古代ギリシャやアステカなど

古代・未開社会の宗教にひろく存在したとされるが、かつての日本にも実在したかどうかは明確でない。南方熊楠が強く実在説を主張する一方、柳田国男は松浦《まつら》佐用《さよ》媛《ひめ》伝説などの検討を通じて水辺の神への信仰に付随する説話上のモチーフと解した。松浦佐用媛に限らず、出雲神話で八岐大蛇の人身御供とされたクシナダヒメや、『今昔物語集』で美作の中山神社の猿神に生贄としてそなえられた娘の例でも、遠来の英雄が邪神を滅ぼして彼女らを救出し、そののち人身御供の悪習は止んだと説明するのが定型である。建築や築堤にあたって土地の神、川の神の怒りを静めるため未婚の娘や放浪の宗教者を人柱として埋めたとする伝説でも、その効果によって以後は神の怒りが収まったとする。また一時上臈《いっときじょうろう》や一夜官女《いちやかんにょ》と呼ばれる祭では、未婚の娘が供物を供えるが、もとは彼女たち自身が人身御供にされたと説明することが多い。一方、愛知県稲沢市国府宮《こうのみや》(大国霊神社)の儺追《なおい》神事の由来譚では、かつて祭礼の際、通行人を捕えて神前に据えたといい、これをもとに現在は氏子のうちの志願者を儺追人と名づけて三日三晩の忌籠りを課したうえ裸にして追い立て、最後に背に餅を負わせて神社の境内外に追い払う。この儺追人の役割は、わが身に一年のすべての穢れと災いを負い、身代りとなって追放されることであり、人身御供の儀礼的意味を示唆している。 ↓生贄《いけにえ》 ↓供犠《くぎ》

[参考文献] 柳田国男「人柱と松浦佐用媛」(『柳田国男全集』一一所収、一九九〇)、南方熊楠「人柱の話」(『南方熊楠全集』二所収、一九七二)、新谷尚紀「遠州見付宿の葬墓制と他界観」(網野善彦・石井進編『中世の都市と墳墓』所収、一九八八)、赤坂憲雄「人身御供譚の構造」(赤坂憲雄編『境界の発生』所収、一九八九)、高木敏雄「人身御供論」(『人身御供論』所収、一九九〇)

(中村 生雄)

ひとりずもう 一人相撲 一人であたかも相手がいるごとくに相撲の技をすること。芸能としては『散楽策問』(一九六三)にみえ、一〇五二年(永承七)ころ成立した『新猿楽記』には祭礼芸能の一つとして拍手喝采を受けたことが記され、早期より滑稽物真似芸として演じられていたようである。一方、民間の信仰行事としても古くからあり、愛媛県越智郡大三島町にある大山祇神社の旧暦五月五日のお田植祭と旧暦九月九日の抜穂祭に行われる一人角力が田の神と相撲を取ることで知られている。瀬戸より奉仕の力士一人が行司の合図で四股《しこ》を踏んで土俵に入り、相撲の手を演じながら土俵の内をまわり二勝一敗で神に勝をゆずって、豊作を約束してもらうという。さらに力士の転び方によってその年の吉凶を占うともいわれている。一人相撲によってその年を占うことについては、一七七六年(安永五)に書かれた『相撲伝秘書』に豊後国竹田郡松本(竹田市穴井迫)の森八幡宮でも行われていたことが記されており、それによれば力士は、神の依代である大きな御幣を倒して勝つが、この時御幣に多く土がつくほど豊作であるという。この神事は源為朝が森八幡宮を建立して以来行われ、力士は世襲で七代まで続いたが、八代目で絶えてのちは、十二組の神相撲で占うようになったとある。大山祇神社の一人角力も、おそらくもとは、神(御幣)を倒して豊作を約束させるというものであったと思われる。

[参考文献] 佐々木正興「三島信仰」(『愛媛県史』民俗上所収、一九八四)、秋田忠俊「競技」(同下所収、一九八四)

(山田 知子)

ひとりもの 独り者 結婚していない男女、および結婚後生別ないし死別によって独身生活を送っている男女のこと。未婚者としての独り者についてみると、結婚するのが普通であると考えられている社会で、結婚しない男女には、結婚を困難にする何らかの社会的な理由があったのであろう。江戸幕府は特別な場合を除いて、次男以下の相続や分家を許さなかったため、次三男は厄介と呼ばれ長男の庇護下に入らなければならなかった。農村地帯でも子供たちのうち、一人が生家に残り家計を維持していく家族制度が行われていたので、相続者である子供以外は、他に生計の道を探さなければならなかった。残留する子は一般に長男が多いので、次男以下男子は分家あるいは婿養子、ないしは移住や出稼ぎによって独立を考えることになる。しかしそれも不可能な場合には、独身のまま生家に留まり家業を手伝うことになった。結婚できない独身男性が多ければ、それに応じて独身の女性も多くなるであろう。部屋住みとして家長の保護のもとに生活するこのような男女に対して、オジ、オバという名称が用いられるのが一般的であったが、長野県ではオッツァマ、オバサマ、宮崎県には女性をウバジョウ、男性をオンジイボウ、オトトグラシ、千葉県にはヒネオジと呼んでいた地域があったという。佐渡には婚家での嫁の勤めの辛さとオバとしての生家での肩身の狭さを比較して歌う民謡があった。 ↓いかず御家《ごけ》 ↓オジ・オバ ↓ヒネオジ

[参考文献] 『日本産育習俗資料集成』、一九七五

(青柳まちこ)

ひなあらし 雛荒し 中国・四国地方の三月節供で、雛の供物を貰い歩いたり、雛を見物し饗応を受ける民俗。ヒナサンアラシ、マメアラシともいい、供物を盗り荒らす行為から、雛荒しと呼ぶようである。徳島・岡山の雛荒しは、各家で煎り豆その他の食物を用意し雛に供えておくと子供が群れをなし唱え言をしながら、貰い歩くものである。愛媛県では四日を雛荒しといい、若衆が娘のある家を訪ね饗応を受ける。香川県では旧三月三日に女性や子供が雛を見て供物を貰う。四日に雛の供物を重箱に詰め花見に出ることを雛荒しという例もある。また、東美濃周辺では、子供が雛のあられや煎り豆を貰い歩いたり盗むことをガンド、あるいはガンドウチという。

[参考文献] 文化庁編『年中行事』一(「日本民俗地図」一、一九六九)、『四国の歳時習俗』(「日本の歳時習俗」、一九七六)

(友野千鶴子)

ひないち 雛市 三月節供の雛祭に先立って立つ人形市。山形県西村山郡河北町谷地や埼玉県蕨市蕨宿の雛市が有名であるが、今日では人形は少なく、ほとんど農具・植木市などになっている。鹿児島県では嫁女市《よめじょいち》などという所がある。都市部では京都の四条・五条の東、大阪の御堂筋・順慶町、名古屋の玉屋町・諸町に雛市が立ち、江戸・東京では何といっても十軒店の雛市が有名で、三列に並ぶ仮店の出店が許されていた。貞享年間(一六八四―八八)の『江戸鹿子《えどかのこ》』によれば、中橋・尾張町一丁目・十軒店・人形町・麴町四丁目などで、毎年二月二十七日から三月二日に雛市が立ったといい、江戸時代末期には二月二十五日からに繰り上げられ、さらに浅草芳町・池端仲町・牛込神楽坂上・芝神明前などでも行われるようになった。明治時代には三越・白木屋などの呉服店のほか、百貨店などで雛人形が大々的に売り出されるようになり、各地の雛市は衰退した。

(長沢 利明)

十軒店雛市(『江戸名所図会』一より)

ひなた・ひかげ 日向・日陰 主として山間地域において日射条件の良否によってつけられた地名。山間部では周囲の山との位置関係によって日射条件が著しく異なるためにこれらの地名がつけられたり、また地名にはならなくても位置認識の指標としてこの語が用いられる。谷が東西方向に走る場合にはその北側斜面が日向となり、対岸が日陰となる。このように、谷筋が東西方向となる地域に日向・日陰地名は多い。日射条件は耕地利用に影響を与え、たとえば奥秩父三山川の谷底高度四三〇《メートル》の谷では、日向斜面では標高八〇〇《メートル》まで耕地化が進んでいるのに対し、日陰斜面では標高五〇〇《メートル》までしか耕地化されていない。このような日陰斜面の多くは、日向斜面よりも遅れて耕地の開発が進められたと考えられている。しかし日射条件は季節によっても異なるため、冬季に日陰である土地が夏季に日向となる場合もある。日向・日陰地名は全国に分布がみられ、日向は日当・日陽・日南などと表記される。承平年間(九三一―三八)に成立した『和名類聚抄』には陽田があり、古代から存在する地名とみられる。日陰には日影・日景などの表記も存在する。西日本には日向に相当する地名としてひうら(日浦)・ひな(日名・日奈)が、日陰に相当する地名としてかげうら(影浦)・おんじ(陰地・音地)がみられる。ミカン栽培で著名な瀬戸内海の大崎下島では、ミカン畑の中で日当たりのよい箇所をサーチ、悪い箇所をオンジとよび、オンジは生育の劣る土地として扱われ、地価も安い。 ↓アテラ

参考文献 福宿光一「山村における日向・日陰耕地の利用について―奥秩父山地の一例―」(『地理学評論』二五ノ五、一九五二)、千葉徳爾『新・地名の研究』、一九八三、松尾俊郎『地名の探究』、一九八五

(小口 千明)

ひなまつり 雛祭 広義には三月節供。狭義には雛人形を飾りまつること。雛遊びともいう。雛遊びは、古くは子供の人形遊び、ままごとをさす。雛祭は五月節供に対する女子の祭とされ、女児の初節供や新嫁に雛人形を送る風がある。現在の雛飾りでは内裏雛をはじめとする人形を調度とともに雛段に置き、桃の花、白酒、菱餅、雛あられなどを供えるまつり方が広く普及している。この雛人形は、祓いの形代として川や海へ流された人形《ひとがた》がおこりで、公家や武家の慣習を経て民間に取り入れられ、恒久的な愛玩・鑑賞物と化したものであるが、各地の雛の祭はさまざまである。鳥取県の流し雛や、紙の立ち雛は撫物としての簡素な人形の形や祓いの形を伝えている。神奈川・埼玉でも不用になった雛人形を海や川・辻などに送る例がある。東京でも三月四日に雛の供物を掘割などに流した。また、福井県や中国地方ではこの日に男児が天神様の人形を飾る例がある。奥会津でも雛とともに天神人形をまつっており、雛の人形が男女一対のものとは限らず、また雛祭が女子だけの祭ではないことがわかる。九州地方では三月節供ではなく八朔に人形を飾る例があり、祓い本来の性格からむしろ季節の節目に人形を飾ることに意味があったことがうかがえる。また、雛祭のころから春先にかけ、花見・山見などと称し山や磯で共同飲食する民俗も広く分布している。沖縄県では浜降《ハマウ》り《リ》といい、磯で飲み食いをする。埼玉県・静岡県・千葉県などでは子供が河原や畠の隅に集まり煮焚きし、これをオヒナゲエ、コドモノハナミなどと称した。中国・四国地方の雛祭に雛の供物を貰い歩く雛荒しも、この共同飲食に関係すると見られる。これら花見・磯遊びは春の農作業に先駆け田の神を迎えるために行う山籠り、磯での禊ぎ儀礼と考えられており、現在は行楽化した山・磯遊びや、雛人形に桃の花や数々の供物を供える行為の中にその姿を垣間見るものである。

参考文献 柳田国男「小さき者の声」(『柳田国男全集』二二所収、一九九〇)、折口信夫「雛祭りの話」(『折口信夫全集』三所収、一九六六)、有坂与太郎『日本雛祭考』、一九三一、

同『雛祭新考』、一九四三、文化庁編『年中行事』一(『日本民俗地図』一、一九六九)、神野善治「人形送り」(『講座日本の民俗』六所収、一九七八)　(友野千鶴子)

ひにん　非人　僧侶、世捨て人、世俗から離れた存在などの呼称であるが、多くは中・近世の被差別民の呼称として用いられた。中世の非人がどのようにして形成されたかは明らかでないが、一般の人々とは異なる存在とみられ、社会から排除され、卑賤視された。これには、古代から中世にかけて次第に肥大化した穢れ観念がかかわっていると考えられる。清水坂(京都市)や奈良坂(北山宿、奈良県)、各地の交通の要衝などに集住した非人は、非人宿を形成し、その長は長吏と呼ばれた。ただし、散在の非人もいた。このほか、居住形態や生業、病状や浄穢観などから、河原者、えた、坂の者、犬神人《いぬじにん》、散所、声聞《しょうもん》師《じ》、放免、獄囚、癩者、乞食など、さまざまな呼称で呼ばれた被差別民も非人であったり、非人視された人々だった。非人は、禁裏・寺社など聖なる場所の清掃、葬送、斃《へい》牛馬の処理、呪術的芸能などに従事した。近世の非人がどのように形成されたかも明らかでないが、社会から排除されたり離脱した貧人・乞食によって形成されたといわれている。中期以降、刑罰として非人とすることも行われた。非人はまた警護・清掃・芸能などに従事した。このうち、村に雇われて、村の警護に従事した非人は、番太・非人番などと呼ばれた。都市の非人集団は、それぞれ頭がいて統率されていた。無宿で物貰いをして徘徊している者は野非人と呼ばれた。非人は、関八州や一部の地域ではえたの配下とされた。一八七一年(明治四)の穢多・非人等廃止令によって、制度上の差別は廃止された。　↓えた　↓河原者《かわらもの》　↓長吏《ちょうり》

参考文献　塚田孝『近世日本身分制の研究』、一九八七、丹生谷哲一「非人・河原者・散所」(『(岩波講座)日本通史』八所収、一九九四)、京都部落史研究所編『京都の部落史』一、一九九五　(斎藤　洋一)

ひにん　避妊　妊娠を防止する方法。近世の避妊方法には飲薬や灸、道具などがあった。薬には毎月一日に飲めばその月は妊娠しないという謡文句の朔日丸《ついたちがん》と称するものがあり、値段は百文と引札に記されている。また、本郷正豊『鍼灸重宝記《しんきゅうちょうほうき》』(一七一八)によると「合谷・陰交・石門」などの灸穴が有効とある。雑俳では白豪《びゃくごう》と称された。道具としてはコンドームにあたる甲形《かぶとがた》や遊女の用いた詰め紙(用心紙)があった。　(宮本由紀子)

ヒヌカン　ヒヌカン　沖縄・奄美地方に分布する火の神の呼称。ところによって発音は若干異なる。民家で土間に三つの石を鼎状に立てて炉としていたところは、それ自体を神体に見立てていたが、竈の普及によって小さな石三つをその上に置いて信仰の対象とした。現在もガスコンロの後ろに三つの石を置き、香炉と皿に盛った塩、水を入れたコップを一緒に主婦がまつる。毎月旧暦の一日と十五日に供物を供えて必ず拝礼し、自己紹介に続き火の神を通してさまざまな神々を慰撫し、一家の繁栄を祈る。ブチダンの先祖をまつるのはその後である。主婦は毎月ヒヌカンに真情を吐露することで心の平安を得ている。火所の神ではあるが、奄美では火伏せの神の性格が強調され、沖縄地方ではそれよりも家の神として守護神的な性格が強い。折口信夫によって火の神のウトゥーシすなわち遥拝の思想が注目され、屋敷の神、床の神、山の神などに加え、ヒヌカンが海の彼方などの他界にあるとされるニライカナイへも中継ぎしていたと考えられる。婚出の際には母のまつるヒヌカンの香炉の灰を婚家に移し、分家の際にも母親の香炉の灰をもって行って新たにまつり始める事例から、ブチダンが男系の継承線を示すのに対し、ヒヌカンとその祭祀は女系のそれを表わすといえる。こうした民家の火の神とは別に、第二尚氏王統の尚真王(在位一四七七―一五二六)のころに整った女神官体制では、聞得大君《きこえおおぎみ》の下で三平等《みひら》殿内《ドゥンチ》と沖縄島を中心に各村落の祝女《ヌル》・根神《ニーガン》の火の神がまつられ、神女がそれぞれの火の神を通して定期的に国王を礼讃していた。

参考文献　安達義弘「琉球王府の中央集権体制と火の神信仰」(『窪徳忠先生沖縄調査二十年記念論文集刊行委員会編『沖縄の宗教と民俗』所収、一九八八)、近藤功行「沖縄の老人ホームにおける死と儀礼」(『奄美博物館紀要』二、一九九二)　(古家　信平)

沖縄県北部のヒヌカン

ヒネオジ　ヒネオジ　終生、実家に留まって独立しない傍系親族。類語はいくつかあるが、ヒネオジは主に飛騨山間部で用いられている。かつての農山村、特に中部以東では年齢とはかかわりなく相続人(アニ)以外の男子をオジ、結婚していない女子をオバといった。そうした中で分家もできず、外へ働きに出る機会にも恵まれなかった者が生家に残り、結婚せずに家で働き続けることがしばしば見られた。こうした男性を一生オジ、ヒネオジ、女性をいかず後家・種南瓜《たねぼぶら》・種メラシなどといった。種南瓜とは収穫後も残されて種取りにされるカボチャのことである。ヒネオジは一段低く見た呼称で戒名もアニよ

り格下となる場合があった。逆に、家の労働力としては重宝がられ宝オジ・福の神・馬のアニィなどとも呼ばれた。かれらは家長の統率下にあるが、非公認の夫婦関係を持ったり、家の仕事に差し支えない範囲で自分の仕事を持って多少の私財を残すこともあった。 ↓オジ・オバ

参考文献 早川孝太郎「所謂オヂボーのこと」(『社会経済史学』二ノ二、一九三二) (伊東 久之)

ひのえうま 丙午 十干十二支に五行説が結び付いて生じた俗信で、火災が多く起ると伝えられる年のこと。十干は五行説によって、甲・乙は木、丙・丁は火、戊・己は土、庚・辛は金、壬・癸は水に配当されている。甲《きのえ》・乙《きのと》・丙《ひのえ》・丁《ひのと》というように、日本では五行の名称で十干が呼ばれて来た。「エ」は兄、「ト」は弟の意味を持つ。これに十二支を組み合わせると、六十一年目に同じ干支の年が巡ってくる。丙と午はいずれも「火」に属するところから、この年は火災が多いと信じられた。元来は中国から伝わったものだが、江戸時代に都市住民を中心に定着した。また、その間、丙午の年に生まれた女は夫を食い殺すなどといった迷信が生じた。これは全く根拠のないものであったが、かつては結婚が困難なためにこの年に生まれる女児を流産・中絶するといった悲劇があった。近年はこうしたことを信じる人は減少したが、丙午の年には結婚式を回避したり、丙午年生まれの女性の縁談を気にするといったことは現在でもまだ見られる。マスメディアの影響にもよるが、丙午にあたっていた一九六六年(昭和四十一)の出生届の激減はそうした心意を裏付けている。丙午のほかにも、寅年生まれの女は千里を駆け巡る性質があるので婚家に落ち着かないとか、丙子の年や月や日の出産は母子ともに危険が伴うといった伝承をもつ地方もある。 (佐々木 勝)

ひのかみ 火の神 家の火を扱うところにまつられる土着の精霊的性格の強い神で、火そのものにかかわる火伏せの機能のほかに、家族の守護神、農作物の豊饒を約束する作神などの性格をもつ。火伏せの中央神的な性格をもつ秋葉神社や愛宕神社などの神々が座敷の神棚で神札に象徴されてまつられるのに対し、民家の土間にまつられ、特に神札に表示されることはなく、そのための棚を設けることもないが、正月には注連縄を張ったり餅が供えられたりすることから、神霊の存在がうかがえる。神無月にも留守神として家に留まって家族を守護した。名称はところによってさまざまであり、陰陽師系の宗教者の影響の強いところでは土公神《どこうじん》とされ、三宝荒神などと呼ぶところでは験力の激しい神として恐れられている。管理するのは主婦であることが多く、定期的に訪れた山伏などの民間宗教者によってまつられてきた。旅に出るときには旅程の安全を祈り、家の分立や継承と結び付けられて、分家を出すときに自在鉤を持たせたり、竈の灰を分けたりし、家の主人や主婦が死ぬと竈を作り替えたりした。家を数えるのにカマドを用いたり、分家をカマドを起す、破産をカマドをつぶす、といわれるように家と不可分のものが火所であり、そこにまつられた神として神棚にまつられる神々に比べると、人々の生活に身近な存在といえる。沖縄県地方では出生を台所にまつる火の神に報告し、私生児でも連れて来て拝ませる。沖縄島北部では後産を埋めるのは火の神の背後の雨垂れの下であり、生児が笑いを絶やさないようにと周囲の人々が集まって笑いながら埋めるエナワライ(胞衣笑い)の習俗が見られる。関東地方南部では結婚式の際に嫁は婚家に入るとまず竈神を拝み、東北地方では嫁はいったん囲炉裏端にすわる。火の神が家の守護神と考えられているとともに、火がそもそも一般的にものを媒介することから、出生や婚姻という人の社会的立場の転換にあたって介在するのである。沖縄の火の神にはウトゥーシとよばれるニライカナイなど聖域への祈願の取り次ぎの機能が認められ、中国の竈神に見られるのと同様に年末に天に昇って天帝に一年間の出来事を報告し、翌年の運を持ち帰るというのは、こうした機能をより明瞭に示すものといえる。また、火の神は、厠神、納戸神など、家屋の私的な領域にまつられる神々と同様に、産の穢れを厭わず、異界のものをこの世のものへと転換する際の媒介をする。新潟県岩船郡朝日村では「雨垂れの下に荒神がいる」というが、雨垂れが霊的な意味における民家の内と外を区切る境と考えられることから、荒神が境界にまつられる神であり、また三宝荒神として火を扱うところにもまつられることがうなずけるのである。 ↓荒神《こうじん》 ↓作神《さくがみ》 ↓土公神《どこうじん》 ↓火伏《ひぶ》せ

参考文献 大林太良「太陽と火」(『日本民俗文化大系』二所収、一九八三)、飯島吉晴『竈神と厠神―異界と此の世の境―』、一九八六 (古家 信平)

ひのかみ 日の神 ⇩太陽崇拝《たいようすうはい》

ヒノキ ヒノキ ヒノキ科の針葉樹。杉とともに日本を代表する高木で高さ四〇《メートル》に達する。ブナ帯の尾根などの乾燥地にコメツガ、ツガ、ウラジロモミとともに生育する。建築用材としては最もすぐれた樹種の一つ。本州中部以南に分布し、東北地方では少なく、同じヒノキ科のネズコ(クロベ)に代わる。優良な樹木として古くから利用された。心材は淡紅色でつやがあり、芳香があって刃物での切削は容易である。このため建築物のほか仏像・指物・建具・箱物漆器に使われた。また粘りが強いことを利用して漆篦《へら》に使われ、薄くそいでヒノキ傘に使った。特に天然生のヒノキは年輪幅が小さく加工はきわめて容易である。一方、節は赤褐色で硬く手道具での加工は困難である。したがって人工林では枝打ちを行なって無節材をつくることは見た目と同時に加工性能を増加させることにもつながる。ヒノキと同様に建築に使われる杉では節はこれほど硬くなく手道具での加工はさほど困難ではない。このほか樹皮を檜皮といい建築物の屋根を葺く材料として使われる。また樹皮をたたきほぐして粗皮を

除去した繊維をマイハダといい和船や風呂の水もれ防止に使われた。植栽にあたっては杉よりも乾燥地を好み、成長量は小さい傾向がある。苗木は実生後三年間畑で育苗する。現在では杉の植栽面積よりも大幅に多い。（中川　重年）

ひのし　火のし　裁縫・洗濯用具の一つ。炭火の熱を利用してアイロンの役目をする道具。鉄や銅など金属製でひしゃく型の火入れの中に炭火を入れて熱くし、裁縫や洗濯後の衣服や布の上に当てて、仕上げをしたりシワを伸ばしたりするために使用した。昭和時代初期まで使用されていたが、電気アイロンが登場し普及するようになると、炭とともに火のしはほとんど使用されなくなり、現在ではまったく使われなくなった。（近江恵美子）

火のし

ひのみやぐら　火の見櫓　集落の中心地区あるいは見晴らしのよい場所に建てられた櫓で火災や異常事態を発見・報知するための施設。江戸では、一六五八年（万治元）に定火消が設けられ火消屋敷に建てられたのがはじまりとされる。町方では享保年間（一七一六―三六）に八代将軍徳川吉宗の消防施策として町火消「いろは組」の編成に次ぎ、火の見櫓の建設が命じられた。高さは約二・七メートル、櫓はジグザグに配置し見通しが重ならないように配慮した。火の見には風鈴をつけ、風で鳴ると番人の一人が火の見に上がり警戒し、もう一人は火の見に上がったことを拍子木を打って町内に触れたという。火の見櫓の名称は江戸と大坂では異なり、大坂では会所の屋上に半鐘を吊り、櫓とは呼ばずに「半鐘」といいその下の誰かを指す場合は半鐘下の誰々という。一方江戸では「ひのみやぐら」というがその下を指して「やぐらした」といった。火の見櫓には半鐘や板木・太鼓などが置かれ、緊急時にこれを鳴らして非常事態を人々に知らせた。町方と異なり、村落では火消組など組織的な集団はなく、火事が起れば、村民全員で駆け付ける駆付消防となった。中心となったのは村落の若者集団であった。明治以降に各村落に設けられた消防組の中には若者組の組織を継承した地域もあった。夜警や消火活動、消防施設の管理などを消防組で行なった。火の見櫓に上り半鐘を叩いて異常事態を知らせるのも消防組の役割であった。消防組が各地に組織され、各村落には火の見櫓が建てられていった。だが、常に火の見に上がり見張ることはなかった。火災などの異常事態があると上がって半鐘を鳴らして人々に知らせるのである。一方、消防署や消防分署・消防派出所にも火の見櫓が設けられ、ここでは常時見張って、発見時には警鈴を鳴らし署員に火災を知らせた。消防署の火の見櫓は、大正時代になると望楼と名を改め、火災発見に威力を示した。しかし、建物の高層化が進み、火災発見も電話などで通報されるようになったため東京消防庁では一九七三年（昭和四十八）には望楼の運用を中止した。村落などに見られる火の見櫓は道路の拡張などにより、取り壊されたものも多いが、消防団などの管理により残された地域も多い。その独特な火の見櫓の景観は田畑や農家とともに村落の象徴的風景となっており、半鐘の代わりに拡声器を設置したり、半鐘を残しつつも拡声器を四隅に設置した地域も多い。消防署の望楼は利用されなくなったが、地域に残る火の見櫓は、拡声器などを設置し、情報伝達施設として利用されている。

火の見櫓（埼玉県鶴ヶ島市下新田）

火の見の板木（山口県阿東町）

→火事《かじ》　→太鼓櫓《たいこやぐら》　→板木《ばんぎ》　→半鐘《はんしょう》

参考文献　日本消防協会百周年記念事業常任委員会編『日本消防百年史』一、一九八二、山本純美『江戸の火事と火消』、一九九三　（畑　聰一郎）

ピパ　ピパ　アィヌ語で、穂切り具のこと。川真珠貝の貝殻を用いて作った穂をちぎる道具。貝殻に作業をする人の手の大きさに合わせて穴をあけ、オヒョウの木の内

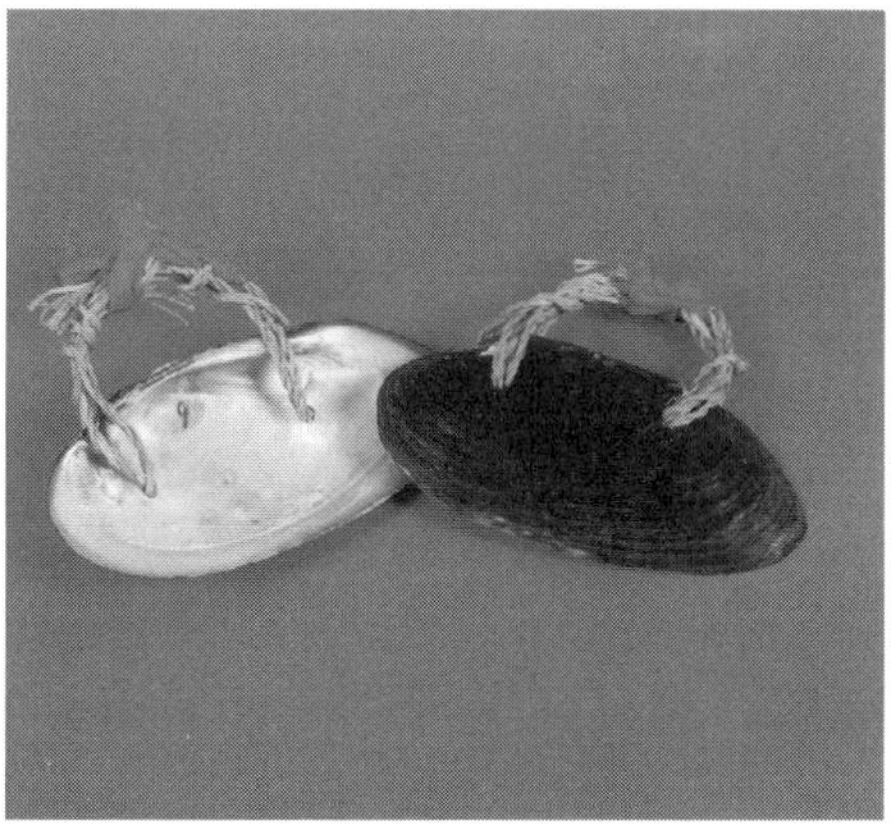

ピパ（北海道静内町）

皮で編んだひもを通して、貝殻の縁を砥石で研いで作る。使う時はひもに指をかけ、貝の背を掌で包みこむようにして握り、アワ、ヒエなどの穂先を一穂ずつちぎりとっていく。

参考文献　福岡イト子『アイヌと植物』、一九九三　（畑井　朝子）

ひばし　火箸　炭火や焚火を挟むために用いる箸。最初は、木・竹などで作ったが、のちに鉄・銅・真鍮などの金属が用いられている。炉・竈用には、五〇センチ前後のもの、火鉢用には、三〇センチ程度のものが多く用いられ、形状も丸形や角形などがある。頭部を輪にして鎖でつないだもの、竹や木の柄をつけたものがある。会津地方では炉の火箸は、二丁・三丁置くと家の和が乱れるという所もある。

参考文献　鷲山義雄『会津の民具』、一九六二　（米川　幸子）

ひばち　火鉢　手を温めたり、五徳を置いて湯茶を沸かしたりと多面的に用いられる暖房具。木・金属・陶器などで作られ、方形・円形などの器で、中に灰を入れ炭火で暖をとる。臭気や煙を出さず移動の容易な、日本の代表的暖房具。『枕草子』にもみられる。空気を含む灰によって立ち消えを防ぎ、また灰をかけたりとり除くことによって火力を調節し炭火の安全を守る。炭焼きの技術が民間に普及するのは明治中期で、富裕階級はともかく、庶民の火鉢の熱源には熾《おき》や消し炭を使うのが普通だった。炉は炊事・暖房・照明の用を兼ね、あらゆる意味で家庭生活の中心だったが炉の暖房機能は火鉢や炬燵などの移動の自由な火の出現で分化せざるをえなくなった。蒔絵《まきえ》・螺鈿《らでん》・定紋付など装飾性をもった大名火鉢は暖房具というより調度品の要素が強い。また大阪火鉢、長火鉢、オカロ、オキロなどと呼ばれる火鉢は移動させずに用いる新形式の囲炉裏であり、昔の炉端《ろばた》の慣行そのままに当主や主婦の坐る席にも約束があった。引きだしをたくさん付けて収納具の役割ももたせ、酒器や喫煙用具、湯茶の道具を載せる食卓兼用になり、暖房用具と炊事用具を兼ねるようになった。この火鉢は坐ったままで大抵のことができることから無精者には都合のいい炉であり、山形県などではブショウロ、ブショウブロ、ブシブロともいわれる。近年、ストーブなどの普及により火鉢や炬燵といった個人的な暖房から、室内全体の暖房へと代わってきた。

参考文献　柳田国男「火の昔」（『柳田国男全集』二三所収、一九九〇）、同「村のすがた」（同）　（中田　功一）

ヒバリ　ヒバリ　スズメ目ヒバリ科の鳥。草原や田畑・河原などに営巣し、その周辺を領域として占有するため、巣から垂直に空に舞い上がってさえずるという特徴的な行動をとる。イチコク、ムギウラシ、ウシカイドリとも呼ばれる。ウシカイドリという異名は、ヒバリが前世に牛飼いであったという「雲雀牛飼」という前世譚に由来する。これは、牛馬の飼育を任された奉公人が水やりを怠り、主人に嘘をついたところ牛馬が死んでしまい、その報いでヒバリに生まれ変わって、一日中空の上から水を探し回っているという話である。また、ヒバリの前世を博打打ちとする話もある。これは「雲雀博徒」という話で、負けが込むヒバリが日に十歩でもよいから勝ちたいと思っていたがかなわず、そのためヒバリの鳴き声は「日一歩、日一歩」と聞こえるという。このようなヒバリの特徴的な鳴き声と、さまざまな話とを付会した聞きなしはほかにもある。たとえば「利取る、利取る」など借金と付会して語る聞きなしがあり、これは金貸しのヒバリが借財の催促をお日様にするために、毎日天に上ってさえずっているとする「雲雀と借金」の昔話に由来する。現在、捕獲禁止のヒバリも、鳴き声がよいのでかつては愛玩鳥として飼養され、また、単に鳴き声を賞玩するだけではなく、その生態をみごとに利用した「揚げ雲雀・放し雲雀」などと呼ばれる遊びがあった。これは、飼い慣らしたヒバリを野外で放し、さえずりながら大空に上らせ、再び籠に戻るのを楽しむもので、滞空時間の長さと、舞い降りてから鳥籠中の滞留時間の短さを競うものである。

参考文献　柳田国男「野鳥雑記」（『柳田国男全集』二四所収、一九九〇）　（菅　豊）

ひふきだけ　火吹き竹　火を吹きおこすのに用いる竹筒。竹の一方の端に節を残して切り、その節に小孔をあけて、他の一端から強く息を吹きつけて、火種から火をおこす簡単な道具。囲炉裏・風呂などで使用する。火吹き竹は神聖なもので、病や災厄を除けると信じられていた。七十七歳の喜寿の祝の七月七日に火吹き竹を作り、関東地方などでは、これを風除け・火難除けの呪《まじな》いとしていた。今は生活様式も変わり、ほとんどの家庭では見られない。

参考文献　宮本馨太郎『民具入門』（『考古民俗叢書』五、一九六九）　（米川　幸子）

ひぶせ　火伏せ　火の災厄を避けること。火除せ、火除けともいう。古くから出火を恐れ、火伏せに霊験ありとする神仏をまつるほか、家の火所にまつられる火の神にもその機能を認めてまつってきた。火伏せの神のうち中央神的神格をもつのは秋葉神社・愛宕神社・古峯神社で、代参講によって代表を派遣して火伏せのお札をもらってきて講員に配り、神棚に収めてまつった。近世に入って信仰圏が拡大した戸隠信仰においても、その霊験の一つに火除けが含まれ、火災が近くに起っても戸隠の札を前にして祈念すれば免れる、という霊験譚が流布されている。院坊の僧、山伏が配札の途中で村人たちの要求にこたえて呪法を用い活躍したことを物語るものである。また、屋敷神にまつられる稲荷にも、町内でまつられて全体の火除けの役割を果たすようになるものがある。火伏せの神札は座敷の神棚に収められ、ほかの神札とともにまつられるが、それらとは別系統のものとして、かつては民家の土間の近くにまつられてきた神霊がある。竈や囲炉裏にまつる火の神がそれで、そこに火伏せの願いを込めた。福島県伊達郡湯野村では囲炉裏に三宝荒神が宿るといって毎朝線香を立てて拝み、茨城県真壁郡上野村では火伏せの神としてのオカマサマを土間の大竈の上の屋根裏にまつり、年の暮れに注連縄を張る家が見られる。正月に自在鉤に注連縄を張ることからうかがえるように、そこに神霊の存在を感じ、火伏せも期待していたのである。→秋葉信仰《あきはしんこう》 →愛宕信仰《あたごしんこう》 →荒神《こうじん》 →戸隠信仰《とがくしんこう》 →火の神《ひのかみ》 →古峰信仰《ふるみねしんこう》

参考文献 坪井洋文「住居の原感覚—喜怒哀楽の共有空間—」(『日本民俗文化大系』一〇所収、一九八五)、宮田登『山と里の信仰史』(『日本歴史民俗叢書』、一九九三)

(古家　信平)

ひまち　日待　特定の日に集まったりあるいは籠りをしたりすること。講が組織されて行われていることが多い。特に庚申、甲子、巳の日などに集まる日待はよく知られている。そのほかにも正月や五月、九月の一日と十五日も神祭の日で日待が行われた。日待の特徴は、月待講と同じように夜の行事であり、一夜眠らずに籠りして明かすこと、日の出を拝して祈ること、そしていくつかの禁忌を伴っていることである。日待はあくまで厳重な精進潔斎にもとづく籠りに本来的な意味があったと考えられている。日待にはいくつかの禁忌が伴う例が多く、それらは籠りの厳しさを物語るものが多い。たとえば日待に出席する者は出席前に必ず風呂に入らなければならないとか、庚申の夜は男女同衾をしてはならないなどである。さらに日待の日には仕事をせずに休み、精進料理を食べることなどもそうである。このような民間の日待と同じように、山伏あるいは法師などが正月などにお札などを持って各家をまわり、祈禱したり、護摩を焚いたりする行事も日待といわれている。また、福島県会津若松市などでは、正月の初めに親類が集まって、夜明かしで飲食する行事があり、これも日待といっていた。各家では年始にあたっての大事な行事とされているところが多いが、山伏にとっても自己の檀那たちの組織化を確実なものにしたり、経済基盤を確保したりという目的もあったと考えられ、信者の籠りよりは山伏の呪法のほうが中心になっている。→甲子講《きのえねこう》 →庚申講《こうしんこう》 →籠り《こもり》 →月待《つきまち》 →巳待《みまち》

(菊池　健策)

ひまつり　火祭　火を焚いて神霊・先祖・祖霊・精霊を招き、健康や豊作を祈願したり、悪霊祓いや供養をする祭。柴燈・ドンド・左義長・柱松、盆の迎え火や送り火、京都左大文字、秋田の竿燈、青森ねぶた、三河一色の大提燈など多様である。火は神霊の目標や祭の照明にもなった。修験は火の浄性を重視し柴燈護摩や火渡りをするなど積極的に関与した。正月は七・八か十四・十五日の鬼火焚き・ドンド焼き・左義長で正月飾りを燃やし火の具合や勢いで吉凶を占う。火に呪力を認め病気予防・健康祈願・火伏せ・虫除け・悪魔ばらい・疫病送りをする。小正月の道祖神祭では子供が仮小屋を作り健康祈願や生殖力増進を願い、終了後は焼却して神を送る。奈良市若草山山焼きや滋賀県守山市勝部の火祭も有名である。修《しゅ》正会《しょうえ》結願の正月七日に火を燃やし鬼を退散させる。愛知県岡崎市滝山寺修正会、福岡県太宰府市大善寺の鬼夜、太宰府天満宮の鬼ふすべ、和歌山県那智神倉山の御燈祭、岩手県水沢市黒石寺蘇民祭はこれである。鬼追いは奈良県法隆寺西円堂修二会でも行う。東大寺二月堂修二会は御松明ともいい火が重視される。近江・大和・山城などのおこないは薬師や観音のお堂で松明を燈してまつる。一方、七夕や盆では柱松が火祭を伴い、神霊を招いて先祖・祖霊・精霊の供養をして点火の遅速で年占をする。戸隠山(長野県)・妙高山(新潟県)・英彦山《ひこさん》(福岡県)の柱松は峰入り修行の際の出峰の験競べであった。柱松は高燈籠と類似し、京都周辺では愛宕の火祭と習合した。盆の火祭は正月に比べて仏教の影響が大きい。熊野那智大社での七月十四日の火祭では田楽が行われ、扇神輿が那智滝前に渡御し大松明が迎えて神霊供養と農耕予祝をする。山梨県富士吉田の八月二十七日の火祭は山仕舞である。夏から秋にかけては、阿蘇神社の摂社の霜宮神社で火焚《ひたき》神事がある。八月十九日に火焚殿に渡御し、少女が神前で六十日間火を焚き続ける。十月十六日に還御、十八日夕から火焚殿で火を焚き徹夜で神楽をする。夜明けころに巫女と少女は火の神楽という火渡りをする。京都では鞍馬火祭が秋の行事として名高い。冬は十一月八日の伏見稲荷のお火焚きでは崇敬者が奉納した火焚串を焼く。稲荷信仰を持つ鍛冶屋や鋳物師の間では鞴《ふいご》祭という。この日は鑪《たたら》が天から降って来たとされ、兵庫県西脇市大木町の天目一箇神《あめのまひとつ》をまつる神社に鍛冶は集まり鞴祭を行う。霜月の火祭は太陽にその力を感染させて、一陽来復の春を願う。陽光の復活は万物の生産育成を助ける。十一月二十三日の夜には埼玉県児玉郡神川町の金鑽《かなさな》神社で暗闇の中で火を鑽《き》り出して疫病退散を祈る神事がある。火はすべてを焼き尽くすので浄化作用を持ち清めでもあり、奈良市春日若宮御祭《おんまつり》の神送りでは火の粉を散らして道を清める。秋葉火祭は十二月十六日に行われ、火伏せの効験ありとして名高い。大晦日から元旦にかけては、山形県羽黒山の松例祭(歳夜)、京都の八坂神社の白朮《おけら》祭、奈良県桜井市大神神社の繞道祭《にょうどうさい》、広島県宮島厳島神社の鎮火祭では、新たに鑽り出した火を持ち帰り健康祈願をする。宮島は弥山の常火堂で行なっていた。祭の目的は、神迎え・神送り、先祖の送迎、豊作祈願、清め祓い、再生力の付与、験力の誇示などである。→松明祭《たいまつまつり》 →提燈祭《ちょうちんまつり》 →柱松《はしらまつ》

参考文献 柳田国男「火の昔」(『柳田国男全集』二三所収、一九九〇)、『まつり』四(特集火とまつり、一九六二)、大林太良編『火』(『日本古代文化の探究』、一九七四)

(鈴木　正崇)

ひみつけっしゃ　秘密結社　秘密のイニシェーション(入社式)や儀礼、宣誓などを伴う会員制の組織や団体。西欧

世界のフリーメースンや中国の洪門結社、マフィアやクー＝クラックス＝クラン、エルクスやムースのようなクラブ、アメリカ合衆国の大学にみられるフラターニティやソロリティなどから、いわゆる未開社会における諸種の秘密結社まで広く用いられる。しかし、一口に秘密結社とよんでも、その実態はきわめて多様であるから、結社結成の目的によって、㈠加入の際の秘儀を重んじる入社的秘密結社、㈡政治的な目的をもち地下活動を行うような政治的秘密結社、㈢反社会的行為を目的とする犯罪的秘密結社の三種に分けて考えるのがよい。入社的秘密結社は、成員候補者の結社への加入に際して入社式を施し、成員が組織内部の位階に応じた秘儀を通過し、新しい人間に生まれ変わること自体に結社の存在理由を見出している。典型的な入社的秘密結社としては、欧米のフリーメースン、オッド＝フェローズ、中国の天地会・紅《ホン》幇《パン》・青幇《チンパン》などがある。政治的秘密結社は、体制への抵抗運動を目的としているものが多いので弾圧を避けるために活動や成員名を秘密にする。イタリアのカルボナリ党、アイルランドのＩＲＡなどがそれである。犯罪的秘密結社の代表例としては華人系の三合会やマフィアがある。日本の隠れキリシタンや隠し念仏、真言立川流なども秘密結社である。

参考文献 綾部恒雄『アメリカの秘密結社―西欧的社会集団の生態―』(「中公新書」二二一、一九七〇)、セルジュ＝ユタン『秘密結社(改訂新版)』(小関藤一郎訳、「文庫クセジュ」一九九、一九七二)、綾部恒雄『秘密の人類学』(「ホミネース叢書」、一九八八)
(綾部 恒雄)

ひむろ 氷室 冬に確保した氷を貯蔵しておく保冷断熱性の高い室。氷貯蔵の歴史は古く、『日本書紀』に氷室の記述がみられる。夏でも涼しい高原や山間に点在する氷室の地名はその名残であり、土を深く掘り下げ、氷池から切り出した氷や雪氷を草と土で覆って保存しておき、夏に宮廷や幕府に献上した。多雪地帯では早くから、雪氷による低温保存が食材の鮮度を長く保つことを利用して野菜や漬物の保存が行われており、近年では農産物の低温貯蔵庫として氷室が応用されている。

参考文献 池田敏雄『斐川の地名散歩』、一九六七
(伊藤 庸一)

ひも 紐 物を束ねたり、結んだりする糸状のもの。素材は、麻・木綿・紙・絹・獣皮など。裂いて用いる裁紐《たち》の祖型から、のちに補強のため二本以上撚り合わせた縄状の撚《より》紐、三本以上を交互に組んだ組紐が作られた。次に紐結びに対して原始宗教や集団生活の必要、数の観念を示すなどの意味を表わすものに沖縄では藁算(結縄)があり、一例として御嶽《ウタキ》の祭事に氏子数だけ縄を結び、祈念奉納用にした。また、数に無関係なサンでは魔除け、タブー(通行禁止)を示すのに用いた。結びの変型から生まれた編紐は、一本以上の糸をまとめて一定の結び方をする。次に組紐は、紐を組む際に竹の篦《へら》を使って糸を打ち込むので打紐《うち》ともいわれ、丸打・平打がある。紐の組み方は三つ組・四つ組・八つ組・唐組・高麗組などあり、組成は大体斜面交差である。織《おり》紐は織機による経緯糸の直角交差であり、真田《さなだ》紐・綺《かんはた》の類がある。絎《くけ》紐は紐幅寸法に細布を絎けた平絎紐・丸絎紐で芯入《しんいり》もある。束ね紐は繊維を集めて糊で固めたもの。合成紐は化学合成繊維でナイロン糸などの素材により紐状に作るビニールロープなどがある。紐の発想は先史考古遺品からもみられ、日本の紐を時代順にあげれば、縄文土器の縄文、埴輪に手玉・脚玉・脚結《あゆい》の紐が用いられている。次に法隆寺の献納御物、正倉院御物などの紐類、また経巻・仏具・調度類の紐、甲冑・太刀の紐、掛物・茶道具などの紐、さらに丸組紐の名護屋帯、陣羽織の紐、煙草入れ・巾着・印籠・帯締などにも紐が用いられている。加賀前田家「百工比照」にある紐百種は、意匠価値が高く発展してきた。現代の紐類は、髪飾・被物《かぶりもの》の紐、リボン、帯・ベルト類、帯締、腰紐、襷《たすき》、履物・袋物の紐、飾紐結《かざりひもむすび》など用途が広い。実用的な紐に荷造り、荷物の運搬、天幕(テント)、船舶用などがある。

参考文献 道明新兵衛『ひも』、一九六三、杉浦昭典『図解ロープの結び方』、一九七八、松本包夫『正倉院裂と飛鳥天平の染織』、一九八四
(高橋 春子)

ひもおとし 紐落し 年祝いの一つで、幼児に付け紐のない着物を着せてはじめて帯を締めさせ、宮参りをさせる儀礼。はじめて締めさせる帯に、生理的にも精神的にも不安定な状態にあった生児が、ひとまずその期間を脱したことを象徴させたもので、満三歳の男女児とすることが多いが、四歳・五歳・七歳などとしている地域もある。日取りは霜月十五日、十一月十五日を中心とし、正月・誕生日などをあてることもあった。着物は年齢に応じて三つ身・四つ身・振袖を着せる。帯は母の里方や縁者から贈られたりしたもので、コロオビ、ミツノコロオビ、クケオビなどと呼んでいる。広く行われてきた通過儀礼で、紐落し、ヒボトキ、ヒモトキイワイ、ヒモハナシ、ヒモナオシ、帯祝い、帯結び、帯初め、帯直し、コロオビイワイ、ヘコイワイ、ヨツミイワイなど、名称も多様である。↓帯《おび》とき ↓七五三《しちごさん》 ↓袴着《はかまぎ》

参考文献 『日本産育習俗資料集成』、一九七五、大藤ゆき『児やらい』(「民俗民芸双書」、一九六八)
(田中 正明)

ひもの 干物 水産物保存方法の一つで、乾燥させた魚や貝類などをさすが、古くはキジなど鳥類の干物も作られた。古代の朝廷に対する貢納品として各種の干物の記録がある。調理にあたって固いところから、ケズリモノともいわれた。素材や乾燥の方法によって多様な表現がある。たとえば、イワシの場合、稚魚をゆでて乾燥させるとジャコ、煎って乾燥させればイリコ、目の部分を藁などで連ねて干すとメザシとなり、アジなら魚体の大小により丸干しやヒラキといい、鮭は干して割いたものをスヤワリ、イカはスルメ、アワビはノシアワビ、ナマコはイリコなどという。また干した小魚や小エビなどは汁

物のだしに使用され、高知県などの山村では行商人が持ち込むジャコが日常の暮らしに欠かせなかった。地域的な特色を示す例では、イルカ漁が盛んであった伊豆ではイルカ肉を、千葉県ではツチクジラの肉を、それぞれ醤油につけて干したものをタレといった。なま物と異なって長期保存に耐えるため、儀礼・贈答品として重用された。自家製品は漁村女性の行商品の中心となったが、地域の特産物として大量に生産され、遠隔地に輸送されたものも多い。たとえば、現代の熨斗《のし》の起源になっているノシアワビは、志摩産が古代から儀礼用として重用されてきたが、近世において、江戸向けに生産されていた佐渡産が需要の増大に応じ切れず不足してきたため、三陸沿岸で大量に生産され、さらにそこからの出稼人が伊豆で同様な製品を作っており、背後には製品の流通を仕切る商人がいた。→水産加工《すいさんかこう》

参考文献　農商務省水産局編『(完全復刻)日本水産捕採誌・日本水産製品誌』、一九八三、高橋美貴「江戸のアワビ」(『季刊ヴェスタ』二八、一九九七)　(中村羊一郎)

ひもろぎ　神籬　神事が行われるにあたり、祭場の中心に設けられる臨時的な神霊奉斎の施設。今日では、四方に竹などの柱を立てて注連縄で巡らした中央に、紙垂《しで》を付した榊を神籬として設置し、その前に神饌を供え、降神・昇神の作法を伴う祭儀形式がとられている。敷薦に案を置き、その上に木枠を設置し、中央に榊を立てて神籬とする場合もある。神籬の語は、『日本書紀』崇神紀に「磯堅城《しかたき》神籬」を立てたとか、「神なびにひもろき立てていはへども」(原万葉仮名、『万葉集』一一)とあり、人工的に設営された神祭の施設であったことがうかがわれる。語源的には、神聖・霊威を意味するヒ、モリ(森・杜)の古形であるモロとキ(未詳)の語構成と考えられている。一般に神籬は、神の依代《よりしろ》と説明されるが、依代の語は比較的新しい造語とされ、また神霊の降神・昇神を伴った儀礼が古くから行われていたかどうかは確証がない。ただし、常緑の樹枝を用いて神祭が行われたり、祭場の中心とされることは、柴垣・刺柴の例、あるいは伊勢神宮(三重県伊勢市)の心御柱や、伊勢地方における神社の社殿下の榊巻き、賀茂別雷《かもわけいかずち》神社(京都市)の御阿礼《みあれ》神事のみあれ所などがあり関連性が見られる。また、神事後の神籬の処置に関して、今日ではすぐに撤去されることが多いが、祭事における聖物措置の方法には朽ちるままに置くこともあり、聖性観念の変化との問題については課題である。

参考文献　原田敏明「神籬からお仮屋まで」(『村の祭と聖なるもの』所収、一九八〇)、桜井勝之進「古殿の存置」(『伊勢神宮の祖型と展開』所収、一九九一)　(桜井　治男)

ひゃくしょう　百姓　多くの姓を持つふつうの人々。「ひゃくしょう」は呉音、「ひゃくせい」は漢音。古くから両様に読んだ。古代には「おおみたから」ともよばれ、貴族・官人や奴婢、夷狄以外の調庸を負担する一般人民をさす。平民と同義。中世においても位階を持つ侍《さむらい》と区別され、課役を免除された職能民(職人)や不自由民である下人と異なり、年貢・公事負担の義務を負う人々であるが、その中にも名主《みょうしゅ》、平百姓、本百姓、また脇百姓・小百姓、移住してきた間人《もうと》などがあった。また地百姓は京都などの都市の「地」に住む百姓で、実態は都市民であり、浦・浜の百姓が海民、山の百姓が山民だったように荘園・公領の百姓の生業も多様であった。近世の百姓は武士・町人と区別され、村の成員として諸役を負担し、その所持する田畠・屋敷が検地の対象とされた人々で、庄屋・名主《なぬし》・肝煎などの村役人、石高を持つ本百姓、水呑・頭振《あたまふり》・門男《もうと》・間脇など地域により多様な呼称を持つ無高百姓があり、名子・被官・家抱《けほう》などの特定の主に従属する人々とも区別された。農人、漁人、塩師、商人、船持、各種の職人などその生業は多様であったが、古代から近世まで百姓の負担する租税は水田を中心に土地に賦課され、国家は百姓を農業と結びつける志向を強く持っていたため、十六世紀には『日葡辞書』が百姓を「農夫」とし、『和漢三才図会』が「農人」を「俗に百姓と云う」としたように、江戸時代を通じて百姓は農民という理解が社会に拡がった。明治以後、それは教育・制度を通じて定着する一方、百姓を「田舎者」として差別的にとらえる見方も広く見られるようになった。この誤解を解き、原義に即して百姓を正確にとらえることが必要である。

参考文献　網野善彦『日本社会再考―海民と列島文化―』、一九九四　(網野　善彦)

ひゃくどいし　百度石　神仏にお百度参りの祈願をする際に、拝礼の基準標識とされる目印の石。お百度参りは寺社の境内入口から本堂・社殿の前まで、百回歩いて往復し、そのたびに神仏に拝礼する祈願のやり方であるが、境内入口の参拝の出発点にこの石が立っている。多くは小型の角柱石で、「百度石」とか「御百度石」とか刻まれている。この石の立っている位置を起点とし、そこから百往復の拝礼を行う。裸足参りといい、履物を脱いで裸足になってお百度を踏めば、特に効験があるともいわれている。百回という回数をまちがえないように、小さな百枚の木札を並べて、はめこんだ額なども、よく堂の扉

長野市善光寺の百度石

に掲げられていて、一回拝礼するたびに一枚ずつそれをめくっていくことになっている。大阪府東大阪市の石切神社は、さまざまな病気を治してくれる霊験あらたかな神として信仰されているが、今なお、お百度参りが盛んになされている神社としても知られ、毎日多くの人々が訪れて参道を行ったり来たりしながら、行う姿が見られる。境内入口の鳥居の下には、百度石が立っており、参拝者はそこを何度も折り返しながらお百度参りを行う。お百度紐といって、百本のコヨリを束にしたものも境内で売られ、参拝者はこれを用いながら百回という回数を数えている。　↓お百度参り《ひゃくどまい》　（長沢　利明）

ひゃくどまいり　百度参り　⇩お百度参り《ひゃくどまい》

ひゃくにちぜき　百日咳　医学的には百日咳菌により飛沫感染して起る急性伝染病。乳幼児がきわめて感染しやすい。春から夏にかけて多発する。医学が発達・普及するまでは、子供にとって最も苦痛を伴い合併症から死につながる恐ろしい病気の一つであった。発病すると百日かかることから、この病名がついたといわれる。ほかに、クチムキ(東京)やシイレゼキという呼び方、またトリゼキ、トリカゼ、トリノコヘギ、ニワトリカゼなど、トリのついた方言が多い。激しく咳込む痙攣性の咳は、笛声《てきせい》を伴いしばしば無呼吸状態や引付けをおこし、鶏がときをつげる時の全身緊張状態の様に似ているためトリの方言がついたと考えられる。対処方法は鶏の絵を貼ったり、ニンニクと杉葉にトウガラシを束ねて家の入口に吊しておく(福島県田村郡など)、荒神さまに雌雄の鶏の絵を奉納する(三重県)など類感呪術的対処が広く見られる。また、子供の首にさまざまな意味をもつ紐や糸(大工の墨壺の紐、墨糸、御幣の紙を細く切って作った糸など)を結んでおく呪術的な治療法や予防、また願掛け地蔵や神社・寺への祈願が行われた。経験的に得た対症療法として、白ナンテンの実を煎じて飲む(全国的)、咳を治す特効薬には糸ウリの水を飲む(中国地方)、栗の虫を酒に浸した汁を飲む、あるいは付ける、または虫をあぶって食べる(中国地方)、ハメの焼酎が良い(周防)、柿のへたを煎じて飲む(山梨県)、ユキノシタの葉を揉んだ汁を飲む(長野県)などがある。

参考文献　石橋臥波「民間療法」(『民俗』三ノ一、一九一五)、『旅と伝説』九六(特輯民間療法、一九三五)、『近畿の民間療法』(「日本の民間療法」、一九七七)　（大柴　弘子）

ヒャクハッタイ　ヒャクハッタイ　盆行事の一つ。関東・東海地方などで、新盆の家で焚く百八つの火(松明《たいまつ》)をいう。精霊の送迎に、庭先や墓場から家までの道筋にこれを焚きつらねるところもある。百八つは仏説の百八煩悩に基づくといわれるが、かつては山上や海辺などで多数の松明をたく百八タイも各地にあった。山梨県や静岡県の富士川流域では、今も盆の十六日夜の、河原での盛大な火焚き行事として伝えられている。

ヒャクハッタイの火焚き（静岡市）

参考文献　文化庁編『盆行事(二)―静岡県―』(「無形の民俗文化財記録」三四、一九九二)　（富山　昭）

ひゃくまんべん　百万遍　百万回念仏を唱える行法。数珠繰りの伴うもの、数珠繰りにも一人で数珠を数えるもの、多くの人とともに大きな数珠を繰るものがある。一般に百万遍というと最後のものをさす。念仏は中国浄土教の興隆に伴い称名・口称の易行として展開したが、祈願・呪願にあっては、多念の念仏の難行を行うことがあった。典拠は『木槵子経《もくげんしきょう》』によるが、広めたのは隋・唐時代の浄土教僧道綽《どうしゃく》といわれている。また、『阿弥陀経(阿弥陀小経)』に七日間不眠不休で百万遍唱えるという七日念仏という行があった。平安時代の僧源信もこの百万遍を『往生要集』に引用している。唱えるのも阿弥陀大呪、すなわち阿弥陀の陀羅尼であった。呪願的意味が強かった。阿弥陀の名号を唱えて数珠を繰るのは南北朝の元弘年間(一三三一―三四)知恩寺の善阿空円からといわれる。善阿は後醍醐天皇の命により疫病退散の百万遍を行い効あって、寺号を百万遍とした。現在の京都百万遍知恩寺である。また、数え方も十人で十万遍、百人で一万遍というように数を総計で数えるもので、これを略法早修という。百万遍は数珠繰りとして民間に普及し、葬式の死者供養のほか、辻払い・雨乞いなどの祈禱や祓えに用いられた。　↓数珠繰り《じゅずく》

参考文献　三田全真「百万遍念仏の起源と変遷」(『浄土宗史の新研究』所収、一九七二)　（坂本　要）

ひゃくものがたり　百物語　たそがれどきから一座に百の燈をともし、怪談を一つ語り終るたびに一つずつ燈りを消して丑三つ時(午前二時―二時三十分)に及んだとき、必ず妖怪が出現すると信じられた怪談会。森鷗外に『百物語』があるが、その源流は『今昔物語集』の「百鬼夜行」などにあり、鳥山石燕の『画図百鬼夜行』や、林屋正蔵の怪談『百物語化物屋敷の図』、そして『稲生物怪録』へと展開した民間伝承。　（阿部　正路）

ひゃっかにち　百ヵ日　死者供養のための百日目の法事。滋賀県甲賀郡土山町黒川では百ヵ日忌をソッコクキ(卒哭

忌)と呼んでいる。この日をもって泣くことを終りにしようとのことである。兵庫県宍粟郡奥谷村(波賀町)ではこの日をトゥバハジメといって寺から塔婆を書いて持ってくる。これを墓にたてて精進上げをする。京都市伏見区でもこの日塔婆初めといって塔婆をはじめてたてる。奈良市東九条ではこの日に精進上げをする。大阪府大阪狭山市ではこの日に形見分けをするところがある。

(井阪　康二)

びゃっけ　**白蓋**　バッカイともいう。神楽の祭場の天井部に吊す丸型か角型の作り物。神降ろしや神がかりがこの下で行われる。中国地方の出雲・石見・長門・安芸で

白開（愛知県豊根町三沢）

備中神楽の白蓋
（岡山県美星町）

天蓋、隠岐で玉蓋《ぎょっかい》、備後と伊予の一部は白蓋、伯耆は錦《きん》蓋《かい》か祓蓋《ばっかい》である。四国は土佐の香美郡物部でバッカイ、同高岡郡東津野山でボデン、阿波の三好郡ではオンジャクという。周防と備後の瀬戸内側で造化、九州の壱岐でクマ、筑前はテンシキ、日向高千穂・椎葉・米良は雲、肥後球磨郡と薩摩や大隅では御笠、大隅で白蓋である。花祭では釜上の湯蓋とビャッケを区別する所もある。陸前の名取で天蓋、陸中・羽後で大乗、秋田県平鹿郡保呂羽山の霜月神楽では白蓋という。伊勢神楽では真床覆衾《まどこおぶすま》といった。吉備ではビャッカイを神殿の棟木に吊り下げ、切紙で千道百道《ちみちももみち》が四方八方に引かれ、神々がこれを伝って御幣に鎮まる。土佐では白蓋を持って舞い、祈禱して天井に上げて神楽を始める。隠岐の島前神楽の玉蓋は五色の切幣、紙雛を四方に下げ、俵を置いて巫女を座らせ玉蓋を上下させて神をつける。島後の注連行も玉蓋を深深と降ろす。備中では動座加持という。石見では雲の穴から鬼神が出入りする。大元神楽では天蓋引きが神降ろし、高千穂では最後に雲下ろしで締め括る。起源は仏教の天蓋である。天蓋・白蓋・玉蓋は葬儀にも使われ、その下で死霊を再生させる儀礼装置と見られる。奥三河の花祭の原型とみられる御神楽では、白山《しらやま》を青柴で作って白装束で中に入る浄土入りを行い来世での再生を確証した。白には出産・成育・清めなどさまざまの意味が籠められる。修験道の擬死再生儀礼にも使用されて大きな影響を与えた。　↓天蓋《てんがい》

参考文献　『早川孝太郎全集』一、一九七二、神崎宣武『吉備高原の神と人―村里の祭礼風土記―』(「中公新書」七一三、一九八三)、山本ひろ子『変成譜―中世神仏習合の世界―』、一九九三、石塚尊俊「白蓋考」(『女人司祭』所収、一九九四)

(鈴木　正崇)

ひやとい　**日雇**　臨時に雇われ、肉体労働によって賃銀を得ること、あるいはその行為を行う人物、労働者のこと。ヒヨウ(日傭・日用)、ヒヨウトリ(日傭取り)、ヒデマトリ(日手間取り)、テマトリチンビト(手間取り賃人)、ヤトイ(雇い)、スケット(助人)ともいう。本来一日単位であることからついた名称である。また、当然のことながら賃銀は日給で計算することになる。もともと雇用期間も短く、また非継続的であるため、身分的な従属関係に縛られることが比較的少ないといえる。農村では、田植えや稲刈り、あるいは養蚕などの農繁期に日限を限って雇うことが多かった。農繁期のずれる他地方の者が毎年決まった家にやって来ることが多く、こうした場合は、一日ではなく一定の期間働くことが前提となっている。こうした農繁期だけの雇い人のことをアキシと呼ぶ地方がある。これは、秋衆が転訛した語で、もともと稲刈りに働く人を指していた。田植え時の場合は、トウド(田人)、早乙女という。島根県能義郡には旅早乙女という言葉も残されている。都市部では、周辺から没落農民などが流入して単なる肉体労働者となり、さらに近代以降は資本主義の発展に伴い、多数の日雇労働者が出現した。かれらの多くは、仕事の請負や労働者の供給をする親分の管轄下に置かれ、劣悪な条件のもとの労働を余儀なくされることも少なくなかった。

参考文献　竹内利美「奉公人・雇い人・徒弟」(『日本民俗学大系』四所収、一九五九)、宮本常一『生業の推移』(「日本の民俗」三、一九六五)

(三田村佳子)

ピヤパ　ピヤパ　アイヌ語でヒエのこと、かつて多種存在したヒエの総称名でもある。高度経済成長に伴ってヒエの栽培は減少し、今日ではその全種の学名・和名はともにわからなくなっていて、ヒエの穂の状況や殻の色合などを表わすアイヌ語名称から十種類前後の品種の存在が確認できるだけである。口承文芸の中では人文神が神の住む天界からもたらしたものとし、アイヌの人々は栽培穀物のうち最も古いものとしている。ヒエは殻が堅く脱穀には他の穀物の倍もかかるが、弱火で炊いた粥は穀物の甘味で最高の味となり、稗酒もおいしい。飯は温

かいうちはよいが、冷えるとぱらつくので、油脂を入れて炊くのが一般的である。 （藤村　久和）

ひょう　雹　主に積乱雲から降ってくる直径五ミリ以上の氷粒あるいは氷塊、およびそれが落ちる現象。粒の小さいものは霰《あられ》と呼ばれる。山間部に多く「夕立のとき雲が赤いと雹が降る」など雹害を予知する諺が各地にある。範囲が限られているが、粒の大きいものは農作物に大きな被害を与え、ときには人や家畜が死んだり、屋根や雨戸を破って屋内に飛びこむことがある。　↓霰《あられ》 （吉岡　郁夫）

ひょうい　憑依　霊的存在または呪力が人間その他に乗り移り、あるいは影響を与えて、人間や事物に聖なる変化を生じさせると信じられている現象。憑霊（精霊憑依、spirit possession の略）ともいい、憑物（広義）ともいう。霊（力）が人間に憑依する仕方には、その特色から、㈠霊（力）が身体に侵入する憑入型、㈡霊（力）が身体に付着する憑着型、㈢霊（力）が身体の外側から影響を与える憑感型の三型が見られる。シャーマンの憑依（㈠、㈡、㈢）は望ましい憑依であり、しかも意図的に作りだされる憑依であるが、シャーマンに依頼する憑依患者の場合には、無意図的で望ましくない憑依（㈠、㈡、㈢）であり、これが原因で不幸や災厄に見舞われている。憑物（狭義）に憑かれて弊害を招いている者はその例である。望ましくない憑依の場合には、シャーマンに除祓してもらわなければならないが、除祓儀礼の仕方は、㈠、㈡、㈢の状況によってそれぞれ異なる。人間に生起する憑依には、トランスを伴う場合とそうでない場合とがある。また、憑依現象は人間ばかりではなく事物にも生起する。たとえば、墓や仏像・位牌・塔婆などが礼拝の対象とされるのは、開眼式その他において、仏僧がこれらの人工物に霊（力）を憑けている（魂入れ）からである。これら人工物のほかにも、動物（狐・蛇・犬）、植物（ススキ・榊・松）、自然物（山・川・岩・石）などが知られている。　↓憑物《つきもの》　↓トランス

参考文献　小松和彦『憑霊信仰論』（「講談社学術文庫」一一一五、一九六四）、佐々木宏幹『聖と呪力の人類学』（同一二五一、一九九六） （佐藤　憲昭）

ひょうかいみん　漂海民　土地をもたず、船住まいし、海産物を採取したり、それを販売して農産物と物々交換したりしながら、一ヵ所に長くとどまらず一定の海域をたえず移動する航海者や漁民。羽原又吉によって設定された用語。日本には、古代以来、記紀などに登場する海部・海人族系統の海民の展開と伝統がある。典型的な漂海民としては、長崎県沿岸を中心に九州北西部を根拠地とした家船《えぶね》とよばれる漁民がある。　↓家船《えぶね》　↓漂泊漁民《ひょうはくぎょみん》　↓漂泊民《ひょうはくみん》

参考文献　羽原又吉『漂海民』（「岩波新書」青五〇四、一九六三） （野地　恒有）

びょうき　病気　身体および精神機能の不調・低下により、日常生活に支障、あるいは支障をきたすおそれのある状態。外傷の場合には一般にケガと称する。古代中国の医書によれば、人は天の陽と地の陰との交合によって生じ、天から徳が、地より気が付与されるとある。道徳論を背景にした中国の生理学理論では五臓六腑のそれぞれは天の意思を受けて働くもの、すなわち身体は天という人格的な存在の影と捉えられている。そこでは健康であることが天の意思に従っていることの証拠となり、天地自然によく順応した生活を送ることが道徳的なことであり、善であり、義務とされる。反対に不健康は悪、非道徳なものとされる。近世中期になって日本の儒者の間に天は不可知なものであるとして天を棚上げにし、天の支配から切り離された人道のあり方を追求する動きが現われると、医論も天禍論・道徳論をそぎ落とした平衡理論が前面に押し出されてくる。すなわち、病因は天にあるのではなく人体に内在していると考える。激しい感情の動き、気象の変化、飲食の不摂生、心身の過労が身体のバランスを崩し、結果として体内を循環している気を停滞させたり、毒を生じさせて病気にさせるというものである。しかし、すべての病気をそれに求めることには無理があり、たとえば結核は古代より死を伝える病、伝屍病といわれ、ハンセン病は傍人に注染する病であるから人と同床すべきでないといわれてきた。古代の医書にはそうした外在する病因・病原としての鬼神・疫神も考えられている。この種のものは呪的、民俗的な医療の世界における病原、すなわち死霊・生霊・狐霊・物怪などとの間に、治療の面でも共通項を有している。中国（漢方）医学と同じくインドのアーユルヴェーダ Ayurveda 医学にもとづく仏教医学でも、万物の構成要素である地大・水大・火大・風大のバランスの崩れを病因とみる内在論と、外界の鬼神・魔を病原とみる外在論とがある。明治期に正統医学の地位を与えられた西洋医学では、細菌学の発達とともに病因の外在論が大きな地歩を占めるに至る。疫神・邪霊の正体が病原微生物であると証明されたことによって、これまで神罰・仏罰などとさまざまに意味づけられ、偏見の下で社会的な差別をうけていた病人のあり方は大きく変わることになる。同時に、疫神を慰撫し退散を願ったムラの行事や鬼霊を調伏する祈禱、治病行為としての懺悔や巡礼、さらには神々との関係の修復を、タブーや社会規範の再確認というかたちで表現した治病儀礼といったものが大きく後退し、代わって病院という閉じ込められた空間において患者対医師という関係において治療が行われることになる。外在する病因の正体がつぎつぎに明らかにされ、抗生物質が大きな威力を発揮した華やかな時代に一区切りがつき、病気の主流が生活習慣病に移ってくると、再び病因の内在論が勢力を盛り返してくる。高度経済成長期には過度なストレス、飽食と運動不足が病因とされる。最近は本来、防御的に働く体内の免疫機構が逆に生体にとって有害に作用して

生じる花粉症などのアレルギー性疾患が増え、病因の内在・外在の境があいまいになってきている。

参考文献 大貫恵美子『日本人の病気観』、一九八五、新村拓『日本医療社会史の研究』(「叢書・歴史学研究」、一九八五)、同『死と病と看護の社会史』、一九八九、波平恵美子編『病むことの文化―医療人類学のフロンティア―』、一九九〇 (新村 拓)

ひょうしぎ 拍子木 方柱形の木を打ち合わせて人に合図する通信用具。町方でも村落でも火事は最も警戒を要する災害であり、火元に対しては村ハチブという厳しい制裁を課せられることもあった。火事を起さぬようにと、村々では夜回りとか夜警、火の番あるいは火の用心と呼ぶ地域の巡回を行なった。江戸時代に、幕命により火の見櫓が建設された時、番人は二人配置され、火の見には風鈴をつけた。風で風鈴が鳴ると火事を警戒して番人の一人が火の見に上がり、もう一人は、番人が火の見に上がったことを町内に触れて歩いた。このとき、拍子木を打って警戒を呼び掛けたのである。近年まで行われてきた夜回りは世帯主あるいは青年団や消防団などが、数人で地域を回って用心を呼び掛ける。この時、使用されるのが拍子木や金棒・太鼓などだが、拍子木が一般的であった。時期は十二月から三月ごろまでの寒いころで、火の使用が多くなる時期であった。巡回はかつては青年の役割であった。若者組が番屋やヤドを起点として村落を巡回した。青年が都会に集中し、進学率が高まるにつれ、村落の青年の数が著しく減少し、巡回を青年に依存することができなくなったために、世帯主の役割に変わった。町内会などで決めて、班を単位に交代で巡回を行なった。時期も冬季全部ではなく、歳末のみに短縮した地域もあり、また高齢化により、巡回を中止した地域も増えている。福井県三方郡北西郷村日向(美浜町)では家々の入口に拍子木が下げてあり、主人が寝につくとき家の前でこれを三つ叩き「火の用心」という。その理由として天狗が家を焼こうとして縄張りをしているのをこうすれば切ることができるためという。拍子木は地芝居や祭囃子の楽器としても用いられ、さらに山車巡幸の指示を町内の鳶の頭などが拍子木を叩いて合図とする場合もある。また、かつて貰い風呂などが行われた時代では、風呂を沸かしたことを近所に拍子木を叩いて知らせたこともあった。 →板木《ばんぎ》 →半鐘《はんしょう》

参考文献 宮本常一「拍子木」(『民間伝承』一一ノ一一、一九三七) (畑 聰一郎)

ヒョウタン ヒョウタン 腰のくびれたユウガオ科の果実から作った容器。瓢簞とも書く。ヒョウタンは縦に切ると水汲み用のひしゃくとなり、横に切れば椀となるから、古くから重要な生活用具であった。すでに早く、縄文時代前期の遺跡である福井県三方郡三方町の鳥浜貝塚からヒョウタンが出土している。古代の井戸跡からは、水汲み用のものが出土しており、瓢型土器も作られた。『和名類聚抄』には「比左古」とあり、ひしゃくはヒサゴのなまった言葉である。『日本書紀』仁徳紀には、ヒサゴは水神を鎮める呪具とされたことがみえる。『延喜式』には火神を鎮める呪具四十一口としてあげられている。また『延喜式』や『延暦儀式帳』には鎮魂祭の祭料として匏《ひさご》と杓がみえ、神楽の採物の一つとしても匏・杓があげられている。ヒョウタンは中が空洞であるため神霊の容器と考えられていた。室町時代の「たなばた」と呼ばれる物語の初本『天稚彦物語』に、アメワカミコを慕って昇天するヒメキミが、「一夜ひさごにのりて、空へのぼらんとおもふに(下略)」という件《くだり》があり、ヒサゴすなわちヒョウタンは現世と他界の掛け橋であり、その容器は霊の入れ物としての意味をもったのである。したがって瓢は聖なる容器としてさまざまに用いられ、『慕帰絵詞《ぼきえことば》』(一三五一)には瓢を持った鉦叩きの姿が描かれているし、『融通念仏縁起絵巻』にも鉦叩きのもつ瓢が描写されている。 (岩井 宏實)

ひょうちゃくしん 漂着神 海上より浜辺に流れ着いた神や仏。寄り神ともいう。日本の沿海地方に広く分布している。これらの中には漁民の網にかかってあがった石や神像・仏像が、奇跡を起す中で、その地域でまつられるようになったものや、浜辺に打ちあげられた物が、これを採取する過程で奇瑞をもたらし、結果、神としてまつられるようになったものなどがある。社寺の一般的な神仏以外にも、えびすなどにも、漂着神の伝承をもつものも多く、漁民の間では、豊漁をもたらす神として信仰されている。異国から流れついたとされるもののほかに漂着神は本来、浜辺に潮流や沿岸流あるいは季節風などによって打ちあげられた漂着物に基づくものが多い。漂着物(寄り物)は、昔より海辺に住む人々にとって貴重な生活資材として利用され、漂着物を多く運ぶ時化《しけ》の翌朝に、ムラ中総出でこれを拾い歩く、寄り物拾いや浜歩きなどと呼ばれる習慣をもつ地域もみられ、住民にとって重要な関心事であった。この漂着物には、神霊が宿っていると考えられており、これを拾うにも一定の作法を伴うところが多い。このような漂着物が、採取されるにあたって何らかの奇瑞を人々にもたらし、これが神としてまつられるようになったものが漂着神である。そのため、漂着神としての伝承をもつ神体には、浜辺で日常的に接するようなもので、流木や石、船や筏、弁当箱のフタ、白鳥や亀、タコ、海藻、酒樽など、漂着物を想定させるものがあてられていることが多い。 →えびす →寄《よ》り神《がみ》

参考文献 小林忠雄・高桑守史『能登―寄り神と海の村―』(「地域文化シリーズ」、一九七三)、高崎裕士・高桑守史『渚と日本人―入浜権の背景―』(「NHKブックス」二五四、一九七六)、谷川健一編『渚の民俗誌』(「日本民俗文化資料集成」五、一九九〇) (高桑 守史)

ひょうはくぎょみん 漂泊漁民 欧米の研究者は東南アジアにみられる、小船を住居として家族が生活し、主と

して海産物の採取と販売に従事しながら常に一定の海域を移動・出稼するもの指す言葉として海の放浪者Sea Nomadsやジプシー Sea Gypsiesという語を用いてきた。日本では一九四〇年代に欧米の研究者が参照・翻訳されるようになるが、その際にこれらの言葉の訳語として漂海民・漂泊民という語が当てられ、東南アジアのみならず中国南部の蛋民や日本の家船《えぶね》を指す言葉として用いられるようになった。欧米の研究が現地調査と民族誌という方法による人類あるいは帝国内の未開と文明の考察であったのに対して、この時代の日本の研究は文献資料の読解に基づく大東亜共栄圏の未開と文明の考察であることを特徴とする。第二次世界大戦後の研究ではこのような東南アジアの漂泊漁民を原始文化を継承するのみならず、日本原住民とみなすナショナリズム的な民族論は一般向けの歴史書を除いて影を潜め、香港やスールー海での現地調査を通じて近代国家や市場を構成するさまざまな制度と漂泊漁民の文化の間に生じる矛盾や葛藤を地域の文脈をふまえながら分析する民族誌学的な研究が主流となった。最近では、ナマコを社会関係を構築するメディアとみなし、国境を越えながらその生産・交易に携わる漂泊漁民の活動に注目し、国民国家の枠組に拘束される歴史的思考に批判を加える歴史叙述が試みられている。また、支配者によって語られる歴史表象をみずからの利害を通じて再解釈し領有するシールー海の漂海民、パジャウによるアイデンティティー操作の過程を分析する歴史人類学的研究などもみられる。また研究者間の国際交流も近年盛んになり、一九九五年(平成七)に催されたバジャウ=サマ国際会議では、民族的多様性と歴史、沿海地域社会―社会変化への弾性など九つのセッションがもたれ、移動性や同時代性を重視する緻密な社会分析が目指されている。　→家船《えぶね》　→能地《のうじ》　→漂海民《ひょうかいみん》

参考文献　羽原又吉『漂海民』(「岩波新書」青五〇四、一九六三)、可児弘明『香港の水上居民―中国社会史の断面―』、一九七〇、野口武徳『漂海民の人類学』、一九八六、鶴見良行『ナマコの眼』(「ちくま学芸文庫」、一九九〇)、床呂郁哉「海のエスノヒストリー―スールー諸島における歴史とエスニシティー―」(『民族学研究』五七ノ一、一九九二)、SAMA Bajau Studies Newsletter 2, CSEAS, Kyoto University. (1996)
(小川徹太郎)

ひょうはくみん　漂泊民　農業定住民に対して、一ヵ所に定住せず、各地を移動して生活する人々。柳田国男は、日本の基層文化を農業による定住文化から見て、傀儡子《くぐつ》・遊女・山伏・陰陽師・黒鍬・商人・乞食・芸能の民・猟師・鉱山師・鋳物師などの漂泊民を、流浪、化外《けがい》の民、特殊な文化の担い手とした。これに対して、折口信夫のまれびと論は、漂泊民を神として歓待し、かつ虐待する常民のあり方をとらえ、日本文化が漂泊の人々と定着の人々との緊張関係のなかで、複合的に織りなされていることをといている。近世社会では、定着民が圧倒的に強く、山のなかで炭焼き・狩猟・鉱山・川漁師などをする人々を渡り子とよび、漂泊の人々が、近世の都市に寄留するようになると、博多では名子《なご》とよんだ。名子は相当の年月を経たのち、町内の者に主食を供応して町民の資格を得た。これを名子洗いという。漂泊民は定住民の非日常の儀式などにあらわれ、尊敬されることもあれば、差別され、迫害されることもある。たとえば、高野聖を泊めた家は、聖を殺して金を奪ったために、癩(ハンセン氏病)が出るというように差別的に伝承された。逆に、境界を辿る杖を持った乞食や、非日常における異装の神としてあらわれる場合もあった。九世紀の山伏・修験者や、十一世紀の別所や聖、中世の間人《もうと》層などもそのうちに入れて考えることができる。　→家船《えぶね》　→さんか　→名子《なご》　→漂海民《ひょうかいみん》

参考文献　「イタカ」及び「サンカ」(『柳田国男全集』四所収、一九八九)、井上鋭夫『山の民・川の民―日本中世の生活と信仰―』(「平凡社選書」六九、一九八一)、網野善彦編『漂泊と定着』(「日本民俗文化大系」六、一九八四)、山折哲雄・宮田登編『漂泊の民俗文化』(「日本歴史民俗論集」八、一九九四)
(森栗茂一)

びょうぶ　屏風　室内において、風の遮り・目隠し・間仕切り・装飾用として立てられる可動式折りたたみ形式の道具。名主・庄屋といった有力者や上級農民の家の接客室などで用いられていたもので、庶民的なものではなかった。民家でみられる屏風には、六扇(六枚)折りの六曲屏風、四扇折りの四曲屏風のほか、二扇折りは高さ六尺程度の二曲屏風と、高さ二尺五寸程度の枕屏風がある。中世からの屏風は、各扇の繋ぎ面に強い紙と糊を使って蝶番《ちょうつがい》にしているため、各扇には外枠の押木を用いていない。そのため、一扇ずつ屏風がとぎれることがなく、六曲屏風においても六扇全体に連続した内容で絵を描くことができる。民家の屏風は、襖とは違って肉筆書画が多い。家で死者が出ると、死者の頭のところに枕屏風を逆さまにして置くか、六曲屏風を死者を取り囲むようにして逆さまに立て上に筵を掛けるかするなどの逆さ屏風が各地にみられる。葬式のときには、死者を北枕にする、死者の着物を上下逆にするなどの正式なものを逆にする習俗との共通性があり、平常と違った改まった状態であることを現わしている。屏風を立てるのは、魔物とされる猫が死者を飛び越えて猫の魂が死者に入るのを防ぐために行うとされている場合が多いが、半面、死者の霊魂を一定期間守護する必要があったことにもよろう。なお、屏風がない場合は、襖で代用される場合がある。また、各地には屏風を表出して外部にみせる行事がある。なかでも京都の祇園祭は、秘蔵の屏風を競って立て、客を招いて道行く人々にもみせるために別名屏風祭ともいわれる。また、新郎・新婦の席の背後に金屏風が立てられることもあるように、ハレの日には主席の壇上に金屏風を立てる場合もある。

参考文献　広瀬正雄『紙の民具』(「民俗民芸双書」、一九六五)、

平井聖「衝立と屏風の美学」(栗田勇他『道具人間家屋』所収、一九八八)　(津山　正幹)

ひょっとこ　ひょっとこ　片目が小さく、口をすぼめて突き出した滑稽な表情の男の仮面。またその面を着けた踊り。火男の転訛で、口をとがらせているのは火男が火吹き竹で火を吹くさまを模したとも、めでたいことを寿ぐために口をすぼめているともいわれる。ひょっとこ野郎などといえば、男性に対する侮蔑語である。とがらせた口のことをウソブキ口といい、そのような形状の面をウソブキ面と呼ぶ。折口信夫はウソブキ口は鶯をおびき寄せる時に、その音を真似て口笛を吹いたことに発するのであろうかと推測する一方、ウソブキ面は物いう約束を持った面で、主たる神に対してモドク精霊の表出であるといっている。ウソブキ面は猿楽・田楽と関連して普及したと思われ、狂言ではアリ・鼠・蚊・タコの精などをあらわし、民俗芸能では静岡県志太郡大井川町藤守の田遊びの振取《ふっとり》、同県磐田郡水窪町西浦《にしうれ》田楽の三番叟《さんばそう》などにみられる。またおかめ・ひょっとこは対で、風流踊りなどさまざまな民俗芸能に登場する。大神楽系の神楽獅子舞に伴うおかめ・ひょっとこのように、卑猥な動作をまじえるものも多いが、これは五穀豊穣・子孫繁栄の祈願に結びついている。東京周辺の祭囃子の一種である馬鹿囃子では笛・大太鼓・締太鼓・小太鼓・鉦の賑やかな演奏で、おかめ・ひょっとこがコミカルに踊る。江戸の里神楽でもおかめ・ひょっとこはめでたさをあらわす演目として一般的である。里神楽・祭囃子ともに子供が演じることも多い。

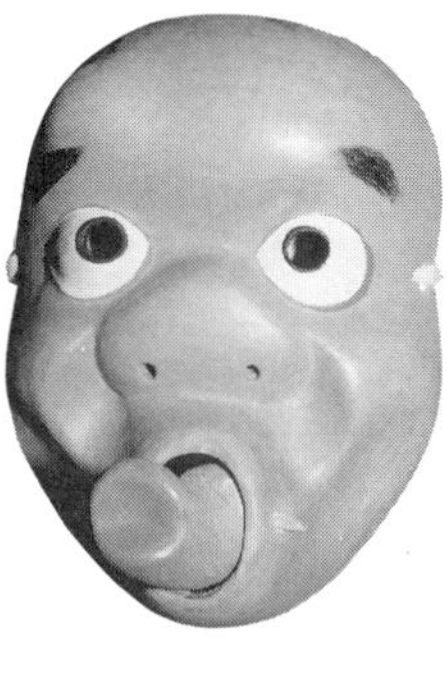
神楽面のひょっとこ(東京都新宿区)

参考文献　折口信夫「日本文学における一つの象徴」(『折口信夫全集』一七所収、一九六七)　(高山　茂)

ひよりまち　日和待ち　近世の海上交通において、航海に適した安全な天候になるまで、港に待機して逗留すること。荒天の避難や風待ちという日和待ちは、当時の港の重要な機能だった。日和待ちをとおして、船乗りたちが港に逗留することによって、さまざまな文化的、人的交流がみられ、民謡・伝説・技術などの伝播がみられ、移住が引き起された。日和待ちのあいだ、船乗りたちは、日和山に登り日和見をして、順風を願い航海の安全を祈願した。それに対して、好天になり、逗留していた船が出港してしまうと港は急にさびれてしまい、その直撃を受ける遊女や港関係の人たちは、船乗りとは逆に、大雨や逆風を祈願し出港をとどめようとした。このような逆風祈願の対象となった神仏が日和山に見られる。たとえば、宮城県塩竈市の寒風沢港では荒縄で地蔵を縛って祈願をするす(し)ばり地蔵、石川県羽咋郡富来町の福浦港では遊女が腰巻を巻きつけて祈願した腰巻地蔵、静岡県賀茂郡南伊豆町の子浦港では引き倒し転がして祈願したころがり地蔵などがある。→日和山《ひよりやま》　→港《みなと》

参考文献　南波松太郎『日和山』(「ものと人間の文化史」六〇、一九八八)　(野地　恒有)

ひよりみ　日和見　日和は天気のことであり、日和見は天気の様子を判断することをさす。日本には観天望気の技術が発達しており、日和見を職能とする人もいた。列島沿岸部の漁港の出入口には現在も日和山の地名が残っており、江戸時代に港入口の小高い丘に立ち、風の方向や潮の流れなどを見究める日和見役が存在していたことがわかる。かれらは易学や天文学に通じた藩の役人や、永年の勘を働かせる船頭たちであり、古くは特定の家筋に伝えられる秘法にもとづく日和見もあった。航海安全のための観天望気の技術を伴った日和見のほかに、南島には日和見人、ピューノシュ(日の主)などとよばれる男性神役もいる。日の主は物知りで記憶力がよく、特に毎年の神願いの日(祭日)を決定する力をもっている。かれらの日取りを決める根拠は現在は暦書によっているが、それ以前は神秘的要素にもとづいていたと考えられている。トキという名称もある。琉球王国においては時を定めるのに占いの技術が用いられていた。時ユタの語もあり、トキが男性神役、ユタは神がかりする巫のことである。日和見が、暦をつくり、時間を管理する機能があることを示唆している。→風待ち《かぜま》　→潮待ち《しおま》

参考文献　南波松太郎『船・地図・日和山』、一九八四、宮田登『日和見—日本王権論の試み—』(「平凡社選書」一四三、一九九二)　(宮田　登)

ひよりやま　日和山　天候を予知予報するための場所として使用された、港近くの見晴らしのよい小山のこと。近世の海上交通では、その場所において、雲の濃淡・形貌、風向、風速、太陽、月などの状況によって航海に適した安全な天候を判定する日和見が行われた。ふつう、その頂上には方向を見るための方角石がすえられており、このほかに、大樹・祠・燈籠・塔などが建てられている。日和山の役割として、天候を見ることのほかに、出船を見送る、入船を望見する、入船との連絡をする、入船の目印になるなどがあげられる。日和山の立地条件としては、外海または大灘に面した港であること、出船・入船の多い港であること、港の一角の余り高くない小山であること、船繋ぎ場から余り遠くないところであること、港内を見おろせるところであること、港外の澪筋を遠く見渡せるところであることなどがある。そして、その分布をみると、日本海および太平洋方面の外海に面するところにみられ、なかでも、航海上の難所であった遠州灘の前後の紀伊半島の東側および伊豆半島の西側や、主要航路の日本海に突出している能登半島などに密に分布している。日和山は航海安全祈願の場でもあった。→廻《かい》

船《せん》　↓港《みなと》

参考文献　南波松太郎『日和山』(「ものと人間の文化史」六〇、一九八八)　(野地　恒有)

ひらいり　平入り　建物の平に主要な出入口を設けて、それを正面とする形式名称。平とは大棟に平行な側面をいい、大棟に直角な側面を妻、妻に出入口を設けるものを妻入りと称する。平入りは全国的に広くみられる建築形式で、寺院建築・民家建築の大半や、神社建築の神明造・八幡造・流造・日吉造などが平入りである。大棟の方向に長い建物が多いので、外観の見ばえや内部構成の都合から、長手側が正面となり平入りとなることが多い。福島県や山形県などの街道筋の集落では、妻面を街道に向けた家々が並んでおり、集落景観としては妻入りの町並とよく似ているが、隣家との間に通路を設けて、奥まったところで主屋の平側に大戸口を構えるので、建築形式としては平入りと考えられる。町家では、隣家と壁を接するような高密度な集住環境において平入りが多く、京都や江戸のような大都市では大型商家も含めて平入りが原則であった。また、一連の町並において中心部に平入りが集中し、周辺部で妻入りが増加する事例もあり、町並全体に平入りと妻入りが混在する場合もある。間口が密接して並ぶ屋根の雨水処理については、表側の道と裏側の敷地に雨水を流す平入り形式の方が都合がよいといえる。　↓妻入《つまい》り　(中川　等)

参考文献　藤田元春『増補日本民家史』、一九二七、『日本の民家』(学習研究社、一九八〇・八一)

ひらたあつたね　平田篤胤　一七七六―一八四三　江戸後期の国学者。本居宣長の学問の後継者を自任して、『古史伝』『霊《たま》の真柱《みはしら》』『古道大意《こどうたいい》』などにおいて復古神道を主張、独特の神道的世界観や幽冥論を展開することによって国学を集大成しようとした。秋田藩大番組頭大和田祚胤の四男として生まれるが、二十歳で脱藩。江戸に出てのち備中松山藩士平田家の養嗣子となり、独学で国学を学び、本居宣長の後継者たろうとした。宣長と同じく、儒教や仏教などの外来思想に対抗する日本的な世界観、土着的な思想を追求しようとしたが、宣長の文献学的、実証的方法は継承せず、古道の規範的側面を強調した。また日本の古典のみならず、インド・中国・西洋を視野に入れ、神道を軸とした壮大な世界観を構想し、さらに人は死後、大国主の支配する神々の世界である幽冥界に行き安心立命を得るとの説をとくなど精力的に活動を続け、多数の門人を有するようになる。しかし、その強烈な尊皇思想や儒教批判が幕府の忌憚にふれ、江戸退去と著述禁止を命ぜられて秋田に帰り間もなく死去した。彼を宗主とする平田派国学は幕末に全国に広がり、明治初期には神祇官の主流を構成し、のちの国家神道の重要な理論的支柱となる。なお、右のような幽冥論や異界体験談を集録した『仙境異聞』『勝五郎再生記聞』などの幽冥界に関する研究は、柳田国男の天狗の問題や幽冥界との関係についての観念を扱った初期の幽冥論や異界への関心に影響を与えている。　(川田　稔)

参考文献　柳田国男「幽冥談」(『柳田国男全集』三一所収、一九六二)、田原嗣郎『平田篤胤』(「人物叢書」、一九六三)

ヒラタブネ　ヒラタブネ　平たい形をした川船の一般名称。平田・艜と表記されるものが多い。川船・潟船の平たい様子を指す、形態からついた名称と考えられる。九三五年(承平九)以前に書かれた源順の『和名類聚抄』に「艇薄而長者曰艜」とか金沢兼光の『和漢船用集』で「上棚なき者」とされる。各地の近世文書で特定の船に統一名称としてヒラタが使われる例は皆無であり、構造・用途からついた船名でないことがうかがえる。信濃川で使われた川船は、小さいものからサッパ、サンパ、長舟《ながぶね》、コーリンボウとなるが、これをすべて艜船と記述している。渡船として使う胴高船は、馬船とも艜船とも記述される。つまり構造上の胴高や、馬を運ぶ用途の船名も、一括して形からはヒラタである。港の荷役船である艀として海で使われた以外は、川や潟・湖の船を原則として指す。したがって艜に、特定の構造上の特徴はない。江戸での石積み船、利根川の高瀬船、阿賀野川の長舟、雄物川の複材型刳船構造の胴高船、淀川の高瀬船など、すべて別称ヒラタとなっている。船名にこのような混乱が生じたのは、地元で船を製作する者や使用する者がつけた名称ではなく、外部の記録者が分類のために使ったからである。近世の古文書にある各地のヒラタは、それゆえに、各地の河川にもとから存在する、きわめてローカルな平たい板船であった。艜の名称が利根川では特定の船名を指すように使われる例があるが、これも詳細に調べると、小鵜飼船など、特徴的な構造をもつ船以外をさして用いられている。　(赤羽　正春)

参考文献　桜田勝徳『漁撈技術と船・網の伝承』(「桜田勝徳著作集」三、一九八〇)

ひらのはっこう　比良の八荒　琵琶湖西岸、比良山地から湖上にかけて吹く寒冷局地風、比良おろしが吹き荒れること。旧暦二月二十四日、比叡山衆徒が比良大明神で行う『法華経』八巻の講義法要である比良八講の時期にもあたる。「比良の八荒、荒れじまい」といわれ、この後、本格的な春を迎える。この由来として、滋賀県守山市今浜では対岸の比良生まれの力士に恋をしてタライ舟で百夜通いをした娘が最後の夜、裏切られ湖底に沈んだという悲恋の伝説が語り継がれ、旧暦二月二十四日に硫黄屋祭を行うようになったという。

参考文献　武田英夫『近江気象歳時記』、一九八〇、宮畑巳年生『近江の祭と民俗』、一九八八、彦根地方気象台編『滋賀県の気象』、一九九三　(中藤　容子)

ひりょう　肥料　作物をつくるために耕地を肥やすもの。耕地の肥培方式には自然肥培と人為肥培がある。自然肥培は農耕の過程で結果的に耕地を肥培する方式で、たとえば焼畑では休閑中に山腹に堆積して腐熟した落葉や草木の焼却によってできた灰が結果的に作物の肥料分になる。休閑中にハンノキを植える林畑ではハンノキの根粒菌が耕地を肥やし、牧畑でも放牧中の牛の糞尿が肥料分となる。人為肥培は農耕の過程で意図的に肥料を施して肥培する方式で、施肥方法には耕地に肥料を施す耕地肥法と播種時に種子と肥料とを混ぜる播種肥法とがある。肥料とは厳密には人為肥培に使われ、耕地を肥やし、作物を育てると意識されているもので、それは意図的に施されるのが特色である。何を肥料と考え、その調達や施し方がどのように様式化されているかが農耕習俗としての肥料の問題であるといえる。しばしば洪水を起す河川の沿岸地域では、河川敷に溜まった泥を畑に客土することがあるが、これも広義には耕地の肥培法の一種で、人為肥培といえる。肥料はその調達方法によって自給肥料と購入肥料に分けることができる。自給肥料は自家で調製される肥料で、山野から刈り取ってきて田や桑畑に入れる刈敷、刈草を積み上げ風呂に使った水や台所からでる下水をかけるなどして腐熟させたり、家畜の糞尿と一緒になった踏草を腐熟させた堆肥、家の竈や囲炉裏などで燃やした藁や草木の灰、自家の便所に溜められたし尿を肥溜で腐熟させた下肥がある。灰は自家の竈や囲炉裏では限りがあるので、たとえば東京都の多摩丘陵地域ではハイヤキといって山で草木を焼いて灰を作った。また、下肥も自家の分では足りないので、周辺の町の家々から汲み取ってくることも行われた。購入肥料は肥料店から購入する肥料のことで金肥などと呼ばれ、これには自然物を調製した自然肥料と化学的に精製した化成肥料とがある。自然肥料にはシコイワシを干した干鰯《ほしか》、魚油を絞った粕の締粕、大豆から油を絞った粕の大豆粕、山から採掘した石灰、オビラメなどの海藻などがあり、江戸や大坂といった都市近郊では都市のし尿がオワイ(汚穢)船によって農村部に運ばれ販売されていた。化成肥料では明治時代末から過燐酸石灰や硫安などが使われ始め、現在では化成肥料が肥料の中心になっている。購入肥料の普及は、綿などの商品作物の導入と密接にかかわって進み、米麦といった主穀栽培を中心にする農業を営むところでは上層農以外への金肥の普及は遅く、昭和初期まで自給肥料が肥料の中心だった。耕地への施肥には元肥と追肥とがあって、水田稲作では耕起時に元肥、除草時に追肥が施される。畑作では常畑の施肥が重要で、一年二毛作、三毛作といった輪作には合理的な施肥様式ができている。また、小正月の予祝儀礼である粟穂・稗穂は庭の堆肥の上に立てるなど、畑作では肥料によって作物が成育するといった観念が儀礼にも表われている。　↓刈《かり》敷《しき》　↓金肥《きんぴ》　↓下肥《しもごえ》　↓石灰《せっかい》　↓堆肥《たいひ》

参考文献　古島敏雄『日本農業技術史』(『古島敏雄著作集』六、一九七五)、加藤治郎『東北稲作史―東北稲作機械化前の技術と習俗―』、一九八三、小川直之「畑作と稲作」(『名古屋民俗』二七、一九八三)
（小川　直之）

ひるこ　蛭児　記紀神話において、イザナキ・イザナミとの結婚によって最初に生みなされる子で、葦船に乗せて流し棄てたと語られている。水蛭子とも書く。ヒルコの名は骨のない蛭のような子の意とか、太陽神をいう日《ひる》子《こ》の意だとかいわれているが、記紀神話を読むかぎりでは棄却される不具の神で、イザナキ・イザナミの結婚が兄妹婚のタブーを犯したものであるということに関わっているらしい。なお、全国に広がるえびす神信仰の中心である西宮戎神社の祭神は海の彼方から寄りついた蛭児だという。

参考文献　次田真幸「蛭児神話と太陽神信仰」(『日本神話の構成』所収、一九七三)、吉田修作「ヒルコ伝承」(『シリーズ古代の文学』五所収、一九八〇)
（三浦　佑之）

ひるね　昼寝　一、二時間程度の午睡のこと。かつては夏季に限って、昼食後に仮眠をとる習慣が全国に広くあった。農村の慣行では日の出から日没が就業時間だったので、夏季の労働時間は長く、睡眠不足が常態となった。しかも、暑さが加わって極度に体力が消耗した。この時期、睡魔が生活の大きな障害となった点はねぶた流しの習俗などにもみられ、体力維持のために仮眠を必要としたのである。朝寝を戒めても昼寝を戒める風がないところをみると、かつての農村社会においては、一つの慣習として認められていたといえよう。近畿地方一帯では昼寝のことを、ヒノツジ休みと称した。大阪府の一部ではこれをなまってヒノツリともいった。午後二時ころにヒノツリの鐘をつくと、家に帰り、昼飯をすませて昼寝をする習わしがあったという。ツジ(辻)とは頂を指し、ヒノツジとは正午を意味した。昼寝が認められる季節は、地域によって違いがみられるが、だいたいが田植えのころから盆のころまでであった。なかでも、旧暦八月一日の八朔を最後に、昼寝の期間を終えると伝えている地方は多い。群馬県では八朔のことをオニゼックといい、この日から下男下女の午睡が終り夜業が始まると伝えている。和歌山県でも、この日に午睡が終るので、ニガモチをつくという。兵庫県ではこの日を「下女泣かせ」といい小豆飯を炊いた。この小豆飯のことをナミダメシといっている。大阪府では、八朔のことを「ヒノツジの取り上げ休み」といい、この日で午睡の期間を終えた。山梨県でもナキマンジュウを作って、この日から下男下女の夜業が始まるという。こうした伝承は、夏季に昼寝をする習慣が一般的にあり、奉公人にもその権利を保障した名残だといえよう。
（影山　正美）

ひるまもち　ひるまもち　共同作業・天災などの場合、運搬しやすい食物を昼飯として運んだ人。昼飯持ちとも書く。現在では、大田植に田の神、田人《たうど》、早乙女《さおとめ》たちへ昼食や小昼食を運ぶ人を指す。その役目は、田主の娘や処女が着飾って果たすものとされた。握り飯のほか、近世安芸北部ではサバ料理や、大正期には煎塩をかけた青豌豆の盛り飯もみられた。岩手県水沢市田の神神社の田植え祭には、早乙女・馬役とともにはらみ姿のひるまも

ちが登場する。妊娠は豊饒を連想させることによるからであろう。（藤井　昭）

ひろいおや　拾い親　子供を形式的に捨て、依頼されて拾い仮の親子関係を結んだ人物。子供が生まれても育たない家では一度捨てて、拾ってもらえば丈夫に育つとすることは全国的に見られる。また、男親が四十二の厄年に生まれた子、または四十二歳の時に二歳になる子が生まれた場合、親を食う、親を死に至らせる、本人が薄命などとされ、やはり形式的に捨てて拾ってもらう。大病や大怪我をした後に捨てることもある。捨てる場所は三つ辻、四つ辻や道祖神や寺の前、橋のたもとなどで、箕に入れて捨てることが多い。親戚や近所のよく子供の育つ家、運のいい人、両親の揃った人、土地の有力者やオヤブンの家、または実際に取り上げた取上げ婆さんなどにあらかじめ依頼し、すぐに拾ってもらい、拾ってくれた人に酒や米などを贈って子供をもらい受けるという形を取る。拾った家で子供を一晩ほど泊めることもある。捨・外などの字を入れた名を拾い親が付ける場合も多い。その後も毎年年越は拾い親の家に行ったり、盆暮などの贈答をしたり、拾い親が子の婚礼に出席するなど、一生親子としてつきあうという擬制的親子関係を結ぶ地域も広い。ヒロイオヤ、ステゴオヤなどと呼ばれるが、トリアゲオヤと呼ぶ地域もあり、辻などのあの世との境からこの社会へ取り上げる拾い親は、取上げ婆さん・取上げ親と同様の役割を果たすということもできる。塞《さえ》の神の前に捨てた子を偶然通りがかった人に拾ってもらい、名付けてもらうという長崎県壱岐島の事例からも拾い親の呪術性を指摘する説もある。これとは別に親や親戚から承認されぬ結婚をする場合に形式的に実の親と縁を切り、別な人をヒロイオヤと頼んで祝言をあげるという事例も山梨県や長野県にある。↓仮親《かりおや》　↓捨子《すてご》

参考文献　柳田国男「社会と子ども」（『柳田国男全集』一二所収、一九九〇）、最上孝敬「親方子方」（柳田国男編『山村生活の研究』所収、一九三七）、大間知篤三「呪術的親子」（『大間知篤三著作集』四所収、一九七八）、竹内利美「生育習俗と親方子方慣行」（『竹内利美著作集』三所収、一九九一）（浅野　久枝）

ひろう　披露　社会組織の新たな一員となった者が承認を得るために行う儀礼的手続き。特にムラへの転入者の場合、これを欠いたり不十分であれば、社会的承認が得られず、ムラでの生活に不自由をきたす場合もあったため、披露に際して保証人を必要としたり、盛大な披露を行なったりした。移住者が行う村入りの披露は、有力者を草鞋親などの保証人に設定することがあり、ムラの寄合などの際に紹介され、酒などを振舞うのが普通である。婚姻の場合、村内婚を基盤とする聟入婚では、婚姻の事実を村人に披露する必要はなく、一時的妻問いの時期が終った時に聟の家への嫁の引き移りを披露した。これに対し、村外婚を基本とする嫁入婚の場合は、婚姻の成立の事実とともに、新たな村落の成員として嫁の承認を求めることが必要であり、披露は盛大なものになった。荷送りや嫁入行列を華麗に行い、婚礼の様子が村人に公開されたのもこのためである。婚礼後の披露宴では主に親族への披露が行われたが、翌日以降は、近隣や主婦仲間を招いて披露される場合が多く、披露の宴は数日に及ぶこともあった。また、若者仲間へも酒肴を届けたり、宴に招じたりして披露が行われた。このほか、風呂敷などの手土産を持って、花嫁が近隣や村組の家を挨拶して回る名ビロメの習慣も全国的である。一方、出生や元服、厄年、分家の創出などの場合も、ムラに酒を出して披露することが多い。↓嫁見《よめみ》せ

参考文献　柳田国男「婚姻の話」（『柳田国男全集』一二所収、一九九〇）、松岡利夫「婚姻成立の儀礼」（『講座家族』三所収、一九七三）（服部　誠）

ひろうえん　披露宴　三三九度などの婚姻成立の儀礼の後、親族や村人などに婚儀のなったことを披露する祝宴。聟入婚や足入れ婚の場合は、婚姻成立の時点では披露宴は行わない場合が多く、むしろ聟方への引き移りに際して披露をする例がある。これに対し、嫁入婚の場合は、披露宴は祝言の中心的儀礼として重視され、本膳を組んで盛大な祝宴が開かれた。かつての婚礼は夕方から行われたため、披露宴も深夜や明け方に及ぶことが多かった。披露宴には、共同飲食による新たな関係の構築の意味があり、婚姻を契機につきあいを始める互いの親族や近隣の人々が招かれた。一番膳、二番膳というように、客を替えて数次に及ぶ宴を繰り広げ、最後にマナイタナガシなどと称して手伝いの人たちに振舞いをするところもあった。披露宴の最中に、ムラの若い衆が石地蔵や祝樽などを座敷に持ち込み、祝いを述べる事例は各地に伝わっており、かつて婚礼に若い衆が深く関与していた名残であるとされる。宴の最後には、嫁がワラジ酒を振舞ったり、茶を点てたりするところもある。嫁入婚では、披露宴は新たに家の成員となった嫁を披露するのが本義であるため、聟はその場に列席しないという事例も多い。一方、招待客の数が増えるにつれ、共同飲食の意義が薄れて振舞いのみが重視され、宴には花嫁も挨拶のみで座敷に座らなかったり、花嫁の到着以前に披露宴を行なった事例も西濃から湖北にかけてみられる。↓嫁見《よめみ》せ

参考文献　柳田国男「婚姻の話」（『柳田国男全集』一二所収、一九九〇）、松岡利夫「婚姻と出産の儀礼と習俗」（和歌森太郎編『陸前北部の民俗』所収、一九六九）、同「婚姻成立の儀礼」（『講座家族』三所収、一九七三）、服部誠「婚姻披露における女客の優位」（『名古屋叢書』、一九九三）（服部　誠）

ひろば　広場　人が集合する目的のために設置された空間。その性格から成員によって利用される広場、不特定多数の人が集合する広場に分類できる。前者の代表としては近畿地方の村落にみられる小広場がある。この地方の集落は集村形態をとるものが多いが、その中ほどにカ

ド、バなどと呼ばれる広場がみられる。奈良盆地の村落にみられる広場は、共有地であることが多く、村仕事の際の集合場所や作業場所として利用されるほか、その一部に集会所や共同出荷場・掲示板などが建てられることが多く、生産・生業・宗教・伝達など村落の機能の一端を担う場となっている。また広場には地蔵・観音などの信仰対象物が置かれることも多く、小正月のトンドなどの年中行事の場となることもあった。大阪府南部の村落にも広場がみられるが、祭の際に御旅所として利用される場合が多い。沖縄県の村落にみられるアシャギも祭祀空間としての利用以外に、住民の集合場所として利用されることが多い。このような明確な形態の広場のほかにも、海村では浜が同様の機能を担い、社寺境内、堂の前、辻も広場的な使い方がなされた。近世の都市では、寺社境内や橋詰などに人が集まることが多く、芸能や商業の場として広場的な機能を果たした。江戸日本橋詰や、京都四条河原はその代表である。また、現代の都市においては、広場の法的な位置づけが明確でなく、道路の一部とみなされたこともあって西洋に見られるような明確な形態の広場は存在しないが、交通の要地を中心に盛り場が形成され、多くの人が集う場となっている。これらの場所は、現代人の生活の上で、職場と家庭の中間に存在する第三の空間として重要な意味を持っている。

参考文献　市川秀之「奈良盆地における広場について」(『日本民俗学』一七三、一九八八)、同「村落の広場・都市の広場—和泉地方の事例を中心として—」(『国立歴史民俗博物館研究報告』六七、一九九六)
(市川　秀之)

ひろまがたみんか　広間型民家　囲炉裏が切ってある広い部屋(ヒロマと仮称する)が家の中央部にあり、この部屋を中心にして、日常生活が営まれる間取りの民家の総称。この代表的な間取りとして、広間型三間《みま》取り(単に広間型ともいう)、寝間付き広間型(取巻き広間型)がある。田の字型や整形四間《よま》取りが間取りの形を基準にした分類であるのに対し、広間型は機能を考慮した分類である。広間型三間取りは、江戸時代には一部の地域を除いて東北地方から九州地方に至る地域に広く分布しており、近世を代表する民家の一形式である。この間取りは、表から裏まで達するヒロマを中央部におき、この上手に出居(座敷)と納戸(寝室)を表裏に配した計三室からなり、下手に土間を置く。四間取りの前身となる間取りであって、ヒロマが機能分化して表側は座敷、裏側は茶の間(台所)の二室にわかれ、書院座敷をもつ四間取りに発展する。広間型では、四間取りにみられる書院座敷が成立しておらず、床の間の前身の押板がヒロマに造りつけられている。書院座敷をもつ四間取りは、大名を迎える本陣、武士の礼法を取り入れた庄屋・名主など上層階級の家で早く江戸時代に取り入れられた。その後、上層の家の影響を受けて四間取りが一般農家で成立する時期は、地域によって大きく異なるが、おおよそ江戸時代後期から末期にかけてであり、遅いところでは近代に入る地域もある。かつて石原憲治が、いまここでいう広間型三間取りを原型と命名したのは、四間取りよりも古い間取りであると感じとったからであろう。寝間付き広間型(取巻き広間型)は、ヒロマの後部に小さな寝間が並んで配置してある間取りで、東日本に分布する。

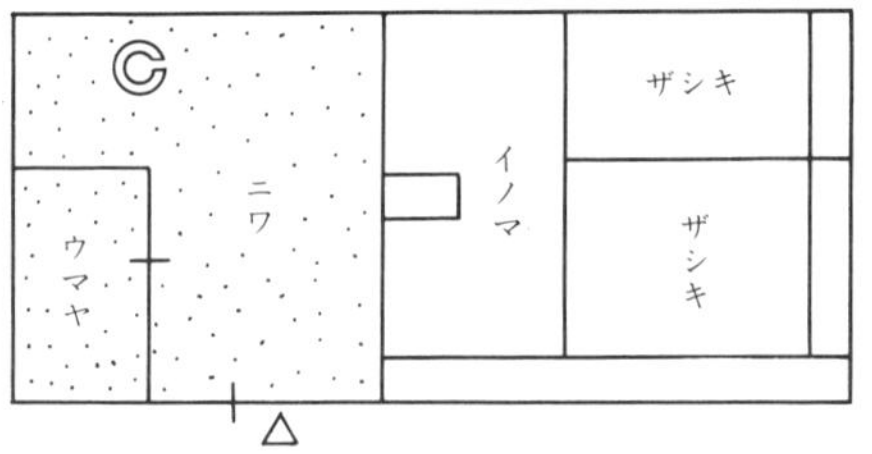

広間型民家（福島県白河）

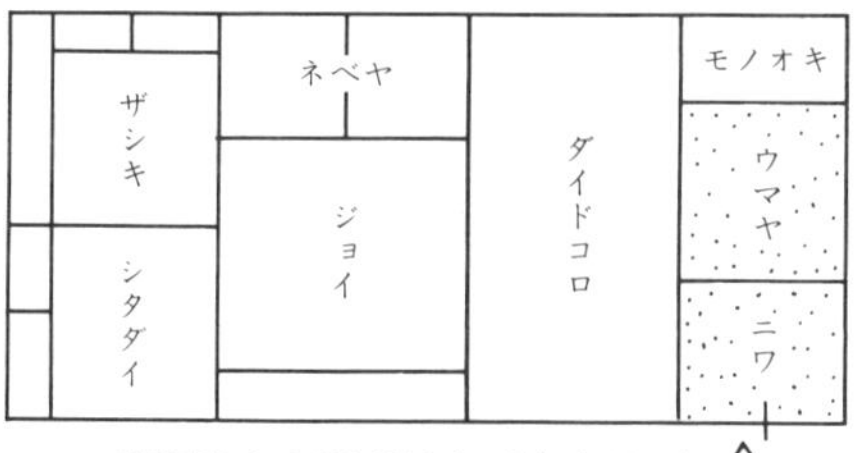

寝間付き広間型民家（青森付近）

参考文献　石原憲治『日本農民建築』、一九三四—四三
(宮澤　智士)

びわ　琵琶　雅楽・平曲・盲僧琵琶などに使用されたリュート系の弦楽器。絃数や形態上の違いから四絃琵琶・五絃琵琶・阮咸《げんかん》の種類があり、いずれも唐より伝来した。四絃琵琶は洋梨形胴と曲頸の糸蔵をもち、五絃琵琶は五絃で洋梨形胴と直頸、阮咸は四絃で円形の胴と直頸の形態をなす。これらのうち日本に定着したのは四絃琵琶系で、五絃琵琶と阮咸は平安時代以降使用されなくなるが、正倉院に御物として残されている。日本の四絃琵琶系の琵琶を音楽の種類によって分けると、楽琵琶・盲僧琵琶・平家琵琶・薩摩琵琶・錦琵琶・筑前琵琶となる。それぞれにおいて大きさや柱あるいは撥などに違いがみられるが、いずれも楽琵琶が基本になっているとみることができる。大きさは楽琵琶がもっとも大きく、全長およそ三尺五寸(約一〇六センチ)で四弦四柱、もっとも小型の平家琵琶は二尺二寸(六〇・六センチ)で四弦五柱である。奏法はいずれも安座して弾くが、薩摩琵琶はほぼ垂直に立てるのに対して、楽琵琶や平家琵琶はほぼ水平に構える。撥については楽琵琶は薄く先端があまり開いていないのに対して、薩摩琵琶はもっとも大きく開いた撥を用いる。楽琵琶は雅楽に使用され、唐楽とともに七世紀に伝来し、雅楽寮には琵琶師・琵琶生が置かれて教習された。平安時代には管絃での欠かせぬ楽器となり、承和年間(八三四—四八)には藤原貞敏によって独奏曲が伝えられ、独奏楽器としても王卿諸子によって愛好された。盲僧琵琶は奈良時代以前に中国から北九州へ伝えられたという伝承があり、盲僧によって『地神経』などが唱えられ荒ぶる神である土公神を鎮め五穀豊穣を祈願するのに使われたともいわれるが未詳である。その流れをひくのが筑前盲僧琵琶・薩摩盲僧琵琶であり、後者は近世に薩摩琵琶として、

前者は近代に入り筑前琵琶として発展、成立する。平家琵琶はその形態において最も楽琵琶に近いが、琵琶法師の初期の活動状況から、その当初においては盲僧琵琶と同様の琵琶を使用していたことも考えられるが未詳の部分が多い。現在では、楽琵琶は雅楽の管弦に用いられ、薩摩琵琶・筑前琵琶はさまざまな物語を題材とし、前者では正派・錦心流・錦琵琶流に分かれ、後者は橘流として伝えられている。平家琵琶は平曲と称され、主に前田流が伝承されており、盲僧琵琶では九州地方において竈祓えなどに琵琶を伴奏に『荒神経』を誦するなどの地神盲僧の活動がわずかにみられる。

参考文献 東洋音楽学会編『雅楽―古楽譜の解読―』(『東洋音楽選書』一〇、一九六九)、林謙三『東アジア楽器考』、一九七三、『雅楽・声明・琵琶』(『日本古典音楽大系』一、一九八二)　(荻　美津夫)

ひわだぶき　檜皮葺き　檜の皮を剝ぎ、屋根の部分ごとに規格化し、屋根に葺くこと。神社・宮殿・邸宅などにもっぱら用いられた。檜皮葺き職人の働く姿は早く『今昔物語集』一九「比叡の山の大智房の檜皮葺の語」に描かれている。檜皮は、ムキヤ(ヒワダヤ)が、檜の成長期を避けて九月から四月ごろにかけて、五、六十年を経た立木からヘラを用いて剝ぎ取る(皮剝ぎ)。これを屋根屋が檜皮庖丁を用いて切り揃え(皮拵え)てから屋根に葺き、竹釘で止める。

参考文献 谷上伊三郎『檜皮葺の技法』、一九八〇、鹿谷勲「高野山地方の檜皮葺き」(『日本民俗文化大系』一三所収、一九八五)　(鹿谷　勲)

ひわたり　火渡り　燃えている炭火や焼木の上を歩く験術。修験者や行者が獲得した超自然的な力を誇示するための儀礼で、煮えたぎった湯に白衣一枚の行者が入る湯立、刀の上を歩く刃渡りとともに、修験者・行者の験術としては代表的なものであった。修験道では火生三昧・火生三昧耶法と称し、その行法は護身法を結んで身を清浄にし、さまざまな印を結び真言を唱えた上で火を渡る。この修法は、火焔の大智をもって惑障を焼き尽くし、自分自身が不動明王となることを目的としたもので、修験者自身の体が火となることによって火の上を渡るというモチーフによって成りたっていると考えられている。こうした火渡りの行法は、東京の高尾山、岡山の五流修験、御嶽講など各地の修験系の寺院や教団で行われており、御嶽講の場合には普寛《ふかん》霊神大祭などで験競べの一つとして柴燈護摩を焚き火渡りを行なっている。修験道においてはこうした験術の優劣が信者の獲得に影響を与えている。修験道の影響を強く受けている葉山信仰においても火つるぎという火渡りの儀礼が行われている。それは神がかりしたノリワラがまず火渡りをし、続いて僧侶・籠り人、最後に一般参詣者が渡るというもので、この火つるぎをすることによって無病息災を得るといわれている。火渡りは修験者・行者にとってはシャーマン的性格を端的に示すものであり、信者の獲得の機会であるが、信者・参詣者にとっては火の力によって穢れなどを焼き尽くし利益を得るためのものといえよう。

参考文献 宮家準『修験道儀礼の研究』、一九七一、同編『山の祭りと芸能』上、一九八四　(宮本袈裟雄)

びわほうし　琵琶法師　⇨盲僧琵琶《もうそうびわ》

びんがた　紅型　沖縄の代表的な染物。職人の間ではカタチキと呼ばれた。型もしくは文様を「付ける」(表現する)意だろう。生地に文様を表現するのに防染糊を用いるが、型紙による型染めと、糊の線でじかに表現する筒描きの二つの方法がある。糊の付着しない部分に色料を施して文様を表わす。色料として、朱・臙脂・石黄などの顔料と琉球藍やフクギなどの植物染料が使われる。配色は朱・紫・藍・黄・緑の五色を基調とし、隈取りが作品に奥行きを与える。藍を基調とし、一部に墨を加えるだけの藍型《エーガタ》もある。文様のモチーフは松竹梅・鶴亀などの吉祥紋をはじめとして各種動植物・景観・建造物・小紋など多彩だが、沖縄固有のものは少ない。起源は明らかでないが、「乾隆二十二年」(一七五七)銘の入った幕が久米島に残されており、その文様表現法からして、この時代には今日見る紅型の様式ができあがっていたものと見られる。王国時代は、王族・士族の礼服として、また国王交替にあたって中国皇帝の使者として訪れる冊封《さくほう》使を歓待する宴で演じられる舞踊の衣装として着用された。身分や長幼によって、文様のモチーフや大小、地色に差があった。一八七九年(明治十二)琉球王国が解体し、沖縄県設置ののちは、首里から新県都那覇に移って制作を続ける職人もいたが、廃業する者も多く、第二次世界大戦後再び復興の日の目を見て、現在に至っている。近年は衣装や帯、インテリアに使われることが多いが、戦前までは衣装か、風呂敷・幕の用途が多かった。多色染の風呂敷は婚礼や長寿の祝いに用いられ、また藍型の風呂敷は清明祭などの墓参あるいは拝所巡りにあたって、供え物を包むのに用いられた。文様は松竹梅・牡丹・菖蒲などが円状に描かれ、中央に家紋や鶴亀が施された。幕は、松竹梅・鶴亀などが多彩に染め上げられた村芝居用のものが多いが、葬式を出す家を囲う藍基調の幕もあった。

参考文献 鎌倉芳太郎「型絵染に関する一考察」(『鎌倉芳太郎型絵染作品集』所収、一九七六)、渡名喜明『琉球紅型』、一九八〇　(渡名喜　明)

びんずる　賓頭盧　十六羅漢の一人。羅漢とは阿羅漢の略した語。阿羅漢とは、サンスクリット語のアラハンという語を漢字で音写したもの。「価値ある人」「尊敬される人」を表わし、尊敬を受けるにふさわしい聖者という意味である。ブッダももちろん阿羅漢であるが、次第にブッダ自身ではなく、その弟子たちのうち、悟りの境地を開いた者たちを阿羅漢と呼ぶようになった。五百羅漢図と呼ばれる仏画はブッダ滅後の第一回結集(ブッダの教えを確認する弟子たちの集い)の時、五百人の阿羅漢が集合し、経典を編集した様子を描いたものと説明されるが、異説もある。ただし、大乗仏教の時代になると、阿羅漢は、個人的悟りにのみ満足する修行者という意味で、利他の理想を掲げる菩薩とは区別し、むしろ批判的に用いられた。他方、中国・日本においては、特に禅宗などを中心に、ブッダの弟子で厳しい修行を行い、ブッダ亡き後の正法の継承に身を尽くしたとされる阿羅漢を崇拝することも盛んになり、いわゆる十六羅漢への尊崇が始まった。その十六羅漢の筆頭が賓頭盧である。コーサンビーの国王の子で神通力に優れ、また説法の巧みさは随一であったともいわれる。そのように彼は優れた仏弟子であり、しばしば施食を受けたという。中国仏教ではその像を食堂に安置して崇拝したという。日本では、禅宗に限らず多くの宗派の寺院で、本堂などの外廊下や回廊などに安置された賓頭盧の座像を見かける。病人が自分の患部と同じ賓頭盧像の箇所を撫でると病いが直るという信仰が広く行われてきた。なかには信者による涎《よだれ》掛けが掛けられたりして、「びんずるさん」と親しまれてきたことがうかがわれる。撫で仏信仰の典型である。

参考文献　道端良秀『羅漢信仰史』(「大東名著選」三、一九八三)

(星野　英紀)

ヒンプン　ヒンプン　沖縄の民家で屋敷の入口と母屋の間に設けられた屏風状の塀。フィンプンとも称され、沖縄の伝統的な民家を特徴づける重要な要素である。中国では悪霊や悪鬼を避ける目的で同様のものが造立され、照牆・影壁・屏風・屏門・土屏風など地域により呼称が異なる。沖縄のヒンプンは中国語の屏風《ピンフン》に由来するとされ、特に歴史的な交流が深かった中国の福建省の影響があったと考えられる。しかし、沖縄への伝来時期は明らかではない。材料、手法、空間処理の方法は種々雑多で、一枚岩、石灰岩を積み重ねた石垣・瓦石垣・生け垣・竹垣・板垣などがある。近年はブロック製のものもある。裕福な家では石大工が組んでヒンプンを造った例もあるが、沖縄本島の西原町や八重山諸島の例のように、一般の家は近くの海岸から海石を採ってきて石積みのヒンプンとした。地域によっては第二次世界大戦前はヒンプンのない家はないといわれるほどであった。戦後は住宅建築の様式の変化により次第に減少している。ヒンプンは屋敷内の門口で、ちょうど仏壇のある座敷向かい付近に設置された。中には左右に少しずらして設けられたものもある。造りは大小あるが、およそ高さ五～六尺、幅一～一・五間程度である。造立の目的は外部からの視線を遮るための目隠しだけでなく、悪霊を防ぐ魔除けとしての信仰上の役割がある。

ヒンプン(沖縄県仲里村)

参考文献　窪徳忠『目でみる沖縄の民俗とそのルーツ』、一九九〇、同『中国文化と南島(新訂版)』(「南島文化叢書」一、一九九五)

(萩尾　俊章)

びんぼうがみ　貧乏神　貧乏を家々にもたらす存在とされ、貧しい老人の姿で出現すると考えられた神。伝承では、貧乏神は昔話などに登場するだけだが、江戸時代の随筆には実際に神としてまつられる例が記録され、井原西鶴の『日本永代蔵』では、貧乏神をまつり福徳を得たと描かれている。代表的な昔話では、怠け者の夫婦が貧乏神の存在に気づいて家出をしようとすると、貧乏神も一緒に家出の準備をするので、懸命に働いて豊かになるという筋である。また、貧しい夫婦が正月の準備もできずに、仕方なく大火を焚いて年を越そうとすると、その火の暑さで貧乏神が家を出ていって豊かになるという筋もある。さらに、貧しい夫婦がわずかな蓄えの中から貧乏神を饗応して豊かになるという筋書きもある。これらの昔話は「大歳《おおどし》の客」と称される型の昔話であるが、主として、新年を迎える年越に福徳と災厄とが交代するという、境界の時期に関わる物語となっている。その展開には、貧乏神が福神によって追い払われる場合と饗応を受けた貧乏神の力で豊かになる場合とがある。したがって、貧乏神は災厄と福徳をあわせ持つ両義的な存在と考えられる。正月を迎える年越の晩に、厄神を迎えて供物を供える厄神の膳と呼ばれる習俗が、各地に点在している状況から考えると、季節の変わり目である盆や正月を迎える際には、災厄をもたらす神を迎えて饗応し、追放する儀礼が行われていたことを想像させる。

参考文献　紙谷威広「福神と厄神」(『講座日本の民俗宗教』三所収、一九七九)、大島建彦『疫神とその周辺』(「民俗民芸双書」、一九八五)、小松和彦『福の神と貧乏神』(「ちくまプリマーブックス」一二一、一九九八)

(紙谷　威広)

ふ

ふ　麩　古代に中国から渡来した小麦食品。麩には生麩と焼麩がある。主成分は小麦のたんぱく質であり、生麩は小麦粉から分離したグルテンに糯《もち》粉を加えてこね、蒸したもの。焼麩はグルテンに強力小麦粉・膨張剤を加え、こねて成形し焼いたもの。生麩はグルテンの粘弾性を生かして煮物・椀種・揚げ物などに、焼麩は煮物・汁物に用いられる。仏教伝来とともに渡来したといわれ、奈良時代以降盛んに食されるようになったが、食用の歴史は古い。生麩は京都を中心とする関西地方で発達し、江戸時代になると焼麩が作られるようになった。特に僧家の精進料理に多用され、在家では仏事法要以外で常用されなかった。しかし、昭和初年ごろから麩は一般家庭でも食されるようになった。

参考文献　人見必大『本朝食鑑』一、一九六七　（太郎良裕子）

ファン=ヘネップ　van Gennep, Arnold　⇩ヘネップ

フィールドワーク　fieldwork　⇩民俗調査《みんぞくちょうさ》

ふいご　鞴　燃料に多量の酸素を供給して高熱にするための送風装置。金属を溶解・精錬・加工するには高い温度が必要で、世界的にさまざまな方法があるが、日本では二つの系統を用いた。一つは主として鋳物師が使用した大形の足踏み式で、そのもっとも発達した形式が中国地方の製鉄で用いた天秤鞴である。もう一つは、鍛冶屋・石工・木地師・鋳掛屋が使った箱鞴である。箱鞴は四個の弁を持ち、箱のなかのピストンを左右に動かすと風が出る。こうした鞴を用いる鋳物師・鍛冶屋・石工などは、旧暦十一月八日に鞴祭を行なった。　↓鍛冶屋《かじや》

参考文献　朝岡康二『日本の鉄器文化—鍛冶屋の比較民俗学—』（『考古民俗叢書』二七、一九九三）　（朝岡　康二）

岐阜県垂井町南宮大社の鍛錬式の鞴

ふいごまつり　鞴祭　旧暦十一月八日に鋳物師・鍛冶屋・石工など鞴を用いる職人が行なった祭。仕事場を片付けて鞴に供物を供えて祈願をしたのち、親戚・顧客などを集めて直会をするものであるが、これに関連して金山講を組織していることがあり、新潟県三条のような鍛冶産地では職人が問屋に祝儀を届ける慣例になっている場合もあった。また、近世江戸のように鞴祭が町の祭礼に発達して賑わったこともあり、鞴祭の供物にミカンは欠かせないなどともいう。四国の鍛冶祭文のなかには八月八日を鍛冶はじめとするものがあるといい、このほうが古いとする説もある。これら職人の祭とは少し趣が異なるものに、中国・四国・南九州や沖縄・先島のように、地域の行事として鞴祭を継承してきた場合があり、一説に、それらは霜月のお火焚き行事に関わるものであるとされる。沖縄では一日早い十一月七日に鞴祭を行なっており、沖縄本島の鍛冶屋はそろって翌日に鍛冶屋の始祖伝承を持つ国頭村の奥間《ウマイ》鍛冶屋《カンジャー》に参詣するものとされ、今日もこの種の職人の参詣の対象になっているが、一方、先島では、王府の鍛冶職人支配の遺制と考えられる鍛冶小屋の管理と鞴祭の執行のために村役として鍛冶工《カザク》を定める習慣が近年まであり、この鍛冶工を中心にして（鞴の祝い《フーチヌユーエー》）を執り行なってきた。

参考文献　高木啓夫「金山・鍛冶神の系譜」（『土佐民俗』五三、一九八六）、朝岡康二『日本の鉄器文化—鍛冶屋の比較民俗学—』（『考古民俗叢書』二七、一九九三）　（朝岡　康二）

フィンランドみんぞくがく　フィンランド民俗学　十二世紀の半ばからスウェーデン、一八〇九年からはロシア統治下にあったフィンランドでは、自国の文化への関心が高まり口承文芸が注目された。十九世紀ロマン派の時代には、フィンランド文学協会（略称ＳＫＳ）が設立され、その支援の中で、レンリョットが口承の歌謡を集め、『カレワラ』として一つの物語にまとめた。これはフィンランド人の民族意識を高めた。レンリョットに学んだユリウス=クローンは、歌謡の伝播を中心に地理歴史的に見ようとする研究をした。父の理論を引き継いだのが子のカールレ=クローンで口承文芸、特に昔話の研究方法論を打ち立てた。類話を多く集めその差から世界的な伝播や原型などを探るものだった。一九四〇年（昭和十五）柳田国男の薦めにより関敬吾はこのカールレ=クローンの『民俗学方法論』を訳して出版した（のち『岩波文庫』所収）。この本での民俗学の範囲は、ほぼ口承文芸に限られている。クローンの薦めにより弟子アールネは、各国の昔話を集めて分類整理し「昔話の型目録」を作成した。これをアメリカのトンプソンが引き継ぎ増補改訂し、一

九二八年「民間説話の型」として公にした。これはAT番号(アールネ・トンプソン分類目録)と呼ばれて世界的な昔話の分類基準となり、各国でも説話の型目録が作成されるようになる。関敬吾が分類整理した『日本昔話集成』もこの流れにある。こうした方法論や成果は、フィンランド学派として世界から注目を集めた。また、カールレ=クローンを中心に世界の資料収集と便宜のため、「民俗学者連盟」が作られ『FFC』が発刊された。SKSは数多くの口承資料を集め、公開している。

参考文献 柳田国男「フィンランドの学問」(『定本柳田国男集』三〇所収、一九七〇)、A・アールネ『昔話の比較研究』(関敬吾訳、「民俗民芸双書」、一九六九)、ラウリ=ホンコ「フィンランドにおける口承文芸研究の過去と現在」(竹原威滋訳、『口承文芸研究』八、一九八五)、井上紘一「カレワラとフィンランド民俗学」(『言語』一四ノ八、一九八五)、稲田浩二「分類研究史と課題」(『日本昔話通観』二八所収、一九八八)　(長野ふさ子)

プー プー　アイヌ語で高床式の倉庫のこと。倉庫には、男倉と女倉とがあり、男倉はその家の男子が、女倉は女子が専用に用いる。男倉の中は、山海で得た獣皮をはじめ医薬品(熊胆、鹿角、腹子、膃肭、推茸、硬茸など)、軽物(鷲・鷹類の尾羽、渡来のガラス玉、中国産の官服や反物など)、乾燥させた干鮭類の物々交換の品々が納められている。ほかに伝世品の漆器をはじめとする余剰の宝物、大型の漁猟具・道具類などもある。女倉の中は、乾燥した動植物製の保存食、穀類、豆類、日常に服用する薬湯用材、薬用の植物、客用の食器類などが納められている。物語の中にあっては、家の前と後に十二棟の倉庫を配置しているように語られているが、それほど多くはないにしても、収納する物の防臭、防火のために一、二棟を立てていたという。柱には鼠返しが取りつけられ、昇降には丸太に刻み目を入れた取りはずしのきく梯子が用いられた。　(藤村　久和)

ふうし 諷刺　現実に対する批評の一形式。直接的、論理的な批判ではなく、比喩を使いこなし、笑いや皮肉を織りこんだ側面からの批判という点に特質を有する。パロディ。その表現形式はさまざまで、狂歌・川柳・替え歌・落首・戯作などの言語によるものだけでなく、戯画・カリカチュアや判じ絵など視覚的手段によるもの、狂言や芝居・大道芸などのパフォーマンスの形で提示されるものもある。民俗学において注目すべきは、第一に柳田国男が『口承文芸史考』(一九四七)をはじめとする著作のなかで注目した綺語、もしくは新語作成の問題との関係である。柳田は新語の問題を、諺から昔話・伝説に至る口承文芸領域の基本にすえ、常民の批評力ともいうべきものを重視した。『国語史新語篇』(一九三六)の論文には、いくつかの新語のなかにこめられた諷刺の実例がみられる。第二に民俗芸能のなかで研究されることが多い盆踊り歌や口説き、さらには民謡の一部分に、かつての諷刺の流行の痕跡がみられるものがある。第三に視覚的な手段については、歌川国芳の天保改革諷刺の錦絵のように、人々の世間話を前提にしたであろう形式が民俗学の立場からは興味ぶかいであろう。しかしながら、これらの印刷物が複製技術として、人々の日常に入り込み、さらにもう一度、世間話としてとり上げられ話題になるなど、メディアを媒介とした相互的な回路もまた見落としてはならない。

参考文献 石井研堂『天保改革鬼譚』、一九二六、竹内勉『新保広大寺』、一九七三　(佐藤　健二)

ふうしゅう 風習　習わしのこと。本来は漢語であった風俗の風と、同じく習慣の習を合成したもので、これは和語、すなわち日本で作られた熟語である。これに類する語として、このほかに漢語では民俗・土俗・習俗・慣習があり、和語には慣行・慣例などがある。風習は普通一般には習わしとか、しきたりの意味で用いられるが、民俗と同義のことばとして民俗研究者も使用することがある。

参考文献 平山和彦『伝承と慣習の論理』(「日本歴史民俗叢書」、一九九二)　(平山　和彦)

ふうじん 風神　風を象徴化した神。農作物に被害を与える風は農民にとっては忌むべきものであり、二百十日前後に風の神をまつり、台風の被害を防ぐ風祭が各地で行われていた。群馬県下では在村の修験者である法印に切って貰った御幣を村中で鎮守にまつる風の神に供え、その後、酒宴を行なったり、風切り鎌を棟に立てて作物の無事を祈る習俗があった。富山県下には吹かぬ堂といわれる風神堂が十数ヵ所から報告されており、八尾の風の盆は、風の災厄を越中おわら節の踊りに乗せて送り払おうとした風祭がその起源である。長野県の諏訪神社は風の神として古来から知られ、中世には風鎮めのために風祝がおかれていたことが『十訓抄』にはみられる。伊勢神宮、阿蘇神社の風の宮、奈良県の竜田神社・広瀬神社などでも古くから風の平静を願って風祭が行われてきた。また、風邪と音通することから、風邪除けとしての風の神送りが長野県下伊那地方では二月の上旬に行われていた。西北風をタマカゼと呼ぶ地方があり、悪霊を運ぶ風と考えられた。一方、風は鑪《たたら》・鞴《ふいご》に火を起すのに必要であり、鍛冶屋や鋳物師には風は歓迎されるものであり、特に自然の強風は野鑪と呼ばれる原始的な製鉄段階では、なくてはならぬものであった。それゆえに彼らのまつる金屋子神には風神の性格も認められる。風は神話上では神の乗り物と考えられたらしく、伊勢津彦が大風を起し、東海に去ったことが神風の伊勢と称する由来と『伊勢風土記逸文』にはある。　(佐野　賢治)

ふうすい 風水　古代中国に発し現代東アジア・東南アジアその他にも影響の及んだ、独特の環境判断と影響評価の方法論。風水の語は本来古代中国の自然観・環境観を指し、環境判断や測定術を指すものではないが、今日一般に風水説・風水地理説・風水思想・風水術の別称、あるいはそれらの代名詞として用いられている。中国殷・周代の卜宅、周・春秋・戦国時代の地理・相宅、漢代の堪輿《かんよ》などにその淵源が求められる。風水の語は漢代にみえるが、定義づけられたのは晋代郭璞《かくはく》の書だと仮託された『葬経』からである。風水とは『葬経』にあるように風と水であり、気の動きを操作するための地理的条件をいった。以後、「風水之法」は環境を整えることによって、いかに地気の好影響を確保するかの方法論を指すようになる。時代により風水術・相地術・堪輿学・地術などと呼ばれ、判断する専門家を風水師・地理師・陰陽師・地師・地官などと称した。今日の中国では、地域によって風水先生と呼ぶほか、地理先生、陰陽先生、陰陽生、南蛮子、あるいは道士と呼ぶ地方もある。風水看法の特徴は、㈠環境条件が人間や死者(祖先)に対して強い影響を及ぼすとすること、㈡その影響が地形・水流・気候・地質・植生などの自然環境と、陰陽・五行・八卦・天干地支などの宇宙の運行との相関性をもって及ぶとすること、㈢さらにその影響が、現世の人間や未来の子孫に対し吉凶禍福を伴って現われるとすることにある。だから環境からの好影響を得たいのなら、死者や人間に好影響を与える気(生気)を確保して、悪影響を与える気(殺気)を除去する環境と生活空間を構築する必要がある。かような判断に適う環境と空間、それが理想的な計画都市であり、樹林豊かな墳墓であり、吉方に向けられた邸宅だった。日本の家相や墓相も、このような発想に淵源が求められる。日本でも『日本書紀』に六〇二年(推古天皇十)、百済から僧観勒《かんろく》が来朝して「天文地理書」を献納したとあり、『令義解』には陰陽寮の陰陽師六人が占筮・相地を司るとある。さらに『日本書紀』には、皇都造営にあたりたびたび陰陽師が「看地形」(風水判断)を行なった記録がみられ、また『続日本紀』に七〇八年(和銅元)、元明天皇は中国の遷都の例にならい「卜世相土」(風水判断)を行なって、今日にいう四神相応の地に平城京を置くことを宣している。少なくとも江戸時代以降、風水はその名で日本でもかなり流布していたことが知られる。沖縄では十六世紀にすでに、家譜に風水判断のあったことが記録されているが、琉球王府の記録『球陽』や『琉球国由来記』によれば、十七世紀中葉、福建省に留学生を派遣して地理を学ばせその知識を導入している。沖縄では十八世紀以降二十世紀に至るまで風水判断は中国大陸出身の子孫である唐栄の士族に委ねられ、ほかの東アジア諸国同様に国策に用いられてきた。現代でも沖縄では、ほかの東アジア各地同様に墓相が重視され、墓地環境の好悪が子孫の禍福を支配するものとされている。子孫の繁栄・好景気・長寿はみな、墓地の好風水の影響によるものと説明される。また日本本土も含め家相は現世の禍福を左右すると考えられており、家屋建設前に風水師のほか易者やシャーマンまでが依頼に応じて判断している。↓風水《フンシ》

参考文献 渡邊欣雄『風水思想と東アジア』、一九九〇、渡邊欣雄・三浦国雄編『風水論集』(「環中国海の民俗と文化」四、一九九四)、牧尾良海『風水思想論考』、一九九四、何暁昕『風水探源―中国風水の歴史と実際―』(三浦国雄・宮崎順子訳、一九九五)、平敷令治『沖縄の祖先祭祀』、一九九五、宮内貴久「住居と世界観」(佐野賢治他編『現代民俗学入門』所収、一九九六)

(渡邊 欣雄)

ふうそう 風葬 遺体あるいは遺体のはいった棺を岩陰や林に置いて自然に骨化させる葬法。沖縄本島の国頭地方の一部では近代には棺を樹上に置く樹上葬も行われていた。鹿児島県奄美地方や沖縄では近代まで一部の小さな島に風葬の習俗が遺っていた。風葬の後で洗骨を行い、別の墓に遺骨を安置した。久高島では一九六六年(昭和四十一)までは、島の西岸のグショウ(後生)と呼ばれる崖下に棺を置き、十二年目ごとの寅年に一斉に洗骨を行なっていた。沖縄の伝統的な家型の墓の内部空間は成人が立って歩けるほどの広さがあり、墓室内の入り口はシルヒラシと呼ばれ、その左右と背後には階段状の棚がある。シルヒラシは遺体の入った棺を安置する場所であった。シルヒラシに置かれた遺体は数年を経ずして骨化した。通常は次の死者が出たとき、墓口を開けて棺を取り出して墓庭で洗骨した。墓室内の棚には洗骨後の遺骨を納めた骨蔵器を安置した。その後に新しい棺をシルヒラシに置いて墓口を閉じたのである。このような墓室内で骨化させる方式も従来風葬の概念でくくってきたが、墓室内で自然の骨化を待つのであるから墓室内風葬と呼ぶべきであろう。風葬は東南アジア、メラネシア、オーストラリア、アメリカの原住民の一部で行われ、北アジアと高地アジアのほとんどすべての民族は樹上葬ないしは台上葬を行なっていたか、あるいは今なお行なっているという。台上葬とは死体を台架の上に置く葬法である。↓亀甲墓《かめのこうばか》 ↓シルヒラシ ↓洗骨《せんこつ》

参考文献 伊波普猷「南島古代の葬儀」(『伊波普猷全集』五所収、一九七四)、名嘉真宜勝・恵原義盛『沖縄・奄美の葬送・墓制』、一九七九、大林太良『葬制の起源』(「中公文庫」、一九九七)

(平敷 令治)

ふうぞく 風俗 一定の社会集団に広く行われているならわし。中国古典『漢書』王吉伝に「百里にて風同じからず、千里にて俗同じからず」とみえるように人々の生活習俗そのものをさすが、一方では移風易俗、支配者の施政である風をもって民衆生活の俗を教化するという政治力を表わす言葉としても中国では古代から現代まで用いられてきた。その結果、美風が形成されるのであり、地方志に記載される風俗は施政の賜物という支配者の視点から記述された。国の君主はまた、民歌(国風)から「風俗を観、得失を知る」(『礼記』王制篇)ために各地に詩を収集するための役人を派遣した。『詩経』が民俗学的価値を持つとされるのもこの理由による。日本古代の風土記編纂にもこの影響が認められる。このように風俗は時の政治と生活習俗との相互交渉を背景としているために、

為政に反する時には風俗統制が行われた。逆に統制の実態から民俗の性格が浮かび上がる。しかし、一般的には風俗の語は民俗と対比して日本の民俗学では用いられてきた。民俗が世代から世代に時間的に伝承されるのに対し、風俗は空間的に伝播されるものとの基本的認識のもとに、民俗は昔風・田舎風なのに風俗は当世風・都会風などと考えられてきた。いわば、民俗が村落の成員間で採択されている集団認識・慣習であるのに対し、風俗は個人的、一時的な流行現象であり、民俗学の対象から外れるものと考えられてきた。民俗における政治作用・都市民俗・大衆文化に対する取組みが民俗学において従来不十分であったのも、風俗の語の狭義の使用にあるといえるのである。→風俗統制《ふうぞくとうせい》

参考文献 和歌森太郎『日本風俗史』(「和歌森太郎著作集」五、一九八〇)

(佐野　賢治)

ふうぞくがほう　風俗画報　一八八九年(明治二十二)から一九一六年(大正五)にかけて通巻四百七十八号を数えた月刊の風俗雑誌。ほかにも号数外の増刊号三十九冊が出ているので、総冊数は五百十七冊に達する。西欧のグラフィック雑誌に倣って石版画や写真版を豊富に挿入、雑誌としてはじめて画報という名称を使用した。鹿鳴館時代の欧化主義を反省して民衆的ナショナリズムを模索する当時の風潮に促されて創刊、その編集方針は江戸時代風俗の考証、刊行時における東京新風俗の記録、全国に伝わる地方風俗の紹介に大別することができるが、時流を反映して江戸時代風俗の考証が当初の主要な関心事であった。出版元は美術雑誌『絵画叢誌』を発刊していた東陽堂であり、執筆者は野口勝一・渡部(大橋)乙羽・山下重民などが中心であった。一方、画家は初期の絵画部員であった寺崎広業・松本楓湖・尾形月耕などに加えて、山下の片腕として活躍した山本松谷が代表的な存在である。山本は一八九六年から十四年の歳月を費やして完成した増刊号『新撰東京名所図会』六十四冊の挿絵をほぼ独力で描いた。編集方針の一つであった地方風俗の紹介は全国各地に及び、百十七号が「沖縄風俗図絵」と題して沖縄の風俗を特集したほか、毎号のように地方に在住する読者の投書を掲載した。こうした記事の大半は好事家的な関心に終始しているが、だからこそ日本民俗学の前史として正当に再評価する必要があろう。

参考文献 槌田満文『風俗画報目次総覧』解説、一九八〇、坂本要「変態と風俗研究―日本民俗学前史―」(桜井徳太郎編『日本民俗の伝統と創造』所収、一九八八)、山本駿次朗『報道画家山本松谷の生涯』、一九九一

(橋本　裕之)

ふうぞくし　風俗史　流行性の強い都市文化に比重をおいた文化史。歴史叙述としての風俗史に類するものはすでに江戸時代からあったが、日本史学の一分野として風俗史研究が登場するのは明治中期のことである。しかし、風俗史の概念については日本史学においても多種多様な様相を呈しており定まらない。民俗学の立場からすれば、村落生活も射程に入れながら都市生活に比重をおき、しかも民具などの物質文化をも重視する生活文化史、あるいは世相史という理解となろう。

参考文献 柳田国男「明治大正史世相篇」(『柳田国男全集』二六所収、一九九〇)、柳田国男他編『明治文化史』一三、一九五四、遠藤元男「『風俗史研究』史覚書」(『風俗』一二ノ一、一九七三)、和歌森太郎『日本風俗史』(「和歌森太郎著作集」五、一九八〇)

(平山　和彦)

ふうぞくそくてい　風俗測定　風俗に対する科学的分析として、人類学者坪井正五郎によって一八八〇年代後半から試みられたフィールドワーク。街頭において通行人の風俗を、記号化して記録し、西洋風・和風の割合を調べた。考現学の源流とも目されたが、今和次郎はこの試みを銀座調査以前には知らず、直接的な影響関係はない、という。今らの試みとこの先駆的な風俗の測定をむすびつけたのは、考現学が話題になった時代に雑誌『ドルメン』に書かれた紹介記事である。

参考文献 坪井正五郎「東京中三ヵ所及び相模三崎にて行ひたる風俗測定」(『東京人類学雑誌』一八、一八八七)、同「東京、西京及び高松に於ける風俗測定成績」(同三五、一八八九)

(佐藤　健二)

ふうぞくといじょうこたえ　風俗問状答《じょうこたえ》　⇩諸国風俗問《しょこくふうぞくとい》状答

ふうぞくとうせい　風俗統制　各時代の衣食住など生活上のならわしを規制すること。古代以来、着用する衣服の色などについて規制がなされたが、江戸時代になると農村・都市を問わず、各分野での統制が強化された。それは一方では民衆生活の向上に伴う衣食住の発達に対する統制であったが、他方では支配層である武士の奢侈に対する統制でもあった。たとえば衣の分野では絹の着用は武士身分にのみ限定されたり、食の分野では初物など季節はずれの食品の販売が禁止されている。なかでも、芝居や遊所については治安や風紀の面からの規制が行われた。江戸での歌舞伎芝居の統制、湯女風呂や岡場所の統制は、その代表例であろう。特に、享保・寛政・天保の幕府の三大改革においては、多様な風俗統制が町触などの法令として出されている。寛政改革の出版統制令をみても、その内容は奢侈・風俗・思想に関するものであり、特に風俗に関する好色本類の統制が強調されている。ついで天保改革においては芝居小屋の移転、岡場所の廃止をはじめとして、日常的な生活風俗にかかわる全分野での統制令が出された。また折にふれて農村にも各種の風俗統制が行われた。明治以降にも、近代化にかかわる衣食住の統制がなされた。丁髷の禁止、裸形の禁止などである。こうした統制の実態をみることによって、当時の道徳観や倫理感のみならず、身分差別や社会生活の実情を具体的に理解することができる。

参考文献 今田洋三『江戸の禁書』(「江戸選書」六、一九八一)

(吉原健一郎)

ふうど　風土　人々が、その環境を主体化し創造への喚起力とする心的なイメージをいう。その環境には自然的環境・社会文化的環境・歴史的環境を含む。定義を与えることがむつかしい概念である。風土という言葉は中国起源であり、日本でも八世紀の地誌編纂である風土記や九世紀の『令集解』のなかで使われてきた。『令集解』のなかに「物を養い功成るを風と曰う。坐にして万物生ずるを土と曰う」(原漢文)とある。思想史の立場から風土を論じた和辻哲郎は風土をある地域の地表上で生起するあらゆる諸現象を指すとし、そのなかで人間が己を見いだす仕方つまり自己了解と捉えた。和辻は間柄という人と人との関係性をもっとも重要な風土の内包として考え、これは風土として歴史的に形成されてきたものが空間的に展開したものであり、その外延をモンスーン的風土と表現した。モンスーンという気候的風土と気質の関係を説き、日本人の国民的性格を類型化した。風土は地域性や国民性(県民性)あるいは土地柄や国風などと関連して論じられる。これは風土の外延的な問題である。一方、ある地域の生活内容の分析やその地域の生物的世界に対する民俗分類や民俗地理といった民俗学や人類学からの視角との関連としても論じられる。これらは風土の内包的な問題である。風土は人と自然、人と歴史の相互の働きあいのなかで、解釈という認識過程を通じて形成されるもので、解釈された自然、解釈された歴史が作るある地域の自己表現といえる。いずれにせよ風土とはなにかという問題は未解決な課題であり、民俗学からの分析も必要な大きな領域である。

[参考文献] 千葉徳爾編『日本民俗風土論』、一九八〇、坪井洋文『民俗再考―多元的世界への視点―』、一九八六、和辻哲郎「風土―人間学的考察―」(『和辻哲郎全集』八所収、一九六二)、篠原徹『海と山の民俗自然誌』(「日本歴史民俗叢書」、一九九五)
(篠原　徹)

ふうどろん　風土論　環境と生活の関係性についての論。ヨーロッパでは十八世紀にヘルダー Herder, J. G. von が包括的にわれわれの存在を包含する全環境としての風土 klima を論じ始め、その後思想史的にはフッサールの「生活世界」の概念など知覚世界の現象学として展開した。日本ではリッター Ritter, K. やラッツェル Ratzel, F. らの近代地理学は導入されたが地理学の分野から風土論は提起されず、哲学者、和辻哲郎が『風土』(一九三五)を著わし、風土を当該地域の人間存在の自己了解のありかたとしてユニークな論を展開した。砂漠・牧場・モンスーンの風土の三類型をそれぞれの地域での人間の間柄に対応させ、日本をモンスーン的風土とした。その特質を「しめやかな激情、戦闘的な恬淡」と規定したことは有名である。井上光貞は天皇制擁護、自然への無理解、芸術的直感の三点を批判しているが、民俗学の側から風土論への言及はきわめて少なかった。柳田国男はその全著作を通じてほとんど風土という言葉を使っていない。民俗との関わりのなかから風土について積極的に取り組んだのは千葉徳爾と坪井洋文である。千葉は記録された文学や美術の領域から風土論を論ずることを批判し、農民・漁民など普通の人々の生活自体の内容分析から風土を論ずべきとした。坪井は常民の側の文化を生み出す装置としての風土を類型化し、地域の歴史的記憶としての過去の生活をすべて包み込んだ世界観的実在としての風土という考えを提唱した。その後、人類学の影響を受け生活環境主義を提唱する嘉田由紀子や生態学的視点の導入をはかる野本寛一、あるいは通態という概念を導入して風土論を展開するオギュスタン＝ベルクなどが、さまざまな形で風土の内実に迫ろうとしている。

[参考文献] 千葉徳爾編『日本民俗風土論』、一九八〇、坪井洋文『民俗再考―多元的世界への視点―』、一九八六、野本寛一『生態民俗学序説』、一九八七、オギュスタン＝ベルク『風土の日本―自然と文化の通態―』(篠田勝英訳、「ちくま学芸文庫」、一九九二)、篠原徹『海と山の民俗自然誌』(「日本歴史民俗叢書」、一九九五)、嘉田由紀子『生活世界の環境学―琵琶湖からのメッセージ―』、一九九五
(篠原　徹)

ふうふ　夫婦　婚姻により結ばれた一組の男女。家族の中には夫婦関係と親子関係とが含まれるが、夫婦関係をより基本的なものとし、その夫婦の消滅により一代限りで消滅する核家族と、父親と跡取である子どもとの親子関係が重視されてきた伝統的な日本の家では夫婦の在り方が大きく異なっている。世代を超えて永続することを願う直系家族を志向する日本の家の中では、親子関係が重視され、夫婦の関係は二次的なものとされてきた。それは婚礼の際に、嫁となる女性と夫になる聟との夫婦盃が存在せず、嫁と聟の親との親子盃が行われることなどにも象徴されている。嫁という立場は、跡取の妻という側面のみではなく、婚家でその成員権を得るためには次の世代の跡取を生むことにより、その親となることが必要とされていたのである。さらに、今日一般的に行われている嫁入婚の場合には、婚礼の後には夫婦は同居することになるが、聟入婚や足入れ婚の場合には、婚姻成立の祝いの後も嫁はその生家に滞在し、一定期間聟が嫁方に通うことが行われており、その夫婦生活は別居を建前としていた。しかし、西南日本を中心に見られる隠居制度をもつ地域にあっては、母屋のほかに隠居屋を建てて親夫婦と跡取夫婦の二組の夫婦が同居することを避けている。それは隠居の時期により差異は存在するが、夫婦関係の重視とも考えられるものである。現在、夫婦が婚姻後も別々に生家の姓を名乗る夫婦別姓の問題が議論されている。日本での夫婦同姓の歴史は必ずしも古くはない。夫婦別姓を行うことは夫婦が個人として尊重されることになるが、それぞれが生家の姓を受け継ぐことにもなる。別姓の主張はいくつかの側面をもつものである。

[参考文献] 瀬川清子『婚姻覚書』、一九五七、高群逸枝「日本婚姻史」(『高群逸枝全集』六所収、一九六六)、有賀喜左

衛門『婚姻・労働・若者』(「有賀喜左衛門著作集」六、一九六八)
(蓼沼　康子)

ふうふかぞく　**夫婦家族**　夫婦とその未婚子女からなる家族構成のこと。家族形態を分類する用語。日本におけるこの用語の概念規定は鈴木栄太郎による夫婦家族・直系家族・同族家族の三類型論の一つとして提示された。夫婦家族概念は、マードック Murdock, G.P. の核家族と同義で使用されている。しかし、この用語は、単にその構成上の類型概念にとどまらず、家族の内部構造の差異に着目する場合には、夫婦関係を基調とする家族の構造を意味する用語としても使用される。この意味において使用される場合には、親子関係の連鎖を基調とする家族 lateral family との対比において用いられ、アメリカの人類学者であるリントン Linton, R. やミード Mead, M. らの conjugal family の訳語として使用されている。日本の家族慣行において、形態的にも家族内の構造的にも夫婦家族に該当する慣行としては、西日本を中心として分布してきた隠居分家慣行のいくつかの形態を指摘できよう。たとえば鹿児島県下の離島部では、子供の婚姻を契機として常に未婚の子女を伴った隠居が繰り返される。この慣行においては、隠居により常に夫婦家族としての独立が展開され、親子二世代からなる夫婦の連続性を回避してきた家族構造といえる。↓核家族《かくかぞく》　↓家族類型《かぞくるいけい》　↓直系家族《ちょっけいかぞく》　↓同族家族《どうぞくかぞく》　↓複合家族《ふくごうかぞく》　↓傍系家族《ぼうけいかぞく》
(山内　健治)

フーフダ　**符札**　沖縄で用いられている、呪文を漢字で筆書きした魔除けの木札。主として表門の左右と家屋敷の四つ角ないしは四隅に取り付けられる。室内の柱に貼る筆書きの紙札のことも符札と称するが、室内の護符は本土でも広くみられる。門と家屋敷四隅などに木札を貼ることによって、外界からの悪霊・邪気などの侵入を防ごうとする民俗は特に沖縄地域に盛んで特異であり、現在用いられている呪符木簡として注目される。

慈眼院の符札（那覇市）

参考文献　山里純一『沖縄の魔除けとまじない』(「南島文化叢書」一八、一九九七)
(渡邊　欣雄)

ふうふべっせい　**夫婦別姓**　夫婦が同一の姓を名乗るよう定められている日本の法規定を問題視し、通称ないし事実婚によって、夫婦が別々の姓を名乗ること。あるいは、夫婦が別姓のままで婚姻届が出せるように法改正を促す動き。現行民法では、「夫婦は、婚姻の際に定めたるところに従い、夫又は妻の氏を称する」(第七百五十条)とされ、夫婦になる者のどちらかの改姓を義務づけているが、現実的には九八%が夫の姓を名乗っている。女性だけが改姓を強いられるこうした事実に対して、一九八〇年代に入ってから疑問や批判が相つぎ、一九九一年(平成三)から法制審議会において、選択的夫婦別姓制の採択に向けての民法の見直し作業が行われている。夫婦別姓をめぐる動きが起ってきた背景には、一九七〇年代半ばから女性の社会進出が進んだ結果、結婚改姓が女性に社会的不利益をもたらすことが顕在化してきたこと、結婚・離婚・再婚といった結婚上の地位の変化を、女性だけが社会的に可視化されているといった、ジェンダー的な議論の高まりがあるが、それと並行して、結婚改姓の義務化をめぐっては、「婚家に入る」という意識といまだ強く結びついており、戸籍編成上の問題点と並んで、家制度の残存を指摘する声も大きい。そもそも、夫婦同姓の強制自体が明治民法の規定以降のことであり、姓の同一性が家族の同一性の表象のように考える傾向もまた家制度の名残であるとされ、家族の個人化・多様化の進展とともに、こうした考え方にも疑問が呈されている。

参考文献　黒木三郎・瀬野精一郎・村武精一編『家の名・族の名・人の名―氏―』(「シリーズ家族史」三、一九八八)
(岩上　真珠)

ふうふようし　**夫婦養子**　子どもがいない場合、すでに夫婦である者を養子とする慣行。庶民における非血縁養子の一形態。両養子あるいは両貰いなどともいう。夫婦者が子を連れて養子となる場合もある。潰れ家を買い取って、その家の養子となって再興し、その家の財産以外に氏神や墓所などを継承する買養子あるいは買継ぎ養子の場合、夫婦養子の形態になる場合が多い。夫婦養子を信州北安曇郡では一束養子とか代替わりといった。
(小熊　誠)

プーリ　**豊年祭**　沖縄県八重山諸島における稲の収穫儀礼。旧暦六月に行う。『与世山親方八重山島規模帳』(一七六八)に「ほふり祭」とあり、プーリィ、プーリィン、ポーリィなどと呼称する。プーリは二つの要素から成り、今年とれた収穫物の神への感謝と来年の豊作予祝を内容としている。二日に分けて行い、一日目は御嶽《ウタキ》(拝所《ウガンジュ》)で収穫の感謝祈願をし、二日目は村中の者が集い予祝の儀礼をする。一日目は拝所でしめやかになされることから御嶽《オン》プーリと呼び、二日目はムラをあげてにぎにぎしく行うことからムラプーリという。御嶽プーリはそれぞれの所属する御嶽で祈願をし、稲・アワのミシャグ(神酒)と泡盛を神前に供え、人々も飲む。はじめに稲、ついでアワのミシャグ、泡盛の順で食しながら、ミシャグパーシィと呼ぶ儀式がなされる。謡と単純な所作がある。ムラプーリは村中の者が集まり予祝儀礼を行う。村により、旗頭・太鼓・巻踊りをして綱引きをするところ、舟漕ぎや種々の芸能をするところ、来訪神(アカマタ・クロマタなど)を迎えるところがある。石垣島白保・大浜・平得・真

石垣市大浜の豊年祭　神の乗った船を迎える

栄里・四ヵ村(登野城・大川・石垣・新川)、西表島租納・干立、与那国島などは、旗頭・太鼓・巻踊り・綱引き型であり、黒島は舟漕ぎ型、西表島古見、小浜島、新城島上地、石垣島宮良は来訪神迎えの型に属する。なお来訪神迎えの儀礼は当事者だけで行い、部外者にはごく限られた部分しか公開しない。秘祭と呼ばれるものである。

→アカマタ・クロマタ

参考文献　喜舎場永珣『八重山民俗誌』、一九七七

（石垣　博孝）

ふうりん　風鈴　小さな鐘のような形で、中央に舌《ぜつ》が下がっている鈴。舌の先におもりとその下に短冊などを結びつけ、風で短冊が動くとおもりが鐘の内側を打ってよい音を出す。金属製・陶器製・ガラス製などがある。起源は、中国の仏堂や塔の軒に下げられた風鐸にあるとされる。風鈴は鎌倉時代にはすでにあったといわれ、室町時代にはかなり広まっていたらしい。軒先に吊して涼を音で感じるほか、江戸時代には風鈴そばといって屋台に風鈴を吊した夜なぎそば売りにも用いられた。

（小泉　和子）

ふえ　笛　日本の気鳴楽器の総称。吹きものともいう。狭義には、横吹きのフルート系の楽器を指す。気鳴楽器は、発音体の相違により、鋭くとがった歌口に空気を吹き付け発音するフルート、リコーダー系、単簧《こう》(シングルリード)のクラリネット系、復簧(ダブルリード)のオーボエ系、自由簧(フリーリード)のハーモニカ系、マウスピースを付けるトランペット、トロンボーン、ホルンなどの金管楽器系の五種に分類される。歌口を持つ気鳴楽器は、竹製の篠笛・竜笛《りゅうてき》・高麗笛(狛笛)・神楽笛・排簫・能管・尺八・一節切《ひとよぎり》・天吹・洞簫・律管、その他土製の鳩笛や弥生時代の笛、縄文時代の石笛などで、歌口に空気を当てる構造で、横吹き・縦吹き、形態は無関係である。横吹きの形態をあげると、篠笛は、歌舞伎舞踊・陰囃子・祭礼囃子や獅子舞など多くの民俗芸能で使用。指孔は、六孔と七孔の二種あり、ピッチは、本数で表記し、通常は四本調子から七本調子を使用する。雅楽では、唐楽(左方)に竜笛、高麗楽(狛楽)に高麗笛(狛笛)を使用。神楽笛は、神楽に使用する古代の外来音楽移入期前の楽器。竜笛は七孔、他は六孔。能管は能楽、歌舞伎舞踊の楽器で七孔、吹き口と指孔の間に喉を入れ、音色を多様にする。京都の祇園囃子は、能管を使用。縦吹きをあげると、尺八には、正倉院に現存する古代尺八と近世以降の普化尺八がある。前者は、表五孔・裏一孔。後者は、表四孔・裏一孔で、ピッチは管長により相違する。一節切は、小形の尺八で、表四孔・裏一孔。音楽の伝承は、今日ない。天吹は、鹿児島県に伝承し表四孔・裏一孔。吹口の形は尺八ではなく洞簫と同型である。洞簫は、中国の楽器で、表五孔・裏一孔。排簫は、正倉院に残欠があるパンパイプ。ピッチを定める律管も同構造。復簧の気鳴楽器は、篳篥《ひちりき》・大篳篥・チャルメラ・哨内《さない》で、簧は舌とよぶ。今日の雅楽では、左方の唐楽、右方の高麗楽(狛)ともに篳篥を使用。篳篥は竹製の縦吹き、管上部に葦製の舌を差す。表七孔・裏二孔、主旋律を演奏。低音の大篳篥は、現存しない。チャルメラの管は木製で、夜鳴蕎麦の楽器として定着し、表七孔・裏二孔、哨内とともに中国系楽器。自由簧の気鳴楽器は、笙と竽《う》で、簧は、さはりで作る。笙は、雅楽で使用し、さはりの簧を付けた十七本の竹管を木製の匏《ふくべ》に差し込むが、二管は無簧。匏の吹口からの息の吹き吸いいずれでも発音。竹管に指孔があり、指で孔を押さえる。合竹といい、四音から五音を同時に出す。竽は大型の笙だが、正倉院に現存するのみである。マウスピースの気鳴楽器は、法螺貝のみで、宗教的な行事の楽器で、修験者が使用。その他歌舞伎の陰囃子では、鳥笛・虫笛・按摩笛など擬音用の歌口のある笛を使用する。球状・卵状・紡錘状の石笛・土笛といわれる笛は、遺跡から発見され、石笛は天石笛といわれ、石に穴をうがつ。土を焼いて作る土笛は、吹き口と指孔を持つ。石笛・土笛とも中国の塤《けん》・オカリナ・鳩笛などと同種の歌口のある笛である。

竜　笛

参考文献　吉川英史編『図説日本の楽器』、一九九二、国立

歴史民俗博物館編『日本楽器の源流—コト・フエ・ツヅミ・銅鐸—』、一九九五　　（樋口　昭）

ふえき　賦役　労働課役のこと。夫役と同じだが、特に主従的身分関係において強い支配・庇護と引換えに要求される私的な労役をいうことが多い。たとえば、特定の地主親方に譜代的に依存隷属する名子・被官・家抱《けほう》・譜代・門屋などは家屋・耕地・山林などを永続的に預け置かれ、その身分が庇護されるかわりに小作料を払う以外にもヤトイ、テマ、スケ、オヤク、テマヤクなどと称し主家の生産労働に一定の日数従事させられ、さらに正月・盆などの年中行事の準備のほか主家の婚礼・葬式などの際の下働きや薪採り・薪割り・掃除・走り使いなど家事労働に非定量的な労働奉仕を求められる。親方・子方関係の強い所では程度の差はあっても分家や小作も同様であった。第二次世界大戦前までこのような関係の残存していた地域もある。　↓家抱《けほう》　↓名子《なご》　↓被官《ひかん》　↓夫役《ぶやく》

参考文献　有賀喜左衛門『日本家族制度と小作制度』（『有賀喜左衛門著作集』一・二、一九六六）、上村正名「近世伊香保村にみる村落の身分階層制」（『地方史研究』一九一、一九八四）　　（上村　正名）

ふえふきむこ　笛吹き聟　異類婚姻譚の中の天人女房系の昔話。笛の上手な男のもとへ天女が嫁に来る。横恋慕する殿様が課す難題を天女の援助で解決する。天王のもとを訪問した笛吹きは、鎖につながれていた鬼に一粒千人力の米を与えてしまう。天王の館を逃げ出した鬼は、地上の天女を奪い去る。笛吹きは天女を捜し求め、無事救出する。現在この昔話は二十話ほど報告されているが、ほぼ東北・北陸地方に限られている。同じく天女の父を訪問するモチーフの「天人女房」の昔話が、七夕信仰と結合する展開をとるのに対し、笛吹き聟は逃竄譚へと展開していくところに両者の違いがある。御伽草子「梵天国」は、この笛吹き聟と話の筋がほぼ一致する。「梵天国」は清水観音の申し子高則が、艱難《かんなん》の末に天女と丹後国成相観音、久世戸の文殊とにそれぞれ化現するという本地物の構成をとる。この「梵天国」と笛吹き聟との交渉、先後関係についてはまだよくわかっていない部分もあるが、ただ奥浄瑠璃に「梵天国」があり、また笛吹き聟の分布が東北・北陸地方に限られていることなどからすれば、文献から口承への道筋が蓋然性が高いように思われる。

参考文献　柳田国男「笛吹き聟」（『柳田国男全集』八所収、一九九〇）、花部英雄「笛吹聟の伝承と展開」（『昔話伝説研究』一二、一九八六）　　（花部　英雄）

フォークロア　folklore　英語で、民俗学、民間伝承の意。folk（民衆）と lore（伝承・知識）からなり、民間伝承およびそれを研究する学問である民俗学の両方の意味がある。フォークロアという術語の成立は新しく、一八四六年にウィリアム＝トムズ Thoms, W. がアンブローズ＝マートンの筆名で『アテネイム』The Athenaeum 誌に手紙を出し、当時使用されていた民間古事 popular antiquities や民間文芸 popular literature という用語の代わりに、新しくフォークロア folklore という言葉を造ってこれを使うことを提唱したもので、生活様式・習俗・儀礼・迷信・バラード・諺など各分野を列挙し包括した言葉であった。欧米では近代的国民国家の成立とともに、十九世紀半ばすぎから、ロマンチシズムやナショナリズムの思潮と結びついて、当時資本主義的生産の発展によって急速に消滅しつつあった民間伝承を学問の研究対象とするフォークロアが成立した。最近では、民俗学を folkloristics と表わす場合もあり、また口承文芸や民間信仰を中心とする folklore に対しそれ以外の民衆生活誌を folklife として区別することもある。これは民俗学の成り立ちが各国によって異なるためであり、日本やドイツなどでは口承文芸だけでなく衣食住や社会生活など広範囲の分野を民俗学の研究対象としており、フォークロアの意味も広くなっている。なお、ドーソンは一九五〇年代に商業主義化したフォークロアをフォークロリズムとして批判し、そうしたまがいもののフォークロアをフェイクロア fakelore と呼んで真正なフォークロアと区別しようとした。

参考文献　アラン＝ダンデス他『フォークロアの理論』（荒木博之訳、一九九四）　　（飯島　吉晴）

フォークロリズム　folklorism　民俗文化が本来のコンテクスト（文脈）を離れて見いだされる現象。民俗音楽の意識的な活用を意味する音楽分野の用語を、一九六〇年代にドイツ民俗学が発展させて概念化したもの。民俗文化の商品化や政治的な利用はもとより、町おこしのイベントにみられる擬似的な民俗の創出もフォークロリズムである。また、民俗学の知識が民俗文化を保持する人々に取り入れられたり、自覚させられたりする現象もフォークロリズムといえる。現代民俗をめぐる複雑な状況を把握するために、フォークロリズムの概念は有効である。

参考文献　R. Bendix: Folklorism — the challenge of a concept —, International Folklore Review. 6 (1998). 河野真「フォークロリズムからみた今日の民俗文化—ドイツ民俗学の視角から—」（『三河民俗』三、一九九二）　　（八木　康幸）

ぶがく　舞楽　雅楽の楽器などを伴奏として舞われる舞。宮廷や東大寺・興福寺・石清水八幡宮などの畿内の大寺社などで行われたが、その後地方へ伝播し民俗芸能化した舞楽も各地に伝存している。宮廷の舞楽は、奈良時代までにアジア諸地域の楽舞が伝来したが、平安時代中期までに、それまでの唐楽・林邑楽《りんゆうがく》は左方唐楽に、高麗楽《こま》・百済楽・新羅楽・渤海楽は右方高麗楽として二分化されて成立した。それに伴い楽器も唐楽には竜笛・篳篥《ひちりき》・笙・羯鼓・鉦鼓（野外では大鉦鼓）・太鼓（野外では大太鼓）が、高麗楽には高麗笛・篳篥・三ノ鼓・鉦鼓（野外では大鉦鼓）・太鼓（野外では大太鼓）が使用されるようになる。舞楽は武具を用いる武舞、これを用いない文舞、雄壮活発に動

きまわる走物《はしりもの》(走舞)、子どもによって舞われる童舞《わらわまい》などに分けられ、文舞・武舞の大部分は四人あるいは六人によって、走物は一人か二人によって仮面を付けて舞われることが多い。装束には襲《かさね》装束・蛮絵装束・別装束があり、また左方と右方では装束の色が異なり、前者は紅・赤系統、後者は緑・青系統を基調としている。別装束はその曲に限り使用するもので、ことに貫頭衣の裲襠《りょうとう》をつけるのを裲襠装束といい、特に毛縁のものは走物に用いられる。頭装では多くの種類があるが、鳥兜が一般的である。宮廷や畿内の大寺社の舞楽は平安時代末期以降、地方の大寺や一宮などを中心に広範囲に伝播したと思われるが、民俗芸能としては、東日本では秋田県由利郡象潟町小滝金峰神社の舞楽をはじめ山形県・新潟県・富山県に顕著にみられ、西日本では島根県隠岐郡西郷町池田の国分寺に伝える蓮華舞と称する舞楽をはじめ、丹後半島から若狭湾沿岸の各地に伝わる舞楽系の王の舞、ほかに静岡県などにいくつか伝えられており、それぞれの地域の特色をもつ舞楽となっている。↓雅楽《ががく》

参考文献 林屋辰三郎『中世芸能史の研究—古代からの継承と創造—』、一九六〇、井浦芳信『日本演劇史』、一九六三、水原渭江「舞楽のあるまつり—西日本を中心に—」(芸能史研究会編『日本の古典芸能』二所収、一九七〇)、三隅治雄「舞楽のあるまつり—東日本を中心に—」(同)、荻美津夫『日本古代音楽史論』、一九七七、芸能史研究会編『日本芸能史』一、一九八一、山路興造「伎楽・舞楽の地方伝播」(『民俗芸能研究』一、一九八五)(荻 美津夫)

フキ フキ 平地や山地などの湿っている場所で生育するキク科の多年草。自生地によってヤマブキやサワブキ、茎の色によってアカブキやアオブキなどの種類に分けられる。また葉柄の長さが二メートルもある大形のアキタブキは、秋田県を中心に栽培されている。食用とされるのは、雪解けのあとにでてくる花芽(フキノトウ)と葉柄のある茎の部分である。花芽には、特有な香りとほろ苦さがあり、すばやくゆでた後に味噌汁に入れたり、クルミ味噌であえたりする。茎は皮をむきアクを抜く。水のはいった鍋に、フキと重曹を入れてゆで、冷めたら冷水にさらし、二〜三度水をとりかえてアク抜きをする。これを、煮物・浸し物・あえ物として使うと同時に、塩漬を中心として味噌漬や粕漬として保存するほか、アキタブキは砂糖漬にされて菓子の材料となる。フキ採りは、四月から六月に行われるが、島根県仁多郡では、六月十五日をフキの誕生日として、この日に採集したフキには虫がいるので採ってはならないという禁忌があった。また、奈良県山辺郡では、フキの葉で包んだ田の神への供物をフキダワラと呼んでいる。さらに秋田市の宮腰家では、アキタブキの葉脈を紙や布に摺り染めにして、屏風・つい立・襖・風呂敷や日ガサなどの模様にした。これは古来からの染色方法の一つで、その技法は一子相伝の秘法とされた。宮腰家では四代目まで継承されたが、現在ではまったく後継者がいないため技術の詳細が明らかにされないまま、その伝承はとだえている。

参考文献 『秋田県史』資料編九、一九七八、秋田県教育委員会編『秋田県の諸職』、一九九一(池谷 和信)

フグ フグ フグ目の海魚の総称。関東・東北でフグ、西日本でフクと呼ぶ。『和名類聚抄』(九三一-三八)に「布久《ふく》一云布久閉《ふくべ》」、『日葡辞書』(一六〇三)に「ふく fucu」「ふくとう fucuto」、『合類節用集』(一六八〇)に「河豚魚《ふくとう》」「鯸鮧《ふくべ》」とあり、表音的にはフクが元であろう。幕末の『防長風土注進案』では、鰒(中国ではアワビの意)の漢字をあてる。『蓮乗寺過去帳』には「安政四年未ノ三月、食河豚魚而死伊崎浦、俗名伝三郎他二名」とあり、これは長門国豊浦郡伊崎浦(山口県下関市)の漁師のフグ食による死亡記事である。日本近海のフグのほとんどは有毒で、肝臓と卵巣に特に毒性が高く、キタマクラで呼ばれる種類もある。フグ食の旬は十二月から三月とされ、トラフグをはじめマフグ、サバフグ、カナフグ、ショオサイフグ、シマフグなどが食用とされるが、標準名とは別に地方名がある。日本ではトラフグが最高級品で、刺身、白子(精巣)を入れたフグちりや味噌汁があり、香りを楽しむ熱燗のヒレ酒もよい。フグ食は日本をはじめ中国、台湾、シンガポール、タイに知られる。日本では、例年秋から冬にかけて近海(瀬戸内海・豊後水道・玄界灘・五島沖など)、日本海および外海(黄海・東シナ海)ものが主として延縄で捕獲される。水揚げ量は長崎・福岡・鳥取・福井・鹿児島各県の順に多い(一九九五年(平成七)調査)。下関市南風泊にはフグ専用の市場がある。

参考文献 野口玉雄『フグはなぜ毒をもつのか—海洋生物の不思議—』(「NHKブックス」七六八、一九九六)(伊藤 彰)

フクギ フクギ オトギリソウ科の常緑高木。福木の文字をあてる。高さ十数メートルに達する。葉は対生し、長楕円形で厚く、光沢がある。雌雄異株で五〜六月に帯黄白色の花が開花し、八〜九月に柿に似た扁球形の果実が黄熟する。近世沖縄各地で防風林・防火林・防潮林として、屋敷木や村の周辺に植栽された。樹皮からは黄色の染料がとれ、織物や紅型(染物)に用いられた。沖縄県国頭郡本部町備瀬・久米島真謝(島尻郡仲里村)など各地に福木並木が見られる。(上江洲 均)

ふくげんてきちょうさ 復元的調査 民家が建てられた当初からどのようにして現状になったのかを確かめる調査。民家研究の科学性を著しく高めた調査方法であり、民家の歴史史料の解明に不可決なもの。具体的な方法として目的や調査の許容時間などにより調査範囲や調査程度がきまる。短時間で広範囲の調査には最も重要な要素となる間取り、技術の特色を示す小屋組の調査が復元の対象になる。小規模な復元的調査では間取りだけの調査であってもよい。復元的調査は当初に復するだけが目的ではなく、その後の改造過程から生まれた間取りや小屋組の歴史的変化を復することも重要である。復元的調査

の一般的作業は、㈠現状図の作成、㈡構造の痕跡調査、㈢復元平面図・構造図の作成、他に写真撮影、拓本などもとる。㈠は平面図・断面図・構造図・配置図などからなる。平面図は柱位置・柱間寸法・柱間装置、床《ゆか》と天井の種類、設備の種類と位置、出入り口の位置、室の呼び名などを記入。断面図は一般的には土間と床上境の柱通りをきり、主要な断面の部材の組合せと寸法を記入。構造図は架構法を描くが内法高より上部を等角法で描くのがわかりやすい。構造の痕跡調査は復元のために具体的な証拠に残る継手・仕口・釘穴・圧痕・風蝕・煤け具合・仕上げ状態などの物的証拠を総合的に判断した上で、部材が当初材かどうかを見極め失われた部材の形状を推定する。これらを基にして普通は復元平面図・構造図を描くが、推定の正確度により実線・点線・空白で表わす。民家の歴史的研究は遺構の建築年代をも知ることが必要であり併せて編年を行うことが求められる。

参考文献 日本建築学会民家小委員会編「民家調査基準—復原的調査及び編年—」(『建築雑誌』七八ノ九二

復元的調査

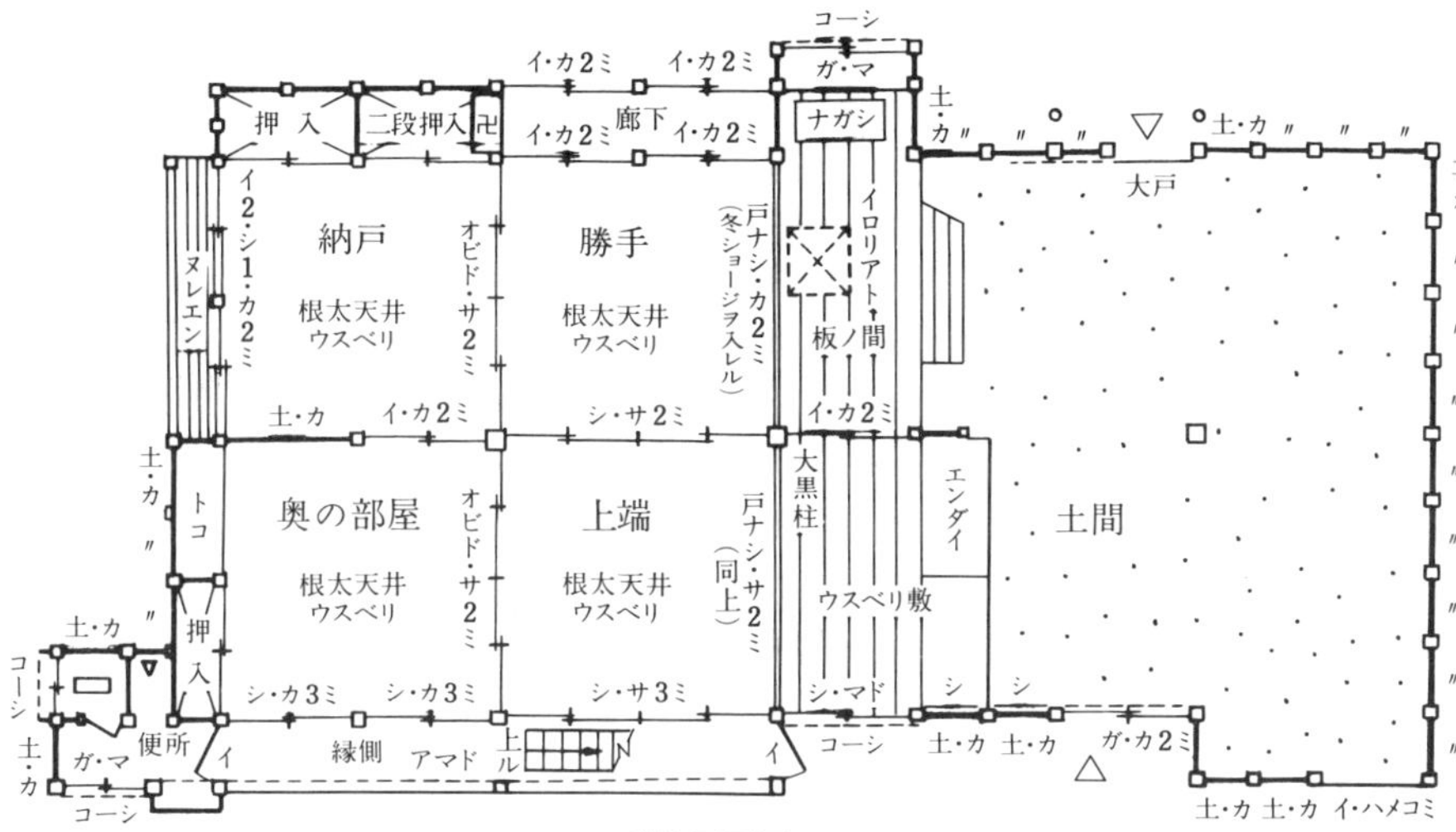

現状平面図

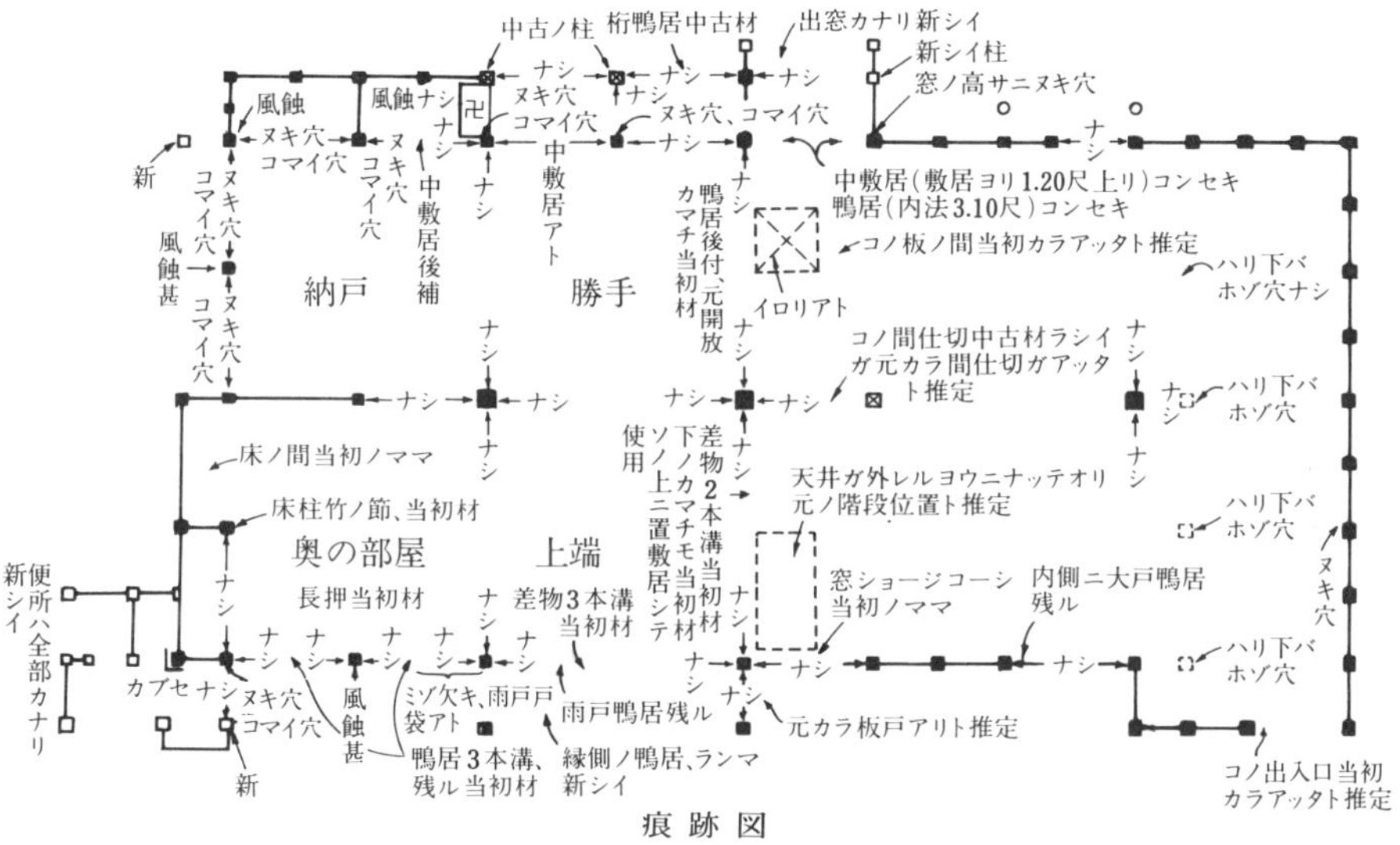

痕跡図

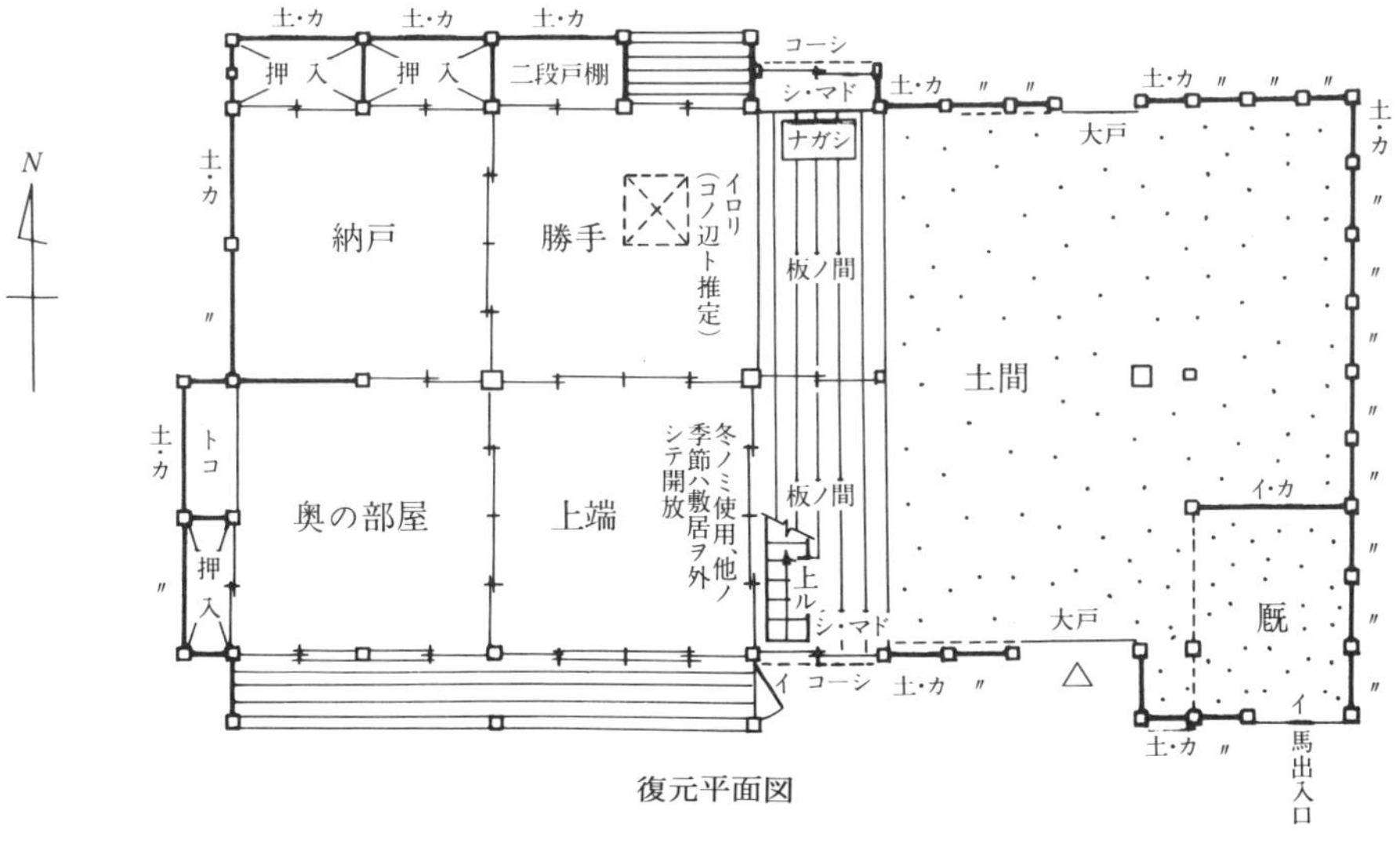

復元平面図

六、一九六三)、太田博太郎編『民家のみかた調べかた』、一九六七　（山崎　弘）

ふくご　福子　精神薄弱や聾唖、身体不自由など心身に障害のある子どものことを、家に福をもたらすとして呼んだ呼び名。他に宝子《たからご》・福虫《ふくむし》・福助《ふくすけ》などの呼び名がある。関西に濃密に分布し、山陰、岡山を除く瀬戸内海を囲む府県すべてに事例がある。このような子どもが家にいることによって一家の災厄を肩代わりするといったり、家に福をもたらすといったりする。このような伝承の中には家の商売との関係に言及するものもある。障害のある子どもがいると家の商売が繁盛するというのは、商売の縁起物である福助人形とのかかわりが注目される。福助については諸説があるものの、江戸時代の大頭の異形の人物で、一代で富を築いた人物とされている。また、家の子どもではないが、店に立ち寄ると商売が繁盛したので、のちに福の神としてまつられる仙台四郎と呼ばれる精神薄弱の人物の伝承も共通するものがあろう。一方、このような伝承とは別に、障害のある人は家から独立しないで家のためによく働くから家に福をもたらすという伝承もある。このような伝承の中には、障害の有無よりも単身者であることを強調する事例もあり、東北地方のオジ・オバの問題とからめて考察する必要がある。また高知県宿毛市鵜来島では、漁師の妻が妊娠した際に大漁になることがあり、そのような腹子のことを福子と呼んでいる。しかし高知県幡多郡・京都府北岸ではそのような場合、生まれる子は身体が弱いとか障害が出るとかいっている。いずれの伝承にせよ、その身を犠牲にして家に富をもたらすという点に共通性がある。　↓オジ・オバ　↓鬼子《おにこ》

参考文献　桂井和雄『俗信の民俗』、一九七三、大野智成・芝正夫『福子の伝承―民俗学と地域福祉の接点から―』、一九八三、大島建彦「仙台の「福の神」」(『西郊民俗』一四〇、一九九二)、山田厳子「子どもと富―「異常児」をめぐる「世間話」―」(『国立歴史民俗博物館研究報告』五四、一九九三)　（山田　厳子）

ふくごうかぞく　複合家族　家族類型の一用語。マードック Murdock ,G.P. による核家族を単位とした compound family の訳語である。マードックは、複数の核家族の結合した家族形態、その結合のタイプとしては、親子関係を世代的に縦に連鎖した拡大家族と複数の配偶者をもつ婚姻(複婚)を媒介として横に連鎖する複婚家族の二類型を区分している。また森岡清美は、このマードックの核家族論を継承しつつ現代家族の分析に即した家族分類の用語として複合家族をより狭義に、「複数の既婚子が共属する定位家族を要として、複数の生殖家族が結合した形態」として定義している。森岡の用法はアメリカの人類学用法の joint family に近い。ただし、joint family の訳語としては、合同家族という言葉の方が一般的である。　↓拡大家族《かくだいかぞく》　↓家族類型《かぞくるいけい》

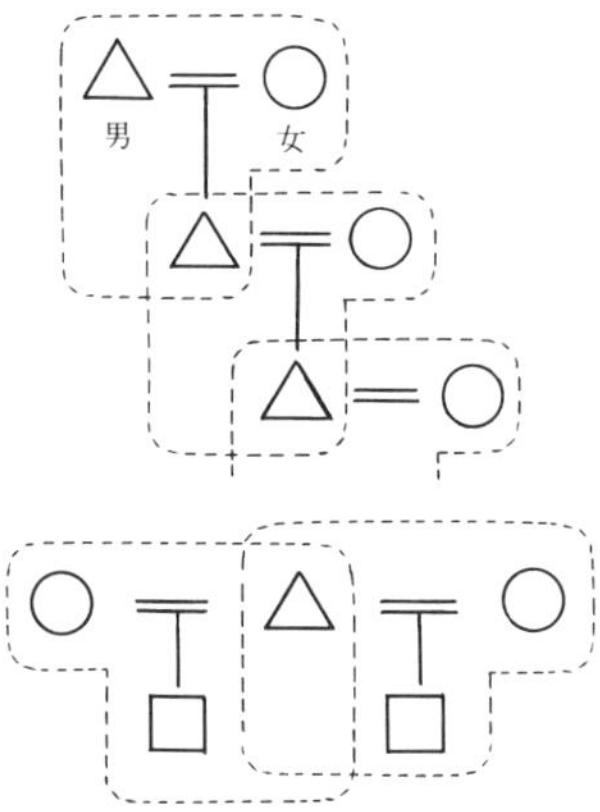

複合家族

参考文献　森岡清美「家族の分類」(『社会学講座』三所収、一九七二)　（山内　健治）

ふくこん　複婚　社会的に認められた婚姻関係にある配偶者の数が複数である場合をいう。大部分は一人の男性が複数の女性と結婚する一夫多妻婚の形態をとるが、一人の女性が複数の男性と結婚する一妻多夫婚もごく少数の社会で認められている。排他的に単婚を制度化しているのは人類の諸社会では一割くらいである。農耕労働の大部分が女性により行われるアフリカ社会などで一夫多妻制が多いが、妻の出産・育児能力とともに働き手としての価値が高く評価されるためである。また、男が生業の主たる担い手であることのおおい牧畜社会ばかりでなく、いろいろの種類の社会で、経済力あるいは政治力を示す効果をもって、社会内の比較的少数の者によって実行される。採集狩猟民社会でも有能な狩猟者やシャーマンなど秀でた能力を有する者が多妻者になる例がある。一夫多妻制といっても、大部分は一夫一婦である。一妻多夫婚の例はきわめて少なく、インド亜大陸のチベット人やトーダ人の社会、マーケサス諸島や、アフリカなどからも報告され、現在ではごく部分的に実行されているのみである。男女で結婚適齢期の差があること、生活を支える資源や財産の分散を避けること、生業の種類や生態学的環境など、特有な条件に応じて行われてきた。なお、一夫多妻婚も同時に認められる例もあり、なにをもって婚姻状態にあると認めるかの判断が難しい場合が少なくない。いずれにせよ複婚は単婚の重合したものではなく、そこには出産、子供の養育、家事労働や生業に関して独自の組織が認められる。そのほかに、相互に複数の配偶者からなる群婚の形態も報告されているが、制度的というより一時的な形態と考えられる。　↓単婚《たんこん》

参考文献　G・P・マードック『社会構造―核家族の社会人類学―』(内藤莞爾訳、一九七八)、和田正平『性と結婚の民族学』、一九八八　（小川　正恭）

プクサ　プクサ　アイヌ語でギョウジャニンニク(別名キトビル)のこと。北海道南部からクリール(千島)にかけてはプクサ、北海道北部からサハリン(樺太)にかけてはキトという。アイヌの人々にとってギョウジャニンニクは、他の山菜に比べて収量も多く、用途も広く山菜の中心になっている。ギョウジャニンニクの花のつぼみが大きくなるまでは、ゆでる、いためる、蒸す、焼く、煮つめる、玉子とじなどの調理法に他のものを組み合せて特有の甘

味と香り、歯ざわりを楽しむ。つぼみが大きくなるにつれて甘味はさらに増してくるので、採取後は水洗いをすることなく木口から細かく切り刻み、青菜は粗く切る。別々に干して保存食とするほか、魔除け、気力や体力の増長にも用いる。（藤村　久和）

ふくしょく　服飾　近世以降、身につける衣服に加えて装身具のかぶりもの・履物・持物・髪飾用具および結髪様式の総称。服飾の語の意味は時代によって解釈が異なる。中国の古典では身につけて飾る衣服を意味していた。そのほか衣服の飾り、規定の装束につけるしるし、服章などの意味もある。また、装身具類のみを服飾と呼ぶこともある。服飾は社会生活のなかで多様な機能をもっている。人間の美的欲求には、服飾による自己表現、美意識がある。そのことから服飾は防寒防暑などの実用性および、文身《いれずみ》などの身体装飾をはじめ、服飾の形態・地質・文様・色目など染織技術の発展がみられて美的価値が高められた。また、生活態度、社会との関連をみるものに、色彩の位階制度があり、制服などの集団的性格を表わす場合もあり、流行のように社会的な広がりをもつものもある。社会とともに変容する服飾の解明に服飾史がある。服飾は、他民族との区別による特殊性をもつ。信仰に基づく禁忌の習慣の対象としては、まず衣服を着替えることが生命の入れ替えでもあるので、人の成長の節目には晴着《はれぎ》を着る。新調した衣服類の着初めには、着装して神に参詣する。赤色の呪力により産着・腰巻は魔除けになる。嬰児などの衣服の背守り・付紐飾りも同様の意味をもつ。紐落し祝いは、七歳までの子の付紐をやめて帯を結ぶことである。衣服の反物を裁つ時は、正月の裁ち初め、暦の大安吉日などの日を選ぶ。二月八日の針供養などもあり、また冠婚葬祭などの通過儀礼の服飾に特殊性がある。（高橋　春子）

ふくしょく　副食　主食に添えて食べる食物のこと。おかず、惣菜、カテ、サイ、ソエなどという。主食に対して副食という言い方をする。穀類（米・雑穀）を多量に食べる状況になってから、主食と副食という言い方ができるようになる。主食と副食とを厳密に区別することは難しく、たとえば、かて飯や雑炊や丼物は、主食・副食という分類ができない。副食には、大根、カブ、サトイモなどの農産物、魚貝類や海藻類などの海産物、ワラビやぜんまいなどの山野の自生植物などがある。一九五五年（昭和三十）ごろから、穀類に集中した食事から副食に重点をおくようになったため、穀類・イモ類の利用は減少の傾向にあり、その一方で副食となる動物性食品（魚類・肉類・卵類・乳製品）や野菜類・果実類・砂糖類・油脂類が増加している。栄養学的にみると、動物性たんぱく質・脂質・カルシウムなどの栄養素の摂取が著しく増加している。また、食品の種類が多様化したり、たとえば野菜類では、大根やカブからレタスやトマトなどの消費が増えるなど内容の変化もある。料理法も従来の煮る・焼くから、油を使用した炒める・揚げるなどの調理法が多く用いられるようになっている。調味料も味噌や塩や醬油に加えて、ケチャップ、マヨネーズなども使用されるようになり、材料・調理法ともに多様化している。（五島　淑子）

参考文献　厚生省編『国民栄養の現状』

ふくじん　福神　⇩七福神《しちふくじん》

ふくすけ　福助　裃をつけた頭の大きい男児の陶器製人形。座布団にのせて店頭に置くと繁盛するという。扇子を持ち、正座している。文献的には江戸時代末期以降の流行である。一八九二年（明治二十五）刊の『大丸騒動綾錦都乃花絹』によれば、八代将軍徳川吉宗のころ、京都の大文字屋の主人の養子が、頭が大きく背が低く、耳たぶが肩まで垂れた子どもであったが、彼のお蔭で木綿の足袋・腹掛け・手拭い商売が繁盛したといわれ、以後、福助ブランドで売り出したという。彼は伏見の生まれとされ、この流行には伏見土人形の流布が関係している。このことから、関西では大きな頭のことをダイモンジャとよびならわす。また、伊吹もぐさの「亀屋」にも、天明年間（一七八一―八九）に生まれた番頭福助がおり、商売を繁盛させたといわれ、今なお店先に飾られている。この福助も頭が巨大で、耳たぶが大きく、裃をつけている。福助がめでたい縁起物となるについて振鷺亭の『叶福助略縁起』（一八〇五）には、両国の回向院で開帳された福助の像は、大黒天の化身だといわれ、お多福（またはお亀）と夫婦で、その媒酌を福禄寿がしたという。こうした障害を福とする力あるいは障害者を福子として位置づける伝承は、近世末から明治にかけての商業資本の展開において、宣伝として流布されたものと考えられる。

参考文献　芝正夫・大野智也『福子の伝承』、一九八三、荒保宏編『福助さん』、一九九三、小松和彦「福子の民俗学のために」（『父親が娘を殺す話』所収、一九九三）（森栗　茂一）

ふくせたいせい　複世帯制　家の構造を世帯のあり方から理解するために用いる類型概念で、一家族内に複数の生活単位（世帯）を含む家族制度のこと。この用語を最初に規定したのは、家の地域性に着目した大間知篤三である。大間知は、日本の家のあり方について直系親族・大家族が一つの世帯内で暮らす家の単世帯制と、夫婦単位に棟をわかち、煮炊きを別にし、多少とも生計単位としての独立性を持った世帯に分かれて暮らす家の複世帯制の二類型を提示した。大間知は、さらに複世帯制を主屋をでて別世帯をつくるものが誰かにより親別居・継子別居の二形式に下位区分している。この親別居による複世帯制とは、いわゆる隠居制のことである。大間知の複世帯制概念による家理論の特質は、東北日本を中心に分布してきた大家族制と、隠居制家族をはじめとする西南日本にみられる家のあり方の違いについて、世帯という客観的な概念で類型化が計られたこと、さらに相続慣行からは等しく直系家族として類型化される家族であっても、単世帯制か複世帯制かにより家族構造内にみられる志向性として現状維持、もしくは縮小傾向の質的差異が認められることを明示した点にある。その後、複世帯制概念は、日本の地域性研究の中に発展継承される形で蒲生正男・上野和男らにより積極的に家族類型論としてとりいれられている。↓隠居《いんきょ》 ↓大家族《だいかぞく》 ↓複合家族《ふくごうかぞく》

参考文献 大間知篤三「家族」(『日本民俗学大系』三所収、一九六四)、蒲生正男『増訂・日本人の生活構造序説』、一九七八、上野和男『日本民俗社会の基礎構造』、一九九二 (山内 健治)

ふくそう 複葬 死の直後の葬儀とは別に、一定期間をおいて、遺骨を中心に二回目の葬儀を行う葬制の一種。一回のみの単葬に対して二重葬ともいうが、二回以上の場合もあるため複葬の語が適切といわれる。広義には七七忌日や年忌法要のような段階的な過程が見られる葬儀のすべてが含まれるが、狭義には、仮埋葬したり安置しておいた遺体の腐敗が進んだ時点で、遺骨を取り出して何らかの処置を施す葬儀をいう。遺骨をまとめて別の葬地に移葬する場合も多い。死の直後の葬儀を第一次葬、二回目のを第二次葬とよぶ。しばしば第一次葬は近親者だけで小規模に行い、第二次葬は地域全体の盛大な行事となっている。世界各地の考古学の遺跡からは、複葬を推測させる証拠が数多く発見されている。日本にもその例は多いが、すべてが複葬だったとはいえず、単葬との先後関係も単純に図式化はできない。民俗学のテーマとして注目された両墓制は、その多くが狭義の複葬の範疇には入らない。複葬は民族学者や文化人類学者によって、世界各地の現行の習俗としても研究されてきた。ロベール＝エルツは、第一次葬と第二次葬の「あいだの期間」の社会的、象徴的重要性を指摘した。日本では鹿児島県奄美地方や沖縄県で、典型的な複葬といえる洗骨の風習が広く見られた。墓や洞窟に仮埋葬した遺体を数年後に取り出し、遺骨を洗浄して厨子甕に入れて埋葬し直すものであったが、第二次世界大戦後には衰滅に向かった。↓洗骨《せんこつ》

参考文献 名嘉真宜勝・恵原義盛『沖縄・奄美の葬送・墓制』、一九七九、メトカーフ＝ハンティントン『死の儀礼』(池上良正・川村邦光訳、一九八五)、大林太良『葬制の起源』(「中公文庫」、一九九七) (池上 良正)

ふくそうひん 副葬品 死者に添えて埋葬するもの。死者の愛用品や好物の食べ物、頭陀袋、六文銭、数珠、杖や笠などを棺の中に入れる地域は広範囲にみられる。特に男性は煙管などの煙草道具、剃刀など、女性は針や糸など裁縫道具、鏡、櫛といった化粧道具を入れることが多い。また、盆に死亡した場合には、先祖が死者の頭を叩くという伝承を伴って、死者の頭にすり鉢や焙烙《ほうろく》を被せるという地域もある。これらはみな死者が死後も必要なものとして捉えられてきた。このほか、死者の臍の緒や近親者の毛髪や爪を入れるという地域も多く、特に配偶者の毛髪の場合、再婚しないためという地域もあれば、縁を切って再婚するためという地域もあり、両方の解釈がなされている。また死者にものを託するという考えもあるようで、長患いの病人の着物を棺に入れて病気を持っていってもらうという伝承や、特に沖縄、奄美地方では祖先へのグソーヌチトゥ(みやげ)として茶やたばこ、タオルなどを入れるという。一方で死者が必要とするわけではないが、人形などを死者とともに葬ることもある。これは、友引や丑の日など葬式を忌む日に式をせざるをえない場合には棺に藁人形を入れたり、年内に二度目の葬式を出す家では藁や土の人形、藁打ちの槌などを三人目の死者が出ないように副葬するという習俗である。近年は専用火葬炉による火葬のため、眼鏡や入れ歯など燃えない物は焼骨とともに骨瓶に入れて埋葬する場面も多く見られる。 (山田 慎也)

参考文献 五来重『葬と供養』、一九九二、土井卓治『葬送と墓の民俗』一九九七

ふくだんか 複檀家 複数の寺院と寺檀関係を形成している家。民俗語彙としては半檀家ということが多い。現在は関東地方や中部地方にごく少数の例が見られる程度であり、村落全戸やある地方で大量に見られることはない。しかもそれらはいずれも一軒の家として男寺・女寺が決まっており、葬儀に際して性によって決まっている寺に導師を依頼することで顕在化する。婚入してきた者は、その性によってどちらかの寺院の檀那になる。それに対して、原則として個人ごとに檀那寺を記載する近世の宗門人別改帳のうち、十七世紀後半から十八世紀にかけての関東地方から九州地方までの広い範囲での帳面に複檀家の記載がしばしば見られる。その多くは子供全員が父親の檀那寺に属し、その寺檀関係を結婚その他による家の帰属が変更になっても生涯維持するものであり、またなかには男子は父親、女子は母親の寺を継承し、やはり生涯にわたって維持するものであった。そのために三ヵ寺以上と寺檀関係を結ぶ家も珍しくなかった。このような寺檀関係は近世中期には次第に少なくなり、家として男寺・女寺が固定した複檀家になり、また大部分は一家一寺の一般的な檀家の姿となった。複檀家は、一家一寺の寺檀関係が確立するまでの過渡的な寺檀関係といえるが、結婚などによる家の帰属関係の変更にもかかわらず親子関係が生涯維持され、しかも父と男子、母と女子という並行的な関係がかつては見られたことも示しており、日本の親子関係を考える重要な手がかりを与えてくれる。近年は、二ヵ寺と寺檀関係を維持することの経済的負担が重いため、複檀家を解消する傾向が見られる。 (福田アジオ)

参考文献 大桑斉「半檀家の歴史的展開」(『近世仏教』二〇、一九八六)、福田アジオ「近世寺檀制度と複檀家」(『仏教民俗学大系』七所収、一九九二)

ふくとみちょうじゃ 福富長者 中世の御伽草子に出てくる主人公。隣家の貧しい主人が放屁の芸で長者となったことを羨み、その真似をして長者になろうとして失敗

する福富という者の滑稽な物語。中世絵巻の『福富草紙』には民衆の生活がよく描かれている。この物語は昔話の「屁ひり爺」の系列で全国的に流布する。貨幣流通が盛んになった室町時代に福徳長者などと呼ばれた成金が出てきたころの笑話。

参考文献 渋沢敬三・神奈川大学日本常民文化研究所編『(新版)絵巻物による日本常民生活絵引』四、一九八四、小松茂美編『(続)日本の絵巻』二七、一九九三　(小澤　弘)

ふくびき 福引　籤を引いてそれぞれに景品をとる遊戯。正月に一つの餅を二人が両方から摑んで引き合い、取り分の多少によってその年の福禍を占ったことからこの名がついた。すでに、室町時代には、福引の原型である宝《ほう》引《びき》が庶民の間にかなり広まっていた。これは、数本の綱の一本もしくは全部に物か銭をつけ、一人一本ずつ引っ張って、当たったものが賞品を入手するというもの。福引は、一時賭け事とみなされ禁止されたこともあるが、庶民の楽しみの一つとして、福禍を占うことよりも景品当てとして遊戯化、今日に伝えられている。　(神崎　宣武)

ふくも 服喪　喪に服すること。服忌《ぶっき》ともいう。身内の人の死が公表されると、一定期間、喪服(素服)を着て家に静かに忌籠ることをいう。一定期間とは『養老令』に「君、父母、及び夫、本主のために、一年。祖父母、養父母に、五月。曾祖父母、外祖父母、伯叔姑、妻、兄弟姉妹、夫の父母、嫡子に三月。高祖父母、舅姨、嫡母、継父の同居、異父兄弟姉妹、衆子、嫡孫、従父兄弟姉妹、兄弟の子に、七日」(原漢文)とある。喪は古くは死と葬送のことをいい、ひいては死の発生に伴う慎みをも指すようになった。斉明天皇の死にあたって「皇太子、天皇の喪《みも》を奉徙《いまつ》りて」(『日本書紀』、原漢文)とみえるので、喪は遺体を指すことにもなる。死を公表することを発喪といい、発喪されると葬送儀礼としての殯《もがり》が始まる。発喪をモガリと読ませるのはこの理由による。死者と特に関係の深かった者(夫、娘など一人のみ)が殯宮に入った。このことのために官人たちも休暇が与えられた。居喪の令とも書かれ外界とは一切の関係を絶つ。『魏志』倭人伝にも喪人は「頭を梳《くしけず》らず、蟣蝨《きしつ》を去らず、衣服垢汚、肉を食わず、婦人を近づけず」(原漢文)という慎みをしたとある。平安時代の初めころになると、墳側に庵を設けて三年の喪に服する紀夏井のような者も出た。これが今でも高知県で行われる死後七日目のアラビアケや四十九日の満中陰の元であるという考えもある。いずれも酒食が伴う。忌引きもこれである。この期間は神社へ詣ることをしないのが普通であるが、香川県では百日間は神参りをしないといい、愛知県の日間賀島では一年間穢れているという。そして、麦種子も他家と交換して蒔くとまでいう。

参考文献 田中久夫「殯宮考」(『仏教民俗と祖先祭祀』所収、一九八六)、武田明『日本人の死霊観―四国民俗誌―』、一九六七　(田中　久夫)

フクラ フクラ　海岸線、または水筋の湾曲した形状にもとづく地名。「ふくれる」という語と語源を同じくする。漢字の用例としては、福良・吹浦・福浦・深浦など。海岸線に多くみられ、フクラという地形には風待ち港となる岬がつづいていることから航海者や、地曳網漁の漁業者と関係する地名と考えられる。内陸の場合は、山中の耕作居住に適した平地をあらわす。

参考文献 柳田国男「地名の研究」(『柳田国男全集』二〇所収、一九九〇)　(野地　恒有)

ふくろくじゅ 福禄寿　中国人の三大願望である幸福・富貴・長寿のこと。新年や慶事にそれらを擬人化した三人の神像を描いた三星図や桃を持った長頭の寿老人のほかに福と禄を象徴したコウモリ(蝠)と鹿を描いた福禄寿図などの掛け軸を飾る。在日華僑では、主に中国南部出身者の家や店でみられる。寿老人は、本来南極星の化身といわれ、天下泰平の象徴としてまつられた。日本では、寿老人を福禄寿という一人の仙人としてみなし、室町時代以降七福神の一つに組み入れている。　(小熊　誠)

フケ フケ　地名。湿地や深田のことで、福家や富家の好字をあてるほか、浮気・布下・布計・婦気・更・深など種々の字をあてる。京都市伏見区の泓《ふけ》ノ壺、同左京区の沮沢《ふけさわ》などの字の使用もある。フケは「深《ふか》」の語からの音転らしい。『平家物語』に「谷、ふけを嫌はず」とみえる。また『太平記』に「深田」を「ふけた」という。フキ(吹・富貴・蕗など)の地名の中にもフケと同義のものもある。ただし風や鍛冶の「吹き」や植物名の場合もある。

参考文献 柳田国男「地名の研究」(『柳田国男全集』二〇所収、一九九〇)　(鏡味　明克)

ふけい 父系　子孫と祖先との関係が、特に父子関係の連鎖によってたどられる方式をさす。これが制度化され、さまざまな場面における帰属や継承がこの方式で決定されている社会を父系社会という。子供は男女ともに父の集団に所属し、父方から財や地位などが引き継がれる。父から息子や娘に継承されるだけでなく、父の姉妹から兄弟の娘へという、父方オバとメイとの関係も重要であることから、父系社会における女性親族の役割や、婚姻後の夫婦の紐帯や兄弟姉妹関係、婚出した女性と実家との関係なども考慮する必要がある。しかしながら日本では家の相続継承という場面では父から息子への系統が強調されることも多く、父系よりも男系として理解することもできる。厳格な理念としては、長男単独相続、次男以下を傍系として排除(分家や養子として生家を出る)、娘の婚出が理想とされるが、実際には、日本は地域的な相違や階層による相違と、状況に応じた可変的な方式がみられ、柔軟な構造を内在させた父系社会であるといえよう。また、本土では姉家督、末子相続、聟養子などのいくつかの相続方法がみられ、父系制の実施は必ずしも厳密ではないが、沖縄本島や八重山の一部では、近年になって厳格な父系制、特に男系の血縁者による系譜の連続を理想とする動きがみられるようになってきた。たとえば、息子がいない場合には娘を婚出させて、父系血縁者の中の男子を養子にむかえたり、過去にまでさかのぼって系譜を手直しすることもある。日本で父系制を論じるには、個人と祖先との関係よりも、社会の単位となる家の相続継承がどのような方式で行われているかが問題になり、また婚入してきた妻が家の成員ないし嫁としての地位を確立することで、主婦権の継承も研究課題とされる。 ↓シジタダシ ↓双系《そうけい》 ↓母系制《ぼけいせい》

参考文献 蒲生正男『日本人の生活構造序説(増補版)』、一九七六

(高桑 史子)

フケダ フケダ 低湿田とくに泥深い田。フケは低湿地または沼池の意味である。岡山県高梁市では牛の入らない水田をフケダという。長野県上伊那郡高遠町では、水田の中でもいったん入ると出られない深い場所を特にフケと呼び杭を立てて注意した。耕作は人力に頼らざるをえず、岡山県真庭郡では水田に沈めたドウギを足掛かりにして田植えをした。また鳥取県のフケヌキと呼ぶ排水施設のようにフケダを少しでも乾燥させるための工夫を凝らすところもある。 ↓湿田《しつでん》 ↓ドブ ↓春田《はるた》

(安室 知)

ぶけづくり 武家造 中世の絵巻物などに描かれた武士居館にみられる櫓門や塀、濠などの防御的な構えから中世武士独自の様式があるとみて名付けられた住宅様式名称。歴史教科書などでもよく用いられている。ただし各種の絵図面や考古学発掘資料などで明らかになる中世武士住宅の実際の平面構成は、書院造への過渡的な様相は示すものの、基本的には寝殿造と変わるわけではなく、平面を重視する建築史の立場では様式名称として用いていない。

参考文献 太田博太郎『書院造』、一九六六

(玉井 哲雄)

ふじ 藤 マメ科の落葉性の藤本(ツル植物)。日当りの良い林の縁などに生育するが、森林中にもはびこって、木にからみつき林業上大きな被害を与えることもある。大きなものは直径二〇㌢にも達する。野生のものは本州・四国・九州に自生し幹が左から右に巻くフジ(ノダフジ)と、右から左に巻く近畿以西・四国・九州に生育するヤマフジがある。花は藤色または白色で房状に垂れ下がって咲き芳香がある。古くから利用されてきた植物で、花・花粉は食用、種子も少量ならば食用となる。また新芽も食用となる。主として花の色と花序の大きさの違いによる、さまざまな園芸品種が知られ、庭に植えて花を楽しむ。野生株はその台木に使う。ツルは非常に丈夫で藤布に使われ、土木工事用のもっこ、箕の縁などに使われた。こうした用途には木に絡むツルではなく地上を這うツルを利用する。この方がしなやかで折れにくいためである。こうしたツルは切断しても、切り口から再び芽を出して再生する。生育が旺盛でツルはものに絡みつき年間数㍍にものびる。しばしば樹木の樹冠の上に広がって樹木を枯らすことがある。これを光寄生という。光寄生の例としてこのほかクズもよく知られている。また木の幹に絡みついて変形させたり、枝を折り曲げることもある。林業上ではクズとともにやっかいな植物である。

(中川 重年)

プシクスリ プシクスリ アイヌの男性が用いたヒエやアワなどの呪《まじな》いの品。旅行や狩猟に携行し、まき散らして身の安全や豊猟を祈願した。プシ、プスは穀物などの穂の意で、ヒエやアワはもともと位の高い「アイヌ自身の穀物」と考えられていて、旅行や狩猟に携行する呪いの品でもあった。名称は異なるものの、釧路以外では女性も行い、ヒエやアワのほかにキハダの実やコメ、麴、乾燥したギョウジャニンニクなどが用いられていた。

参考文献 アイヌ文化保存対策協議会編『アイヌ民族誌』、一九七〇

(渡部 裕)

ふじこう 富士講 近世初頭より、富士行者によって始められ、特に一七三三年(享保十八)に食行身禄が富士山で入定を行なったことを契機にして、その後、江戸市中を中心に組織された富士信仰を母胎とする講集団のこと。古代・中世のいわゆる修験者の苦行を重ねる行を中心とした山岳信仰から近世の山岳信仰の形態は大きく様がわりをして、一般庶民が自由に登拝をするようになったことで、それが人々に代参講を簇生《ぞくせい》させる結果となった。日本の山の象徴的存在であった富士山は、いつでも庶民信仰の対象となった。特に関東農村を中心に富士講の結成をみたのをはじめ、江戸市中では爆発的な講の結成がみられ、小型模型の富士山である富士塚が多数築かれた。この富士塚には富士登拝のできない老若男女が多数登拝して、富士登山をしたのと同じ御利益を求められるとさ

講社の旗と宿坊（富士吉田市）

火祭での富士講中（富士吉田市）

れていた。しかし、富士講は特に中期以降に爆発的な人気を博したものの、幕府により富士講という集団が拡大することを危険とみなされ、たび重なって、富士講の結成が弾圧されることがあった。それでもなお、富士講は身禄行者以後の『三十一日の巻』などに代表される教理が整理されつつ発展し、武蔵鳩ヶ谷宿(埼玉県鳩ヶ谷市)には小谷三志による不二道が創出された。不二道の基本精神には男女平等があり、他と同時期に創出されていった天理教(奈良県天理市)・金光教(岡山県浅口郡金光町)などとは性格を異にしていた。この男女平等の精神的核になったのは、身禄行者の娘ハナを後継者に選んでいることなど、女の穢れといった当時の常識を否定した面があったことを見いだすことができる。これをもとに明治以後、扶桑教・実行教・丸山教などの神道教派が江戸時代以来の富士講を母胎にしつつ再編成されていった。しかし、国家神道の名のもと富士講は扶桑教などに半ば軒先を借りるような信仰形態が展開していった。そのため大がかりな祈禱や梵天は姿をけしたが、白装束で六根清浄を唱えながらの集団登拝をする姿は今日も伝えられている。また、江戸市中に多くの富士塚が築かれたが近年の宅地造成などの地域開発によって富士塚が消滅する所が多く、文化財の立場からも問題を生じているところが見られる。しかし、なかにはこの富士塚に毎年のお山開き(七月一日)に講中による集団登拝をする習俗が東京でも数ヵ所確認されている。現在、富士登山を行う富士講は数少なくなり、しかも月拝みやお焚きあげを行う講はより減少の一途を辿っている。また、吉田口(山梨県富士吉田市)・須走(静岡県駿東郡小山町)などの富士登山口で富士講を対象に宿坊(民宿)活動を行なっている御師《おし》も近年に至って激減している。　↓浅間信仰《せんげんしんこう》　↓富士山《ふじさん》　↓富士塚《ふじづか》

参考文献　井野辺茂男『富士の信仰』、一九二八、岩科小一郎『山の民俗』(「民俗民芸双書」、一九六八)、鈴木昭英編『富士・御嶽と中部霊山』(「山岳宗教史研究叢書」九、一九七八)、岩科小一郎『富士講の歴史―江戸庶民の山岳信仰―』、一九八三、平野栄次編『富士浅間信仰』(「民衆宗教史叢書」一六、一九八七)
(西海　賢二)

ふじさわもりひこ　藤沢衛彦　一八八五―一九六七　民俗学者、児童文芸研究家。一八八五年(明治十八)福島県生まれ。一九〇九年明治大学卒業。一九一四年(大正三)日本伝説学会を設立し、一九二六年から二七年(昭和二)にかけて、雑誌『伝説』を第三巻二号まで刊行する。伝説・昔話・童謡・歌謡の収集・研究にあたる。江戸時代の浮世絵などによって、膨大な資料を作成した。一九三二年より明治大学で風俗史学・伝説学を講ずる。一九三六年日本児童文学者協会設立、ほか日本童話学会・日本アンデルセン協会の設立に関わる。一九六〇年日本風俗史学会理事長。一九六七年没。著作に『日本伝説研究』全八巻(一九三五)、『図説日本民俗学全集』全八巻(一九六〇)、『日本民俗伝説全集』全九巻(一九五五)のほか『日本伝説叢書』『日本歌謡叢書』『日本伝承民俗童話全集』などがある。また、「藤沢衛彦略歴」(『日本児童文学』一三ノ七)に、「年譜・著作目録」がある。

参考文献　日本風俗史学会編『風俗史学の三十年』、一九九〇
(坂本　要)

ふじさん　富士山　山梨・静岡両県の境にそびえる典型的な円錐状成層火山で、古来から深い信仰と『万葉集』にも高く謳われている日本随一の霊峰。標高三七七六メートルも日本の最高峰であり、稜線の美しさも特に際立っている。さらに有史以来十数回の大噴火を数え、深い信仰はもとより大いに畏敬を集めてきた。また、役行者《えんのぎょうじゃ》が伊豆より雲にのって飛来したという話や、聖徳太子が登拝したという伝説もある。山岳信仰の開基は、末代上人が、一一四九年(久安五)に登拝して一切経を埋納したことによる。各登山道が開かれたのは南北朝時代ころからで、富士山本宮浅間大社の、戦国時代作とされる「富士参詣曼荼羅図」には白衣登山の群衆が写実的に描かれている。その後、末代上人が基礎を築いた村山(静岡県富士宮市)の修験を中心に発展し、参詣路や室(山小屋)なども順次整備されていった。江戸時代に入ると、吉田口(山梨県富士吉田市)の角行が富士信仰の行法を創始して富士講を広めていった。江戸市中でも庶民の熱烈な信仰を受け、十九世紀には「江戸八百八講」を数えたともいう。江戸時代中期以降、一七四〇年代からたびたび、富士講に対する宗教弾圧にも近い禁令が発せられている。また江戸市中に高田富士をはじめとする富士塚が築造された。富士修行は、毎年、旧暦七月二十二日より八月二日まで山籠りをし、三日に駆け越して、須走に下り東側の麓の各地を巡った。登山道は、全行程を十合に分け、一合目ごとに石室を設けていた。登拝習俗は宝冠をかぶり、木綿袈裟に白衣を着て金剛杖を携えるものであった。　↓浅間信仰《せんげんしんこう》　↓富士講《ふじこう》

参考文献　桜井徳太郎編『山岳宗教と民間信仰の研究』(「山岳宗教史研究叢書」六、一九七六)、五来重他『山岳宗教』(「現代宗教」二、一九八〇)、平野栄次編『富士浅間信仰』(「民衆宗教史叢書」一六、一九八七)
(西海　賢二)

ふじしんこう　富士信仰　⇩浅間信仰《せんげんしんこう》

ふじづか　富士塚　富士山を模した小型の築山。富士塚・富士山などという。古くからの信奉者は「お富士さん」と呼ぶ。「品川富士」のように頭に地名をつけ、個々を識別することが多い。中世以来、自然の塚を富士山と見立てて富士権現をまつり富士塚と称することはあり、東京で名高い駒込のお富士さん(駒込富士神社)なども、古墳様の山頂の社へ直線の参道を登り詣る形である。これらは広義の富士塚といえるが、研究上とくに狭義に注目されるのは、江戸の富士塚第一号の高田富士(一七七九年(安永八))以降に、造形的に富士山をまねた加工を施され、富士講により造られた塚である。その形態は、築山山肌の雷形の登山道、頂上の浅間神社・身禄入定の烏帽子岩・

小御嶽の石碑などの配置、大沢崩れ・胎内・人穴・富士五湖の穴や粗削りでの表現、山裾の里宮を象徴した祠などから成る。諸要素の組み合わせ方が異なることもある。富士山の溶岩(ボク石)を利用するなど趣向を凝らしている。高田富士は富士講中興の祖といわれる富士行者の食行身禄の弟子で造園業を営む高田藤四郎が築造した。宗教体験として説得力を持つ富士信者の最大の目的である富士登拝を、誰でもたやすく疑似体験できる点が、現世利益を求める庶民の共感を得たと考えられる。富士信仰とその結社の富士講は特に江戸において盛んとなり、東京にはおよそ五十の富士塚が存在する。七月一日(旧暦六月一日)の富士の山開きには、各所の講が七富士詣り、あるいは七浅間詣りと称して富士塚を巡拝する習俗も盛んであった。現在は衰退し、講が関わる塚も少なくなっている。

参考文献 井野辺茂雄『富士の信仰』、一九二八、宮田登『(新訂版)ミロク信仰の研究―日本における伝統的メシア観―』、一九七五、日本常民文化研究所編『富士講と富士塚』(『日本常民文化研究所調査報告集』二・一四、一九七八・七九)、岩科小一郎『富士講の歴史―江戸庶民の山岳信仰―』、一九八三、平野栄次編『富士浅間信仰』(『民衆宗教史叢書』一六、一九八七)
(友野千鶴子)

ぶしゃ　歩射 ⇨おびしゃ

ふじゅふせ　不受不施　日蓮宗にみられる信仰態度の一つで、他宗の信者から布施を受けることも、読経などの法施を与えることも許さないということ。豊臣秀吉が京都東山大仏の開眼供養にあたり、千僧供養を各宗に命じた際に、京都妙覚寺の日奥らが不受不施をとなえたて出仕を拒んだ。江戸幕府はこの一派を不受不施派として、キリシタンとともに禁教としたので、地下にもぐり隠れの信仰になった。岡山県・千葉県には不受不施派の村が数多く、表面は他宗の檀家を装い、内心には不受不施の信仰を守る。人別帳から外れた僧は、流罪になった僧と

東京都二十三区および周辺の富士塚の分布一覧

	所在地	築造年	備考
1	足立区千住大川町・氷川神社	1916(大正 5)	1968移築
2	千住宮元町・千住神社	1923(大正12)	1936再建
3	柳原2・稲荷神社	1933(昭和 8)	
4	西保木間1・氷川神社	1934(昭和 9)	1936築造カ
5	梅島2・稲荷神社	1932(昭和 7)	
6	花畑5・浅間神社	1874(明治 7)	1968修復
7	島根4・鷲神社	1932(昭和 7)	崩壊後再築
8	足立3・稲荷神社	1920(大正 9)	
9	綾瀬4・稲荷神社		1927移築
10	北区中十条2・富士神社	1814(文化11)	十条富士塚
11	田端2・八幡神社	1925(大正14)	田端富士塚 1954再建
12	板橋区大門・諏訪神社	1882(明治15)	下赤塚富士
13	氷川・氷川神社	1855(安政 2)	板橋富士
14	赤塚4・氷川神社	1876(明治 9)	上赤塚富士
15	成増3(個人所有地)		
16	練馬区北町2・浅間神社	1872(明治 5)	下練馬の富士
17	北町8・氷川神社	江戸時代カ	氷川神社富士
18	小竹町1・茅原浅間神社	1839(天保10)	江古田の富士
19	大泉町1・八坂神社	1873(明治 6)	大泉富士
20	春日町3(個人所有地)	1931(昭和 6)	
21	葛飾区南水元2・浅間神社跡	1879(明治12)	飯塚富士
22	東金町6・葛西神社	1911(明治44)	金町富士
23	立石8・熊野神社	1924(大正13)	立石富士
24	荒川区南千住6・素盞雄神社	1865(慶応元)	南千住富士
25	台東区下谷2・小野照崎神社	1828(文政11)	下谷坂本富士
26	浅草5・富士浅間神社		
27	文京区大塚5・護国寺	1817(文化14)	音羽富士
28	白山5・白山神社	1826(文政 9)	白山富士
29	本駒込5・駒込富士神社		駒込富士
30	豊島区高松2・富士浅間神社	1862(文久 2)	長崎富士
31	池袋本町3・氷川神社	1912(明治45)	池袋富士
32	新宿区中井2・中井御霊神社		
33	上落合1・月見岡八幡神社	1927(昭和 2)	
34	西落合2・葛谷御霊神社		
35	新宿5・花園神社	1870(明治 3)	新宿富士
36	新宿6・西向天神社	1842(天保13)	東大久保富士
37	新宿区歌舞伎町2・鬼王神社		西大久保富士
38	西新宿8・成子天神社	1920(大正 9)	成子富士
39	西早稲田3・水稲荷神社	1779(安永 8)	高田富士 1964頃再建
40	杉並区成田東5	1845(弘化 2)	
41	善福寺1・井草八幡神社	昭和40年代カ	
42	渋谷区千駄ヶ谷1・鳩森八幡神社	1789(寛政元)	
43	千代田区神田須田町2・柳森神社	1930(昭和 5)	
44	中央区湊1・鉄砲洲稲荷神社	1790(寛政 2)	
45	墨田区押上3(個人所有地)	明治時代	
46	江東区富岡1・富岡八幡宮	1820(文政 3)	
47	南砂7・富賀岡八幡宮	1833(天保 4)	砂町富士
48	亀戸9・浅間神社		本所富士
49	江戸川区東小岩6・小岩神社	1877(明治10)	
50	南篠崎町2・天祖神社	1925(大正14)	上鎌田の富士
51	東瑞江2・豊田神社	1916(大正 5)	下鎌田の富士
52	江戸川3・香取神社	1930(昭和 5)	今井の富士
53	平井6・安養寺	1884(明治17)頃	安養寺の富士
54	平井6・諏訪神社		平井の富士
55	平井3・浅間神社	1884(明治17)	逆井の富士
56	船堀6・日枝神社	1892(明治25)	船堀の富士
57	東葛西1・桑川神社	1929(昭和 4)	桑川の富士
58	東葛西2・香取神社	1908(明治41)	長島の富士
59	東葛西4・真蔵院	1907(明治40)	雷富士
60	東葛西7・天祖神社	1929(昭和 4)頃	中割の富士
61	品川区北品川3・品川神社	1869(明治 2)	
62	目黒区大橋2・氷川神社	1812(文化 9)	碑石のみ
63	中目黒2・KDD研究所内	1819(文政 2)	碑石のみ
64	世田谷区代沢3・森巌寺	1821(文政 4)	
65	松原1・扶桑教本庁	1930(昭和 5)	
66	大田区本羽田3・羽田神社	1834(天保 5)	1879移築
67	羽田5・穴森稲荷神社	1905(明治38)	
68	武蔵野市境南2・杵築神社	1881(明治14)	杵築の富士
69	調布市深大寺北町1・富士浅間神社	明治時代	

信者との間を密に往来し、ムラの中には夜中に訪れた僧を幾日も匿う隠れ家が設けられた。一八七五年(明治八)に禁教が解かれ、日蓮宗不受不施派を公称した。

(中尾　堯)

ふじょ　巫女　⇩みこ

ふじんかい　婦人会　女性で構成する団体の総称。太平洋戦争前に関しては、愛国婦人会、地域(連合)婦人会、国防婦人会の三大婦人団体を指すことが多い。まず、一九〇一年(明治三十四)に、傷病兵・遺家族の慰問などの軍事救護を目的に結成された愛国婦人会は、上・中流の家庭婦人を構成対象とし、農繁期託児所の開設にまで事業を拡大したが、慈善団体的性格が批判を浴びた。一方、明治末年以来、一般教化のため教員などを指導者に地域婦人の網羅的組織化が進められ、生活改善の推進にもあたったが、一九三〇年(昭和五)には中央組織の大日本連合婦人会の設立となる。一九三二年には、大阪に発した国防婦人会の全国組織が成立するが、軍人援護という時代風潮に合致した活動と、一般庶民に対する積極的勧誘などにより、急速に全国へ普及した。しかし、地域の構成員は同じで、五十歳ぐらいまでの姑たちが多数を占め、重複して会員となっていた。三婦人会は、それぞれ内務省・文部省・陸軍省の主導下にあり、自立的とはいい難かったが、女性の任務を家庭の守りのみに認め、子安講など同齢者の講組織でもなければ、近隣の同性と雑談を交わす機会さえほとんどなかった当時の女性たちにとって、生活合理化や児童保護の実地教育の場となり、社会に目を開かせる端緒になったことは否定できない。太平洋戦争開戦後の一九四二年、体制強化のためこれら三団体は統合され半官的な大日本婦人会となった。戦後、多彩な婦人団体が誕生する中、居住者自動加入の町村婦人会として再生したが、環境問題や地域振興などにも活動が拡がる反面、関心の多様化や農協婦人部への事業の移行により、婦人会の組織や活動の休廃止が各地にみられ

東京都二十三区および周辺の富士塚の分布図

る。↓愛国婦人会《あいこくふじんかい》 ↓国防婦人会《こくぼうふじんかい》 ↓子安講《こやすこう》

参考文献 千野陽一『近代日本婦人教育史―体制内婦人団体の形成過程を中心に―』、一九七九、日本婦人団体連合会編『婦人のあゆみ百年』、一九七九、永原和子・米田佐代子『おんなの昭和史―平和な明日を求めて―(増補版)』(「有斐閣選書」、一九九六)

(野村みつる)

ふしんちょう 普請帳 民家の新築・修理の際に貰い物・買物・職人手間など種々のことを記録した帳面の通称。近世的社会では、地縁血縁のものの協力を得て家を新築し、また修理をした。この際にもろもろのことを帳面に付け、後々のために備えた。この帳面は、記載の内容や地域の慣習によって、普請帳・覚帳・控帳・貰帳・到来帳・勘定帳・職人帳など、さまざまな名称がつけられているが、大福帳形式をとるものが多い。普請帳は万覚帳・諸控帳などとして一冊のもの、内容ごとに数冊に分けてつくられている場合がある。これら普請帳を大別すると、縄・かや・木材などの建築材料、酒・米・野菜などの食品、手間の提供など、つきあいに関する記録、収支の記録、大工など職人や材料に関する記録、建築儀礼の記録などに分けられる。近世以降のものが現存し、全国的にみられる。

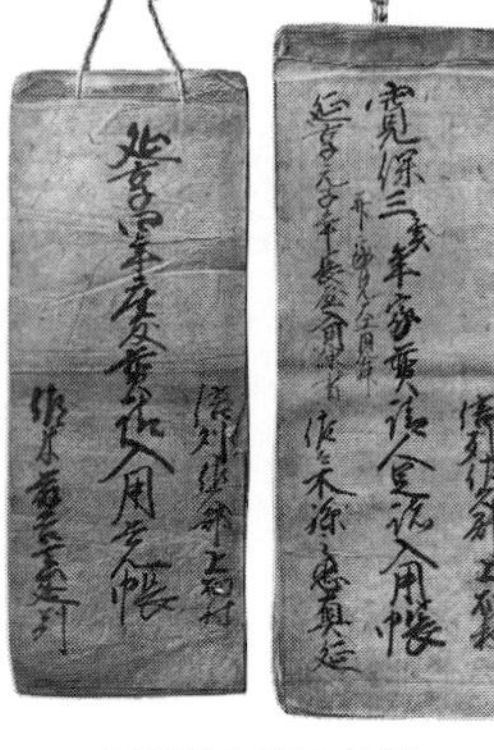

信州佐久郡上畑村
佐々木家普請帳

参考文献 宮澤智士『日本の民家』、一九八五

(宮澤 智士)

ふすま 襖 接客室の居室境などに入れた居室を仕切るための建具。襖障子の略。細い木の骨組みの上に両側から紙を張り、四周に木枠をつけたもの。鴨居と敷居に設けられた二本の溝に、一間の柱間には二枚、二間の柱間には四枚を引き違いに入れて使う。カラカミともよばれ、古くは襖障子ともいわれた。本来、唐紙とは、中国伝来の紙に模して彩色を施したもので、これを襖紙として使ったために襖をカラカミとよぶようになった。しかし、フスマとカラカミの呼称は、地域的に偏っている。フスマという呼称を使う地域は、山形・福島を除く東北地方、関東東部、近畿地方、中国西部、九州、奄美地方にかけてが多い。カラカミの呼称を使う地域は、北海道、山形、福島、関東西部から伊豆諸島、新潟、北陸地方の福井東部まで、滋賀東部、三重、中国中部、四国、佐賀などに多く分布する。民家における接客空間は、元来乏しいものであって、床の間や書院などは、かぎられた家にしかしつらえることができなかった。建具においても同様で、古くは民家の建具に襖が使われることはなく、もっぱら板戸が使われた。一般の民家においては、近代になってからようやく接客室のみに襖が入るようになった。したがって、地方によっては、いまでも襖といえば板戸をさしているところもある。↓障子《しょうじ》

参考文献 国立国語研究所編『日本言語地図』六、一九七〇、高橋康夫『建具のはなし』(「物語ものの建築史」三、一九八五)

(津山 正幹)

ふせ 布施 他人に施し与えること。愛語・利行・同事とともに仏教の基本徳目である四摂事《ししょうじ》の一つとされ、また、持戒・忍辱・精進・禅定・般若と合わせて、大乗仏教の修行項目である六波羅蜜の一つに数えられる。金品などを施す財施、教えを説く法施、心の安らぎを与える無畏施の三施に分けられるが、経典により諸説がある。こうした意味が転じて、僧侶・聖・巡礼者などに金銭や食物を施すことをさしていうようになった。

(長谷部八朗)

ぶた 豚 イノシシ科の哺乳類。元来、猪を家畜化したといわれるが、仏教の影響もあり一般に普及するのは古くはない。江戸時代末に鹿児島や長崎で養豚が行われたが、全国で飼育されたのは明治以降である。第二次世界大戦後は、肉食の食習慣と相まって、現在では、一九三〇―四〇年代の十倍以上の一一〇〇万頭以上が飼育され、また生肉や加工品が輸入されている。豚肉食先進地といわれる琉球諸島でいつごろから養豚が行われるようになったかは詳らかではないが、飼育が盛んになったのは、中国との交易後と考えられている。仏教の深化が少ないという社会的な背景もあり、また中国の食文化の影響もあって豚肉食が盛んになったと考えられる。特に餌になるサツマイモを中国から一六〇五年(万暦三十三)に導入したのち盛んになったが、牛馬の屠殺が禁止されていたのに対し、豚の屠殺は十八世紀には制限が解かれ、しかも堆肥作りに欠かせない家畜の一つとしても飼育が奨励された。その飼育の仕方、たとえば豚便所の存在や豚肉を婚礼・祖先祭祀などのハレの料理に用いるなど、中国文化の影響を受けた韓国済州島と共通する点がある。豚小屋は屋敷内に石積みや木柵で作られた。第二次世界大戦では、頭数が激減したが、品種改良や増殖した結果十年後には戦前の飼育頭数まで回復した。黒豚は姿を消して白色の西洋種が多くなり、一九七〇年代からは家庭飼育から養豚団地形成へと移った。戦後の一時期まで農村にはウワークルシー(豚を屠殺する日の意)と呼ばれる日があった。旧正月前の十二月二十七、二十八日のことである。大農家は一軒で一頭を屠殺して正月用の肉や骨を取り、残りを塩漬にして保存した。三枚肉は皮付きで調理して重箱詰めにするが、それを角煮したラフテー、肉に胡麻をまぶして蒸したミヌダル、白味噌汁物のイナムドゥチ、肋骨を煮たソーキ汁、豚足汁のアシティビチ、耳の酢の物、臓物を煮たナカミ吸い物、肉や野菜を血で炒めた血イリチーなど、豚には捨てるところがなく、それを余すことなく用いた豚肉料理は豊富である。

参考文献 島袋正敏『沖縄の豚と山羊』、一九八九 （上江洲 均）

ふだい 譜代 (一)家々の族姓・系譜を示す呼称、また、それを示す系譜、さらに代々家系正しく継承してきた家、転じて代々特定の地位・職業・技芸を一つの家系で世襲する意となり、平安時代末ころから同一の主家に世襲的に奉仕する者の意となる。譜第とも書く。幕藩体制下で関ヶ原の戦い以前から仕えていた大名を譜代大名と称するのはその一例である。 （上村 正名）

(二)農村において終生主家に隷属して家をなさず、その子もまた奉仕する譜代下人。家抱《けほう》・被官・名子・門屋・脇百姓・作り子・株小作あるいは譜代などとよばれる分家に準ずるかたちの者もいた。しかし、血縁分家とは違い、後者の場合は生産・生活の全般にわたり主家の強い支配・庇護を受け、主家と親方・子方関係をむすびその労働に従事する。主家から家屋・耕地あるいは山林を永続的に預け置かれ、主家の許しを得て刈敷き場から肥料を採取し、用水を使わせてもらい再生産を行なっているが、その反対給付として小作料を納付する以外に主家の経営に一定日数の賦役を提供し田打ち、田植え、代掻き、田の草取り、刈り入れなどに参加するほかに、煤払い・門松採り・門松飾り・餅搗き・墓掃除・盆棚揃えなどの年中行事に伴う仕事や主家の婚礼・葬式などの際の下働きや、薪採り・薪割り・掃除・雪かき・走り使いなどの日常の非定量的な労働奉仕も当然のこととして求められる。これらの賦役はヤトイ、スケ、テマ、オヤク、ヤシキボウコウなどとよばれる。近世から明治期までの上州伊香保村(群馬県北群馬郡伊香保町)では門屋でも譜代門屋は大並門屋と違い、これらの賦役を強く求められるが、譜代門屋とその家族は死去すると主家の墓地の一角に埋葬することが認められていた。しかし、譜代とはいっても、実はその身分を相続する時には証文を入れて主家に忠誠を誓うところもあり、主家が気に入らなければ代の途中でも預け置いた家屋・耕地などを取り上げ、譜代身分を取り消すこともできた。

参考文献 竹内利美『家族慣行と家制度』、一九六九、上村正名「近世伊香保村にみる村落の身分階層性」(『地方史研究』一九一、一九八四) （上村 正名）

ぶたい 舞台 演劇その他の芸能や音楽を演じる場。形式や規模は時代、演じられる芸能の種類などで多様である。芸能は祭祀に始まると考えられているが、舞台も祭祀同様、榊や笹・竹などの神聖な木で囲い、かがり火を焚くなどして場を限定した。記紀に記されている天鈿女《あめのうずめの》命《みこと》が、天岩戸の前で槽《うけ》を伏せた上で足をとどろに踏み鳴らして神がかりしたというのも一種の舞台ともいえる。祭祀に伴う芸能が演じられる場を舞処《まいと》・舞場《まいば》ともいう。一定の形式を持った舞台は、外来の芸能を宮廷で伝承した、舞楽の舞台が早いと考えられている。したがって日本固有の発想ではなく、中国の様式に学んだものである。文献では七五九年(天平宝字三)の宮廷内教坊の女楽の舞台(『続日本紀』)が早い。平安時代初期に舞楽の再編成が行われ、舞台も四間四方(約五二・八平方メートル)の高舞台に制定された。屋外であったので、土舞台や石舞台であったようである。日本では芸能者は漂泊の生活を送るものだったので、固有の舞台を持たず、路上や寺社の境内、貴顕の屋敷の庭上や社の拝殿、寺の回廊などが舞台となった。固有の舞台を用いたのは、鎌倉時代後期から盛んになった大寺院の遊宴の芸能の延年である。二間四方の板張りの舞台で、後方に幄舎(楽屋)があり、橋懸りがある。田楽や猿楽から能が創始され、勧進興行が行われるようになって、屋根のある三間四方の舞台に橋懸りを持つ形式が固定した。舞台を中心に円形に桟敷を組むので、三方から見られるものだったが、武家の邸内に構築されるようになって、現代のように後方を閉ざし、前方が最上席となる形式が固定したと思われる。舞台後方の鏡板(多く松が描かれる)、四本の柱、地謡座や囃子座などが定められ、破風《はふ》のある屋根を持ち、白洲を敷き若松を植えるなど、本来舞台が屋外のものであったことを伝えている。江戸時代に入ってすぐに出雲のお国によって創始された歌舞伎は、能舞台を借りて演じられたが、お国を模倣した遊女歌舞伎では大勢の女たちが登場するため、舞台は六間四方にまで拡げられ、後座にそって橋懸りも拡がった。若衆歌舞伎を経て、成人男性の野郎歌舞伎時代(一六五〇年代以降)に入ると、橋懸りは前方客席に向かって拡げられて、舞台の面積はいっそう広くなり、演技の内容の複雑化に対応していった。元禄歌舞伎(一六〇〇―一七三〇年ころ)になると、付け舞台や名乗り台なども作られ、歌舞伎舞台の特色である花道も考案されたが、常設されたのは享保中ごろ(一七二〇年ころ)以降である。引き幕や回り舞台、せりなどの舞台機構が次第に整い、十九世紀初頭には、間口が六、七間になったが、舞台の前面の形は、各座やその時々によって異なっていて、前面が一直線のいわゆる額縁舞台は、明治に入ってからである。最初の西欧風の建築の劇場である守田座では、間口十一間、現在の歌舞伎座は十五間となった。

参考文献 須田敦夫『日本劇場史の研究』、一九五七 （小笠原恭子）

ふたご 双子 同じ母体から二人同時に生まれた子。俗信の中に「妊婦が双なりのものを食べると双子を生む」「一つ俎で二人で調理すると双子を生む」「双子のある家へ機織道具を貸すと双子を生む」としてこれを禁忌とするものが多い。このことは双子が生まれることを忌む心性を示していよう。秋田・岩手・長野・三重の各県から双子をもうけると男親が家の屋根に登り、「双子をもうけたー」と周囲に知らせる習俗の報告がある。この習俗は出産が地域全体の関心事であったこと、双子の出生という異常事態を知らせることで危険が地域全体に及ぶ前触れをする趣旨があったとする一方、双子の誕生自体を異常事態と捉えるのではなく、双子出生をもたらした原因をこそ異常視していたのではないかと捉える説もある。三つ近世の文献資料には、双子や四つ子を忌みながら、三つ子の誕生を「めでたい」として手当てを与えたという記事がある。また双子のうち男女の双子は心中の生まれかわりなどといって忌まれた。しかし三重・福岡・宮崎・鹿児島などから男女の双子を夫婦子(ミョウトゴ)と呼んで喜ぶという報告もある。昔話で双子を主人公とするものの中には兄妹の近親婚を語るものもある。奄美大島や島原半島の一部地域では、かつては双子の一方を誕生後すぐに殺すことが行われていたという。双子を育てる時には二人を一体として取り扱うように伝える地域も多い。また双子の名前を松竹・鶴亀など、二人で一対になるように命名したり、頭文字を同一にしたりする習俗もある。双子を異常誕生児とし、その霊力を恐れる心意があったことが明らかにされているが、今後その他の異常誕生譚との関わりでその伝承を位置づける必要がある。

(山田 厳子)

参考文献 小森揺子「出産と夫」(『山陰民俗』四、一九六八)、鎌田久子「多胎児の民俗—双子を中心に—」(『日本常民文化紀要』八、一九八二)、斎藤たま『生とものけ』、一九八五

ふだしょ 札所 巡礼の対象となる一つ一つの聖地。日本の典型的な巡礼は、観音信仰や弘法大師信仰・祖師信仰などによって統合された一定数の聖地群を連続的に参詣してゆくものであるが、聖地群を構成する個々の聖地を札所と呼ぶ。すなわち、西国巡礼における三十三の観音寺院、四国遍路における空海ゆかりの八十八ヵ所などがそれで、それぞれ順路に応じた第何番という番付と独自の巡礼歌(御詠歌)をもつ。札所の語は、神仏と結縁するため、巡礼者が国所姓名を記した木製や金属製の巡礼札(納札)を巡礼先の堂祠に打ち付けたことに由来する。現在、南北朝時代のものを最古の遺例として、室町時代から江戸時代にかけての納札が多数確認されている。紙製の札を納札箱に納める今日でも、依然として巡礼者たちは札所に参ることを「打つ」と呼んでおり、フダウチ、フダブチ(札打ち)の語が巡礼を意味する地方も少なくない。もっとも、参詣した寺社に札を打つことは、巡礼の習俗に先行するようである。個々の聖地が札所として巡礼に組み込まれる事情はさまざまで、巡礼の成立当初から一定の数の札所が確定していたとは限らない。秩父三十四ヵ所ははじめ三十三ヵ所で出発し、のちに西国・坂東とあわせて百観音巡礼を標榜するために一札所を加えた。四国をめぐる巡礼は平安時代にすでに行われていたが、札所が八十八ヵ所に固定したのはかなり時代が下るとみなければならない。西国や四国をうつした各地の小巡礼では、村持ちの小堂などを札所に組み込むことが多く、その構成はしばしば流動的である。→西国巡礼《さいごくじゅんれい》 →巡礼《じゅんれい》 →秩父巡礼《ちちぶじゅんれい》 →遍路《へんろ》

参考文献 新城常三『(新稿)社寺参詣の社会経済史的研究』、一九八二、稲城信子「順礼札からみた西国三十三所信仰」(浅野清編『西国三十三所霊場寺院の総合的研究』所収、一九九〇)、真野俊和編『(講座)日本の巡礼』、一九九六

(小嶋 博巳)

ふたむねづくり 二棟造 居住部である主棟と分離して、庭土間部が副棟として建てられた形式の民家。分棟型とも呼ばれる。主棟と副棟との位置関係、軸組などの状況から、(一)主棟と副棟が分離独立したもの、(二)主棟と副棟とが独立しているが両者を廊下で連結したもの、(三)主棟と副棟が軒を接して並ぶ、(四)主棟と副棟が近接しているが屋根の処理によって内樋を設けないもの、(五)主棟と副棟の軸組などは独立しているが屋根伏がコの字型や鍵型になったもの、(六)主棟と副棟の軸組などの合体化が認められるが本来の形式の面影を残したものの六つの形態に分けられるが、南西諸島から九州地方南部にかけては、主屋から炊事部分を分離し、別棟とする形式の民家が分布しており、民俗学では火に対する清浄観念を知る上で重要なものとして早くから注目されてきた。二棟造は南西諸島、鹿児島・宮崎・熊本・福岡・高知、愛知・静岡両県境、千葉県安房郡の西半部、茨城県笠間市や八溝山地にもこの型の民家の存在が確認されている。このうち熊本、安房、茨城では概して山寄りに多く見られる。また、現在二棟造が存在する地域の周辺にもかつては別棟型がみられたことが確認されつつあり、かつて別棟造がより広い範囲に分布していたと推定されている。この形式の民家は黒潮にのって、南方からもたらされたとする説が有力であるが、それ以外に主屋と台所を別棟とする形式の武家住宅の影響を受けて成立した近世民家の存在も指摘されている。

二棟造（旧茨城県笠間市所在）

参考文献 小川徹「民家形式の系譜試論」(『日本人の原点文化・社会・地域差』所収、一九七八)、宮澤智士「分棟型民家は南方系か」(杉本尚次編『日本のすまいの源流』所収、一九八四)

(安田 宗生)

ふだらくとかい 補陀落渡海 観音の浄土とされる補陀落山への熱烈な信仰によって、海岸から海に向かって船

出し、生きながら往生しようとする行為。入水往生の一形態。紀伊国熊野那智海岸、土佐国室戸・足摺岬、難波四天王寺などの海岸で行われた。なかでも熊野那智海岸からの渡海が有名で、『熊野年代記』は、八六八年(貞観十)に慶竜、九一九年(延喜十九)に祐真と同行十三人、一一三一年(天承元)に高厳が那智の浜の宮から渡海したと伝え、一〇〇一年(長保三)には阿波国の僧賀登が室戸から渡海した。また、『台記』一一四二年(康治元)八月十八日条に、堀川天皇のとき一人の僧が渡海したとみえる。熊野は中世から近世に多くの渡海者を出し、『平家物語』維盛入水や、『吾妻鏡』一二三三年(天福元)五月二十七日の記載に、鎌倉武士であった下河辺行秀(智定房)が出家後に渡海したことがみえる。『熊野年代記』によると、鎌倉時代に十回、中世後期から戦国時代に十回、江戸時代に六回の渡海が記され、一度に数名が加わっており、多くの渡海者を出していた。現存する『那智参詣曼陀羅』には補陀落渡海の場面があり、浜辺に立つ渡海者と、見送る僧侶と結縁の人々、海には渡海者用の帆を張った屋形船、二艘の見送りの船が描かれ、渡海の作法を知ることができる。補陀落渡海者に結縁すると、現世安穏・後世善処の功徳が得られるとして、結縁した人々も多かった。

参考文献 根井浄『修験道とキリシタン』(「民俗宗教シリーズ」三、一九八八)

(西口 順子)

ふたりつかい 二人使い ⇩告《つ》げ人《と》

ふだんぎ ふだん着 晴着に対する日常の衣服の総称。晴着に対しては褻《け》着《ぎ》の語があるが、くらしの中ではフダンギ、ツネギなどと呼ばれており、総称としてもふだん着の語を用いることが多い。また日常の衣服の中の労働に従事しない時の衣服の意味でも使われた。かつては生産労働にたずさわっている時とたずさわっていない時を着分けることは少なく、ふだん着(褻着)がそのまま仕事着であったが、ノラギ、ヤマギなどと呼ばれる専用の仕事着が仕立てられるようになって、ふだん着は労働に従事しない時の衣服を示すことにもなった。アイダギ、アワイノキモノ、ウチギなどの呼称は仕事を終えた後や家の中での装いであることを示しているが、家の中という私の場だけでなく、ムラの寄合や講、冠婚葬祭の手伝いなど半公式的な場での仕事着とよそゆきの間の装いでもあった。ふだん着という一定の形があるのではなく、一枚の衣服を仕立て下ろしは晴着、ついでふだん着、仕事着にというように、あるいはふだん着の裾を端折り、襷を掛けることで仕事着とするように、衣料の種類、新旧、色や柄、着丈や袖型、衣服の組合せや着方などによって晴着やよそゆき、仕事着と着分けてきた。その着分けの仕方も時代や地域、着装者の階層、性別などにより一様ではない。中で広くみられたのがナガ、ナガギモンなどと呼ばれるもので、仕事用にミジカ、コシキリなどの短衣を着るようになって長着であることや、袴や股引をはいたり裾を端折らない着流しという着方がふだん着とされた。 ↓褻《け》着《ぎ》 ↓仕事着《しごとぎ》 ↓長着《ながぎ》 ↓晴着《はれぎ》 ↓よそゆき

参考文献 江馬三枝子「日常生活の衣類」(『日本民俗学大系』六所収、一九五八)

(中村ひろ子)

ふち 淵 主として川の曲折点で水が淀み、深くたまっているところ。湖沼で水の淀んだ深みを指すこともある。淵の持つ底知れぬ感じが人びとに神秘感を与え、それが多様な信仰や伝承を生んだ。鐘を沈めて雨乞いを行なった形跡をとどめる鐘が淵、棚機との脈絡を思わせる機織淵をはじめとして椀貸淵・姥が淵・河童淵など伝説の場として語られる淵は数知れない。高知県四万十川中流部に白岩さんと通称される淵がある。その主《ぬし》は大蛇だといわれ、流域において雨乞いの拠点となった。白岩さんが鉄を嫌うとし、センバ舟の船頭たちはこの淵を通る時、櫓の先端の鉄を巻いた部分を水からあげた。また、この淵を通る時には一片の炭を白岩さんに献供するならわしがあった。淵はどんな旱天でも水が枯れることはない。それゆえ、淵は魚族の種の保存・資源保全の場となった。淵の主が僧などに化けて淵での魚獲りを諫めるという骨子を持つ魚王行乞譚は、海から離れた山中の人びとが動物性蛋白源としてのアマゴ、イワナなどの種の保存・資源保全を目的として語り継いだ伝説だと見ることができよう。同系の伝説に、淵の主である大アマゴが漁獲され、籠に入れられて漁師に持ち帰られる時、淵からの声に答えて「おれは今から〇〇へ背中を焙りに行く」と人語を発するので、漁師が驚いて大アマゴを淵に返すという骨子を持つものがある。この類型の伝説が、宮崎県の山中、銀鏡《しろみ》川の雄魚の淵、一ッ瀬川の花立淵、耳川水系東臼杵郡椎葉村の鱒淵、同郡諸塚村の手籠ひきとどろなどの淵を舞台として語られている。 ↓姥《うば》が淵《ふち》 ↓機織淵《はたおりぶち》

参考文献 野本寛一『神々の風景―信仰環境論の試み―』、一九九〇

(野本 寛一)

ふちでんせつ 淵伝説 淵にまつわる伝説。日本の伝説のなかで大きな比重を占めている。柳田国男は、『日本伝説名彙』のなかで、伝説を「木の部」「石・岩の部」「水の部」など六つに大別し、「水の部」をさらに「橋・清水・井の部」「湯・池・川・渡の部」「堰・淵・滝・水穴の部」に分け、具体的には稚児淵・赤子淵から始まって、牛が淵・鐘が淵などの例をあげている。伝説のなかで淵が占める位置は池や沼と置き換えが可能な場合が多い。たとえば、乳母が身を投げたという乳母が淵に対して、姥(乳母)が池があり、牛が沈んだという牛が淵に対して、牛池がある。ある淵が遠く離れた別の池や淵や竜宮に通じているという伝説にみられるように、深い水の底は他界に通じるという観念があり、淵はこの世と他界の接点とみなすことができるが、そこからさまざまな伝説が生まれたと考えられる。淵に乳母や女郎が身を投げたという伝説が広く聞かれる。乳母や女郎は本来は女性の宗教者のことだと考えられるが、女性の宗教者のこの世と他界を

媒介するという立場がこの世と他界の接点である淵と結び付きやすいところから、これらの伝説が生まれたのだろう。こうした場所は不用意に近づくと危険な場所と考えられ、蜘蛛が人間を引き込もうとする蜘蛛淵の伝説などが生じた。しかし、逆にこの世と他界の関係が友好的であれば、椀貸淵の伝説のように必要なときに椀を貸してもらうこともできたのである。　→姥《うば》が淵《ふち》

（大嶋　善孝）

ふちょう　符丁　商人・職人が同業者同士で用いる言葉で隠語の一種。符帳・符牒とも書く。商人の間では主として価格の秘密保持から発達した。江戸時代以前には数字の隠語は文献にも見当たらず、江戸時代にめざましく発達した。そして商人以外、たとえば職人などでも、数をあからさまに表現したくない場合には、それぞれ工夫をこらした。はじめは、記帳の際の簡略符号として発達したらしい。やがては、相場や市場では手の指で示すことも行われている。そして談話用としての数字の隠語が、それから誕生した。符牒と一般に呼ばれている点からも、それが裏付けできる。つまり記載用・指示用・談話用の三種類があることになる。次に通用範囲は、個人商店用、同業者用の二種類に分類される。同業者用はその取り扱う商品や業種によってもこまかく分類することができる。符丁をその構成法に従って分類すると、次のようになる。まず、何を基準にして作るかで分類し、その種類・方法を分けたものである。文字・数字によるもの、文字によるもの、数字によるもの、語・句・歌によるもの、流用的方法によるもの、創作的方法によるもの、不明のものなどがある。水戸市における江戸時代からの老舗《しにせ》には、本符牒（奥と支配人および幹部数名しか知らない符牒）と裏符牒（雇人一般の符牒）があり、それは独特なものである。第二次世界大戦終戦前までは、まず店に入って、符牒を覚えることが、早く一人前の商人になる道でさえあった。しかし、現代では、たいていの商店が正札販売になり、たとえ掛け値をするにしても、正札にそれを書くので、口頭で使う場合以外は必要なくなってきている。

参考文献　楳垣実「符牒考」（『近畿民俗』一七、一九五五）、同「隠語と忌み言葉」（『日本民俗学大系』一〇所収、一九五九）、外山善八「水戸地方の符牒と符号」（外山善八・金沢直人編『茨城民俗資料』二所収、一九六六）

（西村　浩二）

ぶっきょうげいのう　仏教芸能　仏教儀式や寺院の法会で演じられる芸能。また仏教行事の際に踊られる念仏系の踊りなども含む。古代に大陸から渡来した伎楽や舞楽は、もっぱら仏教法会の荘厳楽《しょうごんがく》として演じられた。東大寺大仏開眼供養の盛儀はその典型である。この時代の仏教芸能の命脈は、今日なお大阪四天王寺の聖霊会《しょうりょうえ》や、島根県隠岐島国分寺の蓮華会に伝えられる。伎楽は早くに姿を消したが、寺院における舞楽の伝流は、平安時代後期から鎌倉時代にかけて、稚児舞楽に受け継がれて各地に伝播し、今日も形骸化しながらも、民俗芸能として伝承される。一方同じ外来の芸能の散楽や呪師《じゅし》からは、呪師猿楽が派生し、諸大寺の修正会や修二会に参勤しての翁猿楽の源流となる芸能や、追儺《ついな》の鬼追式が演じられた。今日でも奈良県法隆寺や薬師寺の修二会、大分県国東半島の修正鬼会《しゅしょうおにえ》、佐賀県藤津郡太良町竹崎の鬼会、奈良県五条市大津のだだおしなどにその面影が残る。平安時代後期に入ると、法会の後や貴人接待に、一山の僧が芸能を尽くす延年が盛大に行われるようになる。この行事は稚児や遊僧《ゆそう》が当時の流行芸能であった猿楽や風流・田楽・白拍子舞などを演じたもので、奈良県興福寺・東大寺・多武峰や、滋賀県延暦寺・園城寺などの大寺院をはじめ、諸国の寺院で演じられ、中世には寺院芸能を代表するまでになった。また浄土宗の来迎思想からは、二十五菩薩がこの世に来迎して衆生を救う様子を、具現してみせる練供養の行事が生まれたし、一遍や空也が始めた踊り念仏（躍り念仏・遊躍念仏）も、仏教芸能の一典型である。この踊り念仏は、やがて死者供養の念仏踊りとなり、多様化し、各地の民俗芸能として定着した。近世に庶民の娯楽として全国的に流行した盆踊りも、その系統の芸能である。なお庶民を教化するために、地獄の責め苦を猿楽狂言の手法を借りて具現化した京都の大念仏狂言（壬生狂言）なども、仏教芸能を代表するものである。　→延年《えんねん》　→踊《おど》り念仏《ねんぶつ》　→鬼会《おにえ》　→神事芸能《しんじげいのう》　→だだおし　→練供養《ねりくよう》　→念仏踊《ねんぶつおど》り　→壬生狂言《みぶきょうげん》

参考文献　仏教大学民間念仏研究会編『民間念仏信仰の研究』資料篇、一九六六、本田安次『延年』（『日本の民俗芸能』三、一九六九）、山路興造「大念仏狂言考」（『演劇学』二五、一九八五）、大森恵子『念仏芸能と御霊信仰』、一九九二、五来重『踊り念仏』（『平凡社ライブラリー』、一九九八）

（山路　興造）

ぶっきょうせつわ　仏教説話　狭義では仏教を究明するためか、仏教信仰を広めることを目標として作られた説話。広義では、仏教思想によって影響されて成立した日本の説話文学全般をさしている。初期の仏教説話としては景戒『日本霊異記』（八二二年ごろ）や義昭『日本感霊録』（八四二）があり、善報・悪報・奇異などの話が収められている。つづいて、仏教の啓蒙書として源為憲『三宝絵《さんぼうえ》』（九八四）が編まれ、寺院縁起や僧伝などが掲載されている。浄土信仰の盛行により往生伝として慶滋保胤『日本往生極楽記』（九八六年ごろ）、大江匡房『続本朝往生伝』（一一一年ごろ）、三善為康『拾遺往生伝』（一一二三）などが編まれた。十二世紀に入ると、本格的な説話集『今昔物語集』（一一二〇年ごろ）が編纂された。天竺（一―五）、震旦（六―一〇）、本朝（一一―三一）に千百有余話を収め、本朝の仏法譚が一一から二〇に収められている。『宇治拾遺物語』（一二二一年ごろ）は百九十七話を収め、霊験譚、高僧の法談義などを収める。橘成季『古今著聞集』（一二五四）は、七百十余話を収め、本地垂迹の思想や神仏混合思想がみられる。『今昔物語集』『宇治拾遺物語』『古今著聞集』を三大説

話集と呼ぶ。遁世者の仏教への発心譚や往生譚を収めた説話集としては鴨長明『発心集《ほっしんしゅう》』(一二一六)、慶政『閑居友《かんきょのとも》』(一二二二)、『撰集抄《せんじゅうしょう》』(一二五六年ごろ)などがある。仏教の談義書としては平康頼『宝物集《ほうぶつしゅう》』(一一七六年ごろ)、少年の教訓書として『十訓抄《じっきんしょう》』(一二五一年ごろ)などが知られている。地蔵菩薩の霊験譚、利益譚として実叡『地蔵菩薩霊験記』(一〇三三)がある。神仏習合思想の影響や口承文芸の影響も強くみられる。近代の作家である泉鏡花『高野聖』、芥川竜之介『鼻』『芋粥』をはじめとし、現代作家の永井路子『新今昔物語』、中上健次『化粧』、半村良『妖星伝』などにも影響をあたえている。→古今著聞集《ここんちょもんじゅう》 →今昔物語集《こんじゃくものがたりしゅう》 →三宝絵《さんぼうえ》 →沙石集《しゃせきしゅう》 →神道集《しんとうしゅう》 →日本《にほん》霊異記《りょういき》

参考文献 本田義憲・池上洵一・小峯和明他編『説話の講座』、一九九一―九三、伊藤博之・今成元昭・山田昭全編『仏教文学講座』、一九九四・九五

(丸山 顕徳)

ぶっきょうみんぞく　仏教民俗　仏教にみられる民俗化の現象や、またその文化形態をいう。それは仏教と民俗の習合文化であり、民俗宗教化した仏教に顕著である。仏教と固有の文化とが相互に影響しあい、ときには仏教が土着文化に吸収されたり、また逆に仏教がそれを包摂したりなどして、ながい時間の経過のなかで民俗宗教化された仏教が形成されている。その分野は信仰・法会・行事・葬祭など多面的である。民俗は民衆に根ざしたものであるがゆえに、民俗宗教化した仏教の存在は、仏教の庶民化や定着をもたらした。また歴史の過程では消滅もしくは変化を余儀なくされるであろう土着文化も、仏教に付着することによって、その伝承をより確実になしえたと考えられる。この点、仏教民俗は土着文化、たとえば民俗宗教の原態などをうかがうことができる文化伝承体ともいえよう。

日本民族の宗教的伝統に根ざした仏教民俗の担い手は、民間仏教の展開に大きな役割を果たした無名の庶民教化者であった。古代の沙弥《しゃみ》・優婆塞《うばそく》・禅師・菩薩などにつながる民間教化者は、各時代にさまざまな名称で登場するが、聖《ひじり》という呼称が共通していた。聖の宗教者としての機能は予言・治病・除災・鎮魂など多方面に及んでいたが、その主なはたらきは神、死者などの霊魂をつかさどることにあった。荒ぶる死霊を鎮め、その祖霊への昇華にはたらきかけたり、死者のゆくえを教え、また人体に付着した悪霊を除いたりした。民間の仏教は、祈禱・治病・葬送・追善・祭祀などに関わった聖たちによって領導されていった。民間にあって神仏習合を推し進めたのも聖であった。天平時代に、沙弥道行は伊勢大神のために知識を結んで『大般若経』を書写し(『寧楽遺文』下)、また満願禅師は神身を離れたいと願う多度神のために神像を造って多度大菩薩と称した(『平安遺文』一)などはその早い例である。役《えんの》優婆塞と行基菩薩は、祈禱による治病・除災の修験系聖と、念仏による鎮魂・祭祀の葬祭系聖との系譜的な祖型となっている。この系譜に連なる民間の宗教者は都鄙の寺堂や社祠などに拠って、呪験祈禱の聖や鎮魂・葬祭の聖として、滅罪・追善の諸法を修した。これによって仏教の民俗化が進み、滅罪や追善をめぐる仏教民俗が現われ、この民俗化された仏教を受け容れた庶民の仏教が展開した。この仏教に深く結びついていたのが祖先信仰である。仏教民俗はまた、祖先信仰や四季の農耕暦などとも密着して、多様な相貌を呈し、それらに関する仏教民俗資料も多岐にわたっている。

民俗化した仏教行事はおよそ三つの類型に分けられる。第一は民間の生活暦に密着し、季節の折々を代表するもの。修正会・修二会・涅槃会・彼岸会・仏生会・盂蘭盆会・十夜・大師講など。修正会・修二会は悔過《けか》によって滅罪を果たし、その年の農作を予祝する。彼岸会は農耕開始期にあたり、太陽をまつり、祖霊の加護を祈る。盂蘭盆会では祖霊・死霊の祭祀が懇ろに行われ、特に新精霊のために施餓鬼を行う。十夜は亥子・十日夜《とおかんや》の民俗を基盤に死者の追善と初穂米の供進を特徴とする。大師講は新嘗の習俗をもとに収穫祭での先祖まつりを本質としている。祖先祭祀と農耕儀礼は日本人の信仰を特色づけるもので、右の仏教行事はこれらと結びつくところがあって、宗派とは関係なく習俗化することが可能であった。第二は、仏・菩薩の縁日、または祖師・開山の忌日に因んで庶民の信仰をひろく集め、なかには民間行事そのものとなったり、特色ある民俗を色濃くまとい付かせているもの。薬師八日・観音十八日・地蔵二十四日・不動二十八日など。越後長岡では、薬師は四月八日に山へ登り、十月八日に麓の寺に降りてくるという。柳田国男が想定した田の神・山の神の去来に対応する薬師の昇降観であり、仏と民俗神を同じようにみる観念がうかがえる。忌日の行事としては聖徳太子の聖霊会、蓮如のレンニョサン、良源の元三忌、親鸞の報恩講、天台大師の大師講など。史実では説明できず、また裏づけられない伝承が付随していることが多い。親鸞が小豆粥を好んだとか、蓮如が命日に野山へ出て遊んでくれといったという伝承があるが、これは特定日の食習や野山行きの習俗と結びついてできたものである。大師講の霜月粥も新穀がとれたあとの神をまつる食制が反映しており、新穀感謝祭・祖霊祭の期日が天台大師の忌日に近いところから、天台大師と理解されたが、これには天台僧の教化があったであろう。しかし大師さまは片足で、足の指がなく、すりこぎのようになっている「デンボ」(手足の不自由な者の意)で、大師講の晩に降る雪を「デンボ隠しの雪」というように天台大師では理解しきれない伝承が残っている。また空也の忌日が歳末に近いところから、新春を迎えるための滅罪と暮れの亡者供養をかねた四十八夜念仏・三昧巡りの念仏行事を成立させた。第三は寺院外の世俗の民俗がそのまま寺院行事となったり、法会・行事の一環に民俗儀礼がとりこまれたがために、寺院行事自体や民俗そのものがながく伝承されてきたもの。修正会・修二

会の結願日に、鬼追い・鬼踊り・裸踊りなどが行われているが、これらは邪鬼の退散、除災招福、豊凶の占いなどをなすものである。また京都珍皇寺の六道参りなどは、精霊迎えの習俗がそのまま寺院行事となっているが、これらは寺院を場とした民俗行事である。

源信・法然・親鸞などによって教学的に成立した念仏も民衆の間に伝わっていく過程で民俗化した。浄土宗や天台宗真盛派などで行われている十夜念仏は宗派側では経典に拠るものと説くが、その習俗からみれば、十日夜や亥子行事と習合した新穀感謝と祖先祭祀、死者追善の念仏行事である。民俗化された念仏は、㈠死霊・亡魂の鎮送・追善、㈡年中行事化された虫送り・雨乞いなどの農事祈禱、㈢息災除難などの機能をもつ。㈠は葬送・中陰・彼岸・盆・十夜・年忌などに百万遍念仏・大念仏・六斎念仏・踊り念仏などで行われる。㈡は虫送り・虫供養・夏祈禱・雨乞いなどとして行われ、百万遍形式のものが多い。関東地方にみられる天道念仏は春に行われる豊穣祈願の念仏である。また書かれた名号も呪符・護符として用いられ、百万遍念仏の祈禱札「利剣名号」などは田畑などに立てられた。㈢の念仏も各地にみられ、百万遍念仏の形態をとる場合が多い。このような民俗念仏は寺院仏堂の年中行事のなかに入りこんでいる場合もあるが、講や村などの行事として機能することが多い。疫病の流行しやすい時期、稲の生育期、盆の季節などでは重要な行事となっている。年中行事のなかに現われた仏教民俗を概観したが、そのいずれにおいても除災・招福・祈禱・滅罪・追善などの儀礼的特色を単独で、あるいは複合的に帯び、また民間暦を成り立たせている農耕儀礼、祖先祭祀のいずれか、あるいは両者ともに強くかかわっていることがわかる。また仏教民俗には、民俗を骨髄として、その上に仏教的表皮を被っている例がほとんどである。

このような仏教民俗の資料は仏教文化の各領域にわたって広汎に伝承されている。仏教民俗学を提唱した五来重は研究対象を、㈠仏教年中行事、㈡法会（祈禱と供養）、㈢葬送習俗、㈣仏教講、㈤仏教芸能、㈥仏教伝承、㈦仏教俗信、㈧修験道と大別し、さらにそれぞれを㈠では⑴修正会・修二会、⑵日待・月待、⑶節分、⑷涅槃会、⑸彼岸会、⑹花祭、⑺練供養、⑻夏祈禱、⑼虫送り、⑽雨乞い祈禱、⑾盆、⑿十夜、⒀大師講、⒁寒行、㈡では⑴護摩供、⑵大般若転読、⑶土砂加持、⑷大法事・大法会・経会、⑸お砂踏み、⑹流れ灌頂、⑺仏立て、⑻口寄せ、⑼懺法、⑽護法飛び、㈢では⑴葬式、⑵年回供養、⑶墓地、㈣では⑴同族講、⑵地蔵講、⑶葬式講、⑷普遍講、㈤では⑴顕教系芸能、⑵密教系芸能、⑶浄土教系芸能、⑷芸能僧、㈥では⑴縁起、⑵奇蹟、⑶霊物、⑷唱導者、㈦では⑴願かけ、⑵呪禁、⑶禁忌、⑷予兆、㈧では⑴霊山・霊場・行場など、⑵聖・優婆塞・禅師・修験など、⑶密呪・心経・祭文・祓えなど、⑷不動明王・金剛蔵王・天狗・護法・前鬼後鬼など、⑸入峰修行・十界修行・正灌頂・柴燈護摩など、⑹曼荼羅・笈本尊・山伏神楽・山伏祭文などに細分している。しかし仏教民俗の領域はこれで尽きるものではなく、ちがった観点、たとえば寺院・仏堂・小祠・民間宗教者群・地域社会などに伝承されている資料のさらなる蒐集・考究が求められ、特に神仏分離によって今は姿を消した神社側伝承の資料を文献的に発掘して神仏習合形態の下での民俗、たとえば神社での仏生会・放生会などを幅広く復原することも課題となろう。

日本の仏教は、固有の宗教的伝統と接触・習合することによってみずからを民俗化して、外皮仏教・骨髄民俗の仏教民俗を表わしつつ、民間に定着した。固有の宗教文化・民俗もまた仏教と融合することによって歴史的に伝承されてきたといえよう。民俗世界が仏教に融けこんでいる歴史事実を無視することができない。仏教民俗には日本の基層宗教が露頭しているといってよい。仏教と民俗との習合には、それ自体に歴史的推移があり、またその過程ごとに習合の諸相があって、仏教の民俗化か、民俗の仏教化か截然としない面がある。たとえば修正会・修二会・御斎会は仏教以前からの年頭の予祝儀礼・豊年祈願祭の民俗が仏教行事化したものである。また浄土宗や天台宗真盛派の定例法要となっている十夜法要は『無量寿経』の所説に基づくと宗門では説明しているが、明らかに亥子・十日夜などの収穫祭の民俗が法要化されたものである。これらは民俗の仏教化の例である。また念仏はもともと阿弥陀仏への帰依観念が自動的に発現した信仰行為であるが、それが集団化され普及すると習俗化されて民間に定着し、上記のようなさまざまな民俗念仏となる。また浄土教の興隆とともに往生の儀礼が盛んになるが、来迎会などがのちに民俗行事となる。奈良県当麻町の当麻寺のそれは当麻れんぞとよばれて民俗化している。これなどは仏教の民俗化の例である。しかし、仏生会と卯月八日の行事には寺方と村方の行事が互いに影響しあって混然としている面があり、どちらか一方で説明しつくせない様相がある。どちらかに無理矢理に帰結させようとするのは実際的でない。両者の接近が習合であり、それが日本仏教を形成したとすれば、仏教民俗は仏教の日本化の一大指標である。

参考文献 五来重「仏教と民俗学」（『仏教民俗』一、一九五三）、同「仏教と民俗」（『日本民俗学大系』八所収、一九五九）、同『仏教と民俗』（『角川選書』七四・九九、一九七六・七九）、五来重他編『講座日本の民俗宗教』二、一九八〇、『仏教民俗学大系』、一九八七–九三、佐々木孝正『仏教民俗史の研究』、一九八八、五来重『葬と供養』、一九九二、伊藤唯真『仏教民俗の研究』（『伊藤唯真著作集』三、一九九五）

（伊藤 唯真）

ぶっきりょう 服忌令 近親の死に際して、喪に服する期間と死穢を忌むために引き籠る期間とを定めた法。服忌令と称するものは中世において伊勢神宮その他の神社で作られたのがはじめてである。それは、喪葬令服紀条と仮寧《けにょう》令を組み合わせ、喪に服する者に与える休暇たる仮を死穢を忌む期間としての忌に変えたもので、その成立は平安時代以降のケガレ観念の肥大化を背景としていた。江戸幕府は中世の神社服忌令を受け継ぎつつ、一六八四年（貞享元）に武家独自の服忌令を制定・公布した。その後、数次の改訂を経て、一七三六年（元文元）に最終的に確定した。この改訂令では死者の親族が服忌を受ける期間を尊卑・親疎の程度によって六段階に分けており、ここに規定された親族が原則として親類とされ、種々の法的義務を課せられた。幕府の服忌令は武士および庶民を対象としたが、庶民に対しては厳格な遵守は求めておらず、庶民の服忌慣行は地域と時代によってさまざまであった。諸藩は幕府令をそのまま、あるいは一部変更を加えて用いた。一方、公家社会には、令の規定を解釈によって発展させた独自の服忌制度が存在していたが、一八七四年（明治七）、公家の服忌制度は廃され、旧幕府制定の服忌令に統一された。しかし、これも、一八九八年の民法施行に伴い、親族関係を規定する法的意味を喪失した。　↓死穢《しえ》　↓服喪《ふくも》　↓喪《も》

[参考文献]　林由紀子「江戸幕府服忌令の内容と解釈」（平松義郎博士追悼論文集編纂委員会編『法と刑罰の歴史的考察』所収、一九八七）、同「武家服忌令の特質」（『愛知女子短期大学文化史研究』一〇、一九九四）、大藤修『近世農民と家・村・国家』、一九九六　（大藤　修）

元文元年令の服忌規定

服喪期間	忌み期間	親族の範囲
１３ヵ月	５０日	父母、離別の父母、養父母（遺跡相続・分地配当があった場合）、祖父母（嫡孫が承祖した場合）
１３ヵ月	３０日	夫
１５０日	３０日	養父母（遺跡相続のない場合）、夫の父母、父方の祖父母
９０日	２０日	妻、嫡子、養子（嫡子と定められた場合）、母方の祖父母、父方の曾祖父母、父方の伯叔父姑、兄弟姉妹、嫡孫（承祖した場合）
３０日	１０日	嫡母、継父母、末子、養子（遺跡相続しない場合）、異父兄弟姉妹、嫡孫（承祖しない場合）、母方の伯叔父姑、父方の高祖父母
７日	３日	末孫、息子方の曾孫・玄孫、従父兄弟姉妹、甥姪

ぶっく　仏供　仏の供養のため、仏前に供える米飯あるいは香や花のこと。仏餉《ぶっしょう》・仏聖ともいう。米は炊いた飯を用いることが一般的であるが、生の洗米の場合もみられる。飯を五色に着色して供える色仏供もある。仏供は普通朝に行い、午後には下げる。これは『僧祇律』に、僧は午前中に一食とるのみで午後は食事を禁じられているところから来ているとされる。こうした仏供のならわしは、一般の檀信徒の家でも広く行われるようになった。しかしその場合は、むしろ仏壇にまつられた先祖に対してなされるのが普通である。また秋の収穫期に作物を初穂として奉納する習慣は各地にみられるが、中でも奉納米のことは仏餉米と呼ばれる。特に、日蓮や親鸞の忌日法要であるお会式や報恩講はこの時期に重なるため、仏餉米を供える檀信徒が多く、寺の仏教行事と地域の民俗行事とが習合した典型的な例の一つといえる。現在でも寺に寄進する祠堂銭の代わりに米などの収穫物を納める形が残っている地域もある。寺院の所有する田地を仏供田とか仏餉田などと呼んだが、それらは賦課を免除された免田であり、収穫米は仏への供物にあてられた。仏聖あるいは仏生という地名を残す地域があるが、柳田国男は、この地名を仏餉田がかつてそこに存在した名残としている。

[参考文献]　柳田国男「地名の研究」（『柳田国男全集』二〇所収、一九九〇）　（長谷部八朗）

ぶっしつぶんか　物質文化　㈠人間が生活の必要から創り出した用具や機械、工作物などをいう。material culture の訳語。精神文化に対する用語で文化人類学などで一般に用いられる。このなかには衣食住の用具から美術品や工芸品などの芸術作品まで、人間が文化的活動の結果生み出したすべての人工物が含まれる。物質文化研究の代表的な学問は考古学であるが、日本民俗学では民具研究として、民具の背景にある民俗伝承を手がかりに、技術文化・生活文化研究として行うことにより独自性を発揮している。物質文化は精神文化と一体となって存在する。人間はものを作るために道具を使うが、そこには明確な目的があり、使用効果が予測され、最適な素材が経験的に選択加工される。作られるものには、望ましい形態と仕組みが与えられて使用法が予定されている。この道具を作り使うことが技術であり、その一連の行為が仕事である。そこには当該社会集団の経験的な知識の総体が技術文化・生活文化の型として示されている。道具を精神文化を含めた一連の体系で理解することや、仕事の場における人間と道具との関係性を理解することなどが必要である。技術は累積的、客観的、合理的であり、発明や発見によって変化し進歩する。外来技術の受容や借用が自由で、伝統的な価値意識からは比較的自由である。伝播や借用が容易に行われ模倣や複製が行われる。したがって、民具研究では民具がいつ作られたのかということよりも、民具に示される原型が重要視される。

[参考文献]　岡正雄「民具について」（『日本の民具』所収、一九五八）　（大島　暁雄）

㈡一九六三年(昭和三十八)四月に創刊された物質文化研究会の機関誌。物質文化研究会は事務局を立教大学に置く同人組織で運営されており、別に連絡誌として『貝塚』を発行している。本誌は、「もの」を通して歴史を明らかにすることを目的に、考古学と民俗学が共通の課題とする物質文化の研究を進める意図から創刊された。方法論上の統一的原理の可能性を追求する特集を組むなど、日本の物質文化研究を推進する主要な研究誌の一つであり、『貝塚』ともども年二回の発行となっている

(大島　暁雄)

ぶつだん　仏壇　住居内において位牌を納める施設をいう。仏壇の起源を持仏堂に求める説があるが、これは上層の家の場合にのみあてはまる。庶民の場合は江戸幕府の寺檀制度に基づき、僧侶から死者に与えられた戒名を記した位牌を置く棚から始まると思われる。位牌が祖先の霊の依代と意識されることにより、箱型の仏壇が普及していった。ここには神札と神棚の関係との類似点が認められる。また盆棚が常設化したものが仏壇とする説があるが、疑問が残る。盆棚に迎えた祖先の霊を川などに送る際、後を振り向くと他界へ連れていかれるという所がある。住居の機能の一つが家族の安全を守る点にあることを考えると、盆棚が屋内に設置されるのは仏壇が普及して以後のこととみるべきだろう。仏壇が普及していくのは、古民家の研究によると十七世紀から十八世紀である。これは京都や金沢など、仏壇生産地の創業伝承ともほぼ一致する。仏壇は、神棚とともに住居における象徴的な宗教施設となり、朝夕の拝礼など日常生活にも大きな影響を与えるに至った。なお、浄土真宗や日蓮宗では仏壇を重視して金箔など装飾したものを採用している。仏壇の保持率は、一九七〇年(昭和四十五)ごろの調査では核家族より直系家族で高く、また未亡人がいる家族でも高い傾向にある。仏壇にまつる対象は、顔を知らない観念的な祖先より近親の死者の霊が中心になっているといえる。

仏壇（大阪府羽曳野市）

参考文献　森岡清美『現代社会の民衆と宗教』(「日本人の行動と思想」四九、一九七三)、大河直躬『住まいの人類学―日本庶民住居再考―』(「イメージ・リーディング叢書」、一九八六)、森隆男『住居空間の祭祀と儀礼』、一九九六

(森　隆男)

ぶつぶつこうかん　物々交換　貨幣を使わないで、物と物を直接に交換する交易の形式。カエコトなどと呼ぶ地方がある。特産物の物々交換は、異なる生業を営む人々の相互依存関係を強め、あるいは買い占めを阻止できるなど貨幣使用にはない多くの利点があり、世界の各地で現在でも盛んに行われている。警戒心などから互いに対面せずに交易しあう無言交易(沈黙交易)も物々交換の一形態である。物々交換は贈与交換、あるいは天満宮の神事におけるウソカエなどの儀礼的交換と異なり、値踏みと駆け引きを伴うことが多い。民俗例として、山形県飛島の漁民はコンブや干魚などの海産物をもって対岸の酒田の農家を訪れ農産物と交換していた。石川県輪島の海女は、灘回りと称して魚とその他の品物を交易した。年末に鹿児島の都市住民が日用品を桜島大根と交換する「デコン(大根)換え」なども昭和初期まで続いていた。南島では現在でも物々交換の慣行を記憶している人々がいる。たとえば、昭和のはじめまで沖縄県八重山地方の西表島の農民は、田のない黒島の竈の灰を稲束と交換して、水田の肥料としていた。同様の例で、明治末まで種子島南部の水田の肥料として屋久島のサバ節の頭の部分が利用されるという物々交換もあった。なお、第二次世界大戦中から戦後にかけて、都市の住民が農家と物々交換して暮らすことを、竹の子生活などと呼んだ。↓無言交《むごんこう》易《えき》

参考文献　西村真次『日本古代経済』交換編、一九三四、瀬川清子『販女』、一九七一、安渓遊地「高い島と低い島の交流―大正期八重山の稲束と灰の物々交換―」(『民族学研究』五三ノ一、一九八八)

(安渓　遊地)

ぶつま　仏間　仏壇を置く部屋。石川県南部などの比較的規模の大きい民家には、仏壇を置くために仏間を設けているものがあるが、仏間の名称をもつ部屋がある民家は少ない。田の字型の間取りをもつ家では座敷を仏間に充てたり、仏壇を寝室に置いてその開口部を座敷に設ける場合が多い。寝室の一部を仕切って独立の部屋とし、仏間とする事例もある。また、横に三部屋が並ぶ六間取りの家では中央の表側の部屋に仏壇を置くことが多い。古代から中世にかけて、貴族など上層階級では屋敷内に独立した建物である持仏堂をもっていたが、母屋の中に持仏堂を設ける家もみられるようになる。たとえば一三九七年(応永四)当時、山城国植松庄にあった地侍層の家の間取りを示す古図には、寝室に接して「持仏堂」と記された比較的狭い部屋が確認できる。当初、持仏堂では守護仏を安置して礼拝をしていたが、やがて先祖の位牌もまつられるようになる。このように上層の家では、仏間の起源を祖先祭祀の場ともなる持仏堂に求めることができる。しかし庶民の住居に仏間と呼べる部屋が登場す

るのは仏壇が普及してのちのことであり、近世中期以後のことになる。なお、仏間には南向き、または東向きの部屋をあてることが多い。

参考文献 伊藤鄭爾『中世住居史』、一九五八、大河直躬『住まいの人類学―日本庶民住居再考―』(「イメージ・リーディング叢書」、一九八六)　（森　隆男）

ぶつめつ　仏滅　六曜の一つで、すべてにおいて凶とされる日。この日病気になると長患いになるとか、舌禍を招きやすいので慎まねばならないとされる。六曜は中国から伝わった時刻占いで、仏滅といっても仏教とは無関係で当時は空亡と呼ばれていた。現在、仏滅は結婚式を控える日という観念は広く見られる。そのため仏滅の日を結婚式場関係者の休日にあてたり、逆に大幅な割引によって客寄せをする業者が出現している。　（佐々木　勝）

ふでこ　筆子　民衆の識字への欲求を背景に江戸時代後期、爆発的に簇生した手習塾に学んだ子供のこと。寺子屋の「寺子」が正しいと思われがちであるが、実態としては今日多く残された手習塾の師匠の墓碑・追悼碑である筆子塚のほとんどが教え子の筆子か筆子の集団を意味する筆子中によって建立されている。村落にあって読み書き算用を教えてもらった子供を筆子と呼び、その同窓生を筆子中と呼んで師弟間の関係を社会的な存在として位置づけていた。　（高橋　敏）

フト　フト　地名。二つの尾根の間など、女陰を連想させる地形。フット、ホトとも。古代に女性の陰部を「ほと」といった語による。フトは富戸・布土など、フットは風戸・発戸・払戸などと書く。横浜市の保土ヶ谷(区)などのホドもこの地形で、程・保戸などの字もあてる。千葉県の富津《ふっつ》(市)や、フドノ(不動野・府殿・不土野)なども柳田国男はホトと同義とした。吉田茂樹はホトが窪地でない日当たりのよい斜面にも多いので、火床《ほと》の意で焼畑地名かという。

参考文献 柳田国男「地名の研究」(『柳田国男全集』二〇所収、一九九〇)　（鏡味　明克）

ふど　普度　中国あるいは華僑社会で行われる盆行事。多くの場合、旧暦七月中旬に行われるため、七月半とも呼ばれる。日本では、長崎の崇福寺、神戸の関帝廟、京都の万福寺で行われる。担い手はいずれも福建省北部の出身者である。京都府宇治市で行われる普度勝会は京都福建同郷会の有志によって一九三〇年(昭和五)から始められた。万福寺は江戸時代に福建省より来日した隠元禅師の創建になるため、同郷の華僑が特に好んでこの地で盆行事を行うことになった。それまでは長崎で行われていた普度に参加していた。当時の担い手たちの中心は呉服雑貨を全国に売り歩く行商人の元締めであった。居住地が全国に拡散し始めていた福建省旧福州府の出身者にとっては、年に一度の懇親・交流と情報交換の場であった。縁談にも役だっていた。普度は福州方言ではポールンと呼ばれる。京都では新暦十月の中旬に五日間かけて実施される。目的は近親死者の供養と施餓鬼である。祭場には本殿とその前庭が使用され、地獄の十王殿および竹と紙で作られた冥宅が並べられる。冥宅は、多くの場合、初盆を迎える死者のために遺族が供養したもので、家族の姓が記される。読経は万福寺の僧侶が担当するが、そのほかは華僑の有志が構成する実行委員会が担当する。儀礼内容は三界万霊の呼び寄せ、演浄儀と施食会、天に対する普度実施の報告、精霊流し・精進落しなどである。近年では怨親平等塔法要が併せて行われ、第二次世界大戦中の中国人被害者の供養をしている。

京都府宇治市万福寺の普度勝会

参考文献 曾士才「在日華僑の伝える盆行事」(『仏教行事歳時記』八月万燈所収、一九八九)、吉原和男・曾士才「在日華僑の社会組織と宗教行事―宇治万福寺での盆行事―」(宗教社会学の会編『宗教ネットワーク』所収、一九九五)　（吉原　和男）

ふどうしんこう　不動信仰　不動明王に対する信仰。不動明王像はインド・中国には遺品が少ない。日本では平安時代初期以来の密教の盛行とともに、種々の異形の尊像が作られた。種々の煩悩を焼き尽くし、悪魔を降伏し、行者を擁護して菩提を得させる明王として信仰された。不動尊が大日如来の教令輪身(忿怒像)であるとされたので、ことに東密の僧によって護持された。円珍も入唐以前に不動尊を信仰していた。しかし、それは園城寺の黄不動画像にみるように目を大きく見開いた、中年の体軀、そして宙に浮いたような姿の不動尊で、空海のそれとはまったく別の姿の不動尊であった。台密が盛んになるに従い、比叡山でも修行僧から信仰が寄せられた。比叡山の横川で観音菩薩が本尊、脇侍が毘沙門のところへさらに不動尊が脇侍として加えられたほどである。不動尊の験力に対する信仰を背景として、ことに円珍の系譜を引く寺門派の僧は、加持祈禱に不動尊を中尊として降三世《ごうさんぜ》・軍荼利《ぐんだり》・大威徳《だいいとく》・金剛夜叉《こんごうやしゃ》の四大明王を巡らす五壇の法を使用するようになった。また、密教の理論を身につけて修験道の行者たちも不動尊を本尊とした。『栄華物語』に一〇二七年(万寿四)九月に死去した皇太后藤原妍子の三十五日忌に枇杷殿の西の廊にあった五大明王と図絵不動尊供養が行われるまでに至った。平安時代末期になると、不動尊が浄土教の人々にも臨終にある人の煩悩を剣で断ち切ってくれる仏として信仰されるようになった。ここから死後最初の法事である初七日に、不動尊を本尊とする法要が行われるようになった。これが十三仏に不動尊が最初に配置される理由であり、室町時代に長宝寺(大阪市平野区)の不動尊が冥土へ案内する縁起を生み出し、兵庫県の丹波や但馬地方に見られる墓地の入り口の六地蔵の端に不動尊が安置される理由である。不動明王像としては園城寺の黄不動、高野山明王院の赤不動、京都青蓮院の青不動の三不動などが代表的である。このほかに弘法大師の持仏と伝えられる教王護国寺西院御影堂安置の秘仏や、弘法大師の唐からの帰路、海上に顕現し、天慶の乱、蒙古襲来の際にも活躍したという高野山南院の波切り不動がある。波切り不動はことに海上生活の人人に信仰され、港の入り口や海上の難所などにまつられている。『大日本法華経験記』には比叡山の修験の寺、無動寺の相応和尚はもと葛川の行者であったといい、その葛川の不動尊の加護を得て都卒天の内院の入り口まで行ったとある。『平家物語』は、修験僧文覚が那智の滝で厳冬に二十一日の水行をしたといい、それを都卒天にある不動尊のはからいで成就したということを伝えている。なお、関東の不動信仰としては、東京都目黒区滝泉寺の目黒不動が慈覚大師円仁の作といい、千葉県成田市成田山新勝寺の本尊は著名で、弘法大師の開眼で平将門の乱の際に霊験があったと伝え、身代わり不動としても有名である。江戸時代に初代市川団十郎の信仰を得て広く知られるようになった。

[参考文献] 佐和隆研「不動明王像の研究」(『密教美術論』所収、一九五五)、亀田孜『日本美術史叙説』、一九七〇、渡辺照宏『不動明王』(「朝日選書」三五、一九七五)、和多秀乗・田中久夫編『不動信仰』(「民衆宗教史叢書」二五、一九九三)

(田中　久夫)

ふどき 風土記 地域のことを書き記した書物。書名に風土記を称する地誌が古今に多数存在する。㈠奈良時代の、国ごとの風土記。これは、のちの諸風土記と区別して古風土記と呼ばれることがある。『続日本紀』七一三年(和銅六)五月甲子(二日)の記事によれば、この時、諸国に対して、⑴郡郷の名に好い字をつけよ、⑵郡内に産する鉱物・動植物などの品目を列挙せよ、⑶土地の肥沃程度を記せ、⑷山川原野の名の由来を記せ、⑸古老の伝える旧聞異事を記せ、という五項目が指示され、その点を記した報告書の中央への提出が求められた。これに応えて、各国が中央に寄せた解文(上申文書)が、ここにいう国ごとの風土記である。本書の現伝本は、常陸・播磨・出雲・豊後・肥前の五ヵ国のもののみ(内、完本は出雲だけ)で、ほかには逸文が四十数ヵ国に関して現存している。内容的には、和銅の命を越えるほどに、多彩であり、豊かである。各地の神話・伝承・民俗・地理・歴史などについての貴重な記事を数多く収める(数々の出雲神話、筑波の歌垣の記事などはその一例)。また、その神話・伝承・民俗などが、今日でもその地でなお伝えられていたり、継承されていたりすることがあるという点でも、本書は改めて高く評価される。なお、本書を当初から風土記と呼んだかは不詳。この呼称の初見は、三善清行の『意見封事』(九一四)中の、備中国の風土記をみたとの文言であるとされている。㈡江戸時代には、官撰・私撰の風土記の編纂が盛り上がりを見せた。幕府の『新編武蔵風土記稿』(一八三〇)、『新編相模国風土記稿』(一八四一)、会津藩の『会津風土記』(一六六六)、『新編会津風土記』(一八〇九)、和歌山藩の『紀伊続風土記』(一八三九)などがある。また、風土記の名は持たないが、類似の、徳川光圀の命による『新編鎌倉志』(一六八五)、中山信明『新編常陸国志』(明治に栗田寛によって完成)などがある。これらには、全編の構成法、言及する事項などにおいて、古風土記に通じるところが多々ある。また、今では失われてしまった史料に基づく叙述も多く、今日の地域史研究には欠くことのできない文献である。

[参考文献] 秋本吉郎『風土記の研究』、一九六三、上田正昭『風土記』、一九七五、関和彦『風土記と古代社会』(「塙選書」九〇、一九八四)、志田淳一『風土記の世界』(「教育社歴史新書」日本史二一、一九七九)、和歌森太郎「風土記と民俗学」(『日本古典文学大系』八月報所収、一九五八)

(和歌森民男)

ふとん 蒲団 寝具の一種。布団とも書く。寝具は寝室の在り方や就寝法とも関連しさまざまな形をとり変化もしてきたが、その中で二枚の布を袋状に縫い合わせた中に詰め物をする、中でも木綿棉を詰め物としたものを蒲団と呼んできた。蒲団の語はガマを材料とした円座を意味したともいわれるが、蒲団の普及につれ寝具の代名詞となった。かつての寝具には藁を中心にスゲ、カヤ、アシ、ガマ、イグサや海藻、籾殻や籾糠、苧屑(麻の表皮)などが使われ、藁を板で囲ったり箱に入れた藁床や筵・薦《こも》などに編まれたもの、古布を刺し綴ったものなどを敷具とし、掛具には着物も用いられてきた。しかし木綿の普及につれ衣料が麻から木綿に変わったように、寝具も身近にあって採取や調達が容易な在来の植物から外来の木綿へと変わった。従来も保温力を高めるためにガマや麻づくりで残る苧屑などを挟んで刺し綴ることはあったが、綿の利用には布などで包むことが必要で、蒲団の形式が定着した。掛具にも掻巻《かいまき》・夜着といった着物形の綿入れが使われたが、敷具同様の方形の蒲団が使われるようになって、掛布団・敷蒲団と呼び分けるようになった。しかし、木綿は寒冷地では栽培できず購入によって入手する高価なものであるため、藁や苧屑・海藻などを詰め物とする蒲団も各地で長く使われてきたが、近代の安価な輸入綿と木綿織物の流通は、棉の蒲団を寝具の中心に押し上げ、蒲団側も麻から木綿に変わり蒲団地専門の織物産地が形成されて色鮮やかな大きな格子柄なども織られるようになった。綿は湿気を持ちやすく日本の風土に合うとはいえないが、その保温力、軽さは魅力的であったし、折りたたんで収納でき、持ち運べるという利点は、寝室の在り方にも大きな影響を与えた。また、嫁入り道具の一つに加えられるとともに、蒲団の管理は主婦の仕事とされ、定期的に綿の打ち直しを依頼し、蒲団側に均質に綿を入れて蒲団を仕立てる技術は、裁縫とともに女性として身につけるべきことの一つとされた。→寝具《しんぐ》 →スベブトン

参考文献 瀬川清子『きもの』一九七二、小川光暘『寝所と寝具の歴史』(「風俗文化史選書」七、一九七三)

(中村ひろ子)

フナ フナ 一般にコイ科フナ属に属する魚類。キンブナ、ギンブナ、ニゴロブナ、ゲンゴロウブナなどがある。キンギョもフナの一種である。水田や用水路など人里に多く棲息するフナは日本人にとってもっとも馴染み深い魚である。遊びの面では子供だけでなく大人にとっても釣りなどの娯楽の対象となった。釣りの対象魚として琵琶湖特産のゲンゴロウブナは全国各地に移植されていった経緯をもつ。そうした記録には早くは十七世紀のものがある。また生業の面では、春になると産卵のため水田に上ってくるフナを筌《うけ》や魚伏籠により取ったり、他の季節でも川や湖沼で魞《えり》や各種の網類などにより簡単に漁獲することができた。またかつて水田養鯉が盛んなときにはコイの副産物とし収穫された。フナは食の素材としても各地に古くからの伝承をとどめている。琵琶湖沿岸においてはナレズシの素材として特に抱卵したニゴロブナが珍重された。関東地方では寒ブナの昆布巻きが正月料理に用いられた。そのほか香川県の溜池地帯におけるテッパイ、鮒市が立つことで知られる佐賀県のクリーク地帯におけるフナンコグイといった郷土料理がある。また十八世紀初頭に著わされた『養生訓』では胃腸など内臓の薬として取り上げているが、実際に沖縄県西表島《いりおもて》ではフナが風邪の薬に用いられていた。さらに伝説や昔話の中では、各地で語られる「片目の魚」の伝説にみられるようにウナギと並んでフナが登場することが多い。

参考文献 末広恭雄『魚と伝説』一九六四

(安室 知)

ブナ ブナ ブナ科の落葉樹。樹高は二五メートル、直径一メートルにも達する。北海道西部・本州・四国・九州(熊本県まで)に分布し、本州中部で標高七〇〇メートルから一四〇〇メートルまでの山地帯に生育する。主として山腹の適湿の場所に優占する。ブナは日本海側と太平洋側で群落の組成が異なる。太平洋側ではスズタケ、タンナサワフタギ、コハウチワカエデ、クロモジ、日本海側ではチシマザサ、オオバクロモジ、タムシバがみられる。寿命が長く三百五十年以上の寿命がある。ブナの蓄積量は広葉樹中最大である。材は環孔材で、放射状に髄線がみられ特徴ある木目をしている。偽心材は赤く、脆いので利用せず、外側の辺材(しらた)を利用する。狂いが大きいが水分管理を行なって人工的に乾燥させたものを家具・フローリング用材として利用する。ブナ材は耐久性がなく水分の多いところでは急速に腐朽する。古くはこうした特性から奥山で伐採されたブナ材は利用できずに放置されたことがあり、評価は低かった。ブナの結実は豊凶が激しく三〜五年に一度豊作があり、まったく結実しない年も多い。こうしたことから伐採するとブナ林の再生は比較的困難でしばしば笹原になることがある。新潟県では燃料用として植林が行われたが一般的にはこうした造林はあまり行われない。現在では環境林としてのブナ林造成が行われるようになっている。種子は食用になり、熊などの野生動物の重要なエサとなる。材は雪かき、挽物木地にも使われた。

(中川 重年)

ふなあそび 船遊び 池や川に船を浮かべて、季節の風物を愛でながら、楽人の奏する管絃を楽しむ遊び。八九八年(昌泰元)、宇多上皇が京都嵐山の大堰川で船遊びをして、漢詩・和歌・管絃の三隻の船で遊んだことが知られている。平安貴族の間で浸透し、寝殿造の池での船遊びが盛んに行われた。江戸時代にも桜・紅葉・名月に合わせて船を浮かべて遊ぶ船遊山《ふなゆさん》がよく行われ、隅田川での納涼は江戸の船遊びの代表的なものであった。隅田川での納涼は旧暦の五月二十八日の川開きに始まり、八月二十八日の川仕舞まで続けられた。この間、綾瀬川口付近から佃島あたりまで、屋形船・屋根船・猪牙《ちょき》船など各種の船がでて夏の夕涼みを楽しんだ。上級の武士、富裕な商人や大店《おおだな》の番頭などが船遊びの客となったが、幕府の規制により屋形船の数が制限され、のちに屋根船・猪牙船を利用する庶民にも船遊びが浸透するようになった。屋形船には重箱や手提弁当などが持ち込まれ、琴・三味線を弾いて楽しむ姿が絵画に描かれていることが多い。船の近くには料理・鮨・酒・果物を売るウロウロ船が寄って来て遊びを盛り上げている。江戸時代前期ころまでは客が手持ちの花火を買い求めて、みずから楽しんでいるが、十八世紀以降に打ち上げ花火が発達し花火見物の船も多数でて隅田川を賑わせた。

参考文献 斎藤月岑『東都歳事記』二(「東洋文庫」一七七、一九七〇)

(鈴木 章生)

ふないわい 船祝い 船主が正月に持船の操業安全・豊漁を祈願する行事。船主が正月に船祝いをする習俗は全国的に見られる。千葉県では二日に、船に供物を供えたのち船を海に出して魚をとり、漁を終えると船主の家に船子や船大工を招いて宴会を催す。安房郡千倉町や館山市ではこれを船祝いという。鹿児島県揖宿郡開聞町でも二日が船祝いで、船主が船子を招き酒宴を催す。この席に出た者はその年の契約をしたことになり各人の任務が決まる。船祝いを十一日に行う所も多く、石川県や富山

県ではそれをキシュウ(起舟)と呼んでいる。十一日は船霊様の命日といって祭を行う所もある。静岡県榛原郡では一同揃って氏神社に参拝したり、各人が平素信心している神に参詣することを船祝いという。また、乗り組み祝いといい、船子全員が船主の家に集まりえびす神にお神酒を供え、その後盛大に宴会を催す。新潟県西頸城郡能生町ではこの日を船霊様の年取りという。同郡青海町市振ではこの日に網元の家に水夫《かこ》一同が集まり、床の間に千石船や宝船の掛軸を掛けて船霊様の祝いを行う。青森県津軽地方などでもこの日をオフダナサマの日といい、神棚にお神酒や魚を供えて祝う習俗がある。能生町では一月十日は船にとって大晦日とされ、蕎麦やうどんなどを船の年越蕎麦として食べる。十日をえびすといって網元が船子のなかから三人を選び、海中から新しいえびす神をとってくる。宮城県牡鹿郡女川町では二十日が船祝いで、船主が船子一同を招いてふるまう。

参考文献 関敬吾「漁労と祝祭」(柳田国男編『海村生活の研究』所収、一九四九)　(安田　宗生)

ふなえま　船絵馬　船主や水夫たちが渡海の際、航海安全を祈願し、あるいは無事帰国した際、報謝のために神社仏閣に奉納する絵馬。多くは自分の船の図を描く。京都清水寺の船絵馬は朱印船図で末吉船図三面、角倉船図一面があり、いずれも重要文化財に指定されている。末吉船図は大坂平野の豪商末吉家の朱印船の図で、一六三二年(寛永九)・三三年・三四年の奉納、角倉船図は京都の豪商角倉家の朱印船の図で、一六三四年の奉納である。大坂の杭全《くまた》神社の末吉船図は一六二七年の奉納で、小振りではあるが、朱印船図絵馬ではもっとも古いものである。奈良県の吉野山金峯山寺蔵王堂には一六六一年(万治四)奉納の廻船入港図絵馬がある。縦約三メートル、横約四・五メートルで、この種の絵馬ではもっとも大型である。滋賀県近江八幡市日牟礼神社の一六四七年(正保四)奉納の菱川孫兵衛筆安南渡海船図も著名である。一六七二年(寛文十二)河村瑞賢によって西廻り航路が開発されてより、いわゆる北前船が就航するようになり、日本海沿岸は北前船の往来が頻繁になった。そこから航海安全を祈願あるいは無事帰港を感謝して奉納する北前船図絵馬が、沿岸各地ごとに越後・能登・加賀・越前・若狭など北前船の活躍した北陸地方に多く奉納された。北前船の船主・水夫たちが大坂に寄港した際に絵馬師に注文して描いてもらって、それを寄港地の神仏に奉納したのである。今日、日本海事史研究ならびに和船研究に船絵馬は欠かせぬ資料とされている。

参考文献 岩井宏實『船絵馬』(『ものと人間の文化史』一二、一九七四)、牧野隆信・刀禰勇太郎・西窪顕山『日本の船絵馬—北前船—』、一九七七　(岩井　宏實)

永宝丸船絵馬(新潟県白山媛神社)

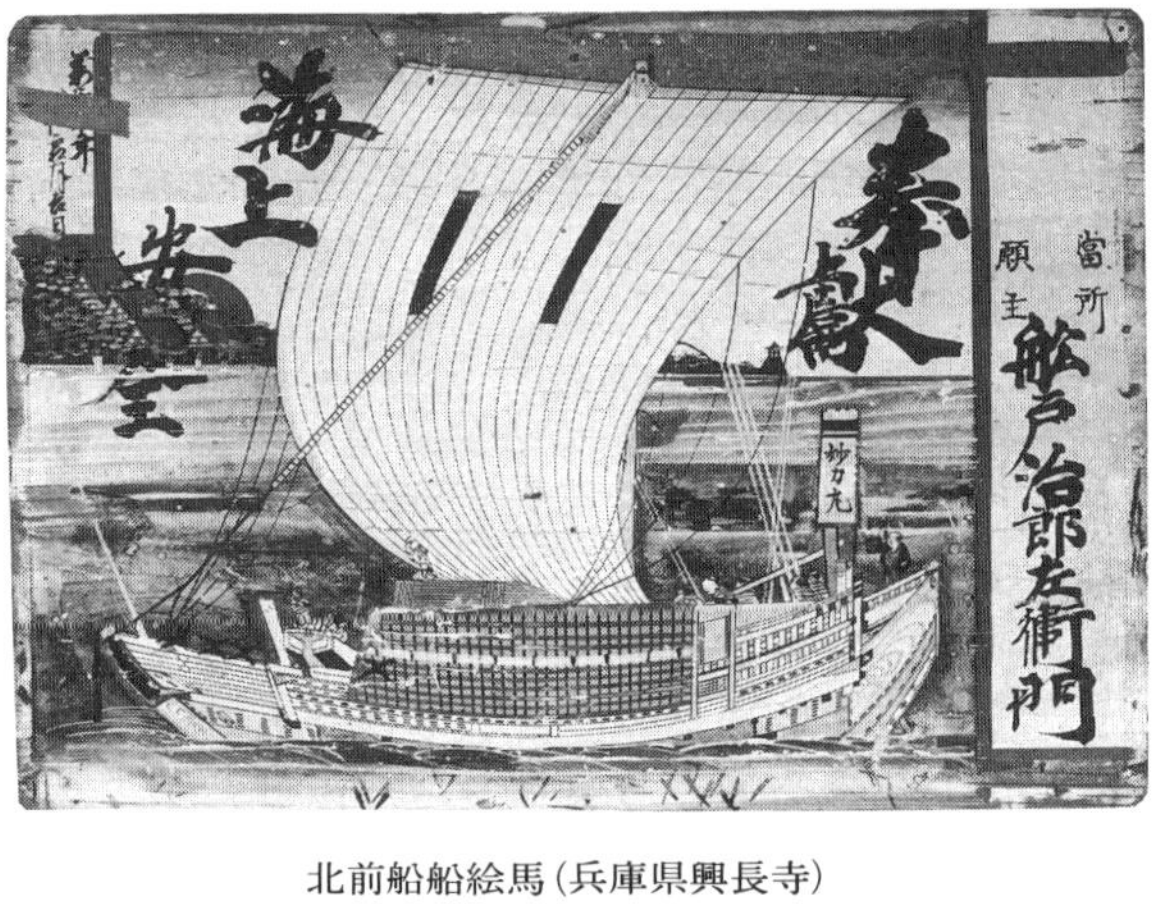

北前船船絵馬(兵庫県興長寺)

ふなおろし　船おろし　船の進水時の造船儀礼。船大工の棟梁(親方)が船霊《ふなだま》(船玉)を据え、タイ・米・餅・お神酒など供物を供え、船霊祭文を唱える。船霊は左右対称のサイコロ・十二文銭・五穀を基本とする。船霊を据える場所は帆柱を刳り貫いた部分であったり、それが転化して帆柱を支えるネコの形であったり、その部分だけで神体はないというのもある。また船霊は近年、将棋の駒形が多くなったが、帆柱そのものがなくなったことが起因しているのかもしれない。祭文は誰にも教えてはならず、棟梁はこの儀式を人が起き出して来る前に一人で行わなければならないという所もある。漁船の場合、船をおろすと、魚を取り込むという意味で三回取り舵回りし、船をひっくりかえして水を被らせる。餅撒きの前に乗り初めをする。船霊が船を渡るといって、若い女(本来処女、実際多くは施主の妻)に晴着を着せて最初に乗せ、お神酒を両舷に撒く所(瀬戸内海塩飽諸島佐柳島)もある。船霊を竜女とすることから来ている。近年では船はフラッグ(旗)や現金買いの証拠とされる杉の十二枚に削った二間ものの鉋屑を翳すなどして餅撒きをする。これらの後、施主は棟梁・船大工を労い、親戚を招き、祝宴をする。漁船の場合その後、金毘羅参りや厳島詣などを行う。船おろしは山おろしの転化とも考えられる。→船霊《ふなだま》 （織野 英史）

ふながたやしき 舟形屋敷 静岡県の大井川下流域、榛原郡金谷町・島田市・藤枝市・志太郡大井川町などに見られた河川氾濫対策の屋敷で三角屋敷ともいう。川の上流部に舳先《へさき》を向ける形で築かれ、本流に近いほど鋭角に、遠のくほど鈍角に屋敷どりされた。三角形の底辺を除く二辺に土手を築き、その外に分かれ川と呼ぶ水溝を掘る。

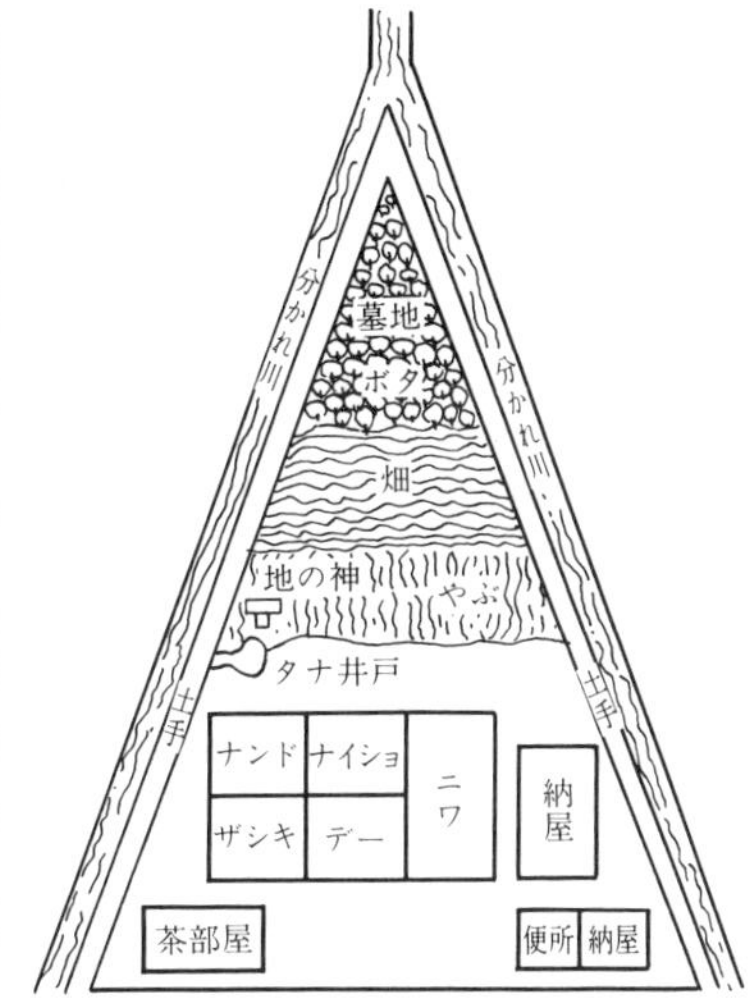

舟形屋敷見取図（静岡県金谷町）

先端部に、開墾時に出た土石を積んで木を繁らせ、その中に墓地を作る。氾濫に対して土木的対応と祖霊による信仰的対応の二面的な対策をしていたといえよう。

参考文献 野本寛一『生態民俗学序説』、一九八七 （野本 寛一）

ふなきょうそう 舟競争 祭として、あるいは祭に付随して行われる船の速さを争う競技。南西諸島を中心に分布する爬竜《ハーリー》船だけでなく、本土でも漁村や海浜村落を中心に広く分布している。中でも神事としての性格の濃い代表的な祭が、島根県美保関町の美保神社で十二月三日に行われる諸手船《もろたぶね》神事で、大己貴命《おおなむちのみこと》と事代主命《ことしろぬしのみこと》の国譲りの神話に由来する二艘の諸手船によって神事と競漕が行われる。しかし一般には、セリフネ、オシフネなどと称して祭に付随する競技として行われることが多い。その際通常村落を構成する地区を単位として青年男子が漕ぎ手となる複数の船によって、激烈な競漕が行われ、地区間の儀礼的喧嘩の様相を呈することもあって、喧嘩祭と呼ばれることも多い。愛媛県・広島県にまたがる芸予諸島近辺では、櫂伝馬とか櫂練りと呼ばれ、かつては旧暦六月、宮島の管弦祭と同時期に各地で活発に行われたが、現在では廃絶した所も多い。七月二十三日から二十五日にかけての和歌山県東牟婁郡古座町の河内祭《こうちまつり》は、河内様と呼ばれる古座川下流域の川中の小島が御神体とされ、古座町内の上・中・下から出される三艘の御舟が川をさかのぼる壮麗な舟祭であるが、御舟につき従ってきた各地区の中学生が乗り込む三艘の櫂伝馬が河原での祭典終了後、島を右回りに三回廻る三度の激烈な競漕を演じる。この時は、他地区に嫁いだ娘も実家の地区を応援するというほど熱狂する。このように舟競争では、地区間の儀礼的対立がことさら強調され、その勝敗が豊漁などの年占の意味を持ち、また、競争への参加が一人前と見做される条件となるなど男子成年儀礼の要素も認められる。→爬竜《ハーリー》 →ペーロン

参考文献 吉田禎吾編『漁村の社会人類学的研究—壱岐勝本浦の変容—』、一九七九、古典と民俗学の会編『和歌山県古座の河内祭り』(『古典と民俗学叢書』六、一九八二)、白鳥一郎・秋山一編『沖縄船漕ぎ祭祀の民族学的研究』、一九九五 （白川 琢磨）

ふなこし 船越 船を持って越すことのできるような地点をさす地名。細く突き出た岬の根元で、しかも水面との差がない低い土地では半島を漕いで廻るより、陸地の最も狭い場所を、船を人力で担いで越したりした。日本沿岸の各地によく見られる。湾の入り口が細い水路で繋がっていて関門的な位置をさす場合もあり、入り組んだ湾を多く持つ三陸海岸・志摩半島・瀬戸内海・九州地方に多くみられる。現在の日本地図では、船越山(兵庫県宍粟郡)、船越水道(秋田県八郎潟口)、船越湾などを含め岩手県下閉伊郡山田町、宮城県桃生郡雄勝町・鹿島台町・志田郡迫町、神奈川県横須賀市、三重県度会郡南勢町・志摩郡大王町、広島市安芸区、愛媛県南宇和郡、福岡県糸島郡唐津湾東海岸、長崎県平戸島南端、島根県隠岐郡西の島など十七地区が確認されるが、三重県北牟婁郡海山町の矢口浦に抜ける途中の船越や、長崎県下県郡美津島町の大船越・小船越、山口県長門市青海島の通浦北、静岡県清水市など、小さな場所の記載漏れを考えると少なくとも二十一ヵ所以上はあることになる。中でも、承平年間(九三一—三八)成立の『和名類聚抄』にもある志摩国英虞《あご》郡(三重県)、筑後国竹野郡(福岡県)、陸奥国桃生郡(宮城県)は地名としての歴史が古い。船越を具体的に説明している最もよい例が『隠州視聴合記』の「村より外海に出づること甚だ近し、西の山勢尽き陸地十八九間ばかり往来多力の船夫、入海の岸より船を負ひて外海に出で、釣り漁昼して又負い帰りて入海に入る、故に此村を船越と称す」という記事である。 （野村 史隆）

ふなだいく 船大工 刳船および棚板構造船(和船)を造る専門の大工。和船は板を接合して大板を造り、それを曲げるという独特の工法をとるため、接合《はぎあわせ》と曲げの技術に優れた特徴がある。スリノコで接合面を馴染ませ、防水用の詰め材を用いないことは船大工の誇りである。釘《くぎ》差鑿《さしのみ》という独特の鐔鑿《つばのみ》を使って釘道をほり、偏平な船釘を板の中に閉じ込める。また火を使うなどして曲げることを矯めるという。弁財船に代表されるミヨシ(舳・水押)を持つ棚板構造船は少なくとも十六世紀ごろには、瀬戸内で開発された。船大工はその造船技術の全国伝播に伴って各地へ移り住んだとも考えられる。大阪・塩飽《しあく》諸島(香川県)・倉橋島(広島県)・周防大島(山口県)の船大工は各地に足跡を残しているが、船大工技術の高度さ、正確さは、その後の地域造船業の衰退後も宮大工への転職

などを可能にし、塩飽大工・倉橋大工・大島大工などはその面で多くの記念物を残している。船大工には造船所を家業とするものと、出大工がおり、後者の例として能登の穴水(石川県鳳至郡穴水町)の船大工などが知られる。このように出大工の存在も造船技術の交流を可能にしている。最近では北陸の川舟大工において専門化が遅れたことが指摘されている。青森では刳船大工と構造船大工が別系統であるなどの研究がすすんでいるが、このことも日本海の伝統的刳船技術と瀬戸内の構造船技術の接触の様子を具体的に示している。（織野　英史）

参考文献　瀬戸内海歴史民俗資料館編『瀬戸内海の船図及び船大工用具』、一九八四

ブナたいぶんか　**ブナ帯文化**　ブナ帯に独自に発達した文化複合のこと。一九八〇年代に提唱されたもので、一九六〇年代に提唱された日本の南半分から東南アジア山地帯にかけてのブナ科、クスノキ科を中心とした常緑樹の照葉樹林文化に対応する文化圏。ブナ科(ブナ、イヌブナ)、カエデ科(オオモミジ、イタヤカエデ類)、カバノキ科(ウダイカンバ)、ニレ科(オヒョウ、ハルニレ)、シナノキ科(シナノキ、オオバボダイジュ)、モクセイ科(シオジ、ヤチダモ)といった樹木を特徴としている。またこれらに類似した森林は北米東部、中部ヨーロッパ海洋性気候下にあり、それぞれに日本のブナ帯植物と対応する種があり、相観的にも類似している。東アジアの特徴としては林床にササ類(太平洋側―スズタケ、日本海側―チシマザサ)を持つことである。大きくは日本の南半分に分布する照葉樹林に比べ、北半分を占める文化複合といえる。日本のブナ帯文化における特徴的な職業集団としては、熊などの野生動物の狩猟を行うマタギ、樹木を伐採し椀・盆に轆轤《ろくろ》加工、あるいはシャモジや杓子を銑《せん》で加工する木地屋などがよく知られている。こうした歴史的な職業集団だけでなく、地理学ではブナ帯に発生した農業もブナ帯文化として取り扱う。レタス、大根などの高原野菜などがあげられる。さらに、スキーリゾートなどこうしたブナ帯の積雪の多い気候を活かした観光も含める。→照葉樹林文化《しょうようじゅりんぶんか》（中川　重年）

参考文献　梅原猛他『ブナ帯文化』、一九八五

ふなたで　**船たで**　フナクイムシの害を防ぐため、船底を焼くこと。フナクイムシは、船材に入り込んで、船の寿命を著しく短縮させる。これを防ぐため、船底や棚板を、火で下からあぶって、木の内部の虫を殺し、表面を炭化させることにより幼虫の侵入を防止した。フナクイムシは、乾燥したり真水に浸かると死滅するので、定期的に陸に引き上げたり、河川に引き込んで殺虫する方法もとられた。（昆　政明）

参考文献　金指正三『日本海事慣習史』、一九六七

ふなだま　**船霊**　船乗りや漁民の間で船に宿ると信じられてきた神霊。船の守護神的性格を持ち、航海安全や大漁祈願の対象となっている。船魂・舟玉などとも書き、地方によりフナガミ様・フナザイモン様・十二フナダマ様などの呼称がある。今では操舵室などに神棚を設けて祭壇とする例などを見るが、伝統的な木造船(和船)では帆柱を支えるためのツツ柱・ツツバサミなどと呼ばれる柱に四角の穴を彫り、船霊様のゴシンなどと称して神体に相当する品々を納めた。賽子《さいころ》二個・銭・男女の人形・毛髪・五穀などを入れる所があり、船大工が船おろし(進水式)に先立って満潮時に密かに封入する。紅白粉を入れたり、蓋に紅白粉で化粧するところもある。賽の目の合わせ方は、ほぼ全国共通で「天一地六、表三(見)合わせ、梶四あわせ(幸せ)、艫櫂五と五と、中に二(荷)がどっさり」などと語呂合わせの呪文を船霊をまつり込むときに唱える。銭十二枚は一年の月数というが、十二船霊や十二山の神というように山の神が十二という数に縁が深いことにも関連する。船おろしには山の神下ろし、山の神のダイオロシ、コケラオトシなどと称して、水際で三回にわたって海と陸の両方向に船を押し引きしたり、大きく揺らし、故意に横転させるという儀礼がある。進水式のあと港内を三度回って沖に出る今日の習慣もこれと関連があろう。コケラは木屑の意で、舞台のこけら落しと同様、山の神から授かった材木で築いた建造物から、竣工にあたって木屑を一掃し山の神の影響下から引き離す意味、あるいは材木に遺留する木霊を送りかえす性格を見てとれる。江戸時代に幕府や諸大名の御座船や、海運に活躍した回船の建造時に行われた儀礼は御用大工の手で格式高く整えられており、ここでも筒立てや船おろしが重視されて、秘伝書に基づき船大工の棟梁が船霊をまつり込める。祭壇には上記の品々に加え、酒樽・米俵などが豪華に並べられ、銭も十二貫文の束が供えられるとともに、櫛・鏡・髱《かもじ》・鋏など女性の化粧道具が並べられた例が知られている。家大工や宮大工が行う棟上・建て前などの建築儀礼との共通性がより明確に見てとれる。以上の船霊祭祀は造船儀礼の最終段階で船大工によって管掌されるものであったが、実際に船に乗る者にとっての船霊信仰の性格は、船体に宿る霊に対して守護を願う素朴な心意が多様に伝承されている。たとえば、船霊は女神とされることが多く、女性一人で乗船することを忌む習慣があった。しかし、男神あるいは男女の神としてまつる場合もある。時化にあって難船しそうになったり不漁続きのときには特に船霊に救助を願い、定例的には年頭の仕事始めや初出航に際して、航海安全や大漁祈願を祈ったもので、正月の船霊祭は、乗り初め、船祝いなどと呼ばれる。北陸地方などではキシュウ(起舟)がこれ

船　霊

にあたる。船乗りや漁民からは、船霊はときに船を去ることがあると考えられ、船から女人が降りる姿を夢に見た船頭が海難にあった話や、船霊様が「おいさみする」「しげる」などと称し、「チンチン」「リンリン」と鳴くような音が時化や大漁を知らせるという。不漁が続くと漁船の船霊の神体を入れ換える習慣もあった。↓船祝《ふないわい》

参考文献 牧田茂『海の民俗学』(「民俗民芸双書」、一九六六)、川崎晃稔「船霊と刳舟」(『日本民俗研究大系』五所収、一九八四)、神野善治「船霊と樹霊」(『沼津市博物館紀要』一〇、一九八六)

(神野 善治)

ふなだんす　船簞笥　廻船で使用された小型の簞笥。大量の物資が廻船で運ばれていた江戸時代から明治時代、その廻船衆が使用していたもので懸硯《かけすずり》・帳箱《ちょうばこ》・半櫃《はんがい》などがあった。一般的によく知られているのは懸硯や帳箱で、買積船が中心だった日本海の北前船では特に資金となる金子《きんす》のほか、帳簿・往来手形・船鑑札・送り状・印鑑・ソロバン・筆記具など廻船業に必要な貴重品入れとして使われた。また、半櫃は船頭が衣裳櫃《びつ》として使うものであった。最も多い懸硯は四五センチ～六〇センチの立方体で大きさはさまざまであるが、船が難破した時でも大丈夫なように外箱は頑丈で水を受けつけないケヤキの一枚板を使い、その中に桐材で作られた抽斗《ひきだし》・硯入・銭箱・隠箱《かくし》などの内箱が入っている。船が難破して海に落ちても桐材が水分を吸収し、箱は膨張して気密性を増し、しかも表面の装飾金具は重いので扉を下に向け浮くため空気はもれず沈まない工夫がされている。そのため非常時には船頭は何をさて置いても貴重品を守り、しかも浮き袋の役目もした船簞笥と体を綱で結び海に跳び込んだという。船簞笥の歴史は廻船業時代とともにあるが、最初は一般に使う懸硯を船に持ち込んで使うものであった。最も盛んに用いられたのは幕末から明治時代中ごろまでで、運賃積を中心とした太平洋側の廻船が使用した船簞笥は買積船の多い日本海の北前船のものに比べ利益率も少なかったので豪華な金具のついたものは少なかった。主な産地に大坂・江戸・佐渡・酒田などがあった。↓帳箱《ちょうばこ》

船簞笥

参考文献 小泉和子『簞司』(「ものと人間の文化史」四六、一九八二)

(野村 史隆)

フナド　フナド　漁場まで船で出かけ、裸潜水漁撈を行うアマ(海女・海士)。潜水作業の能率をあげるためにオモリ(分銅)を使ったり、綱をつけて潜降し、船上の人に引きあげてもらったりする方法がある。一般に船で出かけるアマを三重県志摩地方でフナドと呼び、船人と表記する。フナドの中にも一人で出漁するアマもいれば、仲間で出かけるアマ、夫婦で作業をするアマなど数種類ある。グループ操業では船頭を雇う。↓海女《あま》・海士《あま》 ↓カチド

参考文献 岩田準一「志摩の蜑女」(『日本常民生活資料叢書』四所収、一九七三)、田辺悟『日本蜑人伝統の研究』、一九九〇

(田辺 悟)

ふなまつり　船祭　船で神霊を遊幸させる祭。海や川で実際の船に神霊を移乗させる場合が多いが、陸上で船形の作り物を曳き廻して神幸する場合もある。その形態はさまざまで、御座船に乗った神霊の行事内容から分類すると、㈠水上で神をまつる、㈡船で御旅所に神幸する、㈢湾内など域内を巡遊する、㈣船による競漕、㈤陸上を船の形をしたもので神幸する、などがあげられるが、実際には複合的なものも多い。大阪天満宮の天神祭(七月二十四・二十五日)は宵宮に穢れを移封した鉾を大川に流し、当日は御輿の載った鳳輦船《ほうれんせん》がその到着点にむかってまつりごとをするという祓えの要素が核になっている。愛知県津島市の津島天王祭でもだんじり船の一つ市江車《いちえぐるま》から鉾が流される。こうした川で祓えを行う天王信仰系の祭は船祭となることが多く、旧暦六月の川祭として広く分布している。広島県厳島神社では島巡り祭(五月十五日)に神職の乗る御師船が七浦七恵比須を巡回し、管弦祭(六月十七日)には鳳輦の乗った船を管弦がにぎわす。御座船の周囲で歌舞音曲を演じて囃したり、幟や旗で飾りたてた供奉船を出すことも広く見られ、天神祭のお迎え人形船・ドンドコ船のように風流化が進んだものもある。現代では祭の意義が海上安全や豊漁祈願に転化した所も多く、観光行事化した祭も少なくない。一方、長野県諏訪大社下社の御船祭(八月一日)は陸上の船祭で、遷座祭に翁・嫗の人形を載せた柴船が曳かれる。伊勢・志摩の漁村などでは鯨船が集落内を廻って捕鯨の予祝を行うところもある。↓津島祭《つしままつり》 ↓天満祭《てんままつり》

(伊東 久之)

ふなや　船屋　漁船や漁具を格納するための小屋。当初は、船の上にカヤなどで覆った簡易なものであったが、やがて掘立柱の柱組み建物になり、そして固定化され発達してきた。船屋は立地砂浜・岩場・入江など地域の地理的条件によって一様ではない。佐渡・能登・若狭・山陰・志摩などで散見することができる。たとえば京都府北部の伊根浦(与謝郡伊根町)は、周囲五キロの伊根湾を取り囲むように船屋が短冊状に建ち並んでいることで知られる。丹後半島の突端の東側に位置するブリ漁で知られた漁師町であるこの町では、水際に建てられた船屋と山側の母屋とが一対となった構成である。一九三二年(昭和六)からの道路の拡幅工事によって陸上の往来が可能になったが、それ以前は船が交通の唯一の手段であり、船屋

丹後伊根浦の船屋群（京都府伊根町）

が海の玄関口の役割を果たしていた。最近の瓦葺き切妻二階建ての船屋は、一階が漁船の格納、二階が隠居などの住居として使われている。大正中ごろまでは草葺き(笹)の中二階を設けた造りが多く、雨が多く土地が狭い伊根浦では屋根裏が網干し場として用いられた。

参考文献　明治大学神代研究室「舟屋のある集落と祭」(『建築文化』二七二、一九六九)、京都府立丹後郷土資料館編『伊根浦の歴史と民俗』、一九七七　(井之本　泰)

ふなやど　船宿　商船や漁船の寄港地や港湾において、船員や船の便宜を図った宿。船員の宿泊や風呂・食事などの世話、積荷の売却あるいは仕入れの斡旋、旅先での身元保証人から廻船本船入津の際の曳船や日和山に登って天気を見ることまで行なった。高知県の鰹鮪船が旅漁先の基地としていた神奈川県三浦市三崎・同県横須賀市浦賀のような漁船を対象とする船宿と菱垣《ひがき》廻船・樽廻船・北前船などの商船対象のつけ船宿とに分かれた。帆船の廻船時代は地方ごとに船主による馴染みの宿が寄港地にあり、新宮屋・三河屋・常滑屋・阿波屋・和泉屋・讃岐屋・内海屋・日高屋・播磨屋・筑前屋などがあった。

参考文献　倉本為一郎編『尾鷲市海洋文化』、一九五六、桜田勝徳「船宿のこと」(『海事史研究』一三、一九六九)　(野村　史隆)

ふなゆうれい　船幽霊　海上や海中に現われ、この世の人々に災いを成すとされる海難者の霊。海は、漁民にとっては生産の場であるが、田畑のごとく人間による管理を行いえない自然でもあり、そこには、さまざまな魔の存在が信じられた。盆の期間中に漁に出ると、船幽霊が出現して、舷側に腰掛けたり、漁師に柄杓を求め、船に水を汲み入れようとする伝承は各地で聞かれる。船底に白いものがまとわり付き、そこからぬけられなくなるとする船幽霊(愛媛県宇和大島)や、海上に幽霊船が現われ、見る者を難船に追い込むとする船幽霊(福岡県など)もある。船幽霊の出現に際しては、さまざまな呪術的対抗手段が取られる。海中から柄杓を求める船幽霊に、底の抜けた柄杓を貸す例はよく知られている。船も柄杓も霊魂がとどまりうるウツロな容器であるが、柄杓の底を抜くことでその意味を破壊し、類感的に船への船幽霊の滞留を防ごうとするものとも考えられる。また、船の竈灰を撒いたり、タデ棒で祓うなど火の呪力に関わる呪法も行われる。タデ棒はフナタデの際に、フナダマの去来を統御する呪物でもある。船幽霊の出現に際して、フナダマがそれを祓ったり防いだりする例は少ないが、そこには、人為的に造られた船に籠められたフナダマが、水界の魔に対して劣位にあることが示されているものと思われる。幽霊船の姿で現われる船幽霊に対しては、輪にした草履の紐などをすかしたり、袖の下から見てその正体を確かめる呪法がある。船幽霊の存在する水界と、みずからの間に意図的に境を造り、境の外側の世界からならその正体を見破りうるとする呪法と考えられる。

参考文献　徳丸亜木「漁民信仰論序説―フナダマ信仰を中心として―」(『歴史人類』一一、一九八三)　(徳丸　亜木)

ふね　船　水上航行具の一つ。日本で船に先立って筏《いかだ》や浮きが使われたかどうかは遺物がないのでわからない。日本の木造船技術は瀬戸内海・太平洋系と日本海系の二つに大別される。日本海については大型船の出土例も中世の絵画資料もないが、いずれの海域でも船の大型化の過程は、縄文時代の単材刳船(丸木舟)、つまり一本の木を刳り抜いて造った船から刳船に棚板を取りつけた準構造船を経て構造船に発展したとみてまず間違いない。古代・中世の瀬戸内海・太平洋で多用された大型の準構造船は、複数の楠の刳船部材を前後に継いだ複材刳船を船底とする。前後継ぎは、優れた船材である楠が低いところで枝分かれして幅は広いが長い材が得られないためで、弥生時代に中国から伝来した技術といわれている。棚板の枚数を増やして深さを増し、棚板を外に開かせて幅を広げることによって大型化がはかられ、遅くとも十六世紀には船底の刳船部材を板材に置き換えた棚板構造船が出現した。商船を代表するのが伊勢船・二形船・弁才船、軍船を代表するのが安宅船・関船である。一方、楠の生育しない日本海の準構造船の船底部は杉・草槙《くさまき》・檜葉《ひば》などの長い単材刳船だったらしく、この船底部を左右に分けて面木《おもき》とし、間に船底材を入れて幅を広げ、面木に舷側材を接《は》ぎ合わせて深さを増すことによって面木造りが生まれたと考えられる。大型船では、通例、片舷分の面木を一本の木から刳り出す。船体構造の違いのほかに、梁材と板材だけですむ棚板構造に対して、面木という特殊な部材を必要とするところに面木造りの特色がある。北国船・羽ヶ瀬船・組船が代表的な商船。十八世紀中期に弁才船系の商船が全国に普及したため、面木造りの商

北　国　船

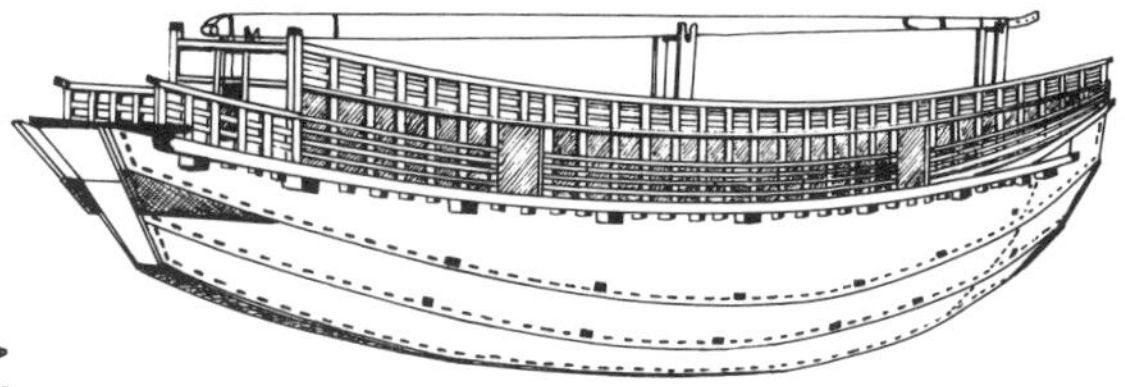

伊　勢　船

船は衰退し、満足な造船関係の資料を今に伝えていない。衰退の原因については諸説あるも不明。ほぼ弁才船系の船に統一された商船と違って、漁船や川船はそれぞれの漁法あるいは河川の条件に適した船型を有し、多種多様であった。過去に三度を数える外国船の導入のうち、日本の船と造船技術に大きな影響を及ぼしたのは幕末の洋式船で、近代造船業と同時に弁才船など在来形帆船の合の子船化をもたらした。洋式技術の摂取の様態は実にさまざまであり、在来形の改良船からスクーナーによく似た船まで現われた。結局、明治政府の帆船の西欧化政策にもかかわらず、洋式帆船は伸び悩み、合の子船が国内海運の主役として活躍した。焼玉式内燃機関を搭載した帆船つまり機帆船は明治末期に登場し、昭和初期に合の子船に代わって主役の座についた。当初は出入港時や無風時に機関を使う程度の補助機関付帆船の域を出なかったが、やがて順風時以外は機走を主とするようになる。鋼船価格の低下と港湾の整備により一九六〇年代に高性能の小型鋼船が機帆船に取って代わった。今日、各地に伝統的といわれる木造船が残っているが、小型船であり、大型船の技術は断絶して伝わらない。　→漁船《ぎょせん》　→丸木舟《まるきぶね》　→和船《わせん》

参考文献　松本信広『日本民族文化の起源』二、一九七八、『桜田勝徳著作集』三、一九八〇、石井謙治『図説和船史話』（『図説日本海事史話叢書』一、一九八三）、川崎晃稔『日本丸木舟の研究』、一九九一、石井謙治『和船』一（『ものと人間の文化史』七六ノ一、一九九五）、出口晶子『日本と周辺アジアの伝統的船舶―その文化地理学的研究―』、一九九五、石塚尊俊『鑪と刳舟』、一九九六　（安達　裕之）

ふみぐるま　踏車　羽根と胴からなり、水路に据え、羽根を足で回転させて水をかき揚げ、樋状の胴の先から、水を田に入れる道具。すいしゃともいう。主に自然流下によって田に灌漑できない場合に使用する。大蔵永常『農具便利論』（一八二二）には寛文年間（一六六一―七三）に大坂農人橋の京屋七兵衛・清兵衛が製作し、安永（一七七二―八一）のころまでの約百年間に竜骨車に替わって踏車が諸国に広まったと記されている。大小があり、形態が各地で若干異なる。

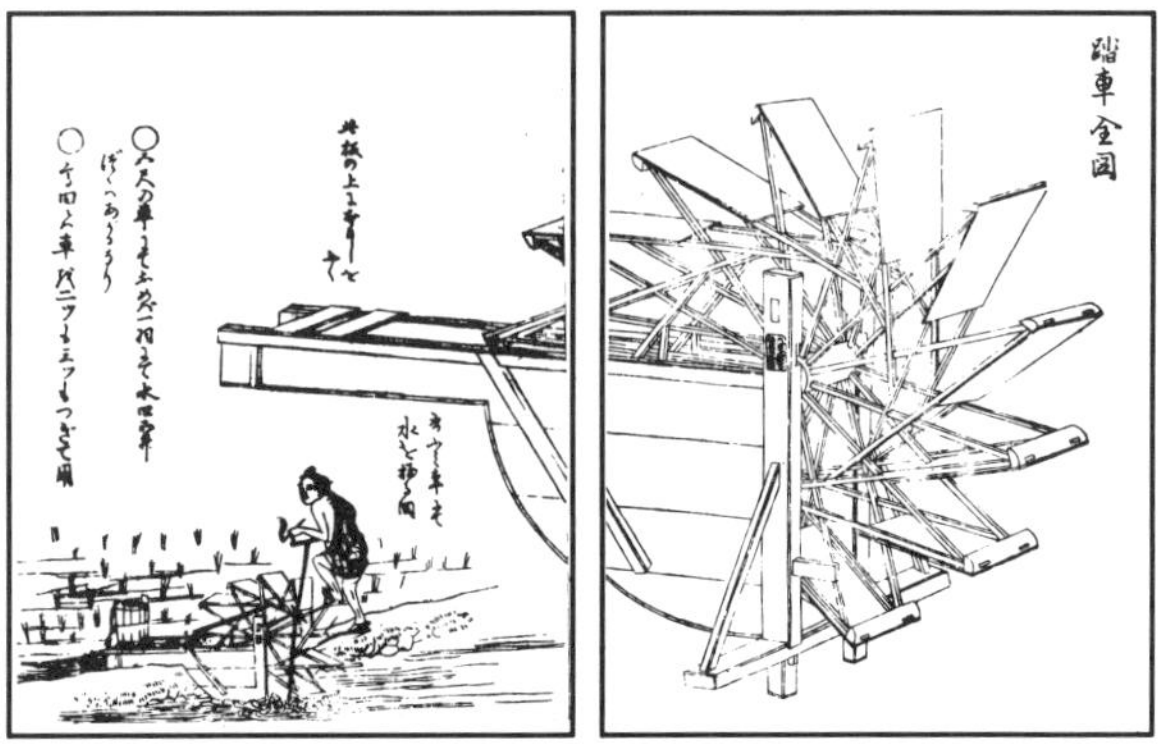

踏車（『農具便利論』下より）

参考文献　芳井敬郎「農具商についての民具論的考察」（『日本常民文化研究所調査報告』八、一九八一）、同「竜骨車・踏車研究」（『日本歴史民俗論集』二所収、一九九三）　（芳井　敬郎）

ふみこう　踏耕　家畜あるいはまれに人間が足で踏むことによって、湛水した田の攪拌耕や床締めによる漏水防止を行う農耕の技術。とうこうともいう。牛や馬の蹄で踏ませることから蹄耕《ていこう》と呼ばれることもある。日本では、南九州以南で報告があり、与那国島・西表島など沖縄県の一部の島では大正時代まで行われていた。江戸時代に薩摩藩が編纂した産業技術誌である『成形図説』に踏耕

の記述がある。種子島では、ホイトゥと呼んで、主として馬に踏ませた。河川がなく天水田が多かった与那国島では、ターンミ(田踏み)と呼ばれる踏耕は漏水防止と雑草の踏込みの基本技術として稲作には不可欠のものだった。与那国島では夜中でも雨が降れば牛をつれて雑草の生えた田へ行き、五頭ほどを横ならびにつないで引き回す。やがて湧き出すように水が溜まり始める。田の隅々と下の畦のそばをよく踏み固めて漏水を防ぐ。雑草が泥に埋まり田の表面が平坦になれば、耕耘と代かきが同時に完了する。水田に鋤を用いず、鉄製品も不足がちであった与那国島では、「田の肥料は牛の足」という言葉が残されている。水の豊富な西表島でも、割れた田の漏水防止には必ず牛で踏ませるもので、そのために広大な牧場が維持されてきた。踏耕は、東南アジアの島世界と大陸の海岸部に点在し、遠くマダガスカルまでも伝播している。日本の踏耕は、その広大な分布域の東北の端にあたるものであった。

参考文献　田中耕司・古川久雄「踏耕の系譜」(『南西諸島農耕における南方的要素』所収、一九八三)、田中耕司「稲作技術の類型と分布」(渡辺忠世編『稲のアジア史』一所収、一九八八)　(安渓　遊地)

ふもと　麓　鹿児島藩領の郷士の屋敷を中心に形成された村落。鹿児島藩は領内を百十三の区域に区画し、仮屋と呼ばれる行政庁を置いて、その地域の軍事・行政を司らせた。麓は、仮屋の所在地で、その任にあたった外城衆中と呼ばれる武士たちが居住した集落を指す。仮屋の責任者である地頭は、いつもは鹿児島城下に屋敷を構えて住んでおり、直接外城で任務の中心となったのは、嗳《あつかい》・組頭・横目の所三役であった。一七八三年(天明三)には、嗳が郷士年寄と改称され、翌年には、外城も郷と改称され、そこに住む武士たちも郷士と呼ばれるようになった。麓は、馬場と称する幅広の道路を持ち、石垣の塀や門構えの武家屋敷を構えており、現在でも川辺郡知覧町をはじめ、出水市、姶良郡蒲生町、肝属郡高山町、曾於郡志布志町などには武家屋敷群がみられる。郷士たちは、日常は半農半士の生活を営み、一朝ことある時には兵としての任にあたった。しかし、鹿児島城下士からはヒシテベコ(一日兵児)あるいはコエタンゴサムライ(肥え桶侍)などと呼ばれ、一段低くみられていた。

参考文献　藩法研究会編『藩法集』八、一九六九、桑波田興「城内集と所三役」(『日本城郭大系』一八所収、一九七九)、鈴木公「島津藩領の麓」(同)、『歴史手帖』八ノ三(特集島津氏の領国支配、一九八〇)　(川野　和昭)

ぶやく　夫役　労働課役のこと。「ふやく」とも読み、賦役とも書く。古代の庸に由来する。近世では、幕府・大名の公権に基づく賦課のほか、初期には給人の知行百姓の公私にわたる使役もあり、小農にとっては年貢とともに負担が重く、走百姓を生む原因ともなった。村内では用水整備や道路修繕などの村仕事のほかに、村役人の特権による百姓の私的使役や総本家が分家や名子分家などに求める労力提供もあった。公的な夫役は次第に代納化(夫米・夫銀・夫銭)され、各大名の課す夫役は総じて定量・軽減へと向かうが、街道の人馬・人足、道路・河川の普請など幕府公儀役の比重は増加した。村に課せられる公的な夫役は村高と家数を基準としており、それを軒割り・棟割りによって各家に割り振るが、階層差がひらいてくると、実質的な経済状態が勘案され軒割りも細区分するようになり、さらに高割りも加わり、負担者も一軒前だけとは限らなくなる。村内特権層の私的な夫役は小農の抵抗により制限されていくが、第二次世界大戦前まで残存していた地域もある。　→賦役《ふえき》

参考文献　長谷川善計「家・同族団・村落の理論」(長谷川善計他編『家・同族団・村落の社会史』所収、一九六九)、深谷克己『百姓成立』(「塙選書」九五、一九九三)、上村正名『村落社会の史的研究』、一九九六　(上村　正名)

ふゆうんめ　冬折目　鹿児島県奄美大島の年中行事で、一年最後の祭といわれている。この冬折目に対応する形でうふんめという行事がある。これは大折目の意であるという地域と粟折目の意であるという地域がある。このように解釈の違いはあるが、うふんめの夏折目としての性格は共通で、冬折目とともに一年を二分している。冬折目は十一月の庚の日に行うというところもあるが、同県加計呂麻島須子茂集落では戊の日に行なっている。また、与路島でも十一月の初戊、己の日であり、大島本島大熊集落でも十一月の初戊の日である。そして同本島湯湾釜集落では十一月の己の日に行なっている。祭の機能としてはイモの祭であると意識しているところが多い。加計呂麻島では集落のトネヤに女の神人たちが集まり祭をする。前日、祭に先立ってアタリ(当番)になっている人たちが、集落を回って新しく収穫したイモを集める。イモはコーシャといわれるヤマイモが主であるが、サトイモやサツマイモもふくまれる。イモは煮て神人の前に供えられる。神人はそれを前に唱え言をし、それを食べ、歌い踊って祭をする。大和村でもコーシャを供えるが、名瀬市や竜郷町のように、特にイモを意識していないところもある。冬折目については冬祭という意識から芋祭としての意識へと変化していったのであろうとの説が出されている。沖縄で冬折目にあたるのが十一月のウンネー折目で、これはすでにサツマイモ中心の芋祭になっている。

参考文献　小野重朗『奄美民俗文化の研究』、一九八二　(田畑　千秋)

ふゆまつり　冬祭　大地・太陽・作物の魂・人間の魂などの更新を目的とする冬期の祭の総称。刈上げのねぎらい祭としての意味を持つ秋祭と、作物の稔りの予祝的な意味を持つ春祭との間に位置する。実際には秋祭や春祭の中に冬祭の要素が取り込まれている場合が多い。また暦の上での冬季に行われる秋祭や春祭も多いので、冬季に行われる祭を単純に冬祭と定義することもできない。

冬祭の要素の強い祭としては、愛知県北設楽郡や長野県下伊那郡の山間に残る湯立神楽系統の祭を挙げることができる。花祭・雪祭・冬祭・霜月祭などの名で呼ばれるこれらの祭には、火焚き・神舞《かんまい》・反閇《へんばい》といった冬祭の特徴を集中的に見ることができる。これらの祭は本来旧暦の十一月の祭であった。宮廷の神事の中ではやはり十一月に行われる大嘗祭・新嘗祭に冬祭の要素を強く認めることができる。折口信夫は大嘗祭をはじめとするこれらの祭の考察から、冬祭の語義の中心には「たまふり」すなわち外来魂を身に付ける意味があると説き、秋・冬・春の祭は本来は一連の祭として行われたものであったと主張した。また柳田国男は日本の祭の一つの重要な時期が十一月にあるとした。冬至を含む月であるこの月を冬祭の一つの時期と捉えることができよう。正月行事の中にも冬祭の要素は強く見られるが、それは冬祭が春を迎えるための祭であるからである。

参考文献 柳田国男「祭日考」(『柳田国男全集』一四所収、一九九〇)、折口信夫「ほうとする話」(『折口信夫全集』二所収、一九六五)、同「村々の祭り」(同)、同「大嘗祭の本義」(同三所収、一九六六)　(伊藤　好英)

ぶよう　舞踊　舞、踊り、またはそれらを総括しての名称。舞踊の語は坪内逍遙の『新楽劇論』(一九〇四)など西洋文化の影響を受けて、それまでの舞や踊りを総合する概念として使われ始め、大正時代以降定着する。舞踊の類義語に舞踏があり、中国では舞踊の意に用いられる。日本では古代朝廷における儀礼的動作である拝舞《はいむ》や明治の文明開化で移入された鹿鳴館の舞踏会、現在の暗黒舞踏など限られた内容を指すために、舞踊という総括的名称を必要とした。そうした舞踊という語の誕生の経緯から歴史的あるいは民俗的に舞踊を論ずるには、舞踊より舞あるいは踊りの概念によることが便利で、舞や踊りの概念についての発言がまず民俗学の分野から起ったのは、こうした事情によるところが大きい。舞と踊りの区別については、近代以前に唯一、近世の国学者本居内遠《もとおりうちとお》の『賤者考』があり、「舞は態を模し意を用ふる故に、巧にて中々に賤しき方なり、踊は我を忘れて態の醜からむもしらず、興に発しておのづからなるが根元なる故に、却りては雅びて洒落なる方あり」とする。近代の日本民俗学においては、折口信夫が「旋回運動がまひ、跳躍運動がをどりであつた」とし、柳田国男は「踊は行動であり、舞は行動を副産物とした歌又は「かたりごと」である」とする。国学者の本質的直感は民俗学のなかで技法的にあるいは行動と関わって捉えられるようになる。また近年には新たな視点からの発言もある。舞を周囲から囃されて身体を動かすもの、踊りはみずからを囃して動くものとした。これらはいずれも民俗的な舞踊を材料としたものであったが、歴史的には能を舞といい、近世の歌舞伎は踊りで上方舞は舞、江戸は踊りで上方は舞、舞は貴族的で踊りは庶民的など、舞台の舞踊についても舞と踊りの概念は用いられている。これらは都市文化における舞と踊りの用法であり、また技法の面についていわれることであるが、民俗の世界においては舞と踊りとで関わる神の様態を異にし、そこに現出される世界の構造が異なる。つまり舞は巫女舞を原型として守護神的な神の来臨を仰ぎ、そのために結構された特定の場で一定の資格を有するものによって舞われ、神と媒介者と人との垂直的な世界を現出する。一方の踊りは祇園御霊会などに発して疫神などを地域から追い払うために移動することを本質とし、これが逆転して祖霊と関わる場合にもその移動性は失われず、地域あるいはその外という水平的な世界を現出する。なお舞と踊りの概念が日本の舞踊を考える際に有効であることは疑いないが、西洋移入のいわばダンスの訳語とは異なる舞踊の概念を、舞と踊りの文化の基盤の上に総合された新たな概念として求める必要があろう。　→踊り《おどり》　→舞《まい》

参考文献 柳田国男「日本の祭」(『柳田国男全集』一三所収、一九九〇)、三隅治雄「舞ひと踊りの成立」(『国学院雑誌』五七ノ五、一九五六)、山路興造「舞と踊りの系譜」(『芸能』一八ノ三、一九七六)、郡司正勝『幻容の道』(『郡司正勝刪定集』三、一九九一)　(板谷　徹)

ぶらく　部落　日本の農山漁村において、地域的な生活共同の単位となっている集落のこと。この言葉ははじめ、明治政府の行政文書で集落を指す用語として用いられ、ついで町村制の施行前後には集落をなす社会組織あるいは行政組織という意味をもつ行政用語として用いられていた。これが一般にも使用されるようになるのは、明治末年の地方改良運動の過程においてであるとみられ、この時期の村落の規約文書などに部落あるいは部落会という用語が見出されるようになる。またその後の部落有林野統一政策や町内会部落会の設置など、主に政府の政策を通じてこの言葉が広がったものとみられ、この場合は市町村の下部組織となる地域的範囲のことを指していた。ただこうした地域的範囲には、家々を単位とした生産と生活に関わる共同組織が重層的に成立しており、このために民俗語彙としてこの言葉が用いられた場合には、むしろそうした共同組織の範囲の社会的なまとまりを指していることが多く、それは大字の範囲であったり、また区あるいはその内部区分である近隣の範囲であったりと多様であった。学術用語としてこれが用いられる場合にも、基本的には生産と生活の共同を内実とする社会的まとまりの範囲を指すが、特にそうした共同を統轄する自治組織に注目して、これが成立している範囲を部落とすることがあり、この場合は自然村や共同体と呼ばれるものとほぼ重なり合う。　→字《あざ》　→大字《おおあざ》　→集落《しゅうらく》　→村落《そんらく》

参考文献 蓮見音彦『現代農村の社会理論』(一九七〇)、福田アジオ『日本村落の民俗的構造』(『日本民俗学研究叢書』、一九八二)、鳥越皓之『地域自治会の研究—部落会・町内会・自治会の展開過程—』(一九九四)　(白井　宏明)

ぶらくかい　部落会　一九四〇年（昭和十五）の内務省訓令「町内会部落会等整備要領」によって、市町村の補助的下部組織として村落に設置された団体。こうした行政補完組織は、すでに一八八九年（明治二十二）の市制町村制の施行に伴って多くの市町村で区として設置されており、またその後の地方改良運動や経済更生運動の過程で実行組合などとともに部落会の作られた地域もあったが、内務省訓令では、こうした地域的諸団体の会合はすべて部落会常会に統合するという方針がとられており、部落会はその範囲における地域的協同活動の中核として位置付けられていた。これは部落会を、そうした近隣の結合を基盤として、国家総動員体制の末端における実行組織とするための措置であり、実際に供出・貯蓄・配給・勤労動員・警防・相互扶助・戦意高揚・言論統制といった戦時体制を支える実務を担ったのは部落会であった。部落会は、一九四三年の市制町村制改正によって、町内会とともに法人格を有する団体として法認されるに至ったが、第二次世界大戦後一九四七年の内務省訓令によって公的には廃止された。ただし、これによって地域における生産と生活の共同が消滅したわけではなく、占領体制終了後には旧部落会の範囲に自治会などが成立している例も多い。

参考文献　竹内利美『村落社会と協同慣行』（『竹内利美著作集』一、一九九〇）、鳥越皓之『地域自治会の研究―部落会・町内会・自治会の展開過程―』、一九九四
（白井　宏明）

ぶらくかいほううんどう　部落解放運動　第二次世界大戦前の水平社運動を継承し、一九四六年（昭和二十一）に結成された部落解放全国委員会（一九五五年から部落解放同盟）などによって展開されている部落差別撤廃の運動。戦後初期、運動は封建遺制との闘いとされ、松本治一郎公職追放解除闘争を除くと、民主的改革と民主主義運動の進展のなかでも沈滞していた。一九五一年京都で起った京都市職員による差別小説をきっかけにしたオールロマンス事件を機に、劣悪な部落の生活実態こそ差別であり、この解決を迫る地方行政差別反対闘争が各地で展開され、運動の裾野は広がった。その後、マスコミや政党が被差別部落問題を取り上げるようになり、部落差別を重大な社会問題だとする国民世論が盛り上がった。一九五七年からは被差別部落の生活要求を基礎に部落解放国策樹立請願運動が展開され、また勤務評定反対や安保改定反対などの大衆的運動が発展した。一九六五年には運動におされて内閣同和対策審議会答申が出され、部落問題の解決は国の責務であり、国民的課題であるとされた。一九六九年には同和対策事業特別措置法が制定され、運動はこれに基づいて被差別部落の環境改善と生活向上、差別意識の解消などを政府や地方自治体に迫り、同和対策事業や同和教育が飛躍的に前進していった。やがて運動路線をめぐって対立が起り、最大組織の部落解放同盟、一九六〇年に結成された全日本同和会（のちに全国自由同和会が分立）、一九七六年に結成された全国部落解放運動連合会などの運動団体競合の時代になった。→水平社《すいへいしゃ》運動《うんどう》　→被差別部落《ひさべつぶらく》

参考文献　部落問題研究所編『戦後部落解放運動の研究』（『戦後部落問題の研究』七、一九七九）、師岡佑行『戦後部落解放論争史』、一九八〇―八五、部落解放研究所編『部落解放史―熱と光を―』下、一九八九
（朝治　武）

ぶらんこ　ぶらんこ　木からつるした縄につかまり、あるいは縄に結んだ板に腰をおろし、前後に振れる遊び。古く平安時代はユサハリといい、この系統の方言が、ユサユサドンド（長野）、エンザモンザ（新潟）、ユウサ（沖縄）など各地に行われる。中国では鞦韆《しゅうせん》と表記し、春の太陽のよみがえりを祝う寒食節の行事であったが、この系統は日本には根づかなかった。しかし、朝鮮半島と同じ端午のぶらんこは、かつて鹿児島県に行われていた。また沖縄の宮古島では伝統新年である節《シツ》の遊びであった。いずれも女子が乗る点が朝鮮半島や中国と同じで、インドのヒンズー儀礼にさかのぼるこの遊びの元来の宗教的特徴をよく保存している。

参考文献　寒川恒夫「古代人の遊びの系譜」（大林太良編『日本の古代』一三所収、一九九六）
（寒川　恒夫）

フランスみんぞくがく　フランス民俗学　フランスの民俗に関する記述は、カエサルの『ガリア戦記』（紀元前五八―五一）までさかのぼるが、これらが組織的な学問研究の対象となるのは、十九世紀のことであった。その研究は、伝統的な習俗や遺物を通して、自分たちの祖先であるケルト人ないしゴール人を知ろうとするケルト至上主義に陥った。フランス民俗学の質的転換は、ケルト至上主義との訣別によって特徴づけられる。その端的な現われが、一八七八年にパリに開設した民族誌博物館におけるフランス展示室の設置と、一八九五年のフランス民衆芸術・民族誌学会の設立だった。この動きに決定的な影響を与えたのが、セビヨ Sébillot, Paul で、彼は『フランス民俗学』（全四巻、一九〇四―〇七）などによって、都市部を含む民間伝承の収集と体系化を図った。これを受けて、一九三〇年代には、民俗学を明確に民衆文化の学と位置づけようとする著作が、相ついで刊行された。サンティーヴ Saintyves, Pierre の『民俗学入門』（一九三三）や、ヴァラニャック Varagnac, André の『民俗学の定義』（一九三八）などである。わけても重要な成果としては、フランス全土の人生儀礼や年中行事などを網羅した、ヘネップ Gennep, Arnold van の未完の大著『現代フランス民俗入門』（一九三七―五八）がある。ヴィシー政権下で国粋主義的な指向性を帯びたフランス民俗学は、第二次世界大戦後、その性格を再び転換した。経済復興によって都市や農村の伝統的な生活環境が変貌を余儀なくされ、また「民俗学」という名称自体のもつ非近代的なイメージへの嫌悪感によって、民俗学に代わってフランス民族学が登場した。未開地域を対象とする方法論を、国内の文化解読に導入しようと

する動きである。その先駆的な業績が、南フランスの怪物祭を通して社会組織や精神的構造を析出したデュモンDumont, Louisの『ラ・タラスク』(一九五一)であり、村人たちのライフサイクルや社会化の過程、親族構造などを分析した、ベルノBernot, LucienとブランカールBlancard, Renéによる『フランスの村、ヌーヴィル』(一九五三)である。これらの視点には構造主義的人類学の影響があった。こうした傾向は、一九七三年、パリ郊外にフランスの伝統的な文化遺産の保存と維持とを目的として開館した国立民衆芸術・伝統博物館Musée des Arts et Traditions populairesと、その機関誌『フランス民族学』の研究者たちにも受け継がれた。他方、一九七〇年代には、民衆生活の日常性や社会構造を長期的視座によって研究しようとする、歴史人類学とでも呼ぶべき新しい歴史学(アナール派)とも接近し、通時的軸と共時的軸とからなるフランス民族学の骨格が、その研究対象の広域化とともに、より鮮明になった。

参考文献　A・ヴァラニャック・M・C・ヴァラニャック『ヨーロッパの庶民生活と伝承』(蔵持不三也訳、「文庫クセジュ」六三九、一九八〇)、キュイズニエ・セガレン『フランス民俗学』(樋口淳・野村訓子訳、一九九一)、M・F・グースカン『フランスの祭りと暦―五月の女王とドラゴン―』(樋口淳訳、一九九一)、蔵持不三也『祝祭の構図―ブリューゲル・カルナヴァル・民衆文化―(増補版)』、一九九一、蔵持不三也編『ヨーロッパの祝祭』、一九九六

(蔵持不三也)

ブリ　ブリ　スズキ目に属する体長一メートルほどの魚。本州から九州にかけて、比較的沿岸に近い水域に棲息する。回遊魚で、春から夏は北上し、秋から冬にかけて南下をする。ブリは古くから食べられ、旬は一番脂がのる冬だが、大量捕獲・大量消費が可能となったのは近世以降のことである。大量捕獲が最も盛んに行われたのは富山湾で、近世の漁具には定置網の前身である藁台網が用いられた。ブリは、成長の段階によって名が変わる出世魚の代表格とされている。呼称の変化には地域差があり、たとえば、関東ではワカシ→イナダ→ワラサ→ブリ、関西ではツバス→ハマチ→メジロ→ブリと、おのおの呼ばれている。いずれにせよ、めでたい魚とされていることには変わりがない。日本で、この縁起の良さに基づき、年取肴の代表とされる。塩ブリに血を塗り付けたチギリを「新鮮に見える」として珍重したのは、関西や中国地方などである。年取肴は東日本では鮭が最も一般的だが、両者の境目、すなわちブリの東限はフォッサマグナにほぼ沿うとされている。具体的には信州松本・伊那地方だが、ここでは年越の際の食べ方は地域ごとに微妙に違っている。松本は茹で、伊那は酒粕で煮込み、飯田は焼いたのである。大晦日には単に食べるだけでなく、切り落とした頭や尾を年神やえびすに供えることも行われていた。→年取肴《としとりざかな》　→飛驒鰤《ひだぶり》

参考文献　山口和雄「近世越中灘浦台網漁業史」(『日本常民生活資料叢書』一二所収、一九七三)、胡桃沢勘司「鰤の正体」(『日本民俗学』一一九、一九七八)、渋沢敬三「日本魚名の研究」(『渋沢敬三著作集』二所収、一九九二)

(胡桃沢勘司)

ふりうり　振売り　自己の居住地から比較的近距離の圏内を活動地盤とする行商の形態、またそれに従事する者。彼らの活動が活発化するのは応仁の乱前後のことだが、一つの特徴は従事者に女性が多く見られることである。大原女《おはらめ》・桂女は、その代表と位置づけることができるだろう。扱う品物は、食料・燃料などの日用生活品が主とされる。語源については、商品を天秤棒に吊り下げて歩く者が多いため、運ぶ際それが振れるのに由来すると説かれることが多い。しかし、大原女のように、頭上運搬による振売りもあり、むしろ、この形態をふれ売ともいうのを重視すべきで、売り歩く際、声をあげて購買者に来訪を触れたうえで集客をするという、活動方法に基づいていると判断される。呼称にはさらに棒手振も挙げられるが、これはボテ振売りが詰まったものと思われる。ボテは魚籠の呼称に冠されるなど、魚に関連の深い言葉として広い範囲に分布をするが、魚売りは振売りの中核的存在であることから、魚の振売りであるボテ振売りが、振売りとほぼ同義の言葉として使われるようになったものと推定される。振売りは、現在では大原女のように観光資源として残されているものを除いて、伝統的なそれはほとんど姿を消してしまったが、系譜をひく者はなお存在する。たとえば焼芋屋などは、「触れ」るのを前提としてはじめて商売が成り立つのである。→魚売《きかなう》り　→立売《たちう》り　→呼売《よびう》り

参考文献　安藤精一「在方商業とふりうり」(『講座日本風俗史』別巻八所収、一九六〇)、北見俊夫『市と行商の民俗―交通・交易伝承の研究(二)―』(「民俗民芸双書」、一九七四)、胡桃沢勘司「贄のふるさと―南志摩における魚流通伝承―」(『民俗文化』五、一九九三)

(胡桃沢勘司)

ぶりおこし　鰤起し　富山県で十一月の末から十二月にかけて海が荒れたときに天高く轟く雷鳴。これが鳴るとブリがとれるという。雷鳴は日本海を低気圧が北上するためで、これによって南下中のブリが富山湾へ逃げこみ、氷見《ひみ》の灘浦の定置網は豊漁となる。この時期のブリは産卵期直前で、脂がのっていて最もうまい。ブリは正月魚であり、富山県では嫁の里から婚家へ歳暮にブリを贈る民俗があるので、内陸部の人もこの雷鳴を気にする。

(佐伯　安一)

ふりごめ　振り米　竹筒に米粒を入れて危篤の病人の枕もとでその音を聞かせること。米の取れにくい山村で行われていた。米の飯は、正月や祭に食べる御馳走であった。山村では日頃米が食べられないので相州丹沢山麓の鳥屋村(神奈川県津久井郡津久井町)では、老人は「振り米の音を聞いて死にたい」というなど死土産の意味であった。御馳走である米の音を聞いて食欲がでて元気にな

って欲しいという気持ちもあった。配給制度や山村でも米が穫れるようになりこれは過去の伝承となった。

参考文献 柳田国男「米の力」(『柳田国男全集』一七所収、一九九〇)、井之口章次『日本の葬式』(「筑摩叢書」二四〇、一九七七)、井阪康二「振り米の意味」(『人生儀礼の諸問題』所収、一九八八)
(井阪 康二)

ふりそで 振袖 和服の丈の長い袖、またその着物。元服前の男女児が着る物で、今日では七五三の祝い着や未婚女性の晴着の一つとして用いられる。大振袖、中振袖があり、訪問着が小振袖に相当し、袖丈の長い方が格が高い。小袖ははじめ筒袖で、小児の体熱を放出するため袖付けの下に口を明けたものが、鎌倉時代以降袖丈が伸びて袂ができ、脇明けといい、近世には振袖というようになった。江戸時代末期成人女性の留袖も脇を縫い留めないようになったが、そのころまでに特に袖丈の長いものを意味するようになっていた。

参考文献 遠藤武「小袖の袖丈に関する一考察」(『遠藤武著作集』一所収、一九八五)
(大塚 綸子)

ふりゅう 風流 人の目を驚かす意匠に眼目を置いた趣向の意。芸能に取り入れられて一つの様式とされた。風流の語は『万葉集』などでは「みやび」と訓じ、好き心・情けなどの意に用いられているが、平安時代には和歌や漢詩の心を意匠化し、作り物として趣向を競った。特に宴席を飾る島台や、疫神送りの神座である大傘の飾り、祭礼行列の出立ちの趣向などに顕著で、祇園御霊会《ごりょうえ》の馬《め》長児《ちょうちご》の飾りは、家産を傾けるほどであったといわれる。また一〇九六年(永長元)を頂点に、都大路を席巻した素人による田楽の盛業も、この時代の代表的風流であり、賀茂祭を見物するために仕立てられた物見車の風流は、その行き過ぎを取り締まる命令が何度も出されている。風流の趣向を競う傾向は、中世に入ると庶民の間で一層顕著になり、祇園祭の山鉾の意匠をはじめ、正月の松囃《まつばや》子《し》、盂蘭盆会の囃子物、祭礼行列などで花開いた。この時代の庶民の祭礼が、集団ごとに互いに競い合うものであったことが、意匠の工夫に拍車をかけ、風流の一層の流行を促した。室町時代後期には、これらの傾向を背景に、集団による風流踊りが誕生するが、この踊りの特色は、風流傘を中心に踊り手自身が衣裳や持ち物・踊り歌に趣向を凝らし、社寺や辻・館などを掛けて踊り巡ることにあり、盂蘭盆会や、雨乞い・祭礼などにも盛んに演じられ、全国的に流行をみた。なお一六〇四年(慶長九)、豊臣秀吉七回忌の豊国神社臨時祭礼に京都町衆によって踊られた華やかな風流踊りの様子は、屏風絵に描かれて今に伝えられている。以上のように風流は一つの美の表現形式であり、芸能思潮の流れであるのだが、この語を冠した芸能も各時代に存在する。平安時代に一時的に起った風流田楽、室町時代の風流の作り物、風流囃子物、それが発展した風流踊り、念仏風流などであるが、室町時代の風流の作り物は各地の祭礼のなかで、山車・屋台・だんじり・曳き山・練物などとなり、人形や歌舞伎と結合するなどして、各地でそれぞれに発展した。また風流踊りや念仏風流からは江戸時代を代表する芸能である歌舞伎が誕生した。なお中世の寺院芸能である延年にも、劇的構成を持つ大風流・小風流と呼ばれる延年風流があり、ともに意匠を凝らして仮装した者が登場し、大平の御代を祝う舞を舞った。同じ中世芸能の猿楽にも狂言風流があり、『翁』に含まれて上演された。作り物を出し、頭に豪華なかぶりものをつけた神々などが登場する祝言性の濃い曲である。これら風流の名称を冠した芸能は、中央の芸能からは絶えてしまったが、民俗芸能としては各地に残る。佐賀県や長崎県の浮立《ふりゅう》をはじめ、全国的に残る多くの太鼓踊り・雨乞い踊り・念仏踊り・祭礼の山車などの趣向に、風流の精神は脈々と生き続けている。

茨城県の日立風流物表山

参考文献 芸能史研究会編『日本庶民文化史料集成』二、一九七四、本田安次『田楽・風流一』(「日本の民俗芸能」二、一九六七)、同『語り物・風流二』(同四、一九七〇)、小笠原恭子『かぶきの誕生』、一九七二、青盛透「民俗芸能における囃子物の様式」(『民俗芸能研究』三、一九八六)
(山路 興造)

ふりゅう 浮立 佐賀県を中心とした肥前一帯に見られる、はなやかな作り物や仮装などをした芸能。風流の一種で、浮立の字をあてて、フリュウ、フウリュウなどとよびならわしている。浮立には笛・鉦(鐘)・大太鼓・小

踊り浮立 佐賀県武雄の荒踊り

風　流　獅　子　舞

太鼓などの楽器を用いる囃しそのものをさす場合と、またこれらの囃しに合わせて、とりどりの衣装を纏った踊り手が所作を繰り広げる踊りや舞をよぶ場合がある。前者では囃し方がそれぞれの衣装を身につけ、大太鼓・小太鼓・鼓が中心となってリズミカルな奏楽をかなでる皮浮立、大鉦や小鉦が中心の鉦浮立などがある。後者では鬼面を付けた踊り手が集団群舞する面浮立をはじめ、頭上に大形のクワガタを付けた踊り手が舞い躍る天月(天衝)舞浮立、毛鑓や奴などが登場する行列浮立、獅子浮立、踊り浮立、舞浮立などがある。旧武雄領に伝わる荒踊りやかんこ踊りなども浮立といわれる。厳粛な神事芸能や悪霊退散、豊作祈願などや娯楽的な演目などさまざまな形態で伝承されている。浮立に関する古記録では、雨乞い祈願のための浮立興行を示すものが多い。→面浮立《めんぶりゅう》

参考文献　佛坂勝男編『祭礼行事佐賀県』(「都道府県別祭礼行事」、一九九二)　(佛坂　勝男)

ふりゅうししまい　風流獅子舞　一人の演者が獅子頭を被って一匹の獅子を演じる一人立ちの獅子舞。大神楽などの二人以上の演者で一頭の獅子を演じる二人立ちの獅子舞と区別して風流獅子舞と呼んでいる。主なものには、東日本に広く分布する三匹獅子舞があり、岩手や宮城に分布する鹿の頭を被った多数の演者が一組になって踊る鹿踊《ししおど》りを含む場合もある。若干の例外を除いて西日本にはほとんど分布が見られない。西日本には、風流の笠を被り、腹部に羯鼓風の太鼓を抱えて叩きながら踊る、風流踊り系統の太鼓踊りや羯鼓踊りが広範に分布していて、本田安次は、東日本の一人立ちの獅子舞が、太鼓踊りや羯鼓踊りの演者の笠を獅子や鹿の頭に変えればほぼ同じものになるといった形態上の類似、歌われている歌詞に共通の詞章がある、両者の分布が西日本と東日本に見事に棲み分けが見られることなどから、一人立ちの獅子舞が風流踊りの系統に属することを指摘し、風流獅子舞として総称されるようになったとしている。しかし、なぜ西日本には見られないのかという棲み分けの理由については明確な説明はなされていない。また、三匹獅子舞と鹿踊りの関係についても、歌詞の類似、三匹獅子舞にも獅子以外の頭が使われ、鹿踊りにも雌獅子隠しが行われる場合があるなどの共通点が認められるが、その中で、何故獅子が三匹という明確な様式が成立し、広範に流布したのかといった問題もいまだ未解決である。→三匹《さんびき》獅子舞《ししまい》　→鹿踊《ししおど》り　→獅子舞《ししまい》

参考文献　森口多里『岩手の民俗芸能』獅子踊篇、一九六九・七〇、本田安次『語り物・風流二』(「日本の民俗芸能」四、一九七二)、吉田智一『獅子の平野』(「フォークロアの目」五、一九七七)　(笹原　亮二)

ふるい　篩　大小の粒や粉が混合しているものから、同じ大きさのものをふるって選別する用具。トウシともいう。一般的にはヒノキでつくった浅い枠の曲物の底に、網を張ったもの。一八〇四年(文化元)の『成形図説』には「ふるい」と「とうし」の区別について、「凡て目の粗きは透しといい、密なるは布留比」と説明している。また篩は選別の用途に応じて呼び名も変わってくる。たとえば、米の選別の場合、穂と籾とを選別する目の粗い篩をアラトウシ、マヌケドウシ、籾と玄米とを選別する比較的目の粗い篩をコメドウシ、白米と糠とを選別する目の細かいものをヌカブルイと呼んでいる。また宇治の製茶用のチャドウシ(茶篩)の場合、一寸当りの目数によって一番から十二番までの種類の篩を使い分け、茶の銘柄の多様性をつくりだしている。この場合、一から三番までは番茶用、それ以下は粉茶・碾《ひき》茶用のものであるという。篩の網目には、一般的に目の粗い篩には竹や藤や植物の蔓、細かい目の篩には絹のほか、馬や牛の毛(尻尾・たてがみ)などが使われた。香りや味の微妙さを大切にする製茶の仕事では、竹を使用し金物を嫌った。なお、醬油・酒の醸造でアクをすくいとったり、製菓・料理などで液体状のものを濾したりすることに用いる非常に細かい網目の篩をスイノウ(水嚢)という。これらの製造に携わる熟練した技術者は、馬の毛の網目を珍重し用いたが、この製品は江戸時代から讃岐国仁尾(香川県三豊郡仁尾町)

篩

の特産として、かつては地機で織り全国へ販売していた。

参考文献 桂真幸「讃岐の馬毛の底網作り」(『日本民俗文化大系』一四所収、一九八六)、三輪茂雄『篩』(「ものと人間の文化史」六一、一九八九)

(小坂　広志)

ふるぎ 古着　着古された、再利用可能な衣類のこと。古手ともいう。衣類は縫い直して着用するもので、いたんだ部分を補修して仕立て直した。晴着も母から子、孫へと伝えられた。嫁に来るときに着た着物が、何度も仕立て直されて最後は雑巾になって布の命がつきるまで使用された。一方、再利用の可能なうちに、換金することもあった。都市部の古着を買い集め、地方へ持って行って売る商売もあった。縁日市では農具・生活用具のほかに古着も並んだ。天保期の佐渡奉行川路聖謨の日記『島根のすさみ』一八四〇年(天保十一)九月二十四日条に、大坂から帰った船からおろした俵には、帯の破れたもの、てがらのちぎれたものが入っており、田舎へ持って行って、洗い裂いて半天のようなものをつくり、賤が衣とするといい、さき織りは裂織であることをはじめて知ったとある。佐渡海府(新潟県佐渡郡相川町)の裂織の普及には、古着の大量供給が前提であった。古着はおもに西日本から入ってきた。また、佐渡島内では、国中《くになか》と呼ばれる裕福な農村地域から買い集められ、月市や盆市で売られた。また、オイウリアキンドという行商人が村部へ売り歩いた。古着には、着物の形のままのドウマルと、ほどいて使える部分だけにしたノシツギとがあり、目方売りをした。裂織の緯《ぬき》に使うほか、ゾンザという刺子の仕事着、仏米袋、タンタン(お手玉)などを作った。

参考文献 瀬川清子『女のはたらき—衣生活の歴史—』、一九六二、柳平則子「衣服とくらし」(相川町史編纂委員会編『佐渡相川の歴史資料集』八所収、一九八六)

(柳平　則子)

ふるのきよと 古野清人　一八九九—一九七九　宗教人類学・宗教社会学者。一九七五年(昭和五十)学士院賞、七七年学士院会員。東京都立大学の教授など、および学会関係の会長・理事長を歴任。特に日本民族学会の創設・運営と、その機関誌『民族学研究』の発行に尽力するなど、日本の民族学・文化人類学の発展に多大の貢献をした。また、フランスのデュルケム派社会学や、イギリスの機能主義人類学の導入にも重要な役割を果たした。『高砂族の祭儀生活』(一九四五)、『日本の隠れキリシタン』(一九五九)、『農耕儀礼の研究』などを著わした。幅広い関心による『原始文化の探究』(一九四八)や、『原始宗教の構造と機能』(一九七二)など該博な知識に基づく論考を多数執筆し、のちの研究者にきわめて大きい影響を与えた。『古野清人著作集』全八巻(一九七二-七四)が刊行されている。

参考文献 野村暢清他『現代諸民族の宗教と文化—社会人類学的研究—(古野清人教授古稀記念論文集)』、一九七三

(小川　正恭)

ふるまい 振舞い　酒食などのもてなしのこと。もともとは、婚礼などのあらたまった饗応や酒宴のことを特に振舞いと称した。酒食を振舞い、共同飲食をすることは、一心同体の絆を作るきっかけであり、また、さまざまな集団の新たな成員になる際には、もっとも基本的な承認の手続きであった。婚姻に際して振舞いが重視されるのは、聟方の親族・近隣・主婦仲間・ムラなどに一度に嫁を披露することになる嫁入婚の場合であり、三三九度の後の披露宴が振舞いの中心となった。振舞い酒は十分に飲んでもらうのが礼儀であったところから、明け方まで宴を続ける場合も多かった。翌日は、クミブルマイ、カラブルマイなどと称し、近隣や組、主婦仲間などが招待されて祝宴が続いた。また、ムラの若い衆も宴に招いて酒を振舞った。厄年に際しては、酒食の振舞いによって災厄からのがれられるという考えがあり、ヤクサイ餅をついて配ったり、シンセキや村人を招いて樽開きをし、数日に及ぶ盛大な酒宴を開く場合がある。また、村入りや元服などの際も、ムラの寄合の後などに共同飲食の機会が持たれ、酒などを持参して振舞い、披露をするのが一般的である。このような披露に際しての振舞いのほか、婚礼や葬儀などで手伝いをしてくれた人たちを慰労するため、その家や身内のもので酒食の振舞いをすることも一般的であり、ゴクロウブルマイ、マナイタナガシ、礼ヨビなどと称している。

参考文献 柳田国男「常民婚姻史料」(『柳田国男全集』一二所収、一九九〇)

(服部　誠)

ふるみねしんこう 古峰信仰　栃木県鹿沼市の古峰神社に対する信仰。古峰《こぶ》ヶ原信仰ともいう。古峰神社は日本《やまと》武尊《たけるのみこと》(古峰大神)を祭神とし、火防・盗難除け・嵐除け・五穀豊穣あるいは海上安全の神として、関東甲信越・東北地方と広い信仰圏を形成している。古峰信仰の成立時期は明らかではないが、近世、古峰ヶ原坪に隼人・主水という二軒があって日光山修験の金剛山両峰修行の折に修験の世話をするとともに、参詣者に祈禱札を出していた。近世後期には独自の信仰を展開していたようで、古峰ヶ原講が成立している。日光山の文書のなかに隼人・主水は前駈・後駈あるいは前鬼とも表記されているように、修験に奉仕する者という意味での鬼とみなされていた。また日光修験が入峰修行に入る場所ということもあって古峰ヶ原には天狗が住んでいるという信仰が起り、江戸時代後期にはかなり普及し、将軍の日光山山籠中における天狗の退去を命じた高札も伝えられている。近世における鬼・天狗信仰と日光山の権威を背景として、近代になると古峰信仰は流行神的様相を帯びて関東・東北・中部地方へと普及する。その主たる要因は天狗信仰に基づくものであり、火伏せの神・盗難除けの神としての性格が強調されているのも修験者・天狗の属性に基づくものといえよう。なお、日光山・筑波山の周辺は雷の多発地帯であることもあり、栃木県などでは火伏せの神よりも嵐除けの神として信仰されている。

↓古峰《こぶ》ヶ原講《はらこう》

参考文献 栃木県教育委員会編『古峰ヶ原の民俗』、一九六六、

中川光熹「古峰ヶ原信仰」(『山岳宗教史研究叢書』八所収、一九七九)　(宮本袈裟雄)

ふるやのもり　古屋の漏　動物昔話の一つ。古い一軒家に爺と婆と馬一匹がすんでいる。雨の夜に爺婆が「虎狼よりも古屋の漏りが何より怖い」と語る。狼が馬を食いに来ていたが、自分よりも怖いものがあると思い驚いて逃げる。ちょうどいた馬盗人が馬かと思って狼に飛び乗る。狼はフルヤノモリに捕まえられたと思い一晩中走り回り振り落とす。馬盗人は狼と知り穴に逃げる。狼は仲間に知らせ、猿は生け捕るために、確かめようと長い尻尾を穴の中に入れ、馬盗人にひっぱられて切られる。猿の尻尾はなぜ短いのか、顔はなぜ赤いのかの由来が語られる。この話は全国的に分布しており、二つの型に大別できる。一つは、狼の逃亡譚で終る型、もう一つは話例のような動物由来譚(なぜ話)につらなって終る型で地域的な差はない。逃亡する動物は、虎狼のほか、猪・山父《さんぶ》・穴熊・ヒヒ・化物などの場合もある。この話は日本ばかりではなく、朝鮮・中国・アジア諸国にも分布しており、古代インドの説話集『パンチャ＝タントラ』に類話がみえる。『奇談一笑』(一七六八)にも『屋漏可畏』としてみられる。「虎狼より漏りが怖い」という成句(たとえ、諺)は早くから知られており、この成句を媒介として全国的に広まったとする説もある。村はずれの爺婆の住む一軒家に注目し、共同作業のゆいからはずされて屋根も葺けないきびしい生活を背景にしていることなどを読みとることもできる。「古屋の漏」の勘違いに興味の中心が移り、笑話化の傾向が強まっている。

参考文献　柳田国男「桃太郎の誕生」(『柳田国男全集』一〇所収、一九九〇)、大島建彦「昔話とことわざ」(説話・伝承学会編『説話・伝承とことば』所収、一九九〇)　(米屋　陽一)

フレ　フレ　伝達事項をムラ中に伝えること。またその役の人、あるいは伝達内容。通信手段が未発達のころに、特定の人をムラで雇ったり、ムラの人が当番でフレ役についたりした。フレバン、コブレ、フリテなどと呼ぶこともあったが、定使いと呼ばれる人が触れて歩くことも多かった。埼玉県三郷市では、サナブリ正月の日取りが決まると、そのフレ(内容)が区長から定使いに流れ、定使いは各家に大声でフレ歩くか、回覧板で回した。　(斎藤　弘美)

ぶれいこう　無礼講　身分や上下の関係を気にせず興ずる酒宴。現在、一般的になじんでいる宴会は、本義からすると二重の構造をもっている。一つは、神事における供物を神が愛でたとし、それを人びとが相伴することでおかげがあったとする直会《なおらい》の儀、すなわち礼講である。そして、もう一つは、礼儀作法をさほどに問わない饗宴、つまり無礼講であるが、いまではほとんどの宴席の場合、後者のみが拡大しているといってよかろう。本来、それらは別々に行われていたはずである。もちろん連続性はあるが、たとえば席をかえて行われる場合が多かった。当然、そこでの飲食の意義も違っていた。それが、同じ席で同時に、あるいは明確な境をもたずに連続して行われるようになったところで、意義の区別に混乱を生じることになった。しかし、いまでも西日本各地の祭礼では、祭典の終段で献饌した神飯《みけ》と神酒《みき》をおろし、それを宮司以下の参列者が一口ずつ一杯ずつ授かる直会があり、のちに社務所や頭屋《とうや》(当番)宅で饗宴を催すという形式が広くみられる。正当な宴席での日本料理も、直会系の酒肴(一般に簡単なもの)と饗宴系の酒肴(御馳走)とに前後分かれている。年齢とか職位に従って着座した宴会前段の礼講部分と、互いに盃をくみかわしたのちドンチャン騒ぎとなる後段の無礼講部分とは、区別して考えなくてはならない。あくまでも、礼講あっての無礼講である。

参考文献　伊藤幹治『宴と日本文化』(「中公新書」七四八、一九八四)、神崎宣武『酒の日本文化』(「角川選書」二〇七、一九九一)　(神崎　宣武)

フレーザー　Frazer, Sir James George　一八五四―一九四一　イギリスの社会人類学・民俗学者。はじめはギリシャ古典の研究に没頭したが、著名な人類学者だったロバートソン＝スミス Robertson Smith, W. と知り合ったことや、タイラー Tylor, E. B. の『原始文化』を読んだことがきっかけとなり、社会人類学や民俗学的テーマに関心を持つに至った。フレーザーは十九世紀の人類学者がそうであったように、みずから未開社会に調査に赴くことはせず、植民地の行政官やキリスト教宣教師たちから寄せられる報告や記録をもとに人類の文化や人間の思考様式についての比較研究を進めた。しかし、さまざまな社会的慣習や信仰をその社会的場面の中において考察することはせず、また当時絶頂をきわめていた西洋文明社会を人類の進化の到達点に置き、未開社会は西洋文明が辿ってきた進化の過程のどこかの段階に位置づけられる、あるいは西洋文明の過去の姿を現在示しているのが未開社会であるという西洋中心主義的な観点に立っていた。そこから呪術から宗教へ、宗教から科学へという合理的思考の発展図式が構想されることになった。こうした姿勢は、のちの社会人類学者たちから、厳しく批判されることになるが、人類学のほかでは最も著名な社会人類学者として記憶され続け、彼の神聖王権や呪術についての着想はエリオット Eliot, G. などの同時代の文学者たちに大きな影響を与えた。主著には『金枝篇』や『サイキス・タスク』などがあり、邦訳が『岩波文庫』に収められている。→金枝篇《きんしへん》

参考文献　佐々木宏幹「フレーザー―神殺しと豊饒―」(綾部恒雄編『文化人類学群像』一所収、一九八五)　(出口　顕)

ふろ　風呂　日本の入浴形態には水浴・温浴・湯浴・蒸気浴・熱気浴があり、それぞれに入浴習俗や施設がみられる。入浴をさす語は、西日本で風呂、東日本で湯と地域差があった。フロはムロを語源とし、岩窟を意味する

ムロがフロに転訛して風呂の字があてられたという。風呂は岩窟などを利用した気密性の高い蒸気・熱気浴を本来意味していた。熱気浴施設は石風呂、蒸気浴施設は畿内の大寺院の温室や浴堂がある。ユは潔斎を意味する斎（ユ）を語源とし、入浴の目的からの呼称という。また、古くから温泉をユと呼んでおり、やがては湯浴の意味になったともいう。風呂は発汗をうながし、湯は洗い流す入浴法を意味し、別々の入浴施設であった。湯浴と蒸気浴をあわせた半湯半蒸気施設の石榴《ざくろ》風呂が江戸時代に登場し、「フロ」と「ユ」の呼称に混同が起ったのである。日本はアジアのモンスーン地域に位置し、夏は湿潤で蒸し暑く、冬は大陸からの寒気がおしよせ気候が寒冷である。降雨量が多く水に恵まれ、火山国で温泉も多かった。『魏志』倭人伝に死穢を祓い清めるため沐浴したとあり、仏教が日本人に入浴文化を普及させた功績も大きかった。日本人が風呂好きになる条件は、ととのっていたのである。『仏説浴像功徳経』には仏像を洗い清める浴仏、『仏説温室洗浴衆僧経』には衆僧の洗浴の効果や作法が説かれている。仏教では布教や供養のための一般への施浴が盛んになり、やがては京都などの都市で銭湯へと発展したようである。銭湯は戸棚風呂など気密性の高い浴室から、石榴風呂となり、今日のような湯浴は近代になって登場した。共同入浴施設には銭湯のほか、村落で管理運営する共同浴場もつくられた。個人の入浴には湯を浴槽に移したなかで湯浴みをする取り湯式の施設が儀礼用として古くから使われた。今日につながる個人用入浴施設は近世に入ってからで、結桶を利用した移動式の据風呂や固定式の五右衛門風呂などがあった。据風呂には熱湯を桶に入れ蓋をして蒸気で温まる佐渡のオロケ、燃焼施設を桶の横から差し込んだ臍風呂、桶の中を二分して浴槽と燃焼施設をわける鉄砲風呂があり、次第に燃焼施設は外に取り付けるようになる。五右衛門風呂は桶の下に鋳鉄の板を置いて下から直接火を焚いて温める。五右衛門風呂は浴槽全体が鋳鉄でできた長州風呂へと発展する。個人浴槽にもオロケのように上から蓋をして入る、籠風呂などもあった。村では内風呂を持つ家がかぎられ、貰い風呂が行われた。内風呂の普及後も、水運びや燃料不足から、親戚や近所が互いに貰い風呂をすることもあった。据風呂を家々で回して、交代でわかすまわし風呂もあった。 ↓石風呂《いしぶろ》 ↓行水《ぎょうずい》 ↓共同風呂《きょうどうぶろ》 ↓銭湯《せんとう》

参考文献 中桐確太郎「風呂」（『日本風俗史講座』一〇所収、一九二九）、藤波剛一『東西沐浴史話』、一九四四、全国公衆浴場業環境衛生同業組合連合会編『公衆浴場史』、一九七二、中野栄三『入浴・銭湯の歴史』、一九八四、大場修『風呂のはなし』（「物語・ものの建築史」四、一九八六）、吉田集而『風呂とエクスタシー—入浴の文化人類学—』（「平凡社選書」一五九、一九九五）

（印南 敏秀）

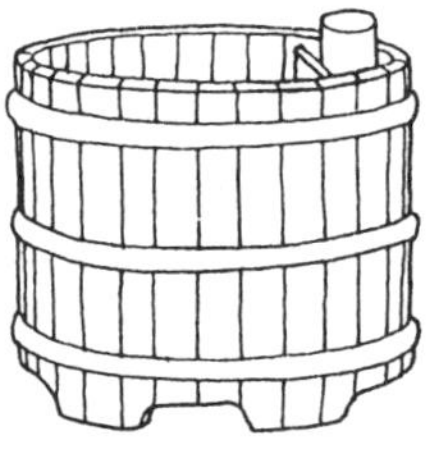

鉄砲風呂

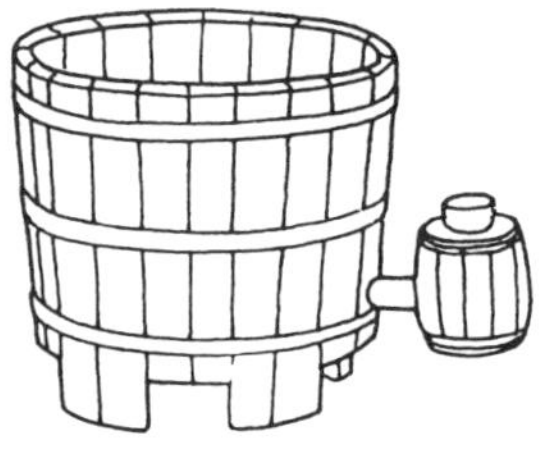

据風呂

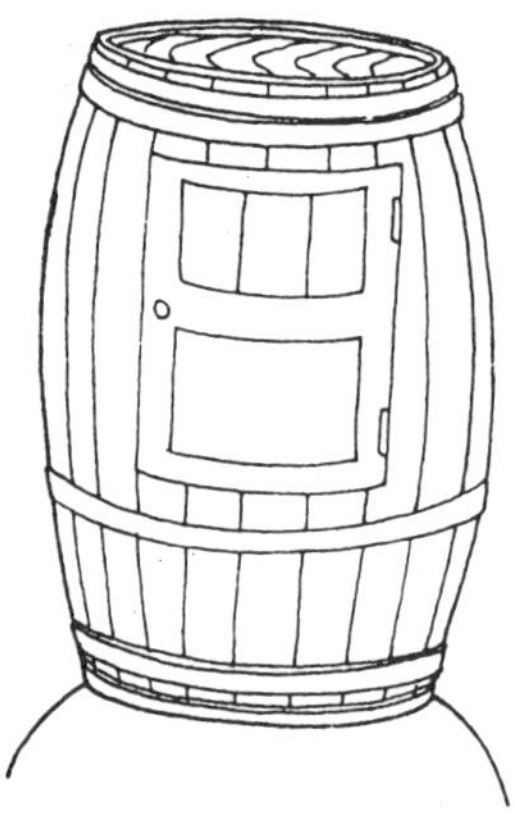

麦風呂（籠風呂の一種）

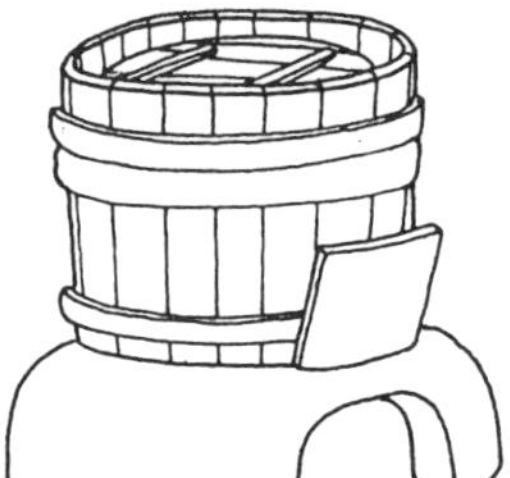

五右衛門風呂

籠風呂

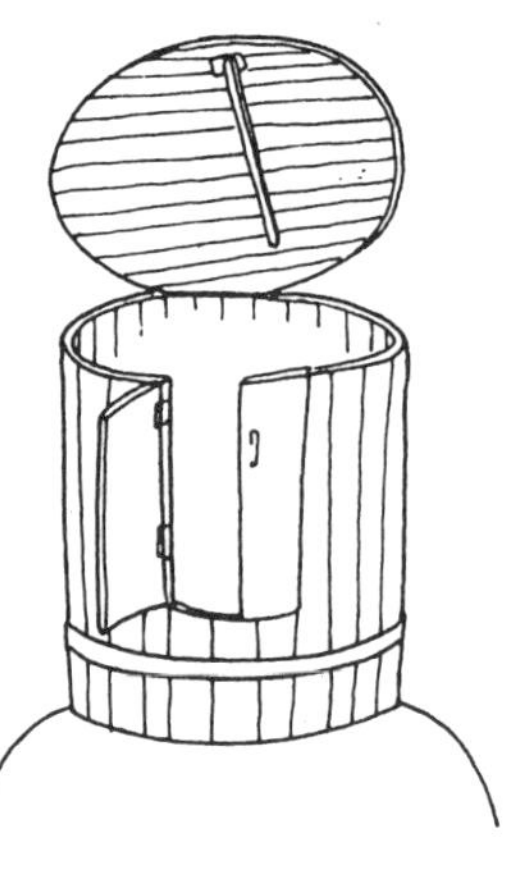

籠風呂

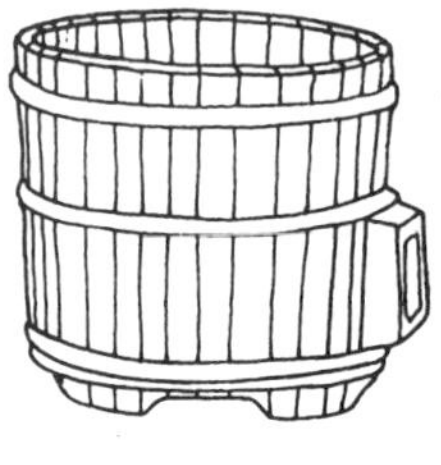

臍風呂

風呂

ふろうしゃ　浮浪者　浮浪・逃亡という語は古代からあるが、今日一般にいう浮浪者というのは産業革命以後、雇用の調節局面で一番不安定な日雇稼業をしてきた人々に最低限の住宅の保障がされず、野宿する自由労働者に対して、酒びたりや、地下街にたむろする実態から出た言い方である。肉体労働が多いため、独身男性が圧倒的に多い。一九六〇年代の高度経済成長期には仕事が多かったが、現在では高齢化した野宿失業者群となっている。一九八〇年代以降、都市の快適化・高級化政策のために、老朽住宅やドヤ街の都市再開発によって追われた人々や、不況のなかで職を失った人々が、ホームレスという浮浪者に対する言い換え言葉で顕在化している。ここには若い人々もいる。浮浪は歴史的にはウカレビトである。たとえば律令体制の重い税に耐えかねて逃散した人々などである。柳田国男は、水辺に起居する遊女や、説経節の大夫や念仏聖も浮浪の徒と考え、その民俗文化における地位を評価している。しかし、近代の浮浪者はそうした評価を失った所で、現代の定住都市民から無視の視線をなげかけられて存在している。

参考文献　柳田国男「女性と民間伝承」(『柳田国男全集』一〇所収、一九九〇)、クリストファー＝ジェンクス『ホームレス』(大和弘毅訳、一九九五)　(森栗　茂一)

ふろぐわ　風呂鍬　鉄製の刃先を木の刃床部にはめこんだ構造になっている鍬。この刃床部を風呂と呼ぶ。風呂には柄つぼと呼ばれるほぞ穴があけられ、柄と結合される。これに対し、刃床部全体を一体の鉄製としたものは区別して金鍬あるいは唐鍬《とうぐわ》と呼ばれた。五世紀ころ鉄製農具の伝来以来、明治・大正時代まで鍬のほとんどが風呂鍬で昭和に入ってもなお使われていた。なお、金鍬が使われだしたのは江戸時代後期である。鍬の基本的な種類として打ち鍬・打ち引き鍬・引き鍬があるが、打ち鍬では刃が肉厚に刃幅も広くつくられ、風呂も肉厚に強度をもたせてつくられる。引き鍬では刃床部全体が細めで刃も風呂も薄い。風呂と刃先からなる刃床部は日本の鍬を特徴づける点である。元来、刃先を木製の刃床部にはめる方法は、中国から伝えられた踏鋤、あるいは朝鮮半島から、または朝鮮半島を経由して伝えられた無床犂の刃先に使われていたものが、日本の鍬の構造として一般化した。刃先をつくる材料鉄の供給に限りがあった段階では、それなりに合理的な方法であった。刃先は、はじめ鋳造されていたがやがて鍛造となり、おそくとも江戸時代中期には芯に靭《じん》性のある炭素量の少ない鋼を、外側に固くて摩耗に耐える炭素量の多い鋼を重ねる方法が一般化していった。刀鍛冶の技術が転用されたといわれている。↓鍬《くわ》

参考文献　佐藤次郎『鍬と農鍛冶』、一九七九　(堀尾　尚志)

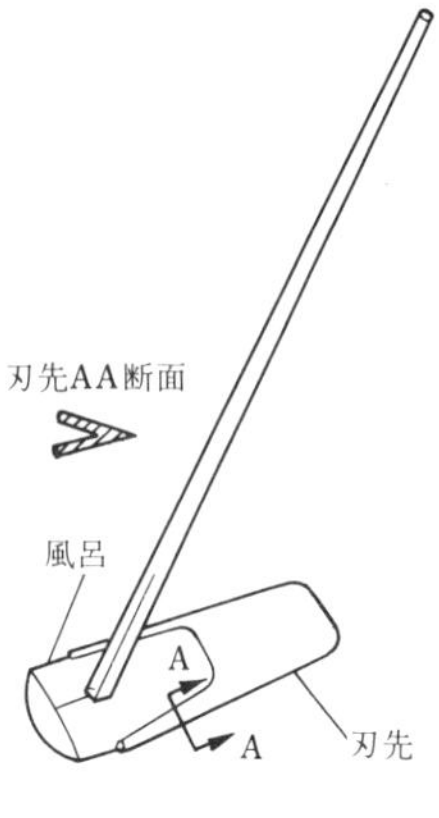

風呂鍬

ふろしき　風呂敷　物を包む正方形の布地。平安時代は平包みと呼ばれていた。『扇面古写経』の下絵に、衣類を平包みに包んで頭上運搬している様子が描かれている。風呂敷の語は、徳川家康の遺品目録『駿府御分物御道具帳』にみられ、江戸時代初めには用いられていた。この語は入浴の普及とともに広まったと見られ、風呂場に敷いて足をぬぐう布の意からとも、風呂場に敷いて衣服を脱着したり、脱いだ衣服を包んだりしたためともいう。こうした風呂場での使用ばかりではなく、伸縮がきく簡便な布は、荷物の持ち運びから商人の運搬、旅行時、布団包み、かぶりもの、さらには儀礼用まで広く用いられ今日に至っている。大きさとしては三尺四方のものから三幅(一幅約三六八センチ)・五幅・六幅・七幅と、おもに木綿の反物をはぎ合わせて作られた。フルシキ、フリシキ、ヒロシギなどとも呼ばれる。奈良県の宮座行事などで特別の衣裳を身に付ける際に、脱いだ自分の着物を他人のものと区別するため、風呂敷に包んで置いておくことは今もみられる。かつての風呂敷の用い方が受け継がれている事例である。↓イッタンフロシキ　↓嫁風呂敷《よめぶろしき》

参考文献　額田巌『包み』(「ものと人間の文化史」二〇、一九七七)、渡辺千寿子『ふろしき―包むから飾るまで―』(「カラーブックス」八七三、一九九五)　(鹿谷　勲)

ブロック　Bloch, Marc　一八八六―一九四四　アナール学派の創始者の一人であり、フランスにおける社会史研究を代表する歴史家。中世ヨーロッパ社会の比較史的研究が専門であるが、デュルケム学派の社会学者との交流を通じて早くから民族学や民俗学研究に強い関心を抱き、一九七〇年代よりフランス歴史学の中心的な潮流となる歴史人類学の先駆者としての役割を果たした。史料の面でも、古文書のみを重視する伝統的な歴史学を批判し、文字史料と並んで、地籍図や農村絵図のような図像史料、民具や農具などの民俗史料、方言・地名・語源などの言語史料を積極的に利用した。また、現在の状況から出発して過去へとさかのぼる遡行的方法と比較史の方法を歴史研究の基本とした。遺著『歴史のための弁明　歴史家の仕事』(一九五二)のうちに示されているブロックの方法は、柳田国男が『郷土生活の研究法』(一九三五)で提唱した方法と多くの点で近しい関係にある。具体的な研究においても民俗学や人類学の視点がよく生かされており、国王の瘰癧《るいれき》(慢性リンパ節炎)治癒の儀礼を分析した『奇跡をなす国王』(一九二四)は、『金枝篇』(一八九〇)におけるフレーザーの研究と交錯するかたちで構想されたものであったし、『フランス農村史の基本性格』(一九三一)では、農業技術・耕地形態・共同体慣行の分析に力が注がれている。さらに『封建社会』(一九三九・四〇)においては、社会関係の端緒として家族や

系族を重視し、また心性の果たす重要な役割に注目して、フランスにおける心性史研究の基礎を築いた。

参考文献 C・フィンク『マルク・ブロック―歴史の中の生涯―』(河原温訳、一九九四)、二宮宏之「マルク・ブロックと歴史社会学」(『歴史学再考』所収、一九九四)

（二宮　宏之）

プロップ Propp, Vladimir Yakovlevich 一八九五―一九七〇 旧ソ連の著名な口承文芸学者。ペテルブルグに生まれる。一九三二年から一九七〇年の死に至るまで、レニングラード大学で教鞭を取り、口承文芸学や民俗学の講義を担当した。一九二八年に、のちに口承文芸研究の古典となる『昔話の形態学』を出版するが、当時はあまり注目を集めなかった。一九五八年にその英語版が出版されると、構造言語学や情報理論などのめざましい発展と相まって、世界的な注目を集めるようになり、プロップの理論は一九六〇年代、七〇年代の口承文芸学・神話学・テクスト言語学(記号論)などに大きな影響を及ぼすようになった。『昔話の形態学』で、魔法昔話の筋の展開の構造を「登場人物の主要な行為」(機能)の記述によって解明した彼は、次の段階として、歴史的起源の問題に取り組み、その成果である『魔法昔話の起源』によって、一九三九年に博士号を取得した(出版は一九四六年)。『形態学』と『起源』の二著は、有機的に結び付いて、プロップの昔話理論を形成している。それまで、個々のモチーフや話型の歴史的説明が中心であったフィンランド学派を中心とする昔話研究に、構造の把握を基盤にした分析方法を導入した功績は大きい。日本の口承文芸研究においても、一九七〇年代後半から、プロップの理論をふまえた昔話の構造(形態)分析の仕事が見られるようになってきている。なお『昔話の形態学』と『魔法昔話の起源』は邦訳されている。 →モチーフ →話型《わけい》

参考文献 小松和彦『説話の宇宙』、一九八七

（川森　博司）

ふろや 風呂屋 ⇩銭湯《せんとう》

ぶん 分 元来は分かれていることを意味する言葉だが、江戸時代以降、士農工商という身分秩序の制定に伴って、地位・身分という意味が一般化した。農工商の世界にもさまざまな地位や身分があり、それぞれの立場に応じたあり方が社会規範となっていた。それを分相応とか分際とかいった。それぞれの身分や立場にふさわしいあるべきあり方・生き方という意味であり、これは人を特定の意識や行動に押し込め、村落を安定化し、保守化させる力となった。分相応ということから、名前なども末尾の違いで、サマ、ドン、サー、よびすての三～四階級に分かれる村もあった。人に分相応の生き方を教えたものに「蟹は甲に似せて穴を掘る」という諺がある。蟹が自分の甲羅が入るだけの穴を掘るところから、人はみずからの力量や身分に応じた言動をすべきというのである。当時の村では、村寄合や神事の席次は村内の身分によって家ごとに決まっており、それを無視する者には村ハチブの制裁が課せられたりした。一方、当時の村落には、意外と個を尊重する現象が見られる。家族の各人が専用の箱膳や箸箱を持ったり、正月の年玉の餅が家族各人に据えられたりしたことは、一人一人が別の人間として区別され、ひいてはそれぞれが個として認められていたことを示すものである。ここから西洋の自我の確立や個人の尊重とは異なる、日本的な個の意識を考えることができる。

参考文献 柳田国男「食物と心臓」(『柳田国男全集』一七所収、一九九〇)、和歌森太郎『庶民の精神史』(『和歌森太郎著作集』七、一九八二)

（布川　清司）

ふんか 噴火 火山活動の一つで、火口からガス、マグマ、岩塊、火山灰などが急激に放出される現象を指す。熊本県の阿蘇火山中岳は六世紀以来火山活動を続けており、噴火降灰がくり返されてきた。阿蘇山周辺では火山降灰のことをヨナと呼ぶ。そのヨナは生活・生業にさまざまな影響を与えてきた。阿蘇郡高森町色見では「ノイネ(陸稲)の開花期にヨナが二時間降るとノイネは全滅する」と言い伝えている。ヨナの害は畜産にも及び、ヨナをかぶった牧草を食べる牛は下痢を起し、歯に障害が発生する。それをヨナ歯と呼ぶ。高森町牧戸では下痢治療法として、硫黄塊をくずし水に溶かして飲ませる、猪の鼻または骨を煎じて飲ませる、マムシの焼酎づけを飲ませるなどと伝える。ヨナ歯の牛は咀嚼力が弱く、育ちが悪いので売り値が下った。また、ヨナ歯の牝牛は流産しやすいとも伝える。牧草のヨナを払う方法、ヨナを洗浄する道具も伝えられている。鹿児島県の桜島噴火の降灰も日常的であり、ほぼ円形をなす桜島の海辺集落では、その方位によって季節による風向降灰が異なるので、それを考慮して集落ごとに栽培作物とその組合せを工夫している。火山噴火は、熔岩流埋没・噴火土砂埋没を起す。桜島・東京都三宅島雄山・長崎県雲仙などの火山山麓には痛々しい痕跡があり、それらにまつわる伝承も語り継がれている。熊本県には、「雲仙大変肥後迷惑」という口誦がある。また、静岡県下田市伊古奈比咩神社で十月二十八日に行われる火達《ひたち》祭は、噴火の島三宅島(御焼島)を中心とした伊豆七島をまつる神事である。このように、噴火にかかわる民俗は多様である。 →火山《かざん》

参考文献 野本寛一「災害の伝承と民俗」(『講座日本の民俗学』四所収、一九九六)

（野本　寛一）

ぶんか 文化 本能に基づくものも含めた、ヒトの生きる営みの総体を、最も広い意味で文化と呼べるだろう。文化という語は、日本では「文徳で民を教化すること」のような意味をもっていたが、明治以後は、西洋のculture(英・仏)、Kultur(独)の訳語として、nature(自然)の対立概念を表わす語として用いられるようになった。しかし、後者の文化の概念自体、きわめて多様であり、さまざまな文化の定義を集めて分類し、注釈を加えた本が、アメリカの文化人類学者たちによって編まれたほどである(A. L. Kroeber & C. Kluckhohn: Culture: a critical review of concepts and definitions. 1952)。教化・洗練などの価値意識を含む文化の概念は、日本だけでなく西洋にもともとからあり、しかし自然との対比での近代の学問用語として用いられるときは、没価値的に人間の営為の総体を指している。その際、二十世紀前半の、自然決定論を排する「文化は文化より」の潮流の中で、「文化は、ヒトが生物的遺伝によらず、学習によって獲得し、次の世代に伝えてゆく営み」として、生物的遺伝情報を除外する傾向がつよかった。しかし霊長類学・行動学《エソロジー》・人類遺伝学の進展により、文化もヒト以外の生物との、断絶においてよりは連続においてとらえるべきことが明らかになってきた現在、生物的遺伝、いわゆる本能に基づく人間の活動も、学習によって獲得されたものと連続する形で文化の一部をなしていると考えるのが妥当であろう。ただ、ヒトは学習によって獲得したものを改変し、蓄積することにおいて、他の生物より格段にすぐれており、その文化の力によって、地球上の多様な生態学的条件に適用し、生物の単一種としては例外的に多様な生き方、すなわち文化をさらにつくり出してきたといえる。人間も生物の一部であるという、今日の知識で疑いえない前提を、「所与としての自然」とするならば、人間は同時に、その文化によって自然を対象化し、とらえ直そうとしてきたといえる。それぞれの文化が、それぞれのやり方で、人間が手を加え、人間化した領域を、人間の力の及んでいない野生の領域から区別しており、その意味での「文化によって作られた自然」がある。日本での里・家(人間の領域)に対する山・野(自然の領域)、ヨーロッパでの家(domus → domestic)に対する森(silva → savage)などはその例である。このように、文化が作った、したがって文化によって異なる民俗概念としての自然と文化の対立があり、学問用語として、自然に対立させられる文化は、そうした文化による多様性をこえた上位概念として、考えられるべきであろう。このような、最広義に理解された文化は、原理的には個人によって、それも必ずしも一貫性なしに担われ、生きられるものである。しかしそれが受けつがれ、学習されるものである以上、個人をこえた集合的性格を、時間的にも世代から世代へ、空間的にもある範囲の人間の集合がもち、個人に対して何らかの拘束力をもつという側面を無視できない。また文化は、それを担う人間に自覚して生きられる側面と、意識されない側面をもっている。民俗学における民俗が、このような文化のほぼ同義語として、研究上もつ意味もそこにある。この観点から、文化そして民俗の概念は、その伝承と創造・変化の拮抗関係の動態的側面を重視しながら、今後の民俗学において、実証と理論の両面で検討され、精緻化されてゆかなければならない。

（川田 順造）

参考文献 石田英一郎「文化人類学序説」(『石田英一郎著作集』一所収、一九七〇)、同「文化とは何か」(同)

ぶんかけい 文化型 英語の patterns of culture を邦訳したもので、民族・国民・地域的集団などが保持する文化には、おのおの個性的な独自の様式があるという考え方。アメリカの文化人類学者ベネディクト Benedict, R. F. が『文化の型』(一九三四)の中で説き、関連する学問分野で広く受けいれられるようになった。文化を単なる諸要素の寄せ集まりとみるのではなく、内的に一貫性のある統合形態と考えるこの立場には、個々の文化にそれぞれ同等の価値を認めようとする文化相対主義の理念が端的に示されている。ベネディクトは具体例として、北アメリカ先住民族(インディアン)の中でも特に温和・自己抑制・真摯さなどを尊重するアポロ型のプエブロ＝インディアン文化と、恍惚・競争・自己賛美などを特徴とする平原インディアン、北西沿岸インディアンのディオニソス型文化を対比し、さらに猜疑心や悪意に満ちたメラネシアのドブ島民文化の分析を加えて、文化の型や各集団の気質・気風の違いを鮮やかに描き出した。のちにそれと同じ方法で日本文化を論じたのが、有名な『菊と刀』(一九四六)である。キリスト教を背景にした罪の文化に対し、日本の恥の文化を指摘した立論は、第二次世界大戦後に活発化した日本文化論の出発点になった。しかし、今日では文化相対主義そのものへの懐疑も含め、その評価がさまざまな点で揺れ動いている。

（笠原 政治）

ぶんかけん 文化圏 ドイツ語 Kulturkreis の訳語。ドイツ、オーストリアの民族学で用いられた概念で、ある起源地から一定の広い地域に伝播した一系統の文化が広がる領域。地球上に存在する文化圏の分布のしかたや重なりかたを調べ、文化の新旧を明らかにして人類文化史の構成を試みた学説を、文化圏説または文化史的民族学という。文化圏説では文化圏を客観的に設定するために、質的と量的という二つの規準が考慮された。二つの事物の特徴が符合し、しかもそれらが、たとえばカヌーの櫂の模様のように、事物の本性から必然的に結果するものでない場合、両者の間には歴史的な接触があったと考えられて、質的規準が成立する。量的規準は、こうした類似が一つの事物だけでなくいろいろの事物について見られる場合に成立し、両者の歴史的接触はますます確実なものとなるとする。文化は伝播していく際に、古い文化の上に広がり、文化圏は積み重なる。このような時間的層位の関係にある文化圏を文化層という。ある文化が他の文化を突き破って二分した場合、突き破った文化が新しいといった、いくつかの規準を用いて、歴史的前後関係を明らかにし、文化層を確定した。民族学者のシュミット Schmidt は、全世界を文化圏によって把握し、全世界の文化史を再構成するという壮大な試みを行なった。しかし、あまりにも図式的となってしまったことや、考古学の成果と合致しないところも出てきたために批判され、彼の死とともに文化圏説は衰退した。→伝播主義《でんぱしゅぎ》

参考文献 F・グレーブナー『民族学研究法』(小林秀雄訳、一九四〇)、ヴィルヘルム＝シュミット・ヴィルヘル

ム＝コッパース『民族と文化』(大野俊一訳、一九七〇)

(中山　和芳)

ぶんかさい　文化祭　文化的とされる活動の展示や発表を一同に集めた催し。第二次世界大戦後に始まるが起源は不詳。その名は一九四八年(昭和二十三)制定の文化の日など、戦後の文化の名の氾濫と関連があると思われる。中学・高校では学芸的行事として毎年秋に行われているが、戦前から行われていた学芸会や展覧会を合同したものと見ることもできる。日頃の学習成果を、学級・クラブ・部などを単位とし、学内だけでなく父母や地域社会に発表するという目的で始まった。しかし祭と称して非日常的時空を学校内に作り出すだけに、次第に生徒たちも、学習成果の公開より自分たちで楽しむ方を選ぶようになったため、学術的展示より模擬店、ロックコンサート、お化け屋敷など遊びの要素が多くなり、祭に重点を置いているとの批判もある。また、学校当局の指導と生徒の自主性との間でトラブルが発生することも多い。大学で行うものは学園祭と呼ばれ、学生の自主性がより強くなっている。ほかに地方自治体や公民館などが行うものもあるが、さまざまな文化的サークルに発表の場を提供するにとどまる例が多い。

(阿南　透)

ぶんかざいほごほう　文化財保護法　文化財の保存と活用を図り、国民の文化的向上と世界文化の進歩に貢献することを目的として一九五〇年(昭和二十五)に制定された法律。この法律は国宝保存法(一九二九年制定)、重要美術品等の保存に関する法律(一九三三年制定)、史跡名勝天然紀念物保存法(一九一九年(大正八)制定)の三つの法律を統合し、新たに保護の対象を拡大したもので、文化財の種類として現在では、有形文化財・無形文化財・民俗文化財・記念物・伝統的建造物群の五分野が定義されている。文化財保護法は文化財のうち重要なものを指定または選定し、その管理・保護などについて、所有者などに一定の義務や制限を課すとともに、その修理・公開などに係る国の補助・援助などを規定している。文化財保護に関する機関は国では文化庁、地方公共団体では教育委員会であり、諮問機関としてそれぞれに審議会が置かれている。文化財保護法は制定以来数回の改正を行なっているが、その主なものは一九五四年の無形文化財指定制度の創設、民俗資料分野の創設など、一九六八年の文化財保護委員会の廃止と文化庁の発足、一九七五年の埋蔵文化財に関する制度の整備、伝統的建造物群保存地区制度の新設、民俗文化財への名称変更と無形民俗文化財指定制度の新設、文化財保存技術の保護制度の新設など、一九九六年(平成八)の登録文化財制度の新設などである。この法律は日本の民俗をはじめて国家行政に位置づけたものであり、全国規模の民俗調査や歴史民俗資料館建設などの国庫補助事業を実現するなど、第二次世界大戦後の民俗学研究の基盤構築に大きな影響を与えた。なお、無形文化財と民俗文化財の制度は日本の文化財保護法が世界に先駆けていち早く導入したもので、世界的にも注目されている。　↓民俗文化財《みんぞくぶんかざい》

参考文献　文化庁編『わが国の文化と文化行政』、一九八八

(大島　暁雄)

ぶんかじゅうたく　文化住宅　一九二〇年代に主に都市の中産階級に対応し開発された郊外住宅のこと。一九二一年(大正十)東京上野の平和記念博覧会に出品された文化住宅が契機となって住宅の改善が計られた。居間・茶の間を南側に配置した家族本位の間取りや居間・食堂を椅子式に改めたり、私生活の独立を計った寝室・子供室を設けたりした。しかし住宅に完全な洋風化が進んでいったのは第二次世界大戦後である。

参考文献　建築学大系編集委員会編『建築学大系』住居論、一九五六、山口広「郊外住宅の一〇〇年」(世田谷美術館編『田園と住まい展図録』所収、一九八九)

(山崎　弘)

ぶんかじんるいがく　文化人類学　両大戦間にアメリカ合衆国で生まれ、第二次世界大戦後にはすでに市民権を得ていたcultural anthropologyの翻訳概念として、戦後の日本に輸入された学問領域。戦前の日本でも、民俗学とも重なりあいながら、土俗学・民族学・人類学・考古学などの分野で研究されてきた事柄が、研究対象としては文化人類学の対象に含まれる。文化人類学に対して、主として人類の形質上の多様性や進化を自然科学的な方法で研究する人類学 anthropology は、十九世紀以来欧米にあり、それに対して、人類の諸文化を、広汎な比較の視野で研究することを明示する意味で、「文化の(cultural)」という形容詞が冠せられたが、しかし同じ意味を

平和博出品住宅（1921年）

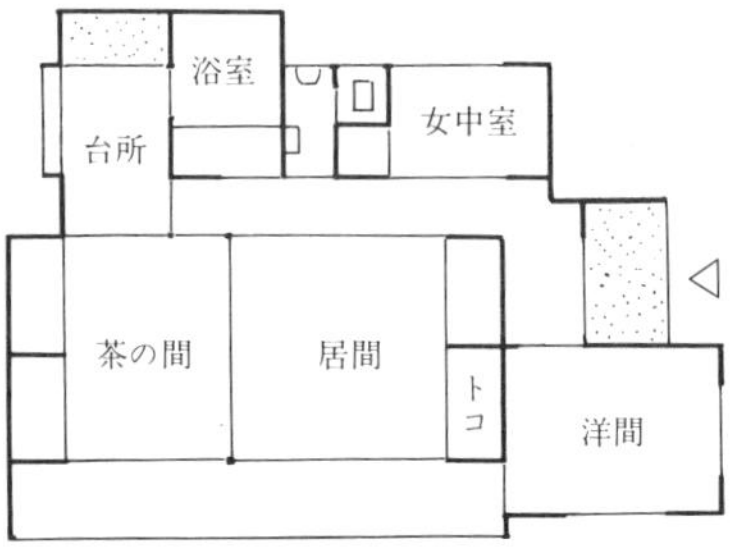

中廊下住宅（同潤会建設）

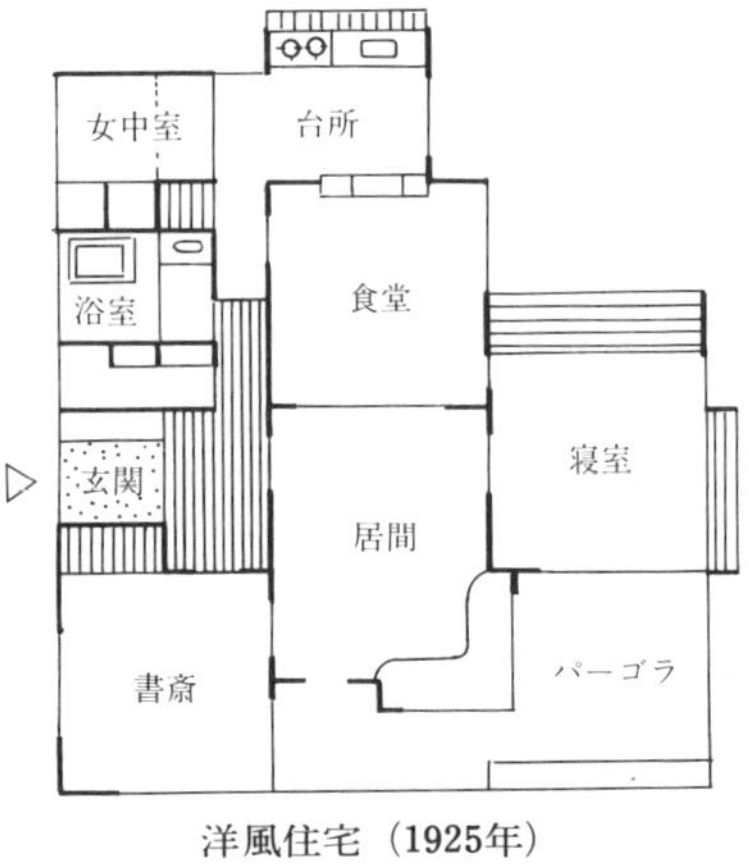

洋風住宅（1925年）

文化住宅間取図

イギリスでは「社会の（social）」という形容詞で表わしている（social anthropology、社会人類学）。これに対して人類の形質の面々の研究を明らかにする意味で、その領域を形質（自然）人類学 physical anthropology と呼ぶこともある。いずれも、十九世紀に考古学遺跡や化石人骨の発見に伴って、人類の概念が時間的に深められ、同時に西洋の世界進出によって、空間的にも人類は具体的に認識されるようになった。この意味で、同じくギリシャ語の人 anthropos に由来するカントの人間学 Anthropologie が、まだ対象が時間的にも空間的にも真に人類としての拡がりをもたない、多分に思弁的なものであった状態とは、学問としての背景が著しく異なる。英・仏・独では、このような人類の認識の空間的拡大は、植民地支配と地理的探検に伴うものであったが、アメリカ合衆国では、アメリカ大陸先住民との交渉の深化によるところが大きかった。英米では文化の研究でも、文化・社会という形容詞をつけた、あるいはつけない人類学 anthropology が広く用いられたが、大陸ヨーロッパでは、人類諸民族の文化・社会の研究には、ギリシャ語の民族 ethnos に由来する ethnologie（仏）、Ethnologie（独）ないし、ドイツ語ではドイツ民族だけを対象とする Volkskunde（単一民族学）と区別して、Volk の複数形をあてた Völkerkunde（複数民族学）という語がむしろ一般的である。文化人類学は、戦前のウィーンで複数民族学を学び、戦後アメリカの文化人類学を吸収した石田英一郎が、一九五〇年代から日本の大学での講義や専修学科の創設を通じて日本に根づかせたといえる。石田が、東京大学教養学科に泉靖一らとともに創設した文化人類学分科は、石田が当時傾倒していたアメリカのクローバー Kroeber, A. L. らの総合人類学 general anthropology の教育理念を実現したもので、民族学・民族誌を中心に、形質（自然）人類学・先史学・言語学など実習も伴う広汎な分野の基礎学習が必修として学生に課せられた。このような総合人類学の方向をとらない岡正雄・馬淵東一らは、ほぼ同じ時期に、東京都立大学に社会人類学の講座を作った。総合人類学の教育は、その後の学制改革の波の中で、二十年ほどで事実上消滅したが、そこまでの総合性を基礎訓練として課さないまでも、文化人類学は何よりまず、その視野の総合性によって、ほかの学問領域と異なる特色をもち、特に現代の文化研究にとって民俗学とも相補う形で意味をもちうると思われる。その総合性とは、人類の文化についての、極大の知識と、極小の部分についてのしかし深い体験との総合である。それは、世界の大勢の中では弱小な部分についての、長期の住みこみ調査による個人的な体験に基づく精緻な理解を、一方で時間的にも空間的にも人類という最大の範囲での文化の知識の中に位置づけるという知的営為であるといえよう。社会学・経済学など社会科学が一般に定量的な立証法をとるのに対して、文化人類学は定量的にはとるに足らない弱小な集団についての、個人的な理解の定性的な深さによって、その結果を人類という視野に位置づけて解釈しようとするのである。周縁的な細部のもつ意味にこだわり、その定性的な理解を志すという点では、文化人類学は民俗学と一致する。ただ、その結果を、日本を対象とする民俗学においては、より広い視野ではどこにつなげるのか、日本史か、比較民俗（族）学か、社会学か、あるいはかつて柳田国男が将来出現することを希望した世界民俗学か。文化人類学との学際的交流の可能性も含めて、今後の日本民俗学がもつ重要課題の一つであろう。

（川田 順造）

参考文献 川田順造「日欧近代史の中の柳田国男」（『民俗学研究所紀要』二一、一九九七）

ぶんかでんぱ 文化伝播 ⇨伝播主義《でんぱしゅぎ》

ぶんかふくごう 文化複合 culture complex の訳語。文化はそれを構成する文化要素が相互に絡みあって全体として統合されているという考え方。一定の地理的領域に特定の種類の文化要素（文化特性）が集中的に分布する時、それが一つの複合体を構成していたとみる説。特性複合とも呼ばれる。それは二十世紀の初頭によく論じられた議論である。特にアメリカ先住民文化の歴史的伝播過程を明らかにするため、C・ウィスラーは、文化要素は別の文化に伝播しうるが、それは個々の社会において、社会・芸術・財産・信念などの他の諸要素と全体として複合 complex していると考えた。また、イギリスの伝播主義者のエリオット＝スミスはエジプトの太陽崇拝、ピラミッド製作、灌漑農業などからなる太陽・巨石文化複合が、エジプトを起源として、そこから全世界に伝播したと主張した。このイギリスの文化複合論は、各地域の文化の独立発生を無視した議論であるとして批判された。また、ウィスラーらの文化複合の考え方は、社会的脈絡における文化要素の意味を軽視したために批判されて衰退した。しかし、ウィスラーらの文化複合の基本的な概念はその後のアメリカの文化統合論や文化変容論など、文化の全体性と統合性を重視する文化論に受け継がれた。また、文化要素と文化複合の考え方は、近年、日本の地域性研究や文化領域論にも影響を与えている。 ↓文化《ぶんか》要素《ようそ》 ↓文化領域《ぶんかりょういき》

（河合 利光）

参考文献 大林太良「日本の文化領域」（『日本民俗文化大系』一所収、一九八六）、上野和男『日本民俗社会の基礎構造』、一九九二

ぶんかへんか 文化変化 文化は世代から世代へと伝承される慣習的で連続的なものとみることもできるが、同時に文化は常に変化するものでもある。文化変化は文化人類学においてさまざまな立場から研究されてきた。文化変化を引き起す内的要因として発見と発明がある。発見はまったく新しい文化要素の創出であるが、発明は従来からあった要素の組み合わせを変えて新しい文化要素を生み出すことなどを指す。外的要因には他の社会から文化要素を借用する伝播がある。発明・発見よりも伝播のほうがじっさいの文化変化を考える時にはるかに重要

である。借用された文化要素が文化体系に組み込まれる時に、意味が変化することがよくあり、これは再解釈と呼ばれる。内的および外的要因による文化の革新は最初は個人レベルで起きるが、次第に他の人々に受け入れられ、社会的受容を引き起すこととなる。社会の上層から垂直的に受容が進展することが多い。文化変化のなかで、異なる文化間の持続的で直接的な接触による変化の過程は特に文化変容または文化接触と呼ばれる。明治以来の日本の近代化・西洋化は文化変容の例と考えることができる。日本の民俗学では、民俗の変容、そしてその結果みられる日本各地の民俗の多様性を中央からの伝播によるものと考える周圏論が柳田国男以来、主流を占めていた。

参考文献 P・K・ボック『現代文化人類学入門』二(江淵一公訳、「講談社学術文庫」一〇三、一九七七)、B・K・マリノフスキー『文化変化の動態—アフリカにおける人種関係の研究—』(藤井正雄訳、一九六八)、福田アジオ『柳田国男の民俗学』、一九九二
(小池 誠)

ぶんかへんよう 文化変容 ⇩文化変化《ぶんかへんか》

ぶんかようそ 文化要素 culture trait の訳語。文化複合を構成する要素的な単位。文化特性ともよばれる。文化要素が科学的な分析概念として本格的に使用され始めたのは、二十世紀初頭に興ったヨーロッパやアメリカの文化史的民族学からである。その学派は、文化要素の地理的分布から文化の伝播過程を推測することで、文化史を再構成することに関心があった。ドイツ文化史学派は、地理学の方法論の影響を受けながら同一文化要素の地理的分布の範囲を文化圏と称した。アメリカでは、地理学出身の人類学者ボアズ Boas, Franz の影響のもとに、文化要素の分布と伝播に関する研究が盛んになり、その分布範囲が文化領域とよばれた。当時の欧米の文化史的民族学(文化人類学)の文化要素と文化圏の考え方は、柳田国男の民俗学とも大きな共通点がある。たとえば、方言周圏論は民俗語彙の分布圏からその歴史的変遷過程を類推する方法論であった。現在マッピング＝メソードと呼ばれる民俗事象の分布図作成法も、文化要素の分布研究といえる。特にアメリカの文化要素の理論では、物質的特性・信仰・儀礼・神話・社会組織などの精神文化を含む全体性の理解と、文化要素間の複合性の研究の必要性を説いていた。そこから、この研究はのちの文化統合論や文化変容研究のための基礎となった。 ↓文化複合《ぶんかふくごう》

参考文献 姫野勤『文化人類学』、一九六七、M・S・ガーバリーノ『文化人類学の歴史—社会思想から文化の科学へ—』(木山英明・大平裕司訳、一九八七)
(河合 利光)

ぶんかりょういき 文化領域 最小の文化要素である文化特性のそれぞれが相互に関連をもって複合し、同質のまとまりをもって統合された地理的範域。十九世紀末、この概念をはじめに用いたのは、アメリカの人類学者であり国立博物館長だったO・T・メイスンだった。かれは地域の歴史や自然環境などを考慮することなく、ただ北米先住民の物質文化の分類の必要性からこの概念を用いていた。同様にアメリカ人類学の父F・ボアズもまた、アメリカ北西部の実態調査を通して、神話・説話の分布が一定の地理的領域にまとまり広がっていることを発見している。その弟子C・ウィスラーは、食料獲得の手段を基礎に文化特性全体の分布から、はじめてアメリカ大陸全体の文化領域の設定を試みた。と同時に、文化領域を年代領域原理にもとづく、文化史の単元として位置づけた。文化領域が地理的範域であると同時に歴史の単元だとされて以降、文化領域は植物繁茂の最盛期＝極相と同様に、文化発展の最盛期＝極相を示すとしたA・L・クローバーの極相理論に発展する。さらにJ・H・スチュワードは、文化領域形成にあたって文化の生態学的適応を基礎とし、それと相関関係をもつ文化特性からなる社会・政治・宗教的文化の中核を「文化核」とし、文化がどのような統合の段階にあるかをもって文化領域を設定しようとした。しかし他方でかれは、南北アメリカ大陸を地域的に分類したこれまでの文化領域論が、誰ひとりとして一致したことはないと批判し、特定の文化要素間の規則的類似性を示す超領域的「文化型」の概念を設定して、異なった地域間における文化の類似＝平行的発展性をも強調した。 ↓年代領域原理《ねんだいりょういきげんり》 ↓文化複合《ぶんかふくごう》

参考文献 佐々木高明「アメリカにおける民族地理的研究の発達」(今西錦司・姫岡勤・馬淵東一編『民族地理』上所収、一九五二)、岩田慶治「文化と地域—文化領域説の展望—」(同)、J・H・スチュワード『文化変化の理論』(米山俊直・石田紝子訳、一九七九)、端信行「文化地理学と文化人類学」(大島襄二・浮田典良・佐々木高明編『文化地理学』所収、一九八九)
(渡邊 欣雄)

ぶんけ 分家 新たに分出された家、およびその呼称。その本源となる家は本家。また、家の構成員がそれまで所属していた家から分離して新たな家を創設する行為をいう。商家では暖簾分けがその行為にあたる。明治民法では分家を単に戸籍を分かつことと規定したが、これは慣行上の分家とは異なるものである。日本の家制度のもとでは本家の継承は一世代一夫婦を原則とするので、同世代に属する相続者以外の成員は家から分家・養子・婚姻などで排出された。養子・婚姻が他の家を継承するのに対し、分家は新たな家の創設を意味した。そのため単に家を分けるだけで分家が成立するのではなく、他の家や村などからの社会的承認を必要とした。創出された分家は本家と系譜関係で結ばれ、密接な生活連関をもつ家連合である同族を形成した。次、三男の血縁男子家族の分家創出が多くみられたが、家の原則からして奉公人など非血縁家成員の分家も例外ではない。分出形態としては、次、三男が両親を連れて、あるいは連れられて分家する隠居分家や娘が聟養子をとって分家する聟養子分家などがある。次、三男の分家や奉公人分家では、分家に

際して本家に属する家産の一部である家屋・屋敷地などのほか、農家では農地、商家では家産のほか信用の象徴である暖簾などを分与された。こうした分与財だけではなく、家紋などの家の象徴の分有、氏神・寺院・墓地の共祭などによって本分家の間の系譜的連続性が明示された。分家は分出後も本家からかなり長期にわたり庇護されるとともに、本家への労働提供だけではなく日常生活のあらゆる場面で統制を受けた。本家の統制はそうした一方的な奉仕だけではなく、共有の田畑山林の協働・利用、冠婚葬祭、正月や盆、屋根葺きなど互助的な活動としても現われた。こうした分家の分与財、分家後の本家との関係などを含む分家の慣行は、地域・時代・職業などによって多様な形態をもち呼称も一様ではないが、基本的には、ワカレヤ、ブンケ、マッカ、バッカ、ベッカ、ベッケ、アラヤ、アタラシヤ、ニイヤ、ニイイエ、シンタク、シンヤなど創出の本末関係や新旧を明示するもの、ジワカレ、カドワカレ、アゼチ、アイジ、ベッチなど土地分与を示すもの、ケライ、カマド、ダイドコロベッケといった本家への隷属関係を示すものなどが多い。その他、イエモチ、エモッチェ、カマド、インキョなどがある。分家を分出時の財産分与の有無によって区別し、本家から財産分与を受けるオヤガカリ分家と分与を受けないカセギトリ分家、モウケトリ分家とすることもある。また本家の分家行為によるのではないが、移住者の依頼や出入り関係、後見関係によって結ばれた本分家関係による分家(タノマレベッケ、セワナリベッケ、ワラジヌギベッケ)がある。現在でも分家の観念はひろく残っているが、職業・居住の自由が認められ経済的自立がすすみ、本分家間の相互連関は以上の分家慣行とは異なったものになっている。多くの場合、労働や財産に関わる庇護奉仕の関係の実質を薄めて、より精神的な関係へと転化している。→隠居分家《いんきょぶんけ》 →同族《どうぞく》 →暖簾分け《のれんわけ》 →別家《べっけ》 →奉公人分家《ほうこうにんぶんけ》 →本家《ほんけ》

[参考文献] 有賀喜左衛門『日本家族制度と小作制度』(『有賀喜左衛門著作集』一・二、一九六六)、及川宏「分家と耕地の分与―旧仙台領増沢村に於ける耕地均分の慣行に就て―」(『同族組織と村落生活』所収、一九六七)、竹内利美『家族慣行と家制度』、一九六九、松本通晴「同族の構造と機能」(『講座家族』六所収、一九七四)、藤井勝『家と同族の歴史社会学』、一九九七 (古川彰)

ぶんけせいげん 分家制限 村落内に分家を創設することを制限した村落内の取り決め。戸数制限を行なっていた村落では、絶家や家の転出によって一軒前の権利に余剰が生じている時に限って、分家を創設することができた。村落内の既存の家の次、三男などが分家を創設する場合、既存の家が本家となって新たな分家の村入りが承認された。奉公人の分家創設も同様に、奉公人を雇っていた家が本家となった。しかし、他所からの転入者が新たな家を創設する場合にはさまざまな制限が伴った。この場合、あらかじめ村落内の既存の家に依頼して草鞋親などの保証人を立てる必要があった。そのような手続きをとってから村入りが承認され、両者間には本家・分家関係が生じた。もっとも、分家の創設は承認されても、共有財産に対する権利は認められない場合もあった。分家制限をめぐるこれらの取り決めは、多くの場合、村落の不文の慣習として行われてきたが、成文化して村落規約に明記しているところもある。たとえば、千葉県安房郡三芳村山名の明治時代中ごろの村規約には、分家の創設も転入者の村入りも一切認めないことが明記されている。ただし、絶家を再興するための分家の創設や転入者の村入りは、寄合の承認があれば可能であった。→一軒前《いっけんまえ》 →戸数制限《こすうせいげん》

[参考文献] 福田アジオ「民俗の母体としてのムラ」(『日本民俗文化大系』八所収、一九八四) (安井眞奈美)

フンシ 風水 沖縄語で風水《ふうすい》のこと。フンシー(沖縄本島、石垣島など)、グフンシ(沖縄本島)、プンス(宮古島)、フンチ(与那国島)などともいう。㈠墓地や屋敷地の良し悪し、㈡墓、家、井戸などを造る際の場所選定、㈢墓や家などを建築すること、あるいは㈣墓地、屋敷地そのものを指すなど、人により地方により若干のちがいがある。屋敷地の吉凶を判断する専門家を「フンシミー(風水看)」といい、墓を「フンシマチガニ(風水松金)」と美称するなどの言い習わしがある。→風水《ふうすい》

[参考文献] 渡邊欣雄『風水思想と東アジア』、一九九〇 (渡邊欣雄)

ぶんじゅういんきょ 分住隠居 隠居する両親が父親は本家に、母親は分家にと居所を分ける隠居慣行の一種。鹿児島・長崎・高知・山口・三重・茨城などの諸県に分布している。その形成には、分家設立に際して母親が同行する普通分家型と、次男以下の隠居分家を終えた後に父親は本家、母親は分家にと分かれる隠居分家型の二種が認められる。いずれも、両親の死後、各位の位牌を本分家に分けて祭を行う分牌祭祀の習俗を導くことになる。

[参考文献] 竹田旦『民俗慣行としての隠居の研究』、一九六四 (竹田旦)

ふんしょく 粉食 米や麦類、雑穀、トウモロコシ、大豆、また、トチの実などの堅果類、葛、ワラビの根などを粉にして食べること。縄文時代の石皿と磨り石から始まり、手杵と呼ぶ棒状の竪杵で細長い臼の中の穀類などを叩いて粉にした時代がある。沖縄では近年までこの手杵と臼で製粉していた。本土では横杵を使った地域もある。叩いて粉にすることをハタクといい、粉をハタキモノとかハッタイコといった。東北地方のハットウ、栃木県のハットダンゴ、山梨県や岐阜県などのホウトウはここからきた言葉である。手で挽き廻す石臼や水車を利用した石臼などが製粉用具として発達すると、女性の労働が楽になったと柳田国男は論じた。粉食は、団子やうどん・蕎麦、粢《しとぎ》などが有名なため、ハレの日の食物として位置づけられやすいが、ふだんの食物としても重要であ

った。儀礼時の団子やうどんなどハレの日の粉物は上質の材料を使ったが、ふだんには米にしろ小麦にしろ販売できない下等なものを使った。砕米・屑米・粃《しいな》などの粉、ユリゴといわれた籾混じりの粉は、団子汁にし、コモシとかゾロといって飯に混ぜて増量材に、熱湯で掻いたオネリや蕎麦掻あるいは焼餅にして主食・間食にするなど毎日の食事でも主要な食料になった。大量にでる粃や砕米などの利用法が粉食であったわけで、粉物を食べざるをえない食事事情があったのである。また、ヒエやシコクビエ、蕎麦も粉食に適していた。

参考文献 柳田国男「食物と心臓」(『柳田国男全集』一七所収、一九九〇)、同「木綿以前の事」(同)、瀬川清子『食生活の歴史』、一九六八、大庭良美「石見日原村聞書」(『日本庶民生活史料集成』一二所収、一九七一)

(増田　昭子)

ぶんそん 分村 (一)村落から住民の一部が分離して新たに集落を作り独立した村落を形成すること。未開発の地域への移住方式の一つであり、しばしば氏神・鎮守を母村から勧請し、時には寺院も迎えた。中世から近世にかけて見られ、本郷に対する枝郷、本村に対する枝村など、地名にも示されることも多い。明治以降では、本州から北海道へ移住して村落を形成した分村が見られる。一九三〇年代には、中国東北地方への植民地支配を展開した日本政府は農業移民を進めたが、その方式の一つとして一九三五年(昭和十)から各地で分村計画運動が始まり、一九三八年には農林省によって正式の方策として採用された。市町村が分村希望者を募り、旧満洲に送り込み、出身村の名前を付けた開拓村を作らせ、出身村での「隣保共助の精神」を開拓に利用しようとした。→母村《ぼそん》

参考文献 松本武祝「満州移民と分村事業」(『日本村落史講座』五所収、一九九〇)

(福田アジオ)

(二)北海道の分村は、全国的にみられる新田開発などに基づく分村とはその趣を異にしている。北海道は一八六九年(明治二)、十一国八十六郡に区分された。一八七六年に全国府県同様に大小区制を施行した。大小区制は郡区町村編制法により、一八七九年に廃止され、全道十八ヵ所に戸長役場が設けられた。この戸長役場は複数町村の行政事務を担当した。北海道では戸長役場の時代が長く続いたが、一八九八年になってようやく一・二級町村制が勅令によって施行された。同年に北海道庁の十九支庁(のちに十四支庁)が設置され、郡役所は姿を消した。早くから和人集落が発達していた松前地や場所が置かれていた地域では、郡が細かく分けられていたが、道央・道東・道北は広大な地域を単位にかなり大まかに区分された。一八九〇年代に北海道への移住人口は増大し、村域が広大なため開拓が進むにつれて地域住民は不便をきたすようになった。こうして住民の要請に基づく分村が数多くみられた。

参考文献 『北海道志』上、一八九二、『新紋別市史』上、一九七九、渡辺滋「行政の移り変わり」(宮良高弘編『むらの生活―富山から北海道へ―』所収、一九八八)

(宮良　高弘)

ぶんちせいげんれい 分地制限令 江戸時代、百姓の持高の分割を制限した法令。一六七三年(延宝元)の幕府法では、名主は二十石以上、百姓は十石以上の持高がなければ分地してはならないとされ、一七一三年(正徳三)には、分地した残りが高十石・面積一町以下になることが禁じられた。分地による百姓経営の零細化を防ぐための施策といわれる。幕府にならって、諸藩でも分地制限をした場合が多い。

参考文献 北島正元編『土地制度史』二(『体系日本史叢書』七、一九七五)

(佐藤　孝之)

ふんどし 褌 腰部を覆う長い帯状の布で、これを股間から腰部にかけて巻きつけ、下半身を保護する。「ふんどし」の語源には、褌をつける時に布が垂れおち、踏まないように股間を通す、また足を踏ん張って腰を下げて股間に通すという意味とする和歌森太郎らの踏み通し説のほか諸説がある。近世後期の百科事典である『守貞漫稿』(喜多川守貞)には「貴人は白羽二重、士民は白晒木綿を本とし、長六尺呉服尺なり」とある。古くは麻が用いられたが、江戸時代には一般に木綿が用いられ、貴人は上質の布を用いたとある。褌はヘコ、マワシ、サイジなどの呼称があり、福岡県田川市の筑豊炭田では坑内で働く男子は六尺ベコという褌をしめた。晒し木綿を六尺の長さに切ったもので、浅葱《あさぎ》や紺木綿などで作ったものもあったという。また能登の舳倉島では、かつて海女がアワビ、エゴ採りなど海に潜る時、サイジという褌をした。サイジは長さ一尺二寸、幅九寸の二ツ折した木綿に黒糸でヤマバタ、ゲンロクなどの模様を刺してつくる。布の端を等間隔に糸でかがってたるみをもたせ、そのたるみに麻紐を通し、糸でくくりつける。麻紐のついている方を後ろにして腰に結びつけ、布を股間に通し、前で麻紐にはさんで固定する。越中フンドシは、長さ三尺ほどの布に紐をつけ、紐を腰に結び、布を股の後ろから前に通し垂らした。男子が一人前になったしるしに褌祝いなど成長を祝うところもあった。女性が生理中につける褌を京都府北部の丹後地方では、マタフンドシと呼び、嫁入り道具の一つであるコシバコ(腰巻箱)に入れて嫁いだ。男女とも褌をしていたが、いつごろどのような契機で男性は褌、女性は腰巻という使用が限定されるようになったかなど不明な点が多い。→腰巻《こしまき》 →へこ親《おや》

参考文献 石川県立郷土資料館編『海士町・舳倉島』(『奥能登外浦民俗資料緊急調査報告書』、一九七五)、深作光貞『「衣」の文化人類学』、一九八三

(井之本　泰)

ふんどしいわい 褌祝い 成年に達した者が、はじめて褌を身につける儀礼のこと。民間の伝統的な成年式の形態と呼称にはさまざまなものがあった。しかし男女の成年式とも、その折に子どもの髪型から大人のそれへ変えたり、腰部にそれまで身につけていなかった褌とか腰巻

をまとうといった慣習は普遍的にみられ、どちらかの際立った要素に着目して名付けられた成年式名が多かった。前者としては前髪祝いとか、烏帽子着祝いなど、後者では褌祝い・タフサギ祝い・ヘコ(兵児)祝い・腰巻祝い・ユモジ祝いなどがそれである。ただし、腰巻のことを褌とかヘコと呼称する地方もあるので、褌祝い・ヘコ祝いと称しても必ずしも男子の成年式とは限らない。成年式の折にオバ(伯母・叔母)から褌を贈られるところからオバクレフンドシと呼ばれる成年式も有名であるが、これまた男子に限らず、女子の成年式を意味する地方もまれにはあった。女子の場合はわからないが、男子の場合、オバが褌を贈るとともに性に関する手ほどきをする慣習がかつてはあり、オバクレフンドシという呼称はそのことにちなむものとみられる。成年式の年齢は、男子では数えの十五歳がふつうだが、男子のオバクレフンドシはそれよりも早く十三歳に行われるところもあった。女子の場合は初潮を契機とする例が多く、年齢が定められているところでは概して十三歳であった。オバクレフンドシの民俗は長野県や静岡県など中部地方に比較的多かったようである。なお、男女にかかわらず褌や腰巻は親族や擬制的な親から贈られるものであった。それゆえ後者の擬制的な親を褌親とかヘコ親と呼んだ地方も広くみられた。　↓烏帽子着祝《えぼしぎいわ》い　↓オバクレフンドシ　↓ユモジ祝《いわ》い

参考文献　江守五夫「成人式の原義」(蒲生正男・大林太良・村武精一編『文化人類学』所収、一九六七)

(平山　和彦)

ぶんぱいさいし　分牌祭祀　父母の位牌を本家と分家で分割して祭祀する制度。父の位牌を本家(通常長男)が、母の位牌を分家(次男以下)が祭祀し、年忌供養などもそれぞれが担当する。長崎県五島列島で報告されて以来、鹿児島県甑島・吐噶喇《とから》列島など九州西南部、瀬戸内海島嶼部、三重県志摩半島、愛知県三河山間部、茨城県中部、福島県南部など主として日本の西南部の各地に分布することが報告されている。分牌祭祀の特徴は、通常一括して祭祀される夫婦の位牌が、分割され異なるまつり手によって祭祀される点にあり、葬儀から位牌祭祀・年忌供養・墓まで一貫して本家分家で分割する場合と、葬儀のみ、あるいは葬儀と位牌祭祀のみを分割する場合とがある。分牌祭祀には、㈠次男以下が分家する際に母のみを伴い、葬儀・祭祀を分家で行う場合、㈡父の死後母を分家に引取り、葬儀・祭祀を分家で行う場合、㈢本家で死亡した母の葬儀・祭祀を分家が担当する場合、㈣父母が次男以下をつれて隠居分家し、父の葬儀・祭祀のみ本家が担当する場合などがある。とりわけ㈠の分住隠居は、父母の生前の扶養から死後の祭祀まで一貫して本分家間で分割がはかられている点で、分牌祭祀ともっとも適合的な家族制度と考えられてきた。また、隠居制や隠居分家の分布地域に主として分布することから両者との関連も指摘されているが、夫婦単位に別世帯を構成する隠居制と夫婦の分割とは適合的であるとはいえず、分住隠居も分牌祭祀に必須の条件とはいえない。分牌祭祀の動機については、財産分与には位牌分与も伴うとする説明と、分家創立の必要条件として先祖をいちはやく付与するためとする説明がある。いずれにしても分牌祭祀は、本家に対する分家の自立性を確保する意図を含む制度とみられ、本家分家間の対等性と適合的な祭祀形態である。分牌祭祀の分布地域では均分相続的傾向が強いという事実も、この見方を裏付けるものといえよう。　↓位牌《いはい》　↓分住隠居《ぶんじゅういんきょ》

参考文献　竹田旦「分住隠居」(『民俗慣行としての隠居の研究』所収、一九六四)、佐藤明代「五島列島岸ノ上部落における分牌制についての一考察」(『ソキエタス』五、一九七八)、内藤莞爾「五島列島の分牌式家族慣行」(『日本の宗教と社会』所収、一九七八)、上野和男「父母の祖先祭祀の分割についての一考察—分牌祭祀を中心として—」(『国立歴史民俗博物館研究報告』五七、一九九四)

(中込　睦子)

ぶんぶくちゃがま　文福茶釜　動物報恩の昔話。また、群馬県館林市の茂林寺などでは、茶釜の由来を語る伝説となっている。昔話では、男が狐(狸・狢《むじな》)を助けると、狐は茶釜・遊女・馬などに化け、売られて男に金もうけをさせる。男が狐を茶釜にだけ化けさせて踊らせる話型もある。ぶんぶくとは湯のわく音の擬音語であるが、各地の採集例では、必ずしもぶんぶくの語が登場するわけではないので、巌谷小波《いわやさざなみ》の童話「文福茶釜」と区別するためにも、話名を「狐茶釜」とすべきであろう。同類の昔話には、博労《ばくろう》が狐を馬に化けさせる「狐博労」、男が狐を遊女に化けさせる「狐遊女」の話型がある。いずれも狐の変身を利用して富を得ようとする昔話である。一方、こうした昔話が笑話化すると、狸が茶釜に化けたが毛が生えて正体を現わすという話となり、元禄年間(一六八八—一七〇四)から「文福茶釜に毛が生えた」という諺が流行し、浄瑠璃『双生隅田川』(一七二〇)や享保年間(一七一六—三六)の赤本『文福茶釜』をはじめ、諺書・俳書・黄表紙・咄本などで広く知られた。昔話や諺では不特定の茶釜の話だが、茶釜を宝物とする寺院などでは、この話が特定の茶釜の由来譚となり、各地の茶釜の伝説となった。その一つである茂林寺の『分福茶釜略縁起』によると、狸が化けたという寺僧の守鶴《しゅかく》が、汲んでも尽きない茶釜をもたらしたが、守鶴は狸の正体を現わして寺を去り、茶釜と書跡を残したという。これは、狸が和尚に化けて書画を書き残すという関東・中部地方の禅宗寺院に多い「狸和尚」の話型と狸が茶釜に化ける笑話とが結合した話である。諺が流行していた時期に、曹洞宗の茂林寺はこうした茶釜の由来譚を成立させると、一七二四年・一七八五年(天明五)・一八〇〇年(寛政十二)に江戸で出開帳を行い、茶釜の略縁起を頒布し、一般に広く知られるようになった。近代の童話は、赤本の系統の話を巌谷小波

が童話化したものである。

参考文献　柳田国男「文福茶釜」（『定本柳田国男集』二六所収、一九六九）、志田義秀「文福茶釜の伝説童話」（『日本の伝説と昔話』所収、一九四一）、榎本千賀「茂林寺と分福茶釜」（『大妻女子大学紀要』文系二六、一九九四）

（久野　俊彦）

ぶんやにんぎょう　文弥人形　十七世紀後半に流行した古浄瑠璃の文弥節による人形浄瑠璃が、民俗芸能として定着したもの。文弥節は、大坂で古くから人形浄瑠璃の興行をしていた伊藤出羽掾座に所属した太夫、岡本文弥の創始とされる。同じ出羽掾門下で、京都で興行した山本角太夫（土佐掾）などと協力し、一六八〇年（延宝八）前後に最も流行し、一七〇〇年（元禄十三）前後にも二代目文弥などが活動した。竹本義太夫と近松門左衛門による当流浄瑠璃の流行後、中央では一七二〇年代には人気が衰えたが、地方では後年まで受け入れられた。現在では、新潟県佐渡郡で十座余りが活動するのをはじめ、石川県石川郡尾口村東二口、旧尾口村深瀬（石川郡鶴来町深瀬新町など）、宮崎県北諸県郡山之口町麓、鹿児島県薩摩郡東郷町斧渕の、四県五ヵ所で伝承されている。節回しには差異があるが、テキストはいずれも山本角太夫系の正本に基づく。中央でも文弥自身の正本の現存は少なく、出羽掾や角太夫の作品を共用していたらしい。石川県深瀬での名称は、でくまわしで文弥とは呼ばれていないが、テキスト面で同系とみなしうる。佐渡には説経も行われているが、やはり角太夫系の語り物が多く、文弥節と近縁関係にある。各地の人形とも、裾から手を入れる突っ込み式の一人遣いで、古浄瑠璃時代の操法を伝える。道化人形を伴っているのも共通した特色である。ただし佐渡では説経座のみ江戸時代から人形を伴っており（高幕人形）、文弥節は盲人の座語りであったが、明治以降、高幕人形に文楽人形なども参看して現行の御殿人形を生んだので、操法が異なる。

参考文献　横山正「現存の文弥節について」（『近世演劇論叢』所収、一九七六）、山之口町教育委員会編『山之口麓文弥節人形浄瑠璃調査報告書』、一九八三、佐々木義栄『佐渡が島人形ばなし』、一九八六

（和田　修）

ぶんよざい　分与財　分家に際して本家から分家に与えられる財産。分与されるものの内容は、分家の形態だけではなく個々の事情によって多様であった。農家では分家を出す場合、屋敷地と家屋および耕地が基本的な物件であり、それに当座必要と考えられる衣服・家具・什器などの生活用具や農具・家畜・肥料などの生産財、当分の食糧、金銭の分与ないしは貸与があり、さらに本家所有の山林・原野の使用許可などが含まれている。商家では本家の信用の象徴である暖簾とともに資本金・得意先・仕入先などの権利が分与された。分家後も本家に通う場合には、分与に相当する額が本家預かりとなり利子が付けられ、本家店への出資と同様の意味をもった。基本的には分家が独立の家経営体として維持されることを目的とするが、家産の分与は分家しても本家からの援助なしでは経営が成り立たない程度であったという事例や、親族分家と非親族分家では待遇が異なっており、非親族には恩給的な給付があったにすぎないとする報告もある。こうした報告は、家産の分与が本分家間のいかなる行為であるかという、同族の本質規定にかかわる問題を提起してきた。家産分与を有賀喜左衛門は家の経営という立場から生活保障とするのに対して、喜多野清一は扶養行為と規定している。これらの議論は、時代差や地方差を含めて、日本の同族や家の特質そのものを視野に入れた議論の基底をなしている。　↓家産《かさん》　↓暖簾《のれん》分け　↓分《ぶん》家《け》

参考文献　中野卓『商家同族団の研究』、一九六四、及川宏「分家と耕地の分与―旧仙台領増沢村に於ける耕地均分の慣行に就て―」（『同族組織と村落生活』所収、一九六七）、喜多野清一「同族の相互扶助」（『家と同族の基礎理論』所収、一九七六）、藤井勝『家と同族の歴史社会学』、一九九七

（古川　彰）

へ

へ　屁　腸にたまった気体が尻の穴から吹き出る生理的現象。人前で屁をひることは不作法であり嫌われていた。と同時に、「屁とも思わぬ」「屁のような話」などというように価値のないもの、たよりのないものの意味にも転じて使われる。一八八一年(明治十四)十一月十九日の『東京日日新聞』に横浜から新橋までの汽車に乗った男が途中、屁をひり鉄道規則により罰金をとられたとある。また、他人から屁こきといわれるのは批判され笑われることである。ところが昔話の笑話や愚人譚の中の屁は少し意味を異にする。「三人屁」という話では三人兄弟の家に泥棒が入るが、三人がつぎつぎに奇妙な屁をひるので泥棒は驚いて逃げてしまう。屁によって災いが避けられている。「屁ひり嫁」では屁をひり姑をとばし、けがをさせてしまった嫁が離縁され婿と里に帰る途中、梨の実をとれないでいる商人とかけをし屁で梨の実を落とし商人から多くの商品をせしめる。こんな宝の嫁を離縁できぬと家につれ帰り幸福に暮らす。屁が嫁の危機を救い幸福をもたらしているのである。「雁取り屁」ではじいさんがそば餅を食べすぎ腹がはり、屁が出そうになったので栓をして寝たが、圧力で栓がぬけとび雁を打ち落とし、夕食に雁汁を食べる。屁によって思わぬ幸運を手に入れるわけである。このように屁はある状態を別の状態に転換させる文化的意味をもつのである。　↓屁《へ》ひり話《ばなし》

参考文献　臼田甚五郎『昔話叙説』二、一九七三

(野沢　謙治)

へい　塀　敷地の境界に設けて、内側の家屋や敷地を外側から遮蔽する囲い。所有権や所有者の格式を示すほか、他人や動物による侵入の防止、外部からの視線のさまたげ、防音・防火などの実質的機能を有する。近年では空地においても所有者が塀を設置し、不要物の投入を防止する光景も生じている。塀に用いる材料としては木、竹、土、石、煉瓦、コンクリート、コンクリートブロックなどがある。垣と機能・材料ともに類似するが、間隙がより少ない状態のものを塀とよぶ。垣よりも間隙が多いと柵である。日本の塀には、形状や意匠から築地《ついじ》塀・筋塀・唐塀・大和塀などがある。築地は築泥《ついひじ》の語からの転用で、本来は土をつき固めたものとされる。実際には柱(須柱《すばしら》)を立て、板を芯にしてその上に土を塗り固め、上部に屋根を瓦で葺いて築造する。築地塀は、古くは有職《ゆうそく》の者のみに築造が許された。築地塀表面の漆喰《しっくい》の部分に定規筋《じょうぎすじ》という横筋をひいたものを筋塀とよび、この横筋の本数で格式を表わした。京都御所の塀は五本の定規筋をもち、最高の格式を示している。築地塀のうち、練り土に大小無数の瓦や礫を塗り込んだものを博多塀とよぶ。唐塀は、唐破風つきの屋根をもつ塀をいう。透《すかし》塀は塀の一部分を板あるいは格子によって見通しがきくようにしたもので、神社や霊廟建築に多く用いられる。大和塀は板塀の一種で、貫《ぬき》(横木)の表と裏に交互に堅板をはったものである。　↓垣《かき》

参考文献　荻野富雄『門と塀』(「新しい住宅写真双書」、一九七〇)、太田静六編『福岡県の民家とその周辺』、一九七三

(小口　千明)

へい　幣　⇩御幣《ごへい》

へいけでんせつ　平家伝説　源平合戦で敗れた平家一門にまつわる伝説。落ちのびる過程または平家の落武者が隠れ棲んだという山間僻地の村里に多い。平家伝説を伝えるところは全国に百余あり、著名な落人村が肥後五家荘(熊本県八代郡泉村)、日向椎葉山(宮崎県東臼杵郡椎葉村)、阿波祖谷郷(徳島県三好郡)、飛驒白川郷(岐阜県大野郡白川村)、下野栗山郷(栃木県塩谷郡栗山村)など卓越した僻絶にあるところから平家谷、ひいては平家谷伝説とよんでいる。安徳天皇はじめ平家一門の公達・武将たちは、史実では壇ノ浦の戦いで潰滅したとなっているが、伝説ではこれらの人物は生きのびたとされている。壇ノ浦で二位の尼に抱かれて入水したのは替え玉で、安徳天皇はそれより四国・九州および長門の各地を潜行して、大隅高山で六十八歳で死去したという(『鹿児島県神社帳』)。安徳天皇陵と伝える宗廟が西南日本に数多くある。それらの中から明治政府によって、長門下関の阿弥陀寺、薩摩硫黄島の御陵、対馬厳原《いずはら》の宗家廟、阿波祖谷山の剣山大権現が新たに参考地に指定されている。祖谷山の伝説によると安徳天皇に供奉して剣山の山懐祖谷山大枝に落ちのびた平国盛主従は一一八五年(寿永四)の大晦日を岩窟で過ごし、元旦に大枝の名主《みょうしゅ》を襲撃してその館を奪取し、その館に拠って再挙の日を待ったという。この国盛の子孫阿佐家には平家の赤旗と系図・宝刀が伝えられている。平家伝説がこれほどまでに全国に流布した理由には、貴人の没落流寓の語りをもち伝えた集団の国内移住などがあろう。落人村は、隔絶した山地にあって焼畑を含む畑作農耕を営むところから、焼畑の分布と重なる。

参考文献　柳田国男「史料としての伝説」(『柳田国男全集』四所収、一九六九)、同「伝説」(同七所収、一九九〇)、武田静澄『落人伝説の旅―平家谷秘話―』、一九六九

(石川純一郎)

べいじゅ　米寿　八十八歳の長寿の祝いのこと。米という字を分解すれば八十八になることに由来している。初誕生や七五三など、特定の年齢の者を対象にした年祝いは、日本人の重要な通過儀礼である。そうした中にあって六十一歳の還暦以降は長寿の祝いといった性格が強く、八十八の祝いは通常最後の長寿の祝いにあたり、親族や縁者などを招いて祝宴が催される。ことに学界や政界、

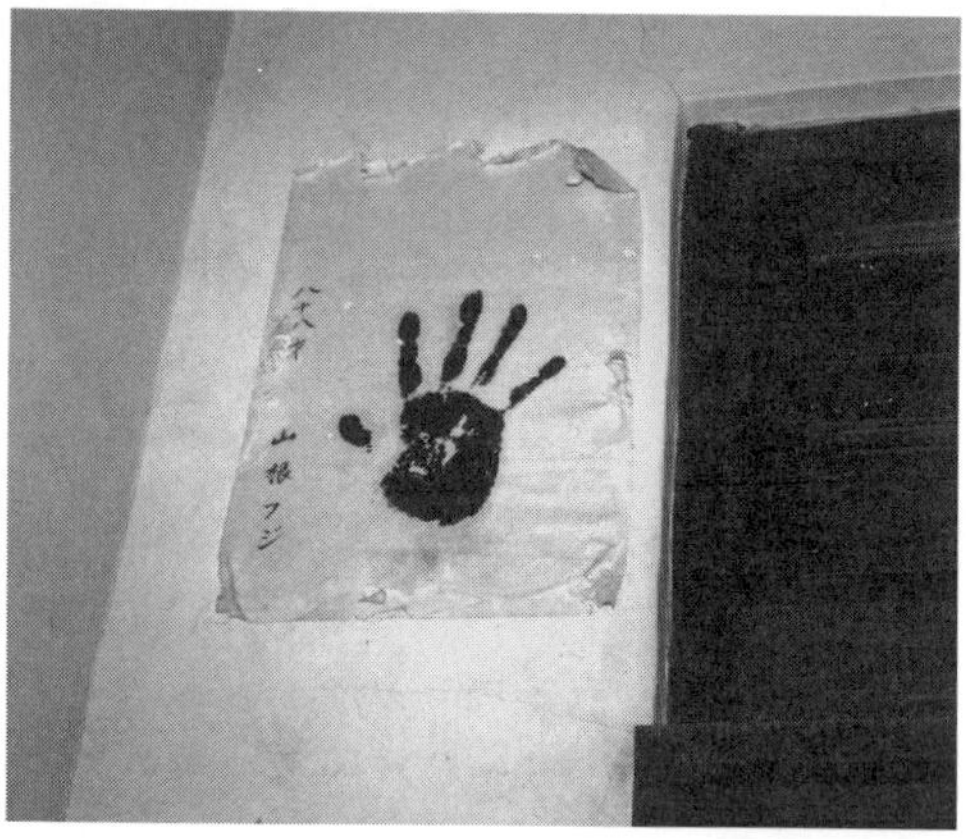
出入口に貼られた米寿の手形（奈良市元興寺付近）

実業界などの著名人に対しては、知人門弟が集い、記念出版や記念の祝賀が盛大に営まれることが多い。参会者には米寿にちなんで米をはかる枡の掻棒や火吹き竹を贈り、当人の長寿にあやかる民俗があった。鹿児島県加計呂麻島でも八十八の祝いを米寿の祝いともいうが、この祝いをする人は数少なく人生最後の祝いであると考えられてきた。旧暦の八月八日に村中を招待し、昼から祝いが行われる。祝いの供え物は、高膳にそろえた盛り塩・コンブ・干物・頭付きの魚。準備した料理はすべて招待客に配るが、白や赤の紙に包んだ白髪をすすめる。これは長寿の喜びを祝福し、さらに健康であることを祈願すると同時に、白髪の霊力にあやかるという意義があるという。また、枡と斗掻が配られるが、これは米寿の「米」にちなんだものとされる。なお、配られた手形を魔除けあるいは厄除けとして出入口などに貼付することは、各地でしばしばみられる。（佐々木　勝）

へいみん　平民　明治国家の設定した身分呼称。平民という言葉じたいは律令制の時代から存在したが、江戸時代の身分制度が明治維新によって廃止されるとともに、多く用いられるようになった。一八六九年（明治二）より華族・士族に対して、旧農工商身分のものが平民と族称され、戸籍にも記載された。一般庶民にとっては、農民と町人の差別がなくなったことを意味する。四民平等の政策によって生まれたところから、思想的にも、反権力・自由平等の象徴として、「平民主義」（徳富蘇峰）や『平民新聞』（堺利彦・西川光二郎）などに用いられ、一般庶民の代名詞となった。しかし旧えた・非人身分の人々は新平民と称され、差別されつづけた。一九一四年（大正三）の戸籍法改正とともに、平民の族称は廃止されている。柳田国男は、平民という用語を一九一〇年代から三〇年代にかけて多く使用した。平民の族称が廃止されたあとも使用している点が注目に値する。柳田は、一つは武士・貴族に対する平民、あるいは華族・士族に対する平民という身分概念として、一つは漂泊移動する非農耕民に対する定住農耕民の意味で使っていることが指摘されている。定住農耕民としての平民の語義は、常民とほぼ同じ。

参考文献　福田アジオ『柳田国男の民俗学』、一九九二
（藤井　隆至）

へいもん　閉門　屋敷への出入口を閉じて出入りを禁止する処罰。閉門・逼塞《ひっそく》・遠慮などは士分・僧侶に、戸締めは庶民に処せられた刑罰で、それぞれ異なる呼称で使い分けられていたという指摘がある。しかし、実際には村法にも閉門の事例がみられ厳密な区分けはしていないようである。下総国千葉郡野田村（千葉市緑区野田）の村法では、出火を起した者を三十日の閉門に処している。駿河国山之尻村（静岡県御殿場市）の名主日記には、村方へ不法した理由で、一人は入寺したところ、のちほど寺の仲裁によって罪を赦免された。しかし、もう一人は入寺しなかったために村役人から平門（閉門）に処せられてしまった。また、盗難事件が多発し、入札による犯人探索を行なったところ四人に札が入った。そこで二人は入寺した。入寺しない残りの二人は閉門を命じられ、「締切致し申付置」にされた。閉門の具体的内容はいま一つ不明であるが、門や戸を締め切りにして外出を禁止する処罰で、寺入と同程度の処罰の一種であったと考えられる。村八分にされた家の表口に青竹を十文字に張り渡した。これは閉門の印である。これに類したものとして玄関に太い綱を架ける慣行があった。いずれも一定の期間外出を禁じた制裁の一つである。閉門の期間は犯罪の程度などによって異なる。

参考文献　竹内利美「村の制裁（一）（二）」（『社会経済史学』八ノ六・七、一九三八）、佐藤孝之「近世の村と「入寺」「欠入」」（『地方史静岡』二三、一九九五）
（板橋　春夫）

ペウンタンケ　ペウンタンケ　アイヌ語で危急を知らせるウウォーイ、ウウォーイという叫び声のこと。一般に女の人が行うもので、女の高い声の方が神に聞こえやすいからだという。大地震・火事・事故があった時などに行う。危急の声を聞いた女性がつぎつぎと引き継いで遠くまで事件を知らせることもある。旭川では、水死した者を葬るときに、男はエムシ（刀）を、女はクワ（杖）をもって、神が注意を怠ったために、不幸な事件が起きたと神々に訴えるために大きな声を出す。（大島　稔）

ペーチン　親雲上　⇨筑登之《チクドゥン》・親雲上《ペーチン》

ペーロン　ペーロン　長崎を中心に行われる、櫂で漕ぐ舟競争。一五七〇年（元亀元）に長崎が開港されると中国船が多数やってくるようになり、開港後まもなくペーロンも中国から伝えられたものと推定されている。はじめは船足の早い細形の鯨船やインコロ船を使って行われていたが、のちに専用船が考案され、一九四〇年（昭和十五）ころから競漕を目的とした競技のため、現在の船型に定着したという。もっとも大きい船で長さ二八メートルもあったが、現在は長さ一三・五メートルに規制されている。乗組みは、二十八人の漕ぎ手とアカ汲みや舵取りなど三十三人である。五月の節供ごろから長崎市周辺の各地で始まり、地区予選を通過した代表が七月の最後の日曜日に長崎港で

県大会を行う。長崎市を中心に長崎（野母）半島、大村湾の一部、西彼杵半島に分布する。ペーロンは、江戸時代の初めから記録にみられる（『コックス日記』一六一七年（元和三）五月条）。その語源は劉竜の字をあて中国語からきたもので「ぱいろん」が転訛したといわれている。このペーロンには、中国の詩人屈原にまつわる伝承がついている。屈原は、世情を悲憤して汨羅《べきら》に入水したと記される人であるが、それを救おうとして付近の里人が早船を仕立てて捜したのがはじまりという。ペーロンに類する舟競争は中国南部から東南アジアまで広く分布する。長崎がそれらの土地と密接に結びついていた時期があったことを示す例でもある。→舟競争《ふなきょうそう》

参考文献　柴田恵司・高山久明「長崎ペーロンとその周辺」（『海事史研究』三八、一九八二）、白鳥一郎・秋山一編『沖縄船漕ぎ祭祀の民族学的研究』、一九九五

（立平　進）

へこおや　**へこ親**　成人儀礼に際して結ばれる擬制的親子関係における仮親の名称の一つ。同様の仮親は地方によって褌親、マワシ親、タフサギ親などともいう。九州地方では、ヘコは褌とともに腰巻をも意味し、ヘコ祝いに褌や腰巻を贈る者がヘコ親である。成人儀礼の際の仮親は、その子の後見役となることが期待されたが、実の親以外に親をとることで、いわゆる生まれ替わりを期待するという意味もあったのではないかと思われる。またそのような仮親が褌や腰巻などの下着を贈ることは、何らかの性的な役割を担っていたことも想像できる。長崎県では女子のヘコ祝いを特に盛大に行う風があり、女子は十三歳になると婚礼衣装を整えて氏神に参るが、その費用を調達するために、身代をつぶす者さえあったという。またこの祝いは十三皿割ともいい、この年には処女性を失ってもよいという伝承があった。また山口県周防大島では、男女とも十三歳になると旧正月にヘコ祝いが行われた。一般にその子の名付け親がヘコ親となり、男の子には六尺の白木綿、女の子には赤い腰巻が贈られる。その日は赤飯を炊いて近所の女性たちを招きふるまう。ヘコ祝いのすんだ男子は小若い衆とよばれるようになる。これはヘコ祝いすなわち初褌の祝いが半元服に相当する儀礼とされている例である。このようにヘコ祝いは、十三歳ごろに半元服にあたる儀礼を行い、のちに十五歳か十七歳ごろに改めて成人儀礼を行うという、いわゆる二段制成人儀礼の前段にあたる例が多く、十三歳という比較的若年齢でのヘコ祝いの本来的意味がうかがえる。→仮親《かりおや》　→擬制的親子関係《ぎせいてきおやこかんけい》　→元服親《げんぷくおや》

参考文献　瀬川清子『若者と娘をめぐる民俗』、一九七二、大間知篤三『通過儀礼その他』（「大間知篤三著作集」三、一九七六）

（八木　透）

べざいせん　**弁才船**　船体の基本をなす船底構造が丸木船のような刳船造の形式から、積載量を増すために幅広い舷側板（棚板）をつけて、一本水押《みよ》し・三階造・屋倉つきを特徴とする構造船への進歩をとげた廻船・商船のこと。べんざいせん、ともいう。弁才船は中世末に瀬戸内で開発され、近世に入って普及し、近世中期以降の海運の発展とともに主力となり、典型的な荷船・商船として一般化していった。この弁才船が近世中期より日本海海域でも使われだした。ベザイの語源は明らかではないが、近世では平在・舳在の字をあてている。その由来のなかで有力なのは、岡山藩の造船史料で「舳在」の字を用いていることである。舳は水押しのこと、舳が在るとはベザイ船の一本水押しの形式を指している。つまり同じ棚板造の構造船でも、二形船《ふたなりぶね》や伊勢船と異なって船首が一本水押してある点を強調し、そこに船型上の特徴を見出した。しかも基本的には一枚帆の横帆帆走専用船で、木綿帆を用い、漕ぐことを廃して乗組員を節約することができた。中世の船は筵帆ないし莫蓙帆で、帆走以外に気象条件によっては漕ぐことをした。そのため漕ぎ手としての乗組員が必要で、それが帆走専用となると乗組員を省力化することができた。その点で弁才船は経済性に富んだ商船としてふさわしい輸送船であった。近世では千石船ともいわれ、近世市場経済の発展とともに近世海運の主力として活躍した。菱垣廻船・樽廻船・北前船などは、典型的な弁才船であり、近世海運発展の原動力となっていった。→北前船《きたまえぶね》

参考文献　石井謙治『図説和船史話』（「図説日本海事史話叢書」一、一九八三）、安達裕之「近世における廻船の発達」（『講座日本技術の社会史』八所収、一九八五）、石井謙治『和船』一（「ものと人間の文化史」七六ノ一、一九九五）

（柚木　学）

へそくり　**へそくり**　家族員とくに女性の私的な貯えまたは内密の蓄え。糸紡ぎの余禄を蓄えたことに由来する語で、「綜麻《へそ》苧《お》（紡いだ麻糸を巻いたもの）繰り」の意とされる。語源的には内密の意味を含まないが、家長が管理する家計の抜け道として、主婦が自家用の穀物などを密かに売りさばいたり支出を節約して工面した隠し金を意味するようになり、臍繰りすなわち他人には見せぬ内懐の蓄えと考えられるようになった。個人的な使途にあてられる小遣い銭であり、現在のサラリーマン家庭では、家計を管理する主婦に対して夫が不時の収入をへそくりとして蓄える例もある。

（中込　睦子）

へそのお　**臍の緒**　胎児と母親とを繋いで胎児が成長するために必要な栄養などをおくっていた管。ヘソナ、フスなどとも呼ばれる。出産後の生児にとっては不要なものとなるので母親から切り離される。病院出産が一般的となった今日、処置は医師や助産婦がすべて行なってくれるが、自宅出産では、トリアゲババなどと呼ばれる経験を積んだ女性が処置にあたった。刃物を使って切ることを忌み、竹のヘラや葦や貝殻などを用いるのが一般的であった。あまり短く切ると子供が短気な子になるとか、小便が近い、短命であるなどといい、長く残して切ると長命であるなどといった。生児の体に残された臍の緒は、

一週間くらいの間に自然に落ちるが、落ちた臍の緒は真綿や和紙に包んで水引をかけ、生年月日を書いて大切に保管し、本人が亡くなったとき棺桶の中に入れてやるとか、母親が亡くなったときに棺の中に入れてもっていってもらうものだというところが多い。臍の緒を首にかけて生まれた子をケサゴなどといい偉い人になるといったり、臍の緒の取り扱いいかんによって子供の出世に関わるとか、大病をしたときに臍の緒を削って飲ませると治るとか、家出したときに家に臍の緒が保管してあれば必ず戻ってくるなど、さまざまな伝承がある。臍の緒は単に胎児と母親を繋いでいた管というだけでなく、胞衣と同じように胎児の身体や霊魂の一部とみなしていたことがうかがえる。→胞衣《えな》 →出産《しゅっさん》

参考文献 大藤ゆき『児やらい』(「民俗民芸双書」、一九六八)　(倉石あつ子)

べっか 別火 神祭や葬儀など非日常的な場で、社会的連帯を断ち切るために、新たに鑽《き》りだした火で行事をすすめたり、供物や食物を調理すること。これを別火とか忌火ともいう。この聖なる火は、清浄な童や童女によって管理される例もある。伊勢神宮に奉仕する火炬や、阿蘇霜宮神社の秋祭を前にして、二ヵ月間を火焚小屋に籠って火をたき続ける火焚乙女はその一例である。葬送に際し、枕飯を日常使う火と分けて調理するのは、死者と生者は別の世界に属すことを示す行為で、古代の黄泉戸《よもつへ》喫《ぐい》も同じ思想であろう。産婦が産室ですごす期間は、食物を産室用の食器に移し替えるのも火を分ける行為である。平安時代後期の『江家次第』によると、神事ごとに新たに鑽りだす火を忌火といい、宮中では六月、十一月、十二月一日に忌火御飯《いみびごはん》が供される。奈良県の大神神社《おおみわじんじゃ》では、元日の繞道祭《にょうどうさい》には忌火を鑽りだし、近郷の者が火縄に火を移して持ち帰る。京都の八坂神社では、十二月二十八日に浄火を鑽り、晦日にこの火で白朮《おけら》祭の神饌を調理し、氏子はこの火を火縄にうけて元日の雑煮を炊く。大阪の住吉大社では夏越の大祓えに火替神事を行なっていた。出雲の国造家には、住宅とは別棟のお火所があり、国造だけはこの別火で調理した食物を食べた。また新嘗会や世代交替の火継ぎ神事では、新たに鑽りだした火で供物が作られ、国造もこれを食した。神事には別火役が国造を補佐し、お火所には裸で神事に携わるお火所役人がいた。　(上井 久義)

べっかんこ べっかんこ 指で下まぶたを引き下げ赤目を見せて拒否やいたずら、からかいの気持ちを表わすしぐさ。子どもたちの間で広く行われてきた。赤目を見せると同時に舌を出すことも多い。古くはメカカウ、目赤子とも称し、子どもを脅かす場合にも用いられた。『大鏡』の華山院について書かれた箇所に、「筍《たかんな》の皮を男のおよびごとに入れて、めかこして稚児をおどせば、顔あかめてゆゆしう怖ぢたるかな」とあり、男が筍の皮をそれぞれの指に付けて化け物に扮し、「めかこ(メカカウ)」をして子どもを脅したようすが語られている。このメカカウという言葉が時代を経る中でベカコー、ベカ、ベカンコ、ベッカンコと変化したものと考えられる。和歌山県ではベカコ、隠岐島でガガマというが、これらは化け物という意味も持っている。赤目を出して化け物の真似をすることで自分たちの仲間ではないことを示し、拒否の意思表示としたものだろう。またアカンベ、アカベ、アカンベエともいい、このしぐさをする際にも口にする言葉であるが、これは赤目から変化したものである。仙台ではアカーメ、新潟県中蒲原郡ではアカメとかアカチャカメーといい、メの部分を強く発音して拒否の意を示す。長野県佐久地方ではアカ(ン)メロン、メロンカンなどという。愛媛県松山ではアカチャカベエロといい、アカで下まぶたを引いてベエロで舌を出す。舌を出すという行為も拒否や侮辱を表わすものである。

参考文献 酒井欣『日本遊戯史』、一九三三、前田勇『児戯叢考』、一九四四　(高橋 典子)

べっけ 別家 分家の一種。学術用語としては非親族の奉公人分家をさす。民俗語彙としては同族を構成する分家を親族分家と非親族の奉公人分家・雇人分家に区分した場合の後者の呼称。京都の商家の事例では親族分家は分家、奉公人・雇人分家は別家と呼ばれる。別家には店持ち別家だけでなく本家の店に通う通い別家も含まれる。農家における別家の名称は東北地方に広く分布し、岩手県二戸郡荒沢村石神(安代町)の事例では別家は親族分家の呼称である。

参考文献 中野卓『商家同族団の研究』、一九六四、有賀喜左衛門『大家族制度と名子制度―南部二戸郡石神村における―』(「有賀喜左衛門著作集」三、一九六七)　(古川 彰)

べっしょ 別所 僧や聖の修行・終焉の場として本寺から離れた空閑地に開かれた宗教施設。平安時代後期には顕密仏教寺院の世俗化が進む一方、それにあきたらない遁世聖が多く現われたが、これらの聖は人里離れた地を選んで同朋や弟子と居住し、そこに設けられた往生院で死を迎えた。法然が一時居住した延暦寺西塔の黒谷、融通念仏を創始した良忍が開いた大原、東大寺系の聖が集まった光明山別所など、十一世紀前半より畿内から西国にかけて多く作られた。南山城当尾《とうのお》の小田原別所に住んだ興福寺系聖の教懐は十一世紀後半に高野山に移って別所(東別所)を作り、現在も高野山に小田原谷の地名を残す。高野山の別所聖は一〇八八年(寛治二)の白河法皇の高野詣の時までには大集団をなした。東大寺の別所光明山にいた明遍は高野山の蓮華谷に隠棲し、後世には高野聖の一派蓮華谷聖の祖と仰がれた。中世には説経『かるかや』や御伽草子『三人法師』など、聖の語り物から発生した作品が知られる。兵庫県小野市の浄土寺は東大寺再建の勧進僧俊乗房重源が再建料所として拝領した大部荘内に作られた播磨別所を起源とするが、別所の多くは中世には大寺の末寺や近隣寺院の子院となり、通常の寺

院となった。なお、十七世紀初めの『日葡辞書』は別所を「墓所《はかどころ》 Facadocoro」と定義している。平安時代末期から各地で作られる共同墓地は経塚の造営が起点となるものが多いが、経塚の中には山形県南陽市の別所山経塚のように別所との関係が想定されるものがあるので、空閑地に作られ往生の場でもあった別所は共同墓地の造営と関わっていたかもしれない。

参考文献 高木豊『平安時代法華仏教史研究』、一九七三、五来重『高野聖(増補)』(『角川選書』七九、一九七五)、黒田俊雄『寺社勢力—もう一つの中世社会—』(『岩波新書』黄一一七、一九八〇) (勝田 至)

べつちょうば 別帳場 葬儀に際して、葬家とは別に、他出した者が帳場を立てて香典を貰い受ける習俗。これは福島県南部から関東、中部地方に及ぶ習俗であり、福島県石川郡では葬家へのホンギリ、モトギリに対してコギリといい、八溝山系を中心とする栃木県下にもオヤシマイ習俗に伴って別帳場が立てられる。山梨県では北巨摩郡でツケミマイ、ツケジンギと呼び、別帳場に差し出す。同県南都留郡でも同様に別帳場が立てられる。ここでは親の葬儀を主催するのはその跡を取るもの、おもにソウリョウ(惣領)がとるばかりでなく、その近隣に居住して、一軒前のつきあいをしている家であれば葬家とともに施主となる。他家に嫁いだ故人の娘も同様に施主となるが、この場合は夫の名前で帳場を出し、それをシュウトの帳場、その香典帳をシュウト帳面という。葬家や分家の香典は一部、あるいは全額を一緒にして葬儀が執行される。差し出された別帳場の香典を栃木県ではオテツダイ金といい、見舞金としてとらえ、香典と認識していないところもある。オヤシマイや位牌分けの習俗を理解するための指標になるのが別帳場の存在であろう。いずれにしても、男女の別なくすべての子どもが葬家に準ずる資格で親の葬儀にあずかるところが重要な点であろう。 →オヤシマイ

参考文献 大島建彦「コギリの問題」(『西郊民俗』六九、一九七五)、小松俊雄「オヤシマイ習俗—栃木県の八溝山系を中心に—」(『日本民俗学』一四五、一九八三)、堀内真「山梨県下のオヤシマイ・シュウトトムライ」(『信濃』三七ノ五、一九八五)、影山正美「北巨摩地方の葬送習俗—位牌分け・別帳場・女衆の仁義を中心に—」(『甲斐路』七七、一九九三)、関沢まゆみ「北巨摩柳沢の位牌分けと別帳場」(『日本民俗学』二〇四、一九九五) (堀内 真)

ヘッツイ ヘッツイ ⇨竈《かまど》

べっとうじ 別当寺 別当職のおかれた神社に付属する寺院。なかには正式ではなく社僧が自称しているだけのものもあり、神宮寺や宮寺などの呼称ともなっている。これは、神仏習合の過程で成立した仏事をもって神社に奉仕する寺であり、近世に至ると主な神社には寺院が付属することになったが、そこには広く別当がおかれた。機能としては、氏子の祈願に応じて『大般若経』などを勤行し、護摩を焚き、その息災を祈願するなど、産土鎮護の祈禱寺として地域の氏子に接する。それ故、このような寺が天台宗や真言宗寺院に多い点は神宮寺とほとんど違いはみられない。このように、近世までは隠然たる勢力をもって地域社会の祭祀に深くかかわってきたわけであるが、明治維新の神仏分離令により、このような寺院は別当寺の地位から追われて廃寺となったり、独立してもその維持のため、従来の祈禱や読経とともに、本来は一切関与することのなかった葬儀や法事の導師を務めるようになった事例が多い。 →神宮寺《じんぐうじ》 →宮寺《みやでら》

参考文献 辻善之助『日本仏教史之研究』、一九一九、桜井徳太郎『神仏交渉史の研究』(『桜井徳太郎著作集』二、一九八七)、竹田聴洲『近世村落の社寺と神仏習合—丹波山国郷—』(『竹田聴洲著作集』四、一九九七) (政岡 伸洋)

べっぷ 別符 古代・中世の国衙領での徴税単位の一つ。平安時代中期に国衙領の田地は名《みょう》(負名《ふみょう》)という徴税単位に編成されたが、十一世紀になると通常の名とは別に、郡や郷の収納所を通さない徴税単位が現われ、別の徴符で徴税する意味から別符、あるいは別名といった。九州では別符と称するところが多く、大分県別府市の語源も中世の別符にある。その成立は、在庁官人や郡司などの有力者が開発した私領を一般国衙領と別の所領単位として認めさせ、在地領主制の起源となったとする説、官物未進のため没収された名が在庁官人の所領と化したとする説などがある。 →名《みょう》

参考文献 大山喬平『日本中世農村史の研究』、一九七八、網野善彦・石井進・稲垣泰彦他編『荘園入門』(『講座日本荘園史』一、一九八九) (勝田 至)

べに 紅 紅花から抽出した赤色の色素。化粧品として使われるほか、布や紙の染色用や食品の着色料として用いられてきた。紅花はエジプトまたは中近東が原産といわれるキク科の植物で葉にはトゲがあり、初夏に橙黄色のアザミに似た花が咲く。この花には赤と黄の二色の色素が含まれているため、紅を得るためには水溶性の黄色素を取り除いてから、灰汁などのアルカリ液を加えて紅色素を抽出しなければならない。化粧用としての紅の利用は古く、中国では古代から使われており燕国が紅の産地であったことから燕脂《べに》と呼ばれた。日本へは七世紀初頭に高麗から伝来したといわれ、中国(呉国)から来た染料ということで呉藍《くれない》とも呼ばれる。当初は大陸の化粧を模して額や眼元また口の両側に紅をつけたが、平安時代以降は主に頬紅として使われた。江戸後期になって口紅が一般の化粧法として広まると、紅の生産も最盛期をむかえた。特に最上川周辺は上質の紅花の産地として知られる。産地では摘みとった花を水洗いしてから発酵させ、臼でついてダンゴ状にし、自然乾燥させて紅餅と呼ばれる半加工品にして出荷した。京都に多くあった紅屋ではアルカリ液を使って紅餅から紅色素を抽出し、酸を加えて麻糸に染め付ける作業を繰り返して紅分を沈殿させ小

町紅と呼ばれる上質の紅を作り、紅皿・紅猪口・紅板などの容器に塗り付けて販売した。特に、寒中の丑の日の紅は薬効があるとされ、素焼きの小さな牛が景品につけられた。 ↓ベニバナ

参考文献 沢田亀之助編『紅―伊勢半百七十年史―』、一九五九、久下司『化粧』(「ものと人間の文化史」四、一九七〇)、ポーラ文化研究所編『日本の化粧―道具と心模様―』(「ポーラ文化研究所コレクション」二、一九八九)

(原 礼子)

べにざらかけざら 紅皿欠皿 ⇩糠福米福《ぬかふくこめふく》

ベニバナ ベニバナ キク科の一年草。小アジア、またはエジプトを原産地とする。日本へは六世紀ごろ、中国・朝鮮を経て伝来したとされ、古くから染料・化粧料・薬用として、また、悪霊から身を守る呪術的なものとして使用された。古代から近世を通じて、諸国で栽培されたが、近世においては、出羽国最上地方(山形県村山地方)産のものが良質とされ、量的にも他を圧倒して多く生産され、最上千駄の名で称揚された。四月上旬に種子を蒔き、七月上旬から花を摘む。ベニバナはアザミに似て葉や苞《ほう》に鋭い棘があるから朝露のあるうちに摘む。摘んだ花を生花《なまばな》というが、これはサンベ(仲買人)に売るか、または山形・上山・天童・谷地(いずれも村山地方の町場)で開かれる花市に売り出す。買い入れた商人は人を雇い、生花を水で洗って花に含まれている黄色の色素を除き(花振り)、花蒸籠に入れて二、三日発酵させる(花寝せ)。これを半切盥《たらい》に入れ、揉むか踏むかして粘り気を出す。これを千切り、小判状に薄くのばし、天日で乾かす。これを花餅といい、紙袋に入れ梱包して、その多くを最上川を下し、西廻り海運によって京都に移出した。京都では京染・食紅・口紅などの原料として、一駄(一二〇キロ)平均四十～六十両、値のよいときは百四十両もの高価で売買された。紅花商人は、その帰り荷として上方の古手(古着)・繰綿・陶器・塩・工芸品を当地方にもたらして巨利を得た。明治に入り、ベニバナは化学染料に押され衰退した。

ベ ニ バ ナ

参考文献 今田信一「最上紅花資料」(『日本常民文化研究所彙報』五七所収、一九四二)、同『最上紅花史の研究』、一九七二、大友義助「最上紅花」(『日本民俗文化大系』一四所収、一九八六)

(大友 義助)

ヘネップ Gennep, Arnold van 一八七三―一九五七 ファン＝ヘネップ、またヴァン＝ジェネップとも。フランスの民俗学・民族学者。ドイツのルートヴィッヒスベルク生まれ。父はフランス系ドイツ人、母はオランダ人。六歳の時、父と離婚した母に伴われてフランスに移り、数年後、母の再婚相手である医師の職場があるフランス東部のサヴォワ地方に住む。パリの国立高等学術研究院で、一般言語学やエジプト学などを学んだ彼は、ポーランドでフランス語教師をしたのち、フランスに戻って農業省の首席翻訳官を務める(一九〇一―〇八)。一九一二年からは、スイスのヌーシャテル大学で民族誌学を講じ、同時に、同市の民族博物館副館長も兼務するが、一九一五年に双方の任を解かれて以降、生涯公職につくことはなかった。多言語に精通していた彼は、まず文献研究によってマダガスカルのトーテミズムや、オーストラリアの神話伝承の著書を発表する。だが、民族学者としての彼の名声を揺るぎないものとしたのは、民族誌学・社会学誌の編集長をしていた一九〇九年の刊行になる、『通過儀礼』だった。成年式や入社式における通過儀礼の象徴的、社会的意味とメカニズムを、分離―移行―再統合の継続相から解いた彼の理論は、ターナー Turner, V.らの再評価・再解釈もあって、今もなお文化人類学(民族学)や民俗学の基本概念となっている。一九二〇年より、彼はフランス国内の民俗文化に関心を移し、三七年から、長年の現地調査や文献渉猟に基づいて、大著『現代フランス民俗入門』の刊行を始める。五八年、未完のまま九巻で終わったものの、全土を網羅したその詳細な叙述は、フランス民俗学の金字塔とされている。

参考文献 Nicole Belmont: Arnold Van Gennep, créateur de l'ethnographie française (1974).

(蔵持不三也)

ベネディクト Benedict, Ruth Fulton 一八八七―一九四八 文化の型・国民性研究に独自の理論を展開したアメリカの女性文化人類学者。『菊と刀』による日本文化論でも名高い。母子家庭で苦労して育ち、女学校で英語教師をするかたわら詩人でもあったが、三十二歳で人類学を志し、コロンビア大学でボアズ Boas, Franz に師事、やがてその右腕となる。文化伝播研究が隆盛のころに心理人類学の方向を目指し、北米インディアンの宗教・神話の研究を推進しながら、ディルタイ、ニーチェ、ゲシュタルト心理学の成果をも取り入れて独自の文化統合論を打ち立てた。各民族の文化は独自の主導的動因(ドライブ)をもち、それを核として歴史的に独自の統合体に構造化されてきて個性的存在となる。この論は主著『文化の型』Patterns of Culture (1934)として世に出、大きな影響力をもった。北米インディアンの多くは激情的、攻撃的特

性をもつディオニゾス型文化をもつのに反し、プエブロ＝インディアン諸族は節度と秩序・協調を特質とするアポロ型文化をもつとした。日米戦争時に実施された日本文化研究は『菊と刀』The Chrysanthemum and the Sword: Patterns of Japanese Culture (1946) として公刊され、国際的ベストセラーとなった。日本文化は恩・忠・義理・名誉を核とした「恥の文化」として、欧米の「罪の文化」に相対して論じられ、賛否両論の大きな反響を生んだ。その極端な国民性論は民族の文化を一枚岩に見るとの批判を受けている。コロンビア大学では学内の大きな抵抗のなかで女性初の教授となった。なお、米山俊直訳『文化の型』(一九七三)、長谷川松治訳『菊と刀―日本文化の型―』(一九四八)がある。

参考文献 M・ミード『ルース・ベネディクト―その肖像と作品―』(松園万亀雄訳、一九七七)
(前山 隆)

へび 蛇 蛇が非常に古くから日本列島において信仰の対象になっていたことは疑いない。縄文時代中期に、蛇を頭に巻きつけた女性の土偶が出現した。そののち蛇信仰は多様に発展し、この動物は山の神・水神・農耕神・死霊の象徴として崇拝され、あるいは畏怖された。蛇＝死霊観は仏教の六道輪廻説と習合し、軽微な罪を犯し死後に生まれ変わる動物として、蛇が指定されることが多い。現代の民俗においても、蛇は多方面で活躍する。大和大神神社の祭神は大物主であるが、『日本書紀』ではこの神は蛇の姿をとって示現するとされており、古代において大物主が蛇形の三輪山神であったことは間違いない。現在でも境内にある古杉の洞に住む青大将が、神使としてていねいに保護されている。『稲荷大明神流記』(十四世紀)は、稲荷山に狐が入る前は竜頭太という神がここで田を耕していた、と記す。つまり古くは、稲荷山の神は竜・蛇の姿の水田農耕神であったことが示唆される。現在農耕神としての蛇は、各地で藁蛇として残った。白石昭臣によると、山陰地方の荒神・大元神の祭に際しては、男根を持った巨大な藁蛇が氏神社の境内の神木に巻きつけられる。この藁蛇は、農作の成功を保証するとともに、中有に留まる死霊を祖霊に弔いあげる媒介ともされた。白石はまた、藁蛇の祭が焼畑農耕を基盤にして成立したと主張する。歴史のある時期に、一方では山の神から焼畑農耕神が派生し、他方では山の神の機能の一つである水の制御が農耕に結びついた。かくて蛇は、水田稲作の神としても力を発揮するに至る。藁蛇の材料は、もちろん稲である。水神としての蛇は、現在では弁財天の従者の蛇や宇賀神に造形される。もともとの宇賀神は穀霊であり、蛇の要素をひめていた。この神が中世以後、弁財天と習合して各地に流行し、安芸厳島・相模江の島・武蔵井の頭など海辺または川池のほとりにまつられた。弁財天と習合した宇賀神は、女神と蛇によって構成される場合もあるし、老翁の顔を持つ単独の蛇の例もある。弁財天の縁日は己巳の日であり、巳待ともよぶ。怨霊が蛇の姿で出現することは、『北野天神縁起』(十二世紀末)の菅原道真の怨霊が蛇の姿で現われる説話などから、うかがい知ることができる。もともと蛇神は祟りやすい神であったが、これが怨霊への恐怖と結びつき、やがて蛇は悪性の憑物とみなされるようになった。中国・四国地方の憑物筋の家が飼育して人に憑けるという迷信のトウビョウは、蛇とされる。大陸の蛇蠱の影響も否定できないが、日本の蛇・死霊信仰の伝統を引いているのだろう。昔話においては「蛇聟」「蛇女房」が有名である。いずれにおいても蛇は池・沼などに住み、特に水乞い型の「蛇聟」においては、蛇が田の水引きを助けることに注目しなければならない。

参考文献 白石昭臣『日本人と祖霊信仰』(「日本の民俗学シリーズ」三、一九七七)、石上七鞘『水の伝承』、一九七九、吉野裕子『蛇―日本の蛇信仰―』(「ものと人間の文化史」三二、一九七九)、阿部真司『蛇神伝承論序説』、一九八二、中村禎里『日本人の動物観』、一九八四
(中村 禎里)

へびにょうぼう 蛇女房 蛇が人間の男の妻になる昔話で、ほぼ全国的に分布している。男のもとに蛇である女がやってきて妻になる。子を産むところは見ないようにいわれるが、男がのぞくと蛇が子を抱いている。姿を見られた妻は去っていくときに、子が泣いたらしゃぶらせてくれと自分の目玉をおいていく。その目玉を殿様にとられてしまい、困った夫が池で妻を呼びもう片方の目をもらう。妻は、これで私は目が見えなくなったので、どうか朝晩鐘を突いてくれと頼む。それで寺で鐘を突くようになったという話である。各地の池や沼と結びついて、東北地方では三井寺の鐘の由来となっている話が多い。また、殿様が目玉を取ってしまったことに蛇が怒り、大水をだしたと語る話もある。特に西南日本では島原の大地震に結びついており、水を支配する神としての蛇が語られている。のちに蛇の子どもが大人物になったと語る話も伝わっている。中世の『田村の草紙』も、蛇の子がのちに俊仁将軍となった話である。古くは記紀の豊玉姫の話がある。子を産んでいるところを見たらワニだったという話で、妻は元つ国(海)に去っていく。世界的にも、沐浴している姿をみられた妻(竜・スッポンなど)が去っていく話が数多く伝わっている。折口信夫は妻の秘密の信仰と妻のトーテムである動物の姿が重ね合わされて話が成立したとした。目玉を子のために与える母の情愛が語られているのは、盲目の瞽女《ごぜ》が話に関与したからと考えられる。

参考文献 柳田国男「米倉法師」(『柳田国男全集』一〇所収、一九九〇)、折口信夫「信太妻の話」(『折口信夫全集』二所収、一九六五)、松前健「豊玉姫神話の信仰的基盤と蛇女房譚」(『季刊文学・語学』六一、一九七二)、関敬吾『昔話の歴史』(「関敬吾著作集」二、一九八二)
(長野ふさ子)

へびむこいり 蛇聟入り 蛇と人間の娘との結婚を語る昔話。苧環型と水乞型がある。前者は、娘のところへ見

知らぬ男が通ってくる。母親は男の正体を突き止めるため、男の着物の裾に糸を通した針を刺すように助言する。翌朝、糸をたどっていくと、岩穴に行き着く。中から、「自分は死んでも、娘の体に子種が宿っているからいい」「だが、菖蒲湯につかれば子どもはおりてしまう」という蛇の話し声が聞こえる。娘は菖蒲湯につかり、蛇の子をおろす。結末で菖蒲湯や菊酒など、年中行事の由来が語られる。『古事記』の三輪山神話では、男の正体は三輪山の神だったとされる。新潟の「五十嵐小文治」など地方の旧家に伝わる伝説では、蛇との間に生まれた子の活躍が語られ、脇の下に鱗があるなどと語られる。水乞型では、父親が日照りで困り、「田に水を引いてくれた者に娘をやる」というと、蛇が現われて田に水を入れる。姉娘たちは父親の話を聞いて怒るが、末娘は承知し、嫁入り道具にひょうたんと針をもらって嫁に行く。沼に着き、針を刺したひょうたんを水中に投げ入れ、蛇にこれを水中に沈めてくれというと、蛇は沈めようとしてもがき、針が刺さって死ぬ。伝説としては、蛇のところへ嫁入りした娘が里帰りしたときに家族に寝姿を見られ、二度と姿を見せなくなったとする話が各地にある。

（斎藤　君子）

参考文献　関敬吾『昔話と笑話』(『民俗民芸双書』、一九六六)、斎藤君子「蛇聟昔話を考える」(『民話の手帖』五、一九八〇)

へひりばなし　屁ひり話　屁の力による怪我の功名を誇張して語る笑話群。「雁取り屁」では爺がそば餅を食いすぎ、尻に栓をして寝る。屁で飛んだ栓が雁にあたり、雁汁にして食う。隣の婆がまねて爺にそば餅を食わせ、尻に栓をして寝る。屁で飛んだ栓が婆にあたり死ぬ。「屁ひり嫁」(へやの起り)では、姑を屁で飛ばして離縁された嫁が、屁の力によって米・織物・魚などを得て復縁する。嫁のために頑丈な小屋(屁屋)を建て幸せに暮らす。『日本昔話大成』では「三人屁」、『日本昔話通観』では「泥棒と屁」をさらに誰だら屁型とぶてぶて型に分けている。前者は、役立たずの屁こきが金持ちの家に倉庫番としてやとわれる。「誰だら誰だら」と屁をこいて泥棒を逃げ出させ、主人にほうびをもらう。後者は、三人兄弟の屁こきの家に泥棒が入る。三人が「ヌスビトン、ソイツン、ブテブテ」と屁をこき、泥棒を逃げ出させる。これらの話は全国的に広く分布しているが、屁ひり芸人や座頭など下級宗教者によってもたらされ、語りの場でさらに、誇張・発展していったものと思われる。放屁によって功名を得る昔話には「屁ひり爺」「鳥呑み爺」「竹伐爺」の系統があるが、「麦粉屁」「屁の悲劇」「屁の問答」「屁ひりくらべ」「にぎり屁の命」「屁をにぎる」「仁王か」(匂うか)なども広義の屁ひり話としてとらえられる。類話は江戸小咄本にもみえ、落語の「転矢気」は知ったかぶりの滑稽譚になっている。

（米屋　陽一）

参考文献　臼田甚五郎「昔話叙説―屁ひり爺その他―」(『臼田甚五郎著作集』五所収、一九九五)

へペレアイ　へペレアイ　アイヌ語で花矢のこと。エペレアイなどともいう。ヘペレ、エペレは子熊を指していて、アイは矢である。飼育した子熊への土産として作られ、鏃の部分(長さ一〇～一五センチ、直径二センチ平均の円錐形)の表面には、美しい模様が彫刻されている。そのために花矢という名称が与えられた。へペレアイは、ヒグマに限らず主要な陸獣や鳥類への霊魂送りの土産物として使われるが本数が動物によって異なり、最も多いのは、ヒグマである。彫刻は多様であるが、中でも重要な花矢は、飼育した家の家紋を刻んだものであり、送りの当主やその子だけが射る。射られた花矢は、儀礼の土産・祝いの縁起物として争って拾い合う。

（藤村　久和）

へらわたし　へら渡し　家庭内で主婦が管掌する権限を次代の主婦に譲り渡すこと。シャクシワタシ、シャモジワタシ、ホンワタシなどともいう。主婦に付与された権限は主として家庭内の消費生活に関わる部分全般に及んでいるが、とりわけ毎日の食物の管理・調整・分配は重要な仕事とされ、ヘラ、シャモジは食物を分配する主婦の象徴と考えられ、東北地方では主婦そのものをヘラトリと呼んだ。ヘラトリは一家に一人であり、姑と嫁が主婦として併存することはなく、嫁はヘラが渡されるまで姑の監督下で主婦見習い期間を過ごした。ヘラが渡される時期は夫が家長権を譲渡されると同時、死に譲り、部分的に徐々に、などさまざまであるが、隠居複世帯制のみられる地域では、嫁が婚家に引き移ると同時に主婦権の譲渡が行われる。へら渡しには、多少の儀礼的な作法を伴うこともあった。たとえば、長野県北安曇郡では、年取の晩に杓子を鍋蓋の上に載せ、手拭一筋を添えて渡したし、岩手県遠野地方では鍋の蓋に大小の二本のヘラを並べて持ち出し、大きなヘラで炉の鉤端を叩いてから鍋の上に置き、両手で嫁の方に押しやった。岐阜県大野郡白川村では家族一同が年取の膳についたときを見計らい、姑が「アネ、みんなのご飯もらっしゃい」といって嫁に飯を盛らせることにより、主婦権が引き継がれたことになった。年取の晩という特別の日に、ヘラ渡しをすることにより主婦は隠居し嫁は主婦となることを誓うと同時に、家族にも確認された。山口県阿武郡などでは小さな披露の宴が開かれ、ヘラの譲渡が行われたことを家族員以外の人々にも公にされた。ヘラの譲渡に伴い新旧主婦の囲炉裏の座や寝室をも交替し、以後姑も主婦である嫁の裁量に従うことになった。→主婦権《しゅふけん》

（倉石あつ子）

参考文献　柳田国男「家閑談」(『柳田国男全集』一二所収、一九九〇)、瀬川清子『しきたりの中の女』、一九六〇)

ベンガラ　ベンガラ　赤色顔料の一つで、主成分は酸化鉄(Fe_2O_3)。弁柄とも書き、紅殻《べにがら》ともいう。もともとインドのベンガル地方に産する鉄分の多い赤色土をさし、それが語源となっている。赤色顔料としての歴史は、朱(赤色硫化水銀)や鉛丹よりも古い。日本では縄文時代以

来、赤色漆や土器の色彩材料・絵具や建築材の塗料などに広く使用され、今日に至っている。古くは、天然に産出する赤鉄鉱(中国広州産の赭石や国内奥州津軽・肥前大村産を良品とする)や赤色土を細かく砕いた天然ベンガラが用いられていた。江戸時代には、鉄屑を焼いて作る(鉄屑の錆に塩水や温泉水を加えて培煎する)鉄丹や、磁硫鉄鉱の風化生成物である緑礬(ローハともいう)を六〇〇〜七〇〇度の低温で培煎して水で漉す礬紅などの人造ベンガラの生産が盛んになった。特に中国で五代時代(九〇六—七〇)に生産が始まったとされる緑礬を用いた人造ベンガラは、天然ベンガラや鉄丹に比較しても赤味が鮮やかである。さらに、加熱温度や水で漉す方法などの技術で、いろいろな赤味も容易に作れるため、その後のベンガラの主流を占めるようになった。江戸時代中期以降、備中国成羽郡吹屋村(岡山県川上郡成羽町)などでは、幕府主導によるこれら人造ベンガラの大量生産化が確立し、廉価なベンガラが大量に市場へ供給されるようになった。それまでの社寺建築ばかりでなく、ベンガラ格子に代表されるような江戸時代以降の一般民家の建築塗料として使われ、今日でも中仙道の奈良井宿・妻籠宿や備中吹屋などの伝統的建造物群保存地区の家屋、京都・奈良・金沢などの町屋建築にその名残がみられる。また、春慶塗の木地染めや赤色漆器など各地の日用生活什器にベンガラが多用されるようになるのはこのためである。

[参考文献] 北野信彦「文献史料からみた赤色系漆に使用するベンガラの製法について」(『古文化財の科学』三九、一九九四)、北野信彦・肥塚隆保「近世におけるベンガラの製法に関する復元的実験」(『文化財保存修復学会誌』四〇、一九九六)　(北野　信彦)

べんけい　弁慶　源義経の腹心の郎従。『平家物語』『吾妻鏡』に実在の人物として登場するが、一般に流布する弁慶像は、伝説的色彩を強く帯びている。紀伊熊野の別当弁せう(弁心)と都の大納言の娘との間にできた子(『義経記』『弁慶物語』など)という説と、出雲枕木山で天狗と紀州田那辺《たなべ》の誕像《たんぞう》の娘との間に誕生した(『弁慶願書』『出雲鍬』など)という説がある。胎内に十八ヵ月、あるいは三年三月おり、鬼子として生まれたために、山中や島に遺棄される。近江・山城国境の比叡山へ修行に出されるが、乱暴のあまり山を追われ、みずから武蔵坊弁慶と名のり、諸国修行に出かける。播磨の書写山で暴れた後で京へ戻り、五条大橋で義経に挑み、敗れて主従の盟約をかわし、その後忠臣として終生義経と行動をともにする。以上は物語草子などにみえる弁慶であるが、義経に出逢う前の鬼子としての荒ぶるイメージと、その後の忠臣としての活躍ぶりとは対照的である。民間の伝説では、弁慶の足跡石、弁慶の持ち上げた、あるいは投げた石や岩、腰掛石・手形石など岩石にまつわるものが最も多い。続いて衣や刀・笈《おい》などを掛けた木、投げたりねじ曲げた松・桜など樹木に関するものや、背負ってきた山、長刀の柄で湧出させた清水などがある。民俗的想像力の弁慶は、巨人伝説の傾向が強い。それは鬼子という荒ぶる神の属性を、本来備えているからであろう。一方英雄豪傑としての弁慶は義経とともに、歴史的に形成されていったと思われる。その推進に、熊野の修験や巫女、五条天神の陰陽師、さらには鍛冶師などの関与が説かれる。

[参考文献] 志田元「弁慶伝説小考」(日本文学研究資料刊行会編『日本の古典と口承文芸』所収、一九八三)、中瀬喜陽『説話世界の熊野—弁慶の土壌—』、一九九一　(花部　英雄)

べんざいせん　弁才船　⇨べざいせん

べんざし　べんざし　九州・山口など西日本一帯の漁村における漁撈制度の中で重要な役割を持つ人物のこと。弁指とも書く。歴史的には豊後や日向地方で近世の村役人の職名をいったが、古くは荘園の役人の職名までさかのぼるともいい、それが土着化したとも見られている。魚見のことをベンザシという所は多く、漁の采配をする立場の人は、漁村では長老としての権威を持つようになった。長崎県西彼杵郡西海町では地曳き網を取り仕切る人をベンザシといい、網の準備から火船に集まる魚の群を見て網入れのタイミングを計り、人集めの指揮まで行なっていた。

[参考文献] 和歌森太郎「ベンザシ考—序説—」(『史潮』四四、一九五一)　(立平　進)

べんじょ　便所　大小便を排泄する施設。厠・雪隠《せっちん》・後架・手水場《ちょうず》・御不浄などといわれ、現在ではトイレ・お手洗いが一般的呼び方になっている。厠は河屋であり、河の上に板をかけて排泄物を流すことであった。平安時代の寝殿造では一画に樋殿《ひどの》があり、大便用の清筥《しのはこ》や小便用の虎子《おおつぼ》が置かれた。禅宗寺院では、七堂伽藍の一つとして東司《とうす》という便所があり雪隠ともいわれた。室町時代の遺構である京都市東福寺の東司は、土間で中央の通路の左右に陶製の大便壺・小便壺が埋められている。禅宗寺院では日常生活が修行であるため、便所での作法が厳しく定められていた。便所内で笑ったり大声を出すことの禁止、便所に入る時、戸をたたき空きを確認するなど、現在の便所でのエチケットにも関係している。中世後期になると汲み取り便所が普及するが、これは糞尿を肥料(下肥)として使用するようになったからである。下肥の利用は近世に入るとさらに盛んになり、便所の溜めに台所や風呂の下水が入れられ、外便所が作られた。近世、最大の都市江戸の糞尿は武蔵・下総の三十七ヵ領千余村の肥料となり、それで育てられた野菜は江戸に供給された。また下肥は高い商品価値をもつようになり、江戸をはじめ各地の城下町の商家や家主の大きな収入源になった。このような下肥をめぐる都市と近郊農村との関係は近代に入ってもつづくが、化学肥料の発達、浄化槽式便所や下水道の整備でなくなる。なお沖縄では独立した豚舎を敷地の北西隅に設置するが、そこは同時にフールと呼ばれる豚便所であり、人糞が豚の飼料となった。この

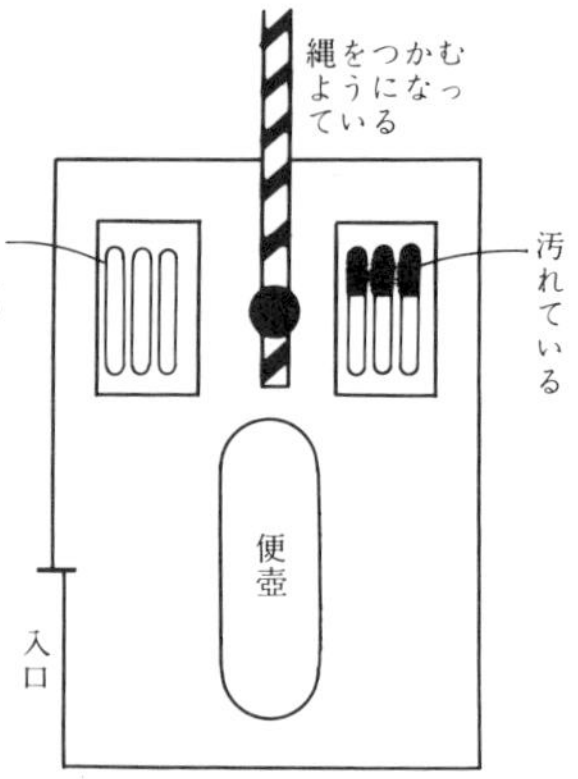

福島県檜枝岐村の便所模式図

ような豚便所は中国や東南アジアにもみることができる。尻ぬぐいに落とし紙が使用されるようになったのは元禄時代からであり、江戸では浅草紙が有名であった。一八九〇年代には白い鼻紙ができたが、まだ一般には普及していなかった。紙が尻ぬぐいに使用される以前は木の葉、藁、そしてチュウギ、ステギ、シリノゴエなどの木片・竹片が使用された。便所には便所神がいると信じられていた。セッチンガミ、カンジョガミ、ハニヤスヒメ、ウスサマ明王、ホウキノダイジン、シリノシリサマ、シモヤノカミなどといわれ、群馬県下ではセッチンベーナといい紙製の男女一対の人形、仙台市周辺では男女一対の泥人形が便所神の象徴とされた。また便所神には手がない、盲目などという不具伝承が伴っている。便所は家空間の中では裏側にあり、暗く、私的で汚い空間であるが、大晦日の年取を便所の前で行なったり、赤ん坊を便所に連れて行く雪隠参りがあった。また、子供がひきつけを起した時、便所で子供の名を呼び、魂を呼び戻すのは便所があの世に関係したからであり、便所に河童があらわれるのは便所が妖怪の住む異界に連なっていたからである。また、便所の中の人に声をかけると鳥になってしまうというのは、便所が変身空間と考えられていたからである。便所を化粧室ということとも関係する。 ↓捨木《すてぎ》 ↓雪隠雛《せっちんびな》 ↓雪隠参り《せっちんまい》

参考文献 野沢謙治「身体のフォークロア—糞尿・ツバ・裸・髪—」(『日本民俗学』一四一、一九八二)、飯島吉晴『竈神と厠神—異界と此の世の境—』、一九八六、荒俣宏・林丈二・阿木香他『日本トイレ博物誌』、一九九〇

(野沢 謙治)

べんじょがみ 便所神 便所にまつられる神。厠神・センチ神・カンジョ神などさまざまな呼び名がある。御札や雪隠雛と呼ばれる小さな人形を神体として便所の片隅にまつるところもあるが、具体的な神体をまつらないところが一般的である。便所神は美人できれい好きな女の神であるといわれているが、片手がないとか、盲目であるなどの伝承をもっていることが多い。長野県東筑摩郡明科町では、六月五日を、三重県熊野市では月の十日・二十九日を祭日としているが、特定の祭日をもたない場合が多く、年取や小正月に供え物をしてまつる。便所神は多くの信仰要素を含んでいるが、箒神や山の神とともに出産の場に産神となって臨み、産婦や生児を守ってくれると考えているところは多い。そのため、妊婦が便所をきれいに掃除すると良い子が生まれると信じられていた。また、長野県岡谷市などのように同年の者が亡くなったとき、便所に膳をもっていって年取をしてくるなど、時間の更新をしたり事象の転換をはかってくれる神であると認識しているところもみられる。昔話の「産神問答」では便所神が赤児の運命を決める役割を担うし、「三枚の御札」では人の危機を救う神として登場する。便所神の果たす機能は便所の構造と深く関わり、単なる排泄空間としての不浄な場所というだけでなく、井戸や竈などと同様に異界に通じる特殊な空間と考えられていたことがわかる。便所というこの世と異界とが交差する特殊空間にまつられる便所神は人の霊魂のこの世と異界との交通をも司ってきた神であった。 ↓産神《うぶがみ》 ↓雪隠雛《せっちんびな》

参考文献 倉石あつ子「家の神と便所神」(『信濃』三一ノ一、一九七九)、飯島吉晴『竈神と厠神—異界と此の世の境—』、一九八六

(倉石あつ子)

べんじょまいり 便所参り ⇨雪隠参り《せっちんまい》

へんしん 変身 からだを何か別の姿に変えること。変わり身というように社会における身の処し方の変化を示す場合もある。したがって変身には、社会がもつある一定の基準から、肯定的な行為と否定的な行為の両方の性格がある。肯定的な行為としては、ある村落社会の成員が、村落全体を守護し豊穣をもたらすという神々や精霊のもどき(擬き)を演じることがあり、その場合、多くは仮面を着用する。一般に村落社会で演じられるもどきには道化的行為を伴い、笑いを誘うことによって村落の人人の圧倒的な支持を受け、それは民俗芸能の発生とも関係する。またシンデレラ物語のように、ある日突然、貧乏な娘が貴婦人や王妃に変身するという一般の人々が日ごろから抱いている密かな願望を反映した変身劇も、おとぎ話や絵入り本、映像の世界で表現されてきた。一方、否定的な行為では、ある村落社会から追われたり逃れるために、あえてみすぼらしい姿に身をやつすという逃避的な変身行為があり、またかつて領主や権力者に対して、蓑笠を着け顔を隠して立ち上がった百姓一揆においても変身行為があった。そして反逆集団の内部からは必ず裏裏切る者がでて、その「変わり身の早さ」に対し、人々は皮肉を込めてそのような変身行為を批判した。現代社会では仮装的な遊びやファッション、コスチューム、化粧文化にさまざまな変身現象が見られ、都市の生活様式そのものが変身行為を日常的なものとしている。

参考文献 桜井徳太郎他編『変身』(「ふぉるく叢書」三、一九七四)、後藤淑編『仮面』(「双書・フォークロアの視点」五、一九八八)、服部幸雄『さかさまの幽霊—「視」の江戸文化論—』(「イメージ・リーディング叢書」、一九八九)、山折哲雄・服部幸雄『変身する—仮面と異装の精神史—』(同、一九九二)

(小林 忠雄)

べんてんしんこう 弁天信仰 音楽・学芸・福徳・財宝・水の神などと、多様な特性をもつ弁才天に対する信仰。

弁才天は、もとは梵語でサラスバティーという古代インドの川の女神で、豊饒の神としてあがめられ、その川の流れの音から音楽・弁舌(知恵)の神として信仰されていた。仏教の天部の神にとりいれられて、妙音天・美音天・大弁才天女、あるいは弁才天などと漢訳され、略して弁天と称される。日本には、奈良時代に『金光明最勝王経』によってその功徳が知られ、弁才天像の造立も行われた。その後、真言密教の普及に伴って、次第に固有の民俗信仰との習合を遂げ、多種多様な信仰習俗をつくり出した。水辺の女神の市杵島姫命《いちきしまひめのみこと》などと習合して神社の祭神となり、また、弁天と同じく蛇を神使とする穀物神の宇賀神《うがのかみ》と結びつくものも多い。琵琶を弾く天女の像が広く民間では親しまれ、技芸の神として信仰されるほか、室町時代以降、福神としての神格が強調されて弁財天とも書くようになり、蓄財にも御利益があるとされ、七福神の中にもとりいれられた。本来の水の神としての特性から、池・湖・川・海などの水辺にまつられることが多く、なかでも相模の江ノ島、近江の竹生島、安芸の厳島とが日本の三大弁天として知られる。漁村においては漁の神として、農村では水利や農耕の神として信仰されてきた。使わしめの蛇の祟りを恐れて、屋敷神としてまつることも各地にみられる。なお、巳の日が弁天の縁日で、弁天をまつる巳待講も行われている。

参考文献 大島建彦「弁天信仰と民俗」(至文堂『日本の美術』三一七、一九九二)

（中島　恵子）

べんとう　弁当　外出先で食事をするために携帯する食物。かつての農山漁村での生活において、弁当を持って出かけるのは、自宅から離れた田畑や山での仕事や出漁のときなどであった。その容器には、メンパ、ワッパなどとよばれる曲物、柳や竹を編んだ行李などの弁当箱がひろく使われた。お櫃を携帯することもあり、これは、猟師が一日分の飯を入れたり、野良仕事に出ている家族の人数分の飯を運ぶのに使われた。田植えのときには、重箱に握り飯と煮染《にし》めなどのおかずを入れて運んだ。食べやすく携行しやすいような握り飯、ヤキモチ、イモ類なども弁当になった。これらを包むには、竹の皮、柏やミョウガなどの葉、藁や藺草で編んだツトなどを用いた。板を薄く削った経木で作った折り箱は使い捨ての弁当箱であった。ほうろう鉄器やアルミニウム製の弁当箱は明治後期に輸入によって使用が始まったが、次第に国内で生産されるようになった。昭和の初めころには、アルミニウムの表面に酸化アルミニウムの皮膜を張ったアルマイトの弁当箱が出回り、工場や会社などに勤める人々や学生の弁当箱に多く用いられるようになった。一方、このようなふだんの弁当以外に、都市では江戸時代あたりから、花見や芝居見物に携行する弁当も出てきた。俵型の握り飯に副食を組み合わせた幕の内弁当は芝居の幕間に簡単に食べられるように考案されたものである。

参考文献 古島敏雄『台所用具の近代史―生産から消費生活をみる―』(「生活と技術の日本近代史」、一九九六)

（山崎　祐子）

へんばい　反閇　邪気を払う呪術的足踏み。この語は一般にはなじみが薄いが、宗教学・芸能史研究などにおいては早くから知られてきた。早川孝太郎が、愛知県北設楽郡地方の花祭(霜月神楽)における反閇について言及して以後、神楽など民俗芸能の足拍子にこれが見られるということで、民俗研究者間にも注目されてきた。元来陰陽道における呪法の一つであって、『下学集』に、「返閇(天ー子出ー御之《ノ》時陰陽家《インヤウケ》ニ所レ行也又謂ニ之ヲ禹ー歩《ホト》一也)」と記してあるように、天皇や貴人の外出に際して邪気を払い、その安泰を祈って行われる足踏みで、またこれを禹歩と称するとあるが、折口信夫によれば、禹歩とは中国から影響を受けた概念であるが、日本にも古来から、力足を踏んで悪いものを踏み鎮める所作があったという。反閇の歩み方は、『貞丈雑記』(一八四三)の「反閇の事」によれば、「臨兵闘者皆陣烈在前」と九字の呪文を唱えながら、左右の足を交互に、右左右、左右左、右左右の順で九歩に踏み歩く形である。これは、三三九度の杯事にも共通する踏み数で、反閇の踏み数は、このように三の倍数となっている。悪鬼鎮圧の反閇の力は恐ろしいほどのものがあり、花祭における榊鬼役が反閇を踏んだ新菰は焼き捨てるか、川に流し去るという。岩手県の山伏神楽の山神舞のけんばいは、これを一度踏むとその場所には三年間は草木が生えないとされる。

参考文献 折口信夫「芸能史六講」(『折口信夫全集』一八所収、一九六七)、早川孝太郎『花祭』前編(「早川孝太郎全集」一、一九七一)

（星野　紘）

べんりや　便利屋　近世から近代にかけてみられた簡単な配達や雑用などを仕事とする人。町小使などさまざまな名称があったという。郵便制度が整備されると次第に減少していった。便利屋の名が再び広く知られるのは高度経済成長期以後のことで、一九七八年(昭和五十三)、東京で右近勝吉が、テレビドラマからヒントを得て便利屋を始めてからという。これがマスコミに広く紹介され、一九八〇年代前半には全国的な流行をみた。便利屋に寄せられる依頼は多岐にわたり、中には奇抜なものもあるが、主流を占めているのは、水道・排水・電気・ガスなどの修理、木工、清掃など、家屋のメンテナンスと家事のうち、専門家に依頼するほどではない簡単なものである。便利屋の増加には、高度経済成長期の生活変化の影響がある。すなわち、核家族化が進み、地縁集団が弱体化したため、隣人や親戚に家事の手助けを頼めない。耐久消費財の普及や使い捨ての風潮により、ものを修理する技術が低下し、修理の手間を惜しむようになった。女性の職場進出により、家事を外部委託する傾向が進んだ。「豊かな社会」では金銭でサービスを買うことに抵抗がない。こうした傾向から、困った時に業務を代行する便利屋が急増した。その後、便利屋の組織化が進む一方、一部の業務についてはそれを専業とする家事代行サービスも増加している。
参考文献　右近勝吉『元祖便利屋』、一九八三、布施好夫「便利屋はどこまで伸びる」(『季刊輸送展望』一九一、一九八四)　(阿南　透)

へんろ　遍路　四国の島内に設定された弘法大師ゆかりと称する八十八ヵ所の札所寺院を巡拝する者およびその行為。広義の巡礼の一形態で、四国遍路・ヘンドともいう。古くは『今昔物語集』や『梁塵秘抄』などに記された修行僧の存在に始まると推定されるが、弘法大師信仰に基づくか否かは、議論が分かれる。十六世紀にはすでに遍路の風習が地域的にも階層的にもかなり広範囲に及んでいたことが確認される。また、遍路の始祖とされる衛門三郎伝説の成立も同時期と見られる。これは、強欲な長者が弘法大師に非道を働いたために懲罰を受け、前非を悔いて遍路となり大師を追う。ついには、死に臨んで許しを受け、再生を果たす話である。しかし、広く一般に普遍化するのは十七世紀末以降で、案内記の刊行や道標の建立とも関連する。そして、この時期の遍路が今

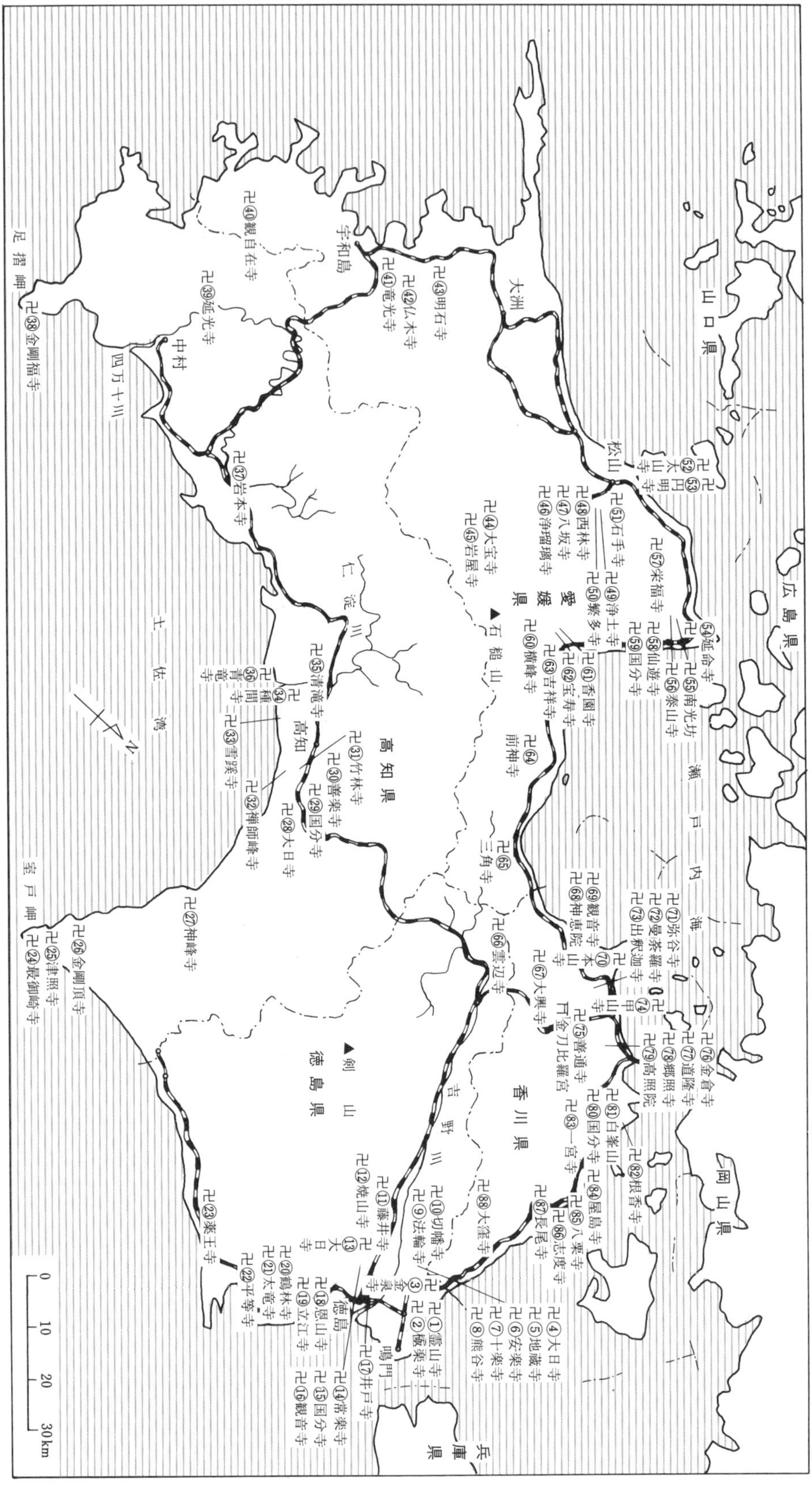

遍路　四国八十八ヵ所札所

札順	山号	寺名	宗派	所在地
				〔徳島県〕
1	竺和山	霊山寺	真言宗	鳴門市大麻町板東
2	日照山	極楽寺	真言宗	鳴門市大麻町檜
3	亀光山	金泉寺	真言宗	板野郡板野町大寺
4	黒巌山	大日寺	真言宗	板野郡板野町黒谷
5	無尽山	地蔵寺	真言宗	板野郡板野町羅漢
6	温泉山	安楽寺	真言宗	板野郡上板町引野
7	光明山	十楽寺	真言宗	板野郡土成町高尾
8	普明山	熊谷寺	真言宗	板野郡土成町西原
9	正覚山	法輪寺	真言宗	板野郡土成町田中
10	得度山	切幡寺	真言宗	阿波郡市場町切幡
11	金剛山	藤井寺	臨済宗	麻植郡鴨島町飯尾
12	摩盧山	焼山寺	真言宗	名西郡神山町下分
13	大栗山	大日寺	真言宗	徳島市一宮町
14	盛寿山	常楽寺	真言宗	徳島市国府町延命
15	法養山	国分寺	曹洞宗	徳島市国府町矢野
16	光耀山	観音寺	真言宗	徳島市国府町観音寺
17	瑠璃山	井戸寺	真言宗	徳島市国府町井戸
18	母養山	恩山寺	真言宗	小松島市田野町
19	橋池山	立江寺	真言宗	小松島市立江町若松
20	霊鷲山	鶴林寺	真言宗	勝浦郡勝浦町生名
21	舎心山	太竜寺	真言宗	阿南市加茂町竜山
22	白水山	平等寺	真言宗	阿南市新野町秋山
23	医王山	薬王寺	真言宗	海部郡日和佐町奥河内
				〔高知県〕
24	室戸山	最御崎寺	真言宗	室戸市室戸岬町
25	宝珠山	津照寺	真言宗	室戸市室津
26	竜頭山	金剛頂寺	真言宗	室戸市元
27	竹林山	神峰寺	真言宗	安芸郡安田町唐浜
28	法界山	大日寺	真言宗	香美郡野市町母代寺
29	摩尼山	国分寺	真言宗	南国市国分
30	百々山	善楽寺	真言宗	高知市一宮
				〔高知県〕
31	五台山	竹林寺	真言宗	高知市五台山
32	八葉山	禅師峰寺	真言宗	南国市十市
33	高福山	雪蹊寺	臨済宗	高知市長浜
34	本尾山	種間寺	真言宗	吾川郡春野町秋山
35	医王山	清滝寺	真言宗	土佐市高岡町清滝
36	独鈷山	青竜寺	真言宗	土佐市宇佐町竜
37	藤井山	岩本寺	真言宗	高岡郡窪川町茂串
38	蹉跎山	金剛福寺	真言宗	土佐清水市足摺岬
39	赤亀山	延光寺	真言宗	宿毛市平田町寺山
				〔愛媛県〕
40	平城山	観自在寺	真言宗	南宇和郡御荘町平城
41	稲荷山	竜光寺	真言宗	北宇和郡三間町戸雁
42	一𥡴山	仏木寺	真言宗	北宇和郡三間町則
43	源光山	明石寺	天台宗	東宇和郡宇和町明石
44	菅生山	大宝寺	真言宗	上浮穴郡久万町菅生
45	海岸山	岩屋寺	真言宗	上浮穴郡美川村七鳥
46	医王山	浄瑠璃寺	真言宗	松山市浄瑠璃町
47	熊野山	八坂寺	真言宗	松山市浄瑠璃町八坂
48	清滝山	西林寺	真言宗	松山市高井町
49	西林山	浄土寺	真言宗	松山市鷹子町
50	東山	繁多寺	真言宗	松山市畑寺町
51	熊野山	石手寺	真言宗	松山市石手
52	滝雲山	太山寺	真言宗	松山市太山寺町
53	須賀山	円明寺	真言宗	松山市和気町
54	近見山	延命寺	真言宗	今治市阿方
55	別宮山	南光坊	真言宗	今治市別宮
56	金輪山	泰山寺	真言宗	今治市小泉
57	府頭山	栄福寺	真言宗	越智郡玉川町八幡
58	作礼山	仙遊寺	真言宗	越智郡玉川町別所
59	金光山	国分寺	真言律宗	今治市国分
60	石鎚山	横峰寺	真言宗	周桑郡小松町石鎚
				〔愛媛県〕
61	栴檀山	香園寺	真言宗	周桑郡小松町南川
62	天養山	宝寿寺	真言宗	周桑郡小松町新屋敷
63	密教山	吉祥寺	真言宗	西条市氷見
64	石鈇山	前神寺	真言宗	西条市洲之内
65	由霊山	三角寺	真言宗	川之江市金田町
				〔徳島県〕
66	巨鼇山	雲辺寺	真言宗	三好郡池田町白地
				〔香川県〕
67	小松尾山	大興寺	真言宗	三豊郡山本町辻
68	琴弾山	神恵院	真言宗	観音寺市八幡町
69	七宝山	観音寺	真言宗	観音寺市八幡町
70	七宝山	本山寺	真言宗	三豊郡豊中町本山
71	剣五山	弥谷寺	真言宗	三豊郡三野町大見
72	我拝師山	曼荼羅寺	真言宗	善通寺市吉原町
73	我拝師山	出釈迦寺	真言宗	善通寺市吉原町
74	医王山	甲山寺	真言宗	善通寺市弘田町
75	五岳山	善通寺	真言宗	善通寺市善通寺町
76	鶏足山	金倉寺	天台宗	善通寺市金蔵寺町
77	桑多山	道隆寺	真言宗	仲多度郡多度津町北鴨
78	仏光山	郷照寺	時宗	綾歌郡宇多津町
79	金華山	高照院	真言宗	坂出市西庄町
80	白牛山	国分寺	真言宗	綾歌郡国分寺町国分
81	綾松山	白峯寺	真言宗	坂出市青海町
82	青峰山	根香寺	(単立)	高松市中山町
83	神毫山	一宮寺	真言宗	高松市一宮町
84	南面山	屋島寺	真言宗	高松市屋島東町
85	五剣山	八栗寺	真言宗	木田郡牟礼町牟礼
86	補陀落山	志度寺	真言宗	大川郡志度町志度
87	補陀落山	長尾寺	天台宗	大川郡長尾町西
88	医王山	大窪寺	真言宗	大川郡長尾町多和

日の遍路の直接的な起源ともなっており、納経帳・納札・札挟み・菅笠・杖などの所持品を有し、約四十日で一巡している。なお、着物は白装束に統一されていたわけではなく、縞の絣などが多かった。十八世紀半ばころまでは優遇されることの多かった遍路であるが、このことが逆に遍路に仮託した生活困窮者や「癩病」患者などの四国への流入が増え、次第に厚遇される者と忌避される者という二極分化を促すことになる。これらはオゲヘンド、ヨタテヘンドとかドスヘンド、ナリヘンドなどと呼ばれた社会的弱者の遍路で、幕末から明治初期には取締りの対象ともされ、土佐藩(高知県)はその典型であった。そのため、阿波国(徳島県)を打ち終えた遍路も土佐へは入国できず、国境で遙拝するなどしたのち讃岐(香川県)・伊予(愛媛県)の札所へ迂回を余儀なくされた納経帳も残存する。一方、遍路を受け入れる四国の地域社会でも、

遍路　愛媛県小松町横峰寺付近

一般遍路への接待や善根宿、行き倒れ者の手当などが行われた反面、弱者は切り捨てられることが多かった。また、遍路には通過儀礼的な一面があり、愛媛県松山地方の若者遍路や徳島県吉野川流域など娘の十ヵ寺参りが半ば義務づけられていた地域も少なくない。 →西国巡礼《さいごくじゅんれい》 →巡礼《じゅんれい》 →札所《ふだしょ》

参考文献　前田卓『巡礼の社会学』、一九七一、真野俊和『旅のなかの宗教―巡礼の民俗誌―』(「ＮＨＫブックス」三六四、一九八〇)、松山市教育委員会編『おへんろさん』、一九八一、新城常三『(新稿)社寺参詣の社会経済史的研究』、一九八二　(森　正康)

へんろみち　遍路道　四国遍路が八十八ヵ所の札所寺院や弘法大師ゆかりと称される土地を巡拝するための通り道。札所の固定化およびこれら寺院相互を線として結ぶ遍路道の存在が定着してくるのは、四国遍路が一般化する十七世紀以降のことである。一方、遍路の増加とともにその道筋を示す道標の建立や詳細な案内記の刊行が相つぐこととなる。たとえば、高野山の頭陀僧であった真念は『四国辺路道指南』(一六八七)を刊行し、標石を二百余ヵ所に建てるなどその先駆をなしている。四国の遍路道の総延長は、三百五十里とか三百四里半、二百九十五里余ともいわれるが、その道中に一千基を越す標石が設置されていたと考えられる。すなわち、古来さまざまなかたちで利用されてきた地域の生活道が、遍路の普遍化や標石を媒体に連続して結びつけられることによって、遍路道という長大な円環運動を示す信仰の道として形成されていった。さらには、地域社会においても遍路の通行とともに遍路道の呼称が定着していったと見られる。もっとも遍路道は必ずしも一本ではなく、二ないし三ルートに分かれていたり、時代による変遷も見られる。近世社会において遍路が厚遇される者と忌避される者に二極分化するのに伴って遍路道もまた分化し、「癩病」患者の遍路が人目を避けて通ったというカッタイ道が石鎚山系などの四国山中に存在したという。しかし、今日ではわずかに香川県大川郡長尾町の大窪寺へ向かう旧遍路道などで確認されるのみとなった。

参考文献　村上節太郎「四国遍路の道標」(『愛媛の文化』二一、一九八三)、喜代吉栄徳『中務茂兵衛と真念法師のへんろ標石並金倉寺中司文書』、一九八五　(森　正康)

へんろやど　遍路宿　四国遍路を宿泊させることを主たる目的とする宿屋。四国八十八ヵ所の札所寺院の門前や遍路道沿いの各所に設けられて遍路への接待所ともなり、多くは木賃宿であった。五十二番太山寺(松山市)の門前には、崎屋など江戸時代初期からの四軒の旧遍路宿が残り、オチャヤと称される。また、農家が部屋の一部をあてて余業的に営む場合も多く見られ、愛媛県上浮穴郡久万町下畑野川の河合地区は、かつての遍路宿集落として知られる。 →善根宿《ぜんごんやど》

参考文献　松山市教育委員会編『おへんろさん』、一九八一　(森　正康)

ほ

ほ　帆　風力を利用する船の推進具。縄文・弥生時代に帆を使った形跡は見出せないが、古墳時代にはミクロネシアや近世のアイヌの船のように二本の棒の間に張る帆が用いられていたらしい。帆の実態が明確になるのは中世で、絵巻物には一本の帆柱に一枚の横帆をあげた船が描かれている。しかし、大陸における帆の発達過程が明らかにならない限り、帆の起源には答えをだせない。遅くとも十四世紀中期に船首にあげる弥帆《やほ》と呼ぶ補助帆が登場し、以後、弥帆と大きな本帆を組合せた帆装形式が、幾多の改良を加えられながら、明治まで踏襲された。明

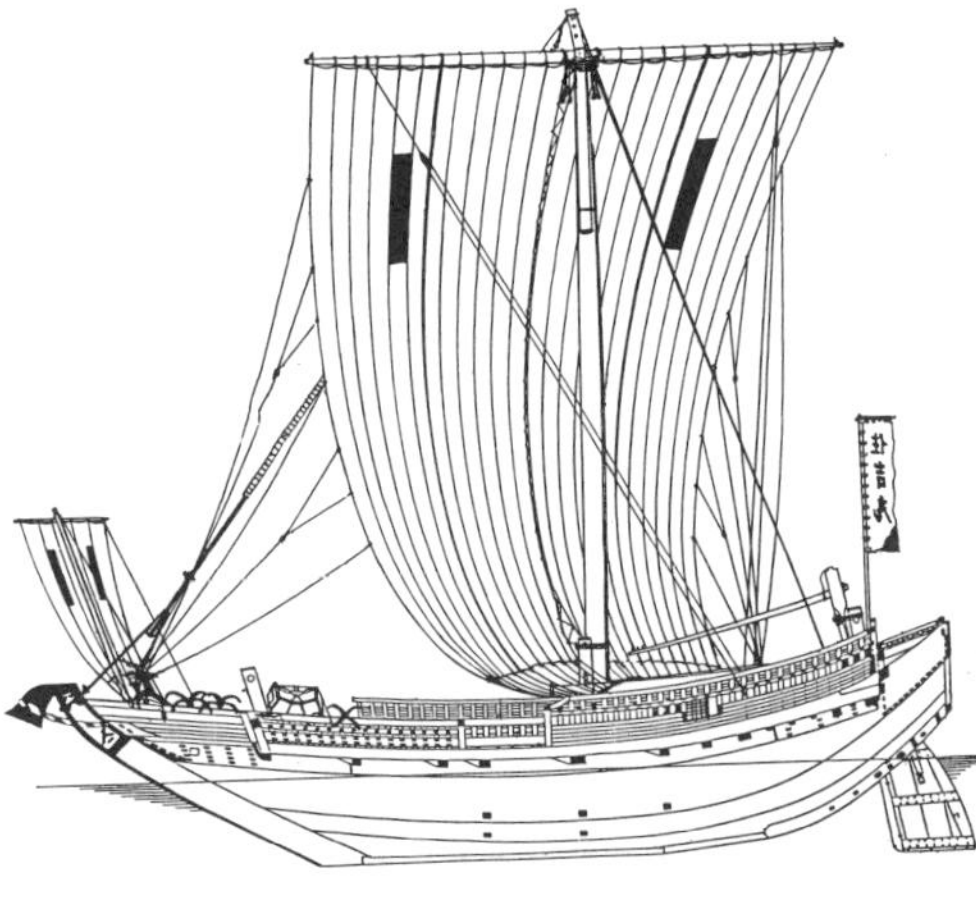
十八世紀末期の千石積弁才船の帆

治には洋式帆船の影響を受けて、船首にジブ、船尾にスパンカーを装備したり、弥帆・本帆に替えてスクーナー式の縦帆をあげる船が珍しくなく、また十九世紀末には中国式の伸子帆《しんしほ》が流行した。今日、ヨットを除いて帆で走る船は稀である。帆一反とは長さと無関係に、ある幅を有する莚《むしろ》や木綿布をいい、これを横につないだ数が反数で、帆の大きさを示すと同時に船の積石数の指標となる。中世に常用された莚帆は、十七世紀中期の木綿帆の普及により、一部の廻船や川船・漁船を除いて姿を消した。木綿帆としては、一七八五年(天明五)に播州高砂の工楽松右衛門によって太い木綿糸で織った厚手の織帆(松右衛門帆)が発明されるまで、二枚重ねの木綿布を太い木綿糸で刺子にした刺帆が使用された。織帆は刺帆より高値にもかかわらず、丈夫であったため、急速に普及した。

参考文献 石井謙治「帆についてー特に商船の積石数と帆端数との関係についてー」(『海事史研究』一・二、一九六三・六四)、同『図説和船史話』(『図説日本海事史話叢書』一、一九八三)、安達裕之「明治の帆船」(『講座・日本技術の社会史』八所収、一九八五) (安達 裕之)

ホイ 会 在日華僑の頼母子講。資金を調達したい人が親になって開く。親は集まった資金を最初に使う権利があり、翌月からは子が、順番に使っていって全員に均等に回るようにする。多くは同郷の人たちや友人たちで作る私的なものだが、横浜の納税貯蓄組合と華商公会が親となって開いているものもある。日本の金融機関が華僑にあまり融資しなかった昭和三十年代までは盛んに行われた。楽に資金が調達できるため、現在でも利用されている。

参考文献 朝日新聞横浜支局・朝日新聞神戸支局編『横浜・神戸 二都物語』、一九九一 (曾 士才)

ポイヤウンペ ポイヤウンペ シヌタプカに居城を持つアイヌの英雄叙事詩の主人公の別名。シヌタプカ(地名)に、小さい(若い)という意味のポンをつけてポンシヌタプカウンクル(小シヌタプカびと)と呼ばれる少年がシヌタプカの代わりに陸地《おか》を表わすヤを、クルをペとしてポンヤウンペ(小さい陸地の者)といわれることがある。金田一京助が「少しも尊敬の意味はない」と記したように昭和初期までに採録されたものは、他人がうわさするときなどに用いられたが、最近は「私はシヌタプカのポイヤウンペである」という語りも見られるようになった。→ユーカラ

参考文献 金田一京助『(アイヌ叙事詩)ユーカラの研究』、一九三一 (萩中 美枝)

ほうい 方位 ある視野をもって分割された空間の認識体系。ある視野とは通常自分の視野であり、視野があることによって方向性をもった空間分割の認識体系となっている。したがって方位は、自分の位置の変化に応じて方位の秩序づけが変化し、空間分割もまた変化するのが通例だが、関東方面・関西方面、山の手側・下町側などの地区・地名、首都を中心とした上り・下りといった交通上の慣例語などは、視野が国家・都市・村落などの地域社会共通の基準にもとづいており、視野には大別して二様がある。すなわち自分の位置を基準とした視野による空間分割の体系と、個人を越えた本家・聖地・地域社会など、共通の基準点を視野としたそれとである。また方位には、自分がどの方向を向いているかによって異なる分割と、自分の向きにかかわらず共通した基準によって、分割されているものとがある。前者は前後、左右、上下などであり、後者は東西南北の四方のほか、浜手・山手などの地形上の位置が典型例である。方位はさらにどのような基準によって空間分割を行うか、基準の性質にもとづいて幾何学的＝等質的基準と、経験的＝非等質的基準に分けられる。前者は陰陽道や風水術の知識によりもたらされ、方位測定具(土圭、指南、式盤、羅盤、方位磁石など)と、さまざまな暦書を用いて判断されてきた。これには陰陽二元の方位から二十八宿の星座を配した方位までさまざまな分割基準があるが、主として民間に流布したのは、東西南北の四元方位と子から亥までの十二支方位、時として乾・艮・巽などの八卦方位だった。多くは陰陽師や家相家などの専門家や知識人により普及したものである。また後者は人びとの生活経験に応じてしばしば実用的に分割認識されてきた方位で、知覚しうる自然や社会環境に基準を求めてきた。基準点の代表例は、太陽、星辰、地形、風向、聖地、故地であろう。東を「ひがし」と呼ぶのは「日向風」だとする説があるが、東が太陽や風向を原意とすることはほとんど忘れ去られている。沖縄の東＝アガリ、西＝イリこそは、太陽の動きを基準点とした方位認識だったことをよく伝えている。コチ(東風)やハエ(南風)などは風位を示す代表例で、各地でなお独特な風位が伝えられている。方位はまた、単に空間分割に基準を与えているだけでなく、多くは吉凶の意味づけを伴って認識されている。吉凶を伴う方位は、吉凶の固定した方位と時間に応じて吉凶の循環する方位、そして自然現象の変化により年々の吉凶を定めるような任意の方位とがある。的殺、暗剣殺、五黄殺、天一天上、金神、八将軍は、第二次世界大戦直後まで信じられていた代表的な循環する凶方であり、なおまだ鬼門は艮に固定された凶殺方位として信仰が厚い。逆に歳徳神は吉方

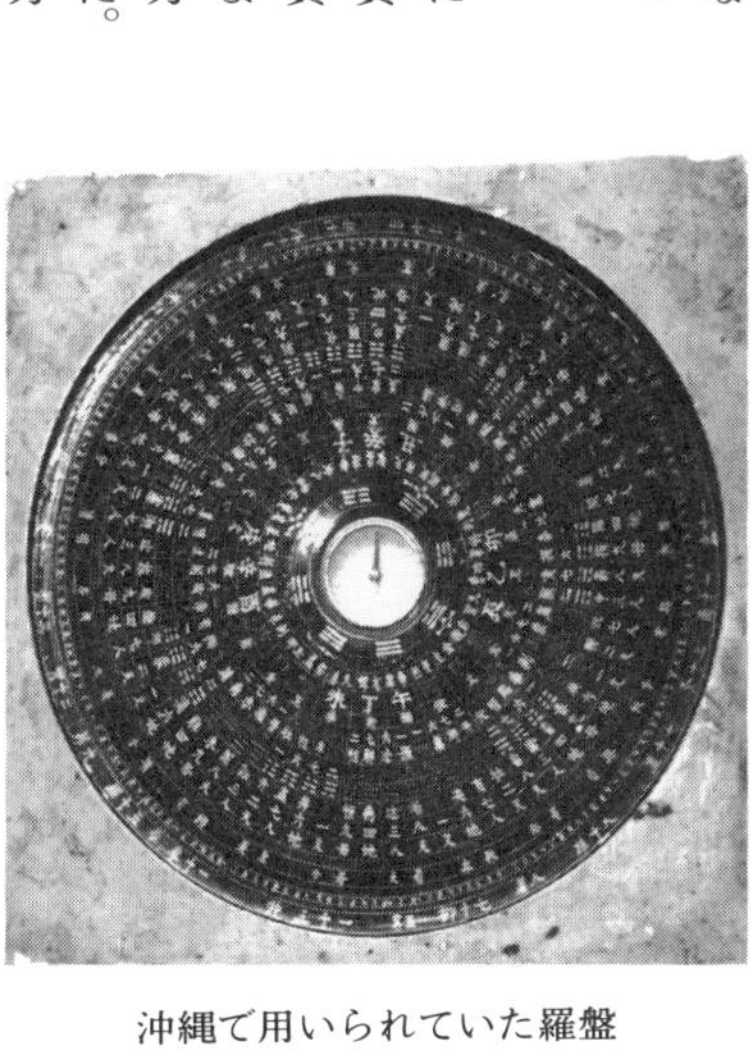

沖縄で用いられていた羅盤

現在の方位磁石

や恵方とされる。吉凶の方位は、結婚や葬式、家の新改築、あるいは折々の年中行事に特に意識された儀礼的方位として各地に伝えられ、また青竜・白虎など、色や動物その他と結合して、象徴的世界観をも形成している。↓恵方《えほう》 ↓方違《かたたがえ》 ↓鬼門《きもん》 ↓空間認識《くうかんにんしき》 ↓金神《こんじん》 ↓民俗《みんぞく》的方位観《てきほういかん》

参考文献 大林太良編『神話・社会・世界観』、一九七二、鈴木正崇「南西諸島に於ける方位観の研究」(『人文地理』三〇ノ六、一九七八)、渡邊欣雄『風水 気の景観地理学』、一九九四、山田安彦編『方位と風土』、一九九四

(渡邊　欣雄)

ほういん 法印　僧侶に与えられた位階の一つ。本来は仏教の真理のしるしを意味するものであった。八六四年(貞観六)の僧綱《そうごう》の位階として法印・法眼・法橋の三階が設けられ、法印は僧正・大和尚に与えられた。その僧綱も次第にくずれ、成功《じょうごう》によるものや死後の贈位によるものなどがみられるようになり、近世には仏師・儒者・医師・連歌師など、僧侶でない者も法印に叙されている。しかし伝承の上で法印と称される者をみると、天台・真言系の密教僧や修験者が一般的である。彼らは地域社会でまつる氏神の別当をつとめたり、日待・月待の祭祀を行うほか、祈願檀家を持ち、荒神祓いなどに定期的に廻檀していた者が少なくなかった。もちろん、法印の宗教活動は加持祈禱や呪符などを用いた現世利益的な宗教活動を中心としたものであり、なかでも治病・憑物落とし・雨乞いなど、いわば災難に直面した場合に、法印のもつ験力・法力が期待されていたといえよう。また権現(獅子頭)をもって悪魔祓いにまわる習俗も東北地方に広く分布している。

参考文献 宮本袈裟雄『里修験の研究』、一九八四

(宮本袈裟雄)

ほういんかぐら 法印神楽　法印が伝えた神楽。法印とは修験道における修験(山伏)の地域的な呼称である。宮城県石巻市・気仙沼市・牡鹿郡・桃生郡・登米郡・本吉郡方面に広く分布し、この系統の神楽は北は岩手県大船渡市・北上市に、南は福島県相馬郡に及んでいる。かつては宮城県東北部から岩手県東南部にかけて多くの修験の坊があり、そこを根拠にして法印たちが加持祈禱などの宗教活動をしていた。その一環として法印により大漁・出漁安全・五穀成就などを祈願して春・秋の諸社の祭礼ほかに神楽が奉納された。明治維新後は神仏分離・修験道廃止政策により法印の職が廃止されたために神楽も断絶の危機に直面したが、一般の人々が旧法印から神楽を習って伝承を引き継いだ。舞台には特色がみられ、二間四方の仮設の本舞台の背後に幕を張り、舞台上に鏡・剣を付けた榊を立てて神籬《ひもろぎ》とし、天井部中央に大乗《だいじょう》と呼ぶ天蓋《てんがい》を吊す。天蓋および四囲の注連縄にもさまざまな切紙の飾り付けがほどこされる。また高舞台(小舞台)とを橋で結び、そこを天の岩戸や鬼の住処に用いる。演目は「初矢」「五矢」「道祖」「白露」「日本武」「岩戸開き」など二十四番を伝え、いずれも仮面を着ける。記紀神話に題材を取った曲が多く、出雲流神楽の系統に分類されるが、神道的な要素の背後に修験道色がみられる。

参考文献 本田安次「陸前浜の法印神楽」(『本田安次著作集』四所収、一九九四)

(高山　茂)

ほうえ 法会　狭義には特定の経典を講説・読誦する集会をいい、広義には仏事・法要を指す。広義にとれば、仏教が本来出家道にもとづいて上求菩提下化衆生をめざすことから、便宜上五種に分類することができる。

上求菩提―自行―対自儀礼 ┬ (一)修道儀礼
　　　　　　　　　　　　　└ (二)報恩儀礼
　　　　　　　　　　　　　　 (三)特殊儀礼
下化衆生―化他行―対他儀礼 ┬ (四)祈願儀礼
　　　　　　　　　　　　　└ (五)回向儀礼

(一)修道儀礼は自己の信仰の開発・深化を計ることをめざす儀礼で、日常勤行・別時念仏・別時修養会・臘八接心《ろうはちせっしん》・伝法灌頂・加行《けぎょう》・写経会・大峯修行・回峰行・布薩会《ふさつえ》・安居《あんご》・彼岸会・仏名会などである。(二)報恩儀礼は仏祖・宗祖・列祖・派祖の恩徳に報ずべく徴衷を表顕して奉修する儀礼で、通仏教的に修せられる灌仏会・成道会・涅槃会の三仏忌と、各宗派の祖師・開山忌、立教開宗法要などである。これに対して、対他儀礼は僧が他者、すなわち在俗者の依頼によって加持祈禱、ないし善根《ぜんごん》を死者に回施する儀礼で、僧は仲介者ないし仏そのものになりかわって儀礼を執行する立場をとるが、今日の寺院で執行される儀礼の大部分を占めている。(四)祈願儀礼は仏の加護、諸天善神の加被力を受けて現当二世の利益招来のために修せられる攘災・調伏・招福儀礼である。(五)回向《えこう》儀礼は葬祭をはじめとする死者への追善回向儀礼である。彼岸会は先の分類では修道儀礼、盂蘭盆会は報恩儀礼であるが、現在では対他儀礼に移行し回向儀礼の色彩を強めている。また、施餓鬼法は施食法ともいわれる修道儀礼で、対他儀礼として盂蘭盆会と習合して対自・対他儀礼四種にまたがっている。(三)特殊儀礼はいずれの儀礼にも所属しない遷仏《せんぶつ》式・晋山《しんざん》式・開眼式・撥遣《はっけん》式・浄焚式・帰敬《ききょう》式・得度式・結婚式などの中間儀礼をいう。

参考文献 藤井正雄「仏教儀礼の構造比較」(『祖先祭祀の儀礼構造と民俗』所収、一九九三) (藤井 正雄)

ぼうおどり 棒踊り 七七調二句体の田植え唄に合わせて棒を激しく打ち合う踊り。鹿児島県を中心とする南九州に濃密に分布している。二・三月の春祭(打ち植え祭)と五・六月の田植え祭に地元神社に奉納される例がもっとも多く、別名お田踊りとか田植え踊りともいう。鹿児島郡吉田町周辺と姶良郡隼人町周辺には七七七七調四句体のお田唄があり、この下二句に合わせて踊られたものが、上二句が脱落して広まったものと思われる。棒には六尺棒・三尺棒・錫杖・長刀《なぎなた》・鎌など各種があり、これに応じて錫杖踊りとか鎌踊りなどと呼ばれる。絣の着物に襷《たすき》・鉢巻の男子十数名が二列ないし三列になって隊形を変化させながら、威勢のいい掛け声をかけて踊る。棒を使った芸能は全国に広く行われているが、右は南九州に独特のもので、修験の棒術を基にして考案されたと思われる。棒術は九州・四国に広く分布し、九州中部以北から四国では棒術として単独に演じられるほか棒打ち・棒使い・杖、あるいは単に棒とのみ称して、風流や浮立、神幸行列の中に登場する。棒術も棒踊りも根底に邪気祓いの役割を持つとされる。棒踊りの北限は熊本県八代市から宮崎県北部あたりと思われる。周辺離島にもあるが、奄美諸島のものは明治以降に伝えられたものである。沖縄にも似たような棒踊りがあり、これをフェーヌシマ(南の島)と呼ぶ所もある。歌詞はすでに意味不明となっているものが多く、そのために南方(東南アジア)から伝来したものと見る人もいるが、鹿児島からの伝播を考えてみる必要がある。

参考文献 下野敏見『カミとシャーマンと芸能』、一九八四、松原武実『南九州歌謡の研究』、一九九三 (松原 武実)

ほうおんこう 報恩講 祖師・先師の恩に報いるため、その忌日に営む法要。中でも真宗の宗祖親鸞に対する報恩講が名高く、これを御正忌・御七昼夜・御霜月・御講・御仏事ともいう。親鸞は一二六二年(弘長二)十一月二十八日没するが、まもなく、関東門徒の間で、毎月二十七日のお念仏が行われるようになった。本願寺第三世覚如は、親鸞滅後三十三年の一二九四年(永仁二)に『報恩講式』(『報恩講私記』『式文』)を作って報恩講の形式を確立し、存覚は一三五九年(延文四)に『歎徳文《たんどくもん》』(『報恩講歎徳文』)を著わした。そのころにはすでに十一月二十一―二十八日の七昼夜法要が営まれている。明治以降、本願寺・高田・木辺《きべ》派の各本山では、太陽暦に読み替えて一月九―十六日、大谷・仏光寺・興正その他諸派の本山では十一月二十一―二十八日を踏襲している。初日の逮夜に始まり、七日目の結願日中で終了。期間中は親鸞の『正信偈』『和讃』を勤め、親鸞の伝記である『御伝鈔』、『報恩講式』『歎徳文』の読誦がある。東本願寺では大逮夜に関東の大念仏を継承するといわれる坂東節での正信偈が勤められる。末寺住職・門信徒は、本山報恩講に参詣すべきものとされ、末寺や門信徒宅の報恩講は取り越して営まれるため御取越という。これに伴う斎《とき》を御講料理といい小豆汁が出される。親鸞の好物で、霜月収穫祭に翌年の豊穣予祝として用いられた小豆を、真宗の伝説的に説明したものである。円筒形の曲物で盛るモッソウ飯を食するのも、収穫祭に予祝行事がとりこまれたものである。口能登《くち》には、十一月二十四日の霜月大師の話があり、この大師を親鸞だとするのは報恩講と同じ土壌から生まれたことを表わしている。この一族が集う最大行事は、氏神のもとに一族が会する宮座とも似ている。寺報恩講では満座相撲が行われたり、期間中、市が立つところもあり、報恩講は村落あげての一大行事であった。真宗以外では、毎月十二日の覚鑁《かくばん》忌に陀羅尼会が勤められる新義真言宗の報恩講がある。 →御取越《おとりこし》

参考文献 赤松俊秀・笠原一男編『真宗史概説』、一九六三、西山郷史『蓮如と真宗行事―能登の宗教民俗―』、一九九八 (西山 郷史)

ほうか 放下 (一)中世から近世にかけての遊芸人とその芸能の名称。芸能者としての放下の存在は、『看聞御記』一四二五年(応永三十二)二月五日条にみえるものが早い例である。室町時代の放下は烏帽子・腰蓑・脚絆などの道中姿に笹竹を背負い、こきりこでリズムを取りながら譚歌《たんか》(バラッド)などを歌い歩いていたことが『七十一番職人歌合』などに描かれている。その芸は品玉《しなだま》・輪鼓《りゅうご》・弄丸《ろうがん》・手鞠《てまり》など、放りあげた品物を曲取りする古代以来の散楽系の曲芸が中心であった。同時に曲舞《くせまい》や羯鼓《かっこ》踊りなども演じており、『閑吟集』(一五一八)には海道下りの道行を物尽くし風に歌った放下歌が収録されている。能の『放下僧』には団扇をつけた錫杖を持つ放下僧と、短冊をつけた笹を腰にさす放下師が登場する。放下の芸は風流踊り歌の題材となり、現在も各地に放下歌をもつ風流踊りが残されている。近世の放下は曲芸・手品の部分が特化し、現代の寄席芸などに系譜が受けつがれていく。(二)愛知県東三河周辺の念仏踊りの名称。新城市大海《おおみ》の「ほう

放下(新城市大海)

か」は八月十四・十五日の夜、切子燈籠を先頭にした一団が寺や新盆の家に踊り込む。大太鼓は三人で背中には大団扇を背負う。これに鉦と笛が加わり、ヤナギと呼ぶ竹を背負ったささら摺り(豆蔵)が中心となって、音頭の歌に合わせて踊る。同名の芸能は近郷にもみられ、南設楽郡鳳来町一色・源氏・布里・塩瀬、静岡県浜松市滝沢町などに伝承されている。同引佐郡引佐町寺野でも第二次世界大戦前まで踊られていた。『諸国風俗問状答』の三河吉田領問状答には、豊橋市周辺の「八名郡嵩山村、金田村、渥美郡牟呂村、杉山郡百々村等は放下と云事あり」と記している。同書はその内容を歌枕・ねり・せめ・放下・大踊に分類しており、放下は全体の名称であるとともに、演目の一つでもあったことがわかる。また、伝承地の多くに「ほうか」と記された譚歌系の放下歌を集めた歌本が残されている。中世の放下芸の一部が、放下歌と団扇などの採物《とりもの》に姿を残しながら、念仏踊りの中に含みこまれているのであろう。（伊東　久之）

参考文献　本田安次「日本の譚歌」(『本田安次著作集』一〇所収、一九六六)

ほうか　放火　火事をおこすために火をつけること。つけび・ひつけともいう。放火の動機には、保険金詐欺や火事場の混乱に紛れて盗みをする窃盗放火、「夜番の火付け」という諺のように火事発見をして賞与を得ようとして行う放火や救助の謝礼目的の放火、さらに、意趣怨恨を晴らすためや犯罪の発覚をもみ消すための放火がある。その他、気晴らしのためや愉快犯などの病的な原因によるものがある。かつては、奉公先から実家に帰りたいがための放火などもあり、幼児の悪戯によるものなども多かった。放火の用語は『日本紀略』にみえており、江戸時代の『公事方御定書』では付火《つけび》の刑罰は火罪(ひあぶり)とされ、これは八百屋お七の事件で名高い。江戸の町家は木造家屋であったことから、一度火事になると大火となることが多く、そのため放火については特に厳しい刑罰に処した。第二次世界大戦後の放火事件では金閣寺の学僧による事件が記憶に新しい。放火の方法には油をかけて火をつけるものや油をしみ込ませた紙や布、あるいは蠟燭・線香・炭火などを用いて放火する例がみられる。現代においても放火事件は絶えることがなく、近年は、保険金欲しさや女性問題絡みの怨恨が動機の放火事件が多くなっている。放火はその方法が簡単であり、また、発覚しにくいと思われがちなことから容易に用いられる傾向がある。証拠湮滅の手段としての放火事件も多い。（田村　勇）

参考文献　南波杢三郎『最新犯罪捜査法』、一九三二、石井良助『第三江戸時代漫筆』、一九七三

ホウカイ　ホウカイ　盆に訪れる無縁の霊。柳田国男は行器《ほかい》に由来する言葉であると解釈したが、仏教用語の法界に由来すると考える説もある。ムエンホウカイと呼ぶ地方も多く、無縁の霊を迎える火をホウカイ火、供する食物をホウカイ飯と呼ぶところもある。しかし無縁の霊をさす言葉とは限らず、高知県などでは家々の先祖のために道標として長い竹竿の先に松明を括りつけて火をともすが、これをホウカイと呼び、ホウカイがよく燃えて竹がポンポン鳴ると豊作になるという。（喜多村理子）

参考文献　柳田国男「先祖の話」(『柳田国男全集』一三所収、一九九〇)、伊藤唯真『仏教と民俗宗教―日本仏教民俗論―』、一九八四

ほうかいや　法界屋　明治の代表的な流行歌である法界節を唄う大道芸人。法界節は文政年間(一八一八―三〇)に長崎に渡来した清楽の『九連環』が全国的に広まり、その曲節が流行歌として取り込まれたもの。歌詞の末尾に「ホウカイ」という囃し詞が入るのでこの名がある。編み笠を被った男女一組が歌詞を印刷した物を売りつつ門付けをした。はじめは月琴を伴奏楽器としたが、のちには箏・三味線・胡弓・太鼓などで賑やかに囃した。（西岡　陽子）

参考文献　小沢昭一『日本の放浪芸』、一九七四

ほうがちょう　奉加帳　寺社の造営・修繕・改築などの際に、集められる金品の奉納記録。転じて、さまざまな祝い事などに際して金品を集めるために関係者にまわされる帳面。また、各家の祝いごとや物入りの際に必ず作成される贈答記録。婚礼・出産・七五三や新築祝いなどの祝儀帳、葬儀や法事の際の香典帳などのこと。江戸時代以来、二つ折の半紙を綴じ合わせた横帳に記録したものが各家に残っており、いつ、誰から何を贈られているかが記されている。つきあいの上で相応のお返しをするためになくてはならない記録であり、家と家の社会関係を調べる際の重要な参考資料となる。　→香典帳《こうでんちょう》（斎藤　弘美）

ぼうかんぎ　防寒着　寒気から身体を保護するために着用する衣服・外套・かぶりもの・履物などの服物。在来の防寒・防雪着には、藁を材料として作られたものが多い。藁は保温性にとみ、柔軟で、水にも比較的強く、細工にも便利であったため、きびしい冬の外出、外仕事用の蓑類、笠・雪帽子類、履物類、手袋など種々の着装具が古くから工夫され、自家製された。また藁を使った寝具も防寒には好適であった。衣類は、江戸時代に入り、丈夫で保温性にとんだ木綿が急速に普及し、衣料の主体

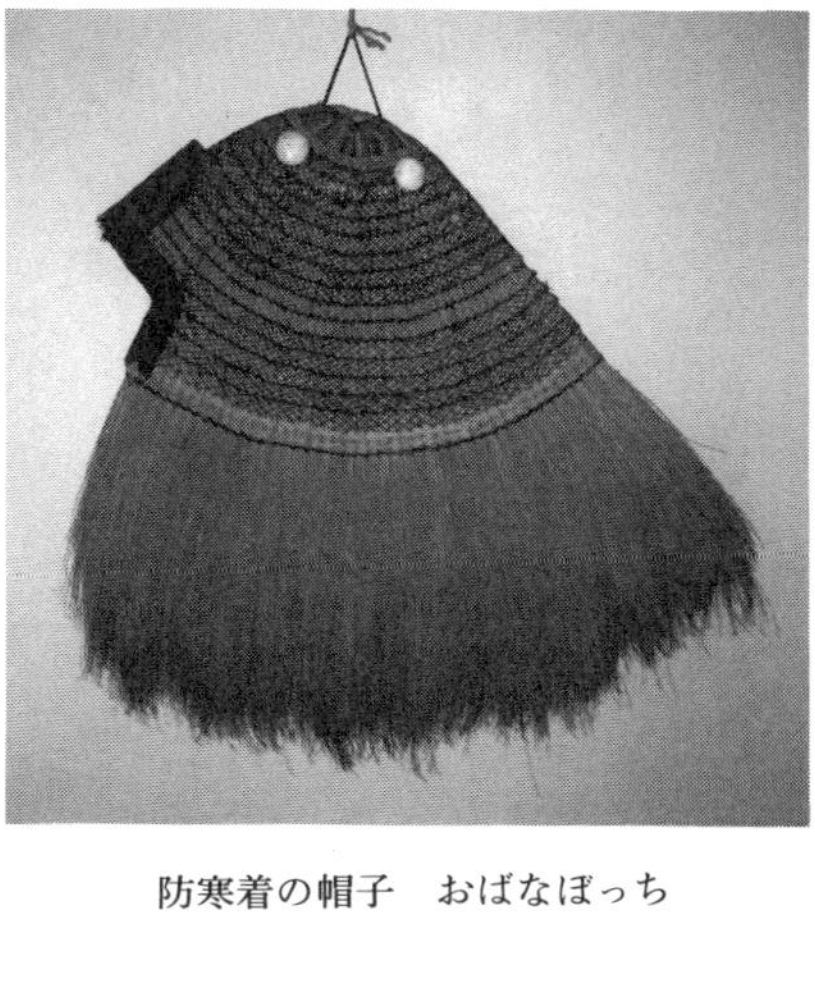

防寒着の帽子　おばなぼっち

となったが、麻衣を重ね着したり、麻の苧かすを綿状にして、防寒に利用したそれ以前からの生活習慣が遅くまで残っていたところもあった。また、木綿でも、古手を何枚か合わせて糸で細かくさして刺子にしたり、細くさいて織った裂織にした厚手の衣服も、仕事着として、また防寒着として、広く用いられた。布製の手袋や足袋にも、補強と保温のため、刺子にしたものが多かった。また、防寒のための手袋、足袋、背中当などに動物の毛皮を用いたものも各地にあった。外套類には、各種の蓑が近年まで使用された一方で、江戸時代に布製合羽が次第に普及し、丸合羽や長短の袖合羽が広く着られるようになった。明治時代に入ると、文明開化にふさわしくマントやトンビが広く流行しはじめた。また女性の間では、角巻が冬の外出着として、特に雪国で近年まで着用されていた。防寒のための布製のかぶりものも多く、頭をつつむもの、頭から上体を覆うもの、覆面形のものなど種種の頭巾やボッチが用いられた。 ↓角巻《かくまき》 ↓合羽《カッパ》 ↓蓑《みの》

参考文献 磯貝勇『日本の民具』(「民俗民芸双書」、一九七二)、宮本馨太郎『かぶりもの・きもの・はきもの』(同、一九七七)

(犬塚 幹士)

ほうき 箒 ごみやほこりなどを掃くための道具。旧来の民家における、床張り・土間・外庭の区分に従って、座敷箒・土間箒・庭箒など、いくつかの種類に分けてとらえられる。そのような用途の相違に応じて、座敷箒にはキビガラやシュロなどの箒、土間箒には藁やホウキグサなどの箒、庭箒にはソダや竹などの箒というように、さまざまな材料による箒が使い分けられる。江戸時代後期の『守貞漫稿』に、「江戸には竹箒草箒をも担ひ売る、京坂には棕櫚《しゅろ》箒の他は担ひ売ること稀なり」とあるように、それぞれ生産や販売の方式も異なっている。掃除の道具としての箒は、ものを掃きいれるとともに、ものを掃き出すのにも用いられるが、儀礼や俗信の上でも、赤子の魂を落ちつかせることができるとともに、長居の客を追いかえすこともできると考えられた。

参考文献 大島建彦・御巫理花編『掃除の民俗』(「三弥井民俗叢書」、一九八四)

(大島 建彦)

ほうきがみ 箒神 出産に立ちあうとされる産神の一つ。ハハキガミともいう。昔話の運定め話「産神問答」にも、山の神などとともに登場する。箒神を産神とする信仰は広くみられ、箒神がやって来ないとお産がはじまらないので、常日ごろから、箒をまたいだり踏んだりして粗末に扱うと、お産が重いと戒めるところは多い。古箒を捨てるときには、結び目を解いて捨てないと難産するともいう。出産に際しては、産屋の一隅に箒をまつったり産婦の枕もとや足もとに多くは逆さに立てたり、箒で産婦の腹をなでたりする。箒の素朴な形が藁などを束ねたもので、注連《しめ》の一種と似ていることから、神聖視されていたものと思われる。産室に藁束を立て、これに産神が宿るというところもあり、出産時の箒の持つ役割がうかがえる。箒神が産神とされるようになったのは、産神の依代または安産の呪具として箒が出産の場に用いられたことから、箒が産神の本体のようにみられ、箒神という特殊な神になったものと考えられている。箒のもつ掃き出すという機能から、子どもを早く世に出す安産の呪具として用いられたもので、長居の客を早く帰らせるのに、箒を逆さに立てるのも同様の呪法とされる。また、掃き入れるという、もう一つのはたらきは、何かを招き入れる呪具として、生児の体内に霊魂を入れて落ち着かせるはたらきをもつものとみられている。産神としての箒神は、この世に生まれ出る赤子と母体とを守るものと信じられてきた。

参考文献 『日本産育習俗資料集成』、一九七五、牧田茂「産神と箒神と」(『海の民俗学』所収、一九六六)、大島建彦・御巫理花編『掃除の民俗』(「三弥井民俗叢書」、一九八四)

(中島 恵子)

ほうきょういんとう 宝篋印塔 塔の一形式。内部に『宝篋印陀羅尼』を納めたところからこの名がある。方形有段の基礎上に方形の塔身を置き、さらに四隅に耳状飾りをもつ有段の屋根を重ね、頂部に相輪を載せる。時代や地域による型式差がある。石塔が一般的で、ほかに銅製・木製などがある。日本では十三世紀に出現し、十四世紀以降多く造立されたが、おもに供養塔や墓塔として用いられた。

宝篋印塔（正長3年銘、群馬県高崎市・来迎寺）

参考文献 川勝政太郎『日本石材工芸史』、一九五七、藪田嘉一郎『宝篋印塔の起原—続五輪塔の起原—』、一九六六、日野一郎「宝篋印塔」(『新版考古学講座』七所収、一九七〇)

(時枝 務)

ぼうけい 傍系 共通の先祖から系譜をたどられるものの内、直系親族以外のものとの間の系譜関係。父母・祖父母などの兄弟とその子孫、自己の兄弟とその子孫などを傍系親族という。一般には民法に規定される直系の対概念とされるが、家の継承関係を示す嫡系の対概念とする理解もあり、両者では傍系とされる範囲も異なる。前者の場合、自己の子孫はすべて自己にとって直系の親族となるが、後者では自己の子孫であっても家を継承しないものは直系から除外され傍系とみなされる。日本の家は一世代一夫婦のみを継承者とするため、継承者の直系親族であっても家の継承にかかわらないものは別の系統とすることが後者の概念の背景にある。 ↓嫡系《ちゃっけい》 ↓直系《ちょっけい》

参考文献 有賀喜左衛門「家族と家」(『有賀喜左衛門著作集』九所収、一九七〇)、中根千枝『社会人類学―アジア諸社会の考察―』、一九六七

(小野　博史)

ぼうけいかぞく　傍系家族　傍系親族を含む家族形態。家族内に含まれる成員の形態を世帯主・戸主からの続柄により分類する。この用語を積極的に家族類型の中で展開したのは小山隆である。小山は、日本の家族構成のあり方とその変遷を㈠夫婦と未婚子女からなる夫婦家族、㈡これにその他の直系親族を含む直系家族、㈢傍系親族を含む傍系家族の三類型において考察している。事例としては飛騨白川村(岐阜県白川村)あるいは岩手県石神村(安代町)の報告を典型とする家族内に複数の傍系成員(婚姻後の子女を含む)をとどめてきた大家族制が該当する。なお、有賀喜左衛門による嫡系家族・傍系家族の区分にみられる規定、あるいは鈴木栄太郎の同族家族も小山のいう傍系家族とほぼ同義である。　→家族類型《かぞくるいけい》　→同族《どうぞく》家族《かぞく》

参考文献 小山隆「家族周期の形態的変化」(喜多野清一・岡田兼編『家―その構造分析―』所収、一九五九)

(山内　健治)

ほうげん　方言　学問的定義としては、言語の下位区分で、ある地域で使われることばの体系全体をいう。普通一言語はいくつかの方言に分かれる。そのうちでも標準語・共通語でないものを方言という。したがって、ある地域の方言は音韻・アクセント・文法・語彙などの要素すべてを指すし、また共通語と同じものも異なったものも含まれる。ただし一般には共通語にない個々の単語をさして方言という。暖簾などの方言土産で取り上げられるのは個々の単語である。「～弁」ということば全体を指すことが多い。「～訛り」は、発音の変化を指す。日本語の方言の成立時期は、未詳であるが、日本語が弥生文化とともに九州北部から東へ進出したとする説が有力である。方言が各地で独自に変化する分岐過程と、中央のことばの影響を受ける統合過程は歴史上、常に並立していたと考えられるが、近代以前には分岐過程が勝り、近代以降は統合過程が目立つ。江戸時代の藩の境と方言境界の一致は、東北地方の文法現象で際立つが、他地域でも見られる。日本語の諸方言は、日本語の歴史と関係づけて特徴づけることができる。沖縄方言については、奈良時代の万葉のことばとの関係がよく論じられる。九州方言については鎌倉時代ころのことばが残る。中国・四国方言は江戸時代の近畿方言の面影を残す。関東方言は江戸時代の江戸のことばを伝える。東北方言は中世のことばを残すとともに、新しい変化への萌芽も示す。これは京阪や江戸・東京からのことばが徐々に各地の方言に伝わったと考えると説明がつく。京都から広がったとみられる言い方がいつごろ使われ始め今どこまで広がったかを調べて、方言の伝播速度をみた研究によれば、ほぼ年速一キロ程度であったと考えられる。一世紀に一〇〇キロである。移住・移封などによって周囲の方言と異なった方言が生じたときに「言語島」という。江戸・東京のことばが周囲の関東方言から切り離される形で関西風なのも、江戸時代以来の関西からの移住による言語島の現象とみられる。能登半島の漁村、五島列島の一部、唐津の城下などには遠方からの移住者の方言が近年まで保たれていた。北海道やハワイにも方言の言語島が観察される。近代以降は方言は国民の統合の妨げとして撲滅の対象になった。現在は共通語化が進み、方言は貴重な存在ととらえられ、娯楽の対象とさえなっている。一方で分岐の過程を示す新方言が各地で広がっているのは、都市の民俗をはじめ、新しい民話・伝承が成立しているのと軌を一にする。子どもの遊びに関わることばも近代以降の変化が全国で盛んで、学区と方言との一致がみられる。なお、ガジュマル、ヤマセのような地方特有の事象や、ユイ、サナブリ、ハサなど都市で使われない民俗語彙は、本来共通語にないので、どこかの方言で表わすしかない。

参考文献 柴田武『日本の方言』(「岩波新書」青三〇七、一九五八)、金田一春彦『日本語方言の研究』、一九七七、日野資純・飯豊毅一・佐藤亮一編『講座方言学』、一九八二―八六、井上史雄『方言学の新地平』、一九八四

(井上　史雄)

ほうけんいせい　封建遺制　近代社会に持ち越された封建的諸制度の残存物のこと。封建的諸制度は、近代社会の理念である自由と対立する身分的な拘束を特徴とするが、日本の特に農村社会では、地主的土地所有の関係や山林・用水・農道などをめぐるムラにおける共同慣行、あるいは本家・分家関係や親分・子分関係といったイエを単位とした慣行的な社会関係、さらには諸個人をこのイエに緊縛する慣行的な家族関係など、諸個人に対する身分的な拘束を色濃く示す慣行や社会関係が、明治以降においても根強く残されていた。これらの慣行や関係が、特に第二次世界大戦後のいわゆる民主改革の時期(一九四〇年代後半)には、日本社会の近代化、あるいは民主化を阻むものとして取り上げられ、経済学・歴史学・社会学・法律学などの幅広い領域で、それらの構造や特質が議論された。この議論では、それらの慣行や関係の性質が封建的なものであるのかどうか、またそうした前代からの残存物が日本の近代社会の構造にどの程度の規定性を持っているのかといった点については、論者により一様ではなかった。しかし、こうした議論は、それらの慣行や関係を民俗として研究対象の領域に含んでいた民俗学にも影響を与え、民俗が前代から伝承され、持ち越された遺制であるとしても、新しい時代の制度にどのように抵抗し、またどのような変容を受けるのかといった、いわば民俗の存在形態に関する視点の必要性が指摘された。

参考文献 日本人文科学会編『封建遺制』、一九五二、福武直「日本農村の社会的性格」(『福武直著作集』四所収、一九七五)

(白井　宏明)

ほうげんくかくろん　方言区画論　諸方言の違いを地理的に区切ることで示そうという研究。日本語方言では東

条操らがとりわけ興味を抱き、第二次世界大戦前・戦後にかけてさまざまな説が出た。現在はコンピュータで大量の方言データを処理して区画が行われている。文法現象のように使用頻度数の多いものに着目するときれいに区画できる。語彙も多くの項目を総合すると似た傾向を示す。音韻・アクセントを考慮に入れると境界がずれることがある。音韻は古い時代の体系内部の関係がのちの変化を左右するからである。日本語の方言はまず本土方言と琉球方言に分割できる。琉球方言は、江戸時代までは、琉球王国で独自の変化をとげ、理解できないほど違ったが、明治以降標準語の圧倒的影響を受けた。本土方言は東部方言・西部方言に分かれる。その境界はフォッサマグナ、糸魚川浜名湖ライン、北アルプス(長野・岐阜県境)である。発音・アクセントを考慮に入れると、東西の境界は岐阜・滋賀県境に移る。また東部方言は利根川・阿賀野川を境に東北的音韻の地域と東京語・標準語的地域に分かれる。九州方言は西部方言の下位分類ともされ、西部方言と並ぶ独自の位置にもされる。さらに下位の分類はほぼ地理教育での地方分類と一致することが多い。方言の境界は、中央山岳地帯や利根川のような自然境界、藩境のような人為的境界と一致することが多い。いずれにしてもコミュニケーションの少ないところが方言の境界になる。民俗現象の境界とも一致することが多い。

[参考文献] 日本方言研究会編『日本の方言区画』、一九六四、加藤正信「方言区画論」(『(岩波講座)日本語』一一所収、一九七七)、藤原与一『日本語方言分派論』、一九九〇

(井上 史雄)

ほうげんしゅうけんろん 方言周圏論 ⇩周圏論《しゅうけんろん》

ほうげんちず 方言地図 方言の地理的分布の様子を地図上に描いたもの。方言地理学・言語地理学の研究手段であり、方言分布図、単に分布図ともいわれる。単語以外に、音韻・アクセント・文法・語彙・言語行動などすべての言語現象について、方言地図を作れる。民俗地図とも、さまざまな関係が見られる。「牛肉の消費量」の図によると、近畿付近で牛肉の消費が多い。このため関西ではただニクというと牛肉を指す。豚肉の入った中華饅頭を関東ではニクマンというが、関西ではブタマンというのは、誤解を避けるためである。図の「挽き肉」の名称でも東西差がみられる。西日本ではミンチといい、東日本ではヒキニクという。これもヒキニクというと牛肉と思われるのを避けるためであろう。なお挽き肉を使ったカツは、西日本ではミンチカツ、東日本ではメンチカツで、西日本の方が原語 minced に近い。地理的分布を示す技法はいろいろある。「挽き肉」の図では分布地域を塗りつぶした。模様を使えば多くの語を同時に示せる。

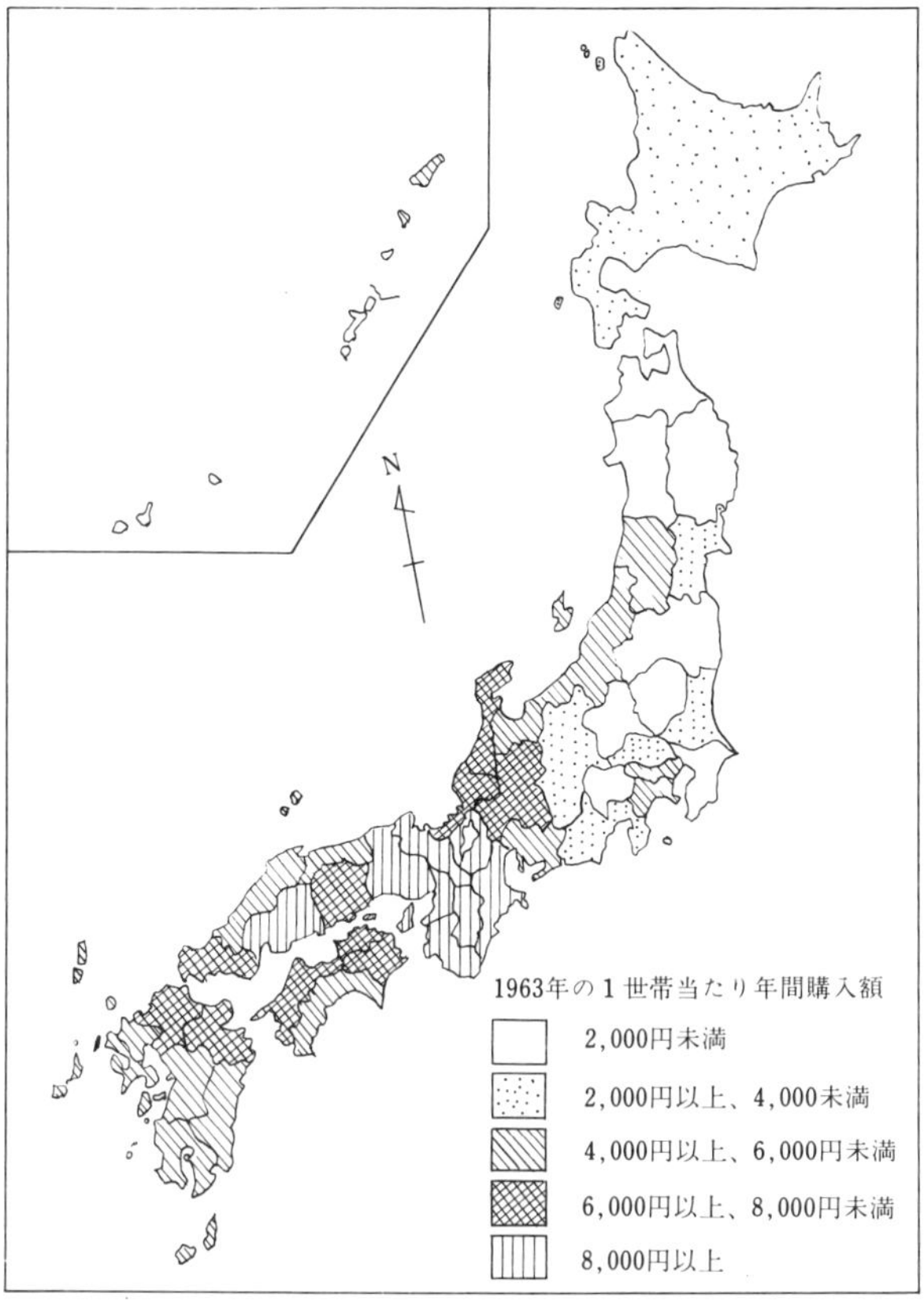

各都道府県別牛肉の消費量

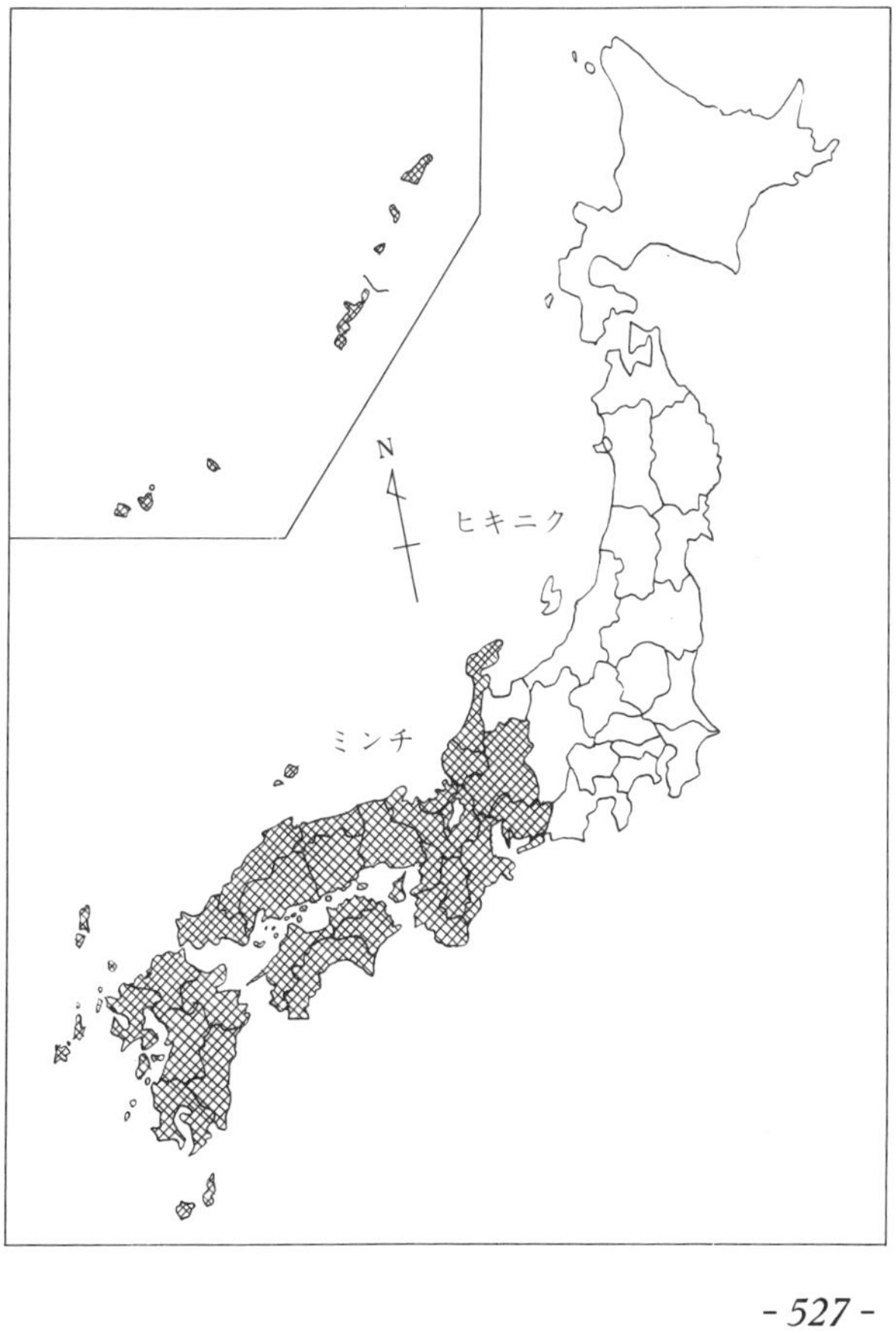

挽き肉名称の東西分布図

分布領域がくっきりと分かれるときには、等語線で区切る手法もある。しかし、複雑な分布を示すときには、一地点(一人)ごとに○▲／などの記号で示すのがいい。 ↓言語地理学《げんごちりがく》 ↓方言《ほうげん》

参考文献 徳川宗賢・グロータース編『方言地理学図集』、一九七六、徳川宗賢編『日本の方言地図』(「中公新書」五三三、一九七九)、鈴木秀夫・久保幸夫『日本の食生活』(「コンピュータ・マッピング・シリーズ」、一九八〇) (井上 史雄)

ほうげんふだ 方言札 明治末以降沖縄の各学校で標準語励行を強制するために用いられた罰の方法。方言使用が学力向上の妨げになるという教育上の観点から、方言使用者には「方言札」と書かれた木札を渡し、その日最後に所持している生徒が罰を受ける形になっていた。軍隊の中で標準語が理解できなければ命令が伝えられないという軍部からの要請も当然あったと考えられる。国家主義の高揚とともに標準語励行運動が強化されたことからもそれをうかがい知ることができる。方言撲滅運動は、沖縄文化の基層に対する蔑視が生じる一因にもなった。第二次世界大戦後の標準語励行運動にさえ、地域によってはこれが用いられた。 (石原 昌家)

ほうこうにん 奉公人 主家の家業・家事に従事し労働を提供する者。使用人。中世では武士の御恩・奉公による主従関係での上位の従者を指したが、近世以降は下級の従者に限定して用いられるようになる。住み込みを主とする。奉公人の形態は主家の身分・職業、時期や地域により多様である。農村の奉公人は、契約の形式・実態・奉公期間などから分類すると、㈠譜代奉公人、㈡質物奉公人、㈢年季雇奉公人、㈣養子奉公人に大別できる。同一地域で時系列的に変化をしているわけではなく、実際は複雑な様相を示す。㈠は代々主家に従属する譜代下人や人身の永代売りによる奉公。労働の対価はなく、食事と仕着せを与えられた。一般的には近世初期から中期にかけてなくなるが、名子取り立ての約束による奉公は庇護と奉仕の給付関係によるものであり、第二次世界大戦前まで残存していた所もある。㈡は人身売買や質入れによる年季決め奉公。近世には年季を限っての人質・身売りは必ずしも禁止されていない。借銭の抵当(質物)に子弟を一定年季先方に売り、身代金を借用し、期限後はその金を返却して引き取るものである。流質条件つきのものもあった。無給であるが、それが借用金の利とみなされ、その支配は全人的で、仕着せのほかわずかな小遣いが恩恵的に支給される。年季身売り奉公・質物奉公・本金返し奉公などといい、近世中・末期には広くみられた。その後、本金・身代金に利子を付する代わりに奉公中給金を支給し、給金をもって元利金の消却の一部にあて、残余を年季明けに払って身柄を戻す形が出て、さらに進むと、奉公中の労働で元利金の全額を消却する居消質物奉公となる。広い地域でみられ、東北地方などに遅くまで残存した。㈢は雇用契約による年季決め奉公。年切奉公・年雇などともいう。長年季と短年季があり、前者は家事・雑務などに従事し、貧農の非成年層の食い扶持減らしのためのものも多く、質物奉公に近いものもあった。後者は生産労働力を持つ成年層による。一年季奉公を数年間続けることが多かった。近世中期・末期にかけて次第に多くなり、明治・大正期まで農家奉公人の主流をなした。請け人(保証人)をたて年季・給金・待遇などを明確にした奉公証文を作成したが、口約も多く、奉公の条件・内容は雇い主の一存で決められた。初期には雇い主に対してなんらかの従属関係のある同村か近村の貧農の子女が多く、小作料や借金との相殺の奉公の場合は質物奉公と大差ない。労働条件は悪く、仕事は朝飯前から夜なべまで一定量の仕事のほか無定量の家事雑役も含みがちであった。長年忠実に奉公した者には、家屋敷と若干の農地を分与あるいは貸与して、奉公人分家に仕立てる慣習は各地にみられたが、血縁分家とは区別され、主家への賦役もあった。遠方から雇うようになると出替りの際に奉公人市のたつところもあった。農家の奉公人を指す呼称は一般的には下人・下男・下女などであるが、実際は男性はオトコ、オトコシュ、ワカイモン、ワカイシュ、ニセ、ワカゼ、作男、女性はオナゴ、オンナシュ、メロ、オナゴシュ、ジョーロシ、女中などであった。季節雇奉公・日雇奉公は賃労働としての姿がさらに明確になったものであるが、農村では特定の出入りの家を決めて奉公することが多かった。㈣は海岸地方のモライコ、タラバオジ、ヤシナイなど養子の形をとる無給の奉公人。養育と引換に相当年齢まで働かせるものであり、戦後まで行われていたが、「十年育てて十年働かせる」というところもあった。信州伊那地方にみられたシツケ奉公もこれに類似するが、成人後の身の振り方に養家が責任をもち、また生涯親族としてのつきあいをする点は異なる。武家奉公人の場合は一年季・半年季の短期奉公人が若党・中間・小者など譜代の奉公人とならんで近世初頭からいたが、中期以降、その主流となる。職人の奉公人は弟子・徒弟と称され、若年より親方の家に住み込んで家事や仕事を手伝いながら技術を修得していく。年季が明けると独立するが、技術の守秘義務や仕事先の制限などの不文律はあった。大店《おおだな》の奉公人は丁稚《でっち》・手代など年季を決めない店表《たなおもて》奉公人と一年季を主とする下男・下女などの台所方奉公人がいる。明治期以降、都市で俸給生活者が増えると中流以上の家では「女中」を置くようになるが、近郊の村の出以外に主家の出身地などの若い女性が嫁入り前の見習いとして奉公することが多かった。 ↓下男《げなん》・下女《げじょ》 ↓作男《さくおとこ》・作女《さくおんな》 ↓仕着せ《しきせ》 ↓シツケ奉公《ぼうこう》 ↓出替《でがわ》り ↓奉公人分家《ほうこうにんぶんけ》

参考文献 中田薫「徳川時代に於ける人売及人質契約」(『法制史論集』三上所収、一九四三)、秀村選三「徳川期北部九州に於ける農村奉公人の諸相」(宮本又次編『農村構造の史的分析』所収、一九五五)、有賀喜左衛門『日本家

族制度と小作制度』(『有賀喜左衞門著作集』一・二、一九六六)、竹内利美編『下北の村落社会』、一九六九、同『家族慣行と家制度』、一九六九、宮本常一「もらい子聞書」(『宮本常一著作集』八所収、一九六九)、同『生業の推移』(『日本の民俗』三、一九七六)、牧英正『雇用の歴史』(『弘文堂法学選書』二、一九七七)、桜田勝徳「背後農村との交渉」(『桜田勝徳著作集』一所収、一九八〇)、中村吉治編『村落構造の史的分析』、一九八〇、川島武宜「日本社会の家族的構成」(『川島武宜著作集』一〇所収、一九八三)、大竹秀男『近世雇傭関係史論』、一九八三、西坂靖「大店の奉公人の世界」(高橋康夫・吉田伸之編『日本都市史入門』三所収、一九九〇)　(上村　正名)

ほうこうにんいち　奉公人市　零細農漁家の若い余剰労力を季節的に雇い入れる自然発生的な市。雇い主との契約は相互の直接交渉により随意に行われた。時と場所を定めたこの種の市は、延宝―元禄年間(一六七三―一七〇四)のころ存在したといわれる金沢(石川県)の女市・辻人市のほか、秋田県平鹿郡横手町(横手市)の若勢市、山口県豊浦郡豊北町滝部の奉公市、福岡県宗像郡玄海町宗像神社境内の女中市が知られるにすぎない。滝部の市は古くは女中市・人市と呼ばれていたが、昭和初年に奉公市と称されるようになった。若勢市を除く二者は第二次世界大戦後もしばらくの間存続した。滝部の奉公市は一九三二年(昭和七)の記録によると、三月から十月(七月を除く)までの七ヵ月間、原則として毎月三回(一、十、二十日)開かれた。交易市(奉公市のある日は休み)の行われる路上に相互集まって交渉するが、同年四月二十日には角《つの》島《しま》村(豊北町)出身のオトコシ(男衆)・オナゴシ(女衆)を主体に百数十組のオン(恩)が成立したという。オンは奉公(労働)に対する報酬を指し、それには恩米《おんまい》と恩金《おんきん》があった。年齢は女性では十四、五から二十四、五歳が多く、周辺農家の子守や農繁期の仕事に従事した。宗像神社境内の市は十月二日の秋祭に立った。大島村の二十歳前後のオナゴシが主体で、一ノ鳥居の下あたりで雇い主(農家)と取り引きをし、ついで参籠殿に場所を移して手打ちをした。奉公先は大体宗像郡下で米俵を船に積んでカワタリの日(十二月一日)に帰島した。→若勢市《わかぜいち》

参考文献　伊藤忠芳「滝部の奉公市」(『豊北町史』所収、一九七三)、野間吉夫『玄海の島々』、一九七三　(伊藤　彰)

ほうこうにんぶんけ　奉公人分家　商家・農家の非親族の奉公人が年季が明け、本家から分出させてもらった家。商家では、長期にわたって本家に貢献してきた奉公人(手代)に対して、資本金・顧客・仕入先などとともに本家の社会的、経済的信用の象徴である暖簾を分与して家を独立させる暖簾分けによって、奉公人分家は成立した。特に商家の非親族の奉公人分家は別家と呼ばれた。農家では、長期間にわたって本家に奉公したものに家屋・屋敷地・耕地などを分与・貸与して独立の家を創設させる慣行が広く見られた。こうして商家・農家において奉公人分家は同族団の構成戸となる。奉公人分家が家として独立した後も本家の経営に参加させ従属的地位におかれ、ヤロウカマド、ダイドコロカマドなどと呼ばれ本家に依存してしか生計を立てることができないという事例が多かった。家としての独立と本家への従属は必ずしも矛盾しないが、この非親族の奉公人分家と親族分家との位置づけは同族団の本質規定と深く関わっている。同族団における非親族の奉公人分家を親族分家の擬制として同族団を親族集団であるとするか、それとも同族団そのものを非親族をも成員とする集団とするかは、必ずしも見解の一致を見ていない。それは日本の家をどのような集団と規定するかという、より基本的な問題とかかわってかなり長い論争の歴史をもっている。→暖簾分《のれんわ》け　→分家《ぶんけ》　→別家《べっけ》　→奉公人《ほうこうにん》

参考文献　竹内利美「奉公人・雇い人・徒弟」(『日本民俗学大系』四所収、一九五九)、有賀喜左衞門「家と奉公人」(喜多野清一博士古稀記念論文集編集委員会編『村落構造と親族組織』所収、一九七三)、喜多野清一『家と同族の基礎理論』、一九七六　(古川　彰)

ほうじ　法事　死者の追善供養のために修する年忌法要などのこと。本来は仏教を修行することの意であったが、意味が転じて供養の行事となった。三十三回忌もしくは五十回忌を弔い上げ・トイキリなどという。一周忌から死者の霊魂を清める浄化儀礼を繰り返し、弔い上げなどで家の先祖に融合するものと考えられてきた。古代においては中陰・百ヵ日から一周忌まで行うにすぎなかったが、中世になって三年忌・七年忌・十三年忌・十七年忌・二十五年忌・三十三年忌・六十年忌・百年忌・三百年忌が行われるようになり、ほぼ今日の形態が成立したという。鎌倉時代中期の一二五七年(正嘉元)には十三回忌の板碑が現われているが、これは十三仏信仰と関係する。庶民が死者追善・先祖祭祀としての法事をどのようにして、いつから行なったかについては明らかでない。新潟県蒲原郡の真宗門徒の村では、文政から幕末にかけての時期にようやく法事が行われるようになった。しかし、形態は住職が年始巡回のときに執行するものや、寺において門徒が共同で上《あげ》法事をする簡略な方法であった。絵像を寺から借り浄土三部経を読経したりする法事は、村役・大家・地主・上層農・船持など一部の家にすぎなかった。→月忌《がっき》　→先祖祭祀《せんぞさいし》　→追善供養《ついぜんくよう》　→弔《とむら》い上《あ》げ　→年忌《ねんき》

参考文献　圭室諦成「葬式法要の発生とその社会経済史的考察」(日本宗教史研究会編『日本宗教史研究』所収、一九三三)、奈倉哲三「近世後期真宗法事の実態と意義」(『仏教史学研究』三五ノ一・二、一九九二)　(蒲池　勢至)

ぼうし　帽子　かぶりものの一種。江戸時代、女子のかぶりものとして発達し、揚《あげ》帽子・野郎《やろう》帽子・綿《わた》帽子などの種類がある。帽子は、古くは単に帽と呼ばれ、烏帽子《えぼし》

など、もともとは布で頭を包むものの総称であった。揚帽子は、一名、角隠《つのかく》しと呼ばれ、表は生絹《きぎぬ》(白)、裏は紅《も》絹《み》でつくられ、現在も結婚式に花嫁が島田髷の上にかぶっている。江戸時代には、浄土真宗門徒の婦人が、報恩講に黒の角隠しをかぶっていた。野郎帽子は、江戸時代、歌舞伎の女形役者が、前髪を剃った月代《さかやき》の部分を隠すために考え出されたもので、多くは紫縮緬《ちりめん》などでつくられていたので、紫帽子と呼ばれた。ほかに、帽子の四隅に鉛を入れて、安定するように作られたおもり帽子・やでん帽子がある。また沢之丞帽子・瀬川帽子・あやめ帽子・水木帽子など当代の人気役者の名前で呼ばれる帽子もあった。綿帽子は綿製のもので、室町時代から行われ、うこん・浅黄などの染綿で作ったものであったが、一般に、花嫁が結婚式にかぶるものは、広く白の綿帽子が用いられた。なお、農山漁村では、藁《わら》・藺草・海草などを材料にして、兜形や片袖形に編み、頭から上体をおおうように作った蓑《みの》帽子や茣蓙《ござ》帽子などが用いられた。しかし、明治以後、帽子といえば、もっぱら西洋式の帽子をさすことになった。

(宮本　瑞夫)

〔参考文献〕宮本馨太郎『かぶりもの・きもの・はきもの』(『民俗民芸双書』、一九六八)

ぼうじぼううち　ぼうじ棒打ち　北関東で八月十五夜・十三夜、あるいは十日夜《とおかんや》(十月十日)に子供たちが家々をまわり、庭先で藁の束を打つ行事。その藁束を栃木県東部地域ではボウジボ、西部地域では藁鉄砲という。藁束の鳴りをよくするために藁束の芯にオガラ(麻幹)を入れる場合がある。打ち終ったボウジボは柿の木に吊す。こうすると柿の実がよくとれるという。十五夜・十三夜は、栃木県下全域で行われるが、十日夜の場合は南西部地域のみである。ぼうじ棒を打つ際に「十五夜のワラデッポウ、大麦あたれ、小麦あたれ、三角畑の蕎麦あたれ」とか「大麦小麦よくあたれ、大豆も小豆もよくあたれ」などの唱え言をいう。西日本の亥子づきと対比される。

→亥子《いのこ》　→藁鉄砲《わらでっぽう》

(柏村　祐司)

〔参考文献〕尾島利雄・山中清次『栃木県の年中行事』、一九七九

ほうしゃかいがく　法社会学　sociology of law(英)、Rechtssoziologie(独)の訳語。法と社会の相互関係を社会諸科学の方法により探求する学問。法社会学は、十九世紀末から二十世紀の初めに、一方ではマルクス、ヴェーバー、デュルケムという巨視的な社会学形成のなかで、他方では法律学内部の自由法運動の影響のもとでエールリッヒ「生ける法」の探求を目的として、その形成が位置づけられた。日本の法社会学は、第二次世界大戦後に、近代化・民主化された法制度と社会の現実との乖離が問題とされ、日本社会の民主化・近代化という実践的な課題を担って、活発な活動が行われた。特に、川島武宜や磯田進らによる村落構造の「型」の問題や家族制度の研究は民俗学をはじめとする社会諸科学に大きな影響を与えた。家格制と無家格制、家凝集型と家拡散型、身分階層制の概念は法社会学から提唱されたものであったし、姉家督相続や末子相続などの相続慣行や養子などの家族慣行の調査も積極的に展開した。

(森　謙二)

〔参考文献〕川島武宜「法社会学と民俗学」(『川島武宜著作集』一所収、一九八二)、北条浩「民俗学と法社会学—柳田国男と川島武宜の家族制度論に関連して—」(『秋田論叢』一一、一九九五)

ほうじょう　方丈　禅宗の寺院住職の居間、一丈四方(四畳半より少し広い部屋)の居室、また禅宗寺院住職を呼ぶ敬称。方丈はインドの在家仏教徒であった維摩居士が一丈四方の部屋に多くの人を入れた故事にちなむ。そこから禅宗の寺院建築で本堂・客殿・住職居室を兼ねるものを方丈ともいい、丈室ともいった。転じて仏教徒の小庵や住職の居室をも方丈と呼ぶようになった。鴨長明の『方丈記』はそこで記された随筆という意味である。

(門馬　幸夫)

ほうじょうえ　放生会　肉食を禁じた仏教思想に基づき、仁愛を示すものとして国家の主導のもとに魚や鳥を解き放って生を全うさせる仏教儀礼。殺生禁断と同義的な意味をもつ。河川や神社・仏寺の放生池で、六斎日、国家法会、天皇の病気平癒、葬送・忌日法会などに際して実施され、のちには民間でも河川や神社・仏寺で行われた。『梵網経』や『金光明経』に作善の一つとみえ、中国では、唐の粛宗の七五九年(乾元二)に州郡八十一ヵ所に放生池を掘ったことが知られる。日本では、『扶桑略記』に敏達天皇七年にはじめて行なったとあり、六七六年(天武天皇五)諸国に放生を行わせ、六八九年(持統天皇三)に行なったことが、静岡県浜松市の伊場遺跡から出土した木簡にみえる。六九七年(文武天皇元)八月の天皇即位に詔して、毎年諸国放生を行うと定め、七二六年(神亀三)六月には元正太上天皇不豫に際し、諸国で放生せしめるなど、国家行事としてしばしば行われた。特に八幡信仰と習合して、七二〇年(養老四)宇佐大神の託宣により放生が行われ、山城国の石清水八幡宮では八六三年(貞観五)より毎年八月十五日に行われ、九四八年(天暦二)勅祭となり、九七四年(天延二)に節会に準じた。中世になると、淀川・宇治川・琵琶湖をはじめ諸国の河川で、放生と殺生禁断が行われた。石清水八幡宮では一四八三年(文明十五)に中絶したが、一六七九年(延宝七)に再興、一八六八年(明治元)以降は、新暦九月十五日に石清水祭と名称を変更して行われている。

(西口　順子)

〔参考文献〕『石清水八幡宮史』二、一九三六、伊藤清郎「石清水放生会の国家的位置についての一考察」(『日本史研究』一八八、一九七八)

ほうそう　疱瘡　きわめて伝染力の強い急性伝染病で、日本では奈良時代より多くの死者を出してきた代表的な疫病の一つ。天然痘ともいった。医学的にはウイルスによる接触伝染が主であるが、間接に物体・空気を介しても伝染する病気。一九八〇年(昭和五十五)にWHOに

より疱瘡の撲滅宣言が出され、現在では過去の病気となっている。疱瘡はもっとも恐れられた疫病であり、また同時に疱瘡神・疫病神としてまつられる神でもあった。疱瘡の発生要因として天罰・毒気・気運・時候また胎毒などが考えられ、根本原因は疫病神の怒りや祟りと考えられてきた。したがって、対処は恐ろしい疫病神（疱瘡神）をまつりあげ、追放することであった。そのための方法として疱瘡神送り・疱瘡流し・道切り・疱瘡踊りなどの祭行事が、ムラぐるみで盛んに行われた。疱瘡神信仰とその祭行事は、全国的に行われていた。種痘が実施されるようになり、疱瘡が消えた後になっても種痘時にその祭が行われた。家々では、疫病神に来訪無用を告げるための行為として戸袋に「子供不在」と書いた張り紙をしたり、疱瘡神を退治したと信じられた鎮西八郎為朝の赤絵を貼っておくなどした。患者の周囲を、赤づくめにする魔除けの呪術や祈願が行われた。また、疱瘡では穢気不浄が特に忌み嫌われ、空気の清浄を保つ、悪臭を避ける、不浄な人の出入りを禁じる、食物禁忌を守るなどの注意が払われた。また、房事を慎むなど家族ぐるみで疫病に対処した。 →疫病《えきびょう》 →疫病神《えきびょうがみ》 →伝染病《でんせんびょう》

（大柴 弘子）

参考文献 草川隆「疱瘡神送り」（『日本民俗学』五ノ二、一九五七）、『日本の民間療法』、一九七六・七七、ハルトムート＝ローテルムンド『疱瘡神―江戸時代の病いをめぐる民間信仰の研究―』、一九九五

ほうそうおくり 疱瘡送り 疱瘡の流行を終らせようとする儀礼。疱瘡は子どもにとってもっとも恐ろしい病気の一つであった。千葉県印旛郡で、一八七〇年代ごろまで疱瘡囃子というものが行われた。疱瘡の流行のときに子どもや婦人たちは神社に集まって、万燈を担いで夜の村を囃して歩いたという。また、茨城県桜川村阿波の大杉様の面をかぶって、笛と太鼓で囃しながら村中を踊ってまわるという伝承もある。いずれにしろ、恐ろしい病気をもたらす神を鎮めて送る儀礼である。このような鎮送の呪術が、明治以降の種痘の際にも受け継がれた。群馬県では種痘がすんだ後で、家の戸口に赤い注連縄を張り、一～二週間目に赤い御幣を膳にのせ、赤飯を添えてお堂や道のかたわらに出し、または藁馬に御幣をつけ赤飯を供えて送る。これをユナガシと呼ぶ。桟俵に赤い御幣を立てたりするのは、疱瘡の発疹を示すのであり、これを儀礼的に送り出すことが病気からの回復をもたらすと信じたのであろう。このような呪法が疱瘡祝いと称して成長の祝いとなっている場合もある。

（紙谷 威広）

参考文献 紙谷威広「福神と厄神」（『講座日本の民俗宗教』三所収、一九七九）、宮田登『江戸のはやり神』（「ちくま学芸文庫」、一九九三）

ほうそうがみ 疱瘡神 疱瘡送りなどの儀礼で鎮めて送り出された神。疱瘡をもたらすと信じられ、恐れられた。また、人間の姿で出現し歓待を受けると疱瘡から守ってくれる福神に転化したものもある。疱瘡は種痘などの近代的な治療法が行われる以前はもっとも恐れられた病気の一つであり、多くの被害をもたらしていた。特に、伝染性の強い病気であるために、山に疱瘡小屋を作って隔離するなどの方法もとられたようである。さらに、積極的な治療の手段としては疱瘡送りなどの呪法が信じられてきた。これは病気の原因が災いをもたらす悪神にあるとされたものであり、その神を歓待して、災いを鎮めて異界に送り返せば、病気が治ると信じられたからである。茨城県桜川村の阿波の大杉明神（アンバサマ）とか福島県浪江町津島の牛頭天王《ごずてんのう》などがこれらの悪神の代表的なものである。また、これらの悪神を追い返すためにより強力な神として鍾馗の画像とか大草鞋を飾るなどの呪法も行われていたようである。しかし、近世の随筆類などには、異形の老人などを歓待した人が、疱瘡から守られるお札を授かったなどの話がしばしばみられる。この場合には、門口などに「軽部安右衛門宿」とか「紀州池上紀右衛門子孫」といったお札を張ることも行われた。これは、人の姿で出現した疱瘡神を饗応したために、疱瘡除けの呪法として授かったものだと伝えられてきた。本来畏怖すべき神が饗応や歓待によって福徳神化したものである。

（紙谷 威広）

参考文献 紙谷威広「福神と厄神」（『講座日本の民俗宗教』三所収、一九七九）、大島建彦『疫神とその周辺』（「民俗民芸双書」、一九八五）、宮田登『江戸のはやり神』（「ちくま学芸文庫」、一九九三）

ほうそうがみおくり 疱瘡神送り 年越の供物のなかに疱瘡神への供物があり、その供物を早々に送り出す行事。疱瘡が流行したときにこの神を送り出す例もあるが、それとは別に、時を定めてこの行事がある。奈良県では、年越の夜に辻へ出て疱瘡神を迎え家に招き入れ、三箇日の間箕に供物を入れて供えた後、人目につかないよう川へ流して送り出す。山形県では、年越に当主が盛装をして橋の袂へ行き、厄病神を家まで迎え入れ、いちいち言

疱瘡神送り（宮城県七ヶ宿町）

葉でもてなしを伝えて一夜の宿をし、元日の早朝供物を橋まで持って行って流し、人目につかないようにして引き上げる。正月の神を迎えると、一緒に疱瘡神なども迎え入れることになり、それに供物をして送り出してしまい、新しい年に流行するであろう疫病を避けようとする行事であろう。

参考文献 大島建彦「信仰と年中行事」（『日本民俗学大系』七所収、一九五九）
（三崎 一夫）

ほうちょう 庖丁 惣菜の調理に用いる刃物のこと。包丁とも書く。刺身庖丁・出刃庖丁・菜切り庖丁などいろいろな種類がある。一般に菜切り庖丁は両刃・割込み刃金で作るが、刺身庖丁・出刃庖丁などは片刃・付け刃金である。家庭でもっとも多く用いたのは菜切り庖丁で、惣菜の刻みなどに使用し、農家ではカテキリをつくるために必要不可欠であった。魚介の干物・鰹節などの産地では、大量に開きや三枚卸しの加工を行なったから、それぞれ専門の庖丁が生まれ、また、店の蕎麦切り・うどん切りには特別に幅の広いものを用いた。庖丁はもとは調理人そのものを表わす用語であったが、やがて、仕来りに従う儀礼的な調理を行う時に、調理人が用いる刃物を指すように変わり、金串・俎と一組のものとなり、のちに食物調理に使う刃物一般を示す呼称になった。調理人にとって、庖丁さばきはもっとも重要な技術の一つであったから、庖丁は大切な所持品であるとともに、かれらの自負心を示すものでもあった。こうした調理人が使う庖丁は阪南・堺が近世以来の特産地として知られる。農家や家庭で用いるものは町場の庖丁鍛冶が作っていたが、近年は福井県武生・新潟県三条のような刃物産地で量産するようになった。庖丁は、このほかに吉野の林業地で樽丸、クレ、コバ作りに用いる鉈の呼称でもあった。
（朝岡 康二）

ホウヅケ ホウヅケ 神奈川県津久井郡・愛甲郡周辺で、負債整理の方法のこと。津久井郡あたりの負債整理法にホウヅケとハナゲエシバイがあった。ホウヅケはタタキともいわれ、競売のことで家屋を投げ出したという形をとって債権者を納得させる方法であった。愛甲郡愛川町半原では借金でやりくりがつかなくなると、ホウヅケとかタタキともいって、親類のおもだった者からムラの口ききに頼んでもらって生活に最低必要なものを除いて競売をしたという。ハナゲエシバイは債権者を客に招き、芝居を見せて借金を棒引きにする方法で、芝居小屋の正面桟敷を主座にして酒肴を用意し、債権者の席を設けるので、債権者は祝儀として借金の証文を包んできた。

参考文献 和田正洲『日本の民俗神奈川』、一九七四
（鈴木 通大）

ぼうねんかい 忘年会 一年の労苦を忘れるために年末に催す宴会。サラリーマン社会が日本の基層をなしたのちに行事化されたものであり、その歴史はさほど古くはたどれない。江戸の風俗を描いた『東都歳事記』（一八三八）や明治のそれを描いた『東京年中行事』（一九一一）などでは、その項目を拾うことはできない。しかし、近世の武家社会や町人社会に定着していた御用納めのあとの小宴会がその日にかぎらず単独の行事と化した、ということはいえるであろう。そのきざしは、すでに明治期の役所で生じたが、まだ忘年会とはいわず納会といわれた。忘年会という言葉が一般化するのは、ラジオで「年忘れ歌謡メロディ」とか「年忘れ演芸会」などが流行しだした第二次世界大戦後のことである。特に、高度経済成長期の一九五〇年代から六〇年代にかけてサラリーマン人口は急増の一途をたどり、やがて一億総サラリーマン化といわれる時代になった。それにつれ、忘年会のみならず、新年会・歓迎会・送別会といった類の宴会の発達をみた。昨今の忘年会の平均的なかたちは、大衆的な料理屋の座敷で料理を囲み、酒をくみかわし、おしゃべりやカラオケに興じるというものであろう。その場合、時節柄、圧倒的に人気の高いのが鍋料理である。かつては、座敷での無礼講のドンチャン騒ぎが多かったが、昨今は、中華料理店で円卓を囲んだり、瀟洒なカフェバーやレストランなどでの立食パーティー形式もみられるなど、そのかたちが多様化している。

参考文献 高田公理『ああ、花のサラリーマン』、一九七五
（神崎 宣武）

ぼうのて 棒の手 愛知県の尾張と三河の旧国境を中心に分布する、棒や真剣を使って相対する芸能。岐阜県多治見市小木にも伝わる。この地方の神仏に奉納する芸能として、江戸時代後期から大いに流行した。棒と棒や木刀で打ち合うことを表型とし、現在のように裏型の真剣が主流になるのは明治時代になってからである。その発生は定かでなく二つの説がある。一つは棒を打ち合う呪術的な作法から、もう一つは戦国時代における自衛のための農民武術からである。その棒の手の伝播と普及には修験者である山伏が大きく関与して流派が生まれ、他の武術のように免許皆伝者には巻物が与えられた。流派も二十余りに及ぶ。棒の手は、氏神や熱田宮など特定の社寺へ飾り馬を奉納する馬の頭《とう》と関係が深い。その大掛かりなものを合宿・合属と呼び、馬の頭の警固として、その隊列に棒の手も加わっていた。しかし、もともと別々に行われていたものがのちに、対になったと思われる。その演技は、必ずその最初に塩振りが場を清めてから、定められた型により二、三人で立ち合う。棒・木刀のほか、青竹・刀・長刀・槍・長柄の鎌・笠などを組み合わせて演技をするのである。分布の西端である海部郡弥富町境では、男根を採物にするなど、ほかでは見られない演目もある。さらに、知多半島の大御堂寺では、盆の行事、柱松の下で棒の打ち合いをした。これらは流れが一様でなかったことを物語っている。棒の手は、文化・文政期まで棒および棒術と記録に表記していたが、一六三六年（寛永十三）の『熱田万句』にもみられ、一般では早くから棒の手と呼んでいたのであろう。それは見せる棒

棒の手（愛知県尾張旭市）

の芸能に変化したことを示すものと思われる。

参考文献　鬼頭秀明編『馬の頭と棒の手』、一九六八、愛知県棒の手保存連合会編『愛知の馬の頭と棒の手沿革誌』、一九九三　（鬼頭　秀明）

ほうもん　訪問　交際の方法の一つで、他家を訪れて祝意や弔意・感謝・慰労・謝罪などの意をあらわすこと。訪問には、盆・正月などの年中行事や冠婚葬祭、新築などの取り込みごとに際して行われる儀礼的な訪問と、これ以外の日常的な訪問とがある。儀礼的な訪問では、訪問の日時や時刻・服装・挨拶の言葉などその時々に定まった作法があり、こうした作法にのっとった正式の訪問をその目的や機会にちなんで正月礼・仲人礼など〇〇礼と称する。日常的な訪問の際にも手土産を持参し茶菓の接待を受けるのが通例となっているが、とりわけ儀礼的な訪問では特定の贈答品を携えていくのがならわしとなっており、訪問を受ける側ではこれに対して酒食でもてなし、返礼の品を贈る。年始の餅、盆礼のサバ・素麺・小麦粉などはその代表的な例であり、中元や歳暮、各種の見舞などの贈答品もみずから携えて訪問するのを正式とする。年始に訪れたものにクイツミ、テカケなどと称する食物を盛った盆を差し出して挨拶を交わす地方があるが、これは酒食の接待を形式化したものと考えられ、共食が訪問の重要な要素であったことをうかがわせる。また、訪問することを挨拶にいくともいうように、挨拶は訪問の際最も重視される作法で、その場に応じた適切な挨拶や口上を述べることが礼儀とされている。訪問の相手は、それぞれの機会によって異なり、たとえば葬儀への会葬は広い範囲に及ぶが、婚姻や出産に伴う訪問や、年始・盆礼などでは婚家・実家、本家・分家、仲人、近隣、村内などが中心となる。生活圏の拡大と郵便・電話などの通信手段の発達に伴って、訪問から書面や電話でのやり取りへと交際の方法はかわりつつあるが、それでもなお訪問は最も格式のある、または互いの親密さを表わす交際方法と考えられている。　→年始《ねんし》　→本家礼《ほんけれい》　→盆礼《ぼんれい》　→見舞《みまい》

参考文献　郷田洋文「交際と贈答」（『日本民俗学大系』四所収、一九五九）、和歌森太郎「日本人の交際」（『和歌森太郎著作集』一二所収、一九八二）　（中込　睦子）

ぼうや　棒屋　天秤棒や鍬柄・鋤柄などの柄物、荷車や荷鞍などを加工する職。主に製作する用具によってボウヤ、ヘラヤ、ヒラヤ、ホロヤ、柄屋、車屋などと呼んだ。農具や山樵用具などに堅牢なカシを使うことから樫木屋とも呼ぶ。主にカシを用いるが天秤棒や牛の首木にはやわらかくてねばりのあるムクを使うように、用途にあわせて素材を選び、木取りした荒木は納屋などで二、三年乾燥させ、くるいがないようにしてから加工した。

参考文献　印南敏秀「南山城の樫木屋」（『民具研究』七五、一九八八）　（印南　敏秀）

ほうらいじでんがく　鳳来寺田楽　愛知県南設楽郡鳳来町鳳来寺で行われる修正会の芸能。山頂近くの岩山を背に本堂があり、峰の薬師如来がまつられるが、この薬師に豊穣を祈願する祭として行われる。芸能の歴史は古く、鎌倉時代末期には現在に繋がる呪師《しゅし》芸《げい》や田楽・猿楽の芸能を勤めたという。本来は正月三日が常行堂会、十四日が修正会で、万歳楽を謡い、獅子舞・田楽などを奉納したが、修正会の十四日には堂内で流鏑馬《やぶさめ》や弓納めの式、赤・青・黒の三鬼が招福除災の鬼踊りを演じ、観衆は松明をかざして暁方まで賑わったという。第二次世界大戦後、二つの会式を併せて田楽祭の呼び名で正月三日の挙行とした。庭の芸能もすべて堂内の芸に改め、鬼舞も廃されたが、王鼻面を付けた年男、稚児舞が、伝統の型を見せている。芸能の最初に九度という楽合わせがあり、笛の調子で三三九度の数をかぞえたあと、神讃め、土地讃めの詞章を非常な早口で唱える。舞は五番の舞（順の舞）から四天師（稚児舞）など十八番の獅子舞（年男の獅子伏せ）までを昼前に終了し、午後からは田遊びに入る。溝さらい・種子播き・水口祭・鳥追いの所作、生業《なりわい》を祈願する詞・歌を唱え、次にほこ楽（ぼこ遊び）で男根を持って三三九度の豊穣予祝を見せる。三三九度は祝芸の基本で、神仏と人との誓いの型であり、舞の所作を動作・回数・方角を基準に三回ずつ繰り返すことで、この舞では採物《とりもの》の位置・所作を変えて、前進後退を三度ずつと、正面から東西へと三度ずつの、二通りの型を見せる。祭はこのあと二十二番の弓納めで、馬役の上に年男が乗って、田畠・生業の安穏を唱え、最後に矢羽を白紙でつくった弓

鳳来寺田楽

を射て終える。

参考文献　新井恒易『中世芸能の研究』、一九七〇

（武井　正弘）

ほうり　祝　神をまつり祭祀に従事することを職掌とする人々。ハフリともいう。文献上では、古代以来の神職名称の一つであり、祝部ともいい、一般には禰宜の下位に属した。原義は祓う・放り・葬り・屠りとされる。羽振にとる場合は、神前で衣の袖を振り、舞を奏したことに因むとする。仏教導入以前に神をまつる者をハフリといい、葬儀にも参加して生と死の双方を引き受けていたと推定する説もある。諏訪大社には大祝《おおほうり》・権祝・擬祝・副祝《そえのほうり》などの職名があった。上社神官の大祝は建御名方《たけみなかた》神の化現と信じられ、神に奉仕するとともに生き神であった。中世以来神《みわ》氏と称され、一族が地位を世襲して明治時代に及ぶ。天皇家や出雲国造家とともに高い権威を維持してきた。建武年間（一三三四―一三三八）までは、大祝は八歳の童子が厳重な潔斎精進を経て、鶏冠社《かえでのやしろ》のヒイラギの樹の下の巨岩で神降ろしする即位式を経て地位についた。諏訪と関係の深い阿蘇神社には一の祝から十祝《はふり》に至る職階があり国造祝・金凝祝《かなでのはふり》がいた。伊予一の宮の大三島社にも大祝職があった。古代では諏訪・阿蘇・伊予の祝は国造の血筋で、祭政一致の様相をとどめていた。現在ではやや低い地位を表わすことが多い。宮崎県西都市の銀鏡《しろみ》神楽に奉仕する祝子は神職に比べて下位にある。南九州や伊豆七島で、村の神職や年番神主をホーイ、ホイドン、ホッドン、ホリというのはこの転訛である。

↓神主《かんぬし》　↓神職《しんしょく》　↓法印《ほういん》

参考文献　柳田国男「日本の祭」（『柳田国男全集』一三所収、一九九〇）、金井典美『諏訪信仰史』、一九八二

（鈴木　正崇）

ほうろく　焙烙　穀類など直接火にかけられない食材を器に入れて焼くための道具。炮烙・炮碌とも書き、炒り鍋ともいう。食物の加熱方式に焼く・蒸す・煮るなどがあり、炒るは、「焼く」の一方法。煎る・熬るとも書き、中世には煎盤《せんばん》、近世には煎り鍋・煎り熬羅《ごうら》ともよんだ。焙煎《ばいせん》も液体を介さずに器の中で間接的に焼く方式の呼称である。底の平たい素焼きの土器が古来用いられてきた。把手つきのものと、ただ平たくわずかに窪み、低い縁《へり》のついたものがもっとも広く使われた焙烙の典型で、浅く広いので浅鍋ともよんだ。ゴマを炒るとパチパチはねて飛び出してしまうので、土製の袋状にかたちづくったものをゴマ炒りといい、焙烙の変型である。餅を細かく切って炒り、おかきをつくる金網製のものが近代には用いられるようになった。炒り豆・炒り米など炒るという調理は簡単なため、昔は今日の調理体系におけるよりも大きな位置を占めており、どの家にも必ず備えた台所道具の一つだった。素焼き薄手の土器であるため割れやすく、運搬中にも破損することが多いので「焙烙の一倍」といって、あらかじめ損失を見越して倍の値段にして売っていた。割れやすいものの代表が炮烙だったので、厄落しにわざと炮烙を割る炮烙割りが行われた。また、急に気分が悪くなったり熱が出たりすると、悪さをする神とすれ違ったとされ、箕であおぐか、炮烙をかぶせるとよい、といわれた。「焙烙は世の商売の惣領なり」といわれるまでに、よく流通し、消耗もはげしいので大量生産された。現代の台所に焙烙が見られなくなったのはフライパンで代用することになったからである。焙烙は各地で生産されたが、河内の埴田《はんだ》焙烙が名を残している。愛知県高浜市や半田市がもっとも最近まで続いた産地であった。

神奈川県平塚市蓮昭寺の焙烙灸

（山口　昌伴）

ホオズキ　ホオズキ　ナス科の多年草で初夏に白い花が咲いた後、赤い袋状の萼《うてな》のなかに小さな赤い実をつける。果実を観賞したり、よく熟した果実をもみ、種とネヤマノネホヅキという芯を取り出し中身を空にし、口の中にいれて音を出して遊ぶ。長く伸びた根は漢方で酸漿根《さんしょうこん》と呼ばれ、茎葉とともに咳止めや利尿・解熱・頭痛・腹痛などの薬として江戸時代には特に多く用いられた。また、子宮緊縮作用があることから、根を子宮に入れて堕胎剤に使うこともあった。現在はタンバホオヅキが栽培されることが多いが、黄色の実をつけるショクヨウホオヅキは生食や砂糖漬けで食べる。『古事記』にはアカカガチの名で登場し、八岐大蛇《やまたのおろち》と猿田彦大神の目にたとえられている。タンバホオヅキが品種改良され作り出される以前は、マハツブ（イガホオヅキ、オニホオヅキ）と呼ばれる野生のホオヅキが使われていたが、これは萼が実の全体を覆い隠すような袋状にはならない。そこで昔話では、丹念で辛抱強く苧を績み着物を縫い上げた姉のホオズキと、ずぼらで寸足らずの着物しか仕上げられなかった妹のマハツブの対照的な性格が語られている。ホオズキはその形状から、キキョウの花と同様に霊が宿りやすいと考えられ、七夕や盆には庭先や仏壇に飾られる。七月十日は東京浅草の浅草寺の四万六千日の縁日（ホオズキ市）で青ホオズキが売られ、ホオズキを土産に買って帰り煎

じて飲むと、子供の虫封じや女性の癪によく効くという俗信がある。また、元日の朝にホオズキを食べると腹痛や脚気《かっけ》にならないという俗信もある。

参考文献 柳田国男「マハツブの話」（『柳田国男全集』二三所収、一九九〇）、同「地梨と精霊」（同二四所収、一九九〇）

（古家 晴美）

ホーバイ ホーバイ 三重県や愛知県で漁村に発達した寝宿（ネンヤ・ヤド）を同じくする若い衆仲間をいう。ホーバイとして寝宿で寝泊まりするのは、同年を中心とした気のあった者三〜十人くらいであり、ともに娘遊びに出かけ、結婚の時は互いに応援をした。結婚後も宿親（ネヤオヤ）の名前を付けて○○ヤゴ・○○組という会を作り一生結束を守り、配偶者も巻き込んで冠婚葬祭や集団労働の際には重要な互助協力の組織となった。→ネンヤ

参考文献 平山和彦・宮原兎一「青年の社会生活」（和歌森太郎編『志摩の民俗』所収、一九六五）、川島武宜「イデオロギーとしての家族制度」（『川島武宜著作集』一〇所収、一九八三）、竹田旦『兄弟分の民俗』、一九八九

（服部 誠）

ほかい 行器 食物を入れて運ぶ容器。外居とも書く。大名家などが用いた行器には、漆塗りで蒔絵の施された立派なものがある。千葉県の香取神宮の十一月三十日の大饗祭は、別名行器祭といい、三十三個の行器に供物を盛り、東国三十三ヵ国の神に供える神事が行われる。この行器は、真菰を鞠のように編んだ真菰行器（巻き行器）である。民間では、おもに冠婚葬祭のときに親戚が赤飯を贈るときに用いられている。二つを一組として数えることが多く、赤飯一駄といえば、赤飯を行器二つに入れたものをさす。地域によっては、呼び名が異なり、ハンダイとかダイカイなどとよぶところもある。俗に、行器の外側に脚が三ヵ所ついているのでホカイ（外居）だという説があるが、本来はホガウための食物を入れたところからきたのだろうといわれている。柳田国男は、ホガウとは神霊に食物を供えること、特に盆に、先祖をまつる墓への手向けであるという。→シントコ

行器 神奈川県秦野市のダイカイ

参考文献 柳田国男「先祖の話」（『柳田国男全集』一三所収、一九九〇）、亀井千歩子『日本の菓子―祈りと感謝と厄除けと―』（『東書選書』一四〇、一九八六）

（山崎 祐子）

ほかいびと ほかいびと 神霊を収めた箱を携え、寿詞を唱え祝福芸能を演じながら集団で諸国を廻り歩いたとされる芸能者。『万葉集』などにもみえる語で、折口信夫は巡遊伶人とも名付けた。大和朝廷の地方支配によって本貫を失った地方の語部の漂泊流浪がほかいびとの発生を促したとされ、叙事詩や歌を撒布する集団となった。中世に入ると寺社に隷属し、神人や声聞師となってその信仰を布教し、また千秋万歳などのことほぎの芸能の担い手となった。人形遣いの傀儡子もほかいびとの一種といえる。

参考文献 折口信夫「国文学の発生（第四稿）―唱導的方面を中心として―」（『折口信夫全集』一所収、一九六五）

（保坂 達雄）

ほかけ 穂掛け 稲の刈りはじめに初穂をすこし刈り、それを屋外の田の隅に掛けたり、屋内の柱に掛けたりする行事。収穫祭の最初の行事で、ホカケとかカリカケ、カケボ、カリソメ、ワセツキなどと呼ばれる。ホカケは西日本にひろく分布しているが、カリカケは長野県や新潟県、群馬県などにみられる。八朔（旧八月一日）や八月十五夜、秋の社日、二百十日の風祭などに行われ、初穂をすこし刈り、それを屋外の田の隅に竹やススキ、柳の枝などを立て、それに初穂を掛けたり、あるいは屋内の柱に掛けたりして、田の神や荒神、地神をまつるところが多い。こうした行事は、南島でもひろく行われている。奄美大島や徳之島では、穂掛けは旧六月の行事で、イネシキマとかシキョマ、シキュマと呼ばれる。奄美大島南部の加計呂麻島では、ウチキヘーとかウチケヘーと呼ばれ、家々では田に出かけて、初穂を二、三本刈り取り、それをモミのまま、あるいはモミをむいて古米に入れ、ご飯を炊いて先祖に供え、残った初穂を床柱か中柱にさげておく。沖縄本島や八重山の島々では、シツマ、シチマ、シキョマ、スクマ、シュクマーと呼ばれ、女性祭司がウタキとかウガンと呼ばれる聖地で豊作祈願を行うが、家々でも初穂を二、三本刈り取り、それをカマドや床柱に掛け、新米を炊いて先祖や火の神に供える。この日は、仕事をしたり、不浄なものに触れたり、稲の刈入れが禁じられている。→収穫祭《しゅうかくさい》

参考文献 井之口章次「農耕年中行事」（『日本民俗学大系』七所収、一九五九）、酒井卯作「南島における初穂儀礼」（『日本民族と南方文化』所収、一九六八）、伊藤幹治『稲作儀礼の研究―日琉同祖論の再検討―』、一九七四

（伊藤 幹治）

ほがほが ほがほが 主として東北地方北部で行われる小正月の予祝行事。ヤラグロ、アラクロスリともいう。大豆の皮、蕎麦の殻を家の周囲に撒きながら歩く。岩手県九戸郡軽米町ではホガホガといい、子供が「蕎麦糠もほがほが、豆糠もほがほが、ヤラクラ飛んで来る、銭も金も飛んでこー、飛んでこー」と声高に唱え、家の周り

を撒きながら三回まわる。同上閉伊《かみへい》郡大槌町ではヤーラスリといい、細かく切った餅とキラズダンゴ(豆腐のしぼりかすの団子)、豆の皮、蕎麦の殻を撒く。

参考文献　岩手県教育委員会編『岩手の小正月行事調査報告書』、一九六四

（門屋　光昭）

ほがり　穂刈り　⇩収穫《しゅうかく》

ほくえつせっぷ　北越雪譜　越後塩沢の文人、鈴木牧之の著書。越後の雪の民俗誌。初編三巻、二編四巻。山東京山が校訂し、一八三五年(天保六)から四二年にかけて順次刊行された。雪の気象・結晶・吹雪・なだれなどのほか、雪中の生活、産業・年中行事・祭礼・芝居・遊戯・歩行用具・橇・奇談など、豪雪地の雪に関する話題が豊かに、絵入りで克明に記されており、民俗学的価値が高い。『岩波文庫』、『校註北越雪譜』(一九七〇)、『鈴木牧之全集』(一九八三)に収録。

参考文献　高橋実『北越雪譜の思想』、一九八一

（鈴木　昭英）

ぼくせん　卜占　占いと同義に用いられることが多いが、本来は亀の甲や獣の骨を焼いて、ひびの入り具合によって吉凶を判断する占法を意味した。卜の字は亀裂を表わす象形文字である。中国の古代王朝の一つ殷の時代の遺跡である殷墟から多数の亀甲や獣骨が出土している。それらの甲骨には卜占に関する内容を刻んだ甲骨文がみられ、当時、国を治める上で卜占が重要な役割を果たしていたことが知れる。日本では、鹿の肩甲骨を用いる鹿卜は太占《ふとまに》とも呼ばれ、神奈川県や新潟県などの遺跡から出土した骨により、すでに弥生時代に鹿卜が行われていたと推定される。『古事記』には、鹿の骨を天香山の波波迦《ははか》(上溝桜)の木で焼いて占ったとある。また、大和朝廷の時代に伝来したとみられる亀卜は、神祇官所属の卜部《うらべ》が管掌した。卜部は壱岐・対馬・伊豆などから動員された。卜庭神《うらにわのかみ》(卜部神)をまつり、心身を清めて祝詞を読んで、五角形に切った亀甲の裏にあけた穴に波波迦の木を焼いて入れ、できた亀裂の状態から吉凶を判断した。今日でも、群馬県富岡市の貫前《ぬきさき》神社や東京都青梅市の武蔵御嶽《みたけ》神社などに鹿骨を用いた卜占が伝えられている。前者では、十二月八日に鹿占神事を行うならわしである。拝殿に設けられた炉に炭火をおこし、錐を焼く。それで鹿の骨に穴をあけ、その穴の大きさによって一年の農作物の作柄や吉凶を占う年占の性格をもつ。　↓占《うらな》い

参考文献　伴信友「正卜考」(『伴信友全集』二所収、一九〇七)、五来重他編『巫俗と俗信』(「講座日本の民俗宗教」四、一九七九)

（長谷部八朗）

ぼくちく　牧畜　家畜を飼って肉・乳などの生活資材を得ること。畜産とほぼ同義だが、舎内飼いする養豚や養鶏などは牧畜とはいわない。牛馬や緬羊・山羊などを広い牧場に放牧して、家畜を生産したり、成育させるのが牧畜である。中世・近世における牧畜は、牛馬など牧畜の生産が中心であったが、近代以降、肉・乳・卵などの畜産物を得る用畜の飼育が増えていった。さらに第二次世界大戦後、農業機械や自動車などの発展とともに馬や役肉牛など役畜の生産はほとんどなくなり、肉牛・乳牛の飼育が中心となっている。日本の牧場は主に地代の安い北海道・東北・中部・中国・九州などの山間部に立地している。その多くは春の雪融けとともに野火を放つ野草の牧場である。野火をつけることによって、家畜に有害なダニ類をなくし、また野草の再生力をうながしている。クローバーやチモシーなどの牧草を栽培している牧場では、野火をつけることはできない。熊本県の阿蘇山麓では、広大な野生地が未だに維持されている。寒さに強い馬のみは、積雪一《メートル》以下の牧場ならば、一年を通じて放牧できる。しかし牛や緬羊などは冬期間舎内飼いされ、干草《ほしくさ》や乾草《かんそう》が与えられる。牛馬の生産は牧野の広い山間部で、また育成・肥育と使役は中山間地帯や平坦部で行われていた。生乳を生産する酪農は北海道や東北地方に発展している。しかし日本の農家で生乳からバター、チーズを製造している割合は少ない。酪農、あるいは養豚と耕種農業を結合した混合農業が、第二次世界大戦後開拓集落や関東地方や九州の畑作地帯に発展した。しかし飼育規模の拡大とともに解体して、畜産の専業化が進んでいる。この結果、大量の家畜し尿が耕地へ還元できず、畜産公害を発生させている。　↓家畜《かちく》　↓牧《まき》

参考文献　佐々木清綱編『畜産学各論』、一九五七、近藤康男編『牧野の研究』、一九五九、市川健夫『長野県における畜産業とその発達』、一九六六

（市川　健夫）

ほげい　捕鯨　鯨類を捕獲して利用する漁業。歯クジラ類イルカ科の鯨類を対象とするものはイルカ漁業と呼ぶ。日本で回遊中の鯨類を積極的に捕獲するようになったのは中世末期ごろで、当時の捕鯨法は突き取り法と網取り法とがあった。突き取り法は綱を付けた多数の手投げ銛を鯨体に打ち込んで捕獲する方法で、一六〇六年(慶長十一)に紀州太地浦の和田忠兵衛頼元が泉州堺の浪人伊右衛門と尾州師崎の伝次の協力を得て、尾州方面の突き取りの技術を導入して組織的な突き取り法を完成させたとされている。網取り法は、その突き取り法に大型の網を併用することにより鯨体の動きを鈍くして捕獲と捕獲後の回収を確実にしようとしたもので、一六七五年(延宝三)に和田忠兵衛頼元の孫角右衛門頼治により考案された。これにより捕獲効率が高まったうえに大型鯨類の捕獲も可能になり、各地で大規模な鯨組が組織され、沿岸捕鯨とその関連産業は基幹産業にまで発展を遂げるものもあった。近代に入ると一八六四年(元治元)にノルウェーで考案された近代捕鯨法が日本にも紹介され、南氷洋を主漁場とする遠洋捕鯨が主流となった。沿岸捕鯨拠点であった長崎県・山口県・高知県・和歌山県などの出身者により日本の南氷洋捕鯨は大いに発展を遂げ一九五九年(昭和三十四)には日本の捕獲高がついに世界一となった。しかし、この間に鯨類の減少が顕著になり、一九七二年の国際捕鯨委員会において商業捕鯨の全面禁止が採択され

日本でも一九八七年から実施された。現在は南氷洋においてミンククジラを対象とした調査捕鯨が、国内では小型沿岸捕鯨が国際捕鯨委員会の管轄外の鯨種を対象に日本政府の管理下で操業を続けている。 ↓鯨《くじら》

参考文献 M・M・R・フリーマン編『くじらの文化人類学―日本の小型沿岸捕鯨―』(高橋順一訳、一九八九)

(小島 孝夫)

ぼけいせい 母系制 母系出自にもとづく社会構成をいう。民族誌的資料が報告されている社会のほぼ一四%が母系社会である。母系制の構造的特質は、成員権を共通にする女性とその子どもたちという母系の核に、その女性の夫とその女性の兄弟がどのようにかかわるかによって変差を示す。男性が聟入婚(妻方居住婚)によって女性とその子どもたちと家族生活を営む場合、この男性(夫)には子どもを儲けることと、労働によって妻方の財産を増やすことが期待される。しかし、彼は妻方財産に対する権利を一切もたず、その地位は低く弱い。妻方財産は女性が所有し、母から娘へと相続・継承される。一方、女性の兄弟は、女性とその子どもたちに対して法的権利をもち、生家の財産とその運営に助言と監督を行う。嫁入婚(夫方居住婚)によって女性とその子どもたちが男性のもとで家族生活を営む場合、男性(夫)は自己が所有権をもつ母系財産を運用して妻子を養うが、子どもとは出自を違えるため、その財産を息子に譲ることができない。この場合、男性の財産は姉妹の息子に相続・継承される(オジ―オイ相続)。相続財が農耕地の場合、相続のため息子は父を離れ、母方オジのもとへ赴く。いずれの場合でも、母系制のもとでは「母―子ども」および「母の兄弟―姉妹の子ども」の絆が強調され、「夫―妻」および「父―子ども」の絆は相対的に弱く不安定である。 ↓出自《しゅつじ》

参考文献 中根千枝『家族の構造―社会人類学的分析―』、一九七〇、清水昭俊『家・身体・社会―家族の社会人類学―』、一九八七

(加藤 正春)

ぼけん 母権 女性による支配を意味し、これによって解釈しうると思われたあらゆる社会的、文化的現象。人類史の初期に、無秩序で自由な性交渉(乱婚制)の時代の次に出現し、やがて男性による支配(父権)の時代へと発展したとされた。母権は、たとえば、家族レベルでは母や娘、姉妹の優越としてあらわれ、祭祀レベルでは女性の宗教的卓越の形をとるなどと論じられた。今日では歴史的事実としては否定されている。

参考文献 J・J・バッハオーフェン『母権論―古代世界の女性支配に関する研究―』一―三(岡道男・河上倫逸訳、一九九一―九五)

(加藤 正春)

ほこちょう 鉾町 京都の祇園祭で山や鉾を出して巡行に参加する町。現在三十二ヵ町。祇園祭には鉾町が独自に行う行事が多く、町衆《ちょうしゅう》を主体とするこの祭の特色をよく示している。各町は通りに面した二階屋の町会所をもち、山や鉾の組立・飾りつけをはじめ、神事の寄合、囃しの練習などを行う。平素は会所の蔵に諸道具を保管する。京都では碁盤の目状になった道路に面する両側の家が町内で、亀甲形をした小さな単位の社会である。また、鉾町は下京・中京一帯に広がる八坂神社氏子区域のごく一部である三十二の町々である。このため特定の氏子町が鉾町の手伝いをする慣行があり、鉾町を親町《おやまち》、手伝いをする氏子町を寄町《よりまち》という。 ↓祇園祭《ぎおんまつり》

参考文献 柴田実「祇園御霊会」(『御霊信仰』所収、一九八四)

(伊東 久之)

ほこら 祠 神をまつる小規模な社殿。小祠《しょうし》ともいう。ほくら(神庫)の変化した語。叢祠・秀倉・禿倉・宝倉・穂椋なども表記する。『日本書紀』に「神倉、此を保玖羅といふ」(原漢文)とあるように、本来は神宝などを収めるための高床の建築物を指していたらしいが、中世になると神社にまで至らないような小さな社を意味するようになってきた。祠にまつられる神は、特定の神社の管理にも属さないような民間信仰的な性格を持ったものが多

福島県小高町益田嶺神社境内の祠
(手前が藁製の祠、奥が木造の祠)

い。社殿の形態も神社の社殿と同じ形をしたものから屋根を葺いただけの簡素なものまでさまざまあり、材質も木造・石造・瓦、あるいは藁のような植物性のものと多様である。祠そのものはそこにまつられる神の名で呼ばれることが多く、まつる神の種類はきわめて多岐にわたる。伊豆大島のイボッチャ、関東地方のワラホウデ、ホウデあるいは福島県のワラホウデン、宮城県仙台地方などでいうオフクラサマなどはいずれも藁製のもので、祠そのものを指している語と思われる。これらはいわゆる屋敷神で、祠そのものは新藁を用いて作り、中に幣束をおさめる。こうした藁製の祠は恒久的なものではなく、祭の時だけに使われる臨時の社殿といえようが、神は常在するものではなく、祭のたびに去来するものと考えられていたとすれば、藁製の社殿は神の社としての本来の意味を持ち、伝えているものといえよう。 ↓ワラホウデン

参考文献　岩崎敏夫『本邦小祠の研究』、一九六三、西垣晴次「民間の小祠」(『日本民俗学講座』三所収、一九七六)、岩崎真幸「民間信仰の課題と方法、小祠信仰」(圭室文雄・宮家準・宮田登編『民間信仰調査整理ハンドブック』上所収、一九八七)　(岩崎　真幸)

ポサル　ポサル　菩薩の韓国・朝鮮語読み。本来、仏道を求めて修行する人をいうが、観音菩薩・地蔵菩薩などのほかに韓国では、女性の仏教篤信徒、尼僧、女性祈禱師などをさす。在日韓国・朝鮮人社会では、一般に仏教とシャーマニズムの両要素をもつ女性の祈禱師をさす。占いによって顧客の悩みの原因を特定の死者の恨み(ハン)と判断し、それを解くために祈禱・供養ないしクッを行う。関西では生駒山系あるいは大阪市内の集住地域に寺をもつポサルもあり、あるいは住居に赤い卍のマークを張り出して祈禱所にしている人もいる。近年は、韓国からの出稼ポサルも少なくない。

参考文献　宗教社会学の会編『生駒の神々―現代都市の民俗宗教―』、一九八五、飯田剛史「在日韓国・朝鮮人社会における仏教および民俗宗教寺院の諸形態」(『富山大学日本海経済研究所研究年報』一五、一九九〇)　(飯田　剛史)

ホシ　ホシ　アイヌ語で脚絆のこと。男性の盛装用のものと、山歩きの際に脛を保護する労働用の二種がある。素材として紺木綿を用い、盛装用には美しい刺繡が施されている。地域によっては、山歩きの際、植物繊維(シナの内皮)で作ったサクホシ(サコシ)を用いている。アイヌの衣服の着丈は、かつては膝下一〇センチくらいの長さのものであったので、ホシは男性の盛装には欠かせないものであったが、現在では、丈が長くなって踵までになり、ホシは目立たなくなってしまった。　(児玉　マリ)

ほし　星　広義には、空に光って見える天体を指すが、一般的には太陽・地球・月を除いた恒星・惑星・彗星・流星を指す。数個の星の群の形に想像力を働かせて、星と星とを結び、ある形を描き出し天空を画したもの。無数の星を人間の観念と対応させ、秩序づけることは高度の精神活動であり、星に司命的性格を認めることなど民族による星辰観の相違などは比較民俗学上、興味深い示唆を与えてくれる。日本では星座は柄杓星(北斗七星)など日常身近な民具名で命名され、神話まで体系化されるに至らなかった。古代においては、『日本書紀』神代天津《あまつ》甕星《みかほし》の記事のように、星は凶兆とされ忌まれる一方、天武朝では占星台築造など陰陽五行思想の盛行をうかがわせ、平安時代になると弘法大師の虚空蔵求聞持法《こくうぞうぐもんじほう》の修法や、天変地異をめぐる陰陽家と仏教者の解釈の相違などの記事がみられる。中世では、千葉氏や相馬氏など武家一門の間や、日蓮宗寺院においての妙見信仰の盛行や七夕祭の民間への伝播が記録され、近世に至ると、土御門《つちみかど》神道《しんとう》家の陰陽師支配、暦の普及による星宿に対する知識の流布などが見られ、現代においては各種星占いの盛行があり、世相を逆に星宿で解説することが行われている。日本における星の信仰は、大きく密教的系統(尊星法・天台、北斗法・真言)と陰陽道系統(安倍晴明・土御門神道)の流れがあり、さらに密教的星信仰には、北斗星をまつる前記の法と、そこから派生した妙見信仰の流れと、虚空蔵求聞持法に拠る虚空蔵信仰に派生する流れがある。星祭・星供《ほしく》などの寺院行事はより密教的伝流を、蘇民将来、釜神など星象を伴ったさまざまの呪符の類は陰陽道系に連なると考えられる。星に関する民俗としては、漁民の間でイカやサンマなどの魚季や方向の指標となり、農民の間で、スバルやオリオンが農事暦、特に麦と結びついていることが知られている。沖縄、八重山諸島では播種、苗植え、刈取りにスバルを指標とすることが多く、昔話星女房譚などの背景になっている。年中行事の七夕は、貴族社会における諸芸の上達を願う乞巧奠《きこうでん》の民間に影響を及ぼした要素は認められるものの、必ず雨が降る日などといわれ、民間において必ずしも、星信仰とは結びつかず、盆を迎えるにあたっての潔斎の日とするのが従来の説となっている。星祭・星供は主に天台・真言・日蓮宗の寺院で冬至、年始、節分の時期にあたる年末年始、一～二月に行われ、「善星皆来、悪星退散」を願い、一年の厄を払う。年始から小正月における蘇民将来、十二月様、釜神などのツクリモノ、また札類には☆印で星象が多く印されている。霜月神楽である花祭の鬼の採物《とりもの》の鉞《まさかり》や槌に描かれた星印や志摩地方の海女の磯手拭の星象や井桁文は魔除けの意味を持つとされる。魔除けとしての星象は近世の石垣・石敷・鬼瓦から近代の陸軍の記章まで用いられ日本の星信仰の一性格を示している。

参考文献　吉田光邦『星の宗教』、一九七〇)、野尻抱影『星と東方美術』、一九七二、内田武志『星の方言と民俗』(「民俗民芸双書」、一九七三、金指正三『星占い星祭り』(「青蛙選書」四七、一九七四)、佐野賢治編『星の信仰―妙見・虚空蔵―』、一九九四　(佐野　賢治)

ほしいい　糒　主にモチ米の飯を蒸して乾燥させた乾飯のこと。道明寺《どうみょうじ》糒《ほしいい》・餉《かれいい》ともいわれる。水や湯をかけて食べる。ウルチ米、アワ、キビなどでも作る。保存性がよく携帯に適し、古くは平安時代から旅人が持って歩いたことが『伊勢物語』をはじめとする文献にもみられる。軍用の携帯食としても重宝した。江戸時代には菓子の代用品として間食に食べられており、夏には糒を冷水に浸して食べると暑さあたりを避けられるといわれた。

参考文献　人見必大『本朝食鑑』一(『東洋文庫』二九六、一九七六)、柳田国男「村と学童」(『柳田国男全集』二三所収、一九九〇)　(太郎良裕子)

ほしがき　干柿　渋柿の皮をむき、日に干したもの。乾菓の一種で、勝栗とともに正月の代表的な食物。竹串に刺して乾燥させた串柿や、細縄などに吊して干した吊し柿など製法の違いによって名称が異なる。ほかに、枝柿・花柿・餅柿・転柿・巻柿などの種類がある。『延喜式』には菓子類として干柿子《ほしかきし》があげられ、供物として古くから用いられていたことがわかる。鎌倉・室町時代には一般にもかなり普及していた。正月用のハレの食物として欠かせないもので、注連飾りや鏡餅、年徳棚などに添えられる。和歌山県日高郡では若水を迎えるとき、一升枡の中に米・菱餅・ミカン・干柿を入れて水神に供える。元旦の朝、雑煮を祝う前に干柿を食べる所があり、岡山県北東部ではこれをトシトリガキといい、京都府中部では串柿を食べないと年が取れないといった。兵庫県宍粟郡では大歳の夜、串柿と栗で年を取ったという。元旦に歯固めとして食べる所も多く、愛知県北設楽郡では歯固めの串柿は種子が多いほどよいという。福茶とともに食べたり、あるいは七草粥に入れたり、『紀伊国和歌山風俗問状答』にみられるように雑煮に串柿を入れた例もある。また、お手かけや蓬萊山などにも干柿が添えられ、家族が拝んだり、年始の客にもさし出された。仕事始めに山の神や田の神、あるいは船霊に供えられることも多く、小正月のとんどに取り付けたりもする。年占に用いられることもあり、干柿の種子の数によって一年の吉凶を占ったりする。そのほか、おやつとしての利用も全国的に見られ、薬効のある食物としても知られている。効能は『本朝食鑑』などに記されている。また『農業全書』には作り方の記述がある。柿はその形や色から魂の象徴とされており、中でも干柿は正月のハレの食物として重用されることから、柿の呪術性を考えるうえで重要な部分を成している。

[参考文献] 傍島善次『柿と人生』、一九八〇、飯島吉晴「行事・民間伝承にみる柿」(『採集と飼育』四三ノ一〇、一九八一)、東京女子大学民俗調査団編『紀北四郷の民俗』、一九九五

(岩崎　竹彦)

ぼししんしんこう　母子神信仰　母神とその父なき子神の持つ聖なる呪力に対する信仰。鬼子母神・子安観音・マリア観音などに対する信仰はわかりやすい例である。少名彦名神《すくなひこなのかみ》・一寸法師・桃太郎のような父なき小さ子にかかわる神話・伝承の類もこの信仰の断片と思われる。この形式の信仰は日本以外の諸地域での分布も広く、また古い歴史的背景を持っている。ユーラシア大陸では古代オリエントから先アーリア期のインドの農耕地帯において、多産豊穣の神としての原始母神とその男子神に対する信仰の伝統があった。オリエントの方では大母神は処女受胎によって男性の子神を生み、その男子神と交わって神々とあらゆる生命を生み出したとされていた。この大母神に従い、しかも母なる大地の女神を孕ませる男子神は、年ごとに死に草木とともに年ごとに復活するものとされた。エジプトのイシスとホールス、フェニキアのアシュトレトとタムムズ、小アジアのキベーレとアッティス、クレータのレーアとゼウス、カルタゴのターニトとその息子神はその母子神の例である。インドの場合は、母神マハーデーヴィについていえば、その化身の一種たるマハーマートリィ(大母)は全て幼児を抱いた姿で表わされている。またこのマハーデーヴィは、シバ神の妻であるが実はそのシバ神はみずからの生み出した息子神であり、女神より下位の神だったのである。これらの、インドからオリエント、ヨーロッパ一帯の地域に牧畜民のインドゲルマン族や一部のセム族が侵入し、在来の大母神崇拝とは異なる一神教的信仰をもたらし、挑戦の火蓋をきったが、それにもかかわらず右の地域の母子神信仰は根強く残った。たとえば紀元前二世紀前半において、イタリア半島のエトルスキの遺跡においてはキリストを抱くマリア像さながらの母子塑像が発見される。また、一神教たるキリスト教の勝利普及後でも処女マリアが父なくして生んだ嬰児キリストを抱いたままの姿で礼拝の対象となっていることや聖母が殺されたキリストを抱いて嘆くピエタの像が作られていることなどは母子神信仰が姿をかえて生き続けるよき証拠であろう。母子神信仰は新大陸にもみいだされ、たとえば十四世紀のメキシコのアステク族のトウモロコシ儀礼などにおいても認められるのである。

[参考文献] 柳田国男「桃太郎の誕生」(『柳田国男全集』一〇所収、一九九〇)、同「妹の力」(同一一所収、一九九〇)、石田英一郎『桃太郎の母他』(『石田英一郎全集』六、一九七二)

(杉山　晃一)

ほしのみや　星の宮　星を神格化してまつる神社。天御《あまのみ》中主命《なかぬしのみこと》(北極星)・妙見・虚空蔵菩薩など星に関係する神格を主祭神とする。明治初年の神仏分離の中で、星宮神社・星神社・星辻神社と社名登録をした星宮神社が栃木・茨城・千葉・高知・秋田県に特徴的に分布しており、虚空蔵さま・妙見さまとも通称されている。中でも栃木県は全国で最も多くの星宮神社が分布しており、開拓の神・作神(祭神・磐裂・根裂神)とされ、氏子は鰻を食べてはならぬとする伝承や、コクゾウ様と呼ぶ例の多いことから、この神社と金星に縁のある虚空蔵求聞持法に由来する虚空蔵信仰との結びつきが強く認められる。

[参考文献] 佐野賢治「星と虚空蔵信仰—除災信仰(二)—」(『虚空蔵菩薩信仰の研究』所収、一九九六)

(佐野　賢治)

ほしば　干し葉　⇩保存食《ほぞんしょく》

ほしまつり　星祭　冬至・年始・節分の時期に行われる、主に天台・真言・日蓮宗の寺院行事。星供《ほしく》ともいう。宗派またはその寺の来歴により、本軌とする経典・次第も異なる。本来は『熾盛光大威徳消災吉祥陀羅尼経』の功徳により、羅喉彗孛《らこうすうはい》の妖星が本命星を追い落とす勢いの時、壇場を設け、この陀羅尼を読誦して、本命星・属生星を供養することによって災難を除去し、福徳を増進するのが星祭・星供だとされる。その教理・儀礼は繁雑で、参加する人々、あるいは執行する僧侶自身、善星皆来・悪星退散を願って、一年の厄を払う行事と解説する程度でその意味内容を説明しきれる人は少ない。星祭には本命日に本命星(貪狼星—子歳生まれの人、巨門星—丑・亥、禄存星—寅・戌、文曲星—卯・酉、廉貞星—辰・申、武

曲星―巳・未、破軍星―午)をまつる本命供(寅年生まれなら寅の日に禄存星をまつる)、北斗七星のなかのある星に延命長寿を祈る属星供(当年属星とは生年から九曜を数え、その人の年寿に当たる星)があり、それぞれ独立してやる場合も、合わせて行うやり方もある。星祭の星は、実際の天空の星を指すのではなく、運といった意味で意識されており、黒星・半白星・白星で吉凶が判断される。また、富士講や御岳教など山岳信仰に依拠する教派神道系にも星祭、あるいは星に関係する祈禱行事の伝統があったことは注意される。

参考文献 金指正三『星占い星祭り』、一九七四

(佐野 賢治)

ホスピタリティ hospitality 元来は、旅人や客を親切にもてなすこと。これを外者歓待と広義に訳し、異郷からの訪問者を神としてもてなす観念を指す。文化人類学では、未開社会で特に顕著な風習と考えられてきた。日本では、原始・古代では特定の異郷から来る神に対して客人神《まろうどがみ》として接待する風習が存在したとされ、そのなごりは、小正月に訪れるナマハゲやカサドリなどに見られるといわれる。この風習の背景には在地神とともに外界の神の加護により、生活の一層の安定を願った心意があると考えられている。 →外者歓待《がいしゃかんたい》 →客人神《まろうどがみ》

参考文献 岡正雄『異人その他』(『岩波文庫』、一九九四)

(菅根 幸裕)

ホゼ ホゼ 主に南九州に分布する秋の収穫祭。豊年祭の意味を込めて豊祭《ほぜ》、または鹿児島の村落単位の方切《ほうぎり》にちなみ方祭《ほぜ》とも書くが、放生会に由来する語とされる。南九州の八幡系の神社を中心としその他各社が、旧暦九月や十月の秋の収穫祭をホゼといっているのは、秋の収穫に合わせて放生会の八月十五日から九、十月に祭礼日をずらしたという説もあり、先祖の隼人の霊を慰めるという御霊信仰の気持ちも加わっていると考えられる。それに八月十五日は南九州では綱引きが盛行したので、ホゼは九、十月にするほうが都合がよかった。ホゼは九州各地、和歌山、兵庫の一部にもあり、福井県小浜市ではホウゼ祭という。南九州では旧暦九月九日、十九日、二十九日に行う例が多い。ホゼには各家で新米で甘酒を造り、親戚知人も呼んで祝い、通りがかりの人に蕎麦を御馳走したりする。ホゼには神輿の浜降り《はまお》(御神幸)や女性たちが頭に鉢をのせて行列する十二戴女《かんめ》が行われる神社がある。南九州各地の神社では神楽である神舞《かんまい》をはじめ太鼓踊り・棒踊りなどの奉納もあり、参道にはホゼ市が立ち、にぎわう。大隅の肝属郡高山町四十九所神社や曾於郡末吉町住吉神社では流鏑馬が行われる。種子島や長島では秋祭をガンジョウジ(願成就)といい、祭典のあと各村落の民俗芸能が多数奉納される。種子島北部ではこの日をホーザーともいう。

参考文献 中野幡能「放生会」(『八幡信仰史の研究(改訂増補版)』上所収、一九七五)、入江英親『宇佐八幡の祭と民俗』、一九七五、下野敏見「南九州各地のホゼ」(『生きている民俗探訪』鹿児島所収、一九七九)、小野重朗「ホゼ」(『鹿児島の民俗暦』所収、一九九二)、同「ホゼ祭り」(同)、鹿児島県神道青年会編『ふるさとのお社―鹿児島県神社誌―』、一九九五

(下野 敏見)

ぼせい 墓制 墓を造り営む制度全体をさす用語。墓とは死者の遺体が納められる場所およびその装置をいう。墓制は、葬法や墓地の設営方法などの側面から把握することができる。葬法の上では、日本でかつて最も一般的であったのは土葬で、遺体を土中に埋納する方法であるが、火葬もすでに縄文・弥生時代から確認されており、土葬と併存して古代から一部では行われてきた。また、沖縄をはじめ南西諸島では風葬が行われ、数年間の骨化の期間を経て洗骨や改葬が行われてきた。本土で広くみられた土葬の場合、個々の埋葬地点の保存を志向するか、それとも一定期間ののちその埋葬地点が古くなったら掘り返して次の死者の埋葬のために利用するか、の二つのタイプに分けられる。それは、墓地の設営方法に関わる問題でもある。墓地の利用と立地の上では、次の四つに分けてとらえることができる。㈠死者のあるたびに個人ごとに山野田畑の一角に埋葬する。この場合個別に墓が点在することになる。㈡家ごとに屋敷近くや山野の一角に墓地を設けてそこへ埋葬する。㈢同族単位もしくは複数の同族で山野の一角に墓地を設けてそこへ埋葬する。㈣近隣関係にある複数の家々で山野の一角に墓地を設けてそこへ埋葬する。そして、この㈣のタイプはさらにその近隣関係が一定の村落組織とどのように対応しているかによって村組単位の小規模なものから、複数の大字が共有する奈良県下の郷墓のように大規模なものまで、細かな分類が可能である。なお、奈良県の大和高原一帯では埋葬区画が男女別に分けられていたり年齢別に分けられていたりする例があり、宮座の長老を務めた者は特別に上段の区画に埋葬する例や子供だけ区別して子墓に埋葬する例もある。異常死者・行き倒れなどを区別して埋葬する例は全国的にみられ、伝染病死者は火葬にする例が多い。前記の㈠の場合には個々の埋葬地点は比較的ながく記憶されるが、㈡㈢㈣の場合には再利用が繰り返され個々の埋葬地点は特に保全の処置はとられない。そして、㈢㈣の場合、家ごとの区画割りがなく墓域全体を共同利用している場合と複数の家々がその墓地を家ごとに区画割りして利用している場合とがあるが、特に近畿地方の両墓制の事例における埋葬墓地に多くみられる前者の場合には個々の埋葬地点の保存はまったく志向されない。両墓制は埋葬墓地と石塔墓地とを別に設けるもので近畿地方に多くみられる。単墓制とは埋葬墓地に石塔を建てるもので、景観上は埋葬地点に施される墓上装置と石塔とが混在する。墓上装置としては塚(土盛りや石積み)、目印(枕石や生木)、設え(イガキや霊屋)、供物(食膳や花)、呪物(魔除けの刃物など)などの五つの要素が注目されるが、これらはいずれも時間の経過とともに腐朽し忘却に

委ねられる。それらは死後一定期間の死者の忌籠りのための装置であり、死穢や死霊を封じ込める意味をもつもので継続的な死者供養の装置とは考えられない。死者供養の装置として造営されたのは石造墓塔つまり石塔であるが、それが一般化するのは近世中期以降である。石塔の型式は五輪塔や舟型光背型仏像碑から箱型や角柱型へと変化し、造立趣旨は菩提のためから霊位へという変化が追跡できる。また個人で一基とか夫婦で一基というのが一般的であったが明治から大正以降、家単位の先祖代代の大型の石塔が多く建てられるようになった。現在では無宗教的な自由な型式のものも多くなってきている。

火葬の場合には、拾骨して納骨するのが一般的であるが、拾骨をせずに散骨する方法も古代には一部でみられた。近年まで火葬骨を放置したり散骨して墓地を作らない例が近畿・中国地方の一部にみられ、これを無墓制と呼ぶ。納骨か散骨かの差には決定的な対立があるわけではなく実態としては大部分拾骨か一部拾骨かという二つのタイプがある。大部分の遺骨を拾骨し納骨するタイプは概して東北地方などの伝統的な火葬地帯でみられ、骨の一部だけを拾骨して納骨し大部分の遺骨灰を放棄してしまうタイプは北陸・近畿地方などの伝統的な火葬地帯でみられる。納骨は石塔の普及以前は土中に埋納し墓標に木を立てたり石を置いたりするかたちが一般的であったが、石塔が普及するとその下部のカロートに納骨する方式が一般化した。それらは、同一家族の遺骨が同じ石塔の下部につぎつぎと納骨され集骨されていくものであるが、中部・北陸・東北地方の一部では家族の範囲を越えて親族や村落の範囲で共同納骨堂を設けている例もみられる。また、近畿地方などでは遺骨の一部や遺髪や爪などを高野山の奥の院へ納骨する高野納骨や、広く浄土真宗門徒の間では京都の大谷本廟へ納骨する本山納骨の風習もみられる。一九六〇年代以降、地方自治体による火葬場の建設がすすみ、近隣の家々の互助協力による伝統的な土葬や火葬から新しい火葬場での職員の手による重油を用いる火葬の方式へと変化してきている。死後の供養と墓参は、四十九日の忌明けを経て、初盆や初彼岸に行われ、一周忌・三年忌・七年忌と年忌供養と墓参が継続される。そして、三十三年を弔い上げといって杉の葉のついた生木の塔婆を立てて故人の最終年忌とする例が多い。この時石塔を倒す例も九州はじめ各地にみられる。墓参は現在では盆や彼岸に盛んに行われているが、歴史的にみると、貴族では平安時代中期以降にみられるようになった習俗で、藤原道長による木幡墓地への三昧堂の建立が一つの画期であった。卜部兼好の『徒然草』にも墓参の習俗に関する記事があり、中世以降には一般化してきたものと考えられる。しかし、墓地を死穢の場所とみる考え方も近畿地方の宮座祭祀の盛んな地域には根強く、現在でも墓参りをしない地域が一部にはみられる。葬送から営墓へという一連の墓制習俗の多様性の中から見出されるのは、死者とその遺体に対する保存と忘却という両極端の志向ということができる。　↓単墓制《たんぼせい》　↓無墓制《むぼせい》　↓両墓制《りょうぼせい》

[参考文献] 森浩一編『墓地』(「日本古代文化の探求」、一九七五)、『葬送墓制研究集成』四・五、一九七九、新谷尚紀『生と死の民俗史』、一九八六、同『両墓制と他界観』(「日本歴史民俗叢書」、一九九一)、竹田聴洲『民俗仏教と祖先信仰』(「竹田聴洲著作集」一・二、一九九三)、森謙二『墓と葬送の社会史』(「講談社現代新書」一一五二、一九九三)

(新谷　尚紀)

ぼそん　母村　(一)新しい村落形成の母体となった村落。本村・本郷・親村などという。それに対して、新しい村落を枝村・枝郷などという。近世の新田村落には、村請新田に典型的に示されるように、特定の村からの移住によるものが少なくなく、出身村を自分たちの新田名に表示するとともに、氏神・鎮守を母村から勧請し、また母村の寺院を檀那寺とする場合もあった。近代には、北海道の開拓を特定の村落出身者が共同して行なって村落を形成することがあり、開拓村に対して、出身村落を母村という用語で把握することが多い。ただし、開拓村と母村の間で関係が維持されることは少なく、特に母村では出ていった人々や彼らが形成した村落への関心も弱く、情報も少ないことが多い。　↓分村《ぶんそん》

(福田アジオ)

(二)移住者の出身地をいう。北海道は、アイヌ民族を除き都府県からの移住者の子孫によって構成されている。一八六九年(明治二)には蝦夷地を北海道と改め、開拓使による本格的な開拓が進められ、士族・屯田兵・農民などの集団移住がみられるようになった。アイヌ語地名が多い中で、母村にまつわる地名が付けられた。伊達市(旧仙台藩亘理支藩出身)、釧路市鳥取(鳥取出身)、新十津川町(奈良県十津川村出身)、栗沢町礪波(富山県礪波平野出身)、羽幌町平(富山県平村出身)、豊浦町山梨(山梨県出身)などがその例である。一八七五年以降には、国策に基づく屯田兵村がつくられたが、最初の琴似屯田兵村は、斗南藩と亘理藩からの移住者によって構成されていたために文化的葛藤が大きく、以後の屯田兵村は全国さまざまな母村からバラバラに募集し移住させるようになった。北海道の基盤的生活文化は、移住者がもたらした母村文化が混じりあい変容しながら成立している。明治期以降の移住者の間では、現在なお母村との婚姻関係が継続している地域もある。移住後三、四代を経て相互の関係を深めたり、母村との交流の輪を広げ、新たな民俗芸能を伝承している地域もある。また、母村との交流の永続性を願い姉妹都市の縁結びをしている地域も多く、北海道二百十二市町村中百二十九例もある。　↓移住《いじゅう》　↓開拓村《かいたくそん》落《らく》

[参考文献] 宮良高弘編『むらの生活―富山から北海道へ―』(「道新選書」六、一九八八)、宮良高弘『北の生活文化』(「北のシリーズ」、一九九二)、同編『北の民俗学』、一九九三

(宮良　高弘)

ほぞんしょく　保存食　大量に収穫した穀類・野菜類・魚類などを長期間食べるために貯蔵した食品。保存するには乾燥と塩蔵とがあった。厳寒期のある地域では凍み餅(干し餅)や凍み豆腐(高野豆腐)などのように冷凍保存法もあった。保存食は不足時の食料を補うと同時に、遠距離地との交易にも有効であった。焼米・干飯《ほしいい》・煎豆は乾燥による保存食で、携帯食にもなる便利な食物であった。野菜のうち保存食で大きな役割をもっているのが大根で、一冬食べる分として二、三百本も作った所もある。干して塩とヌカで漬ければ沢庵漬に、切って乾燥させれば切干し大根になる。葉は収穫時に乾燥させてヒバ(干葉)にし、冬季の野菜のない時期にヒバ飯や味噌汁の実にしたり、塩漬した葉をカテ飯にしたりした。ゼンマイなどの山菜やトチの実などの堅果類も乾燥保存した。フキ、ワラビ、キノコなどは塩漬にした。秋田県では山菜の塩漬をシオモノと呼んだ。漬物には塩漬・味噌漬・糠漬があり、野菜・山菜・魚・肉などの保存に利用した。塩漬の代表に梅干がある。近江の味噌漬牛肉は、すでに江戸時代に井伊家から江戸の将軍家への贈物になっていた。サツマイモも生で切って乾燥して保存し、粉にして薩摩団子や餅にした。長崎県など西日本に多いカンコロは有名である。加熱後に切って干した干し芋も間食に役立った。魚介類も古い時代から乾燥と塩蔵で保存していた。祝儀袋の熨斗になったノシアワビは本来保存食であったが、それ故に軽くて添付に重宝なため、清浄な品物を表象することになった。祝儀につきもののスルメ・鰹節も同様である。ブリや鮭が年取り肴になるのは塩蔵のおかげである。ナレズシも塩蔵の一つで、本来は祭などハレの日の保存食であった。一夜干しも佃煮も保存食の代表で、イリコや鰹節、コンブ・干鱈などは遠方との交易の中心であった。川魚も串に挿して炉の火でいぶし、燻製にして保存した。穀類の保存は俵や叺《かます》に入れて蔵に積んでおくが、穀箱を使う地域もある。山形県では板蔵の中に三尺ごとに仕切りのある穀箱に米・麦・アワと穀類別に保存し、必要に応じて下部から取り出す仕組みである。稲積をニオといい、古くはニホが稲の保存とともに神をまつる祭場であり、新嘗のニヒ、供物を意味するニヘに関連し、さらに島根県や沖縄県では稲積も産屋もシラといい、「人の命の根即ち最も尊い穀物の霊の、誕生を斎ふ趣旨が」ここにあったと柳田国男は論じている。積雪地帯では大根やイモ類、ニンジン、ゴボウなどを穴に埋めて藁で囲った。これを大根ニョウというが、ニホと関連するであろう。大根・イモ類は炉のそばのムロや畑に掘った穴で保存した。この施設をイモドコ、イモアナ、イモツボ、イモガマなどという。飢饉のために貯蔵した食料は、籾米、アワ、ヒエ、小豆、芋がら、干葉、蕎麦粉、トチの実などの堅果類、乾燥したコンブの根などである。栃木県の足利郡では籾米・焼米・煎米、ヒエを十年間、干瓢・干大根・塩蔵野菜・梅干などを五年間貯蔵した。村単位では郷倉に保存した。

参考文献　柳田国男「月曜通信」(『柳田国男全集』一六所収、一九九〇)、倉田一郎『農と民俗学』(『民俗民芸双書』、一九六九)、成城大学民俗学研究所編『日本の食文化―昭和初期・全国食事習俗の記録―』補遺編、一九九五

(増田　昭子)

ぼだいじ　菩提寺　死者の追善供養を営むための寺。菩提所ともいい、位牌所・牌寺などと称されるものも、これと同じ性格を持つ。徳川宗家の増上寺(東京都港区芝公園四丁目)と寛永寺(同台東区上野桜木一丁目)は有名であるが、諸大名においても複数の菩提寺を持ち、宗旨が異なるものもみられる。寺院開創の動機として最も多いのがこの菩提寺であり、武士によるものが大部分を占めるが、具体的には特定個人のためとするもの、先祖のためとするもの、先祖としての特定個人のためというように、その動機を細かくみていくならば、特定個人と家の先祖という二種があり、前者においてはそこに弔われる個人の法名や俗名が寺院名に付けられることも少なくない。しかし、その追善供養は一代かぎりで終るわけではなく、その後も世代が重ねられていき、結果的には先祖代々のための寺となるのが一般的であって、それははじめから予期されたものでもあった。なお、町人の富豪がこれを建てることもあったが、一般庶民においては個人的に寺院を建てるということは財源的にも不可能であることから、複数の家で構成されるという形をとることになる。特に、寺僧側において葬式や年忌などの法要の制度が整備され、近世の寺檀制度の確立により寺檀関係が強化されると、そこで先祖の菩提を弔うといった、あたかも檀那寺を菩提寺とするようなこともみられた。

参考文献　圭室諦成編『日本仏教史』三、一九六七、竹田聴洲『民俗仏教と祖先信仰』(『竹田聴洲著作集』一―三、一九九三―九五)

(政岡　伸洋)

ぼたもち　牡丹餅　ウルチ米とモチ米を混ぜて炊いて、軽くついて丸め、まわりに小豆や黄粉をつけたもの。オハギともいうが、それぞれを区別する地域もある。牡丹餅は牡丹の花のころに、オハギは萩の花のころに作るからと季節による違いをいう所もあるが、静岡県引佐郡では小豆餡をつけたものをボタモチ、黄粉をつけたものをオハギという。新潟県古志郡ではモチ米の飯をつぶして握ったものがボタモチ、握っただけのものがオハギと製法の違いで呼び分けた。同北蒲原郡では餅をミナゴロシといい、ボタモチをハンゴロシモチと呼んだ。天正年間(一五七三―九二)には夜船といわれたともいう。音がしないので、いつ着(搗)いたかわからないことからの命名である。現在の餅が横杵で音をたてて搗くのに対するもので、十六世紀後半には横杵による餅が出現していたといえよう。同じ意味で、近代でも宮城県や滋賀県、島根県などではトナリシラズと呼ばれた。ナベモチ、スリコギモチの命名は鍋と擂粉木で搗いたことによる。カイモチ、ケーモチの呼称は粥餅であろう。古代では蒸した米

を「いひ」、煮た米を固粥といったので、煮た飯の餅を意味したと考えられ、栃木県芳賀郡でいうモチメシはそのことを裏付けている。福島県や石川県などのように、餅を搗くほどでもないが祝い日やもの日の簡便な御馳走として作る地域が多い。東京の多摩地方では出産の祝いに三つ目のボタモチといって贈るほか、盆や彼岸にも作る。また、東京多摩地方では十月十日にイノコノボタモチを贈答し合うが、長崎県の対馬では祝いの日や正月、仏様の日には作らないという。

参考文献 川上行蔵「紙魚随感」(『飯食史林』四、一九八二)、成城大学民俗学研究所編『日本の食文化―昭和初期・全国食事習俗の記録―』、一九九〇　（増田　昭子）

ほたる 蛍　甲虫《こうちゅう》、ホタル科の昆虫の総称。腹端に発光器を持ち夜光る。日本ではゲンジボタル、ヘイケボタルなど十数種が知られているが、この二種が主に蛍狩の対象となる。どちらかというと山に近い川にゲンジボタル、水田などの平地にヘイケボタルがいる。蛍の語源はホタリ(火垂)の転とする説をはじめ諸説が多い。源氏蛍の源氏を験師《げんじ》(山伏)の意とする説や本来は「顕示」の意味で蛍そのものを指し、その合戦相手として平家蛍の名が生まれたとする説などがある。蛍の群れ飛ぶ様を蛍合戦と称し、源氏蛍と平家蛍の戦いだと伝える土地が多いが、実際には両者が群をなして闘うことはない。蛍を人の魂だとか死霊の化身とする伝承は多いが、それは蛍の出現の時期が盆のころとも重なり、その飛び方と光り方から想像したものであろう。蛍が家の中に入ると、病人のうめき声を聞きたがる(静岡県志太郡)、家の中に舞い込む年は災害が多い(和歌山県)などの俗信は、蛍を死者の魂とすることから連想されたものと考えられ、さらに蛍は捕るものではない(長野県北安曇郡)、捕ると病気になる(奈良県)、蛍の多い年は凶作(山形県・山口県)、洪水がある、伝染病が出る(群馬県利根郡)など、これを凶事の予兆とする俗信も同根だろう。一方、夏の夜に蛍を追う蛍狩は、平安時代に始まったとされ、江戸時代には広く行われるようになった。京都の宇治、近江の石山、江戸の隅田川堤などの蛍の名所が知られている。蛍を捕るには団扇で追い、また竹箒ではたいたり、滋賀県栗太郡では竹の先に木の葉などを束ねて付けたものをチョチョクボと称してこれで捕った。

参考文献 鈴木棠三『日本俗信辞典』動植物編、一九八二　（川名　興）

ぼち 墓地　⇩墓《はか》

ボッカ ボッカ　荷物を背負って運ぶことを業とする者。ボッカは、中部・北陸地方の呼称だが、同様の輸送形態は他の地方にも存在した。漢字は歩荷と充てられる。語源は、歩荷《かちに》を音読した「ぶか」が訛ったことに求められる。人背輸送は、物資輸送機関としては最も原初的なものである。中世までは陸上輸送機関の主力として活躍したが、近世以降は、畜力輸送機関の発達に伴い、補助的な存在となった。その際の活動の場は牛馬の通えない険路や積雪地帯などだが、近代以降まで続けられた所もある。最も遅くまで行われたのは、中部山岳地帯周辺の日本海側からの海産物移入路においてであった。ここは冬季に多量の降雪があるため、鉄道の開通まで彼らを必要とした。ボッカに出たのは、耕地面積が狭く、農業のみでは生活できない所の者が多い。男女ともに行なったが、背負う重量には違いがあり、男は十六貫(六〇キログラム)、女は十二貫(四五キログラム)が標準とされた。運搬用具は、背負梯子もしくは背中当、および杖である。前者は荷物を縛りつけるのに、後者は途中で立ったまま休む際に荷の下部に当てて支えるのに、それぞれ用いられた。荷物は魚を主としたが、輸送される魚のなかでも目玉商品とされたのは年取肴用のブリである。大半は荷主の依頼で運んだものだが、なかには自分で買いつけて運ぶものもあった。輸送方式は、一人が目的地まで通して運ぶ場合と、リレー式に継いで行く場合の、二通りがあった。いずれにせよ、小刻みに休みながら歩くため、速度は遅い。積雪下では一日三里(一二キロ)ほどであった。→飛騨鰤《ひだぶり》

参考文献 柳田国男「明治大正史世相篇」(『柳田国男全集』二六所収、一九九〇)、胡桃沢勘司「私的運輸機関試考―ボッカ研究に関連して―」(『地方史研究』一五三、一九七八)、同「野麦街道の交通伝承―第三報・飛騨ボッカの活動―」(『信濃』三五ノ一、一九八三)　（胡桃沢勘司）

ほっかいどうきゅうどじんほごほう 北海道旧土人保護法　一八九九年(明治三十二)に制定・公布されたアイヌ民族の保護を目的とする法律。全十三条。農業を望むアイヌには土地一万五千坪が無償下付されるほか、貧困なアイヌへの農具・種子・薬価の支給、アイヌ学校の設置などを定めた。しかし、同法はアイヌに農業を強制し、土地所有権も大幅に制約するなどの問題点を抱えていた。これまで再三にわたり改正されてきたが、アイヌ民族の団体の北海道ウタリ協会などは、一九八〇年代から差別的な同法の廃止とアイヌ新法の制定を求めて運動を続けてきた。その結果、一九九七年(平成九)アイヌ文化の振興を目的とするアイヌ新法が制定、七月より施行された。

参考文献 榎森進『アイヌの歴史―北海道の人々―』(「日本民衆の歴史」地域編八、一九八七)、喜多章明『アイヌ沿革誌―北海道旧土人保護法をめぐって―』、一九八七、貝沢正『アイヌわが人生』、一九九三　（桑原　真人）

ぽっくりしんこう ぽっくり信仰　苦しむことなく、突然しかも安楽に死ねるように願う神仏祈願。長患いをして嫁や子供たちに下の世話などで迷惑をかけることを厭うことからおこったものである。たとえば奈良県生駒郡斑鳩町の吉田寺《きちでんじ》にお参りすることをぽっくり寺参りとして近在によく知られている。吉田寺の本尊は、「大和のおおぽとけ」と呼ばれる丈六阿弥陀如来坐像で、この仏に祈れば、生涯、下の世話の心配をせずに往生できると信じられている。老人会の旅行などでここを訪れ、腰巻祈禱を受ける人が多い。　（関沢まゆみ）

ほっけしんこう　法華信仰　『法華経』の教えにもとづく信仰と習俗。『法華経』が日本にもたらされたのは早く、聖徳太子の三経義疏や国分尼寺での『法華経』読誦に例がみえる。平安時代には最澄が天台宗を始めて法華信仰を広め、鎌倉時代には日蓮がこれを継承発展させた。『法華経』に説く仏教の修行は、受持《じゅじ》・読・誦《じゅ》・解説《げせつ》・書写の五種法師で、『法華経』の信仰行為はこれにもとづいて行われる。受持は、『法華経』の信仰を受けて持ち続けることから、僧侶の師弟間または僧侶と信者との間に授戒の儀礼が生まれ、信者同士の固い結合がみられる。日蓮宗の信仰圏に、排他的なカタ法華の村落があり、近世の不受不施もその一つである。読と誦は合わせて「法華経読誦」の法会として、広く行われる。大寺では年中行事に千部経の法会があり、大勢の僧侶が集まって『法華経』八巻を猛烈な早さで読誦する。小寺院では、何年もかかって『法華経』千部を読誦し、これを成就すると石碑を建てて千部供養をする。『法華経』の陀羅尼を繰り返し唱える千巻陀羅尼も同様で、この法会は現世利益を祈願する祈禱寺で盛んに行われる。『法華経』の解説は、法華談議・説教として早くから広まり、霊験と功徳を説く物語や和歌が作られた。日蓮の奇跡に満ちた生涯と、有名な霊場寺院の縁起によって法華経信仰を語るのも、解説の行といえる。書写は『法華経』の写経で、南無妙法蓮華経の題目を書写することもその一つである。『法華経』を早書きして供養する頓写が行われ、如法経・一日経・一品経などがある。写経の材料から柿経《こけらきょう》・瓦経・礫石経、形式から装飾経・紺紙金泥経・一品経など、工夫を凝らした多様なものがある。『法華経』を細字で書写した一巻を、頭の上に載いて、無病息災を祈ることは広く行われている。また、定まった日に寺院に集って写経を行い、それを石碑の下に設けた石室に納めることもある。日蓮宗の祈禱では、木剣を盛んに打ち鳴らしながら『法華経』を高声に読み、頭上に戴く儀礼が行われている。法華信仰の特色は、『法華経』を対象とする具象的な経典信仰であることと、現世利益への志向が強いことにある。法華信仰が広く民間信仰を吸収したのは、このような信仰によるものである。

（中尾　堯）

ホッケンギョウ　ホッケンギョウ　福岡県の筑前・筑後地方や佐賀県西部地域に見られる正月七日の火焚き行事。ホウケンギョウ、ホンゲンギョウともいう。ムラの広場や河原などに竹や藁などを積んで燃やすのは、十四日小正月行事のトンド焼き・サギッチョと同型であるが、ホッケンギョウは法華の行を意味する呼び名とも受け取れ、福岡県太宰府市安楽寺（太宰府天満宮）で修正会結願《しゅしょうえけちがん》の日に行われていた追儺《ついな》の火焚きが民俗行事化したとも考えられる。

参考文献　佐々木哲哉『福岡の民俗文化』、一九九三

（佐々木哲哉）

ほったてばしら　掘立柱　根元を直接土中に埋めて建てた柱。貴族の住居では、古代から寺院のように礎石の上に柱を建てる方法が採用されていたが、庶民の住居では近世に入ってもなお掘立柱が残っていたといわれる。その理由は、掘立柱が腐食しやすく虫害にもあいやすいので耐久性には乏しいが、建築が容易であることに求めることができる。新潟県と長野県の県境に位置する秋山郷では一八二八年（文政十一）当時、約半数の家が掘立柱であったと記録されている。この地に残っていた唯一の掘立柱を使用した住居が、現在、豊中市の日本民家集落博物館に移築されている。この事例では土間と寝室入口に各一本の掘立柱が使用されていた。二本のみ掘立柱が見られる理由については、奥行が少ない狭い場所での建築作業を容易にするためといわれている。掘立柱は作業小屋などにおいては近代になっても採用されることが多かった。また大黒柱の根元に金属などを埋めたり粥を供えることで住居の長久を祈願する建築儀礼があることから、大黒柱は本来、掘立柱であったとする説がある。宗教施設にも掘立柱が残存している。伊勢神宮がよく知られているが、沖縄地方の神まつりの建物であるカミアシャゲにもみられる。掘立柱について検討する際には、建築技術だけでなく信仰的な存在としての視点も必要になろう。

参考文献　森川稔「柱信仰」（上田篤他『空間の原型』所収、一九八三）、森隆男『住居空間の祭祀と儀礼』、一九九六

（森　隆男）

ほつみぐ　穂摘具　稲やアワ、キビなど雑穀の穂先を刈り取る用具。稲の穂摘具として、弥生時代には石庖丁が使用された。石庖丁と同様の使用方法のものが、近年まで各地で使用されてきた。福島県南会津郡や大沼郡にかけての只見川流域には、コウガイとかコガイとよばれるアワやキビの穂摘具がある。約一〇㌢ほどの小さい木片に鋸や鎌・やすりなどの刃をつけたものである。中指に紐を通して、片手で穂先を摘みとるもので、石庖丁とまったく同じ使い方である。これによく似た金属の刃および木片に刃のついたものが、青森・秋田・岩手県などの古代遺跡からも出土している。石川県の白山麓では、ケヤキの皮で作ったガンギとよばれる穂摘具があり、アワの収穫に用いられてきた。また、コッペラとよび篠竹を斜めに削ったものも穂摘に用いる。これは赤子のへその緒を切るのにも用いるという。篠竹製の穂摘具は、伊豆諸島でも用いられてきた。長崎県五島列島ではアワビの殻でアワの穂を摘みとる。これらの穂摘具は、焼畑栽培の雑穀収穫に用いられてきたものが多い。焼畑では作物がいっせいに実らないため、実った穂先から刈りとらねばならない。そのため鎌による根刈りが不可能である。そのため一本一本実った穂を摘みとる必要があった。コウガイもアワが焼畑栽培から常畑栽培へ移行した一九四〇年代を境に、使用されなくなった。

参考文献　佐々木長生「奥会津の穂摘具―コウガイの系譜と分布―」（日本民具学会編『山と民具』所収、一九八八）

（佐々木長生）

ほとけ 仏 サンスクリット語 Buddha の音訳である仏陀の略語(仏)を訓読した語。㈠覚者(目ざめた者・さとった者)、釈迦牟尼仏、㈡仏像または仏の名号、㈢仏法、㈣死者または死霊、㈤仏のように慈悲深い人などを広く意味する。仏が「ほとけ」と訓読されるに至ったいきさつについては諸説ある。Buddha の語が中国で仏陀・仏駄・浮屠《ふと》・浮図《ふと》などと音訳されたなかで浮屠(浮図)が「ほと」となり、これに「その道の人」を意味する「家《け》」がついたものとする説、仏陀が煩悩から解放された存在とされることから、「解《ほどけ》」の語に由来するとする説、死霊をまつるとき用いた土器「缶《ほとぎ》」から出たとする説など。いずれにせよ、ほとけの語が仏教の日本への定着、民俗化の過程において本来の覚者(仏陀)を指すとともに死者または死霊を意味するに至ったことは、他のアジア仏教社会には見られない特異な現象である。仏陀が説いた無常・無我の教説と実体視される霊(魂)とは相容れないとされるからである。どうして覚者と死霊とが複合化することになったかについては、種々の仮説が出されている。㈠日本の常民には死霊(荒魂)ははじめ不安定で荒々しい存在であるが、家族・縁者の祭祀により、徐々にその性格を変えて祖霊(和魂)になり、ついには一族や共同体を守護するカミ(神)になるとの信仰があった。仏教はこの死霊観に合わせて死霊をほとけと呼び、これを供養し続ければ仏《ほとけ》は浄土・仏界に安住し、人びとを守護すると説いた。㈡平安時代の御霊信仰に見られるように、荒ぶる死霊の鎮魂に仏教の力(呪力《じゅりょく》)が有効であるとの観念がホトケ観念を常民層に普及させた。㈢江戸幕府の宗教政策により寺檀関係が確立したことから、伝統的な死霊がカミ(神)であることにも増して死霊はホトケ(仏)であるという観念・信仰が常民の間に定着した。㈣仏教の無常・無我の教説は寛容性に富み、対立・相剋よりも調和・共存を重視する。この性格もホトケに実体である霊魂を包含することを促した。死霊をホトケにするための仕掛けは各宗の葬送儀礼のなかに見られる。そこでは死者に授戒して仏弟子とし、仏界や浄土に引導する営みが重要部分をなす。曹洞宗では一連の葬礼により死者は「諸仏の位に入り」「仏の子《みこ》」になったと意味づける(『曹洞宗行持軌範』)。もっとも葬送儀礼により死者がホトケになったとされても、このホトケは死霊や祖先・祖霊の性格を完全に脱しきってはいない。僧侶も人びとも時と場合により対象をホトケと表現したり祖先・霊などと称し使い分けるからである。日本独特の仏教思想・観念であるホトケへの信仰はかくして仏教側からの死者(霊)への意味づけと民俗側からのそれとがきわどく複合した一宗教形態であるといえよう。

参考文献 柳田国男「先祖の話」(『柳田国男全集』一三所収、一九九〇)、竹田聴洲『民俗仏教と祖先信仰』、一九七一、藤井正雄『祖先祭祀の儀礼構造と民俗』、一九九三、佐々木宏幹『仏と霊の人類学―仏教文化の深層構造―』、一九九三

(佐々木宏幹)

ほとけおろし 仏おろし 死霊を呼びだし、みずからに乗り移らせ、死者自身となって親族・縁者と直接語り合う巫女の行為。死口あるいは単に口寄せともいう。これには一方的に死霊が語るものと、生者の問口がある死霊との対話形式の二つがある。日本に存在するさまざまなシャーマン的宗教職能者が総じて仏おろしを行わないのに対して、東北地方のイタコ、イチコ、ワカ、オガミサマなどは仏おろし、奄美・沖縄地方のユタなどはマブイワカシといった死霊供養を主たる儀礼とし、口寄せ巫女と呼ばれ霊媒型シャーマンに類型される。仏おろしは、神霊を憑依させ依頼者や信者に神意を託宣する神おろし・神口、生霊を憑依させる生口《いきくち》などと区別される。さらに仏おろしには、死後まもない新仏を憑依させる新口《しんくち》・新口寄せと、かなりの歳月を経た古い死者を対象とする古《ふる》口《くち》とがある。古口の分布が口寄せの習俗をもつ地域に広く確認されるのに対して、新口は秋田県下のイダコ、エジッコ、岩手県南部から宮城県北部のオガミン、オガミサマ、福島県猪苗代湖周辺のワカ、伊勢・志摩のミコ寄せ、奄美・沖縄など、特定の地域の伝統的巫女に限られる。ただし新口を行う地域でも多くは古口を併存している。また実施の時期・期日にはきわめて厳格な規制が設けられ、新仏は四十九日の間家の棟にとどまるため、新口は喪家で催さなければならないとか、田植え時期に口寄せをすると呼ばれてきたホトケが植えたばかりの苗を踏み荒らすのでこの時期は口寄せをしないといった禁忌が課せられる。仏おろしの目的は、一つには死者への供養として追善供養時あるいは彼岸・盆・命日などに営まれるが、中には原因不明の災厄の原因を探り解決の対処法を、死霊に尋ねる目的で行われるものもある。↓口《くち》寄《よ》せ ↓死口《しにくち》

参考文献 柳田国男「巫女考」(『柳田国男全集』一一所収、一九九〇)、中山太郎『日本巫女史』、一九三〇、佐々木宏幹『シャーマニズム―エクスタシーと憑霊の文化―』(「中公新書」五八七、一九八〇)、桜井徳太郎『日本シャーマニズムの研究』(「桜井徳太郎著作集」五・六、一九八八)、佐々木宏幹『仏と霊の人類学―仏教文化の深層構造―』、一九九三

(佐治 靖)

ほとけのしょうがつ 仏の正月 新仏《あらぼとけ》のある家で年内に行う正月儀礼。旧暦十二月の最初の辰から巳の日にかけて行う場合と、巳から午の日にかけて行う場合がある。いずれの場合も巳の日が含まれており、徳島県美馬郡一宇村では、仏の正月のことを普通はミノヒと呼ぶ。死者がはじめて正月を迎えるための行事であるが、普通の正月とはおよそ似て非なるものであり、全く逆転した意味を持つ。客の挨拶は、「おめでとう」ではなく「御苦労様です」であり、持参する金は香料と呼び、葬式または法事の延長線上にあると考えられている。墓の注連縄にはシロワカバを刺し、縄に垂らす藁の本数は一・五・三であり、普通の正月飾りとはことさらに違えてある。巳の

日の夕方から人々が集まりだし、夜中の十二時過ぎに墓地へ行き、藁一束だけ燃やす。この時に、薄く延ばした一升の丸餅を庖丁で切り分け、それを庖丁の先に突き刺し、この火にかざす。火が通るはずもないが、形式的に焼けたことにし、参加者はこの餅を手を一切使わずに口だけで食べる。突き刺す点に意味があり、供物には田楽や串柿が特に供えられる。墓に門松を立てるが、枝松を使い、松の芯の部分はあえて折る。墓には、死者霊が履くと考えられる草履と、簾を掛ける。新仏は、簾の隙間から参加者の顔ぶれを見、彼らが庖丁で口を切るのを楽しみにしているという。新仏は、仏にはまだ完全になり切っていないが、すでに死者でもない、きわめて微妙な状況に置かれており、この状況が仏の正月のすべての儀礼に反映されている。日取りや行事の詳細においても、仏事と神事とを明確に峻別しようとした意図がうかがわれる。↓初鉦《はつがね》 ↓巳正月《みしょうがつ》

（近藤　直也）

参考文献　近藤直也「仏の正月」（『近畿民俗』一四六・一四七合併号、一九七七）、同「外道から祖先神へ」（同一四八、一九七七）

ほとけまい　仏舞　如来や菩薩をあらわした仮面および装束を着用して演じる芸能。仏の舞ともいう。仏教的な色彩が濃厚であり、寺院で演じられる場合が多い。そもそも舞楽の演目であった菩薩に由来するものであろうが、各地に伝播してさまざまな形態を成立させた。島根県隠岐郡西郷町池田の国分寺における蓮華会舞は舞楽の古風をとどめており、菩薩面を被った子供二人と獅子一頭がくりひろげる滑稽な無言劇「眠り仏」や二人の菩薩が相対して舞う「仏舞」などが伝承されている。秋田県鹿角市八幡平の大日霎貴《おおひるめむち》神社における大日堂舞楽の「五大尊舞」も仏舞の一種であろう。福井市糸崎の糸崎寺における仏舞は、舞仏八人（手仏四人・ダゴ仏二人・ハシ仏二人）と念菩薩二人が仏面を被って舞う。同様の仏舞は京都府舞鶴市松尾の松尾寺にも伝承されており、釈迦二人・大日二人・阿弥陀二人の計六人が仏面を被って舞う。和歌山県伊都郡花園村梁瀬の遍照寺における仏舞は典型的な教化劇であり、僧侶（文殊菩薩）が乙姫（竜女）を釈尊の弟子として浄土に招来するべく、父鬼（竜王）や五人の子鬼と問答する。そこへ薬師・阿閦《あか》・阿弥陀・大日・釈迦の五仏が出現して舞うことによって、鬼たちを教化するというものである。また、三信遠地方の西浦《にしうれ》田楽、鳳来寺田楽、田峯田楽、新野の雪祭などにも「仏の舞」という演目が残っており、仏舞が広汎に流布してさまざまに展開したことをしのばせる。

京都府舞鶴市松尾寺の仏舞

（橋本　裕之）

参考文献　新井恒易『中世芸能の研究―呪師・田楽・猿楽―』、一九七〇、水原渭江『日本民間音楽研究二―民俗芸能における舞楽的要素の考察―』、一九八一、京都府教育委員会編『仏舞その他―京都府民俗芸能調査報告書―』、一九八二

ホトトギス　ホトトギス　五月ごろ日本に渡り、独特の鳴き声で鳴き始めるホトトギス目ホトトギス科の鳥。農作業の開始時期を知るための自然暦として用いられていたためサツキトリ、サナエドリ、タウタドリ（田歌鳥）、カンノウドリ（勧農鳥）、シデノタオサ（四手の田長）などの異名を持つ。この時期はまたヤマイモ掘りの時季で、熊本県阿蘇郡などでは端午節供の儀礼食であるヤマイモを食べないと、タンタンタケジョ（ホトトギス）になるといわれていた。昼夜を分かたず鳴き続ける特有の鳴き声に人々は関心を寄せ、その声は死者の声などとされ、あの世とこの世を行き来する霊鳥とみられていた。そのためメイドノトリ（冥土の鳥）、タマムカエドリ（魂迎え鳥）なども呼ばれている。このような神秘性を持つホトトギスを要素とした昔話は枚挙にいとまがない。特に、小鳥前生譚である「時鳥《ほととぎす》と兄弟」は有名で、日本全域に流布して「時鳥と継子」「時鳥と包丁」「時鳥と小鍋」「時鳥と計算」などの亜型を数多く持つ。これは、兄が誤って弟を殺したため、後悔して悲嘆にくれホトトギスと化して、「弟恋し、弟恋し」と鳴き続けるという話で、鳴き声の由来ともなっている。ホトトギスの独特な鳴き声は、「包丁欠けたか、弟恋し」「弟恋し、本尊かけたか」など と、全国各地で多様に聞きなされている。その多くが、昔話と付会して理解されているところにホトトギスの民俗の特徴がある。

（菅　豊）

参考文献　柳田国男「野鳥雑記」（『柳田国男全集』二四所収、一九九〇）

ほととぎすときょうだい　時鳥と兄弟　鳴き声などから小鳥の前世を語る小鳥前生譚の一つ。兄と弟がいた。兄は盲目だったので、弟は毎日山芋をとってきて、兄にはおいしいところをあげていた。兄は、弟はもっとおいしいところを食べているのではないかと思い、弟を殺して腹を割く。すると、弟の腹の中は芋のくずばかりであった。後悔した兄は、ホトトギスになって、今でも弟恋しと鳴いているという話。北は青森から南は奄美大島まで全国的に広く分布している。ホトトギスの声を聞きなした話で、「弟恋し、掘って煮て食わそ、弟恋し、芋掘って食わそ」「弟恋しや本尊かけたか」「おとどきおとどき、あっちゃ飛んだか、こっちゃ飛んだか」などと鳴いているという。日中ばかりではなく夜まで鳴き続ける生態から、八千八声泣き続けるとか、口から血を流して鳴いていると語られている。古典にも数多く歌われてきた鳥で、日本へは南方から渡来し、田植え前の旧四月の末ごろから鳴き始めるため、山芋を掘る季節を知らせる鳥になっ

ていた。特に夜鳴く声は印象深く、死出の田長《たおさ》と呼ばれたり、冥土の鳥ともいわれ、この世とあの世を往来し霊魂を運ぶと考えられてきた。死してのち、鳥になる話は、『古事記』の倭建命《やまたけるのみこと》の話がある。また、兄が盲目であったと語られることから、目の見えない人々によって伝えられてきたのではないかと考えられている。

参考文献 柳田国男「野鳥雑記」(『柳田国男全集』二四所収、一九九〇)、折口信夫「鳥の声」(『折口信夫全集』一七所収、一九九七)、三谷栄一『日本文学の民俗学的研究』、一九六〇、福田晃『昔話の伝播』、一九七六 (長野ふさ子)

ポトラッチ potlatch 北アメリカの北西海岸部に住む先住民の間に見られる競合的な贈答慣行。首長たちは自己の社会的地位の確立のため、饗宴を催し毛皮の毛布などの財を招待客に贈与した。贈与を受けた者は、別の機会に饗宴を催し同等またはそれ以上の返礼をした。それができなければ、社会的地位や威信を失う。ポトラッチの目的は、自己の富を誇示し惜し気もなく与えることで、相手を圧倒し自己の威信を高めることにある。気前の良さが高じて、貴重な財産を破壊したり海に投げ捨てることもあった。

参考文献 マルセル＝モース『社会学と人類学』一(有地亨他訳、一九七三) (中山 和芳)

ほねかけ 骨掛け ⇩こつかけ

ほねしょうがつ 骨正月 正月二十日。ブリなどの正月魚を骨まで食べ尽くすということから、近畿以西の地方でこの名がある。骨おろし、骨くずしなどというところもある。正月中に食べた塩ブリなどの魚が骨やアラばかりになっているのを始末する日として、アラ正月という名称が奈良県にある。この日を二十日正月とよんで正月の残りものを食べ尽くす、正月の最後の日としているところが多い。→二十日正月《はつかしょうがつ》 (佐藤 良博)

ホフマン＝クライヤー Hoffmann-Krayer, Eduard 一八六四―一九三六 ドイツ系のスイス人で、バーゼル大学の言語学と民俗学の教授をつとめた。大著『スイス系ドイツ語辞典』を編纂するなど言語学・方言学を基盤にしながら、民俗学に進んだ。スイス民俗学会を創設し、その機関紙として一八九七年に『スイス民俗学誌』(今日の『スイス民俗学アルヒーフ』の前身)を創刊した。またバーゼルの民族学博物館に彼の指導で併設された民俗学部門が発展して今日のスイス民俗博物館(一九五三年以来)となるなど、スイスの民俗学の定礎者の位置にあるが、ドイツ語圏だけでなく、国際的にも影響力をもった。一九〇〇年代初めごろにドイツ語圏の民俗学界では民俗の担い手をめぐる論争が起きたが、彼は民俗の担い手として漠然とつかわれていたフォルク Volk を厳密に定義することを説き、vulgus in populo (民衆のなかの下層)と規定して論議の渦中に立った。理論的には、民俗が、基層民衆のあいだでおのずと形成され高次文化の母体的な性格にあるとの見方を批判し、上層に起源をもつ文物の下降運動を重視した。一九一七年以来、同じくネオロマン派に批判的であったドイツ民俗学会の会長ヨーン＝マイヤーとともに、数十ヵ国の研究者によびかけて、民俗学の国際的な情報誌『世界民俗学文献目録』の実現に努力した。→世界民俗学文献目録《せかいみんぞくがくぶんけんもくろく》 (河野 真)

ホマチ ホマチ 家族員の私的稼ぎまたは貯え。船頭が私商いに積み込んだ荷に由来し帆待の意とする語源説もあるが、私財を意味するホッタ(掘り田)、しんがい(新開)と同じく掘りマチ(マチは田の一区画)すなわち開墾地に由来する用語ともいわれる。地域によってはへそくりと同じく内密の蓄えを意味するが、東北地方では次三男や住込みの奉公人にホマチ田とよばれる田や畑を与え、休日や余暇に耕作させてその収益を各自の私財とすることが広く見られた。この場合のホマチは家長公認の私稼ぎであり、岩手県では、分家約束の下男に一人役程度の田畑(約八畝)をホマチとして与えて分家の資としたり、ホマチ仕事で開墾した畑を名子の持地とする例もみられた。→しんがい

参考文献 山口常助「中世のほまち田」(『ひだびと』一〇ノ六、一九四三)、有賀喜左衛門『大家族制度と名子制度―南部二戸郡石神村における―』(『有賀喜左衛門著作集』三、一九六七) (中込 睦子)

ほめことば ほめ詞 めでたい詞を発することでそのことばの通りになるように予祝すること。たとえば「おめでとう」「万歳」がそれである。正月に述べる「おめでとう」のことばは、現在がめでたい状態であることを祝っていうのではなく、過去に今発言しているようなめでたい状態があったことをいいつつ、将来にそのようなめでたい状態が実現することを予祝することばである。その中にはことば自身が威力をもち、それを発することで現実が変わるとされる言霊信仰がある。和歌や枕詞など一音ではなく一つの文章に霊魂があるとされ、たとえば「豊芦原の瑞穂の国」は、米がよくできるという賛美ではなく、よくできねばならぬはずの国の意味である。来歴の正しいことばを唱えると効果が表われると考えられている一方で、歌の場合はことばの意義が違っても、同じ節まわしで歌うと、新しいものが古いものと同じ効果を表わすと考えられている。替え歌がその例で、ことばのもつ新鮮さが威力となる。また、力をもった人物あるいは神がことばを発することで、その対象となったものが変化すると考えられるものもほめ詞となる。神やまれびとが発する国ほめがそれである。ここから地名、神についての諺が発生し、祝詞《のりと》へと発展してゆく。また芸能の中で祝言を述べる者のことばは門ほめ・家ほめなどの祝福となる。三河万歳の「とくわかに、万才と、御代もさかえます」がそれで、「とこわか」が「とくわか」に変化しているが、永久不変で万歳もお栄えになる、という意味である。→言霊《ことだま》

参考文献 折口信夫「言語伝承論」(『折口信夫全集』ノート編』追補二所収、一九八七) (神田より子)

ホラ　ホラ　窪地を意味する地名、または村組を示す呼称の一つ。洞とも書く。関東から中部にかけて分布しており、中世末の『結城家法度』にもみえるが、ツボやニワ、コーチなどのようにある地域全体に使われているのではなく、使用する集落が点々と見られるのが特徴である。ホラが使われるのは、集落が台地に細く入り組んだ谷間に形成されている場合であり、その特殊な地形からつけられた呼称であることがうかがわれる。同じような命名のものに、ヤト（谷戸）がある。浸食谷のように比較的小規模な谷で、谷底部が水田や畑になっているような場所を伊豆から美濃地方ではホラと呼び、関東ではヤトと呼ぶ。ヤトは村組の呼称にはならないのに対して、ホラは村組の呼称に転化される。静岡県下田市加増野ではムラの内部区分としての村組をホラと呼び、葬式の手伝い合いの単位として機能しているほか、以前はホラ単位で山の神をまつり、味噌・醬油を醸造するためのムロヤ（小屋）を持っていた。加増野を含めて伊豆地方では、同時期に開発された範囲を村組の単位としている地域が多く、そうした性格から村組をさして、ホラのほかにジョー（条）、チョー（丁）と呼ぶところもある。　→ヤト

（斎藤　弘美）

ほら　法螺　大げさな嘘。「法螺とラッパは大きく吹け」という諺のように、緻密さよりも荒唐無稽さを評価する感覚があり、現実からの飛躍を楽しむ娯楽にもなっている。「法螺を吹く」という慣用句にみられるとおり、山伏が吹き鳴らす法螺貝に由来する言葉。大きな音を出すことから転化したという。法螺貝は、山伏や僧侶が修行・法会に用いる法具で、読経の伴奏や合図・指示などの役割があるが、音が釈迦の説法にたとえられ、悪霊を退け神霊を顕現させる力を持つと考えられていた。中世に、刑罰の執行時に法螺貝を吹く風習がみられ、説話にも法螺の音の功徳で転生する話があり、寺社勢力や民衆の蜂起の際に鳴らされるなど、法螺貝は罪や穢れをはらい、敵を威嚇する武器でもあったらしい。一方、嘘についても、智略・計略など無形の武器であったと柳田国男が推定しており、演芸にも通じる技芸としての側面が指摘されている。また、山形県上山市の寺院で正月十五日に開かれたほらふき大会や、広島県芦品郡新市町の吉備津神社の節分の夜のほらふき競いは、一面で余興化した山伏の験比べを思わせるほか、祭礼行事との結びつきから、非日常性を演出し状況を変化させるという、嘘の持つ象徴的機能が注目されている。このほか、時代を経て、その言動が非難・揶揄されるに至った山伏のように、修験道の俗化に伴って法螺貝の聖性が変化したことも、嘘と法螺貝の脈絡を考える上で見逃せない。　→嘘《うそ》　→法螺《ほら》吹《ふ》き

参考文献　柳田国男「不幸なる芸術」（『柳田国男全集』九所収、一九九〇）、大島建彦「笑いの表情」（『ことばの民俗』所収、一九八六）、藤原良章「法螺を吹く」（『ことばの文化史』中世三所収、一九八九）　（斎藤　純）

ほらがい　法螺貝　軟体動物門腹足綱フジツガイ科の巻貝。紀伊半島以南の熱帯西太平洋からインド洋にかけて分布。法螺貝は日本に限らず、広くインドや中国、インドネシアなどでも楽器や漁撈の合図用、また宗教儀礼用として用いられてきた。修験道では、法螺貝は入峰修行や法会行列などのとき、合図や指令などとして常に用いられ、山伏十六道具（十二道具）の一つとして、欠かせない重要な法具である。そのために法螺貝の持ち方や吹き方にさまざまな作法が定められている。法螺を吹くことを立螺《りゅうら》といい、法螺を立てるともいう。その立て方は螺声の音階の複雑な組合せによって表わされる。入峰修行においては入宿・出宿・駈相・案内・応答などのときに用いられ、それぞれ各種の螺が定められている。たとえば、入宿の螺では寺や宿に到着したとき、入寺入宿の許可を求めるために用いられ、その螺は三音・三音・三音・半音、調べは乙三音・甲三音・別揺り・揺り止め半音（当

法螺貝を吹く大峯山の修験者

山派）などのように立てられる。また、法螺は大日如来の説法を意味しているとか、悪霊や猛獣をさける呪力を持つとともに、神霊を驚愕させて奮い立たせる力があるともいわれる。このほか、法螺貝には、螺緒《かいのお》というひもがついており、修行中の命綱ともなるが、これは修行者の臍の緒に擬せられているという。

参考文献　宮家準『山伏―その行動と組織―』（『日本人の行動と思想』二九、一九七三）、修験道修行大系編纂会編『修験道修行大系』、一九九四　（菅原　壽清）

ほらふき　法螺吹き　大げさな嘘やその勝負が笑いを誘う笑話のおどけ者。現実の交際では嘘は嫌われるが、笑話の法螺吹きはあまり憎まれず、むしろ芸や技術の持ち主として一種の敬意を持って語られる。法螺吹きの話は多様で、分類もさまざまだが、『日本昔話名彙』は大話の「テンポ競べ」「大もの競べ」「癖をやめる賭」に登録する。「テンポ競べ」は、法螺吹き自慢が他所へ試合に行き、相手の子供に負けて退却する話で、『日本昔話大成』は巧智譚「業較べ」の「法螺吹き童子」に分類している。『日本昔話名彙』の「大もの競べ」は、法螺吹きたちがつぎ

つぎに法螺吹き競争をする話で、最後にそれらを大きく上回る法螺や、話を無効化するようなオチを伴うことが多い。これは『大成』では「業較べ」の「法螺較べ」「嘘をつく槍」にほぼ相当する。『日本昔話名彙』の「癖をやめる賭」は、「そんなことはあるまい」という口癖の旦那と賭をして、それをいわせるためさまざまな嘘をつく話で、『大成』では「業較べ」の「嘘の名人」にあたる。この法螺吹きに彦八・吉四六などのおどけ者、旦那に鴻池氏などの有名人物が登場する。このほか『大成』の「業較べ」には、うまい嘘に褒美を与えるという殿様を、嘘の皮袋(嘘の種本)を忘れてきたなどと騙す「嘘の皮」が収められ、狡猾者譚の「おどけ者」に、金を残したなどと最後の嘘をついて看病させる「最後の嘘」が収められている。『日本昔話通観』は、これらの笑話を「ほら吹き息子」「ほらくらべ」「嘘の本」「最後の嘘」「嘘話の賭」に分類し、「くらべ話」のタイプ群に一括している。↓嘘《うそ》 ↓おどけ者話《ものばなし》 ↓法螺《ほら》

参考文献　関敬吾『日本昔話大成』一一、一九八〇、石井正己「嘘をめぐる伝承」(『学芸国語国文学』二一、一九八六)、稲田浩二『昔話タイプ・インデックス』(『日本昔話通観』二八、一九八八)　(斎藤　純)

ほりいちろう　堀一郎　一九一〇―七四　宗教学者。日本の一般民衆の宗教生活と信仰形態、すなわち民俗宗教を主題とする宗教民俗学を樹立した。三重県に生まれ、東京帝国大学文学部インド哲学科、同大学院で日本仏教史を学ぶ。一九三七年(昭和十二)柳田国男の娘三千と結婚。その後、文部省の国民精神文化研究所で仏教史・宗教史の研究に従事し、一九四〇年『日本仏教史論』(四四年『遊幸思想』として刊行し、五二年さらに改訂補正して『我が国民間信仰史の研究』として刊行)を著わした。柳田の主宰する研究会「木曜会」に参加し、橋浦泰雄・大藤時彦・大間知篤三・瀬川清子・関敬吾・最上孝敬らの民俗学者と接する。第二次世界大戦後は文献調査とあわせて民俗調査を行い、民間信仰を研究対象とする宗教民俗学の樹立に努め、一九五一年『民間信仰』を刊行し、毎日出版文化賞を受賞した。さらに柳田の山中他界観と折口信夫のまれびと論を、数多くの資料にもとづいて融合展開させた学位論文『我が国民間信仰史の研究』(一九五三・五五)を完成し、日本学士院賞を受賞した。一九五〇年から七四年まで、国学院大学・東北大学・東京大学・成城大学の教授を歴任。この間一九五七・五八年、一九六五・六六年にシカゴ大学客員教授として訪米。M・エリアーデ、R・N・ベラらの方法論をとり入れてシャーマニズム、オルギー、神聖王権、新宗教などを分析した諸論文を発表(『日本宗教史研究』一―三などに収録)した。また日本宗教学会会長、日本民俗学会代表理事を務めた。著作として、ほかにも『聖と俗の葛藤』(一九七五)などがあり、『堀一郎著作集』全十巻が刊行されている。　(宮家　準)

ホリノウチ　ホリノウチ　中世における地方小領主の居館の存在を示す地名。堀ノ内・堀之内・堀の内などとも書く。中世には防御用の堀と土塁が小領主の居館をとりまいていた。この堀の内側部分が、即物的な意味で狭義のホリノウチである。しかし、実際にはこの堀の内の外部を含み、給分地としての田畠を含みこんだ領域が中世においてホリノウチと呼称されていたことが指摘されており、近年ではこの広義のホリノウチも注目されるようになった。ホリノウチ地名は、栃木県内には百三十以上が確認されており、ネゴヤ、ミノワなどの地名とともに中世地方領主の分布を示す重要な指標となっている。

参考文献　菊地利夫『日本歴史地理概説』、一九六四、伊藤寿和「中世東国の「堀の内」群に関する歴史地理学的研究」(『歴史地理学』四〇ノ一、一九九八)　(小口　千明)

ほりぼう　掘棒　農作物を掘り出すための棒状の農具。ふぐしと総称される。ふぐしということばは古く、『万葉集』にもみえ、根菜類の収穫、豆類の播種などに用いられた。根菜類にはニンジン、ゴボウなど地中深く入り込み、収穫に困難なものに用いられる。常畑や田の畔に豆類を播種するときのほか、焼畑でも山梨県南巨摩郡早川町奈良田や徳島県祖谷《いや》地方では豆、穀類の播種にも用いられた。素材はカシなどの硬質の木を用いるのが多いが、竹製・鉄製もある。『農具便利論』(一八二二)ではふぐしの名称で、畿内のゴボウ、ニンジン掘り用の鉄の刃先を持った掘り具を紹介している。また、『静岡県方言誌』民具篇では豆類の播種のほか、畑・庭などの草取りの用途をあげ、フグシのほか、ホブシ、トブシ、コーブシなど静岡県内の呼称をあげ、その地域的分布について述べている。鍬の泥とりのヘラもふぐしと呼ぶ場合もあり、形態上は掘棒と区別できない問題もある。

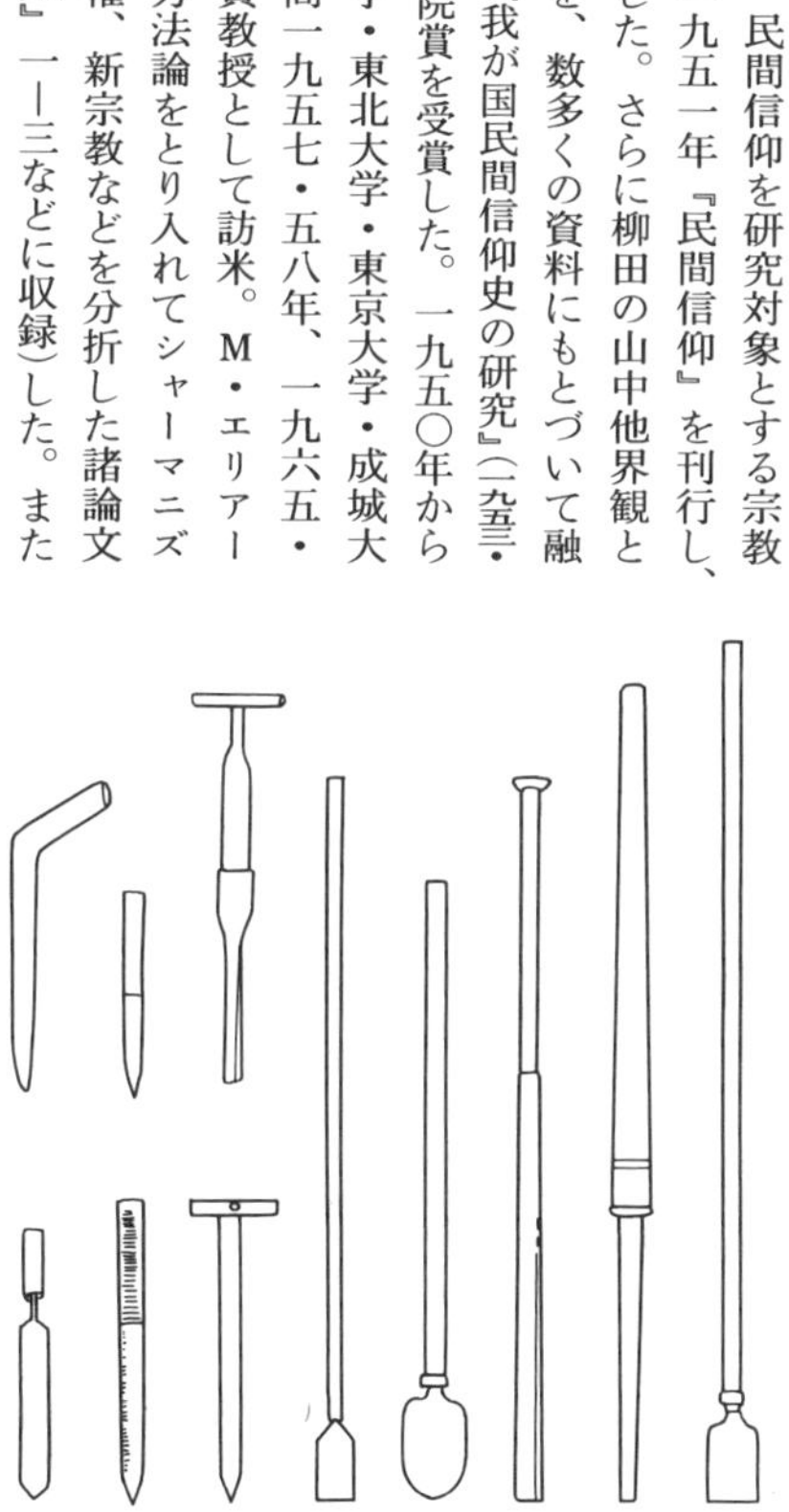

掘棒各種

参考文献　木下忠『日本農耕技術の起源と伝統』(『考古学選書』二四、一九八五)　(中山　正典)

ぼろいち　ぼろ市　主として歳末に立つ古着市・古道具市。東京では世田谷区の世田谷のぼろ市と、練馬区の関のぼろ市が有名である。世田谷の場合、市は旧代官屋敷前の大山街道沿いに立ち、今ではその通りをぼろ市通り

世田谷のぼろ市

と呼ぶ。毎年一月十五・十六日と十二月十五・十六日の二回行われ、多くの人出でにぎわう。今では植木・玩具・骨董・食品などを売る出店が六百～七百軒ほど出るが、第二次世界大戦前はその名の通り、古着や農機具を売る農民相手の市であった。一五七八年(天正六)に小田原北条氏が当地に楽市を許したのが、市のはじまりであるといわれている。一方、関のぼろ市は毎年十二月九日に行われているが、それは当地の日蓮宗の本立寺《ほんりゅうじ》のお会式《えしき》の日に、門前に立った参詣者相手の古着市が発展したものである。（長沢　利明）

ぼん　盆　㈠食物や飲み物、また重要なものを持ち運ぶ縁の浅い底の平たい器。用途によって給仕盆・菓子盆・茶盆・洋酒盆・証書盆などがある。現在は金属製やプラスチック製のものが出ているが、かつては木胎漆器が一般的であった。形は円形・楕円形・長方形・半月形などがあり、その形態は変化に富んでいる。漆器盆の産地は福島県会津若松市・石川県輪島市・同県江沼郡山中町・静岡市・高松市などがあるが、なかでも滋賀県高島郡朽木村の朽木盆は十六弁の菊花紋を描いた盆として知られている。（須藤　護）

㈡旧暦七月十五日の盂蘭盆会を中心とする前後数日の一連の行事のこと。盆の名称は『仏説盂蘭盆経』に由来するとされる。期間も七月十三日の精霊迎えから同十六日の精霊送りまでとするのが普通であるが、七月一日を釜《かま》蓋朔日《ふたついたち》、七日を七日盆といって盆の開始日とするところもある。また、十六日は閻魔王の縁日で、地獄の蓋もあくといったり、寺院では盆を過ぎたころに施餓鬼を行い、新仏を中心として有縁無縁の亡霊を弔ったりしている。盆踊りも訪れてきた先祖と交歓し、あわせて無縁霊をしずめるという意味をもつようになった。今では一ヵ月遅れの八月十五日を盆の時期と理解し、墓参のため故郷へ帰るその風景が民族の大移動といわれるほど、国民の中に浸透した行事となっている。盆は都市では大きく変質してきた。それは都市に墓地を持ち故郷に帰る必要がなくなった人々が多数出てきたからである。それに祖先祭祀の風習が今まで盆の年一回だけであったものが、通年になってきた。さらには欧米諸国の夏休みの風習に習って、盆にあたり故郷へ墓参に帰るよりも、遠距離の旅行に使用するようになった。八月十五日が第二次世界大戦の終ったことと重なり、盆を記念日と理解するようにもなった。長崎市の精霊流しが祖先送りの形をした長崎市民の祭であることがこのことをよく示している。第一、盆の十六日は昭和までは嫁や奉公人の藪入りの日であり、嫁入り先や奉公先の盆をすませてのち、家へ帰ったので、はじめから実家の祖先まつりと関係しなかった。盆踊りもおおかた盆を済ませての行事であり、これがこの風潮を助けた。盆を新暦採用後もそのまま七月に行うところ(東京など)と、季節感にあわせて月遅れの八月に行なっているところ(関西など)などに分かれた。学校の行事として行う七夕などが太陽暦で行う典型例である。これに対し、農村の七月は稲の草取りに忙しい時であった。とても盆などはできるものではない。しかし、八月に入ると、稲作のための仕事がなかった。八月は百姓の大名月といわれるくらい暇な月であった。秋の実りを前にして稲やイモなどの作物の豊作を神仏に祈るだけである。盆のお供えの中に稲や出始めた稲穂やサツマイモの蔓などを供えたり、盆に迎える精霊を盆様と呼ぶところがあるのもそれである。仏教色濃厚な盆の行事の中に、日本の固有信仰に基づくいろいろな祭の痕跡が種々の形で含まれているのである。精霊迎えの場所が、山・寺・墓・盆市などであるのに、送り場所が、海・川・辻などであることは、他界観の変遷や重層を検する上にも注目されなければならない。　→別刷〈盆〉

参考文献　田中久夫『祖先祭祀の研究』(『日本民俗学研究叢書』、一九七八)　（田中　久夫）

ぼんいち　盆市　盆行事に使われる品々を主として売る市。盆市は花市などといわれ、全国的に見られるが、鹿児島県や新潟県佐渡島、青森県などでは盆市の買物に行くことを仏様迎えに行くという。新潟県佐渡郡相川町では盆市を花市とか草市といっており、八月十二・十三日に開かれる。この市で迎え火を焚く材料や精霊棚に使う材料、花などを買い整えるのだという。市は近在の農家の人たちが真夜中から集まって場所取りをして商品をならべ、早朝四時ころから人が集まり始め、七時ころにはさびれ始めるのだという。夜があけぬ内に盆花を買い整

佐渡の盆市(新潟県相川町)

えるものとされている。宮城県気仙沼市では盆市に出かけた人を子どもたちが迎えに出ることをお盆迎えといっている。このような盆市は、町の通りはもちろん、寺の門前や境内などで開かれ、近在の人たちが、盆花・花ゴザ・盆提燈・蠟燭など、盆に使うものを買い求めた。中世から近世にかけて盛んに行われた定期市が次第に常店での営業に発展してきたが、現在でもその名残をとどめる市に年末の年の市と盆の市がある。これらの市は人々の生活に即して経済生活のリズムを形作り、また年中行事の要として欠くことのできない重要性を持っていた。今日でも、商店街やデパートなどで行われている中元大売出しや歳末(歳暮)大売出しは、その伝統の一端といってよい。先祖の御魂祭を行う機会である盆と暮れに開かれることから、これらの二つの大きな折目に対応するものと考えられる。市がただ単に、営利追求の目的のみで開かれるものでなかったことを示すものといえよう。

参考文献　和歌森太郎編『陸前北部の民俗』、一九六九、北見俊夫『市と行商の民俗―交通・交易の伝承論(二)―』(「民俗民芸双書」、一九七〇)
(菊池　健策)

ぼんおどり　盆踊り　(一)盆に祖霊歓待と鎮送に踊る踊り。盂蘭盆経説は救母のため釈迦の弟子目連尊者が地獄めぐりをしたという説話に出たものだが、これを唄い踊っているところは実は少なく、石川県石川郡白峰村のじょうかべと呼んでいる祭文口説き風な盆踊りがわずかにこれにあたる。その内容は『敦煌文書』の「大目乾連冥間救母変文」と同じである。なお、母の青提夫人が大和壺坂寺の如意輪観音に封じられ、七月十六日を盂蘭盆会と名付け祝いの踊りをし、百味百菓で供養をするのだという。庶民の盆供は『蜻蛉日記』にもみえるが、『看聞御記』には十五世紀半ばには念仏踊りが修せられたことがみえ、「盆ノオドリ」は十五世紀末に昼は新薬師寺、夜は不空院の辻でと『春日権神主師淳記』(一四九七)にあるのが古い。異類異形と日常の風姿でなく風流《ふりゅう》の装いだった。非日常の仮装が風流の本質である。祖霊は家々のもので、日本中の家々で祖霊祭の盆が営まれる。盆棚に百味百菓が供えられ無縁仏にも施餓鬼する。祖霊は子孫の生活ぶりを見に来るのだという。霊は粗相があると祟ると考え長居されては困るので数日の期限を設け、この間に歓待と送りの儀礼として盆踊りが踊られる。普通は村落単位で、たとえば愛媛県東予市丹生川では社寺や広場で老若男女が打ち揃って踊った。しかし、近年は校庭で踊っている。公民館という例もあって時代による踊りの庭の変更は特別のことでなくなった。愛知県北設楽郡設楽町田峯では念仏踊りと合体し新盆の家まわりをする。しかし、盆踊りは次第に往生願いや慰霊などの念仏系を脱して地域社会としてイベント風流化する。唄に恋唄やお国自慢が幅を利かし、美声が登場し、太鼓がリズミカルに響き、美しい手振りや軽快な足取りが見られるなど楽しく明るい雰囲気が支配するのは、祖霊に喜んで帰ってもらうためである。舞踊という語があるが、舞いは旋回運動を基とし神迎えの、踊りは上下運動を基とし神送りの意味を持つという。盆舞といわない理由である。盆踊りは風流の代表的存在で、全国津々浦々にあり、郷土的個性に彩られている。秋田県雄勝郡羽後町の西馬音内《にしもない》や島根県鹿足郡津和野町や鹿児島県与論島では覆面の踊り子が出るが亡者だといい、踊って昇天して行くと考えている。長野県下伊那郡阿南町の新野《にいの》では踊り神送りといって村境まで踊って行き、新盆の家の切子燈籠を燃して鉄砲を射って後も振り向かずに家路につく。徳島市の阿波踊りは典型的な練行形式でその独特な唄・囃子・衣裳・踊りで観光の目玉的存在になった。岐阜県の郡上《ぐじょう》踊りも校庭を埋め尽くすほどの大群集の活発な輪踊りで人気が高い。兵庫県淡路島の大久保踊りでは芝居種の口説き節で槍や刀などを持って男女打組みで踊る。沖縄本島のエイサーは踊り子自身が太鼓を抱えたり手にしたりして群行する。秋田県鹿角市の毛馬内では女たちは町の目抜き通りで留袖を着て踊る。箪笥の底物の虫干しのためという。大分県の鶴崎踊りでは振袖を着る者もいる。富山県の越中おわらは風の盆と称して風祭時期の九月初めに踊っている。

↓阿波踊《あわおど》り　↓アンガマ　↓エイサー　↓越中《えっちゅう》おわら
↓風流《ふりゅう》

愛媛県東予市壬生川の盆踊り

岐阜県郡上八幡の盆踊り

参考文献 柳田国男「新野の盆踊り」(『柳田国男全集』二四所収、一九九〇)、折口信夫「盆踊りの話」(『折口信夫著作集』二所収、一九六五)、『民俗芸術』一ノ七(特集諸国盆踊、一九二八)、同一ノ八(特集続諸国盆踊、一九二八)、小寺融吉「盆踊の研究」(『小寺融吉著作集』五所収、一九四一)、網野善彦他編『豪奢と流行―風流と盆踊り―』(『大系日本歴史と芸能』九、一九九一)、『本田安次著作集』一〇―一三、一九九六―九七 (西角井正大)

(二)日系人社会の盆踊りは一般に寺院の境内や施設で行われ、寺院のもっとも盛大な年中行事の一つに数えられる。アメリカでは仏教会Buddhist church への所属は原則として会員制であり、年会費を納入して寺院経済を支えるが、盆踊りは会員のみならず広く一般市民にひらかれた催しになっている。ハワイでは六月中旬から九月初旬まで毎週どこかの仏教会で盆踊りが行われている。それは盆踊り同好会に持ちまわりで請け負わせるためでもあるが、仏教会どうしの競合をさける意味もある。盆踊りには屋台がつきものだが、それはすべて教会員の奉仕によってまかなわれる。主に治安上の理由からアルコール飲料を販売しないところもある。カリフォルニアでは七月から八月にかけて盆踊りとバザーがくりひろげられる。バザーはボランティアの教会員によって運営され、非日系市民も多く参加し、仏教会の重要な資金源となっている。盆踊りのほかに茶道・華道・禅、あるいはサンノゼ太鼓のようなアトラクションも盛んで、エスニック＝アイデンティティーの表出がみられる。ブラジルでは寺院はもとより日系団体の会館やスポーツクラブなどでも盛大にくりひろげられる。禁酒のような規制はなく、日系人のカーニバルといった雰囲気があり、非日系人にも人気がある。アマゾン河口の都市ベレンのように日本週間の催し物として盆のシーズンとは無関係に行うところもある。

参考文献 栗田靖之「カリフォルニアの盆踊り」(『季刊民族学』二一、一九八二)、中牧弘允『新世界の日本宗教』、一九八六 (中牧 弘允)

ほんかくむかしばなし 本格昔話 昔話の分類のために用いられる用語で、いくつかの挿話が組み合わさって発端・経過・結末という三段の構造をもつ複合形式の昔話のこと。アールネ・トンプソンの『昔話の型』におけるOrdinary Tales の訳語で、単一の挿話で構成されることが多い動物昔話・笑話(単純形式)に対する語。昔話のなかの事件の構成は、善と悪、美と醜などの二元的対立の形式をとることが多い。関敬吾が『日本昔話集成』全六巻(一九五〇―五八)をまとめる際に、アールネ・トンプソンの分類の大枠を踏襲して、日本の昔話を動物昔話・本格昔話・笑話の三つの部門に分類したことにより、日本の研究者の間にこの用語が定着するようになった。柳田国男が歴史的な発生論の視点から完形昔話と派生昔話の二分類を提唱したのに対し、関敬吾は、日本の昔話群を国際的な比較研究に対応させようとする視点から、欧米において一般化している本格昔話という用語を採用して分類を行なった。しかし、本格昔話という部門内部の分類は、日本の昔話におけるタイプやモチーフの特性を考慮した形のものとしている。『日本昔話大成』(一九七八―八〇)において、本格昔話は、婚姻・異類聟、婚姻・異類女房、婚姻・難題聟、誕生、運命と致富、呪宝譚、兄弟譚、隣の爺、大歳の客、継子譚、異郷、動物報恩、逃竄譚、愚かな動物、人と狐の十五項目に分類されている。→完形昔話《かんけいむかしばなし》

参考文献 小沢俊夫『世界の民話』二五、一九七八、関敬吾「民話」(『関敬吾著作集』五所収、一九八一) (川森 博司)

ぼんがま 盆竈 盆に川原などの屋外に臨時の竈を築き、ここで煮炊きをして共同飲食をする行事。盆勧進・盆飯・川原飯・餓鬼飯・辻飯などともいう。明治生まれの世代までではほぼ終ってしまった行事である。材料は持ち寄ったり、もらい歩いたり、盆の送りの供物を集めたりと各種の方法で用意する。男子というより、多くが女子の行事である。盛んに行われた静岡県伊豆地方では、八歳から十四歳までの女子の行事で、家々を回って米や野菜を集め、外竈で料理して年長者が各家の精霊に配って歩いた。この間、男子が竈を壊して歩くので、十三歳以下の女子がこれを守るという楽しい行事であった。伊豆地方の特徴は、この行事をすませた十四歳の女子がこれ以後はじめて腰巻をつけた点にある。したがって、古い成女式を踏襲している行事として考えられてきた。ムラの共同の材料で、しかも別火で料理した食物を食べ、なおかつ先祖の霊に供えることで、ムラの一人前の女になる。子どもから女に生まれ変わる大事な通過儀礼の一つとして考えられたのである。同様な行事を三月の節供に行う地方もあり、やはり成女式の名残と考えられる。小正月のどんど焼きの小屋には男子が籠る。これは、盆の女子の行事と対をなすもので、やはり、精進潔斎の古い別火生活の継承といえる。なお、子どものままごと遊びはこの盆竈の名残だと考えられている。

参考文献 富山昭『静岡県の年中行事』、一九八一 (吉川 祐子)

ほんがん 本貫 朝鮮において名字の前に付く氏族の始祖の出身地名。本貫《ポングヮン》・郷貫《ヒャングヮン》・本籍・貫籍《クヮンジョク》・姓貫《ソングヮン》・本《ポン》とも。姓は父系性を意味し、本貫はその親族の地縁性を意味する。したがって、姓と本貫が同様であれば、結束力が高いと考えるのである。これは、韓国には姓の数が少なくて同族の規模が大きくなり、親族範囲や親族意識が薄くなるので、名字と本貫を一緒につけて同族の下位に分類している。姓の数より本貫の数が多いのは当然である。つまり、同姓同本であれば親族としての連帯感が強く認識され、結婚が禁じられる族外婚の範囲のなかの親族であることである。元来、韓国は姓氏と本貫制度がなかったが、中国の姓制を導入して定着した。三国時代七世紀ころに上層民が使い始め、一般化されたが李朝末まで賤

民は姓を持たなかった。高麗末期から賤民の解放とともに、姓を付けるのが普及した。つまり姓はなくとも本貫はあった。これは親族が集団居住したところから由来するものである。同様の血統を持ち一ヵ所に集団的に居住し、それが郡県の都会に住む親族は良民、郷・部曲・所・処・駅・島などに住むものは賤民と区別したことから考えられる。李朝の両班支配政治制度においては姓を持てない人もいたが、十九世紀末に近代的な戸籍制度が導入されてから、全国民が姓と本貫を持つようになった。まだ姓の本貫による優劣感もあり、それによって親族としての連帯感を持つことがある。

参考文献 善生永助『朝鮮の姓』、一九三四　（崔　吉城）

在日韓国・朝鮮人も結婚の際に本貫を問う。また血縁関係を意識する際に本貫が重要になる。門中よりも同姓同本が近親を越えた親族の範囲として重要であるためである。在日は明確にたどれる系譜をもつ一族の数が少なく、日本での世代深度も浅いために在日では門中を形成するに至っていないことも理由の一つである。近年、全州李氏や慶州金氏のように日本における同姓同本の範囲で在日宗親会を結成し、同時に日本支部として本国の宗親会の活動に参加する例も現われた。また光山金氏のように共同墓地をもつなど、日本社会における少数派としての在日が父系血縁を基盤とした同族意識と関係のネットワークをつくる際の指標として本貫が認識される。

参考文献 善生永助『朝鮮の姓』、一九三四、宗教社会学の会編『宗教ネットワーク』、一九九五　（岡田　浩樹）

ほんけ 本家 分家を出したもとの家。分家およびそれを認知した他家からの呼称。他からの移入者が有力家を頼り、契約によって本分家関係を結ぶ頼み本家の慣行も広くみられる。日本の家制度のもとでは家の永続性と継承性が重視され、しかも家継承は一子残留（一世代一夫婦）が原則であったから、相続形態が長子相続であれ末子相続であれ複数の同世代相続者がある場合には、一人の相続者以外は家から排出され分家を創出する可能性をもっていた。さらに家の奉公人（雇い人）も家の継承可能性をもつとともに分家創出の可能性も持ち得た。ただし農家における本分家関係は基本的に同一村内での土地（家産）の分与によって規定される関係であり、本家相続人以外のものが他出ないしは他の職業について自立する場合には分家は生じない。商工家など家産が土地以外のものを主とする場合には、必ずしも地域は限定されない。こうして創出された分家は本家と密接な関係をもち、本分家の家連合である同族を形成する契機となった。また分家が経済的に自立し二次的に分家を出して別本家となった場合、旧い本分家関係における本家は惣本家・宗家などと呼ばれることもある。本家は同族における本源の家として分家を統制するとともに、分家に際しては財産を分与し、分家後も長く経済的に保護する役割を果たしてきた。慣行としての本分家関係は、地域的、歴史的に多様な存在形態が報告されてきた。そのため本家に関する呼称も多様である。ホンイエ、ホンケ、ホンヤ、モトヤ、モトイエ、カブオヤのように本・元などをつけた創出の本源に対する敬称と、オオヤ、オモヤ、オマエ、オエ、オヤケ、オヤエ、オヤカタのように親・主・大・御など庇護者への敬称をつけた呼称が多い。本家は先祖伝来の家屋敷や田畑山林を有し、村における高い家格と強大な経済力を背景に分家を庇護・統制し、分家は本家に対し労力を提供する。元旦には分家は本家で正月を迎えたり、挨拶にいく本家礼を行い、盆には本家の盆棚に参ったり、本家の墓地で迎え火を焚くというような祭祀のあり方も重要な統制であった。また分家の冠婚葬祭の指示や成年式の烏帽子親に本家があたるというように、家を維持・継承していくために本家の統制は経済的な面だけではなく生活全般に及んでいた。本分家関係のあり方には地域差が大きく、本家が頂点に立って強大な経済力で分家を統制するという形態は東北日本に多く見られるが必ずしも全国一般のものではない。西日本では分家に対する本家の権威が祭祀や交際などの象徴的権威に重点がおかれる傾向にあった。また本家の力が強い地域でも、分家分出後、一、二代たつと分家の経済力が本家を凌ぐというような事例も見られた。こうした本分家関係の存在は社会制度としては現行の民法のもとでは根拠を失っているが、民俗としてなお存続している。→家《いえ》 →宗家《そうけ》 →同族《どうぞく》 →分家《ぶんけ》 →本家礼《ほんけれい》

参考文献 中野卓『商家同族団の研究』、一九六四、有賀喜左衛門『日本家族制度と小作制度』（『有賀喜左衛門著作集』一・二、一九六六）、竹内利美『家族慣行と家制度』、一九六九　（古川　彰）

ほんけあらそい 本家争い 同族を構成する家相互の系譜の本源をめぐる争い。同族において本家は系譜上の本源であることによって分家を統制するのであるが、他方で分家に対して社会的、経済的保障を行うことが重要な機能であった。分家を出すにあたっては農家の場合は家・屋敷地、耕地など、また商家の場合には暖簾に象徴される店の信用、顧客や仕入先など、分家が一軒前の家として独立するための分与を行い、その後も分家を経済的に支援した。さらに祭祀をはじめとする同族の行事一般を主催することは本家の義務であった。経済的負担の大きい本家に対して分家の経済力が上回ることはしばしばみられた。経済的に力をつけた分家が新たに家を創出するとき、分家はその新たな家の本家となり、元の本家との関係に混乱が生じることがあった。特に経済力のある分家はみずからを本家と称し、長い時間の間には、同族全体の本末関係の混乱にも通じることになる。そのような場合、同族の本源をめぐる争いが生じることがあった。多くは元の本家は宗家・総本家などと呼ばれる関係におかれ混乱が生じることは少ない。商家の場合は本家としての信用が家業経営に直接つながっており、争いが信用

を象徴する暖簾の使用権に具体的に表われることもあった。こうした争いは経済力だけではなく、商圏の広がりなど家業の存立基盤の拡大や本家統制の弛緩というような条件によって引き起されることも考慮しなければならない。

参考文献 中野卓『商家同族団の研究』、一九六四、竹内利美『家族慣行と家制度』、一九六九、松本通晴「同族の構造と機能」(『講座家族』六所収、一九七四) (古川 彰)

ほんけれい 本家礼 他出した子供や分家が正月に親や本家のもとに年賀の挨拶にいく同族交際儀礼。オヤのほうでは正月よびなどという。正月は盆とともに先祖のみたまをまつるだけでなく生きているオヤの魂を祝福しその長寿を願う時でもあった。コカタは暮れには米・餅・魚などの供物を届け、先祖に捧げるとともに、オヤに食べてもらい霊力を強化し、その力に与かろうとした。年初にオヤのもとにコカタ一同が伺候し挨拶を交わし、共同飲食をすることは同族内の各成員の地位の確認を行い、仲間意識を一層強化する意味もあった。総本家の奥座敷に座るのは総本家と二、三の本家筋の当主で、末端の分家は勝手口で挨拶をしたという地方もある。現在でも直接の本家に挨拶にいく慣習を維持している地方は多いが、総本家に本家・分家一同が集まるということはほとんどみられなくなった。本家礼に類似するものとして盆礼・節供礼・彼岸礼などがある。 →節供礼《せっくれい》 →盆礼《ぼんれい》

参考文献 柳田国男「親の膳」(『柳田国男全集』一七所収、一九九〇)、同「食物と心臓」(同) (上村 正名)

ほんこ・きりゅう 本戸・寄留 長崎県対馬の村落における家格制の一つ。一軒前の家として村落の権利・義務を行使する資格のある本戸と、資格のない寄留に分けられる。本戸は、村落の地先漁業権、共有山林の入会権などを行使できるが、寄留はこのような村落の共有財産に関わることができない。本戸は、村落の草分けの家などを含み、ほぼ明治時代以前よりその村落に居住していた家々から成る。村落内結婚の比率が高く、同族的集団を形成している場合が多い。一方、寄留という名称は、一八七一年(明治四)の戸籍法に制定された寄留制度(一九五一年(昭和二十六)廃止)によるものと考えられており、本戸の次男・三男による分家や他村落からの転入者を指す言葉として使われるようになった。前者を分家寄留、後者を入村寄留として区別することもある。対馬の各村落では江戸時代から、すでに百姓と名子あるいは士族と平民などの名称で二つに階層化される家格が存在していた。しかし幕末、とりわけ明治時代に入ってから戸数が増加したため、旧来からの二つの階層をあわせて本戸とし、新たに増加した家々は寄留となった。また、本戸のみの戸数を村落全体の戸数とみなして、その数を一定とする戸数制限を行なっていた村落もみられる。本戸・寄留という対馬の家格制は、明治時代の戸数の急激な増加に対し、旧来の家が共有林野や漁場の用益権など共有財産に対する既得の権利を保持することを目的として、生み出されたものと考えられる。

参考文献 九学会連合対馬共同調査委員会編『対馬の自然と文化』、一九五四、宮本常一「対馬の漁業制度」(『宮本常一著作集』二〇所収、一九七五)、同『対馬漁業史』(同二八、一九八三) (安井眞奈美)

ぼんさい 盆栽 自然美を楽しむため培養、整形を加え、趣のある樹形にしつらえた鉢植えの樹木。大きな皿に樹木を植えたことからこの名がある。一般の鉢植えでは草木のみせる四季の美しさに鑑賞の力点をおき、花、草、実の美しい草木を選んでその美しさを演出するための手入れを行うが、盆栽では樹木の生命力を通して自然の広大深遠な情感を楽しむことに重点がおかれ、自然に耐え抜いた樹木を探し求め、生命力を培養する手入れがほどこされる。高山、離島の厳しい環境に育つ樹木や古木が喜ばれるのは、このためである。盆栽のはじまりは古く、中世の『法然上人絵伝』七・四六や『徒然草』、『慕帰絵詞』九に鉢植えの樹木を鑑賞的に楽しむ情景が描かれていて、当時、すでに盆栽が定型化され始めていたことをうかがわせる。近世に入り、交通網の発達に伴って全国から盆栽を集めた展覧会も開かれるようになり、現在では、世界三十数ヵ国の国々が参加する国際盆栽大会が開かれ、ボンサイが国際語として通用している。盆栽の基本樹形は、幹が直立した直幹、幹が傾斜した斜幹、幹が鉢の外に懸垂する懸崖、幹が前後左右に屈曲する蟠幹《ばんかん》に分けられるが、樹形を無理に矯正するのではなく、幹の骨組みを生かして樹形を整える。五百年、千年に及ぶ古木も少なくなく、風雪に耐え抜いた生命の厳かさを感じさせるが、それだけに専門の盆栽業者に手入れをゆだねることが多い。同じく自然美を楽しむ一つに盆石があるが、これは、雄大かつ深淵な大自然を盆に据えた形のよい石によって演出することを意図している。

参考文献 山田釜次郎・山田美男『盆栽 美と調和』、一九八二、The Japan Bonsai Association: Classic Bonsai of Japan (1989). (伊藤 庸一)

ぼんざかな 盆肴 盆の食事の際に食べる魚のこと。山間地においても、必ず海水魚を用いる。盆期間のはじまりにとの例もあるが、むしろ終りに食される例が多い。盆中は精進の状態となるが、そのままでは日常の業務に復することができないため、これを落とす意味が籠められている。魚種はさまざまだが、良く用いられるのは刺鯖で、背開きのサバを塩漬けにしてから干し、二枚重ねにして串に刺したものである。

参考文献 柳田国男「食物と心臓」(『柳田国男全集』一七所収、一九九〇)、高谷重夫『盆行事の民俗学的研究』、一九九五 (胡桃沢勘司)

ほんざんまいり 本山参り 京都の東本願寺・西本願寺へ代参をたてて参るもの。三重県四日市市では京講などとも呼ばれ、一つのムラを単位として村人が順番に代参

者となって本山参りができた。山科講・十六日講など門徒同行の講からも代参を送り出した。伊勢参りと京参りの家へはタビミマイ(旅見舞)が村人からなされ、帰ってくると迎えに出たり、タビミマイをしてくれた人たちを招いて御馳走をふるまった。愛知県海部郡八開村では講単位で一九八〇年(昭和五十五)ころまで行われ、一九五三年当時毎月十円の掛銭をして、代参者には千円が旅費として支給された。代参者は「代参」とかいた籤を引いて決められたという。講が代参を送り出す目的は、本山へ懇志金を届けることにあった。こうした本山参りは江戸時代から行われており、新潟県蒲原郡の角田浜村(西蒲原郡巻町)では真宗戸数百二十六戸のうち七十六戸百十九人が、一八四六年(弘化三)から一八六六年(慶応二)までの二十年間に参詣していた。参詣の最短日数は三十七日から三十九日で、六月四日前後に出発し盆前の七月十一日ごろに帰着していたという。長期の場合には伊勢・熊野参詣から四国参詣まで行なっている。本山の御遠忌法要のときに参っているが、抜参りもされた。特に四十歳代後半から五十歳代前半の者が行なっており、本山において御門跡様に会い、剃髪・法名を受けて来世における浄土往生の証を得る目的ではなかったかとされている。

参考文献　奈倉哲三「幕末期真宗門徒の臨時行事―越後蒲原門徒の遠忌と本山参詣」(『仏教史研究』三〇、一九八七)、『八開村史』民俗編、一九九四、『四日市市史』五、一九九五

(蒲池　勢至)

ほんじすいじゃく　本地垂迹　仏・菩薩が日本人を救うために神となって現われたという説。中国仏教の経典解釈において、仏の本質である悟りそのものである「本」と、教化・救済のための方便としての「迹」の対概念が広範に用いられてきた。日本において本・迹の概念は、仏・菩薩が本地であり、衆生を救うために神々の姿をとって垂迹したという説に転用され、平安時代末期以降に一般化し、神にはそれぞれの本地仏が定められた。たとえば春日大明神の一宮は不空羂索観音、二宮は薬師、三宮は地蔵、四宮は十一面観音、若宮は文殊とされたり、伊勢の本地は大日如来、白山の本地は十一面観音といわれた。本地垂迹が流布した社会的要因としては、天台宗・真言宗の顕密仏教寺院が地主神や鎮守神を寺域にまつり、神社や山岳霊場を支配下に包摂していたことが挙げられる。本地仏を表現するものとして、懸仏・鏡像が製作され、神と本地仏の関係を示す宮曼荼羅が描かれた。『御伽草子』や説経浄瑠璃では、神仏の申し子が人間界に生まれ、苦難を受けながらも、神仏の加護によってやがて神仏に転生するという本地物という類型的な物語が生まれた。『神道集』がその先蹤であるが、本地垂迹説を通俗化させたものであった。十四世紀以降になると、神を本地とし、仏・菩薩を垂迹とする神本仏迹説も説かれるようになったが、吉田兼倶は、さらに神道を万法の根本とし、仏教・儒教を花実・枝葉とする三教枝葉花実説を提唱し、本地垂迹説を批判した。中世が幕を閉じるとともに、本地垂迹説も衰微した。

参考文献　村山修一『本地垂迹』(吉川弘文館「日本歴史叢書」、一九七四)

(林　淳)

ほんじん　本陣　元来は武将の本営、江戸時代には街道の宿場に置かれた大名・公家・幕府役人などの休泊施設。空いていれば、武士やその家族を泊めることもあった。門構え・玄関・上段の間を有した大規模な建築で、平均すると東海道の各宿には二軒、それ以外の五街道の各宿には一軒あった。本陣では利用者の逗留中は、その利用者名を書いた関札を玄関に掲げ、利用者が立ち去った後もその関札に神酒を供えるなどして崇め続けた。一八七〇年(明治三)廃止された。

参考文献　渡辺和敏『近世交通制度の研究』、一九九一

(渡辺　和敏)

ぼんだな　盆棚　盆に先祖や新仏の霊をまつるために設けられる祭壇。精霊棚・水棚とも呼ばれる。盆には先祖・

盆棚(東京都小平市)

新仏・無縁仏の三種類の霊が訪れるとされており、そのうち先祖は清まった霊のため室内の盆棚にて丁重にまつられるが、無縁仏は戸外や縁側や戸口に近いところでまつられ、新仏は荒々しい霊であるため無縁仏と同様に扱われると解釈されてきた。しかし近年は盆棚の形態と設置場所を全国的に調べることによって、三者のまつり方の相違は一地域内での相対的なものにすぎないことが明らかになった。全国的に最も広くみられる盆棚の形態は、棚の四隅に葉付きの若竹を立てて盆花を飾るもので、竹の上方には縄を張り渡して稲・麦・ササゲ・枝豆・ホオズキなどを掛ける。棚の上には真菰《まこも》で編んだ薦《こも》または茣蓙を敷き、位牌を並べて、ナスとキュウリの牛馬、サトイモやハスの葉にのせたミズノコ(ナスとキュウリの賽の目、洗米)・鉦・線香立て・ミソハギを水に浸した湯飲みなどを置く。拝む時にはミソハギで水を振りかける。このほか、棚の周囲を葉で囲うもの、四本柱を組み立てて板を渡したもの、吊り棚、箕、台などさまざまな形がある。設置場所も先祖祭の場合は仏壇の脇・床の間・座敷など室内が多いが、地域によっては縁側・軒下・庭先・水辺などに設けられる。高知県香美郡物部村では一九二〇年(大正九)ころまでは箕に先祖の位牌と供物をのせて縁側に出してまつる家もみられたが、その後箕は座敷や床の間に移された。盆棚の設置場所がさまざまであるのは、盆の祭が家の外から家の中へと引き寄せられていっ

た、その過程を示すものであると考えられる。　↓餓鬼《がき》棚《だな》　↓精霊流《しょうりょうなが》し

参考文献　原泰根「大阪府の歳時習俗」(『近畿の歳時習俗』所収、一九七五)、伊藤唯真『仏教と民俗宗教―日本仏教民俗論―』、一九八四、喜多村理子「盆に迎える霊についての再検討―先祖をまつる場所を通して―」(大島建彦編『双書フォークロアの視点』二所収、一九八八)、高谷重夫『盆行事の民俗学的研究』、一九九五　（喜多村理子）

ぼんてん　梵天　大きな串状の棒の先に紙を幣のように切ってつけたもの。ぼんでんともいう。仏教護持の神で、帝釈天と対をなす梵天 Brahman は、インドの古代宗教で世界の創造神とされた神の名であるが、通常日本の民俗語彙として使う場合にはこれとは関係がない。梵天がよく使われるのは修験道の儀礼である。目印を立てる「ほて」の意味が梵天の語と結びついて使われるようになったもので、神の依代を示している。羽黒修験の秋の峰の修行では、峰入りの際に大先達が羽黒山中腹の黄金堂に梵天を投げ込み、これを男女の和合と見做し、母の胎内に新しい命が宿ると説明される。また羽黒山で松聖《まつひじり》と称する二人の修験者が行う冬の峰の修行は、十二月三十一日の松例祭が結願の行事となる。この折に使われるのが大梵天で、験競べとして行われる。まず去る年の悪しき象徴である恙虫《つつがむし》として焼き払われ、そのことで穢れた火を新しくする火のうち替え神事が行われる。験競べで勝った組の火は翌年の浄火として使われる。柳田国男はこの松例祭と柱松との共通性を指摘し、また小正月に立てるオンベ竹、五月の端午に鯉の吹き流しを立てること、各地の塚の祭に旗を用いたこと、神に仕えて神孫を世に残した巫女としての賀茂の玉依姫の丹塗矢《にぬりや》の伝説などを、梵天と共通する神の占有を表示する一種の斎串《いぐし》であると述べた。梵天は御幣と同様の神の依代として、祭や儀礼に用いられ、神霊の憑依するものとして神聖視されてきた。

梵天　山形県鳥海山蕨岡の大御幣祭

参考文献　柳田国男「柱松考」(『柳田国男全集』一四所収、一九九〇)、同「大柱直」(同)、戸川安章『修験道と民俗』(「民俗民芸双書」、一九七二)　（神田より子）

ほんにん　本人　主に近畿地方の村落で寄合や共同労働などに一家の代表として出る資格を有する男子のこと。コシュ(戸主)、ヤクハリ(役張)、クワガシラ(鍬頭)などともいう。近江の村落においては、父親が六十歳になって村役を退くと、跡取息子に本人としての地位を引き継ぐという例が多い。本人になると初寄りの席で挨拶をして村入りを果たし、社会的に一人前になったことが認められる。　（関沢まゆみ）

ぼんばな　盆花　盆の期間中盆棚や仏壇・墓に供える花。オミナエシ、キキョウ、ヤマユリ、ミソハギ、ホオズキなど花の種類は土地によって異なり、数種類をあわせて盆花とする地方もある。また草花ではなく、特定の常緑樹をハナの木と呼んで必ず供えるとする地方も多い。これらの草花や常緑樹は、盆の始まる前の十一日、あるいは十二日から十三日の朝にかけて野山から採取されるが、これによって先祖が家に迎えられると考えられている。　（喜多村理子）

ほんびゃくしょう　本百姓　江戸時代の農村や漁村に居住して、農業や漁業などの生産活動に従事する者で、国家や領主に対して百姓身分としての役負担である年貢・諸役を負い、生産と生活を保障する村を構成する一人前の百姓。一人前の百姓とは、検地帳に名請人として登録された田畑の所持者で、村内に屋敷地を持ち、持高にかかる年貢と百姓身分に固有の陣夫役や普請役や伝馬役などの人足役を負担することで、国家や領主権力から百姓身分として確定された役家である。直系家族を基礎とする小経営を単位として生業に従事した。十七世紀なかばまでの百姓は、下人や名子・被官といった非血縁の隷属性の高い労働力を抱える大経営を営む者も多く、これを近世的な小経営の小農と区別するために初期本百姓という学術用語で呼ぶ場合がある。十七世紀後半以降になると人足役の代銭納化が進み、役の賦課基準も軒割から持高割となったため、百姓は持高の大小によって序列化されるようになり、高持百姓と無高百姓(水呑百姓)に分化し、高持百姓が本百姓と同義になった。しかし、十七世紀後期に分割相続や名子・被官や下人の自立が進むと、幕府は百姓経営の安定化をはかるために分地制限令を出して零細な百姓の発生を防ごうとした。また、村も本百姓数の増加を制限するため百姓株を固定した。そのため、百姓株を持つ者が公的に土地を所持する本百姓であり、それ以外の百姓は水呑百姓・借地などとよばれた。

参考文献　古島敏雄「近世農村における農民層の構成と家族の形態」(『古島敏雄著作集』三所収、一九七四)、高木昭作「幕藩初期の身分と国役」(『日本近世国家史の研究』所収、一九九〇)　（吉田ゆり子）

ぼんぼり　雪洞　燭台《しょくだい》や手燭《てしょく》の周囲を和紙や薄布などで覆った蠟燭用燈火具。一説にぼんぼりは、ほんのりとしたあかりが転じたもので、あて字として雪あかりの洞《ほら》(空洞)に似ているのか雪洞と書く。日本的情緒のある燈火具の一つで、定置用の雪洞燭台と携行用の雪洞手燭がある。風除けの覆いとなる火籠部分は上広がりの円形や多角形の形状を持つ頂部につながる支柱や台座から作られ一対具としても使われる。屋外での夜宴、夜桜見物、社寺仏閣の内陣にも使われる。

参考文献 関重広『燈火の変遷』(「科学新書」一〇、一九四二)、内阪素夫『日本燈火史(復刻版)』、一九七四、宮本馨太郎『燈火―その種類と変遷―』、一九六四
(飯野 貞雄)

ほんまつせいど 本末制度 江戸時代における本寺と末寺の階級制度。一六一五年(元和元)の寺院法度により、各宗派本山と末寺の支配関係が規定され、これより本山を頂点とする本末制度が組織化された。これは室町時代の五山・十刹・諸山制度に源流がもとめられる。江戸時代の本末制度は幕府の公的権力を背景に、各宗派の本山がきわめて強力な勢力を持ったことが特色である。各宗の本山は教学的な意味では学問道場の役割を果たすとともに、行政的には末寺僧侶の任免権、末寺の財産管理権を持っていた。末寺はこの本山の政治的支配に服することは当然であるが、僧階・寺格・寺号の布下、本尊の布下、宗祖絵像の布下など、本山からさまざまな経済的収奪を受け、それはとりもなおさず檀家に転嫁されていった。一方、本山の大僧正(貫主)は将軍の推薦により天皇家から紫衣と勅賜号を与えられ、宗内における絶対的権限を持つに至った。江戸には触頭《ふれがしら》寺院という各宗本山の窓口(出張所)にあたる有力寺院が置かれ、これを通じて幕府の行政的な統制がはかられた。幕府はこの本末制度の確立と維持をはかるため、本山に対して、しばしば末寺の実態を報告させた。これが寺院本末帳の作成である。現存する史料でみる限り、それは一六三二年(寛永九)―三三年、一六九二年(元禄五)、一七四五年(延享二)―四六年、一七八六年(天明六)、一七九〇年(寛政二)―九二年、一八三四年(天保五)の六回である。これらの本末帳作成により各宗本山は末寺の実態を把握し、体制をより強化していった。

参考文献 千葉乗隆「近世真宗教団の本末構造」(『近世仏教』二、一九六〇)、辻善之助『日本仏教史』九、一九六一、長谷川匡俊「関東浄土宗教団の末寺統制」(笠原一男編『日本における政治と宗教』所収、一九七〇、圭室文雄「寛永の諸宗末寺帳について」(同)、児玉識『近世真宗の展開過程』(「日本宗教史研究叢書」、一九七六)、福間光超「近世仏教における本末制度」(『竜谷史壇』八一・八二、一九八三)、竹貫元勝「近世五山派教団―天明・寛政寺院本末帳を中心として―」(圭室文雄編『論集日本仏教史』七所収、一九八六)
(圭室 文雄)

ほんむねづくり 本棟造 正方形に近い平面をもつ、切り妻造・妻入り・板葺きの住居。長野県の北は大町市近辺から南は下伊那郡阿南町あたりまでの中信・南信地方にみられ、一般にホンムネあるいはホンミネと呼ばれる。家屋正面に向かうと屋根の端に打たれた幅の広い破風板とその頂点の雀踊りといわれる棟飾り、二階の妻側中央に設けられた出格子窓が目につき、白壁と束と貫との対比と相まって、美しい外観を呈する。内部の間取りをみると、片側に表から裏まで抜ける通り土間があり、部屋は二列に三室が並ぶのが基本的な形式である。建築学的には、十八世紀の中ころにはほぼこの形式が完成し、以後装飾の様式が付け加わってきたようである。俗にホンムネは八間《はちけん》間口《まぐち》といわれ、民家としてはかなり大きなものである。したがって、ホンムネを建てるのは、ムラの中でも一部の裕福な階層だけが可能なことであった。ムラの多くの家が茅葺きの寄棟造のころ、庄屋層の家だけがホンムネだったのである。そこで、ホンムネは単なる建築様式にとどまらず、富あるいは家の格式を示すしるしとなり、明治以後になって養蚕景気で裕福になった家家では、多くがホンムネを新築した。現在でも、間取りは大きく変化しているものの、外観をホンムネで新築する家が数多くみられる。

本棟造（長野県山形村）

参考文献 太田博太郎「本棟造りの成立」(『日本建築史論集』二所収、一九八四)、多田井幸視「小曾部谷の本棟造り―塩尻市小曾部の住居意識―」(『長野県民俗の会会報』九、一九八六)
(福沢 昭司)

ぼんれい 盆礼 盆中に行われる正式な盆の挨拶、もしくはその時になされる贈答のこと。盆見舞い・盆歳暮《ぼんせいぼ》・ボンコ(盆供)・ボンダテなどとも呼ばれる。現在では盆前になされる中元の挨拶・贈答と一体化してしまっているが、本来の正式な盆礼はあくまで盆中になされるべきもので、しかも迎え盆の十三日は遠慮し、十四・十五日に行うものであった。本家や親元などを訪問してその家の精霊棚に焼香をし、主人に対しては「お静かなお盆でおめでとうございます」とか「結構なお盆で何よりでございます」などの挨拶をかわし、新盆家であれば「今年は新盆でおさびしゅうございます」などと述べるものであった。贈答の品は米・小麦粉・素麺などが多く、素麺の束の数を必ず五束・七束などの奇数束にするという地方も多い。新盆家の場合、集落の全戸がおとずれ、品々とともに霊前の金銭も贈るもので、当事家ではその接待に追われる。仏教の影響により、生臭物などは贈らないことにはなっているが、その一方で親元に魚を持参して調理し、ともに飲食するイキミタマ、イキボンの古い民俗も残っている。
(長沢 利明)

ま

マージ　マージ　沖縄の代表的な土壌の名称。漢字表記では真土が通常あてられる。那覇市の真和志《まわし》・真地《まーじ》の集落・地域名は、マージに由来するといわれる。沖縄本島で一般に耕作に適して畑地として利用できる土壌・土質をマージとして呼んだもので、語源的にもマッチ(真土)の転訛と考えられる。明治期に土壌学の知識が導入され、沖縄の土壌は、国頭マージ、島尻マージ、ジャーガル、ニービ、カニクなどの方言名によって大別され、新たな意味付けが行われた。これは、地域ごとに異なる土壌の母材(母岩)による分類法で、土質・色などで容易に区分でき、方言による民俗分類に近いため、県内で広く普及している。マージについては、国頭地方(沖縄本島北部)が中・古生代の堆積岩類を母材にして風化した、赤黄色土壌を一般に国頭マージとしているのに対し、島尻地方(沖縄本島南部)では琉球石灰岩の台地が広く発達し、その石灰岩の茶褐色の風化残留土壌を指して、島尻マージと呼んでいる。前者が酸性土であるのに対し、後者は中・弱アルカリ土であるほか、土壌の物理性などにも両者の違いがあり、パインアップル、ミカン、茶などは国頭マージの地域に限定される。特に森林伐採や大規模農地造成が行われると、国頭マージが容易に侵食されて、サンゴ礁海域まで汚染する赤土流出を引き起し、沖縄の環境問題の課題となっている。

[参考文献]　大城喜信「土と農業」(木崎甲子郎・目崎茂和編『琉球の風水土』所収、一九八四)
(目崎　茂和)

マーダニ　マーダニ　沖縄でタントゥイ(種子おろしの行事)のほぼ一ヵ月前(旧暦九月)に行われる発芽試験と豊穣の祈りを込めた稲作儀礼。かつては、沖縄本島で広く行われていた行事のようだが、現在は行われていない。「庭種子」という漢字をあてる。『琉球国由来記』(一七一三)には「ミヤ種子」と表記されている。由来記一九、久米仲里間切の「麦初種子ミヤ種子之事」の項に「九月ニ、従公儀日撰、拝ミ次第、稲種子三粒、併麦蒔始メ、嶽々、併ノロ火神・根所々火神御前へ、花・神酒居テ、ノロ・根神・サバクリニテ、御拝仕ル也。遊二日」とある。久米島(島尻郡)では、かつてその日は、家の正面のチニブ(竹製の垣根)の影に、直径一尺五寸ほどの円形の蒔床を作り、そこに稲穂を三本並べて浅く埋め、周囲をソテツの葉で囲い、夕食は米飯を仏壇に供えて豊作の祈願をしたという。
(大城　學)

マードック　Murdock, George Peter　一八九七―一九八五　全世界的な通文化的比較研究の方法を確立したアメリカの文化人類学者。イェール大学で社会学の学位を得たのち、一九二八年から同大学の社会学部と人類学部で教鞭をとり、グッドイナフ、ラウンズベリー、ホワイティングら多くの人類学者を育てた。一九六〇年ピッツバーグ大学に移り、一九七三年七十五歳で退職するまでここに在職した。その間雑誌『民族学』を創刊・主宰し、応用人類学会、アメリカ民族学会、アメリカ人類学会などの会長を歴任した。彼の人類学への最大の貢献は、何といってもＨＲＡＦ（Human Relations Area File）の創設であろう。彼は既存の民族誌資料を用い、通文化的比較のための諸項目を設定・コード化し、統計的に比較すれば、人間社会についての普遍的仮説を検証したり、文化要素間の相関関係を科学的に証明することができると考えた。こうした目的で創設されたのがＨＲＡＦであり、このファイルは比較研究のために今日でも広く用いられている。ファイル作成の副産物としてマードックはいくつかの著作を残したが、中でも影響力の大きかったのが、Social Structure, 1949.(『社会構造』、内藤莞爾訳、一九七八、として刊行)である。これは二百五十の社会を選び出し、親族名称と、結婚の形態、居住規則、出自との相関関係を検証し、家族の類型化と親族体系の歴史的進化の再構成を試みたものである。彼はまたこの中で夫婦と未婚の子から成り立つ核家族がすべての社会に認められるとして、いわゆる核家族普遍説を提唱、学界外にも多大の影響を与えた。共著として、Outline of Cultural Materials, 1938. があり、『文化項目分類』として日本語に訳されている。
(田中真砂子)

まい　舞　舞踊そのもの、または踊りに対するその種類あるいは要素のこと。記紀には儛ともみえる。舞うは廻るを語源とするところから、折口信夫は舞を旋回運動であるとした。『古事記』の酒楽《さかほがい》の歌に酒を作るに際してその周りで歌い舞ったことがみえ、歌舞は酒にタマ(生命力)を斎き込める働き(生命酒)をする。『日本書紀』允恭天皇条には新室《にいむろ》の讌《うたげ》(宴)で天皇に対して皇后が舞い、その後に「娘子《おみな》奉る」(原漢文)ことが当時の習慣であったと記される。舞うことも娘子を奉ることも等しく相手にタマを奉ることであった。天皇即位の大嘗祭に悠紀《ゆき》・主基《すき》二国から国風の歌舞が天皇に貢進され、また被征服部族の隼人舞・久米舞・国栖《くず》舞などが大和朝廷の儀礼に舞われたのは、そこに確認される支配関係が土地のあるいは部族のタマを奉献することにほかならなかったためである。こうした古代の舞の観念に対して、中国渡来の舞楽は外来であるゆえにこのような舞の性格を持たず、平安貴族の舞うものとなる。タマの奉献を目的とする舞は神社のなかで神へ奉納される巫女舞となり、また祭や宴席で参会者が一人ずつ舞う順の舞、門付けに舞う権現舞・獅子舞・大黒舞などへとさまざまな展開をみせる。一方、巫女舞は民間のシャーマニズムのなかで神を巫女の身体に憑りつかせて託宣を得て神がかる巫女舞となる。ただし神がかりにおける舞は神が憑いて託宣する状態を獲得する手段で、近世の国学者本居内遠《もとおりうちとお》が舞について「態《わざ》を模し意を用ふる」と指摘するのは、このような舞の意識的な性格をさしてのことである。神が憑依すれば意識を失った神がかり、つまり狂いとなる。神がかる巫女舞は神がからせる法者などと呼ばれる男性宗教者を必要としたが、やがて村落祭祀が男性宗教者の手に移るとともに神がかりは芸能化され、神の出現は仮面の舞に具象化され、神を招来するための採物《とりもの》舞が用意される。仮面の舞は中世の能に通じ、舞に物真似あるいは演じるという舞の新たな性格をつけ加えることになる。巫女舞をはじめとする神楽の舞には、憑依・奉納とともにもう一つ、死者あるいは悪霊を舞い浮かべて成仏あるいは退散させる機能のあることが葬祭神楽などの事例で知られる。なお舞一般に通底する特徴を挙げれば、舞い手に特別な資格が求められること、多くは一人で周囲に囃されて舞い、舞台化すると貴族的なものとなることである。 ↓踊《おど》り ↓神楽《かぐら》 ↓舞楽《ぶがく》 ↓舞踊《ぶよう》

[参考文献] 山路興造「舞と踊りの系譜」(『芸能』一八ノ三、一九七六)、板谷徹「「舞う」こと、その世界」(網野善彦他編『音と映像と文字による大系日本歴史と芸能』一所収、一九九〇) （板谷 徹）

まいご 迷子 道に迷ったり親とはぐれたりした子供。近代以前の子供の養育には、家族のほか親族やムラなどもかかわり、その点で迷子は、家やムラから離れた、保護を要する子供といえる。迷子は、人口が集中し人々の匿名性が高まる都市で社会問題として浮上する。京都府の長岡京跡の交通の要所から迷子を尋ねる木札が出土しているが、こうした木札・貼紙による照会は、人づての探索とともに古くからあったと想像される。近世、江戸では芝口河岸に、大坂では高麗橋・日本橋に、迷子・行き倒れなどの告知場があり、一定期間、奉行所が札を掲示した。江戸の町では、迷子を保護した時は自身番が扱い、奉行所に届け出る。親元が判明しない場合、発見地の町内で養育し、貰い手が見つかれば許可を得て子供を引き渡すこともあった。迷子は、親が再会を願う点で捨子と異なるが、発見者側に保護や養育の問題が生じるのは捨子と同様で、扱いも捨子に準じていたらしい。このほか、迷子の掲示施設として迷子のしるべ・仲人石・奇縁氷人石などと呼ばれ、「尋ねる方・教える方」と刻まれた貼札用の石標が都市の盛り場にあり、迷子をはじめさまざまな問い合わせに利用された。石標は、一八二一年(文政四)から一九〇六年(明治三十九)まで約三十基の建立が確認され、多くは篤志者や地域有志の寄付である。迷子の保護施設には、参詣者で賑わう寺社の境内などに迷子宿が設けられた。また、用心のために名前・連絡先を記して子供に携行させる迷子札もあった。なお、鐘や太鼓を叩き、大声で叫び歩く捜索法も行われたが、子供の失踪を神隠しとみなし、神や魔物に呼びかけたり、物差で居所を占うなど呪術的な作法も伴っていた。 ↓神《かみ》隠《かく》し ↓捨子《すてご》

[参考文献] 鷹見安二郎『東京史話』、一九四〇、斎藤純「迷子しるべ石について—類例と資料—」(『兵庫県立歴史博物館紀要 塵界』四、一九九二)、同「迷子しるべ石 補遺」(『近畿民具』一六、一九九二) （斎藤 純）

まいそう 埋葬 ⇩土葬《どそう》

まいと 舞処 ⇩舞台《ぶたい》

マイノリティ minority マイノリティ集団の意で、日本では多く少数者集団と書く。国家社会での現象で、何等かの身体的、文化的特徴が集団弁別の象徴とされ、それに基づいて社会的、政治的に不平等な扱いを受ける被抑圧集団を指す。数の要因は重要であるが、権力の配分が第一義的問題である。したがってマイノリティに対するのは多数者 majority というよりは支配的集団 dominant group とするのがよい。女性をこう呼ぶこともあるが、女性はここでいう集団ではない。弁別の象徴としてはエスニシティ・民族・人種・宗教・国籍・言語などが一般的である。ここでいう人種は生物学的用語ではなく、民俗概念であり、象徴である。一般の人々が多く集団差を人種差と了解していれば、それを人種的マイノリティと呼ぶこともできる。しかし、一般的なのはエスニック＝マイノリティである。現代の国家社会はみな多民族社会であり、この問題はすべての社会に顕現している。成員権は出自・内婚などにより世襲される。上下に階層化されていて、階級・カースト概念とも深く関わるが、カースト概念はインド社会に限定されて用いられる。植民地社会・ポスト植民地社会などでは支配集団が数的少数者であることが多く、マイノリティが多数者である。北米のユダヤ系人、東南アジアの華人、アフリカのインド系人などは経済力が強く、支配集団に密着していて、中間マイノリティと呼ばれる。カリフォルニア、ブラジルの日系人もこの性格を顕わし始めている。日本のマイノリティとしては、アイヌ系人、在日韓国・朝鮮人、在日華人などがあり、被差別部落出身者や沖縄系人もそれに近い性格をもつ。最近では日系ラテンアメリカ人もそういった集団を形成し始めている。

[参考文献] Charles Wagley and Marvin Harris: Minorities in the New World, (1958); George E. Simpson and J. Milton Yinger: Racial and Cultural Minorities, (1965). （前山 隆）

まいりのほとけ 詣りの仏 岩手地方の民間信仰の一つ。オンネェアサン、十月ポトケ、カバカワサマ、タイシサマ、オヒラサマなどともいい、信仰内容から十月仏と総称できる。旧暦十月の定例日に、阿弥陀如来・孝養太子・黒駒太子・六字名号などの掛図、聖徳太子などの木像をまつる民家や小祠堂に、同族縁者などが詣る。この十月仏は引導仏で棺につるして野辺送りに用いたとか、仏の月(十月)の先祖供養の本尊としたという。岩手県のほぼ全域に分布し、県中・南部から遠野・気仙地方にかけて

多い。拝み日は旧暦十月に集中し、先祖や先代の命日を十月に移した例がある。少数だが、正月十六日、盆十六日に拝む家もある。オシラサマ・太子信仰などと習合していることもある。祭祀内容は仏を所持している家（一族の総本家的な旧家。仏別当と呼ぶこともある）に、参詣者が賽銭や米一〜二升を持参し、拝んだ後、一汁三〜五菜程度の精進料理で共同飲食する。供物は団子など。一度拝むと一生拝まなければならないとか、二足・四足（鳥や獣）は食べないなどの禁忌がある。火事のとき飛んできたとか、川をさかのぼってきたとか、旅の六部や落人が伝えたという。岩手に真宗を伝えた是信房、善光寺聖や高野聖などの遊行僧、聖徳太子信仰を担う集団などが伝播したと考えられる。越後・信濃国境の秋山郷に伝わる黒駒太子も、死者の上で二、三回振って引導を渡したと鈴木牧之『北越雪譜』にあり、同種の信仰と考えられる。

参考文献 小島瓔禮「詣りの仏の問題」（『日本民俗学』四ノ三、一九五七）、門屋光昭「まいりの仏（十月仏）の祭祀」（『岩手県立博物館研究報告』三・四、一九六五・六六）、同「仏の月の伝承と十月仏―まいりの仏再考―」（『東北民俗』二一、一九八七）

（門屋　光昭）

まいりばか　詣り墓　両墓制における石塔墓地の呼称。石塔墓地の呼称としては、ハカ、ボチなどの一般的な語、キヨバカ、テラバカなどハカに一定の修飾語がつけられた語、セキトウ、セキトウバカなど石塔の墓であることを示している語、ラントウ、ダントバなど特別な語の四つのタイプがある。マイリバカという語は二つめに属すが、実際に民俗語彙として使用されている例はきわめて稀である。しかし、両墓制が埋葬墓地の死穢を忌み避けて霊魂だけをまつるための墓を別に設ける習俗であると理解していた一九五〇―六〇年代においてはマイリバカという語は埋め墓と対応する適語として民俗学者の間で頻繁に利用されるようになった。最上孝敬がその著書の名を『詣り墓』としたことから、その漢字表記とともに広く使用される語となり今日では術語のように定着している。しかし、正式に術語としての概念規定がなされているわけではなく、その概念規定の不統一が両墓制概念の不統一の原因でもあり研究の混迷の一因ともなった。

参考文献 新谷尚紀『両墓制と他界観』（「日本歴史民俗叢書」、一九九二）

（新谷　尚紀）

まえかけ　前掛　仕事のとき下体の前面にかける補助衣。マエダレともいう。着物の汚れを防ぐとともに前隠しの役目も果たす。主として女性が用い、その形態には一幅・一幅半・二幅・三幅・四幅・四幅半などがある。丈は鯨尺の一尺七、八寸から二尺前後で、水田に入る際は裾が濡れないよう紐にからげて丈を短くしたり、幅が狭いものであれば片裾をまくり上げて紐に挟んでおいた。また、水田地帯では田仕事用として丈一尺程度の短い一幅前掛を用意しておくところもあり、これをタマエカケ、ハンマエカケなどと呼んだ。三幅の前掛は農山漁村を問わず広く用いられ、青森県のヒシマエダレは三幅の中央の布に耐久性と装飾を兼ねて菱形文様を刺し綴ったものである。三幅以上の広い前掛には、仕事中の足運びを楽にする目的で布の継ぎ目に三寸から五寸くらいの馬乗を開けたものがある。また、幅広の前掛は身に付けた状態が腰巻のようになることから、鹿児島県ではこれをウシドメダレ、コシメダレと呼んだ。ウシドメダレとは、後ろから前にかけて腰全体を覆う前垂れの意味である。男性用の前掛には、荷を担いだり藁仕事を行うときに用いる分厚い紺木綿の一幅前掛がある。これは、肥料商や酒店などから広告を兼ねて贈られるもので、紺地に屋号や店名が染め抜かれている。そのほか前掛の類には、昭和初期ころから女たちが盛んに用いるようになった割烹着や女児用の西洋前掛があり、これらはエプロンとも呼ばれる。

参考文献 瀬川清子『きもの』、一九七二、小野重朗『生活と民具』（「南日本の生活文化」三、一九九三）

（宮本八恵子）

マエカケヨメドリ　マエカケヨメドリ　嫁がふだん着同然の装いで引き移る婚姻習俗、嫁の装い、嫁入り同行者、嫁入道具、披露など万般にわたって簡素な婚姻習俗という広狭二義がある。前掛け嫁どりとも書く。石川県能登地方にかつて広く分布していた。マエカケナリ、マエカケカブリ、ヌスミドリ、コイドラヨメなどと称されることもある。経済的理由もさることながら、身分相応に振舞うことをよしとする社会通念に従ってきた結果であることが多く、ムラの中層以下の者同士の場合にみられた。

参考文献 天野武『結婚の民俗』（「民俗学特講・演習資料集」一、一九九四）

（天野　武）

まえがみ　前髪　⇩小若《こわか》い衆《しゅう》

まえびきのこ　前挽鋸　⇩大鋸《おが》

まがりや　曲家　形が鍵型になるなど、曲がりのある家屋の総称。ただ、曲家といえば、岩手県つまり南部藩（盛

岩手県北上市民俗村の曲家　左側が本屋、右側が馬屋

岡藩)の曲家が南部の曲家としてすぐおもいだされる。これは母屋の土間の前面に馬屋が接続して鍵型になるつくりの家屋である。このつくりでは、母屋と馬屋がつくる入隅の面が日当たりのよい南向きとなるものが多く、馬屋がもっとも条件の良い位置に配置されている。寒さが厳しく長い冬季に家畜としての馬を大切にしたあらわれであり、藩も曲家を奨励した。東北地方でも太平洋側に分布するこの曲家と、日本海側の豪雪地帯に分布する中門造は一見したところ非常によく似たつくりにみえる。しかし、両者の成立過程や構造はまったく異なっている。つまり、曲家は本来、別棟であった馬屋がのちに母屋に接続して成立した。これに対して中門造は曲り部分である中門が母屋から張りだして成立した。したがって、母屋と曲がり部分の構造的な結びつきは曲家で弱いが、中門造では強固である。また主出入口が、曲家では母屋にあるのに対し、中門造では中門の正面にあって、平面機能の上でも違いがある。しかし、両者とも、高い家格を象徴するつくりである点は共通している。南部の曲家の成立時期は、これまでの諸説を整理して、高橋宏一は十八世紀前半ないし中ごろまでとする。そののち普及し明治期まで建てられた。南部藩領にかつては多くあった曲家だが、農業の機械化が進み、農耕用に馬は使われなくなり、それに伴っていまではその大部分が取り壊され、公共で特に保存しているもの以外はほとんどなくなってしまった。→中門造《ちゅうもんづくり》

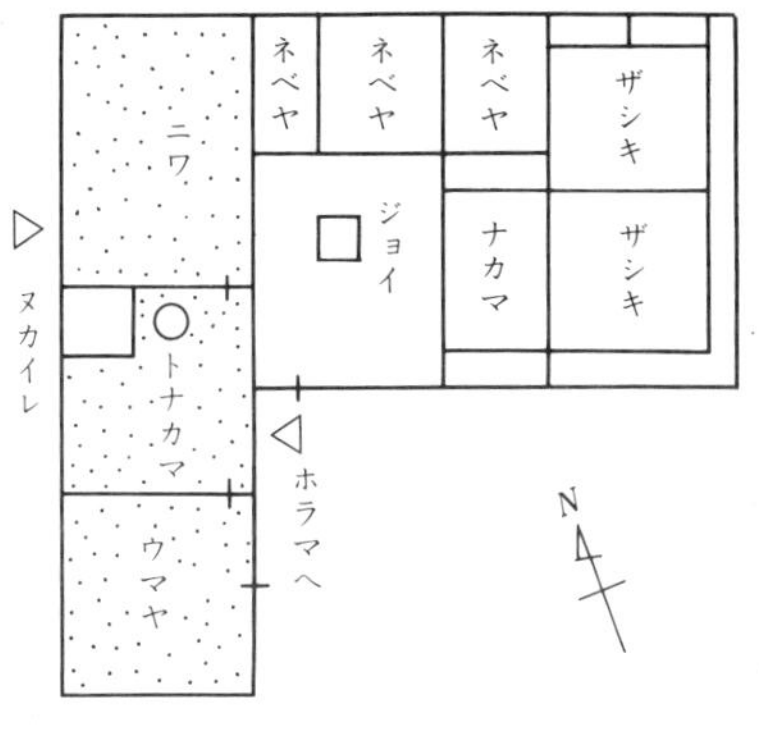

岩手県上郷村(遠野市)

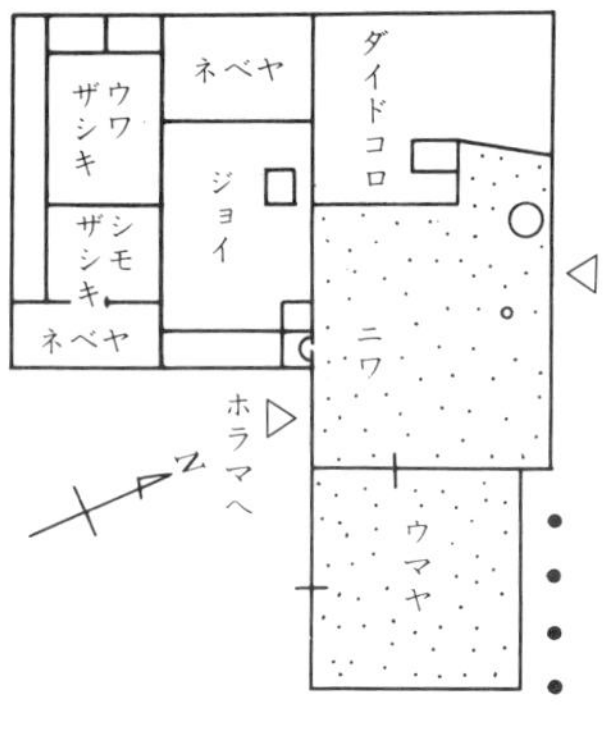

岩手県矢巾町

曲　　家

参考文献 小倉強『東北の民家』、一九五五、高橋宏一「南部曲家研究の展望と課題」(岩手大学人文社会科学部総合委員会編『文化の基礎理論と諸相の研究』所収、一九九二)

(宮澤　智士)

マキ マキ　同族集団の呼称の一つ。東北地方から新潟県・長野県など中部地方にかけて見られる。マケと称しているところもあり、これは主に関東や東北南部に見られる。マキ、マケ以外にヤマキ、ミマキ、マギ、イチマキ、ヤウチマキ、シマキ、エドウシマケなど数多くの類似した呼称がある。岩手県荒沢村石神(二戸郡安代町)では、オーヤ(大屋)を中心とした同族をマキと呼んでいる。血縁分家の別家《べっけ》と孫別家、非血縁分家の別家格名子、および名子から成っている。これらの家々はオーヤと本末の系譜関係でつながれ、オーヤのウジガミ(氏神)の祭祀に参加している。オーヤは田畑の所有規模がきわだって大きいのに対して、別家は分与された少ない田畑では十分な生計を立てることはできず、オーヤに依存した生活をしている。また、名子はオーヤから屋敷地を貸与されているためにオーヤにスケ(無償の労働力)を出さねばならず、別家以上にオーヤに依存している。別家や名子らはオーヤに労働力を提供し、マキ全体の田植えや稲刈りなどの農作業を行なっているほかに、餅搗きや風呂の水や薪など生活面においても、オーヤを中心とした協同生活を送っている。マキの特徴は本家の権威が強く、分家が本家に社会的、経済的に従属しているところにある。東北地方などでは、姻戚や親戚は別の方言で呼称されているのが普通であるが、他方本家の社会的、経済的力が早くから崩れたところでは、マキが同族のほかに姻戚を含めた親戚の意味で呼称されているところも少なくない。また、マキやマケが特に家筋・血筋の意味で用いられるところもあり、憑物信仰とかかわって犬神マケ、トウビョウマケ、病気とかかわって肺結核の肺病マケやハンセン病のドスマケなどと病マケにマケが使われているところがあった。

参考文献 『有賀喜左衛門著作集』三、一九六七、竹内利美「家族慣行と家制度」、一九六九、渡辺友左「社会構造と言語の関係についての基礎的研究(二)—マキ・マケと親族呼称—」(『国立国語研究所報告』三五、一九七〇)、及川宏『同族組織と村落生活』、一九六四

(佐藤　康行)

まき 牧　家畜を放牧するための農地。古代牛馬は舎内飼いではなく、原則的に年間放牧して育成された。仔畜のうちに放牧して野草を大量に食べると、消化器官がよく発達してその後の成長がよい。ただし牛は寒さに弱いので、牧場からあげて舎内飼いする。律令国家の統一には、馬が不可欠な手段であったので、朝廷は各地に牧を設置した。『大宝令』(七〇一)には摂津など十三ヵ国に十七官牧《かんぼく》が記載されている。これは近畿地方に置かれたので近都牧ともいわれていた。ついで七〇七年(慶雲四)には東国・九州など二十三ヵ国に国牧が設置された。さらに『延喜式』(九二七)によると、国牧とは別に勅旨牧(官牧)が、甲斐国に三牧、武蔵国に四牧、信濃国に十六牧、上野国に九牧設けられている。これらの牧からの貢馬数は、甲斐六十四、武蔵五十四、信濃八十四、上野五十四と決め

られていた。これらの牧の中で良馬を生産したことで有名だったのは、蓼科山の北麓にあった望月牧であった。ここで生産された望月駒は、紀貫之をはじめ平安貴族の和歌の対象となり、駒迎《こまむかえ》や駒牽《ひき》の儀は『古今和歌集』に記されている。開拓が進んだ近畿や西国では牧の適地がなくなった。そこで辺境の地であった東国に勅旨牧が設けられた。しかし当時蝦夷の地であった東北地方は、朝廷にとって完全な支配地でなかったため、官牧は設けられない。なお官牧のほか、私牧も各地に開かれていた。中世の武士団は、官牧を横領して馬を生産した。近世になると諸藩では馬奉行を置いて農耕馬までも管理したが、東北・関東・九州などでは、藩営牧場や幕府営の牧場が設けられた。明治時代になると、岩手県の小岩井農場をはじめ、各地に牧場が開設されている。日本海や瀬戸内海の島々では畑地と牧場を輪換する土地利用があった。この中で有名なものが隠岐の牧畑で、第二次世界大戦後まで存在していた。→家畜《かちく》 →牧畜《ぼくちく》

[参考文献] 農林省畜産局編『畜産発達史』、一九六六、市川健夫『日本の馬と牛』(『東書選書』六九、一九八一)
(市川　健夫)

まきあみ　旋網　魚群を丈の高い長大な帯状の網で包囲し、網裾を絞ったり、網のたるみや網袋に追い込んで捕える網。巻網とも書く。イワシ、サバ、カツオ、マグロなど群集性のある魚に用いる漁法。伝統的な巻網もあったが、近代に欧米から動力船とともに巾着網や揚繰網などの形式が導入され、規模のさらなる拡大とともに沖合に漁場を開拓して大いに発達した。駿河湾では明治末にカツオマグロ沖揚繰網(まかせ網)が発達し紀州沖など遠方への出稼漁が行われるようになった。(神野　善治)

まきがり　巻狩り　狩場を周りから取り囲み、おもに熊・猪・鹿などの大形獣を、セコ(関東以西では猟犬も)を入れて追い立てて捕獲する猟法。東北地方のマタギは山言葉(山詞)でマキクラ、マキヤマともいい、春土用前後の残雪期に冬籠りの穴から出歩きする熊を発見して捕獲する。マタギのそれは組織的で、老練な猟師の指揮のもとに遂行される。稜線の鞍部を通る熊の習性や狩場の山の地形などを読んで、最重要箇所を中心に両側に第二・第三の待ち場を設け、熟練度に応じて射手を配し、向かい側の山腹に陣取った指揮者の采配によって数人のセコが狩場の裾から大声をあげつつ中心の待ち場に向けて熊を追い上げる。指揮者は熊の動きをみながらセコに適切な指示を出す。関東以西では猪・鹿狩りには多くの場合猟犬を使役する。狩場の周りを一巡して獣の動静を探り、中に入っているとなると、猪の場合はウツなどと称する獣の通り路、鹿の場合は谷川などに射手を配し、熟練者のセコが狩場に数匹の猟犬を引き入れる。猟犬の吠え声により射手は獣の動きを察知して身構え、目前に現われた猪を銃撃する。源頼朝が挙行した富士の巻狩りをはじめ、中世から近世にかけて武将および大名による大規模な巻狩りが行われたが、民間狩猟の巻狩りは通常五人から二十人までの範囲内で行われる小規模なものである。

巻狩り　ヨコマキの略図(『民俗資料選集』１より)

[参考文献] 千葉徳爾『狩猟伝承研究』正篇・続篇・後篇、一九六九-七七、原田信男「中世の狩猟・漁撈と庶民生活」(『歴史公論』一〇ノ四、一九八四)、石川純一郎「中世・近世における狩座と狩猟信仰」(小山修三編『狩猟と漁労』所収、一九九二)
(石川純一郎)

マキタテ　マキタテ　三重県北部の鈴鹿市・四日市市および桑名市などで行われていた直播き農法による稲作。マキツケ(蒔き付け)ともいう。苗代や田植えの水を十分に確保できない水不足の高燥地でもっぱら行われ、しかも同じ水田で田植え式のウエタと直播きのマキタテが麦作・レンゲ栽培を挟んで交互に行われた点が特色である。ある年に田植えをすると、その収穫後の裏作にはレンゲを蒔いてレンゲタとし、そのあとにマキタテを行う。そしてマキタテの収穫後に麦を作り、麦の収穫後再び田植えを行うという方式であった。一九六〇年代までは見られたが、圃場整備の進展に伴い水不足が解消し、マキタテも行われなくなった。

[参考文献] 福田アジオ「水稲直播栽培の伝承」(『四日市市史研究』三、一九九〇)、小川直之『摘田稲作の民俗学的研究』、一九九五
(福田アジオ)

まきはた　牧畑　牛馬の放牧と畑作を交互に行う耕牧輪転式の切替畑。島根県隠岐島、長崎県対馬などの牧畑が知られている。隠岐では島前《どうぜん》・島後《どうご》の各所にあったが、島後では早くに衰退し、島前の牧畑がのちまで残っていた。しかし、島前でも、一九六〇年代の前半にはわずかに残っていた牧畑も消滅したという。隠岐の牧畑は近代

になると、江戸時代の末ごろから始まっていた杉の植林や普通畑、桑畑への転換などが進み、次第に減少し、一九五〇年代以降、造林の拡大、漁船の大型化などによる漁業の専業化、出稼の増大などが急速に進み、食料自給を目的とした牧畑は消滅し、従来の放牧地は造林地・放牧地・牧草地・耕地の区分をより明確化した。最後(一九六七年ごろ)まで畑地としての利用を行なっていた島前知夫村では、牧畑地が居島牧・西牧・中牧・東牧の四牧に区分されており、その四牧をその年の利用状況によって、それぞれ空山《あきやま》、麦山または本牧、粟稗山、空無山《くなやま》と呼び、麦、大豆、小豆、アワ、ヒエを栽培し、その収穫後に家畜を放牧する。空山というのは前年の空無山で、大豆・小豆を収穫した後に家畜(牛)が放牧されている。この牛を十月中旬ごろに他の牧に移し、そのあとに麦を播きつけ、麦山になる。麦山では、麦を収穫した後に大豆・小豆を播き、その収穫後に家畜を放し、翌年(粟稗山)の五月までおく。粟稗山は放牧牛を五月に他の牧に移し、アワ、ヒエを播き、九月中旬ごろに収穫し、また牛を十一月まで放し、十一月中旬に麦を播き空無山になる。空無山では、その麦を収穫した後に大豆・小豆を播きつけ、その収穫後に放牧。この放牧は翌年、空山として麦を播きつけるまでつづくという方式である。ここでは一巡する四年間に麦が二回作付けされ、畑としては四年五作の輪作形式になっているが、一九四〇年代の方式で、古くは麦→小豆→アワ、ヒエ→大豆という四年四作であったという。年代により地域によって若干の違いはあるが、隠岐の牧畑は四年一巡の耕牧輪転方式で行われていたのが大きな特徴である。これほどきちんとした方法ではなかったが、牧の一部を切替畑として利用するところは、山口県上関町八島や祝島など瀬戸内海の島嶼部で、牛の放牧を行なっていたところでは少なからず見られたものである。牛馬の放牧飼育は、年間を通して特定の放牧地だけを利用するのではなく、期間を定めて区切られたいくつかの場所を移動・巡回するのが普通であった。休閑地・休閑期間を設けることによって地力の減退を防ぎ、放牧地の草生え、生産力を安定させる牧民の知恵であった。そうした休閑地の中で、比較的平坦で、肥えた場所を切替畑として雑穀・豆類などを栽培して、食料の不足を補ったのが牧畑の本来の姿ではなかったかと思う。牛馬の放牧飼育を行なっていた地域は、耕地の不足する所が多かったのである。

参考文献 三橋時雄『隠岐牧畑の歴史的研究』、一九六九
(田村善次郎)

マキョ マキョ 『おもろさうし』に登場する沖縄の村落の古称。今日の調査で知りうる限りでは、マキ、マク、マチュウ、マチ、マーチなどと称している。『琉球国由来記』(一七一三)編纂当時は普遍的にマキョ名があったと考えられているが、現時点で実際にそれの聞ける例は少なくなっており、沖縄本島北部国頭郡大宜味村以北の全域と南部の一部、および本島の西の離島、渡名喜島や久米島あたりに限られる。たとえば、大宜味村塩屋はユヤギマク(寄上マク)、同田港はスクムイノマク(底森のマク)である。仲松弥秀はマキョを「同一御嶽の氏子集団」と定義し、マキョ呼称の発生を第二尚氏王統の初期ごろとしている。その根拠としてマキョと祝女の分布地域が一致していることをあげている。祝女は沖縄諸島と奄美諸島に制度化された女性司祭であり、数は少ないが、奄美大島でも今里のフーマキョと大熊のデークマキョの二ヵ所はマキョ名が明らかになったとしている。『琉球国由来記』に登場するクダもマキョと同義であったとされている。今日でも、沖縄本島南部知念村山口は山口クダと称されている。祝女制度の及ばなかった先島地方ではハカまたはパカがマキョに相当する古村落名であったとされる。ちなみに、今日の村落との関係で見ると、トゥン、神アシャギ、座などの祭場とマキョとが整合性をもっており、一村落にトゥンが三ヵ所あれば、三つのマキョからなっているとされる。

参考文献 仲松弥秀『神と村』、一九七五
(津波 高志)

マキリ マキリ アイヌ語で小刀のこと。マキリは日本語からアイヌ語に入った言葉とされ、北海道や東北地方では現在でも漁業者の間で常用されている。アイヌの日常的な刃物として男女とも腰に携行し、調理や動物の解体、木製品の加工など、さまざまな場面で用いた。鉄製の刃は本州方面などから移入されたり、地元の鍛冶屋でつくられ、刃長九〜一七㌢程度の片刃あるいは両刃のものが使われた。細身のものから比較的幅広のものまでみられ、切出し刃状のものは木幣の製作や彫刻などに用いられた。また、火で刃を曲げて湾曲面の削り出しに用いたものもある。柄や鞘はアイヌ自身の手でつくられ、イタヤやオニグルミなどの材質が用いられ、多くは柄と鞘の表裏に丹念な彫刻が施されている。捧酒箆や煙草入れなどとならんでアイヌのすぐれた木彫技術と意匠が込められている。湾曲した鞘は一本づくりと二枚あわせがあり、桜皮などの樹皮製のものもある。鞘には桜皮を巻いたものや、柄の一部や鞘の鯉口や鐺《こじり》に鹿角や獣骨をはめたものも多い。彫刻は花弁文や渦状文・唐草文・青海波文・鱗状文など多彩な意匠がみられる。大きさはおおよそ全長三〇㌢前後、柄の長さ一〇〜一四㌢、鞘の長さ一六〜二〇㌢。女性用は鞘の湾曲が大きく小振りなメノコマキリと称する。腰にさげるための紐には木製あるいは鹿角・獣骨・獣歯製などの根付けがつけられる。

参考文献 萱野茂『アイヌの民具』、一九七八、大塚和義「民族の象徴としてのアイヌ文様」(同編『アイヌモシリ―民族文様から見たアイヌの世界―』所収、一九九三)
(渡部 裕)

まぎり 間切 前近代の沖縄の地方行政区分。一間切は大体十数ヵ村から成っている。間切の中の中心になる村の名が間切名になっていることが多いので、本来は村と間切は関連があると思われるが、詳細は不明である。慶

長検地の結果をまとめた『琉球高究帳』によれば、当時沖縄本島には二十七間切三百二十二村あった。琉球はその後大きく変容するが、地方制度も例外ではない。間切は一六六六年(康熙五)から一六七六年の間に、旧来の間切を割いて新しく八間切(美里・本部・宜野湾・大宜味・久志・恩納・小禄・与那城)が新設された。これは当時不足していた按司《アジ》・親方の知行地を増設することと関連して行われたもので、羽地朝秀(向象賢)の政治改革の一環をなしている。これにより、旧来の間切と合わせて三十五間切となったが、これが近世の確立した行政区画として一九〇八年(明治四十一)の沖縄県及島嶼町村制が成立するまで続いた。間切は沖縄本島のほかに、久米島に二間切、宮古島・八重山島にそれぞれ三間切があった。間切には、沖縄本島の場合、惣地頭との関係や年貢収納の仕事を行うため間切役人がおり、間切番所があった。間切内の各村は間切役人の指示に従った。間切役人は間切内の村の農民の中から任命されたが、文筆の嗜を身につけて筆算人あるいは筆算奉公人と呼ばれ普通の農民とは区別された。間切役人には地頭代を長として首里大屋子《しゅりウフヤクー》・南風掟《はえウッチ》・西掟《にしウッチ》があった。久米島の間切は本島と同様惣地頭の配下におかれたが、両先島の間切は在番・頭を介して評定所御物奉行の直接的配下におかれた。奄美大島にも間切があったが、これは薩摩藩の配下におかれていた。

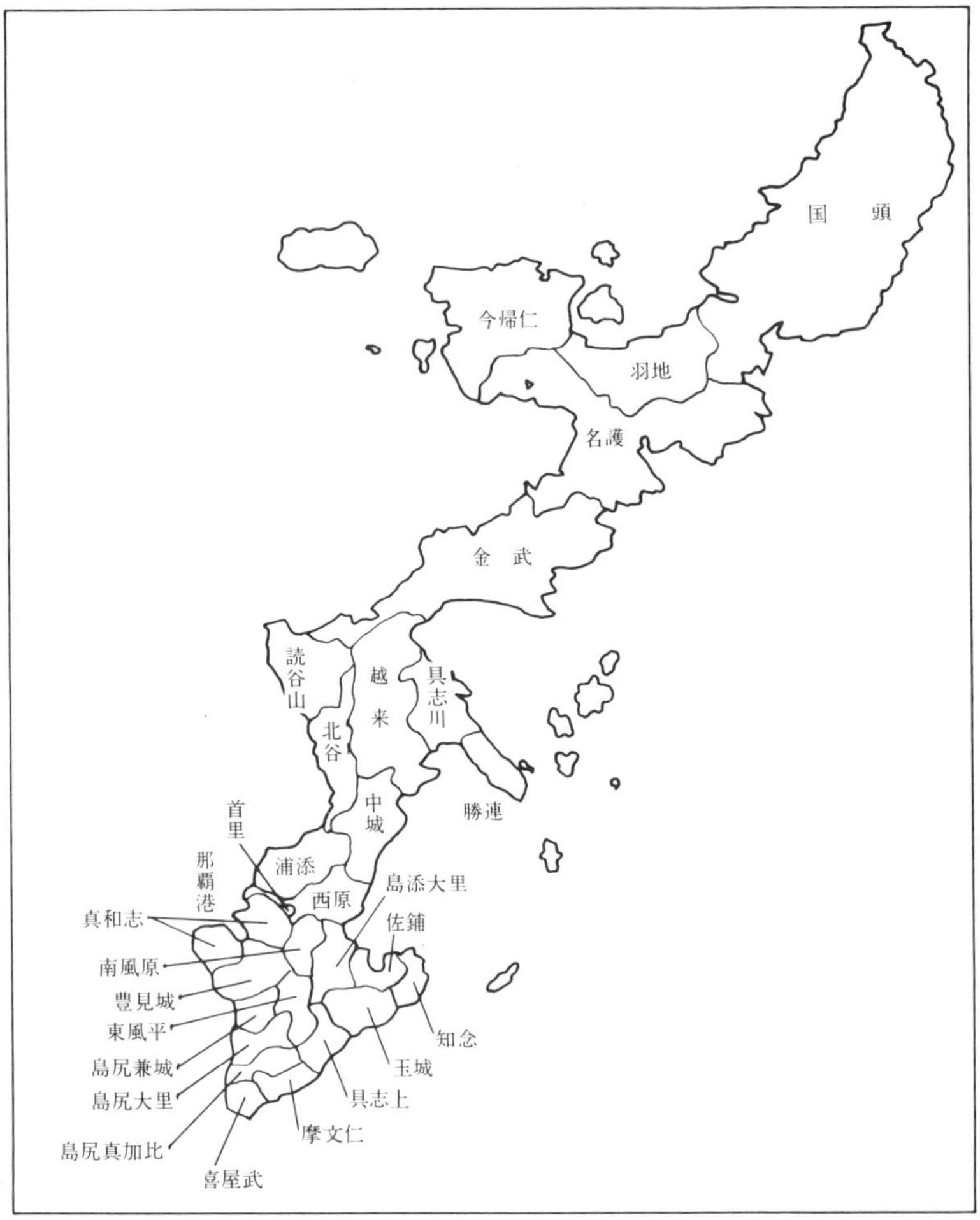

古琉球の間切り区分概念図(『琉球王国の構造』より)

参考文献 小野武夫編『琉球産業制度資料』(「近世地方経済史料」一〇、一九三二)、宮城栄昌・高宮広衛編『沖縄歴史地図』、一九八三 (梅木 哲人)

まぐさ 秣 牛馬の飼料にする草、または田畑の肥料にする草。化学肥料の普及していなかった時代には、牛馬の飼料として多くの草を与え、その食べ残しを糞尿とともに踏みこませ厩肥《きゅうひ》とした。飼料と肥料生産という一石二鳥の効果である。また、秣田といって、秣をとる田を確保しておく場合もある。 (佐々木長生)

まくら 枕 頭を支えて安定させるための寝具。形態・材質・製法とも多様であるが、一つは木・石・陶などを使った定形のもので、杉、ツゲ、キリなどの丸太や角材を切っただけのものから箱型に組んだり、籐・竹などで編み上げたものなどがあり、大勢が寝起きする消防団や若者組などでは一本の長い丸太も使われた。もう一つがスゲ、カヤ、アシ、ガマなどの身近な草や藁を束ねたり、薦《こも》・茣蓙・畳などに編んで巻いたり中に詰め物をした不定形のやわらかなもので、そこから布袋の中に蕎麦殻・茶殻・藁・綿などを詰めた括り枕が生まれ今日に至っている。近世の髷の発達が木製の箱の上に括り枕を乗せた箱枕を生んだように髪形や寝具と深い関係をもっており、また堅いものからやわらかなものへ、低いものへ変わったといわれるが、有り合わせのものを利用したり、枕を使わないことも多かった。枕は身体としての頭を支えるだけでなく、頭そのもの、あるいは霊魂の宿る場所とも考えられており、枕飯・枕団子・枕米・枕石・枕火など死者に供えるものには枕を冠し、死者を北向きに寝かせ変えることをマクラナオシ、湯灌のため体を起すことをマクラハズシ、マクラオコシ、産婦が座産の後徐々に横になることをマクラサゲと呼ぶ。死体の発見できない遭難者の代わりに枕を埋葬したともいい、漁師が私物を入れてたいせつにし枕代わりにもした枕箱、嫁が裁縫具や化粧具を入れて必ず持っていった枕箧など個人の霊魂とのかかわりがうかがえる。そこからたいせつに扱う物との意識を生み、枕を踏んだり蹴ったりすることを忌む伝承も広い。

参考文献　矢野憲一『枕』(「ものと人間の文化史」八一、一九九六)　(中村ひろ子)

まくらえ　枕絵　⇩春画《しゅんが》

まくらがえし　枕返し　⇩枕直《まくらなお》し

まくらぎょう　枕経　死者に対して納棺する前に読経を行うこと。枕念仏ともいわれる。総じて『般若心経』などの短い経が唱えられる。訃報を受けた檀那寺の住職が行うことが多いが、住職による枕経に集まった縁者が唱和したり、念仏講によって行われることもある。その行う時期は、臨終直後の枕直しの後にとされる一方で、その前の場合もあり、また、通夜において行われることもある。　(青木　俊也)

まくらだんご　枕団子　死後すぐに死者の枕もとに供える団子。枕飯と同様に、死者が出るとすぐに死者の近親の女性などが作るものとされる。両方を供えるところ、枕団子だけを供えるところがある。枕団子は生団子であることが多く、その作り方は、別火にしたり、臼を左に廻して白米の粉を挽くなど、一定の作法を伝える例も多い。枕団子は六個、四四の十六個などの数で作られるが、納棺したり、墓に供えたり、川に流したりされる一方で、これを食べると度胸が良くなるとか、老人のものはその齢にあやかることができるといわれることがあった。　(青木　俊也)

枕団子　岩手県宮古市の野団子

⇩枕飯《まくらめし》

まくらなおし　枕直し　今まで病人であった人の死を確認して、死者としてのあつかいをする最初の行為。兵庫県淡路島では甥によって枕をはずされ死者を仏間に移し北枕に寝かせる。奈良市大安寺では坊侶がきて、枕直しといって念仏を唱えてから死者を仏壇の前に北枕に寝かせる。熊本県宮地町(阿蘇郡一の宮町)では最近者の来宅を待って死者を枕直しし北枕西向けに寝かすなど、死者の家以外の人により死が確認されてから北枕にされている。北枕は長野県諏訪地方ではお釈迦様の弟子にするので涅槃の形になぞらえてするということに由来している。北枕は全国的に行われている。この枕直しのときに部屋をかえるのは仏間に移す以外に秋田県山本郡二ッ井町では死者を奥座敷の隅の畳一枚をとり、藁を縦にしき置くなどがある。岡山県湯野村(川上郡備中町)では死者は床なおしをして北枕に寝かせ体をくせがつくまでしばり布団の上に重ね着物を逆さにかける。また死者の枕元に逆さ屏風がおかれたり、死者の顔に白い布をかぶせるのが一般的である。奈良県宇陀郡室生村では人が死ぬと病気の状態をかえねばならないといい枕直しをして仏壇の前に北枕に寝かすように北枕や部屋がえ、逆さ着物、逆さ屏風などは病人と違う状態で死者をあつかうことを示している。魔ものがとりつくと恐ろしいので、枕直しをしてから魔ものを寄せ付けない力のある刃物や魔ものを追い出す力のある箒が置かれるのが一般的である。そして死者はホトケであるので枕元に机が置かれ一本花・一本線香・一本蠟燭・枕飯・枕団子が供えられる。

参考文献　井阪康二「枕刀考」(『人生儀礼の諸問題』所収、一九八八)、同「枕飯考」(同)、田中久夫「死者と着物」(『阡陵』三十周年記念特集号、一九九二)　(井阪　康二)

まくらばこ　枕箱　漁師が沖に出る際に、船中に携帯する木製の箱。釣針や釣糸や漁具の補修を行う道具をはじめとし、煙草などの私有物を入れる。枕ほどの大きさで、形状が似ているためこの名がある。帰港時には船から持ち帰る。オキバコ(沖箱)とかウンバコ(海箱)なども呼ばれる。海上で難に遭遇した際にそれらを避ける呪《まじな》いの品や御札を納めておくとか、船霊が船頭の枕箱の中に入って家と船の間を往来すると伝える所もある。　(清水　満幸)

まくらめし　枕飯　死者を北枕に寝かせてから供える高盛り飯。枕飯のかわりに枕団子を供える所や、枕飯と枕団子の両方を供えるところもある。この飯は死者が出ると、普段の竈でなく別がまで小量の米を炊き、茶碗に山盛りにいれ箸を添えて供えるのが一般的である。別がまで小量の米を炊くのは死者の分であることを示す。高盛り飯は奈良県下では祭礼のときオキヨモリといって神への供えものであり、長野県下諏訪では出産のときに子安様に高盛り飯の上にヨシを五、六本のせて供えるなど拝む対象に供えられている。奈良市大安寺では僧侶がきて念仏を称えてから死者を北枕に寝かせ枕飯を供える。また枕飯に箸を立てるのは僧侶であるところが長野県下伊那郡大鹿村や広島県比婆郡である。このように僧侶が枕経をあげるときに枕飯を供えたり、僧侶が箸を立てたりするのは、単に死者ということではなく死者が拝む対象のホトケになったことを意味する。葬列のとき枕飯を持つのは喪主の妻であり、これは棺と一緒に埋めたり、埋葬した上に置いてくる。熊本県宮地町(阿蘇郡一の宮町)では枕飯は善光寺へ詣るための弁当で早く炊くものとされている。しかし和歌山県那賀郡岩出町では熊野へ詣る間とか、奈良市では長い時間をかけて炊く、その間に三十三ヵ所の札所を巡るといわれているように早く炊くものと決まっているわけではない。これは霊場詣りをすると極楽往生できるという信仰が普及してきた説明である。枕飯は米の飯の魅力によって死者の魂を呼び戻して蘇生させるために供えたという説もある。

墓地の枕飯（埼玉県新座市）

参考文献　井之口章次『日本の葬式』（『筑摩叢書』二四〇、一九七七）、井阪康二「枕飯考」（『人生儀礼の諸問題』所収、一九八八）　（井阪　康二）

マクリ　マクリ　生児に授乳する前に飲ませるもの。マクリは海人草《かいじんそう》を煎じたもので、産婆が調整したり、薬屋で購入したり、奈良・富山・越後などからくる薬屋から買ったりした。マクリを飲ませるのは、カナババやカニババ（胎便）を出すためとか、体内の毒を出すためであるという。埼玉県秩父郡長瀞町では真綿をガーゼでくるんだ小さな玉のことをマクリといい、砂糖水に浸して吸わせた。胎便を出すために、ホオズキや甘草やゴコウ（五香）も使ったという。

参考文献　文化庁編『日本民俗地図』五、一九七五、『群馬県史』資料編二六、一九八二、『新編埼玉県史』別編二、一九八六　（栃原　嗣雄）

まぐわ　馬鍬　耕起の後に水を張った水田の土を牛馬に引かせて掻き均す代掻き用具。江戸時代以前より九州から東北地方まで全国的に使われていた。ウマグワが語源でウマングワ、マグワ、マンガなどと呼ばれ、九州ではマガ、モウガと変化する。一メートル前後の台木に八～十三本ほどの鉄歯を打ち込み、両端から前方に牛馬に繋ぐ引手を伸ばし、上面には鳥居形の把手を立てる。これが馬鍬の一般的な形であるが、鉄歯の長さや把手・引手の形状に地域色が見られる。水田は水を張った後、数度にわたって馬鍬で掻き均し土塊を泥状に砕いて均すが、特に田植えの直前には台木が一・八メートル前後で歯数の多いナラシマンガを用いたり、普通の馬鍬に竹竿や板をくくりつけて幅広く均すことが行われた。馬鍬は東アジア・東南アジアに広く見られるもので、南中国の稲作地帯の耖《しょう》が原型と考えられ、日本では古墳時代から出土することからして、倭の五王時代の交流を通じて中国南部から導入されたものと推定される。江戸時代後期には、畑地の砕土用として回転歯を取り付けた車馬鍬《くるままぐわ》が開発され、各地にひろまった。また近代になってからのものとしては、薙刀《なぎなた》歯《ば》を前後に並べ、人が乗って体重をかける大型の飛行機《ひこうき》馬鍬《まぐわ》や、手で左右に振って土を砕くフリマンガがあり、いずれも畑地の砕土用として二毛作の普及とともに広く用いられた。

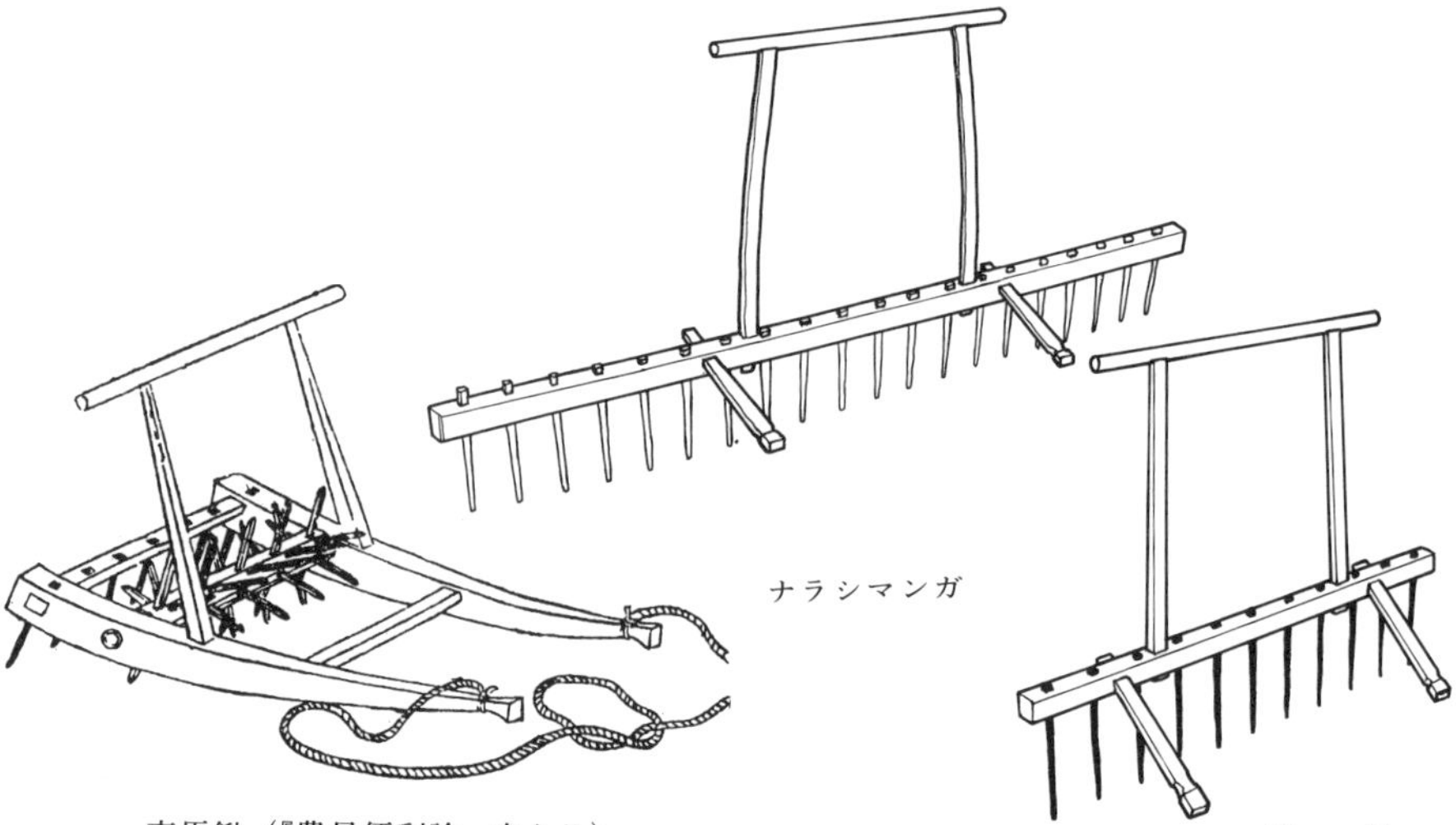

車馬鍬（『農具便利論』中より）　ナラシマンガ　馬　鍬

参考文献　河野通明「馬鍬の導入—古墳時代の日本と江南—」（『日本農耕具史の基礎的研究』所収、一九九四）　（河野　通明）

まげもの　曲物　ヒノキや杉の薄板を曲げて桜の皮で綴じ合わせ、それに底板をはめこんだ容器。木製容器はその製作手法からみて、刳物・挽物・曲物・指物・結物の五種類あるが、その中で曲物が用途がきわめて広く、ハレ、ケを問わず生活全般にわたり、その種類は数限りない。それは技術的にみても他の木製容器にくらべて単純で製作が容易であったからである。曲物は鉈一丁さえあれば作れるといわれるほどである。曲物ははじめから底板が固定されていたのではない。古代の遺跡から出土した曲物には、側板だけで底板をとりつけた痕跡のないものが多く見受けられる。また円形の底板に側板の下縁部だけがごく狭くついて残っていて、両者は樹皮をもって数ヵ所綴じつけたものもある。すなわちはじめは平らな板の上に側板を載せただけのもの。次に底板を側板に沿って側板の口径より大きく円形に切り、随所に穴をあけて樹皮で側板と底板を綴じつけたもの。次に底板の側板

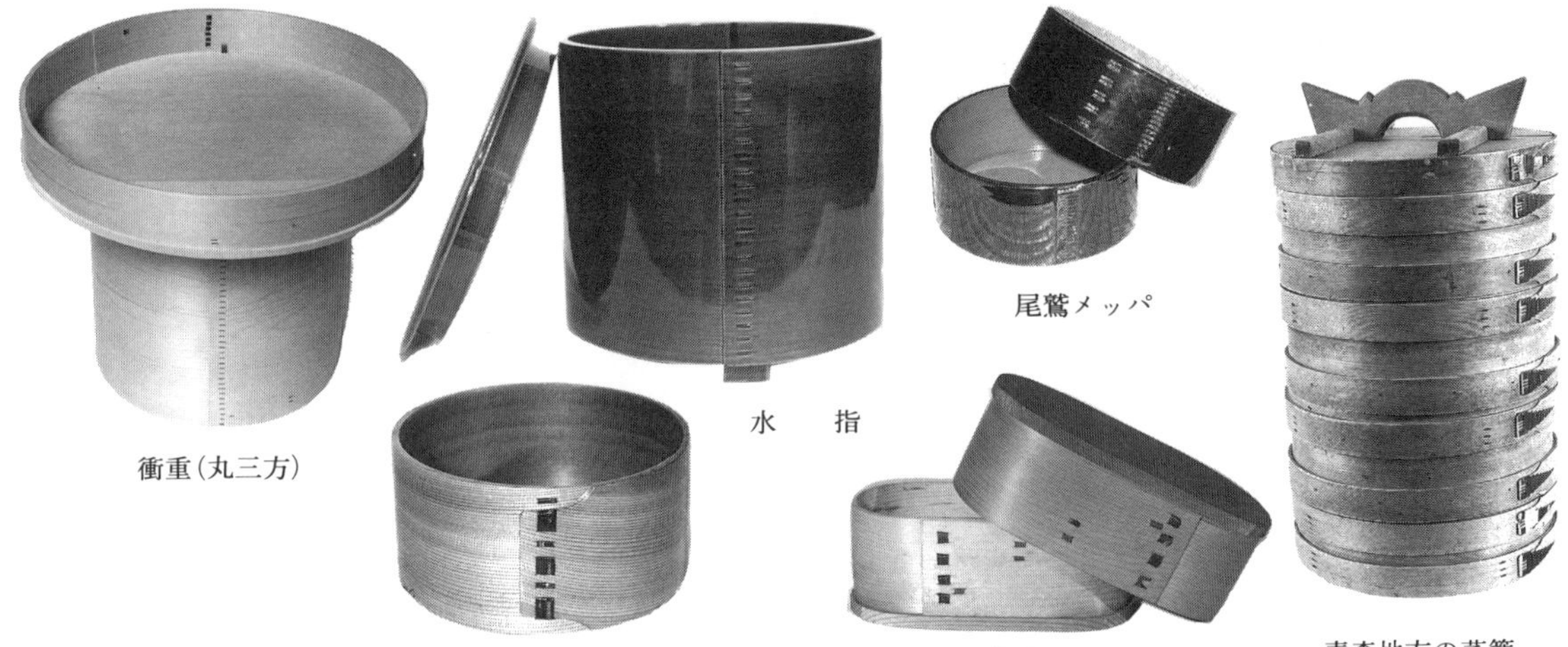

曲物

衝重(丸三方)

水指

尾鷲メッパ

建水

木曽のワリゴ

青森地方の蒸籠

の内径にあたる部分を厚くし、側板の接する部分から外側を薄くし、底板に側板がよく納まるようにした、カキイレゾコに似た仕様のものへとかわり、そこから漸次進歩して底板が側板の中に納まるようにして、ウチコミにしたり竹釘止めにする仕様が生まれたのである。短冊状の板を円筒形に並べて箍で締め、底板をつけた結桶や、蓋板を固定した樽が考案され、一般に普及するのは中世末以降のことであるから、それ以前の桶はすべて曲物であった。桶の「オケ」も、麻を紡いで入れる苧笥《おけ》からきている。今日、日常的にみられる曲物に、柄杓と弁当入れとしての曲物がある。弁当入れはワッパ、メッパ、メンソウ、ガイ、ガエ、ガガなどと呼ばれ、なかでも円形のものはマゲワッパ、マルワッパ、コバチ、楕円形のものはヒズ、ヒツワッパ、ヨコメンツ、モッソなどと呼ばれる。大きさも飯が二食分一升もはいるものから大小さまざまなものがあり、特に大型のものは家庭の飯櫃として用いられた。円形のひずんだもの、すなわち楕円形のようになったものを一般に「イビツ」というが、それは飯櫃形《いびつなり》からきた言葉で、飯櫃は多く楕円形の曲物であったからである。

参考文献 岩井宏實『曲物(まげもの)』(「ものと人間の文化史」七五、一九九四)

（岩井　宏實）

まご　孫　上下とも二世代隔たった親族関係、つまり隔世代関係を意味する。一般的には二世代離れた下位世代を意味するが、上位世代に向かってもマゴジイサン、マゴバアサンなどのように、二世代上の祖父母の世代をも指示する。一世代隔たった親子関係が一般的に対立・緊張・断絶を特徴とするのに対して、隔世代関係、すなわち祖父母と孫の関係は、「孫は目に入れても痛くない」としばしば表現されるように、親しみやすい親和的な関係を特徴としている。この差異は、親子関係が財産や地位の相続・継承をめぐる奪う者と奪われる者の関係であるのに対して、祖父母と孫の関係は社会生活の推移のなかで交代する関係、つまり生まれ代わりの関係にあると理解される。祖父母と孫の親和的関係は、儀礼的隔世代関係、隔世代祖名継承法などにもっともよくあらわれる。福島県会津地方の農村にみられるトリアゲジイサン、トリアゲバアサンは儀礼的隔世代関係の典型的な例であるが、儀礼的孫の出生にあたって儀礼的祖父母が取り上げ、逆に儀礼的祖父母の死にあたって、孫は棺かつぎを担当する関係である。この例は祖父母と孫が生まれ代わる存在であることをよく示している。また、隔世代祖名継承法は長崎県五島列島や奄美・沖縄にみられる祖名継承法であり、祖父母の名前の一部もしくは全部をとって子供に命名する方法である。隔世代祖名継承法は、名前の共通性によって特定の祖父母と孫の間に、社会的にも心理的にもきわめて親密な関係を設定する命名法である。このほか隠居制家族における隠居孫なども祖父母と孫の緊密な関係をしめしている。

参考文献 上野和男「日本の隔世代関係についての一考察―儀礼的隔世代関係、隠居孫、隔世代祖名継承法を中心に―」(『国立歴史民俗博物館研究報告』五〇、一九九三)

（上野　和男）

まご　馬子　馬を使って人や物資を運ぶことを業とする者。馬方・馬追いともいう。これは馬の背に人や荷物を載せる形態の者に限って使われる言葉で、馬に車を引かせる馬車を扱う者は御者と呼んで区別する。近世においては、東海道・中仙道などの主要街道で旅人の乗用馬を引く者から、脇街道でもっぱら物資輸送に従う者まで、多様な形態が存在した。前者は馬子一人が一頭を引いたが、後者は輸送効率を高めるため一度に数頭を追うこともあった。　→駄賃《だちん》付け　→中馬《ちゅうま》

参考文献 児玉幸多『宿場と街道―五街道入門―』(「東京美術選書」五〇、一九八六)、胡桃沢勘司「辟武伽の「中馬」―椎葉の馬背輸送伝承―」(『民俗文化』九、一九九七)

（胡桃沢勘司）

まごうた 馬子唄 馬を曳きながらうたう仕事唄。馬方唄(節)・馬追い唄ともいうが、街道筋や宿場間を、人や荷物を馬の背に乗せて運ぶ駄賃付けの馬子が馬を曳いて歩きながらうたう唄を馬子唄といい、牛馬の売買を職業とする博労(馬喰)が馬市へと手綱を曳いて行く時の唄を馬方唄として区別することもある。いずれも土地による呼び方の違いであり、馬子も馬方も字義の上では同じである。何頭もの馬の移動は往来の邪魔にならぬように夜間になされ、夜道での慰めや眠気覚ましにうたったところから夜曳き馬子唄とも呼ばれる。馬を移動する馬喰の唄はゆっくりだが、駄賃付けの馬子唄は比較的早い。一般に現行の曲名には「箱根馬子唄」「秋田馬方節」などと地名を冠する。交通・運搬に関する点では道中唄の一種に属する。農家では草刈りの往復に馬を使うので、この時うたう唄を草刈り馬子唄ともいうが、これは山唄に属すべきであろう。また「小諸馬子唄」は周辺の草刈り唄に原形があるという。農民は副業で駄賃付けの馬子もしたところから、草刈り唄からの転用も指摘される。ほかに、仕事唄ではないが祝い唄の「南部駒引唄」、儀礼的な祭礼馬子唄がある。碓氷峠の馬子唄に三下りの三味線の伴奏を付けた「馬方三下り」が、いわゆる追分節となった。なお牛による運搬も少なくなく、同じように牛方がうたう牛方唄(牛方節)・牛追い唄がある。「南部牛追い唄」は特に有名。

参考文献 町田等『信濃の民謡―二〇〇曲・風土記・年中行事表―』、一九六五、竹内勉『うたのふるさと―日本の民謡をたずねて―』、一九六九、同『追分節』、一九八〇

(大貫 紀子)

まごだき 孫抱き 孫祝いとか孫みせという例も多い。また、埼玉県内ではアカダキとかネネッコダキともいうが、お七夜などに親類や近隣が赤ん坊の生まれたお祝いに行く。赤を抱いてくるともいう。群馬県内では、孫抱きとか孫祝いといい、子供が生まれると、嫁の里の親や近親者や近隣の人が見舞いに行く。群馬県群馬郡倉淵村では産後二十一日目に嫁の里の母親が赤ん坊を抱きにくる。これを孫抱きという。孫祝いなどというのは、東北や関東地方に多く、実家で出産して、婚家に帰ったときなどに、親戚を招待してお祝いをする。→七夜《しちや》

参考文献 『日本産育習俗資料集成』、一九七五、文化庁編『日本民俗地図』五、一九七五、『新編埼玉県史』別編二、一九八六

(栃原 嗣雄)

まごもんと 孫門徒 浄土真宗の門徒(檀家)宅の子女が、門徒以外の家に嫁いだり、婿入りした後も、実家の寺と一定の関係を維持すること。婚入先の家を含める場合もある。孫檀家ともいう。能登半島北部から中部、富山県氷見地方でみられる。孫門徒は実家の師匠寺におけるコンゴウ・報恩講などに参詣し、寺側は、斎でもてなす。半檀家制の名残と見られ、両者は葬儀でも関わるが、つきあいは一代限りとされている。→コンゴウマイリ →複檀家《ふくだんか》

参考文献 西山郷史『蓮如と真宗行事』、一九九〇

(西山 郷史)

まさかどでんせつ 将門伝説 平安時代中期の承平・天慶年間(九三一―四七)、関東を中心に反乱を起し、悲劇的な死を遂げた平将門に題材をとった英雄伝説。平将門は一族の紛争から関東で謀反を起し、一時、関東地方を手中に収め平新皇とも称したが、平貞盛と俵藤太秀郷の軍に攻められ、こめかみを射られ敗死したという。この事件は『将門記』などの文献に早くから記載され、伝説としても東日本を中心に伝承されている。将門の首は都へ送られ獄門に掛けられたが、体を求めて飛び帰り、途中力尽きて落ちたのが神田明神の前身であるとか、片目を射られた将門を一つ目明神としてまつったものを神田明神の前身とする伝承もある。将門の最期やその霊をまつる首塚などの伝承が数多くみられるのは、将門の非業の死が激しい祟りを生じ、その怨念が御霊信仰を生み出したものであろう。埼玉県秩父郡の伝説では、秩父の芦ヶ窪に隠れ、七人の影武者を使う将門を討つため、秀郷が妹の桔梗姫を間者に入れ、本物は食事の時にこめかみが動くことを見抜きこれを射殺すが、将門の死体が秀郷を追いかけ江戸の神田まで来て、石に躓《つまず》いて転んだ拍子に首が飛び、体だけがそこに残った。それが神田明神で、首は深川まで飛んだので首飛び明神といった。将門の恨みで芦ヶ窪の桔梗は花が咲かないと伝える。将門の力の根源がこめかみにあるとして、「将門は米かみよりぞ切られける俵藤太がはかりごとにて」の一首はよく知られるものである。将門は伝説の世界で超人として描かれることも多く、身の丈七尺余り、体全体が鉄で覆われているとする伝承もある。これはいわゆる鉄人伝奇譚に属する話といえよう。それは鉄人の愛妾と通じた英雄によって鉄人が討たれるとするもので、桔梗姫の伝説と相通うものである。南島にも、沖縄の鉄人童子譚として根原神殿《ネーレカンドゥ》の話・儀部鉄人・京《チョー》阿波根《フグン》親方《ウェーカタ》などの話が伝承されており、やはりこれもその急所を女性によって知られ、殺されるというもの。この種の話としては、古く『予章記』にも鉄人退治譚が記され、弁慶伝説にも同様の話が確認されている。将門伝説を伝えたものは、主に秩父の山中を経めぐった修験・山伏、そしてその伴侶となった巫女や比丘尼たちであったといわれ、そこに熊野信仰の影響も考えられる。

参考文献 徳江元正「桔梗姫の唱導」(『国学院雑誌』六二ノ一一・一二合併号、一九六二)、福田豊彦「平将門をめぐる英雄伝説の形成」(『月刊百科』一三八、一九七三)、梶原正昭・矢代和夫編『将門伝説―民衆の心に生きる英雄―』、一九七五、宮田登『日本伝説大系』五解説、一九八六、福田晃『神語り・昔語りの伝承世界』、一九九七

(松本 孝三)

マジ マジ 南または南寄りの季節風。マゼともいう。風の名前としてはハエと競合関係にある。近畿・四国地

方を優勢領域とし、瀬戸内から山口県の日本海沿岸、九州東岸に分布する。南風をマジとする西端は瀬戸内では山口県防府市あたりにあり、そこから西では、ハエを南風としその周辺にマジを配する。山口県萩市見島では南東風をマジバエと呼ぶ。近畿地方から岡山県にかけてマゼ、四国の瀬戸内、広島県以西はマジという。

（伊藤　彰）

まじない　呪い　霊的存在や呪力などの超自然的要素を用いて自然や環境に働きかけ、何らかの願い事を実現させようとする観念および行為。禁厭とも書く。呪いには、呪い師あるいは呪術師などと呼ばれる呪術宗教的な職能者によって行使される場合と、一般の人々が地域に伝承されている呪法を用いて行う場合とがある。前者の役割は、僧侶・神職・民間巫者などによって担われることが多い。また、呪いは、田遊びや成木責などの予祝儀礼や虫送りのように年中行事化したものと、病気平癒や失せ物探しなどのような臨時に対処するためのものとに分けられる。呪いの手法は、真言・陀羅尼をはじめとする呪文を唱えたり、太鼓・鉦などの道具を用いて行われることが多い。雨乞いを例にとれば、太鼓や鉦を鳴らしたり、煙をたくなどの方法がよくみられる。この場合鳴物は雷鳴を、煙は雨雲を象徴しているといえる。このように呪いは、ある現象を、それと類似した内容を象徴的に表わす儀礼行為を実践することで現出しうるという信念・信仰に支えられている。フレーザーは、これを類感呪術と呼んでいる。一方、他人の毛髪を焼くことによってその人に危害を及ぼそうとするような、かつて接触していたものは離れた後も影響しつづけるといった性格の呪術を感染呪術と称する。こうした人や社会にマイナスの影響を与えるものを黒呪術、プラスになるものを白呪術ともいう。　↓呪術《じゅじゅつ》　↓呪文《じゅもん》　↓呪い《のろ》

参考文献　J・G・フレーザー『金枝篇』（永橋卓介訳、「岩波文庫」、一九六六・六七）、吉田禎吾『呪術』（「講談社現代新書」二一八、一九七〇）、佐々木宏幹『シャーマニズム―エクスタシーと憑霊の文化―』（「中公新書」五八七、一九八〇）

（長谷部八朗）

まじないことば　呪い言葉　呪術の一種。特定のことばにこめられた超自然的な力によってある目的を果たそうとするもの。クシャミをしたあとでしばしば「くそくらえ」とか「くそはめ」などという。クシャミを気にかけるのは、息を吐き出す勢いとともに魂が飛び出すのではと心配したためで、これらの言葉は魔除けの意味をもっている。子どもが転んで手足を打ったときに、母親が「ちちんぷいぷい」とか「ちちんぷいぷい、たからのやまへとんでいけー」などといって、打ったところをさすりながら、フーッと息をふきかけたりすることがある。この唱え言は、放屁の音と関係があり、このていどの痛みは屁でもないという、近世以来の言葉のしゃれの呪文ではないかと説かれている。マムシ除けに「おれは亥年うまれ」（徳島）といったり、「ハメにコショウ、おどうの下のカギワラビ」（愛媛県）という土地もある。愛知県では、キツネに化かされぬために「キツネを食ったらうまかった。まんだ奥歯にはさがっている」といえば恐れて逃げ去るといい、静岡県では虻や蜂除けには「人を刺すと子を取るぞ」と息をとめて十回暗唱するとよいと伝えている。血止めの際に「血の道や父と母との血の道やこの道止まれ父のこの道」（長野）と唱えるように、短歌形式の呪歌も多い。呪い言葉に関しては、近世に広く流布した呪い集などの影響をはじめ、民間の宗教者たちが果たした役割も大きい。

参考文献　三谷栄一『古典文学と民俗』（「民俗民芸双書」、一九六八）、野本寛一『言霊の民俗―口誦と歌唱のあいだ―』、一九九三

（常光　徹）

マス　マス　サケ目サケ科の遡河性魚。日本で捕獲されるマスは、ニジマスなどの移入種を除けば、サクラマス（河川型ヤマメ）やサツキマス（河川型アマゴ、湖沼型ビワマス）、現在は絶滅したと考えられている田沢湖のクニマスなどで、一般的にはサクラマスを指す場合が多く、マスを厳密な魚種としては規定できない。北海道・北太平洋の漁業が盛んになった明治以降カラフトマスをも含むようになったため、サクラマスをホンマス、カラフトマスをセッパリマスと呼ぶところもある。マスを捕獲するには鮭同様ヤスなどの刺突漁、曳き網・刺し網・四手網などの網漁、筌・簗などの陥穽漁具が用いられるが、鮭に比べその漁獲は少ない。古くはハラカ（腹赤）、アカメ（赤目）、アカウオ（赤魚）などとも呼ばれ、宮中では正月十四日の節会に用いられていた。現在でも、マスを正月の儀礼食とする地域もあるが、その数は鮭やブリに比べると圧倒的に少ない。同じサケ科の鮭に比べると、マスの仲間については儀礼的な要素が少なく、また、マスの登場する口承文芸もあまり多いとはいえない。「鶴女房」の亜型である「鱒女房」も「鮭女房」の派生と考えられる。また、鮭漁地帯には、鮭の遡上を旅の僧や乞食が呪法によって左右するとする「鮭と弘法」の伝説が濃密に伝承されているが、この話から派生したと思われるマスを構成要素にした伝説が、秋田県由利郡、山形県東田川郡などにも伝えられている。

参考文献　市川健夫『日本のサケ―その文化史と漁―』（「NHKブックス」二九四、一九七七）

（菅　豊）

ます　枡　穀物や酒・醤油・酢・ウルシなどの体積を量る器具。基準とされるのが一升枡すなわち一・八リットルで、その十倍が一斗枡、十分の一が一合枡で、そのほかに二合五勺枡、五合枡、五升枡、七升枡などがある。枡は律令体制の確立によって全国統一の税制の租が実施されるに伴って、その量の基準が定められた。『大宝令』には大枡と小枡があるが、平安時代になると律令の度量衡制が崩壊し、穀物取引の際など買い入れるときは大枡を用い、売るときには小枡を用いて利をむさぼるものさえ現われた。そのため一〇七二年（延久四）後三条天皇の宣旨によ

って宣旨枡が制定され、この枡が古代末期から中世において広く用いられた。ところが室町時代中期以降には守護大名や地頭が制定した私枡が横行し、ふたたび度量衡制が混乱した。織田信長・豊臣秀吉の天下統一事業のなかで度量衡の統一が指向され、秀吉の天正の石直しの際、雑多な私枡を廃し、京都の商人の用いていた十合枡を基準枡とした。これが京枡である。江戸幕府も江戸枡座を設けて度量衡の整備を行い、京枡を方四寸九分、深さ二寸七分と定め、これを一升とした。江戸時代初期の数学者、吉田光由の著わした『塵劫記』は方五寸、深さ二寸五分の古枡に対してこれを新枡と記している。この京枡ははじめ天領で使用させたがやがて全国に普及した。さらに一八七五年(明治八)明治政府も計量の混乱を恐れて、京枡をそのまま法定枡と定めた。枡はすべて木製で枡座の規定ではヒノキの柾目と定めているが、杉も用いられ、ところによってはサワラなども用いた。形状は方形指物で、大きさは一合・二合五勺・五合・一升・五升・七升・一斗の七種類あったが、明治時代になって二升枡ができ七升枡がなくなり、また一斗枡は曲物の円形枡も出現し、さらに金属製箍締《たがじめ》の桶仕様で側面に二つの把手のついたものも現われた。穀物用の五合以上の枡は対角線状にツルカナモノ(弦鉄物)と称する弦鉄を渡すことが定められており、さらにサンカナモノ(算金物)と称して口縁部にも鉄板を貼り、タテカナモノ(竪金物)と称して合わせ木組の部分にも鉄片を貼って補強された。弦金物は斗搔をかけるとき平らに等しく搔きとるためのもので、算金物は口縁部の摩滅を防ぎ、竪金物は木組の緩みをなくするためのものである。一升枡は京枡の寸法で、酒・油・酢など液状のものを量る枡を木地枡という。それは斗搔をかける必要がないので金物はつけず木地のままであるのでその名で呼ばれる。なお地方によって特別な枡があり、京枡の三升分を一升枡とする甲州枡がもっとも有名で、武田信玄が定めたと伝えられ信玄枡の名でも呼ばれる。

参考文献　小泉袈裟勝『枡』(「ものと人間の文化史」四八、一九八〇)

(岩井　宏實)

ますみゆうらんき　真澄遊覧記　⇩菅江真澄《すがえますみ》

まそ　媽祖　中国民間道教の女神。天上聖母とも呼ばれる。伝説によると、福建省莆田県湄州の林氏の娘に霊力の高い巫女がいて、幼いころから人の吉凶禍福を言い当て、病を治した。また、彼女が機を織っているときに気を失い、夢の中で海で遭難している父と兄を助けようとし、母に起されたために兄は救えなかったという話のほかにさまざまな霊験譚がある。十世紀ころにいた莆田県の巫女がその死後媽祖として付近の人々にまつられ、その後神としての霊験力が広まり、本来この地方にあった航海守護神の性格を取り込み、一地方神から発展して中国の東南沿岸部に広く媽祖信仰が広まった。宋の朝廷から「順済」の扁額が下賜され、地方の神から中央に知られる神となった。元朝は東南沿岸から首都への米糧運搬に海運を利用したために、媽祖に天妃という封号を下賜し、全国的な航海安全、護民の神としての地位を与えた。清朝も天后の封号を賜与している。今日では媽祖のほかに天妃や天后とも呼ばれる。福建・広東の人々の海外進出に伴って、アジア各地に媽祖信仰が普及した。台湾では、福建からの移住に伴って媽祖信仰も移入され、現在四百近い媽祖廟があり、各地から北港・鹿耳門の媽祖廟に進香の人々が絶えない。日本にも、明代に冊封使とともに渡来した沖縄の天妃宮をはじめ、長崎や鹿児島、大阪、神戸、横浜でも媽祖がまつられる。さらに、江戸時代初期に水戸藩主徳川光圀が勧請した天妃神社が茨城にあり、天妃神社は青森にまで及んでいる。日本の媽祖は、ほとんどが寺社に合祀され、現在では祭日に読経あるいは祝詞があげられる程度である。

参考文献　李献璋『媽祖信仰の研究』、一九七九、窪徳忠『道教の神々』、一九八六、朱天順『媽祖と中国の民間信仰』、一九九六

(小熊　誠)

マタギ　マタギ　秋田・青森県を中心に中部・東北地方の山間部に住み、専業的な狩猟技術を有する狩猟集団、もしくは個人。又鬼とも書く。集団内が役割によって階層化され、狩猟という行為自体が自然と人間との関係の舞台として意識(山の神信仰などとともに)され、さまざまな儀礼を伴いながら進行する。専業の者だけでなく、兼業の者も含む。マタギには、捕獲した獲物についてマタギ勘定という分配法があり、猟に参加した者は誰でも平等に分け与えられた。また、マタギの語は熊マタギ(熊狩り)、寒マタギ(厳冬期の狩り、主にカモシカ狩りを指す)、デアイマタギ(旅マタギ、渡りマタギとも。出稼の狩猟、または出稼狩猟者をも指す)、一人マタギ(集団による狩りを好まず犬を連れ単独で狩りをする人)、里マタギ(地マタギとも。出稼狩猟は行わず地元の猟場で猟をする人、その狩り)など、狩猟者や狩猟形態をも意味した。さらに秋田マタギ、阿仁マタギ、など地域や集落の地名を冠して狩人および集団を指す語としても用いられる。マタギの語はマタギ言葉(山言葉とも)と称される猟場に入った際に用いられる狩人たちの猟言葉・忌言葉・隠語であり、里での日常生活には用いられない特別なものであった。山言葉でのマタギとはさまざまな解釈があるが、「人間」を意味する語と考えられる。地域差もあるが山言葉で熊をイタズ、血をマカ、米をクサノミなどといい、女性をヘラマタギ(ヘラは女性性器)、一人前にならない見習いの狩人をコマタギ、そして狩人をマタギという。当然、猟場に入った人間は、成人した男性であり狩人であるからマタギといえば成人男子の狩人を意味した。新潟県奥三面では日常ではヤマビト、ヤマド、ヤマンド(山人)と自称しているが、猟場に入ればマタギといった。秋田県阿仁なども古くは里言葉で狩人を鉄砲撃ち、猟師などといい、猟や山に長けた人を尊敬の念を込めてヤマダチ(山立・山達)様といった。福島・新潟・長野などでは一般にヤマビトと称することが多く、マタギといえば秋

田の狩人を指したという。しかし、特に一九五〇年代以降はマタギという語が次第に里言葉(日常語)の中に同化し、現在では中部・東北地方の大型獣(昭和に入って熊が主体、大正期まではカモシカが主体であった)を獲る狩人を指す語として広い範囲で用いられるようになっている。マタギの語源について、柳田国男はウマダ(シナノキの内皮から取る繊維で織られた布)を剝ぐ人、マダハギが転じてマタギとなったといい、南方熊楠は古代インドのマータンガー(屠殺者)との類似を上げている。金子総平は山から山へと跨ぐように移動したことから、宮本常一は先が支分かれした又木の杖から出たと諸説があり明らかではない。また、マタギには幾つかの流れがあるとされ、諸国での狩猟が許されたとする越境御免の巻物があり、『山立根本之巻』(日光派、万治万三郎を始祖とする流れ)、『山達由来記』(高野派、弘法大師に諸国での猟を許されたとする)などが知られている。このようなマタギが形成した集落をマタギ集落と呼んでいるが、前述した秋田の旅マタギなどが野生鳥獣の駆除の担い手として山間の集落に婿入りしたり雇われマタギとして定着し、狩猟法や習俗を伝え、次第に狩猟を生業の一部に組み入れてきた集落が多い。マタギ集落の形成は、近世初頭にまでさかのぼるとされ、農地の開拓に伴う鳥獣害の多発と鳥獣の肉や毛皮、あるいは漢方薬としての鹿角・熊胆などを換金交易できるだけの市場の整備が前提にあった。↓カモシカ猟《りょう》 ↓熊狩《くまが》り ↓しかり ↓山立《やまだち》

参考文献 戸川幸夫『マタギ―狩人の記録―』、一九六二、武藤鉄城『秋田マタギ聞書』、一九六九、千葉徳爾『狩猟伝承研究』、一九六九―九〇、石川純一郎「マタギの世界」(梅原猛他『ブナ帯文化』所収、一九八五)、田口洋美『マタギ―森と狩人の民俗誌―』、一九九四 （田口　洋美）

マダン マダン 韓国・朝鮮語で家の庭や建物の前の広場を意味する語。韓国では、民主化運動の伸張の過程で発展し、舞台を劇場に固定せず野外でもどこでも上演される、社会批判・風刺や観衆との即興的なやりとりを特徴とする劇をマダン劇というように、マダンという言葉には民衆の場という意味も含むようである。在日韓国・朝鮮人社会では、京都の東九条マダン、神戸の長田マダンなど、祭を通して民族的な誇りをもつ場をマダンと称する。 （朝倉　敏夫）

まち 町 広義には都市と同義であるが、狭義には、都市(的)地域における地域統合の基本単位となる社会や地区。地縁原理に基づく近隣のつきあいが比較的濃厚な地域社会および空間。村落(ムラ)に対し、都市(マチ)とも呼ぶ。この両者の類似点は、共同活動、そのための貯蓄や設備・施設、運営のための規則の設定などである。両者の相違点は、「ムラ」の住民が農民であるのに対し、「マチ」は商人・職人で構成され、人口の流動性が高いことである。したがって、「ムラ」では先祖代々続く世帯が多いが、「マチ」ではそのような世帯は少ない。そのため、「マチ」では住民が、多くの規則を設け、地縁を意識的に維持したものと思われる。「マチ」の住民の大部分は「ムラ」からの出郷者で、「ムラ」を都市に持ち込もうとしたためだという説もある。その結果、「ムラ」ほど強固ではないにしろ、人口の変動を補うように、文化が伝承された。また、「ムラ」は共有(入会)地や共同労働を社会の核としたのに対し、「マチ」はそれに頼る比率が非常に低かった。このような地区・社会は、自治単位の側面があると同時に行政単位の側面もある。代表例は、京都の祇園祭のいわゆる山鉾町である。室町時代より、商工業者の町衆が町内の自治を行い、政治的にも都の一部として町内が機能した。現代の山鉾町でも、常住人口が減少しているものの、「マチ」のまとまりは維持している。人々の集まる場所が自然発生したのは、古代以前にさかのぼると考えられるが、全国的に自治的な「マチ」が成立したのは、室町時代と考えられる。京都だけでなく、港町・門前町など交通の結節点、寺社の門前などに「マチ」的地区(町場)が形成された。近世に入ると、より計画的な政治都市、すなわち城下町が造られ、城下町のなかに職種別の居住地区が設定された。呉服町・鍛冶屋町などの地名で現代に伝えられる。町内では、表通りに商工業者の店舗が軒を連ね、裏町にはその従業者が借地・借家をして生活をした。「マチ」に大家・店子《たなこ》関係が成立したのである。彼らの上には、領主が君臨し、各「マチ」を掌握している。マチを構成する最小単位の五人組・隣組は、近現代の町内会組織として機能し続けた場合も少なくない。「マチ」は人口の流動性が高く、周辺地域の結節点であったため、そこでの民俗文化は維持されるだけでなく、新たな外来文化をも受容し、新しい形式を生み出した。流行が生まれ、風俗となった。なお語源的にいえば、「マチ」は本来、農地の区画を指す言葉だった。土地の面積単位としての町《ちょう》や、セマチ、ナガマチという田畑の呼称にその面影が残る。農地の区画を宅地にしたことが起源ともいわれる。一方、「ムラ」という語は、家々が「群がる」という集落形成の過程を意味する。「ムラ」が村落の呼称となり、このように農村起源の「マチ」が都市の呼称となった現象は、民俗語彙の問題として興味深い。↓市《いち》 ↓宿場町《しゅくばまち》 ↓都市《とし》 ↓門前町《もんぜんまち》

参考文献 宮本常一『町のなりたち』(『日本民衆史』五、一九六八)、谷川健一編『現代と民俗―伝統の変容と再生―』(『日本民俗文化大系』一二、一九八六)、小林忠雄『都市民俗学―都市のフォークソサエティー―』、一九九〇 （内田　忠賢）

まちかいしょ 町会所 江戸時代の町における集会所、または町政の事務所のこと。京都・大坂・堺などの都市では各町々に町会所が置かれていたが、江戸では自身番屋がその機能を果たし、町会所といえば救済機関としての町会所をさす。すなわち、寛政改革の著名な政策である七分積金令に伴い江戸の浅草向柳原に設置された会所のことである。この会所は、一七九二年(寛政四)より一

八七二年(明治五)まで存続した。七分積金令とは、江戸の地主たちが負担する町入用の節減額の十分の七を毎年この町会所に積金させ、飢饉・災害など非常時の施米・施金や、常時の貧民救済や低利融資にあてるという仕法である。一七八七年(天明七)の江戸打ちこわしのような大騒動の再発を未然に防止するための社会政策であった。町入用の節減額はおよそ三万両余と見積もられ、その十分の七の二万両余が年々地主たちから町会所に積み立てられた。積金は備蓄籾、備金、および利廻しのための貸付金の三つに分けて運用された。一八二八年(文政十一)の町会所の米金保有高は籾十七万石余、現金四十六万両余、貸付金二十八万両余にものぼった。町会所はこうした七分積金の出納事務を取り扱い、江戸市民のための備荒・救済事業と低利貸付の金融事業に従事した。町会所では勘定奉行所・町奉行所双方の町会所掛りの役人が監督し、肝煎・名主ら町方の役人や勘定所御用達の商人ら町人が運営の実勢を担当した。天保の大飢饉の際、江戸に騒動が起きなかったのは、この町会所の救済事業のおかげだといわれている。一八七二年に町会所は廃止されたが、それまでに積み立てられていた百数十万円は、営繕会議所、さらに東京会議所、そして一八七六年以降は東京府に引き継がれ、橋梁・街燈・共同墓地・ガス会社・銀座レンガ街の道路などの都市基盤整備費、さらには一橋大学の元となった商法講習所や東京府庁舎・養育院などの施設費の資金となった。 (竹内　誠)

まちだかしょう　町田嘉章　一八八八―一九八一　日本民謡・近世邦楽研究家で、新民謡・新邦楽の作曲活動もした。群馬県生まれ。幼名英、一九二六年(昭和元)戸籍上の本名を嘉章《よしあき》(通称かしょう)とする。一九六三年佳声に改名。東京美術学校(東京芸術大学美術学部)卒業。在学中眼病を患い画家を断念。卒業後、新聞の美術・演芸記者(筆名博三)を経て、新開設の東京放送局(ＮＨＫ)に入局。記者時代には邦楽研究を志して古典保存会を結成。古典邦楽をレコード収録・頒布、また宮城道雄らの新日本音楽運動にも参加した。一九二七年、北原白秋作詞で名曲「ちゃっきり節」を作曲、このころ新民謡運動に尽力。一九三四年フリーとなり民謡調査・研究を目指す。独力で全国の民謡録音・採集を開始、作曲家藤井清水との共同研究で五線譜化にも着手。一九四一年からＮＨＫの委嘱で、初の楽譜による民謡集大成『日本民謡大観』全九巻(一九四四―八〇)編纂に携わり、民謡の記録・収集がライフワークとなる。柳田国男の指導を受けて、生活に密着した民謡の伝承と変容をテーマとし、追分節の起源と伝播などの民俗学的発見があった。また放送・レコード制作を通じて民謡・邦楽各分野の普及に大きく貢献した。東京芸術大学講師を勤め、文化庁文化財保護審議会専門委員、東洋音楽学会会長などを歴任。著書に『江戸時代音楽通解』(一九二〇)、『日本労作民謡集成』(ビクターレコード解説書、一九六四)、共編に『日本民謡集』(「岩波文庫」、一九六〇)、『わらべうた―日本の伝承童謡―』(同、一九六二)などがある。

参考文献　竹内勉『民謡に生きる町田佳声八十八年の足跡』、一九七四 (大貫　紀子)

まちにょうぼう　待ち女房　嫁入りに際し、花嫁の介添えをする女性。待ち女郎という地域も多い。マチは「待ち」ではなく侍る意味であり、嫁入り当日、聟方では親類や近所の女性が待ち女房となり、盛装して村の入口や家のカドで花嫁を出迎え、手を引いて婚家に案内をした。これを少女の役目とする地域もある。また、盃ごとや披露の場にも列席し、花嫁の世話をした。花嫁に付き添う嫁方の女性を待ち女房と称する地域もあり、添い嫁の一形態と解される。

参考文献　柳田国男「常民婚姻史料」(『柳田国男全集』一二所収、一九九〇) (服部　誠)

まちや　町屋　近世に建てられたか、近世以来の伝統的な様式で建てられた庶民住宅の中で都市の表通りに建ち並んで町並を構成するもの。町家ともかき、チョウカともいう。城下町・港町などの都市や各地の街道沿いの宿などにみられる生産・流通を担っていた商人・職人などの住宅、ないしその系譜を引く建物であり、通常ミセと呼ぶ店舗ないし仕事場を表側に備えて街路に対して開かれていることが重要な特徴である。その建築形式からみると、京都型町屋と江戸町屋を代表とする城下町型町屋に分かれる。京都を中心にその影響を受けた近畿地方ないし日本海側に多い京都型は、瓦葺き(古くは板葺き)二階建で街路に対して棟を平行に置く平入りであり、表側の一階には細かい出格子、低い二階には竪格子の桟を壁土で塗籠めた虫籠《むしこ》窓《まど》のあることなどが共通に見られ、ほぼ同じ形式の町屋が壁を接するように軒を連ねる。規模は間口三間程度が標準で奥行は十間程度と深く、表通りに面して片側または中央の入口を入ると、幅一間程度で屋敷地の裏まで続くニワまたは通《とお》り庭《にわ》と呼ばれている土間があり、床上部分はこの通り庭に沿って並ぶ。このような京都型の起源は、平安京の街路に設けた仮設的な物売りのミセや、築地《ついじ》塀《べい》を突き崩して設けられた桟敷《さじき》などに求められるが、中世末の「洛中洛外図屏風」に描かれた町屋はすでに京都型町屋共通の特徴を基本的に備えており、古代・中世以来の長い時間をかけて出来上がってきた形式とみてよい。このような京都型に対して、各地の城下町型町屋は近世以降にその形式が形成された。屋根は必ずしも瓦葺き(板葺き)とは限らず茅葺きもあり、平入りだけではなく妻面を街路側に見せる妻入りもあるのが基本的な特徴で、表側一階前面に格子を使うことは少なく、蔀《しとみ》ないしアゲドという建具を昼間は取り払ってミセを街路に向けて開放するのが通常の姿である。間口規模は大小さまざまで隣家との間に路地を設けるので、内部の間取りは通り庭ではなく、通りに面した前面にだけ土間を設ける前土間が一般的である。屋根型や間口がさまざまなこともあって京都型のように整然とした町並を形成することは少ない。木部を土で塗籠めた土蔵造の町屋が多く見られることも京都型にはない城下町型の重要な特徴である。江戸のように火災が頻発した都市の住民にとって、自力で財産を守る方法として土蔵造が有効であったことはもちろんであるが、それだけではなく、むしろ富ないし家格の象徴としての規模の大きさや、外観の重厚ないし豪華さがもてはやされたことも大きい。このような土蔵造の町屋はむしろ明治以降に普及し、全国に見られる土蔵造の町並の多くは近代に形成されたものである。 ↓蔵造《くらづくり》 ↓商家《しょうか》 ↓土蔵《どぞう》

参考文献 伊藤鄭爾『中世住居史』、一九五八、玉井哲雄「江戸の町家・京の町家」(『列島の文化史』一、一九八四)、小寺武久『民家と町並』(「新編名宝日本の美術」三二、一九九二)　(玉井　哲雄)

まちやくにん　町役人　江戸時代、城下町などの都市における町の行政事務に携わった役人の総称。役人といっても身分は町人であった。上からの町支配を徹底させる機能を有していたが、同時に下からの要求の窓口としても大きな役割を果たした。町役人は、その支配範囲や事務内容によって差があり、また呼称も地域によってさまざまであった。まず町奉行のもとで都市全体(総町)を支配する町役人がいた。たとえば江戸の場合、これを町年寄といい、樽屋・奈良屋・喜多村の三家が世襲した。大坂の場合は、これを総年寄といい、やはり世襲が原則であった。当初は二十名余であったが、幕末には十二名となった。次に個別の町々を支配する町役人がいた。江戸の場合、町年寄のもとに名主《なぬし》がおり、町触の伝達、人別改め、火の元の取締り、沽券状など諸証文の検閲・奥印、町奉行所への訴状や届書への奥印、町奉行・町年寄の指令にもとづく諸調査、祭礼の執行などに従事した。人数は江戸時代後期におよそ二百五十名であり、名主一人で数町を支配していた。大坂の場合は、各町ごとに町年寄がいた。江戸の町年寄と混同されがちであるが、江戸の名主に相当する。ただし江戸の名主は世襲であるが、大坂の町年寄は、それぞれの町内の地主・町人同志による選挙で選ばれた。さらに各町には、町の事務を専門とする町代・書役などと呼ばれた書記がおり、町会所・自身番屋などと称された町内事務所に勤務していた。かれらもまた町役人の一種であった。

参考文献 吉原健一郎『江戸の町役人』(「江戸選書」、一九八〇)　(竹内　誠)

まちわり　町割　城を中心に武家地・町地・寺社地・足軽町で構成される近世城下町建設の際、町地を設定して街路を通して街区を作り、街路に面した町の境界を定めること。一般的には町の中を個々の屋敷地に割る屋敷割も含めて町割と呼んでいる。さらに、この町割を武家地内の屋敷の割付の意味でも、また宿場・港町・在郷町などの地割についても用いるので、広義では、城下町の町地に限定せず、都市内に街路を通して、街区および区画を定め、区画内の敷地割を行うという意味の、いわば近代の都市計画に対応した意味で用いられる。また、町割の結果できあがった都市形態も町割と呼ぶ。近世城下町の武家地・足軽町や寺社地には、塀などで周りを囲い街路に面して入口のみを開いた比較的大きな屋敷地が並ぶのに対して、町地には街路に面して間口が狭くて奥行の深い屋敷地が並んでいる。古代都城以来存在した前者の町割に対して、後者の短冊形地割による町割が成立したのはこの近世城下町である。特に街路に面した両側の短冊形地割の住人が一体となって町を構成する両側町という町割は、京都を中心とする中世末の都市共同体の活動の結果として成立したもので、近世都市の町割ではほとんど一般的に取り入れられ、近世の都市住民の生活の基礎となっていた。この両側町も都市の近代化の過程で自動車交通の発達などにより、街路のもつ意味が大きく変化したため、現代の日本の都市ではほとんど消滅した。 ↓町屋《まちや》

参考文献 玉井哲雄「江戸の町家・京の町家」(『列島の文化史』一、一九八四)　(玉井　哲雄)

まつ　松　マツ科マツ属に属するアカマツ、クロマツ、ゴヨウマツ、ハイマツなどの総称であるが、通常は二葉のアカマツとクロマツをさす。アカマツは丘陵から山地のいたるところに分布し、クロマツは海岸や崖に多く、いずれも常緑高木である。アカマツをメマツ、クロマツをオマツと称しているところは多いが、針葉の先がクロマツのほうがかたく、アカマツのほうが柔らかい。樹形も多少異なり、クロマツは枝が下垂し、アカマツはやや上向きになる。しばしば雑種であるアイグロマツを生じる。陽樹であるので、新しい土地によく生え、また酸性の痩せ地や花崗岩地帯の二次植生の重要な構成樹種である。西日本とくに瀬戸内海沿岸の二次林の代表的な樹種であり、これは人間生活ときわめて密接な関係を保持してきた植生である。もともとシイやアラカシなどの照葉樹林であった森林が人の開拓によって伐採されたあとにアカマツを中心にした二次林が成立し、成立したアカマツ林は絶えず人によって伐採されるので陽樹としてのアカマツが更新し原生林に戻るような遷移が起らないからである。こうした伐採が単に燃料の薪のため行われたのではなく、西日本の山地における鑪《たたら》製鉄の燃料や炭の需要あるいは多くの焼物生産地での炭の需要があったからであり、溜池とアカマツ林の景観は人が作りあげてきたものである。京都周辺の山でアカマツ林が主要なものになってくるのは十七世紀ごろからといわれている。アカマツもクロマツもきわめて重要な有用木で、建材・器材として鍛冶炭として、また根からは松根油をとっていた。また防風林や防潮林としても使われ、山形県飽海郡遊佐町の西浜山のクロマツ植林などはその典型である。白砂青松を日本の代表的な自然の景観と考えがちであるが、東日本のアカマツ林も近世の植林の比重がかなり高く、人が作り上げてきた景観である可能性もある。アカマツ

林では落ち葉掻きをしてよく手入れされてきた。こうした林にはマツタケがよく生え、マツタケ山としても利用される。クロマツ林でもショウロなどの茸採りが行われ、松林は日本人の生活になくてはならないものになっていた。こうした生活上での重要性ばかりでなく、普遍的で常緑性を備えていることから、民俗的な儀礼や習俗のなかでも特異な地位を占めていた。その代表的な例が松飾りに使われる松であった。正月に門松を立て、正月さまとか年神といわれる神を迎える。必ずしもアカマツやクロマツが使われるとは限らないが年末の特定の日に山に松を伐りにいくことを正月様迎えとか松迎えとか花迎えと称しているところがある。門松に飯や餅や食器あるいは年木などが伴うことがあり、門松が神の依代と考えられていた時代があったことを推測させる。慶事に松竹梅として松が使われるのは、それほど古くからの習俗ではないだろうが一般的である。庭木としても盆栽としても使われ、松ほど日本人の生活と民俗のなかで親しまれてきたものはない。　→門松《かどまつ》

参考文献　千葉徳爾『はげ山の文化』、一九七三、桜井満『花の民俗学』、一九七四、『遊佐町史資料』七、一九九一

（篠原　徹）

マツイ　マツイ　同族呼称の方言の一つで、主に石川県や富山県など能登半島の地方で用いられている。マツイと同じ系列の方言にマッツイ、マツジなどがある。石川県鹿島郡鹿西町の能登部町では同族をマツイと称しているが、同じ能登でも能登島では親戚の意味でマツイを用いており、同族はヤウチと称している。一般的に、富山県は呉羽山を境にして呉東と呉西とに分かれ、呉東では同族をマッツイ、呉西ではカブと称している。

参考文献　高桑守史『漁村民俗論の課題』、一九八三、武田良三・中野卓他「「織物の町」能登部」（九学会連合能登調査委員会編『能登』、一九八九）

（佐藤　康行）

まつえ　松会　彦山を中心とする豊前修験道圏の山々で、旧暦二月に行われていた御田植祭を含んだ神幸行事。松会は斎庭《さいてい》に依代としての巨大な柱松を立てて神事を営むことから生じた呼び名で、彦山では室町時代初期の記録にみえ、漸次周辺の彦山六峰と呼ばれた山々に伝播したものと思われる。明治の修験宗廃止以後は、福岡県では田川郡添田町英彦山神宮（三月十五日御田祭、四月十五日神幸祭）、豊前市求菩提山《くぼてやま》国玉神社（三月二十九日）、京都《みやこ》郡《ぐん》苅田町《かんだまち》等覚寺《とかくじ》白山多賀神社（四月十九日）、築上郡太平村松尾山《まつのおさん》三社神社（四月十九日）で神社祭祀として、大分県では下毛郡《しもげぐん》耶馬渓町檜原山《ひばるさん》正平寺で僧侶の営む行事として伝承されている。松会は、農村で旧暦二月十五日を中心に行われていた豊穣祈願の予祝神事を、修験道の祭に取り入れたもので、柱松起し・神幸祭・御田植祭・松倒しから構成され、神幸祭には神楽・獅子舞・流鏑馬《やぶさめ》・鉄棒・鉞《まさかり》・薙刀《なぎなた》・風流が伴い、御田植祭は田打ち・代掻き・畦塗り・種子播き・田植えなど一連の農耕所作が演じられ、最後の松倒しでは柱松の頂上で卜占の幣切りが行われていた。その模様は江戸時代の『英彦山神事絵巻』に克明に描かれている。現在では神幸祭と御田植祭が、簡略化され部分的異同を示しながら各山に伝承されているほか、松尾山には風流が、等覚寺には柱松と幣切りが伝えられている。なかでも等覚寺の柱松には形状・作法によく古型がとどめられている。

参考文献　五来重編『修験道の美術・芸能・文学』二（「山岳宗教史研究叢書」一五、一九八一）、苅田町教育委員会編『等覚寺の松会』、一九九三

（佐々木哲哉）

まつごのみず　末期の水　臨終に際して、近親者が水を口に含ませることで、一般に死水といわれる。死の間際に水を求める欲求を満たすために行われる。また、この水が喉を通ると生きているとされたり、この水が通る喉仏の音が立つと息が切れるなどともいわれる。亡くなった後に行われることもある。筆、綿、紙、樒《しきみ》の葉などが用いられているが、特別に作ったひしゃくで飲ませる例もある。末期の水を魂呼びとしてとらえる考え方もある。

（青木　俊也）

まっし　末子　出生子の長幼順位において最も末の子を意味する用語。一般的には末男子をいう。民俗学的には、各地方に伝承されてきた末子に対する特別な呼称および、末子の家族内における社会的地位（特に相続・継承に関連して）が問題とされてきた。長男をソウリョウと呼ぶ地域があるのと同様に末子を示す民俗語彙としては、マッシ、バッシ、スソゴ、シッタレ、オトゴ、ヨテコ、ハナナデ、ツルッタクリなどがある。末子に対する特別な呼称は最終の子に対する愛称としての語彙も少なくない。末子相続を慣行としてきた地域では、末子優先相継というよりも、長男以下の他出・分出の結果として末子が跡取となったとする事例が多い。　→末子相続《まっしそうぞく》

（山内　健治）

まつじ　末寺　⇨本末制度《ほんまつせいど》

まっしそうぞく　末子相続　子供たちのうち一番最後に生まれた子供（通常は末男子）を相続人とする制度。相続人の出生順位を基準とする相続類型の一つであるが、相続開始以前より相続予定者が確定している長子相続（長男相続・姉家督）とは異なり、子供たちの分家・婚出・独立の過程の中で相続人が選択される要素を含む。末子相続を行なっている地域でも、実際には長男や仲兄が相続する例が相当数あり、むしろ複数の候補者の中から相続人を選ぶ選定相続に近いとする見方もある。典型的な末子相続では、長男以下年長の子供から順次分家独立し、最後に残った末子が本家を相続する経過をたどるが、子供たちをいったんすべて独立させた後、末子が戻って家を継ぐ場合もある。また、長男にあとを譲った親夫婦が次男以下の子供をつれて隠居分家を繰返し、最後に末子と同居する場合も、事実上は末子相続に近い形となる。財産は兄弟間で均分的に分割相続される傾向が強く、年長の子供たちが分家する際には各自の分割分が順次分与される。最後に残った末子が受け継ぐのは、末子分（これに

親の隠居分を含む場合もある）の財産と家屋敷、先祖祭祀、親の扶養などである。したがって財産相続の上では末子優先の制度といえるが、相続されるものの中心は親の有していた本家家長としての地位身分とこれに付随する財産・祭祀権などで、家督の相続が主体である。ただし、末子相続における家督の相続は末子の特権というよりも親の扶養などの見返りという色彩が濃く、家の資産である家産・家業と家督を一体のものとして一括相続する長子相続の場合とはかなり性格が異なる。末子相続は中部以西の西日本に主として分布し、長野県の中信以南、和歌山県の海岸部、瀬戸内海沿岸、佐賀・長崎・熊本、宮崎県の一部、鹿児島県の本土全域などに広くみとめられる。財産の均分を伴うことから、周辺に開墾可能な土地があること、小型の漁船による小規模な漁業を主体とすることなど家産の分割を妨げない経済条件が背景にあると考えられている。また、末子相続では、親夫婦と跡取りである末子夫婦の年齢差が大きく、二世代夫婦の同居期間は一般の長男相続に比べて短縮されている。広島県の岩子島（御調郡向島町）では長子相続を「親と脛が並ぶ」といって忌避しており、親子の同居期間が短く嫁姑の葛藤が生じにくいといった理由で末子との同居を積極的に評価する意識もみられる。末子相続の分布地域は同時に隠居制度や隠居分家など夫婦単位に別世帯を形成する家族制度が濃厚に見られる地域でもあり、こうした家族の小規模化への志向性、親子相伝による家の永続を絶対のものとしない家族意識が末子相続の存続維持に深くかかわっていると考えられる。なお、末子相続は、長男による家督相続を規定した明治民法に抵触することから明治以降徐々に衰退したが、戸籍上隠居した父親が末子をつれて分家した形をとる父分家の便法がとられるなど慣行維持の努力が払われた。財産の分割を伴う末子相続では、財産の相続と家督相続は別個のものと考えられており、兄弟間に財産争いの生じる余地のなかったこともこの慣行が近年まで維持された理由と考えられている。↓均《きん》分相続《ぶんそうぞく》

参考文献　中川善之助「末子相続」（『家族制度全集』史論篇五所収、一九三八）、竹田旦『「家」をめぐる民俗研究』一九七〇、内藤莞爾『西南九州の末子相続』（「村落社会調査研究叢書」二、一九七一）、同『末子相続の研究』、一九七三

（中込　睦子）

まっしゃ　末社　神社において本社の管理下にある小規模な社の称。摂社に次ぐ社とされるが、社殿規模や祭祀執行などに格差もある。明治以前は明確な区分基準がなかったが、政府による神社制度により神宮および官国幣社は摂社・末社の称、府県社以下では境内・境外神社の称を用いた。大規模神社には、かつて日吉大社（大津市）の百八社や伊勢神宮（三重県伊勢市）の外宮四十末社、内宮八十末社のように多数の末社を有する場合もあり、それらが個性的な信仰対象ともなっていた。↓摂社《せっしゃ》

（桜井　治男）

マッチ　燐寸　軸木の先に薬材を付し、その部分を摩擦することで火を起す発火具。日本では、明治維新までは、火打ち石で火種を取るか、家では、種火を絶やさぬよう竈《かまど》や囲炉裏に常に火を起しておいたり、火壺や火入れに炭火を置いておくような工夫をしていた。種火から火を移す時は、付け木と呼ばれる薄い板に硫黄を塗ったものを裂いて火を移し、必要なところに火を運んだ。こすりこそしないが、火が付きやすいように硫黄を塗った付け木は、日本におけるマッチの原型といえる。幕末期には、開港した港付近の居留地などを中心に西洋人の使うマッチが見聞されている。当時マッチは早付木あるいは擦付《すりつけ》木《き》と呼ばれ、舶来の珍品として持て囃されたという。明治維新後、日本のマッチ工業の祖とされる清水誠がフランスに渡り、製造技術を修得し、帰国後の一八七五年（明治八）東京でマッチの製造を開始する。翌年には、新燧社《しんすいしゃ》を設立し、一八七八年には輸出にも成功した。新燧社の成功は、日本各地にその模倣業者を生みだした。時代的に失業武士などがこの職に多く就いた。やがて、阪神地区の都市労働者家庭の婦女子を労働力として生産された安価なマッチが神戸の華僑によって中国に輸出され、これが成功し、マッチは第二次世界大戦前まで、日本の輸出産業の一角を担った。国内においても、マッチは簡便な発火具としてたちまち定着する。そして、それまでの火打ち石に取って代わり台所でも利用され、火を絶やさないようにしていた火壺や火入れ、付け木などを不用なものにしてしまった。現在では、ライターをはじめさらに簡便な着火具が登場している。

参考文献　たばこと塩の博物館編『マッチのラベル―ポケットの中の小宇宙―』（特別展図録、一九九五）、岩崎均史『マッチのラベル』、一九九六

（岩崎　均史）

まつのうち　松の内　元日から松飾りを撤去するまでの期間。注連の内とも同じで、この期間には正月を祝う気分が強くあるが、松飾りをおろすことは大正月の終了を示し、また正月気分を一掃する行為でもあった。元日から三日までの三箇日間とするのが最も短く、ついで七日正月、さらに十五日正月や二十日正月までなど、地方によって違いがある。京都府中郡では三日が松直《まつなお》しで、翌日の寺年始までに松飾りを撤去する。宮城県柴田郡では十五日までの松の内を松《まつ》の葉中《はじゅう》といい、元日からこの日までを一連の祝日と考えて仕事を休んだ。一般には、松納めといって六日夜から七日朝までに門松を撤去する所が最も多く、関東で松の内といえば普通この期間をさす。しかし近畿地方では十五日までとする所が多い。『東都歳事記』は承応年間（一六五二―五五）ころまでは十五日であったが今は六日に撤去すると記し、『守貞漫稿』は上方では十五日で、かつては江戸もこの日であったと記す。寛文年間（一六六一―七三）には、七日の朝までに撤去するようにとの町触が、数回にわたり出されている。質素倹約を旨とした江戸幕府の政策のため、関東では松の内

が七日までと短縮されたらしい。また『淡路国風俗問状答』では、三日晩ないし四日朝に門松の末を伐って小松にしておいたものを十五日の朝に撤去するとし、『備後国深津郡本庄村風俗問状答』にも七日に少し残しておいたものを十五日に撤去するとある。門松の撤去に段階を踏む例は現在でも多いが、なかでも七日に採ってきた小松を門松を抜いたあとに立てたり、伐った門松の先に挿したりする例がある。宮中の子日遊(小松引き)の風習と関連するものだろう。

[参考文献] 橋浦泰雄『月ごとの祭』(「民俗民芸双書」、一九六六)、鳥越憲三郎『歳時記の系譜』、一九七七

(藤原 修)

博多松囃子

まつばやし 松囃子 新春のめでたさと縁の深い松を囃して、正月を祝う芸能。松囃・松拍(子)・松奏とも書く。ハヤスは分割する、殖やすを語源とし、また松は神の依る神聖な木、長寿を象徴する木として尊ばれてきた。そのため古くは暮れのうちに神の依る松を伐り出して正月に年神の分霊を迎える民間行事があり、長野県・三重県の一部では今でも正月の飾り松を山から採ることを松ばやしと呼んでいる。室町時代には新年の松迎えと目上の者を寿ぐ芸能として一時流行をみせた。『看聞御記』によると応永年間(一三九四―一四二八)の最盛期には殿上人・町人・町女房・村人らが正月に人目を驚かすような趣向を凝らした作り物や仮装行列を仕立てて主筋に赴き祝福の詞を述べ歌舞などを演じ、禄物などをもらい乱舞して戻る風流の松ばやしと、職業的芸能者である声聞師《しょうもじ》、のちに観世猿楽が将軍の御代の繁栄を寿ぐ松囃子ほか数番を演じる猿楽の松ばやしとがあった。現在民俗芸能として数ヵ所に古風をとどめる松囃子が伝えられている。博多松囃子は博多で桃山時代に催された記録があるが中断ののち寛永年間(一六二四―四四)に再興。福神・恵比須・大黒に仮装した者と稚児が正月十五日に行列を組んで福岡城に練り込み藩主に新年の祝賀の歌舞を献じた風流ものであったが、現在はどんたく港祭の中に組み込まれ、五月三日の午後博多区冷泉町の櫛田神社を出発し市内を巡る。仮装行列や『言立て』『唐衣』の謡など昔の面影をとどめるほか、俗謡や肥後囃子など新しい要素も加わった。菊池の松ばやしは熊本県菊池市隈府町の菊池神社の秋季大祭中の十月十三日(元は正月)に境内の能舞台で行われる。舞人は引立烏帽子・素袍・鶴亀の大口袴・白足袋の仕度で前半笹、後半扇を持ち声高に祝詞を述べつつ舞う。大鼓と太鼓に地謡が付く。「老松」の仕舞ほか数番の仕舞、狂言が続いて演じられる。両松ばやしとも「松やにやに、小松やにやに(下略)」という祝詞を唱えるのを特徴とする。このほか熊本県藤崎八幡宮の一月五日の新年祝賀の仕舞・囃し、熊本県北岡神社、広島県厳島神社などでの新春の謡初め、新春祝賀にちなんだ内容をもつ狂言の曲名、島津家久作詞による新春祝賀の詞章の薩摩琵琶の曲名などいずれも新春に演じられるが、神奈川県江ノ島八坂神社の江ノ島囃子の一つ松ばやしは七月十四日の天王祭に囃される。

[参考文献] 吉川周平「松拍考」(『演劇学』八・一〇、一九六七・六九)、千種宣夫「御松囃子能」(『熊本県文化財調査報告』所収、一九六七)、本田安次『風流一』(「本田安次著作集」一〇、一九九六)

(城所 恵子)

まつまえかぐら 松前神楽 北海道松前郡松前町・福島町などの神楽社家が伝承する神楽。松前十代藩主松前矩広が各神社の神楽を統一、奨励したのでお城神楽ともいい、明治以後社家の移動で各地に広まった。松前神社の例祭などに奉納。構成は多様で、神楽歌奏楽・湯立式三事・翁式三座・獅子神楽四事・舞楽十二座・行列曲・行列舞楽三例などからなり、幣帛舞・福田舞・鈴上舞・山神・千歳・翁・三番などの豊富な演目がある。

松前神楽の翁舞

(門屋 光昭)

まつむかえ 松迎え 正月に先立って、門松や各神棚、井戸・厩・便所・墓地・舟などに飾る松を伐りに行くこと。松ばやしとか正月様迎え・松節供・木伐り祝いなど

というところもある。松が一般的であるが、カドガミサマとか門ばやしを立てるといって松を避けて榊、ナラ、ホオ、カシ、樒《しきみ》などの常磐木を使用するところもある。煤払いとともに正月準備の最初に行われるもので、古くは十二月十三日に行なっていたが、十二月二十五日とか、餅搗きの終った後などと次第に遅くなってきた。二十九日(苦日)と三十一日(一夜飾り)は避ける。年男がお神酒と鉈を持って自分の家が見おろせる近くの山や明きの方の山へ迎えに行き、お神酒や散米をまつって伐ってくる。門松は他人の山から伐ってもよいというところが多い。門松によい木としては、三蓋松とか五蓋松・男松・芯松など地方によっていろいろに伝えられている。松笠の付いているものを選ぶところもある。四蓋松や芯や枝の折れたものは避ける。迎えてきた樹木は、足を洗うといって、水で下部のよごれを洗い、屋敷神をまつる坪庭などの屋外の清浄な場所を選んで塩や酒で清めて置いておき、大晦日近くの正月飾りをする日に竹などとともに立てる。松迎えから帰ると、蓋付き椀の吸い物に酒を一本付けて御馳走するところもある。栃木県塩谷郡塩谷町佐貫では十二月二十五日はお松迎えの日といって、芋粥や小麦団子を作り、納豆を食べている。都市部では近くの暮市で適当な松を買ってきた。大晦日や元旦に、門松に直接、あるいは藁製の椀形の容器を付けて、雑煮や蕎麦・うどんを供えたり、手を合わせて拝む地方もあるので、門松は年神の依代であったことが推測され、松迎えは年神迎えであるとする考え方もあった。→門松《かどまつ》

参考文献 文化庁文化財保護部編『正月の行事』四(「民俗資料叢書」一三、一九七一)、文化庁編『日本民俗地図』二解説書、一九七一、『関東の歳時習俗』(「日本の歳時習俗」三、一九七五)

(内田 賢作)

まつもとのぶひろ 松本信広 一八九七—一九八一 歴史民族学者。日本神話を主体とする比較神話学、日本語の系統や日本人の起源、東南アジアと日本の関係などを考察した。東京生まれ。慶応義塾大学文学科(史学)在学中に柳田国男や折口信夫の影響を受ける。卒業後、フランスのソルボンヌ大学に留学し文学博士号を取得。一九三〇年(昭和五)慶応義塾大学文学部教授。第二次世界大戦前にベトナムや南中国を調査。一九五七年に日本民族学協会東南アジア稲作民族文化綜合調査団を組織し、タイ、ラオス、カンボジアで調査。東洋史学・民族学・民俗学・考古学の交流を進め中国南部やインドシナの研究にも業績を挙げた。著書として『日本神話の研究』(一九三一)、『日本民族文化の起源』全三巻(一九七八)などがある。

参考文献 『稲・舟・祭』刊行世話人編『稲・舟・祭—松本信広先生追悼論文集—』、一九八二

(鈴木 正崇)

まつらさよひめ 松浦佐用媛 神話上の人物。『万葉集』五ノ八七一によれば、松浦佐用媛は、天皇の命令を受けて任那に出兵する大伴佐提比古《さてひこ》の妾《をみな》(愛人)として登場し、出発に際し再び逢うことは困難であることを嘆いたという。そして、高い山の頂きに登り、遠ざかる船を望んで、最後には悲しみに耐えず領巾《ひれ》をはずして振り招いたので、周囲の人の涙をさそったとある。『肥前国風土記』松浦郡の条では、姫は弟日姫子《おとひひめこ》と称し、大伴の狭手彦《さてひこ》に求婚され結婚、容姿美麗、世の人に比べ優れていた。褶振《ひれふり》の峰で別れて五日後、容姿形貌狭手彦によく似た男が、夜ごとに訪れ共寝《ともね》をした。暁《あかとき》に帰る時、不思議に思いそのままにしておけず、上衣のすそに続麻《うみを》をつけて尋ねると、山上の沼の蛇であった。男(蛇)は、女を池の中へ誘い入れる。女は池の底で屍《かばね》となって発見され、峰の南に墓を作って遺骸を納めたという。これは、『古事記』崇神天皇段にみえる三輪山式神婚譚の形で語られている。佐用姫伝説が肥前に多く存するのは、地名の松浦とマツウラサヨヒメが結びついた結果とし、また弟日姫子が沼に没するのは、人柱としての働きが存したと推定されている。一方、まつりの語はまつらふと同根の語と考え、松浦をまつらふと関わらせて、神に侍することだと説く。佐用姫に関する説話は、中世の物語や説話にみられる。水の神の生贄となる女性として語られ、その身は巫女であり、遊女であることが多いとされている。

参考文献 柳田国男「人柱と松浦佐用媛」(『柳田国男全集』一一所収、一九九〇)

(倉田 隆延)

まつり 祭 神霊を招き迎え供物や歌舞を捧げて歓待・饗応し、祈願や感謝をして慰撫すること。原義は不可視の神霊が現われるのをマツ(待つ)こと、出現した神霊にマツラフ、奉仕することで、神霊の意に従い服従する意味であるとされる。タテマツルことでもあり、高貴な者に下位者が奉仕し、相手に恭順の意を示し侍座して上位に遇する。祭の本質は群れの共同の祈願にあり、神霊は霊威を増進し、人々は神の威力を享受する。日常生活と異なる緊張が強いられたり、逆に開放感に満ち溢れる節目となる。関連する集団の性格や状況が祭に大きく影響する。古代では国家の長がカミに奉仕して加護を求め、その意図を実現することがマツリゴトで、政治と祭が一体であったが、近代では政治とは分離された。しかし、権力は常に祭を利用して意志を貫徹する傾向があり、国家祭祀はその典型である。抽象的には、出現するカミを本居宣長に従って、人知を越えた「尋常《よのつね》ならずすぐれたもの」(『古事記伝』三)とすれば、カミという外部性を帯びた無限定な力に人間の側が一定の方向性を与えるのが祭ともいえる。この結果、自然の中にカミと人間の境界、関係性を明示する祭場が生成される。祠や社が建てられ、祭日という特定の時間にカミが現われるという認識が生じる。祭の構成は神霊の来臨、神人《しんじん》共食、神送りで、カミは去来し祭場に常在しない。祭では神霊に捧げる供物の献供と終了後の直会が重視され、食物を媒介としての交流が図られる。これは宮中から神宮の祭祀、村落に至るまで多くの祭に共通する。

祭は非日常的な時空間である。民俗学では日常の普段の時間であるケに対して、祭をハレと考え、ハレとケの

交替が生活を構成する基本要素と考えた。ハレは晴れがましい改まった気分に満たされる状態である。食事は餅や赤飯を食べて酒を飲み、服装は華美な着物や礼服を着る。祭場には青竹に注連縄がはられ幣束が立って神聖さを標示し、神社の参道には旗や幟が立つ。家の奥の間がカミの来臨する神聖空間になるなど、ハレとケは同じ空間の中で入れ替わる。ハレには葬式や年忌供養のような不祝儀も含む。桜井徳太郎はケガレを不浄や穢ではなく「ケ枯れ」、すなわち日常のエネルギーを使い果たした状況、農業生産を可能にする源が消耗し尽くした状態で、これから機能回復するのがハレの祭の行事だという。ケ↓ケガレ↓ハレという連続的変化が生活のリズムを構成する。

祭は奉仕する者の物忌・精進・潔斎から始まる。これを斎戒ともいい、罪穢を祓い不浄を忌避する。これが第一の段階の「分離」である。担い手は禁忌や制止事項を守り、祭場を清浄（禊・祓え）にして神聖な時空間で神霊との交流を図る。忌みと呼ばれる死の服喪期間中は、祭に参加しないのが一般的である。出産・月経の血の不浄を強調して女性を排除し、祭場や本殿への立ち入りを禁ずる所も多い。肉食を慎むなど食物の禁忌を守り、性的接触を避け、別火にする習俗もある。身体と精神を統制し、日常生活からの離脱を明確にする。第二の段階は「移行」で非日常的世界に没入し、異様な服装や化粧で変身して日常の社会的地位を隠し、舞踊や芸能、独特の音で熱狂に導く。時には厳粛で厳かな雰囲気に浸る。その後で再び日常に立ち戻る第三の段階の「合体」の状況がくる。祭の把握法として、薗田稔はターナーの影響を受け、祭は劇的構成をとり祭儀（形式の強調、禁欲や節度を守る）と祝祭（演技により集団的高揚に導く、狂騒に満ちる）とが相乗的に現出する融即状況で集団の世界観が実在的に表象されるとした。柳川啓一はデュルケム、リーチ、コックスに示唆を受けて、祭の中に連帯・隠喩・矛盾の共存の三側面があるとした。綱引きや船競争などで地域が二分されて親和と対抗を作り出し、男女・東西・上下などの二元的要素が顕在化して世界観を表現すると考えた。

祭の特徴の第一は連想と飛躍による見立ての世界を作ることで、演劇的に構成し神人交流の神話世界を体現する。始原への回帰による再生で活性化を図り、心象風景を味わい信仰に目覚める。第二は面白さを散りばめ遊びを内包する。虚構世界を真剣に経験し合うことで、生気溢れる時間と空間を共有する。祭祀対象の真偽を問うことは意味がない。夢の体験にも近く、追憶や故郷憧憬につながる。第三は祭の担い手が結束して、一時的に現実の利害対立や矛盾を留保し、社会の蘇りを果たす。そこでは私的な問題は雲散霧消する。第四は来訪する神霊や祖霊という外部性を通じて、現実を批判的に見つめ直す。歴史を原初の状況に戻し、社会生活の規範の再確認を行う。祭は浪費や無用の遊びに見えながら、実利をこえた根源的蘇生をもたらすのである。

祭の名称は、神名や地名をつける祇園祭・賀茂祭・天王祭・国府祭《ごうのまち》・北野祭・春日若宮御祭《おんまつり》など、おくんち・事八日・七夕・博多どんたく・霜月祭など日付に因むもの、やすらい・喧嘩祭・裸祭・浜降り・おこない・御田植祭・神輿渡御祭・斎刺祭《いみざしまつり》・新嘗祭・暗闇祭など特色ある行動に基づくもの、火祭・扇祭・御船祭・弓祭・花祭・葵祭・御柱祭・ねぶた・竿頭・地車《だんじり》祭・芋くらべ祭・玉せせり・青柴垣《あおふしがき》神事など使用祭具に由来するものなどがある。形式としては、㈠神輿の渡御や山車の巡行、御旅所への神幸などの行列行動、㈡競技に類する相撲・競馬・綱引き・船競争など、㈢神楽・獅子舞・田遊び・田楽・舞楽など芸能を伴うもの、㈣籠り・禊祓い・神占・託宣・神がかりに強調点をおくものなどがあり、特殊神饌を供えたり、切り飾りを立派にしたり、祭場を特設する祭もある。一部は神社祭祀に組み込まれて特殊神事に位置付けられる。一方、都市では信仰をともにしない見物人が発生し、見る者と見られる者の分離が生じた。都市の成長や村落との交流拡大が、観客という地域の儀礼体系への未参加者を生み、拘束を受けない外部の視点が加わった。柳田国男はこれを祭から祭礼への移行と把握した。祭礼とは「華やかで楽しみの多いもの」で、その特色は風流（思い付き、新しい意匠を競い、年々目先を変えていく）にあるという。風流は、山車・屋台・鉾・神輿・鳳輦《ほうれん》・笠・傘・山・人形・ヒトツモノなど多彩な造り物や演出となった。神幸祭と山鉾巡行からなる京都の祇園祭はその典型で、行列奉仕者の衣服や持ち物に華美な装飾が施された。行列による渡御やお旅所の成立はこれに関わる。

祭の担い手は集団が主体で、その基盤は家・同族、組や字、村落、村落連合、郡や郷、旧荘園、講社、教団、商業団、そして国家など多様である。特定の神社を鎮守としてそれに属する祭祀組織を氏子という場合も多い。神事は神社の神職が主体となって行う。このほかに毎年当番を決めて順番に家長が一年神主を務める頭屋（当屋）制をとる村落、宮座という特権的な祭祀組織を主体とする村落、年齢階梯があり年齢に応じて役割分担をする村落、祝《ほうり》という世襲の株を持つ者が務める場合などがある。明治以前は修験が大きな勢力を持ち、神仏混淆で村方祭祀にも関与したが、明治の神仏分離により断片化した。東北には別当と呼ばれる神社や小祠の祭祀の責任を担う者に修験の影響が大きい。寺院には鎮守社、神社には神宮寺があり神仏習合が一般的であった。一部には太夫や博士という陰陽道の影響がある者もいる。現在では祭祀の主体は本土では男性、奄美以南の琉球列島では女性で神人組織を形成している。古代では巫女の活躍する領域が大きかった。中世以降は修験と巫女、法者《ほうじゃ》と神子《みこ》、法《ほ》者《さ》と命婦《みょうぶ》という男女一対の職能者が主宰することもあったが、吉田神道の浸透、国学の隆盛、明治の国家神道の成立などにより女性は祭祀の場から次第に排除されていった。

祭日はモノビやカミゴトと呼ばれた。年中行事として毎年同じ時期に周期的に反復される祭と、七・十三・二十・三十三年ごとの式年の祭、不定期の臨時の祭（雨乞い・止雨・病気直し）がある。一八七三年（明治六）以降の太陽暦の使用で、旧暦・新暦・一月遅れなどに分かれたが、農村部では月遅れが多い。主なものは、㈠新月・上弦・満月・下弦など旧暦を継承（朔日・事八日・小正月・二十三夜）、㈡稲荷の二月初午、十月亥の日の亥子、庚申など十二支が基軸、㈢神霊の出現日や鎮座日を祭日とする、などがある。現代では元来の祭日に近い日曜日や、国民の祝日に重なり固定した所もある。明治時代以降、神社祭典が統一されて全国に広がり祭日も一律化した。

祭は年中行事として季節感を呼び起し、四季の節目を形造り、セツやオリメとも呼ばれた。基本的には稲作栽培を主体とした農耕の展開に従っている。季節の動きに従って死と再生を繰り返す植物の生命の循環に連動して、祭にも再生観が横溢する。発芽・生長・増殖する自然の中で生命を営む草木虫魚と人間が同じリズムを生きているという思想がある。カミも自然の消長に同化する。一方、宮中には中国の暦法の影響を受けて編成された年中行事があり、五節供や大祓えなど外来の祭日は各地域の民間暦に影響を与えた。暦法が定着して正月が年の初めとなった。トシとは稲の稔りで正月に迎える年神（歳徳神）は豊作をもたらすという。春の種子播き時と秋の収穫時に祭が集中し、田の神（作神・農神）の神迎えと神送りがある。播種では豊作祈願、田植えには成育祈願、害虫駆除の虫送り、収穫感謝の秋祭がある。小正月には来訪神がきて祝福し、豊作祈願や農耕予祝（期待される結果を模擬的に表現）が願われた。折口信夫は秋祭・冬祭・春祭は年の変わり目の一連の行事で、カミへの報告の刈上げ、カミの祝福と魂の更新、予祝と土地神の屈伏が主題だったと考えた。一方、都市の祭は夏が多く、人口が密集して疫病が蔓延し御霊会の祇園祭のように疫神の歓待と鎮送により災厄の除去が願われた。また、正月と盆が一年を二分するという意識も強い。柳田国男は正月と盆はともに先祖のミタマをまつる魂祭であり形式的に類似するとした。ただし、後者は畑作の収穫祭でもあり、死霊供養の様相を強めて仏教の影響がある。春と秋の彼岸にも先祖や祖霊と交流する。こうした頻繁なこの世とあの世の相互交流は、日本の特色である。

祭の様相は、焼畑・狩猟・漁撈・鍛冶など生業に応じて異なる。稲作民は一年周期で穀種の維持を図り家を基盤とするのに対して、焼畑民は平等性を基盤にし、一年を周期とせずに数年単位の大きな循環の祭で大地の力の活性化を願う。いわゆる非農業民は独特の守護神や祖神をたてて祭を行う。また都市民はクリスマスやバレンタインデーなど外来の祭を積極的に取り込んできた。明治以後は国家の行事や行政主導で再編成され、最近ではイベントと結合してムラおこしに使われる状況も増えた。伝統を対象化・客体化し新しい文化運動を展開する場合に、祭を中核に据える傾向があり、観光の資源となる方向性が強まっている。　→祭礼《さいれい》

［参考文献］柳田国男「日本の祭」（『柳田国男全集』一三所収、一九九〇）、萩原竜夫『中世祭祀組織の研究』、一九六二、倉林正次『祭りの構造―饗宴と神事―』（「ＮＨＫブックス」二三八、一九七五）、岩崎敏夫・倉林正次・坪井洋文他編『日本祭祀研究集成』、一九七六―七八、宮田登『神の民俗誌』（「岩波新書」黄九七、一九七九）、坪井洋文『稲を選んだ日本人―民俗的思考の世界―』（「ニュー・フォークロア双書」九、一九八二）、桜井徳太郎『日本民俗宗教論』、一九八二、柳川啓一『祭りと儀礼の宗教学』、一九八七、薗田稔『祭りの現象学』、一九九〇

（鈴木　正崇）

まつりばやし　祭囃子　神社の祭礼に際し氏子が練り物・山車・屋台などを連ねて神輿を供奉《くぶ》する際に囃される囃し。祭礼囃子ともいう。このような行道囃子の形から祭の場自体を賑わすために神社境内や各町内に仮設舞台を設けたり、神楽殿などで囃される居囃子の形をとるようにもなった。広義には京都市東山区祇園八坂神社の七月十七日の祇園祭を筆頭に、全国津々浦々の神社祭礼で主に行道囃子として神輿や山車の巡行に囃される囃しを指す。それらの囃しは既存の神楽や芸能の囃し、または流行唄などを巧みに囃し化して郷土色豊かな祭囃子として生み出されてきた。楽器は太鼓・鉦・笛を主体とし、土地によっては鼓・三味線・うたなどを伴うものもある。曲は旋律・リズムともに一節か二節の短いパターンの反復、または幾つかの短いパターンの組み合わせによるものが多く、反復を繰り返す中で多様性を編み出す例もある。祭本来の目的である悪疫退散のためには勇壮な太鼓が活躍するが、中には静かな囃しもある。行列の出発の時に囃す曲、坂道を上る時、山車を回転させる時など曲種によって囃される時や場所の決められていることも多い。特色ある祭囃子は、まず全国の祭囃子に直接・間接

戸塚囃子（東京都新宿区）

に影響を与えた祇園囃子がある。三十三基のうち十基の山や鉾の上で囃される。楽器は締太鼓二、笛八、鉦八で構成され、曲目や囃しの内容はそれぞれ少しずつ異なるが、山鉾の巡行に合わせて四条通りを東進する時の渡り囃子、午後各町内に戻る時の戻り囃子など十〜三十曲を持っている。能管による音律は古雅で単調であるが、鉦が印象的である。大阪の天神囃子は悪疫退散を目的とした夏祭に相応しく迫力ある催太鼓が渡御行列を盛りあげる。多くの若者に担がれた太鼓台の上で六名の打ち手願人は行事の進行に合わせて十種の打ち分けをする。芝居の下座音楽が元といわれる飾山《をやま》囃子は秋田県仙北郡角館町の神明社の秋祭に付祭として各町から出る大小の飾山の曳き回しに囃される。「上り山」「六法」「挙囃子」「おやまこ」などの曲が笛・太鼓・鉦・三味線で囃される。富山県高岡市関野神社の春季例祭には七基の車山が市内を練る時の囃しで、「越天楽《えてんらく》」「鉦鉾」「迦陵頻《がりょうびん》」などの雅楽の曲を囃し化している。佐原囃子は千葉県佐原市八坂神社の夏祭に十基の豪華な山車の上で囃される。江戸の神楽や周辺の囃しを吸収し、「船頭小唄」などの流行唄をも巧みに取り入れている。楽器には小鼓が加わる。狭義に祭囃子という時、それは江戸の祭囃子を指し、江戸前らしい曲調は近世邦楽や歌舞伎の下座音楽などに取り入れられている。江戸の祭囃子は、享保初年に現葛西神社の神主能勢環が村内の若者に和歌囃子（訛って馬鹿囃子）を教え、祭礼で囃させたといわれる葛西囃子を元に神田明神の将軍上覧祭に参加させて以来関東一円にひろがりをみせている。通称五人囃子（締太鼓二、笛・大太鼓・鉦各一）で、屋台—昇殿—鎌倉—四丁目—屋台と性格の異なる曲をおり混ぜて組曲形式をとるのをひとっぱやしと称し、これに木遣りのつく時、鳳輦《ほうれん》を曳く時など場に応じた間物《まもの》といわれる秘曲を挿入して組みかえる。神輿の渡御行列に供奉するほか居囃子として神楽殿でも囃される。各曲は短い様式を綴り合わせて作られているため江戸前らしい音色や節まわしを求めて多くの流派を生み、また数々の名人を輩出してきた。東京周辺の祭囃子にひょっとこやおかめ、天狐の踊りのつくことがある。これは山車を曳く時に曳き子を囃した身振りが次第に舞踊化したものである。

参考文献 中村規『風流』（「江戸東京の民俗芸能」二、一九六二）、高橋秀雄・西村亨・倉林正次編『都道府県別祭礼行事』、一九九一、本田安次『風流一』（「本田安次著作集」一〇、一九九六）

（城所　恵子）

まど 窓　建物の壁や屋根を穿って作った開口部をいう。普段は人の出入り口ではないが通風・採光・換気・眺望などを目的とし、非常のとき避難口として役立つ。窓のない部屋は快適性に欠け、居室とはみなさない。形状・位置・機能・開閉方式・構造形式などによりいろいろな呼び名がある。形状においては角窓、円窓、禅宗寺院に多い上方が曲線を描いた花頭《かとう》窓、隅切り窓、八角窓、ハート形をした猪目《いのめ》窓、輪廓が三、四以上の曲線からなる格狭間《こうざま》または眼象《げんしょう》・香狭間《こうざま》窓などがある。位置・機能については床に接した掃出し窓、内法高上の欄間、屋根にある天窓、建物の軀体から外に張り出した出窓、壁最上部にある高窓などがある。開閉方式においては開閉できない採光だけの嵌め殺し窓、上下して開閉する上げ下げ窓、複数の建具を鴨居・敷居に水平に移動させた引違い窓、壁中に引込み窓枠一ぱいに開口できる引込み窓、上端を水平軸にして突出した突出し窓などがある。構造形式においては網窓、縁なし窓、木や竹を縦横に組んだ格子窓、連子《れんじ》こを壁に取付けた連子窓、一組の連子こを作り付けにし他の一組を水平に移動させ開閉自在にした無双窓、幕藩時代の長屋門正面に設けた竪格子付の武者窓、同横桟《さん》格子付の与力窓、寒竹などを格子状に蔓などをからませ編んだ下地窓（数寄屋建築）などがある。このほか近畿地方の商家の二階に塗込め竪格子を一定間隔に並べた虫籠《むしこ》窓、屋内の明採りや台所の煙出しの役割を果たした大和窓などがある。いずれにしても窓の形の基準は方形である。

参考文献 『古事類苑』居処部、一九六九、小林盛太『木造構法入門』、一九九五

（山崎　弘）

まどふさぎ 窓ふさぎ　戸窓塞ぎともいい、家族が家の中にいるのを確認してから、戸窓を塞ぐための餅や串にイワシをさしたものなどを戸や窓に置き災いをおよぼすものの侵入を防ごうとした行事。物忌の一形式といわれる。小正月をはじめ、二月八日、彼岸、三月や五月の節供、十月十日などに行われた。なかでも二月から彼岸にかけては、ヤサラ（八皿）または八皿のご祝いなどと称し、折敷に皿や飯椀を八つそろえ、濁酒を注いで飲み合うことが知られている。青森県三戸郡などではドベ酒の残りをジョノクチ（屋敷の出入り口）や橋の手前に撒いて魔除けとするという。そのほか、山形県飽海郡遊佐町や秋田県北秋田郡田代町では八皿の人形送り、青森県十和田市ではトシナハリ（年縄張り）として行われた。八皿行事の由来についても、須佐之男命の八岐大蛇退治や昔話の蛇婿入り譚によって説かれるなど、それぞれに複雑な展開をとげたものと推測される。また、定まった日以外にも戸窓を塞ぐことがあった。秋田県では、ショージンゴト（精進事）やキギツケ（聞き付け）、テンゲモチ（手向け餅）といい、稲作の春耕前と秋収後の二度、戸・窓・軒先回りをカヤや餅で塞いできた。この習俗は、鳥に餅を食べてもらうことが重要であり、御鳥喰習俗などと相通ずるものがある。こうした事例によれば、月ごとの訪れ神を意識してまつってきた儀礼とともに、それらがいくつかの特定の節季にまとまってきたことが指摘できよう。さらに、稲作の一年のはじめと終りに見られる戸窓塞ぎからは、盆と正月のほかにも年中行事の両分的傾向が認められることを示している。

参考文献 大湯卓二「八皿習俗と魔除け」（『東北民俗学研究』一、一九九〇）

（嶋田　忠一）

マトリ　マトリ　豆やアワ・蕎麦など雑穀の脱穀に用いる二股もしくは三股の自然木を利用した脱穀具。主に東北地方で使用する。マトリとかマトウリ、マドリとよび、呼称の由来は不明。青森県津軽地方では、マタタビの葉が雪のように白く見える日に、日中陽のあたるカバ・栗の枝を切るとよいとか、夜道を歩くときに魔除けになるといって持ち歩くといい、魔取りの意かと思われる。

（佐々木長生）

まどり　間取り　住宅の部屋の配置、つまり部屋割りのこと。近世以降の民家の間取りは全国各地にさまざまな形式があって類型化している。これらは時間の経過のなかで変化発展して豊かな地域色をつくっていた。しかし、これらさまざまな間取りも多くは終極的に四間《よま》取りないしは四間取り系に収斂する傾向が顕著である。日本の民家は中世のものは数棟が現存するのみであり、その間取りの全体像を描くことは困難である。これに対して近世以降の民家はその成立時のものから現存するが、全国的な規模でこれらを時空軸のもとで系統づけ、全体像を描きだすまでには至っていない。現存する近世初頭の民家は上層のものにかぎられるが、その間取りは、すでに六間取り系、四間取り系などの数多くの部屋をもつ間取りがあって単純なものではない。日本の民家は多くが作業空間である土間（一部に板の間のものがある）と居住空間である部屋からなる併用住宅、いわば生産住宅である。ちなみに武士住宅は専用住宅であり消費住宅である。作業空間である土間には、農家であれば馬屋、商家であれば商品置場などが設けられ、炊事場となることが多い。民家研究ではこの土間部分を除いた居室部分の部屋数やそのあり方をもとに、間取りの分類をしてきた。田の字型・サの字型・整形四間取りなどである。間取りをどのように分類するかは、その目的によって基準とする指標は変わってくる。琉球・ヤマト（本土）・アイヌの三大住文化圏に地域区分して、地域の社会的背景を考慮しながら、部屋の配置形式、書院座敷の存在、変化発展の方向などから、各地の古い間取りのいくつかを抽出してみる。近畿地方には中世からの間取りとして、前座敷三間取りがあり、十七世紀の間取りとして摂丹型（能勢型）・北山型などが山城・摂津・丹波の比較的狭い範囲に分布している。また河内・大和には四間取りが十七世紀からある。これらの周辺から広間型三間《みま》取りが全国的に広く分布している。寝間付き広間型もほぼ同じ地域に分布する。四国には、中寝間三間取りが古式な間取りとしてある。これらの古式な間取りは床飾りをもつ書院座敷がないか、未熟であり、土間が広いところに特徴がある。前座敷三間取りは居室の表側に主室、裏側に左右二室を配する。摂丹型（能勢型）は、妻入でほぼ棟通りを境に片側を土間、他方を部屋として土間にそって表から広縁を伴った座敷・台所・寝間の三室をならべる。北山型は妻入り、または平入で、棟通りで左右に分け、片側に馬屋・座敷、もう一方に土間・台所・寝室を配する。四国の中寝間三間取りは母屋オモテを三間四方と、居間の背後に寝室を配しているところに特徴がある。これらの間取りも十八世紀から十九世紀にわたって四間取りに変わっていく。細か

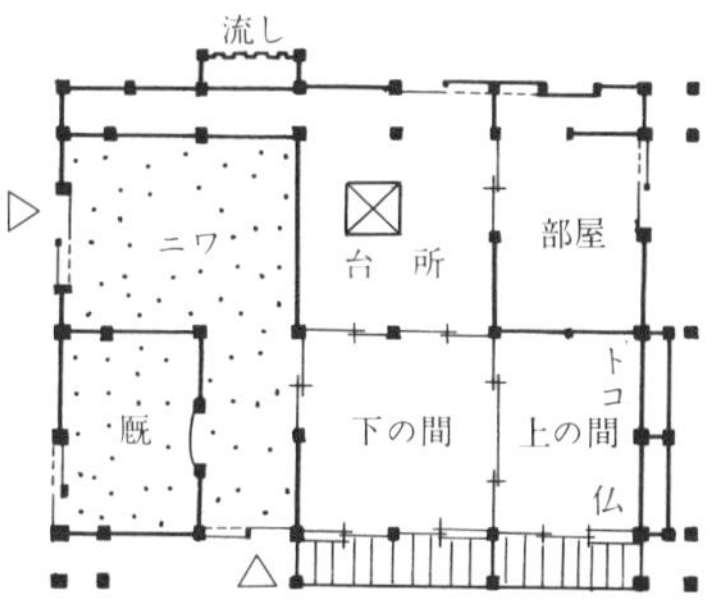

北船井型

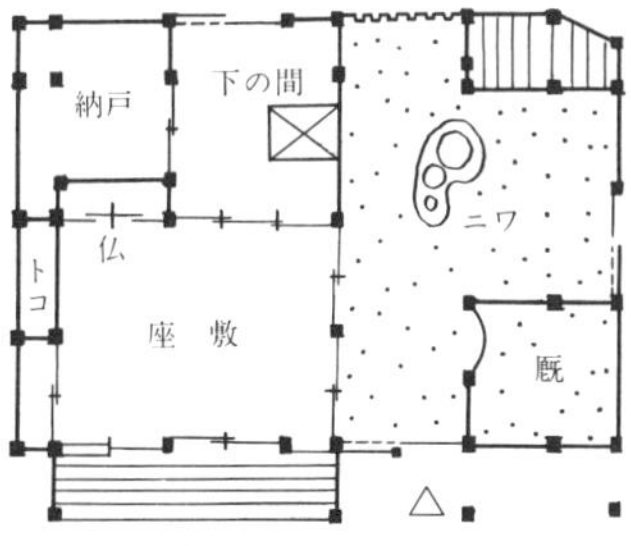

前座敷三間取り

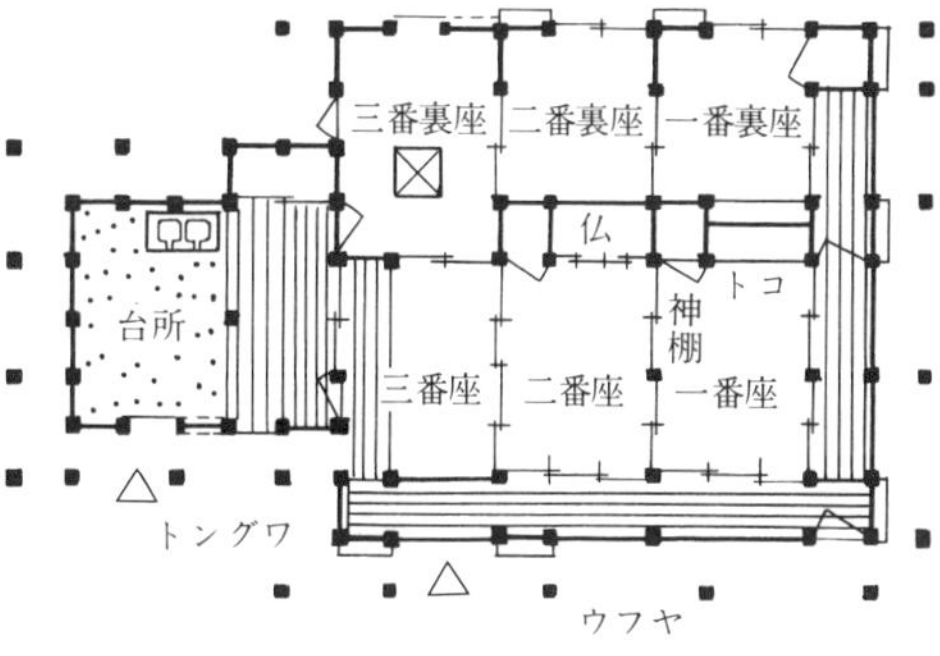

琉球の民家の間取り

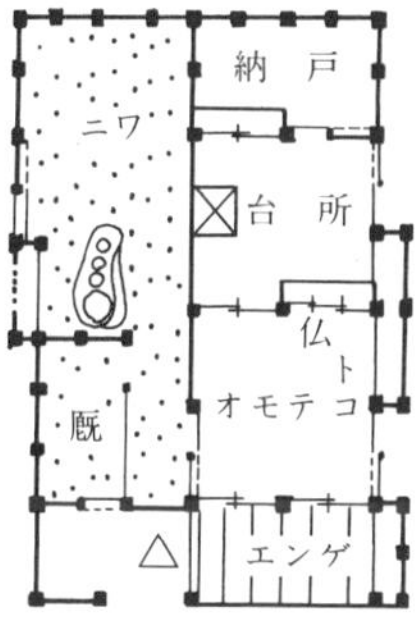

摂丹型

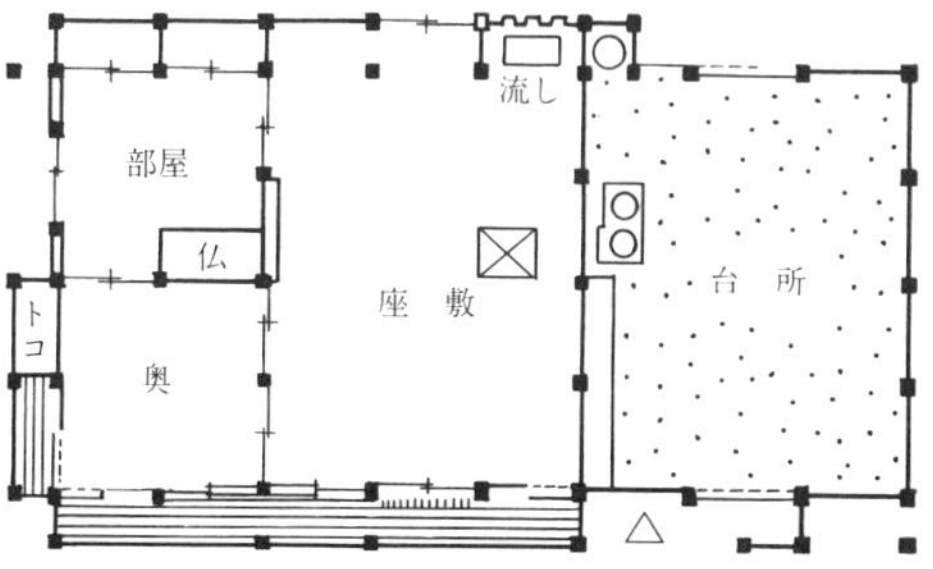

広間型三間取り

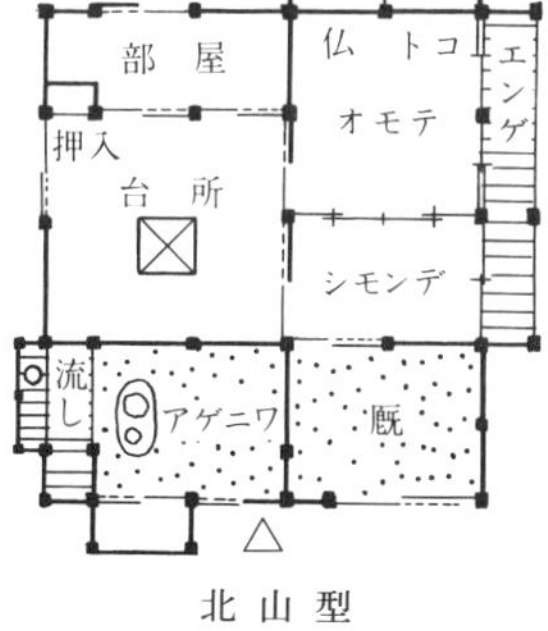

北山型

くみれば、以上のほかにも多くの形式がある。琉球には十七世紀建築の民家は現存しない。しかし、古いものは分棟型である。発掘調査によると炊事棟は掘立ての小屋である。部屋の棟は正方形に近い長方形の平面で、この表側を重要視して表座と称して主要な部屋を配し、裏側の余ったところを裏座として寝間などにあてる。アイヌのチセも古いものは現存しない。ただ、新しいものであっても一室住居であり部屋割りをせず、囲炉裏を中心にして使い分けている。

参考文献　京都府教育委員会編『京都府の民家』七、一九七五、宮澤智士『日本列島民家史—技術の発達と地方色の成立—』（『住まい学大系』一二一、一九八九）　（宮澤　智士）

まないた　俎　刃物や槌を効率よく使うための平面状の台。俎板とも書く。これは石器時代から人類の発明した、まだ数少ない道具のうちに重要な役割を占めていた。盤状、板状の作業用の台は、たとえば漆職人が材料をへらでこね合わせ、刷毛にとる作業台をまないたとよんでいるように、さまざまな作業場面で用いられているものである。食物を調製する台は、はじめ切机とよばれた柱状の四本脚つきで、平安時代の『延喜式』内膳司では、十六脚も用意され、韲物《あえもの》・肴・滑藻海《あこめ》・菜・鮮魚・菓子・その他と七つの用途に使い分けられた。寸法は「長三尺、広(奥行)一尺七寸、高八寸、厚八分」とあり、ほとんど座机の態《てい》のものであった。まないたは、真菜(鳥や魚など、主たる副食)を調製する切机を真菜板とよび、七種に使い分けた切机を代表する名称となった。中世の庖丁(刀子)には直刀と内反りがあり、俎も平面状のものと蒲鉾状の凸面のものがあった。脚付俎を表と裏で使い分けるために、表と裏の双方に脚が突き出たものも用いられた。室町時代以後、俎は低くなり、板反りを防ぐ蟻仕口の、下駄の歯状の脚、というより枕状の角材が俎両端近くに奥行き方向に取り付けられたものが多くなり、明治時代にはこれが一般的となる。上流家庭では近代にも俎は生臭もの用と野菜用をわけて別々の俎を用意して使い分けたが、庶民は表裏で使い分けた。材はヒノキ、ホウ、柳、カツラがよしとされた。一九六〇年代にはプラスチック製が出まわり、まくら(脚)がなくなるきっかけとなった。

参考文献　山口昌伴『図説台所道具の歴史—主役の道具たち—』、一九七八　（山口　昌伴）

まないたびらき　俎開き　正月十二日、東京都台東区東上野にある報恩寺で行われる行事。報恩寺は真宗大谷派に属し、一二一四年(建保二)下総国横曾根郷飯沼(茨城県水海道市)に創建され、一八一〇年(文化七)より現在地に移った。開山の親鸞聖人の弟子二十四輩の筆頭であった性信《しょうしん》上人の絵像にコイ二尾を供え、また大俎の上で調理し参詣の門信徒にふるまう。かつて飯沼天神が翁に化身して上人の法談を聴聞し、随喜して弟子となり性海という法名を与えられた。その後忽然と姿を消したが、師資の礼譲として毎年、御手洗のコイ二尾を上人に贈るよう天神社の神主に夢告。神主が御手洗に駆け付けると、はたして大きなコイが浮いていたので、これを上人に献じた(一二三三年(天福元)一月十日のこととする)という故事に由来する。

参考文献　若月紫蘭『東京年中行事』(『東洋文庫』一〇六、一九六八)、斎藤月岑『東都歳事記』一(同一五九、一九七〇)、『江戸名所図会』六(ちくま学芸文庫「江戸名所図会」五、一九九七)　（藤原　修）

まねきねこ　招き猫　千客万来と書かれた小判を抱えて左前足をあげた、白い猫の土偶のこと。飲食店などの店頭に飾られることが多い。右前足をあげた黒い猫は金運を招き、ほかに金の招き猫がある。京都市上京区の称念寺は猫寺とよばれ、猫祭のときに、猫の恩返しの因縁話によって、三色の猫を参詣者に授与している。白は招福、黒は病除け、金は金運という。東京都世田谷区の豪徳寺でも、同様の伝承のもとに招き猫を授与している。柳田国男は、猫は犬のように人間の家来のごときものではなく、死ぬ場所も秘密であり、何やら手拭を盗んだり、猫言葉を語ったりという民間伝承を紹介している。そして、飛驒地方では猫をヨモと呼ぶ。鼠を「嫁が君」、沖縄で猿をヨーモと呼ぶのと同様、魔物・霊なる物という意味であると指摘している。これに対して、猫の伝説は砂金採取法や鉱山技術に関するものがあり、招き猫は小判と関わり招福信仰につながるものとする見方もある。

参考文献　柳田国男「孤猿随筆」(『柳田国男全集』二四所収、一九九〇)、若尾五雄『黄金と百足—鉱山民俗学への道—』、一九九四、三橋健『右手をあげる招き猫—幸運をよぶ動物オモシロ由来学—』、一九九五　（森栗　茂一）

まのよいりょうし　まのよい猟師　現実にはありえない出来事がつぎつぎと重なっていく話。笑いをさそう誇張譚の一つで「鴨取り権兵衛」ともいう。十二羽のカモが千鳥足のようにならび一羽だけ離れたところにいる。火縄銃の台尻《だいじり》を左右にふって撃つと十二羽にあたり、石にあたってはねかえった弾が離れたカモにもあたる。川に入ってカモをくくり、岸に上がろうとして木の根につかまるとそれが兎の足。逃げようとした兎が土をかくとヤマイモが八貫目もでてくる。家に帰って股引を脱ぐとなかからドジョウがいっぱいでてくる。ほかにも、くの字に並んで飛んでいるカモをとるのに、鉄砲をくの字に曲げて撃ち一発ですべてを仕留めたとか、獲物をツルで縛ろうとしてキジの卵を見つけたなど思いがけない幸運が語られる。奇想天外な空想的挿話をつらねて成立しており、モチーフの組合せによってさまざまな類型が認められる。「源五郎の天昇り」と近い話では、猟師が、氷のために身動きのとれない数百羽のカモをつかまえ、くくったひもを腰につけておく。氷がとけるとカモがいっせいに飛びたち、猟師は空に舞い上がる。やがて五重の塔の上に落ちるが、下にいる人たちに風呂敷の四隅を持ってもらって、そこに飛び降りる。ところが、落ちた勢いで四人は額をぶつけ、目から火がでて塔が焼けてしまう。こうした法螺話は国際的にも分布しており、ドイツの「ミュンヒハウゼン物語」がよく知られている。

参考文献 柳田国男「昔話と文学」(『柳田国男全集』八所収、一九九〇)、野村純一「村の嘘話とその主人公」(『言語生活』一九八六年六月号)　(常光　徹)

まびき　間引き　㈠出産と子育てを抑制するために、生後間もない嬰児を殺すこと。また、妊娠後期に早産死させる堕胎も含まれる。本来は作物の良苗の生育のためにその他を引き抜く作業の意であるが、これが人間の出生を抑制する意にも用いられた。嬰児殺しの伝承はほぼ全国的に分布し、オシカエス、モドスなどという所が多く、間引きの語はこれを戒める側の用語である。平安時代の『源順《みなもとのしたごう》集』の和歌や『今昔物語集』一二ノ三四に堕胎がみえ、十六世紀中期からのヨーロッパの宣教師たちの記録の中には、堕胎とともに嬰児殺しや捨子の記載がある。宣教師は豊後・肥前・大坂・京都の例をあげて、日本人は家を維持する一、二人以外の多数の子を育てるのを厭い、あるいは貧困のために嬰児を殺すと記しており、中世末期には子どもの多い家族では広く行われていたらしい。間引きを子返しと呼ぶのは、「七つまでは神のうち」として幼い子どもの生命を霊魂との境界領域ととらえ、生まれかわりの生命観があったとするのが通説であったが、妊娠観や胎児観からも検討する必要がある。十九世紀前半の仙台での事例では、妊娠五ヵ月以前は人の形にもない物とし、五ヵ月を過ぎると胎児と認識し「小胎・小赤子」と記していた。胎児が乳を飲むとする俗信もあり、赤子とも認識されていたように、五ヵ月の腹帯の儀礼を境界とする胎児・赤子観があった。したがって、出生を境界とするのではなく、妊娠後期の胎児から出生後間もなくの嬰児までを同じ領域ととらえ、母体の危険性の低い妊娠後期の人工早産児の堕胎も間引きととらえていた。こうした胎児・赤子観は、出生をこの世との境界とせず、出生後しばらくの間はあの世との境界領域にあるとみなす生命観につながっており、これが間引きを許容する心意を支えていたのだろう。ヨーロッパのキリスト教社会でも、胎動をもって霊魂の宿りとし、それ以前の堕胎は許容されたことと比較できる。間引きという人口抑制の背景としては、江戸時代中期以降の重い貢租と災害による生活の窮乏をあげるのも通説であったが、間引きを実行した農民の側の家族や子育て観からも検討する必要がある。人口史学では、十八世紀の人口停滞は、西日本と東日本の人口増減の相殺によるもので、東日本は婚姻出生力が低く家族規模制限が行われたとする。近世農民は小さな耕地での家族農耕に適した労働力に調整する必要があり、生活の向上としての家族計画の意識がはたらいた。それは十七世紀後期の小農自立による直系家族の展開の時期に重なり、直系家族での少子化は家業の後継者を意識した子育て観の発生であった。望まない出産の存在は、間引きの理由として多胎児や親の厄年などをあげる俗信が、出産への拒否感の投影とみられることから知られる。したがって、間引きは家族や村落の容認のもとに行われた。こうした生命観や家族観によって間引きが容認される農民社会がある一方で、武家を中心とする儒学の教育や生類憐みの思想によって、子どもへの人倫観が発生し、また農村危機に対する人口増加政策から、十八世紀には間引きを戒める言説が都市民や知識層に増加した。間引きを容認する生命観と、これを戒める江戸の人倫観とが衝突する北関東から南東北では、十八世紀末から十九世紀末に『子孫繁昌手引草』などの間引きを戒める出版物が頒布され、間引きを行う女性を描いた絵馬が安産信仰の寺社に掲げられた。領主は赤子養育仕法によって出産に介入し、子の間引きに関与する母や産婆を罪悪視していき、農村内部でも村役人らによって慣習の変革がなされていった。間引きは社会の容認から個人の罪へと転換され、明治刑法に至った。女性が子を産み育てるか否かを家族や社会が決定し容認する過程で、出生を制限する間引きは、子を産み育てない習俗の一部をなす。これと表裏をなして子を産み育てることを祈願し承認するのが産育儀礼である。→嬰児殺《えいじごろ》し　→捨子《すてご》　→堕胎《だたい》

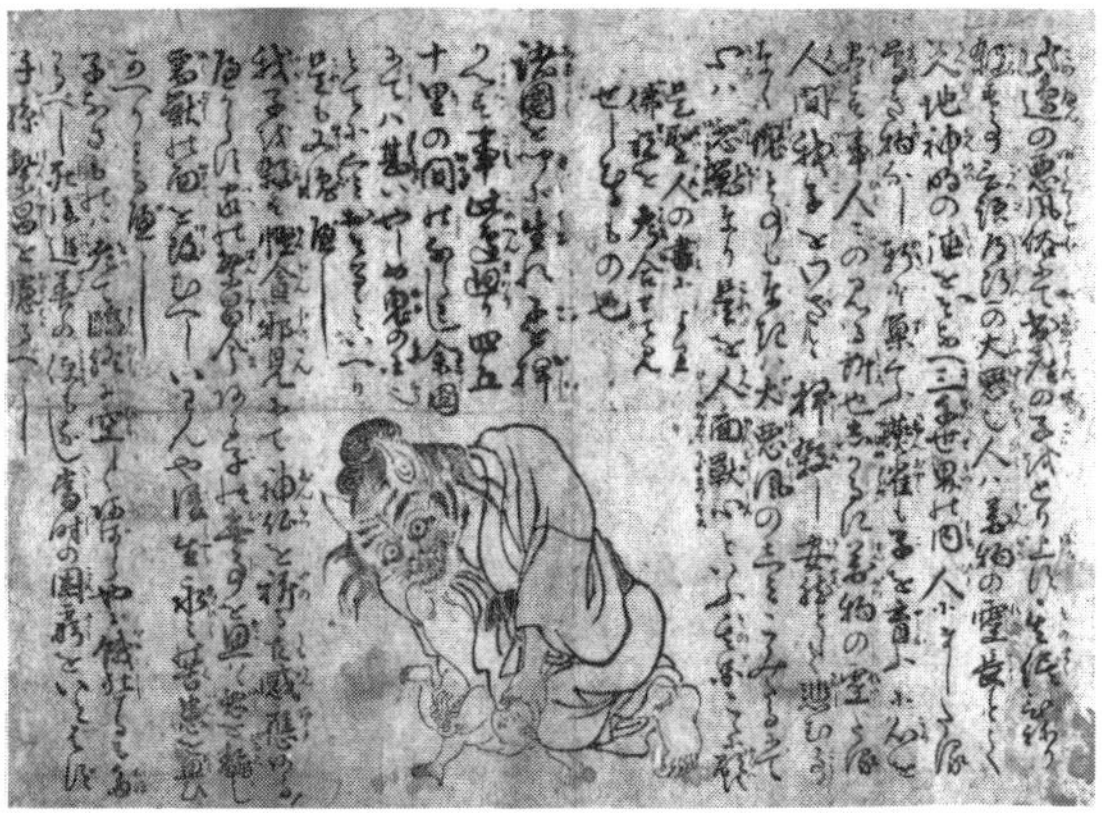

下野国黒羽藩の間引きを戒める触れ「人面獣心の壁書」

参考文献 太田素子編『日本近世マビキ慣行史料集成』、一九九七、高橋梵仙編『堕胎間引の研究』、一九三六、千葉徳爾・大津忠男『間引きと水子—子育てのフォークロア—』(『人間選書』、一九八三)、久野俊彦「間引き図に見る子殺しの方法—間引き絵馬等の類型と変遷—」(『仏教民俗研究』六、一九八八)、武田正『苞もれ—民俗社会の「闇」の部分—』、一九九〇、太田素子「少子化と近世社会の子育て—マビキの社会史—」(上野千鶴子・鶴見俊輔・中井久夫他編『シリーズ変貌する家族』一所収、一九九一)、沢山美果子「近世農民家族における「子産み」と「産む」身体—出産管理としての仙台藩の赤子養育仕法を手がかりに—」(『日本史研究』三八三、一九九四)、落合恵美子

「近世末における間引きと出産」(脇田晴子・S・B・ハンレー編『ジェンダーの日本史』上所収、一九九四)　(久野　俊彦)

(二)アワや野菜類などでは栽培する際発生する不発芽種子や弱小なものを除去し、個体間の距離を斉一化するための作業。また、種子の中に他品種が混じることがあり、別の劣悪な個体が混入することを防ぐ意味もある。この作業は作物がそれほど生育しないうちに数度、通常二回くらいに分けて行われる。熊本ではアワの場合、アワムシリ、アワクケリなどという。播種方法には千鳥のように左右に播く場合と、大豆収穫前に大豆の間に播くナカマキというものがある。千鳥の場合はそれほどでもないが、ナカマキの場合、播種量は「拳一粒」といわれるが、粒が非常に細かいので適量を播くことは難しく、播種は熟練者が務めることになっていた。それでも厚めに播くのでどうしても播種後十日ほどして、茎が三寸近く伸びた時点で第一回目の間引きを行う必要があった。この時はスジカエに残すといって、四～五寸程度の間隔を空けるように間引きする。第二回目は茎が四寸くらいに伸びた時に行う。この時は除草も兼ねて行う。最後は出穂前に、除草を兼ねて実の入ってないものを除去していく。このように間引きは除草を兼ねて行われるのが普通であったが、すべて手作業であるため多大な労力を要するものであった。　(安田　宗生)

まぶ　鉱　江戸時代の鉱山用語で鉱坑のこと。坑・間歩とも表記する。坑道全般をいう鋪《しき》と混用されるが、間歩は本鋪、すなわち坑口で外部に開いた坑道を指すことが多い。坑口は崩落防止のため留木や矢木などで頑丈に枠組みをし、山の神をまつった。これを四つ留という。また、疎水坑を水抜間歩、換気坑を風廻し(煙抜)間歩と呼んだ。間歩は鉱山請負の最小単位であり、鉱山で普通山と呼ぶ場合は間歩を指していた。複数の山師の競合を避けるため、摂津多田銀山などでは間歩の間隔を定めていた。

参考文献　小葉田淳『日本鉱山史の研究』、一九六八　(渡辺　一雄)

マブイ　マブイ　人間の身体に宿る霊魂を意味する沖縄方言。マブリ、マブヤーともいう。生者の身体に宿るものをマブイないしイチマブイ、死者に宿るものをシニマブイという。マブイは人間の生命原理であり、この順調な機能によって人はつつがなく毎日の生活をおくることができる。病気やけがは、マブイの身体からの一時的離脱によって生ずる。マブイの永遠の離脱が死である。子どものマブイは特に離脱しやすいとされ、転ぶ、溺れる、事故にあう、あるいは驚くといったショックで身体から遊離する(マブイウティ＝魂落ち)。また、子どもの衰弱はマブイが抜けた証拠とされる(マブイヌギ＝魂抜け)。このようなときには、離脱したマブイを取りもどすためにマブイグミ(魂籠め)の呪術を行う。また、重病人もマブイが抜けているとしてマブイグミを行なった。マブイはビンヌクブー(ボンノクボ)から抜けるといい、赤ん坊の髪を剃るときにうなじの髪を少し剃り残す。この髪をアヒラージュー(あひるの尾)という。八重山地方ではこれをカミヌボーマといい、子どもが溺れたときに神がこれをつかんで引き上げてくれるという。またかつて、子どもの衣服の背に三角形にした端切れを縫い込むなどして魂の脱落を防止した。これをマブヤーウー(魂尾＝背守り)といった。マブイの形はその人の影のようだともいい、奄美ではハブリ(蝶)のようだともいう。人間はふつう、複数のマブイをもつとされる。

参考文献　桜井徳太郎『沖縄のシャマニズム―民間巫女の生態と機能―』、一九七三、宮城文『八重山生活誌』、一九七二、酒井卯作『琉球列島における死霊祭祀の構造』、一九八七　(加藤　正春)

マブイグミ　マブイグミ　沖縄で、身体から遊離した霊魂(マブイ)を身体に収納するための儀礼。クミは「込める」の方音クミーンの一語形。マブイは、生命活動に係わっているとされる不可視の存在で、危険な状況に遭遇した時などに身体から一時的に遊離すると考えられている。儀礼に精通した年輩女性や深刻な状況の際はユタが依頼される。遊離したマブイの所在地が不明な時は、フールマブイと称して、フール(豚小屋兼便所)の神の助力を期待する。宮古では、同様の儀礼をタマスウカビという。→ヌジファ

参考文献　饒平名健爾「マブイの多様性―ユタ伝承を通じて―」(『民族学研究』三五ノ三、一九七〇)　(赤嶺　政信)

まぶし　蔟　蚕に繭を作らせるための養蚕用具。蚕は蛹《さなぎ》になるとき、蛹を保護するために繭を作る。蚕は四齢期を過ぎると次第に透きとおってくる。これを蚕がヒキルという。この熟蚕を蔟に入れて繭を作らせる。古くはソダマブシ(粗朶蔟)といって、ツガ、ツツジ、ハギ、松など先が細かく繁茂している木の枝が用いられた。小正月に座敷などの屋内で繭を模した団子を梅などの枝に刺して飾るのは、ソダマブシにたくさんの繭ができた様をあらかじめ祝う行事である。藁製のものでは、束ねた藁の中央部を結んで折り返したものを立てて使うタテマブシがあった。次にワラマブシとかオリマブシといって、稲藁を蔟折器で折り曲げたものが使われ、蚕座のうえに蔟を広げて上蔟《じょうぞく》させた。その後、セントウマブシや竹ひごを用いてセントウマブシを改良したものも使われた。シマダマブシは女性の島田髷のような形をした藁製の蔟である。養蚕の規模が拡大してくると大量の蔟を使用するため、水田の少ない地域では他地域から素材となる稲藁を購入するようになった。水田の土地改良に伴って稲藁そのものも丈の長い細工しやすいものとなった。太平洋戦争後には回転蔟が導入された。これは、熟蚕は上るという習性を利用したもので、長方形の枠の中が小区画に区切られ、上部の小区画に蚕が入るとその重みで全体が

回転蔟

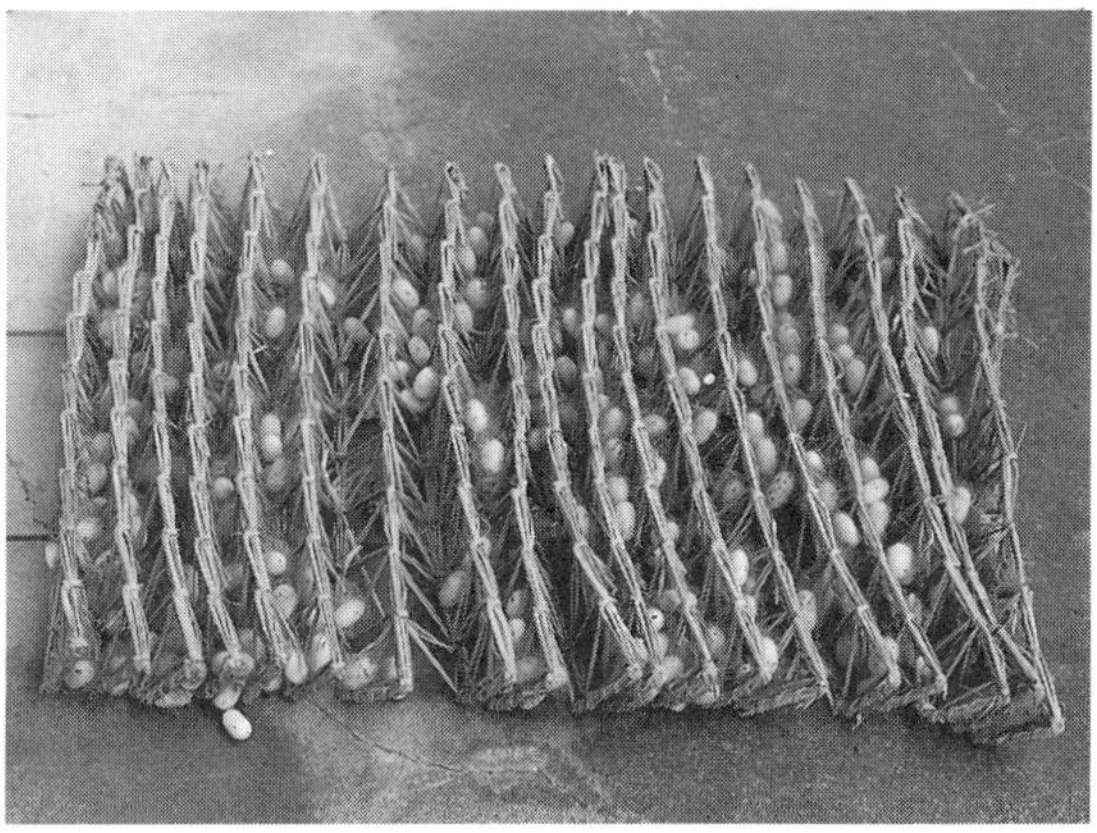

ワラマブシ

回転し、上になった空の区画につぎつぎに蚕が上って入るものである。蔟の変遷は上蔟や繭掻きの作業時間の短縮や良質の繭を得ることへの並々ならない努力の過程でもある。

参考文献　農林水産省農林水産技術会議事務局編『写真で見る農具・民具』、一九八八、小作寿郎「羽村市郷土博物館の養蚕関係用具」(『羽村市郷土博物館紀要』一一、一九九七)　(佐藤　広)

まぶちとういち　馬淵東一　一九〇九―八八　日本を代表する社会人類学者。現地調査と該博な知識にもとづく優れた論文を執筆し、また、東京都立大学における教育を通して多くの研究者を養成した。主要な業績は、台北帝国大学で移川子乃蔵のもとで始められた高砂族の系統所属とその親族・社会組織に関する一連の論考、慣習法と共同体に関するインドネシア社会研究、神話・世界観と社会組織の関連を分析した沖縄調査と報告からなる。東アジアから太平洋諸島におよぶ視野の広い比較に特色があり、族制に重点をおいたおなり神(姉妹神)信仰の探究が主テーマであった。『馬淵東一著作集』全三巻(一九七四)と補巻(一九八八)が刊行されている。　(小川　正恭)

ままごと　ままごと　調理・育児・饗宴など主婦のすることをまねて遊ぶこと。三月節供や盆などの改まった日の野外でする調理をまねたもの。子どもが家の中で始終大人によって見守られていなくてもいられるような年齢になると、家の外へと出て行く。しかし、家を完全に離れてほかの場所で子どもどうしで遊ぶほどには成長していない時に、家の中の延長ともいうべき軒下や庭先での遊びが行われる。これは柳田国男により軒遊びと分類された。これらの遊びは男女ともに存在するが、女児の遊びの種類が多い。その中にままごとも含まれ、全国的に広く行われた。人形遊びと一緒になって、家事のまねごとをすることが多い。伊豆大島ではイエッコと呼ばれ家の仕事の意味であり、山梨ではオカッタッコ、中国地方ではオンバゴト、長崎ではババショなどと呼ばれるが、それらはいずれも主婦をさす言葉である。また、年中行事の一つである三月の節供や盆の行事や、講・法事などの日の食事や、福井県三方町のカラゴト(川原事)のように改まった日の屋外での饗宴など印象的な出来事が子どもによって、遊びの中に取り入れられていたと柳田は解釈した。そして、オキャクアソビ、ヨバレッコといわれるように訪問や、クバリアイ、クバリゴトなどと称される贈答などは主婦にとってのハレの日の仕事であり、これらのことを女児はこのころから模倣して遊ぶことで学んでいった。

参考文献　丸山久子「童戯」(『日本民俗学大系』九所収、一九五八)、根岸謙之助『しつけと遊びの民俗』、一九八〇　(蓼沼　康子)

ままこばなし　継子話　継子と継母の葛藤を語る話群。日本の継子話には「継子の椎(栗)拾い」「糠福米福」「お銀小銀」「姥皮」「灰坊」「継子と鳥」など多くの話型があり、主人公は「灰坊」以外、ほとんど女の子である。「継子の椎拾い」は継母のいいつけで穴のあいた袋をもたされて木の実を拾いにいった継娘が、鬼婆(地蔵さま)のところに泊り、鬼が博打を打っているときに鶏の鳴きまねをして財宝を持ち帰る話で、主人公が継娘であることを除けば「地蔵浄土」や「鼠浄土」に近い。分布は西日本に多い。「糠福米福」は「継子の椎拾い」のあとに嫁もらいのモチーフが結合したもので、主人公は異郷でもらってきた衣裳を着て祭に出かけ、みそめられて長者の家の嫁に迎えられる。「姥皮」の主人公は継母に家を追われて旅に出、途中で出会った婆に姥皮をもらって醜い姿に身をやつす。そして長者の家の火焚き女に雇われて働くうち、風呂にはいっているところを長者の息子にみそめられる。息子は恋の病に落ち、相手の娘を探し出すために近所の娘を一人ずつ呼んで看病にあたらせるが、息子の病気はよくならない。最後に残った火焚き女が姥皮を脱いで姿を見せると息子はたちまち元気になる。こうして娘はこの家の嫁に迎えられる。この話型は、継母による継子いじめで始まるもののほかに、「蛙報恩」から始まるものと、「蛇聟入り」(水乞型)のあとに続くものとがある。これらの継子話に共通するのは、家を出された娘が試練を経てふしぎな援助者を獲得し、幸せな結婚に到達する点にある。適齢期の娘が結婚までの一時期、親元を離れて暮らす習俗はかつて世界の多くの民族にあり、継子話はこうした人生儀礼と密接な関係をもっている。したがって、主人公が実子である方が継子の話より古いと考えられている。「灰坊」は全体の筋が「姥皮」とよく似ているが、主人公を継子とするものはあまり多くはみられない。また、「灰坊」にはふしぎな援助者も呪物も登場せず、より現実に近い話になっている。家を出た主人公が長者の家の下男に雇われ、灰にまみれて働くうち、長者の娘にみそめられて婿におさまるという筋である。「継子と鳥」は、父親が旅に出た留守に継母が二人の継娘を釜ゆでにして殺害し、旅から帰った父親に鳥が歌をうたって知らせる話である。「継子と笛」は殺された娘を埋めた場所から竹がはえ、その竹で作った笛を吹くと、笛の音が歌になって継母の悪事をあばく。悲惨な死を遂げた主人公が鳥や竹に化して父親に真相を告げるこれらの話は、幸せな結婚で終るほかの継子話と趣を異にしている。↓姥皮《うばかわ》　↓お銀小銀《ぎんこぎん》　↓皿皿山《さらさらやま》　↓シンデレラ　↓糠福《ぬかふく》米福《こめふく》

参考文献　関敬吾「ヨーロッパ昔話の受容」(『日本の説話』六所収、一九七四)、桜井由美子「継子の栗拾い考」(『口承文芸研究』一五、一九九二)　(斎藤　君子)

マムシ　マムシ　クサリヘビ科マムシ属に属する毒蛇。北海道・本州・四国・九州および伊豆七島・対馬・大隅諸島に棲息分布し、和名はニホンマムシという。吐噶喇列島以南にはいないが、同じく毒蛇のハブの仲間が八重山諸島まで分布する。全長四〇㌢から六〇㌢で、毒は可動管牙から出される。ヘビ類の多くは卵生であるがニホンマムシは卵胎生である。眼は透明な一枚のうろこで覆われ瞼がなく、耳孔を欠く。このことからヘビ類を直接みることを忌む伝承などが発生したといわれる。蛇が古来神聖視され農耕神・山の神あるいは水神の化身であることを示す伝承や民俗は多い。ニホンマムシを本州の広い地域でハミあるいはハメと呼び、これは古語ヘミの訛語である。中国地方ではクチハミというが、これに咬まれると百日ごといって百日痛みがとれないという。山仕事で朝出かけるときに、「ワガユクサキニ、カノコマダラノムシオラバ、ユウテトラショウ、ウラシマタロウ、アビラウンケンソワカ」と三回唱える。江戸時代後期に著わされた随筆の『嬉遊笑覧』には同じように「蛇の怖るる歌」として「此路に錦まだらの虫あらば山立姫に告てとらせん」とあるのと同じである。マムシのムシも一種の忌言葉であり、直接呼ばないのはマムシへの恐怖からであろう。猪が好んでマムシを喰うという伝承は多い。先の歌にある山立姫が猪の異称になっている地域もある。マムシを捕獲して皮をはいで、骨を乾燥させたものや酒につけたマムシ酒は、強壮剤や切り傷の薬として広く利用されてきた。

参考文献　中村禎里『日本動物民俗誌』、一九八七、同『動物たちの霊力』(「ちくまプリマーブックス」三一、一九八九)、篠原徹『自然と民俗―心意のなかの動植物―』、一九九〇、小島瓔禮編『蛇の宇宙誌―蛇をめぐる民俗自然誌―』、一九九一　(篠原　徹)

まむしゆび　蝮指　関節が蝮の頭部のように自由にまがる指、または蝮の頭部に似た指を持つ者。ハミツメともいう。ニガテの一種。一般に蝮指の者は呪力を持ち、蝮指の者にかかれば蝮はおそれて動かず、自由に捕えることができるといわれる。また、蝮指で癪や腹痛を撫でると癒すことができるとされる。また、蝮指の者はよく働くなどともいう。　(大本　敬久)

まめ　豆　食用に供されるマメ科植物の総称。大豆・小豆・ささげ・隠元豆・えんどう・南京豆などがこれにあたる。豆は稲・麦などの穀類とともに重要な作物で、中でも大豆と小豆は民俗との関連で注目される。大豆は東アジア原産の作物で日本へは中国から弥生時代初期に渡来したと伝える。食料としては直接食べるほか味噌・醤油・豆腐・納豆などの原料に用い、大豆油は食用・工業用となる。搾油後の大豆粕は飼料・肥料となる。栽培は比較的容易で麦の間作として種子をまくことが多かったが、焼畑や田の畔などにも栽培された。大豆の収穫儀礼として東北地方では旧暦八月十五日の十五夜を豆名月と称して月に枝豆を供えることがあり、近畿以西では十三夜を豆名月と称す。古来大豆に呪力を認め、大豆を用いた豆占や節分の豆まきによる厄除け、子供の成長儀礼に伴う豆(大豆)の贈答などが行われてきた。小豆も中国から渡来したものと考えられ、その栽培は古くから行われている。儀礼食としての小豆粥や餡の原料としても用いられる。やせた土地でも栽培が可能で山間地や開拓地にも適する作物として重要である。栽培は大豆と同様に麦の間作として種子をまくことが多い。収穫はわせは盆小豆の言葉があるように旧盆前に収穫し、盆に供える饅頭の餡や小豆ぼうとうに用いられる。収穫はさやの色づいたものからもぎ取る方法である。ささげは赤飯に用い、隠元豆やえんどうは豆のほかにさやも食べる。　(大舘　勝治)

まめうえぼう　豆植棒　豆類の種子を植え付けるため穴をあけるのに使う棒状の農具。豆挿し具とも呼ばれる。先端を少々とがらせられればこと足りるとあって粗雑な作りのものが少なくない。樹種を問わず雑木の幹・枝を利用し、植える際の姿勢を念頭にいれて仕上げたものが多い。杓子が主婦権の象徴とされたように、石川県能登地方の各地で、豆植棒を手にできるとハンガカ(半主婦)とされたところがあったのは注目される。

ホグセボ（石川県富来町）

ガーガメ（石川県白山麓）

豆　植　棒

参考文献　天野武「能登地方の豆植え棒」（日本常民文化研究所編『民具論集』四所収、一九七二）、同『民具のみかた―心とかたち―』、一九八三　（天野　武）

まめうちぼう　豆打棒　刈り取り後、乾燥した大豆・小豆などの莢《さや》から実を離すために、たたく道具。棒状の豆打棒のほか、二股や三股になっている自然木の枝を利用したマトリが各地で使われている。マトリは、杈椏《またぶり》の転訛といわれている。豆打ちの作業には、片手で使う小型で軽いものが多いが、稲籾の脱穀用の籾打棒や、くるり棒を利用して打つことも行われている。　↓マトリ　↓籾打棒《もみうちぼう》

豆　打　棒

参考文献　天野武『民具のみかた―心とかたち―』、一九八三　（犬塚　幹士）

まめうら　豆占　年占の一種。節分の夜に豆を焼いて、その焼け具合で月々の天候や吉凶を占うこと。節分の夜、炉の灰に火箸で十二本（閏年は十三本）の溝をつけて、そこに豆を並べて焼く。焼け具合によって各月の天候または吉凶を占う。漁師は白くきれいに焼けると豊漁、半分白く半分黒く焼けると半吉、黒く焼けると凶だと判断した。また何番目の網が大漁で、何番の網が不漁かを占うこともある。節分の豆は魔除けになると信じられており、山へもっていくとけがをしないというし、漁師が沖へもっていって、しけのときにその豆をまくと波が静まるという。また、海上で霧のために行く手がわからないときに、この豆を海にまくと一度は必ず晴れて岡の山がみえるともいう。山口では月焼き・水占いも行われる。月焼きとは、まず豆のよいものを十二粒（閏年は十三粒）選び、これを囲炉裏や火鉢の熱灰のなかに入れ、右から順々に正月・二月・三月とかぞえ、白く焼けて灰になればその月は晴れの日が多く、黒く焼けると雨が多く、息を吹き上げるものは風が強く、早く焼けてしまう月のものは旱《ひでり》であると判断する。水占いは、神に供えた豆にそれぞれ月を決めておいて、茶碗の水に落として沈んだ豆の月は天気がよく、浮いた豆の月は雨が多いとする。一年中の天候、風や水の具合を見通して、その年の作柄としては早稲がよいとか、中稲・晩稲がよいなどと判断して品種を決める。　↓粥占《かゆうら》　↓節分《せつぶん》　↓年占《としうら》　（佐藤　良博）

まめめいげつ　豆名月　旧暦九月十三日の十三夜の異称。旧暦の九月十五日の芋名月に対して豆名月（栗名月とも）とよぶ地方は広い。月に大豆などの豆類を供えるのでこの名がある。後の月とか、女名月（福岡県）・姥月（徳島県）などのよび名もある。十五夜と同様に月にススキ・団子などを供えるが、この夜は三本や十三個にする所が多い。十五夜と同様、子供たちや若者が供物や畑の成り物を盗む民俗も全国的で、盗まれると縁起がよいという。千葉県長生郡では粟餅を搗いて、茹でた枝豆・栗・サトイモなどの供物を枡に入れて縁側に供え、ススキや萩を飾った。茨城県那珂郡では、箕の中に膳を据え大根二本を箸として、枝豆、柿、アワ、小豆団子とよぶ牡丹餅などを供える。東茨城郡御前山村では、この後の月にはススキは用いず大根、ゴボウ、ニンジン、ヤマイモなどを供える。長物は必ず供えるものだという。西茨城郡岩瀬町や行方郡麻生町では、栗名月・栗月見といい、ススキと栗を枡に入れて供え、稲敷郡美浦村では小麦月見といい、この夜月が見られれば、翌年は小麦が当たるといわれている。東北地方では十五夜を豆名月とよび、十三夜を芋名月とよぶ地方が多いが、サトイモは関東地方を北限としこの場合のイモはヤマノイモを指す。いずれにしても畑作物の収穫儀礼的色彩が濃厚である。

参考文献　文化庁編『日本民俗地図』一解説書、一九六六、平野伸生「茨城県の歳時習俗」（『関東の歳時習俗』所収、一九七五）　（内田　賢作）

まゆ　繭　蚕が蛹《さなぎ》になる時に口から繊維を吐いて作るもので、生糸の原料になる。熟蚕を蔟《まぶし》に載せ、蚕が営繭した結果として繭となる。養蚕では正常な形の繭を蚕に作らせることが重要である。蔟は現在、回転蔟が使用されている。繭の形は在来種がくびれのある俵形である。繭の善し悪しで値段が大幅に変わったので、養蚕農民は繭

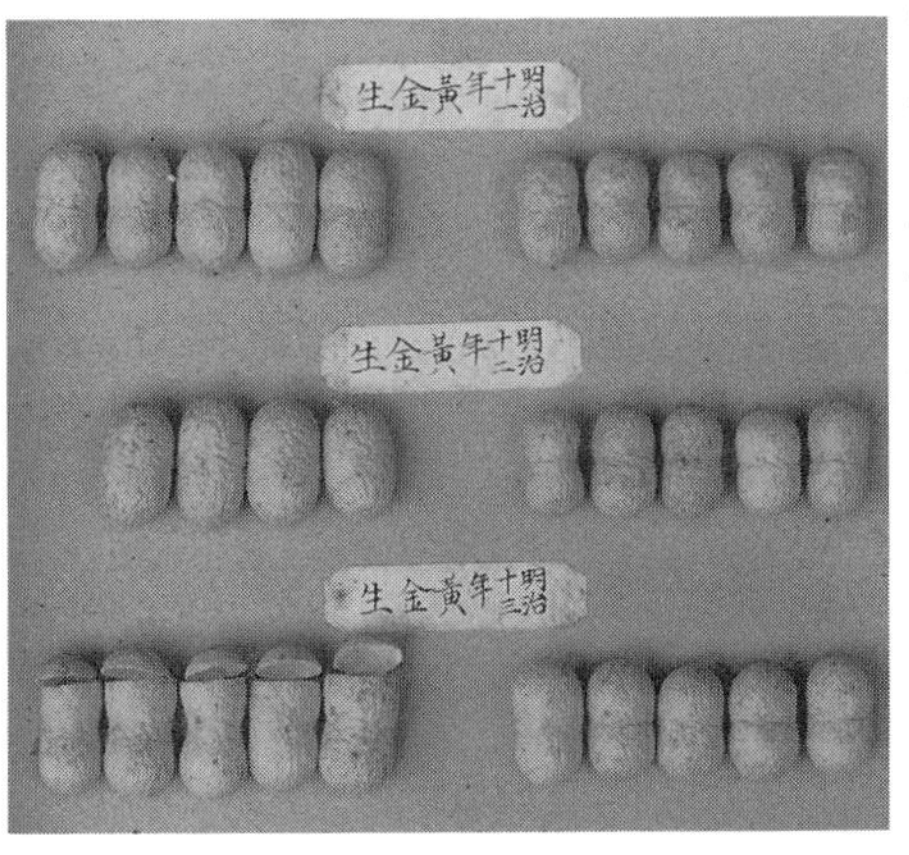

繭の標本

が汚れないように細心の注意を払った。できた繭は上繭・中繭・玉繭・屑繭などに区分される。上繭はいわゆる良質な繭で繰糸に適している。中繭は蚕が繭を作るとき尿が付いて汚れた繭である。玉繭は二つの蚕が一つの繭を作ったもので幾分大きい。この玉繭は玉糸にし、屑繭は女性が真綿に作った。これらの異常繭の処理は女性に任され、彼女らのへそくり（私財）になった。繭を一つ一つ簇からとっていく繭掻きの作業も女性の仕事であった。繭は、明治時代には養蚕農家が製糸業者と直接取り引きしていた。次第に製糸業者の規模が大きくなると、両者の仲介に仲買人が入るようになる。繭の価格は小量の繭を抽出して繰糸試験で行なって決めていた。一九四〇年（昭和十五）から繭検定制度ができて繭の検定を繭検定所で行なっている。繭一粒から繰り取られる糸の長さと繭から繭糸のほぐれの善し悪しを示す解じょ率によって繭の価値が決まる。なお、小正月になると、関東地方の農山村では繭がよくできる予祝として繭玉を飾り、繭玉の団子を取り外すことをマユカキ（繭掻き）と呼んでいる。繭の収穫がかくあれと祈ったもので、古い時代の蔟を彷彿とさせるものである。　↓蚕神《かいこがみ》　↓桑《くわ》　↓養蚕《ようさん》

参考文献　井上善治郎『まゆの国』、一九七七、伊藤智夫『絹』（「ものと人間の文化史」六八、一九九二）

（板橋　春夫）

繭玉（埼玉県秩父市）

まゆだま　繭玉　小正月や初午などに、繭の形の団子をつくり木の枝にさしたもの、およびその行事。繭玉とかメーダマなどと呼ぶ。もとは稲をはじめとする農作物の豊かな稔りを祈願するものであったと考えられるが、養蚕の盛んな関東地方や中部地方・東北の一部などでは、繭の豊産を予祝した繭玉飾りが盛んである。繭玉と一口にいっても、実際には繭の形のほか、丸い団子状のものや、小判形など縁起物の形を模したものがつくられる。材料は米の粉が一般的であるが、小麦粉やトウモロコシの粉などを使うところもある。繭玉をさす木の枝も、桑、梅、柳、クヌギ、モミジ、カソウシンなど地方によりさまざまである。埼玉県秩父地方の例で示せば、繭玉は小正月の十四日に作り、正月の松飾りを下げて、そのあとにこの繭玉飾りを供える。供える神仏は正月様をはじめ家の内外の神仏に及ぶが、その場合繭玉の数も決まっている。正月様は十二個（閏年は十三）、蚕神様は十六個、オカマサマには三十六個、ヤケドをしないようにと囲炉裏のヒゲンサマには家族と同じ数の繭玉をさしたものが供えられる。繭玉の形も、その名のとおり繭玉形や丸い団子形が主になるが、鳥・臼・杵・大判・繭籠・種紙などを模したものもある。供えた繭玉は、「二十日のカゼにあてるな」といって、十六日ごろには下げるが、この行為をマユカキと呼び、繭玉は繭を入れる籠や木鉢にとり入れる。繭の豊産を年のはじめに模擬的に行い「今年もかくあれかし」と祈願した。　↓餅花《もちばな》

参考文献　文化庁編『日本民俗地図』二、一九七四、栃原嗣雄「正月行事のまつり方―埼玉県秩父地方を中心として―」（『日本民俗研究大系』三所収、一九八三）、阪本英一『群馬の小正月のツクリモノ』上、一九七七

（栃原　嗣雄）

マユンガナシ　マユンガナシ　来訪神の名。沖縄県の石垣島川平《かびら》にその神迎えの儀礼がある。マユは真世、カナシは嘉那志で神や王の尊称。古くは石垣島北岸集落の桴海・伊原間などにもあったが、現在は川平だけである。旧暦八・九月の戊戌《つちのえいぬ》の夕刻出現し、二神一組で家々をまわる。小一時間に及ぶ神詞（カンフチィ）を唱え家人の供応を受ける。仮装神で着物の上にクバ蓑、白布で頬かむりをしてクバ笠をかぶり、六尺棒を持つ。仮面を用いた地区もあり、桴海には伝承として残っているが、伊原間の仮面は現存している。

参考文献　『川平村の歴史』、一九七六、喜舎場永珣『八重山民俗誌』、一九七七

（石垣　博孝）

神詞を唱えるマユンガナシ（沖縄県石垣市川平）

まよけ　魔除け　外部から侵入しようとする魔ものを防ぎ退散させるための呪物またはその行事のこと。日本では古くから災厄というのは邪悪な悪霊や厄神の働きによってもたらされると考えられてきた。魔除けはそうした魔ものの来訪を防御し退散させる儀礼や呪物の総称で、厄除けとほぼ同義として使われている。居住空間からいえば、村境、家の門口、玄関や窓といったそれぞれの出入り口が防御の地点となる。そうした場所において定期的に呪術的な行事が営まれたり、恒常的に呪物が取り付けられたりする。近隣の集団やムラが共同で村境などに大蛇をかたどった注連縄をはったり、片草鞋などの呪物を吊り下げたりする道切り、辻切り・勧請縄はその典型

的なものである。年中行事として行われる中にも、厄神の類に対する防御・退散の要素は少なくないが、ことに年の境を中心とする正月行事には顕著に見られる。また、村境にまつられる道祖神に対して、家の軒下や入り口には護符をはじめ、蜂の巣・弓・杵・草鞋・牛馬の沓といったものが魔除けとして用いられる。直接的に人を守るものとして幼児の額につける鍋墨や衣服の襟首に縫い取りする背守り、首に下げたお守りなどがある。そのほか、死者の枕元や布団のうえに庖丁や刀剣といった刃物を置いて魔除けにするのは広く行われている。こうした人の一生の儀礼やさまざまな機会に唱えられる呪文にも魔除けのためのものがある。 ↓お札《ふだ》 ↓お守り《まも》 ↓勧請吊《かんじょうつり》 ↓護符《ごふ》 ↓シーサー ↓背守り《せまも》 ↓厄除け《やくよ》

参考文献 大島建彦編『コト八日—二月八日と十二月八日—』(「双書フォークロアの視点」八、一九六九)

(佐々木 勝)

マリアかんのん マリア観音 隠れキリシタンのあいだで信仰された観音像。江戸時代の切支丹弾圧政策の下では、宣教師の渡来は不可能となっていたために、キリシタンの信仰対象は禁教以前のものか、ごく簡単な自作の画像などに限られた。しかし、適当な信仰対象が得られなかった長崎周辺の隠れキリシタンは、長崎での中国貿易を通じて入手した磁器製の観音像を聖母マリアとして信仰し、守り伝えてきた。キリストの母としての聖母マリアを表現するものとして、幼児を抱いた姿の慈母観音像が隠れキリシタンのあいだに流布したものである。禁教体制下では発覚の危険があったために、マリア観音などの信仰対象は、納戸の奥にひそかにまつられていた。これらを納戸神と呼ぶ。ひそかにまつられてきたマリア観音なども隠れキリシタンの信仰の衰退に伴って、彼らの手から離れて流出した。中世ヨーロッパでは聖母マリアに対する信仰は大きかったが、長崎市浦上や大村藩内の隠れキリシタンも「サンタ丸や」と称して、マリア崇拝の影響を残していた。キリシタンの神話的な伝承である「天地始之事」では、キリストを生んだマリアが家から追われて流浪する話があり、母子神信仰の影響が考えられる。しかし、ヨーロッパで広く伝えられている「麦作りの奇跡」というマリアの逃亡の伝承も、同時に記憶されていた。幕末の長崎市大浦に教会が造られた時、浦上の隠れキリシタンが最初に宣教師に尋ねたのは聖母マリア像の所在であった。 ↓隠《かく》れキリシタン

長崎のマリア観音

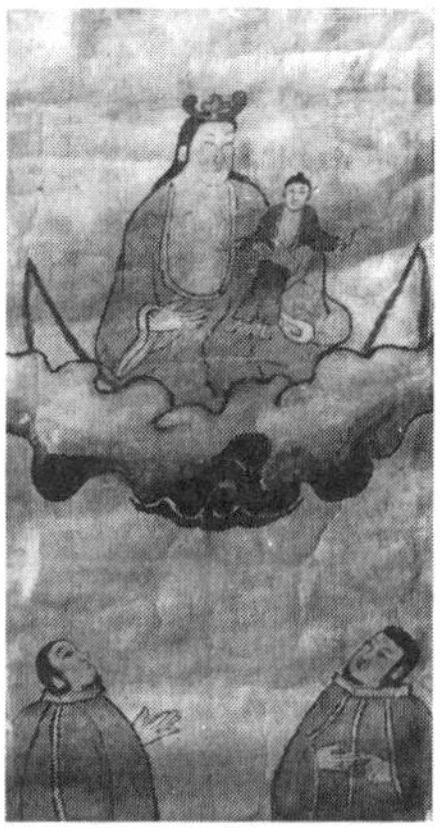

長崎県生月隠れキリシタンの納戸神

参考文献 古野清人『隠れキリシタン』(「日本歴史新書」五九、一九五九)、片岡弥吉『かくれキリシタン—歴史と民俗—』(「NHKブックス」五六、一九六七)、紙谷威広『キリシタンの神話的世界』(「民俗宗教シリーズ」一、一九八六)

(紙谷 威広)

まりしてん 摩利支天 ヒンズー教の風神の一種であり、梵天の子などとされる。摩利支は摩里支・末利支とも書き、サンスクリット語の Marīci の音写で、光線や陽炎を意味する。その姿は『摩利支天経』や『末利支提婆華鬘経』によれば、天女形をしており、蓮の花の上に座して左手を胸の前に置き天扇を握っている。天扇には卍が書かれている。天扇は形を隠す隠形の用具とされるが、摩利支天がとりわけ武士の熱心な信仰を集めたのは、敵から身を隠す必要からであった。一方『大摩里支菩薩経』によると、三面六臂ないしは八臂形で猪に乗っている。天女像が天扇を持っているのに対して、こちらは、弓・箭、鉤、針、金剛杵、無憂樹などを持物としている。弓や箭は迅速を表わし、人に見られず捉われない隠身の功徳を意味するといえるが、同時に、古代インドの武具であった金剛杵などと同様、武器の象徴ともみなされ、猪の勇猛さともあいまって武士の守護神と崇められるようになった。さらには、その下で摩耶夫人が釈迦を産んだとされる無憂樹を持つところから、安産子授けの信仰と結びついた例もみられる。摩利支天の功徳が隠形を基本としていることにちなみ、争い事のほか、火事・水害・病気などもろもろの災難を避け、身を守るといった広範な信仰を生み出した。修験道でも摩利支天を重視し、同神を本尊とする除難・調伏の修法が行じられている。

参考文献 市川智康「肌身離さず持たれた摩利支天」(大法輪編集部編『仏教と神々』所収、一九八八)

(長谷部八朗)

まりつきうた 鞠つき歌 鞠をつく遊びとともに歌われる童唄の一種目。鞠はゴム製を使用するが、ゴム製の鞠の普及前は、からたちの実などを芯にして、糸をまいて作る自製の鞠でついた。歌と鞠をつく動作は、平行して進み、鞠のつき方も単純な動作から、こみいった複雑な技法のいるジェスチャーまで変化に富む。歌は動作とともに、短い有節形式で進行する形式とバラードのように順次進行する形とがある。各地で広く歌われた歌を例にすると、有節形式の歌は一節から十節まで十回繰り返される形が多い。「いちもんめのいすけさん」は、「いちもんめー」「にもんめー」と歌い、「じゅうもんめー」で完

結する形式をとり、各節ごとにつき方を変化させる。一節目は、ついている鞠をふり上げた右足で外側からまたぐ動作をし、二節目では、逆に内側からまたぐというように、一節ごとに鞠をつく技巧が高くなる。バラード形式の歌は、「あんたがたどこさ」が広く分布する。この歌の鞠をつく動作は単純で、「あんたがたどこさ、肥後さ、肥後どこさー」というように、フレーズの最後の「さ」と歌う箇所で、ついている鞠を右足でまたぐ動作を反復し、最後の「おっかぶせ」で鞠をスカートで受ける形態である。鞠つき歌は、多彩な子供の童唄の中で人や地域による歌い方の変化も多く、主流であったが、他の童唄の種目と同様、子供をとりまく諸条件の変化の中で今日衰退してしまっている。

参考文献 小泉文夫編『わらべうたの研究』、一九六九
（樋口 昭）

マリノフスキー Malinowski, Bronislaw Kasper 一八八四―一九四二 ポーランド出身のイギリスの人類学者。クラクフ大学ではじめ物理学を専攻したが、病気療養中にフレーザー Frazer, J. G. の『金枝篇』を読んで感動、人類学に転じた。イギリスに留学して、ロンドン＝スクール＝オブ＝イコノミクスでセリグマンらの指導を受けたのち、当時学界を支配していた進化論に基づく思弁的人類史ではなく、現地調査を踏まえた科学的人類学の実践を目指して一九一四年ニューギニア沖のトロブリアンド諸島に赴いた。一九二二年に出版された『西太平洋の遠洋航海者』は、フィールドワーク＝メソッドを確立し、共時的な機能主義 functionalism の有効性をうち立てた著作として人類学史上にさん然とかがやいている。マリノフスキーは、奇しくも同じ年に『アンダマン諸島民』を出版したラドクリフ＝ブラウン、Radcliffe-Brown, A. R. と並び機能主義人類学の創設者とされるが、両者の間には機能・個人・文化など重要な概念をめぐってかなりの相違がある。その後人類学理論の主流となった機能主義的方法を具体的に提示したのはラドクリフ＝ブラウンの方であるが、マリノフスキーの主要著書における記述の厚さ、洞察力の深さには余人の追随を許さぬものがある。長らく母校ロンドン＝スクール＝オブ＝イコノミクスの人類学科主任教授として多くの後進を育てたが、一九四二年イェール大学教授として着任を目前に急逝した。主要著書として、他にCrime and Custom in Savage Society, 1926(『未開社会における犯罪と慣習』、青山道夫訳、一九七〇)、The Sexual Life of Savages in North-Western Melanesia; An Ethnographic Account of Courtship, Marriage and Family Life Among the Natives of the Trobriand Islands, 1929(『未開人の性生活』、泉靖一・蒲生正男・島澄抄訳、一九七一)がある。
（田中真砂子）

まるきぶね 丸木舟 丸太を刳りぬいて造った船。独木舟とも記す。一般に一本の丸太を刳りぬいただけの船体を想起しがちだが、民俗名称として使われる場合には多様な構造のものを含んでおり、外見上、すでに刳る技法をほとんどとどめないものでもマルキブネの名で呼ばれる例がある。現存する単材の丸木舟としては、秋田県男鹿半島のエグリブネ、鹿児島県種子島のマルキブネがある。沿岸での磯漁や網漁、農用運搬、湖・川での渡し・漁などに使われてきた。たとえば、石川県能登半島には、内浦でのナマコ漁や農用運搬に小型のマルキブネが、ブリの定置網漁には大型のドウブネと呼ばれる同系統の船が用いられてきた。いずれも船底と舷側下方の間にコマキと呼ぶ刳りぬき材を配して板と組み合わせた船体で、船尾が箱型の戸立て構造、船首がとがる。接着剤に漆、接合具に木製のチキリ、タタラを使用する技法を含め、同種の船は若狭湾以東の本州日本海側に顕著である。また島根県では美保神社の舟こぎ神事にモロタブネが活躍するほか、干拓以前の中海では赤貝の桁曳き漁にソリコブネが、隠岐の磯漁にはトモドが使われた。北海道ではアイヌの民族文化の保存継承を目的として、かつて使われたチップ(丸木舟)やイタオマチップ(刳り底に板を綴じつけた縫合船)の復元がなされており、同様の動きは、近年の博物館建設と相まって日本各地でみられる。マルキブネの名は、板を主要部材とする構造船の出現・定着に伴って在来の船を区別する必要から呼び分けられていった可能性が高く、類似の民俗名称を有する船として、長野県諏訪湖や静岡県浜名湖のマルタブネ、滋賀県琵琶湖のマルコブネなどがある。 →刳船《くりぶね》

丸木船（鹿児島県種子島）

参考文献 川崎晃稔『日本丸木舟の研究』、一九九一、出口晶子『日本と周辺アジアの伝統的船舶―その文化地理学的研究―』、一九九五
（出口 晶子）

マルク＝ブロック Marc Bloch ⇨ブロック

まるまげ 丸髷 既婚女性が結う日本髪の一種。楕円形の髷型を入れて丸く髷を結い上げるためこの名がある。江戸時代初期から遊女の間で流行った勝山髷の系譜をひ

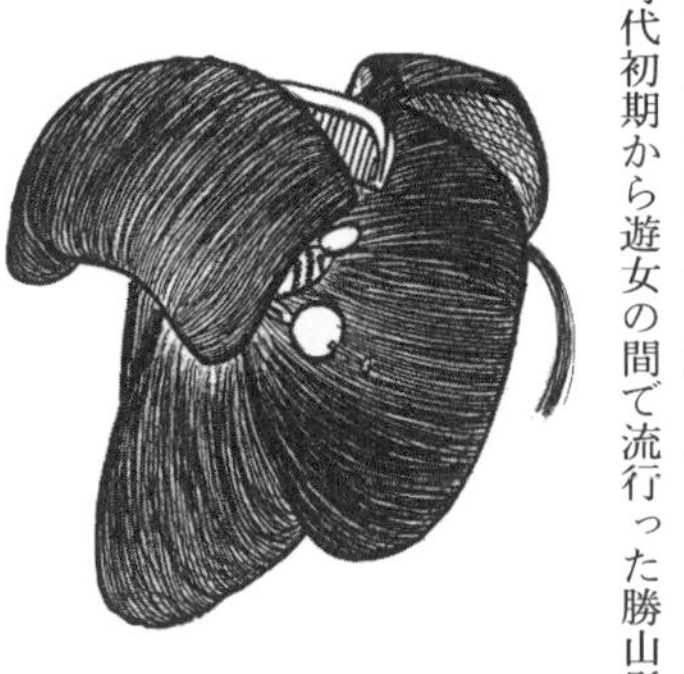
丸髷

く。江戸時代後期、関東では、お歯黒・眉剃りした既婚者の一般的髪型とされていたが、関西では普及していなかった。明治後期になって全国的に主婦の代表的な髪型として定着した。髷の大きさは年とともに小さくし、髪飾りも赤から紫、鼠色と地味にするものとされた。

参考文献 江馬務「日本結髪小史」(『江馬務著作集』四所収、一九七六)、大原梨恵子『黒髪の文化史』、一九八八

(榎　美香)

まれびと　まれびと　時を決めて海の彼方の常世《とこよ》から、人々に幸福と豊穣を授けるために訪れてくる神。折口信夫が設定した用語。折口の学問の中心に据えられた基本概念であり、まれびとの創出によって日本文学の発生と展開の仕組みが解明されるとともに、国文学および芸能史の組織が大きく構想された。折口のまれびと論は柳田国男との出会いなくして成立しえなかった。『郷土研究』の創刊によってその学問を知った折口は、直ちに「髯籠の話」(一九一五)を投稿する。神の依代として髯籠を捉えた折口はそこから神の居所としての異郷を導き出してゆき、「妣が国へ・常世へ」(一九二〇)を発表し、異郷論から神そのものの追究へと進んで行った。その結果発見されたのが眼に見える神、まれびとであり、その契機となったのが二度にわたる沖縄採訪であった。一九二一年(大正十)の採訪で楽土と楽土から訪れてくる神が沖縄には存在することを古文献を通して知る。翌々年の一九二三年の旅では、八重山のアンガマア、マユンガナシ、アカマタ・クロマタなど、眼に見える来訪神が盆や年越の晩などに訪れてきて、人々に祝福と教訓のことばを授けて帰ってゆく姿に出会い、現実の民俗として生活の中に生き続けているのを知った。こうした民俗に実地に触れ肉体をもった神を目の当たりに見て、折口のまれびと論は大きく構想された。沖縄採訪の成果に加えて、本土にも奥三河の花祭・信州新野の雪祭など、祭のにわかに登場する榊鬼をはじめとする鬼に対する考察とが一つにまとまって折口信夫はまれびと論を成立させていったといえよう。海の彼方や山の奥、あるいは天空から訪れてくる神、まれびとは祭の場に臨んで、人々に幸福と豊穣をもたらす威力のあることばを発する。土地の精霊はそれに答えて服従を誓う。この神と精霊の対立が文学と芸能の発生を促した。神が命令的に宣り下すことばは「のりと」となり、精霊が服従を誓うことばが「よごと」となる。この対立は、「ことわざ」と「うた」の対立となり、また神がみずからの来歴を物語る叙事詩は道行の詞章を生み出し、貴種流離譚を創り出していった。一方、同じ論理を芸能史に展開させると、神と精霊の対立は翁ともどきの対立に置き換えられる。このように、折口のまれびと発見によって国文学と芸能史の発生から展開までの論理が導き出され、大きく組織化された。折口信夫のまれびと論に対する批判として、神話モデルと歴史モデルが未分化のまま概念上の混乱があるとか、宮古島の事例では実証できないなどの反論がある。しかしまれびとはどこまでも抽象的な一つの理念型であって、実証の可否だけで判断すべきではない。折口信夫の古代学はあくまでも理論の学であり、まれびとについても方法概念としての有効性や学説全体の体系をこそ問題にすべきであると考えられる。折口のまれびと論を受けて、近年では赤坂憲雄が異人を共同体からの排除と歓待の構造の中に捉え、小松和彦は忌避と排除のみならず時として虐待し虐殺される異人のフォークロアーに注目した。こうした異人のもつ負の側面をどのように超歴史化し、新たなまれびとの概念として理念化できるかが今後の課題であろう。→来訪《らいほう》神《しん》

参考文献 池田彌三郎『折口信夫―まれびと論―』(講談社「日本民俗文化大系」二、一九七八)、保坂達雄「まれびとの成立―折口信夫と同時代―」(慶応義塾大学国文学研究会編『折口信夫まれびと論研究』所収、一九八三)、西村亨「まれびと」(西村亨編『折口信夫事典』所収、一九八八)、赤坂憲雄『異人論序説』(「ちくま学芸文庫」、一九九二)、小松和彦『異人論―民俗社会の心性―』(同、一九九五)

(保坂　達雄)

マレプ　マレプ　アイヌが河川でサケ類の捕獲に用いた鉤銛のこと。マレクともいう。およそ長さ七～一三センチ、幅六～九センチのU字型の鉄製鉤と太さ二～三センチ、長さ三〇～五〇センチの中柄、および鉤と中柄をつなぐ獣皮あるいは植物繊維製の短い紐からなる。使用する際に長い柄をつけるが、その柄には手近で丈夫な木を用いた。鉤銛は中柄の上の溝に鉤先が前方を向くようにはめ込まれる。魚体に突き刺さった鉤銛は溝から離脱するので、捕獲時の激しい衝撃を緩和する。

参考文献 知里真志保「アイヌの鮭漁―幌別における調査―」(『知里真志保著作集』三所収、一九七三)

(渡部　裕)

まろうどがみ　客人神　稀に来訪する神のこと。マラビトガミ、マレビトガミ、キャクジン、キャクニンともいう。神格は複雑であるが、他所から来訪する神と神社の末社にまつられる神、との二つに大別される。仏教渡来当初、仏を蕃神・他国神・仏神と呼び、薬師をまらひとと称し、また『今昔物語集』一一に「隣国の客神」などとみえるのは、来訪する神に属する。また、仏教渡来以前から、人々に富と長寿をもたらすために、常世の国から時を定めて来訪する神もあり、それを折口信夫はまれびとと称した。まれびとを折口は祖霊と考えたが、一方、これを穀霊に生命力を与える生産霊と説く見解もある。また『常陸国風土記』筑波郡条に、他所から来訪してきた祖神尊が、一夜の宿りを福慈(富士)の神に乞うたが断られ、これに対して筑波の神は饗応したので、筑波山に幸をもたらすという説話がある。『備後国風土記』には武塔神が宿を弟の巨単に乞うたが拒絶され、兄の蘇民は丁重にもてなしたので、武塔神は蘇民の子孫代々まで擁護したとある。祖神尊も武塔神も他所から来訪して福をも

たらす客人神として語られている。神社の境内にまつられる客神には地主神と今来神とがある。多くは境内の片隅に鎮座している。客神・客人神は島根県に多く鎮座し、祭神は伊弉諾尊《いざなきのみこと》ないし大国主命《おおくにぬしのみこと》である。主なものは安来市の天穂日命神社の末社、能義郡の山狭《やまさ》神社、同郡の布《ふ》弁《べ》神社のいずれも相殿神、簸川郡の阿爾神社の末社、同郡の客神社、また美保神社の客人山に鎮座する客人社、そして姫路市の射楯兵主《いたてひょうず》神社の客人神社、山口県佐波郡の客神社などである。法華三十番神では二十日を守護するのが客人大明神で、女神として表現されている。この神は伊弉諾尊で、白山妙理大菩薩ともいわれ、比叡山の麓に影向《ようごう》したという。能登の伊須流支比古神社《いするぎひこじんじゃ》の祭神の客人権現も同系統に属するであろう。 ↓まれびと ↓来訪神《らいほうしん》

参考文献 柳田国男「神道と民俗学」(『柳田国男全集』一三所収、一九九〇)、折口信夫「常世及び「まれびと」」(『折口信夫全集』一所収、一九六五)、堀一郎『遊幸思想—国民信仰之本質論—』、一九四四、三谷栄一「信仰伝承論—まれびと二元論の立場から—」(『日本民俗研究大系』二所収、一九八二)

(三橋　健)

まわりじぞう　回り地蔵　地蔵の信仰習俗の一つ。信者の家々を宿にしてまつられながら、まつり手によって次の宿へと運ばれ、一巡したのち、本拠とする寺や堂などへ戻るという地蔵の巡行習俗、およびその地蔵のこと。巡《めぐ》り地蔵とよぶところもある。山形・福島・栃木・群馬・茨城・埼玉・東京・神奈川・愛知・福井・京都・奈良・和歌山・三重・高知・長崎などの各都府県に事例が認められ、特に関東各地の報告例が多い。地蔵の巡行は、ある期間にだけ限られるものと、一年を通じて行われるものとがある。回る範囲は、一つのムラの中に限られるものと、複数のムラにもわたるものとがあり、後者の多くは、寺の関与する講中の組織と結びついて、何人かの希望者の家や、世話人や当番の家だけを、一夜ずつ回るかたちがとられている。地蔵は、一般に背負い厨子で宿の家に運ばれてまつられる。その御利益とされるものは多方面にわたるが、主に安産・子育て・延命・疫病除けなどで、巡行のはじまりに疫病流行がきっかけとされる事例も少なくない。回り地蔵の習俗は、十六、七世紀までさかのぼれるが、広く流布したのは、江戸時代中期、十八世紀以降といわれる。これは、社寺の神仏の出開帳が江戸を中心に盛んになったころでもある。回り地蔵は村人あるいは僧侶によって始められたものが少なくないが、その信仰習俗を受け入れる基層には、神仏の遊行、来訪神の歓待など古来の信仰の流れをくみとることができる。

参考文献 松崎憲三『巡りのフォークロア—遊行仏の研究—』、一九八五、大島建彦編『民間の地蔵信仰』、一九九二

(中島　恵子)

まんかい　まんかい　鹿児島県大島郡の奄美大島北部や徳之島天城《あまぎ》町に伝承される手招きの所作が入った民俗芸能。まんかいは招く意味。旧暦八月初丙のアラセツの日、龍郷《たつごう》町秋名《あきな》では、早朝、青年たちが山の中腹に設けたショッチュガマの小屋を揺り倒して稲霊招きをし、夕方潮の満ちるころ、海岸では神女たちによって平瀬まんかいが行われる。海岸に突き出た二つの小高い瀬のうち神平瀬には祝女《ヌル》たち神女が奇数人登り、女童《めらべ》平瀬にはグジ(手伝い役の男神役)と神女たちが登る。女童平瀬の太鼓と歌に合わせて祝女たちは両手を目の高さに上げて招くようにして舞い、次に女童平瀬の神女たちも舞う。このとき、両掌を下に向けて右から左へ流し、一転して(こねて)左から右へ戻す。これは招く(押す)、こねる、両掌を上に向けて拝む琉舞の手と共通するが、「玉ぬ石登《にぶ》てぃ、何《ぬ》ぅぬ祝《ゆわ》い取りゅり、アレ西東《にしひぎ》ゃぬ稲霊《にゃだま》、招き寄せろ」という歌とともにネリヤから稲霊を招いている神事芸能である。このあと祝女たちは瀬の上でネリヤに向かって両手を合わせて拝み、次に浜辺でスス玉踊り、稲摺り踊りを踊る。笠利《かさり》町節田《せった》の正月まんかいは手まんかいともいわれ、男女が屋内で二列に向き合って坐り、掛け合いで歌い、片手で軽く叩き合ったりしながら手招き型の手舞いをする。天城町のまんきゃ踊り(別名きょうだら節)も正月に踊る。招き手は奄美の八月踊りや夏目踊り、沖縄の諸芸能にも見られるが、両掌を上に向ける拝み手は琉球とアイヌ社会では今も神拝みの方式として残っていて、神道や仏教の両手合わせ拝み以前の拝み方を示唆していて注目される。 ↓アラセツ

参考文献 文英吉「正月まんかい」(『奄美民謡大観(改訂増補版)』所収、一九六六)、下野敏見「マンカイ」(『南九州の民俗芸能』所収、一九八〇)

(下野　敏見)

まんかい（鹿児島県竜郷町）

まんざい　万歳　正月を中心に民家の門口に立ち、祝言を唱えて米銭を乞う祝福芸能。民俗的には年のはじめに祝福に訪れる来訪神の系譜を引くが、直接的には平安時代以来、正月初子《ね》の日に貴紳の邸宅を訪れた千秋万歳《せんずまんざい》が、近世的に展開したものである。江戸の正月は、三河国から訪れる万歳で明けるといわれたが、これは戦国時代に

三河の武将に所属した舞々が、江戸幕府の開府以降も、その主従関係に頼って江戸に下ってきたためで、三河以来の武将が入部した関東一円の城下町にも、それぞれ舞場を確保して活躍した。戦国時代の武将には、それぞれ専属の下級陰陽師がおり、舞々・院内・博士などと称して、吉日の占いなどの呪術的行為をはじめ、祝言、幸若舞などに活動していた。江戸時代の万歳は彼らの後身で、各地の城下町では武家屋敷、町人屋敷、村方へと決まった檀那場を順次巡回したのである。江戸城に出仕した万歳は、徳川氏に従った三河以来の舞々勘太夫で、早くから江戸に移って神事舞太夫として関東一円の支配権を確立していた。しかし途中で不都合があり、田村八太夫がその権利を獲得した。それ以外の万歳は、三河から歳末にやって来てそれぞれの大名屋敷を中心に江戸中の檀那場を巡ったが、相手役の才蔵を江戸の才蔵市で調達したという伝承も残る。尾張の万歳も三河同様に江戸をはじめ各地に檀那場を持って活躍したが、多くは戦国時代以来の舞々が居り、彼らが城下の舞場権を所有していた。三河・尾張の万歳以外では秋田万歳・会津万歳・越前万歳・伊予万歳などが、民俗芸能として今日に伝承を残している。なお京都の万歳は、中世以来千秋万歳を担当した声聞師が退転したため、幕府の関係で大和万歳が上洛して、禁中や二条城に参勤した。諸国の万歳は、陰陽道取締りであった土御門家の支配下に入り、その保護を受けたが、正規の万歳以外にも、門付け芸人が正月のみ万歳の恰好をして門口に立つことがあり、江戸では彼らを江戸万歳として区別した。万歳の芸態は、太夫と才蔵が掛け合いで目出度い文句を並べ立て、家繁昌、所繁昌を祝福するもので、愛知県西尾市旧森下村に伝承された万歳では、鶴亀・青陽・岩戸開歌・御門開歌・天之岩戸開岐之呪文・七福神・七草などの詞章を伝えている。→太夫《たゆう》 →三河万歳《みかわまんざい》

参考文献 尾張知多万歳保存会編『近世出かせぎの郷—尾張知多万歳—』、一九六六、斎藤槻堂『越前万歳』、一九六六、佐藤久治『秋田万歳』、一九七〇、西尾市史編さん室編『西尾市の三河万歳』、一九七二、山路興造『翁の座—芸能民たちの中世—』、一九九〇

（山路 興造）

まんざい 漫才 二人の芸人による滑稽な軽口問答を演じる寄席芸。年頭の祝儀の門付け芸としての万歳は、一八八七年(明治二十)ごろから大阪の場末の小屋で玉子屋円辰らによって万才となった。この万才が、さらに漫才として現在にうけつがれることになるが、万才という文字が漫才と書き替えられるようになったのは一九三四年(昭和九)のことで、同年四月二十五日から三日間、東京新橋演舞場で特選漫才大会が催された。これは大阪の吉本興業がエンタツ、アチャコら人気コンビを総動員して東京に進出した記念すべき興行とされている。その後、一九三八、九年ごろには、この文字は定着した。名付け親は吉本の東京責任者の林弘高で、命名の由来は、東京興行を成功させるために、東京人に人気のあった大辻司郎・徳川夢声・井口静波らの漫談にヒントを得て、それまで上方のものだった万才を漫才に改めたのだという。これには異説もあり、同じ吉本の文芸部長だった橋本鉄彦のアイデアで、一年前の一九三三年から大阪で漫才の文字が使われ始めたともいわれている。いずれにしても漫才は上方で発達した演芸であり、現在でも漫才は大阪の寄席では主流、落語その他の演芸は色物とされ、東京の寄席では漫才が色物の一つとされている。現在では三味線やギターなどの楽器を用いたり三人、四人で行うものなど多様化を見せて健在である。

参考文献 吉田留三郎『(かみがた演芸)漫才太平記』、一九六四、小島貞二『漫才世相史』、一九六五

（比留間 尚）

まんさくおどり 万作踊り 南関東、特に埼玉県にみられる、豊作を祈って農村の娯楽として踊られる踊り。かつて、万作は豊年万作という語に由来するように、農民の娯楽として大いに隆盛を誇っていた。特色は、きまった暦時に厳格な次第にのっとって執行されるような宗教儀礼的な芸能とはまったく違っており、参加する者にも男女、年齢はもとより制約がなく、娯楽に徹した芸能だといえる。したがって、芸能の内容も多彩で、また芸風も個人個人の自由であることを特色としている。春や秋の祭に境内などに仮舞台を設けたりして演じられているが、校庭や民家の庭に掛舞台をすることもある。また、埼玉県川越市・川島町ではかつてはご祝儀の宴席や野良仕事の合間や稲刈りが終った祝いにも気軽に踊ったりしていたという。万作として演じられる内容は、万作踊りという言葉があるようにさまざまな手踊りと、万作芝居と呼ばれるように一幕ものの段物系統がある。前者は飴屋踊りであり、伊勢音頭であり、下妻手踊りであり、粉屋踊り、銭輪踊りである。いずれも、篠笛、四つ竹や鉦、太鼓、拍子木といった楽器を演奏しながら歌を歌い、多くの者が浴衣の着流しに赤など派手な帯を締めて揃って

万作踊り（埼玉県川越市老袋）

踊る。後者は「躄勝五郎」「忠臣蔵五段目山崎街道之場」「菅原伝授手習鑑佐田村之場」など地芝居の一幕物が演目として採用されている。囃し方の演奏や歌に合わせて、ときには科白をおもしろおかしく発し、そして踊るといった、いわば農民の娯楽としての芸能であると理解すればよい。

参考文献 倉林正次『埼玉県民俗芸能誌』、一九七〇、埼玉県教育委員会編『埼玉の万作』(「埼玉県民俗芸能緊急調査報告」一、一九七八) (斎藤 修平)

まんじゅう 饅頭 小麦粉や蕎麦粉などを練った皮で餡を包み、蒸したもの。源頼朝が富士の巻狩りの際に長男頼家が鹿を射た祝いとして参加者に十字という饅頭を与えたという話がある。当時の饅頭は、甘い小豆餡ではなく、野菜の入った塩味のものであったという。その後、砂糖の普及とともに甘味のある小豆餡の饅頭に人々の好みが移っていった。江戸時代になると、皮をふっくらさせるための工夫がなされ、甘酒で発酵させる酒饅頭やヤマイモを加えた薯蕷《しょよ》饅頭を売る菓子屋が評判となった。奈良市の漢国《かんごう》神社境内にまつられている林神社は、日本に饅頭を伝えたといわれている林浄因をまつり、別名饅頭神社とよばれている。各地に麦の収穫のあとに饅頭を作る行事がみられる。関東地方の麦作地帯でみられる、麦の収穫後のコナバツ、養蚕が一息ついたころの蚕上がりなどでは、仕事休みとなり、饅頭を作って祝った。嫁が里帰りするところもあり、饅頭の贈答も行われた。また、盆には、小麦粉を使ったうどんや素麵・饅頭を供えた。夏や秋の祭礼は、麦の収穫の後でもあり、また、甘酒の麴が発酵しやすいこともあって、酒饅頭を作るところが多い。また、小麦粉を練っただけの皮で餡を包み、蒸籠で蒸さずに、鍋や釜で茹でる茹饅頭を作るところもある。粉を練って中に小豆餡や野菜の餡を包んで、囲炉裏の灰の中で蒸し焼きにするものもあるが、これは饅頭ではなく、ヤキモチとかオヤキなどとよばれている。

参考文献 神奈川の食事編集委員会編『聞き書き神奈川の食事』(「日本の食生活全集」一四、一九九三)、高橋幹夫『江戸あじわい図譜』、一九九五 (山崎 祐子)

まんぞう 万雑 富山・石川県地方で各家から徴収するムラ運営の経費のこと。「よろず雑用《ぞうよう》」の意。農地や道路・用水を維持する土木費が最も大きく、その他宮や村有財産の管理費などがある。土木費は行政負担に変わってきたのでムラの負担は軽くなった。万雑の負担金額は初寄合で協議し、年末に精算する。負担方法は第二次世界大戦前は耕地の持高によったが、土木費の減少と民主化によりだんだん平均割になってきた。残された万雑帳により、ムラ運営の歴史をたどることができる。

参考文献 佐々木竜作「「マンゾ」の調査」(『越中郷土研究』一ノ五、一九三七) (佐伯 安一)

まんだら 曼荼羅 サンスクリット語の Maṇḍala の音写で曼陀羅・慢怛羅とも表記され、輪円具足・本質・道場壇などと訳される。一般に諸仏・諸菩薩・諸神をあつめて一定の方式に基づいて配列した図を意味し、胎蔵界曼荼羅・金剛界曼荼羅、合わせて両界曼荼羅として知られる。胎蔵界は一切含有を意味し、母胎に宿った種子が生育してゆく力にたとえて、大日如来の大悲の働きが内から外へ展開するさまを諸尊の配置によって表現している。金剛界は堅固の意味でこの上なく堅牢でいかなるものにも壊されぬことにたとえて、大日如来の智の働きが向上進修してやまないさまを九《く》部に分けて表現したもので九会《え》曼荼羅とも呼ばれる。はじめ仏の世界を具体的に心に映す観想曼荼羅が出現したが、一般の人は仏を観ることが困難であることから五世紀から六世紀ごろにかけて観想による映像を具象的に描いた図が作られるに至った。そして七世紀中ごろに胎蔵界が、八世紀には金剛界の曼荼羅図が描かれた。曼荼羅は密教行者がそれに全身全霊を集中させることにより入我我入の体験を実現するための対象であり、この種の神秘経験獲得のための行《ぎょう》はいろいろな宗教集団の修行のなかに含まれている。また胎蔵界は女性・母性・子宮を表象し、金剛界は男性・父性・男根を象徴するとされ、真言立川流の敷曼荼羅は八葉蓮華の上で男性と女性が合体している図であった。両界曼荼羅のほかに社寺曼荼羅・神道曼荼羅など多彩な展開をとげた。

参考文献 真鍋俊照『曼荼羅の美術』(「ブック・オブ・ブックス日本の美術」五五、一九七九)、黒田日出男「熊野観心十界曼荼羅の宇宙」(『(大系)仏教と日本人』八所収、一九八九) (佐々木宏幹)

まんちゅういん 満中陰 ⇨四十九日《しじゅうくにち》

マンナオシ マンナオシ 不漁続きなどの時に漁師たちが不漁直しを祈願すること。マナオシともいう。ゲンナオシ、シアワセナオシなどともいうようにマンやマは幸運の意で、間直しとか真直しと表記する。こうした一種の運直しや気分転換の民俗はどのような社会にも存在するが、集団で漁に従事することが多い網漁従事者たちの間では漁撈集団単位で盛大に行われることが多い。一般には、オガミヤなどと呼ばれる巫女に占ってもらったり巫女から授かった御幣で船を浄めたりするほかに、漁撈に従事する人びとが集団で氏神にお籠りをしたり酒盛をしたりすることが多いが、船霊を厳島神社にあげてマンを直してもらい、大漁幟を立てた網船の上で酒宴をはるという山口県祝島(熊毛郡上関町)の例や、マンナオシ酒宴の席に同漁に従事する他の者がボラを一尾投げ入れると、その席に連なる者はボラが飛び込んだと大いに喜びそれを持って踊り廻るといった広島県豊田郡安芸津町三津の例のように、かつては予祝的な所作を伴うものであったようである。また、男衆がマンナオシをしても不漁が続く場合には、漁師の妻たちが氏神にお籠りをしたり、酒盛をして騒いだりすることが宮城県牡鹿半島や新潟県佐渡や高知県土佐清水市などで行われていたが、これらは元来マンナオシが女性を中心として行われていたことや漁村において女性の霊力が豊不漁を左右すると考えられていたことを示唆するもので、女性神である船霊に同性の女性が直接働きかけることにより不漁を好転させようとしたものと考えられる。

参考文献 仁科又亮編『万祝—黒潮が育てた漁民芸術の華—』、一九九二

（小島　孝夫）

マンボ マンボ　三重県北部の四日市市・鈴鹿市などでみられる地下水取水装置。マブ・横穴・横井戸などともいう。地表に水の乏しい洪積台地や扇状地の地域に作られている。地下水脈や伏流水の流れている箇所に向かって横穴の隧道を掘り、トンネル内にしみ出してきた水を集めて外に出し、主として農業用水として利用する。長さは数十メートルから、長いものは五〇〇メートルにも及ぶ。近世後期に作られたマンボもあるが、多くは明治以降のものである。マンボの語源は明らかでないが、鉱山の坑道を意味するマブに関連するという説が有力である。なお、単なるトンネルをマンボと呼ぶ所は中部地方から近畿地方にかけて広く見られる。

参考文献 小堀巌編『「マンボ」—日本のカナート—』（「三重郷土資料刊行会叢書」一〇二、一九六八）、徳井賢「四日市のマンボ」（『三重民俗論集』、一九九二）

（福田アジオ）

まんようしゅう 万葉集　奈良時代の末に成立したと見られる歌集。二十巻からなり、四千五百十六首の歌を収載する歌集で、現存最古の歌集ということができる。編纂者および編纂の経緯については序文もなく不明であるが、大伴家持の関与は動かないところである。天皇から庶民に至る広い層の作品が網羅された歌集で、近世以降は歌人必読の書として多くの注釈書が出されている。『万葉集』の研究と民俗学を結びつけたのは折口信夫で、折口は『万葉集』を古代生活を知る一級の資料と位置付け、『万葉集』の民俗学的研究を定立させようとした。折口は生活から歌が発生すると考え、民俗学によって古代生活を明らかにすることを構想し、逆にそこから万葉びとの心情を照射できるのではないかと考えていた。『古事記』や『日本書紀』よりも『万葉集』の方が古代の生活を知る一級資料となると、折口が考えたのは、正史には記されない私的な生活がわかる点である。たとえば、古代の婚姻形態などについては、相聞《そうもん》歌《か》の分析がおおいに役立っている。折口の示した民俗学の手法による万葉研究はその後池田弥三郎・高崎正秀らによって受け継がれ、一派を形成するに至っている。以上のような折口の視点とは別に、古代の民俗を知る資料として万葉集研究を行なった学者に、西村真次・中山太郎がいる。西村の『万葉集の文化史的研究』（一九二八）、中山の『万葉集の民俗学的研究』（一九六二）などは、その代表的著作である。

参考文献 上野誠「折口信夫のフィールド・ワーク—「古典」と「生活古典」を結ぶもの—」（『国立歴史民俗博物館研究報告』三四、一九九一）、桜井満『万葉集の民俗学的研究』、一九九五、上野誠『古代日本の文芸空間』、一九九七

（上野　誠）

み

み 箕　風力を利用して実と殻の選別、あるいは塵の除去をする用具。承平年間（九三一—三八）に成立した『和名類聚抄』に「和名美、除糞簸《ひ》米之器也」とあり、箕は古くから日常生活の中で使用されていた。風の吹くとき、天日干しをした麦や籾を箕に入れて持ち上げ、少しずつ落とすことによって選別するという作業である。風が吹かないときには、大蔵永常の『農具便利論』（一八二二）にみるように、一枚の筵《むしろ》を二つ折りにし、人工的に風を起す方法もとっている。箕の種類には主材料によって、竹箕・皮箕・篠箕・板箕といったものがある。兵庫県宝塚市の例では、主材料に藤皮と孟宗竹、副材料に蘗、ネソの木、

箕

桜皮を混ぜ合わせ、五升・八升・一斗・大箕といった大きさの異なる四種類の箕を製作している。また長野県から東北地方にかけては、杉皮を材料とした皮箕が多く存在する。『竹取物語』でかぐや姫を竹の中から拾いあげた竹取の翁は、箕などを作ることを生業とする人であった。箕作りは難しい特殊な技術を必要としたため、これを専業とするさんかという人たちがいた。この人たちは定住者は少なく、箕作りの材料がある場所にセブリ(仮住居)をつくって生活をするという漂泊者であった。山野自生の樹皮・蔓草・竹類の工作に秀で、箕の製作や直しだけではなく、籠・笊、機織の筬、茶筌、ささらなども作り行商していた。なお、箕は日常の生活用具として米などの良否を選び分けるとともに、神への供物の米をも選りとることができることから、神聖な霊力のある器として取り扱われる場合がある。箕に宮参りの嬰児を入れたり、年神・田の神の供物を供える器として箕を使用する習俗が広く行われている。

参考文献 滝川吉則「宝塚の箕作り」(『日本民俗文化大系』一四所収、一九八六)、三輪茂雄『篩』(『ものと人間の文化史』六一、一九八九)　(小坂　広志)

みあい　見合　結婚をしようとしている男女が、仲人や親あるいは親類などの紹介により、互いを知ろうとするために面会すること。芝居や映画、庭園などが面会の場として利用されてきた。見合は、第二次世界大戦の前後を通じて広く知られており、見合結婚という形式に代表されるように、近年まで配偶者を求める方法としては一般的であった。当人同士の意向よりも家柄とか家格が重視され、結婚は家と家との相互の結合と考えられていたため、配偶者の選択にあたっては親や親類縁者の承認が必要とされた。そのため男女の互いに知り合う場が増えても、その交際は結婚という方向に必ずしも進まなかった。結婚相手の選択は、親あるいは親の意向を受けた者による相手の紹介に始まった。見合から両人の交際、そして結婚へと至る道筋がかつての結婚への一つの形態であった。このような、主に都市における近年までの見合と村落で行われてきた見合とは違いがある。村落における伝統的な支配的な結婚形態は村内婚であった。村内婚であれば相手を知ることが可能であり、あえて見合の必要はなかった。だが、村外婚の村落では見合は必要であり、見合は、男が仲人に連れられ相手方の実家に行って娘に会うことであった。ミアイとはメアワセられる日であり、見合以前におおむね話はまとまっていた。聞き合わせなどで相手方の情報を知った上で本人同士が直接会うことにより、最後の判断を行なったので、一種の聟入ともいえる。内諾の印として扇子など品物を残していく習わしのある地域もあった。都市に始まる近年までの見合が結婚へのはじまりであるのに対して、村落における見合は最終段階であった。その大きな違いは、近年までの見合が当人同士の交際のはじまりであったのに対して、伝統的村落の見合は家相互の婚姻の最終段階であり、本人同士のはじめての顔見せであった。両性の合意による婚姻形態とは全く異なるものであり、近年までの見合ともまた異なるものであった。

参考文献 柳田国男「仲人及び世間」(『柳田国男全集』一二所収、一九九〇)、大間知篤三「日本結婚風俗史」(『大間知篤三著作集』二所収、一九七五)、江守五夫「伝統的な婚姻制度」(『日本民俗文化大系』八所収、一九八四)　(畑　聰一郎)

みあれ　みあれ　神ないし貴人の生まれることを原義とするが、のちには神霊を憑依させる物を意味するようにもなる。御阿礼・御生・御形とも書く。有名なのは賀茂別雷神社(京都市)で旧暦四月中の午の日(現在は五月十二日)の賀茂祭に行われる御阿礼神事である。南北朝時代に成立した四辻善成の『河海抄』一二に「賀茂祭前日、於二垂レ跡石上一有二神事一、号二御形一、御阿礼者御生也」と記すように、この神事は賀茂祭の前日の真夜中の子刻、神社の後方の丸山に設けられた御阿礼所で行われる。祭場は青柴垣《あおふしがき》で囲まれており、その中央に御阿礼木と称す紙垂を掛けた榊を立て、そこへ祭神の別雷神を招き、それを本社まで移す神事である。古来、重要な神迎え神事として受け継がれており、それが賀茂神社で行われてきたことから、やがて御阿礼は賀茂神社の異称ともなった。

参考文献 栗田寛『神祇志料附考』、一九二七、座田司氏「御阿礼神事」(『神道史研究』八ノ二、一九六〇)、真弓常忠「御阿礼考」(『皇学館大学紀要』一四、一九七九)　(三橋　健)

みあれのしんじ　御阿礼神事　京都市北区賀茂別雷神社(上賀茂神社)の神事。京都三大祭の一つ、葵祭の前儀として行われる。古くは四月中午日に、現在は五月十二日夜に実施している。「みあれ」とは神の出現を意味するといわれている。神社の北西八町の御生野《みあれの》の場に四間四方に四十八本の杭を打って、その廻りを松・ヒノキ・榊などの常緑樹で囲んで中が見えないようにし、中心から斜め前方に休間木《おやすまぎ》といわれる約四間の二本の皮つき松の丸太を扇状に出す。この神籬《ひもろぎ》の前には円錐形の立砂を一対設ける。十二日の夜、その場所で神事が行われる。まず葵桂をさした宮司以下の神職が摑みの料(飯にほぐした干物のトビウオと粉にしたワカメを混ぜたもの)と神酒を食する饗饌の儀(献の式)を行い、ついで消燈して、阿礼木という割幣をつけた榊の枝を持った矢刀禰《やとね》が立砂を三回廻り、神移しを行い、それを神社に持ち帰る神幸の儀を行う。神社では本殿の扉を開き、松明を燈してこれを迎える。葵桂を献じ、祝詞を奏上して閉扉する。この神事は神社の祭神賀茂別雷命《かもわけいかずちのみこと》が父は天津神《あまつかみ》であるといって天に昇ったため、御祖神《みおやがみ》などが別雷神に再び会うことを祈願すると、奥山の榊を採って阿礼を立てて待つことを告げたことによるといわれている。神事の様子は一三〇三年(嘉元元)の『賀茂別雷社嘉元年中行事記』が初見であるが、現在の状況とほぼ同じである。　→葵祭《あおいまつり》

参考文献 座田司氏「御阿礼神事」(『日本祭祀研究集成』四所収、一九九七)　(芳井　敬郎)

ミイラ　ミイラ　人間あるいは動物の死体が腐敗せずに乾固な状態で原形を保ったもので、広義には水中あるいは湿潤な土壌中で死蠟となったものも含まれる。極端な乾燥と高温あるいは低温の条件下で死体が自然に乾固したものを天然的ミイラと呼ぶが、人類学などの研究対象として価値が高いのは人工的ミイラである。人工的ミイラは、死体の処理法の中で徹底的な保存を意図したものであり、古代から世界の各大陸で死生観や霊魂観に基づいてつくられてきた。ミイラつくりの原理は充分に脱水し細菌による腐敗を防ぐことにあるが、その方法には地域差がある。オーストラリア、ニューギニア、アフリカの一部では火を焚くことによる一種の薫製、インカでは砂漠に掘った竪穴への埋蔵が行われた。最も技術が進んでいたのはエジプトで、脳を鼻孔から掻き出し心臓以外の臓器を摘出・除去したのち、脱水のためにソーダをまぶした麻布が体腔内に挿入された。日本には中国で発達した弥勒信仰に基づく入定ミイラが、十一―十二世紀に伝わったと推測されているが、現存する最古のミイラは一三六三年(康安二)に入定した弘智法師のものである。仏教の教義でいう観念上の即身成仏の思想が、日本古来の現人神信仰と合流して死んだ後にも霊力や仏力を現わすという入定思想を生み出した。五穀断ちをして入定し、ミイラ化した即身仏で有名なものには出羽三山の一つ湯殿山のものがある。本明寺の本明海上人(一六八三)の即身仏が古い。出羽三山信仰の中では、山形県鶴岡市南岳寺の鉄竜上人が最後の即身仏である。そのほかにも『法華経』に基づく浄土教信仰から藤原三代のミイラを残した、平安時代末期の岩手県西磐井郡平泉町の中尊寺も有名である。さらに、近世の江戸の富士講の隆盛は、富士山吉田口で断食修行の後、入滅した六代目行者身禄の弥勒信仰のメシアニズムが契機となったといわれる。ミイラは、古代の病気について信頼性の高い情報を提供する。エジプトでは紀元前四千年紀にさかのぼるものを含め、保存状態がよい三千体以上ものミイラが発見されており、関節炎・小児麻痺・結核、さらには肺炎・肋膜炎・腎石・胆石・天然痘などの症状を示すものが確認されている。

参考文献 深作光貞『ミイラ文化誌』、一九七七、エルウィン・H・アッカークネヒト『世界医療史―魔法医学から科学的医学へ―』(井上清恒・田中満智子訳、一九八三)　(大塚柳太郎)

みえいく　御影供　一宗の開祖の肖像をまつり、報恩・供養のために修する法会。宗派により呼称は一定していない。真言宗では、空海の忌日である三月二十一日に正《しょう》御影供《みえいく》が行われる。日蓮宗では十月十二日の逮夜から十三日の忌日にかけてお会式《えしき》が催される。また、親鸞の忌日である報恩講もよく知られる。そうしたなかでも、真言宗の正御影供をさして御影供という場合が多い。九一〇年(延喜十)、東寺灌頂院《かんじょういん》(京都市)で行われたのがはじまりとされている。このほか毎月二十一日に月並御影供が修せられる。東寺では、一月の御影供を初弘法、十二月を終い弘法と呼び、人びとに親しまれている。日蓮忌であるお会式は、御影供・御影講・御命講などとも称され、東京都大田区池上の本門寺をはじめとする主要寺院には多くの講中や信徒が群参し、熱気に包まれる。十二日の逮夜はとりわけ盛大で、日蓮命終のとき咲いたとされる桜花を配した万燈《まんとう》と纏《まとい》の行列に、団扇太鼓を打ち鳴らす信徒が連なる。報恩講はお講と通称され、親鸞の忌日である十一月二十八日前後に行われるが、本願寺派の場合、新暦に置き換えて一月に開かれる。また信徒の家でも営まれ、これを御取越と呼んでいる。仏教とくに祖師信仰が民間に広く浸透していることを物語っていよう。お会式や報恩講など、秋期に行われる祖師忌は、豊年感謝の祭と習合し、檀信徒による収穫物の奉納がなされる地域もみられる。　→お会式《えしき》　→御取越《おとりこし》　→祖師忌《そしき》　→報恩講《ほうおんこう》

参考文献 松野純孝編『仏教行事とその周辺』、一九七六、宮坂宥勝編『日本仏教基礎講座』三、一九八〇　(長谷部八朗)

みかいほうぶらく　未解放部落　⇨被差別部落《ひさべつぶらく》

みかぐら　御神楽　主として宮廷の神楽、すなわち内侍《ないし》所《どころの》御神楽(賢所《かしこどころの》御神楽)をさす。内侍所御神楽は天皇即位の大嘗祭に催される琴歌神宴(清暑堂《せいしょどうの》御神楽)や、鎮魂祭、園《その》并韓神《からかみ》祭の神楽、賀茂臨時祭還立《かえりだち》の神楽、石清水八幡臨時祭の神楽などの古神楽が母胎となり、整理・統合した形で成立したもので、その創始は一〇〇二年(長保四)あるいは一〇〇五年(寛弘二)とされる。古神楽はすべて絶え、内侍所御神楽のみがほとんど絶えることなく今日に至っている。平安時代は公卿・殿上人に地下《じげ》の楽人が加わり、徹夜の催しであったが、現在は宮内庁楽部の人たちが奉仕し、時間や曲目は簡略化されている。毎年十二月中旬に、宮中温明殿賢所《うんめいでんかしこどころ》の前庭に庭燎をたいて行われる。人長《にんじょう》(楽人長)の統率のもとに始まり、庭燎を正面とし左方に本方《もとかた》、右方に末方《すえかた》の楽人たちが座を占める。まず試楽にあたる人長式(庭燎・阿知女《あじめ》作法)があり、次に採物《とりもの》・大前張《おおさいばり》・小前張・雑歌《ぞうか》の四部からなる次第が行われる。笏拍子《しゃくびょうし》・笛・篳篥《ひちりき》・和琴の伴奏で神楽歌をうたうことが主で、特に採物は神事として最も重要な部分で榊や幣など採物を讃める歌や採物にちなむ歌がうたわれる。しかし、その採物をとって舞うことはなく、採物の部の最後にある「韓神《からかみ》」と雑歌の部の「其駒」の時に、人長が輪をくくりつけた榊の枝を採って、庭燎の前に出て舞う。大前張は現在行われていない。

参考文献 上田正昭・本田安次編『神楽』(『日本の古典芸能』一、一九六九)、本田安次『神楽』一(『本田安次著作集』一、一九九三)　(渡辺　伸夫)

みかわだいかぐら　三河大神楽　愛知県の三河地方を本拠地にした太神楽の総称。三河太神楽とも書く。獅子の

愛知県新城市中町の獅子神楽

霊力によって祓い、諸芸を行いながら各地を廻った。三河各地には七組の神楽があったと伝えるが、そのすべての所在は定かでない。宝飯郡小坂井町院内・蒲郡市形原・安城市別所が中心で、それぞれ万歳も出た地域である。形原だけが最後まで残っていたが、昭和の後期には消えてしまった。院内や形原の由諸書によれば、伊勢の阿倉川(三重県四日市市)の太神楽の流れであると記されている。良く知られている伊勢の太神楽と同系のはずだが、芸態は全く異なる。神事舞である御幣と鈴を持つ幣の舞と、余興芸である獅子役が女形を演ずる獅子芝居とに大きく分かれる。所によっては万歳の本拠地だけあってほかに寸劇的な万歳も演じたことに特色がある。古くは二人立であったが、芸態が変化するに従って一人立の獅子舞になった。遠州や奥三河、そして木曾路までも檀那場とした。獅子が芝居を演ずるようになったのは、江戸時代中期も終りころからで、娯楽のないころだったため各地でもてはやされた。その結果、地域に定着して各地域独自の芸能として発展した所も多い。蒲郡市三谷町・新城市中町・南設楽郡鳳来町能登瀬などに残る。奥三河の花祭や御神楽の中にある獅子が、太神楽のそれに変わった例もある。別所の芸は、尾張に伝えられるとさらに洗練され、チョボ(義太夫語り)まで入る本格的な芝居となり、明治時代初期には嫁獅子《よめじし》と呼ばれるようになった。

参考文献 早川孝太郎「三州戸金の神楽の才蔵のこと」(『早川孝太郎全集』三所収、一九七三)、田中義広「愛知の嫁獅子」(『美濃民俗』一五九・一六〇、一九八〇)、鬼頭秀明「東海の嫁獅子」(『まつり』四二、一九八四)

(鬼頭 秀明)

みかわまんざい 三河万歳 愛知県の東部、三河を本拠地とした祝福芸の一つ。万歳の代名詞ともなっている。太夫と才蔵の二人が組になり、掛け合いながら祝詞を述べて鼓を打ち、主に関東方面の檀那場を正月から春にかけて廻った。安城市別所と西尾市森下のほか、小坂井町院内などに三河万歳の本拠地があった。江戸時代には、正月の江戸城開門の際には祝言を述べて開かせたという。

愛知県安城市の三河万歳

徳川家の庇護を受けながら、土御門家の支配下に属し、明治に入ると神道色を強くすることで存続を計った。現在は、尾張の芸風である御殿万歳も採用し、安城市・西尾市・幸田町の三保存会が国の重要無形民俗文化財に指定されている。

参考文献 神谷和正「三河万歳のあゆんだ道」(小沢昭一他編『芸叢書』五所収、一九八一)、若杉平正編「三河万歳を勧めて」(同)

(鬼頭 秀明)

ミカワリバアサン ミカワリバアサン 事八日などに来訪するとされる妖怪。ミカリバアサン、メカリバアサンとも呼ばれる。その伝承範囲は、東京都と神奈川県の多摩川流域および横浜市の一部の地域で、事八日の一目小僧の来訪と重複して伝承されている場合もある。来訪日について見てみると、必ずしも二月八日と十二月八日の事八日だけではなく、十一月二十五日～十二月五日の間や十二月二十五日とする伝承も多い。その他、大晦日や二月の年越という例もあり一定していない。来訪日を事八日とするところでは、ミカワリバアサンは恐ろしい妖怪・疫病神などとされており、この日は目籠を吊すなどの魔除けを施して静かに過ごす。一方、十一月二十五日や十二月二十五日の例では、屑米も粗末にせず金持ちになった良い婆さんとする伝承があり、土穂団子の供え物を作って戸口にさす。ミカリは箕借りだともいわれ、農業神的な一面もみえる。また、川崎市多摩区生田では十月三隣亡の荒神の祭にミカリバアサンの伝承がある。このほかにも、ミカリバアサンは火事で亡くした子供を探しているという伝承があり、火難除けの習俗との結びつきも見える。さらにその名称からは、千葉県房総半島のミカリ神事との関連がうかがえる。ミカリ神事は神を迎えるための物忌の祭事であり、ミカリ、ミカワリは清浄な心身への「身変わり」であろう。ミカワリバアサンの伝承は厳しい物忌の行事から発生したと考えられ、事八日をめぐる問題に多くの材料を提示している。

参考文献 大島建彦編『コト八日―二月八日と十二月八日―』(「双書フォークロアの視点」八、一九八九)

(高橋　典子)

ミカン ミカン　多様な柑橘類の総称。広く普及したウンシュウミカンだけをさす場合と、より古くからあったタチバナ、ダイダイなどを含む場合がある。ミカンは、濃緑色の葉の間に生じた小さな果実が次第に黄金色に成長していく様子から、太陽や生命の象徴とされた。広義のミカンについて見ると、タチバナは、トキジクノカクノコノミといわれ、それを求めて常世《とこよ》国をめざした田島守の伝説をうんだ。また古代の駿河国富士川のほとりで、橘の木に付く虫を常世神として信仰した事件(『日本書紀』六四四年(皇極天皇三)条)もミカンへの信仰が関係している。ミカンは供物に使われるほか、民間の諸儀礼にもよく登場する。正月の鏡餅の上や門口に飾ったダイダイをあとで風呂に入れたり、ドンド焼きの炎で焼いてから魔除けとして門口に飾ること、鍛冶屋がまつる金山様にミカンを供えること、婚姻の膳にミカンを添えること、また伊勢参りのあとや家の新築祝い、船おろしに際して、ミカンをまくことなど、ミカンに対する幅広い信仰を示している。さらにミカンの皮を乾燥させたものは陳皮《チンピ》という漢方薬の一種として利用された。温州《うんしゅう》ミカンは中世末から近世初めに中国浙江省から渡来した種子がもとになり、九州で発生したと考えられている。次第に各地に広まって、近世になって各地の特産物となる。静岡・和歌山・愛媛などの日当りのよい斜面で盛んに栽培され、収穫期には瀬戸内の段々畑やミカン山全体が黄金色に染まる特色ある景観をなした。静岡ミカンは国内需要に加え輸出品としても大いに生産され、一九五〇年代まではミカン切りのために、移動班と称する季節労務者を東北・北陸方面から雇い入れていた。

参考文献 静岡県柑橘販売農業協同組合編『静岡県柑橘史』、一九五九

(中村羊一郎)

みき 神酒 ⇩お神酒《みき》

みぎ 右 ⇩左《ひだり》

みくじ 神籤 ⇩おみくじ

みくまりのかみ 水分神　古代の水神の名。『延喜式』神名帳に大和国(奈良県)の葛上郡に葛木水分神社、吉野郡に吉野水分神社、宇陀郡に宇太水分神社、山辺郡に都《つ》祁《げ》水分神社の四社が挙げられる。また、河内国(大阪府)に建水分神社、摂津国(大阪府)に天水分豊浦命神社が挙げられている。水分社は古くから水配《みずくばり》の意と解釈せられ、『続日本紀』六九八年(文武天皇二)四月条に「奉馬千芳野水分峯神祈雨也」とあり、水の神および水を支配するところに意味があると考えられる。また、祝詞に「水分に坐す皇神等の前に白《まを》さく。吉野・宇陀・都祁・葛木と御名は申て、辞《たたえごと》をへたてまつる」(原漢文)とあり、それに続いてその年の稲の豊かなることをこの神々に祈ることばがあるところから、稲作と水との関係が密接である。前記の大和四社は、江戸時代の地誌『大和志』によると、それぞれ葛木を関屋村、吉野を丹治村、宇太を下井足村、都祁を鞆田村に想定している。大和葛木水分神社と河内建水分神社とは水越峠を境とした分水嶺、吉野水分神社は吉野川(紀ノ川上流)の水源、都祁水分神社は大和川と木津川の分水嶺、宇太水分神社の場合も宇陀川(下流は木津川)の水源とみられる。水分は水配の意味も認められるが、地形的にみて、分水嶺および水源の意味が強い。なぜ大和国に、このような名称の神名をつけたのかは不詳。このような分水嶺および水源の信仰は何らかの原始的な信仰が存在したのであろうが、大和において、稲作の開始とともにもっとも注意されたものと考えられる。水分神に対して雨乞い、稲作への豊作祈願が根強く、吉野水分神社では四月三日御田植祭が行われるのもその表われである。のちに、水源や水と関係の深い神社を九頭神と呼ぶようになるが、水分神社と性格的には同じである。歴史的に稲作が始められると、水源や水の配分が明確化する。また、水田を開発した為政者によって神社名は変わることも考えられる。なお、吉野水分神社は、みくまりがなまってみこもりといわれ、明治までは子守明神と呼ばれていた。子授安産の信仰の対象にもなっていた。

(浦西　勉)

→水神《すいじん》

みこ 巫女　超自然的な存在と人々の間の媒介をする女性の宗教者。ふじょとも読む。『伊呂波字類抄』は巫の字をミコ、カンナギ、『下学集』は巫女をカンナギと読ませている。『倭訓栞』には「みこ、神子をよめり、巫女をいうなり」とある。『古事記』では仲哀天皇が琴を弾き、息《おき》長帯日売命《ながたらしひめのみこと》(神功皇后)に神が憑依して託宣をし、武内宿《たけしうちのすく》禰《ね》が審神者《さにわ》となって新羅征討、次期天皇の指名などを記録したとある。また『日本書紀』垂仁天皇二十五年三月条には、倭姫命《やまとひめのみこと》に天照大神が憑依して伊勢の地に鎮座したとする伊勢神宮起源譚があり、倭姫命は初代斎宮《さいぐう》となったという。これらは記紀の時代の巫女の姿を彷彿させる神話である。古代の記録では『日本書紀』に伊勢皇大神宮の斎宮、『延喜式』の賀茂神社の斎院《さいいん》など神社所属の聖なる巫女がいた。中世の『鹿島神宮志』に記録された物忌は終身職としての巫女の姿を彷彿させるが、『新猿楽記』には死者の口寄せをする巫女が、『梁塵秘抄』には鼓を打ち、鈴を振る民間の巫女の姿が描かれている。近世には各地の地誌や風土記に巫女の記録がみられ、柳田国男は「巫女考」(一九一三・一四)の中で巫女の本質は託宣にあるとした。そして、多くの巫女がなぜ諸国を漂泊していたのかを追求した。そうした中で託宣の盛んな神の寄り女として突発的に神がかり、流行神となる者が出た。一方で全国に分散した巫女の中にも一種の系統があり、その道を相承して連綿と続いてきたものもあるとした。柳田のこの議論を受けて、中山太郎の『日本巫女史』(一九三〇)をはじめ、民間巫女への関心が高まった。桜井徳太郎は東北地方の盲目の巫女、沖縄のユタなど死者儀礼に関係する巫女を実地調査した。一方、宗教学の立場から堀一郎

は柳田の神社ミコと民間の口寄せミコの分類を批判して、神秘体験をもつ召命巫が真正シャーマンであり、神社ミコや口寄せミコは擬制巫であるとした。現在では一定の修行期間に師資伝授を受け、神つけの儀式などの入巫儀礼を経た東北地方のイタコ、イチコ、ワカ、オカミン、オナカマ、ミコなどと呼ばれる盲目の巫女を修行巫または総称してミコ、成巫過程における精神異常や発作を伴う神秘体験をもつ東北地方のカミサマ、ゴミソ、南西諸島のユタやカンカカリャーなどを召命巫または行者と呼んで分類している。一方沖縄には村落祭祀を主催する祝女《ヌル》やツカサ、東北地方には近世期に修験道に所属して、今も湯立託宣や病気直しの儀礼を行う神子《みこ》がいる。日本各地にさまざまな名称で存在する巫女は、日常生活の折目に呼ばれて、超自然的な世界との橋渡しの役目を担い、祭文や本地などを唱えてあの世への祈願を代弁し、託宣や口寄せで神々や祖先などの意志を伝達し、不可視の世界を示す。また主に女たちの悩みや痛みを受け止めて、祈禱や祓いなどの儀礼を執り行うことで癒しを与える。

巫女による厄払いの数珠かけ

近ごろ世襲巫や修行巫が減少しているが、代わって召命巫や行者が形を変えて受け継ぎ、ときには新宗教の教祖になって、生き残っていくこともある。↓あるき巫女《みこ》 ↓イタコ ↓斎宮《いつきのみや》 ↓鹿島物忌《かしまのものいみ》 ↓カンカカリャー ↓ゴミソ ↓シャーマニズム ↓ツカサ ↓祝女《ヌル》 ↓巫女《みこ》舞《まい》

参考文献 山上伊豆母『巫女の歴史』(「雄山閣ブックス」一、一九七二)、堀一郎『シャーマニズムその他』(「堀一郎著作集」八、一九八二)、桜井徳太郎『日本シャマニズムの研究』(「桜井徳太郎著作集」五・六、一九八八)、『巫女の世界』(「日本民俗文化資料集成」六、一九八九)、倉塚曄子『巫女の文化』(「平凡社ライブラリー」、一九九四)、義江明子『日本古代の祭祀と女性』(「古代史研究選書」、一九九六)

(神田より子)

みこ 神子 神事や神楽の場で神がかりとなり、託宣を語る者のこと。神がからせる者と対で行われることが多い。近世初期以降、吉田神道から官位を得た神職が活躍するようになり、女の神子は退き、男が神がかるようになる。近世中・後期の東北地方では、神子をめぐり吉田神道と修験各派との訴訟が相つぎ、修験各派所属の神子は守子を名乗る者も出てくる。陸中沿岸地方では今も神子による湯立託宣が行われている。

参考文献 宮古市教育委員会編『陸中沿岸地方の神子舞報告書』、一九九七

(神田より子)

みこがみ 御子神 (一)親子神関係にある子神。御児神、または王神・王子神・若宮・苗裔神などともいう。古くは『肥前国風土記』逸文に、比古神・比売神・御子神とみえ、このうち、比古・比売二神は御子神の親神とされる。御子神は延喜式神名帳記載の式内社、また式内社ではないが六国史にその名がみえる国史現在社、そして各国の国内神名帳記載の国帳社などにも見出され、古くから神社にまつられてきた。親子神としてまつられる場合が多く、たとえば対馬の胡禄神社と胡禄御子神社、常陸の鹿島神宮と陸奥の鹿島御児神社・鹿島御子神社および鹿島大神苗裔神三十八社、下総の香取神宮と陸奥の香取御子神社、和泉国の正一位大鳥大社と従四位上大鳥御子社などの事例がある。また賀茂神社の玉依姫命《たまよりひめのみこと》と賀茂別雷神《かもわけいかずちのかみ》、八幡神社の神功皇后と応神天皇の場合なども母神と御子神の関係にあり、母神は処女受胎により御子神を宿すという由緒が展開している。

参考文献 柳田国男「巫女考」(『柳田国男全集』一一所収、一九九〇)

(三橋 健)

(二)中国・四国地方の一部で、特別な家筋によってまつられる神。岡山県真庭郡北部の中国山地寄りの地域には、納戸に幣を納めた祠をすえ、旧暦の十一月十三日などに甘酒を供えて、ミコガミをまつる家がある。この神の最大の特徴は、子どもの口のまわりや頭にミコガミガサと呼ばれる出来物をつくり、それに伴って家を移動することである。これが出ると、ミコガミサマの機嫌が悪いといって甘酒や赤飯を供えたり、よその家に移りたがっているといって他家(多くは同族や親戚)へ祠や幣を送ったりする。また、ミコガミサマが来た、あるいは来たがっていると、ミコガミをまつっていない家でカサが出ると、甘酒を供えてこれをまつる。そのままつりつづけることも、送り返す措置をとることもある。この神をまつるのは村落のなかの特定のカブウチ(同族)とその親戚にほぼ限られ、娘の嫁ぎ先について行くということも多い。ミコガミスジという言葉もあるが、憑物筋のようには忌避されない。一方、いざなぎ流の祈禱の行われる高知県香美郡物部村やその周辺には、天井裏にオンザキ、あるいはテンノカミとともにミコガミをまつる旧家がある。これは代々の当主をオンザキ、あるいはテンノカミの家来(眷属)として神にまつったものといい、先代の当主を墓から呼び起してミコガミにまつり上げる儀礼が存在する。このほか、香川県・広島県・島根県などにも点点とミコガミの伝承があることが知られているが、この

信仰の全体像はまだ明らかとなっていない。

参考文献 柳田国男「巫女考」(『柳田国男全集』一一所収、一九九〇)、千葉徳爾「ミコガミスジについて」(『日本民俗学』一ノ四、一九五四)、村松いづみ「ミコ神をたずねて」(『岡山民俗』一一一、一九七五)、高木啓夫『いざなぎ流御祈禱』三、一九八六

(小嶋 博巳)

みこし 神輿 神幸の際に用いられる輿で、神霊を奉ずる祭具。しんよと読むこともあり、御輿とも書く。神が人格化されるにしたがい、貴族が輿に乗ることと同様に神の乗る輿が神輿とされた。神輿は中国においてすでに用いられていたので、それを取り入れたものと考えられている。神輿以前の古代社会においては、神霊は榊や幣串などによると信じられており、これらを奉ずる神幸は昼間を避けて行われていた。平安時代から南北朝時代にかけて数十回に及んだ春日の神木動座は、榊を根から掘りとって神籬《ひもろぎ》とし、枝に御正体《みしょうたい》の鏡や木綿を結びつけて神木とし、興福寺の大衆が押し立てて京都に向かい公家に強訴《ごうそ》を繰り返したもので、神輿が成立する以前の姿をとどめている。現在でも滋賀県には、榊御輿という神輿の出る祭がある。日本における神輿の起源は今もって明らかでないが、七四九年(天平勝宝元)の東大寺大仏建立の際、宇佐八幡大神を京都に奉還するにあたり、紫色の輦輿を用いたことをはじめとするのが一般的である。平安京の御霊会の盛行により、御旅所への神輿渡御が日中に行われるようになると、風流化して美しく飾られる神輿もあらわれた。ここにおいて、本来貴人用の輿に神が乗るという観念が固定化し神輿が普遍化していった。大津市坂本の日吉山王社の神輿がしばしば担ぎ出されて、京都の朝廷・公家に強訴したことは有名である。神輿の中に神体をのせて神の乗物たることを明らかにしたわけである。神輿の形態は、多くの場合木製で黒漆が施され、四角・六角、あるいは八角形である。おおまかな構造は主に台(台輪)・胴・屋根から成り、手で舁く腰輿と肩で舁く鳳輦《ほうれん》・葱花輦《そうかれん》に区別できる。後者の方がより多く見られ、四柱の上部に鳳凰や葱花を飾り、端には蕨手を付ける。台に貫いた二本の棒を轅《ながえ》といい、ここに横棒を付けることもある。宮中の内侍所遷幸に用いられる葱花輦の御羽車《おはぐるま》は女神用であり、すべて白木のままの清浄な作りである。諸社の遷座に際して用いられる黒塗りの小輿をも御羽車という。和歌山県那賀郡粉河町の鞆淵八幡神社は、一二二八年(安貞二)に石清水八幡宮から神輿一基を贈られたが、その仕様にほぼ近い神輿が現存し国宝に指定されている。奈良市の手向山《たむけやま》神社(東大寺八幡宮)の錦貼神輿(重要文化財)も古い様式を伝えている。今日見るような神輿の形態は江戸時代以降に定まったものといわれている。特殊な形態の神輿の例としては、イモの茎で神輿の屋根を葺く、京都市の北野天満宮や滋賀県野洲郡野洲町の御上《みかみ》神社の瑞饋《ずいき》神輿、扇が飾られる和歌山県熊野那智大社の扇神輿などが知られる。神輿は氏子によって舁かれるのが本義であるが、都市部ではそれにこだわらぬ祭もあり、子どものために小さい神輿や、樽神輿が工夫されている。都市部では近世以来、その都市独特の山車が神輿とともに出て祭礼を盛り上げ、巨大化するものも多かった。近代になって電線が張り巡らされると山車は衰微していったが、東京の神田・山王祭のごとく、代わりに神輿渡御が盛んになった例もある。神輿の舁き方は地域によって異なり、同じ印半纏(法被)・掛け声・リズムを定めて神輿を舁く同好会も生まれている。

(福原 敏男)

東京都千代田区の神田祭の神輿宮入り

みこしあらい 神輿洗い 祭礼の前後に神輿を洗う神事。特に、京都市八坂神社の祇園祭で行われる特定の神事をさすこともある。祇園祭の場合、神輿の神幸に先立つ七月十日の夕方と、還幸の後の七月二十八日に行われる。八坂神社の神輿三基を神社境内の神庫から取り出して、四条大橋の上(昔は賀茂河原東畔)に運び、その川水をふりかけて清める儀式。この日早朝、賀茂川河畔の路上に二間四方の地を占めて、その四隅に斎竹を建て注連を張り紙垂《しで》を下げて斎場をしつらえる。中央に砂盛してその上に真榊を建て紙垂を垂れて神籬とする。その後ろには台を置き、その上に早朝汲んだ賀茂川の水が湛えられた神水桶三個を積み上げる。この日の夕方、若衆らが「蘇民将来子孫也」と書かれた捻守のついた榊の小枝を手拭で額にとめ、大松明を舁いて本殿向拝の柵の上に運ぶと、出仕がそれに白朮《おけら》火を点火する。燃え上がる大松明を数人で肩にかついで南楼門を出て、御幸道から四条通を四条大橋まで疾走して、同じ道を再び元に戻ってくる。これを「道しらべ」と呼んでいるのは、神輿洗いに先立ってその通る道を調べ、清める意とされる。大松明が帰りつくとその火を四本の小松明に移し、行列を整えて神輿洗いの斎場へと出発する。神輿が橋の中央北側に据えられると、神職が用意された桶の水を神輿と輿丁にふりかける。これを迎えるために、氏子の町々から迎え提燈が出る。子どもたちを主として、種々扮装を凝らして、獅子や拍子物、踊りを先頭に、その後ろに万燈会の提燈を持った行列が続く。『雍州府志』(一六八四)には、空輿に水を

灌ぎ、塵埃を洗うとあり、平安時代の祇園御霊会以来の水の持つ浄化力への信仰が背景となっている。なかには、神輿洗いそのものが目的の祭もある。千葉県香取郡下総町大字名古屋の須賀神社では七月十九日(もとは旧六月十九日)の祇園祭を裸祭と呼んでおり、若者が丸裸で神輿を舁き、尾羽根川に入って神輿洗いの式をする。

参考文献　祇園祭編纂委員会編『祇園祭』、一九七六　(福原　敏男)

みこまい　巫女舞　巫女が神社などの祭礼の折に神衣装を着て舞う舞。ときには神歌を歌い、託宣を伴うこともある。神子舞とも書き、また巫女神楽ともいう。なお宮中の御神楽《みかぐら》に対して、諸社で行われるものを里神楽といい、宮中の御神楽では鎮魂祭・園韓神祭《そのからかみのまつり》などの折に御巫《みかんこ》・猨女《さるめ》・物忌《ものいみ》など女性の舞があった。『古語拾遺』(八〇七)では天宇受売命《あめのうずめのみこと》が鐸《さなぎ》をつけた矛をもち天岩戸の前に誓槽《うけ》ふせて歌舞をしたと伝え、巫女が鈴を採り舞うのはこれが起源としているが、巫女が鈴を手にとって舞ったという明らかな記録は一一七九年(治承三)成立とされる『梁塵秘抄』二の「鈴はさや振る藤太巫女」とあるのが初出とされている。『拾遺集』の九二〇年(延喜二十)には、奈良の春日大社で八乙女が神楽を舞ったと記されている。また『台記』では一一五〇年(久安六)に春日若宮の神楽殿で若宮が巫女正一に降りて託宣したという。備前一の宮吉備津彦神社(岡山市)では一三四二年(康永元)の「一宮社法」によると一宮には神子座があり十二人の神子がいて、年中の祭以外に村々の祭にも楽頭とともに招かれて神楽を演じた。また村にもそれぞれ神子がいて、一宮でも神楽事をした。一四七一年(文明三)の「総社家社僧中神前御祈念之事等注文」には神楽は三通りあり、本社の神楽は宮神子の中の一神子の役で、無言すなわち託宣はしてはいけないこと、宮神子が祈禱をするのはかまわないが、死者の荒口を訪ねることは禁止とある。また正宮での占いや託宣は禁止、占いや託宣また湯立は檀那が望めば脇殿で宮神子以外のものが行うことなど、神社で座を持っていた宮神子と村方と神子の違いがはっきりと区別されていた。柳田国男が「巫女考」(一九一三・一四)の中で神前に鈴を振って歌舞を奏し、また湯立の神事にも関与すると述べたような巫女舞を伝えるところは、上記以外では越後弥彦神社(新潟県)の小神楽と称する巫女舞、出雲美保神社(島根県)の巫女舞などがある。秋田県平鹿郡大森町の波宇志別神社では十一月七日に霜月神楽が行われ、この折に天冠、緋の舞衣と袴、錦地模様の襷を付けた神子が鈴・扇・幣束・湯箒・剣などの採物《とりもの》をもって神歌に合わせて順逆に舞い回る。この舞では形式化してはいるが、幣束をもったときに託宣がある。岩手県宮古市の黒森神社では現在も神楽衆や法印と組んだ神子が湯立の後で託宣を行い、神子舞を舞う。この神子は師資相承を経て、神子舞だけではなく、病気直し・口寄せも行い、備前の吉備津彦神社における村方の神子を彷彿とさせる。このように巫女舞には神前で採物をもって神の来臨を乞い、その神霊の発動を促すものと、降臨した神霊をその身に憑けて神の言葉を託宣として語る二つの側面がある。ところが西日本では吉田神道の影響下で、寛文年間(一六六一―七三)を境に神楽の場から神子が退いた。また島根県八束郡鹿島町の佐太神社では明治以降巫女に代わり神楽男が姫面をつけ、女装をして舞うようになった。

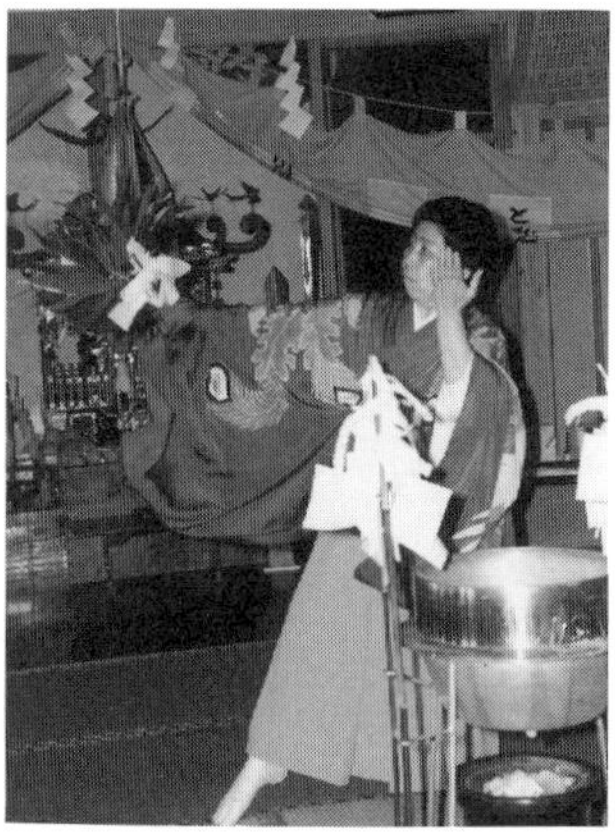

託宣の後の巫女舞

参考文献　岩田勝『神楽源流考』、一九八三、『本田安次著作集』一―七、一九九三―九五、宮古市教育委員会編『陸中沿岸地方の神子舞報告書』、一九九七　(神田より子)

みさき　みさき　主神に従属し、その先触れとなって働く神霊や小動物のこと。宮崎県では十一月にミサキ祭を行い、田や内神の祠にオゴクや粢《しとぎ》を供え、みさきである鳥がこれを食べる。食べないと神が受け取らなかったと心配する。熊野の八咫烏《やたがらす》も同様の信仰であり、狐や狼をみさきとする例もある。これらは小動物を主神の代理あるいは使者と考える信仰である。一方、西日本各地では、祟りやすい小神や邪霊もみさきと呼ぶのが一般的である。大分県北海部郡津留地方(臼杵市)ではみさきは心残りのある死者の亡魂で、みさき風にあたって苦しむことがたびたびあるという。岡山県では宗教者の霊をまつる長袖みさき、火事のあった家がまつるヤケミサキ、木に宿るキノミサキ、刀を神体とするツルギミサキなどさまざまなみさきが伝承されている。みさきは生者のみならず死者にも災いすると考えられており、岡山県地方では、死後何日目かに宗教者を招いてミサキバナシということをする。死者の体に取りついているみさきを切り離し死者の成仏を祈る儀礼である。みさきは宗教者の祭文にも登場する。愛知県北設楽郡東栄町の御崎祭文には、居場所を求めてさまよう御崎神の姿が描かれている。邪霊としてのみさきの浸透は宗教者の活動と深い関係があったようである。みさきは眷属ともいうべき下級神霊の一般名称であり、人間に災いする場合も益する場合も、同じみさきと呼ばれたため、その信仰は複雑な様相を呈している。

参考文献　柳田国男「みさき神考」(『柳田国男全集』一五所収、一九九〇)、三浦秀宥『荒神とミサキ―岡山県の民間信仰―』、一九八九　(梅野　光興)

みさき　岬　海へ向かって陸地が突き出した地形で、神が顕われたり、籠ったりする場所として神聖視される。前方への突出を意味するサキ(先・崎)に、神への尊称の接頭辞ミ(御)が付加されたもの。神が天から岬へ降臨し、その後、岬の根元の湾部に籠ったとする伝承や、岬地形に特有の激しい波・潮・風を支配する荒ぶる神が棲まうとする伝承がある。初漁や競舟などの儀礼行為には、岬に向けられるものが少なくない。

参考文献　上田篤『海辺の聖地』(『新潮選書』、一九九三)、阿部一『日本空間の誕生―コスモロジー・風景・世界観―』、一九九五

（葛野　浩昭）

みさやままつり　御射山祭　長野県の諏訪大社上・下社に伝わる神贄を狩り供えて、祟神を封じる儀式。上社は八ヶ岳南麓の原村、下社は霧ヶ峯山頂一帯の高原に御射山が設けられ、それぞれ上・下の御射山と呼ばれていた。この祭が諏訪最大の催しとして整備されたのは一二二一年(承久三)の承久の乱後十年、執権北条泰時のころからで、北条時頼の時代、北条得宗家氏神の祭として祭祀組織が完成した様子である。祭の頭役は信濃に所領を持つ御家人が結番帳によって勤めたが、一生の財産を費すほどの大事であった。しかし、御家人としての公役・貢租の免除、罪咎の特赦などの特権を与えられている。本来は収穫前の大風・地変を諏訪神の荒ぶる力で鎮めるための神事だが、神前に供える贄の鳥獣を得る巻狩りが、御家人の腕試しともなり、ほかにも馬競べ・流鏑馬《やぶさめ》・放鷹・相撲などが行われた。窪地の周囲に階段状の台地を築き、ススキの穂小屋を設け、土器で酒を酌み交わして神威を讃え、加護を願ったようで、夥しい数の土師質土器・鏃の破片が出土する。『年中神事次第旧記』によれば、山上に大祝《おおはふり》・五官祝の籠る穂屋、御行水所を設けたとある。七月二十日潔斎に入り、二十六日に騎馬行列で御射山に昇り、二十九日まで祭事に携わった。この祭は、中世御家人の宮座参加という形態で支えられたが、本質は御仮屋で現人神である大祝が、穀霊と合体して世継礼(新しい歳の稔りを承認する儀式)を行うものであり、大嘗祭での御仮屋神事とほぼ等しい。大祝は常に諏訪の生き神として、招かれた神々をもてなす存在として位置づけられていた。現在では八月二十七日の本祭に、本宮から御霊代の御輿が御射山に行幸(トラックで運ぶ)するが、はじめての厄年を迎える二歳児が御輿をくぐると無事に育つといい、この日に病気の厄を鰻につけて川に流したり、末社ではススキの穂屋を造ってまつる。

参考文献　『諏訪史料叢書』一・二、一九二五・二六、金井典美『諏訪信仰史』、一九八二、『藤森栄一全集』一四、一九八六

（武井　正弘）

みしなあきひで　三品彰英　一九〇二―七一　神話学・古代学者。滋賀県生まれ。京都帝国大学史学科卒業、大谷大学教授、同志社大学教授、大阪市立博物館長を歴任。民族学や民俗学の成果をとり入れて、日本と朝鮮の古代学、比較神話学の研究に大きな業績を残した。特に、建国神話(始祖伝説)を視点とした日本神話と周辺諸文化の神話・伝説の比較研究は高く評価されている。主な著作に『建国神話論考』(一九三七)、『日鮮神話伝説の研究』(一九四三)、『新羅花郎の研究』(一九四三)などがあり、『三品彰英論文集』全六巻(一九七〇―七四)も刊行されている。

（川森　博司）

みしまごよみ　三島暦　伊豆国三島(静岡県三島市)で作られた仮名版暦で、地方暦・版暦(摺暦)として最も古いものである。伊豆国一の宮三嶋大社の暦職河合家によって造暦された。三島暦の名の初出は、義堂周信『空華日用工夫略集』の一三七四年(応安七)三月条で、現存最古の三島暦は一四三七年(永享九)のものであるが、その起源は鎌倉時代にさかのぼると考えられる。稀に京暦と暦日の相違を生じることがあった。また「天禍神」「しろとり」など独自の暦注があり、東国の暦としての特色が認められる。

参考文献　渡辺敏夫『日本の暦』、一九七六、桃裕行『暦法の研究』下(『桃裕行著作集』八、一九九〇)

（岡田　芳朗）

みしょうがつ　巳正月　主として四国地方で、十二月初めの巳の日、およびその前後に行われる新仏のための模擬的な正月行事。実施日により、巳の日正月・辰巳正月とか単に辰巳・巳午・巳の日と称したり、新仏の正月、新仏の年越させなどともいう。愛媛県松山地方ではミンマと称し、巳の日に親類縁者が案内がなくとも集まり、一夜淅しの餅米で一臼餅を搗き、墓掃除をして注連飾りを施したのち、翌午の日の未明、鳥の鳴かぬうちに揃って墓参をする風習であったが、近年では巳の日の正午に行うようになった。故人に身の近い者が供えた餅を藁火を焚いてあぶり、引きちぎって庖丁の先に突き刺し、肩越しに後ろ渡ししたものを取って食べる。徳島県三好郡では、一臼餅と一丁豆腐・一升酒を供え、一臼餅は豆腐の雑煮の上置きにして客に出す。ふだんは行われない、通常の枠を越えた奇抜な方法で行われていることがわかる。この行事を巳の日の前後に行うのは、陰陽道の知識が影響していると見られ、愛媛県周桑郡ではカンニチと称している。すなわち、十二月の凶日とされる巳の日にあえて新仏のための正月行事を行い、餅の食い別れをなすことで死の穢れを新しい年に持ち越さぬために死者の霊魂との絶縁を図る行為であり、年違の習俗の一つと解される。巳正月を終えた午の日をお午の祝いとか臼直しなどと称して祝い、祝われる所があるのは、その表われである。

参考文献　平山敏治郎『歳時習俗考』、一九八四、『愛媛県史』民俗下、一九八四

（森　正康）

みす　御簾　簾の高級なもので翠簾とも書き、玉簾《たまだれ》ともいう。平安時代に形式が整ったもので、竹ヒゴを赤い絹糸で編み、四周に綾・緞子の縁《へり》をつけ、幅が広い場合は中にも立縁《たちべり》をつける。縁は緑または萌黄地に黒で窠紋《かもん》(木瓜《もこう》形)を染め付けてある。これに巻き上げた時かかげておく鉤《こ》というU字形の金具と鉤を吊る鉤丸《こまる》という丸い緒がつく。御簾をかけた上には帽額《もこう》という布帛を張る。寝殿

造では蔀《しとみ》の内側や母屋《もや》と庇《ひさし》の境にかけたが、その後も上段境など貴人席との境や、座敷まわりなどに使われた。（小泉　和子）

→簾《すだれ》

みず　水　日本に限らず、ひろくキリスト教文化圏域にも仏教文化圏域にもその他の地域においても、水が霊的な力をもっており、それは人びとに活力や若さを与えると信じられている。このような信仰はキリスト教や仏教の教義そのものからでてくるというよりも、さらに基層の各地の民族が伝統的に保持してきた信仰を起源にするのではないかといわれている。日本の場合、その典型は元日の朝に水を汲む若水の習俗である。これは若水迎えといって、年男が水を汲む役目をするものだと一般的には考えられている。注意深くみてみると、水が活力を与えるとみなす類似の民俗は元旦の若水に限らず、他の季節にも行われている。沖縄県の水納島では六月の節の祭の朝に、若返りのためによいといって、井戸水を汲んで子供たちに浴びせる習俗がある。また、この若水と酷似した民俗は韓国でもみられる。水は物理的にもそうであるが、信仰としても対象を浄化すると信じられている。妊婦で亡くなった死者は成仏がむずかしいと一般にみなされており、成仏を願って経文などを書いた布きれに水をかける流灌頂などがその典型といえよう。水は当然、流れるものであり、この流れは遠く霊界に結びつくと信じられている。盆の行事である精霊舟を川などに流すことなど、流す習俗にこの信仰がみられることが少なくない。総体としての水の背後に、神が存在するという考えは強く、さまざまな偏差を伴いながら存在している。大は水稲の水旱を支配する神と信じられている水神から、洗い場を清浄に保つ機能としての水神に至るまで、さまざまな水神がいる。そしてその一部は水の化身として蛇や河童となり昔話にまで登場している。水神信仰を機能に沿った目的別にみると、利水・治水・水難防止・舟運、水および水辺保護の五つに分けられるだろう。この目的はそれぞれ現実の人びとの生活と直接関わっているものである。特に村落生活では、水田のための水利は伝統的に多くの人びとを悩ませた問題であり、それに関わる複雑な水利組織やムラ相互の間の水利用の取り決めがある。すなわち水の管理はムラが第一次的に責任をもち、ムラの寄合で区長の指揮のもとにさまざまなことが決められた伝統をもつ。そこには水守や井頭など地方ごとにさまざまな名称や権限をもつ水管理担当者がおり、また地区ごとの水田所有者から成り立つ水利の組織がムラの内部に複数あることが少なくない。この水利の組織はもともと大きな河川から引いてくることが多々あり、そのときはムラの連合の水利の組織体ができあがる。そのような大きな組織体があると、それに合わせた連合の祭祀組織がみられる場合も少なくない。

参考文献　網野善彦他編『太陽と月―古代人の宇宙観と死生観―』（『日本民俗文化大系』二、一九八三）、平松登志樹「水神様の役割に関する研究」（『日本民俗学』一九三、一九九三）
（鳥越　皓之）

みずあらそい　水争い　用水の獲得をめぐる水利用者あるいは水利用者集団間の争い。水論・水喧嘩ともいう。農業用水利用者と、水車用水や飲用水などの非農業用水利用者との争いも含まれるが、一般的には稲作の灌漑用水をめぐる耕作者あるいは耕作者集団間の争いをいう。水争いは、田植え期や旱魃時などの水の需要量に比して供給量が少なくなった場合に集中的に起り、しばしば相手方の用水施設の破壊や暴力行為を伴った。水争いを引き起す対立関係は、有限量の水を複数の耕作者あるいは耕作者集団が配分して利用するところに生じるもので、単独利用の水源でない限り、あらゆる用水系に潜在的に存在する。同じ河川に設けられた複数の堰、同一の用水路から分水する複数の用水支線、同じ水路から引水する複数の水田といったさまざまなレベルでこの対立関係が見られる。通常、水利用は水利慣行により秩序化されており対立関係は潜在化しているが、ひとたび水不足となれば、耕作者個人や耕作者集団でさまざまな手段による水の獲得が図られる。そのうち、正当な手段と認められない行為については、それによって利水上、不利益を蒙る別の耕作者ないし耕作者集団が対抗措置に出て対立が表面化し、水争いが起る。かつては、耕作者集団が構成する水利組織は村落組織と重なり合っていたので、水争いは村落対村落、あるいは村落連合対村落連合の形をとることが多かった。村落内部の耕作者間の水争いの場合は一過性であったり、内部の仲裁で容易に和解したりもしたが、村落間の場合は永年にわたり水争いが繰り返され、近世では領主や幕府、近代以降は裁判所などの外部権力によって解決がはかられることも多かった。

参考文献　渡辺洋三・尾島覚治「用水争議について」（『法社会学』一、一九五二）、渡辺洋三『農業水利権の研究（増補版）』、一九五四
（飯島　康夫）

みずいわい　水祝い　嫁入り道中の嫁や初聟入りに訪れた聟、あるいは年頭行事に列した新嫁・新聟に聟の所属していた若者集団が水を浴びせる習俗の総称。水掛《みずか》け、泥水被《どろみずかぶ》せ、水浴《みずあ》びせ、聟押《むこお》しのほか、水祝儀《みずしゅうぎ》などとも呼んでいることから、手荒ながらも祝いごとであったことがわかる。この習俗の由来については、古代にその源流があるという説（黒川道祐）と室町時代の武家の習俗に始まるという説（貝原益軒）がある。民間の伝承によれば、この習俗は全国各地に広く分布していた。江戸時代、石礫《つぶて》打ちなどと並んでしばしば禁令の対象とされてきたのは、集団の力を借りてなされる態様において行き過ぎた点があったからでもある。その点、鈴木牧之『北越雪譜』（一八三七）の中に記述されている越後魚沼郡の「雪中花水祝」は次第に従い整然と実行されてきた好例である。嫁入り道中の嫁に対するアタマツブシ（結髪くずし）や泥水被せなどは若者不在に伴って消滅してしまった例が少なくないものの、年頭の水祝い行事は、その主体が保存会に引

き継がれながらも旧態を遵守する形で継承されている例がある。伊豆の熱海下多賀（静岡県熱海市）では、下多賀鹿島水浴せ保存会により、正月二日、下多賀神社の境内で輪踊りの途中において、花聟の名前が呼ばれると、円陣の中央に進んだところで、ミズヤク（水役）が熊笹の束に潮水をつけて、新聟にふりかけるという儀礼を執り行なっている。奥羽地方の一部では厄年祝いの一環としてなされる例も併存しており、聟いじめないし新嫁・新聟の承認儀礼とのみでは解決しない問題を含んでいる。水のもつ呪術性に着目すれば、ある種の災厄・罪障を祓う通過儀礼であるとも解釈することができる。

参考文献　柳田国男「婚姻の話」（『柳田国男全集』一二所収、一九九〇）、天野武『若者の民俗—若者と娘をめぐる民俗—』、一九八〇、水江漣子「近世江戸の民俗—水あびせについて—」（『風俗』六ノ二、一九八〇）、江守五夫『日本の婚姻—その歴史と民俗—』（『日本基層文化の民族学的研究』二、一九八六）、文化庁編『南奥羽の水祝儀—宮城・福島県—』（『民俗資料選集』、一九九六）　（天野　武）

みずかけきもの　水掛け着物　死者の着物を洗い、北向きに陰干しすること、およびその着物のこと。長崎県壱岐では、海や川で鎌で水面を切る真似をし、そこへ一厘銭を投げ込んでから洗い、その一枚を水掛け着物という。二日洗い、三日の洗い、三日干しと呼ばれ、近親の女性が死後、二日、三日目に洗う。陰干しの期間は三日・七日・四十九日で、乾かないように絶えず水を掛ける。死者が火の山を越えるのに熱くないようにするためともいわれる。　（青木　俊也）

みずかけふどう　水掛け不動　大阪市中央区の法善寺にある西向不動明王の俗称。大阪の盛り場の一つであるミナミの一角を占めるのが法善寺界隈で、日夜欠くことなく参詣者があり、洗心水という井戸で水を汲み、不動尊に祈願する際にこの水を掛けるところから、この名で親しまれている。参詣者が絶えることがないので、不動尊は全身苔に包まれその憤怒形相も確認しにくい。江戸時代から明治時代の文献には水掛け不動の記述がみられず、この像背部の記年銘が示す大正時代からの新しい信仰と考えられるが、大阪を代表する信仰の中心となっている。　（野堀　正雄）

みずくみ　水汲み　掘り井戸や共同の泉から家まで水桶などに汲んで水を運ぶこと。水道が普及しないころには一日に二回程度水を汲み、台所の水瓶などにためておくのが女性の仕事であった。頭上に桶をのせて運ぶ頭上運搬による方法が、西日本、伊豆諸島、房総半島、沖縄島南部などで行なわれ、女子は幼いころから家事の稽古の最初に水汲みを教えられ、身体に合った水桶を用意してもらい、朝晩に遠方の水場まで通った。年長のものが幼いものに順に水桶を頭にのせてやり、最後に自分が一人で頭にのせていた。この方法を中国・四国・九州ではカベリ、伊豆諸島でササゲ、近畿ではイタダキと呼んでいる。沖縄島では地形の関係から南部の平坦地に頭上運搬が見られ、北部の山地では額からベルトによって背の荷物を支える。日常的に用いる水とは別に、若水のようにハレの日の特別な水を汲むときには、年男が担当しその時の作法や唱え言にふだんとは違ったものがみられる。また、八丈島の流人が現地で娶った妻のことも水汲みといった。島の人口の増加につながり、食糧不足になることもあって代官の禁令も出されたが、改まることはなく、島抜けの暴動を起す際にも水汲みに助けられたという。

参考文献　柳田国男「八丈島流人帳」（『柳田国男全集』一所収、一九九〇）、同「棒の歴史」（同一三所収、一九九〇）　（古家　信平）

みずこくよう　水子供養　流産や中絶した胎児などの魂をまつるための供養のこと。子供を抱いた慈母地蔵の前や、海岸の賽の河原などに、絵馬を奉納したり、風車や哺乳瓶、玩具を供えたりする。みずごくようともいう。水子とは本来は死産胎児であるが、子供の数が少なく、死亡が稀な現代においては、不幸にして子供を亡くした親の落胆は大きく、乳児・幼児死亡に対する水子供養も存在する。一九七一年（昭和四十六）に落慶した埼玉県秩父郡小鹿野町の紫雲山地蔵寺が、水子供養ブームのきっかけの一つとなった。ブームの主体は、第二次世界大戦後の混乱期に闇中絶した中年女性で、彼女たちの悔やみと更年期障害に対して、祟りを託宣する宗教者がいたからである。一九八〇年前後には、多くの週刊誌が水子供養を特集し、根拠薄弱な通俗書が多く出版されたが、一九九〇年代に入って沈静化する。しかし、産めなかった女性の身体的、精神的苦悩は水子供養を求めており、今なお、各地に水子供養が残る。仏教民俗的には、産死は女性の罪であり、血の池地獄に落ちるといわれ、流灌頂・川施餓鬼などが行われた。この場合、死んだ母親の胎児を水子《すいじ》とよび、その供養をすることがある。水子供養にはこの仏教論理の現代的解釈によるところがある。現代の水子ブームには、産む産まないは女の自由とするウーマンリブ運動・ピル解禁派に対して、優生保護法強化派が意図的に行なった宣伝や世論形成が影響したという側面もある。

参考文献　千葉徳爾・大津忠男『間引きと水子—子育てのフォークロア—』（『人間選書』六七、一九八三）、青柳まちこ「忌避された性」（『日本民俗文化大系』一〇所収、一九八五）、森栗茂一『不思議谷の子供たち』、一九九五　（森栗　茂一）

みずさらし　水晒し　野生植物を小川の流水や、桶やバケツなどの溜まり水などの冷水に浸して食用化すること。温帯の照葉樹林帯で開発された技術で、これによってはじめて植物に依存する生活が可能になったとされる。その技術には、大別して二つが認められる。一つはイモ類やウバユリなどの鱗茎（ユリ根）、ワラビ根などから繊維を除きデンプン質だけを取りだすもので、この方法ではデンプン質を含む植物の部位を臼その他でくり返しつき砕き、桶やフネとよぶ大型の容器にはった水に浸し、くり返し水をかえることで繊維その他を除去し、容器底に沈殿したデンプン質を取りだす。この方法によって取りだされたクズやワラビのデンプンは、きわめて良質なことで知られている。二つめはトチの実やミズナラ、コナラといったドングリ類、テンナンショウやヒガンバナなど、アクと総称されるタンニンをはじめその他の有毒成分をもつ野生植物の食用化のために用いられる水晒しの方法である。これらに採用される技法はさきの流水などに浸すのに比べて非常に複雑で、水に晒すまえに、有毒成分を除去するために、桶などにはった木灰の汁に皮をとって粗割りした木の実などを浸すことが多い。地方によってはこれに熱い灰汁を用い、加熱効果を期待するところもある。いずれにしても数日間灰汁に浸したあと、布袋などに入れ流水に晒して、種子や根茎に貯えられたデンプン質を食用に供する。この二つの方法は、日本列島の各地に近年まで伝承されてきた野生植物の食用化の技術であった。

[参考文献] 中尾佐助「農業起源論」(森下正明・吉良竜夫編『自然生態学的研究』所収、一九六七)、松山利夫『木の実』(『ものと人間の文化史』四七、一九八二)、岡恵介「北上山地一山村におけるアク抜き技術—民俗社会の中での生態学的位置—」(『岩手の民俗』七、一九八七)

(松山 利夫)

みずだめし 水試し 神社祭礼などで行われる年占の一方法。水占ともいう。山口県阿武郡などの谷間の水稲耕作農村では、土中に埋めた壺などに水を充たし、蓋をして保存し、翌年の祭礼にそれを開き、水の残りぐあいから、翌年の天候などを占う例が見られる。水は、農耕に不可欠のものであり、正月の若水などに見られるように、年や生命の周期的再生にも深く関わる。また、壺が水試しに用いられるのは、それが神やタマの籠る器物ともされることにもよろう。→年占《としうら》

(徳丸 亜木)

みずとりりょう 水鳥猟 ガンカモ科を中心とした水鳥の伝統狩猟。全国の河川や湖沼では、猟銃による遊猟が普及する第二次世界大戦以前まで行われてきた。狩猟法には大きく分けて網猟と黐《もち》猟の二種類がある。網猟では、幅広い網を水上に張り飛翔中の水鳥を捕る張切《はりきり》網、谷に張る谷切《やつき》り網、峰に仕掛ける峰越《おこし》網、三角の柄付きの網を投げつける投網、餌で誘引し網をかぶせる無双《むそう》網があり、黐猟では、鳥黐を細縄につけて水面を流し水鳥を絡め捕る流し黐縄、水田上に張り巡らす高縄、千本ほどの割り竹や細枝に鳥黐を付け水田に立てたハゴなどがある。そのほか釣り針に餌を付けて水鳥を釣る釣り針猟などがあり、これらの狩猟法が構造上漁撈技術と未分化であることが指摘されている。水鳥猟で捕られた水鳥は、単に自給用として利用されただけではなく、すでに近世初頭より広く流通し都市住民に供されていた。最も有名な水鳥猟場は千葉県手賀沼で、張切網や流し黐縄で捕られた水鳥は、江戸の水鳥問屋によって大量に江戸住民に供給されていた。手賀沼ではマガモ一つがいを基準として相場変動に応じて鳥の値段を決めるハヨセと呼ばれる売買方法が成立し、農閑期の生業として経済的に重要な意味を持っていた。また、このような伝統狩猟を行う地域の猟場は共同狩猟地として村落による管理が行われ、法的にも保護されていた。現在、甲種の狩猟法のうち張切網や鳥黐・釣り針猟は禁止されている。→鴨猟《かもりょう》

[参考文献] 河岡武春「漁民の水鳥猟」(『民具マンスリー』一〇ノ四、一九七五)、菅豊「水辺の技術誌」(『国立歴史民俗博物館研究報告』六一、一九九四)、同「都市とムラの水鳥」(塚本学編『朝日百科日本の歴史別冊』一八、一九九五)

(菅 豊)

みずのかみのじゅみょう 水の神の寿命 幼くして水死すると産神が予言した子どもの寿命をめぐる昔話。神の授けた若死の運命を語る型と、それに抗して人間の英知で寿命を延ばす型がある。産神の声を立ち聴く筋立は「産神問答」の「男女の福分」「虻と手斧」などと共有する。むかし、ある男が旅の途中で産神の声を聴く。その夜生まれた子どもの運定めは、三歳の三月三日に水に溺れて死ぬというものであった。三年後立寄った家で、産神の予言どおりに童子が川で死亡したことを知る。このように語る型には運命に従う者たちの諦観がうかがえる。他方、人間の才智を展開の糸口とする寿命への挑戦は、活力に富む流動的なものになっている。子どもが若死にすると知った親たちは、水に対しての強い警戒と尊敬を忘れない。水に潜む大いなるものに向けての供物を欠かさずにいる。ある日、水に引き込もうと現われた水の神は、その水辺に供された清らかな供物に目を奪われ、感動して子どもに長寿を約束してしまう。子どもの歳は三・五・七・十三などと語られ、水の神が現われる日を三月三日・五月五日・六月一日・七月七日などのハレの日にあて、水の神には大蛇・河童・ケンムンなどがある。それらへの供物は餅・団子・粽・白飯などで神の好む品々である。神の恵みを享受する構図としてハレの種々相を語るなど、濃密に民俗動態と接して語られる。一方、この昔話はヨーロッパにも広く分布し、溺死が特に恐れられた宗教的背景を反映し、悲劇的な結末を持つ運命伝承となっている。

[参考文献] ブレードニヒ『運命の女神—その説話と民間伝承—』(竹原威滋訳、一九八九)

(野村 敬子)

みずのみ 水呑 水呑百姓のこと。近世の村において、本百姓・高持ち百姓に対し、田畑や漁船や山林などの生産手段をほとんど有しない百姓をさす。近世中期以降、一般に広く使用される。石高をわずかながら所持する場合もあるが、大部分は無高で、本年貢や諸役を負担しない。本百姓や地主のもとで、日雇いや小作人、奉公人として生計を維持する。このため、村内では一軒前として扱われないことが多い。しかし、漁村のように耕地の大小が直接生業の規模に反映しない場合や、畿内とその周辺のように商品経済の発達した地域では、必ずしも水呑

層すべてが経済力や村内での影響力が弱いわけではない。また、石高をほとんど所持しないことから医者・桶屋・大工・白楽(馬苦労)・鍛冶なども水呑とされることが多い。なお、藩や地域により、問人《もうと》・被官《ひかん》・頭振《あたまふり》・名子《なご》・柄在家《からざいけ》などのさまざまな名称が使われている。

参考文献 安藤博『(徳川幕府)県治要略』、一九一五、児玉幸多『近世農民生活史(新稿版)』、一九五七、内藤二郎『本百姓体制の研究』、一九六八　(菊池　邦彦)

みずひき　水引　贈物の包みなどにかける細くて堅い紐。良質のコゥゾを原料として漉いた奉書紙や杉原紙で細い紙縒《こより》を作り、それを数本並べて水糊を引いて乾かして固め、用途に応じてさまざまな色に染めたもの。水引という名称は水糊を引くところからついたものといわれている。水引は染分けによって紅白・金銀・紅金・白・黒・黒白・藍などがあり、紅白・金銀・紅金は普通の贈物または吉事用で関東地方では紅白または金銀の染分け、関西地方では紅白または紅金が一般的である。黒白・白・黒・藍は凶事用で、関東・関西ともに黒と白、藍と白、全部白のものを用いるのが一般的である。結び方は本来結び切りであったが、近年では縁起をかついで婚礼や全快祝い、凶事などには「再びないように」という意味で結び切りにし、吉事には返し結び(結いほどけ)や鮑《のし》結びにするようになった。ほかに片蝶結びや石菖結び、儀式用の相生結び、凶事用の逆鮑結びなどの種類がある。今日もっとも簡略な形式として実際の水引を使わず、代わりに包紙にのしと水引とを印刷で表わしたものもあるが、それは江戸時代に行われた銀包に水引をかけ熨斗鮑をつけた丁寧な仕方の名残である。　(岩井　宏實)

みずや　水屋　㈠家の内外に設けられた、主に炊事の水を使う設備とその場所。ミズヤ、ナガシ、ナガシバ、ナガシモト、ハシリ、ハシリモトなどと呼ぶ。水屋は古い名称といわれる。水を流す設備としての水屋は板のすのこや竹すのこでつくられたり、板や石に傾斜をつけて排水するようにし、再び元の流れに戻すか、溜池に流し込むようになっていた。その後次第にコンクリート製に排水口を設けたものが普及していく。こうした水屋を含めて炊事の水を使う場所も水屋という。山間では湧水や谷川の清水などが家よりも高い位置にあるので、そこから懸樋《かけひ》と呼ばれる竹の管や木樋で水を引き、各戸に水屋を設けることが多い。引き込んだ水は一旦水漕にためて使う。この水漕をフネ、ミズブネなどと呼び、木製の箱型のものや大木や大石をくり抜いたものなどがある。近年はコンクリート製も見られる。平地など湧水を引き込めない地域では、背後を流れる小川や用水から水を屋内の土間まで引き込んで水屋を設ける家が見られる。この場合、飲料水は早朝の水のきれいなうちに水甕に汲みためたり、別に湧水や共同井戸などから運んで水甕や水桶に入れ、ひしゃくで汲み出して使った。また、流れ水を土間に引き込んで洗い場や風呂場にし、そこをミズヤ、ミンジャ、スイバンなどと呼ぶ地方がある。水屋は屋内ばかりでなく、背戸など屋外に設けられたところも少なくなかった。湧水や共同井戸に小屋がけしたり、川のほとりを利用して共同の水屋を設けた地方もある。水屋は、このように水を使うさまざまな場面に使われた。山陰や北陸にかけてや滋賀県・長野県伊那谷などでは、水屋は湧水や流水を懸樋で家の中へ引き込んでつくった設備をいうことが多い。山形県の最上では炊事をする水を使う場所と水を流す設備の両方を水屋から派生したミジャ、ミザと呼び、庄内ではダイドコなどと違う呼称が使われた。　↓洗《あら》い場《ば》　↓懸樋《かけひ》　↓流《なが》し

参考文献 『生活と民俗』一(『日本民俗学大系』六、一九五八)、川島宙次『滅びゆく民家 ―間取り・構造・内部―』、一九七三、木村正太郎『出羽の民家探訪』、一九七三、坂本高雄『山梨の草葺民家』、一九七四　(宮村田鶴子)

㈡洪水時に避難するための個人施設。木曾、長良、揖斐各川下流の輪中地帯に多くみられる。位置は敷地内の一角で、主屋とは独立した一～四メートル近くの土盛りをし、十坪前後の規模で土蔵風の外観に建てる。内部は蔵としての機能を有するほかに、水がひくまで生活するための居室部分をあわせもつのが特色である。この水屋は、限られた富裕階層が建て得たのみで、一般には手の届きかねるものであった。　↓水塚《みづか》

参考文献 岐阜県教育委員会編『岐阜県輪中地区民俗資料報告書』一―三、一九六八―七〇、宇野春雄・内堀伸男『西濃地方における水屋の形態』、一九七〇　(脇田　雅彦)

みせ　店　商家で客と直接応対し商品を売ったり、商談など取引をする場所。もしくは商品の陳列場。ミセは「品物を見せる」意味と見世物の「見世」のように世間との繋がりを意味する。中世までは都や一部の地方(大宰府など)を除く大半の地方では、市を通じた物々交換によって産物などの商品が流通していた。したがって固定した店舗を持つ商家は大きな交易を行う豪商に限られ、小売の商人や農民たちは市が立つ市日に集まり、道端に敷物を敷いて商品を並べたり、仮設小屋でやや店舗らしい形態を整えて商いを行なった。それは基本的には振売りの延長上にあるもので、今日でも能登の輪島市や飛驒高山市の朝市には、そのような市の古い形態が見られる。奈良県橿原市の商家には道路に面した側にミセ、オクミセ、シモミセと呼ぶ三つの店の間が設けられ、客の取引の大きさによって使い分けたようである。古くは蔀《しとみ》を倒しただけのミセから奥にも棚を設け、商品を並べるようになったが、看板や暖簾の形や色、模様を強調し、引き札・絵ビラといった宣伝広告を含め店が活発になったのは江戸時代からである。ミセの暖簾は鎌倉時代より始まったが、室町時代より藍染で屋号や家紋、商品名を白抜きで書いたものが多い。ミセには番頭が坐って帳付けをしたり金銭の出し入れを行う帳場があり、帳場格子で周囲との間が間仕切りされ、帳場机には算盤・硯箱・矢立が置かれ、大福帳・買帳・売帳・金銀出入帳・判取帳・注文

帳・荷物渡帳などの帳簿類が記された。また小売のミセでは店先に銭籠や銭鉢が天井から吊され小銭が放り込まれ、帳場近くに銭箱が置かれた。大店では帳場の背後に帳場箪笥や車箪笥が置かれ、金銭のほかに借用証文などの重要書類が入れられた。帳場箪笥は店構えを誇る象徴的なもので、一般にケヤキ材で作られ角には鉄や銅の金具や鋲が打ちつけられ、どっしりとした豪華なものが多い。城下町の金沢では職人による製造販売業が多いことから、たとえば竹細工や下駄職でも仕事場はミセと呼ばれていた。商家は一般にえびす・大黒をまつり、蔵前に祭壇を設けてまつることが多い。毎年十月二十日にえびす講行事を行い、ミセに紅白の幕を張り、安売りを展開するが、大坂など西日本では、この日を誓文払いと呼び、一年間客を騙して儲けたことの反省を込め、安売りだけでなく店先で客に酒肴を配ってもてなす慣習があった。正月二日の真夜中には初売りが行われ、景品や干支《えと》の縁起物などが配られた。熊本県人吉市では正月十五日にしゅんなめじょという米俵に餅玉を付けたネコヤナギの枝を刺し、また商売道具や銭束、塩ブリを吊した竹を飾りつけ、商家と農家がともに豊穣・繁栄するよう祈った儀礼が行われた。またミセには福助・招き猫などの人形や大酉《おおとり》神社の縁起物の熊手などを飾ることが多い。

参考文献　『講座日本風俗史』別巻八、一九六〇

（小林　忠雄）

ミセセル　ミセセル　沖縄諸島に伝承されてきた呪詞の一部門。『おもろさうし』『琉球国由来記』碑文などにみられる語で、ミセセル、ミセゼル、ミスズリなどと記される。「神のみせせる」「君真物(神名)のみ御前より拝み申みせせる」などとあり、神の託宣・神託と意識されていたことがわかる。詞章を検討すると古いものほど神託的であり、新しいものはオタカベ(御崇べ＝祝詞)と見分けがつかなくなっている。『南島歌謡大成』沖縄篇上に二十篇を収録。

（波照間永吉）

みせもの　見世物　通常、香具師仲間に属する興行主が、縁日の社寺境内や盛り場に仮設の小屋を掛け、大衆的な芸能や珍奇なものを見せて木戸銭をとる興行をいう。観物とも表記する。従来、見世物に関わる研究は、もっぱら芸能史・演芸史からのアプローチが主体であった。しかし近年、基本的文献の復刻があいつぎ、文化記号論・人類学・美術史・建築史・歴史学などの分野で新機軸の研究が生まれている。見世物の起源は室町時代、勧進を名目として行われた絵解き・説教・放下《ほうか》・蜘舞《くもまい》といった大道の芸能に求めることができる。小屋掛けの見世物が興隆を極めるのは江戸時代。江戸の両国・上野広小路・浅草奥山、大坂の難波新地・溝の側・道頓堀、京都四条河原、名古屋大須などの盛り場や寺社境内で興行が行われた。明治時代以降は、浅草六区・招魂社境内、大阪千日前などが見世物興行の中心地となる。江戸時代の文人小寺玉晁は、珍芸・奇物に加えて、今日でいう寄席芸・小芝居の類を含めて見世物とみなしている。朝倉無声は『見世物研究』(一九二八)のなかで、見世物を「技術」「天然器物」「細工」の三者に分類する。朝倉の分類にある「技術の見世物」とは奇術・手品・軽業・曲持・曲独楽・水芸・曲鞠・武術などを称する。近代にあっては、西洋曲馬やサーカス、オートバイサーカス、女剣劇・レビューなどに継承されたものだ。「天然奇物の見世物」とは、自然界にある珍しいものの総称である。駝鳥・鯨・海豹・孔雀・駱駝など、珍獣・奇獣の類を生きたまま、あるいは剥製にして見せて全国を巡業した例などを指す。「孔雀茶屋」などと題し、複数の珍獣や鳥類を収めた檻をならべる一座もあった。また熊女・大女・牛男・白比丘尼など、身体に特徴のある人間、あるいは身体障害者を見世物とすることもあった。ろくろ首や蛇娘胴体変化などトリックを使って化物を見せるもの、河童や鬼、人魚など、複数の剥製を縫い合わせた珍獣も見世物になった。のちに「天然奇物」の見世物は、西欧の文物の影響を受け、博物館・

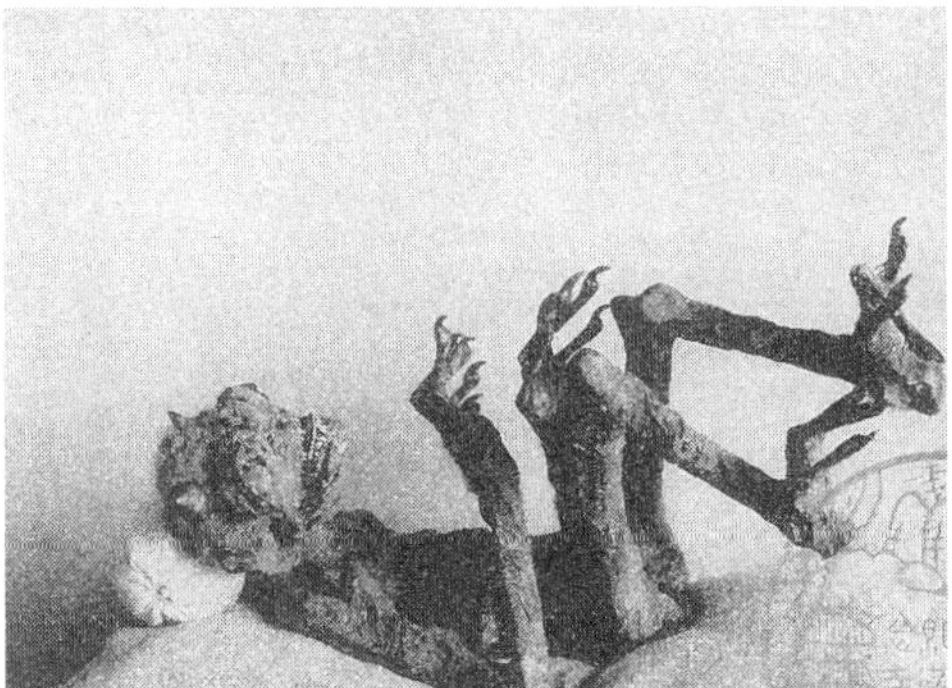

鬼子のミイラ

見世物小屋の絵看板

見　世　物

博覧会・動物園・植物園などに受け継がれている。「細工見世物」は、職人が技工をこらして創りあげた飾りものの総称である。籠細工・貝細工・瀬戸物細工・菊細工・ビイドロ細工・麦藁細工・植木細工・桶細工・紙細工・張子細工・青物細工など、材料によって区分される。そもそもは寺社の開帳や祭礼の際の奉納飾りであって、中世の祭礼や行事に造作された「風流の造りもの」の系譜をひく。十八世紀末から十九世紀には、蓑や傘でつくった体長一八メートルの大虎、綿細工の巨象、身長九丈六尺(約三〇メートル)の涅槃像、高さ三〇メートルの籠大仏などの大作りが江戸や大坂で流行、興行物として定着した。職人たちが担った細工見世物の伝統は、近代以降、彫刻や工芸のほか、ジオラマやパノラマ、商業ディスプレイ、博覧会の展示技術などに継承されている。

[参考文献] 古河三樹『図説庶民芸能―江戸の見世物―』、一九七〇、小寺玉晁『見世物雑志(復刻版)』、一九九一、『大道芸と見世物』(「音と映像と文字による大系日本歴史と芸能」一三、一九九二)、朝倉無声『見世物研究姉妹篇』、一九九二

(橋爪 紳也)

みそ 味噌 大豆・小麦・裸麦・蚕豆・薯に塩と麴を加えて作った発酵食品。鹿児島県南部では蘇鉄の実を使った。一九四一(昭和十六)、四二年ごろの調査によれば、一日三度の食事の一回は味噌汁を食べていた地域が多くあり、また、その味噌汁に季節ごとの野菜と、団子を摘み入れて飯の補いにしていた。近代の農村部における毎日の献立て、特に冬場の夕食定番の献立てがこの団子汁で、副食物と主食、さらには汁物をいっしょにとる食品で、その調味料として味噌が使われた。同時に重要なたんぱく質源となっており、発酵食品を毎日取ることとあいまって栄養上からも味噌の効用は大きかった。農村部の多くは醬油はハレの日の、ふだんの調味料は味噌と使い分けていた。味噌汁だけでなく、ヌタなどの和え物の調味料としても用いられたが、餅や握り飯に塗って焼き、香ばしい味にしたのは調味料とも、副食物ともいえ、食欲をそそる日本の味そのものである。味噌は、奈良時代の記録に「未醬」とあり、醬の一つであったとされ、調味料よりもなめ味噌として発達した。汁物の調味料としての使用法は室町時代の料理書が初見といわれ、江戸時代には汁講の流行もみられるが、庶民に味噌汁が普及するのはさらにのちのことである。秋田県・群馬県・新潟県などでは味噌に水を加え、煮立てて布で濾した汁をスマシ汁という。祭や盆、正月の煮染め、あるいは正月の雑煮に必ずこのスマシ汁を使うことを瀬川清子は「醬油以前のスマシ汁」として記している。一方、なめ味噌は金山寺味噌が有名で、徳川家康の倹約の食事である「湯漬けに焼味噌」をいうまでもなく、庶民も味噌を副食物にした。飯を詰めたメンパの隅に味噌を添えた弁当はどこでもみられた。現在も梅味噌に鯛味噌など種々あり、その源流は古い。千葉県や岡山県のヒシオ、新潟県のショ、サイミソ、埼玉県のオナメ、香川県のナメミソ、福島県・三重県のサイミソ、岩手県のニアセ、群馬県のナメザイなどなめ味噌の名称も注目される。糠に塩を入れた愛知県のゴトミソ、大豆と塩と糠で作った新潟県のジンパ味噌もなめ味噌で、現在の糠味噌が本来、ジンダ、ゴトミソなどと呼ばれ、なめ味噌の一種であったことを伝えている。味噌は、煮た大豆と塩に麴を混ぜ合わせて発酵させたものだが、東日本では煮た大豆を潰して丸めて玉味噌にし、家の梁などに吊してカビを発生させたのち、搗き砕いて塩と混ぜ、味噌おけに仕込んで作る方法もあった。味噌作りには共同で行なったり、歌が伴ったり、新潟県では親戚や近所の家に贈答したりした。三年味噌といって三年目に食べるのをよしとし、自家製の味噌をウチミソといい、家独自の味を大切にした。「手前味噌」もここからきた言葉で、死火と産火、月経を忌み、味噌が腐ると家の不吉の兆しなどといい、各種の俗信を生んだのは、味噌が家を象徴するものであったからである。

[参考文献] 瀬川清子『食生活の歴史』、一九六八、成城大学民俗学研究所編『日本の食文化―昭和初期・全国食事習俗の記録―』、一九九〇-九五

(増田 昭子)

みそかいばし 味噌買橋 夢のお告げにより財宝を得る昔話。飛驒高山の沢上の長吉という炭焼きが、味噌買橋へ行くといいことがあるという夢を見る。橋の上に行って立っていると、橋の袂の豆腐屋が不審に思ってわけを尋ねる。話を聞いた豆腐屋は大笑いし、「わしは乗鞍の麓の沢上の長吉の屋敷の杉の木の下に金銀が埋まっているという夢を見たが、夢だから気にも止めない」という。長吉は家に帰って杉の根元を掘り、財宝を手に入れる。ヨーロッパの話が日本語に翻案され、伝わったもの。

[参考文献] 桜井美紀「昔話味噌買橋の出自―その翻案と受容の系譜―」(『口承文芸研究』一五、一九九二)、竹原威滋「昔話味噌買橋をめぐって―そのヨーロッパにおける書承と口承―」(同)

(斎藤 君子)

みそぎ 禊 全身を水中に潜《かつ》き、振り濯《すす》ぐことにより罪・穢れを除去する宗教的儀礼。美曾岐・身曾貴・清身・禊身・身祓・身滌・身潔・祓禊・潔とも書く。古くはみそきと清音でよんだ。禊の語源は水そそきといわれてきたが、この説は上代特殊仮名遣いからして無理とされ、現在は身そそき説が有力である。記紀神話に、黄泉《よみ》国を訪れたイザナキが身体に付着した罪穢れを洗い清めようとして竺紫の日向の橘の阿波岐原の小門で禊祓をしたとある。これは禊の起源説話とされるが、そこでは禊祓・祓禊と記し、また禊という字にハラヘ、禊祓にハラヒミソキ(『古事記』)、祓除にミソキハラヘ(『日本書紀』)との古訓を付すなど、はやくに禊と祓えは混同して用いられていたことがわかる。しかし禊は穢れを、祓えは罪を除去するのが本義で、両者は別々の行法である。禊の「み」には水という意味はないが、その方式を見ると水との関わりが深い。禊の起源説話にもイザナキが「中つ瀬に堕

ちかづきて滌きたまふ」「御身を滌きたまふ」(原漢文、『古事記』)、「身の濁穢を滌ひ去てむ」「身の所汚を盪滌」(同、『日本書紀』)と記すように、水中に身体をすっかりひたして振り動かしながら穢れを洗い清めているのは、そのような方式により活力ある霊魂や生命力の復活を願ったのである。また神仏へ参詣するに先立ち、水浴して心身を清める習俗があり、それらを「垢離を掻く」「垢離を取る」とか、あるいは地方によってはシオカキ、オシオイ、シオカケ、さらに塩垢離、寒垢離なども称している。これらも禊の範疇に入る神事である。垢離は心身を清め、罪を贖い、招福攘災を願うことで、神仏を参拝する前に、手水舎《ちょうずや》や手水所《どころ》で手を洗い口を漱いで心身を清めるのも、禊の一種である。現代の神社祭式では祭祀者が祭祀に奉仕する前に潔斎といって心身を清浄にする神事を行うが、その中で禊は中核に位置づけられている。また祭祀に参列する者も祭祀に先立って手水を行うが、これも禊の象徴的作法である。ミソギという語は現在も日常生活に生きており、禊は日本人の倫理・道徳や美意識の形成に影響を与えてきた。 →祓《はら》え

参考文献 『古事類苑』神祇二、一九六七、青木紀元「ミソギ・ハラへ」(『日本神話の基礎的研究』所収、一九七〇)、坪井洋文「コモリ・ミソギ・ハラエの原理」(『民俗学論叢』二所収、一九八〇)、三橋健「年中行事における禊・祓・物忌み」(『日本民俗研究大系』三所収、一九八三)、西宮一民『古事記の研究』、一九九三 (三橋 健)

みたけ 御岳 高く大きい山の尊称。御岳は全国的に分布がみられるが、奈良県吉野郡の金峰山には式内社の金峰神社が鎮座するとともに、役小角《えんのおづの》が修行のすえに感得したという金剛蔵王を本尊とする金峰山《きんぷせん》寺があり、ここに詣でることを御嶽詣と称して平安時代に盛んに行われた。以後、修験道の展開とともに山岳信仰として全国にひろまったものである。なかでも木曾御嶽山・武州御嶽山・甲州御嶽山などはその代表例である。

参考文献 西海賢二『武州御嶽山信仰史の研究』、一九八三、生駒勘七『御岳の信仰と登山の歴史』、一九八八 (西海 賢二)

みたまのめし みたまの飯 ミタマ祭に供える飯や餅のこと。単にミタマとかミダマ、ニダマなどともいう。ミタマ祭とは年の暮れから正月にかけての時期に、箕の上に握り飯や粢《しとぎ》・餅・団子などを並べて供える習わしをいい、こうした行事は宮城・新潟・群馬・茨城・埼玉・長野などの各県に認められる。供える場所は仏壇や神棚・床の間・年神などさまざまである。宮城県桃生郡河南町前谷地ではミタマと称し、家の老女が、年越の晩に箕の中に飯を十二個置いて納豆をのせ、裏座敷に箕の口を北向きに供える。正月が終ると下ろして供え物は流す。宮城県内では箕にあげた飯に麻殻や箸を刺す例も多い。長野県内でも大晦日のオオドシに門松や年棚・神棚に供え物をすると同時に、仏壇にも飯を重箱などに高盛りにした上に箸を十二ないしは十三膳立てて供え、これをミタマノメシと呼ぶところがある。また江戸時代の『出羽国秋田領答書』でも亡き魂をまつる時に、みたまの飯を供える民俗の存在が確認できる。呼称のミタマは御魂すなわち祖霊と解釈されること、みたまの飯は仏壇に供える例が見られることなどから、年に二度、暮れと盆に実施されたと推測される祖霊祭のうちの一方の、暮れの祖霊祭の姿を示す民俗という理解があり、『枕草子』や『徒然草』記載の魂祭との連続性も指摘されている。また田の神、ひいては年神や先祖神に対する供物であったという見方もある。この供物の背後には、年玉と同じように年神・祖霊とまつり手との間での魂の分配や、共食の観念がうかがえる。

参考文献 民俗学研究所編『年中行事図説』、一九五三、小野寺正人「宮城県北東部の「ミタマ」の風習について」(『日本民俗学』七〇、一九七〇)、田中久夫「みたまの飯」(『講座日本の民俗』六所収、一九七八) (岩崎 真幸)

みたらし 御手洗 社寺への参詣者が神仏へ近付くに先立ち、手や口を水で洗いすすぎ心身を清めるための場所もしくは入口や社頭に設けられた施設。浄化の儀礼行為としては、古来、祓え・禊が行われてきたが、古代的な祓えは「祓つ物」を差し出すことによる罪穢の解除という方法がとられた。禊は、河海において身体を沐する行為であった。水に霊力があるという信仰に基づくとされる。伊勢参宮者が二見の浜(三重県度会郡二見町)で禊をしたように、海水による沐浴が効果的であるとされたが、簡便な方法が御手洗における清めといえる。また、伊勢神宮(同県伊勢市)の内宮域を流れる五十鈴川のように、川岸にそれが設けられている場合もある。こうした川を御手洗川と呼ぶことが多い。御手洗川としては賀茂御祖《かもみおや》神社《じんじゃ》(京都市)が有名で、かつては境内を流れる川に足をひたし身を清め無病息災を祈る御手洗会が、六月十九日、または二十日から晦日まで行われた(現在七月土用の丑日)。民間では納涼を兼ねた神事となっており、同社祭神の多《た》多須玉依姫《たすたまよりひめ》に由来する糺《ただす》の地(一説には高野・賀茂両川の合流点に鎮座する河合神社の祭神、建角身命《たけつぬみのみこと》が裁判の基を築いたという)であることから「糺の涼み」とも呼ばれた。このときに参道の茶店で売ったとされるのがミタラシダンゴといわれるが、一説には同市北野神社の御手洗祭に由来するという。この祭は、七夕の日の朝、祭神である菅原道真の詠歌のために、松風硯、塗物の水差、梶(楓)の葉を、簀の上に添えた角盥《つのだらい》を献じ、清水を奉ることに趣旨が置かれている。

参考文献 神祇院編『官国幣社特殊神事調』、一九四一、青木紀元「ミソギ・ハラへ」(『日本神話の基礎的研究』所収、一九七〇) (桜井 治男)

みちうた 道唄 ⇩道中唄《どうちゅううた》

みちきり 道切り 村落の外から疫病や災厄が侵入するのを防止するために行われる共同祈願の一種。定期的に行われるものと疫病流行時など一時的に行われるものが

あり、また村落共同ではなく各戸が行う祈願もある。集落内のきまった場所に注連縄を掛ける慣行は各地に見られ、これに御幣・神札・草鞋・草履・農具模型・男女性器を模したものなどを吊り下げたり、大きな人形を立てることもある。集落まわりの辻に祈禱札を立てる例もある。近畿地方に行われている勧請吊《かんじょうづり》や勧請掛けの習俗では、正月にムラの男たちが勧請縄と称する大注連縄をない、道や川を遮るように集落内の一ヵ所ないし数ヵ所に張りわたすものがある。大注連縄には頭と尾があり、蛇体を象徴している。縄ができると神職による修祓や住職による祈禱などが行われ、餅やお神酒を供えるなどの儀礼が伴うこともめずらしくない。滋賀県下の勧請縄と関ノ札を調査した橋本鉄男によれば、勧請縄は集落の四方または二方の入口や神社境内に掛けられ、関ノ札も集落入口や中央の広場などに立てる場合が多いという。特に集落の入口という場所は、清浄に保つべきムラの内を災厄がやってくる外から区別する地点ともなる。勧請縄や関ノ札は村境の標示となって、村の領域を限りこれを守る機能を果たす。道切りの民俗は、病因や災因についての民間の知識ばかりでなく、村落領域や村人の世界観を知る上でも重要な手がかりを与えてくれる。↓村境《むらざかい》

参考文献 関敬吾「共同祈願」(柳田国男編『山村生活の研究』所収、一九三七)、橋本鉄男「勧請縄と関ノ札」(『近畿民俗』四二、一九六七)、原田敏丸「勧請吊行事」(『近世村落の経済と社会』所収、一九八三)

(八木 康幸)

みちしるべ 道標 ⇩どうひょう

みちぶしん 道普請 村落内部の主要な道路を村人全体の共同労働により修繕すること。近年では村落内外の道路の大部分は舗装されてしまい、村人による道普請の必要はなくなった。しかし、舗装以前には多くの村落で、道普請を村仕事で行なってきたのである。道普請にはミチツクリ、ミチコサエと呼ばれる道路の修復と、道草切り、コサギリなどと呼ばれる雑草の除去とがある。春秋二回各戸から一人が出て作業を行う。事情によって女子でも代理を許す地域がある一方、不参加者から罰金とか出不足金をとる地域もある。川から砂利を揚げたり、山から土を運んだりして道の窪みを埋めて平坦にする作業が多いが、作業の内容によっては村中総出の作業となることもあった。作業が終れば神社の境内などに集まり、皆で飲み食いして楽しむ地域もある。ミチツクリは道路の舗装が農道にまで及びほとんどの地域でなくなってしまった。一方、道草切りは舗装された道脇の雑草や道路に懸かる木々の枝を払うなど現在まで行われている地域が多い。かつての道普請が日常生活の維持のために必要とされた作業であったのに対して、町内会などの地域団体が主体となって行う現在の草刈り、缶瓶拾いなどの美化運動は、地域交流のための一つの手段となっており、行政側の支援を受け、美化デーなどの統一日を設けて行われていることが多い。村仕事としての道普請は美化運動という全く別のものに転化していったと考えてよいだろう。↓共同労働《きょうどうろうどう》 ↓村仕事《むらしごと》

参考文献 橋浦泰雄「協同労働と相互扶助」(柳田国男編『山村生活の研究』所収、一九三七)

(畑 聰一郎)

みちゆき 道行 空間的、時間的な移動を示す文学・芸能の様式。文学の道行文は、移動途中の地名や風景を詠み込んだ韻文で、物尽くしの一種でもある。『万葉集』や記紀の歌謡が古く、中世には『平家物語』『太平記』などの軍記や、早歌(宴曲)・曲舞などの歌謡に取り入れられた。芸能では、舞楽や風流踊りなどで、芸能を演ずる場への入場部分を道行と呼ぶことが多い。また舞台芸能では文学の道行文と結び、一曲の構成要素となった。能では、多くの曲で、ワキなどが目的地に至る部分を道行と呼ぶほか、『百万』のクセなど、曲の中心部分に道行文が取り入れられることもある。狂言の道行は、独白を伴って舞台を一巡することで移動を示す。人形浄瑠璃では、六段ないし五段構成の一曲の部分として道行の段が設定され、技巧的な詞章と節回しや人形操法の工夫によって見せ場とした。近松門左衛門の世話浄瑠璃では、心中に赴く男女の心情を道行文に投影させ、『曾根崎心中』などの名作を生んだ。近松没後は、時代浄瑠璃の中で華麗な趣向を取り込み、ショー的要素を強めるが、移動を示す本来の機能は薄れた。歌舞伎では歌謡の道行を基盤に、浄瑠璃の影響も受けて、一六六〇年(万治三)ころの野郎歌舞伎時代に「海道下り」などが独立した舞踊として流行した。一六九〇年(元禄三)ころからは続き狂言のなかに取り込まれ、外記節《げきぶし》・河東節《かとうぶし》・豊後系浄瑠璃などの歌舞伎系の浄瑠璃を伴奏に発達した。

参考文献 角田一郎「道行文研究序論」(『広島女子大学文学部紀要』一・五、一九六六・七〇)、郡司正勝「道行の発想」(『かぶきの美学』所収、一九六八)、角田一郎「道行文展開史論」(『帝京大学文学部紀要(国語国文学)』一〇—一八、一九七六—八六)

(和田 修)

みづか 水塚 洪水にそなえて宅地の一隅に特別に高く施した土盛り。人や家財・食糧を溢流から守るために、土盛りの上に蔵などの建物を建造する場合が多い。この建物は木曾川流域では水屋とよばれるが、関東の利根川・荒川流域では、建物と土盛りの双方を水塚とよぶ。利根川中流域のかつての洪水常襲地帯では母屋のある敷地全体に土盛りがなされ、水塚はさらに〇・六～一メートル以上の土盛り高である。水塚の存在や母屋の軒に舟(アゲフネ)が吊り下げられた光景は、その付近が洪水常襲地であったことを物語るとともに、水塚の土盛り高は、過去の洪水時における堪水水位の指標となる。↓洪水《こうずい》 ↓水屋《みずや》

参考文献 佐藤甚次郎・佐々木史郎・大羅陽一「荒川流域における水塚」(『歴史地理学紀要』二二、一九八〇)、阿由葉司「利根川下流の水塚について」(同二九、一九八七)

(小口 千明)

みっかいわい 三日祝い 誕生から三日目に行う祝事のこと。三つ目、三つ目の祝い、ユゾメ(湯初め)イワイ、

カミタレ(髪垂れ)イワイなどと呼んで、さまざまな儀礼が行われてきた。たとえば長野県内の各地では、産神様にウブメシを供える。産神様に小石を三つ供える。氏神様と道祖神に赤飯と酒を供える。三つ目団子をつくって産神様に供え、残りを親戚などへ配る。姑が餅と産着などを持ってきて、見舞いに来る。力餅を里からもらう。産婆、仲人、隣近所の人を招く。麺を食べる。はじめて湯をつかわせる。はじめて着物を着せる。雪隠参りをし、参られた家では男児に墨、女児に紅をつける。外へ連れ出す時は、頭へ襁褓《むつき》をのせて行く。名前を付けるなどさまざま行われた。そしておのおのについて具体的に名称や次第、つくり方や設け方、利益や効能などが伝承されているが、これらの習俗を分類してみると、産神に関わること、産屋や産の忌みに関わること、産婦や家族に関わること、新生児に関わることなど幾つかに類型化することができる。三日祝いは生まれた子どもの最初の重要な式日で、生児に対しては、はじめて人間社会に迎え入れ、生存権を強力に確立させるとともに、この日改めて出産に立ち会ったり司ったりした産神に感謝をし、また出産によって生じた産の忌みに対処し、産婦には物心両面から力をつけさせるなど、広く神仏の守護と人々の加護とを求めた儀礼と考えられている。　↓あやこ

参考文献　『日本産育習俗資料集成』、一九七五、大藤ゆき『児やらい』(『民俗民芸双書』、一九六八)　(田中　正明)

みつき　見突き　船上から水中をのぞき見して貝類・魚類・海藻類などを長い棹や棒をふるって突き取ったり、振り取ったりする漁法をいう。しかし、見突きという呼称は全国的に定着しているものではない。その呼び方はさまざまである。その主なものは、イソミ(北陸沿岸)、カナギ(島根県)、ヤストリ(青森県)、イソネギ(新潟県佐渡)、イソマワリ(北海道)、ホコツキ(長崎県)、イサリ(南九州)、ボーチョウ(神奈川県)などである。見突き漁では、作業をする場所として、さらに漁獲物を追う道具として磯船が不可欠で、これにはタライ船をはじめ丸木船系統のものなど多種であるが、共通する点は小型で小廻りがきき、波ゆれの小さいことである。この漁では手の延長としての竹棹や棒が重要な役目をもつ。「見突き漁師の腕は棹を見ればわかる」ともいわれ、棹の製作や調整は漁民が直接にあたる。見突き漁の主要な漁獲物にアワビがある。アワビをとるのには、アワビホコ、アワビツキ、アワビカケ、アワビゾーなどと呼ばれる鉄製の漁具が用いられる。これらの漁具は機能上から分けると、突き剝すもの、引っ掛けるもの、突き刺すもの、突きはさむものに分類できる。現在では、アワビを引っ掛けてとるアワビカケ、アワビカギが多く用いられている。そのほか、サザエを突きとるサザエツキ、魚類やナマコ、タコなどを突くヤス、ワカメを採取するメカリガマなど、さまざまな漁具が使われる。　↓磯漁《いそりょう》　↓突《つ》き漁《りょう》

参考文献　辻井善弥『磯漁の話—一つの漁撈文化史—』、一九七七、農商務省水産局編『(完全復刻)日本水産捕採誌　日本水産製品誌』、一九八三　(辻井　善弥)

みっきょう　密教　広義には秘密の教えであるが、特に、インドにおける大乗仏教興隆後期に体系化された大乗仏教の一流派をいう。仏と人間との相互連関を強く説くところから神秘主義的傾向が著しく、そのために象徴的、儀礼的な営みが豊富で多彩な仏教の流れである。神秘的な力を強調するがゆえに、近代的意味では呪術的特徴も明らかで、密教の根源を古代インドのバラモン教にさかのぼることも可能である。あるいは、ブッダ時代の原始仏教においても、一部では、パリッタ(密呪)を用いる除災儀礼が行われたという指摘もある。紀元前後に大乗仏教が興隆した後、次第にヒンズー教的世界観がインド全体を覆っていった。さらに初期大乗仏教を支えていた新興商業人層も次第にその力を失っていくという過程で、仏教も民衆の支持を得る必要があり、密教が興隆したとされる。密教の根本経典である『大日経』『金剛頂経』はいずれも七世紀ごろに成立したと考えられている。その後、密教は、チベットへ伝えられ、現在に至るまでチベット仏教として信仰を集めている。さらに、シルクロードを経て、中国にも伝えられた。密教経典自体は三世紀には漢訳が始まっている。さらにインド、西域からの訳経僧たちがつぎつぎと密教経典を漢訳していった。九世紀に唐の長安に到着した日本の入唐僧空海は、当時の代表的密教僧恵果と遇い、密教の真髄を授かった。それを基本に空海は独自の密教世界を構築し、真言宗を開いた。また、最澄・円仁らの天台宗系の僧侶も中国から密教を日本に伝えた。空海系の密教を東密、天台系の密教を台密とよぶ。その後鎌倉新仏教の各派と並んで、近世以降は真言宗も大衆化し、村落仏教的側面を顕著にしていく。そのなかで、現世利益を特徴とする加持祈禱は現在に至るまで日本密教の特徴である。　↓加持祈禱《かじきとう》　↓真言《しんごん》

参考文献　勝又俊教『密教の日本的展開』、一九七〇、宮坂宥勝『密教思想の真理』、一九七九、金岡秀友『密教成立論—阿含経典と密教—』、一九六一、立川武蔵『密教の思想』(『歴史文化ライブラリー』五二、一九九八)　(星野　英紀)

みつくり　箕作り　箕を作る職人。箕には穀物の選別や調整用の穀箕、製茶用の茶箕、製粉用の粉箕、繭選別用の繭箕、土や砂利運びに使う手箕などがあり、素材も地方によりさまざまなものがあるが、特に穀箕はおもな用途以外に、小正月や十五夜などの神供の容器にしたり、さまざまな呪術・儀礼の用具として用いられる例が各地にみられた。それは、箕が特殊な力を宿すものと考えられてきたからで、その箕を作る人々もまた箕直し・箕作りと呼ばれて特別視される地方があった。竹だけで網代《あじろ》に編んだ竹箕、竹と藤で編んだ藤箕、竹と桜皮で編んだ桜箕といった竹を主材料とする箕の場合でも、他の竹細工とは製作技術が大きく違い、専用の道具を必要とした

のて専門的に作られることが多く、箕作りを副業とする集落が各地にあった。また、さんかを箕直しという例が特に関東地方に多くみられた。さんかは定住地を持たず、いくつかの業をもって山や河原に小屋掛けをしながら移動する漂泊民といわれ、その中に箕直しや箕作りをおもな業とする人たちもいた。網代に編む竹箕では、竹鋸・竹割庖丁(鉈)のほかに、編み目を締めるための水箒と小さな角竹と槌、縁を縫うのに使う錐と針などが特別な道具となる程度であるが、藤蔓・桜皮・柳の甘皮などを縦にし、メダケ、イタヤ、マタタビなどを緯《よこ》にして莫蓙編みする箕は、いくつかの専用の道具を必要とする。藤蔓は槌で打ち、柔らかくして年輪に沿って薄く剝がしたものを幅を揃えて割き、桜皮は鉈などで表皮を削って整え鋏で幅を揃えて切る。メダケは鉈・庖丁・小刀などで小割りし薄く剝《へ》いで籤《ひご》を作る。イタヤは鉈で小割りして木口に切り込みを入れ手で薄く剝ぎ、外側に刃のついた独特の小刀で表面をなめらかに削る。マタタビは小刀・マタタビ割りなどで、表皮を剝ぎ小割りして幅を揃え籤を作る。編む作業は、藤箕ではまず割いた藤蔓を張ったユミとかオサなどと呼ぶ竹の細板を中軸にし、両側にヘタテボウなどと呼ぶ細い割竹あるいは竹籤を並べて、必要な数の横籤をユミの藤蔓と竹の間に交互に入れていく。桜箕の場合はユミの上に竹籤を張り桜皮をおきながら横籤を並べていく。そうしてのち、ユミの片側の上に莚や座布団をおき、その上にあぐらをかくようにして座り、手で籤を交互に上下して、間に縦になる藤蔓や桜皮などを入れる作業を繰り返し、片側を編み上げてからもう一方を編む。籤を上下した際に、ミダチ、ミガタナ、キダチ、ボクトウなどと呼ぶ大きな幅広の木刀状のもので編み目を打ち締める。編み上げたものを一般に板箕といい、腰部を形作って立ち上げて縫い、竹や枝木のフチギを縫いつけて仕上げる。この作業では針のほかに錐・縁巻き篦・鋏・小刀などが必要となるほか、製作地によってそれぞれに工夫された道具が使われてきた。 →箕《み》

参考文献 宮本常一『山に生きる人々』(『日本民衆史』二、一九六四)、三角寛『サンカ社会の研究』、一九七一、同『サンカの社会』資料編、一九七一、林英夫編『近代民衆の記録』四、一九七一
(工藤 員功)

みつけ 見附 城門の枡形の外側で、昼夜警備のために見張りをする場所。江戸城の場合、三十六見附があったとされるが、三十六の数え方には諸説があり、一定しない。しかしその一部は赤坂見附・四谷見附・市谷見附など、今日も地名として残っている。これとはべつに、街道沿いの宿場においてその両端の出入口付近に関門的構築物が設けられた場合があり、これも見附とよばれた。見附は見付とも表記される。

参考文献 『千代田区史』上、一九六〇
(小口 千明)

ミツマタ ミツマタ ジンチョウゲ科に属し、枝が三本に分かれる。コウゾ、ガンピと並んで現代の和紙の三原料の一つである。三椏とも書く。日本に渡来したのは室町時代で、天明年間(一七八一―八九)ころに静岡で栽培が始められたと伝えられるが、平安時代の三椏紙の存在が指摘されているので、起原については再検討の必要がある。江戸時代にコウゾの代用原料として栽培した。明治時代に大蔵省が紙幣の原料として栽培を奨励して以後、ミツマタの特性が自覚された。柔軟できめ細かい紙肌は印刷効果に優れ、ペン字などの書簡用紙にも適した。そのほか画仙紙などの書道用紙、金箔の下に敷く箔合紙(岡山県津山市など)などにも用いられる。

ミ ツ マ タ

参考文献 王子製紙株式会社編『三椏及三椏紙考』、一九四〇
(柳橋 真)

みつみねしんこう 三峯信仰 埼玉県秩父郡大滝村三峯山に鎮座する三峯神社に対する信仰。三峯信仰が飛躍的に展開するのは江戸時代になってからのことである。一七三四年(享保十九)の『観音院記録』によると、かつて修験者が山神宮と呼ぶ神社をまつり、この神の使わしめとして狼を定めた。さらに一七二〇年に入山した日光法印が、この神使のお札を配り、今日にみる三峯山の繁栄をもたらしたといわれている。現在、三峯神社を信仰する三峯講は東京を中心に関東・中部地方一円に分布しているが、古くは甲州・信州が中心であり、その信仰は猪鹿除けにあったという。これは三峯神社が狼を使とする狩猟の神か農耕の神であったことを物語っている。この猪鹿除けの信仰は、近世の中期以降、江戸周辺で新田開発の展開する中、開発の守護と信じられ、関東郡代伊奈家の信仰することが大であった。この間の状況を示すように一六三四年(寛永十一)伊奈家の河野八郎左衛門が銅製絵馬を、一六四六年(正保三)には伊奈半十郎忠治が常香盤を奉納している。以来、武州を中心にして三峯の信仰は拡大し、これが江戸市中に入ると火防盗賊除けの信仰となり、三峯講として大きな存在となった。これは明治以降も同様に今日も続いている。

参考文献 桜井徳太郎『日本民間信仰論』、一九七〇、桜井徳太郎編『山岳宗教と民間信仰の研究』(『山岳宗教史研究叢書』六、一九七六)、宮田登・宮本袈裟雄編『日光山と関東の修験道』(同八、一九七九)
(西海 賢二)

みつめ 三つ目 婚礼あるいは誕生から三日目にあたる日。花嫁の最初の里帰りは式後三日目に行われ、聟と連れ立って実家を訪問することが多い。三つ目は全国的に

分布した習俗であり、聟を伴っての里帰りであることから聟入儀礼と考えることができる。柳田国男は婚姻儀礼について、嫁方で行う聟入儀礼と夫の家への引き移り儀礼である嫁入儀礼の二つの儀礼があることに着目し、古くは聟が花嫁の家を訪れ、約束する聟入儀礼がまずあり、以後聟が嫁の家を訪問する妻訪い形式を経た後に、嫁を夫の家に迎える嫁入儀礼で婚姻儀礼は終了したと考えた。だが、近世以降、嫁入をもって婚姻の開始とし、盛大な嫁入儀礼が顕著となった。逆に聟入儀礼は嫁入の当日午前中に行う北九州などで朝聟入と呼ばれる聟入となり、聟入の省略化にまで至った。日本の婚姻形態は、聟入婚から嫁入婚へと変遷してきたと理解され、嫁入儀礼の前に聟入が行われた各地の事例がこの変化の流れを立証してきたのである。だが、富山県や長崎県の対馬などでは聟入の時期が嫁入以降の三つ目に行われることが多く、聟入婚から嫁入婚への変遷図式の中には該当せず、聟入婚のないはじめからの嫁入婚地域の存在が指摘されている。嫁入婚後に行われる聟入儀礼としての三つ目の里帰りは、婚礼が無事に終了し、新夫婦生活のはじまりを見定めての祝いであり、聟と嫁方父母との親子関係を祝う儀礼と考えることができる。このような里帰り習俗は韓国南部から中国にまで知られており、今後の三つ目習俗の東アジア世界との比較文化研究の展開が期待される。一方、三つ目は里帰りのみを意味するわけではない。子供の誕生に関連して、生後三日目のミツメに袖のある産着を着用させる。その前までは袖のないオクルミを着るが、ミツメで袖のある着物を着て、人への一歩を歩み始めたと考えられるのである。またミツメにケノノケゾメといって生児を湯に入れ頭の毛を剃ってやり、名をつけることもある。 ↓ヒザナオシ ↓三日祝《みっかいわ》い

参考文献 江守五夫『日本の婚姻―その歴史と民俗―』(『日本基層文化の民族学的研究』二、一九八六)

(畑 聰一郎)

みてぐら 幣帛 ⇩御幣《ごへい》

みなかたくまぐす 南方熊楠 一八六七―一九四一 生物学・民俗学・説話学・江戸文学など多方面の仕事に関与し、博物学者と呼ぶのがふさわしい。和歌山生まれ。旧制中学を卒業して上京し、大学予備門に入るが中退。少年期に書き写して愛読した『和漢三才図会』や『本草綱目』などの基礎にある、江戸時代(および中国)の考証学の方法が学問の出発点となった。一八八六年(明治十九)末に渡米し、サンフランシスコの商科大学とミシガン州ランシングの農科大学に、それぞれ数ヵ月在籍して退学。以後、ミシガン州アナーバーやフロリダ州ジャクソンビルに住み、一時、キーウェスト島やキューバ島にも渡り、植物採集をしながら多方面の読書を独学でつづける。一八九二年秋には英国のロンドンへ行き、しばらくしてから大英博物館に通ってさまざまな書籍の抜書きを始めるが、他の閲覧者との紛争が何度かあり、三年半ほどして出入り禁止となる。この前後から帰国後にかけて、『ネイチャー』『ノーツ＝エンド＝クィアリーズ』などの雑誌に英文で投稿、東洋古来の科学的思考の存在を西洋人に認知させることを使命とする。のちに真言宗高野派管長となる土宜法竜と知り合い、ひんぱんに交わした手紙のなかで、後年に鶴見和子が「南方曼陀羅」と名づけた真言密教の独特な解釈を展開し、また革命に挫折してロンドンに逃れてきた孫文とも親交があった。一九〇〇年秋に帰国したのちは、三年ほど熊野の山中で植物の採集に没頭したのち、和歌山県田辺に定住して結婚する。以後、おもにキノコ(菌類)や粘菌(変形菌)などの採集や写生に多くの時間を費やすかたわら、著述活動に従事する。一町村一社を目標とする政府の神社合祀策の強行に抗議し、一九〇九年から『牟婁《むろ》新報』などで反対の論陣をはる。貴重な植物の生育する神社の森が失われることへの危機感に発した南方の行動は、エコロジーの立場からの環境保全運動の先駆と評価されている。この反対運動のさなかの一九一一年からの数年間、民俗学の創生を模索していた時期の柳田国男と文通をかわし、反対運動への協力を求める一方、「山人」などの質疑に答えながら自分の考え方を忌憚なく述べた。このあと、『十二支考』に代表されるような独自の文体と内容を備えた論文を多数執筆する。「紀州俗伝」といった文章だけでなく、随所に居住地の民俗についての見聞がみられる。一九二九年(昭和四)、保存に尽力した田辺湾の神島に昭和天皇を迎え、艦上で粘菌について進講したことを、南方は生涯の光栄と受けとめた。さらに一九三一年以降没年まで、岩田準一にあてて男色に関する手紙を書きついだ。生前には一九二六年に刊行された『南方閑話』『南方随筆』『続南方随筆』の三冊の著書が出ただけであったが、没後二度の全集が出された。『南方熊楠全集』全十巻別巻二冊(一九七一―七五)、『南方熊楠日記』全四冊(一九八七―八九)が刊行され、また飯倉照平編『柳田国男南方熊楠往復書簡集』(一九七六)がある。現在は、西牟婁郡白浜町の南方熊楠記念館と田辺市の南方家に残された資料の整理を基礎に、三度目の全集刊行計画が進行中である。

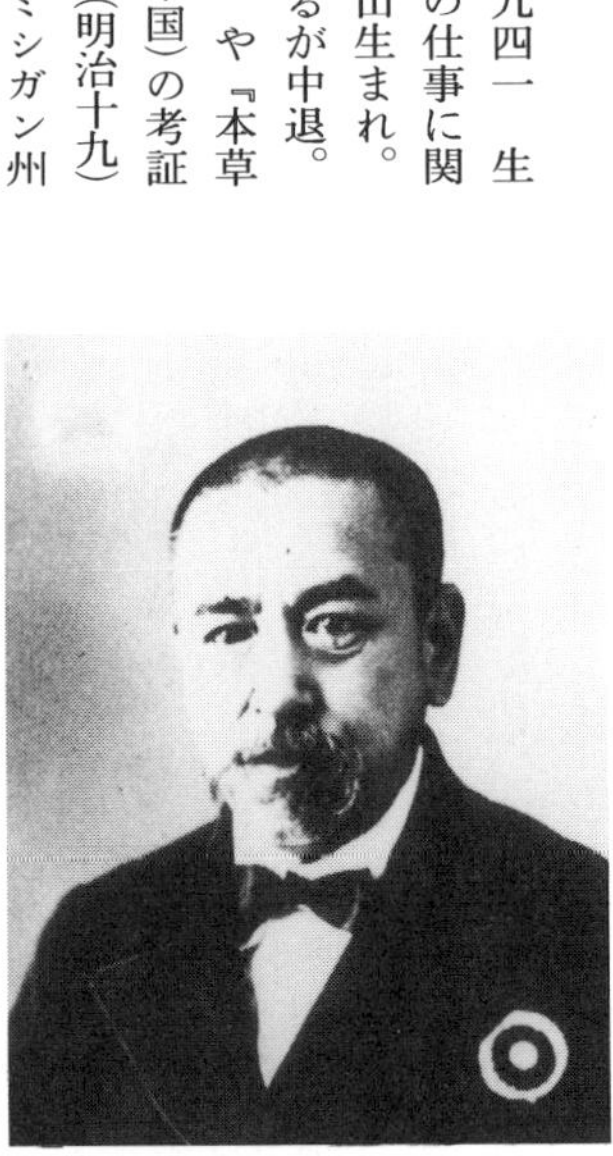
南方熊楠

参考文献 鶴見和子『南方熊楠』(『講談社学術文庫』五二八、一九八一)、松居竜五他編『南方熊楠を知る事典』(『講談社現代新書』一一四二、一九九三)

(飯倉 照平)

みなくち 水口 水田の取水口をミナクチ、ミトグチ、カケグチなどという。主として水田への水の入口を意味

するが、水の出口を指す場合も多い。また特に水の出口を水口と区別して、シリミナクチ、アトクチ、シリクチ、シリミトなどと呼ぶこともある。さらに長野市田子のように、用水路からの水の入口をカケクチ、水田から水田へ水の入る口をミズクチ、田から用水路に水の落ちる口をオトシクチと呼び分けているところもある。用水管理上、水田は水口と排水口を一つずつ備えるのが望ましいが、かつてはそうした理想的な水田ばかりではなかった。取排水兼用の水口が一つしかない場合や一つも水口を持たない水田さえ存在した。天水田のように用水を雨に頼った水田では当然常設の水口を持つ必要はない。その場合畦畔を堅牢に作ることで田中に降った雨を逃がさないようにし、排水口は大雨が降ったときなどに臨時に畦畔を切って作った。耕地整理以前の水田は山間の棚田に限らず平坦部でも隣り合った水田に高低差ができていたが、その場合には田越し灌漑といって水田から水田へ直接に水のやりとりが行われた。その場合水の出口は同時にその下の水田にとっては水口となる。水が最初に入る水口付近は冷水の被害を受けやすいため特にミナクチモチと呼ぶモチ種やヒエを植えることもあった。また、水の取り入れ口である水口は、儀礼の場としても重要視され、特に苗代田の水口では、籾種子を蒔く日などに焼米などを供えて田の神をまつる。これをミナクチマツリとかミトマツリという。

参考文献　盛永俊太郎他『稲の日本史』(「筑摩叢書」一三三・一三四、一九六九)　(安室　知)

みなくちまつり　水口祭　稲作儀礼の一つで、種子籾を苗代に播いたときに行われる祭。ミトマツリ、苗代祝い、種子播き祝いなどともいって家ごとに行う儀礼である。ミトなどと呼ぶ苗代田の水口、あるいはこの田の畦や中央に柳・栗・松などの木の枝や萱、山吹・ツツジなどの季節の花、小正月に作った削り掛けを挿し、ここに焼米または洗米を供える。これとは別にムラの各戸の種子播きが終ると、種子播き正月などといってムラの農休日を定めているところも少なくない。苗代田に挿す木の枝や花などは、雀脅し・雷除け・嵐除けを目的にしているというところもあるが、これを新潟県古志郡では田の神様の宿り木とか田の神様、山形県米沢市ではお田の神様が止まって休まれる棒と伝え、本来は田の神を迎えるための依代だったと考えられる。焼米・洗米は田の神への供物で、これを供えることを「鳥の口にあげる」といったりもする。あらかじめ鳥にあげ、苗代に播いた種子籾が啄《つば》まれるのを防ごうという心意である。苗代田に挿した木や花は、これが途中で枯れると不吉なことがあるとか、傾いたり倒れたりすると縁起が悪いなどとも伝承しており、この儀礼には予祝的な性格もある。田に供える焼米は、若い男女が集まって焼米搗唄を歌いながら搗くところがあったり、子供たちが組になって焼米を貰い歩くところもある。なお、この儀礼は直播きの稲作である摘み田でも、田に種子を播いた後に行われた。

参考文献　倉田一郎『農と民俗学』(「民俗民芸双書」、一九六九)、伊藤幹治『稲作儀礼の研究―日琉同祖論の再検討―』、一九七四　(小川　直之)

滋賀県栗東町の水口祭

みなせがわ　水無瀬川　河川の流れがない理由を説明する伝説。多くは、弘法大師に水を与えなかったために罰があたって流れが消えたという弘法清水の伝説である。老婆が洗っていた大根を、大師に与えなかったために、冬に水が涸れたという大根川の伝説も同類である。福井県今立郡には、継体天皇の出猟の折に、流れが激しくて渡れないので、水が流れないように水速女命《みずはやめのみこと》に祈らせたところ、それ以降地下水となって流れるようになったと伝えている。大分県大分郡の寒田の水無川は、洗濯の老婆が旅人に水を与えなかったために、流れは地底に消えた。旅人は弘法大師で、杖を突いて水を湧き出させたが再び水は出なくなったという。東京都八王子市の水無瀬川は、三丁ほど流れが消えていてその上下流には十分に水がある。夏の暑い日に弘法大師が水を乞うたが、老婆が裏の川から汲んできた水なのでたやすく分けられないと拒絶したため、川の水が地下を潜って流れるようになったという。岐阜県大野郡には、飛驒一の宮の神が、アジメという魚をして川底を掘らせて、地下に流れるようにしたという水無川の伝説がある。伏流の神秘は、灌漑の労力とともに農耕民の最大の関心事であり、その理由に種々の力や、弘法大師をはじめとする多くの宗祖高僧による伝説を生み出して、地下水流の起源を説明しようとしたのであろう。→弘法清水《こうぼうしみず》　→大根川《だいこんがわ》

参考文献　渡辺昭五「大師の伝記伝説と民間口碑」(日野西真定編『弘法大師信仰』所収、一九八八)、同「弘法大師を騙った高野聖」(『芸能文化史』一六、一九九八)　(渡辺　昭五)

みなと　港　船の停泊するところ。その周辺の販売、宿泊、燃料・食料などの補給をする施設や居住地なども含む。近世初期の海上交通の方法は、沿岸づたいに移動する地乗りであったが、中期以降に目的地までの最短距離の沖合いを航海する沖乗りにかわっていくとともに多くの小港は淘汰され、機能的に交易港・風待ち港・避難港

に分化した。地先海域を越えて出漁していく漁業の場合、出漁中の船にとって港は漁業基地となった。しかし、明治時代中期以降、鉄道の発達や汽船の登場や、沖合・遠洋漁業の発達により、一部の港を除いて、多くの港は衰退した。港をめぐる民俗として、まず㈠港周辺の小島・岬・山などには航海安全・豊漁祈願の神仏がまつられており、出港・入港の時には、こうした神仏に対する儀礼や帆を下ろすとか、周辺をまわるなどの操船上の作法がみられた。㈡地元船以外の船（旅船）が集まる港には、外来者への応対の仕方にさまざまな民俗がみられた。旅船に対して、宿泊、物資の売却・仕入れ、病人の看病など、あらゆることの世話をする船宿があり、船宿は地元に対する船員の身元保証人となる仮親的な役割を果たした。遊廓などの遊興的施設も発達したが、明治まで、職業的な遊女とは異なる、ヒメと呼ばれる土地の女性が長期滞在の航海者や出漁者の世話をしたという地域が、紀伊半島の一部にあった。港は文化的、人的交流の結束点となり、民謡・伝説・技術などが伝播し、移住が引き起された。港の周辺には、さまざまな地域からの移住者の居住する集住地が形成されることもあった。↓廻船《かいせん》 ↓北前船《きたまえぶね》 ↓船宿《ふなやど》

参考文献 青野寿郎「伊豆半島に於ける風待港」（『青野寿郎著作集』一所収、一九三三）、北見俊夫『日本海上交通史の研究―民俗文化史的考察―』、一九七三、桜田勝徳「水上交通と民俗」（『桜田勝徳著作集』三所収、一九八〇）

（野地　恒有）

みねいり　峰入り　山伏が一年のうち、時を定めて山に入って修行すること。一般には大峯入りの略で、入峰《にゅうぶ》ともいう。教理よりも峰中での実践を根本の修行においた修験道では、峰入りで擬死再生儀礼としての十界修行が行われ、出峰後に衆生を救済するために、苦行によって験力を身につけようとした。また峰入りは山伏の格式とも関わりがあり、峰入りの初参加者を新客《しんきゃく》といい、九度の峰入りによって入峰の指導者である大先達となり、三十六度で大越家《だいおっけ》に昇進した。その修法は本来吉野（奈良県）・熊野（和歌山県）の大峯修験道が中心であり、地方霊山の独自性が生じる南北朝時代以降には、諸山にも移された。そのため峰入りの時期は諸山で異なり、また一つの霊山・霊場でも時代によって変化している。近世において、四季ごとに春峰・夏峰・秋峰・冬峰を行うのは、吉野大峯山のほか羽黒山（山形県）・日光山（栃木県）があり、九州の英彦《ひこ》山・宝満山などは春夏秋の三季にとどまる。このほか春秋二季の峰入りは求菩提《くぼて》山（福岡県）・八菅《はすげさん》山（神奈川県）があり、阿蘇山では秋峰だけが行われた。いずれも中世前期ころまでは峰入り修行の実践行が行われたが、この時代になると儀礼化・形式化した結果、このような変化が起ったものであろう。しかし大峯山の山上ヶ岳では「西の覗き」という苦行で、岩壁から逆さ吊りになって懺悔して滅罪を願い、いったん死んだと観念したのち、裏行場の胎内くぐりで生まれ変わる。こうした死と再生の儀礼が繰り返されるところに、峰入り修行の特徴があるといえよう。今日では真言宗醍醐派（旧当山派）が大峯山で花供峰と夏峰を、また聖護院《しょうごいん》を中心とする本山派修験宗では、夏峰のほか葛城山修行の春峰が行われ、金峯山修験本宗などでも夏峰を行なっている。↓入峰修行《にゅうぶしゅぎょう》 ↓花供《はなく》

山形県羽黒町羽黒山の峰入り

参考文献 『山岳宗教史研究叢書』、一九七五－八四、修験道修行大系編纂委員会編『修験道修行大系』、一九九四

（豊島　修）

みの　蓑　日光や雨・雪・風・土などを防ぐために着用する、藁や山野の草で作った外套。かつて蓑は一般に自製されたものであるから、土地ごとに形態も材料も製作法もすこしずつ異なっていた。小型のものは腰や背中を覆う程度であるが、一般には両方から背中・胴回りを覆うように作られる。さらに大型のものや帽子のついているものもまれにある。材料は藁のほか、スゲ、ヒロロ、シナの皮など多種多様である。そのほか荷物の運搬に使用される背負蓑もあるが、構造的には別のものである。名称には標準名として広範に分布するミノのほか、ケラ、バンドリ、ケダイなどが地方によって使われている。また蓑が冬季農閑期の農家の副業品となっていった地方もあり、そうしたところでは農具市などで販売された。蓑についてはすでに『日本書紀』に高天原《たかまのはら》を追われた素戔《すさの》鳴尊《おのみこと》が青草で作った蓑を着ていたという描写があり、その後にも各種の文学作品や絵巻物などの絵画資料に描かれてきた。また昔話でよく知られているのは「天狗の隠れ蓑」で、これを着ることによって主人公は姿を隠してしまう。「姥皮」の昔話では、主人公の娘が変身のために着るものが蓑となっているような事例も報告されている。そのほかナマハゲその他の来訪神の習俗では、出現する神や鬼が蓑を着ている事例が多い。これらの事実は、蓑がある種の非日常性の象徴として認識されていることを示していると考えられてきた。↓バンドリ

蓑　秋田県北秋田郡のワラケラ

（真野　俊和）

みぶきょうげん　壬生狂言　京都市中京区の律宗壬生寺にて演じられる大念仏狂言。楽器の音を擬してガンデンデンといって親しまれている。境内の念仏堂で、四月二十一日から二十九日まで上演するほか、二月三日の節分と秋に上演。金鼓（鰐口）、締め太鼓、六孔の篠笛による音楽とともに演ずる仮面をつける無言劇。演目は、固有の演目と能狂言から摂取した演目があり、固有のものでは『愛宕詣』『桶取』『大原女』『餓鬼角力』『蟹殿』『賽の河原』『大黒狩』『本能寺』『山端とろろ』『湯立』『棒振り』の十一演目。摂取演目は、『炮烙割』『節分』『舟弁慶』『土蜘蛛』『羅生門』『安達が原』『大仏供養』『夜討曾我』など十九演目ある。今日両者を合わせ、三十演目を伝承する。四月の上演の際は、各日とも『炮烙割』に始まり、最終日は、『湯立』と『棒振り』で終了。二月三日は、終日『節分』を上演。嵯峨釈迦堂狂言、千本閻魔堂狂言とともに、京の三大狂言といわれ、『餓鬼角力』、『土蜘蛛』（千本閻魔堂狂言では『蜘蛛切』）、『花盗人』などの共通演目がある。地域の伝承者を中心に、大念仏講を結成して伝承される。山科言継は、一五七一年（元亀二）に壬生の念仏狂言を見物したと『言継卿記』に記す。壬生狂言と同種の狂言が、福井県小浜市和久里に壬生狂言の名称で伝承され、五年ごとに奉納。壬生で廃曲になった『座頭の川渡り』『狐釣り』を伝承している。

壬生狂言「土蜘蛛」

参考文献　京都文化博物館編『創建一千年記念壬生寺展―大念仏狂言と地蔵信仰―』（特別展図録、一九九二）

（樋口　昭）

みぶん　身分　序列を基礎にした閉鎖的な社会区分。社会上の地位を表わす。通常は前近代的な社会区分に対して用いられる。日本では公家・武士・百姓・町人・賤民などの前近代的な身分が中世ころから明確に存在し、それは近世に形を変えながら、近代にまで及んでいる。身分は何世代か経つうちには動くものであるけれども、基本的には固定的であることに特色がある。日本の場合は、身分は家格と強く結びついており、家格の上下がその人の身分を大きく左右した。身分には常に貴賤尊卑という社会規範が結びついている。そのため、人びとの日常生活における人間関係、生活様式を左右したのも家格、すなわち、それにもとづく身分であった事実は否定できない。この家格を基礎にして、同じ百姓階級の間にも明確な身分差がみられた。日本のムラにおいては、明確な家格を観察できないムラが存在したことは、民俗学の研究報告が明らかにしている。しかし、多くの場合は、村落構造のありようを大きく左右したのは、地主・小作というようなやや変動の多い経済的要因にもとづく社会階層と、もう一つは家格であった。　↓階層《かいそう》　↓家格《かかく》

参考文献　『社会と民俗』二（『日本民俗学大系』四、一九五九）

（鳥越　皓之）

みぶんかいそうせい　身分階層制　法社会学者川島武宜が創り出した用語。一般に、富や財産、出身の身分、職業、教育の程度などさまざまな要因によって、人びとの社会的地位が異なるが、この社会的地位を共有する個体群相互の上下の層的な分布を階層と呼んでいる。身分階層とはそのうち、身分に基づく階層を意味する。川島によると、身分階層制とは、階層制一般をさすのではなく、それぞれの階層における人の地位を固定的な身分とみなす階層制をいう。ここで身分というのは、各階層における人の地位が、それぞれの階層に特有な特権や義務や生活機会と結びつくとともに、多かれ少なかれ固定的で、その極端な場合には世襲的なものであることを意味する。川島は日本の農村構造のもっとも基本的な構造を明らかにする目的でこの用語を創出したのであるが、同様の内容の分析はこれに先行して、たとえば同じ法社会学の磯田進の家格制論などがあり、川島は磯田の研究を身分階層制論の先行研究と位置づけている。このような法社会学の研究成果を直接吸収した民俗学分野の研究としては、ムラの階層を家格制と家序制に分ける説がある。家序制とは家格制のように固定的なものではなく「年月の経過とともに変化する階層」のことである。　↓階層《かいそう》　↓ヒエラルヒー

参考文献　川島武宜「農村の身分階層制」（『岩波講座日本資本主義講座』八所収、一九五四）、福田アジオ『日本村落の民俗的構造』（『日本民俗学研究叢書』、一九八二）

（鳥越　皓之）

みまい　見舞　贈答の一つで、通過儀礼や病気・災害など何らかの意味で不安定な状態にある個人や家族に対して行われる贈与、またはこれを伴う訪問をさす。今日では、単に見舞といえば病気見舞をさすことが多いが、このほかにも通夜の際の通夜見舞・サビシ見舞、忌中の間に行われる忌中見舞、新盆の新盆見舞、産婦への産見舞・コヤ見舞、嫁入り直後の新婦へのヘヤ見舞、家屋新築の際の普請見舞・ワタマシ見舞、火事の際の火事見舞や近火見舞、水害の際の水見舞、旅行中の留守宅に届けられる留守見舞・参り見舞、近年では選挙の際の陣中見舞な

どさまざまな見舞がある。見舞品としては、米や餅・赤飯・うどん・饅頭などの食品が贈られることが多く、見舞客がともにこれを食する作法をしばしば伴う。たとえば病気見舞にはさまざまな食品が贈られるが、見舞の品を病人は客とともに食べるものとされたり、見舞客には必ず酒食を供するものとされる地域もある。産褥《さんじょく》にある産婦へのコャ見舞は米・糯米・餅・かんぴょう・菓子・反物などで、贈られた米で飯を炊いたり餅をついて産婦に食べさせるほかこれを近所に配る所もある。このように見舞が行われる機会は必ずしも災難や不幸とは限らないが、総じて見舞を贈られる者は常ならざる不安定な状態にあるとみなされている。見舞は、現実に困難に直面する者への実質的援助であるのみならず、こうした不安定な状態にある者に対して多くの人が食物を持ち寄りこれをともに食することで力を付与し、安定した状態に導こうとする意図を含むものである。この意味で見舞は、贈答における共食と合力の観念を最も如実に示すものということができる。→産見舞《さんみまい》

(中込　睦子)

みまち　巳待　巳の日、もしくは前日の辰の日に行われる講行事。千葉県の富津市では巳待講は辰の日の夜に行うものとされている。この巳の日は弁才天の縁日であり、前日の辰の日の夜から行い、巳の日を待った。弁才天は七福神の一つとされてきたが、本来は技芸・学問や音楽の神であり、中世以降は福神としての信仰も加わって弁財天とも書かれてきた。長野県上水内郡の戸隠山麓には巳待講が広く分布している。己巳の日に行うとされているところもあるが、これは戸隠修験の関与によるもので、戸隠山の神体である九頭権現を巳の日にまつる日待行事である。また、宮城県の金華山を中心として、巳待講が広く分布していて、五月初巳の日の金華山の祭日には、近隣の信者が集まる。牡鹿郡牡鹿町鮎川の若者は前日の夜からお籠りして金華山の弁財天の掛け軸をまつり、当日は神輿担ぎに加わった。このような弁才天と巳待講の分布には、積極的な仏教寺院の関与が見られたようである。金華山へのお参りについては、飢饉の年が盛んであったという伝承がある。金華山では巳年を縁年としていたが、この年に飢饉が多かったためであろう。しかし、本来弁才天は水の神であり、蛇体で描くことも多く行われており、蛇が脱皮して成長するところから、変革を求める信仰もあった。そのため、巳年には前年の災厄を祓い去って、豊かな年になるという終末論的な信仰が生まれてきたものと思われる。

参考文献　宮田登『(新訂版)ミロク信仰の研究』、一九七五、同『終末観の民俗学』(「シリーズ・にっぽん草子」、一九八七)

(紙谷　威広)

みみくじり　耳くじり　五月五日に、シオデという草で耳をほじるまねをする習俗。シオデ(牛尾菜)とはユリ科の蔓性多年草。東北地方北部に広く行われている。耳がよく聞こえるようにとも、良い事を聞くようにともいう。「ええごと聞かせてたんせ」とか、「悪いこと聞かないよう、良いことを聞くよう」と唱えたところもあるから、気持ちとしては耳塞ぎに通じるものがある。菅江真澄の『真澄遊覧記』にこのことがのっている。

(真野　俊和)

みみじるし　耳印　畜産に従事するにあたって、家畜の個体を識別するために家畜の耳につけた印。耳に切り込みを入れ、通常切り込みの組み合わせによって個体を判別する。新潟県の佐渡では、耳の先端部を山型に切り込むものをミミサキヤマガタ、下部を半月型に切り去るものをツキガタキリトリと呼んだ。耳判といって、耳に焼印を押して区別する方法もあり、耳印・耳判とも家畜の所有者を明らかにするための印となるものである。近年は、牛馬の場合には耳標《じひょう》(耳環《じかん》)と呼ばれるものを耳につけることが多くなったが、豚は今でも耳刻(刻耳法)といって耳印を切ることが多い。耳標はプラスチック製の番号札を耳の血管の少ないところにとりつけるもので、放

耳　印

牧するときや、家畜の個体管理の必要性が高いときなどに施される。長野県南安曇郡奈川村では、馬と乳牛ばかりを飼っていた時代には区別がつくから必要がなかったが、肉牛である黒和牛を飼うようになってから、農業協同組合の畜産課が主体となって耳環をつけるようにした。特に黒牛の仔は区別がつきにくいという。そのため「青(白・黄)の何番」などといって耳に色のついた番号札をつけ、色と番号で区別するようにした。最近では耳標自体に拡散性の強い薬品を滲み込ませてあるものが登場し、放牧中の寄生虫よけに効果を発揮している。こういった耳への印で家畜の個体識別はほぼ可能になるものの、血統に関わる最終的識別は鼻紋によって行われる。実際、牛などの血統書には鼻の紋様を写しとった鼻紋が必ず貼付されている。

参考文献　柳田国男「北小浦民俗誌」(『柳田国男全集』二七所収、一九九〇)

(巻山　圭一)

ミミズ　ミミズ　貧毛類の環形動物の総称。日本にはフツウミミズ、シマミミズ、イトミミズ、ハタケミミズなど約二百種が棲息する。民俗的認識では土の中で暮らすミミズには目がないとされる。それは各地に伝承される昔話「ミミズの歌と蛇の目」からもうかがわれる。昔ミミズは目があっても声が出ず、蛇は目がなくても歌が上手であった。美しい声がほしいミミズは目と口をヘビと交換する。それでミミズには目がないという。そうした昔話と共通する要素が盲目の座頭歌にあることから、こ

の昔話は農村を巡り歩く座頭により広められたともされる。俗信にはナメクジ同様ミミズに小便をかけると陰部が腫れるとするところは各地にある。その場合ミミズを洗ってやると腫れが直るとされる。また民間療法にもミミズが使われる。解熱や風邪に乾燥したミミズのせんじたものが効くとするところは全国に多い。そのほか長野県の南信地方ではミミズは寝小便を直すともいう。さらに民俗知識の上ではミミズは天気や作柄の判断に使われることがある。長野県ではミミズが庭を這うと晴れるとか、地上に出てくると日照りが続くなどといった。そのように古くからミミズと農耕との関わりは強く認識されていた。長野県小県郡和田村には蚯蚓《みみず》神社があり川上村など各地に分社されていったが、それは江戸時代末期に信濃国を襲った大飢饉のとき和田村一帯だけはミミズが大発生してその難を逃れることができたことに由来するという。

参考文献　柳田国男「桃太郎の誕生」(『柳田国男全集』一〇所収、一九九〇)、鈴木重光編『相州内郷村話』、一九二四

（安室　知）

みみだれ　耳だれ　外耳・中耳の疾患に伴って外耳道から排出される分泌物。耳掃除の搔傷による外耳道の炎症、中耳炎による鼓膜穿孔が多い。第二次世界大戦前は耳の孔に脱脂綿をつめた子供が多かった。民間療法として、ドクダミやユキノシタの葉を揉み、葉あるいは汁を耳に入れた。まれには湿性耳垢が外耳道から流れることがあるという。ワキガのある人はヤネミミ(湿性耳垢)が多いといわれ、この民俗知識は足立文太郎によって医学的に証明された。

（吉岡　郁夫）

みみづか　耳塚　合戦などに際し、敵の首級に代えて耳をそぎ、これを持ち帰って実検に供した後、埋めて供養したなどの伝説を持つ塚。参拝すれば耳病に効ありとするものもある。京都市東山区にある方広寺門前の耳塚は歴史的にも著名で、一五九七年(慶長二)豊臣秀吉の朝鮮出兵の時、かの地でそいだ兵の耳鼻を埋めて築いた塚とされ(『義演准后日記』)、洛中洛外図にもその姿が描かれている。しかし柳田国男は、全国に分布する耳塚は、実際には人間の耳を埋めたものではないといい、その場所は本来境など神をまつるべき場所で、かつて耳を切り取った鹿などの犠牲獣を供えて神をまつったものが、後世その意味が忘却され、合戦に関わる伝説などが付会したものとした。→片目《かため》の魚《うお》

参考文献　柳田国男「耳塚の由来に就いて」(『柳田国男全集』一五所収、一九九〇)

（米田　実）

みみぶくろ　耳袋　旗本根岸鎮衛《やすもり》の著わした随筆。『耳囊』とも。十巻。佐渡奉行であった一七八四年(天明四)に書き起し、勘定奉行・町奉行を経て最晩年の一八一四年(文化十一)に完結した。その間に書き留めたさまざまの雑談・奇談が収められているが、民俗の分野にわたる記述も少なくない。各巻百条からなり、全体で千条に及ぶ。多種の写本が伝存。『日本庶民生活史料集成』一六などに所収されている。

参考文献　鈴木棠三『耳袋』解題(『東洋文庫』二〇七所収、一九七二)

（吉原健一郎）

みみふさぎ　耳塞ぎ　死者と同年の者が餅などを耳にあて凶報を聞かない呪《まじな》いをし、死に引きこまれないようにする呪法。耳塞ぎをミミフタギ、ミミフサギモチ、ミミダンゴといい、方法は少しずつ違うが青森県から九州まで分布している。京都府知井村(北桑田郡美山町)では、同年者が死ぬと耳鐘がなるという。宮崎県南部の山村では同年講の講仲間が死んだ時は決して野辺送りに参加しないとか、京都府三山木村(京田辺市)では耳塞ぎをする範囲は村とか屋根の見える範囲と限定されている。同年者の葬式へ行かないのは島根県八束郡鹿島町片句浦や岡山県下、徳島県でもいう。神奈川県青根村(津久井郡津久井町)では手で耳を覆うだけである。新潟県中魚沼郡では耳塞ぎ餅を作り、よいことをきき悪いことを聞かぬようにといい両耳を塞いで餅を食う。新潟県佐渡郡佐和田町河原田町では同年者が会葬する時は昔は両耳に小豆の焼き餅をはさんでいた。三山木村では、屋根棟の見える範囲で同年者が死ぬと近所に耳塞ぎ団子を配る。秋田県仙北郡では魚を食べるなど、魚を食べるところも多い。岐阜県船津(吉城郡神岡町)では、近所の子供や来客に食べてもらう。徳島県三好郡祖谷山では、「エエこと聞いても悪い耳は聞くな」と鍋や薬罐の蓋で両耳を塞ぐ。このほか耳にあてたものを川に流したり、道の辻に捨てて逃げ帰るところもある。耳塞ぎの習俗は『御湯殿上日記《おゆどののうえのにっき》』や『時慶卿記《ときよしきょうき》』などの日記にみえ、室町時代公家社会でも行われていた。→年違《としたがえ》

参考文献　瀬川清子「同齢感覚」(柳田国男編『山村生活の研究』所収、一九三七)、大間知篤三「同齢習俗」(『大間知篤三著作集』四所収、一九七八)、大藤時彦「耳塞餅」(『日本民俗学の研究』所収、一九七九)、平山敏治郎「耳ふさぎ資料」(井之口章次編『葬送墓制研究集成』二所収、一九七九)

（井阪　康二）

ミヤー　ミャー　沖縄で庭の字が宛てられ、花木を植えて愛でる庭のこと。また「煽《あお》りやへが庭《みや》の鳴響《とよ》み、按司《あんじ》誇《ほこ》る親庭《おやみや》の鳴響《とよ》み、又精高子《せだかこ》が庭《みや》の鳴響《とよ》み、又勝連《かつれん》の庭《みや》の鳴響《とよ》み」(『おもろさうし』一六八)、というオモロの用例では、神祭などを行う広場のことを意味している。ナー、マーともいう。オモロでは、「集めな(庭)」「おぼつな(庭)」「かぐらな(庭)」などの用例もある。神アサギに隣接しウシデーク踊りなどが行われる広場をアサギナーと呼んでいるのはオモロの用例に繫がる。グスク内、村落の草分け家としての根所などにも神祭に係わるミャーがあった。沖縄のミャー系の語は、日本語のミヤ(宮)と語源を同じくするという説がある。さらに、奄美にもアシャゲに隣接してミャーのある事例があるが、そこに人骨があったという伝承などに基づき、ミャーは本来祖先や英雄の人骨を神としてまつった場所だとし、日本本土の神社にお

いても「宮」になる以前には、人骨を崇拝する沖縄的なミャー信仰があったものと予想する見解がある。また沖縄には、洞穴のことをテラと呼んでいる事例があるが、そこに人骨がまつられている事例のあることから、祖先の骨を神体として洞穴を崇拝する信仰をテラの本義とし、仏教の寺がそれに習合したとする説がある。テラもミャーも人骨をまつる点で共通性があることになる。

参考文献 仲松弥秀『神と村』、一九七五、宮良当壮「ミャ(宮)の原義に関する研究」(『宮良当壮全集』一五所収、一九八二)、仲松弥秀『うるまの島の古層―琉球弧の村と民俗―』、一九九三 (赤嶺 政信)

みやげ 土産 旅先から持ち帰った贈りもの。旅立ちに際して餞別をもらった人や、親族、縁者などに、その返礼として配る。みやげは、今日では土産と書くのが一般化しているが、もとは宮笥《みやけ》であった。つまり、神社の笥(瓦笥のようなもの)を授かることがその原型だった。現在でも、体裁を整えて神社に参拝すれば、神酒を授かる。その場で口にしない場合は、瓶子《へいし》と杯《はい》(盃)をもらって持ち帰ることもある。それは、略式の直会というべきもので、神人共食の儀である。参拝者は、神酒を授かり飲むことでおかげを得る、とする。かつての旅は、寺社詣が中心であり、そのほとんどが講組織に代表される団体行であった。つまり、代参制である。代参者の出発時にはデダチという壮行の宴があり、それにはわらじ銭がつきものであった。それがのちに餞別に展開し、その返礼として土産が登場する。本来、土産は、参拝の証明として持ち帰るべきものであったから、そのときの寺社の銘や紋の入った盃(瓦笥)の価値があった。ところがのちに寺社詣の人数が増えてくると、すべて寺社からの授かりものというわけにはいかなくなる。そこで、門前に宮笥に準じる記念品や、宮笥にかわる土産品を並べる商店が発達し、それが土産と称されるようになった。一方で、他家を訪問する時に持つ手土産の伝統もある。それは「彼岸の餅(団子)は行ったり来たり」というように、行事に持ち寄る供物から発展した。現在でも、旅土産・手土産とともに日本人の身近な贈答習俗として存続する。→餞別《せんべつ》

参考文献 石森秀三「旅から旅行へ」(守屋毅編『日本人と遊び』所収、一九八九)、神崎宣武『観光民俗学への旅』、一九九〇、同『おみやげ』、一九九七 (神崎 宣武)

みやこ 都 宮処、つまり皇居のある場所。主に京都。柳田国男は「都は都、都市は都市」であるとして、都を他の都市とは異なるものと位置づけていた。都は夢の花園であるとともに、鄙では異様な存在として疎まれていた一寸法師や物くさ太郎でさえもそのなかに取り込み、出世を可能にしてしまうような渾沌の世界とも考えられてきた。都以外の日本の都市は「もと農民の従兄弟に由って、作られ」その住民の「一小部分は僅かに二代三代前の移住者の子であり、他の多数は実は村民の町に居る者」で構成されている。よって都市は農村と連続したものであるのに対して、「都は多くの田舎人の心の故郷」であり、「京都の都雅に対して自分たちの鄙俗であることを、少しも疑わずに承認」して「唯一の都市に向かっては、地方は一目を置いていた」とするのである。それはのちに都鄙連続体論と呼ばれるようになる柳田の都市・農村連続説につながる考え方であった。つまり農村の鄙俗は唯一の都の都雅に対するものであって、近隣の都市に対してはあてはまらない。何故なら、そうした都市と農村とは連続体であるからだとするのである。中世後期以降、都・京都が大内氏の山口をはじめとする地方の都市建設のモデルとなったことも、都を特別のものとし、憧れの地にすることに寄与した。このような地方都市の出現が、祇園会の作り山など祭礼における風流《ふりゅう》の山車をはじめとする京都の文化を地方へ伝播する契機ともなった。それらの都市はのちに小京都と呼ばれるようになり、全国で自称・他称あわせて三十都市を超えている。米山俊直は、こうした小京都が小盆地宇宙の文化中心であり、かつては京都の、現在では二つの中心の文化を受けとめその周辺地域に発信する場となっているとしている。→都市《とし》

参考文献 柳田国男「都市と農村」(『柳田国男全集』二九所収、一九九二)、守屋毅「都市祭礼と風流」(『日本民俗文化大系』一一所収、一九八五)、米山俊直『小盆地宇宙と日本文化』、一九八九 (古川 彰)

みやざ 宮座 決められた一定の資格を有する人間が神仏の前に一座して祭を行う組織。宮座という呼称の有無に関係なく、定員制にもとづいて一座する祭祀組織を指す学術用語。呼称としては、宮座という例も存在するが、神事座・座株・座持ち・座仲間・諸頭《もろと》衆・長老衆・十人衆など多様である。宮座は近畿地方およびその隣接地方で一般的に見られ、さらに中国・四国から北九州にかけて比較的多く見られる。東日本では東海から南関東にかけて分布するが、事例は少ない。宮座は平安時代後期に荘園領主や荘官が現地の有力農民に神事の役割を負担させた頭役制に始まり、次第に荘園内の鎮守祭祀を荘内の有力者が一座して執行するようになったが、宮座として明確に成立するのは十四、五世紀の惣村の成立以降である。宮座の分布が近畿地方に濃密であるのも惣村の展開した地方に対応する。宮座は基本的にはムラの鎮守(氏神)の祭祀組織であるが、歴史的形成過程を反映して、村落を越えた広域的な地域で組織されることもある。中世以来の荘や郷を単位にした宮座、近世の村を単位とした宮座も少なくない。また一つの神社・寺院に関わる宮座が、左座・右座、東座・西座のように複数の座として組織されていることが近畿地方ではしばしば見られ、座の間には優劣の序列があるのが一般的である。宮座の構成員は原則として男性であるが、中世・近世には女房座とか女座と呼ばれて女性の座が存在したことも知られているし、近年では特定の家各戸から一人ずつ出る場合に女性が混じって列席する姿も見られる。宮座は構成員の資格によ

オコナイ（滋賀県甲南町稗谷）

オコナイ（滋賀県余呉町下丹生）

頭屋渡し（福井県三方町海山）

御上神社の芝原式（滋賀県野洲町）

宮　座

って、株座と村座に分けられる。株座は特定の家々が世代を超えて資格を保持しており、その家筋の者のみが一座できる特権的祭祀組織である。村座は家によって固定することなく、一定の条件を満たして定員内に入れば村人誰でもが一座できる組織であり、その資格条件は多くが年齢順あるいは特定の儀礼終了順である。宮座の基本型あるいは古い型は株座であり、それが崩れて開放的な村座に変化したという考えが通説となっており、宮座を株座のみに限定する研究者もいる。それに対して宮座は本来村座であったが、階層分化の進行や新住民の増加に伴い特権化して株座になったという理解も提出されている。近畿地方には株座、村座両者が併存しているが、他の地方では株座のみが顕著である。宮座へは元服や烏帽子着の儀礼を経て加入する。また出生時に帳面に登録し、その順番で座に加入する場合もある。加入順に序列が決まり、座席もそれに従うのが原則であるが、株座の中には家として序列が決まっており、世襲的に固定している例も少なくない。運営は、構成員が一座して行うが、一般に年長の者に権威があり、最上位の者を一老・一和尚など、次位の者を二老・二和尚などという例が多い。また内部を若衆、中老、年寄などの年齢階梯によって区分して役割を分担する。神殿、神主、一年神主、年番神主などという司祭者の役割を果たす者が固定的に決まっていたり、年寄層から順番に就任したりすることが見られる。また別に供物の準備、祭場の設営など祭執行の担い手となる頭屋（当屋）を構成員が一年交替で順番に担当する。頭屋が年番神主の役割を担っている場合もあり、そこに本来の頭屋の姿を求める見解がある。宮座は原則として頭屋制を伴うが、頭屋制は宮座を前提としない。農地改革前はしばしば宮座には宮田、座田などと呼ばれる水田があり、頭屋が耕作し、その収穫米で供物を調製した。また、特定の稲種子やアワ、キビの種子を毎年頭屋が引き継ぎ、耕作する例も見られる。宮座は明治以降の国家神道のもとで存在を弱め、農地改革で経済的基盤を失い、一九六〇年代以降の高度経済成長期を経て解体が進んだ。宮座は中世後期以降の惣村の成立とその伝統を明らかにする重要な材料であると同時に、日本社会の構造的特質を把握するためにも大きな手がかりを与えてくれる。

参考文献 萩原竜夫『中世祭祀組織の研究(増補版)』、一九七五、原田敏明『村祭と座』、一九七六、高橋統一『宮座の構造と変化—祭祀長老制の社会人類学的研究—』、一九七八、肥後和男『宮座の研究』(『肥後和男著作集』一期七、一九八五)、高牧実『宮座と村落の史的研究』、一九八六

(福田アジオ)

みやじまこう 宮島講 島廻り形式による厳島神社(広島県佐伯郡宮島町)参拝を目的として組織された講。厳島講(社)ともいう。御島廻式は、戦国時代の『房顕記』に「島廻」とみえ、願主の武将が神職である棚守《たなもり》に依頼して実施する場合が多く、日時は特定していなかった。近世には来島した信徒によって行われた。これらを組織化して一八七八年(明治十一)厳島講社が設けられた。講員のため、春秋に祭と御島廻りが行われた。一九〇三年講員は全国二万五千人に及んだが、その後減少傾向にあり、現在は年一回、五月十四日に祭、同十五日に御島廻りをしている。講社は、山口・岡山・島根・愛媛・高知・香川・徳島・長崎などと広島の各県に分布する。漁民はもとより中高年女性が多く参加している。御島廻りの起源には、祭神が鎮座地を求めて巡島したことに由来する説と山岳信仰による弥山《みせん》遙拝説がある。近世には、願主は前日宿入りして精進潔斎し、当日は、神職の船、参拝者の船、台所船の三隻一組で、御笠《みかさ》浜を出発し、弥山を右に見ながら島を一巡した。島の各浦各社で神事を行うが、なかでも養父崎《やぶさき》沖の御島喰式《おとぐいしき》は格別である。網の浦で上陸し、大元神社で記念の絵馬を奉納するものが多い。現在、出口になっている西廻廊から神社に参拝して終る。現在は動力客船を使用している。このほかに管絃祭の洲掘《すぼ》りのために広島湾岸の人々で組織した御洲掘講や、島民の敬神講などがある。→御島喰神事《おとぐいしんじ》

参考文献 藤井昭「社会生活」(広島県教育委員会編『厳島民俗資料緊急調査報告書』所収、一九七二)、同『日本の民俗広島』、一九七三、谷富夫「宮島にみる瀬戸内の信仰と宗教」(大林太良編『海と列島文化』九所収、一九九一)

(藤井 昭)

みやた 宮田 神祭に必要な稲を耕作する田地。シンデン(神田)、ゴクウデン(御供田)、ウブスナダ(産土田)、ハツホダ(初穂田)、マツリダ(祭田)、ザデン(座田)、オトウダ(御当田・御頭田)、ジンジダ(神事田)、オコナイダ、講田などともいう。神の供物をこしらえるために定められた田であることから、清浄であることが求められ、下肥を用いなかったり、女の耕作を禁じたり、牛を使わないところもあった。宮崎県児湯郡西米良村では、以前はどの宮にもゴクウデンがあって、潔斎してから白装束姿で田植えをした。子供のない女の手でやり、肥料には山の枯れ木とアオキの葉を使い、稲の取り入れも祓えをしてから行われたという。また、注連縄をはり普通の田と区別するだけでなく、車田・丸田とよばれて苗一把を田のまんなかに置き、それを中心に円形に植えていく耕作方法もとられたことが報告されている。ここで収穫した種子籾は代々渡していく。宮田の成立は、共同労働や若衆たちによる開墾、志のある者からの寄進、買得などがあった。その耕作は、特定の旧家や氏子総代に固定したり、氏子や宮座の頭人が交代であたったり、ムラでの共同作業の場合もあったが、小作人に任せて年貢を得ることが多かった。したがって、第二次世界大戦後の農地改革によって、小作の所有に帰したところも少なくない。なお、稲作に伴う祭の場所には特定の田があてられるが、そこは田の神の祭場であって、宮田・神田でもあったことが指摘されている。→講田《こうでん》 →神田《しんでん》

参考文献 大藤時彦「神社・神田の管理」(柳田国男編『山村生活の研究』所収、一九三七)、肥後和男『宮座の研究』(『肥後和男著作集』一期七、一九八五)

(真野 純子)

みやでら 宮寺 神仏習合により、神社に付属する形で設置された寺院。ムラの神社に設けられた小規模なものから、神宮寺や別当寺などといった大規模な神社に付属する寺院の呼称としても用いられる。有力な神宮や大社にはこのような寺院が設けられたが、ムラの神社にもこのような宮寺が建てられていった。その多くは神社の境内やその近傍、また神社本殿を本堂とするものもみられた。民俗事例としては、一般的に真言宗や天台宗などの密教系寺院が多く、祈禱寺的性格が強い。檀那寺のように、一定の領域内に檀家をもつわけではなく、産土鎮護の祈禱寺として氏子に接する。その機能の多くは氏子の祈願に応じ、『大般若経』を勤行したり護摩を焚いて息災を祈念したりするなど、仏事をもって神社に奉仕し、寺内の社僧は神社の管理や祭礼などにも深く関与し、宮座儀礼との関連もみられる。しかし、明治維新の神仏分離により廃寺になったり、また残ったとしてもその維持が不可能になると、地域との結びつきを模索して葬式的機能も担うようになった事例も数多く聞かれる。→神宮寺《じんぐうじ》 →別当寺《べっとうじ》

参考文献 辻善之助『日本仏教史之研究』、一九一九、桜井徳太郎『神仏交渉史の研究』(『桜井徳太郎著作集』二、一九八七)、竹田聴洲『近世村落の社寺と神仏習合—丹波山国郷—』(『竹田聴洲著作集』四、一九九七)

(政岡 伸洋)

みやながまさもり 宮良当壮 一八九三—一九六四 国語学者・方言学者。沖縄県石垣間切大川(石垣市)生まれ。上京後、苦学中に言語学者の金田一京助らに認められ、方言研究に没頭する。一九二五年(大正十四)、国学院大学卒業後、宮内省図書寮に勤務するが、前年からは帝国

学士院より研究補助を受け、全国方言の調査研究に従事している。その成果が『採訪南島語彙稿』(一九二七)、『八重山語彙』(一九三〇)や『沖縄の人形芝居』(一九三五)ほか多数の論考となって結実した。方言の全国踏査の第一人者であり、彼の踏査は「耳聴」と呼ばれた。晩年は後進の指導にあたり琉球文学研究に大きな影響を与えた。『宮良当壮全集』全二十二巻が刊行されている。　(萩尾　俊章)

宮参り（奈良市・奈良豆比古神社）

みやまいり　宮参り　新生児が生後はじめて氏神に参る儀礼のこと。お宮参りという。初宮参りのことである。生後二十八日目から三十日目前後に赤子が晴着を着て祖母や産婆などに抱かれて宮参りをする。この日取りは早い所で生後七日目・十一日目であるのに対し遅い所では百日目・百二十日目など、また男児と女児で同じ日に行わず男子を早くする所が多い。宮参りの日の名称にはウブアキ、ウブヤアキ、サンアケ、ヒアケ、シメアゲなど忌明けに関するものが多いことからもわかるように、宮参りの第一の意義は赤子の忌みが明けたことを示すことにある。そして第二には、この日ヒアゲ餅や赤飯に赤子の名前を書いた札をつけて親戚や近所に配り、生児の誕生の社会的承認を得ることにある。さらに第三には、宮参りの時氏神の前で赤子の鼻をつまんでわざと泣かせたり、寝ている赤子を左右に転がして泣かせたり、愛知県知多郡南知多町の日間賀島では鳥居のそばで浜に向かって小便をさせたりして氏神に赤子の誕生を印象づける行為を行なったり、和歌山県橋本市などでは氏神の本殿の格子に赤子の名前を書いた扇子をしばりつけたりして、氏神に氏子の誕生を認めてもらうことにある。宮参りまでは外出する際、赤子の額に鍋墨や紅で×印・大(男児)・小(女児)などの印をつけたり、橋を渡ることを禁止されたが、宮参りをすませると、このような印をつけずに自由に外出できるようになる。また宮参りをする前に他村へ行くと氏神が赤子を奪い合うなどともいわれた。これらの事例は、宮参りが氏子になる第一段階であることを示している。　→モモカ

参考文献　大藤ゆき『児やらい』(『民俗民芸双書』、一九六八)　(関沢まゆみ)

みやもとけいたろう　宮本馨太郎　一九一一―七九　民具研究と博物館学研究に大きな功績を残した民俗学・歴史学者。一九一一年(明治四十四)東京に生まれ、一九七九年(昭和五十四)没。父宮本勢助の影響を受け立教大学在学中より渋沢敬三のアチック＝ミューゼアムに学ぶ。日本民族学会付属民族学博物館主任・立教大学教授を務め、日本民具学会・日本博物館学会の創設を指導。文化財保護審議会や社会教育審議会の専門委員を歴任、民俗文化財・博物館行政面でも指導的な役割を果たした。著書に『民具入門』(一九六九)、『民具研究の軌跡』(一九七七)などがある。　(大島　暁雄)

みやもとせいすけ　宮本勢助　一八八四―一九四二　草創期の風俗史・服飾史の研究者。東京生まれ。摺衣などと号した。はじめ歴史画家を志し小堀鞆音に入門するが、その後、風俗史・服飾史の研究に進む。柳田国男や渋沢敬三などと交流し民俗学的手法を導入した研究と民具研究に業績を有する。著書に『民間服飾誌履物篇』(一九三三)や『山袴の話』(一九三七)などがあり、『考古学雑誌』『此花』『郷土研究』『風俗研究』などの雑誌に多数の論考を発表している。　(大島　暁雄)

みやもとつねいち　宮本常一　一九〇七―八一　フィールドワークに徹した民俗学者。宮本の研究者としての姿勢は、徹底して自分の足で歩き、目で見、耳で聞くことによって確かめ、そして感得し得た事実を基盤として考え、行動することであった。一九〇七年(明治四十)八月、山口県大島郡家室西方村長崎(東和町)の農家に生まれ、天王寺師範学校を経て小学校教員となる。師範学校時代に柳田国男の存在を知り、民間伝承への関心を深め、民俗研究者としての歩みを始める。初期には『旅と伝説』『郷土研究』などに投稿するとともに、小谷方明らと和泉郷土談話会を結成し、一九三三年十一月から『口承文学』を発行する。一九三五年八月、民間伝承の会の設立に参画。この前後から渋沢敬三の知遇を得、渋沢の主宰するアチック＝ミューゼアム(のちに日本常民文化研究所と改称)の地方同人となり、『周防大島を中心としたる海の生活誌』(一九三六)、『河内国滝畑左近熊太翁旧事談』(一九三七)を刊行。三九年アチック＝ミューゼアムの所員となり、四三年まで日本全国を歩き民俗調査を行い、その報告書をまとめる。整理した原稿の大半は、第二次世界大戦の戦災によって焼失。調査旅行が困難になった一九四三年には、宮本馨太郎に協力して東京都北多摩郡保谷町(保谷市)の民族博物館所蔵の民具整理に従事し、四四年には大阪に帰り、一九四五年から四九年ごろまでは、農業指導に全国を歩き、一九四九年から水産資料の調査収集のために瀬戸内海の漁村を歩く。五三年、全国離島振興協議会が結成され、幹事長・事務局長として、離島振興に積極的にかかわる。同年十二月から林業金融調査会に理事として参画し、日本山村の社会経済調査とその指導を行う。

また五五年から再開された日本常民文化研究所の絵巻物研究会を渋沢敬三・有賀喜左衛門・桜田勝徳・宮本馨太郎らと行い、その成果は『絵巻物による日本常民生活絵引』全五巻として刊行されている。木下順二らの民話の会とも関わりをもち、その機関誌『民話』に、代表作とされる『忘れられた日本人』のもととなる「年よりたち」を連載。一九六一年、「瀬戸内海島嶼の開発とその社会形成」(『瀬戸内海の研究』一所収)によって文学博士の学位を受ける。六五年から武蔵野美術大学教授に就任、同年、日本観光文化研究所を設立、所長として後進の指導にあたる。また、民具研究に本格的に取り組み、一九七四年に行われた常民文化研究所主催の第一回民具研究講座において民具学会の設立を提案、翌年日本民具学会設立、幹事として指導的役割を果たした。宮本は研究の視点を常に庶民・民衆に置いており、所与の条件、環境との対応の中で庶民がいかに生きようと努力したか、生きてきたのかを明らかにすることを第一義としていた。したがって彼の調査研究は、ライフ＝ヒストリーを基軸にして、地域の生活構造を総体的に把握しようとした点に特色があった。彼の残した民俗調査報告の多くは、いわゆる民俗誌というよりは生活誌としての性格を強く持っているのが特徴である。広く全国を歩いて培われた宮本の該博な知識は、いわゆる民俗学の枠をこえて、旅学・民具学・生活学などの関連分野にも大きな影響を与える奥深いものになり、その帰結として日本文化の系譜、日本文化形成史に大きな関心をもつようになっていた。一九七七年、大学退職。宮本は「郷土においてあるものを研究する」こと、それが民俗学であるといった柳田国男の教えを忠実に実践した人であったし、偉大なる教育者でもあった。一九八一年没、七十三歳。著作には『日本民衆史』全七巻(一九六二―七三)、『私の日本地図』全十五巻(一九六七―七六)などがあり、『宮本常一著作集』(一九六七―)が刊行されている。

宮本常一

[参考文献] 宮本常一先生追悼文集編集委員会編『宮本常一―同時代の証言―』、一九八一
(田村善次郎)

みやもり 宮守 宮座や氏子の中から選ばれた神社の掃除や献燈などさまざまな世話を担当する者。社守・ヒトボシ(火燈し)・ハナコドリ(花香取り)などともいう。主として近畿地方にみられる。ムラの神社には専業の神職がないものが多く、その場合このような宮守がおかれ、神社の世話をするという事例が多い。同じ神社の管理責任者としての氏子総代との違いであるが、氏子総代は明治期の国家神道制度のもと、神職を補佐するために創設されたもので、村人が自主的に神社を管理するための宮守とは、成立過程やその性格において厳密には異なる。また、一年神主との関係についても、一般的に一年神主が神事全般を司るという意味合いが強いのに対し、宮守はその呼称が示すように、あくまで神社の世話をするという点が強調されており、この点からすれば祭の責任的地位につく鍵取りとも本質的には性格が異なることになる。しかし、滋賀県蒲生郡中野村中野(八日市市)の中野神社の宮守のように、その任務の内容が一年神主とほとんど変わらないものもあり、単に呼称のみでは区分できない。このほか、宮守といえども一年神主同様、任期中にもし家に不幸や出産があれば、次の者に交代したり、ある程度の期間代理人をたてなければならないというムラも多く、親戚の家の葬儀にも参加できないなど、潔斎に関する禁忌もみられる。また、選出方法については、年寄の中でひと月や一年などある程度期間を決めて順番に神供に関する備品などとともに引き継ぐという事例のほか、特定の者が長年担当するという場合もあり、地域によってさまざまであるが、いずれにしても宮座もしくは村人たる氏子から選ばれるという点で共通している。
→一年神主《いちねんかんぬし》 →鍵取《かぎと》り →ハナコドリ

[参考文献] 萩原竜夫『中世祭祀組織の研究』、一九六二、同『神々と村落―歴史学と民俗学の接点―』、一九七八、肥後和男『宮座の研究』(『肥後和男著作集』一期七、一九八五)
(政岡伸洋)

みゆき 神幸 神が出でますこと。しんこう、じんこうとも読み、遷幸ともいう。神幸祭はその祭典のこと。遷宮や祭礼に際し、神体が神殿、または御旅所に渡御すること。一般には本社から御旅所までの往路を神幸というが、御旅所から本所までの復路を特に還幸ということもある。民俗語彙としてはオサガリ、オクダリということが多い。神幸には、神社成立以前に御旅所において祭神が影向《ようごう》、来臨し、それを神社に迎える祭儀が恒例化したという伝承を伴っているところが多い。神幸成立の背景として、祭に際して臨時に壇を設けてそこに祭のたびに神が去来するという考え方から、神殿に恒常的に鎮座する神の常在観念への変化が考えられる。たとえば、疫病流行に際して、疫神を輿につけて水辺に流して祓った平安京における御霊会の場合、初期には輿が未だ疫神の依代であったのに対し、のちに神輿が氏子域を巡幸するようになるのは、常には神殿に鎮まっている霊を神輿に遷すという考え方に変化したからであろう。神幸をハマオリ、ハマイデ、イソデなどと呼ぶことが多いのは、禊のためという説明もあるが、かつて海の彼方に疫神などの悪霊を追放した御霊会の名残とも考えられる。神輿渡御成立以前の神幸は榊や幣串などに神霊をつけて渡ったと考えられているが、神輿渡御が成立した平安時代中期以降の都市祭礼では観衆が生まれ、日中の神幸となり、その行列も風流化していった。神幸には渡物《わたりもの》、お渡りと呼ばれる行列が伴い、同時にさまざまな芸能が行われた。中世には、全国的に御霊会・放生会・若宮祭・臨時祭などが急速に普及したが、このような祭礼には以下の渡物がみられた。神事の中核として、神輿・神木・神宝・神馬・御幣・御供・神官・祝・巫女・栫など、芸能集団として、神楽・舞楽・ヒトツモノ・王の舞・細男《せいのお》・獅子・田楽・猿楽・呪師・八乙女など、競技集団として、競馬・流鏑馬《やぶさめ》・十列・相撲などが一団となって構成されている。近世の都市祭礼においては、神幸に神輿とともに山車が登場する事例が非常に多い。 ↓渡御《とぎょ》 （福原 敏男）

みょう 名 中世の年貢・公事の徴税単位を起源とする土地の区画、または同姓集団の呼称。十世紀から国衙領で官物《かんもつ》などの負担者を負名《ふみょう》といい、その納税責任をもつ田地を名と称した。中世では荘園内部が名に編成され、名を代表する者を名主、名に属する田地を名田といった。名には人名風の名《な》が付くが、名主の実名ではない。名は経営単位ではなく徴税単位と考えられるが、それと名主経営との関係については諸説がある。現行民俗では若狭大島のニソの杜が島の宗家とされる旧家「二十四名(苗)」の先祖をまつると伝え、京都府丹波地方では集落を開発したと伝える家々を五苗《ごみょう》などと称するところがある。岡山県や広島県の宮座には名を構成単位とするものが多く、村内の特定の田をミョウデンと称し、所有者が祭への参加資格を有するものや、宮座が領家方・地頭方という荘園の下地中分に由来する二座に分かれるものもあり、荘園制下で成立したことを示す。また愛知県北設楽郡などで村内の小単位をミョウというほか、現在の集落名や小字名として中世の名《みょう》の名《な》に由来すると思われる地名が残存する地域も多い。これらの名地名は中世の名主の屋敷周辺など経営の中心と考えられている。山梨県南都留郡では先祖伝来の土地は売るとしても少しは残さねばならないとし、その土地をミョウショという。しかし中世荘園での名制度の広がりに比べ、現行民俗で名由来の要素が残存する地域は限られている。名主の村落内での位置は地域によって差があり、それが現在の残存状況の差を生じたと考えられる。 ↓宮座《みやざ》 ↓名主《みょうしゅ》 ↓名田《みょうでん》

参考文献 竹内理三編『土地制度史』一(『体系日本史叢書』六、一九七三)、藤井昭『宮座と名の研究』、一九八七、海老沢衷「中世村落の復原」(『(岩波講座)日本通史』七所収、一九九三)、服部英雄『景観にさぐる中世』、一九九五
（勝田 至）

ミョウガ ミョウガ ショウガ科の多年草で日本で古くから栽培されて来た野菜の一種。『延喜式』にも登場し、古名をメガという。本州から沖縄にかけて分布し、花が出る前の苞《つと》を収穫して食用にする。香りが高く辛みがあるため、料理のつまや吸い口、薬味に用いられることが多い。あるいは甘酢漬や天麩羅にしたり、ぬかみそ漬や粕漬・味噌漬などにすることもある。早生でやや小ぶりの夏ミョウガ、中生・晩生の大きめの秋ミョウガなどがある。ミョウガダケとして市場に出回っているのは、発芽前に盛り土をしたり、板囲いの中にモミガラを入れたりして若い茎を暗所で軟白にしたものである。これは汁の実や酢の物にして食べる。古くは、茎を乾燥させて裂き、繊維から縄をない、草鞋や下駄の緒に用いた。また、漢方では根茎からとった粉末を茗石《みょうせき》と呼び、眼薬に用いる。ミョウガは病を治すのに用いられ、あるいは冥加(目に見えぬ神仏の加護)と同音であることなどからめでたいということで、藤原氏などの家紋に使われた。一つ茗荷・抱き茗荷・向かい茗荷など、その数は約六十種以上にも及ぶ。また、鈍根草《どんごんそう》とも呼ばれ、食べると物忘れをするという俗信もある。『軽口露がはなし』(一六九一)には、空腹のためミョウガを食べた稚児は、ミョウガを食べると物忘れをするから食べないように、とたしなめられるが、空腹を忘れられるのならもっと食おう、とその戒めが逆効果になってしまったという笑話がのっている。

参考文献 青葉高『野菜の日本史』、一九九三
（古家 晴美）

みょうけんしんこう 妙見信仰 北極星・北斗七星を神格化した妙見菩薩に対する信仰。七星中の第七星、破軍星(本地虚空蔵菩薩)は、戦勝祈願と結び付き武士の信仰を集める要素となっていた。一方、北極星はネノホシ、ホーガクボシ、メジルシボシなどと呼ばれるように、方向や時刻を示す星であり、妙見信仰は馬の牧に関係して展開した。『七仏八菩薩所説大陀羅尼神呪経』中の「我北辰菩薩名けて妙見と曰ふ、今神呪を説き国土を擁護せんと欲す、所作甚だ奇特の故に妙見と名つく、閻浮提に処し、衆星中の最勝、神仙中仙菩薩の大将広く諸群生を済う」(原漢文)が名の出所とされる。『日本霊異記』の「妙見菩薩変化示異形顕盗人縁」五には妙見菩薩に対する燃燈が近畿で盛んに行われていたことが記され、『類聚国史』七九六年(延暦十五)三月十九日条には、京畿の吏民が春秋の北辰祭に職をなげうち、男女混交してまつることを禁止するとの記事がみられる。朝廷でも三月と九月の三日に北辰に対して燃燈を天皇みずからが行う儀式、御燈が行われたが、斎宮群行(斎宮が伊勢へ出発する際の儀式)の行われる九月は斎月としてしばしば北辰への献燈が禁ぜられた。これは燃燈が僧侶の参加する仏教的行事と考えられ、それ故に忌まれたものと考えられる。千葉氏は一族の統合の象徴として妙見菩薩を信仰した。始祖平良文が平将門との戦いで救われた羊妙見菩薩をまつったからだとされる。羊妙見菩薩は群馬郡一帯を開発した渡来系の馬飼い集団、羊一族(後裔は吉井氏)がまつっていたものであり、将門が官牧の牧司であったことから馬との関係も指摘できる。中国地方の大内氏もまた妙見信仰に縁が深い一族であり、百済の琳聖太子に縁故を求めるなどこの信仰と朝鮮系渡来人との関係がうかがわれる。

参考文献 佐野賢治編『星の信仰—妙見・虚空蔵—』、一九九四
（佐野 賢治）

みょうじ　苗字　個人の属する家族を表示するための名称。一般的に名字と記す。苗字は主に近世に用いられた表記。現代の法制度で規定する氏と同義語。名字と名前で個人は特定される。日本の名字の数は二十九万余りとされる。約五百の中国や約二百五十の朝鮮の姓に比較すると非常に多い。現代日本の法制度では、出生届とともに自動的に両親の名字を継承し、結婚に際していわゆる夫婦同姓の規定によってどちらかの名字に統一する場合かもしくは養子などによって他の家族へ帰属変更する場合など特別な事情がない限り、生涯同じ名字を名乗る。戸籍・住民基本台帳などに記載された名字は、明治初年に制度的に登録された名字を親から継承して使用しているもので、新たに名字を作ることは原則として認められていない。名字は同一家族であることを表示するが、互いに分かれて別の家族を形成した場合も名字を変更しないので、同じ名字であることが家族を越えた親族を表示する役割を持つ。女子は結婚で夫の名字に変更するのが明治以降の原則で、親の名字を継承し生涯用いるのは男子であり、それが繰り返されることで父系の先祖を共通にする子孫が同じ名字を名乗ることになる。農民や商人など庶民の名字は一八七一年(明治四)五月の戸籍法、一八七五年二月の太政官布告、いわゆる苗字必称令などによってはじめて付けられたもので、庶民にはそれ以前に名字はなかったという説が通説化しているが、これは明らかに間違いである。現代の日本人の名字のほとんどが明治以前から継承されてきたものである。近世の百姓・町人は、領主へ提出する、あるいは領主からの指示で作成された公的性格を帯びた文書には名前のみが記された。武士その他の支配者層がいわゆる苗字帯刀の特権を保持して百姓たちとの身分差を示した。しかし、百姓・町人の大部分は名字を持ち、自分たちの生活や儀礼の場面では名字を用いた。近世建立の墓石、庚申塔、地蔵などの路傍の神仏には名字が刻されているのが普通である。都市部などでは名字を持たない人々がおり、明治初年に新しく名字を創出したり、屋号を名字にした例があることも事実であるが、少数にすぎない。現代、氏名とか姓名などというように、氏と姓と名字は同義語として用いられている。氏と姓は古代に始まる用語であり、一族としての集団を表示する氏に対して、天皇から与えられた位置づけを示す呼称が姓であった。それに対して、名字は平安時代以降に成立した。地方の武士がそれぞれ自分が開発し居住する場所の地名や施設名を、それまでの氏の名に替えて用いるようになった。律令体制の解体で地域的に独立性が増し、地方ごとの集団に分立した結果であり、日本の名字の多くが地名に由来するのはそのためである。当初は移住して新しく開発住すると、その所の地名を名字にしたが、次第に移住後もそれまでの名字を維持することが多くなり、同じ名字が遠方にも広がるようになった。農村において武士身分の者だけでなく、農民も次第に名字を名乗るようになり、兵農分離後の村落に受け継がれた。日本の村落社会の編成単位として同族の存在が大きいが、同族を表示し、他の同族と区別するものが名字であった。近代の戸籍制度では同族を制度化することはなかったので、名字はもっぱら個別の家を区別するものとして機能することとなったが、各地の民俗では同族の表示として名字が用いられ、また宮座などの祭祀組織でも名字が編成単位の表示として用いられる例がある。しかし、村落を越えた土地の同じ名字に対しては特別な親近感を抱くこともないし、結婚が忌避されることもない。

参考文献　柳田国男「名字の話」(『柳田国男全集』二〇所収、一九九〇)、豊田武『苗字の歴史』(『中公新書』二六二、一九七一)、武光誠『苗字と日本人―先祖からのメッセージ―』(『文春新書』一一、一九九八)　(福田アジオ)

みょうじたいとう　苗字帯刀　苗字を公に名乗り、帯刀することのできる資格。江戸時代には苗字帯刀は武士身分の標識となり、百姓・町人は帯刀はもちろん公的文書に苗字を記すことは禁じられていた。それを前提に、幕府や藩は、村役人・町役人の職に精励した者、献金その他の奇特の行為をした者などに武士に準じた資格を与えて、体制維持に利用した。苗字のみの免許はあるが、帯刀のみの免許はない。資格付与の期間は、一代限り、孫まで、永代などさまざまであった。

参考文献　大藤修「近世の国家・社会と苗字・姓氏」(『近世農民と家・村・国家』所収、一九九六)　(大藤　修)

みょうしゅ　名主　中世荘園の徴税単位である名の年貢の納入責任を負う人。その性格は地域により差があるが、村落の有力農民で、村落の住人を総称して「名主百姓中」などと呼んだ。現在も名の語が宮座の参加資格を意味したり、村落の旧家をさす語として残存する地域もあり、中世名主の家柄が近世以後も村落有力者として残った場合があることを示すが、史料的な制約から実証は困難なことが多い。→名《みょう》　→名田《みょうでん》　(勝田　至)

みょうじん　名神　著名な神社にまつられる霊験あらたかな神のこと。古代における社格の一つ。『三代実録』八六七年(貞観五)三月四日条に「諸国の名神に頒幣す」(原漢文)とみえ、ついで「名社の神明に禱るに感有り」(同)と記すように、名神に列したのは名高い神社の霊験顕著な祭神である。『続日本紀』七三〇年(天平二)十月二十九日条に「渤海の信物を諸国の名神の社に奉らしむ」(原漢文)とあるのは、名神という語の初見であるが、この語が名実とも意味をもつようになるのは、平安時代に入ってからで名神に列したり、名神へ奉幣して年穀豊穣や雨乞いを祈願するなどの記事が六国史に頻出してくる。『延喜式』臨時祭は名神祭に列した名神を二百八十五座記載するが、神名帳は諸本により多少の相違があり、雲州本によれば三百四十四座の名神が記載されている。このように名神は日本の重要な神祇として特に定められていたのであ

り、国家に事変の起った際には、これらの神祇に祈願をするため奉幣して臨時祭が行われた。　↓社格《しゃかく》

参考文献　梅田義彦「名神考」(『神祇制度史の基礎的研究』所収、一九六四)、西牟田崇生「名神祭の一考察」(『国学院雑誌』七七ノ一、一九七六)　(三橋　健)

みょうじん　明神　神を尊ぶために用いた神号の一つ。明神の読みや意義については諸説がある。古くは『日本書紀』六四六年(大化二)三月条に「現為明神御八嶋国天皇」とみえ、『養老令』公式令の詔書に「明神御宇日本天皇」「明神御宇天皇」などとある。これらの明神はあきつかみと呼び、この世に姿を現わしている神という意で、天皇を尊称したものである。これとは別に明神には、(一)霊験あらたかな神、(二)神を尊んだ語、との意味もある。前者に関しては明神のほかに名神という語も用いられる。古代における名神は霊験あらたかな神をまつる神社に与えられた社格の一つで、それらは名神祭に列し、特別に幣帛が奉られた。名神に関する記事は国史にしばしばみられるが、明神はさほど多くはない。その中でも、たとえば『日本紀略』八一四年(弘仁五)九月十五日条に「明神に奉幣す、豊稔に報ゆるなり」(原漢文)とあり、八三二年(天長九)八月十一日条に「幣を明神に頒つ、雨を止めんとする以てなり」(原漢文)とみえ、明神へ奉幣する理由として穀物の豊年と止雨に霊験があったことを記している。さらに明神に列する、明神に神田を奉る、明神に神階を授けるなどの記事もみえ、それらの用例は名神の場合と大同小異であることから、明神と名神は同義とする説がある。一方、名神は神社を、明神は祭神をさすとして両者は異なるとの説もある。鎌倉時代になると、名神は姿を消し、もっぱら明神が用いられるようになり、その意味も(二)の神を尊んだ語へと変化した。神を尊称した明神という神号は社僧らが修正会・修二会などのような法会で神名を読み上げる際に用いることが多かった。やがて明神をさらに尊称した大明神も広く行われるようになった。明神には、春は明神・水祖明神・田宮明神が、大明神には猿投大明神・氷川大明神などがあり、また仏教色が強い神号として権現・大権現がある。　↓権現《ごんげん》　↓社格《しゃかく》

参考文献　伴信友「神社私考(一)」(『伴信友全集』二所収、一九七七)、梅田義彦「名神考」(『神祇制度史の基礎的研究』二所収、一九六四)　(三橋　健)

みょうでん　名田　中世荘園の徴税単位である名《みょう》に編成された田。名に属さない領主直営の田(散田《さんでん》)もあった。荘官の名である地頭名・公文《くもん》名などに対し、農民に割りあてられた田を百姓名といった。民俗では中国地方の宮座祭祀で、加入資格を持つために特定の田を所有していることが必要とされる場合、その田をミョウデンという地域があり、中世荘園の名体制に由来すると考えられる。　↓名《みょう》　↓名主《みょうしゅ》

参考文献　藤井昭『宮座と名の研究』、一九八七　(勝田　至)

みよしのじんじ　御葭神事　神域から採取した葭《よし》を川や池に放流する神事。御葭に穢れをつけて流す厄祓いの行事で、旧暦の六月に行われた夏越の祓えの一種である。その葭は御葭とかおみよしと呼ばれる。中部地方に広く分布し、この地方の天王信仰の中心地であった愛知県津島市の津島神社の御師の影響が推測される。津島神社では旧暦六月十五日、現在は七月第四日曜日を中心に夏の大祭である津島祭が行われる。祭は前日の宵祭と当日の朝祭に出るダンジリ船の渡御が有名であるが、一方では御葭神事が前後数ヵ月近くかけてとり行われる。まず、神職によって御葭刈り取り場が選定され、のち御葭刈りが行われる。この御葭を簀にして神符を巻いたものがおみよしである。簀となる葭は、途中で結んである人像《ひとがた》と、葉を残した葉付きとがあり、夏越の祓えにつかわれる人形の意識が残る。御葭は朝祭の翌深夜に赤い船の中から川に流される。翌日に着岸地点が調べられ祭典を行う。いずれも秘事の傾向が強い。天王川が川として機能していた時期には下流の遠い地点に漂着することもあり、現地ではおみよしさまの漂着に強い畏怖を感じていたことが語り継がれている。同類の祭は、近隣に広く見いだされる。旧暦六月五日に名古屋市の熱田神宮で行われる御葭神事(南新宮祭)や、豊橋市横町の牛頭天王《ごずてんのう》社で旧暦六月晦日に行われる茅の輪と葭とを流す神事などのように、茅の輪くぐりと複合した形が多い。　↓茅の輪《ちわ》　↓夏越の祓え《なごしのはらえ》　(伊東　久之)

ミョンジョル　名節　朝鮮語で季節の折目となる節の日をいう。今も旧暦が用いられ、主として正月のソル(元日)とポルム(十五日)、二月の初八日、四月の初八日、五月の端午《タノ》、六月の流頭《ユドゥ》、七月の百中《ペクチュン》、八月の秋夕《チュソク》、十一月の冬至《トンジ》があげられる。このほかに十月に天神をまつる午日と降神日《カンシンイル》、十二月に臘享日《ナッピャン》と晦日《フェイル》などがある。韓国では一九九一年からソルと秋夕を三連休の公休日としたため、この両日が二大名節となっている。在日社会でも、この両日を名節として祖先をまつる茶礼を行う家が多くみられる。

参考文献　洪錫謨他『朝鮮歳時記』(姜在彦訳、「東洋文庫」一九三、一九七二)　(朝倉　敏夫)

みりん　味醂　アルコール(焼酎)に米麴と蒸した糯《もちごめ》を混ぜ、数ヵ月間放置して、その間に糖化したものを搾って得られた甘くとろみのある酒で、主に調味に用いる。初見は『言経卿記《ときつねきょうき》』一六〇一年(慶長六)五月条の記事で、「ミリンチュウもらふ」とある。『本朝食鑑』(一六九七)に「甘味、蜜の如きを以て珍となすのみ」(原漢文)とあり、江戸時代末の『守貞漫稿』には、味醂と焼酎を半々に混ぜたものを京坂では「柳蔭《やなぎかげ》」、江戸では「本直し《ほんなお》」といっていたと記している。日本料理の上品な甘味付けとして重宝で、煮物や汁物の調味として重要である。

参考文献　小泉武夫『麴カビと麴の話』(「光琳テクノブックス」一、一九八四)　(小泉　武夫)

みるなのざしき　見るなの座敷　見てはならない座敷の中などをのぞき、禁忌を犯した男がそれまでの恵まれた状態を失ってしまう昔話。旅の僧が野原で日暮れて困っていると、向こうに燈りが見え、女主人に一夜の宿を頼む。しばらくして女は僧に留守番を頼み用事で出かけるが、その時家に十二の部屋があり、退屈しのぎに覗いてもよいが十二番目の最後の部屋だけは覗いてくれるなといい置いて出かける。男は部屋を見て廻る。小正月の飾り、二月の初午、雛節供と続く。つぎつぎに見て十一番目の部屋も終り、最後の部屋の前に立つ。女との約束を破って中に入ってみると、一本の梅の枝に鶯が止まっており、男が入ったとたんに、鶯が飛び立ったかと思った瞬間に、家も消え去って野原に旅の僧が立っていた。あるいは帰ってきた女はうらみごとを残して鶯になって飛んで行った話である。約束を守った男は幸運を得、守らなかった男は不運に見舞われるという話型もあり、約束を守った男の話を「鶯浄土」と呼んでいる。守らなかった男の話は隣の爺型である。それぞれの部屋はハレの日の飾りもので、当時の農民がそこに理想郷を描こうとしていたともいえよう。また禁を破った男への怨念は女の情念を表現しているとも、生命力を表現しているともいえる。禁を破るモチーフは「鶴女房」「魚女房」などの異類女房譚に多く見られ、説話の大きなテーマともいえる。『今昔物語集』のなかにみえるが、後半が欠けている。
→異郷譚《いきょうたん》　→異類婚姻譚《いるいこんいんたん》

参考文献　佐竹昭広『民話の思想』、一九七三、河合隼雄『昔話と日本人の心』、一九八二　（武田　正）

みろくおどり　弥勒踊り　ミロクを迎える歌を歌って踊る集団踊り。相模湾西海岸に伝わる鹿島踊りは「千早振る神々のいさめならば、みろく踊りめでた」で踊りだす。しかし、ここでの名称は鹿島踊りであり弥勒踊りではない。これに対して、房総南端の館山市洲崎神社や安房郡千倉町鹿島神社などに伝わる踊りは、ミノコ（弥勒）踊り、あるいは鹿島踊りと称して、伊豆地方とかわらない歌を歌い、同じ芸態で集団踊りをする。房総と伊豆は海上交流が盛んになされたところで、同じ文化を継承しあう民俗基盤を持っている。これを一方で鹿島踊り、もう一方で弥勒踊りと称すのは、鹿島信仰と弥勒信仰が混然一体となった時期があったことをあらわしている。これらを結び付けたパイプ役がどこにあったのかは判然としないが、埼玉県春日部市大畑のやったり踊りのように、「みいろく踊おめでたや」で踊りだす念仏踊りがあったり、茨城県鹿嶋市の老女が踊る念仏踊り色の濃い弥勒踊りがあったりすることから、念仏踊りを伝えた念仏聖を想定することも可能である。これらのほか、同類の歌を歌って踊る異態の芸能に、千葉県成田市の踊り花見や同県海上《かいじょう》郡海上《うながみ》町倉橋の弥勒三番叟などがある。いずれも鹿島地方を中心とした地域に分布が広がる。また、沖縄県那覇市首里や八重山地方には、これらとは全く異なる異態のミロク踊りもある。　→鹿島踊《かしまおど》り

参考文献　宮田登『ミロク信仰の研究（新訂版）』、一九七五、宮田登編『弥勒信仰』（「民衆宗教史叢書」八、一九八四）　（吉川　祐子）

千葉県館山市洲崎神社の弥勒踊り

みろくしんこう　弥勒信仰　弥勒仏は、仏教上の救世主（メシア）と考えられ、五十六億七千万年後に、弥勒浄土すなわち兜卒《とそつ》天より、汚濁にみちた現世に下生《げしょう》して、衆生を救済するという信仰。弥勒仏はすでに奈良時代に伝来していた。貴族社会では、貴族たちが功徳を積み、弥勒仏のいる兜卒天に往生することを願う上生《じょうしょう》信仰が盛んであった。その後中世、戦国時代になり、各地が戦乱となると、弥勒仏が早くこの世に下生し、世を救って欲しいという弥勒下生信仰が優勢となり、次第に民間信仰に定着した。その流れの一つは、真言宗の弘法大師信仰と結びつき、この世の救済を約束して入定する真言宗系行者への信仰が広まった。山形県の出羽三山の湯殿山行者はその典型である。江戸時代には、「みろくの年」の口碑が流行した。巳の年は飢饉となり、弥勒が出現して豊年の世になるという、世直しの観念も認められる。六月に三回巳の日があると、弥勒の年になるという俗信も生まれた。また海の彼方から弥勒の舟が米俵を積んで訪れてくるという宝船や、神の舟に対する信仰もある。その分布は沖縄県八重山地方から、茨城県鹿島地方に至る沿岸部に限られており、弥勒踊り・鹿島踊りの名称で知られている。　→世直《よなお》し

参考文献　柳田国男「海上の道」（『柳田国男全集』一所収、一九六九）、宮田登『ミロク信仰の研究（新訂版）』、一九七五　（宮田　登）

みわやまでんせつ　三輪山伝説　奈良県桜井市にある三輪山にまつわる、蛇神と人間の娘との結婚を語る異類婚姻譚の一つ。陶都耳命《すえつみみのみこと》の娘活玉衣姫《いくたまよりひめ》のもとに真夜中、男が来て夫婦の契りを結ぶ。姫は妊娠し、父母の問いに、毎夜麗しい男が来て夜明けに帰るというので、親の忠告

三輪山（奈良県桜井市）

通り、寝床のあたりに赤い土を撒き、苧環《おだまき》の糸の端を針に通し男の着物の裾に刺すと、赤土に足跡はなく、糸は戸の鍵穴から抜け出て三輪山の神の社に入り、苧環はわずかに三輪だけ残されていた。それでこの地を三輪と呼ぶことになったという地名由来譚になっている。三輪山は古くより山そのものが神体とされ、自然崇拝が息づいている。この話は昔話の「蛇聟入(苧環型)」としても全国的に知られ、その多くは蛇の子種を堕ろし、五月五日の節供由来などとして伝承されるが、宿った子がのちに立派な人物になるという伝説としても伝えられる。この昔話には古い「呼ばひ婚」の姿が留められており、山の神が人界へ訪れる、神の来由譚としてあったものが原型で、神の使者として現われる異類との婚姻が人間界に富をもたらすという型の、古い事例であろうとされる。また、『古事記』崇神天皇段には蛇神と人間の娘との神婚説話として三輪山神話が記されている。渡辺昭五は、全国各地に伝承されていた、神霊として訪れる蛇の来由譚の一つが三輪山に定着し、大物主神《おおものぬしのかみ》と神格化され、当地の信仰圏を形成したのであろうとし、三輪山縁起を持つ信仰圏が、大和王権の勢力拡大に伴って、その神もまた包摂され、この神話も『古事記』に挿入されたとみている。

↓蛇聟入り《へびむこいり》

参考文献 渡辺昭五「蛇聟入譚の周辺」(『伝承文学研究』一〇、一九六九)、同「熊野・高野への信仰とその伝説の周辺」(『日本伝説大系』九所収、一九八四)

(松本　孝三)

みんか　民家　寝殿造・書院造などの貴族住宅に対して、農民・商人・職人・漁民などの庶民住宅をさす住宅建築の様式概念。現在では、一戸建ての市民住宅を民家と呼ぶこともあるが、民家研究では、一般に近世以前ないしは近世的な伝統的様式による住宅をさしている。日本の民家は、古代のものは現存せず中世のものは数棟が現存するのみである。これに対して近世民家はその成立時のものから数多く現存している。したがって、民家研究は実物が存在する近世以降が盛んである。大正期に間取りの採集が始まり、その後、分類・系統論、家にまつわる民俗の研究が進み、第二次世界大戦後は歴史研究が盛んになった。高度経済成長期以後、民家は急激に減少している。このようななかで、民家の保存・再生、集落町並みのなかでの研究、貴族住宅との関わり、民家の様式論、各部の意味論、さらには世界の民家を視野にいれた研究も芽生えている。また、中世以前は発掘遺構による研究も盛んになりつつある。日本列島はアジア大陸の東側にあって、南北三〇〇〇キロに及ぶ範囲に連なっており、亜熱帯から温帯・亜寒帯気候の地域を含んでいる。近世の民家についてみると、亜熱帯の琉球、温帯に広がるヤマト(本土)、亜寒帯のアイヌの各住文化圏に大別して考えることができる。これら三大住文化圏の民家はそれぞれの地域の歴史・風土を反映して形成された。広い地域に及ぶ日本民家も、気候との関わりをみると、気候の寒暖は建物の平面や構造にそれほど大きな影響を及ぼしていない。明治初期に北海道に入植した人たちの家屋は本土と同じものを建てている。しかし、季節風や大風に対しては屋敷林を植え、また石垣を積むなどして対処している。また、中門造は豪雪に適応する形式として生まれた。アイヌのチセ(家屋)は、掘立て、一室の土間住まいの古い形態を保ってきており、そこから大きく変化することなく、また本土民家の影響はほとんど受けていない。現在、居住専用に供しているチセはない。琉球の民家は十八世紀以降のものが現存しており、分棟型、つまり居住の部屋部分と炊事部分とが別々の建物からなっているか、またはその変化型が多くを占めているところに特徴がある。床の間など座敷飾りや叉首組《さすぐみ》など一部にヤマトの影響が及んでいる。また、畜舎そのほかに中国の影響が認められる。沖縄列島と奄美諸島とでは平面、構造に違いがみられる。ヤマト(本土)の近世の民家は、現在では二《ふた》棟《むね》造、クド造、四方蓋、大和棟・高塀造、鳥居建て、あずま建て、本棟《ほんむね》造、かぶと造、押上げ屋根、分棟型、中門造、曲家などと呼ばれる形式、特になになに造と呼称されないものなど、細かくみれば外観や平面・構造にさまざまの変化がある。これらの多くは近世に成立した形式である。屋根を形づくる小屋構造をみると、全国的に叉首組が用いられているなかにあって、先進地である近畿地方の中心部をとり囲む形で、中世の民家である兵庫県の箱木千年家をはじめとする古い民家に、小屋組で梁上に束をたてて棟を支える棟束《むねづか》構造が残っており、これらは十八世紀以降に叉首組に移行する。ところで近世民家の変化発展の要因は、庶民の床の間を構えた書院座敷を持ちたいという欲望であり、これは平面の構成に大きな影響を及ぼし、また養蚕は構造に大きな変化をあたえた。↓赤城型民家《あかぎがたみんか》　↓合掌造《がっしょうづくり》　↓かぶと造《づくり》　↓クド造《づくり》　↓数寄屋造《すきやづくり》　↓セガイ造《づくり》　↓田の字型民家《たじがたみんか》　↓中門造《ちゅうもんづくり》

↓土座造《どざづくり》　↓広間型民家《ひろまがたみんか》　↓二棟造《ふたむねづくり》　↓本棟造《ほんむねづくり》　↓曲屋《まがりや》
↓間取《まど》り　↓大和棟《やまとむね》　↓別刷〈民家〉

参考文献　川島宙次『滅びゆく民家』、一九七三－七六、大河直躬『住まいの人類学』（「イメージ・リーディング叢書」、一九八六）、宮澤智士『日本列島民家史－技術の発達と地方色の成立－』（「住まい学大系」一二一、一九八九）
（宮澤　智士）

みんかんしんこう　民間信仰　〔定義〕folk-beliefs, Volksglauben, croyances populaires の訳語。原始・古代以来の宗教が蓄積されている一方で、創唱宗教との交渉を通して、あるいは国の宗教政策、社会の変化・変貌などによって、変容・変質しながらも、生産活動や人間関係をはじめとする人々の日常生活・社会生活を基盤として現われてくる宗教現象。民間信仰は民俗のなかの宗教現象、宗教のなかの民俗的現象と言い換えることも可能で、近年では民俗宗教 folkreligion, Volksreligion, religion populaire と称されることも多い。ただし民間信仰と民俗宗教との関係について、両者を同一のものとする立場と両者の間に差異を認める立場とがあり定まっていない。しかし教祖・教理・教団を備えた仏教・キリスト教・イスラム教などの創唱宗教（成立宗教・世界宗教）と対比して民間信仰・民俗宗教を捉えていることが一般的である。

　民間信仰という言葉自体は、姉崎正治「中奥の民間信仰」（『哲学雑誌』一三〇、一八九七）で使用したのが最初であるが、それをはじめて体系的に論じたのは堀一郎である。堀は宗教史学の立場から文明社会における民間信仰を「民族の宗教体験の歴史の中の、特に前近代的な、未分化の分野を指すものであり、混融複合的な呪術宗教的領域にとどまるもの」（『民間信仰』、一九五一）、あるいは「自然宗教的、すなわち特定の教祖をもたず、非啓示的で、教理上の体系が行われず、教団的にも不完全にしか組織されない、古代的、非成立宗教的な呪術宗教の残留・継承の信仰現象群を指し、しかも他面、成立宗教とも種々の面でかかわり合う混融複合的なもの」（『民間信仰史の諸問題』、一九七一）と規定している。また桜井徳太郎は民俗学の立場から「地域社会の共同体のなかにおいて、平々凡々の生活を送ってきた民衆のあいだに成立し育成された、日常的な庶民信仰」（『日本民間信仰論（増訂版）』、一九七〇）と規定し、民間信仰は「通時的重層構成と共時的複圏展開の二つの原理が交叉錯綜するなかで具体的に現象する」ものという。堀の定義は古代や残留・残存を強調しすぎ、創唱宗教に対して民間信仰が価値の低いものという誤解を受けやすく、桜井の定義は、レッドフィールドが都市社会 urban society と対比して設定した民俗社会 folk society の宗教現象に留まるものと誤解されかねない。しかし二人の定義は、農山漁村の民俗を主要な研究対象としてきた民俗学研究の状況によるものといえよう。この点で、近年宗教学の立場から民間信仰という語に加えて民俗宗教という語を使い、民俗宗教を「普遍宗教と対比する宗教を指す包括的な概念」として捉え、「特定地域の住民が生活のなかからうみだした生活慣習としての宗教」と規定した宮家準の考え方は注目される。しかし宮家は民俗宗教の中に未開宗教（原始宗教）・部族宗教・民族宗教などを含ませているが、高文明を維持している社会の民俗を探究する民俗学の立場からは当然のことながら部族宗教や未開宗教（原始宗教）などを枠外においてみることとなる。

〔基層信仰〕民俗学的立場・宗教学的立場双方からみても、人々の日常生活・社会生活に基盤をおく民間信仰は、宗教のなかで基層に位置付けられよう。そのなかで大きな比重を占めているのが原始宗教に繋る自然に対する信仰である。山・海・川・水・岩石・樹木・草花・動物・日月星辰・風・雨・雷などを聖なるものとして崇拝し、それらに霊を認める精霊崇拝、さらに神格化した山の神・水神・石神・海神・風神・雷神などの信仰は古代以来の民間信仰のなかで主要な柱の一つとなってきた。松や杉に代表される常緑樹は神霊の依代とされ、臭《にお》いや形状に特徴ある植物は魔除けのために使用されることも少なくない。また猿・狐・鹿・蛇・烏・鶏をはじめとする動物・鳥類などは神使とする信仰も広くみられ、動植物によって吉凶を判断したり未来を予測することも少なくない。神格化した神々は多様な性格が付与された。たとえば山の神の場合、山を支配する神であると同時に鉱物・動物・植物など恵みを与える神として信仰されており、さらに里の民は田の神との交替を説き農耕神として、漁民は漁業神として信仰しているほか、山の神を産神とする信仰も各地に伝えられている。太陽・月は日待・月待の行事にその様子をうかがうことができ、水神・海神は農村・漁村それぞれにおいて卓越した信仰を示しているが、水や海水そのものも穢れを祓い清浄な状況をつくりだす神秘的な力があると観念され禊儀礼が伝えられている。同じように火も穢れを消除する力があるとされているが、火を継承・更新の象徴とみなしていることも一般的で、さらに穢れに犯されやすい不安定な存在と観念されてきた。罪や穢れが災禍をもたらすという考え方から盛んに禊儀礼や火祭の儀礼が行われてきたが、火祭の儀礼には前述した意味のほかにも五穀豊穣、太陽の復活などさまざまな性格が付与されており、家の火所にまつられる火の神は、家族の生命の保全と家の繁栄を守護する神とされてきた。また、ハレ、ケ、ケガレの相関関係に関しては諸説が提出されているが、民間信仰を構造的に理解する上では、欠くことのできない問題といえよう。

　原始宗教へ繋る信仰の一つに呪物崇拝やシャーマニズムがある。呪物崇拝としては護符・神札・お守り・人形《ひとがた》などが代表的なものであり、常に身に付けていたり、家の戸口に貼る、境に立てるなどさまざまな方法がとられている。こうした呪物は、縁起物・祝い棒に代表されるような福をもたらすものよりも災いの予防・除去に使用されるものが多いように思われる。シャーマニズムの現象も民間信仰においては大きな比重を占めており、特にイタコやカミサン、沖縄のユタなどの巫女、御嶽行者・富士行者・稲荷行者などの行者など、宗教的職能者を通して現われることが多く、日本の場合、霊魂が身体を離れて飛翔する脱魂型 ecstasy, soul loss よりも憑依型 possession が一般的であるとされる。しかし、宗教的職能者の関与があるとはいえ、ハヤマ信仰にみるノリワラ、大元神楽・護法飛びのように習俗化している行事もあるほか、社会的に実害を及ぼしてきた迷信の一つに動物霊が人間に憑依して病気などの災禍をもたらす信仰がある。その中には憑物の家筋を形成し、憑物の家筋に生まれたがために差別を受けるという迷信もあった。

シャーマニズムの基礎をなす霊魂に対する信仰は、民間信仰においては自然に対する信仰とともにその中心を形成しているといえよう。日本人の霊魂観が最もよく表われているのが産育儀礼と葬送儀礼とであり、産育儀礼では赤児の身体に籠った霊魂を強固にする儀礼が繰り返され、葬送儀礼では身体から分離した魂をあの世に送る儀礼が繰り返されるというように、あの世とこの世とを循環するものと考えられてきた。そして死後身体から分離した霊魂、つまり死霊は子孫によってまつりが繰り返されるにつれて次第に清まり、三十三回忌あるいは五十回忌のまつりによって非個性的な祖霊に融合し、祖霊が先祖・祖先神としてまつられるとされる。こうした観念は埋め墓・詣り墓の二つをもつ両墓制からもうかがえる。しかし古代に成立した御霊(政治的に失脚し、この世に怨みを残したままの死者の霊)信仰が発展し、人生を全うすることなく非業の死を遂げた者、まつり手のない者の霊一般がさまざまな災悪・災禍をもたらすものと考えられるようになる。その意味では祖先崇拝・祖先信仰と御霊信仰とは表裏一体の関係にあるといえよう。

民間信仰が宗教全体のなかで基層部に位置づけられる信仰とすれば、そのなかの基層部に禁呪兆占を中心とする俗信 superstition を据えることができる。この俗信の領域が呪術宗教的、未体系といわれる性格を最もよく表わしているが、俗信の定義によって、俗信の一部分が民間信仰の枠外にはみだすこともある。

〔村落社会の民間信仰と都市社会の民間信仰〕農山漁村の村落社会では、宗教的にみても小宇宙を形成している。村境には境の神がまつられ、疫病神・邪霊邪鬼邪神の侵入を防ぐ機能を果たし、その場は祭祀の場ともなる。地域全体でまつる氏神(産土神・鎮守神ともいうが、本来的意味は異なる)は地域全体の安全と繁栄を約束し社会統合の象徴として春秋二回あるいは一回、定期的な祭祀が営まれ、その祭祀組織も多様であるが、近畿地方を中心として宮座組織をとる形態も広くみられる。宮座と同じように歴史的な産物であり、かつての荘園や郷村にまつられていた鎮守の氏子でもある二重氏子制をとるところも少なくない。概して氏神は封鎖性の強い性格をもち、その内部に組の神・同族神・屋敷神・家の神と同系の神々が重層的にまつられている。さらに各種の神仏を対象にした講祭祀が行われ、その一形態として有名な諸社寺へ参詣するための代参講も盛んであった。こうした神仏の祭祀とともに年中行事や通過儀礼を通して神観念や霊魂観をうかがうことができる。氏神系祭祀や講祭祀は都市社会においても認められるが、夏祭が都市社会に起源をもつとされているごとく除災に中心がおかれ、それと対応する形で福神信仰が発達してきたといえる。しかし村落社会と都市社会との民間信仰の相違は、前者が雨乞いや虫送りにみられるように共同祈願が支配的であるのに対し後者は個人祈願が卓越していることであり、信仰の普及に流行神的様相をおびることが多く、盛衰が激しいことであると思われる。

〔民間信仰と創唱宗教・宗教政策〕民間信仰と深くかかわる創唱宗教は仏教である。仏教は時代によって様相を変えてきているが、民衆支配の一翼を担うようになった近世において、民間信仰と最も深くかかわりをもつようになったといえる。江戸幕府の宗教政策によって宗派ごとの本寺末寺の関係が確立し、寺請制によって檀那寺と檀家という関係が確立するとともに、滅罪寺の僧侶は葬祭を執行し、死後の供養を掌るようになって祖先信仰と深くかかわりをもつようになった。そして寺請制がなくなった近代以後においても、寺檀関係の多くは継承されている。この寺檀関係は一家一寺制が原則であるが、一家で二つ以上の檀那寺をもつ複檀家(半檀家)もみられるほか、滅罪寺以外にも檀家をもたない祈禱寺が存在してきた。こうした祈禱寺も民衆の現世利益的要求に応えてきた。しかし寺檀関係は仏教と民間信仰とのかかわりを示す一例であり、それ以上に阿弥陀・地蔵・観音・薬師・不動をはじめとする諸仏諸尊に篤い信仰が寄せられていること、古代以来の聖をはじめとする仏教系・修験道系下級宗教者の活動、巡礼や本山参り、盆行事や彼岸行事が仏教的色彩が濃厚になっていることなどを見逃すことができない。近代初頭の神仏分離令・修験道廃止令・淫祠邪教の禁止・女人禁制の解放、神社合祀をはじめ、明治政府が目指した神道国教化政策は民間信仰にも大きな影響を与えている。→俗信《ぞくしん》　→民俗宗教《みんぞくしゅうきょう》　→迷信《めいしん》

[参考文献]　柳田国男「妹の力」(『柳田国男全集』一一所収、一九九〇)、同「先祖の話」(同一三所収、一九九〇)、同「神道と民俗学」(同)、同「祭日考」(同一四所収、一九九〇)、同「氏神と氏子」(同)、同「石神問答」(同一五所収、一九九〇)、桜井徳太郎編『信仰伝承』(『日本民俗学講座』三、一九七六)、宮田登『民俗宗教論の課題』、一九七七、同『神の民俗誌』(『岩波新書』黄九七、一九七九)、五来重他編『講座日本の民俗宗教』、一九七九・八〇、宮家準『生活のなかの宗教』(『ＮＨＫブックス』三七六、一九八〇)、桜井徳太郎『日本民俗宗教論』、一九八二、牧田茂・坪井洋文編『信仰伝承』(『日本民俗研究大系』二、一九八二)、宮田登編『神と仏－民俗宗教の諸相－』(『日本民俗文化大系』

四、一九八三)、宮家準『宗教民俗学』、一九八九、宮田登『民俗神道論』、一九九六

(宮本袈裟雄)

みんかんせつわ 民間説話 民間で口伝えによって語りつがれる説話を包括する概念。一般に、昔話・伝説・世間話の三つの分類を総括する用語として使われる。話を語るのは特定の個人であっても、その話がある社会に共通の枠組みとして受け入れられているということに重点を置いた言葉である。略して民話と呼ばれることもあるが、民話という言葉は、民間説話に材を得た特定の作家の文芸作品を含むこともある。それに対し、民間説話という場合には、民間の伝承に限るという意味合いが強調される。↓世間話《せけんばなし》 ↓伝説《でんせつ》 ↓民話《みんわ》 ↓昔話《むかしばなし》

参考文献 福田晃編『民間説話—日本の伝承世界—』、一九八八

(川森 博司)

みんかんでんしょう 民間伝承 ㈠tradition populaire(仏)のポピュレールを民間に、そしてトラジシオンの方は伝統ということばを避けて伝承と訳したもので、柳田国男の造語である。柳田は大正の半ばごろからこの術語を用いはじめ、一九三五年(昭和十)には民間伝承の会という名の研究組織を結成したが、一方ではフォークロアfolklore(英)とかその訳語である民俗という術語も用いていた。これらの諸概念は厳密には異なるが、これらは同義の言葉として柳田をはじめ関係者により、民間伝承の会が日本民俗学会と改称されるまで多用されていた。ここで民間とは、ただ単に官に対する対概念ではなく、また階級や階層と直接的に関連するものでもなく、文化概念である。すなわち民間伝承は主に人々の日常生活を構成する文化だという意味では生活文化に近く、また、文化を上下の二層に分けた場合には基層文化の基本的な要素といえる。つまり、伝承は上層文化にも存在するのであるが、民間伝承と、特に民間という熟語を付した理由は、研究対象が上層文化ではなく、生活文化ないし基層文化にあることを明示するためであった。なお柳田は、民間伝承を調査者・研究者の立場から、㈠眼で見ることのできるもの、すなわち有形文化・行為伝承、㈡耳で聞くもの、すなわち言語芸術・口頭伝承、㈢心で感じるもの、すなわち人々の嗜好や価値観、の三種に分類している。↓基層文化《きそうぶんか》 ↓伝承文化《でんしょうぶんか》 ↓フォークロア

参考文献 柳田国男「民間伝承論」(『柳田国男全集』二八所収、一九九〇)、和歌森太郎「民俗学の歴史哲学」(『和歌森太郎著作集』一〇所収、一九八一)、平山和彦「伝承の理論的考察」(『伝承と慣習の論理』所収、一九九二)

(平山 和彦)

㈡民間伝承の会(一三巻四号から一六巻一二号までは日本民俗学会)の機関誌および、その後継雑誌名。創刊一九三五年(昭和十)、終刊一九八三年(四七巻三号)。会員の寄稿する民俗資料のほか、柳田国男をはじめとする木曜会・民俗学研究所同人、地方の有力投稿者の論説が掲載される。一七巻以降終刊までは、六人社刊行の民俗学専門の一般雑誌となる。総索引は各巻末に掲載される(欠あり)。一七巻以降は四一巻六号に「索引代用特集号」あり。

参考文献 伊藤幹治「柳田国男と『民間伝承』—『民間伝承』(一巻—一〇巻)の復刊にふれ—」(後藤総一郎編『柳田国男研究資料集成』一四所収、一九八七)

(小野 博史)

みんかんでんしょうのかい 民間伝承の会 民俗学研究者による初の全国規模の学会組織。日本民俗学会の前身。一九三五年(昭和十)八月六日、日本民俗学講習会の最終日の茶話会で、会の設立と機関誌の発行が提案され、全会一致で決定された。九月三日に初会合が開かれ、九月十八日には機関誌『民間伝承』第一号が発行された。会には運営組織として、東京と地方に世話人が置かれた。東京在住の世話人は、木曜会同人を中心に構成されていた。発足当初、東京と地方には、それぞれ七名の世話人が置かれた。また会員が二十名以上の地方では支部を設置することができた。機関誌の編集には、守随一・大間知篤三・大藤時彦・橋浦泰雄・倉田一郎・杉浦健一・瀬川清子・桜田勝徳・山口貞夫など、木曜会の主要メンバーがあたった。会の主催で実施された第二回日本民俗学講習会(一九三六)・日本民俗学講座(一九三七—三九)・日本民俗学懇談会(一九四三)は、民俗学の普及と体系化に大きな役割を果たした。会による共同調査としては、一九三七年から三年間、「離島及び沿海諸村に於ける郷土生活の調査」(海村調査)が実施された。また一九四一年には大政翼賛会の委託により食習調査が行われた。会員は発足当初、百二十余名であったが、一九四三年には千数百名にまで増加した。一九四九年四月に日本民俗学会に改組されるまで、全国の民俗学研究者を束ねる組織として機能した。

参考文献 関敬吾「日本民俗学の歴史」(『日本民俗学大系』二所収、一九五八)、戸塚ひろみ「民間伝承の会」(柳田国男研究会編『柳田国男伝』所収、一九八八)

(伊藤 広之)

みんかんでんしょうろん 民間伝承論 柳田国男が、日本民俗学の方法と体系について著わした最初の概論書。一九三四年(昭和九)八月、『現代史学大系』第七巻として刊行。全十章で構成され、柳田の筆になるのは「序」と第一章「一国民俗学」、それに第二章「殊俗誌学の新使命」の前半部分で、以下「書契以前」「郷土研究の意義」「文庫作業の用意」「採集と分類」「生活諸相」「言語芸術」「伝説と説話」「心意諸現象」の各章は、柳田が一九三三年九月から十二月にかけて、ほぼ毎週木曜日に十二回にわたって自宅で行なった講義を後藤興善が筆記してまとめたものである。本書で柳田が主張した特徴点を三つあげることができる。第一は、世界民俗学の確立に先立ってまず一国民俗学の確立を説いたこと。第二は、現在生活の横断面の観察によって社会事象の変遷過程を明らかにできるとする重出立証法を説いたこと。第三は、民間伝承の採集資料の三部分類を提唱し、目に映ずる資料を

有形文化、耳に聞える言語資料を言語芸術、最も微妙な心意感覚に訴えてはじめて理解できるものを心意諸現象として位置づけ、なかでも心意諸現象の重要性を強調したことである。本書は『郷土生活の研究法』とともに民俗研究者の入門書となり、その後の民俗学発展の基礎となったが、民俗研究の在り方を拘束する足枷ともなった。柳田が提起した一国民俗学や重出立証法、固有信仰などをめぐる問題点は、今日でも克服できているわけではない。『柳田国男全集』(ちくま文庫)第二八巻に収録。

（谷口　貢）

みんかんぶんげいモチーフさくいん　民間文芸モチーフ索引　アメリカの昔話研究者トンプソン Thompson, Stith（一八八六―一九七六）の手になる昔話・伝説・神話・バラッド・寓話・中世ロマンスなど口承文芸や民間文芸を対象にした全六巻からなるモチーフ索引 Motif-Index of Folk-Literature（1932–36）のこと。トンプソンは、モチーフを「物語のなかの持続して伝承される最小要素」と定義し、そうしたモチーフを㈠行為者、㈡行為の背景、㈢単一の出来事の三つに大別して抽出・分類し、それぞれの項目に番号を付して実用の便をはかった。この索引は全世界の民間文芸を資料とし、ほとんどのモチーフに典拠があり、また多くのモチーフに話の展開が付されているので文芸一般の比較研究にとって有益である。しかしトンプソンのモチーフ定義には反論もあり、たとえば米国の口承文芸研究者アラン＝ダンデス Dundes, Alan は、単位とは本来一定の量を表す基準であるから、「持続して伝承される」ことが本質的差異であるようなものが単位となることはできない。またモチーフが行為者や行為の背景や単一の出来事でもあるというのも単位としての資格がないと主張した。ダンデスは、代わりに、ロシアの構造主義的口承文芸研究者ウラジーミル＝プロップ Propp, Vladimir（一八九四―一九七〇）がロシア魔法昔話の構造を分析する際に基本的要素として用いた「機能」をモチーフとして提唱している。

参考文献　小沢俊夫「モティーフ論」(『口承文芸研究』九、一九八六)、ダンデス「エティック的単位からイーミック的単位へ」(ダンデス他『フォークロアの理論―歴史地理的方法を越えて―』所収、一九九四)

（高橋　宣勝）

みんかんやく　民間薬　古くから経験的、ときに信仰的に、病気の治療や予防に用いた植物、あるいは動物臓器のこと。現代医学の視点からすれば、まったく無効なものもある。反面、薬草あるいは漢方処方として、長く使われているものも多い。最近では、薬害が社会問題化するにつれ、これらの民間薬があらためて見直される傾向にある。民間薬の歴史は、人類の始源とともにあったといってよい。もちろん原始においては、呪術的な色彩が強かった。病気を悪魔の仕業とみる病理観から、体内に入った病魔を追い出すことが治療を意味した。古代、下剤に類するものが多く用いられたのも、このためである。言い換えれば、便秘治療のためにばかり、下剤が使われたのではないということだ。民間薬の歴史を見ていくには、その時代の病理観を無視することはできない。単に、現代の科学的な薬学の視点からのみでは、十分とはいえない理由がここにある。もとより、民間薬の使用にあたっては、第一に経験(効用)が重視されたことはいうまでもない。江戸時代に入って、民間薬の解説書『救民妙薬』(一六九三)、『広恵済急方《こうけいさいきゅうほう》』(一七八九)などが、いくつか出版され、庶民の間でも重宝された。たとえばシャックリ止めに柿の蔕《へた》を用いることや、痔の治療に無花果《いちじく》の葉を、清涼剤に枇杷葉が良いなど、多くの療法が記載されている。これらは、人々の生活のなかで語り継がれたもので、今日でもよく利用されている。医師・薬剤師などの医療の専門職が、明治時代に法制化されるまでは、医療の普及も不十分で簡単に医者にかかったり、薬をのむという訳にはいかなかった。多くの庶民たちは、町や村の物知りか

今も利用されている民間薬とその効能

民間薬	一般的効能
蘆　薈（アロエ）	切り傷、うちみ、やけど、しもやけ、にぎびなど
淫羊霍（イカリソウ）	補精・強壮
桜　皮（オウヒ）	健胃、整腸（下痢）
木防己（オオツヅラフジ）	神経痛
車前子（オオバコ）	利尿、眼病、咳止め
黄　柏（キハダ）	健胃・整腸（煎じ）、うちみ（湿布）
山梔子（クチナシ）	うちみ、ひび、しもやけ（外用）
玄　草（ゲンノショウコ）	整腸（煎じ）、外傷、湿疹、うがい（煎液）
牛旁子（ゴボウシ）	血の道、腫れ物、ムクミ
菖蒲根（ショウブ）	神経痛（浴用）、健胃（根茎を煎じ）
蘇　葉（シソノハ）	カゼ、のどの痛み（うがい）、冷え、神経痛（浴用）
当　薬（センブリ）	健胃、円形脱毛症
蒲公英（タンポポ）	健胃、利尿、催乳
十　薬（ドクダミ）	利尿、腫れ物
南天実（ナンテン）	咳止め、歯痛
肉　桂（ニッケイ）	健胃、整腸（煎用・浴用）
忍　冬（ニンドウ）	解毒、利尿、腫れ物
ハトムギ	疣とり、催乳、利尿
反　鼻（マムシ）	強壮（黒焼）、切傷、腫れ物（外用）
陳　皮（ミカンの皮）	健胃、風邪、浴剤
地　竜（ミミズ）	解熱（乾燥して煎じる）

ら医薬の知識を得た。ここに、人々が自分の健康は自分で守るという自己治療(セルフメディケーション)の習慣が、次第に育まれていった一つの要因がある。江戸時代の『譚海』(一七九五)、『耳袋』(一八一四)、『武江年表』(一八四八)などには、民間薬に関する情報が多いのもこのためであろう。昭和の初期、東邦大学(当時帝国女子薬専)が、各地で語り継がれ、行われている民間薬の全国調査を行なった。綿密に調査してあったが、経験的効果や信仰的なものを基礎としているだけに、評価の方法も難しい。明らかに迷信的なものもあるし、さりとて簡単に捨てきれないものもあって興味深い。こうした調査をさらに拡大して、民間薬の再評価を進めていくことも、今後に残された大きな課題であろう。

参考文献 清水藤太郎『日本薬学史』、一九四九、伊沢凡人『和法—日本古来の薬草療法—』、一九七六、富士川游『民間薬』(『富士川游著作集』五、一九八一)、東邦大学薬学部編『日本民間薬草集覧—にっぽんの民間療法の原点 旧・帝国女子医学薬学科編—』(『ゴリラ・ブックス』二、一九六五)、吉岡信『近世日本薬業史研究』、一九八九、鈴木昶『生薬歳時記』、一九九四
(吉岡 信)

みんかんりょうほう 民間療法 近代国家は西洋医学をもって唯一正統な医学と定め、それを修めた者のみに医師の資格を付与する制度を作り上げたため、これまで医学の主流を占めていた漢方医や鍼・灸・按摩・指圧師などは無資格医療者として医師の監督下に置かれるようになり、その他は医業類似行為として取締りの対象とされた。このように国家によって非正統医学・代替医学と位置づけられた療法の中で、今日の「あん摩マッサージ指圧師、はり師、きゅう師等に関する法律」「柔道整復師法」、あるいは「薬事法」「薬剤師法」といった医事・薬事関係の法律に囲い込まれない療法が民間療法ということになるであろう。民俗学的には治療や予防にかかわる体験的な知識を集積させた療法、伝承文化の一つということになるが、この中に野口晴哉のいわゆる野口体操とか、全人的に働きかけて病人自身がもつ免疫力などを活性化させ自然治癒をめざすホメオパシー homeopathy、あるいは整骨療法やカイロプラクティック chiropractic、食餌・断食療法や催眠療法、呼吸療法や太極拳、温冷水浴療法や陰イオン療法といったものも含めて考えるべきなのか、意見の分かれるところである。これらの中には伝承的な療法に、科学的な裏付けをとって体系化を進めているものもある。民間療法は医療の専門家のいないところで、庶民がみずからの生を全うさせる過程で生み出された知恵であり、通常、集団に共有されていて学校現場で教えられることはない。それらには呪《まじな》いの要素を濃厚に持ったものもみられるが、それらもその療法が生きていた時代精神のもとでは合目的、合理的な対処法となっていたのである。今日の科学で有効性が立証され得ないからといって一概に否定すべきものではなく、たとえ呪《まじな》いであっても病人に精神的な安定をもたらす効用も認められる。漢方薬と違って生薬を単味で用いる民間薬は今でも根強い人気があり、咽喉の痛みにニンニクやナンテンの実を、歯痛にネギを、腹痛や二日酔いに梅干を、消化不良にゲンノショウコ、センブリを、火傷にアロエを、消臭・殺菌にドクダミを、滋養にクコ・柿の葉を、アセモに桃の葉などを用いると効くことが知られている。寒気におかされて耳や手にできるしもやけ、手足の皮膚に亀裂を生じさせるひび・あかぎれにはショウガ汁をつけ、味噌や柿渋をすり込むなどしていたが、これら冬の風物詩ともいえる行為も第二次世界大戦後の高度経済成長による栄養状態の改善によって次第に消失していった。病人に神水や護符を与え、祈禱や呪符を用いて庶民を眩惑させる信仰治療的な行為は、明治の「警察犯処罰令」の適用を受けて影をひそめたが、修験者を招いて無病息災を祈り、寺社のお札を家内に貼り、茅の輪をくぐるといった民俗は今日でも生きており、民間療法の重要な一角を占めている。民間療法には現代医学から見放された病人を受け入れる素地もあって、現代の医療システムの中で補完的な役割を果たしている。

参考文献 今村充夫『日本の民間医療』(『日本民俗学研究選書』、一九八三)、根岸謙之助『医療民俗学論』、一九九一、WHO編『世界伝統医学大全』(津谷喜一郎訳、一九九五)、黒田浩一郎編『現代医療の社会学—日本の現状と課題—』(『世界思想ゼミナール』、一九九五)
(新村 拓)

みんかんれき 民間暦 民俗的な時間の観念、およびこれを内容とする暦のこと。国家によって制定された官暦・制定暦が文字によって表現され整然とした体系を持つのに対し、民間暦は生活経験の積み重ねや固有の信仰によって次第に形成された伝承として存在する。「コブシの花が咲いたら種を播け」とか、田植えの適期を報せる「田植えツツジ」などの民俗知識は、生業の各段階を示す生産暦が自然の変化を基準にした自然暦と対応する民間暦の一例。また年越といえば節分をさすのも、正月と盆の対称など一年を二分する感覚が強くあるのも、民間暦が表出した例である。 →絵暦《えごよみ》 →駒ヶ岳《こまがたけ》 →自然暦《しぜんれき》 →生産暦《せいさんれき》 →雪形《ゆきがた》

参考文献 柳田国男「民間暦小考」(『柳田国男全集』一六所収、一九九〇)、宮本常一「民間暦」(『宮本常一著作集』九所収、一九七〇)、宮田登「日本人の生活観—生活のリズムを作る心意—」(『日本民俗文化大系』九所収、一九八四)
(藤原 修)

みんぐ 民具 日常生活の必要から製作・使用してきた伝承的な器具・造形物の総称。民具という語の語感からしてそれは衣食住・生業の用具だけのような印象を与えるが、実際は生活全般にわたるもので、人々が生活の必要から製作・使用してきた伝承的な器具・造形物の一切を含むものである。それはまた日本人が日本列島に生活を営みはじめて製作・使用してきたものから現代の用具までも対象とされる。事実、縄文人の発想による用具が

厳然と今日に伝承されているものも少なくない。そのために近年までは自製・自給のものだけが民具とされてきたし、自製・自給の用具は民具の基本ではあるが、社会と生活技術の発達により、素人だけでなく半職人・専門職人の製作による民具が生まれた。ことに中世以降はその傾向が著しくなった。それらは非常に広範囲に流通し、今日も流通しているが、これらも民具であり、「流通民具」と称すべきものである。さらに現代においては機械工業による大量生産された用具が人々の中に浸透しているが、これも民具の範疇に入るものが多々ある。

民具が民具として成り立つためには、まず生活の必要から、誰かが心のうちにある考えを「具象化して創作」する。つぎにそのものが、社会あるいはある種の共同体の成員により、「共通の理解」を得る。そのアイディアとパターンが定型化され、社会のなかで「伝統的に共有」される。それを作り手・使い手ともに習得し、「慣行的に伝承」される、という四段階をふむものである。そこで特に重要となるのが「共通の理解」という段階である。それは製品の効能を理解しているというだけでなく、創作者と同じ程度に使用者がその意匠・構造を理解していなければならないということである。したがって、材質がなんであるか、また手作りであるか否かは、資原材料、生産構造・流通機構・社会形態の差異から生じるものであり民具にとって本質的なものではない。要するにアイディアとパターンが「伝統的に共有」され、「慣行的に伝承」され、人々の生活の中に生き、使いこなされ、使うものが抵抗感を持たないかぎり、それは民具の範疇に入るものである。民具研究の対象は現行顕在の民具はもとより、現存はしないが生活の中に知識として伝承され、復原可能な潜在民具から、出土遺物としての民具も対象とし、そのことによって民具の歴史的層位性を明らかにしながら生活のありようとのかかわりを明らかにする。すなわち民具そのものの研究をもとに、民具の使い方の考察を通じて人間生活の構造から生活文化の歴史的展開を明らかにするものである。この語をはじめて提唱したのは渋沢敬三で、一九三三年(昭和八)から三四年にかけての時期であった。そして一九三七年『民具問答集』に「民具蒐集調査要目」を付し、そこで渋沢は民具を「我々同胞が日常生活の必要から技術的に作り出した身辺卑近の道具」と定義した。その民具分類項目は、㈠衣食住に関するもの　家具・燈火用具・調理用具・飲食用具・食料および嗜好品・服物・履物・装身具・出産育児用具・衛生保健用具、㈡生業に関するもの　農具・山樵用具・狩猟用具・漁撈用具・紡織色染用具・畜産用具・交易用具、㈢通信・運搬に関するもの　運搬具・行旅具・報知具、㈣団体生活に関するもの　堂椀などの共同使用道具・災害予防具・若者宿の道具・地割用具・共同労働具、㈤儀礼に関するもの　誕生より元服・婚姻・厄除け・年祝い・葬式・年忌に用いるもの、㈥信仰・行事に関するもの　偶像・幣帛類・祭供品および供物・楽器・仮面・呪具・卜具・祈願品、㈦娯楽・遊技に関するもの　娯楽・遊戯・賭事・競技に関する器具、㈧玩具・縁起物など、手製の玩具にして商品にあらざるもの、など生活文化の全分野にわたる器具・造形物をあげており、今日の国指定重要民俗文化財の基準・分類もこれに準じている。

日本の民具研究はすでに明治時代に始まる。その嚆矢として、研究とはいえないまでも、日本の民具について深い関心を寄せ、民具の収集と民具の理解に努めたのは、モース Morse, E. S. であった。モースは一八七七年(明治十)六月、腕足類などの採集の目的で来日し、その際、大森貝塚を発見したことで知られるが、日本滞在中に日本の民具や住宅に関心を寄せ、『日本その日その日』で「近頃、私は日本の家内芸術に興味を持ち出した(中略)時間が許しさえすれば、私はこの種の品物を片端から蒐集したいと思う」と述べている。この家内芸術と呼んだのは、家庭で使用する用具で、その例として各種のバケツすなわち桶類をあげている。モースはそうした日本の庶民の生活用具である民具と、それを作り使用する生活を知ることにより日本および日本人を理解しようとした。三度目の来日中にモースが収集した資料は合計八百二十一点を数え、それについてはみずから収集目録を書き残している。この収集品のなかに数多くの看板がある。看板は商いのありようと商品に対する人々の意識・感覚を如実にあらわす商業資料であり重要な民具である。こうした看板の研究はのちに坪井正五郎・渋沢敬三によって展開された。

民具研究の先駆者として坪井正五郎があげられる。坪井は一八八六年創刊の『東京人類学会報告』の創刊間もない誌上において正月習俗の調査研究を提唱し、その誌上に削り掛けをはじめとする正月習俗にかかわる民具の調査報告、独木舟や樏についての調査研究を載せている。坪井の看板についての研究も特筆すべきもので一八八七年『工商技芸・看板考』を著わしている。これは看板研究の出発点をなすものである。坪井の門下から鳥居龍蔵が出て、アジア諸民族の民具研究に偉大な足跡をのこし、みずから邸内に土俗館を設けたほどであった。だが、坪井の死去と鳥居の転出によって東京人類学会もいきおい形質人類学中心となり、せっかく開拓された民具研究も頓挫してしまった。それ以後、渋沢敬三に至るまでは民具研究になんらかの関係ある研究としては、宮本勢助の服飾史研究、今和次郎の民家研究、西村真次の古代船研究などを数えるにすぎなくなった。

民具の本格的研究は渋沢敬三によって始まる。渋沢はアチック＝ミューゼアム＝ソサエティを設立し、一九二五年改めて郷土玩具を中心とした民俗品の収集・展示・研究をする組織として、アチック＝ミューゼアム(屋根裏博物館)を発足させた。渋沢はおもちゃを単なるもてあそびものとしてではなく、地域の風土と生活と信仰を如実に表出した民俗品としてとらえており、今日の郷土玩具研究に多くの示唆を与えるものであった。そして民具の具体的研究の最初の試みとして、渋沢をはじめ高橋文太郎・磯貝勇・宮本馨太郎・小川徹らによって、一九二五年足半草履の共同研究が始められ、その成果が一九三六年に『民族学研究』に発表された。それは今日の民具研究の一つの方法である、一つの具体的な物を取り上げ、それをあらゆる角度から考察し、民具そのものの変遷と生活のかかわりを明らかにするという研究の端緒を開くものであった。アチック＝ミューゼアムの共同研究として足半の研究に続いて筌《うけ》の研究が行われた。一九三八年全国に筌に関する通信調査を試みたもので、その成果は時局の変化などもあってまとめられなかったが、筌を原始漁法の道具の原点として位置づけた民具研究で、民具の例から日本の漁業史を追求しようとしたものであった。

早川孝太郎は、渋沢とともに三河の民具を多く収集した体験から、民具研究についてもみずからの方法論を打ち立てていた。『蒐集物目安』(一九三〇)も早川が中心となって作り、『民具問答集』(一九三七)についても早川の見解が大きな影響を与えた。この『民具問答集』の巻末にこそ日本の民具研究の根幹となる渋沢の民具の定義・分類が示されているのである。アチック＝ミューゼアムにはいろいろの分野の学者が集まり共同研究を行なったりしたが、民俗学関係では有賀喜左衛門・早川孝太郎・高橋文太郎・磯貝勇・岩倉市郎・内田武志・桜田勝徳・竹内利美・市川信次・宮本常一・宮本馨太郎・小川徹・遠藤武ら多彩な研究者がいて、それぞれ多くの研究業績をあげた。

渋沢と日本常民文化研究所の学問は民具研究と漁業史研究の二つの柱からなり、それはまた相互に有機的に関連したものであった。『日本水産史』(一九五七)、『日本の民具』(一九五八)が日本常民文化研究所編で出版されるが、前者は漁業史・水産史研究の基本的文献となるものであり、後者は民具研究の原典とすべきものである。渋沢は一九六三年死去するが、日本常民文化研究所は研究活動を続け、一九六八年四月一日、『民具マンスリー』一巻一号を発刊し、研究所が神奈川大学に招致されて以降も今日に至るまで欠くことなく連綿として発刊されている。一九七四年日本常民文化研究所は第一回民具研究講座を開催し、それは二十年に及んで続いた。この第一回講座において日本民具学会の設立が提唱され、設立された。さらに北海道東北民具学会・東海民具学会・新潟民具学会・近畿民具学会・中四国民具学会・大分民具学会・鹿児島民具学会など各地域民具学会もできてそれぞれに活動している。また従来の民俗学研究者だけでなく歴史学・考古学・芸術学・技術史・保存科学など広く各学問分野の研究者が民具研究に参画するようになった。この間、宮本常一は一九六九年から民具研究の目的・方法に関する論文を発表しつづけ、それらをまとめて一九七九年、『民具学の提唱』として世に出した。これは民具研究を学問としての地位に高め独立科学として位置づけようとするものであった。近年、民具と民芸とを混同するきらいもあるが、民具の方はその機能性・実用性をもって評価するのであるが、民芸の方は機能性・実用性よりも造形的な美を発見し、工芸的価値の方を積極的に評価し、民衆工芸としての暮らしの中に取り入れようとするものである。したがって、在来製品の古いものと同様式のものを再生産したり、また古い形式の製品を基調に現代生活にそうように新しく作った新作も含まれる。そして本来の用途からはなれてまったく別の用途に使われることもあり、極端な場合は装飾品としてのみ採用されることもある。しかし、民具は現に在来の姿で使われているか、あるいはごく最近まで使用されたもので、いまなお本来の用途に使われ得るものである。だから機能性・実用性を第一義につかわれるものである。

参考文献　宮本馨太郎『民具入門』(『考古民俗叢書』五、一九六九)、岩井宏實「民具研究の軌跡と将来」(『国立歴史民俗博物館研究報告』三、一九八四)

(岩井　宏實)

みんぐがく　民具学　民具を研究する学。しかし、それは単に民具だけを研究する、個々の民具を知るということにとどまるものではなく、「一つの民具が、材料が調えられて、生まれ出で、用いられ、貯蔵され、破壊され、棄てられ、死んでゆく、その生活行程を、殊にこれを用いる人々の心意との関連を重視しながら生態学的に見究めて」(渋沢敬三『民具問答集』まえがき)いくことを前提としている。それは個別民具の歴史・形態・機能・分類・制作技術・使用技術などを知ることである。同時に、民具を生態学的な視点・方法を用いて研究するということであるから、その上で民具を生活の中に正確に位置づけ、民族の生活文化・生活技術の体系を明らかにしていこうとする意図をもっている。さらには民具と民具の持つ技術を通して人間生活を体系的、構造的にとらえていこうという壮大な目的をもっている。民具学は日本独自の学として成立し、発展してきた学であるが、民俗学・文化人類学・考古学・歴史学・建築学・生活学などの関連諸学と密接に関係をもつ学際的な学問であり、近隣諸民族の民具との比較研究を必須とする世界性、国際性を強くもった学でもある。日本の伝統的な生活の中で用いられてきた民具の中には他民族のそれと共通するものがたくさんあることは周知の事実である。それらを比較研究することによって、国内だけでは明確にし得なかった民具の伝統と系譜が明らかになる部分が少なくない。文化は孤立して展開するものではない。民具研究はそのことを具体的に民具という形あるものを通じて教えてくれる、そういう広がりをもった学である。民具とは、一九二〇年代後半に渋沢敬三によって創出された概念であり、「我々の同胞が日常生活の必要から技術的に作りだした身辺卑近の道具」(『民具調査蒐集要目』まえがき)と定義されている。一九四〇年代までの民具研究は渋沢敬三を中心とするアチック＝ミューゼアム(のちの日本常民文化研究所)の研究者たちによって進められてきたが、一九七四年(昭和四十九)十月、日本常民文化研究所の主催によって開かれた第一回民具研究講座の席で出された宮本常一の提案をうけて翌年十一月に日本民具学会が設立され、研究の主体は学会と学会員によって行われ、展開するようになっている。宮本は、それまでに沢田四郎作先生を偲ぶ会編『沢田四郎作博士記念民俗学論叢』(一九七二)に「民具学提唱」を、日本常民文化研究所編『民具論集』(一九七二)などに民具研究が独立の学、民具学として成立しうるものであり、またすべきであるという主張を繰り返し述べた。その背景には有形民俗文化財指定に伴う動きなども関連して、民具の収集、調査研究が全国規模で進展し、その体系化が急がれるという状況があった。第一回民具研究講座は、全国の民具研究者が一堂に会し、新しい学会が誕生するのに相応しい熱気を帯びた研究会であった。身辺卑近の道具である民具は、生産から消費、ハレとケという人間生活の全ての領域にわたって存在し、暮らしを支えてきたものであるが、一九五〇年代後半から急速に進展した高度経済成長、近代化の波の中で身辺から消えてしまったものも多い。一九五〇年に行われた文化財保護法の改正によって、民具は「わが国民生活の推移の理解のために欠くことのできない」ものとして有形民俗文化財の一つに加えられ、博物館・郷土館・歴史民俗資料館などの収集の対象になり、重要有形民俗文化財として指定をうけるような状態になり、その調査研究はますます急がれなければならない時代になっている。民具は、庶民の伝統的な生活の中で生みだされ、用いられてきた日常の生活用具であるから、厳密には貴族など支配階級の世界で用いられた芸術品・贅沢品や、庶民の物であっても施設(構築物)などは視野の外におかれ、また機械・器具類などの工業製品は従来の民具研究では除外してきたが、ものの側面から生活を体系的、構造的に把握していこうという姿勢をもつかぎり、完全に除外してしまうことはできない。それらも民具の延長線上において考えていくことが必要である。民具は、時々の生活の進展に即応して変化してきた。伝統的な民具だと考えられているものであっても、つくりだされ、使い続けられていくなかで、不断に工夫が加えられ、新陳代謝を繰り返してきたものである。新しい民具の創出・導入が生産や消費の体系に大きく影響し、暮らしを変えていくという側面をもっているのである。工業製品であっても、何をどのように取り入れ、使いこなすかという選択には、生活文化の根幹に関わる問題が潜んでいるはずであり、民具研究の埒外だとしてしまうわけにはいかない。　(田村善次郎)

参考文献　宮本馨太郎『民具研究の軌跡—服飾の民俗学的研究—』、一九七七、宮本常一『民具学の提唱』、一九七九、中村たかお『日本の民具』、一九八一

みんぐけんきゅう　民具研究　日本民具学会の機関誌。一九七五年(昭和五十)十一月創立の同学会が一九七七年二月ごろに創刊した『民具学会通信』を前身とし、一七号から『民具研究』と改称。B5判八頁を基本とした誌面は、一九八七年五月発行の六九号以後、二倍～三倍に増頁されて民具に関する論文や報告・民具研究関係文献目録などを掲載し学術誌の体裁を整えた。一九九六年(平成八)七月発行の一一一号から論文・調査報告、ひろば、書評、展示批評などから構成されるB5判の本格的冊子へと様式変更されるとともにほぼ隔月の刊行から季刊化されて現在に至る。

参考文献　田村善次郎「『民具研究』のさらなる充実を願って」(『民具研究』一一一、一九九六)　(湯川　洋司)

みんぐじっそくず　民具実測図　民具を実地計測して、それに基づいて描かれた図のこと。民具実測図は、日常のものとしての道具を民具資料としてみなし、学問的情報を提供することを目的として作成されるもので、寸法・形状・修理状態・製作過程を、その図を見る人に伝達するのである。まず、民具の縦・横・高さ・口径・底径などを計測して、計測した寸法に従って原図を描く。原図の作り方は、実測図を見る人が客観的に理解できるように、機械製図法の正投影画法・正視画法を用いて、正面図・平面図・側面図を作成する。場合によっては、断面図・一部拡大図・展開図などを添える。民具は小は釣針から大は漁船に至るまであり、実測した民具を何分の一に縮尺して表現するか、逆に何倍に拡大して表わすかは、作図の際の紙型によって決定するが、実測の現地での原図は、現寸大で表わすのが一番よい。民具実測図を作成する際において、考慮すべきことは、作図する前にあらかじめ、民具の名前・部分名称・使用方法・製作方法・材質などを熟知しておくことが大切で、それによって民具の正面の設定も正確にできる。いずれにしても民具実測図を正しく仕上げるために、民具の実態を知っておくことが必要である。実測図作成過程を通して調査者が民具を深く理解することにもなる。　→実測調査《じっそくちょうさ》

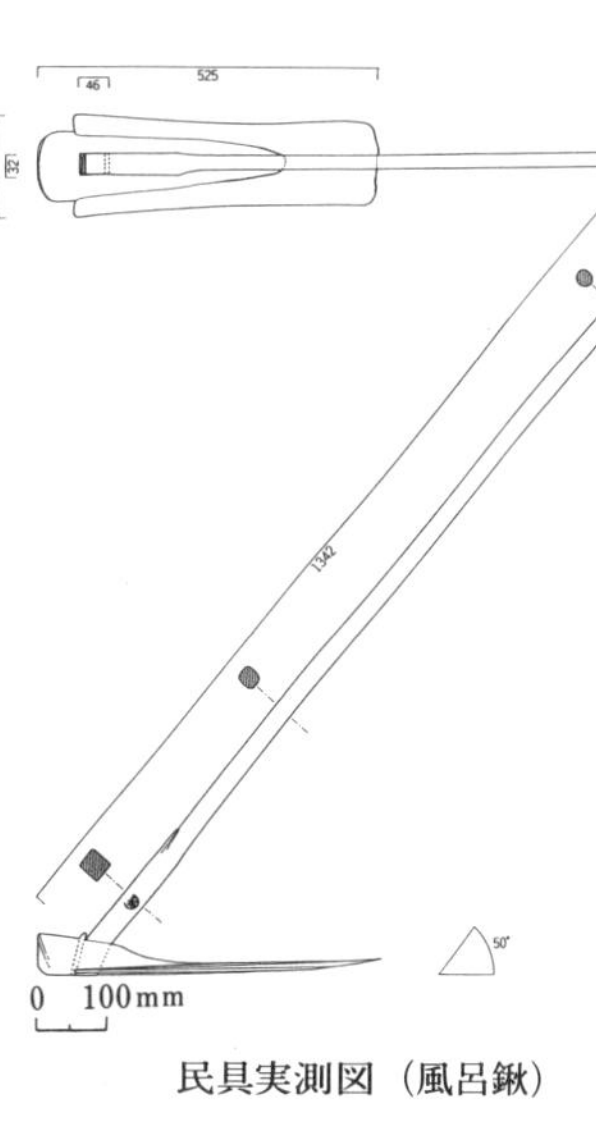

民具実測図（風呂鍬）

参考文献　名久井芳枝『実測図のすすめ』、一九八六、大脇直泰「民具実測図の課題と展望」(『神奈川大学日本常民文化研究所報告』一五、一九九〇)　(大脇　直泰)

みんぐマンスリー　民具マンスリー　民具研究の月刊誌。一九六八年(昭和四十三)、財団法人日本常民文化研究所

『民具マンスリー』第１巻１号

(一九八二年より神奈川大学日本常民文化研究所)が、研究者の提携、情報交換の場として創刊し現在に至る。研究所の創設者渋沢敬三が提唱しその基礎を築いた民具研究の継承発展を目指したもので、講読会員が集う民具研究講座から日本民具学会が発足するなど、民具研究の進展に果たした役割は大きい。二十巻までの総目次が刊行されている。 (中村ひろ子)

みんげい 民芸 民衆的工芸の略語で、柳宗悦の造語。西洋的な美術の概念に対して東洋的美の範疇を模索していた柳宗悦は、思想的な共鳴者であった陶芸家の浜田庄司・富本憲吉・河井寛次郎らと相談して、一九二五年(大正十四)に民芸の語を創った。民芸とは名もなき民衆が、その生活のために作った工芸品であり、そこには貴族のための豪華な美術や、天才が独創した名品よりも、もっとすぐれた美があると考えた。また機械による大量生産は手仕事である民芸のよさを破壊すると否定した。柳は民芸という新しい思想をもって次の三つの運動をおこした。まず民芸思想の普及である。柳はそのために雑誌『工芸』の発刊をはじめ旺盛な著作活動などを展開した。これによって同調者、あるいは民芸愛好者の輪がひろがった。第二は理想とする民芸の標準作を蒐集し展示することで、日本民芸館が建設され各地に類似する施設が生まれた。第三は民芸を基準とする現代の工芸運動をおこすことで、その結果、筑前の小石原や下野の益子など民窯とよばれる陶芸が復活し、和紙・木工・版画等々、沢山の新しい作家が成長した。こうした工芸品を販売するための「たくみ」などの流通ルートもつくった。民芸の思想および民芸運動は民俗学とも非常に近い領域にあり、ことに名もなき民衆を文化の主体と考え、近代化のなかで破壊される伝統的な生活に注目する点など共通点は多い。しかし民芸は美の思想と運動である点、あるがままの民衆を研究する民俗学とは決定的に異なるともいえよう。 ↓柳宗悦《やなぎむねよし》

[参考文献] 熊倉功夫『民芸の発見』(『季刊論叢日本文化』一〇、一九七八)、鶴見俊輔『限界芸術論』(『鶴見俊輔著作集』六、一九九一) (熊倉 功夫)

みんじかんれいるいじゅう 民事慣例類集 ⇨全国民事《ぜんこくみんじ》慣例類集《かんれいるいじゅう》

みんしゅう 民衆 語義は世間一般の人々、多くの民の意。庶民・大衆に比してその主体性を重要視した概念で使われることが多い。支配・被支配階級に二分するマルクス主義の階級史観の影響を受け、被支配階級を意味するニュアンスが強い。ただ、第二次世界大戦前の被支配階級の解放と連帯を強調する概念として、人民に比しては、広義な側面を含む。特に戦後の民主化にあっては戦前のファシズムを打倒し、社会を変革する主体となるべきとの期待が込められていたきらいがある。民衆文化・民衆芸術・民衆演劇・民衆教育・民衆史などといった独自の論を主張する分野を形成することになった。社会構成史と並んで社会科学の法則性を唱え、戦後歴史学の一大思潮となった民衆史は、人民史観を前面に百姓一揆や自由民権運動研究などに典型であるように階級闘争史の主流になった。この場合、歴史の主体でありつづける民衆は顔・表情を持たない抽象化されたマスの概念で終始することが多かった。この意味で日本民俗学が提示した常民とは異なる。近年、一括された民衆概念の呪縛から離れ、民衆の持つ多様性、多面性に着目し、歴史におけるさまざまな可能性に挑戦する研究も盛んである。民俗学・文化人類学・社会史などの学際的研究がその背景にあるであろう。いわば民衆史の個別研究の蓄積の上に新たな民衆概念の模索が始まっているということでもある。 (高橋 敏)

みんぞく 民俗 (一)一般的には、民衆の習わしとか民間の風俗・習慣などという意味で用いられる。これに類する術語として、漢語では土俗・習俗・風俗・慣習・習慣が、和語としては風習・慣行・慣例などがある。それぞれの語義には微妙な差異があるが、習わしという点では共通性がある。民俗という語は古代に輸入されたが、普及をみたのは新しく、学界でも一九四九年(昭和二十四)にそれまでの民間伝承の会を改組・改称して日本民俗学会が成立して以降のことである。それまでは、民俗という言葉よりも民間伝承とかフォークロアという術語が用いられ、明治・大正の一時期には土俗とか土俗学を提唱する研究者もいて土俗と民俗とを同じ概念とみなす見方もあった。また、民俗を伝承とか伝承文化と同義とする見解もあるが、上層文化にも伝承や伝承文化の要素はあるので、民俗は上層文化ではなく、基層文化を形成する基本的な要素として捉える方法が妥当である。民俗は、生活文化のうちの伝承、すなわち先祖代々受け継がれてきた部分と深く関連しているのである。民俗を民間伝承ないし伝承と同義とすることは、民俗が習わしという意味でも用いられてきた事実からも、また理論的にも不十分であり、民俗を伝承と慣習の複合体と捉えることがより合理的である。たとえば箸を用いての食事を例にとるならば、これは大陸から古代日本へ伝播して以来、千年以上のあいだ伝承されてきたとともに、食事の時々に箸を使うという意味では慣習としての要素があるからである。また昔話にしても、昔話を語ることとその内容は伝承であるが、かつては夜間に語るものであったという意味では慣習性も付随していたのである。他方、民俗は民間信仰や俗信としての性格をもつ場合が多い。箸に関し

ても、さまざまな禁忌を伴うとともに、正月に両端が細まった神人《しんじん》共食用の箸を用いるとか、カヤなどで作る祭祀用の青箸・青屋箸などと称される箸がある。先の昔話の場合は、昼間に語ることは昼むかしと称して忌避された。つまり禁忌が付随していたのである。したがって、典型的な民俗はこれらの三要素(伝承、慣習、民間信仰・俗信)からなるともみなしうる。これらはかつては互いに複合していたに違いなかろう。けれども現代においては、こうした三要素を備えた事象をのみ民俗だとして概念規定するのは、もはや狭義に過ぎる。民間信仰や俗信は根強い伝承性をもつとはいえ、反面では合理的観念の普及により急速に消滅していくことは、箸や昔話の例からも明らかだからである。それゆえ、少なくとも民俗を伝承と慣習の複合体と捉えることがより有効なのである。それは民俗を広義に理解することであり、また民俗が現代の都市生活者にとってもなお無縁ではない事実を示すことでもある。→慣習《かんしゅう》 →伝承《でんしょう》 →土俗《どぞく》

参考文献 平山和彦「伝承の理論的考察」(『伝承と慣習の論理』所収、一九九二)、同「民俗と伝承社会」(『講座日本の民俗学』一所収、一九九八)

(平山 和彦)

(二)民俗学の研究雑誌。一九一三年(大正二)創刊。三巻一号まで通算五冊刊行して一五年に休刊。一九一二年(明治四十五)に石橋臥波・芳賀矢一・富士川游・白鳥庫吉などによって組織された日本民俗学会の機関誌として刊行された。日本において初めて民俗を冠した雑誌であり、発行主体である日本民俗学会の名称とともに歴史に残る。寄稿者として芳賀矢一・鳥居龍蔵・南方熊楠らがいるが、全体として東京帝国大学の研究者中心で、全国的な広がりは見られなかった。なお、柳田国男は参加していない。

参考文献 大藤時彦『日本民俗学史話』、一九九〇

(福田アジオ)

みんぞく 民族 (一)文化の重要ないくつかの面を共有する人間のかなりの規模の集合が、自分たちを他と区別してしるしづける必要が生まれたとき、そのしるしづけによってわれわれ意識をもつ集合を、最も広い意味で民族と呼べるだろうか。民族という日本語は、明治以後、三宅雪嶺・志賀重昻、ややおくれて徳富蘇峰らの国粋主義的言説の中で、「われら大和民族」のように、自分たちを特定して指すのに用いられたのをはじめ、断片的な用例はあるが、現在使われているような意味では、両大戦間の二度の訪欧から帰国したあとの柳田国男が、ドイツ語の Volk や Ethnos などに対応する語として用いたのをはじまりとすると思われる。ヨーロッパでも早くから中央集権的国家を発達させたイギリスとフランスでは、民族に対応する概念は、people (英)、peuple (仏)といういきわめて広い意味をもった語のほかは、nation であり、これは多少とも自覚的に共通の政治組織としての国家を形成する人々の集合として、日本語でならむしろ国民と訳すべきものである。元来、「生まれを同じくするもの」を意味するラテン語 natio に由来し、中世の大学生の同郷団体で用いられたこの語は、十九世紀ヨーロッパにおけるナショナリズムのたかまりの中で、国家と結びついた意味を急速に帯びてゆく。事実、二十世紀に入ってからの League of Nations や United Nations などの組織は、日本語ではそれぞれ国際連盟・国際連合であり、nation は国家と訳される。十九世紀後半、英仏より遅れて国家建設に向かったドイツは、言語・文化を共有する共同体としての Volk (民族)を自覚化し、民族の意識をたかめることで、統一国家を形成しようとした。ナポレオン占領下で青少年期を過ごしたグリム兄弟らの、民俗学的研究と結びついた大ゲルマン主義の民族運動は、ほぼ同時代に近代的国民国家の体裁を整えて、欧米の作る国際社会に仲間入りしようとしていた柳田国男にも、大きな刺戟を与えたと思われる。以来、第二次世界大戦後、かつての西欧の植民地が独立する時点でも、十九世紀ヨーロッパモデルの国民国家を形作ることが、国際社会(国連)に加わる前提であり、植民地から国民国家へ向かう運動はナショナリズム(日本語では民族主義と訳される)、それを妨げる動きはトライバリスム(部族主義)として性格づけられている。民族という概念も、十九世紀ヨーロッパ、ついで非ヨーロッパ世界での、国家統合との関係で生まれ、意味をもってきたものであることを明確にしておく必要がある。二十世紀になって、このような国民国家統合に整合しない人間集合を、政治的であるよりは文化的統一体として指すのに、ドイツ語には比較的早くからとり入れられていたエトノスと同系統のギリシア語起源の語であるエスニック＝グループ ethnic group が用いられるようになった。これはアメリカ合衆国のような、祖先の出自が多様な国民の集まっている国で、まず使われたが、短期間のうちに世界で広く用いられるようになったのは、一民族・一言語・一国家という国民国家の幻想が、時代に合わない擬制として、世界各地で多くの問題を生み出している現実を表わしているだろう。かつては民族を定義するのに、客観的規準(出自・言語・宗教・生活慣行などの共通性)と、主観的規準(われわれ意識の共有)の二つの面が問題にされたが、前者は詳細にみれば、明確な境界をもつものとして集団を規定できず、後者はきわめて状況的、相対的なものでしかないことが、具体的な研究を通じて明らかにされた。むしろ、自生的と当事者が思いこむ一面と、状況の必要に応じて、作為的、政治的に作り出されるものとの相互関係が、民族という実体概念としての基盤がきわめて曖昧な、しかし旗印としては情動に訴える強い力をもちつづけているものを考える上で、重視されるべきであると思われる。

参考文献 川田順造・福井勝義編『民族とは何か』、一九八八、岡正雄・江上波夫・井上幸治編『民族の世界史』一、一九九一、青柳まちこ他「いま、人種・民族の概念を問う」(『民族学研究』六二ノ一、一九九七)

(川田 順造)

㈡民俗学および民族学に関心を持つ若手研究者によって編まれた学術雑誌。一九二五年(大正十四)十一月創刊、一九二九年(昭和四)四月終刊(四巻三号)。岡村千秋編集。柳田国男・石田幹之助・田辺寿利・奥平武彦・有賀喜左衛門・岡正雄らが編集に参加した。海外の学会動向にも気を配りつつ、民俗学・民族学のほか考古学・言語学・社会学などさまざまな隣接分野の論文が掲載された。「資料・報告・交旬」欄も充実しており、当時失われつつあった民俗資料の記録に貢献したと評価されている。共通の問題意識のおおくは一九一七年で休刊になった月刊誌『郷土研究』から引き継がれたものであり、のち『民俗学』創刊の原動力となった。別巻として総目次あり。

『民族』第1巻1号

（梅屋　潔）

みんぞくえいぞう　民俗映像　民俗を記録した映像。静態的な写真などの記録と動態的なビデオ、フィルムによる記録とがある。前者は民俗写真といわれており、民俗映像は一般には後者を指す。民俗誌映画・民俗資料映像・民俗誌映像などいろいろな呼び方がされている。近年、研究者のなかにビデオを調査に使う者も多くなってきた。博物館・大学の講義やゼミ・研究発表などにはフィールドの生き生きした姿を動態のまま伝える映像が利用されている。映像表現は、文章では表現しきれない現場の雰囲気、時間や間合いを現実感をもって伝えることができる。しかし、ただ漫然とカメラを回すだけでは、見る者に伝わる民俗映像とはならない。全体の「場」のわかるロング＝ショット、強調すべき事物や動きのアップ＝ショットを交えるなどして民俗的なポイントをフレームの中に押さえた、明確な視点で対象を撮影する必要がある。ビデオはカメラも編集機器もデジタル化が進み、コピー・編集しても画面の劣化が少なくなった。カメラは、携帯に便利なデジタルビデオカメラが小型でフィールド向きである。デジタル編集機もある。記録保存という面では便利になっている。しかし研究者の多くはビデオで記録をするが、撮ったままで、編集・作品化までには至っていない。現在目にする民俗映像は、祭や芸能などの民俗行事を記録したものが圧倒的に多い。民俗行事が生活とのつながりをなくしていることもあって、行事の背景に流れる人々の心情や心意を映像でとらえることが難しくなってきている。民俗を対象とした映像にも、新しい視点での取り組みと対象への鋭い洞察とが必要とされている。→映像民俗学《えいぞうみんぞくがく》

参考文献　北村皆雄「映像記録の方法―映画とビデオ―」(上野和男他編『民俗調査ハンドブック』所収、一九八七)、同「映像化の方法」(圭室文雄他編『民間信仰調査整理ハンドブック』下所収、一九八七)、日本映像民俗学の会編『映像民俗学』四(二十周年記念論文集、一九九八)

（北村　皆雄）

みんぞくおんがく　民俗音楽　芸術音楽に対して社会の基層文化に属する音楽、具体的にはわらべ歌・民謡・民俗芸能の音楽などをいう。いずれも仕事・信仰・行事そして娯楽など民衆の生活に密着して伝承されてきた。わらべ歌は子供の遊びに付随する歌で、絵描き・鞠つき・縄跳び・鬼ごっこなどの遊戯、物選びや呪い《まじない》、言葉遊び、数え歌などがある。子供は歌と意識せずに歌っているが、その音階やリズムなど音楽的特徴は所属する民族の音楽文化全体の基本になっている。民謡には農業・漁業・林業・酒造や茶摘みなどの諸職、馬子唄や舟歌などの交通運搬に関する仕事唄、地域の祭祀・年中行事・冠婚葬祭に関わる歌、子守唄や座興歌、瞽女や座頭など旅の職業芸人が伝えた門付け唄などがある。民俗芸能の音楽としては神楽・田楽・風流・盆踊りなど身体の動きを伴う歌や囃し、祭囃子など楽器のみの音楽も含まれる。民俗音楽の特徴として作者が問われず、主として口伝によって習得、規範形式がない、地域社会との強い結びつきがあげられるが、たとえ原作者が職業的音楽家でも、一般民衆の生活の中で作者が意識されずに長い期間継承されてきたものは民俗音楽に分類される。実際、現存の民謡や民俗芸能の中には作者や振付師がわかっている民謡や専門の神楽師や雅楽の楽人から習う、あるいは都市のはやり歌や歌舞伎芝居を村人が歌い演じるようになった例など、なんらかの形で職業的芸能人が関与していることが多い。なお民族音楽とはある民族の所有する音楽文化全体をさし、芸術音楽・民俗音楽・大衆音楽の全部を含む。

参考文献　小島美子『日本音楽の古層』、一九八二、柘植元一『世界音楽への招待―民族音楽入門―』、一九九一

（入江　宣子）

みんぞくがく　民俗学　㈠世代をこえて伝えられる人々の集合的事象によって生活文化の歴史的展開を明らかにし、それを通して現代の生活文化を説明する学問。英語の folklore、ドイツ語の Volkskunde に対応する語。民俗学は、基本的には、一定の集団を単位に上の世代から伝えられてきて、現在人々が行為として行い、知識として保有し、観念として保持している事象、すなわち民俗を調査・分析し、世代をこえて伝えられてきた生活文化およびその変化過程を明らかにすることで歴史的世界を認識する方法である。旧来の歴史研究のように過去に文字で記録された資料に頼って記録された当時を明らかにするのではなく、現在の事象によって過去の人間生活を究明するという一見矛盾する方法を採用する。民俗学という用語は、民俗という語に比較すると新しく、フォークロア、フォルクスクンデの訳語としての民俗学は、上

田敏の俗説学を経て、明治末に確定した。柳田国男も『石神問答』(一九一〇)のなかの数ヵ所で民俗学という語を用いている。一九一二年(明治四十五)に石橋臥波・芳賀矢一・富士川游らによって日本民俗学会が組織され、翌一三年機関誌『民俗』が刊行されたが、その趣意書で民俗学とはVolkskundeのことだとしたあたりから普及したものと思われる。柳田国男は民俗学という用語で呼ぶことを久しく躊躇して、郷土研究とか民間伝承と表現していたが、一九三〇年代後半以降民俗学を採用した。

〔成立〕民俗学はその萌芽をヨーロッパのルネッサンス期に求めることができるが、具体的に研究が開始されるようになったのは十九世紀中ごろイギリスにおいてであった。産業革命が進行し、急速に伝統的と思われる生活様式が消えていくなかで、懐かしみの気持ちから古い生活文化への関心が高まり、しかもそのなかに自分たちのはるか昔の姿の片鱗を発見しようとして、民俗の研究は開始された。特にキリスト教化する以前への関心が、地方に古くから伝わる年中行事や伝説の調査へ向かわせた。当時の思潮は進化主義の時代であり、人類はみな同じ進化の過程を歩むので、現在見られる地域的相違は人間の進化の各段階を示していると認識し、各地の地域差を比較すれば、歴史過程を再構成でき、古い姿も確認できるという考えによって民俗学も成立した。しかも急速に世界帝国を築こうとしていたイギリスでは、範囲をイギリスに限定することなく、人類全体の歴史を再構成しようとする傾向が強く、人類学との親近感が大きかった。それに対して、ほぼ同時期に民俗学が成立したドイツでは、民族統一が政治課題であり、民俗学もドイツ民族の自己認識をめざす研究として成立した。民俗学は世界各地でこの二つの側面を持ちつつ展開した。いずれにしても、民俗学は文明社会において、文字に依存せずに、世代を超えて伝えられてきた事象によって、現在に至る歴史過程を明らかにするものであり、未開社会とか無文字社会の研究として発達してきた民族学・文化人類学とは異なった。日本ではイギリスの影響を強く受けつつも、ドイツ流の民族を強調する民俗学として二十世紀に入ってから本格的に成立した。主導したのは柳田国男であり、彼の使命感・学問観が民俗学の内容に深く関係していた。一九三〇年代に民俗学を確立する過程で一国民俗学が強調され、日本民族における生活文化の歴史を明らかにし、現代を理解する学問として確定した。

〔目的〕民俗学の成立はそれぞれの社会の置かれた状況に対応して、大きな使命をもって登場してきたが、日本ではことに開拓者柳田国男の使命感によって実践的な性格を強く持った。柳田は確立期である一九三〇年代にしばしば「世のため人のため」の研究を標榜した。人々を苦しめ悩ませている現実問題解決のための答えを歴史に求め、その歴史を明らかにするために民俗学があるという主張である。現実問題解決に資する民俗学である以上、描き出される歴史ははるか昔の歴史ではない。柳田は起源論を厳しく批判し、現在に至る過程を明らかにすることで、現実の理解困難な問題についての解答を用意し、未来へ向けての方策を考える手がかりを提供するのが民俗学の目的であるとした。「経世済民」の学としての民俗学は柳田にあっては一九三〇年代だけのことではなく、一九一〇年代以降一九六〇年前後まで変わることのない使命感であった。しかし、民俗学としての体系が整い、また学問としての市民権をまがりなりにも認められるにつれ、民俗学の実践性は薄れ、むしろ政治や国家あるいは現実の社会問題とは縁のない世界を研究するものと考えるようになった。晩年の柳田が講演題目に「日本民俗学の退廃を悲しむ」を選んだのはそのことを批判してのことであったと思われる。一九七〇年代以降、民俗学が大学教育の中に一定の位置を占めるようになると、民俗学の議論から学問の基本的性格に関する論がなくなり、資料操作法を中心にした方法論議に終始することとなった。

〔対象〕民俗学の研究対象は民俗と表現されてきた。十九世紀イギリスの民俗学は、民俗学協会の機関誌の表紙に「神話・伝承・制度・慣習」と表示されたように、生活全般が民俗であった。ドイツでも同様であった。しかし、その後イギリスでは昔話・伝説・民謡などの口頭伝承が研究の中心となった。さらにフィンランドを中心に発達した民俗学はもっぱら昔話を研究するものであった。この傾向はロシア、アメリカなどの民俗学で顕著となり、民俗学は口頭伝承を研究する学問とさえ理解されるようになった。今日でもアメリカをはじめ世界各地の民俗学は事実上口頭伝承の研究として存在する。日本では柳田国男が民俗学の研究対象を幅広いものとして設定した。柳田は『民間伝承論』(一九三四)や『郷土生活の研究法』(一九三五)で民俗資料の三分類案を提示した。目による採集で獲得される生活外形(有形文化)、目と耳による採集で把握できる生活解説(言語芸術)、感覚を共有することで初めて捉えることができる生活意識(心意現象)の三分類であるが、それぞれに含まれる内容は量的に均等ではなく、生活外形が圧倒的に多かった。現実に民俗調査の内容の大部分は生活外形であり、それは人々の行為として目に入ってくる存在である。現在に至るまで、日本の民俗学研究は行為として示された行事・儀礼・組織・制度などを主要な対象とし、また心意の把握に大きな価値を置いており、そこに欧米の民俗学とは異なる特色がある。言い替えれば、日本の民俗学は、口頭伝承という語りに加えて、人々の行為に示される制度や慣習を重視し、さらに意識・観念をも明らかにしようとする総合的な学問として発達してきた。民俗学は研究に際して民俗を保持する人々からいわゆる聞き書きという方法で民俗事象を獲得しようとするが、その主要な目標は聞き書きの場で語られた語りそのものではなく、聞き書きを通して把握できる人々の行為や知識そして観念である。したがって、聞き書き以外のさまざまな方法、たとえば観察調査や実測調査も重要な方法になる。逆に、聞き書きによって得られた語りそのものを考察する面は弱かった。しかし近年、行為や知識・観念を把握するにしても、語られる場や語られ方自体も重要であると認識されつつあり、語りの復権がみられる。

〔方法〕現在の民俗事象によって過去から現在に至る歴史過程を組み立てる方法としてさまざまな研究法が考えられてきた。民俗学の成立当初は、進化主義の考えによって、同じ問題についての事象の地方による様相の相違は進化の各段階を表示していると認識し、各地から多くの類例を集めて比較研究することが民俗学の基本的な方法と考えられた。十九世紀イギリスの代表的民俗学研究者G・L・ゴムの提示した要素の組み合わせによる各地の民俗の比較はその代表例である。さらにその後展開した伝播主義の方法も採用された。フィンランド学派クローンの昔話研究の方法はその一つで、歴史地理的方法と呼ばれるように、分布の様相からその発祥地と原型を特定しようとする方法であった。日本の民俗学も各地の民俗の相違に基づいて研究することを基本とした。ただし日本国内に限定された比較であり、しかも日本語という言語を共通にする一つの文化内の比較による歴史の究明であった。これが、柳田国男が当初から強調した比較研究、あるいは一九三〇年代に用語として採用した重出立証法であり、また中心からの同心円的分布から新旧を判断する周圏論である。これ以降、重出立証法と周圏論は日本の民俗学研究の基本的方法として説明されてきたが、一九七〇年代以降その方法への疑問や問題点が指摘され、新しい方法が提唱されるようになった。多くは限定された特定の地域で民俗事象を把握し、分析することで、地域の歴史として位置づけようとしたり、地域における民俗の相互関連の把握によってその存在の意味を明らかにしようとするものであった。また文化人類学の構造＝機能主義の分析手法が導入されたり、昔話研究を中心に構造分析が採用されるようになった。方法の拡大に伴い、民俗学の研究単位を日本民族とする「一国民俗学」への反省も強まり、日本列島内に多様な文化が存在することが認識されるようになった。

〔現在〕民俗学は事実上農山漁村において見られる事象を研究するものであったが、一九七〇年代以降都市社会に見られる事象も調査研究されるようになり、都市民俗学という名称も登場した。都市民俗学は都市にも農村と同様の民俗が存在することの発見に始まり、都市には都市独自の民俗が形成されていることを明らかにするようになった。そして、急激な社会変化の中で、都市を特別な地域とするのではなく、都市も農山漁村も区別なく、現代社会が作り出す民俗の存在が注目されるようになり、現代民俗学が主張されるようになった。従来の民俗学が確定した過去の歴史過程の再構成に主眼を置いていたのに対し、現代民俗学は現代における運動として民俗を把握し、よりダイナミックな歴史形成過程を描きつつある。具体的な研究内容では、解決を迫られている切実な社会問題に関連する分野が開拓されるようになった。その一つに環境問題があるが、民俗学研究としては人々の自然との関りの中で形成されてきた環境認識の把握を通して、独自の観点から迫ろうとしている。その他、過疎・老人・性・差別など現代生活のさまざまな問題が民俗学研究の内容に加えられつつある。

↓周圏論《しゅうけんろん》 ↓重出立証法《じゅうしゅつりっしょうほう》 ↓フォークロア ↓民間伝承《みんかんでんしょう》 ↓民俗《みんぞく》 ↓民俗調査《みんぞくちょうさ》 ↓柳田国男《やなぎたくにお》

参考文献 Richard. M. Dorson, ed., Folklore and Folklife An Introduction (1972). 野口武徳・宮田登・福田アジオ編『現代日本民俗学』一・二(一九七四・七五)、和歌森太郎編『民俗学の方法』(「日本民俗学講座」五、一九七六)、福田アジオ『日本民俗学方法序説―柳田国男と民俗学―』(「日本民俗学研究叢書」、一九八四)、宮田登『日本の民俗学』(「講談社学術文庫」六九五、一九八五)、倉石忠彦・坪井洋文・野村純一編『方法論』(「日本民俗研究大系」一、一九八二)、佐野賢治他編『現代民俗学入門』(一九九六)、小松和彦・福田アジオ編『民俗学の方法』(「講座日本の民俗学」一、一九九八)、篠原徹・関一敏・宮田登編『現代民俗学の視点』一―三、一九九八・九九

（福田アジオ）

(二)日本民俗学成立期に組織された民俗学会の月刊学会誌。一九二九年(昭和四)七月に創刊され、一九三三年十二月に休刊(五巻十二号)。学会発足時の委員は、会津八一・秋葉隆・有賀喜左衛門・伊波普猷・石田幹之助・移川子之蔵・宇野円空・岡正雄・折口信夫・金田一京助・小泉鉄・今和次郎・中山太郎・西田直二郎・早川孝太郎・松村武雄・松本信広・宮本勢助。編集兼発行人は当初『民族』と同じく岡村千秋が担当し、のち小泉鉄、小山栄三が歴任。『民族』編集に携わっていた研究者の多くが参加したが、中心的人物であった柳田国男は参加しなかった。

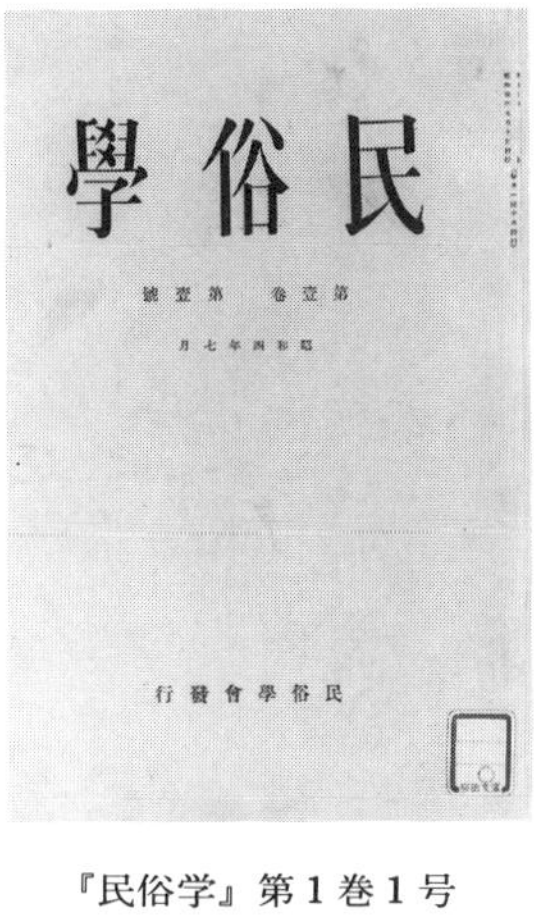

『民俗学』第1巻1号

民俗学・民族学や比較民族学のほか古代学などの論文が掲載され、対象も伝説・昔話・神話など多岐にわたった。民俗資料の報告も充実していた。各巻に総目録がある。

（梅屋　潔）

みんぞくがく　民族学　米国流にいえば、人間の行動および、行動と文化の相互関係についての理論を作っていく学問。学問名称として民俗学とまぎれやすいのが民族学である。ドイツ語の表現にちなんで、前者を単数民族

学 Volkskunde、後者を複数民族学 Völkerkunde とよんだひともあったが、普及はしなかった。英語の folk に対応する独語 Volk には庶民や常民の意もあるが、民族の意味もある。民族学に該当する名称には英語 ethnology、仏語 ethnologie がある。ギリシャ語の ethnos に由来し、日本では民族と訳されてきた。この分野における学問の区分の仕方、名称のつけかたは国によって違っている。今日米国では、人間の文化、すなわち生活様式について研究する学問は文化人類学とよばれているが、これはさらに民族誌学 ethnography と民族学に分けられる。前者はフィールド＝ワークの技法にもとづいてさまざまな文化について記録する分野である。ドイツ、オーストリアでは、人類学 Anthropologie と称する時には、英米でいう自然(形質)人類学だけをさし、他方米国でいう文化人類学に相当するものとして民族学という分野がある。この分野に関して第二次世界大戦前に日本に入ってきたのは、このドイツ、オーストリア流の考え方であった。したがって日本では自然人類学に対して、社会・文化の面の研究は民族学の名で呼ばれるのが普通であった。これが戦後になって、米国流の文化人類学の名称の方がだんだん普及し、混在する結果となった。↓文化人類学《ぶんかじんるいがく》

参考文献　祖父江孝男『文化人類学入門(増補改訂版)』(「中公新書」五六〇、一九九〇)　(牛島　巌)

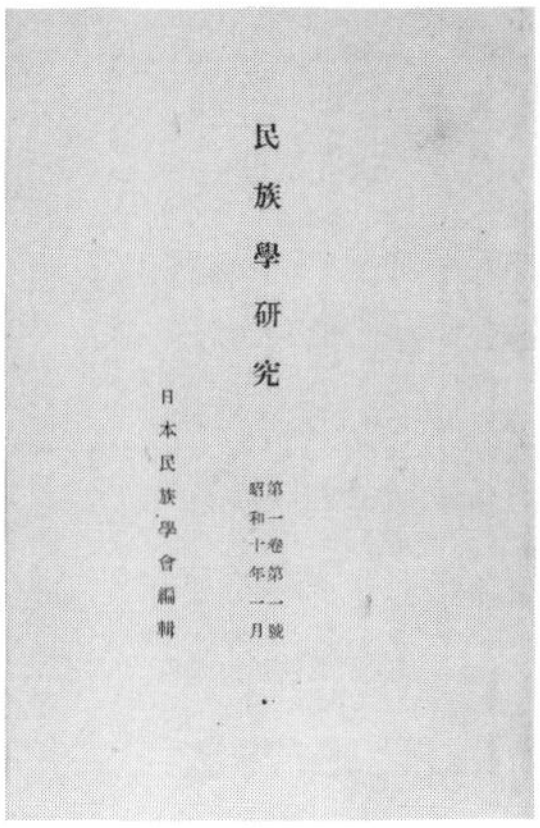

『民族学研究』第1巻1号

みんぞくがくけんきゅう　民族学研究　日本民族学会の機関誌で、第一巻一号は一九三五年(昭和十)に発行された。一九四三年に月刊となり、また、第二次世界大戦中の逼迫した事情のもとで一九四五年には仮綴の『民族研究彙報』が代わりに出されるにとどまった。一九四六年に刊行を再開、翌年七月からは通して第一二巻を季刊で発行し、現在に至っている。各時期の研究動向を反映させ、会員の要求に対応しながら意欲的な編集を行なってきた。近年は、若手ないし中堅の研究者の、主としてたんねんな調査に基づく論文とともに、民族学・文化人類学の新たな方向の論議も増えつつある。↓日本民族学《にほんみんぞくがっ》会《かい》

参考文献　中根千枝『財団法人民族学振興会五十年の歩み―日本民族学集団略史―』、一九八四　(小川　正恭)

みんぞくがくけんきゅうしょ　民俗学研究所　一九四〇年代後半から五〇年代前半にかけて、実質的に柳田国男を中心として運営された日本民俗学の中心的研究機関。一九四七年(昭和二十二)三月に柳田が後進の研究者の育成、共同研究の推進を目的としみずからの書斎と蔵書を提供することにより、民間の研究所として発足したが、一九四八年四月に財団法人となる。柳田自身は所長とはならず、運営は代議員による合議制をとった。研究所は同人をもって組織され、同人には研究員と維持員の二種があった。研究員は研究計画を提出し、代議員の選考によって選ばれた。所則によれば同研究所は日本民俗学の確立と発展を目的とし、民俗資料の蒐集・整理・保存、研究報告の公表、内外関係学会との連絡、日本民俗語彙の編集、日本民俗学関係図書の刊行などの諸事業を企図していた。実際の活動としては『全国民俗誌叢書』(七冊)、『民俗選書』(四冊)、『年中行事図説』、『日本民俗図録』、『民俗学辞典』、『綜合日本民俗語彙』(五巻)および機関誌『民俗学研究』(三冊)の刊行、木曜会を継承した月二回の定例研究会・談話会の開催などがあげられる。また、調査活動として「本邦離島村落の調査研究」(『離島生活の研究』として公刊)、「南島文化の総合的調査研究」などを行なった。同研究所に関係した研究者の多くが研究所閉鎖後も多分野で活躍しており、その活動の民俗学史における意義は大きい。同研究所は資金面で補助金、出版事業の収益などに拠っていたが、慢性的な資金不足とそれに伴う研究の遅滞により、一九五七年四月に解散が決議され、蔵書は定款に従い寄贈者に返還された。

参考文献　井之口章次「民俗学研究所」(牧田茂編『評伝柳田国男』所収、一九七九)、柳田国男研究会編『柳田国男伝』、一九八八　(岩野　邦康)

民俗学研究所のメンバー（1955年12月4日）

みんぞくがくこうしゅうかい　民俗学講習会　⇩日本民《にほんみん》俗学講習会《ぞくがくこうしゅうかい》

みんぞくがくし　民俗学史　民俗学における学問研究の歴史。民俗学は十九世紀のヨーロッパにおいて成立した。その動きは、近代化の進行に伴い消え行く庶民の古風な伝承文化ないしは生活事実に価値を発見し、記述するところから出発した。イギリスにおいては、トムズ Thoms,

W. J. が一八四六年に古俗や民謡をさしてフォークロア folklore という用語をはじめて用い、一八七八年にロンドンに民俗学協会が発足した。ついでスペイン、フランス、さらにはアメリカで学会成立の動きが進んだ。ドイツでは十八世紀末には庶民に関する知識を示すフォルクスクンデ Volkskunde の語が使われ、一八五八年にリール Riehl, W. H. がはじめて科学的意味に用い、一八九〇年のヴァインホルト Weinhold, K. によるドイツ民俗学協会創立と、翌年の『民俗学協会雑誌』の創刊を経て研究体制が整備された。フランスではフォクロアと並んでトラディシオンポピュレール tradition populaire（民間伝承に相当）も用いられたように、ひとくちに民俗学といっても、その対象や方法はそれぞれの国情を映して一様ではなかった。

日本では、柳田国男（一八七五―一九六二）が大正時代から学問としての民俗学を確立する努力を重ねた結果、一九三五年（昭和十）に民間伝承の会が設立され民俗学の研究体制が整った。しかし民俗学の発祥が民俗の発見とその価値の認識に基づくとすれば、その萌芽はすでに江戸時代に見えていた。本居宣長（一七三〇―一八〇一）が「かたゐなかに、いにしへざまのみやびたることの、のこれるたぐひ多し」（『玉勝間』八）と述べたように、田舎の暮らしに前代の遺風が残ることを発見していた。それらは特に旅行者の目にとまり、橘南谿（一七五三―一八〇五）の『西遊記』『東遊記』、古川古松軒（一七二〇―一八〇七）の『西遊雑記』『東遊雑記』、菅江真澄（一七五四―一八二九）の『真澄遊覧記』、越後塩沢の商人であった鈴木牧之（一七七〇―一八四二）の手になる『北越雪譜』『秋山記行』などはその代表的な記録である。特に菅江真澄は、三十歳の時に故郷三河を離れて信州から東北、北海道まで旅をし、強い好奇心を持って各地の風物・風俗を観察し、彩色を施した絵図も交えた記録を残したが、それらは民俗誌の先駆的業績として価値が高い。また江戸幕府の役人であった屋代弘賢（一七五八―一八四一）は各地風俗の全国的収集を企て、「諸国風俗問状」というアンケート調査を実施した。その回答である問状答が残るのは『奥羽秋田領風俗問状答』のほか備後福山領・三河吉田領をはじめ多くはないが、それらの資料は屋代の編集になる『古今要覧稿』に採り入れられたとみられる。そうした民間の故事や風俗を解説するものとして、風俗事典である喜多村信節《のぶよ》（一七八三―一八五六）の『嬉遊笑覧』、近世風俗誌である喜多川守貞（一八一〇―?）の『守貞漫稿』などが著わされた。また下総国布川に居住した赤松宗旦（一八〇六―六二）の『利根川図志』はみずからの生活圏を意識して著わした地誌・民俗誌といってよい。また幽冥界への関心に基づいた平田篤胤（一七七六―一八四三）の『仙境異聞』といった著作も見られた。

江戸時代のこのような学問的傾向は、西洋の学術が積極的に導入された明治時代には停滞したものの、民俗学的研究は人類学の一部として発展をみることになった。一八八四年（明治十七）、坪井正五郎（一八六三―一九一三）らは人類学会を設立し、『人類学会報告』（のち『東京人類学会報告』『東京人類学会雑誌』『人類学雑誌』に改称）という機関誌を持った。坪井はこの人類学の一分野に土俗学 ethnography を位置付け、土俗調査を進めれば「風俗習慣の起源変遷が推測される」などの意義を強調し、異なる地点の間で類例を集め比較する方法の重要性を説いた。当時は古典的な進化学説が勢力を持ち、風俗習慣は前代の残存や遺制（サーバイバルズ survivals と呼ばれた）とみなされ、土俗学上の資料として重要視された。また一八九三年に鳥居龍蔵（一八七〇―一九五三）を中心にして始まった土俗会では、共通テーマに基づき各地の土俗を報告し比較し合うなど、土俗研究の気運は高まり、学会誌には各地土俗の報告や南方熊楠（一八六七―一九四一）、柳田国男らの論文も掲載されるようになった。一方、一九一二年五月、石橋臥波が坪井正五郎らと日本民俗学会を設立し、雑誌『民俗』を発刊（一九一五年五月終刊）する動きがあったが、柳田は一九一〇年に新渡戸稲造（一八六二―一九三三）らと郷土会を組織するとともに、山人を日本の先住民の子孫とみる立場から山人論を熱心に展開し、農政学から次第に民俗学的研究に関心を移しつつあった。そして一九一八年（大正七）には、郷土会の会員と神奈川県津久井郡内郷村（相模湖町）において共同現地調査を実施するに至った。一九一三年（大正二）、柳田は神話学者の高木敏雄（一八七六―一九二二）と雑誌『郷土研究』を創刊した。高木は一年後に編集を離れたものの、柳田は一九一七年三月の廃刊までに「巫女考」「毛坊主考」「村の年齢を知ること」などの数々の論考を発表し続け、南方熊楠も多数の論考や報告を寄せた。また折口信夫（一八八七―一九五三）が一巻一〇号（一九一三）に「三郷巷談」を投稿して登場するなど、のちに民俗学研究の指導的役割を担った人々が名を連ねた。加えて誌上では、柳田がこの雑誌の目標にしたルーラル＝エコノミー rural economy の考え方をめぐり南方熊楠との間で論争が展開されるなど、日本における初の本格的な民俗学雑誌としての内容を確保し、その後の民俗学的研究の路線を敷いた。この間、折口は柳田と出会い、以後柳田を民俗学上の師としつつも、随所に柳田とは異なる見方を示し、やがて古代研究やまれびと論・芸能論などに代表される独自な学風を確立し、民俗学研究に大きな足跡を残した。

『郷土研究』が休刊（一九三一年（昭和六）、岡村千秋により復刊、三四年の七巻七号で終刊）した後、折口信夫が『土俗と伝説』（一九一八・一九）を、喜田貞吉（一八七一―一九三九）が『民族と歴史』（一九一九―二四）（のち『社会史研究』と改称）をそれぞれ発刊し、本山桂川（一八八八―一九七四）が長崎で『土の鈴』（一九二〇―二三）を出すなど、各種の民俗学関係雑誌が発行され、民俗学的研究はその幅を広げた。さらに一九二五年、柳田は雑誌『民族』を発刊し、これが一九二九年（昭和四）に休刊となった後を受けて、折口らは民俗学会を組織し『民俗学』(一九二五―三三)を発刊した。この年、柳田は「歴史対民俗学の一課題」という副題を付けた「聟入考」を発表した。これは既成史学が描かなかった歴史を民俗学が描くとする柳田の意志表明であり、歴史科学としての民俗学定立の宣言でもあった。しかし柳田は、この新しい学問に対して民俗学の語を与えることを慎重に避け、民間伝承と称した。一九三三年九月から十二月まで、柳田が十二回にわたり毎週木曜日に私邸で行なった「民間伝承論」の講義を聴く集まりは、翌年一月に木曜会に発展し、五月には木曜会同人により郷土生活研究所が組織され、山村調査(日本僻陬《へきすう》諸村における郷党生活の資料蒐集調査)が始まった。この調査は、柳田が選定した全国五十二ヵ所の山村に、統一された百の調査項目を携えた調査者が入り込んで民俗資料の収集にあたったもので、その結果は『山村生活の研究』と題して一九三七年に刊行された。この三年に及ぶ調査は、地方の民俗資料を中央へ持ち帰り研究資料とする民俗学の研究体制が、柳田を中心にして組織化される動きを促した。一九三五年七月から八月にかけての一週間にわたり、東京の日本青年館において開催された日本民俗学講習会を機に民間伝承の会が生まれ、九月には機関誌『民間伝承』が創刊されて、ここに全国を組織した初の学会が成立した。そして日中戦争などによる戦線の拡大とともに、民俗学研究は中国の旧満洲や朝鮮半島、台湾などの日本の旧植民地においても展開されるようになり、研究雑誌なども発刊されたが、敗戦に伴い、国外における民俗学の活動は終息した。

戦後の一九四七年三月、柳田は民俗学研究の拠点とするべく自宅の書斎をあてて民俗学研究所を設立した。また一九四九年二月には、民間伝承の会を改称した日本民俗学会の会長にも就き、学会の発展・充実にも指導力を発揮することとなった。当時、日本民俗学会のほかには日本民族学会(一九三四年成立)と、渋沢敬三(一八九六―一九六三)が組織し、民具と水産史の研究活動を展開していた日本常民文化研究所(一九二一年にアチック＝ミューゼアムとして設立、一九四二年に改称)があり、三者は微妙な関係を結び合いながら民俗を対象にした研究を分担するようになった。しかし、民具研究の全国的組織化は、一九七五年の日本民具学会の設立まで待たねばならなかった。こうした学界中央の学問体制の整備・固定化と並んで、一九四九年一月には近畿民俗学会(機関誌『近畿民俗』)、同年四月には岡山民俗学会(同『岡山民俗』)が結成されるなど、民俗学研究の地方組織がつぎつぎに作られていった。民俗学の資料を主として地方村落生活から得ていた民俗学にとって、地方組織の充実は中央と地方との連携を強化するうえで大きな意味を持ったが、その育成にも柳田は関心を寄せ、指導を惜しまなかった。このように民俗学は、研究上の問題意識の形成についても、研究体制の整備についても柳田に依存するところが多く、柳田が構想し実践した研究内容が民俗学研究の主流となって定着していった。その内容とは、民俗学研究所が編集刊行した『綜合日本民俗語彙』(一九五五・五六)に示されるように、民俗語彙を指標にして全国的比較により民俗の歴史的変遷を求める立場であり、重出立証法や方言周圏論もこれに沿うものであった。民俗の地域差や地方差を時代差に還元するというこの方法論は、日本の社会や文化を斉一とみる認識なしには成立しえないものであり、このような民俗の認識は必然的に日本における民俗研究を単一論へと収束させることになった。その場合、琉球(沖縄)とアイヌの位置付けが問題となるが、これについては十分な議論はなされないままに推移した。

こうした民俗学の一般的傾向に対して、戦後まもなく岡正雄(一八九八―一九八二)は、歴史民族学の立場から日本の社会・文化を多元・多系的な種族文化複合として把握する考えを主張した。これは民族学や人類学研究に強い刺激を与えたものの、単一論的理解に傾いていた民俗学界ではこれに呼応する動きは総じて鈍く、民俗学を地域民族学 regional ethnology として位置付ける考えなどもあったが、両者の立場は隔たったままであった。さらに歴史学や社会学などの立場から、方法論を中心に種種の民俗学批判がなされた。一九四五年九月、柳田は日本民俗学講座において「現代科学といふこと」を講義し、民俗学は古い昔の穿鑿《せんさく》から足を洗い現代科学にならねばならぬと主張し、学会機関紙『民間伝承』誌上では民俗学の意義や目的をめぐって論争が展開された。こうした方法論論議は、民俗学が民族学(文化人類学)や歴史学に挟撃されるなかで学の独自性を確保するべく、柳田が樹立した民俗学から日本民俗学へと普遍性を高めようとする志向に支えられていたが、不十分なままに終った。その後、議論の重点は重出立証法や方言周圏論などの資料操作法の妥当性や、民俗や常民の意味と性格を問う方向へ移った。また戦後国内にフィールドを求めざるをえなかった民族学や文化人類学・社会人類学などが、沖縄研究を中心とした国内の調査研究から再び国外に活動の場を広げて民俗学とフィールドを分け合う事態が進んだこともあって、学の存立を問うような理論研究は勢いを失い、むしろ民俗の調査・収集についての方法を緻密化しつつ蓄積する作業が進んだ。この傾向は、高度経済成長に伴い、日常生活様式が急速に変化し、民俗の変貌や消滅の事態が意識され始めるなどして活発化した文化財保護行政上の民俗調査研究や市町村史誌編纂事業に民俗学研究者が深くかかわることで、より強まった。こうした各地の民俗を記述する作業が増大しこれに偏重して記述様式が画一化するなど、民俗を捉える方法はかえって停滞し硬直化する傾向さえ見せた。しかし他方では、確実に進む過疎化や都市化などの急激な社会変動に対処すべく、民俗の意味を問い直したり、民俗研究の新たな視点や方法の開拓を模索する動きも見られた。都市に民俗を発見して都市文化の質や、都市民の心性を探ろうとする論調が顕著になり、やがて都市民俗学を構想する試みが展開されたのはその一例だが、民俗学における都市研究は現在なお体系化されるには至っていない。

一九七五年、柳田国男の生誕百周年をピークとして柳田ブームが起り、柳田を再評価したり再検討する動きが思想史研究を軸にして活発化した。これに伴い民俗学や民俗に対する一般の関心も高まったものの、民俗学研究に直接的な影響を及ぼすまでには至らなかった。しかし民俗学内部では、稲作文化に対する畑作文化類型の定立やハレ、ケ概念に対する再検討が行われるなど、従来の民俗学の枠組みを越えようとする試みが進められた。また社会史研究との接近を図る動きも現われ、山民・漁民、漂泊民・被差別民などにも照明が当てられるようになった。その結果、これらを排除しつつ成立した柳田民俗学の超克が意識されるようになり、柳田とは異なる民俗学をめざした研究者を再評価する動きも見られる。

このように、日本の民俗学は、江戸時代の国学研究を一つの原点に持ちながら、歴史科学をめざし、また民族学・人類学研究とも交流しながら、民俗を対象に絞り込むことで独自な課題と方法を持つ学問の確立を図ってきた。しかし、民俗が人間生活の日常と深く結びつくものである以上、生活の変化とともに民俗の認識を点検することは、学の目的や方法とかかわって不断に問い続けられねばならないことがらである。高度経済成長期を経て社会の様相が大きく変化するとともに、都市化・現代化が進み、さらに自然環境が大きく変貌するという事態のなかで、民俗学は都市・自然・環境・近代化・女性・子供・老人・世相など、さまざまな方面に関心を広げながら民俗を追ってきた。その動きは、民俗学の対象認識の拡大・深化といえるであろうが、日本の民俗学は、民俗を歴史に一元的に還元する柳田民俗学の立場を乗り越えようとしながら、その目的や方法の理論化に努力している現状にある。

参考文献　宮本常一『民俗学への道』(『宮本常一著作集』一、一九六八)、野口武徳・宮田登・福田アジオ編『現代日本民俗学』一・二、一九七四・七五、和歌森太郎「日本民俗学概説」(『和歌森太郎著作集』九所収、一九八一)、桜田勝徳「民俗学」(『桜田勝徳著作集』五所収、一九八一)、関敬吾「民俗学の歴史」(『関敬吾著作集』七所収、一九八一)、福田アジオ『日本民俗学方法序説―柳田国男と民俗学―』(『日本民俗学研究叢書』、一九八四)、大藤時彦『日本民俗学史話』、一九九〇、福田アジオ『柳田国男の民俗学』、一九九二、福田アジオ・小松和彦編『民俗学の方法』(『講座日本の民俗学』一、一九九八)
(湯川　洋司)

みんぞくがくじてん　民俗学辞典　柳田国男監修、民俗学研究所編。民俗学研究の代表的な辞典の一つ。一九五一年(昭和二十六)に東京堂から刊行された。項目数は約九百。民俗学関係の辞典類が少なかったこと、学術用語および海外文献の訳語の統一が迫られていたことなど、出版当時の状況を受けて編纂事業が企画された。昭和二十年代前半までの研究成果がまとめられた辞典であると同時に、民俗学研究所の出版事業の最も成功したものとして同研究所の貴重な財源になった。

参考文献　柳田国男研究会編『柳田国男伝』、一九八八
(岩野　邦康)

みんぞくがくひょうろん　民俗学評論　大塚民俗学会の会誌。不定期刊。大塚民俗学会は、一九六六年(昭和四十一)に、東京教育大学(一九七八年閉学)の民俗学研究室に事務局を置いて発足、『民俗学評論』はその翌年二月創刊。一九九三年(平成五)の第二九号で休刊(同学会はこの号の刊行をもって解散、解散時の事務局は桐朋学園大学短期大学部内)。A5判、毎号百頁前後。本誌には、各号で若干の異同はあるが、幅広く、研究論文、年会シンポジウム報告・論文および記事、民俗調査報告、研究動向記事、書評などを収める。特にシンポジウム記録は、民俗学の新しい動向を反映するテーマが多く、一九七〇年代・八〇年代の民俗学の状況を知るのに役立つ。第二九号に総目次がある。
(和歌森民男)

みんぞくぎじゅつ　民俗技術　工業技術とは対極をなすもので、一般の人々が日常生活の必要性から生み出した技術をいう。その多くは個人の能力と経験によって成り立ち、その改変や改良もやはり個人レベルで行われるもので、それは文字化されることなく民間伝承として受け継がれる。しかしいったん文字化され汎用技術となったものも、個人の知恵や工夫によりまた民俗技術化することも多く、一概に民俗技術と工業技術とを峻別することはできない。近世以降多くの農書が著わされ、また近代以降も農会などによる技術普及活動が活発に行われてきた日本の稲作技術はその典型である。民俗技術の特徴の一つに自然との共生関係があげられる。たとえば水田は稲作の場として人が自然を開発した場であるが、そこは同時に水田環境に適応した魚類の繁殖や棲息の場ともなる。民俗技術は自然を改変するだけではなく、改変した中にいわゆる新たな「内なる自然」を生み出すことになる。ただし一概に民俗技術がすべて共生的であるとするのは誤りで、民俗技術の多くが自然と人間活動との拮抗した場面において営まれることが多いためそう見えるにすぎない。もう一つの特徴は、循環の思考の存在である。民俗技術には転用・代用といった柔軟な思考が備わっている。長野県大町市海ノ口ではカリシキに利用したナラの木の枝を漁具に転用し、その後さらに燃料として利用した。そうした民俗技術における転用・代用の知恵には物質とエネルギーとの自由な変換を可能にする機能があったといえる。

参考文献　篠原徹『海と山の民俗自然誌』(『日本歴史民俗叢書』、一九九五)、安室知「生態系と民俗技術」(佐野賢治他編『現代民俗学入門』所収、一九九六)
(安室　知)

みんぞくげいじゅつ　民俗芸術　一九二七年(昭和二)に柳田国男・折口信夫・小寺融吉・早川孝太郎らによって

『民俗芸術』創刊号

結成された民俗芸術の会の機関紙。一九二八年一月―三二年九月(通巻四八号、地平社書房刊)。各地の芸能・民謡・神事などの調査記録を掲載し、盆踊り・田遊び・獅子舞などの特集号も組まれた。執筆陣には右のほか言語学の金田一京助、音楽の野口雨情・中山晋平、考現学の今和次郎など民俗学以外の多様な分野からの参加があった。

参考文献 永田衡吉「回想の「民俗芸術」」(『民俗芸能・明治大正昭和』所収、一九八二)　(西郷由布子)

みんぞくけいしょうたい 民俗継承体 ⇩伝承母体《でんしょうぼたい》

みんぞくげいのう 民俗芸能 地域社会の中で民俗として伝承されている芸能のこと。柳田国男を中心とした民俗学に刺激を受けて研究が始められた。

〔概念と研究史〕民俗芸能という用語は、一九五二年(昭和二十七)に民俗芸能の会が発足したとき、会の名称としてはじめて使われた。それ以前は「郷土舞踊と民謡」(一九二五年、日本青年館で開催の郷土舞踊と民謡の会)、「民俗芸術」(一九二七年発足の民俗芸術の会)など名称の使われ方はいろいろであった。一九二八年に刊行が始まった雑誌『民俗芸術』には、柳田が「創刊のことば」を書き、折口信夫の「翁の発生」が巻頭論文となった。なお郷土舞踊と民謡の会は第二次世界大戦中は中断していたが、戦後一九五〇年に郷土芸能の名で復活し、五七年まで続いた。民俗芸能の用語がほぼ定着した五八年からは、全国民俗芸能大会の名称で今日に続き、八二年秋には民俗芸能学会が設立された。柳田国男は『人類学雑誌』二七ノ一―五(一九一二)に「踊りの今と昔」を発表したが、柳田の芸能との縁は薄く、わずかに「獅子舞考」「民謡覚書」「民謡の今と昔」などを、雑誌『郷土研究』や『民俗芸術』に発表した。柳田の興味は芸能にたずさわる山人にあり、その系列に、鉢叩き・ささら・比丘尼など漂泊の宗教者や旅芸人がいたが、柳田の研究が農民・常民に向けられると、漂泊民の芸能を取り上げることはなくなった。一方こうした人々を積極的に取り上げて、日本の芸能史を組み立てたのが折口信夫であった。折口は他界から折にふれて訪れるとされる異郷の神々をまれびとと命名した。そして漂泊の芸能者が神の資格で村や人家を訪れて歌舞を演じたものが、舞台芸能に展開していったと考えた。これら折口の成果は「髯籠の話」「日本芸能史六講」、『古代研究』三巻などに結実した。

折口の立場を継いだ池田弥三郎は、民俗に存続する芸能や芸能的事象を、民俗の一つであり、民俗学の対象としたときの名が民俗芸能であり、その特徴として民俗芸能には目的・季節・舞台・俳優・観客・台本という特定の条件と制約があるとした。すなわち芸能の目的には表現・演出の上で信仰的な制約、年中行事や周期伝承としての季節の制約、決められた場所で演じられ、その場所のもつ意味が芸能の目的とも絡んで、舞台の制約、俳優には年齢別の制約などがあり、それが通過儀礼とも関連しているとした。また観客が受ける芸能の感動の質は、楽しむ以前に信仰的、宗教的な感動があり、芸能の台本は必ず伝承しなくてはならないという信仰的な制約があるとした。以上のように存続の様相そのものが民俗であることが多いために、民俗学による考察によらなければ、すべてを包み込むことはできないとした。また折口の研究態度を受け継いだ三隅治雄は、民俗芸能を、日本人みずからの生活に対する欲求の集団行動表現で、それの歴史的に堆積したものとした。その上で芸能は一定の秩序と律動を伴った行動の伝承であり、前代の生活知識に行動の倫理を置きながら、その中にひそむ感性が美の世界を欲望しているのが芸能だとして、美的な感動を伴うことが、芸能を芸能たらしめるための条件であるとした。本田安次は、芸能とはある時、ある場所で、それを鑑賞しようとする人々の前で、身をもってなそうとする芸術的表現であり、生活や経験の中でつかんだ美を、適切な表現媒体を通して再現しようとするもので、民俗芸能とよばれるものは郷土色をもち、信仰と結び付いて伝統的に行われてきたものであるとした。

こうした民俗学的な方法に対して、歴史学的な芸能研究の立場をとる林屋辰三郎は、芸能一般が信仰的な制約をもっているという考え方には従いがたく、信仰的制約にとらわれない芸能が歴史的には明らかに存在しているとして、池田らとは異なる立場をとった。

〔種類と内容〕本田安次は民俗芸能を㈠神楽、㈡田楽、㈢風流、㈣祝福芸、㈤渡来芸の五種類に分類している。そして多少の移動はあるが、多くの研究者はこの本田の分類をもとにそれぞれ独自の分類案をだしている。ここでは本田の案を基礎分類と捉え、現状に合わせて分類する。

㈠神楽 神座《かみくら》を設けて神を勧請して行う鎮魂を目的とした芸能。宮廷で行われる御神楽《みかぐら》に対して民間で行う神楽を里神楽と称している。神楽の種類には以下のようなものがある。①巫女神楽は、巫女が神前で採物《とりもの》をもち、神の来臨を乞い、神霊の発動を促すものと、降臨した神霊を身に憑けて神の言葉を託宣として語るものがあり、奈良春日大社の巫女舞や、岩手県陸中宮古の神子《みこ》舞がある。②湯立神楽は、釜に湯を沸かし、湯を神に献じ、自分たちも湯を浴びて穢れを祓うもので、秋田県大森町の保呂羽山霜月神楽、愛知県奥三河の花祭などがある。③採物神楽は、神の依代となる榊・幣・杖・篠・弓・剣などの採物をもち、神を招くためのもので、島根県八束郡鹿島町佐太神社の採物を持って舞う七座の神事がある。④能神楽は、招き寄せられた神の顕現の表現として仮面を付け、神がかりの託宣の形式をとったり、神と人の問答が展開するもので、宮崎県西都市銀鏡《しろみ》神楽では祭神の「西宮大明神」の曲を宮司みずからが舞う。⑤獅子神楽は、獅子頭に幕を付け、その中に二人以上の人が入って舞うもので、三重県桑名市の伊勢の太神楽、岩手県の山伏神楽や青森県下北半島の能舞の権現舞は悪魔祓いや火伏せの祈禱をする。(二)田楽　五穀豊穣を祈り、耕作に災いをなす悪霊を鎮める目的で行われたものが本来のもの。①田遊びは、一年間の農作業の様を模擬的に演じるもので、東京都板橋区徳丸北野神社の田遊びなど。②田植え踊りは、田遊びを舞踊化したもので、青森県下北郡東通村の田植え踊り。③田囃子・御田植神事は、田植えの時期に苗を植えながら豊年を祈るもので、広島県山形郡千代田町壬生の花田植などがある。④田楽(田楽能・田楽舞)は、渡来芸と結び付き、平安時代に都で流行し、散楽など外来の芸能を吸収して広範囲の田楽芸となったもので、静岡県磐田郡水窪町西浦所能山観音堂の田楽など。⑤狭義には簓《ささら》を手にして躍るものを田楽躍と称し、岩手県西磐井郡平泉町毛越寺の延年の田楽躍などがある。(三)風流　人間の命をおびやかす疫病や災難は、災厄神や悪霊のしわざと信じられてきた。そうした悪霊退散の祈りに発した踊りで、華やかな花笠・花傘・鉾などを神座として悪霊を誘い、その神座を中心にして大勢が乱舞して悪霊を慰めて、最後に神送りをするというもの。①盆踊りは、秋田県雄勝郡羽後町西馬音内の盆踊り、徳島市の阿波踊り。②念仏踊りは、盛岡市永井の大念仏剣舞《けんばい》。③太鼓踊りは、徳島県三好郡西祖谷山村天満神社の神代踊り。④小歌踊りは、新潟県柏崎市黒姫神社の綾子舞。⑤獅子舞は、埼玉県川越市高沢山観音寺のささら獅子舞や岩手県遠野市青笹八幡神社の鹿子踊り。⑥仮装風流《ふりゅう》は、島根県鹿足郡津和野町弥栄神社の鷺舞。⑦作り物風流には、京都の祇園祭の山鉾などがある。(四)祝福芸・語りもの　めでたい言葉を述べれば、その言葉通りのことが実現するという、言霊信仰を背景としたもの。多くは初春にその年の幸いを約束する形式で、家や人物を誉め称えるもの。①愛知県安城市や西尾市に伝わる三河万歳や、知多市の尾張万歳。②徳島県吉野川流域のえびすまわしや三番叟などの人形戯。③新潟県相川町や山梨県塩山市の春駒。④山口県周防の猿まわし。⑤熊本県菊池市の松囃子などがある。本田は語りものを、神の宣りごとである託宣や、仏の口寄せのような一人称で語られた口調を真似るところから発生した、それゆえ託宣よりも祝詞の中に語りものへの進展が見られるという。祝福芸との関連で現存する例をあげると、節談説教や東京都八王子市の車人形で語られる⑥説教節、新潟県各地にあった⑦瞽女唄、福岡県山門郡瀬高町大江天満宮の⑧幸若舞などがあげられよう。(五)渡来芸　六〜七世紀に中国大陸から渡来した伎楽・舞楽・散楽などが宮中・社寺・民間に伝わり、独自の変化をとげたもの。渡来の芸能は発生としては信仰の制約はないが、招いた神の顕現の表現として使われた各地の民俗芸能の仮面には大きな影響を与えた。また社寺で演じられる際には、その年齢階梯ごとの通過儀礼として大きな意味を持っていた。それゆえ、民俗芸能の中でも重要な意味をもつものとしてとらえる必要があるだろう。今も祭礼の折に各地で見られるものには、御輿渡御に伴う猿田彦、天狗などに伎楽が、田楽の高足や太神楽の曲芸、軽業的な芸能には散楽の姿が残っている。また延年・舞楽は寺院の芸能として発展したもので、修正会《しょうえ》・修二会の結願の折や、春の鎮花祭、夏の御霊会などの鎮魂儀礼として行われる。これらには静岡県周智郡森町山名神社の稚児舞楽、岐阜県郡上郡白鳥町白山長滝神社の延年、岩手県西磐井郡平泉町毛越寺の延年などがある。また栃木県日光市輪王寺では延年舞が伝えられている。(六)能・狂言・歌舞伎・人形芝居　民俗芸能に発しながら、都市の特殊な文化に支えられて芸術的に昇華したものだが、民俗芸能としての性格をもち続け、また完成期のものでも地方に定着し、地域ごとの伝統を受け継いで民俗芸能化したもの。①能には、山形県東田川郡櫛引町春日神社の黒川能、福井県今立郡池田町水海鵜甘神社の田楽能舞。②狂言は、京都市清涼寺釈迦堂の嵯峨大念仏狂言や、壬生寺の壬生狂言などがある。③歌舞伎には、福島県南会津郡檜枝岐《ひのえまた》村の檜枝岐歌舞伎や、山形県酒田市黒森の黒森歌舞伎。④人形芝居には兵庫県三原郡南淡町の淡路人形浄瑠璃、徳島県一円の阿波人形浄瑠璃などがある。(七)民謡　民衆の生活の中で、歌い継がれてきたもの。信仰・労働・娯楽などの目的から、それが必要となったり、偶然のきっかけで手近な旋律を真似たりして作られた。それが移住や旅芸人の動きに合わせて移動し、土地の条件に合わせて歌い改められてゆく。民謡は信仰や娯楽と結び付くと、体の動きが伴うようになり、民俗芸能とも深くかかわるようになる。民謡は柳田国男の「民謡覚書」以来の歌う場や目的による分類が、今も広く用いられている。①労働唄には農耕に関する草刈り唄・田植え唄、山樵に関する木挽唄、漁撈に関する船唄、網曳き唄、諸職に関する酒造り唄・茶摘み唄、交通運搬に関する木遣り唄・馬子唄。②祭唄・祝い唄には祭礼の折の神迎え唄・神送り唄、祝儀に関する嫁入唄、行事に関する正月唄。③踊り唄・舞踊に関する神楽唄・盆踊り唄。④座興唄には磯節。⑤語りもの・祝福芸の唄には瞽女唄・万歳・大黒舞の唄。⑥子守唄などがある。

↓神楽《かぐら》　↓郷土芸能《きょうどげいのう》　↓祝福芸《しゅくふくげい》　↓田遊《たあそ》び　↓田《た》植《う》え踊《おど》り　↓田楽《でんがく》　↓人形浄瑠璃《にんぎょうじょうるり》　↓風流《ふりゅう》　↓盆踊《ぼんおど》り　↓民謡《みんよう》

参考文献　『芸能と娯楽』(「日本民俗学大系」九、一九五八)、本田安次『図説日本の民俗芸能』、一九六〇、林屋辰三郎『中世芸能史の研究―古代からの継承と創造―』、一九六〇、三隅治雄『民俗芸能概論』、一九七二、『池田弥三郎著作集』二・四、一九八〇、三隅治雄「民俗芸能研究の歴史と現状と展望」(『民俗芸能研究』一、一九八五)、小島美子『柳田国男全集』一八解説、一九九〇、『本田安次著作集』、一九九三―

（神田より子）

みんぞくけんちく　民俗建築　日本民俗建築学会の機関誌。創刊一九五〇年（昭和二十五）六月、刊期年二回。民俗建築の研究は単独の学問で成り立つものではなく、常に周辺の関連した学問分野（建築学・民俗学・考古学・人類学・歴史学・地理学・民族学など）の交流によって成り立ち、学問的構造が広げられている。会員構成も同様に多岐にわたっている。雑誌は研究論文・報告・紀行文など会員格好の発表・討論を行う場でもある。総目録および一号から五八号までを収めた『（復刻）民俗建築』全三巻（一九六六）が刊行されている。

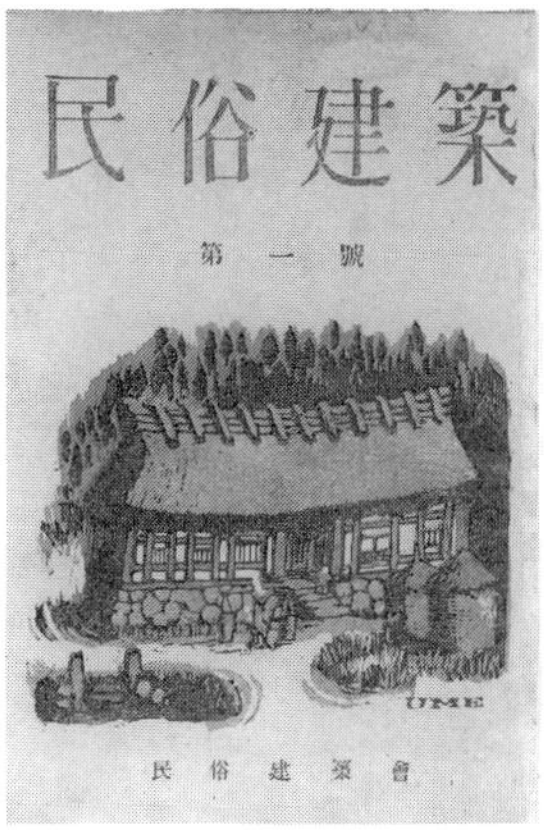

『民俗建築』第１号

参考文献　石原憲治「民俗建築の学際的周辺―日本民俗建築学会、第一回年会に際して―」（『民俗建築』六八、一九七四）

（山崎　弘）

みんぞくごい　民俗語彙　民俗を知るための手掛かりとなるとして選び出され、その地域の民俗資料の詳しい説明を伴う語彙。一九三四年（昭和九）から三九年にかけて郷土生活研究所の同人が行なった山村および海村調査の報告として、民俗語を見出しとして民俗を説明する形式をとったが、方言の記載と立場を異にするため、これを民俗語彙として区別したことに始まる。方言の記述が音韻・アクセント・文法・語彙の諸特徴に注目するのと対比できる。全国的な比較研究の資料としても用いられる。語彙集や民俗調査報告書などではカタカナで表記されることが多い。語彙はそこに住む人々の考え方を理解するために有効である。そのため語彙の背後にある意味が重要視されるべきものであった。一九三〇年代の民俗語彙集の編纂がその後の民俗学の展開に大きな影響を与えており、一九五五年の『（改訂）綜合日本民俗語彙』では一昔前までの読み書きのできる人々が知る必要のなかった、文献だけに基づいては表わせない言葉として集大成された。比較研究に際しては周圏論と結びついて資料として活用され、事実と語彙の包含関係のずれに着目して、一方向の変化の過程に並べ、空間的な位置づけから先後関係が判定された。しかし、理想とは裏腹に語彙の地域ごとの説明が不十分で、語彙と事実の対応関係が把握されず、関連した事実があまり調査されなかったために、民俗的事実ではなく語彙の比較に陥りがちであった。民俗地図に分布が示されたものでは、インデックスとしての有用性が認められているにとどまる。そうした批判に対して、地域的、歴史的条件を一括してとらえるための民俗総合調査が提唱された。民俗は言語を切り離して理解することはできないのであり、柳田国男の最初の着眼を再検討しながら、民俗語彙の有効性が模索されている。

参考文献　上野和男「方法論の三角形―ウェーバー・デュルケム・柳田国男―」（『国立歴史民俗博物館研究報告』二七、一九九〇）、鈴木寛之「民俗学における語彙研究の視点について」（『信濃』四七ノ一、一九九五）

（古家　信平）

みんぞくこうこがく　民族考古学　英語 ethnoarchaeology の訳語で、土俗学あるいは土俗考古学と呼ばれたこともある。歴史文書がない時代を対象とする先史考古学、その後の時代を対象とする歴史考古学とともに、考古学の一分野と位置づけられる。考古学の最も一般的な研究手法である発掘調査によって得られる遺物を、当時の人人の生活の中での機能と関連づけるには、民族誌資料などとの突き合わせがなされることが多い。民族考古学はこの立場をさらに押し進め、現生の採集狩猟民や原初的な農耕民の社会で野外調査を行い、遺物の用途や機能的側面を実際の生活と関連づけて解明することに特徴がある。さらに、遺物だけでなく遺構の構造の復元、住居跡の居住期間や居住人口の推定、利用されていた周辺の環境復元なども民族考古学の研究対象といえる。具体的には、民族学・民俗学あるいは人類生態学の分野で発展してきた方法論を援用し、衣食住などに関する諸活動、利用される道具や人々の活動の時間空間構造の把握などが重視される。たとえば、縄文人の生存様式を復元するために、環境条件が比較的近似する北米大陸の北西海岸インディアンの野外研究が行われる。また、文字をもたずいわば新石器文化の生活がごく最近まで続いてきたオーストラリア大陸、ニューギニア島などのオセアニアのような地域では、考古学・先史学の研究は発掘調査だけでなく、現生民の生態学・民族学の研究に強く依拠しながら進展してきた。

参考文献　渡辺仁「先史考古学・生態学・ethnoarchaeology」（『月刊考古学ジャーナル』七二、一九七二）、近森正『サンゴ礁の民族考古学―レンネル島の文化と適応―』、一九六八

（大塚柳太郎）

みんぞくし　民俗誌　ある社会の人々の民俗を描写した記録で、執筆者の明確な視点の下に民俗の多岐にわたる分野に目配りをして暮らしの全体像を描いたり、民俗のある側面に注目して地域の特質を描き出したもの。その作成は、郷土研究としての民俗学の主要目的とされる。対象とする社会は一定しないが、空間としては周囲から区切ることのできる民俗が有機的な関連をもって結びついている領域であるため、問題意識によって必ずしも市町村などの行政的な区画と一致しない。形式的には、記述の項目だてがやや定型化した感がある、いわゆる民俗調査報告書とは一線を画し、全国的な比較研究を前提とした項目による調査は行わないので、そのための資料集

にはなりにくい。柳田国男に指導された『郷土生活研究採集手帖』(一九三四)などによって示された調査の項目によれば、周圏論を適用する比較に適した資料は集められるが、生活全体の位置づけや相互の関連性が明らかになりにくかった。山口麻太郎はこれを地域社会から得た調査資料を用いて日本人の民俗として把握する一般民俗学とし、特定の地域の人々の集団を単位とした民俗学を民俗誌学として区別し、『全国民俗誌叢書』(一九四九-五一)をその成果として期待した。民俗誌の作成にあたっては、研究対象とする民俗事象を描くのに適した方法を用いるので、最終的に民俗史を明らかにしようとする民俗研究者や、同叢書に国の全体に通じるものを見定めることを意図した柳田国男の資料操作の仕方とは異なるものとなり、民俗語彙を用いた比較研究への途も積極的には開こうとしていない。この意味では柳田の民俗学の妥当性に対する疑義の申し立てという面ももっていた。宮本常一は、個々の話者を区別しながら、技術の分担による統合された自給自足的生活としてとらえる視点から、村人が個々に担っている民俗を統合して、「秩序ある生活」あるいは「全体」を再構成した。そこにみられる予定調和的なとらえかたは現実の民俗の変容をうけて修正され、一つの社会はあらゆる面で世界的なシステムの一部であることが考慮されなければならなくなっているが、没個性的な伝承者像を否定し、研究者としての民俗のとらえかたを明瞭にした。地域民俗学を提唱した宮田登は、郷土研究としての民俗学の主要な目的として民俗誌の作成を取り上げており、重出立証法が批判されてのちの方法論の一つとして検討している。一方、山口麻太郎の実践は郷土人による郷土の叙述であり、研究対象となる社会の側からの民俗誌が生みだされていった。今日ではある社会の人々がみずからの民俗誌を編纂することが多くなり、それによって従来外部の調査者がとらえてきた事柄が批判されることがある。民俗学が現実と離れていった証左である。形式は多様であれ、民俗誌は研究者が現実と対峙するところからはじまり、その問題意識が事実の裏付けをもって概念とともに提示される場であるといえる。

参考文献 山口麻太郎「民間伝承の地域性について」(『民間伝承』一三ノ一〇、一九四九)、宮田登「地域民俗学への道」(和歌森太郎編『日本文化史学への提言』所収、一九七六)、古家信平『火と水の民俗文化誌』(『日本歴史民俗叢書』、一九九四)

(古家 信平)

みんぞくしゃかい 民俗社会 folk society の訳語。人々は親族集団を基礎として組織化され、互いによく知り合っており、政治制度の発達は不十分で、宗教的観念が強い、部族社会に近い社会。アメリカの人類学者、アルフレッド＝クローバーが設定した文明社会に対比される概念。レッドフィールド Redfield, Robert はこれに相当する現実の社会はなく理念型であるとし、小規模で孤立し、同質で文字記録がなく、行動様式が慣習化していることをあげ、対極概念とした都市社会に変化する過程を論じた。両極とその間にある社会で諸特徴が連続的に変化することから都鄙連続体論を着想し、農民社会を中間に位置付けている。これに対し、文字を持たず、同質的で孤立した民俗社会の特徴を示すところであっても、因習にとらわれずに世俗的活動に富むという都市社会の特徴がみられることもあり、レッドフィールドのあげた民俗社会の要素がすべて関連しているとは限らないとの指摘もなされている。フォスターは民俗社会が完結し孤立しておらず、都市との共生関係をもっており、国家の部分でもあるとして、より大きな枠組みの中に位置付けて論じる方向性を提起した。民俗学ではこの概念をただちにあてはめることはほとんどなされてこなかったが、対象としていた農村などの地域社会も孤立しておらず、徴兵制や学校教育制によって国家に結び付いていたのであり、部分社会としての特徴を備えていた。

参考文献 Robert Redfield: The Primitive World Its Transformation (1953); George Mclelland Foster, Jr.: What is Folk Culture ?, American Anthropologist. 55-1 (1953). 伊藤幹治「民俗文化論再考」(『日本常民文化紀要』一九、一九九六)

(古家 信平)

みんぞくしゅうきょう 民俗宗教 民間信仰にかわって一九七〇年代以降使用されるようになった語。英語のフォークレリジョン folk religion にあたる。民間信仰は術語として不明確な部分を含むが、概して仏教やキリスト教などの創唱宗教、成立宗教、外来宗教とは対立するものとして民間に伝えられている呪術的、迷信的で体系性を欠いた信仰ととらえられてきた。それに対して成立宗教と生活慣習の中に伝えられている非体系的な民間信仰とは必ずしも対立して存在するのではなくむしろ習合しているのが実情であり、その動態を包括的にとらえるものとしてこの民俗宗教という語が使用されるようになった。現在では民俗学においても、この民俗宗教という概念が有効とされている。 →民間信仰《みんかんしんこう》

参考文献 堀一郎「民間信仰」(『堀一郎著作集』五所収、一九八七)、宮家準『宗教民俗学』、一九八九

(新谷 尚紀)

みんぞくしゅうけんろん 民俗周圏論 ⇨周圏論《しゅうけんろん》

みんぞくしりょう 民俗資料 広義には民俗学に関する資料をいうが、狭義には文化財保護法によって規定された用語として理解されることが多い。この民俗資料の語はそれまで民俗学研究者の一部で用いられていたものが法律用語として取り入れられたもので、一九七五年(昭和五十)の同法改正まで用いられた。民俗資料は一九五〇年の同法制定時には有形文化財の一種類とされ、国宝・重要文化財のなかで前代生活を思わせるものとされた。民俗資料の明確な概念規定がされるのは一九五四年の法律改正からで、民俗資料は衣食住・生業・信仰・年中行事などに関する風俗慣習およびこれに用いられる衣服、器具、家屋その他の物件で日本国民の生活の推移の理解のため欠くことのできないものとされ、衣食住、生産・生

業、交通・運輸・通信、交易、社会生活、信仰、民俗知識、民俗芸能・娯楽・遊戯、人の一生、年中行事、口頭伝承の十一項目に分類された。保護は有形と無形の民俗資料とに分けて行われ、指定は有形の民俗資料に限られたが、これは日本の文化財の保護が明治以来有形の文化財を対象としてきた経緯を受けているためである。民俗資料の指定は有形の民俗資料に限られ重要民俗資料として有形文化財に準じた保護がされたが、無形の民俗資料は記録作成などの措置を講ずるといういわゆる記録保存の手法が取り入れられた。有形の民俗資料を民具と呼ぶ場合もあるが両者は同一の概念ではない。また、博物館法で規定されている民俗資料も文化財保護法上の規定とほぼ同様の内容とされているが、その分類や範囲などは各館の判断に委ねられている。　↓文化財保護法《ぶんかざいほごほう》　↓民《みん》俗文化財《ぞくぶんかざい》

参考文献　宮本馨太郎『民具入門』(「考古民俗叢書」五、一九六九)、祝宮静『民俗資料入門』(「民俗民芸双書」、一九七一)、民俗文化財研究会編『民俗文化財の手びき―調査・収集・保存・活用のために―』、一九七九　(大島　暁雄)

みんぞくせい　民族性　一般には一民族にそなわる性格のこと。文化人類学(民族学)において主要な研究対象である民族を、いかなる概念として把握するかについては複雑かつ詳細な学説史があるが、多様な諸説については未だ充分に整理されてはいない。しかし今日のところ、概括的には㈠同一の伝統的な文化・生活様式をもつ集団、㈡同一の帰属意識をもつ集団という二点に関してはほぼ共通認識が得られているといえよう。日本の民俗研究の究極的な目的はエトノスの究明にあるとの見解がかつて文化人類学者の石田英一郎らによって提起され、民俗学界においても一定の支持を得ている。ギリシャ語起源のエトノスはふつうは民族を意味する語として用いられるが、ここでいうエトノスは民族性の意味と解される。民族性概念も、上述の民族概念と同じく複雑かつ難解である。ここで問題となる民族の解釈は㈠に関してであるが、民族性つまり伝統的な文化・生活様式の「性」を特性や特質と捉えるか、類型的なものとして捉えるか、それが可変的なものか、不変的なものかなど議論の分かれるところだからである。後者についていえば、概して不変的なものとして理解されてきたとみられる。つまり、伝統的な文化や生活様式も歴史的に変化する部分と、変化し難い部分、あるいは変化してもきわめて緩慢な変化をする部分があるが、後の二つ、とりわけ二番目の要素に着目する行き方である。ただし、民族性の究明がさらに何を目的とするかはまた別個の問題となろう。　↓エトノス

参考文献　石田英一郎「歴史科学としての民俗学と民族学」(『人文』二ノ一、一九四八)、同「日本民俗学の将来―とくに人類学との関係について―」(『日本民俗学』二ノ四、一九五五)　(平山　和彦)

みんぞくちしき　民俗知識　日々の生活体験と経験とに基づいて、地域社会の中でいつ誰がいい出したともなく、人間生活の各種の領域にわたって伝承されてきた知識や知恵のこと。民俗知識という用語は民俗と知識を合わせて一語としたもので、文化財保護委員会から一九五四年(昭和二十九)十二月に告示された「重要民俗資料指定基準」「記録作成等の措置を講ずべき無形の民俗資料選択基準」の中ではじめて用いられ、民俗知識の概念と範囲とが明示された。その後、一九六五年に至って、文化庁は民俗資料調査収集の手びき作成会議の検討を経て、『民俗資料調査収集の手びき』を作成し公刊した。同書中に民俗知識に関する有形と無形の資料が明示されているが、無形の民俗知識は、次のとおりである。㈠しつけ・作法・鍛練・伝授、㈡医療・衛生・保健、㈢卜占・呪《まじな》い、㈣天文・気象、㈤数理、㈥動・植・鉱物などの種類、名称、性質、利用等、㈦その他。このように民俗知識は文化財保護行政の中で創案され、いわば文化庁といった行政機関を旗手として理解と普及とがはかられたが、このような用語の問題を離れると、民俗事象の中に広範な知識や知恵として伝承されてきたものということができる。伝承のされ方としては一行知識のようなものと、まとまった知識として伝えられている場合とがあるが、それらは気候・風土・生業など、それぞれの地域社会の特質をふまえ、長い歳月をかけ、多くの人たちの経験に育くまれてなったもので、その結果日々の生活の中である時は有効な知恵として、またある時は農作業や生活の指針として活用されてきたのである。俗信、あるいは信ずるに足りないものなどとして否定的に捉えるのではなく、これらの事象を積極的に検証し、その上で正しい評価を行うことが必要と考えられる。

参考文献　文化庁内民俗文化財研究会編『民俗文化財の手びき―調査・収集・保存・活用のために―』、一九七六、田中正明「「民俗知識」考」(『日本民俗学』一五五、一九八四)、根岸謙之助『医療民俗学論』、一九八一　(田中　正明)

みんぞくちず　民俗地図　民俗学の研究手段の一つとして作成される地図。特定事象の所在を地図上に記した分布図と、民俗の変遷や性格などを示そうとした地図とがある。前者は研究の基礎作業として作成されるものであるのに対して、後者はその研究の成果を示すために作成されるものである。地図は、対象とする民俗事象や研究目的に応じて、全国に及ぶものから、集落単位のものまであり一様ではない。民俗地図は民俗資料の分布を示した地図とされることが多かったが、それに限定されるものだけではない。一九六二年(昭和三十七)から全国的に行われた民俗資料緊急調査の結果にもとづいて各地で民俗地図が作られ、六九年からは『日本民俗地図』が刊行され始めた。これは民俗事象の所在地を確認するためのものでもあり、分布に重点がおかれ、民俗地図のイメージを作ることにもなった。地図を民俗学の研究手段としてはじめて用いたのは柳田国男で、その『蝸牛考』(一九三〇)

は地図によって言葉の変化を明らかにしようとした最初の試みであった。蝸牛のさまざまな異名を分類して地図上に示すと同心円状の分布となり、それがそのまま蝸牛の呼称の変化の順であるとするのである。それは単なる分布図ではなく、同心円状に分布する語は、外側に行くほど古い語であるとする主張のもとに作成されている。言葉が文化の中心から周辺に向かって伝播し、それが地域差としてとらえることができるとする方言周圏論は、このような地図を研究手段とする方法と密接にかかわるものである。同様に文化周圏論・民俗周圏論なども主張されたが、これらも地図を研究手段とするものである。地図は地域差は時間差であるとする民俗文化の変遷に対する認識を、実際に視覚化して示すことができるものでもあった。さらに、地図を研究手段として用いると、地域的特性と関連させることができ、民俗事象を歴史的側面からだけではなく、地理的、自然的側面からも明らかにすることができ、よりその民俗事象の性格を理解することができる。つまり、基礎作業としての分布図から、地域・領域を示すもの、伝播経路を示すもの、時間的変遷を示すものなどの地図を作ることができ、それは研究成果を地図を用いて示したものということができる。かつて、関敬吾は「空間的・地域的形態の把握と、それぞれの民俗の発生・成長・死滅の頻度を叙述し、さらにそうした成果にもとづいてある場所と結合した理由を説明しうる可能性もある」といい民俗地図のもつ可能性に期待した。しかし民俗地図の活用についての検討は必ずしも十分に行われてきたわけではなく、今後に課題を残している。

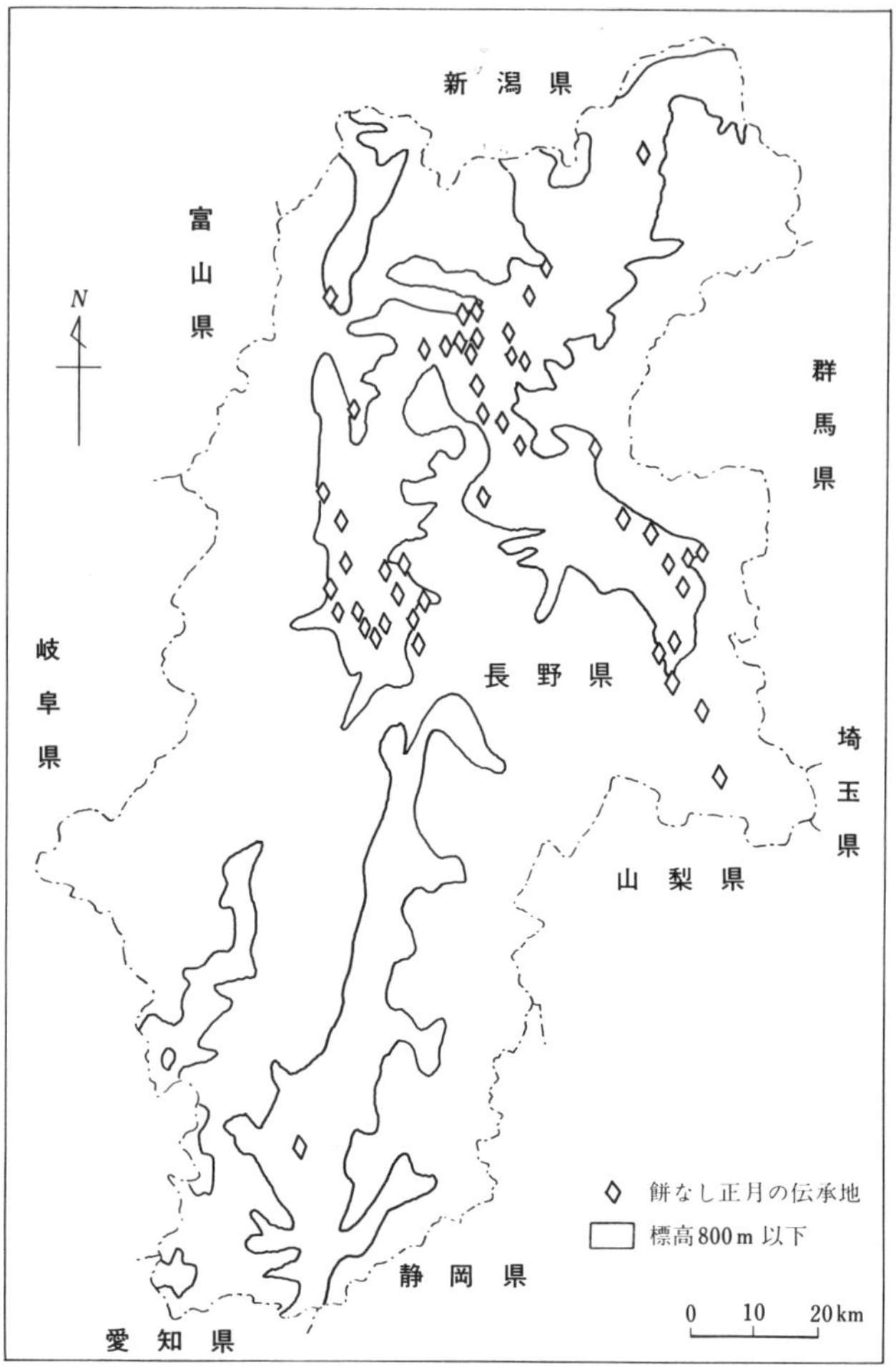

民俗地図　長野県における餅なし正月の伝承地

参考文献　関敬吾「民俗学研究における民俗地図の問題」(『民俗学評論』一三、一九七五)、千葉徳爾『地域と民俗文化』、一九七六、倉石忠彦「民俗分布図と民俗地図と」(『長野県民俗の会会報』二、一九七九)
（倉石　忠彦）

みんぞくちょうさ　民俗調査　民俗学は現実の社会で繰り広げられている多くの現象を対象としているが、その中から課題を解明するのに必要な事柄を調べる作業。調査は現実の社会に直接触れ課題の解決のための方策を探る糸口を与えるので、個々の調査にとって重要な意義を持つ。最初のもくろみが現実の前に崩れていくこともよくあることである。江戸時代の文化年間(一八〇四―一八)に屋代弘賢が諸藩の儒者や知人に対して年中行事や冠婚葬祭に関する報告を求めた「諸国風俗問状」が、目的をもって調査を行なった最初のものと考えられる。組織的な民俗調査は柳田国男の指導のもと、その課題に沿って行われた一九三四年(昭和九)の山村調査から始まる。柳田国男の民間伝承の三分類を受けて、対象地の外からよりもその住人こそよい成果を収め得ると考えられたが、今日ではその相違は意識されなくなっており、むしろ当然のこととして見過ごされているものに対する配慮は外部のものに利点があろう。問題意識をもった調査者が直接現地に行くのを現地調査といい、話者と対談したり、民具や文書の調査、さらに生業など実地に体験しながらの調査も行われる。調査票を郵送して資料を収集することも調査の一環として行われる。外部からある社会に入っていった場合には、まず観察が重要で、たとえば碑塔類の配置からでもさまざまなことを考えることができる。しかし、もっとも重視されたのは言葉であって、民俗調査といえば聞き書きといわれるように、直接話者とあって面談することが中心であった。今日ではノートと鉛筆によった聞き書きに比べ、録音機器やビデオ関連機器の進歩により技術的には様相が違ってきている。現地での聞き書きなどによる調査は事物に対する話者の評価を明らかにするのであり、客観的な事実はそれとは別の資料によって確認されるものである。色見本のような規準があればそれとの距離を測ることができるが、民俗にはないので、他の資料を動員して調査資料を位置づけようとするのである。言葉で語られた内容ばかりでなくそのときの身振り手振りや沈黙、聞き手がどのようにして聞いてきたのかといったことにまで資料として考慮するようになってきたのは、民俗資料が聞き手と語り手の主観のぶつかり合いから生み出されていくものであるためである。聞き書きだけでなく生産活動に携わったり、儀礼に立ち会って記録するのも民俗調査の一環であるが、文字通り生活者の一員として加わるのは困難であるから厳密な意味での参与観察調査は行われていないのが現状である。高度経済成長下に伝統的な社会が崩壊し始め、口承による知識を身体で記憶する時期をもつことはできなくなり、調査する側もされる側も電子情報化された社会で日常生活を送るように変わってきた。今日にあっては、民俗調査は現実から遊離しない課題を見いだすばかりでなく、民俗の概念そのものを問う場でもある。↓アンケート調査《ちょうさ》　↓聞《き》き書《が》き　↓山村調査《さんそんちょうさ》　↓参与観察《さんよかんさつ》　↓調査票調査《ちょうさひょうちょうさ》

参考文献　福田アジオ『日本民俗学方法序説―柳田国男と民俗学―』(『日本民俗学研究叢書』、一九八四)、中込睦子「認識と記述」(佐野賢治他編『現代民俗学入門』所収、一九九六)

(古家　信平)

みんぞくてきほういかん　民俗的方位観　地域社会独自で相対的な方位設定を民俗方位と呼び、それに基づく空間認識の在り方のこと。磁石で明示される絶対的な自然方位とはずれていることが多い。人々の暮らしの日常的経験を基礎として成立する民間の常識であり、天文・気象・地形などの要因と密接に関わるとともに文化的背景に彩られて、世界観の一部に組み込まれる。琉球諸島では東と西はアガリとイリと呼ばれて日の出と日の入りによって示され、磁石による東と西という自然方位と一致しない。アガリの方位の彼方には豊饒の源泉たるニライカナイという理想世界が想定されていることも多い。北と南はニシとハエで風の名称であり、北東と南西の季節風の交替に対応し、自然方位と三十度程度のずれが生じている所もある。中国や沖縄で盛んに使用される風水も民俗方位を基礎にしている。日本本土では宮座の村落や漁村で現われることが多い。東西南北以外に、海―陸、上―下といった対比的方向性を基準とすることもある。おのおのに優―劣、浄―穢、吉―凶、男―女、生―死という意味付けや対立と相補の関係が伴い、歴史的展開や社会構造を反映する場合も多い。儀礼によって顕在化して他界との連続性や神霊世界との交流を示す。民俗語彙に基づく空間のカテゴリー化や象徴分類を基礎にした認識の在り方である。方位観は村落を小宇宙化する傾向を帯び、静態的に把握されがちだが、民俗知識論としての再評価が望まれる。↓空間認識《くうかんにんしき》　↓方位《ほうい》

参考文献　馬淵東一「琉球世界観の再構成を目指して」(『馬淵東一著作集』三所収、一九七四)、鈴木正崇「南西諸島における方位観の研究」(『人文地理』三〇ノ六、一九七八)、村武精一『祭祀空間の構造―社会人類学ノート―』、一九八四、坪井洋文「漁撈民の世界観」(『民俗再考』所収、一九九〇)

(鈴木　正崇)

みんぞくてんじ　民俗展示　博物館において民俗事象をテーマに展示し、公開すること。公立・民間が設立する博物館などに、民俗資料を展示するところは多い。ここでいう民俗資料とは、文化財保護法の民俗文化財であり、また広義には民俗学研究上の素材となっている有形・無形のすべての資料を含んだものをさしている。民俗資料を中心とした展示は、その収集・整理の段階から明確な目標・目的・内容をもって実施しないと、およそ展示とはほど遠い、いわゆる陳列となり、ガラクタ置き場となってしまうおそれがある。具体的な展示方法(比較・分類・系統・構造・再現・複合)として、唐箕という農具を想定してみると、次のような方法が考えられる。たとえば東日本と西日本の唐箕の相違に注目した展示をすれば比較展示となり、また、各地域のさまざまな形態の唐箕を集

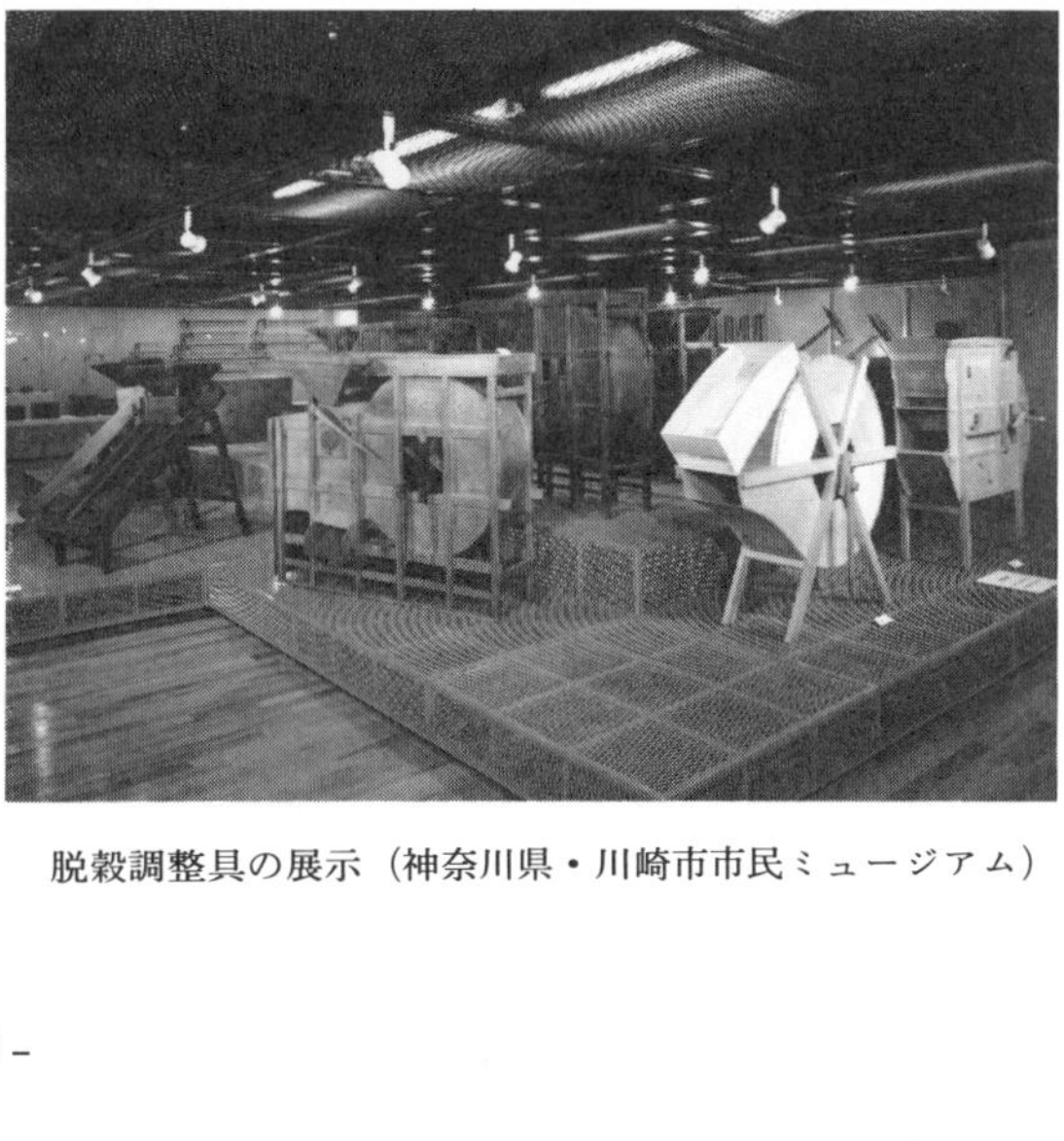

脱穀調整具の展示（神奈川県・川崎市市民ミュージアム）

人形による再現展示（福井市・おさごえ民家園）

め体系化して展示すると分類展示となる。さらに年号を有する唐箕をもとに歴史的変遷に着目した展示をすれば系統展示になる。あるいは一地域における唐箕の製作・流通経路・使用といった相互関連に注目し、その地域の特質を把握しようとすると、構造展示となる。そして唐箕の使用状況などを復元すると再現(ジオラマ)展示となる。むろん、いくつかの組み合わせも考えられるし、また実演・映像といった手法も加えると効果が得られる。なお、民俗資料だけにこだわらず、他の分野の資料も内包する、いわば複合展示の方法は幅広い内容を提供してくれる。

参考文献 田辺悟「地方博物館における構造的複合展示への試案」(『神奈川県博物館協会々報』三二、一九七四)、森田英之「民具の展示」(岩井宏實・河岡武春・木下忠編『民具調査ハンドブック』、一九八五)、日本民俗学会編『民俗世界と博物館―展示・学習・研究のために―』一九九八

(小坂 広志)

みんぞくとれきし 民族と歴史 歴史学者喜田貞吉が主宰した社会史研究の学術雑誌。一九一九年(大正八)一月創刊、二三年一月(九巻一号)『社会史研究』と改称、同年十二月(一〇巻四号)終刊。執筆の中心は喜田であり、事実上、彼の個人誌といってもよい。政治史ではなく、多様な社会現象・社会組織の解明を目的とし、憑物・被差別民・墓制・民間信仰など、のちに民俗学がとり組むテーマをも積極的に扱っている。 →喜田貞吉《きたさだきち》

参考文献 上田正昭「喜田貞吉」(講談社『日本民俗文化大系』五所収、一九七八)

(岩田 重則)

みんぞくはくぶつかん 民俗博物館 民俗事象を調査するとともに、民俗資料を収集し、研究を行い、これを展示・公開する博物館。日本の民俗博物館として、まずは一九二一年(大正十)に東京市三田の渋沢敬三邸に創設されたアチック＝ミューゼアムの活動が注目される。アチック＝ミューゼアムは、一九二七年(昭和二)、同邸内の車庫の屋根裏に郷土玩具を展示、その後民具の収集・研究へと転換するとともに規模を拡大し、二階建の新館屋へと活動場所を移している。この一九三四年ころ、大日本連合青年団が結成十周年記念事業として、神宮外苑の日本青年館の一部に郷土資料陳列所を開設、若者組資料をはじめ、民具・民家模型などを収集展示するという特記すべき活動があった。その後、アチック＝ミューゼアムの資料や活動は、東京府北多摩郡保谷村(保谷市)の民族学研究所の民族学博物館建設(一九三九年開館)へ、また各地の郷土資料館建設へとつながっていった。さらには大阪府吹田市の国立民族学博物館(一九七七年開館)、また千葉県佐倉市の国立歴史民俗博物館(一九八三年開館)建設にも、少なからず影響を及ぼしていくこととなる。なお、地域の民俗博物館を考えた場合、一九五〇年に制定された文化財保護法の果たした役割は大きなものがあった。民俗資料はこの法律によってはじめて国の保護を受けることができるようになり、歴史民俗資料館が、国庫補助を得て各地に建設されるようになった意義は大きい。

参考文献 宮本馨太郎『民俗博物館論考』、一九八五、森本いずみ「大日本連合青年団郷土資料陳列所の設立」(『博物館史研究』三、一九九六)、同「一九七〇年代の民俗博物館の設立」(同四、一九九六)、日本民俗学会編『民俗世界と博物館―展示・学習・研究のために―』、一九九八

(小坂 広志)

みんぞくぶんか 民俗文化 文化の類型として未開ではないが、単純であることを示す概念で、アメリカの人類学者クローバーが唱えた二分法によって設定された民俗社会に見られる文化のこと。宗教観念や道徳観念が強いという特徴をもつ。これに対立する文明社会では宗教的信仰が衰え、合理化、世俗化が進んでいる。レッドフィールド Redfield, R. は都市に対比する村落に見られる諸特徴、すなわち非流動性、同質的、人格的、宗教的な信仰と行事への関心を、民俗文化という概念でとらえようとした。民俗学では地域社会を単位として民俗文化を論じるのではなく、日本を一つのまとまりとして表層文化に対する基層文化を民俗文化とする傾向が強い。このためこの用語は民俗社会と対応して用いられているアメリカの人類学とは異なり、能楽の基礎となった田楽や田の神祭、歌舞伎の基礎になった念仏踊りが民俗文化の具体例としてあげられる。また、民俗文化領域とか民俗文化圏というように、焼畑・作神・水神・稲作などの要素の分布から空間的なまとまりを画定する作業も行われており、この場合には地域差が明瞭にあらわれる民俗事象を民俗文化とみなしている。

参考文献 小野重朗「地域民俗文化の分析」(桜井徳太郎編『日本民俗の伝統と創造』所収、一九八八)、伊藤幹治「民俗文化論再考」(『日本常民文化紀要』一九、一九九六)

(古家 信平)

みんぞくぶんかざい 民俗文化財 文化財保護法に規定される文化財の種類の一つ。一九七五年(昭和五十)の法律改正によりそれまでの民俗資料が改称された。民俗文化財は衣食住、生業、信仰、年中行事などに関する風俗慣習、民俗芸能およびこれらに用いられる衣服、器具、家屋その他の物件で日本国民の生活の推移の理解のため欠くことのできないものと規定され、前段は無形の民俗文化財、後段は有形の民俗文化財とされる。民俗文化財は、衣食住、生産・生業、交通・運輸・通信、交易、社会生活、信仰、民俗知識、民俗芸能・娯楽・遊戯、人の一生、年中行事、口頭伝承の十一項目に分類される。文化財保護法ではこれらのうち特に重要なものを文部大臣が重要無形民俗文化財・重要有形民俗文化財に指定し、重要無形民俗文化財以外の無形の民俗文化財のうち特に必要なものを文化庁長官が選択して記録作成などの措置を講じるほか、国は民俗文化財の調査、記録作成、保存・修理、伝承などの事業費補助やその他各種の保護施策を

行う仕組みとなっている。無形の民俗文化財の指定制度は一九七五年の法律改正によって新たに導入されたもので、同時に民俗芸能が無形の民俗文化財のなかに加えられた。重要無形民俗文化財は地域住民総体によって伝承されるという特質に鑑みて、保持者や保持団体の認定は行われず、重要有形民俗文化財は重要文化財に準じた保護がなされるが、文化財として十分に周知されていないことなどの理由からやや緩やかな保護の規定となっている。 →文化財保護法《ぶんかざいほごほう》 →民俗資料《みんぞくしりょう》

参考文献 民俗文化財研究会編『民俗文化財の手びき—調査・収集・保存・活用のために—』、一九七九、文化庁編『わが国の文化と文化行政』、一九八八

（大島　暁雄）

みんぞくぶんぷず 民俗分布図 ⇨民俗地図《みんぞくちず》

みんぞくぶんるい 民俗分類 身の回りの自然環境についての認知・分類の方法およびその体系化のこと。フォークタクソノミーともいわれ広義の民俗科学、エスノサイエンスの有力な一分野である。H・C・コンクリンが一九五〇年代にフィリピンのハヌノオー族の生物的世界の認識人類学的研究などを行なったことが出発点である。ある土地に住む人々の考え方を調査者の主観を混じえずに記述し、そこから言語学などの内容分析、語彙素分析などを援用して形式的な手法から人々の論理や認識を抽出する。しかしこれは無文字の社会を対象に、これらの分析を通じて得られる自然観や世界観が閉じられた系であることを暗黙の前提にしているので、日本のように歴史的に古くから文字が流通した社会では単純には考えられない。比較的外界と政治・社会・経済的に隔離した社会において、こうしたものの影響が少ないものを対象に行われる。特に自然環境のなかでも植物的世界や動物的世界あるいは地形などについては、その命名方法や分類方法にその土地固有なものが多く、有効な分析が可能である。日本列島のように、かなり自然環境が南北・東西で大きく異なり多様性に富むところでは、民俗分類の地域差もあると思われる。また、自然を対象にする漁民や平地農民や山村民など生業による差異もあると考えられる。

参考文献 松井健『自然認識の人類学』、一九八三、同『琉球のニュー・エスノグラフィー』、一九八九、篠原徹『自然と民俗—心意のなかの動植物—』、一九九〇

（篠原　徹）

みんよう 民謡 地域に根ざして民衆に歌い継がれてきた歌。明治・大正期にはむしろ俚謡・俗謡とよばれた。創作者が問われず、地域の生活暦の中に組み込まれ、主に口伝えで伝承され規範形式がなく、一過性でなくある程度の期間、歌われ続けてきた歌群をさす。静岡県の「ちゃっきり節」のように作者が明確である新民謡（北原白秋作詞・町田嘉章作曲、一九二七年（昭和二））でも、創作者が意識されずに口伝えで広まり、郷土の歌として定着した場合は民謡の範疇に入れてもよい。一九七九年から実施された文化庁の全国民謡緊急調査の分類基準によれば、㈠労作唄・仕事唄として農業・漁業・山の仕事に加え、酒造・紙漉きなどの諸職に関わるもの、馬子唄・船頭唄などの交通運搬に関する歌があげられ、数としては最も多い。仕事に携わる一同の動作を揃えたり、疲れや退屈を紛らわせて仕事の能率をあげるために歌われる。田植え唄は田の神に収穫を祈る神事としての機能に加え、朝歌・昼歌など時刻や休憩時間を知らせる実際的、具体的目的も持っている。㈡祭歌・祝い唄は社寺の祭祀、冠婚葬祭の儀式、年中行事に関する歌。㈢踊り歌・舞踊に分類される盆踊り歌や風流歌は身体の動きが重要な意味を持つ民俗芸能の音楽。㈣座興唄は宴席で楽しまれる歌で、プロの芸人たちによって洗練され全国的に知れわたっている曲が多い。またほとんどの労作唄が仕事の現場から離れてしまった近年、木遣り唄や地搗き唄の一部は祝い唄や座興唄として命脈を保っている。㈤語り物・祝福芸の歌は瞽女《ごぜ》や万歳など門付けの芸人たちの担ってきた歌。㈥子守唄には親がわが子を眠らせるための歌と、仕事として子守をやらされていた娘たちが仕事の辛さを歌ったものとがある。その他子供の遊び歌であるわらべ歌は広義の民謡に入るが、歌詞・音楽ともにより単純なものが多い。民謡の歌詞は「伊勢は津でもつ津は伊勢でもつ尾張名古屋は城でもつ」のように近世以来の七七七五調が圧倒的に多く、実際には歌詞の一部を反復したり囃し言葉をはさんで歌われる。長時間にわたり交替で歌っていく仕事唄や盆踊り歌では曲種を問わずに利用される全国共通の歌詞群が膨大にあり、同じ歌詞が多くの曲で歌われる替歌形式が普通である。吉川英史・小泉文夫による音楽的分類では、三味線や太鼓を伴奏にリズムが明確で装飾的な節回しが少ない有節形式の八木節様式と、尺八伴奏でリズムが不明確、広い音域にわたる細かな節回しや母音を装飾的に引きのばすコブシやユリに富む追分様式とに二大別され、前者は集団による音頭一同形式で歌われることが多く、後者は独唱で歌い手の声や技巧をたっぷり聞かせる曲が多い。「江差追分」や「佐渡おけさ」などが全国的に有名になったのは、明治後期から大正にかけての民謡名人たちの舞台進出とレコードによる全国的流行によるところが大きい。近年は民謡教室やコンクールなどの隆盛で民謡の固定化と舞台芸能化はますます著しい。労作唄の多くは基となる仕事の仕方が変わったり仕事自体が消滅し、従来の定義による民謡は消えていくだろうが、舞台芸能や芸術音楽の素材として民謡は依然として魅力ある存在であり根強い人気がある。なお琉球文化圏（沖縄・奄美）の民謡は本土とはかなり性格が異なる。 →追分節《おいわけぶし》 →沖縄民謡《おきなわみんよう》 →木遣り唄《きやりうた》 →地搗き唄《じつきうた》 →祝儀唄《しゅうぎうた》 →田植え唄《たうえうた》 →馬子唄《まごうた》

参考文献 小泉文夫『日本伝統音楽の研究』一、一九五八、町田嘉章・浅野健二編『日本民謡集』（「岩波文庫」、一九六〇）、東洋音楽学会編『日本の民謡と民俗芸能』（「東洋音楽

選書」、一九六七)、日本放送協会編『日本民謡大観』沖縄・奄美編、一九九一–九三、同『復刻日本民謡大観』、一九九二–九四

（入江　宣子）

みんわ　民話　民間に口頭伝承された散文形態の口頭伝承または口承文芸の話の総称。民話の場では、主に本格昔話は「ムカシ」で「語る」、笑話・世間話などは「ハナシ」でするると表現され、伝説は「イワレ」「イイツタエ」であった。明治期以降から昭和初期までの文献を見るとこれらをあらわす慣用語は民譚・民間童話・お伽話など雑多であった。英語のフォークテイルなどの訳語としての民間説話、その略語の民話は関敬吾の「高陽民話」(『旅と伝説』一九三〇・三一)が初出であろう。関は一九三五年(昭和十)に『島原半島民話集』と題して編んだ。五五年には『民話』(「岩波新書」)を刊行し、五九年の「民話」(『日本民俗学大系』一〇)には、「民話を口承の散文物語一般の名称として使用する」と記している。関の用語の使用法を柳田国男や桜井徳太郎は批判した。関の反論は、前掲の書および、七七年の『島原半島昔話集』の巻末に記されている。一方、木下順二の戯曲『夕鶴』上演をきっかけとして、「さまざまな分野の専門家と幅広く提携して民族文化としての民話に新しい光を当てていこう」と、五二年に民話の会が発足した。月刊雑誌『民話』や民話関係の出版物が相ついで刊行された。民話の用語をめぐる混乱・論争は多少あったが、このころから国民の間に広く親しまれて使用されるようになった。現在では、民俗学・口承文芸学での昔話・伝説・世間話の概念を尊重しつつ、アイヌの口頭伝承、琉球(奄美・沖縄・宮古・八重山諸島)における民話・神話的伝承を意識し、現代民話(現代伝説・都市伝説)を包括する散文伝承(カタリ、ハナシ)の総体として民話の用語は術語としても用いられるようになった。　→民間説話《みんかんせつわ》　→昔話《むかしばなし》

参考文献　飯島吉晴編『民話の世界―常民のエネルギー―』(「日本文学研究資料新集」一〇、一九九〇)、日本民話の会編『ガイドブック日本の民話』、一九九一、久保田淳他編『口承文学』一(「(岩波講座)日本文学史」一七、一九九七)、日本口承文芸学会編『口承文芸研究』二〇、一九九七

（米屋　陽一）

む

ムイ　ムイ　(一)沖縄語で元来土地が小高く盛り上がった地形を指す言葉。杜・森とも書く。普通は樹木が茂っていることが多い。今日ではムイといえば森ないし杜を指すことが多い。ムイは、規模・用途の点から二つに大別することができる。一つは御嶽《ウタキ》ムイとかクサティ(腰宛)とよばれるもので村落の後背地にあり、聖域として認識されるムイである。このムイは信仰の拠りどころとして伐採だけでなく一般の人の立入りも禁じられている。その結果保存状態がよく、植物学の立場からも貴重な自然として保護の対象となっているところもある。他方、規模は小さいが村落内にもムイとよばれる樹木の茂る空間がある。住宅地が並ぶ平地に点在するので、景観的に最も身近な自然としてこのムイはある。平地のムイは御嶽ムイと異なり、より開放的で人々の憩いの場として親しまれているが、信仰的な役割をもつムイも少なくない。たとえば村落の境界に位置し、外部からの災難除けの儀礼を行うためのムイがある。また一門の祖先祭祀を行なったり、さらには航海の安全祈願を行うためのムイもある。戦死者のための慰霊塔がムイに建立される例もある。その上開拓村落では御嶽の代替としてムイが使われる。こうした面は日本本土のモリとの類似性を推察できる。また、風避けとして機能するムイもあったり、樹木の美形を誇り、村落の象徴として親しまれているムイもある。

参考文献　渋谷研「ムイ(杜)のある生活」(『南島史学』四八、一九九六)

（渋谷　研）

㈡アイヌ語で箕のこと。日本語の箕に由来している。箕には木製・樹皮製、笹やネマガリダケを編んだものがあるが、消耗しにくい木製品がよく伝承されている。箕は雑穀とそれ以外のゴミ・小石、細かく砕けた穀類や穂軸などを分離するための用具で、分離には空気の流れや風を利用する。箕の左右の中央寄りに取手がつけられていて、それを握った両手首を支点とし、箕の中に広がった穀類などを上へあおりあげると、比重の軽いものは風に飛ばされる。幾度かあおった後に、左右へ軽くゆすりながら、比重の重い小石と穀粒とを分離していく。手前に残りやすい小石などは穀粉から手で取って棄てる。なお、呼吸の止った赤子を箕の中に入れてゆすり、呼吸を回復させることもある。　（藤村　久和）

むいかがえり　六日がえり　死後六日目の晩から初七日にかけて行われる行事。四国山地や和歌山県有田郡などで見られる。死者の霊に対する二次的葬式という性格を持つ。死後すぐ葬式を行なっても、そう簡単に死者の霊は他界へ行くことができない。そこで第一の方法として、葬式で位牌持ちや棺担ぎの役をした人々が、三脚に蓑笠を着せたカリヤを村境や墓地に送り捨てた後、おのおの手に唐鍬・手斧・箕《み》を持ち、土足のまま家に入ろうとする。この時、この三人は「北鬼門より、一夜の宿を貸し給え」と唱える。すると、表の間で留守をまもっていた人が、箒で座敷を叩き、「人道《ひとみち》切れて宿ならん」と応え、死者の霊をあの世に追い払おうとする。すると、軒下の三人は土足のまま玄関から入り、表の間を素通りして縁側から地べたに下りる。この問答と儀礼は、三回繰り返される。したがって、上り口の柱を中心に、左回りに三回まわることになる。第二の方法として、六日目の晩に死者の寝ていた部屋に、サンキライ、ヨモギ、笹、線香などを置き、ここが藪になってしまったことを象徴して、死者の霊がこの世に帰ることを防ぐ。同時に、膳に灰をいれて表面をならした物をそこに置き、翌朝灰の上に付いた足跡を見て、死者が何に生まれ替わったかを見る。第三の方法として、カリヤ、ムイカダナと呼ばれる蓑笠を着た死者の象徴を、他界への入り口と見做される村境の川・谷や墓地に捨てる。和歌山県有田地方では、第一・第二は見られないものの、四国山地におけるカリヤまたはムイカガリヤとほぼ同形の、ミノオクリまたはナノカガエリと呼ばれるものを村境に建て、死者の霊を送る。送る時間・場所・作法とほぼ両者は共通しており、死者の霊をあの世へ行かせようとするところに、六日がえりの目的があったと考えられる。四十九日の行事は、六日がえりの結果行われるものであり、完全に仏になりきったことを確認するための行事であった。↓仮屋《かりや》

参考文献　近藤直也『祓いの構造』、一九八二、五来重『葬と供養』、一九九二　（近藤　直也）

ムーダン　ムーダン　韓国で神をまつる宗教的職能者。ムーダンは漢字で巫堂・巫党とも表記されるが、圧倒的に女性が多く、巫女《ムニョ》とも呼ばれ、それはもともとウラルアルタイ系言語のウータンに通じる言葉の当て字であろうという説、タン（堂）は聖域を意味し、それに巫をつけ複合語になったのではないかという説などいろいろあるが、定かではない。ムーダンは蔑視語であり、呼称ではなく万神が呼称である。巫・巫人・巫覡・巫女などの一般名称が多く、さらに地方語として万神・タンゴル・神《シン》房《パン》などがある。また学術的には、一般的にシャーマンという外来語を広義語として用いているが、狭義語としては降神巫と世襲巫、成熟巫と未熟巫、盲覡やパクスなどもある。特に朝鮮半島の南部地域においては、神がかりしない世襲巫が支配的に存在するが、中部以北地域では降神巫が中心である。盲覡は神をまつるわけではなく、呪術師として邪気を払うのが主である。しかし広く巫というカテゴリーに入っている。それは民俗社会で混同したというより、学者たちが混同してしまったようである。伝統社会においてムーダンは宗教的機能をして、国巫までになったりしたが、一方では仏教や儒教に迷信視され弾圧を受けてきた。特に神を下ろして占う降神巫が妖怪的なものにされ、都会から追放されたりした。それは開化啓蒙期の近代化により、迷信打破の対象になり日本植民地時代の迷信打破政策、そしてそれを引きずる第二次世界大戦後の近代化のなかにおいても迷信打破の対象になって苦しんだが、民族主義による伝統文化の復帰現象により現在ではムーダンが人間文化財として認識されたり人気俳優のようになった人もいる。

参考文献　赤松智城・秋葉隆編『朝鮮巫俗の研究』、一九三八　（崔　吉城）

在日韓国・朝鮮人において、ムーダンは神がかりをする者、迷信的な者として蔑称となっている。しかし日本社会の差別や厳しい生活の中でムーダンのクッにすがる在日もおり、大阪近郊生駒山の朝鮮寺はムーダンがクッを行う場所として有名である。今日では本国からムーダンが来日し、クッを行う場合も見られる。一方、本国で人間文化財となったムーダンが来日し、民族芸術公演を行うこともある。また在日の若い世代がムーダンのクッの際の楽曲や踊りを学ぶこともあり、ムーダンの儀礼が民族文化の一つとして在日に認められているといえよう。

参考文献　赤松智城・秋葉隆編『朝鮮巫俗の研究』、一九三八、崔吉城『朝鮮の祭りと巫俗』、一九八〇、玄容駿『済州島巫俗の研究』、一九八五、宗教社会学の会編『宗教ネットワーク』、一九九五　（岡田　浩樹）

むえん　無縁　世俗の社会との縁の切れた状態。貧道無縁・無縁孤独・無縁非人などの用例が示すように、助け、よるべのない貧困な状態をさすのが、ふつうの用法であり、『日葡辞書』も「頼るべきもののないこと、または、孤児の境遇」とし、無縁所についても「所領もなければ檀徒などもない、孤立無援の寺、あるいは礼拝所」と解している。しかしそれから反転して無縁は俗縁を積極的に断ち切り、仏陀のみに直結する仏道の理想を意味する

語として、「自由」にも近似する言葉として用いられる場合もあった。たとえば叡尊が北条時頼の援助の申し出に対し有縁を厭い、無縁を好むのが「僧法久住の方便」と答えた例などがそれにあたり、室町・戦国時代に各地に広く見られた、無縁所とよばれる寺院も、駈け入った科人に対する世俗権力の追究を拒否しうる聖域としてのアジール、平和領域である場合もしばしばあったのである。たしかに無縁所は所領・檀徒もないとはいえ、仏陀に結びついた聖地として不入、地子諸役免除の特権を保証され、自由通行権を認められて仏のための名目で勧進・交易を行い、さらに仏物としての米銭を祠堂米銭の名の下に積極的に貸し付ける金融に携わることによって、むしろ富裕な大寺院である場合も見られた。近世に入ると公式に認められた縁切寺もあり、アジールとしての寺院の機能も慣習の中に生きつづけているが、全体としては弱まり、無縁の語も否定的文脈で用いられることが多くなった。

参考文献 植田信広「中世前期の「無縁」について」(『法制史研究』三四、一九八四)、網野善彦『(増補)無縁・公界・楽―日本中世の自由と平和―』(「平凡社ライブラリー」、一九九六)

(網野 善彦)

むえんぼとけ 無縁仏 まつるべき子孫をもたない精霊。ふつう無縁様・餓鬼・餓鬼仏などともいうが、南九州や南島ではフケジョロ、ウケジョロ(外精霊・浮精霊)、ホカドン(外殿)、トモドン(供殿)など、紀ノ川沿いではお客仏、岐阜県賀茂郡では一切精霊様、長崎県壱岐島ではサンゲバンゲ(三界万霊)ともよんでいる。土地によって無縁仏の概念は相違する。ふつうは家とまったく縁のない霊をいうが、家と関係のあるものの霊でも無縁仏とみるところがある。たとえば関東地方で家族員でも未婚のまま死んだ人の霊を無縁様という。無縁仏には異質な二種類の霊が含まれている。帰るべき家のない遊魂と、まつるべき子孫がいない霊とでである。前者は横死した人の場合がそれで、中国地方などでいうミサキである。後者は夭折した人や独身者、出戻りの人、子供のないオジやオバ、絶家などで死後のまつりをしてくれる子孫を遺さなかった人などの血縁者の霊である。未婚者の亡霊を無縁様という関東の例は後者に該当し、大人でも水死者を無縁仏とみるのは前者の場合にあたる。このほか、家族とは無関係であるが、自己の屋敷地にかつて住んでいた他人の霊を屋敷先祖または屋敷ボトケなどとなかば家族的に扱いながらも、これを無縁仏視してまつる場合がある。無縁仏はまつり手を欠いているので常に飢えていて、腹を空かせ人に害を与えるおぞましい餓鬼仏と同一視されることが多く、同義語とみてよい。また、ホカドン、トモドン、お客仏などのいい方も無縁仏に一つの概念を与えている。外・従《トモ》(供)・客などというのは家本来の祖先すなわち本仏《ぼとけ》が強く意識されてこそのいい方である。家の内にあって主人たるべき本仏の対概念としてあるのが無縁仏であった。無縁仏は本仏になりえない、つまり家先祖の仲間入りができない精霊のことである。無縁仏は無祀の精霊であるから、その祟りをのがれるには彼らを丁寧に供養する必要があった。盆に迎える精霊は子孫に恩寵を与える和やかな祖霊すなわち本仏が中心であるが、死後間もない荒ぶる恐れのある死霊つまり新仏と、まつり手をなくして祟りやすく、この世に害をなす無縁仏の祭祀が重視された。日本固有の先祖祭祀にとって、おそらく予期しなかったであろう新しい追加の祭祀となったのは、この無縁霊の祭祀であった。有縁の霊魂にあわせて無縁の霊をもまつることを教えたのは仏教であった。九八九年(永祚元)に書かれた覚超の「修善講式《しゅぜんこうしき》」は無縁霊の祭祀を考える上で貴重な史料である。これによれば一基の卒塔婆が立てられ「過去・現在ノ父母、先祖、近親幷郷内ノ有縁・無縁ノ存亡ノ輩」など一切の霊を供養し、あわせて「繋念霊」「含怨霊」が回向《えこう》された。後世、盆の先祖祭には無縁仏を供養するために、無縁棚が縁側や前庭に作られた。また別に棚を作らなくても、先祖の盆棚の下に無縁仏を迎えたり、盆棚の隅や道端にまで無縁仏用の供え物をわざわざ置いたのは、先祖と同じように歓迎すべき精霊ではないが、どうしてもまつらなければ気がすまなかったからである。

↓餓鬼《がき》 ↓供養《くよう》 ↓祖霊《それい》 ↓祟《たた》り ↓盆《ぼん》 ↓屋敷先祖《やしきせんぞ》

参考文献 柳田国男「先祖の話」(『柳田国男全集』一三所収、一九九〇)、藤井正雄「無縁仏考」(『日本民俗学』七四、一九七一)、喜多村理子「盆に迎える霊についての再検討―先祖を祭る場所を通して―」(『日本民俗学』一五七・一五八合併号、一九八五)、高谷重夫「餓鬼の棚」(同)、伊藤唯真「盆棚と無縁ボトケ」(『伊藤唯真著作集』三所収、一九九五)

(伊藤 唯真)

むかいやままさしげ 向山雅重 一九〇四―九〇 長野県の民俗学研究者。一九〇四年(明治三十七)、長野県上伊那郡宮田村に生まれ、若くして小学校の教員となった。郷土科の授業のために諏訪中学校の教員三沢勝衛の指導を受け、フィールドワークを始めた。以後、郷土上伊那を中心に丹念に調査を続け、郷土研究と呼ぶにふさわしい学風を形成した。向山の民俗学は、道具への関心と女性に対する細やかな視線に特色がみられ、一九七〇年(昭和四十五)には柳田国男賞を受賞し、一九九〇年(平成二)に没した。著書に『信濃民俗記』(一九六六)、『続信濃民俗記』(一九六九)などがあり、『向山雅重著作集』全五巻(一九八七―八八)がある。

(福沢 昭司)

むかえび 迎え火 盆に先祖を迎える時に焚く火をいい、各家で行う迎え火と、地域共同で行う迎え火がある。各家で行う迎え火の材料は、麻幹、松の根、松葉、ヒノキの皮、シラカバの皮、麦藁など地域によって異なり、それを焚く場所も家の前(カド)、精霊棚の足下、墓前、辻、橋のたもと、川原、海辺などさまざまである。鳥取県伯耆地方ではカドに設けられた精霊棚の足下で火を焚いて、「じいさんもばあさんもコナカレござれ(この明かりで来て下さい」と唱えた。墓前や辻など家から離れた場所で迎え火を焚く場合には、その火を提燈に移して家に持ち帰り、位牌の前の燈明をともすことによって先祖を迎えたとするところもある。盆火をまたぐと厄除けになると伝えられており、疫病や風邪にかからぬようにと子どもたちが飛び越えて回った。各家が麦藁の束に縄をつけたものを道端や川原に持って行き、火をつけて振り回す地方もある。地域共同の迎え火としては、山や川原などで数多くの燈りをともす万燈、百八の松明を燃やすヒャクハッタイと呼ばれる行事がある。大阪府豊中市上新田ではかつて、十四日に子どもたちがソンジョ山に集まり、松明に火をつけて山を下り、ムラ外れの橋のたもとで人人が「ソンジョサンのお迎えじゃ」と太鼓を叩きながらそれを迎えて、松明から火を蠟燭に移して家に持ち帰ることによって先祖を迎えていた。先祖を迎える場所が多様なのは、歴史的に多くの習俗が積み重ねられていった結果と考えられる。↓送《おく》り火《び》 ↓門《かど》火《び》 (喜多村理子)

むかしばなし 昔話 基本的には無文字社会における言語伝承。伝説・世間話とともに民間に伝えられてきた説話の一類。この研究史上、早くに曙光を投じたのは上田敏(一八七四―一九一六)である。上田はfolkloreを俗説学と訳した。その上で「民俗伝説」の中に「一体ハナシには㈠娯楽の為にするハナシと㈡真実として信じるハナシとがある」として、神話・伝説とお伽噺の差異を端的に示した。「古伝神話に現はれる神明、英雄等は、一定の名称を有ち、多くは一定の土地に関係して、嘗つて実際この世に存在してゐたとしてある。之に反して、お伽噺の世界はすべて漠としてゐる。今は昔とか、昔々あつたとさとかいふばかり、人物の名も多く定まってゐず、何処とも誰とも、全く当がない」と承知した。それとともにお伽噺は「古伝、神話と同じく、原始社会のイヒッタへを包含していて、神代文化の歴史、信仰、思想、旧慣、制度等をほのかに垣間見させる大切な、且つ興味ある材料を供給する」(「研究考証」)と説いた。上田の見解は今日に至るまで受け入れられている。上田敏のいうこの「お伽噺」に対して、柳田国男がはじめて注意を抱いたのは『遠野物語』(一九一〇)の一一五話であった。具体的には「御《オ》伽話《トギバナシ》のことを昔々《ムカシムカシ》と云ふ。ヤマハハの話最も多くあり、ヤマハハは山姥《ヤマウバ》のことなるべし」としたあと、次に「昔々ある所にトヽとガヾとあり。娘を一人持てり」と書き起した。これの展開を述べた後「昔々の話の終は何《イツ》れもコレデドンドハレと云ふ語を以て結ぶなり」と記している。確認するに遠野郷中の「昔話」の呼称と、その語り始めの句、そして語り収めの句への記述がみえる。ここには「お伽噺」とは違って、その土地の「昔話」にはじめて遭遇した柳田の姿が認められる。結果として右の一条は、そのまま日本民俗学における昔話研究の実質的な出立の契機になった。この後、柳田の関心は急速に昔話に向かう。柳田は、従前の児童文学のあり方、たとえば巌谷小波《いわやさざなみ》の『日本昔噺』や、また蘆谷蘆村《あしやろそん》の「童話文学」の方法を排し、具体的な手順、方法として、彼はまず日本に行われる話の蒐集と整理、ついでそれの分類を目途して、関敬吾(一八九九―一九九〇)と計らい『昔話採集手帖』(一九三六)を編んで、国内の同好の士に呼び掛けた。冒頭、柳田は「昔話を愛する人に」を置き、昔話の「外形の特徴は」「発端の一句」と「終りの一句」にあるのを指示して「假にも他の類の話と混同せられぬやうに」と注意を促した。続けて「採集上の注意」を設けた。実践の手引である。㈠話者は何時、何処で、誰に話を聴いたかも可能な限り書きとめること。㈡伝承者の場合は旅行の範囲、個人の職業のみでなく、家の職業なども注意すること。㈢伝承者の性格、たとえば創造的な人か、純伝承者型の人か注意すること。㈣・㈤は呼称、発端、終りの句のこと、㈥話者の言葉はそのまま保存すること。㈦個個の話を話者は何という名で呼んでいるか注意すること。㈧話者には話を粉飾せぬようにして貰うことを求めた。その上で「索引」には「一 桃太郎」「二 力太郎」「三 瓜姫」に始まって「九九 かちかち山」「一〇〇 果なし話」までの百話を示した。後年『日本昔話名彙』(一九四八)所収「昔話のこと」の一節に、柳田は「これは小さな割合に骨の折れた仕事」と述懐している。理由はそこでの配列とその順序自体が、すでに柳田の独自の昔話観、昔話世界に対する抜本的な思想であり、かつ未来に向けての独創的な発信だと自負していたからであろう。事実「一 桃太郎」以下の配列は「小さ子」の発見にもとづく、柳田の見解であり、この考えは『桃太郎の誕生』(一九三三)を経て、最終的には基本的な話型索引としての『日本昔話名彙』に到達するようになった。ちなみに『名彙』に提示された分類の大要は、そこでの全体像を「完形昔話」と「派生昔話」に二分するもので、「完形」は本来が「人の一生」を説く内容を意図している。柳田のこの企図とは別に、関敬吾は一方、国外の話との対比、いわば国際的な比較に耐え得る索引の作成に腐心した。『日本昔話集成』全六巻(一九五〇―五八)がそれである。関はアールネ・トンプソンの『昔話の型』The Types of the Folktale に照応すべく「動物昔話」「本格昔話」「笑話」の三分類を採択し、さらに各話型ごとに代表話例を示して利用の便に供した。増補して、これはのちの『日本昔話大成』(一九七八―八〇)に引き継がれるに及んだ。それとともに関の昔話研究は、方法と理論の面でも柳田とはかなり異なっていた。関は「民間の伝承を村落共同体に関係づけて見ようとする民俗学的研究では、昔話を孤立的に観察して得た経験からではなく、ある集団の昔話に対する関係から出発すべきである」(『昔話』、一九四一)と主張し、「生活の単位である村、現在の政治的な村ではなく、部落と云はれている村の研究との関聯に於て、吾々の昔話の研究も出発すべきであろう」(同上)と説いた。その意味で民俗学的立場からの姿勢は一層濃厚であった。方法論も截然としていた。その点、のちの桜井徳太郎の『昔ばなし』(一九五七)も立場をほぼ同じくしている。こうして、日本の昔話研究は学問的な基礎を固める域に達した。もっともその間、柳田国男監修『全国昔話記録』(一九四二-四五)全十三冊をはじめ、相当量の昔話集が公刊されていて、一定の成果を収めていた。それらに収載された話に拠って『日本昔話名彙』や『日本昔話集成』は整備、編纂された。しかしそれにもかかわらず、従前の材料に関しては学術資料としては必ずしも十全の保証は成し難かった。中には恣意的な紛飾資料もうかがえ、客観的な科学資料としての位置付けに不安の残る例がまま存したからである。こうした事情とこれまでの経緯に鑑み、さらには先行する「民話ブーム」の軌道を修正するかのように、一九五〇年代に入ると大学の研究室やサークル活動による意図的、かつ組織的な昔話の実態調査が盛んになり、信頼度の高い『昔話研究叢書』や『全国昔話資料集成』などのような資料集が輩出するようになった。それに伴い、郷土における社会教育といった観点から地方自治体の、ことに教育委員会を核とする組織体も、随処にこれに呼応して地域の伝承資料の発掘と保存にあたった。ここにはもちろん、テープ＝レコーダー、その他新しい器材の導入といった技術面の開発が大きかった。その結果、国内でのフィールド調査は飛躍的に拡大・充実し、それとともに新たな問題の設定と話題の提供も相つぎ、日本の昔話研究は質量ともに画期的な伸展を遂げることになった。具体的には、各地における伝承実態、情況に即した実際的な資料報告と、それにもとづく理論構築が要請されるようになったからである。昔話の実態は「ハナシ」ではなく、「ムカシ」を根幹とする「カタリ」にあることが、まず確認された。前出『採集手帖』「四・五」の項は多くの土地から再確認され、「どっとはらえ」は「すべて出払った」。西日本の「こっぽり」は「これで仕舞」、九州の「ばっきゃ」は「これぱっかり」で、いずれも語り終えたという意思表明であるのがわかった。ついで、伝承の場には誓言と約諾のある事実も判明した。九州の大隅半島では「むかしむかしのことならね、あったかねかったかは知らねども、あったふ(風)にして聴くがむかし」といっている。これらは『古代村落の研究』(一九四二)に早川孝太郎が報じた「さるむかし、ありしかなかりしか知らねどもあったとして聞かねばならぬぞよ」といった鹿児島県黒島の例を追認する内容であった。次に相槌の重要性が認識された。山形県北では「おう」「おと」「おっとう」と打ち、庄内では古く「おでやれ、おでやれ」と囃した。宮城県北部海岸地帯では「はれや」「はぁれや」、他に「げん」「げい」という。福島の南会津では「さすけん」。新潟県栃尾市の「さぁんすけ」から佐渡ヶ島の「さす」「さそ」「さーそ」に連なる言葉であった。瀬戸内の島では「おお」。九州の徳之島では「はいはい」と打った。菅江真澄の『かすむこまがた』には「男女童ども埋火のもとに集《ツド》ひて、あとうがたりせり」(傍点筆者)とある。右の「あとう」は、『大鏡』で大宅世継・夏山繁樹に向けて、若侍が「よく聞かむと、あど打つめりし」の「あど」に同じ。歴史的にみても相槌の重要性がひときわ強調されるところであった。中には「「ふんふん」「はんはん」と、ただ頷《うなず》くだけでは許されず、一句切りごとに「おいや、土ですった播磨の抜げないうちに、達磨《だるま》の眼《まなぐ》ひっつば抜いで、灰《あぐ》かげで鑢《やすり》もって尻みがいで、銀箔《ぎんぱぐ》に光らがしたもよいもんですね。おや、ずんでんぐるまのはーん」と合槌打て」と仙台の佐々木徳夫の報ずる例もあった。かつて、小笠原謙吉『紫波郡昔話集』(一九四二)には「口にえぼしはあ」という例があった。相槌の言葉が口承文芸として、大輪の花を咲かせた事例であろう。次に語りの場での禁忌と制約が注目された。能田多代子は『手っきり姉さま』(一九五八)に「むかしは夜かたるもので、昼かたると鼠に笑われるといわれ、その時は必ずにゃごうと猫の真似をしなければならない」と記している。鼠から仇《あだ》をされると説く例は全国的にみられる。ほかに「昼むかしは鬼が笑う」「お寺の鍋がぶっこわれる」、あるいは「貧乏神が付く」「船に乗ると難破する」「餅搗きのとき足を踏みたがえる」と戒め、さらには「昼むかしを語るときは笠を被らないといけない」などと、これが非日常の異常な事態の現出であるのを印象付けるような禁忌と制約が確認されるようになった。これを要するに、日本の昔話は多くの制約に守られつつ、久しく夜語り、あるいは、三月三日や五月五日の節供など神聖なハレの日の儀礼の一種として伝承されてきたとする実態が明らかになってきたといえる。『名彙』『大成』の後を受けて、近時『日本昔話通観』全二十九巻(一九七七-九〇)が完結した。これらによって国内に行われる話の共時性は、まず俯瞰するのが可能になった。次にはこれの通時性、すなわち、日本の昔話はどこから来たのかが大きな課題になるのは間違いない。　→夜語《よがた》り

参考文献　菅江真澄『菅江真澄全集』一、一九七一、上田敏『定本上田敏全集』九、一九七九、野村純一編『昔話と民俗』(「日本昔話研究集成」三、一九八四)、同編『昔話と文学』(同五、一九八四)、佐々木徳夫『きんくるくるぐりふんーみちのくに生き続けた昔一』、一九九五

(野村 純一)

むかしばなしけんきゅう　昔話研究　昔話研究の専門雑誌。関敬吾編。一九三五年(昭和十)に創刊、一九三七年の第二巻第十二号をもって休刊となった。三元社、壬生書院、民間伝承の会から順次刊行された。日本における昔話分類を将来に見据え、柳田国男はその前段階に次の五つの要項を想定した。㈠基準昔話の選定と公表、㈡類型昔話の捜索と比較、㈢国外類型の分類と索引、㈣基準昔話の改定と新設、㈤昔話の名称の一致の申合せ、である。この五つの要項を中心に本誌は編集されており、日本の昔話研究の基礎作りの役目を果たした。本誌には柳田の「昔話覚書」が連載されたのをはじめ、各地の昔話研究者が採集した二百余りの昔話が報告されている。また、「小鳥の昔話」で始まった「昔話採集標目」が、連載

途中で「桃の子太郎」を一として再び掲載されているのは、柳田分類案の変化を示すものであろう。一九八〇年には岩崎美術社から復刻版が出ており、その別冊には総目次・執筆者索引が載せられている。

参考文献 関敬吾「日本昔話研究史の一齣—「昔話研究」誌の解説にかえて—」(『復刻版昔話研究』別冊所収、一九八〇)　（菱川　晶子）

むかしばなしさいしゅうてちょう 昔話採集手帖　柳田国男・関敬吾共編による昔話採集の手引書。一九三六年(昭和十一)に民間伝承の会から刊行。文庫版サイズ。内容は、柳田の序文「昔話を愛する人に」で始まり「採集上の注意」、昔話の「索引」、続いて百話の標準説話が記されている。採集の目安として右ページに話の概要が示され、左ページの白紙部分に各採集者がその類話を記入する形式をとっている。この百話は、柳田が重要と見做した日本昔話のタイプであり、その配列は柳田の分類案に基づいてなされている。すなわち、完形昔話と派生昔話の順で配置され、中でも特に古形を留めていると考えられる「小さ子譚」が第一に掲げられている。この分類方法は『日本昔話名彙』にも導入され、日本の昔話分類の一つの指針となった。本手帖は全国規模での昔話採集の目的のもとに作成され、昔話研究を志す者に配布された。　↓日本昔話名彙《にほんむかしばなしめいい》

参考文献 関敬吾「日本昔話研究史の一齣—「昔話研究」誌の解説にかえて—」(『復刻版昔話研究』別冊所収、一九八〇)　（菱川　晶子）

ムカデ ムカデ　節足動物門の唇脚類に属する動物。日本には百種以上の種類がいて、口に一対の毒爪があり、咬まれると強い痛みを生じる。大きさは小さなもので五ミリから大きなものは数十センチのものもある。夜行性で多くは腐植土に棲息し、小昆虫やミミズを捕食する肉食動物であり、雌雄異体である。乾燥して強壮剤や油に浸して切り傷の薬にする。普通、百足と書くがこれは数十の歩脚の多足性からきたもので、ほかに中国語で呉公とか蜈蚣の文字をあてるが、この語は古代日本にも入ってきたようで『医心方』(九八四)にみられる。赤城明神の化身ムカデと日光権現の化身蛇の争いで、日光権現に助力した狩りの名人万三郎がムカデの両眼を射て敗走させ、日光権現から山で狩りをする許可をもらう縁起は奥羽の猟師が伝承していた。この説話は俵藤太の近江三上山のムカデ退治の話が下野で流布したのが基になっていると考えられている。さらにこの俵藤太功名譚の淵源は『今昔物語集』にその原型がある。ムカデの多足性は客足やおあし(銭)を連想させ、商家や芸能界では縁起をかついで殺さないという。またこの多足性は多く西日本に分布するムカデとナメクジの動物競争譚の昔話を生みだしている。これは兎と亀の話と同じモチーフで遅いはずのナメクジが結局速いはずのムカデに逆転して勝つというものである。ムカデの足の数が多く、一足ごとに草鞋を履いていたため結局遅れるという「百足の医者迎え」や「百足の使い」という笑話になっている昔話もある。

参考文献 稲田浩二・小沢俊夫編『日本昔話通観』六・一〇・二八、一九八四—八六　（篠原　徹）

むぎうちうた 麦打唄　刈り取った麦の穂のノゲを庭などで打ち落とす時の労作唄。全国的に麦作地帯で歌われる。麦棒唄・ボーチ唄などともいう。収穫した麦はコキなどで穂先を取り、庭に敷いた筵の上にこれを広げ、クルリ棒で叩いて脱粒する。天候をみながら田仕事の合間に、単純な作業を効率よく行わなくてはならない。そのために人手を借り合い、大勢が同時、あるいは向い合い交互にクルリ棒を打ちつける動作をし、その速度を合わせるのに歌が歌われる。埼玉県の丘陵・平地部、東京都の多摩地域では「大山先に、雲が出た、あの雲が、かかれば雨か、嵐か」のような七五五七の四句詞型のものがあり、近世小歌系の七七七五句詞型より古形を残す。歌詞の内容は、仕事への愚痴、男女のひやかし、思う人への情愛など即興的なものが多い。田の草取り唄・麦搗き唄・臼挽き唄・地形唄・機織唄などとの歌詞の共有がある。歌い方は、音頭取りの独唱に他の者が合の手を入れたり、一人ずつ順に歌い継いでいき、歌と歌の間に「ハア、ドッコイ、ドッコイ」「マッタリ、マッタリ」などの掛け声を入れる。歌の速度は、クルリ棒を打つ動作と速度が一定であるため途中で変化することはない。動作のリズムに合わせて歌を入れる。餅搗きのリズムと共通し、祝いの餅搗きや埼玉県内でみられる餅搗踊りの搗き唄に転用されている。また、クルリ棒以外に梯子や麦打台に麦束を打ちつける脱粒方法があるが、これらの歌は打ちつける時の掛け声や合図などとして歌われることが多い。埼玉県南東部から北関東の地域では「ぼう(棒・坊)様へ、ぼう様よ」のみ繰り返すものもある。さらに、東北地方では、五七五句詞型、中国地方では七七句詞型の麦打唄が歌われている所がある。

参考文献 『郷土の歌』(『所沢市史調査資料別集』五、一九八三)、『新編埼玉県史』別編二、一九八六、小野寺節子「餅つき踊りの音楽」(『上尾市文化財調査報告』五〇、一九九六)　（小野寺節子）

むぎこがし 麦焦　⇩はったい粉《こ》

むぎさく 麦作　大麦・小麦・裸麦などのイネ科の穀類を栽培すること。日本の麦の栽培起源は縄文時代中・後期にさかのぼるといわれるが、遺跡からの検出例が多くなるのは古墳時代以降で、麦の種類は大麦である。原産は西アジアといわれ、日本へは中国を経て伝来したものと考えられている。麦種の伝来伝承に釈迦が麦種をインドから牛の糞に混ぜて持って来ようとしたとか、中国に渡った弘法大師が麦種を隠して持ち帰ろうとして犬に見つかったとか、麦種伝来伝承は各地に多い。麦の栽培は秋作物のサツマイモ、陸稲《おかぼ》、大豆などを収穫したあとの畑に作付けするのが一般的である。麦まきの適期は関東地方ではマキシンなどといわれ、東北地方は九月下旬か

ら十月上旬、関東地方では十月下旬から十一月上旬、東海から近畿以西は十一月中・下旬である。麦まきの適期を見定めるのには慎重で自然暦も多くの地域で採用されていた。大麦と小麦では播種期が多少異なり、大麦は小麦より早くまくのが通例で、麦刈りも大麦の方が小麦より一週間から十日くらい早く行う。播種法としては畑を柄鍬や万能で掘り起して整地・畝づくりをする方法や軽い土質の地域では畑をうなわず直接サクを切って種子をまくところもある。まき方には点播と条播があり、サクに堆肥をおいてあい土をかぶせた上に種子をまいて土をかける方法や、種子をまいた上に堆肥をおいて発芽させる方法、あるいはよく腐食した堆肥・人糞・油かすに種子を混ぜてドロドロの状態にしてサクにたれるタレマキなど、播種法には地域差がある。田の裏作として作る麦の播種法にも特色があり、稲刈り後に一サクおきに田の土を鍬で薄く削り取ったところに種子をまき、土がないので堆肥をかけて発芽させるケズリマキがある。また稲の立毛中に間作として種子をまき、刈り取った稲を種子の上に横干しすることで発芽を促進させる方法などもあり、播種の技術伝承には地域差がある。播種後の管理作業として中耕、土入れ、麦踏みなどを出穂前に二、三回行うが、いずれも重要な作業である。麦刈りは早く刈る東海・近畿以西で五月中・下旬、関東地方で六月上旬、東北地方で六月中・下旬である。鎌で麦の根元近くから刈り取り束にして家に運ぶのが一般的であるが、畑が家から遠い場合に穂焼きと称して穂首から焼き落として穂のみを家に運ぶ方法も採用されていた。麦作栽培の技術改良については麦翁と呼ばれた埼玉県熊谷出身の権田愛三(一八五〇―一九二八)に負うところが大きく、麦藁を堆肥にして地に還すことに始まり、広幅薄まき法や麦踏み、土入れを考案するなど権田の麦作栽培改良法は全国にはかり知れない影響を与えた。麦作儀礼は、麦が稲を中心とする秋作物と栽培周期が異なることから稲作儀礼に吸収されることなく独自性が保たれている。その構成は正月行事の中に見られる予祝儀礼、十五夜・十三夜に関する年占の儀礼、麦まき終了後に行われる播種儀礼、麦の生長過程で嵐や雹《ひょう》といった災害を防ぐための儀礼、そして収穫儀礼の各要素からなっている。なかでも儀礼が集中するのは播種期と収穫期である。

参考文献 埼玉県立歴史資料館編『麦作りとその用具』、一九八五、白石昭臣『畑作の民俗』、一九八八、大舘勝治『田畑と雑木林の民俗』、一九九五　（大舘　勝治）

むぎた　麦田　二毛作田、特に冬に麦を栽培する水田のこと。またタムギともいい水田二毛作自体のことを指す場合もある。ムギタは冬季乾燥する乾田でなくてはならず、そのためさまざまな排水法が考案された。日本でムギタが行われるようになるのは十二世紀にまでさかのぼることができる。租税など公的な性格の強い米に対して、二毛作で栽培される麦は農民の自給的食料として重要で、二毛作麦に税をかけることに対して早くは十三世紀に禁令が出されている。

参考文献 古島敏雄『日本農業技術史』(『古島敏雄著作集』六、一九七五)　（安室　知）

むぎつきうた　麦搗き唄　⇨麦打唄《むぎうちうた》

むぎほめ　麦ほめ　正月十九日か二十日、ところにより節分などに、麦の豊作を願って行う予祝儀礼の一つ。擬態を伴うところに特色がある。この日のおもに夜、山盛りにした麦飯を年神、家の神仏などに供えたあと、家の主人が蓑を着け麦畑に出て「やれ腹太や、背ご割れい」などと麦をほめて転がる。山陰地方から広島・岡山・山口県などの中国山地にわたる一帯と九州地方の一部にみられ、麦正月ともいわれるが、現在は、麦作の減少に伴い、行われなくなった。中国山地では、この麦飯に、すった山芋をかけ、また、山陰地方では、ナマスクラベと称して大根ナマス(膾)を山盛りにして、同じように年神に供えるところもある。一般にこの日は、山の神が木を数えるので、山に入ると巻きこまれるなどといい、山の神の日として山に入らないという伝承があること、また、麦ほめは、水田裏作として中世に普及した麦作地域にはみられないことから、山地の焼畑を含む畑作文化の特色を示すものと考えられる。長崎県対馬地方の一部では、正月十四日に子供組がコッパラという藁束を持ち、各戸の縁側にある、山から迎えたタラの木を叩き「今年の麦は上積み」などと唱えて廻るが、これも麦ほめの一つといえよう。このような予祝儀礼に対して旧暦六月十五日またはハンゲ(半夏生)に麦の収穫儀礼が行われる。

参考文献 白石昭臣『イネとムギの民俗』、一九九三　（白石　昭臣）

むぎめし　麦飯　大麦や裸麦を炊いた飯。搗いた大麦(丸麦)の飯を東京の多摩地方や長野県などではオバク、バクメシといい、時には小豆やいんげんなどを混炊した。米と混ぜて炊くには、先に丸麦を煮ておき、水分を捨てて粘り気を取り、一緒に炊いた。湯取り法の一種である。石臼で挽き割った麦が挽割麦で、米と磨ぎ混ぜて炊くことができ、ヒキワリメシという。押麦が普及するのは、関東地方では大正時代から昭和前期である。愛知県の穀倉地帯である岩倉市では丸麦をマズキといい、押麦をシシキといった。他の稲作卓越地でも二毛作の裏作に大麦を作り、二等米・三等米とともに飯米にした。稲作農家にとって一等米は商品で自家用にしなかった。水田の二毛作が可能になったのは中世で、米は年貢として領主の取り分、田麦は百姓の取り分とされ、麦は庶民の主食となった。近世の都市上層民は米中心の食生活で、脚気になり、江戸患いといわれたことは有名で、麦飯の効用が説かれた。明治・大正時代まではバクメシもあったが、米二に麦八の混合率から次第に米三、麦七、半々のハンバクメシとなり、第二次世界大戦後には米七、麦三へとその比率が逆転し、一九六〇～七〇年代に麦飯から白米の飯一辺倒に変わった。麦飯は、正月にトロイモと食べる三日ドロ、六日ドロ、節分や田植えの儀礼食にもなった。粒食・粉食との関係もあるが、世界の各地が小麦中心であるのに、日本は大麦中心の栽培・食生活である。↓大麦《おおむぎ》 ↓飯《めし》

参考文献 瀬川清子『食生活の歴史』、一九六八、藤木久志「生命維持の習俗三題」(『遥かなる中世』一四、一九九五)

(増田 昭子)

むけいみんぞくぶんかざい 無形民俗文化財 ⇩民俗文《みんぞくぶん》化財《かざい》

むけぜっく むけ節供 年中行事の一つ。ムケの朔日ともいう。六月一日、藁苞《わらづと》に入れて軒下につるしておいた正月の鏡餅を食べる。この干し餅を岩手県北部から青森県では鬼の骨・鬼の頭・歯固め餅などと呼び、かんで歯を丈夫にするという。この日は蛇が桑の木の下で脱皮するので、桑の木の下に行くことを忌む。岩手県九戸郡軽米町では桑の木の下でむけた自分の皮が目に入ることがあり、それを見た人は年内に死ぬという。

(門屋 光昭)

むこ 聟 娘の夫のこと。息子の妻である嫁に対応する言葉。一般に嫁が婚入者に限定して用いられるのに対して、聟は婚入者である入り聟(婿養子)を指す場合と婚出した娘の夫である娘婿(女婿)を指す場合とがある。「小糠三合あったら聟にいくな」などは前者の用例であり、嫁ぎ先の家族や村落内において新参者として劣位におかれる入り聟の境遇を表現している。一方、婚約時に聟方から嫁方に送られる聟酒・聟殿餅、婚礼の日の朝聟入り(聟の初入り)、婚礼後に聟が嫁の里方を訪れる聟よび、聟と嫁の親との初対面式を意味する聟一見《むこいちげん》などは後者の用例であり、娘婿と娘の親との親子成りが婚姻儀礼において重要な手続きであることをあらわしている。さらに嫁の両親の葬儀の際に聟が葬列において天蓋の役を担う聟天蓋などは、娘婿が嫁の実家の親に対して儀礼的に重要な役柄を担うことを示すものである。婚礼の際の聟まぎらかし、聟いじめなどは後者の用例に近いが、婚入・婚出をとわず新郎(花聟)を意味すると考えられる。「むこ」の語源については、迎え子、迎う人の意とする説や向かう子の意とする説などがある。柳田国男は、嫁・聟にとって互いの親を意味する舅を信州でシゴトオヤと呼ぶことに注目し、聟の「こ」は労働の単位を意味するものと述べている。なお、「むこ」は聟・婿・壻などと表記され、その使い分けは明確ではないが、柳田国男がもっぱら聟を用いたため、民俗学では婿より聟が多用される。↓朝聟《あさむこ》入《い》り ↓入《い》り聟《むこ》 ↓年期聟《ねんきむこ》 ↓初聟《はつむこ》入《い》り ↓聟入婚《むこいりこん》 ↓聟《むこ》逃《に》げ ↓聟《むこ》まぎらかし ↓聟養子《むこようし》

(中込 睦子)

むこいじめ 聟いじめ 狭義には婚姻儀礼において聟を苦しめる習俗を指し、広義には入り聟に対して苦役をしいる習俗を含むものと解される。聟を苦しめる態様はさまざまで、祝宴の座敷に持ちこまれた地蔵像・力石の類を元の場所へ戻さねばならないとか、橋から吊り下げられて水面にある大型の木臼を引き揚げねばならないなど、聟に試練を課すものにとどまらず、ヨメガチ四日、ヨメガチ六日などと称し、婚礼後の四日間ないし六日間若者たちが晩になると婚家の外壁を荒々しく叩き、聟・嫁ともいやがることを続けるなどした。「水祝いましょう」と唱え、祝宴の行われている座敷へ手桶に充してきた水を投げ入れることもあった。初聟入りに臨んだ聟に故意にナンバモチ(唐辛子入りの餅またはそれを塗りつけた餅)を供して、聟自身がいかなる態度をとるかを観察して、聟の性格を見抜こうとした。福岡県朝倉郡宝珠村では、こうした試しをコニクジ(つらにくい所業)と表現している。聟いじめに対しては、消極的に避けようとしたとはいえ、表面切って反発し、いさかいにまで及んだことは確認できない。さまざまな試練は、聟の社会的承認を与える行為として、自他ともに許されてきた。入り聟が慣例に従う形で一定年限、ムラまたは村組の触れ役、祭礼時の太鼓担ぎ役、死骸を埋めるための穴掘り役など、大抵の者が避けたいとする課役をしいられたことも聟いじめの一種だったと考えられる。

参考文献 瀬川清子『若者と娘をめぐる民俗』、一九七二、天野武『若者の民俗―若者と娘をめぐる民俗―』、一九八〇

(天野 武)

むこいりこう 聟入考 柳田国男が日本の婚姻史を聟入式から嫁入式への変化として説いた最初の論文。一九二九年(昭和四)刊行の『三宅博士古稀祝賀記念論文集』に収録され、副題に「史学対民俗学の一課題」が付されていた。かつての婚姻は聟入式であり、嫁入式の婚姻は武士階級の方式が民間に浸透してきたものであることを各地の民俗資料から論じ、その変化の要因を説いた。論証の不備が指摘されているが、史学に対する積極的な民俗学の方法論的位置づけは先駆的である。のちに『婚姻の話』(一九四八)に収められる。『定本柳田国男集』一五巻、『柳田国男全集』一二巻(ちくま文庫)などに収録。

参考文献 村上信彦『高群逸枝と柳田国男―婚姻制の問題を中心に―』、一九七七、有賀喜左衞門『一つの日本文化論』、一九八一

(中野 泰)

むこいりこん 聟入婚 婚姻成立の儀礼を妻方で挙げ、その後一定期間は婚舎が妻方におかれる婚姻方式。婚姻成立前後においての一定期間内は妻の居住が不変であるのに対し、聟が妻問いをする点に特色がある。古代の貴族社会にまでさかのぼって存在したことが知られ、嫁入婚に先行する婚姻形態であると解釈されてきた。しかも、それが白山麓の東荒谷(石川県石川郡尾口村)など一部の村落では、一九六〇年代まで存続していた。大間知篤三は、関係する年月が一定期間に限られるか一生涯に及ぶかという視点と、それが妻問うというにとどまるか妻方に住みつくかという点を関連させて、(一)通い式一時的聟入婚、(二)通い式終生的聟入婚、(三)住み式一時的聟入婚、(四)住み式終生的聟入婚の四類型を提示した。それらに該当する具体例として、(一)には志摩の海女村落など、(二)に

は飛驒白川村中切(岐阜県大野郡白川村)、㈢には東北地方の年期聟、㈣には一般的聟養子を挙げている。併せて、それら類型中では、第一に示した通い式の一時的聟入婚が実際に確認できるもっとも主要な形式であった。こうした聟入婚の類型論については、資料自体が必ずしも多くないことに加えて、一時的と終生的という指標で区分するのが妥当なのか否か、通いと住みこみとに大別することが適切な区分けとするにしても、入り聟(聟養子)の習俗を住みこみ式の終生的聟入婚に同定することが許されるのか否かなど、さらなる検討を必要とする。通い式の一時的聟入婚については、その成立に先行して当事者間にヨバイがなされていたこと、その語らいをふまえて聟自身が結いのものを携えて正式に訪問し、相手方の親(舅)やその一門の者たちと共同飲酒をすること、その初聟入りにより当該の婚姻が相手方(親)から承認されること、などと解説されている。しかしすべての聟入婚において、それらの要件が整っているのかは疑問である。白山麓東荒谷に見られた通い式一時的聟入婚の例は、婚姻成立に先行して婚前の男女間では相互の交渉習俗が乏しいこと、ヒザノバシと呼ばれる初聟入りの儀礼が挙げられるものの、それがオオザケと称する婚姻の成立儀礼ないしは承認儀礼の後であること、など上記の説明のみでは解けない要素の習俗である。通い式終生的聟入婚(第二類型)と対比できる具体的民俗例として貴重な民俗となっている。　↓入《い》り聟《むこ》　↓年期聟《ねんきむこ》　↓初聟入《はつむこい》り　↓聟養子《むこようし》　↓嫁入婚《よめいりこん》

参考文献　柳田国男「婚姻の話」(『柳田国男全集』一二所収、一九六〇)、瀬川清子『若者と娘をめぐる民俗』、一九七二、江馬三枝子『飛驒白川村』、一九七五、大間知篤三『婚姻の民俗』(『大間知篤三著作集』二、一九七五)、江守五夫『日本の婚姻―その歴史と民俗―』(『日本基層文化の民族学的研究』二、一九八六)、天野武『結婚の民俗』(『民俗学特講・演習資料集』一、一九九四)

(天野　武)

むこにげ　聟逃げ　初聟入りの祝宴途中に、聟が相手方に挨拶しないまま席を立ち姿をくらますこと。日本全土に広く分布し、聟の食い逃げ、聟の尻逃げ、聟の食い立ちなどさまざまに呼ばれてきた。表面的には無礼で奇怪とされる行動ながら、無秩序に行われたわけではなく祝宴の進行中に相応の時や場面で認められた。肥後阿蘇地方では、親子兄弟の盃、茶椀物披露、初肴の次第順に祝宴が進み、その初肴としての鉢物が運びこまれたところで聟は自席を立ち、姿をくらます。その理由として、初聟入り儀礼の料理・飾り・人数などの様子を一足先に帰って報告し、結婚の披露宴がそれに劣らぬよう配慮するためだとする伝承もある。その限りでは、聟逃げは朝聟入りの場合に限定されるように解されるものの、嫁の引き移りがすでに済んでいる場合の初聟入りに際しても行われたので、これらの伝承のみでは解決がつかない。その点を柳田国男は舅姑への儀礼と嫁迎えとをはっきりと区別し、その区切りを付けるためであると解釈している。これに対して、祝宴の途中でなぜ姿をくらますか、という点について柳田説では未だ説明しきれない部分が含まれているとして批判的な見解や最上孝敬の「(聟に対する)人々の妨害を回避しようとして生じた習俗であろう」とする説など、学説は一致を見ていない。嫁入婚にのみ付随する習俗なのか否かを含め、聟いじめの具体的資料をまって意義付けがなされるべきであろう。

参考文献　柳田国男「婚姻の話」(『柳田国男全集』一二所収、一九六〇)、最上孝敬「民俗資料の収集と民俗学」(『月刊文化財』九〇、一九七一)、天野武『結婚の民俗』(『民俗学特講・演習資料集』一、一九九四)

(天野　武)

むこまぎらかし　聟まぎらかし　婚姻儀礼において聟に同行する若い男のこと。あるいは、その若者をめぐる習俗のこと。聟添《むこそ》い、聟脇《むこわき》、聟伽《むことぎ》、聟伏《むこぶ》せ、連《つ》れ聟《むこ》、脇聟《わきむこ》など多くの呼称がある。嫁に同行する嫁まぎらかし(単にマギラカシというほか、アイヨメ、アイテノボウ、ヨメカクシ、シリツキなどと呼ばれる)に対応する習俗でもある。一時的聟入婚(妻問婚)、嫁入婚において、ともにこの習俗が確認されている。後者の場合には、人数からすると一人のみであるとする例が多いものの、数人に及ぶ例も少なくない。九州の保土島(大分県津久見市)では、寝宿を共にした若者たち数人(全員)が、かた苦しくない装いで聟に同行し、ナカオヤ(仲人)や聟方の親類衆とともに、ムコイリ(初聟入り)の儀礼に連なる慣例のことである。この点に着目して、大間知篤三は、最も親しい友あるいは同年者から一人のみを選ぶにせよ、若者宿の仲間たちであれ、その婚姻を成立させるために活躍した若者たちが当然のつとめとして婚礼の座に同席したのであると説いた。また聟自身より少々男ぶりの劣った者を選ぶとか、聟の引き立て役にすぎないと考えたりする説明の仕方を批判して、聟まぎらかし本来の使命が失われていることを語るにすぎないと解釈している。初聟入りに際して、ある種の聟まぎらかしと考えられるニカヅキ(荷担ぎ)と称する同年輩の従者を伴って臨む点からすると、そうした見解は妥当であろう。しかし、とっさの機転を利かす同行者の役割と婚姻の成立に多大の力を発揮したことがいかに整合するのか、なぜに聟をまぎらかさなければならなかったのか、などの疑問がある。婚姻成立にあたって、若者集団が重要な役割を演じたことの儀礼的表現なのか、それがどのように変遷したのか検討の余地があろう。　↓添《そ》い聟《むこ》　↓添《そ》い嫁《よめ》

参考文献　柳田国男「婚姻の話」(『柳田国男全集』一二所収、一九六〇)、『大間知篤三著作集』二、一九七五、天野武『結婚の民俗』(『民俗学特講・演習資料集』一、一九九四)

(天野　武)

むこようし　聟養子　養子縁組をすると同時に養親の娘と婚姻する養男子。養親の娘は実娘・養女を問わないが、縁組前にその娘が生存していることが要件であり、養女の場合は両養子の一形態となる。日本ではすでに室町時

代には聟養子を迎えることを「聟を取る」といっていた。第一子が長女である姉家督の場合も含めて、一般的に聟養子は養家を継承したが、養家の長男が幼少のため、将来の分家を条件としてその長姉などと婚姻し、養家に労働力を提供する中継相続人的な聟養子もいる。これは家内労働力の補強を必要とした東北地方の農山村に多く見られた。いずれの場合も、当該家の家筋が女を介した血筋によっても継承しうるということを示しており、中国・韓国・沖縄本島(特に首里の旧士族層)とは異なる日本の系譜観をあらわしている。「小糠三合あれば聟にいくな」といわれる一方で、「聟が三代つづけばカマドがおきる」ともいわれてきたが、これらは聟養子の養家での立場やその働きぶりを示唆していた。さらに、聟養子を迎えた家にはそれまでは認められていたムラの神祭の際の座席を与えず、孫の代になってから回復するという場合や、他村落からの聟養子にはその年齢にかかわらず若者組の最下位に加入せねばならず、その婚姻に際しての若者組への披露も、通常よりも盛大に行う必要のあった地域もある。法的には、明治民法において聟養子は規定されていたが、現行民法では削除されている。

参考文献　竹内利美『家族慣行と家制度』、一九六九、『大間知篤三著作集』二、一九七五、中田薫『徳川時代の文学に見えたる私法』(『岩波文庫』、一九八四)、江守五夫『家族の歴史民俗学』、一九九〇

(林　研三)

むごんこうえき　無言交易　交易者どうしの直接接触を避け、言葉を用いずに行われる物々交換の一種。沈黙交易ともいう。異種族間、あるいは異なる地域社会間の交易手段として行われてきた。交易者Aが定められた場所に品物を置き合図して姿を消すと、交易相手Bが交易を希望するなら、等価と思われる品物をそのそばに置き、合図してその場所から身を引いて隠れる。再びAがその場所に現われ、Bが置いた品物に満足すればそれを持ち帰る。BもまたAの交易場に置かれたAの品物を持ち帰ることによって交易が成立する。このようにA・Bの間ではなんら言葉によるコミュニケーションもなく交易が成立するが、世界各地の例をみると無言交易を行う者どうしが、必ずしも相互に会話できない相手なのではなく、むしろ相互に接触することを回避することが第一の特徴である。相互に接触を回避するのは、交易相手を異人視する観念にもとづいている。第二の特徴は、相互に交易の安全性を保証していることである。交易の品物を一方的に略取した例が認められるが、その後交易は中止されるか中断されている。そして第三に、交易の場所が多くは異なる社会間の緩衝地帯や中間にあって、その多くは神聖な場所になっていることである。無言交易の報告例は、古くは紀元前五世紀のヘロドトス『歴史』に記述されており、カルタゴ人は地中海を舞台にして、アフリカ沿岸の原住民たちと無言の物々交換を熱心に行い、自分たちの財貨を金と交換していた。日本にも類種の古記録があり、『日本書紀』の六六〇年(斉明天皇六)三月、阿倍比羅夫が粛慎《みしはせ》国と争った際、相手との和解や文物誇示のため、鉄・綵帛《しみのきぬ》などを浜辺に置いて交易を行おうとした例がある。新井白石の『蝦夷志』(一七二〇)には、北海道アイヌと千島アイヌとの無言交易が行われていたことが描かれている。柳田国男は、日本にこのような無言交易があったとすることに否定的だったが、日本には、平地民と山地民とが、峠路の中間にある中宿を用いて米・味噌・木地・下駄材などを交換した例などが報告されており、この中宿交易は、世界と比較すると無言交易の例に十分含まれうるものである。

参考文献　柳田国男「一目小僧その他」(『柳田国男全集』六所収、一九八九)、栗本慎一郎『経済人類学』、一九七九、K・ポランニー『人間の経済』二(玉野井芳郎・中野忠訳、『岩波現代選書』、一九八〇)

(渡邊　欣雄)

むしおくり　虫送り　稲につく害虫を追い払う行事。虫追い・虫祈禱・サネモリオクリ(実盛送り)・ウンカ送りなどともいう。稲作における虫の害は深刻で、農薬による駆除が行われるようになるまでは日本各地の農村で盛んに行われた。江戸時代の文化年間(一八〇四―一八)に実施された屋代弘賢の「諸国風俗問状」による調査に対する答書にも各地の虫祈禱の行事が報告されている。この虫送りの対象となる虫はウンカが圧倒的に多く、被害が大きかった西日本各地では特に盛んで、むしろ冷害の心配の多かった東北地方では、行われてはいたが西日本ほど盛んではなかった。現在ではほとんど廃れている。廃れた時期については大正ごろまでという場合と、第二次世界大戦前までという場合の二つの傾向がある。現在では虫除けのためというよりも、地域の伝統行事として行なっている例や復活した例がある。時期は田植えが終った五月、土用の入りのころ、害虫の発生しやすい七月のころなどで、いずれも五月から七月ころまでの稲の成育の重要な時期であった。村人がその地域の神社か寺に集まり神事や法要を行なったあと、松明の火を焚きながら鉦を鳴らし、太鼓を叩き大声で唱え言をしながら幟を立てたり札を掲げて、行列を組んで水田を巡って稲についた虫を集め村境まで送り出すという方式が一般的であった。寺の関与が大きい場合には『大般若経』を持ち出して水田にむかってめくり祈る例もあった。四国では、水田をまわる所作だけでなく実際に虫を数匹つかまえて竹筒に入れたり紙に包んだりして捨てる例も多かった。

福島県会津高田町下町の虫送り

西日本の行列ではサネモリサマ(実盛様)と呼ぶ麦藁で作った大きな人形を担いだり藁馬に乗せて運んだりする例が多い。サネモリサマというのは、斎藤実盛のことで、実盛は稲株につまづいて討ち死にしたので稲の虫と化したとか、田の中で討たれるときに「稲の虫となって怨みをはらしてやる」といったという言い伝えがある。この斎藤実盛は平氏に仕えて木曾義仲軍との戦闘の際、決死の覚悟で白髪を黒く染めて錦の直垂《ひたたれ》を着て出陣し戦死したことが『平家物語』にみえ、能『実盛』の題材にもなっている。その歴史と現在の民俗との関係はまだ明らかにされていないが、この伝承の中からは、少なくとも二つの考え方が抽出できる。一つは御霊信仰につながるもので、討ち死にした実盛の怨霊が稲の害虫となったとしこれを慰めまつることによって虫の害を防ぐのだとする考え方、もう一つは言霊信仰につながるもので、サネモリという名が稲の実(サネ)を守ると音通することから稲の実を守る霊験の神とみる考え方である。行列の作法については、田の畦道を自由に巡るというものが多いが、中にはサネモリミチ(実盛道)などといって道順が決まっている例もある。唱え言葉には、「斎藤別当実盛、稲の虫は死んだぞ、後は栄えて、エイエイオー」「送った送った稲の虫送った」というようなもののほか、「なんまいだー」とただ念仏を唱えるものもある。行列の最後の段階では村境まで送り出しそこで人形や松明などを焼き捨てて終りとするタイプと、川や海に流し捨てるというタイプがある。また、その村境に札を立てて村内安全を祈るという例もある。一方、村内を巡り村境に捨てるというだけでなく、山口県長門市などでみられる事例のように上流の村から下流の隣村へと藁人形のサバーサマを順送りに送りそれを受けとってリレー式に次々と最後の村まで送り、そこで海へ放り捨てるという方式もみられる。このような虫送りの行事において注目されるのは、共通して疫病・罪過・不幸をみずからの村落内において処理しようとするのではなく、村落の生活圏外へと放擲してみずからを清浄化しその小世界の安定を得ようとする、自浄のための不浄処理を自領域外(隣村)へと依存する志向性である。

参考文献 柳田国男「実盛塚」(『柳田国男全集』一一所収、一九九〇)、同「踊りの今と昔」(同一八所収、一九九〇)、田中久夫「生産儀礼と仏教」(『大系仏教と日本人』九所収、一九八六)　(新谷　尚紀)

むしくよう　虫供養　田畑の耕作の際に駆除した多くの虫類の霊を慰め供養する行事。農作の守護をたのむ思いも込められている。日取りは地方によって違うが、十月十日前後に行うところも多い。東北の事例でみると、念仏講を催す、変わりご飯をつくったり餅を搗いたりする、屋敷の一隅に飯を供えるなどをする。愛知県知多半島一帯では、秋の彼岸を中心に、供養場を設けての念仏行事となっている。また、新潟県などで、長虫の弔い、ミミズ供養と呼ばれるものも、この行事の一種である。災厄をもたらす悪霊をしずめ、農作物の無事を祈願する虫供養には、同じ趣旨にもとづく虫送りの形をとるところもみられる。　(中島　恵子)

ムジナ　ムジナ　古くから擬人化されて伝説や昔話などの口頭伝承のモチーフとなったり、神秘的能力を持つとして民俗宗教の信仰対象になる四つ足の小動物。貉、狢とも。類似する存在として信州などのブンブクがある。狸のことを指してムジナと称する地域と、アナグマなどその他の小動物を指す地域と、さらに、狸をムジナと呼び、アナグマを狸と呼ぶ地域もある。いずれの地域でも夜行性で人目につきにくい動物を指すため生態は詳しく知られていない。目撃例も少ないが、歯や爪がするどいなどの形態や、岩穴に棲み、排便する場所が決まっているなどの生態、動作が鈍い、親子で行動するなどの行動面まで、さまざまな特徴を持つとされる。今日なおムジナ信仰が盛んなのは新潟県の佐渡島など東日本や九州南部で、佐渡島相川町の二つ岩団三郎は百以上ある固有名を持つムジナの神の頭目として大漁・失せ物判じ・病気なおしなどあらゆる願いにその法力を発揮するとされ、広い信仰を集めている。神としてまつられるだけではなく、化かす、あやかすなど一般に狐狸の類に帰せられる信仰がムジナ信仰に共通する。人間に変身する、その呼び声を真似る、砂をかけてくる、提燈の燈があるなどの認識の錯誤をもたらすという信仰のほか、憑依やその力を善悪双方に使役する邪術や呪詛の例も報告されている。ムジナの名は世界的には小泉八雲(ラフカディオ＝ハーン)の『怪談』によって有名であるが、作中では数ある妖怪の一つとして扱われており、動物としてのムジナについての記述は欠落し、ムジナとは妖怪であるといった誤解のもととなっている。　→狸《たぬき》

参考文献 柳田国男「狸とデモノロジー」(『柳田国男全集』二四所収、一九九〇)、山本修之助『佐渡の貉の話―伝説と文献―』、一九六八、中村禎里『狸とその世界』、一九九〇、中西裕二「新潟県佐渡における憑きもの現象」(『福岡大学人文論叢』二四ノ四、二五ノ一・三、一九九三)、梅屋潔「邪まな祈り―新潟県佐渡島における呪詛―」(『民族学研究』五九ノ一、一九九四)、松谷みよこ『現代民話考』一一、一九九五　(梅屋　潔)

むしば　虫歯　歯の硬組織が局所的に破壊される疾患。虫が食ったような欠損ができるので虫歯と通称される。齲蝕症《くしょくしょう》。虫歯を起しやすい食物は糖分である。第二次世界大戦中から戦後にかけて甘い菓子のなかった時代には、虫歯のある子供は珍しいといわれたぐらいである。未開民族あるいは文明から隔絶した人たちにはほとんどないか、あっても少ない。虫歯は歯質の脱灰と溶解を生じるものであるが、糖分のみでは起らず、口腔内細菌や歯質が関与しているとされている。虫歯の予防として、戦前には指に塩をつけてこすったり、都市部でも歯磨き粉を使うのが普通であった。予防の呪《まじな》いには、落雷した木片

を歯で噛んだり、ナンテンの箸を使うと歯痛が起らないといわれた。虫歯の治療には祈願や呪いが多い。虫歯あるいはそれを含めた首から上の病気に効験があるとされる社寺・小祠・地蔵・墓などが各地にある。南方熊楠は、紀伊一帯に蛇の屍を埋め線香を供えて拝むと歯痛が治るという俗信があり、蛇を一匹見つけて打ち殺してくれと頼まれたことが少なくなかったと記している。同じような呪いは各地で報告されている。歯痛の民間薬は多く、ナンテン、松、ユキノシタ、オオバコなどの葉を痛む歯で噛みしめたり、梅干の皮、タマネギ、ハコベなどを頬に貼りつけている。また塩水や焼酎で口をすすいだり、塩・梅干・正露丸を歯に詰めることも行われた。このように多種の民間薬が用いられたのは、呪いに類するものが多いのではないかと考えられる。

参考文献 南方熊楠「歯のまじない」(『南方熊楠全集』三所収、一九七一)
(吉岡 郁夫)

むしふうじ 虫封じ 害虫駆除の儀礼、および疳の虫封じの呪法のこと。虫送りと同じように田畑の作物に付く害虫を除くための儀礼は、千葉県安房地方では六月一日を虫封じ朔日と称し、寺院で虫除け祈禱を行い、そのとき家々では護符を受けそれを田畑に立てて害虫の防止にしたという。田畑の虫除けの札を出しているところは、安房地方に限らず広く各地の寺院にみられ、『修験深秘行法符呪集』にも「田虫食損祈禱札」「禁苗稼等虫咒」などが載せられている。子どもの疳の虫を封ずる呪法は、虫切りと呼ばれることも多い。これは体内に宿る虫が子どもの疳を起すという観念に基づき、その治療法には動植物を使用するものから神仏に祈願をするものまで各種の方法が行われているが、呪的な方法を用いることも多い。たとえば、山梨県南巨摩郡増穂町の昌福寺は虫切りの寺として知られ、春秋の彼岸を中心として虫切加持を行い、護符とお守りを与える。虫切加持は経をあげた後に、小児の手のひらに朱で呪文を書き、それを嘗めさせるもので、護符には赤飯の粒が入っており、疳の虫が起きたときに飲ませると良いといわれている。こうした呪法は僧・行者・修験者・巫女などの宗教的職能者が行う場合が一般的であるが、俗人が教えられたり見よう見真似で修得して行なっている場合もある。徳島県では非宗教者で虫封じの呪法を行うものがおり、それは指刀で子どもの手のひらに鬼の字、左巻きの輪をおのおの三度書き、その後三回クワバラと唱え、合掌させて三度息を吹きかける方法であるという。 →疳《かん》の虫《むし》 →虫送《むしおく》り

参考文献 『日本の民間療法』、一九七六・七
(宮本袈裟雄)

むしもの 蒸物 調理における加熱操作の一つで、水を沸騰させ容器に充満した蒸気で加熱する方法。湯中の加熱ではないので、食品中の水溶性成分が溶けだすことが少ないが、加熱しながらの調味ができないため、加熱前に食品に味をつけるか、調理後あんかけなどで味をつける。摂氏一〇〇度で加熱するものには、もち米を蒸す、団子・饅頭・蒸しいも、魚の酒蒸しなどがある。一方、茶碗むし・卵豆腐などおもに卵液を利用した調理は、高温加熱によるすだちを防ぐために九〇度前後に保つ。蒸すための道具として、古くは甑《こしき》(のちに蒸籠《せいろ》)が、明治以降はアルマイトやステンレスの蒸し器が普及した。以前は弥生時代に米を蒸して強飯として食べていたと考えられていたが、弥生式土器に米のこげつきが見られるものがあること、甑と考えられている底部有穴土器の数に比べ甕の存在が少ないことなどから、今日確実に蒸し器といえるのは五世紀前半の須恵器によるものとされる。すなわち弥生時代以来、米の調理は炊くこと(姫飯《ひめいい》)が一般的であり、それに比べると米を蒸す頻度が少なく、米を蒸すのはハレの日であったといわれる。蒸籠は江戸時代に普及し、料理やお菓子に多く使用されるようになった。なおもち米を蒸すのは、おこわと同じ固さになる水加減で炊くと、炊きむらが生じるためである。 →蒸籠《せいろ》

参考文献 朝岡康二『鍋・釜』(「ものと人間の文化史」七二、一九九三)、佐原真『食の考古学』(「UP選書」二一八、一九九六)
(五島 淑子)

むじょうこう 無常講 葬式に際して一切を取り仕切る講集団。具体的には村組や同行の講組が担っている。したがって、普段は信仰集団の講活動をしており、無常講と呼ばれている場合もあるがほかの講名で呼ばれている場合もある。三重県四日市市川島町の無常講は、村の組ごとに無常講蔵をもっている。これは同行の単位集団が、村落組織である組と一致した形態で行われていることによる。葬式になると同行(組の人)がスイジ、ノバンなどの役を分担し、無常講蔵からは葬式に使用する膳椀がだされる。また、盆前と年末のころに講宿に集まって正信《しょうしん》偈《げ》を読み、その後にムラの勘定が行われたりして、次の宿に無常講箱が回されている。葬式後の中陰期間に、同行によるムジョウコウツトメ(無常講勤め)が行われる所もある。次第に簡略化されつつあるが、現在でも愛知県の尾張北部では、喪家に同行の門徒が夜に集まって勤行がされたりする。初七日まで一週間毎日連続して勤めるものと、三十五日もしくは四十九日まで七日ごとに勤める方法がある。無常講そのものは門徒に限ったものでなく、禅宗檀家などでも行われている。中国地方の西部では死講ともいわれた。 →葬式組《そうしきぐみ》 →念仏講《ねんぶつこう》

参考文献 『四日市市史』五、一九九五
(蒲池 勢至)

むしろ 筵 稲藁、イ、ガマ、カヤ、スゲ、クズ、竹などの植物繊維を経緯に編んで製作する平面状の敷物。住居の敷物として古くから用いられ、畳に変わるまでは敷物の代表であった。住居内の敷物としてだけでなく、座具・寝具・間仕切り具・日除け具・梱包具、穀物の乾燥や脱穀用の敷物などに活用される。木綿帆が登場するまでは、船の帆にもなった。不使用時には丸めて収納される。ほころびが生じて敷物として使えなくなると、裁断され土壁の寸莎《すさ》に転用された。なお、片目のものに筵、

双目のものに蓆の字があてられる。

参考文献　宮本馨太郎『民具入門』(「考古民俗叢書」五、一九六九)、中村たかを『日本の民具』、一九八一、宮崎清『藁』(「ものと人間の文化史」五五ノ一・二、一九八五)、同『図説藁の文化』、一九九五　(宮崎　清)

むじん　無尽　民間の経済救済的互助組織。頼母子《たのもし》講と同義。数名から十数名の講員が集まって金品を掛け合い、抽選や入札で順に集計金を取得してゆくことで、互いが経済的に扶助・融通を果たす。蒲団・牛馬・膳椀などの特定品の購入を目的としたものが多かったが、現在は講員の旅行資金など親睦目的に金銭を積み立てる例が増えている。これを会社組織で運営した無尽業もあり、一九五一年(昭和二十六)以降、無尽会社の相互銀行への改組が目立った。　↓頼母子《たのもし》

参考文献　佐治靖「「無尽講」の成立と展開―都市の民俗研究をめぐって―」(『福島県立博物館学術調査報告書』一九、一九八九)　(松崎かおり)

むじんばいてん　無人売店　生産農家が一坪弱の机や棚を設け、そこに自家生産した白菜・ホウレンソウ・人参などの農産物や、自家製の漬物などを並べて値段を記して販売員を置かずに販売する施設。買い手は好きな品を選び、脇に置かれた箱に代金を入れて立ち去る。売り買いの場に売り手が同席しないことから無人売店、無人スタンド販売などと呼ばれる。最初に無人売店が登場した正確な年代は不明であるが、一九七〇年代には少数ながら存在していた。都市化地域においては大量に出荷するほどの生産高も望めず、農地転用問題・相続税問題などに悩みながら細々と農業を続ける農家では、細かい基準に制約された市場出荷よりも直接販売のほうが生産の喜びがあるとし、地域に新しく移ってきた新住民は身近で収穫された新鮮な野菜類が安価で手にできる魅力があった。売り手と買い手の思惑が合致したことで、一九八〇年代に急速に売店数は増え、また農協が支援する市町村もあらわれて全国的に普及した。当時は、買い手が代金を支払ってゆくか否かが話題となり新聞紙上をにぎわした。しかし一九九〇年代には、生産緑地問題、営農年代の高齢化と相続税問題がさらに深刻化し、農地を駐車場や簡易アパートに転用する例が急増した。これをさかいに、棚はあるものの商品のない有名無実化した売店も増えたが、無人売店は消費者が生産者から直接購入する方法を一般に定着させた。

無人売店（東京都調布市）

参考文献　原剛・江波戸哲夫・渡辺善次郎『東京に農地があってなぜ悪い』、一九九一　(松崎かおり)

むすび　結び　縄・紐で種々のものを巻いたり、締めたり、くぐらせたりして両端を締め上げたものをいう。建築・運搬・農耕・漁撈・狩猟など各種の作業用、沖縄の藁算のように文学や数字のかわりとしての計数・記憶用、水引などのような信仰・儀礼用などの結びがある。結び方としては紐の一端に瘤を作り、綱・縄・紐の縒りが解けないように結ぶ結節、紐の両端を結び合わせる真結び・テグス結び、ハタ結び・男結びなどの結合、物を吊したり杭などにくくりつけたりするスゴキ結び・ヒバリ結び・カコ結び・モヤイ結びなどの結着、紐の中ほどでその長さを縮めるために一度結束した紐のゆるみを引き締める結縮、紐を物に幾重にも巻きつけてから最後に男結び・真結びでとめる結束、花結びなどのように装飾として結ぶ紋様がある。こうした結びは「目」と「体」と「手」によって構成されている。目は一般に結び目と呼ばれ、花結びなどはこの目の部分を装飾化したもので、体は輪さになっている部分、手は結んだ紐の端で、水引の飾結びなどはこの手の部分が装飾化したもので、この三者がそれぞれの目的に応じて発達し、また相互に組み合わさったのが結びである。

参考文献　額田巌『結び方の研究』、一九五〇、同『結び』(「ものと人間の文化史」六、一九七二)、同『結びの文化―日本人の知恵と心―』、一九八三　(岩井　宏實)

むすめぎだゆう　娘義太夫　⇩女義太夫《おんなぎだゆう》

むすめぐみ　娘組　成女式を終えた未婚女子の年齢集団。娘組という語は、男子の若者組に対応する表現として、柳田国男が昭和初期に用いたものが、その後一般に使用されるようになった。ただし女子の場合は男子の若者組のような明確な組織化がなされない例が多く、加入儀礼や役員などを欠くことが通例である。いわゆる寝宿が存在する地域では、同じ寝宿に集まる娘たちが単位となって組が構成されるために、一村落内に複数の組が存在したり、またその人数もばらつきがある。娘組は仲間の恋愛や婚姻をめぐる種々の役割が主な目的であり、男子と較べて公的な機能を持つことが少なかったために早くに消滅した所が多い。伊豆利島では、娘は数え十五歳の正月二日に行われる鉄漿《かね》付け祝いを終えると、あらかじめ頼んでおいたネドへ泊まりに出るようになる。ネドの主人をネドオヤ、そこに泊まりにくる娘たちをネドッコといい、またネドッコ同士はネドホウバイとよばれる。こ

れが娘組に相当し、ネドホウバイは生涯を通して親しくつきあうが、特に仲間の婚姻に際しては、相手方の意志の確認から婚姻儀礼であるヨメニギリに同席するなど、種々の重要な役割を果たしたという。また山形県西田川郡温海町浜中では、ケヤキ(契約)姉妹という娘の組が存在する。おおむね十二歳と十三歳の娘たちが一つの組を構成し、その中で年末のある日に藁の籤を引き、同じ藁を引き合った者二人がキョウダイの契りを結ぶ。何組のキョウダイができるかはその年の子供の数によって変わるが、おおむね数組のキョウダイが誕生するという。組の娘たちは大晦日の夜に、あらかじめ決めておいた宿へ集まり、元旦の深夜零時から午前中だけ火を用いた食物を食べない、ダンジキと称する行《ぎょう》を行う。また大晦日の夜は寝る前に、ケヤキ姉妹ごとにお互いが持参した餅を交換して食べる。このような大晦日の行を三年間続けると、かつては嫁に行ってもよいといわれたようで、その意味ではキョウダイの契りを結ぶことは一種の成女式としての意味があったことがうかがえる。↓ケヤキ姉妹《きょうだい》

参考文献 有賀喜左衛門「日本婚姻史論」(『有賀喜左衛門著作集』六所収、一九六八)、瀬川清子『若者と娘をめぐる民俗』、一九七二、大間知篤三『通過儀礼その他』(「大間知篤三著作集」三、一九七六)、左海まき子「通過儀礼と社会構造―伊豆諸島利島の事例より―」(『民俗志林』五、一九九四)

(八木 透)

むそくにん 無足人 知行・蔵米を与えられていない侍、または土地を持たない農民。特に、藤堂藩の家臣団に組み込まれた在村の郷士の呼称。この無足人は、平時は村に居住して農業経営を営み年貢を納入したが、有事には藩に軍役を務めることで百姓並の夫役は免除されていた。戦国時代に知行を受けた侍の系譜を持つ者が取り立てられたが、近世中後期になると庄屋や大庄屋を勤めた者や、献金によって取り立てられる者が増加した。そのため、一八二六年(文政九)に新規の無足人取立を停止し、無足人も百姓並の夫役を務めることになった。無足人と同様の郷士制度としては、和歌山藩の地士《じし》のほか、薩摩藩・水戸藩などにもみられた。

参考文献 寺尾宏二「無足人の研究」(『経済史研究』一六ノ四・六、一九三六)、平山敏治郎「大和之無足人について」(『人文研究』六ノ九、一九五五)、鈴木ゆり子「村に住む「武士」」(渡辺尚志編『新しい近世史』四所収、一九九六)

(吉田ゆり子)

ムダ ムダ 湿地を意味する地名。ムタともいう。牟田と書く地名が九州に多い。大牟田・西牟田・八丁牟田など。熊本県阿蘇郡阿蘇町の無田《むた》や熊本市の無田口《むたぐち》町のような字も使われる。また、奈良県吉野郡吉野町の六田《むだ》のような字の例もある。ノダ(野田)、ヌタ(沼田)、ニタ(仁田)、ウダ(宇陀・宇多)なども同義で、九州の牟田の集中分布に対して、主として九州以東の各地に、これら各種の関連湿地地名がみられる。↓ヌタ

参考文献 柳田国男「地名の研究」(『柳田国男全集』二〇所収、一九九〇)

(鏡味 明克)

ムックリ ムックリ アイヌの口琴。世界的に広く分布する口琴の一種で、竹製(トプ＝ムックリ)と鉄製(カネ＝ムックリ)があり、後者はサハリン(樺太)にのみ分布していた。竹製は全長一五センチ、幅一・五センチ、厚さ〇・五センチ位の竹の細片の真中に切り込まれた、舌状の弁の根元の穴に結ばれた糸を強く引っぱって弁を震動させ音を出す。主に女性によって演奏され、動物や鳥の鳴き声など自然の音響の模倣を曲としている。古くはその響に託して心の想いを交わすものとして使われたという記録もある。

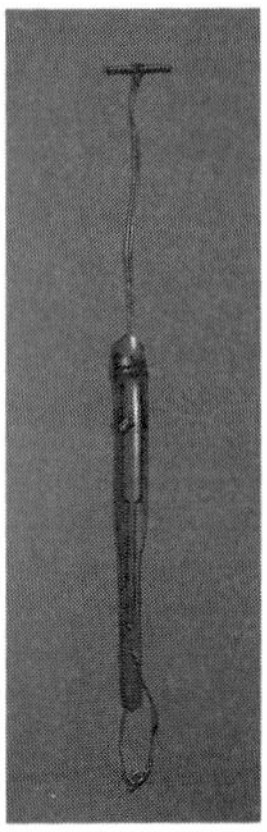

ムックリ

参考文献 谷本一之「アイヌの口琴」(『北方文化研究報告』一五、一九六〇)

(谷本 一之)

ムトゥ ムトゥ 元、本、根源の意。ムートゥともいう。分家した子の家から親の家をウヤムトゥ(親元)とよび、門中《ムンチュウ》など父系血縁集団の宗家もムトゥ、ムトゥヤーとよばれ、門中単位の祖先祭祀などのときの祭場となる。沖縄本島南部地域の門中の宗家には、ウタナ(御棚)とよばれる神格化した祖霊をまつる祭壇があり、ムトゥの当主と門中の女性神役が管理・保持する義務・役割を担っている。門中の分節的下位集団の宗家をナカムートゥと呼び、数個の下位集団を含む門中全体の総宗家をウフムートゥと区別している。沖縄本島において、一つの村落に村落全体の創設にかかわる草分け宗家としての国元《クニムトゥ》、村落内の聖地(御嶽《ウタキ》)祭祀の中核となる嶽元《タキムトゥ》、海にかかわる祭祀の宗家として海元《ウミムトゥ》というように村落の祭祀を三元的に機能分担する三つのムトゥを有することがあるが、このような形態が沖縄全体にみられるわけではない。宮古地域においては、村落の創設伝承に結びつく聖地、または聖地のなかの祭祀場としての建物をムトゥと呼んでおり、八重山地域では、オンあるいはワンと呼ばれる聖域を中心とする祭祀集団の宗家をトゥニムトゥという。また、墓のことをムトゥと呼ぶ地域もあり、ムトゥの概念は地域によって多様であるといえる。

(比嘉 政夫)

むなふだ 棟札 建物の棟上げに際して、建物の記念と安全祈願のために年月日・願主・大工などを記して棟に打ち付けられる札。木札が多いが銅板遺品もある。屋根の葺替えや修理に際してもあげられ、一つの建物で複数枚ある場合もあり、建物の変遷・維持管理主体の在り方の変遷などを知る上で重要な資料となる。現存最古の遺品は岩手県中尊寺の例で、一一二二年(保安三)の在銘である。古くは棟木に直接書き付けることが多かったようだが、中世を通じて棟札の方が多くなり、近世には棟札が主流になった。書式には縁起を記す物と札の趣旨を大きく中央に記す二つに大別され、時代が降るにつれ祈願文言や偈頌《げじゅ》が記されたり記載内容は複雑になる傾向があ

御上神社本殿修理棟札

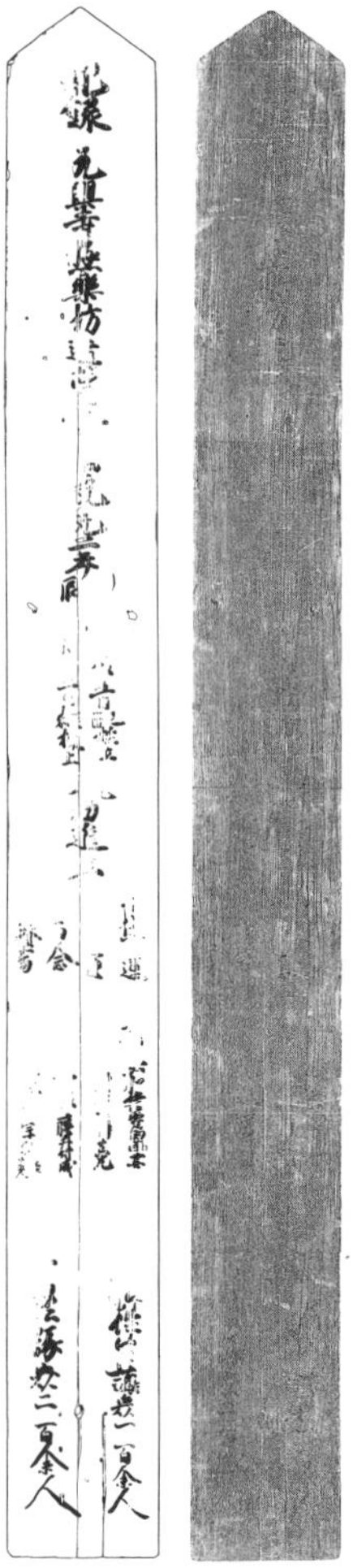

記録 元興寺極樂坊造営□ 寛元二年
(甲)□ (四月拾)□□□五日 乙酉 柱立
辰 (六月)□□ 二日 (辛)□未 棟上
(大カ)□勧進主
□□蓮 □憲 西念 (證カ)□□
□□権(律師カ)□□西安 □□□□真光 □□藤井行成 □□宗□已上□□人
□往生講衆一百余人 □結縁衆二百余人

元興寺極楽坊本堂棟札

る。中世後期以降の棟札は「聖主天中天／迦陵頻伽声／哀愍衆生者／我等今敬礼」の偈が記された画一的な書式のものが増える。この書式は『修験深秘行法符咒集』(『修験道章疏』)にも記載されており、村落では棟札作成・上棟儀式の際、僧侶以外に修験者がより深く関わったと考えられ、単に記念的意味だけではなく、呪的な願いも込められている。

参考文献 沼田頼輔「棟札の沿革」(『考古学雑誌』八ノ七、一九一八)、福山敏男「棟札考」(『月刊文化財』一一三、一九七三)、福田敏朗「棟札を読む」(『京都府埋蔵文化財論集』二所収、一九九一)、水藤真「棟札の可能性」(『木簡・木札が語る中世』所収、一九九五) (藤沢 典彦)

ムヌン ムヌン 沖縄、特に八重山地方で物忌のこと。沖縄本島ではムンヌキ(物の忌)、またはムンヌキムン(物の忌もの)という。主に、祭事など特別なときに慎まなければならない行為をさす。八重山の西表《いりおもて》島祖納では、四月に日常的行為を慎み、虫を海に流すムヌンイミ(物忌)の行事が行われる。また、沖縄本島本部町の備瀬では、ニングヮチウマチー(二月祭)の日はムンジレー(物の禁止)といい、針仕事や肥料の持ち運び、家畜を外に出すことが、今でも不浄な行為として禁じられる。もし、これらを犯せば、神の使いとされるハブに嚙まれるといわれる。そのほかメジロなど里ではあまり見かけない鳥が家のなかに入ってきたらムヌシラシ(何かの知らせ)なので、家族はみな浜に下りてテントを張り、三日間そこで生活しなければならなかった。これは沖縄ではハマウリー(浜下り)、奄美ではトリマデ(鳥迷)といい、鳥が家に入ってきたという不浄な状態を浜で清める意味を持つ。このような浜での厄払いは、アブシバレー(虫送り)やハブ除けの行事のときにもよく行われる。また、宮古では、神がかりとなった女性神役が、不浄を絶って山ごもりする例がみられる。このように、沖縄では虫送りやハブ除け・収穫・神事などに関する祭事期間、あるいは臨時的に何らかの不浄な状態に陥ったとき、神の怒りに触れないよう不浄を回避し、清浄な状態を回復・創出するため、さまざまな物忌を課している。

参考文献 上江洲均『南島の民俗文化—生活・祭り・技術の風景—』、一九八七 (塩月 亮子)

むね 棟 屋根の稜線。屋根の頂部に位置する水平の大棟、四隅に下る隅棟などがある。棟は雨仕舞のために葺材を積み上げてつくり、その端部の納まりとして、鬼瓦や鬼板などがつく。棟の高さや形は家格を表わすものとして装飾化される傾向があり、神社建築の棟には千木《ちぎ》や鰹木《かつおぎ》を飾り、寺院や城郭建築には鴟尾《しび》や鯱《しゃち》などの棟飾りがつく。住宅建築においても鬼板や鬼瓦はその要所として重視される。茅葺き屋根の棟には地域的な特徴が顕著に表われ、その地域の気候風土と文化を反映したさまざまな技法が発達している。山地の地域では木材をX形に組んで押さえる置千木が、平野部では茅束で雨仕舞をする針目覆いが、それぞれ山地の森林文化と平地の農耕文化を象徴した棟となっている。また東・北日本には芝土を棟に乗せてそこにユリ、キキョウ、ニラなどの日照りに強くて根の張る植物を植えて棟を納める技法が広く分布している。これは芝棟またはクレグシと呼ばれ、古代の東・北日本において土で屋根を葺いていた習慣の名残と考えられる。東・北日本では棟をグシといいクレは土の固まりを意味する。笄棟《こうがいむね》は棟際にカンザシのように棒を突き刺しそこから縄を取って棟を押さえる技法で、鹿児島県と南西諸島および能登、越中と飛驒の庄川流域に限って分布する。その特異な技法と二つの隔絶された地域の分布は、二とおりの仮説を導く。一つは二地域間に

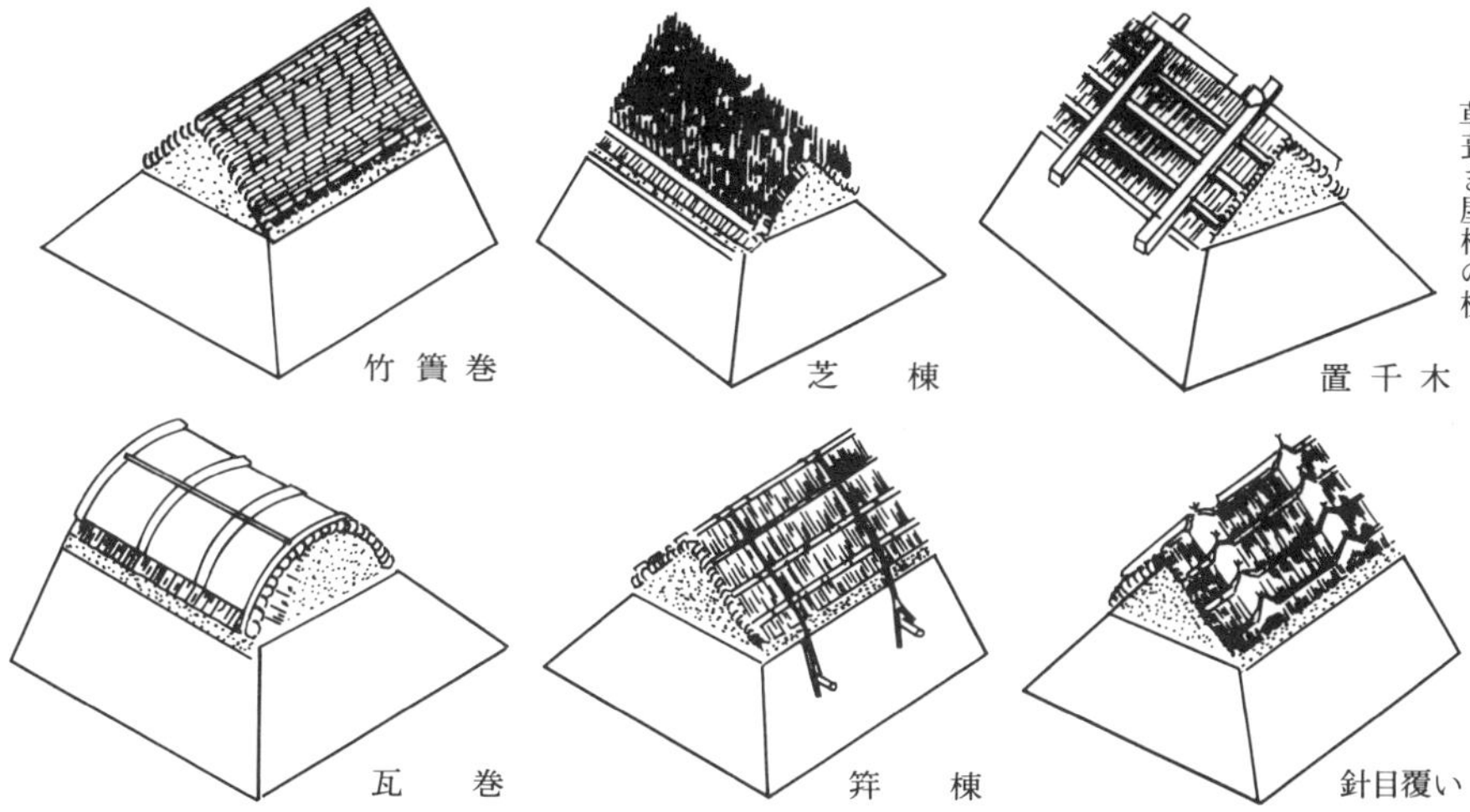

草葺き屋根の棟

密接な交流があったというもので、黒潮の流れに沿った古代の海上交通を拠り所とし、この笄棟を南方の文化を象徴するものとする説である。笄棟が南西諸島を経て東南アジアにも見られることもこの説に広がりを与えている。能登半島では笄棟の藁縄と棟に載せる藁を毎年秋の収穫後の新しい藁でつくりなおす習慣があり、米の収穫を感謝する気持ちを神に捧げる儀式とも考えられている。もう一つは古代の日本にはこの技法が広く普及していて、その後別の技法に変遷したが、この両地域ではそれがそのまま残されたとする説で、この両地域では茅葺き職人が発生せず近年までゆいで屋根が葺かれてきたことをその拠り所とし、また、絵巻物などに笄棟と思われるものがいくつか見いだせることもこの説に説得力を持たせている。このように茅葺き屋根の棟は、単にその地域の気候風土に対応しているばかりでなく、農耕の形態などの地域の基層文化を表わしている場合があり、日本の屋根構造の変遷を探る上で重要な手がかりを与えるものといえる。棟上げは屋根の完成を祝う行事で、西日本では棟祭、東日本ではグシ祭ともいう。一般建築では棟木が上がったときに祝いを行うことが多いが、茅葺き民家や板葺き民家の場合は屋根が葺き上がったときに行うことが多い。棟上げには御幣を飾り、五穀を捧げて、餅をまくという儀式が民家の棟上げの一般的な形態である。この餅を東日本ではグシモチという。茅葺き民家の場合はゆいによる多数の手伝いの労をねぎらうために饗宴が催される。 ↓グシマツリ ↓民家《みんか》 ↓屋根《やね》

参考文献 川島宙次『滅びゆく民家』、一九七三―七六、安藤邦広『茅葺きの民俗学』、一九八三 （安藤 邦広）

むねあげ 棟上 民家の建築工程において、柱や梁、桁を組んだ後、その上に棟木を上げる作業とその儀礼を指す。上棟《じょうとう》ともいう。建て前が終了し、柱を組んだ上に棟木をあげ終ると、大工の棟梁が棟木に幣束をたて、屋根の上に棟餅と呼ばれる餅、柱の上には柱餅、家の四隅には隅餅が供えられる。粢《しとぎ》が供えられることもある。棟木の上には、四《メートル》ぐらいの柱が建てられ、その柱の真ん中に角材で作られた弓矢が付けられる。矢の向く方向は歳徳の方向、鬼門の方位など地域差がある。柱の上部に平行に柱が組まれ、そこに五色の吹き流しが取り付けられる。また、柱の最上部には麻糸・櫛・笄《こうがい》・白粉といった女性の持ち物と、女性の髪が取り付けられる。東北地方では、チョンビナサマという人形も供えられる。棟上に、女性の持ち物が供えられるのには、女性の犠牲譚が付随している。ある棟梁が、上棟式の前日に、一本の柱を短く切ってしまい困っていた。棟梁の妻が、隙間に枡を入れて寸法をあわせたらどうかと教えた。そのとおりにすると、隙間が埋まり見栄えも良くなった。しかし、棟梁は妻に教えてもらったことが、ばれては恥となると考え、殺した。それ以来、死んだ妻の霊を慰めるために、女性の小物を供えることになったという。準備がすむと、大工の棟梁が天地四方の神を拝み、棟木にお神酒・餅を供えてから、ムナシメといって玄翁で棟木を七・五・三回叩く。その後、祝詞・謡が唄われる。屋根の上から餅や銭が撒かれ、酒宴が行われる。地方によっては、棟上の晩には、新築した家屋を魔物にとられないために、建て主夫婦が、一晩だけ仮に宿泊するという習俗がある。棟上は、柱と棟木が建ったという建築的な意味だけでなく、新築した家屋でのはじめての直会、仮に宿泊するという習俗などから自然空間から分離され、人間の居住する空間への移行期という意味があると考えられる。 ↓建《た》て前《まえ》

参考文献 神野善治「建築儀礼と人形—河童起源譚と大工の女人犠牲譚をめぐって—」（『日本民俗学』一四六、一九八三）、下野敏見「建築儀礼の特色と問題点」（同一五〇、一九八三）、宮内貴久「住居空間の創造とその維持」（同一七九、一九八九） （宮内 貴久）

むぼせい 無墓制 遺体を火葬にしたあと、ほとんどの遺骨を放置したり投棄して、墓地を設けない墓制。石塔も建立しない。個人や家単位の墓、あるいは共同のいずれの墓地も存在しない。土葬の場合も考えられるが、これまでの報告事例はいずれも火葬である。本山納骨用として一部の骨を拾うのが普通。こうした無墓制は浄土真宗の門徒に多く見られ、山口県大島郡の笠佐島、鳥取県東伯郡羽合町浅津《あそうづ》が知られるが、滋賀県や岐阜県など各

地でも行われてきた。浅津では東郷池岸に作られたヒャで火葬し、京都市西本願寺大谷本廟へ納骨する一部の骨以外は、全部池中へ投棄していた。笠佐島でも大部分の骨が野ざらしにされた。遺骨に対する執着心がなく、各家に位牌・過去帳などもなかった。したがって、詣り墓も埋め墓もなく盆や彼岸に墓参りをするという風習もなかった。これほど極端ではないが、無墓制地帯にはこうした特徴がみられ、真宗の教義的影響が考えられる。「某（親鸞）閉眼セハ加茂河ニイレテ魚ニアタフヘシ」という『改邪鈔』の一文は、門徒がなぜ墓をつくらないかということの理由にあげられた。葬処や墓所で読経すべきかどうかも、近世には教学上論じられている。しかし、一方で、中世においてかなり火葬が行われていたことや、中世末期から近世にかけて墓としての石塔が普及しだしたことを考えると、火葬で遺骨放置・無石塔という習慣は真宗門徒に限った葬制・墓制ではなかったとも考えられる。両墓制研究が、詣り墓の発生や石塔発生以前は何かと追及してきた中で、無墓制はもういちど「墓とは何か」を問い返し、石塔とは何か、土葬だけでなく火葬の場合はどうであったか、ということを検討する必要を教えた。なお、無石塔墓制というのは、遺骨（火葬）や遺体（土葬）の埋葬上に石塔を建立しないもので、無墓制とは区別しなければならない。→墓制《ぼせい》

参考文献　児玉識「真宗地帯の風習―渡りの宗教生活を探る―」（『日本宗教の歴史と民俗』所収、一九七六）、新谷尚紀『両墓制と他界観』（「日本歴史民俗叢書」、一九九一）、蒲池勢至『真宗と民俗信仰』（同、一九九三）

（蒲池　勢至）

ムラ　ムラ　日本における村落を示す語。一般に村の漢字をあてるが、時には邑とか邨で表記することもある。民俗学はじめ村落社会を研究する諸科学では、近世以前の支配制度としての村や明治町村制に始まる地方自治体としての村との混同を避けるために、漢字を用いず、ムラとかむらと表記することが多い。ムラは農山漁村における地域社会で、通常居住者は互いに面識関係がある。しかし、近接居住する人々の単なる組織ではなく、一つの独立した意思をもつ団体という面を持つ。ムラとして判断し、ムラとして意思を決め、ムラとして行動する、家々の維持存続に不可欠な生活・生産の共同組織である。自分たちのムラを近畿地方などでは在所《ざいしょ》・地下《じげ》などと呼ぶ。また全国的に近代の行政機関が用いた部落という語でムラを表現するが、近年は部落を避けて集落とか地区という用語も使用される。ムラは『古事記』の履中天皇の記事に挿入された歌に「伊幣牟良」と記されているように、家々の集合した状態を意味した。群れと同じ語源ともいえる。しかし家屋の集まっている状態の集落がすなわちムラであるとは限らない。一つの集落が一つのムラというあり方が通例であるが、複数の集落で一つのムラとなっている場合も少なくないし、逆に景観的には一つの集落であってもムラとしては二つということもある。ムラの空間は、家屋の集合としての集落のみでなく、家家の周辺に展開する田畑や浜あるいは山や磯も含む。集落の周辺にムラが支配し、ムラの統制が及ぶ領域が存在する。日本の農村の場合、生産条件を一括所有する農場制は古来行われず、ムラを構成する各家は領域内に経営耕地を散在させ、ほかの家の耕地と混在させているのが基本であった。その結果として生産条件を共同に維持する必要が生じ、ムラへ結集した。

　ムラは区長以下の役職者を中心にした運営のための機構をもち、ムラの構成員を集めて寄合を開いてムラとしての意志を決め、各家の生活・生産に必要な道路の管理、灌漑用水の配分、共有林野の利用規制を行い、それらの維持のために道路・水路あるいは山林の補修、清掃などの共同労働を実施する。さらには各家の生産活動の作業時期や田植えなどの臨時的雇用労働の賃金水準、また冠婚葬祭の方式や接待贈答の規模などさまざまな生活・生産上の問題について申合せをし、各家を規制する。場合によっては、それらの規制を成文化して村法というべき形にしている所もある。規定された規制を無視したり、違反した場合には罰金その他の制裁を科して統制し、ムラを統一してきた。かつてはいわゆる村ハチブも行われた。またムラを望ましい状態にするため、外からの危険なものの侵入を阻止する道切り、逆にムラで発生した危険な存在を追い出す虫送りなどの共同祈願を執行してきた。これらのムラの活動は各家から一人ずつ参加して行われることを原則としてきた。ムラは基本的に家を構成単位にし、家連合としての性格をもつ。そしてムラの統一の象徴として氏神・鎮守をまつり、祭祀組織を形成し、祭礼を行う。またムラとして仏堂を設け、年間を通して各種の祈禱行事を行うことも一般的である。さらにムラを単位として若者組・子供組その他の年齢集団、庚申講・念仏講などの講集団が組織され、また新しくは婦人会・老人会なども組織され、ムラの活動の一部を担う。ムラは隣接するムラと連合したり、共同して行動し、ものごとを処理することも少なくない。灌漑用水は一つのムラ単独で水源から末端までの水路を確保することは困難であり、広域的な水利組織が形成されることが多い。同様に漁場をめぐる共同、山林の利用に関する入会などさまざまな広域的組織と活動が見られるが、いずれの組織や活動もムラを単位にし、ムラ連合の姿をとる。そして時にはムラの利益擁護のために他のムラと対抗し、水争いのように実力で激しく争うこともかつてはみられた。

　ムラの構成単位である家は皆等しい存在ではない。経済的な階層差、家の社会的位置づけによる家格差、家の成立年代による新旧などがあり、ムラの意思形成や運営において発言権も影響力も異なる。第二次世界大戦前の地主制のもとではムラは地主中心の運営が一般的であったが、その場合でも一様ではなかった。東北日本では地主でもある本家を中心に家々の秩序が形成され、世代を

超えて固定した家格がムラのなかでの地位を決めていた。それに対して、西南日本では家々の関係は比較的流動的であり、ムラの運営に際しては個人の年齢や経験が秩序形成の基準になっていた。

ムラは記紀に記載があるように古くからの表記であるが、現在のムラに直接つながるのはそのようなはるか昔のムラではない。ムラは中世から近世にかけて小農の家を構成単位とし、その生活・生産の共同と連帯の組織として登場し今日まで存在してきたものである。中世後期に近畿地方を中心に展開した惣村においてムラは顕著な存在となった。近世の幕藩権力は、検地の過程で支配単位としての村を全国的に創出し(村切)、検地によって認定された村高を基準に賦課した年貢を村が責任をもって納める年貢村請制を確立した。これ以降支配はすべて村を単位にして行われたので、支配制度としての村が百姓の生活にとっても大きな存在となった。研究者の間では、近世の支配制度としての村が百姓の生産・生活の共同組織であったとし、それが明治以降も解体することなく存続したのが現在のムラであり、ムラは近世の村を地籍表示として継承した一八八八年(明治二十一)以降の大字にも一致するという理解が一般的である。しかし支配単位としての村から生活・生産の組織としてのムラを理解することは必ずしも正しいとはいえない。近世の村、したがって大字と生活・生産の組織としてのムラが一致するのは近畿地方や北陸地方ではごく普通であるが、近畿地方から東西に離れるにつれて次第に一致しなくなり、江戸時代の村すなわち大字の範囲内にいくつものムラが含まれている姿が通例となった。近畿・北陸では中世における惣の伝統がムラとして存在し、近世の支配単位の村もその惣を把握したことにより、近世の村がすなわち生活・生産の組織としてのムラとなるが、ほかの地方ではより大きな郷を太閤検地や徳川初期検地で村と認定したため、支配単位の村の内部にいくつものムラが含まれることになった。支配制度としての村と生活・生産組織としてのムラが一致する近畿地方の場合でも、内部的には庄屋以下の支配機構と長老制に示されるムラの運営組織が併存していることが多く、その伝統は現代のムラの運営組織にも示されている。明治の市制・町村制の村はそれまでの支配制度の村をいくつか合併したより大きな範域で想定されたため、「町村ノ区域広濶ナルトキ又ハ人口稠密ナルトキハ処務便宜ノ為メ町村会ノ議決ニ依リ之ヲ数区ニ分チ毎区区長及ビ其代理者各一名ヲ置クコトヲ得」と規定して、区を設け、区長・区長代理を置いて行政に利用しようとした。その区はムラを単位に設定されることが通例であった。また戦時体制下の一九四〇年(昭和十五)以降、上意下達機構として部落会が設けられたが、これは町村制の区を継承しつつ、よりいっそうムラを単位とする傾向が強かった。このように生活・生産の組織としてのムラは絶えず支配や行政のために利用されてきた。それは現在でも顕著にみられることである。一九六〇年代以降、太平洋ベルト地帯を中心にした都市化と各地山村・離島を中心にした過疎化の進行によって、多くの地方でそれまでの生活・生産組織としてのムラはその力を弱め、単なる近接居住する人々の集まりとなっていった。特に各地山村の過疎化は、極端に戸数が減少するとともに老人世帯のみが居住することとなってムラとしての機能を果たせなくなり、残った人々も離村せざるをえなくなって、急激なムラの解体をもたらした。しかし、生活・生産の共同組織としてムラは解体しても、互いに面識をもち、訪問・贈答・協力などのつきあいをする地域社会としてのムラの意義は消えていない。

ムラに対する評価は時代とともに大きく変わってきた。明治以降第二次世界大戦前までは、農本主義の潮流の中でムラに色濃く見られる醇風美俗・隣保共助の精神を高く評価し、ムラを肯定的に見ることが行われてきたが、戦後は一転して人々の自立と自由を妨げ、民主化を阻害する封建的な存在として否定的に扱われることとなった。一九七〇年代以降、社会全体で人々の孤立化が進み、さまざまな悲劇が生まれてくる中で、連帯と結集の場としてのムラを積極的に評価し、肯定する論調が強まった。しかし、九〇年代には、肯定すべきムラが姿を消していき、ムラのみを取り上げて特別視したり、評価したりすることが無意味となり、ムラへの関心も低下して、ムラをめぐる議論もほとんど行われなくなった。→自然村《しぜんそん》 →集落《しゅうらく》 →村落《そんらく》 →農村《のうそん》 →部落《ぶらく》

参考文献 潮見俊隆他『日本の農村』、一九五七、守田志郎『小さい部落』、一九七三、福田アジオ『日本村落の民俗的構造』(「日本民俗学研究叢書」、一九八二)、農村統計協会編『むらとむら問題』(「農林水産文献解題」二四、一九八五)、鳥越皓之『家と村の社会学(増補版)』(「世界思想ゼミナール」、一九九三)、木村礎『村の世界 視座と方法』(「木村礎著作集」六、一九九六)、赤田光男・福田アジオ編『社会の民俗』(「講座日本の民俗学」三、一九九七)
（福田アジオ）

むらあみ 村網 村中や組中で行う共同漁撈の際に用いる網。百姓網・地下網《じげあみ》・惣網などともいう。種別としては地曳網や定置網などが多い。この漁撈に係わる村人には、とれた魚を平等に分配することが建て前であるが、この網に係わる権利を、江戸時代以来の本百姓層を中心とした特定の階層にのみ付与している漁村も多く、この場合、共有地と同じく、一定の戸数による網株・網禄の所有が前提となっている。

参考文献 高桑守史『日本漁民社会論考―民俗学的研究―』、一九九四
（高桑 守史）

むらいり 村入り 他所からの移住者が村落内に新たな家を創設する場合や、村落内の既存の家が分家を創設する場合に、それらの家を村落の構成員として承認すること、およびその手続きの儀礼を指す。また、他村落から聟に来た人を村落の構成員として認めることも含む。村

落内での分家の村入りの場合、本家が分家の保証人となって寄合の場に酒を持参し、新しい分家を披露する方法が一般的である。しかし、移住者の村入りは、簡単に認められないことが多かった。同族結合の強い村落や親方・子方制度のみられる村落では、移住者は事前に村落内の有力者の家に保証人を依頼してから村入りを行なった。この保証人は草鞋親とも頼み本家とも呼ばれ、移住者は村入り後も保証人である家と本家・分家の関係、あるいは親分・子分の関係を維持した。同族制のみられない村落では、転入者は村落の役職者の紹介によって村落に一定期間居住したのち、信頼を得てから村入りを行うことが多かった。村入りをすれば、村組や近隣組に属し、寄合にも参加して、一軒前の家として村落での生活を維持することができる。しかし、共有林野や漁場などに対する共有権や氏神の祭祀権などの獲得が、村入りによって即座に認められない場合があり、一定金額の支払いや一定期間の経過が必要とされた。共有財産に対する既得権を村落の既存の家が維持するために、戸数制限や分家制限を行う村入りの厳しい村落もあった。→一軒前《いっけんまえ》 →戸数制限《こすうせいげん》 →分家制限《ぶんけせいげん》 →草鞋親《わらじおや》

[参考文献] 鈴木棠三「入村者と定住の手続」(柳田国男編『山村生活の研究』所収、一九三七)、最上孝敬「村の組織と階層」(『日本民俗学大系』三所収、一九五八)、中島恵子「一軒前」(『(講座)日本の民俗』二所収、一九八〇)、福田アジオ「民俗の母体としてのムラ」(『日本民俗文化大系』八所収、一九八四)
(安井眞奈美)

むらいんきょ　村隠居　村寄合への出席をはじめ村落運営に直接関わる権利や義務を、跡取に譲り引退すること、および村落運営から引退した老人のこと。近畿地方および周辺地域では、この年を六十歳などと定めている村落がある。たとえば滋賀県甲賀郡水口町北内貴ではヤクハリと呼ばれる一家の代表者が六十歳になると、三月末の総集会において区長から「御苦労さんでした」とねぎらわれ、記念品をもらって村落運営から退く。そしてすぐに跡取が呼ばれ、父親の後をうけて新しくヤクハリになる。引退した者はその後寄合に出席するとか、共同労働に出役することはない。北内貴の場合、父親が息子の代理で寄合に出席しても、下座にすわり、発言権はない。村落社会において定年をもうけて、隠居させるということは、村落を構成する家々の平等で円滑な世代交代を目的としている。しかし村隠居というのは家における隠居とは必ずしも対応していない。村落自治からの引退という意味である。村隠居という術語を最初に使ったのは柳田国男である。三重県鳥羽市神島の事例における宮持(氏神の爺)、口米の爺、お礼参りの爺という三つの役を勤める者の総称として村隠居という術語を用いた。しかし、実際には神島では村隠居という言葉は使われていない。なお民俗語彙としての村隠居には、村の規約を破った者を村隠居にするといい、新潟県佐渡島では村ハチブのことを意味する例もある。→定年《ていねん》

[参考文献] 柳田国男「遊海島記」(『柳田国男全集』二所収、一九八九)、滝浪竜太郎「会員通信―村隠居―」(『民間伝承』一ノ一一、一九三六)、和歌森太郎「神島の村落構成と神事」(『和歌森太郎著作集』三所収、一九八〇)
(関沢まゆみ)

むらえず　村絵図　江戸時代から明治時代初期にかけて村落を対象として描かれた絵図。多くは境界争論・水論などの裁許や、検地・支配替えなどさまざまな事情により、支配者に提出する目的で作成され、村役人の署名などが付されている。また、その控えが村文書として地元に残っている。作成目的によって描写には大差があるが、屋敷地、土地利用、施設の分布、水路・道などが彩色されて描かれている。当時の住民の空間認識や、水利慣行、民家の構造、地縁組織、宗教施設の分布などの村落景観を読み取ることが可能で、民俗学的な地域研究にも益するところが大きい。

[参考文献] 木村東一郎『近世村絵図研究』、一九六二
(市川　秀之)

ムラおこし　ムラおこし　内発的な地域の振興や自立を目的とする運動。一九八〇年(昭和五十五)、特産品開発ばかりでなく、新たな生活様式や価値観を求めて自主的な地域づくりをめざす大分県内のグループがムラおこしの語を用いたのがはじまりとされる。地域づくり・産業おこしなどは類語。現在では、住民による自立的な活動としてのムラおこしばかりでなく、産業活性化、観光振興、イベント開発、都市との交流など、一村一品運動やふるさと創生事業にみられるような、自治体によって主導される営みもムラおこしと呼んでいる。→一村一品《いっそんいっぴん》運動《うんどう》

[参考文献] 猪爪範子『まちづくり文化産業の時代』、一九九八
(八木　康幸)

むらかぶ　村株　村落における一軒前の権利・義務が個別に所有権化されたもの。近世領主の農民支配は村を単位としており、村は本百姓をその構成単位としている。したがって、本百姓の家は領主への権利・義務を負い、その単位であるが、それは直接には村に対する権利・義務として存在する。つまり、貢租を納入し夫役を負担し、村の寄合への参加権・異議権を持ち、村共有の山林・水利・漁場あるいは入会地の用益権を持つことであった。宮座に列する権利を伴うところもある。この権利・義務は家に付随し世襲的に伝わるため、本百姓の家は株として存在した。この株のことを、村株・本百姓株・一打株・本家株・家株・屋敷株などと称した。本百姓以外の者はたとえ高持ちになっても、村株を取得しなければ一軒前の家としては認められなかった。村株の数は検地の際の名請けを基本としている。株数を増加させる(すなわち、あらたに本百姓を創設する)ときは本百姓・村の合意のほか、領主の役所に申し出て領主の申しつけを受ける必要があった。村の構成単位の増減は村事項であるとともに、

領主の許可事項であったからである。一軒前創設が容易でないということは村株取得は容易ではないことを表わすが、株であるため他人に譲渡・売却することは可能であった。本百姓体制が公的な意味を失う明治時代以降、一戸を構えていれば行政上の村落の成員であり、村落行政についての議決権はあることになったが、分家や転入者に村入りや氏子入りは認めても入会権を伴う村株入りは認めなかったり、あるいは認める場合でも一定以上の居住年数や代数を条件にしたり、また、加入金を徴収したりしているところが多い。これも毎年自動的に認めているわけではなく、ムラの無言の資格審査を受けているのであり、何かの際にまとめて取り扱われるのである。また、ある時点までの権利者を旧戸とし、それ以降権利者になった家を新戸として用益に差を設けているところもある。村株に伴う入会地などの用益は旧ムラの構成員によって維持されてきたからである。一方では、村入りの承認を得るだけで株入りも認めるところもあり、それぞれの歴史的背景や用益形態などにより一様ではない。
↓一軒前《いっけんまえ》 ↓入会《いりあい》 ↓株《かぶ》 ↓共有地《きょうゆうち》 ↓本百姓《ほんびゃくしょう》 ↓宮座《みやざ》
↓村寄合《むらよりあい》

参考文献 鈴木栄太郎『日本農村社会学原理』(「鈴木栄太郎著作集」一・二、一九六八)、上村正名『村落生活と習俗・慣習の社会構造』、一九七九、長谷川善計「家・同族・村落の基礎構造」(長谷川善計他『日本社会の基礎構造』所収、一九九一)、上村正名『村落社会の史的研究』、一九九六

(上村　正名)

むらがら 村柄　ムラが雰囲気としてもっている性格とか品位、特にムラの人間たちが共通にもっている性格や品位を表わす。人柄や国柄から、この用語の意味を類推すればよい。この場合のムラは行政村の村ではなく、江戸時代の村から引き継いだ生活の基本的な地区単位であるムラをさす。そこでは歴史的な共通の生活の蓄積の中で、おのずと村人が共通の性格を身につけていることも

河内国丹南郡日置庄岩室村村絵図（大阪府堺市岩室）

あり、それを村柄とよんだ。よく隣接ムラについて、あそこのムラは天領だったので気位が高いとか、あそこのムラは気持ちのよい人が多いなどの評判を聞くことがあるが、これは村柄をうわさしていることになる。ムラについて関心の強い民俗学としては、村柄という用語は便利なことばである。しかし、この用語は一般的にはひろく使用されているものではないし、民俗学としても専門用語としての位置を占めているとは必ずしも言い難いほど使用例は稀である。もっとも、柳田国男は彼の論考のなかでこの用語を数回使用している。（鳥越　皓之）

むらかんじょう　村勘定　村落の運営にかかる費用。村《むら》入用《にゅうよう》・村雑用《むらぞうよう》（村雑傜）などと呼ぶ地方もあるが、これらは江戸時代以前からの用語で、江戸時代に村入用を負担するのは村を構成する一軒前の家であった。明治以後は一般に字費《あざひ》・部落費・区費などと呼ばれるようになる。大字会・部落会などは地方公共団体でないため、その役員手当、共用施設の建設・修理費、行事費や祭礼費など、ムラの共同生活に必要な費用は村内でまかなわれた。これらの費用にはムラの内部事情に応じて、共有地からの収益をあてる例のほかに、資産割（納税額を基準に算出）または経営耕作面積割、見立て割（前例や家格などを勘案して算出）、戸数割（竈割・平等割）などを組み合わせて各戸から徴収する形が一般的であった。各戸の経済力や社会的地位に応じた額を供出することが負担の公平となると考えられたためだが、徴収額が等級として固定化されると家格差を表現することにもなった。町内会費、自治会費と名称が変わってもこのような徴収法がとられることが多かったが、近年は経済的流動性の高まり、平等観念やプライバシー観念の浸透とともに、等級数が削減されたり、全戸一律の額（平等割、会費制）で徴収することが大勢になってきている。また自治会費の中に氏神祭祀関連の費用を含めることは信仰の強制にあたるとの批判も多く、氏子組織や奉賛会などの組織を独立させ、祭礼費用などを自治会費から分離する傾向もみられる。

参考文献　竹内利美『村落社会と共同慣行』（『竹内利美著作集』一、一九九〇）（山本　質素）

むらぎとう　村祈禱　村人全員が村落の安全、災厄防止、五穀豊饒などを共同で神仏に祈願する行事。単に御祈禱ともいう。村祈禱という民俗語彙の例としては、長崎県上対馬町の村祈禱当番があげられる。その対馬の村祈禱当番は葬式のあった翌日寺へ行き、喪家以外の全戸に穢れを祓うためのお札を配布し、集落内を清浄に保つという。また、茨城県東茨城郡美野里町中台では、ムラキドといい、旧正月二十八日に香取神社で点火した松明を各戸に回し、その火で各家の竈の中をはらって灰を落とす行事がある。僧たちによる大般若経の転読を伴う例や村人たちが大般若経の経箱を行列して集落をめぐる例などもある。多くは年頭から春先にかけて村人が集まって五穀豊饒・村内安全・無病息災を願うもので、共同祈願の一形態である。

参考文献　関敬吾「共同祈願」（柳田国男編『山村生活の研究』所収、一九三七）（関沢まゆみ）

むらぎみ　村君　主として漁撈関係者を指す民俗語彙。村君という名称は『延喜式』にもみえる古い言葉で、元来在地の役人を指した。西日本一帯では漁撈に直接従事する者を指すことが多い。東日本では網主・船主、または漁の株元をいい、直接漁に関与しない役職となっていることが多く、民俗的にはさまざまな意味で使われている。瀬戸内から大分県・熊本県にかけて網主または網船主を、長崎県下五島の富江（南松浦郡富江町）では集落の世話人のような役割を果たす者を、静岡県沼津市では津元役と同じなどという。

参考文献　桜田勝徳「漁人」（『桜田勝徳著作集』二所収、一九八〇）（安田　宗生）

むらぎめ　村極め　村落の秩序を維持するため、村落民が自主的につくった成文規約。こうした規約は、しばし

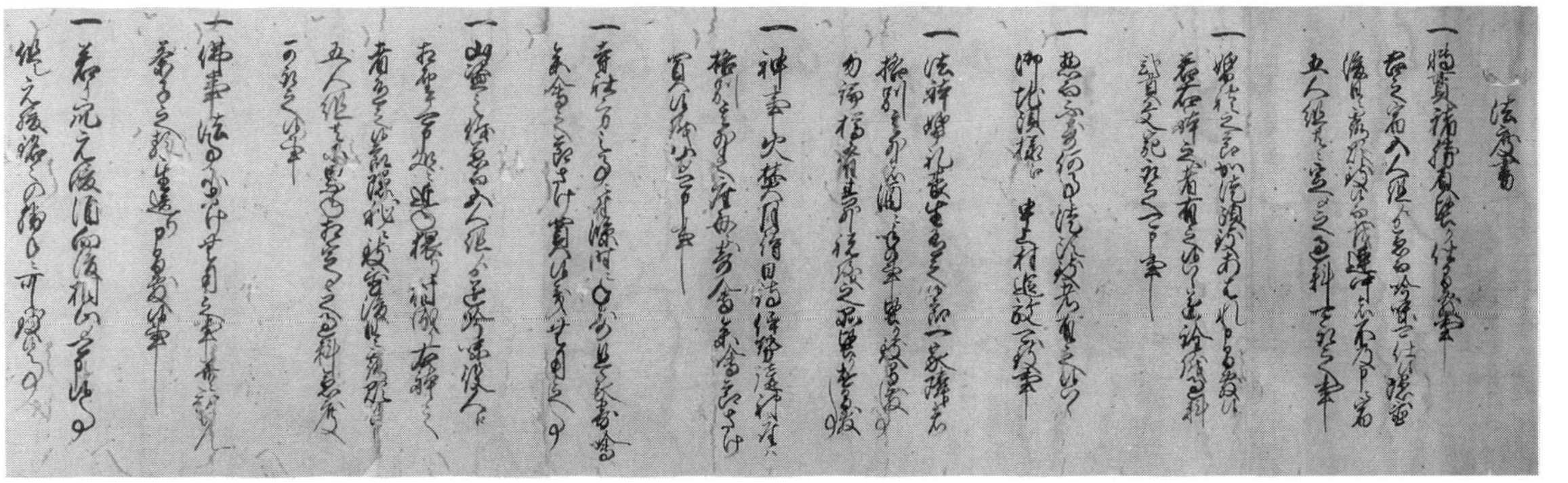
法度書

村極め　明和四年山城国井ノ口村法度書

ば帳箱に収められ、その他の重要文書とともに村役人(およびその子孫)の家や村会所、神社などに大切に保管されてきた。村極めは、中世末の惣村では置文《おきぶみ》・置目《おきめ》・地下《じげ》掟などと呼ばれたが、近世になると村法度・村掟・条目・申合一札、近代にはいって村規約などと呼称された。村極めには、成立時に新たに定められた条項もあるが、それ以前の不文の慣習法を成文化したとみられるものも少なくない。中世の地下掟には、惣寄合への出席義務や衆議による決定、農耕秩序の遵守、宮座の法式遵守、土地売買の際の手続き、領主への抵抗に関する条項などがみられるが、いずれも惣村の団結をあらわすとともに、その内部で生まれた慣行を寄合の場で再確認したものとみることができる。村極めが村落自治の一表現であることは、基本的に近世でも変わらない。近世の村極めは、村役人の選出方法、身分や家格にもとづく住居・服装の差別、行事の際の役割分担、入会・水利・漁場に関する取決め、村普請などの出役義務、祭事や行事の際の倹約、博奕や窃盗行為の禁止などが主要な内容である。また違反行為に対する制裁規定も多々みられ、村落からの追放や過料・過怠米などが広く行われているほか、一部には村ハチブの規定もある。ただし近世の村極めには、中世末の地下掟にあった衆議に関する規定や領主への抵抗規定などがみられなくなってしまう。逆に領主法の遵守を誓う文言を記載したり、領主法と同趣旨の禁制を含む場合が多くなるという特徴がある。このためしばしば村法の領主法化が指摘されるが、近世の村法は成文の規約がすべてではなく、不文の慣習法がそれ以上に生活に拘束力をもつ場合もあり、また村極めの適用や運用にも融通性が認められるので、成文村法にみられる建前的規制とは別に、村落民の本音の法意識や現実に機能している不文村法を探り出す必要がある。　→慣習法《かんしゅうほう》　→村《むら》ハチブ　→村寄合《むらよりあい》

参考文献　前田正治『日本近世村法の研究』、一九五〇、大出由紀子「近世村法と領主権」(『名古屋大学法政論集』一八・一九、一九六一・六二)、上杉允彦「近世村法の性格について」(『民衆史研究』七、一九六九)、山中永之佑『日本近代国家の形成と村規約』、一九七五、水本邦彦「村掟と村の秩序」(『週刊朝日百科日本の歴史』七九、一九八七)、牧田勲「領主支配と村の自治」(『摂南法学』一六、一九九六)

(牧田　勲)

むらぎり　村切り　近世初期の村境の確定をさす用語。本来は村限りの意味。近世の村の境界は、二つの段階を経て確定していった。まず太閤検地である。一五九四年(文禄三)の伊勢国の検地条目に、村切りに榜示を立て入り組みのないように村域を再確認すべきであると書かれている。豊臣秀吉は、こうして中世的な庄や郷ではなく、その下位の村を直接把握する政策をとった。村切りの第一の意味は、支配の単位としての村を空間的に把握することにある。しかし、この時期の村切りは、境界もあいまいな部分を残し、田畑の入り組み関係を広範に生み出すなど、近世前期に多くの紛争を発生させた。こうした紛争を解決する過程で村境が明確に確定してゆく。これを、村切りの第二の意味とすることができる。この過程は、以下の三つの側面からみられる。㈠太閤検地をうける以前の百姓の田畑は広域にわたって存在していたため、村切りによって他村の領域に組み込まれる場合も多く、その結果出入作関係を生じることになった。たとえばA村にB村の百姓が出作している場合、その田畑の年貢は出作百姓がA村の名主を通してA村の支配領主に納める。しかし、A村による出作百姓への諸役割りかけをめぐって近世初期には争論が多く発生した。その場合、B村がA村とは別に出作部分だけの年貢割付状を交付するように領主に求めたり、出作地をB村の高に組み込むなどの処置が行われ、次第に出入作関係が整理されていくことになった。㈡太閤検地では村高に組み込まれなかった山野河海などの高外地の用益権をめぐって近世前期には村

境争論が多く発生した。公権力の裁許に基づいて村境が確定されていったが、この動きは元禄の国絵図作成過程で一挙に推進された。㈢太閤検地で確定された村の中に、漁業を生業とする海付地域と農業を営む地域を含む場合、あるいは川付地域と山方地域を含む場合など、諸役の負担方法をめぐる利害の対立から分村運動が起り、村が分立していく場合もみられた。

参考文献　有光友学「近世畿内村落の成立をめぐって」(『(静岡大学)人文論集』二〇、一九六九)、水本邦彦『近世の村社会と国家』、一九八七、吉田ゆり子「上狛村の村切りと共同体」(石井寛治・林玲子編『近世・近代の南山城』所収、一九九八)　(吉田ゆり子)

むらぐみ　村組　村落社会の内部を地域的に区分した範域およびそこに含まれる家々で構成される組織をさす用語。一般に集落を編成単位としその構成戸数は一定ではない。道路境・水路境などで村組が設定されることもある。通常、村組はムラを内部区分する単位となり、一軒の家が帰属する村組は一つが原則である。しかし、別の機能を持つ村組が一部の家を重複して構成されることもあるし、また村組が重層的に構成されることもある。この場合は一軒の家が二つ以上の村組に属することになる。村組の名称には、東北地方のホラ(洞)・沢《さわ》・屋敷《やしき》、北関東の坪《つぼ》、南関東の庭《にわ》・庭場《にわば》・谷戸《やと》(やつ)、関東・中部の垣内《かいと》・耕地《こうち》・小路《こうじ》、九州地方の門《かど》・方切《ほうぎり》などがある。名称の多様さは村組が地域の社会生活の実情にあわせて生まれた近隣組織であることを示している。地域によっては、村組を葬式組・無常講・祭組・ゆい組などと呼ぶが、これは村組が持つ生活・生産・信仰面での単一あるいは主要な機能の面を強調したものである。ムラ内部では、村組に対して上・中・下、あるいは東・西・南・北など、位置関係や方位を示す語を付けたり、土地の固有名詞で呼ぶ。村組の名称に地形名や土地の小区画を意味する語(ホラ・沢・谷戸・垣内など)、農家の屋敷地を意味する語(屋敷・庭・坪・門など)が多いことから、村組の起源は農業経営の単位体としての大農場経営あるいは同族団の展開過程との関連で考えられている。村組には大きく分けて㈠家同士の間に行われる生産・生活の場面での相互扶助機能、㈡村落生活の全体に関わる仕事を分担する機能、および㈢信仰組織としての独自の機能などがあり、村組はこれらの機能を複合的に持つことが多い。㈠相互扶助機能は、村組を構成する家々の日常的な面接関係をもとにしたもので、葬式や婚礼の際の手伝い、井戸替え、屋根の葺き替え、家普請の手伝い、災害見舞や病気見舞、田植えなどの農作業の共同労働などがある。これらの機能は近年、より小さな範囲の家関係すなわち班や組などの近隣組に移行したり、消滅している場合が多い。㈡村落全体の仕事の分担機能は、村落の下部組織として持つ機能であり、道普請、用水路の修理、水番、共有山での下草刈りなどの村仕事を村組単位に分担したり、あるいは交代で出役するなどの仕組みがある。㈢村組が独自の祭祀対象をもつことも多く、また村組内に山の神講・念仏講など講集団を構成し、独自の行事を行うことも多い。村組を講組として捉える根拠となる。村組内の運営は内部を細分化した近隣組が分担し、当番制や全員の出役などで行う。村組内の家結合の様態は一律・平等的であり、農村社会学では日本社会の村落類型として、家々が上下的に結びつく同族型村落に対し、平等に結びつく講組型村落を設定している。　↓垣内《かいと》　↓近隣組《きんりんぐみ》　↓講組《こうぐみ》　↓葬式組《そうしきぐみ》　↓坪《つぼ》　↓ニワバ　↓ホラ　↓村仕事《むらしごと》

参考文献　有賀喜左衛門「都市社会学の課題」(『有賀喜左衛門著作集』八所収、一九六九)、福武直「日本農村の社会的性格」(『福武直著作集』四所収、一九七六)、同『日本村落の社会構造』(同五、一九七六)、福田アジオ『日本村落の民俗的構造』(「日本民俗学研究叢書」、一九八二)、竹内利美「村落社会と近隣組織」(『竹内利美著作集』一所収、一九九〇)　(山本　質素)

むらげ　村下　鑪場《たたらば》の作業長または技師長。鑪師《たたらし》ともいう。村下は移動性の強い野鑪から定着した永代鑪に発展すると、製鉄集団の職長として職場の管理と職人統制を行うとともに、鑪(釜)の築造、小鉄の投入、その品質管理、出来銑《ずく》・鉧《けら》の質量検査などを担当した。村下伝承に、鑪の守護神である金屋子神《かなやごがみ》に従って降臨したとか、神から製鉄技術を伝授されたとかいわれて、降下《むらげ》と記すことがある。

参考文献　窪田蔵郎『(増補改訂)鉄の民俗史』、一九八六　(土井　作治)

むらこうでん　村香典　地縁関係にもとづく香典の一般的呼称。死者との関係をとわず、構成員が一律平等に拠出する点が大きな特徴。ムラコウデン(村香典)のほかに、クミアイコウデン(組合香典)、イッショウコウデン(一升香典)などと称して、近隣の者が米や銭を一律に負担し、経済面においても葬家を援助する風は広く全国に及ぶ。また、ツナギとかツナギコウデンなどと呼ぶ地域もある。ツナギとは穴銭を銭刺に通すことをいったらしいが、中身は米である例が多い。　↓香典《こうでん》　(影山　正美)

むらざ　村座　座への加入が特定の家々に限定されず、村成員に開かれている宮座で、その組織の二類型の一つ。地縁的組織ではあるが、性や年齢などを座の加入条件とする点で、村成員を包括する氏子集団とは区別される。家格や本分家関係などに左右されない、あるいは年齢階梯的秩序が重視されるような村落構造と関わりがある。通説では株座が変化し開放された型であるとされてきたが、村座自体の独自性を重視する見方が強くなっている。　↓株座《かぶざ》

参考文献　福田アジオ「宮座の社会的機能」(『講座日本の民俗宗教』五所収、一九八〇)、肥後和男『宮座の研究』(「肥後和男著作集」一期七、一九八五)　(関谷　龍子)

むらざかい　村境　村落の内を村の外から限る地点・場所。近世初頭の村切りと検地によって画された藩制村の

範域が明治以降も大字として引き継がれたため、字界としての村境は連続した境界線として把握される。他方、民俗学が関心を向けてきた村境は、必ずしも明確な領域を前提とした境界ではなく、社会生活が営まれる村落の内を外の世界から区別するものとして表象される。それは境界線ではなく場所であり、しかもそこにまつられる信仰対象やそこで行われる儀礼によって可視化される。柳田国男の『石神問答』(一九一〇)は、そのような村境をまもる道祖神や塞の神などの神格を論議した最初の成果である。道祖神と同じ村境の民俗である道切りの一種で、近江・大和地方などに現在も行われている勧請吊《かんじょうつり》の民俗では、道を遮るように注連縄を張りわたして悪疫や災厄の侵入を阻もうとする。この場所は、民家の集合が途切れるあたりの主要な道の一地点であることが多く、村人によって村境として認識されている。村落の中の一地点が村境とされる例は、虫送りの場所にもあてはまる。道切りと虫送りの両方の行事が行われる村落においては、虫送り場は道切りの地点よりもさらに外側に位置する例が報告されている。虫送りは稲虫の放逐を願う鎮送呪術であるため、居住地よりもさらに耕地の外に害虫を送り出

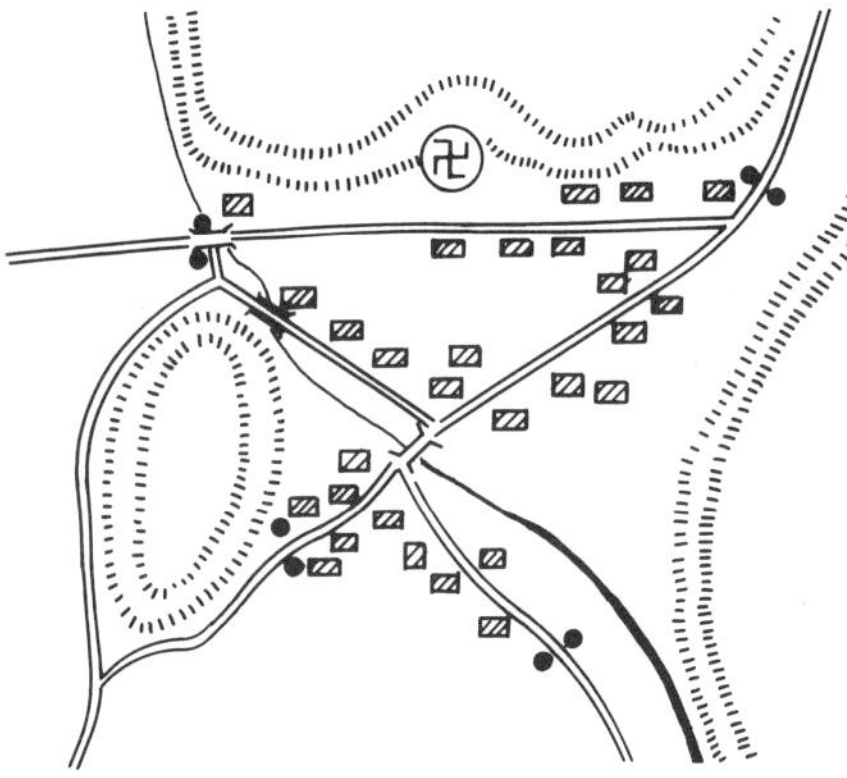

村境　●印は注連縄を張り渡す場所（長野県麻績村）

することが必要なのである。福田アジオらの村落領域論の見方に立てば、居住地であるムラと耕地を含むノラのそれぞれに対応する村境があることになる。その村境の外側は、他村であり世間であるとともに異界であり他界なのである。原田敏明は、道切り行事で注連縄を張りわたす村境は他村に通じる村落の入口であるばかりでなく、村人にとって重要で神聖な場所であり、そのため村落の中心として人びとが集まり、いろいろな神がまつられる場所にもなるという。桜田勝徳も、地図上の村の境界とはまったく別途な、村の外との区別をつける地点が、村地域内の民家の集まる地区であるいわゆる村のまわりやその内部に認めることができると述べている。村境が村落の中心になるというわべの矛盾は、桜田のいう「村の外との区別をつける地点」がともすれば領域性を欠いたまま現象する事実から理解される。すなわち辻・橋・峠・坂など数々の地境も村境の民俗に深く関係し、そこは疫神送り・雨風送り・精霊送りなどの行われる場所となり、地蔵菩薩・馬頭観音やその他の路傍の神々をまつる場所ともなる。これらは広がりをもった村落の領域論的区分とはただちに関わらない外の世界との接点であり、村境を生み出す「境の場所」として概念化できる。境の場所は辻占・橋占や橋姫の伝説、ジキトリ・柴神様・ヒダル神などの憑き神にまつわる信仰や怪異などとも関係し、池・沼・滝・淵などのように、隠れ里や椀貸伝説の語られる舞台ともなって、各所に見出すことができる。想像力に横溢した民俗的世界を空間に即して読みとるためには、このような村境や境の場所についての理解が不可欠であるといえる。　→村落領域《そんらくりょういき》　→道切り《みちきり》　→別刷〈村境〉

参考文献　原田敏明「村境と宗教」(『宗教と社会』所収、一九七二)、桜田勝徳「村とは何か」(『桜田勝徳著作集』五所収、一九八一)、福田アジオ『日本村落の民俗的構造』(「日本民俗学研究叢書」、一九八二)、八木康幸「村境の象徴論的意味」(『人文論究』三四ノ三、一九八四)、小口千明「農村集落における精神的ムラ境の諸相—茨城県桜村における虫送りと道切りを事例として—」(『城西人文研究』一二、一九八五)
(八木　康幸)

むらしごと　村仕事　村落社会の構成員が無償で労力を提供する共同労働の一つ。一般には家を単位にして平等に出役する仕事であるが、海難救助などのように若者組の任務として定められていた場合もある。ムラの成員としての義務という意味で義務人足《ぎむにんそく》・村人足《むらにんそく》・辻人足《つじにんそく》・郷中普請《ごうなかぶしん》・夫役《ぶやく》・人別《にんべつ》・公儀《こうぎ》・公役《くやく》・役目《やくめ》・伝馬《てんま》などと呼ばれ、仕事をともにすることから足並人足・モヤイ仕事・仲間仕事などとも呼ばれる。主な村仕事には道普請《みちぶしん》・橋《はし》普請《ぶしん》・堰普請《せきぶしん》などがあった。前二者は道作り・道直し・橋直しともいい、春秋など定期的に、あるいは風雨や通行車両などによって壊されたときに生活道路や橋を補修するもので、区長や部落長の指揮の下で一斉に作業を行うが、組や班に分担区域を割りあてる仕組みが多い。道路や橋の補修が行政の業務となっている現在は、定期的な道草刈り・道路清掃などに姿を変えている。堰普請は用水路や堰の補修・掃除をしたり、土手の草刈りをするもので、堰浚え・溝浚えとも呼ばれる。現在は用益者(耕作者)が出役する仕組みが一般的である。道普請や堰普請は農道や水路を共同で管理するところから生まれた共同作業である。このほかに祭礼の準備、社寺境内や公民館・集会所などの清掃、コサギリ(農繁期の前に道路にはみ出した枝を切り落とす仕事)、火の用心の巡回、稲番(収穫した稲が盗まれないように夜警をする役)、触れ役(行事・仕事の日時を伝え歩く役)、共用施設の屋根の雪かき、雪踏み(積雪時に通学路や公共施設への道路を踏み固める)など、ムラの成員が利用する施設や全体の利便のための村仕事が各地にみられた。ムラの成員全体にかかわる場合には、共有地からのカヤ(屋根葺き材)の共同採取や、共有林の植林・枝打ち・下草刈りなどの山仕事が村仕事

とされる。村仕事への出役形態は仕事の内容によって異なり、全戸から一人が出る一戸一人(一斉出役)型、組や班単位に交代で出る組当番型、一戸あるいは数戸ずつが順番に出る回り番(輪番)型などがある。労働力として一人前とされる十五歳から六十歳くらいまでの男性が出役するのが原則であり、女性や高齢者の出役に対しては、これを許容する場合と、男の日当相当額との差額を徴収する場合とがある。また高齢者の夫婦世帯や単身世帯などに対して村仕事を免除している所がある一方、老人クラブの構成員が定期的に小祠や集会所の清掃を行うなどとする所もある。後者は厳密には村仕事ではないが、参加者にとって義務仕事であることにかわりはない。村仕事への欠席に対しては、出不足(金)として一定金額を徴収したり、他の仕事に出役させるなど、負担の公平がはかられるが、村仕事への出役という村人としての義務を欠いた者への制裁という側面もみられる。村入りした家が一軒前の権利(共有財産の用益権など)を享受するために一定の期間、村仕事を完全に果たすことが求められる例もある。村仕事は個々の仕事内容だけでなく、地域社会の共同の仕組み全体の中で捉える必要がある。↓共《きょう》同労働《どうろうどう》 ↓公役《くやく》 ↓堰普請《せきぶしん》 ↓夫役《ぶやく》 ↓道普請《みちぶしん》 ↓雪踏《ゆきふ》み

参考文献 橋浦泰雄「協同労働と相互扶助」(柳田国男編『山村生活の研究』所収、一九三七)、福田アジオ『日本村落の民俗的構造』(「日本民俗学研究叢書」、一九八二)、竹内利美『村落社会と協同慣行』(「竹内利美著作集」一、一九九〇)、平山和彦『伝承と慣習の論理』(「日本歴史民俗叢書」、一九九二)
(山本　質素)

むらしばい　村芝居　⇩地芝居《じしばい》

ムラジュリー　村揃　近世の沖縄農村における村民の集まり。近世の沖縄の農村では土地を村全体で分け持つ地割制が行われており、農民は非自立的で本土農村のような百姓株は成立していない。農民は地人《ジンチュ》ともよばれ、村と一体化した存在であった。このため、文書行政は個々の農民に浸透せず、役人からの諸種の伝達などは、日を決めて農民を村屋《ムラヤー》に集め口頭で伝えられることになっていた。また、『諸村公事帳』によれば、農民は毎日「揃場」において「面付帳」により確認され田畑に出ることになっていた。

参考文献「久米仲里間切諸村公事帳」(『沖縄久米島』資料篇所収、一九八三)
(梅木　哲人)

むらにゅうよう　村入用　村落を運営するために必要な費用。近世では、村方で作成される書類の紙や筆墨代・村役人給・祭礼費用・年貢勘定経費から、瞽女《ごぜ》や座頭、浪人などの村外からの来訪者の宿泊費用や心付け、また、小物成・助郷などの夫役負担など多岐にわたっている。名主などの村役人が一年分の経費を立て替え、それを年末に合計して村の構成員に割り当てる後払いの方式がとられた。その割り当てにあたっては、所持石高に応じて割り当てる高割りと、村を構成する家ごとに割り当てる軒割(戸割)に大別されるが、実際は両者を組み合わせて運用されている。明治維新後も、区費として村入用の伝統は現代まで受け継がれているが、年度ごとに予算化されて区費が決定されていることが、近世の村入用と大きく異なる点である。↓区費《くひ》

参考文献 児玉幸多「近世に於ける村の財政」(『史学雑誌』六〇ノ二、一九五一)、上杉允彦「近世村落の自治と村入用」(『史観』七五、一九六七)、菅原憲二「村入用帳の成立」(京都大学近世史研究会編『論集近世史研究』所収、一九七六)、矢沢洋子「近世村落と村財政―近世後期高嶋藩領農村を中心に―」(『史学雑誌』九四ノ一〇、一九八五)、菊池邦彦「村入用帳の史料論的検討」(『裾野市史研究』九、一九九七)
(菊池　邦彦)

むらばか　村墓　沖縄で一つの村落の人々が共同で利用する墓。村落の先住者に連なる人々が使用し、寄留者などのちに移住してきた人は対象外であることが多い。明治末期以降門中《ムンチュウ》墓や家族墓が普及するに伴い葬送面での使用は減少し、今日では信仰の対象として機能していることが多い。洗骨の習俗が行われていたころは洗骨前の遺体を納める納棺所(シルヒラシと称する)があり、洗骨後改めて納骨する手順をとった。シルヒラシと村墓の所在は、合併していたり別個だったりと一様でない。
(渋谷　研)

むらばた　村旗　ムラを象徴する旗。多くはムラの名前を染め抜いてある。特に石川県に集中して見られ、大部分が近世に制作された旗である。水旗と呼ばれその図柄も郡名・組名・村名の配置もほぼ共通しており、加賀藩の制度として作成されたことをうかがわせる。村旗は近隣村落を訪れたり、共同したりする際に、ムラの表示として掲げられた。特に近村での火災の消火活動に応援出動するときは必ず村旗を掲げて行った。現在では村旗を使用している地域はほとんどなく、かつての村旗は消防団詰め所や消防署に保管されていることが多い。
(福田アジオ)

石川県河北郡津幡町七黒の村旗

むらハチブ　村ハチブ　村落内部で行われる交際を拒否し仲間から除外する制裁。村ハチブ、村バナシ、村ハズシなどと呼ばれる。十の交際のうち、葬式と火災の二つを除く八つの交際を断つということから村ハチブと付けられた、という俗説がある。ハチブの語源は、つまはじきの言葉に象徴されるように、本来は村落社会から特定の村人をはじくことにあった。ある村人が村落内のつきあいを著しく制限されることによって、村落内部で排除や差別という制裁を受ける。日常的に発動されることはないが、村落内の盗み・暴行・失火などの刑事的犯罪と

村規約・申し合わせの違反、共同作業の懈怠、生活態度への反感などに基づいて発動された。村ハチブは村落生活秩序を乱したとされた村人の排除システムと考えられている。実際の村ハチブは絶交の程度も緩急があり、すべて絶交という場合もあるが、一般的には若干の交際を残す方法がとられた。村ハチブにあうと、村人から交際を断たれ、生活上さまざまな制約を受けることになる。その解消のために、できるだけ早い時期に仲介者を介し、一定の期間が経過すると謝罪をする。そこで制裁がとけ、村落内の交際が正常に戻る。あくまでも謝罪が予想され、永久的に排除するということはない。村ハチブは現代社会で形を変えて存続し、時には社会問題になることもある。気に入らない者を排除するという心意が根強く、陰湿な制裁慣行として脈々と生きている。　↓制裁《せいさい》

参考文献　奥野彦三郎「ハチブの根底」(『人権擁護局報』五、一九五四)、竹内利美「ムラの行動」(『日本民俗文化大系』八所収、一九八四)、小松和彦「村はちぶ」(『日本民俗研究大系』八所収、一九八八)　(板橋　春夫)

ムラヤー　村屋　近世の沖縄の村の施設で、役所や集会所の機能を果たした。布屋《ヌノヤー》とも呼ばれた。夫地頭《ブジトゥ》・掟《ウッチ》などが管理し、所遣帳などの諸帳、斗升などの諸道具、模合持の焼酎瓶などを常置していた。『諸村公事帳』には、農事担当の掟・目差は毎月二日に農民を布屋に集め、田畠の仕付方や作毛のことなどを督励するようにという規定がある。また、地割や祭礼など村全体にかかわることについての話し合いもここで行われた。村屋の伝統は、常時区長や書記が勤務する今日の公民館の様相にみられる。

参考文献　「久米仲里間切諸村公事帳」(『沖縄久米島』資料篇所収、一九八三)　(梅木　哲人)

むらやく　村役　㈠江戸時代に、道路や用水の普請など公共事業において村人が負担した労役。村高に応じて村に課せられ、のちには米金を持って代納することも多くなった。民俗語彙としてムラヤクといった場合は、ムラの共同労働としての村仕事を意味する。ムラを維持するために村人に課せられた義務である。㈡村役人あるいはムラの役職者。江戸時代には村方三役といって、領主に対して年貢や公事納入の責任を負っていた名主(庄屋)・組頭・百姓代などを指した。明治以降、名主は戸長さらに区長へと受け継がれ、第二次世界大戦中には常会長などと変わったが、いずれも顔役といわれる財産と手間のある家筋のものが多く務めてきた。支配単位としての村と生活単位としてのムラの範囲が一致しない場合には、ムラは独自の組織を形成した。茨城県猿島郡山村では、村組としての坪からそれぞれ出ている総代が月番で名主をまわしていた。村落運営のための役職に関して、関東地方ではこうした当番制による組織が多く見られる。一方、近畿地方の長老衆に代表される村役のあり方に注目し、東の「番」と西の「衆」として村落構造と結びつけて論じる説もある。　↓区長《くちょう》　↓組頭《くみがしら》　↓戸長《こちょう》　↓庄屋《しょうや》　↓名主《なぬし》

参考文献　児玉幸多『近世農民生活史』、一九五七、福田アジオ『番と衆―日本社会の東と西―』(「歴史文化ライブラリー」二五、一九九七)　(斎藤　弘美)

むらよりあい　村寄合　自治的な村民集会のこと。じっさいの呼称としてはヨリエー、ヨリなど寄合系統のものが多いが、主な議事を表わす歩銭勘定・勘割り、時期を表わす春祭・二十日寄りなどさまざまなものがあった。のちには戸主会・区会・常会・部落会・総集会などと名称替えをしたものが多い。範囲は、大字・区・部落などと呼ばれるムラが基本であるが、ムラの内部に形成されている村組とか、信仰的な講がムラの下部団体として村寄合の機能をになう例も少なくない。この場合、春祭などのように神事ののちに開かれるものもある。また、ムラを越えた重大問題が生じた際に幾つかのムラが連合で寄合を開くこともまれにはあった。一般には全戸の戸主の参加が義務づけられており、昭和の初期ごろまでは女性の出席が疎まれたり、欠席した家から科料をとる例もあった。それに対し、規模が大きいムラで、全戸が集まる寄合はほとんどなく、村組の代表者による寄合で村運営をしたという所もある。寄合の場所は、区長などの役員の家、神社や庵の空き室、そして公会堂・公民館などへと変化していった。愛知県、兵庫県、それに沖縄では、かんたんな議題の場合に限り、村内の空き地で立ったまま寄合をした地方もある。寄合の開催は定期と臨時の二種類があり、定期の寄合は、一般的には正月はじめと年末に開かれた。前者は初寄合などと呼ばれ、年間の行事決めや確認、それに役員の改選などが主な内容であり、後者は主に年間の村経費の決算にあてられた。先の歩銭勘定・勘割りなどがそれである。その他、地方自治体からの委任事務であるとか、村民に対する制裁措置としての村ハチブについて審議することもなされた。よそから村内へ転居する者は、酒などを持参して村寄合で挨拶をすることも一般的な慣習であった。村寄合における座順は、家格順(家柄順)と年齢順(年長順)、それに正面に座る役員以外は特に決まりがなく、出席順もしくは任意という三種にわけられるが、概して往時は厳しく、座順を守らない者が村ハチブに処せられたという地方もあった。議事の決定や役員選挙に際しては、時間をかけて協議する方法もとられたが、あらかじめ根回しがなされることもあった。村寄合で議決を行う場合の方法としては、大きくは全会一致制と多数決制とに分けられる。入れ札などと呼ばれる投票も古くからあり、重要問題とか選挙の際に用いられたが、実質上は多数決でありながら、あたかも全会一致であるかのように結論づける行き方も広くみられた。意見が割れたことによるシコリが後々まで尾を引かぬようにとの一種の糊塗策である。なお、第二次世界大戦直後、GHQは戦時下に大政翼賛会によって統制されていた部落会や町内会の解散を命じたが、地域社

会および地方自治体の双方にとって必要な当該組織は、ほどなく復活して今日に至っている。 ↓常会《じょうかい》 ↓部落《ぶらく》会《かい》 ↓村組《むらぐみ》 ↓村役《むらやく》

参考文献 宮本常一『忘れられた日本人』(『宮本常一著作集』一〇、一九七一)、平山和彦「村寄合における議決法」(『伝承と慣習の論理』所収、一九九二) (平山 和彦)

ムレ ムレ 朝鮮語モリ、ムル(山)に由来する可能性のある地名。山名の古い接尾語「森」(青森・岩手・沖縄県・四国に集中分布)とも関連するか。ムレは大分県に特に多く、花牟礼山・高無礼《むれ》・騎群峠《きむれ》・角埋山《つのむれ》など、各種の文字が使われている。『日本書紀』の古訓に、辟支山(へきのむれ)、古沙山(こさのむれ)などの百済の山名がある。『播磨国風土記』にも城牟礼(きむれ)山の名がみえる。

参考文献 鏡味明克『地名学入門』、一九八四 (鏡味 明克)

むろ 室 現代の生活においては、食材を貯蔵するため地下、または半地下に掘られた断熱、保温性の高い穴を指して、この語を用いる。古代では、住居の奥に設け土を塗り込めた寝所や、山腹などに造られた洞窟状の住居を室と呼ぶ用法がみられた。その後、「強ひてかの室にまかり至りて」(『古今和歌集』一八)などにみられる僧侶の庵室を指す用法や、麹室、氷室《ひむろ》など、外気を遮断して発育や発酵を促したり、氷などを長期間にわたり保存する貯蔵庫を指す用法が表われた。つまり、古くは「断熱、保温性の高い、住みこもるところ」を室と呼んでいたと考えられる。やがて「断熱、保温性が高いところ」と「住みこもるところ」に用法が分かれ、さらに現代では、「住みこもるところ」の用法が失われて、「断熱、保温性の高いところ」を指す用法だけが日常生活で用いられるようになった。住居の土間に掘られた地下室《じげむろ》は二〜四メートルほどの深さに及び、温度・湿度は年間を通してほぼ一定していて、収穫されたイモ類・根菜類・卵類などを厳寒時の凍結や暑い時期の腐敗から防ぐことができるため、農山村のほとんどの住居に設けられてきた。半地下の室は商家や町屋の台所にみられ、切石積みで湿気を防ぎ、短期の食材貯蔵庫として用いる例が多い。規模の大きい室に関東ローム層を利用した武蔵野のウド穴があり、深さ三、四メートルの縦穴の四方に奥行き四、五メートルの横穴があって、広さは五〇平方メートルをこえる。

参考文献 小林昌人『民家と風土』(『民俗民芸双書』、一九八五)、渡辺善次郎・菊池滉・郡知上享『「農」のあるまちづくり』、一九八九 (伊藤 庸一)

ムンチュウ 門中 沖縄にみられる共通の始祖を中心に父系血縁で結びつく集団。一門《イチムン》という呼称も併用されている。本土の同族に類似していることから、門中研究に先駆的業績を残した渡辺万寿太郎などに同族団と呼ばれたことがある。ムトゥ(宗家・本家にあたる)とそこから分枝したワカリ(分家にあたる)との結びつき、祭祀の協同など同族と類比される面もあるが、その異なるところは、聟養子を忌避するなど相続・継承において女性(娘)を排除する父系・男系血筋への固執や、集団の規模が村落など地域を越えたものがみられることなどである。門中は沖縄独自の文化的、歴史的状況のなかで生成発達したとみることができる。門中組織はかつて琉球王国時代の首府であった首里や、日本本土や中国・東南アジア地域との交易港として栄えた那覇を中心に、沖縄本島南部・中部地域に制度としてよく整ったものがみられるが、離島や北部地域には、制度的に未成熟で集団の規模も小さなものがある。そのことから、門中は近世沖縄の士族社会に生成し、その後農村地域に模倣され広まったとみることができる。旧士族層の門中は理念型モデル(範型)であり、それは王府に承認された家譜(系図)と毛・梁などの漢民族に模した姓を持ち、儒教倫理に支えられた祖先祭祀を主な機能とするものである。家譜と漢族的な姓は、一六八九年(康熙二十八)に王府に系図座が設置されたことによって、士族と平民を峻別する身分制度の象徴としての意味を持っていた。明治の廃藩置県以降、家譜や漢族に模した姓は公的には廃止されたが、毛姓、梁姓、麻姓などの姓は、毛姓門中・麻姓門中など、門中の呼称に残っている。家譜も系図座が廃されたあと、その管轄のもとに編集・記載の検証はなくなったものの、祖先の功績や門中成員の出自や系譜関係の確認に役立っており、なによりも門中の集団としての結束の象徴として機能していることが大きい。沖縄の門中組織を支える父系(男系)原理の遵守は、他系・聟養子の忌避、女子継承の禁忌などにみられ、それが儒教倫理と強く連関していることで、中国漢族の宗族、韓国の門中との類似が指摘される。しかし、門中の祭祀機能に女性司祭者の優位性が付随している点は、沖縄の土着的な信仰との融合がみられ、そのことは韓国の門中などと対比されるものである。家譜の形式も漢族の宗譜や韓国の族譜との共通点がみられる一方、男子の名前の継承に名乗り頭の様式があることなど日本本土の影響がみられる。農村地域の門中は、旧士族層のように家譜や漢族風の姓は持たないが、父系血筋の遵守は強く意識されている。糸満など沖縄本島南部には門中共有の門中墓が他の地域より顕著であり、またそのような墓が門中成員の結束の核となっている。 ↓家譜《かふ》 ↓系図座《けいずざ》

参考文献 比嘉政夫『沖縄の門中と村落祭祀』、一九八三、多和田真助『門中風土記(第二版)』、一九九三 (比嘉 政夫)

ムンヌイエプ ムンヌイエプ アイヌ語で箒のこと。箒には母屋の室内用と、土間および屋外用、それに細工事の後片付けなどに使う小型の物とがある。室内用の箒は、長さ四〇〜五〇センチ、直径二〜三センチの丸棒の、全体の三分の二位まで半割りにし、そこへ細く裂いたブドウ蔓の皮をはさむ。ブドウ蔓を一方へ折り曲げて合わせ、その根元を別のブドウ蔓で二〜三段に編んでとめ、穂先を切りそろえると箒は完成する。室内にあって、上座や宝物壇

などに鳥の翼を利用した羽箒を使う家もある。土間や屋外にはハギの穂先を揃え、使いやすい長さに柄の部分を切り落し、紐などで柄を結束する。小箒は細く裂いたブドウ蔓を二つに折って結束し、穂先を切り揃える。　（藤村　久和）

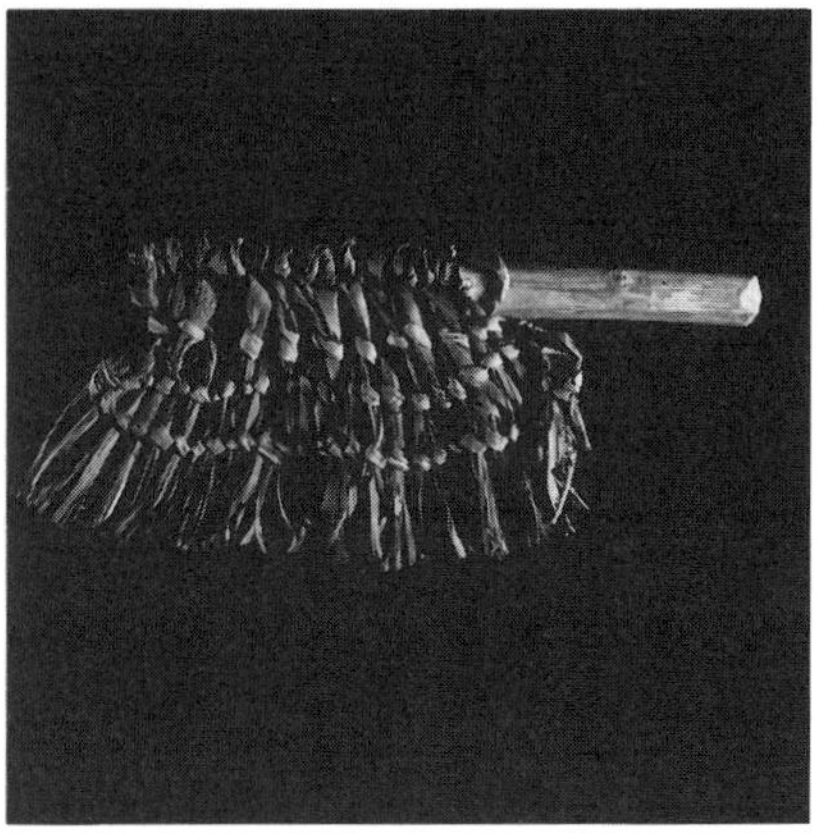

ムンヌイェプ

め

めいこん　冥婚　未婚のまま死んだ者の霊に花嫁・花婿をめとらせる冥界婚。死霊結婚・死後結婚ともいう。東アジアの各地で見られるが、特に中国では慰霊や祖霊昇格などを目的として行われる。日本では東北地方の一部で近年ひそかな流行が見られる。「花の座敷を踏まず死んだ悔しさよ」という親心から、生きていれば年ごろになった亡き子にふさわしい花嫁や花婿をイタコやオナカマなどの巫女を介して探しだし、その写真などをもとにムカサリ（婚礼）絵馬を描いてもらったり、花嫁人形を作ったりして寺院などに奉納し供養をしてもらう。絵馬の図柄は金襴の打掛けに身を包んだ花嫁と紋付き姿の花婿が並んだ姿が多く、媒酌人夫婦や三三九度の酒を注ぐ男蝶や女蝶、門出を見守る両親などが描かれる。山形市の立《りっ》石《しゃく》寺（山寺）の奥の院にはこうした絵馬や人形が多数奉納されている。山形県天童市の若松寺は最上三十三観音の第一番札所で、縁結びの観音さまで知られ、本堂には婚礼の情景を描いた千余枚のムサカリ絵馬が飾られており、奉納に際して住職の手で霊前結婚式が行われることもある。青森県西津軽郡木造町の弘法寺には千余体の黄泉《よみ》の花嫁人形が奉納されており、十月二十七日の人形供養祭には、死者の遺族らが集まり、酒や御馳走で人形の花嫁・花婿を慰め、家族団欒の時を過ごす。また、水子供養のためのムカサリ絵馬も少なくない。少子社会を反映し、死児の齢を数え上げて親の務めを果たそうとの切実な祈りの姿がある。

参考文献　松崎憲三編『東アジアの死霊結婚』、一九九三、河北新報社編集局編『こころの伏流水―北の祈り―』、一九九四

（門屋　光昭）

めいじたいしょうしせそうへん　明治大正史世相篇　柳田国男の著書。一九三一年（昭和六）一月の発行。発行所は朝日新聞社。昭和農業恐慌による打撃が深刻化した一九三〇年の下期に集中的に執筆されたという。また柳田の生年は明治初年の一八七五年（明治八）で、『明治大正史』は彼の同時代史でもあった。彼にとって、自分の人生は、明治維新に始まった近代化路線が、昭和農業恐慌によって破綻した時代と重なりあっている。日本が近代化する過程で、「国民としての我々の生き方がどう変化したか」、その設問に対して、世相を資料とすることによって解明しようとしたのが本書である。日本倫理生活史としての明治大正史と評してよい。衣食住に始まり、学問・教育論で終る構成をとっている。最終章の章名は「生活改善の目標」となっており、昭和農業恐慌下にあって、彼の郷土研究が生活改善にどのように貢献できるのかを問う議論で締めくくっている。衣食住などの変遷をとおして私たちの生き方がどう変化したかを解きほぐしながら、新しい時代は個々人の生き方が問われる時代になったとして、一人一人の自主的な判断力を求めている。かつての日本人が豊富にもち、今は失われつつある自助と協同の精神を回復し、協同組合に結集することで恐慌の克服

『明治大正史世相篇』

をはかるべきだというのが同書を通底する主張となっている。

参考文献　藤井隆至『柳田国男　経世済民の学―経済・倫理・教育―』、一九九五　（藤井　隆至）

めいしん　迷信　俗信のなかで特に社会生活に実害を及ぼすと考えられているもの一般。今日、常識的に迷信とされるのは、時刻や日や方角などに関する吉凶、さまざまな占い、さらには各種の祈禱といったもので、それらが知識にとどまらず対外的に実効を求めたときに迷信となる。ことに狐憑きや犬神憑きといった憑物では、それを落とすために生命を失う場合や、家筋として伝わるとする差別の原因にもなっている。　（佐々木　勝）

めいせつ　名節　⇨ミョンジョル

めいたく　冥宅　中国語で、死者の住宅のこと。厝《ツオ》ともいう。中国の伝統では死者は死後も生前と同じ生活を送ると考えられており、葬式において遺族が死者のために細工職人に依頼して作ってもらう。在日華僑の場合は職人が少ないため、盆行事である普度勝会《ふどしょうえ》(鬼節、七月半ともいう)において、まとめて作っている。竹ひごで骨組みを作り、その上から下貼り紙とツヤ紙を貼って作る。普度勝会の最終日には住職・遺族・細工職人が立ち会って作成した冥宅契約書とともに冥宅を焼いて冥界に送り届ける。　↓普度《ふど》

参考文献　曾士才「在日華僑と盆行事」(『民俗学評論』二七、一九八七)　（曾　士才）

めいにち　命日　故人の死んだ日にあたる毎年のその月日のこと。忌日《きにち》といい、四十九日の仏事以後は、月忌・一周忌・三回忌・七回忌・十三回忌・弔い上げに至るまでの追善供養の仏事はこの忌日が選ばれた。のちに毎月のその日を忌日とするようになった。室町時代になると忌日を命日というようになり、また墓参りをする人も出た。『康富記』の一四四七年(文安四)四月三日条には「先人御命日也」とあり、また、謡曲の『松山鏡』にも「今日は彼が母の命日にて候程に」という用語があるのがその例である。島根県の出雲東部では最初の月の命日をサイミテといっている。神奈川県鎌倉市では最初の月の命日をデビといい、大きなおはぎを作り、その内の一つだけ墓へ持って行き紙にくるんで埋める。近親をよび、世話になった人や、見舞を貰った人にチョウド(偶数)の数にして重箱に入れて配るという。これに対して、島根県の一部では十二月の命日に仏をまつり、四つ組の膳を供え、親類には餅か団子を配る。青森県の野辺地では最終の命日を特に大事に供養するという。忌日の祭で有名なのは京都市上京区の北野天満宮の菜種御供である。二月二十五日を菅原道真の命日としての祭である。ただし、大阪府藤井寺市の道明寺では三月二十五日をその日としている。菅原道真の怨霊をまつることから始まったのであろう。生まれた日に死んだ人は特別な人と理解されていた。なお、付近の農民にあっては菜種御供は春の仕事の前の行楽の日である。　（田中　久夫）

めいめい　命名　名前をつけること。柳田国男の関心の中には地域の名前(『地名の研究』)のみならず、風位の名(『風位考』)、野鳥や野草につけられた名前(『野鳥雑記』『野草雑記』)、人間につけられた名前(『名字の話』『家の話』)もあり、語彙の採集はありとあらゆる対象に広がっている。そこでは名詞が中心であったが、ことばをつくる技能は何も名詞のみを対象としたのではなく、形容詞や動詞によることば化も含み、言語芸術と呼ばれている。新しい単語が造り出されることが、すなわち名前がつけられることであり、言語芸術となる。口承伝承の研究はこうした言語化された伝承の研究であり、口ことばを対象とする民俗学が、そのはじまりからことばを集めることを主としたのは当然であった。ことばを集めることを通じて、その背景にある「過ぎ去った生活の痕跡」を見出すことが目的となる。その中で単語の地域差を時間差として読みとる方言周圏論も生まれている。柳田以降、すでに言語化された名前の研究は民俗学・地理学・言語学・歴史学・人類学などで多々なされてきた。他方、名前がつけられること自体(命名)、すなわち単語の発生当初についての研究も進められた。柳田はまず単語製作者に注目した。「単語は其発生の当初に於ては、必ず平易であり又自然」と仮定され、「其時代の雰囲気を反映し得る力は、孤高特立の先覚者よりも、却って思い邪無き幼童の方に多かったかも知れぬ」とした。「はたらきざかりの男女は、そんなひまがないから、ただすなほに、他の人の作ったものを、まねてゐただけ」である。こうして邪無き幼童に単語の発生はまかされる。子供による単語の生み出し行為について、柳田はハトの名前をとりあげてこう述べている。「ことばは人がこしらへたものだといふことまでは、子どもには考えられなかった。それで、多くの人間がしたやうに、ハトポッポがみずから名を名のって、出てくるものと思ったのである。」ことばは人間によって造られるのではなくて、あらかじめ対象物にあって名のられるものと考えられた。子供は無邪気にそれをとりあげているのにほかならないとする。柳田が小さき者の声に耳を傾けたのは、漢字や借りものの知識に影響を受けず、そのものの声に自然に対応する子供の感覚の鋭さ故であった。小さき者の鋭い感性は、必ずしも俗界の塵に汚れぬからばかりではなく、「七歳になる迄は子供は神さま」という考えにも支えられている。「小正月の晩にホト〳〵と戸を叩いて、神の詞を述べ神の恵を伝へに来る」子供である。小さき者は「もの」のみずからの名のりにも、神の詞にも応える術を持っている。その小さき者自身の名がどこから生まれるのかについても考えるべき問題がある。近世、旧前橋藩では七夜に名付けを行なった。佳い名と思われるものを三つ選び紙に書いてこよりにして神棚に捧げ、無心の幼児にその一つを取らせて神の名付けと呼んだ。全国的にはトリアゲババ、産婆が命名することが多いが、彼女がかつて乳母として宗教

者の機能を持っていたことと考え合わせると興味深い。↓名付《なづ》け

参考文献　『日本産育習俗資料集成』、一九七五、柳田国男「少年と国語」(『柳田国男全集』二二所収、一九九〇)、同「小さき者の声」(同)　(原　毅彦)

メーデー　May Day　五月一日、労働者の祭典とも呼ばれるが、労働者の連帯を示威する国際的な統一行動の日。ヨーロッパでは古くから五月一日に春祭が行われ、メイ＝ポールと呼ぶ柱を立ててそれを囲んで踊りを踊ったりしていた。このような行事を背景として、十九世紀末以降労働者の連帯の日としての意味を持つようになった。一八八七年、アメリカの職能労働組合が八時間労働制を要求してゼネラル＝ストライキを決行したのが五月一日であり、一八八九年にパリで開かれた第二インターナショナル創立大会で、この五月一日を国際的な労働者の連帯の日とすることを決めた。日本では一九二〇年(大正九)五月二日、上野公園で最初のメーデーが行われ、十五団体、一万人が参加したとされる。翌年から五月一日開催となり、これ以後参加者などに対する検束騒ぎを伴いながら毎年この日に開催された。しかし、軍国主義化のなかで開催は次第に困難になり、一九三六年(昭和十一)以降禁止された。第二次世界大戦後は四六年に復活し、五二年に明治神宮外苑で開かれたときには、皇居前広場に行進したデモ隊と警官隊とが衝突し、流血のメーデーとなった。労働条件の改善や経済的闘争、あるいは政治的変革などをかかげたりして闘争的な色あいが濃かったメーデーも今日においては著しく大衆化するとともに半ば娯楽化・イベント化し、家族連れなどを含む数百万の勤労者の参加する労働者の祭となった。この日は休日にする会社などが多いので、四月末から五月初めにかけてのゴールデン＝ウィークを形成する重要な日でもある。

参考文献　絲屋寿雄『メーデーの話』(「労旬新書」四六、一九七五)　(倉石　忠彦)

めおとさかずき　夫婦盃　婚姻に際し、夫婦が互いに交わす固めの盃。三三九度ともいう。嫁入婚の場合、夫婦盃は披露宴に先立って聟の家で行われ、その様子が披露されることも多い。雌蝶・雄蝶と呼ばれる小児や仲人が盃の仲立ちをする場合が多く、盃は小・中・大の三つ重ねを用いて、それぞれに三回ずつ酒を注ぎ、聟・嫁・聟、嫁・聟・嫁、聟・嫁・聟の三度まわした。この時の肴は、形式的にコンブ・勝栗・スルメなどが用意された。その後、親子盃・兄弟盃・親類盃が行われ、引き続き宴となる。このように、夫婦盃は嫁入婚の儀礼の中心として扱われ、婚姻成立の象徴と捉えられている。また、都会流の神前結婚式にも取り入れられ、今ではもっとも普遍的に行われる婚姻儀礼になっている。しかし、夫婦盃は武家の小笠原礼法の影響を受けたもので、庶民に普及したのは比較的新しく、近世以降と考えられている。夫婦盃の民俗語彙としては、関東でアイ盃、新潟・秋田でムスビ盃、中国以西でコンコン盃が報告されている程度で、夫婦盃が行われなかった地域も多い。古くは結納が婚姻の成立であり、また、聟と嫁の親、嫁と聟の親の親子盃は重要視されたが、村内婚の卓越していた時代では、夫婦固めの盃でことさらに夫婦になったことを示す必要はなかった。このため、盃事の時、聟がその場にいなかったり、夫婦盃をする場合でも、人々の面前ではなく、納戸でひっそりと盃が交わされたりする事例もある。↓親子盃《おやこさかずき》

参考文献　柳田国男「常民婚姻史料」(『柳田国男全集』一二所収、一九九〇)、大間知篤三「婚姻の民俗学」(『大間知篤三著作集』二所収、一九七五)　(服部　誠)

めおとすぎ　夫婦杉　二本相並んだ杉を仲の良い夫婦に見たてた伝説。山形県羽黒山一ノ坂の夫婦杉は、片方の杉の枝がもう一方の杉の幹に刺さり、男女交合の姿に似るところからこの名がある。秋田県雄勝郡稲川町の夫婦松は、稲庭城落城の折、城主小野寺道勝が、自分と妻の身代りに植えたものという。寺社の杉や松にこの名を付けることが多いので、神木への畏敬が名称の根底にあると考えられる。高僧の箸立《はしたて》伝説のうち杉の箸が二本成育したものや、一本の幹が途中から二股に分かれているものも夫婦杉(松)という。後者は相生《あいおい》杉(松)ともいい、その形状から縁結びと結びついている。　(大島　広志)

めかけ　妾　正妻以外の女性の愛人。テカケと呼ぶ所も多い。東北地方ではオナメという。メカケは目を掛けること、テカケは手を掛けることであるが、オナメは女奴との説があり、また同じ東北地方で牝牛をオナメと呼ぶ例があるところからしても、女性に対する蔑称に相違ない。妾を持つことは普通は非公然の私的な行為なので、慣習とはいいがたいが、ごくまれには地域で慣習化していた場合もあった。三重県志摩地方のあるムラでは、ムラの大多数の妻帯者は妾を持ったという。妾を持たないような男は甲斐性がないとみなされていた。ただし、男が貢ぐのではなく、女の方が男に貢ぐのだという。当地の女性は海女稼ぎなどをすることによって、ある程度の経済力を持っていた。妾を持つことは、ごくふつうの男性にもあることだが、村落社会においても、経済力・政治力などの点で力を持つ者が数名の妾をもった事例もある。ムラの実力者が村内の女性に対して文字通り手を掛ける例である。

参考文献　池田弥三郎他「蓄妾風俗について」(『講座日本風俗史』三所収、一九八九)　(平山　和彦)

めがね　眼鏡　眼の病である近視や遠視を矯正するレンズを使用した道具。日本に南蛮船を通じて最初に眼鏡が伝わったのは一五二九年(享禄二)のことであり、周防山口の国主大内義隆に献じられた。その後、徳川家康や大久保彦左衛門の眼鏡が知られるが、はじめはおらんだ眼鏡と称され、視力の衰えによる頭痛押さえの意味と、上級武士や金持ちが好むだて(伊達)眼鏡といった装いとしての性格が強かった。江戸時代初期にはすでに眼鏡師が

登場し、枠に鼈甲・水牛角・馬爪などの、異国の動物性の材料を使い、またガラス玉のほかに水晶玉を細工したことから、高価な貴重品であった。初期のものは単に鼻の上にのせるだけの方式で、次に紐で耳に掛ける方式が登場する。江戸中期には二つ折れ式のおらんだ眼鏡や枠の中央部の鼻支えを極端に盛り上げ、細かな曲線の意匠を施した天狗眼鏡が作られる。江戸後期にようやく日本風の眼鏡が作られはじめ、木枠は金属枠となり、耳掛け紐がこめかみを押さえる頭痛押さえや掛弦となり、鼻の支えに琴柱《ことじ》や松葉といった飾りの金属細工のものができてくる。そして明治期に入ると頭痛押さえから今日のような耳掛け式の長いフレームが付いた、全体に軽量なレンズ主体の眼鏡が量産されるようになった。特に携帯に便利な四つ折れとか六つ折れ眼鏡、サングラスを組み合わせた親子眼鏡、二重焦点眼鏡、極細のフレームの蟹眼鏡が純国産品として作られた。

参考文献 長岡博男『日本の眼鏡』、一九六七

（小林　忠雄）

めかりしんじ　和布刈神事　旧暦の大晦日から元旦にかけて、関門海峡をはさむ二つの神社、下関側の住吉神社(長門一宮)と門司側の早鞆《はやとも》神社(和布刈神社)において行われる神事。早鞆神社においては第二次世界大戦後に公開されたが、住吉神社においてはいまもって秘祭とされている。住吉神社の場合、かつて神職たちは大晦日の夜、和布刈道という特別な道を通って壇ノ浦へと向かった。壇ノ浦では餅を供え、火立岩で神事を行なったのちその餅を焼いて食べると、竹を割って作った松明を掲げ、狩衣・烏帽子・白足袋姿で新しく作った草履を履いて海に入り、一握りのワカメを一鎌だけ刈る。海から上がる時は草履を再び使用できないように引き裂いて捨て、口をすすぎ、手を洗って、松明を燃やし尽くした上で陸に上がる。帰りは新しい草履に履き替えて行きとは別の経路をとり、刈り帰ったワカメは元旦の神前に供えられる。早鞆神社の場合はそのまま海に面しており、神社正面の石段を下ってほぼ同様にワカメを刈る。和布刈神事は住吉神社の年中行事でも重要なものの一つで、多くのタブーを伴う。神職たちの経路近くの家々はもちろん海上の掛かり船も明かりをつけず、物音を立てず、外出もせず謹慎したという。近郷の漁師は和布刈神事が終るまではここのワカメを採ってはならず、呼ぶこともはばかってワカメを「名いわず」といった。国分直一は刈り取るワカメの森を祖霊の森ととらえ、この神事を祖霊迎えだと解釈した。

参考文献 三味居主人「和布刈神事に就て」(原田磯夫編『馬関覚え帳』所収、一九五四)、国分直一「ワカメの祭―和布刈神事の意味―」(『日本民族文化の研究』所収、一九七〇)、「和布刈祭」(放送文化普及委員会編『郷土のこよみ』所収、一九七三)、伊藤芳枝『祭礼行事山口県』解説、一九九五

（金谷　匡人）

めぐりがみ　巡り神　⇨巡行神《じゅんこうしん》

めぐりじぞう　巡り地蔵　⇨回《まわ》り地蔵《じぞう》

めし　飯　一般に調理した穀類をいうが、食事の総称にも主食の意味にも用いられる言葉。ゴハン、イイ、マンマともいう。象徴的な意味として、「メシの食い上げだ」などと、生計をさす場合もある。飯の炊き方には一定量の穀類と水とで炊き上げる炊干し法、沸騰した湯に穀類を入れる湯立て法(雑穀の飯や人寄せなど大量の飯の炊き方)、オネバを捨てる湯取り法(麦飯など)がある。都市や漁村の人々はふだんに白米を食べたが、粥や茶漬けを食べる地域も多く、山村ではヒエ粥・麦粥も食べた。農村では水田地帯でさえも麦やアワなどの雑穀、イモ類や大根、菜などを大量に入れて米と混炊した飯を食べ、畑作地帯ではアワ、ヒエ、麦にわずかな米を混ぜた三穀飯が常食であった。麦七、八割の麦飯を常食にした関東の畑作地帯の人々は、水田地帯の者から「麦飯は軽いから、風呂に入ると浮いてしまう」と軽蔑された。漁村では海藻が米の増量材となり、西日本ではトウモロコシの飯の所も多かった。このように農山漁村では米の飯は主食物の一部にすぎない。大根や菜、海藻などを入れた飯をカテメシと呼ぶ地域は多いが、関東・中部地方ではゴボウ、人参、油揚などを入れ、味をつけた御馳走の飯をいう。雑炊・粥も飯の一種である。白米の飯は正月と盆、祭に食べるもので、コメノメシと呼んで日常食のメシと区別した。白米の飯を静岡県・石川県でオダイ、福島県でマルメシ、山梨県でソロメシという。強飯はハレの日の代表的な飯である。

参考文献 柳田国男編『山村生活の研究』、一九三七、宮本常一「食生活雑考」(『宮本常一著作集』二四所収、一九七七)、成城大学民俗学研究所編『日本の食文化―昭和初期・全国食事習俗の記録―』、一九九〇

（増田　昭子）

めすだれ　目すだれ　雪中の強い日射しと白雪の反射光線からユキメ除けに目を保護するための遮光具。東北地方から新潟・北陸地方などで用いられたメスダレ、メカクシ、ユキメヨケなどと呼ばれるものには、黒い絹布や、麻蚊帳地の小切れなどに、紐をつけて頭部に結びつけたり、鉢巻にはさんで眼前にさげて着装したり、眼帯や、眼鏡状のものもあり、サングラスのように使う目を守る工夫であった。また、農作業時に稲の葉先や虫から目を守る網状のものをメスダレ、メアテなどと呼ぶ所もある。

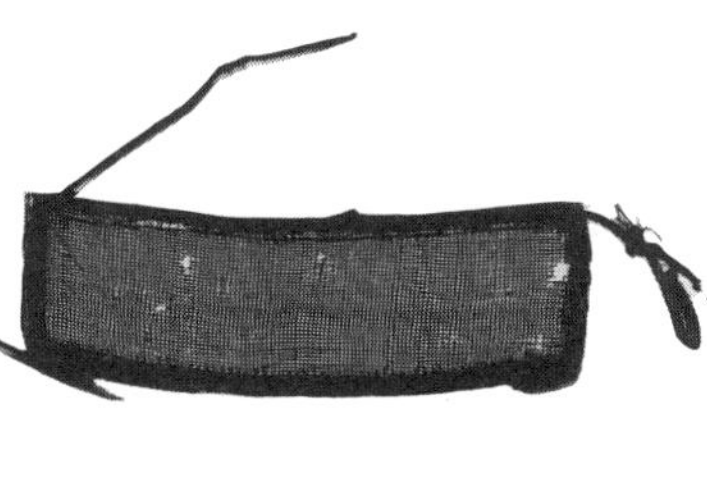

東北地方の目すだれ

参考文献 天野武『民具のみかた―心とかたち―』、一九八三

（犬塚　幹士）

めちょう・おちょう　雌蝶・雄蝶　婚礼の夫婦盃の際、盃に酒を注ぐとともに盃の受け渡しを行う役割の男女一組の子供。盃事に用いる銚子や瓶子の首には紅白、金銀などの蝶花形の和紙の飾りがつけられ、雌蝶・雄蝶と称された。この和紙の飾りは、小笠原流礼法などのしきたりによって定型化した折り方があり、蝶は蚕蛾を表わし、交わって繭を作るところから、夫婦の生産・生命の維持を意味すると説明される。酒器にこの飾りが付けられているところから、盃の受け渡し役の子供も雌蝶・雄蝶の名で呼ぶようになった。雌蝶・雄蝶は、通常は聟方の甥や姪などの小さな子供が務め、両親がそろっていることが条件とされた。いずれも晴れ着を着て、一人が盃を受け渡して一人が酒器の酒をそそぐか、女の子が長柄銚子で盃に酒をそそぐ本酌、男の子が提子で酒器に酒をつぎ足す加え酌となって夫婦固めの盃事を行なった。雌蝶・雄蝶は、元は添い嫁・添い聟と同様、婚姻の介添え役であったとも考えられる。なお、関東甲信越地方を中心に、雌蝶・雄蝶の子供が婚家入り口で火を燈した藁松明や提燈を持ち、花嫁を出迎え、この火を花嫁にまたがせたり、藁松明で花嫁の尻をたたく民俗が広がっている。雌蝶・雄蝶は、小笠原流の夫婦盃が民間で一般化するにつれて普及したものであるが、それ以前でも、このような子供の力が婚姻成立の儀礼には欠かせなかったことがうかがわれる。

参考文献　江守五夫『日本の婚姻—その歴史と民俗—』（『日本基層文化の民族学的研究』二、一九八六）　（服部　誠）

メルヘン　Märchen　昔話を意味するドイツ語。ドイツ語の発音としてはメルヒェンが正しい。Mär は元来知らせ、物語、噂の意で、-chen という語尾は縮少を示し、ヒェンと発音される。ヨーロッパでは十三世紀から十六世紀ごろまで、このことばは噂話などの意味に使われることが多かった。十八世紀になって、ドイツのヘルダーらが、民間伝承詩こそ詩の根源であると主張し始めた。十九世紀にグリム兄弟やルートヴィヒ＝ベヒシュタインらが、Märchen の名のもとに、伝承的物語を、いわゆる共通語で、ある程度形を整えて発表し成功したことによって、Märchen が昔話を意味することが明確になってきた。十八世紀末から起きたドイツ・ロマン派の文学活動では、伝承昔話ではない、創作のファンタジー物語が Kunstmärchen（創作メルヒェン）とよばれた。このことばは現代でも使われている。メルヘンの話材には古代インド、古代ゲルマン、古代小アジア、古代中国などに由来するものがある一方、中世以降の比較的新しいものもある。同じく口承である伝説とは異なり、Märchen は時代、場所、人物が不特定で、内容は信じられる必要はないが、語り口は独特のものがある。スイスの文芸学者マックス＝リュティはその特徴として、一次元性、平面性、抽象的様式、孤立性と普遍的結合の可能性、純化と含世界性を挙げている。Märchen には話型（Type）がある。それには各国独自のものと世界に広く共通するものとがある。世界共通の話型カタログとしてはフィンランドのアンティ＝アールネが作製し、アメリカのスティス＝トンプソンが増補した『昔話の型』The Types of the Folktale（Folklore Fellows Communication（FFC）184, 1964）がある。Märchen に関する世界初の大規模な百科事典として、Enzyklopädie des Märchens が一九七五年以降ドイツで刊行中である。　（小沢　俊夫）

めん　面　⇩仮面《かめん》

めんこ　めんこ　明治後半に成立した子供の玩具で、ボール紙で作った円形あるいは四角形のもの。武将や野球選手・相撲取りなどの絵が書いてあったりする。乏しい小遣いをためて駄菓子屋などで買ったが、買えない子供たちは新聞紙を折って作ったりすることもあった。庭先や路端の地面に交互に置いた相手のめんこに対して、自分のめんこを地面や台の上に打ち当て、裏返すと勝ちとなり、相手のめんこを取ることができる。そのほか下に入れたり、遠くから投げて相手のものの上に乗せたりする。糸でかがったり、蠟を塗ったりして強いものを作りタマと呼んだりすることもあった。

参考文献　加藤理『「めんこ」の文化史』（『日本児童文化史叢書』一一、一九九六）　（倉石　忠彦）

めんつ　面子　miàn zi　中国語。面は文字通り、顔を意味し、子は単なる接尾語。メンツとして体面・面目などを意味するが、ほとんど同義で、日本語になっている。「面子が立たない」「面子を保つ」「面子を立てる」「…の面子にかけても」といった用い方をする。みずからないしみずからの属する集団に対する他者の評価、社会的評価、世間の評判を気にかける気持が昂じた状況のもとで強く意識される。すなわち明らかに自他の関係性のなかで顕在化する意識である。その意味においては、世間体や恥といった語彙と共通項の見出せる語といえよう。「面子を保つ」「世間体を保つ」といえば、ともに、世の中人びとに対して顔が立つ、面目を施す、体裁・体面を保持する、というほどの意味を有する。また「面子が立たない」という意識は、何ほどか恥ずかしくて、特定の人に、時に不特定な抽象的存在に合わせる顔がないという気持と通じるものである。ちなみに、恥といえば名、恥辱といえば名誉が対置されることになる。この名誉と面子との連関について、「日本の封建武士の名誉感は、ヨーロッパ中世の騎士の名誉感に通ずるものが多いが、中国ではそれが二千年の昔に失われ、これに代わって面子《メンツ》が支配した」とする説もある。このように面子は、元来は中国の人間関係を長きにわたって規定してきた重要な要素の一つだった。中国においても日本においても、面子といえば現在でも、個ないし個の属する集団が本来的にもっているもの、というニュアンスで捉えられる。すなわち、社会的地位の高低、家柄の良し悪し、といったことには関係なく誰しもがもっているものだった。相手の面子を考えるということは、相手を傷つけないように配慮することを意味する、ごく日常的な営為といえよう。対して名誉というものは、社会的地位、家柄、個の達成した何かなどによって発生するものであり、誰しもがもっているものではない。したがって、名誉を傷つける、傷つけられるといったことは、非日常的な営為といわざるをえない。このあたりに面子と名誉の根本的な違いが見出されるのである。 ↓世間体《せけんてい》 ↓恥《はじ》

参考文献 森三樹三郎『「名」と「恥」の文化』、一九七一　（天沼　香）

メンパ メンパ ⇩曲物《まげもの》

めんぶりゅう 面浮立 鬼面をつけたカケウチとよばれる踊り手が勇壮に集団群舞する浮立で、佐賀県の代表的な民俗芸能。佐賀平野の西部から長崎県の東南部にかけた有明海沿いの地域に分布する。その起源については戦国時代に豊後国の大友勢、または中国地方の大内勢が肥前国に進攻した時に鍋島武士が鬼面をかぶり奇襲して撃退したとか、その戦勝祝いに踊ったなどの諸説がある。笛・大太鼓・鉦の囃し方を伴い、時々、カケウチが胸前に吊したモリャーシ(小太鼓)を打つ。曲目には神前への道行きを演ずる「奉願道《ほうがんどう》」、神前での「神の前」、余興的要素の「みつがさね」「むらわたし」などの曲目がある。鉦は編笠をつけた女性がつとめる。カケウチは股引・法《はっ》被《ぴ》・足袋に草鞋ばきの姿であるが、佐賀県鹿島市音成は濃紺、同市母ヶ浦は波に碇綱の紋様を描いた法被など地域によって特色がある。力強く直線的な所作を見せるもの、腰を低く構え踏み足に特色があるもの、左右の動きや軽快なリズミカルな動きを特色とするものなど、おおむね四種類に分類されるといわれる。

音成の面浮立（佐賀県鹿島市）

参考文献『鹿島市史』中、一九七四　（佛坂　勝男）

も

も 喪 人の死後一定期間、遺族が謹慎すること。古くは埋葬前に死体を安置した喪屋とよばれる仮屋に遺族が籠った。原初的には、死者が死の世界へ落ち着くまでの移行期間を考え、その期間は家族も死者に近い仮死的な謹慎状態に身を置いたものと考えられる。死体を埋葬せずに長期安置する殯《もがり》は日本では貴族上層の火葬受容とともに消滅した。古代の法制では、官人などの死に際してその近親者に与えられる休暇を假《か》(仮)、喪服を服《ぶく》と称し、転じて服喪期間のこともブクとよんだ。民俗語彙としては忌中をイミ、ユミということが多いが、ブクという地域も広くみられる。忌籠りは中世にも広く行われ、宣教師の報告では戦国時代の武士は家族の死後三、四十日間主人の館に出仕できず、その期間が過ぎると身を洗い清め、衣服を着替えて参上した(フロイス『日本史』)。中世の貴族では籠僧とよばれる僧侶を傭うことも行われた。民俗例では長期にわたる忌籠りが近年まで残った例は少なく、忌明けまで神棚に紙を張ったり、門前に忌中札を立てる程度の形式的な謹慎になっているが、漁村では四十九日の間主人が漁を休むところや、墓地にある堂に喪主が一定期間籠る習俗が近代まで残っていた土地もある。また人の死後葬式までの間、蚊帳の中に死者を安置する民俗は喪屋の名残ともいう。民俗例では忌みの期間は四十九日とされることが多いが、その間は死者の魂が雨だれ落ちにいるといわれるのは、死者が死の世界に移行していないことを示し、喪の意味を考える手がかりとなる。

↓殯《もがり》

参考文献　岡田重精『古代の斎忌』、一九八二、孝本貢・八木透編『家族と死者祭祀』、一九九七　（勝田　至）

もあい　模合　沖縄における頼母子講・無尽講の一種で、相互扶助的な借金・貯金の仕組み。普通ムエーと称される。親睦を目的とするものや知人・友人の苦境を手助けする個人的なものから企業の資金調達にまで用いられる。個人的な場合は通例、一月に一回、五千円から三万円程度の金額が多い。人数も普通十人前後である。今日では金銭のみが対象であるが、貨幣経済が浸透する以前は米や砂糖などの生活物資が主な対象であった。　（津波　高志）

モイドン　モイドン　薩摩・大隅半島南部に分布する森神。タブ、エノキなどの森にまつられ、森の樹木を傷つけると祟るとされる一方で、子供の守り神ともされる。石祠や五輪塔を伴う例も見られる。森殿の字を宛て、十一月に門《かど》単位でまつられる。モイドンは門の墓地近くに位置する例が多く、荒ぶる死霊の性格がモイドンの祟り神としての性格と関係するとして、墓、モイドン、門の乙名家(門本家)、屋敷神としてのウッガンの空間配置と、死霊の祖霊化・抽象化過程を対応させる見解がある。また、モイドンを、平野部に展開し水稲耕作文化に伴って成立したものという主張もあるが、逆に、畑作地帯に濃密に分布するとした指摘もなされている。　↓森神《もりがみ》

参考文献　郡山重遠「薩摩半島南東部におけるモイドン信仰圏の地理学的研究」(『鹿児島地理学会紀要』二二ノ二、一九七六)、小野重朗『南日本の民俗文化』二、一九九二　（徳丸　亜木）

モウアシビ　モウアシビ　沖縄の諸村落において第二次世界大戦前まで行われた青年男女の夜間野外での集団的交遊の一形態。モーとは原野のことで、それに毛の字をあて、毛遊びと書くのが通例となっている。モーではなく、浜辺で行う村落では浜遊びとも称した。未婚者のみ参加し、一村落内で行うこともあれば、数村落にわたることもあった。普通、男女が車座になり、三味線の上手い男性と歌の上手い女性を真ん中にして、歌舞を楽しんだ。夜なべ仕事を終えた後、明け方までほぼ毎日のように行われたが、常に同じ顔ぶれが揃ったわけではない。モウアシビで意気投合した男女が性関係をもち、女性方への通いの期間を経て、結婚に至る事例が多かった。しかし、それは婚姻当事者の意志が比較的尊重される平民百姓の村落においてであり、士族においてはより親の意志が強く働いたので、必ずしも結婚に至るとは限らなかった。また、士族系の村落は女子のモウアシビへの参加を厳禁する例もあった。風紀上、教育上悪いという理由で、官憲の取締りにあい、早いところでは明治期に、遅いところでも一九三〇年代後半にはおもてだったモウアシビは姿を消した。しかし、一部の地域においては第二次世界大戦後もしばらくは行われたようである。官憲の弾圧で消滅したとするのがこれまでの見方であるが、何故弾圧のなくなった後で復活しなかったのか、戦後の社会変化との関連でも捉えてみる必要のある習俗である。　（津波　高志）

もうしご　申し子　神仏に祈願して授かった子。『御伽草子』や説経節の主人公は申し子として生を受けたと語ることが多い。また昔話の異常誕生譚では富をもたらす主人公を申し子とするものが多い。申し子は神と人の通婚による神の子の誕生にもつながるとする説もあるが、出産にまつわる禁忌として「申し子はするな」と伝える地域もある。また、現実とのつながりで語られる申し子を忌む話も多い。鹿児島県与論島では子どものない老夫婦が山の神に祈願し、夢告《むこう》を受け、蛇の子を籠いっぱいに生んだと伝えている。夫婦は神に無理をいった罰だとその子を畑の中に埋めたという。また鹿児島県曾於郡では庄屋が竜神に祈願して娘を得たが、娘は年頃になると、山の奥へ行きたいとせがみ、池に飛び込んで再び戻らなかったという。元禄年間(一六八八―一七〇四)に刊行された『善悪報ばなし』には次のような話がある。申し子で生まれた息子が二十歳になっても歩かず、それを嘆いていると米と銭を用意すれば歩くという。いわれたとおりにすると、歩いて山中に入り鬼と化した。前世の借金を取り返しに生まれかわり、財産を喰い潰し、残りの分はこの米と金だといって山中深く入っていってしまったという。これらの話からは、申し子という他界との結びつきが強い子どもを他界に近いものとして恐れる心意を読み取ることができる。　↓異常誕生譚《いじょうたんじょうたん》

参考文献　大島建彦「昔話の伝承」(上田正昭他『日本の民俗』所収、一九七四)、山田厳子「因果応報譚の中の子供―富とのかかわりを中心に―」(『東洋大学附属牛久高等学校紀要』一一、一九八八)　（山田　厳子）

もうそう　盲僧　僧形の盲人芸能者、特に琵琶法師をいうが、平家語りの座である当道に属さない者の呼称としてもっぱら使用される。特に九州を中心として分布する『地神経』を読誦し竈祓えを業とする呪術宗教家的要素の強い一団の呼称として使用されることが多い。琵琶法師が何らかの形で物語を語っていたことは、すでに平安時代から記録にみいだせる(『新猿楽記』に「琵琶法師の物語」とある)。当道座は、南北朝時代に形成されたが、『看聞御記』には当道座頭が『地神経』を語っている例がみえ、当道座頭は盲僧的集団の中から芸能を専一にする者が分化したものと考えられている。近世に入ると、当道座が組織の強化を図って、おもに地方で集団をなしていた盲僧をその組織下に組み込もうとした。そこに両者の抗争を生じた。ゆえに、盲僧・地神経読み盲目・地神盲僧という名称は、近世になってにわかに史上に登場するようになる。当道的生業を排し、僧侶を標榜し『地神経』を読んで呪術・祈禱を専一とする者たちの謂いとして、当道座頭と対立的に用いられた。しかし、これはあくまで建て前であって、特に下級の者はくずれと称する

語り物を盛んに語り、芸能者的生業にも精を出したのである。なお肥後盲僧は近世において当道座に属していたので、相対的に芸能者的要素が濃いが、基本的には地域社会において地神盲僧と同様の機能を果たしている。

↓地神盲僧《じじんもうそう》

参考文献 加藤康昭『日本盲人社会史研究』、一九七四、岩橋小弥太『芸能史叢説』、一九七五 （西岡 陽子）

もうそうびわ 盲僧琵琶 九州および中国地方にかけて地神盲僧と呼ばれる琵琶法師の集団が所持している琵琶、およびその音楽。その琵琶は携帯に便利なように小型で、胴が細いのが特徴。雅楽の琵琶が四弦四柱、平家琵琶が四弦五柱であるのに比べ、盲僧琵琶は四弦六柱であるとされるが、実際には変異が多い。地神盲僧は『地神経』を根本経典とする呪術宗教家で、彼らの伝承している琵琶楽は、竈祓えなどにおいて地神や荒神をまつる儀礼の場面で弾奏される。『地神経』は漢訳仏典の体裁をとるが、これとは別に釈文と呼ばれる各種祭文がある。この中には「神集せ」や「星祭」の祭文など雑多なものが含まれているが、その中心は五郎王子が地神となる、すなわち地神の本地を説く物語で、いわゆる荒ぶる神の慰撫と鎮魂が語られる。各地の里神楽の土公祭文や五行祭文と構造を同じくするもので山伏修験や、陰陽師などとの交流が想定される。また以上のような儀礼的な語り物とは別にくずれと呼ばれる『佐倉宗五郎』『百合若大臣』『大友軍団』など合戦物語や説経浄瑠璃、流行歌など芸能的な語り物も豊富である。筑前琵琶・薩摩琵琶はそれぞれ地域の盲僧琵琶楽から発展したといわれる。なお、韓国にも『地神経』を読誦して祈禱を業とする盲目の道流僧がおり、すでに高麗中期に盲僧の語が史料上に表われるという。日本の盲僧との関連において近年注目されている。
↓地神盲僧《じじんもうそう》

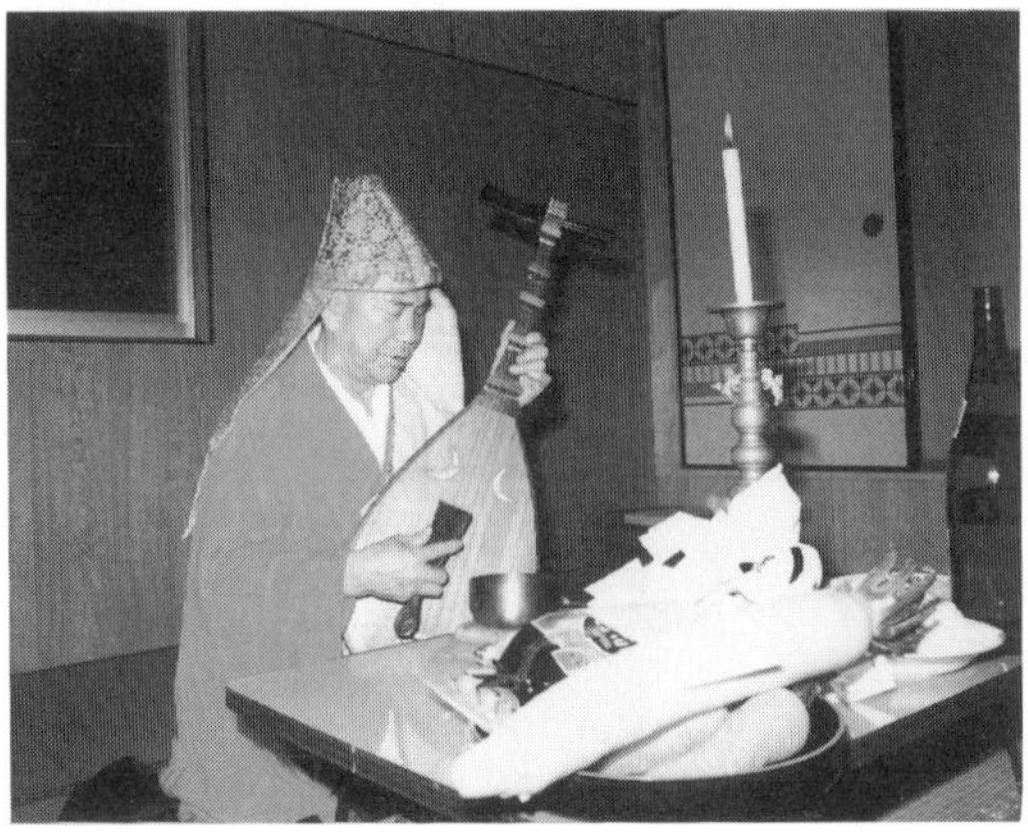
盲僧琵琶による長崎県対馬の荒神祓え

参考文献 村山道宣「琵琶―わすれられた音の世界―」(『あるくみるきく』一三五、一九七八)、永井彰子「盲僧琵琶の道」(『音と映像と文字による大系日本歴史と芸能』六所収、一九九〇) （西岡 陽子）

もうつうじえんねん 毛越寺延年 岩手県西磐井郡平泉町の天台宗寺院、毛越寺で一月二十日夜に行われる摩多羅神祭において演じられる芸能。延年は、歴史的には平安時代後期から室町時代に京洛・大和の大寺院において法会の後宴・法楽などとして催された芸能の会《え》で、風流や連事などの対話様式の芸能は能の前身としても重要な役割を果たしたと考えられる。毛越寺に伝承される延年は「留鳥《とめとり》」「卒都婆小町《そとばこまち》」「女郎花《おみなえし》」「伯母捨山《おばすてやま》」などの曲であるが、中世芸能の古態究明の上でも貴重な演目といえる。また「花折《はなおり》」「王母ケ昔《おぼがむかし》」の二曲は稚児舞として奏される。中世寺院においては僧侶の寵童趣味は広く見られるところで、延年においては白拍子・舞楽など、稚児の歌舞がもてはやされたが、こうした脈を引くものといえる。ほかに田楽踊りや「老女」「若女・禰宜舞」など、やはり中世に源流を有すると見られる曲が奏される。摩多羅神祭として重要なのは「祝詞《のっと》」で、御幣を手にした鼻高面を付けた役が摩多羅神の本地でもある本尊阿弥陀の仏前で、摩多羅神の本地や慈覚大師による祭礼創始の由来を口中で聞こえないように唱える。延暦寺やその末寺の天台系寺院では、摩多羅神に関わる神仏習合色の強い祭儀が行われ、特に大和の多武峰や日光の輪王寺では中世後期から近世には修正会延年が摩多羅神を本尊として催された。毛越寺の摩多羅神祭もこうした天台寺院の修正会延年としての性格の強い催しといえるが、特筆されるのはこの祭礼の日、参拝者が豊作祈願として摩多羅神の宝前に五穀を供え、これを持ち帰って家の種子に混ぜて植えるといった習俗があったことである。摩多羅神が作神として信仰され、摩多羅神祭はその祈願を行う時・場であったわけで、地域の民衆にとっては春迎えの予祝の行事であった。一八八二年(明治十五)からは黒石寺(岩手県水沢市)を模倣して蘇民祭が同時に行われ、裸で参拝した男たちが、柱や格子戸によじ登り、大変な喧騒を呈する。岡山県西大寺の会陽や大阪府四天王寺のどやどやも修正会結願の裸祭として著名なものであるが、新年にはこのような悪態を伴う裸祭が多くみられる。

毛越寺延年（岩手県平泉町）

参考文献 志羅山頼玄「平泉毛越寺延年と仏教」(『講座日本の民俗宗教』六所収、一九七九)、倉林正次「中尊寺・毛越寺の正月行事」(『饗宴の研究』祭祀編所収、一九八七)、山路興造「常行堂修正会と芸能」(『翁の座』所収、一九九〇)、福原敏男「常行堂修正会の後戸」(『祭礼文化史の研究』所収、一九九五)、本田安次「平泉毛越寺延年」(『本田安次著作集』一五所収、一九九八)、松尾恒一「延年芸の声と話法」(『口承文芸研究』二一、一九九八)、山本ひろ子「摩多羅神の姿態変換」(『異神』所収、一九九八) (松尾 恒一)

もうと **間人** 中世から近世にかけての百姓の身分呼称。もうどともいう。中世では、名田の請作をもっぱらとするような下層の百姓で、村の正式な構成員ではなかったが、一部には名田を所有する者、宮座に加入する者も存在した。近世では、名子・被官などとともに、本百姓と区別された隷属農民を指し、阿波・土佐・周防・長門・隠岐・肥前など、西日本各地に存在した。地域による差異はあるが、基本的には無高で、村の寄合や祭礼などへの参加はほとんど認められていなかった。

参考文献 喜田貞吉「間人考」(『喜田貞吉著作集』一〇所収、一九八二) (佐藤 孝之)

もうはつ **毛髪** 頭髪・髭・陰毛など体表の一部にはえる毛。生物学的には動物の体毛と同じものであるが、動物の体毛が保温・断熱といった生理的機能があるのに対し、人間の毛髪には社会的、文化的な意味が与えられる。中山太郎は『日本巫女史』(一九三〇)の中で毛髪の特徴として(一)毛髪が自然に伸長すること、(二)黒い毛が年齢により白くなること、(三)死体は腐っても毛だけは永く残ることをあげている。これらの特徴は毛髪が人間の意識にかかわりなく、どんどん成長し伸びる不可思議な生命力を宿していることである。この生命力が毛髪に対する多義的な民俗を生み出すことになる。「髪の濃い者は賑やかな暮らしをする」というのは、毛髪の多さが豊かさに通じるからであり、逆に「髪のうすい者は運が悪い」というのは毛髪の少なさが貧弱に通じるからである。しかし毛髪の多さは必ずしも豊かさにのみ関係するのではなく、「髪の毛の多い人は苦労する」という諺がある。このような毛髪の多義性は髪の長短についてもみられる。柳田国男が「髪長姫」(一九二三)で指摘しているように、髪の長い女性は神に仕える資格があった。また『遠野物語』(一九一〇)に登場する山女の長い黒髪は山という異界の存在の印であった。それに対して髪を切ること、さらに髪を剃ることはこの世との関係を断ち切ることであった。しかし、長髪の若者が入社の前に髪を短くするのは社会へ受け入れられることを表わす。また、明治時代、断髪令が公布された際、女性の断髪は良俗に反するとして非難されたのは、断髪が女性性をあいまいにするからであった。ところで毛髪は自然にぬけ、また生えてくるが、ぬけた毛髪には強い嫌悪感をもつ。この感覚は不浄にまで及ぶが、一方、ぬけた毛髪に対して「毛をくべると気狂いになる」というように、毛髪には神がかりに似た状態を引き起す力が宿っているのである。このような毛髪の呪力は、ことに女性に関係し女性の髪の毛を神宝や寺宝にすること、船の守護神である船玉様の神体が女性の髪の毛であることによくあらわれている。オナリ信仰のみられる南島・沖縄では、旅に出る兄弟は安全のために姉妹(オナリ)の髪の毛を身につけた。また、女性の陰毛を寺宝や神宝にすることがあるが、この陰毛の呪力を「七難のそそ毛」という。七難はシチナ、シツナと読め、それは巫女集団の呼び方といわれる。また、巫女の陰毛を操るための唱え言ともいわれる。毛髪は死後も伸びるが、これは毛髪が生と死という分類をあいまいにすることである。遺族がうれい髷にしたり、死者の頭陀袋の中に近親者の毛髪を入れたり、供養の目的で死者の毛髪を寺に納めたりすることは、毛髪が生と死の世界を媒介することを示している。

→髪型《かみがた》 →髭《ひげ》

参考文献 池上良正「毛髪の象徴性」(佐々木宏幹・宮田登・山折哲雄編『現代宗教』五所収、一九八二)、宮田登「陰毛の呪力」(『女の霊力と家の神』所収、一九八三) (野沢 謙治)

モウㇽ **モウㇽ** アイヌの女性の衣服の一つ。肌着・下着として着られていたもの。また、日常着としても家の中で着られていた。丈は、一一〇センチ前後である。前がはだけて、人前で肌を見せることのないように、胸から下が裾まで縫い合わされており、ワンピース様になっている。頭からかぶるようにして着る。胸元をしばるための紐がつけられ、これに針入れが下げられることもあった。木綿が使われる以前には、シカなどの獣皮も使われていた。

参考文献 天理大学附属天理参考館編『アイヌのはれ着』上、一九七六、萱野茂『アイヌの民具』、一九七八、アイヌ民族博物館編『アイヌ文化の基礎知識』、一九九三、児玉マリ「アイヌ衣服の地方的特徴」(アイヌ民族博物館編『シンポジウムアイヌの衣服文化』所収、一九九四) (笹倉いる美)

モー モー 野原をさす沖縄語。毛とも書く。村落の内外に耕地にも利用できない空き地があると、そこをモーと称した。人の集まる場所として利用した。開拓新村では神事を行う施設がないため、モーがその役割を果たしたりする。たとえば害虫駆除や健康を祈願する祭であるアブシバレーを行う場所として使われる場合、その場所をアブシバレイモーと称したりする。また、往時若い男女が夜間野原に出て艶遊をすることをモウアシビといった。 (渋谷 研)

モーガン Morgan, Lewis Henry 一八一八—八一 アメリカの文化人類学者。日本ではモルガンと表記されることが多い。十九世紀進化論の頂点ともいえる学説の提唱者として知られる。モーガンは東部アメリカの先住民(インディアン)、イロクォイ諸族との親密な交友関係を通じて彼らの特異な親族分類法に注目し、世界中から比較資料を集めて大著『人類の血族と姻族の諸体系』(一八七〇)を公刊。たとえば父と父の兄弟、母と母の姉妹にそれぞれ同一の親族名称を用いるなど、直系親族と傍系親族を区別しない場合を類別的体系と呼び、欧米人のように両者を区別する記述的体系との相違を強調した。のちの『古代社会』(一八七七)で、モーガンはこの類別的体系がかつて存在した社会段階における家族・婚姻形態の名残をとどめるという論法を徹底させ、さらに原始乱交説や母系先行説を取り入れて、蒙昧から野蛮、文明へと至る人類社会の一系的進化図式を完成させた。その図式の中心にあるのは、血縁家族―プナルア家族―対偶婚家族―家父長制家族―単婚(一夫一妻)家族という発展段階説である。彼の進化学説は、エンゲルスの『家族、私有財産および国家の起源』(一八八四)などを通してマルクス主義の唯物史観にも強い影響を与えてきたが、今日では厳しい批判を浴びてほぼ説得力を失った。文化人類学では、むしろ親族研究の創始者として研究史の上で高く評価されることが多い。

参考文献 笠原政治「モーガン」(綾部恒雄編『文化人類学群像』一所収、一九八五)
(笠原 政治)

モース Mauss, Marcel 一八七二―一九五〇 フランスの社会学者。『社会学年報』を創始した著名な社会学者エミール＝デュルケム Emile Durkheim の甥にして後継者。当初はサンスクリット文献学に基礎を置くインドと未開社会の宗教研究の専門家だったが、デュルケムの死と第一次世界大戦による若手研究者の多くの戦死で危機に瀕した社会学年報学派を再建するため、社会学や文化人類学の全研究領域を一人で補うという超人的な仕事ぶりを発揮した。彼の主要な論文は、死後編纂された『社会学と人類学』(一九五〇)に収録されている。中でも「贈与論」は、世界に広く流布する贈与の慣習についての最初の体系的な比較研究であり、交換理論の古典として今日においても多大な影響を与え続けている。モースはここで、原初的社会の交換という現象が経済学的であると同時に法学的、道徳的、美学的、宗教的、神話学的であり、その意味は現象を複合的で具体的な実在として見てはじめて把握できると説いた。こうした現象を彼は全体的事実と呼んだ。モースの仕事には、彼が研究する原初的制度とわれわれ自身の制度との比較対照が内在しており、どのようにして原初的制度をわれわれが理解できるかということだけでなく、その理解を通してわれわれ自身の制度をよりよく理解したときには、改善するにはどうすればよいかを彼は問い続けたのであった。『社会学と人類学』のほかには、『エスキモー社会』、『供儀』(アンリ＝ユベールと共著)、『分類の未開形態』(デュルケムと共著)などの著作があり、いずれも邦訳が刊行されている。

参考文献 レヴィ＝ストロース『マルセル・モースの世界』(足立和浩訳、一九七四)、渡辺公三『再び見出された父―マルセル・モースの人類学―』(『季刊 iichiko』一三、一九八九)
(出口 顕)

もがみたかよし 最上孝敬 一八九九―一九八三 生産技術や葬送・墓制などの研究を進めた民俗学者。東京帝国大学卒業後に、明治大学教授として経済史研究から民俗学に入り、木曜会会員として山村・海村の調査にも加わった。第二次世界大戦後には、国民金融公庫理事、日本大学教授などを務めるとともに、民俗学研究所代議員、日本民俗学会理事などをも務めた。幅広い研究上の視野をもって、丹念な調査の努力を重ねており、特に両墓制の研究の先達として、各地の資料の集成を行なった『詣り墓』(一九五六)をはじめ、『原始漁法の民俗』(一九六七)、『生業の民俗』(一九八三)、『霊魂の行方』(一九八四)などの論著をまとめるとともに、『日本民俗学大系』(一九五八―六〇)、『日本の民俗』(一九七一―七五)などの編集にもあたった。遺著の『霊魂の行方』には、その「年譜」と「著作目録」とが収められている。
(大島 建彦)

もがり 殯 葬法の一つ。古代、人の死後しばらくの期間、遺体を木製の柩に収め、埋葬地とは別の場所に喪屋を起して安置した。天皇の場合は殯宮といい、殯宮内では挽歌が詠われ、誄《しのびごと》が奏上され、土師《はじ》氏の指揮下でさまざまな儀礼が行われた。『令集解』喪葬令所引の令釈によれば、凶癘魂《きょうれいこん》(生者を死の世界へ引きずりこもうとする霊の力)を鎮める遊部が供奉して死者に食物を捧げた。また皇后・皇太后など女性の遺族が殯宮に籠って喪に服した。記紀神話にみえる伊弉諾尊《いざなぎのみこと》の黄泉《よみ》の国訪問の描写は喪屋に安置された死体のさまを表わすという。古く『魏志』倭人伝にも、倭人は死後十余日間喪(葬)をとどめて肉を食わず、喪主は哭泣《こっきゅう》し他人は歌舞飲酒し、葬った後は一家で水中に入り練沐《れんもく》(禊《みそぎ》)すると記す。古代の天皇の殯期間は数ヵ月から一年内外に及び、後継者の選定などの政治的事情でさらに長期にわたることもあった。発掘例でも千葉市若葉区東寺山石神二号墳では木棺内の副葬品にネズミの歯の痕跡があり、殯期間中に受けたと考えられることなどから古墳時代には一般的だったと思われる。長期に及ぶ殯の間に骨化した死体は木棺ごと運んで石棺に入れ埋葬した。六四六年(大化二)の薄葬令では王以下庶民に至るまでの殯を禁止し、天皇の殯期間も火葬の導入後は著しく短縮された。しかし埋葬後、墓の近くに廬《いお》を結んで遺族が籠る慣習はその後の史料にもみられ、本土の民俗例でも伊豆諸島ではイミヤ(神津島)・イミカド(三宅島)・カドヤ(新島)などと称する仮屋を寺の境内やムラから離れた山間に作って死者の子息が二十五日から数ヵ月籠るなど、近年まで各地に残っていた。一方、八重山地方のヌーヤ(野屋)をはじめとして、沖永良部島(鹿児島県)でモーヤという小屋に棺を置いて親子兄弟が数日間そこで時々棺を開けて死体を見たり、津堅島(沖縄県)で藪の中に風葬したのち、遺族や親戚が毎日訪れて死者の顔を見た。沖縄諸島では死者の埋葬後ではあるが、しばらく墓地に泊まり込む慣習が残っていた地域は多い。現在奄美諸島でモヤ、モーヤ、ムヤといわれているのは石囲いの古墓をさすが、これらも殯のような儀礼がかつてあった痕跡と推定される。古代の殯について、折口信夫はその期間は死が確実でなく蘇生する可能性があったとしたが、この説には批判的な論者が多い。しかし死が不可逆的ではあっても瞬間的なことではなく、死の世界への一定の移行期間があり、その間死者の遺族が死者とともに忌みに籠っていたこと、魂が死の世界へ移行した徴証として死体の骨化が重視されていたことは事実であろう。なお本土の現行民俗では、喪中の家の表口に木を×印に組んで立てるもの（青森県津軽地方）や、埋葬地点に動物除けのために竹を曲げて地に埋めて作る施設（茨城・奈良など）をモガリと呼ぶ例があり、これから古代のモガリの語義は悪霊を防ぐためとする説がある。しかし中世では防衛のために城郭や集落の周囲に作る竹を結い回した柵をモガリ（虎落）と称しており、現在の方言でも逆らう、強情をいう、ゆするなどの意のモガルの語が各地にあるので、墓地のモガリは本来葬墓制と無関係な一般的語彙としてのモガリの語義拡張と考えられる。古代のモガリは「喪上がり」の意とする説があり、防御する意のモガルとの関係は不明である。　↓喪《も》　↓喪屋《もや》

参考文献　五来重「遊部考」（『仏教文学研究』一、一九六六）、伊波普猷『をなり神の島』一（「東洋文庫」二二七、一九七三）、井之口章次編『葬送墓制研究集成』二、一九七九、最上孝敬『霊魂の行方』、一九八四、新谷尚紀『生と死の民俗史』、一九八六、田中久夫『仏教民俗と祖先祭祀』、一九八六、酒井卯作『琉球列島における死霊祭祀の構造』、一九八七、斎藤忠『東アジア葬・墓制の研究』、一九八七、和田萃『日本古代の儀礼と祭祀・信仰』上、一九九五
（勝田　至）

もくじき　木食　五穀を断ち、木の実などを食べて修行すること。火を加えた食物を口にしないところに特色がある。この行は宋代の中国で行われていたことが『宋高僧伝』にみえ、日本では中世に高野山で盛んに行われ、近世初頭には近江出身の木食応其を出した。また、ほぼ同時期の天台宗では尾張出身の弾誓らが行なっているように、近世には宗派を越えた行として広く受け入れられ、湯殿山をはじめ各地で木食上人が輩出した。

参考文献　堀一郎「湯殿山系の即身仏（ミイラ）とその背景」（『東北文化研究室紀要』三、一九六一）
（時枝　務）

もくば　木馬　子供が乗って遊ぶ木製の馬。明治期に馬の足に弓形の細木を取りつけて前後に揺り動かす形式のロッキング＝ホースが伝わって以降、木馬としてはこの形式が一般的である。馬を台車に固定し、台ごと綱で引き廻す形式のものも現存する江戸時代の実物資料から確認できる。また木馬をきんまと読むと、福島県の三春駒のような東北地方に見られる小型の馬の玩具をさす。

参考文献　多田敏捷『子供の乗り物・光学玩具』（「おもちゃ博物館」一七、一九九二）
（川越　仁恵）

もくばい　木灰　草木を燃やした後に出る灰のことである。現代社会ではその利用は全くといってよいほどなくなったが、昔は肥料・染めもの・皮なめし・製紙などに使われたため、灰を専門に売買する灰問屋もあった。食べものの世界でも広く使われ、酸敗して酸っぱくなってしまった酒の中和、灰干しワカメや灰干し魚にも使い、また種麹《たねこうじ》の製造にも使われた。さらにドングリやトチノミなどのアク抜き、傷口の殺菌、胃腸病などへの内服、さらに油の付いた食品の洗剤などさまざまなものに使われた。　↓灰《はい》

灰売人（『守貞漫稿』六より）

参考文献　小泉武夫『灰の文化誌』、一九八八
（小泉　武夫）

もくようかい　木曜会　一九三四年（昭和九）に、柳田国男宅において始まった毎月二回の定例研究会の名称。『民間伝承論』に収録された講義が行われた民間伝承論の会（一九三三年―）を引き継ぐかたちで創設された。郷土生活研究所が行なった山村・海村調査が主に木曜会参加者によって担当されたこと、民間伝承の会の中心的な研究会としての側面ももつことなど、第二次世界大戦前の民俗学が確立していく過程で中核的な役割を担った。一九四七年の民俗学研究所設立に際して、同研究所の研究会・談話会へ発展的に解消した。

木曜会初期のメンバー（1934年ころ）

参考文献　牧田茂「木曜会時代」（同編『評伝柳田国男』所収、一九七九）、柳田国男研究会編『柳田国男伝』、一九八八
（岩野　邦康）

モグラ　モグラ　食虫目モグラ科に属する地下生の哺乳類の総称。日本では北海道を除く各地に棲息する。生活圏は植物の根が及ぶ範囲で、そこにトンネルを掘って生活し、一度きずかれたトンネルは代々引き継がれ、半永久的に使用される。地方によってはウゴロモチ、オンゴ

ロ、ウグラとも呼ばれる。耕地の畝やクロ(畦)を持ち上げるからだという。トンネルが作物の根を傷めたり、水田の漏水の原因となったりするため、古くから農民の害獣の一つとみなされ、年頭や秋にモグラオイなどの儀礼が行われる。　（菊池　健策）

モグラうち　モグラ打ち　田畑を荒らすモグラの害を防ぐために小正月の十四、十五日ごろに行われる行事。作物の豊作を願う小正月の予祝行事の一つ。京阪地方では節分に行われる。東日本では十月十日の行事として、ムジナッパタキとかツチンボといわれて行われている所もある。やり方や行事の名称は地域によって異なり、九州ではモグラ打ちといって藁の苞《つと》を竹竿の先につけたもので畑を打ち回る。新潟県や栃木県・福島県などのように、畑や屋敷中を横槌を引いて回るという所も多い。その際「モグラもちどこへ行った。つつんぼ様のお通りだ」と唱えごとを唱えたりする。福島県いわき市のように、ムグロヨケといわれる行事が行われている例もある。藁を打つツチボウに縄をつけて二人で畑の中を引き回り、一人が「ナマコどんのお通りだ、むぐろどんお留守かい、お留守かい」と大声でいうと後ろの一人が「お留守、お留守」と答える行事が行われている。また、福島県南会津郡田島町のようにツツンボウヒキといわれて行われている例もある。正月十四日の朝「ツツンボウのお通りだ、ナガムシ(蛇)来んなよ、モグラモチ起すな」と唱えながら、子どもたちが藁を打つ木槌に縄をつけて引いて回り、その後ろから団子をゆでた汁をかけていく行事である。この行事もナガムシ除けといっているが、モグラ打ちの行事の一つである。横槌のほか、肥桶をたたきながら回るという事例もある。

参考文献　『いわき市史』七、一九七二、『田島町史』四、一九七七　（菊池　健策）

モグラオドシ　モグラオドシ　モグラを駆除するための仕掛け。モグラは主にミミズを餌とするところから、モグラの生息する地は肥えた地味だといわれる。しかし、一方ではトンネルを掘るために庭や畑を台無しにしてしまうとか田の水を抜いてしまう害獣とされた。餌であるミミズ退治には漢方薬の川弓、ムクロジの実の煎液を撒いたりした。直接的にはモグラの通り道にモグラオドシといい、餌を取ったり、足をかけると上から釘を打った重しが落ちてきて圧死させる罠を仕掛けた。近年では通路にガソリンを撒いてその臭気で追い払う方法も取られている。稲の刈上げ祭である旧暦十月十日の十日夜に子供たちがモグラタタキといい藁棒で地面を叩く儀礼的なモグラ払いもあった。　（佐野　賢治）

もぐらのよめいり　土竜の嫁入り　昔話の一話型。通常「鼠の嫁入り」と称する場合が多い。『日本昔話大成』では「笑話」に位置付ける。崔仁鶴『韓国昔話の研究』は「鼠聟を捜し求めて」の題で「動物昔話」に分類する。筋は次のごとくである。㈠鼠(モグラ・石屋)が、娘をこの世界で最も偉い者に嫁入りさせようとする。㈡太陽・雲・風・壁(岩・石・土手)を候補者に挙げる。結局は鼠が最も偉いことになる。㈢鼠は鼠のところに嫁に行く。日本の文献では『沙石集』「拾遺」六九に「鼠ノ、女ヲマウケテ、天下ニナラビナキ聟ヲトラント」で、始まるのが初出である。朝鮮半島では一九一二年刊行『朝鮮野談集』の「野鼠天下の巨族に婚を求む」が古い。中国では笑話集『応諧録』に載る「猫号」が、この話にもとづく例かと思われる。なお、一八八七年(明治二十)刊、『(一読百笑)明治浮世風呂』収載「第九四　男湯」は、右「猫号」から換骨奪胎したものと思われる。また、アイヌ語族間に行われるカムイユカラの「カムイ、ユウカル、カムイウタサ、イタッ」もこの話からの借用モチーフかと認められる。しかし、こうして中国、朝鮮半島、日本に流布する「鼠の嫁入り」の源流は、インドの『パンチャ・タントラ』にあったことはまず間違いない。なお昨今中国から報告される「老鼠娶親」「老鼠嫁女」あるいは「耗子娶媳婦」は、いずれも民間に行われる「剪紙(いわゆる紙切)」芸術とのかかわりが深い。

参考文献　野村純一「「老鼠娶親」の道」(『昔話伝説研究』一三、一九八七)、同「民間説話の比較研究—「鼠の嫁入り」を巡って—」(『国学院大学大学院紀要—文学研究科—』二三、一九九二)　（野村　純一）

もぐりりょう　もぐり漁　裸潜水作業により魚貝藻類の捕採を行うことの総称。潜《かつ》ぎ漁ともいう。古代から伝統的に行われてきた原始漁法の一つ。蜑人《あま》(海女・海士)による裸潜水漁などのほか、沖縄県糸満市の海人《ウミンチュ》が、海中に漁網を張りたて、魚類を追い込む追込網も、潜り漁を兼ねての漁撈である。岩礁性の海岸にはアワビ、サザエ、トコブシ(フクダメ)などの餌となる褐藻類の海藻が繁茂し、貝類も多く生息する。夜行性の貝類は昼間、岩礁の奥や割目、くぼみなどにひそんでいるため、もぐりによる採取は適している。貝類では前記のほかイガイ、カキ、セトガイなど、藻類ではテングサ、エゴ、ツノマタ、ワカメ、コンブ、モズクなどを採取する。このほか、エビ(イセエビ)、タコ、コウイカ、ウニ、魚類(イシダイ、クロダイなど)、ウミガメの捕採も行う。真珠貝(アコヤガイ)の中から天然真珠をとりだすこともある。もぐり漁に用いられる漁具は捕採対象によってかわり、種類が多い。アワビは一般に磯金《いそがね》とよばれる鉄製の篦で剝がす。魚類は銛、ヤスなどで突き刺すほかウカケキと呼ばれる鉤を用いてかけとる。ウニは小さなタモ(掬いタマ)で掬うこともある。ウミガメやネムリブカ(サメ)は鉤に細紐をつけて首にかけたあと船上にもどって細紐をたぐりよせる。近年、ウェットスーツや酸素ボンベも使用される。これらの漁は近代化されたヘルメットを用いる機械潜水によるもぐり漁とは区別される。　→鉤《かぎ》　→箱《はこ》ガラス　→銛《もり》　→ヤス

参考文献　田辺悟『海女』(「ものと人間の文化史」七三、一九九三)　（田辺　悟）

モチ　モチ　穀類の澱粉で加熱すると強く粘るものをモチ性澱粉という。植物界では突然変異により比較的容易に発生するが、固定した性質として存在するのはイネ、オオムギ、モロコシ、トウモロコシ、ハトムギ、アワ、キビ、センニンコクなどで、主に東アジアの作物にすぎないのは民族的嗜好の反映である。モチ米で作る赤飯・餅は日本ではハレの食であるが、モチ米を常食とするタイの東北部ではウルチ米の食事がハレの場に供される。
（宮川　修一）

もち　餅　一般的には糯米を蒸して臼と杵で搗いたもの。正月の鏡餅、三月節供の菱餅などハレの日の食物・供物であるとともに笠の餅、烏の御供など供物としても重要なものになっている。モチという名称の付いた食物には、糯米以外を材料としたものや製法も蒸して搗いたものではないものがあって多様である。『食物習俗語彙』の「餅」の項には四百以上の語彙があげられている。たとえば岐阜県益田郡萩原町では、餅には糯米だけのシロモチ(白餅)と、カテ飯と同じようにいろいろなものを入れたイロモチ(色餅)がある。色餅は混ぜ餅ともいわれ、糯アワと米を混ぜて蒸して搗いた粟餅、キビを粒のまま、あるいは粉か挽き割にして搗いた黍餅、ヨモギやヤマゴボウを混ぜた草餅、ヒエの実やクズを粉にして混ぜて搗いた稗糠餅、トチの実をあく抜きし、粉にして糯米と混ぜて搗いた栃餅、ホウソナラという木の実をあく抜きし、粉にしてアワと米を混ぜて搗いた楢餅、粕餅ともいって豆腐のオカラやヨモギを混ぜたキラズ餅、芋粥餅ともいいサトイモと米の飯を合わせてこねたイモナ餅、蕎麦の殻を石臼でよく挽いて混ぜた松葉餅、古くなった飯に小麦粉や米の粉を混ぜ、焙烙《ほうろく》で焼いたり、桑の葉にくるんで囲炉裏で焼いた焼き餅、栗の実を飯に炊き込んで練って焼く栗焼き餅、飯を平たい草鞋形にして串にさし、味噌やエゴマ、クルミのタレなどを付けて焼いたゴヘイ餅がある。また、埼玉県八潮市では、餅と呼ばれる食物には粘り餅・粟餅・黍餅・モロコシ餅・牡丹餅・草餅・挽き餅・粳餅・シンコ餅などがある。以上のほかに樫餅・蕎麦餅・葛餅・蕨餅、サツマイモを切り干しにして作るカンコロ餅などを伝えているところもある。このように餅には糯米を蒸して搗いたものだけではなく、アワ・キビ・小麦・ヒエ・蕎麦などの雑穀を素材にした餅、トチ・ナラ・カシ・栗といった木の実や草を入れた餅、サトイモやサツマイモの餅、葛や蕨の根から採った澱粉で作る餅があり、日本文化の多様性を提示しているといえる。製法から餅をみていくと、粒餅・粉餅・擂り餅に大別できる。粒餅は臼餅・粘り餅・粟餅などのように粒状の食物を蒸して搗いた粒搗き餅、牡丹餅・ゴヘイ餅のように蒸すか炊いて手で握った粒握り餅がある。粉餅は穀類を粉に挽いてから作る餅で、稗糠餅・挽き餅などのように粉をこねて蒸して搗く粉搗き餅、粉をこねて蒸した粉蒸し餅、粉をこねて茹でた粉茹で餅、粉をこねて焼く粉焼き餅、カイモチなどといってソバガキのように粉を熱湯で搔いた粉搔き餅がある。擂り餅というのは、イモナ餅のように穀粒やイモ類を蒸すか炊くか茹でて擂り潰した餅である。餅の種類には製法上は粒搗き餅が多く、餅といえば糯米の粒搗き餅が常識化しているが、粉に挽いて作る餅も多く、団子や饅頭と区別できない場合がある。沖縄では餅といえば挽いた粉を練って蒸すか茹でて作ったものである。餅には製法上も多様な作り方があって、ここにはモチと呼ばれる食物が単に歴史の推移とともに拡大してきたという解釈だけでは解決できない問題があるといえる。
→牡丹餅《ぼたもち》　→餅搗《もちつ》き
参考文献　柳田国男「木綿以前の事」(『柳田国男全集』一七所収、一九九〇)、同「食物と心臓」(同)、大島建彦編『餅』(「双書フォークロアの視点」一〇、一九八九)
（小川　直之）

もちあらそい　餅争い　動物昔話のモチーフの一つ。猿とカニ、猿とカエル(ヒキガエル)などが餅を争う。発端は、これらの動物が共同で餅を搗く場合と人間から餅を盗む場合がある。盗む場合にはカエルが井戸や川で子供の泣き声を真似ると子供が水に落ちたと思って人間が駆けつけ、その間に餅を盗む。その後、これらの動物は餅の入った臼を山の頂上からころがして追いかけ、餅を争うが、最後は猿が負ける。
（大嶋　善孝）

モチーフ　motif　昔話の内容の特徴を登場人物の行動を基準にして記述する際に用いられる概念。話型(タイプ)とともに、話の筋の展開を分析するための最も基礎的な概念であるが、研究者によって、この用語がさす内容はゆれ動いている。たとえば、トンプソン Thompson, Stith は、「モチーフとは、伝承のなかに生き残る力をもった説話のなかの最小の要素である」と規定し、モチーフと呼ばれるものの大多数は「単一の出来事」であると述べている。つまり、「誰々が何々をした」という「一つの行為の叙述」をモチーフと考えることができる。それに対して、この単一の出来事のなかでも、それだけで独立した一つの話となりうるような構成をもつものがモチーフであるという見方がある。小沢俊夫は、このような視点に立って、「モチーフとは、一話を構成する上での主要登場人物の主要な一行為、およびそれに直接的に対応する行為を含む単位と考える」(『日本昔話通観』)とより厳密に定義し、モチーフより小さい「一つの行為」のまとまりに対してはツークという別の言葉を用いるべきであると述べている。「瘤取り爺」を例にとると、「爺が踊るのを見て、鬼たちは喜ぶ」というまとまりをモチーフと考え、「爺が踊る」「鬼たちは喜ぶ」という単位はモチーフの下位にあるツークと考えるわけである。また、さらに、そのツークのなかの個別の登場者や小道具などは要素と呼ばれることとなる。登場人物の主要な行為の展開をモチーフという単位でまとめていくことにより、個々の昔話の枠組み(話型)をいくつかのモチーフの連鎖として分析できるようになる。一方、語り手から見れば、モチーフは語りに際しての一つの記憶のまとまりの単位であり、時間や空間をこえて伝承を持続させる力となっている。

↓話型《わけい》

参考文献　S・トンプソン『民間説話』（「現代教養文庫」、一九七七）、小沢俊夫「モティーフ論」（『口承文芸研究』九、一九八六）、田中瑩一「口承文芸の表現研究—民話と田植歌を手がかりに—」（『表現研究』五八、一九九三）

（川森　博司）

もちつき　餅搗き　臼と杵を用いて、蒸した糯米《もちごめ》を搗いて餅を作ることで、餅を搗く人のこともいう。餅はハレの日の食物で、重要な年中行事や人生儀礼の時に餅を搗いた。年中行事の餅には、正月餅、年玉、小正月の若餅、雛節供の菱餅、旧暦十月の亥子餅などがあり、人生の節目には初誕生の時の餅負いなどの餅がある。神事の供え物として餅が用いられるなど、日本人にとって重要な食物であった。一般に餅は正月に不可欠な食物だと考えられている。正月用の餅は暮れのうちに搗くが、搗く日はまちまちで、普通は十二月二十五日から二十八日までに搗いた。二十九日に搗いた餅をクモチ（苦餅）、三十一日に搗いた餅を一夜餅と呼んで、その日には餅を搗かないという風習が各地にある。小正月の若餅は一月十三日前後に搗くところが多い。臼が大きくなるに従って、一人搗き・二人搗き・三人搗きと搗く人数が増え、人数の多いほど搗き上がりが早くなる。キネドリなどと呼ばれる介添えが、均等に搗くために餅をひっくり返したり、水を打ったりする。一回に搗く餅を一臼・二臼と数える。一臼は臼の大きさによって違い、二升から四升くらいまでさまざまであった。搗く餅の量は家や地域によって違うが、平年は十二臼、閏年は十三臼搗くところもあった。伊豆諸島の八丈島のように五、六戸の家が集まって餅搗きするところもあるし、本家に分家が集まって餅搗きするところもあった。また、都会では、臼や杵などを大八車に載せて各家を廻り、賃搗きなどといって、餅搗きを商売にする者もいた。社寺の餅搗き式では、千本搗きとか千本杵といって数十人の青年たちが竪杵で餅を搗くことがあり、大阪府貝塚市の水間寺の千本搗きがよく知られている。餅を搗くのは、正月などの節日や祭礼・婚礼・新築祝いのときが多いので、餅搗き唄は、労作唄というよりも祝い唄の性格が強い。

参考文献　阪本寧男『モチの文化史—日本人のハレの食生活—』（「中公新書」九四七、一九八九）

（段上　達雄）

もちつきおどり　餅搗踊り　家や地域を単位として行われる祝福の芸能。臼に入った糯米を歌や踊りを付け、曲芸的な所作で杵を使いまわしながら、やがて餅に仕上げる。餅搗踊りのほか餅搗き、餅搗囃子、といった呼称で各地に伝承されている。臼のまわりを回りながら、掛け声をかけてのテンポのいい早搗きと何本もの杵を臼に交互に入れていく廻し搗きがこの芸能の特色である。したがって、杵も芸能用に改良されたものが利用されている。そもそも臼と杵で象徴されるように、餅搗きが祝祭性を有し、さらに大勢の人たちによる共同作業であったから、年中行事や人生儀礼の場面で、この芸能はうってつけのものであった。餅搗きが芸能化していくと臼から糯米は消え、空臼を杵で叩き音を楽しませるようにもなった。埼玉県では接待餅とか臼をひきずりながら餅を搗く所作があることから、ズリモチ、ヒキズリモチなどと称されている。この芸能は帯とき（七五三祝い）や米寿や棟上の祝いに、あるいは正月・小正月に行われている。木遣り唄で搗き手が登場し、熱い蒸米を練るときにおいとこ節、餅搗き場面では麦打唄が歌われる例が多く、掛け声と唄のなかで臼のまわりに四人、六人、八人と搗き手が囲み、二組にわかれて交互に搗き合っている。

餅搗踊り（埼玉県川越市南大塚）

参考文献　埼玉県立民俗文化センター編『埼玉の餅つき踊り』（「埼玉県民俗芸能調査報告」六、一九八七）

（斎藤　修平）

もちなししょうがつ　餅無し正月　元日を中心としたある期間に、餅を搗かず、食べず、供えずという禁忌を一つ、またはそれ以上、継承している家・一族・地域の正月のこと。正月に餅を食べると腹を病むとか、餅搗きのとき誤って合いどりを突き殺してしまったなどという言い伝えを伴う場合もある。餅無し正月、それ自体をいい表わす民俗語彙はなく、単に家例《かれい》などとされる場合が多い。従来その起源として、餅の神聖性、正月の物忌、流行神への祈願に伴う断ち物、また同族団分解に伴う旧家の伝統保持といったことが考えられた。その中で稲作文化と畑作文化との葛藤に餅無し正月の起源を求める考え方が提出され注目を集めた。また同様に南方からの根菜農耕文化の伝播とする考え方もある。しかしその伝承分布をみると、餅無し正月はむしろ平野部などの稲作優先地に多く分布する。つまり餅の禁忌は餅の存在を前提にして成り立つもので、餅無し正月は餅正月の一類型であると考えられる。さらに地域に即して正月の食形態を分析すると、餅無し正月とは単に餅を食べる食べないの問題ではなく、餅を食べる時を麺類やイモより後にするか先にするかの問題であることがわかる。そうしたことから一つの解釈として、正月の持つ複合的性格が指摘できる。表面的には餅により単一化されて見える正月儀礼も、実は儀礼食から見ると餅だけではなく麺類やイモを用いる複合的な性格を持っている。餅無し正月伝承は特別なことを示したものではなく、むしろ庶民生活の実状を儀礼化したもので、建前上公的に進んだ稲作単一化と実際の庶民の複合的な食生活との差が生み出したといえる。↓芋正月《いもしょうがつ》

参考文献 坪井洋文『稲を選んだ日本人―民俗的思考の世界―』(「ニュー・フォークロア双書」九、一九八二)、安室知「餅なし正月・再考」(『日本民俗学』一八八、一九八六)

(安室 知)

もちばな 餅花 小正月に木の枝に小さな切り餅や団子をさして飾る行事。餅花・稲穂・稲の花などと呼び、稲が豊かに稔った姿を表わす。豊作祈願の予祝行事の一つ。養蚕の盛んな関東から中部地方など東日本では繭玉とかメーダマ、マユダンゴなどと呼び、盛んであるが、ヌルデやミズキなどの木の枝に、団子状の繭の形をしたものをさして、正月様をはじめ家の神仏に供え、繭の豊産を祈願している。果樹栽培が盛んなところでは、ナシダンゴと呼んだり、綿の栽培の盛んなところでは、綿ダンゴとか、木綿バナなどと呼んでいる。しかし、餅や団子を木の枝にさして供える習俗は、もともとは稲の豊作を模擬する飾り物であり、それがのちに他の農作物に広がって行ったものと考えられている。岩手県ではコメノホあるいはエナボと呼び、長野県では稲の花とも呼ぶ。西日本では、餅花・花餅・花・柳餅・メノ餅・ホダレヒキなどと呼ばれ、餅をさして飾るところが多い。↓繭玉《まゆだま》

参考文献 文化庁編『日本民俗地図』年中行事二、一九七四

(栃原 嗣雄)

もちふみ 餅踏み ⇩初誕生《はつたんじょう》

もっこ もっこ 多くは縄編みの担ぎ運搬具を意味するが、竹籠など地域によって広く運搬具の呼称として使われる。畚・持籠とも書く。『和漢三才図会』では簣《あじか》とし、もと竹製の土籠《かるこ》だったものを縄を四方一尺半の蜘蛛の巣状に編んだ軽籠にしたとある。縄は藁縄よりも棕櫚縄の方が水に強く長持ちする。角形のほか円形もあり、四隅の縄が二本ずつU字形に引っかけられるようになっていて、一荷にして天秤棒に吊り下げて運ぶ。大形のものを前後二人で差し担う場合もある。また浅い丸形竹籠を一荷にして短い天秤棒に固定したものも、もっこの一種でパイスケとも呼ばれる竹製の担架のようなものもある。いずれも土木工事用で、土・砂利・石などを運ぶ。背負もっこは鳥の巣状の逆三角錐の粗編み背負籠(トンノス、タガラなどの呼称)で馬用のもっこは鞍の両側に四角い木枠を取り付け、そこから網を垂らしたような形態のものである。

(織野 英史)

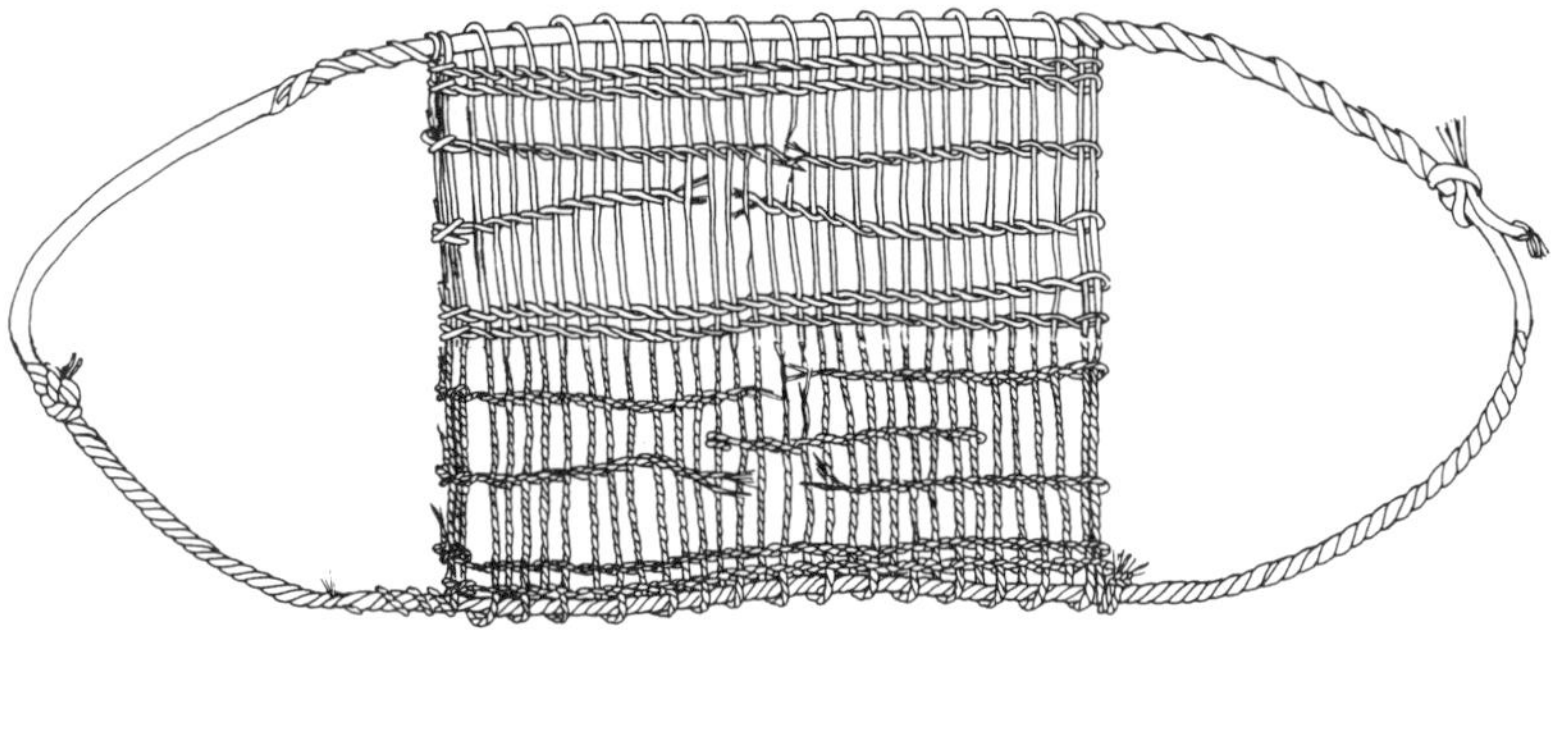

もっこ(『民具実測図の方法』一より)

モッコス モッコス 熊本人の気質を示す方言。融通がきかず、頑固一徹で反骨精神にあふれ、世渡りが下手な県民性を示す。いい意味にも悪い意味にも使われる。肥後モッコスともいい、土佐のイゴッソウと比較して語られることが多い。モッコスのあて字として木居士・黙居士・木骨などがある。語源は、一説には剛直で飾り気がないことを意味する木強(ボッキョウ、モッキョウ)にあるのではないかといわれる。若干の相違があるが、同様な県民性を示す言葉としてイヒュウモン(異風者)とモッコスに諧謔・嘲弄を含むワマカシがある。

参考文献 荒木精之『熊本雑記』、一九六七

(佐藤 征子)

もとおりのりなが 本居宣長 一七三〇―一八〇一 江戸時代中期の国学者。『古事記伝』や『直毘霊《なおびのみたま》』『玉くしげ』『玉勝間』などによって国学の学問的、思想的基礎を確立した。伊勢松坂(三重県松阪市)の木綿問屋小津家の長子として生まれる。のち遠祖の姓をとり本居と改姓。生家は江戸に出店をもつほどの富裕な商家であったが、父の死によって家運が傾き、宣長は京都遊学ののち、松坂で開業した。医業のかたわら、『源氏物語』などの研究によって「もののあわれ」論を展開。政治的な領域とは異なる私的な領域の固有の価値を主張し始める。その後、三十三歳のとき、復古の学としての国学を提唱していた賀茂真淵と出会い入門。主著『古事記伝』の稿を起した。以後、『古事記』の文献学的研究を通して、日本固有の精神と文化を明らかにしようとして、半生をかけてその詳細な注釈書『古事記伝』を執筆する。その方法は、現在の語義や観念から古典を解釈するのではなく、それが書かれた当時の意味や用法を客観的、実証的手続きで追求することによって、その意味や思想を明らかにしようという言語学的文献学の性格をもつものであり、大きな学問的成果をあげた。宣長は、そのような手続きによって明らかにされた『古事記』の世界を、日本固有の精神と

文化を表現しているものであり、価値的に絶対なものとして評価しようとした。この日本精神の価値的絶対化は平田篤胤につながっていくが、他方、実証的、学問的な手続きによって「日本的なもの」を把握しようとする企図は柳田国男の新国学に継承される。『玉勝間』において、「片田舎にも、古へざまのみやびたる事の残れるたぐひ多し、(中略)あまねく尋ね聞き集めて物にもしるし置かまほしきわざなり」との見方を提案しており、柳田も民俗学につながっていく視点として注目している。大野晋・大久保正編『本居宣長全集』全二十巻別巻三巻(一九六八-九三)がある。

参考文献 村岡典嗣『本居宣長』、一九二八、丸山真男『日本政治思想史研究』、一九五二　(川田　稔)

もどき　もどき　主役の真似をして逆らったり嘲ったりして滑稽を演ずる役柄やその曲目。もどきの名称は田楽系統の芸能に多く見られる。たとえば長野県下伊那郡阿南町新野の雪祭には「さいほう」と次に「もどき」と呼ばれる仮面の舞手が登場する。「もどき」は「さいほう」によく似ているが、すべてがさかさまである。目尻の下がった穏やかな面の「さいほう」に対して、「もどき」は目眉のつり上がった怖い面をつける。両手の採物《とりもの》を左右逆に持ち、足の跳ね上げ方など動作も逆にする。こうして「もどき」は滑稽な物真似をして「さいほう」を揶揄するのだが、別の見方をすれば、それは「さいほう」の行動に変奏を加えて繰り返すことによって、その意義をわかりやすく説明する役割を果たしているともいえる。折口信夫は、もどくという語の文献上の用語例は、反対する、逆に出る、非難する意味であるが、芸能史の上では、物真似する、説明する、代わって再説する、説き和らげるなどの意味が加わる。もどきの役割は田楽に限らず多くの芸能に見られる。先のものを変奏し敷衍《ふえん》するもどきの技法によって、日本の芸能はレパートリーを増やし演技を複雑化して発達してきたとする。また折口はもどきを言い換えて副演出(複演出)ともいっている。芸能史上の事例としてよく取り上げられるのが猿楽(能楽)である。猿楽の翁はもと田楽能の脇芸を勤めていた。そのころの翁は三番叟(黒式尉)が本体だったが、性質を純化して翁(白式尉)が成立した。のちに翁・三番叟・神能以下の演目構成が成立したが、そこでは三番叟は翁のもどきの役割を担い、さらに副演出として神能以下がついている。「翁が神歌を謡ひながら舞うた跡を、動作で示すのが三番叟である」「翁の芸を三番叟が翻訳し、更に神能が説明する」。このように折口はもどきを芸能の発達を促した根源的な技法・役柄と捉え、独自の芸能史をうち立てた。折口はこのようなもどきの着想を、一九二六年(大正十五)以後毎年繰り返した奥三河の花祭、信州新野の雪祭、遠州西浦《にしうれ》田楽(静岡県磐田郡水窪町)などの採集で得たという。そしてもどき役の起源は、遠来の神(まれびと)が土地の精霊を圧伏する様を演ずる原初的演劇にあると説いた。それには数次の段階があった。㈠神の威力ある言いかけに対して精霊が沈黙を守る段階、㈡次に我慢しきれずに口を開くが、逆らって滑稽な物真似をしたりして抵抗する段階、㈢最後に降伏して哀訴する段階。もどきは㈡の段階の精霊役の演技に端を発するという。まれびと論は、もどきの概念を組み込んで複雑になり、精霊のまれびと化、まれびとの地位の低下といった、まれびとモデルの展開を考察するきっかけともなった。→まれびと

参考文献 折口信夫「翁の発生」(『折口信夫全集』二所収、一九六五)、同「能楽に於ける「わき」の意義―「翁の発生」の終篇―」(同三所収、一九六六)　(高梨　一美)

もとやまけいせん　本山桂川　一八八八―一九七四　民俗学の草創期から確立期にかけて民俗資料の収集と整理に貢献した民俗研究家。長崎市生まれ。本名は豊治《とよじ》。早稲田大学在学中から民俗に興味を持ち始め、一九二〇年(大正九)六月から一九二三年六月まで『土の鈴』十九冊を郷里長崎で発行。『郷土研究』廃刊後、南方熊楠・中山太郎・佐々木喜善らも寄稿する全国規模の貴重な民俗雑誌となった。その後上京し、一九二八年(昭和三)二月から雑誌『民俗研究』五十冊を一九三一年までほぼ毎月発行。『日本民俗図誌』全十八編(一九四二-四三)、『与那国島図誌』(一九二五)、『海島民俗誌』(一九三四)などその著作は三十余にのぼる。晩年は民俗研究を離れ、石碑文の研究に没頭した。

参考文献 大藤時彦『日本民俗学史話』、一九九〇　(湯川　洋司)

もどりばし　戻橋　駒返し橋・駒止橋などこの橋から引き返したという筋のある話。長野県小県郡塩田町(上田市)、西行がここにきて子供に麦を指して、「これは何だ」というと、子供は「冬茎たちの夏枯草」と答えたので、西行は行先を案じてこの橋から引き返したという(『信濃奇勝録』、一八三四)。屋代本『平家物語』剱の巻には渡辺綱の鬼退治の話がある。源頼光の使者として夜陰に一条大宮の屋敷を訪ねた帰り道に一条戻橋の東の橋詰に立つ二十歳余りの美女の女房に出会う。綱が女房を馬に乗せ堀川の東面を南へ向かうと恐ろしい鬼と変じ、綱の髻《もとどり》を摑んで乾《いぬい》の方角の愛宕山を指して飛び上がる。綱は鬚切りでそらざまに鬼の腕を切りみずからは北野社の回廊に落ちる。鬼はそのまま愛宕山へ飛び去ったが、髻に取りついた恐ろしげな鬼の腕のみが残った。鎌倉時代の『撰集抄』には、三善清行《みよしきよゆき》という学者は、子の浄蔵が熊野詣をしている時に死んだ。浄蔵は急いで邸に帰りこの橋の上で父の葬列に行き会った。臨終にも、式にも間に合わなかったのを嘆くと父は一時蘇生して話をした。戻橋というのはそのためだという。『源平盛衰記』一〇に、高倉天皇の中宮建礼門院が出産の時になかなか生まれないので、母二位殿が心苦しく思って、この橋の東詰に車を立て占いを問うた話がある。このように京都の一条戻橋は有名であるが、旧賀茂川である堀川に沿う境界である。荒ぶる水

一条戻橋（京都市上京区）

神の化身である鬼の襲来が予想される所、安倍晴明の識神(式神)を秘する所、陰陽師が橋占をするところであった。もどりは、もとおりから転じた語。元来神意を占い問う行為であった。　（丸山　顕徳）

ものいううお　物言う魚　捕らえた魚(鮭、マス、ヤマメ、コイ、フナ、鰻、ナマズ、ドジョウなど)が人の言葉を話したという昔話。坊主が滝のあたりを通りかかると二匹の大鰻がいる。一匹を捕らえて袋の中に入れて帰ろうとする。すると、淵の中から「まさ坊やいつ来るか」と声がし、袋の中の鰻が「来るや来ずのまさ坊や」と答える。坊主は驚いて鰻を逃がして帰る。宮城県登米郡に伝わる滝の伝説である。岩手県東磐井郡には、来不来滝《くるかこねか》の名の由来伝説が伝えられている。農夫が滝で鰻を捕らえて籠に入れて帰ろうとする。すると、籠の中で「まさ坊いつ帰るか」と声がする。籠の中の鰻が「来るか来ぬかのまさ坊だ」という。前者は淵の中から、後者は籠の中から声が聞こえる違いはあるが、まさ坊の名前、最初の一句「いつ来るか」「いつ帰るか」および二句目の「来るや来ずの」「来るか来ぬかの」は共通している。静岡県榛原郡では、ヤマメの「おーいどこへ行く」に対して、「～あぶりー」との答えがあり、大分県直入郡では魚の「黒太郎どけへ行くんか」に対して「～あぶりに行く」との答えがあり共通する。沖縄・宮古・八重山諸島では、ものいうジュゴン(人魚)・ヨナタマの伝説が伝えられており、明和の大津波の予告につながる。類話は『今昔物語集』震旦部や『裏見寒話』に記されている。この話は淵や池の命名の由来として伝えられていることから、これまで伝説あるいは伝説的な世間話として分類されてきた。『日本昔話大成』『日本昔話通観』では話型として分類している。　→白髭水《しらひげみず》　→津波《つなみ》

参考文献　柳田国男「物言う魚」(『柳田国男全集』六所収、一九六九)、稲村賢敷『宮古島旧記並史歌集解』(「南島叢書」三、一九七七)　（米屋　陽一）

ものいみ　物忌　祭にあたって神霊を迎え、神事を執行するために一定期間心身を清浄にし、宗教的なタブー(禁忌)を犯さぬようにすること。斎忌・諱忌とも書き、斎戒・潔斎ともいう。また、聖別の行為一般を指すところから特に聖別された神役の名ともなり、伊勢神宮をはじめ大社などでもっぱら禁忌を守り神事に仕える童女・童男をも指す。『日本書紀』に神武天皇がみずから斎忌《ものいみ》して諸神をまつったとあり、『常陸国風土記』に福慈(富士)の神が新嘗の祭に際して家中が諱忌《ものいみ》しているとある。古代法制では神祇令に、神事の前後の散斎《あらいみ》と当日の厳重な致斎《まいみ》とが定められ、散斎については弔問・病気見舞・肉食・刑罰・音楽・触穢などが禁じられ、致斎には神事以外の一切を控えるとある。神事そのものが忌籠《いみごも》りであって、別火し沐浴して一切の不浄を退け、徹夜して神に仕えるという物忌の形式をとる。その意味から、古く伊勢・春日・賀茂・鹿島・香取・松尾・平野・枚岡などの諸大社では特に物忌と称する一人ないし数人の童女(まれに童男)をおき、厳重な禁忌を課して主に供物や神楽を供する役などにあたらせた。伊勢では男児を物忌子《ものいみのこ》、女子を物忌子良《ものいみのこら》、その介護者を男性は物忌父、女性は物忌母良《ものいみの(お)もら》と呼んだ。鹿島では亀卜によって童女の物忌を定めた。いずれも神近くに仕え、神職の上位にあるところから、伊勢神宮の斎宮、賀茂社の斎王、春日社の斎院など女性祭主に通じるところがある。なお平安・鎌倉時代に陰陽道の影響を受けた貴族たちは、凶事を恐れてしきりに陰陽師の占いを頼んで物忌し、そのあいだは門戸を閉じて忌み籠り、殿舎にすだれを垂れて物忌と記した柳・シノブ・紙などの札をつけ、軽い場合は冠や髪にその札をつけて外出した。また祇園や賀茂の祭に物忌の札を身につけたり門に張ったりしたが、これは物忌という名の鬼がいて、この物忌札を見ると他の邪鬼が退散するという信仰があったからである。　→忌籠《いみごも》り　→鹿島物忌《かしまのものいみ》

参考文献　岡田重精『斎忌の世界―その機構と変容―』、一九八九　（薗田　稔）

ものがたり　物語　雑談、世間話などとりとめもない話。正当な伝承としての語りに対する語。早く、『万葉集』七に「石走《いはばし》る淡海県《あふみあがた》の物語せむ」(原万葉仮名)という表現がみえ、『日本書紀』継体天皇七年九月条の「清談」もこう訓まれた。その後、この語を書名にもつ『竹取物語』『源氏物語』などの物語文学や、『今昔物語集』『宇治拾遺物語』などの説話文学が誕生する。軍記などを語った物語僧の中から、太平記読みも現われた。その後も、この語は広く用いられたが、室町時代中期から文献に現われてくる「はなし」が次第に力を持ち、取って代わるようになる。江戸時代、一六八〇年(延宝八)刊の『噺物語』は、「まことしからぬ儀」(本当らしくない話)を「咄」、「出所有事」(典拠のある話)を「物語」として区別する。民俗学では、柳田国男の『遠野物語』(一九一〇)がその出発を告げた書物だったが、ここにもこの語が使われている。佐々木

喜善の話を怪談と見るのではなく、土地の伝承として記録しようとした時、「物語」の語を採用して、その系譜に位置づけたのである。その後も、柳田は『物語と語り物』(一九四六)で、物語文学と語りものとの分かちがたい関係を論じたが、学術用語として採用されることはなかった。民俗事象の中にこの語を求めると、東北地方などで早物語を物語と呼び、奄美大島や八重山諸島で民間説話を「むんがたい」と呼ぶ事例が見つかり、イタコの口寄せにも、この語が出てくる。物語という語は日常会話で使われることはほとんどないが、書名や商品名、広告などに採用されることは多い。この語は、近代化の中で郷愁をかきたてやまぬ語感を持つようである。

参考文献 三谷栄一『物語文学史論』、一九六五、藤井貞和『物語文学成立史―フルコト・カタリ・モノガタリ―』、一九八七、石井正己他「物語会議―語りと物語事典―」(『国文学』三五ノ一、一九九〇)　(石井　正己)

ものくさたろう 物くさ太郎　物くさを装っている男が忽然とまめな男になるという話。室町時代に成立した『御伽草子』の一篇。信濃国の物くさ太郎ひじかすの物語。道ばたに四本の竹を立て薦をたれた小屋に寝そべって暮らし、人がくれた餅の一つが道にころがり、通りかかる人に拾ってもらうために三日待ち、通りかかった地頭に頼む。その物くさに驚いた地頭が三年の間村で養うことにする。三年目に京の長夫役《ながぶやく》が村にかかってきたのを引き受けて京に登る。京に登った物くさ太郎は、豹変してまめまめしく働き、いろごのみに目覚めて辻取りで強引に美しい妻を得る。やがて帝から甲斐国と信濃国を賜わり、高貴な生まれであることがわかり、おたがの大明神とまつられることになる。物くさ太郎の物語が喜ばれたのには、時代背景として騒乱の時代の中での下剋上の逆転劇にあったといえる。その構造は昔話のコンテクストに重なるものであったからともいえる。信濃国の物くさ太郎が一転してまめになる変貌ぶりについては疑義が残っているが、室町時代の庶民の心情から、そこに作者のパロディを見ると、昔話の「隣の寝太郎」にきわめて近いものになる。物くさ太郎は最後に大明神としてまつられることになるのは、鎌倉・室町時代に描かれた物語に多く見られる本地物仕立てになっているものの流れの中にあったと見てよい。知恵をめぐらせば成功して長者になるというストーリーは、庶民の願いそのものであったといえる。　↓隣《となり》の寝《ね》太郎《たろう》

参考文献 岡部政裕「御伽草子―『物くさ太郎』を軸として―」(『日本文学講座』三所収、一九五四)、小松和彦「『物くさ太郎』の構造論的考察」(『民族学研究』三九ノ二、一九七四)、佐竹昭広『下剋上の文学』(「ちくま文芸文庫」、一九八二)　(武田　正)

ものさし 物差　細長い竹・鉄などに目盛をつけ、ものの長さを差しはかる道具である。物差には竹量《たけばかり》と曲尺《かねじゃく》とがある。物差の歴史はインド、エジプト、中国が先進とされているが、日本では『続日本紀』七〇二年(大宝二)条に「始めて度・量を天下諸国に頒つ」(原漢文)とあるのが最初である。『大宝律令』に示された物差の規定には、大尺・小尺の二種があり、大尺は土地をはかる時に用い、大尺の一尺は小尺の一尺二寸にあたるとしているから、裁縫に用いる小尺の物差は大尺より二寸短いことになる。もともと日本の物差の長さは唐の制度にならっていたようであり、したがって奈良時代の正倉院・法隆寺、会津の恵日寺に残されている実物についてみてもこれらは大尺で、曲尺の九寸七、八分前後のものが多い。小尺物差の長さは大尺と同じく曲尺が基準となってきたようである。近世以来明治時代までに用いられた各種の物差には、享保尺・又四郎尺・呉服尺・鯨尺・折衷尺・念仏尺・量地尺などがあった。明治時代以前の度量衡はこのように乱れていたので、政府は一八七五年(明治八)度量衡取締り条例を制定し、曲尺と鯨尺の二つを用いることとした。さらに一九二四年(大正十三)、尺の長さをメートルに改めた。鯨尺が現今一般の農家に普及したのは明治以来で、もとは鯨の骨で作ったので鯨尺といい、主に裁縫用とされた。諺に、「物差は手渡しせぬもの」「物差をまたぐと出世できない」「物差で人を叩くな」などがある。

参考文献 中村雄三『道具と日本人』、一九八三　(勝部　正郊)

ものたち もの断ち　⇩断《た》ち物《もの》

ものつくり 物作り　一月十四・十五日を中心とした小正月に農作物の豊作を祈って、農作物や農具などを模した作り物を作る行事。物作りとは、本来的には農作を意味することばと考えられるが、小正月にヌルデやニワトコ、キブシ、ミズキ、柳など比較的やわらかい木を削って、粟穂・稗穂や削り花など、農作物が豊かに稔って穂垂れた姿を模擬して、今年もこのようになってほしいとあらかじめ祝う予祝行事の一つ。物作りは、関東地方から中部地方にかけて比較的盛んであり、東北や九州地方の一部にも見られる。地方によりアボーヘボー、ケズリカケ、ケズリバナ、カキバナ、ハナなどとも呼ばれている。作られる物は粟穂・稗穂、花、粥掻き棒、箸、農具といった種類が多く見られる。特に埼玉県の秩父地方から群馬県下には、ハナカキと呼ぶ小さな鎌で木を削って作るケズリバナに見事なものがあり、ハナの長さが一《メートル》にも及ぶものも見られる。また、ニワトコの節と節の間を削ってハナを十二階につけた十二バナ、さらには十六バナというハナもあり正月様や蚕神に供えるなどハナの種類や供える場所も多様である。これらの物作りで作られたケズリバナなどは、正月の松飾りを下げたあとに、十四日に正月様をはじめ、家の内外の神仏や畑・肥塚・墓などに供えられる。　↓粟穂《あわぼ》・稗穂《ひえぼ》　↓削《けず》り掛《か》け

参考文献 文化庁編『日本民俗地図』年中行事二、一九七四、栃原嗣雄「埼玉県秩父地方の小正月―モノツクリを中心として―」(『日本常民文化研究所調査報告』一、一九七八)、群馬県教育委員会編「小正月のつくりもの」五(『群馬

県無形文化財緊急調査報告書』五、一九六二）　（栃原　嗣雄）

ものび　もの日　祝いの日、ハレの日のこと。年中行事を行う日のことで、多くはその日は仕事を休み、ふだんとは異なる食事をとった。農村では多くの場合カワリモノなどと呼ばれる御馳走を食べる日とされてきた。モンビとかコトビともいわれている。栃木県などでは普通の休日をコトビといっており、茨城県や福島県などでは休み日をカミゴトといっているが、これらはコトビが休み日である点を強調したいいかたであろう。モンビというい いかたから、紋付きを着る日だとか、紋所は五ヵ所つけるので五節供から来た名称だ、あるいは太閤の紋織奨励以来機屋が織子をねぎらう日を設けたのに由来するなどといわれてきた。愛媛県温泉郡では、彼岸・節供・二月八日・三月二十一日・六月一日・八朔・十五夜・九月九日・十月の秋祭など米を食べる日がコモンビといわれていた。香川県綾歌郡などでは五節供のほか休み日をモンビといった。このほか、正月と盆をモンビという所もある。また盆・暮れの忙しい時をモノマエという例もあり、これなどもモノビの前という意味だと考えられる。また、東京の花柳界などでは正月三箇日、一般祭日、毎月の朔日・十五日、大晦日をモンビといい、この日は花代に割り増しをして仕切を高くする習慣が近世以来あった。近世の遊里でモンビとされていた日には、農村で休み日・遊び日とされていた日と回数も意義も共通する点が多い。　（菊池　健策）

ものみゆさん　物見遊山　気晴らしに見物や遊びに行くこと。物見は物事を見ること、祭礼や賑わう場所などに出かけて行って見ること。戦陣で敵の動静や敵地の状況を探ることにも使われることから、群勢の様子を遠くから望み見たり、のぞき見る意味を持つ。遊山は仏教の禅宗で、一点の曇りのない晴ればれした心境となって、山水の美しい景色を楽しみ、悠々自適に過ごすこととされた。本来春の山遊びや花見の風習とも深いつながりを持つと思われ、幾人かで近郊へ遊びにでかけることを「遊山に行く」と称している地もあるように、山野に遊びにでかけ、花見や紅葉狩など四季折々の自然に親しみ、娯楽の意味を持って一般化した。江戸時代には遊女屋・遊郭・茶屋などの遊び場を遊山所《ゆさんじょ》としていることが多く文芸作品にみられることから、日常生活を離れて気晴らしや娯楽の場所にでかける意味を持っていたと理解できる。これら物見と遊山の語が一緒になって江戸時代に浸透した語である。遊山参りの語は、信仰というよりは物見遊山目的の参拝であることを示している。物見遊山の隆盛は江戸時代の旅の発達とも関係し、信仰を目的とする巡礼や参詣に加えて、社寺の宝物・名物・名産などの珍しい物を見る観光や娯楽要素の強い旅が増加したことによる。

〔参考文献〕神崎宣武『物見遊山と日本人』（『講談社現代新書』一〇六四、一九九一）　（鈴木　章生）

モノモライ　モノモライ　まつげの下の脂腺や汗腺などが化膿する炎症。麦粒腫といい、一般にモノモライ、メモライ、メコジキ、メボイトなどと呼ばれる。これらの呼び名はいずれも、物を貰うことでこの眼病を治そうとする呪《まじな》いからでたものだという。また、関東地方西部から長野県東部にかけては、井戸に籠などを見せて治そうとする呪いからでたという、メカゴという呼び名が広がっている。モノモライの呪いには、「木櫛の背で畳をこすって患部へ当てる」「男の末の子に障子の穴からむすびを貰って食べる」「井戸に篩を半分見せて治ったら全部見せるという」（長野市松代町柴）のように、同一地点で異なる複数の呪いを行う例が幾つかあり、呪い方の見かけは異なっても深層には共通する病気観があると推定される。呪いの多くが行う場所と道具を重視している。たとえば、物を貰う呪いでは、橋を渡らないで、障子の穴から、敷居の上で、などが長野県では多くみられる。橋・障子・敷居は、いずれも分割された空間の境界に位置している。また、井戸に見せることで治そうとする道具には、篩《ふるい》、トーシ、スイノー、笊などがあり、いずれも二種類の物を選別する道具である。以上のことから、モノモライの呪いはこの世と異界の境界で、分離機能をもった道具を使って体内に宿る病を振るい落とし、異界へ送り込もうとするものだと考えられる。

〔参考文献〕柳田国男「食物と心臓」（『柳田国男全集』一七所収、一九九〇）、小嶋博巳「「俗信」覚書—概念の再検討に向けて—」（『民俗学評論』二三、一九八三）、福沢昭司「病と他界—長野県内の麦粒腫の治療方法の考察から—」（『日本民俗学』一七二、一九八七）　（福沢　昭司）

もふく　喪服　喪に服す時の衣服および装い。忌みのかかる近親者が着用する着物の一つ。のちには葬儀参列者の衣服など広い意味にも使われるようになった。今日喪服は黒という意識が浸透しているが、黒の喪服以前は喪服であることを表わす形は一様ではなく、喪服も晴着の一種で、婚礼の衣服との共通性も顕著である。婚礼の衣服を喪服として用いることも多かった。その一つが衣服あるいはかぶりもので頭を覆う装い方である。被衣《かづき》、カムリカタビラなどと呼ぶ単衣をソデカブリ、カツグなどと呼んで頭に被ったり、左袖を被る。あるいは、男性は忌中笠などを、女性はフナゾコやワタボシなどのかぶりものを婚礼の時とは被り方を変えて被る。衣服は日常のものであっても被衣やかぶりものを被ることで喪服となった。もう一つが白という色である。女性のシロ、シロショウゾク、シロムク、イロなどと呼ぶ長着や男性の長着、裃に白が用いられ、被衣やかぶりものも多くが白であった。ほかにも白い布を肩にかける、三角形の紙を額に付ける、鉢巻にする、髪に結ぶ、懐に入れる、白い紙を竹に挟んだり紙縒《こよ》りにして持つなど、さまざまな形で白を身につけた。こうしたかぶりものや白色からなる喪服も明治以降次第に黒の紋付や長着へと変わっていく。

白い喪服（埼玉県鳩ヶ谷市）

その変化は一様ではなく女性はおそくまで白を着ていたし、黒の喪服になっても被衣やかぶりものをしたり、先に紹介した白い布や紙を身につけるなど白と黒、新旧を併存させる形をとった地域もあった。ただ、なぜ黒に変化したのかについては必ずしも明らかにされてはいない。明治期に皇室が黒を喪装と定めたことや洋服とともに入ってきた黒の喪服の影響がいわれている。 →イロ着《ぎ》

参考文献 瀬川清子「式服」（『日本民俗学』一一五、一九七八）

（中村ひろ子）

もみうちぼう 籾打棒 脱穀具の一つ。千歯扱きなどで脱穀後、脱粒しきれない籾を打ったり、禾《のぎ》落としに用いた道具。山形県置賜地方では脱粒しきれない籾をツッキリと呼び、一日に出たツッキリを家人二、三人が向かい合い、モミブチボウ（籾打棒）で打った。会津地方ではこの作業をモミヨウシといい同様のモミブチボウを用いたが、これとは異なる掛け矢風の形態をした籾打槌もモミブチボウと呼ぶ。南九州では上から突き刺して使うサーシと呼ぶ脱穀具と並んで、籾打槌であるモミウチドンジが見られるが、サーシからモミウチドンジへ発展的に展開したとみられている。

参考文献 佐々木長生「『会津農書』と脱穀用具㈡—モミヨウシについて—」（『民具マンスリー』二五ノ七、一九九二）、小野重朗「南九州の脱穀具サーシ」（『南日本の民俗文化』三所収、一九九三）

（湯川　洋司）

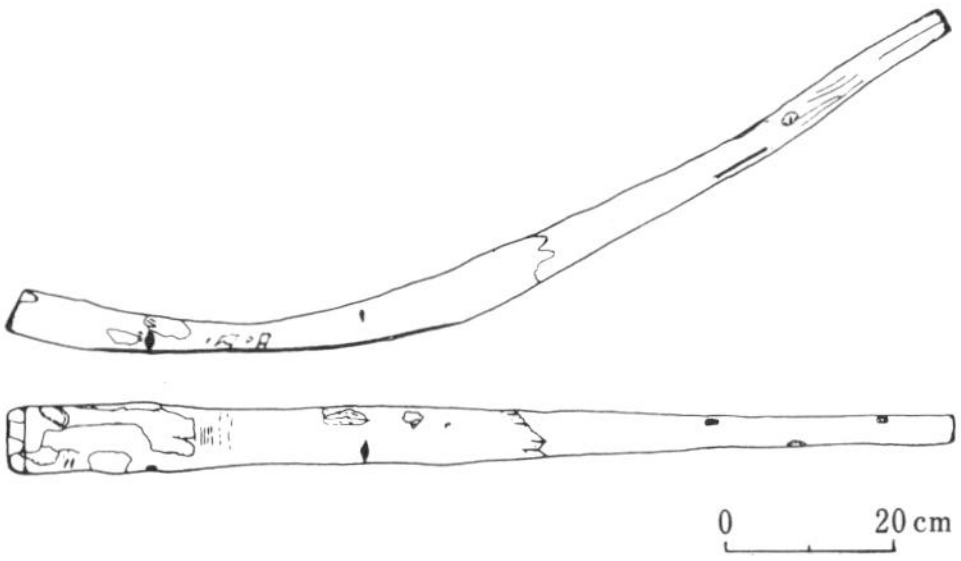

籾打棒（山形県置賜地方）

もみがら 籾殻 籾米を脱穀して玄米を取り出すときに残る殻。粰《すくも》、モミ、モミッコ、粗糠《あらぬか》とも呼ばれる。刈り取られた稲は、脱穀によって籾と藁に分けられる。籾は、天日乾燥後に臼挽き・籾摺りされ、籾殻が除かれる。唐箕などの選別機によって穀粒と分けられた籾殻は、さまざまに利用された。いずれの利用も、粒状形態の籾が有する保温性・断熱性・緩衝性・有機質性などの素材特性をすぐれて活かしている。たとえば、収穫された大根やイモなどは、籾殻の室のなかで、冬の寒さから囲って貯蔵された。籾殻のなかで、収穫物は呼吸して生きることができた。枕の詰め物となったり、壊れやすい卵や傷つきやすい果実などを運搬する際の緩衝材となった。また、苗代の保温と種子籾の発芽促進のために、黒焼きした籾殻が苗代に撒かれた。籾殻燻炭《もみがらくんたん》を地面に敷けば、地温を保ち霜柱が立つのを防ぐ効能があった。住居の床下に籾殻燻炭を敷き詰め、湿気除けとした地域もある。燃料としても用いられ、籾殻専用の竈も創案された。入念に焼いて灰になったものは、田畑の有機質肥料として用いられた。籾殻灰を売買する灰市が立った地域も少なくない。伝統工芸の世界でも籾殻は利用されている。最近では、永年用いてきた地の粉や木炭粉に代わる新しい下地材として、籾殻燻炭の利用を志向している漆器産地もある。また、籾殻の多孔質性を活かし、燻炭化したものを脱臭材・汚水浄化材などに活用する動きもみられる。

参考文献 宮崎清『藁』（「ものと人間の文化史」五五ノ一・二、一九八五）、同『図説藁の文化』、一九九五

（宮崎　清）

もみじがり 紅葉狩 山野に紅葉をたずねて観賞すること。紅葉を賞《め》でることはすでに『万葉集』の額田王《ぬかたのおおきみ》の長歌にみられる。秋の紅葉は春の桜とならんでもっとも愛された四季の風物であった。平安貴族らは寝殿造の庭に紅葉をあしらい、池に船を浮かべて船遊びをし、紅葉を賞でながら詩歌管弦に興じた。流水に浮かぶ紅葉を歌に詠んだ能因法師の「竜田の川の錦なりけり」の一首は、百人一首にも選ばれた名高い歌である。鎌倉時代から室町時代にかけては、竜田川・嵐山・高雄・小倉山・大井河などが紅葉の名所となって、歌や物語あるいは絵画に多くあらわれている。安土・桃山時代から紅葉狩が盛んとなり、江戸時代には広く庶民にもひろまった。『東都歳事記』四には、「立冬より七八日目頃より」と時季を示している。江戸では、東叡山・谷中天王寺・滝の川・根津権現・品川東海寺など多くがあげられ、下谷正燈寺は「古しへ楓樹の名所にして、都下の貴賤遊賞の勝地なり。その頃はもみぢとのみいへば当寺の事と心得たる程賑ひしよし」とみえる。これらの地は江戸では錦絵として描かれることが多いが、春の桜に比して祝祭性は乏しい。

参考文献 斎藤月岑『東都歳事記』三（「東洋文庫」二二一、一九七二）

（鈴木　章生）

もめん　木綿　綿花・綿糸・綿織物の総称。文綿・毛綿とも書く。綿花はアオイ科の草棉の種毛で、ふつうワタと呼び、これを紡いで綿糸とし、機にかけて綿布を織る。日本にはじめて伝来したのは七九九年(延暦十八)のことであると『日本後紀』にみえる。翌八〇〇年にはその種子を紀伊・淡路・阿波・讃岐・伊予・土佐および大宰府などの諸国で播いた。しかし根絶してしまい、鎌倉時代初期にあらためて宋から綿製品が輸入され、室町時代に至って木綿・文綿・木綿座・綿座などの語が現われるように世に知られるようになった。そして明応・文亀・永正年間(一四九二—一五二一)には三河木綿が勃興し、天文年間(一五三二—五五)からは薩摩木綿が知られ、やがて広く普及した。江戸時代中期以降は農具の改良と金肥の使用が相まって、ことに大坂周辺で棉作が著しく進歩し、名古屋周辺、山陰地方、関東地方なども地方的消費に対応する生産地となり、庶民の衣生活に大きな変革をもたらした。『和漢三才図会』(一七一三)は伊勢を上、河内・摂津を次、三河・尾張・和泉を中、播磨・淡路を下とし、『経済要録』(一八二七)には畿内各地、豊前小倉、伊勢松坂、武州青梅・川越・塩生・八王子、下総結城・真岡、三河、尾張、安芸、阿波、下総八日市場、上州桐生があげられ、『広益国産考』(一八四四)には結城木綿縞、縞毛加木綿、小倉織、青梅縞、臼杵の浮織、相良織、中国の縮織、尾張の桟留縞、伊勢の松坂縞、大和の紺絣五糸入縞が出てくる。このように各地に木綿の特産品が現われるのであるが、その工程はふつう自作した綿花を綿繰機で実と綿毛を分離し、綿打屋で綿打ちして綿毛の繊維を柔らかくほぐしてもらい、それを糸車で紡ぎ、白木綿はそのまま、縞物はそれぞれ縞割りして各色に染めてから織る。藍染めの場合は紺屋で染めてもらうか、それ以外の色は多く山野に自生する植物を天然染料とした。織機ははじめ地機(下機)を用いたから、下機を木綿機とも称した。高機ができてからはもっぱら高機を使用した。　→棉《わた》

参考文献　柳田国男「木綿以前の事」(『柳田国男全集』一七所収、一九九〇)、永原慶二『新・木綿以前のこと』(「中公新書」九六三、一九九〇)　(岩井　宏實)

もも　桃　バラ科の落葉性果樹。花は、三月下旬から四月上旬に開花し、果実は七月から八月に熟す。日本における桃の起源は、中国渡来説、野生種の存在説などがあるが、明らかではない。弥生時代の遺跡からの出土例があり、古くから果実の利用がなされたようだ。ただ、日本の場合、桃は果実が小さくて硬肉、しかも甘味に乏しかったため果樹としてよりも、花を鑑賞するための花木として栽培された。果樹としての栽培は江戸時代以降のことである。一般に桃は邪気を払う力をもつ霊木とされる。中国では桃は実が多く成り、花や葉の旺盛なさまから強い生命力をもつと考えられた。そしてその生命力を根源として魔除けの力があるとされた。こうした中国の観念は古くに日本に伝来し、知識として受け入れられたようで、『古事記』に伊耶那岐命《いざなぎのみこと》が黄泉《よみ》国を訪問して雷神を退けるために桃の実を投げたという記述がみられる。時代が下って、平安時代において追儺《ついな》会に桃の杖や弓が用いられたり、三月節供に桃花酒が飲まれたりしたのもこうした中国の観念によるものであろう。したがって、三月節供に桃の花を供えるのも農事の折目に際して邪気を払うためとみてよい。そのほかの桃にまつわる民俗としては、島根県能義郡広瀬町の八朔節供を桃祭と称し、この日に桃を食べないと蛆《うじ》になるという例や、和歌山県の日高地方の鬼門に桃を植えるとよいという例などが挙げられる。また、愛知県稲沢市の尾張大国霊神社の旧暦正月十四日に行われる夜儺追《よなおい》神事では、その年の厄年の人から選ばれた神男《しんおとこ》を祭の場から追い払う際に神職や参列者が桃と柳の枝のつぶてを投げつけるという。民間では桃は民間療法にも利用された。桃の葉を入れた湯はかぶれなどに効くという。桃にまつわる話としては「桃太郎」が有名である。実は生命力をもつ仙果、あるいは神霊の宿るものとみなされる。　→三月節供《さんがつせっく》　→桃太郎《ももたろう》

参考文献　中村喬『中国歳時史の研究』(「朋友学術叢書」、一九九三)、桜井満『節供の古典—花と生活文化の歴史—』、一九九三　(入江　英弥)

モモカ　モモカ　生児が百日目(前後)を迎えた成長の儀礼。百日をモモカといい儀式を行うことが中世以前の記録にもみえる。西日本では、百日目の食初めをモモカということが多い。女客を招きモモカの膳には特殊な魚や小石をのせ小豆飯で会食する。生児が食に困らないように百日の一粒食いといい飯粒を一つ口に入れるなどがある。この日に宮参りすることをモモカマイリという。日数は男は百二十日、女は百十日目に、男女とも百日目にするなど地域によって異なる。往路は生児を背負ったセオガミ、帰路は生児を抱きムキオガミをする。また、異性の子に背負ってもらい力を分けてもらうというところもある。　→食初め《くいぞめ》　→宮参り《みやまいり》　(岡田　照子)

ももたろう　桃太郎　本格昔話の一つ。一般によく知られるのは、川上から流れてきた桃が婆に拾われ、その中から誕生した小さ子が異常なる成長を遂げ、犬・猿・キジを従えて鬼が島へ行き、見事鬼を退治、宝物を持ち帰るというもの。この話は江戸時代半ば以降五大御伽噺として書物などによって親しまれ、また一八八七年(明治二十)以降『国定国語読本』に採用されてから広く国民の間に流布、第二次世界大戦後児童の絵本などによっても普及した。だが、そのために話の筋は画一的なものになってしまった。しかし一方で、口頭による民間伝承も多く採集されており、それらは地方的特色を豊かに持っている。桃太郎が香箱や赤・白の箱に入って流れて来たり、簞笥や戸棚や臼に入れてあった桃が自然に割れたり、花見にでかけた母の腰もとに転がってきた桃を綿にくるんで寝床に入れておくと割れて子が生まれ、桃の子太郎と名付けられたといったものも伝承されている。また鬼退治の方法も一様ではなく、鬼を海中に投げ宝物を奪うも

の、「酒呑童子」のごとく鬼に酒を飲ませて退治したり、「猿蟹合戦」のように臼・蜂・腐れ縄・牛糞などの助けで退治するといったものがある。また、岡山県を中心に中国・四国地方に多い「三年寝太郎」や「ものぐさ太郎」のような、なまくらで大力の男子が突如英雄的な働きをするものや、「力太郎」と関わる話例もある。中国・朝鮮・東南アジア地域にはある種族の始祖となったという伝承もある。川上から流れてくる桃太郎は水辺に出現する小さ子神とみなされ、柳田国男はこの話に昔話の「瓜姫」同様、神聖な霊力を持った「水神少童」の異常誕生と英雄的な活躍を見ていた。それは神話の名残ともいえ、英雄の誕生、偉大な事業の達成を語るものともいえよう。この昔話に成年式の通過儀礼、あるいは桃太郎誕生以前の母子神的な神話の要素を見る考え方もある。

参考文献 柳田国男「桃太郎の誕生」(『柳田国男全集』一〇所収、一九九〇)、関敬吾「桃太郎の桃」(『昔話と笑話』所収、一九六六)、石田英一郎『桃太郎の母』(『石田英一郎全集』、一九七一)、滑川道夫『桃太郎像の変容』、一九八一

(松本 孝三)

モモテまつり モモテ祭 香川県西部や愛媛県北部を中心にした西日本各地で、年頭または春先に村落および家内の安全と五穀豊穣・厄除けを祈願して数本ないし千八筋の弓矢で「鬼」という文字を書いた的などを射る歩射行事。モモテ、ユミマツリ、ユミギトウ、ハツギトウ、マトイ、ブシャなどとも称し、香川県を中心とした二月モモテ、愛媛・大分県を中心とした正月モモテ、徳島県祖谷《いや》地方の三月モモテに分けられる。元来、モモテとは、弓術で二百本の矢を二本を一手として百回に分けて射ることをいうが、矢の本数は一定しない。香川県三豊郡詫間町生里では、近世以来の服忌令による厳重な服忌と潮垢離取りが守られながら二月一日に行われる。これに先立って藁苞《わらづと》に五穀の種子を入れた巻藁をつくり、造り酒や諸道具とともに頭屋の床で祭祀して村人の参拝を受けるなど農耕をめぐる予祝的性格が強く残る。愛媛県越智郡上浦町盛や大三島町肥海では小笠原流の礼儀作法や口上を取り込み正月十一日に行われ、一人前の村人として認められるための青年戒としての要素が濃厚に見られた。さらに、瀬戸内地方のモモテ祭には、地域を二分し互いに競い合う風が顕著である。モモテ祭の多くが氏神などの神社境内で行われるが、大分県中部および国東地方では、正月半ばに頭屋の庭先で行われる。東国東郡国見町赤根など正月中に三回行うところもあるが、概して競技性は薄く、的を射当てるところに主眼がある。いずれの場合にしろ、年頭や農耕の開始に先立っての年占行事の一つと考えられる。↓おびしゃ ↓弓神事《ゆみしんじ》

参考文献 森正史『愛媛の弓祭り』、一九七七、直江広治『祭りと年中行事』、一九八〇、『香川県史』民俗、一九八五

(森 正康)

ももひき 股引 腰から下が左右に分かれ、股にぴったりとした下体着用の仕事着。足さばきが良いことから、水田作業、特に湿田に向いていた。足首までの丈の長いものが多く用いられたが、膝下までの丈の短いハンモモヒキもはかれた。男女を問わず用いられたが、女性がよく用いた東北地方では、モッペ、モンペ、ハダモッペ、スモッペ、ウチモッペと呼ぶ地域があるという。

参考文献 中村たかを編『日本の労働着―アチック・ミュージアム・コレクション―』、一九八八

(井之本 泰)

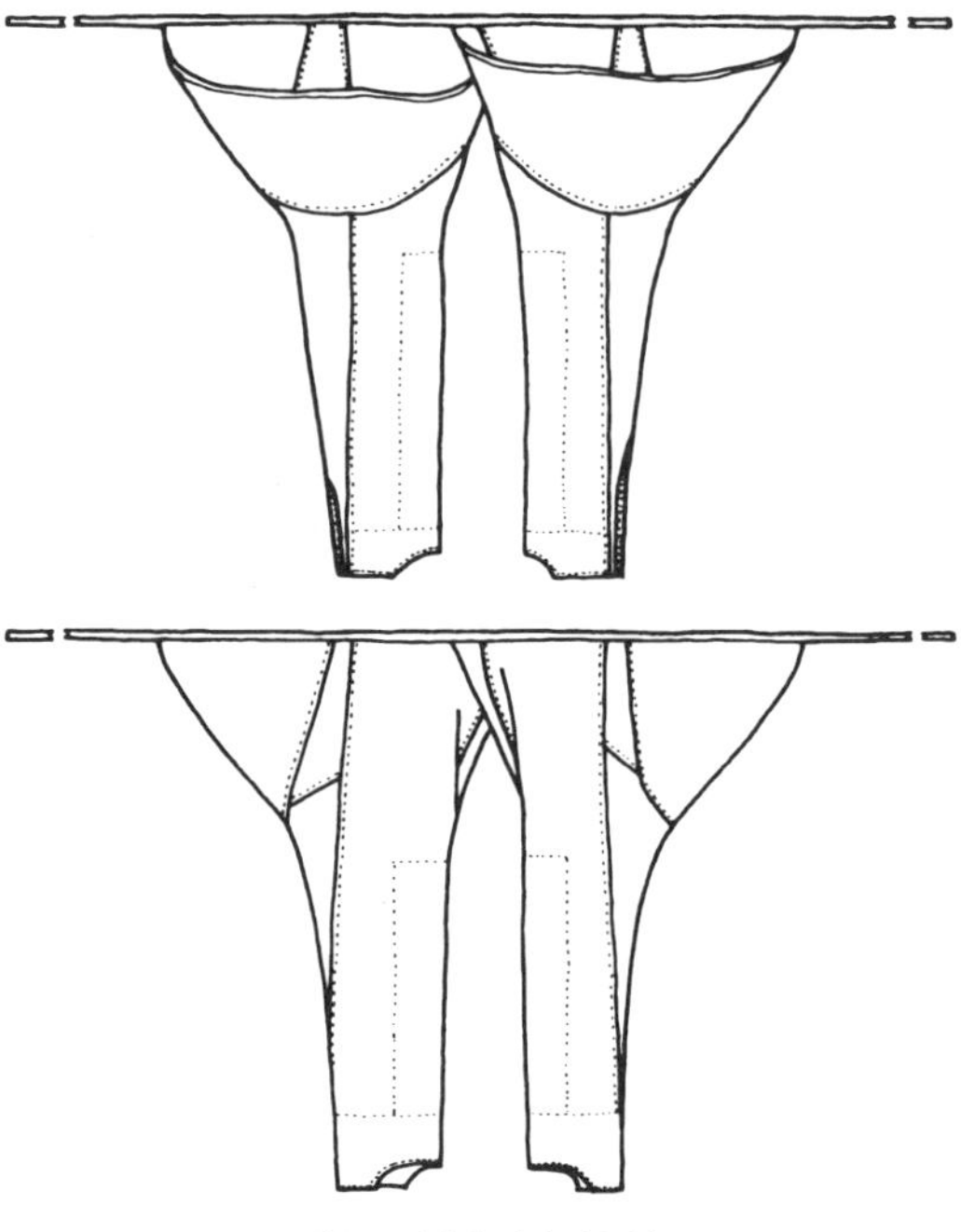

股引（京都府舞鶴市）

ももわれ 桃割 未婚女性が結う日本髪の一種。主に十歳から十七、八歳ごろまでの少女が結った。髷《まげ》が桃の実を割ったような形であるところからこの名がつけられた。髷の根をとり、髪を二つに分けて左右に丸く輪をつくり、丈長《たけなが》(紙製の髪飾り)や鹿子の結い綿《ゆわた》(絞り染め絹布に綿を詰めた髪飾り)で根を巻く。明治から昭和初期に広く浸透したが、日本髪の衰退とともに廃れた。現在も京都では節分などに若い娘が結うことがある。

参考文献 江馬務「日本結髪小史」(『江馬務著作集』四所収、一九七六)、橋本澄子・切畑健『日本の髪型』、一九八一

(榎 美香)

もや 喪屋 死者の近親者たちが遺骸とともに、またはその近くで忌籠りの生活をする建物のこと。喪屋の中で殯《もがり》の行事をした(喪葬令)。平安時代初期になると、殯の行事が忘れられて、葬送は喪屋に死体を安置することで終了した。平安時代末期の日記に霊屋・玉殿とあるのは喪屋のことである。現在では埋葬地の上にモヤ、タマヤ、スヤ、ヒヤ、スズメドウなどと呼ばれる小さな屋形がある。これはもと喪屋であったと考えられる。沖縄の津堅島では明治のころまで後生山(墓地)の喪屋の死体が腐乱するまで毎日のように訪れた。ことに死者が若者であ

るとき、生前の遊び仲間の青年男女が酒肴や楽器を持って訪れ、顔をのぞいた後で、歌い踊って慰めたという。『日本書紀』神代の天稚彦《あめわかひこ》の死にあたり「造喪屋而殯之」すること八日八夜とあるのや、『魏志』倭人伝にある「他人就いて歌舞飲酒有す」(原漢文)とあるのは津堅島の例を思わせる。伊豆大島でも墓地にイミヤという仮屋をつくり、五十日間別火生活をした。伊豆新島ではカドヤ、神津島ではイミヤ、三宅島ではイミカドといい血縁者が籠り、村人と隔絶した生活をする家がある。対馬の木坂では野辺に喪屋を作って住む民俗があり、これを山上がりと呼んだ。京都府船井郡・兵庫県氷上郡には墓辺に簡単な小屋を造り、四十九日間籠ることがあったという。

参考文献 伊波普猷「南島古代の葬制」(『伊波普猷全集』五所収、一九七四)、田中久夫「玉殿考―殯宮研究の前提として―」(『祖先祭祀の研究』所収、一九七八)、同「殯宮考」(『仏教民俗と祖先祭祀』所収、一九八六)

(田中 久夫)

モヤイ モヤイ 生産・生活の場面での協同労働、共同利用、共同所有、利益の平等分配などの慣行を示す語。模合、催合などとも書く。モヤ、モエ、モヨイなどの語が西南日本および関東以南の太平洋沿いの県に広く分布する。協同労働としてのモヤイは、懇意の者の間で行われることが多く、片務的な労力提供である手伝い慣行とは無償である点で共通するが、合力するという点で異なり、また交換労働であるゆいとは、交換を前提にせず、労力の貸借関係を生まない無償の労役提供である点で異なる。田植えや稲刈りなどのモヤイのほかに、地曳網などでのモヤイ漁、狩猟でのモヤイ狩りなどがある。後二者では漁獲物・捕獲物の平等分配も行われた。利益の平等分配は生産手段の共有や道具類の共同提供を基盤としたものである。磯の口明けや木の実などの口開けに際しての共同採取と平等分配、モヤイ田(共有田)での協同耕作、薪採取のためのモヤイヤマ(共有山)での伐り出し作業、モヤイヤブ(共有の焼畑)の火入れ、共有のカヤ場での屋根葺き材の共同採取なども行われた。モヤイ風呂やモヤイ水車は共有を基盤にした共同利用の慣行である。道普請や溝浚いなどの共同作業・村仕事をモヤイ仕事・ムラモヤイと呼ぶ地方がある。これは利益の配分を伴わないが、結果的にムラ内の全戸が利益を享受するものである。船と船をつなぎあわせることをモヤウというが、これは共同・協同を示すモヤイの語が転用したものとされる。なお坪井(郷田)洋文は、モヤイ系の語の分布地域が非同族制村落の分布と合致することから、同族村落と対比したモヤイ地帯の村落構造上の特徴を考え得ると指摘した。すなわちイットウ、ヤウチ、ウチマなどに加えて、イッケ、ウチワ、カブ、ナカマなど、非同族制村落で用いられる親族用語が分布する地域と、モヤイ系の語が分布する地域とが合致することを捉え、マキ、エノナカ、エドーシ、ウチナカなど、同族村落にみられる親族用語の分布地域と対比して両者の村落構造上の差異、モヤイ地帯における村落構造の特徴を理解すべきことを指摘している。 →共同労働《きょうどうろうどう》 →手伝《てつだ》い →ゆい

参考文献 橋浦泰雄「協同労働の慣行」(柳田国男編『日本民俗学研究』所収、一九三五)、郷田洋文「互助共同」(『日本民俗学大系』四所収、一九五九)

(山本 質素)

モヨリ モヨリ 主に静岡県中・東部地方で村落の内部区分を表わす用語。一般名詞として、近接する家々の相対的な関係を示す言葉であるのに対して、組織や集団を示す用語として使われるモヨリは村内区分としてニワ、ツボなどと同様に用いられてきた。静岡県裾野市では、「最寄」の字をあて、近世文書にもみえる。ここでは、モヨリごとに集会施設や山林などの共有財産を持ち、村組として機能している。語源は、文字通り「すぐ近く」の家々の集団を表わすと考えられるが、兵庫県内にも村内区分の用語としてモヨリを使う地域があり、モヨリの手伝いをモヨグリと呼ぶという。

(斎藤 弘美)

もらいご 貰い子 実子の有無にかかわらず、親類あるいは他人の子供を引き取って、家族員の一員として養い育て、かつ養家の仕事をさせる擬制的親子慣行の一種。あるいは、その子。奉公人や雇い人とは違って、同居家族員として実子と同じように扱われた。戸籍に入れる場合もあるが、養子縁組はしないので、家督相続とは関係ない。しかし、成人してから分家させて本分家関係を創出することがある。貰い子は、漁村において労働力確保のために、近隣の農村や町場から貰うことが多かった。

参考文献 竹田旦「養子の概念と目的」(大竹秀夫・竹田旦・長谷川善計編『擬制された親子―養子―』所収、一九八七)

(小熊 誠)

もり 森 樹木のむらがりはえる場所を指す。人間の影響がない、あるいは少なくて自然植生の構成種が比較的に残っている場合に森ということが多い。鎮守の森がその良い例である。したがって樹齢も二百年以上あることが普通であり特に三百年生以上の樹木もしばしばみられる。反対に人工的で継続的な管理、たとえば植林・伐採・落葉掻きが常時行われている樹木の集まりを林とよんでいる。杉林・ヒノキ林・竹林・雑木林がその例である。林の樹齢は多くは二十から数十年、少ないもので数年である。こうした樹木のむらがっている空間の上級概念を森とよぶ場合もあるし、最近では森林とよぶ場合も多い。ドイツでのWald、英国ではForestがそれで、林に相当する概念としてはそれぞれForest, Woodlandとよんでいる。関東地方武蔵野で雑木林をヤマとよぶ。また地形的な高みである山の名称がそこにある森林を指すことがあり、これをヤマとよぶことも各地にしられる。また沖縄から九州、四国、東北地方の太平洋側では山のことを森(モリ、ムル)とよぶ地域がある。森は南日本ではシイやタブノキ、カシ類といった常緑樹林であることが多く、北日本ではブナ、ミズナラといった落葉樹を中心としている。いずれも構造的には多層構造となっており、高木

層の下に亜高木層、低木層、草本層が発達することが多い。↓雑木林《ぞうきばやし》　（中川　重年）

もり　銛　水中の水産動物などを突きさして捕獲（捕猟）するための道具の総称。縄文時代には骨角を用いて製作した銛先があり、のちに金属製に変わった。一般に、銛という場合、魚類や鯨などの捕獲対象物に対して投げ放って突き刺すもので、腕力によって突き刺すときや、重さを利用して突き刺すとき、人の手から離れるものをいい、ヤスなどと区別する。先端が二本、あるいは三本でカジキなどの大型魚を突くものや離頭銛とよばれ、先端がはずれる銛先もあり、回収するため、棹（柄）とともに細紐が付けられている。↓マレプ　（田辺　悟）

神奈川県のカジキ漁の銛先（銛頭）

もりおや　守り親　子守を介して子守の親と子守りをされた子との間で結ばれる親子関係。伊豆諸島の利島・新島・神津島・八丈島などに見られる。子守と守りをされた子の間に擬制的な兄弟関係も結ばれることが、ほかの仮親とはやや趣を異にする。利島では新生児にはモリと呼ばれる少女を頼む。双方でモリヤトイ祝い、モリヤトワレ祝いをし「ともに白髪の生えるまで」と一生、兄弟姉妹同様につきあう。モリの兄弟姉妹をもモリアニイ、モリアネイと呼び、モリの実の親を子はモリオヤ、モリオジイ、モリッカァと呼ぶ。新島ではモリットー（守父）、モリッカー（守母）と呼ぶ。守り親と子は一生つきあい、利島では子の成長儀礼に守り親が羽子板や着物などを贈り、実の親に叱られた子はモリガエ（守の家）に逃げたり、モリオジイが子について実の親に意見さえする。新島でも子の嫁入りにはモリッカーの承認を必要とした。子は守り親やモリの死に際して実の子、兄弟と同様の働きをする。この関係を結ぶためには守り親は経済的な余裕が必要で、頼む側もモリの食事や着物を調達したり、子の三歳のウブイアゲにはモリに高価な晴着を贈るなど経済的負担がある。経済的余裕がなくても守り親が欲しい人は成長してからモリを頼むこともあり、これをナヅケモリと呼ぶ。また実子がない人は姪や他家の娘を仮に自分の子として他家の子供を守りさせ、守りされた子の守り親となるという場合もある。これを「モリを借りる」という。一方、沖縄本島上本部村ではモイウヤと呼ぶ。沖縄県宮古島や八重山などの子守はムリアニ、ムラニと呼ばれ、兄弟姉妹同様に一生つきあう事例からおなり神信仰との関係を指摘する説もある。他県でも子守と守りされた子の実の親が一生つきあう事例はあるが、守りされた子が子守の実の親と関係を結ぶ事例は少ない。また、金銭で雇われる子守奉公は全国的に見られ、そこで擬制的親子関係が結ばれることはほとんどないが、雇った家が子守りの娘を嫁に出すというような親子同様のつきあいが生じることもある。↓子守《こもり》

参考文献　柳田国男「社会と子ども」（『柳田国男全集』一二所収、一九九〇）、藤木喜久麿「新島に於ける子守のこと」（『民族』二ノ四、一九二七）、大藤ゆき『児やらい』（『民俗民芸双書』、一九六八）、鎌田久子「モリ文化」（平山輝男博士還暦記念会編『方言研究の問題点』所収、一九七〇）、宮城文『八重山生活誌』、一九七二、大間知篤三「利島のモリと親取り」（『大間知篤三著作集』五所収、一九七九）、竹内利美「生育習俗と親方子方慣行」（『竹内利美著作集』三所収、一九九一）　（浅野　久枝）

もりがみ　森神　聖地としての森をまつり場として、あるいは樹木を依代としてまつられる神。今日では、まつられている神々の多くは社殿祭祀に移行しているが、それでも南西諸島の御嶽《ウタキ》をはじめとして、森にまつられる神は数多く残されている。山麓水源の森は水田に水を与える場であり、山から里へと神を迎える神座とされる。また、南西諸島では、森は季節を定めて集落を訪れる来訪神が籠もる場ともされた。地域により森神の民俗語彙はさまざまであるが、そのまつり場に森や樹木を伴うことから、モリサン、モリサマ、モリなどと称される傾向がみられる。荒神、地神、厄神、祇園、水神、山の神など森にまつられる神を森神として総称する例は、防長両国の近世の社寺台帳や『防長地下上申』にすでにみられる。一九四〇年代後半以降、柳田国男の祖霊信仰論が構築される過程で、福井県大飯町のニソの杜をはじめとする、各地の森神は、祖霊の祭地として位置づけられ、森神は学術用語として定着した。直江広治は、家の生産場などにまつられる森に、開発先祖や、傑出した先祖を祭祀するのが屋敷神の古態であるとし、さらに石塔墓の普及以前においては、死者の遺骸は死穢観念により村外の埋め墓に埋葬され、浄化された家代々の先祖は森に迎えまつられたとして、その具体例を各地の森神に求めている。また、山口県下関市蓋井島の山の神の森や中国地方の荒神・大元神など、五年、七年、十三年、三十三年などに一度、年祭を行う森神もみられ、これは焼畑耕作の周期性に基づく死霊の祖霊化儀礼とも指摘されている。ただし、落人《おちうど》や動物霊など御霊的性格を秘めた死霊をまつったと伝える森神や、開墾に際して土地霊をまつったと伝える森神も多く、すべてを祖霊信仰に一元的に還元する研究視角への批判もなされている。死霊をまつると伝える森神の場合、由来伝承は地域の歴史伝説などを背景として家の生活史とのかかわりから民間宗教者により再構成される傾向が強い。森神と祖霊信仰の関連は、幕末から明治にかけて神葬祭運動の中心人物でもあった津和野藩平田派国学者、岡熊臣の死後安心論においても説かれている。熊臣は、天保改革の一環として防長両国で行われた、社寺統制である淫祀《いんし》解除《ときのけ》の施行に際し、森神を幽冥世（他界）とつながり、死者の霊魂が休まる一つと

して位置づけ、淫祀解除への反駁を試みている。↓御《ウ》嶽《タキ》　↓ニソの杜《もり》　↓モイドン　↓屋敷神《やしきがみ》　↓藪神《やぶがみ》

参考文献　柳田国男「先祖の話」(『柳田国男全集』一三所収、一九九〇)、直江広治『屋敷神の研究—日本信仰伝承論—』、一九六六、福田アジオ「若狭大島の家格制と親方子方関係」(和歌森太郎編『若狭の民俗』所収、一九六六)、白石昭臣『日本人と祖霊信仰』(「日本の民俗学シリーズ」三、一九七七)、原田敏明「山と杜」(『村の祭と聖なるもの』中所収、一九八〇)、加藤隆久編『神道津和野教学の研究』、一九八二、佐々木勝『屋敷神の世界—民俗信仰と祖霊—』、一九八三、西垣晴次「民衆の宗教」(『日本民俗文化大系』四所収、一九八三)、牛尾三千夫『神楽と神がかり』(「牛尾三千夫著作集」一、一九八五)、白石昭臣『畑作の民俗』、一九八八、岡正雄「日本文化の構造」(『異人その他』所収、一九九四)

(徳丸　亜木)

モリくよう　モリ供養　主として山形県において集落の背後の里山であるモリノヤマで行われる先祖供養。モリノヤマは、見はらしのよい小高い丘や山で、祖霊がそこから子孫を見守っているといわれる。山形県庄内地方では、送り盆が終った数日後にモリノヤマで先祖供養を行う。モリノヤマは元来埋葬地であり、山形県鶴岡市清水のモリノヤマには、源頼朝の奥羽追討ないし、戦国時代の戦乱時の死者の葬所とする伝承もある。亡くなった死者の魂は三十三回忌まではモリノヤマに籠り、忌明けには月山や鳥海山に昇天するという。モリノヤマと月山とを結ぶ中高度の山(深山)に虚空蔵菩薩をまつる例が多く、死霊がモリノヤマから深山を経て月山に昇天する過程で、次第に浄化されていくといわれる。盆が来ると、死者の魂はモリノヤマから家に帰り、盆が終ると再びモリノヤマに籠る。月山や鳥海山などの高山に昇天した祖霊も盆の供養を受けた後、いったんモリノヤマにとどまり、別離の先祖供養を受け、再び高山に登るとされる。モリ供養の前には巫女を頼んで口寄せをしてもらう。月山や鳥海山では、山中に墓石や遺骨を奉納する先祖供養の儀礼もみられる。鶴岡市清水のモリ供養は八月二十二、二十三日に行われ、参道に死霊の代理としてのヤッコ(子供や若い嫁)が立って参拝者から米や金銭の施しを受け、施しを怠ると餓鬼がつくといわれる。参拝者は地蔵堂・中堂・姥堂などの七堂に供物を供えて日に数度、中堂で僧侶と修験者による施餓鬼供養が行われる。

参考文献　岩崎敏夫『東北の山岳信仰』(「民俗民芸双書」、一九八四)、戸川安章『(新版)出羽三山修験道の研究』、一九八六、鈴木岩弓「庄内地方における「もり供養」の寺院行事化現象の実態」(『東北大学日本文化研究所研究報告』別巻三二所収、一九九五)、佐野賢治『虚空蔵菩薩信仰の研究』、一九九六

(岩鼻　通明)

もりさだまんこう　守貞漫稿　喜田川守貞(季荘)が著わした江戸時代の風俗に関する考証的随筆。前集三十巻、後集四巻、追補一巻の計三十五巻であるが稿本のままで全部は伝わらない。約七百項目の種々雑多な事柄について説明図を付して註記を加えている。江戸と京坂との比較考証にすぐれ、江戸時代の風俗研究には欠かせないものとなっている。一九〇八年(明治四十一)に当時帝国図書館所蔵の稿本を『類聚近世風俗志』の名で刊行。のちに一九七三(昭和四十八)・七四年に朝倉治彦編『守貞漫稿』として影印本が刊行され、一九九二年(平成四)に朝倉治彦・柏川修一校訂編集『守貞漫稿』一—五が刊行されている。江戸時代の風俗研究には欠かせない文献の一つである。

(鈴木　章生)

モルガン　Morgan, Lewis Henry　⇩モーガン

モロト　モロト　宮座の構成員をさす呼称。村落内の特定の家々で構成されている宮座(株座)の場合は、その構成員全戸をいう。村落内の全戸で宮座を構成している(村座)場合は、そのうちの特定の資格を有する人のみをいう例が多い。諸頭・諸人・旧人・村生人などと書かれる。諸頭という呼称は特に滋賀県に多いが、福井・奈良・和歌山・三重・愛知県にも分布する。滋賀県甲賀郡水口町岩根堂山の加茂神社では諸頭の家筋が古来決まっていて、諸頭が宮守をつとめるという。同県愛知郡東愛東町九居瀬ではモロト、ヒラ、コドリ、ババの四階層に分類し、階層ごとに座の負担金やおこないといわれる年頭行事における役割などに差をつけていたという。このように、諸頭は宮座の運営および祭祀の執行に関して特別な地位についていた。村落における諸頭層の形成と解消については次のように考えられている。まず、モロトという用語は、『菅浦文書』のうち永禄年間(一五五八—七〇)の文書に「東のむろと」とあるのが最も早い例とされ、これ以前にはさかのぼらないとされている。もともと中世村落における村人の意味であったものが近世村落への移行のなかで特権化し、祭祀組織を構成する伝統的な旧家の地位を示す言葉となり、諸頭層という階層を形成するに至ったと考えられている。そして、諸頭層以外の氏子を脇・平などと呼んで区別した。滋賀県高島郡今津町弘川の阿志都禰神社には一八七三年(明治六)まで諸頭と平氏子または脇の区別があり、諸頭を宮座ともいい、神事においては権威をもっていたという。幕末期以降明治期にかけて、諸頭層とそれ以外の氏子の区別を解消した例は多い。諸頭が氏神社の祭祀権を有していたころは諸頭が宮座そのものの意味であったといえるが、諸頭以外の村人との間での諸頭株の売買・葛藤などを経て、現在では単に旧家という家筋を示す言葉としても使われていることが多い。↓宮座《みやざ》　↓村座《むらざ》

参考文献　萩原竜夫『中世祭祀組織の研究』、一九六二、原田敏丸『近世村落の経済と社会』、一九八三、肥後和男『宮座の研究』(「肥後和男著作集」一期七、一九八五)

(関沢まゆみ)

もん　門　(一)塀・垣で囲んだ敷地の出入り口に設けた構築物。必要に応じて開閉ができたり、格式を象徴して意匠上の重要なものともなる。形式は住宅の二本柱だけの

ものから大寺院の複雑なものまで多種多様である。門に屋根をかけ本格的な構造をもつ木造建築に発展したのは中国から仏教が導入された飛鳥時代以降である。屋根のないものには二本の本柱に扉を吊っただけの塀重門《へいじゅう》、二本の本柱間の上部に冠木《かぶき》(横木)を通した冠木門などがあるが、鳥居も「於葺《うえ》かざる門」とあって門の一種である。屋根をかけた門は単層と重層とに分けられ、単層には二本の本柱に切妻屋根をのせた棟門《むねかど》(むなもんともいう)、棟門の屋根を水平の板で葺き上に土をのせた上土門《あげつち》、二本の本柱の前後にそれぞれ控柱をたて貫《ぬき》でつないで切妻屋根をのせた四脚門などがあり、公家住宅・寺院・武家屋敷など上層階級の門として用いられた。本柱四本を並列させ控柱八本に増したのが八脚門、四脚門・八脚門を二階建てにして入母屋屋根をかけたのが二重門で、上層に回縁を巡らし腰屋根のないものを楼門、上・下層にそれぞれ屋根をかけた重層門などがあり、大寺院とくに禅宗寺院では三門(三解脱門)と呼んでいる。近世になると武家社会を反映して武家に関わる門の種類が多くなる。城郭における枡形の一の門には高麗門《こうらい》、二の門には櫓門、城郭の両石垣上にかけ渡した渡櫓門などがある。武家住宅には中央附近を通りとし左右に長屋をもうけ同一屋根で葺いた長屋門、背面だけに控柱をたて本柱とつないで屋根をのせた四脚門に似た薬医門、本柱の上部から前後に腕木をだし屋根をのせた腕木門などがある。長屋門は元来は武家の屋敷門で禄高により出番所の数や屋根形で格式を表わした。江戸時代には長屋門・薬医門は武家住宅のほかに名主《なぬし》・庄屋・組頭などの村役人に限って建てることが許されたが、幕末ころになると幕府の掟が崩れだし裕福な農家や町家では屋敷門として競って門を建て村役人の身分にあやかったりした。農家や町家の門としては長屋門・薬医門・腕木門などが多くを占めた。農家で最も多くみられたのが長屋門であるが、武家屋敷の門をそのまま踏襲したのではなく門番や中間《ちゅうげん》部屋を農家の実用的な納屋や農具小屋・隠居部屋などに用途を変え、簡略素朴な造りに改良したのが次第に重宝がられ増えていった。主に納屋に変わったので納屋門とも呼んだりした。関西では長屋門は倉・納屋・塀などをつないで屋敷を囲み主な出入り口にしたものが多い。関東では出入り口が長屋門に限ったわけではなく、どこからでも自由に屋敷内に出入りできたようで、むしろ薬医門・腕木門・冠木門を建てる傾向が強かったようである。門には形式の分類だけでなく、建つ位置、安置する像、曲線の屋根形などによって、たとえば南大門・乾門・随身門・唐門などの呼び名がある。明治以降には洋風建築導入の影響から社寺・住宅などでも簡易な門の形式が多くを占めるようになった。

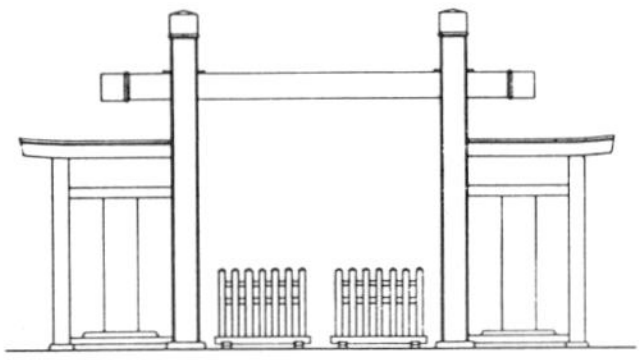

冠木門

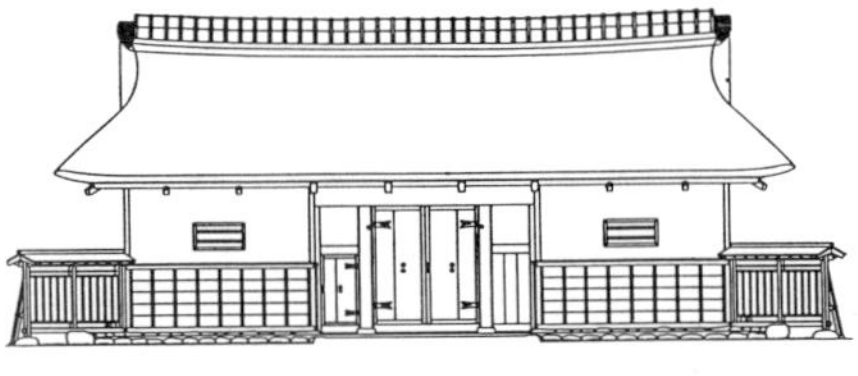

長屋門

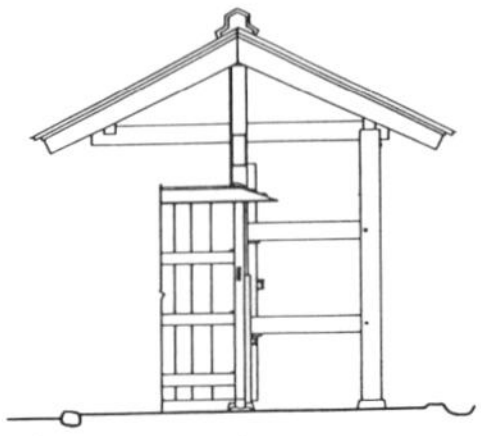

腕木門

四脚門

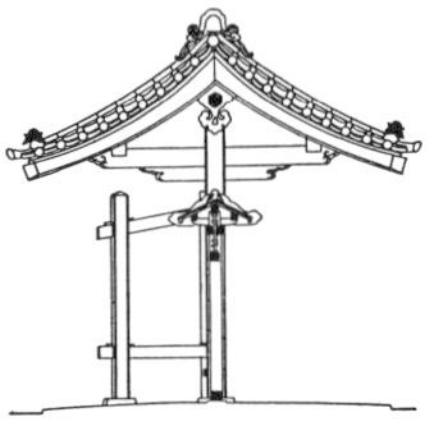

棟　門

参考文献　川島宙次『美しい日本の民家』一、一九六二、山崎弘・岡村直樹・小形又男「江戸の門二〇選」(『東京人』五三、一九九二)　(山崎　弘)

㈡出入り口で内・外の区別を明確にする施設。門に扉を設けて閉ざすことにより、外からの侵入を物理的に阻止する機能が生まれる。だが、日本では門が必ずしも扉をもつとは限らず、象徴的な意味が強い。農山漁村の屋敷には門が設けられていないのが通例で、門を恒常的な建造物としてもつことは特定の家格を表示することであった。しかし、門を通過することが立場や位置の転換を意味したので、特定の儀礼では門を必要とし、臨時に門を設けることが行われた。静岡県裾野市では、葬儀の出棺に際して、笹竹で仮門を作って掲げる。門は一般的には個別の屋敷や各種施設に設置されるが、内外を画するという意味でムラの出入り口にも設けられる。明確に存在するのは滋賀県湖北の菅浦の西門・東門で、家々の密集する集落の東西の出入り口に立派な門がある。現在では他に事例は知られていないが、同様の門を設定していたことを示す近世の村絵図が近畿地方に見られ、またムラの入り口に木戸があったという伝承は関東地方でも聞かれる。　(福田アジオ)

もんしょう　紋章　広義には、都道府県を表わす標章、学校や会社・神社(神紋)など、さまざまな規模の社会集団を表わす標識を指すが、記章や校章、バッジ、マーク、商標などの語で呼ばれることもある。狭義には家を表わす家紋のこと。家との関わりでは、簡単な記号で個別の家を標示する家印もある。しばしば蔵など家屋のある部位に家印がつけられていることがあり、苗字や家紋と同様に本・分家関係を共通の家印で意味することもある。家紋の機能と同じく、その家に所属・所有されるものに印がうたれて他と区別される。山から切り出した材木に杣がつけた木印も、こうした所有を表わす印であり、家印と併用されることもあった。家紋は、家集団の標示である以上、その背景には家集団を区別する意識が働いたことが考えられる。しばしば本・分家関係や一つの同族集団を表わすものとして、同じ家紋あるいは同じ系統の紋が使われ、系譜的に継承されることも多い。平安時代中期以降、貴族社会に家系を峻別する必要が生まれ、それが武家社会へも持ち込まれた。しかし武家社会の場合は、一族郎党を標示するものであり、同じ紋を使う成員の数はずっと多くなった。主君より同紋・同系紋を拝領することもあり、集団の所属が変更可能である以上、紋章も変更可能なものであった。したがって必ずしもその背後に同族や共通の先祖を想定できる訳ではない。戦国時代には目立った紋の方が好まれ、特色のあるものが選ばれる傾向にあったが、今日ではむしろありふれた紋に変更されていく傾向にある。 ↓家印《いえじるし》 ↓女紋《おんなもん》 ↓家紋《かもん》 ↓木印《きじるし》 ↓商標《しょうひょう》

参考文献 柳田国男「名字の話」(『柳田国男全集』二〇所収、一九九〇)、沼田頼輔『日本紋章学』、一九二六、M・パストゥロー『紋章の歴史』、一九九七 (原 毅彦)

モンスーン monsoon アジア大陸の南部(インド洋)から東部(太平洋)一帯の季節風のこと。語源的には、アラビア語で季節を意味するマウシム mausim に由来して、特にアラビア海で、約半年交替で吹く夏の南西風と冬の北東風を指し、古くから帆船の航海者に知られ、利用されてきた。インドや東南アジアでは、単に風を指すより、夏の季節風のもたらす雨季や、その開始などの雨を指す場合が多い。アジアのモンスーン地帯は、共通する気候風土のために、稲作など農業や水産業などに関連した固有の生活文化を有する「モンスーンアジア」の地理圏をなす。日本を含め朝鮮・中国の南部ほか東南アジア・南インドの広範囲で、気候学での「湿潤アジア」にほぼ対応する。その特徴は、倉島厚によれば㈠高温多湿、㈡雨季・乾季の差異、㈢熱帯低気圧(台風など)の常襲、㈣アジア的米作農業、㈤低所得層で人口の稠密、㈥農村人口の比率大、工業の後進性、㈦生活様式の自然依存度大、自然災害の頻発、㈧人と自然を一体視する自然観などが挙げられる。和辻哲郎が『風土』(一九三五)でモンスーンを、中東の沙漠、ヨーロッパの牧場と対比して、日本などこの地帯の文化や性格を、アジア、ヨーロッパの旧世界文化のなかで位置づけたため、日本人論をこの風土論で捉える視点が生まれる契機となった。

参考文献 倉島厚『モンスーン—季節をはこぶ風—』(「科学選書」、一九七一) (目崎 茂和)

もんぜんいち 門前市 寺社を中心として、その門前に成立した市。中世以来、農民の自立、商工業者の発展の結果、寺社参詣の風潮が盛んになると、門前には参詣客目当ての宿屋が集中し、また市が立って食料品・雑貨を販売した。奈良、近江の坂本(比叡山延暦寺)、宇治山田(伊勢神宮)などは中世末から門前市(門前町)として知られていた。なかでも、善光寺にみられる長野などはその好例である。江戸時代に入ると寺社が単なる信仰の対象になり、巡拝や参詣の形態が遊覧(観光)と結びついて市が中世ほどの展開を見せなかった。よく「門前、市をなす」という表現があるが、これは個人の家に出入りする者が多いという意味合いだけでなく、商売の繁盛している様をいったものである。また、直接、寺社に関わらないものもあるが、中世後期から江戸時代には毎月六回の定期市が六斎市として行われるようになっていった。この六斎市は門前市よりはより庶民性のあるもので、農民たちも積極的に市場に参画して市場経営に関わっていったが、専門的なものは比較的少なかった。これに対して、門前市は六斎市より専門職的な販売をする参会者が多く、店の構えも前者は比較的に定住化するのに対して、後者はその時に応じたような非定住化の様相がある。

参考文献 『宇治山田市史』、一九二九、西垣晴次『お伊勢まいり』(「岩波新書」黄二五二、一九八三)、戸川安章『(新版)出羽三山修験道の研究』、一九八六、岩鼻通明『出羽三山信仰の歴史地理学的研究』、一九九二 (西海 賢二)

もんぜんまち 門前町 寺や神社の門前に発達した町。参詣者相手の旅館やみやげもの屋や寺社ご用達の商店・職人によってなりたっている。坊や御師・神主といった宗教者が中核となっている御師集落、社家集落、真宗寺院を中心にした寺内町などがある。中世の門前町は寺社直属の、商工業者や芸能者が住み、月何度かの市が開かれるといった空間であった。門前町が本格的に発展するには、遠隔地からの参詣者が増えて、宿泊施設が中核となって町が形成される必要があった。それによって寺社との直接的なつながりを断ち町役によって自治的に運営されていく。多くの門前町は社寺参詣の拡大に伴って近世に成立した。近代になると電車などの発達によって手軽に旅行ができるようになるとともに観光地化が進み、飲食娯楽施設がふえた。門前町の例として興福寺・東大寺の門前町である奈良市、伊勢神宮の山田(三重県伊勢市)、善光寺の長野市、東照宮の栃木県日光市、成田山新勝寺の千葉県成田市、浅草寺の浅草(東京都台東区)、富岡八幡の深川(同江東区)、回向院の両国(同墨田区)、京都東西本願寺前・清水寺、大阪四天王寺前、金刀比羅宮の香川県仲多度郡琴平町、厳島神社の広島県佐伯郡宮島町、出雲大社門前(島根県簸川郡大社町)などがある。出羽三山の山形県東田川郡羽黒町、相模大山の神奈川県伊勢原市、吉野山の奈良県吉野郡吉野町、富士山の山梨県富士吉田市など山岳修験の拠点となった所は宿坊とみやげもの屋の立ち並ぶ御師集落である。

参考文献 藤本利治『門前町』、一九六〇 (坂本 要)

もんちゅう 門中 ⇩ムンチュウ

もんつき 紋付 和装で家紋を付けたもの。裃・羽織、特に着物を指すことが多い。礼装で、一ツ紋・三所紋・五所紋があり、多いほど格が高い。家紋は衣服の模様や

武士の旗印、公家の車の紋からできたという。中世において直垂に紋を付け家臣に褒美として与えた大紋《だいもん》が紋付のはじまりといわれ、近世には身分の差による礼法の強化で個人の識別が重要となり、特に小袖・裃・羽織に付け印にした。庶民も経済力の上昇に伴い紋付を着用するようになったが、普通紋所を持たなかったので新たに創作して付けた。また図案化した伊達紋や加賀紋は上下の人々に好まれた。役者の紋やその模様は贔屓に喜ばれ、粋筋では恋人の紋と合わせた比翼紋にもした。近世羽織が一般的には禁じられた女性の小袖では模様構成の一部にさえ用いられた。紋所は大きさに流行があり、染め抜き紋が正式で、刺繡の縫紋、細かい鹿の子紋で描く鹿の子紋、丸に白抜きの既成品に手で書き込む石持ち《こくもち》、共きれに書いて張り付ける張付紋があったが、庶民の間には紙で張り付けた張付紋が多くみられた。紋は白地に線で描いた表紋・陽紋、黒地に白い線抜きの陰紋、略式で遠慮して用いる替え紋などがあり、女は夫と異なる女紋や実家の紋を使った。維新後洋服導入まもなくには夏の背広の紋付まである。今日女性は紋付羽織だけで略礼装とする。→家紋《かもん》

参考文献 喜田川守貞『守貞漫稿』一三(東京堂「守貞漫稿」二、一九九二)、沼田頼輔『日本紋章学』、一九六八

(大塚 綸子)

もんと 門徒 同じ門流(宗派)に属する信者・檀徒のことであるが、特に浄土真宗の信徒のことを意味する。浄土真宗の盛んな地域の門徒を、安芸門徒・北陸門徒・三河門徒などと総称したりする。石川県江沼郡や福井県坂井郡あたりでは、一村全戸が同じ寺院の門徒である場合、これを土門徒と称し、滋賀県の湖北地方ではジモント(地門徒)・マルモントと呼んでいる。「門徒ものしらず」ということがいわれたが、これは「門徒物忌せず」の意味で、真宗には民俗否定の一面があった。葬送儀礼において位牌を用いなかったり、出棺時に藁火・門火を焚かず、茶碗割りも行わない。盆行事でも精霊棚を設けず、朝昼晩のお膳も供えないなど、一般的に簡略である。門徒のムラでは、石仏や民間信仰の小祠なども真宗以外の村落と比べると非常に少なかったりする。しかし、門徒がすべて民俗儀礼を否定したわけではなく、また門徒のムラに民俗がまったくないわけではない。伝統民俗を換骨奪胎して真宗的に変容したものもあり、春の蓮如忌や秋の報恩講など、その基盤に民俗信仰があって習合しているのではないかと考究されてきた。ムラの中には伊勢講や秋葉講などのあるところもあり、門徒特有の強固な講組織・同行組織と併存して機能してきた。盆行事なども能登のコンゴウマイリ、滋賀県湖北地方のハカマイリ(墓でなく寺に参る行事)など注目すべきものがある。葬式や法事に絵像を寺から借りてきたり、村々を絵像が巡回している行事もあって、真宗門徒の民俗を形成している。

参考文献 森岡清美『真宗教団と「家」制度(増補版)』、一九七八、西山郷史『蓮如と真宗行事』、一九九〇、蒲池勢至『真宗と民俗信仰』(「日本歴史民俗叢書」、一九九三)

(蒲池 勢至)

もんどう 問答 言葉の応答のこと。芸能の演技様式の一つ。仏教では経論の要義について問者と答者が問答をすることを論義という。能の小段にあるロンギはこの論義あるいは天台声明《しょうみょう》の論義表白からきたものとされ、多くは平ノリ拍子でシテと地謡の掛けあいで謡われる問答体の部分をいう。また同じく問答(モンダイ)と呼ばれる小段も対話の部分の演出として行われ、問答の終りはサシ調の掛けあいになり地謡の上歌に続く。能に先立って、寺院法会の後の余興芸能であった延年にも問答の形式があった。延年のうち大風流でははじめ王者と開口人が出て序があり、次にワキ衆の問答によって仮装した風流衆を導き出し、最後をめでたく舞楽で結ぶ。また言葉のみで演じる連事《れんじ》も問答と歌謡によって展開し、答弁は当意即妙の洒落や地口による問答であった。これらの古典芸能にみられる問答は民俗にも行われる。神楽における神がかりによる託宣は神官と神との問答であった。また日向地方の神楽では柴や榊を司る荒神が祭場に現われ、柴や榊のいわれを神職と問答し、最後に宝を授ける柴荒神や綱荒神がある。九州や中国の神楽に登場する柴鬼、柴荒神は奥三河地方の花祭では榊鬼と呼ばれ、禰宜と位比べの問答をした後、榊を引き合い、祝福して去っていく。能の問答が掛けあいから上歌となり、柴荒神や榊鬼の問答が宝を授け祝福して終るように、問答には西洋のドラマと異なる日本芸能の論理がある。

参考文献 本田安次『延年』(「日本の民俗芸能」三、一九六九)

(板谷 徹)

もんぱい 門牌 喪家の門口に死者の戒名などを記した木の札を立て忌中の標とするもの。長野・群馬・山梨・

門口に立てる門牌
(静岡県清水市)

膳を供えた門牌
(山梨県六郷町)

静岡・神奈川・千葉・茨城などの各県に広くみられ、モンペー、モンピョウ、サトヤ、モトヤなどともよばれる。死者の戒名・享年・死亡年月日や「今月今日家門不幸」などと記し、七日間または忌中の間門口に立てておく。この間、喪家を訪れるものには、乞食・旅僧・巡礼などにも食事を出す施行が行われ、山梨県ではそのための膳を門牌の前に絶えず供えておく。上層の家のみがこれを立てるという所が多い。忌中明けには墓にもっていくのを通例とするが、静岡県裾野市ではサトヤナガシと称して海や川に流して忌中払いとする。（中込　睦子）

もんぺ　もんぺ　農山漁村で労働および日常に着用する下衣の総称。山袴の一種。前幅と後幅それぞれ四枚からなり、股下に襠《まち》を入れた構成で、前紐と後紐でしめる。もんぺという言葉のおこりは、股引《ももひき》から発展したものか、またはアイヌ語で股引の意のオムンペから転訛したものと考えられ、股引との関連がみられる。もんぺという呼称は、福島県から山形県にかけて分布し、新潟県の海岸沿いの一部にもみられる。福島県の会津地方では、労働用には脛部が細いサルッパカマを着用し、脛部の広いもんぺはふだん着や外出用として着用する。南会津郡西部では大正時代まではもんぺはなく、若松方面から入ってきて着用されるようになったという。雪国の寒冷地では、冬期間上体に綿入れの長着を着用するため、すそ部が入るよう太めに作る。これをフンゴミとかフグミ、ブッコミなどと呼ぶ地方もある。もんぺは第二次世界大戦中、女性の衣服として全国的に着用が奨励され、普及していった。→山袴《やまばかま》

参考文献　宮本勢助『山袴の話』、一九三七、『仕事着―東日本編―』（『神奈川大学日本常民文化研究所調査報告書』一一、一九八六）
（佐々木長生）

や

ヤ　ヤ　アイヌ語で網のこと。網の材料はシナの内皮やオオバイラクサの内皮を細く裂いて撚りをかけ、糸を作りそれで網を作っていく。網一枚は、ほぼ畳大の大きさで、捕獲する魚種によって網の目の大きさを調整する。魚法は数枚を横につづり、上に浮子《うき》、下に錘《おもり》をつけた刺網漁のほか、幾枚もつづり、両端を二艘の船が大きく弧を描いて囲む巻網漁、海浜や河川での引網漁、簗杭を川の流れに打って魚道を狭めてそこに囲いを作って追い込んで掬い取るタモ網漁などがある。古くなった網は、ヒエ、イナキビ、アクなどの穀物畑の上を被ってスズメ除けとしたり、屋根葺きの下張り、撚り合わせて綱にしたり、錘や浮子の袋などその用途は広い。（藤村　久和）

ヤードゥイ　ヤードゥイ　沖縄本島およびその周辺離島において十八世紀初頭以降、士族の帰農によって形成された集落のこと。通例、屋取集落と記される。ヤードゥイの原義は宿るであり、貧窮士族が一時的に田舎に身を寄せ、農耕に励みつつ蓄財し、再び首里や那覇に戻って一旗揚げたいという願望のこもった仮の宿りの意である。しかし、その念願とは裏腹にそのまま定着し、集落を形成するに至った。特に、数量的に増えたのは廃藩置県以後である。ユカッチュ（良人）と称された士族は移住先ではチジュウニン（寄留人）と呼ばれ、地割制の対象にされた元々の百姓、すなわちジーンチュ（地人）とは区別された。ジーンチュに割り当てられた地割地の中で百姓の手の回らないもの、および士族の私有地などを小作した。一九〇三年（明治三十六）の土地整理によってはじめて小作地が私有地になったようである。沖縄本島の約六百の村落（字）のうち、百三十八が屋取起源の村落であるとされる。小作地として取得した畑地、開墾地に家屋を建てたので、散居集落が多く、比較的成立年代の古い場合のみ集居集落をなしている。第二次世界大戦前までは屋取集落とジーンチュの集落とは婚姻関係もなく、葬儀の際の互助組織も別々であった。屋取集落の形成・分布などの研究は詳細になされているが、本来の百姓村落との関係、土地整理期における屋取集落の人々の私有地獲得過程など、今後に待たれる課題も多い。

参考文献　田里友哲『沖縄の集落研究』、一九八三
（津波　高志）

ヤーンナー　ヤーンナー　沖縄で屋号（家号）のこと。特に村落社会では家の識別によく使われる。個々の名称は、住居所在地の位置や地形・地名などから命名したもののほか、姓や特定の祖先名、出身地や職業に由来するものなど多様であり、綽名に近い場合も少なくない。ヤーンナーの前後に東西南北や小《グヮー》を付けて、本家・分家関係や家の序列を表示することもある。また、屋敷地の名なのか家名なのか、意味づけが異なるという例も見受けられる。（笠原　政治）

ヤイカガシ　ヤイカガシ　節分の夜、イワシの頭を大豆やヒイラギの小枝にさして、火にあぶってから家の入口にさす行事。イワシの頭以外にも、髪の毛やニンニク、ネギ、ラッキョウなど、焼くと強い臭気のでるものを門口におくこともある。焼くときには「稲の虫もバリバリ、麦の虫もバリバリ」などの唱え言とともに唾をはきかけるとする例も多い。強い臭気で虫を除き、それを門口にさすことによって、悪霊を追い払おうとするものである。（佐藤　良博）

ヤイサマ　ヤイサマ　アイヌの叙情歌の一種。日常的な生活の中でのさまざまの想いを歌うアイヌの叙情歌には

ヤイカテカル(恋の歌)、イヨハイオチシ(失恋の歌)、そしてヤイサマなどがある。いずれも即興的性格が強い。ヤイサマは「ヤイサマネーナ」の囃しを繰り返しながら、その時に思いついた文句を入れていくもので、酒宴の余興として歌われることが多い。歌の文句に日本語が混じったり、歌の旋律が日本民謡風であったり、和人との接触の影響を色濃く反映しているものもある。

参考文献 日本放送協会編『アイヌ伝統音楽』、一九六五

(谷本 一之)

やいと やいと ⇩灸《きゅう》

ヤウチ ヤウチ 同族呼称の一つ。主として新潟県・長野県の北部・石川県・福井県で使われているとともに、三重県・和歌山県・島根県や九州の長崎県・鹿児島県の西部でも使われている。新潟県西頸城郡能生町では、系譜関係にあるヤウチは隣接してまとまって居住していたため、かつては行政上の組の機能を担ったり、互いに米つきや茅刈り・茅葺きなどを協同で行なっていた。また、石川県の能登島では本家・分家のほかに嫁の実家を含む親類の意味に転じて用いられている。

参考文献 平山敏治郎「離島調査報告—能登能登島—」(『民間伝承』一五ノ四、一九五一)、成城大学民俗学研究会編『新潟県西頸城郡能生町大字仙納民俗調査報告書』(『成城大学民俗調査報告書』六、一九八〇)

(佐藤 康行)

やうつり 家移り 住居が完成し、新築家屋へ移り住むこと、あるいは移転の際に行う儀礼を指す。トザ、ワタマシ、鎮宅祝いともいう。壬辰・大安などの吉日を選び、神主や僧侶などの宗教者を招き、祈禱してもらう。神棚や仏壇の祈禱を行い、魂を入れる。魂を入れるまでは引越しをしない、家が完成していないと伝える地域もある。大黒柱などの重要な柱に祈禱札を貼ったり、家移り念仏をする地域もある。新築家屋を浄めるとともに、火難避けと家の永続を祈願する意味があると考えられる。祈禱後に小豆粥をふるまうという習俗が全国各地に分布している。この粥はヤウツリ粥・ヤ粥・ワタマシ粥などと呼ばれ、粥の中に、銭や豆または小石などを入れる地域もある。家移り粥は、村中にふるまわれたり、神前や大黒柱などの柱に供えられる。その際に「家移り粥をすすれやーい」などの唱え言も伴う。その後、もとの家から、仏壇・神棚・水・火・囲炉裏の灰などを持ち込む。儀礼終了後、大工や親戚、手伝ってもらった近所の人々などが招かれ、盛大にもてなされ、新居が披露される。家移りは、新築した家屋を浄め、家の永続を祈るという意味と、ムラへの新居の披露という二つの意味があると考えられる。

参考文献 牧田茂「建築儀礼」(『日本民俗学大系』六所収、一九五八)、下野敏見「建築儀礼の特色と問題点」(『日本民俗学』一五〇、一九八三)、宮内貴久「住居空間の創造とその維持」(同一七九、一九八九)

(宮内 貴久)

やおびくに 八百比丘尼 ⇩はっぴゃくびくに

やがいちょうさ 野外調査 ⇩民俗調査《みんぞくちょうさ》

やがいはくぶつかん 野外博物館 特定の広範囲な野外区域に建築物や生活資料を配置・展示、公開する博物館。その内容から収集展示型と現地保存型という二つの種類に分けることができる。収集展示型は、他地域より建築物や生活資料を収集して展示・公開する方法で、一八九一年(明治二十四)に創設したスウェーデンのスカンセン野外博物館を嚆矢とする。日本においては一九三九年(昭和十四)にこの方法を模した民族学博物館が東京府北多摩郡保谷村(保谷市)で試みられている。しかし本格的なものは一九六〇年に開設した大阪府豊中市の日本民家集落博物館以降となる。なおこの収集展示型には、資料の収集をきわめて広い地域においている野外博物館、たとえば愛知県犬山市の博物館明治村(一九六五年開村)、神奈川県川崎市立日本民家園(一九六七年開園)のようなものと、それに対して高松市の四国民家博物館(一九七七年開館)、札幌市の北海道開拓の村(一九八三年開村)のように、資料の収集を特定の地域に限定しているものとがある。もう一つの現地保存型は、現地に存在する建築物や生活資料をその場で展示・公開するという形である。この型には重要伝統的建造物群保存地区にみるように、生活者が伝統的に受け継いできた資料を直接に展示・公開する場合と、千葉市の加曾利貝塚博物館、各県の風土記の丘のように遺跡・史跡として復元した資料を展示・公開するものがある。

野外博物館 大阪府の日本民家集落博物館

参考文献 新井重三「加曾利貝塚の野外博物館構想」(『加曾利貝塚博物館二十年の歩み』所収、一九七七)

(小坂 広志)

やがく 夜学 若者や青年を対象として、夜間に読書や算盤などの簡易な教育を行う補習教育機関。昼間の労働後、ムラの若者を善導するための学習機関として、静岡県庵原郡杉山村(清水市)の片平信明が、一八六九年(明治

二)に自宅の納屋や庚申堂または寺社を利用して、夜間に習字や『小倉百人一首』『実語教』を教えたことがはじまりとされる。片平は、一八七五年には、夜学を夜学校と改称して、小学校訓導を招聘してその規模を拡大した。こうした若者組を母胎とした夜学は、自由民権期に各地で行われ、民権結社が盛んに夜学を開き、村々の若者の自己学習の気運を刺激した。明治憲法が発布され、帝国議会が開設される一八九〇年代には、農村だけでなく、横山源之助『日本の下層社会』に神戸の新田夜学会が紹介されているように、都市においても小学校の補習教育機関として発達した。一九〇四年、内務省は『戦時に於ける地方経営』を刊行し、この中で時局における地方団体教化の整善の例として、伊豆稲取の処女の会と青年夜学会を取り上げている。文部省は、勤労青年のための夜学を一八九三年に実業補習学校規程として公布、制度化した。これは、小学校教育の補習と簡易な職業に要する知識技能を授けることを目的とした。教科目としては、修身・読書・習字・算術および実業とし、年限は三ヵ年以内、授業形態は日曜・夜学・季節を認め、一九一九年(大正八)には、一万三千三百三十八校、生徒数は九十一万四千七百三十一人に達した。

参考文献 中上喜三郎『報徳教と片平信明翁』、一九二四、千葉敬止『日本実業補習教育史』、一九三四、千葉昌弘「高知県における自由民権運動と教育―土佐民権派新聞の教育関係記事の分析を中心として―」(『地方史研究』一七七、一九八二)、桑村寛『近代の教育と夜学校』、一九八三、多仁照廣『若者仲間の歴史』、一九八四
(多仁 照廣)

やかん 薬罐 土瓶・鉄瓶に似た形状で銅・真鍮でつくられ、もっぱら薬草などを煎じたり、煮出したりする、漢方を中心とする医薬用の調製具。薬鑵とも書き、古語ではやくわんと発音する。薬罐はもともとは土製(素焼き)・陶磁製で深鍋状のものを用いたが、これを金属製に変えるにあたって、湯沸かしの土瓶・鉄瓶型にならった。しかし薬を煎じるには時間をかける必要があるため、湯沸かし用の注ぎ口や把手の利便さは薬罐に活かしうるとしても、早く沸かすことは本義ではなかった。しかし、薬罐は近代には薬の字を残しながら、もっぱら早沸きの湯沸かしに用いられるようになった。一九〇〇年代にアルミ製品が国産化され、一九三一年(昭和六)にアルマイト加工が開発されて、家庭はもとよりスポーツのグラウンドや学校の給食にアルマイトの湯沸かし用、あるいはせいぜい茶淹れ用の薬罐が活躍することになった。
(山口 昌伴)

ヤギ ヤギ ウシ科ヤギ属の哺乳動物。顎鬚《がくぜん》と角《つの》があり、草食性であるが、樹葉を好む。敏捷で、よく岩場などの高い所へ上る。日本の中では長崎や沖縄に飼育が多い。その利用は、肉用と乳用が多い。沖縄方言でヒージャーというのは、髭からの連想であろうという。いつから沖縄で飼育されるようになったか定かではない。飼育は小屋の中で首に縄をつけて柱などに結ぶやり方が多い。飼料は木の葉を好む。沖縄では乳用ではなくほとんどが肉用として消費される。かつては運動会の前の栄養会に、あるいは親睦会などの機会に山羊汁がつくられた。山羊の屠殺は後足を木の枝に逆さ吊りして首から血を抜いてから、地上で毛を火で焼く。汁食のほかに刺身や炒め物で食べる方法もある。沖縄県内には山羊専門の食堂もある。

参考文献 島袋正敏『沖縄の豚と山羊』、一九八九
(上江洲 均)

やきいん 焼印 家印や商標を鉄製の印によって家財や道具類、あるいは商品に焼き押した印章、あるいはその印をいう。もとは、木材などに鉈や斧で刻み込んだ木印がその起源とされる。他に墨書・漆書・染めつけなどの印があり、印をつけるものの素材によって使い分けることもあった。千葉県市川市では、家印をヤキインといい刻印による家印が多いが、焼印が普及するに従って、家印の形を変化させて複数の焼印(家印)を持つに至った家もある。→家印《いえじるし》 →木印《きじるし》

焼　印

参考文献 柳田国男「北小浦民俗誌」(『柳田国男全集』二七所収、一九九〇)、倉田一郎『経済と民間伝承』、一九四八、監物なおみ「民具資料と家印―千葉県市川市の場合―」(『民具マンスリー』二三ノ五、一九九〇)
(宇田 哲雄)

やきごめ 焼米 籾を瓦や焙烙《ほうろく》で炒り、臼で搗いて籾殻を取り除いたもの。春、苗代に種子籾を播いたのちの余った籾や、秋の収穫期の実りの悪い青米を利用する。焼米はそのまま食べたり、好みによって砂糖や塩を入れたり、茶をかけて日常の間食に食べた。遍路などの旅人は焼米の携帯性を生かして持ち歩いた。端境期には食いつなぎの食料として重宝され、第二次世界大戦中には保存食として用いられた。一方、ハレの行事においても焼米は利用される。東北や関東地方、南中部から近畿、中国・四国地方では、春、苗代をしたのち、田の水口に花や札などとともに焼米を供え豊作を祈願する。四国地方の東部では、鳥追いに際し、子供たちが「苗代を荒らす鳥を追うから焼米おくれ」などといって焼米をもらって歩く。秋の収穫期には初穂で焼米を作って、豊作を感謝し害鳥が作物をついばまぬよう祈願する。関東や中国地方では五月節供に、東北や九州地方では十五夜に焼米を作って供える民俗がある。現在、日常食としての焼米は衰退し

たが、行事としての焼米はわずかに伝承されている。焼米にはヒライゴメ、シワゴメ、トリノクチ、ホガケなど、いくつかの呼称がある。しかし、そのうちの一つであるとされてきた炒り米は、加工工程や利用法の点から焼米とは異なった食べ物であることが確認されており、今後なお検討を要する。

焼　米

焼米作り（岡山県真庭郡中和村）

参考文献 柳田国男「火の昔」(『柳田国男全集』二三所収、一九八〇)、太郎良裕子・定森由紀子「香川県に伝承される炒り米と焼米―大川郡長尾町・志度町の事例より―」(『岡山民俗』二〇五、一九九六)
（太郎良裕子）

やぎとう 家祈禱 神職や修験者などの職能者が氏子・檀家に出向いて行う家内安全の祈禱。西日本、特に中国・四国地方でいう。年初に一回、あるいは春秋二回、正・五・九月の三回などと定期的に行うのが通例だが、また家人の災いや厄年にあたって臨時に行う祈禱をこう呼ぶこともある。神職・修験のほか、地域によっては神楽大夫や陰陽師がこれに携わる。家祈禱とは呼ばなくても、日待・春祈禱・荒神祓えなどの名で類似の慣行をもつ地域は広い。
（小嶋　博巳）

やきはた 焼畑 四年前後の輪作と二十年前後の休閑期間の循環で行われる切替畑方式の農法。休閑期間は山地条件・栽培作物・経済条件などによって変動する。一九四〇年代までは東北地方から沖縄に及ぶ広い範囲で行われていた。焼畑の呼称は、アラキ(青森県・岩手県)、カノ(山形県・福島県・新潟県)、ナギ(富山県・石川県・岐阜県・福井県)、カリュー、カリオ(兵庫県)、コバ(九州山地)など多様であり、他にヤブ、ヤボ、ヤマヅクリ、ヤマサクなどとも呼ばれた。焼畑の作業過程は、伐薙、火入れのための地ごしらえ、火入れ、焼け残りの整理、播種、除草、収穫を基本とする。猪棲息地では除草と収穫の間で害獣防除対策が行われた。輪作作物と作順は地方によって異なるが、総じてヒエ、アワを中心として組み立てられた。雑穀以外では、東北・北陸地方ではカブ栽培が盛んで、九州や中部地方太平洋側ではサトイモの栽培が盛んである。また、表に見るとおり、焼畑には、秋伐り春焼きで一年目に主としてヒエを作る型(a型)と、夏伐り夏焼きで、カブ・大根・蕎麦などを作る型(b型)とがある。前者は深い山で出作り小屋に泊ることが多く、後者は里近くで行われた。二年目または三年目に小豆・大豆を作る地が多いが、これは、豆類の根瘤菌による肥料効果を経験的に伝承してのことである。焼畑農業の第一の特色は火の使用にある。焼くことの目的・効果は、障害樹木焼却による畑地獲得、肥料としての灰の獲得、雑草の種子の焼去、地力向上をもたらす焼土効果などであった。焼畑の火は延焼の危険性をはらむため、防火帯の設置や火伏せの呪術が行われた。クロモジの枝を立て

焼畑の輪作と作物

実施地		一年次	二年次	三年次	四年次	五年次
岩手県下閉伊郡川井村江繋	a型	ヒエ、アワ	ヒエ	小豆	アワ	
	b型	カブ、蕎麦	アワ	大豆	ヒエ	
福井県大野市中洞	a型	ヒエ	アワ	小豆	大豆	蕎麦
	b型	カブ蕎麦	アワ	小豆		
静岡県磐田郡水窪町西浦	a型	ヒエ	大豆、小豆	アワ	サトイモ、アワ	
	b型	蕎麦	アワ	大豆、小豆	サトイモ、アワ	
宮崎県西都市上揚	a型	ヒエ	ヒエ	大豆、小豆	ヒエ、アワ	
	b型	大根、蕎麦	サトイモ	小豆、茶		

て祈る(長野県天龍村)、儀礼的に火消しを行う(静岡市大間・宮崎県西都市銀鏡)、宇納間地蔵の札をつるす(宮崎県日向山中)、秋葉山の神札を立てる(長野県・静岡県天竜川流域)など。山中で営まれる焼畑は、その作物を猪・鹿・猿などに荒らされることが多かったので、カガシ、番木、鳴子などの害獣除けがくふうされた。各地に伝わる山犬(狼)信仰も、その淵源は、焼畑作物を荒らす猪・鹿を捕食する山犬に益獣的側面を認めたところにあったと考えられる。日向山中の木下し唄・稗搗き節、吉野山中の稗がち唄などは焼畑に伴って発生した民謡であり、土佐山中には、焼畑技術を教え、焼畑を守る山姥の伝説が語り継がれている。焼畑にかかわる民俗は、単に技術的な問題にとどまることなく、呪術・信仰・民謡・伝説から芸能に至るまで立体的な構造を持っている。日本における焼畑作物は、ヒエ、アワ、キビ、シコクビエ、高黍、大麦、小麦、裸麦、蕎麦、陸稲、トウモロコシ、燕麦、大豆、小豆、ブンドウ豆、エゴマ、ナタネ、山イモ、サトイモ、サツマイモ、ジャガイモ、カブ、大根、ハクサイ、スイカ、カボチャ、茶、コウゾ、ミツマタ、桑、樒《しきみ》など三十余種に及び、それは、穀物・イモ類・野菜類はもとより換金作物にまで及んでいる。

焼畑の火入れ（石川県小松市小原）

参考文献 佐々木高明『日本の焼畑』、一九七二、福井勝義『焼畑のむら』、一九七四、野本寛一『焼畑民俗文化論』、一九八四、橘礼吉『白山麓の焼畑農耕―その民俗学的生態誌―』、一九九五 (野本 寛一)

やぎぶし 八木節 栃木県西部、群馬県南東部、埼玉県北部を中心にうたわれる盆踊り唄。七七調の口説き形式で、長編の「国定忠治」や「鈴木主水」などが有名。酒樽を叩き、笛・鉦・鼓などで賑やかにはやす。発生には諸説あるが、「越後口説」の盆踊り化したものが日光例幣使街道の宿場町に広まり、八木宿(栃木県足利市福居町)でもはやった。これを栃木県山辺村堀込(足利市)出身の渡辺源太郎(俗称堀込源太)が得意とし、レコード化の際に「八木節」とした。 (大貫 紀子)

やきぼ 焼穂 麦の脱穀法の一つ。火をつけて麦の穂首の部分を焼き落とす方法で、福島県相馬地方をはじめ全国広い範囲で行われていた。その作業をホヤキ、ヤキオトシ、ムギヤキなどともいう。麦の脱穀・脱粒には各種用具が使用され、人力による大麦の脱穀用具としてはセンバコキ(千歯扱き)や足踏みの輪転機、脱粒用具としてはクルリボウなどと呼ばれる連枷(殻竿)や畜力による石製ムギコナシなどがあり、小麦の脱穀用具としてはムギウチサナなどの用具が導入されていた。道具を用いない原始的な穂焼きの脱穀法は埼玉県秩父地方の山間地域では一九六五年(昭和四十)ころまで行われていた。特に天候不順な年で麦刈りが遅れ、穂から芽が出てしまうような時にムギヤキによる脱穀が広く採用された。また山間部で家から畑までの距離があり、麦束をショイタ(背板)で背負って来るのに手間がかかるような地域では、畑でムギヤキを行い穂だけを持ち帰る。ムギヤキはふつう二人で行い、ハデ(稲架《はさ》)に掛けて乾燥した麦を小束に分けて、穂の少し下のあたりに火をつけてはすばやくふるい、ムシロ(筵)の上に穂を落とす。焼き過ぎると穂が火の上に落ちてしまうのでふるい落とすタイミングが難しい。穂も少し黒く焼けるが穂先についているノギも焼け落ちるので、次の脱粒の作業のためには都合が良い。こうして脱穀した麦の穂はウマカゴなどで家に運び、立臼や地《じ》唐臼《がらうす》でついて粒にする。この脱粒の作業をムギコナシという。

参考文献 埼玉県立歴史資料館編『麦作りとその用具』、一九八五 (大舘 勝治)

やきもの 焼き物 調理における加熱操作の一つで、最も古い調理法といえる。焼き物は、直火焼き・間接焼き・オーブン加熱に分類される。直火焼きは、熱源の放射熱を受けて加熱する方法で、火力の調節のため、小石などをおいて熱を石に吸収させる方法や強火の遠火で焼くために炭(備長炭《びんちょうたん》が有名)を用いる方法などが考えられた。使用する器具により、串焼きや網焼き、調理法によって素焼き・塩焼き・照り焼きなどに分類される。囲炉裏で魚を焼くときには、汁が下に落ちて炎がでたり、魚に煙がつくことをさけるため、魚の頭を下にして焼く。囲炉裏端で焼くものには、きりたんぽ・五平餅などがある。間接焼きは、鉄板やフライパンなどの金属板や陶板の上で食品を加熱する方法である。鉄板焼き・フライパン焼き・包み焼きなどの種類がある。包み焼きには、水で湿らせて和紙で包んで焼く奉書焼き、アルミホイルに包んで焼くホイル焼きなどがある。新潟県には、ほおの葉で川魚とみそを包んでたき火の灰に入れて蒸し焼きにする魚のほおの葉蒸しという料理がある。また、岐阜県ではほおの葉の上で味噌を焼くほお葉焼き、秋田県では貝殻を鍋代わりに使う貝焼きなどもある。「煎る」は油を用いないで加熱する方法で、豆類・穀類・茶・霰《あられ》・ゴマなどを煎るときには皿状の素焼きの土器である焙烙《ほうろく》が用いられた。

参考文献 『日本の食生活全集』、一九八四-九三、神崎宣武『台所用具は語る』、一九八四 （五島 淑子）

やく 厄 人の生命や生活を脅かすとされる災厄や災難のこと。具体的には、厄日・厄月・厄年といった特定の期日や年齢に降りかかることが多いと考えられている。厄払い・厄落とし・厄除けは、それらを避けるために生み出されたさまざまな呪的な行為や方法である。厄日には暦に基づく陰陽道の説によるものが多く、中国から伝来し日占いとして展開した六曜はよく知られている。友引に葬式を忌むことは全国的な広がりを持ち、仏滅には結婚式や新規事業の開始を避けたりする向きもある。また、建築に際しても鬼門という方角について気にかける人も少なくない。日本では古くから、年の境や特定の日に厄神が訪れて人に災厄をもたらすという伝承が伝えられている。節分の鬼はよく知られている。徳島県三好郡では節分・大晦日・庚申の夜のほかに夜行日という日があり、この日首切れ馬に乗った一つ目の鬼の夜行さんに出会うと蹴り殺されるという伝承がある。旧暦二月八日や十二月八日のいわゆる事八日、そのほか二百十日や二百二十日を大風の吹く厄日とする地域もある。厄年に関する記述は『源氏物語』などの古典にもみられる。本来は十三年目に巡ってくる生まれ年の干支を前に、身を祓い生命力の更新をしたものといわれるが、現代の厄年年齢は地方によって一定していない。一般的に男子の二十五・四十二歳、女子の十九・三十三歳が共通している。

参考文献 大島建彦『疫神とその周辺』（『民俗民芸双書』、一九八五） （佐々木 勝）

やくおとし 厄落とし 身に降りかかる災厄や厄難を払い落とすための呪的な行為や方法のこと。あらかじめ予想される厄難に対して、決まった期日にこれを払い落としておくという年中行事化した定期的なものと、現実に厄難が身に迫ってきたために臨時に行われるものとがある。人に付着した厄や穢れなどを、形代という物に移して流し去るという呪法は広く営まれている。六月と十二月の晦日に行われる大祓えはその代表的なもので、身に付着した厄や穢れを人形《ひとかた》に撫でつけて焼いたり流したりして防止する。紙や土製の人形を桟俵にのせて流す三月節供の流し雛、七夕のネブタ流しなどがある。厄難をもたらす神霊、すなわち厄神を生活圏から送り出すといった趣旨の道祖神祭や人形送り・虫送りなども、形代を流して災厄から身を守るという共通点を持つ。厄年の行事は多岐にわたるが、その大半が厄落としという要素によって成り立っている。櫛・手拭・銭など、身につけているものを道辻に捨てるというのは全国各地に見られる民俗だが、形代流しの一種といえよう。二月一日に改めて門松を立てたり、雑煮を食べたりする年重ね・年直しは、年取りを二度することによって厄年を送るというものである。なお、節分の夜に年の数の豆と銭を求めて家々を歩く厄落としや厄払いは、室町時代からあったという。

参考文献 藤江寿美江「厄年と除厄法」（『民衆宗教史叢書』二五所収、一九九三） （佐々木 勝）

ヤクザ ヤクザ 博奕打ちを典型として、役に立たないもの、無用の人間、遊び人などをさす。語源は、「三枚」という博奕《ばくち》で八《や》・九《く》・三《さ》の目の合計が最悪手であることに由来するというのが定説とされる。てき屋・グレン隊もヤクザと呼ばれ、かつては壮士くずれもこの範疇に含まれた。昭和初期には、グレン隊化した学生ヤクザも登場している。現在は暴力団の同義語として使用されることが多い。なお、ヤー公とは香具師《やし》（てき屋）が自身を卑下して使用した呼称で、ヤクザからの派生語ではない。博奕打ちは、サイコロ・花札・トランプなどを用いた博奕を専業にする者のことで、博徒《ばくと》・渡世人とも呼称される。自身で博奕を行うほか、客を集めて賭場《とば》を開帳し、賭博をさせてテラ銭（手数料）を取って生計とする。賭場の切り盛りを行うのが貸元（親分）・代貸《だいがし》である。博奕はすでに古代の藤原明衡『新猿楽記』などでもその存在が確認され、その歴史は古いが、博奕打ちが集団化したのは江戸時代のことであった。ヤクザ組織は、親分・子分、兄弟分の擬制的親子関係・兄弟関係を結んだ絶対的で閉鎖的な集団が、組織統合の象徴で独自に案出された紋章である代紋《だいもん》のもとに一家や組を名乗り、ナワバリを持つのが特徴である。親子・兄弟盃や跡目相続、手打式、新年のコトハジメ、破門制裁、仁義などに独特の儀礼や慣行が認められる。組の呼称は土建業系の出自を持つ博徒組織の特徴で、一家は伝統的な博徒組織の呼称とされる。また、大正デモクラシー期などには右翼組織として集団の再編成が行われたこともあった。昭和末期からは広域巨大組織による寡占化・系列化が顕著で、全国的な組織再編の動きもみられるようになった。芝居や浪曲にも取り上げられた清水次郎長や国定忠次などに代表される義理と人情に基づく伝統的な価値観は次第に衰退し、経済ヤクザの語も生まれている。

参考文献 尾形鶴吉『本邦侠客の研究』、一九三三、田村栄太郎『やくざ考』、一九五八、岩井弘融『病理集団の構造―親分乾分集団研究―』、一九六三 （八木橋伸浩）

やくしんこう 薬師信仰 病気治癒に効験があるとされる薬師如来への信仰。薬師如来は、サンスクリット名をバイシャジャグルという。薬師瑠璃光如来ともいい、東方浄瑠璃世界の教主として万病を癒すという、現世利益を施す仏として、中国・日本と篤い信仰を受けてきた。薬師如来のインドにおける原型については詳しくわからない。薬師如来関係の経典は五世紀にはすでに中国で漢訳されている。関連する経典は何点かあるが、薬師経と一般にいわれるものは、唐代に玄奘《げんじょう》三蔵によって翻訳された『薬師瑠璃光如来本願功徳経』を指す場合が多い。薬師信仰の基本は、経典などに説かれる十二大願と九横死に関わっている。十二大願とは、薬師如来が菩薩道を行じたときにみずから立てた十二の大願のことであり、その第六願・第七願は、肉体面精神面双方の、多くの難病は薬師如来の名を聞くことで除去されると述べている。また九横死は、薬師への信仰により九種の不慮の死を避けることができるとするもので、薬師信仰の現世利益性の経典的根拠となっている。薬師如来の形像には、左の手に薬壺を持つ形が多いのも、その現われである。中国においても、あらゆる病を癒す仏として広く信仰された。道教的な不老長寿の思想とも習合した面もみられるという。日本への伝来は、七世紀前半という説が有力である。法隆寺金堂東の間の金銅薬師如来座像は有名である。七世紀後半には、薬師寺が建立される。また中古の説話文学の中にも、薬師如来の霊験譚が散見できる。これらは、当時の上層階級が薬師如来の持つ著しい治病効験に大いに期待したものであると考えられる。その後仏教の浸透に伴い、全国各地に普及していった。また遠方（海上の常《とこ》世《よ》）から渡来した仏であるとの薬師信仰の広まりも、民間での薬師信仰の受容の要因として注目されるという。なかでも、新薬師寺建立の願意が聖武天皇の眼病治癒祈願であったと流布され、特に近世以降は、薬師如来は眼病治癒の仏という特徴を有することになった。東京の新井薬師、神奈川の日向薬師、新潟の米山薬師、福井の多田寺、三重の石薬師寺、奈良の久米寺、京都伏見の日野薬師、島根の一畑薬師寺などが、眼病治癒の薬師として著名である。平仮名「め」の字の裏表二字を描いた絵馬を奉納する習慣がある。伝統社会における眼病（視力低下も含む）への恐れは現代社会からは計りがたいほどのものがあり、その治癒および予防のために、大都市中心に参詣講が形成された。薬師の縁日とされる毎月の八日には講中が参詣した。

参考文献 日本仏教研究会編『日本宗教の現世利益』、一九七〇、五来重編『薬師信仰』（『民衆宗教史叢書』一二、一九八六）

（星野　英紀）

やくしゃ　役者　俳優のこと。もとは寺社の儀礼などに特別の役を受け持つ者のことをいったが、中世の能役者より芸能に用いられ、近世の歌舞伎に至って芸能用語として確立した。修験の峰入りでは大先達・一臈・導師・導師補・小木・閼《あ》加《か》・駈の諸役を役者といい、法会を行い入峰する一般の山伏（度衆・新客）を先導する（羽黒山）。寺院の芸能大会である延年では、その参加者をすべて役者と称した。猿楽で能役者と呼ばれたのは、猿楽法師の長などすなわち大夫が寺院の諸役を勤め、また翁猿楽や能を寺社に勤仕したことによるといわれる。能では時代が下ると大夫のみならずシテ方・ワキ方・狂言方・囃子方を含めて能役者と呼ばれた。また人形浄瑠璃でも太夫・人形遣いを役者と称した。役者という名称の起源は歌舞伎においても認識されていたようで、一七七四年（安永三）版『役者全書』には「役者といへる号は、何役でも、それぞれの役を勤むる者を役者と号す、されば仏家にも役者の号あり、しかるに、役者といへば戯場の狂言をなす者に限ることになりたり」とみえる。歌舞伎では演技者をさして役者というが、役人・芸者ともいわれ、座敷で芸を披露する場合の芸者が舞台に限られるようになって役者に統一され、立役者・人気役者・千両役者・贔屓役者・旅役者・大根役者など多くの語を生む。役者に含まれる一種の賤視を嫌って近代になるともっぱら俳優の語が使われる。　→わざおぎ

参考文献 今尾哲也『ほかひびとの末裔』、一九七四

（板谷　徹）

やくそう　薬草　⇩民間薬《みんかんやく》

やくそく　約束　特定の事柄について取り決めること。契約と同義であるが、約束はより個人的、私的な取り決めで、その制約の程度も弱い。古くからの言葉は契《ちぎ》り・誓《ちか》いであり、約束は中国の漢語から学んで平安時代以降に登場する。間違いなく守る旨を声に出して約束することを口約束というが、口約束は必ずしも守られることを期待できない。破られる約束も多い。約束を強固にするため、多くは言葉に加えて一定の付加的行為が行われる。子供の間では指切りが行われる。大人の場合には、手締めが採用されることもある。また同じ酒を飲むことで約束を確認することも多く、現在もしばしば採用される。婚礼の三三九度の盃はその代表的な例である。また古くから文字を介することで約束を強固なものにしようとしてきた。誓文・誓約書・契約書などである。牛玉宝印《ごおうほういん》に誓いの文言を書くのも約束の方法である。さらに牛玉宝印の札を焼いて、その灰を関係者が飲む、あるいは約束する場所の土とともに飲むということもした。牛玉宝印は神仏を勧請した紙であり、当事者が直接相対で約束するのではなく、神仏を介して約束を交わす方式である。破った場合には神罰・仏罰が加えられる。近代は神仏の介在しない人と人との直接約束が一般化し、ますます破られるものとなった。　→牛玉宝印《ごおうほういん》

参考文献 野口武徳・福田アジオ『約束』（『ふぉるく叢書』八、一九七七）

（福田アジオ）

やくどし　厄年　災厄や厄難を受けやすいと信じられている数え年による特定の年齢のこと。厄年は大陸からもたらされた外来思想の一種で、陰陽道の説として平安時代には公家社会でもてはやされ、のちに武家社会を経て民間に広まったといわれる。現代社会にあっては交通事故や薬害など厄の領域が拡大したためか、巨大な俗信の一つとなっている。厄年の背景には十二支の考え方が結び付いており、生まれ年の干支を前にそれまでに付着した厄や穢れを祓って、疲弊したり衰弱したりした生命力を更新することにあったと考えられる。年の境に生命力の更新をはかる身祝いや厄落としといった古くからの風習が受容基盤となって、大きく変容しつつも広く受け入れられるところとなった。厄年を生命力の衰退の年と受け取るか生命力の更新の年と受け取るかによって厄年と年祝いの性質を持つことになり、それぞれの地域によっ

て厄年・年祝い・厄年祝いという名称が用いられている。現在、厄年と呼ばれて各地に伝わる年齢は多様だが、男子の二十五・四十二歳、女子の十九・三十三歳は全国的に共通している。特に男子の四十二歳と女子の三十三歳は大厄とされ、前厄・本厄・後厄の三年間は忌み慎むことが多い。厄落としとして一般的に行われていたのは、大晦日や節分などに当人が常に身につけているものを道辻などへ落としてくることである。近所や親戚の人を招いて宴をもつことも行われた。また二度の正月支度によって厄年を送る年重ねなども行われていた。近年は厄除けにご利益があるとされる寺社に詣ることが多い。

参考文献 佐々木勝「厄年と年祝い」(『厄除け—日本人の霊魂観—』所収、一九八八)（佐々木 勝）

やくばらい 厄払い ⇩厄落《やくお》とし

やくびょうがみ 厄病神 疫病をもたらす悪神で、疫病神とか行疫神とも称される。さらに、疱瘡神や貧乏神といった悪神を含めて厄神というような概念もある。害虫を送る虫送りと同様に、疫病をもたらす悪神を村外に追放する呪法として、人形などを作って村境まで送るなどの方法が一般的なまつり方である。関東地方では鹿島人形とか、鹿島の大助などとこの人形を呼ぶ。鹿島神宮が悪霊払いを行なっていたために定着した名称と考えられる。『令義解』や『延喜式』によれば、古代には外界から侵入する疫病を防ぐために道饗祭《みちあえのまつり》が行われ、花の咲く時期には花粉にのって流行する病気を防ぐための鎮花祭《はなしずめのまつり》が行われていた。埼玉県比企郡都幾川村大野では四月八日に送神祭が行われる。竹と紙で神輿が作られ、神社や社殿で神事を行なった後、村人の持つ旗とともに村内を送られる。村境で神主がこの神輿を剣で突き刺した上で、村人が谷に投げ込む。この巡幸のときに行列に加わった子どもたちが厄病神を送ると唱えるのである。厄病神は、村人の饗応や歓待の後で、災いを一身に引き受けて追放される御霊神的な存在であったと考えられる。しかし、一方では年の暮れなどに、厄神の膳などと称して、本来の年神や神棚以外にも年越の御馳走を供える習俗が宮城県など各地に見られる。これは、盆にまつられる無縁仏などと同様に災いをもたらすものへの鎮魂のための饗応と理解することができる。 ↓疫病神《えきびょうがみ》 ↓貧乏神《びんぼうがみ》 ↓疱瘡神《ほうそうがみ》

参考文献 紙谷威広「福神と厄神」(『講座日本の民俗宗教』三所収、一九七九)、大島建彦『疫神とその周辺』(「民俗民芸双書」、一九八五)、新谷尚紀『ケガレからカミへ』、一九八七、宮田登『江戸のはやり神』(「ちくま学芸文庫」、一九九三)（紙谷 威広）

やくや 役家 近世前期の村で軒割で賦課される夫役を負担する百姓のこと。一軒前の百姓。役屋とも書く。検地帳に田・畑・屋敷地を登録された百姓の内、夫役を負担する能力のない後家や身体に障害のある者、庄屋(名主《なぬし》・肝煎)、大工などの職人、神官・僧侶などの宗教者、武家奉公人など、夫役免除者を除いた百姓。近世初期に検地帳や家数人数改帳の末尾によって役家数が決定される。その後、家並改めによって役家数が増減され、また分家や従属農民の自立によって新たに百姓となった者は、本来の役家(丸役などと呼ぶ)と区別して半役・四分一役などの役負担を課すなどした。このような役負担の差が、村内の家格制を生じることにもなった。夫役が代銀納化され、高掛かりになっていく十八世紀後期まで一般的に存在した。徳島藩など、幕末まで軒割の夫役を賦課するために役家が存在した藩もあった。

参考文献 古島敏雄『日本農業史』、一九五六、後藤陽一「役家体制」(日本歴史学会編『日本史の問題点』所収、一九六五)、水本邦彦「幕藩制下の農民経済」(永原慶二他編『日本経済史を学ぶ』下所収、一九八二)（吉田ゆり子）

やくよけ 厄除け 災厄が身に降りかかってこないようにするための呪的行為。厄除大師として知られる川崎大師(神奈川県川崎市)をはじめ、各地に厄除けに御利益があるとされる神仏がまつられている。厄除けという考え方は、災厄や疫病といった厄の背後に神霊の働きを感得して形成される。こうした厄神に対する呪的な行為は年中行事として定期的に営まれるものと、現実に災難や疫病が迫ってきたために臨時に行われるものとがある。日本では古くから、厄神が年の境など特定の日に訪れ来て人に災厄をなすという伝承が信じられている。鬼・悪魔・一目小僧などと呼ばれる厄神の来訪日は、大晦日や一月六日、節分、それに十二月八日や二月八日の事八日が多い。この日の人々のとる行為はいくつかに様式化される。(一)周囲に目籠や勧請縄などを巡らす防御型、(二)道祖神祭や人形送りのように村境まで送る鎮送型、(三)おびしゃの的当てや棟上げの弓矢のような攻撃型、(四)小正月の小豆粥や二十日のヤイトのように身を清めようとする潔斎型がある。これらはあらかじめ予想される厄神の侵入を防ごうとする防塞系のものといえる。これに対して、強力な厄神であるがゆえにまつり上げて加護を得ようとする祭祀系のものがある。これらも(一)節分の夜に豆まきで追い払われた鬼を接待する鬼の宿のような供物型、(二)迎え・接待・送りという伝統的な神祭の要素をそなえる厄神の宿のような奉迎型がある。かつて疫病の代表であった疱瘡は、発病時からそれを司る疱瘡神が神祭の要素に従って祭祀される特異な形態を持つ。

参考文献 佐々木勝『厄除け—日本人の霊魂観—』、一九八八（佐々木 勝）

やぐら 櫓 高露台形式の構造をもつ、屋外に設けられた仮設建物。矢倉とも書く。『倭名類聚抄』に「城上守禦樓《夜久良》」とあって城の防御のための樓であった。『箋注』に「露レ上無二屋覆一」とみえ、構造は露台形式。樓は大盾と訓み、矢を置いて備えた大盾の城郭設備が原義である。『築城記』にいろいろの矢蔵の作りが記されているが、のちに芸能の場に応用された。『歌舞伎事始』(一七六二)に矢倉と記し「芝居木戸口闌上に、床を儲ふけ、名代座本の紋

しるしたる幕を張る、城楼の体に等し、則櫓といふ」とある。矢倉芝居、矢倉株という語もあり、芝居小屋を開設することを「櫓ヲ上ル」といった。実際に芝居矢倉には五本の鑓を並べた。陣中五奉行になぞらえるという。鑓、幕とも出ていない時は雨天休業のしるしだったという。櫓の左右に麾《ざい》を立ててこれを梵天といった。白幣が麾に変わり、寸善尺魔をのぞく心で梵天王をまつる趣旨と『歌舞伎事始』は記す。また矢倉太鼓は陣太鼓に習ったものとある。『劇場新話』は正月元日と霜月朔日には囃子方が麻上下に威儀を正して打つとみえる。折口信夫は神座棚《くらたな》、桟敷との関連において一種神招ぎの場、一時的に神を迎えるためならば屋根のないのを原則と説いている。現今の劇場から矢倉は姿を消しているが、円陣踊り形式の盆踊りでは唄と太鼓の座として踊り場の中央に高い櫓が建てられるのが普通で、信仰的面影を宿すものかもしれない。相撲でも櫓が建ち太鼓が打たれているが、すでに一六一四年(慶長十九)の京都の賀茂糺《ただす》の森の勧進相撲の絵図にみえている。しかし、土俵は描かれておらず櫓の来歴が古いことをうかがわせている。

参考文献 『古事類苑』武技部・兵事部・楽舞部・居処部、一九六八・六九、柳田国男「火の昔」(『柳田国男全集』二三所収、一九九〇)、折口信夫「桟敷の古い形」(『折口信夫全集』三所収、一九六六)、同「たなばたと盆祭りと」(同)

（西角井正大）

やくわりちょう 役割帳 葬式・結婚式の準備、屋根替えなどの相互扶助による共同労働のときの、それぞれの仕事の役割を記した帳面で、当日に張り出されたり、読み上げられたりして発表される。葬式での役割帳は、差配をする責任者によって、飛脚・帳場・葬具作り・墓穴掘りなどの役割が割り振られて記され、買い物帳・香典帳とともに用意される。

（青木 俊也）

やごう 屋号 屋敷、あるいは家に付けられた呼称。イエナ、カドナ、カブナ、コナ、アザナ、ヤシキナなどともいう。かつて、新しい家が生まれると、これに対して新たに名をつける慣習があった。これは、同族による同じ苗字が多い村落において、個々の家を区別するために成立したとされる。つまり、苗字が同じ一族や同族であることを示すのに対し、屋号は村落内の個々の家への呼称である。このことから、屋号の形式は各地ほぼ共通したものが見られ、他村落にも同じ呼称の家が存在することが多い。また、これのない家は新しい家であることも多い。屋号をその命名の由来によって分類すると、(一)位置・方角によるものとしてワデ、ナカ、シモは古い家が多く、他にオク、ムカヒ、ヒガシ、ミヤマエなど、(二)地形によるものとしてタヒラ、ナガノ、サワグチ、(三)家の

埼玉県浦和市大字北原の屋号

番号	家　号	イッカ	本・分家	本家	代　数	最古墓碑銘	伝承および備考
1	ニ　シ	I	本　家		?	承　応	大坂落城の落人で,一旦川口市木曾呂に入り,当地に入ったという.区長などを務めた.
2	ナ　カ	S	本　家		16代	寛　永	豊臣方の落人で,ムラの草分け.区長や寺の世話役を務めた.
3	ヒガシ	H	分　家		10代以上	寛　保	川口市行衛の本家H家からの村外分家.名主を務めた.
4	シンタク	I	分　家	1	3代		
5	マエノウチ				?	元　禄	四国からの落人で,1のI家の先祖と兄弟で落ちてきたという.
6	サカヤ	F	隠　居	7	2代		
7		F		8	3代		
8	ハタヤ	F	分　家	11	6代	寛　保	
9	トーフヤ				?	元　禄	3の名主家に奉公していたという.
10		I	分　家	1	2代		
11	センベイヤ 左助の家	F	本　家		?		ムラの草分けで,2のS家とともに落ちてきた.岩槻城の総門の鍵を預かる家だったという.
12	アブラヤ				?	元　禄	浦和市下野田の本家K家からの村外分家.組長を務めた.
13	ミ　セ	H	分　家	3	4代		
14	テラノマエ		分　家		4代	明　和	先祖は四国の方から来たという.一度絶えたのち浦和市間宮のA家が潰れ家をついだ.
15	シンタク	S	分　家	2	3代		
16	トーフヤ	I	分　家	1	4～5代	延　享	1のI家の奉公人分家.一度絶えており,浦和市行衛のH家より潰れ家をついで入った.

（宇田哲雄「家格と家例」(『日本民俗学』176)より）

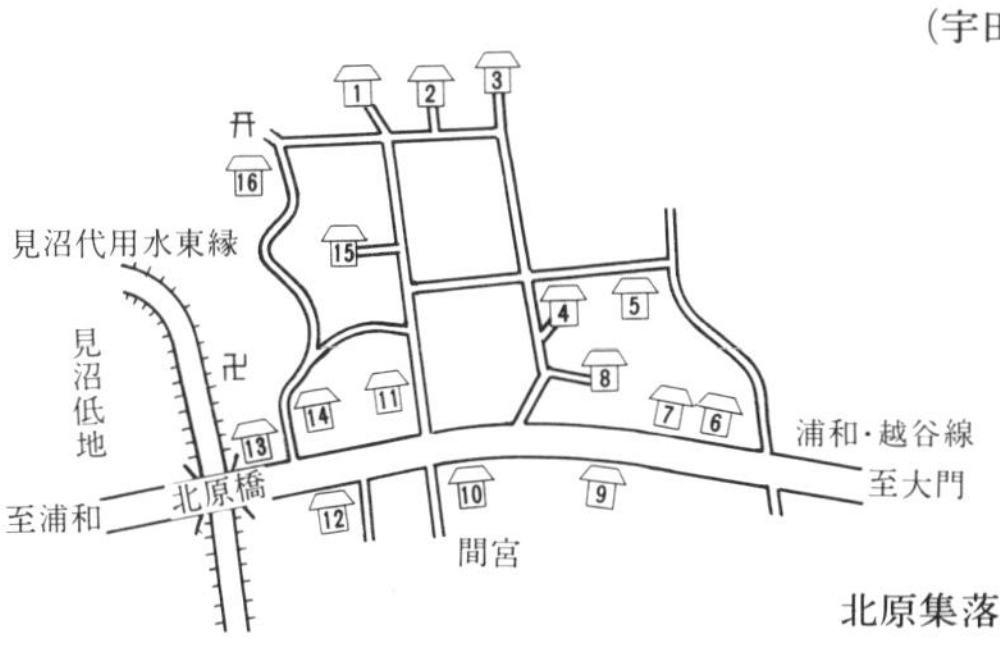

北原集落の図

格式や職分を示すものとしてシバキリ、モトナヌシ、ベットウ、(四)家の新旧や本分家によるものとしてオヤケ、ホンヤ、インキョ、シンヤ、アラヤ、(五)ムラの役割や任務によるものとしてタイフ、トーヤ、(六)家の先祖の名をつけたものとしてマタウエモン、キンスケ、(七)家屋の構造や材料によるものとしてイタヤ、ハイヤ、(八)家印によるものとしてマスヤ、ヤマジュウ、(九)家の祭神によるものとしてダイミョウジン、オオジ、(十)職業や副業によるものとしてアブラヤ、サカヤ、(一一)出身地によるイセヤ、エチゴヤなどがある。このように屋号によって、村落の発展過程や家々の関係秩序をうかがい知ることができるのである。　↓家印《いえじるし》　↓家名《かめい》　↓苗字《みょうじ》　↓ヤーンナー

参考文献　早川孝太郎「家名のこと」（『民俗学』三ノ一一、一九三一）、最上孝敬「家号と木印」（柳田国男編『山村生活の研究』所収、一九三七）、宇田哲雄「村落政治の民俗」（『講座日本の民俗学』三所収、一九九七）　（宇田　哲雄）

ヤゴモリ　ヤゴモリ　同族呼称の一つ。主として新潟県の魚沼郡から長野県の下高井郡一帯にかけて、本家・分家関係からなる同族集団のことを指して使用されている。かつてヤゴモリごとに農作業などをしたり、またそれが村の行政上の単位を成す組の機能を果たしているところもあり、生産・生活の基本的単位であった。魚沼地方のヤゴモリは、本家の統制力と権威が強く、分家は冠婚葬祭や日々の生活などあらゆる面で本家に従属していた。

参考文献　駒形覐「ヤゴモリ制度と番割制度―新潟県魚沼地方の血縁地縁―」（『日本民俗学会報』一九、一九六一）、『中里村史』通史編下、一九八九　（佐藤　康行）

やごろうまつり　弥五郎祭　巨大な弥五郎人形が先導して神幸を行う南九州の秋祭。鹿児島県曽於郡大隅町岩川八幡神社の弥五郎祭は新暦十一月三日午前二時ころから特異な面をつけて竹籠造りの大きな胴体を起す弥五郎起しが始まる。その綱を引くと元気になるという。身の丈五・七メートル《メートル》で梅染の単衣を着、大小の刀を差し、鉾を持って台車の上に立つ。弥五郎の衣は五年ごとに新調し、その古衣で着物や妊婦の岩田帯、お守り入れなどを作ると、一年間、健康に恵まれ、安産できるという。午前十一時、社殿を出発し、近くの御旅所に行く。午後一時から郷土芸能が演じられる。弥五郎は三人兄弟といわれ、これは次男。長男は宮崎県北諸県郡山之口町円野神社の大人《おおひと》弥五郎で、十一月三日に浜下り（神幸）する。三男は同県日南市飫肥の田ノ上八幡神社の稲積弥五郎で、十一月二十三日に浜下りする。鹿児島県姶良郡栗野町勝栗神社の弥五郎面には一五一五年（永正十二）の銘がある。全国には弥五郎宮や鎌倉権五郎神社など似た呼称の神社があって、五郎は御霊だといわれる。この神を拝むことでその祟りをのがれ、守護してもらう趣旨である。南九州の神幸は神輿が海岸に出て潮風で清められ神力を更新する浜下りと先導面をかざして領域内の悪霊を鎮め、平穏豊饒を願う神幸の二要素から成る。先導面は弥五郎面・猿田彦面・神王面・大王面の別がある。神王面は薩摩新田神社の一二四六年（寛元四）の史料にすでにみえている。

弥五郎どん（岩川八幡神社）

参考文献　五大秀堯他編『三国名勝図会』、一九〇五、小野重朗・鶴添泰蔵『鹿児島の民俗暦』（『海鳥ブックス』一三、一九九二）、出村卓三『南九州の仮面』、一九九三　（下野　敏見）

やさい　野菜　食用に栽培される草本作物全般を指す。呼称に関しては諸説があるが、元来、山野に自生するもの（現在の山菜にあたる）を野菜と呼び、地域によってはアオモノ（信州から東北一帯）、ヤマガテ（新潟県）、ソウジモノ（鳥取県・広島県の一部と富山県）という呼び名もある。一方、畑で栽培したものを蔬菜と呼び、シャエンモノ（東北地方・新潟県・徳島県・愛媛県）、センザイモノ（東京付近をはじめとして各地）と呼ぶこともある。野菜と蔬菜に関しては、現在は明確に区別されておらず、野菜を蔬菜あるいは青物とも呼ぶ。日本では百種類以上の多種の野菜が栽培されている。一九六六年（昭和四十一）に制定された野菜生産安定出荷法により、現在は季節ごとに産地が指定され、全国的規模でキャベツ、キュウリ、トマトなどをはじめとする十四種の野菜が一年を通して市場に供給されているが、柳田国男によれば、以前の普通の農村における自家用野菜の栽培は豆、ウリ、ナス、大根などが中心で量も質も貧弱なものであった。これを補うにあまりあるのが山野の豊かな採集物で、これらのうちいくつかのものは畑作によって品種改良を重ね栽培種が作り上げられた。しかし、山からの採集物は種類は多かったものの、春先二、三ヵ月のうちにそれぞれが三日か五日のうちに収穫せねばならず、生食できる期間が短く限られており、大部分は塩漬けして秋冬に備えねばならなかった。これが漬物の起源だというが、反面、東北地方で「ブエン（無塩）の青物」といって塩に漬けない野菜が珍重されたゆえんでもある。大根やカブなどの野菜は副食として漬物や煮物などに使う以外に、刻んで米とともに炊き込みかて飯として日常の主食の一翼を担った。　↓山菜《さんさい》　↓漬物《つけもの》

参考文献　柳田国男「米櫃と糧と菜」（『柳田国男全集』一七所収、一九九〇）、同「食物の個人自由」（同二六所収、一九九〇）、青葉高『野菜』（『ものと人間の文化史』四三、一九八一）、高取正男「女の民俗誌」（『高取正男著作集』五所収、一九八二）　（古家　晴美）

やさぶろうばあ　弥三郎婆　弥三郎が妖怪を退治したと

いう伝説。新潟県西蒲原郡弥彦村の伝承(『加無波良夜譚』所収)では、弥三郎は田で鳥を捕える綱使いであったが、ある日、彼が綱を使っていると、狼が四匹追って来たので、松の木の上へよじ上った。狼は逃がすものかと、つぎつぎと肩に乗り、今にも届きそうになった時、一番下の狼が腰が利かなかったため重り合って倒れてしまった。何度やっても成功しなかったので、「今日は駄目だ、弥三郎婆さんに頼もう」という狼の言葉が耳に入った。弥三郎はうちの婆さだと不思議に思っていると、黒い雲が弥三郎を包み、雲の中から太い手がぬっと出て、弥三郎の首筋をつかまえた。びっくりし、その手を押さえて腰に差してあった鉈で切り落とした。狼はかなわんといって逃げていったので、針金のような毛の生えている腕を持ち帰り、婆に見せると「これは俺の腕に違いない」といい、自分の腕の切口へくっつけて逃げていってしまった。この伝承では、最後に、鬼婆が弥三郎の婆さを食って、婆さんに化けていたことがわかる。床の下には、鳥獣や人間の骨が積み重ねてあったという。同県東頸城郡安塚町牧野の伝承では、弥三郎は百姓で、鬼女は煙出しから飛び出し姿をくらましたことから、鬼婆が再び煙出しから入るのを恐れ、煙出しを作らないという。同県佐渡郡佐和田町では、駄栗毛左京という武士が、諏訪社の森の近くで腕を落とした話となっている。類話は、「鍛冶屋の婆」型の昔話として、ほぼ全国的に存しており、男の職掌が、猟師・山伏・侍などと土地により変化している。

参考文献 谷川健一「鍛冶屋の母」(『谷川健一著作集』所収、一九七九)、野村純一編『日本伝説大系』三、一九八二

(倉田 隆延)

やし 香具師 ⇩てき屋《や》

やしき 屋敷 家屋の建てられている一区画の土地。地方によってヤジ、イジ、カマチ、カマエ、カクチなどさまざまな呼称がある。語源的には「家《や》の敷《しき》(地)」の意であるが、しばしば家屋敷とも表現されるように、人の居住する家屋とその付属施設、およびこれを収容する土地(屋敷地)を含む居住空間全体を一般には屋敷とみなす。屋敷内には、居宅である母屋を中心に、納屋・蔵・馬屋・便所・木小屋などの付属建物、作業場でもある前庭・中庭(坪庭)、菜園・果樹園・苗代田などの耕地、洗い場、屋敷神、屋敷墓などの諸施設が配され、周囲には屋敷林、生け垣、石垣、板塀などがめぐらされる。屋敷の立地や形状は、地形、日照や風向き、地下水位などの自然条件に左右されることはもちろんであるが、地域の開発経過や農家経営のあり方、村落構造などとも密接に関連して

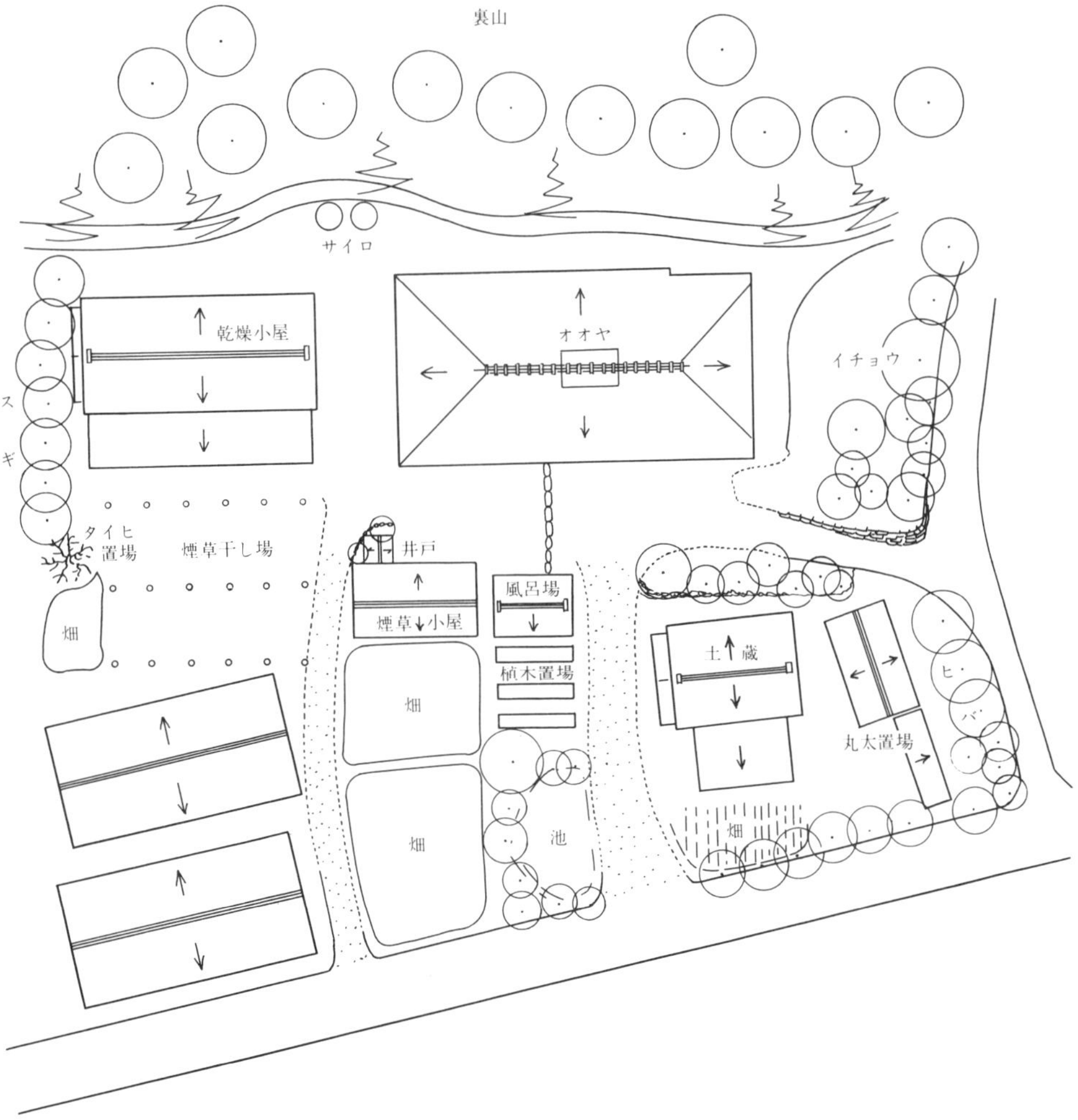

福島県滝根町桜田家屋敷配置図(『滝根町史』三より)

おり、その地域的な差異は大きい。関東や東北地方の平場農村では、個々の屋敷が散在する景観がみられ屋敷の独立性は高い。こうした屋敷の形態は家ごとの経営の自立性を如実に表わすものと考えられ、屋敷林などに囲まれた広い敷地に家屋やさまざまな施設が配されて屋敷は孤立した住空間を形作る。一方、近畿地方などの集村では、一般に屋敷の独立性は低く、村落の共同性をより強く反映する景観となっている。屋敷と屋敷は近接し、しばしば中庭を取り巻くように建物群や囲壁などが配置される閉鎖的な構えがみられる。また街道沿いの村や新田開発による村では、往還沿いに規則的な屋敷地割がみられる例もある。屋敷は、空間的に家族生活の拠点となるのみならず、社会的にも家存立の基礎的要件となっている。屋敷を所有することは、地域社会の正規の構成員となる基礎資格であり、共有地の用益権や水利権、村落運営に参加する権利などは屋敷の居住権に付随する。一軒前の家として認められるためには屋敷の所有が不可欠であり、新たな家の創設にあたって廃絶家した屋敷跡に入り旧主の屋号や社会関係、諸権利を引き継ぐことも各地でみられる。これをヤジタテとかツブレカドをおこすなどと称する。また、屋敷の貸与や分与を受けたものが持ち主に従属する身分とされたり、血縁の有無にかかわりなく旧主との間に本末関係を認めたりする慣行も広く分布する。岩手県二戸郡に昭和初年まで存在した屋敷名子は、大屋(地主)に種々の賦役をおさめその庇護のもとに生計を維持しており、屋敷を取得することで名子抜けし従属身分より脱することができた。宮城県や新潟県佐渡などでは、転入者や分家が屋敷の分与を受けて旧主のジワカレベッケ、ジワケノシンルイとなる例が報告されている。近世社会では、農村と都市とを問わず、屋敷の所有者のみが貢租・夫役や町入用を負担し村政・町政に関与する正規の構成員であった。屋敷は、領主の側からいえば貢租賦課の単位であり、地域社会にとってはその構成員たる家株の資格要件であった。屋敷の取得・貸与・譲渡などをめぐるさまざまな慣行は、このような屋敷の歴史的性格に基づくものと考えられる。また、同族組織や村の内部区分をヤシキと称する地域が各地に存在するが、これらは屋敷持である本百姓とその屋敷内に包摂される従属農民との関係、あるいは屋敷を分割した家同士が貢租負担を分かち合う制度に由来するものと考えられる。一方、屋敷には古代以来強固な私的所有権が認められており、家々の分立に伴って屋敷は家に属する相伝の財産と考えられるに至っている。屋敷は家の超世代的連続性の象徴であり、開祖以来の先祖霊の宿る聖域とみなされている。屋敷を守護する屋敷神の祖霊的性格は、家の連続性が屋敷の継承と不可分に結び付いていることを現わすもので、屋敷内に墓地を設ける屋敷墓もこの観念の現れと考えられる。また、屋敷の譲渡を受けたものが先住者の先祖の墓や位牌を継承する屋敷先祖の慣行も、屋敷の霊的な性格を示すものといえよう。 ↓潰《つぶ》れ屋敷《やしき》 ↓屋敷先祖《やしきせんぞ》 ↓屋敷墓《やしきばか》 ↓屋敷畑《やしきばたけ》 ↓屋敷林《やしきりん》

参考文献 柳田国男「宅地の経済学上の意義」(『定本柳田国男集』二九所収、一九七〇)、同「屋敷地割の二様式」(同)、有賀喜左衛門『日本家族制度と小作制度』(『有賀喜左衛門著作集』一・二、一九六六)、直江広治『屋敷神の研究―日本信仰伝承論―』、一九六六、竹内利美「検地と分家慣行」(『家族慣行と家制度』所収、一九六九)、長谷川善計「家と屋敷地」(『社会学雑誌』一―三、一九八四―八六)、『比較家族史研究』四(特集家と屋敷地、一九八九)、『社会民俗研究』二(特集家と屋敷地、一九九一)、伊藤唯真「屋敷ボトケ」(『伊藤唯真著作集』三所収、一九九五)、長谷川善計・江守五夫・肥前栄一編『家・屋敷地と霊・呪術』(「シリーズ比較家族」六、一九九六)
(中込 睦子)

やしきがみ 屋敷神 屋敷地あるいはその周辺や背後の山裾など、屋敷の付属地にまつられる神の総称。地方ごとにさまざまな名称があり、大きな共通点を有しつつも、その地に特有な要素も見られる。概略的に見れば、東北から北関東地方にかけて内神や氏神そして稲荷、東海から中部地方にかけて地神・地主神、中国地方から九州地方にかけて荒神などが広く分布している。そうした信仰圏の間を縫ったり重なり合って、山梨県や長野県を中心とする祝神や祝殿、大分県国東地方の小一郎神、南九州地方のウッガン(氏神・内神)などがある。祭の当日は天候が荒れるとか、一つ目や片足の神であるとか伝えることが多い。地域における特異な名称も、祭場の形状や性格、職能的な特徴がそのまま呼び名となっている。神格についても、その土地特有の伝承的なものから、稲荷・熊野・八幡・神明といった大社から勧請したものまで多岐にわたる。屋敷神をまつる形態には、おおよそ三つの類型が見られる。㈠近隣祭祀 近隣の家が共同でまつるもの。近隣の家といっても伝承的に決まっており、日常的にも堅い絆を持つ。祭祀の費用を賄うための祭田を持つグループもある。一般的に土地神に対する共同の収穫祭といった性格をもつ。㈡個人祭祀 一軒だけでまつるもの。村落の場合には、本家筋や旧家・草分けと呼ばれる家によることが多い。㈢同族祭祀 本家を中心とした本家・分家によってまつられるもの。この場合には収穫

屋敷神（青森県西津軽郡深浦町）

祭的要素の濃いものや先祖をまつる意識の高いものなど、さまざまな形態がみられる。一般的な傾向として、山の裾や田畑の際など生産の場にまつられる森神や屋敷神などは、次第に屋敷地内に取り込まれたと解されている。森神から屋敷神、さらに屋内神へという経路である。共有地から私有地へという祭場の変遷もそれを裏付けており、三つの類型から見れば、近隣祭祀はその性格から共有地に祭場を持ち、個人祭祀はもちろんのこと、同族祭祀の場合も本家が管理する土地になっている。祭神も個人祭祀に見られる勧請神の場合は必然的に祭日が決まっている。しかし、屋敷神として語られるものの多くは秋に集中しており、収穫祭的な性格が濃厚にうかがえる。また、同族の始祖である祖先神をまつるとする同族祭祀の場合でも祭日についてはその地の屋敷神と同じくする。つまり、トナリ、キンジョと称する近隣による複数の共同祭祀(背後の山裾の大木を中心とした収穫祭)がより古い形で、それから各家の自覚によって個人でまつるようになったり、本家を中心に同族でまつる形態として再編成されたと考えられている。

[参考文献] 直江広治『屋敷神の研究―日本信仰伝承論―』、一九六六、佐々木勝『屋敷神の世界―民俗信仰と祖霊―』、一九八三、直江広治『民間信仰の比較研究―比較民俗学への道―』、一九八七
（佐々木　勝）

やしきすじ　屋敷筋　屋敷空間の継承と規定性のこと。屋敷とは、ある家族成員の居住敷地空間であると同時に、世代をこえた霊的存在の占める空間でもあり、その系統をいう。その一つは屋敷神信仰である。たとえば、滋賀県や奈良県あたりでは、屋敷地には屋敷ボトケとか屋敷先祖といわれる屋敷霊の信仰がある。もし他の家筋のものが居住するときには、居住者は屋敷ボトケと自己の家筋先祖をまつらねばならない。
（村武　精一）

やしきせんぞ　屋敷先祖　他人の屋敷、畑地などに居住したり、またはそれを所有している場合、かつての所有者の先祖を指していう。屋敷ボトケとも称する。古屋敷の先祖が無縁仏にならないように、寺院の法会などで自家の先祖と同じように供養する。「何々屋敷先祖」と旧所有者の名を冠するのが通例であるが、旧宿場町のように居住者の変動が激しいところでは、屋敷名を地番でよび、滋賀県石部町などでは「何番地屋敷先祖」と称している。屋敷内無縁ボトケ(佐賀県唐津市)、地オヤ先祖(愛知県常滑市)といった呼称もみられる。屋敷先祖の祭祀は、西日本では、滋賀県・奈良県をはじめとして九州に至るまでかなり広い範囲にわたって、しかも超宗派的に分布している。また屋敷先祖の名称は、寺院に残る江戸時代後期の『過去帳』『永代施餓鬼戒名帳』などにみることができる。自分の所有に帰した絶家などの家屋敷は、その家と土地についていたホトケをまつってこそ自家の安泰がもたらされるのだという観念が根底にある。屋敷先祖は先住者の家のホトケであると同時に、屋敷地に固着したホトケとして、後住者の家を守るホトケである。したがって地神・屋敷神のような機能側面をもっている。信仰内容でも屋敷神と類似するところがある。しかし屋敷神のように小祠・塚などのような祭祀の依憑物はなく、回向文や塔婆などにその呼称がみられるだけである。屋敷神の分布が薄い地方に屋敷先祖の信仰が濃いようである。→屋敷神《やしきがみ》

[参考文献] 伊藤唯真「屋敷ボトケ」(『伊藤唯真著作集』三所収、一九九五)
（伊藤　唯真）

やしきばか　屋敷墓　屋敷内に設けられた墓。狭義には屋敷内の一画に遺体を埋葬し石塔を建てる形態を指すが、遺体は屋敷内に埋葬するが石塔は屋敷外の別の場所に建てる場合や、逆に遺体は埋葬せず石塔のみを屋敷内に建てる場合も広い意味ではこのなかに含まれる。屋敷内に遺体を埋葬し石塔を建てる慣習は、東北地方から南九州までほぼ全国的に分布し、京都府綾部市与岐町には、遺体は屋敷内に埋葬し石塔のみを同族ごとの墓などに建てる両墓制の形態がみられる。一八八四年(明治十七)の墓地埋葬取締規則によって、屋敷内や耕地などに設けられていた墓の多くは、新たに設けられた共同墓地に移されたが、共同墓地が設置されてからも屋敷内の墓を旧墓地などと称して残している例は多い。天竜川上流地域では、共同墓地の設置により新たに石塔のみを屋敷内に建てる形態を生じたところもあり、さらに埋葬地の土を屋敷墓に移す例もみられる。この地域では、火葬の普及に伴って近年納骨式の石塔を屋敷内に建てる例もあらわれてきており、屋敷墓の慣習の根強さをうかがわせる。民俗学における葬墓制の研究では、人の居住する屋敷内に遺体を埋葬することは死穢を忌む観念と抵触すると考えられたことから、屋敷墓の意味やその成立過程をめぐってさまざまな見解が示されている。屋敷神のなかに開発先祖の墓、あるいは古墓と伝えられるものが多くあることは早くから注目されてきたが、こうした伝承は死穢を忌む

屋敷墓（岡山県）

観念が衰えたのちにあらわれたものとされ、屋敷内には遺体は埋葬せず祖霊の祭地のみを設けるのが本来の形であると解釈されてきた。これに対して、古代・中世の屋敷墓に関する史料や発掘例などからみて、屋敷内に遺体を埋葬する慣習は古くから存在したとする見方も中世史研究者から提出されており、屋敷内に死者を葬るのは死者霊がその霊威力をもって屋敷を守護するとの観念に基づくという解釈が示されている。屋敷墓に葬られるのは屋敷の開発者、あるいは初代先祖のみという伝承が各地に見られるのも、そうした特別な死者に屋敷の守護霊としての特段の霊能を期待したことをあらわしていると理解され、これを中世における開発者の霊魂は開発地に宿るという観念や、遺体そのものに開発地を守護し、あるいは子孫を拘束する霊力を認める観念に基づくものとする見解も示されている。 →屋敷《やしき》 →屋敷神《やしきがみ》 →両墓制《りょうぼせい》

参考文献 直江広治『屋敷神の研究―日本信仰伝承論―』、一九六六、高取正男「屋敷付属の墓地―死の忌みをめぐって―」(上井久義編『葬送墓制研究集成』五所収、一九七九)、森謙二「「墓」と屋敷地」(『比較家族史研究』四、一九八九)、勝田至「中世の屋敷墓」(『日本歴史民俗論集』六所収、一九九三)
(中込　睦子)

やしきばたけ 屋敷畑 自家用の野菜などを栽培する蔬菜園。センザイバタ(ケ)、サエンバ、ナジリ、デナブタケ、シャエン、ソノなどの呼び方もあり、そこから取れた蔬菜類をシャエンモノなどと呼ぶ。人は定住するに際し、多くの場合、住居の周囲にいくらかずつの畑を持つ。その起源は古く弥生時代にまでさかのぼり、当初は畑でササゲ、トウガン、マクワウリなどを栽培していた。『古事記』の中にもあお菜(現在のカラシナ)や大根が登場する。しかし、栽培品種と生産量はきわめて限られており、ニンジン、ジャガイモ、カボチャは中世末にようやく移入され、全国的に普及したのはずっと後のことである。このためセリ、アザミ、ゼンマイ、木の実、キノコなど山野からの採集物と上手に組み合わせることによって食生活が支えられていた。柳田国男は「垣内の話」(一九四八)において、薩隅地方に存在したソノ(薗)と呼ばれる宅地に付随する園地について言及し、初期の公地法では薗と宅は不可分であり、両者は同等の扱いを受けていたが、ソノは中世以降の畑作需要の増進につれ、水田をも包括する名称へと移行した。つまり屋敷畑が畑や水田などの耕地全般の原初的形態であったことを示唆している。屋敷畑は現在でも活発に経営され、地域によって屋敷続きにある畑に限定するものから屋敷から少し離れたところにある畑を含めるものまで多様性に富む。一般の田畑と比較した場合、所有形態に大きな違いはないが、利用形態に関しては、換金作物を栽培し利潤を得て家産を増やそうとする「イエ経営」と直結したこれらの耕地が家長の管理下に置かれているのに対し、屋敷畑は経済性の追求よりも、むしろ家族の腹をいかに満たすかという方に主眼が置かれている。生産時期一つを取ってみても出荷用が商品価値を持たせるように旬をはずして栽培されることもあるのに対し、屋敷畑の野菜は「食べる」ことに最大の関心が払われ、旬の時期のものを少しでも長期間食べられるようにと播種を数回に分けて行う。大根一つを取り上げてみても、おろし、漬物、汁の具などの用途別に異なる品種のものを栽培するなどの工夫が凝らされている。 →前栽畑《せんざいばた》

参考文献 高取正男「女の民俗誌」(『高取正男著作集』五所収、一九八二)、宮本常一「畑作」(『日本民俗学大系』五所収、一九五九)、古家晴美「そ菜園考―主婦の食物管理について―」(『日本民俗学』一九三、一九九三)
(古家　晴美)

やしきりん 屋敷林 屋敷地内につくられた樹林で、平野部の農村地帯、特に明治期以前までに成立した村落に顕著にみられる。その後の開拓村落では屋敷林の発達がみられないことが多い。屋敷森ともいう。樹種はケヤキ、カシ、ナラ、杉、ヒノキなどが多く、竹林がその一部を構成する場合もある。屋敷林は屋敷の北西から北側にかけて設けられることが多い。これは、屋敷林には冬の季節風に対する防風林としての機能が重要であることを示している。防風のための樹林は、時に応じて防火の役目も果たし、また、積雪地帯であれば防雪機能をもつ。一方、積雪の少ない関東平野の台地などローム地帯では季節風に伴う土埃の舞い上がりが著しく、屋敷林はその防塵機能をもつ。このほか、夏季には屋敷林による防暑効果が認められ、また低地の洪水常襲地帯においては激流や流木などによる家屋の破壊をくい止め、場合によっては洪水時に屋敷林の大木に家屋をつなぎ留めて流失を免れるなど多様な機能が認められる。西南日本の太平洋岸や島嶼部では屋敷の南側に屋敷林を設ける場合もみられるが、これらは台風などの暴風から家屋を守るためである。農家の日常生活において、屋敷林それ自体の利用もかつては盛んに行われ、用材あるいは燃料として、また竹材としての利用やタケノコの採取も重要な意味をもっていた。しかし、近年ではこのような機能の重要性はほとんど失われた。屋敷林の呼称はイグネ(東北)・クネギ(新潟)・カイニョ(富山)など地方色がある。また、出雲平野の築地松や南西諸島のフクギ、美作地方特有の広戸風に対するコセなど屋敷林には風土を基盤とした多様性が認められ、気候景観の一指標にもなっている。 →イグネ →築地松《ついじまつ》

参考文献 杉本尚次『日本民家の研究』、一九六四、矢沢大二『気候景観』、一九五三
(小口　千明)

やしないおや 養い親 体の弱い子の庇護を目的とした仮親。擬制的親子関係には、法的な親子関係を結ぶ養子縁組と子の社会的庇護や呪的庇護を目的として儀礼的に結ぶ親分・子分関係があり、養い親は後者の一形態。この風習は各地にあり、養い親には子供が丈夫に育った家の親とか長命の人に頼むという場合が多いが、長崎県対

馬ではなるべく貧乏な人に頼むという。親が良すぎるとオヤマケするという。特定の人に頼む地方もある。東北地方では神官、僧侶、イタコ、ボサマ（座頭）に頼むというし、高知県ではケイヤクオヤ（契約親）といって鍛冶屋に頼んだり、鹿児島県では塩売り行商人を養い親にすると子供が丈夫になるといい、それをシオトトと呼んだ。これらは、日常の領域内にいる親戚や知り合いよりも領域の外にいる人に頼む方がよいという呪的な発想に基づくものと考えられる。また、肝属郡では、隣人に養い親になって貰った場合でも、養い親から養い子に塩一升を贈ったという。吐噶喇《とから》列島の口之島でも、体の弱い赤ん坊のために易者に頼んで性のあった人をさがしてもらい、その人を養い親に頼むと、その親は焼酎と鰹節に塩をのせて白米を添えてその子に贈ったという。そしてその子をシオコと呼んだ。塩は縁起物であると同時に呪的な要素をもち、それと養い子の結びつきは注目される。養い親は、通常男の子は嫁をもらうまで、女の子は嫁入りまで仮親になってもらう。正月には、養い親と養い子との間に贈答のやりとりがあった。養い親の葬式には、養い子は実子と同様の義理を果たし、忌みに服すことになっていた。この関係は、その一代限りであった。→拾《ひろ》い親《おや》

参考文献 柳田国男「親方子方」（『柳田国男全集』一二所収、一九九〇）　（小熊　誠）

やしないご　養い子　相続を目的とはせず、養育する子どものこと。法律上の手続きは行わない場合が多く、実子がいる場合にも養い子を貰うこともあった。しかし、自家の一員に加えられ、実子に準じて扱われた。養い子には、主に成長後に家の労働力とすることを期待するものと、子どもを扶養する者がいない場合やその扶養力に問題がある場合に、親族などが養育を引き受けるものもある。特に成長後の労働が養育よりも主たる目的であり、奉公人の一種と考えられる養い子が日本各地に存在した。人手を必要とした東北の農村にも養い子は見られたが、地先や近海の漁業に従事する人々の間にしばしばみられた。三陸沿岸漁村のモライコ、山形県飛島の南京小僧、山形県西田川漁村のタラコ、四国阿波沿海のヤシナイなどである。このほかにも千葉県、静岡県、伊豆の島々などにも見られた。四歳から八歳くらいの男児を貰い受けて養育し、成長したのちには家の労働力として助力させた。徴兵制度が存在した時にはそのころに、あるいは結婚するような年頃になると、本人の意思により、実家へ戻すか独立させるなどした。なかには分家とした例もあった。家が生産の単位であった時に、一家にどれほどの労働力を確保するかは非常に重大な問題である。特に漁業の場合には、男子の労力にその漁獲量は大きく影響される。さらに、それには幼児期からの熟練を要するものであり、そこに他地域の余剰労働力との関連からこのような慣行が存続した。

参考文献 竹内利美「奉公人・雇い人・徒弟」（『日本民俗学大系』四所収、一九五九）、大竹秀男他編『擬制された親子—養子—』、一九八八　（蓼沼　康子）

やしろ　社　神霊のまつられている施設。神社と同義的に用いられるが、今日一般的に用いられるような「某神社」の呼称は、明治以降の神社制度の整備過程において、神社調書の作成などを契機に、某社から某神社へと統一的に整序された結果ともいえる。それは、神宮・宮・大社・大神宮などとともに、社号として一定の基準を設定されたことと関係する。神社の語は、古く『日本書紀』にもみえ、また『延喜式』神名帳の社名として某神社と表記されているが、これらは神社として熟語化された用法と考えにくく、むしろ神の社、某神の社と理解する方がかなっている。『出雲国風土記』と神名帳とでは、前者に某社とあるのが、後者では某神社となっている。社と表記された日本語はヤシロで、関連の語としてミヤ（宮）、モリ（森・杜）、ホコラ（祠・秀倉）がある。ヤシロとミヤとの差異は、古くは祭祀を行う場に仮設的に設置したヤシロ（屋代）と常設的に建造された構築物であるミヤ（御屋）とで弁別していたと考えられている。神名帳に記載されている社数のうち社が二千八百五十に対し、宮の表記は三重県伊勢市の伊勢神宮ほか十一にとどまる。ヤシロ（社）とモリ（杜）とはほぼ同義であったが、後者は漢字の原義とは異なった用法である。カンナビノモリと呼ばれたように、森や樹叢が神そのもの、あるいは神の居所として神聖な場として観念され、そこに祭祀を行うための仮設的な建物であるヤシロを設けたことと関係があろう。仮設的施設の形態は、奈良市春日若宮御祭の御旅所仮殿ほか、各地の祭礼行事に見られる。→神社《じんじゃ》

参考文献 米地実『村落祭祀と国家統制』、一九七六、原田敏明『神社』（「日本歴史新書」七八、一九六五）、池辺彌『古代神社史論攷』、一九八九、西宮一民「ヤシロ（社）考」（『上代祭祀と言語』所収、一九九〇）　（桜井　治男）

やじろべえ　弥次郎兵衛　端に重りを付けた細長い棒を両脇に付けた人形。重りで左右の釣り合いをとってあり、指先などにのせて人形が揺れ動くのを楽しむ。子どもは

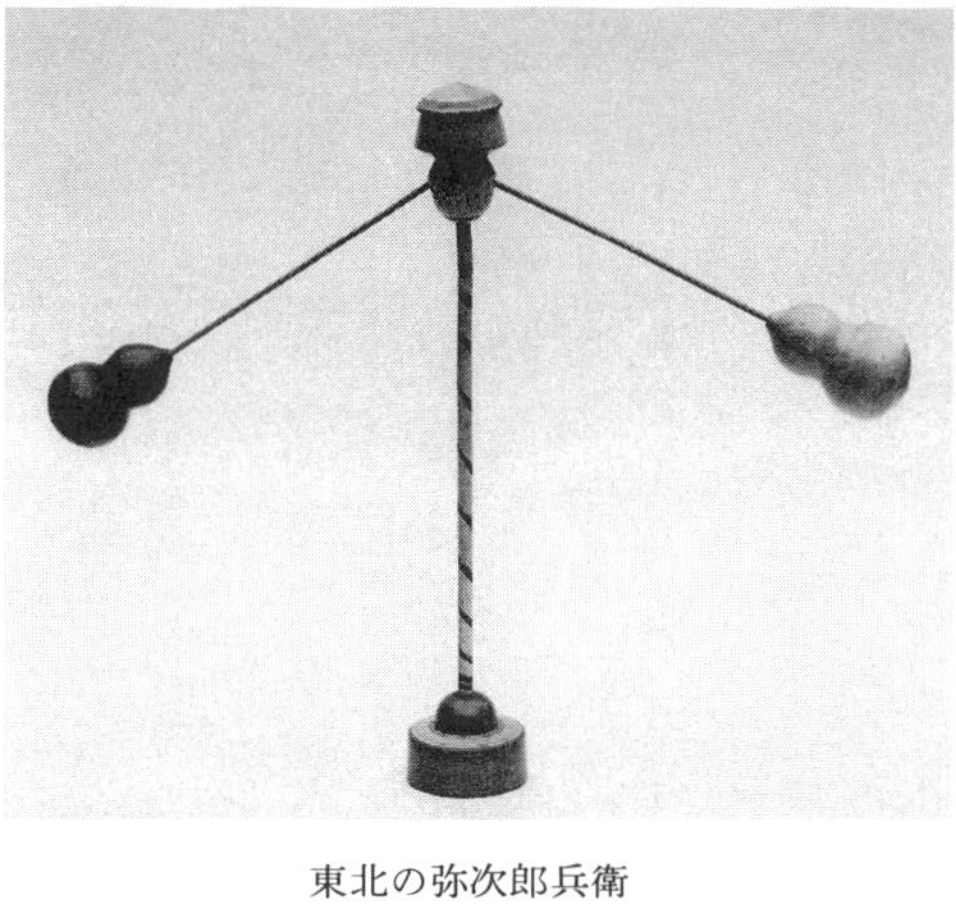

東北の弥次郎兵衛

豆粒やドングリの実で作って遊んだりもした。江戸時代浮世絵などにも描かれており、笠の上で舞わせて見世物にした与二郎が語源ともいわれる。その与二郎兵衛のほかにも釣り合い人形・張り合い人形・豆蔵など、また絶えず直立しようとする姿から正直正兵衛とさまざまな呼称がある。（市田　京子）

ヤス　ヤス　⇩銛《もり》

やすぎぶし　安来節　山陰の代表的民謡。もとは、江戸時代中国山地から採れる鉄の積出しで賑わった安来（島根県）の港で、船乗りたちの歌った座敷唄であり、砂鉄精選の作業に擬した泥鰌《どじょう》すくいの踊りとともに親しまれている。その源流は、幕末に日本海沿岸の港で広く歌われた出雲節とも、境港・淀江など鳥取県西部の港町では「やったさんこ節」ともいわれている。大正年間（一九一二―二六）、東京浅草で常時上演されたことから全国に広まった。（坂田　友宏）

やすくにじんじゃ　靖国神社　近代以降の日本の内戦および対外戦争における全国の政府軍戦死者をまつる神社。東京都千代田区に所在。各道府県に創建されている護国神社は地元出身の戦死者をまつり、靖国神社の末社にあたる。靖国神社の起源は、軍務官副知事であった大村益次郎の指導によって一八六九年（明治二）六月、東京九段坂上の元歩兵屯所跡に戊辰戦争での政府軍戦死者をまつるために創建された東京招魂社である。その後、幕末における国事殉難者も合祀して、西南戦争後の一八七九年六月、同社は靖国神社（別格官幣社）と改称した。靖国とは安国と同義であり、国を安らかにするという意味である。この時点での祭神数は一万八百八十柱で、会津藩降伏の日（新暦の十一月六日）を正祭日とし、その管理は内務・陸軍・海軍三省によったが、のちに陸軍・海軍両省のみの管理となった。他の神社とは異なり、軍部の管理下に置かれたということは宗教施設であるとともに軍事施設でもあった。一八七四年の台湾出兵以後の対外戦争による政府軍戦死者も逐次合祀されて太平洋戦争に至る。敗戦後は神道指令によって国家神道は解体し、靖国神社も存続の危機に見舞われるが、一九五二年（昭和二十七）に単立宗教法人となり復権する。しかし靖国神社をめぐっては、政教分離の問題は現在でも払拭されず、また内戦における旧幕府軍らの賊軍戦死者はその祭神にはなっていないなど、多くの問題を残している。　↓護国神社《ごこくじんじゃ》　↓招魂社《しょうこんしゃ》

参考文献　大浜徹也「英霊崇拝と天皇制」（『日本人の宗教』三所収、一九七三）、村上重良『慰霊と招魂』（『岩波新書』青九〇四、一九七四）、大江志乃夫『靖国神社』（同黄二五九、一九八四）、今井昭彦「群馬県下における戦没者慰霊施設の展開」（『常民文化』一〇、一九八七）、新谷尚紀「近代の神々」（『日本人の葬儀』所収、一九九二）
（今井　昭彦）

靖国神社

やすみ　休み　ヨコイ（憩い）、ヒトイキ（一息）、イップク（一服）などともいい、休息・休憩を意味する。ナカタバコ（中煙草）・ニバンタバコ（二番煙草）・シマイタバコ（仕舞煙草）のように、し好品が休息や休憩の代名詞として使われる例は非常に多い。現代でも、昼休みのほかに「お茶の時間」などと称して、午前と午後に一回ずつ休息の時間帯を設けている。地域によっては、多数の手伝いや雇い人を使った作業の場合、休み時間を規則のように定めることもあった。島根県邑智郡の田植え作業の例でみると、作業中途の一時的な休息として、腰休み、吸付き煙草、タテリ煙草が、また労働集団いっせいの休息として四回の煙草休みと四回の食事休み、そしてヒルネなどが定められていた。腰休みは田を半分くらい植えたころ、胴頭（指揮者）が腰を伸ばして休むように命じた。一枚の田に一回が原則であったという。吸付き煙草、タテリ煙草は立ちながらの随意的な喫煙で、作業に支障がない範囲で黙認された。定期的な休憩時間は体力の回復を図ると同時に、個人差から生じる作業の不均衡を調節する意味もあったと考えられる。休み時間は激しい労働にはつきもので、一人前の大人であっても一時間半前後の間隔で作業を中断して、体力の回復を図らねばならなかった。休憩から休憩までの間を、ヒトッコワイとかヒトチカラと呼んでいる地域がある。関東地方では、疲労で筋肉が堅くなった状態をコワイと表現するから、ヒトッコワイは労働単位であることがわかる。休みには飲物や食物を伴うのが大きな特徴である。

参考文献　竹内利美「稲作」（『日本民俗学大系』五所収、一九五九）、吉竹博『日本人の生活と疲労』（『労働科学叢書』六七、一九八三）
（影山　正美）

やすみいし　休み石　英雄や高僧などがそこで休んだという石。静岡県田方郡中伊豆町冷川には源頼朝がその上で休んだという石があり、頼朝石と呼ばれている。これらの石は、もとはその石の上に御輿を乗せて休ませ、祭を行う所であったと推定される。ところが、休み石という名称だけが残って、その意味が忘れられた結果、英雄

や高僧などが通りがかりに休んだと解されるようになったと思われる。

（大嶋　善孝）

参考文献　柳田国男「神樹篇」（『柳田国男全集』一四所収、一九九〇）

やすみび　休み日　仕事を休む日。「怠け者の節供働き」という言葉があり、不精者がふだん仕事をせずに、多くの人が休養する休み日にわざわざ働いたりする時にいわれる。働く日に働かない、休む日に休まないのは悪徳と考えられ、禁を犯した場合には、村落社会で瓢簞送《ひょうたんおく》りなどの制裁が行われた。休み日は単に労働の休養ということだけでなく、地域の生活体系の一つに組み込まれていたことがわかる。休み日は、年間に定まった日のほかに、オシメリ正月のように臨時の休み日がある。石川・富山県では休み日にボン（盆）を付けて刈り上げ盆などという。加賀藩では藩主の交替、嗣子誕生などの嘉儀に際し、城下の庶民が祝意を表わすことを盆正月あるいは殿様盆といった。二日続いて休み日であったから盆と正月の二語を用いたとされる。臨時の慶事に事寄せた休み日である。また、疫病の流行に際し災厄を避けようとする心意から、正月儀礼を重ねて実施して、新しく年を取ってしまう慣行があった。これを取越《とりこし》正月という。正月は新たな再生を喜ぶ時であったことを教える慣行である。この取越正月も臨時の休み日の一つである。休み日には神祭のための休み日と労働休業日の二つがあり、両者とも近世中期以降に増大する傾向にあった。その大きな原因は若者たちの活躍である。神祭に事寄せて休み日をとろうとする若者たちの行動が少なくなかった。しかし、領主は休み日を増大させることは年貢負担能力の減少につながると考え、しばしばそれを規制した。近代に入ると休み日は国家が選んで国民すべてに等しく休ませるようになり、休み日の国家統制が始まった。それが祝祭日である。紀元節など明治国家の祝祭日は一八九〇年代から徐々に浸透しはじめ、明治末年の地方改良運動によってはじめて底辺の民衆にまで浸透するようになった。この地方改良運動は祝祭日の休日化を促した。また一方では、従来からの村落社会の休日慣行の多くを改廃することになり、休日の国家統制を大きく進めた。一九六〇年代以降、村落社会では産業構造の変化などに伴い、神社の祭日や行事を日曜・祝日に合わせる傾向が顕著になってきた。これも会社の論理と国家管理が浸透した結果と見る考え方もある。また現代人の労働環境は、まず第一に労働時間の短縮、ついで休養日の長期化が大きな特色にあげられよう。農林漁業人口の減少と一般企業の勤労者の増大などが従来からの労働観を変化させている。　→祭日《さいじつ》　→休《やす》み

参考文献　平山敏治郎『歳時習俗考』、一九八四、古川貞雄『村の遊び日―休日と若者の社会史―』、一九八六、阿部昭「遊び日の編成と共同体機能」（津田秀夫編『近世国家と明治維新』所収、一九八九）、田中宣一『年中行事の研究』、一九九二、阿部昭「近世村落の年中行事と『休み日』の慣行について―関東農村における「御事」の日の編成を中心に―」（『国士舘史学』一、一九九三）

（板橋　春夫）

やすらいまつり　やすらい祭　京都市北部の地域に伝承されている春の祭。やすらいあるいはやすらい花ともいう。『百錬抄』に一一五四年（久寿元）四月、京中の子女が紫野疫神社（今宮神社）で始めたと伝えるが、現行の踊りは中世囃子物様式の一種と考えられる。やすらいの囃子詞があることから、この名称がついた。『都名所図会』（一七八〇）に、ほぼ現行に近い芸能が描かれている。かつては一緒に今宮神社で踊ったという伝承があるが、現在では京都市上野・雲林院・岡本・川上の四地区が別個に祭礼日を定めて踊る。上野は羯鼓《かんこ》二・鉦二・太鼓二・笛数人で、太鼓と鉦は鬼といい、赤熊をかぶり赤衣・白袴。花傘を中心に音頭取り三に太刀持ち（囃し手）多数が加わり、光念寺から今宮神社へ往復する途中、各地で踊る。最初に羯鼓が踊り、ついで鬼が踊る。鬼の太鼓・鉦の打ち方は七つと三つの二種類。雲林院は玄武神社を中心に町内を巡行して踊る。羯鼓二、鬼は赤衣・白袴で太鼓二・鉦二の編成。歌の詞章は上野とほぼ同様で、五つと三つの曲がある。烏帽子素襖の音頭取り一、子供の笛役多数に花傘がつき、三グループにわかれて踊る。岡本はやすらい堂から太田神社、さらに上賀茂神社に巡行して途中の町内の各地で踊る。花傘一・羯鼓（稚児）二、鬼の太鼓二・鉦二、音頭取り一。詞章は上野地区とは異なる。川上地区では大神宮社の籠堂を起点に町内を巡行して踊る。踊り場所は三ヵ所。一度はかつて今宮神社が望見できたという集落のはずれで今宮神社に向けて踊る。傘鉾一・榊持ち一・音頭取り一・笛一、鬼の太鼓二・鉦二、行列の末尾に裃姿で太刀をもつ町内の大人が多数つく。詞章は上野とは別のものを使用している。

（青盛　透）

参考文献　本田安次「やすらい花考」（『日本の民俗芸能』二所収、一九六七）、芸能史研究会編『やすらい花調査報告書』、一九七七、河音能平「ヤスライハナの成立」（『中世封建社会の首都と農村』所収、一九八四）

やたい　屋台　主に神社の祭礼のとき、引いたりかついだりする山車の一形態。山車をその形態から、ホコ（鉾）系・ヤマ（山）系・囃子系に分類する考え方がある。歌舞伎や舞踊・音曲などの芸能が主体となる囃子系の山車を屋台といい、芸屋台・囃子屋台・太鼓屋台に分けられる。芸屋台は踊りや所作事、歌舞伎狂言などの芸能を演じる移動舞台で一層の前面を吹き抜けの舞台とし、御簾などで仕切って後方を囃子座や楽屋にする形式が広くみられる。滋賀県長浜型曳山がこの典型とされる。囃子屋台は屋台専用の囃子を主とする屋台。屋台本体を豪華に造るところに共通性をみせる。少し前までは河内・摂津の地《だん》車《じり》にわか芸が付き、栃木県鹿沼の屋台が前方に踊り屋台を付設したように、芸能と対になるものが少なくなかった。太鼓屋台は鋲打ちの大太鼓を屋台にのせて打ち鳴

らす屋台で、四本柱吹き抜けの比較的簡素な構造のものが多いが、布団太鼓などといって、華やかな布団を数枚重ねて屋根とする形態のものが瀬戸内一円から淀川沿いに伊賀あたりまで、山陰海岸部にも流布している。太鼓打ち二～四人を乗せて連打させつつ大勢の担ぎ手が息を合せ、屋台を横倒しにしてほうり上げ、さし上げて裏返し、あるいはぶつかりあうといった荒々しい太鼓練りが特色で、見所ともなっている。以上のような祭礼における囃子系の山車や歌舞伎の引き舞台を屋台と総称していたが、十八世紀以降、辻・街路・門前などで立売りの商売をする露店商や行商が、台車をつけた飲食物などの引き売り店舗を生みだすに至って、屋台という言葉がそれら移動店舗を示す語に転化した。屋台は移動を伴わない据え店、床店のことも指す。その標準的なものは間口六尺、奥行三尺、前方に棚があり、そこに調理したものを並べて商う。商品は鮨・天麩羅が主で、自分の店のすぐ前に据えることもあったが、多くは人通りの多いところに出向いた。このような屋台が発達した一因は外食の風習が広がったことにあり、顧客は小商人・職人・日雇・足軽・中間・浪人たちであった。十九世紀すぎには焼きイカ・蒲鉾・半片・菓子・飴・餅・燗酒におでんなどの店ができ、明治・大正期の銀座には鮨屋を営む屋台が存在した。最盛期は第二次世界大戦後の闇市における屋形のスタイルをもった屋台であり、盛り場・工場街・学生街などに焼き鳥・おでん・燗酒・ラーメンなどの店があらわれた。商売への参入の気軽さ、可動性、ファーストフード的手軽さにより戦後の一時期隆盛を極めた。サラリーマンを客層とする飲み屋の屋台は赤提燈と呼ばれ、日々の憂さをはらし、人間関係を円滑にする場ともなった。特に名古屋・福岡市の一画には屋台が多く集まり、その多様性においても有名であった。しかし、都市の近代化や東京オリンピック開催などにみられる国際化は屋台の存在を排除し、豊かな生活に慣れた若者の屋台離れも進み、その数は少なくなっている。かつてはリヤカー、現代はワゴン、ライトバンなどの自動車を屋台として利用することもある。→山車《だし》

（福原 敏男）

参考文献 植木行宣「山鉾の祭りの成立と発展」(『長浜曳山総合調査報告書』所収、一九九六)

飲食店の屋台　福岡市中洲

祭の屋台　埼玉県秩父夜祭

やたがらす 八咫烏 神武天皇東征の神話に、熊野山中の先導役として遣わされた鳥。『古事記』『日本書紀』に記されている。日向の高千穂宮を発向した伊波礼毘古命《いわれひこ》(のちの神武天皇)の夢に天照大神が現われ、「天《あめ》より八咫烏を遣さん、その導きに従え」(原漢文)と示唆する。はたして烏が飛び来たり、その嚮導によって吉野から大和に入った。烏は宇陀の土豪の兄磯城《えしき》・弟磯城《おとしき》(『古事記』では兄滑《えうかし》・乙滑《おとかし》)を帰順させるために派遣され、兄磯城は矢を射返してこれを追い帰すが、弟磯城はこれを歓待して勧告を容れる。『延喜式』では大和宇陀に八咫烏神社があった。『古語拾遺』では烏は賀茂県主《かものあがたぬし》の祖とされ、『新撰姓氏録』は賀茂県主の祖神の鴨武津身命《かもたけつみ》の化した姿が八

八咫烏（福岡県珍敷塚古墳画像石）

咫烏としている。『山城国風土記』逸文では、この神が神武天皇の使者のミサキ神として記されて、東征譚に賀茂氏族の神の使いとして、大和の神話が移って結びついたものと考えられている。烏が山の使者としての例に、熊野のミサキ烏の信仰や、諸国の年占行事(烏勧請・鳥喰神事・烏呼びなど)がみられる。しかし、烏と賀茂祖神の同一視はわからない。賀茂信仰と熊野が結びつく後世の因果関係があったものか。また福岡県浮羽郡吉井町の珍敷《めづらし》塚《づか》古墳の画像石にある、日輪と舟と舳先《へさき》に止まる鳥を烏とみたて、これを八咫烏とする神話学者もいる。他界に霊を導くミサキ神としての烏である。→御鳥喰神事《おとぐいしんじ》→烏勧請《からすかんじょう》→烏鳴《からすな》き→みさき

参考文献 松本信広『日本の神話』、一九五六、渡辺昭五「他界より来たる烏」(『歌垣の研究』所収、一九八二)

(渡辺 昭五)

やたてすぎ 矢立杉 武将が矢を射込んだという樹木に関する伝説。樹木の中から矢尻が見つかったと伝える場合もある。宮城県名取市の例では、藤原秀衡が京都に上るためにここを通ったときに路傍の古杉を射てその前途を祝した。この古杉は明暦年間(一六五五—五八)まであり、村人が船材にするために伐るとたくさんの矢尻が出て来た。それで船を作って浮かべると怪声をあげて船は壊れてしまったという。群馬県群馬郡榛名町の榛名神社の境内にある矢立杉は、武田信玄がここに参詣したときに兵を休ませて武器を立てかけたので、その名があるといわれている。山梨県の笹子峠にあった矢立の杉は、古来ここを軍勢が通るときには必ずこれに矢を射て、山の神に手向ける習わしだったという。愛知県知多郡南知多町の篠島では、西行がここに立ち寄ったとき、近くの篠竹と藤を取って弓矢を作り、松を射たと伝えられている。ところで矢には宗教的な意味があり、矢を立てて土地の境界の目印とすることや、旅の途中で境の木に矢を立てて神に祈るなどの習慣があったほか、正月などにも年占の一つとして矢を射てその当たり具合でその年の豊凶を占う行事が広く行われていた。そのため、樹木の中から矢尻が見つかることが実際にあったと思われる。ところが、そうした習慣や行事が忘れられていた場合には、有名な武将が矢を射たのだと考えられるようになり、こうした伝説が生じたのだろう。

参考文献 柳田国男「木思石語」(『柳田国男全集』七所収、一九九〇)、同「矢立杉の話」(同)

(大嶋 善孝)

やっかい 厄介 本来の家族員でない被扶養者・同居人。食客・寄食者・居候・掛り人・客分などともいう。厄介の語は居候の語と同様に、近世届出文書で当主以外の家族・同居者を指す肩書として使用されたのがはじまりと考えられているが、当主の配偶者と嫡子・先代といった直系の近縁者は区別して書かれたようである。柳田国男はヤカは展処《やか》、すなわち家屋のあるところから出た語で、宅《やけ》とも通じ、イは「居ること」であり、ヤカイは同じ家に居る者という語であり、本来は厄介なという意味あいは含まれていなかったとする。家単位に経営がなされていた近世・近代初頭では農村の旧家や都市の大店《おおだな》・職人の頭領の家などでは、家の成員として直系家族以外に傍系親族や傍系家族・奉公人を擁していることが多く、さらにさまざまな縁辺の同居人のいることもあった。家の成員は仕事の分担も決まっていて恒常的に家経営に参加する。成員以外の同居人も通常は全くの食客というわけではなく、仕事の分担ははっきりとしないが、多少は生産・家事に労働を提供していた。都市では家は小規模な家族に分立していく傾向が早く、次第に剰余の人間を抱えていることが負担になり、同居人は徒食者に映るようになる。農村では自給自足的な経済体制が比較的遅くまで残存していたため、また農業労働と家事労働は分かち難い部分もあり、特に比較的大規模な手作経営の地主の家では傍系家族や奉公人のほか、飲食を与えて何らかの仕事をさせる同居人の労力も意味のないことではなく、かつ抱えていく力もあった。このような経営の基盤である家が崩れると、居候・厄介は徒食者とみられるようになっていく。なお、近世後期には同居者は届出文書でも弟、伯叔父母、甥・姪のように家長との身分関係を細別して記されるようになる。→居候《いそうろう》→奉公人《ほうこうにん》

参考文献 柳田国男「厄介及び居候」(『柳田国男全集』一二所収、一九九〇)、同『族制語彙』、一九七七、竹内利美『家族慣行と家制度』、一九六八、上村正名『村落社会の史的研究』、一九九六

(上村 正名)

やっこおどり 奴踊り 風流《ふりゅう》踊りの一種。『御湯殿上日記』一五九八年(慶長三)条にすでにみられるが、江戸時代の武家社会の下僕である奴が、男達《おとこだて》の旗本奴・町奴の風俗と結びついて歌舞伎の所作事となり、また地方にも流布して奴踊りとして定着した。大名行列の槍振、挾箱の扱いなどにみられる奴振り、関東弁の奴詞、バレン付前垂れの伊達な衣装などを特色とする。青森県北津軽郡金木町嘉瀬では盆踊りに奴踊りが踊られ、岩手県では槍や唐団扇あるいは手踊りの奴踊りが北上市黒沢尻町字立花・和賀町後藤、花巻市湯本、江刺市梁川・軽石などにあり、北上市江釣子では台笠と呼ばれる。ほかに岡山県朝日(岡山市)、広島県豊田郡豊浜町の斎島蛭児《ひるこ》神社などに奴踊りがある。佐賀県伊万里市南波多町高瀬の荒踊りも奴踊りの一種である。東京都西多摩郡日の出町平井の鳳凰の舞では少年が、千葉県安房郡丸山町加茂の花踊りでは少女が奴踊りを踊る。また曲目としての奴踊りも多くあり、岡山県白石島(笠岡市)の盆踊りでは役柄の一つとなっている。一方、大名行列の奴が練り物になったものに長崎県東彼杵郡川棚町の祇園祭、静岡県榛原郡吉田町住吉の吉田大奴行列、徳島県鳴門市葛城神社のお練りなどがある。静岡県島田市島田の帯祭では、神輿渡御の供奉を二十五人の大奴が務め、その支度は茶筌髷、法被に草鞋履きで、左右の両腰に大太刀を佩き、大太刀に豪華な女帯を掛ける。左手には紺の日傘を持ち、右手を振

奴踊り　静岡県島田市の帯祭の大奴

って歩む。この帯は島田の新妻や娘の名披露であったとされる。なお盆踊りの手踊りの振りは多く奴踊りの手振りから出たものと思われる。

参考文献　郡司正勝『幻容の道』(『郡司正勝删定集』三、一九九二)、本田安次『風流二』(『本田安次著作集』一一、一九九六)　(板谷　徹)

やつしかおどり　八つ鹿踊り　鹿の面とも呼ばれる頭《かしら》とその面から垂れた赤・黄・黒などの色あざやかな前ぎぬなどを身につけた八人の踊り手がみずから太鼓を打ちながら踊る民俗芸能。愛媛県南予地方に広く分布する鹿踊りの一つで、宇和島市の宇和津彦神社祭礼(十月二十九日)の練物《ねりもの》(邌物)としての八つ鹿踊りが有名である。南予地方の鹿踊りは、宇和島藩初代藩主伊達秀宗が元和年間(一六一五―二四)に仙台から移封されたとき、仙台地方の鹿《しし》踊りが伝えられたことに始まるといわれる。宇和島市裡《うら》町で伝承されている八つ鹿踊りでは、男子小学生を中心に八人が、みずからが打つ締め太鼓と哀愁を帯びた旋律の歌に合わせて、ゆったりと優雅に踊る。雄鹿七頭が、

宇和島市の八つ鹿踊り

草むらに姿を消した雌鹿一頭を探しあて、みんなが喜びあいながら帰っていく様子を表わした踊りである。「雌鹿《めんじし》隠し」とよばれる歌詞は次のとおりである。「回れ回れ水車、遅く回りて堰《せき》に止まるな、堰に止まるな、中立ちが腰にさしたるすだれ柳、枝折りそろえて休み中立ち、休み中立ち、十三からこれまで連れたる雌鹿をば、こなたのお庭に隠し置かれた、隠し置かれた(下略)」。宇和島市の八つ鹿踊りは、宇和島市指定無形民俗文化財。東宇和郡城川町窪野の三滝神社の祭礼(四月十七日)に出る八つ鹿踊りは、先音頭一、庭入《にわいり》一、雌鹿一、小鹿四、後音頭一の計八頭からなり、青壮年の男子が踊る。この窪野の八つ鹿踊りは、県指定無形民俗文化財。↓五《い》つ鹿踊《しかおど》り

参考文献　『土居郷土誌』、一九七六、宇和島市文化財保護審議会編『宇和島の自然と文化』、一九八一　(佐々木正興)

ヤト　ヤト　低平な丘陵地において浅い谷が樹形状に切れ込んでいる地形。ヤト(谷戸)のほか、ヤツ(谷津)、ヤチ(谷地)ともいう。ヤトの語源を湿地を意味するアイヌ語に求める説もある。地名や地形表現としてのヤトは主に関東地方に多い。ヤトにはヤト上《かみ》から下《しも》に向けて山の湧水などを水源とする小川が流れていることが多い。大規模な土木工事により広大な沖積平野や台地が水田化される以前は、こうした小規模ではあるが比較的低位な技術で拓くことのできるヤトが水田地として利用されてきた。ヤトを流れる小川を水田用水として利用するためヤト上で堰止め溜池を作っていることも多い。しかし用水は十分ではなく天水田となっているところもある。そうしたヤト底面の水田をヤトダとかヤツダと呼ぶが、その多くは湿田であった。しかも規模が小さいため生産性が悪かった。関東地方ではそうしたところに蒔田《まいた》とか摘《つ》み田《だ》と呼ぶ直播きの稲作が残っていた。それに対してヤトの上の台地には畑が拓かれ、またヤトと台地との間の傾斜面には樹林が残されていた。そのためヤトにおける生活の基本はいくつもの生業を組み合わせた複合的な性格を強く持っていた。稲作地としては生産性が低く自給程度にしかならなかったが、それ以上に畑作物が生計維持の上で重要な位置を占めていた。特に都市近郊のヤト地帯は畑で栽培する果菜類などの商品作物や樹林から生産される薪炭材が重要な金銭収入をもたらした。

参考文献　横浜市歴史博物館編『谷戸と暮らし』一・二、一九九五・九六　(安室　知)

やどおや・やどこ　宿親・宿子　寝宿の主人とそこに寝泊まりする未婚の若者や娘との間で結ばれる関係。両者は宿を退いた後も生涯親しい関係を続け、擬制的親子関係が生じる場合も多い。一般に若者宿における宿親と若者たちの関係に較べて、娘宿における宿親と娘の関係の方がより密接なのは、娘たちの宿は村内の理解のある家を頼むことがほとんどであり、特にその家の主婦に娘の躾や教育を委ねるという例が多いためで、結果として宿の主人と強固な結びつきが生じやすかったものと思われる。伊豆半島や伊豆諸島は若者仲間の存在が村落内にお

いて大きな意味を持ち、同時に種々の擬制的親子関係が顕著に見られたことで知られているが、中でも伊豆利島では、かつては娘が生まれるとすぐに寝宿を決め、宿親になる者を依頼した。利島では寝宿をネド、その主人をネドオヤ、娘をネドッコといい、両者の関係は娘が成人儀礼を迎えるころから婚姻までの期間が最も強く、以後は徐々に事実上の関係は希薄となるが、それでも生涯強い繋がりを持ち続ける。このように宿親の宿子に対する役割は、婚姻に関するさまざまな助言を与えそれを仲介するという点にもっとも重要な意味があったことがうかがえる。

参考文献 有賀喜左衛門「日本婚姻史論」(『有賀喜左衛門著作集』六所収、一九六八)、瀬川清子『若者と娘をめぐる民俗』、一九七二、左海まき子「通過儀礼と社会構造—伊豆諸島利島の事例より—」(『民俗志林』五、一九九四)

(八木 透)

やとのかみ 夜刀神 ヤトの主としての神、あるいは、ヤトを主宰ないしはつかさどる神。ヤツノカミともいう。ヤトとは尾根と尾根、または台地と台地の間などの、比較的浅く、明るい谷のこと。『常陸国風土記』行方郡条の古老の言中にこの神のことがみえている。これによれば、夜刀神は、蛇の身をして、頭に角があり、その姿を見た者の家は滅ぶ。行方郡の郊原に多く住んだ。継体天皇の時代、箭括氏《やはずのうじの》麻多智《またち》が、葦原を開墾して田を治《は》ろうとした際、夜刀神は群れをなしてやって来て、これを妨害した。麻多智はみずから武装して、力ずくで夜刀神を追い払うと同時に、山の口に境の杭を立て、ここより上を神の地、下を人の田と定め、自身が神の祝《ほうり》となり、社を設けて夜刀神をまつった。麻多智の子孫は、これを今(古老の言の時点)に至るまで相承している。また、孝徳天皇の時代、壬生連麿《みぶのむらじまろ》が谷を占めて、池の堤を築こうとした時にも、夜刀神は池の辺の椎株に昇り集まって来て立ち去らなかった。麿は役民に命じてこれを追い払わせた。以上、『常陸国風土記』の記事からうかがえるところは、夜刀神は開発(開化)にあたり、克服しなければならない対象、あるいは鎮まってもらわなければならない対象であり、本質的には、人間と自然との関係の中に位置づけられるものということである。現在、茨城県行方郡玉造町には、麻多智らが開いたと伝えるヤトがいくつもある。こうしたヤトには、マムシが多く、駆除が進んだ近年まで農作業の妨げになっていたという。うち一つのヤトには玉造町泉の夜刀神社がある。他のヤトにも、小祠のある例や、その地の住民によって、巳待様と称する蛇神をまつる講が組織されている例がある。

参考文献 横田健一『日本古代の精神—神々の発展と没落—』(「講談社現代新書」一九五、一九六九)、和歌森民男「地方史研究の再検討—『常陸国風土記』行方郡条の故地をたずねて—」(『地方史研究』一六九、一九八一)、福田アジオ「ムラの領域」(『日本村落の民俗的構造』所収、一九八二)

(和歌森民男)

やどや 宿屋 旅人の宿泊施設。古くは、また近年でも避地では民家や寺などがそれに当てられていた。民宿や宿坊である。十二世紀のころになると、交通量の多い街道筋に旅人の宿泊を一つの目的とした村が発達。それを宿《しゅく》といった。庶民の旅が急速に発達したのは江戸時代のことである。それは、参勤交代の制度とあわせて幕府の交通政策が迅速に進められ、街道や宿駅が整備されていったからである。たとえば、宿機能としては、公務で旅をする者の宿舎として本陣と脇本陣が定められた。これは、街道集落のなかの分限者を指定したものである。天保年間(一八三〇—四四)には、五街道で総じて約三百軒の本陣があり、それとほぼ同数の脇本陣も存在した、と推定される。本陣・脇本陣は、一般の旅人の宿泊は禁じたが、そのほかの宿屋の営業はお構いなしとした。そこで、旅籠《はたご》や木賃宿など一般客相手の宿屋の発達をみたのである。木賃宿は、いわゆる安宿で、自炊して燃料費、すなわち木賃を支払う形式である。旅籠とは、飼馬の飼料を入れる籠のことである。昔は馬による旅も多く、人が宿をとるにしても馬の取扱いの方が重要であった。そこで旅籠の用意されている宿、つまり馬にかいばを与えてくれる宿が木賃宿と区別して旅籠と呼ばれるようになったのである。旅籠もはじめは自炊であったが、江戸時代中期ごろから給仕女を置き、食事をだすようになった。それが、のちに旅館に発展する。ほかに、巡礼を泊める善根宿、船人のための船宿、行商人や芸人などが主に泊まる商人宿などがあった。それらの宿泊施設は、第二次世界大戦後の経済成長の中で、次第に後退、かわって種々のホテルが発達した。 ↓木賃宿《きちんやど》 ↓善根宿《ぜんごんやど》 ↓船宿《ふなやど》 ↓本陣《ほんじん》

参考文献 宮本常一『日本の宿』(「現代教養文庫」、一九六五)、同『庶民の旅』、一九七〇

(神崎 宣武)

やどわかいしゅう 宿若い衆 常設の若者宿を持つ若者組で、宿に寝泊りする未婚の若い衆。宿若い衆を統率する若い衆組織の重層しているのが特徴で、静岡県伊豆半島海岸部に多い。伊東市川奈では、十七歳の仲間入から、結婚するまでを宿若衆と称し、結婚後に属す家持衆と合わせた両者を若い衆という。若者宿では、宿若い衆の年長者から選ばれた宿頭の指揮に従って、下働きをし海難・火災などの危急に対処した。結婚すると宿を退き、家持衆という次の階層に属す。家持衆は、家持総代を選出し、さらに家持衆の次の階層から選ばれた大頭・小頭らの役職者とともに、宿若い衆を統率した。地域により、長男と次男以下の兄弟の間で、若い衆脱退の年齢に差があるなどの違いもあった。

参考文献 大日本聯合青年団編『若者制度の研究—若者条目を通じて見たる若者制度—』、一九三六、『静岡県史』民俗編一、一九八九

(中野 泰)

やな 簗 河川に列状に障蔽物を敷設し、魚類の流路をふさぎ捕獲する陥穽《かんせい》漁具。構造上、魚類を誘引する誘導

部(簗袖)と、捕らえ込む陥穽部(簗口)に分かれる。簗袖には木や竹などで作った簀《すのこ》や、岩石・土を詰めた土嚢などが用いられる。簗口は簀や網で囲ったり、筌《うけ》などほかの陥穽漁具を付設したりする。主としてアユや鮭、マス、鰻など遡河性の魚類を対象とする漁法で、鮭のように産卵期に川を上ってくる魚類を捕るものをノボリ簗、オチアユのように川を下る魚類を捕るものをクダリ簗と称し、これによって簗の開口の向きが変わる。簗漁は固定的に漁場を専有し、かつ魚類を一度期に大量捕獲する効率の良い漁法で、さらに河川舟航の妨害ともなるので、地域によっては漁場使用慣行の中で禁じられているところもある。また、逆にその効率の良さは、行使する権利を閉鎖的、限定的にし、簗での漁業権が特権的に保有された河川もある。たとえば滋賀県安曇川下流北舟木(高島郡安曇川町)では、現在でもカットリ簗と呼ばれる漁法が行われており、この簗を敷設する権利は株として限定的に継承されてきた。安曇川の簗漁は、寛治年間(一〇八七―九四)には上賀茂社の安曇河御厨において早くも成立し、その権利が保護されている。また、湖東の野洲川流域でも、御上神社(野洲郡野洲町)や兵主神社(同郡中主町)へ供祭するための簗漁があり、供祭簗・神供社領簗と呼ばれ、鎌倉時代にはすでに簗漁が行われていたことがわかる。

参考文献　祝宮静校注「近江国野洲川簗漁業史資料」(『日本常民生活資料叢書』一八所収、一九七三)、橋本鉄男『琵琶湖の民俗誌』、一九八四
(菅　豊)

簗(『日本水産捕採誌』より)

やなぎ　柳　ヤナギ科の落葉樹の総称。ヤナギは北半球に広く分布しており少数は南半球に分布している。雌雄異株であることと、交雑しやすく雑種が容易に生じることから正確な種の同定は困難である。しかし総称としてのヤナギはわかりやすい。雄花雌花ともに独特の花穂となる。種子は緑色で寿命は大変短く約一週間。綿毛で四方に飛散する。これを柳絮《りゅうじょ》という。ヤナギは川原・湿地・荒原などにはえることが多い。大型のヤナギはバッコヤナギ、コゴメヤナギ、シロヤナギ、オノエヤナギ(いずれもヤナギ属)、ケショウヤナギ(ケショウヤナギ属)、オオバヤナギ(オオバヤナギ属)などがある。こうしたヤナギは直径三〇センチ以上に達し、木材を利用する。材は白色で柔らかく、軽い。こうした特徴を生かして俎、裁板、火薬の保管運搬箱、丸木舟に使用した。小型のネコヤナギ、イヌコリヤナギなどでは魚を取るドウなどに利用した。またヤナギ材を木炭にして火薬の原料に使用した。ヤナギ類の特徴として枝を土中に挿すと発根しやすいことから山地の崩壊防止用に柳枝を編柵などの工事に使用した。樹皮はタンニンを含み皮を鞣《なめ》すのに用いた。また縄状にして草履などを作った。低木性のコリヤナギは韓国原産。湿った場所に植え、株から生じる萌芽枝を刈り取り、後に樹皮をはいで行李やバスケットを作る。このほか枝の垂れるシダレヤナギや枝のよれるウンリュウヤナギは中国から渡来したもので日本の庭園に植えられ、街路樹としても利用される。(中川　重年)

やなぎたくにお　柳田国男　一八七五―一九六二　日本における民俗学の創始者。民俗学の研究を行なったのは一九一〇年(明治四十三)前後からで、それ以前は農政官僚・農政学者として活動し、学生時代は文学青年であった。最初松岡姓で、一九〇一年以降柳田姓となる。一八七五年、兵庫県神東郡辻川村(神崎郡福崎町)で生まれる。父親の松岡操は私塾で教える漢学者であったが、収入は不安定であり、家は貧しかった。高等小学校卒業後の八七年に、兄が開業医をしていた茨城県北相馬郡布川町(利根町布川)に移り、三年を過ごした後東京に出て、中学校をへて、九三年に第一高等中学校(のちの第一高等学校)に入学した。中学校・高等学校時代は文学青年であり、九一年に歌人松浦萩坪(辰男)のもとに入門し、短歌を作った。ついで新体詩を作るようになり、九五年以降作品を『文学界』に発表し、また九七年には国木田独歩・田山花袋らとともに新体詩集『抒情詩』を出した。九七年第一高等学校を卒業し、東京帝国大学法科大学に入学した。大学では主として農業政策を学び、卒業研究として三倉の研究を行なった。一九〇〇年に東京帝国大学法科大学政治科を卒業、九月から農商務省農務局農政課に勤務し、同時に大学院に籍を置き研究を続け、また東京専門学校(のちの早稲田大学)において農政学を講義した。一九〇一年に信州飯田(長野県)出身の大審院判事柳田直平の養子となり、〇四年に柳田孝と結婚した。〇二年に法制局参事官、一四年に貴族院書記官長となった。一九年十二月に書記官長を辞任し、二十年間の官僚生活から退いた。官僚としての二十年間のうち、前半の十年間は農政に関わる活動を行い、特に一九〇〇年に成立した産業組合法に基づく産業組合を農民にとって意味ある制度にすべく努力し、社会の変化に対応して発展する農業を目指した。農業も自己の才覚を発揮して利潤があげられるようになるべきであると主張した。しかし、当時の農政官僚や農政学者から理解されることなく、努力は挫折した。一九〇八年の九州旅行を契機にしての後半の十年は勤務の傍らのちに民俗学と呼ぶことになる研究に励み、また同好の人々を結集すべく雑誌『郷土研究』を発行した。

一九二〇年(大正九)に朝日新聞社の客員となり、二二年には社説を執筆する論説班員となった。また、二一年国際連盟委任統治委員となり、二一年と二二年の二度渡欧し、スイスに滞在した。特に二二年の渡欧は翌年に関

柳田国男

東大震災の報に接して十一月に帰国するまでの一年半に及び、スイス滞在中はジュネーヴ大学でヨーロッパ言語学の講義などを聴講した。一九三〇年(昭和五)末に朝日新聞社論説委員を辞任し、民俗学研究に専念するようになった。一九三三年には自宅で、彼のもとに出入りしていた人々を対象に「民間伝承論」の講義を行い、また『郷土生活の研究法』を口述し三五年には単行本として出版した。一九三四年には統一項目によって全国的な調査を行う「山村調査」を開始し、三五年七月から八月にかけての一週間東京に全国の民俗愛好者を集めての日本民俗学講習会を開催、さらにその参加者を中心に民間伝承の会を組織し、機関誌『民間伝承』(月刊)の刊行を開始した。三七年五月と九月に東北帝国大学、六月に京都帝国大学で民俗学の集中講義を行い、またこの前後に大学・高等学校で多くの講演を行い、民俗学の普及に努力した。一九四一年六月には東京帝国大学教養特殊講義として「日本の祭」を講義した。四一年一月には日本民俗学の建設と普及の功により朝日文化賞を受賞した。一九四五年八月十五日の第二次世界大戦敗戦に際しては日記に「大詔出づ、感激不止」とのみ記したが、それまでの日本を反省し、戦後に大きな希望を抱いた。四六年枢密顧問官(翌年五月枢密院廃止)となり、また四七年八月には民法改正を審議する衆議院司法委員会に学識代表者として出席し、公営の男女交際機関を設けるべきことなどを提言した。四七年三月に自宅の書斎を提供して民俗学研究所を設立し、民俗学研究の中心機関とした。研究所は翌年四月に財団法人となった。四九年四月民間伝承の会は日本民俗学会となり、その初代会長を務めた。戦後の教育に民俗学が貢献すべきであると考え、社会科、国語の教育内容に積極的に発言し、四八年以降小学校国語教科書、社会科教科書の編さんなどに関与した。一九五一年国学院大学教授となり、大学院で理論神道学の講座を担当し、以後六〇年までその職にあった。また五一年には文化勲章を受章した。五五年末には民俗学研究所は解散すべきであると提案し、五七年四月には研究所を解散し、提供されていた蔵書は、柳田の判断で成城大学に委託され、のちに柳田文庫となった。最晩年の六〇年五月に「日本民俗学の頽廃を悲しむ」と題する講演をし、一九五〇年代以降の民俗学に不満を表明した。六二年八月死去。

柳田国男の民俗学研究は、一九一〇年前後から半世紀に及び、その間多方面にわたる多くの著書を著わしたが、その研究の内容は大きく三つの時期に分けられる。第一期は一九一〇年代である。一九〇八年に三ヵ月の九州旅行に出かけ、熊本県五木・宮崎県椎葉などの山村や熊本県天草などの離島を訪れ、地方農村の実態を初めて知るが、特に山間奥地で現実に行われている狩猟と焼畑耕作に感動した。椎葉村には一週間滞在し、狩猟の古い方法の行われていることを知った。その感動を彼の唯一の調査報告書『後狩詞記《のちのかりことばのき》』(一九〇九)として刊行し、民俗学の研究を開始した。山間部で焼畑を行い、狩猟をする山人《やまひと》は平野の水田稲作民とは系譜が異なり、日本列島の先住民の子孫であるが、新しい水田稲作民に圧迫され次第に山間奥地に追い込まれてしまったと解釈した。柳田の民俗学は、山人の研究から始まり、少数派に属するさまざまな生業の人々の研究として展開した。特に非定住民としての木地屋その他の職人や巫女、毛坊主《けぼうず》などの漂泊の宗教者に注目し、また被差別部落の人々にも関心を示した。一九一三年には高木敏雄とともに雑誌『郷土研究』を発刊し、各地の民俗同好の士を読者として組織して、情報を投稿原稿として集約する仕組みを作り上げた。雑誌を通しての読者の組織化はその後の柳田の民俗学研究体制の基本的な方式となった。第二期は一九二〇年代後半から三〇年代である。二〇年代後半は朝日新聞の社説を執筆し、社会問題や政治情勢について意見を述べる機会が多くなった。日本の経済が慢性的不況となり、さまざまな社会問題が発生する時期であった。かつての農政学者・農政官僚としての使命感が再び強まり、現実に解決を迫られている問題に解答を出す学問として民俗学を位置付けるようになった。のちに最大の課題は「何故に農民は貧なりや」であると彼自身が表明したように、世界恐慌の波を被って悲惨な状況に置かれた農民・農村の歴史的条件を明らかにすることを民俗学研究の最大の課題とした。民俗学は少数の移動する人々の研究から人口の大多数を占める水田稲作農耕民の生活を研究対象とする学問となった。民俗は水田稲作民の文化を表わす言葉であり、また民俗の担い手を常民と表現して、彼らの「家永続の願い」を中核において、それを支える先祖祭祀・他界観を論じた。さらに『民間伝承論』(一九三四)や『郷土生活の研究法』(一九三五)などを通して民俗学の全体像を提示し、民俗学の方法論を整備した。第三期は一九四〇年代後半から五〇年代である。柳田の研究は大戦中から次第に日本人としての自己認識を促すための研究という傾向が強まり、戦後に引き継がれた。民俗学は常民の学から日本人の学となった。アメリカの占領下における日本人解体の危機感から、日本人の一体性を強調する研究となり、最終的には日本人の原点を求める研究となった。日本人の先祖が日本列島へ渡ってきた経路を、大陸南部からまず沖縄に移住してきたこと、そこからさらに日本列島各地に広がったことを各地に伝わる民俗を資料にして主張し、沖縄を含めて日本は一つであることを強調した(『海上の道』、一九六二)。

柳田は半世紀の活動を通して民俗学を欧米の民俗学とは異なる独自の学問として作り上げた。欧米の民俗学は言葉と語りに重点を置いたのに対して、柳田は行為と観念を中心に据えた。昔話や伝説、民謡も民俗学の重要な研究対象であるが、彼の民俗学の体系ではごく一部に過ぎない。冠婚葬祭や年中行事・農耕儀礼、神事・祭礼など人々の行為を把握し、そこに秘められた日本人の他界観・神観念を明らかにしようとした。その研究の特徴は、基本的に歴史研究として行われたことにある。文字資料にもとづく歴史学の限界を指摘し、世代を超えて伝えられてきた民俗事象によって歴史を明らかにする民俗学の有効性を主張した。彼の描く歴史は、英雄や権力者という固有名詞を伴わず、変革・変動などという急激な変化のない、人々の意識・感覚とともに少しずつ変化する生活文化の歴史である。その研究テーマはその時期の日本社会に対する危機意識を基底にした強烈な使命感に基づいて選定された。歴史的変化を必ずしも発展とは考えず、むしろ出発においては矛盾のない調和の取れた状態を想定し、のちに矛盾が生じ変化が起こり、結果として解決を迫られるような困難な事態が生じたというものであった。第二期以降の柳田が、歴史の再構成に際して着目したのが、日本列島内の地域差であった。日本列島は歴史を共有する均質な社会であり、その地域差は基本的には変化の遅い早いによる時間差を示しているとして、各地の民俗の比較研究によって明らかになる相違を新旧の順序に置き換え日本全体としての歴史過程を描き出した。柳田が提示した歴史は、日常性を浮かび上がらせる歴史であり、旧来の変革重視の歴史像とは大きく異なり、近代日本を内在的に批判する視点を持っていた。そのため、さまざまな分野から柳田の思想を検討し、彼の研究を高く評価することが行われてきたが、近年ではその問題性を指摘する見解も出されている。特に明治国家の優れた官僚としての側面、さらに日本の植民地支配との関わりなどが研究内容にも反映していることが注意されつつある。著作集として『定本柳田国男集』全三十一巻・別巻五巻、『柳田国男全集』全三十二巻(ちくま文庫)があり、近年『柳田国男全集』全三十六巻が刊行されつつある。

[参考文献] 牧田茂編『評伝柳田国男』、一九七九、岩本由輝『柳田國男』、一九八二・八三、柳田国男研究会編『柳田国男伝』、一九八八、舟木裕『柳田国男外伝―白足袋の思想―』一九九一、福田アジオ『柳田国男の民俗学』一九九二、藤井隆至『柳田国男 経世済民の学―経済・倫理・教育―』、一九九五、川田稔『柳田国男―その生涯と思想―』(『歴史文化ライブラリー』一九、一九九七)　(福田アジオ)

やなぎたくにおけんきゅう　柳田国男研究　柳田国男研究を主題とする季刊誌。一九七三年(昭和四十八)―七五年に白鯨社より刊行された。副題は「民俗の思想を問う」。停滞しつつある民俗学に外部の視点を導入することによって、柳田国男の学問を継承することを目的とした。第八号で終刊。各号でテーマ別の特集が組まれている点、柳田を対象とした研究論文・新資料が掲載されると同時に、柳田国男を対象としない民俗学一般の研究も掲載されている点などが特徴。谷川健一・伊藤幹治・後藤総一郎・宮田登が編集にあたった。　(岩野邦康)

やなぎたぶんこ　柳田文庫　成城大学民俗学研究所内に置かれた柳田国男所蔵の図書・資料カードなどを収めた文庫。柳田が生前自宅に設立した財団法人民俗学研究所は一九五七年(昭和三十二)四月に閉鎖され、柳田の蔵書類は返却された。柳田の私宅に近接する成城大学はその蔵書の大学への移管を要請、柳田は民俗学の研究活動を行うことを希望しこの要請を受諾した。同年八月、約二万冊の蔵書・資料カードなどが同大学図書館内に柳田文庫として移管され、現在は同大学民俗学研究所内に移されている。蔵書目録として『柳田文庫蔵書目録』(一九六七)がある。　(大本憲夫)

やなぎむねよし　柳宗悦　一八八九―一九六一　民芸運動の創始者。海軍少将柳楢悦の子。学習院高等科時代に『白樺』の創刊に加わり、心霊現象や美術評論を執筆、ウィリアム=ブレークの研究の先鞭をつけた。一九一四年(大正三)、朝鮮李朝の焼物の美しさに魅せられ朝鮮に渡り、朝鮮美術の研究に没頭する。その成果は『朝鮮とその芸術』(一九二二)に結実する。その間、一九一九年におこった三・一事件に対し、日本人のなかで数少ない朝鮮側の弁護者として論説を発表した。柳は朝鮮の美を通して美の創造者が有名な芸術家であるよりも名もなき民衆であることに着目し、民衆の信仰や生活道具のなかにひそむ美を発掘しようとした。その結果、江戸時代の木喰上人の彫刻、民衆的な陶器としての丹波焼、縞や絣などの染織などにつぎつぎと注目し収集につとめた。やがてその周囲に民芸思想に共鳴する人びとが集まり、浜田庄司・河井寛次郎・富本憲吉・バーナード=リーチ・寿岳文章・式場隆三郎など個性的なグループが生まれた。大正末、民衆的工芸の意味で民芸の語を提唱し、その思想のもとに一九三六年(昭和十一)、日本民芸館が開設された。柳は一九二九年、ハーバード大学で日本美術を講じ、また、数多くの著作を通じて民芸の普及につとめ、さらに新しい工芸運動へと展開させた。一九四〇年、柳田国男と対談した柳は、民俗学が経験の学であって、規範を求めていないことを批判し、あるべき生活の姿を追求するのが民芸運動であると述べている。第二次世界大戦後は浄土教思想をもって民芸理論を補強し、独特の仏教美学を構築した。また茶道に対して厳しい批判を展開、民芸理論が実践的な理論であることを常に示そうとした。一九五七年文化功労者となり、六一年五月三日没。『柳宗悦全集』全二十二巻(一九八〇―九二)がある。　→民芸《みんげい》

[参考文献] 水尾比呂志『評伝柳宗悦』、一九九二、鶴見俊輔『柳宗悦』(『平凡社ライブラリー』、一九九四)　(熊倉功夫)

やね 屋根 風雨や寒暑などを防ぐために建物の最上部に設けた覆い。葺く材料によって茅葺き(草葺き)・板葺き・檜皮《ひわだ》葺き・杉皮葺き・瓦葺き・銅板葺き・スレート葺きなどがある。茅とは屋根を葺く草の総称で、茅葺きは草で葺いた屋根の意。茅にもっともよく使われるのはススキで、ついでヨシで、ススキを山茅、ヨシを湖茅《うみがや》と呼ぶ地方もある。そのほかにカリヤス、チガヤなどのイネ科の多年草、あるいは小麦藁、稲藁なども使われる。茅葺きは竪穴住居に用いられたのをはじめ古代の建築の建築様式を伝えるとされる神社建築の屋根に用いられ、また各地の民家の多くは茅葺きで、地域色豊かな形態が発達している。板葺きには三ﾐﾘ程度の薄板で葺くこけら葺きと三～一八ﾐﾘの比較的厚い板で葺くクレ葺きとがあり、こけら葺きが竹釘で留めるのに対して、クレ葺きは石を載せて押さえるので石置屋根ともいわれる。こけら板にはサワラ・杉などが使われ、クレ板には栗・カラマツ・杉・サワラなどが使われる。こけら葺きは書院造や数寄屋などに用いられ、クレ葺きは信州や飛驒などの山間部の木材資源の豊かな地域の民家に見られる。杉皮葺きは吉野や丹波などの林産地の民家の屋根のほかに、数寄屋の屋根として使われる。檜皮葺きは寝殿造や書院造などの上層階級の住宅や寺院建築に用いられる。瓦葺きには丸瓦と平瓦を組み合わせて葺く本瓦葺きとその簡略形で、一種類の瓦で葺く桟瓦葺きがあり、寺院建築は本瓦葺き、民家では桟瓦葺きが一般的であるが、近畿地方の古い民家では本瓦葺きとなっているものも見られる。江戸時代中期以降に桟瓦葺きの開発で民家に瓦葺きが普及するが、それまでは町家の屋根も板葺きが一般的であった。スレート葺きは明治以降の洋風建築の屋根に用いられた。日本での天然スレートは、宮城県桃生郡の雄勝町、登米郡登米町などで産する玄昌石が主に使われ、その産地の石工が洋風建築の屋根を葺いた。その技術がスレートの産地に持ち込まれ、これらの地域の民家の屋根にスレート葺きが普及して独自の屋根景観がうまれた。屋根の形には、切り妻・寄せ棟・入母屋・かぶと屋根の四種類がある。切り妻は棟から前後二方向に葺き下ろした形で、神社建築は切り妻となっているものが多い。寄せ棟は屋根が四方に流れる形で、茅葺き民家は寄せ棟が一般的である。入母屋は上部を切り妻、下部を寄せ棟とした形で、上層階級の住宅や寺院建築に用いられる。かぶと屋根は妻側下部に台形の破風《はふ》を持つもので、その形がかぶとに似ているのでそう呼ばれる。これは江戸時代後期以降に養蚕業の隆盛で、屋根裏を蚕室として使うために、寄せ棟屋根から発達したものである。↓石置屋根《いしおきやね》 ↓板屋根《いたやね》 ↓入母屋《いりもや》 ↓かぶと造《づくり》 ↓瓦葺き《かわらぶ》 ↓切り妻《づま》 ↓草葺き《くさぶ》 ↓破風《はふ》 ↓檜皮葺き《ひわだぶ》 ↓寄せ棟《よせむね》

参考文献 川島宙次『滅びゆく民家』、一九七三－七六、安藤邦広『茅葺きの民俗学』、一九八三
(安藤 邦広)

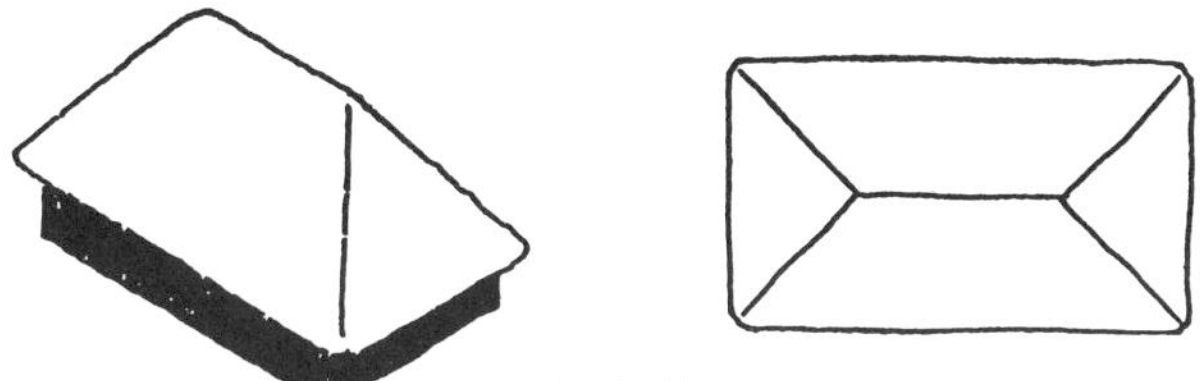
寄せ棟

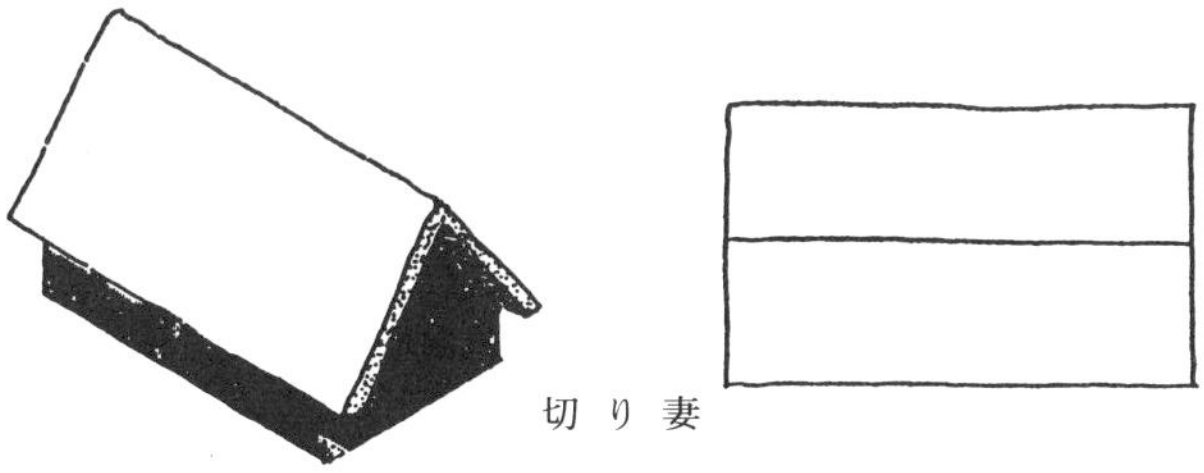
切り妻

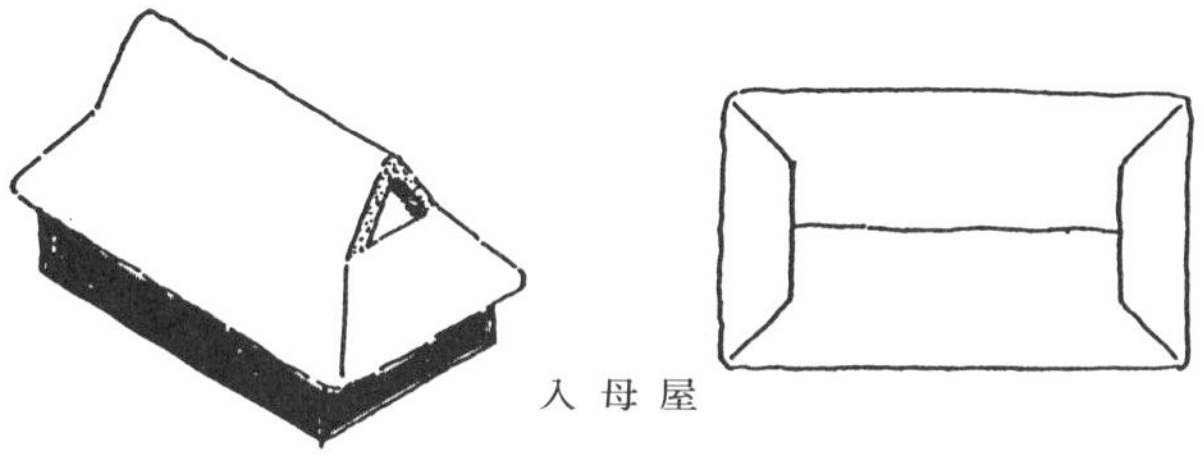
入母屋

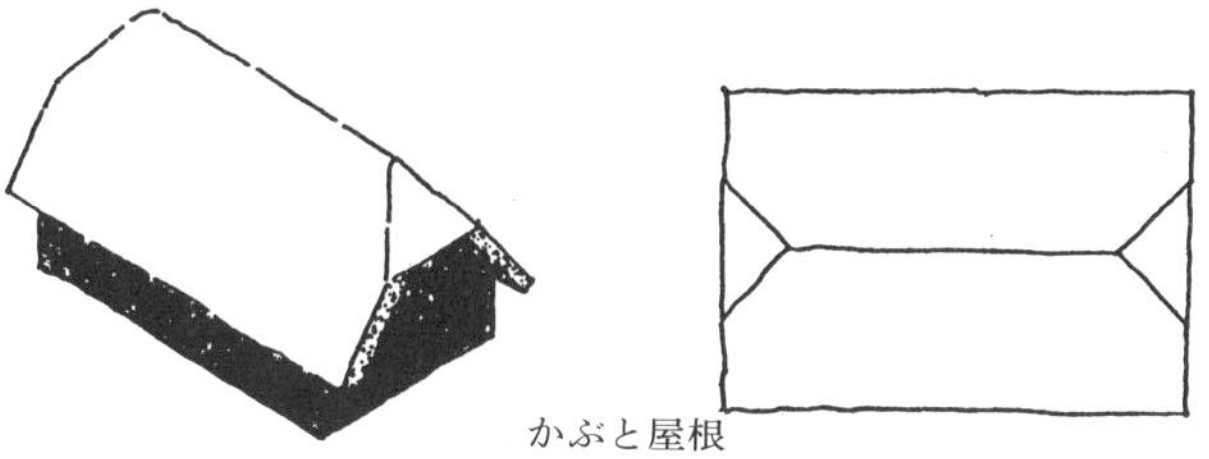
かぶと屋根

屋根型

やねがえ 屋根替え 茅葺きは一定年限で葺き替えが必要で、それを屋根替えまたは葺き替えという。その周期や方法には地域によってさまざまな形態がみられる。茅葺き屋根の寿命は、葺き材、葺き方、葺き厚、屋根の形や勾配、あるいは立地条件によっても異なるが、地域ごとに一定の周期と方法の屋根替えが習慣化されて、屋根を維持してきた。屋根全体を一度に葺き替えるのは丸葺きとよばれ、新築を除くとこの丸葺きを屋根替えの基本的方法とする地域は多くない。屋根全体を一度に葺き替えるのは茅の収集や葺き替えの労力の負担が大きいためである。屋根を前後に二分割、あるいは屋根の四面を一平ずつ葺き替える方法は最も一般的に見られる。丸葺きに比べて茅と労力の負担を分散できる利点に加えて、部分的な痛み具合の違いに対処しやすい。また、ゆい主体の屋根葺きから職人にその主体が移ると、屋根を分割し

屋根替え（岐阜県大野郡白川村）

て葺く傾向が強い。さらに部分的な修理方法として差し茅がある。これは古い屋根をはがさずに、新しい茅を差し込んで補修する方法で、葺き替えまでの一時的な補修として一般的なものであるが、新潟県から青森県にかけての日本海側では、差し茅による補修のみで茅葺きを維持する地域もある。これらの地域では雪害の補修のための差し茅が屋根の維持方法として習慣化したもので、秋に茅を刈り、それで家の雪囲いをして、翌春差し茅で屋根《やね》を維持するという雪国特有の方法といえる。↓屋根無尽《むじん》 ↓屋根屋《やねや》

参考文献 安藤邦広『茅葺きの民俗学』、一九八三 （安藤 邦広）

やねがみ 屋根神 愛知県名古屋市・津島市、岐阜市など濃尾平野の都市下町にある棟割り長屋の庇の上にまつられている小さな祠。通常、道を挟んだ両側の十戸から二十数戸でまつっている。名古屋では、明治の初めごろからまつられるようになり、大正から昭和初期にかけて最盛期を迎え、現在でも市内に二百四十を数える。明治の初期には疫病除け祈願としての津島神社、火事除けとしての秋葉神社の二社をまつっていたが、日清・日露戦争のころから武運長久祈願の色彩が強くなり、尚武の神として氏神の熱田神宮をまつり三社宮となった。

参考文献 芥子川律治『屋根神さま』、一九七六 （松本 博行）

屋根神（名古屋市中村区）

やねむじん 屋根無尽 屋根葺きに使う茅を共同で収集、または茅の貸し借りを行う仕組み。茅無尽または茅頼母子《たのもし》あるいは茅講ともいう。茅葺きには大量の茅を必要としその収集には屋根を葺く以上の手間がかかることも少なくない。また保存する方法や場所の確保も容易ではないので、その収集方法にはさまざまな相互扶助の仕組みがみられる。一軒の屋根を葺くために、各家から出動する人数と日数を定めて、共有の茅場で茅刈りからその運搬までを共同で行う方法が原型であり、屋根葺きの手伝いの相互扶助と一体となっている場合もある。その形態を近年にまでとどめる例は稀である。もっとも一般的な形態は、茅無尽に参加する家が毎年一定量の茅をそれぞれで刈って、屋根を葺く家に持ち寄る方法で、茅無尽に参加する家と茅量が固定され、一巡すると解散してまた新たに参加者を募って無尽が起される。参加しながらも一巡する間に屋根を葺く機会がなかった場合には、替わりに必要な家にその権利が売却される。茅にあわせて現金を出しあう場合も見られる。この場合は屋根葺きの相互扶助とは切り離されて別に組織されることが多い。集落全体で一つの茅無尽を組織する場合と複数の茅無尽が併存し、各家は屋根の大きさに応じて複数の茅無尽に参加する形態がみられる。↓茅場《かやば》 ↓屋根替《やねが》え

参考文献 安藤邦広『茅葺きの民俗学』、一九八三 （安藤 邦広）

やねや 屋根屋 茅葺き職人の呼称。東日本では茅手と呼ぶ地方が多い。民家の茅葺きはもともと住人みずからあるいは村落の相互扶助の仕組みであるゆいで葺かれ、沖縄や四国などではその形態を最後まで維持してきた地域もあるが、一般的には、茅葺き職人が葺く形になっている。その場合でも少数の職人が要所を葺いて、村人も一諸に葺く例から、完全に職人だけで屋根を葺き、村人はその手元を務めるにすぎないものまで、さまざまな形態が見られる。民家の茅葺きにおける職人の発生時期は明らかではないが、農村に貨幣経済が浸透する江戸中期以降と考えられている。東日本では職人主体で葺く形が多く、会津茅手、越後茅手などの出稼職人集団が発生した。これら、多くの職人集団が冬期間の出稼として雪国から関東地方へと渡り歩いて屋根を葺いた。地元の茅手とも競合して盛んに技が競われ、技巧や装飾性豊かな茅葺き屋根が生まれた。関東地方では裏作として小麦耕作が広まると、その小麦藁で屋根を葺くようになる。小麦藁の寿命はススキに比べると、およそ三分の一で、茅の収集の手間が要らない替わりに頻繁に葺き替える必要があり、それが職人の需要を高めた。また小麦裏作による経済基盤の安定化が職人の雇用を可能にしたといえる。

西日本では芸州屋根屋が有力な渡り職人集団として知られ、四国や北九州までの広範囲な地域を仕事場としていた。→屋根替《やねが》え （安藤　邦広）

やのくちまつり　矢の口祭　⇩初矢《はつや》の祝《いわ》い

やびらき　矢開き　⇩初矢《はつや》の祝《いわ》い

やぶいり　藪入り　一月十六日・七月十六日のこと。養父入り・走百病と書く場合もある。奉公人や嫁が里帰りをする日で、藪林の故郷へ帰るから、もしくは藪林をかきわけて故郷へ戻るので、さらには養父入り・宿入りが転訛してヤブイリと呼ぶようになった、などと諸説いわれているものの本当のところはよくわからない。関西ではロクイリ(六入り)・オヤゲンゾ(親見参)などと呼ぶ所が多い。作男・子守・織子などの奉公人は、主人から仕着せの新しい着物や履物、給金や小遣いをもらい、晴れて親元へ帰ったもので、それを宿下がりともいった。商家でも小僧・丁稚・女中などが里帰りをしたが、元服後の小僧はもう里へは帰れず、芝居見物などをして休日を楽しんだ。ためにヤブイリの日の興行街には若い奉公人たちがあふれて非常ににぎわい、活動大写真館(映画館)もそれに支えられておおいに発展した。また、年二度のヤブイリの日は閻魔の賽日でもあって、寺院の閻魔堂では十王像や閻魔像が開帳された。門前に立つ縁日市は、もちろん奉公人たちで盛況を博した。一月と七月の十六日はそれぞれ小正月、盆の翌日にあたり、奉公先での重要な行事を済ませた翌日に休暇が出されたため、その日がヤブイリの里帰りの日にあてられたともいわれている。 （長沢　利明）

やぶがみ　藪神　ヤブガミ、ヤブサ、ヤボガミ、ヤボサなどと称される神。竹林の藪などをまつり場とする形態からの名称であると思われるが、社殿などで祭祀される神に対して、神格が低い雑神という意味も込めて、荒神・地神・御子《みこ》神などを藪神と称す場合と、ヤブガミが固有の祭神名称とされている場合とがある。いずれの場合も、祭場を毀損するなど不敬行為をはたらくと、疾病など激しい祟りを発現する祟り神とされる場合が多い。また、藪神には、地主神的な性格が共通して認められる。鹿児島県甑島には、ヤブサガミのカミヤマが四ヵ所あり、十一月三日にまつられる。当日には、屋敷神としてのヤクサの神もまつられる。長崎県下にはヤボサ(矢保佐)と称される祭神がまつられている。平戸では、村落の各戸で旧十月十日に輪番でまつるヤブサがあり、大黒天信仰と習合して百姓の神ともされる。また、納戸の中にまつられる納戸神としての例や、祟り神としての例も見られる。北松浦郡福島町の矢保佐神社は春祭には小麦団子を供え、七月二十六日には小麦の飴入り団子を供える。壱岐においては、稲荷は田を守り、ヤボサは畑を守るとされ、畑の脇のヤボサに対して盲僧が土用経を弾いてまつる例もみられた。　→荒神《こうじん》　→地神《じがみ》　→地主神《じぬしがみ》　→御子神《みこがみ》　→森神《もりがみ》

参考文献　折口信夫「壱岐民間伝承採訪記」(『折口信夫全集』一五所収、一九二七)、竹田旦「甑島の年中行事」(『日本民俗学』二ノ四、一九五五)、井之口章次「ヤボサ―長崎県平戸周辺―」(『西郊民俗』一七、一九六一)、長崎県教育委員会編『福島町土谷の民俗』、一九七七 （徳丸　亜木）

やぶさめ　流鏑馬　馬を走らせながら鏑矢で的を射る競技。やぶさめは矢馳馬の意。徒歩で弓を射る歩射と対比される。しかも、犬追物・笠懸とともに騎射三つ物の一つである。流鏑馬は武技としての起源も古く、すでに鎌倉鶴岡八幡宮における流鏑馬の神事が一一八七年(文治三)の放生会に源頼朝によって行われた旨が『吾妻鏡』に記されているほどで、それ以降武術として盛んに行われてきた。今日でも鶴岡八幡宮・日光東照宮・福岡市筥崎八幡宮などで行われる流鏑馬の神事は有名である。鶴岡八幡宮では、九月十六日に表参道を直角に横切る古来の馬場で行われる。両側にラチという綱を張り、馬走場の間に三本の的を立てる。的は五〇《センチ》角の杉材で、射手はあげ装束といわれる鎌倉時代の狩猟衣装で馬上からこの的を射る。筥崎八幡宮では、九月十五日に的射どんといわれる流鏑馬の式がある。二人の従者を従えた騎射が海浜で清い潮水を汲む禊ぎを終えた後、神社の外廓を三周し、各正面で鳴弦の式を行い、社前の馬場で三個の的を射る。これらの神事に登場する的当は、年占の性格をもっているといえよう。また神奈川県大磯町の白岩神社では、三月七日(古くは一月七日)にヤブサメと称して社人十一家が東西二組に分かれ、一年交代で馬に乗らないで徒歩で行う歩射行事が行われている。かつては本来の流鏑馬神事があったが、名称だけが残ったらしい。　→年占《としうら》

参考文献　永田衡吉『神奈川県民俗芸能誌』、一九六六 （鈴木　通大）

やぼ　野暮　世態・人情の機微に通ぜず、動作・会話・衣服・髪型など万事に洗練されていないこと、またはそういう人をいう。野暮な人のことを、野暮天とか野暮助などともいった。意気とか通の反対語であり、不粋・不通の意である。井原西鶴の『好色一代女』に、「やぼはいやなり」とあるのが、比較的早い時期の用例であろう。特に遊里では、その内情(しきたりとか風習)にうとい人を、野暮といった。石原徒流《いしはらとりゅう》『洞房語園異本考異《どうぼうごえんいほんこうい》』(一七三〇)に、「やぼ、不案内の人をいふ」と解説されている。律儀すぎて融通のきかぬ武骨な勤番武士は、川柳で浅黄裏《あさぎうら》(着物の裏地が浅黄色)といわれ、野暮の代表であった。　→意気《いき》 （竹内　誠）

やま　山　周囲よりも高く隆起した地表面上の地塊。日本の山はその大部分が樹林で覆われるところに特色があり、たとえば武蔵野で樹林のある原野をヤマと呼んだように、森とほぼ同じ意味を持った。長野県大鹿村青木では、標高一〇〇〇《メートル》以下をサトヤマ、一〇〇〇～二〇〇〇《メートル》をチカヤマ、二〇〇〇《メートル》以上をタケと呼び分け、狩猟・焼畑などの生業上の目安としてきたというように、山は一般的に里山・端山《はやま》、奥山・深山と高峻な岳に区別

され、それぞれ畑作や狩猟、伐木、炭焼き、山菜をはじめとする種々の採集活動など、山村の多様な生業と民俗を成立させる基礎的条件となってきた。このほか杣や木挽をはじめ、タタラ師、鉱山山師、木地屋などの専業的集団による生産活動も展開し、特色ある山の生業文化が形成された。一方、水田稲作を中心とした農村地帯では、山は農耕と深く結びついてきた。遠く仰ぎ見る山岳は、水分神《みくまりのかみ》がまつられたように何よりも水源地として意識された。またそこに消え残る雪形は代掻きや種子播きの適期を知らせる自然暦となった。集落を望む小高い里山には山の神がたたずみ、春の稲作開始期に合わせて里へ下って田の神となり稲作の順調な推移を見守り、稲刈り後に再び山へ還るとする山の神信仰が見られた。山形県置賜地方の高い山行事では、春の田仕事の開始に先立ち近くの端山に上って終日楽しんだその日に田の神が里へ下るといわれてきた。この時期に山から特定の草花を持ち帰り苗代の水口に挿したり庭に立てたりして、田の神を迎えまつるところもあった。さらに海上を航行する船舶や漁民と山との関係も深く、特に海上から目立つ山岳を目印にして漁場などの位置を知る山あては全国的に見られ、象頭山を目当てとした讃岐の金毘羅信仰のように、そこから発達した海の信仰は多い。山はこのように神信仰と強く結びつき、奈良県桜井市の大神《おおみわ》神社の神体山である三輪山のように山自体を神と見る例もある。この観念は、祭の場に神を招く作り山にも通じ、やがて風流《ふりゅう》化して京都祇園祭などに登場するような山鉾や山車《だし》に発展した。また出羽三山(山形県)や大峯山(奈良県)、英彦山《ひこさん》(福岡県)などの各地山岳に展開した修験道は山の世界が生み出した代表的な宗教であり、講を組織するなどして広域的な信仰圏を獲得し、現代においても勢力を維持している。こうした霊峰への登拝はお山掛けといわれ、成人儀礼として続けられてきたほか、俗界を逃れみずからの心身鍛練を目的に修養に励む姿がなお見られる。そこに山ごもりという言葉に象徴されるような、日本人の山に寄せた精神性の一端がうかがえる。すなわち、山は里とは異質な意味を持つ空間とみなされてきたのであり、記録に残る山男の里への出現、中世の「山野に入る」「山林に交わる」などの語に示されるアジールとしての性格、さらには隠れ里や落人伝説の成立などは、そうした山の持つ異界性を物語っている。このほか、山稜や峠などで示される境界性、埋墓をさす山墓や死者の還る場所を示す山寺などの語が象徴する山中他界観念の成立と展開など、山は日本人の生活や文化に深く浸透し、日本の歴史に独特な彩りを与えてきた。しかし現在では、山に生きる人々の数は減少の一途を辿っており、山の培った文化は急速に衰えつつある。

参考文献 柳田国男「遠野物語」(『柳田国男全集』四所収、一九八九)、同「山の人生」(同)、高橋文太郎『山と人と生活』、一九四三、岩科小一郎『山の民俗』(「民俗民芸双書」、一九六八)、『民族学研究』三二ノ四(特集山、一九六八)、大林太良他編『山民と海人―非平地民の生活と伝承―』(『日本民俗文化大系』五、一九八三)、『歴史公論』一一二(特集山の民俗、一九八五)、野本寛一『神々の風景―信仰環境論の試み―』、一九九〇、千葉徳爾「山の生活」(『(岩波講座)日本通史』一所収、一九九三)、香月洋一郎『山に棲む―民俗誌序章―』、一九九五
(湯川 洋司)

やまあそび 山遊び 旧暦の三月、四月の一日を山に上り、飲食をしたりして過ごす行事。山明け・山開きなどとも呼ぶ。山形・福島・宮城県などでは高い山といい、集落近くの小高い山や丘、そうでなければ神社の境内などにお神酒・重箱詰めを携えて行き、終日遊ぶ。山形県の置賜地方では山の神の日とされる旧暦四月十七日に行われており、この日を境に山の神が田の神になるといい、翌日から田仕事に掛かる。米沢市笹野ではこの日に作占を中心にした山の神の託宣をノリウマという依り人をとおして聞く。高い山を秋にも行うムラがあり、田の神と山の神の交替観念がその根底にうかがえる。三月節供や卯月八日にこのような遊山をし、帰路、ツツジ、シャクナゲなどの枝や花を持ち帰り、苗代口に挿したりする地方もある。花見もこの伝統を引く行事といえるが、中国・四国地方では花束にして庭に立て、天道花《てんとうばな》・高花・八日花などと呼んでいる。仏教寺院では四月八日は釈迦の誕生日、灌仏会であり、花祭として花御堂を作りアジサイの一種の葉を煎じた甘茶を献じる。また、赤城神社(群馬県)、筑波山神社(茨城県)、三峯神社(埼玉県)などは四月八日前後の日を例祭日とし、イザナギ、イザナミの男女二神をまつる筑波山では神座《かみくら》の座替りとして春秋の田の神・山の神交替を背景とした日でもある。古代社会においてはこのような機会に歌垣が行われ、男女の交歓がなされ、豊饒がもたらされるとされた。中国西南の苗族《ミャオ》・侗族《トン》などでは現在もこの時期に遊山が行われ、歌垣や花を持ち帰る習俗が見られる。この時期は農事を開始する重要な折目であり、田の神なり祖先を迎えて神人《しんじん》共食する日であった。→高い山《たかやま》
(佐野 賢治)

やまあて 山あて 沿岸漁民や地乗りの船乗りがみずからの航行する位置や漁場の場所を確認するために用いた方法の一種。山や山と山が重なり合う形状のみならず、沿岸の煙突・燈台・高木などの目につきやすいものを標識つまりアテにして船の位置や漁場を記憶するとともに知覚した。漁民自身道具を手にしていないとうまくできないと証しているように、山あては、道具の操作と自然の形象の知覚とが身体において一体となって働く記憶の技といえ、その点で水夫の文化を知るうえで注目されるべきことであるが、その場合、水先案内、資源調査の協力といった民間知識と軍事的、科学的知識の分節する局面をも見落とすべきではない。

参考文献 桜田勝徳『漁撈の伝統』(「民俗民芸双書」、一九六八)、同「漁村民俗誌」(『桜田勝徳著作集』一所収、一九八〇)
(小川徹太郎)

やまいだ　病い田　耕作すると病気などの凶事がおこると伝承される田。東日本に広く知られる。忌地の一種。栃木県足利地方では、耕作するとその田の所有者が病気にかかるとされ、新潟県北魚沼郡では、安く借りられるが耕作すると災害が続き、返せばまた無事だといって終始嫌われるという。このほか、所有したり、耕作したりすると不幸になると噂される田は、クセ田・ケチ田・ブク田・シビト田・ノロイ田などとも呼ばれ、広く分布する。愛知県北設楽郡にはブク田があり、耕作すると祟りがあるとされる。ブクとは忌のことである。これらの田のなかには持ち主が頻々として代わる例もあり、また社寺に寄進されたり、学校に寄付されたりするという結末をたどる場合も多い。柳田国男はその起源について、人間には予期せぬ不幸が多く、家が潰れて土地条件のよい大事な田まで転々として他人の手に渡ってゆくことがあり、そういうのが何となく気になる田、次の作主が不吉をもたらす田と考えられたのではないかと推定している。これに対し、西日本のミスシダの民俗が示唆するように忌まれる田の起源は苗代田であるとする考えもある。日本人が稲作に清浄さを強く求めた結果、苗代は水源に近いところに作られ、けがれた肥料を使うこともいとわれたが、やがて経済上の理由から苗代田にも肥料を入れて跡作を行うようになると、禁忌の心持ちだけが残って耕作がはばかられ、信仰が忘れ去られて、耕作すると不幸になると伝承されるようになったというのである。→忌地《いみち》　→くせ地《ち》

〔参考文献〕　柳田国男「月曜通信」(『柳田国男全集』一六所収、一九九〇)、千葉徳爾『新・地名の研究(新訂版)』、一九九四　（吉成　直樹）

やまいぬ　山犬　山に住む犬または犬的動物をあらわす民俗名。動物学においては、山犬という分類単位は存在しない。したがって動物学上の狼、および野性化して山で行動する犬をあわせた名称になる。あるいは両方の雑種も生息していたかもしれない。狼の名称が、野性化した犬などを指すこともあり得るので、現実には山犬と狼はほとんど同義と考えてよい。結局、原則として、山犬にかんする民俗を狼の場合と区別する必要はない。近世の考証家は、しばしば両者の区別を中国名との対応で説明しようとした。たとえば『和漢三才図会』(寺島良安、一七一三)三八には、豺をやまいぬ、狼をおおかみと読ませている。しかし平岩米吉が指摘するように、近世の文献において黒斑の狼を目撃した例が知られている。狼信仰についていえば、静岡県周智郡春野町の春野山大光寺の神狼図には、黒斑の犬が描かれる。埼玉県三峯神社の狼のお札は、お犬とよばれ、この神社の近世末・明治初期の縁起では、神使の動物を狼とも犬とも記していたようである。また民間呪術についていうと、近世末・明治初期に神奈川県丹沢山地で狐憑き落としに用いられた犬科動物の頭骨には、動物学上の狼と犬の両方が含まれる。さらに、昔話の「忠義な犬」では、主人を助けた犬がじつは子供のときから育てた狼であった、という話例も知られている。　→狼《おおかみ》

〔参考文献〕　直良信夫『日本産狼の研究』、一九六五、平岩米吉『狼—その生態と歴史—』、一九八一、千葉徳爾『オオカミはなぜ消えたか—日本人と獣の話—』、一九九五　（中村　禎里）

山犬　静岡県春野町春野山の神狼図

やまいり　山入り　㈠正月に行う仕事始め行事の一つ。山入りの呼称は南東北から北関東・中国地方に行われ、中部・近畿地方では初山、四国・南九州では山の口明け、北東北・上信越・九州北部などでは若木迎えなどと呼ぶ。行事内容は、山の神に餅や幣などの捧げ物をし木を伐ってくるなど全国的にほぼ共通するが、その日取りは、鹿児島県に二日山、群馬県に六日山などの呼称があるように、全国的に一～四日ごろ、六～九日ごろ、十一日ごろの三期に大きく分かれる。福島県南会津郡下郷町白岩では、暮れのうちにコンブや魚をつけたヤマイリと呼ぶ幣を用意し神棚に上げておき、十一日に家の男がこれを携えて山へ向かい、山の入口近くの道が二股に分かれる地点を選んでかたわらの木に掛け、ヤマイリを山の神に捧げて山仕事の安全を願うが、このとき女性である山の神を喜ばせるためとしてひそかに男根を出して振る者もあった。一方、熊本県球磨郡五木村九折瀬では一月二日の早暁に山から家の男の数だけ伐ってきたカシの木を集落内の堂の前庭に立て鉈で伐るまねをした後、そこにアワと米を混ぜて播き、カシの木を家に運んでいた。これらは、南九州地方における仕事始め行事である山の口明け・臼起し・鍬入れ(田打ち)を一連のものと捉え、家に迎えられた山の神が家の神になり、さらに田の神になる過程を示しているとする解釈もある。五木村九折瀬の事例も当地で盛んに行われた焼畑作業をなぞっているように見えるので、この行事は山仕事の開始儀礼であるとともに農耕開始儀礼の一面をもっているといえる。　→初山《はつやま》　→山《やま》の口明《くちあ》け

〔参考文献〕　文化庁編『日本民俗地図』二、一九七六、湯川洋司『変容する山村—民俗再考—』、一九九一、小野重朗『(増補)農耕儀礼の研究』(『南日本の民俗文化』九所収、一九九六)　（湯川　洋司）

㈡山仕事を開始するときの林業儀礼ならびに猟師の入山の際の狩猟儀礼。杣職人や猟師の山入りは年頭儀礼とは別に行われた。杣職人が集団で山入りする場合、はじめに山小屋を建てるが、それに先立ち小屋場の近くの岩下や大木の根元の清浄な場所に幣を立て、神酒を供えて山

の神をまつり、地もらいをする。また大分県の玖珠では伐採始めにはヨキダテ（斧立て）を行う。伐るべき木に前日のうちに斧を立てかけて唱え言をし、当日行ってみて斧が倒れていなければ山の神なり木霊が伐採を承認したものとして伐木にとりかかる。一方東北地方の猟師が集団で山入りする場合、女性との同衾を避け、谷川の水を浴びて身を清める。また山中では山言葉（山詞）を用いるなどして精進する。奥会津の旧田子倉（福島県南会津郡只見町）の猟師は出猟に際して氏神の境内に鎮座の山の神に参拝し、そこから揃って山登りする。狩り場への山路の途中にあるイクサギとよぶ山の神のまつり木の前でイクサカケという儀礼をし、それから後はイクサを解くまでの間、里言葉（里詞）を禁じて山言葉を用いた。山入りの儀礼は山の神の支配下にあると信じられた山中の異界で仕事をするにあたり、山の神の承認を求め、その恩顧と加護とを願うもので、山中では里の生活と隔絶した行為がなされた。東北地方の狩猟集団には同様の習俗があり、死火・産火にかかわった者の入山を忌む。なお、忌みの期間は集団ごとに異なる。

参考文献　柳田国男編『山村生活の研究』、一九三七、『只見町史』三、一九九三

（石川純一郎）

やまうた　山唄　山野での仕事唄のほか山野への往復にうたう唄などを含めて山林原野の仕事に伴う唄のこと。仕事中だけにうたうとはかぎらず、木下しなど仕事始めや山菜採りの山入りの際などに、山の神へ木や植物を採ることへの許可やお礼、作業中の身の安全を願ってうたうもの、木樵唄のように一息入れる休息時にうたうものもある。またうたうことは山中での仲間へ居場所や無事を知らせるためでもあった。のちには「津軽山唄」のように酒宴の祝い唄となったものも少なくない。柳田国男の分類による山唄には、山行唄・草刈唄（萱刈唄・萩取唄なども）・山おろし・木下し唄・木伐唄・杣唄・川狩唄（木流し唄）・茶山唄・かな山唄などがある。なお、春の山菜採りなどは若い男女の交歓の機会でもあったところから、柳田は東北地方の山唄などに歌垣の名残を指摘している。他方、農家では戸外をさして山ともいい、町田嘉章は「農業に関する唄」の中に山唄として刈敷唄・秣取唄・薪取唄・萩取唄・萱刈唄・草刈唄・葛掘唄をあげ、その他の伐採・炭焼き・木流し・茶・鉱山などの唄は林業・運搬・農産加工・鉱山など職業別に分類している。小寺融吉の分類はさらに狭く、野山で労働する者が、道を行く時にうたう唄としている。多くが緩やかなテンポでうたわれるが、荷物を担いで急な勾配を下りてくる山下り唄などは早いテンポになる。歌詞の点ではいわゆる季節唄との関わりが指摘される。

参考文献　柳田国男「山歌のことなど」（『柳田国男全集』一八所収、一九九〇）、町田嘉章・浅野建二編『日本民謡集』（「岩波文庫」、一九六〇）

（大貫　紀子）

やまおとこ　山男　山中に棲むとみられた男性異人。江戸時代の本草学では人類と異なる寓類・怪類の中にその存在を位置付けている。『和漢三才図会』では『本草綱目』の記述を踏襲して山丈《やまおとこ》を山姑《やまうば》とともに取り上げ、『海録雑（砕）事』の「嶺南に一本足で踵が反り、手、足みな三本指のものがゐる。雄を山丈といひ、雌を山姑という」という記事を引いている。このほかに、ほぼ同類の猩猩《しょうじょう》・野女《やまうば》・狒狒《ひひ》・木客《もっかく》・山獠《やまわろ》・山精《さんせい》などがあげられている。柳田国男は『遠野物語』の中で、背丈が高く目の色が恐ろしい山男の姿を紹介する一方、近世の地方誌などから、物をいわぬが人語を解す、人間に関心を示す、餅や握り飯を好む、女性をさらう、などの特徴を拾い、山女とともに日本列島上の山人史の中に位置付けて理解しようと試みた。すなわち『山人外伝資料』では山人史を五期に分け、第一期＝国津神時代、第二期＝鬼時代・物時代、第三期＝山神時代、第四期＝猿時代とし、江戸時代の本草学によるこの第四期の評価を是正し、日本の先住民の子孫であることを明らかにする新たな第五期が幕開くと述べた。しかし実証はできなかった。山男という呼称はいわば標準語であり、地方的には種々な呼称が行われた。土佐で一眼一足の存在を山鬼《さんき》または山父《やまちち》（山爺《やまじい》）といったが、その姿は一脚とされる山精と類似する。柳田は巨人のダイダラ坊や大人《おおひと》なども山男の範疇に含めたが、今日各地に伝えられる山の神像や、妖怪視された河童・山童・天狗などの伝える特徴は、本草学が伝える知識と多くの点で一致し、山男との遭遇をめぐる各種の記事や経験談にもその影響が認められる。　→山女《やまおんな》

参考文献　『柳田国男全集』四、一九八九、塚本学「「山人外伝資料」外伝」（『列島の文化史』三、一九八六）

（湯川　洋司）

やまおとし　山落し　伐採の後、木材を集積させるために移動させる手法。杣によって伐採した樹木の枝を落とし、一定の長さに切って丸太にする玉切《たまぎり》作業で造材する。これを斜面を利用して地面にサンギをおいて引きずる土修羅、造材した丸太で構造物を組み立て、その上をすべらせる修羅などがある。このほか木製の橇に木材を載せてサンギの上を人力ですべらせて運ぶ木馬《きんま》がある。また積雪地帯では春、雪が固まるころに雪橇を使い、人あるいは馬で運ぶ。　→木馬《きんま》　→修羅《しゅら》

（中川　重年）

やまおんな　山女　山中に棲むとみられた女性異人。山男と一対をなす。江戸時代の文献や各地に伝わる話では、顔色が白く、髪が地に届くほど長く、丈も高く、裸体とされ、山姥のイメージと重なる。里へ現われ、男を求め山へ連れ去ろうとしたなどの話も残る。柳田国男は山男とともに山人に含めて、日本列島史の上にその歴史を明らかにしようとしたが、実証はできなかった。　→山男《やまおとこ》

参考文献　『柳田国男全集』四、一九八九

（湯川　洋司）

やまがたな　山刀　山へ入る時に携帯する肉厚の刃物。古くからの呼称であるかどうかははっきりしない。類似のものを指すのに、ナガサ、サスガ、マキリ、ヤマガラシ、

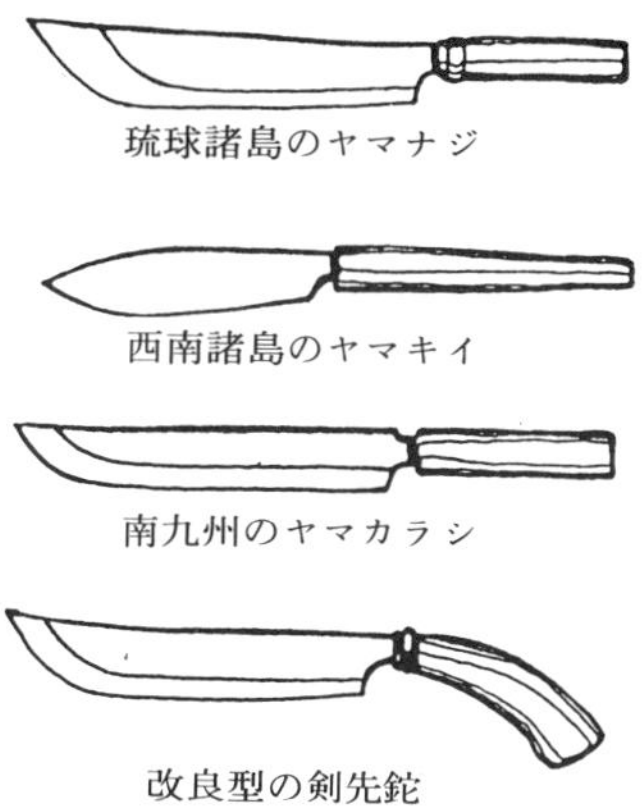
琉球諸島のヤマナジ
西南諸島のヤマキイ
南九州のヤマカラシ
改良型の剣先鉈
山　刀

コヨリなどが知られているが、大小・長短ともにさまざまで、その相違は必ずしも明確ではない。腰鉈と異なる点は、先端を尖らせて細身に作ることにあり、鉈のように刃金付けは行わず、刀剣に類似の製法で作っていたが、近年は全鋼で製作していることが多い。九州山間では、ヤマガラシとは別に先端を尖らせた鉈があって剣先鉈というが、これは新しい工夫のようである。沖縄・八重山では、海で用いるサバ(鮫)刀に対して山刀といったようで、幅の広い与那国型、細身の石垣型などがある。いずれも台湾の少数民族が使用するものに類似し、山に入る男たちがこの種の刃物を携帯する風はフィリピン、ボルネオ、スラウェシなど東南アジア諸地域に繋がるものである。山刀は、護身、藪刈り、獣の腑分けに用いるから、樹木の伐木・枝払いに見合った刃先を持つ鉈とは異なり、肉質に適応した刃先を持っている。なお、猟師は山刀に霊力を認めて、腑分けなどの儀礼において、獲物の肝を十二に切って先に突き刺し、生で塩をつけて銘々に食べさせるなど一定の役割を持たせてきた。 ↓鉈《なた》

参考文献　朝岡康二『鍛冶の民俗技術』(「考古民俗叢書」、一九八四)　(朝岡　康二)

やまかわきくえ　山川菊栄　一八九〇—一九八〇　社会主義者。夫は山川均。戦時下、柳田国男監修の女性叢書の中の二冊として、彼女の住んだ神奈川県藤沢市近郊村落の民俗誌『わが住む村』(一九四三)、水戸藩出身の母親などからの話をまとめた幕末期武家の生活誌『武家の女性』(一九四三)を刊行。すぐれた同時代史でもある自伝『おんな二代の記』(一九五六)とともに、躍動感あふれる女性の民俗と歴史をえがき出している。『山川菊栄集』全十巻・別巻一巻(一九八一—八二)がある。　(岩田　重則)

やまぐちあさたろう　山口麻太郎　一八九一—一九八七　地域を重視した民俗学者。一八九一年(明治二十四)長崎県石田郡沼津町長峯(壱岐郡郷ノ浦町)に生まれる。一九八七年(昭和六十二)死去、九十六歳。一九〇九年、長崎通信伝習生養成所を卒業後、一九一四年(大正三)に上京して、東京市町村雑誌社に入社。一九一七年壱岐に帰り、対商組支配人を務めながら郷土研究を始める。一九三八年、電力王といわれた松永安左ェ門の助力により壱岐郷土研究所を開設、本格的に、歴史・民俗・考古など郷土研究のための調査や資料収集を始める。柳田国男と同時代に、地方から中央へ民俗学を主体に郷土研究を行なった人で、その研究姿勢から「山口民俗学」とも呼ばれたことがあった。主な著書に、『壱岐島方言集』『壱岐島昔話集』『壱岐島民俗誌』『平戸藩法令規式集成』『日本の民俗長崎』『壱岐国史』などのほか『山口麻太郎著作集』(全三巻)がある。　(立平　進)

やまぐちさだお　山口貞夫　一九〇八—四二　地理学者・民俗学者。朝鮮京城生まれ。東京帝国大学で地理学者辻村太郎に師事。木曜会の同人として活動し、柳田国男のもとで雑誌『島』を経営。のちに『伊豆大島図誌』(一九三六)を著わす。山村民俗調査の成果もあり、著書『山島地理研究録』(一九四四)に収録。地理学ではP・V・ドゥ＝ラ＝ブラーシュ、民俗学ではP・サンティーブ、地誌・民俗誌ではE・A・ドゥ＝ラ＝リューの訳書を著わすなど、早期の地理学・民俗学の学際分野を開拓した一人。

参考文献　渡邊欣雄「山口貞夫」(『日本民俗学のエッセンス』所収、一九七九)　(渡邊　欣雄)

やまこ　山子　杣仕事などの山仕事に際して親方に雇われて働く者。熊本県五木村付近では、木材の伐採・搬出を材木商の親方から請け負った大杣頭《だいせんどう》が選任した人夫を山子と呼んだ。山口県長門地方では鉱山労働者を特にヤマゴといった。いずれも山の仕事にかかわって労働力を提供する者をさしている。もともと親方に対して山子というが、東北地方ではヤマゴといえば樵《きこり》のほか山に入って働く者一般をさし、薪を取りに行くことをヤマゴスルといった。 ↓山師《やまし》　(湯川　洋司)

やまことば　山言葉　山中での狩猟や杣仕事に際し、里の日常生活で用いる言葉の使用を避けていい換える言葉。忌言葉の一つ。山の神の祠など示される里と山の境を過ぎたあたりから使い始める。新潟県新発田市赤谷郷で行われた狩では、山中で里言葉を用いれば「山が汚れる」「過ち負傷がある」「シシがとれぬ」などとされ、誤った者は水垢離《みずごり》をとらされた。そのため山言葉がわからない場合は、里言葉の頭にナかサイをつけて山言葉とする便法もあった。またネジリ、タタキなどの接尾語をつけた山言葉も多かった。語頭にナをつける方法は、福島県南会津郡檜枝岐《ひのえまた》村で山言葉をナコトバという(里言葉はジコトバという)ことや、中世までの「ナ言イソ」という禁止の語形との関連が指摘されている。秋田県の阿仁《あに》マタギは山言葉をヤマイリ(山入り)言葉とかマタギ言葉といい、クサノミ(米・豆など)・イタチ(熊)・キド(家・建物)などのほか、ワカ(水・液体の総称)・セタ(犬)などのアイヌ語からの借用語も含まれる。新潟県朝日村三面《みおもて》では「ヤマコトバになった」といえば死を意味した。山言葉は東北地方のマタギが用いたことはよく知られているが、その分布はほぼ全国的で、沖縄県国頭《くにがみ》地方ではヤマノクチと呼ぶ。一般に杣言葉よりも狩言葉が多く、里とは異なる山の緊張感や山の神の祭祀などとかかわって成立し維持されてきたものと考えられている。その点で海上活動を行う漁民らが保持する沖言葉と共通する成立基盤をも

つが、従来把握されている語彙数は山言葉がはるかに多い。→沖言葉《おきことば》

参考文献　高橋文太郎『山と人と生活』、一九四三、早川孝太郎「阿仁マタギの山詞その他」(『早川孝太郎全集』四所収、一九七四)、千葉徳爾「山中異界と山言葉その他」(『狩猟伝承研究』再考篇、一九七七)　(湯川　洋司)

やまごや　山小屋　狩や杣仕事などの山中で行う仕事に際して宿泊・休憩に用いる小屋の総称。新潟県新発田市赤谷郷の狩では、水場に近く雪崩のこないスノバ(泊り場)に毎年同じように小屋を掛けた。スノバにある大きなブナの木をダンナサマと呼んで山の神をまつり、餅や酒などを供えてから山大将の指示に従い木を伐り集めるなどして小屋を作り、その中央に火床を設け、雪の上に柴を厚く敷いて寝床を作る。このスノタデを終えるとダンナサマに神酒を捧げスノイワイをする。小屋内では入口の反対側の中心に山大将が座り、順次、猟仲間の序列に応じて座を占めるほか、囲炉裏に足をかけない、飯に味噌をつけて食べないなど、独得の戒律・禁忌があった。また初参加の若者は三日目に小屋内でマタギイワイにかかり、終ると先輩マタギから山言葉を教えられた。一方、長期間にわたる杣仕事の場合も小屋掛けから始まった。掘立柱で小屋を組み上げ得やすい材料で壁や屋根を葺き、小屋中央に炉を長く切り、その両側に藁や柴、杉枝などを敷き筵を広げて居座を設ける形式は全国的にほぼ共通する。この筵一枚分ほど(長さ六～七尺、幅三～四尺)が一人分の広さで、壁側に棚を設け神仏をまつりその下へ所持品や貴重品を置き、壁に頭を向けて寝た。奈良県吉野地方では七人小屋といって七人で仕事をすると災難があるとしてもう一人分の居座(ザシキという)を用意しその壁に八助坊という人形の絵を描いて貼った。小屋内の規律は厳しく特に賭博や喧嘩は禁止され、従わない者は小屋を追われた。山小屋にはこのほかゼンマイ採取に泊まり込む小屋や焼畑の出作り小屋などもあったが、自動車の普及などで山への行き来が容易になって急速に姿を消し、山小屋といえば登山小屋をさすようになりつつある。

参考文献　「赤谷郷の狩猟習俗」(文化庁文化財保護部編『民俗資料選集』六所収、一九七四)、林宏『吉野の民俗誌』、一九八〇、勝部正郊『雪の民具』(『考古民俗叢書』、一九八一)　(湯川　洋司)

ヤマサキ　ヤマサキ　狩猟に深く関わる個人、あるいは家。特に羽越国境地域、新潟県岩船郡朝日村奥三面や山形県西置賜郡小国町長者原・金目などで使用される語。奥三面でいうヤマサキとは、直接的には狩猟に関与しない。奥三面で伝えられる狩猟の始祖は山崎伊豆守といわれ、狩猟に用いられる「山崎の法事」と呼ばれる唱え言・呪文・戒律やその意味などを代々守り伝承する役割を担っていた。たとえば「山崎の法事」は「ハナマツの法」ともいい、ハナとはハナの木の類で、カエデ、モミジ、ヤツデなどの樹種の総称であり、マツは松の類を指す。これらは山の神と深く関わる木々とされ、狩猟においては捕獲した獲物に直接触れさせてはならないとされており、罠の材料でも直接獲物に触れる部分には決して使用されない。また獲物の肉を直接石に触れさせてはならず、肉を切る刃物は先の尖った刀状のものを使用しなくてはならないなどという。山の神を奉る鎮守社、大山祇神社の守り役であり、伝承者として位置付けられていた。代代特定の家が世襲的にこのヤマサキを勤めており、他に特定の家が勤めるテラサキがあった。テラサキは、奥三面の菩提寺である三岑山竜音寺の守り役のことである。奥三面では神仏の守り役がある特定の家によって分けられていたのである。長者原でいうヤマサキとは奥三面のそれとは若干意味が異なり、山のことごとや狩猟に長けた人に対する尊敬語であり、またこのような尊敬語で呼ばれる猟師は過去に狩猟の指揮者をも勤めた人であった。金目では、ヤマサキといえば狩猟の指揮者を指し、また金目の開祖とされる斉藤孫右衛門家をも意味し、屋号を山崎屋と称した。金目ではヤマサキは狩猟に関する一切に絶対的な権力をもったと伝えられている。→マタギ

参考文献　大島正隆『東北中世史の旅立ち』、一九八七、田口洋美『越後三面山人記―マタギの自然観に習う―』、一九九二　(田口　洋美)

やまし　山師　林木や鉱山など山地資源を開発し経営に携わる人物および、木材の伐採・製材・搬出の仕事に直接従事する者をさす。山地資源開発はあたれば大きな利益を生むが、ときに失敗に終ったり大損をするような賭けに近い仕事であったため、山師といえばやや信用ならない人物を指すようにもなった。鉱山経営の中心は山主・山元ともいう山師にあったが、直山では採鉱と選鉱を山師が行い、製錬は買石《かいし》(買吹・買師)があたる分業形態をとった。木材関係の山師の場合、熊本県五木村では作業

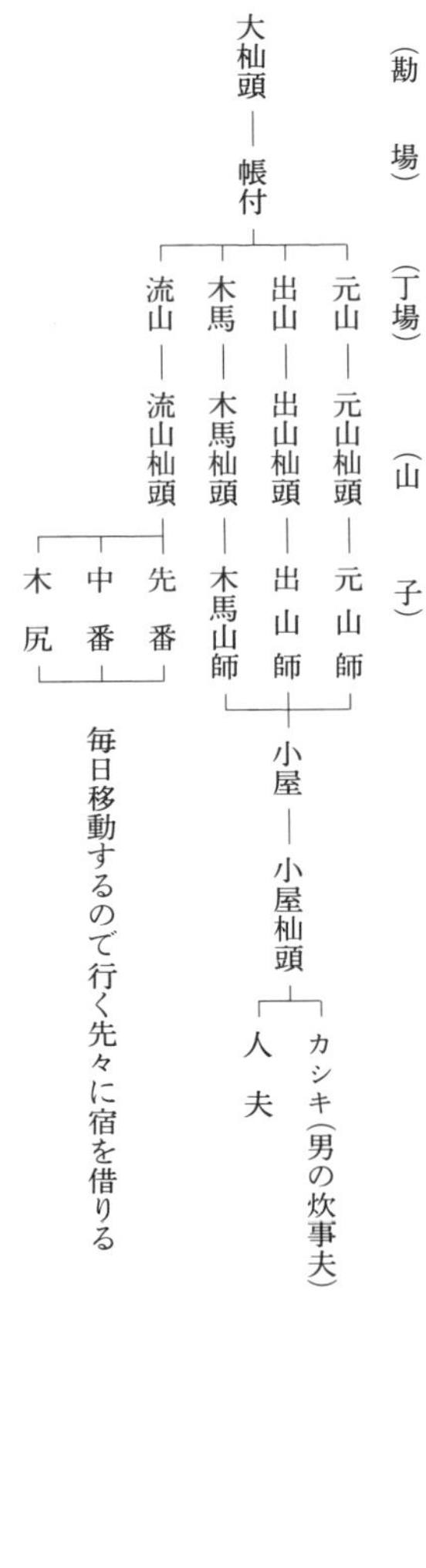

(佐藤光昭「山師」(『五木村学術調査人文編』、一九七七)による)

に応じた職分に従い区分がなされていた。山師の中には林業先進地出身の渡り山師もおり、種々の技術をもたらした一方、村人は「山師に娘はやるな不参が多くて怠け者」とか、米を常食したところから「山師さんは神さんかい、天皇陛下のおとし子かい」などと山師を特別に評した。木を伐り売ろうとする親方は木材伐採から搬出までの仕事を請け負わせる大杣頭《だいせんどう》を雇い、勘場と呼ぶ事務所を現地に設け、事務を差配する帳付を派遣し、両者に実際の仕事を任せた。大杣頭は必要な山師を集め、作業の指揮をとった。作業は数人の山師が働く丁場に区分して進められ、その長である丁場杣頭は大杣頭と相談しながら仕事を進めた。また山小屋に泊り込んで仕事をする場合は、小屋山師が選任され小屋の秩序維持に努めた。山師は山の神を信じて祭をかかさないほか、山中で種々の不思議や恐怖を体験するためか、猿の話を嫌う、汁かけ飯を嫌うなどの縁起をかつぐ。

参考文献 小葉田淳『日本鉱山史の研究』、一九六八、佐藤光昭「山師」(『五木村学術調査人文編』所収、一九八七)、湯川洋司『変容する山村―民俗再考―』、一九九一　（湯川　洋司）

やましごと　山仕事　山に入ってする仕事の総称。農家の暮らしや生産に必要な山菜や木の実、刈敷・萱・秣《まぐさ》などの草木、薪などの採取をいう場合もあれば、木材伐採や製材、運材、炭焼きなどの林業や狩猟など、山地資源を採取しまたは加工して生計の一助とする仕事をいう場合もある。前者は共有山において行われる場合が多く見られ、利用の公平と資源の保護を図るうえから山の口明けなどと呼ぶ独自の慣行を設けているのが一般である。山村においてはこうした仕事に加えて、後者の山仕事が行われてきた。その場合、春から秋にかけて自給的な農耕を営む一方、冬を中心に現金収入源を求めて副業的に行なったが、山村経済上重要な意味をもった。これらの仕事は産物を商品として売ることで成立していたので外部需要に左右されて消長が著しかった。一九三四―三六年に行われた山村調査の報告書である『山村生活の研究』(一九三七)には、亡びた仕事として、風呂鍬の鍬台作り、屋根葺き材を作る屋根板割り、臼作り、杓子作り、松脂掻き、トリモチ作り、漆掻き、煙硝作り、木灰を作る灰焼きなどが記されているが、それ以降に消滅した仕事も少なくない。たとえば炭焼きは焼子慣行による場合も含めて盛んに行われたが、一九六〇年代以降の木炭から石油・ガスへの転換や高度経済成長の動きにより急速に衰退し、離村に至った例もある。このように山仕事は山村の存立に深くかかわってきたので、その変容が山村の変質や盛衰にも強く結びついてきた。その点で、一八七三年(明治六)からの地租改正に伴って進められた官民有区分、一八九九年の国有林野法の制定は、従来の山林利用慣行に制限を加え山村生活に大きな打撃を与えた。さらに近代以降に進められた山林開発は山仕事の様相を大きく変え、専業化し全国を渡り歩く山師たちを登場させたほか、地元の者の専業化も促した。また森林組合に所属して造林・伐採に従事するサラリーマン的林業者も現われ、今日では林業従事者の中核を占めるようになっている。現在、造林や伐採、山菜採取、狩猟など依然として山に入る仕事が続けられているが、その絶対人数は減っている。また日常生活の必要から続けられてきた山仕事は次第に意味を失って姿を消し、そのため人々が山に入る機会が減少して今日の森林荒廃を招く一因ともなっている。ところで、山仕事は山の神にかかわる祭や儀礼、禁忌伝承を伴う場合が見られ、山の入口や山中には山の神をまつる祠がある。なかでも杣や木挽きなどの林業者や熊や猪を捕獲する狩猟者は山の神を篤く信仰し、山へ入る際に捧げ物をする、伐採時に神意を問う、獣捕獲時にその一部を献ずるなどの行為を伝承している。これらは、山言葉を用いるのと同様、山中を日常生活領域とは異なる世界とみなす感覚に基づいている。山小屋に泊り込んで怪音を聞いたとか、夜間に着物の縞模様が見えるほど明るくなったとかの怪異談が語り継がれてきたのも、山仕事がこうした精神的緊張を強いられるなかで続けられてきたことを示している。

参考文献 宮本常一『山に生きる人びと』(『日本民衆史』二、一九六四)、宇江敏勝『山びとの記―木の国果無山脈―』(『中公新書』五七八、一九八〇)、千葉徳爾「山の民俗」(『日本民俗文化大系』五所収、一九八三)、湯川洋司『変容する山村―民俗再考―』、一九九一、田口洋美『越後三面山人記―マタギの自然観に習う―』、一九九二　（湯川　洋司）

ヤマセ　ヤマセ　原義は山を吹き越えてくる夏の東風の意で、フェーンの性質を持つ風。山背とも書く。セは風の古語で日本海側で山から吹き出す風のことを指し、上方に向かう船にとって順風となることからかつては船頭たちに好まれていたが、次第に、北日本特に三陸地方においては初夏から盛夏にかけてオホーツク海高気圧に伴って三陸沖から内陸に吹き込む冷湿な北東風を指す呼称に転化し、現在では稲などの成育を妨げる凶作風として恐れられている。　（小島　孝夫）

やまだしらたき　山田白滝　歌の問答による婚姻成就を語る昔話。ある長者に三人の下男がおり、その三人に願いごとをいわせる。一番目は酒一斗、二番目は酒粕一斗といった通りのものを貰う。三番目の五杢《ごもく》は長者の娘が欲しいというので、長者は娘と歌詠みをさせる。娘が先に「てんてんと天より高い咲く花に目をかけるなこの五《ご》杢《もく》」と詠み、続けて五杢は「てんてんと天より高い咲く花も落ちればごもくの下になる」と詠んで勝ちとなり、娘を嫁にもらう。これは鳥取県東伯郡東伯町の伝承であるが、南島を除いて全国から百以上の報告例がある。いわゆる高根の花も散ればごもく(塵)になる、と逆転させたところに当意即妙のユーモアがある。ただ本来は御伽草子の『ものくさ太郎』などと同様、歌の力による妻獲得をテーマとした話であり、中世の文芸との関わりも深い。主人公の名を、ごもく系、李蔵《もくぞう》系、山田系とに大きく分けることができる。ごもく系が古く、李蔵系はそれを一捻りした名称で、また山田系ものちの案出とする。山田は、白滝・清滝などとセットで、地名伝説化しており、これには山田白滝の話を唱導に利用した歌比丘尼の関与が指摘されている。江戸時代の中期ごろ、上方で流行った口説き音頭の中に「山田のつゆ」というのがあり、この話が音頭に転用されていた。現在、福井県敦賀市の太鼓踊りや、京都市北部、久多の花笠踊りの踊り歌に、その影響をみることができる。

参考文献　柳田国男「隣の寝太郎」(『柳田国男全集』一〇所収、一九九〇)、臼田甚五郎『昔話叙説』三、一九九三

(花部　英雄)

やまだち　山立ち　マタギの旧称。東北地方のマタギが相伝する狩猟秘巻に『山立根元之巻』『山達由来之事』があり、山立ち祖神の本縁ならびに猟師が行うべき修法などを記している。マタギは大形野生獣の捕獲をもっぱらとする奥羽地方の猟師で、集団で巻狩りをすることが多く、熊の胆嚢を薬に製して各地に訪問販売することを生業とした。山中での禁忌を厳守し、捕獲儀礼を営んで獲物の慰霊とともに山の神または狩猟祖神をまつる。マタギが信奉する山立ちの祖神とされているのは磐司あるいは磐次磐三郎(万治万三郎)で、羽前(山形県)の山寺(立石寺)境内の岩屋その他にまつられている。なお『日光山縁起』では祖神の名が猿丸太夫となっている。仙台藩において、領内農民三千八百人に限って鉄砲を所持させ、この山立猟師鉄砲持方に山立猟師役という猟銃免許税を課していたことから、マタギの旧称としていたことが知られる。また山賊のことも山立といい、この語は古くから『平家物語』一一や『徒然草』八七などにみえる。→マタギ

参考文献　柳田国男「神を助けた話」(『柳田国男全集』七所収、一九九〇)

(石川純一郎)

やまだちこんげんのき　山立根元記　奥羽地方のマタギが相伝する狩猟秘巻。山立ち祖神の本縁と猟師が実修すべき修法、文言・真言の類を記してある。かつてマタギの頭領はこれを狩場に携持してまつりを行い、危機に瀕した際に開いて真言を読誦したりした。これには日光派と高野派の二流があり、『山立由来記』とか『山立根本之巻』など種々の呼称がみられる。日光派の本縁には、清和天皇の代に下野国日光山麓に住む天下無双の弓の達人万三郎が白鹿を三日三晩追跡したところ、日光権現の社頭の庭に至るや、たちまち老翁と化現して上野国赤城明神(群馬県)との神戦に助力してくれるよう要請する。大ムカデとなった明神と大蛇となった権現とが合戦になったとき、万三郎は弓矢をとって大ムカデの眼を射、権現を戦勝に導いた。その功績により帝から「日本国中山々岳々残らず知行にくだされおき、行かざる所なく山立御免也」の朱印を与えられ、やがて伊佐志明神とまつられたとある。『日光山縁起』は猟師の名を猿丸太夫としている。高野派の本縁には空海の金剛峯寺開創縁起に続けて功のあった三人の猟師のうち、今後も猟を楽しみたいという一人の猟師に、獣引導の法や修法を授けたとある。ともに山岳宗教の影響下に成ったものである。帝の承認により山々岳々の知行を許されたという条は、木地屋が所持する綸旨中の文言と酷似し、中世の職人関係の文書の特色を表わしている。マタギ秘巻は、狩猟集団(組)の頭領が所持するもので、家柄や統率者としての権威の象徴である。一方、頭領がこれをまつり、時に臨んでひもとくことにより、山の神の祭司者ないし、宗教者としての機能を果たした。

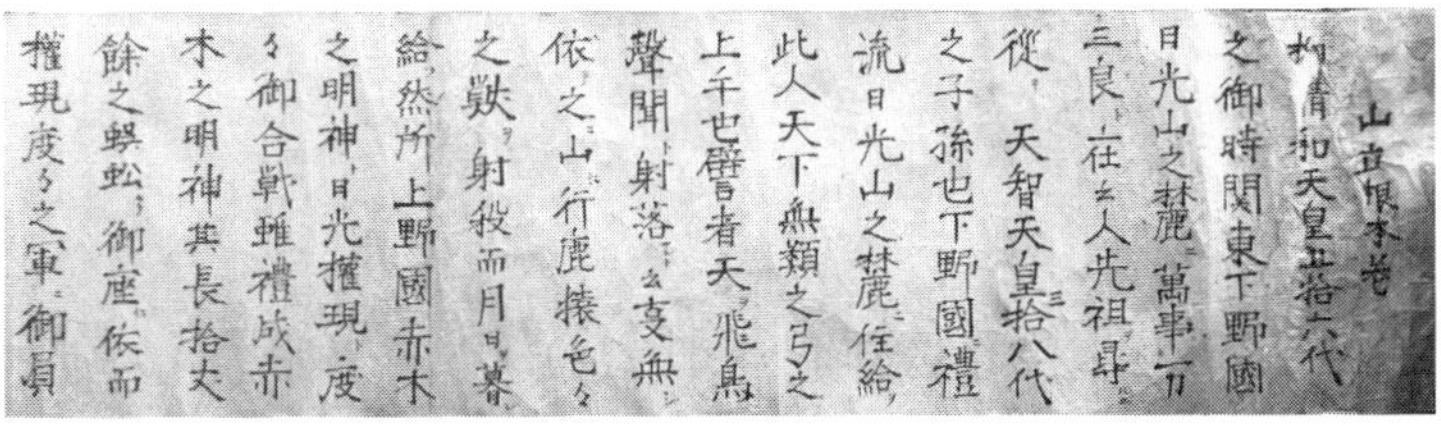

『山立根本巻』

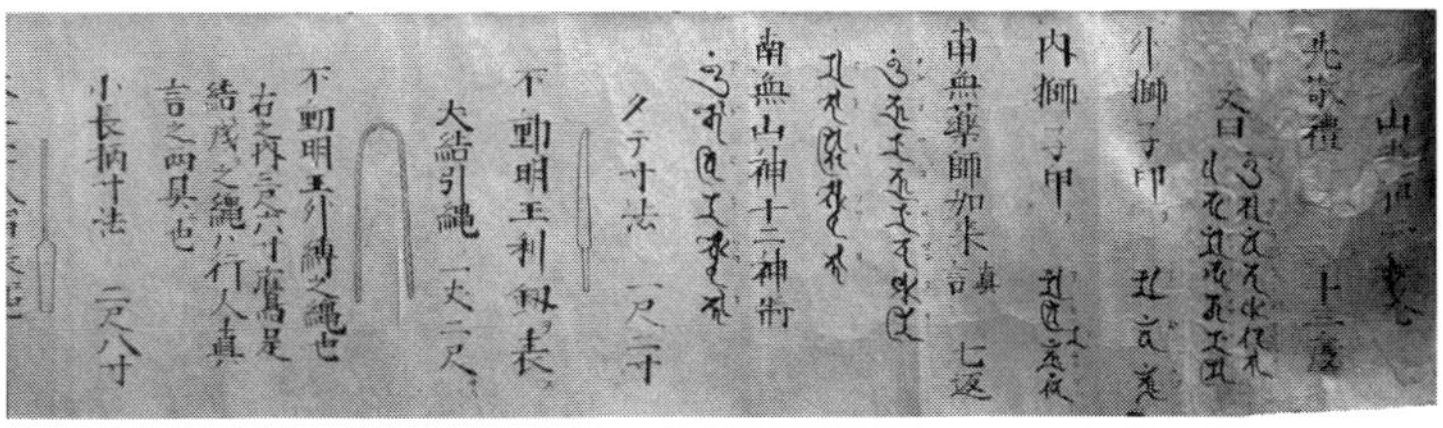

『山立根元秘巻』

参考文献　柳田国男「神を助けた話」(『柳田国男全集』七所収、一九九〇)、石川純一郎「猟人神説話の研究—高野山諸縁起の周辺—」(『国学院大学大学院紀要』三、一九七二)、小島瓔禮「狩猟民の伝承文芸磐司磐三郎の系統」(『講座日本の民俗宗教』七所収、一九七九)

(石川純一郎)

やまたのおろち　八岐大蛇　天上から出雲に天下った須《す》佐之男命《さのおのみこと》が退治したという大蛇。八俣大蛇とも書く。『古事記』や『日本書紀』に記載がある。『日本書紀』神代上には「可畏《かしこ》き神」とあり畏怖される存在でもあった。天から追放された須佐之男命が、足名椎《あしなづち》と手名椎《てなづち》の老夫婦に出会い、娘の櫛名田比売《くしなだひめ》(『日本書紀』では奇稲田姫)が八岐大蛇に捧げられるときく。そこで計略を立てて、姫を櫛に変えて髪にさして隠し、大蛇に酒を飲ませ酔いつぶして殺害し、姫と結ばれたという。出雲では大蛇に酒を飲ませた壺をまつる印瀬の壺神、大蛇の八つの首を埋めたという斐伊神社の八本杉など話に因む場所がある。この話を解釈すれば蛇体は曲がりくねる川、胴にヒノキ

岡山県美星町の備中神楽の八岐大蛇

や杉が生えているのは両岸の風景、娘を食べるのは氾濫により生命をとることで、大蛇退治と神婚は治水を行い、稲作の農耕を安定させたことを表わすともいえる。八岐大蛇の眼が赤かがち(ホオズキの古名か)のように赤く、尾から三種の神器の一つとされる草薙剣が出て、斐伊川(肥河《ひのかわ》)は血に染まったという記述は、この地域が砂鉄の産地で鑪《たたら》製鉄が盛んであった証かもしれない。八岐大蛇は生活文化を体現する。現在では神楽で大蛇退治や八重垣として、出雲・周防・石見・安芸・備中・備後で人気のある曲目として演じられる。特に曲芸的な仕掛けや演出を凝らして引き付ける。しかし、この話が民衆に広まり神楽に取り入れられたのは、江戸時代末期の国学者の西林国橋《にしばやしこっきょう》によるところが大きい。

参考文献　松村武雄『日本神話の研究』三、一九五五、大森志郎『やまたのをろち』、一九七〇、堀信行「自然の水から、ひとの水へ」(福井勝義編『水の原風景』所収、一九九六)

(鈴木　正崇)

ヤマトゥ　ヤマトゥ　日本本土を表わす沖縄語。大和とも書く。ウチナァ(沖縄)に対する語だが、同義語としてナイチ(内地)、本土、他府県・県外という表現がある。ナイチは、単に鹿児島以北(薩南諸島を含まない)の日本を指す言葉で、ナイチの人という表現のナイチャーは若者にとって単なる出身地の識別語になりつつあるが、一九五〇年代生まれより年上の人たちは、本土で差別・侮蔑を受けてきた歴史的体験を踏まえ、反感をこめて排他的に使用する場合がある。さらに、アジア太平洋戦争の沖縄戦で本土出身兵士にスパイ視・壕追い出し・食糧強奪された人たちは戦後一時期、怒りを込めてジャパニーとも表現していた。戦闘中の米兵が日本兵をジャップと称していた感情に近いが、ジャパニーは、現在は死語となっている。本土は、鹿児島以北の日本を指す表現として特に一般化した用語で、学術論文などでも沖縄と他府県との比較をするとき、本土人という表現を用いる場合もある。しかし、沖縄との一体化を求めている他府県出身者にとって、沖縄で本土の人といわれたら沖縄との区別・分断を強く意識させられ、違和感を抱かせられる。ヤマトゥ(大和)という表現には、本土の人(ヤマトゥンチュ)や本土文化を受容する親近感が込められており、沖縄出身者との配偶者を示すヤマトゥユミ(大和嫁)・ヤマトゥムーク(大和婿)も親和的表現である。一方、他府県・県外という表現は、沖縄が日本の一県だということを強調する時や沖縄に同化した本土の人がよく用いる。→ウチナァ

(石原　昌家)

やまとたけるのみこと　倭建命　古代の英雄伝説の主人公。『古事記』に倭建命、『日本書紀』に日本武尊、『常陸国風土記』に倭建天皇と表記される。特に『古事記』の話が有名で、「建《たけ》く荒き情《こころ》」を畏怖した父、景行天皇によって熊曾《くまそ》討伐を命じられた少年小碓《をうす》命は、宴席に女装して混じって熊曾建兄弟を切り殺し、倭建命という名を与えられ、出雲建を智略によって征伐し、都に帰還するとすぐに、東国遠征を命じられ、各地を経巡って反逆者を平定するが、伊吹山の神の毒気にふれて病気になり、望郷歌を歌いながら能褒野《のぼの》の地で死んでしまうという悲劇的な英雄物語である。『古事記』では、天皇と倭建命は父子の対立的な関係を基調として描かれることで悲劇性を抱え込んでいるのに対して、『日本書紀』の景行天皇と日本武尊との関係は、慈悲深い天皇と勇敢な遠征将軍として設定されており、同じ題材を用いていながら、そこに描かれた内容には大きな隔たりがある。『日本書紀』が王権的な論理に裏付けられた英雄像を志向しているのに対して、『古事記』は父と子との根源的な対立と葛藤を抱え込むことで、反王権的な印象を与える悲劇的な英雄像を浮かび上がらせることになったといえよう。ヤマトタケルという英雄が古代に実在したわけではないが、古代国家(大和朝廷)の成立に伴う武力闘争や対立抗争の歴史が、こうした英雄像の構想には何らかの形で投影していると見ることもできる。遍歴する英雄として民間伝承にも数多く伝えられ、今も歌舞伎や小説などに取り上げられている。

参考文献　西郷信綱「ヤマトタケルの物語」(『古事記研究』所収、一九七三)、講座日本の神話編集部編『古代の英雄』(「講座日本の神話」六、一九七六)、吉井巌『ヤマトタケル』、一九七七、守屋俊彦『ヤマトタケル伝承序説』(「和泉選書」三六、一九八八)

(三浦　佑之)

ヤマドッサン　ヤマドッサン　兵庫県淡路島北部の山間地帯において、一月九日の夜に家ごとでまつられる農耕神。神の姿は、夫婦の神、尉と姥、髭面の色黒の神ともいう。祭場は、屋内のジノカミ(地の神)の下や表の間とすることが多い。鍬に着せた蓑と饅頭笠などを神体とする場合と、特に神体を設けない場合がある。この神に稲穂を象徴するジノミ(地の実)をつけたシイノキと供物膳二脚を供える家が多い。

参考文献　西谷勝也『季節の神々』(「考古民俗叢書」二、一九六八)、藤原修『田の神・稲の神・年神』(「御影史学研究会民俗学叢書」八、一九九六)

(久下　隆史)

やまとまい　倭舞　外来の舞に対して日本固有の舞をさす場合と、大和国に伝わるものをいう場合とがある。大和舞とも書く。宮廷と伊勢神宮・春日大社などで行われてきた。『続日本紀』七七〇年(神護景雲四)三月辛卯条の「河内大夫従四位上藤原朝臣雄田麻呂已下和儛を奏す」(原

漢文)という記述が初見。宮廷では十一月の鎮魂祭、大嘗祭の悠紀方の節会に実施された。伝承が絶えていたのを、春日社司富田氏伝来の記録によって、一七四八年(寛延元)の桃園天皇の大嘗祭に再興された。平安時代中期の様子を記した『北山抄』によると、内舎人《うちとねり》のなかから選ばれた舞人十人、歌人十人、琴師二人、笛工一人が参加している。「宮人の腰に挿したる榊をば、我とり持ちて万代へむ」などの歌がある。現在、宮中では十一月の鎮魂祭で実施されている。

参考文献 上田正昭「神楽の命脈」(『古代伝承史の研究』所収、一九九二) (芳井 敬郎)

やまとむね 大和棟 茅葺切り妻屋根の両妻側を壁土か白漆喰で塗りかため、その上に瓦を並べたもの。奈良盆地では高塀《たかへ》とよんでいる。大屋根の両側には一段低く瓦屋根の落棟がついている。片側の落棟には瓦葺の小屋根(煙出し)がのり、その下は釜屋(炊事場)で、土間にカマドがある。もう一方の落棟は増設された座敷など(接客空間)になっている例が多い。急勾配の高塀と、対照的な落棟の緩い屋根の勾配、主屋の茅葺と瓦屋根、あるいは素朴な土壁と塗りあげた白壁のおりなすコントラストに大和棟の美しさがある。日本民家の中では最も洗練されたものの一つであろう。成立に関しては、妻側の壁が町家の卯建《うだつ》と同性格のもので、防火壁という生活経験に由来するという考えがある。最近、大和棟の解体修理や復元が進み、建築史学では、大和棟は十八世紀中ごろ以降の改造によって形成されたことが明らかになっている。そして以前は入母屋造であったことも知られるようになった。近年急速に減少してしまったが、大和棟は奈良盆地を中心に大阪平野、山城盆地南部などに分布していた。奈良盆地は綿・菜種など商品作物の栽培が早くに始まった畿内の先進農業地帯である。大和棟民家は経済的に裕福な庄屋や地主層など、いわゆる旧家に多いから、家格表現の形式になっていたと考えられる。

大和棟(奈良県天理市)

参考文献 早瀬哲恒「大和棟の分布とその系譜」(『人文地理』一〇ノ四、一九五八)、杉本尚次『近畿地方の民家』、一九六九 (杉本 尚次)

やまなかきょうこ 山中共古 一八五〇—一九二八 日本メソジスト教会牧師・民俗学者。山中笑《えむ》とも。一八五〇年(嘉永三)江戸四谷に御家人山中三九郎保全の次男として生まれる。幼名は平蔵。一八六八年(明治元)駿府に移り静岡藩英学校教授に任じられる。一八七四年キリスト教の洗礼を受け入信。一八八一年按手礼を受け牧師となる。静岡、東京府下谷、甲府、東京府牛込、静岡県沼津・見付・吉原の各教会に勤め、明治初期からのメソジスト派キリスト教会の開拓的伝道者として活動した。一九一九年(大正八)より東京府青山学院図書館勤務。共古はキリスト者であると同時に考古学や民俗学への関心が高く、『考古界』『考古学雑誌』などへの投稿、甲府教会赴任中の見聞をもとにした『甲斐の落葉』(一九〇二・〇三)や静岡での記録『吉原雑話』(『成城大学諸国叢書』に「吉居雑話」で収められている)、民俗学草創期の柳田国男との往復書簡『石神問答』などで知られるほか、江戸風俗や文化についての研究もある。交遊関係には松浦武四郎・ネフスキー・鳥居龍蔵などがあり、江戸時代以来の学の伝統に根ざし西欧的知識にも通じた在野の研究者として、確立された学問世界とは異なる業績を明治・大正期に残した。未刊行本は国立国会図書館と東京都新宿区の早稲田大学図書館に収蔵されている。なお、『山中共古全集』全四巻(一九九五-九八)が刊行されている。

参考文献 広瀬千香『山中共古ノート』一—三、一九七三-七五 (榎 陽介)

やまなかぶし 山中節 石川県の代表的民謡。江沼郡山中温泉を中心にうたわれてきた座敷唄。北海道への漁帰りの漁師や北前船の船頭衆が覚えてきた「松前追分」や「江差追分」などを土地訛りでうたったものが変化したとも、また地元に古くからあったテンポのはやい、素朴な節まわしの盆踊り甚句が座敷唄化したともいわれる。明治までは「湯座屋節」「湯の廊下節」などと呼ばれていた。温泉が共同浴場(湯座屋)だった時代には、温泉客の世話をしたシシ(湯女)やユカタベーヤ(ユカタベーとも。十六歳未満の女中)と呼ばれる女性たちが、客とのかけ合いなどでうたった。山中節保存会の主催する山中節認定審査会があり、毎年全国から大勢の参加者がある。 (大貫 紀子)

やまのかみ 山の神 山に宿り、山林ならびにそこに棲息する生物を領有すると信じられた神霊の総称。北関東から北越・奥羽にかけて山神、十二サマ、サガミサマ、オサトサマともいう。神道では大山祇神《おおやまつみのかみ》とその娘木花開《このはなさく》耶姫《やひめ》をあてて、山神社・大山祇神社の名で祭祀しているが、一般では山の神の名で小祠・磐座・大木または特徴のある樹木を依代としてまつっているほか、幣帛《へいはく》または常磐木《ときわぎ》をもって山中の随所でまつる。その神観念や信仰様態は地域により職能により特色はあるが、共通のものもある。通常定期的な山の神の祭は年頭の初山入りと年間一度ないし春秋両度の山の神の日に行われる。正月二日から小正月にかけて山仕事始めの行事として恵方の山に入り、木の枝に紙垂を取りつけて神酒と洗米か餅を供えて神拝し、木の枝を伐って来て年神に供えたり祝い木にしたりする。山の神の日には、地域住民が集落の山の神の社において祭事を営み、そのあと講宿で酒宴を催す。日本人固有の神観念として柳田国男によると山は祖先神が留まる他界であって、山の神は祖先神・田の神と同一神であるとされている。農民が信仰する山の神は春に山から里に下って田の神となり、秋の収穫がすむと山に帰って山の神となるとするのが特徴で、山と里との間を去来すると考えられた。伊勢・伊賀を中心とする地域の正月七日の山の神祭には山の神を農神として招きおろし、豊穣を予祝する儀礼であることが象徴的に表現されている。一方、狩猟や山樵を職掌とする山村民の信仰する山の神は年間を通じて山に常在し祖先神的、農神的観念が稀薄で、自然神に近い神格を帯びているのが特徴である。ことに杣・木挽・猟師などを生業とする山民にはそれが顕著である。ただし、焼畑農民のまつる山の神は農耕神としての神格もかね備えている。山民の山入りは伐採や狩猟を始めるにあたって山の神の承認を請い、その安全を祈願する儀礼である。杣・木挽ははじめに小屋場の地もらいや木もらいの儀礼をし、伐採後に鳥総立《とぶさた》てをして山の神に手向ける。山を山の神の支配する異界とし、野獣もその支配下にあると観想する猟師は、不浄を厳しく排撃する山の神の機嫌を損ねないように充分に精進潔斎するとともに山入りの後は山言葉(山詞)を使用するほか、言動を慎むなど、日常生活から完全に隔離した行為をする。野獣を仕留めれば獲物の毛とか内臓・肉を献じて山の神に感謝し、さらなる恵みを祈請する。漁村民の山の神信仰は沿岸漁業において乗船の位置確認をするには山が重要な目標になるところから、漁民は山あての霊山に登拝する。山の神の性については猟師は女性神であるとし、また近畿の山間地では男性・女性神一対をまつる。猟師の信仰する女性神は十二柱の子神を産んだとされ、動植物の繁殖を司る神たることを表象している。奥羽では産神としても信仰され、妊婦が陣痛を催すと山の神を迎えに馬を放してやり、戻って来るころに出産するとされた。昔話「産神問答」にも山の神は箒神などとともに出産の場に臨んでそれを助けると語られている。→山《やま》入《い》り →別刷〈山の神〉

参考文献 堀田吉雄『山の神信仰の研究』、一九六六、千葉徳爾『続狩猟伝承研究』、一九七一、佐々木高明『稲作以前』(「NHKブックス」一四七、一九七一)、ネリー＝ナウマン『山の神』(野村伸一・檜枝陽一郎訳、一九九四)、石川純一郎「伊勢・伊賀の山の神祭祀」(『あしなか』二四八、一九九七)

(石川純一郎)

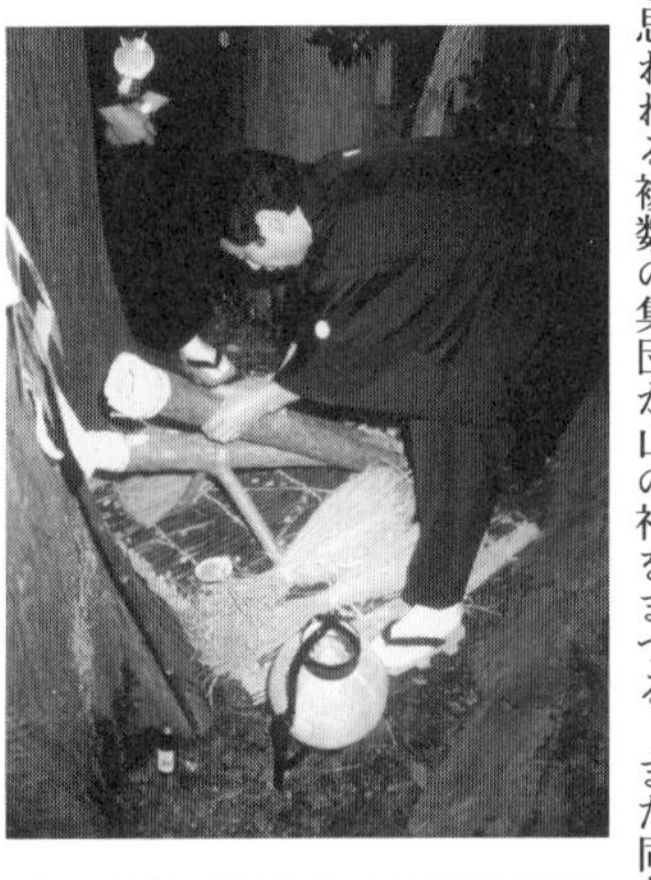

山の神講(滋賀県栗太郡栗東町)

やまのかみこう　山の神講　山の神行事を執行する組織のこと。多くの場合、頭屋制が認められ当番が行事執行を担当・差配する。また滋賀県南部では、山の神行事を山の神講と呼ぶ所も多く、男女の股木人形を用い合体させ人の婚姻になぞらえ豊穣を願うものもある。滋賀県栗太郡栗東町上砥山では、一週間に及ぶ別火生活を四人の当番が担い、山の神のおこないを行なっている。四人はそれぞれ神宿《かみやど》・拵宿《こしらえやど》・花揃宿《はなそえやど》・芸人宿《げいにんやど》と呼ばれ、役割を分担している。同東坂では、かつて同族ではなかったかと思われる複数の集団が山の神をまつる。また同井上と荒張では、決まった場所(村境)で双方のムラがオチアイマツリを行う。これは近世初期の山相論の結果、山の神行事が村境で行われるようになった行事である。近畿地方で典型的な山村である吉野地方では、伝承や作り物の差異により山村の原始的思考の時期(一期)、山の神が狼である伝承や最初に開墾した場所でまつり、イモを用いた祭が付随する点から焼畑、畑作思考の時期(二期)、削り掛けや山道具の模型が登場し林産加工技術を競うかのような定住畑作、林産加工的思考の時期(三期)、林業の成立によって供給される杉・ヒノキを利用する稲作社会との融合の結果となる稲作社会優位、林業成立の時期(四期)を、この地方の山の神が歴史的経験をしていると考えられる。山の神信仰は全国に及び多様な展開をみせるが、その歴史的意味付けおよび変容過程は、行事を支える講組織の形態差に行事を伴う伝承、作り物などの差を加味し、地域の発展過程をさらに考え合わすことによって見出すことができる。

参考文献 浦西勉「研究ノート紀伊半島中央山岳部吉野山地における山の神まつりの諸相」(奈良県立博物館編『民俗博物館だより』二〇ノ一、一九九三)、和田光生「大津市内の山の神に関する覚書」(『大津市歴史博物館研究紀要』二、一九九四)、明珍健二「山の神祭祀形態に関する覚書」(『栗東歴史民俗博物館紀要』一、一九九五)

(明珍　健二)

やまのくちあけ　山の口明け　草や木の実の採取が一定期間禁止される林野の共同利用地において、採取が解禁されること、またはその解禁日。山の口ともいう。山の口明けの対象になるのは、刈敷や馬の飼料にする草全般、ハギ、クズ、カヤ、カヤの実、トチの実、ヤマナシ、フキ、ツバキの実などである。山の口明けは、これらの採取対象ごとに設定された。たとえば群馬県利根郡水上町藤原では、共有地の草刈場において、田植え前に田に敷き込んで肥料にする青草を対象にした山の口と、秋の彼岸明けに馬の飼料にするハギを対象にした山の口、秋の土用入りの前に馬の飼料となるクズの葉を対象にした山の口が設けられていた。さらに青草の山の口には、夏至前に草の伸びのよい区域を先行して刈る山の口と、草刈場全域の刈り取りが許される夏至の日の大山の口があった。山の口明け以降は地域によって全く自由な採取が認められる場合と採取方法が規制される場合があった。口明け後の採取の制限方法としては、土用前は朝一回、土用過ぎて一日三回というような採取回数の制限、干草は一度に一駄というような採取量の制限、口明けの日に限り一戸一〜二人というような採取人数の制限などが挙げられる。こうした山の口明けのあり方は、その設定の有無を含めて、採取対象の多寡や需要度、林野の面積や利用形態によって規制された。→磯《いそ》の口明《くちあ》け

参考文献　最上孝敬「土地共有」(柳田国男編『山村生活の研究』所収、一九三七)、酒井淳「村山利用における平等志向—会津における入会林野の習慣—」(『信濃』四六ノ三、一九九四)　(飯島　康夫)

やまのせいくらべ　山の背比べ　山どうしが高さを競いあった伝説。眺望される二つの独立峰が神体山である場合、それらが対立するという伝説が各地にある。古くは『万葉集』の天香久山と耳成山(奈良県)、『常陸国風土記』の富士山と筑波山の記事がある。また、山の高さが神威の強さを示すと考えられており、山どうしが高さを競いあうという伝説となった。『近江国風土記』逸文に、浅井岳が伊吹山と高さを競い一夜に高さを増したところ、伊吹山の神が浅井岳を刀で斬ったという伝説がみえる。これと同様の伝説は、富士山と愛鷹山《あしたかやま》(静岡県)、伯耆大山《だいせん》と韓山《からやま》(鳥取県)、阿蘇山と猫岳(熊本県)というように、並び立つ二つの峰の高低差が眺望されるときに、山の背比べをしたが一方は負けて崩されたという伝説によって、山の高低の由来を説いている。また、高低の差を明らかにするためには、富士山と八ヶ岳のように、山頂に樋を渡して水を流したという伝説もある。こうして二つの山が背比べをしているので、登山者は石を持って上り積み上げて山の高さを増せば願いが叶うとされた。愛知県東部の本宮山と石巻山は山の背比べをしているので、いずれも石を持って上るとよいとされ、山の石を転がしてはいけないとされる。これが祭儀となったのが、愛知県犬山市の尾張小富士で六月一日に行われる石上げ祭である。

参考文献　柳田国男「山の背くらべ」(『柳田国男全集』二五所収、一九九〇)、同「山争ひ」(『定本柳田国男集』二六所収、一九六九)　(久野　俊彦)

やまのて　山の手　近世以来の江戸・東京の広域呼称。江戸・東京の範囲内では、武蔵野台地と重なる部分を指す。現代では、都市の中流以上の意識を持つサラリーマン層の居住地区およびその生活文化をも指す一般名称にもなった。江戸では、赤坂・四ッ谷から本郷あたりを山の手と呼んだ。近代、特に関東大震災以後は、現在の世田谷区・杉並区付近や大田区田園調布を、高度経済成長期以後は、台地上の東京区部すべてを山の手とみなす場合がある。本来は海の手に対する呼称と考えられるが、近世以降下町と対照的に使用されている。江戸・東京の歴史的過程では、特に生活様式の点で非常に興味深い現象が見られる。江戸では、主として山の手に武家屋敷が多く、諸藩の武士たちによって地方の生活文化が入り、また近郊農村に接していたため、下町に比べ、田舎めいた言葉や習慣が残る地区だった。下町の粋・派手に対し、山の手は野暮・地味と称された。しかし近代に入り、東京の山の手には、政治施設や教育・文化施設だけでなく、華族・官吏や企業家などの邸宅が立ち並び、最初に西洋風の都市生活が浸透した。同時に新興サラリーマンの住宅地も広がり始め、建物や室内、生活リズムや生活習慣など現代につながる生活様式の地区となった。この段階で、下町との生活文化の地位が逆転し、あか抜けない下町に対し、流行に敏感で、洗練された山の手イメージが形作られた。→下町《したまち》

参考文献　陣内秀信『東京の空間人類学』(ちくま学芸文庫、一九九五)　(内田　忠賢)

やまばかま　山袴　農山村で労働および日常に着用する袴の総称。山袴は、東日本地方に発達した衣類であるといえる。山袴という呼称でよんでいる地域はなく、単にハカマとよぶ地域はある。儀式用の袴のような腰板がなく、縫いつけの前紐と後紐でしめる形式である。構成も前後四枚の布と股下の襠《まち》および脛襠《すねまち》などからなる。山袴は前布と後布の裁ち方により、タッツケ型・もんぺ型・カルサン型と大きく三つに分類される。タッツケ型は膝下は前布一枚で、膝にぴったりする形のもので、労働用として広く用いられている。サルッパカマ、ユキバカマ、フンゴミなどとよばれるものである。もんぺ型は後布が裾まである、ゆったりしたもので、第二次世界大戦中にもんぺとして全国に普及した。カルサンは股部が太く、南蛮人が着用した形のもので、外国の影響のあるものとみられる。農村で山袴がいつごろから着用されるようになったか、その歴史は不明である。福島県喜多方市熊倉の一八〇七年(文化四)の風俗帳に、「近年の出立はじばんに猿はかまをはき(中略)、此風俗は中昔とは大きに替り申候」とあるところからすると、会津地方の野良の労働着であるジバン、サルッパカマの服装は、一八〇七年に近い年代ごろから着用されるようになったとみられる。山袴が労働着として一般に着用されていった時代はいつごろか、今後の研究課題である。→もんぺ

参考文献　宮本勢助『山袴の話』、一九三七、『仕事着』(「神奈川大学日本常民文化研究所調査報告書」一一・一二、一九八六)　(佐々木長生)

やまひと　山人　山に暮らしたり、山稼ぎに従事することにより、里人とは異なる容貌や気質、暮らしぶりをもつと里人から見られた人々。柳田国男は各地に残る天狗や山男・山姥などの伝説を手掛かりにして山人を先住民

の子孫と考えたが、実証はできなかった。また折口信夫は山の神に仕えるために山奥に行ってそこに定住した山の神の神人と捉え、それが次第に里から忘れられてもともと山に住んでいたように考えられ異人視され、また先住民とも見られるようになったとみた。この山人が山裾へ出てきて山の産物と里の産物を里人との間で交換するのが市だとする。各地に残される山人と里人との具体的交渉を物語る逸話や伝説は、女を連れ去ったり、丈高く目が赤いなどの恐ろしい山人像を伝える一方、握り飯と交換に木出しの仕事を手伝ってくれたなどの交易・交流の跡を語ってもいる。これとは別に「仙」の字をあてる用例も古くからあり、仏教や道教の影響がみられる。十世紀後半成立したとされる『宇津保物語』では「それより西をなほ行けばさかしき山七つあり。その山より仙人ありて越しつ」とある。また十七世紀後半ごろ成立した『七十一番職人歌合』では、樵姿を山人とし浦人と対比的に描く。他方、新潟県朝日村三面《みおもて》では山に通じた人物をヤマプト(山人)と尊称し、宮崎県では狩人をヤマト(山人)と呼ぶなど、地方独得の用例もある。さらに「やまのひと」と呼んで、たとえば富山県では不器用な人を、福島県中部では猿を、徳島県三好郡では狼をさすなど、一種の忌言葉として用いられる場合もある。

参考文献　柳田国男「山人外伝資料」(『柳田国男全集』四所収、一九六九)、折口信夫「山部の成立と山人―山部の考察(一)―」(『折口信夫全集ノート編』二所収、一九七〇)、赤坂憲雄『山の精神史―柳田国男の発生―』(「小学館ライブラリー」、一九九六)　(湯川　洋司)

やまびらき　山開き　登山の許される初日のことで、その年の登りぞめとして、各地で特色のある行事が行われることが多い。たとえば、富士山五合目では、七月一日の行事として、神社鳥居に張られた注連縄を大天狗が切り落とす。これなどは旧暦六月の行事に相当するが、一方でかつて山林修行が行われた霊山では、卯月八日の前後に初峰入りが行われる場合がある。これらをそれぞれ、修験者の夏峰入り、春峰入り(いわゆる花供峰)の名残と解釈する見方もある。　(由谷　裕哉)

やまぶし　山伏　修験道の宗教的指導者。山臥とも記す。修験者・客僧ともいわれた。山伏・山臥は山野に伏して修行することに因む名称である。修験は当初は密教の験者が山岳で修行して加持祈禱に効験をもたらす験力を修めたことをさす語だった。のちには修験道の宗教的指導者を修験者と呼び山伏・山臥を同義とされた。客僧は山伏が山野を遍歴し、諸社寺に寄寓したことに因む命名である。山伏は鈴掛を着、首に結袈裟、頭に班蓋《はんかい》、額に頭《と》巾《きん》、腰に螺緒《かいのお》と走縄、尻に引敷《ひっしき》、脛に脚絆《きゃはん》をつけ、八目《やつめの》草鞋《わらんじ》をはいた。そして扇箱をのせた笈《おい》を背おい、腰に柴打(小刀)・檜扇・錫杖をさし、手に金剛杖を持ち、法螺貝を吹くというように山伏十六道具と呼ばれる独自の衣体や法具をまとって山岳に入って修行した。山伏が修行した霊山は中央では吉野から熊野に至る大峯山、地方では羽黒山・日光・白山・立山・彦山など全国各地に及んでいる。近世に入ると各地の山伏は聖護院《しょうごいん》門跡が統轄した天台系の本山派と醍醐三宝院が掌握した真言系の当山派・羽黒派・彦山派などに所属した。彼らは里に定住して祠堂の別当、霊山の先達、加持祈禱、芸能などに従事したことから里山伏・里修験と名づけられた。また法印とも呼ばれ、民間信仰に大きな影響をもたらした。けれども明治政府の神仏分離政策により里山伏の多くは神職となった。また本山派は天台宗、当山派は真言宗に包摂されたが、第二次世界大戦後、修験教団が独立し、山伏はこうした教団に属して先達や加持祈禱などに従事している。

↓里修験《さとしゅげん》　↓修験道《しゅげんどう》　↓法印《ほういん》

神奈川県小田原市御幸ノ浜の山伏

参考文献　宮家準『山伏―その行動と思想―』(「日本人の行動と思想」二九、一九七三)、藤田定興『近世修験道の地域的展開』(「日本宗教民俗学叢書」三、一九九六)　(宮家　準)

やまぶしかぐら　山伏神楽　近世に修験・山伏が布教の手段として演じていた神楽の総称で、現在岩手県で伝えられている。修験者は霞場または檀那場と称された宗教活動を行える範囲を、霜月ごろから十二人前後の神楽衆を引き連れ、権現様と呼ばれる獅子頭を携えて村々を廻り、昼は門打ちといって家々を獅子を廻して歩き、夜は泊まりの宿の一間に幕を張り、一晩かけて神楽を演じた。この際の収入は権現様による門打ちでは山伏が八割、神楽衆は二割、そして夜の神楽では山伏が三分の一、残りの三分の二が神楽衆のものというのが一般的な分配方法だった。廻る期間は各山伏の霞の範囲によって異なるが、二週間から二ヶ月を要する長い期間もある。陸中沿岸地方を今も廻る黒森神楽は、霞の範囲を越えて北は八戸南部藩、南は伊達藩との国境までの広い範囲を廻村していた。早池峰神楽として名高い稗貫郡大迫町の岳《たけ》神楽と大《おお》償《つぐない》神楽は昭和初期まで廻り神楽・通り神楽といって、旧霜月ごろから三十日位かけて麓の村を廻村していた。早

山伏神楽の清祓い

池峰山東麓にはこの岳と大償の弟子神楽と称する神楽組があり、江戸時代末期にさまざまな理由で農民に伝えられた神楽が多く残っている。一晩の演目は早池峰神楽の場合は、神降ろしの座揃いに始まり、儀礼的な式舞の露払い・鳥舞・御神楽・千歳・翁・三番叟など、女舞の年寿・機織・蕨折・橋引き・鐘巻など、神舞の岩戸開・山神舞・八幡舞・五穀・榊葉など、番楽舞の信夫・鈴木・曾我・鞍馬など、そして狂言の大峰万才・信田の森・田中の地蔵・粟蒔きなどを適宜組み合わせる。東北地方には修験・山伏が伝えたとされる神楽が今も各地に残っているが、秋田県・山形県の日本海側では番楽、青森県下北地域では能舞、宮城県では法印神楽といい、その名称はさまざまである。山伏神楽の名称も昭和初期に本田安次が調査をして『山伏神楽・番楽』(一九四二)を出版した折に付けられたもので、岩手県ではそれ以前に山伏・修験の徒が伝えた神楽の総称はなく、各地域や神社の名前を冠したものだった。これらの神楽がいつごろから演じられていたのかは不明であるが、大迫町の大償には一四八八年(長享二)の『日本神楽之巻』という巻物が残されている。また黒森神楽が霞を越えて廻村していた故に、陸中沿岸各地の山伏から訴えられた訴状の中に一七五八年(宝暦八)より八十年前から相廻り、という文言があり、一六七八年(延宝六)には神楽の廻村をしていたことが知られる。一四八八年の銘の大償本の年代が疑問視されている現状では、一六七八年ごろに神楽の廻村があった、と考えたほうが妥当であろう。現在でも正月過ぎになると神楽が地元を舞い立ち、人々は神楽と春の訪れを重ねて待ちわびている。特に新築をした家では柱固めや火伏せ、厄年の人のいる家では厄払いや身固め、また産婦の着物を山の神舞の折に着て舞ってもらうと産が軽くなるなど、地域の人々の信仰と結び付いて今に生き続けている。

→黒森神楽《くろもりかぐら》　→能舞《のうまい》　→早池峰神楽《はやちねかぐら》　→番楽《ばんがく》　→法印神楽《ほういんかぐら》

[参考文献] 神田より子「神楽の経済学」(岩田勝編『神楽』所収、一九九〇)、同「黒森神楽」(『宮古市史』民俗編下所収、一九九四)、『本田安次著作集』五、一九九四

(神田より子)

やまぶしぎつね　山伏狐　狐の昼寝をおどかした山伏が、仕返しをされたという昔話。法螺貝を持った山伏が歩いていると、道端に狐が昼寝をしている。山伏は法螺貝を狐の耳のそばで吹き鳴らす。狐は驚いて逃げていく。いつのまにか日はとっぷりと暮れてしまう。今日は日が暮れるのが早いといいながら急いで歩いていると、向こうから葬列がやってくる。脇道にそれることもできず、木に登る。すると木の下に穴を掘って棺桶を埋め、人々は帰ってしまう。怖くて木から降りることもできずにいると、埋めた棺桶の中から白装束の死人が出てきて木に登り始める。山伏は梢まで逃げたが枝が折れて落ちて泣いている(あるいは、木の上で法螺貝を吹く)。気がつくと周囲は急に明るくなって、狐が大笑いをしている(人々がおもしろがって見物している)。この話は全国的に分布しており、ほとんど話型の変化はみられない。狐に仕返しされる相手は、加持祈禱など人々の生活に大きな影響力のあった山伏・法印・修行者・ボサマなど民間の宗教者が主人公になっている。それはかれらが伝播者であったからだと思われる。狐に対する怖れと同時に騙された山伏の愚かさ(滑稽さ)が語られてはいるが、笑話化がかなり進行している。これは、近世以降の山伏の堕落ととらえ、狐の力を借りて庶民のうらみつらみのはけ口と考えるむきもある。十七世紀の『曾呂利物語』一ノ一〇に類話がみられるが、鎌倉時代初期の説話集の『宇治拾遺物語』三ノ二〇も関係が深い。

[参考文献] 吉野裕子『狐』(『ものと人間の文化史』三九、一九八〇)

(米屋　陽一)

やまぶしづか　山伏塚　山伏を葬ったという伝説をもつ塚。法印塚・行人塚・上人塚・お塚、あるいは葬られた山伏の名にちなんで満海塚・明楽院塚など、地域によってさまざまな呼称がある。山伏塚には山伏がみずから土

山伏塚　賢慶坊塚(群馬県群馬町井出)

中に入定したとするものと殺されて埋葬されたと伝えるものがある。前者は入定塚の一種で、たとえば秋田県平鹿郡雄物川町西野の浄海塚は、宝暦年間(一七五一―六四)に浄海という山伏が村人の諸願成就を祈念して入定したと伝え、山伏による救済を強く打ち出している。山形県庄内地方に多くみられる湯殿山系行人が土中入定したと伝える塚も同様な性格をもつものが多い。後者は山伏が刑死したとするものと不慮の遭難で死んだとするものがあるが、いずれも死後に祟ったとする点で一致しており、後者に属する山伏塚が御霊信仰にもとづいて築かれたことが推測される。たとえば、福岡県豊前市求菩提山の玄冲塚は、求菩提山の座主らが比叡山で修行して帰国した若い山伏である玄冲の才能を妬んで石子詰めの刑に処したところ、死後あまりにも祟りが激しいので村人が玄冲の霊を鎮めるために築いたものと伝える。もともと山伏の霊魂は一般人のそれよりも強力であると考えられていただけに、運悪く御霊となったときには、強い祟りを発現させるとみられたのであろう。塚を築いてまつることで御霊を鎮め、かえって現世利益をもたらす神に転じようとしたところから、山伏塚の伝説が広く流布することになったのであろう。

[参考文献] 今井善一郎「行人塚考」(『民俗学研究』二、一九五二)、北村敏「行人塚伝説について」(『神奈川大学常民文化研究所調査報告』一〇所収、一九六五)、内藤正敏『修験道の精神宇宙―出羽三山のマンダラ思想―』、一九九一

(時枝　務)

やまほこ　山鉾　京都の祇園会に、下京の町衆《ちょうしゅう》によって曳き出される風流《ふりゅう》の作り物。文献的には南北朝時代後期ごろからみえ始め、室町時代に今日の姿になった。一口に山鉾といっても、山と鉾とは形態が別で、山は張りボテの作り山に神木を挿し、その前に風流の趣向として説話や物語の一場面を人形で飾る。室町時代にその趣向が固定した山と、毎年変えた山があったらしいが、これらの山はいずれも舁《か》いて移動させる舁き山であった。同じ山でも車が付く曳山もあり、この種の山では人が狂言風の寸劇をみせたらしい。現行狂言の『鬮罪人《くじざいにん》』にその様子が演じられるが、この形態は早くに廃れたらしく伝わらない。現行の祇園祭では芦刈山・鯉山・橋弁慶山・役行者山・浄妙山など舁き山二十基と、岩戸山・南観音山・北観音山の曳き山(現在は人形が飾られ囃しがある)三基が残るが、いずれもその趣向は近世初期には固定している。鉾は四つの車輪と、屋根付き屋台の上に高さ一七・八メートルの鉾(長刀《なぎなた》や飾りに変化)を建てた形状で、屋台の周囲を豪華な染織品(懸装品)で飾る。重さ一二トン。鉾柱(真木)の頂には金属製の鉾頭や、天王台と呼ぶ御神体人形、榊の枝などが付けられるが、これらはいずれも疫神の神座である。京都では御霊をまつる神社の祭礼に、早くから十数メートルの剣鉾《けんぼこ》を各町が出し、専門家(鉾差し)が差して神輿渡御に加わる剣鉾祭があるが、祇園祭の鉾の形状は、この鉾祭の剣鉾が、久世舞(曲舞)を演じる車舞台に合体したものと思われる。現在長刀鉾・函谷《かんこく》鉾・鶏鉾・放下《ほうか》鉾など六基(別に形状の違う船鉾一基がある)が曳かれるが、そのいずれの鉾にも乗る羯鼓稚児《かっこちご》(長刀鉾以外は現在は人形で代用)は、かつて車舞台上で舞った稚児曲舞の名残である。またこれらの鉾以外に、風流の大傘を中心に囃子物を演じる傘鉾が二基(四条傘鉾・綾傘鉾)出るが、この鉾は前述の鉾とは系譜が別である。なお祇園祭に曳き出される山鉾は、各地の祭礼に大きな影響を与えたが、鉾の形状を移した地は少なく、中世に大内氏によって移入された山口の祇園会(現在廃絶)くらいである。→祇園祭《ぎおんまつり》　→曳山《ひきやま》

山鉾　京都祇園祭の船鉾

[参考文献]「祇園会細記」(『日本庶民文化史料集成』二所収、一九七四)、山路興造「祇園囃子の源流と変遷」(祇園祭山鉾連合会編『講座祇園囃子』所収、一九八八)

(山路　興造)

やまみや　山宮　神霊や祖霊をまつっている山頂もしくは山腹の神社・祠・祭場。麓・里に位置する里宮に対する語として用いられ、たとえば二ヵ所以上の社殿で一社が構成されているような神社の場合の、山頂や中腹にある社殿をいう。前宮に対する奥宮・奥の院、また上社・上ノ宮に対する下社・下ノ宮などが該当する。宮城県刈田郡蔵王町遠刈田には、旅宮とも称する里宮の刈田嶺神社があるが、山宮である奥の院は蔵王連峰の刈田岳山頂にまつられている。旧暦四月八日をトビラキ、同じく十月八日をトタテと称し、春は旅宮から奥の院へ、秋は山頂から旅宮へと神体を遷座する祭がある。この例のように山宮と里宮の間を、神体を往き来させる祭は各地にあり、山梨県東八代郡一宮町の浅間神社では三月十五日に姫神が里宮に里帰りするといい、山宮祭と呼ぶ御輿渡御を行う。また、同県南都留郡河口湖町の河口浅間神社でも四月二十五日に祭神のウブキを神輿に移してお渡りする山宮祭がある。山岳が神霊の宿る神聖な地であるとする信仰は古代から認められるが、古い時代には山そのものは畏敬すべき対象としてその地を侵すことは禁じられていた。しかし、山岳を修行の場とする山岳仏教によって山が開発されるに及び、山頂などに山宮を設けた結果、山宮が里宮に先行して成立したものという解釈も生まれた。しかし、一方には、山岳は祖霊の地であり、祖霊をまつる山宮がまず成立し、里宮がそれに次ぐという見方もある。いずれにせよ田の神が春になると山から里に下

り、秋には再び田の神が山に籠るとする山の神と田の神の去来信仰や山を祖霊の住む地と考える思想や信仰も山宮・里宮の成立によっている。柳田国男は山宮祭場を葬所と推測し、清まった死者の霊は祖霊となって山に憩い、氏神祭に際して里を訪れるものと主張し、これを山宮の原点であると指摘している。→里宮《さとみや》

[参考文献] 柳田国男「山宮考」(『柳田国男全集』一四所収、一九九〇)、和歌森太郎編『山岳宗教の成立と展開』(『山岳宗教史研究叢書』一、一九七五)、坪井洋文「山宮・里宮」(国学院大学日本文化研究所編『神道要語集』宗教篇一所収、一九七七)、堀一郎「民間信仰」(『堀一郎著作集』五所収、一九八七) (岩崎 真幸)

やまやき 山焼き ワラビや蕎麦、牛の冬期飼料用の草などの生育を助長するために山を焼くこと。ただし、岩手県下閉伊郡岩泉町では焼畑のための山の火入れを意味している。ワラビは、葉柄が食用となるのみではなく、良質のデンプンを含む地下茎が救荒食や縄の材料として利用されてきた。このためワラビの育成を持続させることは、山村住民の関心事であった。岐阜県大野郡高根村日和田では、雪が消え始める四月中旬に、成人男子が山小屋へむかうことから始まり、約二週間後に、山焼きが行われる。これは岩場や急傾斜地をさけて、採取を予定しているすべての草原が対象になっている。残雪が防火帯の役割を果たしていることもあって、午後に地面が十分に乾燥した時に雪が消えた部分から火を順次入れていく。まず、頂部を同じ高度にそって焼き払い、念のために防火帯をつくる。次にワラビが最も生育している頂部と底部の中間地域を同高度にそうように下方から順次に焼いていく。火は斜面にそってのぼっていくが防火帯で止まる。最後にススキが卓越している底部を下方から火を放っていく。この結果、地表面は黒く焦げて障害物がなくなるので太陽熱の吸収がよくなる。また、土壌温度が上昇したことでワラビの生育が一週間近く早くなるといわれる。さらに、焼跡の灰によって土壌中のカリ分が増えて、ワラビの生育を促進する。その後、九月中旬から二月下旬まで、前述の山小屋において、秋の山焼きのあとに地下茎の採取が行われる。

[参考文献] 杉山是清「ワラビの地下茎採取活動(二)」(『民具マンスリー』二二ノ八、一九八九) (池谷 和信)

やまやく 山役 江戸時代に山間の村々に課せられた税。山間地域では米の生産が困難であり、米や貨幣に代わって木材の伐採・搬出・造材などの夫役が課せられた。たとえば紀伊山地の奥深い山間の地にある十津川郷(奈良県吉野郡十津川村)は天領下で無税地とされたが、必要に応じて山役として木材の伐採・搬出が課せられ、十津川や熊野川を筏で流し、下流の新宮へ流送している。また天竜川の中流域部分にあたる南信濃の山間地域の天領の村村では榑木《くれき》の生産が課せられた。これらは天竜川を流送され、江戸へ輸送された。そのため、河口の掛塚湊を拠点にして榑木輸送のための流通組織が確立されたほどである。多くは以上の例のように、豊かで良質な森林資源をもち山稼が可能な山間地域に課せられたが、領主側にとっては、土木・建築用の材料を現物で確保する重要な手段でもあった。山役の内容も村によっては素材だけでなく、雑木類や木炭・薪・カヤ、その他の林産物などかなり個別的に林産物を指定する例も多く、それによって、当時の山間の村々の生業や山とのかかわりあいを知ることもできる。なお、江戸時代の途中からこれらの夫役を中心とした山役が貨幣納へと変化していく場合もみられる。山役銀や山役米などがそれで、木材の市場性が高まると、吉野川(大和)にみられるように、流送木への課税として口役銀が徴収されるようにもなった。

[参考文献] 農林省編『日本林制史資料』、一九三〇―三四、所三男『近世林業史の研究』、一九八〇 (藤田 佳久)

やまわけ 山分け 狩猟における獲物の分配法。「鹿は初矢、シシ・熊は止め矢で平等割」と称し、矢弾に比較的弱い鹿は半矢(急所を外れ、致命傷を負わせることができない矢弾)でも初矢の者、獰猛《どうもう》な猪と熊は止め矢の者に、獲物の頭部なり皮なりを取る権利があり、残りは平等に分配する。その際獲物の肉を人数分に猟犬の分け前として一人分を加えた数だけ目分量で等分に山分けする。会津地方では、単独で出猟した場合でも銃声を聞いてその場に行き合わせると、獲物を折半してもらうことができ、これを山分けといった。一般的には折半、目分量で分けるなどの意で用いられるが、山の地割制度においては入会林野の永久分割を意味する。 (石川純一郎)

やまんば 山姥 山中に住むと考えられた女性の妖怪。山母・山女・山姫・山女郎などともいう。口が耳まで裂けた恐ろしい老女であるとも、若い美しい女性であるともされ、背が高い、髪が長い、目が光るなどの特徴をもつ。山姥は、人を食う恐ろしい怪物とされる反面、人間に富を与えるという福神的な性格ももつ両義的な存在である。昔話「三枚のお札」「牛方山姥」などでは前者、「姥皮」では後者の性格が語られる。山姥に富を授かったという伝説は多い。高知県土佐郡土佐山村では、家が突然栄えることをヤマンバガツクといい、山姥神社をまつる所もある。愛媛県では山姥のオツクネ(麻糸の玉)を拾ったものが金持ちになったといい、長野県では暮れの市で山姥が支払った銭に福があるという。また全国的に山姥の子育て石・山姥の洗濯日などの伝承がある。金太郎を育てる足柄山の山姥は有名だが、もともと山姥に、子供を生む母性的な山の神の姿が投影されているものと考えられる。昔話「天道さん金の綱」では、墜落死した山姥の血で染まったためソバの根が赤くなったといい、死体から多くの作物を発生させたオオゲツヒメ神話の片鱗がうかがえる。山姥伝承にみられる、怪物性、子育て、作物起源、富をもたらすもの、という特徴はイザナミなど神話上の母神の性格と重なる点が多い。一方、山中を漂泊する民、あるいは何らかの事情で山中に入った女性

が山姥伝承の背景にあるとの説もある。

参考文献 柳田国男「山の人生」(『柳田国男全集』四所収、一九六九)、吉田敦彦『昔話の考古学―山姥と縄文の女神―』(『中公新書』一〇六八、一九九二)、小松和彦「山姥をめぐって―新しい妖怪論に向けて―」(『憑霊信仰論』所収、一九九四)

(梅野 光興)

やみいち 闇市 物資が著しく不足したとき、自然発生的に出現する自由市場。食料品や日用雑貨などが通常の数倍もの値で売買される。それを、正常な商取引でないところから闇取引といい、闇市の語源となる。日本では、第二次世界大戦直後の一九四五年(昭和二十)から四八年にかけて、東京・大阪・名古屋などの大都市を中心に全国に広まった。たとえば、東京では、「ノガミ(上野)が一番、ブクロ(池袋)が二番」といわれたほどに、上野の闇市がにぎわった。一九四五年には、警視庁が闇市を対象とした臨時露店営業取締規制を発令。無法地帯化した闇市を整理して、一帯をてき屋組織に仕切らせようとしたが、そこにヤクザも参入して闇市の縄張り争いはますます混迷を極めることになった。一九四八年、新警察制度が発足し、警察当局も取締りを強化、ようやく闇市の整理が進められていった。上野のアメ横は、闇市が正常化して発達したものである。

参考文献 松平誠『ヤミ市―東京池袋―』(『生活学選書』、一九八五)、神崎宣武『盛り場のフォークロア』、一九八七

(神崎 宣武)

やもめ やもめ 結婚後夫または妻と死別・生別した者で後家と同義語。『日本書紀』六九七年(持統天皇十一)条には孤児・老齢者などとともに、鰥寡《やもめ》に稲を支給するとあり、鰥は男性独身者、寡は女性独身者を意味した。しかし後家と同様に、やもめも通常は夫と別れた女性を指し、男性は特に男やもめと呼ばれることが多い。しかし広島の一地方では生涯結婚しない男女もやもめと呼んでいた。 →後家《ごけ》

(青柳まちこ)

ヤンサマチ ヤンサマチ 茨城県の旧那珂郡内三十三～四十八ヵ村から神輿や御鉾を奉じ、磯崎海岸(ひたちなか市)に浜降りした神事。四月七日に磯の阿字石や酒列磯前《さかつらいそざき》神社に神幸した。一六一一年(慶長十六)の記録(『鴨志田家文書』)が最も古く、近世初期から行われており、ヤンサマチの形が整えられたのは元禄年間(一六八八―一七〇四)ころと考えられている。ヤンサマチの語源は明らかではなく、神輿を担ぐときの掛け声から生まれたのではないかといわれる。この日、六頭の馬で海岸を走る競馬祭も行われたが、一九二九年(昭和四)を最後に、行事は途絶えた。

参考文献 『勝田市史』民俗編、一九七五、『東海村史』民俗編、一九九二

(藤田 稔)

やんしゅう やん衆 北海道のニシン場で漁師として雇われ、働く者の呼称。ヤトイとも呼ばれた。北海道のニシン漁は、大正から一九五三(昭和二十八)、五四年ごろまでほぼ全道沿岸で行われ、時代によって盛衰をみたが、網元(親方)の中には、ニシン大尽とかニシン御殿などと呼ばれるほど、財をなした者もいた。第二次世界大戦後、ニシンの沿岸への回遊が少なくなり、ニシン漁も衰退した。やん衆は、東北地方の農漁村や道南の農村部から、高賃金を求めて、盛況なニシン場に多く集まり、ニシン漁の期間を番屋で寝泊りして、刺網や建網の網子や、身欠や粕などの加工に従事した。ニシン漁は三月中旬ころから準備に入り、六月末までが漁期となる。建網の場合で通常、二十五、六名の漁師を必要とした。やん衆の募集は、前年の十二月から行われ、これには、親方の下で、漁撈長として働く船頭がみずからの出身地で募ることが多かった。ニシン漁には、大船頭以下、下船頭、機関士、ワカイモン(平漁師)などの職階があった。固定給だけでなく、歩合制も導入されたため、各番屋ごとの競争が展開された。番屋では船頭の統率のもと、やん衆たちの合宿生活が営まれ、漁の折目の祝いごとも行われた。漁の準備開始の船おろし(三月中旬)、はじめて網を入れる網おろし(四月)、漁期終了間近のニシン加工作業が終った日に行われる廊下あらい、漁期終了の日のきりあげ(網子別れともいう)などがあり、親方より酒肴がふるまわれた。

参考文献 越崎宗一『鰊場史話―郷土史ノート―』、一九六三、北海道教育委員会編『日本海沿岸ニシン漁撈民俗資料調査報告書』(『北海道文化財シリーズ』一二、一九七〇)、須摩正敏『ヲショロ場所をめぐる人々』、一九八九、稚内市教育委員会編『稚内の鰊漁業』、一九九〇、高桑守史『日本漁民社会論考―民俗学的研究―』、一九九四

(高桑 守史)

ゆ

ゆい ゆい 互助・協同労働の一形態で、一般には交換労働を表わす用語。結とも書く。短期間に集中的な労働力を必要とする作業において、労力交換という形で労働力を補充・確保する方法。田植え・稲刈り・脱穀などの農作業のほかに、家普請・屋根替えなどの場面でもゆいが行われる。互助共同・協同労働を表わす語はゆいのほかにモヤイ、スケ、テマ、カタリなどがある。モヤイが労力を出し合う協同労働であり、スケが一方的(片務的)な労働提供であるのに対して、テマガエ、カタリはゆいと同様に交換労働のしくみである。ゆいは全国的に分布しているが、主に東北や、ほかに四国・九州にエエ、イイ、ユイコ、ヨイなどのユイ系の語がみられ、モヤイは近畿・中国・四国・九州など西南日本に広く分布している。関東から西の各県にはテマガエ、テマガリ、テモドシなどの手間系の語、およびカタミ仕事、カタヨリ、カタイ、カタメ、カテリなどのカタミ、カタライ系の語がみられる。モヤイは漁業関係の協同労働、ゆいは農業関係の協同労働をさすことが多い。「ゆいを貸す」「ゆい返し」などの言葉があるように、ゆいは労働力の等量交換が原則であり、一人の労力提供に対して一人の同じ労働で返すのが一般的だが、牛馬一匹と人間二人の交換や、不足分に酒肴を加えて、互いが交換する労働力ほかの価値を等しくする等価交換の方法などもとられる。村落社会においては手伝い・見舞・日常的交際や贈答などとともに交換労働の義理を欠くことは非難の対象とされた。ゆい返しには短期的なものと長期的なものとがある。田植えや稲刈りなどはその季節の内に、同一作業の中で短期間に返されるべきゆいであるが、家普請・屋根替えなどの際に得た労力は長い期間の間に返せばよいとされる、数十年という長期的な労働交換のしくみである。ゆいを組む相手には隣近所、近隣組・講仲間、気のあった友人仲間、若者仲間、親類などがあり、集団として協同作業組織を作る場合と、特定の家同士でゆいを結ぶ場合とがある。集落全体でゆい仲間を構成する場合には村仕事として捉えることもできる。ゆいは「結う」「結ぶ」など結合・共同の意味を表わす語であり、結婚に際して当事者(両家)を結びつけるための儀礼・共同飲食をさすユイノウ(結納)の語も同根である。新潟県、茨城県多賀郡、長野県東筑摩郡などのユイシュ、ユイショ(結い衆)、岩手県のエドシ(ゆい同士すなわちゆい仲間)など、親族関係・姻戚関係を示す言葉としてユイ、エの語を用いる地方がある。鹿児島県薩摩地方ではカテリの語が婚家同士を呼ぶ語としても共同作業を意味する語としても用いられ、和歌山県西北部ではカタメの語が結納と労力交換の両方に用いられる。これらのことから、ゆいなどのしくみは本来的には親族関係・姻戚関係と関わりある合力・協同労働と考えることができる。現在では、農業技術の進展や雇用労働形態の普及により、交換労働としてのゆいは徐々にみられなくなってきている。 →共同労働《きょうどうろうどう》 →テマガエ →村仕事《むらしごと》 →モヤイ

参考文献 柳田国男「オヤと労働」(『柳田国男全集』一二所収、一九九〇)、橋浦泰雄「協同労働と相互扶助」(柳田国男編『山村生活の研究』所収、一九三七)、倉田一郎「農と労働組織」(『農と民俗学』所収、一九六九)、郷田洋文「互助協同」(『日本民俗学大系』四所収、一九五九)、有賀喜左衛門「ユイの意味とその変化」(『有賀喜左衛門著作集』五所収、一九六八)、竹内利美「ユイの労働慣行」(『竹内利美著作集』一所収、一九九〇)、福田アジオ『可能性としてのムラ社会—労働と情報の民俗学—』、一九九〇

(山本 質素)

ゆいごん 遺言 財産・身分などの相続をめぐり、被相続人の生前の意思を文書・言葉などに残し、死後も一定の拘束力を持たせる行為や制度。いごんともいう。この制度が最もよく実行されたのは江戸時代の庶民社会で、当時家督相続、財産相続にあたって相続人の指定、遺産の分配など遺言によるのが通例であった。その慣習は、明治時代にも持ち越されたようで、一八八〇年(明治十三)の『全国民事慣例類集』にも遺言に関する記事が散見される。越中国射水郡の例として「戸主タル者ハ遺言状ト称シ存生中予メ死後ノ相続人ヲ定メ之ヲ書面ニ記シ封印シ該町役人ヘ出シ置クヲ例トス。戸主歿スルトキハ親族隣保町役人立会ノ上之ヲ開キ其遺言ニ拠リ相続人ヲ定ムル事ナリ。(下略)」とある。一八九八年に施行された明治民法には、相続編に遺言の章が設けられ、遺言の方式、遺言の効力、遺言の取消しなどについて詳細な規則が定められた。そして一九四七年(昭和二十二)に改正された現行民法にも、明治民法の規定がおおむね引き継がれた。ただし、慣行としての遺言は、明治中期以降次第に衰微し、現在では社会一般の制度とはなっていない。民法によって規定が整備されるとともに、その方式が煩雑さを増し、庶民層にはかえって忌避されることとなったのであろう。しかし現在でも、財産相続をめぐって紛争が予想されるような場合、規則に従った遺言がきわめて有効と考える者は多い。

参考文献 風早八十二編『全国民事慣例類集』、一九四四

(竹田 旦)

ゆいねん 唯念 一七九一—一八八〇 専修念仏行者。善光寺聖。肥後国八代生まれ。浄土宗誓誉弁瑞に従い出家、蝦夷地有珠《うす》善光寺、出羽三山、富士山などで念仏修行ののち駿河国駿東郡上野村(小山町)奥の沢に滝沢山唯念寺(新善光寺)を開き、独特の書体の「南無阿弥陀仏」

唯念碑（静岡県裾野市佐野）

の六字名号を与え、東駿河から伊豆・相模にかけて念仏講を組織して布教した。今ものこる唯念名号碑と活動をつづける念仏講が唯念の足跡の手がかりとなる。

参考文献　高橋敏「民衆の反文字思想—唯念名号碑考—」(『日本民衆教育史研究』所収、一九七八)、小山町歴史を学ぶ会編『唯念行者と唯念寺』、一九八八

（高橋　敏）

ゆいのう　結納　婚約の確定を意味する儀礼。江戸時代の有職故実家伊勢貞丈は結納を言い入れ(申し入れ)が転じてゆひいれとなり、漢字を当てはめて結い入れとなり結納となったと主張した。柳田国男は、結納とはユイノモノすなわち家と家との新しく姻戚関係を結ぶために、共同で飲食する酒と肴とを意味する語で、聟がこれを携えて聟入するのが本式であったと考えた。結納の日に聟が仲人、あるいは両親などを伴い嫁方を訪問する習わしは各地で報告されており、この日に酒を飲み交わすことにより婚約が成立したことになる。これをクチガタメとかタルイレなどと称している。村内婚ではこの一度のタルイレで終るが、村外婚ではさらにもう一段の儀礼がとりかわされる。タルイレの後に結納を行い、この時、聟方から嫁方へ金銭や物品が帯代とか結納金として贈られる。一方嫁方では聟方へ結納返しをするが、これを袴代と呼び半かえしが普通であった。この二段目の結納が今日一般的に考えられている結納であり、一段目の結納は婚約の予約にすぎないものとなった。この二段目の結納が婚約の確定と考えられるようになり、結納の日に新婦が鉄漿《かね》をつけるとか、以後に聟の親が死ぬと嫁入していなくても葬式の供をするなどの風習があった。結納が酒を飲み交わすことだけでは済まなくなり、金銭の贈答を伴うことにより、仲介人たる仲人の役割は重視されるようになった。結納へは三人から五人の奇数人数で赴くのがよいとされ、金銭のほかに鰹節、スルメ、コンブ、アワビなどを仲人が届ける方式が一般的となり、祝言の日取りなどの相談もされ、仲人が結納の主役となったのである。結納の後に聟方が一方的に婚約を解消した場合、嫁方は結納を返す必要はないが、嫁方が婚約を破棄すれば結納を返す義務を負うとともに、結納倍返しの習俗のある地域がある。これをもって結納金をして、嫁を買うための代価とする説があったが、従来の民俗学では否定的であった。婚姻儀礼の変遷を、聟入婚から嫁入婚への変遷と考えてきた従来の考え方では、聟入婚は代価を伴わない婚姻と考えられ、結納も本来的には酒を飲み交わすことにより婚約を確定する簡易なものであった。だが、聟入婚から嫁入婚への変遷図式にあてはまらない、古くからの嫁入婚についての指摘は、結納についても従来からの考え方の再検討を迫っている。嫁方の婚約破棄に伴う結納返しあるいは倍返しの義務には、花嫁代償的性格が見られるとし、結納が蒙古族にみられる花嫁代償に類似しているとの指摘がある。近年の婚姻儀礼は、伝統的な婚姻の方式から大きく変化しており、新たな調査から得られることは少ない。むしろ第二次世界大戦前から蓄積された報告の再検討をすることにより、従来見逃されていた資料が新たに発見される可能性がある。東アジアから北アジアにかけての花嫁代償の習俗を分析するとともに、日本古代・中世の婚家への持参財についての分析など総合的な検討が必要であろう。　→婚資《こんし》　→婚約《こんやく》　→樽入れ《たるい》　→仲人《なこうど》

参考文献　柳田国男「常民婚姻史料」(『柳田国男全集』一二所収、一九九〇)、大間知篤三「婚礼」(『日本民俗学大系』四所収、一九五九)、有賀喜左衞門『婚姻・労働・若者』(『有賀喜左衞門著作集』六、一九六八)、江守五夫『家族の歴史民族学—東アジアと日本—』(『日本基層文化の民族学的研究』三、一九九〇)

（畑　聰一郎）

ユイマール　ユイマール　沖縄における労働力交換の慣習。イーマールーともいう。直訳すれば、結い回りである。したがって、用語や慣習は日本「本土」と共通のものである。地縁・血縁を通じて数戸の農家で行う。サトウキビの刈取りや製糖、田植えや刈取りなどが中心で、相互扶助的に行われた。第二次世界大戦前までは耕地面積の多寡に関係なく、第二次世界大戦後は経営規模に応じて、金銭での調整がなされている。家や墓の普請に関するユイマールもあった。

（津波　高志）

ゆうかく　遊廓　遊女を一定個所に集合し、居住させて遊客を接待する遊興地。遊廓の別称にはさまざまあり、『麓之色』(一七六八)によると「洞房《どうぼう》・青楼《せいろう》・女閭《じょろ》・不夜城《ふやじょう》・花柳《かりゅう》・花楓《かふう》・艶郷《えんごう》・淫肆《いんし》、俗に色里《いろざと》・流里《りゅうり》・遊里《ゆうり》・傾城《けいせい》町《まち》・遊女町《ゆうじょまち》・女郎町《じょろう》・悪所《あくしょ》・傾国《けいこく》・北国《ほっこく》、或は図彼地《つひじ》町、又廓《くるわ》と呼ぶ」とある。このほかに北里《ほくり》・花街《かがい》・喜見城《きけんじょう》などとも称されている。廓は城の周囲の柵や塁・堀を指し、囲われた地域全体を称するが、京都の島原遊廓の囲いや江戸の吉原遊廓を取り囲むお歯黒溝《はぐろどぶ》と称される空濠に代表されるように、遊女町を一ヵ所に囲い込むようになって、こうした地域を城郭に見立てて廓と称した。のちには城郭よりも遊廓を指すほうが一般的になった。集娼制度は豊臣秀吉によって一五八五年(天正十三)に大坂の島の内辺、三郷に許可されたのがはじまりで、俗に廓七町という。さらに一五八九年に京都の二条柳町遊廓が許可されたが、一六四〇年(寛永十七)、洛西朱雀野に移転させられ、島原遊廓となる。この後江戸幕府開設後の一六一七年(元和三)三月幕府公認の吉原遊廓が誕生した。以降、藩の許可による遊廓は伏見・駿府・敦賀・越前・佐

渡・神戸・博多・長崎など、一七二〇年（享保五）には全国で二十五ヵ所を数えている（『洞房語園』）。

参考文献　西山松之助編『遊女』（「日本史小百科」九、一九七九）

（宮本由紀子）

ユーカラ　ユーカラ　アイヌの口承文芸の代表といわれる叙事詩。広義では神謡も含むが、蝦夷浄瑠璃などといわれていた英雄叙事詩を金田一京助が原文対訳で発表してから、その伝承者の出身地の呼称法にちなんで英雄叙事詩をさすようになった。自分の体験を語る形式をとるのが普通で、すべて口頭伝承によるが、規則をふまえてさえいれば伝承者の人柄や巧拙などの影響で回を重ねるごとに変わることもある。㈠自然神謡　動・植物神や物神、天体の神などが、折返しの間に句を入れ、メロディーに乗せて「フンパクパク私は人間の国をフンパクパク見たくなったので（下略）」というように語る。折返しもメロディーも一篇ずつ異なる。火の神が炎の燃え立つ様を折返しにしたり、雀が自分の鳴き声を用いたりする。自然神謡は比較的短いが種類に富んでいて重要な神や剽軽な神も登場する。人間の娘の軽妙なトリックに引っ掛かったりする神の物語もある。㈡人文神謡　コタンカラカムイ（国造りの神）は巨人伝説を持ち、それに因んだ地名も残っている。鯨を焼いていた神が尻もちをついた場所としてオソロコッ（尻跡）の窪地とイマニッ（焼串）の岩が対で散在しているし、神の射た矢が手前の山の肩をかすめて欠いたという跡もある。国造りが終って最初に生えたのはハルニレともドロノキともいわれる。火の神や狩の神を誕生させたハルニレの女神は雷神の愛を受け入れて子を生む。太陽に養育されたその子が再び地上に戻って人間の祖となったという話を伝えるが、異説もあり、国造りの神と混同することも多い。人文神謡を文字にすると英雄叙事詩に似ているが、伝承者は語り口が違うのだといって、はっきり区別する。㈢英雄叙事詩　先に述べたようにユーカラは伝承者ワカルパの出身地沙流で英雄叙事詩をユカラと呼ぶことによるが、サコロベという地域の方が多く、ほかにヤイェラプ、ハウなどの呼称もある。オタスッ（地名）などに居城を持つ少年（あるいは少女）が自分の体験を語る。両親のない少年は育ての姉や兄などに養育され、何らかの理由で城を出て、戦闘や恋の経験もし、自分のルーツも知って城に帰るという長編物語が一般的だが、際限なく続く戦いにも勝利を治め、恋も必ず成就する。少女の場合も巫術を用いて戦ったりするが、愛の語りが優しくひびく。サハリン（樺太）ではハウキといって語り手は仰臥して片手で目を覆い、腹を打ちながら語るが、北海道でもかつてはその方法がとられた形跡がある。いまは炉ばたに坐ってレプニという棒で炉ぶちを打ちながら語る。聞き手もレプニを持ち、間合いをとりながらヘッチェ（かけ声）を入れて調子を合わせる。戦いの場面では語り手の声と聞き手のヘッチェとレプニが烈しく交錯し、愛の語りになると細い女声がそれに和する。よろこびの声、かなしみの涙も一糸乱れぬ動きを見せる。かつては常套句の数も多かった。読むのと違い、聞いていると度重なる反復もかえって一定の既知の語彙の巧みな組合せが耳に快くひびき、物語をより神秘的にさせたが、それも際立って少なくなった。

参考文献　金田一京助『（アイヌ叙事詩）ユーカラの研究』、一九三一、金成まつ・金田一京助編『（アイヌ叙事詩）ユーカラ集』、一九五九-七五、『知里真志保著作集』一・二、一九七三、知里幸恵『アイヌ神謡集』（「岩波文庫」、一九七八）、萩中美枝『（アイヌの文学）ユーカラへの招待』、一九八〇、大林太良「アイヌのユーカラとその歴史的背景—日本・シベリア—」（川田順造・野村純一編『口頭伝承の比較研究』四所収、一九八八）

（萩中　美枝）

ゆうぎ　遊戯　遊戯と書いて「ゆうぎ」と読むのは明治時代からで、それ以前は「ゆうげ、いうげ、ゆげ」と読んだ。『異制庭訓往来』（一三四六）が遊戯として、振りつづみ（デンデン太鼓）、石子《いしなご》（お手玉）、祖父《おおじ》母《おおば》之物語（昔ばなし）など十八種を載せ、『守貞漫稿』（一八五三）がこれに、風車や隠れんぼや独楽《こま》など五十余種を加えて遊戯之事としてまとめたように、遊戯はどちらかといえば子供の遊びを意味した。しかし、仏教用語として「ゆげ」と読む時は、一切の束縛を脱して（仏教世界に入る媒体となった経文さえからも解放されて）自由自在の境地に在ることをいった。つまり、面白おかしい遊びたわむれではなく、厳しい自己規制と修行によってはじめてたどりつく悟りの状態を意味したのである。ここには、プラトン以来連綿として続く欧米の遊戯観・遊戯論とは質を異にした観念が認められる。遊戯が、江戸時代までには知られなかった新しい意味を獲得するについては、一八七二年（明治五）に発布された学制が大いに原因している。日本にはじめて義務教育制度を展開したこの学制は、小学校の教科目の一つに体操を設けていたが、一八八一年の小学校教則綱領は、初等科一・二年の教材として遊戯を採用することを課した。この措置は、六、七歳の児童には体操は負担が大きすぎるとの判断と、フレーベル教育思想の流布によって遊戯に陶冶性が認識せられたことが、その動機であった。フレーベル教育論のもとでは、玩具《おもちゃ》はもはや字義通りの「もてあそびもの」ではなく、子供に天賦の才をひらかせるために神が与えた恩物《ガーベ》となる。同じく遊戯も、それが教育機関において実施される限り、ただの遊びたわむれではなく、陶冶手段となる。こうして遊戯は、教育的営みとみなされることになった。フレーベルの影響を受けた幼稚園と小学校から、教育的なる遊戯の語法が広まってゆく。また、幼稚園と小学校における遊戯教材を確保するため、在来の童戯に加えて、一八八〇年代後半から欧米の遊戯書が翻訳出版され、日本の子供の遊びの種類は急速に豊かになる。『戸外遊戯法』（一八八五）、『学校家庭遊戯全書』（一八八九）、『遊戯指南』（一八九四）、『絵入幼年遊戯』（同年ごろ）、『内外遊戯全書』（一九〇〇）、『世界遊戯法大全』（一九〇七）などである。フレーベル思想の伝来により、遊びは訓育的形態としての遊戯という新しいカテゴリーを手に入れた。子供は学校や幼稚園で教師のお墨つきの遊びを習い、学校以外でも実践するという、新しい伝承ルートをもつようになった。　↓遊《あそ》び　↓玩具《おもちゃ》

参考文献　大場一義「学校体育と遊戯」(日本風俗史学会編『近代日本風俗史』六所収、一九六八)、瀬田貞二『日本児童遊戯集』解説(「東洋文庫」一二二、一九六八)

(寒川　恒夫)

竹富島のユークイ

ユークイ　ユークイ　沖縄でユー(豊穣・富貴・幸)を招き寄せるために行われる儀礼や神事を広く指し示す言葉。あるいは宮古諸島北部の村々に見られる豊年祈願行事を特定していう場合もあり、世乞いの字を当てることもある。ユーの招来という観念は、沖縄諸島のウンジャミ(海神祭)、シヌグその他のウイミ(折目)や、八重山諸島のプールィ(豊年祭)、シツィ(節祭)などのときに神女(ヌルやツカサ)が行う祈願や祈願の祝詞の中に現われてくるもので、それらの神事には、綱引き・競漕(ハーリー船)・神遊びの円舞のような集団的儀礼が伴うことも多い。そうした個々の行事が、沖縄でニライカナイなどと呼ばれている海の彼方の原郷・異界の観念とも深く関連していることは明らかである。たとえば、八重山の竹富島で毎年旧暦八月に実施されるユーンカイ(世迎い)の行事では、海岸に勢ぞろいした神女(ツカサ)たちが、海の向こうから訪れてくる神舟を招き入れる所作をくり返す。宮古諸島のユークイも、神々を招聘し、豊穣を祈願する行事という点では他の地域の事例と変わらない。池間島(平良市)では旧暦九月の二日間、満五十歳から五十五歳までの全女性がユークインマとなり、島の聖地や拝所を巡拝する。ただし、それらの聖所の神々はさまざまに異なる性格を持つようであり、この行事には、もともと複合的な意味づけが含まれているものと考えられる。ユークイ(世乞い)といっても、そのあり方は地域・村落ごとに多様だというべきであろう。　↓世果報《ユガフー》

参考文献　比嘉政夫『沖縄民俗学の方法―民間の祭りと村落構造―』、一九八二、本永清「コスモロジーと祭祀」(『成城大学民俗学研究所紀要』七、一九八三)

(笠原　政治)

ゆうけいぶんか　有形文化　柳田国男の民俗資料三分類案の一つ。目に見ることのできるもので、物の形とか行為、行動によって表わされる伝承をいう。生活外形とか生活諸相とも呼ぶ。通りすがりの旅人でも調べようと思えば調べることができる民俗であることから、旅人の採集とされる。具体的には、住居、衣服、食物、資料取得方法(自然採取・漁・林・狩、農、交易・市)、交通、労働、村、連合、家・親族、婚姻、誕生、厄、葬式、年中行事、神祭、占法・呪法、舞踊、競技、童戯と玩具、といった広範囲にわたっている。

参考文献　柳田国男「郷土生活の研究法」(『柳田国男全集』二八所収、一九九〇)、同「民間伝承論」(同)

(谷口　貢)

ゆうけいみんぞくぶんかざい　有形民俗文化財　⇩民俗《みんぞく》文化財《ぶんかざい》

ゆうじょ　遊女　遊客に見立てられて、その敵娼として遊興の相手をする女性。古代から人の群集する宿場や港町、寺社の門前にたむろして、歌舞を演じ、ついで枕に侍ることを生業とした女性がおり、奈良時代にはこうした女性を遊行婦女と称した。平安時代になると遊君・あそびのほか、遊女という呼び名も用いられた。平安時代に記された大江匡房の『遊女記』には、交通の要所であった江口・蟹島《かしま》・神崎《かんざき》に遊女が群集して、観音《かんのん》・中君《なかぎみ》・白女《しろめ》・宮城《みやぎ》・如意《にょい》・香炉《こうろ》・孔雀《くじゃく》・河菰姫《かこひめ》・孤蘇《こそ》・宮子などと呼ばれていたことが記されている。鎌倉・室町時代から江戸時代中期にかけてのことは、相場長昭が『古今和歌集』以下の歌集や漢詩文集・説話集・日記類・歴史物語など、四十数種から遊女に関する作品や記事を抜粋した『遊女考』に詳しい。この中には、宇多天皇と白女、藤原道長と小観音、平清盛と祇王・祇女・仏御前などとの物語など、天皇や公家と遊女の恋愛が盛んであった様子が描かれている。鎌倉・室町時代に陸海の交通が発達し、人々の往来が盛んになると、これら遊女にまじって、傀儡子《くぐつ》や静御前に代表される白拍子《しらびょうし》などの遊芸の民も遊女を兼ねるようになり、宿場や港町に定住して生活するようになった。こうした遊女を特定の場所に集合させて、遊女屋商売を許可したのは、豊臣秀吉である。この地域設定は都市の発達に伴った政策で、京都・大坂が遊女許可制のはじまりであり、江戸幕府もこれを踏襲した。明治以降官制用語として娼妓が用いられるまで一般に広く用いられた。　↓売春《ばいしゅん》　↓ハシリガネ

参考文献　滝川政次郎『遊女の歴史』(「日本歴史新書」一一九、一九七一)

(宮本由紀子)

ゆうせんほうそう　有線放送　ラジオの共同聴取を目的とし、一台の親受信機が受信した番組を、有線により一定地域内の各家庭に備え付けられたスピーカーで一律に聴取する仕組み。公式には一九四三年(昭和十八)に北海道虻田郡喜茂別村(喜茂別町)で認可されたのが最初であ

る。一台のラジオを地域で共有し、電気がない場所でもラジオを聴ける利点があった。のちに、ラジオの共同聴取に加えて、自主番組の放送が可能になり(一九四六年認可)、さらには加入者間の相互通話が可能な、電話としての機能も付け加わった。こうしたことから農村に広く普及し、一九六三年には約三千施設、利用者は一千万人に達した。農漁協と地方公共団体による設置が多い。自主番組としては、農事放送や行政・学校からの伝達をはじめ、教養娯楽番組も作られることがあった。農産物や魚の市場価格や、火災や水害の発生など、地域の情報を素早く知る点では他のメディアの追随を許さず、地域のメディアとして欠かせない存在になった。また、電電公社の電話に加入申し込みが殺到し、なかなか加入できない時期には、地域内の電話として頻繁に利用された。その後、ラジオや電話の普及により廃止になったものも多いが、一方でテレビの有線放送も一九六三年にスタートしている。なお、近年は都市部で普及している有線音楽放送を有線放送と呼ぶことがある。

参考文献 安井忠次「有線放送の社会的機能についての考察」(『放送学研究』一一、一九六五) (阿南 透)

ゆうそくこじつ 有職故実 公家および武家の儀式行事の細部にわたる多くの先例に関する知識。今日では「有職故実」の一語として用いるが、もとは有職と故実の二語であった。有職の語は、有識から転用された語といわれ、『続日本紀』七九〇年(延暦九)七月条では学問に精通して学識のあることの意に用いられている。『宇津保物語』『源氏物語』などの王朝文学では、才知・人柄・家柄・容貌などが優れていることや、音楽などの諸芸道に秀でていることにあてられていた。また『宇津保物語』には朝廷の儀礼に精通した人物を称した例もある。その後、公的な儀礼上の法式そのものの名となり、「有職」の字を用いた早い例が『永昌記』一一二六年(大治元)三月十九日条にある。そこでは、朝廷で行われる恒例行事の内容を詳しく知る人がいなくなったため、先例を調べることが必要であると記されている。故実の語は、八〇七年(大同二)成立の『古語拾遺』に「顧みて故実を問ふに根源を識ることとなし」とある。古くから古例・先例の意味として用いられて、故実も有職と同様に儀礼・行事の法式を指している。のちに武家が抬頭すると、朝廷すなわち公家の故実に対して、武家の儀式上の法式である故実が生じた。それで単に故実と称する場合は、主として武家故実を意味し、有職の場合は、公家に限られることが多い。近世になると公家および武家の儀式・行事の法式としての有職故実が成立し、そこには官職位階、宮殿・殿舎、服飾・武具、饗餞、年中行事、吉凶儀礼、書札礼などが含まれる。

参考文献 河鰭実英『有職故実―日本文学の背景―(改訂版)』(「塙選書」八、一九七二)、石村貞吉『有職故実』(「講談社学術文庫」八〇〇・八〇一、一九八七)、江馬務『有職故実』(「江馬務著作集」一〇、一九八八)、鈴木敬三『有識故実図典―服装と故実―』、一九九五 (佐藤 豊三)

ユーブ ユーブ 鹿児島県薩南諸島の吐噶喇列島で、十五歳から六十歳までの男性。要夫・有夫とも書き、またユイーブニンと呼び、一人前の男性労働力を意味する。道普請、神社の修理、港作りなど村落の共同労働やはしけからの荷物運びなどの船着き場での作業、年中行事への参加などでは中心となって活躍し、村落の総会を構成する成員でもある。六十歳を越えるとユーブハズレ(村隠居)となる。変則的であるがオンナユーブとしてこの年齢層の女性も参加することもある。ゆるやかな年齢階梯制や年齢集団とする見方もある。

参考文献 鳥越皓之『トカラ列島社会の研究―年齢階梯制と土地制度―』、一九八二 (大越 公平)

ゆうれい 幽霊 死者の霊魂が、生きてこの世に立ちかえってくるもの。『万葉集』一六の巻末の「怕物歌《おそろしきもののうた》」に「人魂《ひとだま》のさ青なる公《きみ》がただ独り逢へりし雨夜の墓し念《おも》ほゆ(葬りをぞ思ふ)」(原万葉仮名)の例えがあり、幽霊の一原型とみてよいが、「怕物歌」の場合、人魂であって、幽霊そのものではない。『源氏物語』にみる六条御息所《ろくじょうのみやすどころ》の生霊《いきりょう》・死霊の場合、死霊が幽霊である。地獄を見、閻(琰)魔大王に逢ってこの世に帰って来た小野篁《おののたかむら》の場合は、蘇生であって幽霊出現ではない。幽霊は、常に人間のかたちをして、死の世界からこの世に立ちかえってくる。ほとんど常に、憎むべきただ一人の人を目ざし、怨念を果たし尽せば、充分に満足して静かにあの世へと去ってゆく。この世で愛を裏切られたものたちは、その愛をとりかえすためにあらわれ、この世で愛を充分に満たすことのできなかったものたちは、残された愛を満たすためにやさしくあらわれる。幽霊は、いつも、ひどく孤独だ。時に、心中した男女の幽霊が下半身だけ一つになってあらわれる例をみるが、ほとんどの幽霊は、いつも、ひとりぼっちだ。高野山中に、足音高く出現し、勇《いさ》んでさわぐ豊臣秀次一統の集団の幽霊や箱根の山を長い行列をなしてゆく武士たちの幽霊はむしろ例外で、日本の幽霊は、ほとんどただ一人であらわれ、ただ一人で遠ざかり、消える。中世以降、とりわけ乱世、戦国時代に多くの幽霊たちが出没するのは、死者の蘇生を切実に願った人間の、情念の幻想の具象化であった。その例は、多くの能にあり、『太平記』に「幽魂七霊」をみる。松葉軒東井の『譬喩尽《たとえづくし》』(一七八六)には、「幽霊の出さふな暗《くら》い行燈《あんどん》じゃ」とあり、幽霊と火がわかちがたく結び合っているのを示し、日本の各地に幽霊風が吹き、彼岸には幽霊花が咲く。神々の零落したもの、それが妖怪たちであるが、神々になりそこねたものたち、そして、妖怪にはならないものたち、それが幽霊たちである。さらにいえば、幽霊は人を目ざし、妖怪は人を待つ。幽霊はあくまでも人間に近く、時として人間そのものであるが、妖怪は人間に遠く、その本体は、動物・植物・器物であり、地・水・火・風・空である。妖怪の中で人間＝幽霊に近いのは泥田坊。もとは北国の老翁。一生をかけて得ることのできた田畑が、子供らの放漫のため他人にわたったのを知り、死後も死にきれずに、目一つ指三本の妖怪となって夜な夜なあらわれて「田かへせ」と叫びつづける。幽霊の姿は、鈴木牧之の『北越雪譜』に美しい。「體《からだ》は透徹《すきとほる》やうにてうしろにあるものも幽《かすか》に見ゆ。腰より下はありともなしともおぼろげ」で、白く青ざめた顔の三十歳あまりの女の長い黒髪が乱れかけており、「これこそ幽霊ならめ」という。下半身のおぼろげな幽霊に足はない。この世とあの世を自在に行き来するには、足が不便で邪魔だからだ。しかし、中国伝来の幽霊譚の影響を受けた三遊亭円朝の『牡丹燈籠』の幽霊はからんころんと下駄の音を立ててあらわれ、腰から下は炎の足だけの幽霊もいる。神にも妖怪にも遠い幽霊は、仏によってのみ救われあの世へ渡る。

[参考文献]『国文学解釈と教材の研究』一九ノ九(特集日本の幽霊、一九七四)、池田弥三郎『日本の幽霊』(「中公文庫」、一九七四)、江馬務『日本妖怪変化史』(同、一九七六)、阿部正路『怨念の日本文化』幽霊篇、一九九五

(阿部 正路)

ゆかた 浴衣 湯帷子《ゆかたびら》の略語。入浴後または夏季に着用する木綿単物の長着であるが、古くは入浴の際に着用するものとされていた。近世以前の風呂は、蒸し風呂か湯を浴びる程度のものであり、そこでは湯帷子をまとっていたのである。その後、裸で湯に入る習慣が広まると湯帷子は入浴後の着物となり、江戸時代以降は夏衣としても広く愛用されるようになった。木綿の白地に藍色で模様を染めだし、中形染めはその代表的なものである。

[参考文献]『江馬務著作集』二、一九七六、奥平志づ江『衣生活と社会―家政学衣生活教本―』、一九九五

(宮本八恵子)

ユガフー 世果報 沖縄・奄美において世の果報をいい、豊年・豊穣・幸福などを意味する。同義で、甘世《アマユ》・弥勒《ミルク》世《ユ》などとも呼ばれる。また、単に世《ユー》ともいう。那覇市首里赤田町では、旧暦七月十四日―十六日に、世果報をもたらすミルクウンケー(弥勒お迎え)の行事が行われる。弥勒を先頭にした行列が村を歩き、豊作・健康・子孫繁栄などの世果報を祈願する。沖縄本島北部におけるシヌグ、ウンジャミ(海神祭)などにおいて行われる神遊びにおいて、神女たちが円陣を組み、弓を上下させながら「ユンクイ、ユンクイ」と唱え、ユーすなわち豊穣を乞い願う。宮古本島とその周辺離島では、ユークイと称し、ユーを乞う豊年祈願の祭祀が行われる。また、八重山諸島でも旧暦六月に行われる農耕儀礼の一つであるプーリの二日目にユーニガイ(世願い)が行われ、豊穣が祈願される。 →豊年祭《プーリ》 →ユークイ

[参考文献]『那覇市史』資料篇二中ノ七、一九七九、『沖縄県の民俗芸能―沖縄県民俗芸能調査報告書―』(「沖縄文化財調査報告書」一一二、一九九四)

(古塚 達朗)

ゆかん 湯灌 入棺する前に死者の体を逆さ水で洗うこと。ユアライ、ユカン、ユアミ、ムクエともいう。湯灌は死者を僧にする前に沐浴させて身を清める行為である。一般には近親者が行うが、石川県七尾(七尾市)の町方では藤内とよばれて以前卑賤視をされていた人が藁縄を襷とし死者を盥に入れて髪を剃り、列座の近親者は左ひしゃくで水をかけた。大阪府泉北郡取石村(高石市)では同行(念仏講)の仲間が湯灌をする。愛媛県宇和地方では、湯灌は死者の血の濃い人が左縄の襷と帯をして、畳をあげ床板に荒筵を敷き線香を沢山たき、「ええと行きなされや」といって死者を起し行う。湯は釜の蓋をとったまま沸かし、水を盥に入れて湯をさす逆さ水である。昔は死者は眉毛をおとし頭に剃刀をあてた。湯灌をした人は葬列の役につかない。神戸市布引付近では湯灌のとき死者を坊様にするといって剃刀で頭を剃る。熊本県阿蘇地方でも湯灌は近親者が行い、その後死者にコロモを着せて髪を剃るなどがある。湯灌の水は使用後は床の下や墓地にすてる。湯灌後川に手を洗いに行くとか塩をふりかけたり酒を飲んだり、煮干しを食べるところがある。

[参考文献]井之口章次『日本の葬式』(「筑摩叢書」二四〇、一九七七)、井阪康二「送終の礼」(『人生儀礼の諸問題』所収、一九八八)

(井阪 康二)

ゆき 雪 大気中の水蒸気が冷えてできた直径二〜三ミリの氷の結晶で、六角形と六ツ星形が多い。雪の物理的性格は、気温と風速によって異なる。気温の低い北海道や東北地方、中央高地では、水分の少ない乾き雪がサラサラと音をたてて降る。この乾き雪は風によって灰雪・粉雪・玉雪などに分けられ、北陸や山陰地方では水分の多い濡れ雪が降る。さらに綿雪・餅雪・潤雪《べた》・水雪などに分けられる。気温が零度から六度の時には、雨と雪が混じりあって降る霙《みぞれ》になることもある。日本海側は世界有数の深雪地帯である。冬、西高東低の気圧配置になり北西季節風が強まると、日本海側に大量の雪が降る。これが山雪《やまゆき》である。シベリア気団は本来乾燥しているが、日本海上を流れる対馬海流が暖かいために大量の水蒸気を吸収する。季節風は脊梁山脈で強制上昇させられ、地形性降雨となって大雪を降らせる。また、北陸地方には冬期前線が停滞して越後平野などに雪を積らせる。これが里雪で、人口の多い平野部に大きな雪害をもたらす。冬の気圧配置がゆるむ二、三月になると温帯低気圧が時折通過し、この結果太平洋側に雪が降る。これが上雪《かみゆき》で、東京などで交通が麻痺する。現在、日本列島の五三％に積雪がみられる。特に積雪量が三〜四メートル以上で、根雪期間が五ヵ月にわたる深雪地帯では、土地利用・建築物・交通などの面で雪害を受ける。しかし雪は水資源として、あるいはスキーなどの利雪面で、人びとの生活に役立っている。また、屋根から下ろした雪を融かすために、家の囲りに池を設けてある。これを新潟県ではタネというが、最も効率的な消雪法である。最近、消雪パイプ・流雪溝・流水道路など、新しい道路の除雪法が普及している。青森県から新潟県にかけて中門《ちゅうもん》造の民家が多い。市

街地では雁木《がんぎ》が設けられている。雪中に大根館《やかた》といって稲藁を編んで造った貯蔵庫を設け、この中に野菜を貯蔵している。

参考文献 中谷宇吉郎『雪』、一九三八、新潟日報編集局編『雪のカルテ』、一九六六、市川健夫『雪国文化誌』、一九七〇

（市川 健夫）

ゆきおんな 雪女 雪の夜に現われる女の妖怪。地方により雪オナゴ（青森県津軽地方）・雪婆（秋田県）・雪女郎（山形県・新潟県）・雪降リ婆・シッケンケン（長野県諏訪地方）・雪オンバ・雪ンバ（愛媛県宇和地方）などとも。雪入道（岐阜県飛騨高山地方）・雪ンボ（和歌山県）など男の場合もある。雪の印象から肌の色が白い、着物の色が白いなどと伝えるものが多い。青森県南津軽郡浪岡町の雪女は子供を抱いてくれと頼み、抱くと姿が消え、子供はいつまでも泣き止まない。また抱いた人に怪力を与えるというものもあり、産女《うぶめ》の伝承と似る。秋田県雄勝郡羽後町西馬音内では、老女姿で現われる雪女は吹雪で死んだ行路病者の怨霊と伝えられる。雪女は雪の夜に不定期に現われるが、また日を定めて現われることもある。青森県西津軽郡では元旦に現われ、最初の卯の日に帰るといい、岩手県遠野地方では小正月の夜または満月の夜に現われ、大勢の子供を連れて遊ぶという。吹雪の夜に白衣の娘を泊めたら翌朝濡れた衣を着た黄金に変わっていたという山形県東根市の伝承は「大歳《おおどし》の客」の昔話に似ており、年神の性格に近い。青森県八戸地方では、雪神は旧暦二月・九月の十六日に農神と交代するといい田の神の去来に似た性格が見える。女態のシッケンケン、男態の雪入道・雪ンボ、また一ツ足・一本足（徳島県）などはいずれも雪中を一本足で歩くといわれ、霜月二十三夜に出現する隻脚の山の神の伝承に類似する。愛媛県宇和地方では山姥が吹雪とともに現われるといい、これも山の神に近い性格がある。

参考文献 柳田国男「妖怪談義」（『柳田国男全集』六所収、一九八九）、同「一つ目小僧その他」（同）

（山本 節）

ゆきがこい 雪囲い 積雪や落雪から家屋や庭木を守るための囲い。冬囲い・雪垣などとも呼ぶ。雪国の男たちは、田畑の仕事が終った晩秋、晴天の日を待って板や竹、カヤや藁など入手が容易な物を用いて囲いをつくり、冬を迎える準備をする。囲いの材料は、屋敷内の小屋などにあらかじめ保管してあり、毎年これを繰り返し使用し、設置する場所と方法も経験的に決まっている。海沿いの集落では、主に海を渡って来る風雪に対し、家の周囲に丸太と貫板でカザテと呼ぶ、高い風除けの囲いをめぐらす。この板は必ず一定の間隔をあけて組み、その隙間は良く風雪を通し、圧力を分散する。一見雑に思えるが、強度的に重要な意味を持っていて、環境に即した形状といえる。そして、このことは、雪の重みで枝折れを防ぐ庭木の囲いや、家自体に設ける囲いの作り方でも共通する構造的特色である。一方、多雪地の家々では、降雪や屋根からの落雪で窓や出入口が破損しないよう板やカヤを束ね、軒端に囲いを設ける。この板をオトシ板と呼び、積雪の程度によって上部からはめ込む仕組みにした。さらに周壁に立て掛けた囲いは、無雪の場を生み、越冬野菜や用具置場としても利用する。また、土地によっては、屋敷内の小屋とその通路にも囲いをした。防雪目的の雪囲いであるが、結果として除雪労力の軽減と冬場の作業空間確保の機能をも持つ。こうした伝統的な雪囲いは、新建材や高床住宅の普及で近年、急速にその姿を変えつつある。

参考文献 三井田忠明「風除りのある風景」（『民具マンスリー』二八ノ五、一九九五）

（三井田忠明）

家と庭木の雪囲い（新潟県柏崎市）

ゆきがた 雪形 春先に山腹に消え残った雪の形、あるいは雪が消えてできた地肌の形を人や動物などの姿に見立てたもの。農作業の目安にすることが多い。山の地形などによって毎年同じ形が、一定の気候条件下において出現することを体験的に人々は理解していた。自然条件に大きな影響を受けやすい農業においては、農作業の目安には全国一律に定められた暦日にしたがって作業を行うよりは、具体的に雪解けの状態を示す雪形を目安にして作業をするほうが有効であった。それぞれの地域において目安にするものは定まっている。その形が山の名になっているところも多い。長野県から見る北アルプスの白馬岳・爺ヶ岳・蝶ヶ岳、南アルプスの駒ヶ岳などはその代表的なものである。白馬村から見ると、白馬岳の山腹には四月になると馬の雪形が現われる。このころがちょうど田植え前のシロカキの時期であった。したがってこの馬はシロカキの馬であり、それが山の名前になった。年によってこの馬は頭を高く上げたノボリウマになったり、頭を下げたクダリウマになったりし、それによって作柄を占うこともあった。爺ヶ岳にでる人の姿は種まき爺さんであると見なされるが、このころは籾播きの時期であった。これらはいずれも生産暦とかかわるものであ

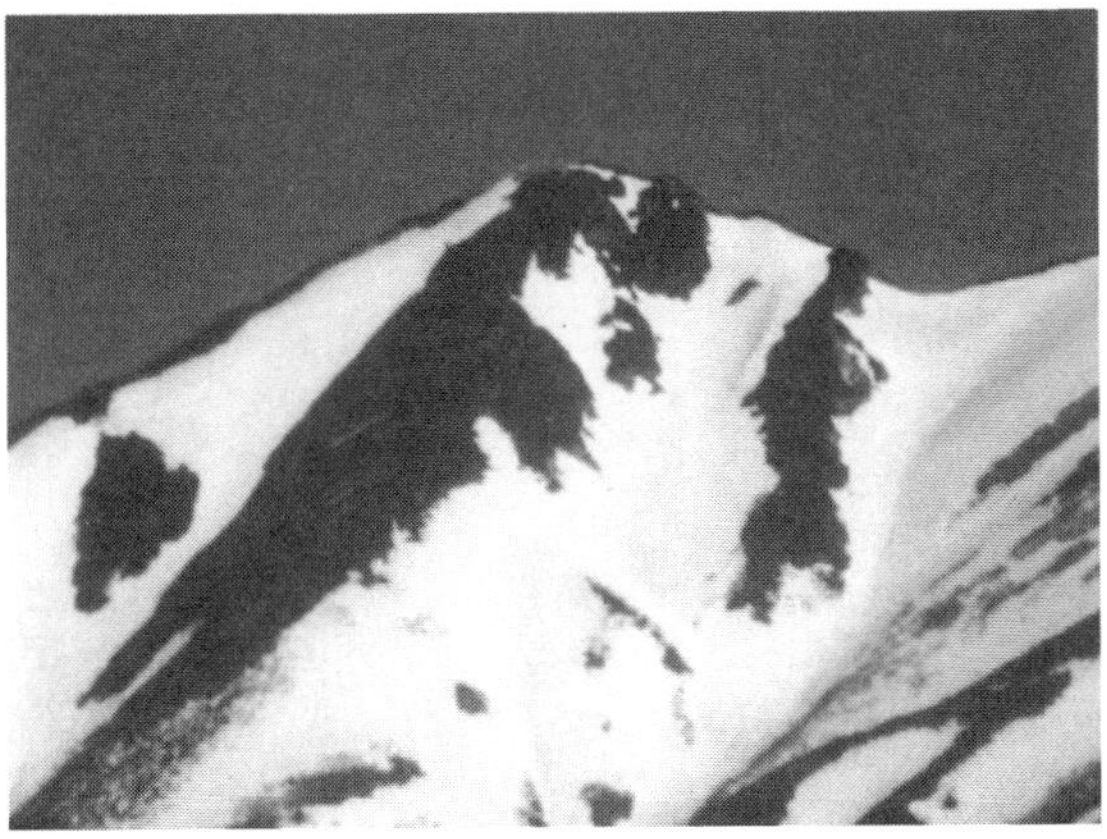

爺ヶ岳の種子播き爺さん　右は大町より見えるもの

白馬岳の代かき馬

雪　　形

り、農作業の目安とならないものはいくら特徴のある形が現われても、雪形として定着しない。　↓駒ヶ岳《こまがたけ》

参考文献　岩科小一郎『山の民俗』(「民俗民芸双書」、一九六八)、田渕行男『山の紋章・雪形』、一九八一、斎藤義信『図説雪形』、一九九七

（倉石　忠彦）

ゆきがっせん　雪合戦　雪をまるめ、これを投げつけあう遊び。江戸時代には雪打ちといった。『犬子集《えのこしゅう》』(一六三三)に「雪打ちやさながら春の花いくさ」の句がみえる。明治に入ると、東京で雪ぶつけ、福島県東部で雪投げ、山形県と秋田県で雪だま投げといった。雪合戦は比較的新しい呼称と思われる。合戦形式の類似の遊びに石合戦があり、これが危険を理由にたびたび禁止をみて今日では絶えたのに対し、雪合戦はルールを整備して近代スポーツとなっている。北海道壮瞥町で一九九七年(平成九)に行われた第九回昭和新山国際雪合戦には、フィンランドやノルウェーからもチームが参加している。

（寒川　恒夫）

ゆきぐつ　雪靴　雪中にはく履物の一種。雪沓とも。在来の雪靴は、藁を材料として作られたものが多い。藁は保温性にとみ、柔軟で、通気性もあり、水気にも割合強く、氷雪上で滑りにくいという利点もあって、雪国では、藁靴は生活に欠かせない履物であった。踵《かかと》のないスリッパに似たワラグツは地方によりいろいろの呼び名があるが、寒時の土間仕事や、近所への雪履きとして広く用いられた。底部は二重に作られ、被甲部は大きく、爪先は多くは角形になっている。長靴形のフカグツは長さが膝あたりまであるので、深雪の時便利であり、丈の短い半長靴状のものには、蒲製の丁寧な作りのものが多く、赤や白布で縁どりをして、婦人や子供の外出用によく用いられた。草鞋に爪掛けを組み合わせた形のものには、爪先が二股になっているものと、先の分かれていない円形のものがある。アクト(踵)当てを着け、草鞋と同様に、足に結びつけてはき、遠出用・仕事用として用いられた。ジンベ、ゴンベ、ノメゾウなど地方によって多くの呼び名がある。俵状に編んだ、タワラグツ、フミダワラなどと呼ばれるものは、深雪の道ふみ用である。山樵・狩猟には、シシカワグツ、ケグツなどと呼ぶカモシカなどの獣の毛皮で作った毛皮靴がよく用いられた。積雪の多い山野の歩行には、靴に樏《かんじき》を着ける。木の枝を丸く曲げた、輪樏には大小あり、また、堅雪の滑り止めには、鉄製の金爪を用いた。　↓樏《かんじき》

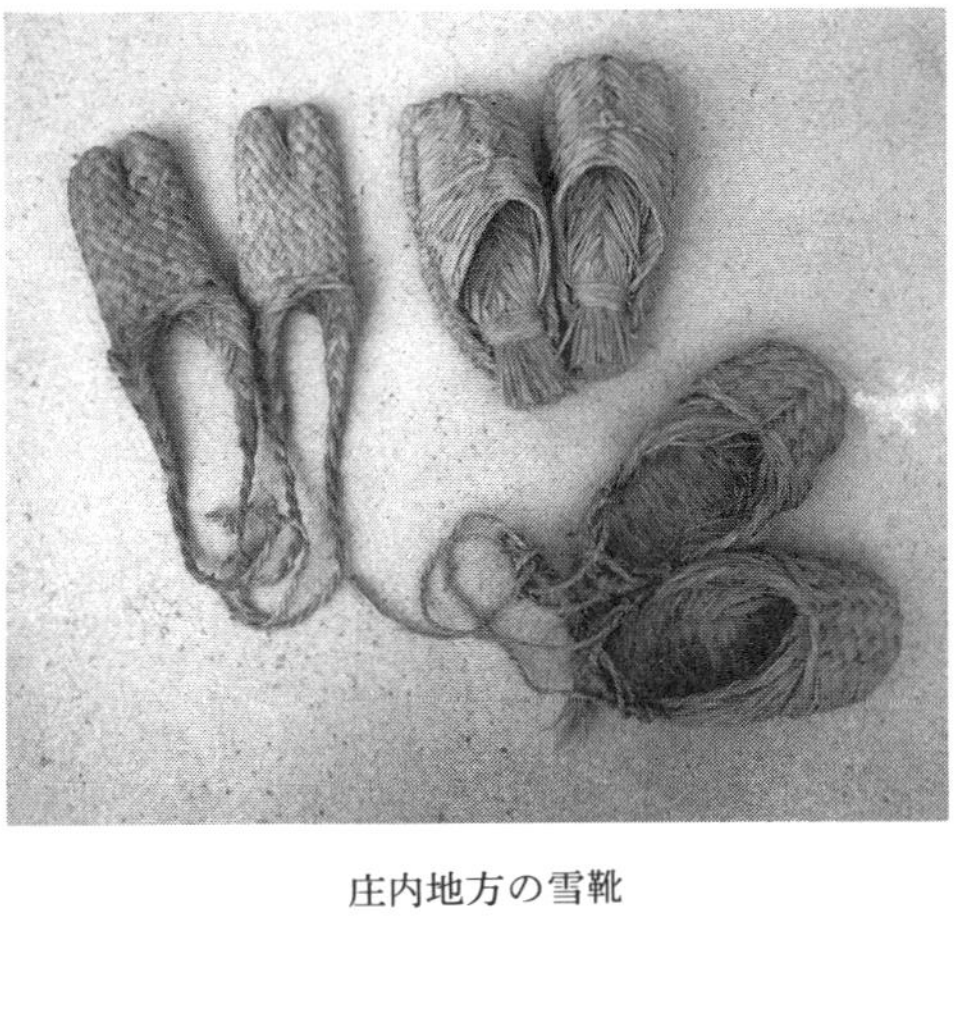

庄内地方の雪靴

参考文献　磯貝勇『日本の民具』(「民俗民芸双書」、一九七二)、宮本馨太郎『かぶりもの・きもの・はきもの』(同、一九七七)

（犬塚　幹士）

ゆぎしょう　湯起請　熱湯に手を入れ、皮膚の爛《ただ》れ具合で正邪を判別する方法。一四二五年(応永三十二)朝廷内侍所で、刀子《とね》による呪請《じゅせい》の有無を湯起請により判別したことが記録(『薩戒記』)に載るが、これは探湯《くかたち》(盟神探湯)の遺風という。湯起請は火起請(燠《おき》を掌に載せる)、起請文などの習わしを生むが、民俗としては天地の根源である水と火の聖性・呪性を重視し、潔斎して祭の庭で湯を沸かし、神に献じ人も浴びて生命清まる儀礼を生んだ。

中世以降の湯立神楽には、神と人との誓《うけい》の式が組み込まれるが、これは神讃えの祭を執行し、恩恵を願う人と、それを受容する神との契約で、九州の求菩提《くぼて》山系の神楽では、人形の依代に湯浴みさせ、火鎮めして火渡りし、八幡や諏訪の神楽では、御幣で湯掻きして渦で吉凶を占い、湯花を散らして清めたが、この習わしは天竜川流域の湯立神楽にも受け継がれ、遠山霜月祭では、手で湯切りして神の加護の証しをたて、三河花祭では湯をはね上げ、浴び、飲んで、生命を新しくするが、ともに宮元(旦那)や立願者(神子)が湯をいただく。坂部冬祭・新野神楽では、神憑きの御幣に湯浴みさせ、その呪力を増幅させて、一年の息災の誓いを取り付けるなどの次第が、今に伝えられている。→盟神探湯《くかたち》 →湯立神楽《ゆだてかぐら》

(武井 正弘)

ゆきすき 雪鋤 積雪地帯に広く分布する除雪用の鋤。コスキ、バンバ、テンヅキなど数多くの呼び方がある。形態的には一枚板状のものと篦《へら》に柄を取り付けたものとに大別され、その大きさや使用者に関係して、コシキの

新潟県地方のコシキ

ほかにナガゴシキ、ツエゴシキ、コドモゴシキなどと分類することがある。ブナ材を加工して作られたものが多い。除雪の用途以外に、毛皮貼り、伝言、歩行補助、遊戯など多目的に利用されてきた。

参考文献 勝部正郊「中国山地の雪すきについて」(『物質文化』二六、一九七六)、天野武「民具の転用―除雪具の場合を中心に―」(同二八、一九七七)

(天野 武)

ゆきぞり 雪橇 雪の上で人・材木・巨石・諸物資などを運搬する橇。大方の橇は人力によるが、畜力による馬橇・犬橇もあり、人の運搬では馬・犬による例が多い。日本で馬橇が用いられはじめたのは北海道で明治初期からである。また、犬橇については本来シベリア地方であり、南極探検のため以外は日本では使用されていない。形式・呼称を概略すると、(一)一本橇(長野・新潟県) 一本の台木にV型の腕木を付した形式。(二)一枚橇(白山・北陸地方) 一枚板形式の原初的形で、中には屋根葺茅運搬用のコマ橇(岐阜県の荘川・白川)、二股形式で主に重量物運搬用のマタ橇(岐阜・新潟県)がある。(三)二本橇 橇台が二本からなる最も基本的な形式で、列島の中で最も多く見られる。それだけに積材・地形・雪質などにより、台に取り付けた枕、台形式・橇材に違いがある。枕についても、一つ枕から四つ枕、特殊型などと種類は多い。ほかにマタ橇・土橇の修羅の類もある。また津軽・下北地方特有の前橇と後橇からなるバチ橇もあり、ともに特殊な二本橇形式である。このほか枝木を用いた簡略な柴橇もある。二本橇の一般的長さは約一八〇センチ、大持・修羅になると全長六メートルもある。橇の材料は地域の自然に適合したものが多く、東北ではナラ、イタヤが多く、上信越ではミネバリ、イタヤが目立つ。白山周辺ではミズメ、カシ、イタヤ、ミネバリ、中国山地ではカンバザクラ、ミズメが多い。雪橇の北限はサハリン(樺太)、南限は九州山地だが、雪中における生業上の主要運搬具としては、中国山地の雪橇が実質の南限といえよう。橇曳きの多くは山小屋を拠点とし、厳しい雪中の仕事をしたから、山の神・サンジン・十二様といった神への信仰を忘れなかった。雪橇曳きは一九六〇年代まで続いたが、その後は軌道・架線などへ運搬法が変化したことと積載物の変化により衰退した。→橇《そり》

参考文献 関秀志「東北日本の馬橇」(『日本民俗文化大系』一三所収、一九八五)、池田亨「ソリ」(日本民具学会編『山と民具』所収、一九八八)、勝部正郊『雪の民具』(『考古民俗叢書』、一九九一)

(勝部 正郊)

ゆきふみ 雪踏み 積雪地帯で冬期の道路を確保するために雪を踏み固める作業。ミチツケ、ミチフミともいう。降雪のあった早朝に行うが、大雪の際は午後にも行なった。村落の各戸から人手を出すニンソクなどと呼ばれる共同作業で行われた。越後の魚沼地方ではミチフミコーリキといって輪番制をとり、コーリキバンにあたった何人かがスカリという輪樏を履いた人を先頭に隣村までの道をつける。その距離は山間地では四キロにも及ぶこともある。スカリはヤマダケをたわめてつくった長径八〇センチ、短径四〇センチほどもある長円形の大型樏で、ミチフミガチキという雪踏み専用の樏を着装した下にさらに重ねてつける。越中の五箇山では輪番の雪踏みにミチフミの札を用い順次廻している。岐阜県大野郡丹生川村では雪踏みに出ないと罰金を課せられることもあり、年中通して出ないと村ハチブに処されることもあった。福島県大沼郡新鶴村新屋敷でも雪踏みニンソクがあったが、古くから行われていたものでなく、もとは有志が随意に踏んでいたものを一九四五年(昭和二十)ころからムラで義務的なニンソクとして行うように定めたという。雪踏みは各集落間だけでなく、個々の屋敷内でも行なった。家の玄関から道路まで踏んだもので、主にフミダワラ、オオグツという稲藁でつくった俵状の用具を用いる。春が近づくと道に残った堅雪を斧やツルハシ、スキなどで割って取り除き路面を確保するユキキリ、ミチワリなどと呼ばれる作業も日を定めて一斉に行われた。

参考文献 橋浦泰雄「協同労働と相互扶助」(柳田国男編『山村生活の研究』所収、一九三七)、山口弥一郎「帰郷採録」(『山口弥一郎選集』四所収、一九七五)、多田滋「越後魚沼の除雪習俗」(『雪と生活』一、一九八〇)、佐伯安一「ミチフミの礼―越中五箇山の事例―」(同)、成田敏「津軽地方の除雪具」(同)

(成田 敏)

ゆきまつり 雪祭 長野県阿南町新野の伊豆神社で、一月十四日徹宵で行われる修正会《しゅしょうえ》のおこない。明治以前は二善寺観音と伊豆権現の祭で、一日から始まる祭の結願《けちがん》の行事として催され、「まつり」と呼ばれていた。最初に屋内で楽舞と本殿祭があり、東西の座で舞うびんざさら

新野の雪祭

の舞のとき「大雪でございます」と唱え、雪を投げ込むが、本殿祭の修祓でも三宝の雪を投げ「大雪でございます」と唱える。このことから昭和初年に折口信夫によって「雪祭」と名付けられ、優雅な名の祭として、人々に知られるようになった。神おろし(宣命)のはじめは古風な今様で三河花祭でさるごはやしと呼ぶ猿楽歌、次の順《ずん》の舞の神楽では二句歌を唱う。次は庭での後夜《ごや》の芸、田楽・猿楽・田遊びを奉納するが、皮切りは観音船を大松明を曳いて点火し、乱杖《らんじょう》(杖で羽目板を激しく叩き、神を呼び出す)で出現する歳の神さいほうで、引き続く芸能も、舞・所作は結縁成就を祝う三三九度の型を披露する。なお、庭の芸能と同時進行で、柱松の横に莚を敷き、太鼓を伏せ立てて上に五穀の包みを載せ、十四番(本来は二十番)の田遊びを行うが、恵方《えほう》に向いて詞章を読むだけで、最後の稲付大事のみ、馬となった禰宜の頭に、海道下りの息子が五穀をのせ三度囃す所作を見せる。田遊びは室町時代の歌章を遺すだけであるが、本来は芸能を伴ったものであった。二月午の日の修二会の催しを併せたものだとも伝える。西浦《にしうれ》観音堂のおこないが、散楽系の高足舞など舞に特徴を見せるのに対し、新野では古猿楽の系統でありながらも、劇的な構成に特徴がある。

[参考文献] 中村浩・三隅治雄編『雪祭り』、一九六九、新井恒易『中世芸能の研究』、一九七〇

(武井 正弘)

ゆきみ 雪見 雪景色を眺め賞すること、その遊びや宴。景物の少ない冬に雪を賞する風習は、『万葉集』など奈良時代からみられ、平安時代には『枕草子』をはじめ絵画の画題ともなった。初雪を見て祝うことは延暦年間(七八二—八〇六)よりはじまり、鎌倉時代には幕府でも雪見の宴を開くようになり、江戸時代にはひろく行われた。『東都歳事記』には隅田川堤、三囲、長命寺の辺、真崎、真土山、上野、不忍池、神田社地、御茶の水土手など多数の看雪場所をあげている。

(鈴木 章生)

ゆぎょう 遊行 僧侶が修行のために諸国を遍歴放浪することを意味する仏教語。漢語としてはユウコウだが、仏教語としてはこのように読む。遊の文字がつく類義語に、遊化《ゆけ》、遊山《ゆさん》、遊方《ゆほう》などがある。第一にすべてを捨て去った自己の修行としての遍歴という意味があり、第二にはそうした行為をとおして衆生を仏教の教えに導くという目的からなされるが、両者はしばしば不可分である。たとえば遊行とは当然のことに、托鉢や各種の喜捨を求めることを不可欠の行為とするが、在家の人間が僧侶の托鉢に応じることはみずからの徳をつみ、仏の救済にあずかることのできる良き行為であると位置づけられる。バラモン教では人生を四つの時期に区別し、その最後の段階を遊行期としたが、そうした意義づけは必ずしも仏教の思想と一致しない。日本における仏教諸宗派のなかでも、鎌倉時代の時宗の開祖一遍はとりわけこの行為を重視した。一遍は、自身が遊行の旅のなかに生涯をおくったばかりでなく、「南無阿弥陀仏 決定往生六十万人」と書かれた念仏札、一名遊行札を配り歩いて、絶え間のない教化につとめた。この教団は遊行宗などともよばれ、彼の死後は歴代の遊行上人を名のる宗主が、やはり国中を行脚した。近世に至るとこの遊行上人の諸国遊行は、幕藩権力を後ろ盾とする公式行為として位置づけられて、初期の素朴な遊行の観念とは大きく異なるものになった。

[参考文献] 大橋俊雄『遊行聖—庶民の宗教史話—』(『大蔵選書』六、一九七一)、五来重『(増補)高野聖』(『角川選書』七九、一九七五)、西海賢二『近世遊行聖の研究』、一九八四、真野俊和『日本遊行宗教論』(『日本歴史民俗叢書』、一九九一)

(真野 俊和)

ゆすり 揺すり 籾摺《もみす》りした後の玄米と未脱稃《ふ》の籾とを選別する用具。板製の箕を柱などにつるし、左右に揺《ゆす》りながら籾と玄米・小米などを選別する。江戸時代の中期(十七世紀)後半ころから使われ始める。大蔵永常の『農具便利論』(一八二二)には、その使い方など図示しながら詳細に記述されている。『会津農書』(一六八四)では延宝年間(一六七三—八一)のころから使われ始め、その前の汰桶《ゆりおけ》の四倍能率の作業になったという。万石が普及するまで使用された。

(佐々木長生)

ユタ ユタ 沖縄本島および広く南西諸島においてトランス(変性意識)状態で託宣・卜占・祈願・治病などを行う民間巫女。男性もいるがごく少数。その性格はすこぶるシャーマニックである。ユタの呼称は主に奄美諸島・沖縄本島で用いられ、宮古島ではカンカカリャー、八重山群島ではムヌシリ、ムヌチー、ニガイビトなどと呼ばれる。ユタの語の由来ははっきりしないが、よくしゃべることをユタユンと呼ぶことに起源するとか、ウラル・アルタイ地方のシャーマン「ユタカン」から来ているとかいわれる。ユタになる者は召命型のシャーマンに共通する心身異常(巫病)体験をもつことが多い。ユタ候補者は幼少時から神ごとに敏感で他人の運命を口ばしり、神にかかわる夢をよく見るといった経験をし、周囲からセヂダカウマリ(霊高い生まれ)とかセイダカウマリ(性高い

生まれ）などと噂されて育つことが多い。二十代から三十代になって多くは夫婦の不和・離婚、病気、事業の失敗など生活上の不如意・困苦が引き金となって神ダーリ（神がかり）といわれる心身異常（巫病）に陥る。神にかかわる夢や幻覚が多発し、御嶽《ウタキ》や城《グスク》・洞窟《ガマ》などの聖地を巡って捜神を続け、先輩ユタの家を歴訪して指導を受けているうちにカミと直接交流が可能になりミチアケ（成巫）に至る。近来ユタ職は経済的に有利との認識から神ダーリ体験をもたない者が修行・学習によって修行型のユタになる例が多く見られる。現地の人はこうしたユタをナライユタと呼び、召命型のウマリユタと区別する。ユタの役割の多くは祭壇前で行われるハンジ（判断）である。祭壇はクロトンの枝葉を生けた花瓶数個と盛り塩・水・香炉という簡単なものから、中央に千手観音像や神鏡、本土の諸神像を配し、注連縄を張った複雑なものまである。依頼者がくるとユタは神前に線香を立て、依頼者の年齢と依頼内容をカミに告げ指示を乞う。程なくカミの姿が見え声が聞え、その意志が線香の燃え具合に現われてくる。依頼者の身体の悪いところがユタの身体に感じられることもある。したがってユタのハンジの多くは三人称的に表現される。もっともユタがマブイワカシ、マブリワアシという死者の口寄せを行うときには、死霊の憑依を受けるのでその言動は一人称となる。またマブイグミ（魂籠め）では身体から脱した魂をその人に戻し病気を治すことも行う。ユタは祝女《ヌル》や神司《ツカサ》などとともに南西諸島の民俗宗教とくにシャーマニズムを代表する宗教者で現在も人びとの強い信仰をあつめている。ユタが多くの依頼者・信者をあつめ教理を創りだし、新宗教集団を形成するに至る例もある。　↓神《かみ》ダーリ　↓カンカカリャー　↓祝女《ヌル》　↓マブイグミ

参考文献　桜井徳太郎『沖縄のシャマニズム―民間巫女の生態と機能―』、一九七三、W・P・リーブラ『沖縄の宗教と社会構造』（崎原貢・崎原正子訳、一九七四）、大橋英寿「沖縄における Shaman「ユタ」の生態と機能―ハンジ場面観察による client の事例研究―」（『東北大学文学部年報』二八、一九七八）

（佐々木宏幹）

ゆだて　湯立　大釜を用いて湯を沸かす呪術儀礼の一つで、湯は禊・祓えや卜占、神への献上などに使用される。ゆたて、ゆだちともいう。元来、湯立は禊の一形態であり、神意を問うものでもあった。古代における盟神探湯《くかたち》もその一例であろう。記録としては平安時代の『貞観儀式』に湯立の文字をみることができ、宮中で行われていたこともわかる。神意を問う湯立は現在でも兵庫県西宮市広田神社の探湯神事や島根県美保関町美保神社の湯立神事に見ることができる。また修験が関わる祭礼の場でも、しばしば湯立を見ることができる。また湯立は神楽と結びついて、湯立神楽となった。その基本的構成は、竈で湯を湧かし、それを勧請した神々に献上し、参拝者の清めにも用いる。そしてさらに、舞を舞う者が神がかりとなって託宣をするのが本来の姿であったと考えられる。この湯立神楽は、伊勢の外宮で御師《おし》たちによって舞われていたものが各地へ伝播したものである。現在では伊勢のものは廃絶しているが、三信遠地域と呼ばれる三河・信濃・遠江国境地帯、神奈川県の箱根および鎌倉近辺、秋田県の仙北郡、岩手県の陸中沿岸地方などに伝承されている。湯を沸かす釜は、屋内の炉を使う場合もあれば、臨時の竈をつくる場合、鼎《かなえ》で地面に立てる場合など地域によってさまざまである。多くの場合、煮えたぎる湯に幣串を入れた途端にその水面が鏡のように静かになるという現象が、呪力の説明として語られている。

参考文献　西角井正慶『神楽研究』、一九三四、本田安次『霜月神楽之研究』（『本田安次著作集』六、一九九五）

（久保田裕道）

ゆだてかぐら　湯立神楽　湯立を中心にした神楽。湯立は神前の釜に湯を沸かし、舞人が笹・藁束・幣などの湯たぶさ（湯箒・湯木ともいう）をもち、釜の湯を周囲に振りかけることをいう。湯立神楽では、神楽の舞庭となる場所に釜を据え、湯釜の上に白蓋《びゃっかい》・玉蓋・大乗・くも・まんがいなどの天蓋を吊し、四隅に注連縄や切飾りを下げ、舞庭や神楽座などを飾ることに特徴がある。湯立を行うのは禰宜・巫女・宮人・法印などで、祈禱・清め・湯立に引き続いて、面形の舞を伴う。貞観年間（八五九―七七）の『貞観儀式』の園韓神祭《そのからかみのまつり》に「御神子先廻庭火供湯立舞」とあり、このころには神子による湯立が行われていた。また備前一の宮吉備津彦神社（岡山県）の一三四二年（康永元）の「一宮神法」には「ミ子、法者衆湯立釜廻りと申す事ハ、旦那のあつらえ祈念次第ノ物也」という湯立の記事がみえる。現在の湯立神楽は、秋田県平鹿郡大森町波宇志別神社の保呂羽山霜月神楽、三河の花祭（愛知県北設楽郡東栄町・豊根村・津具村）、信濃の遠山祭・冬祭・お清め祭（長野県下伊那郡上村・南信濃村・天竜村）、遠江の霜月神楽（静岡県静岡市、榛原郡本川根町・中川根町・川根町、藤枝市）、静岡県伊豆三宅島の巫女神楽など

湯立神楽　岩手県黒森神楽の湯立託宣

で、霜月に行われている。これらの源流は、天文年間(一五三二―五五)の歌本の記録などから、今は絶えたが伊勢神宮の外宮で行われていた伊勢神楽と推測されている。その構成は、神楽役の者が四句・二句の神歌を歌い、巫女が湯立をし、神歌に合わせて舞い、祈願の趣を述べる。神々の名前をあげて、神楽を参らせ、湯の花を差し上げる、というものである。湯立を伴う霜月の神楽の特色は、正月を迎えるにあたっての清め・禊の神事にあり、五穀豊穣を祈り、千秋万歳を願う祭にある。だから湯立をして神々に湯を献上し、氏子たちも清まり、湯による清めにより鎮魂が行われる。この神楽は、頭屋に斎庭を設え、ここに竈を築いて釜に湯を沸きたぎらせ、その湯を勧請の諸神に献じ、頭人をはじめ、祭に集った人たちも同じ湯を受けて清まり、巫覡《ふげき》が神がかりして神々の託宣を乞い、頭人の鎮魂を行う神事であるとも考えられている。また霜月の神楽には、生まれ清まりの考え方がある。かつて年少の子供が湯立の湯を浴びることを産湯の次第と称し、また六十歳を過ぎた大人が浄土入りをするなど擬死再生と結びついた考え方があったという。霜月の湯立神楽は年の替わり目にあたり、人も新たな魂を身に付けて、ともに新たな復活を願ったものである。一方宮城県牝鹿郡の法印神楽、岩手県陸中沿岸の黒森神楽、神奈川県足柄下郡箱根町宮城野の湯立獅子舞などは、霜月の時期ではなく、祭礼の折に湯立を行い、神楽や獅子舞を伴う。これらも神霊の祝福を願い、悪魔を祓うとの願いからでたもので、神々を舞庭に勧請し、湯を献上し、氏子たちも清まる事を目的に行われている。↓霜月神楽《しもつきかぐら》

[参考文献] 本田安次「湯立神楽とその信仰」(『本田安次著作集』二所収、一九九三)、同「伊勢と請願」(同)、同「霜月神楽之研究」(同六所収、一九九五)　(神田より子)

ゆだてししまい 湯立獅子舞　神奈川県足柄下郡箱根町仙石原の諏訪神社の三月二十七日の例祭と五月五日の金時神社祭と、同町宮城野の諏訪神社の七月十五日の例祭で行われる、湯立を中心に行われる大神楽系統の二人立の獅子舞。仙石原では一七七六年(安永五)に甲斐国郡内吉田村(山梨県富士吉田市)から伝わったとされ、以前は、長男が一定期間宮籠りをして、神池での水垢離や別火潔斎によって身を浄めて演者を勤める青年男子の成人儀礼として行われていた。祭礼当日は、笛と太鼓と歌にあわせて宮舞・剣の舞・行の舞・宮巡りの舞を行い、それに続いて湯立が行われる。湯立では、境内に大釜を据えて湯を沸かし、獅子が釜の四方を巡って幣束と刀で祓い、釜に向かって印を結んだ後、祭壇に供えてあった湯笹で釜の湯をかき回し、湯笹を引き上げて神前と参列した氏子の頭上に湯花を散らす。宮城野の場合も、通過儀礼として行われていたこと、獅子舞や湯立の次第などは仙石原とほぼ同じであるが、宮城野にはほかに、疫神送りと虫送りの呪法が伝わっている。また、両地ともに舞方の作法や獅子舞の意味などを詳細に記した『神楽字引』と題された秘伝書が伝わっている。現在、二ヵ所以外に静岡県御殿場でも、仙石原から明治期に習得した同様の獅子舞が行われている。湯立獅子舞は、通常は別々に行われる場合が多い湯立と獅子舞が、獅子みずから湯立を行うという形式で結び付いた珍しい事例として注目される。

[参考文献] 永田衡吉『神奈川県民俗芸能誌(増補改訂版)』、一九八七　(笹原　亮二)

湯立獅子舞

ゆたんぽ ゆたんぽ　容器に湯を入れ、布で包んで蒲団に入れて暖をとる器具。金属製・陶製・合成樹脂製などがある。湯湯婆《ゆたんぽ》とも書く。江戸時代初期に中国から移入されたらしい。それまでは温石《おんじゃく》(石を熱して布でくるんだもの)が使われた。かつて家庭の常備品だったが、室内暖房の充実により、不要になり、一九七〇年代には一時廃れた。しかし、近年その柔らかな熱放射と一酸化炭素や臭気を出さない安全性のため見直されてきた。タンポは唐音で、中国音の転用との説もあるが、柳田国男は、タンポは器を叩いた時の音の連想と述べている。

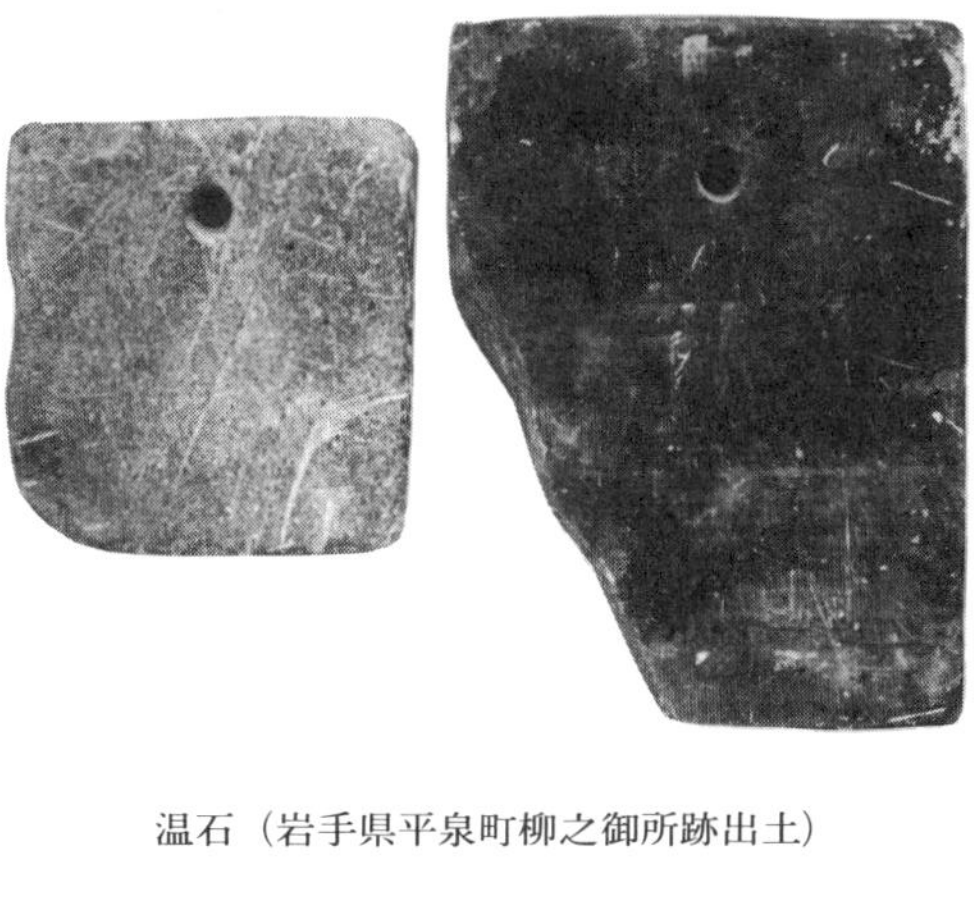

温石(岩手県平泉町柳之御所跡出土)

[参考文献] 柳田国男「方言と昔」(『柳田国男全集』一二所収、一九九〇)　(中田　功一)

ゆびきり 指切り　約束などの印として、互いに小指をまげてかけ合うこと。げんまんともいう。約束としての指切りは江戸時代、遊里において男女がお互いの愛情を確かめるために指を切ったことに由来するといわれる。子どもたちの間での約束の指切りは「針千本飲ます」などというように、約束を破ったとき、相手に罰として非常な苦痛を与えることになっている。また、指切りの時

の小指を曲げた状態は鉤の形に似ているが、これは鉤引きのように鉤形の棒などで神意をうかがい占うことに関係しているといわれる。野菜や果樹を人さし指でさすとさされた野菜や果樹が腐るといわれるが、逆に蛇をさした時、人さし指が腐るので親指で輪をつくり「指切り、指切り、こん指、腐んな」と唱えながら輪の中に息を吹きこんでもらい仲間の人さし指で輪を切ってもらう。また他所者の病人を指さした時、ツバをはき人さし指と親指でつくった輪を仲間の人さし指で切ってもらう。これらの呪《まじな》いとしての指切りは蛇や病気のおぞましき力が自分に感染することを避けるために行われる。指という身体の先端にある部分から侵入する悪しき力はそこで断ち切らなくてはならないと考えられていたからである。また子どもたちの遊びにエンガチョがある。エンガチョとはやしたてられた子どもは鬼ごっこの鬼のように仲間を追いエンガチョをつけなければならない。エンガチョを他人につけなければ永久に鬼でいなければならないが、両手の親指と人さし指でくさりの輪をつくり、誰かに「エンきーった」といって、そのくさりを切ってもらうとエンガチョはつかなくなる。この指切りもエンガチョという魔力を避けることであるが、「エンきーった」のエンは縁であり、縁を切るとは無縁のことであり、それは古代・中世にみられたアジールに関係している。

参考文献 桂井和雄「人さし指の俗信」(『土佐民俗』三二、一九七九)、網野善彦『(増補)無縁・公界・楽—日本中世の自由と平和—』(『平凡社ライブラリー』、一九九六)

(野沢 謙治)

ゆみかぐら 弓神楽 神職が弓の弦を打竹で叩き大地の神々を勧請してまつる神楽。備後で明治時代までは広く行われていたが、現在では広島県甲奴郡上下町・府中市・比婆郡西城町などに残る。荒神の式年の祭祀や大山祭のように名や村を単位にする場合と、家で土公祭や年祝いに演じられる場合がある。立ち神楽(舞神楽)に対して、座り神楽といわれる。民家の奥座敷を祭場とし、天蓋を吊して神座の前に青茣蓙を敷き、その上に揺輪を覆せて据え、御座藁と米を入れる。梓弓の弦を上に向けて揺輪に結び付け、打竹で鳴らしながら祭文や祝詞を唱える。上下町の場合は正月に各家に神職を招き家祈禱《やぎとう》や土公祭といって荒神や土公神をまつり清め祓いをする。五席に分かれ、第一席は祓詞・弓始め・神迎えの祭文・初願祝詞の奏上、第二・三・四席では土公祭文を奏する。第五席は手草祭文・祝詞奏上、ついで奉幣加持で、御神楽祭文を唱えて散米の占いで神意を伺う。神送り・弓解き・千道切り、最後に弓を放って千秋万歳となる。比婆郡荒神神楽では神遊びの時は弓を叩いて神意を占うが、神弓祭(地祭)と称して個人の立願で行う場合もある。弓の弦の音(鳴弦)は、呪力を持ち神霊をなごめ囃してその力を活性化させ、邪霊を追い祓うと信じられてきた。近世初期までは法者が死霊を冥途から弓の聴聞で呼び出し、神子《みこ》に憑りつかせて荒口訪《あらくちとぶら》いで生者と対話し、死霊を浄化して舞い浮かべた。弓は青森のイタコや山形のワカサマの死者の口寄せ、ホトケオロシにも使われた。→荒神《こうじん》神楽《かぐら》

弓神楽（広島県上下町）

参考文献 岩田勝『神楽源流考』、一九八三、牛尾三千夫『神楽と神がかり』(『牛尾三千夫著作集』一、一九八五)、鈴木正崇「弓神楽と土公祭文—備後の荒神祭祀を中心として—」(『民俗芸能研究』二、一九八六)

(鈴木 正崇)

ゆみしんじ 弓神事 弓で的を射る神事。馬上より駆けながら射る流鏑馬《やぶさめ》と地上に立って射る歩射・かち弓とがある。神奈川県鎌倉市鶴岡八幡宮の流鏑馬は、藺笠をつけた古式の装束の射手が馬場で馬を走らせながら三ヵ所に立てられた的に矢を放つ。各地の神社でも同様の流鏑馬を神事とする所は多い。流鏑馬は武家社会より興ったもので秋祭に多く、武芸の上達を願う。一方庶民の間では歩射が一般的である。関東地方ではおびしゃの呼び名が多く、西日本で百手神事・弓祈禱などとも呼ばれる。いずれも年頭に行われ、射手は世襲であったり、氏子総代・頭人あるいは特別に選ばれた七歳の男児であったりする。祭の数日前より厳重な物忌みに入る所が多くこれを射手ごもりと呼ぶ。神社の境内で厳しい作法にのっとった麗々しい弓射もあれば、村々の小祠の前で手作りの弓矢を的に当てる素朴なものもある。弓神事の規模の大きさに差はあるが共通するのは、的は必ず射当てるべきものとする例が圧倒的に多いことである。かつて熱田神宮の歩射神事は社人六百家が集まり的射を行なったが、射損じたる者は家を没収されたという。一矢でも射損じると七代にわたって射手になれない所もある。弓射のあと的に小石をぶつける、矢を手で持って的に刺すなどの例は枚挙にいとまがないほど多く、的破り・的壊し・的ふみという言葉が各地の弓神事に残る。従来、弓神事は狩猟儀礼に根ざすとか、神意を卜占するものとかいわれ

ている。また的に鬼を描く例が多いため魔除けとも解されている。しかし関東地方の鬼の的を例にとれば、日月を意味する三本足の烏や兎からの変化と考えられるものも少なからずあり、弓神事を日の出祭といいあるいは的を日の出の的と呼ぶ所もある。

参考文献 萩原竜夫「まつり」(和歌森太郎編『志摩の民俗』所収、一九六五)、萩原法子「弓神事は年占か」(『フォークロア』七、一九九五)、同「弓神事の的のオニ」(『歴史読本事典シリーズ』二三所収、一九九五)

(萩原 法子)

ゆめ **夢** 睡眠中にものを見たり聞いたり感じたりする体験。伝統的思考、民俗的思考においては、霊魂の超自然的な働きによって起るものと考えられてきた。夢をもたらす霊魂の働きには大別して二つの様式が想像されたらしい。一つは睡眠中の人間の身体から霊魂が抜け出して活動するというもの、もう一つは睡眠中の人間のもとを外部の霊的存在が訪れるというものである。抜け出した霊魂の活動体験が夢であるという考えは、多くの民族が共有しており、日本人も例外ではなかった。眠った者の鼻や口から魂が昆虫の姿で飛び出し、その体験が夢として語られる話は、昔話「夢買い長者」をはじめ珍しくない。一方、「枕がみに立つ」という言葉があるように、夢を霊的存在の来訪とみる観念もある。遠方の肉親が夢に現われて今生の別れを告げたとか、神仏や死者が夢で祭祀や供養を求めたという話は多い。昔話にも、神仏が夢に現われて福縁を授ける「味噌買い橋」や「藁しべ長者」がある。この二様の夢観念のうち、前者はシャーマンのトランスを脱魂と意味づける考え方と、後者は憑霊とみなす考え方と連続する。つまり、夢はシャーマンほどの霊的資質やトランス技術をもたない普通の人間が超自然的世界と直接に交渉する回路であった。そうしたところから、夢は通常の方法では得られない情報を獲得する媒体、つまり広義の占いとしての機能を期待された。夢占いにはいくつかの様式が区別できる。夢告《むこう》は神霊が枕がみに立って具体的かつ有益なメッセージを伝えるものであり、正夢と呼ばれるものは隠された事実や未来の出来事をそのまま夢に見るものである。ただ、実際の夢のほとんどはとりとめもない不可解なもので、情報として機能するためには解読、つまり夢解き(夢合わせ)を必要とした。解読のコードは広く開放・共有されている場合と一部の職能者に占有されている場合とがあり、また文字にとどめられているものと口承によるものとがあった。古代の貴族社会では、夢解き、夢あわする人と呼ばれる専門家の活動がみられた。近世中後期には、中国書をもとに、それに民間の伝承を取り入れて夢の吉凶を判じる夢書が相ついで出版された。「一富士二鷹三なすび」を吉夢の代表とする説もこの時代の夢書に登場する。夢書の系譜は現代の高島易断などの夢占い書にも続く。他方、村落社会では口承による夢判じの知識も豊富に伝承されてきた。火事・葬式・蛇・入り船の夢は吉、田植え・嫁入り・魚捕り・出船の夢は凶などという夢判じは広く聞かれるものである。ここには夢書との交渉も認められるが、また地方ごとに独自の知識や相反する判断も伝えられている。夢が超自然的世界と結ぶ回路であり情報源であるところから、夢を見るための積極的な行動もみられた。古代の天皇には一定の手続きによって夢見をして神意をうかがう祭式があり、平安貴族が長谷寺など観音の聖地に参籠したのも夢を授かるためであった。能動的な夢見の伝統は、正月二日(古くは節分や大晦日)に一年の運勢を占う夢を見ようとする初夢の習俗にも受け継がれている。夢を操作することで運命に変更を加えることができるという考え方もあった。吉備真備や北条政子には他人の吉夢を買って幸運をつかんだという話が伝わっている。よい初夢を見るために枕の下に敷く宝船の絵は、本来は悪夢を川に流すための船であったといわれる。悪夢を見たら「夢は逆夢」「獏《ばく》食え、獏食え」などと唱えたり、ナンテンの木にその内容を話すなどというのも、夢を転じ、難を逃れるためで、こうした呪術的措置を夢違《ちが》えと呼んだ。 →初夢《はつゆめ》 →予兆《よちょう》

参考文献 柳田国男「夢と文芸」(『柳田国男全集』八所収、一九九〇)、同「初夢と昔話」(『定本柳田国男集』六所収、一九六八)、松谷みよ子『夢の知らせ・火の玉・ぬけ出した魂』(『現代民話考』四、一九八六)、江口孝夫『日本古典文学夢についての研究』、一九八七、西郷信綱『古代人と夢』(『平凡社ライブラリー』、一九九三)

(小嶋 博巳)

ユモジいわい ユモジ祝い 女性が一人前になったことを社会的に認められる成女式の一つ。ユモジとは女性の腰巻のこと。湯具の女房言葉。腰巻の着用はおとなになったしるしで、その時にユモジ祝いをする。初潮を迎えたときに腰巻をつけるところもあり、早いところでは七歳あるいは九歳というところもあるが、だいたい十三歳で行われるところが多い。千葉県の安房郡では女子の十三歳をいう。腰巻はハダセ、ハダソ、オキャフ、ヒタエホ、ヘコなどともいわれる。男子の初褌の祝いとともに行うところもある。長崎県五島地方では、男女とも十三歳の霜月十五日にヘコ祝いを行う。オジ、オバまたは近親者がヘコを贈る。その時に女子には嫁入りの着物を作り、それを着て宮参りをして、さらに何度も着替えをして見せる。山口県周防大島では、男女とも十三歳でヘコ祝いが行われた。十三歳になると名付け親から女子は赤い腰巻が贈られ、正月中赤飯で近所の女性たちを招いた。人はその成長の経過を着物により象徴し、そのたびごとに儀礼を行うが、女性が腰巻をつけることはその身体的な成長の完成を意味し、婚姻の資格が与えられることであった。そして、ユモジ祝いやヘコ祝いはそれを社会的に披露し、承認してもらう儀礼である。

(蓼沼 康子)

ユラ ユラ 水流によって平らにされた岸の平地をあらわす地名。「ゆらぐ」「ゆる」などという語から転じた。漢字の用例としては、由良・油良・油羅・湯羅など。ユ

リ(由利)という地名も同様な地形をあらわす。海岸線に多くみられる地名。

参考文献 柳田国男「地名の研究」(『柳田国男全集』二〇所収、一九八〇)

(野地 恒有)

ゆりかご 揺り籠 揺り動かすことができるようにした保育具。揺籃《ようらん》とも呼ばれる。麻袋を天井から吊り下げてその中に幼児を寝かせたものがヨーロッパでの古い形といわれている。日本では、ツグラやイジコと呼ばれる藁や竹でつくられた保育具の中に赤ん坊を入れて、親たちは仕事にでかけることがあり、その器具を揺れるようにした。青森県三戸郡では、イジコカゴに数本の紐を通し、竹でアシをつくったものに吊しておいた。仙台地方でもエジコを梁から吊して赤ん坊が泣くとゆすったりした。

↓イジコ

(蓼沼 康子)

ゆりわかだいじん 百合若大臣 一連の百合若物と呼ばれる作品の主人公で架空の人物。左大臣きんみつの子。嵯峨天皇の時代、大和初瀬の観音の申子として生まれた百合若は十七歳で右大臣に上り、三条壬生大納言の姫と結婚した。蒙古来襲に際し出陣し大勝したが帰途、家臣別府兄弟の裏切りで玄海の孤島に取り残された。別府兄弟は帰国して百合若が死んだと偽り国司となり、百合若の妻に求婚する。しかし宇佐八幡の神助か、百合若は飛来した愛鷹緑丸の助けで妻と連絡が取れ、釣り人の舟で筑紫に帰り、苔丸と名を偽って兄弟に仕えていたが、やがて強弓で諸大名を従わせ、兄弟を罰し、妻と再会し、宇佐八幡を修理して日本の将軍となった。本来百合若伝説は北九州を本貫とし、その成立には海人部の伝承と宇佐八幡の信仰が関与したらしいが、やがて幸若・説経浄瑠璃などの語りものや歌舞伎によって東北から沖縄にかけ広域に分布した。各地の百合若伝説はさまざまの形態をとるが、地域によってその集中傾向がうかがわれる。たとえば彼をダイダラボッチ系の巨人とする伝承は関東に、弓に関するものは瀬戸内海から九州北岸に、異国退治と海洋漂流譚は沖縄に集中する。長崎県壱岐では桃太郎の鬼退治譚に近くなっている。この中で特に多いのは緑丸に関するもので、東北から沖縄にかけて広く遺跡が存する。たとえば『名取郡誌』によれば、永承年間(一〇四六―五三)、征夷大将軍由利若大臣が名取鎮所の武隈府館に来任の時、夫人が夫の不自由を思いやり、小硯を鷹の翼に付けて放ったが、鷹はその重さに耐えかねて墜死し、石になった。この石を鷹石とも緑丸石ともいい、宮城県名取郡某村に存するという。『筑前旧誌略』下によれば、筑前の玄界島に小鷹明神あり、嵯峨朝に百合若大臣の愛鷹緑丸をまつったとされ、また『肥後国志』五によれば、益城郡南郷の緑ノ宮は同じく緑丸をまつったものという。このように主人公の愛鷹は多く寺社にまつられるが、これは鷹を幽界の使者とする信仰と緑丸の伝承とが結びついた結果であろう。『新日本古典文学大系』五九、『近代日本文学大系』二六、『説経正本集』二、『新群書類従』八、『新型名著文庫』一などに所収されている。

参考文献 中山太郎「百合若伝説異考」(『日本民俗学論考』所収、一九三三)、前田淑「日本各地の百合若伝説」(『福岡女学院短期大学紀要』五・六、一九六九・七〇)、同「百合若説話の成立に関する一試論―主人公の出生命名譚をめぐって―」(同七、一九七〇)、山口麻太郎「百合若説経」(『山口麻太郎著作集』一所収、一九七三)、永積安明「沖縄の百合若伝説」(『中世文学の可能性』所収、一九七七)、金関丈夫『木馬と石牛』(「岩波文庫」、一九九六)

(山本 節)

ユング Jung, Carl Gustav 一八七五―一九六一 スイスの精神科医で分析心理学の創始者。彼は夢や精神疾患者の幻覚・妄想が神話・伝説・昔話と共通の基本的パターンの上に成り立っていることを見出し、そのパターンを元型と呼び、また人間の無意識には個人的な生育史に由来する個人的無意識のほかにも、それを超えて先天的に備わった広く人類に普遍する集合無意識(普遍的無意識)があると捉え、元型が後者に存在すると考えた。民俗学では昔話や宗教的象徴、儀礼の分析に、この元型をあてて解釈する研究が増えつつある。

(岩本 通弥)

ユンタ ユンタ 沖縄八重山諸島の伝承歌謡の一部門。三線《サンシン》の伴奏を伴わない、八重山の庶民の伝統的な歌謡の代表である。語源については喜舎場永珣の「詠み歌」説(心の思いを詠んだ歌の意)に対し、宮良当壮の「結い歌」説(共同労働の場であるユイで歌われる歌の意)がある。歌詞の形式は対語・対句を重ねて事件・事柄を叙事的に展開する、南島歌謡の伝統的形式を保持している。内容は一般に世俗的で、男女の情愛、孤児の悲哀・青年男女の遊興・性・労働・立身出世といった社会生活の諸面にみられる出来事を物語的にうたうものが多い。歌唱の場は共同労働の場(ユイ)で、労働の単調と苦痛を忘れさせるものであったとされる。この労作歌謡としての性格は、独唱や斉唱といった単純・素朴な歌唱形式から、甲乙二つの集団による分担歌唱や、分担が交互に入れ替わる交互歌唱といった複雑な歌唱形式を生んでいる。しかし、ユンタの全部が労作歌謡というわけではない。村落の重要な祭祀の場でもうたわれている。すなわち神行事である祭祀を構成する不可欠な要素としてのユンタが存在する。たとえば、プーリ(稲の豊穣を感謝し、さらに祈願する祭)や、アマグイ(雨乞い)などでは数々のユンタが神歌・祭祀歌謡としてツカサ(司=神女)や男性祭祀集団などの特定の歌唱者によってうたわれている。なお、民族音楽学的には、ジラバ(語源未詳。祭祀や労働の場でうたわれ、三線の伴奏はつかない。ユンタと並ぶ八重山の伝統歌謡の一部門である)とユンタの間に明確な違いはみられないという。「アサトヤ(安里屋)ユンタ」は有名。『南島歌謡大成』八重山篇に二百三十七篇を収録。

参考文献 喜舎場永珣『八重山古謡』、一九七〇、宮良当壮「八重山古謡」(『宮良当壮全集』一一所収、一九八〇)

(波照間永吉)

よ

よいのみょうじょう　宵の明星　夕暮れ時に一段と明るく輝く金星のこと。『万葉集』の中では明の明星は明星《あかぼし》、宵の明星は夕星《ゆうずつ》として出てくる。『万葉集』ではこのほかに取り上げられている星は牽牛・織女のみである。朝夕の食事の準備の目安として金星をメシタキボシと呼んだり、出現時刻を魚の釣れるときとしてイカボシなどと魚名で呼ぶ例は各地の漁村で報告されている。一方、その位置が一定せずに季節のあてにはできないことから宵の明星をトキシラズと島根県下では名付けている例もある。

参考文献　内田武志『日本星座方言資料』、一九四九　（佐野　賢治）

ようかい　妖怪　不安や恐怖をかりたてる不可解な出来事や不思議な現象、またそうした現象をもたらすと考えられている超自然的な存在。一般には妖怪といえば、異様な姿と不思議な力をもった超自然的な存在と認識され、災いを引き起す畏怖の対象としてさまざまな姿や属性が創造されてきた。それらは、人知では解し難い現象に遭遇したときの人々の知識と想像力が生みだした説明のあり方ということもできよう。今日、私たちが確認できる妖怪の多くは、伝承の過程で形づくられた具体的で類型的な妖怪像だといってよいが、妖怪のイメージが形成される背景には、口頭伝承のみならず、各種の文芸や絵画・芸能などとの影響関係を考慮する必要がある。妖怪という言葉が広く用いられるようになったのは明治以降で、哲学者で妖怪研究に力を注いだ井上圓了の影響が大きいといわれる。妖怪のほかにも、お化け・化け物・変化《へんげ》・あやかしなどいくつもの呼び名があり、それぞれに異なる意味合いを帯びているが、必ずしも明確に区別されているわけではない。江馬務は『日本妖怪変化史』(一九七六)で「妖怪は得体の知れない不思議なもの、変化はあるものが外観的にその正体を変えたものと解したらよいであろう」と述べ、変化を人間・動物・植物・器物に分類し、狐狸の化けたものや幽霊・死霊などは変化として扱っている。柳田国男は『妖怪談義』(一九五六)のなかで、お化け(妖怪)と幽霊の区別について次の三つをあげている。㈠お化けは出現場所が決まっているが幽霊はどこにでも現われる。㈡お化けは相手を選ばないが幽霊は決まった相手のもとに現われる。㈢お化けの出現する時刻は宵と暁だが幽霊は丑三つ時である。両者の違いからその特徴を浮き彫りにしようとした興味深い指摘だが、あくまで一つの目安であって、これにあてはまらない例も多い。民俗学の立場から妖怪を論じた柳田の研究は、個々の妖怪の考察をはじめ妖怪語彙の収集と分類など多方面に及んでおり、その成果は今も重要な意義をもっているが、検討すべき問題も少なくない。たとえば、妖怪は信仰の衰退に伴う神霊の零落した姿だとする仮説を提起した。「一目小僧」(一九一七)の論考でも、この妖怪にまつわる伝承の特徴を手掛かりに過去の信仰への遡及を試みているが、そこには古い信仰が力を失った結果、神が零落して妖怪になるとの認識が示されている。こうした考えは、その後の研究に多大な影響を与えてきたが、しかし、妖怪を神の零落という一元的な変化として捉えるだけでは説明できない部分が大きい。妖怪から神への変化もあったであろうし、そのどちらの変化も辿らなかった場合も当然想定される。妖怪を神観念の否定的な部分だととらえ、妖怪とみなすかどうかは、否定的に把握されるかどうか、つまり人間との関係のあり方によって変化するとの見解も示されている。　→化け物《ばけもの》

参考文献　井之口章次「妖怪と信仰」(『日本民俗学会報』三四、一九六四)、宮田登『妖怪の民俗学―日本の見えない空間―』(『同時代ライブラリー』、一九九〇)、小松和彦『妖怪学新考―妖怪からみる日本人の心―』、一九九四　（常光　徹）

ようかぶき　八日吹き　十二月八日(地域によっては二月八日)は風雪が強い神荒れの日として仕事を休むこと。物忌や禊祓を行う。ようかびき・吹雪八日ともいう。島根県では、ようかやきという団子餅に針を立てて針供養をした。愛媛県では、豆腐を味噌で焼いた田楽《でんがく》を食べ年中の嘘払いとした。京都府丹後地方では、蒟蒻《こんにゃく》を振舞った。島根県隠岐地方では、この日だけは嘘をついてよい商人の祝いとした。この日荒れると来年は豊作という。→事八日《ことようか》　→針供養《はりくよう》　（藤井　昭）

ようかん　羊羹　小豆や白隠元などを煮て餡をつくり、寒天で固めたものをいう。羹はあつものと読み、肉や野菜を煮たもののことを意味する。中国の羊の内臓や骨髄を煮込んだものを真似たのがはじまりだという。茶道が隆盛し、砂糖が普及した室町時代以降、工夫が重ねられ菓子屋で販売するようになった。民間では、砂糖を大量に使う羊羹は、正月や婚礼の菓子として珍重された。餡ではなく、砂糖汁にクルミなどを混ぜた寒天の寄せ物もハレの日の御馳走である。　（山崎　祐子）

ようごう　影向　神仏が一時的に来臨すること。おそらく中世以降、神仏習合思想に基づいて社僧らが用いた語であろうが、広く民間へも流布した。各地に影向石・影向松の伝説が語られており、また射楯兵主神社(兵庫県姫路市)には影向祭と称す臨時祭がある。このうち影向石は、拝み石・神の御座《みくら》石とも呼ばれ、神の来臨する場所に置いてあり、そこへ近づくことを禁じているので、人々は遠くからこれを遥拝している。また影向松で有名なのは春日大社(奈良市)の一の松で、ここへ春日神が鹿島から来臨したという。春日若宮御祭に、この松の前で翁芸が

奉納されている。

参考文献　柳田国男「腰掛石」(『柳田国男全集』一四所収、一九九〇)、石上堅『石の伝説』、一九六三

(三橋　健)

ようごういし　影向石　神仏が顕現した石のこと。京都西芳寺庭園、池の西側の石組みの中に注連縄《しめなわ》を張った石があり、その石は松尾大社の神の影向石だと伝えられる。影春日大社社頭の赤童児出現石も影向石の一つである。影向石は磐座《いわくら》の一種であり、高僧の説法石・坐禅石などと呼ばれる石も影向石の系譜に属するものだと考えてよかろう。　↓磐座《いわくら》

参考文献　野本寛一『石の民俗』(「日本の民俗学シリーズ」一、一九七五)

(野本　寛一)

ようさん　養蚕　昆虫である蚕を飼育し、生糸の原料となる繭を得るための生産活動。養蚕農家では蚕のことをオコサマ、オカイコサンなどと敬称を付けて呼んでいた。明治後期までは、春蚕だけの年一回飼育が一般的であった。現在は一年に五回(春蚕《はるご》・夏蚕《なつご》・初秋蚕・晩秋蚕・晩晩秋蚕)飼育できるようになっている。「晩秋と味噌汁はあたったことがない」といわれるように、晩秋蚕の飼育は難しかった。また、天候の影響(霜害・雹害)などで、餌の桑を与えること(給桑)ができないため、時には蚕が全滅することもあった。病気にかかって投蚕せざるをえない年もある。養蚕業の歴史は蚕の病気との戦いの歴史でもあった。蚕はあたりはずれが多く、養蚕業は投機性を伴っており、運虫《うんむし》などと呼ばれた。飼育に先立ち蚕室や蚕具の準備がある。専用蚕室がない場合は、母屋を飼育空間とするために畳を上げ、板の間とし、密閉育時代には新聞紙で部屋の隙間を目張りした。近くの川で蚕籠ほかの蚕具を洗ったが、これを籠洗いと称した。温度・湿度・空気などを適切に管理して予定の掃き立て日にそろって蚕卵を孵化させる。これを催青という。孵化したばかりの蚕は毛蚕といい、羽根でていねいに掃きおろし、細かく刻んだ桑を与える。その後、蚕はシジ休み、タケ休み、フナ休み、ニワ休みと四回の休みを繰り返すたびに脱皮をして成長する。「蚕が始まると帯を解かない」といわれるように、飼育期間中の女性はたいへん多忙となる。蚕の成長に伴って蚕籠の枚数も増加し飼育空間も広がる。家族の寝る場所も占領され、コノメ(蚕棚)の間に寝る状態であった。現在は上蔟《じょうぞく》に回転蔟《かいてんまぶし》を使用している。それに至るまでは枝蔟《えだまぶし》、藁製蔟(手折・機械折)、竹製蔟などいろいろと改良が行われた。枝蔟は筏にその形状が似ているところから筏蔟と呼ばれた。最も原始的な蔟で地域により異なるが大正初期まで使われていた。蚕がズー(熟蚕)になるとオコアゲ(上蔟)である。養蚕の盛んな地域では、上蔟時に学校を養蚕休業とする場合もあった。かつては、子どもたちも貴重な労働力であった。上蔟が終ると手伝い人を招待し上蔟祝いを盛大にした。御馳走をたくさん用意し慰労をした。一定期間おいて繭ができると、一つ一つ掻いた。繭掻きは女性の仕事で木鉢に入れて拾った。群馬県伊勢崎市倭文《しどり》神社の田遊びは、祭に使用した竹を蚕箸に使うために競って奪い合う光景がみられた。養蚕県群馬ではこのように本来稲作の祭であっても養蚕に引きつけて考えられた。神社仏閣も競って養蚕信仰の一翼を担おうとした形跡がみられる。蚕繁盛のお札発行、鼠除け祈禱などが行われた。鼠除けは蚕にとって大敵である鼠に対する俗信で、猫絵・猫石・猫地蔵など、猫に関連したものが多い。小正月には繭玉をはじめ養蚕関係の習俗が多く見られる。なお、蚕に類似したものに山繭(天蚕)がある。樝の木などに薄緑色の繭を作る天然の蚕である。染色は不可能であるが、山繭織りは艶のある幾分太めの薄緑色の糸で古くから珍重された。山繭の着物を着るとワニ(鮫)が出て、海を渡れないという伝説もある。　↓蚕神《かいこがみ》　↓蚕影《こかげ》　↓繭《まゆ》

養蚕　稚蚕の世話

参考文献　群馬県教育委員会編『群馬県の養蚕習俗』、一九七二、井上善治郎『まゆの国』、一九七七、嶌村真也・板橋春夫「伊勢崎地方の養蚕習俗と養蚕具」(『群馬県立歴史博物館紀要』三、一九八二)、最上孝敬『生業の民俗』、一九八三、板橋春夫「養蚕具の発達と習俗」(『日本民俗研究大系』五所収、一九八四)、群馬県立歴史博物館編『カイコのいるくらし—群馬の養蚕—』、一九八六、長野市立博物館編『蚕糸業にみる近代の長野盆地』、一九九〇、伊藤智夫『絹』(「ものと人間の文化史」六八、一九九二)

(板橋　春夫)

ようさんきょうし　養蚕教師　一定の地域を巡回して養蚕技術の指導をする人。蚕の先生などと呼ばれた。専業的に蚕種《たね》を製造し販売する知識あるものが、関係する農家に技術指導を行なったのがはじまりといい、明治初年から一九六〇年代前半までが実質的な活動期である。群馬県の高山社や埼玉県の競進社をはじめ、各地に蚕業伝習所がつくられ、増産を目的に農家への技術指導が行われた。この伝習所で教育を受けた人々が養蚕の技術改良

に貢献したが、次第に官制の教育を受けたものが中心となっていった。たとえば、東京の南多摩郡役所には郡農会技手を兼務する産業職員がおり、蚕糸業に主として従事する産業技手として働いていた。「東京府南多摩郡産業奨励要綱」(一九一九)では、養蚕技術員の養成がとりあげられ、「東京府南多摩郡勧業奨励規定」(一九二九)第五章に養蚕技術員養成の項目があり、本郡在住者で東京府原蚕種製造所と府が認定した養蚕講習所で講習を受けた人で、在学中毎月金五円以内の学資を補給する、補給金を受けた人は卒業後五年間郡長の指定する勤務に従事する義務を負うことなどが定められている。養蚕教師は養蚕神の情報を伝えるなど、コカゲサンの札を配布したりして養蚕信仰の伝播にも関与し、大正ころまでは蚕の飼育指導に限定されていたが、昭和になると取引の形態が変化して共同催青から出荷の監督、等級の査定までその仕事の範囲は拡大された。

参考文献 『南多摩郡史』、一九二三、東京都経済農業協同組合連合会編『東京都蚕糸業史』、一九七八、新井清「神奈川の養蚕信仰」(『民具マンスリー』一六ノ九、一九八三)

（佐藤　広）

ようし　養子　実子以外の者に実子と同じ身分を与え、人為的あるいは擬制的に親子関係を結ぶ慣習、あるいは法的制度。その行為によって実子の身分を得る者も養子と呼ぶ。日本の現行民法では、嫡出親子関係にない人々の間に法的に嫡出親子関係を創設する内容となっており、庶子も含まれる点でその概念は広くなっている。養子の目的は、収養側の利益と養子側の利益に大別され、古くから祖先祭祀の継承や財産相続を目的とした前者の養子が主流であり、孤児や私生児に家族を与えるという児童の保護と福祉を目的とした養子制度は、家父長制家族制度を脱した欧米諸国において第一次世界大戦後に成立した。養子は、家族・親族組織や祖先祭祀の組織などの社会制度と関連し、時代や社会によってさまざまな形態が存在した。中国においては、父子の父系血縁による系譜の継承が重要で、父系血縁を有する男子のみが祖先祭祀の義務と権利をもっていた。祖先祭祀の継承を目的とした中国の養子は、過継子や過房子などと呼ばれ、同一父系血縁をもつ同姓あるいは同宗で、養父の一世代下の男子(同宗昭穆《どうそうしょうぼく》相当)という血縁・世代・性による規制があった。朝鮮半島においても基本的には中国と同様であった。これに対して、日本では、現行民法以前においては、イエのための養子が主体であった。日本のイエは、家父長制家族を基本に、その家産や家業および家名や家紋などの象徴なども含む社会的存在であった。イエの継承は、長男子相続に代表される一子相続によるが、家族の血縁による系譜的継承だけでなく、経営体としてのイエあるいは家族を超えた社会的存在としてのイエの継承をも含むので、父—息子という父系血縁による継承を絶対的としないところに特徴がある。同姓の近親者が優先されてはいるが、妻方や母方など異姓の近親者も可能であるし、非血縁者を養子として家筋を継承することもできる。そのため、日本では多様な養子形態が存在してきた。中でも、特徴的なのは聟養子である。それは、女子と婚姻縁組すると同時にその父親と養子縁組することによって妻方のイエを継承する非血縁養子である。養父に男子がいない場合だけでなく、男子がいても幼少であったり不適格と判断された場合にも聟養子が行われる。子がなく、養女をとってそれに聟を迎える場合もある。また、成人した夫婦が他人の養子となる夫婦養子や絶家を買い取って再興する買養子も非血縁養子である。世代規制も厳密ではなく、弟を養子とする順養子は、近世の武家の間にもよく行われた。これらは、家督相続を目的とした相続養子である。その他、家督相続を目的としない、奉公人養子や躾約束の養子など労働力確保を目的としたもの、一時身分の高い者の養子となって身分を格上げする腰掛養子や兵役逃れの兵隊養子などの便宜的な養子など多様な形態があった。それは、日本のイエあるいはオヤ、コが、父系血縁者に限った排他性をもたず、非血縁者をも受け入れる柔軟性をもっていたことと関連している。

→順養子《じゅんようし》　→夫婦養子《ふうふようし》　→聟養子《むこようし》　→養い子《やしないご》

参考文献 竹内利美『家族慣行と家制度』、一九六九、青山道夫他編『家族・親族・同族』(「講座家族」六、一九七四)、大竹秀夫・竹田旦・長谷川善計編『擬制された親子—養子—』(「シリーズ家族史」二、一九八八)

（小熊　誠）

ようじ　楊枝　歯牙を掃除する用具であるが、和菓子などを食べるのにも用いる。楊枝は早くインドで用いられ、中国に伝えられて仏教僧徒のあいだで用いられ、七病を除去する仏教七物の一つに数えられた。これを楊枝というのはもともと楊柳を材料として作ったからである。日本へは仏教の伝来とともに伝えられたとされる。平安時代には上流貴族や僧侶のあいだに用いられ、『僧祇律』『壒嚢抄《あいのうしょう》』などによるとその寸法は三寸(約九センチ)を最小とし、一尺二寸を最大としたとあるが、形態や詳細は不詳である。その後、次第に普及し江戸時代にはひろく庶民のあいだにも用いられるようになった。当時、豊前国立石村・河内国玉串村は楊枝木の産地として知られ、京都では四条京極から祇園町にかけて、江戸では浅草の浅草寺境内などで楊枝を製造、販売する専門店もできていた。この時代の楊枝はおおむね四寸から六寸程度の長さのもので、柳、白楊、贅《こぶ》柳、クロモジ、カンボク、桃、杉、竹などで、柳や桃は邪気をはらう呪力があり、柳、クロモジ、カンボクなどは口に入れて嚙むと香気があり、好まれた。種類は総楊枝(房楊枝)・平楊枝・殺《そぎ》楊枝・穂楊枝・紋楊枝・小楊枝など各種のものがあった。総楊枝は先端を叩き砕いて房のようにし、今日の歯ブラシと同じ用途をもち、平楊枝は平らに削った長楊枝で茶菓子用、殺楊枝は松・杉などの割木を削ったもの、穂楊枝は小楊枝より大きめでクロモジの皮を残して削ったもの、紋楊枝は歌舞伎役者などの定紋入り、小楊枝は小さく細い楊枝で今日の爪《つま》楊枝である。これはもっぱら歯牙の掃除用である。

[参考文献] 宮本馨太郎『めし・みそ・はし・わん』(「民俗民芸双書」、一九七三)　(岩井　宏實)

ようじそうほう　幼児葬法　幼児に対する特別な葬法。幼児と成人の葬法との相異点は古くから注目されてきた。幼児が死亡した場合、成人と比較して簡略に葬り、墓を作らず、僧侶も呼ばず、蜜柑箱などに入れて夜の間に隠れるようにして埋めるということが多かった。埋める場所についてもさまざまな議論があるが、赤子塚や子墓と呼ばれる共同の場所や、流産や早産、一歳未満の乳児の場合は屋敷地内や家屋内の床下に埋めることが多かった。沖縄県宮古島では幼児の死体を縛ったり釘を打ち込んで遺棄する事例もかつてはあった。これらの幼児葬法については、二通りの解釈ができる。一つは「七歳までは神の内」といわれるように、子供の霊魂はまだ不安定な状態であの世へ戻りやすいと同時に再生もしやすい、というものである。床下に埋めるのも家の子としての再生を期待するからであるとされ、棺に草鞋の片方を入れるとすぐに次の子ができるなどという事例(長崎県高来郡など)もある。再生のためには仏教の力によって十万億土に行かされぬようにと、生臭ものの魚を口にくわえさせたり、棺に入れたりして埋葬する事例(青森県三戸・愛媛県宇和島など)もある。もう一つの解釈は、逆に再生を阻止するためという説である。かつては間引きされた新生児も多く、いらぬ子が再び再生しては困ると考えられたり、あるいは流産をするような邪悪な霊魂を持つ子が再び胎内に宿らないようにと考えたと解釈できる。またこの説は、幼児の死者を無縁仏とすることとも関係する。未婚の死者を無縁仏に含む地域が多く、その葬儀は大人でも簡略なことが多い。名付け前あるいは一歳未満は無縁仏にも数えない地域もあるが、多くは無縁仏とされる。祟りの強い無縁仏は封じ込めねばならない。また、幼児の墓に備え付けられた籠に花や石を四十九日間入れ続けねばならないという事例(新潟県佐渡・長崎県壱岐島・青森県五戸など)は産死者のための流灌頂にも類似している。正常な祖霊化をしない危険な霊としての処遇を幼児葬法にみることも可能である。また別に、幼児葬法は特別なのではなく、前代の葬制が残っていると見る説もある。→赤子塚《あかごづか》　→子墓《こばか》　→水子供養《みずこくよう》

[参考文献]『日本産育習俗資料集成』、一九七五、柳田国男「子墓の問題」(『(相模民俗学会)民俗』六一、一九六五)、大島建彦「先祖と無縁仏」(『西郊民俗』一三、一九六〇)、『(相模民俗学会)民俗』四〇(子墓特集、一九六〇)、田中久夫「子墓―その葬制に占める位置について―」(『(日本民家集落博物館)民俗』二九、一九六五)、大間知篤三「幼児の生命」(『大間知篤三著作集』四所収、一九七八)、小島瓔禮「未完成霊」(『日本民俗研究大系』四所収、一九八三)、千葉徳爾・大津忠男『間引きと水子―子育てのフォークロアー―』(「人間選書」六七、一九八三)、波平恵美子「異常死者の葬法と習俗」(『仏教民俗学大系』四所収、一九八八)　(浅野　久枝)

ようじゅつ　妖術　英語の witchcraft の訳語。人に害を与える神秘的な力に対する信仰のうち、相手に敵意とか嫉妬をもつと、本人の気づかないうちにその力が相手に作用して、病気にしたり殺したりしてしまうと信じられている無意図的なものを妖術といっている。それに対して、邪術 sorcery は、呪いを行なったり呪文をとなえたり意図的に相手に害を与えようとするものをいう。日本の憑物信仰は、世界的にみれば精霊憑依信仰の一種だが、憑物持ちとされる本人が意図しなくてもその家の動物霊や本人の生霊が相手に害を与えるとする点では妖術信仰に似ている。　(板橋　作美)

ようすい　用水　生活のための水、生産のための水、両方をふくめ、水を利用する行為を意味する。古来、水田農耕を主体としてきた日本の地域開発は、用水開発の歴史でもあった。用水の水源としては、河川水・溜池・地下水・湖沼水などの種類がみられるが、河川の流れの途中に溜池をつくって一時貯留をするような場合もあり、必ずしも厳密な区別ではない。水の自然条件以上に過剰に開発した地域では、「水の一滴は血の一滴」とさえいわれたほど、水不足は深刻であった。それゆえに、水の配分をめぐっては、さまざまな社会組織(水利組織)がつくられてきた。これらの水利組織は、水の配分組織であると同時に、年々繰り返される堀さらいや土手の補修など修繕管理のための労働組織でもあった。水利組織は日本の地域社会の基礎単位である自然村と強くむすびついている。また各地の集落のなりたちをみると、農業用水路は集落の中にひかれ、生活用水(使い水や飲み水)となり、生活用水路の部分では、流れ水を繰り返し使えるように清浄さを保つためのしきたりや、水神信仰などもみられた。また日本人になじみの深い、フナ、ドジョウ、蛍、シジミなどの生き物も、農業用水路や生活用水路に適応した生き物であり、これらが生息し飯粒など人間の排出物をエサにすることで、水の浄化にも貢献していた。

[参考文献] 喜多村俊夫『日本灌漑水利慣行の史的研究』各論篇、一九七三、玉城哲『水社会の構造』、一九八三　(嘉田由紀子)

ようすいき　揚水器　主に自然に水が田に入らない場合に使用する道具。動力ポンプの普及以前には各種の道具が用いられた。一番簡便なものとして桶に取り付けた吊り縄を二人が持って水をかけるフリツルベがある。全国的に普及したものに水車(踏車・蛇車)が見られる。これは水路にすえ、足で踏車の羽根を回転させ、胴(鞘)の中に入った水をかき揚げて胴の先の樋から田に入れるものだが、大蔵永常の『農具便利論』(一八二二)には寛文年間(一六六一―七三)に大坂農人橋の京屋七兵衛・清兵衛が製作し、宝暦―安永年間(一七五一―八一)に各地に広まった

と記されている。同書では踏車の普及によって竜骨車《りゅうこつしゃ》(りゅうこしともいう)の利用が後退したことがわかる。竜骨車は現存するものを見ると、前方と後方の歯車に連鎖したツバをかけ、前方の歯車に取り付けたクリ手で回して水をかき揚げるようになっている。踏車に比べ、運搬に手間を要し、こわれやすいため、その使用が減少したと考えられる。また、踏車を小型にした羽根を手で回転させる手回し水車も利用された。以上のほかに、スッポン、ゴイ、竜尾車などがある。スッポンは筒状の箱の中に棒を入れ、弁の開閉で水を汲み上げるものである。ゴイは樋状の箱の中に柄杓を入れ、水を汲み上げる道具である。竜尾車は佐渡の金山の坑内で利用されたもので、筒の中に螺旋状の羽根を入れ、取っ手で軸を回転させると、水が羽根を伝わって吸い上げる道具である。→水車《すいしゃ》 →釣瓶《つるべ》 →踏車《ふみぐるま》 →竜骨車《りゅうこつしゃ》

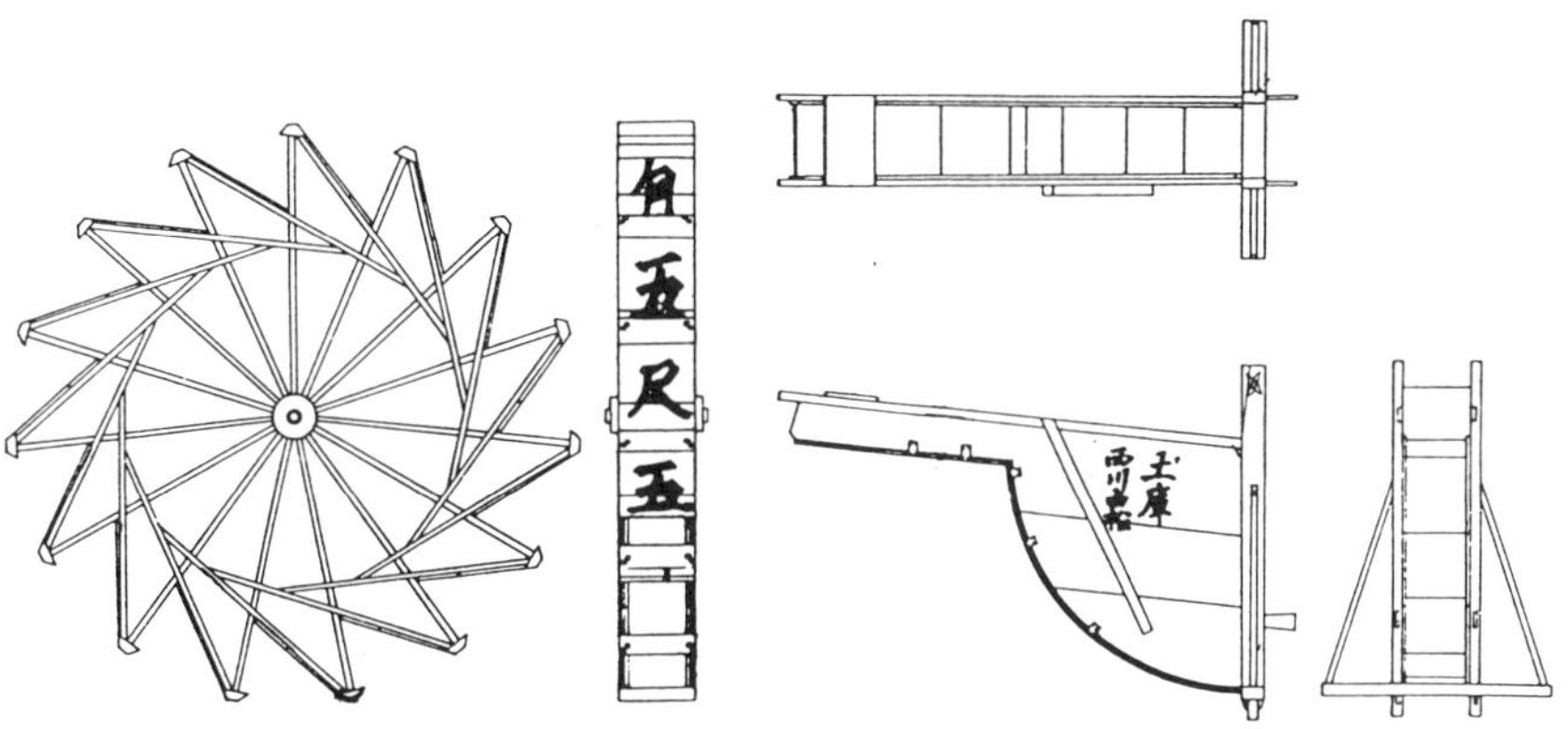

踏車(奈良県大和高田市)

参考文献 関啓司「近江八幡の竜骨車」(『民俗文化』一七五、一九七八)、芳井敬郎「竜骨車・踏車研究」(『日本歴史民俗論集』二所収、一九九三)　(芳井　敬郎)

ようはい　遥拝　神殿や神体などを遥か離れた場所から拝すること。古くは伏拝といい「諏訪のふしおがみ」「加茂の河原のふしおがみ」などの用例が見られる。遥拝はその性質上神殿を持たないが、拝殿など遥拝のための施設を設ける場合がある。三輪山全体を神体山とする奈良県の大神《おおみわ》神社は本殿を持たず、ふもとの拝殿から遥拝する。神宮を遥拝するために桑名七里渡場、東海道筋の日永追分などに設けられた遥拝鳥居がそうした事例である。沖縄や奄美では海の彼方にある神々のいる聖地をウトゥーシ(遥拝)する。　(石井　研士)

ようほう　養蜂　ミツバチを飼養すること。日本に棲息するミツバチは二種あり、ニホンミツバチとセイヨウミツバチである。セイヨウミツバチは一八七七年(明治十)にアメリカから導入された。日本のミツバチについては、『日本書紀』六四三年(皇極天皇二)条に「百済の太子余豊、蜜蜂の房四枚を以て、三輪山に放ち養ふ、而して終に蕃息らず」(原漢文)と記載されている。これが養蜂の起源であるが、うまくいかなかったとある。ミツバチについて

養　蜂

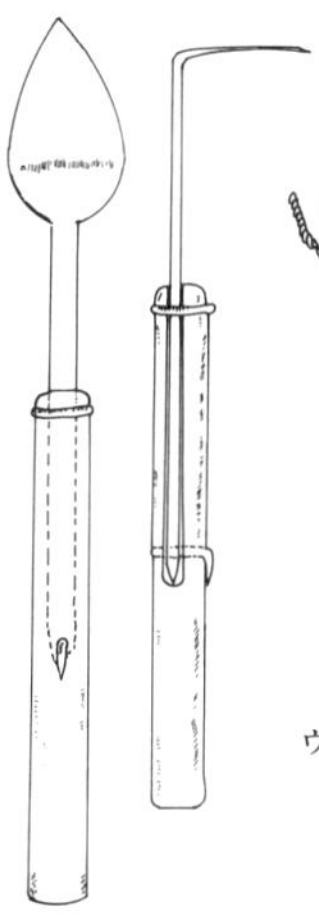

ミツトリの道具(島根県柿木村)

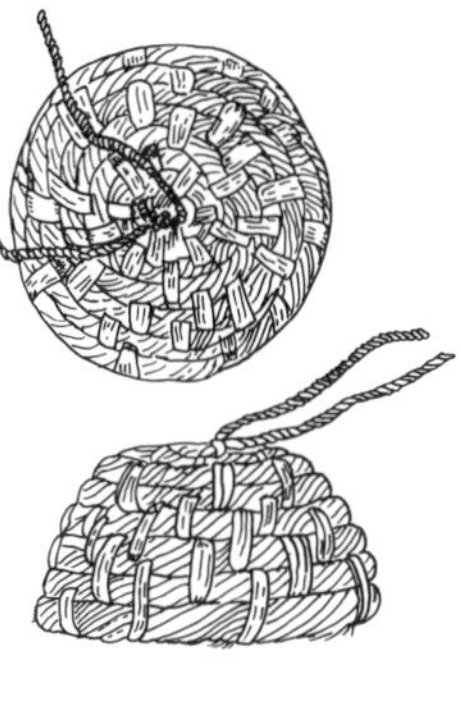

ウッポウ(島根県柿木村)

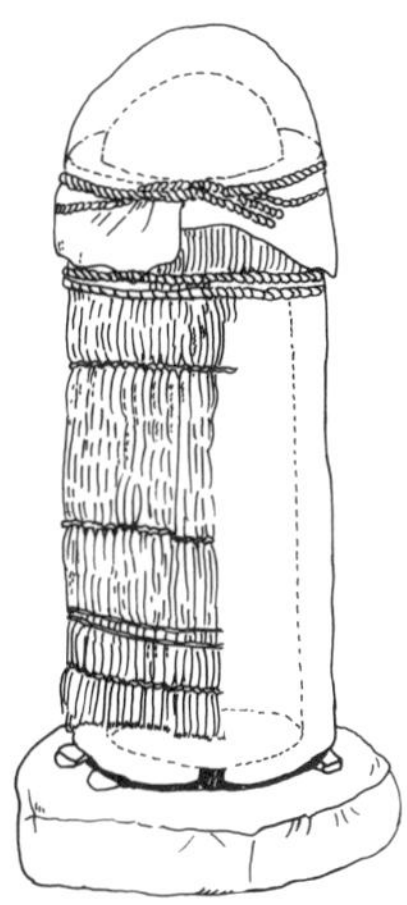

円筒型のミツドウ(島根県柿木村)

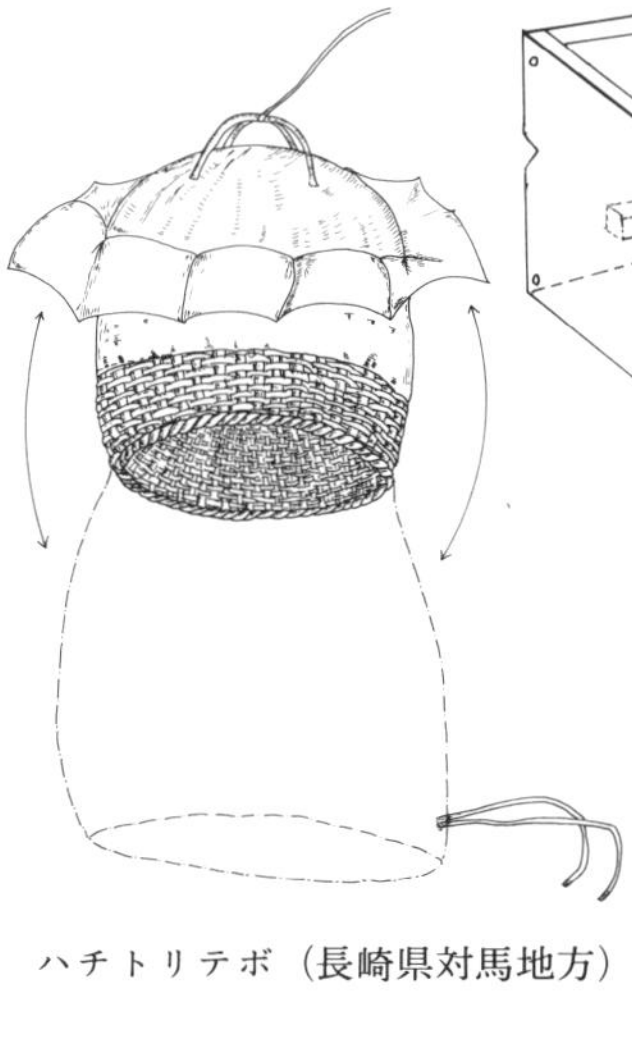

ハチトリテボ(長崎県対馬地方)

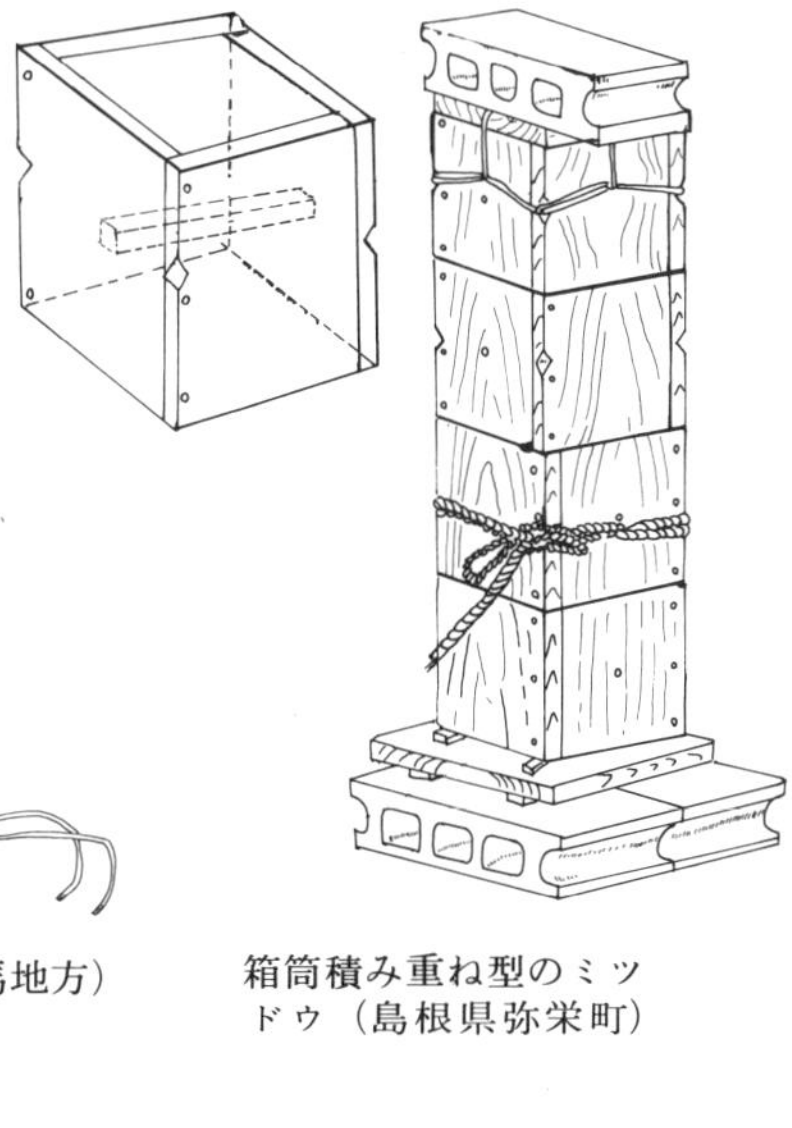

箱筒積み重ね型のミツドウ(島根県弥栄町)

の文献には、木村孔恭『日本山海名産図会』(一七九九)がある。在来のニホンミツバチは長崎県対馬・西中国山地・紀伊山地地方で飼養が行われている。巣箱はハチドウ、ミツドウ、ウト、ゴーラなど各地により名称は違っている。分蜂(巣分かれ)は四月から六月におこり、養蜂家は巣分かれするニホンミツバチにホースで水をまいたり、バケツを叩いたり、笛を吹いたりするものもあり、この方法をとれば、巣分かれのニホンミツバチは低い所にとどまるとしている。長崎県対馬では、ハチトリテボという籠の中に分蜂群を養蜂家がシャモジで静かに入れ込み捕獲して、それをハチドウに入れる方法をとっている。ニホンミツバチの採蜜時期は九月から十月に行う地方もあるし、六月に行うところもある。日本におけるミツバチの研究機関には、玉川大学にミツバチ研究所があり、ミツバチ科学の機関誌を発行している。→蜂《はち》 →蜂蜜《はちみつ》

参考文献 宅野幸徳「西中国山地における伝統的養蜂」(『民具研究』九六、一九九二)、酒井哲夫編『ミツバチのはなし』(「はなしシリーズ」、一九九三)、佐々木正巳『養蜂の科学』(「昆虫利用科学シリーズ」五、一九九四)

(宅野　幸徳)

ようみょう　幼名　人の一生の中で、幼少時につけられる名前のこと。歴史的には童名《わらわな》、小字《おさなな》などとよばれ、平安時代中期以降、誕生時につけた童名を成人に際して実名(諱《いみな》)に改める慣習が上流階級から一般に普及したといわれる。明治以降、戸籍上幼名は認められなくなったが、民間では正式の名付け以前にカリナ(仮名)、オブナをつける例は多い。例えば名のない間に地震や雷にあうと不祥事があったり、魔にとりつかれるので、それを防ぐために生後すぐにカリナをつけるなどの事例は、全国的に見られる。福岡県では、生後三日目で幼な名をつけ、十九歳の元服式で後の名をつけられるまで、幼名を使う。成人時に名をつけかえるという事例は、栃木県など他県にも広く分布していた。沖縄・奄美地域では比較的近年までこの習俗があり、ワラビナー、ドーメイ(ともに童名)、ヤーナー、ヤーヌナー(ともに家の名)、シマナ(島名)なども呼んでいた。全国的に見られるカリナなどは非常に短い期間しか使用されず、幼児期にさらに別の名前が与えられ、名付けとする所が多い。幼児期・児童期もはっきりとした期限が定められている訳ではなく、一生の中で、何らかの区切り(元服・隠居など)ごとに別の名が与えられ、使用されたと考えられる。八重山ではヤーヌナーは家族や親戚の間での呼び名であり、その名前の認められる社会はより私的なものであった。誰でも一つまたは二つ以上の幼名を持っていたという。こうした名前は使う期限に対応しているというよりも、一生の中での時期に沿って変化する社会の範囲に対応していると考えてもよかろう。新たな名前は、新たな社会に認められるために必要であった。沖縄・奄美地域では、例えば長男には父方の祖父の幼名、長女には父方の祖母の幼名をというように幼名が継承されるため、幼名の数はかなり限定されている。幼名の種類は、太良・次良のような出生順や、境(栄え)・松など子供の生涯の繁栄を表わすもの、村の御嶽《ウタキ》の神名など何らかの神仏や、人徳や特技や美貌にすぐれた特定の人にあやかる名前がつけられる。地域によっては、平民・士族階級で異なる名がつけられた。また長男・長女と、次男・次女以下でも区別する地域が多い。沖縄・奄美地域の幼名に関する習俗からは幼名を先祖代々伝えられたものとして捉え、継承していくという考え方が見てとれる。その名前に属する人間の人格や霊・徳が子孫にうけつがれ、再生されるとさえ考えられる。個人は生きている人間のみならず死者をも含めた特定の社会に位置づけられる。こうした幼名は明治以降の戸籍法・学校令によってしりぞけられ、家の名・島名は非公式なものとして、ますます狭い社会へ押し込められていった。これに対し学校名・大和名が広まっていった。

参考文献 牟田口章人「与論島の童名継承法」(『季刊どるめん』四、一九七四)、野原三義『波照間の sïmana (島名)』(「波照間島調査報告書」、一九八二)、同『伊良部の島名』(「伊良部島調査報告書」、一九八三)、高橋六二「名付け祝いと初宮参り」(『日本民俗研究大系』四所収、一九八三)

(原　毅彦)

ようろうのたき　養老の滝　孝子が酒泉を発見するという伝説。『十訓抄』六によれば、元正天皇の時、美濃国に一貧が夫あり、山の草木を取って酒好きの老父を養っていた。ある日山中に酒が出る石を見出し、持ち帰って父に飲ませ養った。帝がこれを聞き七一七年(養老元)九月に行幸し、孝子の行いに感じて彼を美濃守に任じ、当地を養老の滝と名付け、年号を養老と改元したという。『古今著聞集』の所伝もほぼこれに等しい。養老改元のことは『続日本紀』養老元年十一月の詔勅に、天皇が美濃の不破の行宮《あんぐう》に到り、健康保持に効ある多度山の美泉を賞して天下に大赦を行い、年号を改めたとあるが、孝子酒泉発見の話はない。この滝は岐阜県養老郡養老町白石の養老の滝で、現地養老寺の『養老寺縁起』によれば孝子の名は源丞内で寺の開基であったという。酒泉のモチーフは古くは『播磨国風土記』印南郡酒山条に、景行天皇の時同地に酒の泉が湧き出たとあり、また『今昔物語集』三一には、大峯に入った僧が酒泉郷に迷い込んだとある。岩手県二戸郡や秋田県北秋田郡の昔話では酒泉を発見して長者になったといい、青森市の昔話では爺が山中で鼻穴から酒を出す地蔵を発見し像を背負って帰り、長者になったともいう。また父が飲んでみると酒で、子が飲むと水であったという「子は清水」の伝承は千葉県印旛郡栄町(旧安食町)などにある。名水強清水《こわしみず》に因む話であろうが、孝子譚は付随していない。柳田国男は、これらの酒泉は古代尸童《よりまし》を立てて祭を行なった霊場の跡で、清水を用いて神酒を醸した習俗があったことから、これらの伝説が生まれたと推論している。『十訓抄』の話はおそらくこれら酒泉発見、養老改元などのモチーフを合体整合

し、これに中国の孝子譚を結びつけたのであろう。これと同じような孝子譚は横浜市の酒池、鹿児島県出水市(旧出水郡大川内村)の酒泉の里あるいは山梨県西八代郡の小左次の涙酒の由来などとしても語られている。

参考文献　柳田国男「孝子泉の伝説」(『柳田国男全集』九所収、一九九〇)　(山本　節)

ヨーカビー　ヨーカビー　沖縄で旧暦八月八日ごろから十一日ごろにかけての一日ないしその期間の行事。このときに悪霊や妖怪が出現し、さまざまな凶兆があらわれるという。その夜、青年ないし村人たちが高い木や小高い丘にのぼり村をながめる。すると、タマガイ(霊火)があがったり、怪音や泣き声のような物音が聞こえることがあり、その方角の家に凶事があるとした。また、子どもたちは爆竹などを鳴らして魔除けとした。

参考文献　比嘉政夫「年中行事」(『沖縄県史』二三所収、一九七三)、島袋源七「山原の土俗」(『日本民俗誌体系』一所収、一九七四)　(加藤　正春)

よかぐら　夜神楽　夜を徹して舞う神楽で宮崎地方に多く残る。高知県本川村の神楽でもこのように呼ぶ。高千穂町・椎葉村・米良の宮崎県北をはじめ高鍋町・銀鏡《しろみ》など県中央部、さらに、高原町祓川といった旧薩摩藩領にも夜神楽がある。そのすべてといってよいほど大部分が農作業が終了したころに行われる霜月神楽で、一年の稔りの感謝のほか、病気平癒祈願などの願成就や狩猟や漁撈の祈願なども含まれる。春に立願をして、夜神楽で願成就の注連を立てる儀礼が椎葉地方には見られる。また、観衆が舞手に「せり歌」と称する囃し歌を即興で歌う。→椎葉神楽《しいばかぐら》　→銀鏡神楽《しろみかぐら》　→高千穂神楽《たかちほかぐら》

参考文献　『本田安次著作集』三、一九九四　(永松　敦)

よがたり　夜語り　昔話が夜に語られたこと。それは、昔話を昼に語ってはならない、という「昼むかし」のタブーと補完関係をなす。昼に語ると、「鼠が小便をかける」「裏山が崩れる」などといって戒める習慣は、日本全国にあった。不潔や不吉な出来事が起るという予兆を示して、厳しく戒めたのである。夜籠りの折が昔語の場になったことなどから、「ハレの日の神祭りの夜」の習俗の残りと見る説もあるが、それを通常の日の昔語に広げることのできる根拠とはできない。日本の昔話集に、佐々木喜善の『老媼夜譚』、文野白駒の『加無波良夜譚』のような名称があるのは、これを意識した命名かと思われる。

参考文献　水沢謙一『昔話ノート』、一九六六　(石井　正己)

よき　斧　⇩おの

よこざ　横座　囲炉裏の座の名称で、家長の席のこと。囲炉裏の四周は家族や客の坐る場所が決まっていて、家長の席を横座と呼ぶことは全国で最も広く聞かれる。ここに畳や茣蓙を一枚横に敷いたことからついた名である。ほかにカミザ、テイシュザ、オヤケザ、ダンナイド、ヒガシザなどと呼ばれる。座敷を背にし土間側に向いた場所で、土間で働く家人や使用人がよく見え、厩の様子にも目が届く。神棚や仏壇を背負った席ともいう。囲炉裏の座のうちで最も厳格に守られ、檀那寺の僧以外は他の者が坐ることをいましめて「横座に坐るは猫・馬鹿・坊主」などという。→木尻《きじり》

参考文献　柳田国男「火の昔」(『柳田国男全集』二三所収、一九九〇)　(宮村田鶴子)

ヨサコイぶし　ヨサコイ節　高知県の代表的民謡で、酒席にうたわれてきた座敷唄。「よさこい」は囃子詞。鹿児島県下に分布する「夜さ来い、晩に来い」の囃子詞をもつ忍び唄の移入説など起源には諸説あるが、未詳。一八五五年(安政二)の「坊さん簪事件」(純信という僧と鋳掛け屋の娘の悲恋)が歌い込まれて以来有名になったといわれる。明治維新前後に全国的に流行し、また一九六五年(昭和四十)にはペギー葉山の「南国土佐を後にして」で大ヒットした。　(大貫　紀子)

ヨシ　ヨシ　主として淡水域の水辺に生えるイネ科の多年草。五㍍近い高さにまで成長する。アシともいうが、「悪し」に通じることからヨシ(良し)と呼び代えられることが多い。またハマオギの異称もある。ただし琵琶湖沿岸のヨシ業者のようにヨシとアシを厳密に区別して、ヨシは簀など工芸品の材料となる、つまり商品になるものを指すのに対し、アシは蔓を出してしまい売り物にならないものを指すとするところもある。ヨシは水辺に群生することが多く、そのため群生地を特にヨシバ(全国)、ヨシジ(滋賀県)、ヨシヤッカラ(千葉県)、アワラ(長野県など)などと呼んだ。ヨシバは漁撈・狩猟・採集などの生業活動を通して住民の生計維持の上で重要な意味を持っていた。自給的に用いられることの多い魚や水鳥などのヨシバの生産物の中で、ヨシは若芽が食用に用いられるほか、その伸張した桿は商品として現金収入をもたらした。江州葦の産地で知られる琵琶湖沿岸や北関東の渡良瀬遊水池などではかつてヨシを原材料としたヨシ簀の生産が重要な産業に位置づけられていた。そのため日ごろからヨシバを持つ家では砂を入れるなどのヨシバの管理やヨシを刈り取るヨシ刈りの作業は欠かせなかった。そのほか、源義経など歴史上の英雄や神仏に結びつけて、異常なヨシの存在を説明する伝説「片葉の芦」が各地にみられる。神奈川県横須賀市佐島や阿部倉ではムラの七不思議の一つに数えられている。

参考文献　安室知「水界をめぐる稲作民の生活―稲作民による漁撈活動の意味―」(『信濃』三九ノ一、一九八七)　(安室　知)

よしだしんとう　吉田神道　室町時代後期に京都吉田神社の神官であった吉田兼倶《かねとも》(一四三五―一五一一)が創唱した神道。唯一神道・卜部《うらべ》神道ともいう。近世をつうじて神社・神職のあいだで中心的役割を果たした。古代に亀卜を占う神祇官であった卜部氏は、京都吉田社預りとなり、室町時代以後吉田を家名とした。室町時代後期、

兼倶が『唯一神道名法要集』を著わし、儒仏の宗、万法の源であるとする吉田神道をおこした。兼倶は京都吉田山の斎場所に太元宮と称する神殿を建てて宗教的実践の拠点とする一方、神道長上などと名乗り、神職の求めに応じて宗源宣旨(神社へ位階・神号を授与した文書)や神道裁許状(神職の補任状)を発給し、私的権限を獲得していった。それが糸口ともなって吉田神道は全国へ伝播していった。吉田家は地方の神職を掌握することに励み、近世初期には信州や奥州磐城でおこった参詣先達をめぐる本山派山伏と社家の抗争に関与するなかで、諸国社家の支配者として法度をだし神職の職分権能を明示した。一六六五年(寛文五)に江戸幕府が発布した諸社禰宜神主法度のなかで吉田家の神職支配が唯一公認され、吉田家では国懸役・触頭を置くなどして江戸時代をつうじ全国の神職支配をはかった。ただし、神職の叙位を朝廷へととりついで奏上する執奏家は吉田家のほかにも白川家・土御門家などの公卿によってになわれており、江戸時代中期以降、白川家が台頭して吉田家に対抗したが、一八六八年(明治元)、明治維新政府によって執奏家は廃止され、吉田家の神社・神職支配は終りを告げる。豊臣秀吉の豊国大明神のように人間を尊び死後に神としてまつることや、江戸時代後期以降の神葬祭も吉田神道からでてきたものである。幕末の駿河駿東郡や信州諏訪郡では、疫病の流行がクダ狐のしわざと意識され、京都吉田家から鎮札をもらいうけて吉田神社を勧請している。吉田神道の祈禱には祟りを予防・解除する呪力がそなわっているものと認識されていたのであろう。静岡県駿東地域では、この信仰がヨシダサン(吉田さん)と呼ばれる祭となって現在定着している。

参考文献 荻原竜夫『中世祭祀組織の研究』、一九六二、真野純子「諸山諸社参詣先達職をめぐる山伏と社家—吉田家の諸国社家支配化への序章—」(『日本歴史民俗論集』九所収、一九九四)、杉村斉「駿東(中・北駿)地域の吉田信仰」(『裾野市史研究』七、一九九五)、井上智勝「地域社会における吉田神道の受容—宗源宣旨の授受を中心に—」(『日本史研究』四一六、一九九七)
(真野 純子)

よしつねでんせつ 義経伝説 源義経に関わる英雄伝説。義経は『平家物語』で、鵯越《ひよどりごえ》の坂落としや暴風をついた奇襲攻撃、弓流し、身代わりの佐藤嗣信《つぐのぶ》(継信)への哀悼の情など、勇壮で恩愛に満ちた人物として描かれる。一方で兄源頼朝との不和が決定的となり、ついに追討の院宣が下り、悲劇の武将はわずかの忠臣と北国落ちしていくことになる。こうした義経の行動が潤色・誇張されて伝説的英雄像が形成されていく。この傾向は増加し、奥州平泉の自害は擬装で、蝦夷から大陸へと渡ったとする「生脱型の英雄譚」が生み出されていった。義経伝説は物語や草子・謡曲・浄瑠璃など、文学や演劇を通して広く浸透してきた。『日本伝説名彙』(一九五〇)、『日本伝説大系』(一九八二—九〇)に載る義経伝説をみると、北海道・東北・北陸・関東(栃木・群馬に集中)・近畿地方(兵庫・大阪・奈良順)に多く、四国は徳島・香川に数例みられる。北海道を別とすれば、おおよそ歴史的足跡にそった分布を示している。ただ石川県能登半島の北部に多いのは別の要因が働いているのであろう。関東地方では、北の義経と南(千葉・東京・神奈川、および静岡)の頼朝伝説とにきれいに二分される。両者の足跡・勢力範囲を示すものといえる。また内容面でも、頼朝伝説は駒繋ぎ松や、鞍・弓掛け松など武具が多く、また鞭を刺したのが逆さ竹になったなどと、領有を主張するような統治の印象が強い。一方義経伝説は、木・岩・水・山などと種類も多く、また武具以外に烏帽子や衣、単に腰を掛けた木・岩など多様である。また地名や習俗の由来、置いていった笈《おい》や借用書、愛妾との悲恋を語るなど、多彩な内容を持ち、土地や人人の暮らしと関わっているところに特色がある。流離していく義経との精神的絆を求めようとする人々の心意の表出といえよう。→英雄伝説《えいゆうでんせつ》

参考文献 島津久基『義経伝説と文学』、一九三五、高橋富雄『義経伝説—歴史の虚実—』(『中公新書』一一五、一九六六)
(花部 英雄)

義経伝説の伝承地　北海道平取町の義経神社

よしゅくぎれい 予祝儀礼 年のはじめに一年間の農作業の過程を象徴的に行う模擬儀礼。一月上旬から中旬にかけて、その年の農作業をあらかじめ模擬的に行うことによって、農作物の豊かな実りを期待する呪術=宗教的行為で、稲作を中心としたものが多い。田打ち・種まき・苗取り・田植え・稲刈り・稲積みなどがある。田打ちは全国的にみられるが、そのほかの行事は東北や北陸、関東に集中している。宮城県名取郡では、田打ちをノソメといって、一月十一日の午前一時ごろ、農家の主人が田へ出かけ、そこで二鍬か三鍬ほど掘り起す。秋田県平鹿郡では、庭の苗代と呼ぶ一区画に豆の皮をまきちらす所作を種まきと呼んでいる。青森県上北郡や三戸郡では、一月中旬に若者たちが頭巾をかぶり、たすきをかけ、腰に藁を束ねたものをはさみ、手に松の葉をもって家々を

訪れ、「ああ、良い苗コだ、良い苗コだ」「苗取った、苗取った、かかさまヨマキ(特別の収入)の苗取った」と歌いながら、苗取りの真似をして、農作を祝福し、餅や米をもらい歩いた。岩手県紫波郡では、一月十五日が田植えと呼ばれ、農家では夕食前に糵豆を早苗のように雪の上にさす。夜になると、家々を訪れて「アキの方から田植えッコに来ました」といって、餅もらいが来た。同じ岩手県の花巻市の郊外では、一月十六日を田の草取りといって、朝になると、家や納屋、蔵の隅々を掃除する。これをしないと、田に草がはえるという。新潟県中頸城《くびき》郡では、一月二十日の正月仕舞いに稲刈りの模擬的な所作が行われる。家々の主人は朝早く起きて、稲刈りの服装をし、鎌で木の枝を切り落とす。岩手県二戸郡では、一月十五日の夕方、豆がらを積雪にさす田植えがすむと、ニホツミといって、老若男女が一緒になって押し重なって遊ぶ。田植えと稲積みの模擬行為が同じ日に行われているが、新潟県南蒲原郡では田植えと稲刈りの模擬行為が別の日に行われ、一月十五日が田植え、二十日が稲刈りといい、繭玉がすこしとっておかれ、それを田植え後の昼飯に食べると身体によいと伝えられている。このほかに稲や畑作物の豊作を願って、作物が実をつけた姿をかたどった削り花や餅花をつくり、これを神棚に飾り立てるモノツクリと呼ばれる行事もある。削り花は、柳やヌルデ、ミズキなどの柔らかな木の肌に、刃物をあてて薄く削り、その薄片をつぎつぎと重ねて、美しい花のようにつくった細工物である。また、鳥追いや墨塗り、モグラ打ちなどの農作物に被害を与える動物などを追い払う所作が、この時期に多くみられるが、いずれも一種の模擬行為である。また、旧一月十四日から十五日にかけて、全国的に行われていたナマハゲやチャセゴ、カセドリ、カユツリ、トロヘイなどという、小正月の訪問者と呼ばれる仮面=仮装の来訪者も来たるべき一年の豊作や豊漁を予祝する行事で、模擬儀礼の一つといってよかろう。→小正月《こしょうがつ》の訪問者《ほうもんしゃ》

参考文献　井之口章次「農耕年中行事」(『日本民俗学大系』七所収、一九五九)、杉山晃一「日本の稲作儀礼の研究—日本の稲作の系統問題によせて—」(『民族学研究』二六ノ三、一九六二)、倉田一郎『農と民俗学』(『民俗民芸双書』、一九六九)、伊藤幹治『稲作儀礼の研究—日琉同祖論の再検討—』、一九七四、和歌森太郎「年中行事の歴史的位相」(『和歌森太郎著作集』一二所収、一九八一)

(伊藤　幹治)

よじろうひきゃく　与次郎飛脚　秋田の狐にかかわる伝説の一つ。成立は江戸時代とされている。久保田(秋田市)の山に住んでいた狐が、佐竹氏入封の築城によって住処《すみか》を失った。佐竹義宣に願い出て、与次郎という名をもらって飛脚として仕えた。秋田と江戸を三日間で往復したが、仕事を失った飛脚屋がこれを恨み、山形で与次郎を殺した。土地の人々はこの無念を哀れんで与次郎稲荷としてまつった。佐竹氏も江戸往復ごとに供養し、のちに久保田城内に移して与次郎稲荷神社とした。

参考文献　木崎和広『羽後の伝説』、一九七六

(稲　雄次)

よせ　寄席　木戸銭(入場料)をとって観客を集め、落語・講釈・浄瑠璃・手妻・説経・物まね尽しなど各種の演芸を興行した場所。江戸の寄席は寛政ごろに始まり、文化ごろに定席が定着したといわれる。天保改革のとき、市中十五ヵ所、寺社境内九ヵ所にその営業軒数が制限されたとき、選定基準は創業の古さで、一七四七年(延享四)創業の芝神明境内の寄席が最古とされた。上演種目は不明である。江戸の寄席が落語を主要演目とするようになったのは、三笑亭可楽がはじめといわれる。可楽は大坂下りの岡本万作が神田豊島町で興行したのに刺戟され、一七九八年(寛政十)下谷櫛の稲荷社内の寄席に打って出た。はじめは席も不定で、芝居休みの茶屋の二階や、広いあき店《だな》などでの興行が多かったが、文化の初めごろには数百軒の寄席があったという。天保の初めごろの寄席の様子は、寺門静軒の『江戸繁昌記』三「寄《よせ》」の項に詳しいが、落語を中心として、昼夜交代、七日替わりで、百人前後の定員で、前座・二つ目・三つ目・真打の制度もすでにできており、町内の鳶の頭の家の二階なども定席の寄席として使用された。木戸銭も、三、四十文前後と低廉で、一般大衆の日常的娯楽の場として大いに栄えた。明治・大正・昭和(第二次世界大戦前)は、江戸のころの隆盛には及ばぬものの映画など娯楽興行の多様化にもよく耐え、戦後はホール・劇場にその席を譲りながらも、また従来の畳席のままという形は失いながらも、かろうじてその形態を保つものが若干残されている。

参考文献　関根黙庵『講談落語今昔譚』、一九二四、暉峻康隆『落語の年輪』、一九七八、比留間尚「天保改革の寄席制限令」(『話芸研究』一、一九八二)

(比留間　尚)

よせむね　寄せ棟　屋根形式の一つで、屋根を四方に葺き下ろしたもの。四阿《あずまや》ともいう。四方に下る稜線を隅棟または隅という。平面が正方形の場合は棟が点になり、方形《ほうぎょう》と呼ぶ。形態が単純で構造的に最も安定した形であり、雨仕舞に優れ、屋根葺きの技術的な面からも無理がなく、経済的にも合理的な形といえる。屋根裏の換気にやや難点があり、必要に応じて煙出しや破風《はふ》を設ける場合が多い。草葺き民家の場合は、東日本ではこの寄せ棟がほとんどで、あずまやの語源はそこに由来するものとする説もある。それに対して近畿や中国・四国地方の草葺き民家では入母屋が多く、また九州や沖縄の草葺き民家は東日本と同じように寄せ棟が多い。東日本でも上層階級の草葺き民家を入母屋とする場合があり、寄せ棟は庶民階級の屋根という認識もある。江戸時代後期から明治・大正時代の養蚕業の隆盛で、屋根裏を蚕室として利用するために、寄せ棟屋根が改造されてかぶと屋根が生まれた。屋根裏を拡大し、換気と採光を計るために大きな破風を設けた形態は特徴的で、各地に多様な屋根形態

が発達した。山形県のタカハッポウ造、福島県のアズマ造、群馬県の赤城型民家などがその代表的なものである。↓赤城型民家《あかぎがたみんか》 ↓入母屋《いりもや》 ↓かぶと造《づくり》 ↓切《き》り妻《づま》 ↓煙《けむり》出《だ》し ↓破風《はふ》 （安藤　邦広）

よそもの　他所者　ある社会・集団の構成員にとっての異分子。地域社会に住み着いた新参者(来住者)と、一時的来訪者とがある。前者は来たり者などと呼ばれ、共有財産の権利や祭祀への参加などを制限され、一人前の構成員として扱われるまでには、義務を果たした上で相当の年数を要する場合がある。他所者を一人前扱いしない考え方は、村入り・組入り・仲間入りの際に寄親・草鞋親などの保証人・後見人を必要とした慣行にもみられる。村入りを認めた後にも「八丁注連を超えてきた者が生意気をいう」「どこの馬の骨ともわからぬ者」などと、発言が制限されたり、負の評価がなされることがあるが、これは地域社会への定着度が社会的評価の基準になっているためである。一時的来訪者には旅の宗教者・遍路・職人・芸能者・物乞い、行商人、教員などがあり、外社会の物資や情報をもたらす者として警戒しつつ、歓待するが、地域社会の構成員として捉えることはない。日本社会は内(ムラ)と外(タビ)の区別、仲間とそれ以外の者の区別を強く意識する社会である。内社会の秩序は同じ価値観を持つ構成員によって維持され、新参者はその秩序をおびやかす異分子として捉えられてきた。来訪者が客である間は歓待するが、住み着き、定着した段階でその行動に制限を加えたり、あるいは排除・差別したりするという観念は現代社会にも残存し、来住者に神輿を担がせない慣行や、社会の構成員であるはずの在日外国人などを他所者として扱う姿勢などに典型的に表われている。↓世間《せけん》

参考文献　鈴木栄三「入村者と定住の手続」(柳田国男編『山村生活の研究』所収、一九三七)、最上孝敬「村の組織と階層」(『日本民俗学大系』三所収、一九五八)、福田アジオ『可能性としてのムラ社会—労働と情報の民俗学—』、一九九〇
（山本　質素）

よそゆき　よそゆき　外出用の衣服、あるいは晴着。ヨソイ、ヨソイギ、ヨソイキギモンなどとも呼ばれるが、そこでヨソ(他所)とされるのは他村という、日常生活の場とは異なる空間である。客として招かれる、買物に行くなどさまざまな理由でムラを出ることが他所行きであり、村境を出て異なる空間に入るために日常のふだん着から着替える衣服がよそゆきであった。したがって、よそゆきという特定の衣服があるというより、他所へ出る折には異なった衣服、良い衣服に着替えるという意識としてあり、その衣服がヨソイキともイッチョウラ、トットキギ、イイキモン、オキャクギモンとも呼ばれた。そこではそれぞれが所有している衣服を行き先との距離や関係性などに応じて適切に着分けることが必要で、一番のよそゆきをイッチョウラ、ついでニチョウラ、ふだん着に近いチョイチョイギと呼び分けているところもあった。また単に良い衣服であることや晴着一般をよそゆきと呼ぶようにもなった。長着に帯の組合せを基本とする点はふだん着と変わらないが、長着の新旧、材質、色柄、袖丈、袖型や装い方などによりふだん着との違いを表わした。木綿よりは絹が、木綿でも無地より多色使いの縞や絣が、筒袖や細袖より袂のある袖が良い着物であったし、半幅ではなく広幅の帯、帯留や帯揚げを使う結び方、半纏ではなく羽織を着ること、藁草履ではなく下駄や草履を履くことがよそゆきとされた。↓晴着《はれぎ》 ↓ふだん着《ぎ》 （中村ひろ子）

よちょう　予兆　未来のことを何らかの現象によって読み取ろうとする俗信。俗信は一般に予兆・卜占・禁忌・呪術・妖怪・憑物に分類されるが、予兆と禁忌は知識、卜占と呪術は技術、妖怪と憑物は複合した形態からなっている。予兆のことを前兆ともいい、キザシ、シルシ、ゲン、マンなどといわれてきた。その対象は多くの場合、自然現象や動物などの特別な挙動や所作などである。日食や月食、流れ星といった天体現象、時ならぬ雪や大風といった異常気象、何十年ぶりの開花や大量発生といった動植物の異変、夢やくしゃみといった人の行為、茶碗など身近な食器の思わぬ破損から未来のことを予知しようとする。なかでも烏鳴きや犬の遠吠え、狐鳴きなどを死の予兆とする俗信は全国的な広がりをもっている。予兆といっても個別の言い伝えには、連想や経験、そして心理的な要因から形成されている。「口の大きい人は、一生食うに困らない」というのは、食べ物とそれを取り込む口を直接的な連想によって結びつけたものである。「烏鳴きが悪いと、人が死ぬ」は、埋葬後の墓場は供え物によって烏などの餌場となり、烏の泣き声から墓場の情景を連想するといった間接的な連想によって形成されたようである。また、「夕焼けがあると、次の日は晴れ」といった経験によるものや、「茶柱が立つと、よいことがある」というような心理的なものも広くみられる。

参考文献　井之口章次『日本の俗信』、一九七五
（佐々木　勝）

よつぎほだ　世継榾　大晦日の夜、囲炉裏の火を絶やさず新しい年へ継承させるために入れられる特別な榾木《ほだぎ》のこと。囲炉裏の火種を誤って消したため離縁になった嫁の話が各地に伝わっており、日常生活において火種の保持は重大事であった。しかし、それだけが重視されてこの伝承が生まれたのではない。たとえば和歌山県の熊野地方では、世継様という特に大きな榾を年越の宵から囲炉裏に入れる。継承されるべき世が、火や榾に象徴されて神聖視されている。また兵庫県の奥播磨では、クモになって降りてくる鬼を焼き殺すために大火を焚くとあり、除災的な側面もある。また京都八坂神社の白朮火《おけら》は、継承より火の更新の性格が強い。このような継承・更新・除災の側面は、年越の晩という時間が持つ民俗的な性格と関連している。

参考文献 柳田国男「火の昔」(『柳田国男全集』二三所収、一九六〇)、鳥越憲三郎『歳時記の系譜』、一九七七 (藤原 修)

よつであみ 四手網 一辺二メートルから五メートルの正方形の網の四隅に、十字に組んだ竹竿を結びつけた漁具。水中に沈め、魚類がその上に来遊したら網をひきあげる。底敷網の一種。おもに河川や湖沼などにおいて、船上または水上に設置した台の上から一人で操作して、コイ、フナ、ボラ、エビ、鰻などをとる。また、この網は簗や建網類の魚捕部として使われることも少なくない。アユを鵜竿で追い込み、四手網でとる漁もある。

参考文献 神野善治「琵琶湖の四ッ手網」(『日本民俗文化大系』一三所収、一九六五)、金田禎之『和文英文日本の漁業と漁法』、一九五五 (川崎 史人)

ヨトギ ヨトギ 通夜のこと。近親者が死者に添い寝することや、寝ずに語り明かすことを言い表わしているものと考えられる。秋田県本荘市平岡では、葬式前の晩に血縁者だけで行う通夜に対し、葬式後の三晩、葬家を慰撫するため四、五人のユドギ仲間が交代で泊まり込む習わしをユドギ(夜伽)といって、通夜とヨトギを使い分けている。また、福島県相馬郡飯舘村など、病人の看護をヨトギという所もある。

参考文献 『東北の葬送・墓制』、一九七八 (小松 清)

よなおし 世直し この世を改めて、新しい世につくり直したいとする民衆意識。農耕社会では、稲作の開始と終了までが一つの世と認識されていた。したがって毎年時間の流れにそって世は改まるのであり、これは世直りと表現されている。しかし現実の世界に災厄が積み重なっていると、それを除去して、新しい世界にしたいという潜在的心意が働く。それが世直しの意識で、単なる時間の流れとは異なる。世直しの語の文献上の初見は、一六六二年(寛文二)に起った京都の大地震の様相を描いた仮名草子『かなめいし』である。この時点で世直しはすでに慣用語になっており、特に大地震によって世界が破局の状況になったときに用いられた。江戸時代を通じて、大地震が生じたときに「世直し、世直し」と唱えるとより良い世界に改まるという俗信が定着していた。具体的には、大地震直後のお救い米や、米価下落によって、米が入手しやすくなるような世の中になることが世直しの目的となる。したがって善政を布いた藩主や代官が世直し大明神にまつられた事例もある。農民にとっては、新しい世は、豊年の年であることが望ましく、民衆意識の上では、弥勒仏の支配する豊穣の世である「ミロクの世」が世直しと結びつく話が多い。

参考文献 柳田国男「海上の道」(『柳田国男全集』一所収、一九六九)、宮田登『土の思想』、一九九七 (宮田 登)

よなき 夜泣き 乳幼児が夜中に泣くこと、特に習慣性のそれをいう。大人たちの睡眠が妨げられ、ことにきびしい肉体労働に従う農山漁村では昼間の労働に大きく差し障るため、これを止める呪《まじな》いが種々行われた。枕元や床の下に刃物を置く、鶏を描いて床の下に敷く、あるいはそれを逆さにして竈に貼る、大津絵の鬼の絵や「鬼」の字を貼る、などの呪いは広い範囲でみられる。このほか、蓑、鎌、夜泣き貝(岡山では長螺、沖縄ではスイジ貝)、「犬」の字を書いた紙などを吊ったり貼ったりする地方がある。また、夜泣き松と呼ぶ特定の松を削って火をともして見せる、大人が横槌を引きずって音を立てながら家のまわりを三回まわる、といった火や音を用いる呪いも伝えられている。これらの呪いの多くは、外部の悪しき霊的存在が侵入して赤子に取り憑くのを防御・撃退しようとするもので、夜泣きの原因をある種の憑霊と考えていたことを物語る。おしめを夜干しすると夜泣きをするといって忌むのは全国的だが、やはりこの観念にもとづいている。害をなすものを特に狐と表現することもあり、「○○○の古狐、昼は泣いても夜は泣くな」といった類の呪歌が各地に伝わる。新生児の笑ったような表情をとらえて産の神があやしているというのは対極にある伝承だが、通底するものがあるといえよう。他方、ひきつけなどと同様に、夜泣きするのを「ウブが抜けた」といってウブィレ(魂籠め)の呪いをする民俗も四国などにはあり、不安定な赤子の霊魂の離脱とみる考えも認められる。夜な夜な泣き声を発するという夜泣き石や夜泣き地蔵も、夜泣き止めの願掛け対象になることが多い。

参考文献 大藤ゆき『児やらい』(「民俗民芸双書」、一九六八)、『日本の民間療法』、一九七六・七七、斎藤たま『生とものの け』、一九六五、山里純一『沖縄の魔除けとまじない』(「南島文化叢書」一八、一九九七) (小嶋 博巳)

よなきいし 夜泣石 夜になると泣き声が聞こえるという伝説をもつ石。これを三つに分けることができよう。一つは赤ん坊の泣き声という要素を持つもので、江戸時代から有名な東海道の佐夜の中山の夜泣石(静岡県掛川市)では、妊婦が殺され、赤ん坊の泣き声がするので探したところ赤ん坊が見つかったという。また、高知県土佐郡鏡村では、山中で妻が産気付いて石のそばで赤ん坊を生み、夫が食べ物を探しに行っている間に狼が妻と赤ん坊を食べてしまった。その後、夜その石の近くを通る者が赤ん坊の泣き声を聞いたという。これらの例は、赤子塚と同系統の伝説と考えることができる。二つ目のものは赤ん坊の泣き声という要素がないものである。青森県下北郡東通村鹿橋の沼で夜になると女の泣き声が聞こえた。豪胆な男が沼に飛び込むと石が見つかり、この石を神体にまつったのが村の池野大明神である。以後、沼の泣き声を聞くことはなくなったという。神戸市長田区の長田神社の夜泣石ははじめ長田の村人が神社におさめたのだが、神主が自宅に持ち帰った。夜になると、「長田へ帰りたい」と泣く声が聞こえるようになり、神主は神社に戻したという。これらの例では、石にこもる霊魂が、夜という聖なる時間に泣き声という形で人間にメッセージを送っていると解することができる。三つ目のものは、その石のかけらを子供の寝床の下に入れておくと夜泣きが止むなどというものである。

[参考文献] 小池直太郎『夜啼石の話』、一九三六 （大嶋 善孝）

よなきまつ 夜泣松 夜になると泣き声が聞こえるという松。埼玉県東松山市下青鳥のものは、昔姫が僧と恋に落ちて手打ちにされ、僧も自害した。二人を埋めた所の松が毎夜異様な音を立てたという。この背景には樹木を依代として神霊が降臨するという信仰があり、降臨した神霊が泣き声という形で人間にメッセージを送っているのだと考えられる。また、その樹木の破片を燃やして子供に見せると夜泣きが治るという例も多い。

[参考文献] 柳田国男「神樹篇」（『柳田国男全集』一四所収、一九九〇） （大嶋 善孝）

ヨナタマ ヨナタマ 沖縄諸島に伝わる物言う魚の伝説。ヨナは海、タマは霊を意味し、宮古・八重山地方では海の霊として信仰される。八重山諸島ではニンギョノウオという。宮古諸島の伊良部島には、漁師に捕えられた人面魚体の姿をしたヨナタマが、逃れるために仲間を招来して起した大津波で村が壊滅したが、その声を聞いた母子だけが難を逃れ助かった話が伝わる。物いう魚の話は、日本本土でも『今昔物語集』震旦部に記され、さらに魚が洪水を予告する伝説は、中国や韓国など広く分布する。

→人魚伝説《にんぎょでんせつ》

[参考文献] 稲村賢敷『宮古島旧記並史歌集解』、一九七七、谷川健一『神・人間・動物』（「講談社学術文庫」七三八、一九八六） （辻 雄二）

よなべ よなべ 夜、夕食後に行う仕事のこと。夜業ともいう。農村において、継続してよなべが行われるのは、秋から春先にかけての夜の長い時期であった。縄ない、草履・草鞋作り、俵編みなどの藁細工や、女性では糸紡ぎ・石臼挽きなどが行われた。群馬県利根郡水上町藤原では、夕食後の午後八時ころから十時ころまで、囲炉裏の周りなどでよなべの藁仕事を行なった。一日あたり、雪道用の藁沓なら一足、藁草履なら三足、縄なら六十尋《ひろ》（一尋は、両腕を広げた時の左手の指先から右手の指先までの長さ）が一人前であった。秋から春先以外の時期においても、仕事によってはよなべが必要となった。たとえば、春から秋にかけて数回行われた養蚕では、桑こき・除沙・給桑などがよなべで行われ、蚕を飼う時期は「帯を解く間もない」などといった。また、炭焼きを行う家では、工程によっては夜中に炭窯の火を調整しなければならず、それも夜業として行われた。若者が集まって共同でよなべをする夜業宿も各地に見られた。特に娘に多く、宿に集まってカラムシの繊維を紡ぐ苧績や木綿糸などの糸紡ぎ、針仕事などが行われた。楽な仕事ではなかったろうが、仲間や宿に訪問して来る男子との語らいは楽しみでもあった。男子の若者仲間にも冬に集まって藁仕事などを共同で行う例が見られた。都市では、針仕事などのほかに、内職の賃仕事がよなべとして行われてきた。

[参考文献] 瀬川清子「よなべ」（柳田国男編『山村生活の研究』所収、一九三七） （飯島 康夫）

よねやましんこう 米山信仰 新潟県柏崎市と中頸城郡柿崎町の境界に聳える米山（標高九九三メートル）に対する信仰。米山は七一二年（和銅五）に白山の泰澄大師の開基と伝える薬師信仰の霊山で、山頂には薬師堂があり米山薬師と通称される。別当はもと柿崎町米山寺《べいさんじ》であったが廃寺となり、近世以降は同町の密蔵院（真言宗豊山派）となった。明治までは女人禁制で、各登山道の七、八合目付近に女人堂（オンナシラバという）が設けられた。山麓の周辺村落では、薬師信仰に基づく病気平癒祈願（眼病治癒）や十一、二歳の男子による成年式登拝、また漁村部では山当てや海上安全の信仰もみられるが、より広範なものとしては雨乞いや稲の虫除けを中心とする作神信仰がある。新潟県中越地方とその周辺の農村平野部では、近世中期以降に代参講としての米山講が盛んに組織された。その背景には里山伏による布教活動が考えられよう。県内には講中によって造立された米山塔が約四百基確認され、造立年代から近世後期から明治期に爆発的に流行したことがうかがえる。代参は六月中旬から七月一日ころに行われ、代参者は山頂の薬師を拝し、黒札と呼ばれる虫除けの護符とトウキ（セリ科の薬草）の葉を受けて帰村。講員はそれを竹やヨシの先に挟んで水田に立て、虫除けと稲の成長を祈願した。なお、新潟県三島郡和島村保内郷で行われる四月八日（現五月八日）の藤の花立ては、田の神である米山薬師へこれを手向け、豊作を祈るものである。

[参考文献] 大関政子「米山薬師と米山講」（鈴木昭英編『山岳宗教史研究叢書』九所収、一九七八）、渡辺三四一「米山信仰論―「米山塔」からの視点―」（『柏崎市立博物館館報』三、一九八九）、同「修験者の米山代参」（『柏崎の民俗』五、一九九四） （渡辺 三四一）

ヨバイ ヨバイ 男が、夜間、女のもとに通うこと。仲介者がたったり、供の若者を連れていく場合もあり、若者組の支援と承認を得ている場合もあった。性的な関係がある場合をヨバイといい、単なる男女交際、話による交流は、アソビと称し、区別する場合もある。いずれにしろ、親から若者組に挨拶し、ヨバイやアソビの対象に娘がならなければ、一人前になれず恥ずかしいと考えた。ヨバイにはフナワタシという仲介役を立てたり、二、三人の手下役に「御用」と書かれた提燈を持たせて女性のもとに出かけるなどの作法があった。その体験談が若者宿で語られた。しかし、大正から昭和にかけての青年会運動や官憲の取締りでほぼなくなり、昭和三十年代の公民館運動で宿がなくなり、集団就職で若者が残らなくなり絶滅した。そうした習俗が珍しくなり、地方にしか残存しなくなったとき、俗説として「夜、這って行く」という意味で夜這いが面白可笑しく、好色的な旧習として語られた。柳田国男は、ヨバイは男女の呼び会う歌垣の名残と考え、男が求婚しまたはそれ以後も女のもとに通うことを意味し、正当な求婚手段・婚姻生活の一つの形態と考えた。中世以降、嫁入婚になる前の通い婚・妻問い婚の残存の一つと柳田は考えた。これをうけてその後の民俗学者の多くは、夜這いは乱脈な関係でなく、若者組による、結婚にむけての村の娘の管理と理解した。頻繁に相手を変えてはいけない、友人の馴染みとは交際してはいけない、同時複数の相手と交際してはいけない、村内で交際せねばならないなど、厳しい規制の上での、婚姻にむけての習俗であるとした。これに対して赤松啓介は、ヨバイは婚姻を前提としたものではなく、ムラにおける娘管理のあり方の一つであり、生産生活活動の共同管理や相互扶助のシステムの一環として、性の共同体管理があるにすぎないと考え、必ずしも結婚というシステムを前提とするものでないと主張している。

参考文献 柳田国男「婚姻の話」(『柳田国男全集』一二所収、一九六〇)、瀬川清子『若者と娘をめぐる民俗』、一九七二、中山太郎『(増補)日本若者史』(「中山太郎歴史民俗シリーズ」一、一九八三)、岩田重則「ヨバイと買春」(『日本民俗学』一八六、一九九一)、赤松啓介『夜這いの民俗学』、一九九四、森栗茂一『夜這いと近代買春』、一九九五

(森栗　茂一)

よびうり 呼売り 行商・振売りの一形態として、独特の呼び声を発しながら往来を歩き、物を売る商売のこと。現在でも物干し竿売りの「竿や竿竹ー」、ちり紙交換屋の「古新聞、古雑誌ー」、納豆売りの「なっとなっとー」などの声を聞き、季節的なものとしては、夏の金魚売りの「金魚エー金魚ー」、冬の焼き芋売りの「石焼き芋ー焼き立てー」などがある。いずれも、独特の決まり文句や節回しの呼び声を特徴とし、楽器を用いるものもあって、夜鳴き蕎麦屋の哨吶《チャルメラ》や豆腐売りの喇叭《らっぱ》、煙管の羅宇屋《らうや》の汽笛などがある。よく目立つ独特の姿形をして歩くものもあり、頭上に飴をたくさん飾った飴売り、「岩見銀山」の幟旗を背中に立てた鼠取りの薬売りなどがそれである。古くは、多くの呼売りが町中を歩いており、東京を例に取れば、正月の宝船売りの「お宝、お宝ー」、苗売りの「朝顔の苗や夕顔の苗、へちまとうがん、白瓜の苗ー」、アサリ、シジミ売りの「エーあさりエー、あさり剝き身やー、あさり蛤ョー、あさりしじみョー」などの呼び声がよく聞かれたもので、昭和時代まではごく普通にそれらの呼売りの姿を見かけた。これらの呼売りは、商品の生産者がみずから消費者に直接物を販売する形も多く、恒久的に店を構えての商店販売や、非常設の市での商品取引の枠外にあって、消費者の需要に応えていた。流通網が整い、商業の専門化が進むとともに、呼売りも衰退していった。

(長沢　利明)

よびこぶえ 呼子笛 合図に使う笛。猟師同士が連絡をとったり、猟犬を呼び寄せるときなどに使う。竹笛・口笛・指笛のほか、薬莢《やっきょう》なども使われる。宮崎県東臼杵郡椎葉村では、勢子が猟犬を呼ぶ竹笛をタカウソという。奈良県吉野郡天川村広瀬では、村人総出の猪狩りで、獲物を発見すると、薬莢を吹いて、居場所を知らせた。秋田県北秋田郡阿仁町根子では口笛をオソビキといい、猟師同士の連絡の手段として使った。

参考文献 千葉徳爾「山村の生態」(『日本民俗学講座』一所収、一九七六)

(伊藤　広之)

よぼし 夜干し 着物を夜間軒下や屋外に干すこと。通常は夜、着物を干すことは忌まれた。夜は、魔物や悪霊が出没する非日常的な時間であり空間であると考えられ、干した着物やその持ち主に魔物が取りつくことを恐れたためで、子供の衣類の夜干しは夜泣きの原因ともされた。一方、死者の衣服は北向きにして、あるいは洗ってから夜干しにするというところが多い。穢れている物を陽のある昼間という時間に干すことを避ける気持ちとともに、着物にこもる霊魂を解き放つために夜という時間が求められたともいえよう。

(中村ひろ子)

よまどり 四間取り ⇩田《た》の字型《じがた》民家《みんか》

よみせ 夜見世 夜間に営業する露店業者の出店。夜店とも記し、縁日とも称する。江戸時代、京坂では乾し見世、江戸では天道乾《てんとうぼし》と称した露天商が路上や社寺の境内・門前に筵を敷いて諸物を並べて商いをした。縁日とは神仏の降誕・示現・請願など、何らかの縁がある日として祭典・供養が行われ多くの参詣者で賑わう。この人出を当て込んで露店業者が出店をする。この縁日の多くが夜間に行われたため、夜見世と同じ意味で使われるようになった。夜見世は大道商人である香具師《やし》・てき屋の重要な収入源であるため、種々さまざまな慣習やナワバリが厳しく定められている。これらの露店業者は、路上に筵を敷いて商いをするころび、傘をさしかけて商う小物、組立屋台で商売する三寸、植木専門のぼく、興行師の引張などの種類分けがなされ、同種の店が競合しないよう、また、他日の夜見世の際の割りふりも考慮にいれて店の

東京都文京区根津神社の夜見世

配置がなされる。夜見世に欠かせない照明（香具師の隠語ではテッカリという）も、行燈、提燈、ランプ、アセチレン、電燈と順次推移・変化したが、人々は暖かみのある明りに子供心が妙にくすぐられ、幼いころの思い出に花を添えたものである。 →てき屋《や》 （野堀 正雄）

よみや 宵宮 祭日の前夜に行われる祭のこと。夜宮、夜宮祭ともいう。本来は神霊の降臨を仰ぐ祭の中心であったと考えられる。昔の日本人の時間感覚としては、日没から翌日の日没までが一日であり、夜に行われる祭は、一日の祭の前半を意味した。また、神霊は真夜中に降臨すると考えられており、神霊の降臨を中心とする祭の本来の意味からすると、むしろ宵宮が祭の中心であったと考えられる。しかし、時間感覚の変化とともに、翌日の昼間に行われる祭を本祭と呼ぶようになると、宵宮は本祭のための準備や前夜祭という程度の意味合いになってきた。現在でも、東京都府中市大国魂神社の例大祭（五月五日）をはじめとする暗闇祭と呼ばれ、夜に行われる祭は、宵宮の本来の姿を残しているとされる。東北地方には、宵宮のことをコモリと呼ぶ地域があり、また、中国地方から九州にかけてはヨドと呼ぶ地域がある。ヨドのヨは斎《いみ》（物忌）をさし、ヨドは物忌をする場所である斎所《いみどころ》・斎《いみ》殿《どの》に由来するといわれる。このように、宵宮は一面で忌籠りを意味するものであったと考えられる。神霊を迎えるにあたり、神事に関わる者が不浄とされるものを遠ざけ、心身を清浄な状態に保ち、祭場の準備や神に供える供物の調製をする。物忌する期間の長さはさまざまであるが、その最終段階が宵宮での籠りであるといえる。

参考文献 柳田国男「祭日考」（『柳田国男全集』一四所収、一九九〇）、岡田重精『斎忌の世界』、一九八九、茂木栄『まつり伝承論』、一九九三
（岩井 洋）

よめ 嫁 家長夫婦（戸主夫婦）よりみた息子の妻。新妻。嫁入婚においては主婦になるまでの女性の通称。妻が夫の配偶者という意味で夫婦関係を重視した呼び方であるのに対し、嫁は家制度における家長夫婦との関係を強調した呼称である。かつての婚姻は結婚する本人同士より、家の関係が重視され家格のつりあいが問題にされた。嫁入婚の場合、女性は結婚と同時に夫の家に入り、夫の両親とともに住むのを通例とした。したがって、息子の配偶者というより、家の嫁として迎えられ、家長・主婦である舅・姑につかえて家風に従うことが嫁としての第一条件であった。婚姻後の嫁は、家の後継者となる男子を産むことが求められたと同時に、テマ、ツノのない牛などといわれ、賃金のいらない健康な労働力として婚家のために働いた。家事も嫁の仕事とされながら、姑の指示を受けずに嫁一人の判断で行うことはできなかった。このように嫁は婚家の家族員にとっては他所者であり、何かにつけて不自由な忍従の日々を送ることになった。とりわけ姑との間には、主婦の座や姑の息子である夫の世話をめぐって、緊張関係が生じやすかった。主婦として権限をもつ姑は、主婦見習いである嫁に対して家風になじませるための厳しい躾を行なった。嫁は「夫の家に行きては、専舅姑を我が親よりも重んじて、厚く愛しみ敬い孝行を尽くす」（貝原益軒『女大学』）ように心がけ、甲斐山梨郡では「家風に背き舅姑の意に適せず或いは夫に貞順ならざる等の事あれば離婚すること」（『民事慣例類集』、一八七七）となった。もし姑の気に入らない嫁であった場合、「家風にあわぬ」ことを理由に、一方的に離縁されるようなこともあった。このような嫁姑間の緊張関係は、日本だけに限らず世界各国の嫁入婚をする社会では、普遍的にみられる現象である。嫁・姑の緊張関係は姑の死や姑から主婦権が譲渡されることによって、いったんは解消される。しかし、あらたに姑（主婦）となった嫁は、今度は自分の息子の嫁との間に緊張関係が生じることになる。このように嫁入婚においては、婚姻成立当初から婚舎（夫婦の寝所）が夫方におかれ、夫の両親と同居形式が一般的であったので、世代が代わっても再び新たな嫁・姑の緊張関係を生み出していった。伊豆諸島などの隠居制家族のように親夫婦と後継者夫婦が同居しない地域や、聟入婚のように嫁の夫方への引き移りが婚姻成立後ある程度の年数を経てから行われるような地域においては、嫁・姑の緊張関係はある程度緩和されるといわれている。嫁の劣位は中世以降の顕著な傾向といわれ、武家制度の確立と儒教思想の普及による家長権の拡大と女性の地位の低下、嫁入婚の普及による嫁の夫方への早期の組込みなどに起因すると考えられている。第二次世界大戦後の民法改正による家制度の廃止に始まり、核家族化、親夫婦との同居の減少、就業による女性の経済的自立など、社会変化とともに家の嫁、家・夫の付属物という意識は薄らぎ、一人の人間として考え扱われるようになってきた。 →家長《かちょう》 →婚家《こんけ》 →実家《じっか》 →舅《しゅうと》・姑《しゅうとめ》 →主婦《しゅふ》 →主婦権《しゅふけん》 →聟入婚《むこいりこん》 →嫁入婚《よめいりこん》

参考文献 瀬川清子『婚姻覚書』（「名著シリーズ」、一九七二）、蒲生正男・坪井洋文・村武精一『伊豆諸島―世代・祭祀・村落―』、一九七五、関口裕子「日本古代の家族形態と女性の地位」（『家族史研究』二所収、一九八〇）
（倉石あつ子）

よめいち 嫁市 未婚の男女が、伴侶を選び定めたり、新婚の嫁の披露の機会となる市。新潟県佐渡郡の吉井（金井町）で嫁市がたったことが知られており、また埼玉県和光市の吹上観音の三月十八日の縁日は、古くから見合観音とか見合市と呼ばれてきた。吉井は相川街道に面した小村で、一九三〇年代まで二月十一日に定期市がたち、この市を嫁市と呼んでいた。村内はもとよりこの日は近隣の新穂村などから多くの人が出て賑わったが、独身の男性は雪合戦をするように雪を丸め、これでお目当ての独身の女性をめがけて雪を投げて意志表示をする。あてられた女性は振り向くので、それをきっかけとした。厳寒の季節で、ことさらに着飾るということはなかった。互いに相手を想い定める場や機会ということに留意する

と、男女が山野や水辺や市などに集まって歌い遊び、求婚相手を見出し合った古代の嬥歌や歌垣にも比せられる。しかしながら、嫁市や見合市の名称で呼ばれる民俗は多くない。むしろ祭礼を構成する要素の中に嫁市と類似の要素を持つことがある、縁結び祭・嫁祭・花嫁祭などの名で呼ばれている習俗についても理解をする必要がある。愛知県豊橋市前芝町の神明社では、旧正月十日に、神前で神職から二十五歳、四十二歳、六十一歳の男子と十九歳の女子が厄祓いを受けるが、二十五歳と十九歳の男女は婚礼衣装を着て参加し、集団見合のようであったと伝えられ、嫁市と同様の役割を果たしていた好例と思われる。一方、同じ嫁市といっても過去一年間に嫁いできた新嫁が、嫁入りの時の花嫁仕度で祭礼に加わったり社頭に詣でたりする民俗もある。松江市西川津町の推恵神社の四月十二日の祭礼では、新嫁が輿入りの晴着姿で神輿に供奉してきた。また前述の和光市の吹上観音や、千葉県野田市三つ堀香取神社のどろんこ祭などの名で知られている四月三日の祭礼でも、花嫁衣装や江戸褄を着た新嫁が、姑に連れられて祭の場に出るのを習わしとしてきた。これらの事例からは嫁を求める習俗が既婚者に基軸を移し、祭礼の場で自家に嫁いできた嫁であることを披露するとともに、改めて地域社会の承認を受けるように変質をしたものと考えられている。　→見合《みあい》

（田中　正明）

参考文献　柳田国男「婚姻の話」（『柳田国男全集』一二所収、一九九〇）、『和光市史』民俗編、一九八三

よめいびり　嫁いびり　同居の姑あるいは村落内の主婦たちが嫁をいたたまれなくする態度を示すこと。嫁いじめと同じ意味である。嫁入り後歳月の浅い嫁（キガケノヨメ）に対してなされる傾向が強く、また、中層以下とされる家の嫁に対して風当たりが強かったことは否めない。嫁いびりは生活の万般に及んでいた。能登地方における具体例では、「孫カオテモ嫁ニクイ」（孫は可愛らしいと思うが嫁はにくい）、「柳の三日干し嫁にたかすな」（火付けのよい柳材を嫁に与えるな）、など露骨な感情をむき出しにした例、「田圃のラチの小草を娘にとらせ、ウエッケ稗嫁にとらせ」「隣の嫁の縄ないはなしゃらやしゃら、ウチの嫁はくしゃらむしゃら」などと、娘に楽をさせ嫁にいやな仕事をさせるとか、隣の嫁と比較して仕事ぶりを皮肉るものまで、多様であったことが伝わっている。ムラジュウト（村落内の主婦たち）によるものでは、ゆいで田植えの共同作業をする際、「アナへ落ちる」「タナへあがる」などと表現される田植えの際、周りの人よりも苗を植えるのが遅れたため、アゼにあがる道を苗でふさがれる状態におとしいれることなどのいやがらせもあった。これらのいびりに対しては、嫁は忍従ばかりに終始したわけではなかった。仮親に相談を持ちかけて処世につき助言を仰いだほか、いびりを逆手にとってりこうにふるまったり、「姑の十八見たことない」などと反発することもあったと伝えている。主婦権をめぐる葛藤、新入りしてきた者の受ける試練の意味があったことは否めない。

参考文献　野口武徳「嫁姑関係」（『講座家族』二所収、一九七四）、天野武『結婚の民俗』（「民俗学特講・演習資料集」一、一九九四）

（天野　武）

よめいりぎょうれつ　嫁入り行列　婚礼に際し、花嫁が嫁方から聟方に引き移る際に組まれる行列。嫁入婚では花嫁の引き移りが儀礼の中心となるため、嫁入り行列も華麗になる傾向があった。聟方からの嫁迎えの到着を受け、出立ちの儀礼を済ませた後、提燈を携えた仲人を先頭に、衣装をつけた花嫁や添い嫁、嫁方の親族などで行列を組んだ。「半目できて丁目で行く」などといって、嫁迎えの人数が丁半の奇数であれば、行列の人数は偶数にするなどのしきたりがある。嫁入道具をこの時に運ぶ事例も多く、道中では祝い唄や長持唄が歌われることもあった。婚家に近づいた行列に対しては、待ち女郎や近迎えなど、提燈を携えた聟方のものが迎えに出た。遠方からの嫁入りの場合は途中の中宿で休憩となり、ここであらためて花嫁が支度をし、聟方に赴くのが普通である。行列の途中、仲人や人足が「嫁入りよー」と叫んだり、出立ちや入家の際、見物人に菓子を配る場合もあり、嫁入り行列は村人に対しての嫁の披露という側面も持っていた。このため、自動車に乗って婚家に向かうようになっても、実家を出る際、婚家に入る際に、形式的に行列を組む例が多い。嫁入り行列に対し、途中で若い衆や子供がつぶてを打ったり水を掛けたり、綱を張って通せんぼをして、酒や菓子を要求する事例も多い。これについては、若い衆の持っていた婚姻統制力が低下していく中で生じた、従来の権利の代償要求であるという解釈も出されている。

参考文献　柳田国男「婚姻の話」（『柳田国男全集』一二所収、一九九〇）、松岡利夫「婚姻成立の儀礼」（『講座家族』三所収、一九七三）

（服部　誠）

よめいりこん　嫁入婚　婚姻成立の儀礼を夫方で挙げ、当初から婚舎が夫方におかれる婚姻方式。妻が生家から夫方に引き移って生活する点に特色があり、聟入婚・足入れ婚などと区別される。夫方からはヨメトリ、ヨメドリ（嫁取り）、妻方からはヨメイリ（嫁入り）、ヨメナシ（嫁成し）と呼ばれてきた。聟入婚・足入れ婚が衰退した後で普及した婚姻形態であるとともに、出合い婚普及以前においては、全国的に広く見られた婚姻形態である。中世の武家社会において行われたのが端緒となり、次第に武家にとどまらず農工商など庶民の間にも定着したと解釈されている。しかし、北陸地方においては古代にまでさかのぼって嫁入婚があったと推論する説がある。この婚姻では、当事者の資質・器量もさることながら、本人の所属する家と家とのつり合い、家格相応ということを重視し、家の永続ないし都合いかんを思慮してまとめられる傾向が強かった。いわゆる遠方婚であることもあれば、村落内か近接する村落との通婚例であることも少なくな

かった。そのいずれであれ、なりわいを同じくする家同士の間で結ばれる例が多かった。婚姻成立の儀礼に関わるのは、嫁方でなされる出立ちの儀礼、嫁入り行列一行の構成とこれと交渉する第三者(若者集団)、夫方に着いた際の入家儀礼などである。これらには、身柄が生家と分離されること、婚姻当事者をめぐる関係者から承認されること、婚家の戸口で盃事がなされること、婚家で新生されると擬されたことなど、通過儀礼という性格が凝縮されていた感があった。そのことは上流階層と目される通婚例において典型的に表出されるものの、中流以下の階層間では必ずしもそうではなかった。庶民の嫁入婚ではふだん着同然の装いであったり、持参品が風呂敷包み一つであったり、同行者が母親一人にすぎなかったりなどとする例がいくらも伝えられている。一時的出費に耐えがたい経済的理由もさることながら、その背景には引き移り自体が不完全であるとか、婚舎が夫方に専属するに至っていないなどの慣例が公認されてきた結果による。嫁入り道具の一部がアトニ(後荷)、オイニ(追い荷)の名目で後日届けられること、嫁入り後においても婚家と生家とで二、三日ないし四、五日交替で定期的かつ交互に過ごすバン、ハンブンバタラキ、ヒートリ嫁などの習俗が公然と認められていたことなどがそれを裏付けている。嫁の生活の本拠が、名実ともに不完全であるなど、嫁入婚の多様さが物語られていると思われる。それらの習俗から、嫁入婚においては、夫方で過ごす嫁がその家族と同居するか別棟で過ごすかという地位の問題、いわゆる嫁姑関係と主婦権の授受に関わること、など関連する習俗が少なくない。それはまた、嫁がいつ婚家先に帰属すると理解されてきたのか、親里に帰ってなぜ出産するのか、婚出した女性の生き別れ、死別両方における離縁(離婚)をどのように解釈すればよいのか、などの諸問題にも密接に関わっている。→足《あし》入《い》れ婚《こん》 →入家儀礼《にゅうかぎれい》 →ヒートリ嫁《よめ》 →聟入婚《むこいりこん》 →嫁入《よめい》り行列《ぎょうれつ》 →嫁入《よめい》り道具《どうぐ》

参考文献 柳田国男「婚姻の話」(『柳田国男全集』一二所収、一九九〇)、瀬川清子『婚姻覚書』、一九五七、大間知篤三『婚姻の民俗』(「大間知篤三著作集」二、一九七五)、江守五夫『日本の婚姻—その歴史と民俗—』(「日本基層文化の民族学的研究」二、一九八六)、天野武『結婚の民俗』(「民俗学特講・演習資料集」一、一九九四)、江守五夫『婚姻の民俗—東アジアの視点から—』(「歴史文化ライブラリー」四八、一九九八)

(天野 武)

よめいりどうぐ 嫁入り道具 嫁入りに際し、嫁が聟方に持参する道具や着物。嫁入道具の中心は嫁が日常生活で使用する道具類とその収納具であり、これに嫁が体面を保つための聟方への土産の品などが加えられた。具体的には、晴着・普段着・仕事着などの着物類、鏡台・櫛・鉄漿付け用具などの結髪・化粧用具類、機織り・針仕事・野良仕事などの生産関係の用具類があり、このほか、布団・座布団などが持参された。これらは聟方の資材とは別に保管され、持参した箪笥や長持、行李などに納められた。もっとも、すべての階層でこのような嫁入道具を準備できたわけではなく、「風呂敷一つで嫁に来た」という事例は多い。聟入婚や足入れ婚の場合、嫁入道具は一時的妻問いの後、聟方への引き移りに際して運ばれるのが一般的であり、嫁入婚においては、婚礼前か当日の嫁入り行列と同時に運ばれる場合が多い。しかし、嫁入り後も道具を長らく実家にとどめておき、里帰りのたびに聟方に運ぶ事例もあり、三重県伊賀地方のように、嫁入り後、数十年を経て荷を運び、その際に荷祝いと称する酒宴を催すところもある。また、嫁入りと同時に運ばれた道具も、当分の間は嫁の私財として扱われる場合が普通である。これらのことは、嫁入りによって嫁が完全に聟方の人間になるのではないことを示しており、主婦になるまでの間は里方の庇護の元で生活していたことを物語っている。→ツリモノ →長持《ながもち》 →荷送《におく》り

参考文献 大間知篤三「婚姻の民俗学」(『大間知篤三著作集』二所収、一九七五)、天野武「婚姻に関わる民具」(至文堂『日本の美術』二七七、一九八九)

(服部 誠)

よめごろしだ 嫁殺し田 田植えの重労働で嫁が死んだという伝説。嫁の田ともいう。今日のごとく、稲の品種の改良や機械田植えによって、農家から手植えの重労働は消えたが、第二次世界大戦以前までは田植えは短い期間に一度にやらねばならぬ一年の農作業の最大の労働であった。早く移植しすぎても苗は枯れるし、遅く移植すると稲の花は結実しない。そのために、田植えには共同作業や他村の手を借りるゆいの組織などもあった。そんな重労働から生まれた伝説であり、一日が短いとして太陽を招き返した日招き長者伝説などとも関連しているが、事実の投影ではない。たとえば、長野県更科郡更府村(長野市)の、池となっている昔田圃だったところでは、姑に一日で植えるように命ぜられた嫁が田植えを終えないままに夕方に死んでしまったために、その田の米には血がまじっていた、という。ついには水が出て池と化してしまった、という伝承を具えている。静岡県庵原《いはら》郡の田では植えかけたところで沈みかける太陽を招き返して植え終えた嫁が腰をおろすと同時に死んだ、と伝えている。股の間からお天道様を覗いたために死んだ、という伝承も多い。朝日長者や湖山長者の伝説にも関係がある。嫁や女性や稚児を葬った塚の伝説も長者伝説や、田植えの習俗に関わっていて、女性(若い嫁)の生産力に共感する豊穣祈念の信仰が、この種の伝承を多岐に派生させてきたと思われる。→朝日長者《あさひちょうじゃ》

参考文献 柳田国男「日を招く話」(『柳田国男全集』一一所収、一九九〇)、渡辺昭五『田植歌謡と儀礼の研究(増補版)』、一九七三、伊藤清司「伝説と神話—嫁殺し田の場合—」(『昔話 伝説の系譜』所収、一九九一)

(渡辺 昭五)

よめたたき 嫁叩き 新婚の嫁の尻を小正月などの行事の中で近所の子供たちが叩く民俗。一九六〇年代まで九

州から東北まで全国各地で伝承されていたが、現在ではほとんど廃れてしまった。一般には、ハラメウチとか、コッパラメなどといって、妊娠促進の呪術とされている。たとえば山梨県南巨摩郡早川町奈良田ではオカタブチといって正月十四日の晩、小学生の男の子らが化粧してこの年に初めて小正月を迎える新嫁の家に行き、枝つきのカツノキ(ヌルデ)の皮をむいて赤・青・緑など鮮やかに着色して作った独特の棒をもって新嫁の尻を叩く。この時の唱え言は「おーかた、おかた、なんぼになりゃる、三十三になりゃる、三十三のよごは、べべのはた虫くい、虫くい」というものであった。これに対し嫁の家の主人は挨拶がわりに子供たちに菓子などを与える。このオカタブチがすむと子供たちは柿の木などをその棒で叩きながら「なるか、なるか、ならねば伐るぞ」と唱えて柿の実が多くつくようにとの呪《まじな》いをし、それが終ると寺の境内の銀杏の木の枝にその棒を投げ掛けておいた。このように嫁叩きが成木責と一緒になっている例もある。小正月以外では、結婚式で嫁の入家式の際に新嫁の尻を藁棒で叩く民俗が中部地方や関東地方で伝えられていた。また、五月節供に嫁や早乙女の尻をショウブを束ねたもので叩く民俗が北陸地方から近畿・中国地方へと伝えられていた。この嫁叩きの民俗は、モグラウチや亥子づきなどの地面を叩く民俗とも併存して伝えられた。一般に小正月の予祝儀礼の一環で妊娠促進の呪いと考えられているが、早乙女を叩く例もあることなどから、女性の身体の祓え清めの意味もあったと考えられる。なお、文献では『枕草子』正月一日事に十五日の粥の木で尻を叩く習慣があったことが記されており、この民俗の歴史の古いことが知られる。 ↓オカタブチ ↓ハラメウチ

[参考文献] 小野重朗「ハラメウチ(孕め打)の原像」(『民俗学評論』一〇、一九七三)、新谷尚紀「新嫁叩き・地面叩き習俗資料(一)」(『(共立女子第二高等学校)研究論集』三、一九八〇)

(新谷 尚紀)

よめぬすみ 嫁盗み 若者が意中の娘を盗み、最終的には親の了解を得て夫婦となる、特異な婚姻の形態。婚姻はあくまで社会的な男女の結合であり、また日本においては家相互の結合と深い関わりがあったため、その決定には双方の親、もしくは親族・ムラなどの承認を必要としたが、地域によっては若者仲間の承認が最も重要視され、親は事後承諾を与えるだけという場合もあった。このような若者仲間と親との力関係が均衡している場合に嫁盗みが行われた。嫁盗みは地域によってカカソビキ、ヨメカタギ、ドラウチ、ヨメゴオットイなどともよばれる。このような事例は九州を中心として、中国・四国地方に多く、東北地方ではほとんど聞くことができない。これは西南日本では自由恋愛による婚姻が伝統的であり、また若者仲間の権限が強く、それに比べて東北日本では父親の権限が強固であったことに由来するものと思われる。嫁盗みの形態は、娘本人も親もその婚姻に反対している場合に行われる場合と、親は反対しているが娘本人は盗まれることを予期しているという場合と、娘本人も親も承知しているにもかかわらず、種々の義理や経済的な理由で、表面上反対している場合とが考えられる。実際の事例では、第一のような、本当の嫁の掠奪はあまり例がなく、第二・第三のような、内々に双方が了解しあった形の形式的、儀礼的嫁盗みが主であったといえる。また嫁盗みはいわゆる駆落結婚とは異なり、娘の親に盗んだことを告げる慣習があった。大間知篤三の報告によれば、これをスケトドケ(高知県)、テンナイ(長崎県)などとよび、娘を盗んだ若者の友人が娘の家の土間に片足を踏み込んでその旨を告げ、すぐに逃げ帰らねばならなかった。もしその場で娘の親に捕えられると人質にされ、娘と引き換えでないと帰されないという場合もあった。この役を任された若者はテンナイ人などとよばれ、スリルに満ちた使者であったという。その後に村の有力者などに頼んで、正式に嫁もらいの交渉にかかったのである。このような約束ごとは、盗みの行為がある意味では婚姻に至る過程の一儀礼であり、真の掠奪とは異質なものであったことを物語っている。

[参考文献] 瀬川清子『若者と娘をめぐる民俗』、一九七二、大間知篤三「婚姻の民俗学」(『大間知篤三著作集』二所収、一九七五)

(八木 透)

よめのは 嫁の歯 「ヴァギナデンタータ Vagina Dentata」「下の口の歯」とも呼ばれる世間話。女性性器に歯のある説話は広く環太平洋地域、東南アジアでも伝えられる。日本では江戸時代に根岸鎮衛《やすもり》の『耳袋』一の「金精神の事」に津軽のカナマラ大神の由来譚として記録されている。容顔美麗にして風姿艶なること類ない美しい娘が婿を取るが、一夜にして婿が死んでしまう。あるいは逃げ帰る婿ばかりで、不思議に思った娘の両親が事の真相を探ると、娘の性器に鬼牙が生えていることを知る。苦心の末、黒銅で陽物を作り、その鬼牙を砕いた。その後、娘は普通に暮らすことができ、人々はその黒銅の陽物を神として祭祀したという。また笑話や愚人譚としても各地で伝承される。許嫁の女と結婚せずに他の女のもとへいった男を取り返すため、許嫁の女が一計を案じた。男には「女の陰部には牙がある」と告げ、女には「男の陽物は許《アヅイン》ほどの太さがある」と教えた。その男女がはじめて同衾《どうきん》した時、男は膝で、女は両手でそれぞれ相手の様子を探ると、はたして許嫁の女のいうとおりであった。驚いた二人は別れ、男は許嫁の女と結婚したという笑話が沖縄に伝わる。金関丈夫はこの類の説話を『蕃族調査報告書』『蕃族慣習調査書』(台湾総督府蕃族調査会)に求め分類し、東南アジアの諸民族にあった抜歯習俗との関連で考察している。柳田国男も「うつぼ舟の話」で台湾諸民族の説話を事例としてあげ、奥羽地方で語られる金勢大明神の由来譚との関連を示唆している。

[参考文献] 柳田国男「妹の力」(『柳田国男全集』一一所収、一九九〇)、佐喜真興英「南島説話」(『日本民俗誌大系』

一所収、一九七四）、金関丈夫「Vagina Dentata」（『新編木馬と石牛』所収、一九七六）（辻　雄二）

よめのれん　嫁暖簾　嫁入りの際、実家から持参して夫婦の部屋の入口に吊す祝いの暖簾。石川県や富山県西部にみられ、鶴亀・松竹梅・花車などのめでたい図柄を描き、上に実家の母の紋を入れる。明治初年までは藍染めであったが、次第に色染めとなり、高級品は手描きの加賀友禅となる。紋は娘に伝えられるので、女紋として継がれていくことになる。紋を花の輪などで囲むこともあり、これを加賀紋という。（佐伯　安一）

嫁　暖　簾

よめぶろしき　嫁風呂敷　嫁入りの際に持参する特別の風呂敷。嫁風呂敷は、手織木綿の無地物を三幅か四幅に縫い合わせ一枚の四角の布にするが、良家では一反風呂敷という大型で紺・浅黄・青緑色などに染め中央に実家の紋（女紋）・祝い紋を入れる。もっとも村内や隣村などの縁組では、衣類と身の回りの品を一枚の嫁風呂敷で運ぶヨメノニで大風呂敷は少なかったという。嫁風呂敷一つは簡単な嫁入りの意味である。三重県阿山郡では「二（荷）より三（産）が先」でハサミバコなど道具類を嫁入りと一緒に運ぶことをツリカケヨメイリ（嫁入り行列）という。なお、金沢市、北陸の加賀・能登地方、山陰の出雲地方では祝い風呂敷という。出雲地方の祝い風呂敷は二幅・三幅・四幅の三枚を一揃として嫁入り道具として持っていった。嫁の紋は里方の家紋を雪輪でかこみ風呂敷の中央につける。模様は鶴亀・松竹梅・宝尽くしなどの吉祥文で模様の多いほど高級品である。色は藍染めで、仕上げに半年も要したという。主として嫁入りの衣類や道具などを包む。婚儀のほか里帰りや、子供の誕生祝い、初節供の祝い物を包み、仏事の時には式服を包むなどに利用した。聟の祝い風呂敷もあり定紋を入れ色は茶、または萌黄で染めた。東北の宮城県栗駒地方のヨメフロシキは地織した木綿を染屋で糊形を置いてもらい自分で藍染めしたという。嫁風呂敷は婚姻とかかわって、特別な意味をもった呼び名であったと考えられるが、その本意は明らかでない。

参考文献　祝宮静編『日本の生活文化財』、一九六五、竹村昭彦『風呂敷―Furoshiki Japanese Wrapping Cloths―』、一九七四
（岡田　照子）

よめみせ　嫁見せ　嫁入りの後に行われる近隣や村人たちへの花嫁の披露。ヨメゲンゾ、ヨメサンミ、ヨメヒロウなどとも称される。嫁見せは、婚礼の披露宴に出席できなかった人たちを対象に嫁を披露するものであり、婚礼翌日、近隣の主婦たちを客に招いて宴を催す場合が多い。嫁は花嫁衣装を付けて列席し、近隣への仲間入りの挨拶の後、衣装を替えて接待役となった。この時に、シリスエボタモチなど、呪術的な意味あいを持つ食べ物を会食する地域もある。また、嫁を見にきた人たちに菓子などを配ったり、イショウミセ、エリカザリなどと称し、花嫁とともに嫁入り道具を披露し、箪笥を開けて着物・羽織を並べて見てもらうところもあった。このほか、花嫁が近隣を回って挨拶することを嫁見せと称する地域も多く、嫁は花嫁衣装を付け、姑に連れられて風呂敷や手拭などを手土産に持参した。いずれにしても、嫁見せは近隣社会への嫁の披露の機会であり、これを行うことで、嫁は新しい社会集団への仲間入りを果たし、ムラでの生活が可能になったのである。これらの披露の場面以外では、他家の嫁をじろじろ見たりすることはもちろんはばかられたが、寺社の縁日などの際、新嫁が着飾って参拝する習慣も各地にあり、この時は新嫁は村人の注目を集めることになった。これは嫁市とか新嫁御の衣装比べなど称され、嫁見せと同様、ムラへの嫁の披露の機会であったと考えられる。→披露《ひろう》　→披露宴《ひろうえん》

参考文献　柳田国男「婚姻の話」（『柳田国男全集』一二所収、一九九〇）、松岡利夫「婚姻成立の儀礼」（『講座家族』三所収、一九七三）
（服部　誠）

よめむかえ　嫁迎え　嫁入婚において嫁の引き移り当日の聟方が行うさまざまな習俗。広義には、それに家屋の増改築をするなどの事前の諸準備を含めることもある。嫁迎え一行の人数は、双方の話し合いであらかじめ決まっており、結婚の仲介役を務める者とその付添い人とが加わるのが一般的であった。聟自身と聟まぎらかし、両親・近親者・荷担ぎ人足などを含めるか否かは、その土地の慣習に従うことから一様ではなかった。また、それが嫁方にまで及んで出祝儀などと呼ばれる嫁出立ちの酒宴に連なることもあれば、双方の約束ごとで嫁入りの途中まで嫁迎えに出ることもあった。迎えの一行は日中においても提燈に点火していく慣例であったとか、近迎えと称して幼い男女児が提燈を点して出迎えるとか、聟方近くの路上で火をたくなどの習俗があった。最後に挙げた例は、その火を跨いで入家するために備えたものである。単なるいたずらであると解する者もあれば、呪術性を秘めた行為であると説く者もいる。また、嫁が聟方に入家する際、釜（鍋）蓋・笠の類を被せたり、トボウサカズキ（戸口における盃）を強いたりする習俗、嫁の入家に合わせて臼と杵とを持ち出して、ニワ（土間）で餅搗きを演ずる習俗、なども広く見られた。一種の通過儀礼であるから、それらには試練ないし承認の意味が含められていたと考えられる。

参考文献　柳田国男「婚姻の話」（『柳田国男全集』一二所収、一九九〇）、文化庁編『日本民俗地図』六、一九七五、江

守五夫『日本の婚姻―その歴史と民俗―』(『日本基層文化の民族学的研究』二、一九八六)　(天野　武)

ヨモギ　ヨモギ　キク科の多年草で、芳香を発するところから、ヨモギの若葉を入れて餅を搗いたヨモギ餅・ヨモギ団子として食用とされる。また、部屋において芳香を楽しむこともある。『万葉集』一九、四一一六に「ほととぎす鳴く五月のあやめ草よもぎかづらき」(原万葉仮名)とあり、奈良時代には五月にアヤメとともにヨモギをカズラとしたことが確認できる。これは、アヤメと同じく芳香を楽しむことのほか、魔除けの意味合いもあったものと思われる。中世には男子誕生の折、ヨモギの葉で羽をはいだ矢を四方に放つ儀礼が存在していたことが、『平家物語』三「御産」や『太平記』二五「宮方怨霊会六本杉事」によって確認できる。端午節供を代表する植物は菖蒲の節供というようにアヤメであるが、一七五〇年(寛延三)ころ成立の『滑稽雑談』(俳諧歳時記)には、端午節供の前夜にアヤメとともにヨモギを軒に飾るヨモギ葺きの民俗に関する記述がある。また、葉裏の綿毛は灸療治に用いるもぐさとして利用されている。平安時代初期に成立した古辞書『和名類聚抄』には「艾、一名医草、与毛岐」とあり、もぐさとしての利用が古いことがわかる。また、よもぎのしま・よもぎがしまと称して日本を指す言い回しが室町時代には存在していた。それは、ヨモギに蓬莱の文字をあてることから、「蓬莱島」を「よもぎがしま」と訓じるからで、当時蓬莱島と目されていた日本をこの語で表わしたと見られる。『日葡辞書』に、よもぎがしまは日本であるという記述がある。　↓端午節供《たんごのせっく》　(上野　誠)

よもつへぐい　黄泉《よみ》戸喫　死者の世界である黄泉の国の食物を食べること。食べることによって、黄泉の国の者になり、現世に帰ることはできなくなると、考えられていたことが『古事記』『日本書紀』のイザナキ・イザナミの神話によってわかる。「よもつ」は「よみのくに」の別称である「よもつくに」のよもつであり、「へ」は竈の意味である。したがって、黄泉の国の竈で煮た食べものという意味となる。「一つ釜の飯を食った仲」という慣用句があるように、共同の飲食によって黄泉の国の仲間となることを表わしているものと見ることができる。

参考文献　菅野雅雄『古事記説話群の研究』、一九七三　(上野　誠)

ヨリイ　ヨリイ　丘陵や台地を利用し防御施設を伴って造られた地方豪族の居館のふもとに、その隷属者たちの集住により形成された集落を示す地名。寄居・寄井などと表記され、関東地方北部に多く分布する。ネゴヤ、ドイ、サンゲ(山下)などとともに中世に成立した豪族屋敷村の一種であるが、近世になると多くは防御的機能を低下させて、屋敷主は名主など有力百姓化する傾向がみられる。　↓ネギシ　↓ネゴヤ

参考文献　柳田国男「地名の研究」(『柳田国男全集』二〇所収、一九九〇)、矢嶋仁吉『集落地理学』、一九五七　(小口　千明)

よりおや・よりこ　寄親・寄子　擬制的親子関係の一つ。農村社会における寄親・寄子慣行の分布は、長野県や大阪府・広島県などの一部地域に限られる。寄親とは他所から来た者が村に永住したり一時的な寄留を行う際に、身元の引き受け人の役割を負った村内の有力者を指した。寄親に対して新来者の方を寄子という例もある。広島県では寄親のことをワラジオヤとかヌレワラジとも呼び、この親があらかじめ組内の承認を得たうえで、移入者に酒をふるまってから組に迎え入れたという。寄親・寄子は必ずしも一対の呼称として伝えられているとはいえず、他の擬制的親子の関係に比して擬制の程度は浅い。また、江戸時代の都市社会においては、もっぱら農村から出稼や奉公に出てきた単身者のことを寄子と称した。寄子たちは衣食の世話を受けながら人請稼業のもとに寄留し、奉公先の斡旋を待った。こうした用例のほか、広く知られているのが、戦国大名の家臣団組織における寄親・寄子制である。この場合も親子関係に擬して結ばれた保護・被保護の関係をいい、農村や都市における慣行と本質的に異なるものでない。後北条・今川・武田など戦国大名は地侍を家臣団として組織する必要に迫られており、中世の村落社会において幅広く存在していた擬制的親子の慣行を、家臣団の編成方式として採用し制度化していったものと考えられる。しかし、一方において家臣のうち、比較的下級の者は村に帰農して指導層を構成したという経緯は確認されており、こうした擬制的親子慣行が武家階層の文化を源流にしているとの解釈も否定できない。

参考文献　服部治則『農村社会の研究―山梨県における親分子分慣行―』、一九八〇　(影山　正美)

よりがみ　寄り神　海から流れ寄った神や仏。日本の沿岸地方に広くみられる。漂着神ともいう。多くは、浜辺に流れ寄る寄り物(漂着物)が、何らかの奇跡をおこすことによって神としてまつられるようになったものである。それ故各地でまつられている寄り神としての神体には、流木、石、船、酒樽、タコ、イカ、海藻など、時化《しけ》の翌朝など浜辺で見かけることのできる身近な寄り物があてられていることが多い。浜辺に寄り着く物には、霊が宿っていると信じられ、また神が恵み贈ってくれた物であると考えられている。このような寄り物のうち、採集される過程で何らかの奇瑞を生起せしめた場合、これを神としてまつることが多い。各地にみられる流木を神体とする寄木神社や、浜降り祭との関連で伝承される福島県海岸地方の社寺の由来に、この事情を語るものが多くみられる。この中には都より流れ着いた貴人を神とするものもある。また一方で、海で漁をしていた漁師の網にかかりこれが因で神としてまつられた経緯をもつものもある。海中より涌出した神仏としての由来をもつもので、漁村で大漁をもたらす神として信仰をあつめているえびすの中にも、この由来をもつものが多い。寄り神(漂着神)

は、日本の海辺に広く信仰されているが、その根源には、海の彼方よりもたらされる幸や恵みを渇望する人々の願いが横たわっているものといえる。↓えびす ↓漂着《ひょうちゃく》神《しん》

参考文献 小林忠雄・高桑守史『能登—寄り神と海の村—』(「地域文化シリーズ」、一九七三)、高崎裕士・高桑守史『渚と日本人—入浜権の背景—』(「NHKブックス」二五四、一九七六)、谷川健一編『渚の民俗誌』(「日本民俗文化資料集成」五、一九九〇) (高桑 守史)

ヨリキ ヨリキ 奈良県北東部、京都府南部、三重県西部の農・山村に分布する特定の家々により構成される一種の合力組織。与力とも書く。ヨリキの起源は戦国時代にさかのぼり、戦国大名が手飼いの家来をもたない武将に貸与した直臣の武士のことを指していたが、そのような武士社会の一族、主従の与力制度が次第に農村社会に移入されたものといわれている。ヨリキには、(一)ヨリキが村内で特定の一戸の家に決まっている形態、(二)ヨリキが村内の複数の家から構成され、しかもヨリキ間に一ヨリキ・二ヨリキという種別が行われている形態、(三)一ヨリキ・二ヨリキという区別のない複数の家の集まりにより構成される形態がみられるが、第二の形態が一番多い。一ヨリキは濃いヨリキ、二ヨリキは薄いヨリキともいわれるが、一ヨリキはヨリキのなかで中心となる家を示している。現実には以上のような種々な形態をとるが、ヨリキは本来家と家の関係でオモヤ、インキョという本分家により構成され末代不変の関係として維持されるのが原則である。しかし、ヨリキと同族組織とは完全に同じものではなく、ヨリキが同族組織と重層しているものと理解してよい。さらに、同族組織にもとづかないが、ムラの旧家、有力者、親類・縁者などの特定の家から構成される頼まれヨリキ・こしらえヨリキも認められる。以上のような構造をもつヨリキは冠婚葬祭において当該家を助け、あるいは当該家にかわって種々な役割を遂行する。特に葬儀において、ヨリキは葬儀の合力組織の最高責任者としての役割をもつ。死者がでるとその家の一ヨリキと二ヨリキはすぐに喪家に参集し、喪主と相談の上、葬儀の日程、規模を決定し、会計の管理、人々への役割配分や組織化を行い、式を運営・執行するとともに後片づけなどに対する一切の責任をもつ。このような葬儀時にヨリキの役割は顕著に認められるが、日常生活においても「何かあればヨリキに相談する」といわれるように、ヨリキは家の重大な出来事や危機的な状況時における精神的、社会的な庇護者としての役割を担っている。

参考文献 保仙純剛『日本の民俗奈良』、一九七三、三上勝也・山本剛郎『与力制度と村落構造—大和高原村落の社会学的研究—』、一九九五 (清水 由文)

よりしろ 依代 神が降臨するための目印となるもの。折口信夫の設定した語。折口は依代に対して、招代《おぎしろ》を人間の側から呼んだ名であること、また神の依るべき喬木が立っている山を標山《しめやま》といい、その喬木に高く掲げられた目印を依代とした。そして折口は髯籠を天神の代表である太陽神の形代であり、依代の原形と捉えた。たとえば御会式の万燈の竿頭を飾る御祖師花、葬式のときに御練り銭をこぼしてゆく花籠、目籠に金銀の紙を張って作った国旗の竿の先の球、修験道の梵天なども髯籠から転化したものとする。また折口は移動屋台などの源流に大嘗会の標《ひょう》の山《やま》を考え、それが標山の山車・だんじり・だいがくの類であり、その末梢に依代をつけるのを本来とした。天神は決して社殿に常住しているのではなく、祭のときに限って迎えるのであり、依代はそのために依りつくべき木を他と区別する目印である。そしてその形は招く神の姿を象徴的に示したものだという。一方、柳田国男は神が依るものに注目し、それには天然の樹木や柱を神の宿りの神樹と捉え、また柱松・竜燈松・旗鉾などもあるという。柳田はそうしたものを神霊用の梯子と表現して、それが神降臨の際にその所在を知らせる標識であるとしたが、依代という用語はほとんど用いなかった。神が降臨するための依代には、岩や山など自然界にあるもの、植物などの樹木からなる柱や柱松、人工的な象徴物としての山車・鉾・傘、それらを小型化した幣束・梵天などがあり、これらを塚・盛砂・山・餅・盛飯などに突き刺し、組み合わせることで和合の形を表わし、より強力な依代とした。こうした依代の古い形としては土山の上に大柱を立てる柱立て(『日本書紀』)があり、その形を今に残しているのは信州諏訪の御柱《おんばしら》である。また京都の祇園祭の山鉾は人工的な依代の典型と考えられるが、『本朝世紀』九九九年(長保元)条には、前年の祇園天神会の山鉾が大嘗会の標に似ているという理由で、藤原道長に停止を命ぜられたが、天神はこれを怒って託宣をした、という記録がある。京都の祇園祭では鉾と山が出るが、博多の松囃子では枝垂れ花の傘鉾であり、人が頭上に被って歩く。本田安次はこれらの華麗な風流《ふりゅう》の作り物は悪しき神、荒ぶる神の座であり、神の機嫌をそこねないように華やかな飾り付けをしたもので、風流の踊りは滞在されては困るような疫神を村境などに送り出すために行われたものという。人は目に見えない神を依代に依り憑かせることで、その存在を確認できるため、これを神聖視する一方、種々の意匠を凝らして華麗な作り物を編み出していった。依代の意味が拡大され、神仏がよりつく目標となるものすべてが依代と表現される傾向が強い。↓招代《おぎしろ》

参考文献 『柳田国男全集』一四、一九九〇、折口信夫「髯籠の話」(『折口信夫全集』二所収、一九六五)、蟹江秀明「「よりしろ」と「よりまし」」(『社会と伝承』一五ノ一、一九七六)、伊藤好英「依代・招代」(西村亨編『折口信夫事典』所収、一九八八)、本田安次「御柱から幣束まで」(『本田安次著作集』一所収、一九九三)、福田アジオ「柳田国男の敗北—折口信夫の依代論をめぐって—」(『コンステラツィオーン』二八四、一九九三) (神田より子)

よりまし よりまし 童児や成人男女など人に一時的に神霊などを憑依させ、その間に、人びとに神意を伝えたり表意するなど、一定の宗教的役割を果たす人物。依坐・憑坐・尸童、このほかに憑人・神子などもよりましと訓じている。なかでも、童児の場合には、各地の祭礼や神幸の行列の際に、そうした役割を果たす事例が多くみられる。たとえば、福島県いわき市大倉の熊野神社の祭礼では、五、六歳の童児を祭礼の前夜から一晩中眠らせないようにしておき、翌日正装させた姿で馬に乗せて渡御の列に加わらせると、馬上で居眠りを始める。人びとは、これを神霊がのりうつった状態であるとしてありがたく拝むという。また、御幣など物に神霊を憑依させて神の依代とし、それを身に付けさせるなどして神の降臨とする事例もみられる。兵庫県高砂市曾根天満宮の秋祭では、花と鳥の尾羽数本を付けた笠をかぶらせた童児をヒトツモノとして馬に乗せて出すという。さらに、奈良県天理市新泉町の大和神社の祭礼では、童児が正座に座らされ、左右に造花を立て、前に鏡餅を置いて神霊の依代とし、祭の中心になるという。このような童児が一時的に神霊の役割を果たす形態は、各地の祭礼にもみられ、また古い文献では『中右記』一一三三年(長承二)五月八日、宇治鎮守明神離宮祭条に「巫女馬長一物、田楽散楽如法」と「一物」の記述がみられるところからみて、それは子どもが神と人間との中間に位置し、神に近い存在として認識されていたからであろう。また、成人の男女に神霊を憑依させて役割を果たさせる事例も多く、たとえば『紫式部日記』には、験者が病人に憑いたもののけを別の女性、よりましにかりうつしして祓う記述がみられる。また、現在でも、羽山のノリワラ、美作の護法実、木曾御嶽行者の中座などは、神霊を依り憑かせて、一時的に神がかり状態となっている間に、一定の役割を果たしているところからみて、よりましの役割を果たす、きわめてシャーマニックな人物といえよう。 →ヒトツモノ

参考文献 柳田国男「巫女考」(『柳田国男全集』一一所収、一九九〇)、荻原秀三郎『神がかり』、一九七七

(菅原 壽清)

よりもの 寄り物 潮流や沿岸流あるいは風によって海辺に打ち寄せられる種々のもの。昔より人々はこれを寄り物と呼んで、生活の中で利用してきた。とりわけ流れ寄る流木や、難破した船の残骸は、貧しかった海辺の村の人々にとって建材や薪として重宝された。地域によっては、浜歩きとか寄り物拾いといって、時化《しけ》の翌朝などムラ総出で、寄り物を採集する慣行をもっているところもあり、多くの場合これを最初に見つけた者が所有する権利をもち、またこれを採集するにあたって独特の作法を伴うところもあった。寄り物には、霊が宿るとする観念があり、これを拾うにあたって一定の作法を怠ると祟りが生ずるとするいい伝えもある。また神授物と考えるところもあり、山形県の庄内浜では、弘法伝説と結びつき、秋に定期的に流れ寄る流木を弘法様の寄せ木と呼んで、これを拾い、冬場の燃料として利用していた。弘法大師が村民に与えてくれた貴重な薪として大切にされたという。季節的に寄り来る魚もまた寄り物として考えられており、これも、神が人々に恵みを与えるものとして捉えられている。沖縄地方のスク(アイゴ)や、秋田のハタハタ、あるいはイルカなどが知られている。柳田国男が、渥美半島伊良湖崎に流れ寄ったヤシの実を見て、海の文化伝播に果たす役割に大きな関心をもつに至ったことは、広く知られている。

参考文献 小林忠雄・高桑守史『能登―寄り神と海の村―』(「地域文化シリーズ」、一九七三)、高崎裕士・高桑守史『渚と日本人―入浜権の背景―』(「ＮＨＫブックス」二五四、一九七六)、谷川健一編『渚の民俗誌』(「日本民俗文化資料集成」五、一九九〇)

(高桑 守史)

よろずや 万屋 農山漁村で、日用雑貨・衣料品や食料品など種々の商品を売る店。「万」は種々の意。購買力の低さから個々の商品の専門店化が図られず、一軒の店でさまざまなものを扱うようになったものといえる。現代に急激に増えているコンビニエンス＝ストアは、逆に購買力の高い場所において一ヵ所で何でも揃えられる利便性を追求したもの。万屋の呼称には何でも揃うという意があるが、百貨店という呼称にも、同様の意味合いがうかがえる。山形県下には八百屋が葬具の販売をしている例があり、葬儀屋が専門店化するまでの過渡的形態といえる。八百屋の「八百」にも種々の意味があり、何でも扱うの意がうかがえる。万屋は買い物客の寄り集まる所であり、その意味では一種情報センターの役割も果たしていた。万屋が取り扱っていた商品は、原則としては自給しにくいものである。なお、現代の農山漁村では、貨物自動車に食料品・雑貨などさまざまな物を積み販売する移動店舗をみかける。

参考文献 木村博「葬儀屋以前」の問題―八百屋が葬具を扱った話―」(『西郊民俗』一二九、一九八九)

(畠山 豊)

ら

らい 癩　癩菌によってひきおこされる疾患。近代ではハンセン病とも呼ばれる。「癩」の病名は日本においても古代以来「白癩《びゃくらい》」の名で記録にとどめられている。ただし「癩・白癩」と呼ばれた病気のすべてが今日のハンセン病に相当するのかどうかは、若干の検討を要する。きわめて伝染力の弱い病気であるにもかかわらず、歴史的には「業病」とか「天刑病」などと呼ばれて、強い差別視のもとにおかれてきたという意味で、特異な病気であった。仏教では『法華経』が、この経を受持するものを誘るならば「白癩」の身を受けるといい、実際に平安時代の『今昔物語集』などではこのような因果応報思想にもとづく説話をのせている。中世にはいると律宗が奈良の北山十八間戸《こ》そのほかの施設をもうけて救済活動を行なった。また光明皇后が「癩」患者の膿を吸ったという説話も同じころには作られたが、こうした物語もさきの律宗の活動も、一面では「癩」の「業病」観の裏返しの表現であるといえる。それにもかかわらず、宗教界の関与はきわめて低調に推移した。近代に至ってようやく「癩」の治療法が発見され、専門の病院や療養施設も作られるようになった。一九三一年(昭和六)には、らい予防法が整備されて、全国規模での組織的な「癩」患者の治療が始まった。しかしその根本には厳重な収容・隔離政策があり、深刻な人権侵害に拡大する側面も少なくなかった。一九九六年(平成八)、この法律は撤廃された。

(真野　俊和)

らいごうえ 来迎会　阿弥陀如来の来迎を演じる法会。迎講《むかえこう》・往生講ともいう。なかでも二十五菩薩の来迎を演じる法会は、練供養・お練りといって奈良県当麻寺をはじめ現在でも全国十数ヵ寺で行われている。阿弥陀の来迎を観想のうえだけでなく、実際に演じて見せようとすることは、浄土思想の興隆とともに十世紀には始まった。それは源信の「二十五三昧起請」や永観の「往生講式」にあるように臨終にあたって室内を極楽に見立て、阿弥陀像や阿弥陀画像から五色の糸を引き、臨終者にそれを結ばせて、あたかも阿弥陀が来迎して迎接引接することを演ずるというようなものであった。この儀礼のために山越の阿弥陀・早来迎図などの来迎図が描かれた。一方源信は迎講といって、「三寸小仏ヲ脇足ノ上ニ立テ脇足ノ足ニ緒付テ引寄」せて来迎を演じたり(『古事談』三)、近江比叡山横川に華台院を建立し「菩薩衆生左右囲繞、伎楽供養」の「来迎行者之講」を始めたとある(『延暦寺首《しゅ》楞厳院《りょうごんいん》源信僧都伝』)。このような菩薩を登場させて来迎を演じる迎講は京都六波羅蜜寺・摂津四天王寺・丹後天橋立ほか各所で行われるようになった。一一九七年(建久八)に重源の行なった来迎会は娑婆屋と来迎堂を天童三十菩薩二十八の用具を揃えて行道した。このような演出はますます大がかりになり、一二二九年(寛喜元)には相模国三浦半島三崎の海上に十数艘の船を舞台に来迎会を演じたとある。菩薩の数を二十五としたのは典拠がはっきりしないが、源信を含め二十五人がはじめた「二十五三昧講」にちなんだ数とされている。現行の二十五菩薩来迎会は奈良県当麻寺・矢田寺、大阪府平野大念仏寺、京都市泉湧寺、和歌山県有田得生寺、長野県小諸十念寺、東京都世田谷九品仏浄真寺ほか十数ヵ寺ある。ほとんどが二十五菩薩の面をかぶり本堂と境内の堂の間を練るものであるが、当麻寺のように本堂が極楽に見立てられる場合があり、先導する菩薩や引接される僧・尼は寺によって異なる。起源は当麻寺にならったとする所が多い。

↓お練《ね》り　↓練供養《ねりくよう》

参考文献　大串純夫『来迎芸術』(『法蔵選書』二一、一九八三)、元興寺文化財研究所編『日本浄土曼荼羅の研究』、一九八六

(坂本　要)

らいじん 雷神　雷を神格化した神。雷は雨をもたらすとともに、電光を発し、水の神、火の神信仰を醸成したが、その霊威から一方ではめぐみの神として、また一方では荒れる竜にたとえられるように荒々しい御霊神として考えられてきた。カミナリ・雷神さまはじめ、鳴神・雷電さま・ドンド神・ハタ神・イナズマさま・イカズチなどの呼称があり、電光や雷鳴を表わすほかに、カンダチなど神の示現そのものを表わす命名がなされている。東日本では落雷の跡に青竹をたて、注連《しめ》縄をめぐらす民俗があった。陸前北部地方ではウンナン神のあるものは落雷した地にまつられた神で水神さまであると言い伝えられている。水を恵む神として特に稲作と結び付き、苗《なわ》代《しろ》に竹を立てておくと落ちた雷がこれを伝わって天に帰るとか、穂孕み期の雷を特に稲妻と呼ぶ地方もあり、それ以後子を持つので白い稲乳が出るなどと語られている。今日では雷による空中窒素の固定など実際の科学的裏付けが証明されているが、かつての農民にとっては経験的知識として雷の効用が理解されていたのであろう。落雷が多発した北関東地方では群馬県邑楽郡板倉町の雷電さま、群馬郡榛名町の榛名神社、神奈川県伊勢原市の大山阿夫利神社などに雷除けの札貰いに詣った。畑作地帯でもあるこの地方では雷雲の発生によってもたらされるタバコの葉への雹《ひょう》による被害など、雷は災害の一つとして考えられてきた。落雷避けには桑の木の下に避難するとよいとか、蚊帳の中で線香を燃やし「桑原桑原《くわばらくわばら》」と唱えるとよいなどと桑の木との関係をいう。また、雷は賀茂や三輪の神婚譚では丹《に》塗《ぬり》矢《や》や大蛇の姿で登場する。菅原道真を祭神とする北野天満宮は学問の神としての信仰で知られるが、もともと道真の死後、彼の御霊を火雷天神

としてまつったのがその起源である。 ↓雷《かみなり》 ↓御霊信《ごりょうしん》仰《こう》 ↓雷電信仰《らいでんしんこう》

参考文献 柳田国男「雷神信仰の変遷」(『柳田国男全集』一一所収、一九九〇) (佐野 賢治)

らいせかん 来世観 世界の在り方を時間的に表わす時の未来の世、特に死後の世界についての考え方。前世や現世に対する用語で、他界観とも重なる。記紀では黄泉《よみ》国《くに》・根の国・妣《はは》の国・常世《とこよ》などと表現され、死後の世界でもあるが、神仙思想の影響で富と長寿を約束される理想世界にも描かれた。平安時代以後は仏教、特に浄土教が来世観に大きな影響を与え、山中に地獄や極楽があるとされ、納骨も始まった。柳田国男によれば、霊魂は死後に山に登るが、盆や春秋の彼岸には子孫と交流し、年忌供養により次第に清められ個性を失い、三十三回忌の弔い上げを経て神(祖霊・先祖)になるという。赤子は他界からくるといわれ、現世と来世は循環的で連続性があった。仏教思想の普及につれて、これに輪廻転生の考え方が習合する。死後の世界はイタコやユタなどの巫女を通じて死霊を呼び出し、その様子を伝えられた。密教系の修験は山岳を修行の場として験力を身につけたが、山は胎内で死後の世界でもあるという来世観があり、擬死再生により生まれ変わったと観念された。山は生まれる前か、死んだ後の世界とされた。浄土教は極楽往生を説くが、阿弥陀が死者を浄土に迎えに下降する様を描いた来迎図から独自に展開した山越阿弥陀図には、山や月が神の可視化する場として描かれている。奈良県当麻寺の迎講では二上山の彼方に来世を想定し、大阪市四天王寺西門は極楽の東門で入水が行われ、熊野詣では来世往生を確証させるなど身近な来世への希求がみられる。近世の立山曼荼羅は、上中下に神仏・地獄・現世を描き、来世と現世の連続性が色濃い。日常生活では、遺体を西向北枕にするのは、西方極楽浄土や仏涅槃との習合である。彼岸は日本独自の追善行事で、中日には東で日の出、西で日の入りを拝む日天願や、一日中太陽の運行に従って祈願する日の伴があり、浄土教の日想観や極楽往生に日まつりの民俗が習合した。霊魂を媒介とするカミとホトケ(死霊・祖霊)融合が顕著である。 ↓他界観《たかいかん》

参考文献 柳田国男「先祖の話」(『柳田国男全集』一三所収、一九九〇)、五来重『仏教と民俗―仏教民俗学入門―』(『角川選書』七四、一九七六)、宮家準『修験道思想の研究』、一九八五、鈴木正崇「立山信仰」(『季刊民族学』七五、一九九六) (鈴木 正崇)

らいでんしんこう 雷電信仰 群馬県邑楽郡板倉町板倉の雷電神社を中心とした信仰。板倉の雷電神社は雷神をまつり、十二世紀に編纂された『上野国神名帳』にみえる「火雷明神」に比定される古社で、近世には別当竜蔵寺の管理下に置かれていた。一七八九年(寛政元)に別当の働きかけによって各地に雷電太々神楽講が誕生し、以後群馬県東部・栃木県南部・茨城県西部・埼玉県東部・東京都東部などで多くの代参講が結成され、雷電信仰が広まることになった。それらの地域には雷電神社を小祠としてまつっているムラが多いが、代参講の人々によって勧請され、地域に定着したものとみられる。板倉の雷電神社に対する信仰には雹乱除けと雨乞いがある。雹乱除けでは同社の守札を田畑に立てると雹害に遭わないといった。雨乞いでは、同社の御手洗沼の水を汲んで、竹筒に入れて持ち帰り、鎮守の境内に撒くと三日以内に雨が降るとされた。また、同社の分社とも伝えられる群馬県佐波郡境町伊与久の雷電神社では雷除けの信仰が盛んで、かつては境内の老杉の樹皮を剝ぎ取り、雷除けのお守りとする者が絶えなかった。同社でも代参講が組織され、三月二十五日の大祭には埼玉県北部などから参詣者が訪れたが、それ以外にも雷が鳴った翌日には多くの参詣者があったという。なお、最近では、こうした伝統的な信仰とは別に、板倉の雷電神社を中心にして、電気屋が感電しないようにと祈願する新たな信仰も生まれてきている。

参考文献 等々力貴子「雷神信仰―東日本を中心として―」(『日本民俗学』九五、一九七四)、池田秀夫「気象の民俗」(『雷とからっ風』所収、一九七五)、『群馬県史』二六、一九八二 (時枝 務)

ライフサイクル lifecycle 生命現象一般にみられる、ある世代が生起してから次の世代へ交代するまでの推移の規則的過程。生命周期ともいう。人間の場合には、加齢に伴って進む成長と老化の生理的な変化の過程を指すが、一般的には、ある個人の誕生から死までの間に経験される発達的変化の規則的な過程を指すとされる。この変化過程は通常、たとえば、乳児期・幼児期・児童期・青年期・成人期・老年期といったようにいくつかの段階に区分される。近年、成人期以降の長期化に伴ってさらに、成人前期と中年期、あるいは老年前期と老年後期といったように区分されることもある。これらの人生上の各区分をライフステージと呼ぶが、ライフステージは、生理的な発達のみならず、心理的発達や社会的な役割移行の視点と結びついても設定される。エリクソンは、人の一生を八段階に分け、各段階の基本的発達課題を克服して成長するというモデルを提示した。こうした加齢に伴う生涯発達理論は、発達研究の焦点が成人期以降に移行するにつれ、発達の斉一性・普遍性を強調する従来のライフサイクル＝モデルから、発達の多方向性・可変性を強調し、社会環境的条件や歴史との相互作用を重視するライフコース＝モデルへと変わりつつある。一九七〇年代後半から登場してきた、ライフコース＝アプローチは、そうした発達モデルの転換をふまえた、生涯研究の新たな概念枠組である。また、ライフサイクルの考え方を家族の領域に適用した家族周期論も、個人のライフコースを中心にした新たな展開をみている。 ↓家族周期《かぞくしゅうき》

参考文献 E. H. Erikson: Identity and The Life Cycle. (1959). 森岡清美『現代家族のライフサイクル』、一九七七、

森岡清美・青井和夫編『ライフコースと世代―現代家族論再考―』、一九九五　（岩上　真珠）

らいほうしん　来訪神　異界からこの世へ定期的に現われ来る神。その一つの形態が、秋田県男鹿半島のナマハゲ、鹿児島県甑島のトシドン、沖縄県八重山諸島のアカマタ・クロマタなどの仮面仮装の来訪神である。これらは、村の一員となった若者が、秘儀的に仮装し、杖や棒を所持して、村の特定の場所や家々を訪れて農作物の予祝を与え、饗応を受ける。一方、具体的には姿を現わさず、神歌の中で来訪を暗示させる形態もある。沖縄県各地では、ウンジャミやハーリーの時などに、海の彼方のニライカナイから神が来訪するといわれている。また、東北地方のかせどり、中国地方のコトコトなどのように、子どもたちが扮する形態もある。これら来訪神は、季節の変わり目に、穀物の豊穣や人々の幸福をもたらしに訪れると意識されている。一般に来訪神は祖霊信仰や年神の枠組みでとらえられることが多いが、ナマハゲの由来譚に、漢の武帝と鬼の飛来、異邦人の漂着という伝承もあるなど、その性格は多様である。また、来訪神は歓待と畏怖（排除）を伴って迎えられるが、沖縄のミロクやマユンガナシのように、威嚇を伴わずに豊饒をもたらすもの、能登半島輪島の面様年頭のように、神社の神事として子どもが神棚の前で丁重に迎えられるものもある。近年は境界論・異人論の視点が多くの示唆を与えているが、地域によってさまざまに意味づけられた伝承を通して、神観念や他界観・世界観を理解していく必要がある。
↓アカマタ・クロマタ　↓かせどり　↓小正月《こしょうがつ》の訪問者《ほうもんしゃ》　↓コトコト　↓トシドン　↓ナマハゲ　↓マユンガナシ　↓まれびと

[参考文献]　伊藤幹治『稲作儀礼の研究―日琉同祖論の再検討―』、一九七四、住谷一彦・J・クライナー『南西諸島の神観念』、一九七七、比嘉政夫『沖縄民俗学の方法』、一九八二、岡正雄『異人その他』（「岩波文庫」、一九九四）、諏訪春雄・川村湊編『訪れる神々―神・鬼・モノ・異人―』、一九九七　（川崎　史人）

ラウンクッ　ラウンクッ　アイヌ語のラ（下）ウン（の）クッ（帯紐）とは、女性がベルトと同様に肌身に結ぶ細紐のことで、下紐ともいう。別名には、イシマ、ポンクッ（小さな帯紐）、ウプソルンクッ（懐の帯紐）などがある。下紐は、初潮の前後に母親が娘に与え、必要な事柄をも伝授する。下紐は女系の系譜を示すものとして、男系の系譜を示す家紋（イトッパ）と対応する。父方の祖母は孫娘に下紐を与えることはできないが、養子縁組をした場合には、母からの下紐を戻して、養母の下紐をもらうことになる。下紐の材料は、ムカゴイラクサ、ツルウメモドキの内皮を最上とするが、オオバイラクサ、オヒョウニレ、シナも用い、時代とともに木綿糸・絹糸・綿糸・凧糸と変容してきたが、肝心なことは組み紐の本数とおおよその長さ、それにできあがってからの紐の胴への複雑なまわし方にある。これは各系譜の祖先神を抽象化しているといい、家紋の由来と同じである。下紐の形は、一方に輪のある細紐で、この輪に紐を通すことと、末端も紐が解けないように布をかけて丈夫にし、地方によっては末端部に三角や四角の布片を縫いつけてあり、腰をめぐった末端部の飾り房が、下腹部に垂れ下がるように身につける。一本の細紐なのに腹部と背部で紐数が、系譜別に異なっている。下紐作りは他人に見られないように注意し、体型に合わせて作りなおし古いものは刃物で切って清浄な場所に納める。下紐が切れると自分や夫に不幸のある前兆として常に注意を払い、月経・出産・入浴時を除いて体から決して離すことはしない。死者が湯灌した後にしめる下紐は、胴を一周するだけの短いもので、本来のものは、切り目を入れて死者の懐にそっとしのばせておく。

[参考文献]　久保寺逸彦「成年・成女―シュクップ・オッカイポ、シュクップ・メノコ―」（アイヌ文化保存対策協議会編『アイヌ民族誌』所収、一九七〇）　（藤村　久和）

らくがき　落書　いたずらに書かれた文字や絵。楽書とも書く。多くは匿名で、戸・壁・道など、通常書くべきでない所に記される。公的に表明できない内容が多く、抑圧された反権力的、反倫理的、揶揄的な性格を帯びる。この無責任さ、一面の不道徳さが悪戯《いたずら》たるゆえんだが、手慰みや子供の遊びなど、無目的さがいたずらに映る場合もある。落書という語は、書付けを落として人目に触れさせる落文《おとしぶみ》に由来するという。それが古代から中世に落書《らくしょ》となり、近世以降、いたずら書きまで拡張した落書《らくがき》になったらしい。落書《らくしょ》は告発・批評・風刺を含み、狂歌・和歌形式のものは落首という。落書《らくがき》には類型性もあり、伝承的といえるものもあるが、文字・絵であること、量の多さ、記録の難しさ、さらに偏見や性的内容を伴うためか日本民俗学では本格的な調査・研究がない。しかし、落書《らくしょ》への評価にうかがえるように、公式記録に残らない世相・事件・人物の言動、それらへの民衆の反応を語る恰好の資料になる。また、便所の落書《らくがき》といった衝動的なものについても、一種の精神的排泄物として民衆の潜在的願望を読み取るアメリカの民俗学者アラン＝ダンダス Dundes, Alan のような試みがある。

[参考文献]　矢野隆教編『江戸時代落書類聚』、一九八四・八五、新村出「楽書考」（『新村出全集』四所収、一九七一）、Alan Dundes: Here I Sit–A Study of American Latrinaria Analytic Essays in Folklore (1975). ロバート＝ライズナー『落書きの世界』（鈴木重吉・片山厚訳、一九七七）　（斎藤　純）

らくご　落語　⇨寄席《よせ》

らくようきこん・らくちせいこん　落葉帰根・落地生根　華僑のアイデンティティを表わす言葉。落葉帰根とは「葉が落ちれば根っこに戻る（いずれは故郷に帰る）」という意味で、老華僑に典型的にみられる意識である。落地生根とは「その地に根を張って生きる」という意味で、現地生まれ、現地育ちの世代にみられる意識である。ただし、新来の華僑でも、現地に親戚や友人がおり、就職の展望もある場合は定着志向が強く、落地生根となる。一八五九年(安政六)の開国から百四十年が経ち、在日華僑社会は日本生まれの第三世代・第四世代が中堅を担うようになっている。一九六六年(昭和四十一)には日本人との結婚が中国人同士の結婚を上回るようになり、家庭言語も日本語が使用され、華僑学校のない地域に住む大半の華僑は、子弟を地元の日本学校に就学させているのが現状である。このように血統・言語や生活習慣など客観的属性は日本化しており、若者たちの意識も「中国人でもあり、日本人でもある」というような重層的なアイデンティティを持つ人が増えてきている。しかし、日中戦争に対するわだかまりや完全な同質化を求める日本の帰化制度に対する抵抗感が大きいことから、落地生根でありながら中国籍を保持した華僑のままでいる人が多い。この点で東南アジアの華僑社会と大きく違っている。

↓華僑《かきょう》

参考文献 神戸新聞社編『素顔の華僑—逆境に耐える力—』、一九六七、過放「在日中国人社会の変容—神戸華僑を中心として—」(『社会学雑誌』一一、一九九四)

(曾　士才)

ラタシケプ ラタシケプ　アイヌ語で、野菜や豆類をゆでたり煮たりした後、魚脂または獣脂と塩で味つけした汁気のない料理。日常食にも用いられるが、儀式などまつりごとには欠かせない。種類は多いが、(一)野菜・豆類などを汁気がなくなるまで炊きこんだもの、(二)ジャガイモ、カボチャなどをゆでた後あらく潰したもの、(三)木の実や豆類などを軟らかく炊いた後、穀粉や澱粉でどろりとさせたものに大別できる。

参考文献 畑井朝子「静内地方の食」(『日本の食生活全集』四八所収、一九九二)

(畑井　朝子)

らっぱ 喇叭　トランペットや角型のホルンの類。一端が吹き口、他端が朝顔状に開いた形の管楽器で、軍隊の行進の合図などに用いた。古来中国では、この形の楽器を角と総称した。日本における角の登場は、『日本書紀』の大角・小角の記述にみることができ、軍事用や葬儀用に用いていた。喇叭は吹き口の空気を振動させて倍音を作るエア・リード楽器であるが、豆腐屋の喇叭のように吹いても吸っても発音するフリーリードの楽器や、二枚リードを持ったチャルメラも喇叭と呼ぶ。　↓チャルメラ

(茂手木潔子)

玩具の刺叭

豆腐屋の喇叭

法　螺　貝

秋田県角館で法螺貝のかわりに使われる木貝

ラドクリフ＝ブラウン Radcliffe-Brown, Alfred Reginald　一八八一—一九五五　イギリスの社会人類学者。ベンガル湾のアンダマン諸島でのフィールドワークに基づく彼の著『アンダマン諸島民』(一九二二)は、奇しくも同年に出版されたマリノフスキーの『西太平洋の遠洋航海者』と並び、進化論に基づくそれまでの疑似歴史的人類学に引導を渡し、近代人類学である構造機能主義的人類学の基礎を築いた名著とされる。ラドクリフ＝ブラウンは社会人類学を「社会についての自然科学」とし、自然科学に匹敵する法則性を求めることができると主張した。社会を構成する最小単位としての個人は、生物有機体としての個人ではなく、地位や権利・義務などを保有する社会的人格としての個人であり、そうした社会的個人が配置されている社会諸関係の網の目の総体が社会構造であるとした。これに対し現実に観察可能な社会過程は恒常的な社会構造の機能であるとした。ラドクリフ＝ブラウンは一九三七年から約二十年間オックスフォード大学人類学科の主任教授の地位にあり、また王立人類学協会会長や多くの人類学教科書の編者として、イギリス社会人類学の基盤を確実なものとした。またその前後には、ケープタウン、シドニー、シカゴ、カイロ、グラハムスタウン大学(南アフリカ)などでも教鞭をとり、人類学科を創設し、雑誌『オセアニア』を創刊するなど、構造機能主義的人類学を学界の主流とするのに大いに与った。主要著書として、他に Structure and Function in Primitive Society, 1950.(『未開社会における構造と機能』、青柳まちこ訳、一九七五)、共著として African Systems of Kinship and Marriage, 1950. がある。

(田中真砂子)

ラフカディオ＝ハーン Hearn, Lafcadio　一八五〇—一九〇四　日本の民間信仰・神道・仏教の研究や口承文芸の再話を手がけた日本研究家。ギリシャ生まれのイギリス(現在のアイルランド)人。一八九六年(明治二十九)、小泉セツと結婚し、日本に帰化。小泉八雲と名乗る。ア

メリカ滞在中から非キリスト教世界の民俗文化に関心をもち、一八九〇年に来日。民俗資料を蒐集し、それを生かした、短編の文学を世界に紹介する。『日本瞥見記』(一八九四)、『日本おとぎ話』(一九〇二)、『日本』(一九〇四)などの著書がある。

参考文献　丸山学「Folklorist としての小泉八雲」(『日本民俗学』三ノ三、一九五六)、小泉凡『民俗学者・小泉八雲』、一九九五　(小泉　凡)

ラマッタクイコロ　ラマッタクイコロ　アイヌ語のラマッ(霊魂を)タク(招く、呼び寄せる)イコロ(宝物)とは、病気でもないのに突然意識を失ったときの回復や亡くなりかけている人の延命を願っての儀礼に用いる用具のこと。刀や矢筒を模した小型の木製品であったり刀鍔や首飾り用の大玉をも用いる。意識の喪失は魔神が人の霊を抜き取っているとし、刀で切り、矢で射る、玉と魂を取り替えることで蘇生や延命が可能となるが、誰もが行える儀礼ではない。　(藤村　久和)

ラング・パロール　langue parole　構造主義の先駆者とされる言語学者ソシュールの設定した言語の社会的側面と個人的側面を表わす二分法。ラングとは、特定の言語を話す人々が受け入れ拘束されている制度的、慣習的な言語体系を意味する。ラングは社会慣習的に認められたコード(言語記号を規定する決まり)をなしている。それに対して、パロールは、人々が実際に使用する言葉という側面を指し、各主体による操作的行為によって具体化された言語使用のことである。パロール(言語使用)は、ラング(言語体系)を前提とし、そのコードに規定されるが、そのコードを個人が創造的に操作・結合することではじめて言語は顕在化する。ソシュールにとり、構造主義的な言語学が研究しうる対象をなすのはラングであり、パロールは言語の副次的、偶然的な部分であった。けれども、ポスト構造主義の台頭とともに、ラングを固定的な体系=社会制度として捉え、コード破りによって制度を変革するようなパロールの創造性や操作性を強調することで、構築された制度としてのラング=構造のみを対象とし主体の創造性を無視するような構造主義の乗り越えをパロールへの注目に託すといった用法が登場してくる。しかし、ソシュールのいうラングも構造主義の構造もそのような固定された実体的な体系でも個人的な実践と弁証法的に対立する社会的な制度でもなく、それ自体の変換=変形を通して共時的に把握される諸関係の総体である。

参考文献　丸山圭三郎『ソシュールの思想』、一九八一、立川健二『「力」の思想家ソシュール』(「記号学的実践叢書」七、一九八六)　(小田　亮)

らんじょう　乱声　おこないや御頭行事などで厄払い・魔除け、そして神に呼びかけるためランジョウ、ダンジョウなどの掛け声ののち、参加者が持ち寄った木の棒や柴などで、激しく床や板戸を叩く行為。乱声は雅楽の笛の曲であり、古くは行幸の出御、入御、相撲、競馬などの集会などに奏された。民俗例では乱声と大声などが混合して使われているようで京都府向日市物集女のおこないで読み上げられる神名帳には、随所に「大声」という記載がみられ神に呼びかける行為と思われる。滋賀県甲賀郡甲南町市原のおこないでは次の頭屋が決まると、法印のダイジョウという声とともに、各自持ってきた藤の木で激しく堂の床を叩き、その木で輪を作って転がす。この輪の転がっていった人のところには子供が授かるという。同郡甲賀町小佐治ではランジョウと大声を出し激しく板戸を叩く。両地区ともダイジョウ、ランジョウの後には、ベットウ、ハンと呼ばれる牛玉宝印《ごおうほういん》の押印が参加者になされる。同郡石部町西寺の修正会(シンシホッガンもしくはおこないともいう)では、導師のカンジョウ、ダイジョウの声の後に、大太鼓、外陣にかけてある鰐口そして梵鐘を打ち鳴らす。その後で導師はウルシの棒を持ち内陣をめぐり、直後、青鬼・赤鬼が登場する。これらの行事はいずれも天台系の堂か本堂において行われる。また滋賀県栗太郡栗東町走井では、山の神のおこないの際、鐘・太鼓・板などを叩くが、その音が大きいほど無病息災で悪霊払いになるという。同様の行為を魔除けと意識しない地域もある。島根半島の漁村、平田市塩津の御頭行事では、各自が持ち寄ったウツギの木で曹洞宗のお堂の床を激しく打つが、これは大漁のサバを捕獲して飛び跳ねる様子を示しているといい、サバサバと呼んでいる。　→おこない

参考文献　橋本鉄男「甲賀の寺オコナイについて」(『まつり』二〇、一九七二)、肥後和男『宮座の研究』(「肥後和男著作集」一期七、一九八五)、長浜城歴史博物館編『近江のオコナイ』(特別展図録、一九九〇)、石塚尊俊編『山陰の祭祀伝承』、一九九七　(中島　誠一)

らんせいしんわ　卵生神話　宇宙起源神話の一形態で、宇宙卵ないしは卵形の物質から、世界やその一部、人類の始祖が誕生したと語る神話。卵生神話はアフリカ、ポリネシア、インド、ヨーロッパ、東アジアなどに広く分布している。古代中国の天地創世神話では、宇宙ははじめ天と地の区別のない混沌とした状態で鶏卵のようにふわふわとしていたが、そこから巨人盤古が生まれると天と地の区別もでき、さらに盤古の死体から天体や自然界が発生したと伝えられている。やはり古代中国の殷王朝の始祖契《せつ》は、燕が産み落とした卵を呑んで妊娠した女性から生まれたという。春秋時代の徐の国の偃《えん》王の場合は、卵そのものの中から誕生する。類似の卵生神話は韓国にもあり、新羅の建国神話では、始祖朴赫居世《パクヒョコセ》は天から降りてきた紫色に輝く大卵から容姿端麗な姿で生まれたという。創世神話や始祖誕生神話に卵が登場するのは卵が生命力・繁殖力の象徴だからであるが、さらに西アフリカのドゴン族の神話のように、卵が原初の完全さの象徴で、そこから世界が生成分割され秩序化へと向かうとされる場合もある。ドゴン神話では、神アンマのつくりだした宇宙卵の中に孵化する双子はゆくゆくは、完全さの

象徴である両性具有者として誕生するはずだったが、それが実現しなかったとき、世界も、昼と夜、乾と湿、陸の生き物と水の生き物、雄と雌のように二元化されていったとしている。

参考文献 C. H. Long: Cosmogony; M. Eliade, ed., Encyclopedia of Religion. vol. 4 (1987). 吉田敦彦・田中於菟彌・矢島文夫他『世界の神話伝説・総解説―各地域各民族の神話伝説物語ハイライト集―』(「総解説シリーズ」、一九八四)
(出口 顕)

らんとう 卵塔 一般には石塔の一型式である無縫塔の通称として知られている語であるが、民俗の中では多様な意味で用いられている。無縫塔の意味での卵塔の用例は、十八世紀半ばの無著道忠編『禅林象器箋』にみられる。しかし、それより早く『太平記』には足利尊氏の墓塔のことを「骨ハ空シク留テ卵塔一掬ノ塵ト成リニケリ」とある。その足利尊氏の墓塔は京都の等持寺境内に現存するものと推定されるが、それは現状としては宝篋印塔である。ただし、その基台の丈量および材質からはもとは大型の五輪塔であった可能性が大であり、無縫塔であったとは考えられない。また、伏見宮貞成の日記『看聞御記』にも盆の墓参りに欄塔・檻塔に焼香したとあるが、それらも無縫塔とは考え難い。むしろ、室町時代にはラントウという語は広く石造墓塔の呼称として用いられていた可能性が大である。江戸時代中期の文芸作品では石造墓塔の林立する墓地一般の意味で用いられている。民俗の上ではさらにこのラントウの用例は広い。一つは禅僧に限らず僧の墓塔の呼称、二つは近畿地方の両墓制における石塔墓地の呼称、三つは東北、関東、隠岐島、五島列島など各地における墓地一般の呼称、四つは青森県など東北地方の一部における火葬場の呼称、五つは岡山県や香川県の一部における祠型の石造墓塔の呼称、六つは奈良県などで聞かれる埋葬地点の墓上装置の一種の呼称である。

卵塔(埼玉県長徳寺竜派禅珠墓)

参考文献 土井卓治『石塔の民俗』(「民俗民芸双書」、一九七二)、新谷尚紀『両墓制と他界観』(「日本歴史民俗叢書」、一九九一)
(新谷 尚紀)

ラントウバ ラントウバ 近畿地方を中心とする両墓制における石塔墓地の呼称。ラント、ラントバ、ラントウ、ダントバ、ダントウ、ザントウなど、語尾が短縮されたり、ラがダやザに訛っている例も多い。ラントウが卵塔に由来する語でそれは禅僧の墓塔である無縫塔の丸い形状からきているとする理解が一般的であるが、実態としてはそれに宛てる漢字もその形状も多様であり、むしろ一般の石造墓塔の呼称としてこの語は定着したものと考えられる。関東地方では両墓制・単墓制に限らず墓地の呼称としてラントウやその訛りのナントウが用いられている。
(新谷 尚紀)

ランプ lamp 洋燈《ようとう》。英語のランプとは広く光源を意味するが、洋燈とは石油ランプをいう。西洋からの渡来品として洋館・洋髪・洋傘《ようさん》と同じ使い方で明治の文明開化期をあらわした呼称である。幕末より明治期にかけて欧米よりもたらされ、高価な輸入品ともなって急速に受け入れられ、需要も次第に増大し、全国的に普及していった照明器具である。ランプの出現は従来の種油や和蠟燭の暗いあかりになれた目に、ガラスの火屋《ほや》を通した輝きは今までにない明るさで新鮮な文明の光として映ったからである。一八八〇年(明治十三)ころより国産品も作られ、ランプは普及度を高めた。需要はガラス産業の振興と技術開発をもたらして改良品、発明品などが多岐にわたり試作されあかりの座を占めていった。西洋生まれのランプも漸次日本化し格納箱を台座とした台ランプや座敷用に目線に合った置ランプ、日本独自の創製品(正しく

吊りランプ

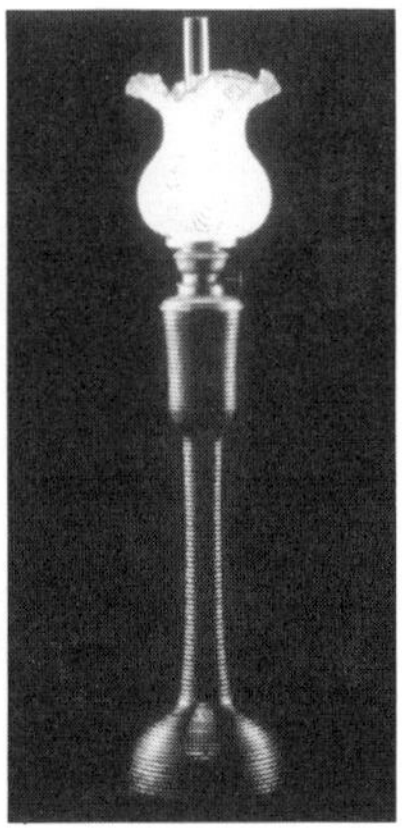
置ランプ

台ランプ

は改良品）の、浴室や神棚など小あかり向きの豆ランプや反射笠をつけた吊りランプなど用途によりさまざまな種類のランプが作り出されていった。ランプの種類により芯の形状も異なり口金や火屋も使い分けられ、明るさも調節できた。ランプ芯は形態により一般用の平芯（幅により種類がある）、巻芯（筒芯）、紐芯（棒芯）、平行二本平芯の両芯などが使われた。特殊な形式に下向き点燈の下向きランプ、角度をもたせた二燈用アングルランプ、空気供給の空気ランプ、石油を蒸気化した石油蒸気ランプなどがある。ランプは臭気の上に油煙で火屋が汚れるため掃除が日課としてついてまわった。ランプがいつごろまで使われていたのかは、地域の発展（都市化）の格差により特定できないが、電燈照明が入ると漸次使われなくなっていった。しかし、昭和になってもランプを使っている地域もあった。（飯野　貞雄）

参考文献　関重広『燈火の変遷』（「科学新書」一〇、一九四一）、加藤孝次『明治・大正のガラス』、一九七六、加藤孝次・由水常雄『洋燈』、一九七七、榎恵『ランプ』、一九八〇

らんま　欄間　鴨居と天井との間を壁でふさがずに、板の透彫《すかしぼり》や格子、紙障子などを取りつけたもの。通風や採光のためだが、部屋に格式をつける装飾の一つでもあり、家格の高い旧家などで接客のための部屋につけられた。座敷と次の間の二部屋を続けて使うときに、境が欄間になっていることで部屋の格の上下をなくすと考えることもある。一般の農家では、明治末から大正にかけて温暖育飼育法による養蚕が盛んになって主に通風のために紙障子の引き戸を設けるようになった。

参考文献　川島宙次『滅びゆく民家―間取り・構造・内部―』、一九七三
（宮村田鶴子）

り

リール　Riehl, Wilhelm Heinrich　一八二三―九七　十九世紀のドイツの文筆家。はじめジャーナリストとして活躍し、一八五四年にミュンヒェン大学教授となり、晩年にはバイエルン国立博物館の館長をつとめた。主著『ドイツ民族の自然史』（一八五一―六九）の克明で精彩に富んだ風土記述は社会学・民俗学・地理学などの分野に影響を与えた。民俗学の方法論として、一八五二年の講演「学問としての民俗学（フォルクスクンデ）」が特筆される。リールの民俗学は、グリム兄弟の弟子たちによるロマン派の民俗学が神話研究に傾斜したなかでは、現実を直視した民俗学の提唱であった。『自然史』『学問としての民俗学』はナチストをふくむナショナリストによって聖典視されたが、第二次世界大戦後の民俗学の再建の過程でも「リールに帰れ」が一部で合言葉になった。一九七〇年代にドイツ民俗学界ではリール論争が起きたが、その結果のリール像は、かなり否定的なものである。森林の意義を強調するような先駆的な主張の際にも、畑が私有原理の空間であるのに対して森林には入会地など古き共同体文化が息づいているというように、巧みな対比を用いた。これらを総合して、リールは反動的な志向を口あたりのよい文体とレトリックで包むことのできた異才の持ち主と評価される。（河野　真）

りくでん　陸田　古代においては水田に対して雑穀や蔬菜などをつくる畠を意味したが、現在では畠に灌漑施設を設けて水田にした耕地をいうこともある。埼玉県の大宮台地地域などでは、太平洋戦争後の食糧増産のときに畠の水田化が積極的に進められた。畠の一角に井戸を掘り、動力ポンプを使って水を汲み上げ、これを灌漑水とすることで造成した水田を陸田と呼び、現在も耕作されている。動力ポンプは数軒が共同使用する場合が多く、各戸が輪番で管理を行なっている。古代の陸田は、『日本書紀』では「陸田種子」を「はたつもの」と訓じ、七一五年（霊亀元）十月の詔には水田稲作である「水沢の種」と対応して「陸田の利」とし、「麦禾」をうえることとし、陸田は明らかに畠のことである。この詔は飢饉対策として陸田耕作を奨励しているが、その目的は飢饉によって減収した口分田からの租税を陸田のアワで補うことだったと考えられている。つまり、陸田は畠一般のことではなく、国家の徴税機構に組み込まれた畠の意味をもち、七二九年（天平元）には山城・阿波の二国に陸田の班給を認めている。古代における畠一般の呼称は定かではないが、田令には「園地《そのところ》」という表現があり、これは宅地の周囲の蔬菜・桑・漆耕地と解釈されている。これと伝承語を直接対比することはできないが、南九州では広く用いられ宮崎県東臼杵郡椎葉村では家の近くの畠をソノという。　↓畑《はた》　↓畠《はたけ》

参考文献　木村茂光『ハタケと日本人―もう一つの農耕文化―』（「中公新書」一三三八、一九九六）
（小川　直之）

りこん　離婚　夫婦が婚姻を解消すること。離縁と同じ意。離婚を表わす民俗語彙には、カマスカズキ、ハチメクイ、イトマ、ワギワカレ、テボフル、ノカレサ、セイフロムコなどがある。夫婦双方が生存中になされる生き別れの場合もあれば、一方が死去した後にその者に対して死に別れの形でなされる場合もあった。いずれにおいても、解消させられる当事者は女性（妻）であるという傾向が顕著であった。通い式の一時的聟入婚、足入れ婚などでは、嫁が引き移りを完了するまでの期間中に聟が嫁

の元に通わなくなるなど夫婦関係が冷却してしまった事実により判断された。嫁入婚においては、婚約の解消、いびられたり、喧嘩をしたりして実家に戻る一時的絶縁と関連付けて理解されてもきた。離婚原因の実際は一律ではなかったものの、夫婦間において子宝に恵まれなかったことなど、総じて結婚後の期間が短い年月である場合にみられた。死者である嫁に対して関係を解消しようとする場合においても同じ傾向がみられた。ただし、この習俗については、嫁の生家帰属が結婚後においても潜在的に長く続く表徴的習俗であるとする者もいる。離婚の習俗では、それを裏付ける多くの語が伝えられているとともに、男(夫)方にその主導権が握られていて女(妻)方は一方的にそれに従うのみとは解しがたい点が少なくない。協議離婚を内容とする離縁状の実在すること、積極的に離婚を願う女性があって縁切寺に駆けこんだり、和鋏を供するなどして神仏の力を借りようとした習俗も伝わっている。↓縁切寺《えんきりでら》

参考文献　天野武『結婚の民俗』(「民俗学特講・演習資料集」一、一九九四)　(天野　武)

りぞくとみんたん　俚俗と民譚　一九三二年(昭和七)から三四年にかけて発行された民俗学系の雑誌。中道等の編集で神奈川県川崎市の単美社から発行され、第一六号まで続いた。日本各地から俗信・民間信仰・伝説・昔話などについての個別の具体的な事例が数多く報告された点に特徴がある。柳田国男の民俗語彙研究の出発点である「山民語彙」や桜田勝徳の漁村調査報告は、そのなかでも目立った読み物であった。

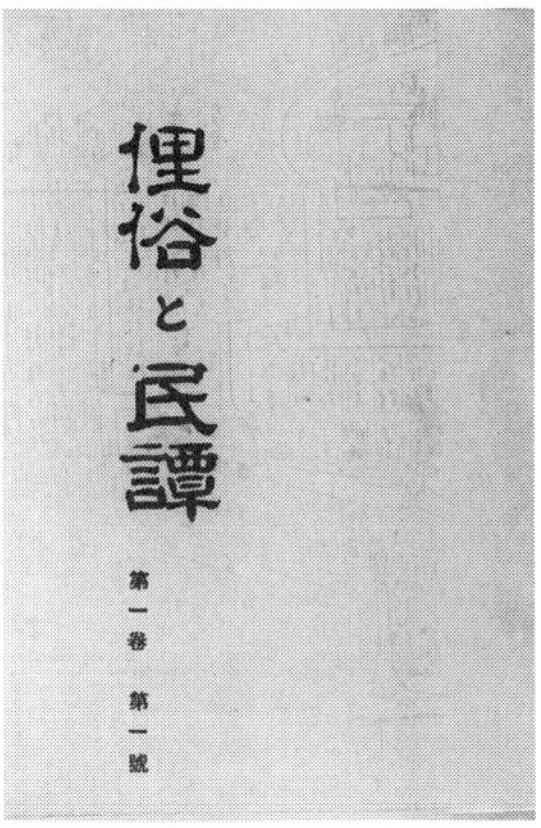

『俚俗と民譚』第1巻1号

参考文献　大藤時彦『日本民俗学史話』、一九九〇　(川森　博司)

りっしゅう　立秋　二十四節気の一つ。太陽が黄道上のもっとも北の九十度に達する夏至の日から、数えて四十五日目を立秋と定めた。太陽暦では、八月八日、九日ごろにあたる。中国の暦では、この日が秋のはじまりの日で、これから立冬までの期間を秋とした。この説に基づき、現在の日本の暦法では、太陽の黄道上の位置によって、黄経が一三五度にあたる時を含む日を立秋とするように定めた。　(内田　賢作)

りっしゅん　立春　二十四節気の一つ。黄経が三一五度の時。中国の暦法では、一年の起点を冬至におき、それから四十五日目を立春とし、立夏までを春の季節とした。立春は太陽暦二月四日ごろにあたるが、立春の前日が節分で、この日を年越ともいうので、古くはこの時期を年初とする観念があったものと思われる。なお、八十八夜や二百十日などの雑節の名称は、立春から数えた日数のことで、各八十八日目、二百十日目にあたる。　(内田　賢作)

りとうせいかつのけんきゅう　離島生活の研究　⇩離島《りとう》調査《ちょうさ》

りとうちょうさ　離島調査　一九五〇年(昭和二十五)から三年間、財団法人民俗学研究所の事業として、文部省科学試験研究費補助金を得て行われた「本邦離島村落の調査研究」のこと。山村調査・海村調査につづく柳田国男指導のもとに行われた全国的組織的民俗総合調査である。その報告書としては、一九六六年に『離島生活の研究』が柳田国男指導・日本民俗学会編として集英社から刊行された。『離島生活の研究』は『山村生活の研究』『海村生活の研究』とともに三部作をなす。この調査の方法として、一ヵ所に長期間滞在して調査が行われ、報告書の内容も、それ以前に出された二つの報告書のように項目別に整理するのではなく、島ごとのモノグラフとしてまとめられた点が特色である。対象となった島は、江島(宮城県)、利島・御蔵島・青ヶ島(東京都)、粟島(新潟県)、能登島(石川県)、佐久島(愛知県)、隠岐島後(島根県)、白石島(岡山県)、蒲刈島(広島県)、広島(香川県)、加唐島(佐賀県)、宇久島・小値賀島・樺島(長崎県)、長島・甑島・黒島・宝島(鹿児島県)の十九島である。このほか、冒頭には本調査の趣旨を述べた柳田国男「序にかえて」や本調査のまとめである大藤時彦「調査経過報告」があり、これらには、島嶼生活の特殊性を貫く日本の島の共通性が指摘されている。↓海村調査《かいそんちょうさ》　↓山村調査《さんそんちょうさ》　(野地　恒有)

リトルとうきょう　リトル東京　日本町あるいは日本人町と同様、海外日系人社会における地理的コミュニティを指す。今日では、規模も大きく日系人社会の象徴的コミュニティの一つとして名高いロサンジェルスのそれを指すのが代表的な用法となっている。北米・南米を含めて、他地域では日本町・日本人町が一般的である。海外に主に出稼目的で移住した日本人移民は、言語も慣習も不慣れな現地社会でみずからの需要を満たすために、日本人人口の集中した都市において県人会や日本人会をはじめとするさまざまな組織を形成した。大半が定住化にしたがって固まって居住し、これらの組織などとともに明確な地理的境界をもったコミュニティへと発展した。そこには商店から、学校・教会・邦字新聞などありとあらゆるものが存在し、小さな東京、小さな日本の再生であったのである。第二次世界大戦後、アメリカ合衆国やカナダの西海岸の日本町やリトル東京は戦時中の強制立ち退きの影響で衰退し、もはや隆盛をきわめた戦前の影を偲ぶことはできなかったが戦後の日系人の地理的拡散と同化によって一時は消滅するかと思われたこれらのコミュニティも、一九六〇年代アメリカで高揚したマイノ

リティ運動の影響を受けた若い世代が彼らのエスニック＝アイデンティティーの象徴的コミュニティとしての意義を見いだし、一九七〇年代初めごろから再活性化している。ロサンジェルスのリトル東京に象徴されるように、近年は日本企業進出や他のアジア人移民の商店の増加などによって活性化と同時に大きな変容も促されている。（竹沢 泰子）

りねんけい 理念型 ドイツ語 Idealtypus の訳語。ウェーバー Weber, M. のたてた社会学の方法論上の概念の一つ。現実の文化的諸現象は、流動的、分散的に存在している。その諸現象の特徴をとりだし、再構成し、矛盾のない理想像を描いたもの。理想型ともいう。諸事実の特性の平均に基づく平均型とは異なり、また、現実に対する規範とも異なる。理念型は現実の複雑な現象を分解測定し比較することによって、本質的な要素の連関として再構成されるものである。→類型《るいけい》（関沢まゆみ）

リムセ リムセ アイヌの踊り。アイヌの踊りは、熊送りの祭の中で踊られる輪舞のように、それ自体は特定の意味をもたない一定の手さばき・足さばきを繰り返しながら踊り進むものと、サロルン＝リムセ（鶴の舞）のように特定の模擬的、演劇的な仕草をもった踊りに二分される。前者の踊り歌には意味のない囃し文句だけを繰り返すものが多い。歌い方はイエカイ（音頭取り）の歌を他の大勢がそれに続いて歌う形、音頭取りなしで一斉に歌う形、二組に分かれて交互に歌い合う形のものがある。リムセの呼称は、床を踏みしめて出す「ドシン」という響を語源としている。このことからアイヌの踊りは、地域に変事があった時に、刀を振り上げて足を踏みしめ力強く行進する、悪霊を払う呪術的踏舞行進に由来するとされている。熊送りの夜に室内で演ずるエムシ＝リムセ（剣の踊り）、互いに抜身を打ち合わせ、時に屋根の梁に刀を打ちつけながら跳躍を繰り返すこの踊りは、アイヌの踊りの原初的形態を残しているものである。模擬的踊りとしては、雨ツバメ、ハクチョウ、ガンなどの飛び交う様子を真似るチカップネ（鳥の踊り）、演劇的踊りでは、浜に寄り上った鯨を皆で獲る様子を踊るフンペネレ（鯨踊り）、鳥を弓で射る動作を踊りにするクー＝リムセ（弓踊り）、酒を造るプロセスを踊るサケカル＝ウポポ（酒造り踊り）、種子播きから収穫までの仕草をもつスチョチョイ（豊年踊り）などがある。アイヌ独特の踊りとして、髪をふり乱し、上体を激しく前後・左右に動かす動作を繰り返し、先に倒れた方が負けというフッタレチュイ（踊りくらべ）のような競技的性格の踊りも多い。

参考文献 日本放送協会編『アイヌ伝統音楽』、一九六五（谷本 一之）

リヤカー リヤカー 自転車の後ろに連結して曳く小型の手車。リヤは英語で後ろのこと。大正期に日本で考案されたが、都市部では自転車で、農村部では人力で荷物運搬するために使われた。鉄製の枠に自転車の車輪に似たタイヤを二つ付け、鉄製の手木を自転車に連結する。農村部に導入されると、大型化して人や牛馬が曳くようになる。荷車の一種に大八車などがあったが、軽くて曳きやすく小回りの利くリヤカーにとって替わられた。今日でも行商などに使われ、市や沿道で商品台としても重宝な道具となっている。

参考文献 須藤功編『写真で見る日本生活図引』二、一九八八（松田香代子）

りゅうか 琉歌 沖縄の伝統文学が生み出した短詩型の抒情詩。その発生については諸説があるが、十五、六世紀ごろに発生したとみられる。その名称は琉球の歌を意味する。基本的音数は八音と六音である。琉歌には広狭二義があって、広義のそれは短歌・長歌・仲風・つらね・木遣り・口説きを指し、狭義のそれは八・八・八・六音の四句よりなる短歌をいう。なお、仲風や口説きは本土文芸の影響を受けており、七・五音が使われる。古典音楽や沖縄および奄美諸島の民謡のように「歌われる」琉歌のほか、文人による「詠む」琉歌も多数作られた。（波照間永吉）

りゅうきゅう 琉球 沖縄文化の占める領域の別名。『隋書』（六五六）に流求の名が記されて以来、史書にはさまざまな表記が登場したが、明初に琉球に統一された中国名である。以後王府も琉球国と自称し、廃藩置県（琉球処分）に至る前、明治政府も琉球藩と称したことがある。このようないきさつから、こんにち沖縄文化と称すべきところを琉球文化と称しても決して錯誤にはならないが、他の時代や他の地域との相対で琉球・沖縄のいずれが妥当か、民俗の記述や特徴を記そうとする文脈に応じて琉球・沖縄のいずれが妥当か、個々の研究者により主張の違いがあり争点にもなってきた。歴史学的には用いられた時代を考慮して、琉球とは琉球王国の時代の領域、すなわち最大範域としては北は吐噶喇《とから》列島北端の臥蛇島から南は波照間島・与那国島までであり、沖縄とは廃藩置県以後の近現代沖縄県の県域、すなわち沖縄本島から与那国島までの領域を指している。しかし近代以降の庶民生活を研究する民俗学では、近代以降のこの地域名を踏襲して沖縄とすべきだ、ということにはならない。沖縄を指す方言ウチナーは沖縄本島の人々の自称であり、かつウチナー（慶良間諸島など）、ウキナー（粟国島、八重山諸島など）、ウクナー（宮古、八重山諸島など）、ウンナー（与那国島）など、沖縄本島以外の島々でも沖縄は、沖縄本島を指す名称になっている。したがって奄美諸島以南、もしくは沖縄本島以南の諸島を包括総称するには、琉球のほうがより妥当だということになる。第二次世界大戦後沖縄県を統治した米軍もまた、日本の植民地化の歴史とエスニシティの違いを考慮して、日本および大和民族とは区別する意味で琉球民族の占める領域を琉球とし、この地域に琉球政府の擁立を促してきた。こんにちも公共機関や社名に琉球を冠した名称が多いのは、米軍統治時代に奨励された名称だったからである。廃藩置県後琉球の名は、本土の人々によってしばしば国内の異文化名として悪用され、また琉球人の名は蔑視の代名詞として名を汚されてきた。一方沖縄では沖縄独立の旗印としてしばしば用いられるという政治的色彩の濃い名称にもなっている。　↓古琉球《こりゅうきゅう》

参考文献　安里進『考古学からみた琉球史』上、一九九〇、又吉盛清『日本植民地下の台湾と沖縄』（「地域国際交流叢書」、一九九〇）、大城将保『琉球政府』、一九九二、小玉正任『琉球と沖縄』、一九九三　（渡邊　欣雄）

りゅうきゅうこくゆらいき　琉球国由来記　一七一三年（康熙五十二）琉球王府によって編纂された琉球王国の地誌。全二十一巻。序文によれば、琉球の「諸事由来記」である。巻十一までと巻十二以降の前後二篇に分かれている。前篇は王城の公事、官職制度、諸事の由来、王城と首都首里の聖地と年中祭祀、国廟玉陵、泊村と那覇の由来記、久米村旧記、諸寺旧記、密門諸寺縁起などで、後篇はその他の地域の御嶽《ウタキ》、年中祭祀などが記されている。『琉球史料叢書』一・二に所収される。

参考文献　津波高志『沖縄社会民俗学ノート』（「南島文化叢書」一一、一九九〇）　（津波　高志）

りゅうきゅうしんとうき　琉球神道記　一六〇五年（万暦三十三）浄土宗の僧袋中良定の著わした仏教・神道書。袋中は奥州岩城の人で、一六〇三年（慶長八）渡明しようとしたが果たさず琉球に入り、ここで尚寧の厚遇を受けた。序によれば袋中はここで黄冠の位の馬幸明の要請でこの書を著わしたという。全五巻から成る。第一巻から四巻までは三界のこと、釈迦の系統、王事、各寺院に関することを記す。第五巻は琉球の権現と熊野との関係や日本の神々のこと、および琉球の神道について記している。

参考文献　横山重編『琉球神道記弁蓮社袋中集』、一九七〇　（梅木　哲人）

りゅうぐう　竜宮　中世以降の説話や昔話などにしばしば登場する海底にある異郷で、水を支配する竜王の住む世界。もともと竜宮というのは、『法華経』など仏典によって日本に伝えられた観念で、仏教説話集によって一般に広がったらしく、『三宝絵《さんぼうえ》』（九八四）を初見として、『今昔物語集』などでは、竜宮に行った男が宝物を得て地上に戻るという致富譚として多く語られる。その場合、竜宮は海底にあるばかりではなく、山中の池から入っていったと語られるなど、必ずしも竜宮が海底にあるとは限定されていない。これは昔話なども同様だが、共通する要素は、そこに行って呪宝を得ることであり、恩返しを前提としている場合が多い。昔話としては、竜宮童子・竜宮女房などのほか、聴耳や塩吹臼でも竜宮の宝物が語られる。こうした富を授けてくれる異郷として幻想された竜宮は、古代の根国や常世国、沖縄のニライカナイなどに通じるところがある。御伽草子以降の「浦島太郎」では亀を助けて竜宮に行き、乙姫に歓待されると語るのが一般的だが、それ以前の浦島説話では、竜宮ではなく蓬《ほう》萊山《らいさん》と呼ばれる異郷に浦島は出かけてゆく。蓬萊山は、神仙思想に基づいた不老不死の世界で、時間の流れが人間の世界とは違うというところに、古来の浦島説話の主題があった。それゆえに、他の竜宮を語る話とは異質な、地上とは時間の流れの違う異郷として、御伽草子や昔話の浦島太郎の竜宮が語られることになったのである。こうした蓬萊山から竜宮への変化は、神仙思想の衰退と竜宮という異郷の一般化とによろうが、もともと竜宮は、地上と別の時間をもった異郷として認識されていたわけではない。

参考文献　柳田国男「海神宮考」（『柳田国男全集』一所収、一九八九）、関敬吾「昔話の歴史」（『関敬吾著作集』二所収、一九八二）、三浦佑之「竜宮城」（『歴史読本』三七ノ一九、一九九二）　（三浦　佑之）

りゅうぐうどうじ　竜宮童子　異郷である竜宮を訪問して、帰るときに童子をもらってくる昔話。大晦日の市に売りに行った松・薪が売れず、川へ投げ入れると、水中から竜宮の使いの女があらわれ、竜宮に案内される。土産に鼻をたらした小さ子をもらう。大事にするとたちまち呪宝が授かり、裕福になる。東北地方での座敷わらしにも共通の性格がみられ、わらしの名がウントク、ヒョウトクと呼ばれることもあり、粗末にしたので貧乏にもどる話も多い。

参考文献　柳田国男「桃太郎の誕生」（『柳田国男全集』一〇所収、一九九〇）　（武田　正）

りゅうぐうにょうぼう　竜宮女房　人間の男と異界の女が結ばれる異類婚姻譚。ある貧乏な男が正月の薪や松の売れ残りを川へ流す。竜宮の使いが現われて竜宮に案内され、帰りに娘をもらい妻にして富を得る。殿様は難題を出して妻を取り上げようとするが失敗し、夫婦は末長く幸福に暮らす。東北日本にも見られるが、西南日本に多く見られ中国・朝鮮半島にも広がっている。竜宮から人間界へ来た女房が幸福に暮らすという点に特色がある。

参考文献　柳田国男「桃太郎の誕生」（『柳田国男全集』一〇所収、一九九〇）、関敬吾「昔話の歴史」（『関敬吾著作集』二所収、一九六六）　（武田　正）

りゅうげんひご　流言蜚語　口伝えの回路を通じて連鎖的に異常に増殖した噂話。社会科学においてはすでに研究の蓄積も多く、H・キャントリル『火星からの侵入』やE・モラン『オルレアンのうわさ』などいくつかの古典的なモノグラフをはじめ、理論的な分析も多い。G・W・オルポートとL・ポストマンは、流布の中での変容の傾向を、平均化・強調・同化の三つにまとめている。風説、デマ、ゴシップ、スキャンダルといった概念も、現代民俗学において使われる都市伝説・現代伝説も、微妙なニュアンスの違いはあるが、実質的には共通する研究対象を含んでいる。危機状況の集団心理やパニック、集合的不安などとむすびつけて論じられることも多いが、それらを重視しすぎることはむしろ既存の研究、とりわけ社会心理学の先行研究が無意識の前提としてきた問題

設定にひきずられることとなり、かえって昔話や伝説研究が蓄積してきた知見を生かす妨げになりかねない。話型分類につながる話の種類の同定も、構造主義的な主題配置の分析も一つの研究方法として有効ではあるが、そうした内容分析だけでなく、話される場の問題、話想の担い手集団、メディアの作用、話し手―聞き手の相互作用といった形式・生態に属する領域にダイナミックにとりくむこともまた不可欠である。 ↓噂《うわさ》 ↓噂話《うわさばなし》 ↓ゴシップ ↓世間話《せけんばなし》 ↓都市伝説《としでんせつ》

参考文献 G・W・オルポート・L・ポストマン『デマの心理学』(南博訳、「現代叢書」、一九五二)、佐藤健二『流言蜚語―うわさ話を読みとく作法―』、一九九五
(佐藤 健二)

りゅうこう 流行 社会現象の一つで、速度の早い習慣の変化、もしくは言動における新しさを示すもの。ハヤリと表現されることもある。特に近代以降は大衆文化や情報化社会の進展に伴い、変化が激しく、より顕著なものとなった。流行とは古くは社会の下層階級が上層階級の生活様式を模倣することから始まり、模倣された上層階級は差別化のために新たな形を生み出すものである。一方流行現象とはこの上層階級の文化への大衆の欲求と、大衆のなかでも特に目立ちたがる欲求、また先端を行くファッションなどで他者と同じでありたいといった欲求に支えられた社会心理に基づいている。近代以前までは貴族や大名といった上層階級のなかに渡来文化を好んで模倣する例や南蛮衣裳を誇らしげに着用するなど、流行の萌芽的な現象は古くからみられた。流行は色彩との関係が深く、衣装や装身具などに多く反映する。特に江戸期には小袖・振袖・打掛の着物の様式に加え、茶屋染とか友禅染など染色の発達とともに色の流行を生んだ。たとえば寛文年間(一六六一―七三)には白・鬱金色《うこん》・紅が、元禄年間(一六八八―一七〇四)には黒・玉虫色・煤竹色が、享保年間(一七一六―三六)には縹色《はなだ》・黒鳶色・茶ぎん色が、延享年間(一七四四―四七)は深黄色が、そして宝暦・明和年間(一七五一―七二)には瑠璃紺・こん桔梗・あい鼠・青茶・ひわ色・紫・鳶色・萌黄・浅黄といった短期間の色調の流行をみている。これらの流行の背景には江戸の歌舞伎役者の影響も大きく、市川団十郎が演じた助六の紫色の鉢巻は江戸紫の名称で流行したという。近世以前の流行には江戸や大坂、京都といった都市に住む人々のあいだで培ってきた独特の感性、価値観であるイキ(粋)やダテ(伊達)、イナセあるいはミエ(見栄)といった性情が潜んでいると考えられる。したがって流行ははじめから都市社会における顕著な現象であった。明治時代以降になると西洋文化がつぎつぎと移入され、文明開化の名のもとに日本人の身形《みなり》は、上層階級から一般まで洋風髪型をはじめ洋服、靴の着用が拡大し、日常的な姿となった。そこでは、いわばある種の流行現象が日本の風俗全体を大きく変容させたことになる。さらに士農工商の身分制度の廃止により世相全体に大衆化が進み、特に都市社会において目まぐるしい変化が余儀無くされた。近代以降の都市における流行現象は服装のファッションのみならず建築や家具、食器など家庭生活における諸種の様式、流行語といった言葉や音楽、芸能など娯楽遊戯の世界、年中行事や祭礼、宣伝広告、出版文化などにも及び、都市文化や市場経済の根幹をなしている。しかもそれは都市と農村との違いを明確にするもので、農村では軽佻浮薄な流行現象をことさら否定するのに対して、都市では必要欠くべからざる価値意識をもって受容されてきた。特に日本の流行現象は古代から現代に至るまで、島国のためか異国文化の移入をきっかけに起る場合が多い。

参考文献 守田公夫『日本被服文化史』(「被服学講座」、一九五六)、石子順造他『通俗の構造―日本型大衆文化―』、一九七三、太作陶夫『色彩流行学』、一九六七、加藤秀俊他『明治・大正・昭和世相史』、一九六八
(小林 忠雄)

りゅうこうか 流行歌 比較的短い期間大勢の人に好まれ歌われる大衆歌謡。狭義には演歌が下火となり曲節や使用楽器に西洋音楽の影響が現われる明治末期以降の大衆歌謡をさし、第二次世界大戦後は次第に歌謡曲という語にとって代わられた。江戸時代から明治にかけての流行歌は部門名として特にはやり歌と呼ぶことがある。平安時代後期の『梁塵秘抄』に歌詞が収録されている今様(当世風の意)は当時貴賤を問わず愛唱された流行歌であり、また室町時代後期の『閑吟集』は室町小歌と呼ばれる応仁の乱後の流行歌謡歌詞集で、現存の狂言小歌や民俗芸能の風流踊りの中にその面影を残している。江戸時代は遊郭や芝居小屋を中心に庶民の音楽、特に三味線歌謡が大いに盛んで、『吉原はやり小歌総まくり』『淋敷座《さびしきざの》之慰《なぐさみ》』など歌本の出版も相ついだ。一六六四年(寛文四)に出た『糸竹初心集』には簡単な楽譜付きで、現在三匹獅子舞など民俗芸能でも活用されている岡崎女郎衆の歌が入っている。地方でも伊勢参りや巡ってくる旅芸人などを介してはやり歌はしっかり伝わっており、伊勢音頭をはじめとして今日の民謡・民俗芸能に引き継がれているものが多い。明治時代の流行歌の主役は演歌師だったが、大正・昭和以降は放送やレコードに始まり映画、テレビ、コンサート、出版などますます多様化するマスメディアにのって歌手の個性を前面に出しての「作られる」流行歌謡が主流。流行する期間もどんどん短くなっていく傾向にある。

参考文献 西沢爽『日本近代歌謡史』、一九九〇、古茂田信男・天沢寛・横沢千秋他編『(新版)日本流行歌史』、一九九四・九五、ジェラルド=グローマー『幕末のはやり唄』、一九九五
(入江 宣子)

りゅうこうつしゃ 竜骨車 回転式の農業用などの揚水器。りゅうこしともいう。動力ポンプが導入される以前には滋賀県・愛知県などで使用されていた。滋賀県の例では前方のくり手に放射状に歯車がつき、後方にも小型の歯

江戸時代から昭和初期まで使われていた竜骨車

車が設置されており、それらの歯車に竜の骨のような鍔が連動し、くり手を回転させることによって下部の樋状のなかを通って水をかき揚げる。江戸時代に踏車が普及してもこの道具が一部で用いられてきたのは水を高い地点まで揚げられるためである。

参考文献 関啓司「近江八幡の竜骨車」(『民俗文化』一七五、一九七八)、芳井敬郎「竜骨車・踏車研究」(『日本歴史民俗論集』二所収、一九九三)

(芳井 敬郎)

りゅうじゃ 竜蛇 出雲地方で旧暦十月に神として迎えられる海蛇の一種。そのころ季節風が吹き荒れ気候が急変することをお忌荒れといい、それとともに竜蛇が島根半島の海岸に上って来る。漁師は舟に近付くのを待って海藻を敷いた清浄な器を差し出して迎え入れて神社に奉納する。それは背は黒くその腹は黄色い。いわゆる天地玄黄の相を表わしているといい、二色蛇ともいっている。杵築灘のは出雲大社に納められ、大国主神のお使いとか、竜宮からのお使いとして尊ばれ、日御碕海岸からのものは海神綿津美神のお使いとして日御碕神社(島根県大社町)へ漁師らによって上げられ奉納された。島根半島で上った竜蛇は海童国のお使いといい、社人の中に竜蛇上げ、あるいは竜蛇屋という世襲の役職を置いてこれを受け佐太神社(同鹿島町)神前に供えたものである。お忌み祭の期間中、拝殿で蒔絵の三方に載せられた竜蛇を拝むことができる。その現われた浦では大漁があるといって喜び、農家はその形の大小によって明年の豊凶を占い、商人は商売の繁昌を祈り、また火災水難をはじめ一切の災難を除去する霊物として深く信仰されて来たものである。毎年陰暦十月のころともなると島根半島の海岸に平素見馴れぬ海蛇が人を恐れず姿を現わしてくる。

参考文献 上田常一『竜蛇さんのすべて』、一九七九

(朝山 芳囶)

りゅうじんしんこう 竜神信仰 古代中国の観念上の霊獣である竜をめぐる信仰。竜神信仰を考える上で蛇神信仰との関係はきわめて難解な問題を提起するが、形態的な類似のほかともに金属を嫌うなど共通した伝承が伴うことから、竜神信仰の基底には蛇神信仰があるとする見方が一般的である。中国文明圏では竜はしばしば王権の象徴となるなど確固たる位置を占めたために、基層の蛇に対する信仰が、竜に対する信仰に置き換えられた場合が少なからずあったらしい。日本の竜神信仰は竜王・竜宮の神・八大竜王・竜神などの呼び方でほぼ全国的にみられる。その起源は古く、鹿児島県種子島の広田遺跡(熊毛郡南種子町、弥生時代)からは竜形の垂飾が出土し、同様のものはさらに時代がさかのぼるとみられる沖縄本島の遺跡からも出土している。これらは中国華南を原郷とするものと想定されている。水稲栽培を基本的な生業としてきた日本では、竜神はそれに不可欠な水を司る神として信仰されるが、竜神を象徴する大綱をなって行われる南九州の十五夜綱引きなどはその代表的なものであろう。また、雨乞いを竜神が棲むとされる淵や沼で行うのは全国的にみられる。他方、竜神信仰は漁民の間にも広く浸透しており、竜神祭が広く行われるほか、魚は竜宮からもたらされるなどと伝承される場合がある。水神としての竜神は雷神信仰とも結びつき、竜巻とともに天にのぼると考えられることもある。 ↓雨乞《あまご》い ↓水神《すいじん》 ↓蛇《へび》 ↓雷神《らいじん》

参考文献 国分直一『環シナ海民族文化考』(「考古民俗叢書」一五、一九七六)、下野敏見『ヤマト・琉球民俗の比較研究』、一九八九、鈴木満男「蛇王廟小考」(『季刊人類学』二〇ノ一、一九八九)

(吉成 直樹)

りゅうせい 竜勢 櫓を建てて空中に打ち上げるロケット型花火。埼玉県秩父郡吉田町椋《むく》神社の十月五日の竜勢祭、静岡県清水市草薙神社の九月二十日の竜勢花火、同じく岡部町朝比奈の六所神社秋祭の竜勢が現存する。静岡県ではかつては駿河に広い分布を見たが継続しているのは二ヵ所である。いずれも起源は定かでなく、文献も近世にさかのぼることができない。共通する民間信仰は雨乞いである。滋賀県坂田郡醒《さめ》ヵ井町にも伝承がある。

参考文献 『新編埼玉県史』資料編別編二、一九八六、吉川祐子「東海道筋の祭礼」(中村羊一郎・吉川祐子『東海道と祭り』所収、一九九六)

(吉川 祐子)

りゅうそう 流送 木材などを河川で流し送る運搬法。大水や台風による自然流送と、自然の流下を利用した人為的な流送とがある。後者は、堰・隧道《ずいどう》・人工水路・土場・綱場《つなば》・留《とめ》・木場などの河川工作物を設置して、十分に乾燥させた杉・ヒノキ・黒木などの木材や小間木《こまぎ》・薪などを、日用《ひよう》・木流し職人・筏師・船頭などの労働力と道具を投入して流送する。流送の方法には管流《くだ》しと筏流しがある。管流しとは、木材などを一本一本、バラ流しで流下させる方法のこと。実際の河川では、管流しのみ(短距離輸送や薪炭材など)、筏流しのみ、管流しのあと綱場・アバなどで木材を筏に組み筏流しに変わるなどの

形態がある。江戸時代には全国の主要河川で、これらの流送技術が確立した。しかし明治以降から昭和三十年代にかけて、徐々に流送は消滅していった。木曾川では、一九二四年(大正十三)には大川狩が中央線による鉄道輸送に切り替えられ、錦織《にしこおり》綱場は一九二六年に廃止。民材の流送はその後も続けられたが、新たなダム建設により一九三九年(昭和十四)で終る。飛驒川の筏流しは一九四一年まで。米代川では、林道の整備、森林軌道の建設などにより、上流域の流送は姿を消していった。一九一六年以降には、森林鉄道で運んだ丸太を仁鮒《にぶな》に卸して筏を組み、官直営の筏流しをするようになるが、一九六四年に終る。熊野川の筏流しは、架線・索道による運材、高堰堤式のダム建設、道路整備とトラック輸送の本格化などにより、一九六四年には消滅した。

参考文献 萩野敏雄『内地材流送史論』、一九七五、野添憲治『秋田杉を運んだ人たち』、一九八六、田中禎子「筏の技術と河川形態―木曾川を中心に―」(『民具研究』一〇一、一九九三)
(佐藤 雅也)

りょう 寮 寺院の中で僧侶の住む建物、あるいは部屋を指す。室町から江戸時代にかけて、宗派が独立していくと、学業の修業道場としての学寮が整備されていった。すなわち、各宗派では自宗の衆徒を集めて寮で寄宿生活させたものである。また、木賃宿を営んだ願人坊主を特に寮坊主と呼んだが、このことは一八四一年(天保十二)に編纂された『市中取締類集』(旅人宿調之部・押紙九ノ一二二)に以下のように書かれている。「木賃宿致候願ン人共、軒数凡八拾三軒程有之、右願ン人を寮坊主と相唱、願ン人之所業而已ニ而者、暮シ方出来兼候ニ付、(下略)」(国立国会図書館蔵)、すなわち物乞い体の俗聖である願人坊主の中で、その加持祈禱などの宗教活動だけでは暮らして行けなくなった者が、「長旅、六十六部、千ヶ寺順礼、金比羅参り、伊勢参り、物貰ひ之類」などに一夜の宿を貸し金銭を取っていたもので、その金額は男女とも二十四文であったと記録されている。そして、小児からは受け取らず、一人畳一枚を宿泊場所と決め、希望によって食器や蒲団を貸し与えたという。その際、食器は無料だが蒲団は一人十文とったと記録されている。この『市中取締類集』は、寮坊主が経営する木賃宿について、詳細にわたり記述しているが、あまりの安価な宿泊賃のため一般の旅籠の利用者が激減し、苦情が出ていると結んでいる。南関東では、村落内の仏堂や墓地内の堂を寮ということが多い。 (菅根 幸裕)

りょうくよう 漁供養 漁獲者が、魚類の供養塔や墓碑・塚を作って慰霊する動物供養の一種。新潟県岩船郡山北町では、鮭が千尾捕れるごとに千本供養塔と呼ばれる卒塔婆を立てる。これは「鮭千本で人を一人殺したのと同じ」とされるためであり、これと同様のことは山形県月光川流域を中心とした庄内地方、秋田県由利郡などでも見受けられる。広義の漁撈と考えられる捕鯨に関しても、瀬戸内海西部から豊後水道にかけて鯨墓が多く分布し、さらに鯨の過去帳、鯨の位牌までも残されている。これらの民俗の形成・伝播には神道・仏教を問わず宗教者の介在が指摘されるが、それが受け入れられた素地には、魚類に霊魂を認め、人間同様に弔わなければならないという思考があったと考えるべきである。漁民は、むやみに漁撈という殺生を行なっていたのではなく、その殺生に対し悔悟し、魚類の霊を顧慮していたのである。十四世紀の『沙石集』には、漁師が捕らえたコイをある僧が不憫に思い買い取って放生したところ、夢枕にコイが現われて、殺され供物とならなかったために成仏できぬと恨みを述べたという話を載せている。同様の話は『古今著聞集』にもあり、当時より霊魂を救済するものとして殺生を合理化する思想が存在した。このような思想を基底に、積極的に儀礼化されたものが漁供養だと考えられる。

漁供養 鮭の千本供養塔(新潟県山北町)

参考文献 吉原友吉「鯨の墓」(『東京水産大学論集』一二、一九七七)、鎌田幸男「魚供養塚の考察」(『秋田短期大学論叢』四三、一九八九)、菅豊「サケをめぐる宗教的世界―民間宗教者の儀礼生成に果たした役割についての一考察―」(『国立歴史民俗博物館研究報告』四〇、一九九二)
(菅 豊)

りょうけん 猟犬 狩猟にあたり、鳥や獣など獲物の探索と追跡、居場所の指示、捕獲や運搬に使役する犬。猟銃を使う陸猟では、俗に「一足二犬三鉄砲」といわれ、健脚であることについで、よい猟犬をもつことが重要とされる。鹿や猪などの獣猟には、紀州犬・甲斐犬・秋田犬などが用いられるが、実際には純血種にこだわらず、成績のよい犬どうしを交配させたものを用いることが多い。奈良県吉野郡野迫川村ではヤマドリの猟にはアカイヌがよいとされた。同郡大塔村では、熊野の太地浦の島で狼を飼い馴らして育てた太地犬が猟犬にはよいとされた。猟犬の良し悪しの基準は、狩猟が終ったあとの山からの帰り足と、傷つけられた経験のある獣に対しても恐れずに向かって行く強い気性にあるとされる。猟犬の訓練は、まず犬が単独で山から帰ってくるように仕込む。次に犬を山に連れていき、獲物に遭遇させることで、徐徐に獲物に慣れさせる。猟の仕方は、実際の狩猟の場で、古手の犬の猟を見せ、覚えさせる。猪の猟の場合には、逃げようとする獲物を足止めし、猟師が仕留めようとする段階でタイミングよく引っ込むのがよいとされる。なお猟犬は、老いると猟師の手によって葬られた。たとえば、大塔村では、猟師が山で猟犬の首を括って木にぶら下げ、その肉を薬として食べた。また川へ投げ込んで殺し、山の中へ葬ることもあった。猟犬の葬法をめぐっては未解明の点が多い。

参考文献 千葉徳爾「山村の生態」(『日本民俗学講座』一所収、一九七六)、宮本常一『吉野西奥民俗採訪録』(『宮本常一著作集』三四、一九八九)、伊藤広之「篠原の猟師と猟犬」(『大阪市立博物館研究紀要』二六、一九九四)　(伊藤　広之)

りょうし　猟師　狩猟を生業とする者。狩人・鉄砲撃《ぶ》ち・殺生人などとも称する。日本の狩猟は小規模な狩猟で、農山村民の季節的副業にすぎず、大部分は個人猟の範囲にとどまるが、大物猟のときには複数で猟をする場合が少なくない。一方には、やや規模の大きい共同狩猟を行う職業猟師集団が昭和初期ごろまで存在した。集団猟は東北・北陸・四国・九州の各地で行われ、大形獣を捕獲する際は五人から二十人近くの組をつくる。東北地方一帯から信越国境にかけて、いわゆるマタギが狩猟集落を形成していた。マタギは狩猟文書などにある山立、あるいは四国のマトギとも関連がある。また、秋マタギ・春マタギの用語があり、狩猟をも意味している。集団猟においては通常気の合った仲間同士で組をつくるが、秋田県の北秋田の根子(北秋田郡阿仁町)や福島県奥会津の田子倉(南会津郡只見町)では集落内に幾つかある組のいずれかに世襲的に所属して、特殊な狩猟慣行と狩猟儀礼とを伝承している。泊り山に出る前は、数日の間夫婦同衾を避け、水垢離を取って厳重に潔斎し、山神社に宮参りをする。また、山の境界で山の神をまつり、この時点から山言葉を用いる。狩小屋に神棚を設けるか、小屋場の近くの大木を神木と見立てるかして山の神をまつり毎朝拝む。シカリ(根子)・ヤマサキ(田子倉)とよばれる統率者は、『山立根本之巻』なる狩猟秘巻とオコゼとを携帯する。巻狩りには老練な猟師が指揮者となって向い側の山腹に陣取って勢子に下知し、一糸乱れぬ指揮のもとにシシを射手の待つブッパ(撃ち場)へと追い込んで捕獲する。仕留めるとすぐにその場で獲物を解体し、獲物の肝《きも》と肉とを献じて山の神をまつる。なお同様の猟法や山入り・捕獲儀礼は、他地方の猟師も行なっている。マタギはじめ各地の猟師が相伝する文書には猟師始祖縁起や山の神をまつる修法および呪文、産火・死火の穢れ祓除の呪文などが記載されている。縁起は書承・口承とも数多くあるが、それらの多くは始祖が神を助けた功績により子々孫々に至るまで猟の獲物を保証されたというものであり、猟師はその職能上の子孫として始祖の名を採り流派を名のっている。二人の猟師が対になって、それぞれシシを追っているとき、山の神の出産または産後の場に際会し、先の猟師は産火の穢れを嫌ってつれなく行き過ぎるが、後の猟師は快く介抱した。そのために先の猟師は山の神の不興を買って獲物を恵まれず、後の猟師は御感を蒙って猟運を授かったという。対の猟師の名は各地区々としているが、主なものに大猟師・小猟師、西山猟師・東山猟師、サルバ猟師・オウバ猟師、大汝・小汝、重野列衆・小玉列衆などがある。東北地方に名高い山立の先祖たる磐次磐三郎は日光派の猟師である。流派により狩猟儀礼の修法や呪文に相違がある。猟師は敬神の心が深く、山中での慣行や修法は厳守するが、迷信に迷わされない現実的な精神と厳格な性格とを持ち合わせている。→マタギ

参考文献 柳田国男「神を助けた話」(『柳田国男全集』七所収、一九九〇)、千葉徳爾『狩猟伝承研究』、一九六九・七一　(石川純一郎)

りょうし　漁師　⇨漁民《ぎょみん》

りょうせいぐゆう　両性具有　雌雄同体という男女両方の性を一身に体現すること。この特異な特徴ゆえに、両性具有は反対物の一致、対立の再統合を象徴するものとなる。反対の一致とは、分割以前の全体性や完全性の徴でもあることから、混沌とした世界のはじまりにおける原初の人間、人類の神話的祖先の多くは、神話の中で、両性具有的存在として描かれる。プラトンの『饗宴』では、アリストファネスの演説の中で、太古球形をした両性具有の存在がおり、ゼウスによって二つに分かたれ男と女が誕生したと語られている。両性具有は儀礼においても象徴的に再現される。オーストラリアのアルンタ族やカラジェリ族の成人儀礼では、少年は割礼ののち下部切開の手術を受ける。これは修練者に女性生殖器を象徴的に付与するものであり、両性の共存、両性具有を知らずに性的に成人の男になることはできないという儀礼の意味がそこに読みとれる。しかし両性具有化は常に切開で示されるのではなく、多くの場合異性の衣装や装身具の着用によって表わされる。シベリアのシャーマニズムでは、男性であるシャーマンの衣装は女性を表わすシンボルで飾られる、場合によっては女として振る舞い、女の衣装をまとい、しばしば夫を迎えさえする。このような儀礼的両性具有でシャーマンは自己のうちに対極的な二つの原理を結合しているので、象徴的に天と地の統一を回復しその結果神々と人間との交わりを確かなものにする。宗教学者エリアーデは、両性具有の問題では、反対の一致において、歴史や時間に制約されない始源の聖なる力の源泉を回復させることが重要だと論じている。

参考文献 M・エリアーデ『悪魔と両性具有』(宮沢昭訳、「エリアーデ著作集」六、一九七三)　(出口　顕)

りょうどなり　両隣　⇨隣家《りんか》

りょうぼせい　両墓制　死体を埋葬する墓地とは別の場所に石塔を建てる墓地を設ける墓制のこと。一人の死者に対して埋葬墓地と石塔墓地の二つが設けられるところから両墓制と呼ばれている。両墓制という術語をはじめて使ったのは大間知篤三で、山村生活調査に参加してこのような事例を見聞したことによる。その後、最上孝敬が『詣《まい》り墓』(一九五六)を著わしたころから両墓を「埋め墓」「詣り墓」と呼ぶのが一般化し今日に及んでいる。近畿地

方一帯に濃密な分布がみられ、中国・四国地方の一部、中部・関東地方の一部にもみられるが、九州・東北地方ではほとんどみられない。両墓の呼称は、近畿地方では、埋葬墓地はサンマイ、ミハカという例が多く、石塔墓地はラントウ、ラントウバ、セキトウバカという例が多い。ハカ、ボチは一般的な呼称で両墓に対して用いられる。立地の上では、埋葬墓地は集落からはずれた山野や川のほとり、海辺などに多く設けられており、石塔墓地は集落内の寺や堂などに近接して設けられている例が多い。なかには埋葬墓地と石塔墓地とが隣接して設けられている例もある。景観の上からみると、埋葬墓地は個々の埋葬地点上に施された木墓標や土饅頭、石積み、そしてイガキや四十九屋《しずくや》、霊屋《たまや》などの墓上装置の集合であり、石塔墓地は五輪塔や角柱型の墓塔など各種の型式の石塔の集合である。なかにはすでに埋葬地点に石塔を建てるようになっている例もある。両墓への参り方では、埋葬墓地へは四十九日くらいまではいくが、あとはほとんど参ることもなく荒れ放題にしてあり、もっぱら石塔墓地へ参るという例と、埋葬墓地へも埋めたあとがわかる間はながく参りつづけ、両墓へほぼ同じように参るという例とがある。前者は特に近畿地方の周縁部に円環状に分布している点が特徴的である。両墓の物的関係の上では石塔墓地へは何も納めないという例が圧倒的に多いが、一部には石塔墓地へ埋葬墓地から土を一握り移すという例や、遺骨を掘り起して石塔墓地へ移すという例もある。これらの事例を根拠として、両墓制を、古代の改葬習俗の系譜をひくもので南島地域の洗骨改葬とも関連を有するものとみる解釈もあるが、現在ではこれを否定する意見が強い。両墓制の成立については、単墓制や無石塔墓制との関連で理解することができる。つまり、日本の土葬墓制史のなかに石塔という新しい要素が導入されてきたときに、その石塔という要素の受容の仕方によって分かれたそれぞれ変化型で、埋葬墓地に石塔を建てたのが単墓制、埋葬墓地以外の場所に石塔を建てたのが両墓制、石塔を建てることを拒否したのが無石塔墓制である。両墓制成立の背景としては、埋葬墓地を死穢の場所として忌避する観念と、その一方で、死者供養のための仏教式の石塔建立の風の受容とがあったことは確かであるが、決定的な両墓制成立の理由、分布の意味など、残された問題は多い。→埋め墓《うめばか》 →三昧《さんまい》 →詣り墓《まいりばか》 →ラントウバ

埋葬墓地

石塔墓地

両墓制（京都府京田辺市）

参考文献　柳田国男「葬制の沿革について」(『柳田国男全集』一二所収、一九九〇)、原田敏明「両墓制の問題」(『社会と伝承』三ノ三、一九五九)、国分直一「日本およびわが南島における葬制上の諸問題」(『民族学研究』二七ノ二、一九六三)、竹田聴洲『民俗仏教と祖先信仰』、一九七一、大間知篤三「両墓制について」(『大間知篤三著作集』三所収、一九七六)、新谷尚紀『両墓制と他界観』(『日本歴史民俗叢書』、一九九一)
(新谷　尚紀)

りょうりや　料理屋　料理屋の源流は、江戸の街に出現した料理茶屋にたどれるであろう。もとは掛茶屋、それが座敷を持ち、酒肴を提供するようになった。江戸府内には大名・旗本・奉公人・職人などさまざまな人々が集まり、江戸時代中期には世界最大の都市となっている。やがて、そうした不特定多数の人々を対象に食事を提供する店が現われた。当初は、屋台や小屋掛けの茶屋や一膳飯屋、そば屋などが中心であったが、やがて料理茶屋が発達した。料理茶屋は、自慢の料理と酒を専門に売る店で、割烹店ともいった。江戸の民俗事典ともいうべき『守貞漫稿』には、「料理と云は、万事を計り調ふを云也。今俗は、唯食類を製するの名とす」とあり、新興の料理茶屋として、山谷の八百善、柳橋北の川長、浅草大音寺前の田川屋など二十四店をあげている。そして、「今の世、三都ともに士民奢侈を旨とし、特に食類に至りては、衣類等と異にして貴賤貧福の差別なきが如し」と観察して

いる。つまり、当時の町人社会では、料理茶屋での外食もかなり一般化していたということになる。料理茶屋には、規模の大小や格式の高低はあったものの、そこでだされる料理には格別の差はなく、「みそ吸物に口取肴、二つ物に刺身、すまし吸物（または茶碗もの）の酒肴のあと、一汁一菜がつき、食前食後の煎茶に上製の口取菓子をそえ、美なる浴室にてゆあみさせ、余り肴は笹折に納めて客の携え帰るに備」というのが一般的だったようである。特に幕末から明治にかけて、下級武士や新興軍人たちの宴会が盛んになり、各地の都市部でさらに料理屋が発達、芸者置屋や待合などと軒を連ねて花街にも発展した。第二次世界大戦後は、ネオン街におされるかたちで、花街が衰退、宴会中心の料理屋よりも簡単な料理と酒を出す小料理屋が増えた。

参考文献 原田信男『江戸の料理史』（「中公新書」九二九、一九八九）、神崎宣武『酒の文化史』（「角川選書」二〇七、一九九二）

（神崎　宣武）

りんか　隣家　居住の近接や家並み順を基本にした互助関係にある家。近隣組織の最小の互助単位で、民俗語彙としてはリンカのほかイチリンカ、リョウリンカ、トナリが使われる。自分の家の両隣の二軒のほか、前後斜めなど数軒を指す場合もあるが、いずれも集団形態をとらず、家相互の関係として意識される点が共通している。またこの関係が連鎖していて、それがムラを一巡する場合には、単なる家々の互助組織を越えて祭の当番順などムラの運営組織として機能することもある。村組や隣組の枠を越えて結ばれるのも隣家関係の特徴である。対等な関係ばかりでなく、かつての地主・小作関係や本家・分家関係に基づく一方的な関係と意識されていることもあり、血縁あるいは婚姻関係にある家とは優先的にこの関係を結ぶ場合も多い。群馬県伊勢崎市では、隣家は日頃から茶を飲んだり、牡丹餅や混ぜご飯を分け合い、膳椀や布団・米の貸し借りをするごく親しい関係で、葬式の際は隣組が別でも手伝う。埼玉県三郷市では、かつて田植えや屋根替えの互助を行なったという隣家づきあいの家は三軒から五軒で、葬式や結婚式などの手伝いが少なくなってきてからは、ムラや組にかわって隣家が互助組織の中心になってきた。かつて組中を呼んでいた祝いごとには隣家だけは呼び、葬式の手伝いも隣家が中心となる。三郷市では、隣家は葬式の一切を取り仕切り、結婚式ではショウバントウといって、司会を頼まれたりと、親戚同様の役を担う。村組・近隣組の互助関係が縮小されるにつれ、隣家に代表される家相互の小単位の近隣関係はより重要性を増しているといえよう。

参考文献 最上孝敬「村の組織と階層」（『日本民俗学大系』三所収、一九五八）、竹内利美「近隣組織の諸型」（『東北大学教育学部研究年報』一五、一九六七）

（斎藤　弘美）

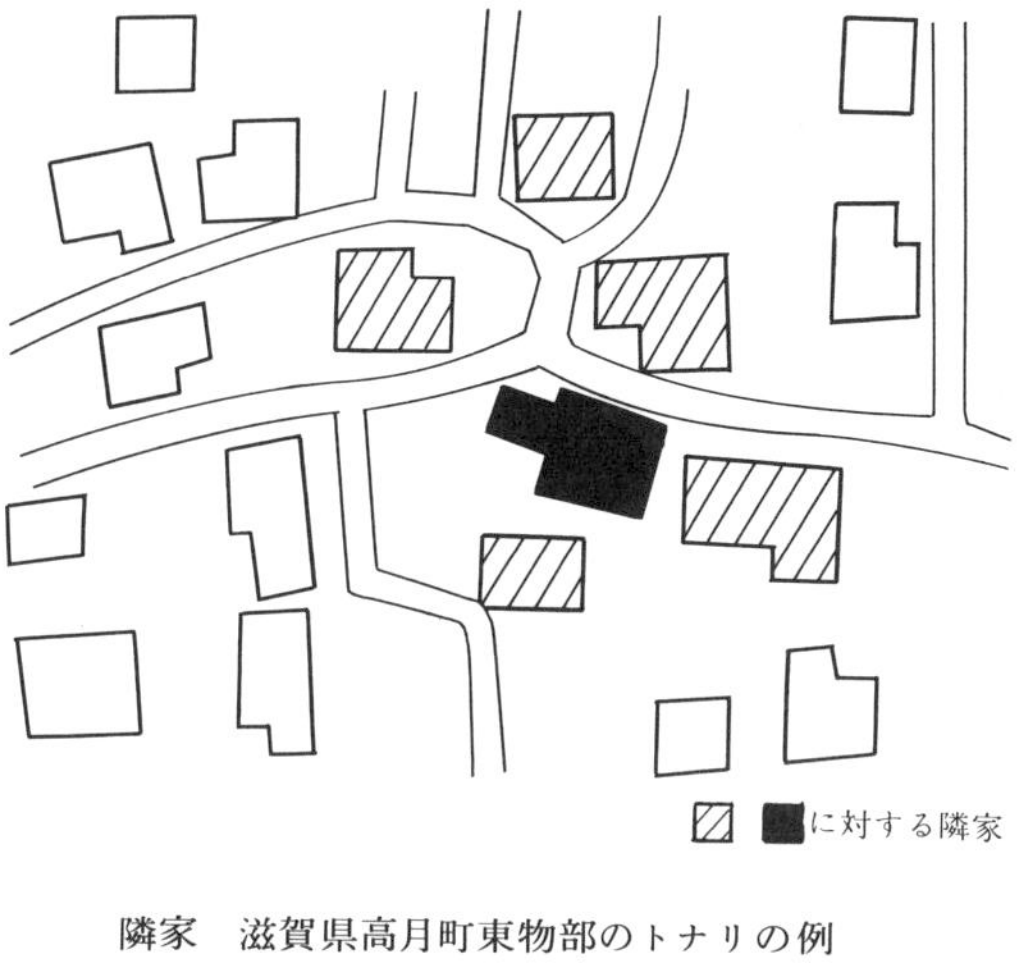

隣家　滋賀県高月町東物部のトナリの例

りんぎょう　林業　木材の生産活動で、採取林業と育成林業の二つの形態がある。採取林業は天然林のうちから有用材を伐採・搬出して利用するもので、今日の日本の輸入材のほとんどを占める米材・北洋材（ロシア）・南洋材は採取林業によるものである。かつて日本でも採取林業が中心であり、とりわけ色目にすぐれ、強度もすぐれた木曾材と称された木曾檜は中世から利用され、豊臣秀吉も徳川家康も木曾山を自己の領地としたほどであった。江戸時代に入ると、畿内を中心とした土木・建築需要に対応したため、資源が枯渇し、新たに編入された尾張藩によって徹底した保護政策が実施され、ヒノキを中心に五木の伐採が禁止されたほか、地元農民の林野利用が厳しく制限された。「木一本、首一つ」はその厳しさをあらわしたものである。その結果、木曾材に代わって秋田材（杉）が採取の対象になり、日本海沿いに海上の運搬路が形成され、その航路に乗った廻船業も盛んになった。しかし、江戸時代中期には秋田杉も資源が枯渇し、秋田藩も森林保護政策をとったため、畿内市場への採取林業による木材供給は困難になった。一方、江戸市場への供給は熊野や三河・遠江・駿河などの各河川流域へ木材商人が入り込んで採取林業を行なった。江戸の大火のあとには木曾材が供給されることもあった。木曾材や秋田材の資源枯渇のすすむ中で、新たに育成林業が成立した。これが第二の形態である。植栽によって育林を行う育成林業は京都の北郊である北山で、室町時代にみられるようになるが、寝殿造の小径木の通直材生産が中心で、それも大量生産はできなかったため、採取林業による木材資源の枯渇には対応できなかった。それを可能にしたのが、畿内市場に南接する吉野川上流域（大和）で開発された、実生苗生産による大量生産方式で、十八世紀に入ると本格化した。それまでの食料源である焼畑地や入会林野へ杉とヒノキを混植し、収入を恒常化するために密植と多間伐の方式を実現していった。また、大和盆地や下流域における商業資本や地主から資金を集めて分収する方式も生み出し、吉野林業の組織を確立した。一九〇〇年代、とりわけ日露戦争によって木材価格が上昇し、また戦争に疲弊した農山村の建て直しに造林運動が展開されると、全国各地から吉野へ造林技術を学び、見学する人々が集中し、吉野林業技術が全国へ拡大した。特に実生苗の技術は各地で受け入れられ、金山・天竜・三河・久万・日田などの育林地域が誕生した。第二次世界大戦で焦土と化した日本では木材需要が急増し、一九五〇年以降、約三十年にわたって造林が国の補助政策によって急速に拡大し、林野の四割が人工林となったが、山を去る人々もふえ、それらの山の管理が不十分となっている。一方、国有林は一九〇〇年代以降、プロシアの技術と経営方式を導入したが、戦後の木材価格の高騰期を除くとそれ以降、外材に押され収益が悪化し、膨大な赤字を現在かかえている。 ↓造林《ぞうりん》

参考文献 藤田佳久『日本・育成林業地域形成論』、一九九五 （藤田 佳久）

りんさく 輪作 一定の作付順序をもった複数作物をその順序に従って継時的に繰り返し栽培する作付様式。小麦―カブ―大麦―クローバーの各作物をこの順序で繰り返し栽培するイギリスのノーフォーク輪栽式農法は、生育・栽培特性の異なる作物を組み合わせて、地力の維持と畜産を含む農場経営内での物質循環を持続させる合理的な輪作法として、しばしば日本の輪作と対照される。日本にこの輪栽式と同様な輪作が成立したかどうかは議論の分かれるところである。年間を通じて種々の作物が植え付け可能な日本では、作付順序の規制をうけない多種作物を自由に組み合わせた。自由式ともいえる輪作法が成立したという考え方がある。一方で、ノーフォーク輪栽式を範型とするあまり、日本の水田や普通畑の作付順序が輪作のもつ合理性を欠いているために、輪作と呼べる作付様式は日本では成立しなかったという考えもある。湛水によって水稲の連年栽培が可能な水田では、水稲と裏作物からなる一定の作付順序が毎年繰り返されるが、この作付様式を輪作と呼ぶことはなく、通常、二毛作など年間の作付頻度をもって表現する。一方、普通畑や焼畑では明らかに輪作効果を念頭においた作付順序が成立している。近世の陸中(岩手県)の畑作農法を記した淵沢円右衛門『軽邑耕作鈔《けいゆうこうさくしょう》』(一八四七)の麦・雑穀類を基本とした作付順序や陶山訥庵が対馬の焼畑耕作について記した『老農類語《ろうのうるいご》』(一七二三)の麦を基本とした作付順序などはその好例である。 ↓切替畑《きりかえばた》

参考文献 加用信文『日本農法論』、一九七二、農法研究会編『農法展開の論理』、一九七五、大久保隆弘『作物輪作技術論』、一九七六 （田中 耕司）

りんじゅう 臨終 人の死の瞬間とこれに伴う儀礼。死の前後には蘇生の呪術や成仏のことが行われた。人が死んだことを愛媛県今治市では広島へ煙草買いに行ったとか、和歌山県東牟婁郡ではオイマク(笈巻く)という。医療行為が不十分な時代は死に至る病気や急病のときは、それを直す呪《まじな》いや神仏祈願が行われた。香川県三豊地方では原因不明の急病や人事不省のときは病人を戸口に立たせ刃物を入れた箕で背後からあおいだ。長野県のある旧家では子供の引付けや危篤のときなど医者を呼びにいく暇のないときに大黒柱に鉈鎌をぶちこむと不思議によくきいたという。山村では重病人の枕元で竹筒に米を入れて音を聞かせる振り米が行われた。また近親者が神社や寺でお百度を踏んだり、親類や村人が大勢でそれをしたり、千垢離・万垢離といわれる水垢離が行われたり、宗教者(山伏や巫女など)に祈禱を頼むなどがある。臨終まぎわのときは病人の名を呼ぶ魂呼びが行われた。しかし長患いで苦しんでいるときは、昭和初期に神奈川県津久井郡では寺で『理趣経』をあげてもらうと早く治るものは治り、死ぬべき者は早く死ぬといわれている。長崎県対馬の阿連では近親者が死者に「あの世にいかにゃならんからこの世にうろつくな、あとが栄えるように祈っておれ」というようにこの世に未練を残さずに往生してほしいのである。おそらく臨終正念の考えからきているものと思われる。臨終まぎわ、あるいは息を引き取ったとき、近親者などが死者のくちびるに水をふくませる死水は水杯と同じ別れの意味があるのであろう。危篤の人は口で息をするのでのどが渇き水を欲しがるので、のどを潤してやる行為かもしれない。そして家の人以外の人に死を確認してもらい、枕直しをして、枕刀を置き、枕飯や一本線香などを供える。寺や近隣の親類への知らせの使いは二人で行く。 ↓魂呼《たまよ》び ↓振《ふ》り米《ごめ》 ↓枕直《まくらなお》し

参考文献 井之口章次『日本の葬式』(「筑摩叢書」二四〇、一九七七) （井阪 康二）

リンば リン場 伐木した丸太を一時的に収集し、搬出するために整備調整する場所。集めた丸太は、長さに合わせて積み上げる。通常建築用材に使う針葉樹材では、杣が伐木した際、材の曲がりなどを勘案して、ジュウサンジャクゴスン(十三尺五寸)、ジョウタ(十尺五寸)やケンタ(六尺五寸)に切る玉切《たまぎり》という作業をする。これをトビ、ツルといった林業道具を用いて整理する。整理された木材の集まりをはえという。 （中川 重年）

りんぽはん 隣保班 ⇩隣組《となりぐみ》

る

ルイ　ルイ　アイヌ語で砥石のこと。かつてアイヌの人人が入手する刃物には高価な鋼が入っていない鈍いものばかりであった。一六六九年(寛文九)、静内の長であったシャクシャインの呼びかけに応じた人々が松前藩との抗争をして以来、鋼入りの刃物の売り渡しを松前藩が禁止したためでもあった。そこでアイヌの人々は野鍛冶を行い、まっ赤に焼いて刃をつけ水に入れて硬い金属に変えて切れ味を良くした。しかし捕獲した動物の解体や処理は切れ味を低下させるため、砕石のある所や川原を往来するときには、砥石に適した石に注意して歩いた。大きな石は割り、八～一〇センチ位に調整して紐をつけ、常に携帯した。砥石は刃物の刃作りに合わせ荒砥・中砥・仕上砥を各家では常備していた。　（藤村　久和）

るいけい　類型　同じ種類に属するとみられる複数の事物から、共通の特徴や要素を抽出して形成する理念型のこと。理念とは理想と同義であり、観念的な像のことであるから、観念的に形成された型である理念型に合致する現実は実際にはまれにしか存在しない。民俗の研究において、研究対象の民俗を類型化することは、その本質を究明するうえで有力な一方法となる。若者組を例として挙げれば、若者組と称しても現実にはさまざまな形態を示すものがある。たとえば寝宿を伴うもの、伴わないもの、あるいは㈠結婚することで脱退するもの、㈡二十五歳に達すれば抜けるものなどである。しかし、往時の男子の結婚年齢は二十五歳ごろが上限であった事実を勘案して㈠と㈡とも未婚の青年からなる若者組だとして理解し、①青年型として類型化する場合がそれにあたる。なお、類型の設定は分類の一階梯ともなる。つまり若者組を一つの類型として把握することも可能であるが、複数の類型設定が問題の解決により生産的である場合、分類へと進む。分類の各項もそれぞれが類型であり、理念型である。たとえば、二十五歳以上の三十五歳とか四十二歳までの男子を構成員とする集団が少なからず存在するが、それを若者組のなかの②青壮年型として類型化するならば、若者組には①②の二類型が存在することとなり、それはまた若者組の二分類をも意味する。その場合、かつての民俗学においては、①が②へ、もしくは②が①へ変遷したものとして考察することが多かった。いずれにせよ、類型化の作業は研究上の一過程であり、この例でいえば、二類型の違いが歴史的変化を表わすものか、それとも自然条件や社会条件の違いに由来するものか、あるいは種族文化の違いに基づくものか等々が次の課題となる。→理念型《りねんけい》　（平山　和彦）

ルイベ　ルイベ　アイヌ語で、ル(溶ける)イベ(食べ物)とは、鮭やシシャモを一尾のままで、はらわたの入った状態で凍らせたものである。鮭の場合は、頭・えら・内臓・めふんをとった後、三枚におろし、身を約四・五センチ幅に六つぐらいに切り、水に入れ血合をとってしぼり、そのまま塩をふって食べる。かんかんに凍っている時は縦に串を通して火にあぶり、皮が焦げないように解凍しながら皮ごと食べるが、作り方、食べ方は地域によって差がある。

参考文献　畑井朝子「静内地方の食」(『日本の食生活全集』四八所収、一九九二)
（畑井　朝子）

ルース＝ベネディクト　Ruth Benedict　⇨ベネディクト

るすがみ　留守神　日本中の神々が出雲大社(島根県)に集まる神無月(旧暦十月)に、家などで留守居をしている神。荒神・えびす・大黒・亥子の神を留守神とするところが多い。これらの神は家屋や田にかかわる家の神的な性格を持つという共通点があり、また旧暦十月を祭日とする傾向も見られる。たとえば、えびす神は出雲に行かないからということで、十月にえびす講を行う地方は広域にわたる。これは神無月は神が不在であるとする考え方が一般化したのち、神無月に祭祀を受ける神があるために起った説明とされる。留守神に関する伝承は多岐にわたるが、稲を守護する土地神の性格をもつものと、蛇体といった形態をもつ神格に大別されよう。鳥取県岩美郡では十月一日に神々が出雲へ酒造りに行くが、山の神と亥子の神は残る。山の神は十月九日の祭日のために、一方亥子の神は荒い性格なのでほかの神々と合わないからという。また、岡山県川上郡では、留守様といって出雲に行かないのは蛇の神や讃岐の金毘羅だという。金毘羅については十月十日という祭日から出雲に行かない神とするが、蛇体の神だからと説明する地方もある。蛇体というのは大地の神の特徴ともいえ、田の神としての役割を担っている。留守神の伝承は、出雲に行く田の神に対して、その間の家の祭を説明するものとして生成したとされるが、各地の田の神の往来信仰が吸収同化される過程を示すものとして注目される。

参考文献　小島瓔禮「金毘羅信仰」(『日本民俗学会報』二、一九五八)
（佐々木　勝）

れ

れいがい 冷害 夏季に日照時間が短く日射量が少なかったり、寒冷な気候が続いたために生ずる農作物の受ける気象災害のこと。農作物はいずれも生育に一定の積算温度を必要とするが、稲の場合、特に開花・結実がそれによって規定されるから、冷夏は致命的であった。このため、耐冷品種の開発が進められたが、今でも七月の幼穂形成期と八月末の開花期の天候が収量・品質に大きな影響を与えるといわれる。冷害が予想されると、農民は日和乞祈禱を行うとともに、冷害に強いとされる蕎麦を蒔いて対応し、また食糧の食いのばしをはかる。宮沢賢治の『雨ニモマケズ』の一節「サムサノナツハオロオロアルキ」は冷夏に見舞われたとき、なすすべのない農民の実感を示したものであったが、その寒さは東北地方や北海道の太平洋側がしばしば見舞われるヤマセ(山背)によってもたらされるものである。ヤマセはオホーツク海高気圧の張り出し・停滞によって千島海流(親潮)と呼ばれる寒流上を吹走してくる霧や小雨を伴う冷湿な北東風で、その陸上への侵入がしばしば冷害凶作の原因となった。山間《やまあい》の地など、ヤマセの通り道と呼ばれるところがあり、局地的に極端に被害が大きく現われる。なお、東北地方の冷害凶作には群発する傾向があり、近世以降、一六九〇年代・一七五〇年代・一七八〇年代・一八三〇年代・一八九〇年代・一九三〇年代とほぼ五十年間隔で起きている。最近では一九八〇年(昭和五十五)と一九九三年(平成五)に東北地方を中心に全国的規模でヤマセによる冷害凶作を招いた。ただし、冷害をもたらす北東風を一般的にヤマセと呼ぶようになるのは比較的新しく、それまでは青森地方の方言であり、仙台藩の記録では北こち(東風)とある。 →飢饉《ききん》 →ヤマセ

参考文献 畠山久尚編『気象災害』、一九六六、坪井八十二・根本順吉編『異常気象と農業』、一九七六、菊池勇夫『飢饉の社会史』、一九九四 (岩本 由輝)

れいぎ 礼儀 社会規範として人間が守るべき行為。礼儀作法として動作・言語・服装などの細則となって表われる。古代中国では礼は宗教儀礼に始まり、儒教を通じて政治と倫理の規範へと展開した。日本では礼の思想は礼儀として実践的な社会秩序の維持の規定となり、親族や村の従来の慣習を体系化し秩序を保つ機能を果たした。民間では中世に武家の礼法が小笠原家を中心に整備されてその影響が民間にも広まった。村では挨拶は礼儀とされ、目下が目上に従属を誓い、保護の永続を願う式法となった。正月礼・端午礼・盆礼など、年中行事に際して服装を整えて本家に挨拶にいき、敬意を表わして身分秩序を保った。冠婚葬祭の作法や贈答の義理の遵守が大事で、返礼を怠ると礼儀知らずと評される。物で返さずとも、言葉で報いるのが礼儀であった。相手に対する敬意の表現が定められ、それ相応の言葉が伝承され、特に大人や一人前の基準は、礼儀の心得が第一であった。若者組への加入の挨拶は村人の全員に声を掛けることが礼儀ともされた。日常生活では時と場に応じての礼儀が重視され、家や村や組が教育の主体であった。近代では学校教育が取って代わり、修身や道徳の科目に組み入れられ、形式が主体で精神は失われる傾向が見られた。ただし、現在でも婚礼や葬儀など通過儀礼では礼儀が重視され、ヤクザの社会では挨拶が重んじられる。年寄が若者を評する場合の言説として礼儀の有無が用いられることも多い。これは常識として身についたものであり、ブルデューのいうハビトゥス habitus ともいえる。 →作法《さほう》

参考文献 柳田国男「毎日の言葉」(『柳田国男全集』一九所収、一九九〇)、和歌森太郎「日本人の交際」(『和歌森太郎著作集』一二所収、一九八二)、ブルデュー『実践感覚』二(今村仁司・港道隆他訳、一九九〇) (鈴木 正崇)

れいきゅうしゃ 霊柩車 遺体を、葬祭場から火葬場まで運搬するために使う葬送用の自動車。伝統的な社会では、遺族や近隣の手伝いの人たちが徒歩で運ぶのを常とした。明治以後は、主として貧者・無縁者用に、大八車が改装された棺車を使うこともある。しかし、通常は、参会者の組んだ徒歩《かち》行列で、死出の旅路が演出されていた。都市部では、一九一〇年代後半ごろから、この葬列が営みにくくなる。都市圏の膨脹により、火葬場は、都心からさらに離れた場所への移転を余儀なくされていく。必然的に、葬送の距離は長くなり、歩くのが困難になってきた。そのため、民俗的な伝統とはなじみにくい自動車へ、葬送も依存せざるをえなくなる。事実、このころには、東京・大阪などの大都市で、霊柩自動車が導入されだした。葬祭が都市部で産業化されており、より近代的な営業へ傾斜したことが、この現象から読みとれよう。当初は、葬家の近辺に限り、伝統的な葬列を、自動車の前後でくんでもいたという。葬列の小道具が、自動車の周囲をにぎわしていたのである。自動車による遺体の搬送という合理主義を、伝統的な風習がとりこんだ構図ではあった。一九二〇年代後半には、宮型霊柩車が工夫されるに至っている。祭礼の山車を連想させるその意匠も、近代化のゆきすぎを糊塗する外被ではあったろう。一九八〇年代には、その宮型を不快がる声が、次第に大きくなってきた。通常の乗用車をもとめる趨勢が、おこり始めている。遺体搬送の合理精神が、ようやく受容されだしているということか。霊柩車を見れば親指をかくす、あるいは勝負運がつくといった俗信の行方も気にかかる。

参考文献 井上章一『霊柩車の誕生(新版)』(「朝日選書」四〇二、一九九〇) (井上 章一)

れいこん　霊魂　霊魂説は、近代の唯物論と一部の宗教を除けばいわば普遍的なもので、共通性が認められる一方、文化・地域の差異によってそれぞれに個性的である。日本の霊魂観の特色として、複数魂説ないし霊魂の多相説と、非人間存在との連続性という点がある。人間は複数の霊魂を持っているという考えはアジア、ポリネシアの文化にも見られるが(中には百以上とする文化もある)、神道の教義では、荒ぶる、たけだけしい荒魂《あらみたま》とおだやかな働きの和魂《にぎみたま》の二分類、ないしはこれに幸魂《さきみたま》と奇魂《くしみたま》を加えて四分類とする説が有力である。ただしこの分類が霊魂の多数性を意味するのか、それとも多相(多層)性を意味するのかは微妙で、霊魂が要素として存在を構成しているとすれば複数説、状況ないし位相に応じてそれぞれの姿をとるとすれば多相説となる。たとえば近代の霊学者浅野和三郎は、西洋スピリチュアリズムの枠組を援用しつつ、この四魂説を、現実の荒魂(一般の人間と呪縛霊・未浄化霊)、幽界の和魂(一般の死霊)、霊界の幸魂(高級な霊)、神界の奇魂(神)という階層説で説明している。多相説は、日本の社会に根強い死霊観に顕著で、死亡して間もない霊魂や恨みのある霊魂は「荒ぶる」が、鎮魂供養を受けると「和《なご》やか」となり、さらに年を経ると個別性を脱した守護的な霊(祖霊)に昇格する。また、それらとは別に、特別高い霊力を発揮する霊も見受けられる。こういった観点は、霊的存在に階層(ヒエラルヒー)があることを示すものにほかならない。一方の複数説は、主に神道・修験道の行法家が依拠するもので、自身の中の高い霊を発現させたり、自身の分霊を飛ばすことによって、託宣や調伏を行う。これは守護神や使役霊を駆使した、シャーマニスティックな呪的儀礼と結び付いた霊魂のありようといえる。こうした霊魂の多様な形態は、日本文化が持つ霊的存在への感受性と認識の豊かさを示すものといえるが、それはさらに非人間的な存在への認識にもうかがえる。自然現象・動植物はもとより、山・川や石といった自然(物)や、宝器・道具などにも霊魂の実在を認めるアニミズム的観点は、その一方の面である。かたや、神や仏菩薩などの高級霊と人間との間の交渉も見逃せない。神霊も低級で未浄化な場合は荒れるため、時に人間の側から宥めたり、清めたり、教化したりする必要も生じるからだ。逆に人間の霊魂の高い部分は、神霊の世界と同調・融合・往来が可能である。このような日本文化における霊魂観の多種性・多層性とその活動形態を踏まえることなしには、日本の社会のさまざまな祭儀・芸能の意味を探ることは不可能というべきだろう。

↓生霊《いきりょう》　↓御霊信仰《ごりょうしんこう》　↓死霊《しりょう》　↓祖霊《それい》　↓鎮魂《ちんこん》

参考文献　山折哲雄『日本人の霊魂観』、一九七六、浅野和三郎『心霊講座—人間霊性の開花のために—』(「浅野和三郎著作集」六、一九八五)、津城寛文『鎮魂行法論—近代神道世界の霊魂論と身体論—』、一九九〇、小松和彦『憑霊信仰論』(「講談社学術文庫」一一一五、一九九四)

(山本ひろ子)

れいさい　例祭　神社の年中恒例の祭のうち、その神社に固有のものとして重きがおかれている祭。例大祭とも呼ぶ。創建の由緒や祭神鎮座に関わる日など各社の慣例に従って定められている。地域により春秋二度行う場合も見られるが、一方を主とすることもある。近代になり全国的に祈年・新嘗とともに三度の大祭として位置づけられた。今日、特殊神事とされる祭や、特別な名称を有する場合もあるが、単にまつりと呼ばれることも多い。

(桜井　治男)

れいざんしんこう　霊山信仰　⇩山岳信仰《さんがくしんこう》

れいじょう　霊場　宗教的聖地・霊地や霊験あらたかな寺社の中で遠方から数多くの参詣者を集めるもの、また宗教的巡礼の目的地となるようなもの。巡礼の場合、札所と呼ばれることもある。何故、遠隔地の寺社への参詣、あるいは複数の寺社や聖地を巡礼する行為が生じるのか、という起源論に、これまで報告された多くの事例は答えていない。V・ターナーは、巡礼という行為自体に、日常の構造的な秩序性を相対化するコミュニタス的な要素を指摘するが、日本において、庶民が日常生活を活性化するために遠隔地の霊場へ旅したとみなせるのは、街道や宿泊施設が整った近世以降のことであろう。もっとも、遠隔地巡礼の多くのコースは、近世以降整備されたとも考えられる。たとえば、西国三十三所やそれにならった東国の坂東・秩父という観音霊場札所は中世に成立したとされるが、それらにならって全国でできた地方的な霊場とそこへの巡礼道は、ほとんどが近世の所産である。四国遍路もそれ自体の成立は古いが、八十八所という霊場の数は近世の成立ともいわれる。西国巡礼や四国遍路などでは、参詣者への住民の接待が行われる場合があり、それは返礼を期待するのではなく、接待自体が功徳と考えられたためだとされる。もちろん、こうした庶民による参詣・巡礼とは別に、皇族・貴族などが遠隔地の霊場に参詣・巡礼することは古代から行われており、十世紀ころから流行し始めた金峯山への御岳詣《みたけもうで》、熊野三山への熊野詣がその代表格であった。　↓巡礼《じゅんれい》　↓札所《ふだしょ》

参考文献　星野英紀『巡礼』、一九八一、新城常三『新稿社寺参詣の社会経済史的研究』、一九八二

(由谷　裕哉)

れいじん　霊神　死者を神としてまつる際に付与される神号のこと。吉田神道では神道の奥義をきわめた人に霊神号を授け、その人の死後霊社と称する小祠を建ててまつり、生前の事績をたたえた。また、生前に自己の霊魂に霊社号を付けてまつる神道家もみられた。江戸時代前期の儒者・神道家であり垂加神道を唱えた山崎闇斎は、そのさきがけをなしている。民俗においては、死者を神にまつる過程で霊神とみなす信仰が存在する。柳田国男は霊神を、死の穢れから脱却しきれない、その一歩手前の段階にあるものと解している。よく知られた例に、愛媛の和霊信仰がある。宇和島藩士山家清兵衛《やんべせいべえ》の死後勃発した天災地変が清兵衛の怨霊による祟りとみなされ、彼

は霊神にまつられる。そしてさらに明神の神号を与えられた結果、流行神として信仰圏を広げた。御霊信仰を基盤に人神が生み出される過程で霊神が形成された典型例といえる。一方、屋敷神や同族神のような氏神としてまつった死霊を霊神と呼ぶ場合もある。また木曾御嶽信仰では、御嶽講社の講元や先達を霊神にまつり、その碑を御嶽山中に建てる伝統がある。古いものでは黒沢口の登拝道を開いた覚明行者の大阿闍梨覚明霊神碑が、一八四五年(弘化二)に建立されている。しかし、講社先達の霊神碑の建立が一般化してくるのは明治時代になってからのことである。明治政府の神道政策により、講社が教派神道に所属するに至って、「神」の神号を付ける風潮が強まった。

参考文献 生駒勘七『御嶽の歴史』、一九六六、宮田登『生き神信仰—人を神に祀る習俗—』(「塙新書」三五、一九七〇)

(長谷部八朗)

れいばい 霊媒 神や霊魂と人間とを媒介するとされる人物。medium の訳語。神がかりするイタコやユタなども霊媒とみなしうる。神霊と直接交流する者は聖書にも登場するが、ユダヤ、キリスト教の伝統では、人に憑く霊はほとんど悪魔、悪しき霊とみなされ、霊媒は魔女として厳しく排斥され、好意的な評価を得ることはほとんどなかった。しかし、十九世紀から二十世紀にかけてのアメリカ、西欧社会において、知的権威としての地位を奪取しつつある近代科学と、凋落の途をたどるキリスト教、宗教的宇宙観との相克のなかで、近代スピリチュアリズム、霊・霊界の実在、霊との交信の可能性を信じ、ポルターガイストなど、霊が引き起す心霊現象に対して科学的な解明を企図する心霊学が登場し、霊媒を不可欠の要素とする降霊会が大流行した。霊媒は、その口を通して霊の言葉を語り、あるいは自動的に文字などを書記し、普通の人には見えない霊を見ることができる者とみなされ、人々の関心を集めた。降霊会は死者の霊と交流することによって遺族が慰めを得る場でもあり、降霊会が西欧で流行した背景には、近代西欧諸国が植民地争奪のための戦争、および第一次世界大戦によって多数の戦死者を出したという状況があった。スピリチュアリズムの影響は、当時の日本にも及び、霊媒を実験の対象とする科学者もいた。現代の霊媒のなかには、異星の霊的存在からの言葉を人類に媒介できると称する者もいる。

参考文献 『imago』一ノ八(特集催眠術、一九九〇)、松山巌『うわさの遠近法』、一九九三

(井桁 碧)

れいほう 礼法 礼の意志をあらわすための、動作に関する式法。礼儀。礼の原義は、祭祀における礼儀をさすが、一般的には儒教によって形成された道徳上の理念や社会規範としての礼儀および法規をいう。日本では礼法の概念が明確化されたのは、中世武家社会になってからである。身分の上下関係を重視する武家社会においては、道徳観念として礼節を基本とする礼儀作法が求められた。それ以前の平安時代の公家社会において、年中行事の整備に伴い古礼・先例重視の有職故実が整備されていた。この有職故実と儒教の礼の思想、武家の道徳観念とが基となり武家の礼法が形成されたのである。江戸時代末期の伊勢流故実(礼法)書『貞丈雑記』第一章の「礼法之部」には「鎌倉将軍頼朝卿より武家の威勢強く、公家武家二ツにわかれて公家には公家の礼法を守り、武家には武家の礼法あり、京都将軍義満公の時に至りて、弥武家の礼法盛んに備はり、公家の外地下の者ことごとく武家の礼法を守る事にぞなりける」と、室町幕府のもとで武家礼法が形成されたことを述べている。ただし、初期には武家の各家々に独自の故実・礼法が伝えられており、その故実をもって幕府に仕えていた。応仁の大乱の勃発により、幕府の人的構成が乱れるとともに、恒例の諸行事が衰退する中にあって、将軍側近の小笠原氏や伊勢氏らが幕府諸儀礼の中心的存在となり、この二氏が中心となって新しい武家故実・礼法が誕生する。ことに小笠原氏は弓馬の道すなわち武芸の面で、伊勢氏は幕府営中の饗応・参勤や御成における作法の面で故実・礼法の権威とされた。江戸時代になってからも江戸幕府を中心に武家の間でこの二流が依然重きをなすが、江戸時代後期には武家ばかりでなく民間にも小笠原流礼法が日常作法として流行し、明治時代には小学校・女子師範学校で小笠原流の作法が礼法の授業として採用されて、今日の日常生活にも影響を及ぼしている。

参考文献 二木謙一『中世武家儀礼の研究』、一九八五、江馬務『有職故実』(「江馬務著作集」一〇、一九八八)、鈴木敬三『有識故実図典—服装と故実—』、一九九五

(佐藤 豊三)

れきしじんるいがく 歴史人類学 人類学的な手法による歴史記述の試み。欧米ではフランスのアナール派社会史を中心に一九七〇年代に隆盛したが、その根はマルク=ブロック『奇蹟王』やルシアン=フェーヴル『十六世紀の不信仰の問題』など一九三〇—四〇年代の仕事にある。その特色は自分たちの歴史であっても異文化のように過去をとらえることにある。すなわち近現代とは異なる心性の想定、一地域集中的なミクロな民族誌の手法(ミクロストリア)、生態・慣習法・交換・王権・祝祭など人類学的な主題の導入(深層の歴史)である。人類学の出発点が現地の生活世界にあるように、民俗や風習など、中央の政治史・制度史からこぼれおちてしまう生活領域の歴史を描くという意味で「下からの歴史」ともいう。もともと文字化されにくい領域にかかわるため、伝承・図像・日記・教区簿冊・裁判記録などこれを可能にする史資料の発掘と、新たな解釈による史資料の読み直しを必要とする。日本史の領域では、海からみた列島史の再構成や中世絵巻物の象徴分析など、文字史料のみではとらえられない生活世界の歴史や、中央と地方、国家と民俗のダイナミズムを対象とする視角と史資料の発掘において歴史人類学と共通する点が多くみられる。その意味で

は、柳田国男の近代世相史や宮田登の近世宗教史なども同じ視野におさめることができる。

参考文献　柳田国男「明治大正史世相篇」（『柳田国男全集』二六所収、一九九〇）、E・ル＝ロワ＝ラデュリ『新しい歴史―歴史人類学への道―』（樺山紘一他訳、一九八〇）、黒田日出男『境界の中世　象徴の中世』、一九八六、網野善彦・塚本学・坪井洋文他『列島文化再考―歴史学と民俗学―』、一九八九、高取正男『神道の成立』（『平凡社ライブラリー』、一九九三）、宮田登『江戸のはやり神』（『ちくま学芸文庫』、一九九三）　（関　一敏）

れきし・ちりてきほうほう　歴史・地理的方法　民俗学では地理的分布に伝播の過程を見、その分析から民俗事象の原形と発生地を明らかにしようとする方法。フィンランド学派の民俗理論を指す。その代表者はカールレ＝クローンで、一九二六年に出版された『民俗学方法論』にその考えが典型的に示されている。クローンは「伝承の原形の伝播を云々するのは間違ひである。世代から世代に伝へられ、国から国へ移ってゐるものは、原形ではなくつぎつぎに発生した原形の諸変化である」と考え、原形のままの民俗伝播を否定し、さらに「或る伝承の地理的分布の方向については、出発点の近くにある形式には大きな証明力のあることが認められなければならない。その伝承の郷土に保存されてゐる唯一の類例が、決定的な意義をもち得るのみならず、すべての他の類例より重きをなすもの」として、伝承の出発点の重要性を説いた。このようなクローンの歴史・地理的方法は柳田国男の方言周圏論の構想の上に大きな影響を与えたとされているが、柳田が周辺部の民俗事象に古態が残るとしたのに対し、クローンは中心部の事象に原形をみとめるなど相違がある。いずれにしろ、空間差を時間差に置き換え、民俗事象の横の地理的分布から縦の歴史の再構成を試みる方法といえる。

参考文献　K・クローン『民俗学方法論』（関敬吾訳、「岩波文庫」、一九四〇）、関敬吾「重出立証法の問題―地理・歴史的方法と関連して―」（『季刊柳田国男研究』六、一九七四）　（佐野　賢治）

れきしみんぞくがく　歴史民俗学　歴史資料や歴史学の成果を積極的にとりこむ民俗学の一潮流をいう。ただし従来、民俗学の内部にこう名のる方法論や学派が明確に存在したわけではない。また民俗学が民衆の過去を知るという目的意識とともに成長してきた経緯からみて、ほとんどの民俗学は歴史民俗学と称しうることにもなる。しかし一個の成立科学としての民俗学と歴史学の間にさまざまな距離のとりかたがあったことも事実である。関敬吾は共同体に担われる民俗の共時的構造や機能を重視する「社会的方法」と並んで、共同体文化を歴史的生成物として捉え、その発展の段階を明らかにする「歴史的方法」を置き、民俗学内部の共時性・歴史性という枠組でとらえた。和歌森太郎は歴史とは各時代人による問題解決の過程であるとしたうえで、解決過程そのものと取り組むのが歴史学であり、民俗学は時代が解決できずに次の時代に送り込んだ領域の事象を扱うとして歴史学との相違を強調した。桜井徳太郎は「歴史民俗学の構想」において、地域社会内における生活共同体の精密な比較研究を歴史民俗学とよぶことで、従来の民俗学における歴史性概念の把握の弱点を克服しようとした。歴史民俗学という用語は一九七二年（昭和四十七）のこの論文が初見と思われる。歴史民俗学の語義を狭義にとるなら、和歌森や桜井の見解に導かれて、歴史事象を対象としたり、民俗の歴史性を究明しようとする傾向をさすといえる。

参考文献　関敬吾編『民俗学』、一九六三、和歌森太郎「民俗資料の歴史的意味」（『和歌森太郎著作集』一〇所収、一九八一）、桜井徳太郎「歴史民俗学の構想」（『桜井徳太郎著作集』八所収、一九八九）、福田アジオ「歴史民俗学的方法」（『日本民俗研究大系』一所収、一九九一）　（真野　俊和）

れきしみんぞくしりょうかん　歴史民俗資料館　歴史系博物館施設の名称の一つ。一般的には、地方公共団体が文化庁の指導により設置した施設をさすことが多い。この事業は文化財保護法の規定に基づく国庫補助事業として行われたもので、第二次世界大戦後の急激な生活環境の変化によって消滅の危機に瀕していた民俗文化財の保護を目的に企画されたものである。事業は地域の特色を示す民俗文化財や、地域の歴史の流れを裏付ける遺物や文書などの歴史資料の保存活用を図る目的で、一九七〇年（昭和四十五）度から一九九三年（平成五）度にわたって行われ、全国に都道府県立歴史民俗資料館十二館、市町村立歴史民俗資料館四百五十二館が設置された。これらの施設は地方における文化財保護の拠点となり、全国的規模で民俗文化財が収集保管されるとともに、この館の活動を通じて新たな民具研究者が生みだされて日本民具学会の大きな基盤を形成するなど、日本の民俗文化財の保護と民具研究の進展に果たした役割は大きい。博物館と資料館の明確な区別はないものの、一般には博物館より簡便な施設と見られることが多い。これは、市町村立歴史民俗資料館の中には、補助の要件に学芸職員の配置の規定がないことから専門的職員が専従しない施設があったり、地方的特色や歴史的価値を有する既存の建造物を用いることができるものとされたために、民家や歴史的な建造物を単体で転用する施設も多く、博物館施設としての基本的な機能が欠けていることなどに大きな原因があると思われる。

参考文献　木下忠「歴史民俗資料館の設置・運営」（『月刊文化財』二一四、一九八一）、文化庁編『我が国の文化と文化行政』、一九八八　（大島　暁雄）

レタㇽペ　レタㇽペ　アイヌの衣服の名称の一つ。テタラペ、レタラペ、カーアハルシともよばれる。主にイラクサの内皮を用いて織られた布でつくられたもので、アトゥシに比べると白っぽい色をしていて柔らかい。サハリン(樺太)で多くつくられ、男女ともに用いた。レタルペと総称されるものには、イラクサなどのさらした繊維だけを用いたもの、木綿糸を経糸に用いたもの、オヒョウの繊維も用いたものの三種類がある。

[参考文献] 山本祐弘『樺太アイヌ住居と民具』、一九七〇、児玉マリ「アイヌ民族の衣服」(アイヌ民族博物館編『アイヌの衣服文化—着物の地方的特徴について—』所収、一九九三)、同「樺太アイヌの衣服」(アイヌ民族博物館編『樺太アイヌ—児玉コレクション—』所収、一九九六)　(笹倉いる美)

レッドフィールド Redfield, Robert　一八九七—一九五八　民俗社会・都鄙連続体という概念的モデルを構築したアメリカの人類学者。シカゴ大学卒業後、ユカタン半島の四種のコミュニティーを調査し、部族生活から都市生活への変化の過程を考察。その後、世界の主な文明の比較研究に取り組み、大きな伝統と小さな伝統の概念的枠組みを示したが、完成を見ないまま病没した。『ユカタンの民俗文化』(一九四一)、『農民社会と文化』(一九五六)などの著書があり、訳書として『文明の文化人類学』(一九六〇)、『未開社会の変貌』(一九七八)などがある。

[参考文献] 青柳清孝「レッドフィールドの理論」(『現代文化人類学のエッセンス』所収、一九七八)、伊藤幹治「民俗文化論再考」(『日本常民文化紀要』一九、一九九六)　(古家　信平)

レパオプ　レパオプ　アイヌ語で大型の魚類や海獣を捕獲するつき銛(回転離頭銛)のこと。沖漁用の銛という意味。つき銛は、銛先とそれに結んだ長く細い引綱、銛先を獲物に打ち込むための中軸と長柄、それらを飛ばすための石付きが組み合わされている。銛先は獣骨を煮て舟形、鏃形に削り、下辺は燕尾のように反って作る。先端部からは切れ目を入れ、銛よりやや大きめで厚さ一ミリほどの鉄や銅板をはさみ込み目釘を打って固定する。できあがった銛先へは二孔を穿って紐を通しループ状に結ぶ。燕尾のつけ根には中軸を受ける孔があるが、獲物に銛先が打ち込まれた後で、それからのがれようとする獲物の動きに合わせて反った銛先が体内にくい込んで、長く細い引綱と直角になる。中軸と長柄はしっかりと結束されていて、その結び紐の遊びの部分に引綱が通っているので、中軸や長柄は自然と舟に戻ってくるようになっている。一本の柄に最大で三本の中軸をつけることができる。　(藤村　久和)

レプニ　レプニ　アイヌの詞曲を謡うときに使われる拍子木。アイヌの語り物は、カムイ＝ユーカラ(自然神謡)やユーカラ(英雄物語)のように旋律を付けて謡われるものと、ウェペケレ(ウウェペケレ、昔話)のように旋律のないものに大別される。自然神謡の旋律には動機的音型を繰り返す折返し(リフレイン)があるが、英雄物語にはその折返しはなく、語り手・聴き手が手に持ったレプニで炉端や床を拍ちリズムに乗って一貫した旋律で謡われる。古くは仰向けに寝て、胸や腹を手で鼓ちながら語ったという記録もある。　(谷本　一之)

レプンカムイ　レプンカムイ　アイヌ語のレプ(沖合)ウン(に生棲する)カムイ(神)とは、広くシャチを示すが、地域によっては鯨や他の海獣をいう。海浜や沿岸に魚群や海獣を近寄らせるのは、この神が人々に食糧を与えようとしての行為であると考える。平常時は、木幣をもって海幸を授ける神へ感謝と依頼をするものの捕獲することはない。海岸へ漂着したり、方向を失って突進したものへは、山の神であるヒグマよりも盛大な霊送りが行われていた。　(藤村　久和)

レプンクル　レプンクル　アイヌ語のレプ(沖)ウン(に住む)クル(人)とは、自分の居住する地域から一海を隔てた向こうに暮らす人々の総称で、特定の民族を指すのではない。明治期の北海道にあっては、東シベリアや沿海州近くでは周縁の離島やサハリン(樺太)島・南クリール(南千島)などで暮らすアイヌの人々をも指している。江戸時代以前にあっては東北地方や本州全体に住む人々を指す。なお、この言葉は一五九〇年(天正十八)か九一年にポルトガル人の神父イグナシオ＝モレイラの De Iezorum insula (『蝦夷人の島』、ラテン語による記述で、イエズス会本部所蔵)によって採録されている。　(藤村　久和)

れんあい　恋愛　男女が互いに愛情を求めあうことで、恋愛は近代の表現。コイ(恋)という表現は古いが文学表現であり、日常語としては動詞形でこいしいと用いられた。民俗の世界ではスキ、スクが一般的であった。武家的倫理観を背景とする家長権が確立する以前は、婚姻は家が決定するのではなく、男女の恋愛で決まるのが普通であった。女の家に連れ立って青年が行き、夜遅くまで話し込む交際を、性交を目的とするヨバイと区別してアソビという。こうしたアソビや労働の合間に即興で歌われる恋歌などで気心が知れあうと、娘の家の門口に薪を置いたり、手拭や扇を渡したりした。それを受け取るか否かは女性の自由であった。こうして男女がナジミになると、若者組の仲間から認められて、ヨバイが行われた。ナジミで子ができた場合は、ナジミ子といって若者組の差配のもとに、親の責任を決めた。しかし、青年は売春婦や酌婦に対しても、アソビ・ナジミ的な気持ちを持ち込む場合があり、恋愛と売春の境界は不明瞭となる。→馴染《なじみ》

[参考文献] 宮本常一『忘れられた日本人』(『宮本常一著作集』一〇、一九八四)、現代風俗研究会『現代風俗'92』、一九九二、森永卓郎『悪女と紳士の恋愛学』、一九九四　(森栗　茂一)

れんあいけっこん　恋愛結婚　男女のお互いの恋愛感情によって成立する婚姻。もしくは配偶者決定の条件として恋愛感情を最優先する婚姻の形態を指す。日本の第二次世界大戦前のいわゆる家父長制においては、婚姻は家と家との結合であり、そこでは当人たちの意志よりもお互いの親や親族、特に父親の意志がもっとも重視された。

そのため男女の自由な恋愛を契機として婚姻が導かれることは、ある意味においては反社会的であり、不埒だとみなされる傾向が強かった。ところが恋愛が若い男女の自然な感情であるとする近代西洋社会の価値観の影響を受け、日本でも戦後には恋愛が徐々に肯定されるようになった。特に戦後の高度経済成長期には恋愛が一般化し、この時期に恋愛結婚がそれまでの見合結婚を上回ったといわれている。恋愛は異性を心的、性的に求める感情であり、それが配偶者決定の重要な契機となる点では、日本の伝統的な恋愛結婚も同様である。しかし、恋愛結婚という概念には、恋愛感情を配偶者決定と夫婦関係維持の絶対的要件とするという一種のイデオロギーが背景に存在すると考えられる。その意味では日本の恋愛結婚とは若干異なるともいえよう。すなわち日本の社会、特に若者集団が強い権限を持ち、また寝宿が存在したような地域では、古くから婚姻は当人たちの意志が最優先され、親は事後承諾を与えるだけであるという例も多く見られた。いわゆる妻問式の婚姻が一般的であった地域では、ある意味においては恋愛結婚が支配的であったといえる。恋愛ではなく親が決めた相手と結婚した夫婦が特異な例とみなされることもあった。しかし日本では恋愛にも一定の規律が存在した。すなわち男女の恋愛感情が熟し、周囲からナジミあるいはゲンサイなどとよばれるようになると、以後はお互いに貞操を守り、複数の異性へのヨバイも禁止の対象とされた。このような男女の恋愛を差配したのは、基本的には若者集団や宿の仲間たちであったと考えられる。現代社会では恋愛結婚を肯定する面が強い中で、一部では、やはり恋愛と結婚は別であるという意識から、見合結婚を再評価する若者も増えつつあるという。恋愛感情を夫婦生活維持の絶対条件とすることによって、いわゆる離婚における破綻を肯定することにも繋がる可能性もあり、恋愛結婚の是非をめぐる議論は今後も続くものと思われる。↓自由結婚《じゆうけっこん》 ↓見合《みあい》

参考文献 瀬川清子『若者と娘をめぐる民俗』、一九七二、大間知篤三「婚姻の民俗学」(『大間知篤三著作集』二所収、一九七五)

（八木 透）

レンゲ レンゲ 豆科の二年草。紫雲英とも書く。かつて大阪府・奈良県の一部でスミレ、スミレグサなどと呼んだ地域もあり、『万葉集』八・一七の「須美礼」をあてる説もある。レンゲはナタネとともに春先の農村風景に欠かすことができない彩りであるが、在来種の中国からの導入を遣隋使小野妹子や弘法大師の事跡に帰す口伝より、むしろ近代農政の普及指導の成果を顧みるべきである。もっとも、豆科の植物として窒素分を土中に固定する作用は、近世初期の『百姓伝記』などから体験的に認識されていたことがうかがわれ、近世中期の『大和本草』でも使途を馬の飼料と記している点から、東海地方以西に散見する栽培地では半自生的な作物と認識されていたとみてよい。このように、レンゲは緑肥であると同時に飼料でもあったが、近代的評価の確立に際しては篤農家や農政当局による実践と普及活動が必要であり、特に北国では耐雪性の品種が登場する大正期を待たねばならなかった。このころになると、犂による牛馬耕の副産物ともいえる厩肥の効用が認識されており、飼料作物としての有用性も重視されるようになる。すなわち、普及活動が本格化した明治中期の段階では、濃厚な養分に耐える稲の品種は普及しておらず、レンゲが蓄積した窒素分によって倒伏してしまう事例もあった。ところが、末期から大正期にかけて農村生活の窮乏化が問題となるにつれて、購入肥料の出費を抑えるために厩肥を増産すべきことが再認識され、飼料作物としての効用が脚光を浴びたのである。レンゲは、第二次世界大戦前・戦中の裏作小麦の増産運動によって水田から追われたこともあったが、一九五〇年代前半からの畜産ブームに乗って再開されたことにも留意すべきだろう。

参考文献 末次勲「レンゲ栽培史」(農業発達史調査会編『日本農業発達史』七所収、一九五五)

（牛島 史彦）

レンコン レンコン スイレン科の多年草であるハスの地下茎の部分のこと。蓮根とも書く。ハスはもともと熱帯アジアの原産とされるが、ハスの種子は二千年以上前の縄文時代の遺跡から発見されており、また『古事記』や『万葉集』にも登場する。元来は観賞用に庭園の池などに栽培されていたと考えられる。食用のハスは泥深い低湿田で栽培される。そうした水田をハスダ(蓮田)という。十七世紀後半に書かれたと推定される農書『百姓伝記』一三の「水草集」にはその栽培法が詳しく記されている。それによるとハスには白い花を咲かすものと薄赤色の花のものの二種類があること、根分けをして殖やす方が種子を播いて育てるより楽であることなどが記されている。また当時レンコンが五畿内・近江・伊勢で盛んに作られていたことがわかる。現在は茨城県の霞ヶ浦沿岸の低湿田などで多く栽培されている。レンコンは春に植え付けて秋から冬にかけて掘り上げ収穫する。収穫作業は冬季のしかも泥中での作業となりかなりの重労働である。ハスはレンコンだけでなく種子や葉も食用にされる。レンコンは揚げ物・煮物・酢の物などに調理されて食されるが、ケの食とともに正月などのハレの日に食されることも多い。またハスの葉はハスの葉飯として夏の食欲のないときなどに細かく刻んで飯に入れ食べられた。このほか『百姓伝記』には、雑穀と混ぜて餅に搗いて食べる方法が載っている。

参考文献 青葉高『日本の野菜―葉菜類・根菜類―』(「植物と文化双書」、一九八三)

（安室 知）

れんさそしき 連鎖組織 ⇨家順《いえじゅん》

れんじゃく 連尺 背負い運搬具の一つ、およびそれを用いて運搬する商人。連雀とも書く。秋田の方言でリンジャク、山形でレンジャクまたはニナ、佐渡の海府地方でデンジャクという。本来肩に当たる部分を麻縄などで

幅広く編んで、左右の肩から脇にかけて紐を懸けた背負縄やそれを木の枠に取りつけた背負い子などをいう。同時に両肩から脇に紐をかけて物を背負う背負い方そのものをも呼ぶ。この荷負い枠によって物を運ぶので、物を背負って売り歩く商人のことをも呼ぶ。連雀は日本に渡来する小鳥であるが、左右の翼に一本ずつ長い羽があり、それが垂れ下がっているのが荷物を背負う枠形に似ており、季節で移動することから名づけられたのであろう。饅頭屋本『節用集』では連索と記し、『下学集』では連著とある。一五四四年(天文十三)に駿河の戦国大名の今川氏が、連雀商人が黄皮・毛皮などを他国に搬出することを禁じていることからもわかるように、彼らは国を越えて広い範囲にわたって商品を運んで商売をしていた。彼らは営業での安全を守るために仲間組織を作り、独自の慣習法を作り出した。武田氏が一五七三年(天正元)に駿府今宿の商人頭友野氏を駿河の連雀役徴収の代官に任命しているのは、そうした組織に上から網をかけていこうとする動きである。戦国時代から近世の初めにかけてこうした商人たちが定着するようになると、その場所が連雀町の地名となった。→背負縄《せおいなわ》

参考文献 豊田武『中世の商人と交通』(「豊田武著作集」三、一九八三)
(笹本 正治)

れんぞ れんぞ 奈良盆地を中心にして行われる春先の農休みのこと。れんどとも呼ぶ。地域によって日が異なるが、大体三月から五月にかけての特定の一日を休みとする。たいてい、その地域の寺社の祭礼に合わせてれんぞの日が決まっている。たとえば法隆寺れんぞは三月二十二日、おおやまとれんぞは四月一日、神武さんれんぞは四月三日、三輪れんぞは四月九日、お大師さんれんぞは四月二十一日、矢田れんぞは四月二十三・二十四日、八十八夜れんぞは五月二日、久米れんぞは五月八日、当麻れんぞは五月十四日である。これらはすべて寺社の祭礼の日に因んで広域にわたり、農休みとしている。特に当麻れんぞは、当麻寺にて二十五菩薩が極楽堂から娑婆堂へ行列する来迎練供養《らいごうねりくよう》と呼ばれる行事がある。れんぞということばは、一説にはこの練供養のなまったものではないかといわれる。このれんぞの日、親戚に御馳走したり、餅や団子をこしらえて持って行ったりする。また、嫁入りした者は、夫や子供を連れて里帰りもする。また、この日の餅を「れんぞの苦餅《にがもち》」とも呼び、これからいよいよ水田の苦労が待ち受けているためにこう呼ぶ。水田の耕作が始まろうとする一つの節目で、このようにれんぞということばで明確に水田耕作の開始を意識する地方も珍しい。
(浦西 勉)

れんちゅう 連中 同一年齢によって組織される集団の総称。地域によって、若連中のように若者集団やその他の年齢集団そのものを指す例と、ツレ・同年・兄弟分などと同様に、同年齢もしくは若干の年齢差の者たちの非公式な友人仲間をさす例と、獅子連中・太鼓連中などのように、祭礼において個々の役割が年齢別に分担されている場合に、一定の年齢層で構成された集団を指す例とが見られる。

参考文献 瀬川清子『若者と娘をめぐる民俗』、一九七二
(八木 透)

れんにょき 蓮如忌 本願寺第八代宗主蓮如の忌日法要。単に御忌《ぎょき》という地方もある。蓮如は、御文(御文章)の発給、正信偈・和讃の開板、寄り合い(講)の奨励などの教化活動によって、「人せきたへて参詣の人一人もみえさせたまはず」(『本福寺由来記』)という状態であった本願寺を有数の教団に育てあげ、純粋に親鸞に帰ったことから、真宗再興の祖とも称される。一四九九年(明応八)三月二十五日、八十五歳で死去した。西本願寺では太陽暦に換算した五月十三・十四日、東本願寺では三月二十四・二十五日に蓮如忌を営む。一四七一年(文明三)から四年間過ごした越前・加賀境の吉崎別院では、四月二十三日から十昼夜法要が執行される。この法要の中心となる御影《ごえい》は、吉崎退去にあたって守護方十二人講中に形見として残したといわれるもので、十七世紀ごろから東本願寺の預かるところとなり、供奉人に伴われ、往復十三泊十五日の御影道中が行われる。途中およそ百三十ヵ所の立ち寄り先で蓮如忌を営む。加賀・越前では吉崎に参詣するのを遠吉崎《とおよしざき》、近くの蓮如忌を営む寺院や蓮如ゆかりの品を有する民家に参詣するのを近吉崎《ちかよしざき》という。蓮如忌を営むのは、主として蓮如伝承を有する由緒地の寺院か、蓮如関係の法宝物を有する有力寺院で、御開帳の性格も併せ持つ。寺檀関係を越えた広い範囲の参詣者を集め、この日をムラ一斉の田休み日としてきたところが多い。田植え用品を誂える市が立ち、遊山も盛んに行われた。五十年ごとに御遠忌が営まれる。

参考文献 西山郷史『蓮如と真宗行事―能登の宗教民俗―』、一九九〇、同「北陸の蓮如忌」(千葉乗隆・細川行信・赤井達郎編『蓮如上人と絵伝』所収、一九九三)、蒲池勢至「三河の蓮如忌と蓮如伝承」(同)
(西山 郷史)

ろ

ろ 炉 ⇩囲炉裏《いろり》

ろ 艪 船を漕ぎ進める推進具。奈良時代に中国から導入され、櫂《かい》とともに広く用いられた。はじめは一材造りの竿艪《さおろ》を使用したが、近世以後は艪腕と艪脚《ろあし》の二材をつないでつくる継艪《つぎろ》が発達した。艪材には、その地方の堅木が用いられた。明治の後半以降、瀬戸内海で用いられていた艪材が全国に出回るようになり、艪脚には赤樫やイチイガシ(石櫧)、艪腕には椎や樫を用いるのが一般的になった。艪型はヒラウデ(平腕)とナガウデ(長腕)に分類でき、海と川と沼湖でもそれぞれ異なる。艪は船に接合させて操作する。艪床にある突起状のものをログイ(艪杭)、艪腹にあるものをイレコ(入れ子)という。東京湾でドベラ(土篦)やイモ(芋)と呼んだ形のものが全国的にみられる。入れ子の形にも地方的な特徴があり、太平洋沿岸は入れ子が大きく日本海側は小さく、日本海の山陰一帯の沿岸には箱型のものがみられる。また、艪腹との接着や艪杭との接合部を強化するための工夫がみられる。関東でドベラ(イモ)、キリタズマ、トンボと呼称した入れ子の形はその接合部の技術変化を示している。艪杆《ろづく》(柄)の部分にも地域的な相違が多くみられ、日本海側の丹後半島には艪杆(柄)のないものもあり、能登半島には鶴首や鵜の首艪などと呼ぶまったく形状の異なるものもある。概して艪の形状やその呼称は自然条件や歴史的背景によって異なり、漁法や船型によってもその変化がみられる。
↓櫂《かい》

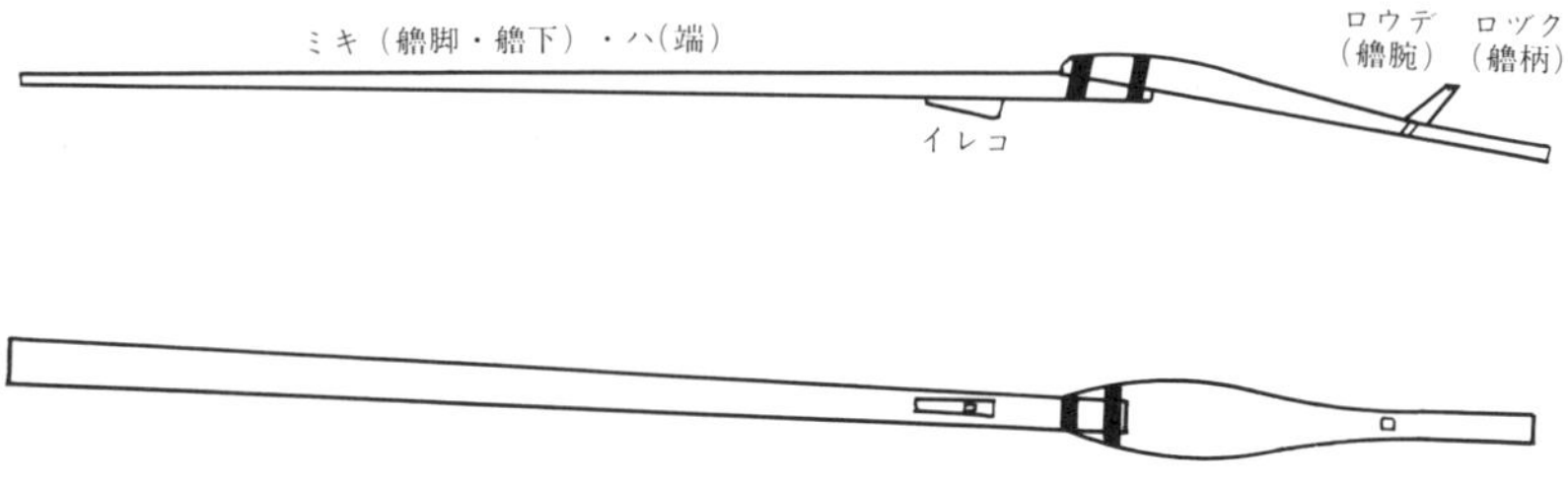

艪の名所

参考文献 宮田勝善『僥と櫂』、一九四三、田村勇『海の民俗』、一九九一 (田村 勇)

ろうえきこん 労役婚 marriage by service: bride service 夫が妻の家族のために一定の労役を提供することを条件に成立する婚姻の形態。労役婚は世界各地に見られる習俗であり、妻が夫方に移動する婚姻形態のなかで、夫が妻方に労働を提供するのが労役婚であり、夫方が妻方に婚資(花嫁代償)を提供する習俗とは共通の性格をもつものといえる。日本では、年期聟が労役婚的性格をもつものとされている。東北地方に分布する年期聟習俗および年期聟習俗の崩れた形態であるアギタイ聟(山形県庄内地方)、シュウトノツトメ(山形・新潟県境)、半分働き(新潟県南魚沼地方)の民俗と東北アジアで見られる労役婚的習俗との関連が指摘されている。 ↓年期聟《ねんきむこ》

参考文献 G・P・マードック『社会構造―核家族の社会人類学―』(内藤莞爾訳、一九七八)、江守五夫『家族の歴史民族学―東アジアと日本―』(「日本基層文化の民族学的研究」三、一九九〇) (森 謙二)

ろうじ 臈次 経験年数による順位・序列のこと。本来仏教の言葉で出家修行者の経歴を示す年数による順番・席次のことであった。臈次という民俗語彙としては、滋賀県高島郡今津町で祭組の当屋のことを臈次という例があげられる。一般に民俗においては、宮座における順位を表わす語として使用されている。特に、臈という語は座人の最上臈の地位につく者を一臈、二番目の者を二臈、三番目の者を三臈というように使われる。これらはこの地位につく者が長老であることから一老・二老・三老とも表記することが多い。宮座の組織は基本的に村人男子を年齢順に序列づけて成るものであるが、この年齢とは本人の生年月日を基準にした生理的年齢ではなく、座人としての臈次のことである。この座人としての臈次は、経済的な理由や社会的地位によらず、宮座への座入りの順位をもって決まる。宮座の座入りにあたっては、同年生まれの者の場合、父親の座における順位を比べてその年齢の上の方を先にすることや、他村から養子に来た者は同年生まれの者のうち最後に座入りさせることなど、村ごとに独自の基準をもつことが知られている。そしてこの座入りの順番に神事の当屋や村神主などの役目を果たしていくことになる。この臈次を間違いなく管理するために、村ごとに座人帳といわれる座入りしたものの台帳があり、その記入と管理は宮座の長老の重要な役目となっている。このような臈次の伝統は、現代の官庁や企業においても年数を経るごとに社会的地位が高くなると

いう年功序列の考え方にもみられる。　→宮座《みやざ》
（関沢まゆみ）

ろうじん　老人　年をとった人のことで、年寄り・隠居などと呼ばれる老年世代のこと。一般には、還暦を迎えるころ隠居する、といわれるように、六十歳もしくは六十一歳が老年世代への移行を示す目安とされた。現在でも六十歳をもって定年とする会社や学校が多いこと、老人会への加入年齢が六十歳以上であること、また最近では六十五歳以上を老年人口とし、公的年金受給も六十五歳以上を対象としていることなどから、六十歳から六十五歳までの間が老年世代への移行を表わす年齢となっている。しかし、近世の『諸国風俗問状』の「老人いはひ事」に対する問いには、四十二歳を初老の祝いとしている例（丹後国峯山領）があり、さらに現在でも男子の四十二歳には初老の祝いを行い、親戚や近所を招いて結婚式に次ぐ盛大な宴を催す例（三重県名張市黒田）や、初老記念として同年の者が協力して氏神社に燈籠などを寄付する例（滋賀県甲賀郡水口町北内貴）などがあることから、四十二歳から老いがはじまるという事例に注意する必要がある。『東大寺要録』などによれば奈良・平安時代には四十歳を初老の年齢として以後十年ごとに算賀の祝いの習俗があったことからも、歴史的に四十歳が老人への移行のはじまりとする伝統があったことがわかる。ここには老いの段階的なとらえ方がうかがえる。古代の律令制下では六十一歳から次丁・老丁となり、六十六歳以上を課役負担の対象外としていたこと、中世社会においても山城国一揆の参集者の資格が「上は六十歳、下は十五、六歳」とされたこと、また明治民法でも隠居の条件が「満六十年以上ナルコト」とされ、六十歳が老人の目安とされる伝統は古い。伝統的な村落社会において老人は経済面や村落運営の面から引退した後、信仰的な場面で期待される役割があった。寺社の世話人である檀家総代や氏子総代をつとめることなど主に信仰面における役割が顕著である。なかでも、近畿地方村落を中心に分布する宮座といわれる氏神社の祭祀組織では長老たちに重要な役割があり、長老に至る段階で、やはり六十歳を目安にして、村神主・一年神主・宮守などと呼ばれる氏神社の世話役になり、一年間の祭祀を執行することが義務づけられている。また家においても、老人には孫の子守りを行うことや、盆や正月に神仏を迎える準備をしたりして年中行事の主な担い手となることなどの役割があった。また年玉を重ねて命を延ぶという考え方により、老人は年玉を最も多く蓄積した者であり、年玉を重ねることによって神に近づく、神聖な存在とされてきた。人々はこの長寿にあやかろうとし、長寿を理想としてきた。八十八歳の米寿の祝いに、赤い三角の布に米三粒と髪を入れて作った米守《よねまもり》というお守りを配ったり（鹿児島県奄美大島）、近畿地方には手形を半紙に押した手判を配ったりして長寿にあやかろうとする民俗もある。しかし、産業の構造的変化のなかにある現代では、伝統的な老人固有の役割が失われ、年齢を重ねることの意義も見いだすのが困難な状況になりつつある。そして独居老人・寝たきり老人、都会の子供のもとに出てきた呼び寄せ老人など、老人をめぐる問題は複雑である。　→隠居《いんきょ》　→還暦《かんれき》　→米寿《べいじゅ》　→宮座《みやざ》

参考文献　竹田旦『民俗慣行としての隠居の研究』、一九六四、利谷信義・大藤修・清水浩昭編『老いの比較家族史』（「シリーズ家族」五、一九九〇）、中村桂子・宮田登他『老いと「生い」―隔離と再生―』（「叢書 産む・育てる・教える」三、一九九二）、宮田登『老人と子供の民俗学』、一九九六
（関沢まゆみ）

ろうじんかい　老人会　地域社会の六十歳以上の男女が任意に加入する団体。老人クラブのこと。編成の単位がムラや自治会・町内会の範囲に対応する場合が多い。一九五四年（昭和二十九）、東京都新宿区に設立されたのをはじめとし、一九六三年の老人福祉法の制定、国庫補助の開始によって老人会の数は全国的に増加した。しかし一九八〇年をピークに加入率は減少している。老人会という名称が嫌われ、敬老会・長寿会など名称変更を希望する団体が多い。老人会は会長・副会長・会計などの役職者をおき、年間行事予定と予算の配分、会則などをもつ。主な活動には親睦旅行、ゲートボール、会員の誕生会、病気見舞、老人大学など文化講座の主催、編物や囲碁・俳句・社交ダンスなど趣味を通しての集まり、清掃、学校や施設への雑巾の寄付といった社会奉仕活動などがある。会員相互の親睦を深めること、文化的向上をはかること、健康の増進、地域社会との交流などその目的は多岐にわたる。しかし、加入者が少ないこと、高齢者の多様な要望に応じる活動内容を用意することが困難であることなどから、老人会の運営は難しいといわれている。最近では、老人会として何をするかという発想から、何をするための会であるという、サークル的な発想で会員を募集することが工夫されている。また、老人会相互の連絡によって、都市部では呼び寄せ老人といわれる高齢になってから子供を頼って都会に出てきた老人が友達を見つける場としても利用されている。

参考文献　松園万亀雄『過疎地コミュニティにおける老人層の社会組織―老人クラブの比較研究―』、一九六四
（関沢まゆみ）

ろうそく　蠟燭　糸や紙縒《こより》の芯のまわりに蠟をかためた燈火用具。蠟燭は、奈良時代に仏教の伝来とともに中国大陸より伝えられたといわれる。当時の蠟燭の原料は、蜜蠟とよばれる蜂の巣より採取したものである。日本では、室町時代のころから木蠟《もくろう》とよばれるウルシの実やハゼの実から蠟を絞り、蠟燭を作るようになった。ウルシ蠟は会津や南部など東北地方を中心に、ハゼ蠟は九州・四国地方を中心に生産され、江戸時代になると専売制度のもとに生産から販売まで藩が統制し、ウルシ樹の植生を保護・奨励するようになった。蠟はウルシやハゼの実

を蒸したのち、これを大きな木製の絞り機で絞るもので、生蠟《きろう》の状態で江戸・大坂に送られたのち、都市部を中心に流通していった。都市部の蠟燭屋では、生蠟をいったん溶かしたのち、イグサの芯に蠟を塗りかため、蠟燭にする。蠟燭は、江戸時代になると都市や商業・学問の発達などから急速に普及していった。蠟燭を使用した提燈《ちょうちん》のような照明用具も生まれた。東北の蠟の産地である会津若松(福島県)では、蠟燭の表面に草花を描いた絵蠟燭も十八世紀末ごろから作られるようになった。蠟燭は高価なものだったので、都市部でも照明には行燈《あんどん》などによる菜種油を使用し、蠟燭は燈明など儀礼用として使用する場合が多かった。農山漁村では松脂《まつやに》蠟燭や根松、魚油などを日常の照明とした。明治以後、西洋蠟燭といわれるパラフィン蠟燭の普及により、蠟燭が一般的に使用されるようになった。

参考文献 岩崎敏夫・佐々木長生「燈火の変遷—会津の製蠟用具と蠟釜屋—」(『月刊文化財』一〇二、一九七九)、佐々木長生「会津の絵ろうそく縁起談」(『民具マンスリー』一六ノ一二、一九六四)
(佐々木長生)

ろうどうりんり 労働倫理 ある社会や集団に共有される労働上の価値基準。日本の村落社会では働き者が尊ばれ、怠け者は非難された。たとえば、柳田国男編『山村生活の研究』(一九三七)は、周囲から褒められる人物像として、骨身を惜しまず働く者、仕事好きな者、朝草刈りや夜なべ(夜業)をする青年、一人前以上の仕事をする者など、真面目に働く者をあげている。また長野県の『北安曇郡郷土誌稿』(一九三七)は十五歳になると一人前(ヒトラメエ)になり、一人前の仕事は「わりめえ」「わりあて」「ひとはか」「ひとなみ」など特定の言葉で表現されたと記す。また一人前の仕事には標準的仕事量が定められ、たとえば田起しは一日に三、四俵取り、薪取りは一日に三駄、畑さくりは一日六百坪などとされた。こうした一日の仕事量は、ワッパカ(東北日本)、イチニン(神奈川県大和市)、イックマエ(大阪府泉北地方)など地方独得の呼称と内容を持ち、若者はその標準に到達することが期待された。また嫁の働きぶりを見る周囲の目は鋭く、「よくせせる嫁」「ヅクがある」などと評判し合う表現が地方ごとに定着していた。しかし、いつでもどこでも働きさえすればよいのではなく、何らかの行事が行われるなどのムラの定めた休み日にはきちんと仕事を休まねばならなかった。「怠け者の節供働き」という表現は、本来休むべき時に仕事をしている者の日ごろの怠惰ぶりを笑ったものであり、村落社会では働きぶりは常に村人から観察されていた。怠け者をいう呼称は、ヅクナシ(軸なし)、セヤミ(背病み、背中が痛むように荷を十分に負えない状態)、カマスオイ(俵では重過ぎるので叺《かます》に小分けして運ぶ)など、一人前に働く能力を持たない点に注目して表現されてきた。そこに日本人の労働教育が「かくあるべからず」を基本姿勢にしたことを見出し、「かくあるべし」とする近代の学校教育の理念とは違った基準による職業教育がなされたとする見解もある。ムラで行われた種々の共同労働やゆいなどの労働交換にとって、人により労働能力に大きな差があることは不都合であり、それを避けるために一人前の標準仕事量を定めたり働き者を賞揚したとみられるが、怠け者はイエやムラを衰えさせかねないと恐れられたからでもあった。その一方で、ただ黙々と真面目に働くだけでなく、高知県高岡郡檮原町で棚田の畔塗りは泥を下の田にこぼさず「蛇が腹を切り、セキレイが足を切る」ほど鋭く仕上げることが目標にされてきたように、農民の培った美意識が良質な仕事の達成を支えるとともに、そこに働く喜びを見出してきた一面もうかがえる。こうした仕事の質を問う労働倫理は農民だけでなく職人や職工、さらには商人など都市社会の労働にも通じていた。それらは高度経済成長期には脇に退けられがちでモーレツ(猛烈)社員やエコノミック＝アニマルといった評価を生む結果となったが、低成長時代への転換に伴い労働時間の短縮や休暇の拡充を求める国際的動向もあり、新たな労働倫理の創出が求められている。しかし、日本人の過労死は国際的に話題になるなど、前途は険しい。

参考文献 瀬川清子「ほめられる男女」(柳田国男編『山村生活の研究』所収、一九三七)、直江広治「村の労働倫理」(『社会と学校』二ノ二、一九四八)、福田アジオ『可能性としてのムラ社会—労働と情報の民俗学—』、一九九〇
(湯川 洋司)

ろうのう 老農 主に明治前期までの農業技術の改善に貢献し、近代化の原動力となった篤農家。ただし、在地の下級武士(郷士)も含み、横井小楠と徳富家のように幕末期のいわゆる草莽の志士たちの庇護者であった事例も多い。一八八一年(明治十四)は自由民権運動の大きな転換点だったが、当局は浅草本願寺に全国の老農を集めて全国農談会、続いて大日本農会を設立した。これは自由民権運動の母体であった老農層の脱政治化と、農村を勤労節倹主義に塗り込めたまま産業資本を育成する国策の確立を意図するものであった。明治の老農は、精神主義的な昭和の報徳思想からほど遠い、主体的な現実派の一面を備えていたといえる。

参考文献 斎藤之男『日本農学史—近代農学形成期の研究—』、一九六八、飯沼二郎『日本農業の再発見』、一九七七
(牛島 史彦)

ろうべん 良弁 東大寺僧。『東大寺要録』一、本願章第一には相模国人で漆部氏の出身、六八九年(持統天皇三)の誕生、法相宗の義淵僧正の弟子で、金鷲《きんしゅう》菩薩と称され、七三三年(天平五)に金鐘寺を建立したとある。七五一年(天平勝宝三)には少僧都、七五四年十月には法務を兼ね、七五六年には大僧都に任ぜられた。七七三年(宝亀四)僧正に補任され、同年閏十一月十六日に入滅した。年八十五歳であり、遺骨は大和国宇多郡賀幡山(奈良県宇陀郡)に葬られた。弥勒菩薩の化身と伝える文献もある。『元亨釈書』(一三二二)では近江志賀または相模の出身とし、『七大

寺年表』では百済氏とする。『日本霊異記』には金鷲行者が光を放つ執金剛像の脛に縄を掛けて神仏に深い縁を持つためにこれをひく話がある。『東大寺要録』(一一〇六-一一三四)や、鎌倉初期に成立した『古事談』『三国仏法伝通縁起』(一三一一)などには、金鷲と良弁が同一人物とする。『元亨釈書』には、良弁にまつわる昔話が鷲の育て子型の話に結び付けられて伝説化している。近江の里人で、桑摘みに出掛けた時に母親が子供を鷲にさらわれる。樹上に置き去りにされた子供が、僧義淵によって育てられたという話である。この「鷲の育て子」の話は、民間説話では、赤児が鷲にさらわれてのちに奇跡的に再会するものと、高僧の幼児の奇瑞や観音の霊験を説くものに分かれる。高僧では良弁のほか、日蓮などもみられる。義太夫『二月堂良弁杉由来』(大阪彦六座初演、一八八七)や歌舞伎にも見られる。奈良の東大寺二月堂下にある大杉まで運ばれた子供が良弁であるが、この杉を父母と思い毎日参拝を怠らなかった。これが今の良弁杉である。『古事談』には、東大寺の建立をめぐりいずれに帰依されるべきかを公家にしめさんとして金鷲行者と辛国《しんこく》行者とが、その効験競べをした。辛国行者が数万の蜂を飛ばして金鷲を刺そうとしたときに、金鷲の方から大きい鉢が来て蜂を打ち払うと蜂が皆退散したという話を伝えている。

(丸山　顕徳)

ろくがつはらえ　六月祓え　⇩夏越《なごし》の祓《はら》え

ろくごうまんざん　六郷満山　大分県国東半島の中央に聳え、両子山《ふたごさん》とも呼ばれる。また国東半島と六郷満山の寺院の総称。標高七二一メートル《メートル》。中腹にある両子寺(子授け観音)は、七一八年(養老二)仁聞《にんもん》菩薩の開創と伝えられ、国東半島にある仁聞開基の天台宗二十八ヵ寺の中心寺院。両子寺の南東山麓に位置する富貴《ふき》寺(大分県豊後高田市)は、二十八ヵ寺の一つ。古くは阿弥陀寺といったが、現在、蕗の大堂といわれる本堂(平安時代の阿弥陀堂建築)のみを残す。また北に本尊を薬師瑠璃光如来とする岩戸寺(同東国東郡国東町)があり、仁聞の高弟明賢が討ち取った鬼の首の埋葬伝承がある。平安時代の六郷満山には、先記仁聞の修行の跡を巡る回峰行《かいほうぎょう》が盛んとなり、鎌倉時代以降次第に衰退する。その後近世に復興され、両子寺を中心とした峰入り修行も行われたが、幕末の一八五三年(嘉永六)を最後に中断した。現在、峰入り修行は一九五九年(昭和三十四)に復興した伝統にもとづき、両子寺の満山会において決定され、岩飛びの行法などが両子寺や天念寺(豊後高田市)その他で行われる。さらに修験道行事としての修正鬼会法要が一月に岩戸寺や成仏寺(国東町)、天念寺などで営まれる。この修正鬼会には災厄をもたらす恐ろしい一面と、恩寵をもたらす両面を有した鬼が出現し、火のついた松明を振り回して悪霊を鎮送・浄化する作法などが知られる。

参考文献　五来重『修験道史料集』二(「山岳宗教史研究叢書」一八、一九八四)、中野幡能『筑前国宝満山信仰史の研究』、一九八〇、同『八幡信仰と修験道』、一九八六

(豊島　修)

ろくさいいち　六斎市　一ヵ月に六回開かれる定期市のこと。現代では市というと物を交換したり売買をしたりするなどの単なる経済活動の場と考えられがちであるが、市での行為は本来宗教性の強いもので、その場に神や仏の来臨が期待され、場所や日、時間などが限定されていた。六斎日とは仏教の用語で、月に六日とくに行動をつつしむ日、八・十四・十五・二十三・二十九・三十日をいう。この日は四天王が人の善悪を調べ、また悪魔がねらっている日だという。正午以後は食物を取らないので斎日という。したがって六斎市も元来は、そうした宗教的な日に行われた特別な行為であったと考えられる。ところが中世中期ごろになると、一と六、二と七、三と八といった組み合わせで、この数のつく日の月六回に市が開かれるようになった。戦国時代になると年貢の代銭納のための銭貨の獲得や年貢物の売却、地域での物資流通の進展に伴って、各地で六斎市が開かれた。市を催すには市神の勧請が大きな意味を持った。戦国大名は領国経済の発展のため、地域ごとの六斎市を設定していった。近世になると、常に商店が開かれている城下町や宿場町などが商業の場所としてでき、日を限って行う市場は衰退していった。同時に市に対する宗教的な意識も減退した。一方で、こうした市場の場所から町に発展していった場所も多かった。　↓市《いち》　↓三斎市《さんさいいち》　↓定期市《ていきいち》

参考文献　豊田武『中世日本の商業』(「豊田武著作集」二、一九八二)、網野善彦『日本中世に何が起きたか』、一九九七

(笹本　正治)

ろくさいねんぶつ　六斎念仏　毎月六回の持斎日に行われた念仏。唱えを中心にした地味なものであるが、京都周辺では踊りを伴って芸能化した。六斎日とは正午以降ものを食べない持斎という仏教上の戒律を月六回行うことで、持斎日という。六斎念仏は仏教の教えに戻れというような厳しい念仏であった。鎌倉時代末の大念仏や踊り念仏の反動として起った念仏で引声念仏の流れをひく、南無阿弥陀仏を長々と伸ばす念仏であった。四返・白米の曲があり、高野山系の六斎念仏にある。各地の大念仏・太鼓踊りのような風流化した念仏にも少しずつ残っているものがある。京都では干菜山光福寺と空也堂(光勝寺)が六斎の許可状をだしていた。京都市周辺には詠唱六斎と踊りを伴う芸能六斎があったが、現在は芸能六斎がほとんどである。吉祥院天満宮、壬生寺、南区上久世、下京区中堂寺などであるが、最初に念仏の唱えが入るのみで、あとは太鼓の曲打ち、獅子舞やおかめひょっとこの道化、土蜘蛛といった見せ場を作った芸能六斎である。八月に行われる。さらに山梨県と静岡県の富士山周辺には、祈禱六斎といって修験の儀礼の入った念仏がある。この中にも踊りを伴ったものとそうでないものがある。道場には切紙の天蓋をかざり、融通念仏の曲調が入っているのが特徴である。

六斎念仏（福井県上中町長源院）

参考文献　五来重「融通念仏・大念仏および六斎念仏」（『大谷大学研究年報』一〇、一九五七）、芸能史研究会編『京都の六斎念仏』、一九七二
（坂本　要）

ろくさん　六三　年回りによって身体の特定の部位に宿り、病いをひきおこすと考えられたある種の霊的存在。また、それを原因とする病患や、その宿る部位を特定する占いをいうこともある。六算とも書く。六三の知識とその災いを除く呪《まじな》いは全国に分布するが、共通するのは六三が宿る場所を知るための一種の占いで、身体を九つの部位に分けて一から九までの数字をあて、数えの年齢を九で割った余りの数に相当するところが「六三にあたっている」とする。一般に、一・三は足、二・六が脇腹（または手）、五・七が肩、四腹、八股とし、九つまり割り切れる場合は頭と判じる（左右は男女によって異なる）。病気が六三によることがわかると、それを除く呪いが行われる。これを六三除けなどといい、職能者の祈禱に委ねられることも多いが、また当事者自身が行う呪いも広く分布している。よく知られた方法の一つは、豆腐一丁を年齢の数だけ賽の目に切り、酒一合と醬油少々をそえ、神前に祈念して「五王ある中なる王にはびこられ病いはとくに逃げ去りにけり」の歌を十遍唱え、酒を三口、豆腐五切れを食し、残りを白紙九枚に包んで川か海に流す、というものである。この方法以外にも、供物や幣を流したり辻や境に送って行く鎮送呪術が多く行われる。六三の占いは九星術を応用したものとみられ、おそらく陰陽道的な知識に長けた職能者が流布させたものであろう。西日本には竈の神としてまつる土公神をロクサン（ロックウサン）と呼ぶところがあり、六三の患いを土公神の祟りとする意識も認められるところから、竈神信仰を持ち歩いた修験者による伝播とも推測されている。

参考文献　宮家準『修験道儀礼の研究（増補版）』、一九八五、『日本の民間療法』、一九七六・七七
（小嶋　博巳）

ろくじぞう　六地蔵　六道で迷い苦しむ衆生を救済するといわれる六体の地蔵菩薩のこと。六道各界にある地蔵は、大定智悲・大徳清浄・大光明・清浄無垢・大清浄・大堅固地蔵の六種だがほかにも説がある。地蔵を六道の衆生《しゅじょう》を化導する六道能化とみる信仰は、平安時代から広まり、特に地獄で苦しむ死者を救う菩薩として信仰され、寺や墓地に安置されるようになった。また、現世と冥界の境を守るところから辻などに置かれ、境の神化した例もみられる。　→六道《ろくどう》
（長谷部八朗）

ろくじみょうごうとう　六字名号塔　「南無阿弥陀仏」と刻まれた石塔。多くは平板な石に刻まれており、そのために六字名号碑などとよばれることもあるが、やはり供養塔の一つと考えるべきであろう。六字名号塔は、中世には、板碑として作られた。関東地方に多い板碑は、普通は梵字や画像で仏を表現するのだが、仏のかわりに「南無阿弥陀仏」と刻んだものがあり、それらを名号板碑とよぶこともある。多くは時宗系の信者によって造立されたと考えられ、一遍や他阿真教の書いた名号を模した文字が刻まれているが、埼玉県蓮田市馬込の「真仏報恩塔」（一三一一年）のように、明らかに浄土真宗系（この場合は高田専修寺派）の板碑である場合もある。江戸時代には、時宗に限らず融通念仏宗や浄土宗を含めて、広く浄土系の僧侶の指導によって六字名号塔が立てられている。そうした場合は、優れた念仏の行者の書いた名号が用いられる場合が多く、中でも、祐天上人（一六三七―一七一

時宗系（神奈川県鎌倉市）

浄土真宗系（蓮田市馬込）

八)や徳本行者(一七五八―一八一八)などの著名な僧侶による独特な書体の名号はとりわけ好まれて各地の石塔に刻まれた。これらの六字名号塔は、村人たちによって組織された念仏講中によって立てられている場合が多い。↓板碑《いたび》 ↓徳本《とくほん》

参考文献 服部清道「時宗名号の原初書体」(『横浜商科大学論集』一四ノ二、一九六二)、日本石仏協会編『日本石仏図典』、一九八六、『歴史考古学』一一五(特集奈良県の名号塔婆、一九九〇)
(千々和 到)

ろくしょまつり 六所祭 東京都府中市の大国魂神社《おおくにたまじんじゃ》の祭礼。同神社はかつて六所宮・六所明神・六社宮などと呼ばれ、武蔵国の主要な六大神(小野大神・小河大神・氷川大神・秩父大神・金佐奈大神・杉山大神)を合わせまつっているのでそういわれた。相模国・常陸国の各総社も同様な合祀社で、国府の祭場に特有な祭祀のあり方といわれ、それらの祭も六所祭という場合があるが、通常六所祭といえば武蔵国の大国魂神社の祭礼をさす。相模国の場合、現在の神奈川県中郡大磯町国府の神揃山に一宮から五宮までの神輿が集まり、盛大な祭が行われた。これを六所祭・国府祭《こうのまち》・天下祭などと呼び、毎年六月二十九日が祭日であったが、もとは五月五日であった。武蔵国の大国魂神社の六所祭でも祭は毎年五月五日を中心に行われ、燈火を消した暗闇の中を八基の神輿が巡行したので、俗に暗闇祭ともいわれた。四月三十日の潮汲みの神事、五月二日の御鏡磨式《みかがみすりしき》、三日の競馬式《こまくらべしき》、四日の御綱祭などの諸神事が連続してなされ、五日の夜には、六大神の各神輿に大国魂神・御霊大神の神輿とを合わせた計八基の神輿が、本町札の辻の御旅所へと出発する。かつてはこれに合わせて沿道の家々がいっせいに燈を消し、暗闇の中を神輿が行幸し、各神輿についていく巨大な太鼓を乗せた地車も祭の呼び物であった。神輿が御旅所に着くと、野口仮屋の儀がとり行われ、翌五月六日の早朝、花火の合図で氏子家はいっせいに燈をともし、それと同時に各神輿は神社へ還幸するが、神輿は荒っぽく担がれ、喧嘩祭とも称された。一九六一年(昭和三十六)以降、風紀上の問題から家々の燈を消すことと深夜の神輿の巡行は廃止されたが、厳粛な儀式の数々と勇壮な神輿の渡御行列の中に、武蔵国総社の祭礼としての格式が今なお守られている。なお、東京近郊では五月五日や六日をオロクショウの田植え日といって、この日に田植えを忌む土地もあり、大国魂神社の神様に遠慮をして物忌を守るのだといわれている。

参考文献 『府中市史』、一九六八
(長沢 利明)

ろくちょうし 六調子 熊本県球磨地方・鹿児島県・宮崎県諸県《もろかた》地方に分布する祝儀唄・騒ぎ唄(酒盛り唄)で、曲尾にヨイヤナという囃し詞を持つのが特徴。瀬戸内海のヨイヤナが大分に伝わり、これが沿岸部では囃し詞をションガエに変化させてションガ節として南下し、内陸部ではそのまま南下し六調子になったという。したがって南九州には両者があり、これはもともと同じ曲ということになるが、すでに同一とは思えぬぐらい変化を遂げている。六調子は三味線の急調子の伴奏で歌うことによる命名であろう。球磨地方では威勢のいい騒ぎ唄として、三味線伴奏にのって現在も歌われる。球磨以外では騒ぎ唄としても歌われたが、無伴奏の祝儀唄として最近まで祝儀の席で重要な曲目であった。現在もわずかに祝儀唄として伝承されている。祝儀唄としてはゆっくりしたテンポで厳粛に、騒ぎ唄としては調子のよいセリフ調の口説きを中に挿入して快活に歌われる。この騒ぎ唄はさらに南下して奄美に渡って六調となり、喜界島・奄美大島・徳之島で現在も熱狂的に歌われている。奄美六調の熱狂性は奄美に渡ってはじめて獲得されたもので、これが再北上して九州のハンヤ節のリズムになったという説があるが、熱狂的リズムは南九州の騒ぎ唄六調子にももともとあって、それも含めて奄美にもたらされたと考えるべきであるとの反論もある。六調子は九州ではまた神楽における急調子のリズムをも意味するし、盆踊りにもこの名称のものがある。

参考文献 山下欣一・小川学夫・松原武実『奄美六調をめぐって』(「南島叢書」五五、一九九〇)、松原武実『南九州歌謡の研究』、一九九三、日本放送協会編『日本民謡大観』九州編(南部)・北海道編、一九八〇
(松原 武実)

ろくどう 六道 人間がその業の結果、輪廻する地獄・餓鬼・畜生・修羅・人間・天の六つの世界。六趣ともいう。浄土信仰の高まりとともに平安時代後期以降関心が深まり、六道絵や六地蔵などが作られた。墓所は彼の世であり、その入り口に立つ六地蔵は六道に赴く死者を助ける役割を負う。また墓地に至る道を六道の辻と呼び、京都の鳥辺野墓地の入り口にあたる位置にはそれが地名として残る。六地蔵の前や辻に立てる蠟燭、六本あるいは六連の塔婆、辻に置く餅(握り飯)をも六道あるいは六道を冠して呼ぶ。 ↓六地蔵《ろくじぞう》

参考文献 五来重「六道」(『葬と供養』所収、一九九二)
(藤沢 典彦)

六地蔵・六道ロウソク(京都府京田辺市)

ろくぶ　六部　六十六部の略称で、日本六十六ヵ国をめぐり、それぞれを代表する著名な寺社に『法華経』一部を奉納することを目的とする、廻国の巡礼行者。この風習の成立について直接の史料はないが、『東大寺文書』のうち一二三一年(寛喜三)の史料「六十六部如法経内一部請取案文」が初見だとされている。それからおくれて室町時代の『太平記』には、北条時政が、箱根法師なる六十六部の生まれ変わりだとする霊夢を得たというエピソードが記されている。近世の随筆『塩尻』にはこれとならんで源頼朝までもが前世にはこの納経僧であったとしている。さらに江戸時代末期の諸国遊行の山伏野田泉光院の『日本九峰修行日記』にも、六部は頼朝坊の流れをくむものだという認識を語り、近世には同種の伝承がある程度の広がりをもっていたことがわかる。今日では六十六部と頼朝との関係をとく『日本回国六十六部縁起』なる近世の印刷物数点が知られているが、この縁起の性格についてはまだ十分明らかにされていない。六十六部巡礼の納経先については、さきの『塩尻』に紹介された寺社が有名であるが、実際には異同があるばかりでなく、伝来された納経帳によれば、はるかに多数の寺社をおとずれるのが普通であった。そして満願のあかつきには、多くの檀那の寄進によって「奉納大乗妙典六十六部供養塔」などと刻んだ石塔を建てる風習があり、今日でも各地に残存している。　(真野　俊和)

ろくぶごろし　六部殺し　⇩こんな晩《ばん》

ろくもんせん　六文銭　葬儀に際し、死者とともに棺の中に入れられる銭。六文銭の思想的背景には墓に埋納された六道銭がある。日本での墓への銭貨埋納は奈良時代の和同開珎からみられ、埋納枚数は五枚またはその倍数で墓壙の周囲(四隅)と中央に、あるいはそれを象徴する形で中央に配置されることが多く、墓壙結界的性格が強い。その銭は同時に土地の神(土公神)への土地購入代金であり、対応する遺品として買地券がある。平安時代末以降、中世では六道能化の六地蔵への奉斎と考えられるようになり六枚埋納例がふえる。六道銭の成立である。江戸時代以降、三途の川の渡し賃など冥土への路銀と理解されるようになる。手甲・脚絆・柄杓を着した旅姿で葬られることと一連の営みである。なお銭形を三行二列に並べたものも六文銭・六連銭といい、真田家の紋所として名高い。　(藤沢　典彦)

参考文献　藤沢典彦「六道銭の成立」(『出土銭貨研究』二、一九九四)

ろくよう　六曜　暦の注の一種で、日の吉凶を占うのに使用されるもの。六曜星の略語で六輝ともいう。先勝《せんしょう》・友引《ともびき》・先負《せんぶ》・仏滅・大安・赤口《しゃっこう》の六星で、起源は中国唐代の暦算学者李淳風の「六壬時課《ろくじんじか》」とされている。日本に伝えられたのは室町時代初期で現在のような六曜になったのは江戸時代の天保年間(一八三〇—四四)である。その配し方は旧暦の各月朔日に先勝・友引・先負と順番にあてはめていく機械的な方法である。正月一日が先勝で、二日が友引、三日が先負となり、六種類のくりかえしとなる。したがって旧暦正月と七月の一日は必ず先勝、二月と八月の一日は友引、三月と九月の一日は先負、四月と十月の一日は仏滅、五月と十一月の一日は大安、六月と十二月の一日は赤口となる。先勝は急用を行うのは吉だが午後が凶、友引は昼が凶。先負は急用は避けた方がよく午後が吉、仏滅は凶、大安はすべて吉、赤口は凶だが正午のみ吉とされている。現代社会でもこの日の吉凶を気にする人が多く、大安は結婚式場は予約が殺到するが、仏滅には予約が入らない傾向がある。友引には友をひくといって葬儀場や火葬場は休日にしているところが少なくない。　→大安《たいあん》　→友引《ともびき》　→仏滅《ぶつめつ》　(新谷　尚紀)

ろくろ　轆轤　円転する軸状、もしくは車状の道具で、その機能は動力の補助をなすものと、円形の物質を作るための工具とがある。また、形態的にみると竪軸の轆轤と横軸の轆轤に分けることができる。動力の補助具のうち竪軸の轆轤は絞車《こうしゃ》(車地・車盤)・からくり・神楽機(神楽山)などがあり、横軸のものは滑車・南蛮・飛蟬・胴などがある。いずれも大型のものや重いものを持ち上げたり、引き上げたり、移動させたりするための補助具として使われた。また工具としての轆轤は、竪軸のものとして陶車(焼物製作用の轆轤)がある。焼物の製作に轆轤を使うようになったのは、須恵器を焼くようになった古墳時代に大陸から伝来して以来のことであった。陶土を整形する水平の円形の台があり、垂直に軸が延びている。一方、横軸のものは木工・金工・玉工用の加工用旋盤がある。横軸の木工用旋盤は、木地屋が使っている轆轤が代表的なものである。この轆轤も大陸からの伝来であるといわれているが、渡来した年代は明らかではない。古くは手引きの轆轤で、木地物の挽き手と綱の引き手の二人で行なった。轆轤の軸に綱を七回りあまり巻き付け、その両端を交互に引くことで軸棒をまわすので、軸棒は一回ごとに回転が逆になり、そのたびに刃物を離さなければならない。したがって手引きの轆轤で挽いた椀には、刃物の跡がついているのが普通である。明治以降、一方方向に回転する水車、そして電力による轆轤が考案された。　(須藤　護)

参考文献　須藤護「奥会津の木地師」(日本生活学会編『民具と生活』所収、一九七六)、橋本鉄男『ろくろ』(「ものと人間の文化史」三一、一九七九)

ろじ　露路　屋根のおおいがなく、露出した地面。露地・路地とも書く。通常、表通りに面した商家や長屋の建物の間にある通り抜けができる小さい路をいう。江戸時代の都市における町人は、商人か職人のいずれかに属することが多いが、町屋の表通りに面して大店《おおだな》を構えていたのは上層の商家であった。京坂の商家では道路に面した間口が狭く、奥行の深いものが一般的で、関東では入口の部分に土間を設け、間口は比較的広い。京坂では家の中に通り庭と呼ばれる表から裏へ通じる土間を設けるが、関東の場合は隣家との屋根のない露出した地面、すなわち露路を抜けて奥に通じるようにしていることが多い。関東の場合、町の構成は表通りに面した大店の商家や表長屋とそれらに取り囲まれた裏側の空地によって作られる。都市の拡大、人口増加によって空地内に棟割長屋が作られるようになり、それらは裏長屋と呼ばれた。数戸の家を一棟に建て連ねた長屋は、表通りに面した表長屋と、露路を通って出入りする裏長屋に分れた。表通りには露路の入口が必ず存在し、空地や裏長屋へ通じていた。露路の入口には裏長屋に住む人の名前や商売の看板を出したり、厄除けの札が貼ってあったりする。露路裏にある共同の井戸や便所付近は、子どもたちの遊び場であり、大人たちのコミュニケーションの場としても重要な役割を持っていた。（鈴木 章生）

ロシアみんぞくがく ロシア民俗学 ロシアおよび旧ソ連で展開した民俗学。国内のさまざまな民族の伝統文化を観察し、記録することから研究が始まった。十八世紀、科学アカデミーにより大掛かりなシベリア調査が行われ、貴重な資料が蓄積され、G・F・ミルレルの『シベリア史』、S・P・クラシェニンニコフの『カムチャトカ誌』などが書かれた一八四五年、ロシア地理学協会に民族学部門が創設され、以来、中心的役割を果たした。民俗学に対する関心の高まりとともに、一八七八年にピョートル大帝の収集品を基に人類学民族学博物館がペテルブルグに設立されたのをはじめ、各都市に郷土博物館が設立された。また、P・K・コーズロフ、G・N・ポターニン、N・N・ミクルーホ＝マクライなど多くの学者が世界の未開民族の調査に踏み出した。シベリアの先住民に関する調査において先駆的役割を果たしたのは、V・セロシェフスキー、V・G・ボゴラス＝タン、L・Ja・シテルンベルグなどの政治的流刑囚である。ソビエト時代における民俗学の重要な課題は史的唯物論に根差した民俗学の確立であった。先住民族を再教育することを目的に伝統文化の研究が行われ、特に家父長的氏族制度に関心が払われた。昔話の伝承者理論に優れた業績を残したM・K・アザドフスキー、スラブとシベリア諸民族の民間信仰を扱ったD・K・ゼレーニン、魔法昔話の構造と起源の解明に寄与したV・Ja・プロップなど、世界に影響を与えた学者も多い。

参考文献 坂内徳明「ソ連民俗学の現在」(『民族学研究』四二ノ四、一九七八)、斎藤君子「伝承者理論から見たロシア口承文芸学」(『口承文芸研究』一四、一九九一) （斎藤 君子）

ろじうら 露路裏 表通りに面して建ち並んだ商家や長屋の建物の間の露路を抜けて広がる空地の総称。露地裏とも書く。江戸時代の都市、とりわけ江戸では人口の増加によって表通りに隠れた裏側の空地が居住空間として利用された。有力な町人は長屋を設置して借家人を住まわせて店賃《たなちん》を徴収した。下層の小商人や大工・左官などの職人層が主に居住した。裏長屋の中央には共用施設として共同井戸・共同便所・芥溜め・下水道・小祠などがあり、地方出身者の多い裏長屋の住人らにとって連帯意識と助け合いの社会関係を構築するコミュニケーションや生活の場となっているのが露路裏であった。江戸の下町の裏長屋の生活や人づきあいはこの露路裏から生まれたといえる。しかしながら大坂・京都は町の構造と町家の違いから露路裏が少なく、江戸のような環境や生活様式とは異なる。第二次世界大戦後の高度経済成長に伴う都市開発は、こうした露路裏をビルなどに変えていき、生活空間を大きく変貌させたが、林立するビルの谷間が新たな露路裏的存在を生んでいる。 ↓露路《ろじ》 （鈴木 章生）

ろてんしょう 露天商 ⇩てき屋《や》

ろへんそうしょ 炉辺叢書 柳田国男編集の民俗学初期の叢書。『甲寅叢書』の後を受ける形で刊行されたが、民俗資料集的な性格がより強くなっている。一九二一(大正十)—二九年(昭和四)に郷土研究社より刊行された。全三十六冊。収載著作は民俗誌・民謡集・方言集・昔話集など多岐にわたるが、沖縄に関するものが多い点が特徴。一九七六年から名著出版より復刻。同名の叢書として玄文社版(一九二〇)全四冊もある。

炉辺叢書 柳田国男『郷土史論』

飛驒の鳥(川口孫治郎、一九二一)
三州横山話(早川孝太郎、一九二一)
郷土誌論(柳田国男、一九二二)
古琉球の政治(伊波普猷、一九二二)
南島説話(佐喜真興英、一九二二)
小谷口碑集(小池直太郎編、一九二二)
江刺郡昔話(佐々木喜善、一九二二)
祭礼と世間(柳田国男、一九二二)
続飛驒の鳥(川口孫治郎、一九二二)
熊野民謡集(松本芳夫編、一九二二)
アイヌ神謡集(知里幸恵、一九二三)
八重山島民謡誌(喜舎場永珣編、一九二四)
筑紫野民譚集(及川儀右衛門、一九二四)
相州内郷村話(鈴木重光、一九二四)
能美郡民謡集(早川孝太郎、一九二四)
沖縄の人形芝居(宮良当壮編、一九二五)
吉備郡民謡集(槇本楠郎編、一九二五)
琉球人名考(東恩納寛惇、一九二五)

土佐風俗と伝説(寺石正路編、一九二五)
シマの話(佐喜真興英、一九二五)
口丹波口碑集(垣田五百次・坪井忠彦編、一九二五)
羽後飛島図誌(早川孝太郎、一九二五)
与那国島図誌(本山桂川、一九二五)
津軽旧事談(中道等、一九二五)
紫波郡昔話(佐々木喜善、一九二六)
越後三条南郷談(外山暦郎、一九二六)
遠野方言誌(伊能嘉矩、一九二六)
東石見田唄集(三上永人編、一九二六)
チャモロ語の研究(松岡静雄、一九二六)
甲斐の落葉(山中共古、一九二六)
小県郡民謡集(小山真夫編、一九二七)
牟婁口碑集(雑賀貞次郎、一九二七)
紀州有田民俗誌(笠松彬雄、一九二七)
信達民譚集(近藤喜一、一九二八)
山原の土俗(島袋源七、一九二九)
富山市近在方言集(田村栄太郎、一九二九)

参考文献 大藤時彦編『炉辺叢書解題集』、一九七六、松本三喜夫『柳田「民俗学」への底流—柳田国男と「炉辺叢書」の人々—』、一九九四

(岩野 邦康)

わ

ワイダ ワイダ にわかに吹き起る暴風の意。ワイタともいう。この風の名は、太平洋岸は伊豆地方周辺から瀬戸内海地方にかけて、さらに山陰地方にまで分布している。概して東北風であることが多いようだが、兵庫県淡路島の沼島(三原郡南淡町)では北東風、香川県高見島(仲多度郡多度津町)では北西風というように必ずしも風向は定まっていないようである。『匠材集』(一五九七)には土佐長岡郡の海から離れた土地にも東北風にして暴風の恐れあるものと説かれている。

(小島 孝夫)

ワカ ワカ 口寄せを主に行う、福島県・山形県・茨城県にかけて活躍してきた伝統的巫女の呼称。イタコ、オガミサマなどと同様、盲目などの身体的障害を契機として師となるワカに弟子入りし、力能を身につけるという修業の過程をたどる。猪苗代湖南部のワカのように葬式当夜に新仏の口寄せを行うものもある。また福島県南部のワカは、春先、村祈禱と呼ばれる神おろしを行い、その年一年の村の吉凶を占う。ワカの呼称は、若宮・若神子に語源があるともいわれる。

参考文献 柳田国男「巫女考」(『柳田国男全集』一一所収、一九九〇)、中山太郎『日本巫女史』、一九三〇、佐治靖「死者供養と民間巫女」(『宗教学論集』一六、一九九〇)、同「異人殺し伝説とシャーマン誕生」(『民俗宗教』三、一九九〇)

(佐治 靖)

わかいしゅ 若い衆 子どもの次の人生段階にあたる、個人や集団、あるいは不特定多数の男性。この段階は、肉体的にはほぼ大人であるが、経験の少なさから判断力などの面で完全な大人に成りきっていない過渡的な期間(世代)といえる。柳田国男は、若い衆という言葉が廃れたのちに使われるようになったと述べているが、歴史的経緯は不詳。九州のニヒセ(ニセ)という古い言葉を、南近江国伊香郡菅浦(滋賀県西浅井町)の一四六一年(寛正二)の「惣庄置文」など室町時代の文書に確認でき、現在も関東を含めた広い範囲で用いられている言葉。ほかにも若勢など地域独自の名称がある。定型的な集団を組織するしないに関らず、若い衆は時勢に敏感であり、群をなしやすかった。辻に集まる者たちが辻っこ若い衆などといわれるように、若い衆は情報交換の媒介的役割を果たした。こうした傾向は、地芝居などさまざまな流行をもたらし、ハレの場を盛り上げてきた。しかし、勢い余った若い衆は自制が利かず、衆を頼んで無理難題を押し通す、いわゆる若い衆理屈、若い衆道理などで、大人や地元の役職者らを困らせたりもした。そのため、ムラや町などを母体としたその組織は、強力な社会勢力となる場合もあった。このような若い衆の組織は、㈠下に子供組、上に中老組などの年齢集団が連続するような若者組の形態、㈡若者組とは別に、仲の良い個人同士が特定の寝宿などを中心に組織する若者仲間の形態(東海・北陸以西のドシ、ツレ、ホーバイ)、㈢両者の中間形態があり、程度の差こそあれ、火災(海難)などの危急に対処し、氏神祭礼や共同労働に従事した。また水祝いと称して婚礼を妨害したり、無断で他地域の男と交際したムラの娘に制裁を加えたりするなど、婚姻儀礼や(性)道徳へ強く干渉し、地域社会における一定の役割を担っていた。

参考文献 瀬川清子『若者と娘をめぐる民俗』、一九七二、多仁照廣『若者仲間の歴史』、一九八四、竹田旦『兄弟分の民俗』、一九八九

(中野 泰)

わかがえりのみず 若返りの水 不思議な水を飲んで若返った話。ある爺が暑い日に山の畑を耕し、岩のあいだ

から出る水を飲んで若返る。婆もその水を飲みに行くが、飲みすぎて赤子になってしまう。笑話へ傾斜してしまっているが、正月行事の若水汲みが語りに入り込んでいると見られる。新しい年を迎えるにあたって、生命をはぐくむ水の力に対する信仰が、この昔話の根にあるものと見てよい。水神が生命誕生や再生に大きな役割を果たすのは、日本文化に古くから根づいている。

参考文献 武田正「若がえり譚」(『国文学解釈と鑑賞』四〇ノ一一、一九七五) (武田 正)

わかぎ 若木 ⇩年木《としぎ》

わかしゅうじょうもく 若衆条目 ⇩若者条目《わかものじょうもく》

わかぜ 若勢 秋田県南部の穀倉地帯などで農家に雇われた若い作男。農業労働者として雇われた奉公人。後背地の山村から集まってきた若者と雇い主との間に直に話がまとまると、その場で伴って帰る慣例であったと伝えられる。年の暮れに立つ市で、冬季用の生活用具や食材などが商われる傍ら、若勢となる約束が成立する。その際、若者が藁叩き槌などを手元におき意志表示などをした。この市を若勢市《わかぜいち》ともいった。その雇用契約に持ちこむ若勢市は横手のものが著名であった。角館近辺では、一年を通して住みこむのをソウゾクワカゼと称し、月米一俵(年間十二俵)分が給された例があった。

参考文献 北見俊夫『市と行商の民俗―交通・交易伝承の研究(二)―』(「民俗民芸双書」、一九七〇)、石郷岡千鶴子『女―婚と産―』(「民俗選書」五、一九八三) (天野 武)

わかぜいち 若勢市 秋田県横手市などで行われていたワカゼという男の奉公人を雇い入れるための市。ワカゼガシラやクワガシラなどの優れたワカゼになると、三年・五年などの年季を定めて契約する者もあったが、ふつうは一年で入れ替わった。暮れの二十五日は、その入れ替わりの日にあたり出替りと称した。秋田県横手市の大町通りでは、二十八日に若勢市が立ち、翌年の奉公先を確保するため、数多くの若者が集まったという。雇い主は、そこで若者と話し合いの機会を持ち、年に米何俵と雇い料をきめ、近くの茶屋などでカタメの杯をかわし連れ帰った。第二次世界大戦後も二度くらいたったといい、近世には、春秋の彼岸に、大町と四日町とで交互に行われたと伝えられている。

参考文献 『横手市史』昭和編、一九八一 (嶋田 忠一)

わかみず 若水 元旦に汲む水。古くは若返りの水の信仰から発展して立春の水を盛って差し上げると邪気を除く効き目があると考えられてきたが、後世になって元旦に汲む水が若水といわれるようになった。その水で年神への供物や家族の食物をつくったり、口をすすいだり、茶をたてたりする。若水を汲むことを若水迎えという。一般的に東日本では年男の重要な仕事となっているが、西日本では必ず主婦が若水を汲むという地域がある。しかし、長崎県北松浦郡あたりでは、若水手拭で鉢巻きを締めた若者が汲みに行く。熊本県下益城郡では、長男が若水を汲んで帰り、父と手拭の交換を行う作法がある。このことは、鉢巻きが祭祀に携わる者のしるしであるから、若水汲みの時だけ、長男が祭主としての資格を行使することを表徴していると考えられている。福島県石城郡(いわき市)では、正月十四日の夕方に行われる鳥追小屋の行事に、十六歳の少年が若水という役になり、若水を汲んで身を浄め、裸で走りながら、「そろえとやし、そろえとやし」と唱え言を連呼する習俗もあった。また、青森県などでは、若水を汲む時、若水桶に丸餅を入れていき、その半分を井戸の中に沈め、半分を若水に入れて持ち帰る習俗があるが、この餅を水餅などといい、これを井戸底から汲みあげれば縁起がよいといわれた。山形県鳥海山麓では、元旦に家族一同で雑煮で祝った後に、揃って若水を飲まないと、家の戸を開けない。 ↓年男《としおとこ》 (鈴木 通大)

わかみや 若宮 神の子としてまつられる御子神《みこ》。本来は荒々しい祟りで人々を恐れさせたために、新たにまつられた御霊神を意味すると考えられる。若宮八幡は応神天皇の子の仁徳天皇、春日若宮は天押雲根命《あめのおしくもねのみこと》とされるがいずれも後世の説明であって、まつられた経緯は非業の死を遂げた者の霊を巫女などの勧めでまつったものである。このように神の御子がまつられたのは本来の祭神に対して、より恐ろしい祟りをもたらすものが生じてその由来を巫女などが明らかにした結果と考えられる。それらの新たに生まれ出た神を神の御子とするのは、広く知られている母子神信仰に由来するものと理解される。したがって、熊野神社の王子信仰や今宮熊野神社といった神々も若宮八幡などと同様な成立の経緯を示している。このような祭神の再生産は、御子神や若宮という名称からすると、巫女が関わっていたものと理解することができる。東北地方から関東地方にかけて巫女をワカと呼ぶ地域がある。また御子神のミコは巫女を指しているであろう。すなわち、天災地変やさまざまな災いの原因を明らかにするのが、巫女の託宣に任せられていて、その託宣を受けて祟りを鎮めるためにまつられたのが、若宮や今宮などの御子神だったのである。神の出現をミアレと呼んだり、祟りの強い神をワカミヤと呼ぶことから、託宣を下す巫女もワカと呼ばれたと理解すべきであろう。
↓御子神《みこがみ》

参考文献 柳田国男「雷神信仰の変遷」(『柳田国男全集』一一所収、一九九〇) (紙谷 威広)

ワカメ ワカメ コンブ科の海産褐藻。古代宮跡出土の木簡や『延喜式』は穉海藻・稚海藻・若海藻などの文字を当てて若やかさを強調し、承平年間(九三一―三八)に成立した『和名類聚抄』は「邇木米《にきめ》、俗用二和布《わかめ》一」と書いて、そのやわらかさに命名の由来を求める。山口県大津郡油谷町大浦の海女はワカメをメノハ、根をメカブ、生長してやや硬くなるとウヅキメと呼ぶ。ワカメは『延喜式』大膳下の水産神饌品目中、他の海草を圧倒して首位の座を占める。この神々に好まれるという特性は、ワカメの名が単に新芽の即物的表現でなく形而上の意味のあることを想像させる。大晦日の夜(旧暦)の関門海峡をはさんで行われる和《め》布刈《かり》神事の経過や「日向国の橘小門の水底に所居て、水葉も稚やかに出で居る神、名は表筒男・中筒男・底筒男神有す」(原漢文、『日本書紀』神功皇后紀)のアニミスティクな記事などから、この神事が浅海のワカメのモリに宿る新年の神(祖霊)迎えであるとする見解がある。大浦ではワカメの口が明くと、男たちが船上から鎌竿を使うのに対し、海女たちは昔ながらに潜水して手鎌で刈る。天日に乾して保存するが、近隣の農家へ贈り物として配り、秋の米麦と交換して米櫃を満たす。自家用としては味噌漬けや刻んでワカメむすびにするほか、毎日の味噌汁に入れる。このワカメ汁はみごもった婦人には特に喜ばれるという。それはワカメが胎児の生命力を高めるとする民間信仰にかかわるが、同様のことは『山城国風土記』逸文(宇治の橋姫)にもみえる。わさ植え(初田植)に際し、田の神にワカメを供えるところもある。 →和布刈神事《めかりしんじ》

参考文献 国分直一『東シナ海の道―倭と倭種の世界―』、一九八〇 (伊藤 彰)

わかもの 若者 子供の段階を終えた次の段階の者。未だ完全な一人前にはなっていない状態の人間を指す。若い衆、若き者などともいう。普通十五歳前後から三十歳位までをさすが、結婚までという理解もあり、その範囲は可変的で、制度的に固定したものではない。若者という言葉は古くから用いられたが、前近代にはもっぱら青年男子を意味し、女子は含まれなかった。その感覚は現在にも継承され、若者といえば男子のみをイメージすることが多い。若者は判断力や知識においては大人に劣るが、体力は勝り、活力に満ちた活動ができるので、いつの時代でも社会から期待と恐れを抱かれる存在であった。若者を大人中心の社会が組織して、望ましい一人前の人間になるように教育訓練するとともに、その活力を村落運営に活用しようとしたのが若者組である。若者組は本来は若者みずからの組織であったと思われるが、中世後期の惣村制の形成過程で村落運営組織の中に位置づけられたものと思われる。若者はいつの時代でも権威として与えられた秩序や制度を壊し、新しいものを創造しようとする存在であった。大人が作り出した服装とか作法を無視し、新しい行動様式を採用した。またシャリバリと表現されるような集団的行動で秩序を破壊した。中世の婆娑羅、近世前期の歌舞伎者はそのような若者を中心とした動向をさしたものである。「今時の若い者は」「最近の若者は」などという嘆きの言葉は、上の世代から繰り返しいわれてきた。若者という言葉とは別に、明治になって青年という語が新たに登場し、盛んに用いられるようになった。青年は英語の youngman あるいは youth の訳語であり、近代的表現として好まれ、青年会・青年団・青年会議所・青年学級など各種の制度や組織の表示に採用された。その過程で若者は制度や行政に掌握されない自主的、自立的存在を示す意味が強まった。現代の若者文化・若者風俗などの言葉にそれは継承されている。一九六〇年代後半から世界的規模での体制に対する異議申し立てが展開し、日本でも怒れる若者の激しい行動として現われた。しかし次第に社会への発言の側面は弱くなり、大人とは異なる世界を作って閉じこもる傾向が強まった。現代にあっては、若者が古い秩序を否定し、新しい文化を創造する面は非常に弱くなってきているが、若者の生活スタイルはサブカルチュアとして定着してきている。 →シャリバリ →青年団《せいねんだん》

参考文献 柳田国男「昔風と当世風」(『柳田国男全集』一七所収、一九九〇) (福田アジオ)

わかものぐみ 若者組 地域社会の青年男子を組織する年齢集団。若者組は学術用語であり、実際に若者組と名乗る例は少ない。若い衆・若連中・若者中はじめ若勢《わかぜ》(秋田)・若者契約(宮城、山形)・二才中《にせじゅう》(鹿児島)など多様な呼称がある。若者組は、近世から明治後期まで、本州から九州までの全域に見られたが、組織・活動内容などには地方差が大きかった。概していえば、東北日本では活動が弱く、西南日本で顕著な活動が見られたが、沖縄には若者組というべき組織が明確な形で存在しなかった。若者組は村落を組織単位とし、村落内で完結するのが原則であった。必ずしも多くないが都市部にも存在し、多くが町内単位に組織されていた。若者組への加入は全国的にほぼ十五歳あるいは十七歳で、子供組に接続している。加入に際しては、親から願い出る形式の所、逆に若者組から参加を勧誘する所などがあったが、いずれも年頭の初集会に酒を持参して挨拶をして加入した。東海地方では加入に際して実の親以外に親分を設定して、保証人になってもらうことが広く行われてきた。脱退年齢は地方差が大きく、西南日本では二十五歳ないしは結婚までが一般的で未婚者の組織となっている。東北日本では三十五歳あるいは四十二歳までの加入という例が多く、未婚者のみでなく、既婚者も含んだ青壮年の組織が基本である。また加入資格の点でも地方差があり、西南日本では長男も次三男も全員加入するが、東北日本では長男のみ加入する所や長男と次男以下との間で加入年齢に差を設ける所が多い。したがって、西南日本は全員加入制の未婚者のみで構成される青年型若者組、東北日本は長男単独加入制か差別加入制の未婚者・既婚者双方を含む青壮年型若者組が基本である。これは家の秩序が相対的に弱く、結婚を契機に誰もが村人になる可能性のある西南日本、家を基本単位とし跡取のみが親の死亡で家を引き継いで村人になる東北日本の相違を反映していると考えられる。若者組は内部を年齢もしくは経験年数によって幾つかの段階に区分し、それぞれの役割を決めていることが多かった。加入しての数年間は小若い衆、中核部

分を形成する若い衆、その上の中老などであり、さらに細かく年齢によって細分していた例もある。地方によっては中老は若者組脱退後の呼称という例があり、若者組の顧問役として指導にあたった。最年長者の中の一人が若者頭とか親方になり、小頭などと呼ばれる数名の補佐役とともに若者組を運営した。若者組の内部秩序は基本的に年齢の上の者に権威を認め、年長者から厳しい統制を受けるのが通例であった。地方によっては、秩序の基準を成文化した若者条目が作成され、若者頭が年頭や加入式の時に読み上げることも行われた。若者組の具体的な活動としては、(一)地域の成員として必要な技能や規範、判断力を身につけるための教育訓練、(二)祭礼その他の村落行事の執行、(三)海難救助や消防あるいは夜警など村落の安全確保の活動、(四)他村との通婚を妨害したり、規制する結婚統制や結婚を希望する者への支援、(五)芝居の上演などの娯楽活動などが挙げられる。若者組は、未だ未完成の男子を加入させて、一人前として扱いつつ、これらの活動を通して訓練し、一人前の村人に完成させることが基本的な役割であった。各種の厳しい制裁はそのためであった。また活動のなかで互いに協力・共同することで同世代の者の連帯感を培った。若者組の活動の場として若者宿・青年会所などの施設をもつことが多かったが、そこに寝泊まりするのは伊豆半島など特定の地方に限られていた。一般に若者宿で合宿するのは若者組単位ではなく、親しい者が組織する若者仲間であったが、従来若者組と若者仲間を混同して理解する傾向があった。若者組は中世後期の主として近畿地方に発達した惣村制のもとで姿を明確に現わすが、起源をそこに求めることはできない。台湾・ミクロネシアなどの諸地域で同様の組織が発達していることを視野に入れて考えれば、若者組は日本の村落社会の重要な内部組織の一つとして古くから存在したものと思われる。惣村制のもとで村落運営・村落秩序維持の組織として位置づけられたものと考えられる。近世の幕藩領主は若者組に特別な関心を示さず、統制するような法令も出さないまま放置していたが、十九世紀になると社会秩序を破壊するものとして危険視するようになり、関東地方では一八二八年(文政十一)に江戸幕府から解散令が出された。しかし衰えることなく活動は続き、明治後期の青年会・青年団への再編を迎えた。特に政府の指導で青年団が全国的に組織される過程で、若者組の多くは解体するか、名称変更するとともに活動内容も変え、それまでの若者組とは異なる様相を示すようになり、急速に衰退した。今日ではわずかに祭礼や民俗芸能の担い手として存続している例がある程度である。

→青年会《せいねんかい》 →青年団《せいねんだん》 →中老《ちゅうろう》

[参考文献] 大日本聯合青年団編『若者制度の研究―若者条目を通じて見たる若者制度―』、一九三六、佐藤守『近代日本青年集団史研究』、一九七〇、瀬川清子『若者と娘をめぐる民俗』、一九七二、多仁照廣『若者仲間の歴史』、一九八四、平山和彦『青年集団史研究序説』、一九七八、福田アジオ『時間の民俗学・空間の民俗学』、一九八九、岩田重則『ムラの若者・くにの若者―民俗と国民統合―』(「ニュー・フォークロア双書」二六、一九九六)　(福田アジオ)

わかものじょうもく 若者条目　若者組の掟。仲間や組などの組織があれば、規律が存在する。規律には、成文化された掟書きと、口伝の掟とがある。掟は、若者が仲間入りをするときや寄合の席で、若者頭から新入りの若者に言い聞かされるか、読み聞かされる。内容は、博奕や喧嘩などの争いの禁止や道普請、自身番などの村人足の励行、夜遊びや遊女通いなどの風俗矯正、遊び日などの休日規定など、村人として守るべきことが箇条されている。なかでも若者として守るべき礼儀作法、特に目上の者に対する服従が重要であった。成文の掟と口伝の掟では、口伝の掟の方が寺の下より手拭を冠るなというように日常生活の細かなことに及んでいる。掟に反すれば、ハチブや過料などの制裁があり、仲間の秩序が保たれた。

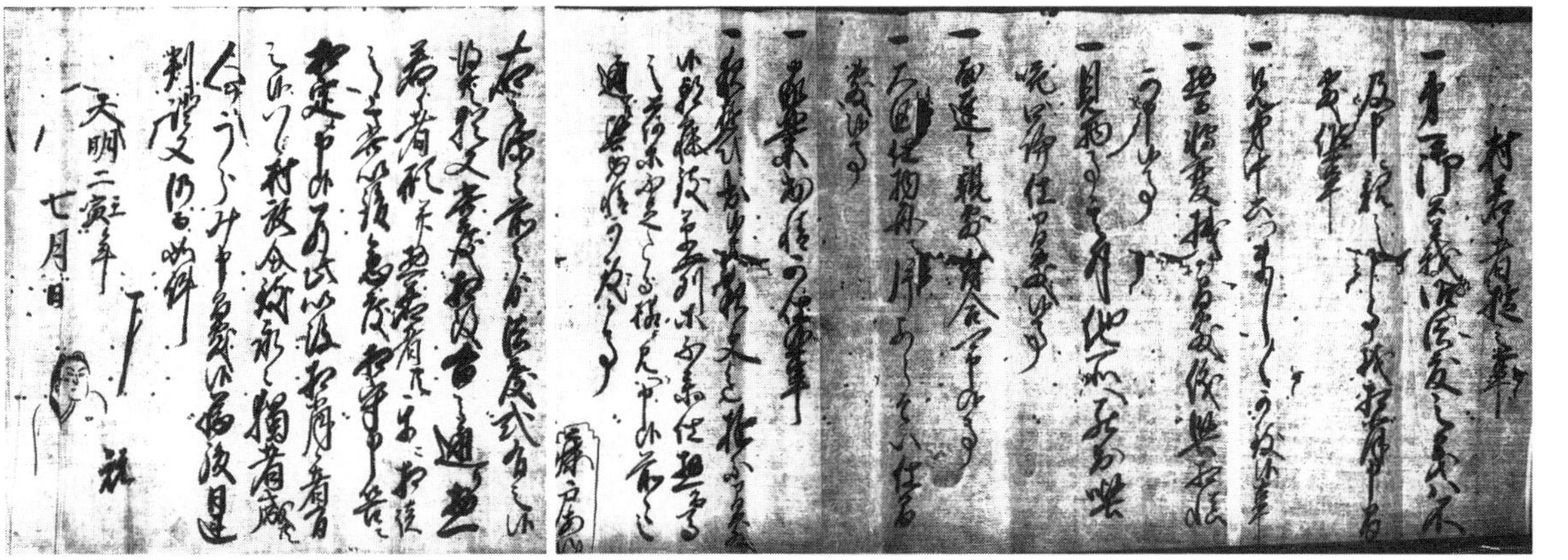

若者条目　静岡県御殿場市竈の村若者掟之事（天明2年）

また、若者仲間だけが使う若者言葉が定められていたところもある。これも仲間をほかから特殊化して団結を強化するための掟と考えることが出来る。成文化された若者の掟で、武士社会のものとしては、薩摩藩の一五九六年(慶長元)「二才咄格式定目」がある。農民社会の現在知られる最も古い掟書は、一六七七年(延宝五)村山の管理と道普請の人足を定めた近江国神崎郡高木村(滋賀県神崎郡永源寺町)の「村中若衆吟味之事」(『近江蒲生郡志』所載)である。天明―寛政年間(一七八一―一八〇一)以降、私領では若者仲間の規制が行われるようになった。文政取締改革の中で、一八二八年(文政十一)には、幕府法令によって関東在方若者仲間が禁止され、天保改革では全国法令となった。この時期、若者条目に国法や村法の遵守規定が多くみられるようになり、作成者も僧侶や名主・庄屋などの村の知識層の関与がはっきりとしてくる。この背景には、俄祭礼や休み日を要求する若者を「家業余力の輩」として教育を施し、ムラの生産性を高めようとする報徳思想に代表される地主層の要求があった。

参考文献 大日本聯合青年団編『若者制度の研究―若者条目を通じて見たる若者制度―』、一九三六、高橋敏『日本民衆教育史研究』、一九七八、愛知県教育会編『愛知県現存江戸時代若ィ者組文献集』、一九三七、和歌森太郎「若者組の規範意識」(『和歌森太郎著作集』一二所収、一九八二)、多仁照廣『若者仲間の歴史』、一九八四、『静岡県史』資料編二三、一九八九

(多仁 照廣)

わかものなかま 若者仲間 仲の良い友人によって組織される青年男子の集団。瀬川清子が若者組と区別するために設定した学術用語。具体的には、ホーバイ、同年、ツレ、ドシなどと呼ばれる。西南日本沿岸部に発達していた。若者組が村落を組織単位として、村落内居住の該当者を強制的に加入させようとするものであるのに対し、若者仲間は同じ村落内の気のあった同年もしくは前後の年齢の男子数名で集団を形成する。村落内にいくつもの若者仲間が存在した。十五歳前後になると気のあった者数名が仲間を組織し、しばしば寝宿を設定して寝泊まりを開始する。寝宿で共同作業をし、また夜遊びをした。娘たちとの交際から恋愛を経て結婚相手を決める。加入・脱退の年齢やその手続きは明確でない。原則として新たな構成員を追加して入れることはなく、参加者が結婚などを契機に参加しなくなって脱退し、多数が脱退することで機能が停止し解散する。しかし、多くの場合、解散後も仲間あるいは友人として、生涯にわたってつきあう。若者仲間と若者組は同一村落に重層して存在し、機能を異にして活動していた。一人の男子は若者仲間の一員であり、同時に若者組の加入者であった。若者組が恋愛から結婚に至る男女交際機関であったという柳田国男に始まる通説は若者組と若者仲間を区別せず混同していたためで、再検討を要する。同様に従来すべて娘組の機能や役割としてきたことも、若者仲間に対応する娘仲間を設定することで考え直す必要がある。なお、若者組のことを若者仲間と表現する用法もまま見られる。→娘組《むすめぐみ》

参考文献 瀬川清子『若者と娘をめぐる民俗』、一九七二、竹田旦『兄弟分の民俗』、一九八九

(福田アジオ)

わかものやど 若者宿 青年男子の集団が集会所もしくは合宿所として使う施設。研究上は特に青年たちの合宿施設をいう。若者宿という所はなく、若い衆宿・若い者部屋あるいは単に宿とか小屋ということが多い。宿泊施設の場合は特にネヤド、ネンヤ、泊り宿などといった。また遊び宿という土地もあった。日本における青年男子の集団は若者組および若者仲間の二つに分けられるが、若者組はもっぱら集会施設としての若者宿、若者仲間は合宿施設としての若者宿を設定していた。二つの組織が併存した志摩半島はじめ西南日本では、一つの村落に一ヵ所の集会所としての若者宿と多くの合宿施設としての若者宿が設定されているのが通例であった。全国的に見ると、若者組の集会施設が独立した建物として設けられることは少なかったが、伊豆半島や四国には存在した。他の地方では多く村落内の寺院本堂や神社の庁屋、あるいは寮とか庵と呼ばれる仏堂が若者宿となっていた。青年倶楽部とか青年会所と呼ばれる施設を独立して設けるようになったのはむしろ明治以降のことで、明治後期の青年会・青年団への再編以降であることが多い。古くから独立した施設が若者組に発達していた地方ではしばしば、宿は昼間の活動場所であるだけではなく、夜には皆が泊まる合宿所となり、夜警・消防・海難救助の活動にあたった。伊豆半島では、若者組の施設として若い衆宿があったが、宿に毎晩泊まり込むのは宿若い衆と呼ばれ、未婚の者全員であった。宿若い衆の期間は厳しい統制と制裁があり、一人前になる訓練が行われた。結婚後も若者組の構成員ではあったが、家持衆などと呼ばれ、若者宿には泊まらなくなった。合宿の有無で若者組の二つの階梯ができていた。また、山口県萩市玉江浦では漁業組織と合宿する若者宿が一体となっていた。宿泊を伴う若者宿は西南日本に偏った分布を示し、その設定主体は若者組ではなく、若者仲間であった。寝泊まり用の若者宿は独立した建造物ではなく、多くは若者仲間が依頼した特定の家の一間であった。村内でも人望のあり、家族員が少なく余裕のある家を宿に頼み、家の主人を宿親として、保護してもらうとともに指導と監督を受けた。毎晩宿に集まった若者はそこで遊び、また夜遊びに出かけたり、いわゆるヨバイをしたりした。特に娘たちの集まる所へ出かけて、交流するのが大きな楽しみであった。若者宿を拠点としての娘たちとの交流から、恋愛関係が形成され、結婚相手が決まることが多かった。さらに若者宿自体が新婚生活の場を提供する例もあった。若者宿は男子のみが合宿したが、男女一緒に泊まったという所も少数ながら存在する。また若者仲間に対応する娘仲間もあり、やはり合宿する宿を設定していたという事例もあるが、ごく少なく、早く消滅し具体的様相は明らかでな

い。若者宿は第二次世界大戦後の若者組・青年団の弱体化、青年の就業の多様化に伴い急速に姿を消した。

参考文献　大日本聯合青年団編『若者制度の研究―若者条目を通じて見たる若者制度―』、一九三六、瀬川清子『若者と娘をめぐる民俗』、一九七二　（福田アジオ）

わかもりたろう　和歌森太郎　一九一五―七七　歴史学者、民俗学者。一九三九年(昭和十四)、東京文理科大学史学科国史学専攻卒業。以後、東京文理科大学、東京教育大学教授として後進の指導にあたった。晩年は都留文科大学学長。学生時代、松本彦次郎・肥後和男・村岡典嗣・辻善之助らの学者の指導をうけ、一方、綿貫哲雄のもとでフランス社会学を学んだ。肥後和男の宮座調査に協力、祭祀組織の研究は彼の研究の一端をなした(『中世協同体の研究』、一九五〇、『美保神社の研究』、一九五五)。一九四一年ごろから柳田国男に師事、民俗学に歴史科学の方法を導入し、日本人の生活史として体系化することに努力し社会集団、社会意識に基礎をおいた(『国史に於ける協同体の研究』上、一九四七)。『日本民俗学概説』(一九四七)は日本最初の民俗学概説として評価されるものである。民俗学関係の論考は『日本民俗論』(一九四七)、『歴史と民俗学』(一九五一)、『日本人の交際』(一九五三)、『庶民の精神史』(一九六五)、『歴史研究と民俗学』(一九六九)などに収められている。修験道の研究は卒業論文以来で『修験道史研究』(一九四三)は修験道研究の基礎的文献とされる。一九五八年の国東半島の民俗調査以後、宇和・西石見・美作・淡路・志摩・若狭・陸前北部・津軽と調査団を組織し、『くにさき』(一九六〇)以下の報告書を刊行した。また『酒が語る日本史』(一九七一)、『日本史の虚像と実像』(一九七二)など啓蒙的な著作も少なくなかったし、相撲の愛好家としても知られていた。主な著作は『和歌森太郎著作集』全十五巻別巻一巻(一九八〇―八三)に収められている。

参考文献　「和歌森太郎年譜・著作」(『和歌森太郎著作集』別巻所収、一九八三)　（西垣　晴次）

わけい　話型　Type　内容が同じで展開も同じと認められる話をまとめてグループ化した昔話の分類単位。話のモチーフの配列順序に同一性がある。アールネ Antti Anatus Aarne、トンプソン Stith Thompson の『昔話の型』The Types of the Folktale (1961) の提示した話型目録が現在の国際的な話型分類基準となっている。話型は、たとえば AT 三〇〇というように、一般にアールネとトンプソンを表わす AT をつけた目録番号によって示される。たとえば AT 三〇〇は「ドラゴン退治者」という話型だが、これは同じ話の展開を有するドラゴン退治の昔話(類話群)がすべてこの話型に入ることを意味する。同一話型のなかでもある種の傾向(たとえば特殊なモチーフを共有しているなど)をともにする類話群とそうでない類話群がある場合、傾向をともにしている類話群を亜話型(サブタイプ、Subtype)と呼ぶ。日本でははじめ柳田国男が独自の基準によって日本昔話の分類を行なったが(『日本昔話名彙』、一九四八)、のちに関敬吾が『昔話の型』を参考にして新たに分類しなおし、その成果を『日本昔話集成』(一九五〇―五八)として発表した。そこで提示された話型は約六百五十。『日本昔話集成』は二十年後に増補されて『日本昔話大成』(一九七八―八〇)と改称し、新たに約九十の話型が加わった。これが現在日本で使われている日本昔話の話型目録である。国際的比較研究を重視した関は日本の話型番号のほかに可能な限り AT 番号も付して昔話の比較研究に便宜をはかった。

参考文献　S・トンプソン『民間説話―理論と展開―』(荒木博之・石原綏代訳、一九七七)、小沢俊夫『昔話入門』、一九九八　（高橋　宣勝）

わげい　話芸　話の芸。浪花節や講談までふくめて話芸という場合が多いが、語り芸・語りものとは区別して話芸を考えるのが合理的である。定型的な語り口をもつ語り芸に対して、より自由な散文口調で演じられるのが話芸である。『囃物語』(一六八〇)に、「物語せんと申さるる程に、(中略)思ひの外のたわごとなり。さやうのことを咄とこそいふなれ。(中略)出所あることを物語といふなり」とある。「咄・物語」の対比が、「たはごと、出所あること」の関係で捉えられている。ただし、はなしという語が文献に登場するのは室町時代末であり、一般化するのは、近世以後である。自由な散文口調の物語芸は古くから存在したらしく、たとえば平安時代の説話集には、聴衆を笑わせることを得意とした説教僧の逸話を伝えている。現存する説話集で笑話に類する説話は、一種の話芸で演じられたと考えてよい。話芸の伝統は、平安時代や中世の説教僧から、戦国時代の御伽衆・咄の者などに受け継がれ、近世には都市の噺家によって、その芸も出し物も洗練されていく。落語は近世・近代の代表的な話芸だが、地方民間の語り手の中にも、笑話やおどけ話を得意とする話し手が存在した。柳田国男は、吉右衛門・吉吾・彦八・彦市などのおどけ者話の主人公について、「本人が非凡なる話上手」であった者が、話の主人公として伝えられたものとし、実在のおどけ者が村落生活に果たした役割について考察している。

参考文献　柳田国男「笑の本願」(『柳田国男全集』九所収、一九九〇)　（兵藤　裕己）

わざうた　業歌　職人の生産・加工または特殊な作業に伴ってうたわれる歌。柳田国男による民謡分類の用語の一つ。柳田は「或職業に携わる人だけの歌ふもの」として定義づけ、属する業歌例に大工唄、木挽唄、綿打唄、茶師唄(茶もみ唄・茶より唄など)、酒屋唄(杜氏節とも)、油絞唄、踏鞴踏み唄などをあげ、「其他この類に加ふべきものはまだ多い」とする。　（大貫　紀子）

わざおぎ　わざおぎ　滑稽な所作によって神や人を楽しませる態、もしくは人をさす。俳優とも書く。正しくはわざをぎ。初出史料は『日本書紀』神代上であり、アメノウズメノミコトが天岩戸の前で「巧に作俳優」したこと、俳優の内容が覆槽を踏み轟かせて神がかることであったことを記録する。これは演劇の先駆的な形態であろうが、むしろ呪術的な性格が強い。『日本書紀』神代下も兄の海幸彦が弟の山幸彦に降伏して誓約する説話を紹介しており、海幸彦が褌を着用して手や顔に赤土を塗り「永に汝の俳優者たらむ」といって、「足を挙げて踏行み」ながら水に溺れて苦しむ様子を演じたことを記録する。その内容は滑稽な物真似であり、宮廷に奉仕して吠声を発する隼人舞の起源であるといわれる。『日本書紀』六四五年(大化元)六月条で人を笑わせる俳優が宮廷に伺候していたことを記録するなど、何度も俳優(倡優)の存在に言及している。柳田国男はワザが所業・行動・技術、ヲギが招くことを意味すると述べて、ワザによって神をヲグ、つまり態招きがその語源であるという。また、折口信夫はわざをぎが神や霊魂を招くことであるとして、神の意志を人間の身体で表出する態、もしくは人を想定している。こうした所説は早く本居宣長の『古事記伝』(一七九〇—一八二二)や喜多村信節《のぶよ》『嬉遊笑覧』(一八三〇)などにもみられるものであり、俳優が滑稽な所作によって神や人を楽しませるのみならず、そもそも神を招く呪術に淵源することを示唆している。

参考文献 柳田国男「日本の祭」(『柳田国男全集』一三所収、一九九〇)、折口信夫「古代演劇論」(『折口信夫全集』一七所収、一九五六)、同『日本芸能史』(「折口信夫全集ノート編」五、一九七二)

(橋本 裕之)

ワサビ ワサビ 澄んだ沢水に育つ多年草で、全国に分布する。根の部分をすりおろして使用するが、茎は煮しめにしたり、麴と混ぜて山葵《わさび》漬けに利用される。香辛料としての歴史は古く、『延喜式』に若狭国や越前国などから貢納されたとある。伊豆天城のワサビは江戸時代、駿河に炭焼きを教えに行った者が持ち帰ったものという。昔は、苗を沢に植えては、成長を観察して栽培の適地を探したが、これをステワサビといった。栽培方法は、自然の沢をさらい細かい砂利を入れたジザワから、沢に敷いた畳石の上に礫・作砂と三層に作るタタミに発展した。静岡県・長野県などが主産地。

(中村羊一郎)

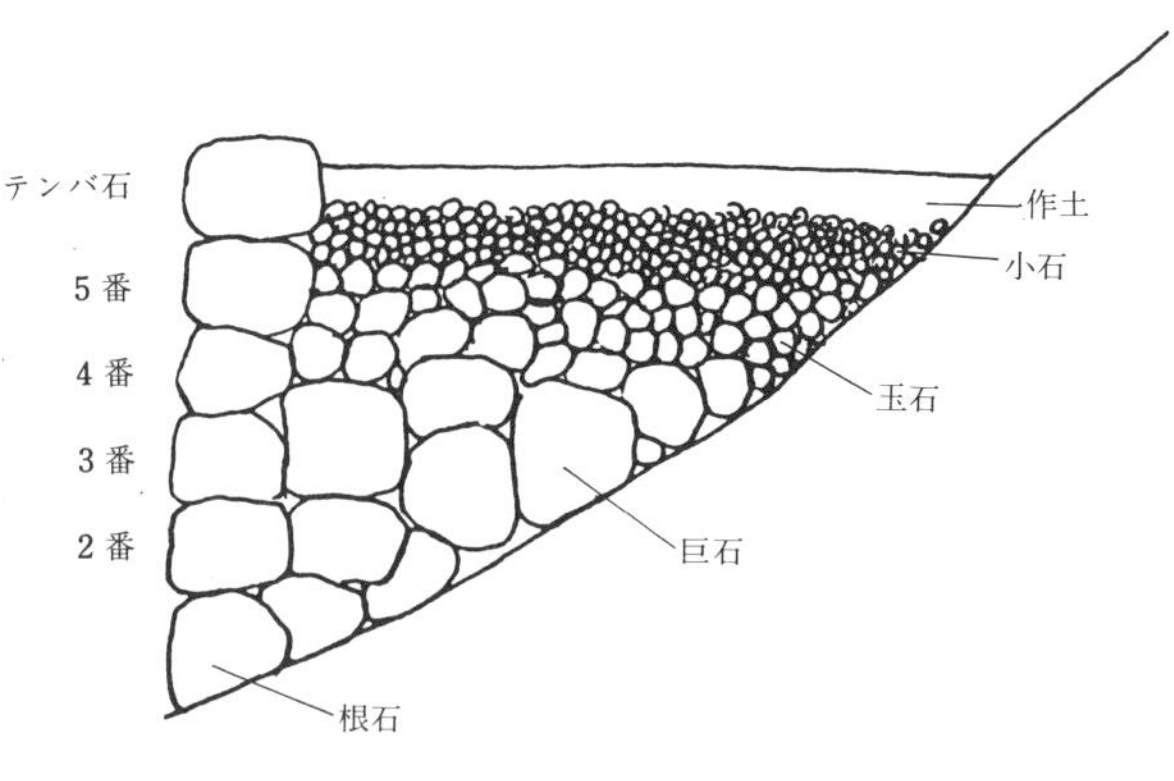

ワサビ田の構造図

わさん 和讃 仏や高僧についての讃歌を和文で歌謡にしたもの。梵語の梵讃、漢語の漢讃に対して和文で書いたものなので、庶民にもわかりやすかった。形式は七五調の長歌形式で短歌形式の御詠歌とは別である。古くは平安時代中期の「註本覚讃」が、天台宗の本覚思想を歌にしたもので、良源作とされる。ついで千観の「極楽国弥陀和讃」、源信の「極楽六時和讃」「来迎和讃」などが作られる。浄土思想が貴族の間に浸透するにつれて和讃の数もふえた。これは和讃が声明《しょうみょう》の美しい旋律にあわせて詠われたからと考えられている。中世になると時衆和讃が多く作られるとともに同じく民衆教化をはかる親鸞も浄土和讃・浄土高僧和讃・正像末法和讃の「三帖和讃」を作る。他宗でも声明に和讃をいれるなどして工夫をする。内容は仏の功徳をたたえる仏讃、教義をとく法讃、祖師高僧への僧讃に分かれる。中世末から「塞の川原」「無常和讃」が葬式の念仏講などに唱えられるようになる。江戸時代の念仏講ではさまざまな和讃がうたわれるようになるが、これらは、地の和讃といわれ、その土地その土地で伝わったものである。明治から大正にかけては各所で和讃大会・御詠歌大会が開かれ、念仏講の交流がはかられた。「不如帰」「乃木大将」「田中正造和讃」など時事的な事柄を折り込むように作られたものもある。特に関東の利根川中流域は念仏行事の多いところで安産祈願や葬送のほか、新作の和讃など一人で五十種以上の和讃をノートに書き留めている女性もいた。

参考文献 多屋頼俊『和讃史概説』、一九六八、坂本要「民間念仏和讃と安産祈願」(藤井正雄編『浄土宗の諸問題』所収、一九七八)

(坂本 要)

わしのそだてご 鷲の育て子 ⇩良弁《ろうべん》

わじゅう 輪中 木曾・長良・揖斐三川下流の濃尾平野で集落と耕地を水害から守るために、堤防を築いて取り囲んだ構造とその社会。このような形態は各地の河川氾濫地帯にもみられるが、輪中とはいわない。輪中は美濃側では岐阜市～大垣市以南、伊勢側では三重県桑名郡多度町以南、尾張側では中島郡祖父江町以南に分布し、その数は明治初年でおよそ八十あり、大は七〇平方キロの大垣輪中、小は〇・九平方キロの十六輪中であった。三川は東より西が低位にあったため、一六一〇年(慶長十五)木曾川・佐屋川左岸に幕府による御囲堤《おかこい》ができると、以西の流域が水害の危険にさらされた。囲堤《かこい》(懸廻堤《かけまわし》)による輪中が現われるのもこれ以降のことである。美濃は諸藩入り組み、輪中の築堤を藩・特定地域が独自に行い、そのため団結力の強い排他的な水防共同組織が形成された。輪中意識・輪中根性といわれるものである。隣接輪中間では取り決めによって輪中堤の高さを一定にする定杭《じょうくい》を設けることがあった。福束輪中や高須輪中では輪頂部(輪中の高位部)の排水が輪端部(低位部)を浸潤しないように、

木曾三川合流地点上空から見た輪中

井戸数を制限する株井戸制がとられた。輪中には水害時の避難場所として確保された助命壇《じょめいだん》・命塚《いのちづか》があり、輪中堤にはゴグラ(郷倉)・ショシキゴヤ(諸色小屋)と呼ばれる水防倉庫があり、堤の要所には水神などがまつられている。集落は自然堤防上に立地していたが、水害時の避難対策として地主層は屋敷内に水屋(避難家屋)を設け、軒にアゲブネ(上げ舟、川舟)を吊し、母屋にはアゲブツダン(仏壇を滑車で二階に吊り上げる)があった。特色のある土地利用法としては、冬期の冠水田の株列を掘って積み上げ裏作を可能にするタカウネ(高畝)・クネタ(畝田)、沼沢化した湿地の低位側の氾濫堆積を開削して水田化し余剰土を田の中に入れて常畑にしたシマバタ(島畑)、水田のできない沼地やしばしば水損地となる湿田を深く掘り起して隣接地に積み上げ安定した水田を確保したホリタ(堀田)・カサネタ(重田)などがあった。水田漁業も盛んで、ハエズシ(小魚の押しずし)、フナのドンガネズ(酢味噌あえ)、イバラメシ(コイの混ぜ飯)などの魚の調理法がある。輪中に展開する技術や慣行の多くは、濃尾三川下流域の輪中外にも広くみられる。輪中はまた商業町や大都市も抱え込んでおり、改修整備された河川が大量物資の供給路として重要な役割を果たしていた。

参考文献 伊藤安男・青木伸好『輪中―洪水と人間、その相剋の歴史―』、一九七九、安藤万寿男『輪中―その形成と推移―』、一九八八、伊藤安男編『変容する輪中』、一九九六

(伊藤 良吉)

わじん 和人 アイヌ語でいう日本人への蔑視語で、特に性悪な人間をさす。シャモの訳語。和人の語源は、大和人(沖縄でいうヤマトンチュ)や倭寇の倭人、古くは倭人にと連なるが、有史以後に見られる幾多の抗争や非道な搾取、だましやあざむきは、一転して敵対関係となっていった。また、戸籍法によって日本人となる以前に、本州以南に居住する人々への総称として、アイヌの人々と対比しても用いられた。 →シャモ

(藤村 久和)

わせん 和船 弁才船など在来形帆船の総称。倭船とも書く。幕末に西欧の帆船との対比から生じた語義で、日本船・日本形船も同義。十八世紀中期に日本全国に普及した弁才船系の船は、船体構造・艤装とも西欧船と異なっていたが、幕末に洋式帆船が導入されると、急速に洋式技術を摂取して合の子船と化した。摂取の様相は多種多様であり、船体の一部を洋式化したり、ジブ、スパンカーを追加したり、和式の横帆をスクーナー式の縦帆に換えるなど在来形の改良船からスクーナーに酷似した船まであった。明治中期にはまったく洋式を採り入れていない在来形船はないといってよい。おそらく、当時は帆装・上廻りに在来形式をとどめる船を和船と称したのだろう。しかし、明治政府の管船政策上の区分としての日本形船は、一八九六年(明治二十九)までは船体が完全な洋式構造ではない帆船のことで、のちに西洋形帆船に編入されるスクーナーもどきの合の子船を含む。和船に対して脆弱・低性能という根拠のない評価を下したのは洋式軍艦の建造を主張した幕末の海防論者であり、それを定着させたのはやみくもに帆船の西欧化政策に走った明治政府である。幕府が鎖国のため竜骨と二本以上の帆柱を禁じた結果、和船が生まれたという説は誤り。帆船が姿を消した今日、船体構造が在来形式の船を和船と呼ぶ。なお、ジャンク系航洋船を用いた朱印船について『別本天竺徳兵衛物語』が「天竺へ往来御免の和船」と述べるように、船型を問わず、日本の船を指すこともある。

→船《ふね》

参考文献 石井謙治『図説和船史話』(『図説日本海事史話叢書』一、一九八三)、安達裕之「明治の帆船」(『講座・日本技術の社会史』八所収、一九八五)、同『異様の船―洋式船導入と鎖国体制―』、一九九五 (安達 裕之)

わた 棉 綿の木のこと。棉の実の種を包んでいる毛状の短繊維を棉花・綿花また、単に綿という。これに対して繭を煮てつくった絹綿を真綿《まわた》という。日本の棉花栽培のはじめは七九九年(延暦十八)七月、三河国(愛知県)に漂着した崑崙人《こんろん》(天竺人とも)によって棉の種子がもたらされ、翌年、紀伊・淡路・阿波・讃岐・伊予・土佐と大宰府管内に播種されたが、やがて絶滅した。棉の再栽培の時期は明らかではないが、室町時代に明から種子を輸入し、三河国で栽培が行われたという。棉栽培地は大和・河内・摂津・和泉と西日本にひろがっていった。棉作は金肥を多く必要としたが、「品質は水加減できまる」といわれ、日照りのときは井戸から水を汲み、底抜けタンゴ(底穴桶)を荷なって灌水するなどの重労働であった。それでも棉作は米作にくらべても有利な農作物であったため、江戸時代末期の棉の栽培地は備前・備後・播磨・伯耆や、関東地方平野部の河川流域に及び、棉田のひろがるようすを柳田国男は『木綿以前の事』に記している。河内の棉作地の北限は山形・福島あたりであった。河内の棉作地は、大和川の川違い《かわちがい》(付けかえ工事)によって開発された砂と石まじりの土地だが、伏流があり、畑ごとに井戸を掘ることができた。河内の棉作の有利な点は大坂港に近く肥料が入手しやすいことと、商人によって江戸積・地方積がされ、海路によって各地に運ばれたことである。実の収穫はワタツミカゴ(綿摘籠)を腰につけ、手摘みで一番、二番と七日から十日の間隔で行い、三番は株ごと取り込み、跡地に麦を蒔いた。棉の実は天候によっていっせいに吹くので、収穫期になると棉作農家は綿摘みの手伝をやとった。伯州綿の産地に近い島根県邇摩郡では、大正年間(一九一二―二六)までワタモリ(綿守)に行かない女は嫁のもらい手がないといわれ、十五、六歳になるとワタモリに出た。賃金は棉花で支払われた。ワタモリが終ってもそのまま木綿ヒキ(糸紡ぎ)をする人もいた。棉作農家は棉花の仲買人に売るのがふつうで、収穫期になると天秤と大袋を持った仲買人がやってきて、畑の棉花(実綿)を品定めして買った。しかし農家にとって、種子を除いて繰綿《くりわた》にして売るほうが割合がいいので、夜なべに一家総出で綿繰器で種子を除いた。そのためどの家にも綿繰器はいくつもあった。この綿繰器を西日本ではサネクリ、ミクリ、綿繰りなどといった。綿屋は繰綿を買って、綿打ち職人を雇って繰綿を打った。綿打ちは弓(綿打ち弓・綿弓・唐弓《とうゆみ》)の弦を槌で振動させてほぐすこと。綿屋の繁忙期は棉花の収穫期から翌年の二月までで、この時期には渡り職人も使った。綿打ちを関東地方ではワタブチ屋(綿打屋)、ワタホカシ屋とよび、近畿・中国地方ではピンピン屋といった。明治末期に機械打ちが開発された。棉作農家では棉花の豊作を願って、棉の実を形どった団子を柳の枝につけて小正月を飾った。これを三河地方ではワタダンゴ(綿団子)といった。

参考文献 吉村武夫『綿づくり民俗史』(『青蛙選書』六一、一九八二)、武部善人『綿と木綿の歴史』、一九八九 (竹内 淳子)

ワタクサー ワタクサー ワタクシともいう。沖縄の方言で自分で蓄え自分の意志で使える金のことをさす。子供の小遣いなどもワタクシグァー(グァーは小さいことを示す)と呼んだりする。沖縄本島南部の漁業の町、糸満で女性がみずから行商などで得、夫の財産とは別に蓄えた資金のことをワタクサーと呼んでおり、そのことは河上肇などによって女性の男性(夫)からの自立を示す夫婦別財産制として注目された。

参考文献 河上肇「琉球糸満ノ個人主義的家族」(『京都法学会雑誌』六ノ九、一九一一)、野口武徳「沖縄糸満婦人の経済生活―とくにワタクサー(私財)について―」(『成城文芸』五六、一九六九) (比嘉 政夫)

わたくし 私 個人にかかわることを意味し、公《おおやけ》である社会や組織に対する概念であるが、個人の自立がみられない共同体を基礎単位とする前近代と自立した個人である市民を構成単位とする近代とでは、私も公も意味するところが異なる。前近代の日本では、私は内々のこととされたが、公も共同体首長のイエである大宅・大家の事柄にすぎなかった。しかし、共同体のなかでは、私は公の犠牲にならねばならぬとされた。公が天皇・朝廷・政府・国家をさすようになるとき、私と公の両立をはかる方向には進まず、滅私奉公の論理が形成され、近代になっても主権在民の確立がなされぬ状況において、強大化した中央集権国家のもとでの論理として継承される。日本における私の発生を共同体としてのムラとイエの両面からみて行こう。土地の本源的所有の主体はムラである。ムラの土地はイエを単位とする私に耕作期間だけ配分され、収穫後、ムラに戻る。そこでは割替が行われるわけであるが、肥培管理などの必要から、イエに配分されている期間は長くなる。律令制下の班田収授は割替が人間の一生に延長されただけのことで、私有にはつながらない。収授は個人単位であっても計算上のことにすぎず、経営はイエ単位で行われた。この場合、私の単位は個人ではなく、イエである。律令制が衰退し、荘園制の段階を迎え、土地の上級所有(領有)と下級所有(占有)が明確になるなかで、土地は家産となり、それに伴いイエ単位で我という強烈な自己を主張する私が出現する。我田引水という行為がそれを象徴するが、その際、個人の自立は必要としないというより、むしろ不要であった。近世になると、下級所有が強まり、事実上の農民的土地所有が生まれる。近代に入ってすぐの地租改正はそれを法認することで地主制を促進したが、こうした日本の土地私有制は囲い込みのような過程を経て成立したわけではなかったから、登記上は個人名義になっても家産的性格を払拭しえなかった。近代日本の私が市民社会的なそれになりえなかった要因であるが、私を制約するものに世間という自分の活動する範囲に限定された公があった。次に、イエにおける私のあり方を、成員と道具との関係でみるとき、原始・古代には道具は私有財産としてではなしに、それを用いる成員の手足・肉体の延長として認識される意味での私のものであった。だから成員が死ねば、道具もまた生命を失ったと考えられ、副葬されたのであるが、副葬品に模造品が使われるようになると、道具も家産として相続されるようになる。また、日本の家屋には個室がなく、個人のプライバシーが無視されて来たといわれるが、茶椀や箸などの食器についてみれば私のものが早くから存在した。それは肉体の一部としての私のものに発したのであろうが、日本における私の観念を考えるとき重要である。食物の配分にもかかわることで、それは主婦の裁量によるものであり、食器に配分されてはじめて私のものとなる。しゃもじやへらが主婦権を象徴するとされる理由はそこにある。しかし、西洋皿やナイフ、フォークなど洋食器に私のものが出て来ないのは興味深い。近代になって個人が自立すれば、私と公の両立が必要になるが、その場合、公は権力的な国家ではなしに、市民によって構成される社会にならなければならない。

参考文献 高取正男「ワタクシの論理」(『高取正男著作集』三所収、一九八三)、倉田一郎「経済と民間伝承」(谷川健一編『日本民俗文化資料集成』一六所収、一九九五)、阿部謹也『「世間」とは何か』(「講談社現代新書」一二六二、一九九五)
(岩本　由輝)

わたし 渡し　陸上交通上、行先を遮断する河川・湖沼・海などの水辺を越える行為もしくは場所を指す言葉として用いられる。渡る手段は、近代的交通体系下においては橋とトンネルにほぼ集約されるが、前近代的交通体系のもとでは、架橋もされたが、必ずしも橋があるとは限らず、歩行・渡し舟・籠渡しなどさまざまな方法が駆使された。あらゆる水に対処できたのは渡し舟で、それ以外は河川でのみ行われたものが多い。渡る場所の地形条件はそれぞれ異なっており、歩行に最適とされたのは浅瀬である。一方、渡し舟は歩行とは逆に一定の水深がある所でなくては安全に動かすことができない。加うるに、特に河川の場合、水流と交差することになるから、流されないよう、極力流れの緩い所を選ぶ必要があった。このような場所を、九州ではツル、中部以東ではトロと呼ぶが、勢い人が集まることとなり、発展して町となった例も見られる。籠渡しは、河川上流の渓谷で行われた。代表例は、飛騨・越中国境付近の神通川支流に設けられたものである。ここは、流れが急なうえに水深も深いが、川幅は狭い。両岸の間に綱を渡すのは十分可能なことから、人が乗った籠の上に滑車を付け、ロープウェイの要領で往来させた。橋と渡し舟との中間形態ともいえるのは船橋で、多数の舟を並べてつなぎ、その上に板を渡して歩行するようにした。

日野の渡し(『江戸名所図会』三より)

参考文献 柳田国男「風景の成長」(『柳田国男全集』二所収、一九八九)、桜田勝徳「水上交通と民俗」(『桜田勝徳著作集』三所収、一九八〇)、北見俊夫『川の文化』(一九八一
(胡桃沢勘司)

わたなべのつな 渡辺綱　九五三―一〇二五　平安時代中期の武人。渡辺党の祖。嵯峨源氏で宛《あつる》の子。養母が摂津国難波渡辺橋近くに住んでいたことから、渡辺姓を名乗った。源頼光の郎等。碓井貞光(平貞道とする書もある)・卜部季武・坂田金時とともに四天王の一人に数えられ、一同による丹波国大江山の酒呑童子退治の話は、謡曲の『大江山』やお伽草子の『酒呑童子』などに名高い。綱が来襲した鬼の腕を切る話も多くの文献に記される。屋代本『平家物語』剣巻によれば、綱が京の一条戻橋で美女

に出会い、馬に同乗させた。五条の橋まで来た時、女は鬼に変じ綱のもとどりを摑んで空中に飛び上がったが、綱は源氏重代の名剣髭切で鬼の片腕を切り落とした。彼は安倍晴明の勧めに従い物忌に入るが、難波の渡辺から来た養母に腕を見たいと懇願され、根負けして見せると彼女は鬼に変じ、腕を摑んで家の破風《はふ》から逃げ去った。この難に懲りて爾来渡辺党では家屋に破風を付けぬという。渡辺の末裔を称する家々に継承されるがこの話がむしろ、卯建を上げず破風を作らない由来を説く話として作られたという考えもある。破風・高窓・煙出しなどを神霊や鬼の通路とする神話的観念は世界的に例があり、それらは天界と現世とを結ぶ抜け穴と考えられたものであろう。綱を祖とする渡辺党は難波津の渡辺岸に住み、渡渉や水霊鎮撫・水難防止の呪術に従事したといわれ、綱の名も渡渉の綱渡しに由来すると説く人もある。ちなみに綱が鬼の腕を切り落とすモチーフも、零落した水の神である河童が厠の下から手を伸ばし人に切り落とされるという伝承に酷似しており、綱と水霊との関わりをうかがわせる。↓戻《もど》り橋《ばし》

参考文献　近藤喜博「難波の渡辺党」(『国学院雑誌』六二ノ五―七、一九六二)、同『日本の鬼』、一九六六、島津久基『羅生門の鬼』(「東洋文庫」二六九、一九七〇)

(山本　節)

わたぼうし　綿帽子　女がハレの日に被るかぶりもの。真綿を使う例が多い。花嫁が道中および婚礼の式でも被り、被り方をかえて葬送にももちいられる。青森県野辺地地方のワタボウシは真綿をくらげのような形につくり日本髪でも、すっぽり肩までかぶるような大きく深いものもあった。ワタボウシの縁の垂れている部分を引きあげた形のものをアゲボーシという。鳥取県東伯町別宮では、綿帽子には「上見るな下見て暮らせ」の意味があったという。「一向宗門の婦人角かくしとかいうて綿ぼうしに似たるものを寺参りには必被る事是綿ぼうしの遺風なるべし」と『塵塚談』(一八二四)下にみえる。↓角隠《つのかく》し

(岡田　照子)

ワタマシ　ワタマシ　家ができあがった時の祝い。また、新築した家へ引っ越しの際の儀礼。屋移りを古くはワタマシ(移徙)といった。このときには粥を炊く民俗が全国に広く見られる。この粥のことをワタマシの粥、ヤウツリの粥、ヤガユ(屋粥)、ワタリガイなどと呼んでいる。その民俗はさまざまで、福岡県太宰府市では大工の棟梁が上座から「日向の国の日向城、建てても狭し、また狭し」と唱え、下座の者が「下の者は粥すする、ケースロ」と続け皆で小豆粥をすする。愛知県三河北部でも大工の棟梁が柱に粥を供えてから唱えごとをする。それに弟子たちが応答する。福岡県朝倉郡宝珠山村では大黒柱と四方の柱に藁で作った容器に粥を入れて供える。長野県南信では歌いながら乾《いぬい》の柱から粥を掛けて回る。静岡県志多郡大井川町では棟梁・職人・家族・親類の順に並んで一の柱から右回りに歌を歌いながら、ススキの箸で小豆粥を柱に三回ずつなすりつけていく。東京都三宅島では二、三人が粥を椀に入れ、新築の家の周囲を回りながら大戸に粥をひっかける。また熊本県天草地方では大工が棟の上から杓子ですくった粥を口で吹き散らす民俗がある。これらの民俗は、神人共食の風が変化したものと考えられている。屋移りは大安など吉日を選んで行われ、最初に家に持ち込むのは万年青《おもと》・牛・馬・仏壇・神棚などがあるが、他の地方では群馬県利根郡水上町で機織の筬《おさ》と俵、長崎県西彼杵郡西彼杵町では水、そして火を入れる。徳島県海部郡由岐町では薬を煎じる土瓶、岩手県九戸郡軽米町では餅搗き臼を移したという。

参考文献　牧田茂「建築儀礼」(『日本民俗学大系』六所収、一九五八)

(安田　宗生)

わたらい　わたらい　一ヵ所に定住しないで諸国を遍歴して収入を得る生活形態。腕に職を持った職能者に多い形態で、木地屋《きじや》や竹細工師のように、原材料を求めて一定の範囲を巡る場合や、需要に応じ適宜な間隔でテリトリーを巡回する野鍛冶・鋳物師《いもじ》・売薬人、各地の祭礼を目当てに回国する大道芸人・香具師《やし》、信仰の布教のために諸国を巡る宗教者や、それを標榜して渡り歩く下級宗教芸能民など、多くの職掌が存在した。しかし彼らは純粋に漂泊民であったわけではなく、職掌集団としての本所があり、本拠地も存在した。本来、定住民とは別の存在形態をとる生活形態であり、定住民との良好な協力関係で成り立っていたはずであるが、政治的に定住者が優位な立場に置かれるに従い、彼らに対する差別も生じた。特に江戸時代には、無宿の渡世人なども加わったため、世間からは疎んじられる傾向にあった。中世の芸能民としては、平家琵琶法師・瞽女《ごぜ》・あるき巫女・傀儡子《くぐつ》・放《ほう》下《か》・舞々《まいまい》・暮露《ぼろ》などがおり、近世初頭には太神楽・角兵衛獅子・八丁鉦・新発意《しんぼち》太鼓・ささら説経・太平記読みなども出現。江戸時代を通じてさまざまな芸能者が浮沈しつつ諸国を渡り歩いた。

参考文献　宮尾しげを・木村仙秀『江戸庶民街芸風俗誌―江戸の風俗資料一―』、一九七〇、盛田嘉徳『中世賤民と雑芸能の研究』、一九七四、網野善彦編『中世を考える職人と芸能』、一九九四

(山路　興造)

わたりばし　渡箸　和風の食事でいったん取りかけたおかずをやめて、すぐ別のおかずを取ること。移箸ともいう。また一つのおかずを食べてから飯を食べずに、すぐ続いてあれこれとおかずばかりを食べることで、無作法な食べ方とされる。こうした無作法な食べ方や忌み嫌う食べ方を一般に嫌い箸といい、洗い箸・受け箸・拝み箸・落し箸・かき箸・かみ箸・くわえ箸・こじ箸・込み箸・先箸・刺箸・直箸・すかし箸・せせり箸・空箸・そろえ箸・叩き箸・立て箸・違い箸・つかみ箸・天箸・涙箸・握り箸・二人箸・ねぶり箸・箸渡し・振り箸・迷い箸・もぎ箸・横箸・持ち箸・寄せ箸・渡し箸などを嫌う。

(岩井　宏實)

わっぱ　わっぱ　⇩曲物《まげもの》

わな　罠　鳥獣捕獲のために設置する固定式の狩猟具。鳥獣の通り道や、餌や囮《おとり》など誘引物を敷設した場所に仕掛ける。広義には鳥を捕る釣り針や、霞網、鳥黐《とりもち》のついたハゴ、モチ縄なども含まれるが、狭義にはそれらを除いた拘束具を指す。仕組みの上で竹や木の弾力を利用するバネ式のものと、落とし穴や伏せ籠、圧殺機を用いる落下式に分けられる。小鳥獣を捕る括り罠は、縄やウマの尾・針金で輪索を作り、その輪内に動物の首や足が入ると締めつける猟具である。輪の締まりをよくするために、木や竹などバネとなるものに接続し、跳ね上げるものもある。同様なものにブッチメ、クビチと呼ばれる猟法があり、これは東北地方から沖縄まで広く分布するもので、輪で締めるかわりに棒で挟みつける仕組みになっている。その他、金属製の歯をバネで連結し、踏むと挟むトラバサミや、自動的に弓を発射するフムハナチなどの罠も、弾力を拘泥の原動力にしている。落下式の最も簡単なのは、落とし穴で地面に穴を穿ち、槍などを林立して獣類を落とし込む方式である。さらに構造的なものには、オシ、オスと呼ばれる圧殺機を用いた大型獣の狩猟法がある。これは戸板や丸太作りの格子を地面に伏せ、一端を地面より離して支柱で支え、戸板などの上には石を載せて重しとし、下に置いた餌に獲物が来れば自動的に支柱がはずれ落下して押さえるものでトビラオトシ、コウシオトシともいう。　↓おす

ククリワナ（『山と民具』より）

参考文献　諸岡青人「房総の「わな」」(日本民具学会編『山と民具』所収、一九八八)　（菅　豊）

ワニ　ワニ　山陰から中国山地の山陽側にかけての、サメやフカの呼称。『古事記』の「因幡の素兎《しろうさぎ》」に出てくるワニもこれであり、『出雲国風土記』意宇《おう》郡条にも語臣《かたりのおみ》猪《い》麻呂《まろ》が、ワニに殺された女の敵を討った話が記されている。島根から広島県にかけての中国山地の村々では、正月や祭の際に、ワニの刺身が欠かせない料理とされる。島根県太田市五十猛町大浦は、以前はワニ漁一筋の漁村であった。　↓サメ　（坂田　友宏）

ワノーウエ・ワノーサク　ワノーウエ・ワノーサク　長崎県で割替田を意味する語。割替田は、早くから平戸藩領で行われていた制度である。具体的な例は、長崎県松浦市青島に田割人名控という帳簿が残っていて、一九五〇年(昭和二十五)には有権者五十三人が一戸当て三畝の水田を耕作することになっていた。均等に分割した後、毎年場所選びの籤びきが行われた。土地の狭い島では、少しでも収穫をあげようとして場所の良いところを公平に割当てた制度といえる。自然条件の良くない山や田を割り替えるところは全国的にみられるが西日本に多く、切替田(畑)ともいう。

参考文献　山口麻太郎『日本の民俗長崎』、一九七二　（立平　進）

わら　藁　脱穀後に籾と分離されて残る稲の茎と葉。その意味では、藁は米の生産・収穫過程のなかで生じる一つの副産物である。しかし、日本では、副産物として以上に、藁に対して高い価値が置かれてきた。「米は藁づくり」「藁を焼いたら笑われる」「藁が割れるような水管理こそ笑われる」などと口承される地域が多いことは、その例証といえる。藁しべ長者の物語がほぼ全国的に流布しているのも、その証といえる。良質の藁をつくることが日本の農業にあっては肝要であり、一本たりとも藁を無駄にしないことが生活の規範であった。それは、生活における藁の活用が広範囲であったからにほかならない。衣生活においては、ミノボッチと呼ばれる被り物を着け、背や肩や腰を蓑や背中当でくるみ、手には藁手袋をはめ、足には脛巾、草履・草鞋など多くの履物を着装した。雪国で用いられる深沓、新雪を踏み固める雪踏み俵などもある。頭の上から爪先に至るまで、身体全体を稲藁で包んできた。食生活にあっては、飯櫃入れ・鍋敷き・鍋掴み、囲炉裏の火棚に吊して川魚を燻製させるためのベンケイ、塩の苦塩(苦汁《にがり》)を取り除くシオタッポと呼ばれる容器、束子《たわし》、各種の苞《つと》など。住生活においては、小屋組み・叉首《さす》組みの藁縄、畳の床、敷き筵、円座、藁蒲団、腰掛け、縄暖簾、幼児の保育容器であるイジコ、箒など。とりわけ、民家の小屋組みは藁縄によって部材の結束がなされたが、その藁縄は、地縁や血縁の人びとがつきあいの程度に応じて相当量を持ち寄ったものであった。藁縄は、ものを結束するという物理的機能ばかりでなく、人心を結びつける役割をもになっていた。生業関係では、穀物を収納する叺や俵、養蚕具の蔟《まぶし》、牛や馬に履かせた草鞋など。また、運搬具では、背負ったり腰に結わえたりする縄袋、砥袋、背負梯子、土砂運搬の畚《もっこ》、背負い運搬用の負い縄など。日常生活用具ばかりではない。注連縄・注連飾りによって神域を示し、神仏への供物を藁皿に盛り、盆には藁火を焚いたり藁馬や藁人形をつくって死者の霊を送り迎えした。外からさまざまな災厄が侵入しないようにと願って、集落の入口に大きな藁人形を据えたり、巨大な藁草履を吊るしたりする地域もみられる。幸運を分かつときには、藁苞に入れられた祝いの品が隣人や親類に贈られた。初誕生を迎えると、草履や草鞋を履かせて祝い餅を踏ませ、負い縄で祝い餅を背負わせる民俗もみられる。さまざまな信仰・祝祭・儀礼においても、藁は重要な素材としての地位を与えられていた。子

供らの遊びにあっても、縄跳びに代表されるように、藁が遊具の素材として用いられた。藁は、各種の生活用具づくりに活用されるとともに、燃料・飼料・肥料などエネルギー源ともなった。燃料や肥料にはそのままの形で用いられるが、藁細工には、ハカマ（下葉）を取り去るワラスグリ、打撃を加えて繊維部と他の部分とを分けるワラ打ち、必要な長さに切断するワラ切りなどの前処理作業が施される。ワラスグリがなされたスグリワラは、藁稈にある程度の堅さが必要な苞、束子などをつくるのに用いられる。ワラ打ちによって得られるウチワラ、タタキワラは、しなやかさ、繊維の緻密性、強靱性が求められる草履に、ワラ切りによって得られるキリワラは一定の長さに揃っていることが必要な藁や脛巾などをつくるのに用いられる。藁細工の基本的技術は撚り・束ね・組み・編み・巻きあげ・織りなどで、いずれも多少の訓練によって技術修得が可能であったから、老若男女を問わず多くの人々が藁を素材とする生活用具づくりを行なってきた。また、ワラづくりの際に取り除かれるハカマは、容器や寝床・蒲団・沓類などの詰め物として用いられたばかりか、燃料・飼料・肥料としても活用された。藁稈の先端部のミゴは、その艶やかさと強靱さが活かされ、漁網・筆・箒などになった。藁のそれぞれの部分が有する特質に応じ、一本の藁のすべてが無駄なく使い分けられてきた。そこには、一物全体活用の知恵が貫徹されていた。また、鉄湯の不純物を吸着する藁、陶器の釉薬としての藁灰、鉄刃物のなまし用としての藁灰、印伝細工の模様づけ用の藁など、各地に伝わる工芸品づくりにも藁は活用されてきた。さらに、藁製の生活用具に寿命がくると、肥・養いとして、土に帰された。大地に帰された藁は、新たな作物を育てる糧となり、藁が藁を育て続けてきた。藁は、自然と人間の世界とを有機的、循環的に結びつけていた。なお、藁製品の保存には囲炉裏が不可欠であった。煙発生装置としての囲炉裏は、湿気を除き、煙の微粒子を藁の表面に付着させ、藁や藁製品の腐熟を阻止した。

参考文献 宮崎清『藁』(「ものと人間の文化史」五五ノ一・二、一九八五)、同『図説藁の文化』、一九九五 （宮崎 清）

わらい 笑い 啼泣や怒りなどと同じく、対人関係の中で表出される人間の感情表現の一つ。生死、男女、上下など矛盾し相対立するものが一つ所に同居したり結び合わされた時、その両項の示す認識上の落差が日常とかけ離れているほど強い笑いが生み出される。微笑や笑みなど表情を緩めるだけで笑い声を立てないものと、哄笑や爆笑など雷鳴に喩えられるような大声で笑うものとがある。前者は英語のsmileにあたり、親愛感情とともに強者への諂いともなり、後者はlaughに相当し、相手に対し優越的、攻撃的な立場にあるときに発せられるという。また新生児の胞衣《えな》笑いのように生得的、自発的な笑いと、複雑な対人関係の中で後天的に学習して身につけていく笑いもある。近代以前の群れ中心の村落生活では、笑いは単に個人的な感情を表わすだけではなく、また集団の感情表現でもあった。笑いには、時と場合によって適切な笑いがあり、身分や年齢などによってもそれに相応しい笑いの型があった。民俗社会の中で笑いが果たす役割も、日常生活の中で群れの規範を逸脱した者を笑う社会的制裁や攻撃の意味をもった笑いが重要なものとされていた。一方で、ふだん抑制していた感情を一気に放出したり邪悪なものや古い秩序に属すものを笑いとばして一種のカタルシス(精神的浄化)をもたらす祭礼や儀礼の中の笑いのほか、神話や昔話の中の笑い、天狗笑いや初物を食べる際に笑う習慣などの怪異現象や俗信に属す笑いなど非日常的な笑いもある。笑いを目的とした笑話や大話は、昔話の末期に発達したもので、愚か者、愚か村、知ったかぶり、戯け者、臆病者や欲深者などを笑いの対象とし、主人公の失敗談や無知を笑いとばすと同時に自分が人に笑われぬように振る舞う自戒とし、群れの規範を間接的に身につける教訓ともなった。笑いには、天岩戸神話で神がかって裸になったアメノウヅメをみて八百万の神々が哄笑し再び高天原に光と秩序を回復した例が示すように、単に村落共同体の中で規範を維持するための笑いだけでなく、一切の道徳的な規範を侵犯し身体の下層部と結びつく破壊的で、さらには世界や時間のはじまりと結びついた宇宙論的な笑いもみられる。「猿地蔵」や「地蔵浄土」などの昔話のほか、火や水の起源神話にも、笑いが重要な役割を果たすものがある。そこでは、笑いは生や光明の世界と結びつき、死や暗黒の世界と対立するものとされている。笑いが、火や水など人間にとって有用なものをもたらす一方で、あの世で笑った者は瀕死の目にあわされるのである。笑いが性や春と密接な関係をもつのも、それが単に生の世界と結びついているだけではなく、より積極的に生命を生み出すものとみられているからである。小正月の道祖神笑いや沖縄の胞衣笑いなどは、災厄や魔を払って新しい時間や生命をもたらす意味があり、「笑う門には福が来る」という諺も笑いが幸福をもたらすものであることを示している。今日も、伊勢志摩地方では正月の注連飾りに「笑門」と書いて掲げている。マタギや船乗りの社会でも、クライドリなど若者の加入儀礼には笑いや性的な要素がみられる。古い身分や状態の死を笑いとばすと同時に、新たな身分や資格を得て再生したことを笑いで祝福するのである。→嘲笑《ちょうしょう》

参考文献 柳田国男「笑いの本願」(『柳田国男全集』九所収、一九九〇)、飯島吉晴『笑いと異装』、一九八五、山口昌男『道化の民俗学』(「ちくま学芸文庫」、一九九三) （飯島 吉晴）

わらいこう 笑い講 山口県防府市大道の小俣地区に伝わる旧暦十二月一日(現在は十二月第一日曜日)の大歳祭の通称。二十一戸の当(頭)屋によって受け継がれ、直会

の席で対座する講員が榊を持って大声で笑い合うことからこの名がある。豊作を喜び、また祈念する宮座の祭事の形態を残していると考えられる。かつては神前で杵を枕にして男女の営みを模した秘事も行われたという。基本的に女人禁制の祭で、給仕もすべて男たちが行う。

（金谷　匡人）

わらいばなし　笑話　笑いを目的とした単純形式の類型性を持つ昔話群。柳田国男の『日本昔話名彙』では、派生昔話の一分野として笑話をおき、「大話」「真似そこない」「愚か村話」の三つに分類している。関敬吾の『日本昔話大成』「昔話の型」の「笑話」（三〇一～六四二）では、「愚人譚（A愚か村・B愚か聟・C愚か嫁・D愚かな男）」「誇張譚」「巧智譚」（A業較べ・B和尚と小僧）、「狡猾者譚」（Aおどけ者・B狡猾者）、「形式譚」の五つに分類し、それに「新話型」（一～二六）を加え、三百六十七話型を示している。稲田浩二・小沢俊夫の『日本昔話通観』「日本昔話タイプ・インデックス」の「笑話」（五九八～一二一一）では、「賢者と愚者」「おどけ・狡猾」「くらべ話」「愚か者」「愚か婿」「愚か嫁」「愚か村」「誇張」「言葉遊び」の九つに分類し、「形式話」と合わせて、六百十三話型を示している。笑話は、本格昔話のように発端句や結末句などの形式を持たず、現実の生活での身近なことがらが題材になっており、特に笑いの部分に重点が置かれ、自由で気楽に話される。したがって、世間話の伝承世界と重なり合う点が多い。昔話の一群を狭義の笑話とするならば、世間話の笑いを伴う話、笑える話、笑いの種をも含めた広義の笑話としてもとらえることもできる。笑話は話し手が聞き手に笑いを提供することが目的であるから、話の場での受けがよいか悪いかが話の完成度の目安になる。笑話ははじめての聞き手にとっては、無条件で面白く笑えるのだが、二度目以降は筋がわかっており、極端に鮮度が薄れてしまう。したがって常に新鮮な笑いが求められていくから、話し手は笑話を次から次へと大量生産していく。現在まで伝承されてきた笑話は、笑いの普遍性を諒解できる秀でた話といえるだろう。動物昔話の中の動物笑話や、本格昔話の中の笑話的モチーフも切り離して考えることはできない。日常茶飯事に行われている談笑・笑いを伴うハナシにならないようなハナシも笑話に深く関わっていた。口承笑話に対する、記載笑話も重要である。日本文学史の中で口承笑話とつながる説話が鎌倉時代の説話集にすでに収録されている。江戸時代初期、安楽庵策伝の『醒睡笑』をはじめ、軽口本、噺本（江戸小咄）は、口承笑話とかなり重なり合う。室町時代以後の咄の者、大名のお伽衆たち、江戸時代の露の五郎兵衛、米沢彦八ら、咄（落語）家などの活躍はそのまま口承笑話と記載笑話双方の交流と伝承・伝播につながり、果たした役割は大きい。口承笑話は、旅の職人、行商人、芸人たち、座頭などの下級宗教者たちによって村村へ伝播され、村の男性たちによって管理・伝承されてきたといわれている。現在、昔話の伝承形態は急速に衰えてきたが、口承笑話は、記載笑話、落語、漫才、テレビ・ラジオのお笑い番組と交流しあいながら、新たな笑いを生み出していくだろう。

参考文献　関敬吾『昔話と笑話』（「民俗民芸双書」、一九六六）、大島建彦『咄の伝承』、一九七〇、矢野誠一『落語手帖』、一九七四、宇井無愁『日本の笑話』、一九七七、関敬吾『日本昔話比較研究序説』、一九七七

（米屋　陽一）

わらいまつり　笑い祭　神事の中で笑いを発する祭。名古屋市熱田神宮で行われる笑酔人《えようど》神事は、別名オホホ祭ともいい、神官が神面を中啓《ちゅうけい》で叩いてオホホと笑う。これは、古代に国栖《くず》人が朝廷に帰属し、儀式の中で国栖奏を献じたことに由来しているのだと伝えられる。国栖奏では、一曲が終るたびに口を打って仰ぎ向いて笑うことになっており、それによって朝廷に対し帰順の意を示したものと考えられている。つまり屈伏の意の笑いを再現したものである。一方、和歌山県日高郡川辺町の正八幡宮では丹生明神の祭として丹生笑祭が行われる。これは、丹生の神が神々の集まる出雲へ遅れて着いたために、他の神々に笑われたことに由来すると伝えられる。祭礼の行列の集合時に笑いの挨拶があり、また最後にも参詣者が大声で笑っておさめるというものである。山口県防府市小俣では、笑い講という行事があり、頭屋宅に集まった旧家二十一家の当主が、榊と幣を持って二人ずつ対座し、対話風に笑い始める。これを順番に行い、笑いが本当の笑いになるまで続ける。これらは笑う仲間に神を引き入れることで神と人とが一体化することを目的としている。こうした笑い祭以外に、神前での狂言など笑いを伴う芸能にも、神に笑いを献上し、神の機嫌をとり結ぶ目的が込められていると解釈できる。また、笑いが神がかりの一手段とも考えられよう。

参考文献　「熱田神宮」（神祇院編『官国幣社特殊神事調』所収、一九四二）、田中敬忠「和歌山県笑祭」（宮本常一編『日本祭礼風土記』二所収、一九六二）、萩原竜夫「小俣の笑い講」（『祭り風土記』下所収、一九六五）

（久保田裕道）

わらうま　藁馬　藁でつくった模型の馬。二月八日や七夕などの年中行事に使われる。長野県の東信地方を中心に、二月八日に、藁馬を作って道祖神の所にひいていく行事をワラウマヒキと呼ぶことが多い。この行事は、道祖神をまつるために、供物を捧げる方法として藁で馬を作り、その背に負わせていくものである。たとえば、小県郡真田町真田では、箱車に藁馬を乗せ、それには俵を背負わせる。これは餅を二、三個入れたワラヅツミである。子どもとともにひいて行き、俵を一本供え、先に供えられたのをもらってくる。この餅を食べると風邪をひかないという。二月八日にワラウマヒキを行う理由として、小諸市菱野では、二月八日に藁で作ったドーロクジンの馬にオハギを入れた俵をつけてひいていく。一月十五日に小屋を焼かれたドーロクジンへの火事見舞いであ

るという。この火事というのは、小正月の火祭をさしている。南佐久郡川上村では、道祖神という神様は非常に商いのうまい神様で、一年中よそで商売の博労をして歩き、十二月にムラに帰り、一月十四日に家を建て、そして十六日には火災にあって家を失い、そして二月八日にまたよそへ商売にでかけるという繰り返しをする、としている。同様の伝承は、長野県境をはさんだ群馬県側にも伝わっている。群馬県甘楽郡下仁田町初鳥屋では、二月八日をヤセウマの日といい、藁で馬をつくり、ヌルデンボウの車をつけた板にのせて、これを子どもがひいて道祖神の石碑に参る。

参考文献 『川上の習俗』、一九七五、『群馬県史』資料編二七、一九八〇、『長野県史』民俗編一・五、一九八六・九一、倉石忠彦『道祖神信仰論』、一九九〇　（田沢　直人）

ワラウマヒキ（長野県真田町戸沢）

わらざん　藁算　琉球王国時代、沖縄の各地で使用された算法の一つで、文字や数値の記録代わりに使った稲藁製の記標。藁の節・しべなどをよりあわせたり、結んだりしながら、村落内の戸数・人口(男女、老幼)を組ごとに明示してあり、それをもとに租税の数値などが示されている。田代安定『沖縄結縄考』(一九四五)に、沖縄本島はもっぱら「算数契約募集等」、宮古・八重山は「集税上の徴標」、特に八重山では「使用の区域著しく多端に亘ると覚ゆ」とある。　→結縄《けつじょう》　（石垣　博孝）

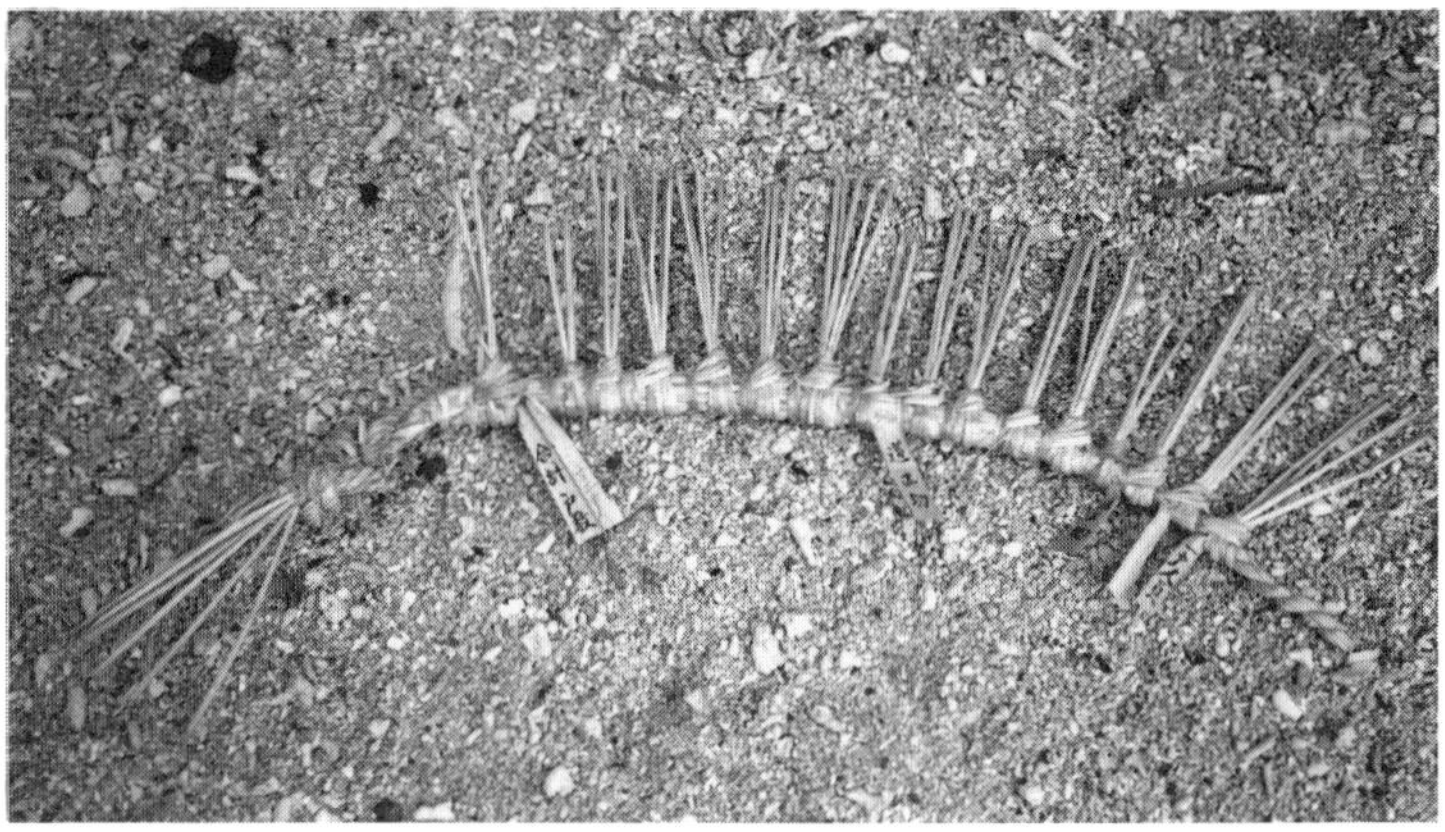
藁　算

わらじ　草鞋　多く稲藁で編み、足の乗る台に緒《お》・乳《ち》・かえしのすべて、あるいは一部を有する履物。旅や労働にはかれ農民が自製した。草鞋の原型は奈良時代に中国から伝わった藁の短ぐつで、当時は宮中を守る衛士がはいた。平安時代中ごろには爪先部を鼻緒式に指股で挟むように改良され、ワラウヅ(『栄花物語』)と呼ばれた。そして鎌倉時代にはワランヅ(『平家物語』)、室町時代にはワランヂ・ワラヂ(『下学集《かがくしゅう》』)と転訛した。草鞋は緒を通す乳の有無、数により、無《む》乳《ち》草鞋・有乳草鞋に分けられる。無乳草鞋は滋賀県と鹿児島県奄美地方・沖縄県(琉球文化圏)に見られる。滋賀県の無乳草鞋は乳を付けず緒を台座中央の両端に貫いたものでゴンゾ・ゴンズワラジという。南島の草鞋はクツといい、乳を省略した草鞋の意である。南島の草鞋はクッといい、かえしは一つの半円の輪となり緒を通すもので、琉球王国時代の遺風を残している。本土の草鞋は普通、四乳草鞋で、かえしを後乳へ挿入するものは、年間雪積量三〇センチ以下の関東・東海・山陽・四国北部・九州北部に分布する。中国・朝鮮半島の草鞋も後部はこの型なので、本来の型を一部残したものであろう。北海道・北陸・山陰・南九州・四国南部は、後乳をかえしに挿入しない草鞋で、のちの改良であろう。近畿地方は後乳へかえしを引っ掛ける草鞋である。福島県会津地方は二乳草鞋であるが、近江国の大名、蒲生氏郷が会津へ移封されて無乳から二乳に変わったものか。また江戸時代に軍学者のはいた六乳草鞋もあった。一九五〇年代に各種の靴が普及すると草鞋は衰れて、今日では祭にはかれるくらいである。「草鞋を脱ぐ」ということわざは、仕事を終える、他の仕事

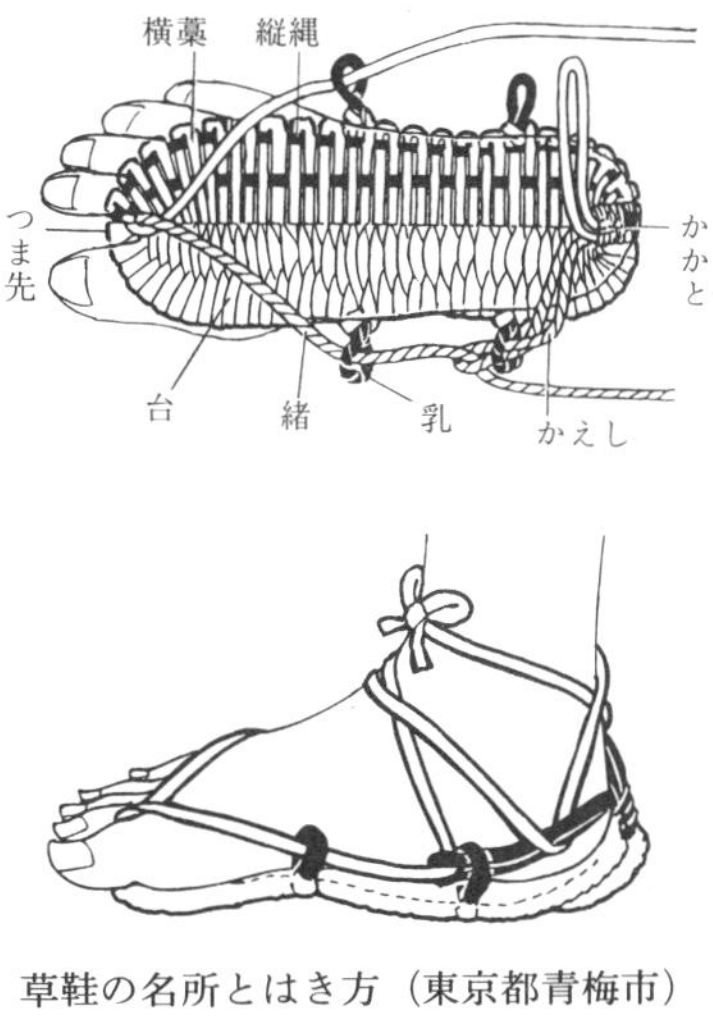

草鞋の名所とはき方（東京都青梅市）

につくという意味である。草鞋親は、はじめに世話になった人をいう。村境に草鞋を吊すのは、草鞋脱ぎ場であったものが、道祖神信仰と結びつき、他所からくる悪者や疫病を防ぐ意味から大草鞋を吊して他人を威嚇することに変わったものと考えられる。 →履物《はきもの》

参考文献 潮田鉄雄「日本四乳草履の分布」(『民族学研究』三二ノ二、一九六七)、同『はきもの』(「ものと人間の文化史」八、一九七三)

(潮田 鉄雄)

わらじおや **草鞋親** 他所からの移住者を村落の構成員として承認する村入りの際に、保証人となる家、またはその家の主人。単にオヤと称するほか、オヤブン(親分)・ヨリオヤ(寄親)・カリオヤ(仮親)・ハバキオヤ(脛巾親)・ヒキタテオヤ(引立親)・オチツキオヤ(落着き親)などともいう。また、最初に村落内で世話になった家(場所)という意味で、ワラジヌギバ(草鞋脱ぎ場)・カサヌギドコ(笠脱ぎ所)とも呼ばれる。村落内での既存の家が分家を創設する際は、本家がその保証人となって村入りを行なったが、他村落からの移住者が村入りする場合は、身許を引き受けてくれる保証人となる家を、前もって村落内に立てる必要があった。これが草鞋親で、移住者と何らかの縁故関係にある家や村落の有力者を選んで依頼した。移住者は草鞋親の庇護のもと村落に居住し、一定期間所定の義務を果たすなどして信頼を得たのち、村入りが認められることが多かった。村入りに先立ってこのような擬制的親子関係を結ぶ村落は、同族結合や親方・子方制度を基本としている場合が多い。同族結合の強い村落では、有力な本家層の家の主人をオヤとし、その同族団の一員となることによって村入りが承認される。親方・子方制度を基本としている村落でも同様である。その際、オヤの家との間に本家・分家関係あるいは親方・子方関係が結ばれ、この関係は村入り後も引き継がれた。現在、草鞋親は形式的なものになっているところが多い。 →村入り《むらいり》

参考文献 鈴木棠三「入村者と定住の手続」(柳田国男編『山村生活の研究』所収、一九三七)、最上孝敬「村の組織と階層」(『日本民俗学大系』三所収、一九五八)、江守五夫「擬制的親子関係の家父長制的形態」(『日本村落社会の構造』所収、一九七六)

(安井眞奈美)

わらしべちょうじゃ **藁しべ長者** 偶然手に入れた藁しべを次々に交換し、立身出世するという本格昔話。『日本昔話大成』は「運命と致福」の項に置く。話は大きく三年味噌型と観音祈願型に分類できる。前者は藁しべ一本(三本)を持って旅に出た男の子が途中、風で飛ばされそ

草鞋

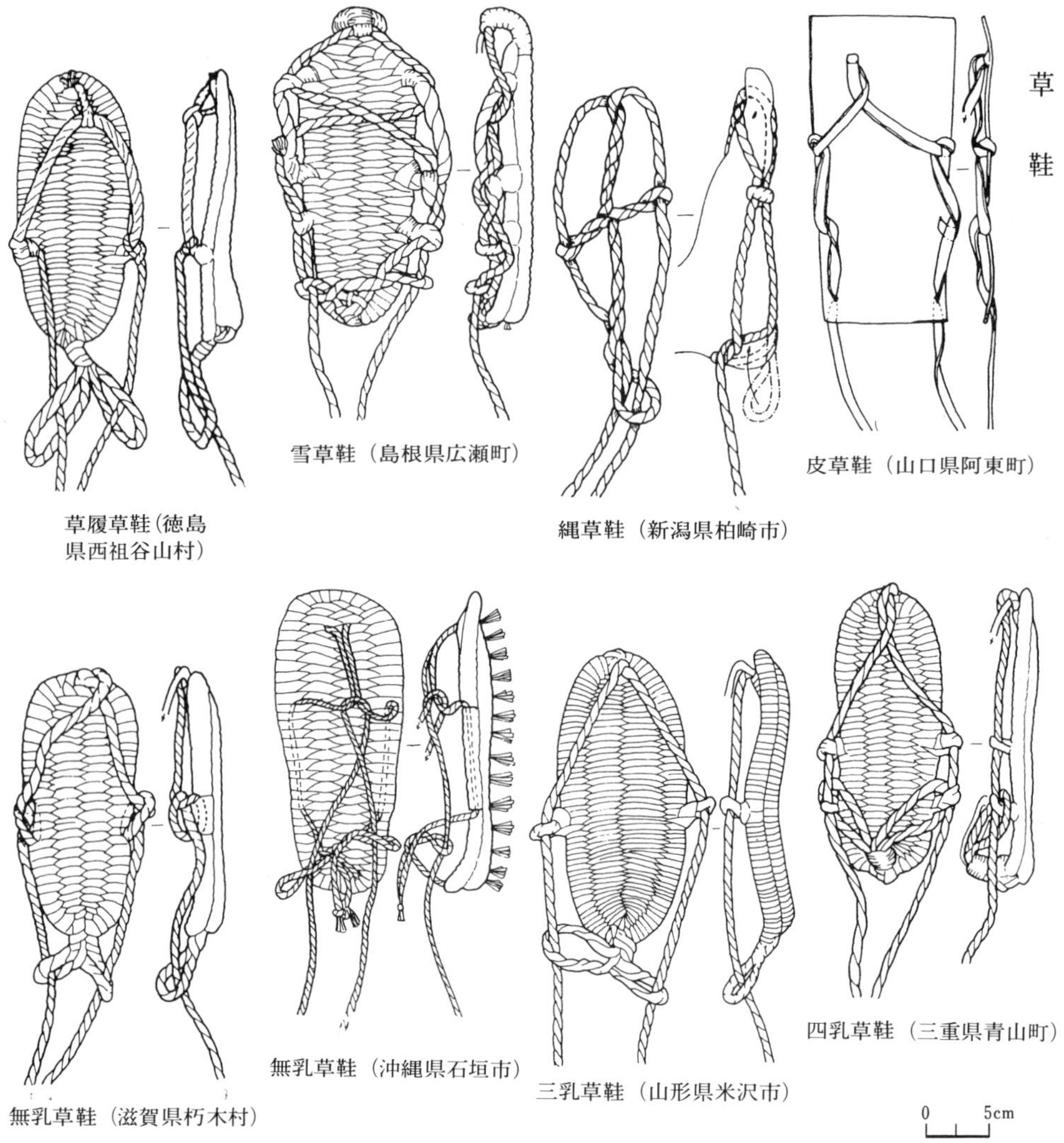

草履草鞋(徳島県西祖谷山村)

雪草鞋(島根県広瀬町)

縄草鞋(新潟県柏崎市)

皮草鞋(山口県阿東町)

無乳草鞋(滋賀県朽木村)

無乳草鞋(沖縄県石垣市)

三乳草鞋(山形県米沢市)

四乳草鞋(三重県青山町)

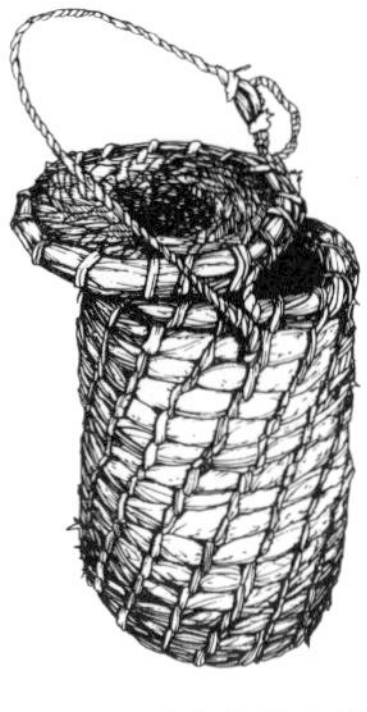

皿入れ（岐阜県本巣町）

藁苞（京都府綴喜郡）

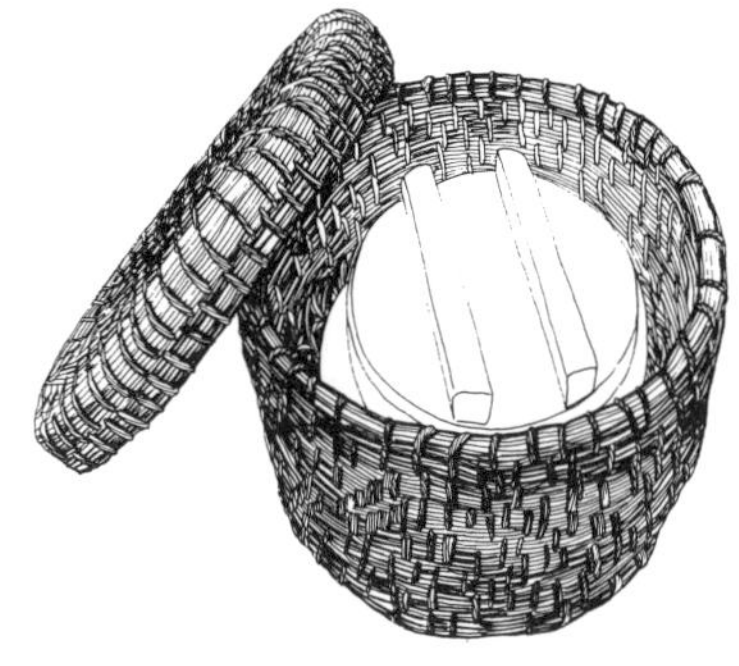

イズミ（滋賀県朽木村）

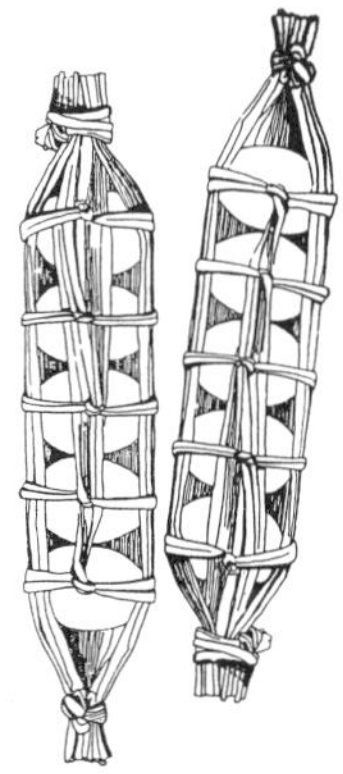

卵苞（東京都青梅市）

巻き柿（大分県中津市）

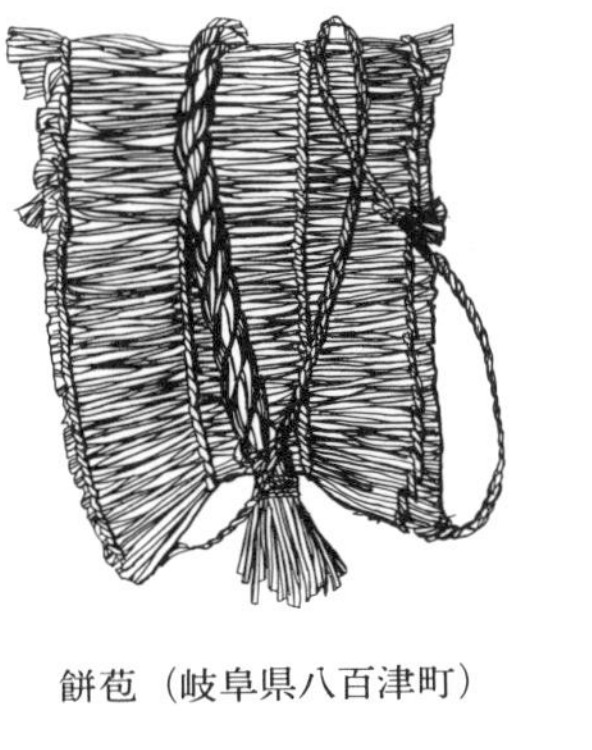

餅苞（岐阜県八百津町）

うな蓮の葉を藁で縛ったお礼に蓮の葉を貰う。次に味噌屋の雨除けのために葉と三年味噌を交換、次に味噌がなくて困っている刀鍛冶のためにその味噌を用立て名刀を貰う。その刀は蛇から男の子を守る。名刀を殿様から所望され、お礼に千両の金を貰い名字帯刀を許されたというもの。藁しべを千両にした男を長者の娘の聟にするという筋の話もある。民間伝承としては三年味噌型が多く、西日本に濃く分布している。後者は、男が長谷寺観音に出世の祈願をし、寺を出て最初に触れたものを大切にせよとの夢告《むごう》を受け藁しべを拾う。虻を捕らえて藁で縛ったのを乞われるままにミカンと交換、それからつぎつぎと反物・馬・田畑に交換し、その田畑を譲り受けて大金持ちになるというもの。『今昔物語集』一六ノ二八、『宇治拾遺物語』七ノ五、『古本説話集』下、『雑談集』五ノ中などの話はいずれも観音祈願型といえ、霊験譚の性格が強く、この話が説教唱導の場で語られていたことを思わせる。沖縄本島には尚巴志《しょうはし》王の出世に関わって、藁しべからつぎつぎに品物を交換し、手に入れた鋼鉄を鍛冶屋に譲って刀を作らせ、刀を大和人の金屏風と交換、それを南山王の城下の泉と交換して滅ぼし、琉球統一を果たしたとするものもある。柳田国男は蜂・虻などといった羽虫の力が人間の幸福獲得に関わることを説く。また福田晃は、人々の果たしえぬ夢を叶えてくれるところにこの話の特色があり、その保証としての因果思想があるという。

参考文献 柳田国男「藁しべ長者と蜂」（『柳田国男全集』八所収、一九九〇）、佐竹昭広「藁しべ長者のこと」（『民話の思想』所収、一九七三）、福田晃「「藁しべ長者」と因果思想」（『昔話の伝播』所収、一九七六）　（松本　孝三）

わらづと　藁苞　藁を素材として製作された包み。ツトッコ、巻藁《まきわら》とも呼ばれる。苞は、その字が示すように、植物繊維による包みの意である。その植物繊維の代表が稲藁であった。稲藁で製作された苞は、いずれも藁の管状構造・通気性・保温性などの特質をよく活かしている。円筒状の管である藁を束ねれば、適度に外気を遮断して内部を温かな状態に保つことができるし、一種のクッションの役割を果たすこともできる。苞のなかに藁の下葉を詰めれば、さらにすぐれた効果が期待される。藁束を巻きあげて製作されるイズミ、ツグラなどと呼ばれる藁苞は、米を炊きあげた釜の保温、割れやすい陶磁器などの保護に供された。乳児を入れておくイジコなども、広義の藁苞といってよい。納豆苞は、稲藁に潜んでいる菌を活かし、糸引き納豆をつくるための容器でもある。餅を貯蔵する苞、干柿に粉を吹かせる苞、干魚やスルメなどを包む苞などは、いずれも藁の通気性を活かしたものである。藁苞は、単なる物品の包装機能のみならず、内容物の加工や保存の機能を有していた。割れやすく、すわりの悪い卵を中空構造の藁によって包んだ卵苞の意匠には、造形の合理性に裏打ちされた、簡素な機能美が感じられる。なお、『徒然草』に「都の苞に語らむ」などの記述があるように、苞は、土産として持ち帰る土地の産物を意味していた。

参考文献 宮本馨太郎『民具入門』（『考古民俗叢書』、一九六九）、中村たかを『日本の民具』、一九八一、宮崎清『藁』（『ものと人間の文化史』五五ノ一・二、一九八五）、同『図説藁の文化』、一九九五　（宮崎　清）

わらてっぽう　藁鉄砲　旧暦十月十日の十日夜や十月亥の日の亥子の日に、子どもたちが地面を叩いて回る藁製の道具。ポンポンとよい音が出るようにサトイモの芋殻を芯にして藁でぐるぐる巻いたものなどがある。直径一〇《センチ》、長さ一《メートル》程度で、手元は持ちやすいように輪にする。田に害をなす猪を追うためとか、大根を太らせるためなどといって、夕方子どもたちが家の庭、田畑、ケイドと呼ぶ各家への引き込み道路などをついて回り、お礼に金品を貰う。終えたら成木に掛けておくとよく成るともいう。

藁鉄砲作り（埼玉県荒川村）

参考文献　『関東の歳時習俗』(「日本の歳時習俗」三、一九七五)　（内田　賢作）

ワラビ　ワラビ　日本で最も身近な山菜の一種。地下茎には良質のデンプンを含むため、救荒食にも利用されてきた。そして近年では栽培化がすすみ、各地に観光用のワラビ園がみられる。ワラビは、沸騰した湯に木灰とともに入れて煮たのちに、水洗いをして、冷水に一夜つけてアク抜きをしてから食べる。翌冬まで保存する場合は、アクを抜かず塩蔵される。デンプンはワラビ粉といい、それを鍋に入れて水でとき、火にかけてかためるとワラビ餅となる。

参考文献　杉山是清「ワラビの地下茎採取活動(一)」(『民具マンスリー』二二ノ七、一九八九)　（池谷　和信）

ワラビナー　ワラビナー　⇩幼名《ようみょう》

わらべうた　童唄　子どもの遊びの中で自然発生的に生まれ伝えられているものや、遊びの中に取り入れられた既成曲の総称。子どもの遊び歌ともいわれる。主な伝承媒体には、(一)子ども集団、(二)親、(三)祖父母、(四)マスメディア、(五)幼稚園・保育園・学校があるが、現在(一)(二)(三)が弱体化してきている。遊びの種類は、町田嘉章・浅野建二編『わらべうた』(一九六二)では、(一)遊戯歌一(手毬唄・お手玉唄・羽子突唄など玩具を使用)、(二)子守唄、(三)天体気象の唄、(四)動物植物の唄、(五)歳時唄、(六)遊戯歌二(縄跳び・かくれんぼ・鬼遊び・手合せ遊びなどの集合遊戯)となっている。しかし遊びの種類は時代とともに変遷し、一九六九年(昭和四十四)に刊行された東京芸術大学民俗音楽ゼミナールの『わらべうたの研究』楽譜・研究編では、(一)となえうた、(二)絵かきうた、(三)おはじき・石けり、(四)お手玉・はねつき、(五)まりつき、(六)なわとび・ゴムなわ、(七)じゃんけん・グーチョキパーあそび、(八)お手あわせうた、(九)からだあそび、(一〇)鬼あそび、と分類されている。その後、おはじき・石けり唄、お手玉・羽根突き唄、動植物・自然の唄、手まり唄が衰退し、となえ唄、絵かき唄、なわとび唄、じゃんけん唄や鬼遊び唄が盛んとなっていたが、現代ではとなえ唄、絵かき唄も減少しつつある。日本の童唄は、日本語の語彙の豊富さ、季節感に支えられ数多くの唄が伝承・創造されてきた。手まり唄は現存する童唄の中でもその戸籍が明確で、『日本書紀』に蹴鞠が、江戸時代の『守貞漫稿』にも手鞠の記述が登場している。明治時代末期のゴムの輸入は、手まり唄を飛躍的に発展させた。また、じゃんけんも中国から伝来したが日本で広く行われるようになった。絵かき唄は、ひらがな・カタカナ・漢字・図形・漢数字・アラビア数字を駆使することができる日本の代表的な童唄となった。しかし今日では子ども数の減少、異年齢のタテ関係をはじめとする子ども集団の希薄化、受験地獄やお稽古ごとなどによる遊び時間の減少、ファミリーコンピューターやテレビなど室内で一人で遊ぶ習慣が子どもの世界を席巻しつつある。また、交通地獄・自然破壊・居住環境の変化は、子どもの遊びの客観的状況を劣悪にしてきている。ただ、子どもは塾の往復・団地の階段・電車の中でも遊びを行なっている。そしてその伝承と創造は、大都市や地域の僻地よりも地方の県庁所在地に数多く見られる。音楽的には、強弱感のない二拍子型で、ラードーレー(ミ)のような民謡(十律)音階といった伝統的な音楽語法を用いている歌が主流を占めているが、子ども自身が学校唱歌や童謡、また歌謡曲や軍歌などから導入した歌もある。それらは、お手あわせ唄や、ゴムなわ遊び唄に多く見られ、三拍子型や西洋長音階を用いている。また「いちかけにかけ」が西洋音階化したり、テレビで大流行した「オバケのQ太郎」や「ドラえもん」のように、西洋長音階と民謡音階が巧みに混合された絵かき唄もある。→数《かぞ》え唄《うた》

童唄　花いちもんめ

参考文献　広島高等師範附属小学校音楽研究部編『日本童謡民謡曲集』、一九三一-三五、浅野建二『わらべ唄風土記』、一九六九・七〇、北原白秋『日本伝承童謡集成(改訂新版)』一—七、一九七四-七六、水野信男編『山陰のわらべうた—中海周辺および隠岐・子どもの遊び歌資料集成—』、一九八一、

小泉文夫『子どもの遊びとうた』、一九六六、岩井正浩『わらべうた―その伝承と創造―』、一九六七、『日本わらべ歌全集』、一九七九‐九二
（岩井　正浩）

わらべことば　童言葉　子供の遊びのなかで繰り返し唱えられたりする言葉。口遊びなどともいわれるものと近い。ただ、言葉遊びとしての意識が少なく、聞き覚えた調子のよい言葉などを繰り返しているものをも含んでいる。普通は子供が創作したものは含まず、伝承されたものを対象とすることが多い。愛知県渥美町の福江の九月里祭に少年たちが「いくよのくるよのおたようタヨおたよのタヨタヨ」と繰り返す言葉のように繰り返されているあいだに意味がわからなくなって唱え言のようになっているものもある。鳥取県八頭地方の幼児がウツギの木の新芽を採って手に持ち「口あけかあかあ」と唱えるなど、しばしば花・鳥・虫・天然現象などを対象とするが、大人の唱え言が子供の言葉遊びのなかに保存されたものもある。幾つかの唱え言をもとにして童唄のようになっているものもある。七草の日の囃し言葉が「たんたん叩きのたら叩き」などと言葉の調子のよさや、言葉遊びの面白さによって伝えられているものもあるが、子供の生活や行動と深く関わって唱えられるものも多い。たとえば秋田県角館あたりで、昼顔の花を口につけて「上からコチコチ、下からコチコチ」とささやくなど、子供の遊びのなかで唱えられるものや、「お皿に団子に箸持ってほい」などという鬼決めの言葉、「指切り鎌切り」などと誓約などで唱えられるもの、「けぶけぶ山へ行け、金々こっち来い」など焚き火にあたりながら煙を避けるときの唱え言や、「天道様照らっしゃれ、雲様どかっしゃれ」など太陽や月、風や雲に呼びかけるもの、「ほうたる来い」など蛍や鳥に呼びかけるもの、ホトトギスの鳴き声を「おとっと恋し、おとっと恋し」というように、鳥の鳴き声などを聞きなす唱え言もある。このようなものには別に伝説や昔話が伝えられていることがある。また、相手を嘲笑ったり悪口をいったり戯れたりするものもある。舌もじりの早口言葉なども各地に伝えられているし、近世以前からの古謡が童唄のようにして伝えられているものもある。
（倉石　忠彦）

参考文献　信濃教育会北安曇部会編『北安曇郡郷土誌稿』五、一九三三

ワラホウデン　ワラホウデン　関東北部で屋根を藁で葺き、中に幣束を立てて屋敷内や神社の境内などにまつった簡素な社のこと。ホウデンは、幣（ボンデン）を中心にした小祭壇の形から起った名称とみられている。茨城県の北部では毎年十一月十五日、屋敷の裏（北側）に新藁で屋根を作り替え、幣束を新しくして御神酒や赤飯を供え、ウジガミさまと呼んでまつる例が多い。お宮の形のものや、円錐形のもの、片流れ形のものなど、形態はさまざまである。ワラホウデンをまつるのは男の仕事とされ、神座を一年ごとに更新する古い祭祀形態とみることもできる。

ワラホウデン（茨城県勝田市）

参考文献　大間知篤三・岡正雄・桜田勝徳編『信仰と民俗』（『日本民俗学大系』八、一九五九）、直江広治『屋敷神の研究―日本信仰伝承論―』、一九六六、『東海村史』民俗編、一九九二
（藤田　稔）

わりかえ　割替　村落の構成員間で土地を定期的に割りなおすこと。民俗学としては村落内での割替のみが主要な関心になってきたが、歴史的にみれば江戸時代には藩の土地政策によって、藩規模で行うものもあった。割替の対象は耕地に限らず山の割替もあった。山の割替は特に山分けという表現を用いることがある。耕地などを定期的に割り替える制度は割地・地割などとよばれ、江戸時代に年貢負担の公平を期するために一部の地域で行われた。古島敏雄は水害などによって耕地の自然的条件が悪化し、収穫不定地が年貢に関係してきた場合に割替が行われたと判断した。しかし民俗学の場合は、近代以降においてさえも、ムラのなかで相互の不公平感を除去するために定期的に行われる割替に関心を示した。このような現象は特に焼畑耕作を主要な農法にしていたムラなどに顕著にみられた。そこでは土地は村人全員が基本的に共通に所有権をもっていて、たまたま数年間自分が割り当てられた土地を占有しているのだという意識がある。また、鹿児島県には父系親族から成り立っている門とよばれる組織体があった。この門を単位に土地を割り当てる制度として門割制があり、昭和期に入ってもその一部が機能していて民俗学者の関心を引いた。　→門割制度《かどわりせいど》
→地割制《じわりせい》

参考文献　古島敏雄編『割地制度と農地改革』、一九五三、鳥越皓之『トカラ列島社会の研究』、一九八二
（鳥越　皓之）

わるくち　悪口　人や社会を悪くいうこと、あるいはその言葉。石合戦や悪口祭など民間で行われる行事や祭の中には、互いに悪口を言い合う習慣が見られる。また、かつては日常においても子供たちが隣村の子供たちと行

き会った時にお互いにいい合う喧嘩言葉があった。これは、もとは言葉争いの習慣に根ざしていると考えられる。元来コトワザ(言技)は、言葉によって自分の呪力や威信を示し、敵の魔力に打ち勝つためのものであり、武技と同様に重要な戦いの手段であった。つまり戦い前に味方を腹いっぱい笑わせることにより、敵を消気させ味方を元気づけるのである。『続日本紀』には、藤原広嗣の乱において言葉争いのみで勝敗を決した例が記されている。また、山論や水論などのムラの紛争のときにも、隣村への談判には必ず口達者な村人が選ばれた。このような言葉争いの習慣は、かつては東京でも「たんかをきる」として見られたが、次第に日常の悪口・娯楽・芸能に変化していった。その中で子供たちの喧嘩は、現代のような陰質なものではなく、「バカ、カバ、チンドンヤ、オ前ノカアサン、デベソ」などと大声でいい合われ、コミュニケーションの一つとも、ムラの成員になるための過程とも捉えられる。ただ「オ前ノカアサン、デベソ」のように、相手の母親の肉体に関する言い方については、最近の研究において中世武士の社会で、最大の侮辱の言葉であったとの指摘もある。特に隣村の子供たちとの悪口には、その村人の生活や労働に対する態度・気質・経済状態をいったものも多く、近隣地域社会に対する認識の仕方をうかがい知ることもできる。→悪態祭《あくたいまつり》 →石合戦《いしがっせん》 →人物評《じんぶつひょう》

参考文献 柳田国男「なぞとことわざ」(『柳田国男全集』二二所収、一九九〇)、笠松宏至「お前の母さん…」(網野善彦他『中世の罪と罰』所収、一九八三)、宇田哲雄「喧嘩言葉・悪口について―ムラ人の地域社会認識―」(『日本民俗学』一九六、一九九三)、藤木久志『戦国の作法―村の紛争解決―』(「平凡社ライブラリー」、一九九八)

(宇田 哲雄)

われいしんこう 和霊信仰 愛媛県宇和島の和霊神社に対する信仰。祟りをなす人間霊としての御霊《ごりょう》が恵みや福をもたらす和霊へと転じたもの。このような和霊に対する信仰を和霊信仰という。菅原道真など古代以来の御霊信仰が近世になって発現した例。和霊神社祭神の山家《やんべ》清《せい》兵衛《べえ》は、一六一四年(慶長十九)、伊達政宗の庶長子秀宗が、伊予国宇和郡十万石の領主になったとき、民政・財政担当の総奉行に抜擢された人物である。しかし、山家は、藩草創期に特有の家臣団の編成や財政上の諸課題をめぐる政争の中で、一六二〇年(元和六)六月に暗殺されたといわれている。山家の死後、天変地異の多くが、山家の祟りとみなされ、その結果、和霊神社としてまつり込められるに至った。神社はつぎつぎと遷宮され、享保年間(一七一六―三六)にやっと現在の地に定められた。それまでの御霊信仰的側面は、その後の祭礼の隆盛に伴い、次第に消えてゆき、守護神化していった。和霊神社の祭礼には、正月六日の六日歳《むいかどし》や春祭もあるが、七月二十三、二十四日の夏祭は、「和霊さま」として西日本に広く知られている。御旅所に巡行した神輿が神社に還御する時にみられるハシリコミは、祭礼のフィナーレをかざる最大の見物である。和霊信仰は、近世後半に、流行神《はやりがみ》化し、四国・九州・中国地方を中心に伝播した。その信仰圏内では、和霊神社祭礼の夜に蚊帳《かや》をつらずに夜明かしすると功徳があるというカヤマチ(愛知・広島)やワレイマチ(徳島)の民俗が各地にみられる。

参考文献 石崎正興「和霊信仰史試論」(『民俗学評論』四、一九七〇)、『愛媛県史』民俗上、一九八三

(佐々木正興)

わん 椀 飯や汁などを盛り分ける半円形の小型の食器で、まり・もひとも呼ばれていた。まりも、もひも本来は酒や水をもるために使われることが多かったようである。素材によって、埦・鋺・碗・椀といった漢字が使い分けられた。埦は土器、碗は陶磁器、鋺は金属器、椀は木器、および漆器をさしている。歴史的にみると素焼きの土器が古く、縄文時代や弥生時代の遺跡から埦状の小型の土器が出土している。古墳時代の初期には土師器、以後須恵器の碗が登場するが、いずれも素焼きである。平安時代に入って大陸から土器に釉薬をかけて焼いた陶器が伝えられ、鎌倉時代から室町時代には、やはり大陸から多くの陶器が輸入されている。天目茶碗がその代表例である。一方、出土資料の分析からは、時代が新しくなるにつれて、土器の出土量が増加するのが自然であるのに、逆に出土量が減少している。このことから中世に至るまでの間、焼物の碗から木製の椀への変化があったのではないか、という仮説が立てられている。近世初期には朝鮮半島から技術者が渡来して、磁器の生産が盛んになり、漆器の産地も近世前期にはその多くが成立する。しかし一般庶民の間では木製の椀が主流を占め、漆器や磁器の碗が一般に普及していくのは明治に入ってからのことである。いずれにしても日本では、かなり古い時代から主食や汁物を盛り分けていたであろうことが、椀の存在からうかがい知ることができる。冠婚葬祭など儀式用の正式な膳を本膳といい、手前に飯椀と吸物椀、中央に平椀、後方には壺椀と皿がならぶ。本膳はその格式や儀礼の規模によって一の膳、二の膳、三の膳が出される。また椀を題材にした伝説には椀貸伝説がある。河童や水神から大事な膳椀を借りるという話であるが、このほかにも上流から椀が流れてきたことにより、山深い地に人が住んでいることを知るという話もある。いずれも人々の生活を椀に象徴させた伝説である。

参考文献 宮本馨太郎『めし・みそ・はし・わん』(「民俗民芸双書」、一九七三)、須藤護『暮しの中の木器』、一九八二、神崎宣武『台所道具は語る』、一九八四

(須藤 護)

わんかしでんせつ 椀貸伝説 伝説の一つ。椀貸滝・椀貸塚・椀貸淵・椀貸山などとする。椀や膳が入用の時、依頼に応じてくれるとする話。全国的な分布を示すとともに異郷・異界、水底の異境との微かなる交流を示唆する話として注意が必要。たとえば福井県坂井郡の事例は、「影響録云。久米田山の辺に黍つかとて岡あり。古より誰

住ともなく、延宝の始比まで此国の江川より朝ことに泔《しろみつ》流出けるとそ。又慶長の比は此辺に行て、明日何人前の椀家具かし候得と三度いへは、翌日詞のことく出しあるを借受、遣ひ事済てもとの所へ返しけり。年を経て人心直ならさるにや、出る事やみしといへり」と井上翼章『越前国名蹟考』(一八一五)にみえる。これからも知られるように、古くから伝えられていた話には、その素姓をうかがわせるような表現が残っていた。一つは山里の奥地から白濁した米の磨《とぎ》水が流れてくる。これによって、山中に秘郷の存在を推察する。米代川の名称の由来に同じである。ついでこれにもとづいて、『遠野物語』にみえるまよいがのごとき富貴具足の桃源郷を想定し、やがては彼我との交通、交流を想到するに及んだものと考えられる。その際、これを「三度いへは」は、ここに特定の呪詞、呪言のあったことをうかがわせる。のち、それの「出る事やみし」の理由を「年を経て人心直ならさるにや」と説くが、これはもちろん合理化の一種に過ぎず、こうした結果の招来したのは、おそらくはこちらの側からの一方的な禁忌の侵犯にあったのであろう。

参考文献 柳田国男「一目小僧その他」(『柳田国男全集』六所収、一九六九)、南方熊楠「続南方随筆」(『南方熊楠全集』二所収、一九七二)

(野村　純一)

ワンジョウ ワンジョウ　宮座の最長老の男性のこと。和尚・腕上・一老などと記す。近畿地方の宮座にみられる。滋賀県甲賀郡水口町北虫生野などでは、前任者の死亡とともにワンジョウになると、宮座の座人帳などの文書が入ったワンジョウ箱を引き継ぐ。ワンジョウは宮座の集まりでは最も上座に座り、神社を中心とする村落祭祀だけでなく、共有財産の処分の是非や土地の境界地点の判断など村落生活の伝統的な部分に関して意見が求められることが多く、「村の生き字引き」として村人から尊敬されている。　↓オトナ　↓老人成《おとななり》　↓長老制《ちょうろうせい》　↓年《とし》寄《より》

(関沢まゆみ)

わんぶね 椀船　愛媛県今治市桜井およびその周辺地域の漆器行商船。十九世紀の初めに肥前の伊万里や唐津の陶器を大坂方面へ回送し、かわって紀伊の黒江(和歌山県海南市)の黒江塗を仕入れて九州・中国・四国方面に販売したのがはじまりとされる。のちに漆器単一行商となり、地元に漆器製造を立地させるとともに、この桜井漆器を扱うことで販売を拡大した。椀船は、春秋の農閑期に船主が商品を仕入れ、売り子六、七人を伴って乗り込んだ。大正後期を最盛期とし、太平洋戦争中に消滅した。

参考文献 近藤福太郎『伊予桜井漆器史』、一九六四、『愛媛県史』地誌二、一九八六

(森　正康)

野良仕事

野良仕事とは、一般的には田畑に出て行う耕作仕事をさす。しかし、野良という言葉が田畑のほかに平坦地をさしたり山地をいう地方もあることからすれば、野良仕事は屋外における農仕事全般をさすことになろう。こうした仕事は自然の運行と暦の知識に基づき、時季をはずすことなく毎年同じように繰り返されてきたから、季節を彩る風物詩として定着してきた仕事も少なくない。春に土を起こし、種子を播き、水や肥料を与える一方で成育の障害となる雑草を除き、大風や大雨、日照り、寒さや降霜などを気遣いながら収穫に至る。その喜びも束の間、また翌年の仕事に思いを馳せる。そのようにして形作られた野良仕事のリズムは、常に一歩先を読んで備えを怠らない農民精神を育て上げ、農民のたゆまぬ労働は列島の各地に独自の景観を作り上げてきた。野良仕事は、そうした農村の営みと風景の原点だと言ってもよいだろう。

（湯川　洋司）

1　**農耕図掛軸**　福島県岩瀬郡岩瀬村教育委員会所蔵

耕　す　鍬や鋤で掘り起された土は、新たな空気と陽光にふれて活力を取り戻す。人の力で耕すことは骨の折れる仕事に違いないが、その仕事の累積は、たとえば今日見る人を驚かすような棚田や段々畑の壮観となり表出し残されている。また耕すという行為は、土質の微細な変化に応じて多彩な形や機能を持つ農具を生み出してきた。それは、耕す農民と農具を供給する野鍛冶とが土を介し密接な関係を結び合ってきた結果にほかならない。↙

2　**耕作風景**　昭和59年
岐阜県旧徳山村

3　**牛　耕**　昭和50年
新潟県佐渡郡相川町戸地

↘人力に頼る耕作法に加えて、牛馬を用いた犂耕も広く行われた。東日本では馬が、西日本では牛が多く用いられ、鞍下牛をはじめとする各地独特の慣行も発達を遂げた。牛馬に牽引させる犂もさまざまに発達を遂げるとともに、篤農家などの独自な考案や改良により地方的な普及発達を遂げた犂も出現した。こうした犂耕から耕耘機に始まる機械利用の時代に進み、現在ではトラクターが主力になっている。そうした機械化の進展は水田の基盤整備事業をも進めさせ、農村景観に一大変化をもたらした。

4　**畑作風景**　昭和56年
広島県因島市大浜

6　**あらおこし**　昭和46年ごろ
高知県土佐清水市松尾

代を作る　代は水を湛えるゆえに、できるだけ均等に水平にすることが肝要であった。まず畦を削りモグラなどが空けた穴を塞いで水漏れを防ぎ、泥で塗り上げる。また鍬や馬鍬を用いて土を砕くように掻きながら、田面に撒いた堆肥や緑肥などを鋤き込む。広い田、細長い田、不整形な田など、それぞれの形状に応じた代掻き法が工夫され、伝えられてきた。満遍なく代を均すことの難しさは、トラクターを使うようになった今でも変わりなく、その修得には経験と勘がものをいう。代作りは男性の仕事とする所が多く、その伝統は今なお生きているが、中には女性も従う所があった。

5　**畦塗り**　平成８年　山口県玖珂郡錦町

7　**あらがき**　昭和40年ごろ
高知県高岡郡東津野村

8　**馬の代掻き**　昭和32年
岩手県岩手郡葛巻町小屋瀬

田植え　田植えは普通、苗代で育った稲苗を挿してゆく植え田の方法をいうが、そのほかに下肥などと混ぜ合わせた種子を直接田に播き付ける直播きの方法もあった。摘み田などといわれるこの方法は、関東地方や九州地方を中心に伝承されてきたが、今日ではほぼ姿を消した。植え田にしても、早乙女などによる女の仕事とする所があれば、男が植える所もあり、前進植え、後進植え、内側から渦を描くように回りながら植える佐渡の車田など、その方法はさまざまであった。田植えの適期は短く、それゆえこの時期は忙しく、朝から晩まで自家以外の人の手も借りて働いた。田植えは重労働に違いはなかったが、多くの人が集うにぎやかな行事でもあった。また田の神祭の一面を持ち、花田植のように盛大に祭礼化した例もある。ただし近年は機械化が進み、そうした田植え風景は次第に過去のものとなりつつある。

9　種子ふり(摘み田)　埼玉県上尾市

10　田植え(植え田)　岐阜県大野郡白川村

11　十条田植機による田植え　平成10年
宮城県登米郡南方町

12　車田植え風景　昭和51年
新潟県両津市北鵜島

13　二期作の田植え　昭和47年
高知県南国市岡豊

水やり・草取り　水田稲作にとって生命線とも言える水の分配・利用には細心の注意が払われ、その公平を期すための仕組みや細かな定めが作られてきた。それでも日照りの年には水争いがみられたこともあった。一方、田植え休みも束の間、一週間もすれば一番草、そして二番草、三番草と草取りが続く。伸び始めた葉先で目を突かないようにしながら、雁爪などを手にして田を這う作業は、体を芯からきしませた。だから押すだけでできる太一車などの回転式中耕除草器の出現は画期的であり、さまざまな改良が加えられながら、全国に普及した。

14　**水車踏み**　昭和37年
新潟県中蒲原郡横越町藤山

15　**田の草取り**　福島県耶麻郡猪苗代町

16　**八反車による中耕除草**　昭和43年
埼玉県秩父郡長瀞町野上

17　**仕事の合い間に**　昭和20年代後半
山口県阿武郡福栄村押原

稲刈り・脱穀　稲はもっぱら鎌を使って根刈りされた。片手で握り、刈り取っては一定の大きさに束ねて藁で元をくくる。束ねた稲は稲架に架けたり、田面に広げるなどして日に当てて乾燥させる。稲架は田面に立てた棒杭に稲束を突き刺すもの、何段も横に懸けた竿に掛けるものなど、地方的特色をさまざまに示し、一見してどの地方のものかがわかる場合もある。十分に乾燥した稲は田や農家の庭先に運ばれて脱穀された。今でも種子籾の脱穀に用いられることのある千歯扱きがかつては広く使われ、その後足踏み脱穀機から動力脱穀機へと移り変わった。さらに、近年は刈取りから脱穀まで同時にこなすコンバインが導入され、稲刈り風景は一変した。

18　**手刈りの稲刈り**
福島県郡山市湖南町

19　**手押しの稲刈り機による稲刈り**
平成10年　宮城県登米郡南方町

20　**稲　架**　昭和35年
新潟県西蒲原郡分水町

21　**脱　穀**　昭和20年代後半
山口県萩市土原

23　**エンガを使って畑をうない起す**　昭和49年
埼玉県秩父郡荒川村下日野

24　**麦踏み**　昭和25年ころ　神奈川県秦野市

26　**コンニャク作り**　昭和49年
埼玉県秩父郡両神村薄

畑の仕事　日本の農業は稲作を中心にして展開する一方で、焼畑や常畑に多種多様な作物を栽培する畑作も重要な役割を果たしてきた。雑穀や豆、芋、根菜、茶、養蚕に用いた桑葉などに至るまで、実にさまざまな作物が自家食料としてあるいは換金作物として生産されてきた。その一端は種々の畑作物が並ぶ盆棚や、粟穂・稗穂をはじめとする小正月の作り物などに示されているとおりである。そこには日本の農家が複合経営を基本としたことも示されている。

22　**焼畑の火入れ**　昭和62年　高知県吾川郡池川町椿山

25　**茶摘み**　昭和52年
埼玉県入間市宮寺

絶え間のない野良仕事　稲作を中心とした農耕生活は春から秋までの半年ほどのことであり、冬を挟んだ晩秋から初春は農仕事を離れる農閑期といわれてきた。ここに農間稼ぎという言葉が生まれる余地もあったが、実際にはその冬もまた農耕生活と深く結びついていた。冬を前にして牛馬の飼料とする草も刈れば、翌春に田へ入れる柴を刈り野積みもした。そのようにして一冬寝かせた堆厩肥などとともに春先に田へ運び出し、一年の農作がはじまった。そうした有機肥料を自給する段階から、大豆かすや魚肥などの使用を経て、現在では化学肥料が中心を占めるようになり、農業従事者の高齢化もあって肥を作る風景は珍しくなった。

27　**刈り干し**　昭和51年
宮崎県西臼杵郡高千穂町

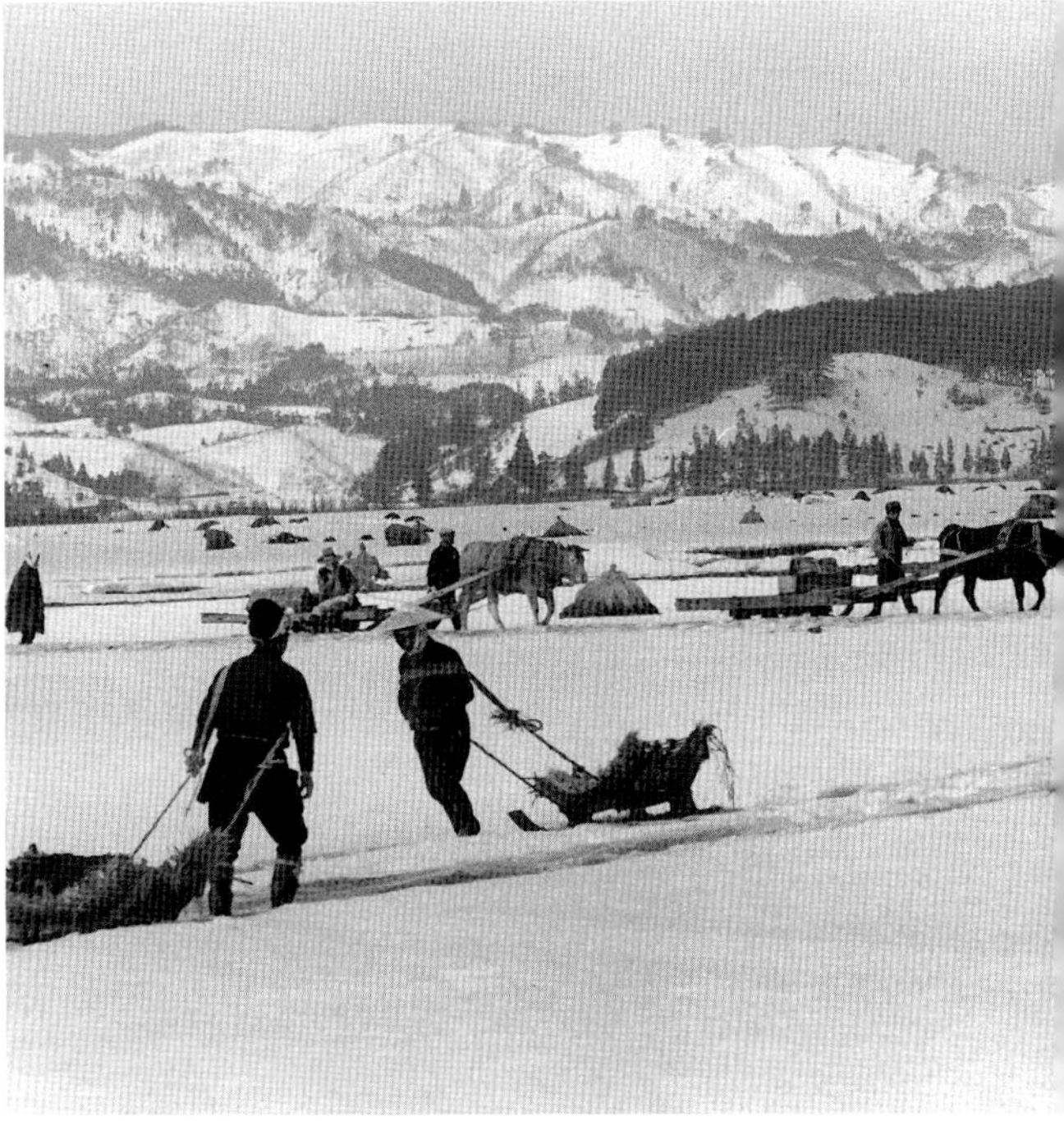

28　**肥出し**　昭和35年
秋田県横手市

29　**野良帰り**　昭和45年
福島県南会津郡南郷村

生と死

生と死は全宇宙的命題である。星の誕生と死もあれば人の誕生と死もある。生命の誕生と死亡とが人々にどのようにうけとめられてきたか。誕生と死亡にまつわる儀礼には共通するものが多い。子授けの効験があるとされる子産石と死者の墓に据えられる枕石とはともに水辺から拾われる丸い石。新生児と死者とはいずれも産小屋や喪屋に籠る存在。産飯と枕飯、産湯と湯灌、産着と死装束、お七夜と初七日、名付けと戒名、誕生餅と四十九餅等々、生と死の儀礼はみごとな対応をみせている。そこにはこの世とあの世の境界での移行は同じような段階を経るものだとする観念がうかがえる。誕生と葬送の民俗の中には人人の生命観と死生観とが凝縮されている。

1　子産石　神奈川県三浦半島

2・3　産小屋と力綱　福井県敦賀半島

長寿力　この世に生をうけた以上、長寿は人々が求めてやまないもの。命を一年、また一年とつなぐことが生の証しであり、その長寿の喜びを表わす祝いの代表は米寿の祝いである。一年ごとに力強く稔る米の力を人の命の源泉とみる観念がある。長寿の生命力をもつ老人が新生児に力を授け、命を強化する儀礼が存在する。そこには老人と赤子の間の生命の連鎖が見出される。　　　　　　　　　　　　　　　　　　　　　　（関沢まゆみ）

4　イジコ　岩手県胆沢郡衣川村

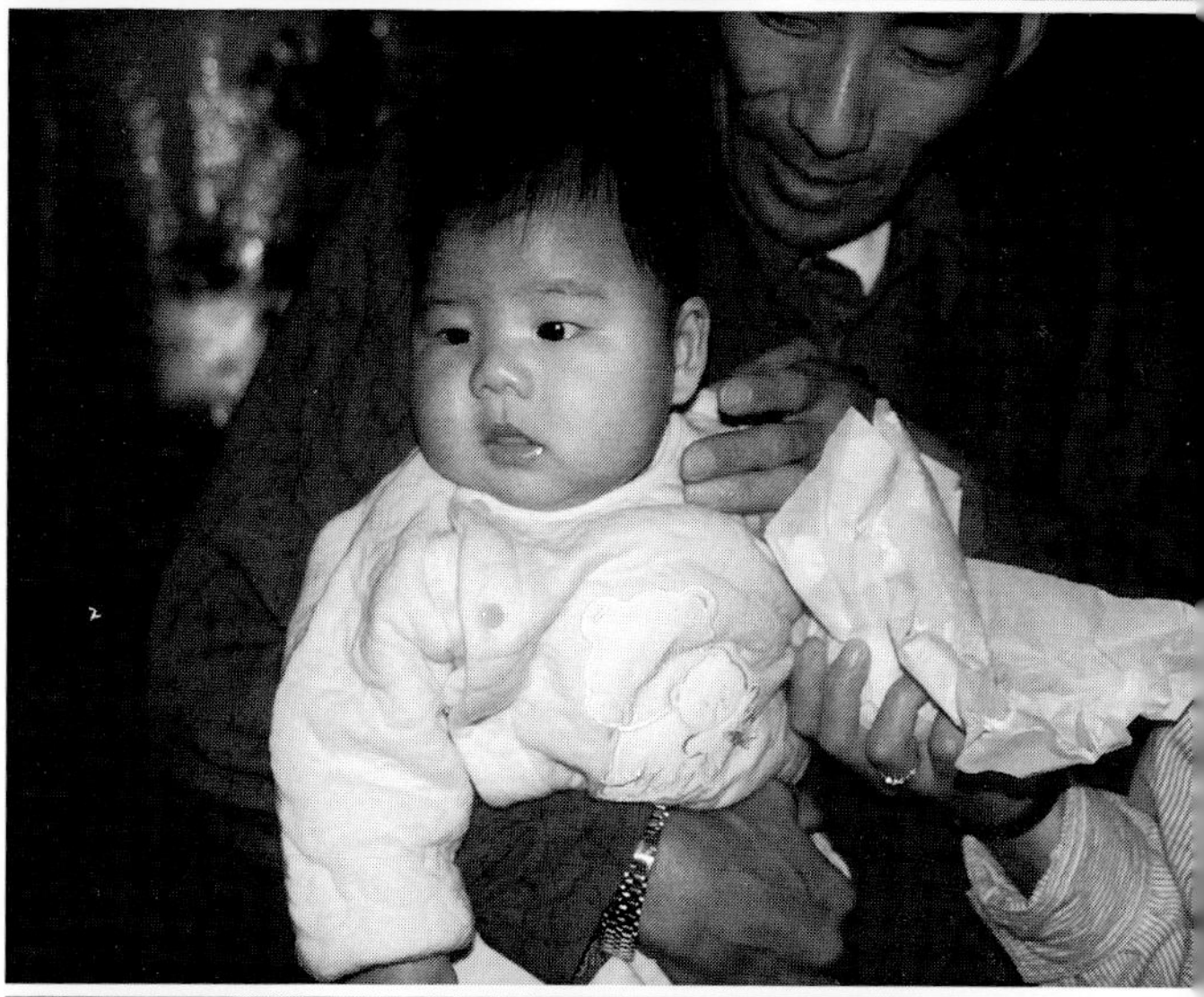

8　**明神様の祭と賽銭**　奈良市大柳生町
神様を預かる宮座の長老が白装束で人々の参詣を受ける。生前葬のようでもある。

5・6・7　**相撲の餅**　奈良市奈良阪
宮座入りの際、長老から子供に円錐形の餅が渡され、年齢の円環的体系ができ上がる。

11　トーカチ　沖縄県
米寿の祝いで、米の器に竹の斗かきをさし、
飾り物とする。

12　カジマヤー　沖縄県
97歳の年祝いで、カザグルマ
を意味する語。赤子にかえっ
て遊ぶといわれている

9　手判と桝形　和歌山県橋本市境原

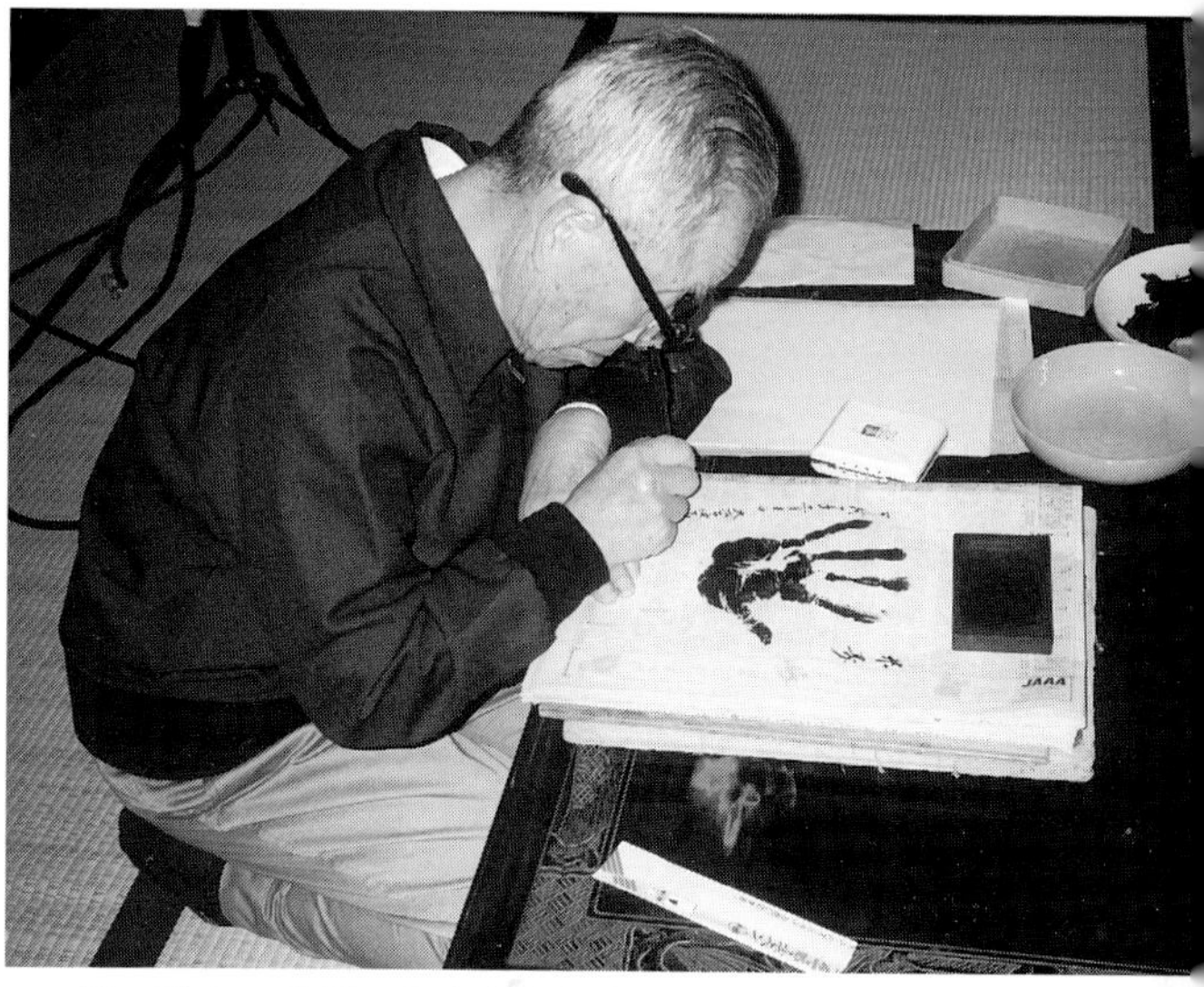

10　米寿の手判　奈良市大柳生町

13　ジャランポン祭　埼玉県
秩父市下久那・諏訪神社
葬式祭ともいい、前年に不幸
のあった人が生まれかわりた
いという意味で、模擬的に出
棺の仏事を営む。

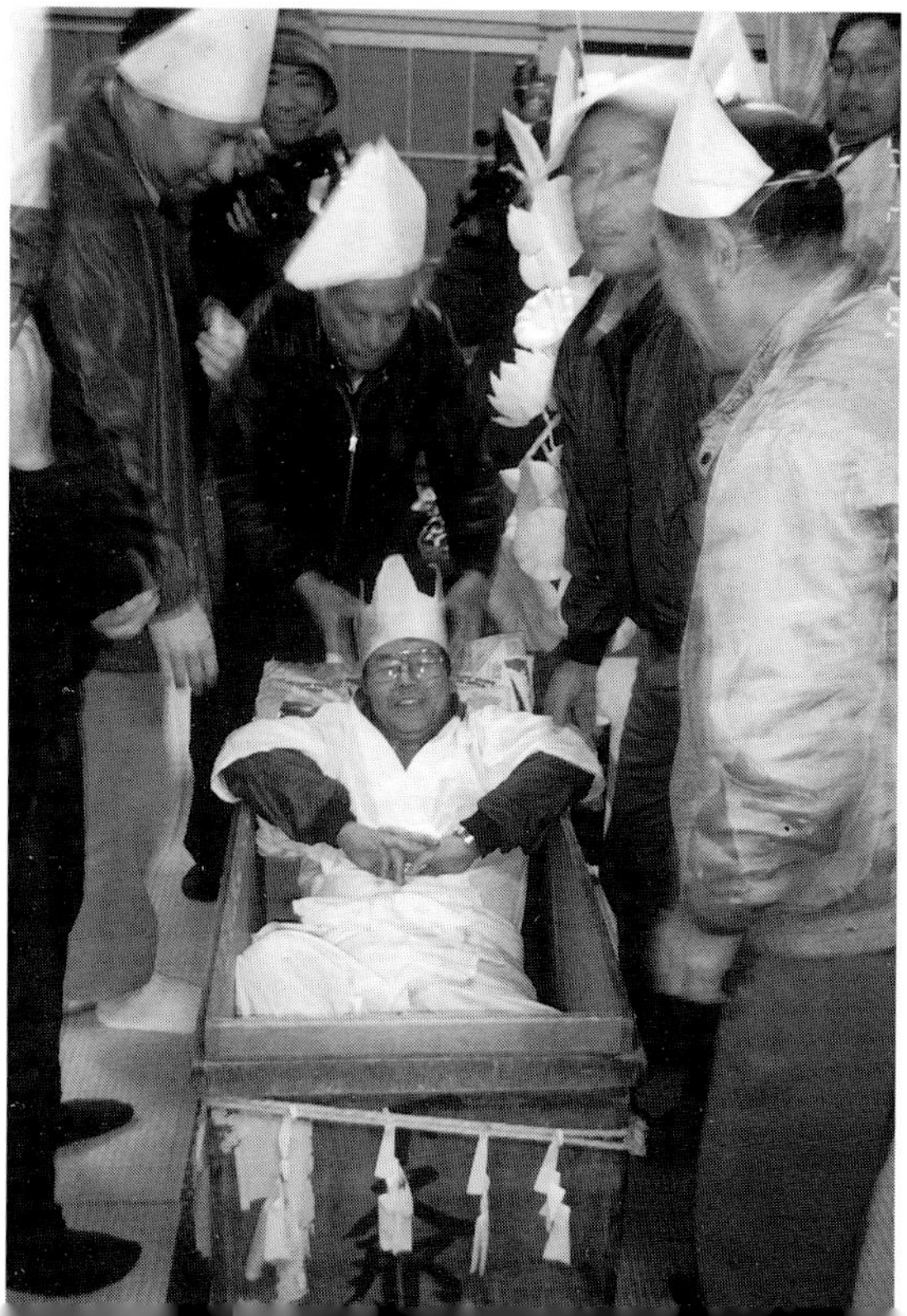

葬送儀礼　葬送儀礼は死体の処理と霊魂の処理との両者からなる。呼吸の有無や心臓死から脳死へと死の基準は近年変化を余儀なくされているが、伝統の中では生から死への移行がゆるやかな時間と段階を経るものだとする観念がさまざまな儀礼を生み出してきている。死者へ米飯を供するのは霊魂の安定のため、白い三角頭巾は家族が死者と同じ立場にあることの表示、引っ張り餅は死者との絶縁の儀礼である。この世への執着を断ち生者と死者とがいったん絶縁して死者をあの世へと送り出したうえでなければ、あらためて供養やまつりを行うことはできないとする観念が特徴的である。なお、図14-17・27は葬儀を復元したもの。

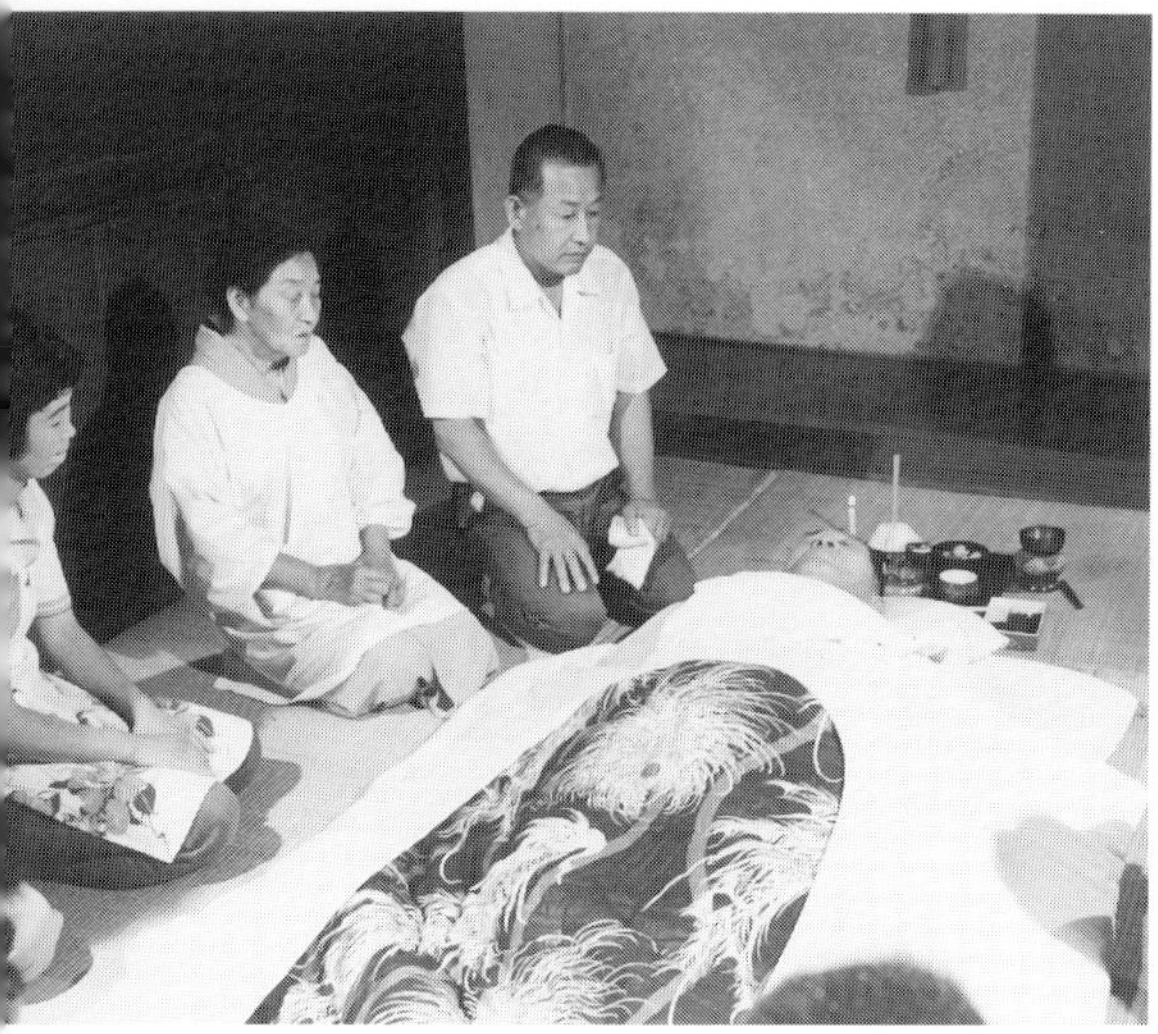

14　**枕 直 し**　埼玉県秩父地方

15　**飾り団子の作製**
埼玉県秩父地方

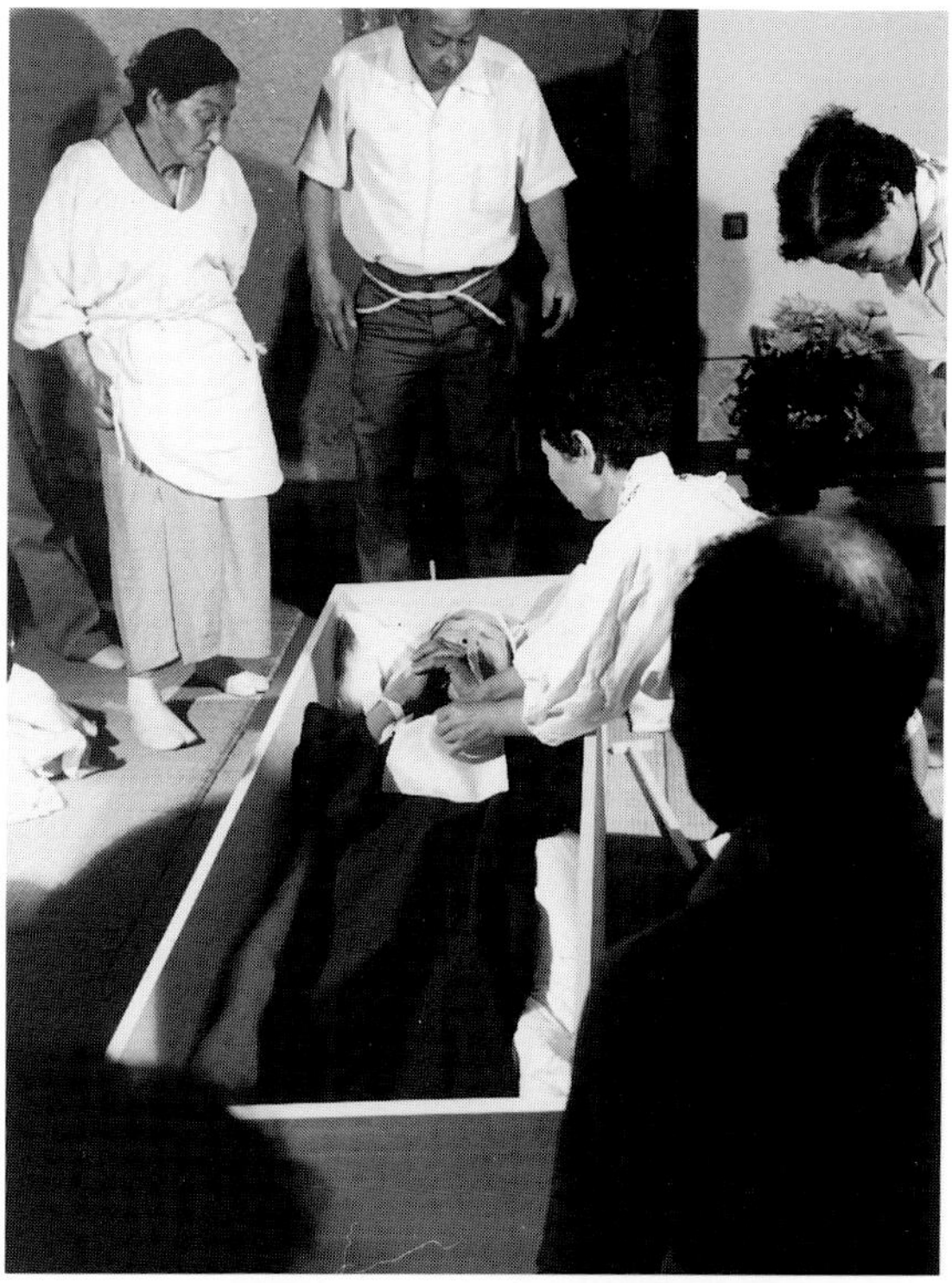

16　**入　棺**　埼玉県秩父地方

18　**一俵香典**　昭和40年ころ　福井県三方郡美浜町

17　**葬　儀**　埼玉県秩父地方

19　出棺前の読経　昭和15年ころ　香川県大川郡長尾町

20　出棺前の別れ　香川県大川郡長尾町

21・22　穴掘り　埼玉県新座市大和田
掘った穴には、魔除けのために鎌を吊り下げておく。

23　野辺送り　埼玉県新座市大和田

24　善 の 綱　宮城県刈田郡七ヶ宿町
棺の前方につけて白布を近親縁者の女性や子供が引いて、葬列を先導する。

25　引っ張り餅　青森県西津軽郡岩崎村
墓地で、兄弟で餅を引っ張りあい、その後、うしろ向きに投げて死者との別れとする。

26　墓地の枕飯　埼玉県新座市大和田

28　新墓の石吊し　長野県上伊那郡長谷村

27　墓地の魔除け イヌッパジキ
埼玉県秩父地方

墓の装置　死者を埋葬した上に施される墓地の装置
して注目されるのは、イヌハジキ、モンガリ、イガキ
シズクヤ、タマヤなどと呼ばれる竹製や木製の装置で
る。これらを大別すると、埋葬地点を菰《こも》や板屋根で覆
日光の直射をさけるためとするタイプと、埋葬地点を
の杭などで囲み獣除けや魔除けとしたり死者霊を封じ
めたりするタイプとがある。いずれも死後の一定期間
不安定な死体と霊魂とを外部から遮断して忌籠りの状
にしておくための装置と考えられる。

31　**墓上装置**　香川県三豊郡仁尾町北草木

32　**墓上装置**　栃木県今市市芹沼

29　**墓上装置**　福井県大飯郡高浜町高野

30　**墓上装置**　兵庫県城崎郡竹野町須谷

33　**墓上装置**　香川県三豊郡
詫間町志々島本浦

盆棚と霊魂　柳田国男は盆に訪れる霊には三種類の霊があると指摘した。家の先祖の霊、死んでまもない新仏の霊、まつり手のない無縁仏の霊である。そして、まつる場所がそれぞれ、屋内、縁側、屋外と区別されているという。よく調べてみるとこのような形態は近畿地方に顕著である。それに対して、中国・四国地方では、先祖の霊でも屋外に盆棚を設けてまつるという例もみられる。関東地方などでは先祖の盆棚の下に無縁仏のための供物をそっと置くという例が多い。盆の精霊の迎え方は地域ごとに多様である。　（関沢まゆみ）

10　**新仏の水棚造り**　高知県土佐市甲原
８月13日にトーマ組（近隣組）によって造られ、14日に新仏の位牌を移して供養し、夕方には位牌は屋内の祭壇に戻し、水棚は16日に流す。

9　**新仏の水棚**　高知県安芸郡北川村

12　**先祖・新仏・無縁仏の盆棚**　奈良市水間町
座敷に先祖の、廊下に新仏の盆棚がまつられ、縁先に無縁仏の供物があげられている。

11　**新仏の火棚**　高知県香美郡物部村

35　四十九

（新谷　尚紀）

14　盆　棚　東京都東久留米市小山

13　仏壇の前の盆棚　静岡県小笠郡大須賀町

15　縁側の無縁仏の供物　奈良市大柳生町

17・18　縁先の無縁棚　奈良市水間町

16　仏壇の供物　奈良市水間町
先祖の一人一人に柿の葉にのせたおはぎを供える。

盆踊り　盆は旧暦7月15日を中心とする先祖や死者の供養の行事で、盆踊りはその満月の夜に死者たちの霊を慰めるものとしての意味がある。戦国の武将や戦死者たちの亡霊を慰めるための踊りであるとか、海の遭難者たちの霊を慰める踊りであるという伝承をもつものが多い。しかし、老若男女がこぞって楽しむ夏の夜の納涼と娯楽の意味も大きく、時代ごとに流行した風流系の衣装や踊りや囃子などが加わり各地に多様な盆踊りが伝えられている。

19　毛馬内の盆踊り
秋田県鹿角市

20　鹿踊り
岩手県花巻市

21　ジャンガラ念仏踊り
福島県たいら市

22　遠州大念仏　静岡県浜松市

23　阿波踊り　徳島市

24　いさ踊り　愛媛県宇和島市

25　チャンココ　長崎県福江市

精霊送り　盆の供応をうけた先祖や死者たちの霊は海上や山上に送られる。水平線の彼方に霊魂の世界を想う観念が海や川への精霊船の行事を生んでいる。また、墓地での火祭りや川や海への燈籠流し、京都の大文字焼きなどは夕闇の中に揺れる火が霊魂のみごとな表象となっている。

26　**精霊流し**　長崎市

27　**精霊船**　神奈川県横須賀市三戸

28　**火踊り**　兵庫県洲本市・盛光寺

（新谷 尚紀）

民　家

　変化に富んだ日本列島の気候風土は、地方ごとにさまざまな特色をもつ民家建築を発達させてきた。寒冷地や豪雪地に発達した曲家や中門造、北関東から中央高地の養蚕地帯に見られる合掌造や切破風造、関東地方以西の太平洋岸に点点と分布する二棟造など、民家は自然に立ち向かい、生活の工夫を積み重ねてきた人々の暮らしぶりを雄弁に物語っている。特色ある外観、さまざまな屋根材、日常生活の舞台となる屋内の設え、そして住まいを支えた職人の手業など、日本の民家の意匠の数々をここではふりかえってみたい。

（中込　睦子）

1　**叉首組**　旧山下家(岐阜県白川村)　1999年

2　**合掌造**　岐阜県白川村　1998年

棟木を支える棟束がなく、小屋梁上に組んだ叉首(合掌)で屋根の重みを支える。巨大な叉首組を持つ白川村の合掌造では、何層もの屋根裏が蚕室として利用された。

3　曲　　家　岩手県遠野市　1979年
母屋前方がL字型に突出する。突出部(曲り)は厩として利用された。

4　中 門 造　秋田市　1960年
土間部分が出入口・厩(中門)として突出する。軒端の一部にスス窓を設ける。

5　かぶと造　山形県朝日村　1958年
妻部分を高く切り上げた半切妻で、妻側を高はっぽう、平側の破風をはっぽうという。3，4層になった屋根裏を蚕室とするため、通風・採光用に設けられた。

6　二棟造　沖縄県竹富島　1998年
母屋(フーヤ)と炊事場である釜屋(トーラ)が、別棟になっている。二棟造には、二棟を渡り廊下でつなぐもの、軒を接して建て物内部が一体となったものなどもある。

7　囲炉裏　富山県上平村　1981年

8　連クド
奈良県安堵町　1977年

屋内の設え

10　**竹簀子天井**　旧北村家(神奈川県秦野市)
1999年
囲炉裏や竈の煙は、梁に並べた竹の間を抜けていく。

9　**仏壇・神棚**　埼玉県大滝村　1982年

11　**土座造**　旧山田家(長野県栄村)　1991年
土間と同じくたたきで固めた床に、藁や糠を敷き詰めその上に筵を敷く。

12　**杉皮葺き屋根**　京都府京北町　1980年
杉皮を重ねて並べ、割竹で押さえ釘でとめる。

13　**石置き屋根から平石ふきこみへの移行**　長野県茅野市　1981年
丸石で屋根板を押さえる形から平石を屋根板数枚ごとに葺き込む形へと移行した。

14　**屋根漆喰**　愛媛県西海町　1980年
強風への備えとして、瓦を漆喰で固める。

(上)15　平葺き(外観)　京都府美山町　1980年
(下)16　平葺き針刺し　東京都奥多摩町　1980年
茅を敷き並べてオシボコで押さえ、針で垂木か母屋に縫いつける。

(上)17　針返し　富山県平村　1980年
屋根裏で針を受け縄を垂木に回し、表に返す。
(中)18　棟押さえ　茨城県八郷町　1980年
棟は竹を簾状に編んだぐし簀で押さえる。
(下)19　屋根刈り込み　秋田県矢島町　1980年
表面をハサミで刈り揃えながら、降りる。

20　芝　棟　岩手県住田町　1984年
棟に植物を植え、土の重みと植物の根で棟を固める。

今に生きる民家

福 田 家　鳥取市　1999年
江戸時代には庄屋を務めた豪農。建築年代は江戸時代初期とみられる。当初は広間型三間取りであったが、若干の増改築が施され、重要文化財の指定を受けた現在も個人の住宅として利用されている。

21　外　　観　入母屋造　茅葺き

23　竈

22　玄　　関

25　オクノマ(左)・ナカノマ(右)
オクノマは平入り母屋の前面の上手端にある部屋で正式の座敷、ナカノマはオオエノマ(日常の居室)の上手にあたり、仏間として使用される。

24　囲炉裏の間

民俗学史

民俗学は19世紀の中期以降にヨーロッパで成立した。産業革命によって失われていく生活を懐かしむとともに、その生活の中に古い歴史を発見する知的試みとして人々に受け入れられた。日本では、近世の文人たちの地方への関心の中から民俗が発見されていった。明治以降、ヨーロッパと近世日本の動向が一つの流れとなって日本の民俗学を作り出した。はじめは人類学の中の土俗学・土俗研究として展開し、20世紀を迎えて本格的な民俗学が柳田国男によって形成された。日本の民俗学は野の学問として形成された。大学や研究所などの研究期間に基礎を置かず、在野の同好の士が結集して、情報を交換し、また柳田のもとに資料を集積して研究を展開した。第二次世界大戦後、民俗学の研究体制が整い、また次第に大学などの研究機関の中に位置付けられるようになった。その過程で民俗学の研究法は整備されたが、柳田がもっていた強烈な経世済民の使命感は消滅した。1962年の柳田の死去後、一時混迷状態に陥ったが、その後大学・博物館を主要な拠点として民俗学は活発になった。しかし、時あたかも研究の舞台となってきた村落社会が都市化と過疎化によって急激に変貌する時であった。民俗学も大きく変化することになり、新しい分野や方法が主張されるようになった。1999年研究者組織としての日本民俗学会が50周年を迎えた。

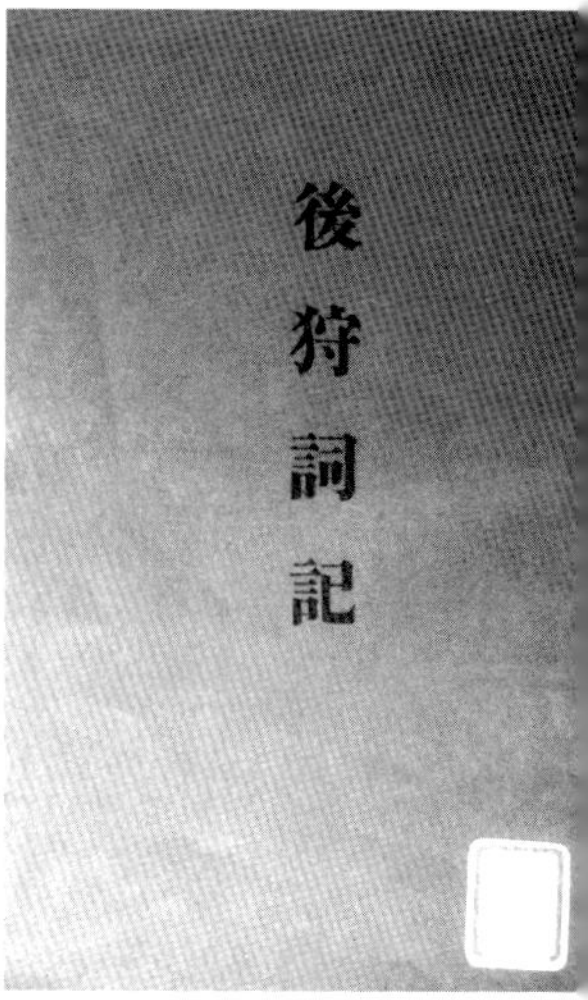

1　柳田国男『後狩詞記』初版本(1909年)

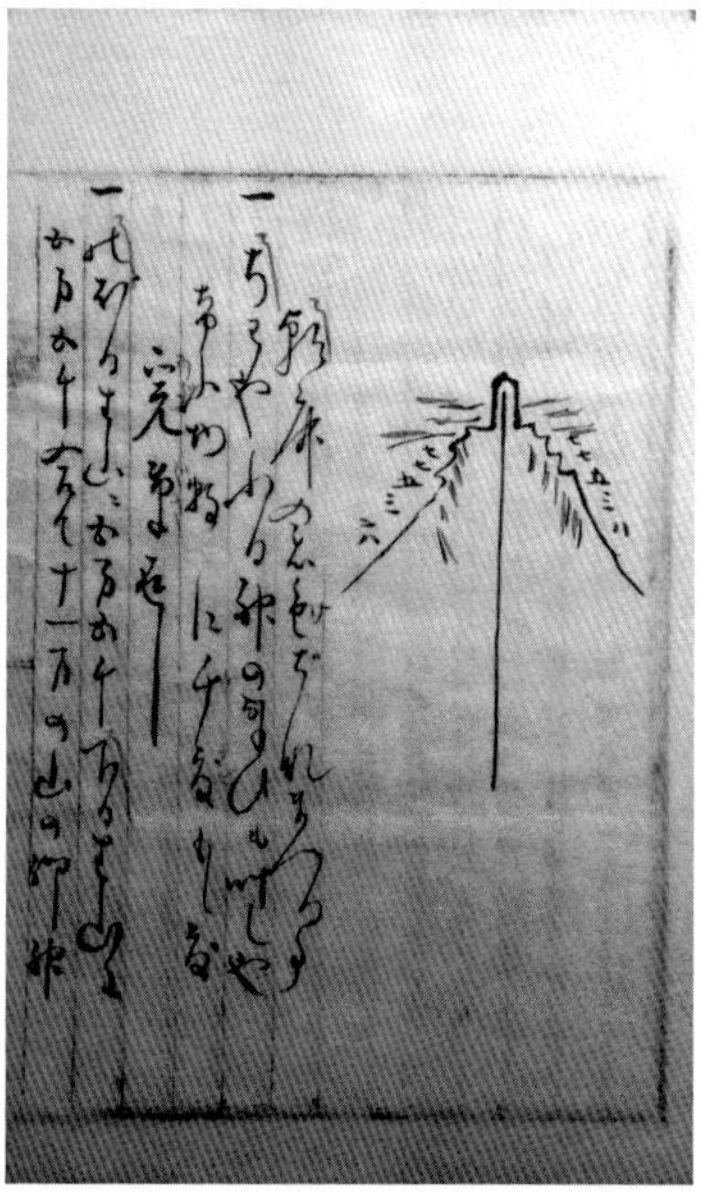

2　『後狩詞記』に掲載された『狩の巻』の写し

3　椎葉遠景　宮崎県椎葉村

欧米の民俗学　ヨーロッパの民俗学のうち日本に大きな影響を与えたのはイギリスの民俗学であるが、加えてフランスからも学んだ。

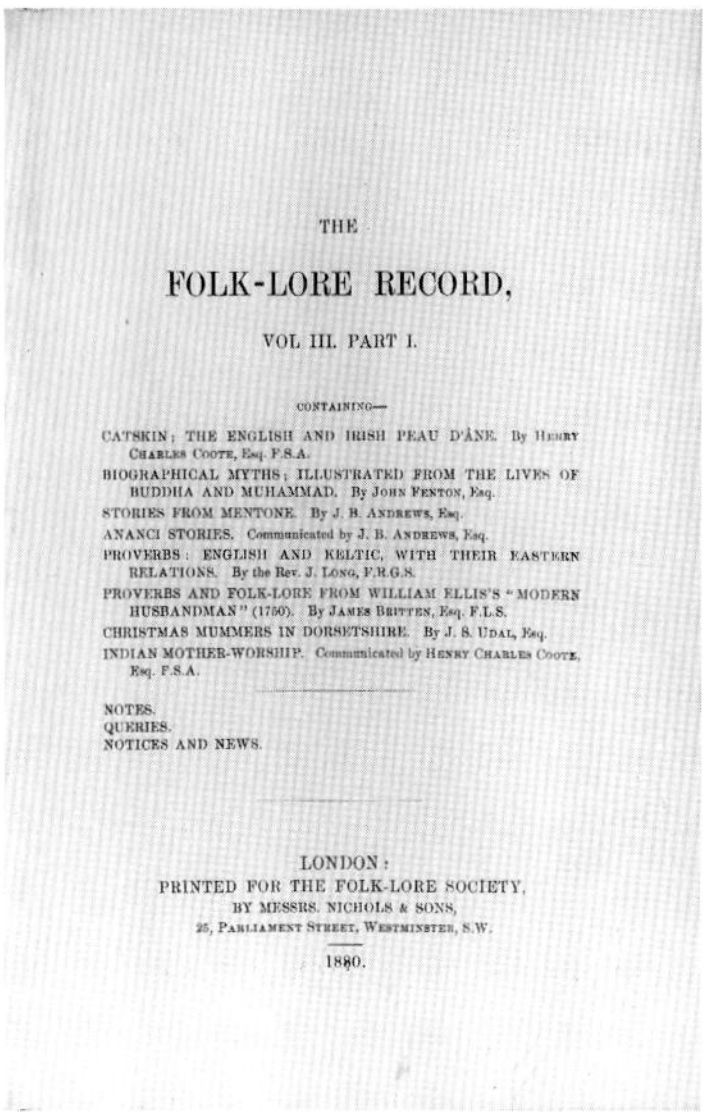

THE

FOLK-LORE RECORD,

VOL III. PART I.

CONTAINING—

CATSKIN; THE ENGLISH AND IRISH PEAU D'ÂNE. By HENRY CHARLES COOTE, Esq. F.S.A.
BIOGRAPHICAL MYTHS; ILLUSTRATED FROM THE LIVES OF BUDDHA AND MUHAMMAD. By JOHN FENTON, Esq.
STORIES FROM MENTONE. By J. B. ANDREWS, Esq.
ANANCI STORIES. Communicated by J. B. ANDREWS, Esq.
PROVERBS: ENGLISH AND KELTIC, WITH THEIR EASTERN RELATIONS. By the Rev. J. LONG, F.M.G.S.
PROVERBS AND FOLK-LORE FROM WILLIAM ELLIS'S "MODERN HUSBANDMAN" (1750). By JAMES BRITTEN, Esq. F.L.S.
CHRISTMAS MUMMERS IN DORSETSHIRE. By J. S. UDAL, Esq.
INDIAN MOTHER-WORSHIP. Communicated by HENRY CHARLES COOTE, Esq. F.S.A.

NOTES.
QUERIES.
NOTICES AND NEWS.

LONDON:
PRINTED FOR THE FOLK-LORE SOCIETY,
BY MESSRS. NICHOLS & SONS,
25, PARLIAMENT STREET, WESTMINSTER, S.W.

1880.

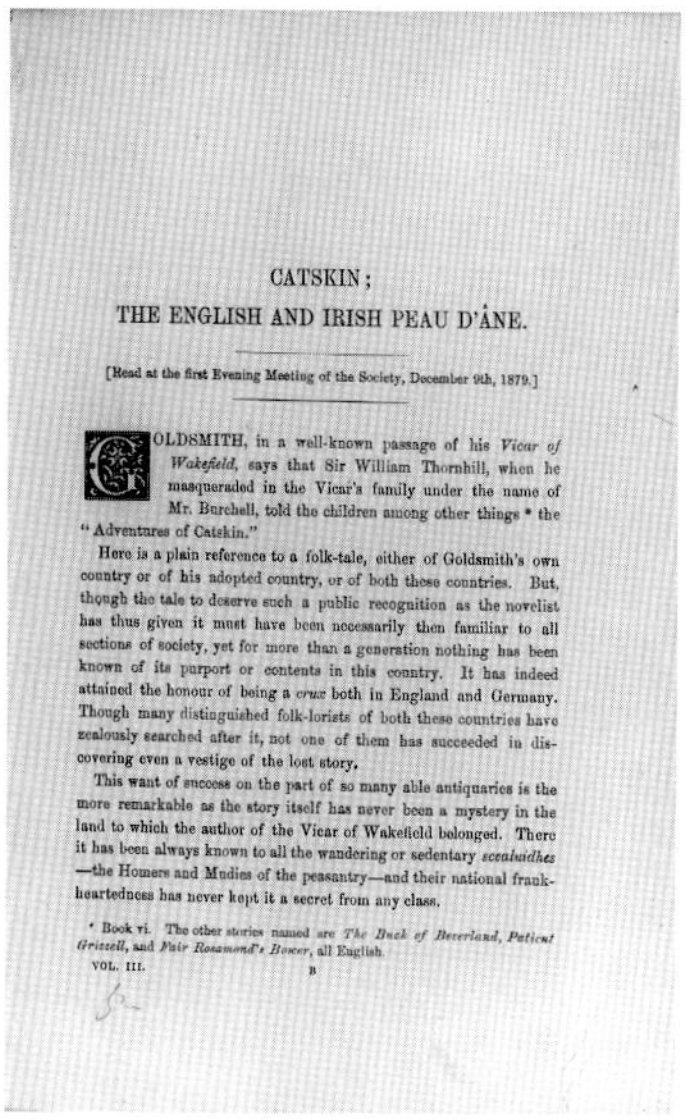

CATSKIN;
THE ENGLISH AND IRISH PEAU D'ÂNE.

[Read at the first Evening Meeting of the Society, December 9th, 1879.]

GOLDSMITH, in a well-known passage of his *Vicar of Wakefield*, says that Sir William Thornhill, when he masqueraded in the Vicar's family under the name of Mr. Burchell, told the children among other things * the "Adventures of Catskin."

Here is a plain reference to a folk-tale, either of Goldsmith's own country or of his adopted country, or of both these countries. But, though the tale to deserve such a public recognition as the novelist has thus given it must have been necessarily then familiar to all sections of society, yet for more than a generation nothing has been known of its purport or contents in this country. It has indeed attained the honour of being a *crux* both in England and Germany. Though many distinguished folk-lorists of both these countries have zealously searched after it, not one of them has succeeded in discovering even a vestige of the lost story.

This want of success on the part of so many able antiquaries is the more remarkable as the story itself has never been a mystery in the land to which the author of the Vicar of Wakefield belonged. There it has been always known to all the wandering or sedentary *sccalaidhes*—the Homers and Mudies of the peasantry—and their national frank-heartedness has never kept it a secret from any class.

* Book vi. The other stories named are *The Buck of Beverland, Patient Grissell*, and *Fair Rosamond's Bower*, all English.

VOL. III. B

4　民俗学協会『民俗記録』
The Folk-lore Record
(1880)

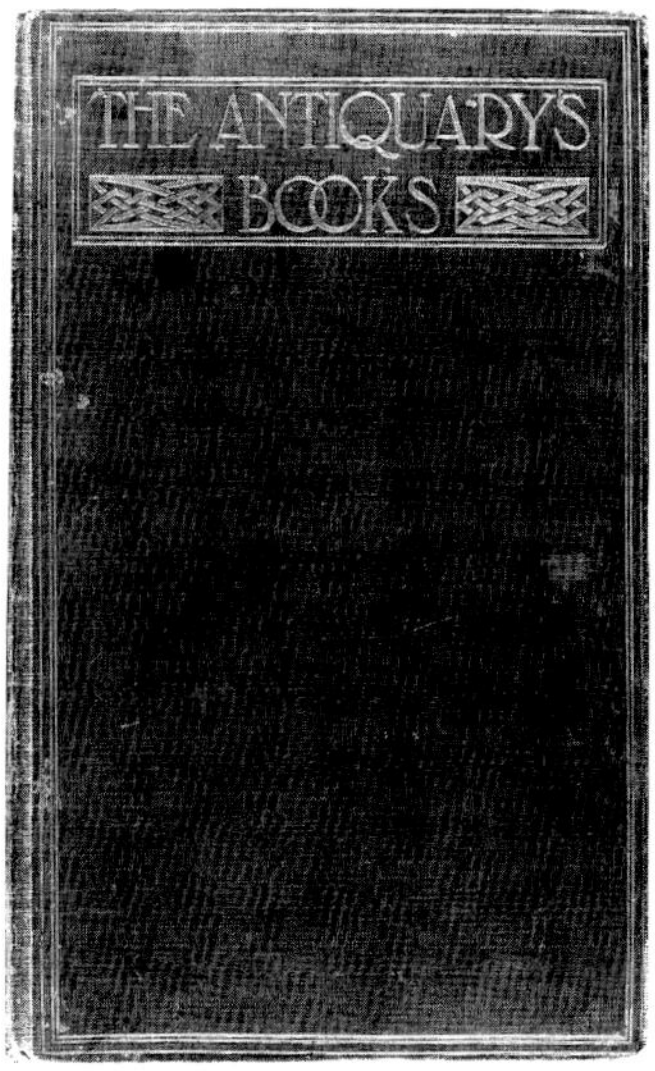

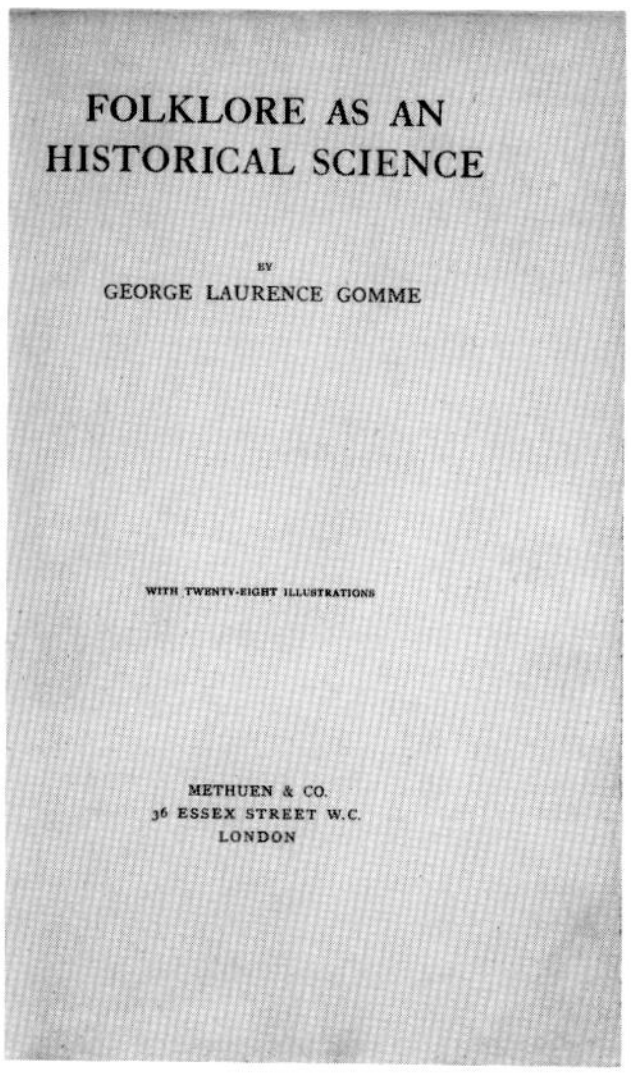

FOLKLORE AS AN
HISTORICAL SCIENCE

BY

GEORGE LAURENCE GOMME

WITH TWENTY-EIGHT ILLUSTRATIONS

METHUEN & CO.
36 ESSEX STREET W.C.
LONDON

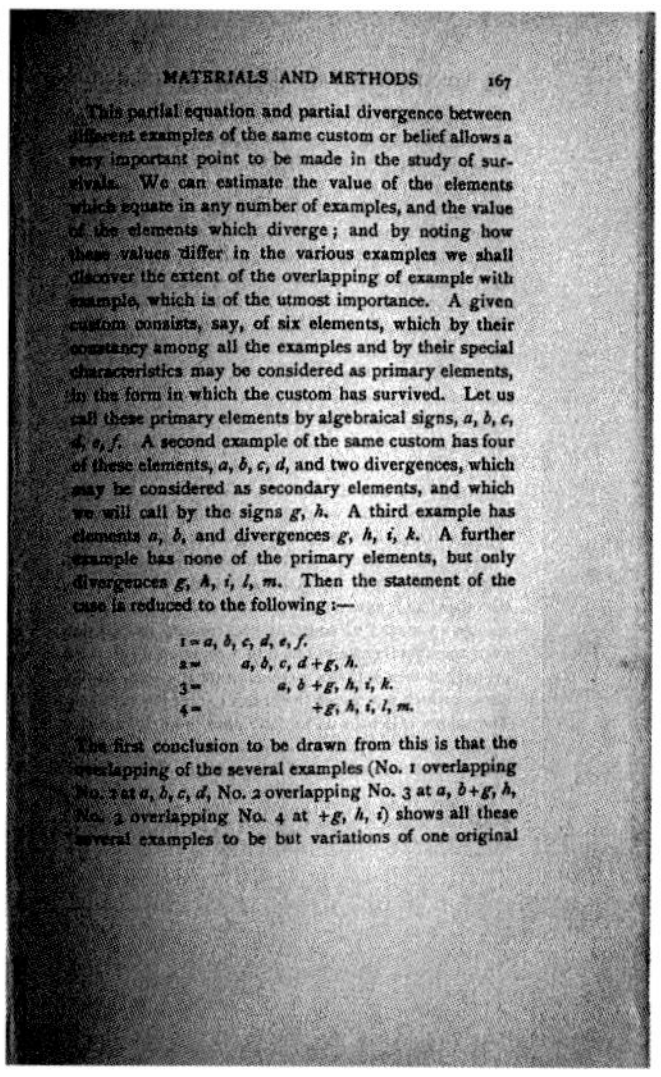

MATERIALS AND METHODS 167

This partial equation and partial divergence between different examples of the same custom or belief allows a very important point to be made in the study of survivals. We can estimate the value of the elements which equate in any number of examples, and the value of the elements which diverge; and by noting how these values differ in the various examples we shall discover the extent of the overlapping of example with example, which is of the utmost importance. A given custom consists, say, of six elements, which by their constancy among all the examples and by their special characteristics may be considered as primary elements, in the form in which the custom has survived. Let us call these primary elements by algebraical signs, *a, b, c, d, e, f*. A second example of the same custom has four of these elements, *a, b, c, d*, and two divergences, which may be considered as secondary elements, and which we will call by the signs *g, h*. A third example has elements *a, b*, and divergences *g, h, i, k*. A further example has none of the primary elements, but only divergences *g, h, i, l, m*. Then the statement of the case is reduced to the following:—

1 = *a, b, c, d, e, f*.
2 = *a, b, c, d + g, h*.
3 = *a, b + g, h, i, k*.
4 = *+ g, h, i, l, m*.

The first conclusion to be drawn from this is that the overlapping of the several examples (No. 1 overlapping No. 2 at *a, b, c, d*, No. 2 overlapping No. 3 at *a, b + g, h*, No. 3 overlapping No. 4 at *+ g, h, i*) shows all these several examples to be but variations of one original

5　ゴム『歴史科学としての民俗学』 Folklore as an Historical Science(1908)

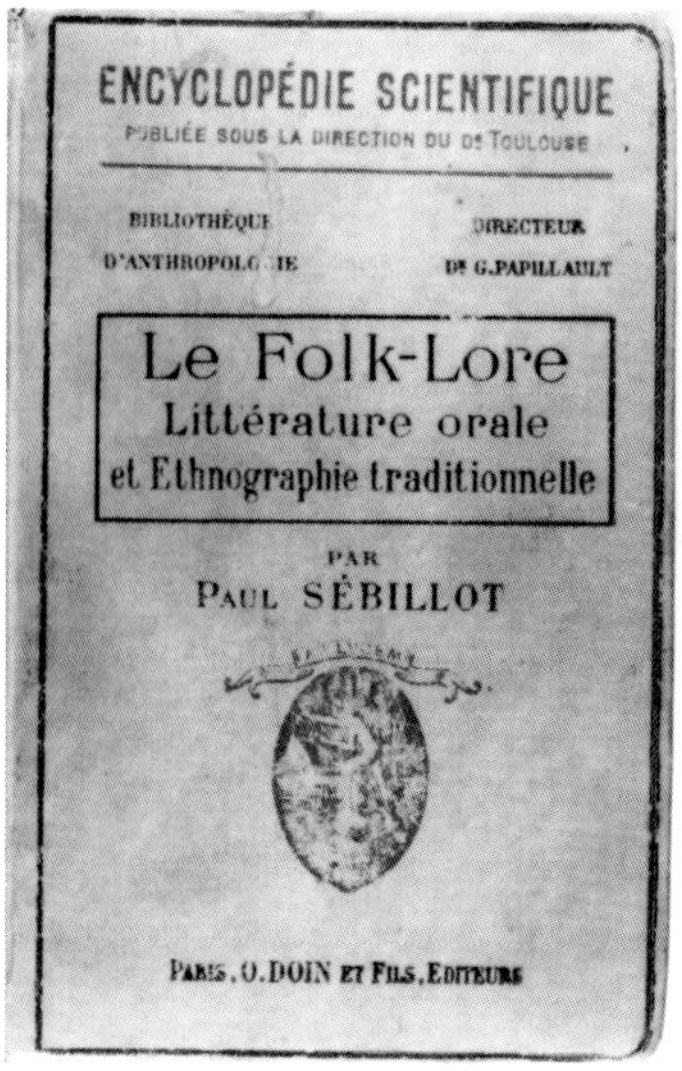

7　セビオ『民俗学』
Le Folk-lore(1913)

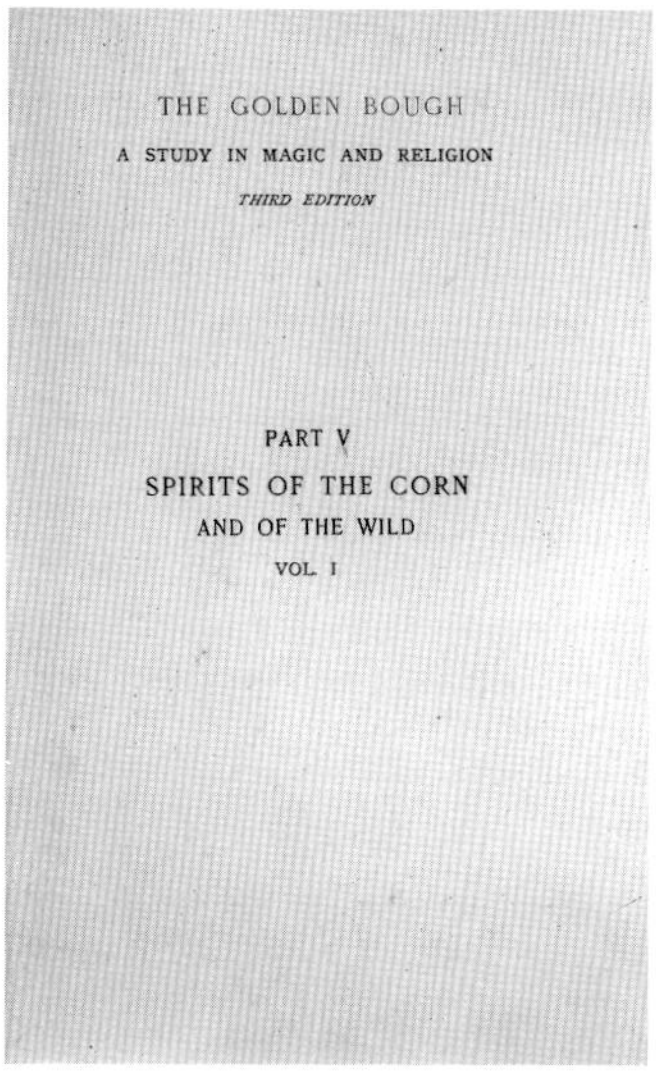

THE GOLDEN BOUGH
A STUDY IN MAGIC AND RELIGION
THIRD EDITION

PART V
SPIRITS OF THE CORN
AND OF THE WILD
VOL. I

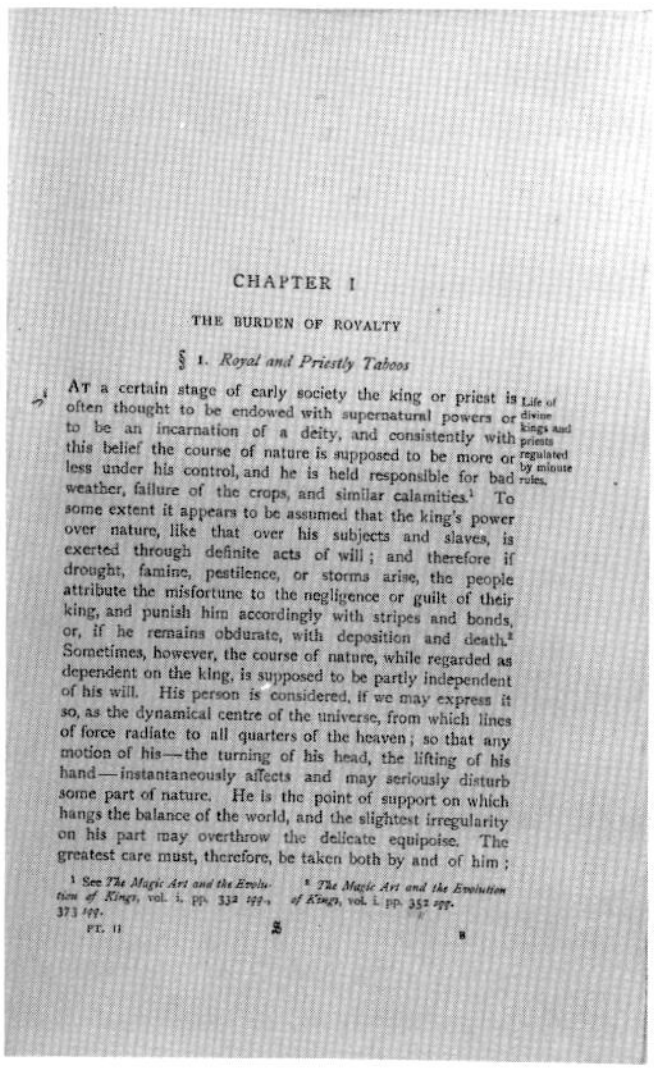

CHAPTER I

THE BURDEN OF ROYALTY

§ 1. *Royal and Priestly Taboos*

AT a certain stage of early society the king or priest is often thought to be endowed with supernatural powers or to be an incarnation of a deity, and consistently with this belief the course of nature is supposed to be more or less under his control, and he is held responsible for bad weather, failure of the crops, and similar calamities.[1] To some extent it appears to be assumed that the king's power over nature, like that over his subjects and slaves, is exerted through definite acts of will; and therefore if drought, famine, pestilence, or storms arise, the people attribute the misfortune to the negligence or guilt of their king, and punish him accordingly with stripes and bonds, or, if he remains obdurate, with deposition and death.[2] Sometimes, however, the course of nature, while regarded as dependent on the king, is supposed to be partly independent of his will. His person is considered, if we may express it so, as the dynamical centre of the universe, from which lines of force radiate to all quarters of the heaven; so that any motion of his—the turning of his head, the lifting of his hand—instantaneously affects and may seriously disturb some part of nature. He is the point of support on which hangs the balance of the world, and the slightest irregularity on his part may overthrow the delicate equipoise. The greatest care must, therefore, be taken both by and of him;

Life of divine kings and priests regulated by minute rules.

[1] See *The Magic Art and the Evolution of Kings*, vol. i. pp. 332 sqq., 373 sqq.
[2] *The Magic Art and the Evolution of Kings*, vol. i. pp. 352 sqq.

PT. II B

6　フレーザー『金枝篇』 The Golden Bough(1912)

民俗学の萌芽　近世の文人の地方への関心が民俗を発見し、特に国学者が地方の民俗に古い姿を見つけ、彼らの影響下にそれを記録する作業が進んだ。

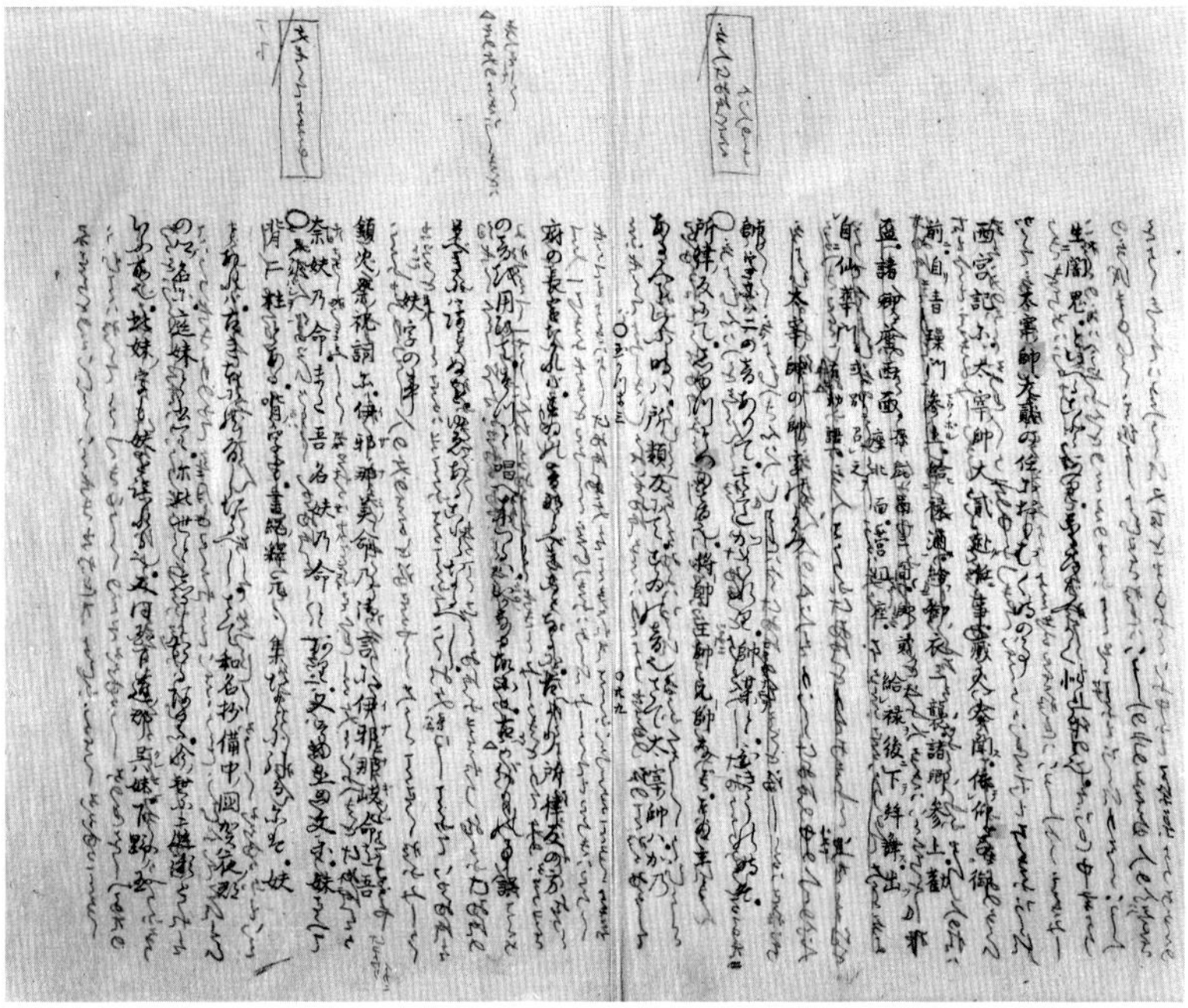

9　本居宣長『玉勝間』 自筆草稿本

8　本居宣長(1730-1801)

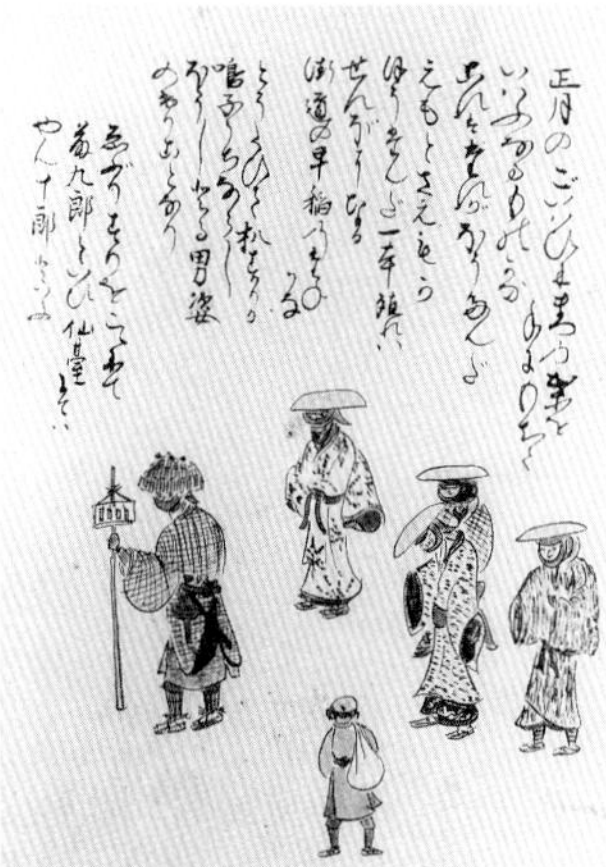

10　菅江真澄『真澄遊覧記』のうち「奥の手振り」

11　菅江真澄(1754-1829)

12　『諸国風俗問状答』
出羽国秋田領答書

民俗学の形成　明治に入り、ヨーロッパの人類学が導入される過程で、その一部として土俗学・土俗調査が形成され、民俗研究が展開した。他方、近世以来の伝統を継承し風俗研究も行われた。

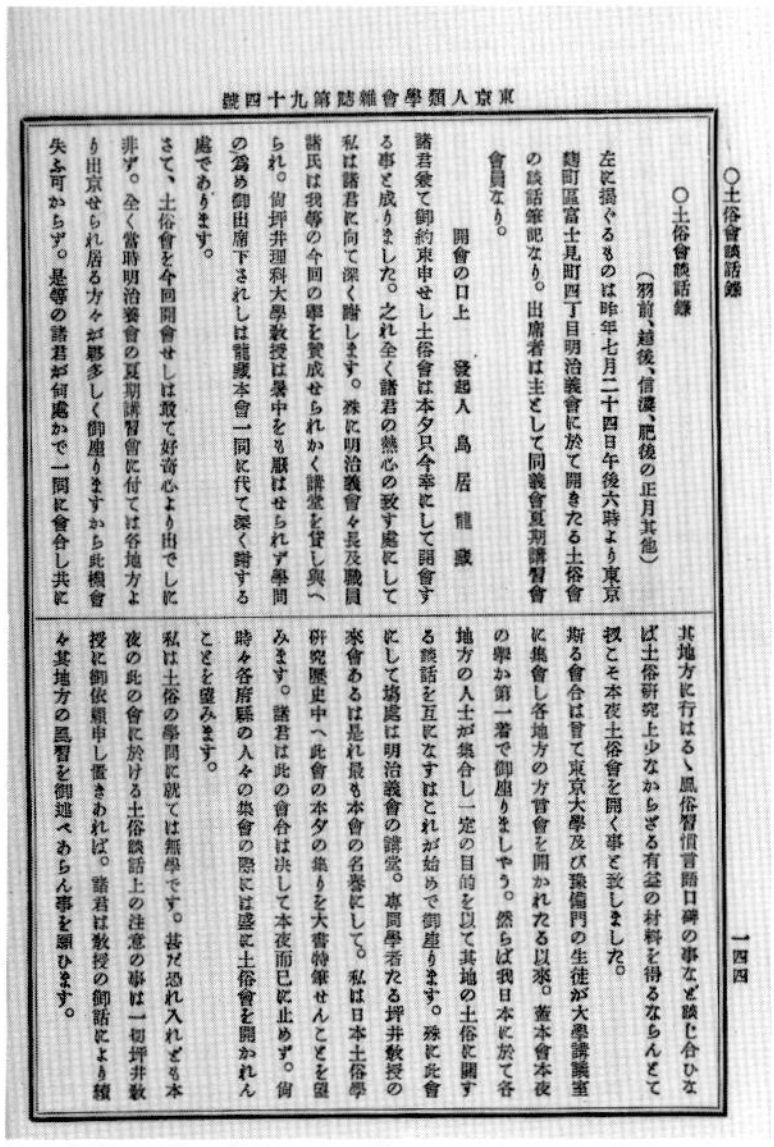

東京人類學會雜誌第九十四號　一四四

○土俗會談話錄

○土俗會談話錄

（羽前、越後、信濃、肥後の正月其他）

左に揭ぐるものは昨年七月二十四日午後六時より東京麹町區富士見町四丁目明治義會に於て開きたる土俗會の談話筆記なり。出席者は主として同義會夏期講習會會員なり。

開會の口上　發起人　鳥居龍藏

諸君兼て御約束申せし土俗會は本夕只今幸にして開會する事と成りました。之れ全く諸君の熱心の致す處にして私は諸君に向て深く謝します。殊に明治義會々長及職員諸氏は我等の今回の擧を賛成せられかく講堂を貸し與へられ。尙坪井理科大學教授は暑中をも厭はせられず學問の爲め御出席下されしは龍藏本會一同に代て深く謝する處であります。

さて、土俗會を今回開會せしは敢て好奇心より出でしに非ず。全く當時明治義會の夏期講習會に付ては各地方より出京せられ居る方々が夥多しく御座りますから此機會失ふ可からず。是等の諸君が何處かで一同に會合し共に其地方に行はるゝ風俗習慣言語口碑の事など談じ合ひなば土俗研究上少なからざる有益の材料を得るならんとて扨こそ本夜土俗會を開く事と致しました。斯る會合は曾て東京大學及び豫備門の生徒が大學講義室に集會し各地方の方言會を開かれたる以來。蓋本會本夜の擧か第一着で御座りましやう。然らば我日本に於て各地方の人士が集合し一定の目的を以て其地の土俗に關する談話を互になすはこれが始めで御座ります。殊に此會にして場處は明治義會の講堂。專問學者たる坪井教授の來會あるは是れ最も本會の名譽にして。私は日本土俗學研究歴史中へ此會の本夕の集りを大書特筆せんことを望みます。諸君は此の會合は決して本夜而已に止めず。尙時々各府縣の人々の集會の際には盛に土俗會を開かれんことを望みます。

私は土俗の學問に就ては無學です。甚だ恐れ入れども本夜の此の會に於ける土俗談話上の注意の事は一切坪井教授に御依賴申し置きあれば。諸君は教授の御詰により稍々其地方の風習を御述べあらん事を願ひます。

14　鳥居龍藏「土俗会談話録」（『東京人類学会雑誌』第94号 1894年）

13　鳥居龍藏（1870-1953）

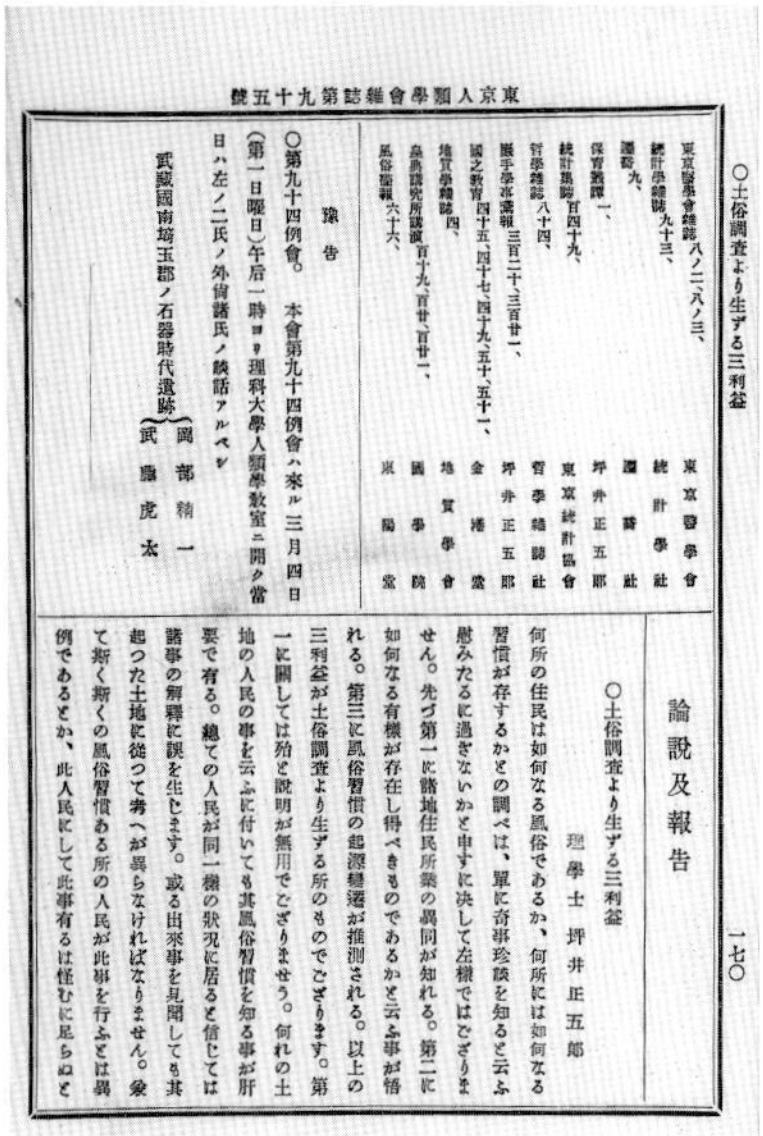

東京人類學會雜誌第九十五號　一七〇

○土俗調査より生ずる三利益

東京醫學會雜誌八ノ二、八ノ三、	東京醫學會
統計學雜誌九十三、	統計學社
護謨九、	護謨社
保育叢譚一、	坪井正五郎
統計集誌百四十九、	東京統計協會
哲學雜誌八十四、	哲學雜誌社
[illegible]學術叢報三百二十、三百廿一、	坪井正五郎
國之教育四十五、四十七、四十九、五十、五十一、	金港堂
地質學雜誌四、	地質學會
皇典講究所講演百十九、百廿、百廿一、	國學院
風俗畫報六十六、	東陽堂

豫告

○第九十四例會。　本會第九十四例會ハ來ル三月四日(第一日曜日)午后一時ヨリ理科大學人類學敎室ニ開ク當日ハ左ノ二氏ノ外尙諸氏ノ談話アルベシ

武藏國南埼玉郡ノ石器時代遺跡　岡部精一　武藤虎太

論說及報告

○土俗調査より生ずる三利益

理學士　坪井正五郎

何所の住民は如何なる風俗であるか、何所には如何なる習慣が存するかとの調べは、單に奇事珍談を知ると云ふ慰みたるに過ぎないかと申すに決して左樣ではござりません。先づ第一に諸地住民所業の異同が知れる。第二に如何なる有樣が存在し得べきものであるかと云ふ事が悟れる。第三に風俗習慣の起源變遷が推測される。以上の三利益が土俗調査より生ずる所のものでござります。第一に關しては殆ど說明が無用でござりませう。何れの土地の人民の事を云ふに付いても其風俗習慣を知る事が肝要で有る。總ての人民が同一樣の狀況に居ると信じては諸事の解釋に誤を生じます。或る出來事を見聞しても其起つた土地に從つて考へが異らなければなりません。衆て斯く斯くの風俗習慣ある所の人民が此事を行ふとは異例であるとか、此人民にして此事有るは怪むに足らぬと

16　坪井正五郎「土俗調査より生ずる三利益」（『東京人類学会雑誌』第95号 1894年）

15　坪井正五郎（1863-1913）

17・18　『風俗画報』第1号（1889年）の表紙と第113号（1896年）の挿絵

柳田国男の民俗学　1910年代に柳田国男は、山間奥地に暮らす山人を平地で暮らす水田稲作民と系譜の異なる人々と理解し、その文化を考える学問として後に民俗学となる学問を作り上げた。その後、次第に平野に暮らす農民の生活に関心は移り、常民の民俗学として確立した。

21　**柳田国男**(1875-1962)
貴族院書記官長時代の肖像画(伊原宇三郎筆)

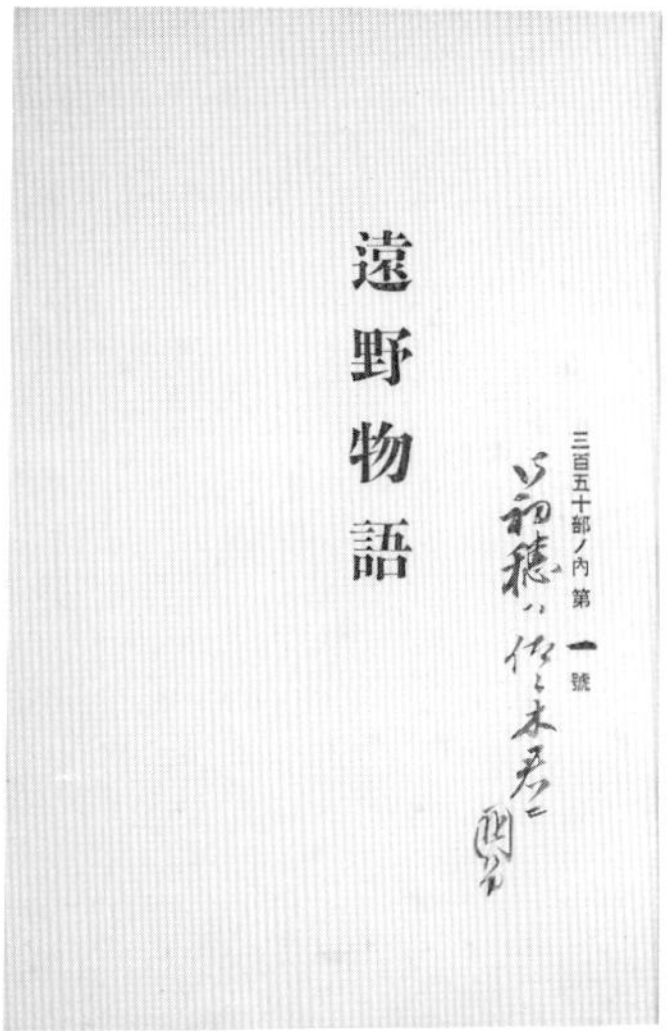

19　『遠野物語』初版本第１号
(1910年)

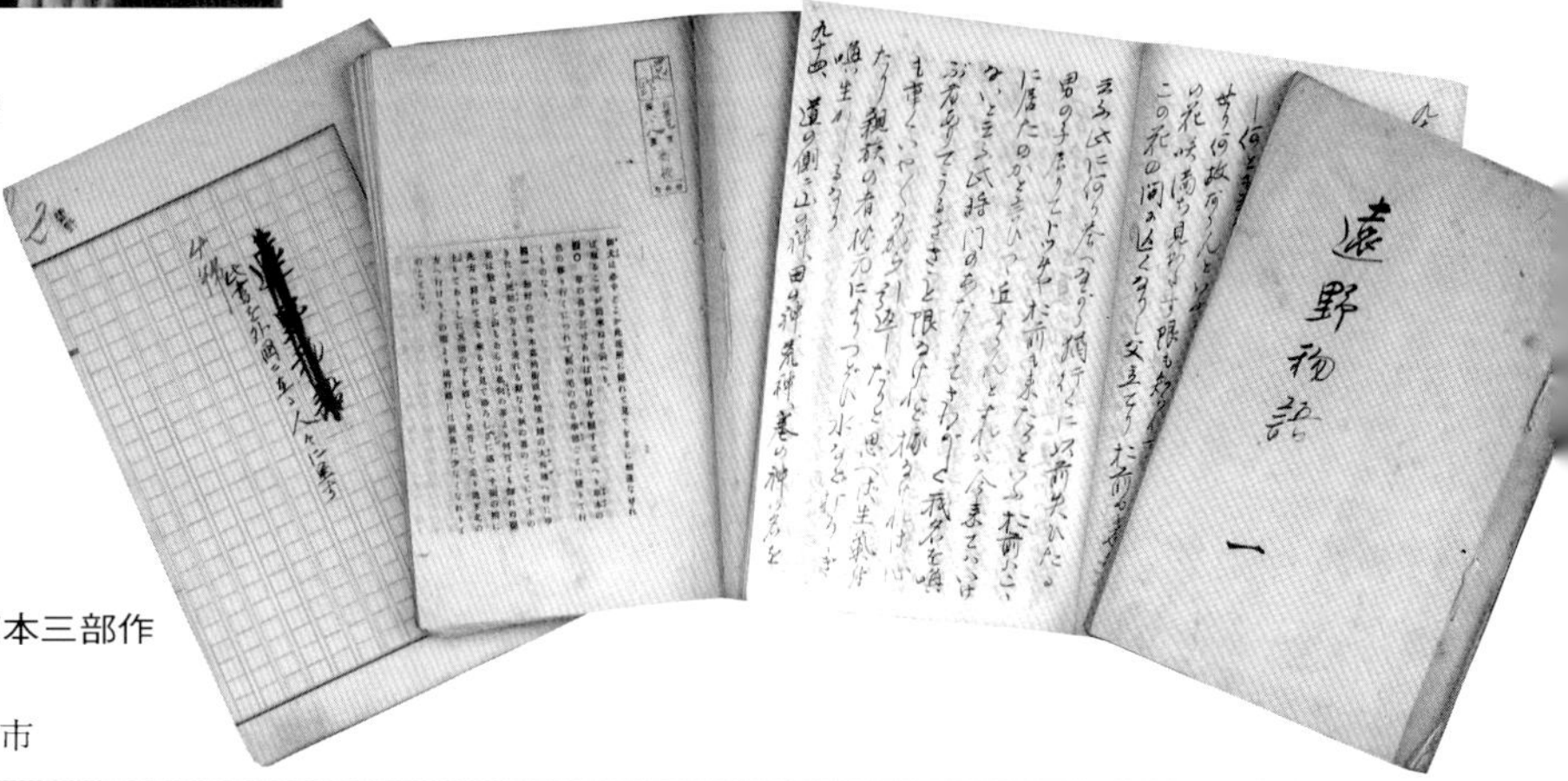

20　『遠野物語』初稿本三部作

22　遠野遠景　岩手県遠野市

25　柳田国男『郷土会記録』(1922年)

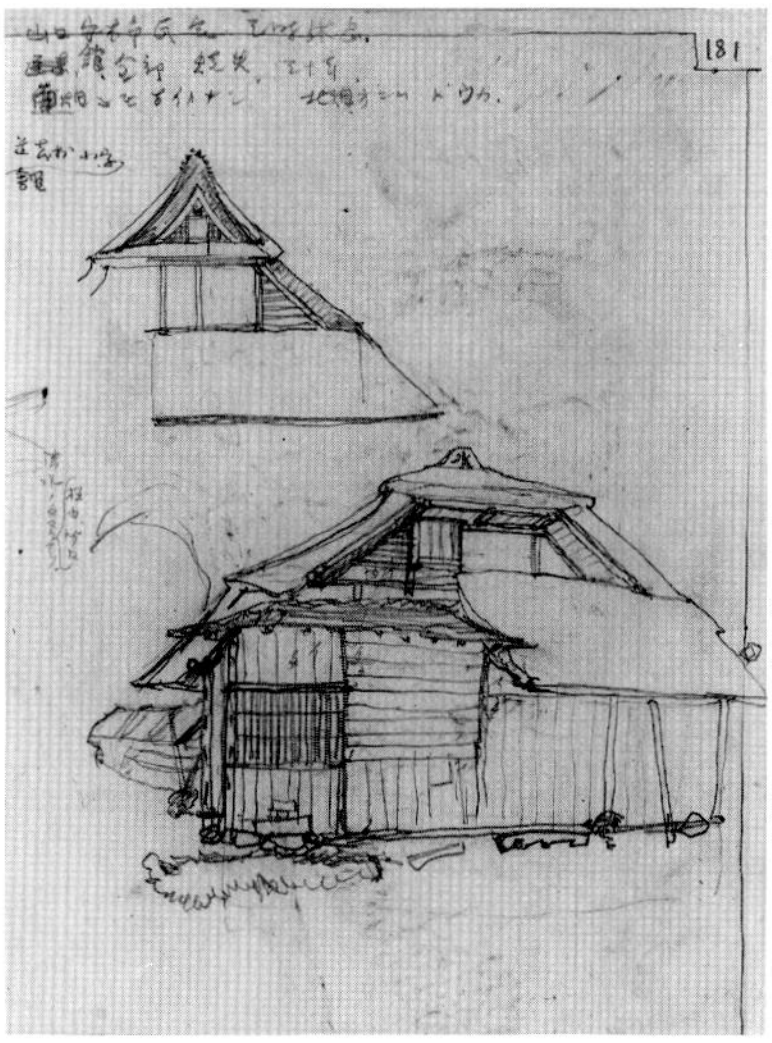

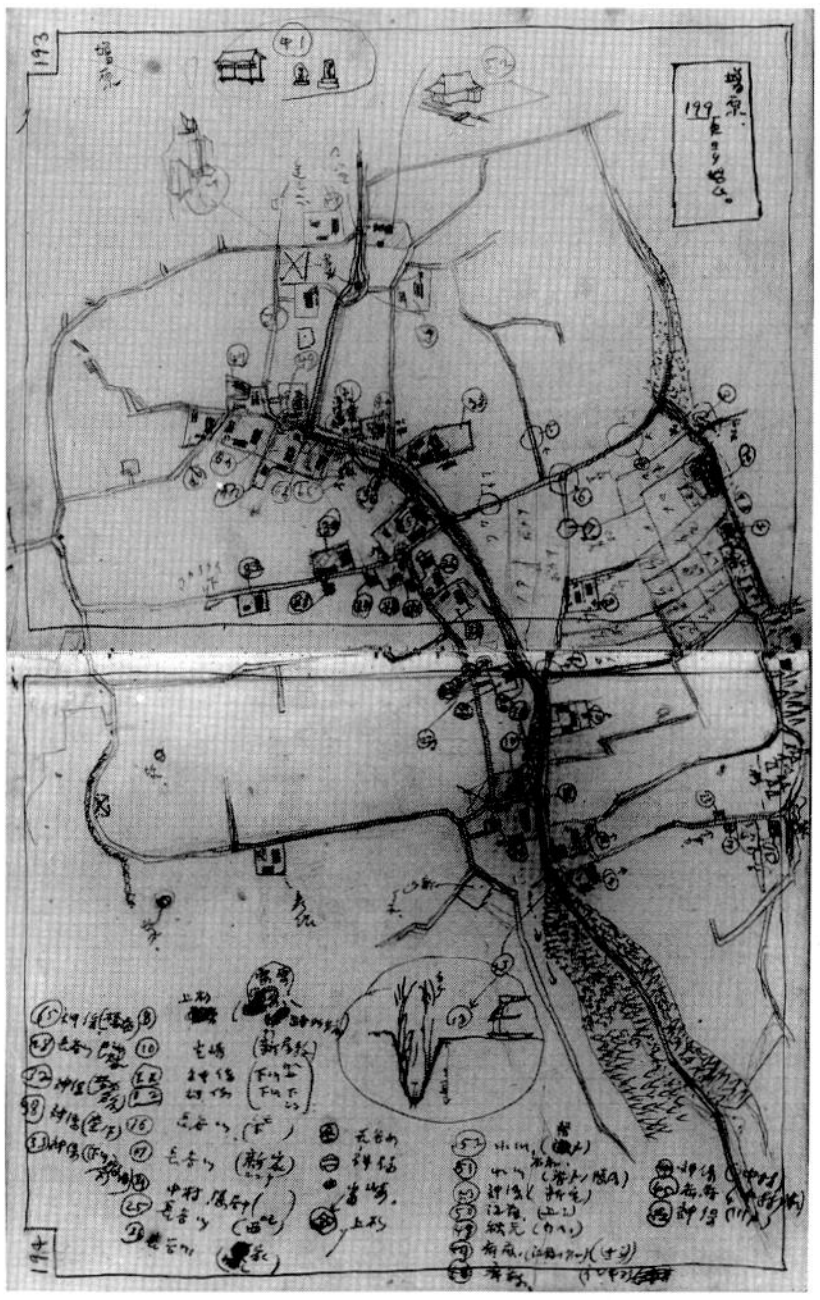

23・24　神奈川県内郷村調査の際のスケッチと(増原)村落図(今和次郎筆、1918年)

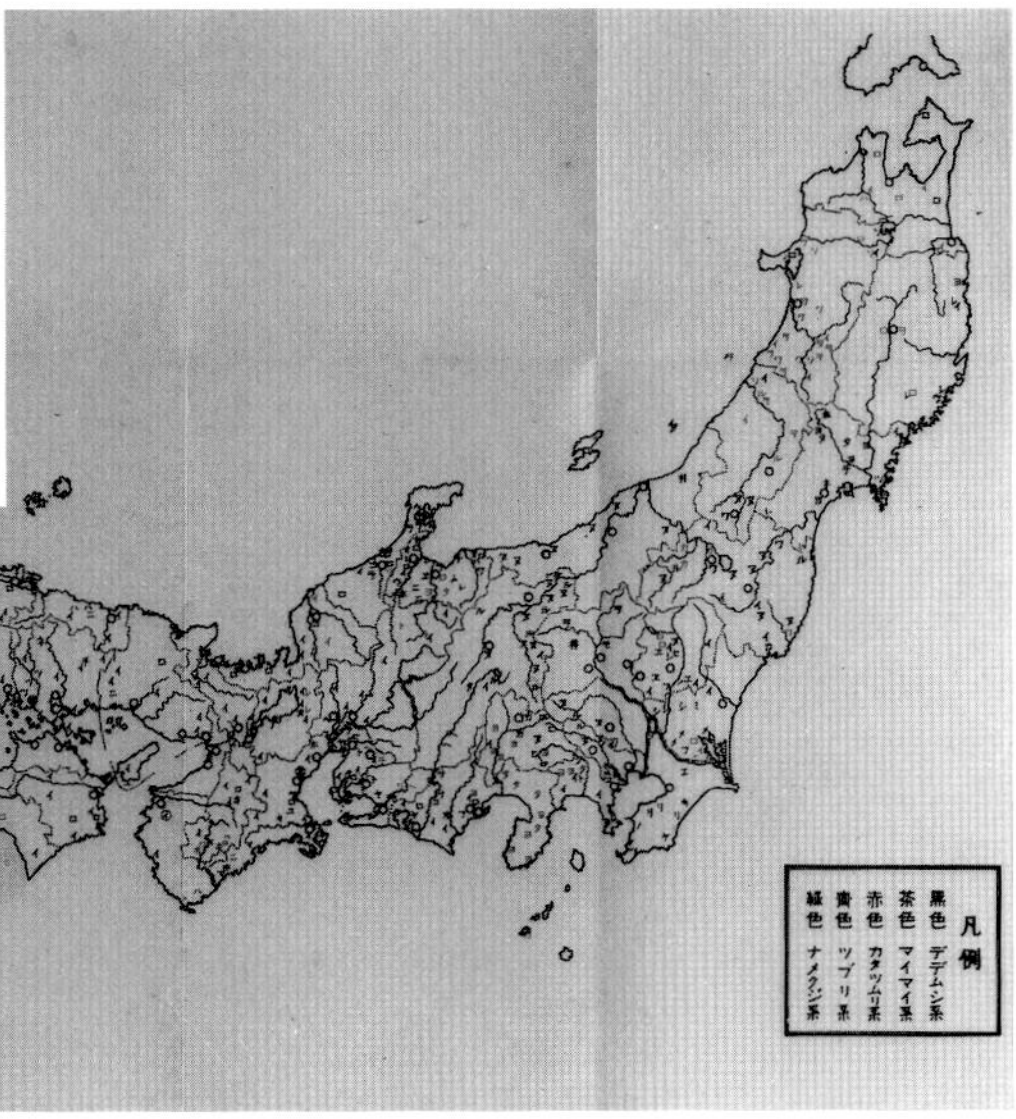

27　柳田国男「蝸牛考」(『人類学雑誌』第474号、1927年)　論文と周圏論地図

26　『民間伝承』第1号(1935年)

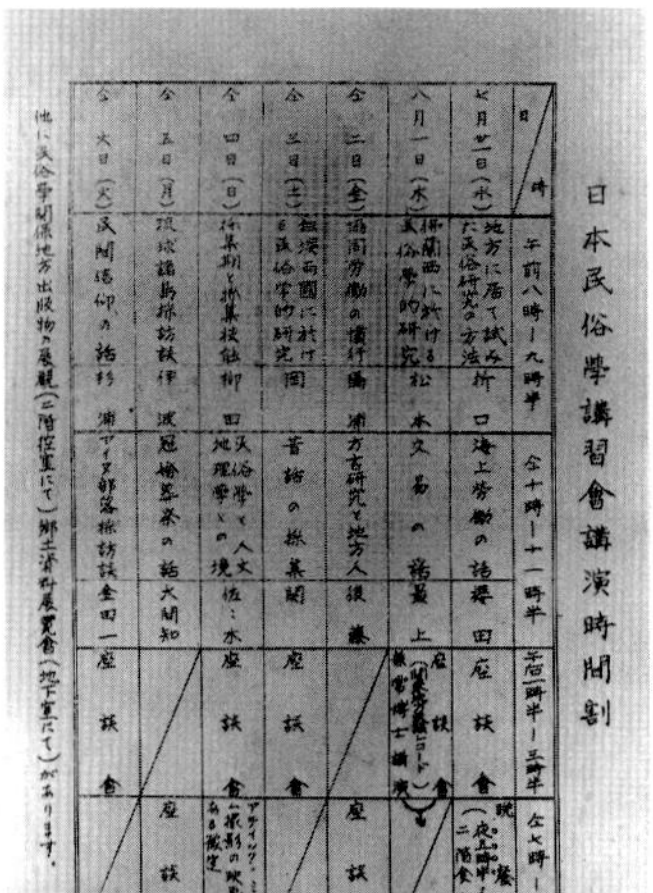

28・29　第1回日本民俗学講習会の講演時間割と柳田国男の講演(1935年)

民俗学研究の確立　1930年代に柳田国男を中心にした民俗学は確立したが、その基礎には日本各地の同好の士が存在した。彼らは柳田の指導を受けつつ、自分たちの研究雑誌を刊行した。

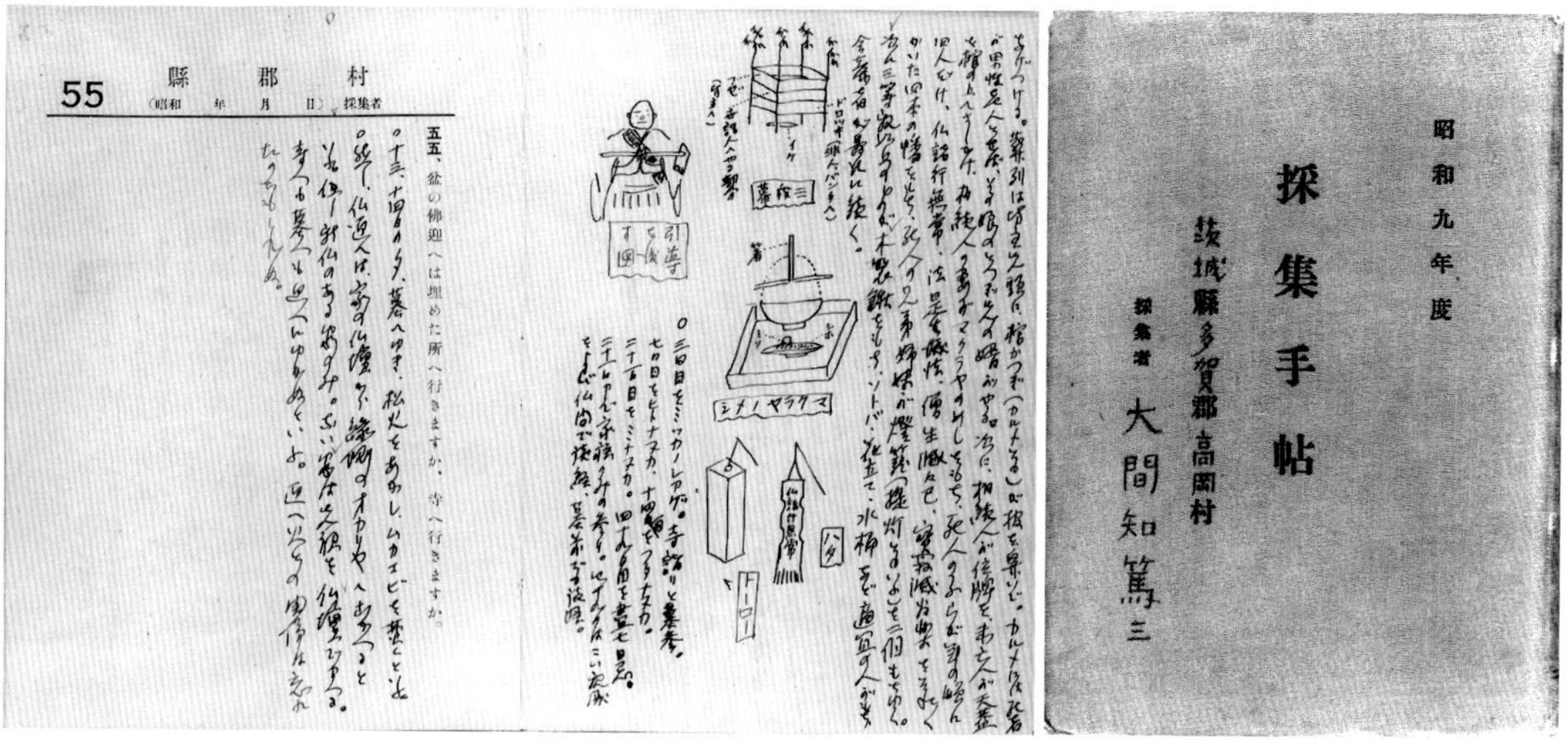

30　山村調査の『採集手帖』(茨城県、大間知篤三記載、1934年)

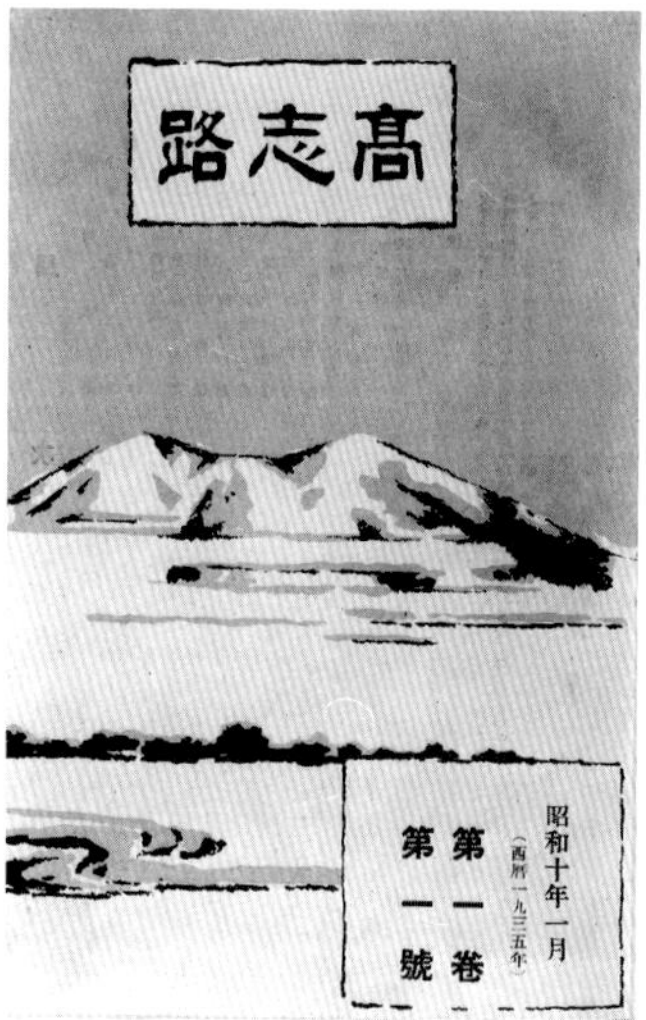

33　『高志路』第１巻第１号(1935年)

32　『郷土誌うとう』第１号(1933年)

31　『郷土誌むつ』第１輯(1931年)

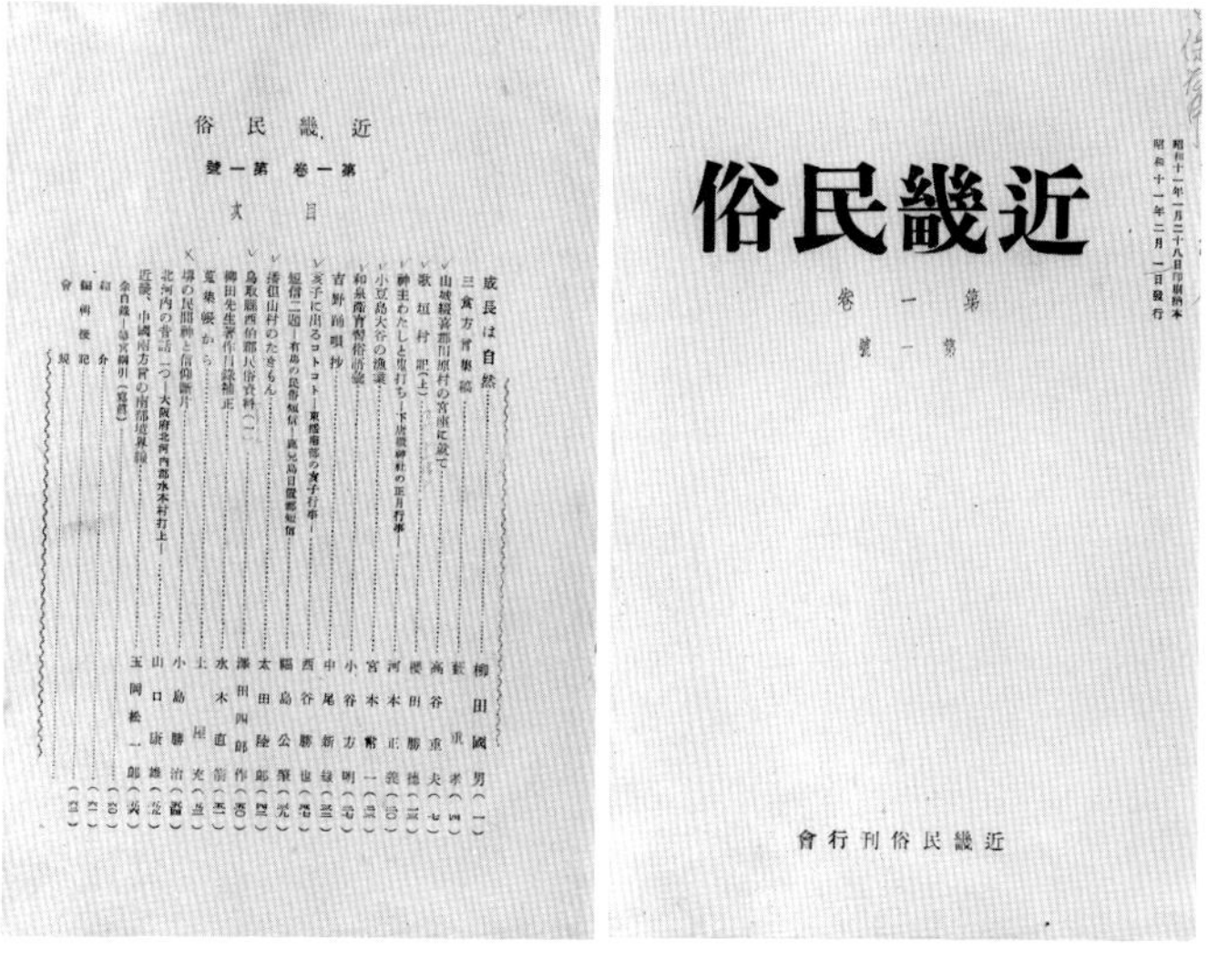

35　『近畿民俗』第１巻第１号(1936年)

34　『因伯民談』第１巻第１号(1936年)

折口信夫と渋沢敬三　民俗学は全て柳田国男に収斂するわけではない。柳田の影響を受けつつ独自の展開を示したいくつかの流れがある。早くは南方熊楠がおり、後には折口信夫や渋沢敬三が出た。

37　粉河祭の髯籠

36　折口信夫(1887-1953)

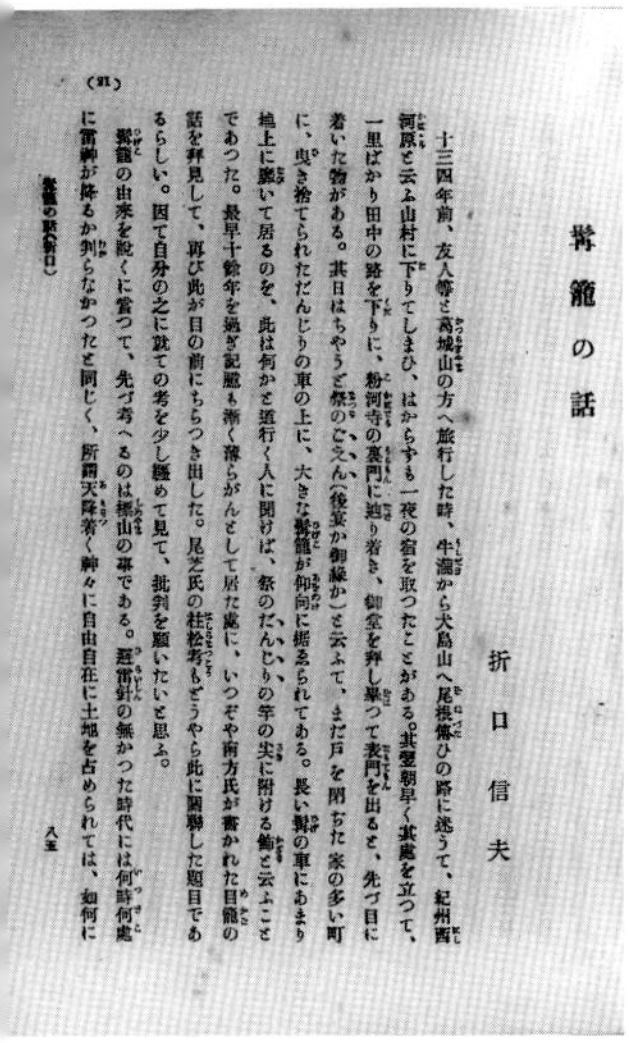

(五一)

髯籠の話

折口信夫

十三四年前、友人等と葛城山の方へ旅行した時、牛瀧から犬鳴山へ尾根傳ひの路に迷うて、紀州西河原と云ふ山村に下りてしまひ、はからずも一夜の宿を取つたことがある。其翌朝早く其處を立つて、一里ばかり田中の路を下りに、粉河寺の裏門に辿り着き、御堂を拜し畢つて表門を出ると、先づ目に着いた物がある。其日はちやうど祭のごえん(後宴か御縁か)と云ふて、まだ戸を閉ぢた家の多い町に、曳き捨てられただんじりの車の上に、大きな髯籠が仰向に据ゑられてある。長い髯の車にあまり地上に靡いて居るのを、此は何かと道行く人に聞けば、祭のだんじりの竿の尖に附ける飾と云ふことであつた。最早十餘年を過ぎ記憶も漸く薄らがんとして居た處に、いつぞや南方氏が書かれた目籠の話を拜見して、再び此が目の前にちらつき出した。尾芝氏の柱松考もどうやら此に關聯した題目であるらしい。因て自分の之に就ての考を少し纏めて見て、批判を願いたいと思ふ。

髯籠の由來を說くに當つて、先づ考へるのは標山の事である。避雷針の無かつた時代には何時何處に雷神が降るか判らなかつたと同じく、所謂天降着く神々に自由自在に土地を占められては、如何に

髯籠の話(折口)　八五

郷土研究

第參卷　第貳號

——(目要號本)——

山莊太夫考
髯籠の話
一極めの言葉
ヒジリと云ふ語
地藏と錫杖
異本猿屋傳書を讀む
活却禿のこと
山男の家庭に就て
信州の春駒
諸國の報告資料
紙上問答
雜報及批評

東京　郷土研究社發行

38　折口信夫「髯籠の話」
(『郷土研究』第3巻第2号
1915年)

39　渋沢敬三
(1896-1963)

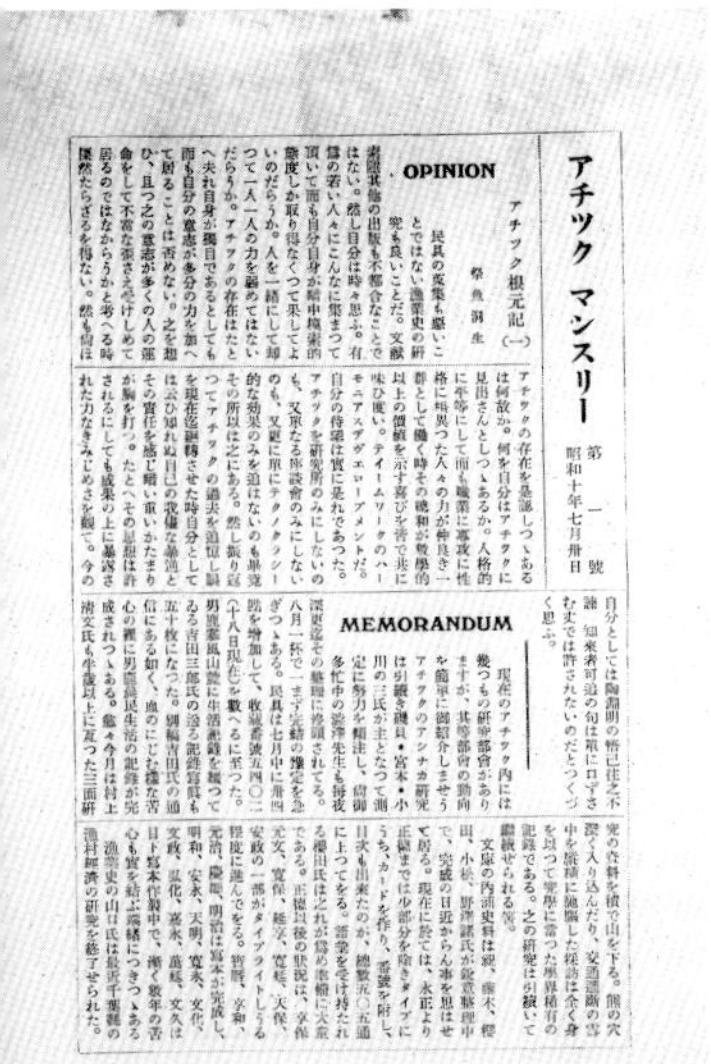

アチック マンスリー

第一號
昭和十年七月卅日

OPINION

アチック根元記(一)　祭魚洞生

民具の蒐集も愉しいことではない。漁業史の研究も良いことだ。文獻書誌其他の出版も不都合なことではない。然し自分は時々思ふ。有爲の若い人々にこんなに集まつて頂いて而も自分自身が暗中模索的態度しか取り得なくつて果してよいのだらうか。人を一緒にして却つて一人一人の力を弱めてはないだらうか。アチックの存在はたとへ夫れ自身が獨自であるとしても而も自分の意志が多分の力を加へて居ることは否めない。之を想ひ、且つ之の意志が多くの人の運命をして不當な張さえ受けしめて居るのではなからうかと考へる時慄然たらざるを得ない。然も尙ほアチックの存在を是認しつゝあるは何故か。何を自分はアチックに見出さんとしつゝあるか。人格的に平等にして而も職業に專攻に性格に相異つた人々の力が仲良き一群として働く時その總和が數學的以上の價値を示す喜びを皆で共に味ひ度い。ティームワークのハーモニアスデヴェロープメントだ。自分の待望は實に是れであつた。アチックを研究所のみにしないのも、又單なる座談會のみにしないのも、又更に單にテクノクラシー的な効果のみを追はないのも畢竟その所以は之にある。然し振り返つてアチックの過去を追憶し顧みを現在迄漸轉させた時自分としては云ひ知れぬ自己の我儘な鼻道とその責任を感じ暗い重いかたまりが胸を打つ。たとへその思想は許されるにしても成果の上に暴露された力なきみじめさを観て。今の

MEMORANDUM

40・41　『アチック＝マンスリー』第1号(1935年)とアチック＝ミューゼアム(1925年)

戦後の民俗学　第二次世界大戦後に、日本の民俗学は研究体制を整え、人文科学の一つとして他の諸学とも共同して研究を進めるようになった。民俗学の性格や方法論についても真剣に議論された。柳田没後の1960年代以降、次第に大学教育の中に位置づけられるとともに、それまでの成果を整理する講座類も多く出され、整備された学問としての姿を強めた。

42　九学会の対馬での調査(1950-51年)で海士の調査をする渋沢敬三

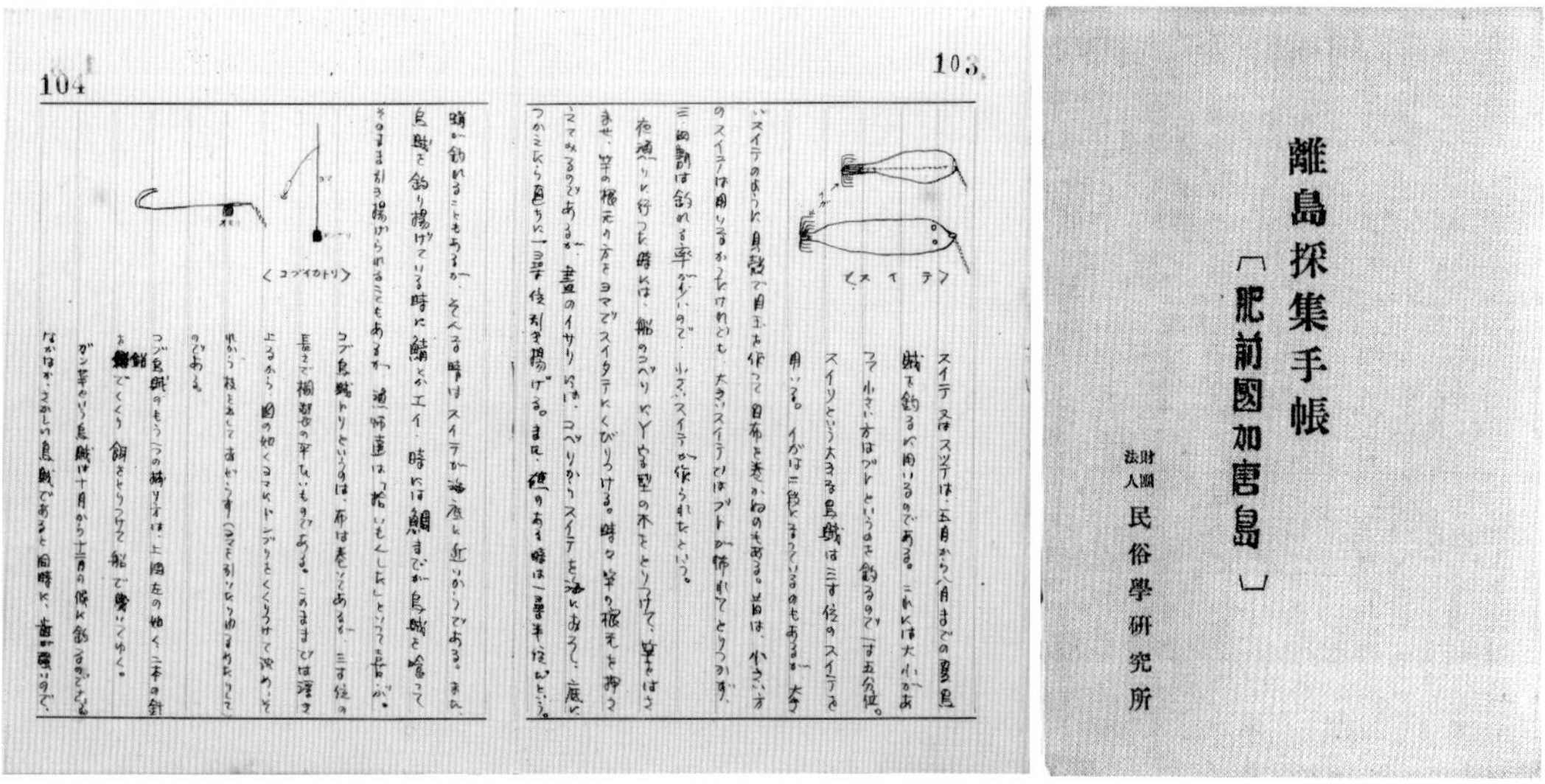

43　『離島採集手帳』(佐賀県、郷田洋文記載、1952年)

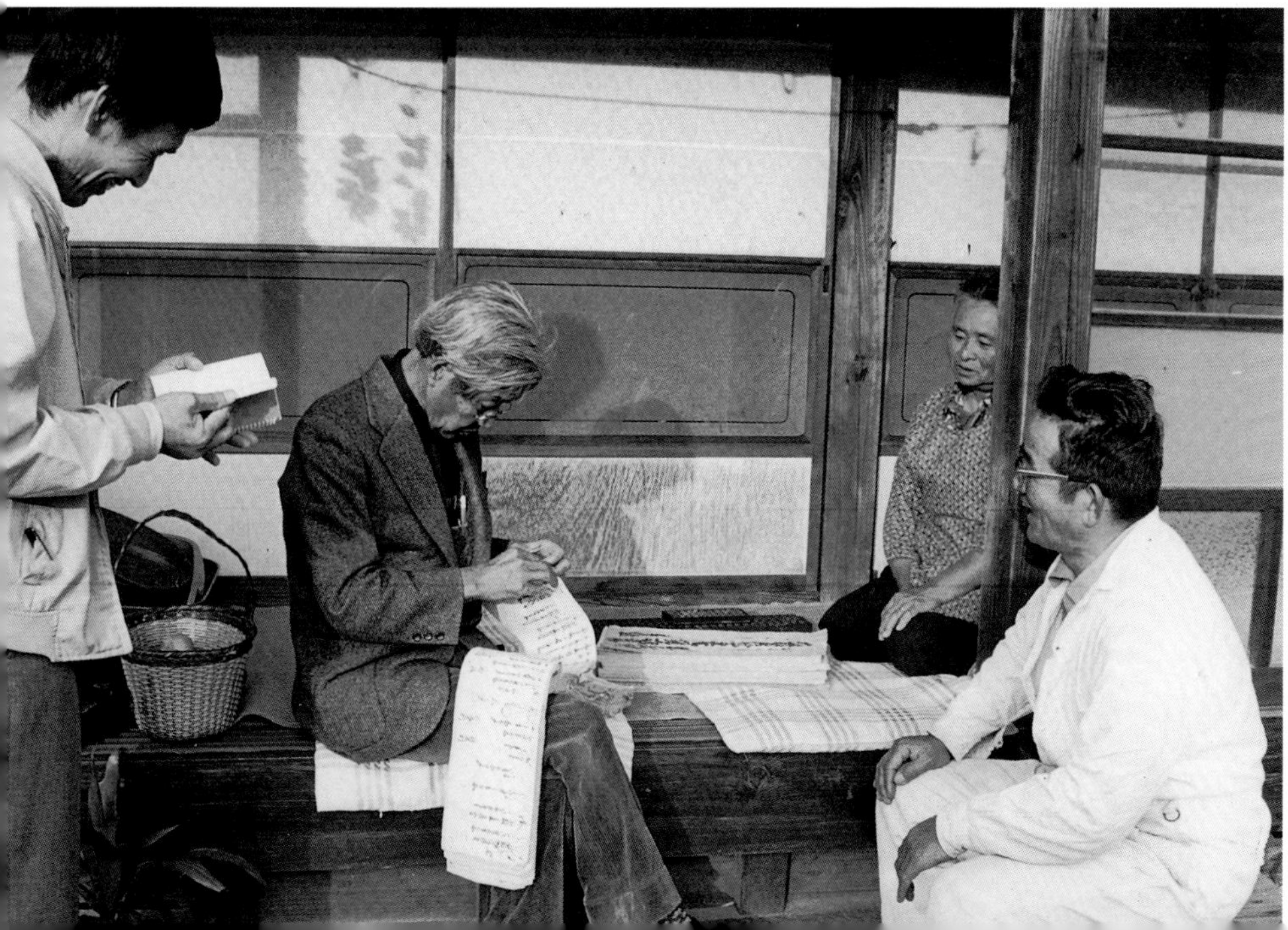

44　山口県大島町屋代で開拓の調査(1980年)をする宮本常一(1907-81)

45　民俗学研究所（1954年）

47　民俗学研究所編『民俗学辞典』（1951年）

46　女性民俗研究会（1947年ころ）

1950年代の民俗学方法論関係論文

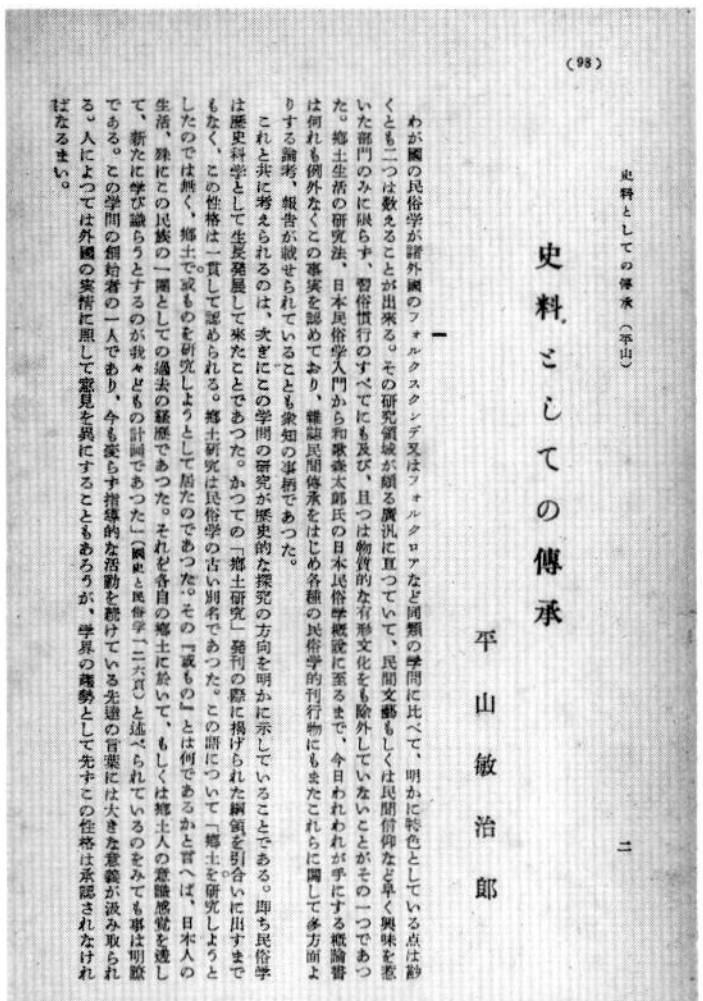

(98)

史料としての傳承（平山）　二

史料としての傳承

平山敏治郎

一

わが國の民俗学が諸外國のフォルクスクンデ又はフォルクロアなど同類の学問に比べて、明かに特色としている点は尠くとも二つは数えることが出來る。その研究領域が頗る廣汎に亘つていて、民間文藝もしくは民間信仰など早く興味を惹いた部門のみに限らず、習俗慣行のすべてにも及び、且つは物質的な有形文化をも除外していないことがその一つであった。郷土生活の研究法、日本民俗学入門から和歌森太郎氏の日本民俗学概説に至るまで、今日われわれが手にする概論書は何れも例外なくこの事実を認めており、雑誌民間傳承をはじめ各種の民俗学的刊行物にもまたこれらに關して多方面よりする論考、報告が載せられていることも衆知の事柄であった。

これと共に考えられるのは、次ぎにこの学問の研究が歴史的な探究の方向を明かに示していることである。即ち民俗学は歴史科学として生長発展して來たことであつた。かつての「郷土研究」発刊の際に掲げられた綱領を引合いに出すまでもなく、この性格は一貫して認められる。郷土研究は民俗学の古い別名であつた。この語について「郷土を研究しようとしたのでは無く、郷土で或ものを研究しようとして居たのであつた。その『或もの』とは何であるかと言へば、日本人の生活、殊にこの民族の一團としての過去の経歴であつた。それを各自の郷土に於いて、もしくは郷土人の意識感覚を通して、新たに学び識らうとするのが我々どもの計画であつた」（國史と民俗学「二六頁」）と述べられているのをみても事は明瞭である。この学問の創始者の一人であり、今も変らず指導的な活動を続けている先達の言葉には大きな意義が汲み取られる。人によつては外國の実情に照して意見を異にすることもあろうが、学界の趨勢として先ずこの性格は承認されなければなるまい。

48　平山敏治郎「史料としての伝承」（『民間伝承』第15巻第3号　1951年）

(272)

民俗の時代性と現代性（牧田）　三二

民俗の時代性と現代性

——日本民俗学の目標について——

牧田茂

民俗学における文献資料の價値の問題から、ひいては日本民俗学の目標について卑見を述べたいと思う。

最近、民俗学会の中でも指導的な立場にあると目されている会員諸兄によつて、民俗学における文献資料の價値というものを、必要以上に高く、すくなくとも採集資料と同等に評價しようという意見が唱えられている。筆者の試みんとするものは、これに対する反対論であるが、実は文献資料の價値の問題そのものよりも、もつと根本的な民俗学の目標といつたようなところに、その人々とわれわれとの意見の相違が存するようである。直接本稿の動機となつたものは、本誌三月号における平山敏治郎氏の「史料としての傳承」であるが、和歌森太郎氏の意見や堀一郎氏の見解に対しても、この機会に異論を述べたいと思う。

もちろん平山氏も「傳承文化は民間傳承の形をもつて研究の素材」とするところの「手續きに関して原則的に異議を挾むことはない」と断つておられるが、それは当然で、この原則を無視して民俗学というものはあり得ない。しかし、正統的な、狭義の歴史学が文献を史料とし、民俗学は傳承を史料とすることが、惧れねばならぬほどの「速断」であるとまでいうことが出来るだろうか。史料がありのままの生態というものでなく、記録その他の有效な手段によつて技術的操作が加えられた上で、はじめて史料源となりうるというのは確かであるが、それは資料——平山氏や和歌森氏は「史料」という文字を使つておられるが、われわれはどこまでも「資料」としたい。ここにも根本的な見解の相違の現れがみられる——を、学問的に組立てるための便宜上からであつて、傳承による資料も記録文章その他の形態にしなければならないから、形態的に文献と傳承とを区別することは無意義だというのはむしろ詭弁に近い。考古学の出土品も、動植物学の対象である動植物も、記録文章その他の形態にしなければ資料とならないというのと同じである。記録文章という形態は、便宜上のことであつて絶対的なものではない。たとえば農民の持つ表情なども、これを写眞に撮つて資料にするのは、それが便宜だからであつて、本人を連れて来て論じても差支えはないのである。民謡などはどんなに精密に採譜してももとのものに復原することは困難だといわれているほどである。

49　牧田茂「民俗の時代性と現代性」（同第15巻第6号、1951年）

(402)

民間傳承の概念と民俗学の性格（堀）　一八

民間傳承の概念と民俗學の性格

堀一郎

はしがき

平山敏治郎君の「史料としての傳承」（民傳十五ノ三）は多くの波紋を呼び、本誌六月号には牧田茂君の「民俗の時代性と現代性」の一文が寄せられた。僕はそのついでを以て、岸本教授と僕との鼎談中の一節を取上げて、僕の見解をも批判している。僕はここ一年半程、民俗学方法論について[illegible]せねばならぬ立場に置かれて来た。その一部の意見は既に一、二のものに発表している（宗教研究一二三、伝承と證言一七四）。しかしこれらは恐らく牧田君の眼には触れていない。そして僕は牧田君と未だ曾て一度も民俗学の方法論について話し会つたことはないのである。だから僕はここに自分の見解を一通り述べておく必要があると思う。

牧田君は僕が民間傳承の先後関係を決めるのに文献を利用すると言つたと記しているが、これには少しばかり前後に註釈が要る。僕は民間傳承の持つ時間的限界や実年代を知るためには文献が利用され得るといい、また民間傳承の先後関係を決定する場合に多くの他の科学の成果や出現、なかんずく文献史学が利用され得る、という意味で文献利用を口にしたと記憶する。だから我が「ただの一度しか文献にも出なかつたようなものが果して習俗であり民俗であるとどうして決められるか」（民傳十五ノ六）という批難は当らない。何となれば僕は、文献を民間傳承群の研究操作の上に利用すると言つているので、別に文献にただ一度しかあらわれないものを習俗とか民俗として資料化するとは言つていないからだ。だから重出立証法への背信などと言われる筋合はない。重出立証法はヒアリングを文献化する際、それがあやふやで、正鵠を掴み得ない点を補正するために用いるものである。だから一回しかあらわれないような事実の聞き書きというものも同様に資料價値はない。この点でもいわゆる文献資料と採集資料をどう区別するか、また資料價値をどう決定するかを考えておく必要があろう。

一

民俗学はサイエンス・オヴ・フォクロアといわれ、またフォルクスクンデといわれる。この二つの用語は歴史的にも内容的にも必ずしも一致してはいないが、また全く異なるものではない。その大きな差はフォークとフォルクの概念上の差であり、研究者の取材範囲の広狭の差である。しかしその何れにおいても、それが民間傳承の学であり、サムナーの言う所のフォークウェイズ、モーレスとして表現される文化現象を素材とする点において一致して

50　堀一郎「民間伝承の概念と民俗学の性格」（同第15巻第9号　1951年）

51　民俗資料緊急調査票の原本(青森県、1962年)

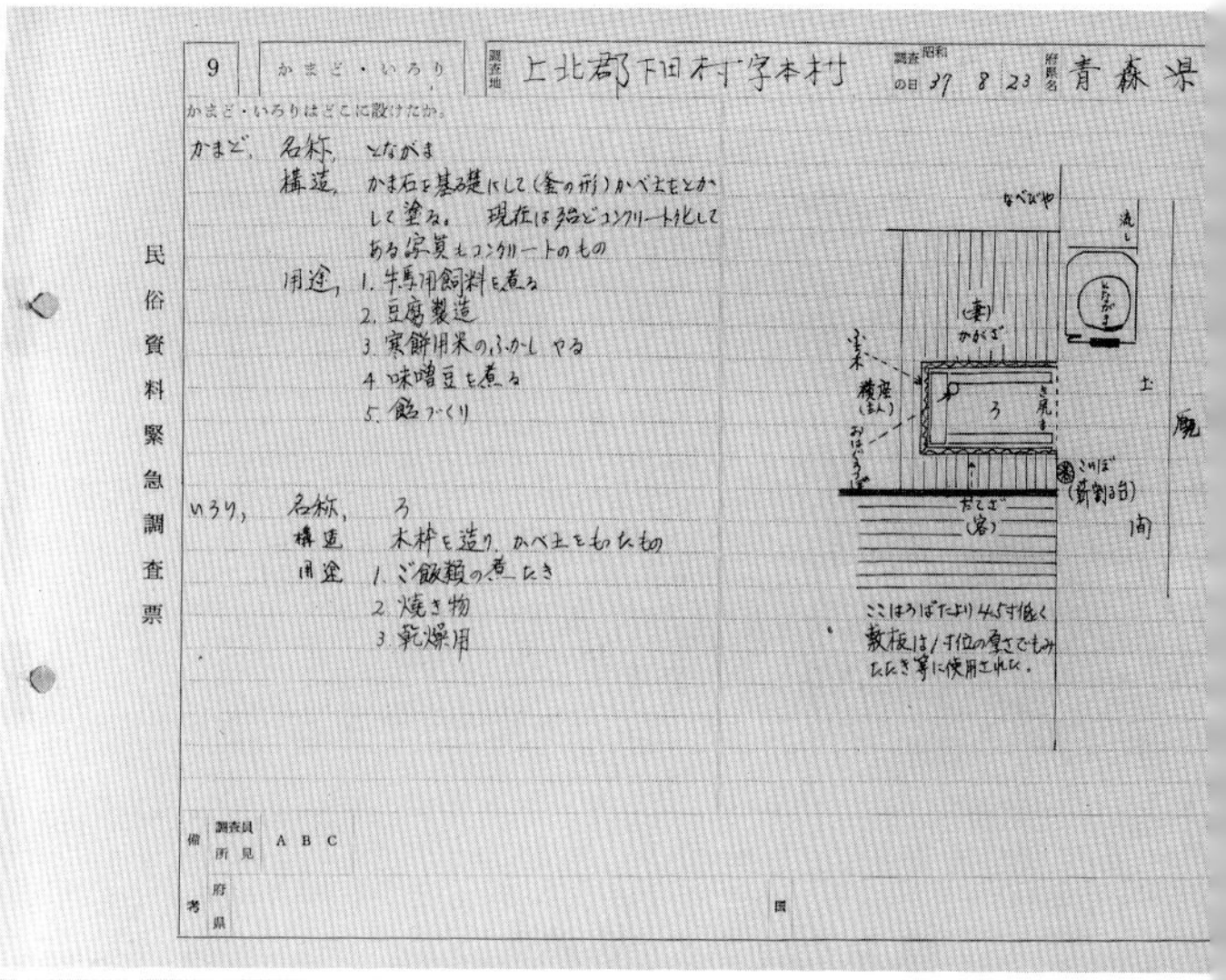
9　かまど・いろり　調査地　上北郡下田村字本村　調査の日　昭和37　8　23　府県名　青森県

民俗資料緊急調査票

かまど・いろりはどこに設けたか。

かまど，名称，となかま
構造，かま石を基礎にして(釜の形)かべ土をとかして塗る。　現在は殆どコンクリート化してある家具もコンクリートのもの
用途，1．牛馬用飼料を煮る
2．豆腐製造
3．寒餅用米のふかしやる
4．味噌豆を煮る
5．飴づくり

いろり，名称，ろ
構造　木枠を造り，かべ土をもったもの
用途　1．ご飯類の煮たき
2．焼き物
3．乾燥用

ここはろばたより4.5寸低く敷板は1寸位の厚さでもみたたき等に使用された。

備考　調査員所見　A B C
府県

53　1950年代から90年代までに刊行された民俗学の講座類

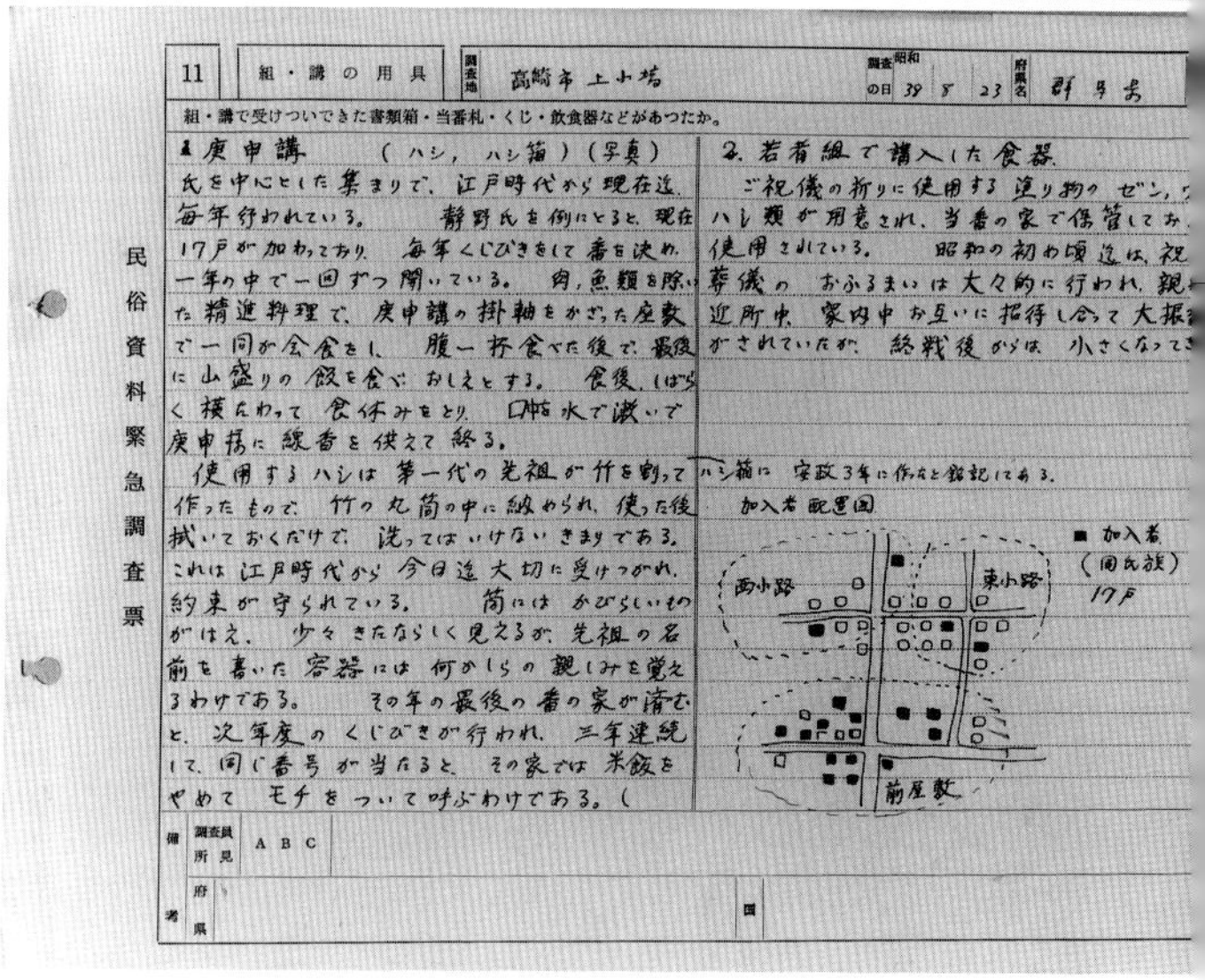
11　組・講の用具　調査地　高崎市上小塙　調査の日　昭和39　8　23　府県名　群馬県

民俗資料緊急調査票

組・講で受けついできた書類箱・当番札・くじ・飲食器などがあつたか。

1 庚申講　(ハシ，ハシ箱)(写真)
氏を中心とした集まりで，江戸時代から現在迄，毎年行われている。　静野氏を例にとると，現在17戸が加わっており，毎年くじびきをして番を決め，一年の中で一回ずつ開いている。　肉，魚類を除いた精進料理で，庚申講の掛軸をかざった座敷で一同が会食をし，腹一杯食べた後で，最後に山盛りの飯を食べおしえとする。　食後，しばらく横たわって食休みをとり，口嗽水で漱いで庚申様に線香を供えて終る。
使用するハシは第一代の先祖が竹を割って作ったもので，竹の丸筒の中に納められ，使った後拭いておくだけで，洗ってはいけないきまりである。これは江戸時代から今日迄大切に受けつがれ，約束が守られている。　筒にはかびらしいものがはえ，少々きたならしく見えるが，先祖の名前を書いた容器には何かしらの親しみを覚えるわけである。　その年の最後の番の家が済むと，次年度のくじびきが行われ，三年連続して，同じ番号が当たると，その家では米飯をやめてモチをついて呼ぶわけである。(

2．若者組で購入した食器
ご祝儀の折りに使用する塗り物のゼン，ワン類が用意され，当番の家で保管しており使用されている。　昭和の初め頃迄は，祝，葬儀のおふるまいは大々的に行われ，親類，近所中，家内中お互いに招待し合って大振舞がされていたが，終戦後からは小さくなってきた
ハシ箱に安政3年に作ったと銘記してある。

加入者配置図
■加入者(同氏族)17戸
西小路　東小路　前屋敷

備考　調査員所見　A B C
府県

52　民俗資料緊急調査票の原本(群馬県、1963年)

54　日本民俗学会第48回年会　島根県浜田市(1996年)

民俗学の現在　社会の急激な変貌の中で、民俗学も大きく変わりつつある。大学・博物館中心の民俗学に加えて市民みずからが民俗を研究する動向も形成されつつある。

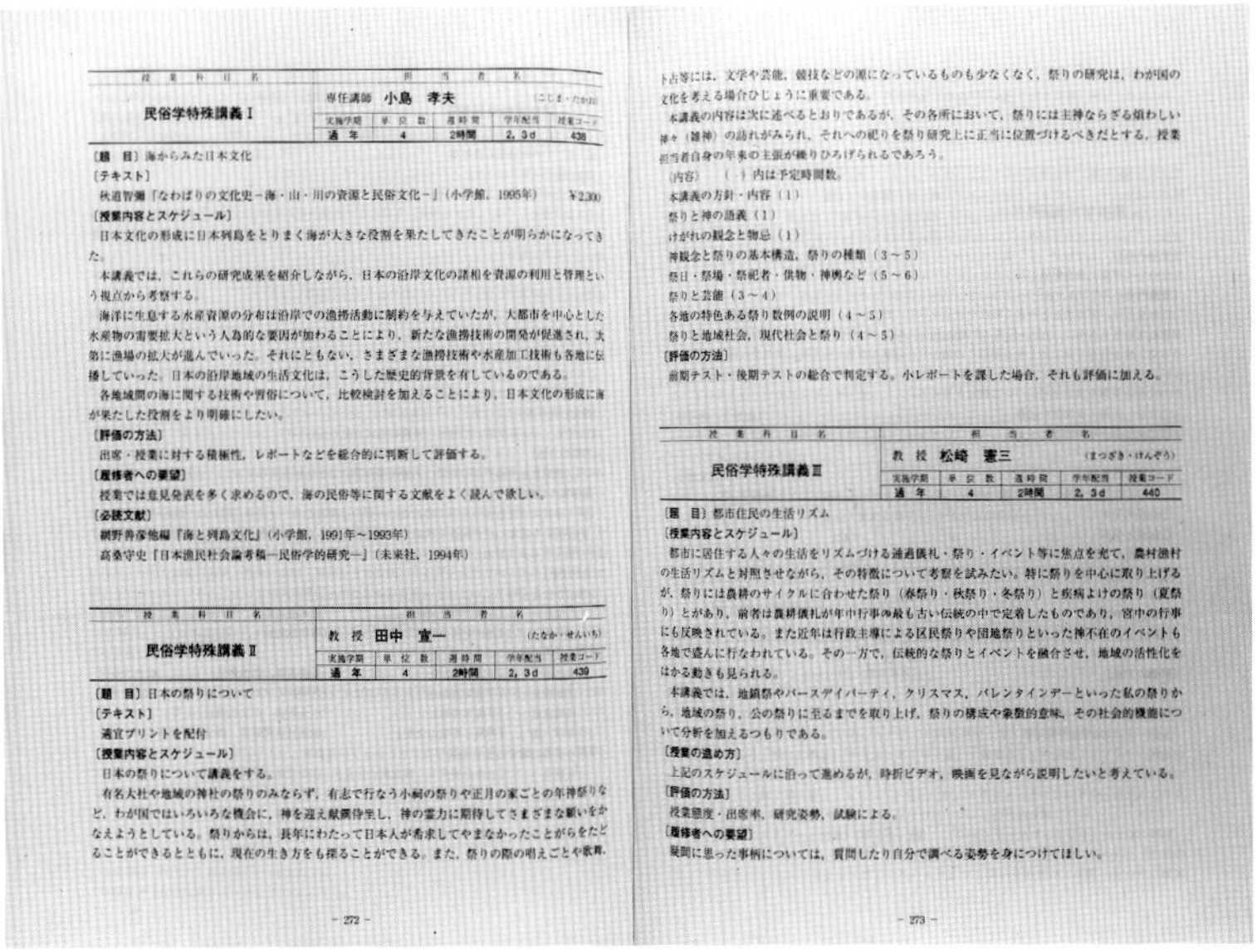

授業科目名	担当者名				
民俗学特殊講義Ⅰ	専任講師　小島　孝夫（こじま・たかお）				
	実施学期	単位数	週時間	学年配当	授業コード
	通年	4	2時間	2，3d	438

〔題　目〕海からみた日本文化

〔テキスト〕

秋道智彌「なわばりの文化史－海・山・川の資源と民俗文化－」（小学館，1995年）　¥2,300

〔授業内容とスケジュール〕

日本文化の形成に日本列島をとりまく海が大きな役割を果たしてきたことが明らかになってきた。

本講義では，これらの研究成果を紹介しながら，日本の沿岸文化の諸相を資源の利用と管理という視点から考察する。

海洋に生息する水産資源の分布は沿岸での漁撈活動に制約を与えていたが，大都市を中心とした水産物の需要拡大という人為的な要因が加わることにより，新たな漁撈技術の開発が促進され，次第に漁場の拡大が進んでいった。それにともない，さまざまな漁撈技術や水産加工技術も各地に伝播していった。日本の沿岸地域の生活文化は，こうした歴史的背景を有しているのである。

各地域間の海に関する技術や習俗について，比較検討を加えることにより，日本文化の形成に海が果たした役割をより明確にしたい。

〔評価の方法〕

出席・授業に対する積極性，レポートなどを総合的に判断して評価する。

〔履修者への要望〕

授業では意見発表を多く求めるので，海の民俗等に関する文献をよく読んで欲しい。

〔必読文献〕

網野善彦他編「海と列島文化」（小学館，1991年～1993年）

高桑守史「日本漁民社会論考稿―民俗学的研究―」（未来社，1994年）

授業科目名	担当者名				
民俗学特殊講義Ⅱ	教授　田中　宣一（たなか・せんいち）				
	実施学期	単位数	週時間	学年配当	授業コード
	通年	4	2時間	2，3d	439

〔題　目〕日本の祭りについて

〔テキスト〕

適宜プリントを配付

〔授業内容とスケジュール〕

日本の祭りについて講義をする。

有名大社や地域の神社の祭りのみならず，有志で行なう小祠の祭りや正月の家ごとの年神祭りなど，わが国ではいろいろな機会に，神を迎え献饌侍坐し，神の霊力に期待してさまざまな願いをかなえようとしている。祭りからは，長年にわたって日本人が希求してやまなかったことがらをたどることができるとともに，現在の生き方をも探ることができる。また，祭りの際の唱えごとや歌舞，卜占等には，文学や芸能，競技などの源になっているものも少なくなく，祭りの研究は，わが国の文化を考える場合ひじょうに重要である。

本講義の内容は次に述べるとおりであるが，その各所において，祭りには主神ならざる煩わしい神々（雑神）の訪れがみられ，それへの祀りを祭り研究上に正当に位置づけるべきだとする，授業担当者自身の年来の主張が繰りひろげられるであろう。

（内容）　（ ）内は予定時間数。

本講義の方針・内容（1）

祭りと神の語義（1）

けがれの観念と物忌（1）

神観念と祭りの基本構造，祭りの種類（3～5）

祭日・祭場・祭祀者・供物・神輿など（5～6）

祭りと芸能（3～4）

各地の特色ある祭り数例の説明（4～5）

祭りと地域社会，現代社会と祭り（4～5）

〔評価の方法〕

前期テスト・後期テストの総合で判定する。小レポートを課した場合，それも評価に加える。

授業科目名	担当者名				
民俗学特殊講義Ⅲ	教授　松崎　憲三（まつざき・けんぞう）				
	実施学期	単位数	週時間	学年配当	授業コード
	通年	4	2時間	2，3d	440

〔題　目〕都市住民の生活リズム

〔授業内容とスケジュール〕

都市に居住する人々の生活をリズムづける通過儀礼・祭り・イベント等に焦点を充て，農村漁村の生活リズムと対照させながら，その特徴について考察を試みたい。特に祭りを中心に取り上げるが，祭りには農耕のサイクルに合わせた祭り（春祭り・秋祭り・冬祭り）と疾病よけの祭り（夏祭り）とがあり，前者は農耕儀礼が年中行事の最も古い伝統の中で定着したものであり，宮中の行事にも反映されている。また近年は行政主導による区民祭りや団地祭りといった神不在のイベントも各地で盛んに行なわれている。その一方で，伝統的な祭りとイベントを融合させ，地域の活性化をはかる動きも見られる。

本講義では，地鎮祭やバースデイパーティ，クリスマス，バレンタインデーといった私の祭りから，地域の祭り，公の祭りに至るまでを取り上げ，祭りの構成や象徴的意味，その社会的機能について分析を加えるつもりである。

〔授業の進め方〕

上記のスケジュールに沿って進めるが，時折ビデオ，映画を見ながら説明したいと考えている。

〔評価の方法〕

授業態度・出席率，研究姿勢，試験による。

〔履修者への要望〕

疑問に思った事柄については，質問したり自分で調べる姿勢を身につけてほしい。

－272－　－273－

55　**大学教育における民俗学の授業**　東京都・成城大学文芸学部文化史学科の1997年度履修要項

56　**公開講座での民具作図実習**　横浜市・神奈川大学第1回常民文化講座（1997年）

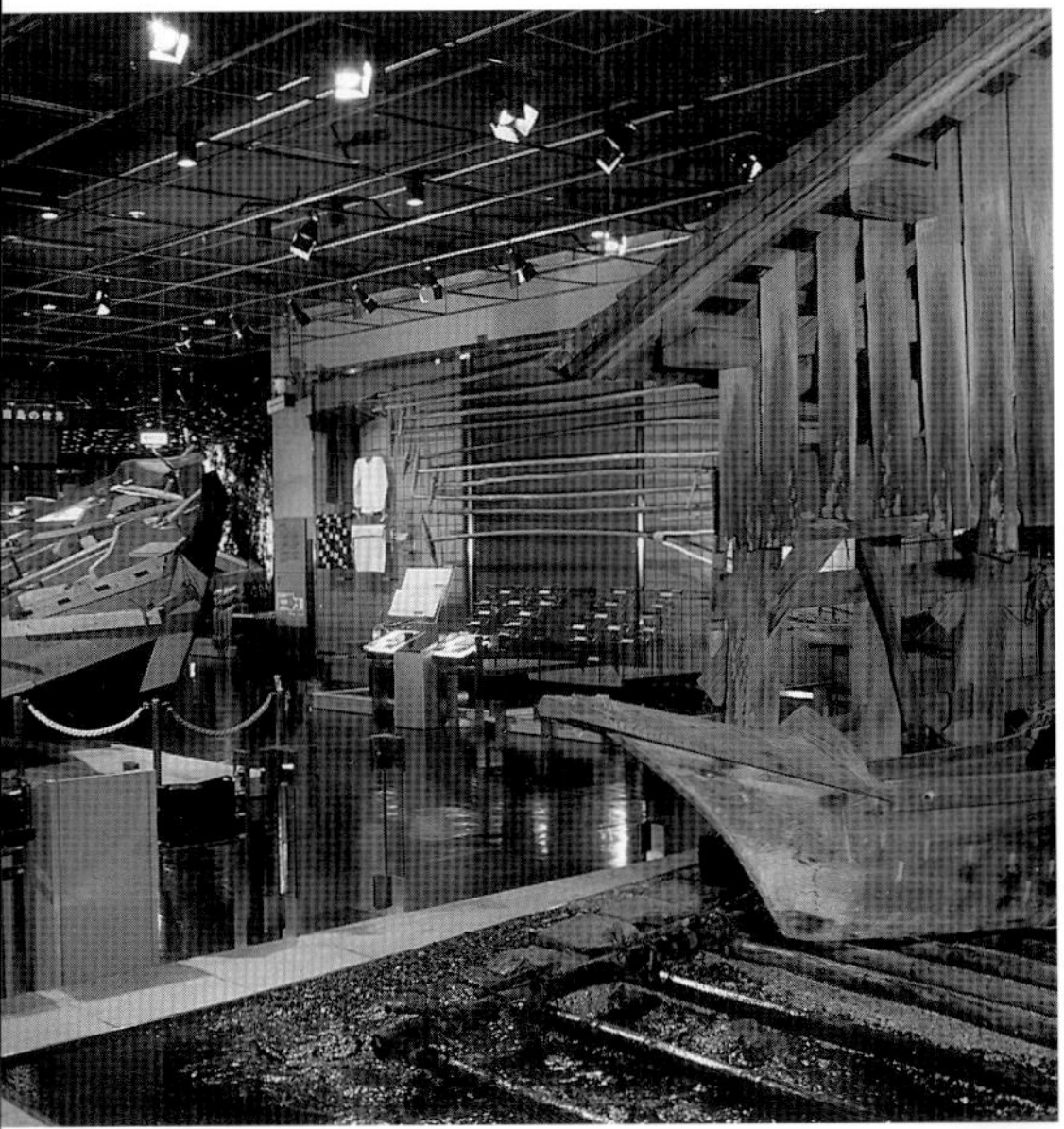

57　**博物館の民俗展示**　千葉県佐倉市・国立歴史民俗博物館

58　**日本民俗学会の50周年記念シンポジウム**　東京都墨田区（1999年）

（福田　アジオ）

村　境

日本の集落は、農山漁村でも都市でも、周囲を物理的に城壁や土塁で囲んで閉じるということはない。集落に近づくにつれ、そこに立ち並ぶ家々が視野に入ってくる。景観の上では集落は開放的であるといえる。しかし外に向かって無防備で過ごしてきたのではない。外から危険な存在が侵入するのを集落の入口で阻止しようと努力してきた。邪悪な人間も霊もすべて道路を通って自分たちの世界に侵入すると考え、道路が集落に入ろうとする地点に侵入を撃退するための装置を設けた。恒常的な装置の代表例は道祖神である。中部地方から関東地方に広く見られるが、近畿地方では早くそれが地蔵に代わった。また毎年決まった時に装置を作って置くことも各地で盛んである。いわゆる道切り行事であり、いかにも恐ろしそうな人形や大蛇あるいは巨人のいることを連想させる大草鞋を設定する所、神仏の力を勧請した札を吊す所、神社や寺院が発行した札を立てる所など多様である。

1　勧請吊と神楽太夫　滋賀県八日市市妙法寺

2　村境のシーサー　沖縄県伊平屋村字田名

村の入口

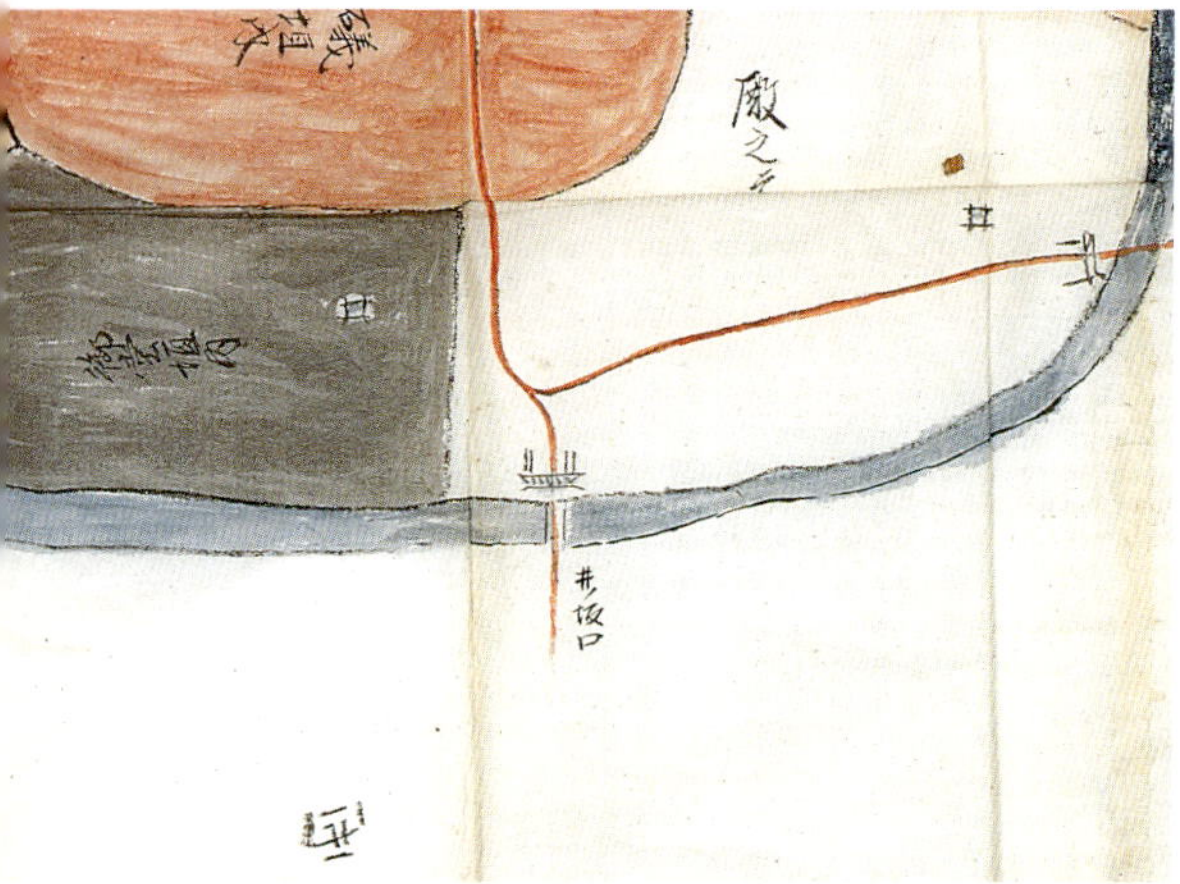

4　村境の門　（上狛郷絵図部分、正徳５年４月）

3　環濠集落の入口　奈良県大和郡山市稗田

5　現在の井の坂口　京都府山城町上狛

6　菅浦の西門　滋賀県西浅井町菅浦

7　村境の百万遍の念仏　青森県六ヶ所村平沼

9　単体丸彫道祖神　静岡県韮山町多田

8　双体道祖神　群馬県中之条町馬滑

10　常夜燈
滋賀県野洲町北桜

11　村境の六地蔵
京都府宮津市字山中

村境の人形

12　カシマサマ　秋田県大森町末野

13　疫病人形送り　岩手県湯田町白木野

14　ショウキサマ　新潟県津川町大牧

15　ショウキサマ　新潟県鹿瀬町夏渡戸

村境の呪物

16　ツジギリの大蛇　千葉県市川市国府台

17　シメツリのタコ　千葉県袖ヶ浦市神納上新田

18　道切りの大草鞋　横浜市戸塚区南谷戸

19　オオニンギョウ　茨城県石岡市井関

藁蛇を作る

20～24　フセギの藁蛇
東京都清瀬市下宿

製版印刷　株式会社東京印書館
本文用紙　北越コーポレーション株式会社
表紙クロス　東洋クロス株式会社
製本　誠製本株式会社
製函　永井紙器印刷株式会社
装幀　山崎登

日本民俗大辞典　下

二〇〇〇年（平成十二）四月二十日　第一版第一刷発行
二〇二三年（令和　五）三月　十日　第一版第七刷印刷
二〇二三年（令和　五）四月　一日　第一版第七刷発行

編集　福田アジオ　新谷尚紀　湯川洋司　神田より子　中込睦子　渡邊欣雄

発行者　吉川道郎

発行所　株式会社　吉川弘文館
〒一一三―〇〇三三
東京都文京区本郷七丁目二番八号
☎（〇三）三八一三―九一五一（代表）
振替口座〇〇一〇〇―五―二四四

落丁・乱丁本はお取替えいたします

ISBN978―4―642―01333―8

索　　引

頭字索引…………1
和文索引………15
欧文索引……272

例　言

1.　この索引は、『日本民俗大辞典』の中より主要な語句を採録し、和文索引と欧文索引に分けて収録した。

2.　和文索引の配列は、現代仮名づかいによる五十音順とした。また、清音・濁音・半濁音の順とし、促音・拗音も音順に数え、長音記号(ー)は、その前の「カタカナ」の母音をくり返すものとみなして配列した。同音の場合は「カタカナ」「ひらがな」、漢字の画数順とし、同音同字の場合は、内容の広狭、年代・地域の順などによった。欧文索引の配列は、アルファベット順とした。

3.　語句の出所は、項目として立項されている場合は、最初に辞典の見出し項目の個所を示し、次に、解説文・図・表、および別刷図版の中から採録したものを、巻・ページの順に配列した。

4.　記号は、以下のとおりである。

・　見出し項目語
『　』　典籍名
「　」　論文および民謡・映画などのタイトル
(　)　同音同字を区別するための注記、および地名の都道府県名注記
〘　〙　掲出語句の別表記などで、同一項目にまとめたもの
〔　〕　見出し項目名
〈　〉　別刷図版の表題
㊤㊦　巻次
ａｂｃ　段次
⇨　カラ見出し項目名の、解説されている項目名への指示
→　同内容語の指示

5.　その語句が、１項目中、複数個所にみえる場合は、１個所のみの表示を原則としたので、その前後の記述も参照されたい。

6.　頭字・難読字の音読順索引を付した。

１）頭字索引は、索引に収録されているすべての語句の漢字第１字目を検索するために作成したものである。また、頭字と併せて難読語についても読みを示し、検索の便を図った。

２）配列は、原則として字音の五十音順とし、同音の場合は画数順とした。

頭字索引

ア

亜　あ
阿　あ，お
　阿仁　あに
　阿含　あごん
　阿波　あわ，あんば
　阿閦　あしゅく
蛙　かえる
窪　くぼ
哀　あい
挨　あい
愛　あい
　愛宕　あたご
　愛染　あいぜん
曖　あつかい
穢　え，けがれ
靄　もや
悪　あく
　悪口　あっこう，わるくち
幄　あく
握　あく，にぎり
鶯替　うそかえ
閼伽　あか
安　あ，あん，やす
　安宅　あたか，あたけ
　安里屋　アサトヤ
　安居院　あぐい，あごいん
　安房　あわ
　安養　あんにょう，あんよう
按　あん
　按司　アジ
案　あん
　案山子　かかし
庵　あん，いおり
暗　あん，くら
　暗川　くらごう
鞍　くら
闇　やみ
鮟　あん

イ

伊　い
　伊太祁曾　いたきそ
　伊奈波　いななみ，いなば
　伊奈富　いのう
　伊邪那　いざな
　伊弉諾　いざなぎ
　伊達　だて
　伊須流支　いするぎ
　伊雑　いざわ
夷　えぞ，えびす
衣　い，え，きぬ，ころも
位　い
医　い
囲　い，かこい
依　より
威　い，おどし
為　し，ため
倚　い
尉　じょう
帷　とばり
　帷子　かたびら
惟喬　これたか
異　い
移　い，うつし，うつり
　移徙　わたまし
萎　なえ
貽　い
意　い
葦　あし，よし
違　ちがい
飴　あめ
熨斗　のし
遺　い
　遺言　いごん，ゆいごん
緯　よこ
育　いく
煴　おん
燠　おき
一　いち，いっ，ひと，ひとつ
　一寸見　ますみ
　一反　いったん
　一門　イチムン，いちもん
　一夏安居　いちげあんご
　一間　いっけん
　一節　ひとよ
壱　い
乙　おつ，おと
溢　いっ
杁　いり
引　いん，ひき，ひっ
印　いん，しるし
　印鑰　いんやく
因　いん
　因幡　いなば
姻　いん
茵　しとね
音　→おん
院　いん
　院家　いんげ
寅　とら
淫　いん
陰　いん，おん，かげ
　陰陽　いんよう，おんみょう
飲　いん，のみ
隠　いん，おん，かくし，かくれ
　隠岐　おき
蔭　かげ

ウ

宇　う，うん
　宇波西　うわせ
羽　う，は，はね
　羽団扇　はうちわ
芋　いも，ンム
盂蘭盆　うらぼん
雨　あま，あめ，う
　雨降　あふり
　雨端　あまはじ
竽　う
烏　→お
運　うん
雲　うん，くも
　雲浜　うんぴん
　雲雀　ひばり
縕袍　どてら
醞　しおり
饂飩　うどん

エ

恵　→けい
永　え，えい，なが
曳　ひき
　曳覆　ひきおい
英　えい
　英彦山　ひこさん
映　えい
　映日果　いちじく
栄　えい
詠　えい
影　かげ
　影向　ようごう
瑩　えい
叡　えい
衛　え，えい
嬰　えい
霙　みぞれ
役　えんの，やく
易　えき
疫　えき，やく
益　えき，ます
液　えき
駅　えき
嬥歌　かがい
越　えっ，おっ
鉞　まさかり
魞　えり
円　えん，まる
奄　あま
延　えん，のべ，はえ
炎　えん
垣　かい，かき
怨　おん
宴　うたげ，えん
偃　お
掩　かぶせ
淵　ふち
莚　えん
堰　せき
援　えん
園　えん，おん，その
煙　えん，おん，けむり
　煙花　はなび
　煙草　たばこ
　煙管　えんかん，きせる
猿　さる
筵　むしろ
遠　えん，お，おん，と，とお
　遠江　とおとうみ
　遠敷　おにゅう
鉛　えん，なまり
　鉛粉　しろきもの
塩　えん，しお
　塩汁　しょっつる
　塩梅　あんばい，えんばい
　塩飽　しあく
演　えん
鳶　とび，とんび
縁　えん，ふち
燕脂　べに
鋺　わん
閻　えん
薗　その
轅　ながえ
艶　えん，つや

オ

汚　おん，よごれ
　汚穢　おわい
烏　う，からす
　烏帽子　えぼし
　烏賊　いか
　烏頓　うどん
　烏滸絵　おこえ
　烏喰い　とりくい
王　おう
応　おう
往　おう
押　おさえ，おし
桜　おう，さくら
皇　→こう
翁　おきな
奥　おう，おく
横　おう，よこ
鴨　かも
甕　かめ
襖　ふすま
鶯　うぐいす
鸚鵡　おうむ
屋　おく，や
　屋取　ヤードゥイ
乙　→いつ
音　おと，おん
恩　おん
温　あたため
　温石　おんじゃく
　温突　オンドル
　温泉　うんぜん，おんせん，ゆぜん，ゆの
　温埃　オンドル
穏　おん

カ

下　おろし，か，くだり，げ，さがり，した，しも
　下酛　したもと
化　か，け，はけ，ばけ
　化粧　けしょう，けわい
火　か，ひ，ほ
　火除け　ひよけ
　火除せ　ひぶせ
　火雷　ほのいかずち
　火熨斗　ひのし
　火燵　こたつ
加　か
　加無波良　かんびれえ
可　か
瓜　うり
禾　のぎ
仮　か，かり，け
　仮寧令　けにょうりょう
何　なに
伽　が，きゃ，とぎ
　伽婢子　とぎぼうこ
花　か，け，はな
　花押　かおう
　花魁　おいらん
佳　か
　佳礼吉　カリユシ
　佳例吉　カリユシ
卦　け
果　か，はて
　果物　くだもの
河　か，かわ，ごう
　河内　かわち，こうち
　河岸　かし
　河原　かわら
　河童　かっぱ
架　か
科　しな
迦楼羅　かるら
夏　なつ
　夏安居　げあんご
　夏越　なごし
家　いえ，か，け，や

家船　えぶね
家鎮　けち
荷　か，に
荷前　のさき
荷胛　ニコー
華　か，け
華鎮　かちん，けち
舸　か
菓　か
袈　け
貨　か
堝　なべ
訶　か
過　か，すぐ
過怠　かたい
嫁　か，よめ
葭　よし
靴　かのくつ，くつ
嘉　か
嘉手久　カディクウ
嘉礼吉　カリュシ
嘉例吉　カリュシ
寡　か
歌　うた，か
稼　か
蝦　えび，か
蝦夷　えぞ
蝸牛　かぎゅう，かたつむり
樺　かば
樺太　からふと
鍋　なべ
霞　かすみ
牙儈　すあい
瓦　か，かわら
瓦礫　がれき
我　が，わが
芽　め
俄　にわか
賀　か，が
雅　が
餓　が
駕　か
刈　かり
刈田　かった，かりた
回　かい，まわし，まわり
回向　えこう
回峰　かいほう
会　あい，え，かい，ホイ
灰　はい
灰汁　あく
快　かい
戒　いましめ，かい
改　かい
届　とどけ
怪　かい
芥子　けし
苅　かる
廻　え，かい，まわり
廻間　はざま
悔　け
海　うみ，かい
海人　あま，ウミンチュ，かいじん
海士　あま
海女　あま
海元　ウミムトゥ
海月　くらげ
海石榴　つばき
海老　えび
海神　ウンジャミ，かいじん，わたつみ
海苔　のり
海留　ウミドゥミ
海豚　いるか
海部　あま，あまべ，かいふ
海椶櫚　そてつ
海鼠　なまこ
掛　かかり，かけ
掛弦　かけづる
掛椀　かけかさ
傀儡　かいらい，くぐつ
堺　さかい
絵　え
絵詞　えことば
開　かい，ひらき
開眼　かいげん
開扉　かいと
開闔　かいこう
階　かい
塊　かい，くれ，こん
楷子　はしご
解　かい，げ
潰　つぶれ
磕　かい
鞋　かい
懐　かい，ふところ
檜　ひ，ひのき
檜皮　ひわだ
檜枝岐　ひのえまた
膾　なます
醢　ししびしお
蟹　かに
鱠　なます
外　うけ，がい，げ，そと，と，ほか
外郎　ういろう
外暖簾　そとのれん
外精霊　ふけじょろ
亥　い，いの
害　がい
崖　がい
街　かい，がい，まち
蓋　ふた
鎧　よろい
垣　→えん
角　かど，すみ，つの
角力　すもう
角觝　すもう
拡　かく
客　きゃく，まろうど
客人　まろうど
狢　むじな
革　かわ
格　こう，ごう
格狭間　こうざま
核　かく
捔力　すもう
殻　から
郭　かっ
覚　おぼえ，かく
覚鑁　かくばん
塙　はなわ
貉　むじな
廓　くるわ
獲　え
鶴　かく，つる
鶴羽衣　つるはぎ
臛　あつもの
学　がく，がっ
岳　たけ
楽　がく，たのしい，らく
楽車　だんじり
楽桟敷　がくさじき
嶽　たけ
嶽元　タキムトゥ
鍔　つば，わに
額　がく，ひたい
鰐　わに
樫　かし
穀　かじ
括　くくり
活　かつ，かっ
活惚　かっぽれ
喝　かつ，かっ
割　かつ，かっ，さき，わり
滑　かっ，こっ
葛　か，かつら，かづら，くず
葛井　ふじい
葛籠　つづら
羯　かっ
月　→げつ
叺　かます
裃　かみしも
刈　→かい
干　かん，ほし
干支　えと，かんし
干物　からもの，ひもの
干瀬　ヒシ
干鰯　ほしか
甘　あま，あまえ，かん
甘葛汁　あまずら
汗　あせ
串　くし
坎　かん
完　かん
旱　かん
肝　きも
函　はこ
官　かん
冠　かん，かんむり
冠木　かぶき
巻　まき
看　かん
竿　かん，さお
桓　かん
疳　かん
陥　かん
乾　→けん
勘　かん
莧　ひゆ
貫　かん，つらぬき
貫木屋　ヌチジャー
貫前　ぬきさき
貫屋　ヌキヤー
貫籍　クヮンジョク
堪　かん
寒　かん
寒食　かんしょく，ハンシク
嵌　はめ
換　かえ，かん
棺　かん，ひつぎ
菅　かん，すが，すげ，すな
菅生　すごう
間　あい，かん，はざま，ま
間人　もうと
閑　かん
勧　かん
勧化　かんげ
寛　かん
感　かん
漢　かん
漢国　かんごう
慣　かん
管　かん，くだ
関　かん，せき
歓　かん
盥　たらい
諫　かん
還　かん，げん
館　たて，やかた
環　かん
癇　かん
韓　から，かん
餡　あん
艦　かん，らん
簡　かん
観　かん，みせ
観音　かんのん
鹹　から
灌　かん
灌頂　かんじょう
鐶　かん
鑑　かん，がん
丸　まる，がん
岩　いわ，がん
玩具　おもちゃ，がんぐ
玩物　てあそび，もちゃそび
眼　がん，げん，め
眼鏡　めがね
雁　がん
翫弄之具　てあそび，もちゃそび
顔　かお，がん
願　がん，ねがい
巌　いわ，がん
巌谷小波　いわやさざなみ
龕　がん

キ

几　き，つくえ
企　き
伎　ぎ
机　つくえ
気　き，け
気色　けしき
肌　はだ
妓　ぎ
岐　ぎ
岐神　ふなどがみ
忌　い，いみ，き
忌鉾　いみおの
忌詞　いみことば
忌違　いみたがえ
汽　き
其　その
奇　き
奇魂　くしみたま
季　き
祈年　きねん，としごい
紀　き
姫　ひめ
帰　かえり，き
記　き
起　おき，き
起火　はなび
飢　き
鬼　おに，かみ，き，しこ，もの
鬼渡　おにごっこ
埼　さい
基　き
基督　キリスト
寄　よせ，より
寄人　よりうど
寄席　よせ
崎　さき
規　き
亀　かめ，き
喜　き
棄　き
葵　あおい
貴　き
旗　はた
榿　はりのき
箕　み
綺　かんはた
器　き
嬉　き
機　き，はた
諱　いみな，もの
磯　いそ
磯良　いそら
櫃　ひつ
騎　こま
騎射　うまゆみ，きしゃ
饑　き
鰭　ひれ
羇　き
偽　ぎ，にせ
義　ぎ，よし
疑　ぎ

儀　ぎ
戯　ぎ，げ
擬　ぎ
犠　ぎ
蟻　あり
議　ぎ
祇園　ぎおん
掬　すくい
菊　きく，きっ
鞠　まり
麹　こうじ
麴　こうじ
乞　き，こ，こい
吉　き，きち，きっ，よし
　吉方　えほう
　吉右衛門　きっちょん
　吉四六　きっちょむ
喫　きっ
詰　つめ
橘　きつ，きっ，たちばな
客　→かく
脚　かっ，きゃ
　脚少　かしゅう
逆　→げき
瘧　おこり
九　→く
久　きゅう，く
　久煩氏　くぼて
及　おい
弓　ゆみ
仇　あだ
旧　きゅう
　旧人　もろと
休　きゅう，やすみ
　休息　くそく
吸　すい
扱　こき
朽　くつ
臼　うす
　臼太鼓　うしでいく
求　く，もとめ
灸　きゅう，やいと
玖珠　くす
晦日　フェイル，みそか
糺　ただす
泣　なき
宮　く，ぐう，みや
　宮主　みやじ
　宮良　みやなが
　宮家　みやけ
　宮笥　みやけ
笈　おい
救　きゅう，ぐ
球磨　くま
蚯蚓　みみず
給　きゅう
厩　うまや，きゅう
舅　しゅうと
韮　にら
鳩　はと
鬮　くじ
牛　うし，ぎっ，ぎゅう
　牛王　ごおう
　牛玉　ごおう
　牛蒡　ごぼう，ごんぼ
　牛頭　ごず
去　きょ
巨　きょ
居　い，きょ，こ
炬火　たいまつ
炬燵　こたつ
挙　あげ，きょ
据　すえ
虚　こ
許　きょ
　許嫁　いいなずけ
　許粮光　シューリャンクヮン
筥　はこ
裾　きょ，すそ
嘘　うそ
鋸　のこぎり
魚　うお，ぎょ，さかな
　魚垣　ナガキ
　魚軒　さしみ
　魚籃　ぎょらん，びく
御　お，おん，ぎょ，ご，み
　御仏供　うぶく
　御手洗　みたらし
　御水撫で　ウビナディ
　御左口　みしゃぐち
　御生　みあれ
　御田　おんだ，みた
　御会式　おえしき
　御形　ごぎょう，みかた
　御供田　ごくうでん
　御取　おとり，みとり
　御奉射　おびしゃ
　御注連　おしめ
　御祈禱　おんいのり，ごきとう
　御阿礼　みあれ
　御神屋　みこうや
　御神酒　おみき
　御神渡　おみわたり
　御食津　みけつ
　御厨子引　みずひき
　御餅　みかがみ
　御射山　みさやま
　御島廻　おしまめぐり
　御師　おし，おんし
　御通し　ウトゥーシ
　御酒　みき
　御高祖　おこそ
　御崇敬　ごそっきょう
　御逮夜　おたんや
　御鳥喰　おとぐい
　御渡　おみわたり
　御結鎮　みけち
　御越年　ごおつねん
　御飯　みけ
　御幣　おんぬさ，ごへい
　御影供　おめいく，みえいく，みえく
　御蔭　おかげ，みかげ
　御霊　ごりょう，みたま
　御膳魂　みけつたま
　御薪　みかまぎ
　御嶽　ウタキ，オン
　御贄　おんべ
　御簾　みす
　御願　ウガン
　御媼尊　おんばそん
　御饌　みけ
　御贖物　みあがもの
漁　ぎょ，りょう
凶　きょう
兄　→けい
共　きょう，とも
杏　ちょう
狂　きょう，くるい
享　きょう
京　→けい
供　く，ぐ，そなえ
　供花　くげ
協　きょう
俠　きょう
峡　はけ，はざ
狭　さ，はざ
恐　おそれ
挟　はさ，はさみ
框　かまち
胸懸　むながい
脇　きょう，わき
強　きょう，ごう，こわ
　強飯　ごうはん，こわめし
教　きょう
梟　ふくろう
経　→けい
郷　きょう，ごう
　郷貫　ヒャングヮン
境　きょう，けい，さかい
　境内　けいだい
鋏　はさみ
頬　ほお
橋　きょう，はし
興　→こう
蕎麦　そば
鏡　かがみ，きょう
競　きょう，せり
　競馬　きょうまん，くらべうま，けいば
響銅　からかね
饗　きょう
驚　おどろき，きょう
仰　ぎょう
行　→こう
暁　あかつき
業　ぎょう，ごう，わざ
凝海藻　こるもは
曲　かね，きょく，くせ，ごく，まがり，まげ
極　きょく，ごく
玉　ぎょっ，たま
　玉匣　たまぐし
　玉城　たまグスク
　玉御殿　たまウドゥン
　玉蓋　ぎょっかい
　玉簾　たまだれ
巾　きん
均　きん，なる
近　きん，こん，ちか
　近江　おうみ
芹　せり
金　かな，かね，かん，きん，この，こん
　金刀比羅　ことひら，こんぴら
　金打　かねうち，きんちょう
　金名子　かなこ
　金花糖　こんぺいとう
　金峰　きんぷ
　金峯　きんぷ
　金凝祝　かなでのはふり
　金鑽　かなさな
衾　ふすま
菌　きん
勤　きん，つとめ
琴　きん，こと
　琴柱　ことじ
筋　すじ
釿　ちょうな
禁　きん
　禁厭　まじない
緊　きん
錦　きん，にしき
謹　きん
吟　ぎん
銀　ぎん
　銀杏　いちょう
　銀鏡　しろみ

ク

九　きゅう，く
区　く
苦　から，く
　苦力　クーリー
　苦汁　にがり
蒟蒻　こんにゃく
蒟醬　きんま
駆　かけ
駒　こま
瞿麦　なでしこ
衢　ちまた
具　ぐ
倶　く
愚　おろか，ぐ
空　あき，から，く，くう，そら
偶　ぐう
　偶人　ひとがた
寓　ぐう
隅　すみ
堀　ほっ，ほり
君　きみ
　君南風　チンベー
　君真物　キンマモン
訓　くん
燻　くん，ふすべ
軍　いくさ，ぐん
郡　ぐ，ぐん
群　ぐん
　群倉　ぼれぐら

ケ

兄　え，きょう
　兄弟重牌　チョーデーカサバイ
刑　けい
圭冠　はしはこうぶり
形　かた，けい
系　けい
京　きょう
　京太郎　チョンダラー
径　きん
契　けい，ケー，ちぎり
炯　どう
計　けい
奚　けい
恵　え
桂　かつら，けい
啓　けい
掲　けい
畦　あぜ，うね，くろ
　畦畔　あぜ，けいはん
経　きょう，けい，たて
　経帷子　きょうかたびら
　経緯　たてよこ
脛　すね
　脛巾　はばき
蛍　ほたる
袿　うちぎ
敬　うやまい，けい
　敬知　けち
景　かげ，きょう，けい
笄　こうがい
軽　かる，けい
傾　けい

傾城　けいせい
携　けい
継　けい，つぎ，まま
詣　まいり
禊　みそぎ
慶　けい，よし
稽　けい
樏　かんじき
磬　けい
髻　もとどり
鮭　さけ
繋　つなぎ
警　けい
鶏　けい，とり，にわとり
競　→きょう
荊　けい
芸　げい
迎　むかえ
鯨　くじら
霓　げい
屐　げき
逆　かっちゃま，ぎゃく，さか
逆鉋　さかさのし
劇　げき
撃毬　げききゅう
欠　かき，かけ
欠落　かけおち，けつらく
穴　あな
穴太　あのう
血　けち，けつ，けっ，ち
決　きめ
桔梗　ききょう
結　けち，けっ，むすび，ゆい
結地　けち
結城　ゆうき
結跏趺坐　けっかふざ
結鎮　けいちん，けち
潔　けっ
蕨　わらび
月　がち，がっ，げつ，つき，つく
月水　がっすい，げっすい
月代　さかやき
月次　つきなみ
月経　げっけい，つきぎょう
犬　いぬ，けん
犬神　いぬがみ，イヌガン，インガミ
見　けん，み，みる
見参　げんざん，げんぞう
肩　かた
建　けん，たて
建水分　たけみくまり
研　けん
県　あがた，けん
兼　けん
剣　けん，つるぎ
剣舞　けんばい，けんべえ
拳　けん
軒　のき
乾　いぬい，かわき，かん，けん，ほし
汲　くみ
牽　ひき
眷　けん
喧　けん
堅　かた，けん
検　けん
硯　すずり
嫌　きらい
献　けん
筧　かけい
絹　きぬ
萱　かや
蜆　しじみ
慳　けん
権　けん，ごん
権祝　ごんのほおり
権首　さす
憲　けん
撿　けん
賢　かしこ，けん
賢木　さかき
鍵　かぎ
繭　まゆ
顕　あら，けん
顕拝　けんべえ
験　げん，しるし
懸　かけ，け，げ，けん
懸衣翁　けんえおう
懸税　かけぢから
譓　けい
鰹　かつお
鋼　はがね
元　がん，げん，もと
元旦　がんたん，ソル
元宝　ユエンパオ
元屋　ムトゥヤー
幻　げん
幻戯　めくらまし
玄　げん
玄翁　げんのう
言　い，げん，こと
阮咸　げんかん
弦　つる
弦売僧　つるめそ
彦　ひこ
限　げん
原　げん，はら，はる
現　げん
現人　あらひと
減　げん
源　げん，みなもと
諺　ことわざ
諺文　オンムン
厳　いつく

コ

戸　こ，と
戸榛名　とばんな
古　こ，ふる
古士　ふるさぶらい
古峰　こぶ，ふるみね
估　こ
刳　くり
呼　こ，よび
固　かた，かため，こ
姑　しゅうとめ
姑獲鳥　うぶめ
岵　はけ
沽　こ
狐　きつね，こ
狐狗狸　こっくり
股　もも
虎　とら
虎子　おおつぼ
虎魚　おこぜ
孤　こ，シマチャビ
故　こ
枯　かれ，こ
胡　こ，ご
胡床　あぐら，こしょう
胡桃　くるみ
個　こ
庫　くら
庫裡　くり
袴　はかま
壺　つぼ
湖　うみ，こ，みずうみ
菰　こも
雇　こ，やと，やとい
鼓　つづみ
糊　のり
瞽女　ごぜ
鯱　しゃち
五　いつ，いつつ，ご
五十嵐　いがらし
五十集　いさば
五十瀬　いそせ
五个所　ごかしょ
五戸　ごのへ
五月　ごがつ，ゴグヮチ，さつき
五月雨　さみだれ
五味子　さねかずら
五竜胆　いつつりんどう
互　ご
午日　オーイル
伍　ご
呉　ご
呉公　ごこう，むかで
呉床　あぐら
呉藍　くれない
吾　あ
後　→こう
娯　ご
悟　ご
莫　ご
御　→ぎょ
碁　ご
蜈蚣　むかで
語　かた，かたり，ご
護　いわい，ご，もり
口　くち，こう
口入　くちいれ，くにゅう
口説き　くどき
口説ち　クドゥチ
口醸　くちかみ
工　こう
公　おおやけ，く，こう
公儀　くうじ，こうぎ
勾　まが
孔　こう
功　こう
叩　こう，たた
尻　しっぽ，しり
広　こ，こう，ひろ
広東　カントン
弘　こう，ひろ
甲　かぶと，こう
甲子　かっし，きのえね
甲斐　かい
交　かた，きょう，こう，まぜ
光　こう，ひかり
后　こう
向　む，むかい，むこう
好　こう
江　え，ごう
考　こう
行　あん，いき，おこない，ぎょう，こう，ゆき
行波　ゆかば
行器　ほかい
行燈　あんどん
坑　こう，まぶ
孝　こう
宏　こう
更　ふけ
岡　おか
岬　みさき
幸　こう，さい，さいわい，さき
庚　こう
杭　くい，こう
杭全　くまた
狗　ぐ
肴　さかな
厚　あつ
垢　こ，こり
後　あと，うしろ，ご，こう，のち
後生　グソー，ごしょう
後見　うしろみ，こうけん
洪　こう
洪門結社　ハンメヌチエシャー
皇　こう
紅　こう，べに
紅型　びんがた
紅幇　ホンパン
紅葉　もみじ
荒　あら，あれ，こう
荒布　あらめ
荒魂　あらたま，あらみたま
虹　こう，にじ
郊　こう
香　か，かおり，こう
香具師　こうぐし，やし
香狭間　こうざま
香魚　あゆ
格　→かく
校　あぜ，こう
桁　けた
栲　たえ
耕　うない，こう
航　こう
降　おり，くだり，ごう
降下　むらげ
降神　カンシン，こうしん
高　こう，こう，たか
高天原　たかまのはら
高市　たかまち
高坏　たかつき
高折敷　たかおしき
高杯　たかつき
高野　こうや，たかの
高塀　たかへ
高御産巣日　たかみむすひ
高椅　たかはし
高殿　こうどの，たたら
高照　こうしょう，たかてる
高粱　こうりゃん
高麗　こま
康　こう
控　ひかえ
皐月　さつき
袷　あわせ
黄　き，こう
黄昏　たそがれ
黄金　おうごん，こがね
黄泉　よみ
黄泉戸喫　よもつへぐい
黄粉　きなこ
黄櫨　はぜ
堠塊　こうじゅ
港　みなと
絞　こう，しぼり
蛤　はまぐり

鈎　かぎ
項　こう
溝　みぞ
粳　うるち
鉱　こう，まぶ
　鉱気　やけ
鉤　かぎ
構　かまえ，こう
窖　こう
箜篌　くご
綱　つな
篊　ひび
膠　こう
蝗　いなご，こう
篝　かがり
縞　しま
興　こう
鋼　こう，はがね
糠　ぬか
講　こう
鴻　こう
簧　こう
藁　わら
羹　あつもの，こう
鵼　ぬえ
絎　くけ
合　あい，あわせ，がっ，ごう
　合羽　カッパ
剛　こわ
郷　→きょう
豪　ごう
熬　いり
濠　ほり
告　つ
　告刀　のりと
谷　たに，や，やつ
刻　きざみ，こく
国　くに，こく，こっ
　国元　クニムトゥ
　国玉　くだま，くにたま
　国府　こう，こくふ
　国栖　くず
　国造　くにのみやつこ，こくぞう
　国頭　くにがみ
黒　くろ，こく
　黒百合　くろゆり
　黒島口説ち　クルシマクドゥチ
　黒酒　くろき
　黒鉄　くろがね
穀　こく
獄　ごく
笏　しゃく
乞　→きつ
骨　こつ，ほね
　骨牌　かるた，クーパイ，こっぱい
榾　ほだ
鮗　このしろ
込　こみ
今　いま，こん
　今帰仁　なきじん
艮　うしとら，ごん
困　こん
坤　こん
昆布　こぶ，こんぶ
金　→きん
根　こん，ね
　根人　ニッチュ
　根所　ニードゥクル
　根屋　ニーヤ
　根神　ニーガン
　根香　ねごろ
婚　こん
崑　こん
混　こん，まぜ
痕　かた
紺　こう，こん
　紺屋　こうや，こんや
渾名　あだな
褌　ふんどし
魂　こん，たま，たましい
　魂迎　こんごう
　魂祭　たままつり，みたままつり
墾　はり

サ

叉首　さす
左　さ，ひだり
　左衽　ひだりおくみ
　左袵　ひだりおくみ
佐　さ
杈椏　またぶり
沙　さ，しゃ
砂　さ，じゃ，すな
　砂川　ウルカ
差　さ，さし，さす
紗　しゃ
釵　さい
嵯　さ
蓑　みの
鎖　くさり
坐　ざ，すわり
座　ざ，すわり
　座主　ざす
才　さい
再　さい，ふたたび
西　→せい
災　さい，わざわい
妻　つま，め
采女　うねめ
柴　さい，しば
　柴浸　しばつけ
洒落　しゃれ
砕　かな，くだけ
晒　さらし
栽　さい
崔仁鶴　チェインハク
崔南善　チェナムソン
彩　さい
採　さい，とり
済　→せい
祭　さい，まつり
　祭慈恵大師　じけいだいし…
細　さい，ほそ
　細男　せいのお
　細語　ささやき
菜　な
斎　い，いつき，いみ，さい，とき
　斎忌　ものいみ
　斎宮　いつきのみや，さいぐう
　斎場御嶽　セーファーウタキ
　斎満　さいみて
最　ほつ，も
　最上　さいじょう，もがみ
　最多角　いらたか
裁　さい，たち
催　さい
　催合　もやい
塞　→そく
歳　→せい
際　きわ
蔡　さい
賽　さい
在　あり，ざい
材　ざい
財　さい，ざい
罪　つみ
榊　いみ，さかき
作　さ，さく，つくり
　作務衣　さむえ
削　けずり，はつり
柵　さく
朔日　ついたち
索餅　むぎなわ
酢　す
搾　さく，しぼり
簀　す，すのこ
　簀子　すのこ
鑿　のみ
笹　ささ
札　さつ，さっ，ふだ
殺　ころ，さつ，せっ，そぎ
擦　すり
薩　さつ
雑　くさぐさ，さい，ざつ，ざっ，ぞう
　雑魚　ざこ
　雑喉場　ざこば
三　さん，しゃ，み，みつ，みっつ
　三日　さんにち，みっか
　三月　さんがつ，サングヮチ
　三世　さんじん，さんぜ
　三平等　みひら
　三合会　サンハウホエ
　三有　さんぬ
　三行半　みくだりはん
　三衣　さんえ
　三把刀　サンパータオ
　三乳　みつち
　三店　さんだな
　三牲　サンシェン，さんせい
　三栖　みす
　三途　さんず
　三毬杖　さぎちょう
　三椏　みつまた
　三番　さんば，さんばん
　三違　みつたがえ
　三線　サンシン
　三鞠打　さぎちょう
山　せん，やま
　山下　さんげ，やまおり，やました
　山上　さんじょう，やまあがり，やまのかみ
　山丈　やまおとこ
　山王　さんのう，やまおう
　山車　さんしゃ，だし
　山邑　やまむら
　山姑　やまうば
　山姥　やまんば
　山茶　つばき
　山原　やんばる
　山家　やんべ
　山留　ヤマドゥミ
　山猱　やまわろ
　山葵　わさび
　山詞　やまことば
杉　すぎ
参　さん，まい
　参候　さんぞろ
疝　せん
桟　さ，さん
蚕　かいこ，こ，さん
　蚕種　こだね，さんだね
産　うぶ，さん，さん
　産土　うぶすな，おぼすな
傘　かさ
散　さん
　散華　さんげ
　散斎　あらいみ
盞　さかずき
算　さん
　算盤　そろばん
酸漿　さんしょう，ほおずき
撒　さん
賛　さん
糝　しん
霰　あられ
讃　さん
　讃岐　さぬき
鑽　きり
残　ざん，のこり
懺　ざん
讒　ざん

シ

士　し
子　こ，ね
尸童　のりわら，よりまし
巳　み
支　し
止　し，と，とめ
氏　うじ，し
仕　し
　仕舞屋　しもたや
史　し
司　し，つかさ
四　し，よ，よつ，よん
　四十物　あいもの
　四手　しで，よつで
　四方　しほう，よも
　四乳　よつち
　四阿　あづまや
　四幅　よの
　四摂事　ししょうじ
市　いち，し
　市場　いちば，しじょう
　市腋　いちえ
矢　や
死　し，しに
糸　いと，し
芝　しば
　芝翫　しかん
志　し
　志荷　しが
私　し，わたくし
豕　ぶた
使　し，つか，つかい
刺　いら，さし，さす，し
　刺青　いれずみ
姉　あね
始　し
枝　えだ
　枝蔟　えだまぶし
祀　し
　祀天神於　てんじんを…
姿　し，すがた
思　し
指　さし，さす，し，ゆび
施　せ
柿　かき，し
師　し
砥　と
祠　し，ほこら
紙　かみ，し
　紙衣　かみこ

〈頭　字〉

紙垂　しで
紙鳶　たこ
脂　あぶら
匙　さじ
厠　かわや
梓　あずさ
笥　け
紫　し，むらさき
紫香楽　しがらき
紫菜　むらさきのり
紫雲英　れんげ
竢　しゅん
粢　しとぎ
覗　のぞき
覗機関　のぞきからくり
詞　し
歯　は
嗜　し
嗣　し
塒　とや
獅　し
詩　しい
試　こころみ，し，ためし
資　し
雌　め，めん
雌鹿　めんじし
飼　し
漬　つけ
蒔　まい，まき
嘴　くちばし
幟　のぼり
摯骨　ツァプコッ
髭　ひげ
熾　おき
篩　ふるい
鴟尾　しび
鮨　すし
鰤　ぶり
地　→ち
字　あざ
寺　じ，てら
寺刹　じさつ
次　じ
耳　じ，みみ
耳嚢　みみぶくろ
自　し，じ
自恣僧　じしそう
似帰　ひらた
児　じ
事　こと，じ
侍　さむらい
治　→ち
持　じ，もち，もっ
持衰　じさい
持籠　もっこ
時　じ，とき
時之大屋子　ときのウフヤクー
時鳥　ほととぎす
痔　じ
慈　じ
慈姑　くわい
磁　じ
餌　え，えさ
璽筥　しるしのはこ
式　しき
樒　しきみ
舳　べ，みよし
七　しち，なな，ななつ
七夕　たなばた
七五　しめ
七五三　しめ
七日　なぬか
七月半　チーコパン，チーゴブアン
七所　ななとこ
七韲　しちりん
失　しっ
虱　しらみ
室　むろ
室生寺　むろうじ
執　しゅう
湿　しつ
蛭　ひる
蛭児　ひるこ
漆　うるし，しっ
質　しち，しつ
櫛　くし
櫛笥　くしげ
日　じつ，に，にっ，ひ
日本　にほん，やまと
日吉　ひえ，ひよし
日向　ひなた，ひゅうが
日当　にっとう，ひなた
日和　ひより
実　さね，じつ，じっ，み
桝　ひで
躾　しつけ
写　うつし，しゃ
社　しゃ，やしろ
車　くるま，しゃ
車棒　くるまんぼう
車楽　だんじり
舎　しゃ
卸　おろし
柘枝　つみのえ
射　い，しゃ，じゃ
紗　→さ
捨　すて
斜　しゃ，ななめ
這　ほう
煮　に
鉈　なた
謝　しゃ
邪　じゃ
蛇　じゃ，へび
尺　しゃく
昔　→せき
借　かし，しゃく，しゃっ
借耕　かりこ
釈　しゃ，しゃく，しゃっ
綽名　あだな
錫　→せき
癪　しゃく，しゃっ
若　じゃく，にゃく，わか
若女形　わかおやま
若狭　わかさ
若勢　わかぜ
弱　ひ
雀　すずめ
搦　からみ
手　しゅ，た，て，てっ
手巾　ティーサージ
手水　ちょうず
手斧　ちょうな，ておの
手玩　てあそび，もちゃそび
手鉾　ちょうな，ておの
手無　たなし，てなし
手燈　てとぼし
主　おも，しゅ
主基　すき
守　しゅ，まもり，もり
守公　しゅく
守宮　しゅく
朱　しゅ
侏　しゅ
侏儒　ジュリ
取　しゅ，とり
狩　かり，しゅ
狩人　かりうど
狩競　かりくら
首　くび，しゅ
株　かぶ
珠数　じゅず
茱萸　ぐみ
酒　さか，さけ，しゅ
酒列　さかつら
娶嫁　しゅか
須　しゅ，す
種　しゅ，たね
種子　しゅじ，たな，たね
種子取　たねとり，タントゥイ
種子浸　たねつけ，たねひたし
種南瓜　たねぼぶら
薌霊　くさひとがた
撞　しゅ，つく，とう
諏訪　すわ
趣　しゅ
鬚　ひげ
寿　ことぶき，じゅ，す
寿詞　ほがいごと，よごと
受　うけ，じゅ
咒　じゅ
呪　じゅ，のろい，まじない
呪詛　じゅそ，すそ
竪　たて
儒　じゅ
樹　じゅ
濡　ぬれ
襦　じゅ
収　しゅう
舟　ふな，ふね
舟競　ふなくらべ
秀　しゅう
秀倉　ほこら
周　しゅう
周防　すおう
宗　→そう
拾　しゅう，じゅう，ひろい
拾骨　シイク
洲　す
秋　あき，しゅう
秋夕　チュソク
秋保　あきう
臭　しゅう
臭水　くそうず
修　しゅ，しゅう
袖　そで
執　→しつ
終　しまい，しゅう
習　しゅう，なら
就　しゅう
衆　しゅう
集　しゅう
楫　かじ
楢　なら
萩　はぎ
葺　ふき
聚　しゅう
醜足　しこ
鞦　しりがい
蹴　け
襲　しゅう
鷲　おおとり，わし
十　じっ，じゅう，じゅっ，と，とお
十六日祭　ジュールクニチー
十日夜　とおかんや
廿　にじゅう
汁　しる
戎　えびす
住　じゅう，すみ
重　おも，かさね，しげ，じゅう，ちょう
従兄弟姉妹　いとこ
渋　しぶ
渋団扇　しぶうちわ
揉　もみ
絨　じゅう
銃　じゅう
糅　かて
獣　けもの，しし，じゅう
縦　たて
夙　しゅく
叔父　おじ
祝　いわい，しゅう，しゅく，ヌル，はふり，ほうり
祝女　ヌール，ヌル
祝詞　のりと
祝園　ほうその
祝殿　いわいでん，ほいどん
宿　しゅく，すく，やど
宿直　とのい
粛　しゅく
粥　かゆ
縮　ちぢみ
熟　じゅく
出　じゅ，しゅつ，しゅっ，だし，で
出汁　だし
出羽　いずは，でわ
出雲　いずも
戌　いぬ
術　じゅつ
春　しゅん，はる
春日　かすが，はるひ
春節　しゅんせつ，はるぶし
春歌　しゅんか，はるうた
糯粽　ひめいい
駿　する，すん
鰆　さわら
巡　じゅん，めぐり
旬　しゅん
純　じゅん
隼人　はやと
筍　たけのこ
閏　うるう
順　じゅん
楯　たて
準　じゅん
馴染　なじみ
潤　べた
諄詞　のりと
処　しょ
初　うい，しょ，はつ
初八日　チョパリル
初冠　ういこうぶり
所　しょ，ところ
杵　きね
杵築　きづき
書　かき，しょ
庶　しょ
暑　しょ
黍　きび
署　しょ
緒　お
諸　しょ
諸人　もろと
諸手　もろた
諸頭　もろと
薯　いも，しょ
藷　いも
女　おんな，じょ，にょ，め
女形　おやま，おんながた
女性位牌　イナグガンス

女将　おかみ
如　にょ
助　じょ，すけ
助人　すけっと
抒　じょ
叙　じょ
徐　じょ
茹　ゆで
除　じょ
鋤　すき
小　お，こ，しょう，ちい
小忌人　おんど
小豆　あずき，しょうど
小豆福　パッジ
小県　ちいさがた
小風流　こふりゅう
小碓　おうす
小篠　おざさ
井　→せい
升　ます
少　しょう，すくな
正　→せい
生　→せい
召　しょう
庄　しょう
床　しょう，とこ，ゆか
床堅　とこづめ
抄　すくい
妾　しょう，めかけ
承　しょう
招　おぎ，しょう，まねき
昌　しょう
昇　しょう，のぼせ
松　しょう，まつ
松尾　まつお，まつのお
松拍　まつばやし
松明　たいまつ
松奏　まつばやし
松浦　まつうら，まつら
松脂　まつやに
沼　ぬ，ぬま
沼田　ぬた，ぬまた
咲　おかし，さき
昭　しょう
哨　さ
哨吶　チャルメラ
宵　よ，よい
将　しょう，まさ
消　きえ，けし，しょう
祥　しょう
称　しょう，たたえ
称辞　たたえごと
秤　はかり
笑　わらい
笑酔人　ようど
商　あきない，しょう
唱　しょう，となえ
娼　しょう
笙　しょう
梢　うれ
舂　つき
勝　かち，かつ，かっ，しょう，そう
焼　しょう，たく，やい，やき，やけ
硝　しょう
菖　しょう
装　→そう
証　しょう
証誠　しょうじょう
詔　のり
象　しょう，ぞう
傷　しょう
照　しょう，てり，てる
腫　はれ
彰　しょう
摺　すり
誦珠　じゅず
障　さわり，しょう
漿　しょう
箱　はこ
衝　しょう，つい
餉　かれいい
樵　きこり
篠　ささ，しの
蕉　しょう
牆　かき
鍾　しょう
鍬　くわ
醬　しょう，ひしお
鐘　かね，しょう
上　あがり，あげ，うえ，うわ，かみ，しょう，じょう，のぼり
上り口説ち　ヌブイクドゥチ
上酛　じょうもと
上総　かずさ
丈　じょう，たけ
冗　じょう
条　じょう
杖　つえ
定　→てい
帖　→ちょう
乗　じょう，のり
乗童　のりわら
城　グスク，じょう，しろ
浄　きよ，じょう
娘　むすめ
常　じょう，とこ
常陸　ひたち
常斎　じょうとき
常斎蜀　じょうとき
常磐　ときわ
情　じょう
盛　→せい
場　ば
畳　たたみ
蒸　じょう，むし
蒸籠　せいろ
縄　じょう，なわ
錠　じょう
繞　にょう
釀　じょう
色　いろ，しき
食　く，じき，しょく，しょっ
食薦　すごも
埴　はに，はん
喰　く，くい
植　うえ，しょく
触　ふれ
飾　かざ
飾山　おやま
燭　しょく
織　おり，しょっ
職　しょく
贖　あが
贖料　あがもの
心　しん
心太　ところてん
申　もうし
臣　しん
伸　しん
身　しん，み
身度部　むとべ
辛　から，しん
辰　しん，たつ
芯　しん
信　し，しの，しん
信濃　しなの
津　しん，つ
神　か，かみ，かん，こう，じん，み
神だ遊び　カンダアシビ
神人　カミンチュ，じにん，しんじん
神子　みこ，よりまし
神戸　こうべ
神仙菜　あまのり
神功　じんぐう
神司　ツカサ
神田　かみた，かんだ，しんでん
神在　かみあり，じんざい
神事　かみわざ，しんじ
神幸　しんこう，みゆき
神房　シンバン
神拝み　カミウガミ
神長　かんおさ，じんちょう
神門　ごうど
神座　かみくら，かんのくら
神恵　じんね
神酒　みき
神馬　しんば，しんめ
神産巣日　かみむすひ
神部　かんとも
神御棚　カミウタナ
神無月　かんなづき
神等去出　からさで
神楽　かぐら
神業　かみわざ
神態　かみわざ
神魂　かみむすび，かもす
神舞　かんまい，かんめ
神籤　おみくじ
神籬　ひもろぎ
振　しん，ふっ，ふり，ふる
真　さな，しん，ま，まさ，まん
真土　マージ，まつち
秦　はた
針　はり
針突　はづき
針突祝い　ハヅキヨーイ
針磨　はりすり
深　しん，じん，ふか，ふけ
紳　しん
進　しん
森　しん，ムイ，もり
森殿　モイドン
寝　しん，ね
慎　しん，つつしみ
新　あら，さら，しん，にい，にゅう
新田　しんでん，にった
新年団拝　シンニェントゥアンパイ
新発意　しんぼち
新渡戸　にとべ
新聞　しんぶん，しんもん
新羅　しらぎ，しんら
榛名　はるな
審神者　さにわ
震　しん
薪　たきぎ，まき
親　おや，しん
親方　ウエカタ，おやかた
親雲上　ペーチン
親爺　おやじ
鍼　はり
簪　かんざし
讖　しん
人　じん，にん，ひと
人形　にんぎょう，ひとがた
人身　じんしん，ひとみ
人参　にんじん
人長　にんじょう
人孤　にんこ，ひとぎつね
人像　ひとがた
刃　は
刃鉄　はがね
仁　じん，に
仁和　にわ，にんな
壬　じん
壬生　みぶ
甚　じん
荏　え
陣　じん
尋橦　つくまい
塵　ちり

ス

素　→そ
須　→しゅ
諏　→しゅ
図　→と
豆　→とう
水　すい，み，みず，みな
水子　すいじ，みずこ
水分　みくまり
水夫　かこ，すいふ
水戸　みと
水主　かこ
水田　すいでん，みずた
水団　すいとん
水沢瀉　みずおもだか
水谷　みずたに，みずや
水押　みよし
水修羅　みずすら
水無　みな
水蛭子　ひるこ
水銀　すいぎん，みずかね
水餃　スイチャオ
吹　ふ，ふき
吹雪　ふぶき
垂　しで，すい，たれ
垂氷　たれひ
炊　かしき，すい，たき
帥　すい
祟　たたり
粋　いき，すい
推　おし，すい
酔　すい
翠簾　みす
穂　ほ
穂椋　ほこら
誰　たそ，だれ
錐　きり
錘　おもり
燧石　ひうちいし
随　ずい
瑞　ずい

瑞饋　ずいき
崇　あがめ，すう，そう
数　かぞえ
数奇　すき
数珠　じゅず，ずず
数寄　すき
雛　ひな
粭　すくも
寸　すん

セ

世　→せい
施　→し
井　い，ゆ
井主　ゆうしゅう
世　せ，ぜ，ユー，よ
世果報　ユガフー
世間　せけん
正　しょう，せい，まさ
正善　そうぜん
正御影供　しょうみえいく，しょうみえく
生　い，いき，いく，いけ，う，き，しょう，せい，なま
生土　うぶすな
生物　せいぶつ，なまもの
生姜　しょうが
生臭　なまぐさ
生絹　すずし
成　じょう，せい，な，なり，なる
西　さい，せい，にし
西向　にしむかい，にしむき
西浦　にしうれ
西院　さい
西馬音内　にしもない
西掟　にしウッチ
声　こえ，こわ，しょう
声聞師　しょうもじ，しょうもんじ
制　せい
姓　かばね，せい
姓貫　ソングヮン
性　しょう，せい
青　あお，しょう，せい
青柴垣　あおふしがき
青麻　あおそ
青幇　チンパン
青酸漿　あおほおずき
政　せい
星　せい，ほし
星甲　ほしかぶと
済　すみ
清　きよ，しょう
清水　きよみず，しみず，せいすい
清酒　すみさけ，せいしゅ
清宮　しのはこ
盛　さかり，せい，もり
婿　むこ
晴　せい，はれ
猩　しょう
貰　もらい
勢　せ，せい
歳　さい，せい，とし
歳殿　としどん
筮　ぜい
筬　おい，おさ
聖　しょう，せい，ひじり
鉦　かね，しょう
靖　やす
精　しょう，せい
精霊　しょうりょう，しょうれい，せいれい
聟　むこ
蜻蛉　だんぶり，とんぼ
製　せい
誓　せい，ちかい
誓湯　うけいゆ，くかたち
誓盟　うけい
請　うけ
整　せい
醒　せい
臍　へそ
薺　なずな
瀞　とろ
鯖　さば
鯯　このしろ
橇　そり
贅　こぶ
夕　ゆう
夕占　ゆうけ
石　いし，いわ，こく，しゃく，せき，せっ
石女　うまずめ
石子　いしなご
石南花　しゃくなげ
石神　いしがみ，しゃくじ
石榴　ざくろ
赤　あか，せき
赤口　しゃっく，しゃっこう
赤玉蜀黍　あかとうもろこし
赤瓦屋　アカガーラヤー
赤提燈　あかちょうちん
昔　むかし
惜　お
舄　はなだかぐつ
跡　あと
蓆　むしろ
蜥蜴　とかげ
潟　かた，がた，せき
積　しゃく，つみ
錫　しゃく
切　きり，せっ
切籠　きりこ
折　おり，せっ
折居　おりすえ
折敷　おしき
栥　すくも
屑　くず
接　せっ，は
雪　せつ，せっ，ゆき
雪洞　ぼんぼり
雪草鞋　ゆきわらじ
雪崩　なだれ
雪踏　せった，ゆきふみ
摂　せっ
節　シチィ，しつ，ジョル，せち，せつ
節季候　せきぞろ
節祀　チョルサ
説　せつ，せっ
褻　け
癤　せつ
鱈　たら
舌　した
絶　ぜっ，たち
千　せん，ち
千秋　せんず
千家　せんげ
千斛簁　せんこくし
千葉　せんば，ちば
川　かわ，せん
川岸　かし
川垢離　せんごり
川艜　かわひらた
川原　かわら
仙　せん
占　うらない，せん
先　さき，せん
先山　さきやま，せんざん
尖　とがり
宣　せん
専　せん
染　せん，そめ
浅　あさ，せん
浅間　あさま，せんげん
浅葱　あさぎ
洗　あらい，せん
泉　いずみ
泉漳幇　せんしょうパン
扇　おうぎ
扇子　せんす
涎　よだれ
剪刀　チェンタオ
旋　せん，まき
船　せん，ふな，ふね
船人　ふなど
船枻　せがい
揃　そろい
筌　うけ
僊　せん
戦　いくさ，せん
煎　いり，せん
煎汁　いろり
塼　せん
銛　もり
銑　ずく，せん
銭　ぜに，せん
撰　せん
潜　かつぎ，くぐり，せん，もぐり
箭　や
線　せん
賤　せん
遷　せん
選　せん
薦　こも
簓　ささら
纖　せん
餞　せん
蟬　せみ
饘　かたかゆ
籤　くじ
韉　したぐら
全　ぜん
前　ぜん，まえ
前栽　せんざい
善　ぜん，よし
禅　ぜん
髯　ひげ
膳　ぜん

ソ

俎　まな，まないた
祖　そ
祖父母　おおじおおば
厝　ツゥオ
素　す，そ，そう
素盞雄　すさのお
粗　あら，そ
組　くみ，そ
疎　そ
鉏　そ
麁　そ
鼠　ねずみ
蔬　そ
蘇　そ
双　そう
双子　そうし，ふたご
双六　すごろく
爪　つま，つめ
壮　そう
早　さ，はや
早口説　ハヤクドゥチ
早池峰　はやちね
早穂　はつお
争　あらそい
宋錫夏　ソンソクカ
走　はしり
走会　ツォウホエ
走百病　やぶいり
宗　しゅう，そう，むね
宗中　ジョンジュン
宗像　むなかた
炒　いため，いり
相　あい，そう
相生　あいおい
相染　そうぜん
相庭　そうば
相撲　すまい，すもう
荘　しょう，そう
草　くさ，そう
草履　ぞうり
草鞋　そうかい，わらぐつ，わらじ
送　おくり，そう
倉　くら
捜　そう
挿　さし，そう
挿頭花　かざし
桑　くわ
笊　ざる
笊籬　そうり
耖　まぐわ
蚤　のみ
巣　す
掃　そう，はき
掃除　そうじ
掃墓　サオムー
窓　まど
創　そう
喪　も
惣　そう
曾　そ
棕櫚　シュロ
葬　そう
装　しょう，そう
僧　そう
僧都　そうず
搔　かい，かき
葱　そう
蛸　たこ
槍　やり
箏　こと，そう
箏柱　ことじ
箒　ほうき
粽　ちまき
綜　そう
総　そう
総角　あげまき
総墓　そうばか，そうぼ
総楊枝　そうようじ
蒼　そう
蒼柴垣　あおふしがき
瘡　かさ，そう
痩　やせ
操　あやつり
橧　こしき
橧皮　ひわだ
鞘　さや
甑　こしき
糟　かす
霜　しも，そう
叢祠　ほこら
鎹　かすがい

騒　さわぎ
繰　くり
藪　やぶ
藻　も，もん
囃　はやし
　囃子　はやし
竈　かまど
造　ぞう，つくり
増　ぞう，ます
　増删卜易　ぞうさんぼくせん
蔵　くら，ぞう
　蔵王　ざおう
贈　おくり，ぞう
即　そく
束　たばね
　束子　たわし
足　あし，そく
　足半　あしなか
　足袋　たび
息　いき
速　そく
　速水　はやみ
側　がわ
塞　さい，さえ
　塞坐黄泉戸　よみどに…
俗　ぞく
族　ぞく
　族譜　チョッポ
属　ぞく
粟　アー，あわ
　粟折目　あわうんめ
続　ぞく，つい，つづき
蔟　まぶし
卒　そ，そつ
　卒塔婆　そとば
杣　せん，そま
轌　そり
存　ぞん
村　そん，むら
　村生人　もろと
　村揃　ムラジュリー
拵　こしら
孫　まご
　孫晋泰　ソンジンテ
尊　そん
巽　そん，たつみ
損　そん
噂　うわさ
樽　たる
蹲　つくばい
鱒　ます

タ

他　た
　他系混交　タチーマジクイ
　他所　たしょ，よそ
多　た
　多武峰　とうのみね
汰桶　ゆりおけ
陀　だ
駄　だ
打　うた，うち，うっ，ぶっ
　打毬　だきゅう
兌　だ
唾　つば
舵　かじ
茶　→と
堕　だ
糯　うるち
儺　な
詫　わび
大　ウ，ウフ，お，おお，たい，だい
　大人　おおひと，おとな
　大口魚　たら
　大山　おおやま，だいさん，だいせん
　大己貴　おおあなもち
　大屯　おおちょん
　大穴牟　おおなむち
　大穴持　おおなもち
　大字　おおあざ，だいじ
　大宅　おおや，おおやけ
　大汝　おおなむち，おおなんじ
　大和　やまと，ヤマトゥ
　大和士　やまとざむらい
　大宗　ウフムー
　大岡　おおおか，たいこう
　大林　おおばやし，だいりん
　大城　おおグスク
　大屋　ウフヤ，おおや
　大屋子　ウフヤクー
　大皇器　おおきみき
　大衍暦　だいえんれき
　大家　おおや，おおやけ
　大眼　だいまなこ
　大御食　おおみけつ
　大殿祭　おおとのほがい
　大滑　おおなめ
　大嘗祭　おおにえ，だいじょう
　大蒜　にんにく
　大鋸　おが
　大篳篥　おおひちりき
　大饗　おおあえ
　大饗祭　だいきょうさい
太乙　たいいつ
太刀　たち
太夫　たゆう
太占　ふとまに
太布　たふ，ふとぬの
太閤　たいこう
台　だい
体　たい
対　たい，つい
　対馬　つしま
待　まち
　待乳山　まつちやま
怠　なまけ
胎　た，たい
迨　たい
退　たい
帯　おび，たい
泰　たい
袋　たい，ふくろ
逮　たい
替　かえ
貸　かし
隊　たい
碓　うす，からうす
黛　まゆずみ
戴　いただき
鯆　ひらた
乃　のう
代　しろ，だい
　代殿　だいどん
第　だい
醍　だい
題　だい
宅　たく
托　たく
沢　さわ，たく
　沢入　ぞうり
卓袱　しっぽく，ちゃぶ
託　たく
濁　にごり
凧　たこ
達磨　だるま
脱　だつ，だっ
奪　だつ
丹　たん，に
　丹生　にう
丼　どんぶり
旦　だん
担　かつぎ，にない
単　たん，ひとえ
炭　すみ
探湯　くかたち，さぐりゆ
淡　あわ，うす
短　たん，たんけい，みじか
蜑　あま
　蜑人　あま
端　は
　端午　タノ，たんご
歎　たん
誕　たん
檀　だん
　檀尻　だんじり
　檀毘尼　だんぶり
　檀越　だんのつ
鍛冶　かじ
鍛冶工　かざく
箪笥　たんす
箪篥　ひちりき
譚　たん
鐔　つば
団　だん
　団扇　うちわ
男　おとこ，だん，なん
　男形　おやま
　男鹿　おが
段　だん
断　たち，だん
弾　だん
　弾丸　たま
暖　だん
　暖気　だき
　暖簾　のれん
談　だん
壇　だん
灘　なだ

チ

地　じ，ち
　地人　ジンチュ
　地下　じげ，ちか
　地与　じくみ
　地方　じかた，ちほう
　地主神　じしゅしん，じぬしがみ
　地形　じぎょう，ちけい
　地車　だんじり
　地神　じがみ，じしん，ちじん
　地頭代　ジトデイ
池　いけ
治　じ，ち
知　ち
恥　はじ
致　ち
　致斎　いみさす，まいみ
智　ち
遅　おそ
稚　ち
置　お，おき
　置炬燵　おきごたつ
雉　きじ
蜘蛛　くも
黐　もち
竹　たけ，ちく
　竹刀　しない
　竹独楽　たけごま
　竹篦　しっぺい，たけべら
畜　ちく
筑　ちく，つく
　筑登之　チクドゥン
築　つい，つき
秩父　ちちぶ
茶　さ，ちゃ
　茶湯　ちゃとう
着　き，ちゃっ
嫡　ちゃく
　嫡子押し込み　チャツチウシクミ
丑　うし
中　ちゅう，なか
　中双　なかざら
　中有　ちゅうう
　中告　なかのり
　中乗　ちゅうじょう，なかのり
　中城　なかグスク
　中柱　ナカバーヤ
　中秋節　チュンチュジョル
　中森　なかむい
仲　ちゅう，なか
　仲人　なこうど
　仲宗根　なかそね
　仲風　ナカフー
虫　むし
　虫籠　むしかご，むしこ
沖　おき
　沖永良部　おきのえらぶ
忠　ちゅう
注連　しめ
昼　ちゅう，ひる
柱　はしら
紐　ひも
紬　つむぎ
鋳　い
　鋳物師　いもじ
駐　ちゅう
厨　ず
　厨刀　チュウタオ
杼　ひ
苧　お
　苧麻　からむし，ちょま
　苧績　おうみ
猪　いの，いのしし，しし，ちょ
楮　こうぞ
樗浦　かるた，ちょぼ
箸　はし
丁　→てい
弔　ちょう，とむらい
庁　ちょう
吊　つり，つるし
町　ちょう，まち
帖　じょう
長　おさ，おとな，ちょう，なが
　長刀　なぎなた
　長老　おとな，ちょうろう
　長床　ちょうしょう，ながとこ
　長押　なげし
　長柄　ながら
　長歌　ちょうか，ながうた
挑　ちょう
帳　ちょう
張　ちょう，はり
茨　いばら
彫　えり，ほり
茨田　まんだ
釣　つり
　釣瓶　つるべ

頂 ちょう
鳥 と，とり
鳥刺舞 といさしめえ
鳥喰 とりばみ
鳥黐 とりもち
塚 つか
朝 あさ，ちょう
朝熊 あさま
貼 はり
超 ちょう
腸 ちょう
跳 はね
徴 ちょう
蔦 つた
銚 ちょう
嘲 ちょう
潮 うしお，しお，ちょう
潮来 いたこ
澄 すみ
蝶 ちょう
調 しらべ，ちょう
聴 きき
鯛 たい
糶 せり
直 じか，じき，すご，ちょく，ちょっ，なお，ひた
直会 なおらい
勅 ちょく
沈 ちん
沈子 いわ，うき
枕 まくら
珍 ちん
砧 きぬた
陳 ちん
椿 つばき
賃 ちん
鎮 しず，しずめ
鎮火 きりび，ちんか
鎮花 ちんか，はなしずめ
鎮魂 たましずめ，たまふり，ちんこん

ツ

追 おい，つい
追薦 ついぜん
堆 たい，つい
椎 しい
槌 つち
鎚 つい
通 かよい，つ，つう，とおし，とおり
通者 つうしゃ，とおりもの
辻 つじ
苆 すさ
褄 つま

テ

丁 ちょう，ちょー，ちょん
丁乃通 ティンナイトン
丁稚 でっち
低 てい
弟子 おとご，でし
疔 ちょう
定 じょう，てい
底 そこ
抵 てい
邸家 つや
亭 てい
剃刀 かみそり，ティタオ
帝 たい，てい
貞 さだ，じょう，てい
庭 てい，にわ，ミャー
庭種子 マーダニ
釘 くぎ
停 てい
掟 ウッチ
梯子 はしご
堤 つつみ
提 さげ，ちょう
提燈 ちょうちん
碇 いかり
筵 むしろ
髢 かもじ
綴 つづれ，とじ
締 しめ
鄭秉哲 ていへいてつ
蹄 てい
薙 ない
鵜 う
鵜甘 うかん
泥 でい，どろ
泥鰌 どじょう
狄 えぞ
的 てき，まと
笛 ふえ
摘 つみ
適 てき
擲 てき
鏑 かぶら
姪 めい
鉄 かな，てつ，てっ
鉄穴 かんな
鉄漿 かね
錣 しころ
天 あま，あめ，てん
天月 てんつく
天王 てんのう
天地 テインジ，てんち
天地会 ティエヌティホエ
天児 あまがつ
天秤 てんびん
天降女 あもりうなぐ
天甜酒 あまのたむざけ
天道 てんとう，てんどう
天照 あまてらす，てんしょう
天蓋 てんがい
天縛 てんぱく
天獏 てんぱく
店 たな，みせ
点 て，てん
展 てん
唸 うなり
添 そい
添水 そうず
淀 よど
甜 てん
転 ころび，てん
転矢気 てんしき
槇 まき
碾磑 みづうす
篆 てん
田 た，でん
田の神 たのかみ，たのかん
田人 たうど，とうど
田主 たあるじ，たぬし
田老人 たろじ
田圃 たんぼ
田袋 ターブックヮ
田道間守 たじまもり
田螺 たにし
伝 てん，でん
佃 つくだ
殿 でん，トゥン，との
殿内 ドゥンチ
電 でん
澱 でん
鮎 あゆ

ト

土 つち，と，ど
土砂 どしゃ
土竜 もぐら
土深 どぶ
土産 うぶすな，みやげ
土腐 どぶ
斗 と
吐 と
吐噶喇 とから
兎 うさぎ，と
図 ず
杜 ムイ，もり
杜氏 とうじ，とじ
徒 と
徒人 かちど
兜 →とう
茶吉尼 だきに
都 つ，と，みやこ
都祁 つげ
都鄙 とひ
鯎 うぐい
屠 と
登 →とう
渡 と，わたし，わたり
渡部 わたなべ
菟 う，しゅう
塗 ぬ，ぬり
賭 かけ，と
奴 ぬ，やっこ
度 ど
度会 わたらい
怒 ぬ
刀 かたな，と，とう
冬 ふゆ
冬瓜 とうがん
冬至 とうじ，トンジ
当 あたい，とう
当麻 たいま
当摩蹶速 たぎまのくえはや
投 と，とう，なげ
豆 ず，とう，まめ
豆腐 コンジ
到 とう
東 あずま，ひがし
東司 とうす
東拝み アガリウガミ
東廻り アガイマーイ
沓 くつ
逃 ちょう，とう
倒 たおれ
凍 こおり，しばれ，しみ
唐 から，と，とう
唐の世 トゥーヌユー
唐名 カラナー，トーナー
唐船 トウシン
島 しま，とう
桐 きり
桃 とう，もも
透 すい，すかし，すき
兜 かぶと
酘 とう
掏児 すり
掏摸 すり
桶 おけ
盗 ぬすみ
盗人 ぬすっと
陶 とう
塔 とう
棹 さお
棟 とう，むな，むね
湯 とう，ゆ，ゆの
湯女 ゆな
湯泉 ゆの
湯帷子 ゆかたびら
湯湯婆 ゆたんぽ
湯槽 ゆぶね
登 と，のぼり
登由宇気 とようけ
筒 つつ
等 と
統 とう
搗 つき
搗蒜 ひるつき
嶋 しま
稲 いな，いね
稲大祭 ウマチー
稲生 いの
稲架 はさ
稲真積 イナマズン
稲荷 いなり
稲魂 いなだま
稲穂祭 ウマチー
樋 ひ
踏 おどり，とう，ふみ
踏耕 とうこう，ふみこう
燈 とう
糖 とう
頭 あたま，かしら，ず
頭巾 ずきん，とうきん
頭家 タウカ
擣 とお
踏鞴 たたら
櫂 かい
藤 とう，ふじ
鬪 とう
禱 とう
鐙 あぶみ
鰧 おこぜ
籐 とう
同 どう
洞 どう，どろ，ほら
胴 ど，とう，どう
動 どう
堂 どう
童 わらべ，わらわ
童子 わらべ
道 ど，どう，みち
道外 どうけ
道成寺 どうじょうじ
道返 ちがえし
道俣 ちまた
道祖河原 さいのかわら
道祖神 さいのかみ，どうそじん
道陸 どうろく
道標 どうひょう，みちしるべ
道饗 みちあえ
働 はたらき
銅 どう
銅鑼 どら
導 どう
峠 とうげ
栂尾 つがお，とがのお
禿 かむろ
禿倉 ほこら
特 とく
得 え，とく
徳 とく
篤 とく
犢鼻褌 とうさぎ
毒 どく

独　どく，どっ，ひとり
　独木　まるき
　独楽　こま
読　ど
栃　とち
咄　はなし
突　つき
鞆　とも
屯　とん
　屯倉　みやけ
豚　ぶた
敦　あつ
遁　とん
頓　とん
呑　どん
鈍　どん
緞　だん

ナ

那　な
奈　な
内　うち，ない
　内侍　ないし
　内待　ネーシ
　内神　うちがみ，ウッガン
　内裏　だいり
捺　なつ
男　→だん
南　なん，みなみ
　南瓜　かぼちゃ
　南京　なんきん
　南風　はえ
　南幇　なんパン
軟　なん
難　なぎ，なん
　難渋　なんじゅう

ニ

二　に，ふた，ふたつ
　二〇加　にわか
　二人　ふたり
　二十日　はつか
　二才　にせ
　二日　ふつか
　二乳　ふたつち
　二荒　ふたら
　二歳　にせ
仁　→じん
尼　あま
肉　しし，にく，にっ
日　→じつ
入　い，いり，いれ，じゅ，にゅう
乳　ち，ちち，にゅう
　乳母　うば，めのと
　乳母子　めのと
女　→じょ
如　→じょ
人　→じん
妊　にん
忍　しのび，しのぶ
　忍冬　にんどう
　忍男宮　おしおのみや
綛　かせ
認　にん

ネ

涅　でっ
　涅槃　ねはん
禰　ね
熱　あつ，ねつ，ねっ
年　とし，ねん
　年魚　あゆ
　年魚市　あゆち
　年糕　ニエンカオ，ねんこう
念　ねん
　念仏者　ニンブチャー，ねんぶつもの
粘　ねばり
撚　ねん，より
燃　ねん，もゆ
鯰　なまず

ノ

乃　→だい
納　おさめ，な，なっ，なん，のう
能　のう
　能登　のと
脳　のう
農　のう
濃　こい
　濃血霊　こいちろう

ハ

巴　ともえ
波　なみ，は
　波不知　なみしらず
　波介　はけ
爬砂　ハシャ
爬竜　ハーリー
芭　ば
派　は
破　は，ば，わり
　破風　はふ，はふう
埖　はけ
霤　そり
播　は，はり，ばん
馬　うま，ば，ま，め
　馬的射　うまのりゆみ
　馬娘　ばじょう
　馬酔木　あしび
　馬喰　ばくろう
　馬場　ばば，ばんば
　馬舞　うまめえ
　馬櫪　ばれき
婆　ば，ばあ，ばば
蟇　ひき
坏　つき
佩　はい
拝　おがみ，はい
　拝所　ウガンジュ
杯　さかずき，つき
柿　こけら
盃　さかずき
肺　はい
背　せ
　背負　しょい，せおい
俳　はい
　俳優　はいゆう，わざおぎ
配　はい
廃　はい
牌　はい
　牌匾　はいへん
稗　ひえ
輩　はい
売　うり，ばい
貝　かい
唄　うた
梅　うめ，ばい
　梅雨　つゆ，ばいう
媒　ばい
買　かい，ばい
　買石　かいし
　買春　かいしゅん
煤　すす
黴雨　つゆ
白　しら，しろ，はく，はっ，びゃく，びゃっ
白山　しらやま，はくさん
白双　しろざら
白水郎　あま
白朮　おけら
白粉　おしろい
白酒　しろき
白馬　あおうま
白帷子　しろかたびら
白強飯　しろこわめし
白蛇　しろへび，はくじゃ
白鳥　しらとり，はくちょう
白楊　はこやなぎ
白蓋　びゃっかい，びゃっけ
白髪　しらが
伯　はく，はっ
拍　うち，ひょう
　拍手　かしわで，はくしゅ
泊　とまり
狛　こま
迫　さこ，はざま
　迫間　はざま
柏　かしわ
剝　はぎ
粕　かす
舶　はく
博　はか，はく，ばく
　博打　ばくうち，ばくち
雹　ひょう
箔　はく
薄　うす，すすき，はく
　薄縁　うすべり
麦　ばく，むぎ
貘　ばく
曝　ばく
爆　ばく
畑　はた
畠　はたけ
八　は，はち，はっ，や，やつ
　八女　やおとめ
　八少女　やおとめ
　八日　ようか
　八月　はちがつ，ハチグヮチ
　八百　はっぴゃく，やお
　八岐大蛇　やまたのおろち
　八咫　やた
　八景　はけ
　八開手　やひらで
　八醞　やしおり
発　はつ，はっ，ふっ，ほっ
鉢　はち
鈸　はち
髪　かみ
撥　ばち
伐　きり，ばつ，ばっ
抜　ぬき，ぬけ，ばっ
　抜霊　ヌジファ
筏　いかだ，ばつ，ばっ
罰　ばつ，ばっ
襪　したぐつ，しとうず
塙　→かく
噺　はなし
反　そり，たん，はん
　反閉　へんばい
　反閇　へんばい，へんべ
　反鼻　はんぴ
半　はん
　半井　なからい
　半合羽　はんがっぱ
　半夏　はんげ
　半跏趺座　はんかふざ
　半暖簾　はんのれん
　半臂　はんぴ
　半櫃　はんがい
帆　はん，ほ
判　はん
坂　さか，ばん
阪　はん
板　いた，ばん
　板門戸墓　イタジョーバカ
版　はん
班　はん
　班蓋　はんかい
畔　あぜ
袢　はん
販　はん，ひさぎ
　販夫　ひさぎひと
　販婦　ひさぎめ，ひさめ
飯　い，いい，はん，めし
　飯豊　いいで
　飯綱　いづな
　飯縄　いいづな，いづな
搬　はん
　搬不倒酒胡子　パヌプタオチョウフツウ
幡　はた，ばん
繁　しげ，はん
藩　はん
蟠　ばん
礬　ばん
襷　たすき
挽　ばん，ひき
晩　ばん
番　ばん
盤　さら，ばん
磐　いわ，ばん
　磐座　いわくら
　磐境　いわさか
鑁阿　ばんな

ヒ

匕玉　すくいだま
比　ひ
　比比丘　ひふく
　比丘　びく
皮　かわ，ひ
妣　はは
屁　へ
　屁放　へひり
庇　ひさし
彼　ひ，ヒン
披　ひ
枇　び
狒　ひ
肥　こえ，ひ
非　ひ
卑　ひ
毘　び
飛　とび，ひ
　飛白　かすり
　飛馬　はやま
　飛蟬　ひぜん
　飛礫　つぶて
　飛驒　ひだ
秘　ひ
被　かぶり，ひ
　被衣　かつぎ
婢　ひ
悲　ひ
斐　ひ
碑伝　ひで
緋　ひ
誹　はい
避　ひ
鯡　にしん
譬　たとえ
贔屓　ひいき
轡　くつわ
尾　お
　尾上　おのえ

尾張　おわり
尾類　ジュリ
尾鷲　おわせ
弥　み，や
弥生　やよい
弥谷　いや，いやだに
弥栄　やさか
弥勒世　ミルクユ
美　び，み
美濃　みの
梶　かじ
備　びっ，びん
琵琶　びわ
微　び
鼻　はな，び
糒　ほしいい
鞴　ふいご
嬶　かか
筆　ひっ，ふで
逼　ひっ
樒　しきみ
百　ひゃく，ひゃっ，もも
百中　ペクチュン
百合　ゆり
百足　むかで
百姓　ひゃくしょう，ひゃくせい
百済　くだら
氷　こおり，ひ
氷上　ひかみ，ひょうじょう
氷室　ひむろ
氷頭　ひず
杓　しゃく，ひさご
表　おもて，ひょう
俵　たわら
評　ひょう
漂　ひょう
標　しめ，ひょう
標山　しめやま，ひょうのやま
憑　たのみ，つき，ひょう，より
憑子　たのもし
憑坐　よりまし
瓢　ひさご，ひょう
縹　はなだ
苗　なえ，なわ，びょう，みょう
病　びょう，やまい
猫　ねこ
鋲　びょう
品　しな，ひん
浜　はま
浜下り　ハマウリ
貧　どん，ひん，びん
賓　ひん，びん
賓頭盧　びんずる
殯　もがり
殯宮　ひんきゅう，もがりのみや
瓶　→へい
罠　わな
閩人　びんじん
鬢　びん

フ

不　ふ，ぶ
夫　おっと，ふ，ぶ，プ
夫婦　ふうふ，めおと
父　ちち，ふ
付　つけ
布　ぬの
布下　ふけ
布団　ふとん
布計　ふけ
布袋　ほてい
布裂　ぼろ
巫　かんなぎ，ふ
巫女　みこ
巫党　ムーダン
巫堂　ムーダン
巫覡　ふげき
扶　ふ
府　ふ
斧　おの，よき
負　おい，ふ
浮　うき，うけ，ふ
浮子　あば，うき
浮水走水　ウキンジュハインジュ
浮塵子　うんか
浮精霊　ふけじょろ
釜　かま
婦　ふ
桴　ばち
符　ふ
符札　フーフダ
趺　ふ
富　と，とみ，ふ
普　ふ
艀　はしけ
榑　くれ
敷　しき
賦　ふ
麩　ふ
鮒　ふな
麬　ふすま
譜　ふ
分　→ぶん
武　たけ，たけし，ぶ，む
武尊　ほたか
武蔵　むさし
歩　→ほ
部　ぶ，へ
撫　なで
舞　ぶ，まい
舞処　まいと
儛　まい
蕪　かぶ
封　ふう，ほう
風　かざ，かぜ，ふ，ふう，ふっ
風水　ふうすい，フンシ
風邪　かぜ
風神　かぜのかみ，ふうじん
楓　かえで
諷　ふう
伏　ふし，ふせ
服　ふく，ぶっ
副　そえ，ふく
袱　ふく
復　ふく，ふっ
福　ふく
福田　ふくた，ふくだ，ふくでん
福家　ふけ
腹　はら，ふく
腹赤　はらか
複　ふく
蝮　まむし
覆　ふく
鰒　あわび
払　はらい
祓　はらえ
祓蓋　ばっかい
仏　ぶつ，ぶっ，ほとけ
仏聖　ぶっしょう
仏餉　ぶっしょう
物　ぶつ，もの
物怪　もののけ
刎　はね
忿怒　ふんぬ
粉　こ，こな，ふん
粉鉄　こがね
紛　ふん
焚　たき
噴　ふん
墳　ふん
糞　くそ
分　ふん，ぶん，わかれ，わけ
文　ふ，ぶん，も，もん
文身　いれずみ，ぶんしん
蚊　か
蚊帳　かや
聞　きき，もん
聞得　きこえ

へ

丙　ひのえ
平　たいら，なる，ひょう，ひら，べ
平礼　ひれ
平泉　ひらいずみ，へいせん
平秩　へずつ
平等　びょうどう，ひら，ひらと
平間　へいげん
平裏　ひらづつみ
平敷屋　へしきや
兵　ひょう，へ，へい
並　ならび
坪　つぼ
秉燭　ひょうそく
柄　え，から，つか，ひ
屏　びょう，へい
瓶　かめ
閉　へい
閉之固　へのこ
塀　へい
糶　せり
幣　ぬさ，へい，みてぐら
幣帛　へいはく，みてぐら
餅　もち
斃　へい
皿　さら
米　こめ，べい，め，よね
米守　よねまぶり
米粉　ビーフン
袂　たもと
壁　かべ
癖　くせ
躄　いざり
別　べつ，べっ，わかれ
鼈　すっぽん，べっ
片　かた，へ
辺　へん
返　かえし，へん
変　かわり，へん
遍　へん
編　あみ
編木　びんざさら
蝙蝠　こうもり
弁　べん
弁才　べざい，べんざい
弁財　べざい，べんざい
便　べん

ホ

歩　あるき，かち，ぶ，ほ
歩荷　ぼっか
保　ほ
保栄茂　ビン
保食　うけもち
捕　ほ
浦　うら
畝　うね，くね
補　ふ，ほ
蒲　かま，がま
蒲公英　たんぽぽ
蒲生　がもう
蒲団　ふとん
蒲葵　くば，びろう
蒲蔡　びろう
鋪　しき
簠簋　ほき
戊　ぼ
母　おも，はは，ぼ
牡丹　ぼた，ぼたん
牡蠣　かき
拇　ぼ
姥　うば
菩　ぼ
墓　はか，ぼ
墓祀　ミョウサ
媽　ま
暮　ぼ
方　ほう
方限　ほうぎり
方祭　ほぜ
方違　かたたがえ
包　つつみ，ほう
芳　かんばし，よし
奉　ぶ，ほう
宝　たから，ほう
宝倉　ほこら
宝篋　ほうきょう
庖　ほう
抱　かかえ，だき
放　はなし，ほう
泡　あわ
法　ほう，ほっ
法会　ほうえ
法者　ほうじゃ，ほっじゃ
法被　はっぴ
法童　のりわら
法螺　ほら
炮　ほう
胞衣　えな
笈　おい
倣　ぼう
均　きん，なる
峰　ぶ，みね
峯　お，ほう
疱　ほう
舫　もやい
匏　ふくべ
烹雑　ほうぞう
訪　ほう
逢　おう
報　ほう
幇　パン，ほう
棚　たな
焙烙　ほうろく
絣　かすり
蜂　はち
豊　と，とよ，ぶ，ぶん，ほう
豊年祭　プーリ，ほうねんまつり
豊受　とゆけ
豊祭　ほぜ
鉋　かんな
榜　ほう
鳳　ほう
鳳尾蕉　そてつ
蔀　しとみ
蓬萊　ほうらい
褒　ほう
縫　ぬい
錺　かざり
鮑　のし
亡　ぼう，もう
乏　とうぼし，とぼし
卯　う，うつ
牟　む
牟婁　むろ

坊　ぼう
忘　ぼう，わすれ
芒　ぼう
防　ぼう
房　ふさ，ぼう
冒　ぼう
茅　かや，ち
虻　あぶ
紡　ぼう
望　ぼう，もち
傍　ぼう
帽　ぼう
棒　ぼう
　棒手振　ぼてふり
鉾　ほこ
暴　ぼう
魍魎　もうりょう
北　きた，ほく，ほっ
　北京　ペキン
　北東風　きたこち
　北幇　ほくパン
　北蝦夷　きたえぞ
卜　うら，ぼく
木　き，け，こ，もく，もっ
　木人　ひとがた
　木瓜　もっこう
　木田大時　むくだうふとぅち
　木居士　もっこす
　木食　もくじき
　木馬　きんま，もくば
　木骨　もっこす
　木綿　もめん，ゆう
　木樵　きこり
朴　ほう
沐　もく
牧　ぼく，まき
墨　すみ，ぼく
幞　ぼく
璞　はく
渤海　ぼっかい
本　ほん，ポン，もと
　本居　うぶすな，もとおり
　本迹　ほんじゃく
　本籍　ポンジョク
畚　ふご，もっこ
凡　ぼん
盆　ぼん
梵　ぼん

マ

麻　あさ，お，ま
　麻疹　はしか，ましん
摩　ま
磨　あわせ，すり，みがき
魔　ま
毎　まい
米　→べい
妹　いもうと
枚　ひら
埋　うずみ，うめ，まい
幕　まく
柾　まさ
枡　ます
末　すえ，ま，まつ，まっ
　末期　まつご
　末額　もこう
抹　まっ
秣　まぐさ
万　ばん，ま，まん，よろず
　万年青　おもと
　万歳　ばんざい，まんざい，マンセイ
　万雑　まんぞう
曼　まん
満　まん
幔　まん
慢怛羅　まんだら
漫　まん
鏝　こて
饅　まん
鬘　かつら
鰻　うなぎ

ミ

未　み
味　あじ，み
弥　→び
密　みつ，みっ
蜜　みつ
名　→めい
妙　みょう
民　みん
眠　ねむ

ム

無　ぶ，む
　無刃鑿　はなしのみ
　無花果　いちじく
　無乳　むち
　無果花　いちじく
夢　ゆめ
　夢告　むごう
霧　きり

メ

名　な，みょう，めい
　名主　なぬし，みょうしゅ
　名乗　ナヌイ，なのり
　名残　なごり
　名越　なごや
　名節　ミョンジョル
命　いのち，みょう，めい
明　あか，あかり，あき，あけ，みょう，めい
迷　まよい，めい
　迷子　まいご
冥　みょう，めい
茗　みょう
盟神探湯　くかたち
銘　めい
　銘苅子　めかるし
鳴　なき，なり，なる，めい
謎　なぞ
滅　めつ
免　めん
面　つら，めん
　面子　めんつ
　面疔　めんちょう
　面懸　おもがい
棉　めん，わた
綿　めん，わた

モ

茂　も
模　も
毛　け，も，もう，モー
　毛蚕　けご
　毛遊び　モウアシビ
盲　めくら，もう
網　あ，あみ
　網人　あみうど
　網場　あば，あみば
　網霊　あみだま，おうだま，おおだま
蒙　もう
木　→ぼく
目　め，もく
　目疾　めやみ
黙居士　もっこす
籾　もみ
門　かど，もん
　門中　ムンジュン，ムンチュウ
　門男　もうと
紋　もん
問　とい，とん
　問人　もうと
聞　→ぶん

ヤ

夜　や，よ，よる
　夜発　やほつ
　夜業　よなべ
　夜儺追　よなおい
野　の，や
　野女　やまうば
　野鑪　のだだら
揶揄　やゆ
爺　じい
鵺　ぬえ
厄　やく
　厄介　やっかい
役　→えき
疫　→えき
約　やく
薬　くすり，やく
　薬研　やげん
　薬罐　やかん
　薬鑵　やかん
躍　おどり
簗　やな
軸　やま

ユ

油　あぶら
鉧　けら
油　ゆ
臾　もっこ
唯　ゆい
又　また
友　とも，ゆう
右　う，みぎ
由　ゆ
有　あり，う，うん，ゆう
　有声　うしょう
　有乳　うち
　有職　ゆうそく
邑楽　おうら
酉　とり
幽　ゆう
柚子　ゆず
疣　いぼ
祐　ゆう
悠　ゆ，ゆう
郵　ゆう
湧　わき
遊　あそ，あそび，ゆ，ゆう
　遊女　あそびめ，ゆうじょ
雄　お，ゆう
熊　くま
誘　さそい
憂　ゆう
融　ゆう
優　ゆう
　優婆　うば
鼬　いたち

ヨ

与　くみ，よ
　与謝　よさ
予　よ
余　あまり，よ
舁　かき，ひき
預　あずけ
　預修　よしゅ
蕷　いも
輿　こし
孕　はらみ
幼　よう
用　よう
羊　ひつじ，よう
妖　よう
洋　よう
要　かなめ，よう
恙　つつが
涌　わき
庸　よう
揚　あげ，よう
　揚繰　あぐり
揺　ゆすり，ゆり，よう
葉　は
　葉盤　ひらで
陽　ひなた，よう
楊枝　ようじ
腰　こし，よう
　腰鼓　くれつづみ
　腰輿　たごし
踊　おどり
　踊躍　ゆやく
遙　よう
窯　かま
養　やしない，よう
　養父　やぶ
謡　うたい，よう
蝿　はい
鷹　たか
杙　よく
浴　よく
　浴衣　ゆかた

ラ

裸　はだか，ら
　裸足　はだし
螺鈿　らでん
螺緒　かいのお
羅　ら
来　き，らい
　来不来　くるかこねか
雷　いかずち，かみなり，らい
擂　すり
頼　たの，より，らい
　頼子　たのもし
　頼母子　たのもし
　頼守　たなもり
瀬　せ
　瀬垢　せごり
癩　らい
洛　らく
酛　もと
落　おち，おとし，らく
　落人　おちうど
　落書　らくがき，らくしょ
　落葉　おちば，らくよう
楽　→がく
酪　らく
喇叭　らっぱ
辣韮　ラッキョウ
乱　みだれ，らん
　乱声　らんじょう
卵　たまご，らん
嵐　あらし
燗　かん
藍　あい
　藍型　イエーガタ
欄　らん
籃　らん

リ

利　と，り
李能和　イヌンファ
李御寧　イーオリョン
里　さと

里神　サトゥガン，サトガン
里詞　さとことば
俚　り
狸　たぬき
犂　すき
理　り
鍿　しな
裏　うら
履　はき，り
鯉　こい
離　り
離島苦　シマチャビ
籬　まがき
力　ちから，りき
陸　おか，りく
陸奥　むつ
立　たち，たつ，たて，りっ，りゅう
立人　たちゅうど
立石　りっしゃく
立梅　リイメイ
律　りつ
栗　くり
栗花落　ついり
略　りゃく
柳　やな，やない，やなぎ
流　ながし，ながれ，りゅう，る
流行　はやり，りゅうこう
流頭　ユドゥ
流鏑馬　やぶさめ
留　とめ，りゅう
留守　るす
竜　じゃ，たつ，りゅう
竜爪　りゅうそう，りゅうのつめ
竜胆　りんどう
竜眼木　さかき
琉　りゅう
笠　かさ
笠置　かさぎ
粒　つぶ
隆　りゅう
硫　りゅう
硫黄　いおう
溜　たまり，ため
瘤　こぶ
旅　たび，りょ
旅籠　はたご
了　りょう
両　りょう
両子　ふたご
両班　ヤンパン
良　りょう，ろう
料　りょう
梁　はり，やな，りょう
涼　すずみ
猟　りょう
椋　むく
菱　ひ，ひし
量　りょう
裲襠　うちかけ
漁　→ぎょ
綾　あや
領　りょう
寮　りょう
蓼　たで
霊　→れい
力　→りき
杦　おーこ
緑　みどり，りょく
吝　けち，しわい
林　はやし，りん
厘　りん
淋　りん
淋敷　さびしき
輪　りん，わ
輪鼓　りゅうご
燐　りん
燐寸　マッチ
隣　となり，りん
霖　りん
臨　りん
藺　い

ル

涙　なみだ
累　るい
誄　しのびごと
類　るい

レ

礼　らい，れい
伶　れい
冷　ひえ，ひや，れい
励　れい
戻　もどり
例　れい
羚羊　あおしし
鈴　すず
綟　もじり
霊　たま，れい
霊山　りょうぜん，れいざん
澪　みお
鯡　にしん
醴　ひとよ，れい
暦　こよみ，れき
歴　れき
磔　はりつけ
列　れっ
裂　さき
恋　れん
連　れん
連事　つらねごと，れんじ
煉　ねり，れん
練　ねり，れん
蓮　はす，れん
蓮花　れんげ
輦　れん
錬鉄　ねりがね
鎌　かま
鎌鼬　かまいたち
簾　すだれ，みす
鰊　にしん，れん

ロ

呂　ろ
炉　ろ
芦　あし
鈩　たたら
絽　ろ
路　ろ
蕗　ふき
櫓　やぐら，ろ
櫨　はぜ
蘆　あし，ろ
蘆薈　ろかい
露　つゆ，ろ
艪　ろ
鑪　たたら
鷺　さぎ
老　ろう
労　ろう
労瘵　ろうさい
弄　ろう
弄具　てあそび，もちやそび
朗　ろう
浪花　なにわ
浪速　なにわ
狼　おおかみ
狼煙　のろし
廊　ろう
楼　ろう
滝　たき，りゅう
漏斗　じょうご
篭　かご
臈　ろう
螻　けら
臘享日　ナッピャンイル
朧　おぼろ
蠟　ろう
籠　かご，こもり
六　むつ，りく，ろく，ろっ
六人部　むとべ
六日　むいか
六月　みなづき，ルクガジ，ルクガッチ，ろくがつ
六県　むつがた
鹿　か，しか，し
鹿子　しし
鹿食　かじき
鹿野　かの，しかの
轆轤　ろくろ
麓　は，ふもと
論　ろ

ワ

和　あえ，わ
和布刈　めかり
和尚　おしょう，わんじょう
和杏　わぐつ
和泉　いずみ
和魂　にぎたま，にぎみたま
和幣　にぎて
和蘭　オランダ
倭　やまと，わ
倭文　しどり
倭建　やまとたける
倭健　やまとたける
話　はなし，わ
猥　わい
賄　まかない
椀　わん
腕　うで，わん
埦　わん
碗　わん

あ

アーグ　㊤48a〔アヤグ〕
アーシブニ(合わせ舟)　㊤709b〔サバニ〕
粟プーズ　㊤55c〔粟祭〕
粟プーリ〘-プールィ〙　㊤55c〔粟祭〕
アーマンチュー　㊤504c〔巨人伝説〕
• アールネ Aarne, Antti Amatus　㊤**1a** 1a〔アールネ・トンプソンの話型〕 210a〔エフエフシー〕 ㊦18b〔タイプ＝インデックス〕 284b〔日本昔話集成〕 452c〔フィンランド民俗学〕 552b〔本格昔話〕 659c〔昔話〕 687b〔メルヘン〕 828b〔話型〕
• アールネ・トンプソンの話型　㊤**1a**
アイ　㊤49c〔アユ〕 →アユ
• 藍《あい》〘-草〙　㊤**1b** 8b〔あお〕 435c〔換金作物〕 604c〔紺屋〕 956b〔染色〕
アイアケ　㊤7c〔アイヤケ〕
愛育会　㊤1c〔愛育村運動〕
• 愛育村運動《あいいくそんうんどう》　㊤**1c**
愛育班　㊤1c〔愛育村運動〕
相生杉　㊦685c〔夫婦杉〕
相生松　㊦685c〔夫婦杉〕
相生結び　㊦607a〔水引〕
愛玩犬　㊤119a〔犬〕
間狂言　㊤486b〔狂言〕
藍蔵　㊦219c〔土蔵〕
アイグロマツ　㊦573c〔松〕
アイコ　㊤137b〔衣料〕 724a〔山菜〕 →ミヤマイラクサ
「愛国行進曲」　㊤555c〔軍歌〕
• 愛国婦人会《あいこくふじんかい》　㊤**1c** 615c〔国防婦人会〕 ㊦469a〔婦人会〕
「愛護若」　㊤946a〔説経節〕
アイ盃　㊦685b〔夫婦盃〕
• 挨拶《あいさつ》　㊤**1c** 879b〔仁義㈡〕 ㊦123c〔つきあい〕 309c〔年始〕 533a〔訪問〕 557c〔盆礼〕 808b〔礼儀〕
藍師　㊤1b〔藍〕
• アイジ〘合地, 相地〙　㊤**2b** ㊦503a〔分家〕
• 相性〘合性〙《あいしょう》　㊤**2b**
愛人クラブ　㊦337c〔売春〕
愛染講　㊤605a〔紺屋〕
愛染寺(京都)　㊤118a〔稲荷信仰〕
愛染まつり　㊦257b〔夏祭〕
• 愛染明王《あいぜんみょうおう》　㊤**2c** 224b〔縁結び〕 605a〔紺屋〕
愛染明王法　㊤2c〔愛染明王〕
藍染め　㊤927図〔生業絵馬〕 ㊦155a〔手拭〕
アイダ　㊦201b〔時〕
アイダー　㊤489c〔兄弟分〕
相対死　㊤885a〔心中〕
アイダギ　㊦473b〔ふだん着〕
合竹　㊤843a〔笙〕 ㊦458c〔笛〕
藍建て　㊤1b〔藍〕
アイチチ　㊦79b〔乳親〕
会津茅手　㊦147c〔出稼〕 736c〔屋根屋〕
• 相槌《あいづち》　㊤**3a** ㊦660b〔昔話〕
会津塗　㊤779a〔漆器〕
『会津農書』　㊦322b〔農書〕
会津万歳　㊦593a〔万歳〕
会津八一　㊦642c〔民俗学㈡〕
アイテノボウ　㊦664b〔聟まぎらかし〕
相頭　㊤279a〔おびしゃ〕
愛童　㊤866b〔女装〕
• 哀悼傷身《あいとうしょうしん》　㊤**3a**
相仲人　㊦251b〔仲人〕
アイニシ　㊤7a〔アイノカゼ〕
• アイヌ　㊤**3b** 139図〔文身〕 204a〔蝦夷〕 204b〔蝦夷錦〕 ㊦95c〔チャランケ〕 543c〔北海道旧土人保護法〕
アイヌイトゥパ　㊤111c〔イトゥパ〕
『アイヌ・英・和辞典』　㊦366a〔バチェラー〕
アイヌ起源説　㊦139a〔坪井正五郎〕
• アイヌ語　㊤**6b** 3b〔アイヌ〕 6c〔アイヌ語地名〕 515a〔金田一京助〕 ㊦114a〔知里真志保〕 280a〔日本語〕 305a〔ネフスキー〕
• アイヌ語地名　㊤**6c**
『アイヌ語入門』　㊦114b〔知里真志保〕
「アイヌ語文法」　㊦366a〔バチェラー〕
『アイヌ語法概説』　㊦114b〔知里真志保〕
「アイヌ語法研究—樺太方言を中心として—」　㊦114b〔知里真志保〕
『アイヌ叙事詩ユーカラの研究』　㊤515b〔金田一京助〕
アイヌ新法　㊤6a〔アイヌ〕
『アイヌ神謡集』　㊦114b〔知里真志保〕 822c〔炉辺叢書〕
アイヌ玉　㊦62b〔タマサイ〕
アイヌネギ　㊤724b〔山菜〕 →ギョウジャニンニク
『アイヌの婚姻』　㊤940a〔瀬川清子〕
アイヌ民族　㊤482b〔給与地〕 ㊦280c〔日本人㈠〕 358c〔場所請負制〕
• アイヌモシㇼ　㊤**7a**
• アイノカゼ　㊤**7a**
合の子船　㊦487b〔船〕 831a〔和船〕
アイノモノ　㊤7c〔あいもの〕
あひ場　㊤975b〔相場〕
• 相孕み〘アイバラ〙《あいばらみ》　㊤**7b** 981b〔俗信〕
• 合火〘アイビ〙《あいび》　㊤**7b** 303b〔会食〕
アイボノツワリ　㊦144a〔つわり〕
• あいもの〘アイモノ, 合物, 四十物〙　㊤**7c** 900c〔水産加工〕
アイモノシ　㊤7c〔あいもの〕
アイモノヤ　㊤7c〔あいもの〕
• アイヤケ　㊤**7c**
アイヤ節　㊦340b〔ハイヤ節〕
アイヨメ　㊦664b〔聟まぎらかし〕
アイロン　㊦435a〔火のし〕
アエコガ　㊤1b〔藍〕
アエダシ　㊤605a〔紺屋〕
アエノカゼ　㊤7a〔アイノカゼ〕
• アエノコト　㊤**8a** 14c〔秋祭〕 116b〔稲魂〕 403c〔神迎え〕 543a〔供養〕 617a〔穀霊〕 632c〔コト〕 690c〔作神〕 797a〔霜月祭〕 929b〔性信仰〕 別刷〈供物〉 ㊦8b〔大根〕 55a〔種子籾〕 55c〔種子籾俵〕 56b〔田の神〕
和物　㊤202c〔エゴマ〕
アエモンヤ　㊤7c〔あいもの〕
和え料　㊤596b〔香辛料〕
アオ(カモシカ)　㊤409a〔カモシカ〕 426c〔皮〕 →カモシカ
アオ(魚名)　㊦224b〔トビウオ〕
• あお　㊤**8b**
葵鬘　㊤372a〔鬘〕
• 葵祭《あおいまつり》　㊤**8c** 275b〔お練り〕 別刷〈供物〉 ㊦596c〔御阿礼神事〕
• 白馬節会《あおうまのせちえ》　㊤**9a** 8b〔あお〕 ㊦259b〔七日正月〕 310b〔年中行事㈠〕 399a〔春駒〕
青海亀　㊤406b〔亀〕
青瓜　㊤691a〔作物禁忌〕
青木昆陽　㊤702a〔サツマイモ〕
青祈禱　㊤162c〔丑の日祭〕 116a〔稲作儀礼〕
アオケラ　㊤130a〔忌言葉〕
青笹しし踊り　㊤759b〔鹿踊り〕
青笹八幡神社(岩手)　㊦648a〔民俗芸能〕
アオシシ〘羚羊〙　㊤409a〔カモシカ〕 ㊦190c〔動物観〕 →カモシカ
青熟　㊤730c〔蚕種〕
青線　㊦337c〔売春〕
アオソ　㊤57a〔アンギン〕 137b〔衣料〕
青麻　㊤421c〔カラムシ〕
青麻神社(宮城)　㊦424c〔常陸坊海尊〕
青大将　㊦513a〔蛇〕
青玉　㊦62b〔タマサイ〕
アオダモ　㊤785a〔シヌイェ〕
青砥　㊦175a〔砥石〕
青毒　㊦204a〔毒流し〕
青野寿郎　㊤506b〔漁村〕 ㊦263c〔納屋集落〕
青峰山(三重)　㊤9b〔青峰山〕
青海苔　㊦331a〔ノリ〕

青箸　㊦271a〔新箸〕
・蒼柴垣神事〘青柴垣－〙《あおふしがきしんじ》　㊤9a　8b〔あお〕　91a〔出雲神話〕
青酸漿　㊤794a〔四万六千日〕
青干　㊤964b〔ぜんまい〕
青本　㊤212c〔絵本〕
・青峰山（三重）《あおみねやま》　㊤9b
青味料　㊤596b〔香辛料〕
青物〘アオモノ〙　㊤9c〔青物市〕　㊦720c〔野菜〕　→野菜
・青物市《あおものいち》　㊤9c　99a〔市〕
青屋祇園　㊦271a〔新箸〕
青屋箸　㊦271a〔新箸〕
青山様　㊤340b〔笠杉〕　635c〔子供組〕
青山の太鼓踊り　㊤48a〔綾踊り〕
アオリイカ　㊤68a〔イカ〕　200a〔餌木〕
アカ　㊦224b〔トビウオ〕
・あか〘アカ，赤〙　㊤10a　8b〔あお〕　451a〔還暦〕　㊦67b〔達磨〕　531a〔疱瘡〕
閼伽　㊤778c〔十界修行〕
アカーメ　㊦510b〔べっかんこ〕
『赤い鳥』　㊦194b〔童謡〕
アカイヌ　㊦802c〔猟犬〕
アガイバーレー　㊦336a〔爬竜〕
・アガイマーイ〘東廻り〙　㊤10b
アカイモノ　㊤571c〔月経〕
赤魚　㊦569c〔マス〕
アカウサギ　㊤156b〔兎〕
赤牛　㊤156c〔牛〕
赤絵　㊦531a〔疱瘡〕
赤瓦屋　㊤別刷〈沖縄文化〉
アカガエル　㊤313a〔カエル〕
アカカガチ　㊦534c〔ホオズキ〕
あかがね　㊦181b〔銅山〕
赤カブ　㊤382c〔カブ㈡〕
赤瓦　㊤941a〔石州瓦〕　→石州瓦
・赤城型民家《あかぎがたみんか》　㊤10c　㊦778a〔寄せ棟〕
赤城講　㊤11b〔赤城信仰〕
・赤城信仰《あかぎしんこう》　㊤11b
赤城神社（群馬）〘赤城山－〙　㊤11b〔赤城信仰〕　396c〔神あらそい〕　㊦738c〔山遊び〕
赤木明神　㊦405a〔磐次磐三郎〕
赤城山（群馬）　㊤11b〔赤城信仰〕　396c〔神あらそい〕
あかぎれ　⇨民間療法（㊦634a）
赤子　㊦657a〔ムイ㈡〕
赤子三昧　㊤639b〔子墓〕　→子墓
・赤子塚《あかごづか》　㊤11b　㊦122a〔塚〕　772a〔幼児葬法〕　779c〔夜泣石〕
赤子塚伝説　㊤497c〔行人塚〕
赤子淵　㊦473c〔淵伝説〕
赤子見　㊤737c〔産見舞〕
・赤米《あかごめ》　㊤11c　115b〔稲作〕　645c〔米〕　658a〔強飯〕　㊦16a〔大唐米〕　168c〔天道信仰〕
赤強飯　㊤658a〔強飯〕
赤坂憲雄　㊦591b〔まれびと〕
赤沢文治　㊤662b〔金光教〕　㊦428c〔人神〕
あかし　㊦428a〔ヒデ〕
アカシア蜜　㊦369a〔蜂蜜〕
赤熟　㊤730c〔蚕種〕
赤線　㊦337c〔売春〕
アカソ　㊤57a〔アンギン〕
あかだ　㊦131b〔津島信仰〕
アガタ　㊤52b〔あるき巫女〕
アカダキ　㊦568a〔孫抱き〕
県神社（京都）　㊤774c〔七度半の使〕
県巫女　㊤375b〔門付け〕
アカチャカベエロ　㊦510b〔べっかんこ〕
アカチャカメー　㊦510b〔べっかんこ〕
赤提燈　㊤78b〔居酒屋〕　㊦728b〔屋台〕
赤塚の田遊び　㊤別刷〈仮面〉
アカツキ　㊤362b〔形見分け〕
暁祭　㊤349b〔春日若宮御祭〕
アカテヌグイ　㊦155b〔手拭〕
赤玉蜀黍　㊤794a〔四万六千日〕
・アカトリ　㊤12a
アカネコ　㊦404b〔半夏〕
アカハラ　㊤155b〔ウグイ〕
アカビ〘赤火〙　㊤565b〔ケガレ〕　570b〔血穢〕　571c〔月経〕　717c〔産穢〕　735a〔産火〕　871b〔白不浄〕　→産火
アカビアケ　㊤776c〔七夜〕
明櫃　㊦427a〔櫃〕
赤姫　㊤384c〔歌舞伎衣裳〕
赤不浄《あかふじょう》　⇨血穢（㊤570b）　7b〔合火〕　565b〔ケガレ〕　716b〔さわり〕　717c〔産穢〕　745c〔塩盛り〕　830b〔出産〕　871b〔白不浄〕　㊦76a〔血〕　118b〔通過儀礼〕　125b〔月小屋〕
赤褌　㊤710c〔サメ〕
アカベ（赤火）　㊤571c〔月経〕
アカベ　㊦510b〔べっかんこ〕
アカボシ　㊤16b〔明の明星〕　→金星
赤干　㊤964b〔ぜんまい〕
明星　㊦769a〔宵の明星〕
赤保内南部駒踊り　㊤643c〔駒踊り〕
赤本　㊤10a〔あか〕　212c〔絵本〕　628a〔五大御伽噺〕　㊦380b〔花咲爺〕
アカマタ　㊦387b〔ハマウリ〕　→アカマタ・クロマタ
・アカマタ・クロマタ　㊤12a　87c〔異人㈠〕　88a〔異人歓待〕　354c〔仮装〕　407c〔仮面〕　㊦271c〔ニールピトゥ〕　289a〔ニライカナイ〕　336b〔パーントゥ〕　457c〔豊年祭〕　591a〔まれびと〕　792a〔来訪神〕
アカマツ　㊦573c〔松〕
赤松池（鳥取）　㊤40c〔雨乞い〕
赤松啓介　㊦781a〔ヨバイ〕
・赤松宗旦《あかまつそうたん》　㊤12b　㊦224a〔利根川図志〕　644b〔民俗学史〕
赤松智城　㊤14b〔秋葉隆〕　㊦106b〔朝鮮民俗学〕
アガミー　㊤888c〔親族〕
アカメ　㊦510b〔べっかんこ〕
赤目　㊦569c〔マス〕
崇め詞　㊤558a〔敬語〕
アカメロン　㊦510b〔べっかんこ〕
・贖物《あがもの》　㊤12c
贖料人形　㊦292b〔人形〕
「あがらしゃれ」　㊤687b〔酒盛り唄〕
アガリ　㊤738b〔サンヤレ祭〕
アガリ（方位）　㊦521c〔方位〕
東拝み　㊤10c〔アガイマーイ〕
アガリウシ〘上り丑〙　㊤162b〔丑の稲〕　162c〔丑の日祭〕　㊦370c〔初丑〕
上がり框（床）　㊤391a〔框〕
上框（建具）　㊤390c〔框〕
明かり障子　㊤848c〔障子〕　→障子
上がり鯛　㊤758b〔自在鉤〕
上り藤に大文字　㊤411図〔家紋〕
阿観　㊦288c〔女人高野〕
アカンベ〘アカンベエ〙　㊦510b〔べっかんこ〕
アカンマー　㊤433c〔龕〕
アカンメロン　㊦510b〔べっかんこ〕
アキア　㊤14a〔秋葉信仰〕
アキアゲ　㊤15a〔秋忘れ〕
秋遊び　㊤611a〔子買お〕
秋洗い唄　㊤694a〔酒造り唄〕
明鮑　㊤55a〔アワビ〕
秋唄　㊤165b〔歌〕　462c〔季節唄〕
秋保田植え踊り　㊦25a〔田植え踊り〕
あきうど　㊤852c〔商人〕　→商人
秋祈禱　㊤183c〔厩祭〕
秋熊猟　㊤536c〔熊狩り〕
秋子　㊤741a〔シイタケ〕
秋雨　㊤46a〔雨〕
・アキシ　㊤13a　㊦441c〔日雇〕
秋衆　㊤13a〔アキシ〕
アギタイ聟　㊦308b〔年期聟〕　815c〔労役婚〕
「秋田馬方節」　㊦568a〔馬子唄〕
「秋田音頭」　㊤294c〔音頭〕
秋田犬　㊦802c〔猟犬〕
秋田酒屋唄　㊤694a〔酒造り唄〕
「秋田甚句」　㊤880b〔甚句〕
秋田杉　㊦805c〔林業〕
アキタブキ　㊦460a〔フキ〕
秋田マタギ　㊦570c〔マタギ〕
秋田万歳　㊤823c〔祝福芸〕　㊦593a〔万歳〕
あきつ　㊦240a〔トンボ〕　→トンボ
商い図　㊤926a〔生業絵馬〕
商場　㊦358c〔場所請負制〕

商場知行制　㊦358c〔場所請負制〕
商番屋　㊦406b〔番太〕
明きの方《あきのかた》　⇨恵方(㊤211)
秋葉　㊦16c〔台所〕
• 秋葉街道《あきはかいどう》　㊤**13a**　13c〔秋葉信仰〕
• 秋葉講《あきはこう》　㊤**13b**　13c〔秋葉信仰〕　14b〔秋葉燈籠〕
秋葉山(静岡)　㊤13a〔秋葉街道〕　473b〔機能神〕
秋葉三尺坊〘-権現〙　㊤13b〔秋葉講〕　13c〔秋葉信仰〕　580b〔眷属〕
• 秋葉信仰《あきはしんこう》　㊤**13c**　343a〔火事〕
秋葉神社(宮城)　㊦94b〔茶番〕
秋葉神社(静岡)　㊤14a〔秋葉信仰〕　㊦434b〔火の神〕　436c〔火伏せ〕
秋葉神社(愛知)　㊦736b〔屋根神〕
• 秋葉隆《あきばたかし》　㊤**14a**　㊦106b〔朝鮮民俗学〕　642c〔民俗学㈡〕
秋葉寺(静岡)　㊤13b〔秋葉講〕　13c〔秋葉信仰〕
• 秋葉燈籠《あきはとうろう》　㊤**14b**　13b〔秋葉街道〕　857c〔照明〕　858b〔常夜燈〕
秋葉鳥居　㊤13b〔秋葉街道〕
秋葉火祭　㊦437c〔火祭〕
商人　㊤852c〔商人〕　→しょうにん
秋節　㊤462c〔季節唄〕　→秋唄
秋船　㊤700c〔五月船〕　㊦26a〔田植え肴〕
アキブルマイ　㊤15a〔秋忘れ〕
秋マタギ　㊦803a〔猟師〕
• 秋祭《あきまつり》　㊤**14c**
秋峰　㊦287a〔入峰修行〕　420b〔英彦山信仰〕　616b〔峰入り〕
アキムシ　㊤613b〔ゴキブリ〕
秋餅むかしの正月ばなし　㊤339c〔笠地蔵〕
アキヤ　㊤14a〔秋葉信仰〕
アギヤー　㊤113c〔糸満売り〕　114a〔糸満漁民〕　226a〔追込漁〕
空山　㊦563a〔牧畑〕
• 『秋山記行』《あきやまきこう》　㊤**15a**
秋山話　㊤291a〔愚か村〕
アキワ　㊤14a〔秋葉信仰〕
• 秋忘れ《あきわすれ》　㊤**15a**
商人　㊤852c〔商人〕　→しょうにん
灰汁　㊤947b〔石鹸〕　959c〔洗濯〕　㊦336c〔灰〕
アグ　㊦209c〔ドシ〕
安居院　㊤891c〔神道集〕
灰汁煙硝　㊤221a〔煙硝づくり〕
灰汁桶　㊤947b〔石鹸〕
悪ゲーシ　㊤82a〔石敢当〕
• 悪月《あくげつ》　㊤**15a**
アク小屋　㊦337b〔灰小屋〕　→灰小屋
アクサイ　㊤335a〔陰口〕
悪七兵衛景清　㊤334b〔景清〕
幄舎　㊦471b〔舞台〕
握珠　㊤412 図〔家紋〕
• 悪所《あくしょ》　㊤**15b**
悪神　㊤16a〔悪魔ばらい〕　310c〔海難法師〕　394c〔神〕　㊦718a〔厄病神〕
アクジンカゼ　㊤389a〔鎌鼬〕
アクタ　㊤15c〔アクツ〕　→アクツ
• 悪態祭《あくたいまつり》　㊤**15b**　577b〔喧嘩祭〕　㊦326b〔野崎参り〕　→悪口祭
アクタムシ　㊤613b〔ゴキブリ〕
アクチ　㊤420c〔鳥の灸〕
• アクツ〘アクチ，アクト〙　㊤**15c**　㊦385b〔ハナワ〕
悪日　㊤131c〔忌日〕
灰汁煮屋　㊤221a〔煙硝づくり〕
あく抜き〘アク-〙　㊦336c〔灰〕　693b〔木灰〕
• 悪魔《あくま》　㊤**15c**
• 悪魔ばらい《あくまばらい》　㊤**16a**　157c〔牛鬼〕　298a〔オンベ〕　661b〔権現〕
あぐら　㊤922a〔坐り方〕
胡床〘呉床〙　㊤88b〔椅子〕
揚繰網　㊦562a〔旋網〕
揚繰網漁　㊤45a〔網主・網子〕
悪霊　㊤582c〔ケンムン〕　872a〔死霊〕
挙竈　㊤433b〔竈㈠〕
アゲグサ　㊤524a〔草取り〕
揚笊　㊤713b〔笊〕
アゲシオ　㊤742c〔潮〕
上げ地蔵　㊤283b〔重軽石〕
アゲタ　㊤445b〔乾田〕
揚げ田　㊤438a〔間作〕
• 揚げ松明《あげたいまつ》　㊤**16b**　㊦360a〔柱松〕
明智寺(埼玉)　㊦86 表〔秩父巡礼〕
上知令〘上地令〙　㊤890b〔神田〕
上土門　㊦708a〔門㈠〕
上げ綱　㊤813b〔十五夜〕
明荷馬　㊦331b〔ノリカケウマ〕
• 明の明星《あけのみょうじょう》　㊤**16b**
揚浜　㊤923c〔製塩〕
揚浜法　㊤923c〔製塩〕
アケビ　㊤36a〔油〕　639a〔木の実〕　724a〔山菜〕
揚げ雲雀　㊦436b〔ヒバリ〕
アゲブツジ　㊦307b〔年忌〕
アゲブツダン〘上げ仏壇〙　㊦145a〔低湿地〕　830c〔輪中〕
アゲフネ〘上げ舟〙　㊦145a〔低湿地〕　611c〔水塚〕　830c〔輪中〕
アゲホウジ　㊦228a〔弔い上げ〕
上法事〘揚-〙　㊦307c〔年忌〕　529c〔法事〕
アゲボーシ〘揚帽子〙　㊤387a〔かぶりもの〕　㊦136b〔角隠し〕　529c〔帽子〕　833a〔綿帽子〕
上げ巻き　㊤537a〔熊狩り〕
総角　㊤413 図〔家紋〕
アゲ松　㊤16b〔揚げ松明〕
揚見世　㊤221c〔縁台〕　→縁台
• 揚物《あげもの》　㊤**16c**　㊦172b〔天麩羅〕
アゲ山　㊤135c〔入らず山〕　530a〔くせ地〕
揚床　㊦32b〔高床住居〕
アゴ(網子)　㊤44c〔網主・網子〕
アゴ(魚名)　㊦224b〔トビウオ〕
安居院義道　㊤928b〔正条植え〕
赤目　㊤702a〔砂鉄〕
アコㇽモシㇼ　㊤7a〔アイヌモシㇼ〕
阿含宗　㊤825b〔修験道〕
アサ　㊤137b〔衣料〕
• 麻《あさ》　㊤**17a**　109c〔糸〕　137b〔衣料〕　244a〔オガラ〕　691b〔作物禁忌〕　㊦18c〔タイマ〕　298c〔布〕
あざ　㊤183c〔生まれかわり〕
• 字《あざ》　㊤**17b**　231c〔大字〕　→小字
アサイ　㊤23c〔アシャギ〕
• 朝市《あさいち》　㊤**17c**　99a〔市〕　別刷<市>　㊦76c〔地域社会〕　607c〔店〕
朝伊名面　㊤408 図〔仮面〕
朝歌　㊦655b〔民謡〕
麻裏草履　㊤978b〔草履〕
麻桶　㊤252 図〔桶〕
朝顔市　㊤別刷<市>
朝顔売り　㊤152c〔植木屋〕
アサギ　㊤23c〔アシャギ〕
浅葱　㊤8b〔あお〕
浅黄裏　㊦737c〔野暮〕
浅草紙　㊤529c〔屑屋〕　㊦516a〔便所〕
朝草刈　㊤523c〔草刈場〕
浅草神社(東京)　㊤725c〔三社祭〕　㊦101a〔中門口〕
浅草六区(東京)　㊤別刷<遊び>
浅沓　㊦347 図〔履物〕
朝倉無声　㊦608b〔見世物〕
朝占　㊦355b〔橋〕
アサゲ　㊤861c〔食事〕
朝ゴチ　㊤630b〔コチ〕
• アサゴヤ〘浅小屋〙　㊤**18a**
浅茅ヶ原　㊤186b〔梅若〕
朝ゼチ　㊤946b〔節供〕
• 朝茶《あさちゃ》　㊤**18b**　466c〔喫茶〕
朝茶事　㊦324b〔納涼〕
アサッパカ　㊦342a〔ハカ〕
アザドフスキー, M. K.　㊦822b〔ロシア民俗学〕
安里屋ユンタ　㊦768c〔ユンタ〕
アザナ　㊤29b〔あだな〕　㊦719a〔屋号〕
字　㊤311c〔戒名〕
浅鍋　㊦534b〔焙烙〕
麻布　㊤756c〔仕事着〕
朝寝　㊦447c〔昼寝〕
浅野建二　㊦840a〔童唄〕
麻の葉　㊤412 図〔家紋〕　698a〔刺子〕
朝花節　㊤810a〔祝儀唄〕
字費　㊦676a〔村勘定〕

・朝日長者《あさひちょうじゃ》 ㊤**18c** 870b〔白鳥伝説〕 ㊦784c〔嫁殺し田〕
朝日の太鼓踊り ㊤48a〔綾踊り〕
朝坊主 ㊤981b〔俗信〕
アサマガミ ㊤952b〔浅間信仰〕
・朝熊信仰《あさましんこう》 ㊤**18c**
浅間神社(静岡)〖-大社〗 ㊤341c〔火山〕 952c〔浅間信仰〕 →せんげんじんじゃ
浅間神社 ㊤952b〔浅間信仰〕
浅間神社(東京・足立区) ㊦468 表〔富士塚〕
浅間神社(東京・江戸川区) ㊦468 表〔富士塚〕
浅間神社(東京・江東区) ㊦468 表〔富士塚〕
浅間神社(東京・練馬区) ㊦468 表〔富士塚〕
浅間神社(静岡) ㊤488b〔行水〕
浅間神社跡(東京) ㊦468 表〔富士塚〕
浅間山(群馬・長野) ㊤341c〔火山〕 396c〔神あらそい〕
朝熊山(三重)〖-ヶ岳〗 ㊤18c〔朝熊信仰〕 872b〔死霊〕 ㊦28b〔他界観〕
アザミ ㊤724a〔山菜〕
・朝聟入り《あさむこいり》 ㊤**19a** ㊦663a〔聟〕 664b〔聟逃げ〕
朝山神社(島根) ㊤90b〔出雲信仰〕
・アサリ ㊤**19b** 745b〔潮干狩〕 ㊦388a〔ハマグリ〕
アサリ売り ㊦781b〔呼売り〕
あさり飯 ㊤648a〔五目飯〕
字礼 ㊦309c〔年始〕
アシ〖芦〗 ㊤361c〔片葉の芦〕 415b〔茅場〕 691a〔作物禁忌〕 ㊦383b〔花火師〕 775c〔ヨシ〕 →ヨシ
足 ㊤20b〔足洗井〕
・アジ ㊤**19c**
・按司《アジ》 ㊤**20a** 172a〔掟〕 270c〔おなり神〕 別刷〈沖縄文化〉 ㊦145c〔ティダ〕
・足跡石《あしあといし》 ㊤**20b** 143b〔磐座〕
アシアライ ㊤176b〔産明け〕
足洗い ㊤別刷〈婚礼〉 ㊦286a〔入家儀礼〕
・足洗井《あしあらいい》 ㊤**20b**
足洗邸 ㊦259a〔七不思議〕
アシイタ ㊦38a〔田下駄〕
・アジール asile ㊤**20c** 219b〔縁切寺〕 ㊦658a〔無縁〕
・足入れ〖アシイレ〗《あしいれ》 ㊤**21a** 21b〔足入れ婚〕 23a〔アシブミ〕 668c〔婚礼(一)〕 754b〔試験婚〕 867a〔所帯びろめ〕 990c〔村外婚〕 ㊦140a〔妻問婚〕 146b〔手打ち酒〕
・足入れ婚《あしいれこん》 ㊤**21b** 21a〔足入れ〕 286b〔親子盃〕 658c〔婚姻〕 664a〔婚舎〕 867a〔所帯びろめ〕 ㊦140a〔妻問婚〕 304a〔ネドガエリ〕 448c〔披露宴〕 783c〔嫁入婚〕 784b〔嫁入り道具〕 796c〔離婚〕
足打 ㊤259a〔折敷〕
足桶 ㊦347 図〔履物〕
蘆刈説話 ㊤177a〔産神問答〕
足軽町 ㊦573b〔町割〕
葦毛塚(東京) ㊤644b〔駒繋ぎ松〕
アシコンコン ㊤360b〔片足跳び〕
按司地頭 ㊤20a〔按司〕
葦簾 ㊤914b〔簾〕
足駄《あしだ》 ⇨履物(㊦346c) ㊤569b〔下駄〕
アシタカ ㊤22a〔足半〕
アジチ ㊤26b〔アゼチ〕 →アゼチ
アシチャシト ㊤782b〔シト〕
足付折敷 ㊤259a〔折敷〕
味つけご飯 ㊤648a〔五目飯〕 →五目飯
アシティビチ ㊦470c〔豚〕
・『あしなか』 ㊤**21c**
・足半〖-草履〗《あしなか》 ㊤**22a** 21c〔あしなか〕 748b〔地下足袋〕 ㊦636a〔民具〕
足並人足 ㊦679c〔村仕事〕
足ならし ㊦151c〔出初式〕
アシニ ㊤552c〔クワ〕
アジヌシーバカ ㊤22b〔按司墓〕
アジバ ㊤23c〔網代〕
・按司墓《あじばか》 ㊤**22b**
・アシビ ㊤**22c**
馬酔木 ㊦202c〔毒〕
アシビ神 ㊤22c〔アシビ〕
アシビジチ(遊び月) ㊤22c〔アシビ〕
アシビダムトゥ ㊤22c〔アシビ〕
・足拍子《あしびょうし》 ㊤**23a** ㊦517b〔反閇〕
按司奉行 ㊤20b〔按司〕
葦船 ㊦447b〔蛭児〕
・アシブミ ㊤**23a**
足踏み洗い ㊤959c〔洗濯〕
・足踏脱穀機〖足踏式回転-〗《あしぶみだっこくき》 ㊤**23b** 963b〔千歯扱き〕 ㊦48a〔脱穀〕
アジマサ ㊤535a〔蒲葵〕
味飯 ㊤648a〔五目飯〕 →五目飯
・アシャギ〖アシャゲ〗 ㊤**23c** ㊦449a〔広場〕
『蘆屋道満大内鏡』 ㊤786c〔信太妻〕
蘆谷蘆村 ㊦659b〔昔話〕
阿閦如来 ㊤815c〔十三仏〕
・網代〖アジロ〗《あじろ》 ㊤**23c** 752c〔敷物〕 922c〔瀬〕
網代笠 ㊤338b〔笠〕
網代金 ㊤24a〔網代〕
網代銀 ㊤23c〔網代〕
網代輿 ㊤620c〔輿〕
網代人 ㊤23c〔網代〕
網代の縄打ち ㊤542c〔公役〕
網代場 ㊤23c〔網代〕
網代守 ㊤23c〔網代〕
網代役 ㊤23c〔網代〕
網代山 ㊤24a〔網代〕
網代料 ㊤24a〔網代〕
・アシンル ㊤**24a**
アズ ㊦82b〔地形名〕
・小豆《あずき》 ㊤**24a** 26c〔アゼマメ〕 56b〔餡〕 509a〔切替畑〕 691a〔作物禁忌〕 ㊦338c〔ハイヌウェレ〕 404b〔半夏〕 586c〔豆〕 714c〔焼畑〕
・小豆洗い《あずきあらい》 ㊤**24c**
小豆餡 ㊤56b〔餡〕 ㊦594a〔饅頭〕
・小豆粥《あずきがゆ》 ㊤**25a** 24b〔小豆〕 415c〔粥〕 624b〔小正月〕 844c〔正月〕 ㊦9c〔大師粥〕 81b〔力餅〕 264b〔成木責〕
アズキササラ ㊤24c〔小豆洗い〕
小豆団子 ㊤24b〔小豆〕
アズキトギ〖-ババア〗 ㊤24c〔小豆洗い〕
アズキバタ ㊤509a〔切替畑〕
小豆飯 ㊤24b〔小豆〕 372b〔かて飯〕 432a〔かわりもの〕
小豆餅 ㊤24b〔小豆〕 429a〔川浸り〕
・預け牛《あずけうし》 ㊤**25b**
アズサ ㊤25b〔梓巫女〕
梓市子 ㊤25c〔梓巫女〕
・梓巫女〖アズサミコ, 梓巫〗《あずさみこ》 ㊤**25b** 533a〔口寄せ〕
梓弓 ㊤25b〔梓巫女〕 136a〔いらたか念珠〕 ㊦236a〔採物〕 766b〔弓神楽〕
・東遊び《あずまあそび》 ㊤**25c** 315a〔雅楽〕
あずま建て ㊦629c〔民家〕
アズマ造 ㊦778a〔寄せ棟〕
アズマネザサ ㊤694c〔笹〕
東舞 ㊤26a〔東遊び〕
阿世 ㊦76a〔血〕
・畦《あぜ》 ㊤**26a** 26c〔畦塗り〕 26c〔アゼマメ〕 599b〔耕地整理〕
・汗かき地蔵《あせかきじぞう》 ㊤**26b**
校倉 ㊤543b〔倉〕 935c〔蒸籠倉〕
アゼクワ ㊤552c〔桑〕
畔越し灌漑 ㊦40c〔田越し灌漑〕 →田越し灌漑
・アゼチ ㊤**26b** ㊦503a〔分家〕
畦畔茶 ㊤684b〔境木〕
アゼツキ ㊤26c〔畦塗り〕
アゼトリ ㊤49b〔綾取り〕
・畦塗り〖畔-〗《あぜぬり》 ㊤**26c** 26b〔畦〕 26c〔アゼマメ〕 550c〔黒鍬〕 ㊦574b〔松会〕 817b〔労働倫理〕 別刷〈野良仕事〉
畔挽鋸 ㊦325b〔鋸〕
・アゼマメ ㊤**26c** 26b〔畦〕
アゼモノ ㊤26c〔アゼマメ〕
阿蘇講 ㊤27b〔阿蘇信仰〕
阿蘇山(熊本・大分) ㊤27a〔阿蘇信仰〕 27b〔阿蘇神社〕 ㊦498b〔噴火〕 616b

〔峰入り〕
・阿蘇信仰《あそしんこう》 ㊤**27a**
・阿蘇神社(熊本)《あそじんじゃ》 ㊤**27b** 27a〔阿蘇信仰〕 173c〔ウナリ(一)〕 263a〔お田植祭〕 403a〔雷〕 ㊦176b〔踏歌神事〕
遊ばせ唄 ㊤649a〔子守唄〕
アソビ ㊦780c〔ヨバイ〕 812c〔恋愛〕
あそび ㊦757c〔遊女〕
・遊び《あそび》 ㊤**28a** 22c〔アシビ〕 396a〔神遊び〕 485a〔競技〕 別刷〈遊び〉 ㊦303c〔ねっき〕 389b〔破魔弓〕 756c〔遊戯〕 841a〔童言葉〕
遊君 ㊦757c〔遊女〕
遊び太楽 ㊦7a〔太鼓踊り〕
・遊び日《あそびび》 ㊤**28b** ㊦701a〔もの日〕
遊部 ㊦692c〔殯〕
遊女 ㊦337c〔売春〕
遊び宿 ㊦827b〔若者宿〕
アダ ㊤32c〔アニ〕 ㊦109a〔長男〕
・アタイ ㊤**28c**
・当《あたい》 ㊤**28c**
仇討物 ㊤598b〔講談〕
安宅 ㊤607b〔幸若舞〕
安宅船 ㊦486c〔船〕
愛宕神 ㊤629b〔炬燵〕
愛宕講 ㊤29a〔愛宕信仰〕
・愛宕信仰《あたごしんこう》 ㊤**29a** 343a〔火事〕 770c〔地蔵盆〕
愛宕神社 ㊦434b〔火の神〕 436c〔火伏せ〕
愛宕神社(茨城) ㊤577b〔喧嘩祭〕
愛宕神社(東京) ㊤794a〔四万六千日〕 961c〔千日参り〕 ㊦215c〔年の市〕
愛宕神社(京都)〖－権現〗 ㊤29a〔愛宕信仰〕 29b〔愛宕千日詣〕 473b〔機能神〕
・愛宕千日詣《あたごせんにちもうで》 ㊤**29b**
愛宕燈籠 ㊤858b〔常夜燈〕
愛宕火 ㊤770c〔地蔵盆〕
愛宕別火 ㊤343a〔火事〕
愛宕祭 ㊤770c〔地蔵盆〕
「愛宕物語」 ㊤619b〔ここも日本〕
温笊 ㊤713b〔笊〕
アタッ ㊤405c〔カムイチェㇷ゚〕
・あだな〖渾名，綽名，仇名〗 ㊤**29b** 623a〔ゴシップ〕 ㊦50b〔譬え言葉〕
・アタネ ㊤**30a**
頭懸り ㊦294c〔人頭税〕
アタマジラミ ㊤871b〔シラミ〕
アタマツブシ ㊦604c〔水祝い〕
頭振 ㊦439b〔百姓〕 607a〔水呑〕
アタラ ㊤313a〔カエル〕 →カエル
アタラシヤ ㊦503a〔分家〕
アタリ(漁業) ㊤877a〔代分け〕
アタリ ㊦488c〔冬折目〕
・アダン ㊤**30a**
『アチック＝マンスリー』 ㊦別刷〈民俗学史〉
・アチック＝ミューゼアム Atic Museum ㊤**30b** 51c〔有賀喜左衛門〕 495c〔郷土玩具〕 503a〔漁具〕 660c〔困窮島〕 791a〔渋沢敬三〕 925b〔生業〕 ㊦280b〔日本常民文化研究所〕 623b〔宮本馨太郎〕 623c〔宮本常一〕 635c〔民具〕 636c〔民具学〕 645b〔民俗学史〕 654a〔民俗博物館〕 別刷〈民俗学史〉 →日本常民文化研究所
アチック＝ミューゼアム＝ソサエティー ㊤856c〔常民〕 ㊦635c〔民具〕
アッ ㊤533b〔クッ(一)〕 711b〔サラニㇷ゚〕 ㊦66a〔タラ〕
噯 ㊦488a〔麓〕
アッカドン ㊤14a〔秋葉信仰〕
アヅキスゴシ ㊦378a〔初漁祝い〕
悪口祭 ㊤15b〔悪態祭〕 577b〔喧嘩祭〕 ㊦326b〔野崎参り〕 841c〔悪口〕
アツシ ⇨アトゥシ(㊤30c) ㊤381c〔カパㇻミㇷ゚〕 792c〔縞〕
熱田祭礼 ㊦43a〔山車〕
熱田神宮(愛知) ㊤263a〔お田植祭〕 334c〔景清〕 774c〔七人塚〕 ㊦14a〔太々神楽〕 176a〔踏歌神事〕 382a〔花の頭〕 627c〔御葭神事〕 736b〔屋根神〕 766c〔弓神事〕 836b〔笑い祭〕
熱田神宮太々神楽 ㊦14a〔太々神楽〕
厚畳 ㊤164b〔薄縁〕 ㊦44b〔畳〕
アッチャ ㊤366a〔家長〕
アッチャメーグヮー ㊤365b〔カチャーシー〕
アッパッパ ㊤444b〔簡単服〕
吾妻下駄 ㊤569b〔下駄〕
四阿 ㊦777c〔寄せ棟〕 →寄せ棟
熱麦 ㊤172c〔うどん〕
羹 ㊤873c〔汁物〕 974c〔雑煮〕 ㊦258a〔七草〕
臛 ㊤873c〔汁物〕
敦盛 ㊤172c〔うどん〕
あてもの ㊦30b〔駄菓子〕
・アテラ ㊤**30c**
・アトゥシ ㊤**30c** 31a〔アトゥシカㇻペ〕 ㊦811c〔レタルペ〕 →アツシ
・アトゥシカㇻペ ㊤**31a** 533b〔クッ(一)〕
アトゥシペラ ㊤31b〔アトゥシカㇻペ〕
アトオシ ㊤622c〔腰抱き〕
あと隠しの雪〖跡－〗 ㊤263a〔お大師講吹き〕 ㊦10a〔大師粥〕 10b〔大師講〕
後釜のり ㊤674c〔再婚〕
アトクチ ㊦615a〔水口〕
アトサン ㊦123b〔月〕
後産《あとざん》 ⇨胞衣(㊤207b) ㊦268a〔ナンテン〕
跡式 ㊤374a〔家督〕 →財産
後添い ㊤674c〔再婚〕
後染 ㊤956b〔染色〕
アトタヅネ ㊤295a〔女いちげん〕
アトツギ〖跡継ぎ〗 ㊤31b〔跡取〕 761b〔嗣子別居〕 866a〔初生子〕 ㊦92c〔嫡子〕 →跡取
・跡取〖アトトリ〗《あととり》 ㊤**31b** 33a〔アニ〕 92a〔イセキ〕 489b〔兄弟姉妹〕 ㊦92c〔嫡子〕 109a〔長男〕 →アトツギ
アトノリ ㊤69b〔筏〕
後歯下駄 ㊤569b〔下駄〕
後囃子 ㊦391a〔囃し(二)〕
後丸下駄 ㊤569b〔下駄〕
アトミ ㊤588b〔後見〕 →後見
アトミ養子 ㊦246a〔中継相続〕
アトミラズ ㊦61b〔魂送り〕
・あとみらず〖後見らず〗 ㊤**31c**
跡目相続 ㊤374b〔家督相続〕
後厄 ㊦718a〔厄年〕
アナール学派 ⇨社会史(㊤800c) ㊦497c〔ブロック〕
アナグマ ㊦52c〔狸〕 666b〔ムジナ〕
穴熊猟 ㊤536c〔熊狩り〕
穴蔵 ㊤543b〔倉〕
・アナジ ㊤**32a** 119c〔戌亥〕 351a〔風〕 ㊦61c〔タマカゼ〕
穴師神社 ㊤341b〔風祭〕
アナゼ ㊤32a〔アナジ〕
アナバチ〖－ワリ〗 ㊤869c〔初夜権〕 923b〔性〕
・穴掘り《あなほり》 ㊤**32a** 693a〔酒(二)〕 970a〔葬式組〕 ㊦別刷〈生と死〉 →墓穴掘り
穴掘り酒 ㊤32b〔穴掘り〕
穴掘り当番 ㊤32a〔穴掘り〕
穴掘り役 ㊤32a〔穴掘り〕
穴播 ㊦358b〔播種法〕
穴見 ㊤536c〔熊狩り〕
穴森稲荷神社(東京) ㊦468 表〔富士塚〕
・穴屋〖アナヤー〗《アナヤー》 ㊤**32c** 920a〔スラブ屋〕 別刷〈沖縄文化〉 ㊦246c〔中柱〕 298c〔貫木屋〕
・アニ ㊤**32c** 33c〔姉家督〕 258b〔オジ・オバ〕 ㊦109a〔長男〕 433c〔ヒネオジ〕
アニキ ㊤32c〔アニ〕
アニザ ㊤141c〔囲炉裏〕
アニドン ㊤33a〔アニ〕
阿仁マタギ ㊤255 図〔オコゼ〕 409c〔カモシカ猟〕 ㊦570c〔マタギ〕
アニマティズム ㊤33b〔アニミズム〕
・アニミズム animism ㊤**33a** ㊦22c〔タイラー〕 →精霊崇拝
アニョニセ ㊦277a〔ニセ〕
アニヨメ ㊤33a〔アニ〕
アニヨメナオシ ㊤477c〔逆縁婚〕
アネ ㊤33c〔姉家督〕 258b〔オジ・

オバ〕
姉弟と山姥　㊤831*b*〔呪的逃走〕
アネカタリ　㊤34*a*〔姉家督〕 588*c*〔後見〕 ㊦246*a*〔中継相続〕
• 姉家督〔-相続〕《あねかとく》　㊤**33***c* 31*b*〔跡取〕 374*b*〔家督相続〕 866*a*〔初生子〕 954*a*〔全国民事慣例類集〕 961*a*〔選定相続〕 973*c*〔相続〕 ㊦104*b*〔長子相続〕 244*b*〔中川善之助〕 574*c*〔末子相続〕
姉崎正治　㊦630*a*〔民間信仰〕
• 姉さま人形《あねさまにんぎょう》　㊤**34***b* 301*a*〔蚕神〕
アネサン　㊦155*b*〔手拭〕
阿禰神社(島根)　㊦592*a*〔客人神〕
• 姉女房《あねにょうぼう》　㊤**34***c*
穴太寺(京都)　㊤675 裏〔西国巡礼〕
あの世　㊤406*a*〔カムイモシッ〕 ㊦28*b*〔他界観〕
アハ　㊤781*a*〔シッタ〕
• アバ〔浮子〕　㊤**34***c* 45*c*〔網漁〕 69*b*〔筏師〕 235*b*〔オオダマ〕 503*b*〔漁具〕
アバ〔網場〕(川流し)　㊤69*a*〔筏〕 ㊦801*c*〔流送〕
• アパート　㊤**35***a* ㊦73*c*〔団地〕
アバ漬け　㊤382*c*〔カブ㈡〕
アハラヤ　㊦257*b*〔夏祭〕
網針　㊦37*a*〔竹細工〕
網曳　㊤312*a*〔海民〕
アヒヤージナ　㊦135*c*〔綱引き〕
アヒラージュー(あひるの尾)　㊦584*b*〔マブイ〕
• アビ漁　㊤**35***b*
• アブ〔虻〕　㊤**35***c* ㊦75*a*〔蜻蛉長者〕
• アブシバレー　㊤**35***c* 248*a*〔沖縄文化〕 ㊦670*c*〔ムヌン〕 691*c*〔モー〕
虻と手斧　㊤194*b*〔運定め〕 ㊦606*c*〔水の神の寿命〕
アブ・ヒブ　㊤55*b*〔粟穂・稗穂〕 →粟穂・稗穂
鐙　㊦349*a*〔馬具〕
鐙戸　㊦174*b*〔戸〕
• 油《あぶら》　㊤**36***a*
脂　㊤36*a*〔油〕
油揚げ　㊤291*a*〔お礼参り〕 542*b*〔供物〕 796*a*〔シモツカレ〕
油掛け地蔵　㊤770*c*〔地蔵伝説〕
油粕　㊦254*a*〔ナタネ〕
油座　㊤36*b*〔油〕
油搾　㊤927 図〔生業絵馬〕
油絞唄　㊦828*c*〔業歌〕
アブラシメ〔油-〕　㊤16*c*〔揚物〕 396*b*〔髪油〕
油相場　㊤975*b*〔相場〕
油壺　㊤396*b*〔髪油〕
油砥石　㊦175*a*〔砥石〕
アブラトリ　㊤331*c*〔隠れんぼ〕
油菜　㊤36*a*〔油〕
油松　㊦428*a*〔ヒデ〕
アブラムシ　㊤613*b*〔ゴキブリ〕
雨降山(神奈川)　㊤240*c*〔大山信仰〕 →大山
アフンカニ　㊤31*b*〔アトゥシカラペ〕
アペ＝ウチ　㊤36*c*〔アペオイ〕
• アペオイ　㊤**36***c*
アペ＝カッケマッ　㊤36*c*〔アペカムイ〕
「安倍合戦の次第」　㊤37*a*〔安倍貞任〕
• アペカムイ　㊤**36***c*
安倍川紙子　㊤400*b*〔紙子〕
安倍家〔-氏〕　㊤298*c*〔陰陽道〕 652*a*〔暦〕
アペソ　㊤36*c*〔アペオイ〕
アペソコッ　㊤36*c*〔アペオイ〕
• 安倍貞任《あべのさだとう》　㊤**37***a*
• 安倍晴明《あべのせいめい》　㊤**37***b* 469*c*〔狐女房〕 786*c*〔信太妻〕 ㊦538*b*〔星〕 699*a*〔戻橋〕 833*a*〔渡辺綱〕
安倍晴明神社(大阪)　㊤37*b*〔安倍晴明〕
アペ＝フチ(祖母)　㊤36*c*〔アペカムイ〕
アボーヘボー　㊦700*c*〔物作り〕
あほだら経〔阿呆陀羅-〕　㊤447*a*〔願人坊主〕 ㊦15*b*〔大道芸〕
アボ・ヘボ　㊤55*b*〔粟穂・稗穂〕 別刷〈小正月〉 →粟穂・稗穂
アポロ型文化　㊦513*a*〔ベネディクト〕
• アマ(火棚)　㊤**37***b* 699*b*〔叉首〕
• アマ(建築)　㊤843*b*〔商家〕 ㊦130*b*〔ツシ〕
アマ(神楽)　㊤876*b*〔銀鏡神楽〕
• 尼《あま》　㊤**38***a*
白水郎　㊤312*a*〔海民〕
亜麻　㊤17*a*〔麻〕
海部　㊤312*a*〔海民〕
蜑〔-人〕　㊤311*c*〔カイフ〕 ㊦694*c*〔もぐり漁〕
海士《あま》　⇨海女・海士(㊤38*b*)
• 海女・海士〔海人〕《あま》　㊤**38***b* 94*b*〔磯〕 184*b*〔海〕 306*b*〔海村〕 311*c*〔カイフ〕 312*a*〔海民〕 365*b*〔カチド〕 366*c*〔カツギ㈠〕 507*a*〔漁民〕 523*b*〔傀儡子〕 903*a*〔水中眼鏡〕 ㊦254*b*〔灘回り〕 485*b*〔フナド〕 694*c*〔もぐり漁〕
『海女』　㊤940*a*〔瀬川清子〕
雨上げ　㊦419*b*〔日乞い〕
アマウェーダー　㊤521*b*〔クェーナ〕
• 甘え《あまえ》　㊤**39***a* ㊦282*b*〔日本人㈡〕
アマオオイ　㊦62*c*〔霊屋〕
• 雨蛙不孝〔-不幸〕《あまがえるふこう》　㊤**39***b* 42*c*〔あまのじゃく〕 ㊦191*c*〔動物昔話〕
雨笠　㊤339*a*〔笠〕
• 天児《あまがつ》　㊤**39***c* 720*b*〔三月節供〕 ㊦292*c*〔人形〕
『海女記』　㊤940*a*〔瀬川清子〕
雨祈禱　㊤40*b*〔雨乞い〕
• 雨具《あまぐ》　㊤**40***a*
アマグイ(雨乞い)　㊦768*c*〔ユンタ〕
• 雨乞い《あまごい》　㊤**40***b* 46*a*〔雨〕 99*b*〔市〕 116*a*〔稲作儀礼〕 175*b*〔姥神〕 213*b*〔絵馬〕 240*c*〔大山信仰〕 264*a*〔おたたさん〕 296*a*〔女相撲〕 324*a*〔楽打〕 380*a*〔鐘〕 403*a*〔雷〕 434*b*〔灌漑〕 448*c*〔旱魃〕 453*c*〔祈願〕 491*b*〔共同祈願〕 598*b*〔小歌踊り〕 826*a*〔呪術〕 828*b*〔数珠繰り〕 919*c*〔相撲〕 960*a*〔千駄焚き〕 ㊦18*a*〔大般若〕 33*c*〔滝〕 102*c*〔蝶〕 222*c*〔唱え言〕 320*a*〔農耕儀礼〕 362*b*〔機織淵〕 419*b*〔日乞い〕 440*c*〔百万遍〕 473*b*〔淵〕 493*a*〔浮立〕 522*b*〔法印〕 791*b*〔雷電信仰〕 801*c*〔竜勢〕 801*c*〔竜神信仰〕
雨乞いイサミ　㊤28*b*〔遊び〕
• 雨乞い踊り《あまごいおどり》　㊤**41***a* 40*c*〔雨乞い〕 264*a*〔おたたさん〕 269*b*〔踊り〕 390*c*〔かまけわざ〕 ㊦6*b*〔太鼓踊り〕 17*b*〔大念仏〕
雨乞岳　㊤960*b*〔千駄焚き〕
雨乞祭　㊤774*c*〔七度半の使〕
雨乞い面　㊤40*c*〔雨乞い〕
雨乞山　㊤960*b*〔千駄焚き〕
• 尼講《あまこう》　㊤**41***b*
尼御前社(福岡)　㊤903*a*〔水天宮〕
• 甘酒《あまざけ》　㊤**41***c* 41*c*〔甘酒祭〕 342*b*〔菓子〕 542*a*〔供物〕 693*a*〔酒㈡〕 ㊦324*b*〔納涼〕
甘酒行事　㊤899*b*〔ずいき祭〕
甘酒こぼし　㊤42*a*〔甘酒祭〕
• 甘酒祭《あまざけまつり》　㊤**41***c* 41*c*〔甘酒〕 54*c*〔淡島信仰〕
アマス　㊤124*b*〔猪〕
甘葛汁　㊤42*c*〔甘味〕
アマダレ　㊤42*b*〔雨どい〕
天つ神　㊦31*b*〔高天原神話〕
『天照坐伊勢二所皇太神宮御鎮座次第記』　㊤93*b*〔伊勢神道〕
天照大神〔-大御神，-御魂神〕　㊤51*b*〔あらみたま〕 396*b*〔神あらそい〕 551*b*〔黒住教〕 ㊦22*a*〔太陽崇拝〕 31*b*〔高天原神話〕
• 雨戸《あまど》　㊤**42***a* 750*b*〔敷居〕 ㊦174*b*〔戸〕 175*a*〔戸板〕
• 雨樋《あまどい》　㊤**42***b* ㊦167*a*〔天水桶〕
雨願い　㊤40*b*〔雨乞い〕
天探女　㊤42*c*〔あまのじゃく〕
天野信景　㊤744*a*〔塩尻〕
アマノシャグ　㊤42*b*〔あまのじゃく〕
• あまのじゃく　㊤**42***b* 190*c*〔瓜子姫〕
天甜酒　㊤148*a*〔飲酒〕
アマノハギ　㊦262*c*〔ナマハゲ〕
天野藤男　㊤865*b*〔処女会〕
天之御中主神　㊦539*c*〔星の宮〕
甘苔〔甘海苔，神仙菜〕　㊦330*b*〔ノリ〕
アマハゲ　㊤43*c*〔アマメハギ〕 624*b*

〔小正月の訪問者〕
雨端　㊤576b〔下屋〕
アマハセヅカヒ　㊤399c〔神語り〕
雨引き　㊤40b〔雨乞い〕
アマブタ　㊦62c〔霊屋〕
『海部氏系図』　㊤559c〔系図〕
アマボシ　㊤37b〔アマ〕
アマミ　㊦262c〔ナマハゲ〕
• 甘味《あまみ》　㊤**42c**
• アマミキョ〘アマミキュ，アマミキュー，アマミク〙　㊤**43a**
『奄美一自然・文化一』　㊤480a〔九学会連合調査〕
『奄美一自然・文化・社会一』　㊤480a〔九学会連合調査〕
奄美方言　㊤246b〔沖縄語〕
アマメ　㊤43c〔アマメハギ〕
• アマメハギ〘アマメハゲ，アマミハゲ〙　㊤**43b**　624b〔小正月の訪問者〕 別刷〈小正月〉
甘世　㊦759a〔世果報〕
アマヨケ　㊦62c〔霊屋〕
雨呼び山　㊤960b〔千駄焚き〕
アマリジャコ　㊤42b〔あまのじゃく〕
• 余り苗《あまりなえ》　㊤**44a**
アマンギャク　㊤42b〔あまのじゃく〕
アマンデー　㊤43b〔アマミキョ〕
アマンブチ　㊤42b〔雨どい〕
網　㊤45a〔編物〕　835b〔狩猟〕　836c〔狩猟法〕　837c〔狩猟用具〕　㊦711b〔ヤ〕
網人　㊤312a〔海民〕
網エリ　㊤215c〔魞〕
網おろし　㊦753c〔やん衆〕
編み笠　㊤338b〔笠〕
網株　㊦673c〔村網〕
編み衣　㊤57a〔アンギン〕
網漁具　㊤503a〔漁具〕
網組　㊤863b〔職能神〕
網子《あみこ》　⇨網主・網子(㊤44c)
網小屋　㊤45c〔網漁〕
網子別れ　㊦753c〔やん衆〕
アミシハジメ　㊤753a〔シキョマ〕
アミシロ　㊤877a〔代分け〕
網大工　㊤45c〔網漁〕　㊦4c〔大工〕
阿弥陀籤　㊤525c〔籤〕
阿弥陀悔過　㊤565a〔悔過〕
• 阿弥陀信仰《あみだしんこう》　㊤**44b**
阿弥陀如来　㊤262a〔おそうぶつ〕　569c〔ケタイ神〕　815c〔十三仏〕　㊦790b〔来迎会〕
阿弥陀の聖　㊤44b〔阿弥陀信仰〕
網霊《あみだま》　⇨オオダマ(㊤235b)
網戸　㊦174b〔戸〕
網取り法　㊦536c〔捕鯨〕
網ニオ　㊤45c〔網漁〕
網主　㊦676b〔村君〕
• 網主・網子《あみぬしあみこ》　㊤**44c**
網の子縄　㊦265c〔縄〕
網野善彦　㊤801a〔社会史〕
網場　㊤23c〔網代〕
編針　㊦37a〔竹細工〕
網曳き唄　㊦648c〔民俗芸能〕
網船　㊤790b〔地曳網〕
網窓　㊦580b〔窓〕
網元　㊤507b〔漁撈組織〕
• 編物《あみもの》　㊤**45a**　290a〔織物〕　㊦361c〔機織〕
網焼き　㊦715c〔焼き物〕
網猟　㊤45b〔網漁〕　837 表〔狩猟法〕　5606b〔水鳥猟〕
• 網漁〘網漁業〙《あみりょう》　㊤**45b**　44c〔網主・網子〕　500c〔漁業〕　507b〔漁撈組織〕　625a〔湖沼漁業〕　㊦569c〔マス〕
網禄　㊦673c〔村網〕
• 雨《あめ》　㊤**46a**　40a〔雨具〕
• 飴《あめ》　㊤**46b**　342b〔菓子〕
飴売り　㊤46b〔飴〕　400c〔紙芝居〕　㊦781b〔呼売り〕
雨風送り　㊦679b〔村境〕
雨仕舞　㊦670c〔棟〕　777c〔寄せ棟〕
雨滝宮(愛媛)　㊤264a〔おたたさん〕
飴玉　㊦30b〔駄菓子〕
雨っぷりカミゴト　㊤400c〔カミゴト〕
天石笛　㊦458c〔笛〕
天の岩戸伝説　㊤144a〔岩戸神楽〕
天の岩屋戸神話　㊤455a〔記紀神話〕　㊦22a〔太陽神話〕　22b〔太陽崇拝〕　31c〔高天原神話〕
天宇受売命　㊦602a〔巫女舞〕
天之常立神　㊤311b〔開闢神話〕
天穂日命神社(島根)　㊦592a〔客人神〕
天目一箇神　㊤362c〔片目の魚〕　395a〔神〕　㊦429c〔一目小僧〕
天水分豊浦命神社(大阪)　㊦599b〔水分神〕
天之御中主神〘天御中主命〙　㊤311b〔開闢神話〕
雨降りイサミ　㊤28b〔遊び〕
雨降り石　㊤46b〔雨〕
雨降り正月　㊤28b〔遊び日〕
雨降り花　㊤46a〔雨〕
雨祭　㊤40b〔雨乞い〕
雨簑　㊤40 図〔雨具〕
飴餅　㊤542b〔供物〕
• 飴屋踊り《あめやおどり》　㊤**46b**　628c〔広大寺〕　㊦593c〔万作踊り〕
アメ横(東京)　㊦753a〔闇市〕
雨呼ばい〘-呼ばわり，-呼び〙　㊤40b〔雨乞い〕
アメリカ風邪　㊤351c〔風邪〕
『アメリカの民間伝承』　㊦197c〔ドーソン〕
• アメリカ民俗学　㊤**46c**
『アメリカ民俗学誌』　㊤46c〔アメリカ民俗学〕　㊦197c〔ドーソン〕
アメリカ民俗学会　㊤46c〔アメリカ民俗学〕
• アメリカ村　㊤**47b**
• アメリカ世　㊤**47c**
• アモレ女〘天降り女〙　㊤**47c**
アモロ口説　㊤47c〔アモレ女〕
アヤ　㊤265c〔お手玉〕
綾藺笠　㊤338b〔笠〕　387a〔かぶりもの〕　㊦379a〔花笠踊り〕
• 綾踊り〘綾織り-〙《あやおどり》　㊤**47c**　528a〔鯨踊り〕
綾織　㊤290a〔織物〕
綾笠　㊤338b〔笠〕　→綾藺笠
あやかし　㊦769b〔妖怪〕
• アヤグ　㊤**48a**　519c〔クイチャー〕
アヤゴ　㊤265c〔お手玉〕
• 綾子舞《あやこまい》　㊤**48b**　540c〔組歌〕　㊦648a〔民俗芸能〕
綾竹　㊤47c〔綾踊り〕
• あやつこ〘アヤツコ，アヤッコ〙　㊤**48c**　10a〔あか〕　917b〔墨塗り〕　㊦424b〔額〕
• 操三番叟《あやつりさんばそう》　㊤**49a**
あやつり芝居　㊤858a〔唱門師〕
• 綾取り《あやとり》　㊤**49b**
綾とり踊り　㊤47c〔綾踊り〕　→綾踊り
綾の踊り　㊤47c〔綾踊り〕　→綾踊り
綾機　㊤290a〔織物〕
綾棒　㊤614a〔こきりこ〕
アヤメ　㊤854c〔ショウブ〕
あやめ帽子　㊦530a〔帽子〕
あやめ屋平治　㊤657b〔声色〕
• アユ〘年魚，香魚，鮎〙　㊤**49c**　155c〔筌〕　372b〔桂女〕　432b〔川漁〕　743b〔塩辛〕
年魚市潟　㊤7a〔アイノカゼ〕
アユツカミ　㊤915c〔素捕り〕
アユノカゼ　㊤7a〔アイノカゼ〕
鮎は剃刀　㊤50a〔アユ〕
• アヨー　㊤**50a**　㊦269b〔南島歌謡〕
アライ　㊤583b〔コイ〕
洗い方　㊤98b〔板前〕
アライガワ　㊦245a〔流し〕
洗い観音　㊦205a〔とげぬき地蔵〕
アライザラシ　㊦249c〔流灌頂〕
洗い晒し《あらいざらし》　⇨水掛け着物(㊦605a)
洗堰　㊤940b〔堰〕
荒井第二郎　㊦220a〔土俗〕
• 洗い場《あらいば》　㊤**50a**　㊦607b〔水屋㈠〕
洗い場唄　㊤694a〔酒造り唄〕
洗い箸　㊦833c〔渡箸〕
洗い張り　㊤959c〔洗濯〕
散斎　㊤128b〔忌み〕　511c〔禁忌〕　㊦699b〔物忌〕
新井薬師(東京)　㊤222a〔縁日〕　㊦717a〔薬師信仰〕
荒馬静め　㊦267c〔難題聟〕

あらおこし〔荒起し〕 ㊦27a〔田打ち〕 別刷〈野良仕事〉
荒踊り ㊦493a〔浮立〕
荒鬼 ㊤272a〔鬼会〕
あらがき ㊦別刷〈野良仕事〉
荒垣 ㊤318a〔垣〕
アラカシ ㊦237c〔ドングリ〕
顕神 ㊤394a〔神〕 →明神
荒川ダシ ㊦41b〔ダシ〕
阿羅漢 ㊦450c〔賓頭盧〕
アラキ〔-バタ〕 ㊤50b〔アラク〕 307b〔開拓〕 890c〔新田〕 ㊦714b〔焼畑〕 →アラク
荒木博之 ㊦282c〔日本伝説大系〕
荒行 ㊤435b〔寒行〕
•アラク ㊤**50b** 307b〔開拓〕 890c〔新田〕 ㊦358b〔播種法〕 →アラキ
アラグリカキ ㊤211a〔えぶり〕
アラクロスリ ㊦535c〔ほがほが〕
嵐悦丸 ㊤760a〔獅子芝居〕
嵐酒徳 ㊤760a〔獅子芝居〕
アラシツ ㊤50b〔アラセツ〕 →アラセツ
アラジバテ ㊤50b〔アラク〕
アラ正月 ㊦547a〔骨正月〕 →骨正月
嵐除け ㊦311c〔年中行事(一)〕 615b〔水口祭〕
荒代 ㊤875b〔代掻き〕
アラズネ ㊤36a〔アブシバレー〕
荒摺り唄 ㊤694a〔酒造り唄〕 →酛摺り唄
•アラセツ〔新節〕 ㊤**50b** 809b〔収穫祭〕 ㊦592b〔まんかい〕
•争いの樹《あらそいのき》 ㊤**51a**
アラソンジョ ㊤895b〔新仏〕
荒魂 ㊤393c〔神〕 776b〔七本塔婆〕 872b〔死霊〕
荒血 ㊤570b〔血穢〕
アラチチ ㊤868c〔初乳〕 ㊦87b〔乳つけ〕
荒砥 ㊦174c〔砥石〕
アラトウシ ㊦439c〔篩〕
荒砥の産泰様(群馬) ㊤730b〔産泰信仰〕
アラヌカ〔粗糠〕 ㊦295c〔ヌカ〕 702b〔籾殻〕 →籾殻
粗塗り ㊤387b〔壁〕
アラビアキ ㊤776c〔七夜〕
アラビアケ ㊤868b〔初七日〕 ㊦465b〔服喪〕
現人神 ㊤71b〔生き神〕
現人神信仰 ㊦597a〔ミイラ〕
アラボトケ〔新仏〕 ㊤895b〔新仏〕 ㊦545c〔仏の正月〕 →しんぼとけ
アラホバナ ㊤180b〔ウフンメ〕 753a〔シキョマ〕 809b〔収穫祭〕
新盆 ㊦271b〔新盆〕 →にいぼん
新巻鮭 ㊤933c〔歳暮〕
アラミ ㊤154a〔魚見〕
•あらみたま〔荒魂〕 ㊤**51b** 895b〔新仏〕 ㊦809a〔霊魂〕
荒見山 ㊤154a〔魚見〕
アラメ〔荒布〕 ㊤481a〔救荒食物〕 901a〔水産加工〕
アラメエリ ㊤215a〔魞〕
荒もの ㊦139a〔壺〕
アラヤ ㊦503a〔分家〕
荒屋敷 ㊤890c〔新田〕
荒屋田植え踊り ㊦25b〔田植え踊り〕
•霰〔霰餅〕《あられ》 ㊤**51c** ㊦442a〔雹〕
蟻 ㊦163b〔天気占い〕
有明行燈 ㊤58c〔行燈〕 →角行燈
有賀神社(茨城) ㊤447c〔疳の虫〕
有毛検見法 ㊦309a〔年貢〕
有坂与太郎 ㊤776a〔七福神巡り〕
有田焼 ㊤711a〔皿〕
蟻のトワタリ ㊤726b〔山上講〕
有橋渡 ㊤727b〔三途の川〕
在原業平 ㊤906a〔姿見の池〕
•有賀喜左衞門《あるがきざえもん》 ㊤**51c** 62b〔家〕 66b〔家連合〕 91a〔遺制〕 286a〔親子〕 464b〔喜多野清一〕 658b〔婚姻〕 915a〔捨子〕 957b〔先祖〕 993a〔村落類型論〕 ㊦3c〔大家族〕 185a〔同族〕 186a〔同族家族〕 526a〔傍系家族〕 624a〔宮本常一〕 636a〔民具〕 640a〔民族(二)〕 642c〔民俗学(二)〕
『有賀喜左衞門全集』 ㊤52a〔有賀喜左衞門〕
有賀・喜多野論争 ㊤51c〔有賀喜左衞門〕 464b〔喜多野清一〕
アルキ ㊤852a〔定使い〕
あるき板 ㊤852a〔定使い〕
あるきさん ㊤852a〔定使い〕
•歩き初め《あるきぞめ》 ㊤**52a**
•あるき巫女 ㊤**52b**
アルチュセール Althusser, Louis ㊤597c〔構造主義〕
アルヘイ糖 ㊤43a〔甘味〕
アルミホイル ㊦112a〔調理法〕
荒れ神の日 ㊤53a〔荒日〕
•荒地《あれち》 ㊤**52c**
荒地引 ㊤52c〔荒地〕
•荒日《あれび》 ㊤**53a** 165b〔嘘つき祝い〕 352a〔風切り様〕
荒日待 ㊤352b〔風切り様〕
荒日除け ㊤352a〔風切り様〕
アレン Allen, M. ㊤118c〔イニシエーション〕
アロエ ㊦633表〔民間薬〕 634b〔民間療法〕
•アワ〔粟〕 ㊤**53a** 55b〔粟穂・稗穂〕 55c〔粟祭〕 481a〔救荒食物〕 564b〔ゲーター祭〕 691a〔作物禁忌〕 701a〔雑穀〕 828a〔主食〕 ㊦55c〔種子籾囲い〕 338c〔ハイヌウェレ〕 363b〔裸回り〕 404b〔半夏〕 411c〔火入れ〕 714c〔焼畑〕
阿波藍 ㊤1b〔藍〕 8b〔あお〕
アワイノキモノ ㊦473b〔ふだん着〕
粟折目 ㊤180b〔ウフンメ〕
粟オコワ ㊤701b〔雑穀〕
•阿波踊り《あわおどり》 ㊤**54a** 988a〔ぞめき〕 ㊦391b〔囃し(二)〕 551c〔盆踊り(一)〕 648a〔民俗芸能〕 別刷〈盆〉
粟刈り ㊤55c〔粟穂・稗穂〕
アワクケリ ㊦584a〔間引き(二)〕
泡子地蔵 ㊦43c〔堕胎〕
淡路瓦 ㊤430c〔瓦〕
•淡路人形浄瑠璃〔淡路人形, -芝居〕《あわじにんぎょうじょうるり》 ㊤**54b** 55a〔阿波人形浄瑠璃〕 523a〔傀儡子〕 ㊦293b〔人形浄瑠璃〕 648c〔民俗芸能〕
『淡路国答書』 ㊤864c〔諸国風俗問状答〕
淡島願人 ㊤54b〔淡島信仰〕
淡島講 ㊤57c〔安産祈願〕
アワシマサマ ㊤52b〔あるき巫女〕
淡島さん ㊦396c〔針〕 398a〔針供養〕
淡島さん(和歌山)〔-神社, -様, -明神〕 ㊤53a〔アワ〕 54b〔淡島信仰〕 57b〔安産祈願〕
•淡島信仰《あわしましんこう》 ㊤**54b**
粟嶋堂(京都) ㊤54c〔淡島信仰〕
粟島坊主 ㊤375b〔門付け〕
安房神社(千葉) ㊤416a〔粥占〕
•袷《あわせ》 ㊤**54c** 477a〔着物〕 627c〔小袖〕 656c〔衣更〕 ㊦244b〔長着〕 406c〔半纏〕 428a〔単〕
磨石 ㊦175a〔砥石〕
袷長着 ㊤54c〔袷〕
袷長襦袢 ㊤54c〔袷〕
袷羽織 ㊤54c〔袷〕
合拍手 ㊤348c〔柏手〕
あわせ水 ㊦285c〔入家儀礼〕
アワップカシ ㊤432a〔かわりもの〕
•阿波人形浄瑠璃《あわにんぎょうじょうるり》 ㊤**55a** ㊦648c〔民俗芸能〕
『阿波国答書』 ㊤864c〔諸国風俗問状答〕
『阿波国名西郡高川原村答』 ㊤864c〔諸国風俗問状答〕
粟初 ㊦377a〔初物〕
阿波番茶 ㊦91c〔茶〕
•アワビ ㊤**55a** 184a〔海〕 319a〔鉤〕 743b〔塩辛〕 ㊦326b〔のし〕
粟稗山 ㊦563a〔牧畑〕
アワビカギ〔-カケ〕 ㊤319図〔鉤〕 ㊦612b〔見突き〕
アワビ刺網 ㊤55a〔アワビ〕
アワビ掬い網 ㊤909b〔掬い網〕
アワビゾー ㊦612b〔見突き〕
アワビツキ ㊦612b〔見突き〕

鰒鮓　㊤910b〔鮨〕
アワビホコ　㊦612b〔見突き〕
粟穂コナシ　㊤55c〔粟穂・稗穂〕
・粟穂・稗穂《あわぼひえぼ》　㊤**55**b　569a〔削り掛け〕　624b〔小正月〕　841b〔しゅんなめじょ〕　㊦364c〔畑作儀礼〕　364c〔畑作〕　382a〔花の内〕　447b〔肥料〕　700c〔物作り〕
アワ蒔き　㊦358b〔播種法〕
・粟祭《あわまつり》　㊤**55**c
アワムシリ　㊦584a〔間引き(二)〕
粟飯　㊤53a〔アワ〕
粟餅　㊦695a〔餅〕
・泡盛《あわもり》　㊤**56**a　851b〔焼酎〕
・アワラ　㊤**56**b　㊦145a〔低湿地〕　775c〔ヨシ〕
アワラダ　㊤781b〔湿田〕
・庵《あん》　㊤**56**b　㊦681c〔村寄合〕
・餡《あん》　㊤**56**b　24b〔小豆〕　348c〔柏餅〕　㊦594a〔饅頭〕
行火　㊤323c〔家具〕　629a〔炬燵〕　㊦75b〔暖房〕
・アンガマ〘アンガマア〙　㊤**56**c　407c〔仮面〕　別刷〈沖縄文化〉　別刷〈仮面〉　㊦591a〔まれびと〕
・アンギン　㊤**57**a　45a〔編物〕
行宮　㊤264b〔御旅所〕　→御旅所
・アンケート調査　㊤**57**a
暗剣殺　㊦521c〔方位〕
あんこ　㊤196a〔運搬法〕
アンゴ　㊤44c〔網主・網子〕
アンコウ〘鮟鱇〙　㊦244c〔仲仕〕　408a〔飯場〕
暗黒舞踏　㊦489a〔舞踊〕
餡漉笊　㊤713a〔笊〕
餡ころがし　㊤56c〔餡〕
アンコㇿモシㇼ　㊤7a〔アイヌモシㇼ〕
安産　㊤54b〔淡島信仰〕　604a〔子産石〕　621b〔甑〕　650c〔子安貝〕　650c〔子安神〕　903a〔水天宮〕　㊦430c〔人麻呂〕　592b〔回り地蔵〕
・安産祈願《あんざんきがん》　㊤**57**b　120b〔犬供養〕　453c〔祈願〕　811b〔十九夜講〕　917a〔墨塗り〕
安産講　㊤651b〔子安講〕　768c〔地蔵講〕
安産子授け　㊦589c〔摩利支天〕
安産札　㊤830b〔出産〕
あんし　㊤20a〔按司〕
アンジカビ(あぶり紙)　㊤766c〔紙銭〕
庵室　㊦682a〔室〕
安寿〘-姫〙　㊤143a〔岩木山信仰〕　㊦71b〔丹後船〕
・安寿・厨子王《あんじゅずしおう》　㊤**58**a　726c〔山椒太夫伝説〕　→安寿　→厨子王
安生寺(佐賀)　㊤604b〔子産石〕
安政江戸地震　㊤58a〔安政大地震〕　㊦262a〔鯰絵〕
・安政大地震《あんせいだいじしん》　㊤**58**a
安政東海地震　㊤58a〔安政大地震〕　㊦136a〔津波〕
安政南海地震　㊤58a〔安政大地震〕　㊦136a〔津波〕
安全剃刀　㊤402a〔剃刀〕
「あんたがたどこさ」　㊦590a〔鞠つき歌〕
アンタク　㊤26b〔アゼチ〕
『アンダマン諸島民』　㊦793c〔ラドクリフ＝ブラウン〕
アンチョビーソース　㊤504a〔魚醬〕
安珍　㊦183b〔道成寺〕
安藤昌益　㊤579a〔原始共産制〕
・行燈《あんどん》　㊤**58**c　857b〔照明〕　㊦107c〔提燈〕
あんどん踊り　㊦267b〔南条踊り〕
行燈袴　㊦345b〔袴〕
案内記　㊦520a〔遍路道〕
案内焼香　㊤848b〔焼香〕
庵内に木瓜　㊤414図〔家紋〕
安南渡海船図　㊦482a〔船絵馬〕
安養　㊤616a〔極楽〕　→極楽
安養廟　㊤736b〔三昧〕
塩梅　㊦110c〔調味料〕
アンバ大杉踊り　㊤59a〔アンバサマ〕
アンバ大杉大明神　㊤233c〔大杉信仰〕
アンバ大杉囃子　㊤59a〔アンバサマ〕
・アンバサマ〘-さま〙　㊤**58**c　233c〔大杉信仰〕　㊦531b〔疱瘡神〕　→大杉さま
・阿波囃子〘アンバー〙《あんばばやし》　㊤**59**a　233c〔大杉信仰〕
アンパン　㊦403a〔パン〕
アンブ　㊦70b〔団子〕
按腹　㊤59b〔按摩〕
アンペラ　㊤752c〔敷物〕
・按摩《あんま》　㊤**59**b　739c〔指圧〕　㊦634a〔民間療法〕
アンマトジ　㊤34c〔姉女房〕
按摩笛　㊦458c〔笛〕
餡餅　㊤265b〔落ち着き餅〕
安養院(神奈川)　㊤224b〔縁結び〕
安養寺(東京)　㊦468園〔富士塚〕
安楽庵策伝　㊤929b〔醒睡笑〕
安楽国　㊤616a〔極楽〕　→極楽
安楽寺(徳島)　㊦519園〔遍路〕

い

・イ〘藺〙　㊤**60**a　619c〔茣蓙〕　→イグサ
井　㊤20b〔足洗井〕
居合抜き　㊦15b〔大道芸〕
イアレ　㊤892c〔シンヌラッパ〕
異安心　㊤147c〔淫祠邪教〕　331b〔隠れ念仏(二)〕
イイ　㊦686b〔飯〕　→飯
イイ(労働)　㊦754a〔ゆい〕
李御寧　㊤39b〔甘え〕
イイキモン　㊦778b〔よそゆき〕
飯倉神社(鹿児島)　㊤789a〔柴挿し(一)〕
・言い立て《いいたて》　㊤**60**b
・言い継ぎ〘イイツギ〙《いいつぎ》　㊤**60**c　64b〔家順〕　193a〔噂話〕　312c〔回覧板〕　856a〔情報伝達〕　㊦129b〔告げ人〕
イイツタエ　㊦167a〔伝説〕　→伝説
飯縄山(長野)　㊦200a〔戸隠信仰〕
飯豊山(山形・福島・新潟)　㊤61a〔飯豊山参り〕　62a〔飯盛山〕　476b〔肝だめし〕　498b〔行屋〕　㊦16c〔胎内くぐり〕
飯豊山神社(福島)　㊤61a〔飯豊山参り〕
・飯豊山参り《いいでさんまいり》　㊤**61**a
・許嫁《いいなずけ》　㊤**61**b
・言いならわし《いいならわし》　㊤**61**c
井伊谷宮(静岡)　㊤265a〔落人伝説〕
イーマールー　㊦755c〔ユイマール〕　→ユイマール
・飯盛山《いいもりやま》　㊤**62**a
イウォル　㊤629c〔コタン〕
言うなの地蔵　㊤770c〔地蔵伝説〕
・家〘イエ〙《いえ》　㊤**62**a　65a〔家筋〕　66b〔家連合〕　106c〔一子残留〕　322b〔家業〕　332a〔家訓〕　341b〔家産〕　357b〔家族〕　357c〔家族国家観〕　359b〔家族類型〕　365c〔家長〕　374a〔家督〕　383b〔家風〕　385a〔家父長制〕　391b〔竈〕　464b〔喜多野清一〕　562a〔系譜〕　570c〔血縁〕　579a〔原始共産制〕　㊦3c〔大家族〕　184b〔同族〕　463c〔複世帯制〕　502c〔分家〕　506b〔分与財〕　553a〔本家〕　673c〔村入り〕　831c〔私〕
家永続の願い　㊤62c〔家〕
藍型　㊦450b〔紅型〕
家送り　㊤360a〔カソマンテ〕
イエオマㇷ゚　㊦371a〔パッカイタㇻ〕
家拡散的な村落　㊤993a〔村落類型論〕
家株　㊤383a〔株〕　㊦674c〔村株〕

722b〔屋敷〕
• 家柄《いえがら》　㊤ **64**a　62c〔家〕　69a〔いかず後家〕　314c〔家格〕　348b〔頭分〕　374b〔家督〕　425c〔家例〕
家凝集的な村落　㊤ 993a〔村落類型論〕
家サナブリ　㊤ 706c〔さなぶり〕
• 家順《いえじゅん》　㊤ **64**b　312c〔回覧板〕
• 家印《いえじるし》　㊤ **64**c　63a〔家〕　410b〔家紋〕　㊦ 708c〔紋章〕　713b〔焼印〕
• 家筋《いえすじ》　㊤ **65**a　108a〔イヅナ〕　562a〔系譜〕　910c〔筋〕　㊦ 246b〔ナマダンゴ〕　561c〔マキ〕　684a〔迷信〕
家制度　㊦ 782b〔嫁〕
イエソウトメ　㊤ 683c〔早乙女〕
イエツギ〔家継ぎ〕　㊤ 60 図〔言い継ぎ〕　64b〔家順〕
イエッコ　㊦ 585b〔ままごと〕
• 家出《いえで》　㊤ **65**b
家道場　㊦ 182c〔道場〕
イエトジ〔家刀自〕　㊤ 832c〔主婦〕　㊦ 209a〔刀自〕
『「家」と親族組織』　㊤ 464b〔喜多野清一〕
『家と同族の基礎理論』　㊤ 464b〔喜多野清一〕
イエナ〔家名〕　㊤ 63a〔家〕　㊦ 719a〔屋号〕　→屋号
家並帳　㊤ 821a〔宗門改〕
家主　㊤ 240c〔大屋・店子〕
家猫　㊦ 300b〔猫〕
家鼠　㊦ 302c〔鼠〕
家の神　㊦ 631b〔民間信仰〕
• 家の盛衰《いえのせいすい》　㊤ **65**c　㊦ 137c〔ツバメ〕
イエバエ　㊦ 340c〔ハエ㈠〕
家普請　㊤ 494c〔共同労働〕　738c〔三隣亡〕　968c〔相互扶助〕　㊦ 754a〔ゆい〕
家ほめ　㊦ 547c〔ほめ詞〕
イエモチ　㊦ 503a〔分家〕
家持　㊦ 109b〔町人〕
家持衆　㊦ 731c〔宿若い衆〕　827c〔若者宿〕
家持総代　㊦ 731c〔宿若い衆〕
• 家元《いえもと》　㊤ **66**a　441a〔慣習法〕　557c〔稽古〕　764a〔師匠〕
家元制度　㊦ 414a〔ヒエラルヒー〕
家屋敷　㊦ 721a〔屋敷〕
家屋敷取り上げ　㊤ 680c〔財物没収〕
• 家連合《いえれんごう》　㊤ **66**b　63b〔家〕　517c〔近隣〕　587c〔講組〕
家連合論　㊤ 66b〔家連合〕　993a〔村落類型論〕
• イェンゼン Jenzen, Adolf Ellegard　㊤ **66**c　㊦ 338c〔ハイヌウェレ〕
イオィキㇼ　㊤ 892b〔シントコ〕
医王堂　㊤ 292b〔温泉〕
硫黄屋祭　㊦ 446c〔比良の八荒〕
イオケウェカムイ　㊤ 36c〔アペカムイ〕
• イオマンテ　㊤ **66**c　536b〔熊〕
庵　㊤ 56b〔庵〕
• イオㇽ　㊤ **67**b
イオン交換樹脂膜法　㊤ 924a〔製塩〕
イオン交換膜製塩法　㊤ 742c〔塩〕
• イカ〔烏賊〕　㊤ **67**c　200a〔餌木〕　743b〔塩辛〕　㊦ 538b〔星〕
イカ（玩具）　㊦ 40b〔凧揚げ〕
• 異界《いかい》　㊤ **68**a　719c〔山岳信仰〕　㊦ 28b〔他界観〕　516a〔便所〕　516b〔便所神〕　792a〔来訪神〕
貽貝鮓　㊦ 910b〔鮨〕
位階秩序　㊦ 413c〔ヒエラルヒー〕
居開帳　㊤ 308c〔開帳〕　㊦ 147b〔出開帳〕
イガイマシ　㊤ 34c〔姉女房〕
イカがいっぱい　㊤ 731c〔三右衛門話〕
伊賀街道　㊤ 721c〔参宮街道〕
イカキ　㊤ 712c〔笊〕
• イガキ〔忌垣〕　㊤ **68**b　977a〔葬法〕　776b〔七本塔婆〕　㊦ 342c〔墓じるし〕　別刷〈生と死〉
威嚇猟法　㊦ 321b〔野兎猟〕
イカケ　㊤ 712c〔笊〕
イガケ　㊦ 153c〔手甲〕
鋳掛鑑札　㊤ 69a〔鋳掛屋〕
• 鋳掛屋《いかけや》　㊤ **68**b　319b〔鍵〕　㊦ 452a〔鞴〕
イカゴ　㊦ 40b〔凧揚げ〕
藺笠　㊤ 338b〔笠〕
• いかず後家　㊤ **69**a　㊦ 433c〔ヒネオジ〕
イカズチ　㊦ 790c〔雷神〕
雷神社（長崎）　㊤ 475b〔亀卜〕
• 筏《いかだ》　㊤ **69**a　195c〔運搬具〕　㊦ 154c〔鉄砲堰〕
筏組　㊤ 69b〔筏師〕
• 筏師〔-士〕《いかだし》　㊤ **69**b　69a〔筏〕　326b〔角乗り〕　㊦ 801c〔流送〕
筏流し　㊤ 69b〔筏師〕　426a〔川〕　㊦ 801c〔流送〕
筏乗　㊤ 69b〔筏師〕　→筏師
筏場　㊤ 69a〔筏〕
筏船　㊤ 96b〔磯船〕　505a〔漁船〕
筏簇　㊦ 770b〔養蚕〕
筏宿　㊤ 69c〔筏師〕
いかづち　㊤ 403a〔雷〕　→雷
イカ釣り　㊤ 505a〔漁船〕
イカナゴ餌床スクイ網　㊤ 35b〔アビ漁〕
イガフグ　㊦ 398b〔ハリセンボン〕　→ハリセンボン
イガホオヅキ　㊦ 534c〔ホオズキ〕
イカボシ　㊦ 769a〔宵の明星〕
イガミ〔居神〕　㊤ 22c〔アシビ〕　㊦ 270b〔根神〕
• イカヨㇷ゚　㊤ **69**c
五十嵐小文治〔-伝説〕　㊤ 771a〔始祖伝説〕　㊦ 514a〔蛇聟入り〕
イカリソウ　㊦ 633 裏〔民間薬〕
碇丸　㊤ 413 図〔家紋〕
粋　㊤ 512c〔銀座〕　899a〔粋〕　㊦ 800b〔流行〕　→すい
• 意気《いき》　㊤ **69**c　899a〔粋〕　㊦ 117c〔通〕　737c〔野暮〕
行きあい　㊤ 419a〔カラサデ〕
• イキアイオヤ〔行逢い親〕　㊤ **70**a
• 行き会い神〔行会様〕《いきあいがみ》　㊤ **70**b
• 生石伝説《いきいしでんせつ》　㊤ **70**c
生き絵　㊤ 419c〔彦市〕
イキエーゴ　㊤ 70a〔イキアイオヤ〕
• 壱岐神楽《いきかぐら》　㊤ **71**a
イキガシリ　㊤ 707b〔サニ〕
イキガヌカタ（男の方）　㊤ 707b〔サニ〕
• 生き神《いきがみ》　㊤ **71**a　72a〔生仏〕　471b〔祈禱師〕　486c〔行者〕
生神金光大神　㊦ 428c〔人神〕
• 生口《いきくち》　㊤ **71**b　533a〔口寄せ〕　784a〔死口〕
『壱岐国史』　㊦ 741b〔山口麻太郎〕
生子神社（栃木）　㊦ 250b〔泣き相撲〕
イギス　㊤ 305c〔海藻〕　445b〔寒天〕
いきすだま　㊤ 73b〔生霊〕　→生霊
遺棄葬　㊤ 977b〔葬法〕
行き初め　㊦ 227b〔トマリゾメ〕　→ゆきぞめ
• 行き倒れ《いきだおれ》　㊤ **71**c
息杖　㊦ 248a〔長持担ぎ〕
息つき竹　㊤ 977a〔葬法〕
生如来　㊤ 72a〔生仏〕
『壱岐島方言集』　㊦ 741b〔山口麻太郎〕
『壱岐島民俗誌』　㊦ 741b〔山口麻太郎〕
『壱岐島昔話集』　㊦ 741b〔山口麻太郎〕
生菩薩　㊤ 72a〔生仏〕
• 生仏《いきぼとけ》　㊤ **72**a　486c〔行者〕
生盆〔イキボン〕《いきぼん》　⇨生見玉（㊤ 72b）　㊦ 98a〔中元〕　557c〔盆礼〕
• 生見玉〔イキミタマ，生御魂〕《いきみたま》　㊤ **72**b　㊦ 98a〔中元〕　557c〔盆礼〕
生目神社（宮崎）　㊤ 334b〔景清〕
• 異郷《いきょう》　㊤ **72**b　㊦ 207a〔常世〕　385b〔妣が国〕　591a〔まれびと〕　799a〔竜宮〕
• 異郷譚《いきょうたん》　㊤ **72**c
• イギリス民俗学　㊤ **73**a
イキリダマ　㊤ 766a〔私生児〕
• 生霊《いきりょう》　㊤ **73**b　33b〔アニミズム〕　533a〔口寄せ〕　㊦ 442c〔病気〕
生霊憑き　㊤ 829b〔呪詛〕
イグサ〔藺草〕　㊤ 60a〔イ〕　435c〔換金作物〕　→イ
イクサカケ　㊦ 740a〔山入り㈡〕
軍神　㊤ 556a〔軍神〕　→ぐんしん
イクサギ　㊦ 740a〔山入り㈡〕
戦さセジ〔戦せぢ〕　㊤ 458a〔聞得大君〕　944b〔セジ〕

井草八幡神社(東京)　㊦468裏〔富士塚〕
• 育児《いくじ》　㊤**73**c　651c〔子やらい〕
斎串　㊦556b〔梵天〕
育成林業　㊦805c〔林業〕
生田提燈祭　㊦108a〔提燈祭〕
• イグネ〖居久根〗　㊤**74**a　㊦724c〔屋敷林〕
生野銀山(兵庫)　㊤513b〔銀山〕
生野民族文化祭　㊦105c〔朝鮮人コミュニティー〕
• イクパスイ〖イク＝パスィ〗　㊤**74**a　111b〔イトゥパ〕　135b〔イヨイキㇼ〕
井組　㊦405c〔番水〕
イクモ　㊤239b〔大飯食らい〕
伊倉北八幡宮(熊本)　㊦307b〔練り嫁〕
伊倉南八幡宮(熊本)　㊦307b〔練り嫁〕
イクリ網　㊤693b〔鮭〕
• 池《いけ》　㊤**74**b　906a〔姿見の池〕　㊦299a〔沼〕
生垣　㊤318a〔垣〕　684c〔境木〕　㊦137b〔ツバキ〕
• 池川神楽《いけがわかぐら》　㊤**74**c　328b〔神楽〕　別刷〈仮面〉
池郷　㊤585a〔郷〕
居消質物奉公　㊦528b〔奉公人〕
• 生け簀〖-籠〗《いけす》　㊤**74**c　336c〔籠〕　㊦37b〔竹細工〕　418b〔魚籠〕
池田革　㊤426c〔皮〕
池田炭　㊤916c〔炭〕
池田弘子　㊤210a〔エフエフシー〕
池田光政　㊤894a〔神仏分離〕
• 池田弥三郎《いけだやさぶろう》　㊤**75**a　㊦595b〔万葉集〕　647b〔民俗芸能〕
『池田弥三郎著作集』　㊤75b〔池田弥三郎〕
池田流　㊦382b〔花火〕
• 生贄《いけにえ》　㊤**75**b　㊦430c〔人身御供〕
池野大明神　㊦779c〔夜泣石〕
池坊　㊤66a〔家元〕
イケバカ　㊤185c〔埋め墓〕
いけばな　⇨芸事(㊤558b)　㊤558a〔稽古〕　764a〔師匠〕　㊦165b〔伝承文化〕
池番　㊤942a〔堰番〕
池干し　㊤430a〔川干し〕
イケマ　㊤75a〔生け簀〕
池祭　㊦64b〔溜池〕
• 池守《いけもり》　㊤**75**c
池役　㊦308c〔年貢〕
生ける法　㊤441a〔慣習法〕
• 囲碁《いご》　㊤**75**c　558b〔芸事〕　654a〔娯楽〕　654b〔娯楽〕　→碁
• 衣桁《いこう》　㊤**76**b
位号　㊤312a〔戒名〕
移骨　㊤954b〔洗骨〕
遺骨崇拝　㊤632b〔骨仏〕
イゴッソウ　㊦697c〔モッコス〕
伊古奈比咩神社(静岡)　㊦498c〔噴火〕
生駒聖天(奈良)　㊤76c〔生駒山〕
• 生駒山(大阪・奈良)《いこまやま》　㊤**76**c　852c〔聖天信仰〕
• 斎籠祭〖イゴモリマツリ，忌籠-，居籠-〗《いごもりまつり》　㊤**77**a　648c〔籠り〕　774c〔七度半の使〕
イコㇿ＝サン　㊤135b〔イヨイキㇼ〕
遺言　㊦754c〔遺言〕
イザイ　㊦127b〔突き漁〕
• イザイホー　㊤**77**b　130c〔忌小屋〕　別刷〈沖縄文化〉　㊦312a〔年中行事㈡〕　355c〔橋〕
イザイ屋　㊤130c〔忌小屋〕
• いさ踊り　㊤**77**c　㊦別刷〈盆〉
• 居酒屋《いざかや》　㊤**78**a　687b〔盛り場〕
伊佐志大明神　㊦405a〔磐次磐三郎〕
イサッケ＝キ　㊤471c〔キナ〕
イザナキ・イザナミ　㊦447b〔蛭児〕　787a〔黄泉戸喫〕
『いざなぎ祭文』　㊤78b〔いざなぎ流〕
伊弉諾神社(兵庫)　㊤263a〔お田植祭〕　416a〔粥占〕
伊弉諾尊〖伊耶那岐命〗　㊤311b〔開闢神話〕　683a〔塞の神〕　㊦31b〔高天原神話〕　592a〔客人神〕
• いざなぎ流　㊤**78**b　594a〔荒神〕　681b〔祭文〕　829b〔呪詛〕　㊦334a〔呪い〕
いざなぎ流祭文　㊤836c〔狩猟信仰〕
伊邪那美命〖伊耶那美-〗　㊤311b〔開闢神話〕　683a〔塞の神〕
• イサバ　㊤**78**c
• イサパキㇰニ　㊤**79**a
イサバビツ　㊤79a〔イサバ〕
五十集船　㊤195c〔運搬具〕
イサミ(休み)　㊤28b〔遊び〕
イサミ　㊤501c〔漁業信仰〕
イサリ　㊦127b〔突き漁〕　612a〔見突き〕
イザリウス　㊤417a〔唐臼〕
躄長者　㊦104c〔長者〕
いざり機　㊤290a〔織物〕　㊦409c〔杼〕　→地機
伊雑宮(三重)　㊤263a〔お田植祭〕　㊦142c〔鶴〕
遺産　㊤374a〔家督〕
遺産相続　㊤374c〔家督相続〕　675a〔財産相続〕　973b〔相続〕　→財産相続
• 石《いし》　㊤**79**b　70c〔生石伝説〕　99c〔市神〕　175a〔姥石〕　283b〔重軽石〕　312c〔懐炉〕　㊦187b〔道祖神〕　231a〔虎が石〕　378a〔馬蹄石〕　726c〔休み石〕　779c〔夜泣石〕
椅子〖倚子〗　㊤88c〔椅子〕　922b〔坐り方〕
イジ　㊦721a〔屋敷〕
石上げ祭　㊦748b〔山の背比べ〕
• 石芋《いしいも》　㊤**79**c
石井良助　㊦104b〔長子相続〕
石臼　㊤163c〔臼〕
• 石占《いしうら》　㊤**80**a　79b〔石〕　㊦231b〔虎が石〕
• 石置屋根《いしおきやね》　㊤**80**a　99a〔板屋根〕　㊦735a〔屋根〕　別刷〈民家〉
イシオンナ　㊤182a〔石女〕
• 石垣《いしがき》　㊤**80**b　318a〔垣〕
石垣作り　㊤85a〔石工〕
イシガケ　㊤80c〔石垣〕
• 石合戦《いしがっせん》　㊤**80**c　80a〔石占〕　485b〔競技〕　612a〔五月節供〕　855a〔菖蒲打〕　892b〔陣取り〕　㊦761b〔雪合戦〕　841c〔悪口〕
石壁　㊤387b〔壁〕
• 石がま漁《いしがまりょう》　㊤**81**a
• 石神《いしがみ》　㊤**81**b　802c〔石神〕　㊦630b〔民間信仰〕
• 『石神問答』《いしがみもんどう》　㊤**81**c　802c〔石神〕　㊦679a〔村境〕　746c〔山中共古〕
石ガラ　㊤941b〔石炭〕
• 石敢当《いしがんとう》　㊤**81**c　別刷〈沖縄文化〉
石切神社(大阪)　㊤76c〔生駒山〕　㊦440a〔百度石〕
石切場　㊤85図〔石屋〕
石工《いしく》　⇨石屋(㊤85a)　㊦452a〔鞴〕　452b〔鞴祭〕
石くら　㊤81a〔石がま漁〕
石倉　㊤543b〔倉〕
石ぐろ　㊤81a〔石がま漁〕
石黒忠篤　㊤169b〔内郷村調査〕　490c〔郷土〕　495b〔郷土会〕　791a〔渋沢敬三〕
• 石蹴り《いしけり》　㊤**82**b　485a〔競技〕
石拳　㊤577a〔拳〕　807c〔じゃん拳〕
• イジコ〖-カゴ〗　㊤**82**b　㊦768a〔揺り籠〕　834c〔藁〕　839b〔藁苞〕　別刷〈生と死〉
石肥三年　㊦419c〔彦市〕
石御器　㊤612c〔御器〕
石皿　㊤79b〔石〕
イシジーシ(石厨子)　㊤911a〔厨子甕〕
イシズミ　㊤941b〔石炭〕　→石炭
石卒塔婆〖-卒都婆〗　㊤97c〔板碑〕　㊦342b〔墓石〕　→板碑
• 石田英一郎《いしだえいいちろう》　㊤**83**a　㊦501a〔文化人類学〕　651a〔民族性〕
『石田英一郎全集』　㊤83a〔石田英一郎〕
石竹　㊤411図〔家紋〕
石田雄　㊤358a〔家族国家観〕
石竪臼　㊤79b〔石〕
石田幹之助　㊦640a〔民族㈡〕　642c〔民俗学㈡〕
石塚尊俊　㊤574a〔外道〕　㊦126b〔憑物〕
石漬け　㊤81a〔石がま漁〕
石鎚講　㊤83b〔石鎚山信仰〕　825b〔修験道〕

石鎚神社(愛媛)　㊤83b〔石鎚山信仰〕
石鎚本教　㊤83b〔石鎚山信仰〕
石鎚山(愛媛)　㊤83b〔石鎚山信仰〕 720a〔山岳信仰〕
• 石鎚山信仰《いしづちやましんこう》　㊤**83b**
石積み船　㊦446c〔ヒラタブネ〕
石吊し　㊦別刷〈生と死〉
石手寺(愛媛)　㊦519 表〔遍路〕
• 石童丸《いしどうまる》　㊤**83b**
イシトムシニ　㊤31b〔アトゥシカラペ〕
石取車　㊤83c〔石取祭〕
• 石取祭《いしとりまつり》　㊤**83c**
石投げ　㊤654a〔娯楽〕
石なご〘イシナゴ，石子〙　㊤265b〔お手玉〕 ㊦157b〔手毬〕 756b〔遊戯〕 →お手玉
イシナドリ　㊤265b〔お手玉〕
イシノオカズ〘石のおかず〙　㊤179a〔産飯〕 519c〔食初め〕 ㊦344c〔歯固め〕
石灰　㊤945a〔石灰〕 →せっかい
イシバカチ　㊤779b〔地搗き〕
石橋臥波　㊦639a〔民俗㈡〕 644b〔民俗学史〕
イシハジキ　㊤278a〔お弾き〕 →お弾き
石場搗き　㊤79c〔石〕
• 石原憲治《いしはらけんじ》　㊤**84a**　㊦449b〔広間型民家〕
石原綏代　㊦283a〔日本伝説名彙〕
石碾臼　㊤79b〔石〕
イシヒビ　㊤84b〔石干見漁〕
石干見　㊤551a〔黒潮〕
• 石干見漁《いしひみりょう》　㊤**84b**
• 石拾《いしひろい》　㊤**84c**
石笛　㊦458b〔笛〕
石舞台　㊦471b〔舞台〕
• 石風呂《いしぶろ》　㊤**84c**　㊦182c〔湯治〕 496a〔風呂〕
石庖丁　㊦544c〔穂摘具〕
イシマ　㊦792b〔ラウンクッ〕
石持内に蕨　㊤411 図〔家紋〕
• 石屋《いしや》　㊤**85a**　→石工
医者　㊦607a〔水吞〕
石薬師寺(三重)　㊦717a〔薬師信仰〕
石屋根　㊤80a〔石置屋根〕
石山　㊦71a〔炭鉱〕
石山寺(滋賀)　㊤675 表〔西国巡礼〕
イシャリ　㊦39b〔タコ〕
• 遺習《いしゅう》　㊤**85c**　91a〔遺制〕 729b〔残存〕 →残存
• 移住《いじゅう》　㊤**85c**　㊦504a〔分村㈠〕
• 移住(北海道)《いじゅう》　㊤**86a**　307c〔開拓村落㈡〕 ㊦208b〔道産子〕 541c〔母村㈡〕
壱州神楽　㊤71a〔壱岐神楽〕
イショ　㊤94b〔磯〕
位上　㊤861a〔松例祭〕
イショウガン　㊤94c〔磯〕
衣装くらべ　㊦78c〔智恵貫〕
• 異常死《いじょうし》　㊤**86c**　758b〔自殺〕 958c〔先祖祭祀〕
異常児　㊤272c〔鬼子〕
• 異常誕生譚《いじょうたんじょうたん》　㊤**86c**　㊦222a〔十月歯〕 472a〔双子〕
衣裳簞笥　㊦73a〔簞笥〕
イショウミセ　㊦786b〔嫁見せ〕
居職　㊤772c〔仕立屋〕
衣食住　㊦165b〔伝承文化〕
• 居職・出職《いじょくでじょく》　㊤**87b**
いしる　㊤504a〔魚醬〕
石割雪駄　㊤948a〔雪踏〕
• 異人《いじん》　㊤**87b**　㊦28c〔他界観〕 740b〔山男〕 740c〔山女〕 ㊦591b〔まれびと〕
• 異人(外国人)《いじん》　㊤**87c**
• 異人歓待《いじんかんたい》　㊤**88a**　87c〔異人㈠〕 88b〔異人殺し〕
• 異人殺し《いじんごろし》　㊤**88b**　87c〔異人㈠〕 88a〔異人歓待〕
『異人その他』　㊤243c〔岡正雄〕
『医心方』　㊤519b〔食い合せ〕
• 椅子《いす》　㊤**88b**　323b〔家具〕 922b〔坐り方〕
『伊豆大島図誌』　㊦741b〔山口貞夫〕
伊豆山(静岡)　㊤720a〔山岳信仰〕
伊豆神社(長野)　㊤310a〔海道下り〕 ㊦762c〔雪祭〕
出羽鋼　㊦152b〔鉄〕
伊豆節　㊤366c〔鰹節〕
イズミ　㊤82b〔イジコ〕 ㊦839b〔藁苞〕
• 泉《いずみ》　㊤**88c**　20b〔足洗井〕 603a〔弘法清水〕 743a〔塩井〕 902c〔水神〕
「和泉城」　㊤607b〔幸若舞〕
和泉郷土談話会　㊦623c〔宮本常一〕
• 和泉式部《いずみしきぶ》　㊤**89b**　861a〔浄瑠璃姫〕
『和泉式部正集』　㊤89b〔和泉式部〕
『和泉式部続集』　㊤89b〔和泉式部〕
『和泉式部日記』　㊤89b〔和泉式部〕
• 泉靖一《いずみせいいち》　㊤**89c**　409a〔蒲生正男〕 ㊦501a〔文化人類学〕
『泉靖一著作集』　㊤89c〔泉靖一〕
• 出雲神楽〘出雲流-〙《いずもかぐら》　㊤**89c**　91a〔出雲神話〕 408a〔仮面〕 450a〔神舞〕 455a〔記紀神話〕 705a〔里神楽〕 ㊦522b〔法印神楽〕
「出雲崎おけさ」　㊤253a〔オケサ節〕
出雲路幸神社(京都)　㊤81b〔石神〕
• 出雲信仰《いずもしんこう》　㊤**90a**　446b〔神無月〕
• 出雲神話《いずもしんわ》　㊤**90c**　455a〔記紀神話〕 ㊦31c〔高天原神話〕
出雲大社(島根)　㊤70c〔生石伝説〕 90a〔出雲信仰〕 90a〔出雲神楽〕 224b〔縁結び〕 226c〔お忌みさん〕 328a〔神楽〕 416a〔粥占〕 419a〔カラサデ〕 446c〔神無月〕 510a〔切り火〕 ㊦11c〔大社造〕 801a〔竜蛇〕
出雲大社教　㊤498a〔教派神道〕
出雲のおくに〘-阿国〙　㊤384a〔歌舞伎〕 384c〔歌舞伎衣裳〕 ㊦313c〔念仏踊り〕
『出雲国風土記』　㊤90c〔出雲神話〕 ㊦83c〔地誌〕
出雲節　㊦726a〔安来節〕
伊須流支比古神社(石川)　㊦592a〔客人神〕
• 遺制《いせい》　㊤**91a**
異性愛　㊦183c〔同性愛〕
異姓不養《いせいふよう》　⇨同姓不婚・異姓不養(㊦184a)
伊勢海老祭　㊤208a〔エビ〕
伊勢御師　㊦65a〔田屋神明〕
伊勢白粉　㊤260b〔白粉〕 339b〔瘡〕 900b〔水銀〕
伊勢踊り　㊤93b〔伊勢信仰〕 94a〔伊勢参り〕 252a〔御鍬祭〕 269a〔踊り〕 ㊦226a〔飛神明〕
• 「伊勢音頭」《いせおんど》　㊤**91b**　294c〔音頭〕 479a〔木遣り唄〕 964b〔千本杵〕 ㊦391b〔囃し㈡〕 593c〔万作踊り〕 800c〔流行歌〕
伊勢街道　㊤92b〔伊勢講〕
• 伊勢神楽《いせかぐら》　㊤**91c**　㊦765a〔湯立神楽〕
• イセキ〘遺跡，一跡〙　㊤**92a**　31b〔跡取〕 32c〔アニ〕 374a〔家督〕 866a〔初生子〕 978c〔惣領〕 ㊦92c〔嫡子〕 109a〔長男〕
井堰　㊤940b〔堰〕 ㊦193a〔ドウメキ〕
イセキムスメ　㊤92a〔イセキ〕 866a〔初生子〕 979a〔惣領〕
伊勢兄弟　㊤722a〔参宮兄弟〕
• 伊勢講《いせこう》　㊤**92b**　92a〔伊勢神楽〕 93a〔伊勢信仰〕 94a〔伊勢参り〕 584b〔講〕 600b〔講田〕 722a〔参宮兄弟〕 894b〔神仏分離〕 ㊦59c〔旅〕
イセゴチ　㊤93c〔イセチ〕
• 伊勢暦《いせごよみ》　㊤**92c**　94a〔伊勢参り〕 652b〔暦〕
伊勢斎王　㊤104c〔斎宮〕
伊勢参宮　㊤93c〔伊勢参り〕 ㊦9b〔代参講〕 →伊勢参り
伊勢参宮街道　㊤721c〔参宮街道〕
伊勢氏　㊦810b〔礼法〕
イセジ　㊤93c〔イセチ〕
伊勢商人　㊤853a〔商人〕
伊勢甚句　㊤46b〔飴屋踊り〕
伊勢神宮(三重)　㊤19a〔朝熊信仰〕 70c〔生石伝説〕 79b〔石〕 92c〔伊勢信仰〕 93b〔伊勢神道〕 93c〔伊勢参り〕 241c〔お蔭参り〕 328b〔神楽〕 475a〔亀卜〕 510a〔切り火〕 721c〔参宮街道〕 725b〔三社託宣〕 774b

〔七度半の使〕 801*c*〔社格〕 895*c*〔神明造〕 947*b*〔摂社〕 ㊦2*c*〔タイ〕 19*a*〔大麻〕 64*c*〔田屋神明〕 224*c*〔飛び神〕 225*c*〔飛神明〕 327*a*〔のし〕 372*c*〔八朔〕 510*a*〔別火〕 544*b*〔掘立柱〕 610*c*〔御手洗〕
• 伊勢信仰《いせしんこう》 ㊤**92***c* 92*b*〔伊勢講〕 551*b*〔黒住教〕 722*b*〔参宮兄弟〕
『伊勢信仰と民俗』 ㊤123*a*〔井上頼寿〕
• 伊勢神道《いせしんとう》 ㊤**93***b* 891*a*〔神道〕
伊勢神明 ㊤260*c*〔オシンメイ〕
伊勢太神楽〔-大神楽〕《いせだいかぐら》 ⇨太神楽(㊦3*a*) ㊤328*c*〔神楽〕 883*a*〔神事芸能〕 ㊦65*b*〔太夫村〕 648*a*〔民俗芸能〕
伊勢大神楽講社 ㊦3*a*〔太神楽〕 65*b*〔太夫村〕
『伊勢太神宮神異記』 ㊤93*c*〔伊勢神道〕
• イセチ ㊤**93***c*
伊勢道中唄 ㊦187*c*〔道中唄〕
『伊勢二所皇太神宮御鎮座伝記』 ㊤93*b*〔伊勢神道〕
伊勢のお田植え ㊦242*b*〔苗忌み〕
伊勢のお祓い ㊤328*c*〔神楽〕
『伊勢国白子年中行事記』 ㊤864*c*〔諸国風俗問状答〕
伊勢船 ㊦486*c*〔船〕
イセポコンチ ㊤665*c*〔コンチ〕
• 伊勢参り《いせまいり》 ㊤**93***c* 92*b*〔伊勢講〕 722*a*〔参宮兄弟〕 725*a*〔三山参り〕 932*a*〔成年式〕 ㊦53*c*〔種子換え〕 59*c*〔旅〕 226*a*〔飛神明〕 296*a*〔抜参り〕 337*c*〔売春〕
伊勢参り兄弟 ㊤722*a*〔参宮兄弟〕
伊勢詣 ㊤94*b*〔伊勢参り〕
伊勢屋 ㊤94*a*〔伊勢参り〕
伊勢流神楽 ㊤705*a*〔里神楽〕
伊勢流故実 ㊦810*b*〔礼法〕
イソ ㊤532*c*〔口笛〕 →口笛
• 磯《いそ》 ㊤**94***b* 96*a*〔磯船〕 184*a*〔海〕
• 磯遊び《いそあそび》 ㊤**94***c* 96*c*〔磯物採り〕 720*c*〔三月節供〕 ㊦388*a*〔浜降り〕 432*c*〔雛祭〕 →浜降り
イソアライ ㊦389*a*〔浜掃除〕
異装 ㊤866*a*〔女装〕
• 居候《いそうろう》 ㊤**95***a* ㊦729*b*〔厄介〕 →厄介
磯桶 ㊤184*b*〔海〕
イソオナゴ ㊤95*b*〔磯女〕
• 磯女《いそおんな》 ㊤**95***b*
磯貝勇 ㊦636*a*〔民具〕
イソガネ〔磯金〕 ㊤39*a*〔海女・海士〕 184*b*〔海〕 ㊦694*c*〔もぐり漁〕 →ノミ
率川神社(奈良) ㊤別刷〈供物〉
磯菊 ㊤94*c*〔磯〕
磯巾着 ㊤94*c*〔磯〕
遺俗 ㊤91*a*〔遺制〕 →残存
磯魚 ㊤506*a*〔漁村〕
磯しぎ ㊤94*c*〔磯〕
五十瀬百瀬 ㊤954*c*〔千垢離〕
磯田進 ㊤441*a*〔慣習法〕 993*a*〔村落類型論〕 ㊦530*b*〔法社会学〕 617*c*〔身分階層制〕
磯立網〔-建網〕 ㊤97*a*〔磯漁〕 695*a*〔サザエ〕
磯千鳥 ㊤94*c*〔磯〕
イソップ Äsop ㊤521*b*〔寓話〕
『イソップ寓話集』 ㊤782*a*〔尻尾の釣り〕
イソデ ㊦624*c*〔神幸〕
イソド ㊤365*b*〔カチド〕 →カチド
磯根 ㊤94*b*〔磯〕 →磯
イソネギ ㊤96*b*〔磯船〕 ㊦612*a*〔見突き〕
• 磯の口明け《いそのくちあけ》 ㊤**95***c* 531*b*〔口明け〕 ㊦705*a*〔モヤイ〕
磯浜 ㊦387*a*〔浜〕
磯開き ㊤95*c*〔磯の口明け〕
イソフキ ㊤532*c*〔口笛〕
• 磯節《いそぶし》 ㊤**95***c* ㊦648*c*〔民俗芸能〕
• 磯船《いそぶね》 ㊤**96***a* 97*a*〔磯漁〕 ㊦612*b*〔見突き〕
イソベさん ㊤710*c*〔サメ〕
磯部さん参り ㊤138*c*〔イルカ〕
「伊曾保物語考」 ㊤153*a*〔上田敏〕
磯まつり ㊤94*c*〔磯遊び〕
イソマワリ ㊦612*a*〔見突き〕
イソミ ㊤96*b*〔磯船〕 ㊦612*a*〔見突き〕
イソミガキ ㊦389*a*〔浜掃除〕
イソミ船 ㊤96*b*〔磯船〕
• 磯物採り《いそものとり》 ㊤**96***b* 94*c*〔磯遊び〕 97*a*〔磯漁〕
• 磯良の舞《いそらのまい》 ㊤**96***c*
• 磯漁《いそりょう》 ㊤**96***c* 504*b*〔漁場〕
イダ ㊤155*b*〔ウグイ〕
藺田 ㊦1*b*〔田〕
板石塔婆 ㊤97*c*〔板碑〕 →板碑
板絵馬 ㊤213*a*〔絵馬〕
イタオマチップ ㊤96*b*〔磯船〕 ㊦590*c*〔丸木舟〕
「「イタカ」及び「サンカ」」 ㊤849*b*〔常人〕
板垣 ㊤318*a*〔垣〕
板壁 ㊤387*a*〔壁〕
板看板酒屋 ㊤78*a*〔居酒屋〕
伊太祁曾神社(和歌山) ㊤416*a*〔粥占〕
板倉 ㊤543*b*〔倉〕
• イタコ ㊤**97***a* 25*b*〔梓巫女〕 71*b*〔生き神〕 71*b*〔生口〕 135*c*〔いらたか念珠〕 165*c*〔歌〕 175*a*〔姥石〕 398*a*〔神おろし〕 400*a*〔神口〕 427*a*〔川倉地蔵〕 533*a*〔口寄せ〕 645*a*〔ゴミソ〕 784*a*〔死口〕 798*a*〔シャーマニズム〕 881*a*〔新口〕 ㊦359*b*〔馬娘婚姻譚〕 545*b*〔仏おろし〕 600*a*〔巫女〕 683*b*〔冥婚〕 810*a*〔霊媒〕
イダコ ㊦545*b*〔仏おろし〕 →エジッコ
板輿 ㊤620*c*〔輿〕
「潮来甚句」 ㊤880*b*〔甚句〕 ㊦340*b*〔ハイヤ節〕
潮来出島 ㊤814*c*〔十五夜踊り〕
イタコマチ ㊤136*a*〔いらたか念珠〕 427*a*〔川倉地蔵〕 784*a*〔死口〕
板金剛草履 ㊤978*b*〔草履〕
板門戸墓 ㊤22*b*〔按司墓〕
イタズ ㊦570*c*〔マタギ〕
板簀子天井 ㊤916*a*〔簀子天井〕
板橇 ㊤988*b*〔橇〕
• いただき〔イタダキ, -さん, 戴き〕 ㊤**97***c* 911*c*〔頭上運搬〕 ㊦605*b*〔水汲み〕
イタチ ㊦52*c*〔狸〕
イタチ(熊) ㊤130*a*〔忌言葉〕 ㊦741*c*〔山言葉〕
イタチオトシ ㊤837 図〔狩猟法〕
鼬の火柱 ㊤470*c*〔狐火〕
板長 ㊤98*b*〔板前〕
板綴り船 ㊦89*a*〔チナ〕
射楯兵主神社(兵庫) ㊦592*a*〔客人神〕
板戸 ㊤258*a*〔押入れ〕 ㊦174*b*〔戸〕 470*b*〔襖〕
板塔婆 ㊤985*c*〔卒塔婆〕
イタドリ ㊤296*b*〔女の家〕
板の間様 ㊤98*c*〔板前〕
板場 ㊤98*b*〔板前〕
板場さん ㊤98*c*〔板前〕
板橋作美 ㊤981*a*〔俗信〕
板張り天井 ㊦164*b*〔天井〕
• 板碑《いたび》 ㊤**97***c* 594*c*〔庚申講〕 ㊦342*b*〔墓石〕 819*c*〔六字名号塔〕
板碑型塔婆〔-墓塔〕 ㊤985*b*〔卒塔婆〕 ㊦343 図〔墓石〕
板葺き〔-民家〕 ㊤98*c*〔板屋根〕 ㊦386*a*〔破風〕 557*b*〔本棟造〕 671*b*〔棟〕 735*a*〔屋根〕
板船 ㊦89*a*〔チナ〕
• 板前《いたまえ》 ㊤**98***b*
射ダマシ ㊤214*c*〔獲物分配〕
射ダマス ㊤214*c*〔獲物分配〕
板箕 ㊦595*c*〔箕〕 613*a*〔箕作り〕
板目 ㊤928*a*〔製材〕
炒め煮 ㊦285*c*〔煮物〕
板元 ㊤98*b*〔板前〕
イタヤ ㊤98*c*〔板屋根〕 →板屋根
• 板屋根《いたやね》 ㊤**98***c* 80*a*〔石置屋根〕
イタンキ ㊤30*a*〔アタネ〕
• 市《いち》 ㊤**99***a* 17*c*〔朝市〕 99*c*〔市神〕 102*a*〔市場〕 102*c*〔市日〕 152*a*〔植木市〕 153*c*〔魚市〕 157*a*〔牛市〕 181*c*〔馬市〕 431*a*〔河原〕 585*b*〔交易〕 724*c*〔三斎市〕 847*a*〔商業〕

852c〔商人〕 893a〔神農〕 別刷〈市〉 ㊦67c〔達磨市〕 130b〔辻〕 135b〔綱引き〕 144c〔定期市〕 274a〔虹〕 319b〔農具市〕 370a〔初市〕 529a〔奉公人市〕 550c〔盆市〕 709c〔門前町〕 749a〔山人〕 818b〔六斎市〕
イチイ ㊤392b〔竈祓え〕
イチイガシ ㊦237c〔ドングリ〕
市腋船 ㊦131b〔津島信仰〕
市神楽 ㊤328a〔神楽〕
• 市神《いちがみ》 ㊤**99c** 99b〔市〕 102b〔市場〕 208b〔えびす〕 別刷〈市〉 ㊦135b〔綱引き〕
市神祭 ㊤99c〔市神〕 ㊦370a〔初市〕
市川喜佐丸 ㊤760a〔獅子芝居〕
市川左団次 ㊤384b〔歌舞伎〕
市川信次 ㊦636a〔民具〕
市川団十郎(初代) ㊤384a〔歌舞伎〕 ㊦264c〔成田山〕
市川団十郎(9代) ㊤348b〔歌舞伎〕
市杵島姫〔-命〕 ㊤99c〔市神〕 ㊦517a〔弁天信仰〕
一夏安居 ㊦379c〔花供〕
一芸の達人 ㊦267c〔難題聟〕
イチゲン客 ㊤295b〔女いちげん〕 別刷〈婚礼〉
一絃琴 ㊦12c〔大正琴〕
イチゲン座敷 ㊤295b〔女いちげん〕
イチコ ㊤52b〔あるき巫女〕 ㊦545b〔仏おろし〕 600a〔巫女〕
イチコク ㊦436b〔ヒバリ〕
市座 ㊤670b〔座(一)〕
一字一石経 ㊤79b〔石〕
• イチジク〔無花果, 映日果〕 ㊤**100a** 127b〔疣〕 863c〔植物禁忌〕 ㊦633b〔民間薬〕
一字継承 ㊤987c〔祖名継承〕
一時的妻問婚〔-妻訪婚〕 ㊤306c〔海村〕 ㊦140a〔妻問婚〕
• イチジャマ ㊤**100a** 73b〔生霊〕 668a〔牛蒡種〕 ㊦126c〔憑物〕
イチジャマブトキィ ㊤100b〔イチジャマ〕
• 一重一瓶《いちじゅういちびん》 ㊤**100b** 94c〔磯遊び〕 187b〔ウヤンコー〕 686c〔酒盛〕
イチジョウ ㊤533a〔口寄せ〕
一乗寺(兵庫) ㊤675 裏〔西国巡礼〕
一条戻橋(京都) ㊦356b〔橋占〕 698c〔戻橋〕
イチシンルイ ㊤283c〔オモシンルイ〕 897a〔親類〕
一膳飯 ㊤129b〔忌数〕
一膳めし屋 ㊤78b〔居酒屋〕
一代さま ㊤569c〔ケタイ神〕
一代法華 ㊤362a〔カタボッケ〕
一竹 ㊤843a〔笙〕
一度食い ㊦47a〔断ち物〕
イチニン ㊦817a〔労働倫理〕
• 一人前《いちにんまえ》 ㊤**101a** 582a〔元服〕 ㊦80a〔力石〕 110b〔徴兵検査〕 556b〔本人〕 680a〔村仕事〕 778a〔他所者〕 780b〔よなべ〕 817a〔労働倫理〕 825a〔若者〕 826a〔若者組〕
• 一年神主《いちねんかんぬし》 ㊤**101b** 9b〔蒼柴垣神事〕 75b〔生贄〕 447b〔神主〕 ㊦193c〔頭屋〕 621c〔宮座〕 624c〔宮守〕 816b〔老人〕 →頭屋神主
市男 ㊤852c〔商人〕
• 一宮《いちのみや》 ㊤**101c** 883c〔神社〕 970b〔惣社〕
一宮寺(香川) ㊦519 裏〔遍路〕
一の宮神社(新潟) ㊦319c〔農具市〕
一の矢 ㊤214c〔獲物分配〕
一の槍 ㊤214c〔獲物分配〕
• 市場《いちば》 ㊤**102a** 99a〔市〕 190b〔売声〕
一畑薬師寺(島根) ㊦717a〔薬師信仰〕
市場町 ㊦208c〔都市〕
イチバンオヤコ ㊤897a〔親類〕
一番草 ㊤524a〔草取り〕
• 一番座《いちばんざ》 ㊤**102b** 187c〔裏座〕
イチバンジョウ ㊤442a〔勧請吊〕
一番膳 ㊦448c〔披露宴〕
一番鶏 ㊦291c〔鶏〕
一番ハカ ㊦341c〔ハカ〕
イチビ ㊤137b〔衣料〕
• 市日《いちび》 ㊤**102c** ㊦144c〔定期市〕
市人 ㊤852c〔商人〕
• 一姫二太郎《いちひめにたろう》 ㊤**103a**
一分一駄 ㊤108c〔一俵香典〕
市房山神宮(熊本) ㊤224b〔縁結び〕
一富士二鷹三なすび ㊦767b〔夢〕
異地分家 ㊤85c〔移住(一)〕
市舞 ㊤328a〔神楽〕
一枚橇 ㊦762b〔雪橇〕
イチマキ ㊤45a〔網主・網子〕 ㊦561b〔マキ〕 →マキ
市祭 ㊦370a〔初市〕
イチマブイ ⇨マブイ(㊦584b)
イチマンウイ ㊤114a〔糸満売り〕 →糸満売り
イチマンチュ(糸満の人) ㊤114a〔糸満漁民〕
• 一味神水《いちみしんすい》 ㊤**103b** 104b〔一揆〕 460c〔起請文〕
市村座 ㊤310a〔海道下り〕
今村三光 ㊤760a〔獅子芝居〕
一門《イチムン》 ⇨門中(㊦682b) ㊤247c〔沖縄文化〕
市女 ㊤847a〔商業〕 852c〔商人〕 ㊦420c〔販女〕
市女笠 ㊤338b〔笠〕 387a〔かぶりもの〕
一門 ㊤374a〔家督〕
一門氏神 ㊤159a〔氏神〕 ㊦186b〔同族神〕
一文菓子 ㊦30b〔駄菓子〕
一文字 ㊤338b〔笠〕
一文字植え ㊦24b〔田植え〕 27a〔田植え法〕
一文字堰 ㊤434b〔灌漑〕 940b〔堰〕
一文字三星 ㊤414 図〔家紋〕
「いちもんめのいすけさん」 ㊦589c〔鞠つき歌〕
• 一夜飾り《いちやかざり》 ㊤**103b**
• 一夜官女《いちやかんにょ》 ㊤**103c** ㊦431a〔人身御供〕
一夜官女神事 ㊤別刷〈供物〉
一夜御水 ㊤693a〔酒(二)〕
一夜酒 ㊤148a〔飲酒〕 542a〔供物〕
一夜ひさご ㊦422c〔ひしゃく〕
一夜干し ㊦542a〔保存食〕
一夜ボボ ㊤930c〔性道徳〕
• 一夜松《いちやまつ》 ㊤**104a** 103b〔一夜飾り〕
一夜餅 ㊦696a〔餅搗き〕
イチャルパ〔イ=チャルパ〕 ⇨シンヌラッパ(㊤892c) ㊤782b〔シト〕
イチョウ ㊤639a〔木の実〕
銀杏足膳 ㊤952a〔膳〕
銀杏返し ㊤438b〔簪〕
一ヨリキ ㊦788a〔ヨリキ〕
• 一里塚《いちりづか》 ㊤**104a** ㊦189b〔道標〕
一隣家《いちりんか》 ⇨隣家(㊦805a)
一輪車《いちりんしゃ》 ⇨ネコグルマ(㊦301a) ㊤548a〔車〕 ㊦273c〔荷車〕
一老〔一臈〕 ㊤268b〔オトナ〕 ㊦621c〔宮座〕 815c〔臈次〕 843a〔ワンジョウ〕
『一話一言』 ㊤904a〔随筆〕
一わの藁 ㊦267c〔難題聟〕
一把の藁十六把 ㊦267c〔難題聟〕
一和尚 ㊦621c〔宮座〕
一家 ㊦716c〔ヤクザ〕
五日がえり ㊤7c〔アイヤケ〕
イッカケ ㊦169c〔天道花〕
一貫張り ㊦134c〔葛籠〕
一季 ㊦148c〔出替り〕
• 一揆《いっき》 ㊤**104b** 103b〔一味神水〕 460c〔起請文〕 672b〔雑賀衆〕 966b〔惣〕
一忌組 ㊤563c〔契約講〕
• 斎宮《いつきのみや》 ㊤**104c** 130c〔忌小屋〕 ㊦599c〔巫女〕
斎祝子 ㊤865b〔女子神職〕
一季奉公 ㊦307c〔年季奉公〕
斎女 ㊤865b〔女子神職〕
『一休関東噺』 ㊤105a〔一休話〕
『一休諸国物語』 ㊤105a〔一休話〕
一休宗純 ㊤105a〔一休話〕 483b〔狂歌〕
• 一休話《いっきゅうばなし》 ㊤**105a**
『一休噺』 ㊤105a〔一休話〕
斎童 ㊤865b〔女子神職〕
厳島(広島) ㊦517a〔弁天信仰〕
厳島胡大玉 ㊤235c〔オオダマ〕

厳島講〔-講社〕 ㊦622a〔宮島講〕 →宮島講
厳島神社(広島) ㊤267a〔御鳥喰神事〕 895 表〔神木〕 ㊦70b〔団子〕 114c〔鎮守〕 377c〔初山〕
厳島丸 ㊤340b〔笠戸丸〕
厳島詣 ㊦483a〔船おろし〕
イックマエ ㊦817b〔労働倫理〕
• イッケ ㊤**105b** 148c〔姻戚〕 285c〔オヤコ〕 ㊦184b〔同族〕 705b〔モヤイ〕
イッケウジガミ ㊤159b〔氏神〕
イッケウチ ㊤105b〔イッケ〕
イッケシュ〔イッケショ〕 ㊤105b〔イッケ〕 105b〔イッケ〕 285c〔オヤコ〕 896c〔親類〕
イッケンケン ㊤360b〔片足跳び〕
一間舟 ㊤989a〔そりこ船〕 →そりこ船
• 一軒前《いっけんまえ》 ㊤**105b** 383a〔株〕 500a〔共有地〕 625c〔戸数制限〕 879b〔仁義(二)〕 946c〔絶家〕 ㊦141b〔ツラダシ〕 488b〔夫役〕 503b〔分家制限〕 554a〔本戸・寄留〕 674a〔村入り〕 674c〔村株〕 676a〔村勘定〕 722a〔屋敷〕
• 一軒家《いっけんや》 ㊤**105c**
一鼓 ㊦134b〔鼓〕
一向一揆 ㊤104b〔一揆〕
一国鎮守 ㊦114c〔鎮守〕
• 一国民俗学《いっこくみんぞくがく》 ㊤**106a** ㊦414c〔比較民俗学〕 632c〔民間伝承論〕
一戸建て ㊦74a〔団地〕
一戸前 ㊤105b〔一軒前〕 →一軒前
一切精霊様 ㊦658a〔無縁仏〕
一妻多夫婚《いっさいたふこん》 ⇨複婚(㊦462b) ㊤359b〔家族類型〕
• 五つ鹿踊り《いつつしかおどり》 ㊤**106b**
一色提燈祭 ㊦108a〔提燈祭〕
一色放下大念仏 ㊦313 図〔念仏踊り〕
• 一子残留《いっしざんりゅう》 ㊤**106c** 31b〔跡取〕
• 一志茂樹《いっししげき》 ㊤**107a**
イッシャゲ ㊤915c〔素捕り〕
一周忌 ㊤815c〔十三仏〕 881a〔新口〕 ㊦116c〔追善供養〕 307b〔年忌〕
一生オジ ㊦433c〔ヒネオジ〕
一升カブ ㊤148c〔姻戚〕
一升香典 ㊦678c〔村香典〕
一升トムライ ㊤600a〔香典〕
一升泣き ㊦250a〔泣女〕
一心寺(大阪) ㊤632b〔骨仏〕
溢水 ㊤596b〔洪水〕
• 一寸法師《いっすんぼうし》 ㊤**107a** ㊤273c〔鬼退治〕 ㊦52b〔田螺長者〕
『一寸法師』 ㊤107a〔一寸法師〕
一世 ㊦286b〔ニューカマー〕
一石経 ㊤490c〔経塚〕
一石五輪塔 ㊤656a〔五輪塔〕 ㊦343 図〔墓石〕
一銭職 ㊤404a〔髪結〕 →髪結
一銭剃り ㊤404a〔髪結〕 →髪結
一足 ㊤719a〔散楽〕 ㊦28a〔高足〕
• 一村一品運動《いっそんいっぴんうんどう》 ㊤**107b** ㊦674c〔ムラおこし〕
イッタリキタリする嫁 ㊦410b〔ヒートリ嫁〕
• イッタンフロシキ〔一反風呂敷〕 ㊤**107c** ㊦786a〔嫁風呂敷〕
一丁前 ㊤105b〔一軒前〕
イッチョウラ ㊦778b〔よそゆき〕
イッチョメエ ㊤101a〔一人前〕 →一人前
井筒 ㊤414 図〔家紋〕
イツツキイワイ ㊦394c〔腹帯〕
五つ丼 ㊤845b〔正月料理〕
五つの祝い ㊦258b〔七つの祝い〕
五つ坊主 ㊦241a〔呑竜〕
五竜胆車 ㊤412 図〔家紋〕
• イットウ ㊤**107c** 66c〔家連合〕 888b〔親族〕 ㊦184b〔同族〕 223c〔ドニン〕 705b〔モヤイ〕
一統 ㊦177c〔同行〕
一頭引き犂 ㊤906b〔犂〕
イットォウチ ㊦333b〔暖簾内〕
一時上臈 ㊤103c〔一夜官女〕 ㊦431a〔人身御供〕
• イヅナ ㊤**107c** 108a〔飯縄使い〕 254c〔オコジョ〕 ㊦126c〔憑物〕
飯縄権現〔-大権現, 飯綱-, 飯綱大権現〕 ㊤13c〔秋葉信仰〕 108a〔イヅナ〕 108b〔飯縄使い〕 ㊦163c〔天狗〕
• 飯縄使い〔飯綱-〕《いづなつかい》 ㊤**108a** 531b〔クダ狐〕
飯縄の法 ㊤108a〔飯縄使い〕
一杯茶 ㊤129b〔忌数〕
• 一杯飯《いっぱいめし》 ㊤**108b**
イッパワラ ㊤830a〔出棺〕
一般交換 ㊤623c〔互酬性〕
一般世帯 ㊤944c〔世帯〕
• 一俵香典《いっぴょうこうでん》 ㊤**108c** 600a〔香典〕 ㊦別刷〈生と死〉
一夫一妻婚〔-家族, -制〕《いっぷいっさいこん》 ⇨単婚(㊦71c) ㊤815a〔重婚〕 ㊦692a〔モーガン〕
一服 ㊦726b〔休み〕
一夫多妻婚《いっぷたさいこん》 ⇨複婚(㊦462b) ㊤359b〔家族類型〕
一遍 ㊦72b〔断食〕
『一遍聖絵』 ㊤213c〔絵巻〕
イッポンアシ ㊤315c〔案山子〕
• 一本足《いっぽんあし》 ㊤**108c** ㊦760a〔雪女〕
一本木 ㊤51a〔争いの樹〕
一本背負縄 ㊤936 図〔背負運搬具〕
一本線香 ㊤848b〔焼香〕 ㊦806c〔臨終〕
一本橇 ㊤988b〔橇〕 ㊦762b〔雪橇〕
一本高足 ㊦28b〔高足〕
イッポンダタラ ㊤109a〔一本足〕
一本作り ㊤456c〔菊〕
• 一本釣り〔-漁〕《いっぽんづり》 ㊤**109a** 97a〔磯漁〕 366a〔カツオ〕 500c〔漁業〕 503a〔漁具〕
一本箸 ㊤511c〔禁忌〕
一本水押し ㊦509b〔弁才船〕
一本矢羽 ㊤413 図〔家紋〕
イツモノ ㊤15a〔秋忘れ〕
井手《いで》 ⇨堰(㊤940b)
射手ごもり〔-籠り〕 ㊤648c〔籠り〕 ㊦766c〔弓神事〕
• イテセニ ㊤**109b**
• 糸《いと》 ㊤**109b** 352b〔綛車〕 ㊦142a〔釣具〕
イド〔イドバ〕 ㊤50a〔洗い場〕
• 井戸《いど》 ㊤**110a** 111a〔井戸神〕 113b〔井戸掘り〕 150a〔飲用水〕 349c〔上総掘り〕 568c〔化粧井〕 603a〔弘法清水〕 902c〔水神〕 903a〔水葬〕 948c〔雪隠参り〕 ㊦28c〔他界観〕 137c〔ツバキ〕 143a〔釣瓶〕 205b〔土公神〕
糸合図 ㊤141a〔色話〕
• 糸あやつり《いとあやつり》 ㊤**110c**
イトウ ㊦78a〔チェプケリ〕
伊藤家 ㊤846b〔将棋〕
伊藤出羽掾座 ㊦506a〔文弥人形〕
移動班 ㊦599a〔ミカン〕
伊藤又市 ㊤91b〔伊勢音頭〕
イトゥマムニ ㊤31b〔アトゥシカラペ〕
伊藤幹治 ㊤358a〔家族国家観〕 ㊦426a〔左〕 734b〔柳田国男研究〕
井戸替え ㊤150b〔飲用水〕
イトカケ ㊤49b〔綾取り〕
• 井戸神《いどがみ》 ㊤**111a** 52a〔歩き初め〕 110c〔井戸〕 ㊦258b〔ナナトコマイリ〕 259b〔七日盆〕
井戸神参り ㊦258c〔ナナトコマイリ〕
イトキモ ㊤112a〔イトコ〕
• イトゥパ ㊤**111b**
イトゥパ＝キキライェ ㊤111c〔イトゥパ〕
• 糸繰り《いとくり》 ㊤**111c**
糸繰り唄 ㊤205b〔越中おわら〕
糸車 ㊤109c〔糸〕
• イトコ〔従兄弟姉妹〕 ㊤**112a** 66c〔家連合〕 105b〔イッケ〕 889 表〔親族名称・呼称〕 896c〔親類〕
• イトコ婚 ㊤**112c** 149a〔インセスト＝タブー〕 660a〔婚姻規制〕
イトコジル ㊤387c〔カボチャ〕
イトコゾイ ㊤61b〔許嫁〕
イトコナノリ ㊤112b〔イトコ〕
イトコニ ㊤387c〔カボチャ〕
イトコハジメ ㊤112b〔イトコ〕
井戸小屋 ㊤649b〔小屋〕

糸崎寺(福井)　㊦546a〔仏舞〕
糸崎寺仏の舞　㊤別刷〈仮面〉
井戸浚い　㊦51b〔七夕〕
井戸寺(徳島)　㊦519 表〔遍路〕
糸象嵌　㊤966b〔象嵌〕
イトッパ　㊦792b〔ラウンクッ〕
『糸であやつる』　㊤110c〔糸あやつり〕
イトトキ　㊤49b〔綾取り〕
イトトリ　㊤49b〔綾取り〕
イトバショウ〘糸芭蕉〙　㊦358c〔バショウ〕　359b〔芭蕉布〕
井戸端会議　㊤856a〔情報伝達〕
糸引き納豆　㊦256c〔納豆〕
• 井戸掘り《いどほり》　㊤**113b**　927 図〔生業絵馬〕
イトマ　㊦796c〔離婚〕
糸巻き縄　㊦265c〔縄〕
イドマラサマ　㊤別刷〈小正月〉
• 糸満売り《いとまんうり》　㊤**113c**　114a〔糸満漁民〕
• 糸満漁民《いとまんぎょみん》　㊤**114a**　226a〔追込漁〕　757c〔私財〕
糸満舟　㊤709b〔サバニ〕
イトムンプヤラ　㊤406a〔カムイプヤル〕
• イナウ　㊤**114b**
イナウカラウシ　㊦296b〔ヌササン〕
イナウサン　㊦296b〔ヌササン〕
イナウチパ　㊦296b〔ヌササン〕
イナウル　㊤708a〔サパウンペ〕
『田舎青年』　㊤930c〔青年会〕
• 田舎間《いなかま》　㊤**114c**　498b〔京間〕　㊦44b〔畳〕
イナキビ　㊤474c〔キビ〕
イナグガンス(女元祖)　㊤760b〔シジタダシ〕　㊦199a〔トートーメー〕
イナグシリ　㊤707b〔サニ〕
イナグヌカタ(女の方)　㊤707b〔サニ〕
• イナゴ〘蝗，稲子〙　㊤**114c**　456b〔飢饉〕
イナゴミソ　㊤115a〔イナゴ〕
• イナサ　㊤**115a**
• 稲作《いなさく》　㊤**115a**　㊦56a〔田の神〕　142c〔鶴〕　169c〔天道花〕　325a〔野神〕　366c〔八十八夜〕　562c〔マキタテ〕　599b〔水分神〕
• 稲作儀礼《いなさくぎれい》　㊤**115c**　㊦319c〔農耕儀礼〕　364c〔畑作儀礼〕　558b〔マーダニ〕
稲作単一文化論　㊤115c〔稲作〕
稲作文化論《いなさくぶんかろん》　⇨農耕文化論(㊦320b)
稲妻　㊦790c〔雷神〕
イナズマさま　㊦790c〔雷神〕
稲妻菱　㊤414 図〔家紋〕
稲摺り踊り　㊦592b〔まんかい〕
イナセ　㊦800b〔流行〕
イナダ　㊦491b〔ブリ〕
稲田浩二　㊦284c〔日本昔話通観〕　836a〔笑話〕
• 稲魂〘稲霊〙《いなだま》　㊤**116b**　18c〔朝日長者〕　115c〔稲作儀礼〕　617a〔穀霊〕　617c〔穀霊神話〕　809b〔収穫祭〕　870b〔白鳥伝説〕
イナダマガナシ　㊤617a〔穀霊〕
稲霊招き　㊦592b〔まんかい〕
• 稲積み《いなつみ》　㊤**116c**　116b〔稲魂〕　→ニオ
稲積弥五郎　㊦720b〔弥五郎祭〕
稲富流　㊦382b〔花火〕
稲庭うどん　㊤978a〔素麺〕
• 稲場《いなば》　㊤**116c**
伊奈波神社(岐阜)　㊦108a〔提燈祭〕　382b〔花の頭〕
• 因幡の白兎〘-素兎，稲羽の素兎〙《いなばのしろうさぎ》　㊤**117a**　90c〔出雲神話〕　156b〔兎〕
稲含神社(群馬)〘-社〙　㊤301a〔蚕神〕　㊦319 図〔農具市〕
稲穂　㊦697a〔餅花〕　→餅花
稲穂盗み　㊦317a〔野荒し〕
• 稲マヅン〘-真積〙《いなマヅン》　㊤**117a**
稲虫　㊤308b〔害虫〕
イナムドゥチ　㊦470c〔豚〕
イナリ　㊤245a〔沖言葉〕
稲荷　㊤117a〔稲荷講〕　142b〔祝殿〕　467c〔狐〕　502a〔漁業信仰〕　㊦34b〔茶吉尼天〕　722c〔屋敷神〕
イナリオロシ　㊤117b〔稲荷下げ〕
稲荷神　㊤117b〔稲荷下げ〕　㊦370c〔初午〕
稲荷行者　㊤117c〔稲荷下げ〕　467c〔狐〕
• 稲荷講《いなりこう》　㊤**117a**　443c〔寒施行〕　584b〔講〕　㊦371a〔初午〕
稲荷坂　㊤684a〔坂〕
• 稲荷下げ《いなりさげ》　㊤**117b**
稲荷様　㊤301a〔蚕神〕
稲荷社　㊤279c〔お火焚き〕
• 稲荷信仰《いなりしんこう》　㊤**117c**　468c〔狐塚〕　㊦45b〔蹈鞴祭〕　53a〔狸〕
稲荷神社(東京・足立区足立)　㊦468 表〔富士塚〕
稲荷神社(東京・足立区綾瀬)　㊦468 表〔富士塚〕
稲荷神社(東京・足立区梅島)　㊦468 表〔富士塚〕
稲荷神社(東京・足立区柳原)　㊦468 表〔富士塚〕
稲荷ずし　㊤910c〔鮨〕
稲荷の施行　㊤443c〔寒施行〕　→寒施行
稲荷祭　㊤682b〔祭礼〕
イニガダニアヨー(稲が種子アヨー)　㊤50a〔アヨー〕
イニクレ　㊤753a〔シキョマ〕
• イニシエーション initiation　㊤**118c**　498b〔行屋〕　㊦437c〔秘密結社〕
遺尿症　㊦302b〔寝小便〕　→寝小便
イニンビー　㊤149c〔インニンビ〕　789b〔柴挿し(二)〕
• 犬《いぬ》　㊤**118c**　48c〔あやつこ〕　120b〔犬供養〕　364c〔家畜〕　426c〔皮〕　727c〔三牲〕　981b〔俗信〕　㊦163b〔天気占い〕　190b〔動物観〕　258c〔ナナトコマイリ〕　272c〔肉食〕　739a〔山犬〕　778c〔予兆〕　802c〔猟犬〕
犬合わせ　㊦180a〔闘犬〕　→闘犬
• 戌亥〘乾〙《いぬい》　㊤**119c**
乾蔵　㊤119c〔戌亥〕　543b〔倉〕
イヌイ荒神　㊤119c〔戌亥〕
乾土蔵　㊤119c〔戌亥〕
犬追物　㊦737b〔流鏑馬〕
• 犬神《いぬがみ》　㊤**119c**　256c〔オサキ〕　574a〔外道〕　㊦126c〔憑物〕
犬神すじ　㊤120a〔犬神〕
犬神使い　㊤120a〔犬神〕
犬神憑き　㊦684a〔迷信〕
犬神の統　㊦127a〔憑物筋〕
犬神持ち　㊤120a〔犬神〕　㊦127a〔憑物筋〕
• 犬神《イヌガン》　㊤**120a**
犬鑑札　㊤439a〔鑑札〕
犬くい　㊦180a〔闘犬〕　→闘犬
• 犬供養《いぬくよう》　㊤**120b**　119b〔犬〕　651a〔子安神〕　811b〔十九夜講〕
• 犬神人《いぬじにん》　㊤**120c**　686b〔坂の者〕　㊦433a〔非人〕
イヌソトバ〘犬卒塔婆〙　㊤119b〔犬〕　651b〔子安講〕　㊦123b〔月〕
犬橇　㊦762a〔雪橇〕
犬ダマス　㊤215a〔獲物分配〕
イヌッパジキ　㊦別刷〈生と死〉　→犬弾き
犬と狼と猫　㊦191c〔動物昔話〕
犬と猫と指輪　㊦191b〔動物報恩譚〕
犬の脚　㊦191c〔動物昔話〕
戌の日　㊦394c〔腹帯〕
犬筥　㊤40a〔天児〕　49a〔あやつこ〕　121a〔犬張子〕
• 犬弾き〘イヌハジキ〙《いぬはじき》　㊤**121a**　㊦342c〔墓じるし〕　別刷〈生と死〉
• 犬張子《いぬはりこ》　㊤**121a**　49a〔あやつこ〕　57c〔安産祈願〕　119b〔犬〕
イヌビワ　㊤100a〔イチジク〕
• 犬聟入り《いぬむこいり》　㊤**121b**
イヌン＝チセ　㊦84a〔チセ〕
李能和　㊦106b〔朝鮮民俗学〕
稲　㊤11c〔赤米〕　114c〔イナゴ〕　116c〔稲場〕　122b〔稲刈り〕　185a〔海留・山留〕　243b〔オカボ〕　314a〔香り米〕　645c〔米〕　㊦15c〔大唐米〕　55a〔種子籾〕　254a〔ナタネ〕　338c〔ハイヌウェレ〕　622b〔宮田〕
• 稲上げ《いねあげ》　㊤**121c**　116a〔稲作儀礼〕
イネウリ　㊤360c〔カタゲウイ〕
イネカギ　㊦172 図〔天秤棒〕
• 稲掛け《いねかけ》　㊤**121c**　121c〔稲上げ〕

•稲刈り《いねかり》　㊤**122b**　13a〔アキシ〕　494c〔共同労働〕　㊦754a〔ゆい〕　別刷〈野良仕事〉
稲刈粟刈　㊦371b〔二十日正月〕
稲刈り鎌　㊤388c〔鎌〕　㊦326a〔鋸鎌〕
稲刈り機　㊦別刷〈野良仕事〉
•稲祈禱《いねぎとう》　㊤**122c**
稲扱き　㊤121c〔稲上げ〕　613a〔扱上げ祝い〕　963a〔千歯扱き〕
イネサシ　㊤360c〔カタゲウイ〕
イネシキマ　㊦535c〔穂掛け〕
イネテゴ　㊤360c〔カタゲウイ〕
稲苗　㊤793b〔縞苗〕
稲の種子　㊤911a〔筋〕
稲の花　㊤116a〔稲作儀礼〕　㊦697a〔餅花〕　→餅花
稲番　㊦679c〔村仕事〕
イネブイ　㊤360c〔カタゲウイ〕
イネボウ　㊤360c〔カタゲウイ〕
イネホシバ　㊤116c〔稲場〕
イネヲツム　㊤238b〔大晦日〕
亥の市　㊤103a〔市日〕
•井上圓了《いのうええんりょう》　㊤**122c**　㊦769a〔妖怪〕
井上家　㊤76a〔囲碁〕
井上忠司　㊤943b〔世間体〕
•井上頼寿《いのうえよりとし》　㊤**123a**
•伊能嘉矩《いのうかのり》　㊤**123a**　81c〔石神問答〕　㊦199b〔遠野物語〕　823a〔炉辺叢書〕
伊奈富神社(三重)　㊦3c〔太神楽〕
•イノー　㊤**123b**　184a〔海〕　㊦422b〔ヒシ〕
•猪垣《いのがき》　㊤**123b**　→シシガキ
井頭　㊦405c〔番水〕　604b〔水〕
井の頭　㊤88c〔泉〕
井之口章次　㊤981a〔俗信〕
イノコ　㊤116c〔稲積み〕
•亥子〔-節供〕《いのこ》　㊤**123c**　14c〔秋祭〕　422a〔刈上げ祝い〕　635c〔子供組〕　821b〔十夜〕　㊦197a〔十日夜〕　271a〔新嘗祭〕　311a〔年中行事(一)〕　364c〔畑作儀礼〕　377a〔初物〕　807c〔留守神〕　839c〔藁鉄砲〕
亥子神〔-さん〕　㊤690b〔作神〕　90b〔出雲信仰〕　㊦211c〔年神〕
亥子搗き　㊤79c〔石〕　124a〔亥子〕
イノコノボタモチ　㊦543a〔牡丹餅〕
猪子舞　㊦128b〔つく舞〕
亥子餅　㊤124a〔亥子〕　㊦696a〔餅搗き〕
井の坂口　㊦別刷〈村境〉
猪鹿除け　㊦613c〔三峯信仰〕
•猪《いのしし》　㊤**124b**　123b〔猪垣〕　124c〔猪狩り〕　575a〔毛祭〕　747a〔鹿打ち神事〕　759c〔シシガキ〕　764b〔猪除け〕　764c〔地震〕　808b〔獣害〕　㊦190c〔動物観〕　272c〔肉食〕　298b〔ヌタ場〕　586b〔マムシ〕
•猪狩り《いのししがり》　㊤**124c**
『猪・鹿・狸』　㊦390a〔早川孝太郎〕
イノチゴイ　㊤636c〔事八日〕
命乞い《いのちごい》　⇨事八日(㊤636b)
•命弾《いのちだま》　㊤**125a**　㊦154b〔鉄砲〕　298b〔ヌタ場〕
命塚　㊤261c〔お救い小屋〕　㊦830c〔輪中〕
亥の日　㊤809a〔収穫祭〕
猪目懸魚　㊤567a〔懸魚〕
猪目窓　㊦580b〔窓〕
稲生流　㊦3c〔太神楽〕
•位牌《いはい》　㊤**125b**　63a〔家〕　126a〔位牌分け〕　287c〔オヤシマイ〕　395a〔神〕　465a〔忌中部屋〕　478b〔客仏〕　547a〔繰出し位牌〕　709c〔差別戒名〕　782c〔祠堂銭〕　958c〔先祖祭祀〕　967b〔葬具〕　㊦159b〔寺送り〕　191a〔動物供養〕　198b〔トートーメー〕　478a〔仏壇〕　478c〔仏間〕　505a〔分牌祭祀〕　802b〔漁供養〕　別刷〈盆〉　→トートーメー
位牌継承　㊦198b〔トートーメー〕　199a〔トートーメー論争〕
イハイゴ　㊦92c〔嫡子〕
位牌祭祀　㊤248a〔沖縄文化〕　957c〔先祖〕　㊦198b〔トートーメー〕　505b〔分牌祭祀〕
位牌所　㊦542b〔菩提寺〕　→菩提寺
イハイモチ〔位牌持ち〕　㊤31b〔跡取〕　33a〔アニ〕　㊦109a〔長男〕
位牌元　㊤517a〔均分相続〕
位牌料　㊤126a〔位牌分け〕
•位牌分け《いはいわけ》　㊤**126a**　126a〔位牌〕　287c〔オヤシマイ〕　365c〔家長〕　465b〔忌中部屋〕　465c〔忌中念仏〕　958a〔先祖〕　㊦511a〔別帳場〕
斎肌帯　㊦394c〔腹帯〕
イバチ(飯初)〔イバチィ〕　㊤870a〔シラ〕　㊦74a〔タントゥイ〕
•イパッケニ〔イパッケッ〕　㊤**126c**
•伊波普猷《いはふゆう》　㊤**127a**　43b〔アマミキョ〕　285b〔おもろさうし〕　460a〔喜舎場永珣〕　517c〔キンマモン〕　㊦277c〔日琉同祖論〕　283c〔日本民俗学講習会〕　415a〔比嘉春潮〕　642c〔民俗学(二)〕　822c〔炉辺叢書〕
『伊波普猷全集』　㊤127a〔伊波普猷〕
居囃子　㊦579c〔祭囃子〕
茨木童子〔茨城-〕　㊤272c〔鬼子〕　831c〔酒呑童子〕　㊦222a〔十月歯〕
イバラメシ　㊦830c〔輪中〕
•イビ　㊤**127a**　167a〔御嶽〕
イ蔆連　㊦410a〔贔屓〕
イビツ　㊦567b〔曲物〕
イビツ(植物)　㊤348c〔柏餅〕
飯櫃　㊦567b〔曲物〕
イビヌメー　㊤127b〔イビ〕
イヒュウモン　㊦697c〔モッコス〕
『伊吹童子』　㊤831c〔酒呑童子〕
伊吹もぐさ　㊤479b〔灸〕
伊吹山の弥三郎　㊤831c〔酒呑童子〕
衣服　㊤137b〔衣料〕　㊦78b〔チェプル〕
イブリサシ　㊦68a〔タロウジ〕
イベ　㊤127b〔イビ〕　167a〔御嶽〕
•イペパスイ　㊤**127b**
•疣《いぼ》　㊤**127b**
異邦人　㊦262c〔ナマハゲ〕
異宝丹　㊤372c〔家伝薬〕
イボ神　㊤127b〔疣〕
•移牧《いぼく》　㊤**127c**
イボシオヤ　㊤582b〔元服親〕　→烏帽子親
イボ地蔵　㊤127b〔疣〕
イボッチャ　㊦537c〔祠〕
イ＝ポッテカムイ　㊤36c〔アペカムイ〕
『異本淡路国答書』　㊤864c〔諸国風俗問状答〕
•居間《いま》　㊤**127c**　370a〔勝手〕　402c〔神棚〕　842c〔書院〕　㊦16b〔台所〕
イマアジチ　㊤26b〔アゼチ〕
今伊勢　㊤93b〔伊勢信仰〕
今大路家　㊤372c〔家伝薬〕
今弘法　㊦11a〔大師信仰〕
•戒め言葉《いましめことば》　㊤**128a**
今神明　㊦224c〔飛び神〕　226a〔飛神明〕　→飛神明
今大師　㊦11a〔大師信仰〕
居待月　㊦126a〔月待〕
•イマニッ　㊤**128a**
今宮　㊤655b〔御霊信仰〕　㊦824c〔若宮〕
今宮戎神社(大阪)　㊦196b〔十日戎〕
今宮戎祭　㊤208c〔えびす講〕
今宮神社(京都)　㊦727b〔やすらい祭〕
今宮八幡　㊦368a〔八幡信仰〕
今宮坊(埼玉)　㊦86裏〔秩父巡礼〕
今宮祭　㊤682b〔祭礼〕
今村三光　㊤760a〔獅子芝居〕
今村新丸　㊤760a〔獅子芝居〕
今村直丸　㊤760a〔獅子芝居〕
今村鞆　㊦106b〔朝鮮民俗学〕
今様　㊤416c〔歌謡〕　㊦800c〔流行歌〕
伊万里くんち　㊤252c〔おくんち〕
伊万里焼　㊤711a〔皿〕
イミ　㊦688c〔喪〕
•忌み《いみ》　㊤**128b**　128c〔忌明け〕　129a〔忌がかり〕　278c〔帯祝い〕　511b〔禁忌〕　565b〔ケガレ〕　863b〔職能神〕　868b〔初七日〕　㊦410a〔ヒアキ〕
イミアキ　㊤7b〔合火〕
•忌明け《いみあけ》　㊤**128c**　128c〔忌み〕　570b〔血穢〕　739c〔シアゲ〕　763a〔四十九日〕　881a〔新口〕　941c〔赤飯〕

972b〔葬送儀礼㈠〕 ㊦97a〔中陰〕 116c〔追善供養〕 410a〔ヒアキ〕 623a〔宮参り〕
忌鉾 ㊤128b〔忌み〕
• 忌がかり《いみがかり》 ㊤**129**a 140a〔イレボウシャ〕
• 忌数《いみかず》 ㊤**129**b 929b〔聖数〕
イミカド ㊦692c〔殯〕 705a〔喪屋〕
斎鎌 ㊤778a〔地鎮祭〕
• 忌木《いみき》 ㊤**129**c
忌鍬〔斎鍬〕 ㊤128b〔忌み〕 778a〔地鎮祭〕
• 忌言葉〔-詞〕《いみことば》 ㊤**130**a 104c〔斎宮〕 128b〔忌み〕 245a〔沖言葉〕 ㊦76a〔血〕 741c〔山言葉〕 749a〔山人〕
• 忌籠り《いみごもり》 ㊤**130**a 77a〔斎籠祭〕 130c〔忌小屋〕 140c〔イロ着〕 367a〔カツギ㈡〕 570b〔血穢〕 648c〔籠り〕 774c〔七度半の使〕 849a〔精進〕 864a〔食物禁忌〕 ㊦141a〔通夜〕 275a〔二十三夜待〕 699b〔物忌〕 704c〔喪屋〕 782a〔宵宮〕 別刷〈生と死〉
• 忌小屋《いみごや》 ㊤**130**c ㊦125b〔月小屋〕
忌祭祀 ㊦77c〔チェサ〕 96b〔茶礼〕
• 忌挿し〔忌差し，斎挿し，斎刺し〕《いみざし》 ㊤**130**c
斎刺祭 ㊤131a〔忌挿し〕
致斎 ㊤131a〔忌挿し〕 →まいみ
忌違 ㊤361a〔方違〕 →方違
忌竹〔斎竹〕 ㊤778a〔地鎮祭〕 ㊦36a〔竹〕
• 忌地《いみち》 ㊤**131**a 135c〔入らず山〕 530a〔くせ地〕 778a〔地鎮祭〕 788b〔柴折り〕 930a〔聖地〕 ㊦739a〔病い田〕 →祟り地
忌月 ㊤15b〔悪月〕
諱 ㊤311c〔戒名〕 ㊦774a〔幼名〕
忌柱 ㊤128b〔忌み〕
• 忌火《いみび》 ㊤**131**b 128b〔忌み〕 ㊦19c〔松明〕 510a〔別火〕
• 忌日《いみび》 ㊤**131**c 129c〔忌数〕
斎火 ㊤131b〔忌火〕
忌火御飯 ㊦510a〔別火〕
忌み負け ㊤741c〔死穢〕
イミヤ〔忌屋〕 ㊤128c〔忌み〕 ㊦692c〔殯〕 705a〔喪屋〕
イミョーナ ㊤29b〔あだな〕
• 移民(日系)《いみん》 ㊤**131**c 47b〔アメリカ村〕 85c〔移住㈠〕 340b〔笠戸丸〕 508a〔キライ二世〕 579c〔県人会㈡〕 669a〔婚礼㈡〕 783b〔シナメシ〕 804b〔写真花嫁〕
• 移民(沖縄)《いみん》 ㊤**132**b
移民船 ㊤340b〔笠戸丸〕
移民排斥 ㊤340b〔笠戸丸〕
• イモ〔芋，藷，薯，薯〕 ㊤**132**c 134a〔芋正月〕 ㊦488c〔冬折目〕 696c〔餅無し正月〕 747c〔山の神講〕
イモアゲ ㊤134c〔芋名月〕
イモアナ ㊦542b〔保存食〕
いも飴 ㊤56b〔飴〕
芋石 ㊤133 図〔芋競べ〕
芋打ち ㊤133b〔芋競べ〕
妹は鬼 ㊤831b〔呪的逃走〕 ㊦181c〔逃竄譚〕
イモウナギ ㊤133a〔イモ〕
芋折目 ㊤195b〔ウンネー折目〕 →ウンネー折目
イモ縁起 ㊤134b〔芋正月〕
イモガマ ㊦542b〔保存食〕
芋神様の祭 ㊤134b〔芋名月〕
芋粥餅 ㊦695a〔餅〕
イモ家例 ㊤134b〔芋正月〕
イモクイ ㊤255b〔おこない〕
• 芋競べ《いもくらべ》 ㊤**133**a ㊦325a〔野神〕
• 鋳物師《いもじ》 ㊤**133**c 68b〔鋳掛屋〕 237a〔大歳の火〕 308b〔金売り吉次〕 378a〔金屋子神〕 862c〔職人〕 917c〔炭焼長者〕 ㊦45b〔踏鞴祭〕 444b〔漂泊民〕 452a〔鞴〕 452b〔鞴祭〕 833c〔わたらい〕
イモジカキ ㊤280a〔帯とき〕
• 芋正月《いもしょうがつ》 ㊤**134**a 864a〔食物禁忌〕
イモズイモノ ㊦8c〔大根〕
芋田駒形神社(岩手) ㊦93a〔チャグチャグ馬ッコ〕
芋俵 ㊦68c〔俵〕
イモダンゴ ㊤801c〔ジャガイモ〕
イモツボ ㊦542b〔保存食〕
イモドコ ㊦542b〔保存食〕
「イモと日本人㈠」 ㊦139b〔坪井洋文〕
イモナ餅 ㊦695a〔餅〕
鋳物師 ㊤863b〔職能神〕
芋の誕生日 ㊤133a〔イモ〕
イモブチマツリ ㊤702c〔サトイモ〕
イモホド ㊤132c〔イモ〕
芋掘長者 ㊤829a〔酒泉の発見〕 ㊦104c〔長者〕
• 芋名月《いもめいげつ》 ㊤**134**b 703a〔サトイモ〕 813b〔十五夜〕 ㊦123b〔月〕 126a〔月見〕 311a〔年中行事㈠〕 320a〔農耕儀礼〕 364c〔畑作〕 364c〔畑作儀礼〕 587b〔豆名月〕
イモメシ〔-飯〕 ㊤372b〔かて飯〕 801c〔ジャガイモ〕
イモモチ ㊤801c〔ジャガイモ〕
井守 ㊤942a〔堰番〕
居森殿 ㊤725c〔三社託宣〕
• イモリの黒焼き ㊤**134**c
イヤ ㊤207b〔胞衣〕
医薬の神 ㊤118a〔稲荷信仰〕
弥谷寺(香川) ㊦519 表〔遍路〕
• 弥谷参り《いやだにまいり》 ㊤**135**a
弥谷山(香川) ㊤135a〔弥谷参り〕 ㊦28b〔他界観〕
イヤンハティー ㊤981b〔俗信〕
• イヨイキリ ㊤**135**b ㊦84c〔チセコロカムイ〕
伊予神楽 ㊤74c〔池川神楽〕
伊予絣 ㊤135b〔イヨ船〕
イヨッペ ㊤135b〔イヨッペ〕
伊予簾 ㊤914b〔簾〕
• イヨッペ ㊤**135**b
伊予温湯 ㊤292b〔温泉〕
イヨハイオチシ ㊦712a〔ヤイサマ〕
• イヨ船 ㊤**135**b
伊予万歳《いよまんざい》 ⇨万歳(㊦592c)
イラクサ〔イラ〕 ㊤57a〔アンギン〕 137b〔衣料〕
• 入らず山《いらずやま》 ㊤**135**c 131a〔忌地〕 530a〔くせ地〕
• いらたか念珠〔最多角-，伊良太加-，刺高-〕 ㊤**135**c
刺虫 ㊤254c〔オコゼ〕
イリ ㊤141c〔囲炉裏〕
イリ(方位) ㊦521c〔方位〕
• 入会《いりあい》 ㊤**136**b 499c〔共有地〕 ㊦805c〔林業〕
入会慣行 ㊤440c〔慣習法〕
入会権 ㊤136b〔入会〕 441a〔慣習法〕 ㊦266c〔ナワバリ〕
入会権近代化法 ㊦136c〔入会〕
入会原野 ㊤450b〔官民有区分〕
入会地 ㊤136b〔入会〕 415b〔茅場〕 499b〔共有地〕 523c〔草刈場〕 ㊦674c〔村株〕
入会地返還運動 ㊤450b〔官民有区分〕
入会山 ㊤136b〔入会〕 499a〔共有財産〕 499c〔共有地〕
入会林 ㊤450b〔官民有区分〕 450c〔官林払い下げ〕
入会林地 ㊦352b〔はげ山〕
イリウシ ㊤162b〔丑の稲〕
入柄振 ㊤924a〔製塩〕
イリコ ㊦438c〔干物〕 542a〔保存食〕
煎り熬羅 ㊦534b〔焙烙〕
炒りゴマ ㊤642c〔ゴマ〕
炒り米 ㊦714a〔焼米〕
熬塩 ㊤742b〔塩〕
イリト ㊤160c〔氏子入り〕
炒り鍋〔煎り鍋〕 ㊦534a〔焙烙〕
入浜法 ㊤923c〔製塩〕
入船 ㊦445c〔日和山〕
イリボシ ㊦261b〔生臭〕
煎り豆 ㊦13c〔大豆〕 ㊦542a〔保存食〕
• 入り聟《いりむこ》 ㊤**137**a ㊦663a〔聟〕 663b〔聟いじめ〕 664a〔聟入婚〕
• 入母屋〔-造〕《いりもや》 ㊤**137**a 369c〔合掌造〕 509c〔切り妻〕 524b〔草葺き〕 575c〔煙出し〕 ㊦386a〔破風〕 735c〔屋根〕 777c〔寄せ棟〕 別刷〈民家〉
杁守 ㊤942a〔堰番〕
• 衣料《いりょう》 ㊤**137**b

遺領　㊤374a〔家督〕
遺領相続　㊤374b〔家督相続〕
井料米　㊤904c〔水利慣行〕
異類求婚譚　㊤138a〔異類婚姻譚〕→異類婚姻譚
• 異類婚姻譚《いるいこんいんたん》　㊤**138a**　121b〔犬聟入り〕716a〔猿聟入り〕926b〔聖婚〕㊦190b〔動物観〕191c〔動物昔話〕628c〔三輪山伝説〕799c〔竜宮女房〕
異類女房譚　㊦191b〔動物報恩譚〕628a〔見るなの座敷〕
異類聟譚　㊤138b〔異類婚姻譚〕㊦191b〔動物報恩譚〕
• イルカ〔海豚〕　㊤**138b**　245b〔沖言葉〕527c〔鯨〕
イルカ漁業　㊦536c〔捕鯨〕
イルラカムイ　㊤552c〔クワ〕
イレキ　㊤835a〔修羅〕
イレスカムイ　㊤36c〔アペカムイ〕
• 文身〔入れ墨, 刺青〕《いれずみ》　㊤**138c**　139b〔刺青〕551a〔黒潮文化〕568a〔化粧〕785a〔シヌイェ〕
• 刺青〔入れ墨〕《いれずみ》　㊤**139b**　138c〔文身〕
• 入れ札《いれふだ》　㊤**139c**　952b〔選挙〕
イレブツジ　㊤140a〔イレボウシャ〕
• イレボウシャ　㊤**140a**
入ぼくろ　㊤139b〔刺青〕
入れ米　㊤108c〔一俵香典〕
入宿　㊤532a〔口入れ〕
イロ　㊤140c〔色直し〕367a〔カツギ(二)〕874b〔しろ〕㊦701c〔喪服〕
色　㊤1b〔藍〕8b〔あお〕10a〔あか〕874a〔しろ〕㊦800a〔流行〕
倚廬　㊤130c〔忌小屋〕
• 『遺老説伝』《いろうせつでん》　㊤**140b**
色川大吉　㊤514c〔近代化〕
• イロ着　㊤**140b**　㊦401b〔晴着〕
色留　㊦228b〔留袖〕
• 色直し〔イロナオシ〕《いろなおし》　㊤**140c**　140b〔イロ着〕669b〔婚礼衣裳〕
• いろはがるた　㊤**140c**
• 色話《いろばなし》　㊤**141a**　838b〔春歌〕
• 『色部氏年中行事』《いろべしねんちゅうぎょうじ》　㊤**141b**
イロミ　⇨魚見(㊤154a)
色飯　㊤648a〔五目飯〕→五目飯
色餅　㊦695a〔餅〕
色物　㊤503c〔曲芸〕㊦593b〔漫才〕
• 囲炉裏《いろり》　㊤**141c**　36c〔アペオイ〕127c〔居間〕315c〔嬶座〕370a〔勝手〕391a〔竈〕461a〔木尻〕633b〔五徳〕758a〔自在鉤〕832c〔主婦〕874c〔地炉〕915b〔ストーブ〕946b〔節供〕㊦16b〔台所〕75a〔暖房〕93c〔茶の間〕363b〔裸回り〕409c〔火〕424c〔火棚〕436c〔火吹き竹〕437a〔火伏せ〕449a〔広間型民家〕742a〔山小屋〕775c〔横座〕778c〔世継榾〕別刷〈民家〉
煎汁　㊤873c〔汁物〕
囲炉裏干し　㊤556c〔燻製〕
イワ　㊤922c〔瀬〕
いわ〔沈子〕　㊤45c〔網漁〕
祝い唄《いわいうた》　⇨祝儀唄(㊤809c)　㊤91b〔伊勢音頭〕697b〔座敷唄〕㊦23b〔大漁節〕655b〔民謡〕
祝い神　㊤159c〔氏神〕
祝い木　㊦34a〔薪〕
イワイギモン　㊦401a〔晴着〕
護言　㊦332a〔祝詞〕
祝い肴　㊤261c〔おせち〕
祝神〔イワイジン〕　㊤142b〔祝殿〕159b〔氏神〕㊦186b〔同族神〕722c〔屋敷神〕→祝殿
祝い樽　㊤別刷〈婚礼〉
イワイヅキ　㊤611c〔五月節供〕
• 祝殿《いわいでん》　㊤**142b**　㊦186b〔同族神〕722c〔屋敷神〕→祝神
イワイナオシ　㊤317b〔鏡開き〕→鏡開き
祝いの日　㊦701a〔もの日〕
祝い箸　㊤別刷〈小正月〉
祝いバンドリ　㊤950b〔背中当〕㊦407c〔バンドリ〕
祝い風呂敷　㊦786a〔嫁風呂敷〕
• 祝い棒《いわいぼう》　㊤**142b**　416b〔粥の箸〕
祝餅　㊦81b〔力餅〕
岩木山(青森)　㊤143a〔岩木山信仰〕288c〔お山掛け〕288c〔お山参詣〕498b〔行屋〕720a〔山岳信仰〕726c〔山椒太夫伝説〕872b〔死霊〕㊦71b〔丹後船〕
岩木山三所大権現　㊤143a〔岩木山信仰〕
• 岩木山信仰《いわきさんしんこう》　㊤**143a**
岩木山神社(青森)　㊤143a〔岩木山信仰〕288c〔お山参詣〕
イワッテ　㊤67a〔イオマンテ〕
岩供養　㊦161a〔出羽三山信仰〕
• 磐座《いわくら》　㊤**143b**　79b〔石〕81b〔石神〕
• 岩倉市郎《いわくらいちろう》　㊤**143b**　㊦636a〔民具〕
岩倉神社(山形)　㊤61a〔飯豊山参り〕
岩ぐろ　㊤81a〔石がま漁〕
磐境　㊤79b〔石〕143b〔磐座〕677c〔祭壇〕
岩崎鬼剣舞　㊤581c〔剣舞〕
• イワシ　㊤**143c**　36c〔油〕274c〔鬼やらい〕366b〔カツオ〕833c〔呪物崇拝〕㊦214c〔年取肴〕
イワシ網　㊤45c〔網漁〕
いわし雲　㊤143c〔イワシ〕
イワシシ　㊤409c〔カモシカ〕→カモシカ
石清水八幡宮(京都)　㊤75b〔生贄〕725b〔三社託宣〕㊦368c〔八幡信仰〕530c〔放生会〕
石清水臨時祭　㊤25c〔東遊び〕
伊和神社(兵庫)　㊦279c〔二百二十日〕
岩田帯《いわたおび》　⇨腹帯(㊦394c)　㊤278c〔帯祝い〕㊦295a〔妊婦〕396a〔腹巻〕
岩田準一　㊦614c〔南方熊楠〕
イワヅカ　㊤80c〔石垣〕
岩出大宮(和歌山)　㊤131a〔忌挿し〕
岩手山(岩手)　㊤288c〔お山掛け〕
• 岩戸神楽《いわとかぐら》　㊤**144a**　328b〔神楽〕㊦30c〔高千穂神楽〕→高千穂神楽
磐戸組　㊦14a〔太々神楽〕
岩戸寺(大分)　㊤271c〔鬼会〕㊦818a〔六郷満山〕
岩戸開き　㊤144a〔岩戸神楽〕㊦30c〔高千穂神楽〕
岩戸山　㊤452 図〔祇園祭〕
岩之上堂(埼玉)　㊦86 表〔秩父巡礼〕
岩のり　㊤305c〔海藻〕
• 岩船地蔵《いわふねじぞう》　㊤**144b**
岩船地蔵巡行　㊤144b〔岩船地蔵〕
石船神社(茨城)　㊤143b〔磐座〕
岩間寺(滋賀)　㊤675 表〔西国巡礼〕
• 石見神楽《いわみかぐら》　㊤**144c**　562c〔芸北神楽〕
石見瓦　㊤941a〔石州瓦〕→石州瓦
石見銀山(島根)　㊤513b〔銀山〕
石見焼　㊤941a〔石州瓦〕
「岩室甚句」　㊤880b〔甚句〕
岩本寺(高知)　㊦519 表〔遍路〕
いわや　㊦178a〔洞窟〕
巌谷小波　㊤266c〔お伽噺〕682b〔再話〕㊦5b〔大工と鬼六〕380b〔花咲爺〕505c〔文福茶釜〕659b〔昔話〕
岩屋寺(愛媛)　㊦519 表〔遍路〕
イワレ　㊦167a〔伝説〕→伝説
陰イオン療法　㊦634b〔民間療法〕
• インガミ〔犬神〕　㊤**145a**
インガメ　㊤145a〔インガミ〕
• 印鑑《いんかん》　㊤**145b**　→判
インキョ　㊤479c〔旧家〕㊦503a〔分家〕788a〔ヨリキ〕
• 隠居《いんきょ》　㊤**145c**　21b〔足入れ婚〕146a〔隠居分家〕146c〔隠居免〕147a〔隠居屋〕374b〔家督相続〕451a〔還暦〕659a〔婚姻〕675a〔財産相続〕761b〔嗣子別居〕867b〔所帯びろめ〕885c〔シンショウ〕886a〔シンショウ譲り〕㊦140a〔妻問婚〕146a〔定年〕194c〔道楽〕306c〔寝宿婚〕457a〔夫婦家族〕463c〔複世帯制〕503c〔分住隠居〕674b〔村隠居〕774b〔幼名〕816a〔老人〕
隠居網　㊤507b〔漁撈組織〕
隠居契約　㊦218c〔年寄組〕
隠居室　㊤649b〔小屋〕
隠居衆　㊦102a〔中老〕
隠居制　㊤146b〔隠居息子〕㊦505b〔分牌祭祀〕
隠居制家族　㊤237c〔大間知篤三〕357b

〔家族〕 359b〔家族類型〕 888b〔親族〕
隠居制慣行 ㊤993b〔村落類型論〕
隠居複世帯制 ㊤818c〔舅・姑〕
・隠居分家《いんきょぶんけ》 ㊤**146**a 675c〔財産相続〕 ㊦457a〔夫婦家族〕 502c〔分家〕 503c〔分住隠居〕 574c〔末子相続〕
隠居孫 ㊤146c〔隠居息子〕 ㊦567c〔孫〕
・隠居息子《いんきょむすこ》 ㊤**146**b
インキョムスメ ㊤146c〔隠居息子〕
・隠居免《いんきょめん》 ㊤**146**c 675a〔財産相続〕
・隠居屋《いんきょや》 ㊤**147**a 145c〔隠居〕 146b〔隠居息子〕 146c〔隠居免〕 435a〔閑居〕 761b〔嗣子別居〕 ㊦249b〔長屋門〕
院家 ㊤817b〔住職〕
隠元 ㊤445b〔寒天〕
隠元豆 ㊦586c〔豆〕
・隠語《いんご》 ㊤**147**a 943a〔世間師〕 980a〔俗語〕 ㊦474a〔符丁〕
院号 ㊤311c〔戒名〕
インコロ船 ㊦508c〔ペーロン〕
淫祠〔淫祀〕 ㊤147c〔淫祠邪教〕
印地打ち《いんじうち》 ⇨石合戦(㊤80c) ㊤577a〔喧嘩〕 612a〔五月節供〕 854c〔ショウブ〕 ㊦389b〔破魔矢〕
インシケニ ㊤126c〔イパッケニ〕
・淫祠邪教《いんしじゃきょう》 ㊤**147**b ㊦631c〔民間信仰〕
淫祀解除 ㊦706c〔森神〕
隠者 ㊦418c〔髭〕
院主 ㊤817b〔住職〕
・飲酒《いんしゅ》 ㊤**147**c
因襲 ㊦168b〔伝統〕
印章 ㊤145b〔印鑑〕 869b〔署名〕 ㊦255b〔捺印〕
引上会 ㊤269b〔御取越〕
引接寺(京都) ㊤277a〔小野篁〕
引水権 ㊤904c〔水利慣行〕
陰数 ㊤929c〔聖数〕
・インスタント食品 ㊤**148**b
・姻戚《いんせき》 ㊤**148**c 896c〔親類〕 ㊦561c〔マキ〕
引責自殺 ㊤758b〔自殺〕
インセスト ㊤514a〔近親婚〕 →近親婚 →近親相姦
・インセスト＝タブー incest taboo ㊤**149**a 514a〔近親婚〕
・姻族《いんぞく》 ㊤**149**b 148c〔姻戚〕 891c〔親等〕 896c〔親類〕
インディカ種 ㊤115b〔稲作〕
印伝 ㊤515c〔巾着〕
・引導《いんどう》 ㊤**149**b
引導仏 ㊦10c〔太子信仰〕
引導渡し ㊤972c〔葬送儀礼㈠〕
・インニンビ ㊤**149**c
因縁 ㊤216b〔縁㈠〕
・因縁話《いんねんばなし》 ㊤**149**c 177a〔産神問答〕 194b〔運定め〕 ㊦361a〔派生昔話〕
インノコ ㊤48c〔あやつこ〕
『因伯民俗調査』 ㊤496a〔郷土教育〕
『因伯民談』 ㊦[別刷]〈民俗学史〉
印判 ㊦255b〔捺印〕
インフルエンザ ㊤200c〔疫病〕
陰毛 ㊦691a〔毛髪〕
印鑰神社 ㊤319b〔鍵〕
淫羊霍 ㊦633 [表]〔民間薬〕
陰陽五行説 ㊤298c〔陰陽道〕 614a〔五行〕 ㊦131c〔土〕
・飲用水《いんようすい》 ㊤**150**a 110a〔井戸〕 903b〔水道〕
・陰陽石《いんようせき》 ㊤**150**c 925a〔性器崇拝〕
印籠 ㊤381b〔樺細工〕 971a〔装身具〕

う

竽 ㊦458c〔笛〕
鵜 ㊤182c〔鵜祭〕
ヴァイオリン ㊤367b〔楽器〕
ヴァイス ㊦175b〔ドイツ民俗学〕
ヴァインホルト Weinhold, Karl ㊦175a〔ドイツ民俗学〕
ヴァギナデンタータ vagina dentata ⇨嫁の歯(㊦785c)
ヴァラニャック Varagnac, André ㊦490c〔フランス民俗学〕
ウィーン学派 ㊦171c〔伝播主義〕
ウィキイ ㊤489b〔兄弟姉妹〕 →エケリ
初冠 ㊤582a〔元服〕
ウィザー ㊤102b〔一番座〕 →一番座
ウイサナギ ㊤277a〔オバクレフンドシ〕 →オバクレフンドシ
ウィジャ盤 ㊤632a〔コックリさん〕
ウイスラー Wissler, Clark ㊦310a〔年代領域原理〕 ㊦501c〔文化複合〕 502b〔文化領域〕
ウイタビ ㊤12b〔アカマタ・クロマタ〕
ウイデ〔初出〕 ㊤572a〔月経〕 867c〔初潮〕 928c〔成女式〕 ㊦374b〔初他火〕 →初他火
ウイデイワイ ㊦374b〔初他火〕
・ウイミ ㊤**151**b
・ウイルタ Uilta ㊤**151**c
外郎 ㊤881a〔糝粉〕
ウウェペケレ ㊦176a〔トゥイタㇰ〕 →ウェペケレ
ウークイ ㊤197b〔エイサー〕
ウード ㊤367b〔楽器〕
ウーロン茶 ㊦91c〔茶〕
ウエ ㊤155c〔筌〕
・ウェーカー〔ウェーカ〕 ㊤**151**c 247c〔沖縄文化〕 ㊦402c〔ハロウジ〕
ウェーカンチャー ㊤151c〔ウェーカー〕
『ヴェーターラ二十五物語』 ㊤830b〔術比べ〕
ウェーバー Weber, Max, ㊤199b〔エートス〕 422c〔カリスマ〕 493b〔共同体〕 886c〔心性〕 ㊦112b〔長老制〕 798a〔理念型〕
親方 ㊦82b〔筑登之・親雲上〕
・植木市《うえきいち》 ㊤**152**a 99a〔市〕 ㊦432a〔雛市〕
植木売り ㊤152c〔植木屋〕

植木商　㊤ 152a〔植木市〕
植木職　㊤ 152b〔植木屋〕
植木店　㊤ 152c〔植木屋〕
植木鋏　㊦ 354c〔鋏〕
• 植木屋《うえきや》　㊤ **152b**
植木屋仲間　㊤ 152b〔植木屋〕
ウエサノボリ　㊤ 707a〔さなぶり〕
植代　㊤ 875b〔代掻き〕
ウェスターマーク Westermarck, Edward Alexander　㊤ 149a〔インセスト＝タブー〕 754b〔試験婚〕
• 植え田〔ウエタ〕《うえた》　㊤ **153a**　748c〔直播き〕 ㊦ 23c〔田植え〕 別刷〈野良仕事〉
上田万年　㊦ 79a〔チェンバレン〕
上田銀山(新潟)　㊤ 513b〔銀山〕
植え田師　㊤ 153a〔植え田〕
• 上田敏《うえだびん》　㊤ **153a**　982a〔俗説学〕 ㊦ 659a〔昔話〕
植え付け儀礼　㊦ 320b〔農耕儀礼〕
植え付け休み　㊦ 317a〔野上り〕
上野和男　㊦ 464a〔複世帯制〕
• ウェペケレ　㊤ **153b**　㊦ 812b〔レッニ〕 →ウウェペケレ
上箒　㊤ 969b〔掃除〕
ウェルズ Wells, Herbert George　㊤ 83a〔石田英一郎〕
ウェンセキ　㊤ 795a〔注連縄〕
ウェンニ　㊤ 552c〔クワ〕
有縁日　㊤ 222a〔縁日〕
• 魚市《うおいち》　㊤ **153b**　99a〔市〕
ウォーレス Wallace, Anthony F. C.　㊤ 798b〔シャーマニズム〕
魚河岸　㊤ 153b〔魚市〕 342a〔河岸〕
ウォサ　㊤ 31b〔アトゥシカラペ〕
魚付　㊤ 979a〔造林〕
魚女房　㊦ 191b〔動物報恩譚〕 628a〔見るなの座敷〕
• 魚の目《うおのめ》　㊤ **153c**
• 魚見《うおみ》　㊤ **154a**　㊦ 361c〔旗〕 515b〔べんざし〕 →べんざし
魚見代　㊤ 154a〔魚見〕
魚見法　㊤ 551a〔黒潮〕
魚見役　㊤ 154a〔魚見〕
魚見山　㊤ 154a〔魚見〕
魚見用具　㊤ 503b〔漁具〕
ウォルシュ Walsh, R.　㊤ 798b〔シャーマニズム〕
• 鵜飼い《うかい》　㊤ **154a**　432c〔川漁〕 506b〔漁法〕 624c〔湖沼漁業〕
うかがい石　㊤ 79c〔石〕 80a〔石占〕 81b〔石神〕 283b〔重軽石〕
うかがい地蔵　㊤ 283b〔重軽石〕
ウカケキ　㊦ 694c〔もぐり漁〕
ウガシマ明神　㊤ 70c〔生石伝説〕
宇賀神　㊦ 513b〔蛇〕 517a〔弁天信仰〕
ウカノミタマ〔宇賀能美多麻，宇迦之御魂神〕　㊤ 116b〔稲魂〕 617c〔穀霊神話〕
ウガミグァー　㊤ 155a〔拝所〕 →御嶽
ウガミヤマ(拝み山)　㊤ 155a〔拝所〕
ウカレビト　㊦ 497a〔浮浪者〕
鵜川　㊤ 154c〔鵜飼い〕
• ウガン〔御願〕　㊤ **154c**　167a〔御嶽〕 172c〔ウトゥーシ〕
• 拝所《ウガンジュ》　㊤ **155a**　36a〔アブシバレー〕 154c〔ウガン〕 ㊦ 196b〔殿〕 457c〔豊年祭〕
拝所巡り　㊦ 450c〔紅型〕
鵜甘神社(福井)　㊦ 648c〔民俗芸能〕
ウガンダティ　㊤ 154c〔ウガン〕
ウガンバーレー　㊦ 336a〔爬竜〕
ウガンブスク(御願不足)　㊤ 154c〔ウガン〕
ウガンブトゥチ　㊤ 155a〔ウガン〕
浮子〔沈子〕　㊤ 45c〔網漁〕 503b〔漁具〕 ㊦ 142a〔釣具〕 →ちんし
ウキウキジル　㊤ 904a〔水団〕
浮刺網　㊤ 696b〔刺網〕
浮き敷網　㊤ 749c〔敷網〕
浮巣　㊤ 920c〔掏摸〕
『宇喜蔵主古今咄揃』　㊤ 619b〔ここも日本〕
浮田　㊦ 1a〔田〕
• 『浮鯛系図』《うきだいけいず》　㊤ **155a**
『浮鯛抄』　㊤ 155a〔浮鯛系図〕 210b〔家船〕
ウキ釣り　㊤ 155b〔ウグイ〕
浮き延縄　㊦ 341b〔延縄〕
浮き橋　㊦ 355a〔橋〕
浮役　㊦ 309a〔年貢〕
浮世絵　㊤ 955c〔千社札〕
浮世草子　㊤ 672b〔西鶴諸国ばなし〕
ウキヨノコ　㊤ 766a〔私生児〕
浮水走水　㊤ 89a〔泉〕
• ウグイ〔鯎〕　㊤ **155b**
• ウグイス　㊤ **155c**　947b〔石鹸〕
鶯合わせ　㊤ 155c〔ウグイス〕
鶯会　㊤ 155c〔ウグイス〕
鶯飼　㊤ 155c〔ウグイス〕
鶯賭　㊤ 155c〔ウグイス〕
鶯言葉　㊤ 155c〔ウグイス〕
鶯浄土　㊦ 628a〔見るなの座敷〕
鶯糠　㊤ 155c〔ウグイス〕
鶯の谷渡り　㊤ 155c〔ウグイス〕
鶯姫　㊤ 155c〔ウグイス〕
ウグメ　㊤ 178c〔産女〕
ウグラ　㊦ 694a〔モグラ〕
• 筌《うけ》　㊤ **155c**　23c〔網代〕 336c〔籠〕 432c〔川漁〕 503a〔漁具〕 ㊦ 636a〔民具〕 732a〔簗〕
ウゲ　㊤ 155c〔筌〕
誓盟〔誓湯〕《うけい》　⇨盟神探湯(㊦ 522a)
請負稼ぎ　㊤ 447a〔かんな流し〕
受け口　㊦ 376b〔伐木〕
ウケジョロ〔外精霊，浮精霊〕　㊦ 658a〔無縁仏〕
ウケトリワタシ〔うけとりわたし〕　㊤ 286b〔親子盃〕 ㊦ 272a〔荷送り〕
請け人　㊦ 528b〔奉公人〕
『宇下人言』　㊤ 904a〔随筆〕
受け箸　㊦ 833c〔渡箸〕
ウケモチ　㊦ 338c〔ハイヌウェレ〕
保食神　㊤ 617c〔穀霊神話〕
ウケヤミ　㊤ 475a〔擬娩〕
筌漁　㊤ 500c〔漁業〕 506b〔漁法〕 625a〔湖沼漁業〕
ウコウク　㊤ 180c〔ウポポ〕
『羽後飛島図誌』　㊦ 390a〔早川孝太郎〕 823a〔炉辺叢書〕
「羽後の民俗」　㊤ 276a〔小野武夫〕
ウゴロモチ　㊦ 693c〔モグラ〕
右近勝吉　㊦ 517c〔便利屋〕
右近下駄　㊤ 569b〔下駄〕
右近源左衛門　㊤ 310a〔海道下り〕
鵜竿　㊤ 35b〔アビ漁〕 909b〔掬い網〕 ㊦ 779a〔四手網〕
ウザオ・スクイ網　㊤ 35b〔アビ漁〕
• 兎《うさぎ》　㊤ **156a**　364a〔かちかち山〕 ㊦ 273a〔肉食〕
兎と亀　㊤ 156b〔兎〕 ㊦ 329c〔蚤と虱の駆け足〕
ウサギナミ　㊤ 156b〔兎〕
ウサギミミ　㊤ 156b〔兎〕
宇佐神宮(大分)〔-八幡宮〕　㊤ 263a〔お田植祭〕 577b〔喧嘩祭〕 789a〔柴挿し(一)〕 ㊦ 368a〔八幡信仰〕
ウサンミ(御三味)　㊤ 727c〔三牲〕
丑　㊤ 173b〔鰻〕
• 牛《うし》　㊤ **156b**　25b〔預け牛〕 157a〔牛市〕 158a〔牛神〕 163b〔牛休み〕 181c〔馬市〕 183a〔厩〕 245b〔沖言葉〕 426c〔皮〕 481b〔牛車〕 567c〔夏至〕 727c〔三牲〕 819b〔十二支の由来〕 906b〔犂〕 981b〔俗信〕 別刷〈護符〉 ㊦ 78c〔智恵貰〕 87c〔血とり場〕 190c〔動物観〕 272c〔肉食〕 327c〔ノッゴ〕 349a〔馬具〕 351b〔博労〕 618c〔耳印〕 別刷〈野良仕事〉
ウジ　㊤ 88c〔泉〕 125a〔猪狩り〕
牛池　㊦ 473c〔淵伝説〕
• 牛市《うしいち》　㊤ **157a**　714c〔サルマヤ〕
ウシーミー　㊤ 934a〔清明祭〕
潮　㊤ 742c〔潮〕
牛追唄　㊦ 187c〔道中唄〕
牛追いニッサ　㊤ 822b〔十六むさし〕
• 牛鬼《うしおに》　㊤ **157b**
宇治会合　㊤ 94a〔伊勢参り〕
ウシカイドリ　㊦ 436b〔ヒバリ〕
ウシガエル　㊤ 313b〔カエル〕
牛稼ぎ　㊦ 47a〔駄賃付け〕
• 牛方《うしかた》　㊤ **157c**　㊦ 47a〔駄賃付け〕

牛方唄〔-節〕《うしかたうた》 ⇨馬子唄(㊦568a) ㊦187c〔道中唄〕
• 牛方山姥《うしかたやまんば》 ㊤**157**c 831b〔呪的逃走〕 ㊦181c〔逃竄譚〕
牛ヶ淵 ㊦473c〔淵伝説〕
• 牛神《うしがみ》 ㊤**158**a 160a〔牛神祭〕
• 氏神《うじがみ》 ㊤**158**b 160b〔氏子〕 178a〔産土〕 402b〔神棚〕 774a〔七五三〕 ㊦29b〔高神〕 115a〔鎮守〕 152a〔出立ち〕 186c〔同族神〕 279c〔二百十日〕 376c〔初詣で〕 395b〔原田敏明〕 620c〔宮座〕 623a〔宮参り〕 631b〔民間信仰〕 722c〔屋敷神〕
氏神講 ㊤584b〔講〕 600b〔講田〕
牛神座 ㊤158a〔牛神〕
ウジガミさま ㊦841b〔ワラホウデン〕
氏神信仰 ㊤881c〔新国学談〕 ㊦158b〔デュルケム〕
氏神信仰研究 ㊤881b〔新国学〕
『氏神と氏子』 ㊤881b〔新国学〕 881c〔新国学談〕
牛神の木 ㊤158a〔牛神〕
氏神の爺 ㊦674b〔村隠居〕
牛神松 ㊤158a〔牛神〕
• 牛神祭《うしがみまつり》 ㊤**160**a 635c〔子供組〕 ㊦259c〔七日盆〕
• 牛供養《うしくよう》 ㊤**160**a
• 氏子《うじこ》 ㊤**160**b 158b〔氏神〕 160c〔氏子入り〕 161a〔氏子総代〕 635a〔子ども〕 676b〔祭祀組織〕 802a〔社格〕 984c〔外氏子〕 ㊦250b〔泣き相撲〕 274c〔二重氏子〕 376c〔初詣で〕 678c〔村座〕
氏子改 ㊤159a〔氏神〕
• 氏子入り《うじこいり》 ㊤**160**c 160b〔氏子〕 212b〔烏帽子着祝い〕 288c〔お山掛け〕 288c〔お山参詣〕 773c〔七五三〕 ㊦258b〔七つの祝い〕 675a〔村株〕
牛荒神 ㊤160a〔牛神祭〕
• 氏子狩り《うじこがり》 ㊤**161**a
氏子狩り帳 ㊤161a〔氏子狩り〕
氏子圏 ㊤490c〔郷土〕
牛小作 ㊤25b〔預け牛〕
氏子調 ㊤160b〔氏子〕 802a〔社格〕
氏子制度 ㊤158b〔氏神〕 ㊦339b〔廃仏毀釈〕
• 氏子総代《うじこそうだい》 ㊤**161**a 160c〔氏子〕 676b〔祭祀組織〕 ㊦624c〔宮守〕 816a〔老人〕
氏子札 ㊤159a〔氏神〕 160b〔氏子〕
丑さま ㊦370c〔初丑〕
牛舌餅 ㊤542a〔供物〕
氏衆 ㊤158c〔氏神〕
『宇治拾遺物語』 ㊤619c〔古今著聞集〕 ㊦474c〔仏教説話〕
牛正月 ㊦327c〔ノッゴ〕
牛滝さん ㊤160a〔牛神祭〕
牛突き《うしつき》 ⇨闘牛(㊦176c)
• 臼太鼓《うしでいく》 ㊤**161**b 269b〔踊り〕
臼太鼓踊り ㊤161 図〔臼太鼓〕 ㊦6b〔太鼓踊り〕
• ウシデーク〔臼太鼓〕 ㊤**161**c 161b〔臼太鼓〕 785c〔シヌグ〕
ウジ鉄砲 ㊤837 表〔狩猟法〕
• 氏寺《うじでら》 ㊤**162**a ㊦158c〔寺〕
ウシドメダレ ㊦560b〔前掛〕
艮の金神 ㊤240a〔大本教〕
牛取淵 ㊤175a〔姥が淵〕
丑どん ㊦370c〔初丑〕
ウシドンサン ㊤162b〔丑の稲〕
牛問屋 ㊤157a〔牛市〕
• 丑の稲《うしのいね》 ㊤**162**b
牛の祇園 ㊦230a〔土用〕
• 丑の刻参り《うしのこくまいり》 ㊤**162**b 163b〔丑三つ時〕 390c〔かまけわざ〕 633c〔五徳〕 ㊦334a〔呪い〕 428b〔人形〕
牛の節供 ㊤163b〔牛休み〕
牛の鼻ぐり石 ㊤79b〔石〕
丑の日 ㊤809a〔収穫祭〕 ㊦230a〔土用〕
丑の日さん〔-様〕 ㊤162b〔丑の稲〕 690b〔作神〕
• 丑の日祭《うしのひまつり》 ㊤**162**c
牛の盆 ㊤163b〔牛休み〕
宇治橋(京都) ㊦358a〔橋姫伝説〕
牛梁 ㊦397b〔梁組〕
氏人 ㊤158c〔氏神〕
「牛深ハイヤ節」 ㊦340b〔ハイヤ節〕
ウジ待ち ㊤837 表〔狩猟法〕
丑祭 ㊤162c〔丑の日祭〕
• 牛祭《うしまつり》 ㊤**163**a 169a〔打植祭〕
ウジマツリ ㊤560b〔系図祭〕
• 丑三つ時《うしみつどき》 ㊤**163**a ㊦440c〔百物語〕
牛娘 ㊤400a〔紙切〕
• 牛休み《うしやすみ》 ㊤**163**b 162c〔丑の日祭〕
丑湯 ㊦230a〔土用〕
羽州三山 ㊦160c〔出羽三山信仰〕
鵜匠《うしょう》 ⇨鵜飼い(㊤154a)
有声杖 ㊤803a〔錫杖〕 →錫杖
ウジョーバン(御門番) ㊤954b〔洗骨〕
後帯 ㊤278c〔帯〕
ウシロゼン ㊤335c〔蔭膳〕
後中門 ㊦101a〔中門造〕
後手 ㊤348c〔柏手〕
ウシロハチマキ〔後鉢巻〕 ㊦155b〔手拭〕 367b〔鉢巻(一)〕
ウシロブネ ㊤505a〔漁船〕
ウシロミ〔後見〕 ㊤588b〔後見〕 ㊦308b〔年期智〕 →こうけん
牛若 ㊤861a〔浄瑠璃姫〕
• ウシンチー ㊤**163**b
ウス ㊤835a〔修羅〕
• 臼《うす》 ㊤**163**c 142 図〔祝い棒〕 162b〔丑の稲〕 547c〔刳り物〕 ㊦276c〔ニス〕 696a〔餅搗き〕
雨水 ㊦275b〔二十四気〕
碓井貞光 ㊤831c〔酒呑童子〕 ㊦832c〔渡辺綱〕
薄いヨリキ ㊦788a〔ヨリキ〕
臼唄 ㊤164b〔臼挽き唄〕 →臼挽き唄
臼起し ㊤164b〔臼〕
臼神 ㊤731a〔桟俵〕
淡口醤油 ㊤859a〔醤油〕
薄小袖 ㊤627c〔小袖〕
臼ころがし ㊤164b〔臼〕
ウスサマ明王 ㊦516a〔便所〕
うす敷居 ㊤750a〔敷居〕
ウスダイコ ㊤162a〔ウシデーク〕
臼倒し ㊤164b〔臼〕
臼田甚五郎 ㊦167c〔伝説〕
薄畳 ㊤164b〔薄縁〕 619c〔茣蓙〕
臼作り ㊦743b〔山仕事〕
薄造り ㊤41c〔甘酒〕
臼直し ㊦603c〔巳正月〕
ウスニワ ㊦289c〔ニワ〕
• 臼挽き唄《うすひきうた》 ㊤**164**b 164b〔臼〕 ㊦661c〔麦打唄〕
• 薄縁《うすべり》 ㊤**164**b 619c〔茣蓙〕 →茣蓙
埋火 ㊦409c〔火〕
鶺せぎ ㊤154c〔鵜飼い〕
ウソ ㊤532c〔口笛〕 →口笛
• 嘘《うそ》 ㊤**164**c ㊦548a〔法螺〕 548c〔法螺吹き〕
• 鷽替《うそかえ》 ㊤**165**a 170c〔卯杖〕 218c〔縁起物〕 585b〔交易〕
嘘五郎 ㊤754a〔繁次郎話〕
• 嘘つき祝い《うそつきいわい》 ㊤**165**b 164c〔嘘〕 636c〔事八日〕
嘘つき豆腐 ㊤165b〔嘘つき祝い〕
嘘の皮 ㊦549a〔法螺吹き〕
嘘はがし ㊤164c〔嘘〕
嘘払い ㊦769c〔八日吹き〕
嘘ばらし ㊤164c〔嘘〕
ウソブキ面 ㊦445a〔ひょっとこ〕
宇曾利山(青森) ㊤262b〔恐山〕 →恐山
ウタ ㊦269b〔南島歌謡〕
うた ㊤416b〔歌謡〕
• 歌《うた》 ㊤**165**b
ウダ ㊦669b〔ムダ〕
• 謡《うたい》 ㊤**166**a ㊦671c〔棟上〕 →謡曲
• 歌い骸骨《うたいがいこつ》 ㊤**166**b 149c〔因縁話〕
謡講 ㊤166a〔謡〕
謡本 ㊦317b〔能〕
唄いもの〔歌い-〕 ㊤165b〔歌〕 626a〔瞽女〕
歌占 ㊤89c〔和泉式部〕
• 歌垣《うたがき》 ㊤**166**b 165c〔歌〕 314b〔嬥歌〕 932a〔成年式〕 ㊦781a〔ヨバイ〕 783a〔嫁市〕
歌掛け ㊤165c〔歌〕

鵜鷹逍遙　㊤154b〔鵜飼い〕
歌合戦　㊤332b〔掛けあい〕
• ウタカビ　㊤**166**c　→オタカベ
歌神　㊤919a〔住吉信仰〕
歌亀　㊤428c〔河内音頭〕
歌かるた　㊤141a〔いろはがるた〕 425a〔かるた〕
歌川国芳　㊦262a〔鯰絵〕
• 御嶽《ウタキ》　㊤**167**a　10c〔アガイマーイ〕 127a〔イビ〕 138a〔異類婚姻譚〕 155a〔拝所〕 172c〔ウトゥーシ〕 232b〔大アムシラレ〕 247c〔沖縄文化〕 524a〔クサティ〕 535a〔蒲葵〕 791c〔シマ〕 930b〔聖地〕 別刷〈沖縄文化〉 ㊦122a〔ツカサ〕 201b〔トキ㈡〕 457c〔豊年祭〕 706b〔森神〕
御嶽神　㊤524a〔クサティ〕
御嶽聖地　㊤127a〔イビ〕
御嶽ムイ　㊦656c〔ムイ〕
• 宴《うたげ》　㊤**167**c　100b〔一重一瓶〕 148a〔飲酒〕 483a〔饗宴〕 ㊦243b〔直会〕 →饗宴
歌声喫茶　㊤467a〔喫茶店〕
歌祭文　㊤681b〔祭文〕 681c〔祭文語り〕
打瀬網　㊦416b〔引き網〕
歌大工　㊦161c〔田楽〕
• 卯建〔宇立, 宇太知〕《うだつ》　㊤**168**a　342c〔火事〕 ㊦833a〔渡辺綱〕
うだつ柱　㊦360a〔柱〕
うだつ屋　㊤168a〔卯建〕
ウタナ(御棚)　㊦669c〔ムトゥ〕
歌念仏　㊦313c〔念仏踊り〕
歌の謎　㊦267c〔難題聟〕
宇太水分神社(奈良)　㊦599b〔水分神〕
歌比丘尼　㊤38a〔尼〕 538c〔熊野比丘尼〕
• ウタリ　㊤**168**b
菟足神社(愛知)　㊦383a〔花火〕
ウチ　㊤127c〔居間〕
• ウチアゲ　㊤**168**c
打揚げ　㊦376b〔初聟入り〕
拍ち上げ　㊤167c〔宴〕
打ち上げ花火　㊦382c〔花火〕 481c〔船遊び〕
打網　㊤385a〔掩せ網〕
内位牌　㊤125b〔位牌〕
• 内祝い《うちいわい》　㊤**169**a
• 打植祭《うちうえまつり》　㊤**169**a　57b〔田の神舞〕
内氏子　㊤984c〔外氏子〕
内神楽　㊦14a〔太々神楽〕
• 打掛〔裲襠〕《うちかけ》　㊤**169**b　627c〔小袖〕 ㊦401b〔晴着〕
ウチカビ(打ち紙)　㊤766c〔紙銭〕
ウチガミ　㊤159b〔氏神〕
内神　㊤394b〔神〕 ㊦722c〔屋敷神〕
打神　㊤193c〔うわなり打ち神事〕
内神様　㊦186b〔同族神〕
ウチガン　㊤159c〔氏神〕
ウチガンド　㊤159c〔氏神〕
ウチギ　㊦473b〔ふだん着〕
袿　㊤169b〔打掛〕
内聞き　㊤454b〔聞き合わせ〕
ウチキヘー〔ウチキヘイ〕　㊤753a〔シキョマ〕 809b〔収穫祭〕 ㊦535c〔穂掛け〕
内蔵　㊤543b〔倉〕
打ち鍬　㊤301c〔開墾〕 553a〔鍬〕 ㊦497b〔風呂鍬〕
ウチケヘー　㊤809b〔収穫祭〕 ㊦535c〔穂掛け〕
内子　㊤170a〔ウッガン〕
内荒神　㊤593c〔荒神〕
• 内郷村調査《うちごうむらちょうさ》　㊤**169**b　㊦別刷〈民俗学史〉
内子座　㊤788a〔芝居小屋〕
打ちこみ汁　㊤173a〔うどん〕
打衣　㊤472c〔砧〕
内七言　㊤104c〔斎宮〕
御知行　㊦114a〔チョンダラー〕
内葬礼　㊤972c〔葬送儀礼㈠〕
ウチゾメ　㊦27b〔田打正月〕 →田打正月
内田銀蔵　㊤800c〔社会史〕
打ち出し　㊤512b〔金工〕
打ち叩き　㊦331c〔乗り初め〕 →乗り初め
内田武志　㊦636a〔民具〕
• 内弟子《うちでし》　㊤**169**c　764a〔師匠〕
打ち出の小槌　㊦132b〔槌〕
内道場　㊦182c〔道場〕
内伽　㊦141a〔通夜〕
内床　㊤87b〔居職・出職〕
ウチトリ　㊤32c〔アニ〕 ㊦109a〔長男〕
• ウチナァ〔ウチナー〕　㊤**170**a　㊦745a〔ヤマトゥ〕 798c〔琉球〕
ウチナカ　㊦705b〔モヤイ〕
ウチニワ　㊤393a〔カマヤ建て〕 ㊦289c〔ニワ〕
打抜　㊦329b〔鑿〕
内暖簾　㊦332c〔暖簾〕
内働き　㊤970a〔葬式組〕
うちひ　㊤336b〔懸樋〕 →懸樋
打ち引き鍬　㊤553a〔鍬〕 ㊦497b〔風呂鍬〕
打紐　㊦438b〔紐〕
ウチマ　㊦268b〔納戸〕 705b〔モヤイ〕
打撒〔打撤〕　㊤677b〔賽銭〕 736c〔散米〕 →散米
ウチマツリ　㊤242b〔御頭神事〕
打ち豆　㊦13c〔大豆〕
ウチマル　㊤45a〔網主・網子〕
ウチマレ　㊤908b〔杉〕
打身　㊤698b〔刺身〕
ウチミソ　㊦609b〔味噌〕
ウチムスメ　㊤137a〔入り聟〕
内村鑑三　㊤509b〔キリスト教〕
ウチモッペ　㊦704c〔股引〕
打ちもの　㊦5c〔太鼓〕 →太鼓
打物師　㊤862c〔職人〕
ウチヤク　㊤970a〔葬式組〕
ウチャトウ　㊤177c〔ウブク〕
ウチヤマ　㊤170c〔ウッガン〕
内湯　㊤292c〔温泉〕 293a〔温泉権〕 961a〔銭湯〕
宇宙起源神話　㊤897c〔神話〕 971c〔創世神話〕
• ウチワ　㊤**170**a　㊦705b〔モヤイ〕
• 団扇《うちわ》　㊤**170**b　㊦37b〔竹細工〕
団扇太鼓　㊤170b〔団扇〕 ㊦5c〔太鼓〕
ウチワラ　㊦835a〔藁〕
有乳草鞋　㊦837c〔草鞋〕
ウツ　㊦562b〔巻狩り〕
• 卯杖《うづえ》　㊤**170**c　608b〔牛玉杖〕 ㊦370b〔初卯〕
鵜遣い　㊤624c〔湖沼漁業〕 →鵜飼い
• ウッガン〔内神, ウッガンサア, ウッガンサー〕　㊤**170**c　159c〔氏神〕 ㊦722c〔屋敷神〕
ウッガンコ　㊤170a〔ウッガン〕
ウッガンダ　㊤170a〔ウッガン〕
ウッガンドン　㊤170c〔ウッガン〕 →ウッガン
• ウツギ〔卯木〕　㊤**171**a　309b〔垣内〕 684b〔境木〕 ㊦794c〔乱声〕
ウヅキメ　㊦824c〔ワカメ〕
• 卯月八日《うづきようか》　㊤**171**b　㊦310c〔年中行事㈠〕 383c〔花祭㈠〕
ウツクバイ　㊦327a〔野宿〕
写し位牌　㊤126b〔位牌分け〕
• 写し絵《うつしえ》　㊤**171**c　333a〔影絵〕 400c〔紙芝居〕
移川子之蔵〔-子乃蔵〕　㊦585b〔馬淵東一〕 642c〔民俗学㈡〕
移竈　㊤433b〔竈㈠〕
ウッス　㊤334c〔陰口〕
打立　㊤392c〔釜蓋朔日〕
• 掟《ウッチ》　㊤**172**a　231b〔オエカ地〕 480b〔旧慣温存政策〕 ㊦681a〔村屋〕
ウッチャゲ　㊤168c〔ウチアゲ〕 659c〔婚姻〕
ウッチョウ　㊤261図〔おす〕 837表〔狩猟法〕
ウッチョオ　㊤742c〔潮〕
ウッドブロック　㊤367c〔楽器〕
ウッドン　㊤170c〔ウッガン〕 →ウッガン
ウッポウ　㊦773図〔養蜂〕
• うつぼ舟　㊤**172**a　771a〔始祖伝説〕
うつむきさい　㊤654a〔娯楽〕
移箸　㊦833c〔渡箸〕
腕押　㊤172b〔腕相撲〕

腕木門　㊦708b〔門(一)〕
• 腕相撲《うでずもう》　㊤**172b**
腕時計　㊦204c〔時計〕
腕取　㊤172b〔腕相撲〕
• 腕貫《うでぬき》　㊤**172b**　984a〔袖〕　㊦153c〔手甲〕
腕輪　㊤971a〔装身具〕
ウト　㊦774a〔養蜂〕
ウド　㊤724a〔山菜〕　㊦254c〔雪崩〕
ウド穴　㊦682b〔室〕
• ウトゥーシ〔御通し〕　㊤**172c**
ウトゥザ　㊤247c〔沖縄文化〕
ウドゥンジーシ(御殿子)　㊤911a〔厨子甕〕
鵜戸神宮(宮崎)　㊤184b〔海〕
• うどん〔うんどん, 烏頓, 饂飩〕　㊤**172c**　230c〔おうばん振舞い〕　432a〔かわりもの〕　947b〔石鹸〕　986b〔蕎麦〕　㊦503c〔粉食〕　577a〔松迎え〕
うどんすき　㊤173a〔うどん〕
ウナイ　㊤270b〔おなり神〕　489b〔兄弟姉妹〕　→オナリ
うないぞめ〔耕い初め〕　⇨鍬入れ(㊤554a)　㊦364c〔畑作〕
『うなゐの友』　㊤495c〔郷土玩具〕
• 鰻〔ウナギ〕《うなぎ》　㊤**173b**　132c〔イモ〕　155c〔筌〕　186a〔梅干〕　195a〔ウンナン神〕　319a〔鉤〕　432b〔川漁〕　615a〔虚空蔵信仰〕　764c〔地震〕　902b〔水神〕　㊦230a〔土用〕　539c〔星の宮〕
鰻あぐら　㊤81a〔石がま漁〕
鰻筌　㊤173c〔鰻〕
鰻鎌　㊤173c〔鰻〕
ウナギノテヅリ　㊤915c〔素捕り〕
ウナタ(神棚)　㊤968b〔宗家〕
ウナ茶　㊦93b〔茶漬〕
• ウナリ(祭礼)〔宇奈利〕　㊤**173c**
ウナリ(沖縄)　⇨おなり神(㊤270b)
うなり　㊤731b〔山内〕
唸り独楽　㊤642b〔独楽〕
鵜縄　㊤45c〔網漁〕
鵜縄漁　㊤432c〔川漁〕
ウニ　㊤743b〔塩辛〕
ウニ(石炭)　㊤941b〔石炭〕
ウニカミバラ　㊦246c〔中柱〕
ウネ　㊤275a〔尾根〕
• 畝〔畦〕《うね》　㊤**174a**　㊦48c〔タテザク〕
釆女講　㊤404b〔髪結〕
畝割粥　㊦266b〔苗代〕
• 宇野円空《うのえんくう》　㊤**174b**　㊦642c〔民俗学(二)〕
鵜の首軆　㊦815a〔軆〕
卯の月卯の日の植え初め　㊦374a〔初田植〕
卯の花　㊤171a〔ウツギ〕
卯の札　㊦370b〔初卯〕
• 乳母《うば》　㊤**174c**　175a〔姥が淵〕　705c〔里子〕　㊦79a〔乳親〕　81c〔乳兄弟〕　684c〔命名〕
姥　㊤175a〔姥が淵〕
烏梅　㊤185c〔梅〕
優婆夷　㊤978b〔僧侶〕　㊦418c〔比丘尼〕
• 姥石《うばいし》　㊤**175a**　㊦231b〔虎が石〕
姥が井〔姥ヶ-〕　㊤110c〔井戸〕　111b〔井戸神〕
• 姥が淵〔-池, 浮母が淵, 浮母が池〕《うばがふち》　㊤**175a**　175a〔姥神〕　175c〔乳母桜〕　㊦473b〔淵〕　473c〔淵伝説〕
• 姥神〔ウバガミ〕《うばがみ》　㊤**175a**　174c〔乳母〕　651a〔子安神〕
• 姥皮《うばかわ》　㊤**175c**　㊦585c〔継子話〕　616c〔蓑〕
ウバザ　㊤141c〔囲炉裏〕
• 乳母桜《うばざくら》　㊤**175c**
優婆様　㊦47図〔奪衣婆〕
ウバジョウ　㊦431c〔独り者〕
姥捨て　㊦28c〔他界観〕
• 姥捨山《うばすてやま》　㊤**176a**
優婆塞　㊤485c〔行基〕　823c〔修験道〕　978b〔僧侶〕
姥月　㊦587b〔豆名月〕
姥堂　㊦288c〔女人堂〕
ウバメガシ　㊤787b〔柴〕　916c〔炭〕　㊦237c〔ドングリ〕
ウバラ　㊤237c〔大祓え〕
• ウビナディ〔御無撫で〕　㊤**176b**
ウプ　㊤405b〔カムイチェプ〕
• 産明け〔ウブアキ, ウブアケ〕《うぶあけ》　㊤**176b**　7b〔合火〕　㊦623a〔宮参り〕
ウブイシ　㊤179a〔産飯〕
ウブイレ　㊦779c〔夜泣き〕
ウフウイミ　㊤151b〔ウイミ〕
ウプウガミ　㊤155a〔拝所〕　→御嶽
ウフーマ(御広間)　㊤102b〔一番座〕　→一番座
ウブガー(産井)　㊤111b〔井戸神〕　176b〔ウビナディ〕
• 産神《うぶがみ》　㊤**176c**　177a〔産神問答〕　178b〔産土〕　178c〔産飯〕　194a〔運定め〕　394b〔神〕　㊦516b〔便所神〕　525b〔箒神〕　606b〔水の神の寿命〕　630c〔民間信仰〕　747b〔山の神〕
• 産神問答〔-譚〕《うぶがみもんどう》　㊤**177a**　150a〔因縁話〕　176c〔産神〕　194b〔運定め〕　371c〔河童火やろう〕　829a〔酒泉の発見〕　㊦516b〔便所神〕　525b〔箒神〕　606b〔水の神の寿命〕
• 産着〔産衣〕《うぶぎ》　㊤**177a**　140b〔イロ着〕　737c〔産見舞〕　951a〔背守り〕　㊦401a〔晴着〕　612a〔三日祝い〕
• ウブク〔御仏供〕　㊤**177c**
ウブクイ　㊤84c〔石拾〕
• 産毛剃り《うぶげそり》　㊤**177c**　403a〔髪垂れ〕
産子　㊤158b〔氏神〕　178b〔産土〕
ウブコタテ　㊤178c〔産飯〕
産小屋　㊤18a〔アサゴヤ〕　179b〔産屋〕　649c〔小屋〕　717b〔産院〕　717c〔産穢〕　735a〔産火〕　㊦125a〔月小屋〕　別刷〈生と死〉　→産屋
ウブサマ　㊤176c〔産神〕　→産神
• 産土〔産土神, 本居, 宇夫須那, 生土, 産須那, 産砂〕《うぶすな》　㊤**178a**　158b〔氏神〕　176c〔産神〕　394b〔神〕　㊦115a〔鎮守〕　186b〔同族神〕　241a〔呑竜〕　631b〔民間信仰〕
産土様　㊦186b〔同族神〕
土産田　㊦622b〔宮田〕　→宮田
産土参り　㊤178b〔産土〕
ウプソルンクッ　㊦792b〔ラウンクッ〕
ウブタテメシ　㊤178c〔産飯〕
ウフトゥスビー　㊤346c〔カジマヤー〕
ウプヌシガナシー　㊤84c〔石拾〕
ウブノカミ　㊤176c〔産神〕　→産神
ウブママ　㊤178c〔産飯〕
大宗　㊤968a〔宗家〕
ウフムートゥ(大宗家)〔ウフムトゥ〕　㊤248a〔沖縄文化〕　968b〔宗家〕　㊦669c〔ムトゥ〕
• 産女〔姑獲女〕《うぶめ》　㊤**178b**　86c〔異常死〕
• 産飯〔ウブメシ〕《うぶめし》　㊤**178c**　716c〔産育儀礼〕　㊦612a〔三日祝い〕　別刷〈生と死〉
大屋〔ウフヤ〕　㊤180a〔大屋子〕
• 産屋〔ウブヤ〕《うぶや》　㊤**179a**　116b〔稲魂〕　130c〔忌小屋〕　306c〔海村〕　424a〔仮屋(二)〕　551a〔黒潮文化〕　830b〔出産〕　㊦409c〔火〕　→産小屋
• ウフヤー(本家)〔大屋〕　㊤**180a**
ウフヤー(母屋)　㊤102b〔一番座〕
産屋明〔ウブヤアキ〕《うぶやあき》　⇨産明け(㊤176b)　㊤717c〔産穢〕　㊦623a〔宮参り〕
ウブヤウチ　㊤176b〔産明け〕
ウブヤガアク　㊤176b〔産明け〕
• 大屋子〔大やく〕《ウフヤクー》　㊤**180a**　480b〔旧慣温存政策〕　㊦82b〔筑登之・親雲上〕
大やくもい　㊤82b〔筑登之・親雲上〕　180a〔大屋子〕　→筑登之・親雲上
ウブヤノメシ　㊤178c〔産飯〕
• 産湯《うぶゆ》　㊤**180a**　20b〔足洗井〕
産湯の井　㊤89b〔和泉式部〕
産湯の次第　㊦765a〔湯立神楽〕
ウプリ　㊤36a〔アブシバレー〕
ウフンマー　㊤433c〔龜(二)〕
• ウフンメ〔うふんめ〕　㊤**180b**　753a〔シキョマ〕　㊦488c〔冬折目〕
宇倍神社(鳥取)　㊤510図〔キリン獅子舞〕
• ウポポ　㊤**180c**　892b〔シントコ〕
• 馬《うま》　㊤**180c**　181c〔馬市〕　183a〔厩〕　183a〔厩神〕　364c〔家畜〕　371a〔河童駒引〕　426c〔皮〕　535b〔首切れ馬〕

561b〔競馬㈠〕 644a〔駒ヶ岳〕 855b〔小便〕 895c〔神馬〕 971c〔蒼前神〕 ㊦47a〔駄賃付け〕 60c〔旅人馬〕 87c〔血とり場〕 100c〔中馬〕 208b〔道産子〕 272c〔肉食〕 331b〔ノリカケウマ〕 348c〔馬具〕 351b〔博労〕 358a〔馬車〕 359a〔馬娘婚姻譚〕 378b〔馬頭観音〕 397b〔馬力神〕 567c〔馬子〕 618c〔耳印〕 625c〔妙見信仰〕 別刷〈野良仕事〉
・馬市《うまいち》 ㊤**181c**
ウマイレ ㊤691a〔作場道〕
馬追い ㊦567c〔馬子〕 →馬子
馬追い唄 ㊦568a〔馬子唄〕 →馬子唄
ウマオリ ㊤140c〔色直し〕
ウマカゴ ㊦715c〔焼穂〕
ウマカタ ㊦61b〔魂送り〕
馬方《うまかた》 ⇨馬子(㊦567c) ㊦358a〔馬車〕 397a〔馬力〕
馬方唄〔-節〕《うまかたうた》 ⇨馬子唄(㊦568a)
「馬方三下り」 ㊤227b〔追分節〕 ㊦568a〔馬子唄〕
ウマグワ ㊦566b〔馬鍬〕
・馬こ繋ぎ《うまこつなぎ》 ㊤**182a**
宇摩志阿斯訶備比古遅神 ㊤311b〔開闢神話〕
ウマシババア ㊦233a〔取上げ婆さん〕
・石女〔ウマズ，ウマズヤ〕《うまずめ》 ㊤**182a** 179a〔産飯〕
馬節供の祝い ㊦372c〔八朔〕
・ウマチー〔御祭，稲穂祭〕 ㊤**182b** 248a〔沖縄文化〕 785b〔シヌグ〕
稲大祭 ㊤182b〔ウマチー〕 ㊦115b〔君南風〕
稲穂祭 ㊦115b〔君南風〕
ウマツクレッパラ ㊦87c〔血とり場〕
馬繋ぎ松 ㊤644b〔駒繋ぎ松〕
・鵜祭《うまつり》 ㊤**182c**
ウマドウス ㊦105c〔調製〕
馬跳び ㊤747a〔鹿遊び〕
馬取淵 ㊤175a〔姥が淵〕
ウマニ ㊤583b〔コイ〕
馬のアニイ ㊦434a〔ヒネオジ〕
馬の皮占い ㊦69c〔俵薬師〕
馬の頭 ㊦532c〔棒の手〕
馬の年取 ㊦178b〔道具の年取〕
馬的射 ㊤654a〔娯楽〕
馬船 ㊦446b〔ヒラタブネ〕
馬道 ㊤690c〔作場道〕
馬舞さー ㊦114a〔チョンダラー〕
馬持中 ㊦378c〔馬頭観音〕
・厩〔馬屋〕《うまや》 ㊤**183a** ㊦101a〔中門造〕 561a〔曲家〕 別刷〈民家〉
ウマヤオガミ ㊤183b〔厩祭〕
・厩神《うまやがみ》 ㊤**183a** 250c〔屋内神〕
厩祈禱 ㊤712c〔猿〕 714c〔サルマヤ〕 715b〔猿まわし〕
厩機 ㊦361c〔機織〕
・厩祭《うまやまつり》 ㊤**183b**
騎射笠 ㊤338b〔笠〕
ウマリユタ ㊦764a〔ユタ〕
・生まれかわり《うまれかわり》 ㊤**183c**
生まれ清まり ㊤797b〔霜月祭〕
ウマングヮ ㊦566b〔馬鍬〕
・海《うみ》 ㊤**184a**
ウミウ ㊤154a〔鵜飼い〕
海オコゼ ㊤254c〔オコゼ〕
海亀 ㊤406b〔亀〕
湖茅 ㊦735a〔屋根〕
海幸大玉 ㊤235c〔オオダマ〕
海幸彦 ㊤184c〔海幸山幸〕
・海幸山幸《うみさちやまさち》 ㊤**184c** →海彦山彦
海砂鉄 ㊤702b〔砂鉄〕
・海留・山留《ウミドウミヤマドウミ》 ㊤**185a**
海鳥 ㊤270c〔おなり神〕
海鳴 ㊦258c〔七不思議〕
生みの親 ㊤286a〔親子〕
海の神 ㊦46b〔立神〕 →海神
海の修験道 ㊤184b〔海〕
「海の進軍」 ㊤555c〔軍歌〕
宇美八幡宮(福岡) ㊦368c〔八幡信仰〕
海彦山彦 ㊤73a〔異郷譚〕 →海幸山幸
・海開き《うみびらき》 ㊤**185a**
・海坊主《うみぼうず》 ㊤**185a**
ウミボトケ〔海-〕 ㊤901a〔水死人〕 ㊦249c〔流れ仏〕 →流れ仏
海元 ㊦669c〔ムトゥ〕
海役 ㊦308c〔年貢〕
『海やまのあひだ』 ㊤289c〔折口信夫〕
『海を渡った日本の村』 ㊤409b〔蒲生正男〕
ウミンチュ〔海人〕 ㊤114a〔糸満漁民〕 ㊦694c〔もぐり漁〕
・ウムイ ㊤**185b** 248b〔沖縄民謡〕 ㊦250a〔泣女〕 269b〔南島歌謡〕
ウムニ ㊤195b〔ウンネー折目〕
ウムリングァ ㊤22c〔アシビ〕
・梅《うめ》 ㊤**185c**
ウメアイ ㊤718b〔さんか〕
埋樫 ㊤750b〔敷居〕
梅棹忠夫 ㊤616b〔国立民族学博物館〕
埋立 ㊤307b〔開拓〕
梅野座頭 ㊤704a〔座頭〕
・埋め墓《うめばか》 ㊤**185c** 736a〔三昧〕 ㊦417b〔ヒキハカ〕 560a〔詣り墓〕 803c〔両墓制〕
梅鉢 ㊤185c〔梅〕
梅鉢懸魚 ㊤567a〔懸魚〕
梅坊主 ㊤372a〔活惚〕
・梅干《うめぼし》 ㊤**186a** 185c〔梅〕 914c〔頭痛〕 ㊦49a〔建て前〕 168a〔伝染病〕 542a〔保存食〕 634b〔民間療法〕
梅見 ㊤654a〔娯楽〕
梅味噌 ㊦609b〔味噌〕
梅宮神社(埼玉) ㊤41c〔甘酒祭〕
・梅若《うめわか》 ㊤**186b**
「梅若」 ㊤946a〔説経節〕
・梅若忌〔ウメワカキ〕《うめわかき》 ㊤**186c** 186b〔梅若〕
ウメワカゴト〔梅若-〕 ㊤186b〔梅若〕 187a〔梅若忌〕
ウメワカサマ〔梅若様〕 ㊤186b〔梅若〕 187a〔梅若忌〕
梅若塚(東京) ㊤186b〔梅若〕
梅若伝説 ㊤186c〔梅若忌〕
梅若の涙雨〔-が涙の雨〕 ㊤186b〔梅若〕 186c〔梅若忌〕
梅若丸 ㊤186c〔梅若忌〕
うも ㊤133a〔イモ〕
・ウヤガン ㊤**187a** 404c〔神人〕 別刷〈沖縄文化〉
ウヤク ㊤247c〔沖縄文化〕
・ウヤファーフジ ㊤**187a**
敬い詞 ㊤558a〔敬語〕
ウヤムトゥ(親元) ㊦669c〔ムトゥ〕
・ウヤンコー ㊤**187b**
ウラ ㊤360a〔カタ〕
・浦《うら》 ㊤**187c** 312a〔海民〕
ウライニ ㊤31a〔アトゥシカラペ〕
浦祝い ㊤187c〔浦〕
裏梅 ㊤185c〔梅〕 412図〔家紋〕
裏鬼門 ㊤355b〔家相〕 477b〔鬼門〕
・裏座《うらざ》 ㊤**187c** 102b〔一番座〕 ㊦582a〔間取り〕
裏作 ㊦285b〔二毛作〕
浦里 ㊤187c〔浦〕
ウラシ＝チセ ㊦84a〔チセ〕
浦島神社(京都) ㊤188a〔浦島太郎〕
浦島大明神 ㊤188a〔浦島太郎〕
・浦島太郎《うらしまたろう》 ㊤**188a** 73a〔異郷譚〕 ㊦799b〔竜宮〕
浦島伝説 ㊤551a〔黒潮文化〕
浦島子 ㊤887c〔神仙思想〕
裏白 ㊤545a〔蔵造〕
宇良神社(京都) ㊤188a〔浦島太郎〕
・裏店《うらだな》 ㊤**188b** →裏長屋
裏店借り ㊤188c〔裏店〕 ㊦248a〔長屋〕
裏付袢 ㊤401a〔袢〕
・占い《うらない》 ㊤**188c** 185c〔梅〕 189b〔占い師〕 206a〔干支〕 475a〔亀卜〕 980a〔俗信〕 ㊦131a〔辻占〕 201b〔トキ㈠〕 294b〔人相・手相〕 356a〔橋占〕 536a〔卜占〕 684a〔迷信〕 698c〔戻橋〕
・占い師《うらないし》 ㊤**189b** ㊦294b〔人相・手相〕
裏長屋 ㊤188a〔裏店〕 ㊦248a〔長屋〕 822a〔露路〕 822b〔露路裏〕
卜庭神 ㊦536a〔卜占〕
浦人 ㊤187c〔浦〕
・浦百姓《うらびゃくしょう》 ㊤**189c** 187c〔浦〕

裏符牒　㊦474*a*〔符丁〕
卜部　㊤475*b*〔亀卜〕
卜部神道《うらべしんとう》　⇨吉田神道(㊦775*c*)　㊤891*a*〔神道〕
浦別離　㊤187*c*〔浦〕
卜部季武　㊤831*c*〔酒呑童子〕　㊦832*c*〔渡辺綱〕
浦法　㊤190*a*〔浦役〕
• 盂蘭盆会〔盂蘭盆〕《うらぼんえ》　㊤**189***c*　723*c*〔三元〕　939*c*〔施餓鬼〕　㊦62*c*〔魂祭〕　475*b*〔仏教民俗〕　550*a*〔盆(二)〕　別刷〈盆〉
浦本人　㊤187*c*〔浦〕
裏町　㊦571*c*〔町〕
裏目　㊤380*c*〔曲尺〕
裏目漆　㊤192*a*〔漆掻き〕
裏紋　㊤297*b*〔女紋〕　410*b*〔家紋〕
• 浦役《うらやく》　㊤**190***a*
浦役銭　㊤190*a*〔浦役〕
浦役米　㊤190*a*〔浦役〕
浦漁　㊤187*c*〔浦〕
• ウリ　㊤**190***b*　542*b*〔供物〕
売掛　㊤333*a*〔掛け売り〕
売掛金　㊦18*c*〔大福帳〕　120*c*〔通帳〕
売掛商品　㊦18*c*〔大福帳〕
瓜祈禱　㊤190*b*〔ウリ〕
• 売声《うりごえ》　㊤**190***b*
• 瓜子姫〔-姫子，-織姫，瓜姫〕《うりこひめ》　㊤**190***c*　42*c*〔あまのじゃく〕　73*a*〔異郷譚〕　190*b*〔ウリ〕　190*c*〔瓜子姫〕　319*a*〔柿〕　455*b*〔聴耳〕　986*c*〔蕎麦〕　㊦355*b*〔橋〕　659*c*〔昔話〕
• ウリズン　㊤**191***a*
売り初め　㊦34*a*〔薪〕
ウリツケ　㊦202*c*〔得意〕
『瓜姫物語』　㊤190*c*〔瓜子姫〕
ウリ封じ　㊤190*b*〔ウリ〕
ウリマル　㊦404*a*〔ハングル〕
ウリンボ　㊤124*b*〔猪〕
• ウル　㊤**191***a*
ウルイ　㊤724*a*〔山菜〕
閏講　㊤191*b*〔閏年〕
閏月　㊤191*b*〔閏年〕　205*c*〔干支〕
• 閏年《うるうどし》　㊤**191***a*
ウルカ〔うるか〕　㊤743*b*〔塩辛〕　㊦422*b*〔醬〕
• 砂川暦《うるかごよみ》　㊤**191***b*
うるか問答　㊤89*b*〔和泉式部〕　673*a*〔西行伝説〕
ウルキミ　㊤474*c*〔キビ〕
• ウルシ〔漆〕　㊤**191***b*　547*b*〔刳船〕　948*c*〔雪隠参り〕　㊦296*c*〔塗師〕
漆絵　㊤779*a*〔漆器〕
• 漆掻き《うるしかき》　㊤**192***a*　191*c*〔ウルシ〕　㊦743*b*〔山仕事〕
漆師〔-職人〕　㊤862*c*〔職人〕　㊦582*a*〔312〕
うるしね　㊤192*b*〔ウルチ〕
• ウルチ　㊤**192***b*　115*b*〔稲作〕　474*b*〔キビ〕　645*c*〔米〕
ウルチ米〔糯-〕　㊤881*a*〔糝粉〕　㊦695*a*〔餅〕
粳餅　㊦695*b*〔餅〕
ウルメ節　㊦41*b*〔だし〕
うれい髷　㊦691*b*〔毛髪〕
• ウレツキトウバ〔梢付塔婆〕　㊤**192***b*　985*a*〔卒塔婆〕　989*c*〔祖霊〕　㊦別刷〈生と死〉　→葉つき塔婆
ウロウロ船　㊦481*c*〔船遊び〕
ウロツカミ　㊤915*c*〔素捕り〕
ウゥークルシー　㊦470*c*〔豚〕
• 噂《うわさ》　㊤**192***c*　193*a*〔噂話〕　334*c*〔陰口〕　527*b*〔くしゃみ〕　622*c*〔ゴシップ〕　856*a*〔情報伝達〕　943*c*〔世間話〕
• 噂話《うわさばなし》　㊤**193***a*　622*c*〔ゴシップ〕　942*b*〔世間〕　943*c*〔世間話〕　㊦799*c*〔流言蜚語〕　→ゴシップ
宇波西神社(福井)　㊤230*b*〔王の舞〕
ウワダナ　㊤505*a*〔漁船〕
宇和津彦神社(愛媛)　㊦730*a*〔八つ鹿踊り〕
• うわなり打ち神事　㊤**193***b*
上塗り　㊤387*b*〔壁〕
ウワバミソウ　㊤724*a*〔山菜〕　→ミズ
運　㊦540*a*〔星祭〕
• ウンカ〔浮塵子〕　㊤**193***c*　114*c*〔イナゴ〕
ウンカ送り　㊦665*b*〔虫送り〕　→虫送り
ウンガミ　㊤194*b*〔ウンジャミ〕　→ウンジャミ
雲霞山　㊤194*a*〔ウンカ〕
ウンカン森　㊤194*a*〔ウンカ〕
運材　㊦743*a*〔山仕事〕
ウンサク　㊤77*b*〔イザイホー〕
• 運定め《うんさだめ》　㊤**194***a*
運定め話　㊤149*c*〔因縁話〕　㊦46*c*〔立ち聞き〕
• ウンジャミ　㊤**194***b*　161*c*〔ウシデーク〕　248*a*〔沖縄文化〕　304*a*〔海神〕　836*a*〔狩猟儀礼〕　㊦289*b*〔ニライカナイ〕　336*a*〔爬竜〕　757*a*〔ユークイ〕　759*b*〔世果報〕
海神祭　㊤194*b*〔ウンジャミ〕
雲州算盤　㊤990*b*〔算盤〕
ウンシュウミカン　㊦599*a*〔ミカン〕
運上　㊦308*c*〔年貢〕
運上屋　㊦408*c*〔番屋〕
ウンスンカルタ〔うんすんかるた〕　⇨かるた(㊤425*a*)　㊤141*a*〔いろはがるた〕
雲仙(長崎)　㊦498*c*〔噴火〕
温泉神社(長崎)　㊤293*a*〔温泉神社〕
雲仙岳噴火　㊦136*a*〔津波〕
運送　㊤195*c*〔運搬法〕
ウンチカムイ　㊤36*c*〔アペカムイ〕
ウンチメンペ　㊤36*c*〔アペカムイ〕
運賃積　㊤336*b*〔水夫〕
雲伝神道　㊤891*b*〔神道〕
• 運動会《うんどうかい》　㊤**194***c*　221*c*〔遠足〕　369*a*〔学校行事〕
ウントク　㊦799*c*〔竜宮童子〕
• ウンナン神〔雲南-，運南-，宇南-，有南-〕　㊤**195***a*　㊤173*b*〔鰻〕　㊦790*c*〔雷神〕
ウンナンサマ　㊤195*a*〔ウンナン神〕
• ウンネー折目　㊤**195***b*　㊦488*c*〔冬折目〕
ウンバ　㊤174*c*〔乳母〕
ウンバコ　㊦565*c*〔枕箱〕
• 運搬具《うんぱんぐ》　㊤**195***b*　936*c*〔背負籠〕
• 運搬法《うんぱんほう》　㊤**195***c*　911*c*〔頭上運搬〕　935*c*〔背負運搬具〕
雲浜獅子　㊤735*b*〔三匹獅子舞〕
雲辺寺(徳島)　㊦519 裏〔遍路〕
運虫　㊦770*a*〔養蚕〕
運命譚　㊤194*b*〔運定め〕
ウンープーズ　㊤195*b*〔ウンネー折目〕

え

エアルジ　㊤366*a*〔家長〕
絵合わせかるた　㊤141*a*〔いろはがるた〕
エイ　㊤36*c*〔油〕
『永遠回帰の神話』　㊤215*c*〔エリアーデ〕
• 映画《えいが》　㊤**196*c***　197*a*〔映画館〕
• 映画館《えいがかん》　㊤**197*a***
『永小作論』　㊤276*a*〔小野武夫〕
• エイサー　㊤**197*b***　579*b*〔県人会㈠〕　㊦391*a*〔囃し㈡〕　551*c*〔盆踊り㈠〕
瑩師　㊤862*c*〔職人〕
• 嬰児殺し《えいじごろし》　㊤**197*c***　㊦583*a*〔間引き㈠〕
永住移民　㊤132*a*〔移民〕
永住出作り　㊦153*a*〔出作り〕　153*a*〔出作り小屋〕
詠唱六斎　㊦818*c*〔六斎念仏〕
衛生組　㊦223*a*〔隣組〕
• 映像民俗学《えいぞうみんぞくがく》　㊤**197*c***
• 永代経《えいたいきょう》　㊤**198*a***　782*c*〔祠堂銭〕　→永代読経
永代経供養料　㊤782*c*〔祠堂銭〕　→祠堂銭
永代経法要　㊤782*c*〔祠堂銭〕　→永代経
永代供養墓　㊤976*c*〔総墓〕
永代寺(東京)　㊦264*c*〔成田山〕
永代たたら〔-鑪〕　㊤378*a*〔金屋子神〕　446*c*〔かんな流し〕　731*b*〔山内〕　㊦678*c*〔村下〕
永代読経　㊤198*a*〔永代経〕　782*c*〔祠堂銭〕　→永代経
永納　㊦309*a*〔年貢〕
栄福寺(愛媛)　㊦519 表〔遍路〕
叡福寺(大阪)　㊤685*a*〔逆杉〕
• エイプリルフール April Fool's Day　㊤**198*b***
永宝丸船絵馬　㊦482 図〔船絵馬〕
英雄神話　㊤897*c*〔神話〕　971*c*〔創世神話〕
• 英雄伝説《えいゆうでんせつ》　㊤**198*c***　㊦64*c*〔為朝伝説〕　568*b*〔将門伝説〕　776*b*〔義経伝説〕
永楽通宝　㊤414 図〔家紋〕
恵印灌頂　㊤825*a*〔修験道〕
エヴァンズ=プリチャード Evans-Pritchard, Edward Evan　㊦426*a*〔左〕
エエ　㊦754*a*〔ゆい〕
エーカ　㊤151*c*〔ウェーカー〕
ええかっこしい　㊤943*b*〔世間体〕
エエコガ　㊤1*b*〔藍〕
エエコトはじめ　㊤913*b*〔煤払い〕
エエジナ　㊤254*b*〔オコジョ〕　→オコジョ
• ええじゃないか　㊤**198*c***　269*a*〔踊り〕　820*a*〔終末論〕　962*c*〔千年王国運動〕　㊦393*b*〔流行神〕
エーダーゲイヤク　㊤489*a*〔兄弟契約〕
エーティー AT　⇨アールネ・トンプソンの話型(㊤1*a*)
• エートス Ethos　㊤**199*b***
エーナ　㊤29*c*〔あだな〕
エエボト　㊤772*a*〔下着〕
柄鏡　㊤317*a*〔鏡研ぎ〕
絵かき唄　㊤356*a*〔数え唄〕
• エカシ　㊤**199*c***
エカシイトㇰパ　㊤111*c*〔イトㇰパ〕
絵絣　㊤350*c*〔絣〕
• 駅《えき》　㊤**199*c***
• 餌木《えぎ》　㊤**200*a***　68*a*〔イカ〕
易占　㊤2*c*〔相性〕　㊦372*a*〔八卦〕
疫鬼　㊤200*c*〔疫病〕　→疫病神
易者《えきしゃ》　⇨占い師(㊤189*b*)　㊤727*b*〔三世相〕　㊦294*b*〔人相・手相〕　372*a*〔八卦〕
疫神《えきしん》　⇨疫病神(㊤201*a*)　㊤200*c*〔疫病〕　351*c*〔風邪〕　394*b*〔神〕　㊦624*c*〔神幸〕
• 疫神送り《えきじんおくり》　㊤**200*b***　㊦159*c*〔テルテル坊主〕　390*c*〔囃し㈠〕　400*b*〔春祭〕　679*b*〔村境〕
疫神社(京都)　㊤987*b*〔蘇民将来〕　㊦380*c*〔鎮花〕　727*b*〔やすらい祭〕
疫神封じ　㊤598*b*〔小歌踊り〕
益虫　㊤308*b*〔害虫〕
液糖　㊤703*c*〔砂糖〕
疫年　㊤355*b*〔家相〕
易博士　㊦372*a*〔八卦〕
• 疫病《えきびょう》　㊤**200*c***　200*c*〔疫病送り〕　㊦167*c*〔伝染病〕　356*c*〔麻疹〕　530*c*〔疱瘡〕　718*a*〔厄病神〕　→伝染病
• 疫病送り《えきびょうおくり》　㊤**200*c***　200*c*〔疫病〕　491*b*〔共同祈願〕　㊦293*a*〔人形送り〕
• 疫病神《えきびょうがみ》　㊤**201*a***　200*b*〔疫神送り〕　200*c*〔疫病〕　200*c*〔疫病送り〕　㊦531*a*〔疱瘡〕　598*c*〔ミカワリバアサン〕　㊦718*a*〔厄病神〕　→疫神　→厄病神
疫病神送り　㊦115*a*〔鎮送呪術〕
疫病人形送り　㊦別刷〈村境〉
疫病除け　㊤58*c*〔アンバサマ〕　453*c*〔祈願〕　987*a*〔蘇民将来〕
駅前広場　㊤200*a*〔駅〕
駅前旅館　㊤466*b*〔木賃宿〕
エキマン鏡　㊤171*c*〔写し絵〕
• エキㇺネクワ　㊤**201*b***
エグサ　㊤36*a*〔油〕
• エクスタシー ecstasy　㊤**201*c***　㊦232*a*〔トランス〕
エグネ　㊤74*a*〔イグネ〕　729*a*〔散村〕　→イグネ
エクボモチ　㊤572*a*〔月経〕
えぐり　㊤192*a*〔漆掻き〕
エグリブネ　㊦590*b*〔丸木舟〕
• 絵系図《えけいず》　㊤**202*a***
• エケリ神〔エケリ，えけり〕　㊤**202*b***　270*b*〔おなり神〕　489*b*〔兄弟姉妹〕　㊦270*b*〔根神〕
永源寺(埼玉)　㊤152*b*〔植木市〕
• 回向〔廻向〕《えこう》　㊤**202*b***
回向院(東京)　㊦43*c*〔堕胎〕
回向寺　㊤471*b*〔祈禱寺〕　㊦159*a*〔寺〕
回向文　㊤202*b*〔回向〕
絵詞　㊤213*c*〔絵巻〕　→絵巻
エゴトバズ　㊤137*a*〔入り聟〕
エゴネリ　㊤305*c*〔海藻〕　445*b*〔寒天〕
エコノミック=アニマル　㊦817*b*〔労働倫理〕
エゴノリ　㊤249*a*〔オキュウト〕　305*c*〔海藻〕　445*b*〔寒天〕
• エゴマ〔荏胡麻〕　㊤**202*c***　㊤36*b*〔油〕
エゴマ油　㊤36*b*〔油〕
エゴマ味噌　㊤202*c*〔エゴマ〕
• 絵暦《えごよみ》　㊤**202*c***
餌　㊦142*a*〔釣具〕
餌差　㊤837 表〔狩猟法〕
「江差追分」　㊤227*b*〔追分節〕　㊦655*c*〔民謡〕
『江刺郡昔話』　㊤695*a*〔佐々木喜善〕　㊦822*c*〔炉辺叢書〕
エジコ　⇨イジコ(㊤82*b*)　㊦768*a*〔揺り籠〕
エジコ作り　㊤567*c*〔木小屋話〕
エジッコ　㊤881*a*〔新口〕　㊦545*b*〔仏おろし〕
恵心僧都　㊤637*b*〔子取ろ〕　→源信
• 絵姿女房《えすがたにょうぼう》　㊤**203*b***　㊦267*c*〔難題聟〕
『エスキモー社会』　㊦692*b*〔モース，M〕
絵双六　㊤910*a*〔双六㈡〕　→双六
エステティックサロン　㊤961*b*〔銭湯〕
• エスニシティ ethnicity　㊤**203*c***　㊦181*a*〔同航海組〕
エスニック=アイデンティティー　㊦552*a*〔盆踊り㈡〕　798*a*〔リトル東京〕
エスニック=グループ　㊤203*c*〔エスニシティ〕　207*a*〔エトノス〕　㊦639*c*〔民族㈠〕
エスニック集団　㊦278*c*〔日系社会〕
エスニック=マイノリティ　㊦559*c*〔マイノリティ〕
エスノグラフィ ethnography　⇨民俗誌(㊦649*c*)
• 蝦夷〔夷，狄〕《えぞ》　㊤**204*a***　→アイヌ

蝦夷ヵ島　㊤204a〔蝦夷〕
エゾシカ　㊤921b〔スルク〕
夷島　㊤204a〔蝦夷〕
蝦夷浄瑠璃　㊦756a〔ユーカㇻ〕
蝦夷地　㊦359a〔場所請負制〕
蝦夷地の三品　㊦276a〔ニシン漁〕
・蝦夷錦《えぞにしき》　㊤**204b**
・えた〘穢多〙　㊤**204b**　431c〔河原巻物〕　㊦111c〔長吏〕　421b〔被差別部落〕　433a〔非人〕　508b〔平民〕
枝打ち　㊤979a〔造林〕
枝漆　㊤192a〔漆掻き〕
枝柿　㊦538c〔干柿〕
枝掛干し　㊤122b〔稲掛け〕
えた頭弾左衛門　㊤204c〔えた〕　→弾左衛門
枝郷　㊤204c〔枝村〕　㊦504a〔分村㈠〕　541b〔母村㈠〕
「穢多御免書」　㊤431b〔河原巻物〕
穢多寺　㊦421c〔被差別部落〕
穢多・非人等廃止令　㊤204c〔えた〕
枝蔟　㊦770b〔養蚕〕
枝豆　㊦13c〔大豆〕　586c〔豆〕
・枝村《えだむら》　㊤**204c**　㊦504a〔分村㈠〕　541b〔母村㈠〕
「穢多由緒書」　㊤431b〔河原巻物〕
「長吏由来書」　㊤431b〔河原巻物〕
越後青苧座　㊤17a〔麻〕
「越後追分」　㊤227b〔追分節〕
越後鎌　㊤348a〔鍛冶屋〕　388c〔鎌〕
越後茅手　㊦736c〔屋根屋〕
越後カワサキ　㊤427c〔カワサキ〕
越後口説　㊦715b〔八木節〕
越後瞽女　㊤626b〔瞽女〕
『越後三条南郷談』　㊦823a〔炉辺叢書〕
・越後獅子《えちごじし》　㊤**205a**
越後上布　㊤17a〔麻〕　421c〔カラムシ〕
『越後史料北越月令』　㊤864c〔諸国風俗問状答〕
越後七不思議　㊤731a〔三度栗〕　㊦258c〔七不思議〕
越後布座　㊤17a〔麻〕
『越後国長岡領答書』　㊤864c〔諸国風俗問状答〕
『越前石徹白民俗誌』　㊤954a〔全国民俗誌叢書〕
越前鎌　㊤348a〔鍛冶屋〕　388c〔鎌〕
越前紙　㊤401c〔紙漉き〕
越前漆器　㊤779a〔漆器〕
越前万歳《えちぜんまんざい》　⇨万歳（㊦592c）　㊤823b〔祝福芸〕
エチペヘ　㊤127b〔イペパスイ〕
・「越中おわら」〘-節〙《えっちゅうおわら》　㊤**205b**　613c〔胡弓〕　㊦391b〔囃し㈡〕　551c〔盆踊り㈠〕
越中カワサキ　㊤427c〔カワサキ〕
越中大工　㊦4c〔大工〕
越中フンドシ　㊦504c〔褌〕
エッチング　㊤788c〔司馬江漢〕
エテ　㊤366a〔家長〕
エディプス＝コンプレックス　㊤514a〔近親婚〕
エテコウ　㊤245a〔沖言葉〕
・干支《えと》　㊤**205c**
穢土　㊤616a〔極楽〕
エドウシマケ　㊦561b〔マキ〕　→マキ
エドーシ〘エドウシ，エドゥシ，エドオシ〙　㊤66c〔家連合〕　107c〔イットウ〕　382a〔カブ㈠〕　546b〔クラン〕　888b〔親族〕　㊦705b〔モヤイ〕
・絵解《えとき》　㊤**206a**　213c〔絵巻〕　538b〔熊野比丘尼〕　573c〔血盆経〕　722c〔参詣曼荼羅〕　㊦15a〔大道芸〕　50a〔立山信仰〕　88a〔血の池地獄〕　418c〔比丘尼〕
絵解法師　㊤207a〔絵解〕　945c〔説経〕
江戸肥　㊤795c〔下肥〕
餌床ダマ　㊤35b〔アビ漁〕
江戸暦　㊤653図〔暦〕
江戸三座　㊤670c〔座㈡〕
江戸三大青物市場　㊤9c〔青物市〕
エドシ　㊦754b〔ゆい〕
『江戸時代音楽通解』　㊦572b〔町田嘉章〕
江戸十里四方追放　㊦117b〔追放〕
江戸消防記念会　㊤479b〔木遣り唄〕
江戸浄瑠璃　㊤373c〔河東節〕
江戸太神楽　㊦3b〔太神楽〕
江戸っ子　㊤70a〔意気〕　153c〔魚市〕
江戸長唄　㊤384a〔歌舞伎〕
・エトノス Ethnos　㊤**207a**　㊦651a〔民族性〕
江戸払い　㊦117b〔追放〕
江戸疱瘡　㊤339b〔瘡〕　→梅毒
江戸間　㊤114c〔田舎間〕　→田舎間
江戸万歳　㊦593a〔万歳〕
江戸わずらい〘-患い〙　㊤828a〔主食〕　㊦662c〔麦飯〕　→脚気
・胞衣《えな》　㊤**207b**　207c〔エナツボ〕　638c〔コノシロ〕　639b〔子墓〕　㊦510a〔臍の緒〕　→後産
胞衣詮議　㊤207c〔胞衣〕
胞衣塚　㊤89b〔和泉式部〕
・エナツボ〘胞衣壺〙　㊤**207c**
エナボ　㊦697a〔餅花〕
胞衣笑い　㊤207b〔胞衣〕　㊦434b〔火の神〕　835b〔笑い〕
会日　㊤222a〔縁日〕
恵日寺（福島）　㊦700b〔物差〕
エヌシ　㊤366a〔家長〕　832c〔主婦〕
エヌシザ　㊤832c〔主婦〕
絵猫と鼠　㊦191b〔動物報恩譚〕
エノキタケ　㊤474a〔キノコ〕
江ノ島（神奈川）　㊦517a〔弁天信仰〕
江ノ島囃子　㊦576b〔松囃子〕
エノナカ　㊦705b〔モヤイ〕
エノヨ　㊤49c〔アユ〕
エバーハルト Eberhard, Wolfram　㊤210a〔エフエフシー〕
・エビ〘蝦，海老〙　㊤**208a**　155c〔筌〕
絵日傘　㊤339b〔傘〕
蝦神　㊤921c〔諏訪信仰〕
・えびす〘エビス，恵比寿〙　㊤**208a**　184b〔海〕　209a〔えびす盗み〕　209b〔えびす舞〕　245b〔沖言葉〕　454a〔祈願〕　501c〔漁業信仰〕　690b〔作神〕　775b〔七福神〕　775c〔七福神巡り〕　863b〔職能神〕　901a〔水死人〕　別刷〈護符〉　㊦7a〔大黒天〕　16c〔台所〕　56a〔田の神〕　150a〔てき屋〕　249c〔流れ仏〕　378a〔初漁祝い〕　443c〔漂着神〕　787c〔寄り神〕　807c〔留守神〕　→流れ仏
エビスアバ〘恵比須浮子〙　㊤35a〔アバ〕　45c〔網漁〕　501c〔漁業信仰〕
エビス石〘えびす-〙　㊤84c〔石拾〕　208b〔えびす〕
エビスイワイ　㊦378a〔初漁祝い〕
夷かき　㊤209c〔えびすまわし〕　→えびすまわし
えびす神　㊤49a〔操三番叟〕　99c〔市神〕　528a〔鯨〕　㊦371a〔二十日戎〕
・えびす講〘恵比須-，恵美須-〙　㊤**208c**　208b〔えびす〕　600c〔講田〕　694b〔鮭の大助〕　844c〔正月〕　847c〔商業〕　863b〔職能神〕　㊦7a〔大黒天〕　371a〔二十日戎〕　371b〔二十日正月〕　608c〔店〕　807c〔留守神〕
『えびす祭文』　㊤78c〔いざなぎ流〕
戎塩　㊤742b〔塩〕
えびす信仰〘-神信仰〙　㊤208a〔えびす〕　209b〔えびす舞〕　209c〔えびすまわし〕　㊦318b〔野荒し〕
夷神社（兵庫）　㊤209c〔えびすまわし〕　→西宮神社
恵美須神社（京都）　㊦196b〔十日戎〕
エビスダイジ　㊤52b〔あるき巫女〕
・えびす盗み　㊤**209a**　208b〔えびす〕
えびすの年取　㊦371b〔二十日戎〕
恵比須柱　㊦7c〔大黒柱〕
・えびす舞〘恵比寿-〙　㊤**209b**
戎祭　㊦371b〔二十日戎〕
・えびすまわし　㊤**209c**　209b〔えびす舞〕　375a〔門付け〕　823b〔祝福芸〕　㊦292c〔人形〕　648b〔民俗芸能〕
えびすめ　㊤667a〔コンブ〕
海老束　㊦79c〔違棚〕
江人　㊤312a〔海民〕
エビラ　㊤741a〔シイタケ〕
絵ビラ　㊦607c〔店〕
エビリ　㊤211a〔えぶり〕　→えぶり
エビリスリ　㊤211b〔えぶり〕

・『エフエフシー』FFC　㊤ **210**a
・家船《えぶね》　㊤ **210**b　79a〔イサバ〕　507a〔漁民〕　㊦ 442b〔漂海民〕　444a〔漂泊漁民〕
・えぶり〖エブリ〗　㊤ **211**a　223c〔えんぶり〕　734a〔サンバイ〕
えぶりすり　㊤ 223c〔えんぶり〕
えぶりつき　㊦ 27c〔田人〕
エプロン　㊦ 560b〔前掛〕
エペレアイ　㊦ 514b〔ヘペレアイ〕
・恵方〖吉方，得方，兄方〗《えほう》　㊤ **211**b　211c〔恵方参り〕　㊦ 214b〔歳徳さん〕　376c〔初詣で〕　454a〔風水〕　521c〔方位〕
恵方棚　㊦ 213a〔年棚〕　→年棚
・恵方参り《えほうまいり》　㊤ **211**c
恵方土産　㊤ 211c〔恵方参り〕
恵方詣　㊤ 211c〔恵方〕
・烏帽子《えぼし》　㊤ **211**c　387a〔かぶりもの〕　399b〔髪型〕　㊦ 529c〔帽子〕
烏帽子親〖エボシオヤ〗　㊤ 212b〔烏帽子着祝い〕　286a〔親子〕　287a〔親子成り〕　380b〔鉄漿親〕　422b〔仮親〕　462b〔擬制的親子関係〕　582b〔元服親〕　826c〔呪術的親子〕　861c〔職親〕　931c〔成年式〕　㊦ 243c〔名替え〕　256b〔名付け親〕　→烏帽子親・烏帽子子
・烏帽子親・烏帽子子《えぼしおや えぼしご》　㊤ **212**a　→烏帽子親
烏帽子着　㊤ 582a〔元服〕　682a〔座入り〕　㊦ 118c〔通過儀礼〕
・烏帽子着祝い〖-祝い〗《えぼしぎいわい》　㊤ **212**b　931c〔成年式〕　㊦ 505a〔褌祝い〕
烏帽子着直し　㊤ 212c〔烏帽子着祝い〕
烏帽子子《えぼしご》　⇨烏帽子親・烏帽子子(㊤ 212a)　㊤ 582b〔元服親〕
烏帽子名　㊦ 243c〔名替え〕
エボシャティ　㊤ 861c〔職親〕
エボヒナ　㊤ 861c〔職親〕
・絵本《えほん》　㊤ **212**c
・絵馬《えま》　㊤ **213**a　181c〔馬〕　435a〔願掛け〕　454a〔祈願〕　495b〔郷土玩具〕　569c〔ケタイ神〕　790 図〔地曳網〕　895c〔神馬〕　926a〔生業絵馬〕　㊦ 378c〔馬頭観音〕　717a〔薬師信仰〕　4956〔船絵馬〕
絵馬市　㊦ 378c〔馬頭観音〕
・絵巻〖-物〗《えまき》　㊤ **213**c　212c〔絵本〕　266b〔御伽草子〕　㊦ 465a〔福富長者〕
絵巻縁起　㊤ 218b〔縁起〕
絵巻物研究会　㊦ 624a〔宮本常一〕
『絵巻物による日本常民生活絵引』　㊤ 791a〔渋沢敬三〕　㊦ 624a〔宮本常一〕
江馬務　㊤ 399b〔髪型〕
江馬修　㊤ 214a〔江馬三枝子〕
・江馬三枝子《えまみえこ》　㊤ **214**a　㊦ 425a〔ひだびと〕
エミシ　㊤ 204a〔蝦夷〕　㊦ 281b〔日本人(一)〕
エムシ　㊤ 214b〔エムシアッ〕　㊦ 508c〔ペウンタンケ〕
・エムシアッ　㊤ **214**b
エムシプサ　㊤ 214c〔エムシアッ〕
エムシ=リムセ　㊦ 798a〔リムセ〕
エメナ　㊤ 29c〔あだな〕
エモッチェ　㊦ 503a〔分家〕
・獲物分配《えものぶんぱい》　㊤ **214**c
江守五夫　㊤ 993a〔村落類型論〕　㊦ 315a〔年齢階梯制〕
衛門三郎伝説　㊦ 518c〔遍路〕
エヤミ　㊤ 256a〔瘧〕　→瘧
会陽　㊤ 827b〔修正会〕　㊦ 363a〔裸祭〕
エラビトリ　㊤ 717a〔産育儀礼〕
・魞《えり》　㊤ **215**a　432c〔川漁〕　624c〔湖沼漁業〕
・エリアーデ Eliade, Mircea　㊤ **215**c　118c〔イニシエーション〕　798a〔シャーマニズム〕　㊦ 549b〔堀一郎〕　803c〔両性具有〕
エリカケダンゴ　㊤ 216a〔エリカケモチ〕
・エリカケモチ　㊤ **216**a　636c〔事八日〕
エリカザリ　㊦ 786b〔嫁見せ〕
エリクソン Erikson, Erik Homburger　㊦ 791c〔ライフサイクル〕
魞師　㊤ 215a〔魞〕
魞建て　㊤ 215a〔魞〕
魞の親郷　㊤ 215a〔魞〕
えりめ　㊤ 329a〔神楽〕
えりもの　㊤ 329a〔神楽〕
えりもの〖彫物〗　㊤ 741b〔椎葉神楽〕　㊦ 30c〔高千穂神楽〕
衣領樹　㊤ 727c〔三途の川〕　㊦ 47b〔奪衣婆〕
エルクス　㊦ 438a〔秘密結社〕
エルツ Hertz, Robert　㊦ 426a〔左〕　464a〔複葬〕
エルトン Elton, Charles Sutherland　㊤ 930a〔生態〕
絵蠟燭　㊦ 817a〔蠟燭〕
・縁《えん》　㊤ **216**b　697a〔座敷〕　㊦ 657c〔無縁〕
・縁(仏教)《えん》　㊤ **216**b
エンカ　㊤ 896c〔親類〕
・演歌《えんか》　㊤ **217**a　㊦ 800c〔流行歌〕
艶歌　㊤ 217a〔演歌(一)〕　838c〔春歌〕
エンガ　㊦ 別刷〈野良仕事〉
・宴会《えんかい》　㊤ **217**a　303b〔会食〕　483a〔饗宴〕　687a〔酒盛〕　㊦ 495b〔無礼講〕　532b〔忘年会〕
塩害　㊦ 136a〔津波〕
『沿海地方用採集手帖』　㊤ 306c〔海村調査〕
沿海文化　㊤ 306c〔海村〕
塩化カリ　㊤ 516b〔金肥〕
縁覚界　㊤ 778c〔十界修行〕
縁覚行　㊤ 778c〔十界修行〕
演歌師　㊤ 217a〔演歌(一)〕　㊦ 15b〔大道芸〕
エンガチョ　㊦ 766a〔指切り〕
・縁側〖エン〗《えんがわ》　㊤ **217**b　42b〔雨戸〕　221c〔縁台〕
煙管　㊤ 391a〔竈〕
沿岸漁場　㊤ 504b〔漁場〕
沿岸捕鯨　㊦ 536c〔捕鯨〕
遠忌　㊦ 307c〔年忌〕
エンギ　㊤ 425b〔家例〕
演技　㊤ 787c〔芝居〕
・縁起《えんぎ》　㊤ **217**c　216b〔縁(一)〕　880c〔ジンクス〕
・縁起かつぎ《えんぎかつぎ》　㊤ **218**b
縁起言葉　㊤ 130a〔忌言葉〕
縁起棚　㊤ 402c〔神棚〕　㊦ 16c〔台所〕
・縁起物《えんぎもの》　㊤ **218**c　537a〔熊手〕　㊦ 32c〔宝船〕　67b〔達磨〕
円教寺(兵庫)　㊤ 675 表〔西国巡礼〕
・縁切り《えんきり》　㊤ **219**a　453c〔祈願〕　482c〔久離〕
縁切稲荷　㊤ 219b〔縁切榎〕
・縁切榎《えんきりえのき》　㊤ **219**b　51a〔争いの樹〕　219a〔縁切り〕
縁切地蔵　㊤ 219a〔縁切り〕　219b〔縁切榎〕
・縁切寺《えんきりでら》　㊤ **219**b　38a〔尼〕　㊦ 658a〔無縁〕　797a〔離婚〕
縁切橋　㊤ 219a〔縁切り〕　219b〔縁切榎〕
縁切餅　㊤ 219a〔縁切り〕
縁切薬師　㊤ 219a〔縁切り〕
・円空《えんくう》　㊤ **219**c
エンゲ　㊤ 217b〔縁側〕
演芸　㊤ 399c〔紙切〕
・演芸場《えんげいじょう》　㊤ **220**a
・演劇《えんげき》　㊤ **220**a　384a〔歌舞伎〕　787c〔芝居〕
エンゲルス Engels, Friedrich　㊤ 579a〔原始共産制〕
エンコ〖エンコー〗　㊤ 370b〔河童〕
延光寺(高知)　㊦ 519 表〔遍路〕
円光大師　㊦ 11a〔大師信仰〕
エンコエンコの踊り　㊤ 950c〔銭太鼓踊り〕
エンコ祭〖エンコー-〗　㊤ 370c〔河童〕
エンサ　㊤ 217b〔縁側〕
・円座《えんざ》　㊤ **220**c　709b〔座蒲団〕　752c〔敷物〕　㊦ 834c〔藁〕
円座つき　㊦ 389c〔破魔弓〕
エンザモンザ　㊦ 490b〔ぶらんこ〕
演者　㊦ 493a〔風流獅子舞〕
エンジャ　㊤ 224c〔エンルイ〕
・遠州大念仏《えんしゅうだいねんぶつ》　㊤ **220**c　379b〔鉦〕　㊦ 別刷〈盆〉
遠州大念仏保存会　㊤ 220c〔遠州大念

仏〕
遠州七不思議　㊤731*a*〔三度栗〕
• 煙硝づくり〔-作り〕《えんしょうづくり》　㊤**221*a***　728*c*〔山村〕　㊦743*b*〔山仕事〕
煙硝土　㊤221*a*〔煙硝づくり〕
援助交際　㊤930*c*〔性道徳〕
円錐クラン　㊤546*a*〔クラン〕
• 塩水選《えんすいせん》　㊤**221*b***
宴席歌　㊤91*b*〔伊勢音頭〕
遠祖　㊤957*b*〔先祖〕
円蔵寺(福島)　㊤816*a*〔十三参り〕　㊦363*a*〔裸祭〕
• 遠足《えんそく》　㊤**221*c***　369*a*〔学校行事〕
『塩俗問答集』　㊤742*b*〔塩〕
遠祖祭祀　㊤248*a*〔沖縄文化〕　㊦312*a*〔年中行事㈡〕
円村　㊤818*a*〔集村〕
• 縁台《えんだい》　㊤**221*c***　846*b*〔床几〕
円タク　㊦34*c*〔タクシー〕
鉛丹　㊦514*c*〔ベンガラ〕
縁談　㊦357*a*〔はしかけ〕
園地　㊤663*b*〔混作〕
『円珍俗姓系図』　㊤559*c*〔系図〕
円通寺(青森)　㊤262*b*〔恐山〕　533*b*〔口寄せ〕
円通寺(愛知)　㊤13*c*〔秋葉信仰〕
炎帝　㊤893*a*〔神農〕　→神農
塩田　㊤923*c*〔製塩〕
えんどう　㊦586*c*〔豆〕
遠藤武　㊦636*a*〔民具〕
遠藤春子社中　㊦3*b*〔太神楽〕
エンドガミー　㊦241*b*〔内婚〕
縁取り草履　㊤978*b*〔草履〕
エンナカ　㊤874*c*〔地炉〕
• 縁日《えんにち》　㊤**222*a***　216*b*〔縁㈠〕　別刷〈市〉　㊦781*c*〔夜見世〕
縁日市　㊤99*a*〔市〕　102*c*〔市日〕　㊦144*c*〔定期市〕
• 延年《えんねん》　㊤**222*b***　778*c*〔十界修行〕　㊦99*c*〔中尊寺延年〕　474*b*〔仏教芸能〕　648*a*〔民俗芸能〕　690*b*〔毛越寺延年〕　710*b*〔問答〕　717*b*〔役者〕
延年舞　㊤608*b*〔後宴〕
延年風流　㊦492*b*〔風流〕
役優婆塞　㊤223*b*〔役行者〕　→役行者
役小角　㊤223*b*〔役行者〕　238*c*〔大峯信仰〕　487*a*〔行者講〕　720*a*〔山岳信仰〕　726*b*〔山上講〕　798*b*〔シャーマニズム〕　823*c*〔修験道〕　887*c*〔神仙思想〕　962*a*〔仙人〕　→役行者
• 役行者《えんのぎょうじゃ》　㊤**223*b***　238*c*〔大峯信仰〕　487*a*〔行者講〕　720*a*〔山岳信仰〕　別刷〈護符〉　㊦420*b*〔英彦山信仰〕　467*b*〔富士山〕　→役小角
『役行者本記』　㊤824*b*〔修験道〕
宴座　㊤483*a*〔饗宴〕
縁の綱　㊤963*a*〔善の綱〕
エンバーミング　㊤973*a*〔葬送儀礼㈡〕
塩梅　㊦110*c*〔調味料〕
塩梅料　㊤421*b*〔辛味〕　596*b*〔香辛料〕
鉛白　㊤260*b*〔白粉〕
エンピキ　㊦427*c*〔ヒッパリ〕
エンブ　㊤210*b*〔家船〕
円舞　㊦102*a*〔秋夕〕
円福寺(千葉)　㊤708*c*〔鯖大師〕
エンブリ　㊤171*a*〔ウツギ〕　211*a*〔えぶり〕　→えぶり
• えんぶり　㊤**223*c***　209*b*〔えびす舞〕　211*b*〔えぶり〕　375*a*〔門付け〕　㊦25*a*〔田植え踊り〕
• エンブリー Embree, John F.　㊤**223*c***　㊦297*a*〔ヌシドリ〕
遠方婚　㊤668*b*〔婚約〕　㊦251*b*〔仲人〕　783*c*〔嫁入婚〕
艶本　㊤213*a*〔絵本〕　839*c*〔春画〕
• 閻魔〔-大王，-羅王〕《えんま》　㊤**224*a***　755*b*〔地獄〕　768*c*〔地蔵講〕　㊦737*a*〔藪入り〕
えんま市　㊤別刷〈市〉
閻魔大王をだます　㊤731*c*〔三右衛門話〕
閻魔はん　㊤708*a*〔座配〕
閻魔詣り　㊤224*b*〔閻魔〕
円明寺(愛媛)　㊦519 表〔遍路〕
• 縁結び《えんむすび》　㊤**224*b***　54*b*〔淡島信仰〕　394*b*〔神〕　453*c*〔祈願〕
縁結びの木　㊤224*b*〔縁結び〕
縁結び祭　㊦783*a*〔嫁市〕
延命　㊦592*b*〔回り地蔵〕
延命寺(愛媛)　㊦519 表〔遍路〕
エンヤーホー　㊦128*b*〔つく舞〕
円融寺(埼玉)　㊦86 表〔秩父巡礼〕
遠洋漁業　㊤501*a*〔漁業〕
遠洋漁場　㊤504*b*〔漁場〕
遠洋捕鯨　㊦536*c*〔捕鯨〕
閻羅王　㊤224*a*〔閻魔〕　→閻魔
延暦寺(滋賀)　㊤222*b*〔延年〕　765*b*〔地神盲僧〕
遠慮　㊦508*b*〔閉門〕
• エンルイ〔縁類〕　㊤**224*c***　148*c*〔姻戚〕

お

オ　㊤275*a*〔尾根〕
苧　㊤111*c*〔糸繰り〕　280*c*〔苧桶〕
緒　㊦837*b*〔草鞋〕
お遊び　㊤641*c*〔護法祭〕
• 御新下り《おあらおり》　㊤**225*a***　458*b*〔聞得大君〕
• 笈《おい》　㊤**225*b***　㊦749*b*〔山伏〕
オイウェージン　㊦186*b*〔同族神〕
オイウリアキンド　㊦494*a*〔古着〕
オイカゴ　㊤936*c*〔背負籠〕
オイカワ　㊤155*b*〔ウグイ〕
及川儀右衛門　㊦822*c*〔炉辺叢書〕
• 及川宏《おいかわひろし》　㊤**225*b***　㊦184*b*〔同族〕
お池参り　㊤27*b*〔阿蘇信仰〕
負子　㊤368*a*〔担叉〕　937*b*〔背負梯子〕
追込網　㊤749*c*〔敷網〕　㊦224*b*〔トビウオ〕　694*c*〔もぐり漁〕
• 追込漁〔-漁業〕《おいこみりょう》　㊤**225*c***　30*b*〔アダン〕　123*b*〔イノー〕
追い込み猟　㊤536*c*〔熊狩り〕　576*a*〔獣道〕　837*a*〔狩猟法〕
追い叉首　㊤699*a*〔叉首〕
老杉神社(滋賀)　㊤別刷〈供物〉
お伊勢さま　㊦19*a*〔大麻〕
追い銭　㊤157*b*〔牛市〕
追い出し　㊦117*b*〔追放〕
追出久離　㊤446*a*〔勘当〕　482*c*〔久離〕
追い出し火　㊤829*c*〔出棺〕
• オイツキサマ　㊤**226*a***
オイツキサマの田　㊤226*b*〔オイツキサマ〕
オイツキ社　㊤226*b*〔オイツキサマ〕
オイツキ祭　㊤226*b*〔オイツキサマ〕
置行堀　㊦259*a*〔七不思議〕
お糸唐糸　㊤249*c*〔お銀小銀〕
おいとこ節　㊦696*c*〔餅搗踊り〕
• オイナ　㊤**226*b***
オイナカムイ　㊤226*b*〔オイナ〕
負い縄　㊤937*a*〔背負縄〕　㊦834*c*〔藁〕
オイニョ　㊤34*c*〔姉女房〕
オイ女房　㊤34*c*〔姉女房〕
お犬〔-様〕　㊤233*a*〔狼〕　764*b*〔猪除け〕
オイネ女房　㊤34*c*〔姉女房〕
追羽子突　㊦385*b*〔羽根つき〕
追い払い　㊤926*c*〔制裁〕
笈火　㊤274*b*〔鬼火㈠〕
オイマク　㊦806*b*〔臨終〕
追い柾　㊤928*a*〔製材〕
追い廻し　㊤98*b*〔板前〕
お忌荒れ〔御忌み-〕　㊤32*a*〔アナジ〕

397c〔神送り〕 90b〔出雲信仰〕 397a〔神荒〕 ㊦801a〔竜蛇〕
• お忌みさん ㊤**226**c
オイメゴ ㊤936c〔背負籠〕
オイメセツビ ㊤946a〔節供〕
• 花魁《おいらん》 ㊤**227**a
花魁道中 ㊤227a〔花魁〕
御祝 ㊤810a〔祝儀唄〕
オイワイソ ㊤624c〔小正月の訪問者〕 634a〔コトコト〕
『お岩木さま一代記』〔お岩木様－〕 ㊤58a〔安寿・厨子王〕 726c〔山椒太夫伝説〕
『お岩木山一代記』 ㊤143b〔岩木山信仰〕 726c〔山椒太夫伝説〕
• 追分《おいわけ》 ㊤**227**b ㊦189b〔道標〕
「追分三下り」 ㊤227b〔追分節〕
• 追分節〔追分〕《おいわけぶし》 ㊤**227**b 227c〔追分〕 697c〔座敷唄〕 ㊦655c〔民謡〕
笈渡し ㊤225b〔笈〕
『奥羽秋田領風俗問状答』 ㊦644b〔民俗学史〕
• 往還《おうかん》 ㊤**227**c 309c〔街道〕
• 扇《おうぎ》 ㊤**228**a 228c〔扇祭〕
扇会式 ㊤228c〔扇祭〕 →那智扇祭
王祇様 ㊦14c〔大地踏み〕
扇様 ㊤550b〔黒川能〕
扇に月丸 ㊤413 図〔家紋〕
扇の的 ㊤607b〔幸若舞〕
扇箱 ㊦749b〔山伏〕
扇拍子 ㊤250a〔奥浄瑠璃〕
王祇祭 ㊤550b〔黒川能〕 ㊦14c〔大地踏み〕
• 扇祭《おうぎまつり》 ㊤**228**c
扇神輿 ㊦255a〔那智扇祭〕 601b〔神輿〕
王権神話 ㊤455a〔記紀神話〕
おうこ ㊤195c〔運搬具〕 →オーコ
おうごん ㊤510c〔金〕 →金
黄金塚 ㊤228c〔黄金伝説〕
• 黄金伝説《おうごんでんせつ》 ㊤**228**c
王子稲荷(東京)〔-神社〕 ㊤117c〔稲荷信仰〕 470c〔狐火〕
王子神 ㊦600b〔御子神(一)〕 →御子神
お丑様 ㊤162c〔丑の日祭〕
王子参拝 ㊤539b〔熊野詣〕
• 王子信仰《おうじしんこう》 ㊤**229**a
奥州講 ㊤497c〔行人塚〕
『奥州のザシキワラシ』 ㊤695a〔佐々木喜善〕
往生 ㊤44b〔阿弥陀信仰〕
往生院 ㊦510c〔別所〕
往生院谷聖 ㊤605b〔高野聖〕
往生講 ㊦314a〔念仏講〕 790b〔来迎会〕 →念仏講
王城鎮守 ㊦114c〔鎮守〕
• 往生伝《おうじょうでん》 ㊤**229**b
王神 ㊦600b〔御子神(一)〕 →御子神
応神天皇 ㊤556a〔軍神〕
小碓命 ㊦745b〔倭建命〕
• 応接間《おうせつま》 ㊤**229**c 697b〔座敷〕
王相 ㊤361a〔方違〕
往相回向 ㊤202b〔回向〕
横着履き ㊤978a〔草履〕
『王朝時代の陰陽道』 ㊤585a〔甲寅叢書〕
• オウツリ ㊤**230**a 974c〔贈答〕 ㊦213c〔年玉〕 224a〔トビ〕
王堂 ㊦79a〔チェンバレン〕
王の鼻 ㊤230b〔王の舞〕
• 王の舞《おうのまい》 ㊤**230**a 408a〔仮面〕 883a〔神事芸能〕
黄柏 ㊦633 表〔民間薬〕
オウバサマ ㊤174c〔乳母〕
• おうばん振舞い ㊤**230**c
桜皮 ㊦633 表〔民間薬〕
逢魔時 ㊦28c〔他界観〕
お午の祝い ㊦603c〔巳正月〕
苧績《おうみ》 ⇨麻(㊤17a)
近江蚊帳 ㊤17a〔麻〕
近江鯉 ㊤583b〔コイ〕
『近江祭礼風土記』 ㊤123a〔井上頼寿〕
近江猿楽 ㊦317b〔能〕
• 近江商人《おうみしょうにん》 ㊤**230**c 853a〔商人〕 ㊦172a〔天秤棒〕
近江高宮布 ㊤17a〔麻〕
近江寺(兵庫) ㊤272a〔鬼会〕
近江中山の芋競べ祭り ㊤133b〔芋競べ〕 →芋競べ
『近江に於ける宮座の研究』 ㊦420a〔肥後和男〕
『近江国多羅尾村答書』 ㊤864c〔諸国風俗問状答〕
『鸚鵡小町』 ㊤276b〔小野小町〕
『鸚鵡石』 ㊤657b〔声色〕
• 往来手形《おうらいてがた》 ㊤**231**b 71c〔行き倒れ〕
邑楽護国神社(群馬) ㊤618c〔護国神社〕
オウリ ㊦224a〔トビ〕
鴨緑江節 ㊤69b〔筏〕
オエ ㊤127c〔居間〕 ㊦553b〔本家〕
• オエカ地〔おゑか-, をへか-, 御恵加-〕 ㊤**231**b
オエカ人 ㊤231b〔オエカ地〕 →掟
• お会式〔御-〕 ㊤**231**b 982c〔祖師忌〕 ㊦20b〔題目講〕 304c〔涅槃会〕 310c〔年中行事(一)〕 597b〔御影供〕
大饗 ㊤167c〔宴〕 483a〔饗宴〕
• 大字《おおあざ》 ㊤**231**c 17b〔字〕 490c〔郷土〕 519a〔区〕 992b〔村落領域〕 ㊦9c〔大字〕 406b〔藩制村〕 489c〔部落〕 679a〔村境〕
• 大足《おおあし》 ㊤**232**a 422b〔刈敷〕 ㊦38a〔田下駄〕
• 大アムシラレ《おおアムシラレ》 ㊤**232**b 458b〔聞得大君〕
大雨 ㊤46a〔雨〕
大市 ㊤99a〔市〕 102c〔市日〕 ㊦144c〔定期市〕
大市姫 ㊤99c〔市神〕
大忌祭 ㊤351a〔風〕
オオイヤ ㊤45c〔網漁〕
午日 ㊦627c〔名節〕
大宇加神 ㊤617c〔穀霊神話〕
大歌 ㊤598a〔小歌〕
オオウバユリ ㊤294c〔オントゥレプ〕
大浦ゴボウ ㊤641b〔ゴボウ〕
大売り出し ㊤847c〔商業〕
大江天満宮(福岡) ㊤607a〔幸若舞〕 ㊦648b〔民俗芸能〕
オオエノマ ㊦別刷〈民家〉
大江匡房 ㊤229b〔往生伝〕
大絵馬 ㊤213a〔絵馬〕 926a〔生業絵馬〕
「大江山」 ㊤534b〔口説き〕
• 大岡裁き《おおおかさばき》 ㊤**232**c
大岡政談 ㊤232c〔大岡裁き〕
大岡忠相 ㊤232c〔大岡裁き〕
大垣輪中 ㊦829c〔輪中〕
大鍛冶 ㊤731b〔山内〕
大頭 ㊦731c〔宿若い衆〕
大頭舞 ㊤607b〔幸若舞〕
大カブ ㊤382b〔カブ(一)〕
大壁 ㊤387b〔壁〕 544c〔蔵造〕
大壁造 ㊤543c〔倉〕 ㊦219c〔土蔵〕
• 狼《おおかみ》 ㊤**233**a 119b〔犬〕 764b〔猪除け〕 別刷〈護符〉 ㊦123a〔使わしめ〕 190b〔動物観〕 602c〔みさき〕 613c〔三峯信仰〕 739a〔山犬〕 749a〔山人〕
オオカミハジキ〔狼弾き〕 ㊤121a〔犬弾き〕 977a〔葬法〕 ㊦63a〔霊屋〕
狼報恩 ㊦191b〔動物報恩譚〕
大川神社(京都) ㊤233a〔狼〕
大神主 ㊤447b〔神主〕
大木戸 ㊤470c〔木戸〕
大皇器地祖神社(滋賀) ㊤264c〔落人伝説〕 別刷〈供物〉
大君霊 ㊤225a〔御新下り〕
大京間 ㊦44b〔畳〕
オーク ㊦200c〔尖棒〕
大城崩れ ㊤540c〔組踊り〕
大口話 ㊤141a〔色話〕
オオグツ ㊦762c〔雪踏み〕
大国魂神 ㊦820a〔六所祭〕
大国魂神社(東京) ㊤545c〔暗闇祭〕 ㊦215c〔年の市〕 319c〔農具市〕 820a〔六所祭〕 →六社宮 →六所宮
大国主命〔－神〕 ㊤90a〔出雲信仰〕 99c〔市神〕 117a〔因幡の白兎〕 473c〔甲子講〕 ㊦7a〔大黒天〕 592a〔客人神〕
大久保踊り ㊦551c〔盆踊り(一)〕

大窪寺(香川)　㊦519表〔遍路〕
大蔵永常　㊦322b〔農書〕
『大蔵永常』　㊦390a〔早川孝太郎〕
大鍬　㊤554a〔鍬〕
オオケ　㊤280c〔苧桶〕
オオゲツヒメ〔大気津比売〕　㊤617c〔穀霊神話〕　㊦338c〔ハイヌウェレ〕
オーコ〔朸〕　㊦172a〔天秤棒〕　200c〔尖棒〕　→おうこ
大子　㊦11a〔大師信仰〕
大阪拳　㊤577a〔拳〕
大盃カブ　㊤30a〔アタネ〕
大阪天満宮(大阪)　㊦172c〔天満祭〕　257b〔夏祭〕
大阪火鉢　㊦436a〔火鉢〕
大阪民俗談話会　㊤691c〔桜田勝徳〕
大阪落語　㊦420b〔彦八〕
オオザケ　㊦664a〔聟入婚〕
大酒飲み　㊤239b〔大飯食らい〕
『大雑書』　㊤191b〔砂川暦〕　614a〔五行〕　701c〔雑書〕　727b〔三世相〕
大サナブリ　㊤706c〔さなぶり〕
大沢助次　㊤607b〔幸若舞〕
大沢田植え踊り　㊦25図〔田植え踊り〕
大潮　㊤742c〔潮〕
祖父母之物語　㊦756b〔遊戯〕　→昔話
大敷網　㊦145c〔定置網〕
大島大工　㊦484a〔船大工〕
大島紬　㊤351a〔絣〕
• 大島正隆《おおしままさたか》　㊤**233**b
オオジメ　㊦149c〔てき屋〕
大宿所祭　㊤349b〔春日若宮御祭〕
大宿老　㊦315b〔年齢階梯制〕
• 大正月《おおしょうがつ》　㊤**233**c　624a〔小正月〕　720c〔三箇日〕　844b〔正月〕　㊦62b〔魂祭〕　212c〔年越〕　258a〔七草〕　259a〔七日正月〕　575c〔松の内〕
大庄屋　㊤974a〔惣代〕　→割元
大神事　㊤594b〔荒神神楽〕　→荒神神楽
大杉さま〔-様，-明神，-大明神〕　㊤233c〔大杉信仰〕　㊦224c〔飛び神〕　531a〔疱瘡送り〕　531b〔疱瘡神〕　→アンバサマ
• 大杉信仰《おおすぎしんこう》　㊤**233**c
大杉神社(茨城)　㊤59a〔アンバサマ〕　59a〔阿波囃子〕　233c〔大杉信仰〕　473c〔機能神〕
• オオスケ人形〔大助-〕　㊤**234**a　㊦293a〔人形送り〕　428b〔人形〕
オーストラロイド　㊤884c〔人種〕
大隅正八幡宮(鹿児島)　㊤172a〔うつぼ舟〕
大相撲　㊤919b〔相撲〕
大惣代　㊤974b〔惣代〕
オオソラ　㊦130b〔ツシ〕
大太鼓　㊦5c〔太鼓〕
オオタイヤ　㊦21a〔逮夜〕
• 大田植《おおたうえ》　㊤**234**b　160a〔牛供養〕　734a〔サンバイ〕　876c〔しろみて〕　㊦24c〔田植え唄〕　24c〔田植え〕　381b〔花田植〕　447c〔ひるまもち〕
太田観音(佐賀)　㊤604b〔子産石〕
大滝寺(徳島)　㊤535b〔首切れ馬〕
大田蜀山人　㊤654a〔娯楽〕
大田神社(京都)　㊤738b〔サンヤレ祭〕　㊦727c〔やすらい祭〕
太田神社(福島)　㊦328c〔野馬追い〕
太田道灌　㊦357c〔箸立伝説〕
• 大谷本廟《おおたにほんびょう》　㊤**235**a　㊦321a〔納骨〕　541a〔墓制〕　672a〔無墓制〕
• オオダマ〔-様，大玉〕　㊤**235**b　35a〔アバ〕　45c〔網漁〕　501c〔漁業信仰〕
大玉アバ　㊤235c〔オオダマ〕
オオダマオコシ　㊤235b〔オオダマ〕
大玉鐶　㊤235c〔オオダマ〕
太玉串　㊦61c〔玉串〕
オオダマの祝い〔網霊の-〕　㊤563a〔契約〕
大俵　㊦339c〔灰屋〕
大俵引き　㊤別刷〈市〉
大屯神社(鹿児島)　㊤868b〔諸鈍芝居〕
• 大津絵《おおつえ》　㊤**235**c
大津絵節　㊤236a〔大津絵〕
大塚岩次郎　㊤534a〔沓〕
大塚久雄　㊤428a〔川島武宜〕　493c〔共同体〕
大塚民俗学会　㊦646b〔民俗学評論〕
「大津京阯の研究」　㊦419c〔肥後和男〕
大償神楽　㊤327図〔神楽〕　㊦391b〔早池峰神楽〕　749c〔山伏神楽〕
オオツゴモリ　㊤238a〔大晦日〕　→大晦日
大津末次郎　㊤907a〔犂〕
大槌　㊦132b〔槌〕
大鼓　㊦134a〔鼓〕
オオツヅラフジ　㊦633表〔民間薬〕
虎子　㊦515c〔便所〕
オオテ　㊤80c〔石垣〕
• 大戸《おおと》　㊤**236**b
• 大藤時彦《おおとうときひこ》　㊤**236**b　㊦549a〔堀一郎〕　632c〔民間伝承の会〕　797c〔離島調査〕
オオドグチ　㊤236b〔大戸〕
オオトシ〔大年〕　㊤238a〔大晦日〕　949a〔節分〕　→大晦日
オオドシ　㊦610b〔みたまの飯〕
大歳の亀　㊤237a〔大歳の客〕
• 大歳の客《おおとしのきゃく》　㊤**236**c　㊤340a〔笠地蔵〕　535c〔首切れ馬〕　㊦451c〔貧乏神〕　760a〔雪女〕
• 大歳の火《おおとしのひ》　㊤**237**a　237a〔大歳の客〕　340a〔笠地蔵〕
大歳祭　㊦835c〔笑い講〕
大殿祭　㊤736c〔散米〕
オオトビ　㊦225b〔鳶口〕
大供会　㊤495c〔郷土玩具〕
大伴家持　㊦595a〔万葉集〕
大酉　㊦235c〔酉の市〕
大鳥神社(東京)　㊦235b〔酉の市〕
鷲神社(東京・足立区島根)　㊦468表〔富士塚〕
鷲神社(東京・足立区花畑町)　㊦235c〔酉の市〕
鷲神社(東京・台東区)　㊦235b〔酉の市〕
オートレース　㊤335b〔賭け事〕
大中恩　㊦194b〔童謡〕
大並門屋　㊦471a〔譜代(二)〕
大己貴命〔大穴牟遅神〕　㊤117a〔因幡の白兎〕　292b〔温泉〕
大汝命　㊤396c〔神あらそい〕
大滑　㊦348c〔馬具〕
大穴持神社(鹿児島)　㊤341c〔火山〕
大名持神社(奈良)　㊤271a〔オナンジマイリ〕
オオナンジ　㊤836b〔狩猟信仰〕
大汝・小汝　㊦803b〔猟師〕
大納戸　㊦268b〔納戸〕
大新嘗　㊦13a〔大嘗祭〕
大嘗祭　㊦13a〔大嘗祭〕　212b〔祈年祭〕　→だいじょうさい
オオニオ　㊤116c〔稲積み〕
オオニンギョウ　㊦別刷〈村境〉
大野鍛冶　㊤347c〔鍛冶屋〕
大軒造　㊦325b〔軒〕
オオバキボウシ　㊤724a〔山菜〕
オオバコ　㊦87c〔血止め〕　149b〔できもの〕　633表〔民間薬〕
大橋乙羽　㊦455a〔風俗画報〕
大橋家　㊤846b〔将棋〕
• 大話《おおばなし》　㊤**237**b　141a〔色話〕
大祝　㊦603a〔御射山祭〕　→おおほうり
大林太良　㊤43b〔アマミキョ〕　829c〔種族文化複合〕
• 大祓え《おおはらえ》　㊤**237**c　㊦252a〔夏越の祓え〕　293a〔人形送り〕　394b〔祓え〕　428b〔人形〕　716b〔厄落とし〕
大祓神事　㊤361a〔形代〕　→人形流し
大原神社(京都)　㊦81図〔力綱〕
大原幽学　㊦26b〔田植え綱〕
オオバン〔オーバン〕　㊤230c〔おうばん振舞い〕　㊦309c〔年始〕
大判　㊤511a〔金〕
大番　㊦405c〔番水〕
大篳篥　㊦458b〔笛〕
大人《おおひと》　⇨巨人伝説(㊤504b)　㊤271b〔鬼〕　㊦740c〔山男〕
大人弥五郎　㊦720b〔弥五郎祭〕
太平山神社(栃木)　㊤224b〔縁結び〕
大日霊貴神社(秋田)　㊦516b〔仏舞〕
大振袖　㊦492a〔振袖〕

大風流　㊦492b〔風流〕
大風呂敷　㊤415a〔カヤカブリ〕
オーブン　㊦112a〔調理法〕
大祝　㊤297b〔御柱〕 886a〔神職〕 ㊦534a〔祝〕 →おおはふり
オーボエ　㊤367c〔楽器〕
おおぼがぶらぶら　㊦363b〔裸回り〕
大間　㊤498b〔京間〕 →京間
オオマキ　㊤19c〔アサリ〕
オオマタギ　㊤410a〔カモシカ猟〕
・大間知篤三《おおまちとくぞう》　㊤**237**c 21a〔足入れ〕 21b〔足入れ婚〕 106c〔一子残留〕 145c〔隠居〕 167c〔宴〕 287a〔親子成り〕 359b〔家族類型〕 544b〔倉田一郎〕 658b〔婚姻〕 664a〔婚舎〕 826c〔呪術的親子〕 888b〔親族〕 954a〔全国民俗誌叢書〕 993b〔村落類型論〕 ㊦113a〔直系家族〕 140a〔妻問婚〕 283c〔日本民俗学講習会〕 306c〔寝宿婚〕 308a〔年期聟〕 463c〔複世帯制〕 549a〔堀一郎〕 632b〔民間伝承の会〕 663c〔聟入婚〕 803c〔両墓制〕 別刷〈民俗学史〉
『大間知篤三著作集』　㊤238a〔大間知篤三〕
大廻し船　㊤305c〔廻船〕
大御食神　㊤617c〔穀霊神話〕
・大晦日《おおみそか》　㊤**238**a 233c〔大正月〕 237c〔大祓え〕 271c〔鬼〕 339c〔笠地蔵〕 ㊦212c〔年越〕 214b〔年取肴〕 →オオトシ
大御立座神事　㊤921c〔諏訪信仰〕
オーミデー　㊤807c〔ジャンガラ〕
大御堂寺(愛知)　㊦532c〔棒の手〕
大峯入り　㊦616a〔峰入り〕 →峰入り
大峯行者　㊤487a〔行者講〕
大峯山(奈良)　㊤238b〔大峯信仰〕 498b〔行屋〕 720a〔山岳信仰〕 824a〔修験道〕 ㊦287a〔入峰修行〕 288a〔女人禁制〕 616b〔峰入り〕 749b〔山伏〕
大峯山寺(奈良)　㊤726b〔山上講〕 824図〔修験道〕
大峯山花供入峰修行　㊦379c〔花供〕
大峯修験道　㊤726b〔山上講〕 ㊦616b〔峰入り〕
大峯修験登山　㊦337c〔売春〕
・大峯信仰《おおみねしんこう》　㊤**238**b
おおみま　㊤475a〔亀卜〕
大宮社(滋賀)　㊤774c〔七度半の使〕
大宮神社(和歌山)　㊤789a〔柴挿し(一)〕
大神神社(奈良)　㊤930a〔聖地〕 ㊦19b〔松明〕 380c〔鎮花〕 510a〔別火〕 513a〔蛇〕
・大麦《おおむぎ》　㊤**239**a 701a〔雑穀〕 ㊦661c〔麦作〕 662c〔麦飯〕
大棟　㊦670c〔棟〕
大村砥　㊦175a〔砥石〕
大村益次郎　㊦726a〔靖国神社〕
・大飯食らい《おおめしくらい》　㊤**239**b 602b〔強飯式〕
大餅さん　㊤255c〔おこない〕
大本　㊤240a〔大本教〕
・大元神楽《おおもとかぐら》　㊤**239**c 144c〔石見神楽〕 328b〔神楽〕 398a〔神おろし〕 398c〔神がかり〕 594b〔荒神神楽〕 601b〔神殿〕 別刷〈供物〉 ㊦161a〔天蓋〕 205c〔土公神〕 631a〔民間信仰〕
・大本教《おおもときょう》　㊤**240**a 147c〔淫祠邪教〕 820a〔終末論〕 962c〔千年王国運動〕
大元神　㊤601b〔神殿〕 ㊦706c〔森神〕
大物忌神社(山形)　㊤130b〔忌籠り〕
大物忌神　㊦103a〔鳥海山信仰〕
大もの競べ　㊦548c〔法螺吹き〕
大森志郎　㊤815b〔十三塚〕
オーモンデー　㊤807c〔ジャンガラ〕 ㊦313c〔念仏踊り〕
オオヤ　㊦553b〔本家〕
大屋　㊤293a〔温泉権〕 ㊦561b〔マキ〕
大家　㊦571c〔町〕
・オーヤ　㊤**240**b 479c〔旧家〕 657c〔コワキ〕
オーヤー　㊤527c〔グショー〕
大谷石　㊦249b〔長屋門〕
公〔大宅，大家〕　㊦831c〔私〕
大宅壮一　㊤455c〔企業城下町〕
・大屋・店子〔大家-〕《おおやたなこ》　㊤**240**c
大柳酒屋　㊤854b〔商標〕
大山(山車)　㊦43a〔山車〕
大山(神奈川)　㊤40c〔雨乞い〕 240c〔大山信仰〕 720b〔山岳信仰〕
大山阿夫利神社(神奈川)　㊦790c〔雷神〕
大山講　㊤240c〔大山信仰〕
大山崎油神人　㊤785a〔神人〕
・大山信仰《おおやましんこう》　㊤**240**c
大山祇神社　㊦746c〔山の神〕
大山祇神社(新潟)　㊦742b〔ヤマサキ〕
大山祇神社(愛媛)　㊤263a〔お田植祭〕 ㊦431b〔一人相撲〕
大山祇神　㊦746c〔山の神〕 別刷〈山の神〉
大山寺(神奈川)　㊤241a〔大山信仰〕
大和神社(奈良)　㊤416a〔粥占〕 ㊦789a〔よりまし〕
おおやまとれんぞ　㊦814a〔れんぞ〕
大山の口　㊦748a〔山の口明け〕
大山祭　㊤118b〔稲荷信仰〕 ㊦766a〔弓神楽〕
大山道　㊤241a〔大山信仰〕 ㊦189図〔道標〕
大山詣　㊤241a〔大山信仰〕
オーラル＝エピック　㊤363c〔語りもの〕
オーラル＝ナラティブ　㊤363c〔語りもの〕
・オーラル＝ヒストリー oral history　㊤**241**a 601a〔口頭伝承〕
オールドカマー　㊦286b〔ニューカマー〕
オールロマンス事件　㊦490b〔部落解放運動〕
大草鞋　㊤291a〔お礼参り〕 833c〔呪物崇拝〕 ㊦別刷〈村境〉
・大鋸《おが》　㊤**241**b 640a〔木挽〕 928a〔製材〕 ㊦325b〔鋸〕
オカイコサン　㊦770a〔養蚕〕
陸亥子　㊤124a〔亥子〕
陸鍛冶　㊤344c〔貸鍬〕
お鏡　㊤445b〔寒天〕
オカガリ　㊤960a〔千駄焚き〕
おかき　㊦534b〔焙烙〕
オカギサマ　㊤758a〔自在鉤〕
オカギモノ　㊤244c〔沖着物〕
岡熊臣　㊦706c〔森神〕
岡倉由三郎　㊦79a〔チェンバレン〕
御蔭　㊤199a〔ええじゃないか〕
おかげ踊り　㊤242a〔お蔭参り〕
オカゲサン　㊤320b〔鍵取り〕
・お蔭参り　㊤**241**c 93b〔伊勢信仰〕 199a〔ええじゃないか〕 252a〔御鍬祭〕 551b〔黒住教〕 ㊦296b〔抜参り〕 393b〔流行神〕
御囲堤　㊦829c〔輪中〕
オカザキ　㊦401b〔晴着〕
オカザリ　㊤509a〔切紙〕
お飾り替え　㊤844b〔正月〕
小笠原氏　㊦810b〔礼法〕
小笠原義勝　㊤210c〔家船〕
小笠原流　㊤710a〔作法〕 ㊦810c〔礼法〕
・おかし〔咲〕　㊤**242**a
お加持　㊤740a〔指圧〕
オカシマノオオスケ　㊤234a〔オオスケ人形〕
岡集落　㊦263c〔納屋集落〕
おかしら様　㊤761c〔獅子舞(一)〕
・御頭神事《おかしらしんじ》　㊤**242**b
岡神社(滋賀)　㊤41a〔雨乞い踊り〕
おかず　㊦463a〔副食〕
オカソ〔オカソバ〕　㊦16c〔台所〕
オカタ　㊤314b〔カカ〕 479c〔旧家〕
オカダ　㊤243b〔オカボ〕
岡大梵天王社(滋賀)　㊤41a〔雨乞い踊り〕
オカタ送り　㊤200b〔疫神送り〕
尾形月耕　㊦455a〔風俗画報〕
緒方小太郎　㊤81c〔石神問答〕
緒方三郎　㊤771a〔始祖伝説〕
岡出し　㊤602c〔坑夫〕
岡足袋　㊦347図〔履物〕
・オカタブチ〔-コウ，オカタウチ〕　㊤**242**c 別刷〈小正月〉 ㊦785a〔嫁叩

き〕
おかた奉公 ⇨年期聟(㊦308a)
オカッタッコ ㊦585b〔ままごと〕
• おかっぱ ㊤**242c**
岡寺(奈良) ㊤675 表〔西国巡礼〕
陸渡御 ㊦202b〔渡御〕
オカドボウ ㊤375 図〔門入道〕
• 陸苗代《おかなわしろ》 ㊤**243a** ㊦243a〔苗間〕 266b〔苗代〕
陸の衆 ㊤242b〔おかし〕
岡場所 ㊤15b〔悪所〕 ㊦455c〔風俗統制〕
陸梁 ㊤650a〔小屋組〕
「男鹿半島のナマハゲ」 ㊤276a〔小野武夫〕
オカブ ㊤243b〔オカボ〕
オカブリ ㊤386 図〔かぶりもの〕 909a〔頭巾〕
• オカボ ㊤**243b** 691a〔作物禁忌〕
オカマ(下女) ㊤574b〔下男・下女〕
オカマ ㊦183c〔同性愛〕
お竈風 ㊤397a〔神荒〕
• 岡正雄《おかまさお》 ㊤**243b** 51c〔有賀喜左衛門〕 83a〔石田英一郎〕 87b〔異人㈠〕 207b〔エトノス〕 238a〔大間知篤三〕 409a〔蒲生正男〕 829b〔種族文化複合〕 859b〔照葉樹林文化〕 993a〔村落類型論〕 ㊦139b〔坪井洋文〕 283c〔日本民俗学講習会〕 315a〔年齢階梯制〕 336b〔バーン〕 501b〔文化人類学〕 640a〔民族㈡〕 642c〔民俗学㈡〕 645b〔民俗学史〕
オカマサマ〔-さん〕 ㊤90b〔出雲信仰〕 176c〔産神〕 391c〔竈神〕 ㊦70c〔団子〕 269c〔納戸神〕 437a〔火伏せ〕
オカマ憑け ㊤770b〔地蔵つけ〕
お竈申し ㊤765b〔地神もうし〕
女将 ㊤322c〔家業〕
拝み懸魚 ㊤567a〔懸魚〕
オガミサマ ㊤25b〔梓巫女〕 400a〔神口〕 784a〔死口〕 881a〔新口〕 ㊦545b〔仏おろし〕
オカミソリ ㊤254a〔お剃刀〕 829c〔出棺〕
拝み墓 ㊤305b〔改葬〕
拝み箸 ㊦833c〔渡箸〕
オガミビキ ㊦416b〔ヒキ〕
拝み松 ㊤376b〔門松〕
オガミヤ ⇨祈禱師(㊤471b)
オカミン〔オガミン〕 ㊤52b〔あるき巫女〕 71b〔生き神〕 533a〔口寄せ〕 881a〔新口〕 ㊦545c〔仏おろし〕 600a〔巫女〕
岡村千秋 ㊤496c〔郷土研究㈡〕 ㊦640a〔民族㈡〕 642c〔民俗学㈡〕 644c〔民俗学史〕
• おかめ〔お亀, 阿亀〕 ㊤**243c** ㊦445a〔ひょっとこ〕
おかめうどん〔-そば〕 ㊤244a〔おかめ〕 244a〔おかめ〕
岡持 ㊦37b〔竹細工〕 156c〔出前〕
岡本文弥 ㊦506a〔文弥人形〕
『岡山民俗』 ㊦645b〔民俗学史〕
岡山民俗学会 ㊦645b〔民俗学史〕
おから ㊦190b〔豆腐〕
• オガラ〔苧ガラ, 麻ガラ〕 ㊤**244a** 17a〔麻〕 112a〔糸繰り〕 917a〔炭〕 ㊦530a〔ぼうじ棒打ち〕 〔ニワ〕
お仮屋〔御-〕 ㊤27 図〔阿蘇神社〕 264b〔御旅所〕 ㊦290a〔ニワ〕 423c〔仮屋㈠〕 →御旅所
お仮屋(標示物) ㊤277c〔オハケ〕
オカロ ㊦436a〔火鉢〕
• オカワ〔-サマ, -ハン〕 ㊤**244b** 255c〔おこない〕
小河大神 ㊦820a〔六所祭〕
小川徹 ㊦636a〔民具〕
オカン〔おかん〕 ㊤975a〔雑煮〕 ㊦212c〔年越〕
御冠船踊り ㊤288b〔女形〕
沖 ㊦254a〔灘〕
燠 ㊤416a〔粥占〕
オギ ㊤912c〔ススキ〕 →カヤ
オキアイ ㊤961c〔船頭〕
沖合漁業 ㊤501a〔漁業〕
沖合漁場 ㊤504b〔漁場〕
起き上がり小法師 ㊦67b〔達磨〕
オキアミ ㊤696b〔刺網〕
置行燈 ㊤58c〔行燈〕
オキウド ㊤249b〔オキュウト〕
置縁 ㊤221c〔縁台〕 →縁台
「小木おけさ」 ㊤253a〔オケサ節〕
• 隠岐神楽《おきかぐら》 ㊤**244b**
起龕 ㊤433b〔龕㈠〕
• 沖着物《おききもの》 ㊤**244c**
オキギモン ㊤756b〔仕事着〕
オキキリマ ㊤245a〔オキクルミ〕
• 置き薬《おきぐすり》 ㊤**244c**
• オキクルミ ㊤**245a**
置炬燵 ㊤323c〔家具〕 629a〔炬燵〕
• 沖言葉《おきことば》 ㊤**245a** 130a〔忌言葉〕 ㊦741c〔山言葉〕
• 招代《おぎしろ》 ㊤**245b** ㊦788b〔依代〕 →依代
置炭 ㊦210b〔年占〕
オキセン ㊦252b〔馴染〕
置畳 ㊦44b〔畳〕
オキダチ ㊦378a〔初漁祝い〕
置千木 ㊦670c〔棟〕
オキテヌグイ〔置手拭〕 ㊤386 図〔かぶりもの〕 ㊦155b〔手拭〕
隠岐島前神楽 ㊤244 図〔隠岐神楽〕
• 翁《おきな》 ㊤**245b** ㊦698b〔もどき〕
沖仲仕 ㊦244c〔仲仕〕
『翁草』 ㊤904a〔随筆〕
翁猿楽 ㊤245c〔翁〕 713b〔猿楽〕 →猿楽
「翁の発生」 ㊦373b〔発生〕
翁舞 ㊤246 図〔翁〕 734a〔三番叟〕
沖縄 ㊤139 図〔文身〕 303b〔海上の道〕 480b〔旧慣温存政策〕
沖縄県 ㊦798c〔琉球〕
沖縄県及島嶼町村制 ㊦564b〔間切〕
『沖縄県旧慣間切内法』 ㊤991c〔村内法〕
『沖縄県国頭郡志』 ㊤793c〔島袋源一郎〕
• 沖縄語《おきなわご》 ㊤**246a** →沖縄方言 →琉球語 →琉球方言
『沖縄古語大辞典』 ㊤246b〔沖縄語〕
『沖縄語辞典』 ㊤246b〔沖縄語〕 ㊦415a〔比嘉春潮〕
「沖縄古代の生活」 ㊤793c〔島袋源七〕
『沖縄婚姻史』 ㊤250c〔奥野彦六郎〕
沖縄式追込網漁業 ㊤226 図〔追込漁〕
『沖縄一自然・文化・社会一』 ㊤480a〔九学会連合調査〕
『沖縄人事法制史と現行人事法改正管見』 ㊤250c〔奥野彦六郎〕
• 沖縄角力〔-相撲〕《おきなわずもう》 ㊤**246b** 別刷〈沖縄文化〉
『沖縄今帰仁方言辞典』 ㊤246b〔沖縄語〕
「沖縄の神隠し」 ㊦415a〔比嘉春潮〕
『沖縄の婚姻』 ㊤940a〔瀬川清子〕
『沖縄の人形芝居』 ㊦623a〔宮良当壮〕 822c〔炉辺叢書〕
「沖縄の民俗と信仰」 ㊤793c〔島袋源七〕
『沖縄の歴史』 ㊦415a〔比嘉春潮〕
• 沖縄文化《おきなわぶんか》 ㊤**246c** 別刷〈沖縄文化〉 ㊦798c〔琉球〕 →琉球文化
「沖縄文化史」 ㊦415a〔比嘉春潮〕
沖縄方言 ㊤246b〔沖縄語〕 ㊦526b〔方言〕
• 沖縄民謡《おきなわみんよう》 ㊤**248b**
• 沖縄料理《おきなわりょうり》 ㊤**249a**
オキヌサマ人形 ㊤301a〔蚕神〕
『沖永良部島昔話』 ㊤143c〔岩倉市郎〕
沖乗り ㊦254a〔灘〕 615c〔港〕
沖箱 ㊦565c〔枕箱〕
「小木ハンヤ節」 ㊦340b〔ハイヤ節〕
熾火 ㊦419a〔火消し壺〕
お木曳き唄〔御木曳木遣り〕 ㊤91b〔伊勢音頭〕 478c〔木遣り唄〕
置文 ㊦677a〔村極め〕
置目 ㊦677a〔村極め〕
置き餅 ㊤837 表〔狩猟法〕
オキャクアソビ ㊦585c〔ままごと〕
オキャクギモン ㊦778b〔よそゆき〕
お客仏 ㊤478b〔客仏〕 ㊦658a〔無縁仏〕
• オキュウト ㊤**249a**

オギュスタン＝ベルク　㊦456b〔風土論〕
御饗神事　㊤249b〔お饗盛り〕
オキョウヒキ　㊤765b〔地神盲僧〕
• お饗盛り　㊤**249**b
お経読み　㊤973a〔葬送儀礼㈡〕
オキヨメ　㊤287c〔オヤシマイ〕
お清め祭〖お潔め-〗　㊤92a〔伊勢神楽〕　㊦764c〔湯立神楽〕
オキヨモリ　㊦565c〔枕飯〕
置ランプ　㊦795c〔ランプ〕
おきりこみ　㊤173a〔うどん〕
『尾切り雀』　㊤772a〔舌切雀〕
オキロ　㊦436a〔火鉢〕
• お銀小銀　㊤**249**c　㊦585c〔継子話〕
オク　㊦268b〔納戸〕
奥駆け　㊤538a〔熊野信仰〕
オクゴヤ　㊤18a〔アサゴヤ〕
オクザシキ　㊦144b〔出居〕
• 奥浄瑠璃《おくじょうるり》　㊤**250**a　362c〔語り〕　625a〔古浄瑠璃〕
オクソザックリ　㊤700c〔サックリ〕
苧屑頭巾　㊤909a〔頭巾〕
奥平武彦　㊦640a〔民族㈡〕
御管神事　㊤416a〔粥占〕
オクダマサマ　㊤957c〔先祖〕
オクダリ〖お下り〗　㊤397b〔神送り〕　㊦624c〔神幸〕
• オクナイサマ　㊤**250**a　→オコナイサマ
• 屋内神《おくないしん》　㊤**250**b　170c〔ウッガン〕　㊦723a〔屋敷神〕
阿国歌舞伎　㊤866b〔女装〕
小国紙　㊤401 図〔紙漉き〕
御国浄瑠璃　㊤250a〔奥浄瑠璃〕　→奥浄瑠璃
オクノカミ　㊦269c〔納戸神〕　→納戸神
• 奥野彦六郎《おくのひころくろう》　㊤**250**c
オクノマ　㊦別刷〈民家〉
奥間鍛冶屋　㊦452c〔鞴祭〕
オクミセ　㊦607c〔店〕
奥山　㊦737c〔山〕
奥山桃雲　㊤91b〔伊勢音頭〕
奥山半僧坊(静岡)　㊦110c〔徴兵逃れ〕
お位もらい　㊤453a〔祇園祭〕
小倉百人一首　㊤141a〔いろはがるた〕
御蔵門徒　㊤331b〔隠れ念仏㈡〕
オクリ　㊦328a〔野辺送り〕　→野辺送り
送り犬　㊤251a〔送り狼〕
• 送り狼《おくりおおかみ》　㊤**251**a
小栗街道　㊤251b〔小栗判官〕
おくりご　㊤273a〔鬼ごっこ〕
おくりさま　㊤546c〔庫裡〕
オクリ正月　㊤317b〔鏡開き〕　875a〔次郎の朔日〕　㊦272b〔二月正月〕　371b〔二十日正月〕
お繰り出し　㊦328c〔野馬追い〕
送り立て　㊤531a〔クダ狐〕
送り提燈　㊦259a〔七不思議〕
• 小栗判官《おぐりはんがん》　㊤**251**a
「小栗判官」　㊤946a〔説経節〕
小栗判官駒繋ぎ松　㊤644b〔駒繋ぎ松〕
• 送り火《おくりび》　㊤**251**b　244a〔オガラ〕　376a〔門火〕　829c〔出棺〕　㊦19c〔松明祭〕　20c〔大文字焼き〕　62b〔魂祭〕　437b〔火祭〕
送り拍子木　㊦258c〔七不思議〕
オクリボトケ　㊤262a〔おそうぶつ〕
送り盆　㊤244a〔オガラ〕　㊦62b〔魂祭〕　707a〔モリ供養〕
贈り物《おくりもの》　⇨贈答(㊤974b)
御鍬踊り　㊤251c〔御鍬祭〕　→御鍬祭
御鍬神〖-様〗　㊤93b〔伊勢信仰〕　94a〔伊勢参り〕
• 御鍬祭《おくわまつり》　㊤**251**c　199a〔ええじゃないか〕
• おくんち〖オクンチ，お宮日〗　㊤**252**a　161b〔臼太鼓〕　456c〔菊〕　946c〔節供礼〕　㊦271a〔新嘗祭〕
• 桶《おけ》　㊤**252**c　323c〔家具〕　㊦139a〔壺〕　167a〔天水桶〕　210b〔年桶〕
オゲ　㊤718a〔さんか〕
桶洗い唄　㊤694a〔酒造り唄〕
お稽古事　㊤558b〔芸事〕
桶棺　㊤433a〔棺〕
• オケサ節〖置けさ節〗　㊤**253**a
桶師　㊤253b〔桶屋〕　→桶屋
桶大工　㊤253b〔桶屋〕　㊦4c〔大工〕　→桶屋
お血脈　㊦76a〔血〕
お毛付け　㊤182a〔馬市〕
オケド　㊤774c〔七度半の使〕
オゲヘンド　㊦519b〔遍路〕
オケヤ　㊤967a〔葬儀屋〕
• 桶屋《おけや》　㊤**253**b　㊦607a〔水呑〕　→桶大工
桶屋(葬送)　㊤967a〔葬儀屋〕
桶結師　㊤253b〔桶屋〕　→桶屋
白朮　㊤253c〔白朮祭〕
白朮燈籠　㊤253c〔白朮祭〕
オケラ火〖白朮-〗　㊤254a〔白朮祭〕　㊦212c〔年越〕　778c〔世継榾〕
• 白朮祭〖-詣り，-参り〗《おけらまつり》　㊤**253**c　131b〔忌火〕　238b〔大晦日〕　㊦437c〔火祭〕　510a〔別火〕
置けろ節　㊤253b〔オケサ節〕
オコ　㊦200c〔尖棒〕
オゴ　㊤44c〔網主・網子〕
オコアゲ　㊦770b〔養蚕〕
お講〖御講〗　㊦177c〔同行〕　523a〔報恩講〕　597b〔御影供〕　→報恩講
• お剃刀　㊤**254**a　→オカミソリ
• お講凪　㊤**254**a
御講日和　㊤254a〔お講凪〕
烏滸絵　㊤839c〔春画〕　→春画
• 麻扱ぎ《おこき》　㊤**254**b
オゴク　㊤765a〔地神もうし〕
オゴケ　㊤280c〔苧桶〕
オゴケゼニ　㊤757b〔私財〕
オコサマ　㊦770a〔養蚕〕
お蚕さま　㊤611b〔蚕影〕
オコシ　㊤623a〔腰巻〕　→腰巻
おこし　㊦30b〔駄菓子〕
峯越網　51606b〔水鳥猟〕
• オコジョ　㊤**254**b　256b〔オサキ〕
• オコゼ〖虎魚，鰧〗　㊤**254**c　542b〔供物〕　819a〔十二様〕　836c〔狩猟信仰〕　㊦803a〔猟師〕　別刷〈山の神〉
オコゼ祭　㊤836c〔狩猟信仰〕
御高祖頭巾　㊤387a〔かぶりもの〕　909a〔頭巾〕
オコツ　㊤605a〔高野納骨〕
オコツアゲ　㊦119b〔通過儀礼〕
オコト　㊦398c〔春祈禱〕
• おこない〖行〗　㊤**255**a　244b〔オカワ〕　608b〔牛玉杖〕　734c〔三番叟〕　832a〔修二会〕　827a〔修正会〕　別刷〈供物〉　㊦63b〔田峯田楽〕　181a〔堂座講〕　229c〔どやどや〕　274a〔西浦田楽〕　382a〔花の頭〕　398c〔春祈禱〕　437b〔火祭〕　621 図〔宮座〕　707c〔モロト〕　747b〔山の神講〕　762c〔雪祭〕　794b〔乱声〕
オコナイサマ　⇨オクナイサマ(㊤250a)　㊤250c〔屋内神〕　259c〔オシラサマ〕　260c〔オシンメイ〕
オコナイダ　㊦622b〔宮田〕　→宮田
おこぼ神事　㊤別刷〈供物〉
オコモリ　㊤19a〔朝熊信仰〕
お籠り　㊤435a〔願掛け〕　648c〔籠り〕
• 瘧《おこり》　㊤**256**a　962b〔千人塚〕
オコレ　㊤256a〔瘧〕
オコロモ　㊤250a〔オクナイサマ〕
おこわ　㊤658a〔強飯〕　→強飯
• おこわざ　㊤**256**a
おこわ見舞い　㊤24b〔小豆〕
• 筬《おさ》　㊤**256**b　290b〔織物〕
オサイワイギ　㊦212a〔年木〕
押え笠　㊤338b〔笠〕
オサガリ　㊦624c〔神幸〕
• オサキ〖-ギツネ，オーサキ〗　㊤**256**b　254c〔オコジョ〕　468c〔狐憑き〕　㊦126c〔憑物〕
オサキ憑き　㊤256c〔オサキ〕
尾崎虎舞　㊦232 図〔虎舞〕
オサキのマケ　㊦127a〔憑物筋〕
オサキモチ　㊤256c〔オサキ〕
オサキヤ　㊤256c〔オサキ〕
オサクジン　㊤802c〔石神〕
お散供　⇨散米(㊤736a)
小篠(奈良)　㊤238c〔大峯信仰〕

お座敷唄　㊤697b〔座敷唄〕→座敷唄
お座敷三階〔-節〕　㊤697c〔座敷唄〕 719a〔三階節〕
御座たて　㊤398c〔神がかり〕
おさづけ　㊦173b〔天理教〕
筬通し　㊤256b〔筬〕
オサトサマ〔オサド-〕　㊦326b〔のさかけ〕 746c〔山の神〕 別刷〈山の神〉
お里さん　㊤575a〔毛坊主〕
おさなご堰　㊦430b〔人柱〕
小字　㊦774a〔幼名〕
オサバイサマ　㊤902b〔水神〕
・長百姓《おさびゃくしょう》　㊤**256**c 284a〔重立〕 541a〔組頭〕
納殿　㊦268b〔納戸〕→納戸
納めの不動　㊤222b〔縁日〕
納めの薬師　㊤222b〔縁日〕
オサライ　㊤265c〔お手玉〕
小沢昭一　㊤715c〔猿まわし〕
小沢俊夫　㊦284c〔日本昔話通観〕 695c〔モチーフ〕 836a〔笑話〕
オサン　㊤574b〔下男・下女〕
オサンコト　㊦205b〔床入れ〕 206a〔床盃〕
オシ〔押〕　㊤261a〔おす〕 835b〔狩猟〕 837表〔狩猟法〕 ㊦834a〔罠〕
・御師《おし》　㊤**257**a 92b〔伊勢講〕 93a〔伊勢信仰〕 94a〔伊勢参り〕 346b〔鹿島事触〕 350a〔霞〕 402b〔神棚〕 539b〔熊野詣〕 640b〔護符〕 722a〔参宮街道〕 722c〔参詣曼荼羅〕 952c〔浅間信仰〕 960b〔先達〕 ㊦9a〔代参〕 19b〔大麻〕 64c〔田屋神明〕 226a〔飛神明〕 467a〔富士講〕→先達
オジ(家族)　㊤489b〔兄弟姉妹〕 ㊦431c〔独り者〕 433c〔ヒネオジ〕→オンジ
オジ(家長)　㊤366a〔家長〕
・押合い祭《おしあいまつり》　㊤**257**a 577b〔喧嘩祭〕
押上げ屋根　㊦629c〔民家〕
・押板《おしいた》　㊤**257**b 842c〔書院〕 ㊦206a〔床の間〕 449b〔広間型民家〕
・押入れ《おしいれ》　㊤**257**c →押込み
・押売《おしうり》　㊤**258**a
推恵神社(島根)　㊦783a〔嫁市〕
押し絵羽子板　㊦352c〔羽子板〕
オシオイ　㊤654b〔垢離〕 ㊦388a〔浜降り〕 610a〔禊〕
オシオクミ　㊤744a〔潮汲み〕
オシオゴリ　㊤744a〔潮汲み〕
忍男宮(千葉)　㊦350a〔白状祭〕
・オジ・オバ　㊤**258**b
オシカエス　㊦583a〔間引き(一)〕
オジ方居住　㊤660c〔婚姻居住方式〕
押雁爪　㊦98b〔中耕〕
・折敷《おしき》　㊤**258**c 289a〔折〕 323c〔家具〕 542b〔供物〕 735c〔三方〕 951c〔膳〕
折敷に鎌形三文字　㊤414図〔家紋〕
押込み　㊤257c〔押入れ〕 ㊦221a〔戸棚〕
御師集落　㊦709c〔門前町〕
押しずし　㊤910c〔鮨〕
押立神社(滋賀)　㊦179b〔道化〕
お七風邪　㊤351c〔風邪〕
御七昼夜　㊦523a〔報恩講〕→御正忌
オシチヤ　㊤331b〔隠れ念仏(二)〕
お七夜　㊤129a〔忌明け〕 244a〔オガラ〕 948c〔雪隠参り〕 ㊦568a〔孫抱き〕
オシチヤマイリ〔お七夜まいり〕　㊤948c〔雪隠参り〕 ㊦258b〔ナナトコマイリ〕
オシッチャサマ　㊦21a〔逮夜〕
おしづめよなどう　㊤84c〔石拾〕
おし手　㊦148a〔手形〕→手形
オシドコ　㊤257c〔押板〕
オシフネ　㊦483b〔舟競争〕→舟競争
オシボコ　㊦別刷〈民家〉
お島廻式〔御-〕　㊤267a〔御鳥喰神事〕 ㊦377c〔初山〕 622a〔宮島講〕→島巡り祭
惜しみ綱　㊤963a〔善の綱〕
惜しみの木　㊤129c〔忌木〕
押麦　㊤239a〔大麦〕 ㊦662c〔麦飯〕
緒締め　㊤381c〔樺細工〕
オジ・メイ婚　㊤514a〔近親婚〕
叔父姪添い　㊦61b〔許嫁〕
御注連神楽　㊤244c〔隠岐神楽〕
オシメリカミゴト〔おしめり-，お湿り神事〕　㊤40c〔雨乞い〕 400c〔カミゴト〕 632c〔コト〕
オシメリ正月〔お湿り-〕　㊤40c〔雨乞い〕 ㊦727a〔休み日〕
御霜月　㊦523a〔報恩講〕→報恩講
オジヤ　㊤971a〔雑炊〕
オシャグチ　㊤802c〔石神〕
オジャミ　㊤265b〔お手玉〕→お手玉
オシャモジ　㊤802c〔石神〕
お十夜　㊤821b〔十夜〕 ㊦310c〔年中行事(一)〕
お十夜講　㊤584b〔講〕
お正月さま　㊦19a〔大麻〕
お精進講　㊤629a〔ゴダチ〕
お精進様　㊤628c〔ゴダチ〕
・和尚と小僧《おしょうとこぞう》　㊤**259**a 105a〔一休話〕
和尚と小便　㊤259a〔和尚と小僧〕
オショウバン　㊤707c〔座配〕
お精霊様　㊤957a〔先祖〕
オショライサン　㊤859c〔精霊〕
オショロサン　㊤859c〔精霊〕
オシラアソバセ〔-遊ばせ〕　㊤97b〔イタコ〕 400a〔神口〕 別刷〈遊び〉
・おしら祭文　㊤**259**b 260a〔オシラサマ〕 681b〔祭文〕
・オシラサマ　㊤**259**c 250c〔屋内神〕 259b〔おしら祭文〕 260c〔オシンメイ〕 301a〔蚕神〕 394b〔神〕 396a〔神遊び〕 874b〔しろ〕 ㊦186b〔同族神〕 236c〔採物〕 292c〔人形〕 305a〔ネフスキー〕 359b〔馬娘婚姻譚〕 560a〔詣りの仏〕
オシラサマアソバセ〔-あそび，-遊ばせ〕　㊤260a〔オシラサマ〕
オシラの本地　㊤259b〔おしら祭文〕→おしら祭文
おしら宿　㊤97図〔イタコ〕
オシルシ　㊤830b〔出産〕
・白粉《おしろい》　㊤**260**b 568a〔化粧〕
オシロイモチ　㊦70c〔団子〕
お城神楽　㊦576c〔松前神楽〕
御城碁　㊤76a〔囲碁〕
御城将棋　㊤846b〔将棋〕
御仁恵お救い小屋　㊤261b〔お救い小屋〕
オシンメ遊び　㊤770b〔地蔵つけ〕
・オシンメイ〔-サマ，オシンメサマ，オシンメ様〕　㊤**260**c ㊤52b〔あるき巫女〕
・おす〔オス〕　㊤**261**a 837表〔狩猟法〕 ㊦834a〔罠〕
オスエ　㊤574b〔下男・下女〕
お杉お玉　㊤249c〔お銀小銀〕
・お救い小屋　㊤**261**b
お救い米　㊦779b〔世直し〕
オスボ　㊤264c〔お逮夜〕
御洲掘講　㊦622b〔宮島講〕
オスヤ　㊤423c〔仮屋(一)〕
『オセアニア』　㊦793c〔ラドクリフ=ブラウン〕
御歳暮　㊤933c〔歳暮〕
・おせち〔オセチ，-料理〕　㊤**261**c 230c〔おうばん振舞い〕 819c〔重箱〕 844c〔正月〕 845a〔正月料理〕 946b〔節供〕 ㊦212c〔年越〕
オセチの日　㊤261c〔おせち〕
御節供　㊤946c〔節供礼〕
お接待　㊤622a〔乞食〕
オセンダク　㊤250a〔オクナイサマ〕 259c〔オシラサマ〕 427a〔川倉地蔵〕 959b〔洗濯〕
オソ(罠)　㊤261a〔おす〕 837表〔狩猟法〕
オソ(口笛)　㊤532c〔口笛〕→口笛
オソイ　㊤791c〔シマ〕
オソウゼン　⇨蒼前神(㊤971c)
お蒼前さま　㊦93a〔チャグチャグ馬ッコ〕

・おそうぶつ〖お惣仏〗　㊤**262**a
偃息図　㊤839c〔春画〕→春画
御祖師花　㊦788b〔依代〕
オソナエ　㊤541c〔供物〕　㊦373a〔初正月〕→供物
遅練り　㊤275b〔お練り〕
オソビキ　㊤532c〔口笛〕　㊦781b〔呼子笛〕
オソマテセ　㊤24a〔アシンル〕
オソマルー　㊤24a〔アシンル〕
・恐山(青森)《おそれざん》　㊤**262**b　136a〔いらたか念珠〕　679a〔賽の河原〕　727c〔三途の川〕　784a〔死口〕　872b〔死霊〕　㊦28b〔他界観〕　88b〔血の池地獄〕
オダ　㊤116c〔稲積み〕
オダ(漁法)　㊤790a〔柴漬け漁〕
オダイ　㊦686c〔飯〕
・お大師講吹き　㊤**262**c　→大師講吹き
お大師さんれんぞ　㊦814a〔れんぞ〕
お松明〖御松明〗　㊤831c〔修二会〕　㊦304c〔涅槃会〕　437b〔火祭〕
お逮夜　⇨逮夜(㊦21a)　㊤222a〔縁日〕
オタイヤヅトメ　㊦21a〔逮夜〕
・お田植祭〖御田植-，-神事，御田植神事〗　㊤**263**a　169a〔打植祭〕　228c〔扇祭〕　㊦1c〔田遊び〕　25a〔田植え唄〕　57b〔田の神舞〕　291b〔庭田植〕　400b〔春祭〕　574b〔松会〕　648a〔民俗芸能〕
お田唄　㊦523a〔棒踊り〕
・小田内通敏《おだうちみちとし》　㊤**263**b　169b〔内郷村調査〕　495b〔郷土会〕　822a〔集落〕
お田踊り　㊦523a〔棒踊り〕→棒踊り
小高神社(福島)　㊦328c〔野馬追い〕
オタカベ　⇨ウタカビ(㊤166c)　㊦269a〔南島歌謡〕　608a〔ミセセル〕
オタカモリ　㊤別刷〈婚礼〉
御嶽《おたき》　⇨ウタキ(㊤167a)
お焚上げ　㊤640b〔護符〕
お焚きあげ(富士講)　㊦467a〔富士講〕
小田郡(陸奥)　㊤511a〔金〕
お岳さん(熊本)　㊤224b〔縁結び〕
お岳参り　㊤224b〔縁結び〕
小田島省三　㊤495b〔郷土会〕
・おたたさん〖オタタ〗　㊤**263**c　㊦420c〔販女〕
おだち　㊤168a〔卯建〕
オダチ組　㊤524b〔草葺き〕
オタチ酒　㊦247c〔長持担ぎ〕
オタッシャギ　㊤272c〔鬼木〕
御立山　㊤136b〔入会〕
オタドコ　㊤125a〔猪狩り〕
お棚さがし　㊤844c〔正月〕
御棚薪　㊦34a〔薪〕
・オタネワタシ〖御種渡し〗　㊤**264**a
オタ払い　㊤448c〔旱魃〕
・御旅所〖-宮〗《おたびしょ》　㊤**264**b　㊦202b〔渡御〕　601a〔神輿〕　624c〔神幸〕→お仮屋
お多福　㊤243c〔おかめ〕→おかめ
お玉〖-杓子〗　㊤802b〔杓子〕　802b〔杓子〕
お魂入れ　㊤305b〔改葬〕
小田巻き蒸し　㊤173a〔うどん〕
お魂抜き　㊤305b〔改葬〕
オタメ　㊤230a〔オウツリ〕　974c〔贈答〕　㊦224a〔トビ〕
オタモチケイヤク　㊤489a〔兄弟契約〕
オタヤ　㊦64c〔田屋神明〕
オタル　㊦213b〔年玉〕
小田原提燈　㊦107c〔提燈〕
小田原聖　㊤605b〔高野聖〕
オダンス　㊦70b〔団子〕
・お逮夜〖御-〗　㊤**264**b　㊦202a〔伽〕
オタンヤ餅　㊤264c〔お逮夜〕
落合鹿踊り　㊤759b〔鹿踊り〕
オチアイマツリ　㊦747c〔山の神講〕
・落人伝説《おちうどでんせつ》　㊤**264**c　330b〔隠れ里〕　728b〔山村〕　㊦5774〔山〕
落人村　㊦507b〔平家伝説〕
落掛　㊦206a〔床の間〕
オチカラ　㊤53b〔アワ〕
オチツキ　㊤140c〔色直し〕　㊦248b〔中宿〕
落着き親　㊦838c〔草鞋親〕
落ち着き雑煮　㊤265b〔落ち着き餅〕
落ち着きの吸物　㊤265b〔落ち着き餅〕
オチツキバ　㊤669b〔婚礼衣裳〕
・落ち着き餅《おちつきもち》　㊤**265**a
オチノヒト　㊤174c〔乳母〕
落葉掻き　㊤967a〔雑木林〕
落武者　㊤525a〔草分け〕　㊦507b〔平家伝説〕
落ち矢　㊦64c〔為朝伝説〕
オチャ　㊤442b〔間食〕
お茶師　㊦92a〔茶〕
オチャヤ　㊦520b〔遍路宿〕
お茶屋　㊤687c〔盛り場〕
御中元　㊦98a〔中元〕
雄蝶・女蝶　㊤289b〔折紙〕→雌蝶・雄蝶
オチョロ船　㊦337c〔売春〕
オツウヤ　㊤264c〔お逮夜〕
オッカァ　㊦392b〔ハヤマ信仰〕
オツカイシメ　㊤226b〔オイツキサマ〕
オッカドボウ　㊤376a〔門入道〕
オツキアイ　㊤508b〔義理〕
お月お星　㊤249c〔お銀小銀〕
お月さん綱　㊤816c〔十三夜〕
お月見　㊤813b〔十五夜〕
おつけ　㊤874a〔汁物〕
オツジモ　㊤315c〔案山子〕
越訴　㊤104b〔一揆〕　475b〔義民伝承〕
オッツァマ　㊦431c〔独り者〕
オッテナ　㊤630b〔コタンコロクル〕
夫方居住〖-婚〗　㊤660b〔婚姻居住方式〕　㊦537a〔母系制〕
オッド＝フェローズ　㊦438a〔秘密結社〕
おつとめ　㊦173b〔天理教〕
雄綱　㊤814図〔十五夜〕
乙名家　㊤170c〔ウッガン〕
オッペケペー節　㊤217a〔演歌㈠〕
オツメイリ　㊦70b〔団子〕
小津安二郎　㊤197a〔映画〕
オツキヨウカ　㊤171b〔卯月八日〕
お手洗い　㊦515c〔便所〕→便所
お手合わせ唄　㊤356a〔数え唄〕
御手形石　㊦148b〔手形石〕
おでき　⇨できもの(㊦149a)
おでこ　㊦424b〔額〕
お弟子　㊦240c〔呑竜〕
・お手玉　㊤**265**b　284b〔玩具〕　632a〔ごっこ遊び〕　912b〔鈴〕　㊦157b〔手毬〕　756b〔遊戯〕
オテツダイ金〖お手伝い-〗　㊤126a〔位牌分け〕　287c〔オヤシマイ〕　㊦511a〔別帳場〕
オテノクボ　㊦155c〔手の窪〕
・おでん　㊤**265**c　㊦260b〔鍋物〕
お天気雨　㊤470a〔狐の嫁入り〕→狐の嫁入り
オテンスイ　㊦167a〔天水田〕
オテントウサマ　㊦22b〔太陽崇拝〕
オテンペンシャ　㊤330a〔隠れキリシタン〕
オテンマ　㊦156a〔出不足〕
オト　㊤366a〔家長〕
音　㊤856a〔情報伝達〕
オトウ　㊤279a〔おびしゃ〕　別刷〈供物〉
オトウサン　㊤255c〔おこない〕
おとうさん　㊤575a〔毛坊主〕
御頭神事〖-行事〗　㊦3b〔太神楽〕　794b〔乱声〕
オトウダ〖御当田，御頭田〗　㊦622b〔宮田〕→宮田
オトウトドン　㊤33a〔アニ〕
オトウトナオシ　㊤477c〔逆縁婚〕
御燈祭　㊦437b〔火祭〕
オトウ渡し　㊤279a〔おびしゃ〕
オドカシ　㊤315c〔案山子〕
お斎　㊤269c〔御取越〕
オトギシ　㊤266c〔お伽噺〕
お伽衆〖御伽-〗　㊤266c〔お伽噺〕　㊦828b〔話芸〕→咄の者
・御伽草子《おとぎぞうし》〖お伽-〗　㊤**266**a　107a〔一寸法師〕　212c〔絵本〕　892a〔神道集〕　㊦464c〔福富長者〕
『御伽草子』　㊤218a〔縁起〕　㊦555b〔本地垂迹〕
『おとぎばなし』　㊤619b〔ここも日本〕
・お伽噺　㊤**266**c　682b〔再話〕　㊦659a

〔昔話〕
「お伽噺考」 ㊤153a〔上田敏〕
『御伽百物語』 ㊤308a〔怪談〕
『御伽文庫』 ㊤266a〔御伽草子〕
オトギリソウ ㊦87c〔血止め〕
• 御鳥喰神事〖御鳥喰, -式〗《おとぐいしんじ》 ㊤**266**c 419c〔鳥〕 420a〔鳥勧請〕 542b〔供物〕 ㊦580c〔窓ふさぎ〕 622a〔宮島講〕 →鳥喰神事
• おどけ者話 ㊤**267**b ㊦9a〔泰作〕 419c〔彦市〕 420b〔彦八〕
オトコ ㊤690a〔作男・作女〕 ㊦528c〔奉公人〕
• オトゴ〖乙子, 弟子〗 ㊤**267**c ㊦574c〔末子〕
男帯 ㊤278b〔帯〕
男形〖男方〗 ㊤288b〔女形〕
男倉 ㊦453a〔プー〕
男後家 ㊤618a〔後家〕 →男やもめ
男駒 ㊦399a〔春駒〕
オトコシュ ㊤690a〔作男・作女〕 ㊦528c〔奉公人〕
オトコゼンマイ ㊤964b〔ぜんまい〕
男寺 ㊦159a〔寺〕 464c〔複檀家〕
男踏歌 ㊦176b〔踏歌神事〕
オトコノクセヤミ ㊦144a〔つわり〕
• 乙子の朔日《おとごのついたち》 ㊤**267**c 267c〔オトゴ〕
男の悪阻《おとこのつわり》 ⇨擬娩(㊤474c)
男べらぼう ㊦39図〔凧〕
• 男舞《おとこまい》 ㊤**267**c
男髷 ㊤792c〔島田髷〕
男結び ㊦668c〔結び〕
オトコメシ ㊤701b〔雑穀〕
男やもめ ㊦753a〔やもめ〕 →男後家
オトシ ㊤261a〔おす〕 837表〔狩猟法〕
• 威し《おどし》 ㊤**268**a 315c〔案山子〕 ㊦265a〔鳴子〕
落とし穴 ㊤837表〔狩猟法〕 ㊦834a〔罠〕
落網 ㊦145c〔定置網〕
オトシ板 ㊦760c〔雪囲い〕
オトシオ ㊤742c〔潮〕
落とし紙 ㊦516a〔便所〕
オトシクチ ㊦615a〔水口〕
オトシゴ ㊤766b〔私生児〕
お年越 ㊤260c〔オシンメイ〕 627c〔御崇敬〕
威し筒 ㊤837表〔狩猟法〕 ㊦154b〔鉄砲〕 →威し鉄砲
威しテープ ㊤837表〔狩猟法〕
威し鉄砲 ㊤268b〔威し〕 913c〔雀〕 ㊦154b〔鉄砲〕 →威し筒
威し縄 ㊤837表〔狩猟法〕
落し箸 ㊦833c〔渡箸〕
落し咄 ㊤639c〔小咄〕
落文 ㊦792c〔落書〕
御年夜 ㊤723b〔さんげさんげ〕
オトッコ ㊤267c〔オトゴ〕
オトトグラシ ㊦431c〔独り者〕
• オトナ〖ヲトナ, おとな, 大人, 乙名, 宿老, 長老〗 ㊤**268**b 670a〔座㈠〕 682a〔座入り〕 ㊦102a〔中老〕 218b〔年寄〕 308c〔年行事〕
• 老人成《おとななり》 ㊤**268**c
長百姓〖乙-〗 ㊤256c〔長百姓〕 284a〔重立〕 →おさびゃくしょう
音成の面浮立 ㊦688図〔面浮立〕
オドノグチ ㊤236b〔大戸〕
オトビ ㊦224a〔トビ〕 →トビ
オトボウ ㊤267c〔オトゴ〕
オトメ ㊤230a〔オウツリ〕
御留山 ㊤136b〔入会〕
オトモ ㊦247c〔長持担ぎ〕
• 踊り〖踏, 躍〗《おどり》 ㊤**268**c 558b〔芸事〕 ㊦489a〔舞踊〕 558c〔舞〕
オトリアゲ ㊤331b〔隠れ念仏㈡〕
踊り歌 ㊤91b〔伊勢音頭〕 180c〔ウポポ〕 ㊦655b〔民謡〕
踊神 ㊤269b〔踊り〕
踊り口説き ㊤534b〔口説き〕
踊子 ㊤559b〔芸者〕
オトリコシ ㊤331b〔隠れ念仏㈡〕
• 御取越《おとりこし》 ㊤**269**b 982c〔祖師忌〕 ㊦597b〔御影供〕
踊りこわし ㊤814c〔十五夜踊り〕
• 踊り念仏〖躍り-〗《おどりねんぶつ》 ㊤**269**c 269a〔踊り〕 605c〔高野聖〕 ㊦17b〔大念仏〕 313a〔念仏踊り〕 313a〔念仏〕 474b〔仏教芸能〕 476a〔仏教民俗〕 →踊躍念仏
• 踊り花見《おどりはなみ》 ㊤**270**a ㊦628b〔弥勒踊り〕
踊り浮立 ㊦493a〔浮立〕
踊り宿 ㊤333c〔掛け踊り〕
驚き清水 ㊤150c〔飲用水〕
オトンボ ㊤267c〔オトゴ〕
「翁長旧事談」 ㊦415a〔比嘉春潮〕
尾長鶏〖尾長〗 ㊦163a〔天気占い〕 292a〔鶏〕
オナカマ ㊤71b〔生口〕 798a〔シャーマニズム〕 ㊦600a〔巫女〕 683b〔冥婚〕
オナゴ ㊤690a〔作男・作女〕 866a〔初生子〕 ㊦528c〔奉公人〕
オナゴシ〖オナゴシュ〗 ㊤690a〔作男・作女〕 ㊦528c〔奉公人〕
女谷の綾子舞 ㊤209b〔えびす舞〕
御名付け ㊤225a〔御新下り〕
オナベ ㊤574b〔下男・下女〕
オナメ(味噌) ㊦609b〔味噌〕
オナメ(妾) ㊦685c〔妾〕
オナリ〖おなり〗 ㊤173c〔ウナリ㈠〕 489b〔兄弟姉妹〕 ㊦270b〔根神〕 →ウナリ
• おなり神 ㊤**270**b 77c〔イザイホー〕 202b〔エケリ神〕 ㊦299c〔祝女〕
おなり神信仰〖オナリ-〗 ㊦691b〔毛髪〕 706b〔守り親〕
『をなり神の島』 ㊤127a〔伊波普猷〕
• オナンジマイリ ㊤**271**a
• 鬼〖オニ〗《おに》 ㊤**271**a 16a〔悪魔〕 272b〔鬼木〕 273a〔鬼ごっこ〕 273b〔鬼退治〕 274a〔鬼の子小綱〕 331c〔隠れんぼ〕 394a〔神〕 399a〔神隠し〕 477b〔鬼門〕 555a〔食わず女房〕 637b〔子取ろ〕 797図〔霜月祭〕 827b〔修正会〕 832a〔修二会〕 別刷〈仮面〉 ㊦44a〔だだおし〕 117a〔追儺〕 163c〔天狗〕 591a〔まれびと〕 698c〔戻橋〕 716a〔厄〕 832c〔渡辺綱〕 →き
鬼遊び ㊤356b〔数え言葉〕
鬼板 ㊦670c〔棟〕
• 鬼会《おにえ》 ㊤**271**c →修正鬼会
鬼追い ㊤827c〔修正会〕 832a〔修二会〕 ㊦476a〔仏教民俗〕
オニオコゼ ㊤254c〔オコゼ〕
鬼おどし ㊦411a〔ヒイラギ〕
鬼踊り ㊤273b〔鬼太鼓〕 ㊦476a〔仏教民俗〕
鬼々 ㊤273a〔鬼ごっこ〕
オニオロシ ㊤796a〔シモツカレ〕
オニガキ ㊤977a〔葬法〕
鬼籠 ㊦411a〔ヒイラギ〕
鬼が島脱出 ㊤831b〔呪的逃走〕
鬼神お松 ㊤46b〔飴屋踊り〕
鬼瓦 ㊤430c〔瓦〕 ㊦670c〔棟〕
• 鬼木《おにぎ》 ㊤**272**b
鬼剣舞 ㊤581c〔剣舞〕 ㊦46b〔太刀踊り〕
• 鬼子《おにご》 ㊤**272**c 915a〔捨子〕 ㊦222a〔十月歯〕 515b〔弁慶〕
• 鬼ごっこ〖鬼渡〗《おにごっこ》 ㊤**273**a 271c〔鬼〕 485a〔競技〕 632a〔ごっこ遊び〕 637b〔子取ろ〕
鬼ごと ㊤271c〔鬼〕 273a〔鬼ごっこ〕 →鬼ごっこ
オニシマイリ ㊤61a〔飯豊山参り〕
鬼すべ ㊤165a〔鷽替〕
オニゼック〖鬼節供〗 ㊦372c〔八朔〕 447c〔昼寝〕
• 鬼太鼓《おにだいこ》 ㊤**273**b
• 鬼退治《おにたいじ》 ㊤**273**b
鬼と賭 ㊦181c〔逃竄譚〕
鬼の頭 ㊦663a〔むけ節供〕
鬼の寒念仏 ㊤236a〔大津絵〕
• 鬼の子小綱《おにのここづな》 ㊤**274**a 273c〔鬼退治〕 831b〔呪的逃走〕 ㊦181c〔逃竄譚〕
鬼のさら ㊤273a〔鬼ごっこ〕
鬼の橋 ㊦5b〔大工と鬼六〕

鬼の骨　㊦663a〔むけ節供〕
鬼の骨焼き　㊤274b〔鬼火焚き〕→鬼火焚き
鬼の目突き　㊦411a〔ヒイラギ〕
オニノメヲカク　㊤272c〔鬼木〕
鬼の夜行さん　㊦716a〔厄〕
鬼の宿　㊦718c〔厄除け〕
鬼走り　㊤827b〔修正会〕
鬼八　㊤504c〔巨人伝説〕
鬼婆　㊦721a〔弥三郎婆〕
• 鬼火〘オニビ〙《おにび》　㊤**274**a　688c〔左義長〕㊦239b〔とんど〕429a〔人魂〕
• 鬼火焚き〘-焼き〙《おにびたき》　㊤**274**b　274b〔鬼火(一)〕320a〔書初〕㊦19c〔松明祭〕437b〔火祭〕
オニボウフラ　㊤299b〔蚊〕
オニホオヅキ　㊦534c〔ホオズキ〕
鬼舞　㊤507c〔鬼来迎〕
鬼祭　㊤255b〔おこない〕827c〔修正会〕
鬼焼き　㊤274b〔鬼火(一)〕→鬼火焚き
• 鬼やらい〘オニヤライ〙《おにやらい》　㊤**274**c　㊦117a〔追儺〕
遠敷明神　㊤282b〔お水取り〕
鬼夜　㊦19c〔松明祭〕437b〔火祭〕
鬼わたし　㊤273a〔鬼ごっこ〕
御庭者　㊤431c〔河原者〕→河原者
オニヲカク　㊤272c〔鬼木〕
鬼を一口　㊤831b〔呪的逃走〕
• 尾根《おね》　㊤**275**a
オネッコ　㊤274b〔鬼火焚き〕→鬼火焚き
オネバ　㊤285a〔オモユ〕㊦686b〔飯〕
オネリ　㊤986c〔蕎麦掻〕㊦504a〔粉食〕
• お練り　㊤**275**b　491a〔行道〕㊦790b〔来迎会〕→練り供養
オネントウ　㊦213b〔年玉〕
• 斧《おの》　㊤**275**c　458b〔樵〕㊦389c〔刃物〕別刷〈山の神〉→よき
尾上菊五郎　㊤384b〔歌舞伎〕
尾上松寿　㊤760a〔獅子芝居〕
小野重朗　㊤281a〔オボツ・カグラ〕813a〔周圏論〕
小野大神　㊦820a〔六所祭〕
• 小野武夫《おのたけお》　㊤**276**a　169b〔内郷村調査〕486b〔共産村落〕495b〔郷土会〕
小野照崎神社(東京)　㊦468表〔富士塚〕
小野於通　㊤276c〔小野小町〕
• 小野小町《おののこまち》　㊤**276**b　89b〔和泉式部〕
• 小野篁《おののたかむら》　㊤**276**c　276c〔小野小町〕㊦758c〔幽霊〕
おの始め　㊦108b〔手斧〕
お上り　㊤397b〔神送り〕
オノマオイ　㊦328c〔野馬追い〕→野馬追い
小野薬師　㊤276c〔小野小町〕
オバ(親類)　⇨オジ・オバ(㊤258c)
オバ(家族)　㊤489b〔兄弟姉妹〕㊦431c〔独り者〕433c〔ヒネオジ〕
オバアジチ　㊤26b〔アゼチ〕
オハウ　㊤30a〔アタネ〕405b〔カムイチェプ〕
オバエ　㊦341a〔ハエ(一)〕
オハカ　㊤605a〔高野納骨〕
オハギ　㊦542c〔牡丹餅〕
オハキツキ　㊤277c〔オハケ〕
オバク　㊦662c〔麦飯〕
御羽車　㊦601b〔神輿〕
• オバクレフンドシ　㊤**277**a　㊦505a〔褌祝い〕
オハグロ　㊤48c〔あやつこ〕
• お歯黒　㊤**277**b　380b〔鉄漿親〕381a〔鉄漿付け祝い〕568b〔化粧〕㊦335a〔歯〕→鉄漿付け
オハグロオヤ〘お歯黒親〙　㊤212b〔烏帽子親・烏帽子子〕582b〔元服親〕
お歯黒子　㊤582b〔元服親〕
おはぐろつけ　㊤930b〔性道徳〕
お歯黒溝　㊦755c〔遊廓〕
• オハケ　㊤**277**c　789a〔柴挿し(一)〕
お化け　㊦351c〔化け物〕769b〔妖怪〕
おばけ暦　㊤652b〔暦〕
オハケツキ　㊤277c〔オハケ〕
おばけ博士　㊤122c〔井上圓了〕→井上圓了
オバサマ　㊦431c〔独り者〕
オハシカケ　㊦357a〔はしかけ〕
• お弾き〘おはじき〙　㊤**278**a　300a〔貝〕
御花　㊤104a〔一夜官女〕
御華　㊦382a〔花の頭〕
尾花　㊤912c〔ススキ〕→ススキ
お花独楽　㊤642c〔独楽〕
おばなぼっち　㊦524図〔防寒着〕
オハナミ　㊦29a〔高い山〕384c〔花見〕
オバネ　㊤275a〔尾根〕
御祓　㊦19a〔大麻〕
御祓大麻　㊦19a〔大麻〕
• 大原女〘小原-〙《おはらめ》　㊤**278**a　190c〔売声〕196a〔運搬法〕911c〔頭上運搬〕㊦421a〔販女〕491b〔振売り〕
お針(針子)　㊤170a〔内弟子〕772c〔仕立屋〕
お針　㊤680b〔裁縫〕
オビ　㊤838表〔狩猟用具〕
• 帯《おび》　㊤**278**b　533b〔クッ(一)〕751a〔仕着せ〕
オビアテ　㊦394c〔腹帯〕
お水撫で《おびいなで》　⇨ウビナディ(㊤176b)
• 帯祝い《おびいわい》　㊤**278**c　280a〔帯とき〕397b〔髪置き〕716c〔産育儀礼〕㊦295a〔妊婦〕438c〔紐落し〕→オビマワシ
オビカケ　㊤278c〔帯祝い〕㊦394c〔腹帯〕→帯祝い
御引上　㊤269b〔御取越〕
オヒシバ　㊤755c〔シコクビエ〕
帯しめ　㊤57c〔安産祈願〕
• おびしゃ〘オビシャ，御歩射，御奉射，御備射〙　㊤**279**a　189a〔占い〕㊦22b〔太陽崇拝〕398c〔春祈禱〕718c〔厄除け〕766c〔弓神事〕→歩射
帯初め　㊤397b〔髪置き〕㊦438c〔紐落し〕
帯代　㊦755a〔結納〕
• お火焚き〘-神事〙　㊤**279**c　㊦19c〔松明祭〕22b〔太陽崇拝〕45b〔蹈鞴祭〕437c〔火祭〕
オヒチヤ　㊤575a〔毛坊主〕776c〔七夜〕
帯付け　㊦118c〔通過儀礼〕
• 帯とき《おびとき》　㊤**280**a　397a〔髪置き〕773c〔七五三〕㊦258b〔七つの祝い〕→七五三　696c〔餅搗踊り〕
オビトキマエ　㊤466b〔着付〕
オビトコブリ　㊤466b〔着付〕
帯直し　㊤280a〔帯とき〕㊦438c〔紐落し〕
オヒナゲ〘オヒナゲエ〙　㊤別刷〈遊び〉㊦432c〔雛祭〕
お雛様　㊦373b〔初節供〕
• オヒネリ　㊤**280**b　677b〔賽銭〕736c〔散米〕
帯鋸　㊤241c〔大鋸〕
オビハジメ　㊤278c〔帯〕
オビヒロハダカ　㊤466b〔着付〕
オビヒロマエ　㊤466b〔着付〕
お日待ち　㊦22b〔太陽崇拝〕
オビマワシ　㊤278c〔帯祝い〕㊦394c〔腹帯〕→帯祝い
帯結び　㊤280a〔帯とき〕397b〔髪置き〕㊦118c〔通過儀礼〕438c〔紐落し〕
オヒモトキ　㊤331b〔隠れ念仏(二)〕
オヒモドキ　㊤198a〔永代経〕
オビヤアガリ　㊤176b〔産明け〕
オビヤアキ　㊦355b〔橋〕
お百度紐　㊦440a〔百度石〕
• お百度参り〘お百度，-詣，-回り〙　㊤**280**b　162c〔丑の刻参り〕231c〔お会式〕435a〔願掛け〕454a〔祈願〕㊦365a〔裸足〕439c〔百度石〕806b〔臨終〕
オビヤマイリ　㊦258c〔ナナトコマイリ〕
オヒョウ　㊤30c〔アトゥシ〕137b〔衣料〕㊦435c〔ピパ〕
お開き　㊤130a〔忌言葉〕
オヒラサマ　㊦559c〔詣りの仏〕
おふき金　㊤254b〔麻扱ぎ〕
おふき台　㊤254b〔麻扱ぎ〕
お福　㊤243c〔おかめ〕→おかめ

おふくでん　㊦392b〔ハヤマ信仰〕
オフクラサマ　㊦537c〔祠〕
雄節　㊤366c〔鰹節〕
お富士さん　㊦467c〔富士塚〕
お富士さんの植木市　㊤152b〔植木市〕
お禦ぎさん　㊦131b〔津島信仰〕
お禦ぎ迎え　㊦131b〔津島信仰〕
・お札〔御札〕　㊤**280**c　92b〔伊勢講〕　233a〔狼〕　640a〔護符〕　737a〔三枚の御札〕　764b〔猪除け〕
オフダナサマの日　㊦482a〔船祝い〕
御札降り　㊤199a〔ええじゃないか〕
御札祭　㊤199a〔ええじゃないか〕
御仏事　㊦523b〔報恩講〕　→御正忌
『おふでさき』　㊦173c〔天理教〕
オブナ　㊦774a〔幼名〕
お鮒掛け　㊤208b〔えびす〕　208c〔えびす講〕
オプニカ　㊤67a〔イオマンテ〕
オブノカミ〔-サン〕　㊤176c〔産神〕　177c〔産毛剃り〕　→産神
オブヤ　㊤179b〔産屋〕
オヘヤマイリ　㊤948c〔雪隠参り〕
オ坊サマ　㊤575a〔毛坊主〕
覚書　㊦7c〔大黒舞〕
覚帳　㊦470a〔普請帳〕
おぼくれぼうず　㊤447a〔願人坊主〕
・苧桶《おぼけ》　㊤**280**c
オホコ　㊤191a〔ウル〕
オホゴ　㊤32c〔アニ〕　㊦109a〔長男〕
オボコメ　㊤622a〔乞食〕
産土さま　㊤870b〔白鳥伝説〕
オボタテノメシ　㊤178c〔産飯〕
・オボツ・カグラ　㊤**281**a　㊦28c〔他界観〕　289b〔ニライカナイ〕
オボツ神　㊤281a〔オボツ・カグラ〕
おぼつセジ　㊤944b〔セジ〕
オボツナ　㊤159b〔氏神〕
オボツヤマ　㊤167a〔御嶽〕　281a〔オボツ・カグラ〕
オホホ祭　㊦836b〔笑い祭〕
オボメのオセド　㊤178b〔産女〕
オボヤシネエノゴハン　㊤178c〔産飯〕
朧月　㊤414図〔家紋〕
お盆　㊤190a〔盂蘭盆会〕
お盆迎え　㊦551a〔盆市〕
オマエ　㊤141c〔囲炉裏〕　㊦553b〔本家〕
オマツ　㊦573c〔松〕
お松伐り　㊤844c〔正月〕
御松様　㊤376b〔門松〕
お松迎えの日　㊦577a〔松迎え〕
・お守り　㊤**281**b　250b〔オクナイサマ〕　280c〔お札〕　609b〔牛玉宝印〕　640a〔護符〕　833c〔呪物崇拝〕　㊦589a〔魔除け〕
御毬神事　㊦352c〔羽子板〕
オマル〔-モノ〕　㊦70b〔団子〕
おまわりさん　㊤840b〔巡査〕
おまん榎　㊤929a〔性信仰〕
お万度さま　㊦19a〔大麻〕
オミカゴ　㊤280c〔苧桶〕
・お神酒〔御-〕　㊤**281**c　692c〔酒㈠〕　692c〔酒㈡〕
・神籤《おみくじ》　㊤**282**a　189a〔占い〕　525c〔籤〕
オミサキオミサキ　㊤420b〔烏勧請〕
オミシャグチ　㊤802c〔石神〕
お水送り　㊤282b〔お水取り〕
・お水取り　㊤**282**a　565a〔悔過〕　831c〔修二会〕
オミソメ　㊤281a〔苧桶〕
オミタマサマ　㊦213a〔年棚〕　272c〔握り飯〕
オミツモン　㊤391a〔竈神〕
お宮参り　㊦623a〔宮参り〕　→宮参り
おみよし〔-さま〕　㊦627b〔御葭神事〕
・御神渡〔御渡〕《おみわたり》　㊤**282**c
お迎え人形　㊦292c〔人形〕
お迎え人形船　㊦485c〔船祭〕
オムシ　㊤658a〔強飯〕
オムンベ　㊦711a〔もんぺ〕
御影供　㊤982c〔祖師忌〕
御命講　㊤231b〔お会式〕　982c〔祖師忌〕　㊦597b〔御影供〕
オメエ　㊤141c〔囲炉裏〕　→オマエ
オメコ餅　㊤176b〔産明け〕
御召物講　㊤231c〔お会式〕
おめつき　㊦94b〔茶番〕
お面雨乞い　㊤264a〔おたたさん〕
・お面被り　㊤**283**a　→二十五菩薩来迎会
オモ　㊤174c〔乳母〕
主牛　㊤234b〔大田植〕
面懸　㊦348c〔馬具〕
・オモカジ　㊤**283**a　505a〔漁船〕　㊦234c〔トリカジ〕　249c〔流れ仏〕
・重軽石《おもかるいし》　㊤**283**b　79c〔石〕　80a〔石占〕　81b〔石神〕　㊦423b〔ビジュル〕
重軽地蔵　㊤79c〔石〕　81b〔石神〕　283b〔重軽石〕
おもかわせのセジ　㊤944b〔セジ〕
オモキ　㊤505a〔漁船〕　547b〔刳船〕
オモギ　㊤280c〔苧桶〕
・オモシンルイ〔重親類〕　㊤**283**c　897a〔親類〕　㊦179a〔同家〕
・重立〔オモダチ〕《おもだち》　㊤**283**c　479c〔旧家〕
重立会　㊤315a〔家格〕
・玩具《おもちゃ》　㊤**284**b　642b〔独楽〕　㊦687b〔めんこ〕
おもちゃ絵　㊤212c〔絵本〕
主遣い　㊤526b〔串人形〕
オモテ　㊤505a〔漁船〕
表　㊤336b〔水夫〕
表紺屋　㊤605a〔紺屋〕
表座　㊦582a〔間取り〕
表作　㊦285b〔二毛作〕
オモテ師　㊦331c〔乗り初め〕
オモテダチ　㊤961c〔船頭〕
表店　㊤188a〔裏店〕
表付け　㊦44c〔畳屋〕
表長屋　㊦248a〔長屋〕　822a〔露路〕
オモテノザシキ　㊦144b〔出居〕
表目　㊤380c〔曲尺〕
表紋　㊤410b〔家紋〕　㊦710a〔紋付〕
万年青栽培　㊤654a〔娯楽〕
オモトヅケ　㊤331b〔隠れ念仏㈡〕
御物師　㊤772c〔仕立屋〕
オモヤ　㊦553b〔本家〕　788a〔ヨリキ〕
・母屋〔主屋〕《おもや》　㊤**284**c　145c〔隠居〕　147a〔隠居屋〕　183a〔厩〕　284c〔母屋〕　374c〔門口〕　435a〔閑居〕　576b〔下屋〕　㊦421a〔庇〕　別刷<民家>
・オモユ〔重湯〕　㊤**285**a
オモリ　㊦485b〔フナド〕
オモリ（歌謡）　㊦269a〔南島歌謡〕
錘　㊤184b〔海〕　㊦346b〔秤〕
錘石　㊤79b〔石〕
おもり帽子　㊦530a〔帽子〕
オモロ　㊤285a〔おもろさうし〕　㊦269b〔南島歌謡〕
・『おもろさうし』《おもろそうし》　㊤**285**a　247a〔沖縄文化〕　944a〔セジ〕　㊦563b〔マキョ〕
オモロ主取　㊤285b〔おもろさうし〕
オヤ　㊤786a〔地主・小作〕　㊦554a〔本家礼〕　838c〔草鞋親〕
親　㊤575a〔毛坊主〕
オヤイワイ　㊤636c〔事八日〕
オヤエ　㊦553b〔本家〕
オヤオクリ　㊤287b〔オヤシマイ〕
オヤガカリ分家　㊦503a〔分家〕
オヤカタ　㊤31b〔跡取〕　33a〔アニ〕　489b〔兄弟姉妹〕　㊦553b〔本家〕
親方　㊤786a〔地主・小作〕　917c〔炭焼き〕　㊦109a〔長男〕　222b〔徒弟制度〕　315b〔年齢階梯制〕　471a〔譜代㈡〕　826a〔若者組〕
親方・子方《おやかた こかた》　⇨親分・子分（㊤287c）　㊤462b〔擬制的親子関係〕　464b〔喜多野清一〕　582b〔元服親〕　㊦200b〔土方〕　838c〔草鞋親〕
親方制度　㊤825c〔手工業〕
親方取り　㊦248c〔中宿〕
親方取婚　㊤658b〔婚姻〕
親神　㊤158b〔氏神〕
オヤキ　㊦594a〔饅頭〕
オヤク　㊤286a〔親子〕　574c〔家抱〕　㊦459a〔賦役〕　471a〔譜代㈡〕
オヤグマキ　㊤896c〔親類〕
オヤケ　㊦553b〔本家〕
オヤケザ　㊦775c〔横座〕

・オヤゲンゾ　㊤**285**b　㊦737a〔藪入り〕
オヤゲンドウ　㊤285b〔オヤゲンゾ〕
・オヤコ　㊤**285**c　66c〔家連合〕　105b〔イッケ〕　286a〔親子〕　896c〔親類〕
・親子《おやこ》　㊤**285**c
・親子盃〖-固めの盃〗《おやこさかずき》　㊤**286**b　19a〔朝聟入り〕　476a〔決め酒〕　668b〔婚礼㈠〕　685b〔盃事〕　861c〔職親〕　㊦206c〔床盃〕　456c〔夫婦〕　716c〔ヤクザ〕
・親子心中《おやこしんじゅう》　㊤**286**b　758b〔自殺〕　885a〔心中〕
・親子成り《おやこなり》　㊤**287**a　287c〔親分・子分〕　422b〔仮親〕　462b〔擬制的親子関係〕　563a〔契約〕　693a〔酒㈡〕　㊦118b〔通過儀礼〕　235a〔取子〕　663a〔聟〕　→擬制的親子関係
親子眼鏡　㊦686a〔眼鏡〕
親作　㊤786a〔地主・小作〕　→地主
おやじ　㊤575a〔毛坊主〕
親司　㊤336b〔水夫〕
親爺　㊦209b〔杜氏〕
・オヤシマイ〖親終い〗　㊤**287**b　126b〔位牌分け〕　465c〔忌中念仏〕　818a〔シュウトギリ〕　㊦511a〔別帳場〕
親終い金　㊤287c〔オヤシマイ〕
親知らず　㊦335a〔歯〕
オヤスサン　㊤374a〔門神〕
親捨て畚　㊤176a〔姥捨山〕
親棄て山《おやすてやま》　⇨姥捨山(㊤176a)
親田　㊦197c〔通し苗代〕　266a〔苗代〕
オヤダマ　㊤774a〔七島正月〕
親玉　㊦62b〔タマサイ〕
オヤダマ祭　㊤774b〔七島正月〕
おやつ　⇨間食(㊤442a)
親取り子取り　㊤521c〔公界〕
親取り子取り(遊び)　㊤611b〔子買お〕
オヤナシゴ　㊤766a〔私生児〕
親念仏　㊤465c〔忌中念仏〕
オヤノシマイ　㊤287b〔オヤシマイ〕
親の膳　㊤584a〔孝〕
親の念仏　㊤465c〔忌中念仏〕
オヤノマイ　㊤663a〔コンゴウマイリ〕
オヤブン　㊦252a〔仲人親〕　256b〔名付け親〕
親分　㊦256b〔名付け親〕　838c〔草鞋親〕
・親分・子分《おやぶんこぶん》　㊤**287**c　66b〔家連合〕　462b〔擬制的親子関係〕　582b〔元服親〕　685b〔盃事〕　㊦149c〔てき屋〕　414a〔ヒエラルヒー〕　716c〔ヤクザ〕　724c〔養い親〕　→親方・子方
親別居　㊤146a〔隠居〕　761b〔嗣子別居〕
・女形《おやま》　㊤**288**b　866b〔女装〕
御山　㊦418b〔曳山〕
雄山(東京)　㊦498c〔噴火〕
お山市　㊤83b〔石鎚山信仰〕
・お山掛け〖-かけ〗　㊤**288**c　61a〔飯豊山参り〕　288c〔お山参詣〕　㊦392b〔ハヤマ信仰〕　738a〔山〕
・お山参詣　㊤**288**c　143a〔岩木山信仰〕　288c〔お山掛け〕
雄山神社(富山)　㊦49c〔立山信仰〕
親町　㊦537b〔鉾町〕
お山ばやし　㊤577a〔喧嘩〕
飾山囃子　㊦580a〔祭囃子〕
お山開き　㊤953a〔浅間信仰〕　㊦467a〔富士講〕
お山参り〖オヤママイリ〗　㊤262b〔恐山〕　288c〔お山掛け〕
親村　㊦541b〔母村㈠〕
親餅　㊤340c〔笠の餅〕　→笠の餅
親指太郎　㊤107b〔一寸法師〕
オヨウ　㊤574b〔下男・下女〕
オヨゴモリ　㊤648c〔籠り〕
お寄り講　㊤590c〔講中㈠〕
オラショ　㊤330a〔隠れキリシタン〕
オランダイモ　㊤801b〔ジャガイモ〕
『和蘭天説』　㊤788c〔司馬江漢〕
おらんだ眼鏡　㊦685c〔眼鏡〕
・折《おり》　㊤**289**a
織り明かし　㊦51b〔七夕〕
降居　㊦161a〔天蓋〕　→天蓋
折入菱　㊤414 図〔家紋〕
折烏帽子　㊤212a〔烏帽子〕
折置組　㊦397b〔梁組〕
折形　㊤289b〔折紙〕
・折紙《おりがみ》　㊤**289**b
折口学　㊤75a〔池田弥三郎〕
・折口信夫《おりくちしのぶ》　㊤**289**b　15b〔悪態祭〕　72b〔異郷〕　75a〔池田弥三郎〕　87b〔異人㈠〕　88a〔異人歓待〕　127a〔伊波普猷〕　167c〔宴〕　242b〔おかし〕　245b〔招代〕　271a〔鬼〕　295b〔女神主〕　312c〔替え歌〕　316c〔鏡〕　393c〔神〕　396a〔神遊び〕　399c〔神語り〕　460b〔貴種流離譚〕　483a〔饗宴〕　561a〔芸能史〕　593a〔口承文芸〕　621c〔乞食〕　628b〔古代研究㈠〕　628c〔古代研究㈡〕　634c〔ことぶれ〕　652c〔五来重〕　764a〔詞章〕　787a〔信太妻〕　793c〔島袋源七〕　810a〔周期伝承〕　881c〔新国学〕　911a〔筋〕　913a〔鈴木棠三〕　924c〔生活の古典〕　926b〔聖婚〕　968c〔造形伝承〕　㊦128a〔筑土鈴寛〕　170b〔天皇〕　207a〔常世〕　274c〔西角井正慶〕　283c〔日本民俗学講習会〕　305a〔ネフスキー〕　362b〔機織淵〕　366b〔鉢かづき〕　373a〔発生〕　385b〔妣が国〕　433c〔ヒヌカン〕　489a〔冬祭〕　513c〔蛇女房〕　517b〔反閇〕　535b〔ほかいびと〕　577b〔松本信広〕　579a〔祭〕　591a〔まれびと〕　595a〔万葉集〕　642c〔民俗学㈡〕　644c〔民俗学史〕　646c〔民俗芸術〕　647a〔民俗芸能〕　698a〔もどき〕　749a〔山人〕　763a〔雪祭〕　788b〔依代〕　829a〔わざおぎ〕　別刷〈民俗学史〉
折鷹　㊤647c〔鷹〕
折居　㊤289b〔折紙〕
オリソ　㊤96c〔磯物採り〕
織初め　㊤290b〔織物〕
折り畳戸　㊦174b〔戸〕
折立の田楽祭　㊤728a〔参候祭〕
オリト　㊤160c〔氏子入り〕
オリノスイモノ　㊤265b〔落ち着き餅〕
折り箱　㊤289a〔折〕　772b〔仕出屋〕　㊦517b〔弁当〕
織紐　㊦438b〔紐〕
織帆　㊦521a〔帆〕
オリマブシ　㊦584c〔蔟〕
オリメ　㊦201b〔時〕　377b〔初矢の祝い〕　579a〔祭〕
オリメ(沖縄)　⇨ウイミ(㊤151b)
・織物《おりもの》　㊤**290**a　45a〔編物〕　109c〔糸〕　256b〔筬〕　688b〔裂織〕　㊦361c〔機織〕
折盛　㊤550c〔黒川能〕
オルリク Ofrik Axel　㊤210a〔エフエフシー〕
・お礼奉公　㊤**290**b　㊦180c〔陶工〕　222b〔徒弟制度〕　308a〔年季奉公〕
・お礼参り　㊤**290**c　57c〔安産祈願〕　449c〔願ほどき〕
お礼参りの爺　㊦674b〔村隠居〕
折れ梯子　㊦357b〔梯子〕
オロ　㊤57a〔アンギン〕　137b〔衣料〕
・愚か村〖-話〗《おろかむら》　㊤**291**a　291b〔愚か者〕　619a〔ここも日本〕　943a〔世間知らず〕
・愚か者〖-話〗《おろかもの》　㊤**291**b　291a〔愚か村〕
お六櫛　㊤525b〔櫛〕
オロクショウの田植え日　㊦820b〔六所祭〕
オロケ　㊦496a〔風呂〕
卸網　㊤385a〔掩せ網〕
・卸し売《おろしうり》　㊤**291**c　㊦240b〔問屋〕
卸売市場　㊤291c〔卸し売〕
卸し売相場　㊤975b〔相場〕
卸小売商　㊤291c〔卸し売〕
卸商　㊤853b〔商人〕
卸問屋　㊤291c〔卸し売〕
下ろし巻き　㊤537a〔熊狩り〕
遠呂智退治神話　㊤90c〔出雲神話〕
オロッコ Orokko　⇨ウイルタ(㊤151c)
オロンコ　㊤656b〔コロポックル〕
汚穢船　㊤795c〔下肥〕　㊦447a〔肥料〕
おわい米　㊤608a〔肥取り〕
オワキ　㊤331b〔隠れ念仏㈡〕
尾鷲メッパ　㊦567 図〔曲物〕
お渡り　㊦625a〔神幸〕

尾張大国霊神社(愛知)　㊤577c〔喧嘩祭〕
尾張国府宮(愛知)　㊤351a〔風〕
尾張万歳《おわりまんざい》　⇨万歳(㊦592c)　㊤823b〔祝福芸〕　㊦648b〔民俗芸能〕
オン　㊤155a〔拝所〕　167a〔御嶽〕　→御嶽
• 恩《おん》　㊤**292**a　942b〔世間〕
恩(報酬)　㊦529a〔奉公人市〕
御祈禱師　㊤257a〔御師〕　→御師
音楽寺(埼玉)　㊦86 裏〔秩父巡礼〕
遠忌　㊤302b〔開山忌〕　→御遠忌
音曲　㊤367c〔楽器〕　764a〔師匠〕
恩金　㊦529a〔奉公人市〕
温燻法　㊤556c〔燻製〕
オンケ　㊤280c〔苧桶〕
オンゴロ　㊦693c〔モグラ〕
隠座　㊤148a〔飲酒〕
オンザキ〔-サマ〕　㊦29b〔高神〕　600c〔御子神㈡〕
恩山寺(徳島)　㊦519 裏〔遍路〕
御師　㊤93a〔伊勢信仰〕　257a〔御師〕　→おし
オンジ　㊤33a〔アニ〕　33c〔姉家督〕　→オジ
おんじ〔音地, 陰地〕　㊦432b〔日向・日陰〕
音地　㊦132a〔土〕
オンジイボウ　㊦431c〔独り者〕
温室　㊦496a〔風呂〕
オンジャク　㊦441b〔白蓋〕
温石　㊤79c〔石〕　312c〔懐炉〕　㊦75b〔暖房〕　765c〔ゆたんぽ〕
温床　㊤967a〔雑木林〕
恩性験寺(岡山)　㊤641c〔護法祭〕
園城寺(滋賀)　㊤222b〔延年〕　538a〔熊野信仰〕　539b〔熊野詣〕　824a〔修験道〕
• 温泉《おんせん》　㊤**292**a　293a〔温泉神社〕　293b〔温泉発見伝説〕　341c〔火山〕　349c〔上総掘り〕　㊦182a〔湯治〕
• 温泉権《おんせんけん》　㊤**292**c
温泉寺　㊤292b〔温泉〕　㊦182b〔湯治〕
温泉式風呂　㊤961a〔銭湯〕
• 温泉神社《おんせんじんじゃ》　㊤**293**a　292b〔温泉〕　665b〔金精様〕　㊦182b〔湯治〕
温泉専用権　㊤292c〔温泉権〕
温泉湯治　㊦182b〔湯治〕
• 温泉発見伝説《おんせんはっけんでんせつ》　㊤**293**b　292b〔温泉〕
温泉法　㊤292a〔温泉〕
御田　㊤263a〔お田植祭〕　890b〔神田〕　㊦1b〔田遊び〕　→神田
オンタイ・メンタイ　㊦別刷〈山の神〉
御嶽教　㊤294b〔御嶽信仰〕　498a〔教派神道〕
• 御嶽行者《おんたけぎょうじゃ》　㊤**293**c　487a〔行者〕　487b〔行者講〕
御嶽講　㊤293c〔御嶽行者〕　584b〔講〕
御嶽山(長野・岐阜)　㊤294a〔御嶽信仰〕
• 御嶽信仰《おんたけしんこう》　㊤**294**a
御嶽神社(長野)　㊤293c〔御嶽行者〕
オンタネサマ　㊦55c〔種子籾俵〕
オンダの日　㊤890c〔神田〕
御田祭　㊤27 図〔阿蘇神社〕　㊦212b〔祈年祭〕　574b〔松会〕
隠田《おんでん》　⇨隠し田(㊤325c)　㊤599b〔耕地整理〕
隠田百姓村　㊤325c〔隠し田〕　993a〔村落類型論〕
小忌人　㊤9b〔蒼柴垣神事〕
• 音頭《おんど》　㊤**294**b
御頭祭　㊤921c〔諏訪信仰〕
• オントゥレプ　㊤**294**c
音頭取り　㊤429a〔河内音頭〕　591b〔江州音頭〕　828b〔数珠繰り〕　779c〔地搗き唄〕
音頭鶏　㊤437b〔かんこ踊り〕
• オンドル〔温突, 温堗〕　㊤**295**a
オンドルバン　㊤295a〔オンドル〕
オンナイセキ　㊤92a〔イセキ〕　→イセキムスメ
女市　㊤690b〔作男・作女〕　㊦529a〔奉公人市〕
• 女いちげん《おんないちげん》　㊤**295**a
女帯　㊤278b〔帯〕
女形〔女方〕　㊤288b〔女形〕　384a〔歌舞伎〕　→おやま
女家督　㊤33c〔姉家督〕　→姉家督
女髪結　㊤404b〔髪結〕
女軽業　㊤425b〔軽業〕
• 女神主《おんなかんぬし》　㊤**295**b
• 女義太夫《おんなぎだゆう》　㊤**295**c
女倉　㊦453a〔プー〕
女芸者　㊤559b〔芸者〕
女駒　㊦399a〔春駒〕
女座　㊤608b〔後宴〕　㊦287b〔女房座〕　620c〔宮座〕
オンナシュ　㊤690a〔作男・作女〕　㊦528c〔奉公人〕
女正月　㊤624a〔小正月〕
オンナシラバ　㊦289a〔女人堂〕　780b〔米山信仰〕
女神官　㊤295b〔女神主〕
• 女相撲《おんなずもう》　㊤**296**a
オンナゼンマイ　㊤964b〔ぜんまい〕
女太夫　㊤375a〔門付け〕
オンナデ　㊦410b〔ヒートリ嫁〕
女手間　㊦156a〔出不足〕
女寺　㊦159a〔寺〕　464c〔複檀家〕
オンナテンジョウ　㊦289a〔女人堂〕
オンナドウ　㊦289a〔女人堂〕
女踏歌　㊦176b〔踏歌神事〕　→踏歌の節会
『おんな二代の記』　㊦741b〔山川菊栄〕
女禰宜　㊤865b〔女子神職〕
• 女の家《おんなのいえ》　㊤**296**b　611c〔五月節供〕　683c〔早乙女〕　700b〔皐月〕　㊦71b〔端午節供〕　311a〔年中行事㈠〕
女の会　㊤940a〔瀬川清子〕　㊦323b〔能田多代子〕
女の天下　㊤296b〔女の家〕
『女のはたらき―衣生活の歴史―』　㊤940a〔瀬川清子〕
女の晩　㊤296b〔女の家〕
女の葺き籠り　㊤296b〔女の家〕
女の骨休め日　㊤651b〔子安講〕
女の屋根　㊤296c〔女の家〕
• 女のよばい《おんなのよばい》　㊤**296**c
女御輿　㊤444a〔神田祭〕
女名月　㊦587b〔豆名月〕
オンナメシ　㊤701b〔雑穀〕
女物狂い　㊤540c〔組踊り〕
• 女紋《おんなもん》　㊤**297**a　410b〔家紋〕　㊦710a〔紋付〕　786a〔嫁暖簾〕
オンナユーブ　㊦758b〔ユーブ〕
御幣　㊤641a〔御幣〕　→ごへい
オンヌヤア　㊤167a〔御嶽〕
オンネェァサン　㊦559c〔詣りの仏〕
オンノコヤキバ〔-ヤキハマ〕　㊤272c〔鬼子〕
穏座　㊤483a〔饗宴〕
オンバ　㊤33c〔姉家督〕
オンバゴト　㊦585c〔ままごと〕
• 御柱《おんばしら》　㊤**297**b　㊦788c〔依代〕
御柱神事　㊤921c〔諏訪信仰〕
御柱建て　㊤297c〔御柱〕
御柱祭　㊤131a〔忌挿し〕　834a〔樹木崇拝〕
御媼尊　㊤別刷〈護符〉
御はて　㊦116c〔追善供養〕
御嶽プーリ　㊦457c〔豊年祭〕
• オンベ〔御幣〕　㊤**298**a　177c〔産毛剃り〕　641a〔御幣〕
御幣鯛　㊦2c〔タイ〕
オンベ竹　㊤298b〔おんべ焼き〕
御贄祭　㊤49c〔アユ〕
• おんべ焼き〔オンベヤキ〕　㊤**298**b　298a〔オンベ〕　㊦239b〔とんど〕
オンベラ〔オンベロ〕　㊤298a〔オンベ〕
オンベワライ　㊤298b〔おんべ焼き〕
• 隠亡〔隠坊, 御坊, 陰亡, 陰坊, 煙坊, 煙亡, 穏坊, 煜坊, 汚坊, 御坊聖〕《おんぼう》　㊤**298**b　737b〔三昧聖〕　→三昧聖
オンボウ草履　㊤298b〔隠亡〕
オンボウ役　㊤298b〔隠亡〕　㊦406b〔番太〕
おんま〔おんまつり〕　㊤61c〔言いならわし〕　→春日若宮御祭
恩米　㊦529a〔奉公人市〕
陰陽師　㊤189a〔占い〕　298c〔陰陽道〕　467c〔狐〕　857c〔唱門師〕　㊦257c〔撫物〕　311b〔年中行事㈠〕　444b

〔漂泊民〕 454*a*〔風水〕 690*b*〔盲僧琵琶〕
陰陽生 ㊦454*a*〔風水〕
陰陽先生 ㊦454*a*〔風水〕
• 陰陽道《おんみょうどう》 ㊤**298***c* 37*b*〔安倍晴明〕 211*b*〔恵方〕 477*b*〔鬼門〕 ㊦334*a*〔呪い〕 517*b*〔反閇〕 521*b*〔方位〕 716*a*〔厄〕
諺文 ㊦404*a*〔ハングル〕
陰陽道 ㊤298*c*〔陰陽道〕 →おんみょうどう
温浴 ㊦495*c*〔風呂〕
怨霊 ㊤51*b*〔あらみたま〕 271*b*〔鬼〕 394*c*〔神〕 872*a*〔死霊〕 872*b*〔死霊〕 ㊦513*b*〔蛇〕
温冷水浴療法 ㊦634*b*〔民間療法〕

か

カ ㊤745*c*〔鹿〕 →鹿
• 蚊《か》 ㊤**299***b* ㊦329*a*〔ノミ〕
我 ㊦832*a*〔私〕
カア ㊤314*b*〔カカ〕
• カー(井戸) ㊤**299***c*
カー ㊦2238*a*〔トンコリ〕
ガーガメ ㊦587 図〔豆打棒〕
カアサン ㊤645*a*〔ゴミソ〕
カースト内婚 ㊦241*c*〔内婚〕
カーミナクーバカ ⇨亀甲墓(㊤407*b*)
カーメー ㊤89*a*〔泉〕 111*b*〔井戸神〕
カーラ ㊤299*c*〔カー〕
• 貝《かい》 ㊤**299***c*
開 ㊤890*c*〔新田〕
鞋 ㊤534*a*〔沓〕
• 櫂《かい》 ㊤**300***a* 354*a*〔河川水運〕 505*a*〔漁船〕 ㊦815*a*〔艪〕
ガイ ㊦567*b*〔曲物〕
• 貝合わせ《かいあわせ》 ㊤**300***b* 300*a*〔貝〕 425*a*〔かるた〕 485*a*〔競技〕 654*a*〔娯楽〕 ㊦388*b*〔ハマグリ〕
櫂入唄 ㊤694*a*〔酒造り唄〕
海運 ㊤312*a*〔海民〕
貝覆 ㊤300*b*〔貝合わせ〕
改革組合村 ㊤974*b*〔惣代〕
貝殻経 ㊦388*b*〔ハマグリ〕
貝殻節 ㊦391*b*〔囃し(二)〕
開願祭 ㊦279*c*〔二百二十日〕
回忌 ㊦307*b*〔年忌〕 →年忌
• 開基《かいき》 ㊤**300***b* 302*b*〔開山〕 302*b*〔開山忌〕
• 階級《かいきゅう》 ㊤**300***c* 305*c*〔階層〕
階級社会 ㊤578*c*〔原始共産制〕
外曲 ㊤804*a*〔尺八〕
会計場 ㊦109*b*〔帳場(一)〕 →帳場
甲斐犬 ㊦802*c*〔猟犬〕
懐剣 ㊦389*c*〔刃物〕
カイゲン供養 ㊤305*b*〔改葬〕
開眼供養 ㊤305*b*〔改葬〕
蚕《かいこ》 ⇨養蚕(㊦770*a*) ㊤259*b*〔おしら祭文〕 301*b*〔蚕棚〕 472*a*〔絹〕 554*c*〔桑切り庖丁〕 611*b*〔蚕影〕 730*c*〔蚕種〕 ㊦338*c*〔ハイヌウェレ〕 346*c*〔掃き立て〕 359*a*〔馬娘婚姻譚〕 584*c*〔蔟〕 587*c*〔繭〕 770*c*〔養蚕教師〕
蚕上がり ㊦594*a*〔饅頭〕
カイゴウ ㊤331*b*〔隠れ念仏(二)〕
開闔役 ㊤319*b*〔鍵〕
蚕蛾 ㊦687*a*〔雌蝶・雄蝶〕
• 蚕神《かいこがみ》 ㊤**301***a* 118*b*〔稲荷信仰〕 595*a*〔庚申信仰〕 ㊦29*a*〔高い山〕 300*c*〔猫〕 346*c*〔掃き立て〕
蚕神と馬 ㊦359*a*〔馬娘婚姻譚〕
外国人 ㊤87*c*〔異人(二)〕
• 外国人花嫁《がいこくじんはなよめ》 ㊤**301***b*
外国人労働者 ㊦148*a*〔出稼〕
回国聖 ㊤490*c*〔経塚〕
蚕座 ㊦584*c*〔蔟〕
• 蚕棚《かいこだな》 ㊤**301***b* ㊦770*b*〔養蚕〕
蚕箸 ㊦770*c*〔養蚕〕
• 開墾《かいこん》 ㊤**301***c* 307*a*〔開拓〕 310*c*〔開発〕
• 外婚《がいこん》 ㊤**302***a*
外婚規制 ㊤546*a*〔クラン〕
開墾鍬 ㊤301*c*〔開墾〕
外婚制 ㊤302*a*〔外婚〕
貝祭文 ㊤681*b*〔祭文〕 681*c*〔祭文語り〕 ㊦160*b*〔デロレン祭文〕 →デロレン祭文
開作 ㊤890*c*〔新田〕
• 開山《かいざん》 ㊤**302***a* 300*b*〔開基〕 302*b*〔開山忌〕
• 開山忌《かいざんき》 ㊤**302***b* 302*b*〔開山〕 982*c*〔祖師忌〕
開山堂 ㊤302*a*〔開山〕 302*b*〔開山忌〕
買石〔買師〕 ㊦228*c*〔友子〕 742*c*〔山師〕
買芝居 ㊤760*c*〔地芝居〕 ㊦323*a*〔農村舞台〕
• 外者歓待《がいしゃかんたい》 ㊤**302***b* ㊦540*a*〔ホスピタリティ〕
貝杓子 ㊤802*b*〔杓子〕
海住山寺(京都) ㊦288*a*〔女人禁制〕
害獣除け ㊦715*a*〔焼畑〕
買春 ㊤923*c*〔性〕 ㊦337*c*〔売春〕
• 会所《かいしょ》 ㊤**302***c* 604*b*〔公民館〕 ㊦108*c*〔町内〕 306*a*〔寝宿〕 435*a*〔火の見櫓〕 571*c*〔町会所〕
塊状村 ㊤821*c*〔集落〕
海上他界 ㊦28*b*〔他界観〕
海上の道 ㊤85*c*〔移住(一)〕 115*b*〔稲作〕
• 『海上の道』《かいじょうのみち》 ㊤**303***a* 551*a*〔黒潮〕 551*a*〔黒潮文化〕
• 会食《かいしょく》 ㊤**303***b* 217*b*〔宴会〕 483*a*〔饗宴〕
• 外食《がいしょく》 ㊤**303***c*
• 海神《かいじん》 ㊤**304***a* ㊦630*b*〔民間信仰〕 →海の神
海神講 ㊤584*b*〔講〕
海人草 ㊦566*a*〔マクリ〕
海神祭 ㊦234*c*〔トリカジ〕
海水 ㊤743*c*〔潮汲み〕
• 海水浴《かいすいよく》 ㊤**304***b* 185*a*〔海開き〕
海水浴場 ㊤899*b*〔水泳〕
貝摺奉行 ㊤727*a*〔サンシン〕
• 改姓改名運動《かいせいかいめいうんどう》 ㊤**304***c*
会席膳 ㊤952*a*〔膳〕

懐石料理　㊤772c〔仕出屋〕 850b〔精進料理〕
• 廻船〔回船〕《かいせん》　㊤**304**c 464c〔北前船〕 ㊦485a〔船箪笥〕 509b〔弁才船〕
廻船入港図絵馬　㊦482a〔船絵馬〕
開祖　㊤302a〔開山〕 957b〔先祖〕
カイソウ　㊤954b〔洗骨〕
回葬　㊤323b〔華僑墓地〕
• 改葬《かいそう》　㊤**305**a ㊦540b〔墓制〕
• 海藻《かいそう》　㊤**305**b 667a〔コンブ〕 ㊦447a〔肥料〕
• 階層《かいそう》　㊤**305**c 300c〔階級〕 ㊦617c〔身分階層制〕
• 崖葬《がいそう》　㊤**306**b
海賊　㊤312a〔海民〕 899b〔水泳〕
• 海村《かいそん》　㊤**306**b 312b〔海民〕 506a〔漁村〕
塊村　㊤817c〔集村〕
街村　㊤818a〔集村〕
海尊社(青森)　㊦424c〔常陸坊海尊〕
『海村生活の研究』　㊤306b〔海村〕 306c〔海村調査〕 730a〔山村調査〕 ㊦797b〔離島調査〕
• 海村調査《かいそんちょうさ》　㊤**306**c 497b〔郷土生活研究採集手帖〕 544b〔倉田一郎〕 729c〔山村調査〕 828b〔守随一〕 940a〔瀬川清子〕 ㊦356c〔橋浦泰雄〕 632c〔民間伝承の会〕 797b〔離島調査〕
『海村調査報告』　㊤306c〔海村調査〕
• カイダー字　㊤**306**c
海帯　㊤667a〔コンブ〕
• 開拓《かいたく》　㊤**307**a 310c〔開発〕
開拓先祖　㊤749a〔地神〕
• 開拓村落〔-村〕《かいたくそんらく》　㊤**307**b ㊦504a〔分村(一)〕 541c〔母村(一)〕
• 開拓村落(北海道)《かいたくそんらく》　㊤**307**c ㊦239a〔屯田兵村〕
買出人　㊤529c〔屑屋〕
カイダナ　㊤50a〔洗い場〕
回檀　㊤765c〔地神盲僧〕
• 怪談《かいだん》　㊤**307**c 665c〔こんな晩〕
『怪談』　㊦666c〔ムジナ〕
カイチ　㊤309a〔垣内〕
• 害虫《がいちゅう》　㊤**308**b 35c〔アブシバレー〕 193c〔ウンカ〕 ㊦329a〔ノミ〕
懐中提燈　㊦107 図〔提燈〕
懐中時計　㊦204c〔時計〕
• 開帳《かいちょう》　㊤**308**c ㊦147b〔出開帳〕
『海潮音』　㊤153a〔上田敏〕
『貝塚』　㊦478a〔物質文化(二)〕
買継ぎ養子　㊤383a〔株〕 ㊦457c〔夫婦養子〕 →買養子
買積　㊤336b〔水夫〕
買積船　㊤464c〔北前船〕
• カイツリ　㊤**308**c
『改訂綜合日本民俗語彙』　㊤968c〔綜合日本民俗語彙〕 ㊦649b〔民俗語彙〕 →綜合日本民俗語彙
回転式脱穀機　㊤23b〔足踏脱穀機〕 →足踏脱穀機
回転式中耕除草器　㊤866b〔除草器〕
回転戸　㊦174b〔戸〕
櫂伝馬　㊦80b〔力くらべ(一)〕 483b〔舟競争〕
回転蔟　㊦584c〔蔟〕
回転炉　㊤702b〔砂鉄〕
• 垣内〔垣外，垣中，垣土，垣戸，開戸〕《かいと》　㊤**309**a 518a〔近隣〕 966b〔惣〕 ㊦9c〔大字〕 678a〔村組〕
開扉　㊤308c〔開帳〕 →開帳
カイド　㊤309a〔垣内〕
磕頭　㊤721b〔三跪九叩〕
• 街道《かいどう》　㊤**309**c 104a〔一里塚〕 227c〔追分〕 ㊦189a〔道標〕 555b〔本陣〕
外套　㊦524c〔防寒着〕
• 「海道下り」《かいどうくだり》　㊤**309**c ㊦611c〔道行〕
貝頭懸魚　㊤567a〔懸魚〕
街頭テレビ　㊦160a〔テレビ〕
怪童丸〔快童，快童丸〕　㊤515b〔金太郎〕
『海島民俗誌』　㊦698c〔本山桂川〕
垣内的集落　㊤309b〔垣内〕
垣中之墓　㊤309b〔垣内〕
垣内山　㊤309a〔垣内〕
搔取　㊤169b〔打掛〕
買問屋　㊦244a〔仲買い〕
• 海難救助《かいなんきゅうじょ》　㊤**310**a 666c〔金毘羅信仰〕
• 海難法師〔-坊，-坊主，海南-〕《かいなんぼうし》　㊤**310**b 131c〔忌日〕 ㊦410c〔日忌〕
カイニョ　㊤729a〔散村〕 ㊦724c〔屋敷林〕
櫂練り　㊦483b〔舟競争〕
螺緒　㊦548c〔法螺貝〕 749b〔山伏〕
『甲斐の落葉』　㊦746b〔山中共古〕 823a〔炉辺叢書〕
貝灰〔カイバイ〕　㊤318a〔カキ〕 387b〔壁〕
• 開発《かいはつ》　㊤**310**c 307a〔開拓〕
• 貝原益軒《かいばらえっけん》　㊤**311**a 815b〔十三塚〕
貝曳網　㊤762b〔シジミ〕
• 開闢神話《かいびゃくしんわ》　㊤**311**b 455a〔記紀神話〕
怪猫譚　㊦301c〔猫の踊り〕
回避論　㊤671c〔災害〕
• カイフ〔海部，海府〕　㊤**311**c
海部〔海夫〕　㊤312a〔海民〕
買吹　㊦742c〔山師〕 →買石
回文　㊤634b〔言葉遊び〕
廻文　㊤312c〔回覧板〕
海辺地方　㊤189c〔浦百姓〕
解放運動　㊦422a〔被差別部落〕
回峰行　㊦818b〔六郷満山〕
回峰行者　㊤486c〔行者〕
解放農地　㊦323b〔農地改革〕
カイボシ　㊤430a〔川干し〕
貝ボタン　㊤55a〔アワビ〕
カイボリ〔搔い掘り〕　㊤430a〔川干し〕 432b〔川漁〕
搔巻　㊤879c〔寝具〕 ㊦244b〔長着〕 305c〔寝巻〕
• 戒名《かいみょう》　㊤**311**c 125b〔位牌〕 624a〔五重相伝〕 709c〔差別戒名〕
• 海民《かいみん》　㊤**312**a 208a〔えびす〕 304a〔海神〕 ㊦439b〔百姓〕 442b〔漂海民〕
海民漁業　㊤506c〔漁民〕
貝紫　㊤956b〔染色〕
カイモチ　㊦695b〔餅〕
買い物帳　㊦719a〔役割帳〕
貝焼き　㊦715c〔焼き物〕
買養子　㊦457c〔夫婦養子〕 771b〔養子〕 →買継ぎ養子
海洋宗教　㊤652c〔五来重〕
• 貝寄せ《かいよせ》　㊤**312**b
傀儡　㊤375b〔門付け〕 523b〔傀儡子人形〕 →傀儡
傀儡芸　㊤561a〔芸能〕
• 外来語《がいらいご》　㊤**312**b ㊦280a〔日本語〕
外来魂　㊤393c〔神〕
傀儡子《かいらいし》　⇨くぐつ(㊤523a)
• 回覧板《かいらんばん》　㊤**312**c 61a〔言い継ぎ〕 64b〔家順〕 852a〔定使い〕 856a〔情報伝達〕
海流　㊤742c〔潮〕
改良風呂　㊤961a〔銭湯〕
回礼　㊦309c〔年始〕
• 懐炉《かいろ》　㊤**312**c ㊦75b〔暖房〕
『海録』　㊤904a〔随筆〕
街路村　㊤821c〔集落〕
懐炉灰　㊤244a〔オガラ〕 312c〔懐炉〕 917a〔炭〕
カイロプラクティック　㊦634b〔民間療法〕
ガエ　㊦567b〔曲物〕
• 替え歌《かえうた》　㊤**312**c ㊦453b〔諷刺〕 547c〔ほめ詞〕
カエコト　㊦478b〔物々交換〕
かえし(漁具)　㊤156a〔筌〕
かえし(履物)　㊦837b〔草鞋〕
返し結び　㊦607a〔水引〕
カエス　㊤478c〔木遣り〕
カエツリ　㊤308c〔カイツリ〕
楓　㊦290c〔庭木〕
換物神事　㊤165a〔鷽替〕
替え紋　㊤297b〔女紋〕 ㊦710a〔紋付〕 →裏紋
カエリムコ〔帰り聟〕　㊤34a〔姉家督〕 588c〔後見〕 ㊦246a〔中継相続〕
アエル　㊤876a〔白蛇〕
• カエル〔蛙〕　㊤**313**a 39b〔雨蛙不孝〕 313c〔蛙と蛇〕 ㊦52b〔田螺長者〕 163a〔天気占い〕

• 蛙飛び《かえるとび》 ㊤**313b** 223a〔延年〕
蛙飛び行事 ㊤313b〔カエル〕
• 蛙と蛇《かえるとへび》 ㊤**313c**
蛙の草紙 ㊤455b〔聴耳〕
蛙報恩 ㊦191b〔動物報恩譚〕 586a〔継子話〕
カエルマタ ㊤714c〔猿股〕
蛙又 ㊤696c〔刺網〕
蛙息子 ㊤107b〔一寸法師〕
火炎太鼓 ㊦6a〔太鼓〕
加塩発酵法 ㊤556c〔燻製〕
花押 ㊤869b〔署名〕
家屋 ㊤62a〔家〕
かをの一 ㊤250a〔奥浄瑠璃〕
• 顔見世《かおみせ》 ㊤**314a**
• 香り米《かおりまい》 ㊤**314a** 645c〔米〕
• カカ ㊤**314b** 258c〔オジ・オバ〕 832c〔主婦〕
カガ ㊤588b〔コウゲ〕
ガガ ㊦567b〔曲物〕
• 嬥歌《かがい》 ㊤**314b** 166b〔歌垣〕 ㊦783a〔嫁市〕 →歌垣
花街 ㊦755c〔遊廓〕
抱持立犂 ㊤907a〔犂〕
加賀笠 ㊤339a〔笠〕
• 家格《かかく》 ㊤**314c** 64a〔家柄〕 65b〔家筋〕 348b〔頭分〕 425c〔家例〕 500a〔共有地〕 660b〔婚姻規制〕 710b〔侍分〕 923a〔姓〕 ㊦145b〔貞操観念〕 617b〔身分〕 670c〔棟〕 676a〔村勘定〕 708c〔門㈡〕 782b〔嫁〕
• 雅楽《ががく》 ㊤**315b** 25c〔東遊び〕 294c〔音頭〕 368b〔鞨鼓〕 632c〔箏〕 679c〔催馬楽〕 843a〔笙〕 ㊦426c〔篳篥〕 449c〔琵琶〕 458b〔笛〕
家格型村落 ㊤993a〔村落類型論〕
雅楽局 ㊤315a〔雅楽〕
家格制 ㊤993a〔村落類型論〕 ㊦617c〔身分階層制〕
家格制論 ㊦617c〔身分階層制〕
• 嬶座〘カカザ〙《かかざ》 ㊤**315c** 127c〔居間〕 141c〔囲炉裏〕 314b〔カカ〕 629b〔炬燵〕 832c〔主婦〕 ㊦75c〔暖房〕
• 案山子《かかし》 ㊤**315c** 109a〔一本足〕 268b〔威し〕 690b〔作神〕 734a〔サンバイ〕 837 表〔狩猟法〕 913c〔雀〕 ㊦292c〔人形〕
カガシ〘かがし〙 ㊤759c〔シシガキ〕 837 表〔狩猟法〕
• 案山子あげ〘-上げ〙《かかしあげ》 ㊤**316b** 316b〔案山子〕 ㊦9a〔大根の年取〕 197b〔十日夜〕
カカシノトシトリ〘案山子の年取〙 ㊤316b〔案山子あげ〕 ㊦197b〔十日夜〕 →案山子上げ
カカシマツリ ㊤316b〔案山子あげ〕
カガソ ㊦135a〔綱〕
カカソビキ ㊦785b〔嫁盗み〕
カガチ網 ㊤749c〔敷網〕
加賀テント ㊤427c〔カワサキ〕
加賀鳶 ㊦151c〔出初式〕
加賀馬場下山七社 ㊦349b〔白山信仰〕
ガガマ ㊦510b〔べっかんこ〕
• 鏡《かがみ》 ㊤**316c** 317a〔鏡研ぎ〕 323c〔家具〕 488c〔鏡台〕 737a〔三枚の御札〕
鏡イゴ ㊤445b〔寒天〕
鏡板 ㊦164b〔天井〕 471b〔舞台〕
鏡ヶ池 ㊤906b〔姿見の池〕
鏡味小仙 ㊦3b〔太神楽〕
鏡樽 ㊦66b〔樽〕
• 鏡研ぎ《かがみとぎ》 ㊤**317a**
カガミナラシ ㊤317a〔鏡開き〕 →鏡開き
鏡の池 ㊤317a〔鏡〕
• 鏡開き《かがみびらき》 ㊤**317a** 317c〔鏡餅〕 545a〔蔵開き〕 ㊦66b〔樽〕
鏡磨き ㊤317a〔鏡研ぎ〕
• 鏡餅《かがみもち》 ㊤**317b** 51c〔霰〕 208a〔エビ〕 255a〔おこない〕 305c〔海藻〕 321b〔かきもち〕 474c〔キビ〕 542a〔供物〕 845a〔正月飾り〕 873a〔汁粉〕 ㊦81b〔力餅〕 373a〔初正月〕 663a〔むけ節供〕 695a〔餅〕
カガミワリ〘鏡割〙 ㊤317a〔鏡開き〕 ㊦66b〔樽〕 →鏡開き
加賀紋 ㊦710a〔紋付〕 786a〔嫁暖簾〕
カカラブルマイ ㊦494b〔振舞い〕
掛り木 ㊦376b〔伐木〕
篝火 ㊤941b〔石炭〕
掛かり人 ㊤95a〔居候〕 ㊦729b〔厄介〕 →居候
香川漆器 ㊤779a〔漆器〕
賀川豊彦 ㊤920b〔スラム〕
• カキ〘牡蠣〙 ㊤**317c**
カキ ㊤49a〔操三番叟〕
花器 ㊦37a〔竹細工〕
• 垣〘牆，籬〙《かき》 ㊤**318a** ㊦507b〔塀〕
• 柿《かき》 ㊤**318b** 342b〔菓子〕 639a〔木の実〕 805a〔シャックリ〕 ㊦55c〔種子籾囲い〕 264b〔成木責〕 530a〔ぼうじ棒打ち〕 539a〔干柿〕 633b〔民間薬〕
カギ ㊦225a〔鳶口〕 377b〔初山〕
• 鉤《かぎ》 ㊤**319a** 200a〔餌木〕 693b〔鮭〕 ㊦694c〔もぐり漁〕
• 鍵《かぎ》 ㊤**319b** 833b〔主婦権〕
ガキ ㊦426c〔ひだる神〕
• 餓鬼《がき》 ㊤**319b** 634c〔子ども〕 939b〔施餓鬼〕 ㊦658a〔無縁仏〕 →無縁仏
カギアズカリ ㊤320b〔鍵取り〕
かき油 ㊤504a〔魚醤〕
カキアマ ㊤317c〔カキ〕
掻き網 ㊤790a〔柴漬け漁〕
カキィ ㊤84c〔石干見漁〕
カギイエ ㊤534c〔クド造〕 →クド造
書入れ流れ ㊤786a〔地主・小作〕
カキウチ ㊤309a〔垣内〕
鉤下し ㊤667c〔昆布漁〕
餓鬼界 ㊤778c〔十界修行〕
• 鉤掛け《かぎかけ》 ㊤**319c**
掻き鎌 ㊤192a〔漆掻き〕
餓鬼行 ㊤778c〔十界修行〕 ㊦72b〔断食〕
掻きこ ㊤192a〔漆掻き〕
掻き粉 ㊦193b〔トウモロコシ〕
カギ竿 ㊤451c〔木下し〕
• 柿渋《かきしぶ》 ㊤**320a** 45c〔網漁〕 318c〔柿〕 400b〔紙子〕 ㊦365c〔蜂〕 634b〔民間療法〕
カギジルシ ㊤758a〔自在鉤〕
『餓鬼草紙』 ㊤319b〔餓鬼〕
柿相米 ㊤318c〔柿〕
• 書初《かきぞめ》 ㊤**320a** 689a〔左義長〕 721a〔三箇日〕 757a〔仕事始め〕
垣田五百次 ㊦823a〔炉辺叢書〕
• 餓鬼棚《がきだな》 ㊤**320b** ㊤319c〔餓鬼〕 376a〔門火〕 →無縁棚
柿搗き歌 ㊤320a〔柿渋〕
嘉吉祭 ㊤別刷〈供物〉
カギヅルシ ㊤758a〔自在鉤〕
餓鬼道 ㊤189c〔盂蘭盆会〕
カギドノ ㊤758a〔自在鉤〕
• 鍵取り《かぎとり》 ㊤**320b** 319b〔鍵〕 ㊦624c〔宮守〕
カギヌシ ㊤320b〔鍵取り〕
垣根 ㊤74a〔イグネ〕 318a〔垣〕 →垣
柿年貢 ㊤318c〔柿〕
柿木責 ㊤319a〔柿〕
• 柿の木問答《かきのきもんどう》 ㊤**320c**
柿の葉 ㊦634b〔民間療法〕
柿の花刺し ㊤698a〔刺子〕
柿の葉人形 ㊤別刷〈遊び〉
柿本社 ㊦430c〔人麻呂〕
柿本神社(兵庫) ㊦430c〔人麻呂〕
柿本人麻呂〘-人丸〙 ㊤334b〔景清〕 ㊦430c〔人麻呂〕
かき箸 ㊦833c〔渡箸〕
カキバナ ㊦700c〔物作り〕
カギヒキ ㊤169a〔打植祭〕
• カギヒキ神事〘カギヒキ〙 ㊤**321a** ㊦別刷〈山の神〉
掻き箆 ㊤192a〔漆掻き〕
掻棒 ㊦508a〔米寿〕
餓鬼仏〘ガキボトケ〙 ㊤319b〔餓鬼〕 321b〔餓鬼飯〕 ㊦658a〔無縁仏〕 →無縁仏
• 餓鬼飯《がきめし》 ㊤**321b** 319c〔餓鬼〕 ㊦552b〔盆竈〕
• かきもち〘欠餅，掻餅〙 ㊤**321b** 51c〔霰〕

カギヤ(月小屋)　㊤571c〔月経〕
カギヤ　㊤534c〔クド造〕 →クド造
鍵屋　㊦383a〔花火〕 383b〔花火師〕
書役　㊦573b〔町役人〕
鍵役　㊤319b〔鍵〕
「かぎゃで風節」　㊤810a〔祝儀唄〕
舁き山　㊦43a〔山車〕 418a〔曳山〕 751b〔山鉾〕
鍵屋弥兵衛　㊦382b〔花火〕 383b〔花火師〕
•『蝸牛考』《かぎゅうこう》　㊤**321c** 578b〔言語地理学〕 811c〔周圏論〕 ㊦651c〔民俗地図〕
「蝸牛考」　㊤655a〔孤立国〕 ㊦別刷〈民俗学史〉
•華僑《かきょう》　㊤**322a** 322c〔華僑総会〕 323a〔華僑墓地〕 407c〔亀甲墓〕 445a〔関帝廟〕 448b〔観音菩薩〕 500a〔ギョーザ〕 590b〔孔子廟〕 593b〔公所・幇〕 677a〔財神〕 733c〔三把刀〕 840c〔春節〕 892b〔新年団拝〕 934b〔清明節〕 970c〔宗親会〕 ㊦97b〔中華街〕 97c〔中華会館〕 177c〔同郷会〕 221c〔土地公〕 479b〔普度〕 521a〔会〕 792c〔落葉帰根・落地生根〕
•家業《かぎょう》　㊤**322b** 62b〔家〕 332a〔家訓〕 341b〔家産〕 374b〔家督〕
•華僑総会《かきょうそうかい》　㊤**322c** 593b〔公所・幇〕 892b〔新年団拝〕 ㊦97c〔中華会館〕
『家業伝』　㊦322c〔農書〕
稼業人　㊤484c〔侠客〕
•華僑墓地《かきょうぼち》　㊤**323a** ㊦97c〔中華会館〕
華僑霊園　㊤323a〔華僑墓地〕 →華僑墓地
華僑聯誼会　㊤323a〔華僑総会〕
華僑聯合会　㊤322c〔華僑総会〕
歌曲　㊤416c〔歌謡〕
カグ　㊤433c〔龕〕
•家具《かぐ》　㊤**323b**
楽　㊤269b〔踊り〕
覚阿　㊦288c〔女人高野〕
カクアゴ　㊦224b〔トビウオ〕
角網　㊦276c〔ニシン漁〕
角行燈　㊤58c〔行燈〕 857図〔照明〕
•楽打《がくうち》　㊤**324a** ㊦6c〔太鼓踊り〕
学園祭　㊦500a〔文化祭〕
角帯　㊤278c〔帯〕
•核家族《かくかぞく》　㊤**324b** 324c〔核家族化〕 326a〔拡大家族〕 359b〔家族類型〕 844b〔小家族〕 ㊦3c〔大家族〕 457a〔夫婦家族〕 462b〔複合家族〕 558c〔マードック〕
•核家族化《かくかぞくか》　㊤**324c**
核家族世帯　㊤944c〔世帯〕
核家族普遍説　㊤324b〔核家族〕 ㊦558c〔マードック〕
核家族率　㊤324c〔核家族化〕 945a〔世帯〕
角行　㊦467c〔富士山〕
学芸会　㊤369a〔学校行事〕 ㊦500a〔文化祭〕
楽桟敷　㊤696c〔桟敷〕
角砂糖　㊤703b〔砂糖〕
楽師　㊤326a〔楽人〕
隠し金　㊦509c〔へそくり〕
カクシゴ　㊤766a〔私生児〕
•隠し田《かくしだ》　㊤**325c**
カクシダマ　㊤125a〔命弾〕 →命弾
隠し念仏《かくしねんぶつ》　⇨隠れ念仏(㊤330c) ㊤147c〔淫祠邪教〕 ㊦438a〔秘密結社〕
隠し婆　㊤331c〔隠れんぼ〕
覚者　㊦545a〔仏〕
楽生　㊤326a〔楽人〕
学匠相承　㊤624a〔五重相伝〕
学信和尚　㊤627b〔子育て幽霊〕
核心型家族　㊦113b〔直系家族〕
カクシンボ　㊤331c〔隠れんぼ〕
学生ヤクザ　㊦716b〔ヤクザ〕
•かくせつ　㊤**325c**
楽前の大夫　㊦65a〔太夫〕
楽箏　㊤633a〔箏〕
•拡大家族〔拡大型-〕《かくだいかぞく》　㊤**326a** 359b〔家族類型〕 888b〔親族〕 ㊦113b〔直系家族〕 462b〔複合家族〕
家具大工　㊦4c〔大工〕
楽太鼓　㊦5c〔太鼓〕
拡大造林　㊤979a〔造林〕
角建網　㊦48c〔建網〕
角俵　㊤410c〔カヤ〕
カクチ(集落)　㊤309a〔垣内〕
カクチ　㊦721a〔屋敷〕
角柱型墓塔　㊦343図〔墓石〕
学童集団疎開　㊤979b〔疎開〕
学童疎開船　㊤979b〔疎開〕
学徒隊　㊤932b〔青年団〕
覚如　㊦523b〔報恩講〕
•楽人《がくにん》　㊤**326a** 862c〔職人〕
楽之屋　㊤326c〔楽屋〕
•角乗り《かくのり》　㊤**326b** 474b〔木場〕
学派神道　㊤891b〔神道〕
覚鑁忌　㊦523b〔報恩講〕
楽琵琶　㊦449c〔琵琶〕
額縁ショー　㊤916a〔ストリップ〕
額縁舞台　㊦471c〔舞台〕
角兵衛獅子《かくべえじし》　⇨越後獅子(㊤205a)
学法尼　㊦418c〔比丘尼〕
カクマキ　㊤909a〔頭巾〕
•角巻《かくまき》　㊤**326c** 387a〔かぶりもの〕 ㊦525a〔防寒着〕
角窓　㊦580b〔窓〕
覚明　㊤293c〔御嶽行者〕 294a〔御嶽信仰〕 487b〔行者講〕
覚明講　㊤294a〔御嶽信仰〕
「学問としてのフォルクスクンデ」　㊦796b〔リール〕
「学問としての民俗学」　㊦796b〔リール〕
•楽屋《がくや》　㊤**326c**
楽屋稲荷　㊤327a〔楽屋〕
カクラ　㊤423b〔狩場〕
•神楽《かぐら》　㊤**327a** 89c〔出雲神楽〕 91c〔伊勢神楽〕 144a〔岩戸神楽〕 244b〔隠岐神楽〕 395c〔神遊び〕 449c〔神舞〕 594b〔荒神神楽〕 796b〔霜月神楽〕 883a〔神事芸能〕 ㊦3a〔太神楽〕 236a〔採物〕 258c〔七不思議〕 522b〔法印神楽〕 559a〔舞〕 600b〔神子〕 602a〔巫女舞〕 640c〔民俗音楽〕 647c〔民俗芸能〕 775a〔夜神楽〕 820b〔六調子〕
•神楽歌《かぐらうた》　㊤**329a** 91c〔伊勢神楽〕 165c〔歌〕 332b〔掛けあい〕 416c〔歌謡〕
『神楽歌研究』　㊦274c〔西角井正慶〕
神楽男　㊦602b〔巫女舞〕
神楽組　㊤328c〔神楽〕
『神楽研究』　㊦274c〔西角井正慶〕
神楽座　㊦287b〔女房座〕
神楽坂毘沙門天(東京)　㊤222b〔縁日〕
カクラサマ　㊤423b〔狩場〕
神楽山　㊦821c〔轆轤〕
神楽師　㊤329b〔神楽太夫〕 705b〔里神楽〕
神楽職　㊦65b〔太夫村〕
神楽獅子舞　㊤705b〔里神楽〕
『神楽字引』　㊦765b〔湯立獅子舞〕
神楽社中　㊤705b〔里神楽〕 →神楽師
神楽衆　㊤329b〔神楽太夫〕
かぐらセジ　㊤944b〔セジ〕
•神楽太夫《かぐらだゆう》　㊤**329b**
神楽田　㊤601c〔神殿〕
•神楽殿〔-所, -堂〕《かぐらでん》　㊤**329b**
神楽念仏　㊤328c〔神楽〕
神楽機　㊦821c〔轆轤〕
神楽囃子　㊦391a〔囃し(二)〕
神楽笛　㊦391a〔囃し(二)〕 458b〔笛〕
神楽舞　㊤728a〔参候祭〕
神楽面　㊤408a〔仮面〕
神楽宿　㊤328c〔神楽〕 552a〔黒森神楽〕
学寮　㊦802a〔寮〕
鶴林寺(徳島)　㊦519図〔遍路〕
かくれあそび　㊤331c〔隠れんぼ〕
隠れ笠　㊤339a〔笠〕
かくれかじか　㊤331c〔隠れんぼ〕
かくれかんじゃ　㊤331c〔隠れんぼ〕
•隠れキリシタン《かくれキリシタン》　㊤**329c** 509b〔キリスト教〕 820a〔終末論〕 ㊦438a〔秘密結社〕 589a〔マリア観音〕
•隠れ里《かくれざと》　㊤**330b** 728b〔山村〕 ㊦

679b〔村境〕 738b〔山〕
隠れ芝居 ㊤761a〔地芝居〕
• 隠れ念仏(鹿児島)《かくれねんぶつ》 ㊤**330c**
• 隠れ念仏(東北)《かくれねんぶつ》 ㊤**331b**
• 隠れ簑笠《かくれみのかさ》 ㊤**331b** ㊦419c〔彦市〕
かくれんご ㊤331c〔隠れんぼ〕
• 隠れんぼ《かくれんぼ》 ㊤**331c** 485a〔競技〕 ㊦756c〔遊戯〕
角炉 ㊤702b〔砂鉄〕
• 家訓《かくん》 ㊤**332a** 322c〔家業〕 383b〔家風〕
カケ ㊦82b〔地形名〕 351c〔ハケ〕
• 掛けあい〔掛合い〕《かけあい》 ㊤**332b** 429a〔河内音頭〕
掛行燈 ㊤58c〔行燈〕
家系 ㊤63a〔家〕 946c〔絶家〕 ㊦113b〔チョッポ〕 471a〔譜代㈠〕
• 家計《かけい》 ㊤**332b** 757a〔私財〕
カケイオ ㊤別刷〈婚礼〉
カケイショウ ㊦401b〔晴着〕
家計簿 ㊤332c〔家計〕
かけ歌 ㊤332b〔掛けあい〕
カケウチ ㊦688a〔面浮立〕
影浦 ㊦432b〔日向・日陰〕
• 掛け売り《かけうり》 ㊤**333a** ㊦120c〔通帳〕
• 影絵《かげえ》 ㊤**333a**
欠落 ㊤456b〔飢饉〕
• 駆落《かけおち》 ㊤**333c** 65b〔家出〕 ㊦785b〔嫁盗み〕
• 掛け踊り《かけおどり》 ㊤**333c** 242a〔お蔭参り〕 275c〔お練り〕
掛椀 ㊤689c〔砂金〕
• 景清《かげきよ》 ㊤**334b**
景清廟 ㊤334b〔景清〕
掛具 ㊤879b〔寝具〕
カケグチ ㊦614c〔水口〕
• 陰口《かげぐち》 ㊤**334c** 856a〔情報伝達〕 926c〔制裁〕 943a〔世間知らず〕
• 掛け声《かけごえ》 ㊤**335a**
• 賭け事《かけごと》 ㊤**335a** ㊦350b〔博打〕
掛け言葉 ㊤634b〔言葉遊び〕
駈け込み寺〔駆け込み-〕《かけこみでら》 ⇨縁切寺(㊤219b) ㊤20c〔アジール〕
懸硯 ㊦485a〔船箪笥〕
• 蔭膳〔陰膳〕《かげぜん》 ㊤**335c** 722b〔参宮兄弟〕 745a〔潮花〕 862a〔食事〕 952a〔膳〕
掛け素麺 ㊤978a〔素麺〕
カケダイ〔懸鯛，掛鯛〕 ㊤336a〔懸けの魚〕 ㊦2c〔タイ〕
懸税 ㊦376a〔初穂〕
掛茶屋 ㊦95a〔茶店〕
陰遣い ㊤526b〔串人形〕
欠付け役 ㊤404b〔髪結〕
『花月草紙』 ㊤904a〔随筆〕
掛弦 ㊦686a〔眼鏡〕
懸樋 ㊤336b〔懸樋〕 →かけひ
掛け時計 ㊦204c〔時計〕
掛取 ㊤333a〔掛け売り〕 ㊦120c〔通帳〕
掛け流し ㊤905a〔水利慣行〕
かけ庭 ㊤269a〔踊り〕
影人形 ㊤333a〔影絵〕
掛けヌシドリ ㊦297a〔ヌシドリ〕
掛け値 ㊦474b〔符丁〕
カケノイヲ ㊤336a〔懸けの魚〕
• 懸けの魚〔掛魚〕《かけのうお》 ㊤**336a** 542b〔供物〕
懸場 ㊤244c〔置き薬〕 ㊦340a〔売薬〕
懸場帳 ㊤245a〔置き薬〕
陰囃子 ㊤379b〔鉦〕 695c〔ささら〕
懸盤 ㊤951c〔膳〕
• 懸樋〔掛樋，筧〕《かけひ》 ㊤**336b** 903c〔水道〕 ㊦607b〔水屋㈠〕
掛布団 ㊦480c〔蒲団〕
影踏み ㊤485a〔競技〕
カケボ ㊦535c〔穂掛け〕
掛干し ㊤121c〔稲掛け〕
陰星梅鉢 ㊤185c〔梅〕
懸仏 ㊤890a〔神体〕
陰間 ㊦183c〔同性愛〕
陰間茶屋 ㊤344c〔貸席〕
賭的 ㊦350c〔博打〕
懸守 ㊤971a〔装身具〕
懸廻堤 ㊦829c〔輪中〕
掛餅 ㊤255a〔おこない〕
陰紋 ㊦710a〔紋付〕
家憲 ㊤322c〔家業〕 332a〔家訓〕 383b〔家風〕
下元 ㊤723c〔三元〕
カコ ㊤268b〔威し〕
• 水夫〔カコ，水主，舸子〕《かこ》 ㊤**336b** 286a〔親子〕 342a〔河岸〕 507c〔漁撈組織〕
駕籠 ㊤967b〔葬具〕
• 籠《かご》 ㊤**336c** 195c〔運搬具〕 500c〔漁業〕 694c〔笹〕 712c〔笊〕 935c〔背負運搬具〕 936c〔背負籠〕 950a〔背中当〕 ㊦37a〔竹細工〕
雅語 ㊤979c〔俗語〕
籠洗い ㊦770a〔養蚕〕
囲堤 ㊦829c〔輪中〕
華甲 ㊤450a〔還暦〕
加工石屋 ㊤85a〔石屋〕
鹿児島神宮(鹿児島) ㊤263a〔お田植祭〕 561c〔競馬㈠〕 ㊦368c〔八幡信仰〕
「鹿児島ハンヤ節」 ㊦340b〔ハイヤ節〕
カコ揃い ㊤563b〔契約〕
• 過去帳《かこちょう》 ㊤**337c** 709c〔差別戒名〕 ㊦159b〔寺請制度〕 191a〔動物供養〕 802b〔漁供養〕
籠挑燈 ㊦107c〔提燈〕
カゴ釣り ㊤155b〔ウグイ〕
籠橋 ㊦355a〔橋〕
籠伏せ ㊤837 図〔狩猟法〕
籠風呂 ㊦496b〔風呂〕
カコ結び ㊦668c〔結び〕
• かごめかごめ ㊤**338a** 770a〔地蔵つけ〕 別刷〈遊び〉
カゴヤ ㊤967a〔葬儀屋〕
駕籠屋笠 ㊤339a〔笠〕
水主役 ㊤190a〔浦役〕
籠漁 ㊤225c〔追込漁〕
籠渡し ㊦832b〔渡し〕
• 笠《かさ》 ㊤**338b** 40a〔雨具〕 340a〔笠地蔵〕 340a〔笠杉〕 387a〔かぶりもの〕 784a〔死装束〕 837c〔狩猟用具〕 967b〔葬具〕 ㊦37b〔竹細工〕 401b〔晴着〕 464b〔副葬品〕
• 傘《かさ》 ㊤**339a** ㊦401b〔晴着〕 788c〔依代〕
傘(家紋) ㊤413 図〔家紋〕
• 瘡《かさ》 ㊤**339b**
火災 ㊦405b〔半鐘〕 434a〔丙午〕 435a〔火の見櫓〕 680c〔村ハチブ〕
家財 ㊤323c〔家具〕
葛西神社(東京) ㊦468 図〔富士塚〕 580a〔祭囃子〕
ガサ市 ㊦215c〔年の市〕
葛西囃子 ㊤59b〔阿波囃子〕 ㊦580a〔祭囃子〕
笠踊り ㊤46b〔飴屋踊り〕
風折烏帽子 ㊤211c〔烏帽子〕 387a〔かぶりもの〕
カサカキ ㊤339b〔瘡〕
笠懸 ㊦737b〔流鏑馬〕
• 笠掛け松《かさかけまつ》 ㊤**339c** 340b〔笠杉〕
瘡神 ㊤339b〔瘡〕
笠木 ㊦354a〔ハサ木〕
笠置山(奈良) ㊤824a〔修験道〕
カサギンナ ㊤936a〔背負籠〕 937b〔背負縄〕
鍛冶工 ㊦452c〔鞴祭〕
風車 ㊦756c〔遊戯〕
挿頭花 ㊤438b〔簪〕 →簪
• 笠地蔵《かさじぞう》 ㊤**339c** 237a〔大歳の客〕 770a〔地蔵信仰〕
笠島浦人名会 ㊤739b〔塩飽衆〕
• 笠杉《かさすぎ》 ㊤**340a**
傘提燈 ㊦108a〔提燈〕
カザテ ㊦760b〔雪囲い〕
笠寺(愛知) ㊦14a〔太々神楽〕
• 笠戸丸《かさとまる》 ㊤**340b**
カサドリ ㊤302c〔外者歓待〕 ㊦540a〔ホスピタリティ〕 →かせどり
「笠取鬼神」 ㊤876b〔銀鏡神楽〕
カサヌギドコ ㊦838c〔草鞋親〕
重語 ㊤634b〔言葉遊び〕
重ね小袖 ㊤627c〔小袖〕
重ね正月 ㊦272b〔二月正月〕
重ね草履 ㊤978b〔草履〕
重田 ㊦830c〔輪中〕
• 笠の餅《かさのもち》 ㊤**340c** 490b〔兄弟餅〕

739c〔シアゲ〕 763b〔四十九餅〕 ㊦427c〔引っ張り餅〕 695a〔餅〕
カサブタ ㊤339b〔瘡〕
カザフレ ㊤70b〔行き会い神〕
笠鉾 ㊦41c〔山車〕
傘鉾 ㊦41c〔山車〕 788c〔依代〕
瘡仏 ㊤339b〔瘡〕
笠間稲荷神社(茨城) ㊤117c〔稲荷信仰〕
風待ち港 ㊦615c〔港〕
笠松 ㊤340b〔笠杉〕
笠松彬雄 ㊦823a〔炉辺叢書〕
笠松峠 ㊤46b〔飴屋踊り〕
• 風祭《かざまつり》 ㊤**341**a 53a〔荒日〕 116a〔稲作儀礼〕 351a〔風〕 453c〔祈願〕 491b〔共同祈願〕 ㊦241b〔薙鎌〕 279c〔二百二十日〕 372c〔八朔〕 383a〔花火〕 453c〔風神〕
瘡守稲荷(東京) ㊤339b〔瘡〕
笠森お仙 ㊦95b〔茶屋〕
笠森神社(大阪) ㊤339b〔瘡〕
瘡薬師 ㊤339b〔瘡〕
瘡山神社(滋賀) ㊤340a〔笠杉〕
飾り牛 ㊤234b〔大田植〕 →花牛
飾り馬 ㊦331b〔ノリカケウマ〕
飾り替え ㊤844c〔正月〕
カザリクド ㊤391a〔竈〕
錺職 ㊤512c〔金工〕
飾り棚 ㊦79c〔違棚〕
飾り手桶 ㊤630c〔御馳走〕
カザリフチ ㊦269b〔南島歌謡〕
飾り山 ㊦418b〔曳山〕
飾り弓 ㊦389a〔破魔矢〕
家蚕 ㊤472a〔絹〕
• 家産《かさん》 ㊤**341**b 62b〔家〕 322c〔家業〕 332a〔家訓〕 374a〔家督〕 ㊦503a〔分家〕 506b〔分与財〕
• 火山《かざん》 ㊤**341**c ㊦498b〔噴火〕
花山稲荷神社(京都) ㊤279c〔お火焚き〕
家産相続 ㊤374b〔家督相続〕
火山灰 ㊦498b〔噴火〕
花山法皇 ㊤673c〔西国巡礼〕
カシ ㊤684c〔境木〕 916c〔炭〕
• 河岸〔川岸〕《かし》 ㊤**342**a
• 菓子《かし》 ㊤**342**b 347a〔菓子屋〕 638c〔木の実〕 ㊦30b〔駄菓子〕
嫁資 ㊤758c〔持参財〕 →持参財
カジ〔梶, 穀〕 ㊤137b〔衣料〕 ㊦298c〔布〕
• 火事《かじ》 ㊤**342**b 10b〔あか〕 513c〔謹慎〕 ㊦443a〔拍子木〕
加持 ㊤344a〔加持祈禱〕 471a〔祈禱〕
• 家事《かじ》 ㊤**343**a
舵 ㊤413 図〔家紋〕
鍛冶 ㊤109a〔一本足〕 862c〔職人〕 ㊦228c〔友子〕 607a〔水呑〕
餓死 ㊤456a〔飢饉〕
借上 ㊤606c〔高利貸〕
• 貸衣装屋《かしいしょうや》 ㊤**343**b
カジカ ㊤313a〔カエル〕 →カエル
カシガ様 ㊤151a〔陰陽石〕
• 鍛冶神《かじがみ》 ㊤**343**c
• カシキ(船員)〔炊〕 ㊤**344**a 336b〔水夫〕 422b〔刈敷〕 658a〔強飯〕
カシキ ㊦392b〔ハヤマ信仰〕
かじき ㊤440a〔樏〕 →樏
• 加持祈禱《かじきとう》 ㊤**344**a 56b〔庵〕 471a〔祈禱〕 487a〔行者〕 706a〔里修験〕 ㊦479c〔不動信仰〕 612c〔密教〕
鹿食免 ㊤922a〔諏訪の文〕 ㊦273a〔肉食〕
樫木屋 ㊦533b〔棒屋〕
餓死供養 ㊤456c〔飢饉〕
• 貸鍬《かしぐわ》 ㊤**344**b 347c〔鍛冶屋〕
貸鍬米 ㊤344b〔貸鍬〕
賢所御神楽 ㊦597c〔御神楽〕
貸し小屋 ㊤566c〔劇場〕
貸自動車 ㊤548b〔車〕
鍛冶図 ㊤926a〔生業絵馬〕
火事頭巾 ㊤909a〔頭巾〕
鍛冶炭〔鍛冶屋-〕 ㊤917a〔炭〕 ㊦573c〔松〕
• 貸席《かしせき》 ㊤**344**c
家事代行サービス ㊦517c〔便利屋〕
カシチー ㊤658a〔強飯〕 789b〔柴挿し(二)〕
果実《かじつ》 ⇨成り物(㊦264c)
菓子作り ㊤654a〔娯楽〕
カシドリ ㊤353a〔かせどり〕
楫取 ㊦336b〔水夫〕
河岸問屋 ㊤342a〔河岸〕
貸鍋 ㊦260b〔鍋〕
菓子の死体 ㊦267c〔難題聟〕
梶葉 ㊤411 図〔家紋〕
鍛冶場 ㊤731b〔山内〕
火事羽織 ㊦341c〔羽織〕
菓子パン ㊦403a〔パン〕
カジボウ ㊤517a〔木馬〕
菓子盆 ㊦550a〔盆(一)〕
カシマ ㊤743a〔潮〕
鹿島送り ㊤200b〔疫神送り〕 201a〔疫病送り〕 345c〔鹿島人形〕 ㊦293a〔人形送り〕
• 鹿島踊り《かしまおどり》 ㊤**344**c 201a〔疫病送り〕 270a〔踊り花見〕 345b〔鹿島信仰〕 346b〔鹿島事触〕 ㊦628a〔弥勒踊り〕 628c〔弥勒信仰〕 →弥勒踊り
鹿島講 ㊤345b〔鹿島信仰〕
カシマサマ〔-様〕 ㊤345c〔鹿島人形〕 345c〔鹿島流し〕 ㊦別刷〈村境〉
カシマシオ〔-シホー〕 ㊤743a〔潮〕
鹿島神宮(茨城) ㊤263a〔お田植祭〕 345a〔鹿島信仰〕 346b〔鹿島物忌〕 376c〔香取信仰〕 377c〔要石〕 556a〔軍神〕 764b〔地震〕
• 鹿島信仰《かしましんこう》 ㊤**345**a 234a〔オオスケ人形〕 345c〔鹿島流し〕 346a〔鹿島人形〕 346b〔鹿島事触〕 378a〔要石〕 ㊦628b〔弥勒踊り〕
鹿島神社(千葉) ㊦628a〔弥勒踊り〕
鹿島立ち ㊤345b〔鹿島信仰〕
カシマタテ ㊤345c〔鹿島流し〕
• 鹿島流し《かしまながし》 ㊤**345**c 345b〔鹿島信仰〕 345c〔鹿島人形〕 ㊦292c〔人形〕 419b〔日乞い〕
• 鹿島人形〔カシマ-〕《かしまにんぎょう》 ㊤**345**c 345b〔鹿島信仰〕 345c〔鹿島流し〕 ㊦428b〔人形〕 718a〔厄病神〕
鹿島のオオスケ〔-大助〕 ㊤200c〔疫病送り〕 346a〔鹿島人形〕 ㊦718a〔厄病神〕
• 鹿島事触《かしまのことぶれ》 ㊤**346**b 344c〔鹿島踊り〕 345b〔鹿島信仰〕 634c〔ことぶれ〕 820a〔終末論〕
• 鹿島物忌《かしまのものいみ》 ㊤**346**b
鹿島船 ㊤345c〔鹿島流し〕
鹿島祭 ㊦293a〔人形送り〕
鹿島女 ㊤683c〔早乙女〕
• カジマヤー ㊤**346**c ㊦197a〔トーカチ〕 別刷〈生と死〉
火事見舞 ㊤342c〔火事〕 ㊦617c〔見舞〕
樫餅 ㊦695b〔餅〕
貸元 ㊦716c〔ヤクザ〕
• 菓子屋《かしや》 ㊤**347**a
• 火車《かしゃ》 ㊤**347**b ㊦141a〔通夜〕
• 鍛冶屋《かじや》 ㊤**347**b 361b〔刀鍛冶〕 378a〔金屋子神〕 863b〔職能神〕 917c〔炭焼長者〕 ㊦45b〔蹈鞴祭〕 318b〔農間稼ぎ〕 452a〔鞴〕 452b〔鞴祭〕
鍛冶屋長右衛門 ㊤91b〔伊勢音頭〕
鍛冶屋の姥 ㊤963b〔千匹狼〕
鍛冶屋の嬶 ㊤963c〔千匹狼〕
鍛冶屋の婆 ㊤233b〔狼〕 963b〔千匹狼〕 ㊦721a〔弥三郎婆〕
• 脚少《かしゅう》 ㊤**348**a
カシュウイモ ㊤132c〔イモ〕
ガジュマル ㊤167a〔御嶽〕 863c〔植物禁忌〕
火生三昧〔-三昧耶法〕 ㊦450a〔火渡り〕
家職 ㊤63a〔家〕 322b〔家業〕
家序制 ㊦617c〔身分階層制〕
頭 ㊦209b〔杜氏〕 225c〔鳶職〕
頭正月 ㊦371b〔二十日正月〕
頭縄 ㊤936 図〔背負運搬具〕
頭百姓 ㊤256c〔長百姓〕 314c〔家格〕 348b〔頭分〕
• 頭分《かしらぶん》 ㊤**348**b
カシワ〔柏〕 ㊤348c〔柏餅〕 867c〔食器〕
「柏崎おけさ」 ㊤253a〔オケサ節〕
『柏崎日記』《かしわざきにっき》 ⇨『桑名日記・柏崎日記』(㊤555b)

・柏手《かしわで》　㊤**348b**　㊦350a〔拍手〕
・柏餅《かしわもち》　㊤**348c**　㊦90a〔粽〕
華人　㊤322a〔華僑〕
可睡斎(静岡)　㊤13c〔秋葉信仰〕
鎹　㊤522c〔釘〕
春日講　㊤600b〔講田〕
春日神社(山形)　㊤550b〔黒川能〕　㊦14c〔大地踏み〕　648c〔民俗芸能〕
春日大社(奈良)　㊤328a〔神楽〕　349a〔春日造〕　725b〔三社託宣〕　別刷〈供物〉　㊦1c〔田遊び〕　28a〔高足〕　162a〔田楽〕　647c〔民俗芸能〕　770a〔影向石〕
春日大社お田植え祭　㊤別刷〈仮面〉
・春日造《かすがづくり》　㊤**349a**　㊦139c〔妻入り〕
春日鳥居　㊦233c〔鳥居㈠〕
春日祭　㊤25c〔東遊び〕
春日明神〘-大明神〙　㊤725b〔三社託宣〕　㊦114c〔鎮守〕
・春日若宮御祭《かすがわかみやおんまつり》　㊤**349b**　26a〔東遊び〕　222c〔延年〕　275b〔お練り〕　別刷〈仮面〉　別刷〈供物〉　㊦83c〔稚児舞〕　101a〔中門口〕　437c〔火祭〕　→おんま
カズキ　㊤34c〔姉女房〕
・上総掘り《かずさぼり》　㊤**349b**　113c〔井戸掘り〕
粕酢　㊤898c〔酢〕
ガス炭　㊤917a〔炭〕
粕塚　㊦295c〔糠塚〕
・糟漬《かすづけ》　㊤**350a**
カステホーロ　㊤43a〔甘味〕
ガス燈　㊤857a〔照明〕
カズネ掘り節　㊤463a〔季節唄〕
・霞《かすみ》　㊤**350a**　824b〔修験道〕　㊦74c〔檀那場〕　160c〔出羽三山信仰〕
・霞網〘カスミ網〙《かすみあみ》　㊤**350b**　837 表〔狩猟法〕　㊦229b〔鳥屋〕　834a〔罠〕
霞網猟　㊤837b〔狩猟法〕
霞職　㊦74c〔檀那場〕
霞場　㊤350a〔霞〕　㊦74c〔檀那場〕　749c〔山伏神楽〕　→檀那場
粕餅　㊦695a〔餅〕
粕屋菜種　㊦254a〔ナタネ〕
かずら　㊤372a〔鬘〕
・かずら橋　㊤**350c**　㊦355a〔橋〕
・絣〘飛白〙《かすり》　㊤**350c**　956b〔染色〕
絣あわせ〘-合わせ〙　㊤290b〔織物〕　350c〔絣〕
絣台　㊤350c〔絣〕
カゼ　㊤70b〔行き会い神〕
・風《かぜ》　㊤**351a**　93c〔イセチ〕　115a〔イナサ〕　312b〔貝寄せ〕　㊦41b〔ダシ〕　61c〔タマカゼ〕　264a〔ナライ〕　453c〔風神〕　743c〔ヤマセ〕　823b〔ワイダ〕
・風邪《かぜ》　㊤**351b**　㊦11b〔帝釈天〕
・加勢《かせい》　㊤**351c**　㊦154a〔手伝い〕
化生寺(岡山)　㊤948a〔殺生石〕
家政婦　㊤867b〔女中〕
かせ掛け蚯蚓　㊦191c〔動物昔話〕
カセギ　㊤745c〔鹿〕　→鹿
風祈禱　㊤341a〔風祭〕
カセギドリ　㊤353a〔かせどり〕　㊦93b〔ちゃせご〕　→かせどり
カセギトリ分家　㊦503a〔分家〕
風切鎌　㊦241b〔薙鎌〕
・風切り様《かぜきりさま》　㊤**352a**
・綛車《かせぐるま》　㊤**352b**
綛紺屋　㊤605a〔紺屋〕
風籠り　㊤341a〔風祭〕
風鎮め　㊦279c〔二百十日〕　279c〔二百二十日〕
・カセダウチ〘-ウイ〙　㊤**352c**
風ドキ　㊦200c〔トキ㈠〕
カセドリ(九州)　㊤352c〔カセダウチ〕
・かせどり〘カセドリ〙　㊤**353a**　624b〔小正月の訪問者〕　624a〔小正月〕　㊦93b〔ちゃせご〕　792a〔来訪神〕　777a〔予祝儀礼〕　→カサドリ　→カセギドリ
風の神　㊦453c〔風神〕
カゼの神送り〘風邪-〙　㊤200b〔疫神送り〕　683a〔塞の神〕　㊦115a〔鎮送呪術〕
風の神送り　㊦372c〔八朔〕
風神祭　㊤351a〔風〕
カゼノコ　㊤766a〔私生児〕
風の三郎様　㊤352b〔風切り様〕
風の盆　㊤205b〔越中おわら〕　㊦453c〔風神〕　551c〔盆踊り㈠〕
風の宮　㊤93a〔伊勢信仰〕　341b〔風祭〕
風日待　㊤341a〔風祭〕
風袋様　㊤352b〔風切り様〕
カゼフレ　㊤351c〔風邪〕
・風待ち《かぜまち》　㊤**353a**　㊦445b〔日和待ち〕
風待ち港　㊤353b〔風待ち〕
風祭《かぜまつり》　⇨かざまつり(㊤341a)
風廻し間歩　㊦584a〔鉱〕
風邪除け　㊤279c〔お火焚き〕　㊦453c〔風神〕
風除け　㊤341a〔風祭〕　㊦436c〔火吹き竹〕
・架線《かせん》　㊤**353b**
河川水　㊦772c〔用水〕
・河川水運《かせんすいうん》　㊤**353c**
過疎　㊤500b〔挙家離村〕　㊦73c〔段々畑〕
・火葬《かそう》　㊤**354a**　298b〔隠亡〕　631a〔骨掛け〕　723c〔散骨〕　903a〔水葬〕　954b〔洗骨〕　968a〔葬具〕　972b〔葬送儀礼㈠〕　973a〔葬送儀礼㈡〕　977a〔葬法〕　㊦219a〔土葬〕　320c〔納骨〕　540b〔墓制〕　671c〔無墓制〕　692c〔殯〕
・仮装《かそう》　㊤**354c**
・家相《かそう》　㊤**355b**　119c〔戌亥〕　477b〔鬼門〕　㊦454a〔風水〕
火葬禁止解除令　㊤977b〔葬法〕
・火葬禁止令《かそうきんしれい》　㊤**355c**　977b〔葬法〕
家相図　㊤355b〔家相〕
・火葬場《かそうば》　㊤**355c**　298b〔隠亡〕　736a〔三昧〕　㊦795b〔卵塔〕
家相見　㊤355b〔家相〕
・数え唄《かぞえうた》　㊤**356a**
・数え言葉《かぞえことば》　㊤**356b**
数え年　㊤450a〔還暦〕　460a〔喜寿〕　612b〔古稀〕　㊦72b〔誕生日〕　717c〔厄年〕
・過疎化《かそか》　㊤**356c**　301b〔外国人花嫁〕　728c〔山村〕　㊦76b〔地域社会〕　148a〔出稼〕
・家族《かぞく》　㊤**357b**　62a〔家〕　285c〔親子〕　324b〔核家族〕　324c〔核家族化〕　326a〔拡大家族〕　358a〔家族周期〕　359a〔家族類型〕　428a〔川島武宜〕　820c〔襲名〕　844a〔小家族〕　944c〔世帯〕　㊦3c〔大家族〕　71c〔単婚〕　113a〔直系家族〕　165c〔伝承母体〕　186a〔同族家族〕　462b〔複合家族〕　526a〔傍系家族〕　626a〔苗字〕
家族計画　㊦583b〔間引き㈠〕
『家族構成』　㊤615a〔国勢調査〕
・家族国家観《かぞくこっかかん》　㊤**357c**　63c〔家〕
・家族周期〘-の生活周期〙《かぞくしゅうき》　㊤**358a**　359c〔家族類型〕　㊦791c〔ライフサイクル〕
『家族周期論』　㊤358c〔家族周期〕
家族制度　㊤62b〔家〕
・家族類型《かぞくるいけい》　㊤**359a**　913a〔鈴木栄太郎〕
家族類型論　㊦113a〔直系家族〕　464a〔複世帯制〕
過疎地域緊急対策措置法〘過疎法〙　㊤357b〔過疎化〕
・カソマンテ　㊤**360a**
加曾利貝塚博物館　㊦712c〔野外博物館〕
・カタ〘潟〙　㊤**360a**　184a〔海〕
ガタ　㊤360a〔カタ〕
片足神　㊤109a〔一本足〕
片足脚絆　㊦191c〔動物昔話〕
・片足跳び《かたあしとび》　㊤**360b**　632a〔ごっこ遊び〕
堅飴　㊤46b〔飴〕
カタイ　㊦754a〔ゆい〕
カダイ　㊤381c〔蚊火〕
過怠米　㊤136b〔入会〕　㊦677a〔村極め〕
肩入れ　㊤384c〔歌舞伎衣裳〕
片表　㊤336b〔水夫〕
カタカナことば　㊤312b〔外来語〕
『片仮名本因果物語』　㊤308a〔怪談〕
饘　㊤658a〔強飯〕

固粥　㊤415c〔粥〕 646a〔米〕
肩衣袴　㊤401a〔裃〕
堅木屋　㊦172a〔天秤棒〕
カタギン　㊤984b〔袖なし〕
家宅鎮守　㊦114c〔鎮守〕
片首　㊤360b〔肩車〕 →肩車
カタクリ　㊤724a〔山菜〕
• 肩車《かたぐるま》　㊤**360**b　㊦175c〔胴上げ〕 429c〔ヒトツモノ〕
• カタゲウイ　㊤**360**c
片拳　㊤577a〔拳〕
潟越し　㊦369b〔八郎太郎〕
堅酒　㊤281c〔お神酒〕
堅塩　㊤742b〔塩〕
加多志波神社(福井)　㊤271 図〔鬼〕
• 形代《かたしろ》　㊤**360**c　34c〔姉さま人形〕 509a〔切紙〕 ㊦292b〔人形〕 428b〔人形〕 716b〔厄落とし〕 788b〔依代〕
形代流し〔-送り〕　㊤361a〔形代〕 ㊦293a〔人形送り〕
加太神社(和歌山)　㊤57b〔安産祈願〕
潟スキー　㊦415b〔干潟漁〕
• 方違《かたたがえ》　㊤**361**a　298c〔陰陽道〕 477b〔鬼門〕 665a〔金神〕
片襷　㊦43b〔襷〕
カタチキ　㊦450b〔紅型〕
カタチヌメー　㊤347a〔カジマヤー〕
片蝶結び　㊦607a〔水引〕
片継ぎ　㊤360b〔肩車〕 →肩車
• 片月見《かたつきみ》　㊤**361**b　816b〔十三夜〕 ㊦123b〔月〕 126a〔月見〕
かた造り　㊤41c〔甘酒〕
痕付け　㊤461a〔木印〕
蝸牛　㊦52b〔田螺長者〕
片手桶　㊤252 図〔桶〕
片手口樽　㊦66b〔樽〕
片手鍋　㊦260a〔鍋〕
片手廻し　㊤790c〔地曳網〕
痕取り　㊤461a〔木印〕
刀　㊤142 図〔祝い棒〕
• 刀鍛冶《かたなかじ》　㊤**361**b　347b〔鍛冶屋〕
刀玉　㊤719b〔散楽〕
刀簞笥　㊦73a〔簞笥〕
肩担い　㊤196a〔運搬法〕
肩担い運搬　㊤195c〔運搬法〕
荷田春満　㊤614b〔国学〕
潟のお神酒上げ　㊦369b〔八郎太郎〕
交野節　㊤428c〔河内音頭〕
カタハカ　㊦342a〔ハカ〕
片撥　㊤598a〔小歌〕
• 片葉の芦《かたはのあし》　㊤**361**c　㊦259a〔七不思議〕 775c〔ヨシ〕
• 帷子《かたびら》　㊤**361**c　784a〔死装束〕 ㊦278a〔入棺〕
片平信明　㊦712c〔夜学〕
• カタフネ　㊤**362**a
潟船　㊦446b〔ヒラタブネ〕
• カタボッケ〔カタ法華, 片法華〕　㊤**362**a ㊦544a〔法華信仰〕
カタミ仕事　㊦754a〔ゆい〕
カタミダレ　㊤466b〔着付〕
• 形見分け〔片見-〕《かたみわけ》　㊤**362**b　477a〔着物〕
カタメ　㊦754a〔ゆい〕
カタメウイ　㊤360c〔カタゲウイ〕
片目清水　㊤663a〔権五郎伝説〕
• 片目の魚《かためのうお》　㊤**362**b　75b〔生贄〕 663b〔権五郎伝説〕 ㊦429c〔一目小僧〕
片目の鰻　㊤173c〔鰻〕
片目の神　㊤362c〔片目の魚〕
固めの盃　㊤286b〔親子盃〕
片目のヤゴウさん　㊤535c〔首切れ馬〕
嘉田由紀子　㊤150b〔飲用水〕 ㊦456b〔風土論〕
カタヨリ　㊦754a〔ゆい〕
カタリ　㊦754a〔ゆい〕
• 語り〔カタリ〕《かたり》　㊤**362**c　548a〔狂い〕 ㊦217a〔都市民俗〕 380b〔咄〕
語り芸　㊦828b〔話芸〕
語り爺さ　㊤362c〔語り〕
• 語り手《かたりて》　㊤**363**a
語り婆さ　㊤362c〔語り〕
• 語部《かたりべ》　㊤**363**b
• 語りもの〔-物〕《かたりもの》　㊤**363**c　362c〔語り〕 416c〔歌謡〕 561a〔芸能〕 592c〔口承文芸〕 626a〔瞽女〕 860c〔浄瑠璃〕 945c〔説経節〕 ㊦648a〔民俗芸能〕 700a〔物語〕 828b〔話芸〕
カタル　㊦294a〔妊娠〕 295a〔妊婦〕
ガタンコ　㊦224b〔トビウオ〕
カチアマ　㊤365b〔カチド〕 →カチド
• かちかち山〔勝々山〕　㊤**364**a　156b〔兎〕 628a〔五大御伽噺〕 ㊦52c〔狸〕 53b〔狸の八畳敷〕 191c〔動物昔話〕 659c〔昔話〕
月行事　㊦124c〔月行事〕
• 家畜《かちく》　㊤**364**b　127c〔移牧〕 ㊦190c〔動物観〕 536b〔牧畜〕 618b〔耳印〕
勝組運動　㊤365a〔勝組・負組〕
• 勝組・負組《かちぐみまけぐみ》　㊤**365**a
カチグリ〔かち栗〕　㊤546b〔栗〕 ㊦344c〔歯固め〕
歩田楽　㊦162b〔田楽〕
• カチド〔徒人〕　㊤**365**b　39a〔海女・海士〕
• カチャーシー　㊤**365**b
かち弓　㊦766c〔弓神事〕
• 家長《かちょう》　㊤**365**c　62b〔家〕 322c〔家業〕 341b〔家産〕 374a〔家督〕 385a〔家父長制〕 866a〔初生子〕 867b〔所帯びろめ〕 ㊦775c〔横座〕 782a〔嫁〕 →戸主
家長権　㊤62c〔家〕 365c〔家長〕 680a〔財布〕 885c〔シンショウ〕 885c〔シンショウ譲り〕 ㊦514c〔へら渡し〕 →戸主権
家長権譲渡《かちょうけんじょうと》　⇨シンショウ譲り(㊤885c)
家長制度　㊤332a〔家訓〕
華鎮社(奈良)　㊦380c〔鎮花〕
喝　㊤149c〔引導〕
• カツオ　㊤**366**a　366b〔鰹節〕 743b〔塩辛〕 ㊦377a〔初物〕
鰹木　㊦670c〔棟〕
勝尾寺(大阪)　㊤41a〔雨乞い踊り〕 675 表〔西国巡礼〕 ㊦288a〔女人禁制〕
• 鰹節《かつおぶし》　㊤**366**b　366b〔カツオ〕 ㊦41a〔だし〕 542a〔保存食〕
活火山　㊤341c〔火山〕
• カツギ(漁業)　㊤**366**c
• カツギ(衣服)〔被衣〕　㊤**367**a　387a〔かぶりもの〕 ㊦136b〔角隠し〕 401b〔晴着〕 701c〔喪服〕
• 月忌《がっき》　㊤**367**a　㊦116c〔追善供養〕 307c〔年忌〕
• 楽器《がっき》　㊤**367**b　912a〔鈴〕 ㊦190a〔銅拍子〕 230b〔銅鑼〕
担馬　㊤368a〔担又〕 →担又
担ぎ売り　㊤360c〔カタゲウイ〕
担ぎ運搬　㊤195b〔運搬具〕
担ぎ運搬具　㊤195c〔運搬具〕 936c〔背負運搬具〕
担桶　㊤195c〔運搬具〕
カツギカタビラ　㊤367a〔カツギ(二)〕
カツギッコ　㊦421a〔販女〕
カツギニン　㊤367a〔カツギ(二)〕
月忌参り　㊤367a〔月忌〕 575a〔毛坊主〕 →常斎
• 担又《かつぎまた》　㊤**367**c　195c〔運搬具〕
• カツギヤ　㊤**368**a
ガッキャ　㊤809a〔収穫〕
潜ぎ漁　㊦694c〔もぐり漁〕 →もぐり漁
カツグ　㊦701c〔喪服〕
学区　㊤490c〔郷土〕
• 脚気《かっけ》　㊤**368**b　828a〔主食〕 ㊦535a〔ホオズキ〕
カッコ(丸木舟)　㊤96b〔磯船〕
カッコ(蕎麦掻)　㊤986c〔蕎麦掻〕
• 鞨鼓〔羯鼓〕《かっこ》　㊤**368**b　315a〔雅楽〕 437a〔かんこ踊り〕 ㊦6a〔太鼓〕 6a〔太鼓踊り〕 493b〔風流獅子舞〕
郭公　㊤637a〔小鳥前生譚〕
• 学校《がっこう》　㊤**368**c　604c〔校務日誌〕
学校教育　㊤625b〔御真影〕
• 学校行事《がっこうぎょうじ》　㊤**369**a　221c〔遠足〕
学校登山　㊤725a〔三山参り〕
学校名　㊦774b〔幼名〕
学校の怪談　㊤308a〔怪談〕 ㊦217b〔都市民俗〕
学校の七不思議　㊦259a〔七不思議〕

カッコウバナ　㊤863c〔植物禁忌〕
・学校暦《がっこうれき》　㊤**369b**　369a〔学校行事〕
羯鼓踊り〔鞨鼓-〕《かっこおどり》　⇨かんこ踊り(㊤437a)　㊦6b〔太鼓踊り〕　493b〔風流獅子舞〕　523c〔放下〕
鞨鼓すり　㊤368c〔鞨鼓〕
羯鼓稚児　㊦131c〔津島祭〕　751b〔山鉾〕
羯鼓の舞　㊤96c〔磯良の舞〕
鞨鼓舞　㊤735b〔三匹獅子舞〕
カッコロ　㊤191a〔ウル〕
『勝五郎再生記聞』　㊦446b〔平田篤胤〕
葛根湯　㊤449b〔漢方〕
月山(山形)　㊤683b〔蔵王信仰〕　725a〔三山参り〕　㊦28b〔他界観〕　160b〔出羽三山信仰〕　707a〔モリ供養〕
月山神社(岩手)　㊦258b〔七つの祝い〕
喝食　㊦82c〔稚児〕
甲子剣舞　㊤581c〔剣舞〕
滑車　㊦821c〔轆轤〕
・『甲子夜話』《かっしやわ》　㊤**369b**　904a〔随筆〕
合宿　㊦532c〔棒の手〕
合掌〔-組〕《がっしょう》　⇨叉首(㊤699a)　㊤524b〔草葺き〕
・合掌造《がっしょうづくり》　㊤**369c**　699b〔叉首〕　㊦4図〔大家族〕　139c〔妻入り〕　別刷〈民家〉
合属　㊦532c〔棒の手〕
カッタイ道　㊦520b〔遍路道〕
月水蔵根元秘事　㊤別刷〈護符〉
月水之大事　㊤別刷〈護符〉
月水不浄除御守　㊤別刷〈護符〉
刈田嶺神社(宮城)　㊤683b〔蔵王信仰〕
カッチ　㊤428c〔カワチ〕
カッチキ　㊤422b〔刈敷〕
逆ま物語　㊦392c〔早物語〕　→早物語
かっちょ鳥　㊤637a〔小鳥前生譚〕
・勝手〔カッテ〕《かって》　㊤**370a**　㊦16c〔台所〕　144b〔出居〕　→台所
勝手口　㊤370a〔勝手〕
勝手明神　㊤516c〔金峰山〕
勝手宿　㊤370b〔勝手〕
活動写真　㊤196c〔映画〕　197a〔映画館〕　654b〔娯楽〕
カツトリ簗　㊦732a〔簗〕
鹿角杖　㊦121b〔杖〕
・合羽《カッパ》　㊤**370b**　40b〔雨具〕　㊦525a〔防寒着〕
・河童《かっぱ》　㊤**370b**　46a〔雨〕　175b〔姥神〕　371a〔河童駒引〕　371b〔河童相撲〕　371b〔河童火やろう〕　610a〔氷の朔日〕　900c〔スイコ〕　902c〔水神〕　917b〔墨塗り〕　㊦51b〔七夕〕　126c〔憑物〕　137a〔唾〕　152b〔鉄〕　355b〔橋〕　604a〔水〕　740c〔山男〕
ガッパ　㊤370b〔河童〕
・河童駒引《かっぱこまびき》　㊤**371a**
『河童駒引考』　㊤83a〔石田英一郎〕
・河童相撲《かっぱずもう》　㊤**371b**
河童釣り　㊦419c〔彦市〕
・河童火やろう《かっぱひやろう》　㊤**371b**
河童淵　㊦473b〔淵〕
河童聟入譚　㊤371c〔河童火やろう〕
勝部の火祭　㊦437b〔火祭〕
割烹着　㊦560b〔前掛〕
割烹店　㊦804c〔料理屋〕
・活惚〔かっぽれ〕《かっぽれ》　㊤**371c**　447a〔願人坊主〕　918b〔住吉踊り〕
勝見連　㊦410a〔贔屓〕
勝山髷　㊦590c〔丸髷〕
桂　㊦290c〔庭木〕
・鬘《かつら》　㊤**372a**
かづら　㊤45c〔網漁〕
葛　㊦236a〔採物〕
桂飴　㊤372b〔桂女〕
鬘帯　㊤372a〔鬘〕
葛川修験　㊤824b〔修験道〕
葛川入峰　㊤578a〔験競べ〕　→花供
葛城灌頂　㊤824a〔修験道〕
葛城山(奈良)　㊤720a〔山岳信仰〕　823c〔修験道〕
葛城神社(徳島)　㊦729c〔奴踊り〕
葛木水分神社(奈良)　㊦599b〔水分神〕
桂包　㊤372b〔桂女〕　387a〔かぶりもの〕
桂南天　㊤399c〔紙切〕
桂姫　㊤372b〔桂女〕　→桂女
・桂女《かつらめ》　㊤**372b**　㊦491b〔振売り〕
割礼　㊦803c〔両性具有〕
ガツン　㊤225c〔追込漁〕
カテ　㊦463a〔副食〕
嘉手久　㊤365b〔カチャーシー〕
家庭薬　㊦340a〔売薬〕
かて切り　㊤372b〔かて飯〕
・かて飯〔カテメシ，糅-〕　㊤**372b**　481a〔救荒食物〕　646a〔米〕　648a〔五目飯〕　㊦463b〔副食〕　686c〔飯〕　720c〔野菜〕
カテリ　㊦754a〔ゆい〕
火田　㊦364a〔畠〕
・家伝薬《かでんやく》　㊤**372c**
カド(住居)　㊤50a〔洗い場〕　150b〔飲用水〕
カド(土間)　㊦289c〔ニワ〕　448c〔広場〕
カド(月経)　㊤571c〔月経〕　867c〔初潮〕
カド(魚名)　㊦275c〔ニシン〕　→ニシン
・門《かど》　㊤**373a**　105b〔一軒前〕　170c〔ウッガン〕　377a〔門割制度〕　518a〔近隣〕　609c〔コーチ〕　㊦205b〔土公神〕　678a〔村組〕　689a〔モイドン〕　841c〔割替〕
・門明け〔カドアケ〕《かどあけ》　㊤**373b**　㊦310a〔年始〕　→カドビラキ
カドアケノオセチ　㊤373b〔門明け〕
瓦燈　㊤857b〔照明〕
華道　㊤654a〔娯楽〕　820c〔襲名〕
歌道　㊤764a〔師匠〕
河東裃　㊤373c〔河東節〕　→河東節
加藤暁台　㊦337a〔俳句〕
・門打ち《かどうち》　㊤**373b**　㊦749c〔山伏神楽〕
・河東節《かとうぶし》　㊤**373c**　860c〔浄瑠璃〕　㊦611c〔道行〕
花頭窓　㊦580b〔窓〕
加糖れん乳　㊦287a〔乳製品〕
門送り　㊤373a〔門〕
カドオトナイ　㊤373b〔門明け〕
・門神《かどがみ》　㊤**374a**
カドガミサマ〔門神様〕　㊤376b〔門松〕　㊦577a〔松迎え〕
門神柱　㊤374a〔門神〕
角川源義　㊤716a〔猿聟入り〕
『角川日本地名大辞典』　㊦91b〔地名〕
カトク(琵琶法師)　㊤765b〔地神盲僧〕
・家督〔カトク〕《かとく》　㊤**374a**　31b〔跡取〕　63a〔家〕　341b〔家産〕　374b〔家督相続〕　979a〔惣領〕　㊦109a〔長男〕
・家督相続《かとくそうぞく》　㊤**374b**　973b〔相続〕　㊦754c〔遺言〕
家督相続人　㊤145c〔隠居〕　947a〔絶家〕　㊦92c〔嫡子〕
・門口《かどぐち》　㊤**374c**
門説経〔-説教〕　㊤375b〔門付け〕　613c〔胡弓〕　㊦15b〔大道芸〕
カドタ〔門田〕　㊤235a〔大田植〕　373a〔門〕　601c〔神殿〕
・門付け《かどづけ》　㊤**375a**　237c〔大祓え〕　373a〔門〕　375a〔門口〕　447a〔願人坊主〕　510b〔キリン獅子舞〕　621c〔乞食〕　626a〔瞽女〕　681c〔祭文語り〕　㊦113c〔チョンダラー〕　290a〔ニワ〕
門付け唄　㊦640c〔民俗音楽〕
門付け芸　㊤49a〔操三番叟〕　209c〔えびすまわし〕　823b〔祝福芸〕　㊦7c〔大黒舞〕　15a〔大道芸〕　160b〔デロレン祭文〕　399a〔春駒〕
門付け芸人　㊤941a〔節季候〕　㊦593a〔万歳〕
門出　㊤373a〔門〕
カドナ　㊤29c〔あだな〕　㊦719a〔屋号〕　→屋号
・門入道〔カドニュウドウ〕《かどにゅうどう》　㊤**375c**　別刷〈小正月〉
カドニワ　㊦289c〔ニワ〕
角浜駒踊り　㊤643c〔駒踊り〕
門ばやし　㊦577a〔松迎え〕
・門火《かどび》　㊤**376a**　373a〔門〕　㊦290a〔ニワ〕
門百姓　㊤373a〔門〕
カドビラキ　㊤373b〔門明け〕　㊦310a〔年始〕

カドボシ　㊤373a〔門〕
門ほめ　㊦547c〔ほめ詞〕
門本家　㊤170c〔ウッガン〕
門参り　㊦258c〔ナナトコマイリ〕
• 門松《かどまつ》　㊤**376b**　130b〔忌籠り〕　233c〔大正月〕　272b〔鬼木〕　373a〔門〕　374a〔門神〕　375a〔門口〕　834a〔樹木崇拝〕　844b〔正月〕　845a〔正月飾り〕　㊦36a〔竹〕　211c〔年木〕　290a〔ニワ〕　574a〔松〕　575c〔松の内〕　576c〔松迎え〕
角目　㊤380c〔曲尺〕
カドヤ　㊦692c〔殯〕　705a〔喪屋〕
門屋　㊤373a〔門〕　574c〔家抱〕　580c〔検地〕　㊦251a〔名子〕　415c〔被官〕　459a〔賦役〕　471a〔譜代(二)〕
カドヤシキ　㊤571c〔月経〕
香取神宮(千葉)〔-神社〕　㊤263a〔お田植祭〕　376c〔香取信仰〕　378a〔要石〕　556a〔軍神〕　㊦350a〔白状祭〕　535a〔行器〕　783a〔嫁市〕
• 香取信仰《かとりしんこう》　㊤**376c**
香取神社(東京・江戸川区江戸川)　㊦468 園〔富士塚〕
香取神社(東京・江戸川区中央)　㊦235c〔西の市〕
香取神社(東京・江戸川区東葛西)　㊦468 園〔富士塚〕
蚊取り線香　㊤299b〔蚊〕　953b〔線香〕
香取市　㊤376c〔香取信仰〕
香取明神　㊦224c〔飛び神〕
門礼　㊦309c〔年始〕
カドワカレ　㊦503a〔分家〕
カドワケ　㊤373b〔門明け〕
• 門割制度〔-制〕《かどわりせいど》　㊤**377a**　517a〔均分相続〕　㊦841c〔割替〕
家内芸術　㊦635b〔民具〕
金鋳護神　㊤378a〔金屋子神〕　→金屋子神
家内仕事　㊦242a〔内職〕
家内呼び　㊤970a〔葬式組〕
カナオヤ　㊤70a〔イキアイオヤ〕　380b〔鉄漿親〕　490a〔兄弟分〕　㊦256b〔名付け親〕
仮名垣魯文　㊦262a〔鯰絵〕
神奈川大学　㊦別刷〈民俗学史〉
神奈川大学日本常民文化研究所　㊦280c〔日本常民文化研究所〕
神奈川丸　㊤340b〔笠戸丸〕
カナカンジキ　㊤838 園〔狩猟用具〕
カナギ　㊤96b〔磯船〕　732c〔さんぱ〕　㊦612a〔見突き〕
金串　㊦532a〔庖丁〕
金鍬　㊤553b〔鍬〕　㊦427b〔備中鍬〕　497b〔風呂鍬〕
カナコ　㊤380b〔鉄漿親〕　490a〔兄弟分〕
金児〔金名子〕　㊤513b〔銀山〕　㊦228c〔友子〕
金子　㊤702a〔砂鉄〕　→砂鉄
金扱　㊤963a〔千歯扱き〕　→千歯扱き
カナゴキオサメ　㊤613a〔扱上げ祝い〕
仮名暦　㊤652a〔暦〕
金桜神社(山梨)　㊤901c〔水晶〕
カナサックリ　㊤700c〔サックリ〕
金鑽神社(埼玉)　㊤416a〔粥占〕　㊦181b〔銅山〕
金佐奈大神　㊦820a〔六所祭〕
金沢庄三郎　㊤289b〔折口信夫〕
• 金関丈夫《かなせきたけお》　㊤**377c**
『金関丈夫著作集』　㊤377c〔金関丈夫〕
金槌　㊦132b〔槌〕
金凝祝　㊦534a〔祝〕
鉄鳥居　㊤290c〔お礼参り〕
カナババ　㊦566a〔マクリ〕
金棒　㊤291a〔お礼参り〕
カナマラ大神　㊦785c〔嫁の歯〕
かなまら祭　㊤929a〔性信仰〕
カナムスメ　㊤490a〔兄弟分〕
カナムン(金物)　㊤344a〔鍛冶神〕
砕女　㊦181b〔銅山〕
• 要石《かなめいし》　㊤**377c**　764b〔地震〕　㊦261c〔ナマズ〕
金物師　㊦10c〔太子信仰〕
カナモノの正月　㊦178b〔道具の年取〕
金屋〔鉄屋〕　㊤134a〔鋳物師〕　378a〔金屋子神〕
かなやき地蔵〔金焼-〕　㊤58a〔安寿・厨子王〕　726c〔山椒太夫伝説〕
• 金屋子神《かなやごかみ》　㊤**378a**　513a〔金山〕　663b〔権五郎伝説〕　395a〔神〕　731b〔山内〕　㊦453c〔風神〕　678c〔村下〕　863b〔職能神〕
金屋子神社(島根)　㊤378a〔金屋子神〕
かなやセジ　㊤944b〔セジ〕
かな山唄　㊦740a〔山唄〕
鉄山師　㊤378a〔金屋子神〕
金山神社　㊤863b〔職能神〕
金山毘古　㊤378a〔金屋子神〕
金山毘売　㊤378a〔金屋子神〕
鉄輪《かなわ》　⇨五徳(㊤633b)
鉄輪の女　㊤271b〔鬼〕
火難除け　㊤917a〔墨塗り〕　㊦264c〔成田山〕　436c〔火吹き竹〕　598c〔ミカワリバアサン〕
• カニ〔蟹〕　㊤**378b**　155c〔筌〕　378b〔カニ〕　379a〔蟹守〕　713b〔猿蟹合戦〕　743b〔塩辛〕
蟹嚙み　㊤378b〔カニ〕
カニク　㊦558a〔マージ〕
カニクソ　㊤378c〔カニババ〕
カニゴコ　㊤378c〔カニババ〕
カニ掬い網　㊤909b〔掬い網〕
蟹瓜　㊤866b〔除草器〕
• 蟹年《かにどし》　㊤**378b**　378b〔カニ〕
蟹の年取り　㊤378b〔蟹年〕　→蟹年
• カニババ　㊤**378c**　㊦566a〔マクリ〕
• カニバリズム cannibalism　㊤**378c**
• 蟹報恩《かにほうおん》　㊤**378c**　㊦191b〔動物報恩譚〕
カニマン　㊤344a〔鍛冶神〕
蟹満寺(京都)　㊤379a〔蟹報恩〕　714b〔猿報恩〕
『蟹満寺縁起』　㊤218a〔縁起〕
蟹眼鏡　㊦686a〔眼鏡〕
• 蟹守《かにもり》　㊤**379a**
蟹問答　㊤379a〔蟹報恩〕
金　㊤702a〔砂鉄〕　→砂鉄
• 鉦《かね》　㊤**379b**　367c〔楽器〕　452a〔祇園囃子〕　㊦230b〔銅鑼〕　391a〔囃し(二)〕
鉄漿　㊤381a〔鉄漿付け祝い〕　㊦152b〔鉄〕
• 鐘《かね》　㊤**379c**　367c〔楽器〕
金鮎祭　㊤49c〔アユ〕
鉄漿祝い　㊤931c〔成年式〕
鉦打ち　㊤298b〔隠亡〕　333c〔掛け踊り〕　381a〔鉦たたき〕　737b〔三昧聖〕　→三昧聖
鉦打塚　㊤497c〔行人塚〕
• 金売り吉次《かねうりきちじ》　㊤**380a**　467c〔吉四六話〕　487b〔行商〕　513a〔金山〕　918a〔炭焼長者〕　918b〔炭焼藤太〕
カネオコシ　㊦371c〔初鉦〕
• 鉄漿親〔カネオヤ〕《かねおや》　㊤**380b**　277b〔お歯黒〕　287a〔親子成り〕　381a〔鉄漿付け祝い〕　422b〔仮親〕　462b〔擬制的親子関係〕　563a〔契約〕　582b〔元服親〕　931c〔成年式〕　954a〔全国民事慣例類集〕　㊦252a〔仲人親〕　→鉄漿付け親
カネカケ　㊤726b〔山上講〕
鐘ヶ淵　㊦473b〔淵〕　473c〔淵伝説〕
鉄樏　㊤439c〔樏〕
鐘勧進　㊤375b〔門付け〕
カネギトウ　㊦156c〔テボカライヨメ〕
金蔵　㊤543b〔倉〕
カネコ　㊤277b〔お歯黒〕
鐘下　㊤380a〔鐘〕
• 曲尺《かねじゃく》　㊤**380c**　419b〔唐尺〕　㊦700b〔物差〕
• 鉦たたき《かねたたき》　㊤**381a**　→鉦打ち
カネダマ　㊤762b〔シジミ〕
鉄漿付け　㊤277b〔お歯黒〕　380b〔鉄漿親〕　582a〔元服〕　928c〔成女式〕　→お歯黒
• 鉄漿付け祝い〔カネツケ-〕《かねつけいわい》　㊤**381a**　166c〔歌垣〕　㊦118c〔通過儀礼〕
鉄漿付け親　㊤286a〔親子〕　380b〔鉄漿親〕　381a〔鉄漿付け祝い〕　582b〔元服親〕　→鉄漿親
鉄漿付け子　㊤582b〔元服親〕
鉄漿付け用具　㊦784b〔嫁入り道具〕
カネドノ(金殿)　㊤343c〔鍛冶神〕

金の御嶽　㊤516c〔金峰山〕
鉦はり念仏　㊤186c〔梅若忌〕
金ひり馬　㊦69b〔俵薬師〕
鉦浮立　㊦493a〔浮立〕
金掘　㊤509c〔切羽〕
鐘巻寺(和歌山)　㊦183a〔道成寺〕
カネ＝ムックリ　㊦669b〔ムックリ〕
• カネリ　㊤**381b**　97c〔いただき〕　746c〔シガ〕　㊦420c〔販女〕
加年払い　㊤237c〔大祓え〕
カノ　㊦714b〔焼畑〕
賀の祝い　㊤460b〔喜寿〕
靴　㊤534a〔沓〕
鹿の子紋　㊦710a〔紋付〕
カノシシ　㊤745c〔鹿〕→鹿
鹿野政直　㊤801a〔社会史〕
蚊の餅搗き　㊤299b〔蚊〕
カバカワサマ　㊦559c〔詣りの仏〕
• 樺細工《かばざいく》　㊤**381b**
かばしこ　㊤314a〔香り米〕
蚊柱　㊤299b〔蚊〕
姓　㊤922c〔姓〕
• カパラミプ　㊤**381c**
• 蚊火《かび》　㊤**381c**　299b〔蚊〕
カピタリモチ　㊤429a〔川浸り〕
カピタレ　㊤429a〔川浸り〕
紙面　㊤868b〔諸鈍芝居〕
• 家譜《かふ》　㊤**382a**　421a〔唐名〕　㊦682b〔門中〕
• カブ(同族)　㊤**382a**　66c〔家連合〕　107c〔イットウ〕　㊦184b〔同族〕　574a〔マツイ〕　705b〔モヤイ〕
• カブ(食物)〔蕪〕　㊤**382b**　30a〔アタネ〕　480c〔救荒食物〕　㊦411c〔火入れ〕　714c〔焼畑〕
家部　㊤377a〔門割制度〕
• 株《かぶ》　㊤**383a**　105b〔一軒前〕　341b〔家産〕　382a〔カブ(一)〕　500a〔共有地〕　㊦138a〔潰れ屋敷〕　186b〔同族神〕
株井戸制　㊦830c〔輪中〕
株入り　㊤383a〔株〕
• 家風《かふう》　㊤**383b**　63a〔家〕　64a〔家柄〕　374b〔家督〕　407a〔家名〕　㊦782b〔嫁〕
カブウチ　㊤382a〔カブ(一)〕　383b〔株〕
• カフェー〔カフェ〕　㊤**383c**　467a〔喫茶店〕　512c〔銀座〕
カフェ＝キサラギ　㊤383c〔カフェー〕
カフェバー　㊤383c〔カフェー〕
カフェ＝パウリスタ　㊤383c〔カフェー〕
カフェ＝プランタン　㊤383c〔カフェー〕
カフェ＝ライオン　㊤383c〔カフェー〕
カブオヤ　㊦553b〔本家〕
カブ粥　㊤382b〔カブ(二)〕
• 歌舞伎《かぶき》　㊤**384a**　220a〔演劇〕　245c〔翁〕　268a〔男舞〕　288b〔女形〕　314a〔顔見世〕　326c〔楽屋〕　373c〔河東節〕　384c〔歌舞伎衣裳〕　465a〔義太夫〕　486a〔狂言〕　534b〔口説き〕　561a〔芸能〕　591b〔口上〕　760b〔地芝居〕　788a〔芝居小屋〕　820c〔襲名〕　㊦165b〔伝承文化〕　183a〔道成寺〕　323a〔農村舞台〕　385a〔花道〕　455c〔風俗統制〕　489b〔舞踊〕　492b〔風流〕　611c〔道行〕　648b〔民俗芸能〕　727c〔屋台〕
• 歌舞伎衣裳《かぶきいしょう》　㊤**384c**
歌舞伎踊り〔かぶきおどり〕　㊤48c〔綾子舞〕　384a〔歌舞伎〕　598b〔小歌踊り〕　㊦313c〔念仏踊り〕
かぶき踊り歌　㊤540b〔組歌〕
歌舞伎座　㊦471c〔舞台〕
歌舞伎浄瑠璃　㊤860c〔浄瑠璃〕
かぶき者　㊤384a〔歌舞伎〕
冠木門　㊦708a〔門(一)〕
カブケエ　㊤415c〔粥〕
株講　㊤382b〔カブ(一)〕　㊦186b〔同族神〕
株荒神　㊤382b〔カブ(一)〕
株小作　㊦471a〔譜代(二)〕
• 株座《かぶざ》　㊤**384c**　676b〔祭祀組織〕　㊦621c〔宮座〕　678c〔村座〕　707b〔モロト〕→宮座
株式会社　㊤383a〔株〕
• 掩せ網《かぶせあみ》　㊤**385a**　45b〔網漁〕　500c〔漁業〕　503a〔漁具〕
カブセキモノ　㊦136b〔角隠し〕
寡婦相続　㊤477c〔逆縁婚〕
家父長　㊤385a〔家父長制〕
家父長権　㊤365c〔家長〕　385b〔家父長制〕　㊦145b〔貞操観念〕
• 家父長制《かふちょうせい》　㊤**385a**　62c〔家〕　428a〔川島武宜〕　㊦812c〔恋愛結婚〕
家父長制家族　㊦692a〔モーガン〕
甲形　㊦433b〔避妊〕
• かぶと造〔兜-〕　㊤**385c**　㊦629c〔民家〕　別刷〈民家〉
かぶと屋根　㊤524b〔草葺き〕　㊦735c〔屋根〕　777c〔寄せ棟〕
カブナ　㊤29c〔あだな〕　㊦719a〔屋号〕→屋号
株仲間　㊦240c〔問屋〕
株虹　㊦274a〔虹〕
カブノネツカミ　㊦98b〔中耕〕
カブ飯　㊤382b〔カブ(二)〕
株元　㊦676b〔村君〕
蕪焼き長者　㊦104c〔長者〕　223c〔隣の寝太郎〕　267c〔難題聟〕
鏑懸魚　㊤567a〔懸魚〕
カブラずし　㊤382c〔カブ(二)〕
カブリ　㊤34c〔姉女房〕
かぶりがさ　㊤338b〔笠〕→笠
• かぶりもの〔被り物，冠物〕　㊤**386a**　211c〔烏帽子〕　338b〔笠〕　909a〔頭巾〕　㊦136b〔角隠し〕　155b〔手拭〕　401b〔晴着〕　529c〔帽子〕　701c〔喪服〕
カベ(垣)　㊤309a〔垣内〕
カベ(虫除け)　㊤381c〔蚊火〕
• 壁《かべ》　㊤**387a**
貨幣納　㊦752b〔山役〕
カベシシ　㊤409a〔カモシカ〕→カモシカ
壁付柱　㊦359c〔柱〕
壁塗　㊤862c〔職人〕
壁塗り大工　㊤688a〔左官〕→左官
• かべり〔カベリ〕　㊤**387b**　97c〔いただき〕　381b〔カネリ〕　686a〔魚売り〕　㊦420c〔販女〕　605b〔水汲み〕
カベリサン　㊤387c〔かべり〕
家法　㊤332a〔家訓〕→家訓
果報セジ　㊤944b〔セジ〕
火防盗賊除け　㊦613c〔三峯信仰〕
嘉穂劇場　㊤788a〔芝居小屋〕
• カボチャ〔南瓜〕　㊤**387c**　㊦21c〔代用食〕
カマ　㊤88c〔泉〕
• 釜《かま》　㊤**388a**
• 鎌《かま》　㊤**388a**　135b〔イヨッペ〕　352a〔風切り様〕　808c〔収穫〕　㊦241b〔薙鎌〕　389c〔刃物〕　別刷〈生と死〉
• ガマ(植物)〔蒲〕　㊤**388c**　137b〔衣料〕　471c〔キナ〕
ガマ　㊤313a〔カエル〕→カエル
• 鎌鼬《かまいたち》　㊤**388c**　㊦258c〔七不思議〕
釜炒り茶　㊦91c〔茶〕
鎌入れ　㊤122c〔稲刈り〕→稲刈り
鎌打ちの神事　㊦241b〔薙鎌〕
窯人　㊤945a〔石灰〕
カマエ　㊦721a〔屋敷〕
構　㊦302a〔ネゴヤ〕
カマ男　㊤389a〔釜神〕→釜神
鎌踊り　㊦523a〔棒踊り〕
鎌下し　㊤667c〔昆布漁〕
カマカゼ　㊤389a〔鎌鼬〕
• 竈方《かまがた》　㊤**389a**
釜ヶ台番楽　㊤734図〔三番叟〕
カマカプ　㊤31b〔アトゥシカラペ〕
• 釜神〔-サマ〕《かまがみ》　㊤**389a**　250c〔屋内神〕　391c〔竈神〕　642c〔ゴマ〕　㊦538b〔星〕→竈神
• 釜神様の年取《かまがみさまのとしとり》　㊤**389c**　389b〔釜神〕
がま口　㊤680a〔財布〕
• かまくら　㊤**389c**　㊦234b〔鳥追い〕
カマクラエビ　㊤208a〔エビ〕
鎌倉踊り　㊦6b〔太鼓踊り〕
• 鎌倉街道《かまくらかいどう》　㊤**390a**
鎌倉神楽　㊤92a〔伊勢神楽〕
鎌倉権五郎〔-景政〕　㊤362b〔片目の魚〕　872b〔死霊〕　㊦429c〔一目小僧〕

鎌倉大明神 ㊤ 390a〔かまくら〕
鎌倉蝶 ㊤ 390b〔鎌倉街道〕
鎌倉彫 ㊤ 779a〔漆器〕 ㊦ 116c〔堆朱〕
カマケ ㊤ 390c〔叺〕 →叺
・かまけわざ ㊤ **390**b
蒲薦 ㊤ 647c〔薦〕
カマス(葬送) ㊦ 61b〔魂送り〕
カマス(魚名) ㊤ 36c〔油〕
・叺〔蒲簀〕《かます》 ㊤ **390**c ㊦ 834c〔藁〕
カマスオイ ㊦ 817b〔労働倫理〕
カマスカズキ ㊦ 796c〔離婚〕
叺かぶり ㊤ 456c〔飢饉〕
叺狐 ㊤ 468a〔狐〕
カマチ ㊦ 721a〔屋敷〕
・框《かまち》 ㊤ **390**c
カマツカ ㊤ 684c〔境木〕
カマツケ ㊤ 48c〔あやつこ〕
カマド ㊦ 503a〔分家〕
・竈《かまど》 ㊤ **391**a 141c〔囲炉裏〕 323c〔家具〕 370a〔勝手〕 389a〔釜神〕 391a〔竈神〕 392b〔竈祓え〕 393a〔カマヤ〕 593c〔荒神〕 596a〔荒神祓え〕 948c〔雪隠参り〕 ㊦ 75b〔暖房〕 205b〔土公神〕 409c〔火〕 434b〔火の神〕 436a〔火箸〕 436c〔火伏せ〕 別刷〈民家〉
竈石 ㊤ 81b〔石神〕
・竈神《かまどがみ》 ㊤ **391**c 52a〔歩き初め〕 388a〔釜〕 389a〔釜神〕 394b〔神〕 408a〔仮面〕 776c〔七夜〕 ㊦ 205c〔土公神〕 434b〔火の神〕 819b〔六三〕 →釜神
竈荒神 ㊤ 596a〔荒神祓え〕
竈ざらえ ㊤ 392b〔竈祓え〕
竈注連 ㊤ 392b〔竈祓え〕 →竈祓え
・竈祓え〔-祓い〕《かまどばらえ》 ㊤ **392**b 593c〔荒神〕 745a〔潮花〕 ㊦ 65b〔太夫村〕 689c〔盲僧〕 690a〔盲僧琵琶〕
竈祭 ㊤ 71a〔壱岐神楽〕
ガマの油 ㊤ 313b〔カエル〕
かまのくちあけ ㊤ 392c〔釜蓋朔日〕
釜伏山(青森) ㊤ 288c〔お山掛け〕
かまぶたあき ㊤ 392b〔釜蓋朔日〕 →釜蓋朔日
釜蓋かぶせ ㊤別刷〈婚礼〉
・釜蓋朔日《かまぶたついたち》 ㊤ **392**b 11b〔赤城信仰〕 ㊦ 550a〔盆(二)〕 別刷〈盆〉
カマブロ ㊤ 85a〔石風呂〕
・蒲鉾〔かまぼこ, 蒲穂子〕《かまぼこ》 ㊤ **392**c 388c〔ガマ〕 900c〔水産加工〕
釜祭 ㊤ 593c〔荒神〕
・カマヤ〔釜屋〕 ㊤ **393**a 393a〔カマヤ建て〕 649b〔小屋〕 ㊦ 209b〔杜氏〕
カマヤ荒神 ㊤ 596a〔荒神祓え〕
・カマヤ建て ㊤ **393**a
・神〔カミ〕《かみ》 ㊤ **393**b 71a〔生き神〕 114c〔鎮守〕 201c〔エクスタシー〕 271a〔鬼〕 399a〔神隠し〕 405a〔カムイ〕 473b〔機能神〕 532c〔口笛〕 675c〔祭式〕 863a〔職能神〕 893b〔神仏習合〕 973a〔創造神〕 989b〔祖霊〕 ㊦ 29b〔高神〕 89c〔地母神〕 186c〔道祖神〕 428c〔人神〕 444b〔漂泊民〕 451b〔貧乏神〕 545a〔仏〕 591a〔まれびと〕 791a〔来世観〕 794b〔乱声〕
紙 ㊤ 401b〔紙漉き〕
鬼 ㊤ 271b〔鬼〕 →おに
髪 ㊤ 372a〔鬘〕 ㊦ 51b〔七夕〕
カミアイ ㊤ 70b〔行き会い神〕
カミアガリ ㊦ 228b〔弔い上げ〕
カミアシビ〔神-〕 ㊤ 396a〔神遊び〕 別刷〈遊び〉
・神アシャギ〔-アサギ, カミアサギ, -アシアゲ, カミアシャゲ〕《かみアシャギ》 ㊤ **395**b 32c〔穴屋〕 167a〔御嶽〕 194b〔ウンジャミ〕 ㊦ 196b〔殿〕 544c〔掘立柱〕
カミアソバセ ㊤ 396a〔神遊び〕
・神遊び《かみあそび》 ㊤ **395**c 28a〔遊び〕 329a〔神楽歌〕 338a〔かごめかごめ〕 404b〔神態〕
・髪油《かみあぶら》 ㊤ **396**a ㊦ 137b〔ツバキ〕
・神あらそい《かみあらそい》 ㊤ **396**b
神在社 ㊤ 226c〔お忌みさん〕
・神在月《かみありづき》 ㊤ **396**c 90b〔出雲信仰〕 403c〔神迎え〕
神在祭《かみありまつり》 ⇨カラサデ(㊤ 419a) ㊤ 90b〔出雲信仰〕 226c〔お忌みさん〕 397a〔神在月〕
・神荒《かみあれ》 ㊤ **397**a 397c〔神送り〕 ㊦ 769c〔八日吹き〕
上行き ㊦ 65b〔太夫村〕
紙位牌 ㊤ 125 図〔位牌〕 126a〔位牌分け〕 287c〔オヤシマイ〕 465b〔忌中部屋〕 465c〔忌中念仏〕
神拝み ㊤ 172c〔ウトゥーシ〕 176b〔ウビナディ〕
カミウシーミー(神御清明) ㊤ 934a〔清明祭〕
神歌 ㊤ 165c〔歌〕
神御棚 ㊤ 172c〔ウトゥーシ〕 187c〔ウヤファーフジ〕
神占い ㊤ 404c〔神態〕
・髪置き《かみおき》 ㊤ **397**a 243a〔おかっぱ〕 773c〔七五三〕
・神送り《かみおくり》 ㊤ **397**b 194c〔ウンジャミ〕 200c〔疫病送り〕 345c〔鹿島流し〕 346a〔鹿島人形〕 394c〔神〕 397a〔神荒〕 403b〔神迎え〕 446c〔神無月〕 876c〔銀鏡神楽〕 ㊦ 197b〔十日夜〕 245b〔流し雛〕 391a〔囃し(二)〕
神送り忌み ㊤ 397b〔神送り〕
カミオチツキ ㊤ 397c〔神送り〕
・神おろし〔-降し〕《かみおろし》 ㊤ **398**a 52b〔あるき巫女〕 97b〔イタコ〕 103b〔一味神水〕 297c〔御柱〕 400a〔神口〕 533a〔口寄せ〕 ㊦ 236a〔採物〕 823b〔ワカ〕
・神がかり〔神憑り, 神懸り〕《かみがかり》 ㊤ **398**b 398a〔神おろし〕 400a〔神口〕 548a〔狂い〕 594 図〔荒神神楽〕 642b〔護法実〕 ㊦ 35a〔託宣〕 236a〔採物〕 332b〔ノリワラ〕 810a〔霊媒〕 836c〔笑い祭〕
・神隠し《かみかくし》 ㊤ **398**c 65b〔家出〕 331c〔隠れんぼ〕 ㊦ 163c〔天狗〕 559b〔迷子〕
上笠の雨乞い踊り ㊤ 48c〔綾踊り〕
髪飾り ㊤ 438b〔簪〕 586a〔笄〕
神風講社 ㊤ 990a〔祖霊社〕
神風特攻隊 ㊤ 758b〔自殺〕
・髪型《かみがた》 ㊤ **399**a
上方舞 ㊦ 489b〔舞踊〕
・神語り《かみかたり》 ㊤ **399**b
上鹿妻大念仏剣舞 ㊤ 581 図〔剣舞〕
『神々と村落』 ㊦ 348b〔萩原竜夫〕
上賀茂神社(京都) ㊤ 8c〔葵祭〕 738b〔サンヤレ祭〕 ㊦ 596c〔御阿礼神事〕 727c〔やすらい祭〕 →賀茂別雷神社
神狩り ㊤ 790a〔柴祭〕 836a〔狩猟儀礼〕
上川 ㊤ 150b〔飲用水〕
カミキキ ㊤ 310c〔海難法師〕
・紙切《かみきり》 ㊤ **399**c ㊦ 694c〔土竜の嫁入り〕
髪切り魔 ㊤ 16b〔悪魔ばらい〕
紙屑買い ㊤ 529c〔屑屋〕
紙屑拾い ㊤ 529c〔屑屋〕
・神口《かみくち》 ㊤ **400**a 398a〔神おろし〕 533a〔口寄せ〕 784a〔死口〕 →神おろし
カミグチ ㊤ 531b〔クチ〕
・神座《かみくら》 ㊤ **400**a ㊦ 236a〔採物〕 706c〔森神〕
神倉神社(和歌山) ㊤ 143b〔磐座〕
神倉聖 ㊤ 239a〔大峯信仰〕
・紙子〔紙衣〕《かみこ》 ㊤ **400**b 320a〔柿渋〕 384c〔歌舞伎衣裳〕 401c〔紙漉き〕
紙子紙 ㊤ 400b〔紙子〕
上骨 ㊤ 631a〔骨掛け〕
・カミゴト ㊤ **400**c 131c〔忌日〕 632c〔コト〕 ㊦ 410c〔日忌〕 579a〔祭〕 701a〔もの日〕
神駒 ㊤ 895c〔神馬〕 →神馬
神ころがし ㊦ 250b〔泣き相撲〕
カミザ ㊦ 775c〔横座〕
上座 ㊤ 698c〔座順〕
カミザー(上座) ㊤ 102b〔一番座〕 →一番座
神サージ ㊦ 144c〔ティーサージ〕
カミサマ ㊤ 645a〔ゴミソ〕 ㊦ 600a〔巫女〕
カミサマヅキ ㊤ 611c〔五月節供〕
カミサン ㊤ 798a〔シャーマニズム〕

• 紙芝居《かみしばい》 ㊤**400c** ㊦15b〔大道芸〕
神島二郎 ㊤514c〔近代化〕
• 裃〔上下〕《かみしも》 ㊤**401a** 627c〔小袖〕 ㊦709c〔紋付〕
紙障子 ㊦796a〔欄間〕
• 紙漉き《かみすき》 ㊤**401b** ㊦339c〔灰屋〕
神相撲 ㊦431b〔一人相撲〕
カミスリ ㊤402a〔剃刀〕 →剃刀
• 剃刀《かみそり》 ㊤**402a** 469a〔狐憑き〕 ㊦389c〔刃物〕 464b〔副葬品〕
剃刀親 ㊤402a〔剃刀〕
神田 ㊤890b〔神田〕 →しんでん
• 神ダーリ《かみダーリ》 ㊤**402a** 398a〔神おろし〕 ㊦764a〔ユタ〕
上醍醐(京都) ㊤824a〔修験道〕
カミタテ ㊤177c〔産毛剃り〕
髪立て ㊤403a〔髪垂れ〕
カミタテイワイ ㊤403a〔髪垂れ〕
• 神棚《かみだな》 ㊤**402b** 127c〔居間〕 250b〔屋内神〕 677c〔祭壇〕 893c〔神仏習合〕 ㊦94a〔茶の間〕 478a〔仏壇〕 別刷〈民家〉
• 髪垂れ〔カミダレ〕《かみだれ》 ㊤**403a** 177c〔産毛剃り〕
髪垂れイワイ ㊦612a〔三日祝い〕
神憑け〔-憑き〕 ㊤97a〔イタコ〕 398a〔神おろし〕
カミツケゾウリ ㊤669b〔婚礼衣裳〕
• 雷《かみなり》 ㊤**403a** ㊦790c〔雷神〕
雷ドキ ㊦200c〔トキ㈠〕
雷除け ㊤949b〔節分〕 ㊦615b〔水口祭〕 791b〔雷電信仰〕
カミヌボーマ ㊦584b〔マブイ〕
香見乃喜利平 ㊤399c〔紙切〕
神の子 ㊤635a〔子ども〕
神の節供 ㊤522b〔九月節供〕
神長官 ㊤886a〔神職〕
神の前 ㊦688b〔面浮立〕
上乗り ㊤69b〔筏師〕
かみ箸 ㊦833c〔渡箸〕
紙衾 ㊤400b〔紙子〕
神札 ㊤298a〔オンベ〕
神まつり ㊤697a〔座敷〕
神祭 ㊤180b〔ウフンメ〕 404b〔神態〕 405a〔カムイ〕 405c〔カムイノミ〕 ㊦296b〔ヌササン〕 361a〔パセオンカミ〕 622b〔宮田〕
• 神迎え《かみむかえ》 ㊤**403b** 194b〔ウンジャミ〕 446c〔神無月〕 ㊦236a〔採物〕 391a〔囃し㈡〕 825a〔ワカメ〕
神迎祭 ㊤403c〔神迎え〕
神産巣日神 ㊤311b〔開闢神話〕
• 神役《かみやく》 ㊤**403c** 703b〔サトゥ〕
神やしない ㊤543a〔供養〕
神宿 ㊦747b〔山の神講〕
カミヤマ ㊤167a〔御嶽〕 ㊦737b〔藪神〕
• 髪結〔-床〕《かみゆい》 ㊤**404a** ㊦206c〔床屋〕 318b〔農間稼ぎ〕 →床屋
髪結職の由緒書 ㊤404a〔髪結〕
上雪 ㊦759c〔雪〕
神弓祭 ㊦766b〔弓神楽〕 →地祭
神寄せ ㊤400a〔神口〕 →神口
神依木 ㊤894c〔神木〕 →神木
• 神態〔神事, 神業〕《かみわざ》 ㊤**404b**
神渡し ㊤397a〔神荒〕 397b〔神送り〕 →神荒
神渡祭 ㊤397a〔神荒〕
カミングアウト ㊦183c〔同性愛〕
• 神人《カミンチュ》 ㊤**404c** 403c〔神役〕
• カムイ ㊤**405a** 476a〔キムンカムイ〕
カムイイトゥパ ㊤111c〔イトゥパ〕
カムイ=イモマ ㊤135b〔イヨイキリ〕
カムイイレンガ ㊦95c〔チャランケ〕
カムイ=エカシ ㊦84c〔チセコロカムイ〕
カムイサン ㊦296b〔ヌササン〕
• カムイチェプ ㊤**405b**
• カムイノミ ㊤**405c** 405c〔カムイチェプ〕
カムイノミ=チタラペ ㊤471c〔キナ〕
カムイ=フチ ㊤36c〔アペカムイ〕
• カムイプヤル ㊤**406a**
• カムイモシリ ㊤**406a**
カムイ=ユーカラ ㊦812b〔レプニ〕
カムタカ ㊦29b〔高神〕
『カムチャトカ誌』 ㊦822a〔ロシア民俗学〕
カムリカタビラ ㊤362a〔帷子〕 367a〔カツギ㈡〕 ㊦401b〔晴着〕 701c〔喪服〕
禿 ㊤227a〔花魁〕
カメ ㊤75a〔生け簀〕
• 亀《かめ》 ㊤**406b** 188a〔浦島太郎〕 ㊦142c〔鶴〕
• 甕〔瓶〕《かめ》 ㊤**406c** 323c〔家具〕 433a〔棺〕 868a〔食器〕 ㊦138c〔壺〕
ガメ ㊤370b〔河童〕
• 家名《かめい》 ㊤**407a** 62b〔家〕 374b〔家督〕 410b〔家紋〕
家名相続 ㊤374b〔家督相続〕
亀戸天神(東京) ㊤222b〔縁日〕
甕棺 ㊤688b〔坐棺〕
• 亀甲墓《かめのこうばか》 ㊤**407b** 873b〔シルヒラシ〕 別刷〈沖縄文化〉
亀の子ドウツキ ㊤779b〔地搗き〕
亀節 ㊤366b〔鰹節〕
亀屋 ㊦463c〔福助〕
亀山八幡宮(山口) ㊦108a〔提燈祭〕
カメラ ㊤804a〔写真〕
• 仮面《かめん》 ㊤**407c** 284c〔玩具〕 354c〔仮装〕 別刷〈仮面〉 ㊦559a〔舞〕
仮面劇 ㊦67a〔タルチュム〕
仮面舞 ㊤327c〔神楽〕
鴨 ㊤837b〔狩猟法〕
カモアシ ㊤755c〔シコクビエ〕 ㊦412c〔ヒエ〕
鴨網 ㊤837 裏〔狩猟法〕
• 鴨居《かもい》 ㊤**409a** 391a〔框〕
鴨氏 ㊤410a〔賀茂伝説〕
• 蒲生正男《がもうまさお》 ㊤**409a** 359b〔家族類型〕 993a〔村落類型論〕 ㊦113a〔直系家族〕 192b〔トウマイリ〕 194a〔頭屋〕 464a〔複世帯制〕
カモ枝 ㊤129c〔忌木〕
加茂家 ㊤652a〔暦〕
髢《かもじ》 ⇨鬘(㊤372a)
• カモシカ ㊤**409b** 409c〔カモシカ猟〕 426b〔皮〕 575a〔毛祭〕 →アオシシ
• カモシカ猟〔-狩り〕 ㊤**409c** ㊦570c〔マタギ〕
加茂神社(富山) ㊦83b〔稚児舞〕
賀茂神社(群馬) ㊦19b〔松明〕
賀茂神社(京都) ㊤263a〔お田植祭〕 ㊦370b〔初卯〕
神魂神社(島根) ㊤90b〔出雲信仰〕 130b〔忌籠り〕
賀茂大明神 ㊤725c〔三社託宣〕
賀茂建角身命 ㊤410a〔賀茂伝説〕
貨物船 ㊤79a〔イサバ〕
• 賀茂伝説《かもでんせつ》 ㊤**410a**
鴨取り権兵衛 ㊦582c〔まのよい猟師〕
賀茂県主 ㊦728c〔八咫烏〕
加茂の花踊り ㊦729c〔奴踊り〕
賀茂真淵 ㊤614b〔国学〕 ㊦697c〔本居宣長〕
賀茂臨時祭 ㊤25c〔東遊び〕
賀茂祭 ㊤8c〔葵祭〕 →葵祭
賀茂御祖神社(京都) ㊦610c〔御手洗〕
かもめの足 ㊤3b〔哀悼傷身〕
• 鴨猟《かもりょう》 ㊤**410b** ㊦235c〔鳥黐〕
賀茂別雷神社(京都) ㊦596b〔みあれ〕 596c〔御阿礼神事〕 →上賀茂神社
賀茂別雷命 ㊤410a〔賀茂伝説〕
• 家紋《かもん》 ㊤**410b** 63a〔家〕 111b〔イトゥパ〕 297a〔女紋〕 ㊦386a〔破風〕 503a〔分家〕 708c〔紋章〕 709c〔紋付〕
• カヤ〔萱, 茅〕 ㊤**410c** 415b〔茅場〕 471c〔キナ〕 524b〔草葺き〕 912c〔ススキ〕 ㊦別刷〈民家〉
カヤ(樹木) ㊤36a〔油〕 638c〔木の実〕 787b〔柴〕 ㊦55c〔種子籾囲い〕
カヤ(アイヌ) ㊦78b〔チェプル〕
• 蚊帳《かや》 ㊤**415a** 299b〔蚊〕 403a〔雷〕 415a〔カヤカブリ〕 879b〔寝具〕
カヤ掛け講 ㊦297a〔ヌシドリ〕
• カヤカブリ ㊤**415a**
萱壁 ㊤387b〔壁〕
萱壁講《かやかべこう》 ⇨隠れ念仏(㊤330c)
カヤ刈り ㊤410c〔カヤ〕
萱刈唄 ㊦740a〔山唄〕 →草刈唄
かやくご飯 ㊤648a〔五目飯〕
茅講 ㊤415b〔茅場〕 ㊦736b〔屋根無

尽〕 →屋根無尽
蚊帳刺し針　㊦396c〔針〕
茅簀薦　㊤647c〔薦〕
カヤソウリ　㊤912b〔ススキ〕
茅頼母子　㊤415b〔茅場〕 ㊦736b〔屋根無尽〕 →屋根無尽
カヤツリ　㊤308c〔カイツリ〕
茅手　㊦736c〔屋根屋〕
萱堂聖　㊤605c〔高野聖〕
• 茅場《かやば》〔カヤバ〕　㊤**415**b 410c〔カヤ〕 499c〔共有地〕 523c〔草刈場〕 912b〔ススキ〕 ㊦736b〔屋根無尽〕
茅原浅間神社(東京)　㊦468 表〔富士塚〕
茅葺き《かやぶき》〔-民家〕 ⇨草葺き(㊤524b) ㊤410c〔カヤ〕 ㊦386a〔破風〕 671b〔棟〕 735a〔屋根〕 735c〔屋根替え〕 736b〔屋根無尽〕 736c〔屋根屋〕 別刷〈民家〉
茅葺き職人　㊦671b〔棟〕 736c〔屋根屋〕 →屋根屋
カヤマチ　㊦842b〔和霊信仰〕
カヤ祭　㊤415a〔蚊帳〕
茅無尽《かやむじん》 ⇨屋根無尽(㊦736b) 415b〔茅場〕
茅山　㊤415b〔茅場〕 →茅場
蚊やり火　㊤299b〔蚊〕
• 粥《かゆ》　㊤**415**c 646a〔米〕 971a〔雑炊〕 ㊦25a〔小豆粥〕 92b〔茶粥〕 833b〔ワタマシ〕
• 粥占《かゆうら》　㊤**416**a 116a〔稲作儀礼〕 189a〔占い〕 415c〔粥〕 912c〔ススキ〕 別刷〈小正月〉 ㊦133b〔筒粥〕 210b〔年占〕
粥占神事　㊦210b〔年占〕
粥掻き棒〔カユカキボウ，粥かき-〕 ㊤142c〔祝い棒〕 別刷〈小正月〉 ㊦700c〔物作り〕
粥節供　㊤946b〔節供〕
カユタタキ　㊤416b〔粥の箸〕
粥たて棒　㊤142c〔祝い棒〕
粥杖　㊤170c〔卯杖〕
カユツリ　㊤624c〔小正月の訪問者〕 ㊦777a〔予祝儀礼〕
• 粥の箸《かゆのはし》　㊤**416**b 142c〔祝い棒〕
粥棒　㊤416a〔粥占〕 ㊦133b〔筒粥〕
カヨイ　㊤867a〔所帯びろめ〕
通　㊦120c〔通帳〕
通い婚《かよいこん》 ⇨妻問婚(㊦139c) ㊦781a〔ヨバイ〕
通帳《かよいちょう》 ⇨つうちょう(㊦120c)
通い番頭　㊦333b〔暖簾内〕 407b〔番頭〕
通い別家　㊦333c〔暖簾分け〕 510c〔別家〕
• 歌謡《かよう》　㊤**416**b 598a〔小歌〕 ㊦222c〔唱え言〕
歌謡曲　㊤217a〔演歌(一)〕 416c〔歌謡〕 ㊦800c〔流行歌〕
『歌謡週刊』　㊦98b〔中国民俗学〕
柄井川柳　㊤965a〔川柳〕
カライモ　㊤691a〔作物禁忌〕 701c〔サツマイモ〕 →サツマイモ
• 唐臼《からうす》〔カラウス〕　㊤**416**c 163c〔臼〕 472c〔杵〕 920c〔摺臼〕 ㊦319b〔農具〕
碓　㊤417a〔唐臼〕 472c〔杵〕
カラウト　㊤421b〔唐櫃〕
唐櫃　㊤421b〔唐櫃〕
カラオンナ　㊤182a〔石女〕
• からかい言葉　㊤**417**b
唐傘　㊤339a〔傘〕 →傘
唐瘡　㊤339b〔瘡〕 →梅毒
唐金　㊦152b〔鉄〕
響銅　㊦181c〔銅山〕
カラカミ　㊦470b〔襖〕 →襖
韓神　㊦597c〔御神楽〕
カラカラ　㊤100b〔一重一瓶〕
がらがら　㊤912b〔鈴〕
辛口話　㊤141a〔色話〕
からくり　㊦327b〔覗機関〕 821c〔轆轤〕
からくり影絵　㊤333b〔影絵〕
からくり儀右衛門　㊤417c〔からくり人形〕
• からくり人形　㊤**417**b ㊦32a〔高山祭〕
からくり山　㊦418b〔曳山〕
カラ消し壺　㊦419b〔火消し壺〕
カラコ　㊤783a〔桊〕
• 唐子踊り《からこおどり》　㊤**418**a
カラゴト　㊦585c〔ままごと〕
唐独楽　㊤642b〔独楽〕
唐衣橘洲　㊤483b〔狂歌〕
• 柄在家《からざいけ》　㊤**418**b 315a〔家格〕 ㊦607a〔水呑〕
• 唐竿《からさお》〔殻竿〕　㊤**418**b
苦酒　㊤898c〔酢〕
• カラサデ〔-神事，神等去出神事〕 ㊤**419**a 90b〔出雲信仰〕 226c〔お忌みさん〕 397a〔神荒〕 397a〔神在月〕 446c〔神無月〕
カラシ　㊤421b〔辛味〕 596b〔香辛料〕
辛塩　㊤742b〔塩〕
鹹塩　㊤742b〔塩〕
唐獅子　㊤別刷〈仮面〉
• 唐尺《からじゃく》　㊤**419**a 318b〔垣〕
カラジョージ(唐定規)　㊤419a〔唐尺〕 →唐尺
• 烏《からす》　㊤**419**b 420a〔烏勧請〕 420b〔烏鳴き〕 ㊦22b〔太陽崇拝〕 123a〔使わしめ〕 163b〔天気占い〕 190b〔動物観〕 728b〔八咫烏〕
カラスイシ　㊤941b〔石炭〕
烏占い　㊤419c〔烏〕
カラスオイ　㊦234b〔鳥追い〕
カラスカラス　㊤420b〔烏勧請〕
• 烏勧請《からすかんじょう》　㊤**420**a 266c〔御鳥喰神事〕 419c〔烏〕 ㊦277b〔ニソの杜〕 729a〔八咫烏〕
カラスキ　㊤906b〔犂〕
ガラス器　㊤868a〔食器〕
カラスグイ　㊤267 図〔御鳥喰神事〕
ガラス戸　㊦174b〔戸〕
カラストビ　㊦225a〔鳶口〕
烏飛び　㊤734b〔三番叟〕
• 烏鳴き《からすなき》　㊤**420**b 419c〔烏〕 ㊦778c〔予兆〕
カラスのオトボンサン　㊤267a〔御鳥喰神事〕
• 烏の灸《からすのきゅう》　㊤**420**c
カラスノクチマネ〔烏の口まね〕 ㊤419c〔烏〕
烏の口割れ　㊤420c〔烏の灸〕
烏の御供　㊦695a〔餅〕
烏のヤイト　㊤420c〔烏の灸〕
ガラス箱　㊦353a〔箱ガラス〕
ガラス眼鏡　㊦353a〔箱ガラス〕
烏呼び《からすよび》 ⇨烏勧請(㊤420a) 377b〔初山〕 729a〔八咫烏〕
カラダメ　㊤347b〔火車〕
からっ風　㊤11a〔赤城型民家〕
唐津くんち　㊤252c〔おくんち〕
ガラッパ　㊤370b〔河童〕
ガラッパ相撲　㊤371b〔河童相撲〕
空梅雨　㊦141b〔梅雨〕
カラト　㊤646c〔米櫃〕
唐戸　㊦174b〔戸〕
• 唐名《カラナー》　㊤**421**a →トーナー
唐納豆　㊦256c〔納豆〕
唐箸　㊤613a〔扱箸〕 →扱箸
空箸　㊦833c〔渡箸〕
唐花輪違　㊤414 図〔家紋〕
唐破風　㊤577c〔玄関〕
唐針　㊦396c〔針〕
唐稗　㊦412c〔ヒエ〕
• 唐櫃《からびつ》　㊤**421**a ㊦427a〔櫃〕
樺太玉　㊦62b〔タマサイ〕
唐塀　㊦507b〔塀〕
唐松様　㊤57b〔安産祈願〕
唐松神社(秋田)　㊤57b〔安産祈願〕
カラミ　㊦45c〔祟り〕
• 辛味《からみ》　㊤**421**b
搦　㊤307b〔開拓〕
• カラムシ〔カラムキ〕　㊤**421**c 17a〔麻〕 57a〔アンギン〕 137b〔衣料〕 ㊦298c〔布〕
カラムシ垣　㊤421c〔カラムシ〕
カラムシ引き　㊤421c〔カラムシ〕
カラムシ焼き　㊤421c〔カラムシ〕
干物　㊤685c〔肴〕
柄役　㊤418b〔柄在家〕
からゆきさん　㊦337c〔売春〕
ガラリ戸　㊦174b〔戸〕
伽藍さん　㊤255c〔おこない〕

伽藍神　㊤444c〔関帝信仰〕 785c〔地主神〕
狩　㊦742a〔山小屋〕 →狩猟
刈上げ　㊤14c〔秋祭〕 116a〔稲作儀礼〕 ㊦197a〔十日夜〕
• 刈上げ祝い《かりあげいわい》　㊤**422a** 809a〔収穫祭〕
刈上げ儀礼　㊤613a〔扱上げ祝い〕 ㊦320a〔農耕儀礼〕
刈上げ節供　㊤522b〔九月節供〕 946b〔節供〕
刈り上げ盆　㊦727a〔休み日〕
刈上げ祭　㊤121c〔稲上げ〕
カリー(嘉例)　㊤424b〔カリユシ〕
カリーナムン(嘉例な物)　㊤424b〔カリユシ〕
カリウチ　㊦350b〔博打〕
狩人　㊦803a〔猟師〕 →猟師
カリオ　㊦714b〔焼畑〕
• 仮親《かりおや》　㊤**422b** 174c〔乳母〕 380b〔鉄漿親〕 381a〔鉄漿付け祝い〕 861c〔職親〕 ㊦203a〔得意〕 232b〔取上げ親〕 509a〔へこ親〕 706a〔守り親〕 724c〔養い親〕 783b〔嫁いびり〕 838c〔草鞋親〕
仮親・仮子　㊤826c〔呪術的親子〕 →擬制的親子
カリカケ　㊦535c〔穂掛け〕
刈り掛け　㊦279c〔二百十日〕
カリカゴ　㊤936c〔背負籠〕
カリカチュア　㊦453b〔諷刺〕
狩倉　㊤423b〔狩場〕
狩競　㊤423b〔狩場〕
カリコ　㊤937b〔背負梯子〕
仮子《かりこ》　⇨仮親・仮子(㊤422b)
借耕牛　㊤25b〔預け牛〕
カリコボウズ　㊦298b〔ヌタ場〕
仮小屋送り　㊤360a〔カソマンテ〕
• 刈敷《かりしき》　㊤**422b** 523c〔草刈場〕 787b〔柴〕 ㊦197b〔通し苗代〕 447a〔肥料〕
刈敷唄　㊦740b〔山唄〕
仮祝言　㊤21a〔足入れ〕 752a〔シキマタギ〕 754b〔試験婚〕
ガリショバ　㊦149c〔てき屋〕
• カリスマ Charisma　㊤**422c** 488c〔教祖〕
カリソメ　㊦535c〔穂掛け〕
狩りダマス　㊤214c〔獲物分配〕
刈田嶺神社(宮城)　㊦751c〔山宮〕
カリツリ　㊤308c〔カイツリ〕
訶梨帝母　㊤458c〔鬼子母神〕 →鬼子母神
カリナ(仮名)　㊦774a〔幼名〕
狩庭　㊤423b〔狩場〕
仮の親子関係　㊤288a〔親分・子分〕
『狩の巻』〔狩之巻〕　㊤423a〔狩の巻物〕 ㊦327c〔後狩詞記〕 別刷〈民俗学史〉
• 狩の巻物《かりのまきもの》　㊤**423a**
カリバ　㊦394a〔原〕
• 狩場《かりば》　㊤**423b**
仮花道　㊦385a〔花道〕
狩場明神　㊤423b〔狩場〕
カリブン　㊤754b〔試験婚〕
刈り干し　㊦別刷〈野良仕事〉
仮埋葬　㊤977b〔葬法〕
仮宮　㊤423c〔仮屋(一)〕 →仮屋
• 仮門《かりもん》　㊤**423b** 829c〔出棺〕
仮門役　㊤423c〔仮門〕
カリヤ　㊤179b〔産屋〕 571c〔月経〕 ㊦125a〔月小屋〕
• 仮屋(祭礼)《かりや》　㊤**423c** →お仮屋
• 仮屋(葬送)〔カリヤ〕《かりや》　㊤**424a** 868b〔初七日〕 ㊦62c〔霊屋〕 657a〔六日がえり〕 688c〔喪〕
仮屋(鹿児島)　㊦488a〔麓〕
カリヤス　㊤524b〔草葺き〕
狩山　㊤423b〔狩場〕
火竜　㊤459a〔汽車〕
カリュー　㊦714b〔焼畑〕
花柳界　㊤559b〔芸者〕 →花街
花柳病　㊤933a〔性病〕
• カリユシ〔嘉礼吉, 佳例吉, 佳礼吉〕　㊤**424a**
カリユシジン(嘉例吉の膳)　㊤335c〔蔭膳〕
過料　㊤680c〔財物没収〕 ㊦371c〔罰金〕 677a〔村極め〕
刈分　㊤786b〔地主・小作〕
• 刈分小作《かりわけこさく》　㊤**424b**
刈羽瞽女　㊤626b〔瞽女〕
過燐酸石灰　㊤516b〔金肥〕 ㊦447a〔肥料〕
カルイ　㊤425b〔家例〕
カルイ(運搬具)　㊤937b〔背負梯子〕
• カルイサワ　㊤**424b**
『苅萱』　㊤83b〔石童丸〕 946a〔説経節〕
• 軽口《かるくち》　㊤**424c** 639c〔小咄〕
軽子　㊤342a〔河岸〕 ㊦244c〔仲仕〕
カルサン　㊤756c〔仕事着〕 ㊦345b〔袴〕 748c〔山袴〕
• かるた〔カルタ, 歌留多, 骨牌, 加留多, 賀留多, 樗蒲〕　㊤**425a** 140c〔いろはがるた〕 485a〔競技〕 521a〔骨牌〕 ㊦383b〔花札〕
カルボナリ党　㊦438a〔秘密結社〕
ガルム　㊤504a〔魚醤〕
カルメイラ　㊤43a〔甘味〕
カルモ　㊤124b〔猪〕
カルモノ　㊤245b〔沖言葉〕
迦楼羅　㊤453b〔伎楽〕
• 軽業《かるわざ》　㊤**425b** 670c〔サーカス〕
• 家例《かれい》　㊤**425b** ㊦696c〔餅無し正月〕
餉　㊦538c〔糒〕 →糒
枯枝拾い　㊦298a〔盗み〕
瓦礫投げ　㊤577a〔喧嘩〕
かれよし〔佳礼吉, 佳例吉, 嘉礼吉, 嘉例吉〕　㊤424a〔カリユシ〕
カレワラ　㊤550a〔クローン, *J*〕 550b〔クローン, *K*〕
『カレワラ研究』　㊤210a〔エフエフシー〕 550b〔クローン, *K*〕
カレンダー　㊤652a〔暦〕
• カロート　㊤**426a** 549b〔クルワ〕 ㊦541a〔墓制〕
• 川《かわ》　㊤**426a** 855b〔小便〕 902c〔水神〕
• 皮《かわ》　㊤**426b**
河井寛次郎　㊦638a〔民芸〕 734c〔柳宗悦〕
河合家　㊦603b〔三島暦〕
河合神社(京都)　㊦610c〔御手洗〕
川市　㊤別刷〈市〉
川入り　㊤237c〔大祓え〕 429a〔川浸り〕 429b〔川開き〕
カワイリモチ　㊤429a〔川浸り〕
カワウ　㊤154a〔鵜飼い〕
『蝦和英三対辞書』　㊦366a〔バチェラー〕
河岡武春　㊤503a〔漁具〕 ㊦280c〔日本常民文化研究所〕
側踊り　㊤333c〔掛け踊り〕 598b〔小歌踊り〕
川降　㊤654b〔垢離〕
カワガエ　㊤430a〔川干し〕
川神　㊤111b〔井戸神〕
川上神社(鹿児島)　㊤789b〔柴挿し(一)〕
河上肇　㊦831c〔ワタクサー〕
川神祭　㊤370c〔河童〕
カワガリ　㊤942a〔堰普請〕
• 川狩(林業)《かわがり》　㊤**426c** ㊦225a〔鳶口〕
川狩(川漁)　㊦98a〔中元〕
川狩唄　㊦740a〔山唄〕 →木流し唄
川狩人夫　㊤69a〔筏〕
川狩節　㊤69b〔筏〕
乾き雪　㊦759c〔雪〕
カワキリ　㊦52a〔谷〕
河口浅間神社(山梨)　㊦751c〔山宮〕
川口孫治郎　㊦822c〔炉辺叢書〕
皮沓　㊤439c〔樏〕
• 川倉地蔵《かわくらじぞう》　㊤**427a** 136a〔いらたか念珠〕
川倉の賽の河原　㊤679a〔賽の河原〕
川倉の地蔵講　㊤784a〔死口〕
『川越地方昔話集』　㊤913a〔鈴木棠三〕
川越七不思議　㊤361c〔片葉の芦〕
皮拵え　㊦450a〔檜皮葺き〕
皮座　㊤427b〔皮細工〕
• 皮細工《かわざいく》　㊤**427b**
• カワサキ　㊤**427c** 505a〔漁船〕 ㊦65c〔タラ〕
川崎組　㊤427c〔カワサキ〕
カワサキ衆　㊤427c〔カワサキ〕

川崎大師(神奈川)　㊦67c〔達磨市〕 718b〔厄除け〕
川崎節　㊤91b〔伊勢音頭〕
川下げ　㊤426c〔川狩〕 →川狩
川砂鉄　㊤702b〔砂鉄〕
川仕舞　㊦481c〔船遊び〕
• 川島武宜《かわしまたけよし》　㊤**428**a 441a〔慣習法〕 993a〔村落類型論〕 ㊦282a〔日本人㈡〕 530b〔法社会学〕 617b〔身分階層制〕
『川島武宜著作集』　㊤428a〔川島武宜〕
川下祭　㊤428b〔川裾祭〕 →川裾祭
カワスソサン　㊤428b〔川裾祭〕
• 川裾祭〘カワソソマツリ〙《かわすそまつり》　㊤**428**b 150b〔飲用水〕
• 川施餓鬼《かわせがき》　㊤**428**b ㊦249b〔流灌頂〕 605c〔水子供養〕
かわた〘皮田，皮多，革田，革多〙　㊤204b〔えた〕 427b〔皮細工〕
河竹黙阿弥　㊤384b〔歌舞伎〕
革足袋　㊦348a〔履物〕
• カワチ　㊤**428**c
• 河内音頭《かわちおんど》　㊤**428**c 363c〔語りもの〕 591b〔江州音頭〕
河内だんじりにわか　㊦287c〔にわか〕
河内鍋　㊦260a〔鍋〕
『河内国滝畑左近熊太翁旧事談』　㊦623c〔宮本常一〕
川長　㊦804c〔料理屋〕
カワッパ〘ガワッパ〙　㊤370b〔河童〕
カワッペイリ　㊤429a〔川浸り〕
カワッペイリノツイタチ　㊤429a〔川浸り〕
カワッペリモチ　㊤429a〔川浸り〕
川手文治郎　㊤662b〔金光教〕
カワト〘カワド〙　㊤50a〔洗い場〕 150a〔飲用水〕
川渡御　㊦131c〔津島祭〕
側土台　㊦221a〔土台〕
川流し　㊤426c〔川狩〕 →川狩
川並　㊤326b〔角乗り〕 474b〔木場〕
皮なめし〘-鞣し〙　㊤427b〔皮細工〕 ㊦693b〔木灰〕
川西念仏剣舞　㊤581c〔剣舞〕
川野車人形　㊤549a〔車人形〕
カワノリ　㊦331b〔ノリ〕
カワバ　㊤50a〔洗い場〕 150a〔飲用水〕
皮剝ぎ　㊦450a〔檜皮葺き〕
カワバタ　㊤50a〔洗い場〕
川端　㊤342a〔河岸〕
川端竜子　㊦390a〔早川孝太郎〕
河東碧梧桐　㊦337a〔俳句〕
• 川浸り〘カワビタリノツイタチ，-朔日〙《かわびたり》　㊤**429**a 267c〔乙子の朔日〕 610a〔氷の朔日〕 666a〔蒟蒻〕
川浸り餅　㊤902c〔水神〕
• 川開き《かわびらき》　㊤**429**b 654a〔娯楽〕 ㊦324a〔納涼〕 383a〔花火〕 481c〔船遊び〕
川艜　㊤641b〔ゴヘイタブネ〕
川舟　㊦830c〔輪中〕 →アゲフネ
• 川船《かわぶね》　㊤**429**c ㊦446b〔ヒラタブネ〕 487b〔船〕
皮船　㊦89a〔チプ〕
川船鑑札　㊤439a〔鑑札〕
川舟大工　㊦484a〔船大工〕
皮浮立　㊦493a〔浮立〕
• 川干し《かわぼし》　㊤**430**a
カワマイリ　㊤177c〔産毛剃り〕
川祭　㊤237c〔大祓え〕 370c〔河童〕 426b〔川〕 429b〔川開き〕 ㊦131c〔津島祭〕 485c〔船祭〕
皮箕　㊦595c〔箕〕
カワムキ　㊤26c〔畦塗り〕
カワムツ　㊤155b〔ウグイ〕
河村瑞賢　㊤353b〔風待ち〕
• 河村只雄《かわむらただお》　㊤**430**b
厠〘河屋〙　㊦515c〔便所〕 →便所
厠神《かわやがみ》　⇨便所神(㊦515c) ㊤57c〔安産祈願〕 176c〔産神〕 394b〔神〕 ㊦29b〔高神〕
川役　㊦308c〔年貢〕
皮屋根　㊤99a〔板屋根〕
川除地蔵　㊤426b〔川〕
• 瓦《かわら》　㊤**430**b 431a〔瓦師〕 431b〔瓦葺き〕 ㊦735b〔屋根〕
• 河原《かわら》　㊤**431**a 431c〔河原者〕 566c〔劇場〕
瓦占　㊤430c〔瓦〕
瓦笥　㊤685b〔盃〕 ㊦620a〔土産〕
瓦工　㊤431a〔瓦師〕
• 瓦師《かわらし》　㊤**431**a
かわら据え　㊤972a〔造船儀礼〕
瓦煎餅　㊤963c〔煎餅〕
瓦大工　㊤431a〔瓦師〕
• 瓦葺き《かわらぶき》　㊤**431**b 137b〔入母屋〕 168b〔卯建〕 543c〔倉〕 ㊦735a〔屋根〕
カワラボエト　㊤718a〔さんか〕
瓦巻　㊦671図〔棟〕
• 河原巻物《かわらまきもの》　㊤**431**b
川原飯　㊤431a〔河原〕 612a〔五月節供〕 ㊦552b〔盆竈〕 →盆竈
• 河原者〘-人〙《かわらもの》　㊤**431**c 204b〔えた〕 431b〔河原巻物〕 566c〔劇場〕 ㊦433a〔非人〕
瓦屋　㊤431a〔瓦師〕
瓦焼　㊤431a〔瓦師〕
変わり型簪　㊤438b〔簪〕
変わり身　㊦516c〔変身〕
• かわりもの〘カワリモノ〙　㊤**432**a 303b〔会食〕 648a〔五目飯〕 ㊦401c〔ハレ・ケ〕
• 川漁《かわりょう》　㊤**432**b 718a〔さんか〕
川漁師　㊤432b〔川漁〕
カワワタリ　㊤52a〔歩き初め〕
皮草鞋　㊦838図〔草鞋〕
カワワラワ　㊤370b〔河童〕
川ン太郎　㊤275b〔尾根〕 ㊦68b〔太郎の朔日〕
河んとん　㊤371c〔河童火やろう〕
「河んとん火貸そ」　㊤371c〔河童火やろう〕
カン　㊤975a〔雑煮〕
坎　㊦372a〔八卦〕
• 寒《かん》　㊤**433**a
• 棺《かん》　㊤**432**c 426a〔カロート〕 688b〔坐棺〕 829c〔出棺〕 967a〔葬儀屋〕 967b〔葬具〕 ㊦278a〔入棺〕
鐶　㊦225a〔ドビキ〕
• ガン　㊤**433**b
• 龕(葬送)《がん》　㊤**433**b
• 龕(沖縄)《がん》　㊤**433**c
寒明け　㊤433a〔寒〕
カンアタリ　㊤70b〔行き会い神〕
観阿弥　㊤713b〔猿楽〕 ㊦317b〔能〕
寛永寺(東京)　㊤765b〔地神盲僧〕 ㊦542b〔菩提寺〕
『寛永諸家系図伝』　㊤559c〔系図〕
岩塩　㊤742b〔塩〕 923c〔製塩〕
棺覆い　㊦161b〔天蓋〕 →天蓋
棺桶　㊤688b〔坐棺〕
ガンオケ　㊤432c〔棺〕
神長　㊤886a〔神職〕
カンカー　㊤789b〔柴挿し㈡〕
旱害　㊤456a〔飢饉〕 →旱魃
• 灌漑《かんがい》　㊤**434**a 110b〔井戸〕 ㊦40c〔田越し灌漑〕 64b〔溜池〕
かんがえもの　㊤447a〔願人坊主〕
• カンカカリャー　㊤**434**c 248a〔沖縄文化〕 798a〔シャーマニズム〕 ㊦600a〔巫女〕 763c〔ユタ〕
カンカケ　㊤319c〔鉤掛け〕
• 願掛け《がんかけ》　㊤**434**c 162c〔丑の刻参り〕 224b〔縁結び〕 290c〔お礼参り〕 437c〔寒垢離〕 449c〔願ほどき〕 453c〔祈願〕 ㊦47a〔断ち物〕
『願懸重宝記』　㊤454a〔祈願〕
カンカンスウォレ　㊦102a〔秋夕〕
カンカン部隊　㊤746c〔シガ〕
ガンギ　㊤80c〔石垣〕 ㊦544c〔穂摘具〕
雁木　㊤576b〔下屋〕 ㊦760a〔雪〕
歓喜光寺(京都)　㊦182c〔道場〕
歓喜団　㊤852b〔聖天信仰〕
歓喜天　㊤118a〔稲荷信仰〕 852b〔聖天信仰〕
歓喜仏　㊤852c〔聖天信仰〕
歓喜踊躍念仏　㊤269c〔踊り念仏〕
• 閑居〘カンキョ〙《かんきょ》　㊤**435**a 147a〔隠居屋〕
環境　㊦456a〔風土〕
• 寒行《かんぎょう》　㊤**435**b ㊦35b〔托鉢〕

環境教育　㊤695b〔笹舟〕
・環境民俗学《かんきょうみんぞくがく》　㊤**435**b
環境問題　㊤435b〔環境民俗学〕
『閑居友』　㊦475a〔仏教説話〕
・換金作物《かんきんさくもつ》　㊤**435**c
『閑吟集』　㊤598a〔小歌〕　㊦800c〔流行歌〕
玩具《がんぐ》　⇨おもちゃ(㊤284b)
寒九の雨　㊤433b〔寒〕
『玩具の話』　㊤495c〔郷土玩具〕
雁首　㊦59a〔煙草道具〕
寒供養　㊤443c〔寒施行〕　→寒施行
勧化　㊤442c〔勧進〕　945b〔説経〕　→説経
歓迎会　㊦532b〔忘年会〕
寒稽古　㊤433a〔寒〕　557c〔稽古〕
・完形昔話《かんけいむかしばなし》　㊤**436**a　㊦284c〔日本昔話名彙〕　552b〔本格昔話〕　659c〔昔話〕
管絃　㊤315a〔雅楽〕
管弦祭　㊦485c〔船祭〕
カンコ　㊤368c〔羯鼓〕
漢語　㊤315b〔外来語〕　㊦280a〔日本語〕
・慣行《かんこう》　㊤**436**b　440b〔慣習〕　817b〔習俗〕　㊦453b〔風習〕　638c〔民俗㈠〕
・観光《かんこう》　㊤**436**b
ガンゴウ祭　㊤434a〔龕㈡〕
菅公お腰掛けの松　㊤621a〔腰掛け松〕
観光館　㊤436b〔観光〕
元興寺極楽坊(奈良)　㊦321a〔納骨〕
・環濠集落《かんごうしゅうらく》　㊤**436**c　309b〔垣内〕　818a〔集村〕　㊦別刷〈村境〉
観光繻子　㊤436b〔観光〕
漢国神社(奈良)　㊦594a〔饅頭〕
慣行専用漁業権　㊤501b〔漁業権〕　502a〔漁業制度〕
観光荘　㊤436b〔観光〕
観光寺　㊦159a〔寺〕
観光丸　㊤436b〔観光〕
・かんこ踊り　㊤**437**a　598b〔小歌踊り〕　㊦6b〔太鼓踊り〕　493a〔浮立〕　→羯鼓踊り
神子踊り　㊤437b〔かんこ踊り〕
諫鼓踊り　㊤437b〔かんこ踊り〕
韓国市場　㊤別刷〈市〉
韓国寺　㊤77a〔生駒山〕
官国幣社以下神社祭祀令　㊤676a〔祭式〕
『韓国民俗綜合調査報告書』　㊦106b〔朝鮮民俗学〕
『韓国民俗大観』　㊦106c〔朝鮮民俗学〕
『韓国民俗大事典』　㊦106c〔朝鮮民俗学〕
「韓国昔話のタイプインデックス」　㊦18b〔タイプ＝インデックス〕
カンコ船　㊤35b〔アビ漁〕
ガンゴメ　㊤449c〔願ほどき〕
・寒垢離《かんごり》　㊤**437**c　433a〔寒〕　435b〔寒行〕　654b〔垢離〕　㊦610a〔禊〕
カンコロ　⇨サツマイモ(㊤701c)　㊦542a〔保存食〕
カンコロ餅　㊦695b〔餅〕
冠婚葬祭　㊤879b〔仁義㈡〕
・冠婚葬祭互助会《かんこんそうさいごじょかい》　㊤**437**c　572b〔結婚式場〕
カンサギ　㊤395b〔神アシャギ〕　→神アシャギ
・間作《かんさく》　㊤**438**a　663b〔混作〕　㊦586c〔豆〕
・簪《かんざし》　㊤**438**b　971a〔装身具〕
・簪の制《かんざしのせい》　㊤**438**c
・鑑札《かんさつ》　㊤**438**c　404a〔髪結〕
・観察調査《かんさつちょうさ》　㊤**439**a
元三　㊤444b〔元旦〕　721a〔三箇日〕
元三忌　㊦475c〔仏教民俗〕
・元三大師《がんさんだいし》　㊤**439**b　別刷〈護符〉　㊦10a〔大師粥〕　10b〔大師講〕　11a〔大師信仰〕　→良源
元三大師御籤　㊤282a〔神籤〕
漢詩　㊤416b〔歌謡〕
官寺　㊦158c〔寺〕
・樏〘カンジキ〙《かんじき》　㊤**439**c　837c〔狩猟用具〕　㊦38b〔田下駄〕　348a〔履物〕
干支五行説　㊤614a〔五行〕
観自在寺(愛媛)　㊦519表〔遍路〕
観自在菩薩　㊤447c〔観音信仰〕
元日　㊤233c〔大正月〕　676c〔祭日〕　844b〔正月〕
甘蔗　㊤703c〔砂糖〕　704b〔サトウキビ〕　→サトウキビ
官社　㊤801c〔社格〕
甘蔗糖　㊤703c〔砂糖〕　704b〔サトウキビ〕
・慣習《かんしゅう》　㊤**440**b　436b〔慣行〕　817b〔習俗〕　942b〔世間〕　㊦168b〔伝統〕　453b〔風習〕　638c〔民俗㈠〕
勧酒歌〘-唄〙　㊤687a〔酒盛〕　687b〔酒盛り唄〕
・慣習法《かんしゅうほう》　㊤**440**c　250b〔奥野彦六郎〕　292c〔温泉権〕
甘藷　㊤435c〔換金作物〕　701c〔サツマイモ〕　→サツマイモ
勘定　㊤828c〔数珠繰り〕
・勧請《かんじょう》　㊤**441**b　441b〔勧請神〕　㊦226a〔飛神明〕
・灌頂《かんじょう》　㊤**441**b
勧請板　㊦別刷〈村境〉
漢松園　㊤323a〔華僑墓地〕
勧請掛け　㊤441c〔勧請吊〕　㊦611a〔道切り〕　→勧請吊
ガンジョウジ　㊦540b〔ホゼ〕
願成寺(富山)　㊦183a〔道場〕
・勧請神《かんじょうしん》　㊤**441**b　441b〔勧請〕
勘定帳　㊦470a〔普請帳〕
・勧請吊《かんじょうつり》　㊤**441**c　㊦18a〔大般若〕　611a〔道切り〕　679a〔村境〕　別刷〈村境〉
勧請縄〘カンジョウナワ〙　㊤321a〔カギヒキ神事〕　441c〔勧請吊〕　570a〔結鎮〕　㊦588c〔魔除け〕　611a〔道切り〕　718c〔厄除け〕
勘定場　㊦109b〔帳場㈠〕　→帳場
灌頂幡　㊦249b〔流灌頂〕
勧請木　㊤894c〔神木〕　→神木
カンジョガミ〘-神〙　㊦516a〔便所〕　516b〔便所神〕
寒食　㊤933c〔清明〕
・間食《かんしょく》　㊤**442**a　18b〔朝茶〕　702a〔サツマイモ〕　861c〔食事〕　986c〔蕎麦掻〕　㊦92a〔茶〕
・勧進《かんじん》　㊤**442**c　309c〔街道〕
鑑真　㊤752b〔樒〕
降神日　㊦627c〔名節〕
降神クッ　㊤533b〔クッ㈡〕
勧進興行　㊤670b〔座㈡〕
観心十界図　㊤538a〔熊野信仰〕
勧進相撲　㊤920a〔相撲〕　㊦147b〔出開帳〕
勧進帳　㊤218b〔縁起〕
勧進橋　㊤309c〔街道〕
・勧進聖《かんじんひじり》　㊤**443**a　443b〔勧進元〕　722c〔参詣曼荼羅〕　945c〔説経〕　978c〔僧侶〕　㊦422c〔ひしゃく〕
勧進札　㊤443b〔勧進元〕
降神巫　㊤533b〔クッ㈡〕
・勧進元《かんじんもと》　㊤**443**b
岩水寺(静岡)　㊤57b〔安産祈願〕
ガンスタダシ　㊤760b〔シジタダシ〕
陥穽　㊤835b〔狩猟〕
檻穽　㊤835b〔狩猟〕
陥穽漁具　㊤503a〔漁具〕　㊦569c〔マス〕
『寛政重修諸家譜』　㊤560a〔系図〕
寛政の改革　㊤588b〔郷倉〕
陥穽漁　㊤625a〔湖沼漁業〕
寛政暦　㊤652表〔暦〕
観世音菩薩　㊤447c〔観音信仰〕
・寒施行《かんせぎょう》　㊤**443**c　433b〔寒〕
観世座　㊤713b〔猿楽〕
環節的社会　㊤493a〔共同体〕
間接焼き　㊦715c〔焼き物〕
観世流　㊤66a〔家元〕
感染呪術　㊤390b〔かまけわざ〕　826a〔呪術〕　㊦569a〔呪い〕
龕前念誦　㊤433b〔龕㈠〕
カンソウ　㊤339b〔瘡〕
観相　㊦294b〔人相・手相〕
甘草　㊤378c〔カニババ〕
乾燥イモ　㊤702a〔サツマイモ〕
観想念仏　㊦312c〔念仏〕
乾燥法　㊤556c〔燻製〕
神田《かんだ》　⇨しんでん(㊤890b)

神だ遊び　㊤396a〔神遊び〕
干拓　㊤301c〔開墾〕　307b〔開拓〕　㊦299a〔沼〕
カンダチ　㊦790c〔雷神〕
神立ち　㊤397b〔神送り〕
カンダチイワイ　㊤403a〔髪垂れ〕
• 神田祭〔-明神祭礼〕《かんだまつり》　㊤**443**c　479図〔木遣り唄〕　㊦41c〔山車〕　162b〔天下祭〕　601図〔神輿〕
神田明神(東京)　㊤443c〔神田祭〕　㊦129b〔付祭〕　215c〔年の市〕　568b〔将門伝説〕　580a〔祭囃子〕
カンダラ〔-ダロ〕　㊤877a〔代分け〕　㊦297c〔盗み〕　298a〔盗み魚〕
ガンダラゴー　㊤433c〔龕〕　→龕
カンダレ　㊤403a〔髪垂れ〕
寒太郎の土用次郎　㊤433b〔寒〕
• 元旦《がんたん》　㊤**444**b　989a〔ソル〕　㊦212c〔年越〕　219a〔屠蘇〕　824b〔若水〕
寒団子　㊤433b〔寒〕
• 簡単服《かんたんふく》　㊤**444**b
寒中水泳　㊤433a〔寒〕
干潮　㊤742c〔潮〕
元朝　㊤444b〔元旦〕
雁爪《がんづめ》　⇨除草器(㊤866b)　㊤524a〔草取り〕　㊦98b〔中耕〕　別刷〈野良仕事〉
関帝　㊤677a〔財神〕
• 関帝信仰(華僑)《かんていしんこう》　㊤**444**c
• 関帝信仰(沖縄)《かんていしんこう》　㊤**445**a
• 関帝廟《かんていびょう》　㊤**445**a　840c〔春節〕　㊦97c〔中華会館〕
関帝廟(大阪)　㊤677a〔財神〕
関帝廟(兵庫)　㊦479b〔普度〕
関帝菩薩　㊤444c〔関帝信仰〕
カンテラ　㊤857b〔照明〕
韓寺　㊦106a〔朝鮮寺〕
• 寒天《かんてん》　㊤**445**b　305c〔海藻〕　433b〔寒〕　901a〔水産加工〕　㊦163c〔テングサ〕　769c〔羊羹〕
• 乾田《かんでん》　㊤**445**b　781b〔湿田〕　㊦1b〔田〕　266a〔苗代〕　399b〔春田〕　662b〔麦田〕
巌殿寺(上野)　㊦400a〔榛名信仰〕
ガンデンデン　㊦617a〔壬生狂言〕　→壬生狂言
ガンド〔-ウチ〕　㊦431c〔雛荒し〕
• 竿燈《かんとう》　㊤**445**c　857c〔照明〕　㊦108b〔提燈祭〕　437b〔火祭〕
• 勘当《かんどう》　㊤**446**a　385b〔家父長制〕　462c〔義絶〕　482c〔久離〕　㊦117b〔追放〕
龕燈〔-提燈〕　㊤857b〔照明〕　㊦108a〔提燈〕
貫頭衣　㊤627c〔小袖〕
関東鍬　㊤907b〔鍬〕
関東大震災　㊤787a〔芝〕
関東だき　㊤266a〔おでん〕
丸頭鋸　㊦325b〔鋸〕
関東方言　㊦526b〔方言〕
雁と亀　㊤433b〔ガン〕
燗徳利　㊦204b〔徳利〕
神部　㊤886a〔神職〕
雁取り爺　㊤433b〔ガン〕　㊦380a〔花咲爺〕
雁取り屁　㊦507a〔屁〕　514a〔屁ひり話〕
広東会所　㊦177c〔同郷会〕
• 鉋《かんな》　㊤**446**b　㊦389c〔刃物〕
巫　㊤533b〔クッ(二)〕　893b〔シンバン〕　㊦599c〔巫女〕
鉄穴師　㊤446c〔かんな流し〕
• 神無月《かんなづき》　㊤**446**b　396c〔神在月〕　397b〔神送り〕　㊦807b〔留守神〕
• かんな流し〔鉄穴-〕　㊤**446**c
鉄穴場　㊤702b〔砂鉄〕
燗鍋　㊦104a〔提子〕
神嘗祭　㊤104c〔斎宮〕　㊦270c〔新嘗祭〕　375c〔初穂〕
鉄穴山　㊤446c〔かんな流し〕
金成マツ　㊤515a〔金田一京助〕　㊦114b〔知里真志保〕
棺縄　㊦425c〔左〕　426b〔左前〕
カンニチ　㊦603c〔巳正月〕
カンニバリズム cannibalism　⇨カニバリズム(㊤378c)
願人踊り　㊦15b〔大道芸〕
• 願人坊主《がんにんぼうず》　㊤**447**a　371c〔活惚〕　375b〔門付け〕　628c〔広大寺〕　914a〔すたすた坊主〕　㊦802a〔寮〕
• 神主《かんぬし》　㊤**447**a　71b〔生き神〕　886a〔神職〕　㊦621c〔宮座〕
神主福間三九郎　㊤722b〔三九郎焼き〕
寒念仏　㊤433a〔寒〕　435b〔寒行〕
寒の入り　㊤433a〔寒〕
感応楽　㊤324b〔楽打〕
感応寺(東京)　㊦227c〔富籤〕
勧農社　㊤907a〔犂〕
寒の内　㊤433a〔寒〕
カンノウドリ　㊦546b〔ホトトギス〕
神座　㊤400a〔神座〕　→かみくら
寒の水　㊤433a〔寒〕
• 疳の虫〔癇-〕《かんのむし》　㊤**447**b　136a〔いらたか念珠〕　177b〔産着〕　313b〔カエル〕　481c〔灸すえ日〕　㊦416c〔引付け〕　667a〔虫封じ〕
観音　㊤222a〔縁日〕　447c〔観音信仰〕
観音院(埼玉)　㊦86表〔秩父巡礼〕
観音祈願型　㊦838c〔藁しべ長者〕
観音籤　㊤282a〔神籤〕
観音講　㊤41b〔尼講〕　448b〔観音信仰〕　584b〔講〕　651b〔子安講〕　811b〔十九夜講〕　㊦278a〔入棺〕　297a〔ヌシドリ〕
観音寺(埼玉)　㊦86表〔秩父巡礼〕　648a〔民俗芸能〕
観音寺(京都)　㊤675表〔西国巡礼〕
観音寺(徳島)　㊦519表〔遍路〕
観音寺(香川)　㊦519表〔遍路〕
観音正寺(滋賀)　㊤675表〔西国巡礼〕
• 観音信仰《かんのんしんこう》　㊤**447**c　㊦472a〔札所〕
観音千日参　㊤794a〔四万六千日〕
観音堂(京都)　㊤332b〔掛けあい〕
観音の年越　㊤917a〔墨塗り〕
観音開き　㊤545a〔蔵造〕
• 観音菩薩《かんのんぼさつ》　㊤**448**b　815c〔十三仏〕　㊦538a〔ポサル〕
観音参り　㊤138c〔イルカ〕
観音霊験譚　㊤894c〔神仏霊験譚〕
観音霊場札所　㊦809c〔霊場〕
乾場　㊦667c〔昆布漁〕
勘場　㊦71a〔炭鉱〕　743a〔山師〕
棺箱　㊤688b〔坐棺〕　→ハコ
ガンバコ　㊤432c〔棺〕
芳ばし料　㊤596b〔香辛料〕
綺　㊦438b〔紐〕
ガンバタキ　㊤449c〔願ほどき〕
カン畑　㊤131a〔忌地〕　530a〔くせ地〕
願果たし〔ガンバタシ〕　㊤290c〔お礼参り〕　449c〔願ほどき〕
願果たしの舞　㊤841c〔順の舞〕
神波多神社(奈良)　㊦179b〔道化〕
• 旱魃《かんばつ》　㊤**448**b　456a〔飢饉〕　→日照り
間伐　㊤979a〔造林〕
寒バヤ　㊤155b〔ウグイ〕
• 看板《かんばん》　㊤**448**c　㊦333b〔暖簾〕　607c〔店〕　635c〔民具〕
乾パン　㊦403a〔パン〕
ガンピ　㊦613b〔ミツマタ〕
カンビキ　㊦225a〔ドビキ〕
雁皮紙　㊤401c〔紙漉き〕
カンビナサン　㊤34b〔姉さま人形〕
カンピョウ　㊦41b〔だし〕
眼病　㊦717a〔薬師信仰〕
眼病の神　㊦430c〔人麻呂〕
『加無波良夜譚』　㊤143c〔岩倉市郎〕
観福寺(千葉)　㊦23c〔第六天〕
観福寿寺(神奈川)　㊤188a〔浦島太郎〕
カンブタ　㊦62c〔霊屋〕
カンフチ　㊦269a〔南島歌謡〕
• 乾物《かんぶつ》　㊤**449**a　㊦127c〔佃煮〕
灌仏会《かんぶつえ》　⇨花祭(㊦383c)　㊤171b〔卯月八日〕
寒ブナ〔-鮒〕　㊦370a〔初市〕　481a〔フナ〕
雁風呂　㊤433b〔ガン〕
官幣社　㊤751c〔式内社〕　801c〔社格〕　883c〔神社〕
寒紅　㊤433b〔寒〕
カンボウ　㊤588b〔後見〕　→後見
看坊　㊤330a〔隠れキリシタン〕
看坊(道場)　㊦182c〔道場〕
• 漢方《かんぽう》　㊤**449**b　㊦713a〔薬罐〕
漢方医　㊤893a〔神農〕　㊦634a〔民間

療法〕
看抱人　㊤588c〔後見〕 ㊦246a〔中継相続〕
漢方薬　㊤409c〔カモシカ猟〕
カンボク　㊦771c〔楊枝〕
官牧　㊦561c〔牧〕
• 願ほどき《がんほどき》　㊤**449**c　477a〔着物〕 739c〔シアゲ〕
• 神舞《かんまい》　㊤**449**c　→かんめ
寒参　㊤435b〔寒行〕
寒マタギ　㊦570c〔マタギ〕
寒祭　㊤170a〔ウッガン〕
カンマンガー　㊤167c〔御嶽〕 404c〔神人〕
甘味断ち　㊦47a〔断ち物〕
• 官民有区分《かんみんゆうくぶん》　㊤**450**a　450c〔官林払い下げ〕 ㊦743b〔山仕事〕
桓武天皇　㊤847c〔将軍塚〕
冠　㊤386a〔かぶりもの〕 399b〔髪型〕
カンメ〘神舞〙　㊤449c〔神舞〕 ㊦57b〔田の神舞〕
寒詣　㊤435b〔寒行〕
寒餅　㊤875a〔次郎の朔日〕
がんもどき　㊤850b〔精進料理〕
ガンモドシ〘願もどし〙　㊤228a〔扇〕 435a〔願掛け〕 449c〔願ほどき〕
カンヤ(月小屋)　㊤571c〔月経〕
カンヤ〘ガンヤ〙　㊤967a〔葬儀屋〕
官有山林原野　㊤450b〔官民有区分〕 450c〔官林払い下げ〕
官有地　㊤450b〔官民有区分〕
堪輿　㊦454a〔風水〕
堪輿学　㊦454a〔風水〕
歓楽街　㊤687b〔盛り場〕
顔料　㊤956a〔染色〕
官僚制　㊤514c〔近代化〕
官林　㊤450b〔官民有区分〕 450c〔官林払い下げ〕
• 官林払い下げ《かんりんはらいさげ》　㊤**450**c
慣例　㊤436b〔慣行〕 440b〔慣習〕 ㊦453b〔風習〕 638c〔民俗(一)〕
官暦　㊦634c〔民間暦〕
• 還暦《かんれき》　㊤**450**c　10b〔あか〕 205c〔干支〕 460a〔喜寿〕 612b〔古稀〕 ㊦119a〔通過儀礼〕 210a〔年祝い〕 350a〔白寿〕 816a〔老人〕
寒露　㊦275b〔二十四気〕
甘露醤油　㊤859a〔醤油〕
勘割り　㊦681b〔村寄合〕

き

鬼　㊤477b〔鬼門〕　→おに
気　㊤944b〔セジ〕
義　㊤879a〔仁義(一)〕
忌明け《きあけ》　⇨いみあけ(㊤128c)
『紀伊続風土記』　㊦83c〔地誌〕
ギータ　㊤360b〔片足跳び〕
キイチゴ　㊤639a〔木の実〕
生糸　㊦587c〔繭〕
『紀伊国和歌山答書』　㊤864c〔諸国風俗問状答〕
キープーゾー(木宝蔵)　㊤248c〔沖縄民謡〕
木臼　㊤164b〔臼〕 ㊦319b〔農具〕
黄漆　㊤191c〔ウルシ〕 779a〔漆器〕
• 消えた乗客《きえたじょうきゃく》　㊤**451**b
喜右衛門　㊤250a〔奥浄瑠璃〕
奇縁氷人石　㊦559b〔迷子〕
奇応丸　㊤182a〔馬市〕
鬼王神社(東京)　㊦468 表〔富士塚〕
木おどし　㊦264b〔成木責〕
• 木下し《きおろし》　㊤**451**b　㊦740a〔山唄〕
木下し歌〘-唄〙　㊤451c〔木下し〕 ㊦715a〔焼畑〕 740a〔山唄〕
祇園　㊤454a〔祈願〕 ㊦706c〔森神〕
祇園会　㊤120c〔犬神人〕 452a〔祇園信仰〕 452b〔祇園祭〕 ㊦41c〔山車〕 751a〔山鉾〕
祇園牛頭天王　㊦366b〔八王子社〕
祇園御霊会　㊤452b〔祇園祭〕 655b〔御霊信仰〕 ㊦257a〔夏祭〕
祇園社(京都)　㊤452b〔祇園祭〕 →八坂神社
祇園社感神院(京都)　㊤120c〔犬神人〕 →八坂神社
• 祇園信仰《ぎおんしんこう》　㊤**451**c　428b〔川裾祭〕 482c〔キュウリ〕 →天王信仰
キオンナ〘木女，生女，鬼女〙　㊤182a〔石女〕
• 祇園囃子《ぎおんばやし》　㊤**452**a　379b〔鉦〕 ㊦580a〔祭囃子〕
• 祇園祭《ぎおんまつり》　㊤**452**b　275b〔お練り〕 360b〔肩車〕 368c〔羯鼓〕 452a〔祇園信仰〕 452a〔祇園囃子〕 530b〔曲舞〕 682b〔祭礼〕 689a〔鷺舞〕 774c〔七度半の使〕 795 図〔標山〕 ㊦41c〔山車〕 90b〔粽〕 141b〔梅雨〕 252b〔夏越の祓え〕 257c〔夏病み〕 537b〔鉾町〕 571b〔町〕 579c〔祭囃子〕 601c〔神輿洗い〕 648a〔民俗芸能〕 729c〔奴踊り〕
祇園山笠　㊦43a〔山車〕
戯画　㊦453b〔諷刺〕
『喜界島方言集』　㊤143c〔岩倉市郎〕
『喜界島昔話集』　㊤143c〔岩倉市郎〕
機械縄〘-綯い縄〙　㊦265c〔縄〕
• 伎楽〘妓楽〙《ぎがく》　㊤**453**a　㊦648b〔民俗芸能〕
キガケノヨメ　㊦783a〔嫁いびり〕
木菓子　㊤342b〔菓子〕
キカツ〘飢渇，饑渇〙　㊤456a〔飢饉〕 →飢饉
帰加二世　㊤508a〔キライ二世〕
きがね　㊤510c〔金〕 →金
木鎌　㊤388b〔鎌〕
ギガミ(居神)　㊤22c〔アシビ〕
木柄　㊤545a〔蔵造〕
• 祈願《きがん》　㊤**453**c　280b〔お百度参り〕 344a〔加持祈禱〕 434c〔願掛け〕 437c〔寒垢離〕 449c〔願ほどき〕 491b〔共同祈願〕 643a〔護摩〕 834c〔呪文〕
祈願寺　㊤471c〔祈禱寺〕
祈願人形　㊦292c〔人形〕
キギ　㊤472c〔杵〕
• 聞き合わせ《ききあわせ》　㊤**454**a　㊦596b〔見合〕
• 聞き書き《ききがき》　㊤**454**b　439b〔観察調査〕 ㊦165a〔伝承者〕 652c〔民俗調査〕
聞き書き調査　㊦104a〔調査票調査〕
記紀歌謡　㊤416c〔歌謡〕
• 記紀神話《ききしんわ》　㊤**455**a　144a〔岩戸神楽〕 897c〔神話〕
キギツケ　㊦580c〔窓ふさぎ〕
聴き取り調査《ききとりちょうさ》　⇨聞き書き(㊤454b)
• 聴耳《ききみみ》　㊤**455**b　786c〔信太妻〕 ㊦191b〔動物報恩譚〕 799b〔竜宮〕
聞き耳頭巾　㊦46c〔立ち聞き〕
• 『聴耳草紙』《ききみみそうし》　㊤**455**c　695a〔佐々木喜善〕 ㊦5b〔大工と鬼六〕
桔梗笠　㊤339a〔笠〕
帰敬式　㊤254a〔お剃刀〕
• 企業城下町《きぎょうじょうかまち》　㊤**455**c
義兄弟　㊤685b〔盃事〕
桔梗水　㊤550c〔黒潮〕
木伐り祝い　㊦576c〔松迎え〕
木伐唄　㊦740a〔山唄〕
• 飢饉〘饑饉〙《ききん》　㊤**456**a　588b〔郷倉〕
• 菊《きく》　㊤**456**c
菊納め　㊤457a〔菊〕
• 菊供養〘-会〙《きくくよう》　㊤**457**a　457a〔菊〕 457b〔菊の節供〕
菊栽培　㊤654a〔娯楽〕
菊酒　㊤456c〔菊〕 ㊦514a〔蛇聟入り〕
木串　㊤128a〔イマニッ〕
菊水　㊤411 図〔家紋〕
菊水寺(埼玉)　㊦86 表〔秩父巡礼〕
菊池神社(熊本)　㊦576b〔松囃子〕
菊池の松ばやし　㊦576b〔松囃子〕

『菊と刀』 ㊦282b〔日本人(二)〕 499c〔文化型〕 512c〔ベネディクト〕
菊とっかえ ㊤457a〔菊〕
菊人形 ㊤456c〔菊〕
菊の披綿〔-着せ綿〕 ㊤456c〔菊〕 457b〔菊の節供〕
• 菊の節供〔-節会〕《きくのせっく》 ㊤**457**b 456c〔菊〕 457a〔菊供養〕 522b〔九月節供〕 627a〔五節供〕 →重陽
菊の綿 ㊤457b〔菊の節供〕
菊間瓦 ㊤430c〔瓦〕
菊祭 ㊤627a〔五節供〕 →菊の節供
菊見 ㊤654a〔娯楽〕
器具紋 ㊤413図〔家紋〕
キゲ ㊤472c〔杵〕
偽系図 ㊤560a〔系図〕
キケ＝ウシ＝パスイ ㊤111b〔イトゥパ〕
• 議決法《ぎけつほう》 ㊤**457**b
喜見城 ㊦755c〔遊廓〕
起源神話 ㊤897c〔神話〕 926b〔聖婚〕
寄港地 ㊦486a〔船宿〕
乞巧奠《きこうでん》 ⇨七夕(㊦51b)
• 記号論《きごうろん》 ㊤**457**c
• 聞得大君《きこえおおきみ》 ㊤**458**a 225a〔御新下り〕 232b〔大アムシラレ〕 247a〔沖縄文化〕 270c〔おなり神〕 295b〔女神主〕 865c〔女性祭司〕 ㊦270b〔根神〕 299b〔祝女〕 433c〔ヒヌカン〕
着ござ ㊤40a〔雨具〕
鬼御呪 ㊤272a〔鬼会〕
生米 ㊦80c〔力米〕
• 樵《きこり》 ㊤**458**b 477a〔木貰い〕 787b〔柴〕 986c〔杣〕 ㊦741c〔山子〕
木樵唄 ㊦740a〔山唄〕
器財 ㊤323c〔家具〕
きさいさし ㊤131a〔忌挿し〕
記載文芸 ㊤592c〔口承文芸〕
キサゴ ㊤278a〔お弾き〕
キザシ ㊦778b〔予兆〕
刻み桑庖丁 ㊤554c〔桑切り庖丁〕
「木更津甚句」 ㊤880a〔甚句〕
雉 ㊦163a〔天気占い〕
木塩 ㊤742b〔塩〕
キシカケ ㊤80c〔石垣〕
儀式 ㊤510b〔儀礼〕
儀式芸能 ㊤883a〔神事芸能〕
木地くり ㊤459b〔木地屋〕 →木地屋
擬死再生 ㊤61a〔飯豊山参り〕 606a〔高野詣〕 874b〔しろ〕 ㊦28b〔他界観〕 161b〔天蓋〕 208b〔登山〕 287b〔入峰修行〕 441b〔白蓋〕 616a〔峰入り〕 791a〔来世観〕
擬死再生儀礼 ㊤778c〔十界修行〕 ㊦16c〔胎内くぐり〕
木地膳 ㊤952a〔膳〕
キシナエ ㊤44a〔余り苗〕
木地長持 ㊦247b〔長持〕
鬼子母神《きしぼじん》 ⇨きしもじん(㊤458c)
木島甚久 ㊤210c〔家船〕
木地枡 ㊦570a〔枡〕
• キジムナー〔キジムン〕 ㊤**458**c 583a〔ケンムン〕 629c〔木霊〕
きしめん ㊤173a〔うどん〕
• 鬼子母神《きしもじん》 ㊤**458**c 57b〔安産祈願〕 692a〔ザクロ〕 ㊦539a〔母子神信仰〕
• 汽車《きしゃ》 ㊤**459**a 199c〔駅〕
喜捨 ㊦763b〔遊行〕
• 木地屋〔-師, -挽き〕《きじや》 ㊤**459**b 161a〔氏子狩り〕 264c〔落人伝説〕 612c〔御器〕 618a〔こけし〕 656b〔惟喬親王〕 738a〔山民〕 ㊦10c〔太子信仰〕 67b〔達磨〕 452a〔鞴〕 484a〔ブナ帯文化〕 738a〔山〕 821c〔轆轤〕 833b〔わたらい〕 別刷〈山の神〉
木杓子 ㊤802b〔杓子〕
キシャゴ ㊤278a〔お弾き〕
キシャゴハジキ ㊤278a〔お弾き〕 →お弾き
• 喜舎場永珣《きしゃばえいじゅん》 ㊤**460**a ㊦768c〔ユンタ〕 822c〔炉辺叢書〕
騎射三つ物 ㊦737b〔流鏑馬〕
• 喜寿《きじゅ》 ㊤**460**a 612b〔古稀〕 ㊦119a〔通過儀礼〕 210a〔年祝い〕 350a〔白寿〕 436c〔火吹き竹〕
起舟 ㊦482a〔船祝い〕 484c〔船霊〕
『紀州有田民俗誌』 ㊦823a〔炉辺叢書〕
紀州鍛冶 ㊤347c〔鍛冶屋〕
紀州犬 ㊦802c〔猟犬〕
紀州節 ㊤366c〔鰹節〕
• 貴種流離譚〔貴種流離〕《きしゅりゅうりたん》 ㊤**460**b 293c〔温泉発見伝説〕 656b〔惟喬親王〕 ㊦591b〔まれびと〕
鬼女 ㊦357c〔橋姫伝説〕
祈請 ㊤344a〔加持祈禱〕 →祈禱
• 起請文《きしょうもん》 ㊤**460**c 103b〔一味神水〕 104c〔一揆〕 522b〔盟神探湯〕 573b〔血判〕 609b〔牛玉宝印〕 ㊦761c〔湯起請〕
寄食者 ㊤95a〔居候〕 ㊦729b〔厄介〕 →厄介
• 木尻〔キジリ〕《きじり》 ㊤**461**a 127c〔居間〕 141c〔囲炉裏〕 315c〔嬶座〕
• 木印《きじるし》 ㊤**461**a 65a〔家印〕 ㊦709a〔紋章〕 713b〔焼印〕
キジロ ㊤461a〔木尻〕
木地蠟漆 ㊤191c〔ウルシ〕
鬼神社(青森) ㊤271c〔鬼〕
鬼鎮神社(埼玉) ㊤290c〔お礼参り〕
• 奇人譚《きじんたん》 ㊤**461**c
鬼神面 ㊦274b〔西浦田楽〕
義臣物語 ㊤540c〔組踊り〕
貴人流離譚《きじんりゅうりたん》 ⇨貴種流離譚(㊤460b)
キス ㊤532b〔口づけ〕
木摺臼 ㊤163c〔臼〕
キズルス ㊤417a〔唐臼〕 920c〔摺臼〕
• 帰省《きせい》 ㊤**462**a
犠牲 ㊦430b〔人柱〕
犠牲田 ㊤448c〔旱魃〕
擬制的親子 ㊤70a〔イキアイオヤ〕 826c〔呪術的親子〕 ㊦705c〔貰い子〕 724c〔養い親〕
• 擬制的親子関係《ぎせいてきおやこかんけい》 ㊤**462**b 240c〔大屋・店子〕 277c〔お歯黒〕 563a〔契約〕 861c〔職親〕 ㊦79a〔乳親〕 149c〔てき屋〕 232b〔取上げ親〕 235a〔取子〕 256b〔名付け親〕 306c〔寝宿〕 448a〔拾い親〕 509a〔へこ親〕 716c〔ヤクザ〕 730c〔宿親・宿子〕 787b〔寄親・寄子〕 838c〔草鞋親〕 →親子成り
『奇跡をなす国王』 ㊦497c〔ブロック〕
鬼節 ㊦684a〔冥宅〕 →普度勝会
• 義絶《ぎぜつ》 ㊤**462**c 482c〔久離〕
• 季節唄〔-歌〕《きせつうた》 ㊤**462**c 165b〔歌〕
季節出作り ㊦153a〔出作り〕
季節雇人 ㊤13a〔アキシ〕
木責め ㊦264b〔成木責〕
煙管《きせる》 ⇨煙草道具(㊦59a)
キセル貝 ㊤254c〔オコゼ〕
きせ綿 ㊤457b〔菊供養〕
汽船 ㊦616a〔港〕
帰葬 ㊤323b〔華僑墓地〕
• 義倉《ぎそう》 ㊤**463**a
• 基層文化《きそうぶんか》 ㊤**463**b ㊦164c〔伝承〕 165b〔伝承文化〕 632a〔民間伝承(一)〕 638c〔民俗(一)〕 654c〔民俗文化〕
木曾馬 ㊤182a〔馬市〕
木曾踊り ㊤463c〔木曾節〕
木曾御嶽(長野)〔-山〕 ㊤872b〔死霊〕 ㊦610a〔御岳〕
木曾御岳講 ㊤825b〔修験道〕
木曾御嶽信仰 ㊦810a〔霊神〕
木曾御嶽本教 ㊤294b〔御嶽信仰〕
木曾漆器 ㊤779b〔漆器〕
基礎集団 ㊤493a〔共同体〕
木曾檜 ㊦805c〔林業〕
木曾福島家畜市場 ㊤182a〔馬市〕
• 「木曾節」《きそぶし》 ㊤**463**c
来初め ㊤7c〔アイヤケ〕
ギター ㊤367b〔楽器〕
キタイウㇱペ ㊤665c〔コンチ〕
喜多院(埼玉) ㊦67c〔達磨市〕
『北蝦夷古謡遺篇』 ㊤585a〔甲寅叢書〕
北方ユキ ㊤97c〔いただき〕
喜田川守貞〔喜多川-〕 ㊦644b〔民俗学史〕 707b〔守貞漫稿〕
• 『北小浦民俗誌』《きたこうらみんぞくし》 ㊤**463**c 544c〔倉田一郎〕 954a〔全国民俗誌叢書〕
北こち〔-東風〕 ㊤456a〔飢饉〕 ㊦808b〔冷害〕 →ヤマセ
• 喜田貞吉《きたさだきち》 ㊤**464**a 81c〔石神問答〕 233b〔大島正隆〕 ㊦644c〔民俗学史〕

654*a*〔民族と歴史〕
『喜田貞吉著作集』 ㊤ 464*a*〔喜田貞吉〕
北野神社(東京) ㊦ 648*a*〔民俗芸能〕
• 喜多野清一《きたのせいいち》 ㊤ **464*b*** 51*c*〔有賀喜左衛門〕 62*b*〔家〕 225*c*〔及川宏〕 993*b*〔村落類型論〕 ㊦ 184*b*〔同族〕
北野天神(京都)〔-社, -神社, -天満宮〕《きたのてんじん》 ⇨天神信仰(㊦ 166*c*) ㊤ 254*a*〔白朮祭〕 403*a*〔雷〕 900*a*〔ずいき祭〕 ㊦ 166*a*〔天神縁起〕 601*b*〔神輿〕 610*c*〔御手洗〕 790*c*〔雷神〕
『北野天神縁起』 ㊤ 213*c*〔絵巻〕
北野祭 ㊤ 682*b*〔祭礼〕
北原白秋 ㊦ 194*b*〔童謡〕
北船井型 ㊦ 581 図〔間取り〕
• 北前船《きたまえぶね》 ㊤ **464*c*** 7*b*〔アイノカゼ〕 184*b*〔海〕 305*c*〔廻船〕 336*b*〔水夫〕 586*b*〔航海術〕 ㊦ 509*c*〔弁才船〕
北前船図絵馬 ㊦ 482*b*〔船絵馬〕
キタマクラ ㊦ 460*b*〔フグ〕
北枕《きたまくら》 ⇨枕直し(㊦ 565*c*) ㊦ 219*b*〔土葬〕 565*c*〔枕飯〕
北祭 ㊤ 8*c*〔葵祭〕 →葵祭
北峰一之進 ㊤ 250*a*〔奥浄瑠璃〕
きだみのる ㊦ 281*c*〔日本人㈡〕
北向き鯛 ㊤ 758*b*〔自在鈎〕
喜多村信節 ㊤ 481*c*〔嬉遊笑覧〕 ㊦ 644*b*〔民俗学史〕
北山型民家 ㊦ 139*c*〔妻入り〕
• 義太夫《ぎだゆう》 ㊤ **465*a*** 654*b*〔娯楽〕
義太夫三味線 ㊤ 805 図〔三味線〕
義太夫節 ㊤ 295*c*〔女義太夫〕 363*c*〔語りもの〕 526*c*〔串人形〕 625*a*〔古浄瑠璃〕 860*c*〔浄瑠璃〕 ㊦ 293*b*〔人形浄瑠璃〕
義太夫節保存会 ㊤ 296*a*〔女義太夫〕
来たり者 ㊤ 479*c*〔旧家〕 ㊦ 778*a*〔他所者〕
喜多流 ㊤ 713*b*〔猿楽〕
キチ ㊤ 32*c*〔穴屋〕
気違い ㊤ 484*c*〔狂気〕
• 吉五〔吉吾〕《きちご》 ㊤ **465*a*** 331*b*〔隠れ簑笠〕 ㊦ 828*c*〔話芸〕
吉五話 ㊤ 467*b*〔吉四六話〕
吉祥寺(愛媛) ㊦ 519 表〔遍路〕
吉田寺(奈良) ㊦ 543*c*〔ぽっくり信仰〕
忌中 ㊦ 97*a*〔中陰〕 710*c*〔門牌〕
忌中明け ㊤ 465*c*〔忌中念仏〕
忌中笠 ㊦ 701*c*〔喪服〕
忌中籠り ㊤ 287*c*〔オヤシマイ〕 465*b*〔忌中部屋〕 465*c*〔忌中念仏〕
忌中棚 ㊤ 465*a*〔忌中部屋〕
忌中縄 ㊤ 465*b*〔忌中部屋〕
• 忌中念仏《きちゅうねんぶつ》 ㊤ **465*c*** 465*b*〔忌中部屋〕
忌中払い ㊤ 465*b*〔忌中部屋〕
忌中札 ㊦ 688*c*〔喪〕
• 忌中部屋《きちゅうべや》 ㊤ **465*a*** 465*c*〔忌中念仏〕
忌中見舞 ㊦ 617*c*〔見舞〕
忌中屋 ㊤ 465*a*〔忌中部屋〕
• 几帳《きちょう》 ㊤ **465*c***
• 木賃宿《きちんやど》 ㊤ **466*a*** 920*a*〔スラム〕 ㊦ 408*a*〔飯場〕 520*b*〔遍路宿〕 731*b*〔宿屋〕 802*a*〔寮〕
菊花酒 ㊤ 457*a*〔菊供養〕 457*b*〔菊の節供〕
菊花の宴 ㊤ 457*a*〔菊供養〕
橘菓祭 ㊤ 347*a*〔菓子屋〕
木塚明神(高知) ㊤ 775*b*〔七人ミサキ〕
吉川元春 ㊦ 267*b*〔南条踊り〕
杵築神社(東京) ㊦ 468 表〔富士塚〕
吉凶 ㊦ 521*c*〔方位〕 821*b*〔六曜〕
• 着付《きつけ》 ㊤ **466*b***
橘家神道 ㊤ 471*a*〔祈禱〕
• 喫茶《きっさ》 ㊤ **466*c*** ㊦ 94*a*〔茶の湯〕
• 喫茶店《きっさてん》 ㊤ **467*a*** 466*c*〔喫茶〕
橘次 ㊤ 380*a*〔金売り吉次〕 →金売り吉次
牛車《ぎっしゃ》 ⇨ぎゅうしゃ(㊤ 481*b*)
吉書揚げ ㊤ 320*a*〔書初〕
吉祥魚 ㊦ 2*c*〔タイ〕
吉祥悔過〔-会〕 ㊤ 467*b*〔吉祥天信仰〕 565*a*〔悔過〕
• 吉祥天信仰《きっしょうてんしんこう》 ㊤ **467*a***
吉祥天女 ㊤ 775*b*〔七福神〕
キヅタ ㊦ 87*c*〔血止め〕
木槌 ㊦ 132*b*〔槌〕
ぎっちょう ㊤ 892*b*〔陣取り〕
吉兆縄 ㊤ 254*a*〔白朮祭〕
吉四六 ㊤ 105*a*〔一休話〕 465*a*〔吉五〕 781*c*〔尻尾の釣り〕
• 吉四六話《きっちょむばなし》 ㊤ **467*b*** 267*b*〔おどけ者話〕
吉右衛門 ㊦ 828*b*〔話芸〕
吉右衛門会 ㊤ 467*b*〔吉四六話〕
キッテシ ㊤ 781*a*〔シッタブ〕
きつね ㊤ 173*a*〔うどん〕
• 狐〔キツネ〕《きつね》 ㊤ **467*c*** 256*c*〔オサキ〕 399*a*〔神隠し〕 468*a*〔狐狩り〕 468*b*〔狐塚〕 470*a*〔狐の嫁入り〕 470*a*〔狐話〕 470*b*〔狐火〕 491*c*〔共同幻覚〕 786*c*〔信太妻〕 別刷〈護符〉 ㊦ 123*a*〔使わしめ〕 126*b*〔憑物〕 190*b*〔動物観〕 505*c*〔文福茶釜〕 602*c*〔みさき〕
狐雨 ㊤ 470*a*〔狐の嫁入り〕 →狐の嫁入り
狐がえり ㊤ 468*a*〔狐狩り〕 →狐狩り
狐神 ㊤ 117*b*〔稲荷下げ〕
• 狐狩り《きつねがり》 ㊤ **468*a*** 624*a*〔小正月〕 ㊦ 234*b*〔鳥追い〕
狐拳 ㊤ 577*a*〔拳〕
狐退治の失敗 ㊤ 307*c*〔怪談〕
狐狸の仇返し ㊤ 308*a*〔怪談〕
狐茶釜 ㊦ 505*c*〔文福茶釜〕
• 狐塚《きつねづか》 ㊤ **468*b***
狐使い ㊤ 108*a*〔飯縄使い〕 117*c*〔稲荷下げ〕
• 狐憑き《きつねつき》 ㊤ **468*c*** 468*a*〔狐〕 ㊦ 684*a*〔迷信〕
狐憑き落とし ㊤ 233*b*〔狼〕 467*c*〔狐〕 ㊦ 739*b*〔山犬〕
狐と博労 ㊦ 191*b*〔動物報恩譚〕
狐鳴き ㊦ 778*c*〔予兆〕
• 狐女房《きつねにょうぼう》 ㊤ **469*c*** 455*b*〔聴耳〕 468*a*〔狐〕 786*c*〔信太妻〕 ㊦ 191*b*〔動物報恩譚〕
狐のカゼ ㊤ 351*c*〔風邪〕
狐の提燈 ㊤ 470*b*〔狐火〕 →狐火
• 狐の嫁入り《きつねのよめいり》 ㊤ **470*a*** 46*a*〔雨〕 470*b*〔狐火〕 ㊦ 137*a*〔唾〕
狐博労 ㊦ 505*c*〔文福茶釜〕
• 狐話《きつねばなし》 ㊤ **470*a***
• 狐火《きつねび》 ㊤ **470*b*** 274*b*〔鬼火㈠〕 470*a*〔狐の嫁入り〕
狐日和 ㊤ 470*a*〔狐の嫁入り〕 →狐の嫁入り
狐持ち ㊤ 468*c*〔狐憑き〕 ㊦ 127*a*〔憑物筋〕
狐遊女 ㊦ 191*b*〔動物報恩譚〕 505*c*〔文福茶釜〕
吉拝 ㊤ 721*b*〔三跪九叩〕
帰天斎正一 ㊦ 151*a*〔手品〕
キト ㊦ 462*c*〔プクサ〕
キド ㊦ 741*c*〔山言葉〕
• 木戸《きど》 ㊤ **470*c*** 437*a*〔環濠集落〕 ㊦ 708*c*〔門㈡〕
• 祈禱《きとう》 ㊤ **471*a*** 293*c*〔御嶽行者〕 344*a*〔加持祈禱〕 909*c*〔宿曜道〕 ㊦ 684*a*〔迷信〕
祈禱講 ㊤ 231*c*〔お会式〕
• 祈禱師《きとうし》 ㊤ **471*b*** 71*b*〔生き神〕 72*a*〔生仏〕 471*a*〔祈禱〕 798*a*〔シャーマニズム〕 ㊦ 334*a*〔呪い〕 538*a*〔ポサル〕
祈禱僧 ㊤ 467*c*〔狐〕
• 祈禱寺《きとうでら》 ㊤ **471*b*** ㊦ 159*a*〔寺〕 511*b*〔別当寺〕 622*c*〔宮寺〕
祈禱人形 ㊦ 292*c*〔人形〕
祈禱秘妙符 ㊤ 640 図〔護符〕
祈禱札 ㊤ 640 図〔護符〕 ㊦ 712*a*〔家移り〕
祈禱法 ㊦ 417*c*〔蟇目神事〕
祈禱六斎 ㊦ 818*c*〔六斎念仏〕
奇特頭巾 ㊤ 909*a*〔頭巾〕
木戸銭 ㊤ 471*a*〔木戸〕 ㊦ 608*b*〔見世物〕 777*b*〔寄席〕
キトビル ㊦ 462*c*〔プクサ〕 →ギョウジャニンニク
• キナ ㊤ **471*c***
木流し ㊤ 426*c*〔川狩〕 →川狩
着流し ㊦ 473*b*〔ふだん着〕
木流し唄 ㊤ 69*b*〔筏〕 ㊦ 740*a*〔山唄〕

木流し職人　㊦801c〔流送〕
黄粉　㊦13c〔大豆〕
忌日　㊤982c〔祖師忌〕　㊦684a〔命日〕 →忌の日
木女房　㊤182a〔石女〕
・絹《きぬ》　㊤**472a**　17a〔麻〕　137c〔衣料〕　㊦455c〔風俗統制〕
絹糸　㊤109c〔糸〕
キヌガササマ　㊤301a〔蚕神〕
・砧《きぬた》　㊤**472b**
・衣脱ぎ朔日〘キヌヌギツイタチ〙《きぬぬぎついたち》　㊤**472c**　610a〔氷の朔日〕　237c〔大祓え〕　656c〔衣更〕　㊦252b〔夏越の祓え〕
きね　㊤473a〔杵舞〕
・杵《きね》　㊤**472c**　163c〔臼〕　別刷〈婚礼〉　㊦696a〔餅搗き〕
キネドリ　㊦696a〔餅搗き〕
・杵舞《きねまい》　㊤**473a**
祈念　㊤344a〔加持祈禱〕 →祈禱
祈年祭《きねんさい》　⇨としごいのまつり(㊦212b)　㊤14c〔秋祭〕　㊦400b〔春祭〕
記念写真　㊤804a〔写真〕
祈念ドキ　㊦200c〔トキ(一)〕
記念物　㊦500a〔文化財保護法〕
キノ　㊤472c〔杵〕
機能集団　㊤493a〔共同体〕
・機能主義《きのうしゅぎ》　㊤**473a**　800a〔社会構造〕　878c〔進化主義〕　㊦590a〔マリノフスキー〕
・機能神《きのうしん》　㊤**473b**
・甲子講《きのえねこう》　㊤**473c**　㊦7a〔大黒天〕 →甲子待
甲子待　㊤473c〔甲子講〕　㊦437a〔日待〕 →甲子講
甲子祭　㊤473c〔甲子講〕 →甲子講
甲子飯　㊤474a〔甲子講〕
・キノコ　㊤**474a**　741a〔シイタケ〕
キノコ狩り　㊤474a〔キノコ〕
木下順二　㊦419c〔彦市〕　624a〔宮本常一〕
木下忠　㊤503a〔漁具〕
キノシリ　㊤461a〔木尻〕
木之助人形〘喜之助-〙　㊦334b〔のろま人形〕 →のろま人形
木の茶釜　㊦420c〔彦八〕
木の根祭　㊦384a〔花祭(二)〕
忌の日《きのひ》　⇨忌日(㊤131c)　㊦410c〔日忌〕
忌の日の明神　㊦410c〔日忌〕
キノミサキ　㊦602c〔みさき〕
木の道の匠　㊤698c〔指物師〕
来宮〘忌の宮〙　㊦410c〔日忌〕
キノモト　㊤461a〔木尻〕
・木場《きば》　㊤**474b**　㊦801c〔流送〕
奇拝　㊤721b〔三跪九叩〕
キハサ　㊦354a〔ハサ〕
キハダ　㊦633 裏〔民間薬〕
木鉢　㊤320a〔柿渋〕
規範　㊦164c〔伝承〕
機帆船　㊦487b〔船〕
・キビ〘黍〙　㊤**474b**　481a〔救荒食物〕　691a〔作物禁忌〕　701a〔雑穀〕　863c〔植物禁忌〕　㊦55c〔種子籾囲い〕
キビガラアネサマ　㊤34b〔姉さま人形〕
忌引き　㊦465b〔服喪〕
『吉備郡民謡集』　㊦822c〔炉辺叢書〕
気比神社(青森)　㊤972a〔蒼前神〕
黍団子　㊤474c〔キビ〕
吉備津神社(岡山)　㊤164c〔嘘〕
吉備津神社(広島)　㊤141a〔色話〕　㊦548b〔法螺〕
吉備津彦神社(岡山)　㊤263a〔お田植祭〕　㊦602a〔巫女舞〕
黍餅　㊤474c〔キビ〕　㊦695a〔餅〕
黄表紙　㊤212c〔絵本〕
岐阜提燈　㊦271b〔新盆〕
貴船神社(京都)　㊤426b〔川〕
帰米二世　㊤508a〔キライ二世〕
機辟　㊤835b〔狩猟〕
・擬娩《ぎべん》　㊤**474c**
儀鳳暦　㊤652 裏〔暦〕
儀保大アムシラレ　㊤232b〔大アムシラレ〕
擬祝　㊦534a〔祝〕
・亀卜《きぼく》　㊤**475a**　188c〔占い〕　406b〔亀〕　㊦169a〔天道信仰〕　536a〔卜占〕
ギボシ　㊤481a〔救荒食物〕
儀保殿内　㊤232 裏〔大アムシラレ〕
気保養　㊦182b〔湯治〕
来待石　㊤431b〔瓦葺き〕
来待釉　㊤941a〔石州瓦〕
気儘頭巾　㊤909a〔頭巾〕
キマワシ　㊦225a〔ドビキ〕
キミ　㊤474c〔キビ〕
君　㊤458a〔聞得大君〕
紀三井寺(和歌山)　㊤675 裏〔西国巡礼〕
キミテズリ　㊤517c〔キンマモン〕
きみてづりの百果報事　㊤458a〔聞得大君〕
義民　㊤394b〔神〕　㊦428c〔人神〕
・義民伝承《ぎみんでんしょう》　㊤**475b**
義務　㊤969a〔相互扶助〕
キムジャン　㊤475c〔キムチ〕
・キムチ　㊤**475c**
義務人足　㊦679c〔村仕事〕
木村幸太夫社中　㊦3b〔太神楽〕
木村修三　㊤495b〔郷土会〕
木村敏　㊦282b〔日本人(二)〕
キムン＝イオル　㊤67b〔イオル〕
・キムンカムイ　㊤**476a**
・決め酒《きめざけ》　㊤**476a**　㊦66c〔樽入れ〕
鬼面加持　㊦44a〔だだおし〕
肝　㊤370c〔河童〕
・肝煎《きもいり》　㊤**476b**　858a〔庄屋〕　㊦218c〔年寄〕　259c〔名主〕　439b〔百姓〕
・肝だめし《きもだめし》　㊤**476b**
・着物〘きもの〙《きもの》　㊤**476c**　466b〔着付〕　627c〔小袖〕
キモノジラミ　㊤871b〔シラミ〕
・木貰い〘-もらい〙《きもらい》　㊤**477a**　458b〔樵〕　581a〔建築儀礼〕　㊦747a〔山の神〕
・鬼門《きもん》　㊤**477b**　119c〔戌亥〕　355b〔家相〕　㊦521c〔方位〕　716a〔厄〕
鬼門除け　㊤477b〔鬼門〕
・逆縁婚《ぎゃくえんこん》　㊤**477c**
客座〘キャクザ〙　㊤127c〔居間〕　141c〔囲炉裏〕　315c〔嬶座〕
客舎　㊦182b〔湯治〕
・逆修《ぎゃくしゅう》　㊤**478a**
逆修供養　㊤97c〔板碑〕
キャクジン　㊦591c〔客人神〕
逆針法磁石　㊤586b〔航海術〕
逆水灌漑　㊤434b〔灌漑〕
客僧　㊦749b〔山伏〕 →山伏
客棚　㊤478b〔客仏〕
客取　㊤478a〔客引〕
キャクニン　㊦591c〔客人神〕
客念仏　㊤465c〔忌中念仏〕　478b〔客仏〕
逆の峰入り　㊦287a〔入峰修行〕 →逆峰
・客引《きゃくひき》　㊤**478a**
逆峰　㊦287a〔入峰修行〕　420b〔英彦山信仰〕 →秋峰
客分　㊤95a〔居候〕　㊦729b〔厄介〕 →厄介
・客仏《きゃくぼとけ》　㊤**478b**　465c〔忌中念仏〕
客間　㊤229c〔応接間〕　697b〔座敷〕
逆離　㊤482c〔久離〕
キャッサバイモ　㊤132c〔イモ〕
キャバレー　㊤383c〔カフェー〕
・脚絆〘脚半〙《きゃはん》　㊤**478b**　784a〔死装束〕　㊦278a〔入棺〕　538a〔ホシ〕　749b〔山伏〕
キャフ　㊤623a〔腰巻〕
気病み　㊤914c〔頭痛〕
伽羅油　㊤396a〔髪油〕
・木遣り《きやり》　㊤**478c**　㊦225c〔鳶職〕　798b〔琉歌〕
・木遣り唄《きやりうた》　㊤**478c**　45c〔網漁〕　69b〔筏〕　478c〔木遣り〕　756a〔仕事唄〕　779c〔地搗き〕　㊦187c〔道中唄〕　648c〔民俗芸能〕
木遣り口説き　㊤478c〔木遣り〕
・灸《きゅう》　㊤**479b**　481c〔灸すえ日〕　㊦230a〔土用〕　302c〔寝小便〕　634a〔民間療法〕
・旧家《きゅうか》　㊤**479c**
休火山　㊤341c〔火山〕
九学会連合〘九学会〙　㊤791a〔渋沢敬三〕　940a〔瀬川清子〕　㊦別刷〈民俗学史〉

・九学会連合調査《きゅうがっかいれんごうちょうさ》 ㊤ **480a**
牛皮鞣し ㊤ 427b〔皮細工〕
・休閑《きゅうかん》 ㊤ **480a**
・旧慣温存政策《きゅうかんおんぞんせいさく》 ㊤ **480b** 247c〔沖縄文化〕
休閑地 ㊤ 52c〔荒地〕 ㊦ 153a〔出作り〕 563b〔牧畑〕
旧記 ㊤ 497a〔郷土史〕
旧漁業法 ㊤ 501a〔漁業協同組合〕 501b〔漁業権〕 502a〔漁業制度〕
給金 ㊤ 751b〔仕着せ〕
九軍神 ㊤ 556a〔軍神〕
牛耕 ㊦別刷〈野良仕事〉
救荒食品〔-食料〕 ㊦ 21b〔代用食〕 52b〔タニシ〕
・救荒食物〔救荒食，-食物〕《きゅうこうしょくもつ》 ㊤ **480c** 603b〔弘法伝説〕 702a〔サツマイモ〕 724a〔山菜〕 801b〔ジャガイモ〕 984b〔ソテツ〕 986a〔蕎麦〕 ㊦ 264a〔成らずの桃〕
休耕田 ㊤ 53a〔荒地〕 ㊦ 51a〔棚田〕
救済思想 ㊤ 962c〔千年王国運動〕
灸下 ㊤ 481c〔灸すえ日〕
給仕盆 ㊦ 550a〔盆㈠〕
・牛車《ぎゅうしゃ》 ㊤ **481b** 548a〔車〕 620c〔輿〕
九州方言 ㊦ 526b〔方言〕 527b〔方言区画論〕
・旧正月《きゅうしょうがつ》 ㊤ **481b**
久昌寺(埼玉) ㊦ 86 表〔秩父巡礼〕
・『嬉遊笑覧』《きゆうしょうらん》 ㊤ **481c**
給食 ㊤ 482a〔牛乳〕 ㊦ 713b〔薬罐〕
・灸すえ日《きゅうすえび》 ㊤ **481c**
給桑 ㊦ 770a〔養蚕〕
宮廷年中行事 ㊦ 310b〔年中行事㈠〕
久田鹿踊り ㊤ 759a〔鹿踊り〕
旧土人 ㊤ 482b〔給与地〕
牛鍋 ㊤ 908c〔鋤焼き〕 ㊦ 260c〔鍋物〕
牛鍋屋 ㊤ 303c〔外食〕 ㊦ 273a〔肉食〕
牛肉 ㊦ 230a〔土用〕
・牛乳《ぎゅうにゅう》 ㊤ **481c** 156c〔牛〕
九拝 ㊤ 721b〔三跪九叩〕
牛馬市 ㊤ 99a〔市〕 951c〔セリ〕 ㊦ 14a〔大山信仰〕
牛馬供養 ㊤ 543a〔供養田〕
牛馬耕 ㊦ 254a〔ナタネ〕
厩肥 ㊤ 156c〔牛〕 ㊦ 18a〔堆肥〕 564c〔秣〕
九尾の狐 ㊤ 948a〔殺生石〕
帰幽奉告の儀 ㊤ 888a〔神葬祭〕
『救民妙薬』 ㊦ 633b〔民間薬〕
・『球陽』《きゅうよう》 ㊤ **482a** 140b〔遺老説伝〕 247a〔沖縄文化〕 560a〔系図座〕
・給与地《きゅうよち》 ㊤ **482b**
・キュウリ ㊤ **482b** 190b〔ウリ〕 370c〔河童〕 691a〔作物禁忌〕 863c〔植物禁忌〕 ㊦ 252c〔ナス〕
・久離《きゅうり》 ㊤ **482c** 446a〔勘当〕 462c〔義絶〕
久離帳外の制 ㊤ 483a〔久離〕
旧暦 ㊤ 481b〔旧正月〕 652b〔暦〕 →太陰太陽暦
凶 ㊦ 479a〔仏滅〕
教育勅語 ㊤ 369a〔学校行事〕
教員 ㊦ 778a〔他所者〕
強雨 ㊤ 46a〔雨〕
京団扇 ㊤ 170c〔団扇〕
行疫神 ㊤ 200c〔疫病〕 201a〔疫病神〕 ㊦ 718a〔厄病神〕 →疫病神
・饗宴《きょうえん》 ㊤ **483a** ㊦ 495b〔無礼講〕 →宴 →宴会
饗応 ㊤ 608b〔後宴〕 ㊦ 123c〔つきあい〕
教王護国寺(京都) ㊤ 117c〔稲荷信仰〕
京白粉 ㊤ 260b〔白粉〕
・狂歌《きょうか》 ㊤ **483b** ㊦ 453b〔諷刺〕
鏡架 ㊤ 488c〔鏡台〕
景戒 ㊦ 285a〔日本霊異記〕
・境界《きょうかい》 ㊤ **483c** 68a〔異界〕 102a〔市場〕 200c〔疫病〕 426b〔川〕 484b〔境界争い〕 684b〔境木〕 808a〔周縁〕 ㊦ 130b〔辻〕 178c〔峠〕
・境界争い《きょうかいあらそい》 ㊤ **484b**
仰臥位産 ㊤ 696a〔坐産〕
境界神 ㊤ 788c〔柴折り〕
境界廻り ㊤ 484b〔境界争い〕
境界論 ㊦ 216b〔都市民俗〕
・俠客《きょうかく》 ㊤ **484b**
『京菓子』 ㊤ 123a〔井上頼寿〕
経帷子 ㊤ 361c〔帷子〕 784b〔死装束〕
京鎌倉往還 ㊤ 390b〔鎌倉街道〕
経瓦 ㊤ 430c〔瓦〕
行願寺(京都) ㊤ 675 表〔西国巡礼〕
・狂気《きょうき》 ㊤ **484c**
・競技《きょうぎ》 ㊤ **485a**
・行基《ぎょうき》 ㊤ **485c** 362b〔片目の魚〕 422c〔勧進〕 443a〔勧進聖〕 685a〔逆杉〕 708c〔鯖大師〕 737b〔三昧聖〕 ㊦ 64b〔溜池〕 345a〔墓寺〕
・行儀《ぎょうぎ》 ㊤ **485c**
経木塔婆 ㊤ 985c〔卒塔婆〕
『行基年譜』 ㊤ 485c〔行基〕
行基橋 ㊦ 355b〔橋〕
行基葺き ㊤ 431b〔瓦葺き〕
経行 ㊤ 491a〔行道〕
共系出自 ㊤ 831a〔出自〕
経消し ㊤ 330b〔隠れキリシタン〕
・狂言《きょうげん》 ㊤ **486a** 220a〔演劇〕 242a〔おかし〕 256a〔おこわざ〕 309c〔海道下り〕 327c〔神楽〕 561a〔芸能〕 654a〔娯楽〕 713b〔猿楽〕 764a〔師匠〕 ㊦ 453b〔諷刺〕 611b〔道行〕 648b〔民俗芸能〕
狂言方 ㊤ 486b〔狂言〕 ㊦ 317b〔能〕
狂言風流 ㊦ 492b〔風流〕
京講 ㊦ 554c〔本山参り〕 →本山参り
京格子 ㊤ 590a〔格子〕
京暦 ㊤ 652b〔暦〕
凶作 ㊤ 588b〔郷倉〕
・共産村落《きょうさんそんらく》 ㊤ **486b** 579a〔原始共産制〕
凶事 ㊤ 880c〔ジンクス〕
行事 ㊦ 310b〔年中行事㈠〕
京漆器 ㊤ 779b〔漆器〕
・経師屋《きょうじや》 ㊤ **486c**
・行者《ぎょうじゃ》 ㊤ **486c** 71b〔生き神〕 471a〔祈禱〕 471b〔祈禱師〕 645a〔ゴミソ〕 798a〔シャーマニズム〕 803 図〔錫杖〕 ㊦ 450a〔火渡り〕 631a〔民間信仰〕
・行者講《ぎょうじゃこう》 ㊤ **487a**
ギョウジャニンニク ㊤ 724b〔山菜〕 ㊦ 462c〔プクサ〕
交衆 ㊤ 670a〔座㈠〕
業種別漁業協同組合 ㊤ 501b〔漁業協同組合〕
・行商《ぎょうしょう》 ㊤ **487b** 79a〔イサバ〕 97c〔いただき〕 135b〔イヨ船〕 231a〔近江商人〕 585b〔交易〕 644b〔小間物屋〕 686a〔魚売り〕 746c〔シガ〕 847a〔商業〕 ㊦ 202c〔得意〕 203b〔毒消し売り〕 339c〔売薬〕 420c〔販女〕 491b〔振売り〕 728b〔屋台〕 781a〔呼売り〕 798b〔リヤカー〕
橋上市場 ㊤別刷〈市〉
行商船 ㊤ 79a〔イサバ〕
行商人 ㊤ 263c〔おたたさん〕 348a〔脚少〕 360c〔カタゲウイ〕 368a〔カツギヤ〕 387b〔かべり〕 797b〔シャア〕 805b〔シャボン玉〕 852c〔商人〕 ㊦ 778a〔他所者〕
・共食《きょうしょく》 ㊤ **488a** 303b〔会食〕 483a〔饗宴〕 585b〔交易〕 638a〔小鍋立て〕 862a〔食事〕 974b〔贈答〕 ㊦ 124a〔つきあい〕 533a〔訪問〕 618a〔見舞〕
競進社(埼玉) ㊦ 770c〔養蚕教師〕
・行水《ぎょうずい》 ㊤ **488b**
行水盥 ㊤ 488b〔行水〕
強制移住 ㊤ 132a〔移民㈠〕
行政村 ㊤ 767c〔自然村〕
饗膳 ㊤ 542a〔供物〕
京扇子 ㊤ 228a〔扇〕
・教祖《きょうそ》 ㊤ **488b** 394b〔神〕
行像 ㊦ 202b〔渡御〕
脇息 ㊤ 323b〔家具〕
京染 ㊦ 512a〔ベニバナ〕
・鏡台《きょうだい》 ㊤ **488c** 323c〔家具〕 ㊦ 784b〔嫁入り道具〕
兄弟逆縁婚 ㊤ 477c〔逆縁婚〕
・兄弟契約《きょうだいけいやく》 ㊤ **489a**
兄弟盃 ㊤ 286b〔親子盃〕 490a〔兄弟分〕 685c〔盃事〕 ㊦ 716c〔ヤクザ〕
・兄弟姉妹《きょうだいしまい》 ㊤ **489b**
兄弟契り ㊤ 489c〔兄弟分〕

兄弟成り　㊤489c〔兄弟分〕
・兄弟話《きょうだいばなし》　㊤**489b**
・兄弟分〖キョウダイブン〗《きょうだいぶん》　㊤**489c** 489a〔兄弟契約〕 722a〔参宮兄弟〕 ㊦143c〔ツレ〕 209c〔ドシ〕 252c〔馴染〕 716c〔ヤクザ〕 814b〔連中〕
・兄弟餅《きょうだいもち》　㊤**490b** ㊦427c〔引っ張り餅〕
きょうだら節　㊦592c〔まんかい〕
驚蟄　㊤560c〔啓蟄〕 →啓蟄
驚蟄節　㊤560c〔啓蟄〕
共通語　㊦526a〔方言〕
・経塚《きょうづか》　㊤**490b** ㊤765a〔地震〕 ㊦511a〔別所〕
競艇《きょうてい》　⇨賭け事(㊤335a)
キョウデーゲイヤク　㊤489a〔兄弟契約〕
キョウデーコウ　㊤489a〔兄弟契約〕
鏡てん　㊤445b〔寒天〕
協天大帝　㊤444c〔関帝信仰〕
・郷土《きょうど》　㊤**490c** 496b〔郷土研究㈠〕
行堂　㊤498b〔行屋〕 →行屋
・行道《ぎょうどう》　㊤**491a**
・共同祈願《きょうどうきがん》　㊤**491b** 40b〔雨乞い〕 201a〔疫病送り〕 434c〔願掛け〕 453c〔祈願〕 828b〔数珠繰り〕 ㊦419b〔日乞い〕 631b〔民間信仰〕
共同漁業権　㊤501b〔漁業権〕
共同組合　㊤494a〔共同売店〕
協同組合　㊤721b〔産業組合〕 896b〔森林組合〕 ㊦683c〔明治大正史世相篇〕
・共同幻覚《きょうどうげんかく》　㊤**491c**
・共同幻想《きょうどうげんそう》　㊤**492a**
『共同幻想論』　㊤492a〔共同幻想〕
・共同体《きょうどうたい》　㊤**492a** 428a〔川島武宜〕 493c〔協同体〕 578c〔原始共産制〕 938a〔世界観〕 ㊦489c〔部落〕 831c〔私〕
・協同体《きょうどうたい》　㊤**493c**
『共同体の基礎理論』　㊤493b〔共同体〕
共同納骨堂　㊦541a〔墓制〕
・共同売店〖-店〗《きょうどうばいてん》　㊤**494a**
行道囃子　㊦579b〔祭囃子〕
・共同風呂《きょうどうぶろ》　㊤**494b** 611a〔コガ〕
共同墓地　㊤323a〔華僑墓地〕 975c〔惣墓〕 ㊦75c〔単墓制〕 342a〔墓〕 511a〔別所〕
競闘遊戯会　㊤194c〔運動会〕
共同浴場　㊤494b〔共同風呂〕 ㊦496a〔風呂〕
共同利用　㊤499c〔共有地〕
・共同労働《きょうどうろうどう》　㊤**494c** ㊦157a〔テマガエ〕 611a〔道普請〕 679c〔村仕事〕 817b〔労働倫理〕
・郷土会《きょうどかい》　㊤**495a** 169b〔内郷村調査〕 490c〔郷土〕 496c〔郷土研究㈠〕 497a〔郷土史〕 ㊦114a〔地理学〕 644c〔民俗学史〕
『郷土会記録』　㊦別刷〈民俗学史〉
京都華僑霊園　㊤323a〔華僑墓地〕
京都型町屋　㊦572c〔町屋〕
・郷土玩具《きょうどがんぐ》　㊤**495b** ㊦635c〔民具〕
・郷土教育《きょうどきょういく》　㊤**495c**
郷土芸術　㊤496b〔郷土芸能〕
・郷土芸能《きょうどげいのう》　㊤**496b** ㊦647a〔民俗芸能〕
・郷土研究《きょうどけんきゅう》　㊤**496b** ㊦650a〔民俗誌〕
・『郷土研究』《きょうどけんきゅう》　㊤**496c** 491a〔郷土〕 496a〔郷土教育〕 496c〔郷土研究㈠〕 497a〔郷土史〕 ㊦248c〔中山太郎〕 640a〔民族㈡〕 644c〔民俗学史〕 別刷〈民俗学史〉
郷土研究会　㊤495b〔郷土会〕
郷土考現学　㊤589a〔考現学〕
『京都古習志』　㊤123a〔井上頼寿〕
・郷土史《きょうどし》　㊤**497a** ㊦89b〔地方史〕
郷土誌　㊤496a〔郷土教育〕
『郷土誌うとう』　㊦別刷〈民俗学史〉
『郷土史研究講座』　㊤497a〔郷土史〕
『郷土史辞典』　㊤497a〔郷土史〕
『郷土誌むつ』　㊦別刷〈民俗学史〉
『郷土趣味』　㊤495c〔郷土玩具〕
郷土資料陳列所　㊦654b〔民俗博物館〕
『郷土誌論』　㊤497a〔郷土史〕 ㊦822c〔炉辺叢書〕
郷土振興運動　㊤496b〔郷土芸能〕
・『郷土生活研究採集手帖』《きょうどせいかつけんきゅうさいしゅうてちょう》　㊤**497b** 454b〔聞き書き〕 491a〔郷土〕 677a〔採集〕 729c〔山村調査〕 →『採集手帖』
郷土生活研究所　㊤306c〔海村調査〕 491a〔郷土〕 729c〔山村調査〕 ㊦645a〔民俗学史〕 649a〔民俗語彙〕 693c〔木曜会〕
・『郷土生活の研究法』《きょうどせいかつのけんきゅうほう》　㊤**497b** 491a〔郷土〕 496a〔郷土教育〕 497a〔郷土史〕 925c〔生業〕 980b〔俗信〕
『郷土地理研究』　㊤263c〔小田内通敏〕
『郷土の風習』　㊦348b〔荻原竜夫〕
『京都民俗志』　㊤123a〔井上頼寿〕
行人　㊤486c〔行者〕 497c〔行人塚〕 →行者
行人方　㊤487a〔行者〕
・行人塚《ぎょうにんづか》　㊤**497c** ㊤487a〔行者〕 ㊦122b〔塚〕 286b〔入定〕 750c〔山伏塚〕
行人墓　㊤725a〔三山参り〕
凶拝　㊤721b〔三跪九叩〕
競売〖競買〗　㊤951b〔セリ〕
京羽子板　㊦352c〔羽子板〕
・教派神道《きょうはしんとう》　㊤**498a** 551b〔黒住教〕 662c〔金光教〕 891b〔神道〕 ㊦173c〔天理教〕
京普請　㊤843b〔商家〕
享保尺　㊦700b〔物差〕
・京間《きょうま》　㊤**498b** 114c〔田舎間〕 ㊦44b〔畳〕
京参り　㊦555a〔本山参り〕
京枡　㊦570a〔枡〕
競馬　㊤561b〔競馬㈠〕
経戻し　㊤330b〔隠れキリシタン〕
・行屋《ぎょうや》　㊤**498b** 981c〔即身仏〕 ㊦138c〔坪〕 152a〔出立ち〕 332b〔ノリワラ〕 392b〔ハヤマ信仰〕
京山恭安斎　㊦160b〔デロレン祭文〕
・郷友会《きょうゆうかい》　㊤**498c** 579b〔県人会㈠〕
・共有財産《きょうゆうざいさん》　㊤**499a**
・共有地《きょうゆうち》　㊤**499b** 523c〔草刈場〕
共有山　㊤499b〔共有地〕 ㊦743a〔山仕事〕
杏葉　㊤413図〔家紋〕
行列浮立　㊦493a〔浮立〕
京呂組　㊦397b〔梁組〕
・京童《きょうわらわ》　㊤**500a**
『京童』　㊦83c〔地誌〕
魚王行乞譚　㊦473c〔淵〕
・ギョーザ　㊤**500a**
許可漁業　㊤502c〔漁業制度〕
・挙家離村《きょかりそん》　㊤**500b** 356c〔過疎化〕 ㊦148a〔出稼〕
御忌　㊤302b〔開山忌〕 ㊦814b〔蓮如忌〕
御忌会　㊤982c〔祖師忌〕
・漁業《ぎょぎょう》　㊤**500c** 306b〔海村〕 504a〔漁場〕 506a〔漁村〕 624c〔湖沼漁業〕
漁業会　㊤501a〔漁業協同組合〕
漁業基地　㊦263b〔納屋集落〕
・漁業協同組合《ぎょぎょうきょうどうくみあい》　㊤**501a** 506a〔漁村〕
漁業協同組合連合会　㊤501b〔漁業協同組合〕
漁業組合　㊤501a〔漁業協同組合〕
漁業組合準則　㊤501a〔漁業協同組合〕
・漁業権《ぎょぎょうけん》　㊤**501b** 187c〔浦〕 190a〔浦役〕 ㊦732a〔簗〕
漁業神　㊤58c〔アンバサマ〕 377a〔香取信仰〕 693c〔鮭〕 ㊦630c〔民間信仰〕
・漁業信仰《ぎょぎょうしんこう》　㊤**501c**
漁業生産組合　㊤501b〔漁業協同組合〕
・漁業制度《ぎょぎょうせいど》　㊤**502a**
漁業制度改革　㊤502b〔漁業制度〕
漁業調整委員会　㊤501b〔漁業権〕
漁業法　㊤501b〔漁業権〕 502a〔漁業制度〕
・漁具《ぎょぐ》　㊤**503a** 23c〔網代〕 215a〔魞〕 500c〔漁業〕 ㊦731c〔簗〕
曲轅長床犂　㊤906b〔犂〕
・曲芸《きょくげい》　㊤**503b** 327c〔神楽〕 ㊦150c〔手品〕
曲独楽　㊤642b〔独楽〕 ㊦15b〔大道

芸〕
極相理論　㊦502*b*〔文化領域〕
曲馬　㊤670*c*〔サーカス〕
曲馬団　㊤671*a*〔サーカス〕
曲鞠　㊦15*b*〔大道芸〕
曲彔　㊤88*c*〔椅子〕　922*b*〔坐り方〕
・漁港《ぎょこう》　㊤**503***c*　506*a*〔漁村〕
御者　㊦358*a*〔馬車〕
裾礁　㊤184*a*〔海〕
・魚醤《ぎょしょう》　㊤**504***a*　㊦422*b*〔醤〕
・漁場《ぎょじょう》　㊤**504***a*　23*c*〔網代〕　500*c*〔漁業〕　501*b*〔漁業権〕
・巨人伝説《きょじんでんせつ》　㊤**504***b*　㊦14*b*〔ダイダラ法師〕　515*b*〔弁慶〕
・去勢〔-術〕《きょせい》　㊤**504***c*　364*c*〔家畜〕
巨石信仰　㊤143*b*〔磐座〕
・漁船《ぎょせん》　㊤**505***a*　503*b*〔漁具〕　507*a*〔漁民〕　㊦487*b*〔船〕
・漁村《ぎょそん》　㊤**506***a*　306*b*〔海村〕　500*c*〔漁業〕　㊦263*b*〔納屋集落〕
『漁村民俗誌』　㊤691*c*〔桜田勝徳〕
御体　㊤889*c*〔神体〕　→神体
清滝寺(高知)　㊦519 表〔遍路〕
玉蓋　㊤329*a*〔神楽〕　㊦441*b*〔白蓋〕
玉皇上帝　㊦177*b*〔道教〕
キヨバカ　㊦560*a*〔詣り墓〕
清祓い　㊦750 図〔山伏神楽〕
魚肥　㊤143*c*〔イワシ〕
清姫　㊦183*b*〔道成寺〕
・漁法《ぎょほう》　㊤**506***b*　500*c*〔漁業〕
清水寺(京都)　㊤334*b*〔景清〕　675 表〔西国巡礼〕　794*a*〔四万六千日〕　961*c*〔千日参り〕　㊦482*a*〔船絵馬〕
清水寺(兵庫)　㊤675 表〔西国巡礼〕
清水寺牛玉　㊤827*b*〔修正会〕
浄見原神社(奈良)　㊤529*b*〔国栖奏〕
・漁民《ぎょみん》　㊤**506***c*　210*b*〔家船〕　304*a*〔海神〕　312*a*〔海民〕　500*c*〔漁業〕　506*b*〔漁村〕　797*b*〔シャア〕　㊦442*b*〔漂海民〕　747*a*〔山の神〕　801*c*〔竜神信仰〕
浄め　㊤742*a*〔塩〕
清め〔清目〕　㊤204*b*〔えた〕　㊦421*c*〔被差別部落〕　→えた
キヨメダケ　㊤913*b*〔煤払い〕
漁網　㊤503*b*〔漁具〕
清元節　㊤384*b*〔歌舞伎〕　860*c*〔浄瑠璃〕
清元舞踊　㊤523*a*〔傀儡子〕
居喪の令　㊦465*b*〔服喪〕
魚油　㊤36*a*〔油〕　㊦275*c*〔ニシン〕
魚籃観音　㊦418*b*〔魚籠〕
漁猟役　㊦308*c*〔年貢〕
漁撈　㊤312*a*〔海民〕　500*c*〔漁業〕　899*b*〔水泳〕
漁撈図　㊤926*a*〔生業絵馬〕
・漁撈組織《ぎょろうそしき》　㊤**507***b*
・キライ　㊤**507***c*
ギライ・カナイ　㊦289*a*〔ニライカナイ〕　→ニライカナイ
・鬼来迎《きらいごう》　㊤**507***c*　637*b*〔子取ろ〕　別刷〈仮面〉
・キライ二世　㊤**508***a*
嫌い箸　㊦833*c*〔渡箸〕
キラズダンゴ　㊦536*a*〔ほがほが〕
キラズ餅　㊦695*a*〔餅〕
ギラムヌ　㊤12*b*〔アカマタ・クロマタ〕
キリ〔桐〕　㊤35*a*〔アバ〕　508*c*〔切替畑〕　917*a*〔炭〕
切り　㊤429*a*〔河内音頭〕
・義理〔ギリ〕《ぎり》　㊤**508***a*　352*a*〔加勢〕　600*a*〔香典〕　879*a*〔仁義(一)〕　879*b*〔仁義(二)〕　942*b*〔世間〕　952*b*〔選挙〕　969*a*〔相互扶助〕　974*c*〔贈答〕　㊦124*a*〔つきあい〕　154*a*〔手伝い〕
きりあげ　㊦753*c*〔やん衆〕
切り上げ窓　㊤10*c*〔赤城型民家〕
切りイモ　㊤481*a*〔救荒食物〕
ギリウケ　㊤287*c*〔オヤシマイ〕
きりえ　㊤509*a*〔切紙〕　→切紙
切斧　㊤275*c*〔斧〕
切替田　㊦834*b*〔ワノーウエ・ワノーサク〕
・切替畑《きりかえばた》　㊤**508***c*　639*b*〔コバ〕　853*c*〔定畑〕　㊦361*b*〔畑〕　562*c*〔牧畑〕　714*b*〔焼畑〕　834*b*〔ワノーウエ・ワノーサク〕
切飾り　㊤329*a*〔神楽〕
ギリカツギ　㊤39*a*〔海女・海士〕
・切紙《きりがみ》　㊤**509***a*　328*c*〔神楽〕　399*c*〔紙切〕
ギリクガイ　㊤521*c*〔公界〕
桐下駄　㊤669*b*〔婚礼衣裳〕
キリコ　㊤509*a*〔切紙〕
切子　㊤329*a*〔神楽〕
切り口上　㊤591*c*〔口上〕
義理ごと　㊤521*c*〔公界〕
切子燈籠〔切籠-〕　㊦31*a*〔高燈籠〕　271*b*〔新盆〕
キリコミイワイ　㊤477*b*〔木貰い〕
切り叉首　㊤699*b*〔叉首〕
霧雨　㊤46*a*〔雨〕
キリシタン　㊤147*c*〔淫祠邪教〕　329*c*〔隠れキリシタン〕
キリシタン禁止令　㊤821*a*〔宗門改〕
キリシタン暦　㊤330*a*〔隠れキリシタン〕
切り旬　㊤986*c*〔杣〕　㊦376*a*〔伐木〕
切透し　㊤329*a*〔神楽〕
・キリスト教〔基督教〕　㊤**509***a*　546*c*〔クリスマス〕
キリゾメ〔伐り初め〕　㊦33*c*〔薪〕　377*b*〔初山〕　→初山
切り初め　㊤85*b*〔石屋〕
錐大明神　㊦47*a*〔断ち物〕
切り立て　㊤477*a*〔木貰い〕
切り溜め　㊤819*c*〔重箱〕
きりたんぽ　㊦715*c*〔焼き物〕
義理チョコ　㊦402*b*〔バレンタインデー〕
切机　㊦582*a*〔俎〕
・切り妻《きりづま》　㊤**509***b*　137*a*〔入母屋〕　369*c*〔合掌造〕　524*b*〔草葺き〕　575*c*〔煙出し〕　㊦124*b*〔突上げ二階〕　386*a*〔破風〕　557*b*〔本棟造〕　735*c*〔屋根〕
切留田植え踊り　㊦25*b*〔田植え踊り〕
きりなし話　㊦378*b*〔果無し話〕　→果無し話
切抜き　㊤329*a*〔神楽〕
切り抜き影絵　㊤333*b*〔影絵〕
キリハ　㊤838 表〔狩猟用具〕
・切羽《きりは》　㊤**509***c*
切場　㊤509*c*〔切羽〕
切袴　㊤401*a*〔袴〕
キリハタ〔切畑〕　㊤508*c*〔切替畑〕　㊦361*b*〔畑〕　→切替畑
切幡寺(徳島)　㊦519 表〔遍路〕
切破風　㊦124*b*〔突上げ二階〕
桐林共和会　㊤930*c*〔青年会〕
・切り火《きりび》　㊤**510***a*　375*a*〔門口〕　㊦412*a*〔火打ち石〕
鑽り火　㊤510*a*〔切り火〕
鎮火神事　㊤91*a*〔出雲神話〕
ギリフガイ　㊤508*c*〔義理〕
・切伏《きりふせ》　㊤**510***a*　31*a*〔アトゥシ〕　763*a*〔刺繡〕
切干し〔-大根〕　㊦8*c*〔大根〕　542*a*〔保存食〕
切麦　㊤172*c*〔うどん〕
寄留　⇨本戸・寄留(㊦554*a*)　㊦787*b*〔寄親・寄子〕
寄留人　㊤985*a*〔ソトコ〕
桐油合羽　㊤40*b*〔雨具〕　370*b*〔合羽〕
鬼霊　㊤872*b*〔死霊〕
霧除け　㊦421*a*〔庇〕
霧除け庇　㊦421*a*〔庇〕
『羇旅漫録』　㊤904*a*〔随筆〕
キリワラ　㊦835*a*〔藁〕
・キリン獅子舞　㊤**510***b*
・儀礼《ぎれい》　㊤**510***b*　㊦310*b*〔年中行事(一)〕
儀礼食　㊤177*c*〔ウブク〕
儀礼的親子関係　㊤212*a*〔烏帽子親・烏帽子子〕　288*a*〔親分・子分〕　582*b*〔元服親〕
疑路　㊦132*a*〔土〕
生蠟　㊦360*c*〔ハゼ〕　817*a*〔蠟燭〕
妓楼　㊤344*c*〔貸席〕
棄老伝説　㊤451*a*〔還暦〕
記録映画　㊤197*c*〔映像民俗学〕
記録物　㊤598*b*〔講談〕
際物師　㊤152*c*〔植木屋〕
・金《きん》　㊤**510***c*　380*a*〔金売り吉次〕　689*c*〔砂金〕
均一タクシー　㊦34*c*〔タクシー〕

錦蓋　㊤ 329a〔神楽〕　㊦ 441b〔白蓋〕

• 金華山(宮城)《きんかさん》　㊤ **511**a　㊦ 618a〔巳待〕

近火見舞　㊦ 617c〔見舞〕

• 禁忌《きんき》　㊤ **511**b　128a〔戒め言葉〕　128b〔忌み〕　131a〔忌地〕　361a〔方違〕　425b〔家例〕　596c〔洪水伝説〕　691a〔作物禁忌〕　863b〔植物禁忌〕　864a〔食物禁忌〕　930a〔聖地〕　980a〔俗信〕　㊦ 45c〔祟り〕　61a〔タブー〕　164c〔伝承〕　639a〔民俗㈠〕　699b〔物忌〕　→タブー

近畿方言　㊦ 526b〔方言〕

『近畿民俗』　㊦ 645b〔民俗学史〕　別刷〈民俗学史〉

近畿民俗学会　㊦ 283c〔日本民俗学講習会〕　645b〔民俗学史〕

• 緊急民俗調査《きんきゅうみんぞくちょうさ》　㊤ **512**a　→民俗資料緊急調査

金魚売り　㊦ 781a〔呼売り〕

『金玉集』　㊤ 804c〔沙石集〕

金魚飼育　㊤ 654a〔娯楽〕

• 金鶏山《きんけいざん》　㊤ **512**b　㊦ 291c〔鶏〕

金鶏塚　㊦ 291c〔鶏〕

金鶏伝説　㊤ 512b〔金鶏山〕　㊦ 291c〔鶏〕

金蚕　㊤ 730c〔蚕種〕

• 金工《きんこう》　㊤ **512**b

金甲　㊤ 602b〔強飯式〕

琴古流　㊤ 803c〔尺八〕

• 銀座《ぎんざ》　㊤ **512**c

• 金山《きんざん》　㊤ **513**a

• 銀山《ぎんざん》　㊤ **513**b

金山講　㊦ 452b〔鞴祭〕

径山寺味噌〘金山寺-〙　㊤ 859a〔醬油〕　㊦ 609b〔味噌〕

金紙　㊤ 766c〔紙銭〕

銀紙　㊤ 766c〔紙銭〕

• 『金枝篇』《きんしへん》　㊤ **513**c　㊦ 495c〔フレーザー〕　別刷〈民俗学史〉

銀朱　㊤ 900b〔水銀〕

金鷲行者　㊦ 818a〔良弁〕

金鷲菩薩　㊦ 817c〔良弁〕

菌床栽培　㊤ 474a〔キノコ〕

金昌寺(埼玉)　㊦ 86 表〔秩父巡礼〕

近所聞き　㊤ 454b〔聞き合わせ〕

近所づきあい　㊦ 123c〔つきあい〕

• 謹慎《きんしん》　㊤ **513**c　926c〔制裁〕

• 近親婚《きんしんこん》　㊤ **514**a　660a〔婚姻規制〕

• 近親相姦《きんしんそうかん》　㊤ **514**b　149a〔インセスト＝タブー〕　514a〔近親婚〕　930c〔性道徳〕

近親ボトケ　㊤ 957c〔先祖〕

ギンズバーグ Ginsberg, Morris　㊤ 306a〔階層〕

金生　㊤ 690a〔砂金〕

金星　㊤ 16b〔明の明星〕　㊦ 769a〔宵の明星〕

『近世地方経済史料』　㊤ 276b〔小野武夫〕

金泉寺(徳島)　㊦ 519 表〔遍路〕

『金撰集』　㊤ 804c〔沙石集〕

金創医〘金瘡-〙　㊦ 99c〔中条流〕

金瘡膏〘-薬，金創薬〙　㊤ 370c〔河童〕　371b〔河童相撲〕　㊦ 99c〔中条流〕

金相場　㊤ 975b〔相場〕

禁足　㊤ 926c〔制裁〕

• 近代化《きんだいか》　㊤ **514**b

近代短床犂　㊤ 906 図〔犂〕

• 金田一京助《きんだいちきょうすけ》　㊤ **515**a　593a〔口承文芸〕　㊦ 114b〔知里真志保〕　283c〔日本民俗学講習会〕　305a〔ネフスキー〕　622c〔宮良当壮〕　642c〔民俗学㈡〕　647a〔民俗芸術〕　756a〔ユーカラ〕

『金田一京助全集』　㊤ 515b〔金田一京助〕

『近代日本の精神構造』　㊤ 514c〔近代化〕

• 金太郎《きんたろう》　㊤ **515**b　㊦ 395a〔腹掛け〕

• 巾着〘巾著〙《きんちゃく》　㊤ **515**c

巾着網　㊤ 790c〔地曳網〕　㊦ 562a〔旋網〕

巾着切り　㊤ 920c〔掏摸〕

金打　㊤ 103b〔一味神水〕　379c〔鐘〕

金斗　㊦ 116a〔摯骨〕

金時神社祭　㊦ 765a〔湯立獅子舞〕

近都牧　㊦ 561c〔牧〕

• キンドレッド kindred　㊤ **515**c　285c〔オヤコ〕

金納　㊤ 681a〔財物没収〕

銀納　㊦ 309a〔年貢〕

金の扇・銀の扇　㊦ 191b〔動物報恩譚〕

金の卵　㊤ 462a〔帰省〕

『金の船』　㊦ 194b〔童謡〕

『金の星』　㊦ 194b〔童謡〕

キンノマタラベ　㊤ 771b〔始祖伝説〕

金箔　㊤ 511a〔金〕

• 金箔打《きんぱくうち》　㊤ **516**a

金八　㊤ 504c〔巨人伝説〕

• 金肥《きんぴ》　㊤ **516**b　㊦ 352c〔はげ山〕　447a〔肥料〕

金峰神社(奈良)　㊦ 610a〔御岳〕

金襖物　㊤ 598b〔講談〕

• 金峰山(奈良)〘金峯山〙《きんぷせん》　㊤ **516**c　720a〔山岳信仰〕　823c〔修験道〕　849a〔精進〕　㊦ 287c〔女人禁制〕　610a〔御岳〕

金峰山寺(奈良)〘金峯山-〙　㊤ 313b〔蛙飛び〕　㊦ 610a〔御岳〕

金峰山寺蔵王堂(奈良)〘金峯山-〙　㊤ 223a〔延年〕　313b〔カエル〕　㊦ 482a〔船絵馬〕

金峯山修験本宗　㊤ 825b〔修験道〕

金峰山詣　㊤ 516c〔金峰山〕　→御嶽詣

金峰明神　㊤ 516c〔金峰山〕　→金精様

銀ブラ　㊤ 512c〔銀座〕

• 均分相続《きんぶんそうぞく》　㊤ **516**c　675b〔財産相続〕　973c〔相続〕

• 木馬《きんま》　㊤ **517**a　478c〔木遣り〕　835a〔修羅〕　988b〔橇〕　㊦ 693b〔木馬〕　740c〔山落し〕

蒟醬　㊤ 779a〔漆器〕

• キンマモン〘君真物〙　㊤ **517**c

金満長者　㊤ 259b〔おしら祭文〕

• 吟味《ぎんみ》　㊤ **517**c

金明会　㊤ 240a〔大本教〕

金毛九尾の狐　㊤ 947c〔殺生石〕

金融業　㊤ 843b〔商家〕

禁欲　㊤ 453c〔祈願〕

金龍寺(滋賀)　㊤ 264c〔落人伝説〕

• 近隣《きんりん》　㊤ **517**c　518a〔近隣組〕

• 近隣組〘-組織〙《きんりんぐみ》　㊤ **518**a　518a〔近隣〕　539c〔組〕　540a〔組合㈡〕　591a〔講中㈡〕　638c〔五人組〕　969a〔相互扶助〕　969c〔葬式組〕　㊦ 292a〔ニワバ〕　678b〔村組〕　805b〔隣家〕

勤労感謝の日　㊤ 676c〔祭日〕

勤労者家計　㊤ 332c〔家計〕

く

• 区《く》　㊤ **519**a　532c〔区長〕　535a〔区費〕
供　㊤ 543a〔供養〕
クイアワセ　㊤ 303b〔会食〕
• 食い合せ《くいあわせ》　㊤ **519**b　186a〔梅干〕　863c〔食物禁忌〕
• 食初め《くいぞめ》　㊤ **519**b　717a〔産育儀礼〕　952a〔膳〕　㊦ 118b〔通過儀礼〕　344c〔歯固め〕　703c〔モモカ〕
杭立稲架　㊤ 121c〔稲掛け〕　㊦ 354a〔ハサ〕
喰違四間取り　㊦ 58a〔田の字型民家〕
• クイチャー　㊤ **519**c　㊦ 269b〔南島歌謡〕
クイチャーアーグ　㊤ 48a〔アヤグ〕　519c〔クイチャー〕　㊦ 269b〔南島歌謡〕
食積〘クイツミ，喰積〙　㊤ 261c〔おせち〕　546b〔栗〕　㊦ 309c〔年始〕　533a〔訪問〕
食い延ばす　㊤ 519c〔食初め〕
食扶持稼ぎ　㊤ 574b〔下男・下女〕
クイブニ(刳舟)　㊤ 709a〔サバニ〕
食い別れ　㊦ 141a〔通夜〕　別刷〈生と死〉
• クー　㊤ **520**a
空海　㊤ 19a〔朝熊信仰〕　83b〔石鎚山信仰〕　603b〔弘法伝説〕　605a〔高野納骨〕　615a〔虚空蔵信仰〕　㊦ 64b〔溜池〕　612c〔密教〕　→弘法大師
• 空間認識《くうかんにんしき》　㊤ **520**a　938a〔世界観〕　㊦ 653a〔民俗的方位観〕
空気ランプ　㊦ 796a〔ランプ〕
クー＝クラックス＝クラン　㊦ 438a〔秘密結社〕
• 宮司《ぐうじ》　㊤ **520**c　447b〔神主〕　886a〔神職〕
クージヌル〘公儀祝女〙　㊤ 404a〔神役〕　299b〔祝女〕
空首　㊤ 721b〔三跪九叩〕
• 偶然記録《ぐうぜんきろく》　㊤ **520**c　454b〔聞き書き〕　557c〔計画記録〕
グード Goode, W. G.　㊤ 826b〔呪術〕
クーバード couvade　⇨擬娩(㊤ 474c)
• 骨牌《クーパイ》　㊤ **521**a
空亡　㊦ 3a〔大安〕　479a〔仏滅〕
空也　㊤ 3b〔哀悼傷身〕　269c〔踊り念仏〕　㊦ 314a〔念仏聖〕　366c〔鉢叩き〕
空也僧　㊦ 367a〔鉢叩き〕
空也堂(京都)　㊦ 367a〔鉢叩き〕
空也聖　㊤ 298b〔隠亡〕
空也踊躍念仏　㊤ 269c〔踊り念仏〕
• 苦力《クーリー》　㊤ **521**a
クー＝リムセ　㊦ 798b〔リムセ〕
• グウルド Gould, Baring Sabine　㊤ **521**a
• 寓話《ぐうわ》　㊤ **521**b
『寓話集』　㊤ 782a〔尻尾の釣り〕
グェーシキ〘グエシチ〙　㊤ 151c〔ウェーカー〕　㊦ 402c〔ハロウジ〕
• クェーナ　㊤ **521**b　248b〔沖縄民謡〕　㊦ 269b〔南島歌謡〕
九会曼荼羅　㊦ 594b〔曼荼羅〕
区会　㊦ 681b〔村寄合〕
公会　㊤ 521c〔公界〕
• 公界〘クガイ〙《くがい》　㊤ **521**c　879b〔仁義(二)〕
区画漁業権　㊤ 501b〔漁業権〕
• 盟神探湯〘探湯，誓湯〙《くかたち》　㊤ **522**a　㊦ 761c〔湯起請〕　764b〔湯立〕
• 九月節供《くがつせっく》　㊤ **522**b
クキ　㊤ 155b〔ウグイ〕
• 供犠《くぎ》　㊤ **523**a
『供儀』　㊦ 692b〔モース, M〕
• 釘《くぎ》　㊤ **522**c
釘酒　㊦ 146b〔手打ち酒〕
クギサシ　㊦ 304a〔ねっき〕
九鬼周造　㊤ 916c〔粋〕
九鬼神社(三重)　㊤ 792c〔志摩軍記〕
釘抜座に挺子　㊤ 414 図〔家紋〕
供給　㊤ 543a〔供養〕
苦行　㊤ 454a〔祈願〕
クキリ　㊦ 275c〔ニシン〕
久久志弥神社(三重)　㊦ 3c〔太神楽〕
クグツ　㊤ 390c〔叺〕　→叺
• 傀儡子〘傀儡〙《くぐつ》　㊤ **523**a　263b〔お田植祭〕　932c〔細男〕　㊦ 15a〔大道芸〕　337c〔売春〕　444b〔漂泊民〕　757c〔遊女〕　→傀儡
• 傀儡子人形《くぐつにんぎょう》　㊤ **523**b
ククメモノ　㊤ 242b〔御頭神事〕
クグリ　㊤ 236b〔大戸〕
潜樋　㊤ 903c〔水道〕
潜り戸　㊤ 236b〔大戸〕　㊦ 174b〔戸〕
括り枕　㊦ 564c〔枕〕
括り罠　㊦ 834a〔罠〕
クゲー　㊤ 521c〔公界〕
クケオビ　㊦ 438c〔紐落し〕
公家装束　㊦ 345b〔袴〕
供花神饌　㊤ 542a〔供物〕　887b〔神饌〕
くけ紐〘絎-〙　㊤ 278c〔帯〕　㊦ 438b〔紐〕
クコ　㊦ 634b〔民間療法〕
箜篌　㊤ 367b〔楽器〕
供御人　㊤ 312a〔海民〕　372b〔桂女〕　863a〔職人〕
クサ　㊤ 339b〔瘡〕
九斎市　㊤ 103a〔市日〕　㊦ 144c〔定期市〕
草市　㊦ 62b〔魂祭〕　550c〔盆市〕
供祭簗　㊦ 732a〔簗〕
草刈り　㊤ 410c〔カヤ〕
草刈唄　㊤ 756a〔仕事唄〕　㊦ 648c〔民俗芸能〕　740a〔山唄〕
草刈鎌　㊤ 135b〔イヨッペ〕　388b〔鎌〕
• 草刈場《くさかりば》　㊤ **523**c
草刈り馬子唄　㊦ 568a〔馬子唄〕
クサキイテゴ　㊤ 936c〔背負籠〕
草切　㊤ 525a〔草分け〕　→草分け
雑鮨　㊤ 910b〔鮨〕
草競馬　㊤ 561c〔競馬(二)〕
草削り　㊤ 554a〔鍬〕
草ずもう　㊤ 807c〔じゃん拳〕
草堰　㊤ 940b〔堰〕
草双紙　㊤ 212c〔絵本〕　628a〔五大御伽噺〕
クサソテツ　㊤ 724a〔山菜〕　→ココゴミ
草津温泉(群馬)　㊤ 292b〔温泉〕
クサテ　㊤ 791c〔シマ〕
• クサティ〘腰当〙　㊤ **523**c　㊦ 656c〔ムイ〕
クサティ神　㊤ 524a〔クサティ〕
クサティ森　㊤ 524a〔クサティ〕
• 草取り《くさとり》　㊤ **524**a　㊦ 別刷〈野良仕事〉
草取り唄　㊦ 661c〔麦打唄〕
草取り地蔵　㊦ 26a〔田植え地蔵〕
草薙神社(静岡)　㊦ 801c〔竜勢〕
クサノミ　㊦ 570c〔マタギ〕　741c〔山言葉〕
草醤　㊦ 422b〔醬〕
蒭靈　㊦ 292b〔人形〕
• 草葺き《くさぶき》　㊤ **524**b　10c〔赤城型民家〕　137b〔入母屋〕　369c〔合掌造〕　699a〔叉首〕　㊦ 735a〔屋根〕　777c〔寄せ棟〕
クサブルイ　㊤ 256a〔瘧〕　→瘧
草箒　㊤ 969b〔掃除〕
クサムスビ〘草結ビ〙　㊦ 251b〔仲人〕　357a〔はしかけ〕
クサメ　㊤ 527a〔くしゃみ〕　→くしゃみ
草餅　㊦ 695a〔餅〕
• クサヤ　㊤ **525**a　20a〔アジ〕　900c〔水産加工〕
鎖龕　㊤ 433b〔龕(一)〕
クサレズシ　㊤ 900c〔水産加工〕
• 草分け〘-百姓〙《くさわけ》　㊤ **525**a　240b〔オーヤ〕　315a〔家格〕　479c〔旧家〕　773b〔七軒百姓〕　㊦ 196b〔殿〕　722c〔屋敷神〕
草分け七軒　㊤ 773b〔七軒百姓〕　→七軒百姓
• 櫛《くし》　㊤ **525**b　438c〔簪〕　507c〔キライ〕　737a〔三枚の御札〕　971a〔装身具〕　㊦ 131a〔辻占〕　784b〔嫁入り

道具〕
九字　㊤414図〔家紋〕
• 公事《くじ》　㊤**525c**
• 籤〔鬮〕《くじ》　㊤**525c**　189a〔占い〕　282a〔神籤〕　517c〔吟味〕　㊦181b〔頭指〕　465a〔福引〕
グシ　㊦670c〔棟〕
グジ　㊦592b〔まんかい〕
公事相　㊤526a〔公事〕
串アネコ　㊤34b〔姉さま人形〕
籤改め　㊤452c〔祇園祭〕
櫛占　㊤189a〔占い〕
串柿　㊤319a〔柿〕　㊦538c〔干柿〕
具志川間切くわいにや　㊤521c〔クェーナ〕
クシキ　㊤837c〔狩猟用具〕
グシク　㊤528c〔グスク〕　→グスク
櫛笥　㊤323c〔家具〕
公事師　㊤526a〔公事〕
籤制　㊤457b〔議決法〕
公事銭　㊤526a〔公事〕
櫛田神社(福岡)　㊦43a〔山車〕
籤取り式　㊤452c〔祇園祭〕
クシナダヒメ　㊦431a〔人身御供〕
公事人　㊤526a〔公事〕
• 串人形《くしにんぎょう》　㊤**526a**
ぐしぬい　㊤762c〔刺繡〕
櫛挽鋸　㊦325b〔鋸〕
櫛松　㊤411図〔家紋〕
• グシマツリ〔-祭〕　㊤**526c**　㊦671b〔棟〕　→棟上
奇魂　㊦809a〔霊魂〕
グシ餅　㊤526c〔グシマツリ〕
• クジヤ〔公事屋，公事家〕　㊤**526c**
串焼き　㊦715c〔焼き物〕
公事屋敷　㊤526a〔公事〕
公事宿　㊤526a〔公事〕
• くしゃみ〔クシャミ〕　㊤**527a**　㊦569b〔呪い言葉〕　778c〔予兆〕
九十九王子　㊤229b〔王子信仰〕
郡上踊り　㊦551c〔盆踊り(一)〕
口称念仏　㊦312c〔念仏〕
• グショー〔グショウ，グソー〕　㊤**527b**　873b〔シルヒラシ〕　㊦28c〔他界観〕　454b〔風葬〕
• 鯨《くじら》　㊤**527c**　36c〔油〕　208a〔えびす〕　245b〔沖言葉〕　㊦191a〔動物供養〕　536c〔捕鯨〕　802b〔漁供養〕　812b〔レプンカムイ〕
• 鯨踊り《くじらおどり》　㊤**528a**
鯨組　㊦536c〔捕鯨〕
鯨供養　㊤528b〔鯨船〕
鯨尺　㊦700b〔物差〕
鯨墓　㊤528a〔鯨〕　㊦191a〔動物供養〕　802b〔漁供養〕
• 鯨船《くじらぶね》　㊤**528b**　㊦485c〔船祭〕　508c〔ペーロン〕
鯨見　㊤154a〔魚見〕
クシンダカリ　㊦33b〔ダカリ〕
愚人譚　㊦429b〔一つ覚え〕
クズ〔葛〕　㊤137b〔衣料〕　528a〔葛粉〕　㊦298c〔布〕　466b〔藤〕　606a〔水晒し〕
グスイ　㊦295a〔妊婦〕
玖珠神楽　㊤144b〔岩戸神楽〕
屑籠　㊤336c〔籠〕　㊦37b〔竹細工〕
九頭神　㊦599b〔水分神〕
葛谷御霊神社(東京)　㊦468表〔富士塚〕
• グスク〔城〕　㊤**528c**　80c〔石垣〕　155a〔拝所〕　別刷〈沖縄文化〉
くすくれー　㊤527b〔くしゃみ〕
• 葛粉《くずこ》　㊤**529a**
• 国栖奏《くずそう》　㊤**529b**　㊦836b〔笑い祭〕　→国栖舞
国栖の翁舞　㊤529b〔国栖奏〕
葛の葉社(大阪)　㊤787a〔信太妻〕
葛の葉伝説　㊤786c〔信太妻〕
葛の葉和讃　㊤470a〔狐女房〕
葛掘唄　㊦740b〔山唄〕
国栖舞　㊤529b〔国栖奏〕　㊦558c〔舞〕　→国栖奏
葛飯　㊤528a〔葛粉〕
葛餅　㊤528a〔葛粉〕　㊦695b〔餅〕
• 屑屋《くずや》　㊤**529c**
薬　㊤186a〔梅干〕　㊦369a〔蜂蜜〕　481b〔フナ〕　661a〔ムカデ〕
薬売り《くすりうり》　⇨売薬(㊦339c)　㊤487b〔行商〕　㊦203a〔毒消し売り〕
薬喰い　㊦273a〔肉食〕
薬簞笥　㊦73a〔簞笥〕
薬の言い立て　㊤60b〔言い立て〕
九頭竜権現　㊦200a〔戸隠信仰〕
供施　㊤543a〔供養〕　→供養
救世観音　㊤447c〔観音信仰〕
くせ田〔クセ田〕　㊤530a〔くせ地〕　㊦739a〔病い田〕
• くせ地〔癖-〕　㊤**530a**　131a〔忌地〕　930a〔聖地〕
• 曲舞〔久世-〕《くせまい》　㊤**530b**　443b〔勧進元〕　566c〔劇場〕　607a〔幸若舞〕　㊦523c〔放下〕　→舞々
くせ山〔クセ-〕　㊤135c〔入らず山〕　530a〔くせ地〕
クセヤミ　⇨つわり(㊦143c)　㊦474c〔擬娩〕
癖をやめる賭　㊦548c〔法螺吹き〕
• 糞《くそ》　㊤**530c**
区総会　㊤519a〔区〕
臭水　㊦314b〔燃料〕
グソーカインジャン　㊤527b〔グショー〕
グソージン(後生衣)　㊤527b〔グショー〕
グソーニービチ(後生の結婚式)　㊤527b〔グショー〕
グソーヌソーグヮッチ(後生の正月)　㊤527b〔グショー〕
グソーヌチトウ　㊦464b〔副葬品〕
グソーヌナーギムン(後生へのおみやげ)　㊤527b〔グショー〕
グソームドゥヤー(後生戻り)　㊤527b〔グショー〕
後生山　㊤527b〔グショー〕
具足　㊤323c〔家具〕
具足開き　㊤317b〔鏡開き〕
休息命　㊤527a〔くしゃみ〕
クソバエ　㊦341a〔ハエ(一)〕
糞食め　㊤527a〔くしゃみ〕
久高島(沖縄)　㊤458b〔聞得大君〕
管粥　㊦133b〔筒粥〕　→筒粥
管粥祭　㊤416a〔粥占〕
• クダ狐〔クダ，-ギツネ〕　㊤**531a**　254b〔オコジョ〕　256c〔オサキ〕　㊤468c〔狐憑き〕　㊦126c〔憑物〕　563b〔マキョ〕　776a〔吉田神道〕　→オコジョ
砕け米　㊤568a〔けしね〕
クタシ　㊤315c〔案山子〕
クダショウ　㊤531a〔クダ狐〕　→クダ狐
管焚き　㊤416a〔粥占〕
管玉　㊤971a〔装身具〕
クダ使い　㊤531a〔クダ狐〕
管流し《くだながし》　⇨流送(㊦801c)　㊤426c〔川狩〕　㊦154c〔鉄砲堰〕　801c〔流送〕
久谷のザンザカ踊り　㊤48a〔綾踊り〕
管柱　㊦359c〔柱〕
国玉大橋(山梨)　㊦358a〔橋姫伝説〕
クダ持ち　㊤531a〔クダ狐〕
果物籠　㊤336c〔籠〕
クダ屋　㊤531a〔クダ狐〕
百済王神社(大阪)　㊦308c〔年行事〕
百済楽　㊤315a〔雅楽〕　㊦459c〔舞楽〕
クダリ　㊤7b〔アイノカゼ〕
クダリウマ　㊦760c〔雪形〕
降り懸魚　㊤567a〔懸魚〕
下り小鉄　㊤702a〔砂鉄〕
下り醬油　㊤859a〔醬油〕
クダリ簗　㊦732a〔簗〕
• クチ〔口〕　㊤**531b**　145a〔インガミ〕　834c〔呪文〕　㊦269a〔南島歌謡〕　422b〔ヒシ〕
クチアイ　㊦357a〔はしかけ〕
クチアギー　㊤225c〔追込漁〕
• 口明け《くちあけ》　㊤**531b**　96c〔磯物採り〕　667b〔コンブ〕
• 口遊び《くちあそび》　㊤**531c**　㊦841a〔童言葉〕　→童言葉
• 口入れ《くちいれ》　㊤**532a**　㊦148c〔出替り〕
口入れ屋　㊤532a〔口入れ〕
口永　㊦309a〔年貢〕
クチガタメ〔口固め〕　㊤21a〔足入れ〕　㊦755a〔結納〕

口嚙の酒〔口醸酒〕 ㊤148a〔飲酒〕 692b〔酒㈠〕
クチグトゥケースン(口事を返す) ㊤531b〔クチ〕
口ことば ㊦684b〔命名〕
• 口コミ《くちこみ》 ㊤**532a**
クチゴヤ ㊤18a〔アサゴヤ〕
• 口裂け女《くちさけおんな》 ㊤**532a** ㊦214a〔都市伝説〕
口吸い ㊤532b〔口づけ〕
口立て稽古 ㊦12a〔大衆演劇〕
クチタハブェ(口祟べ) ㊤531b〔クチ〕
『口丹波口碑集』 ㊦823a〔炉辺叢書〕
• 口づけ《くちづけ》 ㊤**532b**
口仲人 ㊦357a〔はしかけ〕
クチナシ〔山梔子〕 ㊦87c〔血止め〕 633 表〔民間薬〕
クチナワ ㊤855a〔菖蒲酒〕
嘴 ㊦355a〔橋〕
クチハミ ㊦586b〔マムシ〕
口番 ㊤327a〔楽屋〕
• 口笛《くちぶえ》 ㊤**532c** ㊦781b〔呼子笛〕
口紅 ㊦512a〔ベニバナ〕
口米 ㊦309a〔年貢〕
口米の爺 ㊦674b〔村隠居〕
クチムキ ㊦440a〔百日咳〕
クチャ(アイヌ)〔クチャ＝チセ〕 ㊦84a〔チセ〕
クチャ(沖縄)〔クチャグヮー〕 ㊤187c〔裏座〕 →裏座
口役銀 ㊦752b〔山役〕
口約束 ㊦717b〔約束〕
• 区長《くちょう》 ㊤**532c** 172a〔掟〕 519a〔区〕 ㊦5b〔大区・小区制〕 681b〔村役〕
区長代理 ㊤519a〔区〕 532c〔区長〕
• 口寄せ《くちよせ》 ㊤**533a** 25b〔梓巫女〕 97b〔イタコ〕 784a〔死口〕 880c〔新口〕 ㊦545b〔仏おろし〕 599c〔巫女〕 700a〔物語〕 707a〔モリ供養〕 823b〔ワカ〕 →死口 →仏おろし
口寄せ巫女 ㊤25c〔梓巫女〕 135c〔いらたか念珠〕
クツ ㊦837c〔草鞋〕
• 沓《くつ》 ㊤**534a** 427b〔皮細工〕 ㊦346c〔履物〕
靴 ㊦348a〔履物〕
• クッ(アイヌ) ㊤**533b**
• クッ(在日) ㊤**533b** 893b〔シンバン〕 ㊦106a〔朝鮮寺〕 538a〔ポサル〕 657c〔ムーダン〕
クッカラペ ㊤533b〔クッ㈠〕
朽木盆 ㊦550a〔盆㈠〕
クック Cook, James ㊦61a〔タブー〕
『くったんじじいの話—対馬の昔話—』 ㊤913a〔鈴木棠三〕
グッドイナフ Goodenough, Ward Hunt ㊤889b〔親族名称・呼称〕
くつわ ㊦131b〔津島信仰〕
轡(馬具) ㊦348c〔馬具〕
轡(家紋) ㊤413 図〔家紋〕
クディ ㊤202b〔エケリ神〕
クド ⇨竈(㊤391a) ㊤596a〔荒神祓え〕
口説ち ㊤534b〔口説き〕
• 口説き〔くどき, -節, -唄〕《くどき》 ㊤**534b** 46b〔飴屋踊り〕 363c〔語りもの〕 592c〔口承文芸〕 ㊦453b〔諷刺〕 798b〔琉歌〕
口説き音頭 ㊦744a〔山田白滝〕
口説木遣り ㊤479b〔木遣り唄〕
功徳天 ④467a〔吉祥天信仰〕
• クド造 ㊤**534c** ㊦629c〔民家〕
• クドハンマワリ ㊤**535a**
クドマイリ ㊤535a〔クドハンマワリ〕
久那戸神 ㊦187b〔道祖神〕
空無山 ㊦563a〔牧畑〕
国生み ㊤926b〔聖婚〕
国生み神話 ㊤455a〔記紀神話〕 897c〔神話〕
国懸役 ㊦776a〔吉田神道〕
国頭マージ ㊦558a〔マージ〕
『くにさき』 ㊦828a〔和歌森太郎〕
国定忠次 ㊦716c〔ヤクザ〕
「国定忠治」 ㊤534b〔口説き〕 ㊦715b〔八木節〕
国玉神社(福岡) ㊦574b〔松会〕
クニチ ㊤522b〔九月節供〕
国津神社(京都) ㊦250b〔泣き相撲〕
国主神 ㊦225c〔飛神明〕
国牧 ㊦561c〔牧〕
国造 ㊤886a〔神職〕
国造祝 ㊦534a〔祝〕
国引き神話 ㊤90c〔出雲神話〕 897c〔神話〕
国ほめ ㊦547c〔ほめ詞〕
国御嶽 ㊤516c〔金峰山〕
国元 ㊦669c〔ムトゥ〕
口入神主 ㊤93a〔伊勢信仰〕
国譲り神話 ㊤91a〔出雲神話〕
クヌギ ㊤639a〔木の実〕 741a〔シイタケ〕 916c〔炭〕 ㊦237c〔ドングリ〕
クネ ㊤74a〔イグネ〕 729a〔散村〕
クネギ ㊦724c〔屋敷林〕
クネクワ ㊤552c〔桑〕
クネタ〔畝田〕 ㊤174b〔畝〕 ㊦830c〔輪中〕
クネンカクシ ㊦53b〔種子換え〕
ぐの目植え ㊦27a〔田植え法〕
九目結 ㊤414 図〔家紋〕
• 蒲葵《くば》 ㊤**535a** 167a〔御嶽〕 639b〔コバ〕
クバ笠 ㊦588c〔マユンガナシ〕
クバ蓑 ㊦588c〔マユンガナシ〕
クバリアイ ㊦585c〔ままごと〕
クバリゴト ㊦585c〔ままごと〕
• 区費《くひ》 ㊤**535a** ㊦676a〔村勘定〕 680b〔村入用〕
首飾り ㊤971a〔装身具〕 ㊦61c〔タマサイ〕
首木 ㊦349a〔馬具〕
• 首切れ馬《くびきれうま》 ㊤**535b** ㊦215a〔トシドン〕 716a〔厄〕
クビチ ㊦834a〔罠〕
クビッチョ ㊤837 表〔狩猟法〕
クビツナギガユ ㊤235c〔オオダマ〕
首飛び明神 ㊦568c〔将門伝説〕
首のとりかえ ㊦420c〔彦八〕
首引 ㊤172b〔腕相撲〕
首巻きそうめん ㊦250c〔投上げ饅頭〕
宮毘羅大将 ㊤666b〔金毘羅信仰〕
くびれ臼 ㊤163c〔臼〕 →竪臼
狗賓さんの空木倒し ㊦163c〔天狗〕
クッ ㊤533b〔クッ㈠〕
グフンシ ㊦503b〔風水〕 →風水
• クボ ㊤**535c**
窪地 ㊦548a〔ホラ〕
窪手〔久煩氏〕 ㊤867c〔食器〕
求菩提山(福岡) ㊦616b〔峰入り〕
久保寺逸彦 ㊤197c〔映像民俗学〕
クマ ㊦441b〔白蓋〕
• 熊《くま》 ㊤**536a** 5 図〔アイヌ〕 426b〔皮〕 536c〔熊狩り〕 537b〔熊の胆〕 575a〔毛祭〕 836a〔狩猟儀礼〕 836b〔狩猟信仰〕 ㊦190c〔動物観〕
クマイザサ ㊤694c〔笹〕
九枚羽団扇 ㊤413 図〔家紋〕
クマ送り ㊤66c〔イオマンテ〕 708a〔サパウンペ〕 →イオマンテ
クマオソ ㊤275b〔尾根〕
• 『熊谷家伝記』《くまがいけでんき》 ㊤**536b**
球磨神楽 ㊤328b〔神楽〕
熊谷笠 ㊤338b〔笠〕
• 熊狩り《くまがり》 ㊤**536c** 837a〔狩猟法〕 838 表〔狩猟用具〕 ㊦570c〔マタギ〕
熊坂頭巾 ㊤909a〔頭巾〕
熊笹 ㊤803b〔シャクナゲ〕
球磨焼酎 ㊤851b〔焼酎〕
クマセ ㊤210b〔家船〕
クマソ ㊦281b〔日本人㈠〕
熊曾討伐 ㊦745b〔倭建命〕
杭全神社(大阪) ㊦482a〔船絵馬〕
熊谷寺(徳島) ㊦519 表〔遍路〕
• 熊手《くまで》 ㊤**537a** 219a〔縁起物〕 969b〔掃除〕 ㊦37a〔竹細工〕 235b〔酉の市〕
熊野(和歌山) ㊤823c〔修験道〕
• 熊の胆《くまのい》 ㊤**537b**
• 『熊野縁起』《くまのえんぎ》 ㊤**537b**
熊野御師 ㊤257a〔御師〕
熊野街道 ㊤722a〔参宮街道〕
熊野観心十界図〔-曼荼羅〕 ㊤207a〔絵解〕 539c〔熊野曼荼羅〕 ㊦88a〔血の池地獄〕
熊野行者 ㊤487a〔行者講〕

熊野九十九王子　㊤580*b*〔眷属〕
熊野講　㊤600*b*〔講田〕
熊野牛玉　㊤538*b*〔熊野比丘尼〕　609*c*〔牛玉宝印〕
熊野権現〔熊野三所-〕　㊤229*a*〔王子信仰〕　537*c*〔熊野信仰〕　661*b*〔権現〕　㊦246*c*〔長床〕
『熊野権現御垂迹縁起』　㊤537*b*〔熊野縁起〕
熊野様　㊦323*c*〔能舞〕
熊野山牛玉宝印　㊤別刷〈護符〉
熊野三山〔-三所〕　㊤70*c*〔生石伝説〕　238*b*〔大峯信仰〕　537*c*〔熊野信仰〕　538*b*〔熊野比丘尼〕　539*a*〔熊野詣〕　580*b*〔眷属〕　720*a*〔山岳信仰〕
熊野三山検校　㊤824*a*〔修験道〕
熊野修験　㊤824*a*〔修験道〕
熊野精進　㊤539*b*〔熊野詣〕
• 熊野信仰《くまのしんこう》　㊤**537***c*　52*b*〔あるき巫女〕　538*c*〔熊野曼荼羅〕　㊦171*b*〔天白〕　568*c*〔将門伝説〕
熊野神社(岩手)　㊦250*b*〔泣き相撲〕
熊野神社(福島)　㊤561*b*〔競馬(一)〕　㊦246*c*〔長床〕
熊野神社(埼玉)　㊤42*a*〔甘酒祭〕
熊野神社(東京)　㊦468 裏〔富士塚〕
熊野神明　㊤260*c*〔オシンメイ〕
熊野垂迹曼荼羅　㊤538*c*〔熊野曼荼羅〕
熊野先達　㊤960*b*〔先達〕
熊野那智大社(和歌山)〔-神社〕　㊤538*a*〔熊野信仰〕　㊦255*a*〔那智扇祭〕　437*b*〔火祭〕　601*b*〔神輿〕
熊野坐神社(和歌山)　㊤537*c*〔熊野信仰〕　→熊野本宮大社
熊野速玉大社(和歌山)〔-神社〕　㊤538*a*〔熊野信仰〕　846 図〔鍾馗〕
• 熊野比丘尼《くまのびくに》　㊤**538***b*　93*a*〔伊勢信仰〕　207*a*〔絵解〕　538*a*〔熊野信仰〕　573*c*〔血盆経〕　640*b*〔護符〕　㊦88*a*〔血の池地獄〕　418*c*〔比丘尼〕
熊野本宮大社(和歌山)　㊦246*b*〔長床〕　→熊野坐神社　→本宮
熊野本地仏曼荼羅　㊤538*c*〔熊野曼荼羅〕
熊野本迹曼荼羅　㊤538*c*〔熊野曼荼羅〕
• 熊野曼荼羅《くまのまんだら》　㊤**538***c*　538*a*〔熊野信仰〕
熊野宮曼荼羅　㊤539*c*〔熊野曼荼羅〕
『熊野民謡集』　㊦822*c*〔炉辺叢書〕
• 熊野詣《くまのもうで》　㊤**539***a*　257*a*〔御師〕　538*a*〔熊野信仰〕　960*b*〔先達〕　㊦59*b*〔旅〕　791*a*〔来世観〕　809*c*〔霊場〕
熊野影向図　㊤539*c*〔熊野曼荼羅〕
熊マタギ　㊦570*c*〔マタギ〕
熊祭《くままつり》　⇨イオマンテ(㊤66*c*)　㊤536*b*〔熊〕
クマヤリ　㊦158 図〔手槍〕
クミ(与)　㊤247*c*〔沖縄文化〕
クミ(漁法)　㊤84*c*〔石干見漁〕
• 与《くみ》　㊤**539***c*
与(沖縄)〔組〕　㊤877*b*〔地割制〕
• 組《くみ》　㊤**539***c*　518*a*〔近隣〕　518*b*〔近隣組〕　541*a*〔組頭〕　587*c*〔講組〕　㊦108*b*〔町内〕　316*a*〔年齢集団〕　678*b*〔村組〕　712*a*〔ヤウチ〕　716*c*〔ヤクザ〕
茱萸　㊤457*a*〔菊供養〕
• 組合《くみあい》　㊤**540***a*
• 組合(近隣組)《くみあい》　㊤**540***a*　702*b*〔サト〕
組合香典　㊦678*c*〔村香典〕
組合村　㊤540*a*〔組合(一)〕　974*a*〔惣代〕
組み合わせ小屋組　㊤650*b*〔小屋組〕
組入り　㊦778*a*〔他所者〕
組入れ　㊦164*b*〔天井〕
• 組歌《くみうた》　㊤**540***b*　598*a*〔小歌〕
• 組踊り《くみおどり》　㊤**540***c*　288*b*〔女形〕　㊦183*a*〔道成寺〕
組み笠　㊤338*b*〔笠〕
• 組頭《くみがしら》　㊤**541***a*　256*c*〔長百姓〕　㊦488*a*〔麓〕　681*b*〔村役〕
組子　㊤589*c*〔格子〕
汲潮浜　㊤924*a*〔製塩〕
組的家連合　㊤66*b*〔家連合〕
汲み取り便所　㊦515*c*〔便所〕
組の神　㊦631*b*〔民間信仰〕
組紐　㊦438*b*〔紐〕
組舟　㊤709*a*〔サバニ〕
組船　㊦486*c*〔船〕
クミブルマイ　㊦494*b*〔振舞い〕
組見　㊦410*a*〔贔屓〕
クムイ　㊦422*b*〔ヒシ〕
クムイヤー　㊤167*a*〔御嶽〕
クムジュル　㊤795*a*〔注連縄〕
久米至聖廟　㊤590*c*〔孔子廟〕
久米島(沖縄)　㊦115*b*〔君南風〕
久米崇聖会　㊤445*a*〔関帝信仰(二)〕
久米寺(奈良)　㊦717*a*〔薬師信仰〕
• 久米舞《くめまい》　㊤**541***b*　315*a*〔雅楽〕　㊦558*c*〔舞〕
久米村(沖縄)　㊤726*a*〔三十六姓〕
久米れんぞ　㊦814*a*〔れんぞ〕
• クモ　㊤**541***b*　542*b*〔蜘蛛の喧嘩〕　555*a*〔食わず女房〕　902*b*〔水神〕　㊦137*a*〔唾〕　778*c*〔世継榾〕
雲　㊤329*a*〔神楽〕　㊦30*c*〔高千穂神楽〕　161*a*〔天蓋〕　441*b*〔白蓋〕
クモアブリ　㊤960*a*〔千駄焚き〕
蜘蛛合　㊤542*c*〔蜘蛛の喧嘩〕
雲下ろし　㊦441*b*〔白蓋〕
雲下駄　㊤569*b*〔下駄〕
雲助唄　㊦187*c*〔道中唄〕
苦餅　㊦696*a*〔餅搗き〕
• 供物《くもつ》　㊤**541***c*　16*a*〔揚物〕　53 図〔アワ〕　249*b*〔お饗盛り〕　321*b*〔餓鬼飯〕　488*a*〔共食〕　677*c*〔祭壇〕　686*a*〔魚売り〕　742*b*〔塩〕　813 図〔十五夜〕　887*b*〔神饌〕　別刷〈供物〉　㊦377*a*〔初物〕　622*b*〔宮田〕
くもで　㊤749*c*〔敷網〕
• 蜘蛛の糸《くものいと》　㊤**542***b*　307*c*〔怪談〕
蜘蛛の合戦　㊤542*b*〔蜘蛛の喧嘩〕
• 蜘蛛の喧嘩《くものけんか》　㊤**542***b*
蜘蛛淵　㊦474*a*〔淵伝説〕
蜘蛛舞　㊦128*b*〔つく舞〕
クモヤブリ　㊤960*a*〔千駄焚き〕
クモン　㊤900*a*〔ずいき祭〕
• 公役《くやく》　㊤**542***c*　㊦679*c*〔村仕事〕
クヤミ　㊤287*c*〔オヤシマイ〕　600*a*〔香典〕
区有文書　㊤747*c*〔地方史料〕
九曜　㊤414 図〔家紋〕
• 供養《くよう》　㊤**543***a*　782*c*〔祠堂銭〕　953*a*〔線香〕　㊦45*c*〔祟り〕　541*b*〔墓制〕　658*b*〔無縁仏〕　723*b*〔屋敷先祖〕　→追善供養
• 供養田《くようだ》　㊤**543***a*
供養塚　㊤497*c*〔行人塚〕
供養寺　㊤471*b*〔祈禱寺〕
供養塔　㊤97*c*〔板碑〕　227*c*〔追分〕　655*c*〔五輪塔〕　㊦819*c*〔六字名号塔〕
供養料　㊤782*c*〔祠堂銭〕
クラ　㊤536*c*〔熊狩り〕
• 倉《くら》　㊤**543***b*　588*a*〔郷倉〕　649*b*〔小屋〕　㊦219*c*〔土蔵〕　263*a*〔納屋〕
庫　㊤543*b*〔倉〕
蔵　㊤543*b*〔倉〕　㊦249*b*〔長屋門〕　607*c*〔水屋(二)〕
• 鞍《くら》　㊤**544***a*　㊦348*c*〔馬具〕
蔵当　㊤28*c*〔当〕
クラーマー Kramer, Karl-Sigismund　㊦175*b*〔ドイツ民俗学〕
クライドリ　㊦835*c*〔笑い〕
• 海月骨なし《くらげほねなし》　㊤**544***a*
• 暗川《くらごう》　㊤**544***b*
蔵込　㊤588*b*〔郷倉〕
蔵座敷　㊤544*c*〔蔵造〕
クラシェニンニコフ Krasheninnikov, Stepan Petrovich　㊦822*a*〔ロシア民俗学〕
クラシシ　㊤409*a*〔カモシカ〕　→カモシカ
鞍下牛　㊤25*b*〔預け牛〕　㊦別刷〈野良仕事〉
• 倉田一郎《くらたいちろう》　㊤**544***b*　461*c*〔奇人譚〕　464*a*〔北小浦民俗誌〕　㊦632*c*〔民間伝承の会〕
クラタテ　㊤321*a*〔カギヒキ神事〕
鞍知神社(岐阜)　㊤577*b*〔喧嘩祭〕
蔵提燈　㊦108*a*〔提燈〕
グラックマン Gluckman, Herman Max　㊦118*a*〔通過儀礼〕
• 蔵造《くらづくり》　㊤**544***c*　342*c*〔火事〕　431*b*〔瓦葺き〕
蔵仲仕　㊦244*c*〔仲仕〕

グラニュー糖　㊤703b〔砂糖〕
倉の神〔蔵-〕　㊤250c〔屋内神〕 545b〔蔵開き〕
クラ場　㊤536c〔熊狩り〕
倉橋大工　㊦484a〔船大工〕
倉林正次　㊤483a〔饗宴〕
倉番　㊤588a〔郷倉〕
蔵人　㊦209b〔杜氏〕
• 蔵開き《くらびらき》　㊤**545**a 317b〔鏡開き〕 757a〔仕事始め〕 844c〔正月〕
クラヘ　㊤78c〔いざなぎ流〕
競べ馬　㊤561b〔競馬㈠〕 ㊦210b〔年占〕
蔵ボッコ　㊤697c〔座敷わらし〕
蔵前風　㊦117c〔通〕
鞍馬修験道　㊤545b〔鞍馬火祭〕
鞍馬寺(京都)　㊤545b〔鞍馬火祭〕 578a〔験競べ〕 ㊦423a〔毘沙門天〕
「鞍馬の竹切について」　㊦420a〔肥後和男〕
鞍馬の竹伐り会　㊤642b〔護法実〕
• 鞍馬火祭《くらまのひまつり》　㊤**545**b ㊦437c〔火祭〕
蔵物　㊤847b〔商業〕
• 暗闇祭《くらやみまつり》　㊤**545**c ㊦782a〔宵宮〕 820a〔六所祭〕
クラリネット　㊤367c〔楽器〕
蔵ワラシ　㊤697c〔座敷わらし〕
• クラン clan　㊤**546**a 831a〔出自〕
クリ　㊤922c〔瀬〕
• 庫裡《くり》　㊤**546**c
• 栗《くり》　㊤**546**b 56b〔餡〕 638c〔木の実〕 731a〔三度栗〕 827c〔主食〕 916c〔炭〕
繰網　㊤45b〔網漁〕
くり餡　㊤56b〔餡〕
栗植ドキ　㊦200c〔トキ㈠〕
俱利伽羅竜王剣　㊤別刷〈護符〉
クリコ　㊤96b〔磯船〕
• クリスマス Christmas　㊤**546**c ㊦311c〔年中行事㈠〕 579b〔祭〕
栗節供　㊤946b〔節供〕
• 繰出し位牌《くりだしいはい》　㊤**547**a 125b〔位牌〕
栗月見　㊦587c〔豆名月〕 →栗名月
• 刳船〔刳舟〕《くりぶね》　㊤**547**a 96b〔磯船〕 195c〔運搬具〕 429c〔川船〕 505a〔漁船〕 709a〔サバニ〕 972a〔造船儀礼〕 989a〔そりこ船〕 ㊦227a〔どぶね〕 483c〔船大工〕 486c〔船〕
クリマワシ　㊤332b〔家計〕
• グリム兄弟　㊤**547**b ㊦175a〔ドイツ民俗学〕
グリム童話　㊤547c〔グリム兄弟〕
栗名月　㊤134b〔芋名月〕 816b〔十三夜〕 ㊦126a〔月見〕 587b〔豆名月〕
• 刳り物《くりもの》　㊤**547**c
栗焼き餅　㊦695a〔餅〕
繰綿　㊦831b〔棉〕
• 狂い《くるい》　㊤**548**a
狂い者　㊤548a〔狂い〕
来不来滝(岩手)　㊦699a〔物言う魚〕
グルグルマワシ　㊤866b〔除草器〕
黒島口説ち　㊤534b〔口説き〕
クルシュ　㊤550c〔黒潮〕
くるび　㊤447a〔かんな流し〕
• 車《くるま》　㊤**548**a
車井戸　㊦143a〔釣瓶〕
クルマガイ　㊤96b〔磯船〕 300b〔櫂〕 505a〔漁船〕
車借　㊤481b〔牛車〕
車善七　㊤375b〔門付け〕
• 車田〔-植え〕《くるまだ》　㊤**548**b ㊦24b〔田植え〕 622b〔宮田〕 別刷〈野良仕事〉
車大工　㊦4c〔大工〕
車簞笥　㊦608c〔店〕
車止　㊤571a〔結界〕
車長持　㊤258a〔押入れ〕 ㊦247b〔長持〕
• 車人形《くるまにんぎょう》　㊤**548**c ㊦648b〔民俗芸能〕
車引　㊤806c〔車力〕
車馬鍬　㊦566c〔馬鍬〕
車屋　㊦533b〔棒屋〕
クルマ屋さん　㊤478a〔客引〕
車宿　㊤806c〔車力〕
車棒　㊤418c〔唐竿〕
クルミ(産育)　㊤82b〔イジコ〕
クルミ　㊤596b〔香辛料〕 638c〔木の実〕 827c〔主食〕
胡桃膳　㊤952a〔膳〕
久留米絣　㊤351a〔絣〕
グルメブーム　㊤304a〔外食〕
ぐるり植え　㊦16a〔大唐米〕
クルリ棒〔くるり-〕　㊤418b〔唐竿〕 ㊦587a〔豆打棒〕 661b〔麦打唄〕
• クルワ　㊤**549**b
廓　㊦755c〔遊廓〕
廓言葉　㊤147b〔隠語〕
廓七町　㊦755c〔遊廓〕
• 榑〔-木〕《くれ》　㊤**549**b ㊦752b〔山役〕
グレヴェルス　㊦175b〔ドイツ民俗学〕
塊返し　㊦18b〔堆肥〕
クレグシ　㊦670c〔棟〕 →芝棟
クレッツェンバッハー　㊦175b〔ドイツ民俗学〕
腰鼓師　㊤453b〔伎楽〕
呉藍　㊦511c〔紅〕 →紅
クレ葺き　㊤98c〔板屋根〕 ㊦735a〔屋根〕
グレン隊　㊦716b〔ヤクザ〕
クロ　㊤26a〔畦〕
クロ(牛)　㊤245b〔沖言葉〕
• くろ〔クロ〕　㊤**549**b 8b〔あお〕 851c〔象徴〕
黒い牛　㊤459a〔汽車〕
黒牛　㊤156c〔牛〕
黒漆　㊤191c〔ウルシ〕 779a〔漆器〕
黒江塗　㊦843b〔椀船〕
クローバー Kroeber, Alfred Louis　㊤889b〔親族名称・呼称〕 ㊦502b〔文化領域〕 650b〔民俗社会〕 654b〔民俗文化〕
クローバー蜜　㊦369a〔蜂蜜〕
クローブ　㊤596b〔香辛料〕
• クローン Krohn, Julius　㊤**550**a ㊦452c〔フィンランド民俗学〕
• クローン Krohn, Kaarle　㊤**550**a 1a〔アールネ・トンプソンの話型〕 210a〔エフエフシー〕 ㊦452c〔フィンランド民俗学〕 811a〔歴史・地理的方法〕
黒鉄　㊦152b〔鉄〕
黒川銀山(山梨)　㊤513b〔銀山〕
『黒河内民俗誌』　㊤730a〔山村調査〕 954a〔全国民俗誌叢書〕
• 黒川能《くろかわのう》　㊤**550**b 408a〔仮面〕 713b〔猿楽〕 734c〔三番叟〕 741b〔地謡〕 別刷〈仮面〉 ㊦648c〔民俗芸能〕
黒酒　㊤281c〔お神酒〕 542a〔供物〕
黒キ尉　㊤734b〔三番叟〕
黒木戸　㊤470c〔木戸〕
黒木鳥居　㊦233c〔鳥居㈠〕
黒葛　㊤528a〔葛粉〕
クロクワ〔黒鍬〕　㊤79c〔石〕 ㊦444b〔漂泊民〕
• 黒鍬(道具)《くろくわ》　㊤**550**c 554a〔鍬〕
黒駒太子像　㊦10c〔太子信仰〕
黒米　㊤11c〔赤米〕
黒砂糖　㊤43a〔甘味〕 ㊦110c〔調味料〕
黒沢明　㊤197a〔映画〕
黒塩　㊤742b〔塩〕
• 黒潮《くろしお》　㊤**550**c 551a〔黒潮文化〕
黒潮川　㊤550c〔黒潮〕
• 黒潮文化《くろしおぶんか》　㊤**551**a 550c〔黒潮〕
黒潮文化圏　㊤173c〔鰻〕 550c〔黒潮〕
黒潮文化論　㊤366b〔カツオ〕
黒漆喰　㊤387b〔壁〕
黒呪術　㊤826a〔呪術〕 ㊦334a〔呪い〕 569a〔呪い〕
クロスズメバチ　㊦367b〔蜂の子〕
黒簾　㊤914b〔簾〕
黒炭　㊤916c〔炭〕
• 黒住教《くろずみきょう》　㊤**551**b 498a〔教派神道〕 885b〔新宗教〕
黒住宗忠　㊤551b〔黒住教〕
黒瀬川　㊤550c〔黒潮〕
『黒田家譜』　㊤311a〔貝原益軒〕
黒田清輝　㊦390a〔早川孝太郎〕
黒谷川郡頭遺跡(和歌山)　㊤900b〔水銀〕
黒縮緬　㊦341c〔羽織〕
黒作り　㊤743b〔塩辛〕
畦付け《くろつけ》　⇨畦塗り(㊤26c)
クロッケー　㊤564c〔ゲートボール〕

クロッド, E.　㊤73a〔イギリス民俗学〕
黒バエ　㊦341a〔ハエ㈡〕
黒箱　㊦110a〔帳箱〕
黒火　㊤565b〔ケガレ〕
黒姫神社(新潟)　㊦648a〔民俗芸能〕
黒不浄《くろふじょう》　⇨死穢(㊤741c)　㊤7b〔合火〕　549c〔くろ〕　565b〔ケガレ〕　570b〔血穢〕　745c〔塩盛り〕　871b〔白不浄〕　㊦119b〔通過儀礼〕
黒札　㊦780c〔米山信仰〕
黒豚　㊦470c〔豚〕
クロベ　㊦434c〔ヒノキ〕
黒本　㊤212c〔絵本〕
クロ巻き　㊤537a〔熊狩り〕
クロマタ　⇨アカマタ・クロマタ(㊤12a)
クロマツ　㊦573c〔松〕
黒松　㊦116a〔築地松〕
黒豆　㊤691a〔作物禁忌〕
黒御簾　㊤914b〔簾〕
くろめ　㊤191c〔ウルシ〕
• クロモジ〘黒文字〙　㊤**551**c　㊦714c〔焼畑〕　771c〔楊枝〕
• 黒森神楽《くろもりかぐら》　㊤**551**c　60図〔言い立て〕　㊦236図〔採物〕　749c〔山伏神楽〕
黒森神楽衆　㊤551c〔黒森神楽〕
黒森歌舞伎　㊦648c〔民俗芸能〕
黒森神社(岩手)　㊤328a〔神楽〕　551c〔黒森神楽〕　㊦602b〔巫女舞〕
黒焼き　㊤913c〔雀〕
クロヤキイワイ　㊦378a〔初漁祝い〕
• 黒百合姫《くろゆりひめ》　㊤**552**a
「黒百合姫祭文」　㊤552a〔黒百合姫〕
『黒百合姫物語』　㊤552b〔黒百合姫〕
クロヲツム　㊤238b〔大晦日〕
クロンビー Crombie, J. W.　㊤82b〔石蹴り〕
• クワ(アイヌ)　㊤**552**c　㊦508c〔ペウンタンケ〕
クワ(地形)　㊦82b〔地形名〕
• 桑《くわ》　㊤**552**c　554c〔桑切り庖丁〕　639a〔木の実〕　㊦663a〔むけ節供〕　790c〔雷神〕
• 鍬《くわ》　㊤**553**a　252a〔御鍬祭〕　301c〔開墾〕　344b〔貸鍬〕　550c〔黒鍬〕　757a〔仕事始め〕　808c〔収穫〕　907b〔鋤〕　㊦27a〔田打ち〕　319b〔農具〕　497a〔風呂鍬〕　745c〔ヤマドッサン〕　別刷〈野良仕事〉
慈姑田　㊦1b〔田〕
• 鍬入れ《くわいれ》　㊤**554**a　116a〔稲作儀礼〕　420a〔烏勧請〕　651c〔御用始め〕　㊦27b〔田打正月〕　364c〔畑作〕　→田打正月
くわえ箸　㊦833c〔渡箸〕
桑籠　㊤937a〔背負籠〕
• クワガシラ　㊤**554**b　㊦824a〔若勢市〕
鍬頭(戸長)　㊦146b〔定年〕　556b〔本人〕
鍬頭　㊤258c〔オジ・オバ〕
桑川神社(東京)　㊦468表〔富士塚〕
桑刻み器　㊤554c〔桑切り庖丁〕
• 桑切り庖丁《くわきりぼうちょう》　㊤**554**c
鍬先　㊤347c〔鍛冶屋〕
• 食わず芋〘喰わず-〙《くわずいも》　㊤**555**a　603b〔弘法伝説〕　㊦11a〔大師信仰〕　264a〔成らずの桃〕
• 食わず女房〘喰わず-〙《くわずにょうぼう》　㊤**555**a　319a〔柿〕　831b〔呪的逃走〕　㊦181c〔逃竄譚〕
鍬台作り　㊦743b〔山仕事〕
鍬立　㊤554a〔鍬入れ〕
クヮッサヤー　㊤194c〔ウンジャミ〕
桑摘籠　㊤336c〔籠〕
桑名神社(三重)　㊤83c〔石取祭〕
桑名宗社(三重)　㊤83c〔石取祭〕
• 『桑名日記・柏崎日記』《くわなにっきかしわざきにっき》　㊤**555**b
鍬始〘-初め〙　㊤364b〔かちかち山〕　554a〔鍬入れ〕　721a〔三箇日〕　757a〔仕事始め〕
クワリ　㊤837表〔狩猟法〕
貫籍　㊦552c〔本貫〕
• 軍歌《ぐんか》　㊤**555**c　416c〔歌謡〕
『軍歌』　㊤555c〔軍歌〕
「軍艦行進曲」　㊤555c〔軍歌〕
グンギン　㊤14a〔秋葉信仰〕
郡区町村編制法　㊤630c〔戸長〕
群行　㊤104c〔斎宮〕
群婚　㊦462c〔複婚〕
• 軍神《ぐんしん》　㊤**556**a　921b〔諏訪信仰〕
軍人　㊤673b〔在郷軍人会〕
軍神の三神　㊤556a〔軍神〕
• 軍人墓地《ぐんじんぼち》　㊤**556**b
軍神祭　㊤376c〔香取信仰〕
• 燻製《くんせい》　㊤**556**c　900c〔水産加工〕　㊦542a〔保存食〕
• 軍隊《ぐんたい》　㊤**556**c　㊦528a〔方言札〕
クンタン　㊦337b〔灰小屋〕
軍談　㊤598b〔講談〕
クンチ〘くんち〙　㊤14c〔秋祭〕　252a〔おくんち〕　799c〔竜踊り〕　809a〔収穫祭〕
郡中惣代　㊤974a〔惣代〕
軍手　㊦156a〔手袋〕
クンネシサム　㊤806b〔シャモ〕
軍配団扇　㊤413図〔家紋〕
クンピーラ神　㊤666b〔金毘羅信仰〕
群馬県護国神社(群馬)　㊤619a〔護国神社〕
訓民正音　㊦403c〔ハングル〕

け

ケ　⇨ハレ・ケ(㊦401b)　㊤565c〔ケガレ〕　969a〔掃除〕　992c〔村落領域〕　㊦175c〔胴上げ〕　577c〔祭〕　630c〔民間信仰〕
卦　㊦372a〔八卦〕
笥　㊦620a〔土産〕
夏安居　㊤189c〔盂蘭盆会〕
磬　㊤367c〔楽器〕
ゲイ　㊦183c〔同性愛〕
景雲〘慶雲〙　㊦274a〔虹〕
経営日記　㊦278b〔日記〕
『鼇海魚譜』　㊤870b〔白野夏雲〕
• 形骸伝播《けいがいでんぱ》　㊤**557**b　813a〔周圏論〕
境外末社　㊤947c〔摂社〕
• 計画記録《けいかくきろく》　㊤**557**b　520c〔偶然記録〕
鶏眼　㊤153c〔魚の目〕
芸妓　㊤559b〔芸者〕　→芸者
奚琴　㊤613c〔胡弓〕
• 稽古《けいこ》　㊤**557**c
• 敬語《けいご》　㊤**558**a
芸子　㊤559b〔芸者〕　→芸者
慶光院　㊤93a〔伊勢信仰〕
• 芸事《げいごと》　㊤**558**b
稽古始め　㊤320a〔書初〕
稽古屋　㊤558c〔芸事〕
経済更正運動　㊤780c〔実行組合〕
経済的過疎　㊤356c〔過疎化〕
『経済と社会』　㊤493b〔共同体〕
『経済と民間伝承』　㊤544c〔倉田一郎〕
経済ヤクザ　㊦716c〔ヤクザ〕
警察官　㊤840a〔巡査〕
警察出張所　㊤840b〔巡査〕
警察犯処罰令　㊦634b〔民間療法〕
計算器　㊤380c〔曲尺〕
刑事　㊤840b〔巡査〕
• 形式譚《けいしきたん》　㊤**558**c　㊦18b〔タイプ＝インデックス〕
形質人類学《けいしつじんるいがく》　⇨自然人類学(㊦767b)　㊦501a〔文化人類学〕
• 掲示板《けいじばん》　㊤**559**a　589c〔高札場〕　856a〔情報伝達〕
• 芸者《げいしゃ》　㊤**559**b　697c〔座敷芸〕　㊦717b〔役者〕
芸者置屋　㊤687c〔盛り場〕
傾斜畑　㊦361b〔畑〕
稽首　㊤721b〔三跪九叩〕
芸州屋根屋　㊦737a〔屋根屋〕
継承　㊤146b〔隠居分家〕　973c〔相続〕
桂昌院　㊦288c〔女人高野〕

敬神講　㊦ 622b〔宮島講〕
• 系図《けいず》　㊤ **559**b　560a〔系図祭〕　560a〔系図座〕
慶図　㊤ 560b〔系図祭〕
系図祝い　㊤ 560a〔系図祭〕　→系図祭
• 系図座《けいずざ》　㊤ **560**a　382a〔家譜〕　㊦ 682b〔門中〕
ケイズナカマ　㊤ 560b〔系図祭〕
系図まいり　㊤ 202a〔絵系図〕
• 系図祭《けいずまつり》　㊤ **560**a　㊦ 186c〔同族神〕
系図屋　㊤ 560a〔系図〕
傾城　㊤ 375b〔門付け〕
鶏足神社(福島)　㊦ 387 図〔浜降り〕
• 『荊楚歳時記』《けいそさいじき》　㊤ **560**b
携帯電話　㊦ 174a〔電話〕
境内末社　㊤ 947c〔摂社〕
• 啓蟄《けいちつ》　㊤ **560**c　㊦ 275b〔二十四気〕
契沖　㊤ 614b〔国学〕
慶長地震津波　㊦ 135c〔津波〕
結鎮　㊤ 570a〔結鎮〕
ケイトウ　㊦ 87c〔血止め〕
系統展示　㊦ 654a〔民俗展示〕
芸人宿　㊦ 747b〔山の神講〕
• 芸能《げいのう》　㊤ **560**c　220b〔演劇〕　242a〔おかし〕　408a〔仮面〕　882c〔神事芸能〕　㊦ 474b〔仏教芸能〕　492a〔風流〕　647a〔民俗芸能〕　717b〔役者〕
• 芸能史《げいのうし》　㊤ **561**a
芸能者　㊦ 60a〔旅芸人〕　778a〔他所者〕
芸能伝承論　㊤ 561b〔芸能史〕
芸能六斎　㊦ 818c〔六斎念仏〕
• 競馬(祭礼)《けいば》　㊤ **561**b　654a〔娯楽〕
• 競馬(近代)《けいば》　㊤ **561**c　335b〔賭け事〕
刑罰　㊦ 508b〔閉門〕
競馬法　㊤ 561c〔競馬㈡〕
畦畔栽培　㊤ 115b〔稲作〕
『芸備民俗』　㊦ 139b〔坪井洋文〕
• 系譜《けいふ》　㊤ **562**a　66b〔家連合〕　896c〔親類〕　㊦ 184b〔同族〕　471a〔譜代㈠〕
景物茶番　㊦ 94b〔茶番〕
軽粉　㊤ 260b〔白粉〕
• 軽便〔-鉄道〕《けいべん》　㊤ **562**b
軽便鉄道法　㊤ 562b〔軽便〕
軽便鉄道補助法　㊤ 562b〔軽便〕
警防団　㊤ 855c〔消防団〕
• 芸北神楽《げいほくかぐら》　㊤ **562**b　144c〔石見神楽〕
敬宮神事　㊤別刷〈供物〉
ケイヤ　㊤ 183a〔厩〕　→厩
ケイヤク　㊤ 489a〔兄弟契約〕　㊦ 143b〔ツレ〕
• 契約〔ケーヤク〕《けいやく》　㊤ **563**a　㊦ 717b〔約束〕
契約親〔ケイヤクオヤ〕　㊤ 563a〔契約〕　㊦ 725a〔養い親〕
契約会　㊤ 563c〔契約講〕
契約組　㊤ 563c〔契約講〕
ケイヤクゴ　㊤ 563a〔契約〕
• 契約講《けいやくこう》　㊤ **563**b　489a〔兄弟契約〕　㊦ 146b〔亭前〕　315c〔年齢階梯制〕
契約書　㊦ 717c〔約束〕
芸屋台　㊦ 727c〔屋台〕
芸山　㊦ 247a〔長浜曳山祭〕　418b〔曳山〕
競輪《けいりん》　⇨賭け事(㊤ 335a)
系列単婚　㊦ 71c〔単婚〕
敬老慰安会　㊤ 563c〔敬老の日〕
敬老会　㊤ 563c〔敬老の日〕　㊦ 816c〔老人会〕
敬老金　㊤ 563c〔敬老の日〕
• 敬老の日《けいろうのひ》　㊤ **563**c
敬老福祉大会　㊤ 563c〔敬老の日〕
ケウニ　㊤ 552c〔クワ〕
• ケー〔契〕　㊤ **564**a　563b〔契約講〕
• ゲーター祭　㊤ **564**b　㊦ 22b〔太陽崇拝〕
ケエド　㊤ 309a〔垣内〕
• ゲートボール　㊤ **564**c
ゲートル　㊤ 478c〔脚絆〕
ゲーム喫茶　㊤ 467a〔喫茶店〕
ゲーン　㊤ 716c〔サン〕
毛織物　㊤ 290b〔織物〕
• 悔過《けか》　㊤ **565**a　827b〔修正会〕
化外の民　㊦ 444b〔漂泊民〕
ケカチ　⇨飢饉(㊤ 456a)
• ケガレ　㊤ **565**a　484a〔境界〕　672a〔斎戒沐浴〕　㊦ 402a〔ハレ・ケ〕　426b〔左前〕　578a〔祭〕
ケ枯れ　㊤ 566a〔ケガレ〕
穢れ　㊤ 12c〔贖物〕　120c〔犬神人〕　130c〔忌小屋〕　131c〔忌日〕　140c〔イロ着〕　360c〔形代〕　511b〔禁忌〕　570b〔血穢〕　741c〔死穢〕　743c〔潮汲み〕　745a〔潮花〕　745c〔塩盛り〕　㊦ 76a〔血〕　125b〔月小屋〕　219b〔土葬〕　428b〔人形〕　433a〔非人〕　630c〔民間信仰〕　716b〔厄落とし〕
毛皮　㊤ 137c〔衣料〕　426b〔皮〕
毛皮靴　㊦ 761c〔雪靴〕
• 褻着《けぎ》　㊤ **566**b　477a〔着物〕　㊦ 401a〔晴着〕　401c〔ハレ・ケ〕　473a〔ふだん着〕
屐　㊤ 534a〔沓〕
撃毬　㊤ 654a〔娯楽〕
• 劇場《げきじょう》　㊤ **566**c　787c〔芝居〕
外記節　㊦ 611c〔道行〕
• 懸魚《げぎょ》　㊤ **567**a
• 仮境〔化境, 化教〕《けきょう》　㊤ **567**b
外宮神道　㊤ 93b〔伊勢神道〕　→伊勢神道
ケグツ　㊦ 761c〔雪靴〕
毛沓　㊦ 60a〔足袋〕　→貫
毛蚕　㊦ 770a〔養蚕〕
蹴込床　㊦ 206b〔床の間〕
木小屋　㊤ 141a〔色話〕　567b〔木小屋話〕
• 木小屋話《けごやばなし》　㊤ **567**b　709b〔佐兵〕
毛衣女　㊦ 353c〔羽衣伝説〕
華厳寺(岐阜)　㊤ 675 裏〔西国巡礼〕
解斎　㊦ 243b〔直会〕
ゲザイ　㊦ 71a〔炭鉱〕
解斎御粥　㊦ 243b〔直会〕
袈裟掛松　㊤ 673a〔西行伝説〕
袈裟斬り地蔵　㊤ 770b〔地蔵伝説〕
戯作　㊦ 453b〔諷刺〕
ケサゴ　㊦ 510a〔臍の緒〕
袈裟下　㊤ 824b〔修験道〕
下山日待　㊦ 9b〔代参〕
ケシ　㊤ 691a〔作物禁忌〕
• 夏至《げし》　㊤ **567**c　㊦ 141b〔梅雨〕　275b〔二十四気〕　373b〔八節〕
ゲジカケ　㊤ 80c〔石垣〕
気色見　㊦ 365b〔旗振り通信〕
ケシケシ　㊤ 360b〔片足跳び〕
夏至節　㊤ 568a〔夏至〕
芥子玉絞り　㊦ 155a〔手拭〕
消し壺　㊦ 419a〔火消し壺〕
• けしね〔ケシネ〕　㊤ **568**a　53b〔アワ〕　㊦ 401c〔ハレ・ケ〕
ケシネドリ　㊤ 568a〔けしね〕
ケシネバコ　㊤ 568a〔けしね〕　646c〔米櫃〕
ケシネビツ　㊤ 646c〔米櫃〕
化主　㊦ 117a〔追善供養〕
外術　㊦ 150c〔手品〕
化粧　㊤ 568a〔化粧〕
下女　⇨下男・下女(㊤ 574b)　㊤ 867b〔女中〕
• 化粧〔仮装, 仮相〕《けしょう》　㊤ **568**a
化粧(芸能)　㊦ 101a〔中門口〕
• 化粧井〔井戸〕《けしょうい》　㊤ **568**c　568c〔化粧〕
下乗石　㊤ 571a〔結界〕
化粧地蔵　㊤ 770a〔地蔵信仰〕
化粧清水　㊤ 568c〔化粧井〕
化粧水　㊤ 568c〔化粧〕
化粧道具　㊦ 464b〔副葬品〕　484c〔船霊〕
化粧梁天井　㊦ 164b〔天井〕
化粧屋根裏　㊦ 164b〔天井〕
化粧料　㊤ 758c〔持参財〕　→持参財
下女泣かせ　㊦ 447c〔昼寝〕
ケジラミ　㊤ 871b〔シラミ〕
下水道　㊤ 903b〔水道〕
下水路　㊦ 226c〔ドブ〕
• 削り掛け〔ケズリカケ〕《けずりかけ》　㊤ **568**c　111b〔イトゥパ〕　114b〔イナウ〕　165a〔鷽替〕　375a〔門口〕　608b〔牛玉杖〕　624b〔小正月〕　757a〔仕事始め〕　892c〔シンヌラッパ〕　㊦ 700c〔物作り〕　747c〔山の神講〕　→削り花　→ハナ
削り掛けの神事　㊤ 253c〔白朮祭〕　→

白朮祭
削り花〔ケズリバナ〕 ㊤55b〔粟穂・稗穂〕 114b〔イナウ〕 568c〔削り掛け〕 624b〔小正月〕 844b〔正月〕 ㊦370a〔初市〕 382a〔花の内〕 700c〔物作り〕 777a〔予祝儀礼〕 →削り掛け
ケズリマキ ㊦662a〔麦作〕
ケズリモノ〔削物〕 ㊤685c〔肴〕 ㊦438c〔干物〕
ゲゼルシャフト ㊤493a〔共同体〕
気仙大工 ㊦4c〔大工〕
ケソウ ㊤568a〔化粧〕 →化粧
懸想文売り ㊤375a〔門付け〕 634c〔ことぶれ〕
• 下駄《げた》 ㊤**569**b 751a〔仕着せ〕 ㊦346c〔履物〕 388c〔浜下駄〕
ゲダ ㊤574a〔外道〕
ケダイ ㊦616c〔蓑〕
• ケタイ神〔ケダイ-〕 ㊤**569**c →ケライガミ
花台廟 ㊤736b〔三昧〕
桁隠し ㊤567a〔懸魚〕
化他五重 ㊤624a〔五重相伝〕
気多神社(石川) ㊤182c〔鵜祭〕
下駄スケート ㊦347 図〔履物〕
解脱会 ㊤825b〔修験道〕
ケダニ ㊦133b〔ツツガムシ〕
毛谷大明神 ㊦133b〔ツツガムシ〕
下駄箱 ㊤569b〔下駄〕
ケタビ ㊤426c〔皮〕 838 表〔狩猟用具〕
桁引き網 ㊦416b〔引き網〕
桁引き舟 ㊤989a〔そりこ船〕
• 結鎮〔結地, 家鎮, 敬知, 華鎮〕《けち》 ㊤**570**a
結縁寺(和歌山) ㊦288c〔女人高野〕
結縁日 ㊤222a〔縁日〕
• 客比べ《けちくらべ》 ㊤**570**a
結鎮座 ㊤570a〔結鎮〕
ケチ田 ㊤131b〔忌地〕 530a〔くせ地〕 ㊦739a〔病い田〕
ケチ火 ㊤274b〔鬼火㈠〕
• 血脈《けちみゃく》 ㊤**570**b 別刷〈護符〉 ㊦76a〔血〕
ケツアブリ ㊤871c〔尻炙り〕
• 血穢《けつえ》 ㊤**570**b →赤不浄
血穢観 ㊤573c〔血盆経〕
血液型 ㊤189b〔占い師〕
• 血縁《けつえん》 ㊤**570**c 170b〔ウチワ〕 515c〔キンドレッド〕 896c〔親類〕 ㊦78c〔地縁〕
血縁家族 ㊦692a〔モーガン〕
血縁関係 ㊦84a〔血筋〕
• 結界《けっかい》 ㊤**571**a 776b〔七本塔婆〕 ㊦109c〔帳場㈠〕 233b〔鳥居㈠〕 266c〔ナワバリ〕 287c〔女人禁制〕
• 結核《けっかく》 ㊤**571**b ㊦442c〔病気〕
結跏趺坐 ㊤922a〔坐り方〕
月給取り ㊤712a〔サラリーマン〕
血経 ㊤573b〔血判〕
• 月経《げっけい》 ㊤**571**c 121c〔犬聟入り〕 570b〔血穢〕 716b〔さわり〕 717c〔産穢〕 867c〔初潮〕 ㊦123c〔月〕 125a〔月小屋〕
月経帯 ㊤572a〔月経〕
毛付馬 ㊤182a〔馬市〕
結婚《けっこん》 ⇨婚姻(㊤658b) ㊤2b〔相性〕 415a〔カヤカブリ〕 454a〔聞き合わせ〕 476a〔決め酒〕 674c〔再婚〕 811b〔自由結婚〕 ㊦626a〔苗字〕 689b〔モウアシビ〕
結婚式 ㊤669a〔婚礼㈠〕 867b〔所帯びろめ〕 941c〔赤飯〕 ㊦19b〔松明〕 479a〔仏滅〕
• 結婚式場《けっこんしきじょう》 ㊤**572**b
結婚披露宴 ㊤669a〔婚礼㈠〕
潔斎 ㊤292a〔温泉〕 488b〔行水〕 ㊦578a〔祭〕 699b〔物忌〕 →物忌
結社 ㊦181a〔同航海組〕
結衆板碑 ㊤595b〔庚申信仰〕
結衆名簿 ㊤337c〔過去帳〕
血書 ㊤573b〔血判〕
• 結縄《けつじょう》 ㊤**572**c ㊦438b〔紐〕 →藁算
月水 ㊤571c〔月経〕 →月経
月水早流し ㊦43c〔堕胎〕
• 血族《けつぞく》 ㊤**573**a 149b〔姻族〕 896c〔親類〕
ケット ㊤326c〔角巻〕 →角巻
• 血統《けっとう》 ㊤**573**a 707b〔サニ〕 ㊦260a〔名乗り頭〕
結髪 ㊤372a〔鬘〕 396a〔髪油〕 399a〔髪型〕 438b〔簪〕
結髪くずし ㊦604c〔水祝い〕
• 血判《けっぱん》 ㊤**573**b 460c〔起請文〕
• 月餅《げっぺい》 ㊤**573**b
血盆池地獄 ㊦88a〔血の池地獄〕 →血の池地獄
• 『血盆経』《けつぼんきょう》 ㊤**573**c 571c〔月経〕 ㊦49b〔立山地獄〕 76a〔血〕 88a〔血の池地獄〕 125b〔月小屋〕 249c〔流灌頂〕 288c〔女人堂〕
血盆経護符 ㊤570c〔血穢〕
血盆斎 ㊤573c〔血盆経〕
血脈 ㊤570b〔血脈〕 →けちみゃく
欠落 ㊤333c〔駆落〕
欠落久離 ㊤446a〔勘当〕 482c〔久離〕
月令 ㊦310b〔年中行事㈠〕
下手物 ㊦180c〔陶工〕
• 外道〔ゲド, ゲドゥ〕《げどう》 ㊤**574**a 147c〔淫祠邪教〕 256c〔オサキ〕 574a〔外道〕 594a〔荒神〕 ㊦29b〔高神〕 126c〔憑物〕
外道持ち ㊤574a〔外道〕
げなげな話 ㊦408b〔半び〕
• 下男・下女《げなんげじょ》 ㊤**574**b ㊦528c〔奉公人〕
仮寧令 ㊦477a〔服忌令〕
家人 ㊤574c〔下人〕
• 下人《げにん》 ㊤**574**c ㊦528c〔奉公人〕
ケノノケゾメ ㊦614a〔三つ目〕
ケハイ ㊤568a〔化粧〕 →化粧
ケハイケショウ ㊤568b〔化粧〕
夏花 ㊦169c〔天道花〕 →天道花
毛バリ釣り ㊤155b〔ウグイ〕
毛稗 ㊦412c〔ヒエ〕
気比神宮(福井) ㊤263a〔お田植祭〕
ゲビツ ㊤646c〔米櫃〕
ケブダシ ㊦124c〔突上げ二階〕
• 家抱《けほう》 ㊤**574**c 580c〔検地〕 ㊦251a〔名子〕 415c〔被官〕 459a〔賦役〕 471a〔譜代㈡〕
• 毛坊主《けぼうず》 ㊤**575**a 298b〔隠亡〕 ㊦182c〔道場〕
外法・大黒の梯子剃り ㊤236a〔大津絵〕
毛坊道場 ㊦182c〔道場〕
ケボカイ〔ケボケェ〕 ㊤536b〔熊〕 575b〔毛祭〕 ㊦別刷〈山の神〉
ゲマインヴェーゼン ㊤494a〔協同体〕
ゲマインシャフト ㊤492a〔共同体〕 ㊦281c〔日本人㈡〕
『ゲマインシャフトとゲゼルシャフト』 ㊤492a〔共同体〕
ゲマインデ ㊤494a〔協同体〕
ケマウシペ ㊤135b〔イヨイキリ〕 892b〔シントコ〕
• 毛祭《けまつり》 ㊤**575**a 836a〔狩猟儀礼〕
蹴鞠 ㊤485a〔競技〕 654a〔娯楽〕
ケムダシ ㊤575c〔煙出し〕 →煙出し
けむりがえし ㊤575c〔煙出し〕
• 煙出し《けむりだし》 ㊤**575**b ㊦386a〔破風〕 721a〔弥三郎婆〕 777c〔寄せ棟〕
ケムリヌキ ㊤575c〔煙出し〕 →煙出し
煙抜間歩 ㊦584a〔鉱〕
• 獣道《けものみち》 ㊤**575**c 836c〔狩猟法〕
• 下屋《げや》 ㊤**576**b
ケヤキ ㊤684c〔境木〕 ㊦143b〔ツレ〕
• ケヤキ姉妹〔-キョウダイ〕 ㊤**576**b 489c〔兄弟分〕 ㊦669a〔娘組〕
ケヤク ㊤489a〔兄弟契約〕 490a〔兄弟分〕 563a〔契約〕 ㊦202c〔得意〕 209c〔ドシ〕
下屋造 ㊤576b〔下屋〕
ケラ ㊦616c〔蓑〕
鉧 ㊦45b〔鑪〕 152b〔鉄〕
ケラーマン Kellermann, Ingeborg Weber ㊦175b〔ドイツ民俗学〕
ケライ ㊦503a〔分家〕
家来 ㊤425c〔家例〕
ケライガミ〔家来神〕 ㊤569c〔ケタイ神〕

家来百姓　㊤ 658a〔コワキ〕
鏺押　㊦ 45b〔鑪〕
螻羽　㊤ 509c〔切り妻〕
化粧坂　㊤ 568c〔化粧〕 684b〔坂〕
化粧坂の少将　㊤ 979c〔曾我兄弟〕
• 拳《けん》　㊤ **576**c 654a〔娯楽〕
乾　㊦ 372a〔八卦〕
ゲン　㊦ 778b〔予兆〕
懸衣翁　㊤ 727c〔三途の川〕 ㊦ 47b〔奪衣婆〕
『蘐園随筆』　㊤ 904a〔随筆〕
• 喧嘩《けんか》　㊤ **577**a 269a〔踊り〕
懸崖　㊦ 554c〔盆栽〕
源覚寺(東京)　㊤ 224b〔閻魔〕
けんか七夕　㊤ 577a〔喧嘩〕
• 喧嘩祭《けんかまつり》　㊤ **577**b 577a〔喧嘩〕 977a〔双分制〕 ㊦ 483b〔舟競争〕 820b〔六所祭〕
元嘉暦　㊤ 652 表〔暦〕
• 玄関《げんかん》　㊤ **577**c 207b〔胞衣〕 751b〔式台〕
阮咸　㊤ 367b〔楽器〕
研究室内実測調査法　㊤ 781a〔実測調査〕
検校　㊦ 111c〔長吏〕 →長吏
• 験競べ〔験競，験比べ〕《げんくらべ》　㊤ **577**c 223a〔延年〕 313b〔蛙飛び〕 ㊦ 360a〔柱松〕 450b〔火渡り〕 548b〔法螺〕
賢慶坊塚(群馬)　㊦ 750 図〔山伏塚〕
剣劇　㊦ 12a〔大衆演劇〕
ケンケト　㊦ 390c〔囃し(一)〕
ケンケン　㊤ 360b〔片足跳び〕
言語　㊦ 526a〔方言〕
言語遊び　㊦ 253a〔謎〕
言語学　㊦ 501a〔文化人類学〕
『建国神話論考』　㊦ 603b〔三品彰英〕
• 言語芸術《げんごげいじゅつ》　㊤ **578**a 602c〔口碑〕 877c〔心意〕 ㊦ 280b〔日本語〕 633a〔民間伝承論〕 684b〔命名〕
• 言語地理学《げんごちりがく》　㊤ **578**a 321c〔蝸牛考〕 ㊦ 527b〔方言地図〕
撿骨　㊦ 116a〔摯骨〕
撿骨士　㊦ 116a〔摯骨〕
言語島　㊦ 526b〔方言〕
『言語にとって美とはなにか』　㊤ 492a〔共同幻想〕
源五郎の天昇り　㊤ 237b〔大話〕 ㊦ 582c〔まのよい猟師〕
ゲンゴロウブナ　㊦ 481a〔フナ〕
源五郎鮒　㊤ 663b〔権五郎伝説〕
• ゲンサイ　㊤ **578**b ㊦ 252b〔馴染〕 813a〔恋愛結婚〕
ゲンサイアソビ　㊦ 252b〔馴染〕
けんさき提燈　㊦ 108a〔提燈〕
剣先鉈　㊦ 253b〔鉈〕 741a〔山刀〕
拳酒　㊤ 576c〔拳〕
• 見参《げんざん》　㊤ **578**c ㊦ 272a〔荷送り〕 →げんぞう
ケンシ(さんか)　㊤ 718a〔さんか〕
ケンシ　㊦ 252b〔馴染〕
• 原始共産制《げんしきょうさんせい》　㊤ **578**c 486b〔共産村落〕
原始共同体　㊤ 578c〔原始共産制〕
『原始漁法の民俗』　㊦ 692b〔最上孝敬〕
『原始経済の研究』　㊤ 908c〔杉浦健一〕
源氏香図　㊤ 414 図〔家紋〕
元始祭　㊤ 676c〔祭日〕
『原始宗教の構造と機能』　㊦ 494b〔古野清人〕
元始天尊　㊦ 177b〔道教〕
原始機　㊤ 290a〔織物〕 ㊦ 361c〔機織〕
『原始文化』　㊦ 22c〔タイラー〕
『原始文化の探究』　㊦ 494b〔古野清人〕
ゲンジボタル　㊦ 543a〔蛍〕
見者　㊤ 798c〔シャーマニズム〕
源氏屋さん　㊤ 478a〔客引〕
験術　㊦ 450a〔火渡り〕
眼象　㊦ 580b〔窓〕
元宵祭　㊤ 840c〔春節〕
『原初の民会』　㊤ 645a〔ゴム〕
原始乱婚制　㊦ 375a〔バッハオーフェン〕
源信　㊤ 163a〔牛祭〕 →恵心僧都
• 県人会《けんじんかい》　㊤ **579**b 132b〔移民(二)〕
• 県人会(日系)《けんじんかい》　㊤ **579**c ㊦ 181a〔同航海組〕 797c〔リトル東京〕
ケンズイ　㊤ 442a〔間食〕 862a〔食事〕
建水　㊦ 567 図〔曲物〕
拳相撲　㊤ 577a〔拳〕
現世　㊦ 28b〔他界観〕 791a〔来世観〕
玄静院(東京)　㊦ 370a〔初亥〕
玄清法印法流　㊤ 765b〔地神盲僧〕
• 現世利益《げんぜりやく》　㊤ **580**a ㊦ 716c〔薬師信仰〕
源泉権　㊤ 292c〔温泉権〕
ゲンゾ　㊤ 578c〔見参〕
玄草　㊦ 633 表〔民間薬〕 →ゲンノショウコ
見参　㊦ 376b〔初聟入り〕 →けんざん
還相回向　㊤ 202b〔回向〕
ゲンゾウマイリ　㊤ 578c〔見参〕
• 眷属《けんぞく》　㊤ **580**a ㊦ 602c〔みさき〕
眷属神　㊤ 226b〔オイツキサマ〕 ㊦ 366a〔八王子社〕
犬祖伝説　㊤ 771a〔始祖伝説〕
ケンタ　㊦ 806c〔リン場〕
見台　㊤ 323c〔家具〕
現代伝説　㊤ 944a〔世間話〕 ㊦ 213c〔都市伝説〕 656a〔民話〕 799c〔流言蜚語〕
兼帯道場　㊦ 182c〔道場〕
「現代風俗」　㊤ 589a〔考現学〕
『現代フランス民俗入門』　㊦ 490c〔フランス民俗学〕 512c〔ヘネップ〕
現代民話　㊦ 656a〔民話〕
検断　㊦ 228c〔友子〕 259c〔名主〕
• 減反政策《げんたんせいさく》　㊤ **580**b 114c〔イナゴ〕
• 検地《けんち》　㊤ **580**c
• 建築儀礼《けんちくぎれい》　㊤ **581**a ㊦ 4c〔大工〕
検地帳　㊤ 580c〔検地〕
現地調査《げんちちょうさ》　⇨民俗調査(㊦ 652c) ㊤ 738b〔参与観察〕
玄冲塚(福岡)　㊦ 751a〔山伏塚〕
限定交換　㊤ 623c〔互酬性〕
献燈　㊤ 857a〔照明〕
幻燈　㊤ 171c〔写し絵〕
慳貪箱　㊦ 156c〔出前〕
ゲンナオシ　㊤ 218c〔縁起かつぎ〕 ㊦ 594c〔マンナオシ〕
堅縄　㊦ 265c〔縄〕
ゲンノウ　㊤ 85b〔石屋〕
玄翁和尚〔玄能-〕　㊤ 947c〔殺生石〕
ゲンノショウコ　㊦ 633 表〔民間薬〕 634b〔民間療法〕
• 剣舞〔顕拝〕《けんばい》　㊤ **581**b 548a〔狂い〕
現場実測調査方法　㊤ 781a〔実測調査〕
懸盤　㊤ 323c〔家具〕
• 元服《げんぷく》　㊤ **582**a 211c〔烏帽子〕 931c〔成年式〕 ㊦ 118c〔通過儀礼〕 210a〔年祝い〕 448b〔披露〕 494b〔振舞い〕 774b〔幼名〕
• 元服親《げんぷくおや》　㊤ **582**b 212a〔烏帽子親・烏帽子子〕 288a〔親分・子分〕 582a〔元服〕 582b〔元服親〕 931c〔成年式〕
元服子　㊤ 582b〔元服親〕
玄武神社(京都)　㊦ 727c〔やすらい祭〕
「源平軍談」　㊤ 534b〔口説き〕
源平拳　㊤ 577a〔拳〕
ケンベエ〔剣舞，顕拝〕　㊤ 581b〔剣舞〕
憲法記念日　㊤ 610b〔ゴールデン＝ウィーク〕
憲法結婚　㊤ 572b〔結婚式場〕
剣鉾　㊦ 751b〔山鉾〕
剣鉾祭　㊦ 751b〔山鉾〕
玄米　㊤ 645c〔米〕
げんまん　㊦ 765c〔指切り〕 →指切り
• 県民性《けんみんせい》　㊤ **582**b ㊦ 335b〔パーソナリティ〕 456a〔風土〕 697c〔モッコス〕
• ケンムン〔木ンムン〕　㊤ **582**c 458c〔キジムナー〕 629c〔木霊〕
ケンムン坐り　㊤ 583a〔ケンムン〕
験力　㊤ 577c〔験競べ〕
権力者　㊤ 394b〔神〕
建礼門院　㊤ 278b〔大原女〕
見連　㊦ 410a〔贔屓〕
元禄地震　㊦ 135c〔津波〕
元禄袖　㊤ 983c〔袖〕

こ

コ　㊤786a〔地主・小作〕
呉　㊦190b〔豆腐〕　→呉汁
碁《ご》　⇨囲碁(㊤75c)　㊤485a〔競技〕
小揚　㊤342a〔河岸〕　㊦244c〔仲仕〕
小字　㊤17b〔字〕　232a〔大字〕　㊦138b〔坪〕
子あずけ観音　㊦43c〔堕胎〕
小歩き　㊤758a〔自在鈎〕
• コイ　㊤**583**b　155c〔筌〕　432b〔川漁〕　㊦582b〔組開き〕
ゴイ　㊦773b〔揚水器〕
コイアミ　㊤790a〔柴漬け漁〕
濃口醬油　㊤859a〔醬油〕
コイグラ　㊤610a〔氷〕
小池直太郎　㊦822c〔炉辺叢書〕
小池祭　㊤941c〔赤飯〕
コイコク　㊤583b〔コイ〕
碁石茶　㊦91c〔茶〕　92b〔茶粥〕
小石丸　㊤730c〔蚕種〕
コイシン　㊤105b〔イッケ〕　148c〔姻戚〕
小泉セツ　㊦793c〔ラフカディオ＝ハーン〕
小泉鉄　㊦642c〔民俗学㈡〕
小泉八雲　㊦793c〔ラフカディオ＝ハーン〕
鯉抱　㊤432b〔川漁〕
• 小一郎神〘-さま，小市郎，小市領，今日霊，古一老，古一霊，魂一郎，混一郎，濃血霊，木一郎，九市郎〙《こいちろうがみ》　㊤**583**c　㊦722c〔屋敷神〕
小一郎藪　㊤583c〔小一郎神〕
コイドラヨメ　㊦560c〔マエカケヨメドリ〕
コイトリマーシャン　㊤915c〔素捕り〕
乞庭　㊤686b〔坂の者〕
鯉のぼり〘-幟〙　㊤627a〔五節供〕　㊦71b〔端午節供〕　328b〔幟〕　373c〔初節供〕
コイバシアゲ　㊤613a〔扱上げ祝い〕
濃いヨリキ　㊦788a〔ヨリキ〕
コイワイ　㊤636c〔事八日〕
小岩井牧場　㊦562a〔牧〕
小岩神社(東京)　㊦468 表〔富士塚〕
• 孝《こう》　㊤**583**c　771c〔子孫〕　㊦97a〔忠〕
香　㊤953a〔線香〕
• 講《こう》　㊤**584**a　41b〔尼講〕　66c〔家連合〕　160b〔氏子〕　564a〔ケー〕　587c〔講組〕　594c〔庚申講〕　600b〔講田〕　640b〔古峰ヶ原講〕　676b〔祭祀組織〕　977c〔総参り〕　㊦9a〔代参〕　20b〔題目講〕　59c〔旅〕　166b〔天神講〕　264c〔成田山〕　314a〔念仏講〕　437a〔日待〕　466c〔富士講〕　667c〔無常講〕　710b〔門徒〕
簧　㊦458b〔笛〕
• 郷《ごう》　㊤**584**c
コウイ　㊤649b〔小屋〕　→小屋
• 『甲寅叢書』《こういんそうしょ》　㊤**585**a　㊦822b〔炉辺叢書〕
豪雨　㊤46a〔雨〕
黄衣　㊤785a〔神人〕
講会　㊤600b〔講田〕
広栄座　㊦334b〔のろま人形〕
• 交易《こうえき》　㊤**585**a　133c〔鋳物師〕　312a〔海民〕　744b〔塩の道〕　㊦358c〔場所請負制〕　665a〔無言交易〕
交易港　㊦615c〔港〕
『広益国産考』　㊦322c〔農書〕
コウエン　㊤297a〔女のよばい〕　649b〔小屋〕　→小屋
• 公園《こうえん》　㊤**585**c
高円寺阿波踊り　㊤54b〔阿波踊り〕
後援者　㊦410a〔贔屓〕
口演童話運動　㊦5b〔大工と鬼六〕
香園寺(愛媛)　㊦519 表〔遍路〕
後架　㊦515c〔便所〕　→便所
コウガイ　㊦544c〔穂摘具〕
• 笄《こうがい》　㊤**586**a　438c〔簪〕
蝗害　㊤114c〔イナゴ〕　775a〔七人塚〕
郊外住宅　㊦500b〔文化住宅〕
• 航海術《こうかいじゅつ》　㊤**586**a
航海神　㊤58c〔アンバサマ〕
公会堂　㊦681c〔村寄合〕
小鵜飼船　㊤430a〔川船〕
笄棟　㊦670c〔棟〕
羹臛　㊤873c〔汁物〕
口角炎　㊤420c〔烏の灸〕
合格祈願　㊤454a〔祈願〕
甲掛　㊦347 図〔履物〕
• 甲賀三郎《こうがさぶろう》　㊤**586**c
郷貸　㊤231a〔近江商人〕
コウカマイリ　㊤948c〔雪隠参り〕
• 交換《こうかん》　㊤**587**a　974b〔贈答〕
合巻　㊤213a〔絵本〕
皇漢医学　㊤449b〔漢方〕　→漢方
睾丸炎　㊤351c〔風邪〕
高岩寺(東京)　㊦204c〔とげぬき地蔵〕　→とげぬき地蔵
行気　㊤887c〔神仙思想〕
公儀　㊦679c〔村仕事〕
合器　㊤612c〔御器〕　→椀
工業　㊤825b〔手工業〕
興行　㊤443b〔勧進元〕
工業化　㊤514c〔近代化〕
• 興行師《こうぎょうし》　㊤**587**b
口琴　㊦669b〔ムックリ〕
香具師　㊦149b〔てき屋〕　→てき屋
• 講組《こうぐみ》　㊤**587**c　㊦177b〔同行〕　667c〔無常講〕　678b〔村組〕
講組結合　㊤66b〔家連合〕　587c〔講組〕　993a〔村落類型論〕
講蔵　㊤590c〔講中㈠〕
• 郷倉〘郷蔵〙《ごうぐら》　㊤**588**a　463b〔義倉〕　585a〔郷〕　㊦542b〔保存食〕
• コウゲ　㊤**588**b　㊦82b〔地形名〕
『工芸』　㊦638a〔民芸〕
『広恵済急方』　㊦633b〔民間薬〕
工芸作物　㊤435c〔換金作物〕
• 後見〘-制〙《こうけん》　㊤**588**b　㊦246a〔中継相続〕　→うしろみ
• 考現学《こうげんがく》　㊤**588**c　669c〔今和次郎〕　924c〔生活学〕　㊦455b〔風俗測定〕
『考現学採集』　㊤589a〔考現学〕　669c〔今和次郎〕
孝行　㊤583c〔孝〕　→孝
孝行の巻　㊤540c〔組踊り〕
• 考古学《こうこがく》　㊤**589**a　㊦649b〔民族考古学〕
皇国殖民会社　㊤340c〔笠戸丸〕
庚午年籍　㊤626c〔戸籍〕
交際　㊦123c〔つきあい〕
広済寺(千葉)　㊤507c〔鬼来迎〕
『広済寺鬼堂略縁起』　㊤507c〔鬼来迎〕
交叉イトコ　㊤112a〔イトコ〕　889 表〔親族名称・呼称〕
交差イトコ婚《こうさいとここん》　⇨イトコ婚(㊤112c)
• コウザキ〘コウザケ〙　㊤**589**c　836a〔狩猟儀礼〕　836b〔狩猟信仰〕　876c〔銀鏡神楽〕
耕作当　㊤28c〔当〕
耕作手間　㊤658a〔コワキ〕
高札　㊤589c〔高札場〕　856a〔情報伝達〕
• 高札場《こうさつば》　㊤**589**c　559a〔掲示板〕
格狭間〘香狭間窓〙　㊦580b〔窓〕
鉱山　㊤513b〔銀山〕　㊦742c〔山師〕
鉱山師　㊦10c〔太子信仰〕　444b〔漂泊民〕
甲山寺(香川)　㊦519 表〔遍路〕
鉱山図　㊤926a〔生業絵馬〕
鉱山町　㊦208c〔都市〕
鉱山山師　㊦738a〔山〕
• 格子《こうし》　㊤**589**c　㊦796a〔欄間〕
コウジ〘小路〙　㊤309a〔垣内〕　㊦678a〔村組〕
公示　㊤856a〔情報伝達〕
• 麴《こうじ》　㊤**590**a　41c〔甘酒〕　㊦627c〔味醂〕
合子　㊤612c〔御器〕
強市　㊤975b〔相場〕
郷士　㊦488a〔麓〕
香資受帳　㊤600c〔香典帳〕
コウシオトシ　㊦834b〔罠〕
郷士株　㊤383a〔株〕

こうじ主任　㊦209*b*〔杜氏〕
格子状都市　㊤821*c*〔集落〕
『郷士制度の研究』　㊤276*a*〔小野武夫〕
孝子譚　㊦774*c*〔養老の滝〕
麴漬　㊦130*a*〔漬物〕
格子戸　㊦174*b*〔戸〕
郷士年寄　㊦488*a*〔麓〕
• 孔子廟《こうしびょう》　㊤**590***b*
麴町五吉　㊤956*a*〔千社参り〕
麴町天神(東京)　㊦215*c*〔年の市〕
格子窓　㊦580*b*〔窓〕
麴室　㊦682*a*〔室〕
絞車　㊦821*c*〔轆轤〕
郷社　㊤159*a*〔氏神〕　802*a*〔社格〕
講釈　㊦777*b*〔寄席〕
講釈場　㊤598*c*〔講談〕
郷社定則　㊤159*a*〔氏神〕
講衆　㊦177*c*〔同行〕
• 講中(仏教)《こうじゅう》　㊤**590***c*　567*b*〔仮境〕
• 講中(村落)《こうじゅう》　㊤**591***a*　540*a*〔組合㈡〕
甲州芋　㊤801*b*〔ジャガイモ〕
• 江州音頭《ごうしゅうおんど》　㊤**591***a*　363*c*〔語りもの〕　428*c*〔河内音頭〕　681*c*〔祭文語り〕
江州商人　㊤231*a*〔近江商人〕　→近江商人
江州鋤　㊤907*c*〔鋤〕
講集団　㊦138*c*〔坪〕　165*c*〔伝承母体〕
甲州枡　㊦570*a*〔枡〕
講中山　㊤590*c*〔講中㈠〕
公衆浴場　㊤961*a*〔銭湯〕
江州葦　㊦775*c*〔ヨシ〕
口述史　㊤241*a*〔オーラル＝ヒストリー〕
口述の生活史　㊦217*a*〔都市民俗〕
堠槐の制　㊤104*a*〔一里塚〕
• 口上《こうじょう》　㊤**591***b*　60*b*〔言い立て〕　㊦417*b*〔引き札〕
• 工場《こうじょう》　㊤**591***c*
光定　㊤83*b*〔石鎚山信仰〕
高照院(香川)　㊦519 表〔遍路〕
口上売り　㊦46*a*〔立売り〕
『工商技芸・看板考』　㊦635*c*〔民具〕
光勝寺(京都)　㊦367*a*〔鉢叩き〕
高勝寺(栃木)　㊤144*b*〔岩船地蔵〕
郷照寺(香川)　㊦519 表〔遍路〕
杭上住居　㊦32*b*〔高床住居〕
工場処女会　㊤865*b*〔処女会〕
口上茶番　㊦94*b*〔茶番〕
口上人　㊤591*b*〔口上〕
口上人形　㊤591*c*〔口上〕
『口承文学』　㊦623*c*〔宮本常一〕
• 口承文芸《こうしょうぶんげい》　㊤**592***c*　363*c*〔語りもの〕　578*a*〔言語芸術〕　601*a*〔口頭伝承〕　602*c*〔口碑〕　638*a*〔諺〕　943*c*〔世間話〕　㊦167*a*〔伝説〕
好色本　㊦455*c*〔風俗統制〕
• 公所・幇《こうしょパン》　㊤**593***b*　㊦97*c*〔中華会館〕
庚申　㊤594*c*〔庚申講〕　595*a*〔庚申信仰〕
降神　㊤441*b*〔勧請〕
• 荒神〔-サマ，-様〕《こうじん》　㊤**593***c*　70*b*〔行き会い神〕　158*a*〔牛神〕　162*b*〔丑の稲〕　170*a*〔ウッガン〕　391*a*〔竈神〕　394*b*〔神〕　594*b*〔荒神神楽〕　601*b*〔神殿〕　642*c*〔ゴマ〕　690*b*〔作神〕　765*c*〔地神盲僧〕　㊦16*c*〔台所〕　205*c*〔土公神〕　535*c*〔穂掛け〕　706*c*〔森神〕　722*c*〔屋敷神〕　737*a*〔藪神〕　766*a*〔弓神楽〕　807*c*〔留守神〕
後進植え　㊦別刷〈野良仕事〉
『庚申縁起』　㊤595*b*〔庚申信仰〕
• 荒神神楽《こうじんかぐら》　㊤**594***b*　328*b*〔神楽〕　392*b*〔竈祓え〕　396*a*〔神遊び〕　398*a*〔神おろし〕　594*a*〔荒神〕　596*a*〔荒神祓え〕　601*c*〔神殿〕　㊦205*c*〔土公神〕　766*b*〔弓神楽〕
• 庚申講《こうしんこう》　㊤**594***c*　563*b*〔契約〕　584*b*〔講〕　595*a*〔庚申信仰〕　㊦126*a*〔月待〕
『荒神祭文』　㊤78*c*〔いざなぎ流〕
孝真寺(石川)　㊤632*b*〔骨仏〕
荒神鎮め　㊤594*a*〔荒神〕
• 庚申信仰《こうしんしんこう》　㊤**595***a*　594*c*〔庚申講〕　714*b*〔猿田彦〕　715*a*〔サルマヤ〕　715*b*〔猿まわし〕　㊦177*b*〔道教〕
荒神信仰　㊤665*a*〔金神〕
荒神墨　㊤593*c*〔荒神〕
庚申石幢　㊤595*c*〔庚申塔〕
荒神棚　㊤596*a*〔荒神祓え〕
庚申塚　㊦122*b*〔塚〕
• 庚申塔《こうしんとう》　㊤**595***c*　595*a*〔庚申信仰〕　712*b*〔猿〕　714*b*〔猿田彦〕
江深淵　㊤727*b*〔三途の川〕
荒神柱　㊤596*a*〔荒神祓え〕
• 荒神祓え〔-祓い〕《こうじんばらえ》　㊤**596***a*　392*b*〔竈祓え〕　593*c*〔荒神〕　706*a*〔里修験〕　745*a*〔潮花〕　㊦690 図〔盲僧琵琶〕　714*b*〔家祈禱〕　→竈祓え
荒神琵琶　㊤596*a*〔荒神祓え〕
後進部落　㊦421*b*〔被差別部落〕
荒神木　㊤594*a*〔荒神〕
荒神舞　㊤594*b*〔荒神神楽〕　→荒神神楽
庚申待　㊤594*c*〔庚申講〕　595*b*〔庚申信仰〕　595*c*〔庚申塔〕　㊦437*a*〔日待〕
庚申待板碑　㊤595*b*〔庚申信仰〕　595*c*〔庚申塔〕
荒神松　㊤391*a*〔竈神〕　596*a*〔荒神祓え〕
荒神祭　㊤392*b*〔竈祓え〕　765*b*〔地神もうし〕
庚申無尽　㊤595*b*〔庚申信仰〕
荒神申し　㊤765*b*〔地神もうし〕
荒神森　㊤594*a*〔荒神〕
荒神藪　㊤594*a*〔荒神〕
• 香辛料《こうしんりょう》　㊤**596***a*
公図　㊤17*c*〔字〕
• 洪水《こうずい》　㊤**596***b*　173*b*〔鰻〕　456*a*〔飢饉〕　870*c*〔白髭水〕　㊦607*b*〔水屋㈡〕　611*c*〔水塚〕　→水害
洪水神話　㊤971*c*〔創世神話〕
• 洪水伝説《こうずいでんせつ》　㊤**596***c*
コウスキ　㊤837*c*〔狩猟用具〕
合成小屋組　㊤650*b*〔小屋組〕
合成染料　㊦956*c*〔染色〕
合成地名　㊦91*a*〔地名〕
合成紐　㊦438*b*〔紐〕
『鉱石集』　㊤804*c*〔沙石集〕
鉱石用摺臼　㊤163*c*〔臼〕
公設市場　㊤別刷〈市〉
香煎　㊦373*c*〔はったい粉〕
香銭　㊤600*a*〔香典〕
鋼船　㊦487*b*〔船〕
• コウゾ〔楮〕　㊤**597***a*　401*c*〔紙漉き〕　㊦298*c*〔布〕　613*b*〔ミツマタ〕
• 構造・機能主義《こうぞうきのうしゅぎ》　㊤**597***b*　473*b*〔機能主義〕　800*a*〔社会構造〕
構造機能主義的人類学　㊦793*c*〔ラドクリフ＝ブラウン〕
構造・機能分析　㊤597*b*〔構造・機能主義〕
高蔵寺(千葉)　㊤224*b*〔縁結び〕
• 構造主義《こうぞうしゅぎ》　㊤**597***c*　800*a*〔社会構造〕　㊦794*a*〔ラング＝パロール〕
構造船　㊤547*b*〔刳船〕　㊦486*c*〔船〕
構造展示　㊦654*a*〔民俗展示〕
楮紙　㊤401*c*〔紙漉き〕　597*a*〔コウゾ〕
豪族屋敷　㊤436*c*〔環濠集落〕
豪族屋敷村　㊦302*a*〔ネゴヤ〕
講組織　㊤969*a*〔相互扶助〕
コウソマツリ　㊤187*b*〔ウヤンコー〕
小唄《こうた》　⇨芸事(㊤558*b*)　㊤598*a*〔小歌〕
• 小歌《こうた》　㊤**598***a*　416*c*〔歌謡〕　540*b*〔組歌〕
皇大神宮　㊤896 図〔神明造〕
交代制　㊤952*b*〔選挙〕
• 小歌踊り《こうたおどり》　㊤**598***b*　㊦6*b*〔太鼓踊り〕　648*a*〔民俗芸能〕
荒沢寺(山形)　㊤223*a*〔延年〕
郷田洋文　㊦別刷〈民俗学史〉　→坪井洋文
小歌舞　㊤858*a*〔唱門師〕
• 講談《こうだん》　㊤**598***b*　㊦828*b*〔話芸〕
コウチ(集落)　㊤309*a*〔垣内〕　→コーチ
コウチ(地名)　㊤428*c*〔カワチ〕
• 耕地《こうち》　㊤**598***c*　52*c*〔荒地〕　609*c*〔コーチ〕　㊦361*a*〔畑〕　363*c*〔畠〕　678*a*〔村組〕　796*b*〔陸田〕
宏智聚覚　㊤262*b*〔恐山〕
• 耕地整理《こうちせいり》　㊤**599***b*

・耕地整理組合《こうちせいりくみあい》 ㊤ **599c**
耕地整理法 ㊤ 599c〔耕地整理〕 599c〔耕地整理組合〕
弘智法師 ㊦ 597a〔ミイラ〕
河内祭 ㊦ 483b〔舟競争〕
紅茶 ㊦ 91c〔茶〕
膠着語 ㊦ 280a〔日本語〕
コウチュウ ㊤ 969c〔葬式組〕
講帳 ㊤ 590c〔講中(一)〕
コウデ ㊤ 988b〔ソラ腕〕
黄帝 ㊤ 893a〔神農〕 →神農
『校訂おもろさうし』 ㊤ 127a〔伊波普猷〕
・香典〔香奠〕《こうでん》 ㊤ **600a** 108c〔一俵香典〕 287c〔オヤシマイ〕 508b〔義理〕 600c〔香典帳〕 818a〔シュウトギリ〕 879b〔仁義(二)〕 974c〔贈答〕 ㊦ 124b〔つきあい〕 511a〔別帳場〕 678c〔村香典〕
・講田《こうでん》 ㊤ **600b** 160c〔氏子〕 499a〔共有財産〕 ㊦ 622b〔宮田〕
香典返し ㊤ 600b〔香典〕 600c〔香典帳〕 ㊦ 225c〔鳶職〕
・香典帳《こうでんちょう》 ㊤ **600c** 600b〔香典〕 879b〔仁義(二)〕 ㊦ 109c〔帳場(二)〕 524c〔奉加帳〕 719a〔役割帳〕
香典場 ㊦ 109c〔帳場(二)〕 →帳場
河戸 ㊤ 342a〔河岸〕
コウトウ ㊤ 598c〔耕地〕
叩頭 ㊤ 721b〔三跪九叩〕
香道 ㊤ 654a〔娯楽〕
合同家族 ㊦ 462b〔複合家族〕
講道場 ㊦ 182c〔道場〕
強盗頭巾 ㊤ 909a〔頭巾〕
・口頭伝承《こうとうでんしょう》 ㊤ **601a** ㊦ 164c〔伝承〕
『紅頭嶼土俗報告』 ㊦ 234a〔鳥居龍蔵〕
幸徳井家 ㊤ 652a〔暦〕
豪徳寺(東京) ㊤ 290c〔お礼参り〕 ㊦ 582b〔招き猫〕
孝徳天皇 ㊤ 482a〔牛乳〕
・高度経済成長《こうどけいざいせいちょう》 ㊤ **601a** 356c〔過疎化〕
神門寺(埼玉) ㊦ 86 表〔秩父巡礼〕
后土神 ㊤ 323b〔華僑墓地〕
・神殿《こうどの》 ㊤ **601b** 328c〔神楽〕 594b〔荒神神楽〕 886a〔神職〕 ㊦ 161a〔天蓋〕 621c〔宮座〕 →舞殿
高殿 ㊤ 601c〔神殿〕 731b〔山内〕 ㊦ 45a〔鑪〕
郷中普請 ㊦ 679c〔村仕事〕
神庭 ㊦ 30c〔高千穂神楽〕
神庭固め ㊦ 30c〔高千穂神楽〕
光念寺(京都) ㊦ 727b〔やすらい祭〕
工野儀兵衛 ㊤ 47b〔アメリカ村〕
鴻巣赤物 ㊦ 67b〔達磨〕
鴻の卵 ㊦ 191b〔動物報恩譚〕
業秤 ㊤ 778c〔十界修行〕
国府祭 ㊦ 820a〔六所祭〕
神峰寺(高知) ㊦ 519 表〔遍路〕
香の物 ㊦ 129b〔漬物〕
紺灰 ㊦ 339c〔灰屋〕
購買組合 ㊤ 721b〔産業組合〕
荒廃田 ㊤ 964c〔千枚田〕 ㊦ 51a〔棚田〕
・郷墓《ごうばか》 ㊤ **601c** 585a〔郷〕 ㊦ 540c〔墓制〕
香ばし節供 ㊦ 373c〔はったい粉〕
コウハナトリ ㊦ 380a〔ハナコドリ〕
交番 ㊤ 840b〔巡査〕
広幇 ㊤ 593b〔公所・幇〕
・強飯式《ごうはんしき》 ㊤ **602b**
・口碑《こうひ》 ㊤ **602c**
・坑夫《こうふ》 ㊤ **602c**
弘福寺(東京) ㊤ 776 図〔七福神巡り〕
興福寺(奈良) ㊤ 222b〔延年〕 675 表〔西国巡礼〕 857c〔唱門師〕 ㊦ 34a〔薪能〕 83c〔稚児舞〕
興福寺(長崎) ㊤ 323b〔華僑墓地〕 593b〔公所・幇〕 ㊦ 194c〔唐四ヵ寺〕
降伏法 ㊤ 2c〔愛染明王〕
講武所頭巾 ㊤ 909a〔頭巾〕
皇武神社(神奈川) ㊤ 301a〔蚕神〕
格縁天井 ㊦ 164b〔天井〕
坑夫納屋 ㊦ 71a〔炭鉱〕
神戸下駄 ㊤ 569b〔下駄〕
神戸中華義荘 ㊤ 323a〔華僑墓地〕
神戸南京町(兵庫) ㊤ 840c〔春節〕 ㊦ 340c〔牌楼〕
工房 ㊤ 591c〔工場〕
弘法井戸 ㊤ 110c〔井戸〕 906a〔姿見の池〕
弘法黍 ㊦ 412c〔ヒエ〕
弘法灸 ㊤ 479b〔灸〕
弘法ゴチ ㊤ 630b〔コチ〕
弘法様 ㊤ 708c〔鯖大師〕
弘法様の寄せ木 ㊦ 789b〔寄り物〕
弘法寺(青森) ㊦ 683b〔冥婚〕
・弘法清水《こうぼうしみず》 ㊤ **603a** 89a〔泉〕 150c〔飲用水〕 302c〔外者歓待〕 555a〔喰わず芋〕 603b〔弘法伝説〕 743a〔塩井〕 803a〔錫杖〕 ㊦ 8c〔大根川〕 11a〔大師信仰〕 264a〔成らずの桃〕 615c〔水無瀬川〕
弘法大師《こうぼうだいし》 ⇨大師信仰(㊦ 10c) ㊤ 110c〔井戸〕 222a〔縁日〕 423a〔狩の巻物〕 555a〔喰わず芋〕 603a〔弘法清水〕 603b〔弘法伝説〕 605b〔高野聖〕 605c〔高野詣〕 708c〔鯖大師〕 731a〔三度栗〕 743a〔塩井〕 836a〔狩猟信仰〕 906a〔姿見の池〕 917b〔炭焼き〕 ㊦ 8c〔大根川〕 10a〔大師粥〕 10b〔大師講〕 85b〔乳銀杏〕 121b〔杖〕 121c〔杖立伝説〕 160c〔出羽三山信仰〕 178a〔同行二人〕 264a〔成らずの桃〕 288b〔女人高野〕 321b〔納札〕 357c〔箸立伝説〕 518a〔遍路〕 571a〔マタギ〕 615c〔水無瀬川〕 →空海
弘法大師坐禅石 ㊤ 511b〔金華山〕
弘法大師信仰 ㊤ 117c〔稲荷信仰〕 443b〔勧進聖〕 955a〔善根宿〕 ㊦ 286c〔入定〕 472a〔札所〕 628c〔弥勒信仰〕
・弘法伝説《こうぼうでんせつ》 ㊤ **603b** 79c〔石芋〕 293b〔温泉発見伝説〕
弘法と鮭 ㊤ 693b〔鮭〕
弘法と蕎麦 ㊤ 986c〔蕎麦〕
弘法の割り石 ㊤ 20b〔足跡石〕
弘法水 ㊤ 603a〔弘法清水〕 ㊦ 121b〔杖〕
『校本おもろさうし』 ㊦ 247b〔仲原善忠〕
降魔 ㊤ 16a〔悪魔ばらい〕
郷町 ㊤ 673c〔在郷町〕 →在郷町
講祭 ㊤ 791b〔持仏堂〕
・子産石《こうみいし》 ㊤ **603c** 57c〔安産祈願〕 70c〔生石伝説〕 620b〔子授け〕 ㊦ 別刷〈生と死〉
光明寺(神奈川) ㊤ 428c〔川施餓鬼〕
光明真言 ㊦ 217c〔土砂加持〕
・公民館《こうみんかん》 ㊤ **604b** 303a〔会所〕 343b〔貸衣装屋〕 ㊦ 681c〔村寄合〕
公民館活動 ㊤ 924b〔生活改善運動〕
・校務日誌《こうむにっし》 ㊤ **604c**
項目羅列的記述法 ㊤ 641b〔個別分析法〕
講元 ㊤ 257a〔御師〕
コウモリ ㊤ 845c〔鍾馗〕
蝙蝠羽織 ㊦ 341c〔羽織〕
コウヤ〔荒野, 興野, 高野, 幸谷〕 ㊤ 307b〔開拓〕 890c〔新田〕
・紺屋《こうや》 ㊤ **604c** 956b〔染色〕 ㊦ 318b〔農間稼ぎ〕 339c〔灰屋〕
コウヤアサギ ㊤ 605a〔紺屋〕
高野山(和歌山) ㊤ 40c〔雨乞い〕 605b〔高野聖〕 605c〔高野詣〕 720a〔山岳信仰〕 872b〔死霊〕 ㊦ 28b〔他界観〕 287c〔女人禁制〕 288b〔女人高野〕 541a〔墓制〕
高野豆腐 ㊦ 190b〔豆腐〕 542a〔保存食〕
・高野納骨〔高野山－〕《こうやのうこつ》 ㊤ **605a** ㊦ 321a〔納骨〕 541a〔墓制〕
高野派 ㊤ 836a〔狩猟信仰〕
・高野聖《こうやひじり》 ㊤ **605b** 443a〔勧進〕 443a〔勧進聖〕 603b〔弘法伝説〕 722c〔参詣曼荼羅〕 ㊦ 11a〔大師信仰〕 288c〔女人高野〕 314b〔念仏聖〕 510c〔別所〕
『高野聖』 ㊤ 652c〔五来重〕 ㊦ 60c〔旅人馬〕
興屋聖 ㊤ 130c〔忌小屋〕 617b〔穀霊〕 861b〔松例祭〕

紺屋町　㊤956b〔染色〕
高野明神　㊤423b〔狩場〕
・高野詣《こうやもうで》　㊤**605**c
郷友会　㊤498c〔郷友会〕
公用銭　㊤526a〔公事〕
・ゴウラ　㊤**606**a
コウライキビ　㊦193b〔トウモロコシ〕
高麗地蔵　㊤597a〔洪水伝説〕
高麗門　㊦708b〔門(一)〕
康楽館　㊤788a〔芝居小屋〕
小売　㊤333a〔掛け売り〕
・行李《こうり》　㊤**606**a　258a〔押入れ〕　336c〔籠〕　㊦517c〔弁当〕　732b〔柳〕
合理化　㊤514c〔近代化〕
・高利貸《こうりがし》　㊤**606**c
合力　㊤352a〔加勢〕　494c〔共同労働〕　㊦618a〔見舞〕
合力祈願　㊤491b〔共同祈願〕
小売業　㊤843b〔商家〕
小売商　㊤291c〔卸し売〕　853a〔商人〕
康暦碑　㊦136a〔津波〕
・高梁《こうりゃん》　㊤**606**c
ゴウリュウ　㊤433c〔竈〕
広隆寺(京都)　㊤163a〔牛祭〕
興隆寺(奈良)　㊤608 図〔牛玉杖〕
香料　㊤600a〔香典〕
虹梁叉首　㊤699b〔叉首〕
行旅病人及び行旅死亡人取扱法　㊤72a〔行き倒れ〕
降臨石　㊤124a〔亥子〕　143b〔磐座〕
降霊会　㊦810a〔霊媒〕
皇霊祭　㊤26a〔東遊び〕
ゴウロ　㊤606a〔ゴウラ〕
子売ろ子売ろ　㊤611a〔子買お〕
幸若大夫　㊤607a〔幸若舞〕
・幸若舞《こうわかまい》　㊤**607**a　363c〔語りもの〕　530b〔曲舞〕　㊦648b〔民俗芸能〕
コエ　㊦178c〔峠〕
声　㊤856a〔情報伝達〕
・御詠歌《ごえいか》　㊤**607**b　416c〔歌謡〕　674a〔西国巡礼〕　953b〔善光寺参り〕　㊦141a〔通夜〕　314a〔念仏講〕　829b〔和讃〕
御影道中　㊦814c〔蓮如忌〕
肥オイコ　㊤936 図〔背負運搬具〕
肥桶　㊤795c〔下肥〕
肥籠　㊤936c〔背負運搬具〕
肥精進　㊤849a〔精進〕
・肥出し《こえだし》　㊤**607**c　㊦別刷〈野良仕事〉
肥溜　㊤795c〔下肥〕
コエタンゴサムライ　㊦488b〔麓〕
コエヅカ　㊦18a〔堆肥〕
・肥取り《こえとり》　㊤**608**a
五会念仏　㊦312c〔念仏〕
コエヒキ〔肥引き〕　㊤607c〔肥出し〕　㊦18b〔堆肥〕
肥引き唄　㊤607c〔肥出し〕
肥引き橇　㊤607c〔肥出し〕
小絵馬　㊤213a〔絵馬〕　290c〔お礼参り〕
肥松　㊦428a〔ヒデ〕
五右衛門風呂　㊤85a〔石風呂〕　㊦496a〔風呂〕
声良鶏　㊦292a〔鶏〕
・後宴《ごえん》　㊤**608**a
古縁起　㊤218b〔縁起〕
ご縁日　㊤260c〔オシンメイ〕
コー〔ゴー〕　㊤433c〔竈〕
牛玉串　㊤608c〔牛玉杖〕
五黄殺　㊦521c〔方位〕
牛玉刷り　㊤別刷〈護符〉
・牛玉杖《ごおうづえ》　㊤**608**b　832a〔修二会〕　㊦117b〔追儺〕
牛玉札　㊤617b〔穀霊〕
・牛玉宝印〔牛玉，牛王-〕《ごおうほういん》　㊤**608**c　255a〔おこない〕　280c〔お札〕　419c〔烏〕　460c〔起請文〕　608b〔牛玉杖〕　640b〔護符〕　832a〔修二会〕　833c〔呪物崇拝〕　別刷〈護符〉　㊦717c〔約束〕　794b〔乱声〕
コーカソイド　㊤884c〔人種〕
コオゲ　㊤588b〔コウゲ〕
ゴーサマ　㊤642a〔護法実〕
コーシャ　㊦488c〔冬折目〕
コーズロフ Kozlov, Pyotr Kuzimich　㊦822a〔ロシア民俗学〕
・コーチ　㊤**609**c　→コウチ
御越年　㊤627c〔御崇敬〕
『小男の草子』　㊤107b〔一寸法師〕
コーヒー　㊤466c〔喫茶〕
コーブシ　㊦549c〔掘棒〕
ゴーヘー　㊤312c〔外来語〕
コーラ　㊤935a〔清涼飲料〕
ゴーラ　㊦774a〔養蜂〕
・氷《こおり》　㊤**609**c　㊦438a〔氷室〕
氷下漁　㊤624c〔湖沼漁業〕
氷糖　㊤703b〔砂糖〕
凍り豆腐　㊤433b〔寒〕　㊦190b〔豆腐〕　→凍み豆腐
・氷の朔日〔-節供〕《こおりのついたち》　㊤**610**a　51c〔霰〕　656c〔衣更〕　㊦344c〔歯固め〕
氷水屋　㊦324b〔納涼〕
・氷餅《こおりもち》　㊤**610**b　433b〔寒〕　610a〔氷の朔日〕　→凍み餅
コオリモチヤスミ　㊤610a〔氷の朔日〕
コーリンボウ　㊤430a〔川船〕　㊦446b〔ヒラタブネ〕
コールアングレー　㊤367c〔楽器〕
・ゴールデン＝ウィーク　㊤**610**b　636a〔子供の日〕　㊦685a〔メーデー〕
コールドパーマ　㊦335c〔パーマ〕
子おろし術　㊦43c〔堕胎〕
・コオロシバア　㊤**610**c
御遠忌〔-法要〕　㊤302b〔開山忌〕　㊦555a〔本山参り〕　→遠忌
估価〔沽価〕　㊤975b〔相場〕
・コガ〔古賀〕　㊤**611**a
コガ(桶)　㊤1b〔藍〕
・ゴカ　㊤**611**a
コガイ　㊦544c〔穂摘具〕
御回在行事　㊤44c〔阿弥陀信仰〕
五街道　㊦125c〔継場〕
コガウチ　㊤611a〔コガ〕　→コガ
子返し　㊦583b〔間引き(一)〕　→間引き
・子買お《こかお》　㊤**611**a
呉楽　㊤453a〔伎楽〕　→伎楽
古学神道　㊤891b〔神道〕
・蚕影《こかげ》　㊤**611**b
コガケ　㊦153c〔手甲〕　→手甲
蚕影さん　㊤611b〔蚕影〕
蚕影山神社(茨城)〔蚕影山，蚕影-〕　㊤259b〔おしら祭文〕　301a〔蚕神〕　473c〔機能神〕　611b〔蚕影〕
蚕影山大神　㊤553a〔桑〕
蚕影堂(神奈川)　㊤611c〔蚕影〕
蚕籠　㊤336c〔籠〕　㊦770a〔養蚕〕
五个所　㊤530b〔曲舞〕
五個荘大提燈　㊦108b〔提燈祭〕
小頭　㊦731c〔宿若い衆〕　826a〔若者組〕
コカタ　㊦554a〔本家礼〕
子方《こかた》　⇨親分・子分(㊤287c)　㊤634c〔子ども〕　㊦471a〔譜代(二)〕
小刀　㊦389c〔刃物〕
五月五日　㊤81a〔石合戦〕
ゴガツギ　㊦330b〔野良着〕
五月御霊　㊤612b〔五月節供〕
・五月節供《ごがつせっく》　㊤**611**c　296b〔女の家〕　348c〔柏餅〕　555a〔食わず女房〕　855a〔菖蒲酒〕　902c〔水神〕　㊦90a〔粽〕　713c〔焼米〕　→端午節供
五月人形　㊤515c〔金太郎〕
五月病　㊤610c〔ゴールデン＝ウィーク〕
語歌堂(埼玉)　㊦86 裏〔秩父巡礼〕
こがね　㊤510c〔金〕　→金
小鉄　㊤446c〔かんな流し〕　㊦45a〔鑪〕
粉鉄　㊤702a〔砂鉄〕　→砂鉄
小金井良精　㊦139a〔坪井正五郎〕
黄金山神社(宮城)　㊤511b〔金華山〕
小カブ　㊤382b〔カブ(一)〕
コガワケ　㊤611a〔コガ〕　→コガ
粉河寺(和歌山)　㊤675 裏〔西国巡礼〕
・古稀〔古希〕《こき》　㊤**612**b　460b〔喜寿〕　㊦119a〔通過儀礼〕　210a〔年祝い〕　350a〔白寿〕
胡鬼　㊦385b〔羽根つき〕
小木　㊤778c〔十界修行〕
・御器《ごき》　㊤**612**c
コキアゲ　㊤613a〔扱上げ祝い〕　㊦291b〔庭仕事〕
・扱上げ祝い《こきあげいわい》　㊤**613**a　809a〔収穫

祭〕
胡鬼板　㊦385b〔羽根つき〕
ゴキイレ　㊤374a〔門神〕
コキイワイ　㊤613a〔扱上げ祝い〕
ゴキカカ　㊤618a〔後家〕
ゴキカブリ　㊤613b〔ゴキブリ〕
ゴキカブロウ　㊤613b〔ゴキブリ〕
扱管　㊤613b〔扱箸〕
ゴキグライ　㊤613b〔ゴキブリ〕
ゴキクライムシ　㊤613b〔ゴキブリ〕
コキゴメ　㊤613a〔扱上げ祝い〕
ゴキズレ　㊤420c〔鳥の灸〕
ゴキダコ　㊤420c〔鳥の灸〕
ゴキテテ　㊤618a〔後家〕
御祈禱　㊦676b〔村祈禱〕→村祈禱
こぎ取り　㊤808c〔収穫〕
コギヌ　㊤756c〔仕事着〕
コギノ　㊤756b〔仕事着〕
・扱箸《こきばし》　㊤**613**a　613a〔扱上げ祝い〕963a〔千歯扱き〕㊦48a〔脱穀〕
コキバヨセ　㊤756b〔仕事納め〕
コキビ　㊤474c〔キビ〕
・ゴキブリ　㊤**613**b
・胡弓〔小弓〕《こきゅう》　㊤**613**c　㊦391a〔囃し㈡〕
呼吸療法　㊦634b〔民間療法〕
・五行《ごぎょう》　㊤**614**a　㊦132a〔土〕
御形　㊦258a〔七草〕
『五行易指南』　㊤727b〔三世相〕
故郷論　㊦216c〔都市民俗〕
コギリ　㊦511a〔別帳場〕
・こきりこ　㊤**614**a　㊦391a〔囃し㈡〕523c〔放下〕
こきりこ踊り　㊤631c〔コッキリコ〕
五紀暦　㊤652 表〔暦〕
胡琴　㊤613c〔胡弓〕
こぎん〔コギン〕⇨仕事着(㊤756b)　㊦238b〔ドンザ〕
コギンザシ〔こぎん刺し〕　㊤756c〔仕事着〕763a〔刺繡〕
穀　㊤597a〔コウゾ〕
ゴク　㊤541c〔供物〕→供物
穀雨　㊦275b〔二十四気〕
虚空蔵菩薩　㊤173b〔鰻〕569c〔ケタイ神〕815c〔十三仏〕㊦296c〔塗師〕→こくぞうぼさつ
御供田　㊤890c〔神田〕㊦622b〔宮田〕→宮田
・国学《こくがく》　㊤**614**b　622b〔古事記〕881b〔新国学〕㊦446a〔平田篤胤〕697c〔本居宣長〕
国語　㊦280a〔日本語〕→日本語
国語読本　㊤213a〔絵本〕
『国語と民俗学』　㊤544c〔倉田一郎〕
・国際口承文芸学会《こくさいこうしょうぶんげいがっかい》　㊤**614**b
国際先住民年　㊤3b〔アイヌ〕
国際捕鯨委員会　㊦536c〔捕鯨〕
黒式尉　㊤734b〔三番叟〕
・『国史と民俗学』《こくしとみんぞくがく》　㊤**614**c
『国史における協同体の研究』〔国史に於ける-〕　㊤494a〔協同体〕㊦828a〔和歌森太郎〕
刻耳法　㊦618b〔耳印〕
獄囚　㊦433a〔非人〕
国人一揆　㊤104b〔一揆〕
曲水の宴　㊦310b〔年中行事㈠〕
・国勢調査《こくせいちょうさ》　㊤**614**c　944c〔世帯〕
黒石寺(岩手)　㊤257b〔押合い祭〕577c〔喧嘩祭〕987b〔蘇民将来〕㊦363a〔裸祭〕
『国姓爺合戦』　㊦231c〔虎舞〕
虚空蔵さま　㊦539c〔星の宮〕
虚空蔵寺堂　㊦78b〔智恵貰〕
・虚空蔵信仰《こくぞうしんこう》　㊤**615**a　㊦538b〔星〕539c〔星の宮〕
国造神社(熊本)　㊤174a〔ウナリ㈠〕
虚空蔵尊　㊦29a〔高い山〕
虚空蔵菩薩　㊤195a〔ウンナン神〕615a〔虚空蔵信仰〕816a〔十三参り〕㊦539c〔星の宮〕707a〔モリ供養〕→こくうぞうぼさつ
コクソさん　㊦297a〔塗師〕
石代納　㊦309a〔年貢〕
石高　㊤580c〔検地〕
・穀断ち《こくだち》　㊤**615**b　778c〔十界修行〕㊦47a〔断ち物〕
穀断聖　㊤615b〔穀断ち〕
国定教科書　㊤364b〔かちかち山〕772a〔舌切雀〕
国定公園　㊤585c〔公園〕
黒糖　㊦703c〔砂糖〕
国土創造神　㊤504c〔巨人伝説〕
穀醬　㊦422b〔醬〕
「国風 '81」　㊦106c〔朝鮮民俗学〕
国分直一　㊦686b〔和布刈神事〕
国府宮(神奈川)　㊤689b〔鷺舞〕
国府宮裸祭　㊤577c〔喧嘩祭〕
国文　㊦404a〔ハングル〕
国文学研究資料館史料館　㊤791a〔渋沢敬三〕㊦280c〔日本常民文化研究所〕
「国文学の発生」　㊦373b〔発生〕
国分寺(島根)　㊦546a〔仏舞〕
国分寺(徳島)　㊦519 表〔遍路〕
国分寺(香川)　㊦519 表〔遍路〕
国分寺(愛媛)　㊦519 表〔遍路〕
国分寺(高知)　㊦519 表〔遍路〕
国幣社　㊤751c〔式内社〕801c〔社格〕883c〔神社〕
・国防婦人会《こくぼうふじんかい》　㊤**615**c　1c〔愛国婦人会〕㊦469a〔婦人会〕
国宝保存法　㊦500a〔文化財保護法〕
穀箕　㊦612c〔箕作り〕
伍組　㊤638c〔五人組〕
国民　㊤358a〔家族国家観〕
国民国家　㊤514c〔近代化〕㊦639b〔民族㈠〕
・国民性《こくみんせい》　㊤**615**c　㊦281c〔日本人㈡〕335b〔パーソナリティ〕456a〔風土〕
国民童話　㊤628a〔五大御伽噺〕
国民の祝日　㊤563c〔敬老の日〕610b〔ゴールデン=ウィーク〕636a〔子供の日〕
国民の祝日に関する法律　㊤676c〔祭日〕
石持ち　㊦710a〔紋付〕
穀物　㊤617c〔穀霊神話〕
穀物栽培民文化　㊤66c〔イェンゼン〕
穀屋　㊤722c〔参詣曼荼羅〕
御供家　㊦193c〔頭屋〕
国有土地森林原野下戻法　㊤450b〔官民有区分〕
国有林　㊦806a〔林業〕
国有林野　㊤450c〔官林払い下げ〕
国有林野法　㊦743b〔山仕事〕
小鞍　㊤544a〔鞍〕
ゴグラ　㊦830c〔輪中〕
・極楽〔-浄土〕《ごくらく》　㊤**616**a　616a〔極楽〕755b〔地獄〕㊦28b〔他界観〕791a〔来世観〕
極楽寺(京都)　㊦367a〔鉢叩き〕
極楽寺(奈良)　㊤602 図〔郷墓〕
極楽寺(徳島)　㊦519 表〔遍路〕
極楽寺(愛媛)　㊤83b〔石鎚山信仰〕
ゴクラクナワ　㊦278a〔入棺〕
国立公園　㊤585c〔公園〕
・国立民族学博物館《こくりつみんぞくがくはくぶつかん》　㊤**616**b　791a〔渋沢敬三〕㊦280c〔日本常民文化研究所〕654b〔民俗博物館〕
・国立歴史民俗博物館《こくりつれきしみんぞくはくぶつかん》　㊤**616**c　㊦139b〔坪井洋文〕654b〔民俗博物館〕別刷〈民俗学史〉
『国立歴史民俗博物館研究報告』　㊤617a〔国立歴史民俗博物館〕
小栗山(青森)　㊤288c〔お山掛け〕
・穀霊《こくれい》　㊤**617**a　690c〔作神〕870b〔白鳥伝説〕911a〔筋〕
穀霊神　㊤117c〔稲荷信仰〕
穀霊信仰　㊤545b〔蔵開き〕㊦168c〔天道信仰〕170a〔天人女房〕
・穀霊神話《こくれいしんわ》　㊤**617**c
国連食糧農業機関　㊤938c〔世界農林業センサス〕
ゴクロウブルマイ　㊦494c〔振舞い〕
五月ウマチー　㊤182b〔ウマチー〕→ウマチー
コゲ　㊤588b〔コウゲ〕
ゴケ　㊦337c〔売春〕
・後家《ごけ》　㊤**618**a　㊦753a〔やもめ〕
碁家　㊤76a〔囲碁〕
ゴケアツメ　㊤618a〔後家〕
ゴケイヤク　㊤489a〔兄弟契約〕
ゴケイリ　㊤618a〔後家〕

ゴケオヤジ　㊤618a〔後家〕
ゴケカカ　㊤618a〔後家〕
後家髪　㊤618a〔後家〕
ゴケザ　㊤618a〔後家〕
後家沙汰　㊤618a〔後家〕
• こけし　㊤**618**a　495b〔郷土玩具〕
ゴケタ　㊤618a〔後家〕
ゴケタオシ〔後家倒〕　㊤618a〔後家〕　963b〔千歯扱き〕
ご結界　㊤662c〔金光教〕
ゴケッコ　㊤766a〔私生児〕
ゴケナワ　㊤618a〔後家〕
後家尼　㊦418c〔比丘尼〕
御家人株　㊤383a〔株〕
コゲヤク　㊤489a〔兄弟契約〕
コケラオトシ　㊦484c〔船霊〕
コケラ葺き〔こけら-〕　㊤98c〔板屋根〕　㊦735a〔屋根〕
柿屋根　㊤98c〔板屋根〕　→板屋根
ゴケヲイレル　㊤618a〔後家〕
ゴケンコ　㊤766a〔私生児〕
五香　㊦16a〔胎毒〕　88c〔血の道〕
呉公　㊤453b〔伎楽〕
ココウ次郎　㊦191b〔動物報恩譚〕
五庚申　㊤596a〔庚申塔〕
御講役　㊤575a〔毛坊主〕
五穀　㊤986b〔蕎麦〕　㊦13b〔大豆〕
五穀納め　㊤765b〔地神もうし〕
護国寺(東京)　㊦468 裏〔富士塚〕
• 護国神社《ごこくじんじゃ》　㊤**618**c　802a〔社格〕　848b〔招魂社〕　990a〔祖霊社〕　㊦99a〔忠魂碑〕　726a〔靖国神社〕
五穀断ち　㊤981c〔即身仏〕
ゴコク袋　㊤914b〔頭陀袋〕
枯骨報恩　㊦191b〔動物報恩譚〕
小言　㊤335a〔陰口〕
ココノカンヤ　㊤124a〔亥子〕
ココミ　㊤481a〔救荒食物〕　724a〔山菜〕
• ここも日本　㊤**619**a　943a〔世間知らず〕
子殺し　㊤286b〔親子心中〕
『試みとしての環境民俗学』　㊤435b〔環境民俗学〕
『古今夷曲集』　㊤483b〔狂歌〕
• 『古今著聞集』《ここんちょもんじゅう》　㊤**619**b　㊦474c〔仏教説話〕
『古今要覧』　㊤864b〔諸国風俗問状答〕
御座　㊤293c〔御嶽行者〕　294b〔御嶽信仰〕
• 茣蓙〔御座〕《ござ》　㊤**619**c　5 図〔アイヌ〕　60a〔イ〕　471c〔キナ〕　709b〔座蒲団〕　752c〔敷物〕　879c〔寝具〕　㊦44a〔畳〕
茣蓙編み機　㊤109b〔イテセニ〕
後妻　㊤618a〔後家〕
御斎会　㊤827b〔修正会〕
御座替神事　㊦128a〔筑波山〕
御座替祭　㊤699c〔佐陀神能〕
コサ木　㊦407c〔ハンノキ〕
コサギリ　㊦611a〔道普請〕　679c〔村仕事〕
小作　⇨地主・小作(㊤786a)　㊤418b〔柄在家〕　424b〔刈分小作〕
• 小作争議《こさくそうぎ》　㊤**620**a
小作地　㊦323b〔農地改革〕
小作人　㊤373a〔門〕　574c〔下人〕　620a〔小作料〕　690c〔作子〕　786a〔地主・小作〕
小作農　㊤620a〔小作争議〕　853c〔小農〕
• 小作料《こさくりょう》　㊤**620**a　424b〔刈分小作〕　786a〔地主・小作〕　㊦309a〔年貢〕
小作料率　㊤620b〔小作争議〕
小左次の涙酒　㊦775a〔養老の滝〕
コサシバア　㊤610c〔コオロシバア〕
• 子授け《こさずけ》　㊤**620**b　54b〔淡島信仰〕　603c〔子産石〕　650c〔子安神〕　㊦297c〔盗み〕　別刷〈生と死〉
子授け銀杏　㊤620b〔子授け〕
子授け松　㊤620b〔子授け〕
小サナブリ　㊤706c〔さなぶり〕
御座石神社(秋田)　㊦369b〔八郎太郎〕
茣蓙バイ　㊤642b〔独楽〕
御座船　㊤528c〔鯨船〕
茣蓙帽子　㊦530a〔帽子〕
ゴザマツ　㊤129c〔忌木〕
小雨　㊤46a〔雨〕
コザラシアミ　㊤696b〔刺網〕
小猿　㊤758a〔自在鉤〕
コザワシ　㊦221b〔トチ〕
五山送り火　㊦20c〔大文字焼き〕
御散供　㊤677b〔賽銭〕
五三の桐　㊤297b〔女紋〕　411 図〔家紋〕
• 輿〔コシ〕《こし》　㊤**620**c　432c〔棺〕　433b〔龕(一)〕　967b〔葬具〕　㊦601a〔神輿〕
居士　㊤311c〔戒名〕
• 腰当《こしあて》　㊤**621**a　→尻当
こし餡　㊤56b〔餡〕
小潮　㊤742c〔潮〕
腰折小屋組　㊤650b〔小屋組〕
腰折れ雀　㊤772b〔舌切雀〕　913c〔雀〕　㊦191b〔動物報恩譚〕
腰掛け　㊤88b〔椅子〕　㊦834c〔藁〕
腰掛石　㊤143b〔磐座〕　673a〔西行伝説〕　㊦515b〔弁慶〕
腰かけ炬燵　㊤629a〔炬燵〕
腰掛茶屋　㊤467a〔喫茶店〕　→水茶屋
• 腰掛け松《こしかけまつ》　㊤**621**a
腰掛養子　㊦771b〔養子〕
腰籠　㊤336c〔籠〕　㊦37b〔竹細工〕
腰壁　㊤544c〔蔵造〕
腰唐戸　㊦174b〔戸〕
コシキ　㊦762a〔雪鋤〕
• 甑〔橧〕《こしき》　㊤**621**b　430c〔瓦〕　658a〔強飯〕　935b〔蒸籠〕　㊦667b〔蒸物〕
• 乞食《こじき》　㊤**621**c　㊦433a〔非人〕　444b〔漂泊民〕
• 『古事記』《こじき》　㊤**622**a　90c〔出雲神話〕　399b〔神語り〕　㊦31b〔高天原神話〕　168a〔天孫降臨〕
古式入浜　㊤924a〔製塩〕
古式祭　㊦203b〔特殊神事〕
『甑島昔話集』　㊤143c〔岩倉市郎〕
『古事記伝』　㊦697c〔本居宣長〕
乞食坊主　㊤914a〔すたすた坊主〕　→すたすた坊主
コシキリ〔-バンテン〕　㊤756b〔仕事着〕　㊦407a〔半纏〕　473b〔ふだん着〕
コシゴ　㊤937a〔背負籠〕
『故事ことわざ辞典』　㊤913b〔鈴木棠三〕
腰さげ運搬　㊤195c〔運搬法〕
『高志路』　㊦別刷〈民俗学史〉
腰障子　㊤848c〔障子〕　→障子
腰銭はずし　㊤920c〔掏摸〕
腰高　㊤868a〔食器〕
腰高障子　㊤848c〔障子〕
• 腰抱き《こしだき》　㊤**622**b
御示談　㊦21a〔逮夜〕
五七桐　㊤411 図〔家紋〕
故実　㊦758a〔有職故実〕
五十回忌　㊦307b〔年忌〕
故実式三番　㊦99c〔中尊寺延年〕
• ゴシップ　㊤**622**c　943a〔世間知らず〕　㊦799c〔流言蜚語〕　→噂話　→人物評
古実舞《こじつまい》　⇨中尊寺延年(㊦99c)
『古史伝』　㊦446a〔平田篤胤〕
腰鉈　㊦253b〔鉈〕
ゴシナンサマ　㊦251b〔仲人〕
コシバコ　㊦504c〔褌〕
こじ箸　㊦833c〔渡箸〕
腰弁　㊤712a〔サラリーマン〕
コシマキ　㊤19c〔アサリ〕
• 腰巻(衣服)《こしまき》　㊤**623**a　10a〔あか〕　277b〔オバクレフンドシ〕　343a〔火事〕　627c〔小袖〕　756c〔仕事着〕　771c〔下着〕　㊦504c〔褌祝い〕　767c〔ユモジ祝い〕
腰巻(建築)　㊤544c〔蔵造〕
腰巻祝い　㊦505a〔褌祝い〕
腰巻祈禱　㊦543c〔ぽっくり信仰〕
腰巻地蔵　㊦445b〔日和待ち〕
コシメダレ　㊦560b〔前掛〕
コシヤ　㊤967a〔葬儀屋〕
戸主　㊦146b〔定年〕
腰休み　㊦726c〔休み〕
御社上りの能　㊦34a〔薪能〕
• 腰湯《こしゆ》　㊤**623**b
古酒　㊤56a〔泡盛〕
• 戸主(近代)《こしゅ》　㊤**623**b　366a〔家長〕

374*b*〔家督相続〕 675*a*〔財産相続〕 ㊦3*c*〔大家族〕 526*a*〔傍系家族〕 →家長
戸主 ㊦556*b*〔本人〕
五重 ㊤624*a*〔五重相伝〕
御祝儀 ㊤809*c*〔祝儀〕
五重血脈 ㊤624*a*〔五重相伝〕
互酬行為 ㊤977*a*〔双分制〕
• 互酬性《ごしゅうせい》 ㊤**623***b* 508*c*〔義理〕
• 五重相伝《ごじゅうそうでん》 ㊤**624***a*
五重伝法 ㊤624*a*〔五重相伝〕
五十年忌 ㊦117*a*〔追善供養〕
コジュウハン ㊤442*b*〔間食〕
戸主会 ㊤563*b*〔契約〕 ㊦681*b*〔村寄合〕
戸主権 ㊤63*c*〔家〕 145*c*〔隠居〕 366*a*〔家長〕 623*b*〔戸主〕 →家長権
五種法師 ㊦544*a*〔法華信仰〕
呉女 ㊤453*b*〔伎楽〕
コショウ ㊤421*b*〔辛味〕 596*b*〔香辛料〕
胡床 ㊤922*b*〔坐り方〕
後生 ㊤527*b*〔グショー〕
五升芋 ㊤801*b*〔ジャガイモ〕
後生神楽 ㊤328*c*〔神楽〕
• 小正月《こしょうがつ》 ㊤**624***a* 81*a*〔石合戦〕 233*c*〔大正月〕 308*c*〔カイツリ〕 624*b*〔小正月の訪問者〕 844*b*〔正月〕 別刷〈小正月〉 ㊦210*a*〔年占〕 264*b*〔成木責〕 516*b*〔便所神〕
• 小正月の訪問者《こしょうがつのほうもんしゃ》 ㊤**624***b* 353*a*〔かせどり〕 624*a*〔小正月〕 634*a*〔コトコト〕 840*a*〔巡行神〕 別刷〈小正月〉 ㊦93*b*〔ちゃせご〕
小正月の物作り ㊦310*c*〔年中行事㈠〕
御正忌《ごしょうき》 ⇨報恩講(㊦523*a*) ㊤269*b*〔御取越〕
• 湖沼漁業《こしょうぎょぎょう》 ㊤**624***c*
後生車 ㊦別刷〈生と死〉
五障三従思想 ㊦76*a*〔血〕
湖沼水 ㊦772*c*〔用水〕
御正当 ㊤269*b*〔御取越〕
五条の橋きり落とす ㊤731*c*〔三右衛門話〕
御城米 ㊤739*b*〔塩飽衆〕
• 古浄瑠璃《こじょうるり》 ㊤**625***a* 860*c*〔浄瑠璃〕 ㊦293*b*〔人形浄瑠璃〕
五所王子 ㊤229*a*〔王子信仰〕 580*b*〔眷属〕
互助会保証株式会社 ㊤437*c*〔冠婚葬祭互助会〕
御所柿 ㊤318*c*〔柿〕
互助協力 ㊦123*c*〔つきあい〕
• 個食《こしょく》 ㊤**625***a*
御処野家 ㊤381*b*〔樺細工〕
拵宿 ㊦747*b*〔山の神講〕
こしらえヨリキ ㊦788*a*〔ヨリキ〕
呉汁 ㊤956*b*〔染色〕 ㊦13*c*〔大豆〕 190*b*〔豆腐〕
• 御真影《ごしんえい》 ㊤**625***b* 369*b*〔学校行事〕 804*a*〔写真〕
個人祈願 ㊤434*c*〔願掛け〕 453*c*〔祈願〕 491*b*〔共同祈願〕 ㊦631*b*〔民間信仰〕
ゴジンキン ㊤330*a*〔隠れキリシタン〕
悟真寺(長崎) ㊤323*a*〔華僑墓地〕 ㊦194*c*〔唐四ヵ寺〕
個人事業主家計 ㊤332*c*〔家計〕
御神体 ㊤889*c*〔神体〕 →神体
古神道 ㊤891*b*〔神道〕
御神燈提燈 ㊦108*a*〔提燈〕
御神馬 ㊤895*c*〔神馬〕 →神馬
個人紋 ㊤111*b*〔イトゥパ〕
『五塵録』 ㊦356*c*〔橋浦泰雄〕
牛頭 ㊤755*b*〔地獄〕
• 戸数制限《こすうせいげん》 ㊤**625***c* 105*b*〔一軒前〕 ㊦141*b*〔ツラダシ〕 503*b*〔分家制限〕 554*b*〔本戸・寄留〕 674*a*〔村入り〕
コズエババ ㊦233*a*〔取上げ婆さん〕 295*a*〔妊婦〕
コスキ ㊦762*a*〔雪鋤〕
牛頭鬼 ㊤271*b*〔鬼〕
コスチューム ㊦516*c*〔変身〕
子捨て ㊤287*a*〔親子心中〕
牛頭天王《ごずてんのう》 ⇨祇園信仰(㊤451*c*) ㊤655*b*〔御霊信仰〕 987*a*〔蘇民将来〕 ㊦131*b*〔津島信仰〕 131*b*〔津島祭〕 171*a*〔天皇伝説〕 531*b*〔疱瘡神〕
牛頭天王社(愛知) ㊦627*c*〔御葭神事〕
牛頭天王社(奈良) ㊦287*b*〔女房座〕
コセ ㊦724*c*〔屋敷林〕
• 瞽女《ごぜ》 ㊤**626***a* 38*a*〔尼〕 363*c*〔語りもの〕 415*a*〔蚊帳〕 534*b*〔口説き〕 628*c*〔広大寺〕 823*b*〔祝福芸〕 ㊦15*a*〔大道芸〕 337*c*〔売春〕 513*c*〔蛇女房〕
五牲 ㊤727*c*〔三牲〕
瞽女唄〔-歌〕 ㊤362*c*〔語り〕 363*c*〔語りもの〕 ㊦648*b*〔民俗芸能〕
瞽女頭 ㊤626*b*〔瞽女〕
• 戸籍《こせき》 ㊤**626***c* 866*a*〔除籍簿〕 886*b*〔壬申戸籍〕 922*c*〔姓〕
戸籍法 ㊤630*c*〔戸長〕
五節会 ㊤627*a*〔五節供〕
• 五節供〔五節句〕《ごせっく》 ㊤**627***a* 636*a*〔子供の日〕 720*b*〔三月節供〕 946*b*〔節供〕 946*b*〔節供礼〕 ㊦259*b*〔七日正月〕
ご節供磯 ㊤94*c*〔磯遊び〕
後世利益 ㊤580*a*〔現世利益〕
『後撰蝦曲集』 ㊤483*b*〔狂歌〕
御前淵 ㊦362*b*〔機織淵〕
御膳持ち ㊤別刷〈供物〉
小僧 ㊦222*b*〔徒弟制度〕 407*b*〔番頭〕
小惣代 ㊤974*b*〔惣代〕
子育て ㊤650*c*〔子安神〕 ㊦592*b*〔回り地蔵〕
子育講 ㊤768*c*〔地蔵講〕
子育て呑竜 ㊦240*c*〔呑竜〕
• 子育て幽霊《こそだてゆうれい》 ㊤**627***b* 11*c*〔赤子塚〕 178*c*〔産女〕 308*a*〔怪談〕
• 御崇敬《ごそっきょう》 ㊤**627***b*
• 小袖《こそで》 ㊤**627***c* 169*b*〔打掛〕 401*a*〔裃〕 476*c*〔着物〕 ㊦228*b*〔留袖〕 492*a*〔振袖〕 710*a*〔紋付〕
御祖霊神社 ㊤990*a*〔祖霊社〕
• 五大御伽噺《ごだいおとぎばなし》 ㊤**628***a* ㊦703*c*〔桃太郎〕
古代学 ㊤589*b*〔考古学〕
『古代感愛集』 ㊤290*a*〔折口信夫〕
• 古代研究(折口用語)《こだいけんきゅう》 ㊤**628***b*
• 『古代研究』《こだいけんきゅう》 ㊤**628***c* 289*b*〔折口信夫〕 881*c*〔新国学〕
『古代祭祀と文学』 ㊦274*c*〔西角井正慶〕
• 「広大寺」〔小大臣, 古代寺, 古代神〕《こだいじ》 ㊤**628***c*
広大寺和尚 ㊤46*b*〔飴屋踊り〕
『古代社会』 ㊦692*a*〔モーガン〕
古代宗教 ㊤810*c*〔宗教〕
五大尊舞 ㊦546*a*〔仏舞〕
『古代村落の研究—黒島—』 ㊦390*a*〔早川孝太郎〕
『古代伝承研究』 ㊦420*a*〔肥後和男〕
五大昔話 ㊦380*b*〔花咲爺〕
五大力船 ㊤195*c*〔運搬具〕
小鷹明神(筑前) ㊦768*b*〔百合若大臣〕
木工真根 ㊤296*a*〔女相撲〕
コダシ ㊤832 図〔樹皮〕 938*a*〔背負袋〕
• ゴダチ〔-の祝い〕 ㊤**628***c*
ゴダチマイリ ㊤629*a*〔ゴダチ〕
• 炬燵〔火燵〕《こたつ》 ㊤**629***a* 323*c*〔家具〕 ㊦75*b*〔暖房〕
小谷狩 ㊤426*c*〔川狩〕
『小谷口碑集』 ㊦822*c*〔炉辺叢書〕
小谷三志 ㊦467*a*〔富士講〕
小谷方明 ㊦623*c*〔宮本常一〕
蚕種 ㊤730*c*〔蚕種〕
子種地蔵 ㊤620*b*〔子授け〕
• 木霊〔こだま〕《こだま》 ㊤**629***b* 42*c*〔あまのじゃく〕 477*b*〔木貰い〕
蚕玉さま ㊤611*b*〔蚕影〕
蚕玉様祭 ㊤635*c*〔子供組〕
• コタン ㊤**629***c* 630*b*〔コタンコㇿクㇽ〕
コタンカㇻカムイ ㊦756*a*〔ユーカㇻ〕
• コタンコㇿカムイ ㊤**630***a*
• コタンコㇿクㇽ ㊤**630***b*
五壇の法 ㊦479*c*〔不動信仰〕
• コチ〔東風〕 ㊤**630***b* 351*b*〔風〕 ㊦521*c*〔方位〕
• 御馳走《ごちそう》 ㊤**630***b* 432*a*〔かわりもの〕
御馳走船 ㊤630*c*〔御馳走〕

小中老　㊦ 315b〔年齢階梯制〕
・戸長《こちょう》　㊤ **630**c　㊦ 5b〔大区・小区制〕 681b〔村役〕
伍長　㊤ 638c〔五人組〕
伍長組　㊤ 518a〔近隣組〕 539c〔組〕 540b〔組合(二)〕 638c〔五人組〕
骨あげ《こつあげ》　⇨改葬(㊤ 305c)
コツオサメ　㊦ 321a〔納骨〕
国家　㊤ 358a〔家族国家観〕
小使い　㊤ 852a〔定使い〕
骨開帳　㊤ 953b〔善光寺参り〕
・骨掛け《こつかけ》　㊤ **631**a　977b〔葬法〕
国家祝祭日　㊦ 89b〔地方改良運動〕
国家神道　㊤ 394b〔神〕 891b〔神道〕 ㊦ 89b〔地方改良運動〕 446b〔平田篤胤〕
国家神話　㊤ 455a〔記紀神話〕
ゴッカブイ　㊤ 613b〔ゴキブリ〕
ゴッカブリ　㊤ 613b〔ゴキブリ〕
国忌　㊦ 307b〔年忌〕
国旗　㊦ 361c〔旗〕
・コッキリコ　㊤ **631**b
・コックリさん〔狐狗狸-〕　㊤ **631**c　189a〔占い〕
滑稽掛合噺　㊤ 424c〔軽口〕
・ごっこ遊び　㊤ **632**a
骨蔵器　㊤ 954b〔洗骨〕 ㊦ 454c〔風葬〕
小槌　㊦ 132b〔槌〕
『骨董集』　㊤ 904a〔随筆〕
コッドン　㊤ 790a〔柴祭〕
コツノボセ　㊦ 321a〔納骨〕
骨牌税　㊦ 383c〔花札〕
コッパラ〔コッパラメ〕　㊤ 142c〔祝い棒〕 ㊦ 785a〔嫁叩き〕
コッペラ　㊦ 544c〔穂摘具〕
・骨仏《こつぼとけ》　㊤ **632**b
こっぽり下駄　㊤ 569b〔下駄〕 →ぽっくり下駄
コヅユ　㊦ 285c〔煮物〕
古面　㊤ 625c〔戸数制限〕 ㊦ 141c〔ツラダシ〕 →倒れ株　→伏面
コテ　㊦ 155c〔手袋〕
ゴテ　㊤ 366a〔家長〕
固定相場制　㊤ 975c〔相場〕
鏝工　㊤ 688a〔左官〕 →左官
コデコ　㊦ 153c〔手甲〕
小寺玉晁　㊦ 608b〔見世物〕
小寺融吉　㊦ 646c〔民俗芸術〕
古典演劇　㊤ 220a〔演劇〕
古典考古学　㊤ 589b〔考古学〕
『御伝鈔』　㊦ 523b〔報恩講〕
コテント　㊦ 254b〔灘回り〕
古典保存会　㊦ 572a〔町田嘉章〕
御殿万歳　㊦ 598c〔三河万歳〕
・コト　㊤ **632**b　946a〔節供〕
・箏〔琴〕《こと》　㊤ **632**c　654a〔娯楽〕
琴糸　㊤ 109c〔糸〕
五十市　㊤ 103a〔市日〕
・後藤興善《ごとうこうぜん》　㊤ **633**b　㊦ 283c〔日本民俗学講習会〕 632c〔民間伝承論〕
後藤総一郎　㊦ 734b〔柳田国男研究〕
『古道大意』　㊦ 446a〔平田篤胤〕
後藤分銅　㊦ 346b〔秤〕
『五島民俗誌』　㊦ 356c〔橋浦泰雄〕
琴占　㊤ 189a〔占い〕
コトオサメ〔事納〕　㊤ 632c〔コト〕 636b〔事八日〕
・五徳《ごとく》　㊤ **633**b　413 図〔家紋〕 ㊦ 436a〔火鉢〕
・コトコト　㊤ **634**a　624a〔小正月〕 624b〔小正月の訪問者〕 ㊦ 792a〔来訪神〕
琴柱　㊦ 686a〔眼鏡〕
箏柱　㊤ 633a〔箏〕
コドシ　㊦ 396b〔ハラメウチ〕
事代主命　㊤ 99c〔市神〕
・言霊《ことだま》　㊤ **634**a　130a〔忌言葉〕 394a〔神〕 ㊦ 222c〔唱え言〕 332a〔祝詞〕 547c〔ほめ詞〕
言霊信仰　㊤ 834b〔呪文〕 ㊦ 131a〔辻占〕 334a〔呪い〕 666a〔虫送り〕
コトノカミ　㊤ 632c〔コト〕
コトの神送り　㊤ 200b〔疫神送り〕
コトノヒ　㊤ 131c〔忌日〕
・言葉遊び《ことばあそび》　㊤ **634**b　485a〔競技〕 871c〔尻取り〕
『ことば遊び辞典』　㊤ 913b〔鈴木棠三〕
言葉争い　㊦ 842a〔悪口〕
コトハジメ〔事始〕　㊤ 632c〔コト〕 636b〔事八日〕 913b〔煤払い〕
コトビ　㊦ 225a〔嶌口〕 701a〔もの日〕
ゴトビキ石〔-岩〕　㊤ 79b〔石〕 400a〔神座〕
琴平街道　㊤ 666b〔金毘羅街道〕
金刀比羅宮(東京)　㊤ 222a〔縁日〕
金刀比羅宮(香川)　㊤ 184b〔海〕 666b〔金毘羅信仰〕 →金比羅宮
金刀比羅宮高燈籠　㊤ 858 図〔常夜燈〕
『寿世嗣三番叟』　㊤ 268a〔男舞〕
・ことぶれ　㊤ **634**c
五斗米道　㊦ 177a〔道教〕
ことほぎ　㊤ 634c〔ことぶれ〕
ゴトミソ　㊦ 609b〔味噌〕
・子ども〔子供〕《こども》　㊤ **634**c　73c〔育児〕 635b〔子供組〕 636a〔子供の日〕 915a〔捨子〕 ㊦ 82c〔稚児〕 150a〔テクノミニー〕 261b〔生臭〕 479a〔筆子〕 516a〔便所〕 559a〔迷子〕 756c〔遊戯〕
・子供組《こどもぐみ》　㊤ **635**b　158a〔牛神〕 624a〔小正月〕 635a〔子ども〕 688c〔左義長〕 738b〔サンヤレ祭〕 ㊦ 118c〔通過儀礼〕 166c〔天神講〕 239b〔とんど〕 258b〔七つの祝い〕 315b〔年齢階梯制〕 316b〔年齢集団〕 823c〔若い衆〕
子供契約　㊤ 563b〔契約〕
子供講　㊤ 584b〔講〕
コドモゴシキ　㊦ 762a〔雪鋤〕
子供手踊り　㊦ 147a〔手踊り〕
『子供と家庭の昔話集』　㊤ 547c〔グリム兄弟〕
子供泣き相撲　㊦ 250b〔泣き相撲〕
子供の寿命　㊤ 150a〔因縁話〕
子供の初稼ぎ　㊤ 52b〔歩き初め〕
コドモノハナミ　㊦ 432c〔雛祭〕
・子供の日〔こども-〕《こどものひ》　㊤ **636**a　610b〔ゴールデン＝ウィーク〕
・子供服《こどもふく》　㊤ **636**a
・事八日《ことようか》　㊤ **636**b　164c〔嘘〕 201b〔疫病神〕 263a〔お大師講吹き〕 275a〔鬼やらい〕 420a〔鳥勧請〕 632c〔コト〕 ㊦ 70c〔団子〕 293a〔人形送り〕 397c〔針供養〕 429b〔一目小僧〕 598c〔ミカワリバアサン〕 716a〔厄〕 718c〔厄除け〕
コドリ　㊤ 315a〔家格〕 ㊦ 707c〔モロト〕
小鳥飼育　㊤ 654a〔娯楽〕
・小鳥前生譚《ことりぜんしょうたん》　㊤ **637**a
コトリゾ　㊤ 331c〔隠れんぼ〕
コトリババ　㊦ 233a〔取上げ婆さん〕
・子取ろ《ことろ》　㊤ **637**b　485a〔競技〕
・諺〔コトワザ〕《ことわざ》　㊤ **637**c　128a〔戒め言葉〕 592c〔口承文芸〕 ㊦ 50b〔譬え言葉〕 105b〔嘲笑〕 164c〔伝承〕 222c〔唱え言〕 253a〔謎〕 453b〔諷刺〕 842a〔悪口〕
コナ　㊦ 719a〔屋号〕 →屋号
御内法〔-証〕　㊤ 331b〔隠れ念仏(二)〕
粉掻き餅　㊦ 695b〔餅〕
子泣き相撲　㊦ 250b〔泣き相撲〕
コナサセバンバ　㊦ 233a〔取上げ婆さん〕
コナシ　㊤ 182a〔石女〕
粉搗き餅　㊦ 695b〔餅〕
コナバツ〔コナバチ〕　㊦ 377a〔初物〕 594a〔饅頭〕
粉挽き臼　㊤ 163c〔臼〕
粉挽き唄　㊤ 164b〔臼挽き唄〕 →臼挽き唄
・小鍋立て《こなべだて》　㊤ **638**a　625b〔個食〕 862a〔食事〕 ㊦ 260b〔鍋物〕
小鍋焼　㊤ 638b〔小鍋立て〕
粉箕　㊦ 612c〔箕作り〕
粉蒸し餅　㊦ 695b〔餅〕
粉餅　㊦ 695b〔餅〕
粉屋踊り　㊤ 46b〔飴屋踊り〕 ㊦ 593c〔万作踊り〕
粉焼き餅　㊦ 695b〔餅〕
粉雪　㊦ 759c〔雪〕
粉茹で餅　㊦ 695b〔餅〕
コナラ　㊦ 237c〔ドングリ〕 606a〔水晒し〕
コナンジ　㊤ 836b〔狩猟信仰〕

小納戸　㊦ 268b〔納戸〕
コニクジ　㊦ 663b〔聟いじめ〕
コニセ　㊦ 277a〔ニセ〕
コニセガシタ　㊦ 277a〔ニセ〕
小荷駄　㊦ 61b〔魂送り〕
『古日本の文化層』　㊤ 243b〔岡正雄〕
・五人組《ごにんぐみ》　㊤ **638**b　255b〔おこない〕　418b〔柄在家〕　518a〔近隣組〕　539c〔組〕　540a〔組合㈠〕　540b〔組合㈡〕　541a〔組頭〕　㊦ 223a〔隣組〕　571c〔町〕
『五人組制度の実証的研究』　㊦ 64a〔田村浩〕
五人囃子　㊦ 580a〔祭囃子〕
こぬか雨　㊤ 46a〔雨〕
コネリ手　㊤ 161c〔ウシデーク〕
五年聟　㊦ 308a〔年期聟〕
金浦山神社(秋田)　㊦ 65c〔タラ〕
・コノシロ〔鰶，鮗〕　㊤ **638**c　㊦ 261b〔生臭〕
木の葉形鋸　㊦ 325b〔鋸〕
木花開耶姫〔-咲耶姫〕　㊤ 650c〔子安神〕 別刷〈護符〉　㊦ 746c〔山の神〕 別刷〈山の神〉
『五戸の方言―用言から出発して―』　㊦ 323b〔能田多代子〕
・木の実《このみ》　㊤ **638**c
コノメ〔このめ〕　㊤ 301b〔蚕棚〕　㊦ 770b〔養蚕〕
コノワタ　㊤ 743b〔塩辛〕
・コバ　㊤ **639**b　98c〔板屋根〕　474b〔木場〕　598c〔耕地〕　㊦ 714b〔焼畑〕
コバアテ　㊦ 153c〔手甲〕
コバウノ森　㊤ 155a〔拝所〕
・子墓《こばか》　㊤ **639**b　977b〔葬法〕　㊦ 73a〔男女別墓制〕　540c〔墓制〕　772a〔幼児葬法〕
木葉籠　㊦ 37b〔竹細工〕
コバガサ　㊤ 339a〔笠〕
コバカマ　㊤ 838 表〔狩猟用具〕
小袴　㊤ 714c〔猿股〕
コバキリ　㊤ 451c〔木下し〕
コバシアゲ　㊤ 613a〔扱上げ祝い〕
コバシオサメ　㊤ 613a〔扱上げ祝い〕
子は清水　㊤ 829a〔酒泉の発見〕　㊦ 75a〔蜻蛉長者〕　774c〔養老の滝〕
こはぜ　㊦ 60a〔足袋〕
コハダ　㊤ 638c〔コノシロ〕　→コノシロ
コバチ　㊦ 567b〔曲物〕
五八の賀　㊤ 460b〔喜寿〕　612b〔古稀〕
・小咄《こばなし》　㊤ **639**c
コバネイナゴ　㊤ 114c〔イナゴ〕
小早　㊤ 427c〔カワサキ〕
小林如泥　㊤ 698c〔指物師〕
小林存　㊤ 45b〔編物〕
小林正熊　㊤ 497b〔郷土生活の研究法〕
コバ屋根　㊤ 98c〔板屋根〕　→板屋根
子孕み石　㊤ 620b〔子授け〕　→子産石
子孕み地蔵　㊤ 620b〔子授け〕
小判　㊤ 511a〔金〕
ゴハン　㊦ 686b〔飯〕　→飯
碁盤人形　㊤ 549a〔車人形〕
・木挽《こびき》　㊤ **639**c　728c〔山村〕　863b〔職能神〕　928a〔製材〕　986c〔杣〕　㊦ 10c〔太子信仰〕　738a〔山〕
木挽唄　㊤ 756a〔仕事唄〕　㊦ 391b〔囃し㈡〕　648c〔民俗芸能〕　828c〔業歌〕
小人伝説　㊤ 656b〔コロポックル〕
小百姓　㊦ 439b〔百姓〕
小昼〔コビル〕《こびる》　⇨間食(㊤ 442a)　㊤ 862a〔食事〕
・護符〔御符，ごふう〕《ごふ》　㊤ **640**a　139c〔入れ札〕　280c〔お札〕　281b〔お守り〕　439b〔元三大師〕　495b〔郷土玩具〕　593 図〔荒神〕　608c〔牛玉宝印〕　643a〔護摩〕　833c〔呪物崇拝〕　846 図〔鍾馗〕　987a〔蘇民将来〕 別刷〈護符〉　㊦ 18a〔大般若〕
コブカキ　㊤ 902a〔水晶〕
・古峰ヶ原講《こぶがはらこう》　㊤ **640**b　㊦ 494c〔古峰信仰〕
古峯ヶ原様　㊤ 473b〔機能神〕
古峰ヶ原信仰　㊦ 494c〔古峰信仰〕
『こふき』　㊦ 173c〔天理教〕
呉服　㊦ 318b〔農間稼ぎ〕
呉服尺　㊦ 700b〔物差〕
コブシ　㊤ 217a〔演歌㈠〕　㊦ 54c〔種子蒔き桜〕
御不浄　㊦ 515c〔便所〕　→便所
五分次郎　㊤ 107b〔一寸法師〕
コブヅキ　㊤ 674c〔再婚〕
古物商　㊤ 777a〔質屋〕
・こぶ取爺〔瘤取り-〕　㊤ **640**c　㊦ 191b〔動物報思譚〕　223a〔隣の爺〕　695c〔モチーフ〕
昆布巻　㊤ 845b〔正月料理〕
贅柳　㊦ 771c〔楊枝〕
小振袖　㊦ 492a〔振袖〕
小風流　㊦ 492b〔風流〕
コブレ　㊤ 852a〔定使い〕　㊦ 495b〔フレ〕
子分　⇨親分・子分(㊤ 287c)　㊤ 634c〔子ども〕
古墳機　㊦ 361c〔機織〕
・御幣《ごへい》　㊤ **641**a　114b〔イナウ〕　298b〔おんべ焼き〕　468b〔狐狩り〕　509a〔切紙〕　890a〔神体〕　→幣　→幣帛
御幣かつぎ　㊤ 218b〔縁起かつぎ〕
・ゴヘイタブネ　㊤ **641**b
ゴヘイ餅〔五平-〕　㊤ 819a〔十二様〕　㊦ 695a〔餅〕　715c〔焼き物〕
個別宗教史　㊤ 811a〔宗教学〕
・個別分析法《こべつぶんせきほう》　㊤ **641**b　817a〔重出立証法〕　㊦ 414b〔比較研究法〕
五保　㊤ 638b〔五人組〕
・ゴボウ　㊤ **641**b　691a〔作物禁忌〕　㊦ 149b〔できもの〕
・護法祭《ごほうさい》　㊤ **641**c　642a〔護法実〕
・護法実《ごほうざね》　㊤ **642**a　550a〔くろ〕　641c〔護法祭〕　㊦ 789a〔よりまし〕
牛蒡子　㊦ 633 表〔民間薬〕
牛蒡注連　㊤ 794c〔注連縄〕
護法神　㊤ 893b〔神仏習合〕
護法善神　㊤ 641c〔護法祭〕　642a〔護法実〕
護法善神社(岡山)　㊤ 641c〔護法祭〕　642a〔護法実〕
護法飛び　㊤ 398c〔神がかり〕 別刷〈遊び〉　㊦ 631a〔民間信仰〕
五方の舞　㊤ 728a〔参候祭〕
御法楽　㊤ 641c〔護法祭〕
小堀鞆音　㊦ 623b〔宮本勢助〕
こぼるるわいさ　㊤ 731c〔三右衛門話〕
・独楽《こま》　㊤ **642**b　284b〔玩具〕　㊦ 756c〔遊戯〕
・ゴマ　㊤ **642**c　36a〔油〕　202c〔エゴマ〕　691a〔作物禁忌〕　863b〔植物禁忌〕
・護摩《ごま》　㊤ **643**a　677c〔柴燈護摩〕
ゴマあえ　㊤ 642c〔ゴマ〕
ゴマ油　㊤ 36a〔油〕　642c〔ゴマ〕
木舞　㊤ 387b〔壁〕
・狛犬〔胡麻-，高麗-〕《こまいぬ》　㊤ **643**a
ゴマ炒り　㊦ 534b〔焙烙〕
・小前《こまえ》　㊤ **643**b
小前惣代　㊤ 974a〔惣代〕
・駒踊り《こまおどり》　㊤ **643**c
小間返し　㊦ 174b〔戸〕
駒返し橋　㊦ 698c〔戻橋〕
高麗楽　㊤ 315a〔雅楽〕　㊦ 459c〔舞楽〕
ゴマ掛け　㊦ 261c〔ナマズ〕
駒形神　㊤ 972a〔蒼前神〕　㊦ 93a〔チャグチャグ馬ッコ〕
・駒ヶ岳《こまがたけ》　㊤ **644**a　㊦ 310c〔年中行事㈠〕
駒ケ岳(山梨・長野)　㊦ 760c〔雪形〕
駒ヶ岳神社(長野)　㊦ 14 図〔太々神楽〕
駒形講　㊤ 972a〔蒼前神〕
駒形神社　㊤ 972a〔蒼前神〕
駒形神社(岩手・滝沢村)　㊤ 972a〔蒼前神〕　㊦ 92c〔チャグチャグ馬ッコ〕
駒形神社(岩手・盛岡市)　㊤ 972a〔蒼前神〕
騎形稚子　㊤ 453a〔祇園祭〕
コマキ　㊤ 547b〔刳船〕
護摩木　㊤ 643a〔護摩〕　678a〔柴燈護摩〕
小間口権　㊤ 293a〔温泉権〕
駒下駄　㊤ 569b〔下駄〕
駒込青果市場　㊤ 9c〔青物市〕
駒込のお富士さん(東京)　㊦ 467c〔富士塚〕

駒込の土物店　㊤9c〔青物市〕
高麗神社(埼玉)　㊤152b〔植木市〕
コマ橇　㊦762b〔雪橇〕
コマタギ　㊤410a〔カモシカ猟〕　㊦570c〔マタギ〕
小町石　㊤276b〔小野小町〕
小町下駄　㊤569b〔下駄〕
『小町集』　㊤276b〔小野小町〕
小町紅　㊦511c〔紅〕
小松和彦　㊤87c〔異人㈠〕　㊦591b〔まれびと〕
• 駒繋ぎ松《こまつなぎまつ》　㊤**644**b
小松引き　㊦576a〔松の内〕
独楽賭博　㊦350c〔博打〕
駒止橋　㊦698c〔戻橋〕
駒牽　㊦562a〔牧〕
狛笛〔高麗-〕　㊦458b〔笛〕
護摩札　㊤643a〔護摩〕
駒迎　㊦562a〔牧〕
ごまめ　㊤143c〔イワシ〕
コマモノ　㊤245a〔沖言葉〕
小間物商い　㊦318b〔農間稼ぎ〕
• 小間物屋《こまものや》　㊤**644**b
小間物屋と狸　㊤307c〔怪談〕　㊦53b〔狸の八畳敷〕
胡麻山神楽　㊦193b〔トウモロコシ〕
ゴミ　㊦299a〔沼〕
コミセ〔小見世〕　㊤587b〔興行師〕　㊦149c〔てき屋〕
小店　㊤576b〔下屋〕
• ゴミソ　㊤**644**c　798a〔シャーマニズム〕　㊦600a〔巫女〕
込み箸　㊦833c〔渡箸〕
ゴミフクヒ　㊤756b〔仕事納め〕
『コミュニティ』　㊤493a〔共同体〕
五苗　㊦625a〔名〕
• ゴム Gomme, George Laurence　㊤**645**a　73a〔イギリス民俗学〕　816c〔重出立証法〕　㊦336b〔バーン〕　別刷〈民俗学史〉
ゴム裏草履　㊤978b〔草履〕
小麦　㊤239a〔大麦〕　㊦661c〔麦作〕
小麦粉　㊦557c〔盆礼〕
小麦月見　㊦587c〔豆名月〕
• 虚無僧〔-宗〕《こむそう》　㊤**645**b　375b〔門付け〕　803c〔尺八〕
虚無僧笠　㊤338b〔笠〕　→深編笠
ゴム草履　㊤978b〔草履〕
ゴム飛び　㊤別刷〈遊び〉
五室聖　㊤605c〔高野聖〕
• 米《こめ》　㊤**645**c　11c〔赤米〕　171b〔ウツギ〕　314a〔香り米〕　481a〔救荒食物〕　542a〔供物〕　568a〔けしね〕　580b〔減反政策〕　646c〔米櫃〕　736b〔散米〕　827c〔主食〕　947b〔石鹸〕　㊦21b〔代用食〕　41b〔だし〕　80c〔力米〕　224a〔トビ〕　557c〔盆礼〕
米揚笊　㊤336c〔籠〕　712c〔笊〕　㊦37b〔竹細工〕
米洗い唄　㊤694a〔酒造り唄〕
米占　㊤189a〔占い〕
• 米換え《こめがえ》　㊤**646**b　24b〔小豆〕
米カバイ　㊤862a〔食事〕
コメガラト　㊤646c〔米櫃〕
米蔵　㊤543b〔倉〕
• 米倉法師《こめくらほうし》　㊤**646**b
米麴　㊤41c〔甘酒〕
米相場　㊤975b〔相場〕　㊦365b〔旗振り通信〕
米俵　㊦68c〔俵〕
米搗き　㊦147c〔出稼〕
米搗き唄　㊤164b〔臼〕　694a〔酒造り唄〕
コメドウシ　㊦493c〔篩〕
米磨ぎ唄　㊤694a〔酒造り唄〕
米仲仕　㊦244c〔仲仕〕
米ヌカ　㊦295b〔ヌカ〕
米のイトコ　㊤112b〔イトコ〕
コメノホ　㊦697a〔餅花〕
コメノメシ　㊦686c〔飯〕
米曳き　㊦370a〔初市〕
コメビツ〔米櫃〕　㊤97c〔いただき〕　㊦202c〔得意〕
• 米櫃(容器)《こめびつ》　㊤**646**c　833b〔主婦権〕
• 米屋《こめや》　㊤**647**a
• 薦〔古毛，菰〕《こも》　㊤**647**c　709b〔座蒲団〕　879c〔寝具〕　㊦44b〔畳〕　68c〔俵〕
薦垣　㊤318a〔垣〕
薦被り　㊤648a〔薦〕　㊦66b〔樽〕
五目並べ　㊤654a〔娯楽〕
• 五目飯《ごもくめし》　㊤**648**a　432a〔かわりもの〕
薦けた　㊦68c〔俵〕
コモシ　㊦504a〔粉食〕
薦印　㊤854c〔商標〕
薦僧　㊤645b〔虚無僧〕　→虚無僧
ゴモチ　㊤837 表〔狩猟法〕
子持石　㊤604b〔子産石〕　620b〔子授け〕
子持亀甲に唐花　㊤414 図〔家紋〕
子持ち桜　㊤620b〔子授け〕
子持山(群馬)　㊤396c〔神あらそい〕
御物　㊤323c〔家具〕
薦手石　㊤79b〔石〕
小物　㊦781c〔夜見世〕
小者　㊤322c〔家業〕
小物成　㊦308c〔年貢〕
子貰い　㊤611b〔子買お〕　→子買お
• 子守〔コモリ〕《こもり》　㊤**648**b　53b〔アワ〕　174c〔乳母〕　867b〔女中〕　㊦82a〔乳兄弟〕　706a〔守り親〕　782a〔宵宮〕
• 籠り《こもり》　㊤**648**b　㊦392b〔ハヤマ信仰〕　437a〔日待〕　→参籠
• 子守唄《こもりうた》　㊤**649**a　㊦640c〔民俗音楽〕　655c〔民謡〕
籠り小鉄　㊤702a〔砂鉄〕
籠り次ぎ小鉄　㊤702a〔砂鉄〕
子守明神　㊦599c〔水分神〕
籠り屋　㊤498b〔行屋〕　㊦392b〔ハヤマ信仰〕　→行屋
「小諸馬子唄」　㊦568a〔馬子唄〕
コモンビ　㊦701a〔もの日〕
コモンピープル　㊤856c〔常民〕
コヤ　㊤571c〔月経〕
• 小屋(付属屋)《こや》　㊤**649**b　393a〔カマヤ〕　788a〔芝居小屋〕　㊦263a〔納屋〕　→コウエン
小屋(建築)　㊤650a〔小屋組〕　→小屋組
ゴヤ　㊤264c〔お逮夜〕
コヤアガリ　㊤179c〔産屋〕　776c〔七夜〕　㊦258b〔ナナトコマイリ〕
小屋入り　㊤581a〔建築儀礼〕
小屋掛け　㊤587b〔興行師〕
• 小屋組《こやぐみ》　㊤**650**a　㊦460c〔復元的調査〕
小屋籠り　㊤649c〔小屋〕
子安石　㊤57c〔安産祈願〕
子安稲荷　㊤650c〔子安神〕
• 子安貝《こやすがい》　㊤**650**c　650c〔子安神〕　→宝貝
• 子安神《こやすがみ》　㊤**650**c　57b〔安産祈願〕　620b〔子授け〕　651b〔子安講〕
子安観音　㊤57b〔安産祈願〕　620b〔子授け〕　650c〔子安神〕　651b〔子安講〕　㊦539a〔母子神信仰〕
コヤスケ　㊤85b〔石屋〕
• 子安講《こやすこう》　㊤**651**b　57c〔安産祈願〕　141a〔色話〕　345b〔鹿島信仰〕　448b〔観音信仰〕　651a〔子安神〕　㊦288a〔女人講〕
子安荒神　㊤650c〔子安神〕
子安地蔵　㊤11c〔赤子塚〕　57b〔安産祈願〕　620b〔子授け〕　650c〔子安神〕　651b〔子安講〕　894c〔神仏霊験譚〕
子安地蔵(高知)　㊤604a〔子産石〕
子安清水　㊤57c〔安産祈願〕
子安信仰　㊦85b〔乳銀杏〕
子安神社　㊤650c〔子安神〕
小易神社(山形)　㊤651a〔子安神〕
子安明神〔-大明神〕　㊤516c〔金峰山〕　651b〔子安講〕
コヤド　㊦248b〔中宿〕　306a〔寝宿〕
小屋根　㊦421a〔庇〕
後夜の祝い　㊦212c〔年越〕
小屋稲架　㊤122b〔稲掛け〕
小屋梁　㊤650a〔小屋組〕
小山栄三　㊦642c〔民俗学㈡〕
小山勝清　㊦419c〔彦市〕
小山隆　㊦526a〔傍系家族〕
• 湖山長者〔-伝説〕《こやまちょうじゃ》　㊤**651**c　18c〔朝日長者〕　㊦22a〔太陽神話〕　22b〔太陽崇拝〕　784c〔嫁殺し田〕

小山真夫　㊦823a〔炉辺叢書〕
コヤミマイ〔-見舞〕　㊤737c〔産見舞〕　㊦617c〔見舞〕
小屋山師　㊦743a〔山師〕
• 子やらい《こやらい》　㊤**651**c
御用煙硝　㊤221a〔煙硝づくり〕
御用納め　㊤756b〔仕事納め〕
小楊枝　㊦771c〔楊枝〕
御用商人　㊤853a〔商人〕
古要神社(大分)　㊤523b〔傀儡子人形〕
御用船方　㊤739b〔塩飽衆〕
御用提燈　㊦108a〔提燈〕
• 御用始め《ごようはじめ》　㊤**651**c
古要舞《こようまい》　⇨傀儡子人形(㊤523b)
ゴヨウマツ　㊦573c〔松〕
雇用労働者　㊤711c〔サラリーマン〕
コヨビ　㊦309c〔年始〕
• 暦《こよみ》　㊤**652**a　92c〔伊勢暦〕　191b〔砂川暦〕　202c〔絵暦〕　㊦310b〔年中行事(一)〕　538b〔星〕　603b〔三島暦〕　634c〔民間暦〕
コヨリ　㊦741a〔山刀〕　→山刀
コヨロコビ　㊤737c〔産見舞〕
ゴラ　㊤606a〔ゴウラ〕
• 五来重《ごらいしげる》　㊤**652**c　㊦476b〔仏教民俗〕
• 娯楽《ごらく》　㊤**654**a
御落胤伝説　㊦170c〔天皇〕
こらこら　㊤840b〔巡査〕
• 垢離《こり》　㊤**654**b　437c〔寒垢離〕　㊦610a〔禊〕　→垢取り
コリアンダー　㊤421b〔辛味〕　596b〔香辛料〕
コリアンタウン　㊦105c〔朝鮮人コミュニティー〕
ゴリゴリ　㊤634a〔コトコト〕
コリゾメ　㊦377b〔初山〕　→初山
• 孤立国《こりつこく》　㊤**654**c
垢取り　㊤511c〔禁忌〕　→垢離
• 古琉球《こりゅうきゅう》　㊤**655**a　㊦564図〔間切り〕
『古琉球』　㊤127a〔伊波普猷〕
『古琉球の政治』　㊦822c〔炉辺叢書〕
「古琉球の女人政治」　㊤689b〔佐喜真興英〕
五流修験　㊤824b〔修験道〕
狐霊　㊦442c〔病気〕
御霊　㊤51b〔あらみたま〕　71b〔生き神〕　200c〔疫病〕　201a〔疫病神〕　394b〔神〕　872b〔死霊〕　979c〔曾我兄弟〕　㊦293a〔人形送り〕　329a〔ノミ〕　706c〔森神〕　720b〔弥五郎祭〕　824c〔若宮〕
ゴリョウエ　㊤612b〔五月節供〕
御霊会　㊤452a〔祇園信仰〕　452b〔祇園祭〕　655b〔御霊信仰〕　㊦202b〔渡御〕　624c〔神幸〕
御霊社　㊤872b〔死霊〕　990a〔祖霊社〕
• 御霊信仰《ごりょうしんこう》　㊤**655**a　271b〔鬼〕　452b〔祇園祭〕　475b〔義民伝承〕　663a〔権五郎伝説〕　775a〔七人塚〕　㊦166a〔天神縁起〕　257a〔夏祭〕　368a〔八幡信仰〕　428c〔人神〕　568b〔将門伝説〕　631a〔民間信仰〕　751a〔山伏塚〕　810a〔霊神〕　842b〔和霊信仰〕
御霊大神　㊦820a〔六所祭〕
御霊人形　㊦292c〔人形〕
ゴリヲオス　㊤855b〔小便〕
• 五輪塔《ごりんとう》　㊤**655**c　98a〔板碑〕　976a〔惣墓〕　985a〔卒塔婆〕
凝海藻　㊤445b〔寒天〕　㊦207c〔心太〕
ゴレイ　㊤612b〔五月節供〕
ゴレエ　㊤612b〔五月節供〕
これさま　㊤810a〔祝儀唄〕
• 惟喬親王《これたかしんのう》　㊤**656**a　161a〔氏子狩り〕　395a〔神〕　㊦297a〔塗師〕
コレラ　㊤200c〔疫病〕　935a〔清涼飲料〕　㊦167c〔伝染病〕
コレラ一揆　㊤657a〔コロリ〕
ゴロ　㊤606a〔ゴウラ〕
語呂遊び　㊤356b〔数え言葉〕
語呂合わせ　㊤654a〔娯楽〕
ゴロウ　㊤606a〔ゴウラ〕
五郎王子　㊤593c〔荒神〕
五郎権現　㊤663b〔権五郎伝説〕
コロオビ　㊦438c〔紐落し〕
コロオビイワイ　㊦438c〔紐落し〕
ころがり地蔵　㊦445b〔日和待ち〕
『殺された女神』　㊤66c〔イェンゼン〕
殺し搔き法　㊤192a〔漆搔き〕
コロッケ　㊤801c〔ジャガイモ〕
コロビ〔ころび〕　㊦149c〔てき屋〕　781c〔夜見世〕
転び　㊦159b〔寺請制度〕
ころび植え　㊦24b〔田植え〕　27a〔田植え法〕
転柿　㊦538c〔干柿〕
ゴロビツ　㊤263c〔おたたさん〕
転び寺請証文　㊦159b〔寺請制度〕
• コロポックル　㊤**656**b　㊦139a〔坪井正五郎〕
コロポックル論争　㊤656b〔コロポックル〕
• 衣更《ころもがえ》　㊤**656**c　54c〔袷〕　㊦428a〔単〕
衣掛け松　㊤339c〔笠掛け松〕
• コロリ　㊤**656**c　㊦383a〔花火〕
強飯　㊤658a〔強飯〕　→こわめし
• 声色《こわいろ》　㊤**657**b
声色使い　㊤657b〔声色〕
声色屋　㊤657b〔声色〕
• 小若い衆《こわかいしゅう》　㊤**657**c　101a〔一人前〕　310b〔海難救助〕　㊦315b〔年齢階梯制〕　509b〔へこ親〕　825c〔若者組〕
• コワキ〔小分〕　㊤**657**c
強酒　㊤148a〔飲酒〕
強装束　㊤211c〔烏帽子〕
コワ葺き　㊤98c〔板屋根〕
• 強飯〔剛飯〕《こわめし》　㊤**658**a　646a〔米〕　㊦667b〔蒸物〕　686c〔飯〕
戸割　㊦680b〔村入用〕　→軒割
子を買う子を買う　㊤611b〔子買お〕
坤　㊦372a〔八卦〕
紺　㊤8b〔あお〕
艮　㊦372a〔八卦〕
• 婚姻《こんいん》　㊤**658**b　23a〔アシブミ〕　664a〔婚舎〕　668a〔婚約〕　668b〔婚礼(一)〕　815a〔重婚〕　896b〔親類〕　923a〔性〕　㊦71c〔単婚〕　119c〔通婚圏〕　139c〔妻問婚〕　142a〔釣書〕　251b〔仲人〕　252b〔馴染〕　306b〔寝宿〕　306c〔寝宿婚〕　308a〔年期聟〕　462b〔複婚〕　663c〔聟入婚〕　782b〔嫁〕　783c〔嫁入婚〕　785b〔嫁盗み〕　812c〔恋愛結婚〕　815b〔労役婚〕　→結婚
『婚姻覚書』　㊤940a〔瀬川清子〕
婚姻慣行　㊤441a〔慣習法〕
• 婚姻規制《こんいんきせい》　㊤**660**a　㊦184a〔同姓不婚・異姓不養〕
• 婚姻居住方式《こんいんきょじゅうほうしき》　㊤**660**b
婚姻儀礼　㊤476a〔決め酒〕　㊦118b〔通過儀礼〕　685b〔夫婦盃〕
婚姻譚　㊤203b〔絵姿女房〕
婚姻連帯　㊤112c〔イトコ婚〕
コンエ　㊤649b〔小屋〕　→小屋
権神主　㊤447b〔神主〕
• 困窮島《こんきゅうじま》　㊤**660**c
コング　㊤662c〔コンゴウマイリ〕
ゴング　㊤379b〔鉦〕
権宮司　㊤447b〔神主〕　520c〔宮司〕
コンクリン Conklin, H. C.　㊦655a〔民俗分類〕
• 婚家《こんけ》　㊤**661**a　778a〔実家〕　㊦782b〔嫁〕
根茎栽培民文化　㊤66c〔イェンゼン〕
• 権現《ごんげん》　㊤**661**b　328c〔神楽〕　394a〔神〕　㊦522b〔法印〕
権現様　㊤373c〔門打ち〕　552a〔黒森神楽〕　662a〔権現舞〕　761c〔獅子舞(一)〕　㊦391b〔早池峰神楽〕　749c〔山伏神楽〕
権現獅子　㊤別刷〈仮面〉
権現像　㊤890a〔神体〕
• 権現造《ごんげんづくり》　㊤**661**c
• 権現舞《ごんげんまい》　㊤**662**a　328c〔神楽〕　373c〔門打ち〕　375a〔門付け〕　㊦323c〔能舞〕　391c〔早池峰神楽〕　398c〔春祈禱〕　558c〔舞〕　648a〔民俗芸能〕
コンコ　㊦193b〔トウモロコシ〕
ゴンゴ　㊤370b〔河童〕
コンゴウ　㊤662c〔コンゴウマイリ〕
金剛　㊤453b〔伎楽〕
金剛界曼荼羅　㊤238b〔大峯信仰〕　㊦

594*b*〔曼荼羅〕
• 金光教《こんこうきょう》　㊤ **662*b***　147*c*〔淫祠邪教〕　498*a*〔教派神道〕　665*a*〔金神〕　㊦ 428*c*〔人神〕
金剛砂　㊦ 175*a*〔砥石〕
金剛蔵王権現　㊤ 238*c*〔大峯信仰〕　516*c*〔金峰山〕　824*b*〔修験道〕
金光寺(京都)　㊦ 182*c*〔道場〕
金剛寺(大阪)　㊦ 288*c*〔女人高野〕
金剛証寺(三重)　㊤ 19*a*〔朝熊信仰〕
金剛山寺(奈良)　㊤ 277*a*〔小野篁〕
金光大神　㊤ 662*b*〔金光教〕
『金光大神御覚書』　㊤ 662*c*〔金光教〕
金剛頂寺(高知)　㊦ 519 表〔遍路〕
金剛杖　㊦ 121*b*〔杖〕　749*b*〔山伏〕
金剛福寺(高知)　㊦ 519 表〔遍路〕
金剛峯寺(和歌山)　㊤ 605*a*〔高野納骨〕
金剛宝寺(和歌山)　㊤ 675 表〔西国巡礼〕
• コンゴウマイリ〔金剛参り，魂迎参り〕　㊤ **662*c***　㊦ 710*b*〔門徒〕
金剛流　㊤ 607*c*〔御詠歌〕
権五郎井戸　㊤ 663*a*〔権五郎伝説〕
権五郎神社(茨城)　㊤ 663*b*〔権五郎伝説〕
• 権五郎伝説《ごんごろうでんせつ》　㊤ **663*a***
権五郎火　㊤ 274*b*〔鬼火㈠〕
コンコン盃　㊦ 685*b*〔夫婦盃〕
コンコン屋　㊤ 253*b*〔桶屋〕　→桶屋
• 混作《こんさく》　㊤ **663*b***　438*a*〔間作〕
• 婚資《こんし》　㊤ **663*c***　758*c*〔持参財〕　㊦ 815*b*〔労役婚〕
金色夜叉　㊤ 217*a*〔演歌㈠〕
豆福・小豆福　㊦ 295*c*〔糠福米福〕
• 婚舎《こんしゃ》　㊤ **664*a***　660*c*〔婚姻居住方式〕　㊦ 782*b*〔嫁〕
• 『今昔物語集』《こんじゃくものがたりしゅう》　㊤ **664*b***　308*a*〔怪談〕　619*c*〔古今著聞集〕　㊦ 474*c*〔仏教説話〕
• 金神《こんじん》　㊤ **665*a***　70*b*〔行き会い神〕　355*b*〔家相〕　361*a*〔方違〕　662*b*〔金光教〕　㊦ 521*c*〔方位〕
金神七殺　㊤ 665*a*〔金神〕
金神除け　㊤ 778*a*〔地鎮祭〕
ゴンズワラジ　㊦ 837*c*〔草鞋〕
• 金精様〔金精，-権現，-大明神，金勢-，金性-，魂清-〕《こんせいさま》　㊤ **665*b***　150*c*〔陰陽石〕　516*c*〔金峰山〕　665*b*〔金精様〕　925*a*〔性器崇拝〕　929*a*〔性信仰〕
ゴンゾ　㊦ 837*c*〔草鞋〕
金倉寺(香川)　㊦ 519 表〔遍路〕
権田愛三　㊦ 132*c*〔土入れ〕　662*a*〔麦作〕
ゴンダチ　㊤ 629*a*〔ゴダチ〕
• コンチ　㊤ **665*b***
金泥　㊤ 511*a*〔金〕
墾田　㊤ 890*c*〔新田〕
今頭　㊤ 279*a*〔おびしゃ〕
近藤喜一　㊦ 823*a*〔炉辺叢書〕
• こんな晩　㊤ **665*c***　150*a*〔因縁話〕　→六部殺し
• 蒟蒻〔コンニャク〕《こんにゃく》　㊤ **666*a***　165*b*〔嘘つき祝い〕　㊦ 182*a*〔冬至〕　398*a*〔針供養〕　別刷〈野良仕事〉
コンニャク糊　㊤ 400*b*〔紙子〕
権禰宜　㊤ 93*a*〔伊勢信仰〕　886*a*〔神職〕
今野円輔　㊤ 954*a*〔全国民俗誌叢書〕
権祝　㊦ 534*a*〔祝〕
コンバイン　㊦ 48*a*〔脱穀〕　別刷〈野良仕事〉
コンビニエンス＝ストア　㊤ 853*b*〔商人〕　㊦ 789*c*〔万屋〕
金毘羅〔金比羅〕　㊤ 222*a*〔縁日〕　454*a*〔祈願〕　863*b*〔職能神〕　㊦ 807*c*〔留守神〕
金毘羅大芝居　㊤ 788*a*〔芝居小屋〕
• 金毘羅街道《こんぴらかいどう》　㊤ **666*b***
金毘羅兄弟　㊤ 722*b*〔参宮兄弟〕
金比羅宮(香川)　㊤ 304*a*〔海神〕　→金刀比羅宮
金毘羅講　㊤ 894*b*〔神仏分離〕
金毘羅五街道　㊤ 666*b*〔金毘羅街道〕
金毘羅参詣道　㊤ 666*b*〔金毘羅街道〕
金毘羅常夜燈　㊤ 858 図〔常夜燈〕
金毘羅神　㊤ 667*a*〔金毘羅信仰〕
• 金毘羅信仰《こんぴらしんこう》　㊤ **666*b***
金毘羅大権現　㊤ 666*b*〔金毘羅信仰〕
「金毘羅道中馬子唄」　㊦ 187*c*〔道中唄〕
金毘羅船　㊤ 666*b*〔金毘羅街道〕
金毘羅参り　㊦ 483*a*〔船おろし〕
• コンブ〔昆布〕　㊤ **667*a***　5 図〔アイヌ〕　249*a*〔沖縄料理〕　305*b*〔海藻〕　319*a*〔鉤〕　481*a*〔救荒食物〕　667*c*〔昆布漁〕　㊦ 41*b*〔だし〕　276*a*〔ニシン漁〕　542*a*〔保存食〕
• 昆布漁《こんぶりょう》　㊤ **667*c***
ゴンベ　㊦ 761*c*〔雪靴〕
コンペイ糖〔金花-〕　㊤ 43*a*〔甘味〕　㊦ 30*b*〔駄菓子〕
• 牛蒡種《ごんぼだね》　㊤ **668*a***　642*b*〔護法実〕　㊦ 126*c*〔憑物〕
『根本縁起』　㊤ 537*b*〔熊野縁起〕
紺屋《こんや》　⇨こうや(㊤ 604*c*)
• 婚約《こんやく》　㊤ **668*a***　61*b*〔許嫁〕　476*a*〔決め酒〕　659*b*〔婚姻〕　㊦ 755*a*〔結納〕
紺屋町　㊤ 956*b*〔染色〕
• 婚礼《こんれい》　㊤ **668*b***　265*a*〔落ち着き餅〕　437*c*〔冠婚葬祭互助会〕　489*a*〔兄弟契約〕　793*a*〔島田髷〕　809*c*〔祝儀〕　968*c*〔相互扶助〕　別刷〈婚礼〉　㊦ 247*c*〔長持担ぎ〕　373*a*〔初正月〕　388*b*〔ハマグリ〕　448*b*〔披露〕　448*c*〔披露宴〕　494*b*〔振舞い〕　613*c*〔三つ目〕　783*b*〔嫁入り行列〕
• 婚礼(日系)《こんれい》　㊤ **669*a***
• 婚礼衣裳《こんれいいしょう》　㊤ **669*b***　㊦ 401*a*〔晴着〕
婚礼絵馬　㊦ 683*b*〔冥婚〕
婚礼の日の死　㊤ 150*a*〔因縁話〕　194*b*〔運定め〕
金蓮寺(京都)　㊦ 182*c*〔道場〕
コンロ　㊤ 323*c*〔家具〕
崑崙　㊤ 453*b*〔伎楽〕
• 今和次郎《こんわじろう》　㊤ **669*c***　10*c*〔赤城型民家〕　169*b*〔内郷村調査〕　588*c*〔考現学〕　810*b*〔住居〕　924*c*〔生活学〕　㊦ 36*b*〔竹内芳太郎〕　635*c*〔民具〕　642*c*〔民俗学㈡〕　647*a*〔民俗芸術〕　別刷〈民俗学史〉
『今和次郎集』　㊤ 669*c*〔今和次郎〕

さ

• 座 ㊤ **670a** 160b〔氏子〕 384c〔株座〕 863a〔職人〕 ㊦ 678c〔村座〕
• 座(芸能) ㊤ **670b** 530b〔曲舞〕
座(座席) ㊤ 709c〔座蒲団〕
サア ㊤ 915c〔素捕り〕
サー ㊤ 944b〔セジ〕
• サーカス ㊤ **670c** 425b〔軽業〕
サーシ ㊦ 702a〔籾打棒〕
• サーターヤー ㊤ **671a**
サーダカウマリ ㊤ 403c〔神役〕
サーチ ㊦ 432b〔日向・日陰〕
サイ(沖縄) ㊤ 716c〔サン〕 →サン
サイ ㊦ 463a〔副食〕
才 ㊤ 85b〔石屋〕
ザイ ㊦ 46a〔太刀踊り〕
• 在 ㊤ **671b** 673c〔在郷町〕 →在方 →在郷
『再暗黒街之東京』 ㊤ 920b〔スラム〕
斎院 ㊤ 865b〔女子神職〕 ㊦ 599c〔巫女〕
災因論 ㊤ 671c〔災害〕
彩雲 ㊦ 274a〔虹〕
祭宴 ㊤ 483a〔饗宴〕
斎王 ㊤ 865b〔女子神職〕
サイオト号 ㊤ 132b〔移民㈠〕
斎戒 ㊦ 578a〔祭〕 699b〔物忌〕 →潔斎 →精進 →物忌
• 災害 ㊤ **671b**
災害社会論 ㊤ 672a〔災害〕
• 斎戒沐浴 ㊤ **672a**
•『西鶴諸国ばなし』 ㊤ **672b**
• 雑賀衆 ㊤ **672b**
在方 ㊤ 671b〔在〕 673c〔在郷町〕 747b〔地方〕 →地方
在方商業 ㊤ 853a〔商人〕
在方史料 ㊤ 747c〔地方史料〕
在方町 ㊤ 673c〔在郷町〕 →在郷町
在方文書 ㊤ 747c〔地方史料〕
サイカチ ㊤ 947b〔石鹸〕 959c〔洗濯〕
再活性化運動 ㊤ 962c〔千年王国運動〕
雑賀貞次郎 ㊦ 823a〔炉辺叢書〕
西巌殿寺(熊本) ㊤ 27a〔阿蘇信仰〕
サイギサン ㊤ 416b〔粥の箸〕
『サイキス・タスク』 ㊦ 495c〔フレーザー〕
• 西行 ㊤ **672c** ㊦ 4c〔大工〕
西行(1190没) ㊤ 89b〔和泉式部〕 672c〔西行伝説〕 ㊦ 121c〔杖立伝説〕 357c〔箸立伝説〕 698c〔戻橋〕 729a〔矢立杉〕
西行石 ㊤ 673a〔西行伝説〕
西行坂 ㊤ 673a〔西行伝説〕
最教寺(長崎) ㊦ 250b〔泣き相撲〕
• 西行伝説 ㊤ **672c**
祭魚洞文庫 ㊤ 30b〔アチック＝ミューゼアム〕 ㊦ 280c〔日本常民文化研究所〕
『最近農業問題十講』 ㊤ 276b〔小野武夫〕
細工 ㊤ 427b〔皮細工〕
• 祭具 ㊤ **673a** 677c〔祭壇〕
細工石屋 ㊤ 85a〔石屋〕
斎宮 ⇨いつきのみや(㊤ 104c)
斎宮忌詞 ㊤ 147b〔隠語〕
斎宮寮 ㊤ 104c〔斎宮〕
細工蒲鉾 ㊤ 393a〔蒲鉾〕
三枝祭 ㊤ 別刷〈供物〉
細工物 ㊤ 858a〔唱門師〕
サイケ ㊤ 116a〔稲作儀礼〕 684a〔サオリ〕
在家五重 ㊤ 624a〔五重相伝〕
再現展示 ㊦ 654a〔民俗展示〕
ザイゴ ㊤ 671b〔在〕
在郷 ㊤ 585a〔郷〕 671b〔在〕 673c〔在郷町〕
• 在郷軍人会 ㊤ **673b** 1c〔愛国婦人会〕 ㊦ 315c〔年齢階梯制〕
西光寺(埼玉) ㊦ 86 裏〔秩父巡礼〕
在郷商人 ㊤ 853a〔商人〕
蔡宏謨 ㊤ 482a〔球陽〕
• 在郷町 ㊤ **673c** ㊦ 573b〔町割〕 →町場
在郷者 ㊤ 585a〔郷〕
西国三十三ヵ所〔-三十三所, -三十三ヵ所観音巡礼, -三十三ヵ所観音霊場, -三十三ヵ所観音巡礼霊場, -三十三番札所〕 ㊤ 448a〔観音信仰〕 673c〔西国巡礼〕 842a〔巡礼〕 894b〔神仏霊験譚〕 ㊦ 85c〔秩父巡礼〕 809c〔霊場〕
• 西国巡礼 ㊤ **673c** 725a〔三山参り〕 ㊦ 472a〔札所〕
西国順礼供養碑 ㊤ 976a〔惣墓〕
在郷兵衛 ㊤ 585a〔郷〕
最後の稲束 ㊦ 56b〔田の神〕
最後の嘘 ㊦ 549a〔法螺吹き〕
サイコロ ㊤ 901a〔水死人〕
• 再婚 ㊤ **674c**
財産 ㊤ 374a〔家督〕 680a〔財布〕 885b〔シンショウ〕 885c〔シンショウ譲り〕 ㊦ 506b〔分与財〕
財産区 ㊤ 136c〔入会〕 499c〔共有地〕 519a〔区〕
財産刑 ㊤ 680c〔財物没収〕
• 財産相続 ㊤ **674c** 516c〔均分相続〕 ㊦ 754c〔遺言〕 →遺産相続
祭祀 ㊤ 672a〔斎戒沐浴〕 703b〔サトゥ〕 884a〔神社合祀〕 ㊦ 45c〔祟り〕
釵子 ㊤ 438b〔簪〕
サイジ ㊦ 504c〔褌〕 →褌
歳事 ㊦ 310b〔年中行事㈠〕
歳時 ㊦ 310b〔年中行事㈠〕
• 祭式 ㊤ **675c** →神社祭式
斎食 ㊦ 201c〔斎〕 →斎
祭祀相続 ㊤ 674c〔財産相続〕
• 祭祀組織 ㊤ **676b** 160b〔氏子〕 ㊦ 578c〔祭〕
• 祭日 ㊤ **676c** ㊦ 577c〔祭〕
『祭日考』 ㊤ 881b〔新国学〕 881c〔新国学談〕
狭井社(奈良) ㊦ 380c〔鎮花〕
祭主 ㊤ 520c〔宮司〕 886a〔神職〕
• 採集 ㊤ **676c**
採集記録 ㊤ 520c〔偶然記録〕 557c〔計画記録〕
『採集手帖』 ⇨『郷土生活研究採集手帖』(㊤ 497b) ㊦ 別刷〈民俗学史〉
採取権 ㊦ 266c〔ナワバリ〕
採取林業 ㊦ 805b〔林業〕
ザイショ ㊤ 778a〔実家〕
在所 ㊤ 671b〔在〕 →在
祭場 ㊤ 684c〔榊〕 752b〔樒〕 ㊦ 577c〔祭〕
最上稲荷(岡山) ㊤ 117c〔稲荷信仰〕
西条柿 ㊤ 318c〔柿〕
最勝寺(栃木) ㊤ 15b〔悪態祭〕
西条八十 ㊦ 194b〔童謡〕
祭神 ㊤ 884a〔神社合祀〕
• 財神 ㊤ **677a**
財数クッ ㊤ 533b〔クッ㈡〕
財施 ㊦ 470b〔布施〕
催青 ㊦ 770a〔養蚕〕
再生観 ㊦ 579a〔祭〕
再生資源回収業 ㊤ 530a〔屑屋〕
• 賽銭 ㊤ **677b**
西善寺(埼玉) ㊦ 86 裏〔秩父巡礼〕
賽銭箱 ㊤ 736c〔散米〕
才蔵 ㊦ 593a〔万歳〕 598b〔三河万歳〕
才蔵市 ㊦ 593a〔万歳〕
『才蔵記』 ㊦ 322b〔農書〕
再造林 ㊤ 979a〔造林〕
サイダー ㊤ 935a〔清涼飲料〕
西大寺(岡山) ㊦ 363a〔裸祭〕
埼玉鴨場 ㊤ 410b〔鴨猟〕
「斎太郎節」 ㊦ 23b〔大漁節〕
• 祭壇 ㊤ **677c**
最澄 ㊦ 544a〔法華信仰〕
在庁 ㊤ 350a〔霞〕
柴燈 ㊦ 437b〔火祭〕
• 柴燈護摩〔採燈-〕 ㊤ **677c** 678a〔サイトヤキ〕
西徳寺(滋賀) ㊦ 183a〔道場〕
• サイトヤキ〔-焼き〕 ㊤ **678a** 624b〔小正月〕 688c〔左義長〕 別刷〈小正月〉 ㊦ 239b〔とんど〕
才取 ㊦ 244a〔仲買い〕

才取会員　㊦244a〔仲買い〕
• 斎日《さいにち》　㊤**678**b　㊦201c〔斎〕 818b〔六斎市〕
• 在日韓国・朝鮮人《ざいにちかんこくちょうせんじん》　㊤**678**b　564a〔ケー〕 ㊦105c〔朝鮮人コミュニティー〕 106a〔朝鮮寺〕 113b〔チョッポ〕 571b〔マダン〕
細男《さいのお》　⇨せいのお（㊤932c）
サイノカミ〘-の神，幸神，道祖神，塞の神〙　㊤224b〔縁結び〕 679a〔賽の河原〕 683a〔塞の神〕 ㊦186c〔道祖神〕 →塞の神
サイノカミ焼き　㊦234b〔鳥追い〕
• 賽の河原〘佐比-，佐井-，西院-，道祖-〙《さいのかわら》　㊤**679**a　11c〔赤子塚〕 102a〔市場〕 483c〔境界〕 727c〔三途の川〕 ㊦605b〔水子供養〕
「賽の河原」　㊤534b〔口説き〕
塞の川原和讃　㊤769a〔地蔵講〕
• 栽培漁業《さいばいぎょぎょう》　㊤**679**b　501a〔漁業〕
栽培禁忌　㊤642c〔ゴマ〕
• 催馬楽《さいばら》　㊤**679**c　294c〔音頭〕 315a〔雅楽〕 329b〔神楽歌〕 416c〔歌謡〕
災払鬼　㊤272a〔鬼会〕
• 財布《さいふ》　㊤**680**a
西福寺（京都）　㊤722c〔参詣曼荼羅〕
サイフワタシ　㊤680a〔財布〕
さいほう　㊦698a〔もどき〕
• 裁縫《さいほう》　㊤**680**b　㊦700b〔物差〕
裁縫行李　㊤606c〔行李〕
西芳寺（京都）　㊦770a〔影向石〕
西方浄土　㊤616a〔極楽〕 →極楽
裁縫道具　㊦464b〔副葬品〕
『採訪南島語彙稿』　㊦623a〔宮良当壮〕
裁縫箱　㊦398b〔針箱〕 →針箱
在町　㊤673c〔在郷町〕 →在郷町
サイミソ　㊦609b〔味噌〕
サイミテ　㊦684b〔命日〕
斎満市　㊦215b〔年の市〕
細民部落　㊦421b〔被差別部落〕
催眠療法　㊦634b〔民間療法〕
材木舟　㊤69b〔筏〕
• 財物没収《ざいもつぼっしゅう》　㊤**680**c　926c〔制裁〕
• 祭文《さいもん》　㊤**681**a　364a〔語りもの〕 ㊦160b〔デロレン祭文〕 →デロレン祭文
祭文音頭　㊦160b〔デロレン祭文〕
• 祭文語り《さいもんかたり》　㊤**681**c　141b〔色話〕 375b〔門付け〕 823b〔祝福芸〕 ㊦160b〔デロレン祭文〕 393a〔早物語〕
祭文太夫　㊦160b〔デロレン祭文〕
祭文松坂　㊤681b〔祭文〕
災厄　㊤829b〔呪詛〕
• 『西遊記・東遊記』《さいゆうきとうゆうき》　㊤**681**c
『西遊日記』　㊤788c〔司馬江漢〕
サイヨウメン　㊤581a〔建築儀礼〕
• 座入り《ざいり》　㊤**682**a　160c〔氏子入り〕 212b〔烏帽子着祝い〕 ㊦815c〔臈次〕
材料箪笥　㊦73a〔箪笥〕
西林寺（愛媛）　㊦519 表〔遍路〕
ザイレ　㊦141b〔ツラダシ〕
• 祭礼《さいれい》　㊤**682**a　404c〔神態〕 ㊦578c〔祭〕 624c〔神幸〕
祭礼市　㊤99a〔市〕 ㊦144c〔定期市〕
祭礼狂言　㊤761a〔地芝居〕
『祭礼と世間』　㊦822c〔炉辺叢書〕
祭礼囃子　㊦579b〔祭囃子〕
祭礼馬子唄　㊦568a〔馬子唄〕
サイレント映画　㊤196c〔映画〕
• 再話《さいわ》　㊤**682**b
• 幸木〘サイワイギ〙《さいわいぎ》　㊤**682**c　305c〔海藻〕 336a〔懸けの魚〕 845a〔正月飾り〕 ㊦34a〔薪〕 212a〔年木〕
幸菱　㊤414 図〔家紋〕
左右左右　㊦425c〔左〕
サエギ　㊦212a〔年木〕
佐伯有若　㊦50b〔立山登山〕
• 塞の神〘サエノカミ〙《さえのかみ》　㊤**683**a　81b〔石神〕 224b〔縁結び〕 923a〔性〕 ㊦121c〔杖〕 130c〔辻〕 178c〔峠〕 186c〔道祖神〕 679a〔村境〕 →道祖神
サエンバ　㊤955b〔前栽畑〕 ㊦364b〔畑作〕 724a〔屋敷畑〕
竿　㊦142a〔釣具〕
棹　㊤354a〔河川水運〕
蔵王権現　㊤661b〔権現〕 683b〔蔵王信仰〕
蔵王山（宮城・山形）　㊤683b〔蔵王信仰〕
• 蔵王信仰《ざおうしんこう》　㊤**683**b
蔵王堂　㊤313b〔蛙飛び〕
竿踊り　㊤161b〔臼太鼓〕
座送り証文　㊤160b〔氏子〕
竿釣り　㊤109a〔一本釣り〕 500c〔漁業〕
• 早乙女《さおとめ》　㊤**683**c　234b〔大田植〕 263a〔お田植祭〕 548c〔車田〕 ㊦24c〔田植え〕 24c〔田植え唄〕 27c〔田人〕 161c〔田楽〕 381b〔花田植〕 441c〔日雇〕 別刷〈野良仕事〉
早乙女唄　㊦24c〔田植え唄〕 →田植え唄
早乙女踊り　㊦291b〔庭田植〕
サオバエ　㊦261c〔ナマズ〕
棹秤　㊦346b〔秤〕
サオビキ　㊤921a〔摺臼〕
竿縁〘-天井〙　㊦164b〔天井〕 206b〔床の間〕
掃墓　㊤934b〔清明節〕
• サオリ　㊤**684**a　116a〔稲作儀礼〕 734a〔サンバイ〕 ㊦56b〔田の神〕 310c〔年中行事㈠〕 320a〔農耕儀礼〕 374a〔初田植〕
竿艪〘棹櫓〙　㊤354a〔河川水運〕 ㊦815a〔艪〕
• 坂《さか》　㊤**684**a　68b〔異界〕 483c〔境界〕 686b〔坂の者〕
境　㊤11c〔赤子塚〕 ㊦186c〔道祖神〕 619b〔耳塚〕
境神　㊤684b〔境木〕
• 境木《さかいぎ》　㊤**684**b
酒井神社（滋賀）　㊤別刷〈供物〉
堺立て　㊤131a〔忌挿し〕
堺利彦　㊦356b〔橋浦泰雄〕
境の神　㊤683a〔塞の神〕
境の木　㊦729a〔矢立杉〕
堺普請　㊤843b〔商家〕
サカウタ〘逆歌〙　㊤145a〔インガミ〕 165c〔歌〕
• 榊〘賢木，坂木，竜眼木〙《さかき》　㊤**684**c　130c〔忌挿し〕 673a〔祭具〕 787b〔柴〕 789a〔柴挿し㈠〕 790a〔柴祭〕 845a〔正月飾り〕 ㊦61c〔玉串〕 236a〔採物〕 439a〔神籬〕
榊鬼　㊤684c〔榊〕 ㊦591a〔まれびと〕 710c〔問答〕
榊挿し〘-刺し〙《さかきさし》　⇨柴挿し（㊤788c）　㊤131a〔忌挿し〕 684c〔榊〕
榊立て　㊤131a〔忌挿し〕
榊取　㊤684c〔榊〕
榊巻き　㊦439b〔神籬〕
榊御輿　㊦601a〔神輿〕
酒蔵　㊤543b〔倉〕 ㊦219c〔土蔵〕
逆子　㊦261a〔名前〕
逆さ着物　㊦565b〔枕直し〕
さかさ言葉　㊤634b〔言葉遊び〕
• 逆杉《さかさすぎ》　㊤**685**a
逆鮑結び　㊦607a〔水引〕
逆さ屛風　㊦444c〔屛風〕 565b〔枕直し〕
• 逆さ水《さかさみず》　㊤**685**a　511c〔禁忌〕 ㊦759b〔湯灌〕
酒酢　㊤898c〔酢〕
• 盃〘杯，盞〙《さかずき》　㊤**685**b　693a〔酒㈡〕 ㊦176b〔トゥキ〕
• 盃事《さかずきごと》　㊤**685**b
盃仲人　㊦357a〔はしかけ〕
嵯峨大念仏　㊦648c〔民俗芸能〕
「酒田追分」　㊤227b〔追分節〕
坂田藤十郎　㊤384a〔歌舞伎〕
坂田公時〘-金時〙　㊤515b〔金太郎〕 831c〔酒呑童子〕 ㊦832c〔渡辺綱〕
酒田奴　㊦40 図〔凧〕
酒樽　㊤908b〔杉〕
盃仲人　㊦251b〔仲人〕
酒列磯前神社（茨城）　㊦753b〔ヤンサマチ〕
サガドキ　㊦200c〔トキ㈠〕
酒徳利　㊦204b〔徳利〕
• 肴《さかな》　㊤**685**c
魚　㊤727c〔三牲〕 902b〔水神〕 ㊦163b〔天気占い〕 772a〔幼児葬法〕
• 魚売り《さかなうり》　㊤**686**a　927 図〔生業絵馬〕

㊦ 491c〔振売り〕
魚桶　㊤ 252 図〔桶〕
サカナトリ　㊤ 430b〔川干し〕
魚普請　㊦ 261c〔生臭〕
坂上田村麻呂〖-伝説〗　㊤ 198c〔英雄伝説〕 445c〔竿燈〕 847c〔将軍塚〕 ㊦ 64a〔田村麻呂〕 305c〔ねぶた〕
• 坂の者《さかのもの》　㊤ **686**b　120c〔犬神人〕 684b〔坂〕 ㊦ 433a〔非人〕
坂非人　㊤ 686b〔坂の者〕
座株　㊤ 284a〔重立〕 ㊦ 620c〔宮座〕
逆葺き　㊤ 524b〔草葺き〕
ザガマタ　㊤ 120b〔犬供養〕
酒饅頭　㊦ 594a〔饅頭〕
サガミサマ　㊦ 746c〔山の神〕 別刷〈山の神〉
サカミズ　㊤ 685b〔逆さ水〕
サカムカイ　㊤ 262c〔恐山〕
• 坂迎え〖境-，酒-〗《さかむかえ》　㊤ **686**c　451c〔木下し〕 684b〔坂〕 722b〔参宮兄弟〕 ㊦ 152a〔出立ち〕 296b〔抜参り〕
坂迎え(婚姻)　㊦ 79c〔近迎え〕
坂迎唄　㊦ 187c〔道中唄〕
サカムケ　㊦ 56c〔田の神おっとい〕
酒蒸し　㊦ 667b〔蒸物〕
• 酒盛《さかもり》　㊤ **686**c
• 酒盛り唄《さかもりうた》　㊤ **687**b　697b〔座敷唄〕
酒屋　㊤ 78a〔居酒屋〕 ㊦ 128c〔造酒屋〕 318b〔農間稼ぎ〕
酒屋唄　㊤ 694a〔酒造り唄〕 ㊦ 828c〔業歌〕 →酒造り唄
月代　㊤ 212a〔烏帽子〕 402a〔剃刀〕 ㊦ 206c〔床屋〕
サカリ　㊦ 82b〔地形名〕
サガリウシ〖下り丑〗　㊤ 162b〔丑の稲〕 ㊦ 370c〔初丑〕
下框　㊤ 390c〔框〕
• 盛り場《さかりば》　㊤ **687**b　462a〔帰省〕 ㊦ 109b〔町人〕
盛り場論　㊦ 216b〔都市民俗〕
下り藤　㊤ 411 図〔家紋〕
盛り物　㊤ 192a〔漆掻き〕
• 左官《さかん》　㊤ **688**a　㊦ 10c〔太子信仰〕 147c〔出稼〕 318b〔農間稼ぎ〕
• 坐棺《ざかん》　㊤ **688**b　433a〔棺〕 ㊦ 219a〔土葬〕
坂部冬祭　㊦ 762a〔湯起請〕
サキ　㊤ 56a〔泡盛〕
鷺　㊤ 470c〔狐火〕
鷺足　㊦ 36b〔竹馬〕
先馬　㊦ 331b〔ノリカケウマ〕
• 裂織〖サキオリ〗《さきおり》　㊤ **688**b　477a〔着物〕 656c〔衣更〕 701a〔サックリ〕 756c〔仕事着〕 ㊦ 494a〔古着〕 238b〔ドンザ〕 525a〔防寒着〕
先掛け　㊤ 347c〔鍛冶屋〕
割口縄　㊦ 88a〔血とり場〕
サキシマハブ　㊦ 386a〔ハブ〕
サキソフォーン　㊤ 367c〔楽器〕
先染　㊤ 956b〔染色〕
先松明　㊦ 19c〔松明〕 425c〔左〕
サキダス　㊤ 478c〔木遣り〕
• 左義長〖サギチョ，サギッチョ，三毬杖，三鞠打〗《さぎちょう》　㊤ **688**c　274c〔鬼火焚き〕 309a〔カイツリ〕 389c〔かまくら〕 624b〔小正月〕 913c〔煤払い〕 965a〔占有標〕 ㊦ 239b〔とんど〕 342c〔墓じるし〕 437b〔火祭〕 →とんど
左義長羽子板　㊦ 352c〔羽子板〕
鷺苗　㊤ 44a〔余り苗〕
鷺森神社(京都)　㊤ 738b〔サンヤレ祭〕
サキノリ　㊤ 69a〔筏〕
サキハカ〖-パカ〗　㊦ 341c〔ハカ〕
先箸　㊦ 833c〔渡箸〕
佐喜浜にわか　㊦ 287c〔にわか〕
崎原御嶽　㊤ 343c〔鍛冶神〕
• 鷺舞《さぎまい》　㊤ **689**a　㊦ 390c〔囃し(一)〕 648a〔民俗芸能〕
• 佐喜真興英《さきまこうえい》　㊤ **689**b　㊦ 822c〔炉辺叢書〕
座喜味城跡(沖縄)　㊤別刷〈沖縄文化〉
幸魂　㊦ 809a〔霊魂〕
サキヤマ　㊤ 712b〔猿〕
先山　㊤ 458b〔樵〕
作業唄　㊤ 755c〔仕事唄〕 →仕事唄
座興唄〖-歌〗　㊦ 640c〔民俗音楽〕 655b〔民謡〕
咲き分け作り　㊤ 456c〔菊〕
• 砂金〖沙金〗《さきん》　㊤ **689**c
サク　㊤ 649b〔サコ〕 ㊦ 48c〔タテザク〕 354b〔ハザマ〕
柵　㊦ 507b〔塀〕
作荒らし　㊦ 317a〔野荒し〕
さく入れ　㊤ 757a〔仕事始め〕
作占い　㊤ 689a〔左義長〕
作男　㊦ 528c〔奉公人〕 824a〔若勢〕
• 作男・作女《さくおとこさくおんな》　㊤ **690**a
作女《さくおんな》　⇨作男・作女(㊤ 690a)
• 作神《さくがみ》　㊤ **690**b　554a〔鍬入れ〕 593c〔荒神〕 595a〔庚申信仰〕 749a〔地神〕 805a〔社日〕 ㊦ 29a〔高い山〕 56a〔田の神〕 200a〔戸隠信仰〕 211c〔年神〕 214b〔歳徳さん〕 318a〔農神〕 392a〔ハヤマ〕 434b〔火の神〕 →田の神
サクガミ様　㊤ 690b〔作神〕
作神信仰　㊦ 392b〔ハヤマ信仰〕 400b〔榛名信仰〕 780c〔米山信仰〕
サク切り　㊦ 132c〔土入れ〕
• 作子《さくこ》　㊤ **690**c　786a〔地主・小作〕
佐久鯉　㊤ 583b〔コイ〕
作小屋　㊤ 649c〔小屋〕
サクジ〖サクジン〗　㊤ 802c〔石神〕
作事小屋　㊤ 649c〔小屋〕
作大将　㊤ 554b〔クワガシラ〕
作立て　㊤ 844c〔正月〕
作頼み　㊦ 372c〔八朔〕
サクチ〖サグチ〗　㊤ 802c〔石神〕
サクチ縄　㊦ 88a〔血とり場〕
ザク煮　㊦ 285c〔煮物〕
搾乳所　㊤ 482a〔牛乳〕
サクノトシ　㊦ 364c〔畑作〕
• 作場道《さくばみち》　㊤ **690**c
ザク葺き　㊤ 98c〔板屋根〕
サクホシ　㊦ 538a〔ホシ〕
作間稼ぎ　㊦ 318b〔農間稼ぎ〕 →農間稼ぎ
ザグマタ　㊤ 120 図〔犬供養〕
作物起源神話　㊤ 897c〔神話〕
• 作物禁忌《さくもつきんき》　㊤ **691**a　388a〔カボチャ〕 425c〔家例〕 863c〔食物禁忌〕
作物盗み　㊦ 117b〔追放〕
• 桜《さくら》　㊤ **691**b　175c〔乳母桜〕 ㊦ 384c〔花見〕
桜井漆器　㊦ 843b〔椀船〕
サクライダ　㊤ 155b〔ウグイ〕
桜井徳太郎　㊤ 514c〔近代化〕 566c〔ケガレ〕 817a〔重出立証法〕 ㊦ 420a〔肥後和男〕 578a〔祭〕 630b〔民間信仰〕 656a〔民話〕 659c〔昔話〕 811a〔歴史民俗学〕
桜川寿賀元　㊤ 591b〔江州音頭〕
桜川小竜　㊤ 591b〔江州音頭〕
桜川捨丸　㊤ 591b〔江州音頭〕
桜川大竜　㊤ 591b〔江州音頭〕
桜島(鹿児島)　㊦ 498c〔噴火〕
佐倉炭　㊤ 916c〔炭〕
桜草売り　㊤ 152c〔植木屋〕
佐倉惣五郎　㊤ 475b〔義民伝承〕 ㊦ 428c〔人神〕
• 桜田勝徳《さくらだかつのり》　㊤ **691**c　210c〔家船〕 238a〔大間知篤三〕 506b〔漁村〕 954a〔全国民俗誌叢書〕 955b〔潜在民俗〕 ㊦ 283c〔日本民俗学講習会〕 624a〔宮本常一〕 632c〔民間伝承の会〕 636a〔民具〕 679b〔村境〕 797b〔俚俗と民譚〕
『桜田勝徳著作集』　㊤ 692a〔桜田勝徳〕
桜田治助　㊤ 384b〔歌舞伎〕
桜鍋　㊤ 181c〔馬〕
桜箕　㊦ 612c〔箕作り〕
桜山八幡宮(岐阜)　㊦ 32a〔高山祭〕
サグリ　㊦ 238b〔ドンザ〕
座繰製糸　㊤ 472b〔絹〕
探湯　㊤ 522b〔盟神探湯〕 →盟神探湯
サクル　㊦ 48c〔タテザク〕
• ザクロ　㊤ **692**a
石榴風呂　㊦ 496a〔風呂〕
• 鮭〖サケ〗《さけ》　㊤ **693**b　5 図〔アイヌ〕 79a〔イサパキㇰニ〕 405b〔カムイチェㇷ゚〕 426c〔皮〕 432b〔川漁〕 694a〔鮭の大助〕 796a〔シモツカレ〕 ㊦

78a〔チェプケリ〕 214b〔年取肴〕 276a〔ニシン漁〕 569b〔マス〕 591c〔マレプ〕 807b〔ルイベ〕
• 酒《さけ》 ㊤**692b** 41c〔甘酒〕 78a〔居酒屋〕 148a〔飲酒〕 281c〔お神酒〕 542a〔供物〕 754c〔嗜好品〕 ㊦128c〔造酒屋〕 804c〔料理屋〕
• 酒(民俗)《さけ》 ㊤**692c** 855a〔菖蒲酒〕 913c〔雀〕 ㊦146b〔手打ち酒〕 219a〔屠蘇〕 774c〔養老の滝〕
サゲ ㊦68b〔タロウジ〕
左下 ㊤731b〔山内〕
『酒が語る日本史』 ㊦828a〔和歌森太郎〕
酒糟〔酒粕〕 ㊤350a〔糟漬〕 796a〔シモツカレ〕
サケカラシントコ ㊤892b〔シントコ〕
サケカル＝ウポポ ㊦798b〔リムセ〕
鮭儀礼 ㊤693c〔鮭〕
提重 ㊤323c〔家具〕
鮭神社(福岡) ㊤694a〔鮭〕
酒断ち ㊦47a〔断ち物〕
サケタテ ㊦66c〔樽入れ〕
酒造 ㊤927図〔生業絵馬〕
• 酒造り唄《さけづくりうた》 ㊤**694a** 756a〔仕事唄〕 ㊦648c〔民俗芸能〕 →酒屋唄
鮭と弘法 ㊦569c〔マス〕
鮭女房 ㊤693b〔鮭〕
• 鮭の大助《さけのおおすけ》 ㊤**694a** 693c〔鮭〕
鮭の黒焼き ㊤693c〔鮭〕
鮭の寺(千葉) ㊦23c〔第六天〕
『酒百首』 ㊤483b〔狂歌〕
左舷 ㊦234c〔トリカジ〕
• サコ ㊤**694b** ㊦354b〔ハザマ〕
サゴ ㊤747a〔鹿打ち神事〕
座講 ㊦181a〔堂座講〕
サコシ ㊦538a〔ホシ〕
サゴシ ㊤716b〔サワラ〕
サゴジン ㊤802c〔石神〕
ザコネ ㊤923b〔性〕
サゴノヨネ ㊤736c〔散米〕
雑喉場 ㊤153b〔魚市〕
サゴリ ㊦238b〔ドンザ〕
雑魚漁師 ㊤432b〔川漁〕
サコロベ ⇨ユーカラ(㊦756a)
迫ん太郎 ㊤473a〔杵〕 →添水
• 笹《ささ》 ㊤**694c** 770b〔地蔵つけ〕 809c〔祝儀〕 ㊦35c〔竹〕 90a〔粽〕
篠 ㊦236a〔採物〕
ササイタ ㊤98c〔板屋根〕
• サザエ ㊤**695a** 184a〔海〕
サザエツキ ㊦612b〔見突き〕
笹踊り ㊤41b〔雨乞い踊り〕 ㊦390c〔囃し(一)〕
笹神様 ㊤636b〔事八日〕
• 佐々木喜善〔-鏡石，-繁〕《ささききぜん》 ㊤**695a** 81c〔石神問答〕 455c〔聴耳草紙〕 464a〔喜田貞吉〕 913a〔鈴木棠三〕 ㊦199b〔遠野物語〕 699c〔物語〕 822c〔炉辺叢書〕
『佐々木喜善全集』 ㊤695a〔佐々木喜善〕
佐々木高明 ㊤859b〔照葉樹林文化〕
佐々木彦一郎 ㊦283c〔日本民俗学講習会〕
ササゲ ㊦605b〔水汲み〕
ささげ ㊦586c〔豆〕
ササシタキ ㊤790a〔柴漬け漁〕
ササツケ ㊤790a〔柴漬け漁〕
ササッパ ㊦446b〔ヒラタブネ〕
• 笹舟〔笹船〕《ささぶね》 ㊤**695b** 859c〔精霊〕 別刷〈遊び〉
ササマキ〔笹巻き〕 ㊤349a〔柏餅〕 ㊦90b〔粽〕
• 笹森儀助《ささもりぎすけ》 ㊤**695b**
ささやき橋 ㊤349a〔柏餅〕 740b〔思案橋〕 ㊦356b〔橋占〕
• ささら〔ササラ，簓〕 ㊤**695b** 367c〔楽器〕 735b〔三匹獅子舞〕 ㊦37a〔竹細工〕
ささら獅子舞 ㊦648a〔民俗芸能〕
ささら摺り〔簓-〕 ㊤333c〔掛け踊り〕 ㊦524a〔放下〕
ささら説経 ㊤695b〔ささら〕
ササリアミ ㊤696b〔刺網〕
• 坐産〔座産〕《ざさん》 ㊤**695c** 179b〔産屋〕 622b〔腰抱き〕 733c〔産婆〕 ㊦81a〔力綱〕
サシ(焼畑) ㊤699a〔サス〕
サシ(区費) ㊤535b〔区費〕
サシ ㊦200c〔尖棒〕
• 匙《さじ》 ㊤**696a**
• 刺網《さしあみ》 ㊤**696b** 19c〔アジ〕 45b〔網漁〕 366b〔カツオ〕 500c〔漁業〕 503a〔漁具〕 707c〔サバ〕 ㊦65c〔タラ〕 224b〔トビウオ〕 276c〔ニシン漁〕
刺網漁 ㊤97a〔磯漁〕 ㊦711b〔ヤ〕
差し石 ㊦81b〔力持ち〕 →力石
差し傘 ㊤339a〔傘〕 →傘
差し金 ㊤526b〔串人形〕
差金〔指金〕《さしがね》 ⇨曲尺(㊤380c) ㊤639c〔木挽〕
差鴨居 ㊤409a〔鴨居〕
差し茅 ㊦736a〔屋根替え〕
• 桟敷《さじき》 ㊤**696c** 566c〔劇場〕 ㊦572c〔町屋〕
ザシキ ㊦742a〔山小屋〕
• 座敷《ざしき》 ㊤**697a** 127c〔居間〕 229c〔応接間〕 402c〔神棚〕 909a〔数寄屋造〕 ㊦251a〔長押〕 478c〔仏間〕 581c〔間取り〕
• 座敷唄《ざしきうた》 ㊤**697b** 95c〔磯節〕 ㊦726a〔安来節〕 746c〔山中節〕 775b〔ヨサコイ節〕
座敷飾り ㊤842c〔書院〕 ㊦206a〔床の間〕
座敷からくり人形 ㊤417b〔からくり人形〕
座敷蔵 ㊤543b〔倉〕 ㊦219c〔土蔵〕
• 座敷芸《ざしきげい》 ㊤**697c**
座敷小僧 ㊤697c〔座敷わらし〕
座敷浄瑠璃 ㊤860c〔浄瑠璃〕
座敷田植 ㊦25b〔田植え踊り〕
ザシキナオシ ㊤871a〔白不浄〕
座敷仲人 ㊦251b〔仲人〕 357a〔はしかけ〕
桟敷奉行 ㊤443c〔勧進元〕
座敷箒 ㊤969b〔掃除〕 ㊦525a〔箒〕
座敷坊主 ㊤697c〔座敷わらし〕
座敷ボッコ ㊤697c〔座敷わらし〕
座敷娘 ㊤697c〔座敷わらし〕
• 座敷わらし《ざしきわらし》 ㊤**697c** 65c〔家の盛衰〕 87a〔異常誕生譚〕 ㊦799c〔竜宮童子〕
挿し櫛 ㊤525b〔櫛〕
• 刺子〔サシコ〕《さしこ》 ㊤**698a** 477a〔着物〕 656c〔衣更〕 756c〔仕事着〕 762c〔刺繡〕 838表〔狩猟用具〕 ㊦238b〔ドンザ〕 525a〔防寒着〕
サシコギン ㊤756c〔仕事着〕
刺子針 ㊦396c〔針〕
サシコバンテン〔刺子半纏〕 ㊦238b〔ドンザ〕 406c〔半纏〕
サシサバ〔刺し鯖，刺鯖〕 ㊤449a〔乾物〕 707c〔サバ〕 ㊦98a〔中元〕 554c〔盆肴〕
さし敷居 ㊤750a〔敷居〕
刺柴 ㊦439b〔神籬〕
指出検地 ㊤580c〔検地〕
佐治谷話 ㊤291a〔愚か村〕
指樽 ㊦66b〔樽〕
指頭オコナイ ㊤255c〔おこない〕
挿苗 ㊤44a〔余り苗〕
差し担い ㊤196a〔運搬法〕 ㊦200c〔尖棒〕
差担棒 ㊤195c〔運搬具〕
刺し縫い ㊤762c〔刺繡〕
差歯下駄 ㊤569b〔下駄〕 ㊦348a〔履物〕
刺箸 ㊦833c〔渡箸〕
差歯高下駄 ㊤569b〔下駄〕 →足駄
刺し帆 ㊤586b〔航海術〕 ㊦521a〔帆〕
• 刺身〔指身，刺躬，差味，魚軒〕《さしみ》 ㊤**698b** 68a〔イカ〕 421c〔辛味〕 630c〔御馳走〕 ㊦112a〔調理法〕 261c〔膾〕
刺身醬油 ㊦63b〔たまり〕
刺身庖丁 ㊦532a〔庖丁〕
指物 ㊤698b〔指物師〕 779a〔漆器〕 ㊦7b〔大黒柱〕
• 指物師《さしものし》 ㊤**698b**
指物膳 ㊤952a〔膳〕
さしもの造り ㊦397c〔梁組〕

・座順《ざじゅん》 ㊤**698c** 141c〔囲炉裏〕 ㊦681c〔村寄合〕
座商 ㊤853a〔商人〕
差 ㊦172a〔天秤棒〕
・サス(焼畑)〔指, 差, 刺, 権首〕 ㊤**699a** 598c〔耕地〕
サス(司祭) ㊤167c〔御嶽〕 404c〔神人〕 703b〔サトゥ〕 705c〔里神〕 ㊦270b〔根神〕 299c〔祝女〕 →ツカサ
・叉首〔-組〕《さす》 ㊤**699a** 524b〔草葺き〕 ㊦397b〔梁組〕 629c〔民家〕 別刷〈民家〉
座主 ㊦111c〔長吏〕 →長吏
サスガ ㊦740c〔山刀〕 →山刀
佐須鑿 ㊦329b〔鑿〕
ザゼチ〔ざぜち〕 ㊤329a〔神楽〕 399c〔紙切〕 509a〔切紙〕
佐世保くんち ㊤252c〔おくんち〕
坐禅 ㊤922a〔坐り方〕
誘い込み猟 ㊤576b〔獣道〕 837a〔狩猟法〕
座卓 ㊤323c〔家具〕
佐太神社(島根)〔佐陀大社〕 ㊤89c〔出雲神楽〕 90b〔出雲信仰〕 131a〔忌挿し〕 226c〔お忌みさん〕 328a〔神楽〕 397c〔神送り〕 419a〔カラサデ〕 693a〔酒(二)〕 699c〔佐陀神能〕 789a〔柴挿し(一)〕 ㊦602b〔巫女舞〕 647c〔民俗芸能〕 801b〔竜蛇〕
・佐陀神能《さだしんのう》 ㊤**699c** 89c〔出雲神楽〕 705b〔里神楽〕
貞任高原(岩手) ㊤37a〔安倍貞任〕
サタヤドリ ㊤671a〔サーターヤー〕
サダユウ ㊤183b〔厩祭〕
サダヨ ㊤183b〔厩祭〕
札入れ ㊤680a〔財布〕
サッカイ ㊤505a〔漁船〕
雑菓子 ㊦30b〔駄菓子〕
サツキ ㊦23c〔田植え〕 291b〔庭田植〕
・皐月〔早月〕《さつき》 ㊤**700a**
サツキイミ〔五月忌み〕 ㊤611c〔五月節供〕 700b〔皐月〕
五月女 ㊤683c〔早乙女〕 →早乙女
『五月鯉』 ㊤965b〔川柳〕
さつきとうど ㊦27c〔田人〕
サツキトリ ㊦546b〔ホトトギス〕
皐月節 ㊦24c〔田植え唄〕 →田植え唄
・五月船《さつきぶね》 ㊤**700b** ㊦25c〔田植え肴〕 421a〔販女〕
五月闇 ㊦141b〔梅雨〕
ザックス, C. ㊤367b〔楽器〕
・サックリ ㊤**700c** 688b〔裂織〕
座作り ㊤708a〔座配〕
・雑穀《ざっこく》 ㊤**701a**
サッコリ ㊤688b〔裂織〕 700c〔サックリ〕 ㊦238b〔ドンザ〕
雑社 ㊤801c〔社格〕 →無格社
・『雑書』《ざっしょ》 ㊤**701c** ㊦311b〔年中行事(一)〕
殺人 ㊦117b〔追放〕
・雑節《ざっせつ》 ㊤**701c** ㊦311b〔年中行事(一)〕
ザッツ ㊤596a〔荒神祓え〕 765b〔地神盲僧〕
薩南十島巡航実地調査 ㊤30b〔アチック＝ミューゼアム〕
サッパ ㊤732c〔さんぱ〕
札幌護国神社(北海道) ㊤618c〔護国神社〕
さつまあげ〔薩摩揚げ〕 ㊤900c〔水産加工〕 ㊦172b〔天麩羅〕
・サツマイモ ㊤**701c** 56b〔餡〕 132c〔イモ〕 247b〔沖縄文化〕 481a〔救荒食物〕 691a〔作物禁忌〕 827c〔主食〕 ㊦21b〔代用食〕 542a〔保存食〕 →甘藷
薩摩笠 ㊤339a〔笠〕
薩摩風邪 ㊤351c〔風邪〕
薩摩拳 ㊤577a〔拳〕
サツマ粉 ㊤702a〔サツマイモ〕
サツマサシ ㊤702a〔サツマイモ〕
薩摩上布 ㊤421c〔カラムシ〕
サツマ団子 ㊤702a〔サツマイモ〕
サツマドコ ㊤702a〔サツマイモ〕
薩摩琵琶 ㊦449c〔琵琶〕 690b〔盲僧琵琶〕
薩摩節 ㊤366c〔鰹節〕
薩摩盲僧 ㊤704a〔座頭〕
サデ ㊤909b〔掬い網〕
サデ網 ㊤410b〔鴨猟〕
・砂鉄《さてつ》 ㊤**702a** ㊦152b〔鉄〕
座田 ㊦621c〔宮座〕 622b〔宮田〕 →宮田
・サト(集落) ㊤**702b**
サト ㊤778a〔実家〕
・サトイモ〔里芋〕 ㊤**702c** 9b〔蒼柴垣神事〕 132c〔イモ〕 133a〔芋競べ〕 134a〔芋正月〕 134b〔芋名月〕 247b〔沖縄文化〕 485b〔競技〕 691a〔作物禁忌〕 ㊦372c〔八朔〕 714c〔焼畑〕
里芋の年とり ㊤134b〔芋名月〕
・砂糖《さとう》 ㊤**703b** 43a〔甘味〕 70b〔生見玉〕 342b〔菓子〕 704b〔サトウキビ〕 ㊦110c〔調味料〕 127c〔佃煮〕
・サトゥ ㊤**703a**
茶道 ㊤558a〔稽古〕 558b〔芸事〕 710a〔作法〕 764a〔師匠〕 820c〔襲名〕 ㊦91c〔茶〕
・座頭《ざとう》 ㊤**704a** 236a〔大津絵〕 250a〔奥浄瑠璃〕 363c〔語りもの〕 534b〔口説き〕 670a〔座(一)〕 ㊦15a〔大道芸〕 143a〔鶴女房〕 392c〔早物語〕
砂糖当 ㊤28c〔当〕
座頭金 ㊤606c〔高利貸〕
座頭神 ㊤704a〔座頭〕
・サトウキビ〔砂糖黍〕 ㊤**704b** 247b〔沖縄文化〕 703c〔砂糖〕 別刷〈沖縄文化〉
砂糖車 ㊤671a〔サーターヤー〕
佐藤功一 ㊤169b〔内郷村調査〕 669c〔今和次郎〕
佐藤孝一 ㊤266c〔お伽噺〕
砂糖小屋 ㊤703図〔砂糖〕
砂糖大根 ㊤703c〔砂糖〕
砂糖漬 ㊦129c〔漬物〕
サトゥヌムトゥ(里の元) ㊤703b〔サトゥ〕
サトウハチロー ㊦194b〔童謡〕
座頭琵琶 ㊤250a〔奥浄瑠璃〕 →盲僧琵琶
砂糖水 ㊤935a〔清涼飲料〕
サトウモロコシ ㊤607a〔高粱〕
佐藤勇太郎 ㊤897a〔人類学雑誌〕
佐藤良伯 ㊤250a〔奥浄瑠璃〕
「佐渡おけさ」 ㊤253a〔オケサ節〕 ㊦340b〔ハイヤ節〕 655c〔民謡〕
里親 ㊤705c〔里子〕
里親子関係 ㊤462b〔擬制的親子関係〕
・里帰り《さとがえり》 ㊤**704b** 285b〔オヤゲンゾ〕 295a〔女いちげん〕 659a〔婚姻〕 778b〔実家〕 791b〔シブヌキ〕 876c〔しろみて〕 959b〔洗濯〕 959c〔センタクガエリ〕 ㊦260b〔ナベカリ〕 345c〔墓参り〕 613c〔三つ目〕 737a〔藪入り〕 784b〔嫁入り道具〕 786b〔嫁風呂敷〕
・里神楽《さとかぐら》 ㊤**705a** 328b〔神楽〕 ㊦602a〔巫女舞〕 647c〔民俗芸能〕
・里神〔サトゥガン〕《サトガン》 ㊤**705b** 703a〔サトゥ〕
・里子《さとご》 ㊤**705c**
里言葉〔-詞〕 ㊦740a〔山入り(二)〕 741c〔山言葉〕
『佐渡—自然・文化・社会—』 ㊤480a〔九学会連合調査〕
・里修験《さとしゅげん》 ㊤**706a** 487a〔行者講〕 825a〔修験道〕 ㊦392c〔ハヤマ信仰〕 749c〔山伏〕
里刀自 ㊦209a〔刀自〕
里人 ㊦748c〔山人〕
里扶持 ㊤705c〔里子〕
里マタギ ㊦570c〔マタギ〕
・里宮《さとみや》 ㊤**706b** 446b〔神無月〕 ㊦751c〔山宮〕
『佐渡昔話集』 ㊤913a〔鈴木棠三〕
サトヤ ㊦711a〔門牌〕
サトヤナガシ ㊦711a〔門牌〕
サトヤマ ㊦737c〔山〕
里山伏 ㊤706a〔里修験〕 ㊦749c〔山伏〕 →里修験
里雪 ㊦759c〔雪〕

咱内　㊦ 458b〔笛〕
サナエドリ　㊦ 546b〔ホトトギス〕
座仲間　㊦ 620c〔宮座〕
サナギの鈴　㊤ 921c〔諏訪信仰〕
サナゲ　㊤ 915c〔素捕り〕
真田紐　㊦ 438b〔紐〕
• さなぶり〚サナブリ〛　㊤ **706c**　116a〔稲作儀礼〕 ㊦ 24b〔田植え〕 56b〔田の神〕 237a〔泥落とし〕 320a〔農耕儀礼〕 →サノボリ
さなぶり荒馬　㊤ 643c〔駒踊り〕
サナブリ様　㊤ 706c〔さなぶり〕
サナボリ　㊤ 706c〔さなぶり〕
• サニ　㊤ **707b**
サニ(沖縄)　㊤ 716c〔サン〕
審神者　㊤ 533a〔口寄せ〕
座人　㊦ 815c〔臈次〕
座人帳　㊤ 682a〔座入り〕 ㊦ 815c〔臈次〕
讃岐円座　㊤ 220c〔円座〕
サネアシビ　㊤ 36a〔アブシバレー〕
五味子　㊤ 396b〔髪油〕
サネクリ　㊦ 831c〔棉〕
サネモリ送り〚実盛-〛　㊦ 293a〔人形送り〕 665b〔虫送り〕 →虫送り
実盛様　㊦ 666a〔虫送り〕
実盛人形《さねもりにんぎょう》　⇨虫送り(㊦ 665b)　㊦ 292c〔人形〕
実盛道　㊦ 666a〔虫送り〕
サの神降ろし　㊦ 56b〔田の神〕
サの字型民家　㊦ 58a〔田の字型民家〕 581a〔間取り〕
佐野経彦　㊤ 498a〔教派神道〕
サノボリ　㊤ 116a〔稲作儀礼〕 684a〔サオリ〕 706c〔さなぶり〕 ㊦ 56b〔田の神〕 317a〔野上り〕 320a〔農耕儀礼〕 →さなぶり
• サバ　㊤ **707b**　70b〔生見玉〕 708a〔鯖街道〕 ㊦ 98a〔中元〕 554c〔盆肴〕
サバーサマ　㊦ 666a〔虫送り〕
• 座配《ざはい》　㊤ **707c**
• サパウンペ　㊤ **708a**
サハカ　㊤ 127b〔イペパスイ〕
• 鯖街道《さばかいどう》　㊤ **708a**　707c〔サバ〕 901a〔水産加工〕
サバ刀　㊦ 741a〔山刀〕
サバキ　㊦ 43b〔欅〕
サバサバ　㊦ 794c〔乱声〕
左馬神社(神奈川)　㊤ 708b〔鯖神社〕
• 鯖神社《さばじんじゃ》　㊤ **708b**
サバズシ　㊤ 707c〔サバ〕
• 鯖大師《さばだいし》　㊤ **708c**　585b〔交易〕 707c〔サバ〕
砂鉢　㊦ 366a〔鉢〕
サバ取り　㊤ 564c〔ゲーター祭〕
• サバニ　㊤ **709a**　114a〔糸満漁民〕 732c〔さんぱ〕 別刷〈沖縄文化〉
サバビ　㊤ 707b〔サバ〕
サバ節　㊦ 41a〔だし〕
さび烏帽子　㊤ 387a〔かぶりもの〕
『淋敷座之慰』　㊦ 800c〔流行歌〕
サビシ見舞　㊦ 617c〔見舞〕
サビ丸太　㊦ 376a〔伐木〕
サヒモチの神〚佐比持-，鋤持-〛　㊤ 710c〔サメ〕
• 佐兵《さひょう》　㊤ **709b**　567c〔木小屋話〕
サビラキ　⇨初田植(㊦ 373c)　㊤ 116a〔稲作儀礼〕 684a〔サオリ〕 734a〔サンバイ〕 ㊦ 320a〔農耕儀礼〕
サブタイプ　㊦ 18b〔タイプ=インデックス〕 828b〔話型〕
• 座蒲団〚座布団〛《ざぶとん》　㊤ **709b**　752c〔敷物〕
サブラケ　㊤ 684a〔サオリ〕
三郎殿　㊤ 208b〔えびす〕
• 差別戒名《さべつかいみょう》　㊤ **709c**　㊦ 421c〔被差別部落〕
• 作法《さほう》　㊤ **710a**　㊦ 94a〔茶の湯〕 →礼儀作法
サマイェクㇽ　㊤ 245a〔オキクルミ〕
ザマエ　㊤ 560b〔系図祭〕
サマユンクㇽ　㊤ 245a〔オキクルミ〕
サマン　㊦ 183b〔トゥスクㇽ〕
サミダレ〚五月雨〛　㊤ 46a〔雨〕 ㊦ 141b〔梅雨〕
作務衣　㊤ 8b〔あお〕
• サムナー Sumner, William Graham　㊤ **710b**
侍烏帽子　㊤ 212a〔烏帽子〕 387a〔かぶりもの〕
• 侍分《さむらいぶん》　㊤ **710b**　315a〔家格〕
• サメ　㊤ **710c**　㊦ 834b〔ワニ〕
サメのタレ　㊤ 711a〔サメ〕
座持ち　㊤ 707c〔座配〕 ㊦ 620c〔宮座〕
座元　㊦ 227c〔富籤〕
サヤ　㊦ 62c〔霊屋〕
座役　㊤ 670a〔座㈠〕
佐夜の中山の夜泣石　㊦ 779c〔夜泣石〕
鞘屋根　㊤ 543c〔倉〕
• 皿《さら》　㊤ **711a**　868a〔食器〕
盤　㊤ 323c〔家具〕 711a〔皿〕
皿池　㊤ 74b〔池〕 ㊦ 64b〔溜池〕
• 皿うどん《さらうどん》　㊤ **711b**
新神供養　㊤ 327b〔神楽〕
サラ金　㊤ 606c〔高利貸〕
ざらざらぐり　㊤ 828b〔数珠繰り〕
• 皿皿山《さらさらやま》　㊤ **711b**
さらし飴　㊤ 56b〔飴〕
晒し蠟　㊦ 360c〔ハゼ〕
サラスバティー　㊦ 517a〔弁天信仰〕
サラダ　㊤ 445b〔乾田〕
• サラニㇷ゚　㊤ **711b**
皿秤　㊦ 346b〔秤〕
• 皿屋敷《さらやしき》　㊤ **711c**　308a〔怪談〕
• サラリーマン　㊤ **711c**
サラリーマン金融　㊤ 606c〔高利貸〕
サル　㊤ 42b〔雨戸〕 195c〔運搬具〕
• 猿《さる》　㊤ **712a**　85c〔石屋〕 183a〔厩神〕 183b〔厩祭〕 245a〔沖言葉〕 371a〔河童駒引〕 713b〔猿蟹合戦〕 714b〔猿報恩〕 715b〔猿まわし〕 732b〔山王信仰〕 836b〔狩猟信仰〕 別刷〈護符〉 ㊦ 123a〔使わしめ〕 126c〔憑物〕 190b〔動物観〕 272c〔肉食〕 743a〔山師〕 749a〔山人〕 →ニホンザル
• 笊《ざる》　㊤ **712c**　336c〔籠〕 694c〔笹〕 ㊦ 37a〔竹細工〕 169c〔天道花〕 338a〔パイスケ〕 701c〔モノモライ〕
ざる網　㊦ 276c〔ニシン漁〕
サㇽ=ウン=クㇽ=イオㇽ　㊤ 67b〔イオㇽ〕
猿追い　㊤ 712b〔猿〕
猿追い祭　㊤ 941c〔赤飯〕
猿飼　㊤ 204c〔えた〕 715b〔猿まわし〕 →猿まわし
• 猿楽《さるがく》　㊤ **713b**　223a〔延年〕 245b〔翁〕 256a〔おこわざ〕 375b〔門付け〕 443b〔勧進元〕 486a〔狂言〕 548a〔狂い〕 670b〔座㈡〕 719b〔散楽〕 883a〔神事芸能〕 ㊦ 533b〔鳳来寺田楽〕 576b〔松囃子〕
猿楽狂言　㊤ 242a〔おかし〕
猿楽能　㊤ 327c〔神楽〕 ㊦ 317b〔能〕
『さるかに合戦』　㊤ 212c〔絵本〕
• 猿蟹合戦《さるかにかっせん》　㊤ **713b**　319a〔柿〕 378b〔カニ〕 628a〔五大御伽噺〕 ㊦ 704a〔桃太郎〕 ㊦ 191c〔動物昔話〕
猿神　㊤ 712b〔猿〕 →猿田彦
• 猿神退治《さるがみたいじ》　㊤ **713c**
サルケ　㊦ 314c〔燃料〕
ザルコロガシ　㊤ 830a〔出棺〕
猿地蔵　㊤ 73a〔異郷譚〕 ㊦ 191b〔動物報恩譚〕 835c〔笑い〕
ザルソバ　㊤ 986b〔蕎麦〕
• 猿田彦〚サルタヒコ，-命，-大神〛《さるたひこ》　㊤ **714a**　408a〔仮面〕 595a〔庚申信仰〕 595 図〔庚申講〕 683a〔塞の神〕 712b〔猿〕 別刷〈護符〉 ㊦ 163b〔天狗〕 187b〔道祖神〕
猿大夫　㊤ 183b〔厩祭〕
猿長者　㊤ 237a〔大歳の客〕 ㊦ 104c〔長者〕
サルッパカマ　㊦ 711a〔もんぺ〕 748c〔山袴〕 →サルバカマ
猿と蛙の餅争い　㊦ 191c〔動物昔話〕
猿と雉の寄合田　㊤ 713b〔猿蟹合戦〕
『沙流土人問答ノ記』　㊤ 870b〔白野夏雲〕
猿と蟇の寄合田　㊤ 713b〔猿蟹合戦〕
猿と蟇の寄合餅　㊤ 713b〔猿蟹合戦〕
猿の生き肝　㊦ 192a〔動物昔話〕
猿の一文銭　㊦ 191b〔動物報恩譚〕
猿厩信仰　㊤ 712b〔猿〕

サルバカマ　㊤756*c*〔仕事着〕 →サルッパカマ
猿橋(山梨)　㊦358*a*〔橋姫伝説〕
サルバ猟師・オウバ猟師　㊦803*b*〔猟師〕
猿引き〖猿曳〗　㊤183*b*〔厩神〕 712*c*〔猿〕 714*c*〔サルマヤ〕 715*b*〔猿まわし〕 ㊦15*a*〔大道芸〕 →猿まわし
・猿報恩《さるほうおん》　㊤**714*b***　㊦191*b*〔動物報恩譚〕
猿舞　㊤715*b*〔猿まわし〕 →猿まわし
・猿股《さるまた》　㊤**714*c***　771*c*〔下着〕
・サルマヤ　㊤**714*c***
猿丸太夫〖猿丸〗　㊤715*a*〔猿丸太夫伝説〕 971*c*〔蒼前神〕 ㊦744*a*〔山立ち〕 744*c*〔山立根元記〕
・猿丸太夫伝説《さるまるだゆうでんせつ》　㊤**715*a***
・猿まわし《さるまわし》　㊤**715*b***　183*b*〔厩神〕 375*a*〔門付け〕 712*c*〔猿〕 714*c*〔サルマヤ〕 823*b*〔祝福芸〕 848*a*〔上下ゆき〕 ㊦15*a*〔大道芸〕 147*c*〔出稼〕 648*b*〔民俗芸能〕 →猿飼 →猿引き
・猿聟入り《さるむこいり》　㊤**716*a***　406*c*〔甕〕 489*c*〔兄弟話〕 712*c*〔猿〕
猿若　㊤60*b*〔言い立て〕 ㊦15*b*〔大道芸〕
座礼　㊤670*a*〔座㈠〕
サロルン＝リㇺセ　㊦798*a*〔リムセ〕
サロン　㊤383*c*〔カフェー〕
沢　㊦51*c*〔谷〕 678*a*〔村組〕
サワウエ　㊦56*b*〔田の神〕
「沢内甚句」　㊤697*c*〔座敷唄〕 880*b*〔甚句〕
沢蟹　㊦259*b*〔七日正月〕
サワギ　㊤682*c*〔幸木〕
騒ぎ唄　㊤697*b*〔座敷唄〕 ㊦820*b*〔六調子〕
サワグルミ　㊦202*c*〔毒〕
沢下春男　㊤555*b*〔桑名日記・柏崎日記〕
沢下能親　㊤555*b*〔桑名日記・柏崎日記〕
『沢田四郎作博士記念民俗論叢』　㊦637*a*〔民具学〕
沢之丞帽子　㊦530*a*〔帽子〕
沢村小悦　㊤760*a*〔獅子芝居〕
沢村大悦　㊤760*a*〔獅子芝居〕
ザワメキ　㊦193*a*〔ドウメキ〕
・サワラ〖鰆〗　㊤**716*b***　35*a*〔アバ〕
サワラゴチ　㊤630*b*〔コチ〕 716*b*〔サワラ〕
佐原囃子　㊦580*a*〔祭囃子〕
サワリ　㊦45*c*〔祟り〕
・さわり〖障り〗　㊤**716*b***　872*a*〔死霊〕
・サン　㊤**716*c***　㊦438*b*〔紐〕
ザン　㊦293*c*〔人魚伝説〕
サンアケ　㊦623*a*〔宮参り〕
・産育儀礼《さんいくぎれい》　㊤**716*c***
・産院《さんいん》　㊤**717*b***
山陰絣　㊤351*a*〔絣〕
・産穢《さんえ》　㊤**717*c***
三衣袋　㊤914*a*〔頭陀袋〕
算置き　㊦372*a*〔八卦〕
三温〖-糖〗　㊤703*b*〔砂糖〕 ㊦110*c*〔調味料〕
・さんか〖山窩〗　㊤**718*a***　337*c*〔籠〕 ㊦596*a*〔箕〕 613*a*〔箕作り〕
蚕架　㊤301*b*〔蚕棚〕
産科医　㊦99*c*〔中条流〕
三回忌　㊤815*c*〔十三仏〕 ㊦307*b*〔年忌〕
三階造り　㊦509*b*〔弁才船〕
三界万霊　㊤939 図〔施餓鬼〕
・三界万霊碑〖-供養碑〗《さんがいばんれいひ》　㊤**718*b***　976*a*〔惣墓〕
三界伏魔大帝　㊤444*c*〔関帝信仰〕
・三階節〖三界-〗《さんがいぶし》　㊤**719*a***　697*c*〔座敷唄〕
三階船　㊤354*a*〔河川水運〕
三界法界供養碑　㊤976*a*〔惣墓〕
・散楽《さんがく》　㊤**719*a***　256*a*〔おこわざ〕 561*a*〔芸能〕 ㊦128*c*〔つく舞〕 150*c*〔手品〕 317*b*〔能〕 523*c*〔放下〕 648*a*〔民俗芸能〕
散楽戸　㊤719*b*〔散楽〕
三角寺(愛媛)　㊦519 表〔遍路〕
三角定規　㊤380*c*〔曲尺〕
山岳神　㊤44*b*〔阿弥陀信仰〕
・山岳信仰《さんがくしんこう》　㊤**719*c***　262*b*〔恐山〕 823*c*〔修験道〕 ㊦13*c*〔大山信仰〕 33*b*〔滝〕 128*a*〔筑波山〕 610*a*〔御岳〕 →霊山信仰
三角袖　㊤984*a*〔袖〕
山岳仏教　㊤706*b*〔里宮〕 ㊦751*c*〔山宮〕
サンカクボシ　㊤909*a*〔頭巾〕
三角マナコ　㊤25*a*〔小豆粥〕
三角屋敷　㊦483*a*〔舟形屋敷〕
三月ダミ　㊤705*c*〔里神〕
・三月節供《さんがつせっく》　㊤**720*b***　94*c*〔磯遊び〕 ㊦432*b*〔雛祭〕 585*b*〔ままごと〕 703*b*〔桃〕 →雛祭
サンカナモノ　㊦570*a*〔枡〕
・三箇日《さんがにち》　㊤**720*c***　317*b*〔鏡開き〕 ㊦575*c*〔松の内〕
サンガリフンドシ　㊤277*a*〔オバクレフンドシ〕 →オバクレフンドシ
桟瓦　㊤430*b*〔瓦〕
桟瓦葺き　㊤431*b*〔瓦葺き〕 ㊦735*b*〔屋根〕
三官大帝　㊦221*c*〔土地公〕
山鬼　㊦740*c*〔山男〕
サンギ　㊦740*c*〔山落し〕
算木　㊦372*a*〔八卦〕
・三跪九叩《さんききゅうこう》　㊤**721*a***
サンギシ　㊦36*b*〔竹馬〕
サンキョ　㊤147*a*〔隠居屋〕 435*a*〔閑居〕
産業おこし　㊦674*c*〔ムラおこし〕
産業化　㊤514*c*〔近代化〕
・産業組合《さんぎょうくみあい》　㊤**721*b***
産業組合運動　㊤494*a*〔共同売店〕
産業組合中央会　㊤721*c*〔産業組合〕
産業組合法　㊤721*b*〔産業組合〕
三教枝葉花実説　㊦555*b*〔本地垂迹〕
蚕業伝習所　㊦770*c*〔養蚕教師〕
散居村　㊤729*a*〔散村〕 →散村
サンキライ　㊤348*c*〔柏餅〕
蚕具　㊦770*a*〔養蚕〕
散供　㊤542*b*〔供物〕 677*b*〔賽銭〕 736*c*〔散米〕 →散米
・参宮街道《さんぐうかいどう》　㊤**721*c***
・参宮兄弟《さんぐうきょうだい》　㊤**722*a***
サンクニチ　㊤522*b*〔九月節供〕
・三九郎焼き〖サンクロウ，三苦労-〗《さんくろうやき》　㊤**722*b***　298*b*〔おんべ焼き〕 624*b*〔小正月〕 635*c*〔子供組〕 688*c*〔左義長〕 ㊦239*b*〔とんど〕
サングヮチサンチ　㊤720*c*〔三月節供〕
山下　㊦300*b*〔ネギシ〕 302*a*〔ネゴヤ〕 787*b*〔ヨリイ〕
散華　㊤491*a*〔行道〕
懺悔　㊤778*c*〔十界修行〕
参詣　㊤20*c*〔足洗井〕 454*a*〔祈願〕 842*a*〔巡礼〕 ㊦147*b*〔出開帳〕
参詣講　㊤584*b*〔講〕
・参詣曼荼羅《さんけいまんだら》　㊤**722*c***
・さんげさんげ　㊤**723*a***
三解脱門　㊦708*b*〔門㈠〕
残月　㊦424*b*〔常陸坊海尊〕 →常陸坊海尊
サンゲバンゲ　㊦658*a*〔無縁仏〕
・三元《さんげん》　㊤**723*c***　444*b*〔元旦〕 ㊦98*a*〔中元〕
三弦〖三絃〗　㊤727*a*〔サンシン〕 805*c*〔三味線〕
三江会所　㊦177*c*〔同郷会〕
三江幇　㊤593*b*〔公所・幇〕
三穀飯　㊤701*a*〔雑穀〕 ㊦686*b*〔飯〕
・散骨〖撒骨〗《さんこつ》　㊤**723*c***　967*b*〔葬儀屋〕 ㊦541*a*〔墓制〕
さんこ節　㊦726*a*〔安来節〕
・山菜《さんさい》　㊤**724*a***　964*b*〔ぜんまい〕 ㊦542*a*〔保存食〕 738*a*〔山〕 840*a*〔ワラビ〕
・三斎市《さんさいいち》　㊤**724*c***　99*a*〔市〕 103*a*〔市日〕 847*b*〔商業〕 ㊦144*c*〔定期市〕
『三才図会』　㊦164*b*〔天工開物〕
・さんさ踊り　㊤**724*c***
ザンザカ踊り　㊤269*b*〔踊り〕 598*b*〔小歌踊り〕 ㊦6*b*〔太鼓踊り〕
「さんさ時雨」　㊤810*a*〔祝儀唄〕
ざんざら笠　㊤339*a*〔笠〕

三三九度　㊤685b〔盃事〕 693a〔酒㈡〕 別刷〈婚礼〉 ㊦205c〔床盃〕 685b〔夫婦盃〕 717c〔約束〕
三山講　㊤497c〔行人塚〕
三山公所　㊦177c〔同郷会〕
三山幇　㊤593b〔公所・幇〕
三山碑　㊤725a〔三山参り〕
• 三山参り《さんざんまいり》　㊤**725a**
散使　㊤852a〔定使い〕
三牲　㊤840c〔春節〕 934b〔清明節〕 →さんせい
蚕室　㊤699b〔叉首〕 ㊦770a〔養蚕〕 別刷〈民家〉
産室　㊤179a〔産屋〕 →産屋
さんじもさ踊り　㊦169 図〔天道念仏〕
山車　㊦418b〔曳山〕
三尺物　㊤598c〔講談〕
三社権現(東京)　㊤725c〔三社祭〕 →浅草神社
三社神社(福岡)　㊦574b〔松会〕
• 三社託宣《さんしゃたくせん》　㊤**725b** ㊦368c〔八幡信仰〕
• 三社祭《さんじゃまつり》　㊤**725c**
『三十一日の巻』　㊦467a〔富士講〕
三州瓦　㊤430c〔瓦〕
三十五日　㊦116c〔追善供養〕
三十三回忌〔-年忌〕《さんじゅうさんかいき》　⇨弔い上げ(㊦228a) ㊤815c〔十三仏〕 ㊦117a〔追善供養〕 307b〔年忌〕
三十三ヵ所観音　㊤675 表〔西国巡礼〕
三十三所巡礼　㊤448a〔観音信仰〕
三十三度行者　㊤674b〔西国巡礼〕
三十番神　㊤667a〔金毘羅信仰〕
『三州横山話』　㊦390a〔早川孝太郎〕 822c〔炉辺叢書〕
• 三十六姓《さんじゅうろくせい》　㊤**726a**
三種回向　㊤202b〔回向〕
サンショ〔サンショウ，山椒〕　㊤421b〔辛味〕 596b〔香辛料〕 691a〔作物禁忌〕 ㊦202c〔毒〕 203c〔毒流し〕 365c〔蜂〕
散所　㊦433a〔非人〕
「三条おけさ」　㊤253a〔オケサ節〕
山上ヶ岳(奈良)　㊤238c〔大峯信仰〕 ㊦616b〔峰入り〕
• 山上講《さんじょうこう》　㊤**726b** 238c〔大峯信仰〕
三条瞽女　㊤626b〔瞽女〕
酸漿根　㊤610c〔コオロシバア〕 ㊦534c〔ホオズキ〕
山樵図　㊤926a〔生業絵馬〕
『さんせう太夫』　㊤58a〔安寿・厨子王〕 946a〔説経節〕
山椒太夫〔山荘-，三庄-〕　㊤143b〔岩木山信仰〕 726c〔山椒太夫伝説〕
• 山椒太夫伝説《さんしょうだゆうでんせつ》　㊤**726c** ㊦71b〔丹後船〕
三条鋸　㊦325c〔鋸〕
山上詣　㊤726b〔山上講〕
山椒もみ　㊦203c〔毒流し〕
産褥　㊤179c〔産屋〕
産褥熱　㊤351c〔風邪〕
サンショコトバ　㊤718a〔さんか〕
残暑見舞い　㊦98a〔中元〕
• サンシン〔三線〕　㊤**727a** 248c〔沖縄民謡〕 806a〔三味線〕 860c〔浄瑠璃〕 ㊦391a〔囃し㈡〕
サンジン　㊦762b〔雪橇〕
三神合祭殿　㊤725a〔三山参り〕
• 三世相《さんじんそう》　㊤**727b**
三すくみ拳　㊤576c〔拳〕
サンスケ　㊦別刷〈山の神〉
三助　㊦147c〔出稼〕
• 三途の川《さんずのかわ》　㊤**727b** 679a〔賽の河原〕 914a〔頭陀袋〕 ㊦47b〔奪衣婆〕
三途の川の渡し賃　㊦821b〔六文銭〕
サンズン〔三寸〕　㊦149c〔てき屋〕 781c〔夜見世〕
サンゼ　㊦277a〔ニセ〕
• 三牲《さんせい》　㊤**727c** →サンシェン
山精　㊦740b〔山男〕
三星図　㊦465b〔福禄寿〕
『三世相』　㊤701c〔雑書〕
ざんぜつ　㊤329a〔神楽〕 741b〔椎葉神楽〕
散銭　㊤677b〔賽銭〕
三千家　㊤66a〔家元〕
三千人塚　㊤962a〔千人塚〕
産前薬　㊤712b〔猿〕
讒訴　㊤335a〔陰口〕
三倉　㊤463a〔義倉〕
山賊　㊦744a〔山立ち〕
• 参候祭《さんぞろまつり》　㊤**728a** 別刷〈仮面〉
• 山村《さんそん》　㊤**728b** 306b〔海村〕 356c〔過疎化〕 ㊦738a〔山〕
• 散村《さんそん》　㊤**729a** 105c〔一軒家〕 817c〔集村〕 821c〔集落〕
• 残存《ざんそん》　㊤**729b** 91a〔遺制〕 878c〔進化主義〕 ㊦22c〔タイラー〕 171a〔伝播〕 →遺習
『山村生活の研究』　㊤497b〔郷土生活研究採集手帖〕 729c〔山村調査〕 828b〔守随一〕 ㊦77b〔地域民俗学〕 645a〔民俗学史〕 797b〔離島調査〕
• 山村調査《さんそんちょうさ》　㊤**729c** 454b〔聞き書き〕 491a〔郷土〕 497b〔郷土生活研究採集手帖〕 544b〔倉田一郎〕 676c〔採集〕 728c〔山村〕 828b〔守随一〕 924b〔生活改善運動〕 940a〔瀬川清子〕 ㊦356c〔橋浦泰雄〕 645a〔民俗学史〕 652c〔民俗調査〕 797b〔離島調査〕
山村民俗の会　㊤21c〔あしなか〕
産泰講　㊤57c〔安産祈願〕 651b〔子安講〕 730b〔産泰信仰〕 ㊦288a〔女人講〕
産泰様〔産泰〕　㊤57b〔安産祈願〕 473c〔機能神〕 620b〔子授け〕 651a〔子安神〕 730a〔産泰信仰〕
• 産泰信仰《さんたいしんこう》　㊤**730a**
産泰神社(群馬)　㊤57b〔安産祈願〕 730b〔産泰信仰〕
三店魚市　㊤153c〔魚市〕
• 蚕種《さんたね》　㊤**730c**
蚕種製造規則　㊤730c〔蚕種〕
蚕種仲師　㊤730c〔蚕種〕
サンダラオクリ　㊦245b〔流し雛〕
サンダラボッチ〔サンダラポッチ〕　㊤730c〔桟俵〕 ㊦69a〔俵〕
サンダル　㊦348a〔履物〕
• 桟俵《さんだわら》　㊤**730c** ㊦68c〔俵〕
讃嘆　㊤945b〔説経〕 →説経
サンタン人　㊤204b〔蝦夷錦〕
山丹玉　㊦62b〔タマサイ〕
散茶女郎　㊤227a〔花魁〕
三チャン農業　㊦148a〔出稼〕
山中他界　㊦28b〔他界観〕 738b〔山〕
山中他界観念　㊤44b〔阿弥陀信仰〕
サンヅキ　㊤316b〔案山子あげ〕
サンティーヴ Saintyves, Pierre　㊦490c〔フランス民俗学〕
三天和合尊　㊤118a〔稲荷信仰〕
桟戸　㊦174b〔戸〕
三度芋　㊤801b〔ジャガイモ〕
参道　㊦233b〔鳥居㈠〕
ザントウ　㊦795b〔ラントウバ〕
サントゥール　㊤367b〔楽器〕
山東京山　㊦536a〔北越雪譜〕
『山島地理研究録』　㊦741b〔山口貞夫〕
『山島民譚集』　㊤585a〔甲寅叢書〕
三度笠　㊤339a〔笠〕
三徳　㊤633b〔五徳〕
• 三度栗《さんどぐり》　㊤**731a**
サントミマイ　㊤737c〔産見舞〕
サンドラガエシ　㊤19b〔朝聟入り〕
• 山内《さんない》　㊤**731b**
• 三右衛門話《さんにょもんばなし》　㊤**731c**
• 三人兄弟《さんにんきょうだい》　㊤**732a** 489b〔兄弟話〕
三人狂い　㊤548a〔狂い〕
三人博労　㊤830a〔術比べ〕
三人屁　㊦507a〔屁〕 514a〔屁ひり話〕
三有　㊤718b〔三界万霊碑〕
三年坂　㊤684b〔坂〕
三年寝太郎　㊦351a〔博徒聟入り〕 704a〔桃太郎〕
三年塞り　㊤355b〔家相〕
三年味噌　㊦609b〔味噌〕
三年味噌型　㊦838c〔藁しべ長者〕
三年聟　㊦308a〔年期聟〕
産の忌み　㊤129a〔忌明け〕 179b〔産屋〕
山王権現　㊤715a〔サルマヤ〕 ㊦114c〔鎮守〕
山王祭礼　㊦162b〔天下祭〕
• 山王信仰《さんのうしんこう》　㊤**732a** 712b〔猿〕 715b

〔猿まわし〕
山王神社(東京)　㊦129b〔付祭〕
山王神社(熊本)　㊦380a〔ハナコドリ〕
山王神道　㊤891a〔神道〕
山王鳥居　㊦233c〔鳥居㈠〕
• 山王祭《さんのうまつり》　㊤**732**b　275b〔お練り〕　732b〔山王信仰〕　㊦32a〔高山祭〕
産の神　㊤811b〔十九夜講〕
三の構造　㊤532b〔口裂け女〕
三鼓　㊦6a〔太鼓〕　134a〔鼓〕
サンバ(三板)　㊤248c〔沖縄民謡〕
• 産婆《さんば》　㊤**733**b　610c〔コオロシバア〕　696a〔坐産〕　864c〔助産婦〕　㊦256b〔名付け親〕　295a〔妊婦〕　344b〔ハカセ〕　684c〔命名〕
• さんぱ〘サンパ，三羽，三半〙　㊤**732**c　㊦446b〔ヒラタブネ〕
撒播　㊦358b〔播種法〕
• 三把刀《サンパーダオ》　㊤**733**c
サンバアヅケ　㊦378a〔初漁祝い〕
• サンバイ　㊤**733**c　734c〔三番叟〕　㊦56a〔田の神〕　161c〔田楽〕　381b〔花田植〕　404b〔半夏〕
サンバイアガリ〘さんばいあがり〙　㊤876c〔しろみて〕　㊦237a〔泥落とし〕　→しろみて
サンバイアゲ　㊤734a〔サンバイ〕
サンバイオロシ　㊤116a〔稲作儀礼〕　734a〔サンバイ〕　㊦56b〔田の神〕　374a〔初田植〕
三拝九拝《さんぱいきゅうはい》　⇨三跪九叩(㊤721a)
サンバイ様　㊤690b〔作神〕
サンバイサン　㊤734a〔サンバイ〕　㊦68b〔タロウジ〕
サンバイシ　㊤730c〔桟俵〕　㊦69a〔俵〕
サンバイ竹　㊤734a〔サンバイ〕
三バイの神オロシ　㊤734a〔サンバイ〕
サンバイマツリ　㊤734a〔サンバイ〕　→サオリ
サンバイ迎え　㊤234b〔大田植〕
三番えびす　㊤49a〔操三番叟〕　→三番叟
産婆規則　㊤733b〔産婆〕
蚕箔　㊤301b〔蚕棚〕
• 三番叟〘三番三〙《さんばそう》　㊤**734**a　49a〔操三番叟〕　245c〔翁〕　486b〔狂言〕　823b〔祝福芸〕　㊦111c〔庁屋〕　445a〔ひょっとこ〕　648b〔民俗芸能〕　698b〔もどき〕
三番叟まわし　㊤49a〔操三番叟〕　㊦292c〔人形〕
散髪床　㊦207a〔床屋〕
散髪鋏　㊦354c〔鋏〕
サンパ漁師　㊤732c〔さんぱ〕
サンパン　㊤732c〔さんぱ〕
三番猿楽　㊤734b〔三番叟〕　→三番叟
三番ハカ　㊦341c〔ハカ〕
• 産火《さんび》　㊤**735**a　565b〔ケガレ〕　717c〔産穢〕　→アカビ
賛美歌　㊤416c〔歌謡〕
• 三匹獅子舞《さんびきじしまい》　㊤**735**b　695b〔ささら〕　㊦7a〔太鼓踊り〕　493b〔風流獅子舞〕
サンビャカレー　㊦306c〔寝宿婚〕
サンビャッポンイワイ　㊦23a〔大漁祝い〕
産婦　㊤696a〔坐産〕
三福寺　㊦194c〔唐四ヵ寺〕
サンベ　㊦512a〔ベニバナ〕
サンペ　㊦238b〔トンコリ〕
• 三方〘三宝〙《さんぼう》　㊤**735**c　542b〔供物〕　951c〔膳〕
• 『三宝絵』〘-詞〙《さんぼうえ》　㊤**735**c　㊦474c〔仏教説話〕
三宝荒神《さんぼうこうじん》　⇨荒神(㊤593c)　㊤81b〔石神〕　596a〔荒神祓え〕　別刷〈護符〉　㊦434b〔火の神〕　437a〔火伏せ〕
サンポウダニ　㊤534c〔クド造〕　→クド造
三合会　㊦438a〔秘密結社〕
三盆糖　㊤703c〔砂糖〕
三本松　㊤411 図〔家紋〕
サンマ　㊦538b〔星〕
• 三昧《さんまい》　㊤**736**a　135a〔弥谷参り〕　186a〔埋め墓〕　355c〔火葬場〕　737a〔三昧聖〕　㊦342a〔墓〕　804a〔両墓制〕　→墓地
• 散米《さんまい》　㊤**736**b　646a〔米〕　677b〔賽銭〕
三枚網　㊤696c〔刺網〕
ザンマイシ　㊤265c〔お手玉〕
三昧太郎　㊤356a〔火葬場〕
• 三枚の御札《さんまいのおふだ》　㊤**737**a　831b〔呪的逃走〕　㊦181c〔逃竄譚〕　516b〔便所神〕
• 三昧聖《さんまいひじり》　㊤**737**a　298b〔隠亡〕　575a〔毛坊主〕　→鉦打　→鉢屋
三昧巡り　㊦475c〔仏教民俗〕
• 産見舞《さんみまい》　㊤**737**c　㊦617c〔見舞〕
• 山民《さんみん》　㊤**738**a　㊦439b〔百姓〕
残夢　㊦424b〔常陸坊海尊〕　→常陸坊海尊
サンメーナービ　㊦260a〔鍋〕
三毛作　㊦447b〔肥料〕
サンモチ　㊦307c〔年忌〕
三門　㊦708b〔門㈠〕
サンヤ　㊤830b〔出産〕
産夜　㊦126a〔月待〕
サンヤギ　㊤177b〔産着〕
三役　㊦317b〔能〕　→狂言方　→囃子方
三夜講　㊦275a〔二十三夜待〕
三夜様　㊦275a〔二十三夜待〕
サンヤ袋　㊤914a〔頭陀袋〕
山谷船　㊦113a〔猪牙船〕
三夜待《さんやまち》　⇨二十三夜待(㊦275a)
サンヤママイリ　㊤725a〔三山参り〕
サンヤレ　㊤738b〔サンヤレ祭〕
サンヤレ踊り　㊤738b〔サンヤレ祭〕
• サンヤレ祭　㊤**738**b
三遊亭円朝　㊦759a〔幽霊〕
• 参与観察〘-調査〙《さんよかんさつ》　㊤**738**b　439b〔観察調査〕　㊦653a〔民俗調査〕
三陸津波(1896年)　㊦136a〔津波〕
三陸津波(1933年)　㊦136a〔津波〕
残留　㊤91a〔遺制〕　→残存
山林原野等官民所有区別派遣官員心得書　㊤450b〔官民有区分〕
• 三隣亡〘三輪宝〙《さんりんぼう》　㊤**738**c　355b〔家相〕
三臈〘三老〙　㊦815c〔臈次〕
参籠　㊤454a〔祈願〕　648c〔籠り〕　→籠り
三老なり　㊤268c〔老人成〕
山論　㊤523c〔草刈場〕

し

死　㊤741*c*〔死穢〕 ㊦63*a*〔魂呼び〕 429*b*〔人魂〕 465*a*〔服喪〕 565*b*〔枕直し〕 574*b*〔末期の水〕 778*c*〔予兆〕 806*b*〔臨終〕
地　㊤741*b*〔地謡〕 →地謡
痔　㊦633*b*〔民間薬〕
地藍　㊤1*b*〔藍〕
• 塩飽衆《しあくしゅう》　㊤**739***b*
塩飽大工　㊦484*a*〔船大工〕
• シアゲ　㊤**739***c*
仕上げ　㊤739*c*〔シアゲ〕
仕上げ石屋　㊤85*a*〔石屋〕
仕明請地　㊤739*c*〔仕明地〕
• 仕明地《しあけじ》　㊤**739***c*
仕明知行　㊤739*c*〔仕明地〕
仕上砥　㊦174*c*〔砥石〕
シアゲブルマイ　㊤739*c*〔シアゲ〕
• 指圧《しあつ》　㊤**739***c*
指圧師　㊦634*a*〔民間医療〕
指圧療法　㊤739*c*〔指圧〕
シアㇺバ＝チタㇽベ　㊤471*c*〔キナ〕
地雨　㊤46*a*〔雨〕
シアワセナオシ　㊦594*c*〔マンナオシ〕
自庵　㊦182*c*〔道場〕
• 思案橋《しあんばし》　㊤**740***a* ㊦356*b*〔橋占〕
シイ　㊤639*a*〔木の実〕 867*c*〔食器〕
シー　㊦422*b*〔ヒシ〕
シィ　㊤944*b*〔セジ〕
詩歌　㊤416*b*〔歌謡〕
しいかご舞　㊦128*b*〔つく舞〕
爺ケ岳(富山・長野)　㊦760*c*〔雪形〕
拾骨　㊦116*a*〔拳骨〕
しーくれー　㊤527*b*〔くしゃみ〕
• シーサー　㊤**740***b* 791*c*〔シマ〕 別刷〈沖縄文化〉 ㊦別刷〈村境〉
シィザトジ　㊤34*c*〔姉女房〕
ジーサンラ　㊦218*c*〔年寄組〕
シーシ　㊤740*b*〔シーサー〕 →シーサー
ジーシ　㊤954*c*〔洗骨〕
ジーシガーミ(厨子甕)　㊤911*a*〔厨子甕〕
シイジン　㊤370*b*〔河童〕
• シイタケ〔椎茸〕　㊤**741***a* 474*a*〔キノコ〕 967*a*〔雑木林〕 ㊦41*b*〔だし〕
椎茸籠　㊤937*a*〔背負籠〕
四一半　㊤335*b*〔賭け事〕 ㊦350*b*〔博打〕
ジィッツァマ講　㊦218*c*〔年寄組〕
シイナ　㊤903*c*〔水団〕
シーヌピトゥ　㊤12*a*〔アカマタ・クロマタ〕
• 椎葉神楽《しいばかぐら》　㊤**741***a* 328*b*〔神楽〕
シーミー　⇨清明祭(㊤934*a*)
シイラ　㊦156*b*〔出穂〕
シイラ(魚名)　㊦214*c*〔年取肴〕
ジール(地炉)　㊤187*c*〔裏座〕
シイレゼキ　㊦440*a*〔百日咳〕
地祝い　㊤581*a*〔建築儀礼〕 793*b*〔地祭〕
地祝い松　㊤793*b*〔地祭〕
寺院《じいん》　⇨寺(㊦158*a*)
寺院縁起　㊤218*b*〔縁起〕
ジーンチュ(地人)　㊦711*b*〔ヤードゥイ〕
寺院本末帳　㊦557*a*〔本末制度〕
死有　㊤763*a*〔四十九日〕
止雨祈願　㊤46*a*〔雨〕
• 地謡《じうたい》　㊤**741***b* ㊦317*b*〔能〕
地歌箏曲　㊤633*a*〔箏〕
紫雲　㊦274*a*〔虹〕
• 死穢《しえ》　㊤**741***c* 717*c*〔産穢〕 ㊦476*c*〔服忌令〕 804*c*〔両墓制〕 →黒不浄
祭慈恵大師尊霊祭文　㊤681*a*〔祭文〕
ジェット＝ルーム　㊦361*c*〔機織〕
ジェネップ Gennep, Arnold van　⇨ヘネップ(㊦512*b*)
ジエン　㊤872*c*〔ジルイ〕
『慈円・国家と歴史及文学』　㊦128*a*〔筑土鈴寛〕
• ジェンダー gender　㊤**742***a*
• 塩《しお》　㊤**742***a* 184*b*〔海〕 741*c*〔死穢〕 743*a*〔塩売り〕 744*b*〔塩の道〕 744*b*〔塩漬〕 745*a*〔潮花〕 745*c*〔塩盛り〕 874*a*〔しろ〕 923*c*〔製塩〕 ㊦110*c*〔調味料〕 129*b*〔漬物〕 324*b*〔野がえり〕
• 潮《しお》　㊤**742***c*
• 塩井《しおい》　㊤**743***a*
• 塩売り《しおうり》　㊤**743***a* 487*c*〔行商〕 ㊦203*a*〔得意〕
塩桶　㊤924*a*〔製塩〕
塩替え息子　㊤742*c*〔塩〕
シオカキ〔シオカケ，潮かけ〕　㊤511*c*〔禁忌〕 654*b*〔垢離〕 744*a*〔潮汲み〕 ㊦610*a*〔禊〕
塩籠　㊤336*c*〔籠〕
塩釜　㊤620*b*〔子授け〕 ㊦260*a*〔鍋〕
塩釜様　㊤57*b*〔安産祈願〕 651*a*〔子安神〕
「塩釜甚句」　㊦340*b*〔ハイヤ節〕
塩竈神社(宮城)　㊤57*b*〔安産祈願〕 184*b*〔海〕 473*c*〔機能神〕
• 塩辛〔塩干〕《しおから》　㊤**743***b* 68*a*〔イカ〕 744*b*〔塩漬〕
塩辛汁　㊤743*c*〔塩辛〕
• 塩木《しおき》　㊤**743***c* ㊦314*c*〔燃料〕
• 潮汲み《しおくみ》　㊤**743***c* →シオカケ
シオケ　㊤713 図〔笊〕
シオコ　㊦725*a*〔養い親〕
塩垢離〔潮-〕　㊤654*b*〔垢離〕 744*a*〔潮汲み〕 ㊦610*a*〔禊〕
塩魚　㊤900*c*〔水産加工〕
塩鮭　㊤744*c*〔塩漬〕
塩地蔵　㊤435*a*〔願掛け〕
• 『塩尻』《しおじり》　㊤**744***a* 904*a*〔随筆〕
塩煎餅　㊤963*c*〔煎餅〕
塩断ち　㊦47*a*〔断ち物〕
シオタッポ　㊦834*c*〔藁〕
塩田定一　㊦244*b*〔中川善之助〕
• 塩漬《しおづけ》　㊤**744***b* 474*a*〔キノコ〕 ㊦129*b*〔漬物〕
シオデ　㊤481*a*〔救荒食物〕 724*a*〔山菜〕 ㊦618*b*〔耳くじり〕
シオテチュ　㊤743*a*〔塩売り〕
潮湯治　㊤899*b*〔水泳〕
シオトト　㊤743*a*〔塩売り〕 ㊦725*a*〔養い親〕
• 塩の道《しおのみち》　㊤**744***c* 901*a*〔水産加工〕
• 潮花〔塩花〕《しおばな》　㊤**745***a* 742*c*〔潮〕
潮花桶　㊤742*c*〔潮〕
潮花採り　㊤745*a*〔潮花〕
シオハライ　㊦238*b*〔ドンザ〕
潮払い　㊤565*b*〔ケガレ〕
塩祓い　㊤745*c*〔塩盛り〕
シオハレ　㊤244*c*〔沖着物〕
• 潮干狩《しおひがり》　㊤**745***b* 19*c*〔アサリ〕 94*c*〔磯遊び〕 654*a*〔娯楽〕 ㊦387*b*〔ハマウリ〕
塩びき〔塩引〕　㊤556*c*〔燻製〕 744*b*〔塩漬〕
塩吹臼　㊤489*c*〔兄弟話〕 ㊦799*b*〔竜宮〕
塩振り　㊦532*c*〔棒の手〕
塩ブリ　㊦224*a*〔トビ〕
シオブロ　㊤85*a*〔石風呂〕
• 潮待ち《しおまち》　㊤**745***b*
塩水　㊤742*c*〔塩〕
潮水　㊤742*b*〔塩〕 745*a*〔潮花〕 ㊦387*c*〔浜降り〕
潮水迎え　㊤184*b*〔海〕
シオモノ〔塩物〕　㊤7*c*〔あいもの〕 ㊦542*a*〔保存食〕
• 塩盛り《しおもり》　㊤**745***c* →盛り塩
地親　㊤786*a*〔地主・小作〕 →地主
塩焼き　㊦715*c*〔焼き物〕
塩薬師　㊤276*c*〔小野小町〕
地オヤ先祖　㊦723*b*〔屋敷先祖〕
塩山　㊤743*c*〔塩木〕
塩湯　㊤742*c*〔塩〕
潮湯　㊤742*c*〔塩〕 ㊦182*c*〔湯治〕
ジオラマ展示　㊦654*a*〔民俗展示〕
醞　㊤692*c*〔酒㈠〕
慈恩寺(山形)　㊤326*a*〔楽人〕
• 四花〔四華，死花，紙花〕《しか》　㊤**746***b* 967*b*〔葬具〕

市価　㊤975b〔相場〕
• 鹿《しか》　㊤**745**c　426b〔皮〕　575a〔毛祭〕　759c〔シシガキ〕　764b〔猪除け〕　808b〔獣害〕　836b〔狩猟信仰〕　㊦123a〔使わしめ〕　190b〔動物観〕　272c〔肉食〕　493b〔風流獅子舞〕
• シガ　㊤**746**c　㊦203a〔得意〕　420c〔販女〕
時価　㊤975b〔相場〕
• 鹿遊び《しかあそび》　㊤**746**c
地買い　㊤32a〔穴掘り〕
• 鹿打ち神事〔シカウチ, シカ打ち〕《しかうちしんじ》　㊤**747**a　949a〔切腹〕　→シシウチ
志賀海神社(福岡)　㊤96c〔磯良の舞〕　327 図〔神楽〕
鹿卜　㊤189a〔占い〕　㊦536a〔卜占〕
鹿占神事　㊤189a〔占い〕　㊦536b〔卜占〕
シカオイ　㊤747a〔鹿打ち神事〕　→鹿打ち神事
鹿踊り　㊦730a〔八つ鹿踊り〕
鹿狩　㊤746a〔鹿〕
シガキ　㊤808b〔獣害〕
慈覚大師　㊤262b〔恐山〕　㊦11a〔大師信仰〕
「史学と世相解説」　㊤944b〔世相解説〕
シカケ　㊤169b〔打掛〕
仕掛け鉄砲　㊤837 表〔狩猟法〕
仕掛け弓　㊤837 表〔狩猟法〕
死火山　㊤341c〔火山〕
シガサンニチ　㊦399a〔春事〕
しかしか　㊤242b〔おかし〕
志荷商人　㊤746c〔シガ〕
ジガシラ　㊤753b〔ジグミ〕
地頭　㊤741b〔地謡〕
• ジカタ　㊤**747**b
• 地方《じかた》　㊤**747**b　189c〔浦百姓〕　→在方
地方学　㊤747c〔地方〕
地方巧者　㊤747c〔地方〕
地方三帳　㊤747c〔地方〕
地方三役　㊤747c〔地方〕　→村方三役
地方書　㊤747c〔地方〕
• 地方史料〔-文書〕《じかたしりょう》　㊤**747**c　747c〔地方〕　㊦89c〔地方史〕
『地方の聞書』　㊦322b〔農書〕
『私可多咄』　㊤748a〔仕方話〕
• 仕方話《しかたばなし》　㊤**748**a
『仕形噺』　㊤748a〔仕方話〕
• 地下足袋《じかたび》　㊤**748**b　㊦348b〔履物〕
地固め　㊤581a〔建築儀礼〕
地方役人　㊤747c〔地方〕
四月十五日年初説　㊤624a〔小正月〕
四月ドキ　㊦200c〔トキ㈠〕
四月馬鹿　㊤198b〔エイプリルフール〕　→エイプリルフール
直煮法　㊤923c〔製塩〕
直塗り天井　㊦164b〔天井〕
地鉄　㊦152b〔鉄〕
「鹿の遠音」　㊤804a〔尺八〕
鹿野武左衛門　㊤424c〔軽口〕　748a〔仕方話〕
『鹿野武左衛門口伝はなし』　㊤748a〔仕方話〕
『鹿の巻筆』　㊤748a〔仕方話〕
鹿の湯　㊤293b〔温泉発見伝説〕
直箸　㊦833c〔渡箸〕
四ヶ花　㊤746b〔四花〕　→四花
直張り天井　㊦164b〔天井〕
直火焼き　㊦715c〔焼き物〕
鹿笛　㊤746a〔鹿〕　835b〔狩猟〕
シカブチ　㊤747a〔鹿打ち神事〕　→鹿打ち神事
志荷振売　㊤746c〔シガ〕
• 直播き《じかまき》　㊤**748**c　115a〔稲作〕　㊦140b〔摘み田〕　562c〔マキタテ〕　別刷〈野良仕事〉　→摘み田
• 地神〔ジガミ〕《じがみ》　㊤**748**c　159b〔氏神〕　170c〔ウッガン〕　394b〔神〕　690b〔作神〕　765b〔地神盲僧〕　785c〔地主神〕　805a〔社日〕　㊦56a〔田の神〕　186b〔同族神〕　205b〔土公神〕　535c〔穂掛け〕　706c〔森神〕　722c〔屋敷神〕　723b〔屋敷先祖〕　737a〔藪神〕
地神講　㊤117b〔稲荷講〕　749a〔地神〕　765a〔地神もうし〕　805b〔社日〕
『地神祭文』　㊤78c〔いざなぎ流〕
地神信仰　㊤778a〔地鎮祭〕　793b〔地祭〕
地神祭　㊤765a〔地神もうし〕　㊦197b〔十日夜〕
地唐臼　㊦715c〔焼穂〕
「紫香楽宮趾の研究」　㊦419c〔肥後和男〕
• しかり〔シカリ〕　㊤**749**a　㊦803a〔猟師〕
地借　㊤240c〔大屋・店子〕　㊦109b〔町人〕
祠官　㊤886a〔神職〕
耳環　㊦618b〔耳印〕
時間　㊦201b〔時〕
時間意識　㊦204c〔時計〕
芝翫下駄　㊤569b〔下駄〕
地勧請　㊤778a〔地鎮祭〕
• 時間認識《じかんにんしき》　㊤**749**b
シキ　㊤96 図〔磯船〕　505a〔漁船〕
しき　㊤750a〔敷居〕
鋪　㊤509c〔切羽〕　㊦584a〔鉱〕
磁器　㊤868a〔食器〕
• 敷網《しきあみ》　㊤**749**c　19c〔アジ〕　45b〔網漁〕　503a〔漁具〕　707c〔サバ〕
• 敷居《しきい》　㊤**750**a
シキイゴシ　㊤752a〔シキマタギ〕
四季唄　㊤462c〔季節唄〕
式王子　㊤78c〔いざなぎ流〕
式楽　㊦317b〔能〕
式神　㊤37b〔安倍晴明〕　419c〔鳥〕　㊦334a〔呪い〕
しきかもい　㊤750a〔敷居〕
敷皮　㊤709c〔座蒲団〕
食行身禄　㊤820a〔終末論〕　㊦466c〔富士講〕　→身禄行者
敷具　㊤879b〔寝具〕
• 『信貴山縁起絵巻』《しぎさんえんぎえまき》　㊤**750**b　213c〔絵巻〕
式三番　㊤245b〔翁〕　734a〔三番叟〕　→三番叟
• 『敷地軍記』《しきじぐんき》　㊤**751**a
敷地民部藤康　㊤751a〔敷地軍記〕
式叉摩那尼　㊦418c〔比丘尼〕
• 仕着せ〔為着せ〕《しきせ》　㊤**751**a　574c〔下人〕　㊦148c〔出替り〕　222b〔徒弟制度〕　307c〔年季奉公〕　528a〔奉公人〕
式占　㊤188c〔占い〕
• 式台《しきだい》　㊤**751**b　577c〔玄関〕
色代　㊤751b〔式台〕
敷畳　㊦44b〔畳〕
直足袋　㊤748b〔地下足袋〕
仕来り　㊤817b〔習俗〕　→習俗
『直談鈔』　㊤894b〔神仏霊験譚〕
式典　㊦310b〔年中行事㈠〕
食堂　㊤546c〔庫裡〕
ジキトビ　㊦224b〔トビウオ〕
ジキトリ　㊦426c〔ひだる神〕　679b〔村境〕
シキナ　㊤711b〔サラニッ〕
• 式内社《しきないしゃ》　㊤**751**c
直鉈　㊦253 図〔鉈〕
職人　㊤862c〔職人〕　→しょくにん
式年遷宮　㊤921c〔諏訪信仰〕
式年遷宮祭　㊦271a〔新嘗祭〕
四季農耕図　㊤926a〔生業絵馬〕
式のうたぐら　㊤841c〔順の舞〕
式場隆三郎　㊦734c〔柳宗悦〕
式盤　㊦521b〔方位〕
敷布　㊤879b〔寝具〕
式服　㊦401a〔晴着〕
色仏供　㊦477b〔仏供〕
敷蒲団　㊦480c〔蒲団〕
式米　㊤108c〔一俵香典〕
• シキマタギ〔シキイマタギ, シキマタゲ〕　㊤**752**a
敷曼荼羅　㊦594c〔曼荼羅〕
• 樒〔榊〕《しきみ》　㊤**752**b　787b〔柴〕
シキムシロ　㊤879c〔寝具〕
• 敷物《しきもの》　㊤**752**c　647c〔薦〕　㊦667c〔筵〕
『式文』　㊦523b〔報恩講〕
四脚門　㊦708a〔門㈠〕
ジギョウ　㊤779b〔地搗き〕
地形唄　㊤780a〔地搗き唄〕　㊦661c〔麦打唄〕
ジギョウカタメ　㊤779b〔地搗き〕

地狂言《じきょうげん》 ⇨地芝居(㊤ 760b)
ジギョウツキ ㊤ 779b〔地搗き〕
• シキョマ〔シキュマ〕 ㊤ **753a** 248a〔沖縄文化〕 809b〔収穫祭〕 ㊦ 535c〔穂掛け〕
シキリガクル ㊦ 81a〔力綱〕
仕切り戸 ㊦ 174b〔戸〕
敷料 ㊤ 410c〔カヤ〕 967a〔雑木林〕
尻切 ㊤ 978b〔草履〕
食籠 ㊤ 323c〔家具〕
敷き藁 ㊤ 912b〔ススキ〕
シク ㊤ 822c〔夙〕
四九市 ㊤ 103a〔市日〕 別刷〈市〉
• しぐさ ㊤ **753a** ㊦ 510b〔べっかんこ〕
地口 ㊤ 424c〔軽口〕 634b〔言葉遊び〕
地与 ㊤ 539c〔与〕
• ジグミ ㊤ **753b**
仕繰 ㊤ 602c〔坑夫〕
しぐれ ㊤ 46a〔雨〕
シゲ ㊤ 930b〔聖地〕 ㊦ 22b〔太陽崇拝〕
• 地下《じげ》 ㊤ **753b**
地下網 ㊤ 507b〔漁撈組織〕 ㊦ 673c〔村網〕
重一 ㊤ 250a〔奥浄瑠璃〕
地下請 ㊤ 753c〔地下〕
シケウチ ㊤ 741a〔シイタケ〕
地下掟 ㊤ 753c〔地下〕 ㊦ 677a〔村極め〕
地下置文 ㊤ 753c〔地下〕
地下寺 ㊤ 567b〔仮境〕
• 繁次郎話《しげじろうばなし》 ㊤ **753c**
止血 ㊦ 87c〔血止め〕
ジゲヅトメ ㊤ 753c〔地下〕
地下人 ㊤ 753c〔地下〕
地下之定 ㊤ 753c〔地下〕
ジゲノモノ ㊤ 753c〔地下〕
ジゲノヨリ ㊤ 753c〔地下〕
重野列衆・小玉列衆 ㊦ 803b〔猟師〕
地下法度 ㊤ 753c〔地下〕
シケバライ ㊤ 765c〔地神盲僧〕
地下室 ㊦ 682a〔室〕
ジゲ山 ㊤ 753c〔地下〕
• 試験婚〔-結婚〕《じけんこん》 ㊤ **754a** 21a〔足入れ〕
慈眼寺(埼玉) ㊦ 86 表〔秩父巡礼〕
慈眼寺(大阪) ㊦ 326b〔野崎参り〕 →野崎観音
四胡 ㊤ 613c〔胡弓〕
四鼓 ㊦ 134b〔鼓〕
鬼 ㊤ 271b〔鬼〕 →おに
醜足 ㊤ 919c〔相撲〕
死後安心論 ㊦ 706c〔森神〕
シコウ ㊤ 969c〔葬式組〕
シコウ(船員) ㊤ 507c〔漁撈組織〕
死講 ㊦ 667c〔無常講〕
慈光寺(埼玉) ㊤ 98 図〔板碑〕
• 嗜好品《しこうひん》 ㊤ **754c**
耳刻 ㊦ 618b〔耳印〕
• 時刻《じこく》 ㊤ **754c**
• 地獄《じごく》 ㊤ **755a** ㊦ 28b〔他界観〕 791a〔来世観〕
地獄絵 ㊤ 224a〔閻魔〕 755b〔地獄〕
地獄界 ㊤ 778c〔十界修行〕
地獄行 ㊤ 778c〔十界修行〕
地獄思想 ㊤ 616a〔極楽〕
地獄図 ㊦ 88a〔血の池地獄〕
『地獄草紙』 ㊤ 213c〔絵巻〕 755b〔地獄〕
地獄卒 ㊤ 271b〔鬼〕
地獄谷 ㊦ 49b〔立山地獄〕
四国八十八ヵ所巡礼 ㊤ 842a〔巡礼〕 →遍路
• シコクビエ ㊤ **755c** ㊦ 412c〔ヒエ〕
四国遍路《しこくへんろ》 ⇨遍路(㊦ 518a) ㊤ 955a〔善根宿〕 ㊦ 11a〔大師信仰〕 121b〔杖〕 178a〔同行二人〕 472a〔札所〕 520a〔遍路道〕 520b〔遍路宿〕 809c〔霊場〕
『四国辺路道指南』 ㊦ 520a〔遍路道〕
四国民家博物館 ㊦ 712b〔野外博物館〕
地獄めぐり ㊤ 755b〔地獄〕
死後結婚 ㊦ 683b〔冥婚〕
地拵え ㊤ 979a〔造林〕
• 仕事唄〔-歌〕《しごとうた》 ㊤ **755c** 164b〔臼挽き唄〕 165c〔歌〕 462c〔季節唄〕 694a〔酒造り唄〕 779c〔地搗き唄〕 810a〔祝儀唄〕 ㊦ 24c〔田植え唄〕 568a〔馬子唄〕 640b〔民俗音楽〕 655b〔民謡〕 740a〔山唄〕
• 仕事納め《しごとおさめ》 ㊤ **756a**
シゴトオヤ ㊦ 663b〔聟〕
• 仕事着《しごとぎ》 ㊤ **756b** 244c〔沖着物〕 477a〔着物〕 566b〔褻着〕 698a〔刺子〕 ㊦ 238b〔ドンザ〕 345b〔袴〕 473a〔ふだん着〕 704b〔股引〕
仕事師 ㊦ 225c〔鳶職〕
仕事の早技 ㊦ 267c〔難題聟〕
ジコトバ ㊦ 741c〔山言葉〕
• 仕事始め《しごとはじめ》 ㊤ **757a** 317b〔鏡開き〕 545a〔蔵開き〕 581a〔建築儀礼〕 651c〔御用始め〕 721a〔三箇日〕 793b〔地祭〕 ㊦ 27c〔田打正月〕 374c〔初荷〕 739b〔山入り(一)〕
シコナ ㊤ 29c〔あだな〕
仕込み唄 ㊤ 694a〔酒造り唄〕
仕込問屋 ㊤ 291c〔卸し売〕
錣頭巾 ㊤ 387a〔かぶりもの〕 909a〔頭巾〕
• 私財《しざい》 ㊤ **757a** 878b〔しんがい〕 ㊦ 242a〔内職〕 547b〔ホマチ〕
資財 ㊤ 323c〔家具〕
持衰 ㊤ 130c〔忌籠り〕
• 自在鈎〔-鉤〕《じざいかぎ》 ㊤ **758a** 141c〔囲炉裏〕 633c〔五徳〕 ㊦ 37a〔竹細工〕 424c〔火棚〕
自在戸 ㊦ 174b〔戸〕
持斎日 ㊦ 818c〔六斎念仏〕
地境 ㊦ 679b〔村境〕
地先漁業権 ㊤ 190a〔浦役〕
自作地 ㊦ 323b〔農地改革〕
自作農創設維持政策 ㊤ 853c〔小農〕
自作農創設特別措置法 ㊦ 323b〔農地改革〕
地酒屋 ㊦ 128c〔造酒屋〕
四座講式 ㊦ 304c〔涅槃会〕
寺刹 ㊦ 158b〔寺〕 →寺
• 自殺《じさつ》 ㊤ **758b** 286b〔親子心中〕 885a〔心中〕 948c〔切腹〕
『自殺論』 ㊦ 158b〔デュルケム〕
シサム ⇨シャモ(㊤ 806b)
資産家家計 ㊤ 332c〔家計〕
持参金 ㊤ 758c〔持参財〕
• 持参財《じさんざい》 ㊤ **758c** 757b〔私財〕
四山の獅子舞 ㊦ 3c〔太神楽〕
持参箱 ㊦ 98a〔中元〕
シシ ㊤ 124b〔猪〕 745c〔鹿〕
シシ(湯女) ㊦ 746c〔山中節〕
師子 ㊤ 453b〔伎楽〕
獅子 ㊤ 別刷〈仮面〉 ㊦ 48a〔竜頭〕
• シジ ㊤ **759a** 707b〔サニ〕 760b〔シジタダシ〕 944b〔セジ〕 →筋
四時 ㊦ 310b〔年中行事(一)〕
地士 ㊦ 669c〔無足人〕
シシ打ち神事〔シシウチ〕 ㊤ 746a〔鹿〕 747a〔鹿打ち神事〕 836a〔狩猟儀礼〕 →鹿打ち神事
『紫芝園漫筆』 ㊤ 904a〔随筆〕
シシ追い〔猪-〕 ㊤ 124c〔猪〕 ㊦ 364c〔畑作〕
シシオドシ〔獣威し〕 ㊤ 124b〔猪〕 268a〔威し〕 759c〔シシガキ〕 ㊦ 265a〔鳴子〕 →鳴子
• 鹿踊り〔シシ-, 鹿子-, 獅子-, 獅子躍〕《ししおどり》 ㊤ **759a** 106c〔五つ鹿踊り〕 548a〔狂い〕 746a〔鹿〕 761b〔獅子舞(一)〕 別刷〈仮面〉 ㊦ 493b〔風流獅子舞〕 648a〔民俗芸能〕 730a〔八つ鹿踊り〕 別刷〈盆〉
獅子踊り ㊤ 761b〔獅子舞(一)〕 →獅子舞
• シシガキ〔-垣〕 ㊤ **759c** 123b〔猪垣〕 124b〔猪〕 808b〔獣害〕 837 表〔狩猟法〕
獅子神楽 ㊤ 327c〔神楽〕 705a〔里神楽〕 別刷〈仮面〉 ㊦ 65b〔太夫村〕 391b〔早池峰神楽〕 403a〔番楽〕 598 図〔三河大神楽〕 648a〔民俗芸能〕
獅子頭 ㊤ 242b〔御頭神事〕 552a〔黒森神楽〕 735b〔三匹獅子舞〕 761b〔獅子舞(一)〕 ㊦ 493a〔風流獅子舞〕
シジカタ(父方) ㊤ 151c〔ウェーカー〕 ㊦ 402c〔ハロウジ〕
シシカワグツ ㊦ 761c〔雪靴〕

シシキ　㊦662c〔麦飯〕
時食　㊦201c〔斎〕→斎
師子児　㊤453b〔伎楽〕
四時祭典定則　㊦212b〔祈年祭〕
• 獅子芝居《ししばい》　㊤**759**c　㊦598a〔三河大神楽〕
自恣僧　㊤189c〔盂蘭盆会〕
• シジタダシ　㊤**760**a　759a〔シジ〕　㊦416b〔ヒキ〕
事実婚　㊤815a〔重婚〕
シシトギリ　㊤124c〔猪〕　125a〔猪狩り〕　876b〔銀鏡神楽〕　㊦別刷〈山の神〉
シシドテ　㊤759c〔シシガキ〕
• 地芝居《じしばい》　㊤**760**b　㊦147a〔手踊り〕　323a〔農村舞台〕　823c〔若い衆〕
猪弾き　㊤121a〔犬弾き〕
肉醬　㊦422b〔醬〕
醢　㊦422b〔醬〕
獅子浮立　㊦493a〔浮立〕
• 嗣子別居《ししべっきょ》　㊤**761**b　146a〔隠居〕
猪舞　㊤751a〔敷地軍記〕　㊦128b〔つく舞〕
• 獅子舞(芸能)《ししまい》　㊤**761**b　242b〔御頭神事〕　328c〔神楽〕　375a〔門付け〕　375a〔門口〕　510b〔キリン獅子舞〕　548a〔狂い〕　662a〔権現舞〕　695b〔ささら〕　735b〔三匹獅子舞〕　759a〔鹿踊り〕　823b〔祝福芸〕　883a〔神事芸能〕　㊦3a〔太神楽〕　231c〔虎舞〕　290a〔ニワ〕　403b〔番楽〕　493a〔風流獅子舞〕　558c〔舞〕　598a〔三河大神楽〕　648a〔民俗芸能〕　765b〔湯立獅子舞〕
• 獅子舞(華僑)《ししまい》　㊤**762**a　840c〔春節〕
• シジミ〔蜆〕　㊤**762**b　432b〔川漁〕　㊦230a〔土用〕
シジミ売り　㊦781b〔呼売り〕
シジミヤ　㊤984a〔袖〕
死者　㊤432c〔棺〕　688b〔坐棺〕　829c〔出棺〕　㊦84a〔チシナオッ〕　278a〔入棺〕　328a〔野辺送り〕　545a〔仏〕　565b〔枕直し〕
市籍人　㊤852c〔商人〕
死者供養　㊤202b〔回向〕　955a〔善根宿〕
死者婚《ししゃこん》　⇨冥婚(㊦683b)
使者神　㊤226b〔オイツキサマ〕
シジ休み　㊦770b〔養蚕〕
寺社地　㊤450c〔官林払い下げ〕　㊦573b〔町割〕
『死者の書』　㊤290a〔折口信夫〕
シシャモ　㊦807b〔ルイベ〕
寺社詣　㊦59c〔旅〕
• 刺繡《ししゅう》　㊤**762**c
時衆　㊤251b〔小栗判官〕　㊦314b〔念仏聖〕
• 四十九日《しじゅうくにち》　㊤**763**a　51b〔あらみたま〕　129a〔忌明け〕　815c〔十三仏〕　881a〔新口〕　972c〔葬送儀礼(一)〕　㊦97a〔中陰〕　116c〔追善供養〕　159b〔寺送り〕　345c〔墓参り〕　427c〔引っ張り餅〕　688c〔喪〕→満中陰
• 四十九餅《しじゅうくもち》　㊤**763**b　31c〔あとみらず〕　340c〔笠の餅〕　763b〔四十九日〕　㊦97a〔中陰〕　別刷〈生と死〉
四十二の二つ子　㊤915a〔捨子〕　㊦216a〔年廻り〕
四十八夜念仏　㊦475c〔仏教民俗〕
時衆和讃　㊦829b〔和讃〕
四種回向　㊤202b〔回向〕
地主神　㊤785c〔地主神〕→じぬしがみ
自主流通米制度　㊤647b〔米屋〕
シショ　㊦609b〔味噌〕
• 師匠《ししょう》　㊤**763**c
• 詞章《ししょう》　㊤**764**a
時鐘　㊤755a〔時刻〕　㊦8a〔太鼓櫓〕→時の鐘
市場交換　㊤487c〔行商〕
四摂事　㊦470b〔布施〕
慈照寺東求堂(京都)　㊤791b〔持仏堂〕
師匠寺　㊤254a〔お剃刀〕　567b〔仮境〕
四条道場　㊦182c〔道場〕
祀職　㊤886a〔神職〕→神職
• 猪除け《ししよけ》　㊤**764**b
猪除け堀　㊤837 表〔狩猟法〕
地所取調帳　㊦85b〔地租改正〕
四所明神　㊤580b〔眷属〕
四神　㊦230b〔虎〕　290c〔庭木〕
地神　㊤748c〔地神〕　785c〔地主神〕→じがみ
• 地震《じしん》　㊤**764**b　173b〔鰻〕　377c〔要石〕　671b〔災害〕　981b〔俗信〕　㊦135c〔津波〕　262a〔ナマズ〕　779a〔世直し〕
地神　㊦56a〔田の神〕→田の神
『地神経』　㊤596a〔荒神祓え〕　765a〔地神もうし〕　765b〔地神盲僧〕　㊦689c〔盲僧〕
地神経読み盲目　㊦689c〔盲僧〕
地神供祭文　㊤681a〔祭文〕
地震鯰　㊤377c〔要石〕
自身番屋　㊦571c〔町会所〕
地神琵琶　㊤596a〔荒神祓え〕→地神盲僧
鹿ん舞　㊤746a〔鹿〕
• 地神もうし《じじんもうし》　㊤**765**a　→地神祭
• 地神盲僧《じじんもうそう》　㊤**765**b　334c〔景清〕　593c〔荒神〕　765a〔地神もうし〕　㊦450a〔琵琶〕　689c〔盲僧〕　690a〔盲僧琵琶〕
地親類《じしんるい》　⇨ジルイ(㊤872c)　㊤540b〔組合(二)〕
ジス　㊦130b〔ツシ〕
シズクヤ　㊦342c〔墓じるし〕　別刷〈生と死〉
鎮鬼　㊤272a〔鬼会〕
鎮目社(奈良)　㊦380c〔鎮花〕
しずめの神事　㊦384a〔花祭(二)〕
• 姿勢《しせい》　㊤**765**c
「私製・折口信夫年譜」　㊤75a〔池田弥三郎〕
死生観　㊦597a〔ミイラ〕
• 私生児《しせいじ》　㊤**766**a　757c〔私財〕
史跡名勝天然紀念物保存法　㊦500a〔文化財保護法〕
四節　㊤329a〔神楽〕　741b〔椎葉神楽〕
「私説・折口信夫」　㊤75a〔池田弥三郎〕
• 紙銭《しせん》　㊤**766**c　934a〔清明祭〕　934b〔清明節〕
四川馬　㊤180c〔馬〕
• 自然観《しぜんかん》　㊤**767**a
自然公園　㊤585c〔公園〕
自然公園法　㊤585c〔公園〕
自然宗教　㊤810c〔宗教〕
• 自然人類学《しぜんじんるいがく》　㊤**767**b　㊦501a〔文化人類学〕
自然葬　㊤724a〔散骨〕
• 自然村《しぜんそん》　㊤**767**c　913a〔鈴木栄太郎〕　㊦489c〔部落〕
自然地名　㊦90c〔地名〕
自然畑　㊦361b〔畑〕
自然浜　㊤924a〔製塩〕
自然方位　㊦653a〔民俗的方位観〕
• 自然暦《しぜんれき》　㊤**768**a　652a〔暦〕　㊦54c〔種子蒔き桜〕　137c〔ツバメ〕　546b〔ホトトギス〕
始祖　㊤957b〔先祖〕
四葬　㊤977a〔葬法〕
地蔵　㊤26b〔汗かき地蔵〕　144b〔岩船地蔵〕　222b〔縁日〕　769b〔地蔵信仰〕　803b〔石塔会〕　㊦130c〔辻〕　592a〔回り地蔵〕
• 地蔵遊び《じぞうあそび》　㊤**768**b　770a〔地蔵つけ〕→地蔵つけ
地蔵会　㊤770a〔地蔵信仰〕
地蔵悔過　㊤770a〔地蔵信仰〕
• 地蔵講《じぞうこう》　㊤**768**c　584b〔講〕　770a〔地蔵信仰〕
地蔵講会　㊤533b〔口寄せ〕→地蔵盆
地蔵三経　㊤769b〔地蔵信仰〕
地蔵さんの火　㊤770c〔地蔵盆〕
地蔵寺(埼玉)　㊦605c〔水子供養〕
地蔵寺(徳島)　㊦519 表〔遍路〕
自走式脱穀機　㊦48a〔脱穀〕
地蔵十王図　㊤224a〔閻魔〕
『地蔵十輪経』　㊤769b〔地蔵信仰〕
• 地蔵浄土《じぞうじょうど》　㊤**769**a　770a〔地蔵信仰〕　㊦191b〔動物報恩譚〕　223a〔隣の爺〕　303b〔鼠浄土〕　835c〔笑い〕
• 地蔵信仰《じぞうしんこう》　㊤**769**b　29a〔愛宕信仰〕　277a〔小野篁〕　338a〔かごめかごめ〕

427a〔川倉地蔵〕 679a〔賽の河原〕 755b〔地獄〕 770b〔地蔵伝説〕 770c〔地蔵盆〕 ㊦26a〔田植え地蔵〕
• 地蔵つけ《じぞうつけ》 ㊤**770**a 338a〔かごめかごめ〕 768b〔地蔵遊び〕
地蔵っ子 ㊤635a〔子ども〕
• 地蔵伝説《じぞうでんせつ》 ㊤**770**b
地蔵堂 ㊤770a〔地蔵信仰〕
四艘張網 ㊤749c〔敷網〕
地蔵菩薩〔-尊〕 ㊤224a〔閻魔〕 768c〔地蔵講〕 770c〔地蔵盆〕 815c〔十三仏〕 ㊦26a〔田植え地蔵〕 538a〔ポサル〕 679b〔村境〕 819b〔六地蔵〕
『地蔵菩薩霊験記』 ㊤769b〔地蔵信仰〕 770b〔地蔵伝説〕 ㊦475a〔仏教説話〕
• 地蔵盆《じぞうぼん》 ㊤**770**c 277a〔小野篁〕 770a〔地蔵信仰〕 ㊦31a〔高燈籠〕 別刷〈盆〉
地蔵盆会 ㊤262c〔恐山〕 →地蔵講会
『地蔵本願経』 ㊤769b〔地蔵信仰〕
地蔵祭 ㊤29a〔愛宕信仰〕 770a〔地蔵信仰〕 770c〔地蔵盆〕
地蔵霊験譚 ㊤894c〔神仏霊験譚〕
地蔵霊場 ㊤769c〔地蔵信仰〕
地蔵和讃 ㊤770a〔地蔵信仰〕
士族 ㊤別刷〈沖縄文化〉
氏族《しぞく》 ⇨クラン(㊤546a)
氏族外婚制 ㊤302a〔外婚〕
始祖誕生神話 ㊦794c〔卵生神話〕
• 始祖伝説《しそでんせつ》 ㊤**771**a ㊦169c〔天人女房〕 353c〔羽衣伝説〕
シソノハ ㊦633 表〔民間薬〕
• 子孫《しそん》 ㊤**771**b 956c〔先祖〕 983a〔祖先〕 983b〔祖先崇拝〕
慈尊院(和歌山) ㊦288b〔女人高野〕
舌 ㊦458b〔笛〕
下洗 ㊤98b〔板前〕
シタール ㊤367b〔楽器〕
下帯 ㊤981b〔俗信〕
シタキ ㊤790a〔柴漬け漁〕
• 下着《したぎ》 ㊤**771**c ㊦363c〔肌着〕 691c〔モウㇽ〕
シタギヌ ㊦363c〔肌着〕
シタギボト ㊤771c〔下着〕
• 舌切雀《したきりすずめ》 ㊤**772**a 628a〔五大御伽噺〕 913c〔雀〕 ㊦191b〔動物報恩譚〕 223a〔隣の爺〕
『したきれ雀』 ㊤212c〔絵本〕 772a〔舌切雀〕
下草とり ㊦298a〔盗み〕
襪 ㊤534a〔沓〕 ㊦60a〔足袋〕 347 図〔履物〕
韉 ㊦348c〔馬具〕
シタシオ ㊤743a〔潮〕
下地框 ㊤390c〔框〕
下地窓 ㊦580b〔窓〕
• 仕出屋《しだしや》 ㊤**772**b ㊦156c〔出前〕
シタシャベリ ㊦357a〔はしかけ〕
シタダナ ㊤505a〔漁船〕
シダツゥジイ ㊤34c〔姉女房〕
シタヅクロイ ㊦251b〔仲人〕
仕立て下ろし ㊦401b〔晴着〕
下手子 ㊤945a〔石灰〕
仕立物師 ㊤772c〔仕立屋〕
• 仕立屋《したてや》 ㊤**772**c
仕立屋銀次 ㊤920c〔掏摸〕
下道場 ㊦182c〔道場〕
下仲人 ㊦252a〔仲人親〕
下塗り ㊤387b〔壁〕
下の口の歯 ㊦785c〔嫁の歯〕
シタノビ ㊤623a〔腰巻〕
シタノモノ ㊤623a〔腰巻〕
下場 ㊤446c〔かんな流し〕
志田元 ㊤380b〔金売り吉次〕
下紐 ㊦792b〔ラウンクッ〕
下百姓 ㊤314c〔家格〕
シタヘボ ㊤623a〔腰巻〕
• 下町《したまち》 ㊤**773**a ㊦748b〔山の手〕
下見板壁 ㊤387b〔壁〕
下向きランプ ㊦796a〔ランプ〕
舌もじり ㊤634b〔言葉遊び〕 ㊦390b〔早口言葉〕 →早口言葉
下酛廻り ㊦209b〔杜氏〕
志多羅神 ㊦207c〔常世神〕 393a〔流行神〕
師檀関係 ㊤257a〔御師〕
• 寺檀関係《じだんかんけい》 ㊤**773**a ㊦70a〔檀家総代〕 464c〔複檀家〕 631c〔民間信仰〕
寺檀制度 ㊤773b〔寺檀関係〕
シチアミ(節浴み) ㊤50c〔アラセツ〕
シチィ(節祭) ㊦336a〔爬竜〕
節 ㊤56c〔アンガマ〕
シチィアンガマ ㊤56c〔アンガマ〕
質入れ ㊦528b〔奉公人〕
シチウンミ(節折り目) ㊤50c〔アラセツ〕 187b〔ウヤンコー〕
自治会 ㊤498c〔郷友会〕 517c〔近隣〕 518a〔近隣組〕 519b〔区〕 539c〔組〕 ㊦223a〔隣組〕 490a〔部落会〕
七回忌 ㊤815c〔十三仏〕 ㊦307b〔年忌〕
自治会費 ㊤535b〔区費〕 ㊦676a〔村勘定〕
七観音参り ㊦416a〔彼岸〕
七騎塚 ㊤774c〔七人塚〕
質草 ㊤776c〔質屋〕
『糸竹初心集』 ㊤310a〔海道下り〕 ㊦800c〔流行歌〕
七軒丁 ㊦400a〔春田打〕
• 七軒百姓《しちけんびゃくしょう》 ㊤**773**b 525a〔草分け〕 →七人衆 →七人百姓
七コウザケ ㊤836b〔狩猟信仰〕
七庚申 ㊤595c〔庚申塔〕
• 七五三《しちごさん》 ㊤**773**c 941c〔赤飯〕 ㊦210a〔年祝い〕 258b〔七つの祝い〕 346a〔袴着〕
七サバ参り ㊤708b〔鯖神社〕
七・三分け ㊤399b〔髪型〕
七条道場 ㊦182c〔道場〕
七浅間参り〔-詣り〕 ㊤953a〔浅間信仰〕 ㊦468a〔富士塚〕
自治大臣 ㊦32c〔宝くじ〕
• 七島正月《しちとうしょうがつ》 ㊤**774**a 310c〔海難法師〕
七童塚 ㊤774c〔七人塚〕
七道物 ㊤857c〔唱門師〕
『七島問答』 ㊤870b〔白野夏雲〕
• 七度半の使《しちどはんのつかい》 ㊤**774**b
七難のそそ毛 ㊦691b〔毛髪〕
シチニンゴモリ ㊤648c〔籠り〕
七人小屋 ㊦742a〔山小屋〕
七人衆 ㊤315a〔家格〕 →七軒百姓
• 七人塚《しちにんづか》 ㊤**774**c ㊦122b〔塚〕 259a〔七不思議〕
七人塚伝説 ㊤775b〔七人ミサキ〕
七人童子 ㊤775b〔七人ミサキ〕
七人の幣主 ㊤836b〔狩猟信仰〕
七人百姓 ㊤525a〔草分け〕 →七軒百姓
• 七人ミサキ《しちにんみさき》 ㊤**775**a 783c〔死神〕
七人御先塚 ㊤774c〔七人塚〕 775b〔七人ミサキ〕
七半 ㊤335b〔賭け事〕
シチビー(節日) ㊤151b〔ウイミ〕
• 七福神《しちふくじん》 ㊤**775**b 208b〔えびす〕 823b〔祝福芸〕 ㊦423a〔毘沙門天〕 465c〔福禄寿〕 517a〔弁天信仰〕
• 七福神巡り〔-参り〕《しちふくじんめぐり》 ㊤**775**c ㊦377a〔初詣で〕
七分積金令 ㊦571c〔町会所〕
七本鮫 ㊤710c〔サメ〕
• 七本塔婆《しちほんとうば》 ㊤**776**b 192c〔ウレツキトウバ〕 967b〔葬具〕 ㊦97a〔中陰〕 345c〔墓参り〕
シチマ ㊤809b〔収穫祭〕 ㊦535c〔穂掛け〕
七味トウガラシ ㊤596b〔香辛料〕 →七色トウガラシ
七苗 ㊤773b〔七軒百姓〕 →七軒百姓
質物奉公 ㊦528b〔奉公人〕
質物奉公人 ㊦528a〔奉公人〕
• 七夜《しちや》 ㊤**776**c 48c〔あやつこ〕 717a〔産育儀礼〕 ㊦118b〔通過儀礼〕 258b〔ナナトコマイリ〕 684c〔命名〕
• 質屋《しちや》 ㊤**776**c
七夜待 ㊦126a〔月待〕
四柱推命 ㊤189b〔占い師〕
紙帳 ㊤400b〔紙子〕 415a〔蚊帳〕 ㊦75b〔暖房〕
• 市町村史民俗編《しちょうそんしみんぞくへん》 ㊤**777**a
市町村制 ㊤499c〔共有地〕
• 七竈〔七厘，七輪〕《しちりん》 ㊤**777**c 323c

〔家具〕
七霊塚 ㊤774c〔七人塚〕
・地鎮祭《じちんさい》 ㊤**777c** 581a〔建築儀礼〕 736c〔散米〕 765a〔地神もうし〕 793a〔地祭〕 ㊦132b〔土〕
シツ(節) ㊤51a〔アラセツ〕 151b〔ウイミ〕 624c〔小正月の訪問者〕
シツィ(節祭) ㊦757a〔ユークイ〕
実印 ㊤145b〔印鑑〕
失火 ㊤342c〔火事〕
・実家《じっか》 ㊤**778a** 704b〔里帰り〕
・十界修行《じっかいしゅぎょう》 ㊤**778c** 223a〔延年〕 615b〔穀断ち〕 824b〔修験道〕 ㊦287b〔入峰修行〕 616a〔峰入り〕
十ヵ寺参り ㊦520a〔遍路〕
十干十二支 ㊤205c〔干支〕
・漆器《しっき》 ㊤**779a** 191c〔ウルシ〕 320a〔柿渋〕 612c〔御器〕 868a〔食器〕 ㊦297a〔塗師〕 550a〔盆(一)〕 842b〔椀〕
・地搗き《じつき》 ㊤**779b** 581a〔建築儀礼〕 964a〔千本杵〕
・地搗き唄《じつきうた》 ㊤**779c** 756a〔仕事唄〕 779c〔地搗き〕 ㊦391a〔囃し(二)〕
実業補習学校規程 ㊦713a〔夜学〕
『十訓抄』 ㊦475a〔仏教説話〕
漆喰壁 ㊤387b〔壁〕
漆喰仕上げ ㊦219c〔土蔵〕
漆喰塗り天井 ㊦164c〔天井〕
シツケ ㊤780a〔躾〕 ㊦23c〔田植え〕
・躾《しつけ》 ㊤**780a** ㊦302b〔寝小便〕 730c〔宿親・宿子〕
仕付け糸 ㊤109c〔糸〕
日月神社(静岡) ㊤701b〔雑穀〕
『日月の上に』 ㊦31c〔高群逸枝〕
・シツケ奉公〔-約束奉公〕 ㊤**780b** 528c〔奉公人〕 780a〔躾〕
シツケ約束 ㊤780a〔躾〕
シツケ養子 ㊤780b〔シツケ奉公〕 →シツケ奉公
シッケンケン ㊦760a〔雪女〕
シツゴ ㊤621a〔腰当〕
実行教 ㊤498a〔教派神道〕 ㊦467a〔富士講〕
・実行組合《じっこうくみあい》 ㊤**780c**
十穀断ち ㊤981c〔即身仏〕
十穀聖 ㊤615b〔穀断ち〕
実子 ㊦771a〔養子〕
湿潤アジア ㊦709a〔モンスーン〕
実生苗生産 ㊦805c〔林業〕
実践倫理 ㊤199b〔エートス〕
実相寺(青森) ㊤900c〔スイコ〕
実相寺(岩手) ㊤917a〔墨塗り〕
実測図 ㊤781a〔実測調査〕
・実測調査《じっそくちょうさ》 ㊤**781a**
・シッタナ ㊤**781a**
シッタレ ㊦574c〔末子〕
実忠 ㊤282b〔お水取り〕
実定法 ㊤440c〔慣習法〕
・湿田《しつでん》 ㊤**781b** 445b〔乾田〕 ㊦1b〔田〕 61b〔田舟〕 399b〔春田〕 730c〔ヤト〕
節の遊び ㊦490b〔ぶらんこ〕
シッパ ㊤790a〔柴漬け漁〕
・シッペイ〔シッペ，竹箆〕 ㊤**781c** ㊦812c〔レプンクル〕
しっぷく台 ㊦94c〔ちゃぶ台〕
十返舎一九 ㊤15a〔秋山記行〕
十法界 ㊤778c〔十界修行〕
しっぽく ㊤173a〔うどん〕
卓袱料理 ㊦94c〔ちゃぶ台〕
実母散 ㊦88b〔血の道〕
・尻尾の釣り《しっぽのつり》 ㊤**781c** ㊦191c〔動物昔話〕
シツマ ㊤809b〔収穫祭〕 ㊦535c〔穂掛け〕
実名 ㊦243c〔名替え〕
質問紙 ㊤57b〔アンケート調査〕 →調査票
シデ ㊤741a〔シイタケ〕
紙垂〔垂，四手〕 ㊤794c〔注連縄〕 ㊦439a〔神籬〕
シテ方 ㊦317b〔能〕
シデノタオサ〔死出の田長〕 ㊦191c〔動物昔話〕 546b〔ホトトギス〕
シテルンベルグ Shternberg, Lev Jakovlevich ㊦822a〔ロシア民俗学〕
・自転車《じてんしゃ》 ㊤**782a** 548b〔車〕 ㊦798b〔リヤカー〕
四天王 ㊦423a〔毘沙門天〕
四天王寺(大阪) ㊤257b〔押合い祭〕 312b〔貝寄せ〕 ㊦229b〔どやどや〕 363a〔裸祭〕 474b〔仏教芸能〕 791a〔来世観〕
四天王寺聖霊会 ㊤別刷〈仮面〉
地天のセジ ㊤944b〔セジ〕
・シト(アイヌ) ㊤**782b**
シト ㊤950a〔背中当〕
祠堂 ㊤782c〔祠堂銭〕
・地頭《じとう》 ㊤**782b**
祠堂永代経 ㊤198a〔永代経〕 →永代経
祠堂廻向 ㊤198a〔永代経〕 →永代経
シトゥカタ ㊤151c〔ウェーカー〕
シドゥ神 ㊦279c〔根人〕
祠堂経 ㊤198b〔永代経〕
自動車 ㊤548a〔車〕
自動織機 ㊦361c〔機織〕
・祠堂銭〔-金，-銀〕《しどうせん》 ㊤**782c** ㊦477b〔仏供〕
自動脱穀機 ㊦48a〔脱穀〕
地頭・名子制 ㊤314c〔家格〕
児童文学 ㊤682b〔再話〕
シトキ ㊦62b〔タマサイ〕
・粢《しとぎ》 ㊤**783a** 542a〔供物〕 646a〔米〕 ㊦65c〔タラ〕 70b〔団子〕 412b〔ヒエ〕 503c〔粉食〕
シトキウシタマサイ ㊦62b〔タマサイ〕
シトギダンゴ ㊦70b〔団子〕
シドケ ㊤724a〔山菜〕
志度寺(香川) ㊦519図〔遍路〕
シトシト ㊤360b〔片足跳び〕
刺突漁 ㊤625a〔湖沼漁業〕 ㊦569c〔マス〕
地頭代 ㊤231b〔オエカ地〕 480b〔旧慣温存政策〕 ㊦564b〔間切〕
茵 ㊤709b〔座蒲団〕 ㊦44a〔畳〕
・蔀〔-戸〕《しとみ》 ㊤**783a** 221c〔縁台〕 589c〔格子〕 783a〔蔀〕 ㊦174b〔戸〕
シトメ ㊤783b〔蔀〕
地取り ㊤32a〔穴掘り〕
ジドリ ㊤746b〔四花〕
倭文神社(群馬) ㊦770c〔養蚕〕
倭文神社(奈良) ㊤別刷〈供物〉
シナ〔科〕 ㊤137b〔衣料〕 783b〔科布〕 ㊦298c〔布〕
鎺 ㊦152b〔鉄〕
シナイ ㊦6b〔太鼓踊り〕
竹刀 ㊦37a〔竹細工〕
シナイシナイ ㊤420a〔烏勧請〕
寺内町 ㊤20c〔アジール〕 ㊦208c〔都市〕 709c〔門前町〕
品川神社(東京) ㊦468図〔富士塚〕
品川富士 ㊦467c〔富士塚〕
「支那征伐軍歌」 ㊤555c〔軍歌〕
品玉〔-取り〕 ㊦150c〔手品〕 157b〔手毬〕 523c〔放下〕
・科布《しなぬの》 ㊤**783b**
シナノ ㊤52b〔あるき巫女〕
信濃街道 ㊤390b〔鎌倉街道〕
シナノキ ㊤30c〔アトゥシ〕 783b〔科布〕 928a〔製材〕
シナノキ蜜 ㊦369a〔蜂蜜〕
信濃国分寺八日堂(長野) ㊤987a〔蘇民将来〕
信濃史学会 ㊤107a〔一志茂樹〕
信濃巫女 ㊤52b〔あるき巫女〕
『信濃民俗記』 ㊦658c〔向山雅重〕
シナ袋 ㊤783b〔科布〕
・シナメシ〔支那飯〕 ㊤**783b**
シナモン ㊤596b〔香辛料〕
指南 ㊦521b〔方位〕
・死神《しにがみ》 ㊤**783c**
シニグ ㊤785b〔シヌグ〕 →シヌグ
・死口《しにくち》 ㊤**784a** 71b〔生口〕 533a〔口寄せ〕 ㊦545b〔仏おろし〕 →仏おろし
・死装束《しにしょうぞく》 ㊤**784a** 140b〔イロ着〕 914a〔頭陀袋〕 967b〔葬具〕 972b〔葬送儀礼(一)〕 ㊦401a〔晴着〕 426a〔左前〕
シニヅカイ ㊦129a〔告げ人〕
死火 ㊤741c〔死穢〕

シニベントウ　㊤872b〔死霊〕
シニマブイ　㊦584b〔マブイ〕
死に水〔死水〕　㊦574b〔末期の水〕　806c〔臨終〕　→末期の水
地楡に雀　㊤412図〔家紋〕
• 神人《じにん》　㊤**784c**　36b〔油〕　312a〔海民〕　346b〔鹿島事触〕　863a〔職人〕　886a〔神職〕　922a〔諏訪の文〕　㊦535b〔ほかいびと〕
神人漁民　㊤785a〔神人〕
• シヌイェ〔シヌエ〕　㊤**785a**　139a〔文身〕
• シヌグ〔シヌグイ〕　㊤**785b**　161c〔ウシデーク〕　248a〔沖縄文化〕　304b〔海神〕　㊦336a〔爬竜〕　757a〔ユークイ〕　759b〔世果報〕
シヌグ折目　㊤785b〔シヌグ〕
ジヌゲ　㊦254c〔雪崩〕
地主　㊤424b〔刈分小作〕　620a〔小作料〕　786a〔地主・小作〕
• 地主神《じぬしがみ》　㊤**785c**　㊦114c〔鎮守〕　722c〔屋敷神〕　737b〔藪神〕
• 地主・小作《じぬしこさく》　㊤**786a**
地主様　㊤748c〔地神〕
地主さん　㊤70b〔行き会い神〕
地主本家　㊤240b〔オーヤ〕
シヌラッパ　㊤892c〔シンヌラッパ〕　→シンヌラッパ
シネリキュ〔シネリキョ〕　㊤43a〔アマミキョ〕
自然薯　㊤132c〔イモ〕
地能　㊦274a〔西浦田楽〕
刺納袈裟　㊤698a〔刺子〕
• 地の神《じのかみ》　㊤**786b**　748c〔地神〕　765a〔地神もうし〕　957c〔先祖〕　㊦219b〔土葬〕　745c〔ヤマドッサン〕
死の前兆　㊤420c〔烏鳴き〕
• 信太妻〔信田-〕《しのだづま》　㊤**786c**　470a〔狐女房〕
『信田妻』　㊤946a〔説経節〕
篠作り　㊤456c〔菊〕
清宮　㊦515c〔便所〕
忍び笠　㊤338b〔笠〕
誄　㊦692b〔殯〕
忍手　㊤348c〔柏手〕
忍び手打ち猟　㊤837表〔狩猟法〕
忍び猟　㊤536c〔熊狩り〕　576b〔獣道〕　837a〔狩猟法〕
篠笛　㊤367c〔楽器〕　㊦458b〔笛〕
忍田　㊤325c〔隠し田〕
シノボ　㊤410a〔カモシカ猟〕
私牧　㊦562a〔牧〕
篠巻　㊤109c〔糸〕
篠箕　㊦595c〔箕〕
ジノミ　㊦745c〔ヤマドッサン〕
地乗り　㊦615c〔港〕
• 芝《しば》　㊤**787a**
• 柴《しば》　㊤**787b**　673a〔祭具〕　788b〔柴折り〕　788c〔柴挿し(一)〕　790a〔柴祭〕
芝上げ　㊤787b〔芝〕
紙牌　㊦102c〔秋夕〕
• 芝居《しばい》　㊤**787c**　654b〔娯楽〕　760b〔地芝居〕　㊦453b〔諷刺〕
• 芝居小屋《しばいごや》　㊤**788a**　㊦323a〔農村舞台〕
芝居茶屋　㊦95a〔茶店〕　95b〔茶屋〕
支配的集団　㊦559b〔マイノリティ〕
支配人　㊦407b〔番頭〕　→番頭
芝居町　㊤15b〔悪所〕
芝居矢倉　㊦719a〔櫓〕
• 柴打《しばうち》　㊤**788b**　㊦749b〔山伏〕
ジバオ　㊦341b〔羽織〕
シバオコシ〔柴起こし〕　㊤525a〔草分け〕　787b〔柴〕　→草分け
柴鬼　㊦710c〔問答〕
• 柴折り〔-神〕《しばおり》　㊤**788b**　787c〔柴〕　→柴神
柴垣　㊤318a〔垣〕　㊦439b〔神籬〕
柴神〔-様〕　㊤787c〔柴〕　788b〔柴折り〕　790図〔柴祭〕　㊦679b〔村境〕
柴刈り　㊤787b〔柴〕
柴刈り正月　㊤913b〔煤払い〕
シバキ　㊤787b〔柴〕
シバキリ〔柴切〕　㊤525a〔草分け〕　787b〔柴〕　→草分け
芝切講　268b〔太郎の朔日〕
柴切七軒　㊤773b〔七軒百姓〕　→七軒百姓
• 司馬江漢《しばこうかん》　㊤**788c**
『司馬江漢全集』　㊤788c〔司馬江漢〕
柴荒神　㊦710c〔問答〕
「柴荒神」　㊤876b〔銀鏡神楽〕
シバサシ　㊤809b〔収穫祭〕
• 柴挿し(祭礼)《しばさし》　㊤**788c**　131a〔忌挿し〕　684c〔榊〕　787c〔柴〕
• 柴挿し(年中行事)《しばさし》　㊤**789b**　51a〔アラセツ〕　149c〔インニンビ〕　187b〔ウヤンコー〕　790b〔柴祭〕
柴さし祭　㊤789a〔柴挿し(一)〕
芝神明宮(東京)　㊦215c〔年の市〕
柴節供　㊤946b〔節供〕
シバ橇〔柴-〕　㊤537図〔熊狩り〕　㊦762b〔雪橇〕
地機　㊤290a〔織物〕　㊦361c〔機織〕　→いざり機
柴立　㊤789b〔柴挿し(一)〕　790b〔柴祭〕
柴立迫　㊤789b〔柴挿し(一)〕
持鉢　㊦35b〔托鉢〕
紫葉漬　㊦129c〔漬物〕
• 柴漬け漁〔-浸漁〕《しばづけりょう》　㊤**789c**　422c〔刈敷〕
シバツツミ　㊤156b〔兎〕
シバニギリ　㊤788b〔柴打〕
柴抜き祭　㊤789a〔柴挿し(一)〕
シバノウ　㊤787b〔柴〕
柴の口明け　㊤790a〔柴祭〕
シバハグリ　㊦71a〔炭鉱〕
シバハラ　㊤787b〔芝〕
芝原式　㊤899b〔ずいき祭〕　㊦621図〔宮座〕
シバビ　㊤28b〔遊び〕
芝生　㊤788a〔芝居小屋〕
柴防ぎ　㊤789a〔柴挿し(一)〕
柴船　㊦485c〔船祭〕
柴又帝釈天(東京)　㊤222b〔縁日〕　→題経寺　→帝釈天
シバマッカ　㊤667c〔昆布漁〕
• 柴祭《しばまつり》　㊤**790a**　124c〔猪〕　789a〔柴挿し(一)〕
芝棟　㊦670c〔棟〕　別刷〈民家〉
地祓い　㊤778a〔地鎮祭〕
しばり地蔵(宮城)　㊦445b〔日和待ち〕
しばり地蔵(東京)　㊤961c〔千日参り〕
シバリ豆腐　㊦190b〔豆腐〕
凍れイモ　㊤481a〔救荒食物〕
ジバン　㊤756c〔仕事着〕　㊦748c〔山袴〕
四半軒前　㊤105c〔一軒前〕
しはんちょうの杖　㊦236a〔採物〕
四半役　㊤105c〔一軒前〕
シビ　㊦267c〔南条踊り〕
鴟尾　㊦670c〔棟〕
ジビキ　㊦225a〔ドビキ〕
地曳　㊤778a〔地鎮祭〕
• 地曳網《じびきあみ》　㊤**790b**　494c〔共同労働〕　693b〔鮭〕　732c〔さんぱ〕　㊦416b〔引き網〕　465b〔フクラ〕　515c〔べんざし〕　673c〔村網〕
シビト田　㊦739a〔病い田〕
耳標　㊦618b〔耳印〕
しびれの薬　㊤570a〔客比べ〕
紙布　㊤401c〔紙漉き〕
ジファー　㊦299b〔祝女〕
渋団扇　㊤170b〔団扇〕　320a〔柿渋〕
シブオトシ　㊤791c〔シブヌキ〕
渋柿　㊤318c〔柿〕　㊦538c〔干柿〕
渋紙　㊤320a〔柿渋〕
渋川春海　㊤652b〔暦〕
地袋　㊦79c〔違棚〕
• 渋沢敬三《しぶさわけいぞう》　㊤**791a**　30b〔アチック＝ミューゼアム〕　49c〔アユ〕　197c〔映像民俗学〕　243b〔岡正雄〕　503a〔漁具〕　691c〔桜田勝徳〕　693b〔鮭〕　856c〔常民〕　923c〔製塩〕　955b〔潜在民俗〕　㊦280b〔日本常民文化研究所〕　390a〔早川孝太郎〕　623b〔宮本勢助〕　623c〔宮本常一〕　635b〔民具〕　636c〔民具学〕　638a〔民具マンスリー〕　645a〔民俗学史〕　別刷〈民俗学史〉
『渋沢敬三著作集』　㊤791a〔渋沢敬三〕
シブタ　㊦321b〔野兎猟〕
• 持仏堂《じぶつどう》　㊤**791b**　㊦478c〔仏間〕
ジフテリア　㊦167c〔伝染病〕

• シブヌキ　㊤ **791**b
自文化中心主義　㊤ 794b〔自民族中心主義〕
紙幣　㊦ 613b〔ミツマタ〕
私幣の禁　㊤ 92c〔伊勢信仰〕
シベタテ　㊤ 476b〔肝だめし〕
シベブトン　㊤ 879c〔寝具〕
『シベリア史』　㊦ 822a〔ロシア民俗学〕
支保　㊤ 509c〔切羽〕
四方　㊤ 735c〔三方〕
四方蓋　㊦ 629c〔民家〕
四方棺　㊤ 433a〔棺〕
四方外屋造　㊤ 386a〔かぶと造〕
四方輿　㊤ 620c〔輿〕
シホウダニ　㊤ 534c〔クド造〕
寺法離縁　㊤ 219c〔縁切寺〕
慈母観音像　㊦ 589a〔マリア観音〕
地干し　㊤ 121c〔稲掛け〕
ジホメ　㊤ 793b〔地祭〕
搾粕　㊦ 275c〔ニシン〕
絞染　㊤ 956b〔染色〕
しぼり丸太　㊦ 360a〔柱〕
資本主義化　㊤ 514c〔近代化〕
『資本論』　㊤ 493a〔共同体〕
• シマ　㊤ **791**c　782c〔地頭〕　991b〔村内婚〕
シマ(ナワバリ)　㊦ 266c〔ナワバリ〕
シマ(相撲)　㊤ 246b〔沖縄角力〕 別刷〈沖縄文化〉
• 島《しま》　㊤ **792**a
『島』　㊦ 415a〔比嘉春潮〕
• 『嶋』《しま》　㊤ **792**b　792a〔島〕　㊦ 741b〔山口貞夫〕
• 縞《しま》　㊤ **792**b　956b〔染色〕
姉妹逆縁婚　㊤ 477c〔逆縁婚〕
終庚申　㊤ 595a〔庚申信仰〕
終い弘法　㊤別刷〈市〉　㊦ 597b〔御影供〕
シマイ正月　㊦ 371b〔二十日正月〕
終い相場　㊤ 756b〔仕事納め〕
仕舞煙草　㊦ 726c〔休み〕
仕舞ドキ　㊦ 200c〔トキ(一)〕
島歌　㊦ 269b〔南島歌謡〕
シマウリ　㊤ 135b〔イヨ船〕
シマが立つ　㊤ 95c〔磯の口明け〕 →磯の口明け
シマキ　㊦ 561b〔マキ〕 →マキ
島木赤彦　㊤ 289b〔折口信夫〕
シマクサラシ　㊦ 312a〔年中行事(二)〕
• 『志摩軍記』《しまぐんき》　㊤ **792**c
島崎春樹　㊤ 450b〔官民有区分〕
「島々の物語」　㊤ 655a〔孤立国〕
島尻天川　㊤ 365c〔カチャーシー〕
島尻マージ　㊦ 558a〔マージ〕
島台　㊤ 795b〔標山〕　㊦ 379a〔花笠踊り〕
地マタギ　㊦ 570c〔マタギ〕
島建て伝説　㊤ 121b〔大聟入り〕
島田の帯祭　㊦ 729c〔奴踊り〕
• 島田髷《しまだまげ》　㊤ **792**c　399b〔髪型〕
シマダマブシ　㊦ 584c〔蔟〕
• シマチャビ〔孤島苦，離島苦〕　㊤ **793**a
縞帳　㊤ 792c〔縞〕
島津久基　㊤ 628a〔五大御伽噺〕　㊦ 167c〔伝説〕
• 地祭《じまつり》　㊤ **793**a　778a〔地鎮祭〕　㊦ 766b〔弓神楽〕
シマナ(島名)　㊦ 774b〔幼名〕
• 縞苗《しまなえ》　㊤ **793**b
『シマの話』　㊤ 689c〔佐喜真興英〕　㊦ 823a〔炉辺叢書〕
島畑　㊦ 830c〔輪中〕
島原遊廓　㊦ 755c〔遊廓〕
シマフクロウ　㊤ 630a〔コタンコㇿカムイ〕
• 島袋源一郎《しまぶくろげんいちろう》　㊤ **793**c
• 島袋源七《しまぶくろげんしち》　㊤ **793**c　㊦ 823a〔炉辺叢書〕
四万部寺(埼玉)　㊦ 86 表〔秩父巡礼〕
シマムシ　㊦ 133b〔ツツガムシ〕
島虫神　㊦ 133b〔ツツガムシ〕
島巡り祭　㊦ 485c〔船祭〕 →お島廻り
島物　㊤ 792b〔縞〕
島宿　㊤ 700c〔五月船〕
島山神社(福井)　㊤ 267a〔御鳥喰神事〕
四万八声　㊤ 234b〔大田植〕
シマンペーフ　㊦ 279c〔根人〕
• 四万六千日《しまんろくせんにち》　㊤ **793**c　961c〔千日参り〕　㊦ 534c〔ホオズキ〕
凍みイモ　㊤ 481a〔救荒食物〕
凍み蒟蒻　㊤ 666a〔蒟蒻〕
清水次郎長　㊦ 716c〔ヤクザ〕
清水誠　㊦ 575b〔燐寸〕
凍み豆腐　㊦ 190b〔豆腐〕　542a〔保存食〕 →凍豆腐
凍み餅　㊤ 148c〔インスタント食品〕　610b〔氷餅〕　㊦ 542a〔保存食〕 →氷餅
ジミョウ　⇨ジルイ(㊤ 872c)
• 市民《しみん》　㊤ **794**a
市民運動会　㊤ 195a〔運動会〕
• 自民族中心主義《じみんぞくちゅうしんしゅぎ》　㊤ **794**b
四民平等　㊦ 508b〔平民〕
シムチ(書物)　㊤ 727b〔三世相〕
シメ　㊤ 64c〔家印〕　792a〔島〕　965a〔占有標〕
標　㊤ 571a〔結界〕　㊦ 121c〔杖立伝説〕
シメアゲ　㊦ 623a〔宮参り〕
注連飾り　㊤ 272b〔鬼木〕　305c〔海藻〕　795a〔注連縄〕　㊦ 834c〔藁〕
締粕　㊦ 447a〔肥料〕
締め酒　㊦ 146b〔手打ち酒〕
シメザケウチアゲ　㊤ 168c〔ウチアゲ〕
締め太鼓　㊤ 452b〔祇園囃子〕　㊦ 5c〔太鼓〕　391a〔囃し(二)〕
シメツリ　㊦別刷〈村境〉
• 注連縄〔標-，七五三，七五三-〕《しめなわ》　㊤ **794**c　571a〔結界〕　673a〔祭具〕　844b〔正月〕　845a〔正月飾り〕　㊦ 7b〔大黒柱〕　374c〔ハッチョウジメ〕　425c〔左〕　426b〔左前〕　439a〔神籬〕　622b〔宮田〕　834c〔藁〕
注連縄きり　㊤ 452c〔祇園祭〕
注連の内　㊦ 575c〔松の内〕 →松の内
シメモチ　㊦ 266b〔苗代〕
• 標山《しめやま》　㊤ **795**a　245b〔招代〕　㊦ 41c〔山車〕　788b〔依代〕
シモ　㊤ 315c〔案山子〕
下行き　㊦ 65b〔太夫村〕
シモカゼ　㊤ 351c〔風邪〕
下鴨神社(京都)　㊤ 8c〔葵祭〕
下川　㊤ 150b〔飲用水〕
『下北―自然・文化・社会―』　㊤ 480a〔九学会連合調査〕
• 下肥《しもごえ》　㊤ **795**c　608a〔肥取り〕　㊦ 447a〔肥料〕　515c〔便所〕　622b〔宮田〕
下肥仲間　㊤ 608a〔肥取り〕
下骨　㊤ 631a〔骨掛け〕
シモザ〔下座〕　㊤ 461a〔木尻〕　699a〔座順〕
シモサナライ　㊦ 264a〔ナライ〕
霜神社(熊本)　㊦ 510a〔別火〕
「下田節」　㊦ 340b〔ハイヤ節〕
• 仕舞屋《しもたや》　㊤ **795**c
仕舞屋格子　㊤ 590a〔格子〕
• シモツカレ　㊤ **796**a　㊦ 13c〔大豆〕 →スミツカリ
• 霜月神楽《しもつきかぐら》　㊤ **796**b　92a〔伊勢神楽〕　257b〔押合い祭〕　328a〔神楽〕　705b〔里神楽〕　728b〔参候祭〕　797a〔霜月祭〕　㊦ 171b〔天白〕　775a〔夜神楽〕
霜月三夜　㊦ 275a〔二十三夜待〕
霜月神事　㊤ 841b〔順の舞〕
霜月大師　㊦ 310c〔年中行事(一)〕
• 霜月祭《しもつきまつり》　㊤ **796**c　14c〔秋祭〕　92a〔伊勢神楽〕　170a〔ウッガン〕　279c〔お火焚き〕　328b〔神楽〕　446b〔神無月〕　796b〔霜月神楽〕　㊦ 277b〔ニソの杜〕　310c〔年中行事(一)〕　489a〔冬祭〕
下妻手踊り　㊦ 593c〔万作踊り〕
下乗り　㊤ 69b〔筏師〕
シモミセ　㊦ 607c〔店〕
しもやけ　⇨民間療法(㊦ 634a)
シモヤノカミ　㊦ 516a〔便所〕
下山明神　㊦ 13c〔大山信仰〕
地もらい〔-貰い〕　㊤ 778a〔地鎮祭〕　㊦ 740a〔山入り(二)〕　747a〔山の神〕
シモリギ　㊤ 640a〔木挽〕
地文航法　㊤ 586b〔航海術〕
地門徒　㊦ 710a〔門徒〕
紗　㊤ 290a〔織物〕　656c〔衣更〕

蛇　㊦48*a*〔竜頭〕 324*c*〔野神〕
• シャア　㊤**797*b***
ジャーガル　㊦558*a*〔マージ〕
ジャージー種　㊤157*a*〔牛〕
• シャーマニズム shamanism　㊤**797*c*** 831*b*〔呪的逃走〕 ㊦232*a*〔トランス〕 368*a*〔八幡信仰〕 630*c*〔民間信仰〕 764*a*〔ユタ〕
シャーマン　㊤118*c*〔イニシエーション〕 201*c*〔エクスタシー〕 398*b*〔神がかり〕 797*c*〔シャーマニズム〕 973*b*〔創造神〕 ㊦35*a*〔託宣〕 442*a*〔憑依〕 600*a*〔巫女〕 763*c*〔ユタ〕 803*c*〔両性具有〕
シャエン　㊦724*a*〔屋敷畑〕
社縁　㊦78*c*〔地縁〕
シャエンモノ　㊦720*c*〔野菜〕 724*a*〔屋敷畑〕
• 竜踊り《じゃおどり》　㊤**799*b*** 840*c*〔春節〕
ジャカード機　㊦362*a*〔機織〕
社会階層　㊤305*c*〔階層〕 →階層
• 社会学《しゃかいがく》　㊤**799*c***
『社会学的方法の基準』　㊦158*b*〔デュルケム〕
『社会学と人類学』　㊦692*a*〔モース, *M*〕
『社会学年報』　㊦158*b*〔デュルケム〕
社会圏　㊤913*a*〔鈴木栄太郎〕
• 社会構造《しゃかいこうぞう》　㊤**800*a*** ㊦793*c*〔ラドクリフ=ブラウン〕
『社会構造』　㊦558*c*〔マードック〕
• 社会史《しゃかいし》　㊤**800*c*** ㊦497*c*〔ブロック〕
『社会史研究』　㊤464*a*〔喜田貞吉〕 ㊦644*c*〔民俗学史〕 654*a*〔民族と歴史〕
社会人類学　㊦501*a*〔文化人類学〕
社会成層　㊤305*c*〔階層〕 →階層
社会地区　㊤768*a*〔自然村〕
社会的過疎　㊤356*c*〔過疎化〕
• 『社会と伝承』《しゃかいとでんしょう》　㊤**801*b*** ㊦395*b*〔原田敏明〕
社会と伝承の会　㊤801*b*〔社会と伝承〕
『社会分業論』　㊤493*a*〔共同体〕 ㊦158*b*〔デュルケム〕
• ジャガイモ　㊤**801*b*** 132*c*〔イモ〕 481*a*〔救荒食物〕 691*a*〔作物禁忌〕
釈迦ヶ岳(奈良)　㊤238*c*〔大峯信仰〕
• 社格《しゃかく》　㊤**801*c*** 883*c*〔神社〕 ㊦626*c*〔名神〕 627*a*〔明神〕
シャカシャカ　㊦325図〔野神〕
ジャガタライモ　㊤801*b*〔ジャガイモ〕
釈迦如来　㊤815*c*〔十三仏〕
斜幹　㊦554*c*〔盆栽〕
邪鬼　㊤271*b*〔鬼〕
邪義　㊤147*c*〔淫祠邪教〕
邪気払い　㊤336*a*〔懸けの魚〕
• 勺《しゃく》　㊤**802*a***
• 癪〔癪気〕《しゃく》　㊤**802*a*** 952*a*〔疝気〕 ㊦535*a*〔ホオズキ〕
• 杓子《しゃくし》　㊤**802*b*** 219*a*〔縁起物〕 547*c*〔刳り物〕 ㊦586*c*〔豆植棒〕
• 石神《しゃくじ》　㊤**802*c***
杓子型塔婆　㊤985*a*〔卒塔婆〕
杓子作り　㊦743*b*〔山仕事〕
杓子の神　㊤194*a*〔運定め〕
シャクシャイン　㊤4*c*〔アイヌ〕 ㊦807*a*〔ルイ〕
• 錫杖《しゃくじょう》　㊤**803*a*** ㊦121*a*〔杖〕 749*b*〔山伏〕
錫杖踊り　㊦523*a*〔棒踊り〕
若松寺(山形)　㊦683*b*〔冥婚〕
シャクシワタシ〔杓子渡し〕　㊤802*c*〔杓子〕 ㊦514*b*〔へら渡し〕
笏谷石　㊤431*b*〔瓦葺き〕
シャクチ　㊤802*c*〔石神〕
釈迢空　㊤289*b*〔折口信夫〕 →折口信夫
• 石塔会〔積塔-〕《しゃくとうえ》　㊤**803*a***
尺時計　㊦204*c*〔時計〕
• シャクナゲ〔石南花〕　㊤**803*b***
釈場　㊤598*c*〔講談〕
• 尺八《しゃくはち》　㊤**803*c*** 367*c*〔楽器〕 613*c*〔胡弓〕 645*b*〔虚無僧〕 654*a*〔娯楽〕 ㊦37*a*〔竹細工〕 391*a*〔囃し㈡〕 458*b*〔笛〕
シャグマ　㊤437*a*〔かんこ踊り〕
借家　㊤188*a*〔裏店〕
借用語　㊤312*b*〔外来語〕
社訓　㊤332*a*〔家訓〕
社家　㊤329*b*〔神楽太夫〕 886*a*〔神職〕
社家集落　㊦709*c*〔門前町〕
社家神道　㊤891*b*〔神道〕
ジャコ　㊦438*c*〔干物〕
社交　㊦123*c*〔つきあい〕
社号　㊦725*b*〔社〕
じゃこうごめ　㊤314*a*〔香り米〕
シャシ　㊦421*a*〔庇〕
社司　㊤520*c*〔宮司〕 886*a*〔神職〕
社寺参詣曼荼羅　㊤218*b*〔縁起〕
射日神話　㊦21*c*〔太陽神話〕 22*b*〔太陽崇拝〕
車借　㊤806*c*〔車力〕
謝酒歌　㊤687*a*〔酒盛〕
邪宗門　㊤147*c*〔淫祠邪教〕
邪術　㊤829*b*〔呪詛〕 ㊦334*a*〔呪い〕 772*b*〔妖術〕
社掌　㊤520*c*〔宮司〕
• 写真《しゃしん》　㊤**804*a*** 625*b*〔御真影〕 804*b*〔写真花嫁〕 ㊦334*a*〔呪い〕
社人　㊤329*b*〔神楽太夫〕 886*a*〔神職〕
写真婚〔-結婚〕　㊤669*a*〔婚礼㈡〕 804*b*〔写真花嫁〕
写真箱　㊤335*c*〔蔭膳〕
• 写真花嫁《しゃしんはなよめ》　㊤**804*b***
社是　㊤332*a*〔家訓〕
• 『沙石集』《しゃせきしゅう》　㊤**804*c***
車前子　㊦633表〔民間薬〕 →オオバコ
社倉　㊤463*a*〔義倉〕
社僧　㊦622*c*〔宮寺〕
蛇谷　㊤596*c*〔洪水〕
シャチ　㊤245*b*〔沖言葉〕 ㊦812*b*〔レプンカムイ〕
車地　㊦821*c*〔轆轤〕
鯱　㊦670*c*〔棟〕
• シャチダマ　㊤**805*a*** 835*c*〔狩猟〕 ㊦154*b*〔鉄砲〕
シャチマツリ　㊤805*a*〔シャチダマ〕
癪気持ち　㊤802*b*〔癪〕
釈経縁起　㊤218*b*〔縁起〕
借金とりの香典　㊦419*c*〔彦市〕
赤口　㊦3*a*〔大安〕 →しゃっこう
シャックリ(衣服)　㊤700*c*〔サックリ〕
• シャックリ　㊤**805*a*** ㊦633*b*〔民間薬〕
赤口　㊦229*a*〔友引〕 821*b*〔六曜〕 →しゃっく
シャテイドン　㊤33*a*〔アニ〕
射的　㊤624*b*〔小正月〕
シャドーワーク　㊤343*a*〔家事〕
シャナモチ　㊤162*c*〔丑の日祭〕
• 社日《しゃにち》　㊤**805*a*** 171*c*〔卯月八日〕 701*c*〔雑節〕
社日さま　㊦211*c*〔年神〕
社日シオイ　㊤805*b*〔社日〕
社日参り〔-詣〕　㊤805*b*〔社日〕 ㊦22*b*〔太陽崇拝〕
蛇抜け　㊤596*c*〔洪水〕
蛇の目傘　㊤40*b*〔雨具〕 339*a*〔傘〕
ジャパニー　㊦745*b*〔ヤマトゥ〕
車盤　㊦821*c*〔轆轤〕
ジャパン　㊤779*a*〔漆器〕
蛇皮線《じゃびせん》　⇨サンシン(㊤727*a*)
車夫　㊦244*c*〔仲仕〕
邪法　㊤147*c*〔淫祠邪教〕
ジャポニカ種　㊤115*b*〔稲作〕
シャボン　㊤947*a*〔石鹸〕
• シャボン玉　㊤**805*b*** 947*b*〔石鹸〕
沙弥　㊤978*b*〔僧侶〕
『しゃみしゃっきり—飛驒の昔話—』　㊤913*b*〔鈴木棠三〕
• 三味線《しゃみせん》　㊤**805*b*** 250*a*〔奥浄瑠璃〕 367*b*〔楽器〕 373*c*〔河東節〕 384*a*〔歌舞伎〕 416*c*〔歌謡〕 558*b*〔芸事〕 613*c*〔胡弓〕 727*a*〔サンシン〕 860*c*〔浄瑠璃〕 ㊦391*a*〔囃し㈡〕 820*b*〔六調子〕
ジャミセン　㊤727*a*〔サンシン〕
三味線糸　㊤109*c*〔糸〕
三味線組歌　㊤540*b*〔組歌〕
沙弥尼　㊤978*b*〔僧侶〕 ㊦418*c*〔比丘尼〕
• 社務所《しゃむしょ》　㊤**806*a*** ㊦111*a*〔庁屋〕
• シャモ(アイヌ)　㊤**806*b*** ㊦830*c*〔和人〕
シャモ　㊦291*c*〔鶏〕

しゃもじ　⇨杓子(㊤802b)　㊤833a〔主婦〕　833b〔主婦権〕　㊦250b〔泣き相撲〕
シャモジガミサマ　㊤176c〔産神〕
シャモジワタシ　㊤833a〔主婦〕　833b〔主婦権〕　㊦514b〔へら渡し〕
社守　㊤699a〔座順〕　㊦308c〔年行事〕　624c〔宮守〕　→宮守
沙門　㊤978b〔僧侶〕
射礼　㊦310b〔年中行事㈠〕
ジャランポン祭　㊦別刷〈生と死〉
砂利　㊤634c〔子ども〕
• 車力《しゃりき》　㊤**806**b　㊦244c〔仲仕〕
シャリトリ　⇨改葬(㊤305a)
• シャリバリ〘シャリヴァリ〙charivari　㊤**806**c　㊦400c〔原山勝負〕　825b〔若者〕
シャリバリ税　㊤807a〔シャリバリ〕
舎利容器　㊤655c〔五輪塔〕
シャルティエ　㊤886c〔心性〕
• 洒落《しゃれ》　㊤**807**a　424c〔軽口〕　634b〔言葉遊び〕
邪霊　㊤872b〔死霊〕　㊦602c〔みさき〕
洒落本　㊦117c〔通〕
蛇郎君説話　㊤902b〔水神〕
• ジャンガラ　㊤**807**b
ジャンガラ念仏踊り　㊦別刷〈盆〉
• じゃん拳〘ジャンケン〙　㊤**807**c　577a〔拳〕
シャンス　㊦252b〔馴染〕
ジャンプ　㊤837 表〔狩猟法〕
朱　㊤900b〔水銀〕　㊦514c〔ベンガラ〕
呪　㊤882a〔真言〕　→真言
呪医　㊤973b〔創造神〕
朱印船　㊦831a〔和船〕
朱印船図　㊦482a〔船絵馬〕
朱印船貿易　㊤847b〔商業〕
朱印地　㊤890b〔神田〕
衆　㊦312b〔年番〕
シュー(アイヌ)　㊤905b〔スー〕
シュー Hsu, Francis. L. K　㊦282a〔日本人㈡〕
銃　㊤835b〔狩猟〕
『拾遺往生伝』　㊤229b〔往生伝〕　㊦474c〔仏教説話〕
周囲作　㊤663b〔混作〕
十一面観音　㊤447c〔観音信仰〕
十一夜　㊤177c〔産毛剃り〕
自由移民　㊤132a〔移民㈠〕
しゅう雨　㊤46a〔雨〕
• 周縁《しゅうえん》　㊤**808**a
十王　㊤224a〔閻魔〕
十王思想　㊤224a〔閻魔〕　768c〔地蔵講〕　815c〔十三仏〕
十王図　㊦88a〔血の池地獄〕
十王堂　㊤224a〔閻魔〕
シューカーワタイ(潮川渡り)　㊦297b〔ヌジファ〕
• 獣害《じゅうがい》　㊤**808**b　123c〔猪垣〕
集会所〘-場〙　㊤303a〔会所〕　604b〔公民館〕　㊦108c〔町内〕
• 収穫《しゅうかく》　㊤**808**c
収穫祝い　㊤814b〔十五夜〕
収穫儀礼　㊤115c〔稲作儀礼〕　㊦320a〔農耕儀礼〕
• 収穫祭〘-感謝祭〙《しゅうかくさい》　㊤**809**a　14c〔秋祭〕　㊦535c〔穂掛け〕
就学牌　㊤439a〔鑑札〕
修学旅行　㊤221c〔遠足〕　369a〔学校行事〕　㊦9c〔代参講〕
十月仏　㊦559c〔詣りの仏〕　→詣りの仏
習慣　㊤436b〔慣行〕　440b〔慣習〕　㊦453b〔風習〕　638c〔民俗㈠〕
自由丸　㊦43c〔堕胎〕
重願寺(東京)　㊤632b〔骨仏〕
• 祝儀《しゅうぎ》　㊤**809**c　㊦124a〔つきあい〕
• 祝儀唄《しゅうぎうた》　㊤**809**c　780a〔地搗き唄〕　㊦820b〔六調子〕　→祝い唄
祝儀帳〘-控〙　㊤809c〔祝儀〕　974b〔贈答〕　㊦524c〔奉加帳〕
• 周期伝承《しゅうきでんしょう》　㊤**810**a
祝儀人形　㊦292c〔人形〕
祝儀袋　㊤809c〔祝儀〕
• 住居《じゅうきょ》　㊤**810**a　62a〔家〕
• 宗教《しゅうきょう》　㊤**810**c　811a〔宗教学〕　826b〔呪術〕
宗教運動　㊤962c〔千年王国運動〕
• 宗教学《しゅうきょうがく》　㊤**811**a
宗教起源説　㊤33a〔アニミズム〕
『宗教芸文の研究』　㊦128a〔筑土鈴寛〕
宗教現象学　㊤811a〔宗教学〕
宗教者　㊦778a〔他所者〕
宗教社会学　㊤811a〔宗教学〕
宗教心理学　㊤811a〔宗教学〕
宗教人類学　㊤811a〔宗教学〕
『宗教生活の原初形態』　㊦158b〔デュルケム〕
宗教哲学　㊤811a〔宗教学〕
『宗教と社会』　㊦395b〔原田敏明〕
『宗教と生活』　㊦395b〔原田敏明〕
『宗教と民俗』　㊦395b〔原田敏明〕
『宗教文学』　㊦128a〔筑土鈴寛〕
宗教民俗学　㊦549a〔堀一郎〕
宗教民族学　㊤174b〔宇野円空〕　811a〔宗教学〕
『宗教民族学』　㊤174b〔宇野円空〕
住居学　㊤924c〔生活学〕
秀句譚　㊤559a〔形式譚〕
十九夜　㊦125c〔月待〕
• 十九夜講《じゅうくやこう》　㊤**811**b　57c〔安産祈願〕　120b〔犬供養〕　651b〔子安講〕　㊦126a〔月待〕　288a〔女人講〕　314a〔念仏講〕
十九夜様　㊤811b〔十九夜講〕
十九夜塔　㊤811b〔十九夜講〕
十九夜堂　㊤811b〔十九夜講〕
十九夜念仏　㊦123b〔月〕
十九夜和讃　㊦314a〔念仏講〕
• 自由結婚《じゆうけっこん》　㊤**811**b
祝言《しゅうげん》　⇨婚姻(㊤658b)　㊤669a〔婚礼㈠〕　823b〔祝福芸〕　867b〔所帯びろめ〕
• 周圏論《しゅうけんろん》　㊤**811**c　321c〔蝸牛考〕　817a〔重出立証法〕　㊦76c〔地域性〕　414a〔比較研究法〕　502a〔文化変化〕　650a〔民俗誌〕　→民俗周圏論
ジューゴイリ　㊦277a〔ニセ〕
習合宗教　㊤885b〔新宗教〕
集合住宅　㊤35a〔アパート〕　→アパート
習合神道　㊤891b〔神道〕
周国　㊤13c〔秋葉信仰〕
十五日正月　㊤624a〔小正月〕　㊦575c〔松の内〕
十五仏事　㊤815c〔十三仏〕
• 十五夜《じゅうごや》　㊤**813**b　134b〔芋名月〕　361b〔片月見〕　702a〔サツマイモ〕　816b〔十三夜〕　902c〔水神〕　912c〔ススキ〕　㊦126a〔月見〕　297b〔盗み〕　318b〔野荒し〕　377a〔初物〕　530a〔ぼうじ棒打ち〕　587b〔豆名月〕　713c〔焼米〕
• 十五夜踊り《じゅうごやおどり》　㊤**814**c　161b〔臼太鼓〕　813b〔十五夜〕
十五夜講　㊦314a〔念仏講〕
十五夜綱引き　㊦135 図〔綱引き〕　801b〔竜神信仰〕
• 重婚《じゅうこん》　㊤**815**a
重婚的内縁　㊤815a〔重婚〕
十座　㊤530b〔曲舞〕
十三祝い　㊤816a〔十三参り〕
十三お山　㊤61a〔飯豊山参り〕
十三回忌　㊤815c〔十三仏〕　㊦307b〔年忌〕
十三ガネ　㊤277b〔お歯黒〕
十三皿割　㊦509a〔へこ親〕
ジュウサンジャクゴスン　㊦806c〔リン場〕
十三壇　㊤815b〔十三塚〕　→十三塚
• 十三塚〘十三人-, 十三本-, 十三坊-〙《じゅうさんづか》　㊤**815**b　815c〔十三仏〕　847c〔将軍塚〕　930a〔聖地〕　㊦122a〔塚〕
十三塚男　㊤815b〔十三塚〕
• 十三仏《じゅうさんぶつ》　㊤**815**c　615b〔虚空蔵信仰〕　㊦480a〔不動信仰〕
十三仏板碑　㊤815c〔十三仏〕　976a〔惣墓〕
十三仏事　㊤815c〔十三仏〕
十三仏信仰　㊤815c〔十三仏〕　㊦307c〔年忌〕　529c〔法事〕
十三仏塔　㊤815c〔十三仏〕
十三仏曼荼羅　㊤815c〔十三仏〕
十三褌　㊤277a〔オバクレフンドシ〕

→オバクレフンドシ
• 十三参り〘-詣り〙《じゅうさんまいり》 ㊤ **816a** 10a〔あか〕 18c〔朝熊信仰〕 61b〔飯豊山参り〕 615a〔虚空蔵信仰〕 773c〔七五三〕 931c〔成年式〕 ㊦ 14a〔大山信仰〕 78b〔智恵貰〕
十三森 ㊤ 815b〔十三塚〕 →十三塚
• 十三夜《じゅうさんや》 ㊤ **816b** 361b〔片月見〕 702a〔サツマイモ〕 ㊦ 126a〔月見〕 297b〔盗み〕 530a〔ぼうじ棒打ち〕 587b〔豆名月〕
十三屋 ㊤ 525b〔櫛〕
シュウシ ㊤ 827c〔修正会〕
シュウジ ㊤ 611a〔コガ〕
十字 ㊦ 594a〔饅頭〕
住持 ㊤ 817b〔住職〕
宗旨改 ㊤ 821a〔宗門改〕
シュウジウチ ㊤ 611a〔コガ〕
自由市場 ㊦ 753a〔闇市〕
住持職 ㊤ 817b〔住職〕
十七回忌 ㊦ 307b〔年忌〕
十七ガネ ㊤ 277b〔お歯黒〕
十七夜 ㊦ 125c〔月待〕
出牛人形 ㊦ 292c〔人形〕
拾集人 ㊤ 529c〔屑屋〕
『蒐集物目安』 ㊦ 636a〔民具〕
• 重出立証法《じゅうしゅつりっしょうほう》 ㊤ **816c** 321c〔蝸牛考〕 641b〔個別分析法〕 645b〔ゴム〕 879a〔進化主義〕 982b〔祖型〕 ㊦ 76c〔地域性〕 414a〔比較研究法〕 414c〔比較民俗学〕 632c〔民間伝承論〕 645b〔民俗学史〕 650a〔民俗誌〕
十四葉一重裏菊 ㊤ 411 図〔家紋〕
• 住職《じゅうしょく》 ㊤ **817b**
住職相承絵系図 ㊤ 202a〔絵系図〕
シュウジワケ ㊤ 611a〔コガ〕
執心鐘入 ㊤ 540c〔組踊り〕
終身雇用 ㊤ 358a〔家族国家観〕
終生妻問婚 ㊤ 658c〔婚姻〕 ㊦ 140a〔妻問婚〕
宗祖 ㊤ 300c〔開基〕
重層門 ㊦ 708b〔門㈠〕
• 習俗《しゅうぞく》 ㊤ **817b** 440b〔慣習〕 ㊦ 453b〔風習〕 638c〔民俗㈠〕
• 集村《しゅうそん》 ㊤ **817c** 729a〔散村〕 821c〔集落〕
絨毯〘絨緞〙 ㊤ 323b〔家具〕 752c〔敷物〕
集団幻覚〘-的幻覚〙 ㊤ 491c〔共同幻覚〕
集団婚 ㊦ 71c〔単婚〕
集団就職 ㊤ 462a〔帰省〕
集団類型論 ㊤ 493a〔共同体〕
什長組 ㊦ 223a〔隣組〕
衆徒 ㊤ 222b〔延年〕
シュウトイリ〘-イレ〙 ㊤ 818b〔舅・姑〕
衆道 ㊦ 183c〔同性愛〕
• シュウトギリ ㊤ **818a** 287c〔オヤシマイ〕
シュウトジマイ ㊤ 287b〔オヤシマイ〕
• 舅・姑《しゅうとしゅうとめ》 ㊤ **818b** ㊦ 782b〔嫁〕
シュウトチョウバ〘-の帳場〙 ㊤ 818b〔シュウトギリ〕
シュウトヂョウメン〘-帳面〙 ㊤ 818b〔シュウトギリ〕 ㊦ 511a〔別帳場〕
シュウトトブレー ㊤ 287b〔オヤシマイ〕
• シュウトノツトメ ㊤ **818c** 660a〔婚姻〕 ㊦ 308b〔年期聟〕 815c〔労役婚〕
シュウトノミマイウケ ㊤ 818b〔シュウトギリ〕
シュウトミマイ ㊤ 818b〔シュウトギリ〕
姑《しゅうとめ》 ⇨舅・姑(㊤ 818b) ㊦ 783a〔嫁いびり〕
シュウトヨビ ㊤ 818b〔舅・姑〕
• 舅礼〘シュウトレイ〙《しゅうとれい》 ㊤ **819a** 704c〔里帰り〕
ジュウニカキ ㊤ 272b〔鬼木〕
十二戴女 ㊦ 540b〔ホゼ〕
獣肉食 ㊦ 260c〔鍋物〕
十二講祭 ㊤ 819a〔十二様〕
• 十二様〘-サマ，ジュウニサマ〙《じゅうにさま》 ㊤ **819a** 513a〔金山〕 ㊦ 746c〔山の神〕 762b〔雪橇〕 別刷〈山の神〉
十二支 ㊤ 755a〔時刻〕 ㊦ 230b〔虎〕 717c〔厄年〕
『十二支考』 ㊦ 614c〔南方熊楠〕
• 十二支の由来《じゅうにしのゆらい》 ㊤ **819b**
十二支方位 ㊦ 521c〔方位〕
十二辰刻法 ㊤ 755a〔時刻〕
十二直 ㊤ 191b〔砂川暦〕
十二天 ㊦ 423a〔毘沙門天〕
十二のシシッカリ ㊤ 819b〔十二様〕
十二ハカシサマ ㊦ 344b〔ハカセ〕
十二番相撲 ㊦ 250b〔泣き相撲〕
十二フナダマ様 ㊦ 484b〔船霊〕
十二本骨車 ㊤ 413 図〔家紋〕
十二山の神様 ㊤ 836a〔狩猟儀礼〕 836b〔狩猟信仰〕
十二山の神祭 ㊤ 836a〔狩猟儀礼〕
十人組 ㊤ 541a〔組頭〕
十人衆 ㊦ 620c〔宮座〕
• 重箱《じゅうばこ》 ㊤ **819c** 261c〔おせち〕 323c〔家具〕 845b〔正月料理〕 ㊦ 517b〔弁当〕
宗派神道 ㊤ 498a〔教派神道〕 →教派神道
十八ゲエ〘-粥〙 ㊤ 25a〔小豆粥〕 844c〔正月〕
十八大通 ㊦ 117c〔通〕
十八物 ㊤ 803a〔錫杖〕
宗派法号 ㊤ 311c〔戒名〕
十仏事 ㊤ 815c〔十三仏〕
秋分 ㊦ 275b〔二十四気〕 373b〔八節〕 415c〔彼岸〕
• 終末論《しゅうまつろん》 ㊤ **820a** 597a〔洪水伝説〕 870c〔白髭水〕 ㊦ 393b〔流行神〕 618b〔巳待〕
臭味料 ㊤ 596b〔香辛料〕
• 住民運動《じゅうみんうんどう》 ㊤ **820a**
住民基本台帳法 ㊤ 820b〔住民票〕
• 住民票《じゅうみんひょう》 ㊤ **820b** 626c〔戸籍〕
• 襲名《しゅうめい》 ㊤ **820c** 987c〔祖名継承〕
• 宗門改〘-制度〙《しゅうもんあらため》 ㊤ **821a** 773b〔寺檀関係〕 821a〔宗門人別改帳〕
宗門改帳 ㊤ 821a〔宗門改〕
十文字 ㊤ 414 図〔家紋〕
宗門檀那請合之掟 ㊦ 69c〔檀家〕
• 宗門人別改帳〘-人別帳〙《しゅうもんにんべつあらためちょう》 ㊤ **821a** 337c〔過去帳〕 418b〔柄在家〕 626c〔戸籍〕 773b〔寺檀関係〕 821a〔宗門改〕 ㊦ 158c〔寺〕 159a〔寺請制度〕 464c〔複檀家〕
• 十夜〘-講，-念仏〙《じゅうや》 ㊤ **821b** ㊦ 475b〔仏教民俗〕
十薬 ㊦ 633 表〔民間薬〕 →ドクダミ
十夜法要 ㊤ 44c〔阿弥陀信仰〕 ㊦ 476c〔仏教民俗〕
重要伝統的建造物群保存地区 ㊦ 712c〔野外博物館〕 →伝統的建造物群
重要美術品等の保存に関する法律 ㊦ 500a〔文化財保護法〕
重要民俗資料 ㊦ 651a〔民俗資料〕
重要無形民俗文化財 ㊦ 654c〔民俗文化財〕
重要有形民俗文化財 ㊦ 654c〔民俗文化財〕
十四日年越 ㊦ 212c〔年越〕
• 集落〘聚落〙《しゅうらく》 ㊤ **821c** 629c〔コタン〕 817c〔集村〕 991c〔村落〕 ㊦ 489c〔部落〕
十楽寺(徳島) ㊦ 519 表〔遍路〕
『聚落地理学』 ㊤ 822a〔集落〕
『集落と地理』 ㊤ 263c〔小田内通敏〕
許粮光 ㊦ 282a〔日本人㈡〕
銃猟 ㊦ 229b〔鳥屋〕
重量上げ ㊤ 485a〔競技〕
秋霖 ㊤ 46a〔雨〕
十六日祭 ㊤ 248a〔沖縄文化〕
朱漆 ㊤ 191c〔ウルシ〕 779a〔漆器〕 ㊦ 116b〔堆朱〕
自由恋愛 ㊦ 252c〔馴染〕
十六サスカリ ㊤ 822b〔十六むさし〕
• 十六団子《じゅうろくだんご》 ㊤ **822a** ㊦ 318a〔農神〕
十六日講 ㊦ 555a〔本山参り〕
• 十六むさし《じゅうろくむさし》 ㊤ **822b**
十六葉八重表菊 ㊤ 411 図〔家紋〕
十六羅漢 ㊦ 450c〔賓頭盧〕
酒宴 ㊤ 686c〔酒盛〕 ㊦ 146b〔手打ち酒〕
樹園地 ㊤ 598c〔耕地〕
呪歌 ㊤ 834b〔呪文〕
儒学 ㊤ 764a〔師匠〕

寿岳文章　㊦734*c*〔柳宗悦〕
娶嫁婚　㊤850*c*〔招婿婚〕
• 儒教《じゅきょう》　㊤**822***b*　㊦145*b*〔貞操観念〕 810*b*〔礼法〕
修行寺　㊦159*a*〔寺〕
• 夙〔宿，守公，守宮〕《しゅく》　㊤**822***c*
宿　㊦572*c*〔町屋〕 731*b*〔宿屋〕
呪句　㊤882*a*〔真言〕
祝祭日　㊤676*c*〔祭日〕 ㊦727*a*〔休み日〕
熟蚕　㊦584*c*〔蔟〕
「宿神三宝荒神」　㊤876*b*〔銀鏡神楽〕
熟饌　㊤542*b*〔供物〕 887*b*〔神饌〕
宿寺　㊦147*b*〔出開帳〕
宿場　㊤309*c*〔街道〕 ㊦125*c*〔継場〕 573*b*〔町割〕
粛拝　㊤721*b*〔三跪九叩〕
宿場女郎　㊤244*a*〔おかめ〕
熟畑　㊦364*b*〔畑作〕
• 宿場町《しゅくばまち》　㊤**823***a*　㊦208*c*〔都市〕
宿非人　㊤823*a*〔夙〕
• 祝福芸〔-芸能〕《しゅくふくげい》　㊤**823***b*　㊦592*c*〔万歳〕 598*b*〔三河万歳〕 647*c*〔民俗芸能〕
祝福人形　㊦292*c*〔人形〕
宿坊　㊦731*b*〔宿屋〕
宿坊寺　㊦159*a*〔寺〕
宿老座　㊤527*a*〔クジヤ〕
シュクヮー　㊤809*b*〔収穫祭〕 ㊦535*c*〔穂掛け〕
樹下神社(滋賀)　㊤別刷〈供物〉
修験　㊤143*b*〔岩木山信仰〕 513*b*〔銀山〕 577*c*〔験競べ〕 593*c*〔荒神〕 894*b*〔神仏分離〕 ㊦160*c*〔出羽三山信仰〕 467*c*〔富士山〕 578*c*〔祭〕
『修験三十三通記』　㊤824*b*〔修験道〕
『修験指南鈔』　㊤824*b*〔修験道〕
修験者　㊤135*c*〔いらたか念珠〕 225*b*〔笈〕 350*a*〔霞〕 486*c*〔行者〕 513*a*〔金山〕 640*b*〔護符〕 674*a*〔西国巡礼〕 824*a*〔修験道〕 922*a*〔諏訪の文〕 ㊦262*c*〔ナマハゲ〕 450*a*〔火渡り〕 749*b*〔山伏〕 →山伏
修験宗　㊤825*b*〔修験道〕
• 修験道《しゅげんどう》　㊤**823***c*　13*c*〔秋葉信仰〕 238*b*〔大峯信仰〕 344*b*〔加持祈禱〕 471*a*〔祈禱〕 545*b*〔鞍馬火祭〕 677*c*〔柴燈護摩〕 706*a*〔里修験〕 720*a*〔山岳信仰〕 778*c*〔十界修行〕 796*c*〔霜月神楽〕 887*c*〔神仙思想〕 960*b*〔先達〕 ㊦163*b*〔天狗〕 177*b*〔道教〕 208*b*〔登山〕 522*b*〔法印神楽〕 548*b*〔法螺貝〕 616*a*〔峰入り〕 738*a*〔山〕 749*b*〔山伏〕
『修験道史研究』　㊦828*a*〔和歌森太郎〕
修験道廃止令　㊦631*c*〔民間信仰〕
• 手工業《しゅこうぎょう》　㊤**825***b*　592*c*〔工場〕
守庚申　㊦177*b*〔道教〕
守護人形　㊦292*c*〔人形〕
守護霊　㊤201*c*〔エクスタシー〕 393*c*〔神〕
ジュゴン　㊦293*c*〔人魚伝説〕 699*a*〔物言う魚〕
呪言　㊤15*b*〔悪態祭〕 834*b*〔呪文〕
呪禁道　㊦334*a*〔呪い〕
寿作　㊤760*a*〔獅子芝居〕
咒師　㊤719*c*〔散楽〕 ㊦150*c*〔手品〕
• 種子〔種字〕《しゅじ》　㊤**825***c*
呪詞　㊤834*b*〔呪文〕
呪師走り　㊦34*a*〔薪能〕
種子袋　㊤914*b*〔頭陀袋〕
朱砂　㊤900*b*〔水銀〕
• 呪術《じゅじゅつ》　㊤**826***a*　804*a*〔写真〕 834*b*〔呪文〕 880*c*〔ジンクス〕 ㊦334*a*〔呪い〕 569*b*〔呪い言葉〕
呪術祭祀　㊤298*c*〔陰陽道〕
• 呪術的親子《じゅじゅつてきおやこ》　㊤**826***c*
• 侏儒どん《しゅじゅどん》　㊤**827***a*
侏儒舞　㊤719*c*〔散楽〕
• 修正会《しゅしょうえ》　㊤**827***a*　245*c*〔翁〕 271*c*〔鬼会〕 271*c*〔鬼〕 608*b*〔牛玉杖〕 608*c*〔牛玉宝印〕 713*b*〔猿楽〕 719*c*〔散楽〕 796*c*〔霜月神楽〕 831*c*〔修二会〕 ㊦117*a*〔追儺〕 181*a*〔堂座講〕 274*a*〔西浦田楽〕 363*a*〔裸祭〕 437*b*〔火祭〕 474*b*〔仏教芸能〕 475*b*〔仏教民俗〕 533*b*〔鳳来寺田楽〕 762*c*〔雪祭〕 →おこない
修正会延年　㊦690*c*〔毛越寺延年〕
修正会鬼追　㊤272*a*〔鬼会〕
修正鬼会《しゅしょうおにえ》　⇨鬼会(㊤271*c*) ㊤407*c*〔仮面〕 827*b*〔修正会〕 ㊦474*b*〔仏教芸能〕 818*b*〔六郷満山〕
樹上葬　㊤977*a*〔葬法〕 ㊦454*b*〔風葬〕
• 主食《しゅしょく》　㊤**827***c*　432*a*〔かわりもの〕 ㊦21*b*〔代用食〕 463*a*〔副食〕
主人　㊦407*b*〔番頭〕
• 数珠〔珠数，誦珠，呪珠〕《じゅず》　㊤**828***a*　136*a*〔いらたか念珠〕 ㊦464*b*〔副葬品〕
取水　㊤904*b*〔水利慣行〕
入水往生　㊦473*a*〔補陀落渡海〕
取水堰　㊤940 図〔堰〕
• 守随一《しゅずいはじめ》　㊤**828***b*　㊦632*b*〔民間伝承の会〕
朱子織　㊤290*a*〔織物〕
数珠かけ　㊦600 図〔巫女〕
• 数珠繰り《じゅずくり》　㊤**828***b*　㊦314*a*〔念仏講〕 440*c*〔百万遍〕 別刷〈盆〉
酒泉　㊦75*a*〔蜻蛉長者〕 774*c*〔養老の滝〕
酒泉の里　㊦775*a*〔養老の滝〕
• 酒泉の発見《しゅせんのはっけん》　㊤**829***a*
• 呪詛《じゅそ》　㊤**829***a*　527*b*〔くしゃみ〕 ㊦334*a*〔呪い〕
酒造税　㊦89*b*〔地方改良運動〕
• 種族文化複合《しゅぞくぶんかふくごう》　㊤**829***b*
呪咀人形　㊦292*c*〔人形〕
首題　㊦20*b*〔題目〕
受胎　㊦294*a*〔妊娠〕 295*a*〔妊婦〕
首題帳　㊦20*b*〔題目〕
酒池　㊦775*a*〔養老の滝〕
首長　㊤978*c*〔惣領〕
首丁頭巾　㊤909*a*〔頭巾〕
出移民　㊤132*a*〔移民㈠〕
• 出棺《しゅっかん》　㊤**829***c*　423*a*〔仮門〕 697*a*〔座敷〕 972*c*〔葬送儀礼㈠〕 ㊦152*b*〔出立ちの飯〕 290*a*〔ニワ〕
• 術比べ《じゅつくらべ》　㊤**830***a*
出家　㊤978*b*〔僧侶〕
• 出産《しゅっさん》　㊤**830***b*　119*b*〔犬〕 130*c*〔忌小屋〕 179*a*〔産屋〕 300*a*〔貝〕 570*b*〔血穢〕 622*b*〔腰抱き〕 696*a*〔坐産〕 717*b*〔産院〕 717*c*〔産穢〕 735*a*〔産火〕 737*c*〔産見舞〕 864*a*〔食物禁忌〕 864*c*〔助産婦〕 871*a*〔白不浄〕 ㊦80*c*〔力米〕 118*b*〔通過儀礼〕 232*b*〔取上げ親〕 232*c*〔取上げ婆さん〕 509*c*〔臍の緒〕 525*b*〔箒神〕 543*a*〔牡丹餅〕
出産祝い　㊤169*a*〔内祝い〕 737*c*〔産見舞〕 809*c*〔祝儀〕
• 出自《しゅつじ》　㊤**830***c*　968*b*〔双系〕 ㊦70*a*〔単系〕
出自集団　㊤831*a*〔出自〕
出釈迦寺(香川)　㊦519 裏〔遍路〕
出生儀礼　㊦118*b*〔通過儀礼〕
出征　㊤200*a*〔駅〕
出生地主義　㊦278*c*〔日系社会〕
出世魚　㊦491*b*〔ブリ〕
『出世景清』　㊤334*b*〔景清〕
「出世相撲」　㊤534*b*〔口説き〕
『十島図譜』　㊤870*b*〔白野夏雲〕
出版統制令　㊦455*c*〔風俗統制〕
出奔久離　㊤446*a*〔勘当〕 482*c*〔久離〕
• 呪的逃走《じゅてきとうそう》　㊤**831***a*
• 酒呑童子〔酒顚-，酒天-，酒典-，酒伝-〕《しゅてんどうじ》　㊤**831***b*　515*b*〔金太郎〕 ㊦704*a*〔桃太郎〕 832*c*〔渡辺綱〕
酒盗　㊤743*b*〔塩辛〕
種痘　㊦531*b*〔疱瘡送り〕
• 修二会〔修二月会〕《しゅにえ》　㊤**831***c*　245*c*〔翁〕 282*a*〔お水取り〕 608*b*〔牛玉杖〕 608*c*〔牛玉宝印〕 713*b*〔猿楽〕 827*a*〔修正会〕 別刷〈護符〉 ㊦34*a*〔薪能〕 44*a*〔だだおし〕 437*b*〔火祭〕 474*b*〔仏教芸能〕 475*b*〔仏教民俗〕
じゅにくさ　㊤別刷〈遊び〉
シュパーマー Spamer, Adolf　㊦175*b*〔ドイツ民俗学〕
襦袢　㊤751*a*〔仕着せ〕 771*c*〔下着〕 984*c*〔袖なし〕
• 樹皮《じゅひ》　㊤**832***a*
種苗商　㊤152*c*〔植木屋〕

• 主婦《しゅふ》 ㊤ **832**c 314b〔カカ〕 315c〔嬶座〕 332c〔家計〕 343a〔家事〕 646c〔米櫃〕 659a〔婚姻〕 680a〔財布〕 833b〔主婦権〕 867b〔所帯びろめ〕 ㊦ 209a〔刀自〕 304a〔ネドガエリ〕 514b〔へら渡し〕 782a〔嫁〕 824b〔若水〕
受符 ㊤ 454a〔祈願〕
呪符 ㊤ 300a〔貝〕
主婦組 ㊦ 119a〔通過儀礼〕
• 主婦権《しゅふけん》 ㊤ **833**b 365c〔家長〕 802b〔杓子〕 818b〔舅・姑〕 833a〔主婦〕 862a〔食事〕 ㊦ 514c〔へら渡し〕 782b〔嫁〕 784a〔嫁入婚〕
呪物 ㊤ 804a〔写真〕 831a〔呪的逃走〕 ㊦ 486b〔船幽霊〕
• 呪物崇拝《じゅぶつすうはい》 ㊤ **833**c ㊦ 630c〔民間信仰〕
修法師 ㊤ 487a〔行者〕
酒母係 ㊦ 209b〔杜氏〕
趣味 ㊦ 194c〔道楽〕
須弥壇 ㊤ 677c〔祭壇〕
須弥壇納骨 ㊦ 321a〔納骨〕
シュミット Schmidt, Leopold ㊦ 175b〔ドイツ民俗学〕
シュミット Schmidt, Wilhelm ㊤ 243b〔岡正雄〕 ㊦ 171c〔伝播主義〕 499c〔文化圏〕
シュム ㊤ 919a〔スム〕
シュモク ㊤ 349c〔上総掘り〕
撞木 ㊤ 379b〔鉦〕 ㊦ 230c〔銅鑼〕
樹木信仰 ㊦ 85b〔乳銀杏〕
• 樹木崇拝《じゅもくすうはい》 ㊤ **834**a
撞木造 ㊤ 393a〔カマヤ建て〕
樹木伝説〘-信仰伝説〙 ㊤ 175c〔乳母桜〕 ㊦ 267a〔なんじゃもんじゃ〕
樹木屋仲間 ㊤ 152b〔植木屋〕
• 呪文《じゅもん》 ㊤ **834**b 527a〔くしゃみ〕 ㊦ 222c〔唱え言〕 332a〔祝詞〕 569a〔呪い〕
• 修羅《しゅら》 ㊤ **835**a 478c〔木遣り〕 988b〔橇〕 ㊦ 740c〔山落し〕 762b〔雪橇〕
修羅界 ㊤ 778c〔十界修行〕
修羅行 ㊤ 778c〔十界修行〕
• ジュリ〔侏儞，尾類〕 ㊤ **835**a 835b〔ジュリ馬〕
首里拝み ㊤ 10c〔アガイマーイ〕
首里大屋子 ㊤ 172a〔掟〕 180a〔大屋子〕 ㊦ 564b〔間切〕
• ジュリ馬 ㊤ **835**b
首里大アムシラレ ㊤ 232b〔大アムシラレ〕
首里城(沖縄) ㊤ 529a〔グスク〕 別刷〈沖縄文化〉
首里殿内 ㊤ 232 表〔大アムシラレ〕
「首里の門中と祭祀」 ㊦ 415a〔比嘉春潮〕
• 狩猟《しゅりょう》 ㊤ **835**b 214c〔獲物分配〕 409c〔カモシカ猟〕 536c〔熊狩り〕 575c〔獣道〕 728b〔山村〕 738a〔山民〕 835c〔狩猟儀礼〕 836a〔狩猟信仰〕 ㊦ 29b〔鷹狩〕 229a〔鳥屋〕 235c〔鳥黐〕 327c〔後狩詞記〕 737c〔山〕 741c〔山言葉〕 742b〔ヤマサキ〕 743a〔山仕事〕 803a〔猟師〕 →狩
• 狩猟儀礼《しゅりょうぎれい》 ㊤ **835**c 575a〔毛祭〕
狩猟具 ㊦ 834a〔罠〕
狩猟神 ㊤ 394b〔神〕 589c〔コウザキ〕
• 狩猟信仰《しゅりょうしんこう》 ㊤ **836**a
• 狩猟法《しゅりょうほう》 ㊤ **836**c
• 狩猟用具《しゅりょうようぐ》 ㊤ **837**c
呪力 ㊤ 826a〔呪術〕 834b〔呪文〕
シュロ ㊤ 137b〔衣料〕 316 図〔案山子〕
寿老人 ㊤ 775b〔七福神〕 775c〔七福神巡り〕 ㊦ 465b〔福禄寿〕
十六輪中 ㊦ 829c〔輪中〕
棕櫚綱 ㊦ 135a〔綱〕
旬 ㊤ 205c〔干支〕
順縁婚 ㊤ 477c〔逆縁婚〕
• 春歌《しゅんか》 ㊤ **838**b
• 春画《しゅんが》 ㊤ **839**c 923a〔性〕
巡回映画 ㊤ 197a〔映画〕
シュンカニ ㊦ 269b〔南島歌謡〕
純喫茶 ㊤ 467a〔喫茶店〕
春慶漆 ㊤ 191c〔ウルシ〕
竣工式 ㊤ 581b〔建築儀礼〕
• 巡行神《じゅんこうしん》 ㊤ **840**a
準構造船 ㊤ 547b〔刳船〕 ㊦ 486c〔船〕
巡行仏 ㊤ 840a〔巡行神〕
• 巡査《じゅんさ》 ㊤ **840**a
巡錫 ㊤ 803a〔錫杖〕
順水 ㊦ 405c〔番水〕
準世帯 ㊤ 944c〔世帯〕
• 春節〘-祭〙《しゅんせつ》 ㊤ **840**c
純鉄 ㊦ 152b〔鉄〕
• しゅんなめじょ ㊤ **840**c ㊦ 608c〔店〕
• 順の舞《じゅんのまい》 ㊤ **841**b ㊦ 558c〔舞〕
順の峰入り ㊦ 287a〔入峰修行〕 →順峰
巡拝 ㊦ 520a〔遍路道〕
『春波楼筆記』 ㊤ 788c〔司馬江漢〕
順峰 ㊦ 287a〔入峰修行〕 420b〔英彦山信仰〕
春分 ㊦ 275b〔二十四気〕 373b〔八節〕 415c〔彼岸〕
春本 ㊤ 213a〔絵本〕 →艶本
順廻 ㊤ 161a〔氏子狩り〕
巡遊伶人 ㊤ 460b〔貴種流離譚〕 ㊦ 535b〔ほかいびと〕 →ほかいびと
• 順養子《じゅんようし》 ㊤ **841**c ㊦ 771b〔養子〕
• 巡礼《じゅんれい》 ㊤ **842**a 71c〔行き倒れ〕 88a〔異人歓待〕 88b〔異人殺し〕 673c〔西国巡礼〕 ㊦ 85c〔秩父巡礼〕 321b〔納札〕 327a〔野宿〕 422c〔ひしゃく〕 472a〔札所〕 518b〔遍路〕 809b〔霊場〕
巡礼歌 ㊤ 607b〔御詠歌〕 674a〔西国巡礼〕 ㊦ 472a〔札所〕
巡礼行者 ㊦ 821a〔六部〕
巡礼塔 ㊦ 189b〔道標〕
巡礼札〘順礼-〙 ㊦ 321b〔納札〕 472a〔札所〕 →納札
• 春聯《しゅんれん》 ㊤ **842**c
書 ㊤ 558b〔芸事〕
ジョイ ㊤ 127c〔居間〕
ショイカゴ ㊤ 936c〔背負籠〕
ショイカゴボテ ㊦ 420c〔販女〕
ショイコ〘背負子〙 ㊤ 937b〔背負梯子〕 195b〔運搬具〕 936c〔背負運搬具〕 ㊦ 814a〔連尺〕 →背負梯子
ショイズカリ ㊤ 938a〔背負袋〕
ショイテゴ ㊤ 938a〔背負袋〕
ショイナワ ㊤ 937a〔背負縄〕 →背負縄
背負箱 ㊤ 936c〔背負運搬具〕
ショイバシゴ ㊤ 937b〔背負梯子〕 →背負梯子
• 書院《しょいん》 ㊤ **842**c ㊦ 206a〔床の間〕
助音 ㊤ 850a〔正信偈〕
女陰磐座 ㊤ 79b〔石〕
書院座敷 ㊤ 851a〔上段〕 ㊦ 581b〔間取り〕
書院造 ㊤ 137a〔入母屋〕 909a〔数寄屋造〕 ㊦ 58a〔田の字型民家〕 107b〔帳台〕 466a〔武家造〕 735b〔屋根〕
• 笙《しょう》 ㊤ **843**a 294c〔音頭〕 315a〔雅楽〕 367c〔楽器〕 ㊦ 458c〔笛〕
鉦《しょう》 ⇨かね(㊤ 379b)
帖 ㊦ 44a〔畳〕 →畳
浄 ㊤ 992c〔村落領域〕
尉 ㊤ 366a〔家長〕
常安寺(新潟) ㊤ 13c〔秋葉信仰〕
正一教 ㊦ 177b〔道教〕
硝煙蔵 ㊤ 543b〔倉〕
• 商家《しょうか》 ㊤ **843**b 341b〔家産〕 ㊦ 333b〔暖簾内〕 333c〔暖簾分け〕 506b〔分与財〕 529b〔奉公人分家〕 607c〔店〕
• 唱歌《しょうか》 ㊤ **843**c 416c〔歌謡〕 555c〔軍歌〕 628a〔五大御伽噺〕
ショウガ ㊤ 421b〔辛味〕 596b〔香辛料〕 691a〔作物禁忌〕
• 常会《じょうかい》 ㊤ **844**a ㊦ 681b〔村寄合〕
生涯学習 ㊤ 604b〔公民館〕
生姜板 ㊤ 92b〔伊勢講〕
常会長 ㊦ 681b〔村役〕
浄海塚(秋田) ㊦ 751a〔山伏塚〕
商家愛比寿講 ㊦ 371b〔二十日戎〕
小角 ㊤ 259a〔折敷〕
浄覚 ㊦ 288c〔女人高野〕
小学国語読本 ㊤ 628a〔五大御伽噺〕
『小学生徒改良衣服裁縫伝授』 ㊤ 636a

〔子供服〕
『小学生の調べたる上伊那川島村郷土誌』 ㊤496*a*〔郷土教育〕
ショウガ汁 ㊦634*b*〔民間療法〕
・小家族《しょうかぞく》 ㊤**844*a*** 359*b*〔家族類型〕
小家族化 ㊤515*a*〔近代化〕
小家族制 ㊤106*c*〔一子残留〕
・正月《しょうがつ》 ㊤**844*b*** 134*a*〔芋正月〕 261*c*〔おせち〕 462*a*〔帰省〕 472*c*〔衣脱ぎ朔日〕 481*b*〔旧正月〕 610*a*〔氷の朔日〕 ㊦62*a*〔魂祭〕 576*a*〔松囃子〕
正月魚 ㊤900*c*〔水産加工〕
正月オサメ ㊦371*b*〔二十日正月〕
正月女 ㊤775*b*〔七人ミサキ〕
・正月飾り《しょうがつかざり》 ㊤**845*a*** 208*a*〔エビ〕
小学校祝日大祭日儀式規程 ㊤369*b*〔学校行事〕
正月言葉 ㊤130*a*〔忌言葉〕
正月魚〔-肴〕 ㊤693*b*〔鮭〕 ㊦65*c*〔タラ〕 214*b*〔年取肴〕 →年取肴
正月さま ㊦211*b*〔年神〕
正月様迎え ㊤845*a*〔正月飾り〕 ㊦574*a*〔松〕 576*c*〔松迎え〕 →松迎え
正月ドキ ㊦200*c*〔トキ㈠〕
正月ナガシ ㊦371*b*〔二十日正月〕
正月祭 ㊤169*a*〔打植祭〕
正月まんかい ㊦592*b*〔まんかい〕
正月迎え ㊤913*b*〔煤払い〕
正月餅 ㊦696*a*〔餅搗き〕
正月よび ㊦554*a*〔本家礼〕
・正月料理《しょうがつりょうり》 ㊤**845*a***
正月礼 ㊦808*b*〔礼儀〕
庄ヶ畑田植え踊り ㊦400*a*〔春田打〕
じょうかべ ㊦551*a*〔盆踊り㈠〕
・城下町《じょうかまち》 ㊤**845*b*** ㊦109*b*〔町人〕 208*c*〔都市〕 302*b*〔ネゴヤ〕 572*c*〔町屋〕 573*b*〔町割〕
城下町型町屋 ㊦572*c*〔町屋〕
小寒 ㊤433*a*〔寒〕 ㊦275*b*〔二十四気〕
商慣習 ㊤440*c*〔慣習法〕
正灌頂 ㊤778*c*〔十界修行〕
・鍾馗(日本)《しょうき》 ㊤**846*a*** 別刷〈護符〉 ㊦71*b*〔端午節供〕 531*b*〔疱瘡神〕
・鍾馗(華僑)《しょうき》 ㊤**845*c***
・床几《しょうぎ》 ㊤**846*a*** 221*c*〔縁台〕 922*b*〔坐り方〕
・将棋〔将碁，象棋，象戯〕《しょうぎ》 ㊤**846*b*** 485*a*〔競技〕 558*b*〔芸事〕 654*a*〔娯楽〕
蒸気機関〔-車〕 ㊤459*a*〔汽車〕 941*b*〔石炭〕
将棋家 ㊤846*b*〔将棋〕
・ショウキサマ ㊤**846*c*** ㊦別刷〈村境〉
定規筋 ㊦507*b*〔塀〕
将棋大成会 ㊤846*c*〔将棋〕
床几茶屋 ㊤467*a*〔喫茶店〕 →水茶屋
将吉 ㊦3*a*〔大安〕
上客 ㊤697*b*〔座敷〕 852*c*〔商人〕
・商業《しょうぎょう》 ㊤**846*c*** 848*a*〔商圏〕
商業演劇 ㊦12*a*〔大衆演劇〕 →大衆演劇
小京都 ㊦620*b*〔都〕
常行堂会 ㊦533*b*〔鳳来寺田楽〕
商業捕鯨 ㊦536*c*〔捕鯨〕
貞享暦 ㊤652 表〔暦〕
蒸気浴 ㊦495*c*〔風呂〕
松旭斎天一 ㊦151*a*〔手品〕
松旭斎天勝 ㊦151*a*〔手品〕
生金 ㊤689*c*〔砂金〕
定杭 ㊦829*c*〔輪中〕
小宮司 ㊤520*c*〔宮司〕 886*a*〔神職〕
小区制《しょうくせい》 ⇨大区・小区制(㊦5*a*)
ジョウグチ ㊤374*c*〔門口〕
勝軍地蔵 ㊤29*a*〔愛宕信仰〕 770*c*〔地蔵盆〕
・将軍塚《しょうぐんづか》 ㊤**847*c*** 815*b*〔十三塚〕
ショウケ ㊤712*c*〔笊〕
承継 ㊤973*c*〔相続〕 →継承
鍾敬文 ㊦98*b*〔中国民俗学〕
小劇場 ㊤220*a*〔演劇場〕
衝撃法 ㊦411*c*〔火打ち石〕
上下二つの口 ㊤308*a*〔怪談〕
・上下ゆき《じょうげゆき》 ㊤**848*a*** 715*c*〔猿まわし〕
・商圏《しょうけん》 ㊤**848*a***
上元 ㊤723*c*〔三元〕
ショウケンシ ㊤718*a*〔さんか〕
上元節 ㊤723*c*〔三元〕
証券取引所 ㊤975*b*〔相場〕
小鼓 ㊦134*a*〔鼓〕
鉦鼓 ㊤315*a*〔雅楽〕 379*b*〔鉦〕
漏斗 ㊦37*b*〔竹細工〕
聖護院(京都) ㊤824*a*〔修験道〕
聖護院カブ ㊤382*c*〔カブ㈡〕
聖護院大根 ㊦8*b*〔大根〕
・焼香《しょうこう》 ㊤**848*b*** 972*c*〔葬送儀礼㈠〕
焼香太鼓 ㊦367*a*〔鉢叩き〕
小黒柱 ㊦7*c*〔大黒柱〕
ジョウゴダニ ㊤534*c*〔クド造〕
荘厳 ㊦161*a*〔天蓋〕 →そうごん
荘厳楽 ㊦474*b*〔仏教芸能〕
招魂祭 ㊤848*c*〔招魂社〕
招魂祠 ㊤618*c*〔護国神社〕
・招魂社《しょうこんしゃ》 ㊤**848*b*** 618*c*〔護国神社〕 990*a*〔祖霊社〕
招魂場 ㊤618*c*〔護国神社〕 848*c*〔招魂社〕
招魂碑 ㊤618*c*〔護国神社〕 ㊦98*c*〔忠魂碑〕
松根油 ㊦573*c*〔松〕
常在神 ㊤167*b*〔御嶽〕
城札 ㊤250*a*〔奥浄瑠璃〕
焼山寺(徳島) ㊦519 表〔遍路〕
小祠 ㊦537*b*〔祠〕
・障子〔-戸〕《しょうじ》 ㊤**848*c*** ㊦174*b*〔戸〕
上巳 ㊤627*a*〔五節供〕 946*b*〔節供〕 →桃祭
情死 ㊤885*a*〔心中〕
ショウジアナ ㊤917*b*〔炭焼き〕
精進入り ㊤849*a*〔精進〕
障子紙 ㊤401*c*〔紙漉き〕
正直正兵衛 ㊦726*a*〔弥次郎兵衛〕
丈室 ㊦530*b*〔方丈〕
上巳の節供 ㊤720*b*〔三月節供〕 →三月節供
上巳の祓え ㊤360*c*〔形代〕 ㊦257*c*〔撫物〕
障子祭 ㊤849*a*〔精進〕
小社 ㊤751*c*〔式内社〕
小尺 ㊦700*b*〔物差〕
上州路 ㊤390*b*〔鎌倉街道〕
小暑 ㊦275*b*〔二十四気〕
声杖 ㊤803*a*〔錫杖〕 →錫杖
猩猩〔猩々，猖々〕 ㊤510*b*〔キリン獅子舞〕 775*b*〔七福神〕 ㊦740*b*〔山男〕
小祥忌 ㊤815*c*〔十三仏〕
証誠殿 ㊤538*a*〔熊野信仰〕
証書盆 ㊦550*a*〔盆㈠〕
昇神 ㊤441*b*〔勧請〕
承塵 ㊦164*b*〔天井〕
・精進《しょうじん》 ㊤**849*a*** 849*c*〔精進落し〕 850*a*〔精進堂〕 ㊦578*a*〔祭〕 →斎戒
・常人《じょうじん》 ㊤**849*b*** 856*b*〔常民〕
精進あけ ㊤130*b*〔忌籠り〕
精進あげ〔-上〕 ㊤849*c*〔精進落し〕 850*b*〔精進料理〕
・精進落し〔ショウジンオチ，-落ち〕《しょうじんおとし》 ㊤**849*c*** 850*b*〔精進料理〕
・正信偈〔-念仏偈〕《しょうしんげ》 ㊤**850*a*** ㊦523*b*〔報恩講〕 667*c*〔無常講〕
精進潔斎 ㊤130*c*〔忌小屋〕
上新粉 ㊤348*c*〔柏餅〕
精進小屋 ㊤130*b*〔忌籠り〕
精進肴屋 ㊤850*b*〔精進料理〕
浄真寺(東京) ㊤283*a*〔お面被り〕
・精進堂《しょうじんどう》 ㊤**850*a*** 511*c*〔禁忌〕 →精神屋
精進解 ㊤850*b*〔精進料理〕
精進屋 ㊤498*b*〔行屋〕 648*c*〔籠り〕 850*a*〔精進堂〕 →行屋 →精神堂
精進宿 ㊤511*c*〔禁忌〕 850*a*〔精進堂〕
・精進料理《しょうじんりょうり》 ㊤**850*b*** 445*b*〔寒天〕 849*c*〔精進落し〕 ㊦116*c*〔追善供養〕 141*a*〔通夜〕 201*c*〔斎〕 452*a*〔麩〕
ショウズ(精進) ㊤248*a*〔沖縄文化〕
祥瑞 ㊤902*a*〔瑞祥〕
上水道 ㊤50*b*〔洗い場〕 903*b*〔水道〕
・少数民族問題《しょうすうみんぞくもんだい》 ㊤**850*c***
・招婿婚《しょうせいこん》 ㊤**850*c***
『招婿婚の研究』 ㊤850*c*〔招婿婚〕 ㊦31*c*〔高群逸枝〕
小雪 ㊦275*b*〔二十四気〕

消石灰　㊤945a〔石灰〕
消雪パイプ　㊦759c〔雪〕
商船　㊤304c〔廻船〕 ㊦509b〔弁才船〕
正泉寺(千葉)　㊦88b〔血の池地獄〕
勝泉寺(東京)　㊦235c〔酉の市〕
常泉寺(埼玉)　㊦86 図〔秩父巡礼〕
正先達　㊤960c〔先達〕
浄蔵　㊤824a〔修験道〕
正倉院　㊤75c〔囲碁〕 ㊦700b〔物差〕
醸造図　㊤926a〔生業絵馬〕
正像末法和讃　㊦829b〔和讃〕
醸造元　㊦128c〔造酒屋〕
装束　㊤323c〔家具〕
上蔟　㊦770b〔養蚕〕
小村　㊤817c〔集村〕
ジョウタ　㊦806c〔リン場〕
唱題　㊦20b〔題目〕
清泰国　㊤616a〔極楽〕 →極楽
妾宅　㊤796a〔仕舞屋〕
• 上段《じょうだん》　㊤**851**a
冗談　㊤424c〔軽口〕
• 焼酎《しょうちゅう》　㊤**851**b 56a〔泡盛〕 590b〔麹〕 692c〔酒(一)〕 ㊦627c〔味醂〕
彰忠碑　㊦99a〔忠魂碑〕
• 象徴《しょうちょう》　㊤**851**c
象徴人類学　㊤597c〔構造主義〕 851c〔象徴〕
常使い　㊤852a〔定使い〕
• 定使い《じょうづかい》　㊤**851**c 60c〔言い継ぎ〕 ㊦495b〔フレ〕
ショウヅカノババ　⇨奪衣婆(㊦47b)
祥月命日　㊤367a〔月忌〕 ㊦116c〔追善供養〕 345c〔墓参り〕
上手物　㊦180c〔陶工〕
商店　㊦109b〔帳場(一)〕
聖天　㊤118a〔稲荷信仰〕 852b〔聖天信仰〕
• 商店会《しょうてんかい》　㊤**852**a
商店街　㊤852a〔商店会〕
商店街振興組合　㊤852a〔商店会〕
商店街振興組合連合会　㊤852a〔商店会〕
商店街振興法　㊤852a〔商店会〕
• 聖天信仰《しょうてんしんこう》　㊤**852**b
浄土入り　㊦765a〔湯立神楽〕
唱導　㊤945b〔説経〕 →説経
勝道　㊤823c〔修験道〕
上棟　㊦671b〔棟上〕
上棟式　㊤581b〔建築儀礼〕 ㊦49a〔建て前〕 →棟上
唱導文芸　㊤586c〔甲賀三郎〕
常斎〔常斎蜀〕　㊤367a〔月忌〕 ㊦116c〔追善供養〕 →月忌参り
浄土教　㊦791a〔来世観〕
浄土教信仰　㊤769b〔地蔵信仰〕
聖徳太子　㊤85c〔石屋〕 395a〔神〕 685a〔逆杉〕 688a〔左官〕 ㊦5a〔大工〕 10a〔太子講〕 10c〔太子信仰〕 45a〔畳屋〕 64b〔溜池〕 467b〔富士山〕
聖徳太子の投げ石　㊤484b〔境界争い〕
浄土高僧和讃　㊦829b〔和讃〕
浄土寺(愛媛)　㊦519 図〔遍路〕
小豆島霊場　㊤842b〔巡礼〕
浄土宗　㊦345a〔墓寺〕
浄土真宗　㊤254a〔お剃刀〕 264b〔お逮夜〕 513b〔銀山〕 567b〔仮境〕 ㊦671c〔無墓制〕 710a〔門徒〕
浄土双六　㊤910a〔双六(二)〕
ジョウドナワ　㊦278a〔入棺〕
浄土和讃　㊦829b〔和讃〕
庄内カワサキ　㊤427c〔カワサキ〕
城内鎮守　㊦115a〔鎮守〕
「庄内ハエヤ節」　㊦340b〔ハイヤ節〕
小児疳　㊤447c〔疳の虫〕
上煮屋　㊤221a〔煙硝づくり〕
小如来　㊤730c〔蚕種〕
• 商人《しょうにん》　㊤**852**c ㊦109b〔町人〕 243c〔仲買い〕 571b〔町〕
上人塚　㊤497c〔行人塚〕 ㊦750c〔山伏塚〕
商人宿　㊤466b〔木賃宿〕 ㊦731c〔宿屋〕
性根入れ　㊤305b〔改葬〕
性根抜き　㊤305b〔改葬〕
少年行動隊　㊦315c〔年齢階梯制〕
称念寺(京都)　㊦582b〔招き猫〕
笙の窟(奈良)〘-岩屋〙　㊤238c〔大峯信仰〕 287a〔入峰修行〕
• 小農《しょうのう》　㊤**853**b ㊦100a〔中農〕
小農自立政策　㊤580c〔検地〕
• 樟脳取り《しょうのうとり》　㊤**853**c
商農分離　㊤847b〔商業〕
小農保護政策　㊤853c〔小農〕
条播　㊤239a〔大麦〕 ㊦358b〔播種法〕
乗馬　㊤181c〔馬〕
上白糖　㊤703b〔砂糖〕
乗馬鞍　㊤544a〔鞍〕
• 定畑〔常畑〕《じょうばた》　㊤**853**c 53a〔アワ〕 301c〔開墾〕 701a〔雑穀〕 853c〔定畑〕 ㊦358c〔播種法〕 361b〔畑〕 364b〔畑作〕 412b〔ヒエ〕
ジョウバタケ　㊦364b〔畑作〕
正八幡　㊦368c〔八幡信仰〕
正八幡宮(和歌山)　㊦836b〔笑い祭〕
蒸発　㊤65b〔家出〕
常飯　㊤367a〔月忌〕 →月忌参り
ショウバントウ　㊦805b〔隣家〕
定火消　㊦151c〔出初式〕
• 商標《しょうひょう》　㊤**854**a 65a〔家印〕 692 図〔酒(一)〕 ㊦333c〔暖簾分け〕 708c〔紋章〕 713b〔焼印〕
商品化　㊤515a〔近代化〕
商品作物　㊤435c〔換金作物〕 438a〔間作〕
商品簞笥　㊦73a〔簞笥〕
商品取引所　㊤975b〔相場〕
• ショウブ　㊤**854**c 296b〔女の家〕 555a〔食わず女房〕 611c〔五月節供〕 855a〔菖蒲打〕 855a〔菖蒲酒〕 855a〔菖蒲湯〕 ㊦71a〔端午節供〕 367c〔鉢巻(一)〕
上布　㊤421c〔カラムシ〕 ㊦294c〔人頭税〕
乗夫　㊤69b〔筏師〕 →筏師
傷風　㊤351c〔風邪〕 →風邪
蕉風　㊦337a〔俳句〕
• 菖蒲打〘ショウブ-〙《しょうぶうち》　㊤**855**a 611c〔五月節供〕 854c〔ショウブ〕
菖蒲刀　㊤612a〔五月節供〕
菖蒲鬘　㊤372a〔鬘〕
菖蒲冑　㊤612a〔五月節供〕
昌福寺(山梨)　㊦667a〔虫封じ〕
聖福寺(長崎)　㊤593b〔公所・幇〕 ㊦194c〔唐四ヵ寺〕
常福寺(新潟)　㊤257a〔押合い祭〕
常福寺(滋賀)　㊤別刷〈供物〉
• 菖蒲酒〘ショウブ-〙《しょうぶざけ》　㊤**855**a 611c〔五月節供〕 854c〔ショウブ〕 ㊦71a〔端午節供〕
浄・不浄《じょうふじょう》　⇨ケガレ(㊤565a)
菖蒲節供〘-の節供〙　㊤611c〔五月節供〕 627a〔五節供〕 →端午
正札　㊦474a〔符丁〕
菖蒲たたき　㊤612a〔五月節供〕
成仏　㊤86c〔異常死〕
成仏寺(大分)　㊤271c〔鬼会〕 ㊦818b〔六郷満山〕
菖蒲根　㊦633 図〔民間薬〕
菖蒲鉢巻　㊤611c〔五月節供〕 855a〔菖蒲湯〕
ショウブヒトエモン　㊦373c〔初節供〕
菖蒲縵　㊦71b〔端午節供〕
• 菖蒲湯〘ショウブ-〙《しょうぶゆ》　㊤**855**a 611c〔五月節供〕 854c〔ショウブ〕 ㊦230a〔土用〕 514a〔蛇聟入り〕
ショウブワケ　㊤362b〔形見分け〕
正平寺(大分)　㊦574b〔松会〕
常平所　㊤463a〔義倉〕
常平倉　㊤463a〔義倉〕
正平津波　㊦136a〔津波〕
• 小便《しょうべん》　㊤**855**a ㊦365c〔蜂〕 619a〔ミミズ〕
小便壺　㊦515c〔便所〕
しょうべん祭　㊤855b〔小便〕
聖宝　㊤824a〔修験道〕
情報　㊤855c〔情報伝達〕 ㊦365b〔旗振り通信〕
消防組　㊤855c〔消防団〕 ㊦151c〔出初式〕 405b〔半鐘〕 435b〔火の見櫓〕
消防小屋　㊤649c〔小屋〕
正法寺(滋賀)　㊤675 図〔西国巡礼〕
• 消防団《しょうぼうだん》　㊤**855**b 342c〔火事〕 ㊦435c〔火の見櫓〕 443a〔拍子木〕

消防出初式　㊦151c〔出初式〕
• 情報伝達《じょうほうでんたつ》　㊤**855**c　955a〔善根宿〕
錠前　㊤319b〔鍵〕
錠前師　㊤319b〔鍵〕
小満　㊦275b〔二十四気〕
正御影供(真言宗)　㊤982c〔祖師忌〕　㊦597b〔御影供〕
正御影供　㊦11a〔大師信仰〕
声明　㊤416c〔歌謡〕　491a〔行道〕　㊦829b〔和讃〕
勝名荒人宮　㊤979c〔曾我兄弟〕
称名念仏　㊦312c〔念仏〕
称名滝　㊦33b〔滝〕
• 常民《じょうみん》　㊤**856**b　463c〔基層文化〕　794b〔市民〕　849b〔常人〕　㊦280b〔日本常民文化研究所〕　508b〔平民〕　638b〔民衆〕
常民文化　㊤463c〔基層文化〕　→基層文化
常民文化研究所　㊤856c〔常民〕
聖武天皇　㊤75c〔囲碁〕
• 照明《しょうめい》　㊤**857**a　㊦19b〔松明〕
召命巫　㊦600a〔巫女〕
青面金剛　㊤595a〔庚申信仰〕
定免法　㊦309a〔年貢〕
条目　㊦677a〔村極め〕
唱門師〔声聞-〕　㊤375b〔門付け〕　530b〔曲舞〕　→しょうもんじ
上酛廻り　㊦209b〔杜氏〕
声聞界　㊤778c〔十界修行〕
声聞行　㊤778c〔十界修行〕
• 唱門師〔声聞-〕《しょうもんじ》　㊤**857**c　㊦226a〔飛神明〕　433a〔非人〕　535b〔ほかいびと〕　→しょうもじ
縄文人　㊦281a〔日本人(一)〕
縄文土鈴　㊤912 図〔鈴〕
• 庄屋《しょうや》　㊤**858**a　747c〔地方史料〕　㊦259c〔名主〕　439b〔百姓〕　→名主
上屋　㊤284c〔母屋〕　576b〔下屋〕
生薬　㊦634b〔民間医療〕
庄屋拳　㊤577a〔拳〕
• 常夜燈《じょうやとう》　㊤**858**a　58c〔行燈〕　722a〔参宮街道〕　㊦別刷〈村境〉
• 醬油〔漿油〕《しょうゆ》　㊤**859**a　590a〔麴〕　744b〔塩漬〕　971a〔雑炊〕　㊦13c〔大豆〕　110c〔調味料〕　127c〔佃煮〕　609a〔味噌〕
醬油桶　㊤252 図〔桶〕
照葉樹林採集・半栽培文化　㊤859b〔照葉樹林文化〕
• 照葉樹林文化《しょうようじゅりんぶんか》　㊤**859**b　755c〔シコクビエ〕　㊦484a〔ブナ帯文化〕
照葉樹林焼畑農耕文化　㊤859b〔照葉樹林文化〕
小浴　㊤488b〔行水〕
常楽院流〔-法流〕　㊤334b〔景清〕　765b〔地神盲僧〕
常楽会　㊦304c〔涅槃会〕　→涅槃会
常楽寺(埼玉)　㊦86 表〔秩父巡礼〕
常楽寺(徳島)　㊦519 表〔遍路〕
浄履　㊤978a〔草履〕
• 精霊《しょうりょう》　㊤**859**c　989c〔祖霊〕　㊦45c〔祟り〕　658a〔無縁仏〕
聖霊会　㊦474b〔仏教芸能〕　475c〔仏教民俗〕
精霊送り　㊤428b〔川施餓鬼〕　431a〔河原〕　㊦115b〔鎮送呪術〕　550a〔盆(二)〕　679b〔村境〕　別刷〈盆〉
精霊祭　㊦19c〔松明祭〕
精霊さんの杖　㊤860a〔精霊流し(一)〕
精霊棚《しょうりょうだな》　⇨盆棚(㊦555b)　㊤251c〔送り火〕　376a〔門火〕　627a〔五節供〕　677c〔祭壇〕　859c〔精霊〕　㊦658c〔迎え火〕
• 精霊流し(年中行事)《しょうりょうながし》　㊤**860**a　426b〔川〕　㊦550b〔盆(二)〕　別刷〈盆〉　→燈籠流し
• 精霊流し(日系)《しょうりょうながし》　㊤**860**b
精霊舟〔-船〕　㊤428b〔川施餓鬼〕　860a〔精霊流し(一)〕　895c〔新仏〕　㊦62b〔魂祭〕　271c〔新盆〕　別刷〈盆〉
精霊迎え　㊦550a〔盆(二)〕
昭倫公所　㊤970c〔宗親会〕
少林寺(埼玉)　㊦86 表〔秩父巡礼〕
定林寺(埼玉)　㊦86 表〔秩父巡礼〕
• 浄瑠璃《じょうるり》　㊤**860**c　332b〔掛けあい〕　363c〔語りもの〕　465a〔義太夫〕　591b〔口上〕　625a〔古浄瑠璃〕　㊦165b〔伝承文化〕　183a〔道成寺〕　293a〔人形浄瑠璃〕　777b〔寄席〕
浄瑠璃寺(愛媛)　㊦519 表〔遍路〕
• 浄瑠璃姫《じょうるりひめ》　㊤**860**c
• 松例祭《しょうれいさい》　㊤**861**a　578a〔験競べ〕　725a〔三山参り〕　㊦19c〔松明祭〕　360a〔柱松〕　437c〔火祭〕
精霊づき　㊤668a〔牛蒡種〕　→牛蒡種
青蓮院(京都)　㊤765b〔地神盲僧〕
照蓮寺(岐阜)　㊦183a〔道場〕
ショウロ　㊦574a〔松〕
小六壬　㊦3a〔大安〕
条　㊦548a〔ホラ〕
ジョーキ　㊦314c〔燃料〕
ジョーキ(沖縄)　㊤712c〔笊〕
精進事　㊦580c〔窓ふさぎ〕
ジョーロシ　㊤690a〔作男・作女〕　㊦528c〔奉公人〕
ショガツオ　㊤900c〔水産加工〕　→正月魚
ショガッデ　㊤285c〔オヤゲンゾ〕
所管社　㊤947b〔摂社〕
女給　㊤383c〔カフェー〕
食塩　㊤221b〔塩水選〕
• 職親《しょくおや》　㊤**861**c
• 食事《しょくじ》　㊤**861**c　18b〔朝茶〕　303c〔外食〕　442a〔間食〕　765a〔地震〕　827c〔主食〕
食事休み　㊦726c〔休み〕
食習調査　㊦632c〔民間伝承の会〕
食餌療法　㊦634b〔民間療法〕
食人風習《しょくじんふうしゅう》　⇨カニバリズム(㊤378c)
食制《しょくせい》　⇨食事(㊤861c)
『食生活の歴史』　㊤940a〔瀬川清子〕
燭台　㊤857b〔照明〕　㊦556c〔雪洞〕
• 食卓《しょくたく》　㊤**862**b
食卓塩　㊤742b〔塩〕
食堂セット　㊦95a〔ちゃぶ台〕
• 職人《しょくにん》　㊤**862**c　825c〔手工業〕　㊦109b〔町人〕　571b〔町〕　778a〔他所者〕
職人制度　㊤825c〔手工業〕
職人帳　㊦470a〔普請帳〕
• 職能神《しょくのうしん》　㊤**863**a　473b〔機能神〕
食パン　㊦403a〔パン〕
• 植物禁忌《しょくぶつきんき》　㊤**863**b
植物紋　㊤411 図〔家紋〕
『植物妖異考』　㊤585a〔甲寅叢書〕
食紅　㊦512a〔ベニバナ〕
植民　㊤85c〔移住(一)〕　132a〔移民(一)〕
• 食物禁忌《しょくもつきんき》　㊤**863**c　425c〔家例〕　691a〔作物禁忌〕
食油　㊤435c〔換金作物〕　㊦254a〔ナタネ〕
ショクヨウホオヅキ　㊦534c〔ホオズキ〕
ショケ　㊤712c〔笊〕
ショケゴ　㊤766a〔私生児〕
『除蝗録』　㊦322c〔農書〕
諸国玩具　㊤495c〔郷土玩具〕
諸国総袈裟頭　㊤825a〔修験道〕
『諸国叢書』　㊦327c〔後狩詞記〕
『諸国百物語』　㊤308a〔怪談〕
諸国風俗問状　㊦644b〔民俗学史〕　652c〔民俗調査〕
• 『諸国風俗問状答』《しょこくふうぞくといじょうこたえ》　㊤**864**b　㊦別刷〈民俗学史〉
諸国山伏出世の峰　㊦287a〔入峰修行〕
書斎　㊤842c〔書院〕
助産　㊤696a〔坐産〕
助産院　㊤717b〔産院〕
• 助産婦《じょさんぷ》　㊤**864**c
庶子　㊦92b〔嫡子〕
女子会館　㊤865c〔処女会〕
『諸色覚日記』　㊦322b〔農事日誌〕
ショシキゴヤ　㊦830c〔輪中〕
叙事詩　㊤592c〔口承文芸〕
• 女子神職《じょししんしょく》　㊤**865**a
女子青年団　㊤865b〔処女会〕
女子道社　㊤282a〔神籤〕
諸社　㊤801c〔社格〕
処暑　㊦275b〔二十四気〕
処女　㊤930b〔性道徳〕
抒情詩　㊦396a〔バラッド〕
• 処女会《しょじょかい》　㊤**865**b

処女会中央部　㊤865b〔処女会〕
ショショナギ　㊤150b〔飲用水〕
処女の会　㊦713a〔夜学〕
女婿　㊦663a〔聟〕
・女性祭司《じょせいさいし》　㊤**865c**　295b〔女神主〕　458a〔聞得大君〕　別刷〈沖縄文化〉　㊦299a〔祝女〕
・初生子《しょせいし》　㊤**866a**
初生子相続《しょせいしそうぞく》　⇨姉家督(㊤33c)　㊤106c〔一子残留〕　866a〔初生子〕　973c〔相続〕
『女性の歴史』　㊦31c〔高群逸枝〕
女性不浄観　㊤573c〔血盆経〕
女性民俗研究会　㊦別刷〈民俗学史〉
女性役割　㊤934c〔性役割〕
・除籍簿《じょせきぼ》　㊤**866a**
除雪　㊦762a〔雪鋤〕
・女装《じょそう》　㊤**866a**
除草　㊤866b〔除草器〕　㊦98b〔中耕〕　584a〔間引き(二)〕
・除草器《じょそうき》　㊤**866b**　㊦98b〔中耕〕
・所帯《しょたい》　㊤**867a**　885b〔シンショウ〕　→シンショウ
・所帯びろめ《しょたいびろめ》　㊤**867a**
ショタイモチ　㊤867a〔所帯〕
ショタイワタシ　㊤867a〔所帯〕
書棚　㊤323b〔家具〕
除地　㊤890b〔神田〕
・女中《じょちゅう》　㊤**867b**　㊦528c〔奉公人〕
女中市　㊦529a〔奉公人市〕
女中奉公　㊤751b〔仕着せ〕
暑中見舞い　㊦98a〔中元〕
・初潮《しょちょう》　㊤**867c**　101b〔一人前〕　572a〔月経〕　785a〔シヌイェ〕　928c〔成女式〕　930b〔性道徳〕　㊦767c〔ユモジ祝い〕　792b〔ラウンクッ〕
初潮祝い　㊦374b〔初他火〕
ショチョガマ　㊤50c〔アラセツ〕
食客　㊤95a〔居候〕　㊦729b〔厄介〕　→厄介
・食器《しょっき》　㊤**867c**　711a〔皿〕　㊦842b〔椀〕
織機　㊤290a〔織物〕　㊦361c〔機織〕
塩汁　㊤504a〔魚醬〕
しょっぷく台　㊦94c〔ちゃぶ台〕
ショヅミ　㊤748c〔直播き〕　㊦358b〔播種法〕
除田　㊤890b〔神田〕
書道　㊤820c〔襲名〕
所当米　㊤600b〔講田〕
所得　㊤332b〔家計〕
ショトメ　㊤683c〔早乙女〕
・諸鈍芝居《しょどんしばい》　㊤**868b**　別刷〈仮面〉
しょどんしばや　㊤868b〔諸鈍芝居〕
『ジョナサン長弓を引く』　㊦197c〔ドーソン〕
・初七日《しょなのか》　㊤**868b**　128c〔忌明け〕　763a〔四十九日〕　972c〔葬送儀礼(一)〕
㊦116c〔追善供養〕　345c〔墓参り〕　480a〔不動信仰〕　657a〔六日がえり〕
・初乳《しょにゅう》　㊤**868c**
ジョノクチ　㊦580c〔窓ふさぎ〕
諸控帳　㊦470a〔普請帳〕
・徐福《じょふく》　㊤**869a**
徐福祠　㊤869a〔徐福〕
ジョボ　㊤466c〔着付〕
ジョマイ　㊤230b〔王の舞〕
庶民　㊤856b〔常民〕　㊦638b〔民衆〕
『庶民の精神史』　㊦828a〔和歌森太郎〕
・署名《しょめい》　㊤**869a**
助命壇　㊤261c〔お救い小屋〕　㊦830c〔輪中〕
初夜　㊤321a〔柿の木問答〕
・初夜権《しょやけん》　㊤**869b**
『所有権法の理論』　㊤428a〔川島武宜〕
女優髷　㊦335c〔パーマ〕
薯蕷饅頭　㊦594a〔饅頭〕
女流義太夫　㊤296a〔女義太夫〕
節　㊦627c〔名節〕
ジョレン　㊦762c〔シジミ〕
女郎　㊤227a〔花魁〕
女郎家　㊤104a〔一夜官女〕
女郎衆　㊦360b〔ハシリガネ〕
ションガツモチ　㊦213c〔年玉〕
ションガ節　㊦820b〔六調子〕
ジョンジャ　㊦238b〔ドンザ〕
宗中　㊤546a〔クラン〕
・シラ　㊤**869c**　116b〔稲魂〕　116c〔稲積み〕　117a〔稲マヅン〕　871a〔白不浄〕
白井英二　㊤905c〔菅江真澄〕　→菅江真澄
白石噺　㊤46b〔飴屋踊り〕
白井光太郎　㊤897a〔人類学雑誌〕　㊦139a〔坪井正五郎〕
白岩観音堂(群馬)　㊦148b〔手形石〕
白岩さん(高知)　㊦473b〔淵〕
白岩神社(神奈川)　㊦737c〔流鏑馬〕
白髪　㊦508a〔米寿〕
シラカシ　㊦237c〔ドングリ〕
『白樺』　㊦734c〔柳宗悦〕
白髪水〔-伝説〕　㊤870c〔白髭水〕　㊦419a〔髭〕　→白髭水
白神岳(青森)　㊤288c〔お山掛け〕
白川家　㊦776a〔吉田神道〕
白川神道　㊤891a〔神道〕
『白川村の大家族』　㊤214a〔江馬三枝子〕
新羅楽　㊤315a〔雅楽〕　㊦459c〔舞楽〕
『新羅花郎の研究』　㊦603b〔三品彰英〕
新羅社祭礼　㊤222c〔延年〕
シラキン　㊤871a〔白不浄〕
シラコニヤジツカサ　㊤343c〔鍛冶神〕
シラコモチ　㊤783a〔粢〕
シラサ　㊤194c〔ウンジャミ〕
白鷺　㊤870a〔白鳥伝説〕
シラス　㊦132a〔土〕
シラセ(葬送)　㊦129a〔告げ人〕
シラセ　㊦45c〔祟り〕
シラソージ　㊤871a〔白不浄〕
白鷹山(山形)　㊦29a〔高い山〕
シラタムス　㊤871a〔白不浄〕
白鳥庫吉　㊤81c〔石神問答〕
しらとりさま　㊤870b〔白鳥伝説〕
・白鳥伝説《しらとりでんせつ》　㊤**870a**
白浪物　㊤598c〔講談〕
シラヌイー(シラの飯)　㊤870a〔シラ〕
白糠駒踊り　㊤643c〔駒踊り〕
白根山(群馬)　㊤396c〔神あらそい〕
・白野夏雲《しらのかうん》　㊤**870b**
ジラバ　㊦269b〔南島歌謡〕　768c〔ユンタ〕
シラハゴ　㊤766a〔私生児〕
シラハタ　㊦364b〔畑作〕
白旗明神　㊦363a〔旗掛け松〕
シラハンマイ　㊤871a〔白不浄〕
白比丘尼　㊤874b〔しろ〕　㊦375c〔八百比丘尼〕　→八百比丘尼
白鬚社(東京)　㊤51a〔争いの樹〕
白髭神社(滋賀)　㊤870c〔白髭明神〕
・白髭水〔白鬚伝説〕《しらひげみず》　㊤**870c**　596c〔洪水伝説〕　874b〔しろ〕　→白髪水
・白髭明神〔白鬚-〕《しらひげみょうじん》　㊤**870c**　870c〔白髭水〕　㊦419a〔髭〕
白拍子　㊤267c〔男舞〕　548a〔狂い〕　866b〔女装〕　㊦337b〔売春〕　757c〔遊女〕
・白不浄《しらふじょう》　㊤**871a**　7b〔合火〕　565b〔ケガレ〕　570b〔血穢〕　717c〔産穢〕　735a〔産火〕　→産火
調べ　㊦134a〔鼓〕
調糸　㊤112a〔糸繰り〕
白桝粉屋　㊤46b〔飴屋踊り〕
・シラミ　㊤**871b**　㊦329a〔ノミ〕
しらみ絞り　㊦155a〔手拭〕
しらみとのみの競争　㊦329c〔蚤と虱の駆け足〕
虱と蚤の由来　㊦329c〔蚤と虱の駆け足〕
白峯寺(香川)　㊦519 裏〔遍路〕
「白峰ハイヤ節」　㊦340b〔ハイヤ節〕
シラミノキ　㊤871c〔シラミ〕
シラモ　㊤305c〔海藻〕
白山　㊤874b〔しろ〕　㊦421c〔被差別部落〕　441b〔白蓋〕
白山神　㊤874b〔しろ〕
尻当　㊤621a〔腰当〕　709c〔座蒲団〕　→腰当
・尻炙り《しりあぶり》　㊤**871c**
鞦　㊦348c〔馬具〕
尻枷　㊦349a〔馬具〕
シリキレバンテン　㊦407a〔半纏〕
シリクチ　㊦615a〔水口〕
シリクチ・ウシンチー　㊤163c〔ウシ

ンチー〕
尻子玉 ㊤370c〔河童〕 371a〔河童駒引〕 371b〔河童相撲〕
尻米 ㊤608a〔肥取り〕
シリスエボタモチ ㊦786b〔嫁見せ〕
シリタタキ ㊦285c〔入家儀礼〕
尻叩き棒 ㊤142c〔祝い棒〕
シリツキ ㊦664c〔聟まぎらかし〕
•尻取り《しりとり》 ㊤**871c** 634b〔言葉遊び〕
尻鳴篦 ㊦191b〔動物報恩譚〕
シリノゴエ ㊦516a〔便所〕
シリノシリサマ ㊦516a〔便所〕
シリハリバイ ㊤142c〔祝い棒〕
シリミト ㊦615a〔水口〕
シリミナクチ ㊦615a〔水口〕
•死霊《しりょう》 ㊤**872a** 25b〔梓巫女〕 33b〔アニミズム〕 533a〔口寄せ〕 784a〔死口〕 880c〔新口〕 922a〔諏訪の文〕 957a〔先祖〕 ㊦45c〔祟り〕 103a〔蝶〕 442c〔病気〕 513a〔蛇〕 543a〔蛍〕 545a〔仏〕 545b〔仏おろし〕 631a〔民間信仰〕 809a〔霊魂〕
飼料 ㊤523c〔草刈場〕 ㊦835a〔藁〕
死霊階梯 ㊦118b〔通過儀礼〕
死霊結婚 ㊦683b〔冥婚〕
「史料としての伝承」 ㊦別刷〈民俗学史〉
•ジルイ〔地類〕 ㊤**872c** 66c〔家連合〕 107c〔イットウ〕 382a〔カブ(一)〕 540b〔組合(二)〕 753b〔ジグミ〕 888b〔親族〕 ㊦184b〔同族〕
汁かけ飯 ㊦743a〔山師〕
シルガユ ㊤415c〔粥〕
•汁粉《しるこ》 ㊤**873a** 24b〔小豆〕 317a〔鏡開き〕
•汁講《しるこう》 ㊤**873a** 874a〔汁物〕 ㊦609b〔味噌〕
シルシ ㊦778b〔予兆〕
験の杉 ㊦370c〔初午〕
璽筥 ㊤890a〔神体〕
印半纏 ㊦375b〔法被〕 406c〔半纏〕
•シルヒラシ ㊤**873b** ㊦454b〔風葬〕 680c〔村墓〕
シルマシ ㊤182b〔ウマチー〕
•汁物《しるもの》 ㊤**873c**
汁椀 ㊤868a〔食器〕
死霊《しれい》 ⇨しりょう(㊤872a)
•しろ〔シロ，白〕 ㊤**874a** 8b〔あお〕 140b〔イロ着〕 140c〔色直し〕 874b〔しろ〕 876a〔白蛇〕 ㊦401b〔晴着〕 441b〔白蓋〕 701c〔喪服〕
代 ㊦別刷〈野良仕事〉
代(沖縄) ㊦294c〔人頭税〕
•地炉〔ジロ〕《じろ》 ㊤**874c** 141c〔囲炉裏〕
白石紙子 ㊤400b〔紙子〕
白兎 ㊦258c〔七不思議〕
次郎次郎祭 ㊤169a〔打植祭〕
•次郎の朔日《じろうのついたち》 ㊤**874c** ㊦68b〔太郎の朔日〕
白馬岳(富山・長野) ㊦760c〔雪形〕
次郎餅 ㊤875a〔次郎の朔日〕
白瓜 ㊤691a〔作物禁忌〕
代懸り ㊦294c〔人頭税〕
•代掻き〔シロカキ，代かき〕《しろかき》 ㊤**875a** 156c〔牛〕 211b〔えぶり〕 234図〔大田植〕 243a〔陸苗代〕 644a〔駒ヶ岳〕 ㊦23c〔田植え〕 27c〔田人〕 566a〔馬鍬〕 574b〔松会〕 760c〔雪形〕 別刷〈野良仕事〉
代かき馬 ㊤644a〔駒ヶ岳〕 ㊦761図〔雪形〕
白帷子 ㊤784b〔死装束〕
しろがね ㊤513b〔銀山〕
白紙子 ㊤400b〔紙子〕
白革師 ㊤427b〔皮細工〕
白酒 ㊤281c〔お神酒〕 542a〔供物〕 →しろざけ
鉛粉 ㊤568b〔化粧〕
シロギモン ㊦401b〔晴着〕
シロコゴロフ Shirokogorov, Sergei Mikhailovich ㊤798b〔シャーマニズム〕
シロゴシラエ ㊤875b〔代掻き〕
シロコダンゴ ㊦70b〔団子〕
白強飯 ㊤658a〔強飯〕
•白酒《しろざけ》 ㊤**875b** 41c〔甘酒〕 ㊦432c〔雛祭〕 →しろき
白双 ㊤703b〔砂糖〕
•シロシ ㊤**875c** 111b〔イトゥパ〕
白下糖 ㊤703c〔砂糖〕
白呪術 ㊤826a〔呪術〕 ㊦569a〔呪い〕
シロショウゾク〔白装束〕 ㊦701c〔喪服〕 別刷〈生と死〉
白醤油 ㊤859a〔醤油〕
白炭 ㊤916c〔炭〕
白田 ㊦364a〔畠〕
シロヅクロイ ㊦357a〔はしかけ〕
白ナマズ ㊤876a〔白蛇〕
白バエ ㊦341a〔ハエ(二)〕
白不浄《しろふじょう》 ⇨しらふじょう(㊤871a)
•白蛇《しろへび》 ㊤**876a** 別刷〈護符〉
シロマシ ㊤182b〔ウマチー〕
シロマタ ㊤12図〔アカマタ・クロマタ〕 ㊦271c〔ニールピトゥ〕
白豆 ㊤36a〔油〕
•銀鏡神楽《しろみかぐら》 ㊤**876b** 836a〔狩猟儀礼〕 別刷〈仮面〉 別刷〈供物〉 ㊦236図〔採物〕 648a〔民俗芸能〕 別刷〈山の神〉
銀鏡神社(宮崎) ㊤124c〔猪〕 876b〔銀鏡神楽〕 別刷〈供物〉
•しろみて ㊤**876c** 116a〔稲作儀礼〕 706c〔さなぶり〕 ㊦237a〔泥落とし〕 →泥落とし
シロミテガユ ㊤876c〔しろみて〕
シロムク〔白無垢〕 ㊤140b〔イロ着〕 ㊦401b〔晴着〕 701c〔喪服〕
シロモチ ㊤783a〔薬〕
白餅 ㊦695a〔餅〕
城山くずれ ㊤765b〔地神もうし〕
•代分け《しろわけ》 ㊤**877a**
吝い屋 ㊤570a〔客比べ〕
ジワカレ ㊤872c〔ジルイ〕 ㊦503a〔分家〕
ジワカレベッケ ㊦722a〔屋敷〕
『紫波郡昔話』 ㊤695a〔佐々木喜善〕 ㊦823a〔炉辺叢書〕
ジワケ ⇨ジルイ(㊤872c)
ジワケノシンルイ ㊦722a〔屋敷〕
シワゴメ ㊦714a〔焼米〕 →焼米
地割 ㊦573b〔町割〕 841c〔割替〕
•地割制《じわりせい》 ㊤**877b** 247c〔沖縄文化〕 480c〔旧慣温存政策〕 ㊦401a〔原山勝負〕
震 ㊦372a〔八卦〕
仁 ㊤879a〔仁義(一)〕
•心意《しんい》 ㊤**877c** 454c〔聞き書き〕 886c〔心性〕
新飯田瞽女 ㊤626b〔瞽女〕
•心意現象《しんいげんしょう》 ㊤**878b** ㊦633a〔民間伝承論〕
讖緯説 ㊤298c〔陰陽道〕
新一世 ㊦286b〔ニューカマー〕
心縁協同体 ㊤494a〔協同体〕
新開 ㊤307a〔開拓〕
•しんがい ㊤**878b** 341c〔家産〕 757a〔私財〕 ㊦241c〔ナイショ〕 242a〔内職〕
新涯 ㊤890c〔新田〕
新開 ㊤890c〔新田〕 ㊦547b〔ホマチ〕
シンガイウシ ㊤878b〔しんがい〕
シンガイオトコ ㊤878c〔しんがい〕
シンガイカセギ ㊦242a〔内職〕
シンガイゴ ㊤757c〔私財〕 766a〔私生児〕 878c〔しんがい〕
しんがい仕事 ㊤757b〔私財〕
しんがい田 ㊤757b〔私財〕 878b〔しんがい〕
しんがい畑 ㊤757b〔私財〕 878b〔しんがい〕
シンガイ日〔しんがい-〕 ㊤258c〔オジ・オバ〕 757b〔私財〕 878b〔しんがい〕
神学 ㊤811a〔宗教学〕
陣笠 ㊤339a〔笠〕
新河岸 ㊤342a〔河岸〕
•進化主義《しんかしゅぎ》 ㊤**878c** ㊦171c〔伝播主義〕
新株 ㊤985a〔ソトコ〕
真壁 ㊤387b〔壁〕
神官 ㊤886a〔神職〕
新韓国人 ㊦286b〔ニューカマー〕
森厳寺(東京) ㊦468表〔富士塚〕
真木 ㊦41c〔山車〕
•仁義(道徳)《じんぎ》 ㊤**879a** ㊦716c〔ヤク

ザ〕
• 仁義(交際)〘ジンギ〙《じんぎ》　㊤**879**b　㊦124a〔つきあい〕
ジンギクガイ　㊤879b〔仁義㈡〕
ジンキチゴ　㊤766b〔私生児〕
仁義帳　㊤879b〔仁義㈡〕
新客　㊤295b〔女いちげん〕 578c〔見参〕 726b〔山上講〕 ㊦376b〔初聟入り〕 616a〔峰入り〕
新漁業法　㊤502b〔漁業制度〕
新処居住　㊤660b〔婚姻居住方式〕
新清水(日向)　㊤334b〔景清〕
シンキリ　㊤509a〔切替畑〕
• 寝具《しんぐ》　㊤**879**b　㊦353b〔箱床〕 480c〔蒲団〕 564c〔枕〕
• 甚句《じんく》　㊤**880**a
神供《じんく》　⇨供物(㊤541c)
新宮(和歌山)　㊤538a〔熊野信仰〕 →熊野速玉神社
神宮　㊦725b〔社〕
神宮院　㊤880b〔神宮寺〕 →神宮寺
神功皇后　㊤556a〔軍神〕 731a〔三度栗〕 918c〔住吉信仰〕
• 神宮寺《じんぐうじ》　㊤**880**b　394a〔神〕 ㊦511b〔別当寺〕 622c〔宮寺〕
真空式蒸発鑵利用煎敖法　㊤924a〔製塩〕
神宮大麻　㊤280c〔お札〕 ㊦19a〔大麻〕
神供社領築　㊦732a〔簗〕
• ジンクス jinx　㊤**880**c
シンクチ　㊤954b〔洗骨〕
• 新口〘-寄せ〙《しんくち》　㊤**880**c　533a〔口寄せ〕 784a〔死口〕 ㊦545b〔仏おろし〕
シングリ　㊦169c〔天道花〕
「甚九郎節」　㊤880a〔甚句〕
親権　㊤365c〔家長〕
信玄枡　㊦570a〔枡〕
神狐　㊤467c〔狐〕
• 糝粉〘新粉〙《しんこ》　㊤**881**a
新語　㊤980a〔俗語〕
シンコウ　㊤969c〔葬式組〕
神幸《しんこう》　⇨みゆき(㊦624c)
神号　㊤661b〔権現〕 ㊦809c〔霊神〕
人口　㊤356c〔過疎化〕
『新稿沖縄の歴史』　㊦415a〔比嘉春潮〕
神幸祭　㊤403c〔神迎え〕 ㊦574b〔松会〕
神号軸　㊤890a〔神体〕
人口論的過疎　㊤356c〔過疎化〕
• 新国学《しんこくがく》　㊤**881**b
•『新国学談』《しんこくがくだん》　㊤**881**c　881b〔新国学〕
辛国行者　㊦818a〔良弁〕
シンコ細工　㊤881b〔糝粉〕
神護寺　㊤880b〔神宮寺〕 →神宮寺
神護新勝寺(千葉)　㊦264c〔成田山〕
シンコダケ　㊤913b〔煤払い〕
シンコダンゴ　㊤881a〔糝粉〕
シンコ餅　㊦695b〔餅〕
神婚　㊤926b〔聖婚〕
• 真言《しんごん》　㊤**882**a　825c〔種子〕 ㊦217c〔土砂加持〕
真言行者　㊤486c〔行者〕
神婚式　㊤97a〔イタコ〕
神今食　㊦243b〔直会〕
神婚始祖神話　㊤882b〔神婚説話〕
真言宗　㊤752b〔樒〕 ㊦555b〔本地垂迹〕
真言神道　㊤891a〔神道〕
• 神婚説話〘-神話，-譚〙《しんこんせつわ》　㊤**882**b　138b〔異類婚姻譚〕
真言密教　㊦168c〔天道信仰〕
神在祭《じんざいさい》　⇨カラサデ(㊤419a)
進左退右　㊦425c〔左〕
深山　㊦707a〔モリ供養〕 737c〔山〕
神使　㊦123a〔使わしめ〕
振子　㊦117a〔追儺〕
信士　㊤312a〔戒名〕
• 神事《しんじ》　㊤**882**c　405c〔カムイノミ〕 ㊦578c〔祭〕 600b〔神子〕
ジンジ　㊤632c〔コト〕
神事　㊤242b〔御頭神事〕
紳士協約　㊤804b〔写真花嫁〕
• 神事芸能《しんじげいのう》　㊤**882**c　404b〔神態〕
神事座　㊦620c〔宮座〕
神事猿楽　㊤883a〔神事芸能〕
神事相撲　㊤404b〔神態〕
神事田　㊦622b〔宮田〕 →宮田
寝室　㊦107b〔帳台〕
人日　㊤627a〔五節供〕 946b〔節供〕 ㊦259b〔七日正月〕
神事能　㊤550b〔黒川能〕
伸子張り　㊤959c〔洗濯〕
伸子帆　㊦521a〔帆〕
シンシホツガン　㊤255b〔おこない〕 ㊦794b〔乱声〕
神事舞《しんじまい》　⇨神事芸能(㊤882c)
神事舞太夫　㊦65a〔太夫〕 593a〔万歳〕
辰砂　㊤900b〔水銀〕
信者　㊤782c〔祠堂銭〕
• 神社《じんじゃ》　㊤**883**b　158b〔氏神〕 160b〔氏子〕 161a〔氏子総代〕 801c〔社格〕 880b〔神宮寺〕 884a〔神社合祀〕 884c〔神社整理〕 886a〔神職〕 890b〔神田〕 ㊦233b〔鳥居㈠〕 511b〔別当寺〕 575b〔末社〕 622c〔宮寺〕 624b〔宮守〕 681c〔村寄合〕 725b〔社〕
神社縁起　㊤218b〔縁起〕
神社建築　㊤509c〔切り妻〕
• 神社合祀《じんじゃごうし》　㊤**884**a　883c〔神社〕 884c〔神社整理〕
神社祭式《じんじゃさいしき》　⇨祭式(㊤675c)　㊦212b〔祈年祭〕
神社祭祀規定　㊤676a〔祭式〕
神社神道　㊤891b〔神道〕
• 神社整理《じんじゃせいり》　㊤**884**c　159a〔氏神〕 752a〔式内社〕
神社中心説　㊤884b〔神社合祀〕
神社本庁　㊤884a〔神社〕
神社明細帳　㊤884c〔神社整理〕
神社暦　㊦311b〔年中行事㈠〕
神呪　㊤882a〔真言〕 →真言
神樹　㊤894c〔神木〕 →神木
• 人種《じんしゅ》　㊤**884**c
真宗　㊤202a〔絵系図〕 850a〔正信偈〕
• 心中《しんじゅう》　㊤**885**a　286b〔親子心中〕
信州鎌　㊤388c〔鎌〕
神習教　㊤498a〔教派神道〕
• 新宗教《しんしゅうきょう》　㊤**885**b　240a〔大本教〕 488b〔教祖〕 551b〔黒住教〕 580a〔現世利益〕 ㊦173b〔天理教〕
心中立て　㊤885a〔心中〕
心中物　㊤885a〔心中〕
人種学　㊦220b〔土俗学〕 →ethnology
人種的マイノリティ　㊦559c〔マイノリティ〕
寝所　㊦682a〔室〕
• シンショウ〘身上〙　㊤**885**b　63a〔家〕 →所帯
身上片付け　㊤885c〔シンショウ〕
津照寺(高知)　㊦519 園〔遍路〕
新勝寺(千葉)　㊤270a〔踊り花見〕 643a〔護摩〕 ㊦264b〔成田山〕 376c〔初詣で〕 →成田山
身上書　㊦142a〔釣書〕
身上回し〘シンショウマワシ〙　㊤332b〔家計〕 885c〔シンショウ〕 885c〔シンショウ譲り〕
身上持ち　㊤885c〔シンショウ〕
• シンショウ譲り〘身上-〙　㊤**885**c　885c〔シンショウ〕
身上分け　㊤885c〔シンショウ〕
身上渡し　㊤885c〔シンショウ〕 885c〔シンショウ譲り〕
• 神職《しんしょく》　㊤**886**a　447a〔神主〕 520c〔宮司〕 672a〔斎戒沐浴〕 676b〔祭祀組織〕 865a〔女子神職〕
『慎思録』　㊤311a〔貝原益軒〕
神人《じんにん》　⇨カミンチュ(㊤404c)　㊤961c〔仙人〕
新々一世　㊦286b〔ニューカマー〕
新進化主義　㊤878c〔進化主義〕
神人共食　㊤488a〔共食〕 ㊦243b〔直会〕
•『壬申戸籍』《じんしんこせき》　㊤**886**b　626c〔戸籍〕
新新宗教　㊤885b〔新宗教〕
壬申地券　㊦85a〔地租改正〕
人身売買　㊦528b〔奉公人〕
神身離脱　㊤893b〔神仏習合〕
神水　㊤103b〔一味神水〕

新燧社　㊦575b〔燐寸〕
• 心性《しんせい》　㊤**886**b　877c〔心意〕
• 新生活運動《しんせいかつうんどう》　㊤**886**c　924b〔生活改善運動〕
新生活運動協会　㊤924b〔生活改善運動〕
新生活改善運動　㊤343b〔貸衣装屋〕
• 人生儀礼《じんせいぎれい》　㊤**887**a　510c〔儀礼〕
• 親戚〖シンセキ〗《しんせき》　㊤**887**b　105b〔イッケ〕　148c〔姻戚〕　224c〔エンルイ〕　516a〔キンドレッド〕　㊦561c〔マキ〕
神仙　㊤961c〔仙人〕
神賤　㊤784c〔神人〕
• 神饌《しんせん》　㊤**887**b　259a〔折敷〕　488a〔共食〕　541c〔供物〕　685c〔肴〕　735c〔三方〕　別刷〈供物〉
深仙(奈良)　㊤238c〔大峯信仰〕
深仙灌頂　㊤824a〔修験道〕
神前結婚式　㊤572b〔結婚式場〕
人前結婚式　㊤572b〔結婚式場〕
• 神仙思想《しんせんしそう》　㊤**887**b　㊦177a〔道教〕
『新撰沙石集』　㊤804c〔沙石集〕
『新撰姓氏録』　㊤559c〔系図〕
新先祖　㊤957c〔先祖〕
新先達　㊤960c〔先達〕
『新撰東京名所図会』　㊦455a〔風俗画報〕
神仙島伝説　㊤869a〔徐福〕
神饌幣帛料供進社指定　㊤752a〔式内社〕
神像　㊤394a〔神〕　890a〔神体〕
新造　㊤227a〔花魁〕
真蔵院(東京)　㊦468 表〔富士塚〕
• 神葬祭《しんそうさい》　㊤**887**c　㊦776a〔吉田神道〕
• 親族《しんぞく》　㊤**888**a　168b〔ウタリ〕　224c〔エンルイ〕　515c〔キンドレッド〕　562a〔系譜〕　887b〔親戚〕　888c〔親族名称・呼称〕　891b〔親等〕　896c〔親類〕　990b〔ソン〕　㊦165c〔伝承母体〕　394a〔ハラ〕
親族呼称《しんぞくこしょう》　⇨親族名称・呼称(㊤888c)
親族世帯　㊤944c〔世帯〕
親族組織　㊤969a〔相互扶助〕
親族分家　㊦510c〔別家〕
親族名称　㊦150a〔テクノニミー〕
• 親族名称・呼称《しんぞくめいしょうこしょう》　㊤**888**c
• シンタ　㊤**889**c
ジンタ　㊦301b〔ネコグルマ〕
ジンダ　㊦609b〔味噌〕
• 神体《しんたい》　㊤**889**c　641a〔御幣〕
身代　㊤885b〔シンショウ〕　→シンショウ
寝台　㊤323b〔家具〕
陣代　㊤588c〔後見〕
神代踊り　㊦648a〔民俗芸能〕
神代神楽　㊤144b〔岩戸神楽〕　328b〔神楽〕　㊦別刷〈山の神〉
陣太鼓　㊤427b〔皮細工〕
神体山　㊤720a〔山岳信仰〕　889c〔神体〕　㊦738a〔山〕　748a〔山の背比べ〕
深大寺(東京)　㊤378a〔要石〕
神体盗み　㊦297c〔盗み〕
新大仏寺(三重)　㊤41b〔雨乞い踊り〕
シンタク　㊤26b〔アゼチ〕　㊦503a〔分家〕
神託　㊦35a〔託宣〕　→託宣
『信達民譚集』　㊦823a〔炉辺叢書〕
死んだ娘　㊤983a〔蘇生譚〕
新タラ　㊦65c〔タラ〕
シンダン　㊤863c〔植物禁忌〕
新築祝い　㊤809c〔祝儀〕
地人　㊦680a〔村揃〕
陣中見舞　㊦617c〔見舞〕
真鍮家好文　㊤591b〔江州音頭〕
神長　㊤921b〔諏訪信仰〕
陣痛　㊦81a〔力綱〕
真東小屋組　㊤650b〔小屋組〕
ジンデーク　㊤951a〔銭太鼓踊り〕
• シンデレラ Cinderella　㊤**890**a　㊦295c〔糠福米福〕
• 神田《しんでん》　㊤**890**b　160c〔氏子〕　263a〔お田植祭〕　264a〔オタネワタシ〕　281c〔お神酒〕　600b〔講田〕　601c〔神殿〕　㊦622b〔宮田〕　→御田　→宮田
• 新田《しんでん》　㊤**890**c　204c〔枝村〕　301c〔開墾〕　307a〔開拓〕　㊦43a〔タシロ〕
新田開発　㊤204c〔枝村〕　580c〔検地〕
新天師道　㊦177a〔道教〕
新田集落　㊦263c〔納屋集落〕
新田村落　㊤307b〔開拓村落㈠〕　525a〔草分け〕
寝殿造　㊤137a〔入母屋〕　576b〔下屋〕　589c〔格子〕　㊦107b〔帳台〕　446a〔武家造〕　735b〔屋根〕
新田百姓村　㊤993a〔村落類型論〕
新田村　㊤890c〔新田〕
• 神道《しんとう》　㊤**891**a　893b〔神仏習合〕　㊦219a〔土葬〕　368a〔八幡信仰〕
• 親等《しんとう》　㊤**891**b
振動　㊤721b〔三跪九叩〕
神道加持　㊤344b〔加持祈禱〕
神道教派　㊤498a〔教派神道〕　→教派神道
神道儀礼　㊤882c〔神事〕
神道五部書　㊤93b〔伊勢神道〕
神道裁許状　㊦776a〔吉田神道〕
• 『神道集』《しんとうしゅう》　㊤**891**c　218a〔縁起〕
神道十三派　㊤498a〔教派神道〕
神道修成派　㊤498a〔教派神道〕
神道葬祭　㊤887c〔神葬祭〕　→神葬祭
神道長上　㊦776a〔吉田神道〕
『神道の成立』　㊦31b〔高取正男〕
神道民俗　㊤810c〔宗教〕
臣道聯盟　㊤365a〔勝組・負組〕
「しんとく丸」　㊤946a〔説経節〕
• シントコ　㊤**892**a　135b〔イヨイキㇼ〕
シントコ＝プタ　㊤892b〔シントコ〕
新酉　㊦235c〔酉の市〕
• 陣取り《じんとり》　㊤**892**b
新内節　㊤860c〔浄瑠璃〕
• 新年団拝《シンニェントゥアンバイ》　㊤**892**b
信女　㊤312a〔戒名〕
真如苑　㊤825b〔修験道〕
芯抜け　㊦376b〔伐木〕
• シンヌラッパ〖-ラハパ〗　㊤**892**c　→イチャルパ
神恵院(香川)　㊦519 表〔遍路〕
新年　㊤320a〔書初〕
新年会　㊦532b〔忘年会〕
信念派　㊤365a〔勝組・負組〕
神能　㊤328b〔神楽〕
• 神農〖-黄帝〗《しんのう》　㊤**892**c　㊦149b〔てき屋〕
神農さん(大阪)　㊤893a〔神農〕
神農祭　㊤893a〔神農〕
心御柱　㊦439b〔神籬〕
神馬　㊤895c〔神馬〕　→しんめ
ジンバイ　㊦149c〔てき屋〕
陣羽織　㊦341b〔羽織〕
新橋芸者　㊤559b〔芸者〕
新畑　㊤301c〔開墾〕
人馬継立問屋　㊦125c〔継場〕
シンバ祭　㊤876c〔銀鏡神楽〕
ジンバ味噌　㊦609b〔味噌〕
心張棒　㊤42b〔雨戸〕
シンバル　㊤367c〔楽器〕　㊦190a〔銅拍子〕
• シンバン〖神房〗　㊤**893**b　㊦106a〔朝鮮寺〕　657b〔ムーダン〕
新番　㊤479c〔旧家〕
神判　㊤139c〔入れ札〕
神阪中華会館　㊦97c〔中華会館〕
心碑　㊤602c〔口碑〕
真福寺(埼玉)　㊦86 表〔秩父巡礼〕
神仏祈願　㊤830b〔出産〕
• 神仏習合〖-混淆〗《しんぶつしゅうごう》　㊤**893**b　394a〔神〕　810c〔宗教〕　880b〔神宮寺〕　㊦475b〔仏教民俗〕　511b〔別当寺〕　622c〔宮寺〕
• 人物評《じんぶつひょう》　㊤**893**c　622c〔ゴシップ〕　→ゴシップ
• 神仏分離《しんぶつぶんり》　㊤**894**a　880b〔神宮寺〕　㊦622c〔宮寺〕
神仏分離令　㊤825b〔修験道〕　㊦511b〔別当寺〕　631c〔民間信仰〕
• 神仏霊験譚《しんぶつれいげんたん》　㊤**894**b
新聞川柳　㊤965b〔川柳〕
人文地理学《じんぶんちりがく》　⇨地理学(㊦114a)
ジンベ　㊤244c〔沖着物〕　838 表〔狩

猟用具〕 894c〔甚兵衛〕 ㊦761c〔雪靴〕
新平民 ㊦508b〔平民〕
• 甚兵衛《じんべえ》 ㊤**894**c
神便鬼毒酒 ㊤831c〔酒呑童子〕
『新編故事ことわざ辞典』 ㊤913b〔鈴木棠三〕
神変大菩薩 ㊤223b〔役行者〕 825a〔修験道〕 →役行者
『新編武州古文書』 ㊦348b〔萩原竜夫〕
『新編武蔵国風土記稿』 ㊦83c〔地誌〕
辛棒比べ ㊤570a〔吝比べ〕
新方言 ㊦526b〔方言〕
• 神木《しんぼく》 ㊤**894**c 298a〔オンベ〕 685a〔逆杉〕 688c〔左義長〕 834a〔樹木崇拝〕 ㊦601a〔神輿〕 →霊木
神木動座 ㊦601a〔神輿〕
「新保広大寺節」 ㊤628c〔広大寺〕
新発意 ㊦6b〔太鼓踊り〕
• 新仏〔-ボトケ〕《しんぼとけ》 ㊤**895**b 860a〔精霊〕 957c〔先祖〕 ㊦271b〔新盆〕 555c〔盆棚〕 →あらぼとけ
新仏の正月 ㊦603c〔巳正月〕
新仏の年越させ ㊦603c〔巳正月〕
シンボル symbol ⇨象徴(㊤851c)
新盆 ㊦271b〔新盆〕 →にいぼん
神本仏迹説 ㊦555b〔本地垂迹〕
じんましん ㊤70b〔行き会い神〕
シンミノ ㊤245b〔沖言葉〕
辛味料 ㊤596b〔香辛料〕
神武さんれんぞ ㊦814a〔れんぞ〕
神武天皇 ㊤198c〔英雄伝説〕 ㊦728b〔八咫烏〕
神武天皇祭 ㊤26a〔東遊び〕
ジンムヌ ㊦269b〔南島歌謡〕
• 神馬《しんめ》 ㊤**895**c 別刷〈護符〉 ㊦328c〔野馬追い〕
神名 ㊦256a〔名付け〕
神明講 ㊤92b〔伊勢講〕 93a〔伊勢信仰〕 94a〔伊勢参り〕 →伊勢講
神明社(秋田) ㊦580a〔祭囃子〕
神明社(愛知) ㊦783a〔嫁市〕
神明信仰《しんめいしんこう》 ⇨伊勢信仰(㊤92c)
• 神明造《しんめいづくり》 ㊤**895**c ㊦446a〔平入り〕
神明鳥居 ㊦233c〔鳥居(一)〕
シンメイ巫女 ㊤261a〔オシンメイ〕
シンメーナービ ㊦260a〔鍋〕
人面犬 ㊦214a〔都市伝説〕
「人面獣心の壁書」 ㊦583図〔間引き(一)〕
シンモ ㊤895b〔新仏〕
神文 ㊤460c〔起請文〕
神紋 ㊤111b〔イトゥパ〕
新聞詠み ㊤429a〔河内音頭〕
シンヤ ㊤240b〔オーヤ〕 ㊦503a〔分家〕
新屋敷 ㊤890c〔新田〕
神輿 ㊦601a〔神輿〕 →みこし
神謡 ㊦756a〔ユーカラ〕
信用組合 ㊤721b〔産業組合〕
信用取引 ㊤333a〔掛け売り〕
新羅三郎笛吹石 ㊤79b〔石〕
親鸞 ㊤235a〔大谷本廟〕 269b〔御取越〕 731a〔三度栗〕 ㊦72b〔断食〕 85b〔乳銀杏〕 357c〔箸立伝説〕 523a〔報恩講〕
人力車 ㊤548a〔車〕
人力車夫 ㊤806c〔車力〕
神理教 ㊤498a〔教派神道〕
心理人類学 ㊦335b〔パーソナリティ〕
シンリッ ㊤199c〔エカシ〕
神領 ㊤890b〔神田〕
森林 ㊦705c〔森〕
• 森林組合《しんりんくみあい》 ㊤**896**b
森林法 ㊤896b〔森林組合〕
シンルイ ㊦179a〔同家〕
• 親類〔シンルイ〕《しんるい》 ㊤**896**b 63b〔家〕 66b〔家連合〕 105b〔イッケ〕 148c〔姻戚〕 151c〔ウェーカー〕 224c〔エンルイ〕 283c〔オモシンルイ〕 285c〔オヤコ〕 383b〔株〕 464b〔喜多野清一〕 516a〔キンドレッド〕 887b〔親戚〕 888b〔親族〕 ㊦119c〔通婚圏〕 184b〔同族〕 402b〔ハロウジ〕 427c〔ヒッパリ〕 712a〔ヤウチ〕 →親戚
人類学 ㊤767b〔自然人類学〕 ㊦219c〔土俗〕 220b〔土俗会〕 220b〔土俗学〕 220c〔土俗調査〕 500c〔文化人類学〕
『人類学』 ㊤908c〔杉浦健一〕
• 『人類学雑誌』《じんるいがくざっし》 ㊤**897**a ㊦644b〔民俗学史〕 別刷〈民俗学史〉
『じんるいがくのとも，じんるいがくよりあひのかきとめ』 ㊤897a〔人類学雑誌〕
『人類家族の血縁と姻戚関係の諸体系』〔人類の血族と姻族の諸体系〕 ㊤889a〔親族名称・呼称〕 ㊦691c〔モーガン〕
人類学会 ㊦139a〔坪井正五郎〕 644b〔民俗学史〕
『人類学会報告』 ㊤897a〔人類学雑誌〕 ㊦644b〔民俗学史〕
人類起源神話 ㊤971c〔創世神話〕
親類盃 ㊤286b〔親子盃〕 668b〔婚礼(一)〕
親類づきあい ㊦123c〔つきあい〕
親類成り ㊤295b〔女いちげん〕 704c〔里帰り〕
神令 ㊦123a〔使わしめ〕
神霊 ㊤33b〔アニミズム〕 167b〔御嶽〕 208a〔えびす〕 310b〔海難法師〕 398a〔神おろし〕 533a〔口寄せ〕 889c〔神体〕 ㊦28b〔他界観〕 45c〔祟り〕 225c〔飛神明〕 577c〔祭〕 769b〔妖怪〕 789a〔よりまし〕 809b〔霊魂〕
新暦 ㊤481b〔旧正月〕 →太陽暦
神狼図 ㊦739b〔山犬〕
• 神話《しんわ》 ㊤**897**b 311b〔開闢神話〕 399b〔神語り〕 622b〔古事記〕 898a〔神話学〕 949c〔説話〕 971b〔創世神話〕 ㊦21c〔太陽神話〕 164c〔伝承〕 168a〔天孫降臨〕 794c〔卵生神話〕
• 神話学《しんわがく》 ㊤**898**a

す

・酢《す》　㊤**898c**　590b〔麹〕　910b〔鮨〕　㊦110c〔調味料〕
簀　㊦37a〔竹細工〕
スアーメシ　㊤53b〔アワ〕
牙儈　㊤975b〔相場〕　㊦244a〔仲買い〕
すあひ場　㊤975b〔相場〕
素揚げ　㊦172b〔天麩羅〕
・粋〔水，帥，推〕《すい》　㊤**899a**　807a〔洒落〕　→いき
瑞雲　㊦274a〔虹〕
・水泳《すいえい》　㊤**899b**　429b〔川開き〕　654a〔娯楽〕
スイカ　㊤691a〔作物禁忌〕
水害　㊤456a〔飢饉〕　596c〔洪水〕　671c〔災害〕　→洪水
透垣　㊤318a〔垣〕
垂加神道　㊤891a〔神道〕
瑞巌寺(宮城)　㊤428c〔川施餓鬼〕
・ずいき祭　㊤**899b**　702c〔サトイモ〕　別刷〈供物〉
瑞貴祭　㊤542a〔供物〕
瑞饋神輿　㊦601b〔神輿〕
・水牛《すいぎゅう》　㊤**900a**　別刷〈沖縄文化〉
・水銀《すいぎん》　㊤**900b**　㊦43c〔堕胎〕
吸口　㊤596b〔香辛料〕
吸い口　㊦59a〔煙草道具〕
水軍　㊤312a〔海民〕　899b〔水泳〕
・スイコ(河童)〔水虎〕　㊤**900c**　370b〔河童〕
スイコ(井戸掘り)　㊤349c〔上総掘り〕
酔胡王　㊤453b〔伎楽〕
酔胡従　㊤453b〔伎楽〕
水虎大明神　㊤900c〔スイコ〕
・水産加工《すいさんかこう》　㊤**900c**
水産加工業協同組合　㊤501b〔漁業協同組合〕
水産加工食品　㊤393a〔蒲鉾〕
水産業　㊤500c〔漁業〕
水産業会　㊤501a〔漁業協同組合〕
水産業協同組合　㊤501b〔漁業協同組合〕
水産業団体法　㊤501a〔漁業協同組合〕
水産漁業協同組合法　㊤501b〔漁業協同組合〕
水産増殖　㊤679b〔栽培漁業〕
水産調査　㊦282c〔日本水産捕採誌〕
水産庁水産資料館　㊤791a〔渋沢敬三〕　㊦280c〔日本常民文化研究所〕
水産庁中央水産研究所　㊦280c〔日本常民文化研究所〕
水産養殖《すいさんようしょく》　⇨栽培漁業(㊤679b)
スイジ　㊦667c〔無常講〕
水子　㊦605c〔水子供養〕
スイジガイ　㊤833c〔呪物崇拝〕
・水死人《すいしにん》　㊤**901a**　283b〔オモカジ〕　㊦249c〔流れ仏〕
炊事場　㊤370a〔勝手〕
すいしゃ　㊦487b〔踏車〕　→踏車
・水車《すいしゃ》　㊤**901b**　413図〔家紋〕　434b〔灌漑〕　㊦772c〔揚水器〕　821c〔轆轤〕　別刷〈野良仕事〉　→踏車
垂迹縁起　㊤218b〔縁起〕
垂迹画　㊤538c〔熊野曼荼羅〕
垂迹曼荼羅　㊤538c〔熊野曼荼羅〕
水車小屋　㊤649c〔小屋〕
水車大工　㊦4c〔大工〕
・水晶《すいしょう》　㊤**901c**　㊦411c〔火打ち石〕
・瑞祥《ずいしょう》　㊤**902a**
水晶占い　㊤189b〔占い師〕
水上運搬具　㊤195c〔運搬具〕
・水神《すいじん》　㊤**902b**　40c〔雨乞い〕　46a〔雨〕　110c〔井戸〕　173c〔鰻〕　175b〔姥神〕　250c〔屋内神〕　304a〔海神〕　429a〔川浸り〕　610a〔氷の朔日〕　776c〔七夜〕　㊦51b〔七夕〕　362b〔機織淵〕　513a〔蛇〕　599b〔水分神〕　604a〔水〕　630b〔民間信仰〕　706c〔森神〕　801c〔竜神信仰〕　824a〔若返りの水〕
水神講　㊤584b〔講〕
『水神祭文』　㊤78c〔いざなぎ流〕
水針磁石　㊤586b〔航海術〕
水神少童　㊦704a〔桃太郎〕
水神信仰　㊤195b〔ウンナン神〕　426b〔川〕　482c〔キュウリ〕
水神祭　㊤161b〔臼太鼓〕　187a〔梅若忌〕　635c〔子供組〕　㊦383a〔花火〕
『スイス系ドイツ語辞典』　㊦547b〔ホフマン＝クライヤー〕
『スイス民俗学誌』　㊦547b〔ホフマン＝クライヤー〕
スイス民俗学会　㊦547b〔ホフマン＝クライヤー〕
燧石　㊦411c〔火打ち石〕　→火打ち石
スイセン　㊦149b〔できもの〕
水潜寺(埼玉)　㊦86裏〔秩父巡礼〕
・水葬《すいそう》　㊤**903a**　977a〔葬法〕
吸出し　㊦149b〔できもの〕
水餃　㊤500b〔ギョーザ〕
・水中眼鏡《すいちゅうめがね》　㊤**903a**　→水眼鏡
瑞兆　㊤406b〔亀〕
吸付き煙草　㊦726c〔休み〕
水田　㊤26a〔畦〕　26c〔畦塗り〕　301c〔開墾〕　445b〔乾田〕　580b〔減反政策〕　749b〔時間認識〕　㊦1a〔田〕　52a〔タニシ〕　167a〔天水田〕　412b〔ヒエ〕　614c〔水口〕　662b〔麦田〕　796b〔陸田〕
水田稲作農耕文化　㊤859b〔照葉樹林文化〕
水田漁撈　㊤115b〔稲作〕
・水天宮《すいてんぐう》　㊤**903a**
水天宮(東京)　㊤57b〔安産祈願〕　222a〔縁日〕　290図〔お礼参り〕　473c〔機能神〕
水田二毛作　㊤115b〔稲作〕
水田養魚　㊤115b〔稲作〕
水田養鯉　㊤583b〔コイ〕　㊦481a〔フナ〕
水筒　㊦37a〔竹細工〕
・水道《すいどう》　㊤**903b**
水燈会　㊤428c〔川施餓鬼〕
水稲耕作　㊤902b〔水神〕
・水団《すいとん》　㊤**903c**　㊦21c〔代用食〕　→団子汁
ずいとん坊　㊦53b〔狸の八畳敷〕
水難　㊤903a〔水天宮〕
水嚢〔スイノー〕　㊦37b〔竹細工〕　493c〔篩〕　701c〔モノモライ〕
水配人　㊤75c〔池守〕
垂髪　㊤399b〔髪型〕　→たれがみ
スイバン　㊦607b〔水屋㈠〕
・随筆《ずいひつ》　㊤**904a**
水平社　㊦422a〔被差別部落〕
・水平社運動《すいへいしゃうんどう》　㊤**904b**　㊦490a〔部落解放運動〕
水防倉庫　㊦830c〔輪中〕
吸物《すいもの》　⇨汁物(㊤873c)
吸物椀　㊦842c〔椀〕
水浴　㊦495c〔風呂〕
・水利慣行《すいりかんこう》　㊤**904b**　75c〔池守〕　434a〔灌漑〕　441a〔慣習法〕　㊦64b〔溜池〕　604b〔水争い〕
水陸会　㊤428c〔川施餓鬼〕
・水利組合《すいりくみあい》　㊤**905b**　66c〔家連合〕　74b〔池〕　599c〔耕地整理組合〕
水利権　㊤434a〔灌漑〕　904c〔水利慣行〕　940c〔堰〕
水利組織　㊤434a〔灌漑〕　㊦64b〔溜池〕　604c〔水争い〕　772c〔用水〕
水練　㊤899b〔水泳〕
水路　㊤434a〔灌漑〕
水論　㊦604b〔水争い〕　→水争い
・スー　㊤**905b**
ズー　㊦770b〔養蚕〕
スウェーデンカブ　㊤382c〔カブ㈡〕
崇聖会　㊤590c〔孔子廟〕
素謡　㊤166a〔謡〕　→謡
スウチウマー〔スーチュウマー〕　㊤307a〔カイダー字〕　573a〔結縄〕
スーパー＝マーケット　㊤853b〔商人〕
崇福寺(静岡)　㊤708c〔鯖大師〕
スエーワギ　㊤682c〔幸木〕
須恵器　㊤868a〔食器〕
スエザ　㊤461a〔木尻〕
据苗　㊤44a〔余り苗〕
スエノ　㊦364b〔畑作〕

スエノイオ　㊦298*a*〔盗み魚〕
末広がり　㊤129*b*〔忌数〕
据風呂　㊦496*a*〔風呂〕
『須恵村―日本の村―』　㊤223*c*〔エンブリー〕　㊦297*a*〔ヌシドリ〕
末吉船図　㊦482*a*〔船絵馬〕
素襖　㊤401*a*〔裃〕
『周防大島を中心としたる海の生活誌』　㊦623*c*〔宮本常一〕
• スカ　㊤**905***c*　㊦82*b*〔地形名〕
菅糸　㊤109*b*〔糸〕
菅浦の西門　㊦708*c*〔門(二)〕　別刷〈村境〉
菅浦の東門　㊦708*c*〔門(二)〕
• 菅江真澄《すがえますみ》　㊤**905***c*　456*a*〔飢饉〕　㊦403*a*〔番楽〕　644*a*〔民俗学史〕　別刷〈民俗学史〉
菅薦　㊤647*c*〔薦〕
透かし　㊤966*c*〔象嵌〕
すかし箸　㊦833*c*〔渡箸〕
透塀　㊦507*b*〔塀〕
須賀神社(千葉)　㊦602*a*〔神輿洗い〕
須賀神社(東京)　㊦235*c*〔酉の市〕
• 姿見の池《すがたみのいけ》　㊤**906***a*
姿見橋　㊤906*b*〔姿見の池〕
スが立つ　㊤95*c*〔磯の口明け〕　→磯の口明け
菅根　㊤702*a*〔砂鉄〕　→砂鉄
巣鴨地蔵(東京)　㊤222*b*〔縁日〕　→とげぬき地蔵
スカリ(運搬具)　㊤184*b*〔海〕
スカリ(履物)　㊦762*c*〔雪踏み〕
スガレ　㊦365*c*〔蜂〕　→蜂
菅原道真　㊤186*a*〔梅干〕　㊦166*b*〔天神講〕　166*c*〔天神信仰(一)〕
スカンパナータ　㊤806*c*〔シャリバリ〕
• 犂《すき》　㊤**906***b*　156*c*〔牛〕　907*b*〔鋤〕　㊦27*a*〔田打ち〕　319*a*〔農具〕
• 数寄〔数奇〕《すき》　㊤**908***a*
• 鋤《すき》　㊤**907***b*　906*b*〔犂〕　908*c*〔鋤焼き〕　㊦27*a*〔田打ち〕　762*a*〔雪鋤〕　別刷〈野良仕事〉
• 杉《すぎ》　㊤**908***b*　35*a*〔アバ〕　51*a*〔争いの樹〕　340*a*〔笠杉〕　685*a*〔逆杉〕　928*a*〔製材〕　967*a*〔雑木林〕　㊦55*c*〔種子籾囲い〕　434*c*〔ヒノキ〕　685*b*〔夫婦杉〕　729*a*〔矢立杉〕　771*c*〔楊枝〕　805*c*〔林業〕
スキー　㊤988*b*〔橇〕　㊦348*a*〔履物〕
スキィ　㊤84*b*〔石干見漁〕
主基院　㊤130*c*〔忌小屋〕
• 杉浦健一《すぎうらけんいち》　㊤**908***b*　㊦283*c*〔日本民俗学講習会〕　632*c*〔民間伝承の会〕
透漆　㊤779*a*〔漆器〕
杉皮葺き〔-屋根〕　㊦735*a*〔屋根〕　別刷〈民家〉
杉木茂左衛門　㊦428*c*〔人神〕
犂耕　㊦別刷〈野良仕事〉
杉刺し　㊤698*a*〔刺子〕
杉沢比山番楽　㊤別刷〈仮面〉
杉線香　㊤953*a*〔線香〕
杉玉　㊤908*b*〔杉〕
杉戸　㊦174*b*〔戸〕
杉塔婆《すぎとうば》　⇨ウレツキトウバ(㊤192*c*)
スキミントン　㊤806*c*〔シャリバリ〕
数寄者　㊤908*a*〔数寄〕
数寄屋　㊦735*b*〔屋根〕
• 鋤焼き《すきやき》　㊤**908***c*　630*c*〔御馳走〕　㊦260*b*〔鍋物〕
• 数寄屋造《すきやづくり》　㊤**909***a*
数寄屋風書院造　㊤909*a*〔数寄屋造〕
杉山大神　㊦820*a*〔六所祭〕
杉山流　㊤59*c*〔按摩〕
杉山和一　㊤59*c*〔按摩〕
スキャンダル　㊦799*c*〔流言蜚語〕
• 頭巾《ずきん》　㊤**909***a*　387*a*〔かぶりもの〕　㊦525*a*〔防寒着〕
スク(建築)　㊤528*c*〔グスク〕　→グスク
スク(魚名)　㊤225*c*〔追込漁〕
銑　㊦45*b*〔鑪〕　152*b*〔鉄〕
スクイ　㊦415*b*〔干潟漁〕
• 抄い網〔抄網〕《すくいあみ》　㊤**909***b*　45*b*〔網漁〕　500*c*〔漁業〕　㊦224*b*〔トビウオ〕
抄いタマ　㊦694*c*〔もぐり漁〕
匕玉拳　㊤577*a*〔拳〕
宿縁　㊤216*b*〔縁(一)〕
銑押　㊦45*b*〔鑪〕
少彦名神社(大阪)　㊤893*a*〔神農〕
少彦名命〔少名毘古那〕　㊤292*b*〔温泉〕　617*c*〔穀霊神話〕　㊦207*c*〔常世神〕
少比古尼命　㊤396*c*〔神あらそい〕
ズク引　㊤478*a*〔客引〕
スクマ　㊤753*a*〔シキョマ〕　809*b*〔収穫祭〕　㊦535*c*〔穂掛け〕
スクモ　㊤941*b*〔石炭〕
蒅　㊤1*b*〔藍〕
粭　㊦702*b*〔籾殻〕　→籾殻
すくも塚　㊦295*c*〔糠塚〕　→糠塚
過湯　㊦182*b*〔湯治〕
『宿曜経』　㊤188*c*〔占い〕
宿曜師　㊤188*c*〔占い〕　909*c*〔宿曜道〕
• 宿曜道《すくようどう》　㊤**909***c*
スグリワラ　㊦835*a*〔藁〕
ずくろ　㊤799*c*〔竜踊り〕
スケ(労働)　㊤352*a*〔加勢〕　494*c*〔共同労働〕　574*c*〔家抱〕　786*b*〔地主・小作〕　㊦154*a*〔手伝い〕　459*a*〔賦役〕　471*a*〔譜代(二)〕　561*b*〔マキ〕　754*a*〔ゆい〕
スケ(魚名)　㊤694*b*〔鮭の大助〕
助　㊤98*b*〔板前〕
• スゲ〔菅〕　㊤**909***c*　137*b*〔衣料〕　471*c*〔キナ〕
スケート　㊦347 図〔履物〕
菅笠〔スゲ-〕　㊤338*b*〔笠〕　387*a*〔かぶりもの〕　838 表〔狩猟用具〕　909*c*〔スゲ〕　㊦519*a*〔遍路〕
助郷　㊦125*c*〔継場〕
助人　㊦441*c*〔日雇〕　→日雇
スケトドケ　㊦785*b*〔嫁盗み〕
菅窪鹿踊り　㊤759*b*〔鹿踊り〕
助六下駄　㊤569*b*〔下駄〕
菅生田踊り　㊦25*c*〔田植え踊り〕
スゴキ結び　㊦668*c*〔結び〕
スコマ　㊤753*a*〔シキョマ〕　→スクマ
食薦　㊤647*c*〔薦〕
直屋　㊤534*c*〔クド造〕
• 双六(盤双六)《すごろく》　㊤**910***a*　335*b*〔賭け事〕　654*a*〔娯楽〕　㊦350*b*〔博打〕
• 双六(絵双六)《すごろく》　㊤**910***a*　485*a*〔競技〕
茐　㊤387*b*〔壁〕
須佐切明神事　㊦313*c*〔念仏踊り〕
素盞雄神社(東京)　㊦468 表〔富士塚〕
スサノオ神　㊤987*a*〔蘇民将来〕
須佐之男命　㊤198*c*〔英雄伝説〕　396*b*〔神あらそい〕　㊦31*b*〔高天原神話〕　744*c*〔八岐大蛇〕
• 鮨〔スシ，寿司〕《すし》　㊤**910***b*　432*a*〔かわりもの〕　㊦372*b*〔発酵食品〕
• 筋〔スジ〕《すじ》　㊤**910***c*　571*b*〔結核〕　573*a*〔血統〕　759*a*〔シジ〕　760*b*〔シジタダシ〕　990*b*〔ソン〕　→シジ
ズシ　㊦130*b*〔ツシ〕
• 厨子《ずし》　㊤**911***a*　323*b*〔家具〕
厨子王《ずしおう》　⇨安寿・厨子王(㊤58*a*)　㊤906*a*〔姿見の池〕
• 厨子甕《ずしがめ》　㊤**911***a*　㊦464*a*〔複葬〕
筋切り　㊤553 図〔鍬〕
筋正し　㊤759*a*〔シジ〕
筋立て　㊤525*b*〔櫛〕
厨子棚　㊤911*a*〔厨子(一)〕
ズシニカイ　㊦130*b*〔ツシ〕
筋塀　㊦507*b*〔塀〕
筋彫り　㊤139*c*〔刺青〕
スジマキ　㊦54*b*〔種子播き〕　358*b*〔播種法〕
筋目　㊤760*b*〔シジタダシ〕　→筋
厨子元　㊦182*c*〔道場〕
スシュー　㊤335*a*〔陰口〕
『豆州内浦漁民史料』　㊤791*a*〔渋沢敬三〕
• 頭上運搬《ずじょううんぱん》　㊤**911***c*　97*c*〔いただき〕　195*c*〔運搬法〕　210*c*〔家船〕　278*b*〔大原女〕　306*c*〔海村〕　746*c*〔シガ〕　㊦605*b*〔水汲み〕
頭上運搬具　㊤195*b*〔運搬具〕　989*a*〔反り天秤〕
スジンコ　㊤370*b*〔河童〕
スジンドン　㊤370*b*〔河童〕
• 鈴《すず》　㊤**912***a*　284*c*〔玩具〕　㊦458*a*〔風鈴〕
数珠　㊤828*a*〔数珠〕　→じゅず

ズズイコ　㊦292c〔人形〕
ススオトコ　㊤913b〔煤払い〕
鈴鬼　㊤271c〔鬼会〕
鈴掛　㊦749b〔山伏〕
鈴かけ馬　㊤561c〔競馬㈠〕
鈴鹿の鬼　㊤271b〔鬼〕
• ススキ〔薄〕　㊤**912b**　410c〔カヤ〕　415b〔茅場〕　524b〔草葺き〕
鈴木栄治　㊤564c〔ゲートボール〕
• 鈴木栄太郎《すずきえいたろう》　㊤**912c**　62c〔家〕　359b〔家族類型〕　365c〔家長〕　464b〔喜多野清一〕　768a〔自然村〕　㊦113a〔直系家族〕　186a〔同族家族〕　457a〔夫婦家族〕　526a〔傍系家族〕
『鈴木栄太郎著作集』　㊤913a〔鈴木栄太郎〕
鈴木重光　㊤169b〔内郷村調査〕　㊦822c〔炉辺叢書〕
• 鈴木棠三《すずきとうぞう》　㊤**913a**
鈴木春信　㊤788c〔司馬江漢〕
鈴木牧之　㊤15a〔秋山記行〕　㊦536a〔北越雪譜〕　644a〔民俗学史〕
鈴木三重吉　㊦194a〔童謡〕
「鈴木主水」　㊤534b〔口説き〕　㊦715b〔八木節〕
生絹　㊤465c〔几帳〕
すずしろ　㊦258a〔七草〕
スズタケ　㊤694c〔笹〕
スス玉踊り　㊦592b〔まんかい〕
鈴菜　㊦258a〔七草〕
鈴乃緒　㊤903b〔水天宮〕
煤掃き　㊤844c〔正月〕　913b〔煤払い〕　969a〔掃除〕　→煤払い
ススハキ正月　㊤913b〔煤払い〕
ススハキダケ　㊤913b〔煤払い〕
ススハキダンゴ　㊦70c〔団子〕
煤掃き飯　㊤913c〔煤払い〕
• 煤払い《すすはらい》　㊤**913b**　㊦175c〔胴上げ〕　→煤掃き
煤払い祝い　㊤913c〔煤払い〕
ススハライモチ　㊤913c〔煤払い〕
ススボウズ　㊤913b〔煤払い〕
煤孫の田植え踊り　㊤47c〔綾踊り〕
煤孫ひな子剣舞　㊤581c〔剣舞〕
ススマド〔-窓〕　㊤575c〔煙出し〕　㊦別刷〈民家〉　→煙出し
涼み　㊦324a〔納涼〕　→納涼
涼み舟　㊦324b〔納涼〕
• 雀〔スズメ〕《すずめ》　㊤**913c**　350b〔霞網〕　772a〔舌切雀〕　㊦163a〔天気占い〕
スズメオドシ〔雀脅し〕　㊤268a〔威し〕　㊦615b〔水口祭〕
雀踊り　㊦139c〔妻入り〕　557b〔本棟造〕
雀観音　㊤913c〔雀〕
雀孝行　㊤637a〔小鳥前生譚〕　913c〔雀〕　㊦137c〔ツバメ〕　191c〔動物昔話〕
雀酒屋　㊤913c〔雀〕
スズメドウ　㊦704c〔喪屋〕
雀とり話　㊤913c〔雀〕
雀の仇討ち　㊤155c〔ウグイス〕　713b〔猿蟹合戦〕　913c〔雀〕　㊦191c〔動物昔話〕
雀の粗忽　㊤913c〔雀〕　㊦137c〔ツバメ〕
スズメバチ　㊦365b〔蜂〕　367b〔蜂の子〕
硯箱　㊤323c〔家具〕
• 硯水《すずりみず》　㊤**914a**
『図説日本民俗学全集』　㊦467b〔藤沢衛彦〕
呪詛《すそ》　⇨じゅそ(㊤829a)
スソカゼ　㊤351c〔風邪〕
スソゴ　㊦574c〔末子〕
呪詛祭文　㊤78c〔いざなぎ流〕　829b〔呪詛〕
裾よけ　㊤623a〔腰巻〕　771c〔下着〕
スソワケ　㊤362b〔形見分け〕
ズタ　㊤714c〔猿股〕
巣鷹　㊦29c〔鷹狩〕
頭陀行　㊤621c〔乞食〕
• すたすた坊主　㊤**914a**　375b〔門付け〕　→願人坊主
スダテ　㊤215a〔魞〕
簀立漁　㊤625a〔湖沼漁業〕
• 頭陀袋《ずだぶくろ》　㊤**914a**　31c〔あとみらず〕　784a〔死装束〕　㊦278a〔入棺〕　464b〔副葬品〕
• 簾《すだれ》　㊤**914b**　323b〔家具〕　㊦37a〔竹細工〕　603c〔御簾〕
スチュワード Steward, Julian Haynes　㊦502b〔文化領域〕
スチョチョイ　㊦798b〔リムセ〕
スツ　㊤151b〔ウイミ〕
• 頭痛《ずつう》　㊤**914c**
頭痛押さえ　㊦685c〔眼鏡〕
頭痛鉢巻　㊦367c〔鉢巻㈠〕
頭痛持ち　㊤914c〔頭痛〕
酢造　㊤898図〔酢〕
スッケンギョウ　㊤360b〔片足跳び〕
スッコギ　㊤838表〔狩猟用具〕
スッポバンテン　㊦406c〔半纏〕
スッポン　㊦773a〔揚水器〕
籠　㊤718b〔さんか〕
スティグマ　㊤488c〔教祖〕
• 捨木〔ステギ〕《すてぎ》　㊤**914c**　㊦516a〔便所〕
• 捨子《すてご》　㊤**915a**　11c〔赤子塚〕　287a〔親子心中〕　㊦559b〔迷子〕　583a〔間引き㈠〕
ステゴオヤ　㊦448a〔拾い親〕
捨て童子　㊤831b〔酒呑童子〕
ステバカ　㊤186a〔埋め墓〕
ステワサビ　㊦829a〔ワサビ〕
ステンギ〔-ボウ〕　㊤914c〔捨木〕
ストゥーパ　㊤985a〔卒塔婆〕　→卒塔婆
ストウカァ　㊤711b〔サラニァ〕
ストー　㊦151b〔テシマ〕
• ストーブ stove　㊤**915b**
ストラパローラ　㊦381a〔話千両〕
• 素捕り《すどり》　㊤**915c**　49c〔アユ〕
ストリートパフォーマンス　㊦15b〔大道芸〕
• ストリップ〔-ティーズ, -ショー〕　㊤**915c**
砂　㊤702a〔砂鉄〕　→砂鉄
砂壁　㊤387b〔壁〕
スナグリ　㊤546b〔栗〕
砂時計　㊦204c〔時計〕
砂浜　㊦387a〔浜〕
砂風呂　㊦182c〔湯治〕
スニ　㊤922c〔瀬〕
スニム　㊦106a〔朝鮮寺〕
脛押　㊤172b〔腕相撲〕
スネカ　㊤44a〔アマメハギ〕　624b〔小正月の訪問者〕
スネホシ　㊤876c〔しろみて〕　→しろみて
スノイワイ　㊦742a〔山小屋〕
簀　㊤789c〔柴漬け漁〕
• 簀子天井《すのこてんじょう》　㊤**916a**　㊦164b〔天井〕
洲崎神社(千葉)　㊦628a〔弥勒踊り〕
スノタデ　㊦742a〔山小屋〕
スノバ　㊦742a〔山小屋〕
スノヤマ　㊤409c〔カモシカ猟〕
スパー銭湯　㊤961b〔銭湯〕
スバイ　㊤916c〔炭〕
洲浜　㊤795b〔標山〕
洲浜(家紋)　㊤413図〔家紋〕
すばり地蔵　㊦445b〔日和待ち〕　→しばり地蔵
ズブ　㊦238b〔ドンザ〕
スベ縄　㊦278a〔入棺〕
• スベブトン　㊤**916b**
スベランコ　㊤988b〔橇〕
スベリヒユ　㊦341a〔ハエ㈠〕
素干し　㊤556c〔燻製〕
• 相撲の節会〔相撲節〕《すまいのせちえ》　㊤**916b**　919c〔相撲〕　㊦385a〔花道〕
相撲使　㊤916b〔相撲の節会〕
相撲人　㊤916b〔相撲の節会〕
スマキ　㊤215a〔魞〕
スマシ汁〔すまし-〕　㊦41a〔だし〕　609b〔味噌〕
• 炭《すみ》　㊤**916c**　917b〔炭焼き〕　㊦715c〔焼き物〕
隅　㊦777c〔寄せ棟〕　→隅棟
墨祝い　㊤917a〔墨塗り〕　→墨塗り
炭籠　㊤336c〔籠〕
炭窯　㊤917b〔炭焼き〕
炭伐　㊤731b〔山内〕
隅切　㊤259a〔折敷〕

隅切り窓　㊦580b〔窓〕
炭坂　㊤731b〔山内〕 ㊦45a〔鑪〕
清酒　㊤542a〔供物〕 →せいしゅ
済み酒　㊤476a〔決め酒〕
スミス Smith, Grafton Elliot　㊦171c〔伝播主義〕 501c〔文化複合〕
スミス Smith, William Robertson　㊦495c〔フレーザー〕
『隅田川』　㊤186b〔梅若〕 548a〔狂い〕
隅田川七福神　㊤775c〔七福神巡り〕
炭焚　㊤731b〔山内〕
炭俵　㊤410c〔カヤ〕 912b〔ススキ〕 ㊦68c〔俵〕
スミツカリ　㊦13c〔大豆〕 370c〔初午〕 →シモツカレ
墨付け正月　㊤917a〔墨塗り〕
墨壺　㊤639c〔木挽〕
• 墨塗り《すみぬり》　㊤**917**a 別刷〈小正月〉 ㊦777a〔予祝儀礼〕
墨塗り十五日　㊤917a〔墨塗り〕 →墨塗り
角倉船図　㊦482a〔船絵馬〕
隅柱　㊦359c〔柱〕
炭櫃　㊤323c〔家具〕
隅棟　㊦670c〔棟〕 777c〔寄せ棟〕
隅餅　㊦671b〔棟上〕
澄屋　㊤516a〔金箔打〕
住谷一彦　㊤993a〔村落類型論〕
• 炭焼き《すみやき》　㊤**917**b 367c〔担叉〕 917c〔炭焼長者〕 918a〔炭焼藤太〕 ㊦738a〔山〕 743a〔山仕事〕 780b〔よなべ〕
炭焼き小屋　㊤649c〔小屋〕
• 炭焼長者《すみやきちょうじゃ》　㊤**917**c 229a〔黄金伝説〕 380a〔金売り吉次〕 829a〔酒泉の発見〕 ㊦104c〔長者〕
• 炭焼藤太《すみやきとうた》　㊤**918**a 513a〔金山〕 918a〔炭焼長者〕
炭焼の子　㊤194b〔運定め〕
• 住吉踊り《すみよしおどり》　㊤**918**b 371c〔活惚〕 447a〔願人坊主〕
住吉講　㊤600b〔講田〕
住吉三神　㊤918c〔住吉信仰〕
住吉常夜燈　㊤858 図〔常夜燈〕
• 住吉信仰《すみよししんこう》　㊤**918**c
住吉神社　㊤863b〔職能神〕
住吉神社(兵庫)　㊤734c〔三番叟〕 ㊦28b〔高足〕 179c〔闘鶏〕
住吉神社(山口)　㊦686a〔和布刈神事〕
住吉大社(大阪)〔-神社〕　㊤184b〔海〕 263a〔お田植祭〕 328a〔神楽〕 918b〔住吉踊り〕 918c〔住吉信仰〕 別刷〈供物〉 ㊦176a〔踏歌神事〕 257b〔夏祭〕 370b〔初卯〕 510b〔別火〕
住吉大明神(長崎)　㊤252b〔おくんち〕
住吉造　㊦139c〔妻入り〕
住吉明神　㊤919a〔住吉信仰〕
スミレ〔スミレグサ〕　㊦813b〔レンゲ〕
• スム　㊤**919**a
• 相撲〔角力，捔力，角觝〕《すもう》　㊤**919**a 172b〔腕相撲〕 371b〔河童相撲〕 485a〔競技〕 654a〔娯楽〕 778c〔十界修行〕 883a〔神事芸能〕 ㊦80b〔力くらべ(一)〕 126b〔月見〕 130c〔辻〕 210b〔年占〕 337c〔売春〕 431a〔一人相撲〕 719a〔櫓〕
相撲甚句　㊤46b〔飴屋踊り〕
角力茶屋　㊦95a〔茶店〕 95b〔茶屋〕
相撲の餅　㊦別刷〈生と死〉
スモッペ　㊦704c〔股引〕
スヤ(月小屋)　㊤571c〔月経〕
スヤ(墓上装置)　㊦62c〔霊屋〕 704c〔喪屋〕
素焼き　㊦715c〔焼き物〕
素屋造　㊤576b〔下屋〕
スヤワリ　㊦438c〔干物〕
スラ　㊦71a〔炭鉱〕
• スラブ屋　㊤**920**a
• スラム　㊤**920**a
スラング　㊤980a〔俗語〕
スリ　㊤402a〔剃刀〕 →剃刀
• 掏摸〔掏児〕《すり》　㊤**920**c 920c〔掏摸〕
ズリ　㊦337c〔売春〕 →ジュリ
すり足　㊤765c〔姿勢〕
• 摺臼〔磨臼〕《すりうす》　㊤**920**c 163c〔臼〕 416c〔唐臼〕
摺鉦　㊤379b〔鉦〕
すりこぎ　㊤921a〔擂鉢〕
スリコギカクシ　㊦10a〔大師粥〕
スリコギモチ　㊦542c〔牡丹餅〕
摺暦　㊦603b〔三島暦〕
すりざさら〔スリザサラ，摺りざさら〕　㊤48a〔綾踊り〕 695b〔ささら〕 ㊦391a〔囃し(二)〕
擦付木　㊦575b〔燐寸〕
スリ場　㊤155b〔ウグイ〕
ズリバカ　㊤306b〔崖葬〕
• 擂鉢《すりばち》　㊤**921**a
ズリビキ　㊦225a〔ドビキ〕
摺り餅　㊦695b〔餅〕
ズリモチ　㊦696b〔餅搗踊り〕
ズリ山　㊦71a〔炭鉱〕
駿河凧　㊦40 図〔凧〕
駿河舞　㊤26a〔東遊び〕
• スルク　㊤**921**b
スルシカー　㊤45c〔網漁〕
スルメ　㊤67c〔イカ〕 ㊦438c〔干物〕
スルメイカ　㊤67c〔イカ〕
スレート葺き　㊦735a〔屋根〕
スロットマシーン　㊤335a〔賭け事〕
諏訪神　㊤921b〔諏訪信仰〕 ㊦603a〔御射山祭〕
巣分かれ　㊦774a〔養蜂〕
諏訪湖(長野)　㊤282c〔御神渡〕
• 諏訪信仰《すわしんこう》　㊤**921**b 586c〔甲賀三郎〕
諏訪神社(埼玉)　㊦別刷〈生と死〉
諏訪神社(東京・板橋区下赤塚)　㊦68a〔タロウジ〕
諏訪神社(東京・板橋区大門)　㊦468 表〔富士塚〕
諏訪神社(東京・江戸川区)　㊦468 表〔富士塚〕
諏訪神社(神奈川・箱根町仙石原)　㊦765a〔湯立獅子舞〕
諏訪神社(神奈川・箱根町宮城野)　㊦765a〔湯立獅子舞〕
諏訪神社(長崎)　㊤252a〔おくんち〕
諏訪大社(長野)〔-神社〕　㊤75b〔生贄〕 173b〔鰻〕 263a〔お田植祭〕 297b〔御柱〕 341b〔風祭〕 351a〔風〕 416a〔粥占〕 524c〔草葺き〕 921b〔諏訪信仰〕 922a〔諏訪の文〕 ㊦133b〔筒粥〕 148b〔手形石〕 241b〔薙鎌〕 453c〔風神〕 603a〔御射山祭〕
『諏訪大明神絵詞』　㊤6c〔アイヌ語地名〕
諏訪鋸　㊦325c〔鋸〕
諏訪の祓え　㊤836b〔狩猟信仰〕
諏訪の祭　㊤836b〔狩猟信仰〕
• 諏訪の文《すわのもん》　㊤**922**a
諏訪明神〔-大明神〕　㊤423b〔狩場〕 536b〔熊谷家伝記〕 586c〔甲賀三郎〕 751a〔敷地軍記〕 836a〔狩猟信仰〕 922a〔諏訪の文〕
坐り歌　㊤180c〔ウポポ〕
座り神楽　㊦766b〔弓神楽〕
• 坐り方《すわりかた》　㊤**922**a
坐り流し　㊦245a〔流し〕
スンカニ　㊦269b〔南島歌謡〕
スンガンカカリャー　㊤434c〔カンカカリャー〕 798a〔シャーマニズム〕
寸劇　㊤327c〔神楽〕
ズンダ　㊦13c〔大豆〕
『駿台雑話』　㊤904a〔随筆〕
ズンノマイ　㊤841c〔順の舞〕

せ

青年社　㊤930c〔青年会〕
• 青年団《せいねんだん》　㊤**932**a　855b〔消防団〕　931a〔青年会〕　㊦277b〔ニセ〕　315c〔年齢階梯制〕　316b〔年齢集団〕　443a〔拍子木〕　826b〔若者組〕
青年夜学会　㊦713a〔夜学〕
• 細男《せいのお》　㊤**932**c　883a〔神事芸能〕
整髪料　㊤396b〔髪油〕
• 性病《せいびょう》　㊤**933**a
• 制服《せいふく》　㊤**933**b
成巫式　㊤97a〔イタコ〕
生物人類学　㊤767b〔自然人類学〕
西部方言　㊦527a〔方言区画論〕
セイフロムコ　㊦796c〔離婚〕
性別役割　㊤934b〔性役割〕
性別役割分業　㊤742a〔ジェンダー〕
• 歳暮《せいぼ》　㊤**933**c　623c〔互酬性〕　974b〔贈答〕　㊦98a〔中元〕　398a〔針供養〕　533a〔訪問〕
歳暮市　㊤933c〔歳暮〕
歳暮返し　㊤373a〔初正月〕
歳暮鮭　㊤933c〔歳暮〕
精米　㊤645c〔米〕
• 清明《せいめい》　㊤**933**c　㊦275b〔二十四気〕
晴明井　㊤37b〔安倍晴明〕
晴明石　㊤37b〔安倍晴明〕
• 清明祭《せいめいさい》　㊤**934**a　248a〔沖縄文化〕　727c〔三牲〕　766c〔紙銭〕　934a〔清明〕　㊦450c〔紅型〕
生命周期　㊦791c〔ライフサイクル〕　→ライフサイクル
晴明神社(京都)　㊤37b〔安倍晴明〕
• 清明節《せいめいせつ》　㊤**934**b　934a〔清明〕　934a〔清明祭〕
晴明塚　㊤37b〔安倍晴明〕
晴明橋　㊤37b〔安倍晴明〕
晴明屋敷　㊤37b〔安倍晴明〕
誓文　㊤460c〔起請文〕　㊦717c〔約束〕　→起請文
誓文払い　㊤164c〔嘘〕　208c〔えびす講〕　847c〔商業〕　914a〔すたすた坊主〕　㊦608c〔店〕
誓約　㊤103b〔一味神水〕
誓約書　㊦717c〔約束〕
• 性役割〔性別-〕《せいやくわり》　㊤**934**b　74a〔育児〕
製油図　㊤926a〔生業絵馬〕
『西洋画談』　㊤788c〔司馬江漢〕
西洋剃刀　㊤402a〔剃刀〕
西洋床　㊦207a〔床屋〕
西洋服師　㊤772c〔仕立屋〕
西洋褌　㊤714c〔猿股〕　→猿股
セイヨウミツバチ　㊦369a〔蜂蜜〕　773c〔養蜂〕
西洋蠟燭　㊦817a〔蠟燭〕
生理　㊦125a〔月小屋〕
整理箪笥　㊦73a〔箪笥〕
青竜寺(高知)　㊦519表〔遍路〕
• 清涼飲料《せいりょういんりょう》　㊤**935**a
清凉寺(京都)　㊦648c〔民俗芸能〕
精霊崇拝〔-信仰〕《せいれいすうはい》　⇨アニミズム(㊤33a)　㊦630b〔民間信仰〕
精霊憑依信仰　㊤469c〔狐憑き〕　㊦126b〔憑物〕　127a〔憑物筋〕
セイロ　㊦238a〔ドングリ〕
• 蒸籠《せいろ》　㊤**935**b　621b〔甑〕　658a〔強飯〕　935c〔蒸籠倉〕　941c〔赤飯〕　㊦567図〔曲物〕　667b〔蒸物〕
• 蒸籠倉《せいろぐら》　㊤**935**c
セート焼き　㊤別刷〈小正月〉
斎場御嶽(沖縄)　㊤172c〔ウトゥーシ〕　225a〔御新下り〕
セーマ　㊤458c〔キジムナー〕
背負板　㊤195c〔運搬具〕
背負運搬　㊤195c〔運搬法〕　911c〔頭上運搬〕　950b〔背中当〕
• 背負運搬具《せおいうんぱんぐ》　㊤**935**c　195b〔運搬具〕　937b〔背負梯子〕
• 背負籠《せおいかご》　㊤**936**c　195b〔運搬具〕　336c〔籠〕　530a〔肩屋〕　936図〔背負運搬具〕　937b〔背負縄〕　㊦37b〔竹細工〕　156b〔テボカライヨメ〕　159c〔テル〕
背負籠梯子　㊤937a〔背負籠〕　→背負梯子籠
• 背負縄《せおいなわ》　㊤**937**a　195b〔運搬具〕　936c〔背負運搬具〕　936c〔背負籠〕　937c〔背負梯子〕　950a〔背中当〕　㊦159c〔テル〕　814a〔連尺〕
背負箱　㊤195c〔運搬具〕　936図〔背負運搬具〕　950a〔背中当〕
背負挾枠　㊤936図〔背負運搬具〕
• 背負梯子《せおいばしご》　㊤**937**b　195c〔運搬具〕　936c〔背負運搬具〕　937a〔背負籠〕　937b〔背負縄〕　950a〔背中当〕　㊦543b〔ボッカ〕　834c〔藁〕　→背負子
背負梯子籠　㊤936図〔背負運搬具〕　937a〔背負籠〕
背負紐　㊦66a〔タラ〕
• 背負袋《せおいぶくろ》　㊤**938**a
背負蓑　㊦616c〔蓑〕
背負もっこ〔-臾〕　㊤936c〔背負籠〕　㊦697b〔もっこ〕
背負枠籠　㊤936図〔背負運搬具〕
セオガミ　㊦703c〔モモカ〕
• 世界観《せかいかん》　㊤**938**a
世界救世教　㊤240a〔大本教〕
世界宗教　㊤810c〔宗教〕
『世界宗教史』　㊤215c〔エリアーデ〕
世界地図　㊤788c〔司馬江漢〕
• セガイ造〔船棚-〕　㊤**938**c　㊦325b〔軒〕
• 世界農林業センサス《せかいのうりんぎょうセンサス》　㊤**938**c　→農林業センサス
世界民俗学　㊤106a〔一国民俗学〕
• 『世界民俗学文献目録』International Folklore and Folklife Bibliography《せかいみんぞくがくぶんけんもくろく》　㊤**939**a　㊦547b〔ホフマン＝クライヤー〕
• 施餓鬼《せがき》　㊤**939**b　283a〔お面被り〕　428b〔川施餓鬼〕　㊦346a〔墓参り〕
施餓鬼会　㊤319c〔餓鬼〕　939b〔施餓鬼〕
施餓鬼供養　㊦707b〔モリ供養〕
施餓鬼棚　㊤677c〔祭壇〕
施餓鬼船　㊤428b〔川施餓鬼〕
背皮　㊤837c〔狩猟用具〕
• 瀬川清子《せがわきよこ》　㊤**939**c　210c〔家船〕　214a〔江馬三枝子〕　664a〔婚舎〕　954a〔全国民俗誌叢書〕　㊦323b〔能田多代子〕　549a〔堀一郎〕　632c〔民間伝承の会〕　827a〔若者仲間〕
瀬川帽子　㊦530a〔帽子〕
• 堰《せき》　㊤**940**b　434b〔灌漑〕　904c〔水利慣行〕　㊦405c〔番水〕　801c〔流送〕
石塩　㊤742b〔塩〕
『石冠』　㊦425a〔ひだびと〕
• 関敬吾《せきけいご》　㊤**940**c　191a〔瓜子姫〕　238a〔大間知篤三〕　473b〔機能主義〕　730a〔山村調査〕　954a〔全国昔話記録〕　㊦18b〔タイプ＝インデックス〕　75a〔蜻蛉長者〕　167c〔伝説〕　191c〔動物昔話〕　267c〔難題聟〕　283a〔日本伝説名彙〕　283c〔日本民俗学講習会〕　284b〔日本昔話集成〕　284b〔日本昔話大成〕　452c〔フィンランド民俗学〕　549a〔堀一郎〕　552b〔本格昔話〕　652b〔民俗地図〕　656a〔民話〕　659a〔昔話〕　660c〔昔話研究〕　661a〔昔話採集手帖〕　811b〔歴史民俗学〕　828b〔話型〕　836a〔笑話〕
『関敬吾著作集』　㊤941a〔関敬吾〕
潟湖　㊤360a〔カタ〕
関サバ　㊤707c〔サバ〕
堰浚え　㊦679c〔村仕事〕
• 石州瓦《せきしゅうがわら》　㊤**941**a　430c〔瓦〕
石州楮　㊤597a〔コウゾ〕
関所　㊤231b〔往来手形〕
『赤松軒雑話』　㊤12c〔赤松宗旦〕
石菖結び　㊦607a〔水引〕
• 節季候《せきぞろ》　㊤**941**a　237c〔大祓え〕　375a〔門付け〕　634c〔ことぶれ〕　㊦7c〔大黒舞〕
石尊大権現　㊤240c〔大山信仰〕
• 石炭《せきたん》　㊤**941**b　641b〔ゴヘイタブネ〕　743c〔塩木〕　㊦71a〔炭鉱〕　314b〔燃料〕
『関寺小町』　㊤276b〔小野小町〕
石塔〔セキトウ〕《せきとう》　⇨墓石(㊦342b)　㊤97c〔板碑〕　125b〔位牌〕　656a〔五輪塔〕　㊦75c〔単墓制〕　342a〔墓〕　342b〔墓石〕　342c〔墓じるし〕　540c〔墓制〕　560a〔詣り墓〕　671c〔無墓制〕　819c〔六字名号塔〕
石塔会《せきとうえ》　⇨しゃくとうえ(㊤803a)

セキトウバカ　㊦560a〔詣り墓〕 804a〔両墓制〕
石塔墓　㊤787b〔芝〕 ㊦706c〔森神〕
石塔墓地　㊦75c〔単墓制〕 540c〔墓制〕 560a〔詣り墓〕 795a〔卵塔〕 795b〔ラントウバ〕 803c〔両墓制〕
関根安中　㊤96a〔磯節〕
関野神社(富山)　㊦580a〔祭囃子〕
関ノ札　㊦611a〔道切り〕
関のぼろ市　㊦549c〔ぼろ市〕
堰八安隆　㊦122c〔津軽神楽〕
• 赤飯《せきはん》　㊤**941**c 11c〔赤米〕 24b〔小豆〕 432a〔かわりもの〕 819b〔十二様〕 864a〔食物禁忌〕 ㊦535a〔行器〕 623a〔宮参り〕
• 堰番《せきばん》　㊤**941**c 942a〔堰番〕
セキヒ　㊦342b〔墓石〕
• 堰普請《せきぶしん》　㊤**942**a 495a〔共同労働〕 ㊦679c〔村仕事〕
関札　㊦555b〔本陣〕
石仏　㊦189b〔道標〕
関船　㊦486c〔船〕
石棒　㊤665b〔金精様〕 925a〔性器崇拝〕 928c〔性信仰〕
堰明神　㊦122c〔津軽神楽〕
堰役　㊤942a〔堰普請〕
関山神社(新潟)　㊦360a〔柱松〕
石油　㊤349c〔上総掘り〕 919a〔スム〕 ㊦314b〔燃料〕
石油蒸気ランプ　㊦796a〔ランプ〕
石油ランプ　㊤857a〔照明〕 ㊦795b〔ランプ〕
赤痢　㊤200c〔疫病〕 ㊦167c〔伝染病〕
• 世間《せけん》　㊤**942**b 521c〔公界〕 943a〔世間知らず〕 943b〔世間体〕 ㊦832a〔私〕
• 世間師《せけんし》　㊤**942**c
世間者　㊤943a〔世間師〕
• 世間知らず《せけんしらず》　㊤**943**a
• 世間体《せけんてい》　㊤**943**b ㊦687c〔面子〕
世間並み　㊤942b〔世間〕
セケンの衆　㊦223c〔ドニン〕
• 世間話《せけんばなし》　㊤**943**c 193b〔噂話〕 461c〔奇人譚〕 592c〔口承文芸〕 942b〔世間〕 949c〔説話〕 ㊦216b〔都市民俗〕 380b〔咄〕 453b〔諷刺〕 632a〔民間説話〕 656a〔民話〕 699c〔物語〕 836a〔笑話〕
セコ　㊤275b〔尾根〕 370b〔河童〕
セコ(村組)　㊤564b〔ゲーター祭〕 ㊦177c〔同行〕
セコ(地形)　㊦354b〔ハザマ〕
勢子(狩猟)〘セコ〙《せこ》　⇨狩猟法(㊤836c) ㊤125a〔猪狩り〕 286a〔親子〕 ㊦562a〔巻狩り〕 803a〔猟師〕
勢子　㊦177a〔闘牛〕
セゴカズキ　㊤674c〔再婚〕
セコダマシ　㊤214c〔獲物分配〕
セコダマス　㊤214c〔獲物分配〕
瀬籠り　㊤954c〔千垢離〕
瀬垢離　㊤954c〔千垢離〕
善根宿《ぜごんやど》　⇨ぜんごんやど(㊤955a)
• セジ　㊤**944**a 248b〔沖縄文化〕 911a〔筋〕
施食会　㊤939b〔施餓鬼〕 →施餓鬼
せしめ漆　㊤192a〔漆掻き〕
世襲制　㊤952b〔選挙〕
世襲巫　㊤533b〔クッ(二)〕
セジルシり　㊤951b〔背守り〕 →背守り
セセナギ　㊤150b〔飲用水〕
セゼバタケ　㊦364b〔畑作〕
セゼモノ　㊦364b〔畑作〕
せせり箸　㊦833c〔渡箸〕
世相　㊤944b〔世相解説〕 ㊦683c〔明治大正史世相篇〕
• 世相解説《せそうかいせつ》　㊤**944**b
世相史　㊦455b〔風俗史〕
世俗化　㊤515a〔近代化〕
セタ　㊦741c〔山言葉〕
セタール　㊤367b〔楽器〕
• 世帯《せたい》　㊤**944**c ㊦463c〔複世帯制〕
世代階層制　㊦315c〔年齢階梯制〕
世帯主　㊦3c〔大家族〕 526a〔傍系家族〕
世帯票　㊦104a〔調査票調査〕
世田谷のぼろ市　㊦549c〔ぼろ市〕
セタシジミ　㊤762b〔シジミ〕
瀬田唐橋(滋賀)　㊦357c〔橋姫伝説〕
セチ　⇨おうばん振舞い(㊤230d) ㊦309c〔年始〕
節　㊤632b〔コト〕 →せつ
節会　㊤151b〔ウイミ〕 946a〔節供〕 ㊦569c〔マス〕
節会供　㊤261c〔おせち〕
節男　㊦210c〔年男〕 →年男
節木《せちぎ》　⇨年木(㊦211c)
節木刈り　㊤913b〔煤払い〕
節柴　㊦212a〔年木〕
セヂダカウマリ(霊高い生まれ)　㊦763c〔ユタ〕
セチダゾウリ　㊤948a〔雪踏〕
節納豆ねせ　㊦257a〔納豆寝せ〕
節日　㊤261c〔おせち〕 ㊦311c〔年中行事(一)〕
セチの里帰り　㊤778b〔実家〕
セチボタ〘節榾〙　㊤946b〔節供〕 ㊦212a〔年木〕
セチモチ　㊤946b〔節供〕
セチヨビ　㊤230c〔おうばん振舞い〕
セチワリ　㊤946b〔節供〕
節〘セツ〙　㊤946a〔節供〕 ㊦579a〔祭〕 →せち
癤　㊦149a〔できもの〕
• 石灰《せっかい》　㊤**945**a 300a〔貝〕 ㊦447a〔肥料〕
セヅカミ　㊤915c〔素捕り〕
節気　㊦275b〔二十四気〕
• 説経〘説教〙《せっきょう》　㊤**945**b 573c〔血盆経〕 695b〔ささら〕 945c〔説経節〕 ㊦506a〔文弥人形〕 777b〔寄席〕
セツギョウ　㊤704c〔里帰り〕 778b〔実家〕
説経座　㊤945c〔説経節〕 ㊦506a〔文弥人形〕
説経祭文　㊤681b〔祭文〕 945c〔説経節〕 →説教節
説経師　㊤945b〔説経〕 945c〔説経節〕
説経者　㊤945c〔説経節〕 →説経説き
説経浄瑠璃〘説教-〙　㊤945c〔説経節〕 ㊦555b〔本地垂迹〕
説教僧　㊦828b〔話芸〕
説経説き　㊤945c〔説経〕 945c〔説経節〕
• 説経節〘説教-〙《せっきょうぶし》　㊤**945**c 251a〔小栗判官〕 362c〔語り〕 363c〔語りもの〕 526c〔串人形〕 →説経祭文
• 節供〘節句〙《せっく》　㊤**946**a 151b〔ウイミ〕 542a〔供物〕 ㊦373b〔初節供〕
• 節供礼《せっくれい》　㊤**946**b ㊦554a〔本家礼〕
• 絶家《ぜっけ》　㊤**946**c 62b〔家〕 65c〔家の盛衰〕 ㊦771b〔養子〕
雪蹊寺(高知)　㊦519 表〔遍路〕
絶家再興　㊤947a〔絶家〕
• 石鹸《せっけん》　㊤**947**a 805b〔シャボン玉〕 959c〔洗濯〕 ㊦296a〔糠袋〕
セツゴ　㊦401a〔晴着〕
絶交　㊤926c〔制裁〕
• 摂社《せっしゃ》　㊤**947**b ㊦575b〔末社〕
殺生禁断　㊦530c〔放生会〕
• 殺生石《せっしょうせき》　㊤**947**c
殺生筒　㊦154b〔鉄砲〕
殺生人　㊦803a〔猟師〕 →猟師
接触呪術　㊤826a〔呪術〕 →感染呪術
雪像祭　㊤389c〔かまくら〕
• 雪踏〘雪駄〙《せった》　㊤**948**a 427b〔皮細工〕 978b〔草履〕
接待返し　㊤955a〔善根宿〕
接待宿　㊤955a〔善根宿〕 →善根宿
摂丹型民家　㊦139c〔妻入り〕
折衷尺　㊦700b〔物差〕
雪隠　㊦515c〔便所〕 →便所
セッチンガミ　㊦516a〔便所〕
• 雪隠雛《せっちんびな》　㊤**948**b ㊦516b〔便所神〕
セッチンベーナ　㊤948 図〔雪隠雛〕 ㊦516a〔便所〕
• 雪隠参り〘セッチンマイリ〙《せっちんまいり》　㊤**948**c 48c〔あやつこ〕 52a〔歩き初め〕 531a〔糞〕 ㊦258c〔ナナトコマイリ〕 516a〔便所〕 612a〔三日祝い〕 →便所参り
セッチンヨメゴ　㊤948b〔雪隠雛〕
セットウ　㊤85b〔石屋〕
セットンバ　㊤552c〔クワ〕

節の草　㊤421c〔カラムシ〕
• 切腹《せっぷく》　㊤**948**c　758b〔自殺〕
• 節分《せつぶん》　㊤**949**a　143c〔イワシ〕　164c〔鱸〕　201b〔疫病神〕　274a〔鬼の子小綱〕　275a〔鬼やらい〕　361b〔方違〕　701c〔雑節〕　㊦117b〔追儺〕　175c〔胴上げ〕　210a〔年占〕　210c〔年男〕　212c〔年越〕　222c〔唱え言〕　227b〔トベラ〕　411a〔ヒイラギ〕　587a〔豆占〕　711c〔ヤイカガシ〕　716b〔厄落とし〕　718c〔厄除け〕
接吻　㊤532b〔口づけ〕
節分の豆　㊤403a〔雷〕
説法　㊤945b〔説経〕　→説経
• 説話《せつわ》　㊤**949**b　㊦474c〔仏教説話〕
説話絵巻　㊤214a〔絵巻〕
説話画　㊤206a〔絵解〕
『説話仕形噺』　㊤748a〔仕方話〕
• 背戸《せど》　㊤**949**c
セドアヒ　㊤950a〔背戸〕
セドクチ　㊤950a〔背戸〕
「瀬戸内海島嶼の開発とその社会形成」　㊦624a〔宮本常一〕
セドヤ　㊤950a〔背戸〕
セナ(長男)　㊤32c〔アニ〕　㊦109a〔長男〕
セナ　㊦71a〔炭鉱〕
• 背中当《せなかあて》　㊤**950**a　937b〔背負梯子〕　㊦407b〔バンドリ〕　543b〔ボッカ〕　834c〔蓑〕
セナカイチ　㊤950a〔背中当〕
セナカワ　㊤838図〔狩猟用具〕
セナコウジ　㊤950a〔背中当〕
セナドン　㊤33a〔アニ〕
銭洗い弁天(神奈川)　㊤950b〔銭洗水〕
• 銭洗水《ぜにあらいみず》　㊤**950**b
• 銭占《ぜにうら》　㊤**950**b　189a〔占い〕
銭掛松　㊤722a〔参宮街道〕
銭型刺し　㊤698a〔刺子〕
銭独楽　㊤642b〔独楽〕
銭太鼓　㊤950c〔銭太鼓踊り〕
• 銭太鼓踊り《ぜにだいこおどり》　㊤**950**c
ゼニチョウ　㊦103a〔蝶〕
• 銭箱《ぜにばこ》　㊤**951**a
銭引　㊤951a〔銭太鼓踊り〕
ゼニブクロ　㊤838図〔狩猟用具〕
銭棒　㊤951a〔銭太鼓踊り〕
銭輪踊り　㊤46b〔飴屋踊り〕　593c〔万作踊り〕　950c〔銭太鼓踊り〕
背縫い　㊦396c〔針〕
施肥　㊦447b〔肥料〕
セビ　㊤451b〔木下し〕
セビヨ〔セビオ〕Sébillot, Paul　㊦490c〔フランス民俗学〕　別刷〈民俗学史〉
施福寺(大阪)　㊤675図〔西国巡礼〕
セブリ　㊤718b〔さんか〕　㊦596a〔箕〕
セボシ〔瀬干し〕　㊤430a〔川干し〕　432b〔川漁〕
セマチ　㊦571c〔町〕
• 背守り《せまもり》　㊤**951**a　177b〔産着〕　㊦584b〔マブイ〕　589a〔魔除け〕
蟬　㊦163b〔天気占い〕
セモンカザリ　㊤951b〔背守り〕
セヤミ　㊦817b〔労働倫理〕
• セリ(競売)〔せり，競，糶，糴〕　㊤**951**b　別刷〈市〉
セリ(植物)〔芹〕　㊤724a〔山菜〕　㊦258a〔七草〕
せり　㊤384b〔歌舞伎〕　㊦471c〔舞台〕
競り市〔糶市〕　㊤190b〔売声〕　342a〔河岸〕
せり歌　㊦775a〔夜神楽〕
競売り　㊤951c〔セリ〕
競り人　㊤181c〔馬市〕
セリフネ〔競船〕　㊦80b〔力くらべ(一)〕　483b〔舟競争〕　→舟競争
ゼレーニン, D. K.　㊦822b〔ロシア民俗学〕
セロシェフスキー, V.　㊦822a〔ロシア民俗学〕
世話親〔セワオヤ〕　㊤582a〔元服〕　㊦252a〔仲人親〕
世話方　㊦177c〔同行〕
セワナリベッケ　㊦503a〔分家〕
世話人〔セワニン〕　㊦70a〔檀家総代〕　149c〔てき屋〕　251b〔仲人〕
セワヤキ　㊤578b〔ゲンサイ〕
せん　㊦389c〔刃物〕
塼　㊤430c〔瓦〕
• 膳《ぜん》　㊤**951**c　323c〔家具〕　967b〔葬具〕
繊維板張り天井　㊦164c〔天井〕
『千一夜物語』　㊦381a〔話千両〕
煎塩　㊤742b〔塩〕
全会一致制　㊤457b〔議決法〕
銭貨埋納　㊦821a〔六文銭〕
千貫焚き　㊤960a〔千駄焚き〕
• 疝気《せんき》　㊤**952**a
前鬼(奈良)　㊤238c〔大峯信仰〕
前鬼・後鬼　㊤271b〔鬼〕
疝気持ち　㊤952a〔疝気〕
• 選挙《せんきょ》　㊤**952**a
『仙境異聞』　㊦446b〔平田篤胤〕
専業主婦　㊤833a〔主婦〕
遷宮　㊦624c〔神幸〕
遷宮勧請　㊤441b〔勧請〕
千九人童子の墓　㊤962b〔千人塚〕
選系出自　㊤831a〔出自〕
千家尊福　㊤498a〔教派神道〕
• 浅間信仰《せんげんしんこう》　㊤**952**b
浅間神社(山梨)　㊦751c〔山宮〕
浅間神社(静岡)　㊤263a〔お田植祭〕　→あさまじんじゃ
浅間塚　㊤952c〔浅間信仰〕　→富士塚
潜行　㊤899b〔水泳〕
• 線香《せんこう》　㊤**953**a
遷幸　㊦624c〔神幸〕　→神幸
千光寺(兵庫)　㊤955b〔先山参り〕
善光寺(長野)　㊤872b〔死霊〕　953b〔善光寺参り〕　㊦224c〔飛び神〕　565c〔枕飯〕　709b〔門前市〕
善光寺親子地蔵　㊤83b〔石童丸〕
• 善光寺参り《ぜんこうじまいり》　㊤**953**b
善光寺和讃　㊦314a〔念仏講〕
線香花火　㊦382b〔花火〕
線香番　㊤434a〔灌漑〕
千斛簁　㊤953c〔千石どおし〕
全国自由同和会　㊦490b〔部落解放運動〕
全国商店街振興組合連合会　㊤852b〔商店会〕
全国女子神職協議会　㊤865b〔女子神職〕
全国水平社　㊤904b〔水平社運動〕
全国青年大会　㊤932b〔青年団〕
全国青年団連合大会　㊤932b〔青年団〕
全国棚田(千枚田)連絡協議会　㊤964c〔千枚田〕
• 千石どおし《せんごくどおし》　㊤**953**b
全国農談会　㊦817c〔老農〕
千石船　㊤305c〔廻船〕　㊦331c〔乗り初め〕　509c〔弁才船〕
全国部落解放運動連合会　㊦490b〔部落解放運動〕
• 『全国民事慣例類集』《ぜんこくみんじかんれいるいしゅう》　㊤**953**c
• 『全国民俗誌叢書』《ぜんこくみんぞくしそうしょ》　㊤**954**a　730a〔山村調査〕　㊦643b〔民俗学研究所〕　650a〔民俗誌〕
全国民俗綜合調査　㊦106b〔朝鮮民俗学〕
全国民謡緊急調査　㊦655b〔民謡〕
• 『全国昔話記録』《ぜんこくむかしばなしきろく》　㊤**954**a　㊦285a〔日本昔話名彙〕　660a〔昔話〕
『全国昔話資料集成』　㊦660a〔昔話〕
全国離島振興協議会　㊦623c〔宮本常一〕
「千越祝唄」　㊦23b〔大漁節〕
• 洗骨《せんこつ》　㊤**954**b　22b〔按司墓〕　305a〔改葬〕　306b〔崖葬〕　911a〔厨子甕〕　㊦116a〔拳骨〕　454b〔風葬〕　464a〔複葬〕　540b〔墓制〕　680c〔村墓〕
洗骨改葬　㊤848b〔焼香〕　873b〔シルヒラシ〕　977b〔葬法〕　㊦804a〔両墓制〕
『戦後農村の実態と建設の諸問題』　㊤276b〔小野武夫〕
• 千垢離〔川ー〕《せんごり》　㊤**954**c　289a〔お山参詣〕　435a〔願掛け〕　437c〔寒垢離〕　491b〔共同祈願〕
• 善根宿《ぜんこんやど》　㊤**955**a　㊦520a〔遍路〕　731c〔宿屋〕
前座　㊤293c〔御嶽行者〕　㊦332b〔ノリワラ〕

洗剤　㊦693b〔木灰〕
ゼンザイ〖ぜんざい，善哉〗　㊤24b〔小豆〕　317a〔鏡開き〕　873a〔汁粉〕　975a〔雑煮〕　→汁粉
• 前栽畑《せんざいばた》〖センザイバタ，センザイバタケ〗　㊤**955**a　㊦364a〔畠〕　724a〔屋敷〕　724a〔屋敷畑〕　→屋敷畑
千歳舞　㊤734a〔三番叟〕
潜在民具　㊤955b〔潜在民俗〕
• 潜在民俗《せんざいみんぞく》　㊤**955**b
前栽物〖センザイモノ〗　㊤9c〔青物市〕　㊦720c〔野菜〕
『占察善悪業報経』　㊤769b〔地蔵信仰〕
• 先山参り《せんざんまいり》　㊤**955**b
先史学　㊦501a〔文化人類学〕
戦時下駄　㊤569b〔下駄〕
先史考古学　㊤589b〔考古学〕
禅師峰寺(高知)　㊦519 裏〔遍路〕
宣旨枡　㊦570a〔枡〕
• 千社札《せんじゃふだ》　㊤**955**c　956a〔千社参り〕
• 千社参り《せんじゃまいり》　㊤**956**a　955c〔千社札〕
禅宗　㊤764a〔師匠〕
禅宗寺院　㊤577c〔玄関〕　842c〔書院〕
『撰集抄』　㊦475a〔仏教説話〕
千秋万歳　㊤49a〔操三番叟〕　㊦405a〔万歳〕　→せんずまんざい
千手観音　㊤569c〔ケタイ神〕
千住宿(武蔵)　㊤823a〔宿場町〕
千住神社(東京)　㊦468 裏〔富士塚〕
占術　㊤298c〔陰陽道〕
千住七不思議　㊤361c〔片葉の芦〕
膳所　㊦16b〔台所〕
先勝　㊦3a〔大安〕　229a〔友引〕　821b〔六曜〕
善生永助　㊦106b〔朝鮮民俗学〕
戦勝神　㊤118b〔稲荷信仰〕
占城稲　㊦16a〔大唐米〕
泉漳幇　㊤593b〔公所・幇〕
• 染色《せんしょく》　㊤**956**a　8b〔あお〕　㊦336c〔灰〕
染織図　㊤926a〔生業絵馬〕
前進植え　㊦別刷〈野良仕事〉
全真教　㊦177b〔道教〕
洗心水　㊦605a〔水掛け不動〕
扇子　㊦37b〔竹細工〕　309c〔年始〕　623b〔宮参り〕
山水河原者　㊤431c〔河原者〕
潜水神話　㊤973b〔創造神〕
山水瀬　㊤727b〔三途の川〕
潜水漁〖-漁法〗　㊤97a〔磯漁〕　500c〔漁業〕　551a〔黒潮〕　→もぐり漁
扇子問屋　㊤228a〔扇〕
千秋万歳　㊤375a〔門付け〕　530b〔曲舞〕　719c〔散楽〕　858a〔唱門師〕　㊦592c〔万歳〕　→せんしゅうばんぜい
前世　㊦791a〔来世観〕
センセイ　㊤331b〔隠れ念仏㈡〕
先生　㊤488c〔教祖〕　→教祖
占星術　㊤188c〔占い〕　189b〔占い師〕　㊦275c〔二十八宿〕
「宣戦布告」　㊤556a〔軍歌〕
センゾ　㊤159c〔氏神〕
• 先祖《せんぞ》　㊤**956**c　63a〔家〕　187a〔ウヤファーフジ〕　224c〔エンルイ〕　860a〔精霊流し㈠〕　958b〔先祖祭祀〕　983b〔祖先崇拝〕　987b〔祖名継承〕　989b〔祖霊〕　㊦186b〔同族神〕　198b〔トートーメー〕　213a〔年棚〕　555b〔盆棚〕　658c〔迎え火〕　791a〔来世観〕　→祖先
浅草寺(東京)〖-観音〗　㊤222a〔縁日〕　457a〔菊供養〕　608c〔牛玉杖〕　725c〔三社祭〕　794a〔四万六千日〕　961c〔千日参り〕　㊦215b〔年の市〕　376c〔初詣で〕
浅草神社(東京)　㊤643 図〔狛犬〕
先祖頭　㊤956c〔先祖〕
洗足　㊤20b〔足洗井〕
千束柴　㊤960a〔千駄焚き〕
先祖供養　㊤892c〔シンヌラッパ〕　㊦707a〔モリ供養〕
先祖講　㊦186b〔同族神〕
• 先祖祭祀《せんぞさいし》　㊤**958**b　㊦529c〔法事〕　→祖先祭祀
センゾサン　㊤859c〔精霊〕
先祖正月　㊤956c〔先祖〕
先祖崇拝　㊤187a〔ウヤファーフジ〕
• 『先祖の話』《せんぞのはなし》　㊤**959**a　881b〔新国学〕　881c〔新国学談〕
先祖畠　㊤956c〔先祖〕
先祖ボトケ　㊤957c〔先祖〕
先祖マキ　㊦186b〔同族神〕
先祖祭　㊤560b〔系図祭〕　㊦118b〔通過儀礼〕
センダイカブ　㊤30a〔アタネ〕
仙台浄瑠璃　㊤250a〔奥浄瑠璃〕　→奥浄瑠璃
仙台四郎　㊦462a〔福子〕
仙台平　㊦361c〔機織〕
千駄祝い　㊤702b〔砂鉄〕
千駄木　㊤960a〔千駄焚き〕
• 洗濯《せんたく》　㊤**959**b　㊦336c〔灰〕
• センダク〖センタク〗　㊤**959**c　959b〔洗濯〕　959c〔センタクガエリ〕
センタクアルキ　㊤959c〔センタクガエリ〕
洗濯石　㊤959c〔洗濯〕
洗濯板　㊤959c〔洗濯〕
洗濯女　㊦360b〔ハシリガネ〕
• センタクガエリ〖-帰り〗　㊤**959**c　660a〔婚姻〕　704c〔里帰り〕　778b〔実家〕
洗濯籠　㊤336c〔籠〕
センダクドマリ　㊦109c〔チョウハイ〕
センダクモヂ　㊤959c〔センダク〕
センタクヤスミ　㊤959c〔センタクガエリ〕
センダク渡し　㊤959b〔洗濯〕　959c〔センダク〕
• 千駄焚き《せんだたき》　㊤**960**a　40c〔雨乞い〕
• 先達《せんだつ》　㊤**960**b　257a〔御師〕　538a〔熊野信仰〕　539b〔熊野詣〕　㊦9a〔代参〕　→御師
膳棚　㊦221a〔戸棚〕　→水屋
センダン　㊤863c〔植物禁忌〕
千段栗毛　㊤259b〔おしら祭文〕
センチ神　㊦516b〔便所神〕
善知識　㊤330c〔隠れ念仏㈠〕
煎茶　㊦91c〔茶〕
センチャブ　㊦94b〔ちゃぶ台〕
前兆《ぜんちょう》　⇨予兆(㊦778b)
善通寺(香川)　㊦519 裏〔遍路〕
前庭　㊦289c〔ニワ〕
• 選定相続《せんていそうぞく》　㊤**960**c　106c〔一子残留〕　973c〔相続〕　㊦574c〔末子相続〕
銑鉄　㊦152b〔鉄〕
先途　㊤861a〔松例祭〕
• 銭湯《せんとう》　㊤**961**a　494b〔共同風呂〕　㊦496a〔風呂〕
杣頭〖山頭〗　㊤458b〔樵〕　987a〔杣〕　→山師
• 船頭《せんどう》　㊤**961**b　336b〔水夫〕　342a〔河岸〕　㊦331c〔乗り初め〕　445b〔日和見〕　485b〔フナド〕　801c〔流送〕
船頭唄　㊦655b〔民謡〕
先導師　㊤257a〔御師〕　㊦9a〔代参〕　→御師
千道百道　㊤601c〔神殿〕
セントウマブシ　㊦584c〔蔟〕
センドガンゴリ　㊤954c〔千垢離〕　→千垢離
センドゴリ　㊤954c〔千垢離〕　→千垢離
千度参り　㊤435a〔願掛け〕　491b〔共同祈願〕　㊦362c〔裸〕
セントロサマ　㊤14a〔秋葉信仰〕
船内荷役作業員　㊦245a〔仲仕〕
船内労働者　㊦245a〔仲仕〕
千日回峰行者　㊤72a〔生仏〕
千日行　㊤615b〔穀断ち〕
千日供花行　㊦379c〔花供〕
千日不断花行　㊦379c〔花供〕
• 千日参り《せんにちまいり》〖-詣〗　㊤**961**c　794a〔四万六千日〕
全日本冠婚葬祭互助協会　㊤437c〔冠婚葬祭互助会〕
全日本同和会　㊦490b〔部落解放運動〕
仙女　㊤887c〔神仙思想〕
「仙女の説」　㊤153a〔上田敏〕
• 仙人《せんにん》〖僊人〗　㊤**961**c　823c〔修験道〕　887c〔神仙思想〕
センニンゴク　㊤36a〔油〕

・千人塚《せんにんづか》　㊤ **962a**
・千人針《せんにんばり》　㊤ **962b**　980c〔俗信〕　㊦ 396c〔針〕
千人結　㊤ 962b〔千人針〕
千人宿接待施行記念碑　㊤ 955a〔善根宿〕
・千年王国運動《せんねんおうこくうんどう》　㊤ **962c**
千年王国論　㊤ 365a〔勝組・負組〕
銭納　㊦ 308c〔年貢〕
・善の綱〔-曳き〕《ぜんのつな》　㊤ **963a**　㊦ 328b〔野辺送り〕　別刷〈生と死〉
千葉　㊦ 314c〔燃料〕
センバアゲ　㊤ 613a〔扱上げ祝い〕
・千歯扱き〔千歯〕《せんばこき》　㊤ **963a**　㊤ 23b〔足踏脱穀機〕　613a〔扱上げ祝い〕　613a〔扱箸〕　963a〔千歯扱き〕　㊦ 48a〔脱穀〕　319b〔農具〕　別刷〈野良仕事〉
千把焚き　㊤ 960a〔千駄焚き〕
千羽鶴　㊤ 289b〔折紙〕
千把火　㊤ 960a〔千駄焚き〕
旋盤　㊦ 821c〔轆轤〕
煎盤　㊦ 534b〔焙烙〕
・千匹狼《せんびきおおかみ》　㊤ **963b**　→鍛冶屋の婆
・千匹供養《せんびきくよう》　㊤ **963c**
千匹塚　㊤ 963c〔千匹供養〕　㊦ 191a〔動物供養〕
先負　㊦ 3a〔大安〕　229a〔友引〕　821b〔六曜〕
千部経　㊤ 198a〔永代経〕
善福寺(東京)　㊦ 85b〔乳銀杏〕
センブリ　㊦ 634b〔民間療法〕
・煎餅《せんべい》　㊤ **963c**　646a〔米〕
・餞別《せんべつ》　㊤ **964a**　㊦ 152a〔出立ち〕　620a〔土産〕
善宝寺(山形)　㊤ 304a〔海神〕　502a〔漁業信仰〕
センボンイワイ　㊦ 23a〔大漁祝い〕
・千本杵《せんぼんぎね》　㊤ **964a**　㊦ 696b〔餅搗き〕　→千本搗き
千本供養塔　㊦ 191a〔動物供養〕　802b〔漁供養〕
千本搗き　㊤ 780a〔地搗き唄〕　964a〔千本杵〕　㊦ 696b〔餅搗き〕
千本釣り　㊦ 261c〔ナマズ〕
センマイ　㊤ 736c〔散米〕
洗米　㊤ 542a〔供物〕　646a〔米〕　783a〔粢〕　㊦ 615a〔水口祭〕
・ぜんまい〔ゼンマイ〕　㊤ **964b**　137b〔衣料〕　481a〔救荒食物〕　724a〔山菜〕　㊦ 254c〔雪崩〕
・千枚田《せんまいだ》　㊤ **964c**　㊦ 1a〔田〕
千枚漬け　㊤ 382c〔カブ(二)〕
宣命　㊦ 332a〔祝詞〕
宣明暦　㊤ 652 裏〔暦〕
賤民　㊤ 822c〔夙〕
禅門　㊤ 577c〔玄関〕
仙薬　㊤ 961c〔仙人〕
仙薬法　㊤ 887c〔神仙思想〕
「戦友」　㊤ 555c〔軍歌〕
仙遊寺(愛媛)　㊦ 519 裏〔遍路〕
占有地名　㊦ 90c〔地名〕
・占有標《せんゆうひょう》　㊤ **965a**　64c〔家印〕
善楽寺(高知)　㊦ 519 裏〔遍路〕
・川柳《せんりゅう》　㊤ **965a**　㊦ 453b〔諷刺〕
『川柳』　㊤ 965b〔川柳〕
川柳点　㊤ 965a〔川柳〕
染料　㊤ 1b〔藍〕　956a〔染色〕
千両役者　㊦ 717b〔役者〕

そ

鉏　㊦ 152b〔鉄〕
蘇　㊤ 156c〔牛〕　㊦ 286c〔乳製品〕
・添い聟《そいむこ》　㊤ **965c**　㊦ 687a〔雌蝶・雄蝶〕　→聟添い　→聟まぎらわし　→聟脇
・添い嫁《そいよめ》　㊤ **966a**　㊦ 687a〔雌蝶・雄蝶〕　783b〔嫁入り行列〕
ソウ　㊦ 129a〔告げ人〕
・惣《そう》　㊤ **966a**　753c〔地下〕　975c〔惣墓〕
僧　㊤ 978b〔僧侶〕
箏　㊤ 315a〔雅楽〕　613c〔胡弓〕
惣網　㊤ 507b〔漁撈組織〕　㊦ 673c〔村網〕
『宗安小歌集』　㊤ 598a〔小歌〕
『造伊勢二所太神宮宝基本記』　㊤ 93b〔伊勢神道〕
僧院　㊦ 158b〔寺〕　→寺
総永代経　㊤ 198a〔永代経〕
相応　㊤ 824a〔修験道〕
ソウオリ　㊤ 966b〔惣〕
葬歌　㊤ 165c〔歌〕
ゾウカ　㊤ 509a〔切紙〕
造花　㊤ 329a〔神楽〕　㊦ 441b〔白蓋〕
草鞋　㊤ 534a〔沓〕
挿鞋　㊤ 534a〔沓〕
惣会所　㊤ 303a〔会所〕
創価学会　㊤ 885b〔新宗教〕
草加煎餅　㊤ 964a〔煎餅〕
葱花輦　㊤ 620c〔輿〕　㊦ 601b〔神輿〕
・象嵌〔象眼〕《ぞうがん》　㊤ **966b**　512b〔金工〕
葬儀　㊤ 149b〔引導〕　202b〔回向〕　287b〔オヤシマイ〕　437c〔冠婚葬祭互助会〕　489a〔兄弟契約〕　850a〔正信偈〕　887c〔神葬祭〕　967b〔葬具〕　㊦ 109c〔帳場(二)〕　218a〔土砂加持〕　別刷〈生と死〉
ゾウキギ　㊤ 914c〔捨木〕
葬儀屋　㊤ 972c〔葬送儀礼(一)〕　→葬祭業者
・雑木林《ぞうきばやし》　㊤ **966c**　㊦ 705c〔森〕
・葬儀屋〔-社〕《そうぎや》　㊤ **967a**
僧伽　㊤ 978b〔僧侶〕
双橋鞍　㊤ 544a〔鞍〕
僧形八幡像　㊦ 368b〔八幡信仰〕
・葬具《そうぐ》　㊤ **967b**　746b〔四花〕　776b〔七本塔婆〕　㊦ 47c〔竜頭〕　378c〔花籠〕
葬具作り　㊤ 970a〔葬式組〕　972b〔葬送儀礼(一)〕

箏組歌　㊤540*b*〔組歌〕
総公文　㊤900*a*〔ずいき祭〕
惣供養塔　㊤975*c*〔惣墓〕
ソウケ〖ソーケ〗　㊤712*c*〔笊〕
宗家　㊦553*b*〔本家〕 553*c*〔本家争い〕
・宗家(沖縄)《そうけ》　㊤**968*a*** 23*c*〔アシャギ〕 382*a*〔家譜〕 別刷〈沖縄文化〉 ㊦669*c*〔ムトゥ〕 →ムトゥ
宗家(芸能)　㊤66*a*〔家元〕
・双系〖双係〗《そうけい》　㊤**968*b***
『葬経』　㊦454*a*〔風水〕
双系出自　㊤831*a*〔出自〕
双系的親類　㊤247*c*〔沖縄文化〕
・造形伝承《ぞうけいでんしょう》　㊤**968*c***
宗源宣旨　㊦776*a*〔吉田神道〕
綜絖　㊤45*b*〔編物〕 290*a*〔織物〕
霜降　㊦275*b*〔二十四気〕
惣郷　㊤309*b*〔垣内〕 966*b*〔惣〕
綜合芸能史論　㊤561*b*〔芸能史〕
総合結婚式場　㊤572*b*〔結婚式場〕
惣耕作当　㊤28*c*〔当〕
総合人類学　㊦501*a*〔文化人類学〕
・『綜合日本民俗語彙』《そうごうにほんみんぞくごい》　㊤**968*c*** ㊦139*b*〔坪井洋文〕 643*b*〔民俗学研究所〕 645*b*〔民俗学史〕 →改訂綜合日本民俗語彙
総ゴーリ　㊤654*c*〔垢離〕
相互銀行　㊦668*a*〔無尽〕
蔵骨器　㊦422*c*〔ひしゃく〕
ソウゴト　㊤966*b*〔惣〕
・相互扶助《そうごふじょ》　㊤**968*c***
荘厳　㊤255*a*〔おこない〕 →しょうごん
総裁　㊤488*b*〔教祖〕
惣菜　㊦463*a*〔副食〕
造材　㊦752*b*〔山役〕
葬祭神楽　㊤244*c*〔隠岐神楽〕
葬祭業者　㊤967*a*〔葬儀屋〕 968*a*〔葬具〕 →葬儀屋
創作メルヒェン　㊦687*b*〔メルヘン〕
僧讃　㊦829*c*〔和讃〕
『増删卜易』　㊦727*b*〔三世相〕
ソウザンマ　㊤966*b*〔惣〕
双子〖双糸〗　㊤109*c*〔糸〕
・掃除《そうじ》　㊤**969*a*** 913*b*〔煤払い〕
・創氏改名《そうしかいめい》　㊤**969*b*** 304*c*〔改姓改名運動〕
葬式《そうしき》　⇨葬送儀礼(㊤972*b*) ㊤327*a*〔神楽〕 347*a*〔カジマヤー〕 361*c*〔帷子〕 508*c*〔義理〕 744*a*〔潮汲み〕 745*a*〔潮花〕 804*a*〔写真〕 864*a*〔食物禁忌〕 941*c*〔赤飯〕 968*c*〔相互扶助〕 ㊦3*a*〔大安〕 7*c*〔大黒柱〕 13*c*〔大豆〕 19*b*〔松明〕 129*a*〔告げ人〕 140*c*〔通夜〕 177*c*〔同行〕 229*a*〔友引〕 233*a*〔取上げ婆さん〕 345*c*〔墓参り〕 365*a*〔裸足〕 425*b*〔左〕 667*c*〔無常講〕 680*c*〔村ハチブ〕
・葬式組《そうしきぐみ》　㊤**969*c*** 66*c*〔家連合〕 433*c*〔竈〕 539*c*〔組〕 563*b*〔契約〕 967*b*〔葬儀屋〕 967*b*〔葬具〕 ㊦109*c*〔帳場(二)〕 138*c*〔坪〕 678*a*〔村組〕
葬式親類　㊤887*b*〔親戚〕 897*a*〔親類〕
葬式の使い　㊦53*b*〔狸の八畳敷〕
葬式祭　㊦別刷〈生と死〉
ソウシゴト　㊤966*b*〔惣〕
総持寺(東京)　㊤643*a*〔護摩〕
総持寺(大阪)　㊤675 裏〔西国巡礼〕
壮士節　㊤217*a*〔演歌(一)〕
・惣社〖総社〗《そうじゃ》　㊤**970*a*** 883*c*〔神社〕
総主　㊤488*b*〔教祖〕
雑宗　㊤825*a*〔修験道〕
「相州内郷村の話」　㊤169*c*〔内郷村調査〕
『相州内郷村話』　㊦822*c*〔炉辺叢書〕
総集会　㊦681*b*〔村寄合〕
宗十郎頭巾　㊤909*a*〔頭巾〕
惣荘　㊤309*b*〔垣内〕 966*b*〔惣〕
増上寺(東京)　㊦542*b*〔菩提寺〕
創唱宗教　㊤810*c*〔宗教〕 ㊦630*a*〔民間信仰〕
増上坊　㊤580*b*〔眷属〕
・宗親会《そうしんかい》　㊤**970*c***
『捜神記』　㊤259*b*〔おしら祭文〕
・装身具《そうしんぐ》　㊤**971*a***
送神祭　㊤201*a*〔疫病送り〕 ㊦718*a*〔厄病神〕
ソウズ　㊤315*c*〔案山子〕
添水〖僧都〗　㊤473*a*〔杵〕 901*b*〔水車〕
・雑炊〖増水〗《ぞうすい》　㊤**971*a*** 646*a*〔米〕 648*a*〔五目飯〕 ㊦463*b*〔副食〕
葬頭川　㊤727*b*〔三途の川〕 →三途の川
・葬制《そうせい》　㊤**971*b*** ㊦464*a*〔複葬〕 672*a*〔無墓制〕
掃晴娘　㊦159*c*〔テルテル坊主〕
・創世神話《そうせいしんわ》　㊤**971*b*** 897*c*〔神話〕 ㊦794*c*〔卵生神話〕
「葬制の沿革について」　㊤971*b*〔葬制〕
造船　㊤505*a*〔漁船〕
蒼前祝い　㊤972*a*〔蒼前神〕
・蒼前神〖勝善－, 相染－〗《そうぜんがみ》　㊤**971*c*** ㊦93*a*〔チャグチャグ馬ッコ〕
・造船儀礼《ぞうせんぎれい》　㊤**972*a*** ㊦482*b*〔船おろし〕
蒼前講　㊤972*a*〔蒼前神〕
蒼前駒形神　㊤972*a*〔蒼前神〕
ソウゼンバ　㊦88*a*〔血とり場〕
正善藤原是実　㊤972*a*〔蒼前神〕
葬送　㊤953*a*〔線香〕 ㊦250*a*〔泣女〕 465*a*〔服喪〕 704*c*〔喪屋〕 別刷〈生と死〉
・葬送儀礼《そうそうぎれい》　㊤**972*b*** 183*c*〔生まれかわり〕 ㊦465*a*〔服喪〕 別刷〈生と死〉
・葬送儀礼(日系)《そうそうぎれい》　㊤**973*a***
・創造神《そうぞうしん》　㊤**973*a*** 971*c*〔創世神話〕
葬送墓制　㊤971*b*〔葬制〕
宗族　㊤546*a*〔クラン〕
・相続《そうぞく》　㊤**973*b*** 33*c*〔姉家督〕 146*b*〔隠居分家〕 960*c*〔選定相続〕 ㊦104*b*〔長子相続〕 246*a*〔中継相続〕 574*c*〔末子相続〕
相続権　㊤446*a*〔勘当〕
相続人　㊦754*c*〔遺言〕
『相続法の諸問題』　㊦244*b*〔中川善之助〕
相続養子　㊦771*b*〔養子〕
ソウゾクワカゼ　㊦824*a*〔若勢〕
惣村　㊤966*b*〔惣〕 974*a*〔惣代〕 992*a*〔村落〕 ㊦620*c*〔宮座〕
・惣代《そうだい》　㊤**974*a***
惣代庄屋　㊤974*a*〔惣代〕
双体道祖神　㊦別刷〈村境〉
惣代名主　㊤974*a*〔惣代〕
相宅　㊦454*a*〔風水〕
『雑談集』　㊤804*c*〔沙石集〕
葬地　㊤135*a*〔弥谷参り〕
相地術　㊦454*a*〔風水〕
相伝　㊤66*a*〔家元〕
僧徒　㊤978*b*〔僧侶〕
惣堂　㊤303*a*〔会所〕
・贈答《ぞうとう》　㊤**974*b*** 521*c*〔公界〕 585*b*〔交易〕 879*b*〔仁義(二)〕 933*c*〔歳暮〕 946*b*〔節供礼〕 ㊦98*a*〔中元〕 123*c*〔つきあい〕 547*a*〔ポトラッチ〕 557*c*〔盆礼〕 617*c*〔見舞〕
惣道場　㊦182*c*〔道場〕
贈答品　㊦533*a*〔訪問〕
瘡毒　㊤933*a*〔性病〕
宗徳寺(京都)　㊤54*c*〔淡島信仰〕
総年寄　㊦573*a*〔町役人〕
ソウトメ　㊤683*c*〔早乙女〕 ㊦68*a*〔タロウジ〕
ソウトメマワシ　㊦68*a*〔タロウジ〕
雑長持　㊦247*b*〔長持〕
・雑煮《ぞうに》　㊤**974*c*** 317*a*〔鏡開き〕 374*a*〔門神〕 721*a*〔三箇日〕 844*b*〔正月〕 845*b*〔正月料理〕 ㊦8*c*〔大根〕 577*a*〔松迎え〕
壮年組　㊦218*c*〔年寄組〕
・相場〖相庭〗《そうば》　㊤**975*b*** ㊦244*a*〔仲買い〕
相場移し　㊦365*b*〔旗振り通信〕
・惣墓〖ソウバカ〗《そうばか》　㊤**975*c*** 585*a*〔郷〕 601*c*〔郷墓〕 966*b*〔惣〕
・総墓《そうばか》　㊤**976*a***
相場振り山　㊦365*b*〔旗振り通信〕
相場山　㊦365*b*〔旗振り通信〕
双盤　㊤379*b*〔鉦〕
惣百姓一揆　㊤104*b*〔一揆〕
崇福寺(長崎)　㊤323*b*〔華僑墓地〕 593*b*〔公所・幇〕 677*a*〔財神〕 ㊦194*c*〔唐四ヵ寺〕 479*b*〔普度〕

・双分制《そうぶんせい》　㊤ **976c**
送別会　㊦ 532b〔忘年会〕
総墓　㊤ 976b〔総墓〕
双方　㊤ 968b〔双系〕
・葬法《そうほう》　㊤ **977a**　305a〔改葬〕　306b〔崖葬〕　723c〔散骨〕　㊦ 219a〔土葬〕　454b〔風葬〕　540b〔墓制〕
双方交叉イトコ婚　㊤ 112c〔イトコ婚〕
葬墓制　㊤ 971b〔葬制〕
惣本家〔総－〕　㊦ 553b〔本家〕　553c〔本家争い〕
ソウボンコ　㊤ 269c〔御取越〕
・総参り《そうまいり》　㊤ **977c**　11b〔赤城信仰〕　㊦ 9b〔代参講〕
相馬野馬追　㊦ 328c〔野馬追い〕 →野馬追い
・素麺〔索麺〕《そうめん》　㊤ **977c**　㊦ 250c〔投上げ饅頭〕　557c〔盆礼〕
素麺師　㊤ 977c〔素麺〕
ソウモチ　㊤ 499a〔共有財産〕
ソウモチヤマ　㊤ 966b〔惣〕
雑物　㊤ 323c〔家具〕
相聞歌　㊦ 595b〔万葉集〕
ソウヤスミ　㊤ 966b〔惣〕
ソウヤマ　㊤ 966b〔惣〕
惣山当　㊤ 28c〔当〕
増誉　㊤ 824a〔修験道〕
贈与　㊤ 973c〔相続〕　974b〔贈答〕
双用犂　㊤ 907a〔犂〕
贈与交換　㊤ 487c〔行商〕　974b〔贈答〕
ソウヨリ　㊤ 966b〔惣〕
『贈与論』　㊤ 587a〔交換〕　㊦ 692a〔モース，M〕
・ソウリ〔双里，草里，草利〕　㊤ **978a**　52c〔荒地〕　699a〔サス〕
ソウリ（初田植）　684a〔サオリ〕 →ソオリ
笊籬　㊤ 712c〔笊〕
ゾウリ〔沢入，草履，雑里〕　㊤ 978a〔ソウリ〕 →ソウリ
・草履《ぞうり》　㊤ **978a**　22a〔足半〕　427b〔皮細工〕　948a〔雪踏〕　㊦ 346c〔履物〕　732b〔柳〕　834c〔藁〕
草履金剛　㊤ 978b〔草履〕
草履捨て　㊤ 659c〔婚姻〕
・僧侶《そうりょ》　㊤ **978b**　831b〔呪的逃走〕　㊦ 522a〔法印〕
・惣領〔ソウリョウ〕《そうりょう》　㊤ **978c**　31b〔跡取〕　32c〔アニ〕　866a〔初生子〕　㊦ 92c〔嫡子〕　109a〔長男〕
惣領権現　㊤ 792c〔志摩軍記〕
惣領制　㊦ 104b〔長子相続〕
総領相続　㊤ 974a〔相続〕
ソウリョウムスメ　㊤ 979a〔惣領〕
草履草鞋　㊦ 838 図〔草鞋〕
宗懍　㊤ 560b〔荊楚歳時記〕
・造林《ぞうりん》　㊤ **979a**
造林運動　㊦ 806a〔林業〕
造林鎌　㊤ 388b〔鎌〕
ソウレ〔ゾウレ〕　㊤ 52c〔荒地〕
総霊社　㊤ 990a〔祖霊社〕
葬列《そうれつ》 ⇨野辺送り（㊦ 328a）
ソウレンヤ　㊤ 967a〔葬儀屋〕
宗和膳　㊤ 952a〔膳〕
ソエ　㊦ 463a〔副食〕
ソエサキ　㊤ 712b〔猿〕
副祝　㊦ 534a〔祝〕
添柱　㊦ 359c〔柱〕
ソーキ　㊤ 712c〔笊〕
ソーキ汁　㊦ 470c〔豚〕
ソオズ　㊤ 315c〔案山子〕
ソーズカノババ　㊦ 47b〔奪衣婆〕
ソートク　㊦ 56a〔田の神〕
ソープランド　㊦ 337c〔売春〕
「ソーラン節」　㊦ 391b〔囃し(二)〕
ソオリ　㊦ 374a〔初田植〕 →ソウリ
ゾーリヌギバ　㊤ 140c〔色直し〕　669b〔婚礼衣裳〕
ソーレ〔ゾーレ〕　㊤ 978a〔ソウリ〕
ソーロンアンガマ　㊤ 56c〔アンガマ〕
ソガ　㊤ 905c〔スカ〕
・疎開《そかい》　㊤ **979b**
疎開児童のうた　㊤ 979b〔疎開〕
疎塊村　㊤ 817c〔集村〕
・曾我兄弟《そがきょうだい》　㊤ **979c**　656 図〔五輪塔〕　㊦ 231a〔虎が雨〕　231a〔虎が石〕
素覚法親王　㊤ 656b〔惟喬親王〕
蘇我殿の田植え　㊦ 242b〔苗忌み〕
曾我の雨　㊦ 231a〔虎が雨〕
曾我の傘焼き祭　㊤ 340b〔笠杉〕
曾我八幡宮（静岡）　㊤ 979c〔曾我兄弟〕
曾我物　㊤ 979c〔曾我兄弟〕
『曾我物語』　㊦ 231b〔虎御前〕
ソギ葺き　㊤ 98c〔板屋根〕
殺楊枝　㊦ 771c〔楊枝〕
族縁協同体　㊤ 494a〔協同体〕
速喜　㊦ 3a〔大安〕
・俗語《ぞくご》　㊤ **979c**
『続故事ことわざ辞典』　㊤ 913b〔鈴木棠三〕
『続信濃民俗記』　㊦ 658c〔向山雅重〕
『続沙石集』　㊤ 804c〔沙石集〕
属星供　㊦ 540a〔星祭〕
・俗信《ぞくしん》　㊤ **980a**　128a〔戒め言葉〕　638a〔諺〕　㊦ 434a〔丙午〕　631b〔民間信仰〕　638c〔民俗(一)〕　684a〔迷信〕　717c〔厄年〕　778b〔予兆〕
即身成仏　㊤ 778c〔十界修行〕　㊦ 28b〔他界観〕　597a〔ミイラ〕
即身成仏信仰　㊤ 497c〔行人塚〕
・即身仏《そくしんぶつ》　㊤ **981c**　615b〔穀断ち〕　㊦ 286b〔入定〕　597a〔ミイラ〕
属生星　㊦ 539c〔星祭〕
即席食品　㊤ 148b〔インスタント食品〕
俗世間　㊤ 942b〔世間〕
・俗説学《ぞくせつがく》　㊤ **982a**　153a〔上田敏〕　㊦ 659a〔昔話〕
俗体嶽　㊦ 420a〔英彦山信仰〕
『続南方随筆』　㊦ 614c〔南方熊楠〕
『続南方文化の探究』　㊤ 430b〔河村只雄〕
『続飛驒の鳥』　㊦ 822c〔炉辺叢書〕
『続本朝往生伝』　㊤ 229b〔往生伝〕　㊦ 474c〔仏教説話〕
俗謡　㊦ 655b〔民謡〕
『俗謡と民俗学』　㊤ 645b〔ゴム〕
足力　㊤ 59c〔按摩〕
・祖型《そけい》　㊤ **982a**
鼠径リンパ肉芽腫　㊤ 933a〔性病〕
底刺網　㊤ 696b〔刺網〕
底敷網　㊦ 779a〔四手網〕
底建網　㊦ 65c〔タラ〕
・粗忽相兵衛《そこつそうべい》　㊤ **982b**
底抜け柄杓　㊤ 730b〔産泰信仰〕
底延縄　㊦ 341b〔延縄〕
底樋　㊤ 434b〔灌漑〕
底引網　㊤ 19c〔アジ〕　㊦ 416b〔引き網〕
蔬菜　㊦ 720c〔野菜〕 →野菜
・祖師忌《そしき》　㊤ **982c**　231b〔お会式〕　㊦ 597b〔御影供〕
組織的社会　㊤ 493a〔共同体〕
祖師信仰　㊤ 300c〔開基〕　㊦ 472a〔札所〕　597b〔御影供〕
祖師堂　㊤ 302b〔開山忌〕 →開山堂
ソシュール Saussure, Ferdinand de　㊦ 794a〔ラング＝パロール〕
ソシリガキ　㊤ 80c〔石垣〕
祖神　㊤ 158b〔氏神〕　187a〔ウヤガン〕
祖神社　㊤ 990a〔祖霊社〕
・蘇生譚《そせいたん》　㊤ **983a**
・祖先《そせん》　㊤ **983a**　771b〔子孫〕　956c〔先祖〕　983b〔祖先崇拝〕　㊦ 45c〔祟り〕 →先祖
素饌　㊤ 887b〔神饌〕
祖先観　㊤ 358a〔家族国家観〕
祖先供養　㊤ 177c〔ウブク〕　㊦ 96b〔茶礼〕
祖先祭祀《そせんさいし》 ⇨先祖祭祀（㊤ 958b）　㊤ 187b〔ウヤンコー〕　189c〔盂蘭盆会〕　248a〔沖縄文化〕　332a〔家訓〕　357c〔家族国家観〕　374b〔家督相続〕　983c〔祖先崇拝〕　㊦ 102b〔秋夕〕
祖先神　㊤ 989c〔祖霊〕　㊦ 186b〔同族神〕　747a〔山の神〕
・祖先崇拝〔－信仰〕《そせんすうはい》　㊤ **983b**　771b〔子孫〕　983a〔祖先〕　㊦ 77c〔チェサ〕　475b〔仏教民俗〕　631a〔民間信仰〕
そそり新兵衛　㊤ 982b〔粗忽相兵衛〕
祖孫一体論　㊤ 358a〔家族国家観〕
麁朶　㊦ 330b〔ノリ〕
ソダアゲ　㊤ 790a〔柴漬け漁〕
ソダ箒　㊤ 969b〔掃除〕

粗朶蔟　㊦584c〔蔟〕
卒業式　㊤369a〔学校行事〕
ソッコクキ〔卒哭忌〕　㊤815c〔十三仏〕　㊦440c〔百ヵ日〕
卒寿　㊦210a〔年祝い〕　350a〔白寿〕
ソッショー　㊤335a〔陰口〕
• 袖《そで》　㊤**983c**
袖網　㊤45c〔網漁〕　790b〔地曳網〕
袖卯建　㊤168a〔卯建〕
袖合羽　㊤40b〔雨具〕　370b〔合羽〕　㊦525a〔防寒着〕
ソデカブリ　㊦401b〔晴着〕　701c〔喪服〕
ソデカラ　㊤838 表〔狩猟用具〕
袖乞い　㊤621c〔乞食〕　728c〔山村〕
• ソテツ〔蘇鉄, 鉄樹, 鳳尾蕉, 海椶櫚〕　㊤**984b**　481a〔救荒食物〕　639a〔木の実〕　㊦609a〔味噌〕
ソテツ地獄〔蘇鉄-〕　㊤456a〔飢饉〕　984b〔ソテツ〕
袖戸　㊦174b〔戸〕
袖とりごう　㊤984c〔袖もぎ様〕
• 袖なし《そでなし》　㊤**984b**　㊦96c〔ちゃんちゃんこ〕
袖なし胴着　㊦96c〔ちゃんちゃんこ〕
袖無し羽織　㊤894c〔甚兵衛〕　㊦341c〔羽織〕
袖もぎ坂　㊤684b〔坂〕
• 袖もぎ様《そでもぎさま》　㊤**984c**
袖もぎ地蔵　㊤984c〔袖もぎ様〕
袖もじき　㊤984c〔袖もぎ様〕
ソデワケ　㊤362b〔形見分け〕
• 外氏子《そとうじこ》　㊤**984c**　㊦274c〔二重氏子〕
外縁　㊤217b〔縁側〕
ソトガン　㊤433a〔棺〕　433b〔龕(一)〕
• ソトコ〔外戸〕　㊤**985a**　985a〔ソトコ〕
外荒神　㊤593c〔荒神〕
外七言　㊤104c〔斎宮〕
外弟子　㊤169c〔内弟子〕
ソトニワ　㊦289c〔ニワ〕
外暖簾　㊦332c〔暖簾〕
• 卒塔婆《そとば》　㊤**985a**　125b〔位牌〕　→塔婆
『卒塔婆小町』　㊤276b〔小野小町〕
卒塔婆流し　㊤986a〔卒塔婆〕
外便所　㊦515c〔便所〕
ソトマキ　㊤736c〔散米〕
ソトヤク　㊤970a〔葬式組〕
外湯　㊤292b〔温泉〕　293a〔温泉権〕
供え綱　㊤816c〔十三夜〕
供餅　㊦81b〔力餅〕
ソナエモノ　㊤541c〔供物〕　→供物
ソナヘゼン　㊤335c〔蔭膳〕
ソネ　㊤275a〔尾根〕　922c〔瀬〕
『曾根崎心中』　㊦611c〔道行〕
ソネッタン　㊤349b〔春日若宮御祭〕
曾根天満宮(兵庫)　㊤360c〔肩車〕　㊦430 図〔ヒトツモノ〕　789a〔よりまし〕
ソノ〔園〕　㊦364a〔畠〕　364b〔畑作〕　724a〔屋敷畑〕　796c〔陸田〕
其駒　㊦597c〔御神楽〕
薗田稔　㊦578a〔祭〕
• 蕎麦〔-切り〕《そば》　㊤**986a**　432a〔かわりもの〕　481a〔救荒食物〕　691a〔作物禁忌〕　827c〔主食〕　986c〔蕎麦掻〕　㊦411c〔火入れ〕　503c〔粉食〕　577a〔松迎え〕　714c〔焼畑〕　752a〔山焼き〕　808a〔冷害〕
ソバージュ　㊦335c〔パーマ〕
• 蕎麦掻《そばがき》　㊤**986c**　986a〔蕎麦〕　㊦504a〔粉食〕
蕎麦粥　㊤986a〔蕎麦〕
蕎麦団子　㊤986a〔蕎麦〕
ソバネリ　㊤986a〔蕎麦〕　986c〔蕎麦掻〕
蕎麦飯　㊤986a〔蕎麦〕
蕎麦餅　㊤986a〔蕎麦〕　㊦695b〔餅〕
蕎麦焼餅　㊤986a〔蕎麦〕
素服　㊦465a〔服喪〕
• 杣〔杣人〕《そま》　㊤**986c**　458b〔樵〕　639c〔木挽〕　863b〔職能神〕　㊦738a〔山〕　739c〔山入り(二)〕　806c〔リン場〕
杣唄　㊦740a〔山唄〕
杣仕事　㊦741c〔山子〕　741c〔山言葉〕　742a〔山小屋〕
蘇民祭　㊤15c〔悪態祭〕　577c〔喧嘩祭〕　987b〔蘇民将来〕　㊦363a〔裸祭〕　437b〔火祭〕
• 蘇民将来《そみんしょうらい》　㊤**987a**　375a〔門口〕　㊦88c〔茅の輪〕　538b〔星〕
蘇民将来符　㊤別刷〈護符〉
蘇民袋　㊤257b〔押合い祭〕
ソメ　㊤315c〔案山子〕
• 祖名継承《そめいけいしょう》　㊤**987b**　㊦256a〔名付け〕
祖名継承法　㊤820c〔襲名〕
染め革　㊤426c〔皮〕
• ぞめき　㊤**988a**　54a〔阿波踊り〕
染め小袖　㊤627c〔小袖〕
ソメニンギョウ　㊤315c〔案山子〕
ソメのトシトリ〔-年取り〕　㊤316b〔案山子〕　316b〔案山子あげ〕
染めもの　㊦693b〔木灰〕
蘇葉　㊦633 表〔民間薬〕
ソラ　㊦130b〔ツシ〕
ソラアマ　㊦130b〔ツシ〕
• ソラ腕　㊤**988b**　→ソラデ
ソラクチ　㊤936c〔背負籠〕
空誓文　㊤208c〔えびす講〕
ソラデ　㊤250b〔オクナイサマ〕　988b〔ソラ腕〕
ソラニカイ　㊦130b〔ツシ〕
空引機　㊤290a〔織物〕　㊦361c〔機織〕
ソラマメ　㊤26c〔アゼマメ〕
ソラヨイ　⇨十五夜踊り(㊤814c)　813b〔十五夜〕
麁乱荒神　㊤593c〔荒神〕
ソリ(焼畑)〔反, 楚里〕　㊤52c〔荒地〕　978a〔ソウリ〕　→ソウリ
ソリ(剃刀)　㊤402a〔剃刀〕　→剃刀
• 橇〔艝, 轌, 雪〕《そり》　㊤**988b**　㊦762a〔雪橇〕
橇歌　㊤988c〔橇〕
• そりこ船〔ソリコー, ソリコブネ〕　㊤**989a**　96b〔磯船〕　㊦590b〔丸木舟〕
• 反り天秤《そりてんびん》　㊤**989a**
• ソル〔元旦〕　㊤**989a**　㊦102c〔秋夕〕　627c〔名節〕
ソレ〔ゾレ〕　㊤978a〔ソウリ〕
ゾレ　㊦337c〔売春〕
• 祖霊《それい》　㊤**989b**　33b〔アニミズム〕　394b〔神〕　706b〔里宮〕　749a〔地神〕　957a〔先祖〕　959b〔先祖の話〕　㊦545a〔仏〕　631a〔民間信仰〕　707a〔モリ供養〕　724a〔屋敷墓〕　751c〔山宮〕　791a〔来世観〕　809a〔霊魂〕
祖霊階梯　㊦118b〔通過儀礼〕
祖霊祭　㊦610b〔みたまの飯〕
祖霊祭祀　㊦311a〔年中行事(一)〕
• 祖霊社《それいしゃ》　㊤**990a**
祖霊神学　㊤989c〔祖霊〕
祖霊信仰　㊤115c〔稲作儀礼〕　358a〔家族国家観〕　㊦161a〔出羽三山信仰〕　213a〔年棚〕　392a〔ハヤマ〕
祖霊神社(福島)　㊤990a〔祖霊社〕
祖霊迎え　㊦825a〔ワカメ〕　→神迎え
ゾロ　㊦504a〔粉食〕
揃場　㊦680b〔村揃〕
そろえ箸　㊦833c〔渡箸〕
ソローキン Sorokin, Pitirim Alexandrovitch　㊤306a〔階層〕　358b〔家族周期〕
ソロデ　㊤988b〔ソラ腕〕
• 算盤《そろばん》　㊤**990a**
算盤占い　㊤990b〔算盤〕
算盤勘定　㊤990b〔算盤〕
算盤絞り　㊤990b〔算盤〕
ゾロマキ　㊤466c〔着付〕
ソロメシ　㊦686c〔飯〕
ソロリティ　㊦438a〔秘密結社〕
『曾呂利物語』　㊤308a〔怪談〕
ソロレート　㊤477c〔逆縁婚〕
• ソン　㊤**990b**
村　㊤991b〔村内法〕
巽　㊦372a〔八卦〕
• 村外婚《そんがいこん》　㊤**990c**　454a〔聞き合わせ〕　658c〔婚姻〕　991b〔村内婚〕　㊦119c〔通婚圏〕　357a〔はしかけ〕　596b〔見合〕
存覚　㊦523b〔報恩講〕
そんが婆様　㊤814c〔十五夜踊り〕
姓貫　㊦552c〔本貫〕

ゾンザ　㊦238b〔ドンザ〕　494a〔古着〕
尊師　㊤488b〔教祖〕
村社　㊤159a〔氏神〕　802a〔社格〕　884c〔神社整理〕
ソンジョサン　㊤859c〔精霊〕
村人会　㊤579c〔県人会㈡〕　㊦181a〔同航海組〕
孫晋泰　㊦106b〔朝鮮民俗学〕
• 村是《そんぜ》　㊤**990**c
尊星法　㊦538b〔星〕
• 尊属《そんぞく》　㊤**991**a　㊦113a〔直系〕
宋錫夏　㊦106b〔朝鮮民俗学〕
村堂　㊤791b〔持仏堂〕
• 村内婚《そんないこん》　㊤**991**b　658c〔婚姻〕　660b〔婚姻規制〕　990c〔村外婚〕　㊦119c〔通婚圏〕
• 村内法《そんないほう》　㊤**991**b
『尊卑分脈』　㊤559c〔系図〕
村法《そんぽう》　⇨村極め(㊦676b)
• 村落《そんらく》　㊤**991**c　486b〔共産村落〕　821c〔集落〕　㊦333a〔農村〕　406a〔藩制村〕　489c〔部落〕　504a〔分村㈠〕　541b〔母村㈠〕
村落運営　㊦674a〔村隠居〕
村落構造論　㊤441a〔慣習法〕
村落史　㊦89c〔地方史〕
村落民俗学　㊦216a〔都市民俗〕
• 村落領域《そんらくりょういき》　㊤**992**b　㊦611a〔道切り〕
村落領域論　㊤520b〔空間認識〕　㊦679b〔村境〕
• 村落類型論《そんらくるいけいろん》　㊤**993**a
村落領域
損料屋　㊤343c〔貸衣装屋〕

た

• 田《た》　㊦**1**a　㊤598c〔耕地〕　609 図〔牛玉宝印〕　781b〔湿田〕　㊦361a〔畑〕　627b〔名田〕
兌　㊦372a〔八卦〕
ターキ　㊦50b〔譬え言葉〕
• 田遊び《たあそび》　㊦**1**b　㊤116a〔稲作儀礼〕　223c〔えんぶり〕　263a〔お田植祭〕　390c〔かまけわざ〕　700b〔皐月〕　832a〔修二会〕　別刷〈仮面〉　㊦25a〔田植え唄〕　25a〔田植え踊り〕　27b〔田打ち〕　68a〔タロウジ〕　161c〔田楽〕　399c〔春田打〕　400c〔春祭〕　648a〔民俗芸能〕
田遊び・田楽人形　㊦292c〔人形〕
ターナー Turner, Victor W.　㊤484a〔境界〕　597c〔構造主義〕　874a〔しろ〕　㊦118a〔通過儀礼〕　809c〔霊場〕
タービ　㊤166c〔ウタカビ〕　㊦269a〔南島歌謡〕
• ターブックヮ〘田袋〙　㊦**2**b
田主　㊦68a〔タロウジ〕　162a〔田楽〕　→たぬし
ターンミ(田踏み)　㊦488a〔踏耕〕
ターンム　㊦20a〔タイモ〕
• タイ〘鯛〙　㊦**2**b　374 図〔初誕生〕
台網　㊦145c〔定置網〕
台網漁　㊤507b〔漁撈組織〕
• 大安《たいあん》　㊦**2**c　㊤972a〔造船儀礼〕　㊦49a〔建て前〕　229a〔友引〕　821b〔六曜〕
『太乙式』　㊤189a〔占い〕
大威徳寺(大阪)　㊤158a〔牛神〕
大威徳明王　㊤158a〔牛神〕
太陰　㊦123b〔月〕
太陰太陽暦〘太陰暦〙　㊤191a〔閏年〕　481b〔旧正月〕　652a〔暦〕　㊦275c〔二十八宿〕
大淵寺(埼玉)　㊦86 表〔秩父巡礼〕
大衍暦　㊤652 表〔暦〕
大王殿　㊤408a〔仮面〕
大越家　㊦616b〔峰入り〕
ダイオロシ　㊤505a〔漁船〕　㊦484c〔船霊〕
ダイカイ　㊦535a〔行器〕
大角　㊤259a〔折敷〕
だいがく　㊦788b〔依代〕
• 太神楽〘大神楽，代神楽〙《だいかぐら》　㊦**3**a　㊤328c〔神楽〕　695b〔ささら〕　705b〔里神楽〕　759c〔獅子芝居〕　㊦15b〔大道芸〕　138a〔つぶろさし〕　597c〔三河大神楽〕　→伊勢太神楽
太神楽曲芸協会　㊦3b〔太神楽〕
台笠　㊦729c〔奴踊り〕
代貸　㊦716c〔ヤクザ〕
• 大家族《だいかぞく》　㊦**3**c　㊤214a〔江馬三枝子〕　357b〔家族〕　359b〔家族類型〕　844a〔小家族〕　㊦463c〔複世帯制〕
大家族制〘－制度〙　㊤106c〔一子残留〕　258c〔オジ・オバ〕　369c〔合掌造〕　㊦151b〔手印〕
大花燈籠　㊦379c〔花笠踊り〕
ダイガラウス　㊤417a〔唐臼〕
代替わり　㊦457c〔夫婦養子〕
大寒　㊦275b〔二十四気〕
大願寺市　㊦319c〔農具市〕
台鉋　㊤446b〔鉋〕
大吉独楽　㊤642c〔独楽〕
大吉日　㊦2c〔大安〕　→大安
退休寺(鳥取)　㊤948a〔殺生石〕
堆厩肥　㊤523c〔草刈場〕
大饗祭　㊤542a〔供物〕
題経寺(東京)　㊦11b〔帝釈天〕　→柴又帝釈天
太極拳　㊦634b〔民間療法〕
『大疑録』　㊤311a〔貝原益軒〕
ダイク　㊤961c〔船頭〕
• 大工《だいく》　㊦**4**b　10c〔太子信仰〕　147c〔出稼〕　228c〔友子〕　318b〔農間稼ぎ〕　607a〔水呑〕
大工(鍛冶)　㊤731b〔山内〕
対偶婚家族　㊦692a〔モーガン，L〕
大宮司　㊤447b〔神主〕　520c〔宮司〕　886a〔神職〕
大工唄　㊦828c〔業歌〕
大工金　㊤380c〔曲尺〕　→曲尺
• 大区・小区制《だいくしょうくせい》　㊦**5**a　㊤630c〔戸長〕
• 大工と鬼六《だいくとおにろく》　㊦**5**b　㊤273c〔鬼退治〕
大元宮(京都)　㊤239c〔大元神楽〕
• 太鼓《たいこ》　㊦**5**c　㊤161b〔臼太鼓〕　284c〔玩具〕　315a〔雅楽〕　367b〔楽器〕　368b〔鞨鼓〕　427b〔皮細工〕　452a〔祇園囃子〕　540b〔組歌〕　735b〔三匹獅子舞〕　㊦6a〔太鼓踊り〕　391a〔囃し㈡〕　435b〔火の見櫓〕　493b〔風流獅子舞〕
醍醐　㊤156c〔牛〕　㊦286c〔乳製品〕
大光院(群馬)　㊦240c〔呑竜〕
太閤検地　㊤580c〔検地〕
大光寺(静岡)　㊦739b〔山犬〕
大岡寺(滋賀)　㊤586c〔甲賀三郎〕
大興寺(香川)　㊦519 表〔遍路〕
太鼓打ち　㊤333c〔掛け踊り〕
太閤の腰掛け松　㊤621a〔腰掛け松〕
• 太鼓踊り《たいこおどり》　㊦**6**a　㊤161b〔臼太鼓〕　269b〔踊り〕　324b〔楽打〕　368c〔鞨

鼓〕 598*b*〔小歌踊り〕 ㊦267*b*〔南条踊り〕 493*b*〔風流獅子舞〕 648*a*〔民俗芸能〕 744*a*〔山田白滝〕
大黒様の年取り ㊦13*c*〔大豆〕
大黒さん稲 ㊤162*b*〔丑の稲〕
・大黒天〘-天〙《だいこくてん》 ㊦7*c* ㊤99*c*〔市神〕 222*b*〔縁日〕 473*c*〔申子講〕 636*b*〔事八日〕 653図〔暦〕 690*b*〔作神〕 775*b*〔七福神〕 775*c*〔七福神巡り〕 別刷〈護符〉 ㊦7*c*〔大黒舞〕 16*c*〔台所〕 56*a*〔田の神〕 302*c*〔鼠〕 463*c*〔福助〕 807*c*〔留守神〕
大黒様 ㊤636*b*〔事八日〕
大黒天信仰 ㊦8*a*〔大黒舞〕 737*b*〔藪神〕
・大黒柱《だいこくばしら》 ㊦**7***b* ㊤779*c*〔地搗き〕 875図〔次郎の朔日〕 ㊦49*a*〔建て前〕 360*a*〔柱〕 544*b*〔掘立柱〕 833*b*〔ワタマシ〕
大黒話 ㊤141*a*〔色話〕
・大黒舞《だいこくまい》 ㊦**7***c* ㊤209*b*〔えびす舞〕 375*a*〔門口〕 375*a*〔門付け〕 779*c*〔地搗き〕 823*b*〔祝福芸〕 ㊦7*a*〔大黒天〕 558*c*〔舞〕 648*c*〔民俗芸能〕
大黒屋傘 ㊤339*b*〔傘〕
太孤児 ㊤453*b*〔伎楽〕
醍醐寺(京都) ㊤675表〔西国巡礼〕
醍醐寺三宝院(京都) ㊦379*c*〔花供〕
太鼓台 ㊦41*b*〔山車〕 →太鼓屋台
太鼓タタキ ㊦357*a*〔はしかけ〕
太鼓練り ㊦728*a*〔屋台〕
醍醐派 ㊤238*c*〔大峯信仰〕
太孤父 ㊤453*b*〔伎楽〕
大御幣祭 ㊦556図〔梵天〕
太鼓もち ㊤559*b*〔芸者〕 697*c*〔座敷芸〕 →幇間
・太鼓櫓《たいこやぐら》 ㊦**8***a* ㊤856*a*〔情報伝達〕
太鼓屋台 ㊦727*c*〔屋台〕 →太鼓台
代垢離 ㊤954*c*〔千垢離〕
・大根《だいこん》 ㊦**8***a* ㊤36*a*〔油〕 123*c*〔亥子〕 208*c*〔えびす講〕 316*b*〔案山子あげ〕 480*c*〔救荒食物〕 796*a*〔シモツカレ〕 917*a*〔墨塗り〕 ㊦8*c*〔大根川〕 8*c*〔大根の年取〕 34*c*〔沢庵漬〕 230*a*〔土用〕 411*c*〔火入れ〕 542*a*〔保存食〕 714*c*〔焼畑〕
・大根川《だいこんがわ》 ㊦**8***c* 264*a*〔成らずの桃〕 615*c*〔水無瀬川〕
大根注連 ㊤794*c*〔注連縄〕
大金神 ㊤665*a*〔金神〕
大根菜飯 ㊤372*c*〔かて飯〕
大根ニョウ ㊦542*b*〔保存食〕
・大根の年取〘-年越〙《だいこんのとしとり》 ㊦**8***c* ㊤316*b*〔案山子あげ〕 ㊦8*b*〔大根〕 197*b*〔十日夜〕 →十日夜
大根飯 ㊤372*b*〔かて飯〕
大根館 ㊦760*a*〔雪〕
大根役者 ㊦717*b*〔役者〕
・泰作《たいさく》 ㊦**9***a*
泰作話 ㊦9*a*〔泰作〕
ダイサン ㊦344図〔ハカセ〕
・代参《だいさん》 ㊦**9***a* ㊤92*b*〔伊勢講〕 94*b*〔伊勢参り〕 674*b*〔西国巡礼〕 977*c*〔総参り〕 ㊦9*b*〔代参講〕 59*c*〔旅〕 554*c*〔本山参り〕 620*a*〔土産〕
泰山石敢当 ㊤82*a*〔石敢当〕
・代参講《だいさんこう》 ㊦**9***b* ㊤117*b*〔稲荷講〕 584*c*〔講〕 ㊦9*b*〔代参〕 466*c*〔富士講〕 631*b*〔民間信仰〕
大山寺(茨城) ㊤447*c*〔疳の虫〕
太山寺(愛媛) ㊦519表〔遍路〕
泰山寺(愛媛) ㊦519表〔遍路〕
ダイシ ㊦429*c*〔一目小僧〕
大姉 ㊤311*c*〔戒名〕
大師 ㊦209*b*〔杜氏〕
・大字《だいじ》 ㊦**9***c*
ダイシアナ ㊤917*b*〔炭焼き〕
大師芋 ㊤555*a*〔喰わず芋〕
・大師粥《だいしがゆ》 ㊦**9***c* ㊤302*c*〔外者歓待〕 415*c*〔粥〕 ㊦10*b*〔大師講〕
ダイジク〘ダイジゴ〙 ㊦12*b*〔ダイジョウコ〕
大師栗 ㊤731*b*〔三度栗〕
太地犬 ㊦802*c*〔猟犬〕
・太子講《たいしこう》 ㊦**10***a* ㊤85*c*〔石屋〕 688*a*〔左官〕 ㊦5*a*〔大工〕 10*c*〔太子信仰〕
・大師講《だいしこう》 ㊦**10***b* ㊤25*a*〔小豆粥〕 262*c*〔お大師講吹き〕 351*a*〔風〕 584*b*〔講〕 796*c*〔霜月祭〕 969*c*〔葬式組〕 ㊦9*c*〔大師粥〕 10*b*〔太子講〕 11*a*〔大師信仰〕 70*c*〔団子〕 182*a*〔冬至〕 429*c*〔一目小僧〕 475*b*〔仏教民俗〕
大師講吹き ㊤351*a*〔風〕 →お大師講吹き
タイシサマ ㊦559*c*〔詣りの仏〕
ダイシサマ ㊦10*b*〔大師講〕
大慈寺(埼玉) ㊦86表〔秩父巡礼〕
・太子信仰《たいししんこう》 ㊦**10***c* 560*a*〔詣りの仏〕
・大師信仰《だいししんこう》 ㊦**11***a* ㊤606*a*〔高野詣〕 707*c*〔サバ〕 708*c*〔鯖大師〕 ㊦178*a*〔同行二人〕
大師杉 ㊦357*c*〔箸立伝説〕
体質人類学 ㊤767*b*〔自然人類学〕
大師の足跡石 ㊤20*b*〔足跡石〕
大社 ㊤751*c*〔式内社〕 ㊦725*b*〔社〕
大蛇 ㊦123*a*〔使わしめ〕
大尺 ㊦700*b*〔物差〕
・帝釈天《たいしゃくてん》 ㊦**11***b*
帝釈天(東京) ㊦67*c*〔達磨市〕 →柴又帝釈天
・大社造《たいしゃづくり》 ㊦**11***c* 139*c*〔妻入り〕
大蛇の餌食 ㊤150*a*〔因縁話〕
大衆 ㊤856*c*〔常民〕 ㊦638*b*〔民衆〕
・大衆演劇《たいしゅうえんげき》 ㊦**12***a*
大衆歌謡 ㊦800*c*〔流行歌〕
ダイジュク ㊦12*b*〔ダイジョウコ〕
大暑 ㊦275*b*〔二十四気〕
ダイジョ ㊤132*c*〔イモ〕
隊商 ㊤847*a*〔商業〕
大乗 ㊤329*a*〔神楽〕 ㊦161*a*〔天蓋〕 441*b*〔白蓋〕
大聖歓喜天 ㊤852*b*〔聖天信仰〕
大祥忌 ㊤815*c*〔十三仏〕
タイショウギ ㊤738*b*〔サンヤレ祭〕
大将軍 ㊤361*a*〔方違〕
ダイショウグン ㊦12*b*〔ダイジョウコ〕 →ダイジョウコ
・ダイジョウコ〘-ゴウ, -ゴン, -モン〙 ㊦**12***b* →ダイジョコ
ダイジョウコ荒れ ㊦12*b*〔ダイジョウコ〕
・大正琴《たいしょうごと》 ㊦**12***c*
・大嘗祭《だいじょうさい》 ㊦**13***a* 41*c*〔山車〕 168*a*〔天孫降臨〕 270*c*〔新嘗祭〕 →おおにえのまつり
大小神社氏子取調規則 ㊤159*a*〔氏神〕 160*b*〔氏子〕
台上葬 ㊤977*a*〔葬法〕 ㊦454*c*〔風葬〕
大将塚 ㊤815*b*〔十三塚〕 →将軍塚
太上老君 ㊦177*b*〔道教〕
・大食漢《たいしょくかん》 ㊦**13***b*
ダイジョコ ㊦12*b*〔ダイジョウコ〕 186*b*〔同族神〕 277*c*〔ニソの杜〕
大尽金 ㊤606*c*〔高利貸〕
ダイジングウ ㊦12*b*〔ダイジョウコ〕 →ダイジョウコ
大神宮 ㊦725*b*〔社〕
太神宮社(京都) ㊦727*c*〔やすらい祭〕
ダイス ㊤335*a*〔賭け事〕
・大豆《だいず》 ㊦**13***b* ㊤26*c*〔アゼマメ〕 435*c*〔換金作物〕 481*a*〔救荒食物〕 796*a*〔シモツカレ〕 ㊦21*b*〔代用食〕 41*b*〔だし〕 190*b*〔豆腐〕 256*c*〔納豆〕 338*c*〔ハイヌウェレ〕 404*b*〔半夏〕 586*c*〔豆〕 714*c*〔焼畑〕
大豆油 ㊤36*b*〔油〕 ㊦586*c*〔豆〕
大豆粕 ㊦447*a*〔肥料〕
大豆飯 ㊤372*b*〔かて飯〕
大成教 ㊤498*a*〔教派神道〕
大雪 ㊦275*b*〔二十四気〕
大山(鳥取) ㊤40*c*〔雨乞い〕 720*a*〔山岳信仰〕 816*a*〔十三参り〕 ㊦13*c*〔大山信仰〕
大山講 ㊤894*b*〔神仏分離〕
大山様 ㊤160*a*〔牛神祭〕 160*a*〔牛供養〕
『大山寺縁起』 ㊤894*c*〔神仏霊験譚〕
大善寺鬼夜 ㊦19*c*〔松明祭〕
・大山信仰《だいせんしんこう》 ㊦**13***c* ㊤543*a*〔供養田〕
大センセイ ㊤331*b*〔隠れ念仏㈡〕
大先達 ㊤960*c*〔先達〕 ㊦616*b*〔峰入り〕

大杣頭　㊦741c〔山子〕 743a〔山師〕
胎蔵界曼荼羅　㊤238b〔大峯信仰〕 ㊦594b〔曼荼羅〕
太宗寺(東京)　㊤224b〔閻魔〕
大東　㊦314c〔燃料〕
ダイダイ　㊦599a〔ミカン〕
• 太々神楽《だいだいかぐら》　㊦**14**a ㊤92a〔伊勢神楽〕 92c〔伊勢講〕 243c〔おかめ〕 328b〔神楽〕
大太法師　㊦14b〔ダイダラ法師〕
• ダイダラ法師〘-ボッチ，-坊〙　㊦**14**b ㊤504c〔巨人伝説〕 ㊦740c〔山男〕
太一車　㊤866b〔除草器〕 ㊦別刷〈野良仕事〉
• 大地踏み《だいちふみ》　㊦**14**c
袋中良定　㊦799a〔琉球神道記〕
泰澄　㊤603a〔弘法清水〕 823c〔修験道〕 ㊦349b〔白山信仰〕 780b〔米山信仰〕
大帳　㊦18c〔大福帳〕
大通　㊦117c〔通〕
対東小屋組　㊤650b〔小屋組〕
帯刀　㊦626b〔苗字帯刀〕
大道商　㊦46a〔立売り〕
大道易者　㊦294b〔人相・手相〕
• 大道芸《だいどうげい》　㊦**15**a ㊤205a〔越後獅子〕 375c〔門付け〕 424c〔軽口〕 447a〔願人坊主〕 503c〔曲芸〕 ㊦130c〔辻〕 453b〔諷刺〕
大道芸人　㊤681c〔祭文語り〕 ㊦420c〔彦八〕 524b〔法界屋〕 833c〔わたらい〕
大当講〘大同-〙　㊦128a〔筑波山〕
大道公　㊦221c〔土地公〕
大湯祭　㊦215b〔年の市〕
大唐ざし　㊦16a〔大唐米〕
大導師　㊤331b〔隠れ念仏㈡〕
大頭仏　㊤762b〔獅子舞㈡〕
大道法師　㊦14b〔ダイダラ法師〕
• 大唐米〘大冬，太冬〙《たいとうまい》　㊦**15**c ㊤115b〔稲作〕
大唐丸　㊦291c〔鶏〕
• 胎毒《たいどく》　㊦**16**a 87b〔乳つけ〕
大徳寺(富山)　㊦50a〔立山信仰〕
大徳寺納豆　㊦256c〔納豆〕
ダイドコ　㊦16b〔台所〕 607b〔水屋㈠〕
大土公祭文　㊤78c〔いざなぎ流〕 ㊦205c〔土公神〕
• 台所《だいどころ》　㊦**16**b ㊤370a〔勝手〕 391a〔竈〕 ㊦581c〔間取り〕 682b〔室〕
台所方奉公人　㊦528c〔奉公人〕
ダイドコロカマド　㊦529b〔奉公人分家〕
ダイドコロベッケ　㊦503a〔分家〕
代殿　㊤886a〔神職〕
タイナ　㊤961c〔船頭〕
大儺　㊦117a〔追儺〕
胎内岩　㊦16c〔胎内くぐり〕
• 胎内くぐり〘-潜り〙《たいないくぐり》　㊦**16**c ㊤61a〔飯豊山参り〕 511b〔金華山〕 ㊦616b〔峰入り〕
胎内ダシ　㊦41b〔ダシ〕
胎内洞窟　㊦16c〔胎内くぐり〕
ダイナマイト節　㊤217a〔演歌㈠〕
大日寺(徳島)　㊦519 表〔遍路〕
大日寺(高知)　㊦519 表〔遍路〕
大日岳(奈良)　㊤824 図〔修験道〕
大日塚　㊦122a〔塚〕
大日堂舞楽　㊤408a〔仮面〕 別刷〈仮面〉
大日如来　㊤158a〔牛神〕 467b〔吉祥天信仰〕 569c〔ケタイ神〕 815c〔十三仏〕 ㊦168c〔天道信仰〕 169b〔天道念仏〕
大日坊(山形)　㊤593 図〔荒神〕
大日本青少年団　㊤932b〔青年団〕
大日本青年団　㊤932b〔青年団〕
『大日本地名辞書』　㊦91b〔地名〕
大日本忠霊顕彰会　㊦101c〔忠霊塔〕
大日本農会　㊦817c〔老農〕
大日本婦人会　㊤1c〔愛国婦人会〕 615c〔国防婦人会〕 ㊦469a〔婦人会〕
大日本連合女子青年団　㊤865c〔処女会〕
大日本連合青年団　㊤931b〔青年会所〕 932b〔青年団〕 ㊦654b〔民俗博物館〕
大日本連合婦人会　㊦469a〔婦人会〕
大如来　㊤730c〔蚕種〕
• ダイニングキッチン　㊦**17**a
• 大念仏《だいねんぶつ》　㊦**17**b ㊤44b〔阿弥陀信仰〕 186c〔梅若忌〕 581c〔剣舞〕 895b〔新仏〕 ㊦271c〔新盆〕 313a〔念仏〕 476a〔仏教民俗〕
大念仏会　㊦313a〔念仏踊り〕
大念仏狂言　㊦474c〔仏教芸能〕
大念仏寺(大阪)　㊤270 図〔踊り念仏〕 828c〔数珠繰り〕
田亥子　㊤124a〔亥子〕
鯛の子塩辛　㊤743b〔塩辛〕
ダイバ　㊤70b〔行き会い神〕
台秤　㊦346c〔秤〕
太白　㊤16c〔明の明星〕 361a〔方違〕
大八王子　㊦366b〔八王子社〕
• 大八車《だいはちぐるま》　㊦**17**c ㊤195c〔運搬具〕 481b〔牛車〕 530a〔屑屋〕 548a〔車〕 806c〔車力〕 ㊦273c〔荷車〕 798b〔リヤカー〕 808c〔霊柩車〕
体罰　㊤926c〔制裁〕
胎盤　㊤207b〔胞衣〕 →胞衣
• 大般若《だいはんにゃ》　㊦**17**c
『大般若波羅蜜多経』〘大般若経〙　㊦17c〔大般若〕 117a〔追善供養〕
体碑　㊤602c〔口碑〕
• 堆肥《たいひ》　㊦**18**a ㊤410c〔カヤ〕 607c〔肥出し〕 787b〔柴〕 967a〔雑木林〕 ㊦337b〔灰小屋〕 447a〔肥料〕
台挽鋸　㊦325b〔鋸〕
大拍子　㊦6a〔太鼓〕
タイプ　㊤1a〔アールネ・トンプソンの話型〕 ㊦18b〔タイプ＝インデックス〕 695c〔モチーフ〕 →話型
• タイプ＝インデックス type index　㊦**18**b 284b〔日本昔話集成〕 284b〔日本昔話大成〕
大風子油　㊤871c〔シラミ〕
• 大福帳《だいふくちょう》　㊦**18**c ㊤333a〔掛け売り〕 757a〔仕事始め〕
『大仏供養』　㊤334b〔景清〕
太平記読み　㊤598b〔講談〕
太平拳　㊤577a〔拳〕
太平道　㊦177a〔道教〕
「太平洋行進曲」　㊤555c〔軍歌〕
胎便　㊤378c〔カニババ〕 ㊦16a〔胎毒〕
大弁財天〘大弁才天女〙　㊤775b〔七福神〕 ㊦517a〔弁天信仰〕 →弁才天
大便壺　㊦515c〔便所〕
大砲　㊦66b〔樽〕
大謀網　㊦145c〔定置網〕
大宝恵帳　㊦18c〔大福帳〕
大宝寺(愛媛)　㊦519 表〔遍路〕
ダイホンサン　㊤262a〔おそうぶつ〕
大梵天　㊦556a〔梵天〕
• タイマ〘大麻〙　㊦**18**c ㊤17a〔麻〕 137b〔衣料〕 244a〔オガラ〕
• 大麻《たいま》　㊦**19**a ㊤94a〔伊勢参り〕 402b〔神棚〕 677c〔祭壇〕
• 松明〘炬火〙《たいまつ》　㊦**19**b ㊤16b〔揚げ松明〕 376a〔門火〕 857a〔照明〕 967b〔葬具〕 別刷〈婚礼〉 ㊦285c〔入家儀礼〕 328a〔野辺送り〕 360a〔柱松〕 440b〔ヒャクハッタイ〕
松明跨ぎ　㊤244b〔オガラ〕
• 松明祭《たいまつまつり》　㊦**19**c 19b〔松明〕
鯛祭　㊦2c〔タイ〕
当麻寺(奈良)　㊤44b〔阿弥陀信仰〕 ㊦307a〔練供養〕 321a〔納骨〕
当麻寺の迎講　㊦791a〔来世観〕
大眼〘ダイマナゴ〙《だいまなこ》　⇨事八日(㊤636b)
当麻蹶速　㊤919c〔相撲〕 →当摩蹶速
当麻曼荼羅　㊤44b〔阿弥陀信仰〕 ㊦99b〔中将姫〕
当麻れんぞ　㊦476c〔仏教民俗〕 814a〔れんぞ〕
鯛味噌　㊦609b〔味噌〕
台密　㊦612c〔密教〕
大明神　㊦627a〔明神〕
大名火鉢　㊦436a〔火鉢〕
題名札　㊤955c〔千社札〕
• タイモ〘田芋〙　㊦**20**a
• 題目《だいもく》　㊦**20**b 141a〔通夜〕
• 題目講《だいもくこう》　㊦**20**b ㊤231c〔お会式〕 487b〔行者講〕 584b〔講〕

大持　㊤988b〔橇〕 ㊦762b〔雪橇〕
大紋　㊦710a〔紋付〕
代紋　㊦716c〔ヤクザ〕
大文字屋　㊦463b〔福助〕
• 大文字焼き〘大文字, －送り火〙《だいもんじやき》　㊦**20**c ㊤251c〔送り火〕 ㊦437b〔火祭〕 別刷〈盆〉
• 逮夜〘大夜, 太夜, 迨夜〙《たいや》　㊦**21**a
逮夜上げ　㊦21b〔逮夜〕
大役　㊤32a〔穴掘り〕
大厄　㊦718a〔厄年〕
ダイヤル Q_2　㊦174a〔電話〕
太陽　㊦21c〔太陽神話〕 123b〔月〕 145c〔ティダ〕 169b〔天道念仏〕
• 代用食《だいようしょく》　㊦**21**b ㊤903c〔水団〕
• 太陽神話《たいようしんわ》　㊦**21**c
• 太陽崇拝〘－信仰〙《たいようすうはい》　㊦**22**a ㊤18c〔朝日長者〕 →日神信仰
太陽の三本の毛　㊤150a〔因縁話〕
太陽復活祭　㊦22b〔太陽崇拝〕
太陽暦　㊤191a〔閏年〕 481b〔旧正月〕 652b〔暦〕
• タイラー Tylor, Edward Burnett　㊦**22**c ㊤33a〔アニミズム〕 91a〔遺制〕 898a〔神話学〕 ㊦120c〔通文化的比較研究〕 495c〔フレーザー〕
大雷神社　㊤403a〔雷〕
平景清　㊤334b〔景清〕
平貞道　㊦832c〔渡辺綱〕
平将門　㊤198c〔英雄伝説〕 775a〔七人塚〕 ㊦328c〔野馬追い〕 568b〔将門伝説〕
ダイラ坊　㊦14b〔ダイダラ法師〕
台ランプ　㊦795c〔ランプ〕
• 大力《だいりき》　㊦**22**c
内裏羽子板　㊦352c〔羽子板〕
『大琉球航海記』　㊦79a〔チェンバレン〕
太竜寺(徳島)　㊦519 表〔遍路〕
• 大漁祝い《たいりょういわい》　㊦**23**a
大漁祝い唄　㊤45c〔網漁〕
「大漁唄い込み」　㊦23b〔大漁節〕
大漁祈願　㊤453c〔祈願〕
大猟師・小猟師　㊦803b〔猟師〕
• 大漁節〘－唄, 祝い唄〙《たいりょうぶし》　㊦**23**b
大輪水車　㊤472c〔杵〕
大林丸　㊤730c〔蚕種〕
• 第六天《だいろくてん》　㊦**23**c
台湾同郷会　㊤322c〔華僑総会〕
『台湾蕃人事情』　㊤123a〔伊能嘉矩〕
『台湾文化志』　㊤123a〔伊能嘉矩〕
ダウイ　㊤360c〔カタゲウイ〕
• 田植え《たうえ》　㊦**23**c ㊤44a〔余り苗〕 115a〔稲作〕 153a〔植え田〕 171a〔ウツギ〕 234b〔大田植〕 263a〔お田植祭〕 494c〔共同労働〕 543a〔供養田〕 548b〔車田〕 683c〔早乙女〕 700a〔皐月〕 733c〔サンバイ〕 928b〔正条植え〕 ㊦25c〔田植え肴〕 27c〔田人〕 68a〔タロウジ〕 212b〔祈年祭〕 237a〔泥落とし〕 242a〔苗忌み〕 242c〔苗取り〕 291b〔庭田植〕 317a〔野上り〕 341c〔ハカ〕 373c〔初田植〕 381b〔花田植〕 574b〔松会〕 754a〔ゆい〕 784c〔嫁殺し田〕 別刷〈野良仕事〉 →植え田
• 田植え唄〘－歌〙《たうえうた》　㊦**24**c ㊤165c〔歌〕 234b〔大田植〕 263b〔お田植祭〕 548c〔車田〕 756a〔仕事唄〕 ㊦161c〔田楽〕 183a〔道成寺〕 381b〔花田植〕 523a〔棒踊り〕 648c〔民俗芸能〕 655b〔民謡〕 →田歌
• 田植え踊り《たうえおどり》　㊦**25**a ㊤375a〔門付け〕 ㊦2b〔田遊び〕 25a〔田植え唄〕 291b〔庭田植〕 399c〔春田打〕 648a〔民俗芸能〕
田植え踊り(九州)　㊦523a〔棒踊り〕
田植え観音　㊦26a〔田植え地蔵〕
田植機　㊦別刷〈野良仕事〉
田植え儀礼　㊤115c〔稲作儀礼〕 ㊦320a〔農耕儀礼〕
タウエゴ　㊦330b〔野良着〕
• 田植え肴〘－魚〙《たうえざかな》　㊦**25**c ㊤336a〔懸けの魚〕 693b〔鮭〕
田植え桜　㊦54c〔種子蒔き桜〕
• 田植え地蔵《たうえじぞう》　㊦**26**a ㊤770c〔地蔵伝説〕 894c〔神仏霊験譚〕
田植え終い〘－仕舞い〙　㊤706c〔さなぶり〕 876c〔しろみて〕
• 田植え定規《たうえじょうぎ》　㊦**26**b ㊤866c〔除草器〕 928b〔正条植え〕
『田植草紙』　㊤598a〔小歌〕 ㊦24c〔田植え唄〕
田植え初め　㊤684a〔サオリ〕 734a〔サンバイ〕
• 田植え綱《たうえつな》　㊦**26**b
田植えドキ　㊦200c〔トキ(一)〕
田植え人形　㊤263b〔お田植祭〕
• 田植え法《たうえほう》　㊦**26**c
田植え祭　㊦447c〔ひるまもち〕
頭家　㊤348a〔脚少〕
田歌　㊤598a〔小歌〕 →田植え唄
タウタドリ　㊦546b〔ホトトギス〕
• 田打ち《たうち》　㊦**27**a ㊤364b〔かちかち山〕 ㊦574b〔松会〕
田打車　㊤524a〔草取り〕 866b〔除草器〕 ㊦27a〔田植え法〕 72a〔短冊苗代〕 98b〔中耕〕
田打講　㊦27b〔田打正月〕 →田打正月
田打ち桜　㊦54c〔種子蒔き桜〕
• 田打正月《たうちしょうがつ》　㊦**27**b ㊤116a〔稲作儀礼〕 554a〔鍬入れ〕 757a〔仕事始め〕 ㊦27b〔田打ち〕 →鍬入れ
田打初め　㊤554a〔鍬入れ〕 ㊦27b〔田打正月〕 →田打正月
田打転車　㊤866c〔除草器〕
田打祭　㊤169a〔打植祭〕
• 田人《たうど》　㊦**27**c 68a〔タロウジ〕 →とうど
タウナイ　㊦27a〔田打ち〕
駄売り　㊤360c〔カタゲウイ〕
タエ　㊤137b〔衣料〕
栲　㊤597a〔コウゾ〕
ダエセンダンゴ　㊦70c〔団子〕
タオ　㊦68c〔タワ〕 178c〔峠〕
タオイ　㊦265b〔鳴子〕
タオシグルマ〘田押し車〙　㊤524a〔草取り〕 ㊦98b〔中耕〕
倒れ株　㊤105c〔一軒前〕 625c〔戸数制限〕 →古面
タカ(住居)　㊦29b〔高神〕
タカ(玩具)　㊦40b〔凧揚げ〕
高　㊦263c〔納屋集落〕
• 鷹《たか》　㊦**27**c 29b〔鷹狩〕
• 高足《たかあし》　㊦**28**a ㊤719b〔散楽〕 ㊦36b〔竹馬〕
ダカアマ　㊤365b〔カチド〕
他界　㊤68a〔異界〕 72b〔異郷〕 399a〔神隠し〕 719c〔山岳信仰〕 ㊦473c〔淵伝説〕
• 他界観〘－観念〙《たかいかん》　㊦**28**b ㊤616a〔極楽〕 977b〔葬法〕 ㊦207a〔常世〕 385b〔妣が国〕 791a〔来世観〕
鷹石　㊦768b〔百合若大臣〕
他界訪問譚　㊤831b〔呪的逃走〕
• 高い山《たかいやま》　㊦**29**a 738a〔山〕 738b〔山遊び〕
タカウソ　㊦781b〔呼子笛〕
高畝　㊤174b〔畝〕 ㊦830c〔輪中〕
高馬　㊦36b〔竹馬〕
高岡鋳物師　㊦260b〔鍋〕
高岡霊社(青森)　㊦122c〔津軽神楽〕
高折敷　㊤259a〔折敷〕
• 高神《たかがみ》　㊦**29**b
• 鷹狩《たかがり》　㊦**29**b ㊤654a〔娯楽〕 ㊦27c〔鷹〕 229b〔鳥屋〕
田掻き地蔵　㊦26a〔田植え地蔵〕
高木神社(滋賀)　㊦308c〔年行事〕
高木敏雄　㊤491a〔郷土〕 496c〔郷土研究(二)〕 ㊦167b〔伝説〕 644c〔民俗学史〕
タカキビ　㊤607a〔高粱〕
高木史人　㊤748a〔仕方話〕
高木弥助　㊤901c〔水晶〕
• 高倉《たかくら》　㊦**30**a ㊤543b〔倉〕 551a〔黒潮文化〕
高座結御子神社(愛知)　㊦14a〔太々神楽〕
高下駄　㊤569b〔下駄〕 →足駄
高崎正秀　㊦595b〔万葉集〕
『高砂族の祭儀生活』　㊦494b〔古野清人〕
高砂殿　㊤572b〔結婚式場〕
• 駄菓子《だがし》　㊦**30**b

高島易断　㊦372a〔八卦〕
『高島易断暦書』　㊤727b〔三世相〕
高島扇骨　㊤228b〔扇〕
高島田　㊤669b〔婚礼衣裳〕 792c〔島田髷〕
駄菓子屋　㊦687b〔めんこ〕
鷹匠　㊤236a〔大津絵〕 ㊦29c〔鷹狩〕
鷹匠足袋　㊤748b〔地下足袋〕
高杉神社(鳥取)　㊤193b〔うわなり打ち神事〕
高瀬の荒踊り　㊤48a〔綾踊り〕 ㊦729c〔奴踊り〕
高瀬船〔-舟〕　㊤195c〔運搬具〕 354a〔河川水運〕 430a〔川船〕 ㊦446c〔ヒラタブネ〕
高館　㊤607b〔幸若舞〕
高舘剣舞　㊤581c〔剣舞〕
高館南部駒踊り　㊤643c〔駒踊り〕
高田藤四郎　㊦468a〔富士塚〕
高田富士　㊦467c〔富士塚〕 467c〔富士山〕
• 高千穂神楽《たかちほかぐら》　㊦**30**c ㊤144b〔岩戸神楽〕 328b〔神楽〕 455b〔記紀神話〕
タカヅカイ猟法　㊦321b〔野兎猟〕
高坏〔高杯〕　㊤323c〔家具〕 868a〔食器〕
高照神社(青森)　㊦122c〔津軽神楽〕
• 高燈籠《たかとうろう》　㊦**31**a ㊤392c〔釜蓋朔日〕 858c〔常夜燈〕 ㊦271b〔新盆〕 別刷〈盆〉
• 高取正男《たかとりまさお》　㊦**31**b
『高取正男著作集』　㊦31b〔高取正男〕
高縄　51606b〔水鳥猟〕
高肉象嵌　㊤966b〔象嵌〕
たがね　㊦389c〔刃物〕
タガネ細工　㊤512b〔金工〕
高根祭　㊦171b〔天白〕
高野辰之　㊦128a〔筑土鈴寛〕
鷹の羽刺し　㊤698a〔刺子〕
鷹ノ羽　㊤275図〔斧〕
高橋宏一　㊦561b〔曲家〕
高椅神社(栃木)　㊤98b〔板前〕
高橋神社(京都)　㊤98b〔板前〕
高橋文太郎　㊦636a〔民具〕
高機　㊤290a〔織物〕 ㊦361c〔機織〕 409c〔杼〕
高幡不動(東京)　㊤222b〔縁日〕
タカハッポウ〔高はっぽう〕　㊦386a〔破風〕 778a〔寄せ棟〕 別刷〈民家〉
タカハナ〔高花〕　㊦29a〔高い山〕 738c〔山遊び〕
高浜虚子　㊦337a〔俳句〕
高張提燈　㊦107c〔提燈〕 108a〔提燈祭〕
タカビ　㊤166c〔ウタカビ〕 ㊦269b〔南島歌謡〕
高舞台　㊦471b〔舞台〕
高塀　㊦746a〔大和棟〕
高塀造　㊦629c〔民家〕
高木履　㊤569b〔下駄〕 →足駄
高幕人形　㊦506a〔文弥人形〕
タカマチ〔高市〕　㊤222b〔縁日〕 587b〔興行師〕 687b〔盛り場〕 ㊦149c〔てき屋〕
鷹待　㊦229b〔鳥屋〕
高松結婚差別裁判糾弾闘争　㊤904b〔水平社運動〕
高松道　㊤666b〔金毘羅街道〕
高窓　㊦580b〔窓〕
高天原　㊤72b〔異郷〕 ㊦28b〔他界観〕 31b〔高天原神話〕
• 高天原神話《たかまのはらしんわ》　㊦**31**b ㊤455a〔記紀神話〕
田神　㊦211c〔年神〕
高御産巣日神　㊤311b〔開闢神話〕
高宮城親雲上　㊤540c〔組踊り〕
• 高群逸枝《たかむれいつえ》　㊦**31**c ㊤850c〔招婿婚〕
『高群逸枝全集』　㊦31c〔高群逸枝〕
高持百姓　㊤418b〔柄在家〕 ㊦556c〔本百姓〕
タカモノ　㊤587b〔興行師〕 671a〔サーカス〕 ㊦149c〔てき屋〕
高盛〔-飯〕　㊤542a〔供物〕 602b〔強飯式〕
高山社(群馬)　㊦770c〔養蚕教師〕
• 高山祭《たかやままつり》　㊦**32**a 42図〔山車〕
高床式倉庫　㊦453a〔プー〕
• 高床住居《たかゆかじゅうきょ》　㊦**32**b
タガラ　㊦697b〔もっこ〕
宝オジ　㊦434a〔ヒネオジ〕
宝貝《たからがい》　⇨子安貝(㊤650c) ㊤299c〔貝〕
• 宝くじ《たからくじ》　㊦**32**c ㊤335b〔賭け事〕 ㊦227c〔富籤〕
宝塚歌劇団　㊤866b〔女装〕
宝箱　㊦370a〔初市〕
宝袋　㊦370a〔初市〕
• 宝船《たからぶね》　㊦**32**c ㊤775c〔七福神〕 ㊦377c〔初夢〕 767b〔夢〕
宝船売り　㊦33a〔宝船〕 781b〔呼売り〕
タカラムン　㊤433c〔龕〕 →龕
• ダカリ　㊦**33**b
田川屋　㊦804c〔料理屋〕
高割り　㊦680b〔村入用〕
• 滝《たき》　㊦**33**b
タキイシ　㊤941b〔石炭〕 →石炭
抱き親　㊤330a〔隠れキリシタン〕
滝川政次郎　㊤225b〔及川宏〕 464b〔喜多野清一〕
• 薪《たきぎ》　㊦**33**c ㊤508c〔切替畑〕 743c〔塩木〕 787b〔柴〕 ㊦314b〔燃料〕
薪小屋　㊤649b〔小屋〕
薪猿楽　㊤245c〔翁〕 ㊦34a〔薪能〕
薪取唄　㊦740b〔山唄〕
• 薪能《たきぎのう》　㊦**34**a →薪猿楽
薪の神事　㊦34a〔薪能〕 →薪猿楽
滝行　㊦33b〔滝〕
滝沢秀一　㊤45b〔編物〕
滝沢の田遊び　㊦2図〔田遊び〕
滝沢の放歌踊り　㊤48a〔綾踊り〕
タキシネ　㊤195b〔ウンネー折目〕 →ウンネー折目
暖気樽　㊤252図〔桶〕 ㊦66b〔樽〕
抱角丸　㊤412図〔家紋〕
多喜津姫〔滝-〕　㊤263c〔おたたさん〕
• 茶吉尼天《だきにてん》　㊦**34**b ㊤108a〔飯縄使い〕 117b〔稲荷下げ〕 117c〔稲荷信仰〕
滝野川ゴボウ　㊤641b〔ゴボウ〕
滝原顕拝　㊤581c〔剣舞〕
焚火　㊤857a〔照明〕
炊干し法　㊦686b〔飯〕
抱き松　㊤620b〔子授け〕
当摩蹶速　㊤396c〔神あらそい〕 →当麻蹶速
抱茗荷　㊤411図〔家紋〕
嶽元　㊦669c〔ムトゥ〕
タキヤ漁　㊦127b〔突き漁〕
打毬　㊦389b〔破魔矢〕
宅あづかり　㊦43c〔堕胎〕
• 沢庵漬《たくあんづけ》　㊦**34**c 8b〔大根〕 129c〔漬物〕 542a〔保存食〕
沢香　㊤568a〔化粧〕
手草　㊦236c〔採物〕
• タクシー taxi　㊦**34**c
タクシー自動車株式会社　㊦34c〔タクシー〕
タクシーの怪談　㊤308a〔怪談〕
• 託宣《たくせん》　㊦**35**a ㊤346b〔鹿島事触〕 398a〔神おろし〕 398c〔神がかり〕 ㊦226a〔飛神明〕 232b〔トランス〕 600b〔神子〕 710c〔問答〕
託宣者　㊤189b〔占い師〕
宅配　㊦157a〔出前〕
• 托鉢〔-行〕《たくはつ》　㊦**35**b ㊤621c〔乞食〕 ㊦763b〔遊行〕
焼火神社(島根)　㊤184b〔海〕
田倉牛神社(岡山)　㊤160a〔牛神祭〕
ダグラス Douglas, Mary Tew　㊦61a〔タブー〕
手繰網　㊤732c〔さんぱ〕 ㊦416b〔引き網〕
タケ　㊦737c〔山〕
• 竹《たけ》　㊦**35**b ㊤336c〔籠〕 ㊦37a〔竹細工〕 612c〔箕作り〕 771c〔楊枝〕
竹打ち　㊤390a〔かまくら〕
竹内利美　㊤518a〔近隣組〕 926c〔制裁〕 ㊦636a〔民具〕
• 竹内芳太郎《たけうちよしたろう》　㊦**36**b
• 竹馬《たけうま》　㊦**36**b 37a〔竹細工〕 347図〔履物〕

竹馬会　㊤495b〔郷土玩具〕
竹垣　㊤318a〔垣〕
岳神楽　㊦391b〔早池峰神楽〕　749c〔山伏神楽〕
竹籠　㊦697a〔もっこ〕
竹紙　㊦36a〔竹〕
竹皮笠　㊤339a〔笠〕
竹皮草履　㊤978a〔草履〕　㊦37b〔竹細工〕
• 竹伐爺《たけきりじい》　㊦**36**c　191b〔動物報恩譚〕　514b〔屁ひり話〕　→屁ひり爺
竹釘　㊦37a〔竹細工〕
竹串　㊦37a〔竹細工〕
竹行李　㊤606a〔行李〕　㊦37b〔竹細工〕
竹独楽　㊦37a〔竹細工〕
竹木舞　㊤387b〔壁〕
• 竹細工《たけざいく》　㊦**37**a　㊤718a〔さんか〕
竹細工師　㊦833b〔わたらい〕
竹崎の鬼会　㊦474b〔仏教芸能〕
武内宿禰　㊤556a〔軍神〕
他化自在天　㊦23c〔第六天〕
竹杓子　㊤802b〔杓子〕　㊦37a〔竹細工〕
竹簀子天井　㊤916a〔簀子天井〕　㊦別刷〈民家〉
竹簀巻　㊦671図〔棟〕
竹炭　㊦36a〔竹〕
竹製蔟　㊦770b〔養蚕〕
• 田下駄《たげた》　㊦**38**a　㊤232a〔大足〕　422b〔刈敷〕　439c〔樏〕　781b〔湿田〕　㊦346c〔履物〕
武田信玄　㊤556a〔軍神〕
• 竹田聴洲《たけだちょうしゅう》　㊦**38**b　㊤856c〔常民〕　㊦158c〔寺〕
『竹田聴洲著作集』　㊦38c〔竹田聴洲〕
竹田人形座〘-からくり一座〙　㊤111a〔糸あやつり〕　417b〔からくり人形〕
• 武田久吉《たけだひさよし》　㊦**38**c
竹筒樽　㊦66b〔樽〕
竹トンボ　㊤別刷〈遊び〉　㊦37a〔竹細工〕
丈長　㊦704c〔桃割〕
竹鉈　㊦253c〔鉈〕
竹鳴り独楽　㊤642b〔独楽〕
竹に対雀　㊤411図〔家紋〕
竹の皮　㊦517b〔弁当〕
タケノコ〔筍〕　㊤182b〔石女〕　694c〔笹〕　㊦35c〔竹〕
竹子笠　㊤339a〔笠〕
竹の子生活　㊦478c〔物々交換〕
• 筍梅雨《たけのこづゆ》　㊦**39**a
筍流し　㊦39a〔筍梅雨〕
ダケノボリ　㊤960a〔千駄焚き〕
竹の丸に二羽飛雀　㊤411図〔家紋〕
竹量　㊦700b〔物差〕
竹箸　㊦37a〔竹細工〕
竹梯子　㊦37a〔竹細工〕　357b〔梯子〕
竹針　㊦396c〔針〕
竹笛　㊦781b〔呼子笛〕
竹篦　㊦37a〔竹細工〕
竹箒　㊤969b〔掃除〕　㊦37a〔竹細工〕
タケマイリ　㊤19a〔朝熊信仰〕
嶽参り　㊤872b〔死霊〕
竹箕　㊦595c〔箕〕　612c〔箕作り〕
建御雷神　㊤396c〔神あらそい〕
建水分神社(大阪)　㊦599b〔水分神〕
建御名方神〘タケミナカタ〙　㊤396c〔神あらそい〕　921b〔諏訪信仰〕
竹本　㊤465a〔義太夫〕
竹本義太夫　㊦293b〔人形浄瑠璃〕
タケ休み　㊦770b〔養蚕〕
竹弓　㊤25b〔梓巫女〕
• タコ　㊦**39**a　㊤186a〔梅干〕　319a〔鉤〕
• 凧〘紙鳶〙《たこ》　㊦**39**c　㊤284b〔玩具〕　㊦40a〔凧揚げ〕　373c〔初節供〕
• 凧揚げ《たこあげ》　㊦**40**a　㊤612a〔五月節供〕　654a〔娯楽〕　㊦39c〔凧〕　210b〔年占〕
タコ穴　㊦39b〔タコ〕
タコイシ　㊦39b〔タコ〕
多孔尺八　㊤803c〔尺八〕
凧合戦　㊦40b〔凧揚げ〕　80b〔力くらべ㈠〕
蛸甕　㊦41a〔蛸壺〕　→蛸壺
腰輿〘手輿〙　㊤620c〔輿〕　㊦601a〔神輿〕
• 田越し灌漑《たごしかんがい》　㊦**40**c　615a〔水口〕
タコシブキイシ　㊦39b〔タコ〕
蛸十夜　㊤821b〔十夜〕
タゴシラエ　㊤875b〔代掻き〕
タコズイシ　㊦39b〔タコ〕
蛸長者　㊦104c〔長者〕　223c〔隣の寝太郎〕　267c〔難題聟〕
タコツキ　㊤779b〔地搗き〕
• 蛸壺《たこつぼ》　㊦**41**a　㊤300a〔貝〕　㊦39b〔タコ〕
タコドウヅキ　㊤779b〔地搗き〕
タコ部屋　㊦408a〔飯場〕
太宰府天満宮(福岡)　㊤165a〔鷽替〕
田里朝直　㊤540c〔組踊り〕
• ダシ　㊦**41**b
• だし〘出汁〙　㊦**41**a
• 山車《だし》　㊦**41**b　㊤795b〔標山〕　㊦492b〔風流〕　601c〔神輿〕　625a〔神幸〕　727c〔屋台〕　738a〔山〕　788b〔依代〕
ダシアイ　㊤326a〔かくせつ〕
山車からくり人形　㊤417b〔からくり人形〕
出し組　㊤353c〔架線〕
出し桁造　㊦325b〔軒〕　→セガイ造
田仕事　㊦27c〔田人〕
多子残留　㊤106c〔一子残留〕
山車人形　㊦292c〔人形〕
出文机　㊤842c〔書院〕
山車船　㊤528b〔鯨船〕
田道間守命　㊤347a〔菓子屋〕
多重塔　㊤985a〔卒塔婆〕
他所氏子　㊤984c〔外氏子〕　→外氏子
• タシロ　㊦**43**a
多数追い　㊦100c〔中馬〕
多数決制　㊤457b〔議決法〕
• 襷《たすき》　㊦**43**b
タスキガケ　㊦43b〔襷〕
タスキトリ　㊤49c〔綾取り〕
「田助ハイヤ節」　㊦340b〔ハイヤ節〕
ダセチッ　㊦396b〔ハラメウチ〕
黄昏時　㊦28c〔他界観〕
誰哉行燈　㊤58c〔行燈〕　857c〔照明〕
ダダ　㊤919c〔相撲〕
• 堕胎《だたい》　㊦**43**c　㊤610c〔コオロシババア〕　㊦583a〔間引き㈠〕
堕胎医　㊦99c〔中条流〕
堕胎剤　㊦534c〔ホオズキ〕
堕胎罪　㊦43c〔堕胎〕
称辞　㊦332a〔祝詞〕
称えの神事　㊤297c〔御柱〕
• だだおし　㊦**44**a　㊤832a〔修二会〕　㊦474b〔仏教芸能〕
タタキ　㊤85b〔石屋〕　㊦532b〔ホウヅケ〕
たたき洗い　㊤472c〔砧〕
叩き納豆売り　㊦256c〔納豆〕
叩き鉦　㊦329b〔鉦〕
叩き箸　㊦833c〔渡箸〕
タダキビ　㊤474c〔キビ〕
叩き棒　㊦132b〔槌〕
タタキワラ　㊦835a〔藁〕
多田銀山(兵庫)　㊤513b〔銀山〕
多田寺(福井)　㊦717a〔薬師信仰〕
糺の涼み　㊦610c〔御手洗〕
タタミ　㊦829b〔ワサビ〕
• 畳《たたみ》　㊦**44**a　㊤164b〔薄縁〕　323b〔家具〕　752c〔敷物〕　879c〔寝具〕　㊦44c〔畳屋〕
畳表　㊤60a〔イ〕　619c〔茣蓙〕　㊦44b〔畳〕
畳替え　㊦44c〔畳屋〕
畳刺〘畳差〙　㊦44b〔畳〕　44c〔畳屋〕
畳師　㊦44c〔畳屋〕
畳職　㊦10c〔太子信仰〕
多田道太郎　㊤28a〔遊び〕
畳床　㊦44b〔畳〕
畳針　㊦396c〔針〕
• 畳屋《たたみや》　㊦**44**c
畳屋と狸　㊦53b〔狸の八畳敷〕
• 鑪〘多多羅, 蹈鞴, 鈩, 高殿〙《たたら》　㊦**45**a　㊤728c〔山村〕　㊦152b〔鉄〕　745a〔八岐大蛇〕
鑪師〘タタラ-〙　㊤378a〔金屋子神〕　863b〔職能神〕　㊦45b〔蹈鞴祭〕　678c〔村下〕　738a〔山〕　→村下

鑪製鉄　㊦573c〔松〕
鑪場　㊤702a〔砂鉄〕
•蹈鞴祭《たたらまつり》　㊦**45b**　→鞴祭
•祟り《たたり》　㊦**45c**　㊤256a〔癘〕　394a〔神〕　716b〔さわり〕　872a〔死霊〕　㊦739a〔病い田〕
祟り神　㊦689a〔モイドン〕　737b〔藪神〕
祟り地《たたりち》　⇨忌地(㊤131a)　㊤530a〔くせ地〕　930a〔聖地〕　962b〔千人塚〕
タチ　㊦48b〔タテ〕
立合道場　㊦182c〔道場〕
立洗　㊤98b〔板前〕
裁板　㊦732b〔柳〕
立居人形　㊤417c〔からくり人形〕
タチイマジクイ〔他系混淆，他系混交〕　㊤760b〔シジタダシ〕　㊦198c〔トートーメー〕
裁ち祝い　㊤680b〔裁縫〕
立臼　㊦715c〔焼穂〕
立歌　㊤687a〔酒盛〕
•立売り《たちうり》　㊦**46a**　㊤853a〔商人〕
立絵　㊤401a〔紙芝居〕
立男　㊦27c〔田人〕
•太刀踊り《たちおどり》　㊦**46a**　→花踊り
立泳　㊤899b〔水泳〕
立ち神　㊤22c〔アシビ〕
•立神《たちがみ》　㊦**46b**
立川流〔-密教〕　㊤925b〔性器崇拝〕　㊦438a〔秘密結社〕
立川和四郎　㊤84a〔石取祭〕
立棺　㊤688b〔坐棺〕
•立ち聞き《たちぎき》　㊦**46c**
立樹稲架　㊤122b〔稲掛け〕　㊦354a〔ハサ〕
太刀鎮め　㊤594a〔荒神〕
裁ち初め　㊦463a〔服飾〕
立ちダムトゥ　㊤22c〔アシビ〕
立茶番　㊦94b〔茶番〕　→茶番狂言
立ち流し　㊦245a〔流し〕
立念仏　㊦313c〔念仏踊り〕
タチバナ　㊤421b〔辛味〕　639a〔木の実〕　㊦599a〔ミカン〕
橘周太　㊤556a〔軍神〕
橘神社(長崎)　㊤556a〔軍神〕
橘南谿　㊤681c〔西遊記・東遊記〕　㊦644a〔民俗学史〕
橘成季　㊤619b〔古今著聞集〕
立花火　㊦382c〔花火〕
タチビ　㊤131c〔忌日〕
立ち雛　㊦432c〔雛祭〕
裁紐　㊦438b〔紐〕
立ち待月　㊦126a〔月待〕
•断ち物〔絶ち-〕《たちもの》　㊦**46c**　㊤454a〔祈願〕　864a〔食物禁忌〕　㊦72a〔断食〕
立人　㊦27c〔田人〕
駄賃馬　㊤743b〔塩売り〕　→中馬
駄賃稼ぎ　㊦47a〔駄賃付け〕　125c〔継場〕
•駄賃付け《だちんつけ》　㊦**47a**　100c〔中馬〕
タツ　㊤505a〔漁船〕　㊦40b〔凧揚げ〕　48a〔竜頭〕
脱衣籠　㊤336c〔籠〕
立江寺(徳島)　㊦519 表〔遍路〕
•奪衣婆《だつえば》　㊦**47b**　㊤224a〔閻魔〕　727c〔三途の川〕
•竜頭《たつがしら》　㊦**47c**　㊤967b〔葬具〕
タツカン　㊤432c〔棺〕
タックィー　㊤707b〔サニ〕
タヅクリ〔田作り〕　㊤143c〔イワシ〕　㊦25c〔田植え肴〕
•脱穀《だっこく》　㊦**48a**　㊤613a〔扱箸〕　963a〔千歯扱き〕　㊦291a〔庭仕事〕　715b〔焼穂〕　754a〔ゆい〕　別刷〈野良仕事〉
脱穀具　㊦581a〔マトリ〕　702a〔籾打棒〕
脱魂　㊤201c〔エクスタシー〕
脱色紺　㊦956c〔染色〕
竜田神社(奈良)　㊤341b〔風祭〕　351a〔風〕
タッタリ餅　㊦374b〔初誕生〕
タッツケ　㊤756c〔仕事着〕　㊦345b〔袴〕　748c〔山袴〕
手綱　㊦348c〔馬具〕
竜の頭　㊤104a〔一夜官女〕
タツブ　㊦52a〔タニシ〕　→タニシ
脱孚　㊦319b〔農具〕
タツボ　㊦52a〔タニシ〕　→タニシ
たつま　⇨巻狩り(㊦562a)
•竜巻《たつまき》　㊦**48b**
タツミ　㊦358b〔播種法〕
巽蔵　㊤543b〔倉〕
辰巳芸者　㊤559b〔芸者〕
辰巳正月《たつみしょうがつ》　⇨巳正月(㊦603c)
辰巳用水(石川)　㊤903c〔水道〕
脱粒　㊦715b〔焼穂〕
•タテ(地形)〔館，楯〕　㊦**48b**
タテ　㊦157c〔手槍〕
タデ　㊤421b〔辛味〕　596b〔香辛料〕
伊達　㊦800b〔流行〕
蓼藍　㊤1b〔藍〕　→藍
竪穴蔵　㊤543b〔倉〕
•建網《たてあみ》　㊦**48c**　㊤45b〔網漁〕　500c〔漁業〕　503a〔漁具〕　693b〔鮭〕　㊦145c〔定置網〕　779a〔四手網〕　→定置網
立板　㊤98b〔板前〕
竪板壁　㊤387b〔壁〕
竪井戸　㊤110a〔井戸〕
竪臼　㊤163c〔臼〕　472c〔杵〕
縦畝　㊤174b〔畝〕
タテエビス　㊤245b〔沖言葉〕
立烏帽子　㊤211c〔烏帽子〕　387a〔かぶりもの〕
経絣　㊤350c〔絣〕　956b〔染色〕
タテカナモノ　㊦570a〔枡〕
竪框　㊤390c〔框〕
タテカン　㊤688b〔坐棺〕
竪杵　㊤163c〔臼〕　472c〔杵〕
建切網　㊤366b〔カツオ〕　㊦48c〔建網〕
建具　㊤390c〔框〕　589c〔格子〕
縦櫛　㊤525b〔櫛〕
建具職　㊦10c〔太子信仰〕
縦系図〔竪-〕　㊤559c〔系図〕
•タテザク　㊦**48c**
経縞　㊤956b〔染色〕
タテゼン　㊤335c〔蔭膳〕
経縮　㊤109b〔糸〕
縦槌　㊦132b〔槌〕
タテナガシ　㊤345c〔鹿島流し〕
経錦　㊤290b〔織物〕
建登せ柱　㊦359c〔柱〕
タテバ　㊦397a〔馬力〕
立場　㊦95a〔茶店〕
建場　㊤529c〔屑屋〕
立て箸　㊦833c〔渡箸〕
建て始め　㊦49a〔建て前〕　→建て前
立て花　㊦169c〔天道花〕　→天道花
立てひざ　㊤922b〔坐り方〕
縦帆　㊦521a〔帆〕
タデ棒　㊦486b〔船幽霊〕
•建て前《たてまえ》　㊦**49a**　㊤581b〔建築儀礼〕　㊦671b〔棟上〕
タテマブシ　㊦584c〔蔟〕
伊達眼鏡　㊦685c〔眼鏡〕
立元　㊤97b〔イタコ〕
建物疎開　㊤979b〔疎開〕
伊達紋　㊦710a〔紋付〕
立役者　㊦717b〔役者〕
立山(富山)　㊤476b〔肝だめし〕　720a〔山岳信仰〕　727c〔三途の川〕　824a〔修験道〕　㊦28b〔他界観〕　33b〔滝〕　50a〔立山登山〕　88b〔血の池地獄〕　287c〔女人禁制〕　749c〔山伏〕
•立山地獄《たてやまじごく》　㊦**49b**
•立山信仰《たてやましんこう》　㊦**49c**　㊤44b〔阿弥陀信仰〕　㊦49b〔立山地獄〕
•立山登山《たてやまとざん》　㊦**50a**
立山曼荼羅　㊦49b〔立山地獄〕　50a〔立山信仰〕　88a〔血の池地獄〕　791a〔来世観〕
経緯絣　㊤350c〔絣〕　956b〔染色〕
経緯縞　㊤956b〔染色〕
タテリ煙草　㊦726c〔休み〕
田堵　㊤309b〔垣内〕
タトエ　㊤637c〔諺〕　㊦50b〔譬え言葉〕
•譬え言葉《たとえことば》　㊦**50b**　→タトエ
タドコロ〔田所，田荘〕　㊦43a〔タシロ〕
多度津道　㊤666b〔金毘羅街道〕
棚　㊤842c〔書院〕　㊦206a〔床の間〕
タナイ　㊤74b〔池〕　㊦50c〔種子池〕

• 種子池《たないけ》　㊦ **50**c
タナイケサライ　㊦ 51a〔種子池〕
棚板　㊦ 509b〔弁才船〕
棚板構造船　㊤ 195c〔運搬具〕 972a〔造船儀礼〕 ㊦ 483c〔船大工〕 486c〔船〕
タナウチ　㊦ 333b〔暖簾内〕
店売り　㊤ 585b〔交易〕
店表奉公人　㊦ 528c〔奉公人〕
田中瑩一　㊤ 559a〔形式譚〕
田中敬助　㊦ 133b〔ツツガムシ〕
田中神社(岩手)　㊦ 391b〔早池峰神楽〕
田中久重　㊤ 417c〔からくり人形〕
店借　㊤ 188c〔裏店〕 240c〔大屋・店子〕 ㊦ 109b〔町人〕
田中緑紅　㊤ 495c〔郷土玩具〕
棚くぐり　㊤ 160a〔牛供養〕
店蔵　㊤ 543b〔倉〕 544c〔蔵造〕 ㊦ 219c〔土蔵〕
店蔵造　㊤ 544c〔蔵造〕
タナゲ　㊦ 51a〔種子池〕
店子《たなこ》　⇨大屋・店子(㊤ 240c) ㊦ 571c〔町〕
タナゴヒ　㊦ 155a〔手拭〕
棚探し　㊤ 721a〔三箇日〕
タナシ〖手無し〗　㊤ 401a〔袢〕 984b〔袖なし〕
• 棚田《たなだ》　㊦ **51**a ㊤ 964c〔千枚田〕 ㊦ 1a〔田〕 別刷〈野良仕事〉 →千枚田
タナダテ　㊦ 55a〔種子籾〕
タナドゥイ　㊦ 74a〔タントゥイ〕
タナドュリ祭(種子取り祭)　㊤ 912c〔ススキ〕
• 七夕《たなばた》　㊦ **51**b ㊤ 190b〔ウリ〕 627a〔五節供〕 635c〔子供組〕 902c〔水神〕 946b〔節供〕 977c〔素麵〕 ㊦ 259c〔七日盆〕 297b〔盗み〕 305a〔ねぶた〕 362b〔機織淵〕 377a〔初物〕
七夕馬　㊦別刷〈盆〉
七夕飾り　㊦別刷〈盆〉
棚畑　㊦ 73b〔段々畑〕 →段々畑
七夕竹　㊦ 36a〔竹〕
たなばたつめ〖棚機つ女〗　㊦ 51b〔七夕〕 362c〔機織淵〕
七夕流し　㊦ 115b〔鎮送呪術〕
七夕人形　㊦ 292c〔人形〕
七夕祭　㊦ 538b〔星〕
タナブ　㊦ 294a〔妊娠〕
田辺寿利　㊦ 640a〔民族(二)〕
たなぼ　㊦ 1a〔田〕
店持ち別家　㊦ 333c〔暖簾分け〕 510c〔別家〕
タナモト　㊦ 245a〔流し〕
頼守　㊤ 255c〔おこない〕
タナワ　㊤ 838 表〔狩猟用具〕
• 谷《たに》　㊦ **51**c ㊤ 275a〔尾根〕
ダニ　㊦ 133a〔ツツガムシ〕
谷池　㊤ 74b〔池〕 ㊦ 64b〔溜池〕
タニオ　㊤ 116c〔稲積み〕
谷川健一　㊦ 734b〔柳田国男研究〕
タニキリ　㊦ 52a〔谷〕
谷口与六　㊦ 32a〔高山祭〕
• タニシ〖田螺〗　㊦ **52**a 52b〔田螺長者〕 149b〔できもの〕
タニシ売り　㊦ 52b〔タニシ〕
• 田螺長者《たにしちょうじゃ》　㊦ **52**b
田螺と烏の歌問答　㊦ 52c〔田螺長者〕
田螺と狐　㊦ 52c〔田螺長者〕
タニシヒロイ　㊦ 52a〔タニシ〕
タニシホリ　㊦ 52a〔タニシ〕
田螺息子　㊤ 107b〔一寸法師〕
タニドゥル　㊦ 74a〔タントゥイ〕
タニナ　㊦ 52a〔タニシ〕 →タニシ
• 狸《たぬき》　㊦ **52**c ㊤ 470a〔狐話〕 470c〔狐火〕 491c〔共同幻覚〕 ㊦ 53a〔狸の八畳敷〕 126b〔憑物〕 505c〔文福茶釜〕 666b〔ムジナ〕
狸和尚　㊦ 505c〔文福茶釜〕
狸憑き　㊦ 53a〔狸〕
狸の巣　㊦ 420c〔彦八〕
• 狸の八畳敷《たぬきのはちじょうじき》　㊦ **53**a
狸囃子　㊦ 259a〔七不思議〕
狸掘り　㊦ 71a〔炭鉱〕
田主　㊤ 234b〔大田植〕 ㊦ 68a〔タロウジ〕 →たあるじ
タネ　㊤ 74b〔池〕 ㊦ 759c〔雪〕
種子井　㊦ 50c〔種子池〕
タネイバライ　㊦ 51a〔種子池〕
タネエ　㊦ 50c〔種子池〕
種子下ろし〖タネオロシ〗《たねおろし》　⇨種子浸け(㊦ 53c) ㊤ 734a〔サンバイ〕 734b〔三番叟〕 ㊦ 54a〔種子取り〕 54b〔種子播き〕 55c〔種子籾俵〕 74a〔タントゥイ〕 358b〔播種法〕
• 種子換え《たねがえ》　㊦ **53**b
タネカシ　㊦ 50c〔種子池〕
種子島　㊦ 154b〔鉄砲〕
種麴　㊦ 693b〔木灰〕
種麴屋　㊤ 590b〔麴〕
種子駒　㊤ 474a〔キノコ〕
タネザトウ　㊤ 704b〔サトウキビ〕
• 種子浸け〖タネツケ〗《たねつけ》　㊦ **53**c 50c〔種子池〕 54a〔種子取り〕 →種子下ろし
• 種子取り《たねとり》　㊦ **54**a
種子取りの神事　㊤ 124c〔猪〕
タネナシゴ　㊤ 766a〔私生児〕
種子浸し　㊦ 53c〔種子浸け〕
種子ふり　㊦別刷〈野良仕事〉
種南瓜　㊦ 433c〔ヒネオジ〕
タネマキ　㊦ 90b〔粽〕
種子播き　㊦ 54b〔種子取り〕
• 種子播き〖タネマキ〗《たねまき》　㊦ **54**b ㊤ 171c〔卯月八日〕 734b〔三番叟〕 ㊦ 54a〔種子取り〕 358b〔播種法〕 574b〔松会〕
種子播き祝い　㊤ 116a〔稲作儀礼〕 ㊦ 615a〔水口祭〕
タネマキオッコ　㊦ 54b〔種子播き〕
• 種子蒔き桜《たねまきざくら》　㊦ **54**c 54b〔種子播き〕
種まき爺さん　㊦ 760c〔雪形〕
種子播き正月　㊦ 615b〔水口祭〕
種子播き祭　㊤ 169a〔打植祭〕
種間寺(高知)　㊦ 519 表〔遍路〕
種子水貰い　㊦ 200a〔戸隠信仰〕
種メラシ　㊦ 433c〔ヒネオジ〕
• 種子籾《たねもみ》　㊦ **55**a ㊤ 617a〔穀霊〕 ㊦ 50c〔種子池〕 53b〔種子換え〕 53c〔種子浸け〕 54b〔種子播き〕 55b〔種子籾囲い〕 55c〔種子籾俵〕 56a〔種子もやし〕
• 種子籾囲い《たねもみがこい》　㊦ **55**b
• 種子籾俵《たねもみだわら》　㊦ **55**c 55a〔種子籾〕 68c〔俵〕 320a〔農耕儀礼〕
• 種子もやし《たねもやし》　㊦ **56**a
種もらい祭　㊤ 930c〔性道徳〕
タネンブシ　㊦ 54a〔種子取り〕 →タネツケ
端午　㊦ 627c〔名節〕
• 田の神《たのかみ》　㊦ **56**a ㊤ 8a〔アエノコト〕 10a〔あか〕 14c〔秋祭〕 115c〔稲作儀礼〕 116b〔稲魂〕 117a〔稲場〕 123c〔亥子〕 162b〔丑の稲〕 162c〔丑の日祭〕 182a〔馬こ繋ぎ〕 195b〔ウンナン神〕 296c〔女の家〕 313b〔カエル〕 390c〔かまけわざ〕 394b〔神〕 468c〔狐塚〕 545b〔蔵開き〕 554b〔鍬入れ〕 684a〔サオリ〕 690b〔作神〕 700b〔皐月〕 706b〔里宮〕 706c〔さなぶり〕 733c〔サンバイ〕 805a〔社日〕 809a〔収穫祭〕 822a〔十六団子〕 875b〔代掻き〕 876c〔しろみて〕 902b〔水神〕 989c〔祖霊〕 ㊦ 29a〔高い山〕 56c〔田の神おっとい〕 57a〔田の神像〕 57b〔田の神舞〕 211c〔年神〕 242c〔苗印〕 269c〔納戸神〕 279c〔二百十日〕 290b〔庭上げ〕 318a〔農神〕 319c〔農耕儀礼〕 370c〔初午〕 374a〔初田植〕 400b〔春祭〕 535c〔穂掛け〕 596a〔箕〕 615a〔水口〕 622b〔宮田〕 738b〔山遊び〕 747a〔山の神〕 760a〔雪女〕 780c〔米山信仰〕 807c〔留守神〕 →作神
田の神祝い　㊤ 805a〔社日〕
田の神送り　㊤ 422a〔刈上げ祝い〕
• 田の神おっとい《たのかみおっとい》　㊦ **56**c
田の神講　㊤ 584b〔講〕 600c〔講田〕 ㊦ 57a〔田の神像〕
タノカミサマ〖-サン〗　㊤ 162b〔丑の稲〕
田の神様　㊦ 615b〔水口祭〕 →タノカンサア

田の神様の宿り木　㊦615b〔水口祭〕→タノカンサマノヤドリキ
田の神信仰　㊤208c〔えびす〕
田の神神社(岩手)　㊦447c〔ひるまもち〕
田の神据え　㊤別刷〈婚礼〉　㊦57b〔田の神像〕
• 田の神像〘-石像〙《たのかみぞう》　㊦**57**a　56c〔田の神おっとい〕　57c〔田の神舞〕
• 田の神舞《たのかみまい》　㊦**57**b　㊤450a〔神舞〕
田の神祭　㊤162c〔丑の日祭〕　㊦370c〔初丑〕
田の神迎え　㊤234b〔大田植〕　403c〔神迎え〕　㊦310c〔年中行事㈠〕
田の神　㊦292c〔人形〕
タノカンサア〘-サマ〙　㊤8a〔アエノコト〕　㊦7a〔大黒天〕　57a〔田の神像〕　320a〔農耕儀礼〕→田の神様
タノカンサマノヤドリキ　㊦320a〔農耕儀礼〕→田の神様の宿り木
タノカンドン〘田の神殿〙　㊦56a〔田の神〕　57a〔田の神像〕
タノクロマメ　㊤26c〔アゼマメ〕→アゼマメ
『楽しい夜』　㊤830b〔術比べ〕　㊦381a〔話千両〕
• 田の字型民家《たのじがたみんか》　㊦**58**a　206b〔床の間〕　449a〔広間型民家〕　581a〔間取り〕
田字草　㊤412図〔家紋〕
タノボリ　㊤707a〔さなぶり〕
タノマレ仲人　㊦357a〔はしかけ〕
タノマレベッケ　㊦503a〔分家〕
頼まれヨリキ　㊦788a〔ヨリキ〕
たのみの節供〘田の実-，憑-〙　⇨八朔(㊦372c)　㊤946b〔節供〕　㊦310c〔年中行事㈠〕
頼み本家　㊦553a〔本家〕　674a〔村入り〕
たのむの祝い　㊦372c〔八朔〕→八朔
• 頼母子〘-講，頼子，憑子〙《たのもし》　㊦**58**b　㊤92b〔伊勢講〕　564a〔ケー〕　584b〔講〕　606c〔高利貸〕　969a〔相互扶助〕　㊦521a〔会〕　668a〔無尽〕　689a〔模合〕→無尽
たのもの節供　㊦372c〔八朔〕→八朔
たば風　㊦61c〔タマカゼ〕→タマカゼ
• タバコ〘煙草〙　㊦**58**c　㊤435c〔換金作物〕　442c〔間食〕　574c〔下人〕　754c〔嗜好品〕　㊦87c〔血止め〕
煙草入れ　㊤971a〔装身具〕　㊦59a〔煙草道具〕
煙草断ち　㊦47a〔断ち物〕
• 煙草道具《たばこどうぐ》　㊦**59**a　464b〔副葬品〕
煙草盆　㊦59a〔煙草道具〕
煙草休み　㊦726c〔休み〕
田畑祭　㊤560a〔系図祭〕→系図祭
ダバツケ　㊤790a〔柴漬け漁〕
束髪　㊤399b〔髪型〕
束ね紐　㊦438b〔紐〕
タハブェ　㊤166c〔ウタカビ〕　㊦269a〔南島歌謡〕
田囃子　㊦648a〔民俗芸能〕
タバリ　㊤912a〔頭上運搬〕
タビ　㊤571c〔月経〕　㊦125a〔月小屋〕
• 足袋《たび》　㊦**59**c　㊤748b〔地下足袋〕　㊦278a〔入棺〕　346c〔履物〕
• 旅《たび》　㊦**59**b　㊤942b〔世間〕　964a〔餞別〕　㊦152a〔出立ち〕　187c〔道中記〕　620a〔土産〕
旅唄　㊦187c〔道中唄〕
田稗　㊦412b〔ヒエ〕　413b〔稗田〕
タビオーコ　㊦172a〔天秤棒〕
旅グェーナ　㊤521c〔クェーナ〕
• 旅芸人《たびげいにん》　㊦**60**a　147c〔出稼〕
タビ小屋〘-ゴヤ，他火-〙　⇨月小屋(㊦125a)　㊤830b〔出産〕　867c〔初潮〕
タビシキ　㊤838表〔狩猟用具〕
旅芝居　㊦12a〔大衆演劇〕
旅装束　㊤784b〔死装束〕
旅職人　㊤672c〔西行〕
旅早乙女　㊤683c〔早乙女〕　㊦24c〔田植え〕
• 『旅と伝説』《たびとでんせつ》　㊦**60**b　167c〔伝説〕
旅日記　㊦188a〔道中記〕　278b〔日記〕
タヒネー　㊤195b〔ウンネー折目〕→ウンネー折目
旅宮(宮城)　㊦751c〔山宮〕
タビハダシ　㊤3b〔哀悼傷身〕
旅人　㊤672c〔西行〕
• 旅人馬《たびびとうま》　㊦**60**c
旅人の採集　㊦757b〔有形文化〕
旅船　㊦616a〔港〕
旅マタギ　㊤409c〔カモシカ猟〕　㊦570c〔マタギ〕
旅見舞い　㊦555a〔本山参り〕
旅土産　㊦620b〔土産〕
旅役者　㊦717b〔役者〕
太布　㊤597a〔コウゾ〕→ふとぬの
• タブー taboo　㊦**61**a　㊤511b〔禁忌〕　㊦76a〔血〕　438b〔紐〕　699b〔物忌〕→禁忌
タフサギ祝い　⇨褌祝い(㊦504c)
タフサギ親　㊦509a〔へこ親〕
• 田舟《たぶね》　㊦**61**b　㊤195c〔運搬具〕　781b〔湿田〕
タブレ　㊤484c〔狂気〕
タボヤ　㊤422c〔刈敷〕
タマ　㊤393c〔神〕
タマ(漁具)　㊤762b〔シジミ〕　909b〔掬い網〕→タモ網
タマ(遊具)　㊦687c〔めんこ〕
玉　㊤737a〔三枚の御札〕
ダマ　㊤265c〔お手玉〕
田舞　㊤654a〔娯楽〕
玉御殿(沖縄)　㊦386c〔破風墓〕
タマエカケ　㊦560b〔前掛〕
玉追い　㊤799c〔竜踊り〕
• 魂送り《たまおくり》　㊦**61**b
霊送り　㊦296c〔ヌササン〕
タマガイ　㊤149c〔インニンビ〕　789b〔柴挿し㈡〕
タマガエー・ヌ・ウプティシジ　㊤77c〔イザイホー〕
玉垣　㊤318a〔垣〕
• タマカゼ　㊦**61**c　㊤119c〔戌亥〕　351a〔風〕　㊦453c〔風神〕
『玉勝間』　㊦697c〔本居宣長〕　別刷〈民俗学史〉
玉ガファラ　㊦299b〔祝女〕
玉川上水(東京)　㊤903b〔水道〕
玉川文蝶　㊤171c〔写し絵〕
玉簪　㊤438b〔簪〕
玉菊燈籠　㊤857c〔照明〕
玉置山(奈良)　㊤238c〔大峯信仰〕
玉切　㊦740c〔山落し〕　806c〔リン場〕
玉籤　㊤525c〔籤〕
• 玉串《たまぐし》　㊦**61**c　㊤684c〔榊〕
霊串　㊦61c〔玉串〕
『玉くしげ』　㊦697c〔本居宣長〕
『玉匣記』　㊤727b〔三世相〕
玉串奉奠　㊦61c〔玉串〕
玉串料　㊤160c〔氏子〕　㊦61c〔玉串〕
玉城朝薫　㊤540c〔組踊り〕
玉薬簞笥　㊦73a〔簞笥〕
卵　㊦230a〔土用〕
卵苞　㊦839c〔藁苞〕
卵豆腐　㊦667b〔蒸物〕
魂籠め　㊦779c〔夜泣き〕
玉子屋円辰　㊦593b〔漫才〕
• タマサイ　㊦**61**c
魂の入れかわり《たましいのいれかわり》　⇨生まれかわり(㊤183c)
鎮魂《たましずめ》　⇨ちんこん(㊦114b)　㊤396a〔神遊び〕
霊代人　㊤193c〔うわなり打ち神事〕
たます〘タマス，タマシ〙　⇨獲物分配(㊤214c)　㊤862b〔食事〕　877a〔代分け〕
タマスウカビ　㊦297b〔ヌジファ〕　584c〔マブイグミ〕
タマスオチュイ　㊤862b〔食事〕
タマセ　㊦429a〔人魂〕→人魂
玉せせり　㊤257b〔押合い祭〕　577c〔喧嘩祭〕
玉襷　㊦43b〔襷〕
玉簾　㊦603c〔御簾〕→御簾
『玉造小町壮衰書』　㊤276b〔小野小町〕
田祭　㊤162c〔丑の日祭〕　793b〔地祭〕
玉殿　㊦704c〔喪屋〕
玉取姫　㊤73a〔異郷譚〕

玉取祭　㊤577c〔喧嘩祭〕
玉貫鮑〔-鰒〕　㊤55a〔アワビ〕　㊦327a
タマネギ　㊤863c〔植物禁忌〕
『霊の真柱』　㊦446a〔平田篤胤〕
玉鋼　㊦152b〔鉄〕
たまふり〔鎮魂〕　㊤396a〔神遊び〕　㊦114b〔鎮魂〕　489a〔冬祭〕　→ちんこん
• 魂祭《たままつり》　㊦**62**a　㊤238b〔大晦日〕
霊祭神楽　㊤328c〔神楽〕
玉味噌　㊦609b〔味噌〕
玉宮神社(山梨)　㊤901c〔水晶〕
タマムカエドリ　㊦546c〔ホトトギス〕
玉藻稲荷　㊤948a〔殺生石〕
『玉藻の草子』　㊤948a〔殺生石〕
玉藻前　㊤947c〔殺生石〕
『玉藻前物語』　㊤948a〔殺生石〕
玉諸神社(山梨)　㊤901c〔水晶〕
玉屋　㊤901c〔水晶〕　㊦383a〔花火〕　383b〔花火師〕
• 霊屋《たまや》　㊦**62**c　㊤977a〔葬法〕　㊦342c〔墓じるし〕　704c〔喪屋〕　別刷〈生と死〉
玉屋市兵衛　㊦383a〔花火〕　383b〔花火師〕
玉雪　㊦759c〔雪〕
弾丸除け〔弾除け祈願〕　㊤454a〔祈願〕　962b〔千人針〕　㊦110c〔徴兵逃れ〕
魂呼ばい　㊤872b〔死霊〕　㊦261b〔名前〕　→魂呼び
• 魂呼び《たまよび》　㊦**63**a　㊤33b〔アニミズム〕　110c〔井戸〕　111a〔井戸神〕　983a〔蘇生譚〕　㊦114c〔鎮魂〕　574c〔末期の水〕　806b〔臨終〕　→魂呼ばい
• たまり〔-醤油，溜〕　㊦**63**b　㊤859a〔醤油〕
• 田峯田楽《だみねでんがく》　㊦**63**b　㊤728b〔参候祭〕　㊦546b〔仏舞〕
タムギ　㊤174b〔畝〕　㊦662b〔麦田〕
手向石　㊤79b〔石〕
手向串　㊦61c〔玉串〕
手向山神社(奈良)　㊦601b〔神輿〕
タムトゥ　㊤77b〔イザイホー〕
田村栄太郎　㊦823a〔炉辺叢書〕
田村八太夫　㊦65a〔太夫〕　593a〔万歳〕
• 田村浩《たむらひろし》　㊦**63**c　㊤463b〔義倉〕　486b〔共産村落〕　579a〔原始共産制〕
• 田村麻呂《たむらまろ》　㊦**64**a　→坂上田村麻呂
タメ(贈答)　㊦224a〔トビ〕　→トビ
タメ(池)　㊤150b〔飲用水〕
• 溜池《ためいけ》　㊦**64**b　㊤50b〔洗い場〕　74b〔池〕　75c〔池守〕　434b〔灌漑〕　456a〔飢饉〕　㊦141b〔梅雨〕　772c〔用水〕
タメガミ　㊤230a〔オウツリ〕
試し石　㊤79c〔石〕　283b〔重軽石〕
• 為朝伝説《ためともでんせつ》　㊦**64**c
タモ網〔タモ，たも-〕　㊤35図〔アビ漁〕　789c〔柴漬け漁〕　909b〔掬い網〕　㊦276c〔ニシン漁〕　694c〔もぐり漁〕　711b〔ヤ〕
袂　㊦228b〔留袖〕
袂石　㊤70c〔生石伝説〕
袂酒　㊤476a〔決め酒〕　㊦146b〔手打ち酒〕
袂銭抜き　㊤920c〔掏摸〕
袂袖　㊤476c〔着物〕　983c〔袖〕
多聞天　㊦423a〔毘沙門天〕　→毘沙門天
タヤ〔田屋〕　㊦64c〔田屋神明〕　㊤94a〔伊勢参り〕
他屋《たや》　⇨忌小屋(㊤130c)　㊤179b〔産屋〕　571c〔月経〕　㊦125a〔月小屋〕
ダヤ　㊤183a〔厩〕　→厩
• 田屋神明《たやしんめい》　㊦**64**c
胎安神社(茨城)　㊤447c〔疳の虫〕
田休み　㊦237a〔泥落とし〕
タヤベヤ　㊤571c〔月経〕
田山の花踊り　㊤48a〔綾踊り〕
田山暦　㊤202c〔絵暦〕
タユウ　㊤78b〔いざなぎ流〕
• 太夫《たゆう》　㊦**65**a　㊤92b〔伊勢講〕　93a〔伊勢信仰〕　227a〔花魁〕　447a〔神主〕　670c〔座(二)〕　886a〔神職〕　㊦593a〔万歳〕　598b〔三河万歳〕
太夫提燈　㊦107c〔提燈〕
• 太夫村《たゆうむら》　㊦**65**b
• タラ〔鱈，大口魚〕　㊦**65**c
• タァ　㊦**66**a　㊤937b〔背負縄〕
ダラ(下肥)　㊤795c〔下肥〕
ダラ　㊦227b〔トベラ〕
• 盥《たらい》　㊦**66**a　㊤320a〔柿渋〕　323c〔家具〕　488b〔行水〕
• 盥舟〔タライ船〕《たらいぶね》　㊦**66**a　㊤505a〔漁船〕
盥風呂　㊤488b〔行水〕
盥薬師　㊤276c〔小野小町〕
ダラカケ　㊤795c〔下肥〕
タラキ　㊤707b〔サニ〕
タラコ　㊦725b〔養い子〕
ダラシ　㊤16a〔悪魔〕　㊦426c〔ひだる神〕
だらず話　㊤141a〔色話〕
タラ建網　㊦48c〔建網〕
陀羅尼　㊤825c〔種子〕　882a〔真言〕
陀羅尼助　㊤257a〔御師〕
タラノキ　㊤724a〔山菜〕
タラ場〔鱈-〕　㊤427c〔カワサキ〕　㊦65c〔タラ〕
タラ延縄漁　㊤505a〔漁船〕
タラバオジ　㊦528c〔奉公人〕
タラ場株　㊦65c〔タラ〕
タラバス　㊦69a〔俵〕
鱈船　㊤427c〔カワサキ〕
タリ〔ダリ〕　㊦426c〔ひだる神〕
• 樽《たる》　㊦**66**a　㊤323c〔家具〕　㊦136c〔角樽〕　139a〔壺〕　567b〔曲物〕
• 樽入れ〔タルイレ〕《たるいれ》　㊦**66**b　㊤668b〔婚約〕　㊦755a〔結納〕
タルウチアゲ　㊤168c〔ウチアゲ〕
樽廻船　㊤305c〔廻船〕　336b〔水夫〕　464c〔北前船〕　586b〔航海術〕　㊦509c〔弁才船〕
樽掛け縄　㊦265c〔縄〕
たるき構造　㊤524b〔草葺き〕
タルコゲラ　㊤950b〔背中当〕
樽印　㊤854c〔商標〕
タルダシ　㊦66c〔樽入れ〕
• タルチュム　㊦**66**c
ダルツク　㊦426c〔ひだる神〕
樽の口　㊤567a〔懸魚〕
樽開き　㊦494b〔振舞い〕
ダルマ　㊤472b〔絹〕
• 達磨《だるま》　㊦**67**b　㊤219a〔縁起物〕　㊦67c〔達磨市〕
• 達磨市《だるまいち》　㊦**67**c　㊤99a〔市〕　別刷〈市〉
だるま窯　㊤431b〔瓦師〕
達磨忌　㊤982c〔祖師忌〕
達磨大師　㊦10b〔大師講〕　67b〔達磨〕
達磨寺(群馬)　㊦67c〔達磨市〕
たるみ　㊤745b〔潮待ち〕
樽神輿　㊦601b〔神輿〕
樽屋　㊤253b〔桶屋〕　→桶屋
タレ　㊦439a〔干物〕
ダレ　㊦426c〔ひだる神〕
垂髪　㊤243a〔おかっぱ〕　→すいはつ
垂壺　㊤923c〔製塩〕
誰なら屁　㊤237b〔大話〕
垂氷　㊤609c〔氷〕
タレマキ　㊦662a〔麦作〕
• タロウジ〔太郎次〕　㊦**68**a　㊤別刷〈仮面〉
太郎太郎祭　㊤169a〔打植祭〕
• 太郎の朔日〔太郎朔日〕《たろうのついたち》　㊦**68**b　㊤841b〔しゅんなめじょ〕　874c〔次郎の朔日〕
田老人　㊦68a〔タロウジ〕
• タワ　㊦**68**c　178c〔峠〕
束子　㊦834c〔藁〕
タワラ　㊤別刷〈小正月〉
• 俵《たわら》　㊦**68**c　55c〔種子籾俵〕　211b〔年神〕　834c〔藁〕
俵祝い　㊤545b〔蔵開き〕
タワラグツ　㊦761c〔雪靴〕
タワラゴ　㊤245b〔沖言葉〕
俵団子　㊦70c〔団子〕
タワラッパシ〔タワラッパワシ〕　㊤730c〔桟俵〕　㊦69a〔俵〕
俵の神　㊤545b〔蔵開き〕
• 俵藤太〔-秀郷〕《たわらのとうた》　㊦**69**a　㊤198c〔英雄伝説〕　715b〔猿丸太夫伝説〕　㊦661b〔ムカデ〕
• 俵薬師《たわらやくし》　㊦**69**b

壇　㊦122a〔塚〕
団伊玖磨　㊦194b〔童謡〕
短歌　㊤165b〔歌〕 607b〔御詠歌〕
譚歌　㊦523c〔放下〕
• 檀家《だんか》　㊦**69c**　㊤41b〔尼講〕 337c〔過去帳〕 700b〔五月船〕 782c〔祠堂銭〕 ㊦74c〔檀那場〕 159a〔寺請制度〕 464c〔複檀家〕
タンカーモーイ(対向舞)　㊤365b〔カチャーシー〕
『譚海』　㊤904a〔随筆〕
檀廻〔檀回，壇回〕　㊤93a〔伊勢信仰〕 ㊦74c〔檀那場〕
タンガサ　㊤834c〔呪文〕
檀家制度　㊤773b〔寺檀関係〕 ㊦69c〔檀家〕 158c〔寺〕
• 檀家総代《だんかそうだい》　㊦**70a**　㊤161b〔氏子総代〕 ㊦816a〔老人〕
檀家帳　㊦159b〔寺請制度〕
タンカバイ　㊦15b〔大道芸〕 149c〔てき屋〕
談義　㊤945b〔説経〕 →説経
段丘砂鉄　㊤702b〔砂鉄〕
単橋鞍　㊤544a〔鞍〕
弾弓　㊤654a〔娯楽〕
檀家　㊦69c〔檀家〕 →だんか
• 単系《たんけい》　㊦**70a**
短檠　㊤857b〔照明〕
単系出自　㊤831a〔出自〕
• 団子《だんご》　㊦**70b**　㊤342b〔菓子〕 432a〔かわりもの〕 646a〔米〕 782b〔シト〕 822a〔十六団子〕 ㊦193b〔トウモロコシ〕 398a〔針供養〕 503c〔粉食〕
• 炭鉱《たんこう》　㊦**71a**
探鉱　㊤349c〔上総掘り〕
ダンゴコロバシ　㊤955b〔先山参り〕
団子さし〔-挿し〕　㊦70c〔団子〕 148a〔手形〕
ダンゴショイ　㊤216a〔エリカケモチ〕
団子浄土　㊦191b〔動物報思譚〕
団子汁　㊤903c〔水団〕 ㊦70c〔団子〕 504a〔粉食〕 →水団
ダンゴニ　㊤904a〔水団〕
『丹後国峯山領答書』　㊤864c〔諸国風俗問状答〕
• 端午節供《たんごのせっく》　㊦**71a**　㊤15a〔悪月〕 80c〔石合戦〕 611c〔五月節供〕 627a〔五節供〕 636a〔子供の日〕 854c〔ショウブ〕 855a〔菖蒲打〕 855a〔菖蒲酒〕 855a〔菖蒲湯〕 946b〔節供〕 946b〔節供礼〕 ㊦373c〔初節供〕 546b〔ホトトギス〕 →五月節供
丹後日和　㊦71b〔丹後船〕
• 丹後船《たんごぶね》　㊦**71b**
ダンゴモチ　㊦70c〔団子〕
タンゴル　㊦657b〔ムーダン〕
端午礼　㊦808b〔礼儀〕
• 単婚〔-家族〕《たんこん》　㊦**71c**　78c〔地縁〕 462b〔複婚〕 692a〔モーガン〕 →一夫一妻婚
丹砂　㊤900b〔水銀〕
単材刳船　㊦486c〔船〕 →刳船
弾左衛門　㊤375b〔門付け〕 ㊦421c〔被差別部落〕 →えた頭弾左衛門
「弾左衛門由緒書」　㊤431c〔河原巻物〕
短冊形地割　㊦573b〔町割〕
• 短冊苗代《たんざくなわしろ》　㊦**71c**　㊤748c〔直播き〕 928b〔正条植え〕 ㊦266a〔苗代〕
談山神社(奈良)　㊤別刷〈供物〉
ダンシ〔ダンス〕　㊦70b〔団子〕
• 断食《だんじき》　㊦**72a**　㊤576c〔ケヤキ姉妹〕
断食療法　㊦634b〔民間療法〕
ダンジケ　㊤576c〔ケヤキ姉妹〕
団七踊り　㊦408a〔バンバ踊り〕
誕生　㊦373a〔初正月〕 613c〔三つ目〕
男娼　㊦183c〔同性愛〕
誕生祝い　㊤941c〔赤飯〕 ㊦786b〔嫁風呂敷〕
• 誕生日《たんじょうび》　㊦**72b**　374b〔初誕生〕
誕生餅《たんじょうもち》　⇨初誕生(㊦374b)
短床犂　㊤554a〔鍬〕 ㊤906b〔犂〕 ㊦319b〔農具〕
ダンジョコ　㊦12b〔ダイジョウコ〕
男女の福分　㊦606c〔水の神の寿命〕
• 男女別墓制《だんじょべつぼせい》　㊦**72c**
ダンジリ〔だんじり，地車，車楽，檀尻〕　⇨山車(㊦41b)　㊤795b〔標山〕 ㊦418b〔曳山〕 492b〔風流〕 788b〔依代〕
ダンジリ船〔だんじり-，車楽-〕　㊦41c〔山車〕 131b〔津島信仰〕 131c〔津島祭〕 485c〔船祭〕
• 箪笥《たんす》　㊦**73a**　㊤258a〔押入れ〕 323b〔家具〕 ㊦142b〔ツリモノ〕 485a〔船箪笥〕
ダンス　㊦489b〔舞踊〕
単数民族学　㊦642c〔民族学〕 →Volkskunde
タンスカツギ　㊦247c〔長持担ぎ〕
箪笥担ぎ唄　㊦187c〔道中唄〕 →長持唄
箪笥職人　㊤698c〔指物師〕
ダンス・ホール　㊤512c〔銀座〕
男性役割　㊤934c〔性役割〕
単世帯制　㊦463c〔複世帯制〕
• 丹前《たんぜん》　㊦**73b**　222b〔褞袍〕 244b〔長着〕 305c〔寝巻〕
単葬　㊦464〔複葬〕
段染　㊤350c〔絣〕
単体丸彫道祖神　㊦別刷〈村境〉
タンタン　㊦494a〔古着〕
タンタンタケジョ　㊦546b〔ホトトギス〕
• 段々畑《だんだんばたけ》　㊦**73b**　361b〔畑〕 別刷〈野良仕事〉
• 団地《だんち》　㊦**73c**　㊤35a〔アパート〕
ダンチ族〔団地-〕　㊤35a〔アパート〕 ㊦73c〔団地〕
団地間　㊦44b〔畳〕
檀中　㊦69c〔檀家〕 →檀家
檀中惣代　㊦70a〔檀家総代〕 →檀家総代
緞通　㊤752c〔敷物〕
ダンデス Dundes, Alan　㊦633a〔民間文芸モチーフ索引〕
檀徒　㊦69c〔檀家〕 →檀家
ダントウ　㊦795b〔ラントウバ〕
檀頭　㊦70a〔檀家総代〕 →檀家総代
• タントゥイ〔タントイ，種子取〕　㊦**74a**　㊤248a〔沖縄文化〕 ㊦54a〔種子取り〕 558b〔マーダニ〕
単独世帯　㊤944c〔世帯〕
単独相続　㊤106c〔一子残留〕 675a〔財産相続〕 974a〔相続〕
『歎徳文』　㊦523b〔報恩講〕
ダントバ　⇨ラントウバ(㊦795b)　㊦560a〔詣り墓〕
反取り　㊦309a〔年貢〕
ダンナ　㊤366a〔家長〕
檀那　㊤362a〔カタボッケ〕 539b〔熊野詣〕 773a〔寺檀関係〕 824a〔修験道〕 ㊦69c〔檀家〕 464c〔複檀家〕
ダンナイド　㊦775c〔横座〕
檀那株〔壇那場-〕　㊤257a〔御師〕 ㊦74c〔檀那場〕
ダンナサマ　㊦742a〔山小屋〕
旦那衆　㊤284a〔重立〕
檀那衆　㊦74c〔檀那場〕
檀那惣代　㊦70a〔檀家総代〕 →檀家総代
檀那寺《だんなでら》　⇨寺檀関係(㊤773a)　㊤231b〔往来手形〕 471c〔祈禱寺〕 791b〔持仏堂〕 821a〔宗門改〕 821b〔宗門人別改帳〕 850a〔正信偈〕 ㊦159a〔寺〕 177b〔同行〕 464c〔複檀家〕 542c〔菩提寺〕
ダンナバ　㊦254b〔灘回り〕
• 檀那場《だんなば》　㊦**74c**　㊤93a〔伊勢信仰〕 350a〔霞〕 725a〔三山参り〕 ㊦49c〔立山信仰〕 160c〔出羽三山信仰〕 749c〔山伏神楽〕
檀那廻り〔-場回り〕　㊤94a〔伊勢参り〕 350a〔霞〕 ㊦74c〔檀那場〕
檀越　㊦69c〔檀家〕
丹波音頭浄瑠璃口説　㊤294c〔音頭〕
短拍手　㊤348c〔柏手〕
段畑　㊦73b〔段々畑〕 →段々畑
断髪令　㊤399b〔髪型〕
丹波杜氏　㊦129a〔造酒屋〕
タンバホオヅキ　㊦534c〔ホオズキ〕
蜻蛉　㊦74c〔蜻蛉長者〕 →トンボ

・蜻蛉長者《だんぶりちょうじゃ》　㊦**74**c　㊤829a〔酒泉の発見〕　㊦104c〔長者〕
「檀毘尼長者本地」　㊦75a〔蜻蛉長者〕
田圃　㊦1a〔田〕
ダンポ　㊤360c〔カタゲウイ〕
・暖房《だんぼう》　㊦**75**a
・単墓制《たんぼせい》　㊦**75**c　540c〔墓制〕　804b〔両墓制〕
蒲公英　㊦633 表〔民間薬〕
タンポン　㊤572a〔月経〕
単民族学　㊤207b〔エトノス〕　→Volkskunde
段物　㊤46b〔飴屋踊り〕
談林　㊦337a〔俳句〕

ち

チ　㊤394a〔神〕
・血《ち》　㊦**76**a　㊤570c〔血縁〕　573b〔血判〕
チアマカムイ　㊤36c〔アペカムイ〕
チアワセ　㊦87b〔乳つけ〕
チアンマ　㊦79b〔乳親〕
地域改善対策特定事業に係わる財政上の特別措置に関する法律　㊦422a〔被差別部落〕
地域改善対策特別措置法　㊦422a〔被差別部落〕
地域経済　㊦76c〔地域社会〕
地域史　㊦89c〔地方史〕
・地域社会《ちいきしゃかい》　㊦**76**b　78c〔地縁〕
・地域性《ちいきせい》　㊦**76**c
地域づくり　㊦674c〔ムラおこし〕
地域婦人会　㊦469a〔婦人会〕
地域文化　㊦77a〔地域性〕
・地域民俗学《ちいきみんぞくがく》　㊦**77**b　76b〔地域性〕　650a〔民俗誌〕
地域民族学　㊦645c〔民俗学史〕
地域民俗研究　㊦77b〔地域民俗学〕
地域民俗論　㊦77b〔地域民俗学〕　76c〔地域性〕
地域紋　㊤111b〔イトㇰパ〕
地域連合婦人会　㊦469a〔婦人会〕
地域論的過疎　㊤356c〔過疎化〕
七月半〔チーコパン〕《チーゴファン》　⇨普度(㊦479b)　㊦684a〔冥宅〕
『小県郡民謡集』　㊦823a〔炉辺叢書〕
小さ神　㊦83a〔稚児〕
小さ子　㊤87a〔異常誕生譚〕　107b〔一寸法師〕　772a〔舌切雀〕
小さ子譚　㊤191a〔瓜子姫〕
チーシジ(血筋)　㊤707b〔サニ〕
チーズ　㊤157a〔牛〕　㊦287a〔乳製品〕　536c〔牧畜〕
ちいちい小袴　㊤307c〔怪談〕
血イリチー　㊦470c〔豚〕
知恵板　㊤654a〔娯楽〕
崔仁鶴　㊦18b〔タイプ＝インデックス〕
・チェサ　㊦**77**c　㊤989a〔ソル〕　㊦90c〔チマ＝チョゴリ〕　102c〔秋夕〕　113c〔チョッポ〕
チェス　㊤485b〔競技〕
崔南善　㊦106b〔朝鮮民俗学〕
・チェプケリ　㊦**78**a
・チェプル　㊦**78**b
・智恵貰〔知恵-〕《ちえもらい》　㊦**78**b　㊤615a〔虚空蔵信仰〕　816a〔十三参り〕
・地縁《ちえん》　㊦**78**c　㊤66b〔家連合〕
地縁協同体　㊤494a〔協同体〕
地縁組織　㊤518a〔近隣組〕
剪刀　㊤733c〔三把刀〕
地縁団体　㊤499c〔共有地〕
・チェンバレン Chamberlain, Basil Hall　㊦**79**a
・乳親〔チオヤ〕《ちおや》　㊦**79**a　㊤174c〔乳母〕　286a〔親子〕　287a〔親子成り〕　422b〔仮親〕　868c〔初乳〕　→乳付け親
知恩寺(京都)　㊤828c〔数珠繰り〕　㊦440c〔百万遍〕
地下　㊦28c〔他界観〕
誓い　㊦717b〔約束〕
チガイ　㊤920c〔掏摸〕
違片矢羽　㊤413 図〔家紋〕
違大根　㊤411 図〔家紋〕
違鷹羽　㊤412 図〔家紋〕
・違棚《ちがいだな》　㊦**79**c　㊤697b〔座敷〕　909a〔数寄屋造〕
違丁子　㊤412 図〔家紋〕
違い箸　㊦833c〔渡箸〕
違羽箒　㊤413 図〔家紋〕
違鉞　㊤414 図〔家紋〕
違矢　㊤413 図〔家紋〕
道返大神　㊤683a〔塞の神〕
地下街　㊤512c〔銀座〕
チカサヌ＝ウェーカ　㊤151c〔ウェーカー〕
地下水　㊦772c〔用水〕
チカタビ　㊤748b〔地下足袋〕
地価帳　㊦85b〔地租改正〕
チカップネ　㊦798b〔リムセ〕
近松門左衛門　㊤384a〔歌舞伎〕　㊦293b〔人形浄瑠璃〕　611c〔道行〕
・近迎え《ちかむかえ》　㊦**79**c　783b〔嫁入り行列〕　786c〔嫁迎え〕
チガヤ　㊤524b〔草葺き〕　787b〔柴〕
チカヤマ　㊦737c〔山〕
近吉崎　㊦814c〔蓮如忌〕
力　㊦81b〔力餅〕
ヂガラ　㊤417a〔唐臼〕
・力石《ちからいし》　㊦**79**c　㊤79b〔石〕　80a〔石占〕　㊦80b〔力くらべ㈠〕　81b〔力持ち〕　423b〔ビジュル〕
力祝い　㊦81a〔力餅〕
・力くらべ(競技)〔-比べ，-競べ〕《ちからくらべ》　㊦**80**b　㊤172b〔腕相撲〕　485a〔競技〕　㊦79c〔力石〕　81b〔力持ち〕
・力くらべ(昔話)《ちからくらべ》　㊦**80**b　㊤237b〔大話〕
力車　㊦273b〔荷車〕
力御飯　㊦80c〔力米〕
・力米《ちからごめ》　㊦**80**c　㊤303b〔会食〕　646a〔米〕
力試し　㊦79c〔力石〕
力太郎　㊦22c〔大力〕　80c〔力くらべ

(二)〕 659c〔昔話〕 704a〔桃太郎〕
・力綱《ちからづな》 ㊦**81a** ㊤179b〔産屋〕 695c〔坐産〕 ㊦別刷〈生と死〉
力飯 ㊤303b〔会食〕 ㊦272c〔握り飯〕
チカラモチ ㊤216a〔エリカケモチ〕
・力持ち《ちからもち》 ㊦**81b**
・力餅《ちからもち》 ㊦**81a** ㊤303b〔会食〕 ㊦374b〔初誕生〕 612a〔三日祝い〕
地官 ㊦454a〔風水〕
千木 ㊦670c〔棟〕
地久節 ㊦385c〔母の日〕
『地球全図略説』 ㊤788c〔司馬江漢〕
・乳兄弟《ちきょうだい》 ㊦**81c** ㊤174c〔乳母〕 ㊦79b〔乳親〕
知行地 ㊤580c〔検地〕
チギリ ㊦491b〔ブリ〕
契り ㊦717b〔約束〕
千木枠 ㊤544a〔鞍〕
知工 ㊤336b〔水夫〕
地区漁業協同組合 ㊤501b〔漁業協同組合〕
千草鋼 ㊦152b〔鉄〕
畜生界 ㊤778c〔十界修行〕
畜生行 ㊤778c〔十界修行〕
『筑前国続風土記』 ㊤311a〔貝原益軒〕
筑前琵琶 ㊦449c〔琵琶〕 690b〔盲僧琵琶〕
・筑登之・親雲上《チクドゥンペーチン》 ㊦**82b**
竹生島(滋賀) ㊦517a〔弁天信仰〕
筑豊炭田(福岡) ㊤641b〔ゴヘイタブネ〕
竹間沢車人形 ㊤549a〔車人形〕
チクモーイ ㊤365b〔カチャーシー〕
築窯製炭法 ㊤917b〔炭焼き〕
竹林寺(高知) ㊦519 表〔遍路〕
竹輪 ㊤392c〔蒲鉾〕
チゲ ㊤368a〔担叉〕 937b〔背負梯子〕
チケアゲ ㊤16a〔揚物〕
地形 ㊦354b〔ハザマ〕 479a〔フト〕
・地形名《ちけいめい》 ㊦**82b**
地券 ㊦85a〔地租改正〕
地券台帳〔-大帳〕 ㊦85b〔地租改正〕
千子 ㊤728a〔参候祭〕
・稚児《ちご》 ㊦**82c** ㊤360b〔肩車〕 452c〔祇園祭〕 635b〔子ども〕 866b〔女装〕 ㊦14c〔大地踏み〕
ちご剣舞 ㊤581c〔剣舞〕
稚児墓 ㊤639b〔子墓〕 →子墓
稚児舞楽 ㊤443b〔勧進元〕
稚児淵 ㊦473c〔淵伝説〕
・稚児舞《ちごまい》 ㊦**83b** ㊤368b〔羯鼓〕 418a〔唐子踊り〕
地先水面専用漁業権 ㊤501b〔漁業権〕 502a〔漁業制度〕
地師 ㊦454a〔風水〕
・地誌《ちし》 ㊦**83c** ㊤497a〔郷土史〕 ㊦114a〔地理学〕 188a〔道中記〕
智歯 ㊦335a〔歯〕
・チシナオッ ㊦**84a**
チシマザサ ㊤694c〔笹〕
智者大師 ㊦10a〔大師粥〕 10b〔大師講〕
地種 ㊤580c〔検地〕
チジュウニン(寄留人) ㊦711b〔ヤードゥイ〕
地術 ㊦454a〔風水〕
智杖 ㊤803a〔錫杖〕 →錫杖
チシロ ㊤706a〔里子〕 ㊦79b〔乳親〕
チシロコ ㊤706a〔里子〕
地神 ㊤748c〔地神〕
・血筋〔チスジ〕《ちすじ》 ㊦**84a** ㊤562a〔系譜〕 573a〔血統〕 910c〔筋〕 990b〔ソン〕 ㊦561c〔マキ〕
・チセ ㊦**84a** ㊤524c〔草葺き〕 694c〔笹〕 ㊦208a〔土座造〕 582a〔間取り〕 629c〔民家〕
チセ＝カッケマッ ㊦84b〔チセ〕
地籍図 ㊤17c〔字〕
・チセコロカムイ ㊦**84c**
・地租改正《ちそかいせい》 ㊦**84c** ㊤450a〔官民有区分〕
地租改正事務局 ㊦85a〔地租改正〕
地租改正条例 ㊦85a〔地租改正〕
地租上納帳 ㊦85b〔地租改正〕
地租条例 ㊤480c〔旧慣温存政策〕
地対財特法 ㊦422a〔被差別部落〕
チタタプ ㊤405b〔カムイチェプ〕
乳 ㊦837b〔草鞋〕
チチアワセ ㊤868c〔初乳〕 ㊦79b〔乳親〕
・乳銀杏《ちちいちょう》 ㊦**85b**
父鬼 ㊤271 図〔鬼〕
父方交叉イトコ婚 ㊤112c〔イトコ婚〕
チチキョウダイ ㊦82a〔乳兄弟〕
チチツケオヤ ㊦79b〔乳親〕
乳長上 ㊤482a〔牛乳〕
・父の日《ちちのひ》 ㊦**85c**
秩父歌舞伎 ㊤760 図〔地芝居〕
秩父三十四ヵ所〔-所霊場〕 ㊤448a〔観音信仰〕 ㊦472b〔札所〕
・秩父巡礼《ちちぶじゅんれい》 ㊦**85c**
秩父神社(埼玉) ㊦87a〔秩父夜祭〕
秩父大神 ㊦820a〔六所祭〕
・秩父夜祭〔-祭〕《ちちぶよまつり》 ㊦**87a** 41c〔山車〕 319c〔農具市〕
縮 ㊤421c〔カラムシ〕
乳薬師 ㊦85b〔乳銀杏〕
「父よあなたは強かった」 ㊤555c〔軍歌〕
チチョーデー ㊤151c〔ウェーカー〕
・乳つけ〔乳付〕《ちつけ》 ㊦**87b** 79a〔乳親〕
チヅケオヤ〔乳付け親〕 ㊤706a〔里子〕 ㊦79b〔乳親〕 87b〔乳つけ〕 →乳親
チップ ㊦590b〔丸木舟〕
治道 ㊤453b〔伎楽〕
地動説 ㊤788c〔司馬江漢〕
チトチントン ㊦138a〔つぶろさし〕
・血止め《ちどめ》 ㊦**87c**
チドメグサ ㊦87c〔血止め〕
チドリ ㊤49c〔綾取り〕
・血とり場《ちとりば》 ㊦**87c**
チトリバラ ㊦87c〔血とり場〕
チニブ ㊤32c〔穴屋〕
血雨 ㊤46a〔雨〕
・血の池地獄《ちのいけじごく》 ㊦**88a** 49b〔立山地獄〕 249c〔流灌頂〕
血の穢れ《ちのけがれ》 ⇨血穢(㊤570b)
チノミキョウダイ ㊦82a〔乳兄弟〕
・血の道《ちのみち》 ㊦**88b** ㊤746a〔鹿〕
・茅の輪《ちのわ》 ㊦**88c** ㊤987a〔蘇民将来〕 ㊦252a〔夏越の祓え〕 257a〔夏祭〕 627c〔御葭神事〕
茅の輪くぐり ㊤237c〔大祓え〕 987a〔蘇民将来〕 ㊦88c〔茅の輪〕 394b〔祓え〕 627c〔御葭神事〕
茅輪潜り ㊤別刷〈護符〉
チパ ㊦296b〔ヌササン〕
千葉徳爾 ㊦456b〔風土論〕
地番 ㊤17c〔字〕
治病 ㊦522b〔法印〕
治病神 ㊤595b〔庚申信仰〕
・チプ ㊦**89a**
チフィジン ㊤458a〔聞得大君〕
チブガネー(坪叶) ㊤32c〔穴屋〕
チブク ㊤571c〔月経〕 717c〔産穢〕
致富譚 ㊤273c〔鬼退治〕 ㊦799b〔竜宮〕
血文 ㊤573b〔血判〕
ちぼ ㊤3084〔掏摸〕
地方改善費獲得闘争 ㊤904b〔水平社運動〕
・地方改良運動《ちほうかいりょううんどう》 ㊦**89a** ㊤884b〔神社合祀〕 924b〔生活改善運動〕 990c〔村是〕 ㊦489c〔部落〕
地方玩具 ㊤495c〔郷土玩具〕
地方行政差別反対闘争 ㊦490b〔部落解放運動〕
地方祭典定則 ㊦212b〔祈年祭〕
・地方史《ちほうし》 ㊦**89b** ㊤497a〔郷土史〕
地方史研究協議会 ㊦89b〔地方史〕
地方自治体 ㊦32c〔宝くじ〕
地方自治体史 ㊦89c〔地方史〕
地方自治法 ㊤499c〔共有地〕
地方暦 ㊤652b〔暦〕 ㊦603b〔三島暦〕
チボク ㊤571c〔月経〕
・地母神《ちぼしん》 ㊦**89c**
チホマニ ㊤552c〔クワ〕
チポロ ㊤405b〔カムイチェプ〕 782b〔シト〕
チポロシト ㊤782b〔シト〕
・粽《ちまき》 ㊦**90a** ㊤348c〔柏餅〕 別刷〈護符〉 ㊦71a〔端午節供〕
チマキザサ ㊤694c〔笹〕

道俣神　㊦ 187b〔道祖神〕
衢神　㊦ 187b〔道祖神〕
• チマ＝チョゴリ　㊦ **90**b
チマパラム　㊦ 90b〔チマ＝チョゴリ〕
チミチ　㊤ 573a〔血統〕
智明権現〘-大権現〙　㊤ 160a〔牛供養〕　㊦ 13c〔大山信仰〕
• 地名《ちめい》　㊦ **90**c　82b〔地形名〕　626b〔苗字〕
• 地名伝説《ちめいでんせつ》　㊦ **91**b
チャ　㊦ 92b〔茶粥〕
• 茶《ちゃ》　㊦ **91**c　㊤ 18b〔朝茶〕　435c〔換金作物〕　466c〔喫茶〕　654a〔娯楽〕　684b〔境木〕　694c〔笹〕　754c〔嗜好品〕　㊦ 93b〔茶漬〕　96a〔茶礼〕　195a〔道楽〕　366c〔八十八夜〕
チャーモン　㊦ 50b〔譬え言葉〕
チャイナタウン　㊦ 97b〔中華街〕　340c〔牌楼〕
チャイルド Child, Charles Manning　㊤ 47a〔アメリカ民俗学〕
茶臼　㊤ 163c〔臼〕
茶会　㊦ 94a〔茶の湯〕
• 茶粥《ちゃがゆ》　㊦ **92**b　㊤ 18b〔朝茶〕　415c〔粥〕　466c〔喫茶〕　㊦ 93c〔茶漬〕
茶切り下駄　㊤ 569b〔下駄〕
• 嫡子《ちゃくし》　㊦ **92**b　㊤ 374a〔家督〕
• チャグチャグ馬ッコ　㊦ **92**c　㊤ 181c〔馬〕　972a〔蒼前神〕
嫡男　㊦ 92c〔嫡子〕
茶組　㊤ 466c〔喫茶〕
茶講　㊤ 466c〔喫茶〕
• チャシ　㊦ **93**b　㊤ 67b〔イオル〕
茶師唄　㊦ 828c〔業歌〕
茶室　㊤ 909a〔数寄屋造〕　㊦ 94a〔茶の湯〕
茶寿　㊦ 210a〔年祝い〕　350a〔白寿〕
• ちゃせご〘チャセゴ〙　㊦ **93**b　㊤ 624b〔小正月の訪問者〕　㊦ 777a〔予祝儀礼〕
茶筅　㊤ 298b〔隠亡〕　737b〔三昧聖〕　㊦ 37a〔竹細工〕　367a〔鉢叩き〕　406b〔番太〕
茶筅供養　㊤ 543a〔供養〕
茶断ち　㊤ 435a〔願掛け〕　㊦ 47a〔断ち物〕
「ちゃっきり節」　㊦ 572b〔町田嘉章〕　655b〔民謡〕
茶作り唄　㊤ 756a〔仕事唄〕
• 茶漬《ちゃづけ》　㊦ **93**b　㊤ 466c〔喫茶〕
• 嫡系《ちゃっけい》　㊦ **93**c　㊤ 63b〔家〕　㊦ 525c〔傍系〕
着袴　㊦ 345b〔袴〕
チャッチウシクミ〘嫡子押し込み〙　㊤ 760b〔シジタダシ〕　㊦ 198c〔トートーメー〕
チャッパ　㊦ 190a〔銅拍子〕
茶摘み　㊦ 別刷〈野良仕事〉
茶摘み唄　㊦ 648c〔民俗芸能〕
茶摘籠　㊤ 336c〔籠〕
茶摘み節　㊤ 463a〔季節唄〕
茶堂　㊤ 466c〔喫茶〕　㊦ 92a〔茶〕
茶湯寺(神奈川)　㊦ 93c〔茶湯寺参り〕
チャドウシ　㊦ 493c〔篩〕
• 茶湯寺参り《ちゃとうじまいり》　㊦ **93**c　㊤ 241a〔大山信仰〕
茶仲間　㊤ 466c〔喫茶〕
茶庭　㊦ 94a〔茶の湯〕
茶ノ木稲荷(東京)　㊦ 46c〔断ち物〕
チャノコ　㊤ 862a〔食事〕
『茶のこもち』　㊤ 619b〔ここも日本〕
• 茶の間《ちゃのま》　㊦ **93**c
茶実　㊤ 411 図〔家紋〕
• 茶の湯《ちゃのゆ》　㊦ **94**a　㊤ 466c〔喫茶〕　571a〔結界〕　698c〔指物師〕　908a〔数寄〕
茶の湯釜　㊤ 388a〔釜〕
茶柱　㊦ 778c〔予兆〕
• 茶番《ちゃばん》　㊦ **94**b
茶番狂言　㊤ 46b〔飴屋踊り〕　㊦ 94b〔茶番〕
茶番師　㊦ 94b〔茶番〕
• ちゃぶ台〘卓袱-〙　㊦ **94**b　㊤ 323c〔家具〕　862c〔食卓〕
ちゃぶちゃぶ屋　㊦ 94b〔ちゃぶ台〕
ちゃぶ屋　㊦ 94b〔ちゃぶ台〕
チャボ　㊦ 291c〔鶏〕
茶盆　㊤ 323c〔家具〕　㊦ 550a〔盆㈠〕
チャマ　㊤ 127c〔居間〕
茶箕　㊦ 612c〔箕作り〕
• 茶店〘-見世〙《ちゃみせ》　㊦ **95**a　㊤ 467a〔喫茶店〕　→水茶屋
茶飯　㊤ 466c〔喫茶〕
茶もみ唄　㊦ 828c〔業歌〕
『チャモロ語の研究』　㊦ 823a〔炉辺叢書〕
• 茶屋《ちゃや》　㊦ **95**b　㊤ 956a〔千社参り〕
チャヤノフ Chayanov, Aleksandr Vasilievich　㊤ 358b〔家族周期〕
茶屋花火　㊦ 382c〔花火〕
茶山唄　㊦ 740a〔山唄〕
茶より唄　㊦ 828c〔業歌〕
ちゃらほら　㊦ 96a〔哨吶〕
• チャランケ　㊦ **95**c
• 哨吶〘チャルメラ〙《チャルメラ》　㊦ **95**c　㊤ 367c〔楽器〕　㊦ 458b〔笛〕　793b〔喇叭〕
• 茶礼《ちゃれい》　㊦ **96**a　㊤ 989a〔ソル〕
茶碗籠　㊤ 336c〔籠〕
茶碗むし　㊦ 667b〔蒸物〕
茶碗割り　㊤ 659c〔婚姻〕
チャン　㊤ 366a〔家長〕
チャンココ　㊤ 6b〔太鼓踊り〕　807c〔ジャンガラ〕　㊦ 別刷〈盆〉
• ちゃんちゃんこ　㊦ **96**c
チャンネル争い　㊦ 160a〔テレビ〕
チャンパ稲　㊦ 16a〔大唐米〕
チャンバラ　㊤ 別刷〈遊び〉
チャンプルー文化　㊤ 47c〔アメリカ世〕
チャンポン　㊤ 711b〔皿うどん〕
チャンメラ　㊦ 96a〔哨吶〕
中〘チュウ〙《ちゅう》　⇨夏至(㊤ 567c)　㊦ 404b〔半夏〕
• 忠《ちゅう》　㊦ **96**c
• 中陰《ちゅういん》　㊦ **97**a　㊤ 224a〔閻魔〕　763a〔四十九日〕　㊦ 116c〔追善供養〕
中陰明け《ちゅういんあけ》　⇨忌明け(㊤ 128c)　㊤ 763b〔四十九日〕
中有　㊤ 763a〔四十九日〕　㊦ 97a〔中陰〕　→中陰
中央水産業会　㊤ 501a〔漁業協同組合〕
中央報徳会青年部　㊤ 932b〔青年団〕
• 中華街《ちゅうかがい》　㊦ **97**b　340c〔牌楼〕
• 中華会館《ちゅうかかいかん》　㊦ **97**c
中華義荘《ちゅうかぎそう》　⇨華僑墓地(㊤ 323a)
中角　㊤ 259a〔折敷〕
中華山荘　㊤ 323a〔華僑墓地〕　→華僑墓地
中華思想　㊤ 794b〔自民族中心主義〕
中華総会　㊤ 323a〔華僑総会〕
中華総商会　㊤ 593b〔公所・幇〕
中間農林業センサス　㊤ 938c〔世界農林業センサス〕
中間マイノリティ　㊦ 559c〔マイノリティ〕
中気　㊦ 100b〔中風〕　→中風
チュウギ　㊦ 516a〔便所〕
忠義　㊦ 96c〔忠〕
忠義な犬　㊦ 191b〔動物報思譚〕　739b〔山犬〕
中京間　㊤ 114c〔田舎間〕　㊦ 44b〔畳〕
中宮寺(福井)　㊦ 349b〔白山信仰〕
• 中元《ちゅうげん》　㊦ **98**a　㊤ 70b〔生見玉〕　623c〔互酬性〕　723c〔三元〕　933c〔歳暮〕　974b〔贈答〕　㊦ 411b〔ビール〕　533a〔訪問〕　557c〔盆礼〕
中元節　㊤ 319c〔餓鬼〕　723c〔三元〕
• 中耕《ちゅうこう》　㊦ **98**b　㊤ 866b〔除草器〕　㊦ 132c〔土入れ〕
忠孝　㊦ 97a〔忠〕
忠孝一本論　㊤ 358a〔家族国家観〕
中耕除草　㊦ 別刷〈野良仕事〉
中国・四国方言　㊦ 526b〔方言〕
『中国の民俗学』　㊦ 243b〔直江広治〕
『中国民間文化』　㊦ 98c〔中国民俗学〕
中国民間文芸研究会　㊦ 98b〔中国民俗学〕
• 中国民俗学《ちゅうごくみんぞくがく》　㊦ **98**b
中国民俗学会　㊦ 98b〔中国民俗学〕
『中国昔話の型』　㊤ 210a〔エフエフシー〕　㊦ 18b〔タイプ＝インデックス〕
『中国昔話話型索引』　㊦ 18b〔タイプ＝インデックス〕
• 忠魂碑《ちゅうこんひ》　㊦ **98**c　㊤ 618c〔護国神社〕　990a〔祖霊社〕
中座　㊤ 293c〔御嶽行者〕　㊦ 789a〔よ

りまし〕
駐在所　㊤840b〔巡査〕
•『中山世鑑』《ちゅうざんせいかん》　㊦**99a**　㊤247a〔沖縄文化〕
『中山世譜』　㊤247a〔沖縄文化〕 560a〔系図座〕
中山大学民俗学会　㊦98b〔中国民俗学〕
チュウジ　㊤758a〔自在鈎〕
仲秋の名月　㊤813b〔十五夜〕 816b〔十三夜〕
中寿姫　㊦99b〔中将姫〕
•中将姫〔中乗－〕《ちゅうじょうひめ》　㊦**99b**
中書王姫　㊦99b〔中将姫〕
•中条流《ちゅうじょうりゅう》　㊦**99c**
『中条流産科全書』　㊦43c〔堕胎〕
中食〔昼食〕　㊤861c〔食事〕
『中世協同体の研究』　㊤494a〔協同体〕 ㊦828a〔和歌森太郎〕
『中世芸文の研究』　㊦128a〔筑土鈴寛〕
『中世祭祀組織の研究』　㊦348b〔萩原竜夫〕
中世小説　㊤266a〔御伽草子〕 →御伽草子
中尊寺(岩手)　㊦99c〔中尊寺延年〕 597a〔ミイラ〕
•中尊寺延年《ちゅうそんじえんねん》　㊦**99c**
中田植　㊤567c〔夏至〕
厨刀　㊤733c〔三把刀〕
チュウトビ　㊦225b〔鳶口〕
チューニン　㊦251b〔仲人〕
チューニンオヤ　㊦252a〔仲人親〕
チューネン Thünen, Johann Heinrich von ⇨孤立国(㊤654c)
中年組　㊦119a〔通過儀礼〕
チューネン圏　㊤654c〔孤立国〕
•中農《ちゅうのう》　㊦**100a**
中白　㊤703b〔砂糖〕
•中風《ちゅうふう》　㊦**100b**　㊤387c〔カボチャ〕
中振袖　㊦492a〔振袖〕
•中馬《ちゅうま》　㊦**100c**　㊤743b〔塩売り〕 ㊦47a〔駄賃付け〕
中門　㊦101a〔中門造〕
•中門口《ちゅうもんぐち》　㊦**100c**
•中門造《ちゅうもんづくり》　㊦**101a**　㊤183a〔厩〕 ㊦561a〔曲家〕 629c〔民家〕 759c〔雪〕 別刷〈民家〉
中門廊　㊦101b〔中門造〕
チュウヤド　㊦248b〔中宿〕
•忠霊塔《ちゅうれいとう》　㊦**101c**　㊤556b〔軍人墓地〕 ㊦99a〔忠魂碑〕
•中老《ちゅうろう》　㊦**102a**　218c〔年寄〕 315b〔年齢階梯制〕 621c〔宮座〕 826a〔若者組〕
中老組　㊦823c〔若い衆〕
チュジー(一地)　㊤877c〔地割制〕
•秋夕《チュソク》　㊦**102a**　627c〔名節〕
中秋節　㊦102a〔秋夕〕 →秋夕
チョイチョイギ　㊦778b〔よそゆき〕
町　㊦105a〔町衆〕
疔　㊦149b〔できもの〕
帳　㊦107b〔帳台〕
•蝶《ちょう》　㊦**102c**　㊤270c〔おなり神〕
蝶足膳　㊤952a〔膳〕
町家　㊤302c〔会所〕
町石〔丁石〕　㊦189c〔道標〕
帳祝い　㊤757a〔仕事始め〕
町家　㊦572c〔町屋〕 →町屋
長歌　㊤165b〔歌〕
鳥海山(山形)　㊦707a〔モリ供養〕
•鳥海山信仰《ちょうかいさんしんこう》　㊦**103a**
帳方　㊤330a〔隠れキリシタン〕
蝶ケ岳(長野)　㊦760c〔雪形〕
•長期波動《ちょうきはどう》　㊦**103b**
重源　㊤443a〔勧進〕
帳行李　㊤606c〔行李〕
朝護孫子寺(奈良)　㊤76c〔生駒山〕 750b〔信貴山縁起絵巻〕
弔魂碑　㊦98c〔忠魂碑〕
調菜人　㊤850b〔精進料理〕
•調査項目《ちょうさこうもく》　㊦**103c**
調査票　㊤57a〔アンケート調査〕 ㊦103c〔調査票調査〕 652c〔民俗調査〕
•調査票調査《ちょうさひょうちょうさ》　㊦**104a**
調査捕鯨　㊦537a〔捕鯨〕
逃散　㊤788b〔柴折り〕
チョウシ　㊤129c〔忌木〕
•提子〔銚子〕《ちょうし》　㊦**104a**
•長子相続《ちょうしそうぞく》　㊦**104b**　㊤973c〔相続〕 ㊦574c〔末子相続〕
「銚子大漁節」　㊦23b〔大漁節〕
『銚子日記』　㊤12c〔赤松宗旦〕
•長者《ちょうじゃ》　㊦**104c**　㊤917c〔炭焼長者〕
長者譚　㊦74c〔蜻蛉長者〕
長者柱　㊦7c〔大黒柱〕
長者没落譚　㊤229a〔黄金伝説〕
長寿　㊤406b〔亀〕 ㊦293c〔人魚伝説〕 別刷〈生と死〉
長寿祝い　㊤346c〔カジマヤー〕
•町衆《ちょうしゅう》　㊦**105a**　㊤908a〔数寄〕
鳥獣草木譚　㊦361a〔派生昔話〕 →動物昔話
長州大工　㊦4c〔大工〕
長州風呂　㊤85a〔石風呂〕 ㊦496b〔風呂〕
長寿会　㊦816c〔老人会〕
長寿伝説　㊦375b〔八百比丘尼〕
長女　㊤33c〔姉家督〕 92a〔イセキ〕 979a〔惣領〕
•嘲笑《ちょうしょう》　㊦**105a**
長床犂　㊤553b〔鍬〕 906b〔犂〕 ㊦319a〔農具〕
朝食　㊤862a〔食事〕
手水桶　㊤252図〔桶〕
手水の縁　㊤540c〔組踊り〕
手水場　㊦515c〔便所〕 →便所
•調製《ちょうせい》　㊦**105b**　291a〔庭仕事〕
潮汐　㊤742c〔潮〕
長泉院(埼玉)　㊦86表〔秩父巡礼〕
長泉寺(埼玉)　㊤474a〔甲子講〕
朝鮮人　㊦113b〔チョッパリ〕
•朝鮮人コミュニティー《ちょうせんじんコミュニティー》　㊦**105c**
朝鮮姓名復帰令　㊤969b〔創氏改名〕
朝鮮漬け　㊤475c〔キムチ〕
•朝鮮寺《ちょうせんでら》　㊦**106a**　657c〔ムーダン〕
『朝鮮とその芸術』　㊦734c〔柳宗悦〕
朝鮮稗　㊦412c〔ヒエ〕
『朝鮮巫俗の研究』　㊤14b〔秋葉隆〕
『朝鮮巫俗の現地調査』　㊤14b〔秋葉隆〕
•朝鮮民俗学《ちょうせんみんぞくがく》　㊦**106b**
朝鮮民俗学会　㊦106b〔朝鮮民俗学〕
『朝鮮民俗誌』　㊤14b〔秋葉隆〕
『朝鮮民俗資料集』　㊦106b〔朝鮮民俗学〕
鳥葬　㊤977a〔葬法〕
町村会　㊦107a〔町村制〕
•町村合併《ちょうそんがっぺい》　㊦**106c**　㊤231c〔大字〕 499c〔共有地〕 ㊦107a〔町村制〕
町村是　㊦89b〔地方改良運動〕
•町村制《ちょうそんせい》　㊦**107a**　㊤231c〔大字〕 519a〔区〕 532c〔区長〕 535a〔区費〕 ㊦106c〔町村合併〕
町村婦人会　㊦469a〔婦人会〕
チョウダ　㊦107b〔帳台〕
町代　㊦573b〔町役人〕
•帳台〔チョウダイ〕《ちょうだい》　㊦**107b**　268c〔納戸〕
帳台構　㊦107b〔帳台〕
腸チフス　㊦167c〔伝染病〕
•提燈〔挑燈〕《ちょうちん》　㊦**107c**　㊤58c〔行燈〕 857b〔照明〕 ㊦31a〔高燈籠〕 817a〔蠟燭〕
提燈網　㊤385a〔掩せ網〕
提燈まち　㊤345b〔鹿島信仰〕
•提燈祭《ちょうちんまつり》　㊦**108a**　㊤546a〔暗闇祭〕
提燈揉み　㊦108a〔提燈祭〕
帳付　㊦743a〔山師〕
超伝播主義　㊦171c〔伝播主義〕
調度　㊤323c〔家具〕
•手斧〔手鐇，釿〕《ちょうな》　㊦**108b**　㊤459c〔木地屋〕 547c〔刳り物〕 →ておの
•町内《ちょうない》　㊦**108b**
町内会　㊤499c〔共有地〕 517c〔近隣〕 518b〔近隣組〕 539c〔組〕 844a〔常会〕 852b〔商店会〕 ㊦108c〔町内〕 223a〔隣組〕 489c〔部落〕 490a〔部落会〕 571c〔町〕 681c〔村寄合〕
町内会費　㊦676a〔村勘定〕
町内頭　㊦108c〔町内〕 225c〔鳶職〕
チョウナハジメ〔手斧始め〕　㊤581a〔建築儀礼〕 ㊦108b〔手斧〕 195b〔棟梁送り〕
•長男《ちょうなん》　㊦**109a**　㊤31b〔跡取〕 32c〔アニ〕 92a〔イセキ〕 554c〔クワガ

シラ〕 978*c*〔惣領〕 ㊦92*c*〔嫡子〕
長男子相続〔-制〕 ㊤106*c*〔一子残留〕 ㊦104*b*〔長子相続〕
長男相続〔長男子－〕《ちょうなんそうぞく》 ⇨長子相続（㊦104*b*） ㊤961*a*〔選定相続〕 ㊦92*c*〔嫡子〕 574*c*〔末子相続〕
長男単独制 ㊤146*b*〔隠居分家〕
• 町人《ちょうにん》 ㊦**109*b***
帳主 ㊦339*c*〔売薬〕
丁場 ㊦743*a*〔山師〕
• 帳場(商業)《ちょうば》 ㊦**109*b*** 607*c*〔店〕
• 帳場(葬送)《ちょうば》 ㊦**109*c*** ㊤600*c*〔香典帳〕 970*a*〔葬式組〕 ㊦511*a*〔別帳場〕
• チョウハイ ㊦**109*c*** ㊤704*c*〔里帰り〕
チョウハイガエリ ㊦109*c*〔チョウハイ〕
長拍手 ㊤348*c*〔柏手〕
• 帳箱《ちょうばこ》 ㊦**110*a*** 485*a*〔船箪笥〕
帳外 ㊦117*b*〔追放〕
丁場杣頭 ㊦743*a*〔山師〕
帳場箪笥 ㊦73*a*〔箪笥〕 608*c*〔店〕
長髪 ㊤399*b*〔髪型〕
チョウバヅキアイ ㊦109*c*〔帳場㈡〕
丁半〔-賭博〕 ㊤335*a*〔賭け事〕 ㊦350*c*〔博打〕
張範頭巾 ㊤909*a*〔頭巾〕
長福寺(岡山) ㊤816*a*〔十三参り〕
• 徴兵検査《ちょうへいけんさ》 ㊦**110*b*** ㊤673*b*〔在郷軍人会〕
• 徴兵逃れ〔-忌避〕《ちょうへいのがれ》 ㊦**110*b*** ㊤876*a*〔白蛇〕 ㊦110*b*〔徴兵検査〕
徴兵令 ㊤556*c*〔軍隊〕 ㊦110*b*〔徴兵逃れ〕
帳簿 ㊦18*c*〔大福帳〕
頂法寺(京都) ㊤675 表〔西国巡礼〕
• 調味料《ちょうみりょう》 ㊦**110*c*** ㊤504*a*〔魚醤〕 703*b*〔砂糖〕 898*c*〔酢〕 ㊦372*b*〔発酵食品〕
長命寺(東京) ㊤152*a*〔植木市〕
長命寺(滋賀) ㊤675 表〔西国巡礼〕
帳面箪笥 ㊦73*a*〔箪笥〕
帳元 ㊦149*c*〔てき屋〕
• 庁屋〔帳屋, 長屋〕《ちょうや》 ㊦**111*a*** ㊤303*a*〔会所〕 806*b*〔社務所〕
重陽 ㊤456*c*〔菊〕 457*a*〔菊供養〕 457*b*〔菊の節供〕 522*b*〔九月節供〕 627*a*〔五節供〕 946*a*〔節供〕 946*c*〔節供礼〕
• 長吏《ちょうり》 ㊦**111*c*** ㊤204*b*〔えた〕 431*c*〔河原巻物〕 ㊦7*c*〔大黒舞〕 433*a*〔非人〕
調理師 ㊤98*b*〔板前〕
調理師紹介所 ㊤98*b*〔板前〕
調理師法 ㊤98*b*〔板前〕
調理台 ㊤323*c*〔家具〕
• 調理法《ちょうりほう》 ㊦**111*c*** 285*b*〔煮物〕
潮流 ㊤742*c*〔潮〕
長老 ㊤268*c*〔老人成〕 676*b*〔祭祀組織〕 682*a*〔座入り〕 699*a*〔座順〕 ㊦309*b*〔年功序列〕 816*b*〔老人〕
長老衆 ㊦620*c*〔宮座〕 681*b*〔村役〕
• 長老制《ちょうろうせい》 ㊦**112*b***
丁 ㊦548*a*〔ホラ〕
チョーサー Chaucer, Geoffrey ㊤521*b*〔寓話〕
チョーデー ㊤247*c*〔沖縄文化〕
チョーデーカサバイ〔兄弟重牌〕 ㊤760*b*〔シジタダシ〕 ㊦198*b*〔トートーメー〕
チョーデービ ㊤151*c*〔ウェーカー〕
チヨガミ ㊤509*a*〔切紙〕
• 猪牙船《ちょきぶね》 ㊦**112*c*** ㊤195*c*〔運搬具〕 ㊦481*c*〔船遊び〕
直轅長床犂 ㊤906*b*〔犂〕
直幹 ㊦554*c*〔盆栽〕
勅旨牧 ㊦561*c*〔牧〕
『直霊軍』 ㊤240*b*〔大本教〕
猪口 ㊤685*b*〔盃〕
チョコレート ㊦402*b*〔バレンタインデー〕
チョチョクボ ㊦543*b*〔蛍〕
• 直系《ちょっけい》 ㊦**113*a*** ㊤63*a*〔家〕 ㊦93*c*〔嫡系〕 525*c*〔傍系〕
• 直系家族《ちょっけいかぞく》 ㊦**113*a*** ㊤324*c*〔核家族化〕 357*b*〔家族〕 359*b*〔家族類型〕 844*a*〔小家族〕 ㊦3*c*〔大家族〕 457*a*〔夫婦家族〕 526*a*〔傍系家族〕
直系血族 ㊤891*c*〔親等〕
直系親族 ㊦463*c*〔複世帯制〕 526*a*〔傍系家族〕
直系尊属 ㊤991*a*〔尊属〕
• チョッパリ ㊦**113*b***
• チョッポ〔族譜〕 ㊦**113*b***
初八日 ㊦627*c*〔名節〕
チョベ ㊤335*a*〔陰口〕
チョボ ㊦598*b*〔三河大神楽〕
樗蒲 ㊦350*b*〔博打〕
チョボ一 ㊦350*c*〔博打〕
苧麻 ㊤17*a*〔麻〕 137*b*〔衣料〕 421*c*〔カラムシ〕 →カラムシ
節祀 ㊦77*c*〔チェサ〕 96*a*〔茶礼〕
ちょんがけ ㊤640*a*〔木挽〕
チョンガレ ㊤364*a*〔語りもの〕 ㊦160*b*〔デロレン祭文〕 259*a*〔浪花節〕
チョンコ ㊤156*b*〔兎〕
チョンダ ㊦107*b*〔帳台〕
• チョンダラー〔京太郎〕 ㊦**113*c***
京太郎芸 ㊤823*c*〔祝福芸〕
チョンビナサマ ㊦671*c*〔棟上〕
丁髷 ㊤399*b*〔髪型〕 ㊦455*c*〔風俗統制〕
ちらし ㊦417*b*〔引き札〕
ちらしずし ㊤910*b*〔鮨〕
チラシヨネ ㊤736*c*〔散米〕
チリ ㊦209*c*〔ドシ〕
地理 ㊦454*a*〔風水〕
• 地理学《ちりがく》 ㊦**114*a***
ちり紙交換屋 ㊦781*a*〔呼売り〕
地理言語学 ㊤578*a*〔言語地理学〕 →言語地理学
地理師 ㊦454*a*〔風水〕
地理先生 ㊦454*a*〔風水〕
地理的歴史的研究法 ㊤550*a*〔クローン, J〕 550*a*〔クローン, K〕
塵取輿 ㊤620*c*〔輿〕
ちり鍋 ㊦260*b*〔鍋物〕
• 知里真志保《ちりましほ》 ㊦**114*b*** 176*a*〔トゥイタクゥ〕
『知里真志保著作集』 ㊦114*b*〔知里真志保〕
縮緬 ㊤109*b*〔糸〕 290*b*〔織物〕
地竜 ㊦633 表〔民間薬〕 →ミミズ
知立祭 ㊦42 図〔山車〕
知里幸恵 ㊤515*a*〔金田一京助〕 ㊦114*b*〔知里真志保〕 822*c*〔炉辺叢書〕
治療 ㊤292*a*〔温泉〕
鎮懐石八幡宮(福岡) ㊦368*c*〔八幡信仰〕
鎮火祭 ㊦437*c*〔火祭〕
鎮花祭《ちんかさい》 ⇨鎮花（㊦380*c*）
チンギリ ㊤360*b*〔片足跳び〕
沈金 ㊤779*a*〔漆器〕
チンコロビシャ ㊤279*b*〔おびしゃ〕
• 鎮魂《ちんこん》 ㊦**114*b*** ㊤396*a*〔神遊び〕 655*b*〔御霊信仰〕
鎮魂帰神法 ㊤240*b*〔大本教〕
鎮魂供養 ㊦809*a*〔霊魂〕
鎮魂祭 ㊦114*c*〔鎮魂〕
沈子 ㊤45*c*〔網漁〕 ㊦142*a*〔釣具〕 →うき
陳謝 ㊤926*c*〔制裁〕
• 鎮守〔-神, 鎮主〕《ちんじゅ》 ㊦**114*c*** ㊤158*b*〔氏神〕 178*a*〔産土〕 785*c*〔地主神〕 ㊦368*a*〔八幡信仰〕 631*b*〔民間信仰〕
「鎮守」 ㊤876*b*〔銀鏡神楽〕
鎮守様 ㊦186*b*〔同族神〕
鎮守社 ㊤394*a*〔神〕
鎮守の森 ㊦705*c*〔森〕
鎮守八幡宮(京都) ㊦114*c*〔鎮守〕
珍姓改姓運動 ㊤304*c*〔改姓改名運動〕
鎮西八郎為朝〔鎮西八郎〕 ㊤236*a*〔大津絵〕 685*a*〔逆杉〕 ㊦64*c*〔為朝伝説〕 531*a*〔疱瘡〕
鎮送 ㊤491*b*〔共同祈願〕
• 鎮送呪術《ちんそうじゅじゅつ》 ㊦**115*a*** 819*b*〔六三〕
鎮宅祝い ㊦712*a*〔家移り〕
チンチョー ㊤195*c*〔運搬具〕
賃搗き ㊦696*a*〔餅搗き〕
チンドン屋 ㊦15*b*〔大道芸〕
青幇 ㊦438*a*〔秘密結社〕
陳皮 ㊤596*b*〔香辛料〕 ㊦599*a*〔ミカン〕 633 表〔民間薬〕
• 君南風《チンベー》 ㊦**115*b*** ㊤404*c*〔神人〕

521c〔クェーナ〕
君南風殿内　㊦115b〔君南風〕
沈没橋　㊦355a〔橋〕
沈黙交易《ちんもくこうえき》　⇨無言交易(㊦665a)　㊦478b〔物々交換〕
チンル　㊦151b〔テシマ〕

つ

津　㊤312a〔海民〕　342a〔河岸〕
• 摯骨《ツアブコツ》　㊦**116a**
鎚親　㊦228c〔友子〕
衝重　㊤259a〔折敷〕　323c〔家具〕　㊦567図〔曲物〕
鎚頭　㊦228c〔友子〕
対句合わせ　㊤654a〔娯楽〕
ツイジ　㊤80b〔石垣〕
築地塀　㊦507b〔塀〕
• 築地松《ついじまつ》　㊦**116a**　㊤729a〔散村〕　㊦724c〔屋敷林〕
• 堆朱《ついしゅ》　㊦**116b**　㊤779a〔漆器〕
追跡猟　㊤536c〔熊狩り〕　576a〔獣道〕　837a〔狩猟法〕
追薦　㊤543a〔供養〕　→供養
• 追善供養《ついぜんくよう》　㊦**116c**　㊤56b〔庵〕　198a〔永代経〕　202b〔回向〕　543a〔供養〕　872b〔死霊〕　㊦529c〔法事〕　542b〔菩提寺〕　684a〔命日〕　→供養
追善口上　㊤591c〔口上〕
朔日丸　㊦43c〔堕胎〕　433b〔避妊〕
衝立　㊤323b〔家具〕
対鶴丸に九曜　㊤412図〔家紋〕
• 追儺〘-会〙《ついな》　㊦**117a**　㊤165a〔鷽替〕　271c〔鬼〕　272a〔鬼会〕　273a〔鬼ごっこ〕　274c〔鬼やらい〕　407c〔仮面〕　949a〔節分〕　㊦19c〔松明祭〕　703b〔桃〕
追儺鬼　㊤別刷〈仮面〉
追肥　㊦447b〔肥料〕
追福　㊤543a〔供養〕　→供養
• 追放《ついほう》　㊦**117b**　㊤136b〔入会〕　342c〔火事〕　926c〔制裁〕　㊦317a〔野荒し〕　677a〔村極め〕
続松　㊦428a〔ヒデ〕
栗花落　㊦141b〔梅雨〕
対鷲　㊤412図〔家紋〕
• 通《つう》　㊦**117c**　㊤807a〔洒落〕　899a〔粋〕　㊦737c〔野暮〕
厝　㊦684a〔冥宅〕
• 通過儀礼《つうかぎれい》　㊦**117c**　㊤887a〔人生儀礼〕　㊦165b〔伝承文化〕
『通過儀礼』　㊦512c〔ヘネップ〕
ツーク　㊦695c〔モチーフ〕
通幻禅師　㊤627b〔子育て幽霊〕
通行手形　㊤231b〔往来手形〕
• 通婚圏《つうこんけん》　㊦**119c**　㊤990c〔村外婚〕
ツウジ　㊤80b〔石垣〕
通者　㊦117c〔通〕
通人　㊦117c〔通〕
• 通信法《つうしんほう》　㊦**120b**　334a〔狼煙〕
通俗民俗学　㊦175b〔ドイツ民俗学〕
通中散　㊤372c〔家伝薬〕
• 通帳《つうちょう》　㊦**120c**　㊤333a〔掛け売り〕
通直材生産　㊦805c〔林業〕
通文化的研究法〘-調査法〙　㊦22c〔タイラー〕　120c〔通文化的比較研究〕
• 通文化的比較研究《つうぶんかてきひかくけんきゅう》　㊦**120c**　558b〔マードック〕
通文化的分析　㊦121a〔通文化的比較研究〕
• 杖《つえ》　㊦**121a**　㊤201b〔エキㇺネクワ〕　608b〔牛玉杖〕　685a〔逆杉〕　784b〔死装束〕　837c〔狩猟用具〕　967b〔葬具〕　㊦121c〔杖立伝説〕　236a〔採物〕　464b〔副葬品〕　519a〔遍路〕　523a〔棒踊り〕　543b〔ボッカ〕
杖銀杏　㊦85b〔乳銀杏〕　121c〔杖立伝説〕
杖楽　㊤324b〔楽打〕
ツエゴシキ　㊦762a〔雪鋤〕
杖桜　㊦121c〔杖立伝説〕
杖立神社(岐阜)　㊤685a〔逆杉〕
杖立杉　㊦121c〔杖立伝説〕
• 杖立伝説《つえたてでんせつ》　㊦**121c**　㊤603b〔弘法伝説〕　㊦121b〔杖〕
走会　㊦202b〔渡御〕
ツカ　㊤599a〔耕地〕
• 塚《つか》　㊦**122a**　㊤11b〔赤子塚〕　104a〔一里塚〕　484b〔境界争い〕　490b〔経塚〕　497c〔行人塚〕　847c〔将軍家〕　962a〔千人塚〕　㊦295c〔糠塚〕　342a〔墓〕　342c〔墓じるし〕　467c〔富士塚〕　750c〔山伏塚〕
使い　㊤657c〔小若い衆〕
ツカイガワ　㊤50a〔洗い場〕　㊦245a〔流し〕
使い水　㊤150a〔飲用水〕
栂尾神楽　㊤327図〔神楽〕
• ツカサ〘司，神司〙　㊦**122b**　㊤167c〔御嶽〕　187a〔ウヤガン〕　248a〔沖縄文化〕　404c〔神人〕　705c〔里神〕　865c〔女性祭司〕　㊦201b〔トキ㈡〕　270b〔根神〕　299c〔祝女〕　600a〔巫女〕　764a〔ユタ〕　768c〔ユンタ〕　→サス
司入り　㊤160c〔氏子入り〕
つかまえぼ　㊤273a〔鬼ごっこ〕
ツガ松　㊦428a〔ヒデ〕
つかみ箸　㊦833c〔渡箸〕
柄屋　㊦533b〔棒屋〕
「津軽アイヤ節」　㊦340b〔ハイヤ節〕
• 津軽神楽《つがるかぐら》　㊦**122c**
『津軽旧事談』　㊦823a〔炉辺叢書〕
津軽こぎん　㊤698a〔刺子〕
津軽塗　㊤779a〔漆器〕
津軽山唄　㊦740a〔山唄〕

• 使わしめ《つかわしめ》　㊦ **123a**　㊤ 712b〔猿〕
• 月《つき》　㊦ **123b**
坏〔杯〕　㊤ 868a〔食器〕
つぎ　⇨裁縫(㊤ 680b)
ツキアイ(労働)〔つきあい〕　㊤ 352a〔加勢〕　㊦ 154a〔手伝い〕
• つきあい　㊦ **123c**　508b〔義理〕　879b〔仁義㈡〕
つきあい仲間　㊤ 521c〔公界〕
• 突上げ二階《つきあげにかい》　㊦ **124b**　㊤ 385c〔かぶと造〕
搗臼〔舂臼〕　㊤ 163c〔臼〕　㊦ 319b〔農具〕
月拝み　㊦ 467a〔富士講〕
月遅れ　㊤ 481c〔旧正月〕　652b〔暦〕
「月男の説」　㊤ 153a〔上田敏〕
ツキガタキリトリ　㊦ 618b〔耳印〕
憑き神　㊦ 183b〔トゥスクル〕　195c〔トゥレンカムイ〕
継裃　㊤ 401a〔裃〕
憑祈禱　㊤ 398c〔神がかり〕　798c〔シャーマニズム〕
月経　㊤ 367a〔月忌〕　→常斎
• 月行事〔-行司，-行持〕《つきぎょうじ》　㊦ **124c**
つき籤　㊤ 525c〔籤〕
月事《つきごと》　⇨月経(㊤ 571c)
『月ごとの祭』　㊦ 356c〔橋浦泰雄〕
• 月小屋《つきごや》　㊦ **125a**　㊤ 306b〔海村〕　551a〔黒潮文化〕　649c〔小屋〕
継ぎ竿　㊦ 142b〔釣具〕
突刺漁具　㊤ 503a〔漁具〕
舂塩　㊤ 742b〔塩〕
築地本願寺(東京)　㊤ 632b〔骨仏〕
ツキシンルイ　㊤ 896c〔親類〕
突出し窓　㊦ 580b〔窓〕
衝立船戸神　㊦ 121b〔杖〕
『月と不死』　㊦ 305a〔ネフスキー〕
突富　㊦ 227c〔富籤〕　→富籤
突きどめ溝　㊤ 750b〔敷居〕
突き取り法　㊦ 536c〔捕鯨〕
月並調　㊦ 337a〔俳句〕
月次祭　㊤ 104c〔斎宮〕　810a〔周期伝承〕
月並御影供　㊦ 597b〔御影供〕
月の障り　㊤ 716b〔さわり〕　→月経
突き鑿　㊦ 329b〔鑿〕
月のもの　㊤ 571c〔月経〕　716b〔さわり〕　→月経
ツキノワグマ　㊤ 536a〔熊〕　808b〔獣害〕
• 継場《つぎば》　㊦ **125c**
ツギバコガネ　㊤ 757b〔私財〕
月番　㊦ 124c〔月行事〕　312b〔年番〕
月番帳　㊦ 125a〔月行事〕
月番提燈　㊦ 125a〔月行事〕
ツキビト　㊤ 287b〔オヤシマイ〕
月星　㊤ 414 図〔家紋〕
突掘り工法　㊤ 349b〔上総掘り〕
• 月待《つきまち》　㊦ **125c**　123b〔月〕　437a〔日待〕
月待講　㊤ 584b〔講〕　811b〔十九夜講〕　㊦ 275a〔二十三夜待〕
• 月見《つきみ》　㊦ **126a**　㊤ 316b〔案山子あげ〕　654a〔娯楽〕　816b〔十三夜〕　㊦ 123b〔月〕
月見岡八幡神社(東京)　㊦ 468 表〔富士塚〕
• 憑物〔憑き〕《つきもの》　㊦ **126b**　㊤ 33b〔アニミズム〕　65c〔家の盛衰〕　119c〔犬神〕　254c〔オコジョ〕　256a〔瘧〕　256b〔オサキ〕　468c〔狐憑き〕　531a〔クダ狐〕　574a〔外道〕　668a〔牛蒡種〕　980c〔俗信〕　㊦ 189a〔トウビョウ〕　442a〔憑依〕　631a〔民間信仰〕　684a〔迷信〕
憑物送り　㊦ 115a〔鎮送呪術〕
憑物落とし　㊤ 117c〔稲荷下げ〕　468c〔狐憑き〕　487a〔行者〕　㊦ 522b〔法印〕
憑物信仰　㊤ 108a〔イヅナ〕
• 憑物筋〔-持ち〕《つきものすじ》　㊦ **127a**　㊤ 468a〔狐〕　910c〔筋〕　㊦ 126b〔憑物〕　334a〔呪い〕
つき銛　㊦ 812a〔レパオナ〕
ツキヤ　㊤ 571c〔月経〕
月焼き　㊦ 587b〔豆占〕
月厄　㊤ 716b〔さわり〕
「月夜のカラスは火に祟る」　㊤ 420b〔烏鳴き〕
• 突き漁《つきりょう》　㊦ **127b**　㊤ 123b〔イノー〕　500c〔漁業〕
継艪〔継櫓〕　㊤ 354a〔河川水運〕　㊦ 815a〔艪〕
ツキンボ漁　㊦ 127b〔突き漁〕
ツク　㊤ 451b〔木下し〕
ツクアシ　㊤ 193c〔ウンカ〕
几　㊤ 323c〔家具〕
机　㊤ 323c〔家具〕
筑紫箏　㊤ 633a〔箏〕
『築紫野民譚集』　㊦ 822c〔炉辺叢書〕
• 佃煮《つくだに》　㊦ **127c**　㊤ 900c〔水産加工〕　㊦ 542a〔保存食〕
ツクテ　㊦ 18a〔堆肥〕
• 筑土鈴寛《つくどれいかん》　㊦ **127c**　㊤ 593a〔口承文芸〕
『筑土鈴寛著作集』　㊦ 128a〔筑土鈴寛〕
ヅクナシ　㊦ 817b〔労働倫理〕
ツクネ〔ツグネ〕　㊦ 272b〔握り飯〕
蹲　㊤ 79b〔石〕
• 筑波山(茨城)《つくばさん》　㊦ **128a**　14c〔ダイダラ法師〕
筑波山神社(茨城)　㊤ 224b〔縁結び〕　㊦ 738c〔山遊び〕
ツクバナライ　㊦ 264a〔ナライ〕
• つく舞〔撞舞，津久舞，尋舞〕　㊦ **128b**　㊤別刷〈仮面〉
筑間玉子　㊤ 638b〔小鍋立て〕
月読命　㊦ 31b〔高天原神話〕　123b〔月〕
つぐら　⇨イジコ(㊤ 82b)　㊦ 768a〔揺り籠〕　839b〔藁苞〕
つくり〔作身〕　㊤ 698b〔刺身〕
ツクリアガリ　㊤ 704c〔里帰り〕
作り神　㊤ 690b〔作神〕　㊦ 56a〔田の神〕　→作神
作り子　㊤ 786a〔地主・小作〕　㊦ 471a〔譜代㈡〕
• 造酒屋《つくりざかや》　㊦ **128c**　339c〔灰屋〕
作り燈籠　㊤ 445c〔竿燈〕
作り物《つくりもの》　⇨風流(㊦ 492a)　㊤ 55c〔粟穂・稗穂〕　㊦ 751a〔山鉾〕　788c〔依代〕
作り山　㊦ 41c〔山車〕　738a〔山〕
ツクレイバラ　㊦ 87c〔血とり場〕
ツケ　㊤ 789c〔柴漬け漁〕
ツゲ　㊦ 129a〔告げ人〕
告ゲ　㊤ 335a〔陰口〕
ツケアゲ　㊦ 172b〔天麩羅〕
付髪　㊤ 372a〔鬘〕
付け木　㊤ 230a〔オウツリ〕　510a〔切り火〕　819c〔重箱〕　㊦ 412a〔火打ち石〕　575b〔燐寸〕
付師　㊦ 44c〔畳屋〕
ツケシバ　㊤ 789c〔柴漬け漁〕
付書院　㊤ 842c〔書院〕　909a〔数寄屋造〕　㊦ 79c〔違棚〕　206a〔床の間〕
ツケジンギ　㊤ 879b〔仁義㈡〕　㊦ 511a〔別帳場〕
つけだし　㊦ 41b〔だし〕
ツケヂチ　㊦ 79b〔乳親〕
• 告げ人《つげと》　㊦ **129a**　㊤ 970a〔葬式組〕
付け通し　㊦ 100c〔中馬〕
付け所　㊤ 294c〔音頭〕
ツケトドケ　㊤ 778b〔実家〕
漬けどめ　㊤ 743c〔塩辛〕
ツケドラ　㊦ 230c〔ドラウチ〕
ツケドリ〔付け取り〕　㊤ 19b〔朝智入り〕　168c〔ウチアゲ〕
付苗　㊤ 44a〔余り苗〕
付け刃金　㊦ 389c〔刃物〕
ツケバ漁　㊤ 155b〔ウグイ〕
つけび　㊦ 524a〔放火〕　→放火
ツゲビト　㊦ 129a〔告げ人〕
付け舞台　㊦ 471c〔舞台〕
つけ船宿　㊦ 486b〔船宿〕
• 付祭《つけまつり》　㊦ **129b**
都祁水分神社(奈良)　㊦ 599b〔水分神〕
ツケミマイ　㊦ 511a〔別帳場〕
ツゲメシ　㊦ 129a〔告げ人〕
• 漬物《つけもの》　㊦ **129b**　㊤ 350a〔糟漬〕　742b〔塩〕　744b〔塩漬〕　㊦ 8b〔大根〕　34c〔沢庵漬〕　438b〔氷室〕　542a〔保存食〕　720c〔野菜〕
漬物小屋　㊤ 649b〔小屋〕
• ツシ　㊦ **130a**

- •辻《つじ》　㊦**130b**　㊤11c〔赤子塚〕　68b〔異界〕　㊦28c〔他界観〕　131a〔辻占〕
- 辻行燈　㊤58c〔行燈〕
- •辻占《つじうら》　㊦**131a**　㊤189a〔占い〕　㊦130c〔辻〕　356b〔橋占〕　679b〔村境〕
- 辻占菓子　㊦131a〔辻占〕
- 辻占昆布　㊦131a〔辻占〕
- 辻占煎餅　㊦131a〔辻占〕
- 辻親　㊤915a〔捨子〕
- 辻歌舞伎　㊦15b〔大道芸〕
- ツジギリ〔辻切り〕　㊤828b〔数珠繰り〕　㊦588c〔魔除け〕　別刷〈村境〉
- ツジクレ　㊦255c〔名付け〕
- 辻芸　㊦15a〔大道芸〕　130c〔辻〕　→大道芸
- 辻講釈　㊤598b〔講談〕　㊦15b〔大道芸〕
- 辻仕事　㊦130c〔辻〕
- 辻善之助　㊦828a〔和歌森太郎〕
- ツジ田　㊤499a〔共有財産〕
- 辻っこ若い衆　㊦823c〔若い衆〕
- 辻人市　㊦529a〔奉公人市〕
- 辻人足　㊦679c〔村仕事〕
- 辻能　㊦15b〔大道芸〕
- ツジノカミ　㊦130c〔辻〕
- 辻の事　㊦130c〔辻〕
- 辻咄　㊤424c〔軽口〕　㊦420b〔彦八〕
- 辻払い　㊦440c〔百万遍〕
- 辻札　㊦別刷〈村境〉
- 津島御師　㊦65b〔太夫村〕
- 対馬海流　㊤550c〔黒潮〕
- 津島楽　㊦131c〔津島祭〕
- 津島牛頭天王　㊤725c〔三社託宣〕
- •津島信仰《つしましんこう》　㊦**131b**
- 津島神社(岩手)　㊤182a〔馬こ繋ぎ〕
- 津島神社(愛知)〔-天王社〕　㊤728a〔参候祭〕　㊦131b〔津島信仰〕　131b〔津島祭〕　382a〔花の頭〕　627b〔御葭神事〕　736b〔屋根神〕
- 対馬神道　㊦168c〔天道信仰〕
- 津島田植え踊り　㊦25a〔田植え踊り〕
- 津島天王祭　㊦131b〔津島祭〕　485c〔船祭〕
- 『対馬の自然と文化』　㊤480a〔九学会連合調査〕
- 『対馬の神道』　㊤913b〔鈴木棠三〕
- •津島祭《つしままつり》　㊦**131b**　㊤452a〔祇園信仰〕　㊦43a〔山車〕　627b〔御葭神事〕
- 対馬丸　㊤979b〔疎開〕
- 対馬六観音　㊦168c〔天道信仰〕
- 辻村太郎　㊦741b〔山口貞夫〕
- 辻飯　㊦130b〔辻〕　552b〔盆竈〕　→盆竈
- 辻本　㊦130c〔辻〕
- 辻元道場　㊦182c〔道場〕
- 辻寄合　㊦130c〔辻〕
- ツズリ　㊤984c〔袖なし〕
- 蔦　㊤411 図〔家紋〕
- 津田左右吉　㊤394a〔神〕
- •土《つち》　㊦**131c**
- •槌《つち》　㊦**132b**
- ツチアライ　㊤15a〔秋忘れ〕
- 土一揆　㊤104b〔一揆〕
- •土入れ《つちいれ》　㊦**132c**　㊤239a〔大麦〕
- 土壁　㊤387a〔壁〕
- 土蜘蛛退治　㊦64a〔田村麻呂〕
- 土修羅　㊤835a〔修羅〕　㊦740c〔山落し〕
- 土摺臼　㊤163c〔臼〕
- 土橇　㊤988b〔橇〕　㊦762b〔雪橇〕　→木馬
- 土搗き唄　㊤780a〔地搗き唄〕
- 土戸　㊦174b〔戸〕
- 土留め桟　㊤431b〔瓦葺き〕
- 土鳴　㊦258c〔七不思議〕
- •土人形《つちにんぎょう》　㊦**133a**　㊤495b〔郷土玩具〕
- 『土の鈴』　㊦644c〔民俗学史〕　698b〔本山桂川〕
- 土宮　㊤93a〔伊勢信仰〕
- 土舞台　㊦471b〔舞台〕
- 土穂団子　㊦70c〔団子〕
- ツチマツリ　㊤793a〔地祭〕
- 土御門家　㊤652a〔暦〕　㊦598c〔三河万歳〕　776a〔吉田神道〕
- 土御門神道　㊤299a〔陰陽道〕　㊦538b〔星〕
- 土物　㊤9c〔青物市〕
- 土物壁　㊤387b〔壁〕
- 土門徒　㊦710a〔門徒〕
- ツチンボ　㊦694a〔モグラ打ち〕
- 筒井神社(滋賀)　㊤264c〔落人伝説〕
- •ツツガムシ〔恙虫〕　㊦**133a**　㊤861b〔松例祭〕
- ツツガムシ病　㊦133a〔ツツガムシ〕
- •筒粥〔-神事〕《つつがゆ》　㊦**133b**　㊤416a〔粥占〕　624b〔小正月〕　㊦210b〔年占〕
- 筒瓦　㊤430b〔瓦〕
- 続き狂言　㊤384a〔歌舞伎〕　㊦611c〔道行〕
- ツッキリ　㊦702a〔籾打棒〕
- 筒下駄　㊦347 図〔履物〕
- 都々古別神社(福島)　㊦55a〔種子籾〕
- ツツジ　㊦384c〔花見〕
- 慎み　㊦465a〔服喪〕
- ツツシミヅキ〔つつしみ月〕　㊤15b〔悪月〕　611c〔五月節供〕
- 筒袖　㊤983c〔袖〕
- 筒立て　㊦484c〔船霊〕
- ツツッポ　㊤983c〔袖〕
- •包み《つつみ》　㊦**133c**
- 堤　㊦64b〔溜池〕
- •鼓《つづみ》　㊦**134a**　391a〔囃し(二)〕
- 堤達磨　㊦67b〔達磨〕
- 堤人形　㊦133a〔土人形〕
- 鼓の滝　㊤673a〔西行伝説〕
- 包み焼き　㊦112b〔調理法〕　715c〔焼き物〕
- •葛籠《つづら》　㊦**134b**　㊤258a〔押入れ〕　336c〔籠〕　606a〔行李〕
- 葛籠笠　㊤339a〔笠〕
- ツヅレ　㊤688b〔裂織〕　762c〔刺繍〕
- 綴織　㊤109c〔糸〕
- つつろ　㊦68c〔俵〕
- ツツンボウヒキ　㊦694a〔モグラ打ち〕
- ツト　㊤965a〔占有標〕
- ツト(包み)　㊦517b〔弁当〕
- ツトガンサア　㊤170a〔ウッガン〕
- ツトキビ　㊦193b〔トウモロコシ〕
- ツトコワケ　㊦55a〔種子籾〕
- ツトッコ　㊦839b〔藁苞〕　→藁苞
- •ツトッコミョウジン〔ツトコー, ツットコー〕　㊦**134c**
- 勤め人　㊤712a〔サラリーマン〕
- •綱《つな》　㊦**134c**　135a〔綱引き〕　265b〔縄〕
- 綱打ち　㊦134c〔綱〕
- 綱掛け祭《つなかけまつり》　⇨勧請吊(㊤441c)
- 綱かつぎ　㊤814b〔十五夜〕
- ツナギ　㊤600a〔香典〕　㊦678c〔村香典〕
- つなぎ鵜飼い　㊤154b〔鵜飼い〕
- ツナギコウデン　㊦678c〔村香典〕
- 繋土台　㊦221a〔土台〕
- 綱荒神　㊤876b〔銀鏡神楽〕　㊦710c〔問答〕
- ツナシ　㊤638c〔コノシロ〕　→コノシロ
- 綱貫　㊤240a〔大元神楽〕
- 綱場　㊤69a〔筏〕　69b〔筏師〕　㊦801c〔流送〕
- •綱引き《つなひき》　㊦**135a**　㊤130b〔忌籠り〕　189a〔占い〕　390a〔かまくら〕　485a〔競技〕　813b〔十五夜〕　816b〔十三夜〕　976c〔双分制〕　別刷〈沖縄文化〉　㊦80b〔力くらべ(一)〕　102b〔秋夕〕　126b〔月見〕　210b〔年占〕
- 綱引ずり　㊤814b〔十五夜〕
- 津名町天神(兵庫)　㊤955b〔先山参り〕
- •津波《つなみ》　㊦**135c**　㊤764c〔地震〕　870c〔白髭水〕　㊦293c〔人魚伝説〕　699a〔物言う魚〕
- ツネギ　㊦473a〔ふだん着〕
- ツノアルモノ　㊤245a〔沖言葉〕
- 角合わせ　㊦176c〔闘牛〕　→闘牛
- •角隠し〔ツノカクシ〕《つのかくし》　㊦**136b**　㊤140b〔イロ着〕　367a〔カツギ(二)〕　387a〔かぶりもの〕　669b〔婚礼衣裳〕　㊦401b〔晴着〕　530a〔帽子〕
- ツノゾウリ　㊤22b〔足半〕
- 角大師《つのだいし》　⇨元三大師(㊤439b)　㊤別刷〈護符〉
- •角樽《つのだる》　㊦**136c**　66b〔樽〕

角突き《つのつき》 ⇨闘牛(㊦ 176c)
ツノのない牛 ㊦ 782b〔嫁〕
ツノマキ ㊦ 90a〔粽〕
津野山神楽 ㊤ 328b〔神楽〕
• 唾〘ツバ〙《つば》 ㊦ **136**c 711c〔ヤイカガシ〕 766a〔指切り〕
• ツバキ〘海石榴，山茶，椿〙 ㊦ **137**a ㊤ 36a〔油〕
ツバキ油〘椿-〙 ㊤ 16a〔揚物〕 ㊦ 137b〔ツバキ〕
椿大神社(三重) ㊦ 3b〔太神楽〕
都波岐奈加等神社(三重) ㊦ 3c〔太神楽〕
ツバクロ ㊦ 137c〔ツバメ〕
ツバクロトビ ㊦ 225a〔鳶口〕
ツバス ㊦ 491b〔ブリ〕
鐔鑿〘鍔鑿〙 ㊤ 523a〔釘〕 ㊦ 329b〔鑿〕
• ツバメ ㊦ **137**c
ツバメウオ ㊦ 224b〔トビウオ〕
ツブ ㊦ 52a〔タニシ〕 →タニシ
つぶ餡 ㊤ 56b〔餡〕
つぶし島田 ㊤ 793a〔島田髷〕
粒節供 ㊤ 756b〔仕事納め〕
粒搗き餅 ㊦ 695b〔餅〕
つぶつぶくり ㊤ 828b〔数珠繰り〕
ツブテ ㊦ 18a〔堆肥〕
飛礫 ㊤ 577a〔喧嘩〕
粒握り餅 ㊦ 695b〔餅〕
粒餅 ㊦ 695b〔餅〕
ツブラ ㊤ 82b〔イジコ〕
ツブレカド〘潰れ門〙 ㊦ 138a〔潰れ屋敷〕 722a〔屋敷〕
• 潰れ屋敷《つぶれやしき》 ㊦ **138**a
• つぶろさし ㊦ **138**a
ツボ ㊦ 705b〔モヨリ〕
ツボ(動物) ㊦ 52a〔タニシ〕 →タニシ
• 坪《つぼ》 ㊦ **138**b ㊤ 64b〔家順〕 518a〔近隣〕 518 図〔近隣組〕 609c〔コーチ〕 ㊦ 678a〔村組〕
• 壺《つぼ》 ㊦ **138**c ㊤ 323c〔家具〕 503a〔漁具〕 868a〔食器〕 ㊦ 606a〔水試し〕
壺網 ㊦ 145c〔定置網〕
• 坪井正五郎《つぼいしょうごろう》 ㊦ **139**a ㊤ 123a〔伊能嘉矩〕 897a〔人類学雑誌〕 ㊦ 220a〔土俗会〕 220b〔土俗学〕 220c〔土俗調査〕 234a〔鳥居龍蔵〕 282b〔日本人類学会〕 455b〔風俗測定〕 635c〔民具〕 644b〔民俗学史〕 別刷〈民俗学史〉
坪井忠彦 ㊦ 823a〔炉辺叢書〕
• 坪井洋文《つぼいひろふみ》 ㊦ **139**b ㊤ 133b〔芋競べ〕 616c〔国立歴史民俗博物館〕 703a〔サトイモ〕 859b〔照葉樹林文化〕 ㊦ 118b〔通過儀礼〕 170b〔天皇〕 456b〔風土論〕 →郷田洋文
坪内逍遥 ㊤ 384b〔歌舞伎〕
壺神 ㊦ 744c〔八岐大蛇〕
ツボケ ㊤ 845a〔正月飾り〕
壺坂寺(奈良) ㊤ 675 表〔西国巡礼〕
壺塩 ㊤ 742b〔塩〕
坪総代 ㊦ 138c〔坪〕
坪付 ㊦ 138b〔坪〕
つぼ漬け ㊦ 130a〔漬物〕
壺抜き ㊤ 97a〔イタコ〕
ツボネ ㊤ 147a〔隠居屋〕
壺鑿 ㊦ 329b〔鑿〕
ツボ餅 ㊤ 875a〔次郎の朔日〕
つぼ焼き ㊤ 695a〔サザエ〕
壺漁 ㊤ 500c〔漁業〕
壺椀 ㊤ 868a〔食器〕 ㊦ 842c〔椀〕
妻 ㊤ 509b〔切り妻〕
• 妻入り《つまいり》 ㊦ **139**c 446a〔平入り〕 557b〔本棟造〕 572c〔町屋〕
褄折笠 ㊤ 339a〔笠〕
爪掛・踵掛 ㊦ 347 図〔履物〕
爪掛沓 ㊦ 347 図〔履物〕
妻方居住〘-婚〙 ㊤ 660b〔婚姻居住方式〕 ㊦ 537a〔母系制〕
妻手 ㊤ 380c〔曲尺〕
妻戸 ㊦ 174b〔戸〕
妻問い ㊤ 21a〔足入れ〕 ㊦ 151b〔手印〕 663c〔聟入婚〕
• 妻問婚《つまどいこん》 ㊦ **139**c ㊤ 660c〔婚姻居住方式〕 851a〔招婿婚〕 990c〔村外婚〕 ㊦ 4a〔大家族〕 306c〔寝宿婚〕 781a〔ヨバイ〕
ツマフミ ㊤ 466c〔着付〕
ツマミダ ㊤ 748c〔直播き〕
爪楊枝 ㊦ 772a〔楊枝〕
罪 ㊤ 12c〔贖物〕 360c〔形代〕
ツミイレ ㊦ 70c〔団子〕
ツミオケ ㊦ 140b〔摘み田〕
ツミゴエ ㊦ 18a〔堆肥〕
ツミザル ㊦ 140b〔摘み田〕
• 摘み田《つみた》 ㊦ **140**b ㊤ 153a〔植え田〕 748c〔直播き〕 ㊦ 336c〔灰〕 730c〔ヤト〕 別刷〈野良仕事〉 →直播き
摘み取り ㊤ 808c〔収穫〕
柘枝伝説 ㊤ 426b〔川〕
罪の文化 ㊦ 282b〔日本人(二)〕 499c〔文化型〕 513a〔ベネディクト〕
積干し ㊤ 121c〔稲掛け〕
ツム ⇨糸繰り(㊤ 111c)
紬 ㊤ 472b〔絹〕
ツム台 ㊤ 112a〔糸繰り〕
• 爪《つめ》 ㊦ **140**b
詰市 ㊦ 215b〔年の市〕
• 爪印《つめいん》 ㊦ **140**c
爪かき地蔵 ㊦ 140c〔爪〕
爪かき不動 ㊦ 140c〔爪〕
ツメカンジキ ㊤ 838 表〔狩猟用具〕
爪切り正月 ㊦ 140c〔爪〕
爪車 ㊤ 866c〔除草器〕
ツメリ ㊤ 903c〔水団〕
ツモト ㊤ 44c〔網主・網子〕 330a〔隠れキリシタン〕
津元役 ㊦ 676b〔村君〕
津屋〘邸家〙 ㊦ 240b〔問屋〕
• 通夜《つや》 ㊦ **140**c ㊤ 327a〔神楽〕 569c〔下駄〕 850a〔正信偈〕 972b〔葬送儀礼(一)〕 ㊦ 779a〔ヨトギ〕 →ヨトギ
艶話 ㊤ 141a〔色話〕 838b〔春歌〕
通夜見舞 ㊦ 617c〔見舞〕
ツャメッコ ㊤ 156b〔兎〕
つゆ ㊤ 873c〔汁物〕
• 梅雨〘黴雨〙《つゆ》 ㊦ **141**b ㊤ 46a〔雨〕 61c〔言いならわし〕
梅雨明け ㊦ 141b〔梅雨〕
露の五郎兵衛〘-五郎〙 ㊤ 424c〔軽口〕 ㊦ 836b〔笑話〕
梅雨の夕晴れ ㊦ 141b〔梅雨〕
梅雨闇 ㊦ 141b〔梅雨〕
ツラ〘面〙 ㊤ 105b〔一軒前〕 ㊦ 141b〔ツラダシ〕
面拳 ㊦ 289c〔にらめっこ〕
• ツラダシ〘面出し〙 ㊦ **141**b
ツラヅケ ㊦ 225b〔鳶口〕
ツラヌキ ㊤ 600b〔香典〕
貫 ㊤ 534a〔沓〕 ㊦ 60a〔足袋〕
つらね ㊦ 798b〔琉歌〕
連事 ㊤ 60b〔言い立て〕 →れんじ
ツラマジリ ㊦ 141b〔ツラダシ〕
つらら ㊤ 610a〔氷〕
ツリ ㊤ 275a〔尾根〕
• 釣り《つり》 ㊦ **141**c ㊤ 19c〔アジ〕 109a〔一本釣り〕 432b〔川漁〕 507a〔漁民〕 654a〔娯楽〕 ㊦ 481a〔フナ〕
釣り合い人形 ㊦ 726a〔弥次郎兵衛〕
吊り行燈 ㊤ 58c〔行燈〕
ツリカギ ㊤ 758a〔自在鉤〕
• 釣書《つりがき》 ㊦ **142**a
釣鐘提燈 ㊤ 236a〔大津絵〕
釣漁業 ㊤ 500c〔漁業〕
• 釣具〘釣漁具〙《つりぐ》 ㊦ **142**a ㊤ 503a〔漁具〕
つり籏 ㊤ 525c〔籏〕
釣竿 ㊦ 37a〔竹細工〕
吊天井 ㊦ 164b〔天井〕
吊戸 ㊦ 174b〔戸〕
吊り橋 ㊦ 355a〔橋〕
釣り針 ㊦ 834a〔罠〕
釣針〘釣鉤〙 ㊦ 141c〔釣り〕 142a〔釣具〕
釣り針猟 ㊦ 606b〔水鳥猟〕
• ツリモノ ㊦ **142**b
吊りランプ ㊦ 796a〔ランプ〕
釣り漁 ㊤ 625a〔湖沼漁業〕
• ツル(地名) ㊦ **142**b ㊤ 275a〔尾根〕 ㊦ 82b〔地形名〕 832c〔渡し〕
• ツル(道具) ㊦ **142**b ㊤ 478c〔木遣り〕 ㊦ 806c〔リン場〕

ツル(植物)　㊦ 466*b*〔藤〕
• 鶴《つる》　㊦ **142*c***
鶴岡八幡宮(神奈川)　㊦ 368*c*〔八幡信仰〕 737*b*〔流鏑馬〕 766*c*〔弓神事〕
ツルカケ　㊤ 629*c*〔木霊〕
弦掛鍋　㊦ 260*a*〔鍋〕
ツルカナモノ　㊦ 570*a*〔枡〕
剣　㊤ 564*b*〔ゲーター祭〕 ㊦ 236*a*〔採物〕
剣梅鉢　㊤ 412 図〔家紋〕
ツルギミサキ　㊦ 602*c*〔みさき〕
鶴首　㊦ 815*a*〔艪〕
鶴子明神　㊦ 142*c*〔鶴〕
鶴崎踊り　㊦ 551*c*〔盆踊り(一)〕
つるし　㊦ 181*b*〔銅山〕
ツルシカギ　㊤ 758*a*〔自在鈎〕
吊し柿　㊦ 538*c*〔干柿〕
鶴子銀山(新潟)　㊤ 513*b*〔銀山〕
ツルシ豆腐　㊦ 190*b*〔豆腐〕
ツルジモ　㊤ 315*c*〔案山子〕
つるし掘り　㊦ 181*b*〔銅山〕
ツルッタクリ　㊦ 574*c*〔末子〕
• 鶴女房《つるにょうぼう》　㊦ **143*a*** 191*b*〔動物報恩譚〕 628*a*〔見るなの座敷〕
「鶴の巣籠」　㊤ 804*a*〔尺八〕
鶴の穂落とし　㊦ 142*c*〔鶴〕
鶴の宮　㊦ 142*c*〔鶴〕
鶴の湯《つるのゆ》　⇨温泉発見伝説(㊤ 293*b*)
鶴羽衣鹿踊り　㊤ 759*b*〔鹿踊り〕
ツルハシ〖鶴はし〗　㊤ 554*a*〔鍬〕 ㊦ 142*b*〔ツル(二)〕
• 釣瓶《つるべ》　㊦ **143*a***
釣瓶撃ち　㊦ 143*b*〔釣瓶〕
釣瓶落とし　㊦ 143*b*〔釣瓶〕
釣瓶銭　㊦ 143*b*〔釣瓶〕
鶴丸　㊤ 412 図〔家紋〕
鶴見和子　㊤ 514*c*〔近代化〕
弦売僧　㊤ 120*c*〔犬神人〕
鶴屋南北　㊤ 384*b*〔歌舞伎〕
• ツレ　㊦ **143*b*** ㊤ 296*c*〔女のよばい〕 489*a*〔兄弟契約〕 490*a*〔兄弟分〕 ㊦ 188*c*〔同年〕 195*b*〔同齢感覚〕 209*c*〔ドシ〕 814*b*〔連中〕 823*c*〔若い衆〕 827*a*〔若者仲間〕
ツレキョウダイ　㊤ 489*a*〔兄弟契約〕
ツレザオ　㊦ 66*c*〔樽入れ〕
連れ聟　㊦ 664*b*〔聟まぎらかし〕
ツワブキ　㊦ 149*b*〔できもの〕
• つわり　㊦ **143*c*** 294*a*〔妊娠〕 →クセヤミ
ツンツルテン　㊤ 466*c*〔着付〕

て

デ　㊦ 144*b*〔出居〕
出合い婚　㊦ 783*c*〔嫁入婚〕
デアイゾメ　㊤ 605*a*〔紺屋〕
出合茶屋　㊤ 344*c*〔貸席〕 687*c*〔盛り場〕 ㊦ 95*b*〔茶屋〕
デアイマタギ　㊤ 409*c*〔カモシカ猟〕 ㊦ 570*c*〔マタギ〕
テアゲ　㊦ 228*a*〔弔い上げ〕
てあそび〖手玩，翫弄之具，弄具，玩物〗 ㊤ 284*b*〔玩具〕
手遊び絵　㊤ 212*c*〔絵本〕
デアト　㊦ 192*b*〔トウマイリ〕
• 出居〖デイ，デイノマ〗《でい》　㊦ **144*b*** ㊤ 229*c*〔応接間〕 697*b*〔座敷〕 741*b*〔椎葉神楽〕 ㊦ 449*b*〔広間型民家〕
定位家族　㊤ 324*b*〔核家族〕
• ティーサージ〖手巾〗　㊦ **144*c***
ティール〖ティル〗　㊤ 937*a*〔背負籠〕 ㊦ 159*c*〔テル〕 →テル
テイーレ Tiele, Cornelis Petrus　㊤ 811*a*〔宗教学〕
泥雨　㊤ 46*a*〔雨〕
天地会　㊦ 438*a*〔秘密結社〕
ディオニゾス型文化　㊦ 513*a*〔ベネディクト〕
テイカタ　㊦ 146*b*〔亭前〕
• 定期市《ていきいち》　㊦ **144*c*** ㊤ 99*a*〔市〕 153*b*〔魚市〕 ㊦ 551*a*〔盆市〕 818*b*〔六斎市〕
ディキヤー・ダックィー　㊤ 707*b*〔サニ〕
蹄耕　㊦ 487*c*〔踏耕〕
帝国在郷軍人会　㊤ 673*b*〔在郷軍人会〕 →在郷軍人会
帝国少年団　㊤ 932*b*〔青年団〕
帝国ホテル　㊤ 572*b*〔結婚式場〕
定式口上　㊤ 591*b*〔口上〕
• 低湿地《ていしっち》　㊦ **145*a***
テイシュ　㊤ 366*a*〔家長〕
定住農耕民　㊦ 508*b*〔平民〕
テイシュザ　㊤ 366*a*〔家長〕 ㊦ 775*c*〔横座〕
テイシュ柱　㊦ 7*b*〔大黒柱〕
• 貞操観念《ていそうかんねん》　㊦ **145*b***
• ティダ　㊦ **145*c***
剃刀　㊤ 733*c*〔三把刀〕
泥炭　㊦ 314*c*〔燃料〕
• 定置網《ていちあみ》　㊦ **145*c*** ㊤ 19*c*〔アジ〕 45*b*〔網漁〕 503*a*〔漁具〕 ㊦ 48*c*〔建網〕 491*a*〔ブリ〕 673*c*〔村網〕 →建網
定置漁業権　㊤ 501*b*〔漁業権〕
抵当流れ　㊤ 786*a*〔地主・小作〕
帝都座　㊤ 916*a*〔ストリップ〕
帝都消防検閲式　㊦ 151*c*〔出初式〕
『帝都と近郊』　㊤ 263*c*〔小田内通敏〕 822*a*〔集落〕
• 定年〖停年〗《ていねん》　㊦ **146*a*** ㊤ 451*a*〔還暦〕 ㊦ 674*b*〔村隠居〕 816*a*〔老人〕
出亥子　㊤ 123*c*〔亥子〕
鄭秉哲　㊤ 482*a*〔球陽〕
『定本柳田国男集』　㊤ 236*c*〔大藤時彦〕
• 亭前《ていまえ》　㊦ **146*b***
テイメイ　㊦ 146*b*〔亭前〕
貞門　㊦ 337*a*〔俳句〕
ティラ　㊦ 423*b*〔ビジュル〕 →テラ
ティラジーシ(寺厨子)　㊤ 911*a*〔厨子甕〕
ディリ　㊤ 899 図〔ずいき祭〕
デイリゾメ　㊤ 754*b*〔試験婚〕
出入り初め　㊦ 227*b*〔トマリゾメ〕
庭燎歌　㊤ 329*b*〔神楽歌〕
ティルクグチ　㊤ 248*b*〔沖縄民謡〕 ㊦ 269*a*〔南島歌謡〕
ティルノー　㊤ 937*b*〔背負縄〕
ティルル　㊤ 248*b*〔沖縄民謡〕 ㊦ 269*b*〔南島歌謡〕
天地　㊦ 355*c*〔橋〕
ティントゥガナシー　㊦ 145*c*〔ティダ〕
丁乃通　㊦ 18*b*〔タイプ＝インデックス〕
デウシ〖出丑〗　㊤ 162*b*〔丑の稲〕 ㊦ 370*c*〔初丑〕
出氏子　㊤ 984*c*〔外氏子〕 →外氏子
てうち　㊤ 348*c*〔柏手〕
• 手打ち酒《てうちざけ》　㊦ **146*c***
デエ　㊦ 144*b*〔出居〕
テーチ　㊦ 50*b*〔譬え言葉〕
デーデーボ　㊦ 14*b*〔ダイダラ法師〕
デートクラブ　㊦ 338*a*〔売春〕
テエナ　㊤ 961*c*〔船頭〕
デービヤ　㊤ 717*b*〔産院〕
テームイ　㊦ 74*a*〔タントゥイ〕
テーモン　㊦ 50*b*〔譬え言葉〕
デエラボッチ　㊦ 14*b*〔ダイダラ法師〕
テオイ　㊦ 153*c*〔手甲〕 →手甲
手負い地蔵　㊤ 770*b*〔地蔵伝説〕
テオシ　㊤ 915*c*〔素捕り〕
手押除草機　㊤ 866 図〔除草機〕
• 手踊り《ておどり》　㊦ **147*a*** ㊤ 46*b*〔飴屋踊り〕 269*a*〔踊り〕 761*a*〔地芝居〕 ㊦ 399*b*〔春駒〕
手斧〖手鐇，釿〗　㊤ 276*a*〔斧〕 ㊦ 108*b*〔手斧〕 →ちょうな
ておの鍬　㊤ 553 図〔鍬〕
テカ　㊦ 155*c*〔手袋〕
テガイ　㊤ 300*b*〔櫂〕
• 出買い《でがい》　㊦ **147*a*** ㊤ 585*b*〔交易〕
出買い小屋　㊦ 147*a*〔出買い〕

• 出開帳《でがいちょう》　㊦ **147b**　㊤ 308c〔開帳〕
デガエ　㊦ 147a〔出買い〕
テカエシ　㊦ 153c〔手甲〕
出帰り聟　㊦ 308a〔年期聟〕
テカケ　㊦ 533a〔訪問〕
テカケ(妾)　㊦ 685c〔妾〕
手がけ　㊤ 546b〔栗〕
手影絵　㊤ 333a〔影絵〕
手掛け鉢　㊦ 309c〔年始〕
手籠　㊦ 37b〔竹細工〕
手籠ひきとどろ　㊦ 473c〔淵〕
• 出稼《でかせぎ》　㊦ **147c**　㊤ 132a〔移民㈠〕 356c〔過疎化〕 728c〔山村〕 ㊦ 200b〔土方〕 736c〔屋根屋〕
出稼兄弟　㊤ 722b〔参宮兄弟〕
テカタ　㊦ 146b〔亭前〕
• 手形《てがた》　㊦ **148a**　㊤ 612c〔古稀〕 ㊦ 508a〔米寿〕 816b〔老人〕
• 手形石《てがたいし》　㊦ **148b**　148a〔手形〕 515b〔弁慶〕
手形証文　㊦ 148a〔手形〕
手形払い　㊤ 333a〔掛け売り〕
手紙　㊦ 120b〔通信法〕
テカワ　㊤ 838 表〔狩猟用具〕
テガワリ　㊦ 157a〔テマガエ〕
• 出替り《でがわり》　㊦ **148c**　824a〔若勢市〕
出替わり日　㊤ 481c〔灸すえ日〕
デカン　㊤ 554b〔クワガシラ〕
「デカンショ節」　㊦ 391b〔囃し㈡〕
手雁爪　㊦ 98b〔中耕〕
• 適応《てきおう》　㊦ **149a**　㊤ 132a〔移民㈠〕
テキギ　㊤ 472c〔杵〕
的殺　㊦ 521c〔方位〕
擲銭法　㊤ 727b〔三世相〕
手杵　㊤ 472c〔杵〕 473a〔杵舞〕
手杵祭　㊤ 355a〔仮装〕
テギノガエシ　㊤ 108c〔一本足〕
• できもの　㊦ **149a**
• てき屋〘的屋〙　㊦ **149b**　㊤ 222b〔縁日〕 587b〔興行師〕 893a〔神農〕 ㊦ 266c〔ナワバリ〕 716b〔ヤクザ〕 753a〔闇市〕 781c〔夜見世〕 →香具師 →露天商
テキャシ　㊤ 426c〔皮〕
出饗　㊤ 716c〔産育儀礼〕
手金買　㊤ 333a〔掛け売り〕
デク　㊦ 150c〔でこまわし〕
てくぐつ　㊦ 150c〔でこまわし〕
手串　㊤ 526b〔串人形〕
テグス　㊦ 142b〔釣具〕
テグス結び　㊦ 668c〔結び〕
出口王仁三郎　㊤ 240b〔大本教〕
出口なお　㊤ 240a〔大本教〕
• テクノニミー teknonymy　㊦ **150a**
でくまわし　㊦ 506a〔文弥人形〕
• テクンペ　㊦ **150b**
テケシ　㊦ 155c〔手袋〕
テゴ　㊤ 352a〔加勢〕 838 表〔狩猟用具〕 ㊦ 154a〔手伝い〕 159c〔テル〕
手子　㊤ 509c〔切羽〕 731b〔山内〕
デコ　⇨人形(㊦ 292b)　㊦ 150c〔でこまわし〕
出格子　㊤ 590a〔格子〕
テコテンドン　㊤ 790a〔柴祭〕
• 手古舞《てこまい》　㊦ **150b**
• でこまわし　㊦ **150c**
デコン換え　㊦ 478c〔物々交換〕
手提籠　㊤ 336c〔籠〕
テサシ　㊦ 153c〔手甲〕 →手甲
デサト　㊦ 192b〔トウマイリ〕
弟子　㊤ 763c〔師匠〕 ㊦ 222b〔徒弟制度〕 528c〔奉公人〕
デシコシ　㊦ 31a〔高燈籠〕
• 手品《てじな》　㊦ **150c**　→手妻
• テシマ　㊦ **151a**
手締め　㊦ 66c〔樽入れ〕 717c〔約束〕
手締めの酒　㊤ 476a〔決め酒〕 ㊦ 146b〔手打ち酒〕
手燭　㊤ 857b〔照明〕 ㊦ 556c〔雪洞〕
出職《でじょく》　⇨居職・出職(㊤ 87b)　㊤ 210b〔家船〕 688a〔左官〕 ㊦ 157a〔手間賃〕 321c〔能地〕
• 手印《てじるし》　㊦ **151b**
手代搔き　㊤ 875b〔代搔き〕
テシロ木　㊤ 112a〔糸繰り〕
手スリツム　㊤ 109c〔糸〕
手相《てそう》　⇨人相・手相(㊦ 294b)
• 出初式《でぞめしき》　㊦ **151c**
テダ　㊦ 145c〔ティダ〕
手代　㊤ 322c〔家業〕 ㊦ 407b〔番頭〕 528c〔奉公人〕 529b〔奉公人分家〕
出大工　㊦ 484a〔船大工〕
• 出立ち〘デタチ〙《でたち》　㊦ **152a**　㊤ 697a〔座敷〕 964a〔餞別〕 ㊦ 620a〔土産〕
出立ちの儀礼　㊦ 784a〔嫁入婚〕
• 出立ちの飯《でたちのめし》　㊦ **152b**
テタラペ　㊦ 811c〔レタㇽペ〕 →レタㇽペ
手箪笥　㊤ 323c〔家具〕
出茶屋　㊦ 324a〔納涼〕
• 鉄《てつ》　㊦ **152b**
テッカ　㊦ 155b〔手拭〕
鉄火(吟味)　㊤ 517c〔吟味〕 522b〔盟神探湯〕 →火起請
鉄火　㊤ 777a〔質屋〕
手遣い　㊤ 526b〔串人形〕
手づかみ漁　㊤ 506b〔漁法〕 915c〔素捕り〕
テッカリ　㊦ 782a〔夜見世〕
鉄　㊦ 347 図〔履物〕
テッキ　㊤ 633c〔五徳〕
手次寺　㊤ 850a〔正信偈〕 ㊦ 177b〔同行〕 →檀那寺
テッキュウ　㊤ 633c〔五徳〕
『手っきり姉さま―五戸の昔話―』　㊦ 323b〔能田多代子〕
• 出作り《でづくり》　㊦ **153a**
• 出作り小屋《でづくりごや》　㊦ **153a**　㊤ 649c〔小屋〕 714c〔焼畑〕 742a〔山小屋〕
• 手甲《てっこう》　㊦ **153c**　㊤ 784a〔死装束〕 ㊦ 150b〔テクンペ〕 278a〔入棺〕
テッコウジバン　㊦ 153c〔手甲〕
涅歯　㊤ 277b〔お歯黒〕 ㊦ 335a〔歯〕 →お歯黒
鉄砂　㊤ 702a〔砂鉄〕 →砂鉄
• 手伝い《てつだい》　㊦ **154a**　㊤ 351c〔加勢〕 494c〔共同労働〕 ㊦ 408a〔飯場〕 705a〔モヤイ〕
手伝い人足　㊦ 200c〔土方〕 225c〔鳶職〕
テツダイヲトル　㊤ 661b〔婚家〕
鉄鐸　㊤ 379c〔鐘〕
鉄丹　㊦ 515a〔ベンガラ〕
丁稚　㊦ 222b〔徒弟制度〕 407b〔番頭〕 528c〔奉公人〕
テッチョ　㊦ 130b〔ツシ〕
手筒花火　㊦ 383a〔花火〕
鉄鋌　㊦ 152b〔鉄〕
鉄搭　㊦ 427c〔備中鍬〕
鉄道　㊤ 199c〔駅〕 459a〔汽車〕 ㊦ 616a〔港〕
鉄胴独楽　㊤ 642b〔独楽〕
鉄道馬車　㊦ 358b〔馬車〕
テツナギ　㊤ 177b〔産着〕
鉄鑿　㊦ 329b〔鑿〕
テッパイ　㊦ 481a〔フナ〕
鉄媒染　㊤ 956b〔染色〕
鉄板焼き　㊦ 715c〔焼き物〕
鉄平石　㊤ 431b〔瓦葺き〕
テッペン巻き　㊤ 537a〔熊狩り〕
テッポ　㊤ 983c〔袖〕
• 鉄砲《てっぽう》　㊦ **154b**　㊤ 837c〔狩猟用具〕
鉄砲撃ち　㊦ 570c〔マタギ〕 803a〔猟師〕 →猟師
テッポウクシキ　㊤ 838 表〔狩猟用具〕
鉄砲洲稲荷神社(東京)　㊦ 468 表〔富士塚〕
• 鉄砲堰《てっぽうぜき》　㊦ **154c**　㊤ 426c〔川狩〕 940b〔堰〕
鉄砲袖　㊤ 983c〔袖〕
テッポウドコ　㊤ 257c〔押板〕
鉄砲風呂　㊤ 84c〔石風呂〕 ㊦ 496a〔風呂〕
鉄砲猟法　㊦ 321b〔野兎猟〕
手妻　㊦ 150c〔手品〕 777b〔寄席〕
テヅラ　㊤ 875b〔代搔き〕
でづら　㊦ 157c〔出面〕
手釣り　㊤ 109a〔一本釣り〕 500c〔漁業〕 707c〔サバ〕
鉄竜　㊦ 597a〔ミイラ〕
テテ　㊤ 366a〔家長〕
テテナシゴ　㊤ 766a〔私生児〕
テテナシマツリ　㊤ 766b〔私生児〕
テトオシ　㊤ 177b〔産着〕

出床　㊤87b〔居職・出職〕
手燈行　㊤981c〔即身仏〕
テドリ　㊤875b〔代掻き〕
手取鍋　㊦260a〔鍋〕
手綯い縄　㊦265b〔縄〕
・手無し娘《てなしむすめ》　㊦**154c**
デナブタケ　㊤955b〔前栽畑〕　㊦724a〔屋敷畑〕
テニス　㊤485b〔競技〕
・手拭《てぬぐい》　㊦**155a**　㊤270c〔おなり神〕 386a〔かぶりもの〕 737a〔三枚の御札〕 ㊦309c〔年始〕
テヌグイカブリ　㊤386図〔かぶりもの〕
手拭染め　㊦155a〔手拭〕
テネ　㊤44a〔余り苗〕
・手の窪《てのくぼ》　㊦**155c**
テノゴヒ　㊦155a〔手拭〕
デパート　㊤512c〔銀座〕 853b〔商人〕
デバエ　㊤466b〔着付〕
手箱　㊤323c〔家具〕
手旗　㊦365b〔旗振り通信〕
手旗信号　㊦361c〔旗〕 365b〔旗振り通信〕
出刃庖丁　㊦532a〔庖丁〕
デバヤシ　㊤52b〔あるき巫女〕
デバリ　㊤52b〔あるき巫女〕
手判　㊦別刷〈生と死〉
デビ　㊦684b〔命日〕
・手袋《てぶくろ》　㊦**155c**
・出不足〔-金〕《でぶそく》　㊦**156a**　㊤681a〔財物没収〕 ㊦372a〔罰金〕 680a〔村仕事〕
出不足帳　㊦156a〔出不足〕
デフネ　㊦378a〔初漁祝い〕
出船　㊦445c〔日和山〕
出振舞　㊤716c〔産育儀礼〕
テベ　㊦153c〔手甲〕
デベヤ　㊤179b〔産屋〕
・出穂《でほ》　㊦**156b**
手紡績糸　㊤109c〔糸〕
・テボカライヨメ　㊦**156b**
テボフル　㊦796c〔離婚〕
出穂水　㊦156b〔出穂〕
テマ　㊤574c〔家抱〕 ㊦157a〔テマガエ〕 459a〔賦役〕 471a〔譜代(二)〕 754a〔ゆい〕 782b〔嫁〕
手間　㊦157a〔手間賃〕
デマ　㊦799c〔流言蜚語〕
点前　㊦94a〔茶の湯〕
・出前《でまえ》　㊦**156c**　㊤772b〔仕出屋〕
手前味噌　㊦609b〔味噌〕
・テマガエ　㊦**157a**　㊤968c〔相互扶助〕 ㊦754a〔ゆい〕
テマカリ〔テマガリ〕　㊦157a〔テマガエ〕 754a〔ゆい〕
手曲鋸　㊦325b〔鋸〕
・手間賃《てまちん》　㊦**157a**
出窓　㊦580b〔窓〕
テマドリ　㊤690a〔作男・作女〕
手間取り賃人　㊦441c〔日雇〕 →日雇
手間取り聟　㊦308a〔年期聟〕
テマモライ　㊤661b〔婚家〕
テマヤク　㊦459a〔賦役〕
・手毬〔手鞠〕《てまり》　㊦**157b**　373a〔初正月〕 523c〔放下〕
手毬唄〔手まり-〕　㊤356a〔数え唄〕 ㊦157c〔手毬〕
手回し水車　㊦773a〔揚水器〕
テマヲカマエル　㊤661b〔婚家〕
テマヲヤトウ　㊤661b〔婚家〕
手まんかい　㊦592b〔まんかい〕
手箕　㊦612c〔箕作り〕
テミイ　㊦370c〔初丑〕
手土産　㊦533a〔訪問〕 620a〔土産〕
・出面《でめん》　㊦**157c**
手持ち運搬　㊤195c〔運搬法〕
テモドシ　㊦754a〔ゆい〕
テヤスメ　㊤28b〔遊び日〕
・手槍《てやり》　㊦**157c**　㊤837c〔狩猟用具〕
デュメジル Dumézil, G.　㊤898a〔神話学〕
デュモン Dumont, Louis　㊦491a〔フランス民俗学〕
・デュルケム Durkheim, Emile　㊦**158a** ㊤493a〔共同体〕 800a〔社会構造〕 886c〔心性〕 ㊦402a〔ハレ・ケ〕 692a〔モース, M〕
テラ　⇨ミャー(㊦619c)
テラ(寺)　㊦113c〔チョンダラー〕 423b〔ビジュル〕
・寺《てら》　㊦**158b**　㊤162a〔氏寺〕 431b〔瓦葺き〕
寺石正路　㊦823a〔炉辺叢書〕
寺請　㊤894a〔神仏分離〕
寺請証文　㊦159a〔寺請制度〕
・寺請制度〔-制〕《てらうけせいど》　㊦**159a**　㊤773b〔寺檀関係〕 821a〔宗門改〕 ㊦631c〔民間信仰〕
寺絵系図　㊤202a〔絵系図〕
・寺送り《てらおくり》　㊦**159b**　㊤972c〔葬送儀礼(一)〕
寺子屋　㊤764a〔師匠〕 ㊦479a〔筆子〕
テラサキ　㊦742c〔ヤマサキ〕
寺崎広業　㊦455a〔風俗画報〕
テラ銭　㊦716b〔ヤクザ〕
てらちんのセジ　㊤944b〔セジ〕
寺刀自　㊦209a〔刀自〕
「寺泊おけさ」　㊤253a〔オケサ節〕
寺納豆　㊦256c〔納豆〕
寺年始　㊦575c〔松の内〕
寺墓　㊦159a〔寺〕
テラバカ　㊦560a〔詣り墓〕
照り乞い　㊦419b〔日乞い〕
テリトリアリティ　㊦266c〔ナワバリ〕
テリトリー　㊦266c〔ナワバリ〕
照り焼き　㊦715c〔焼き物〕
・テル　㊦**159c**　㊤337図〔籠〕 →ティール
照手姫　㊤906a〔姿見の池〕
・テルテル坊主　㊦**159c**　292c〔人形〕 419b〔日乞い〕
テルノオ　㊦159c〔テル〕
テレクラ　㊤930c〔性道徳〕 ㊦338a〔売春〕
デレッキ　㊤312c〔外来語〕
・テレビ〔-ジョン〕　㊦**160a**
テレフォン＝クラブ　㊦338a〔売春〕 →テレクラ
・デロレン祭文　㊦**160b**　㊤681b〔祭文〕 681c〔祭文語り〕 ㊦259a〔浪花節〕 →祭文
出羽三山　㊤498b〔行屋〕 720a〔山岳信仰〕 723a〔さんげさんげ〕 725a〔三山参り〕
出羽三山講　㊤825b〔修験道〕 894b〔神仏分離〕 ㊦169b〔天道念仏〕 208b〔登山〕
・出羽三山信仰《でわさんざんしんこう》　㊦**160b**　392c〔ハヤマ信仰〕
出羽神社(山形)〔出羽三山-〕　㊤617b〔穀霊〕 861a〔松例祭〕 ㊦160c〔出羽三山信仰〕
『出羽国秋田領答書』　㊤864c〔諸国風俗問状答〕
『出羽国六郡祭事記』　㊤864c〔諸国風俗問状答〕
テワラ　㊦155c〔手袋〕
手椀　㊤868a〔食器〕
テン　㊦52c〔狸〕
天一　㊤361a〔方違〕
天一天上　㊦521c〔方位〕
田園都市論　㊦226c〔都鄙連続体論〕
テンカアモロ　㊤47c〔アモレ女〕
テンガイ　㊦55c〔種子籾囲い〕
・天蓋《てんがい》　㊦**161a**　㊤328c〔神楽〕 601c〔神殿〕 967b〔葬具〕 ㊦441b〔白蓋〕
天蓋(かぶりもの)　㊤338b〔笠〕 →深編笠
天蓋引き　㊤240a〔大元神楽〕 ㊦161a〔天蓋〕 441b〔白蓋〕
・田楽(芸能)《でんがく》　㊦**161c**　㊤269a〔踊り〕 375b〔門付け〕 443b〔勧進元〕 561a〔芸能〕 654a〔娯楽〕 670b〔座(二)〕 734c〔三番叟〕 832a〔修二会〕 883a〔神事芸能〕 ㊦28a〔高足〕 492a〔風流〕 533b〔鳳来寺田楽〕 640c〔民俗音楽〕 647c〔民俗芸能〕
田楽(食物)　㊤265c〔おでん〕 →おでん
田楽躍　㊤695c〔ささら〕 ㊦25a〔田植え踊り〕 100c〔中門口〕 648a〔民俗芸能〕
田楽座　㊤349b〔春日若宮御祭〕

田楽能　㊦162a〔田楽〕 317b〔能〕 648a〔民俗芸能〕
田楽法師　㊦150c〔手品〕 161c〔田楽〕
田楽舞　㊦648a〔民俗芸能〕
田楽祭　㊦533c〔鳳来寺田楽〕
• 天下祭《てんかまつり》　㊦**162b**　㊤444a〔神田祭〕 ㊦820a〔六所祭〕
テン皮　㊤204b〔蝦夷錦〕
てんかん　㊦416c〔引付け〕
天気　㊦137a〔唾〕 273c〔虹〕
店規　㊤332a〔家訓〕
• 天気占い《てんきうらない》　㊦**163a**　㊤46a〔雨〕 541c〔クモ〕 912c〔ススキ〕
電気剃刀　㊤402a〔剃刀〕
電気館　㊤197a〔映画館〕
電気パーマネント　㊦335c〔パーマ〕
点鬼簿　㊤337c〔過去帳〕 →過去帳
天気祭　㊦419b〔日乞い〕
天泣　㊤46a〔雨〕 470a〔狐の嫁入り〕 →狐の嫁入り
伝教大師　㊤603a〔弘法清水〕 ㊦11a〔大師信仰〕
電気炉　㊤702b〔砂鉄〕
• 天狗《てんぐ》　㊦**163b**　㊤29a〔愛宕信仰〕 59a〔アンバサマ〕 233c〔大杉信仰〕 271b〔鬼〕 331b〔隠れ簑笠〕 399a〔神隠し〕 491c〔共同幻覚〕 580b〔眷属〕 ㊦164a〔天狗松〕 443a〔拍子木〕 494c〔古峰信仰〕 740c〔山男〕
天狗隠し　㊦163c〔天狗〕
天愚孔平　㊤956a〔千社参り〕
• テングサ　㊦**163c**　㊤184b〔海〕 445b〔寒天〕 ㊦207c〔心太〕
天狗信仰　㊤666c〔金毘羅信仰〕
天狗太鼓　㊦163c〔天狗〕
天狗倒し　㊤491c〔共同幻覚〕 ㊦163c〔天狗〕
テングタケ　㊦202c〔毒〕
天狗飛び　㊤230b〔王の舞〕
天狗の隠れ蓑　㊦616c〔蓑〕
天狗の酒盛り　㊤120c〔犬神人〕
天狗の角力場　㊤511b〔金華山〕
天狗の礫　㊦163c〔天狗〕
天狗の爪　㊤710c〔サメ〕
天狗の止木〖-休み木，-休み場〗　㊤129c〔忌木〕 621a〔腰掛け松〕 ㊦163c〔天狗〕
天狗のゆすり　㊦163c〔天狗〕
テングバタ　㊦40b〔凧揚げ〕
• 天狗松《てんぐまつ》　㊦**164a**　163c〔天狗〕
天狗祭　㊦別刷〈山の神〉
天狗眼鏡　㊦686a〔眼鏡〕
天狗山伏　㊦163b〔天狗〕
天狗笑い　㊦163c〔天狗〕 835b〔笑い〕
テンゲモチ　㊦580c〔窓ふさぎ〕
電源開発　㊤311a〔開発〕
天后　㊦570b〔媽祖〕
• 『天工開物』《てんこうかいぶつ》　㊦**164b**　㊤703c〔砂糖〕
篆刻　㊤654a〔娯楽〕
伝言ダイヤル〖-サービス〗　㊤930c〔性道徳〕 ㊦174a〔電話〕
甜菜　㊤703c〔砂糖〕
甜菜糖　㊤703c〔砂糖〕
天蚕　㊤472a〔絹〕 ㊦770c〔養蚕〕
テンシキ　㊦441b〔白蓋〕
転矢気　㊦514b〔屁ひり話〕
天師道　㊦177a〔道教〕
伝屍病　㊦442c〔病気〕
電車　㊤459b〔汽車〕
デンジャク　㊦813c〔連尺〕
電車ごっこ　㊤別刷〈遊び〉
天社神道　㊤299a〔陰陽道〕
• 天井《てんじょう》　㊦**164b**
• 伝承《でんしょう》　㊦**164c**　㊤982a〔祖型〕 ㊦171a〔伝播〕 638c〔民俗㈠〕
テンジョウアゲ　㊤917c〔炭焼き〕
伝承遊び　㊤695b〔笹舟〕
天上界　㊤778c〔十界修行〕
天正かるた　㊤425a〔かるた〕
天照皇大神　㊤92b〔伊勢講〕 ㊦29b〔高神〕
天照皇大神宮　㊤725b〔三社託宣〕
• 伝承者《でんしょうしゃ》　㊦**165a**　㊤454c〔聞き書き〕
天上聖母　㊦570b〔媽祖〕
天上他界　㊦28c〔他界観〕
天上胡瓜　㊤237b〔大話〕
• 伝承文化《でんしょうぶんか》　㊦**165b**　㊤463c〔基層文化〕 ㊦164c〔伝承〕 638c〔民俗㈠〕 →基層文化
• 伝承母体《でんしょうぼたい》　㊦**165c**
テンショバ　㊦149c〔てき屋〕
点心　㊤342b〔菓子〕
天神　㊤142b〔祝殿〕 222b〔縁日〕
天神イサミ　㊤28b〔遊び〕
• 天神縁起《てんじんえんぎ》　㊦**166a**
祀天神於交野祭文　㊤681a〔祭文〕
• 天神講《てんじんこう》　㊦**166b**　㊤584b〔講〕 ㊦167a〔天神信仰㈡〕
天神坂　㊤684a〔坂〕
天神様　㊦373b〔初節供〕
天神社　㊦166b〔天神講〕
• 天神信仰《てんじんしんこう》　㊦**166c**　370c〔初丑〕
• 天神信仰(北陸)《てんじんしんこう》　㊦**166c**
天神伝説　㊦166b〔天神縁起〕
天神堂　㊦167a〔天神信仰㈡〕
天神人形　㊦373a〔初正月〕 432c〔雛祭〕
天神囃子　㊦580a〔祭囃子〕
天神祭《てんじんまつり》　⇨天満祭(㊦172c)　㊤635c〔子供組〕 ㊦41c〔山車〕 257b〔夏祭〕 485c〔船祭〕
天水　㊤150a〔飲用水〕
• 天水桶《てんすいおけ》　㊦**167a**
• 天水田《てんすいだ》　㊦**167a**　㊤448b〔旱魃〕 ㊦730c〔ヤト〕
天星　㊦66b〔樽〕
• 伝説《でんせつ》　㊦**167a**　㊤241a〔オーラル＝ヒストリー〕 592c〔口承文芸〕 602c〔口碑〕 682b〔再話〕 897b〔神話〕 943c〔世間話〕 949c〔説話〕 ㊦91b〔地名伝説〕 164c〔伝承〕 170c〔天皇伝説〕 282c〔日本伝説大系〕 283a〔日本伝説名彙〕 632a〔民間説話〕
『伝説』　㊦467b〔藤沢衛彦〕
• 伝染病《でんせんびょう》　㊦**167c**　㊤200c〔疫病〕 ㊦224c〔飛び神〕 530c〔疱瘡〕 →疫病
伝染病予防規則　㊦167c〔伝染病〕
伝染病予防法　㊦167c〔伝染病〕
店則　㊤332a〔家訓〕
天祖神社(東京・江戸川区東葛西)　㊦468 表〔富士塚〕
天祖神社(東京・江戸川区南篠崎町)　㊦468 表〔富士塚〕
• 天孫降臨〖-神話〗《てんそんこうりん》　㊦**168a**　㊤455a〔記紀神話〕 897c〔神話〕
天台宗　㊦544a〔法華信仰〕 555b〔本地垂迹〕
天台神道　㊤891a〔神道〕
天地開闢説〖-創世神話〗《てんちかいびゃくせつ》　⇨開闢神話(㊤311b)　926b〔聖婚〕
天地書附　㊤662b〔金光教〕
天地金の神　㊤662b〔金光教〕
天地根元造　㊤601b〔神殿〕
天茶　㊦93b〔茶漬〕
殿中　㊤339a〔笠〕
殿中踊り　㊤528a〔鯨踊り〕
テンヅキ　㊦762a〔雪鋤〕
天月舞浮立〖天衝-〗　㊦493a〔浮立〕
テンヅコ　㊤766a〔私生児〕
天津司人形　㊦292c〔人形〕
デンデカデン　㊤466c〔着付〕
デンデン太鼓〖でんでん-〗　㊤121a〔犬張子〕 ㊦756b〔遊戯〕
テンドウ〖-サン〗　㊦168c〔天道信仰〕
• 伝統《でんとう》　㊦**168b**
伝統演劇　㊤220a〔演劇〕
天道教　㊤885b〔新宗教〕
伝統工芸品　㊤825c〔手工業〕
天道様　㊦22b〔太陽崇拝〕
天道さん金の綱〖-の鎖〗　㊤273c〔鬼退治〕 831b〔呪的逃走〕 986c〔蕎麦〕 ㊦752c〔山姥〕
• 天道信仰《てんどうしんこう》　㊦**168c**
天道地〖天童-，-墓〗　㊤20c〔アジール〕 930b〔聖地〕 ㊦22b〔太陽崇拝〕
伝統的建造物群　㊦500a〔文化財保護法〕 →重要伝統的建造物群保存地区
天道童子　㊦168c〔天道信仰〕
• 天道念仏《てんとうねんぶつ》　㊦**169a**　22b〔太陽崇拝〕 398c〔春祈禱〕 ㊦419b〔日乞い〕

476a〔仏教民俗〕
・天道花〔テンドウバナ〕《てんとうばな》　㊦ **169**c　㊤171b〔卯月八日〕　㊦22b〔太陽崇拝〕　29a〔高い山〕　310c〔年中行事㈠〕　384a〔花祭㈠〕　738c〔山遊び〕
伝統文化　㊤463c〔基層文化〕　㊦164c〔伝承〕　165b〔伝承文化〕　→基層文化
天道法師〔-菩薩〕　㊦168c〔天道信仰〕
天道乾　㊦781c〔夜見世〕
転読　㊦18a〔大般若〕　→大般若
テンナイ　㊦785b〔嫁盗み〕
テンナイ人　㊦785b〔嫁盗み〕
テンナンショウ　㊦606a〔水晒し〕
テンニース Tönnies, Ferdinand　㊤492a〔共同体〕
天女　㊤887c〔神仙思想〕
・天人女房〔-譚〕《てんにんにょうぼう》　㊦ **169**c　㊤190b〔ウリ〕　870b〔白鳥伝説〕　㊦51c〔七夕〕　191b〔動物報恩譚〕　353c〔羽衣伝説〕　459a〔笛吹き聟〕
天然ガス　㊦314b〔燃料〕
天然結晶塩採取　㊤924a〔製塩〕
天念寺(大分)　㊤271c〔鬼会〕　㊦818b〔六郷満山〕
天然痘《てんねんとう》　⇨疱瘡(㊦530c)
・天皇《てんのう》　㊦ **170**a　㊤71b〔生き神〕　184c〔海幸山幸〕　357c〔家族国家観〕　625b〔御真影〕　㊦168a〔天孫降臨〕　170c〔天皇伝説〕　270c〔新嘗祭〕　627a〔明神〕
天王川祭　㊦131b〔津島祭〕
天王さま　㊤182a〔馬こ繋ぎ〕
天王寺(大阪)　㊤961c〔千日参り〕
天王信仰《てんのうしんこう》　⇨祇園信仰(㊤451c)　㊤902c〔水神〕　㊦131b〔津島信仰〕　131c〔津島祭〕　627b〔御葭神事〕
天王台　㊦751b〔山鉾〕
・天皇伝説《てんのうでんせつ》　㊦ **170**c
天王まつり〔-祭〕　㊤452a〔祇園信仰〕　453a〔祇園祭〕　㊦131b〔津島信仰〕　179b〔道化〕
テンノカミ〔天の神〕　㊦29b〔高神〕　600c〔御子神㈡〕
天の行　㊤778c〔十界修行〕
テンバ　㊤718a〔さんか〕
点播　㊤239a〔大麦〕　㊦358b〔播種法〕
・伝播《でんぱ》　㊦ **171**a　㊤557b〔形骸伝播〕　㊦501c〔文化変化〕
・天白〔天博，天縛，天獏〕《てんぱく》　㊦ **171**b
天白返し　㊦171b〔天白〕
天箸　㊦833c〔渡箸〕
・伝播主義《でんぱしゅぎ》　㊦ **171**c
田畑作物荒らし　㊦317a〔野荒し〕
田畑作物盗み　㊦317a〔野荒し〕
テンバモノ　㊤718a〔さんか〕
天妃　㊦570b〔媽祖〕
天妃宮(沖縄)　㊦570b〔媽祖〕
天日晒　㊤17b〔麻〕
天妃神社(茨城)　㊦570b〔媽祖〕
天日干し　㊤556c〔燻製〕
天秤　㊤586a〔笄〕
天秤かつぎ　㊤196a〔運搬法〕
天秤秤　㊦346b〔秤〕
天秤鞴〔-鞴〕　㊦45a〔鑪〕　452a〔鞴〕
・天秤棒《てんびんぼう》　㊦ **172**a　㊤68a〔鋳掛屋〕　195c〔運搬具〕　989a〔反り天秤〕　㊦491b〔振売り〕　697b〔もっこ〕
天吹　㊦458b〔笛〕
転覆ハーレー　㊦336a〔爬竜〕
天袋　㊦79c〔違棚〕
・天麩羅《てんぷら》　㊦ **172**b
テンプラ油　㊦137b〔ツバキ〕
澱粉粕　㊤481a〔救荒食物〕
電報　㊦120b〔通信法〕
伝法灌頂　㊤441b〔灌頂〕
転法輪寺牛玉宝印　㊤別刷〈護符〉
天保暦　㊤652表〔暦〕
デンボカクシ　㊦10a〔大師粥〕
テンポ競べ　㊤237b〔大話〕　㊦548c〔法螺吹き〕
てんぽ物語　㊦392c〔早物語〕　→早物語
伝馬　㊤309c〔街道〕　㊦100c〔中馬〕　125c〔継場〕　679c〔村仕事〕
天満青物市　㊤9c〔青物市〕
天幕市　㊦215c〔年の市〕
伝馬船　㊤135b〔イヨ船〕
天窓　㊦580b〔窓〕
・天満祭〔-天神祭，-天神大祓〕《てんままつり》　㊦ **172**c　→天神祭
天満神社(愛媛)　㊤106図〔五つ鹿踊り〕
天満大自在天神　㊦166c〔天神信仰㈠〕
天明狂歌　㊤483b〔狂歌〕
天命直授　㊤551b〔黒住教〕
天明の飢饉　㊤588b〔郷倉〕
天目茶碗　㊦842c〔椀〕
天門　㊤119c〔戌亥〕
天文航法　㊤586b〔航海術〕
天文道　㊤37b〔安倍晴明〕
テンヤ　㊤185a〔海坊主〕
テンヤクババ　㊦233a〔取上げ婆さん〕
店屋物　㊦156c〔出前〕
展覧会　㊦500a〔文化祭〕
天理王の命　㊦173b〔天理教〕
・天理教《てんりきょう》　㊦ **173**b　㊤147c〔淫祠邪教〕　498a〔教派神道〕
天竜寺(埼玉)　㊦304b〔子の神〕
・電話《でんわ》　㊦ **173**c　120b〔通信法〕
電話番号札　㊦173c〔電話〕

と

・戸《と》　㊦ **174**b
投網　㊤385a〔掩せ網〕　432c〔川漁〕　693b〔鮭〕　790a〔柴漬け漁〕　㊦606b〔水鳥猟〕
トアリ　㊤912a〔頭上運搬〕
トイ(住居)　㊤42b〔雨樋〕　→雨樋
トイ　㊤381b〔カネリ〕
問　㊦240b〔問屋〕
ドイ　㊦787b〔ヨリイ〕
・土居《どい》　㊦ **174**c　302a〔ネゴヤ〕
トイアゲ　㊤989c〔祖霊〕
問給　㊦240b〔問屋〕
トイキリ〔問いきり〕　㊤989c〔祖霊〕　㊦228a〔弔い上げ〕　529c〔法事〕
トイケエ(取替)　㊤100c〔一重一瓶〕
鳥刺し舞　㊦114a〔チョンダラー〕
・砥石《といし》　㊦ **174**c　389c〔刃物〕　807a〔ルイ〕
・戸板《といた》　㊦ **175**a
土居健郎　㊤39b〔甘え〕　㊦282b〔日本人㈡〕
『ドイツ語史』　㊤547b〔グリム兄弟〕
『ドイツの英雄伝説』　㊤547b〔グリム兄弟〕
『ドイツの神話』　㊤547b〔グリム兄弟〕
『ドイツの法諺』　㊤547b〔グリム兄弟〕
『ドイツ文法』　㊤547b〔グリム兄弟〕
・ドイツ民俗学　㊦ **175**a　㊤547c〔グリム兄弟〕
ドイツ民俗学会　㊤939b〔世界民俗学文献目録〕
『ドイツ民族の自然史』　㊦796b〔リール〕
戸居男〔問男〕　㊦240b〔問屋〕
トイノカンサマ　㊦214c〔トシドン〕
トイバット(鶏法度)　㊦292a〔鶏〕
問丸　㊤853a〔商人〕　㊦240b〔問屋〕
問湯　㊤522b〔盟神探湯〕
トイレ　㊦515c〔便所〕　→便所
トウ(血統)　㊤573a〔血統〕
トウ(地形)　㊦68c〔タワ〕　178c〔峠〕
当　㊦193c〔頭屋〕
沓　㊤534a〔沓〕
統　㊤571b〔結核〕
燈　㊤857a〔照明〕
酘　㊤692c〔酒㈠〕
ドウ　㊤155c〔筌〕　㊦732b〔柳〕
胴　㊦821c〔轆轤〕
・胴上げ〔-揚げ〕《どうあげ》　㊦ **175**c　277a〔ニセ〕
・トゥイタク　㊦ **176**a

トウイモ　㊤701c〔サツマイモ〕→サツマイモ
導引法　㊤887c〔神仙思想〕
凍雨　㊤46a〔雨〕
トゥーサヌ＝ウェーカ　㊤151c〔ウェーカー〕
トウウス　㊤417a〔唐臼〕
胴臼　㊤163c〔臼〕
唐の世　㊤47c〔アメリカ世〕
『東奥異聞』　㊤695a〔佐々木喜善〕
踏歌〔-の節会〕　㊤166c〔歌垣〕㊦176b〔踏歌神事〕
燈火《とうか》　⇨照明(㊤857a)
『東海道中膝栗毛』　㊦188a〔道中記〕
唐楽　㊤315a〔雅楽〕㊦459c〔舞楽〕
唐菓子　㊤16a〔揚物〕342b〔菓子〕
• 踏歌神事《とうかしんじ》　㊦**176a**
同化政策　㊤132a〔移民㈠〕
トウガラシ　㊤421b〔辛味〕469a〔狐憑き〕596b〔香辛料〕
冬瓜　㊤691a〔作物禁忌〕
道観　㊦177b〔道教〕
トウカンヤ　㊤422a〔刈上げ祝い〕
陶器　㊤868a〔食器〕
• トゥキ　㊦**176b**　㊤135b〔イヨイキリ〕
ドウギ　㊦466a〔フケダ〕
童戯《どうぎ》　⇨遊戯(㊦756b)
トゥキパスイ　㊤74a〔イクパスイ〕→イクパスイ
トウキビ　㊦193a〔トウモロコシ〕
トウキミ　㊤474c〔キビ〕
• 闘牛《とうぎゅう》　㊦**176c**　㊤485a〔競技〕
当行　㊦379c〔花供〕
• 道教《どうきょう》　㊦**177a**　㊤298c〔陰陽道〕887b〔神仙思想〕㊦368a〔八幡信仰〕570b〔媽祖〕
ドウギョウ　㊦188c〔同年〕
• 同行《どうぎょう》　㊦**177b**　㊤590c〔講中㈠〕848b〔焼香〕850a〔正信偈〕㊦178a〔同行二人〕208b〔登山〕667c〔無常講〕710b〔門徒〕
• 同郷会《どうきょうかい》　㊦**177c**　㊤500b〔挙家離村〕579b〔県人会㈠〕
東京警視庁消防出初式　㊦151c〔出初式〕
東京競馬　㊤561c〔競馬㈡〕
東京語　㊦527b〔方言区画論〕
東京招魂社(東京)　㊤619a〔護国神社〕848c〔招魂社〕㊦726a〔靖国神社〕
東京消防出初式　㊦151c〔出初式〕
東京人類学会　㊦220a〔土俗〕220a〔土俗会〕
『東京人類学会雑誌』　㊤897a〔人類学雑誌〕㊦220b〔土俗会〕644b〔民俗学史〕別刷〈民俗学史〉
『東京人類学会報告』　㊤897a〔人類学雑誌〕㊦635c〔民具〕644b〔民俗学史〕
東京箪笥　㊦73b〔箪笥〕
同郷団体　㊤579b〔県人会㈠〕
• 同行二人《どうぎょうににん》　㊦**178a**　121b〔杖〕
ドウギョウヨビ　㊦188c〔同年〕
頭巾　㊤386a〔かぶりもの〕
道具　㊤323c〔家具〕
道具送り　㊤別刷〈婚礼〉
道具瓦　㊤430b〔瓦〕
道具蔵　㊤543b〔倉〕
胴串　㊤526b〔串人形〕
道具箪笥　㊦73a〔箪笥〕
• 洞窟《どうくつ》　㊦**178a**
洞窟葬　㊤977a〔葬法〕
• 道具の年取〔-正月〕《どうぐのとしとり》　㊦**178b**
道具の餅　㊦178b〔道具の年取〕
道具廻し　㊦209b〔杜氏〕
陶車　㊦821c〔轆轤〕
唐鍬　㊤301c〔開墾〕㊦497b〔風呂鍬〕
道薫坊　㊦150c〔でこまわし〕
• 峠《とうげ》　㊦**178c**　㊤68b〔異界〕275a〔尾根〕683a〔塞の神〕686c〔坂迎え〕788b〔柴折り〕㊦68c〔タワ〕738b〔山〕
• 同家《どうけ》　㊦**179a**
• 道化〔-方，道外，道戯〕《どうけ》　㊦**179b**　㊤424c〔軽口〕
ドウゲ　㊤321a〔カギヒキ神事〕
• 闘鶏《とうけい》　㊦**179c**　㊤485a〔競技〕654a〔娯楽〕㊦291c〔鶏〕
東慶寺(神奈川)　㊤38a〔尼〕219b〔縁切寺〕
闘鶏神社(和歌山)　㊦179c〔闘鶏〕
撞撃法　㊦411c〔火打ち石〕
道化狂言　㊦179図〔道化〕
刀剣　㊦389c〔刃物〕
• 闘犬《とうけん》　㊦**180a**　㊤485a〔競技〕別刷〈遊び〉
道賢　㊤824a〔修験道〕
桃源郷　㊤330b〔隠れ里〕
• 陶工《とうこう》　㊦**180c**
踏耕　㊦487c〔踏耕〕
堂講　㊦181a〔堂座講〕
道興　㊤824a〔修験道〕
道号　㊤311c〔戒名〕
同航海　㊦180c〔同航海組〕
• 同航海組《どうこうかいぐみ》　㊦**180c**
籐行李　㊤606a〔行李〕
『東西抄』　㊤83a〔石田英一郎〕
動座加持　㊦441b〔白蓋〕
トウサギ〔犢鼻褌〕　㊤296a〔女相撲〕623a〔腰巻〕
• 堂座講《どうざこう》　㊦**181a**　→宮座講
• 頭指《とうざし》　㊦**181b**
動作・所作伝承　㊦164c〔伝承〕
• 銅山《どうざん》　㊦**181b**
当山正大先達衆　㊤824a〔修験道〕
• 逃竄譚《とうざんたん》　㊦**181c**　㊤273c〔鬼退治〕274a〔鬼の子小綱〕831a〔呪的逃走〕㊦459a〔笛吹き聟〕→逃走譚
当山派　㊤238c〔大峯信仰〕706a〔里修験〕825a〔修験道〕
トウシ　㊦493b〔篩〕
• 冬至《とうじ》　㊦**182a**　㊤666a〔蒟蒻〕㊦275b〔二十四気〕373b〔八節〕
杜氏《とうじ》　⇨とじ(㊦209a)
東寺(京都)　㊤608c〔牛玉杖〕
• 湯治《とうじ》　㊦**182a**　㊤262c〔恐山〕292b〔温泉〕
道士　㊦177b〔道教〕454a〔風水〕
導師　㊤331b〔隠れ念仏㈡〕850a〔正信偈〕
冬至カボチャ　㊤387c〔カボチャ〕㊦182a〔冬至〕
冬至粥　㊦182a〔冬至〕
陶磁器　㊤868a〔食器〕
冬至蒟蒻　㊦182a〔冬至〕
道地ささら　㊤735b〔三匹獅子舞〕
冬至正月　㊦182a〔冬至〕
冬至トウナス　㊤387c〔カボチャ〕
トゥシビー　㊤346c〔カジマヤー〕
道者　㊤293c〔御嶽行者〕294a〔御嶽信仰〕
当主権　㊤385b〔家父長制〕
頭首口　㊤940c〔堰〕
洞簫　㊦458b〔笛〕
• 道場《どうじょう》　㊦**182c**　㊤575a〔毛坊主〕㊦158b〔寺〕
東照宮(栃木)　㊤661c〔権現造〕㊦737b〔流鏑馬〕
東照宮例祭　㊦41c〔山車〕
• 道成寺(和歌山)《どうじょうじ》　㊦**183a**
道成寺縁起〔-絵巻〕　㊤214a〔絵巻〕218a〔縁起〕㊦183a〔道成寺〕
道成寺の女　㊤271b〔鬼〕
道成寺物語　㊦183a〔道成寺〕
東照大権現　㊦428c〔人神〕
道場番　㊤575a〔毛坊主〕
道場坊　㊤575a〔毛坊主〕
道場本尊　㊤262b〔おそうぶつ〕
東条操　㊦526c〔方言区画論〕
道場役　㊤575a〔毛坊主〕
燈心　㊤60a〔イ〕
唐人飴売り　㊦95c〔哨吶〕
ドウシンサン　㊤376a〔門入道〕
燈心草　㊤60a〔イ〕
唐船どーい　㊤365b〔カチャーシー〕
唐人笛　㊦96a〔哨吶〕
ドウシンボウ　㊦297c〔盗み〕298a〔盗み魚〕
唐人屋敷　㊦97b〔中華街〕
東司　㊦515c〔便所〕
ドウス　㊤417a〔唐臼〕
• トゥスクル　㊦**183b**　340c〔パウチカムイ〕
トウスケ　㊤877a〔代分け〕㊦298a〔盗み魚〕

トゥスメノコ　㊦183b〔トゥスクル〕
どうする連　㊤296a〔女義太夫〕
搗精　㊦319b〔農具〕
同棲　㊤754b〔試験婚〕→試験婚
•同性愛《どうせいあい》　㊦**183c**　82c〔稚児〕
同姓不婚　㊤302a〔外婚〕
•同姓不婚・異姓不養《どうせいふこんいせいふよう》　㊦**184a**
投扇　㊤654a〔娯楽〕
当選金附証票法　㊦32c〔宝くじ〕
同船者　㊦180c〔同航海組〕
刀装具　㊤586a〔斧〕
逃走譚　㊤737a〔三枚の御札〕→逃竄譚
•同族《どうぞく》　㊦**184b**　㊤63b〔家〕　66b〔家連合〕　105b〔イッケ〕　107c〔イットウ〕　170a〔ウチワ〕　285c〔オヤコ〕　341b〔家産〕　348b〔頭分〕　382a〔カブ(一)〕　383b〔株〕　464b〔喜多野清一〕　516a〔キンドレッド〕　549b〔クルワ〕　562a〔系譜〕　676b〔祭祀組織〕　831a〔出自〕　888b〔親族〕　896c〔親類〕　923a〔姓〕　㊦179a〔同家〕　186a〔同族神〕　502c〔分家〕　506b〔分与財〕　510c〔別家〕　553b〔本家〕　553c〔本家争い〕　561b〔マキ〕　574a〔マツイ〕　626b〔苗字〕　712a〔ヤウチ〕　720a〔ヤゴモリ〕
•同族家族《どうぞくかぞく》　㊦**186a**　㊤359b〔家族類型〕　㊦113a〔直系家族〕　457a〔夫婦家族〕
同族結合　㊤587c〔講組〕　993a〔村落類型論〕　㊦838c〔草鞋親〕
同族結合の村　㊤66b〔家連合〕
同族祭祀　㊦185c〔同族〕
同族財閥　㊦333c〔暖簾内〕
•同族神《どうぞくしん》　㊦**186a**　㊤142b〔祝殿〕　159b〔氏神〕　593c〔荒神〕　㊦631b〔民間信仰〕
同族制村落　㊤993a〔村落類型論〕
同族組織　㊦185a〔同族〕
『同族組織と村落生活』　㊤225c〔及川宏〕
同族団　㊦185a〔同族〕　333b〔暖簾内〕　529b〔奉公人分家〕　678b〔村組〕　682b〔門中〕
同族的家連合　㊤66b〔家連合〕
•道祖神《どうそじん》　㊦**186c**　㊤11c〔赤子塚〕　151a〔陰陽石〕　224b〔縁結び〕　375c〔門入道〕　678a〔サイトヤキ〕　683a〔塞の神〕　722b〔三九郎焼き〕　730c〔桟俵〕　788c〔柴折り〕　923a〔性〕　925a〔性器崇拝〕　929b〔性信仰〕　981a〔俗信〕　992c〔村落領域〕　㊦130c〔辻〕　279c〔二百十日〕　679a〔村境〕　836c〔藁馬〕　別刷〈村境〉→サエノカミ　→ドウロクジン
道祖神社(静岡)　㊤81b〔石神〕
道祖神祭　㊤200c〔疫病〕　624c〔小正月の訪問者〕　636b〔事八日〕　689a〔左義長〕　932a〔成年式〕　㊦19c〔松明祭〕　239b〔とんど〕　310c〔年中行事(一)〕　716b〔厄落とし〕　718c〔厄除け〕
道祖神笑い　㊦7835c〔笑い〕
燈台　㊤857b〔照明〕
東大寺(奈良)　㊤222b〔延年〕　282a〔お水取り〕　725b〔三社託宣〕　831c〔修二会〕
東大寺修二会　㊤608c〔牛玉杖〕
東大寺二月堂(奈良)　㊤961c〔千日参り〕
塔倒し　㊤989b〔祖霊〕
胴高船　㊤430a〔川船〕　㊦446b〔ヒラタブネ〕
銅鐸　㊤379c〔鐘〕
道地ひな子剣舞　㊤581c〔剣舞〕
闘茶　㊦91c〔茶〕　94a〔茶の湯〕
闘虫　㊤485a〔競技〕
道中　㊤309c〔街道〕
道中行燈　㊦107c〔提燈〕
•道中唄《どうちゅううた》　㊦**187c**　272a〔荷送り〕　568a〔馬子唄〕
「道中馬方節」　㊦187c〔道中唄〕
島中会　㊤739b〔塩飽衆〕
道中菓子　㊤963c〔煎餅〕
•道中記《どうちゅうき》　㊦**187c**　278b〔日記〕
桃中軒雲右衛門　㊦160b〔デロレン祭文〕　259a〔浪花節〕
道中双六　㊤910a〔双六(二)〕
道中節　㊦187c〔道中唄〕
ドウヅキ(地搗き)　㊤779b〔地搗き〕
ドウヅキ(鳴子)　㊤268b〔威し〕
胴突き　㊦175c〔胴上げ〕
胴突き唄　㊤780a〔地搗き唄〕
ドウヅキ唄　㊤779c〔地搗き〕
胴付鋸　㊦325b〔鋸〕
堂田　㊤160c〔氏子〕
田人　㊦27c〔田人〕　441c〔日雇〕→たうど
ドウドウ　㊦193a〔ドウメキ〕
当道座　㊤704a〔座頭〕　㊦689c〔盲僧〕
当道座頭　㊦689c〔盲僧〕
当道箏曲　㊤633a〔箏〕
唐土の鳥　㊦259b〔七日正月〕
胴取り　㊤437b〔かんこ踊り〕
•トゥナ　㊦**188a**
藤内　㊦759b〔湯灌〕
トゥニムトゥ　㊦669c〔ムトゥ〕
豆乳　㊦13c〔大豆〕　190b〔豆腐〕
•頭人〔当人〕《とうにん》　㊦**188b**　㊤130a〔忌籠り〕　159b〔氏神〕　255a〔おこない〕　672a〔斎戒沐浴〕　682a〔座入り〕　㊦193c〔頭屋〕
•同年《どうねん》　㊦**188c**　143c〔ツレ〕　209c〔ドシ〕　814b〔連中〕　827a〔若者仲間〕
同年会　㊦188c〔同年〕　195c〔同齢感覚〕
同年講　㊦195c〔同齢感覚〕
ドウネンヨビ　㊦188c〔同年〕
多武峰(奈良)　㊤222b〔延年〕
トウバ　㊦222a〔十月歯〕
塔婆《とうば》　⇨卒塔婆(㊤985a)　㊤776b〔七本塔婆〕　㊦249b〔流灌頂〕　別刷〈生と死〉
登拝　㊤293c〔御嶽行者〕　㊦208a〔登山〕
登拝講　㊦208b〔登山〕
頭白上人　㊤627b〔子育て幽霊〕
銅鈸〔-子，銅鉢〕　㊦190a〔銅拍子〕　391a〔囃し(二)〕
藤八拳　㊤577a〔拳〕
トウバハジメ　㊦441a〔百ヵ日〕
トゥバラーマ　㊦269b〔南島歌謡〕
道春楽　㊤324b〔楽打〕
当番神主　㊤447b〔神主〕
銅板葺き　㊦735a〔屋根〕
投票　㊤139c〔入れ札〕
•トウビョウ　㊦**189a**　126c〔憑物〕　513b〔蛇〕
•道標《どうひょう》　㊦**189a**　㊤227b〔追分〕　858図〔常夜燈〕　㊦520a〔遍路道〕
トウビョウ狐　㊦189a〔トウビョウ〕
•銅拍子《どうびょうし》　㊦**190a**　㊤367c〔楽器〕
トウビョウ持ち　㊦189a〔トウビョウ〕
•豆腐《とうふ》　㊦**190b**　㊤165b〔嘘つき祝い〕　249a〔沖縄料理〕　㊦13c〔大豆〕　398a〔針供養〕
豆腐臼　㊤163c〔臼〕
豆腐売り　㊦781b〔呼売り〕
豆腐粕　㊤481a〔救荒食物〕
豆腐地蔵　㊤770c〔地蔵伝説〕
動物葛藤譚　㊤713b〔猿蟹合戦〕
•動物観《どうぶつかん》　㊦**190b**
動物競争譚　㊦329c〔蚤と虱の駆け足〕
動物禁忌　㊤863c〔食物禁忌〕
•動物供養《どうぶつくよう》　㊦**191a**　㊤120b〔犬供養〕　㊦802b〔漁供養〕
動物神　㊦190b〔動物観〕
•動物報恩譚〔-説話〕《どうぶつほうおんたん》　㊦**191b**　㊤292a〔恩〕　714b〔猿報恩〕　㊦191c〔動物昔話〕
•動物昔話《どうぶつむかしばなし》　㊦**191b**　㊤1a〔アールネ・トンプソンの話型〕　㊦18b〔タイプ＝インデックス〕　284c〔日本昔話大成〕　329c〔蚤と虱の駆け足〕　361a〔派生昔話〕　495a〔古屋の漏〕　552b〔本格昔話〕　659c〔昔話〕
動物紋　㊤412図〔家紋〕
動物由来譚　㊦495a〔古屋の漏〕
動物霊　㊤16a〔悪魔〕　33b〔アニミズム〕　73b〔生霊〕　872a〔死霊〕
ドウブネ　㊦590b〔丸木舟〕
東部方言　㊦527a〔方言区画論〕

逃亡譚　㊦495a〔古屋の漏〕→逃竄譚
東北型村落〔－日本型村落〕　㊤993a〔村落類型論〕
『東北中世史の旅立ち』　㊤233b〔大島正隆〕
『東北文化研究』　㊤464a〔喜田貞吉〕
東北方言　㊦526b〔方言〕
とうぼし〔トーボシ，唐干，唐法師，乏〕　㊦15c〔大唐米〕→大唐米
・トウマイリ　㊦**192a**
トウマエ　㊦146b〔亭前〕
ドウマリ　㊤984c〔袖なし〕
ドウマル　㊦494a〔古着〕
・唐箕《とうみ》　㊦**192b**　㊤953b〔千石どおし〕963b〔千歯扱き〕　㊦105b〔調製〕
藤箕　㊦612c〔箕作り〕
東密　㊦612c〔密教〕
糖蜜　㊤703c〔砂糖〕
堂宮大工　㊦4c〔大工〕
燈明　㊤857a〔照明〕　㊦817a〔蠟燭〕
同苗　㊤773c〔七軒百姓〕
道明寺糒　㊦538c〔糒〕→糒
・ドウメキ　㊦**193a**
トウモト　㊤44c〔網主・網子〕
・トウモロコシ　㊦**193a**　㊤691a〔作物禁忌〕　701b〔雑穀〕　827c〔主食〕863c〔植物禁忌〕
当矢　㊤104a〔一夜官女〕
・頭屋〔当屋〕《とうや》　㊦**193b**　㊤9b〔蒼柴垣神事〕　101c〔一年神主〕　130a〔忌籠り〕　159b〔氏神〕　255a〔おこない〕277c〔オハケ〕　525c〔籤〕　676b〔祭祀組織〕　㊦112c〔長老制〕　181b〔頭指〕　188b〔頭人〕　196b〔頭渡し〕287b〔女房座〕　308c〔年行事〕　382a〔花の頭〕　578c〔祭〕　621c〔宮座〕747b〔山の神講〕　815c〔臈次〕
禱屋　㊦193c〔頭屋〕
銅屋〔烱屋〕　㊦152b〔鉄〕
頭屋神主〔当屋－〕　㊤101c〔一年神主〕159b〔氏神〕　447b〔神主〕　㊦193c〔頭屋〕→一年神主
頭屋儀礼　㊤402c〔神棚〕
当薬　㊦633 表〔民間薬〕
頭役　㊦193c〔頭屋〕
頭屋制村落〔当屋－〕　㊤993a〔村落類型論〕
当山久三　㊤132b〔移民(二)〕
堂山の産泰様　㊤730b〔産泰信仰〕
当屋輪番制　㊦277b〔ニソの杜〕
頭屋渡し　㊤264a〔オタネワタシ〕　㊦621 図〔宮座〕→頭渡し
燈油　㊤435c〔換金作物〕　㊦254a〔ナタネ〕
『東遊記』《とうゆうき》　⇨『西遊記・東遊記』(㊤681c)
・『東遊雑記』《とうゆうざっき》　㊦**194a**
・童謡《どうよう》　㊦**194a**　㊤416c〔歌謡〕
東陽堂　㊦455a〔風俗画報〕
湯浴　㊦495c〔風呂〕
・唐四ヵ寺《とうよんかじ》　㊦**194c**
到来帳　㊦470a〔普請帳〕
・道楽《どうらく》　㊦**194c**　㊤558c〔芸事〕
ドウラクジン　㊤376a〔門入道〕
胴乱　㊤381b〔樺細工〕
道隆寺(香川)　㊦519 表〔遍路〕
棟梁　㊦4c〔大工〕　195a〔棟梁送り〕
・棟梁送り《とうりょうおくり》　㊦**195a**
動力脱穀機〔動力回転－〕　㊤23b〔足踏脱穀機〕　㊦48a〔脱穀〕
動力籾摺り機　㊦105c〔調製〕
・同齢感覚《どうれいかんかく》　㊦**195b**
・トゥレンカムイ　㊦**195c**
燈籠　㊤14b〔秋葉燈籠〕　857b〔照明〕858a〔常夜燈〕
燈籠送り　㊦305a〔ねぶた〕
燈籠踊り　㊦267b〔南条踊り〕
燈籠立て　㊤392c〔釜蓋朔日〕
燈籠流し《とうろうながし》　⇨精霊流し(㊤860a)　㊤428b〔川施餓鬼〕　860b〔精霊流し(一)〕㊦271c〔新盆〕
燈籠柱　㊦31a〔高燈籠〕
燈籠木　㊦31a〔高燈籠〕
トウロク　㊤984a〔袖〕
ドウロクジン〔道陸神，道禄神，道六神〕㊤224b〔縁結び〕　376a〔門入道〕688 図〔左義長〕　㊦186c〔道祖神〕→道祖神
ドウロクジン焼き　㊤別刷〈小正月〉
登録文化財　㊦500b〔文化財保護法〕
・童話《どうわ》　㊦**196a**　㊤266c〔お伽噺〕→メルヒェン
頭脇　㊦315b〔年齢階梯制〕
同和教育　㊦490b〔部落解放運動〕
同和対策事業　㊦490b〔部落解放運動〕
同和対策事業特別措置法　㊦422a〔被差別部落〕　490b〔部落解放運動〕
・頭渡し《とうわたし》　㊦**196b**　㊤900a〔ずいき祭〕　㊦194a〔頭屋〕→頭屋渡し
同和地区　㊦421b〔被差別部落〕
「童話文学」　㊦659a〔昔話〕
・殿《トゥン》　㊦**196b**　㊤32c〔穴屋〕　155a〔拝所〕　172c〔ウトゥーシ〕　395c〔神アシャギ〕　㊦563b〔マキョ〕
殿内〔トゥンチ〕　㊤232b〔大アムシラレ〕　㊦299c〔祝女殿内〕
『兎園小説』　㊤904a〔随筆〕
吐炎舞　㊦150c〔手品〕
トー　㊦82c〔地形名〕
擣衣　㊤472c〔砧〕
十日市　㊤別刷〈市〉
・十日戎《とおかえびす》　㊦**196b**　㊤208c〔えびす講〕　㊦235b〔西の市〕　371b〔二十日戎〕
・トーカチ　㊦**197a**　別刷〈生と死〉→斗搔
トーガニ　㊦269b〔南島歌謡〕
トーガニアーグ　㊤48a〔アヤグ〕
・十日夜〔トウカンヤ，トーカンヤ〕《とおかんや》㊦**197a**　㊤14c〔秋祭〕　124a〔亥子〕316b〔案山子あげ〕　422a〔刈上げ祝い〕　809a〔収穫祭〕　821b〔十夜〕㊦8b〔大根〕　8c〔大根の年取〕　311a〔年中行事(一)〕　364c〔畑作儀礼〕　377a〔初物〕　530a〔ぼうじ棒打ち〕　839c〔藁鉄砲〕
トーキー映画　㊤196c〔映画〕
トーグラ(当蔵)　㊤102b〔一番座〕
トーシ　㊦701c〔モノモライ〕
トーシイカリ　㊤79b〔石〕
・通し苗代《とおしなわしろ》　㊦**197b**　24b〔田植え〕266a〔苗代〕
通し柱　㊦359c〔柱〕
通し水　㊤448c〔旱魃〕
トージン　㊤984a〔袖〕
・ドーソン Dorson, Richard. M.　㊦**197c**459b〔フォークロア〕
・トーテミズム totemism　㊦**198a**
トーテム　㊦198a〔トーテミズム〕
遠江霜月神楽　㊦764c〔湯立神楽〕
・トートーメー　㊦**198b**　199a〔トートーメー論争〕
・トートーメー論争　㊦**199a**
唐名　㊦259c〔名乗り頭〕→カラナー
遠内　㊤298b〔隠亡〕
『遠野方言誌』　㊦823a〔炉辺叢書〕
・『遠野物語』《とおののものがたり》　㊦**199b**　㊤259b〔おしら祭文〕　455c〔聴耳草紙〕　695a〔佐々木喜善〕　㊦740b〔山男〕　別刷〈民俗学史〉
『遠野物語拾遺』　㊤913a〔鈴木棠三〕
トーボシ　㊤115b〔稲作〕→大唐米
トーマ組　㊦別刷〈盆〉
ドーメイ(童名)　㊦774b〔幼名〕
遠山祭〔－霜月祭，－霜月神楽〕　㊤328b〔神楽〕　796b〔霜月神楽〕　㊦171b〔天白〕　762a〔湯起請〕　764c〔湯立神楽〕
遠吉崎　㊦814c〔蓮如忌〕
トーラ　㊦別刷〈民家〉
通り悪魔　㊤16b〔悪魔ばらい〕
通り神楽　㊦391c〔早池峰神楽〕　749c〔山伏神楽〕
通り神　㊤70b〔行き会い神〕
『通小町』　㊤276b〔小野小町〕
通り土間　㊦199c〔通り庭〕→通り庭
・通り庭〔トオリニワ〕《とおりにわ》　㊦**199c**　㊤370b〔勝手〕　843c〔商家〕　㊦16c〔台所〕　572c〔町屋〕　822a〔露路〕
通り魔　㊤16b〔悪魔ばらい〕
通者　㊦117c〔通〕
通り者　㊤484b〔俠客〕
通りもん　㊦238c〔どんたく〕

ドーロクジン　㊤683a〔塞の神〕 ㊦836c〔藁馬〕
渡海船　㊤305c〔廻船〕
渡海入定　㊤448a〔観音信仰〕
胴海船　㊤667c〔昆布漁〕
ドカウチ〔-打ち〕　㊤715c〔猿まわし〕 ㊦15a〔大道芸〕
斗搔　㊦197a〔トーカチ〕 508a〔米寿〕 →トーカチ
等覚寺(福岡)　㊦360a〔柱松〕 574b〔松会〕
戸隠山(長野)　㊤40c〔雨乞い〕 825a〔修験道〕 ㊦199c〔戸隠信仰〕 618a〔巳待〕
• 戸隠信仰《とがくししんこう》　㊦**199**c 436c〔火伏せ〕
戸隠神社(長野)　㊤144a〔岩戸神楽〕
戸隠の鬼女　㊤271b〔鬼〕
トカゲ　㊦200a〔蜥蜴の尾〕
• 蜥蜴の尾〔-の尻尾〕《とかげのお》　㊦**200**a
砥鹿神社(愛知)　㊤416a〔粥占〕
富賀神社(東京)　㊤341c〔火山〕
• 土方《どかた》　㊦**200**b →土工
土方人足　㊦200b〔土方〕
栂尾祥雲　㊤815b〔十三塚〕
吐噶喇馬　㊤180c〔馬〕
トカラハブ　㊦386a〔ハブ〕
トガリネズミ　㊤256c〔オサキ〕
• 尖棒《とがりぼう》　㊦**200**c ㊤195c〔運搬具〕 ㊦172 図〔天秤棒〕
• トキ(年中行事)　㊦**200**c
• トキ(沖縄)　㊦**201**b ㊤248a〔沖縄文化〕 ㊦353c〔羽衣伝説〕 445c〔日和見〕
• 時《とき》　㊦**201**b 200c〔トキ㈠〕
• 斎《とき》　㊦**201**c 200c〔トキ㈠〕 568b〔孫門徒〕
• 伽《とぎ》　㊦**202**a ㊤266c〔お伽噺〕
トキオリ　㊦201b〔時〕
トキコウ　㊤969c〔葬式組〕
トキジクノカクノコノミ　㊦599a〔ミカン〕
トキシラズ　㊦769a〔宵の明星〕
土器製塩法　㊤923c〔製塩〕
トキ双紙〔時-〕　㊤191b〔砂川暦〕 ㊦201a〔トキ㈠〕
時之大屋子　㊦201a〔トキ㈠〕
• 時の鐘《ときのかね》　㊦**202**a ㊤379c〔鐘〕 →時鐘
伽の衆　㊦202a〔伽〕
咄の者　㊦828b〔話芸〕
斎始め　㊦201c〔斎〕
とぎ針　㊦396c〔針〕
『伽婢子』　㊤308a〔怪談〕
土宜法竜　㊦614b〔南方熊楠〕
斎米　㊦129a〔告げ人〕
トキマツリ　㊦201b〔時〕
土牛　㊦117a〔追儺〕
トキユタ〔時-〕　㊦201b〔トキ㈡〕 445c〔日和見〕
• 渡御《とぎょ》　㊦**202**b
読経　㊤454a〔祈願〕 972c〔葬送儀礼㈠〕
トギリダマス　㊤215a〔獲物分配〕
トキワススキ　㊤912c〔ススキ〕 →カヤ
常磐津節　㊤384b〔歌舞伎〕 860c〔浄瑠璃〕
常盤橋　㊦355a〔橋〕
頭巾　㊦749b〔山伏〕
• 毒《どく》　㊦**202**b
• 得意《とくい》　㊦**202**c
得意先　㊤79a〔イサバ〕 644c〔小間物屋〕 ㊦309c〔年始〕 333c〔暖簾分け〕 374c〔初荷〕 506b〔分与財〕
得意先元帳　㊦18c〔大福帳〕
土公　㊦116a〔摯骨〕
土偶　㊤925a〔性器崇拝〕 928c〔性信仰〕 ㊦292b〔人形〕
ドクウジン　㊦205b〔土公神〕
ドクウツギ　㊦202c〔毒〕
徳川家康　㊤76a〔囲碁〕 404a〔髪結〕 731a〔三度栗〕 ㊦178b〔洞窟〕 382b〔花火〕 383a〔花火師〕 428c〔人神〕
『徳川時代百姓一揆叢談』　㊤276b〔小野武夫〕
徳川斉昭　㊦339b〔廃仏毀釈〕
徳川光圀　㊤894a〔神仏分離〕 ㊦570b〔媽祖〕
• 毒消し売り《どくけしうり》　㊦**203**a 147c〔出稼〕 202c〔毒〕
毒消丸　㊦202c〔毒〕
特殊漁業　㊤500c〔漁業〕
特殊鋼　㊦152b〔鉄〕
• 特殊神事《とくしゅしんじ》　㊦**203**b 809b〔例祭〕
特殊神饌　㊤887b〔神饌〕
特殊針　㊦396c〔針〕
特殊部落　㊦421b〔被差別部落〕 →被差別部落
徳杖　㊤803a〔錫杖〕 →錫杖
特性複合　㊦501c〔文化複合〕
徳大寺(東京)　㊦370a〔初亥〕
ドクダミ　㊦149b〔できもの〕 633 表〔民間薬〕 634b〔民間療法〕
毒とり　㊦203c〔毒流し〕
• 毒流し《どくながし》　㊦**203**c ㊤49c〔アユ〕 432c〔川漁〕 506b〔漁法〕 ㊦202c〔毒〕
篤農家　㊦817c〔老農〕
トクノジン(徳の膳)　㊤335c〔蔭膳〕
• 徳本《とくほん》　㊦**204**a
徳本念仏　㊦204a〔徳本〕
徳本名号塔　㊦204 図〔徳本〕
徳丸の田遊び　㊤別刷〈仮面〉 ㊦2 図〔田遊び〕
毒もみ　㊦203c〔毒流し〕
• 徳利《とくり》　㊦**204**b 104a〔提子〕
独立柱　㊦359c〔柱〕
独立発生　㊦171a〔伝播〕
土圭　㊦521b〔方位〕
• 時計《とけい》　㊦**204**b
トゲイモ　㊤132c〔イモ〕
• とげぬき地蔵(東京)　㊦**204**c ㊤222b〔縁日〕
ドケ祭　㊦179b〔道化〕
トコ(地形)　㊤787b〔芝〕
トコ(寝具)　㊤879c〔寝具〕
床　㊦206a〔床の間〕
トコイ　㊦334a〔呪い〕
• 床入れ《とこいれ》　㊦**205**b ㊤320c〔柿の木問答〕 869b〔初夜権〕 ㊦205c〔床盃〕
床入れの盃　㊦205c〔床盃〕
土工　㊦200b〔土方〕 408a〔飯場〕
土貢　㊦308c〔年貢〕
土公供　㊦205b〔土公神〕
土公祭　㊦766a〔弓神楽〕
土公祭文　㊤681b〔祭文〕 ㊦205c〔土公神〕
• 土公神《どこうじん》　㊦**205**b ㊤355b〔家相〕 391a〔竈神〕 ㊦434b〔火の神〕 766b〔弓神楽〕 819b〔六三〕 821a〔六文銭〕
土坑部屋　㊦408a〔飯場〕
床框　㊤391a〔框〕 ㊦206a〔床の間〕
• 床盃《とこさかずき》　㊦**205**c
床差　㊦206b〔床の間〕
床堅　㊤778c〔十界修行〕
床取り　㊤32a〔穴掘り〕
「とことんやれや節」　㊤555c〔軍歌〕
地主神《とこぬしのかみ》　⇨じぬしがみ(㊤785c)
• 床の間《とこのま》　㊦**206**a ㊤257b〔押板〕 697b〔座敷〕 909a〔数寄屋造〕 ㊦79c〔違棚〕 251a〔長押〕 449b〔広間型民家〕
床場　㊦206c〔床屋〕 →床屋
床柱　㊤779c〔地搗き〕 ㊦49a〔建て前〕 206a〔床の間〕 360a〔柱〕
床ばらい《とこばらい》　⇨産明け(㊤176b)
床番　㊤32a〔穴掘り〕
とこまんざい　㊤527b〔くしゃみ〕
• 床屋《とこや》　㊦**206**c ㊤404a〔髪結〕 →髪結
床屋頭　㊦228c〔友子〕
トコヤマ　㊤787b〔芝〕
床山　㊦206c〔床屋〕
• 常世《とこよ》　㊦**207**a ㊤72b〔異郷〕 87b〔異人㈠〕 330c〔隠れ里〕 887c〔神仙思想〕 ㊦28c〔他界観〕 207b〔常世神〕 385b〔妣が国〕 591a〔まれびと〕 791a〔来世観〕
• 常世神《とこよのかみ》　㊦**207**b ㊤54b〔淡島信仰〕 ㊦207b〔常世〕 393a〔流行神〕
常世国　㊦207a〔常世〕 799b〔竜宮〕
トコロ　㊤481a〔救荒食物〕
所　㊤509c〔切羽〕

トコロイモ　㊤9*b*〔蒼柴垣神事〕 ㊦202*c*〔毒〕

・心太《ところてん》　㊦**207***c* ㊤305*c*〔海藻〕 445*b*〔寒天〕 ㊦163*c*〔テングサ〕

所払い　㊦117*b*〔追放〕

トザ　㊦712*a*〔家移り〕

土佐犬　㊦180*a*〔闘犬〕

ドザエモン　㊤901*a*〔水死人〕 →水死人

土佐鍛冶　㊤348*a*〔鍛冶屋〕

土佐鎌　㊤348*a*〔鍛冶屋〕 388*c*〔鎌〕

土佐紙　㊤401*c*〔紙漉き〕

土佐楮　㊤597*a*〔コウゾ〕

土座住まい　㊦208*a*〔土座造〕

・土座造《どざづくり》　㊦**208***a* 別刷〈民家〉

『土佐風俗と伝説』　㊦823*a*〔炉辺叢書〕

土佐節　㊤366*c*〔鰹節〕

ドサ回り　㊦12*a*〔大衆演劇〕

・登山《とざん》　㊦**208***a* 50*a*〔立山登山〕 749*a*〔山開き〕

・道産子〔土産馬〕《どさんこ》　㊦**208***b*

登山小屋　㊦742*b*〔山小屋〕

都山流　㊤803*c*〔尺八〕

・都市《とし》　㊦**208***b* ㊤356*c*〔過疎化〕 462*a*〔帰省〕 794*a*〔市民〕 821*c*〔集落〕 991*c*〔村落〕 ㊦210*c*〔都市化〕 216*a*〔都市民俗〕 226*b*〔都鄙連続体論〕 571*b*〔町〕 620*b*〔都〕

・刀自《とじ》　㊦**209***a* ㊤865*b*〔女子神職〕

・杜氏《とじ》　㊦**209***b* ㊤694*a*〔酒造り唄〕 ㊦147*c*〔出稼〕 209*b*〔刀自〕

・ドシ　㊦**209***c* ㊤490*a*〔兄弟分〕 ㊦143*c*〔ツレ〕 188*c*〔同年〕 823*c*〔若い衆〕 827*a*〔若者仲間〕

・ドジ　㊦**209***c*

・年祝い《としいわい》　㊦**210***a* ㊤169*a*〔内祝い〕 451*a*〔還暦〕 460*a*〔喜寿〕 612*b*〔古稀〕 ㊦118*b*〔通過儀礼〕 258*b*〔七つの祝い〕 350*a*〔白寿〕 507*c*〔米寿〕 717*c*〔厄年〕 766*a*〔弓神楽〕

・年占〔-行事〕《としうら》　㊦**210***a* ㊤16*b*〔揚げ松明〕 189*a*〔占い〕 257*b*〔押合い祭〕 279*a*〔おびしゃ〕 319*c*〔鈎掛け〕 336*b*〔懸けの魚〕 416*a*〔粥占〕 485*a*〔競技〕 500*b*〔ギョーザ〕 919*c*〔頭痛〕 ㊦80*b*〔力くらべ㈠〕 135*a*〔綱引き〕 179*c*〔闘鶏〕 239*b*〔とんど〕 267*a*〔なんじゃもんじゃ〕 360*a*〔柱松〕 363*a*〔裸祭〕 389*a*〔破魔矢〕 483*b*〔舟競争〕 587*a*〔豆占〕 606*a*〔水試し〕 704*b*〔モモテ祭〕 729*a*〔八咫烏〕

・年桶《としおけ》　㊦**210***b* ㊤252 図〔桶〕 545*b*〔蔵開き〕 ㊦211*b*〔年神〕

・年男《としおとこ》　㊦**210***c* 211*c*〔年神〕 213*c*〔年玉〕 824*b*〔若水〕

年落とし　㊤626*b*〔瞽女〕

トシオロシ　㊦210*b*〔年桶〕 213*c*〔年玉〕

年女　㊦210*c*〔年男〕

・都市化《としか》　㊦**210***c* ㊤514*c*〔近代化〕 ㊦338*a*〔廃村〕

年重ね　㊦716*b*〔厄落とし〕 718*a*〔厄年〕

年重ねの祝い　㊦272*b*〔二月正月〕

・年神〔-様，年ノ神，歳神〕《としがみ》　㊦**211***b* ㊤43*c*〔アマメハギ〕 211*b*〔恵方〕 233*c*〔大正月〕 238*a*〔大晦日〕 317*c*〔鏡餅〕 374*a*〔門神〕 395*a*〔神〕 545*b*〔蔵開き〕 554*a*〔鍬入れ〕 682*c*〔幸木〕 721*a*〔三箇日〕 844*b*〔正月〕 845*a*〔正月飾り〕 845*b*〔正月料理〕 875*a*〔次郎の朔日〕 957*a*〔先祖〕 ㊦169*a*〔天道信仰〕 210*b*〔年桶〕 211*c*〔年木〕 212*c*〔年越〕 213*a*〔年棚〕 213*c*〔年玉〕 214*b*〔歳徳さん〕 218*a*〔トシャマ〕 269*c*〔納戸神〕 370*b*〔初卯〕 376*c*〔初詣で〕 596*a*〔箕〕 760*a*〔雪女〕 824*b*〔若水〕 →歳徳さん

年神棚　㊤844*b*〔正月〕 845*a*〔正月飾り〕 別刷〈小正月〉 →年棚

年神迎え　㊦577*a*〔松迎え〕 →松迎え

・年木《としぎ》　㊦**211***c* ㊤170*c*〔卯杖〕 272*c*〔鬼木〕 845*a*〔正月飾り〕 ㊦34*a*〔薪〕 →若木

都市圏　㊤848*a*〔商圏〕

・祈年祭《としごいのまつり》　㊦**212***b* ㊤252*a*〔御鍬祭〕 ㊦270*c*〔新嘗祭〕

都市公園　㊤585*c*〔公園〕

都市公園法　㊤585*c*〔公園〕

・年越《としこし》　㊦**212***c* 214*b*〔年取肴〕 531*c*〔疱瘡神送り〕

年越肴　㊦214*b*〔年取肴〕 →年取肴

年越の正月　㊦310*c*〔年中行事㈠〕

トシジイサン　㊦214*c*〔トシドン〕

都市社会　㊦650*b*〔民俗社会〕

『都市社会学原理』　㊤913*a*〔鈴木栄太郎〕

都市住宅　㊤796*a*〔仕舞屋〕

トシタガイ餅　㊦195*b*〔同齢感覚〕

・年違《としたがえ》　㊦**212***c* 195*b*〔同齢感覚〕 603*c*〔巳正月〕

・年棚《としだな》　㊦**213***a* ㊤250*b*〔屋内神〕 721*a*〔三箇日〕 845*a*〔正月飾り〕 ㊦211*b*〔年神〕 →年神棚

・年玉〔トシダマ〕《としだま》　㊦**213***b* ㊤230*a*〔オウツリ〕 317*c*〔鏡餅〕 ㊦72*b*〔誕生日〕 211*c*〔年神〕 214*b*〔歳徳さん〕 215*a*〔トシドン〕 224*a*〔トビ〕 696*a*〔餅搗き〕 816*b*〔老人〕

トシダマ餅　㊦213*c*〔年玉〕

歳違い豆　㊦213*a*〔年違〕

・都市伝説《としでんせつ》　㊦**213***c* ㊤944*a*〔世間話〕 ㊦217*b*〔都市民俗〕 656*a*〔民話〕 799*c*〔流言蜚語〕

トシトイサマ〔-ドン〕　㊦214*c*〔トシドン〕

・歳徳さん〔-神，トシトクサマ，トシトコサン〕《としとくさん》　㊦**214***b* ㊤211*b*〔恵方〕 ㊦211*c*〔年神〕 214*b*〔歳徳さん〕 269*c*〔納戸神〕 291*b*〔庭田植〕 521*c*〔方位〕 →年神

年徳大善神　㊤別刷〈護符〉

歳徳棚〔年-〕　㊤211*b*〔恵方〕 213*a*〔年棚〕 ㊦214*b*〔歳徳さん〕 →年棚

『都市と農村』　㊦216*c*〔都市民俗〕

トシトリ〔年取〕　㊤238*a*〔大晦日〕 ㊦516*b*〔便所神〕 →大晦日

トシトリガキ　㊦539*a*〔干柿〕

・年取肴《としとりざかな》　㊦**214***b* 425*b*〔飛鱰鰤〕 491*b*〔ブリ〕 542*a*〔保存食〕

歳とり飯　㊤236*c*〔大歳の客〕

・トシドン〔歳殿〕　㊦**214***c* ㊤88*b*〔異人殺し〕 407*c*〔仮面〕 別刷〈小正月〉 ㊦213*c*〔年玉〕 792*a*〔来訪神〕

年直し　㊦716*b*〔厄落とし〕

年縄　㊤420*a*〔烏勧請〕

トシノイサマ　㊦214*c*〔トシドン〕

・年の市〔歳-〕《としのいち》　㊦**215***b* ㊤99*a*〔市〕 102*c*〔市日〕 ㊦144*c*〔定期市〕 352*c*〔羽子板〕

年神　㊤170*c*〔ウッガン〕

歳の神焼き　㊤390*a*〔かまくら〕

トシノキ　㊦212*a*〔年木〕

トシノメ　㊤230*a*〔オウツリ〕

トシノヨ　㊤238*a*〔大晦日〕 →大晦日

歳の夜　㊤949*a*〔節分〕

年始め　㊤651*c*〔御用始め〕

とじ針　㊦396*c*〔針〕

杜氏節　㊦828*c*〔業歌〕 →酒屋唄

杜氏補任　㊦209*b*〔杜氏〕

綴じ船　㊤96*b*〔磯船〕

豊島市場　㊤9*c*〔青物市〕

トシマシ団子　㊦195*b*〔同齢感覚〕 213*a*〔年違〕

「遠島甚句」　㊤880*b*〔甚句〕 ㊦23*b*〔大漁節〕

・年廻り《としまわり》　㊦**215***c*

年見　㊦210*b*〔年占〕

・都市民俗《としみんぞく》　㊦**216***a*

都市民俗学　㊦211*a*〔都市化〕 216*a*〔都市民俗〕

戸締め　㊦508*b*〔閉門〕

・土砂加持《どしゃかじ》　㊦**217***c*

トシャガミサマ　㊦218*a*〔トシャマ〕

トシ山　㊤135*c*〔入らず山〕

・トシャマ　㊦**218***a*

トシャマ木　㊦218*a*〔トシャマ〕

歳山祭　㊤346*b*〔鹿島事触〕

外城　㊦488*a*〔麓〕

・ドジョウ〔泥鰌〕　㊦**218***a* ㊤432*b*〔川漁〕

土壌　㊦131c〔土〕
ドジョウウケ　㊦218b〔ドジョウ〕
ドジョウ粥　㊤415c〔粥〕
度嶂散　㊦219a〔屠蘇〕
外城衆中　㊦488a〔麓〕
泥鰌すくい　㊦726a〔安来節〕
ドジョウ鍋　㊦218b〔ドジョウ〕
ドジョウフミ　㊦218a〔ドジョウ〕
• 年寄《としより》　㊦**218**b　㊤256c〔長百姓〕　284a〔重立〕　541a〔組頭〕　㊦218c〔年寄〕　259c〔名主〕　315b〔年齢階梯制〕　621c〔宮座〕　816a〔老人〕
年寄株　㊤383a〔株〕
• 年寄組《としよりぐみ》　㊦**218**c
年寄契約　㊤563b〔契約〕　㊦218c〔年寄組〕
年寄衆　㊦218c〔年寄組〕　315b〔年齢階梯制〕
どすず　㊤912a〔鈴〕
ドスヘンド　㊦519b〔遍路〕
ドズルス　㊤417a〔唐臼〕　920c〔摺臼〕
渡世人　㊤484c〔侠客〕　879a〔仁義㈠〕　㊦716b〔ヤクザ〕
• 屠蘇《とそ》　㊦**219**a
土倉　㊤606c〔高利貸〕　㊦105a〔町衆〕
• 土葬《どそう》　㊦**219**a　㊤298b〔隠亡〕　354a〔火葬〕　763a〔四十九日〕　903a〔水葬〕　973a〔葬送儀礼㈡〕　977a〔葬法〕　㊦540b〔墓制〕
• 土蔵《どぞう》　㊦**219**c　㊤543b〔倉〕　㊦205b〔床入れ〕
土蔵造　㊤168b〔卯建〕　843b〔商家〕　㊦573a〔町屋〕
• 土俗《どぞく》　㊦**219**c　220b〔土俗会〕　220b〔土俗学〕　220c〔土俗調査〕　453b〔風習〕　638c〔民俗㈠〕
• 土俗会《どぞくかい》　㊦**220**a　220a〔土俗〕　220b〔土俗学〕　644b〔民俗学史〕
「土俗会談話録」　㊦220b〔土俗会〕　別刷〈民俗学史〉
• 土俗学《どぞくがく》　㊦**220**b　220a〔土俗〕　220a〔土俗会〕　220c〔土俗調査〕　500c〔文化人類学〕　638c〔民俗㈠〕　644b〔民俗学史〕　649b〔民族考古学〕　別刷〈民俗学史〉
土俗館　㊦635c〔民具〕
土俗玩具　㊤495c〔郷土玩具〕
土俗考古学　㊦649b〔民族考古学〕
• 土俗調査《どぞくちょうさ》　㊦**220**c　220b〔土俗学〕　234a〔鳥居龍蔵〕
「土俗調査より生ずる三利益」　㊦別刷〈民俗学史〉
『土俗と伝説』　㊦220a〔土俗〕　644c〔民俗学史〕
屠蘇白散　㊤372c〔家伝薬〕
• 土台《どだい》　㊦**221**a
トタテ　㊦751c〔山宮〕
戸田貞三　㊤62b〔家〕　225b〔及川宏〕　464b〔喜多野清一〕　615a〔国勢調査〕
• 戸棚《とだな》　㊦**221**a　㊤257c〔押入れ〕　323c〔家具〕
戸棚風呂　㊦496a〔風呂〕
兎樽　㊦66b〔樽〕
• トチ〘トチノキ，栃〙　㊦**221**b　㊤481a〔救荒食物〕　639a〔木の実〕　827c〔主食〕　928a〔製材〕　㊦542a〔保存食〕　606a〔水晒し〕
ドチ　㊤370b〔河童〕
• 土地改良区《とちかいりょうく》　㊦**221**c　㊤434b〔灌漑〕　599c〔耕地整理組合〕　905b〔水利組合〕
土地改良法　㊤599c〔耕地整理組合〕　㊦221c〔土地改良区〕
土地神　㊤749a〔地神〕
トチカン　㊦225a〔ドビキ〕
トチカンヒキ　㊦225a〔ドビキ〕
『土地経済史考証』　㊤276b〔小野武夫〕
• 土地公《とちこう》　㊦**221**c
土地整理法　㊤480b〔旧慣温存政策〕
土地登記簿　㊤17c〔字〕
トチノキ蜜　㊦369a〔蜂蜜〕
トチ葺き　㊤98c〔板屋根〕
トチモチ〘栃餅〙　㊦221b〔トチ〕　695a〔餅〕
土着主義運動　㊤962c〔千年王国運動〕
土中入定　㊤497c〔行人塚〕
戸塚囃子　㊦579図〔祭囃子〕
トッカン　㊦225a〔ドビキ〕
とっき男　㊤982b〔粗忽相兵衛〕
とっき新左右衛門　㊤982b〔粗忽相兵衛〕
トツキトウバ　㊦222a〔十月歯〕
とっき藤兵衛　㊤982b〔粗忽相兵衛〕
• 十月歯《とつきば》　㊦**222**a
とっき者　㊤982b〔粗忽相兵衛〕
独橋鞍　㊤544a〔鞍〕
独居老人　㊦816b〔老人〕
トック　㊤727b〔三世相〕
徳利酒　㊤476a〔決め酒〕
ドッサリ節　㊤628c〔広大寺〕
トッチャナゲ　㊤903c〔水団〕
トットキギ　㊦778b〔よそゆき〕
ドットコ　㊤478c〔木遣り〕
トッポシサア　㊦201a〔トキ㈠〕
ドテ　㊤26a〔畦〕　26c〔アゼマメ〕
徒弟　㊦222b〔徒弟制度〕　528c〔奉公人〕
• 徒弟制度〘-制〙《とていせいど》　㊦**222**b　㊤169c〔内弟子〕　290b〔お礼奉公〕　㊦180c〔陶工〕　308a〔年季奉公〕
• 褞袍《どてら》　㊦**222**b　244b〔長着〕　305c〔寝巻〕
トト　㊤366a〔家長〕
十時彌　㊤495b〔郷土会〕
トトクイゲ　㊦241a〔呑竜〕
届出嫡子　㊦92c〔嫡子〕
ドドメキ　㊦193a〔ドウメキ〕
都鳥田植え踊り　㊦25c〔田植え踊り〕
トドロキ　㊦193a〔ドウメキ〕
となえ唄　㊤356a〔数え唄〕
• 唱え言〘-言葉〙《となえごと》　㊦**222**c　㊤592c〔口承文芸〕　834b〔呪文〕　㊦841a〔童言葉〕
隣《となり》　⇨隣家(㊦805a)
• 隣組《となりぐみ》　㊦**223**a　㊤312c〔回覧板〕　518b〔近隣組〕　539c〔組〕　844a〔常会〕　㊦108b〔町内〕　571c〔町〕　→隣保班
トナリシラズ　㊦542c〔牡丹餅〕
• 隣の爺《となりのじい》　㊦**223**a　380a〔花咲爺〕　628a〔見るなの座敷〕
隣の爺型　㊤72c〔異郷譚〕　340a〔笠地蔵〕
• 隣の寝太郎《となりのねたろう》　㊦**223**b　700b〔物くさ太郎〕
• ドニン　㊦**223**c
ドニン披露　㊦224a〔ドニン〕
ドニンブルマイ　㊦224a〔ドニン〕
『利根川―自然・文化・社会―』　㊤480a〔九学会連合調査〕
『利根川水源紀行』　㊤12c〔赤松宗旦〕
• 『利根川図志』《とねがわずし》　㊦**224**a　㊤12b〔赤松宗旦〕
トネヤ　㊤395c〔神アシャギ〕
『宿直草』　㊤308a〔怪談〕
殿垣内　㊤309b〔垣内〕
殿座　㊤710c〔侍分〕
とのさ節　㊤628c〔広大寺〕
トノサマバッタ　㊤114c〔イナゴ〕
殿様盆　㊦727a〔休み日〕
トノヘイ　㊦237b〔トロヘイ〕　→トロヘイ
ドノマ　㊤505a〔漁船〕
トバ　㊤244c〔沖着物〕
ドバ〘土場〙　㊤69a〔筏〕　353図〔架線〕　474b〔木場〕　㊦801c〔流送〕
ドバ(砂鉄)　㊤702b〔砂鉄〕
土馬　㊤213a〔絵馬〕
トハオイ　㊤920c〔掏摸〕
賭博《とばく》　⇨博打(㊦350c)　525c〔籤〕　910a〔双六㈠〕　㊦179c〔闘鶏〕　180b〔闘犬〕　383c〔花札〕　716b〔ヤクザ〕
トバクチ　㊤374c〔門口〕
帷　㊤465c〔几帳〕
戸榛名　㊦400a〔榛名信仰〕
• トビ(供物)　㊦**224**a　㊤230a〔オウツリ〕　280b〔オヒネリ〕
トビ(道具)〘とび〙　㊦225a〔鳶口〕　253b〔鉈〕　806c〔リン場〕　→鳶口
飛石　㊤511b〔金華山〕
鳶石　㊤384c〔歌舞伎衣裳〕
• トビウオ　㊦**224**b
トビウオ招き　㊦224b〔トビウオ〕
飛梅伝説　㊤185c〔梅〕

• 飛び神《とびがみ》　㊦ **224***c*　226*a*〔飛神明〕
• ドビキ〖土曳き〗　㊦ **225***a*
• 鳶口《とびぐち》　㊦ **225***a*　㊤ 348*a*〔鍛冶屋〕 478*c*〔木遣り〕　㊦ 225*c*〔鳶職〕 →トビ
• 鳶職〖鳶, 鳶の者〗《とびしょく》　㊦ **225***b*　4*c*〔大工〕 10*c*〔太子信仰〕 357*b*〔梯子乗り〕
飛び職人　㊤ 672*c*〔西行〕
• 飛神明《とびしんめい》　㊦ **225***c*　㊤ 93*b*〔伊勢信仰〕 ㊦ 224*c*〔飛び神〕
• 飛地《とびち》　㊦ **226***b*
鳶仲仕　㊦ 244*c*〔仲仕〕
トビの米　㊦ 224*a*〔トビ〕
土俵　㊦ 288*a*〔女人禁制〕
土拍子　㊦ 190*a*〔銅拍子〕 →銅拍子
トビラオトシ　㊦ 834*b*〔罠〕
トビラキ　㊦ 751*c*〔山宮〕
トヒラ棒　㊤ 48*a*〔綾踊り〕
• 都鄙連続体論〖-体〗《とひれんぞくたいろん》　㊦ **226***b*　209*a*〔都市〕 216*c*〔都市民俗〕 620*b*〔都〕 650*b*〔民俗社会〕 812*a*〔レッドフィールド〕
土瓶灌漑　㊤ 434*b*〔灌漑〕
• ドブ〖土深, 土腐〗　㊦ **226***c*
戸袋　㊤ 42*a*〔雨戸〕 ㊦ 175*a*〔戸板〕
砥袋　㊦ 834*c*〔藁〕
• 鳥総立て〖トブサタテ〗《とぶさたて》　㊦ **226***c*　㊤ 581*a*〔建築儀礼〕 ㊦ 747*a*〔山の神〕 別刷〈山の神〉
トブシ　㊦ 549*c*〔掘棒〕
ドブッタ　㊤ 781*b*〔湿田〕
• どぶね〖ドブネ〗　㊦ **227***a*　㊤ 96*b*〔磯船〕
どぶね衆　㊦ 227*a*〔どぶね〕
十符編笠　㊤ 338*b*〔笠〕
トプ＝ムックリ　㊦ 669*b*〔ムックリ〕
トブライグミ　㊤ 969*c*〔葬式組〕
ドブロク　㊤ 600*c*〔講田〕
どぶろく祭　㊤ 41*c*〔甘酒〕
トヘトヘ　㊤ 624*c*〔小正月の訪問者〕
• トベラ　㊦ **227***b*　㊤ 131*c*〔忌日〕 790*a*〔柴祭〕 ㊦ 381*a*〔花正月〕
トボウサカズキ〖-盃〗　㊤ 別刷〈婚礼〉 ㊦ 285*c*〔入家儀礼〕 786*c*〔嫁迎え〕
トボー　㊤ 236*b*〔大戸〕
トボクチ〖トボグチ〗　㊤ 236*b*〔大戸〕 374*c*〔門口〕
土間《どま》　⇨ニワ(㊦ 289*c*)　㊤ 127*c*〔居間〕 183*a*〔厩〕 370*a*〔勝手〕 391*a*〔竈〕 393*a*〔カマヤ〕 402*c*〔神棚〕 ㊦ 16*b*〔台所〕 199*c*〔通り庭〕 209*c*〔ドジ〕 572*c*〔町屋〕 581*a*〔間取り〕 821*c*〔露路〕 別刷〈民家〉
トマキ　㊤ 621*a*〔腰当〕
土間住まい　㊦ 208*a*〔土座造〕
トマト　㊤ 691*a*〔作物禁忌〕
戸窓塞ぎ　㊦ 580*c*〔窓ふさぎ〕
土間庭　㊦ 208*a*〔土座造〕
土間箒　㊤ 969*b*〔掃除〕 ㊦ 525*a*〔箒〕
土間もの　㊦ 139*a*〔壺〕
泊　㊤ 312*a*〔海民〕
止まり木　㊤ 129*c*〔忌木〕
• トマリゾメ〖泊り初め〗　㊦ **227***b*　㊤ 21*a*〔足入れ〕
泊人名会　㊤ 739*b*〔塩飽衆〕
トマリヤド〖泊り宿〗　⇨寝宿(㊦ 306*a*)　㊦ 827*b*〔若者宿〕
泊山　㊦ 803*a*〔猟師〕
ドマンジュウ　㊦ 342*c*〔墓じるし〕
トミ　㊤ 230*a*〔オウツリ〕 ㊦ 224*a*〔トビ〕 →トビ
富　㊦ 227*c*〔富籤〕 →富籤
富岡八幡宮(東京)　㊦ 115*a*〔鎮守〕 468 表〔富士塚〕
富賀岡八幡宮(東京)　㊦ 468 表〔富士塚〕
• 富籤《とみくじ》　㊦ **227***c*　㊤ 335*b*〔賭け事〕 525*c*〔籤〕 ㊦ 32*c*〔宝くじ〕 350*c*〔博打〕
ドミシード　㊤ 62*c*〔家〕
富突　㊦ 227*c*〔富籤〕 →富籤
富札　㊦ 32*c*〔宝くじ〕
富本憲吉　㊦ 638*a*〔民芸〕 734*c*〔柳宗悦〕
• トムズ Thoms, William John　㊦ **227***c*　㊤ 73*a*〔イギリス民俗学〕 ㊦ 459*b*〔フォークロア〕 643*c*〔民俗学史〕
トムソン, E. P.　㊤ 801*a*〔社会史〕
• 弔い上げ〖トムライアゲ〗《とむらいあげ》　㊦ **228***a*　㊤ 125*c*〔位牌〕 183*c*〔生まれかわり〕 192*b*〔ウレツキトウバ〕 957*a*〔先祖〕 972*b*〔葬送儀礼㈠〕 985*a*〔卒塔婆〕 989*b*〔祖霊〕 ㊦ 117*a*〔追善供養〕 119*b*〔通過儀礼〕 307*b*〔年忌〕 529*c*〔法事〕 別刷〈生と死〉
トムライババ　㊦ 250*a*〔泣女〕
トメ　㊤ 230*a*〔オウツリ〕 ㊦ 224*a*〔トビ〕 →トビ
留　㊦ 801*c*〔流送〕
留漆　㊤ 192*a*〔漆掻き〕
留木　㊦ 584*a*〔鉱〕
トメグサ　㊤ 524*a*〔草取り〕
止肥　㊤ 704*b*〔サトウキビ〕
留仕込唄　㊤ 694*a*〔酒造り唄〕
• 留袖《とめそで》　㊦ **228***b*　㊤ 627*c*〔小袖〕 983*c*〔袖〕 ㊦ 401*b*〔晴着〕
留大工　㊦ 228*c*〔友子〕
止め矢　㊦ 752*b*〔山分け〕
留山　㊤ 499*c*〔共有地〕
トモ(船)　㊤ 96 図〔磯船〕 505*a*〔漁船〕
トモ(耕地)　㊤ 598*c*〔耕地〕
鞆江神社(愛知)　㊦ 85*b*〔乳銀杏〕
巴家伯糸　㊤ 399*c*〔紙切〕
鞆鍛冶　㊤ 347*c*〔鍛冶屋〕
• 共稼ぎ《ともかせぎ》　㊦ **228***b*
• 友子《ともこ》　㊦ **228***c*　㊤ 286*a*〔親子〕 861*c*〔職親〕
友子組織　㊤ 462*b*〔擬制的親子関係〕
トモダチ　㊦ 188*c*〔同年〕
友達づきあい　㊦ 123*c*〔つきあい〕
友釣り　㊤ 432*c*〔川漁〕
トモド　㊤ 96*b*〔磯船〕 ㊦ 590*b*〔丸木舟〕
トモドン　㊦ 658*a*〔無縁仏〕
トモノリ　㊤ 69*a*〔筏〕
共働き　㊦ 228*b*〔共稼ぎ〕
トモバラミ　㊤ 7*b*〔相孕み〕
• 友引《ともびき》　㊦ **229***a*　㊤ 829*c*〔出棺〕 ㊦ 2*c*〔大安〕 821*b*〔六曜〕
鞆淵八幡神社(和歌山)　㊦ 601*b*〔神輿〕
トモブト　㊤ 96*b*〔磯船〕 ㊦ 227*a*〔どぶね〕
トモ櫓　㊤ 505*a*〔漁船〕
• 鳥屋〖塒〗《とや》　㊦ **229***a*
鳥屋(性病)　㊤ 933*a*〔性病〕
鳥屋撃ち　㊦ 229*b*〔鳥屋〕
• どやどや　㊦ **229***b*　㊤ 257*b*〔押合い祭〕 827*b*〔修正会〕 ㊦ 363*a*〔裸祭〕
トヤバ　㊤ 350*b*〔霞網〕
「ドヤ節」　㊦ 23*b*〔大漁節〕
『富山市近在方言集』　㊦ 823*a*〔炉辺叢書〕
富山の薬売り　㊤ 853*a*〔商人〕
富山売薬　㊦ 340*a*〔売薬〕
外山暦郎　㊦ 823*a*〔炉辺叢書〕
豊受大神　㊤ 617*c*〔穀霊神話〕
『豊受皇太神宮御鎮座本記』　㊤ 93*b*〔伊勢神道〕
豊受大神　㊤ 51*b*〔あらみたま〕
• 土用《どよう》　㊦ **229***c*　㊤ 173*b*〔鰻〕 701*c*〔雑節〕
土曜市　㊦ 76*c*〔地域社会〕
豊宇可能売神　㊤ 617*c*〔穀霊神話〕
豊宇賀能売神〖-命〗　㊤ 617*c*〔穀霊神話〕
土用経　㊤ 593*c*〔荒神〕
土用稽古　㊤ 557*c*〔稽古〕
登由宇気神　㊤ 617*c*〔穀霊神話〕
土用三郎　㊦ 230*a*〔土用〕
土用の又水　㊦ 230*a*〔土用〕
土用干し　㊦ 230*a*〔土用〕
土用餅　㊦ 230*a*〔土用〕
豊岡の甲子様　㊤ 474*a*〔甲子講〕
豊川稲荷(愛知)　㊤ 117*c*〔稲荷信仰〕 502*a*〔漁業信仰〕
豊田神社(東京)　㊦ 468 表〔富士塚〕
豊玉姫命　㊤ 304*a*〔海神〕
豊田流　㊦ 382*b*〔花火〕
豊臣秀次　㊦ 758*c*〔幽霊〕
豊臣秀吉　㊤ 483*b*〔狂歌〕 ㊦ 247*a*〔長浜曳山祭〕
豊明節会　㊦ 243*b*〔直会〕
• 虎《とら》　㊦ **230***a*　㊤ 962*b*〔千人針〕
寅　㊤ 173*b*〔鰻〕 829*c*〔出棺〕 ㊦ 78*c*〔智恵貰〕

• 銅鑼〔銅羅〕《どら》 ㊦**230**b ㊤367c〔楽器〕 379b〔鉦〕 ㊦391a〔囃し㈡〕
トライアングル ㊤367c〔楽器〕
虎石 ㊦231a〔虎が石〕 →虎が石
渡来人 ㊦281a〔日本人㈠〕
• ドラウチ ㊦**230**c ㊤365c〔家長〕 ㊦785b〔嫁盗み〕
虎踊り ㊦231c〔虎舞〕
• 虎が雨《とらがあめ》 ㊦**231**a
• 虎が石〔虎ヶ石，-伝説〕《とらがいし》 ㊦**231**a ㊤979c〔曾我兄弟〕 ㊦230b〔虎〕 231c〔虎御前〕
度羅楽 ㊤315a〔雅楽〕
銅鑼鉦 ㊦230c〔銅鑼〕
トラクター ㊦別刷〈野良仕事〉
トラゲババ ㊦233a〔取上げ婆さん〕
虎拳 ㊤577a〔拳〕
虎子石〔寅-〕 ㊦231a〔虎が石〕 →虎が石
虎御石 ㊦231a〔虎が石〕
• 虎御前《とらごぜん》 ㊦**231**b ㊤38a〔尼〕 656図〔五輪塔〕 979c〔曾我兄弟〕 ㊦231a〔虎が石〕
トラツグミ ㊦295b〔鵺〕 →鵺
トラディシオンポピュレール ㊦644a〔民俗学史〕
虎の油 ㊦9a〔泰作〕
銅鑼バイ ㊦230c〔銅鑼〕
トラバサミ ㊦834a〔罠〕
銅鑼桴 ㊦230c〔銅鑼〕
トラフグ ㊦460b〔フグ〕
ドラブチ ㊦230c〔ドラウチ〕
トラヘイ ㊦237b〔トロヘイ〕 →トロヘイ
• 虎舞《とらまい》 ㊦**231**c ㊤別刷〈仮面〉
• トランス trance ㊦**232**a ㊤201c〔エクタシー〕 398b〔神がかり〕 797c〔シャーマニズム〕 ㊦442a〔憑依〕
トランプ ㊤335a〔賭け事〕 425a〔かるた〕
トランプ占い ㊤189b〔占い師〕
トランペット ㊤367c〔楽器〕
トリアゲ ㊤49c〔綾取り〕
• 取上げ親〔トリアゲオヤ〕《とりあげおや》 ㊦**232**b ㊤286a〔親子〕 287a〔親子成り〕 288a〔親分・子分〕 422b〔仮親〕 462b〔擬制的親子関係〕 ㊦448a〔拾い親〕
取り上げ拳 ㊤577a〔拳〕
トリアゲジジ ㊦232c〔取上げ親〕
トリアゲッコ ㊦232c〔取上げ親〕
トリアゲノユ ㊤180a〔産湯〕
• 取上げ婆さん〔トリアゲババ，-婆〕《とりあげばあさん》 ㊦**232**c ㊤177b〔産着〕 733b〔産婆〕 ㊦232b〔取上げ親〕 255b〔名付け〕 256b〔名付け親〕 448a〔拾い親〕 509c〔臍の緒〕 684c〔命名〕
鳥足行人 ㊤381a〔鉦たたき〕
鶏合わせ ㊦179c〔闘鶏〕 →闘鶏
• 鳥居《とりい》 ㊦**233**b 708a〔門㈠〕
• 鳥居(日系)《とりい》 ㊦**234**a
鳥居(芸能) 101a〔中門口〕
『鳥居考』 ㊤123a〔井上頼寿〕
鳥居建て ㊦629c〔民家〕
• 鳥居龍蔵《とりいりゅうぞう》 ㊦**234**a 220a〔土俗会〕 635c〔民具〕 644b〔民俗学史〕 746c〔山中共古〕 別刷〈民俗学史〉
『鳥居龍蔵全集』 ㊦234b〔鳥居龍蔵〕
鳥占い ㊤116a〔稲作儀礼〕
• 鳥追い《とりおい》 ㊦**234**b ㊤116a〔稲作儀礼〕 375a〔門口〕 375a〔門付け〕 392b〔竈祓え〕 624a〔小正月〕 635c〔子供組〕 678a〔サイトヤキ〕 ㊦7c〔大黒舞〕 115a〔鎮送呪術〕 222c〔唱え言〕 239b〔とんど〕 320a〔農耕儀礼〕 364c〔畑作〕 713c〔焼米〕 777a〔予祝儀礼〕
鳥追い唄 ㊦234b〔鳥追い〕
トリオイゴヤ ㊦234b〔鳥追い〕
トリオイドウ ㊦234b〔鳥追い〕
トリオイヤグラ ㊦234b〔鳥追い〕
トリオドシ ㊤268a〔威し〕 ㊦265a〔鳴子〕 →鳴子
取親 ㊦234c〔取子〕
鳥籠 ㊤337a〔籠〕
• トリカジ ㊦**234**c ㊤283b〔オモカジ〕 366b〔カツオ〕 505a〔漁船〕 ㊦249c〔流れ仏〕 331c〔乗り初め〕
トリカゼ ㊦440a〔百日咳〕
トリカブト ㊤921b〔スルク〕 ㊦202c〔毒〕
鳥甲 ㊤230a〔王の舞〕
トリキ ㊤551c〔クロモジ〕 →クロモジ
鳥喰い神事 ㊤267a〔御鳥喰神事〕 →御鳥喰神事
• 取子〔トリゴ〕《とりご》 ㊦**234**c 256b〔名付け親〕
トリゴオヤ ㊦235a〔取子〕
取越正月 ㊦727a〔休み日〕
トリシバ ㊤551c〔クロモジ〕 →クロモジ
トリゼキ ㊦440a〔百日咳〕
取立式 ㊦229a〔友子〕
取立嫡子 ㊦92c〔嫡子〕
トリツキスジ ㊤668a〔牛蒡種〕 →牛蒡種
取次人 ㊦244a〔仲買い〕
• トリックスター trickster ㊦**235**a
鳥出神社(三重) ㊤528図〔鯨船〕
鳥女房 ㊦191b〔動物報思譚〕
• 酉の市《とりのいち》 ㊦**235**b ㊤103a〔市日〕 190c〔売声〕 537a〔熊手〕 別刷〈市〉
トリノクチ ㊦714a〔焼米〕 →焼米
トリノコヘギ ㊦440a〔百日咳〕
酉の市 ㊦235b〔酉の市〕 →とりのいち
酉の祭 ㊤921c〔諏訪信仰〕
鳥呑み爺 ㊤155c〔ウグイス〕 ㊦191b〔動物報思譚〕 223a〔隣の爺〕 514b〔屁ひり話〕
鳥喰神事《とりばみしんじ》 ⇨御鳥喰神事(㊤266c) ㊤419c〔烏〕 420a〔烏勧請〕 ㊦377c〔初山〕 729a〔八咫烏〕
トリビキ ㊦416b〔ヒキ〕
トリビシャ ㊤279b〔おびしゃ〕
鳥笛 ㊦458c〔笛〕
トリボイ ㊦234b〔鳥追い〕
取米 ㊦309a〔年貢〕
取巻き広間型 ㊦449a〔広間型民家〕
トリマデ(鳥迷) ㊦670b〔ムヌン〕
• 鳥黐《とりもち》 ㊦**235**c ㊤835b〔狩猟〕 ㊦240a〔トンボ〕 834a〔罠〕
トリモチ作り ㊦743b〔山仕事〕
• 採物《とりもの》 ㊦**236**a ㊤170b〔団扇〕 228a〔扇〕 614a〔こきりこ〕 631b〔コッキリコ〕 ㊦443b〔ヒョウタン〕
採物歌 ㊤329b〔神楽歌〕 ㊦236a〔採物〕
採物神楽 ㊤327c〔神楽〕 ㊦647c〔民俗芸能〕
採物舞 ㊤883a〔神事芸能〕 ㊦559a〔舞〕
取り湯 ㊤85a〔石風呂〕
取り湯式 ㊤488b〔行水〕
鳥罠 ㊤837表〔狩猟法〕
土塁 ㊦174c〔土居〕
トルコ風呂 ㊦337c〔売春〕
• 『ドルメン』 ㊦**236**c
土鈴 ㊤495b〔郷土玩具〕 912a〔鈴〕
• トロ〔ドロ，瀞，土呂，登呂〕 ㊦**237**a 832c〔渡し〕
泥藍 ㊤1c〔藍〕
泥足地蔵 ㊤770c〔地蔵伝説〕
• 泥絵《どろえ》 ㊦**237**a
• 泥落とし〔ドロオトシ〕《どろおとし》 ㊦**237**a ㊤876c〔しろみて〕 ㊦182b〔湯治〕 →しろみて
トローリング ㊤109a〔一本釣り〕
トロール網 ㊦416b〔引き網〕
洞川(奈良) ㊤238c〔大峯信仰〕
ドロタ ㊤781b〔湿田〕
ドロトウス ㊤417a〔唐臼〕
トロトロ ㊦237b〔トロヘイ〕 →トロヘイ
ドロハウス ㊤417a〔唐臼〕
ドロブネ ㊦61b〔田舟〕
• トロヘイ ㊦**237**b ㊤624c〔小正月の訪問者〕 634a〔コトコト〕 ㊦777a〔予祝儀礼〕
泥棒送り ㊦428b〔人形〕
泥棒グモ ㊤541c〔クモ〕
泥棒と屁 ㊦514a〔屁ひり話〕
泥棒の名人 ㊤732a〔三人兄弟〕
泥棒除け ㊦148a〔手形〕

トロミ　㊤366a〔カツオ〕
泥水被せ　㊦604c〔水祝い〕
泥休み　㊤116a〔稲作儀礼〕
とろり唄　㊤694a〔酒造り唄〕→酛摺り唄
どろんこ祭　㊦783a〔嫁市〕
トロンボーン　㊤367c〔楽器〕
ドンガ　㊤51a〔アラセツ〕 809b〔収穫祭〕
ドンガネズ　㊦830c〔輪中〕
トンガラ　㊦209c〔ドシ〕
ドンガラ　㊤255c〔おこない〕
ドンギリオーコ　㊦172図〔天秤棒〕
頓宮　㊤264b〔御旅所〕→御旅所
• ドングリ　㊦**237**c　㊤481a〔救荒食物〕 639a〔木の実〕 827c〔主食〕 ㊦606a〔水晒し〕
ドングリコンニャク　㊦238a〔ドングリ〕
ドングリトーフ　㊦238a〔ドングリ〕
どんぐり船　㊤464c〔北前船〕→北前船
『遁甲経』　㊤188c〔占い〕
遁甲術　㊤188c〔占い〕
• トンコリ　㊦**238**a　㊤5図〔アイヌ〕
鈍根草　㊦625b〔ミョウガ〕→ミョウガ
• ドンザ　㊦**238**b
冬至　㊦627c〔名節〕
ドンジャ　㊦238b〔ドンザ〕
頓首　㊤721b〔三跪九叩〕
屯所　㊤840b〔巡査〕
遁世　㊤908a〔数寄〕
『ドン底生活』　㊤920b〔スラム〕
ドンダ　㊦238b〔ドンザ〕
• どんたく　㊦**238**c
どんたく港祭　㊦576b〔松囃子〕
ドンタビキ　㊦225a〔ドビキ〕
トンチ　㊤656b〔コロポックㇽ〕→コロポックㇽ
頓智　㊤731c〔三右衛門話〕
とんちぼー　㊦53a〔狸〕
トンテントン祭　㊤252c〔おくんち〕
屯田兵　㊤618c〔護国神社〕 ㊦239a〔屯田兵村〕
• 屯田兵村《とんでんへいそん》　㊦**239**a　㊤105c〔一軒家〕 307c〔開拓村落(二)〕 ㊦541c〔母村(二)〕
• とんど〖トンド，ドンド，どんど，-焼，トンド焼，ドンド焼〗　㊦**239**b　㊤131b〔忌火〕 274c〔鬼火焚き〕 309a〔カイツリ〕 317b〔鏡開き〕 624b〔小正月〕 624c〔小正月の訪問者〕 635c〔子供組〕 688c〔左義長〕 844b〔正月〕 別刷〈小正月〉 ㊦19c〔松明祭〕 259b〔七日正月〕 437b〔火祭〕 別刷〈山の神〉 →左義長
ドンド神　㊦790c〔雷神〕
ドンドコ船　㊦485c〔船祭〕
ドンドン　㊦218a〔ドジョウ〕
トントン葺き　㊤99a〔板屋根〕
ドンドンヤキ　㊦239b〔とんど〕
トンノス　㊦697b〔もっこ〕
トンビ　㊦525a〔防寒着〕
鳶　㊦244a〔仲買い〕
ドンビキ　㊦225a〔ドビキ〕
ドンブク　㊤984c〔袖なし〕
• トンプソン Thompson, Stith　㊦**239**c　㊤1a〔アールネ〕 1a〔アールネ・トンプソンの話型〕 210a〔エフエフシー〕 558c〔形式譚〕 ㊦18b〔タイプ＝インデックス〕 552b〔本格昔話〕 633a〔民間文芸モチーフ索引〕 659c〔昔話〕 687b〔メルヘン〕 695c〔モチーフ〕 828b〔話型〕
• どんぶり(食器)〖丼，丼鉢〗　㊦**239**c 366a〔鉢〕
どんぶり(衣服)　㊦239a〔どんぶり〕 395a〔腹掛け〕
トンベガミ〖トンボー〗　㊦189a〔トウビョウ〕
• トンボ〖蜻蛉〗　㊦**240**a　㊤270c〔おなり神〕 ㊦385b〔羽根つき〕→蜻蛉
蜻蛉笠　㊤339a〔笠〕
トンボグチ　㊤236b〔大戸〕
トンボゾウリ　㊤22a〔足半〕
とんぼ玉　㊦240a〔トンボ〕
トンボ釣り　㊦240a〔トンボ〕
• 問屋〖トヒヤ〗《とんや》　㊦**240**b　㊤291c〔卸し売〕 333a〔掛け売り〕 853a〔商人〕
問屋業　㊤843b〔商家〕
問屋格子　㊤590a〔格子〕
貪欲　㊦182b〔湯治〕
• 呑竜《どんりゅう》　㊦**240**c
呑竜子ども〖-っ子，-坊主〗　㊦240c〔呑竜〕

な

ナー(井戸)　㊤299c〔カー〕
ナー(庭)　㊦619c〔ミャー〕
ナーシル(苗代)　㊤707b〔サニ〕
ナイ(川)　㊦298a〔ヌタ〕
• 薙鎌《ないがま》　㊦**241**b
• 内婚《ないこん》　㊦**241**b
内在魂　㊤393c〔神〕
内済離縁　㊤219c〔縁切寺〕
内侍所御神楽　㊦597c〔御神楽〕
内侍舞　㊤328a〔神楽〕
ナイシャトル〖-嫁〗　㊤704c〔里帰り〕 ㊦410b〔ヒートリ嫁〕
• ナイショ〖-ガネ〗　㊦**241**c　㊤127c〔居間〕
内証勘当　㊤446a〔勘当〕
内証久離　㊤482c〔久離〕
ないしょぎき　㊤454b〔聞き合わせ〕→聞き合わせ
• 内職《ないしょく》　㊦**242**a　㊤332c〔家計〕 ㊦780b〔よなべ〕
ナイショゴ　㊤766a〔私生児〕
内水　㊤445b〔乾田〕
内水面漁業　㊤624c〔湖沼漁業〕
内水面漁業協同組合　㊤501b〔漁業協同組合〕
ナイゾメ　㊤721a〔三箇日〕
ナイチ(内地)　㊦745a〔ヤマトゥ〕
ナイチャー　㊦745a〔ヤマトゥ〕
内法　㊤991c〔村内法〕
内務省社寺局　㊤884a〔神社合祀〕
内務省神社局　㊤884a〔神社合祀〕
内務省地方局　㊤884b〔神社合祀〕
名請人　㊤580c〔検地〕
菜売　㊦360b〔ハシリガネ〕
苗　㊤44a〔余り苗〕
• 苗忌み《なえいみ》　㊦**242**a 24b〔田植え〕 243a〔苗取り〕 373c〔初田植〕
苗植え　㊦23c〔田植え〕
苗売り　㊦781b〔呼売り〕
萎烏帽子　㊤212a〔烏帽子〕
ナエオビヤ　㊦243a〔苗取り〕
苗籠　㊤195c〔運搬具〕 ㊦37b〔竹細工〕
苗配り　㊦27c〔田人〕
苗講　㊦186b〔同族神〕
ナエシキ　㊦68a〔タロウジ〕
苗尺　㊦242c〔苗印〕
• 苗印《なえじるし》　㊦**242**b
苗塚　㊤44a〔余り苗〕
ナエデ　㊦243a〔苗取り〕

苗床　㊦243a〔苗間〕
・苗取り《なえとり》　㊦**242c**　23c〔田植え〕　27c〔田人〕
苗取り唄　㊤234b〔大田植〕　㊦243a〔苗取り〕
苗運び　㊦27c〔田人〕
ナエバワラ　㊦243a〔苗取り〕
苗半作　㊤44a〔余り苗〕　㊦266a〔苗代〕
苗日　㊦242b〔苗忌み〕
苗開き　㊦374a〔初田植〕
ナエブネ　㊦61b〔田舟〕
・苗間《なえま》　㊦**243a**　266a〔苗代〕
苗見竹　㊦242c〔苗印〕
ナエヤク　㊦242b〔苗忌み〕　→苗忌み
ナエユミ　㊦242b〔苗忌み〕
儺追い風　㊤351a〔風〕
儺追神事　㊦115b〔鎮送呪術〕　431a〔人身御供〕
儺追人　㊦431a〔人身御供〕
・直江広治《なおえひろじ》　㊦**243a**　706c〔森神〕
『直毘霊』　㊦697c〔本居宣長〕
ナオヤ　㊦256b〔名付け親〕
・直会《なおらい》　㊦**243b**　㊤141a〔色話〕　148a〔飲酒〕　483a〔饗宴〕　488a〔共食〕　526c〔グシマツリ〕　542a〔供物〕　685c〔肴〕　686c〔坂迎え〕　㊦495b〔無礼講〕　577c〔祭〕
ナガ　㊦473b〔ふだん着〕
長アーグ　㊤48b〔アヤグ〕　㊦269b〔南島歌謡〕
長雨　㊤46a〔雨〕
ナカイ　㊤127c〔居間〕
中居鋳物師　㊦260b〔鍋〕
中井御霊神社(東京)　㊦468 表〔富士塚〕
中井清太夫　㊤801b〔ジャガイモ〕
中井太一郎　㊤866b〔除草器〕
永井大念仏〔-剣舞〕　㊤581c〔剣舞〕　㊦648a〔民俗芸能〕
長い名の子供　㊤237b〔大話〕
中井信彦　㊤801a〔社会史〕
長い話　㊦378b〔果無し話〕　→果無し話
長芋　㊤132c〔イモ〕
ナカイワイ　㊦394c〔腹帯〕
長唄〔長歌〕　㊤332b〔掛けあい〕　㊦183a〔道成寺〕
ナカウド　㊤867b〔所帯びろめ〕
ナカゥドオヤ　㊦252a〔仲人親〕
長馬　㊤別刷〈遊び〉
・名替え《ながえ》　㊦**243c**　㊤212b〔烏帽子着祝い〕　582a〔元服〕　931c〔成年式〕　㊦256b〔名付け親〕
轅　㊤620c〔輿〕
ナガエオヤ　㊦256b〔名付け親〕
長烏帽子　㊤211c〔烏帽子〕
長岡瞽女　㊤626b〔瞽女〕
「中奥の民間信仰」　㊦630a〔民間信仰〕
中尾佐助　㊤702c〔サトイモ〕　859b〔照葉樹林文化〕
長尾寺(香川)　㊦519 表〔遍路〕
中踊り　㊤598b〔小歌踊り〕
中折れ下駄　㊦348a〔履物〕
仲卸業者　㊦244a〔仲買い〕
・仲買い〔仲買人〕《なかがい》　㊦**243c**　㊤79a〔イサバ〕　291c〔卸し売〕　333a〔掛け売り〕　853a〔商人〕　㊦240c〔問屋〕
長合羽　㊤370b〔合羽〕
長裃　㊤401a〔裃〕
・中川善之助《なかがわぜんのすけ》　㊦**244b**　㊤33c〔姉家督〕
魚垣　㊤123b〔イノー〕　551a〔黒潮〕
・長着《ながぎ》　㊦**244b**　㊤476c〔着物〕　756b〔仕事着〕　㊦222b〔褞袍〕　473b〔ふだん着〕　778b〔よそゆき〕
ナガギモン　㊦473b〔ふだん着〕
長切りコンブ　㊤667b〔コンブ〕
中城城(沖縄)　㊤529a〔グスク〕
中城墓　㊤22b〔按司墓〕
ナカグロ　㊤26a〔畦〕
ナガゴシキ　㊦762a〔雪鋤〕
中小君　㊦99b〔中将姫〕
長鷹　㊤647c〔鷹〕
ナガサ　㊦158 図〔手槍〕　740c〔山刀〕　→山刀
長崎稲佐国際墓地　㊤323a〔華僑墓地〕
長崎くんち　㊤252a〔おくんち〕　799 図〔竜踊り〕
長崎拳　㊤577a〔拳〕
・長崎ちゃんぽん《ながさきちゃんぽん》　㊦**244c**
長崎中華街　㊦340c〔牌楼〕
中挿し　㊤586a〔笄〕
ナカサナブリ　㊤707a〔さなぶり〕
中双　㊤703b〔砂糖〕
流され王　㊦170c〔天皇伝説〕
・仲仕《なかし》　㊦**244c**　408a〔飯場〕
・流し(住居)〔ナガシ，ナガシバ，ナガシモト〕《ながし》　㊦**245a**　㊤323c〔家具〕　㊦16b〔台所〕　607a〔水屋㈠〕
流し(囃し)　㊤429a〔河内音頭〕
流し木　㊤426c〔川狩〕　→川狩
中敷居　㊤750a〔敷居〕
流子　㊤446c〔かんな流し〕
仲仕込み唄　㊤694a〔酒造り唄〕
流し刺網　㊤696b〔刺網〕
流し漉き　㊤401c〔紙漉き〕
流し燈籠　㊦62b〔魂祭〕
流縄　㊤837 表〔狩猟法〕
・流し雛《ながしびな》　㊦**245b**　㊤34c〔姉さま人形〕　219a〔縁起物〕　426b〔川〕　720c〔三月節供〕　731a〔桟俵〕　㊦115b〔鎮送呪術〕　257c〔撫物〕　292b〔人形〕　428b〔人形〕　432c〔雛祭〕　716b〔厄落とし〕
中島神社(兵庫)　㊤347a〔菓子屋〕
流し鷂縄　51606b〔水鳥猟〕
中宿老　㊦315b〔年齢階梯制〕
長襦袢　㊤771c〔下着〕
中代　㊤875b〔代掻き〕
ナカシロカキ　㊤211b〔えぶり〕
ナカジン拝み　㊦247a〔中柱〕
中巣　㊤730c〔蚕種〕
中透戸　㊤849a〔障子〕
長袖みさき　㊦602c〔みさき〕
仲宗根政善　㊤246b〔沖縄語〕
長滝寺(岐阜)　㊤223a〔延年〕　㊦245c〔長滝の延年〕　349b〔白山信仰〕
・長滝の延年〔長滝白山神社-〕《ながたきのえんねん》　㊦**245b**　83b〔稚児舞〕
長滝白山神社(岐阜)　㊦245b〔長滝の延年〕　→白山長滝神社
長田神社(兵庫)　㊤272a〔鬼会〕　㊦779c〔夜泣石〕
ナガタニシ　㊦52a〔タニシ〕
中煙草　㊦726b〔休み〕
長田マダン　㊦105c〔朝鮮人コミュニティー〕　571b〔マダン〕
中田喜直　㊦194b〔童謡〕
長地条村　㊤821c〔集落〕
「中津川甚句」　㊤463c〔木曾節〕
・中継相続〔中継-〕《なかつぎそうぞく》　㊦**246a**　㊤34a〔姉家督〕　588b〔後見〕　㊦665a〔聟養子〕
中付駑者　㊦47a〔駄賃付け〕
中津神社(大阪)　㊦308c〔年行事〕
長剣梅鉢　㊤413 図〔家紋〕
長手　㊤380c〔曲尺〕
中砥　㊦174c〔砥石〕
ナカド　㊦251b〔仲人〕
・長床《ながとこ》　㊦**246b**
長床衆　㊦246c〔長床〕
長床宿老　㊦246c〔長床〕
中臣神社(三重)　㊤83c〔石取祭〕
『中臣祓瑞穂鈔』　㊤93c〔伊勢神道〕
中戸流　㊦3c〔太神楽〕
ナガナツギ　㊦244b〔長着〕
ナガナワ　㊦341a〔延縄〕　→延縄
中抜き表草履　㊤978b〔草履〕
中塗り　㊤387b〔壁〕
ナカネ　㊤623a〔腰巻〕
中根千枝　㊤359b〔家族類型〕
中根祭　㊤226c〔お忌みさん〕
中寝間三間取り　㊦581b〔間取り〕
中根休　㊤226c〔お忌みさん〕
『長野県史』　㊤107a〔一志茂樹〕
長野堰水門　㊤905 図〔水利慣行〕
中酉　㊦235c〔酉の市〕
ナカノマ　㊦107b〔帳台〕　144b〔出居〕　別刷〈民家〉
ナカノリ〔中乗り〕　㊦69a〔筏〕　69b〔筏師〕
「なかのりさん節」　㊤463c〔木曾節〕
中告姫　㊦99b〔中将姫〕

長暖簾　㊦333a〔暖簾〕
• 中柱《ナカバーヤ》　㊦**246**c
長羽織　㊦341c〔羽織〕
長梯子　㊦357b〔梯子〕
• 長浜曳山祭《ながはまひきやままつり》　㊦**247**a　42 図〔山車〕　418 図〔曳山〕
中囃子　㊦391a〔囃し(二)〕
• 仲原善忠《なかはらぜんちゅう》　㊦**247**b　㊤43b〔アマミキョ〕　285b〔おもろさうし〕　944b〔セジ〕
『仲原善忠全集』　㊦247b〔仲原善忠〕
中引梁　㊦397b〔梁組〕
長火鉢　㊦436a〔火鉢〕
中平泰作　㊦9a〔泰作〕　→泰作
仲風　㊦798b〔琉歌〕
長舟　㊦446b〔ヒラタブネ〕
ナカマ(親族)　㊦427c〔ヒッパリ〕　705b〔モヤイ〕
ナカマ(間食)　㊤862a〔食事〕
仲間入り　㊦778a〔他所者〕
仲間株　㊤383a〔株〕
仲間組合　㊤333a〔掛け売り〕
仲間仕事　㊦679c〔村仕事〕
仲間衆　㊦244c〔仲仕〕
ナガマチ　㊦571c〔町〕
仲松弥秀　㊤281a〔オボツ・カグラ〕　395c〔神アシャギ〕　㊦563b〔マキョ〕
ナカマツリ　㊦307b〔練り嫁〕
ナカマドチ　㊦221b〔トチ〕
ナカマヤマ〘仲間山〙　㊤499a〔共有財産〕　499c〔共有地〕
ナカミ吸い物　㊦470c〔豚〕
中道等　㊦797a〔俚俗と民譚〕　823a〔炉辺叢書〕
中森ノ嶽　㊤155a〔拝所〕
ナカムートゥ(中宗家)　㊤968b〔宗家〕　㊦669c〔ムトゥ〕
長虫の弔い　㊦666b〔虫供養〕
ナガムシ除け　㊤694a〔モグラ打ち〕
中村神社(福島)　㊦328c〔野馬追い〕
中村仲蔵　㊤268a〔男舞〕
ナガメ　㊦262c〔ナマハゲ〕
ナカモチ　㊦246a〔中継相続〕
• 長持《ながもち》　㊦**247**b　㊤258a〔押入れ〕　323b〔家具〕　421b〔唐櫃〕　㊦142b〔ツリモノ〕　221b〔戸棚〕　427a〔櫃〕
長持唄　㊦187c〔道中唄〕　247c〔長持〕　248a〔長持担ぎ〕　272a〔荷送り〕　783b〔嫁入り行列〕
• 長持担ぎ《ながもちかつぎ》　㊦**247**c
ナガモノ　㊤130a〔忌言葉〕　245a〔沖言葉〕
• 長屋《ながや》　㊦**248**a　㊤35a〔アパート〕　188a〔裏店〕　796a〔仕舞屋〕　920a〔スラム〕　㊦821c〔露路〕　822b〔露路裏〕
長屋建築規制　㊤920b〔スラム〕
• 中宿(婚礼)《なかやど》　㊦**248**b　㊤140c〔色直し〕　669b〔婚礼衣裳〕　990c〔村外婚〕　㊦272a〔荷送り〕　783c〔嫁入り行列〕
中宿　㊤344c〔貸席〕
中宿交易　㊦665b〔無言交易〕
長山御嶽　㊤343c〔鍛冶神〕
中山踊り　㊤46b〔飴屋踊り〕
中山神社(岡山)　㊤263a〔お田植祭〕
中山晋平　㊦194b〔童謡〕　647a〔民俗芸術〕
• 中山太郎《なかやまたろう》　㊦**248**c　㊤169b〔内郷村調査〕　668a〔牛蒡種〕　864b〔諸国風俗問状答〕　㊦220c〔土俗学〕　595b〔万葉集〕　642c〔民俗学(二)〕　691a〔毛髪〕
中山寺(兵庫)　㊤57b〔安産祈願〕　675 表〔西国巡礼〕
長山の田植え踊り　㊤209b〔えびす舞〕
中山みき　㊦173b〔天理教〕
• 長屋門《ながやもん》　㊦**249**a　248a〔長屋〕　708b〔門(一)〕
ナカユイ　㊤838 表〔狩猟用具〕
ナガラ　㊤410a〔カモシカ猟〕
半井家　㊤372c〔家伝薬〕
ナガラコ　㊦244b〔長着〕
長等神社(滋賀)　㊦380c〔鎮花〕
長柄の橋(大阪)　㊦358a〔橋姫伝説〕
長柄の人柱伝説　㊦430b〔人柱〕
流れ井　㊤426a〔川〕
ナガレ歌　㊦269b〔南島歌謡〕
• 流灌頂《ながれかんじょう》　㊦**249**b　㊤10b〔あか〕　86c〔異常死〕　178c〔産女〕　428c〔川施餓鬼〕　441b〔灌頂〕　㊦88b〔血の池地獄〕　604a〔水〕　605c〔水子供養〕　772b〔幼児葬法〕
流れ込み田　㊤702b〔砂鉄〕
流れ職人　㊦180c〔陶工〕
流れ谷　㊤596c〔洪水〕
流造　㊦446a〔平入り〕
流れビト　㊦249c〔流れ仏〕　→流れ仏
• 流れ仏《ながれぼとけ》　㊦**249**c　㊤901a〔水死人〕
ナギ　㊤598c〔耕地〕　㊦714b〔焼畑〕
鳴石　㊤79b〔石〕
• 泣女《なきおんな》　㊦**250**a　㊤306c〔海村〕
ナギカエシ　㊤53b〔アワ〕　㊦別刷〈山の神〉
薙鎌〘難鎌〙　㊤297c〔御柱〕　351a〔風〕　341b〔風祭〕
今帰仁拝み　㊤10c〔アガイマーイ〕
今帰仁城(沖縄)　㊤529a〔グスク〕
• 泣き相撲《なきずもう》　㊦**250**b
ナキテ　㊦250a〔泣女〕
長刀鉾　㊤368c〔鞨鼓〕
泣き婆さん　㊦233a〔取上げ婆さん〕
ナギハタ　㊤508c〔切替畑〕　→切替畑
ナキババ　㊦250a〔泣女〕
ナキマンジュウ　㊦447c〔昼寝〕
泣き饅頭　㊦372c〔八朔〕
ナキメ　㊦250a〔泣女〕
菜切り庖丁　㊦532a〔庖丁〕
名倉砥　㊦175a〔砥石〕
• 投上げ饅頭《なげあげまんじゅう》　㊦**250**c
なげあし　㊤922a〔坐り方〕
投げ網猟　㊤837b〔狩猟法〕
投げ占　㊤950b〔銭占〕
• 長押《なげし》　㊦**251**a
投柴猟　㊤837 表〔狩猟法〕
投頭巾　㊤909a〔頭巾〕
投げ松明　㊤16b〔揚げ松明〕　251c〔送り火〕　㊦19b〔松明〕　360a〔柱松〕
投毒　㊦204a〔毒流し〕
投節　㊤598a〔小歌〕
ナゴ　㊦256b〔名付け親〕
• 名子《なご》　㊦**251**a　㊤377b〔門割制度〕　424b〔刈分小作〕　574c〔家抱〕　580c〔検地〕　690c〔作子〕　786a〔地主・小作〕　㊦415c〔被官〕　444b〔漂泊民〕　459a〔賦役〕　471a〔譜代(二)〕　561b〔マキ〕　607a〔水呑〕　691a〔間人〕
名子洗い　㊦444b〔漂泊民〕
• 仲人《なこうど》　㊦**251**b　㊤380b〔鉄漿親〕　476a〔決め酒〕　668b〔婚約〕　965c〔添い聟〕　990c〔村外婚〕　㊦142a〔釣書〕　247c〔長持担ぎ〕　357a〔はしかけ〕　421a〔ヒザナオシ〕　596a〔見合〕　685b〔夫婦盃〕　755b〔結納〕　783b〔嫁入り行列〕
仲人石　㊦559b〔迷子〕
• 仲人親《なこうどおや》　㊦**252**a　㊤286a〔親子〕　287a〔親子成り〕　288a〔親分・子分〕　422b〔仮親〕　462b〔擬制的親子関係〕　㊦251c〔仲人〕
仲人婚　㊤658c〔婚姻〕
ナゴガシラ　㊤554b〔クワガシラ〕
• 夏越の祓え〘ナゴシ，-大祓〙《なごしのはらえ》　㊦**252**a　㊤656c〔衣更〕　㊦88c〔茅の輪〕　257a〔夏祭〕　257c〔夏病み〕　293a〔人形送り〕　394b〔祓え〕　510b〔別火〕　627b〔御蔭神事〕
夏越祭　㊤453a〔祇園祭〕
ナコトバ　㊦741c〔山言葉〕
名子抜け　㊤690c〔作子〕　㊦251a〔名子〕
ナゴミ〘-ハギ，ナゴメハギ〙　㊤624b〔小正月の訪問者〕　㊦262c〔ナマハゲ〕
名護屋帯　㊤278b〔帯〕
名越左源太時敏　㊦272b〔南島雑話〕
名残りの綱　㊤963a〔善の綱〕
ナサシ　㊤39a〔海女・海士〕
菜笊　㊦37b〔竹細工〕
ナシ　㊤638c〔木の実〕
ナシダンゴ　㊦697a〔餅花〕
• 馴染〘ナジミ〙《なじみ》　㊦**252**b　㊤923b〔性〕

991*b*〔村内婚〕 ㊦812*c*〔恋愛〕 813*a*〔恋愛結婚〕
ナジミ子 ㊦812*c*〔恋愛〕
ナショナリズム ㊦639*c*〔民族(一)〕
ナジリ ㊤955*b*〔前栽畑〕 ㊦724*a*〔屋敷畑〕
• ナス〔ナスビ〕 ㊦**252*c*** ㊤127*b*〔疣〕 316 図〔案山子〕 370*c*〔河童〕 522*c*〔九月節供〕 863*c*〔植物禁忌〕
那須楮 ㊤597*b*〔コウゾ〕
薺 ㊦258*a*〔七草〕
「那須与一」 ㊤534*b*〔口説き〕
那須晧 ㊤169*c*〔内郷村調査〕
• 謎《なぞ》 ㊦**253*a*** ㊤592*c*〔口承文芸〕 634*b*〔言葉遊び〕 →なぞなぞ
ナソエオヤ ㊦256*b*〔名付け親〕
謎解聟 ㊦267*c*〔難題聟〕
なぞなぞ〔謎々〕 ㊤485*a*〔競技〕 634*b*〔言葉遊び〕 ㊦253*a*〔謎〕 →謎
『なぞの研究』 ㊤913*b*〔鈴木棠三〕
• 鉈《なた》 ㊦**253*b*** ㊤276*a*〔斧〕 388*b*〔鎌〕 459*c*〔木地屋〕 547*c*〔刳り物〕 ㊦389*c*〔刃物〕 532*a*〔庖丁〕 741*a*〔山刀〕
• 灘《なだ》 ㊦**254*a***
鉈鎌 ㊤388*a*〔鎌〕 ㊦806*b*〔臨終〕
灘五郷 ㊦128*c*〔造酒屋〕
灘酒屋唄 ㊤694*a*〔酒造り唄〕
鉈印 ㊦253*c*〔鉈〕
• ナタネ〔菜種〕 ㊦**254*a*** ㊤435*c*〔換金作物〕 691*a*〔作物禁忌〕
ナタネ油 ㊤36*b*〔油〕
菜種御供 ㊦684*b*〔命日〕
ナタネ蜜 ㊦369*a*〔蜂蜜〕
• 灘回り《なだまわり》 ㊦**254*b*** 421*a*〔販女〕 478*b*〔物々交換〕
鉈目式栽培法 ㊤741*a*〔シイタケ〕
• 雪崩《なだれ》 ㊦**254*c***
• 那智扇祭《なちおうぎまつり》 ㊦**255*a*** ㊤228*c*〔扇祭〕
那智参詣曼荼羅 ㊤539*c*〔熊野曼荼羅〕 722*c*〔参詣曼荼羅〕
那智大社(和歌山) ㊦162*a*〔田楽〕
那智滝図 ㊤539*c*〔熊野曼荼羅〕
那智妙法山(和歌山) ㊤752*b*〔樒〕
• 捺印《なついん》 ㊦**255*b***
夏唄 ㊤462*c*〔季節唄〕
夏扇 ㊤228*a*〔扇〕
夏祈禱 ㊤491*b*〔共同祈願〕
• 名付け《なづけ》 ㊦**255*b*** ㊤737*c*〔産見舞〕 ㊦243*c*〔名替え〕 256*b*〔名付け親〕 684*c*〔命名〕
ナツケイシ ㊦255*c*〔名付け〕
名付け岩 ㊦255*c*〔名付け〕
名付け祝い ㊤177*c*〔産毛剃り〕 403*a*〔髪垂れ〕 ㊦255*c*〔名付け〕
• 名付け親《なづけおや》 ㊦**256*b*** ㊤286*a*〔親子〕 287*a*〔親子成り〕 288*a*〔親分・子分〕 422*b*〔仮親〕 462*b*〔擬制的親子関係〕 ㊦232*b*〔取上げ親〕 243*c*〔名替え〕 255*c*〔名付け〕 767*c*〔ユモジ祝い〕 767*c*
ナヅケシチヤ ㊤776*c*〔七夜〕
ナヅケモリ ㊦706*b*〔守り親〕
ナツジバン ㊤771*c*〔下着〕
ナツズキ ㊤704*c*〔里帰り〕
ナッデ ㊤285*c*〔オヤゲンゾ〕
ナット ㊤639*a*〔木の実〕
• 納豆《なっとう》 ㊦**256*c*** 13*c*〔大豆〕 257*a*〔納豆寝せ〕
納豆売り ㊦781*a*〔呼売り〕
納豆苞 ㊦839*b*〔藁苞〕
• 納豆寝せ《なっとうねせ》 ㊦**257*a***
納豆の年取 ㊦257*a*〔納豆寝せ〕
納豆のトシヤ ㊦256*c*〔納豆〕
臘享日 ㊦627*c*〔名節〕
夏プーズ ㊤55*c*〔粟祭〕
夏節 ㊤462*c*〔季節唄〕
• 夏祭《なつまつり》 ㊦**257*a*** ㊤635*c*〔子供組〕 ㊦631*b*〔民間信仰〕
夏峰〔-入り〕 ㊤577*c*〔験競べ〕 ㊦287*a*〔入峰修行〕 420*b*〔英彦山信仰〕 616*b*〔峰入り〕 →花供峰
ナツモノ ㊤245*a*〔沖言葉〕
夏物断ち ㊦47*a*〔断ち物〕
• 夏病み《なつやみ》 ㊦**257*b***
ナデ(漁法) ㊤915*c*〔素捕り〕
ナデ(雪崩) ㊦254*c*〔雪崩〕
瞿麦 ㊤411 図〔家紋〕
ナデヒラ ㊦254*c*〔雪崩〕
撫で仏 ㊦451*a*〔賓頭盧〕
撫仏信仰 ㊦78*c*〔智恵貰〕
• 撫物《なでもの》 ㊦**257*c*** ㊤360*c*〔形代〕 ㊦252*b*〔夏越の祓え〕 →形代
撫物人形 ㊦245*b*〔流し雛〕
撫物役 ㊦257*c*〔撫物〕
名取り ㊤988*a*〔祖名継承〕
ナトリゴ ㊦256*b*〔名付け親〕
ナナイシ ㊤265*c*〔お手玉〕
七色トウガラシ ㊤421*b*〔辛味〕 →七味トウガラシ
七浦神社祭 ㊤267*a*〔御鳥喰神事〕
• 七草《ななくさ》 ㊦**258*a*** ㊤844*c*〔正月〕 ㊦222*c*〔唱え言〕
七草粥 ㊤415*c*〔粥〕 701*b*〔雑穀〕 971*b*〔雑炊〕 ㊦259*b*〔七日正月〕
七草分け ㊤773*b*〔七軒百姓〕 →七軒百姓
ナナクラオロシ ㊤784*a*〔死口〕
ナナコアソビ ㊤265*c*〔お手玉〕
ナナ婚 ㊤754*b*〔試験婚〕
名なしの木 ㊤834*a*〔樹木崇拝〕
七瀬祓え ㊤360*c*〔形代〕 ㊦245*b*〔流し雛〕 257*c*〔撫物〕
七つ石 ㊦259*a*〔七不思議〕
七つ踊り ㊦236 図〔採物〕
七塚 ㊤774*c*〔七人塚〕 ㊦259*a*〔七不思議〕
ナナツキイワイ ㊦395*a*〔腹帯〕
七つ児参り〔七つ子-〕 ㊤280*a*〔帯とき〕 ㊦258*b*〔七つの祝い〕
七ツ塚 ㊤774*c*〔七人塚〕
• 七つの祝い《ななつのいわい》 ㊦**258*a*** ㊤280*a*〔帯とき〕
七つの宮参り ㊦258*b*〔七つの祝い〕
七つ橋 ㊦355*c*〔橋〕
七つ坊主 ㊦240*c*〔呑竜〕
七目のよき ㊤276*a*〔斧〕
七ツ屋 ㊤130*c*〔忌小屋〕
ナナトコガネ ㊤277*b*〔お歯黒〕
• ナナトコマイリ ㊦**258*b***
七所モライ ㊦118*c*〔通過儀礼〕
ナナハカ〔七墓〕 ㊦143*c*〔ツレ〕 195*c*〔同齢感覚〕
七墓参り ㊦345*a*〔墓寺〕
ナナバンゲ ㊤871*c*〔尻炙り〕
• 七不思議《ななふしぎ》 ㊦**258*c*** ㊤361*c*〔片葉の芦〕 731*a*〔三度栗〕
七富士詣り ㊦468*a*〔富士塚〕
斜め堰 ㊤940*b*〔堰〕 →箕の手堰
斜め稲架 ㊤122*b*〔稲掛け〕
何が怖い ㊦419*c*〔彦市〕
浪速伊助 ㊦160*b*〔デロレン祭文〕
• 浪花節《なにわぶし》 ㊦**259*a*** ㊤217*a*〔演歌(一)〕 364*a*〔語りもの〕 654*b*〔娯楽〕 681*c*〔祭文語り〕 ㊦160*b*〔デロレン祭文〕 828*b*〔話芸〕
名乗 ㊦259*c*〔名乗り頭〕
七日シマイ ㊦141*a*〔通夜〕
• 七日正月《なぬかしょうがつ》 ㊦**259*a*** ㊤844*c*〔正月〕 ㊦258*a*〔七草〕 575*c*〔松の内〕
七日念仏 ㊦440*c*〔百万遍〕
七日祓い ㊤881*a*〔新口〕
ナヌカビ〔なぬかび〕 ㊦259*b*〔七日盆〕 305*a*〔ねぶた〕 別刷〈盆〉
• 七日盆《なぬかぼん》 ㊦**259*b*** 51*b*〔七夕〕 550*a*〔盆(二)〕 →七夕
• 名主《なぬし》 ㊦**259*c*** ㊤240*b*〔オーヤ〕 479*c*〔旧家〕 747*c*〔地方史料〕 858*a*〔庄屋〕 ㊦504*b*〔分地制限令〕 573*a*〔町役人〕 681*b*〔村役〕
名主株 ㊤383*a*〔株〕
ナノカガエリ ㊤868*c*〔初七日〕 ㊦657*b*〔六日がえり〕
七日正月 ㊦259*a*〔七日正月〕 →なぬかしょうがつ
ナノカノオクリ ㊤868*b*〔初七日〕
名乗り ㊦243*c*〔名替え〕
• 名乗り頭《なのりがしら》 ㊦**259*c*** ㊤987*c*〔祖名継承〕
名乗り台 ㊦471*c*〔舞台〕
ナバ鉈 ㊦253*c*〔鉈〕
ナバ山 ㊤741*a*〔シイタケ〕
ナバヤマシ ㊤741*a*〔シイタケ〕
ナビラキ ㊤776*c*〔七夜〕
ナビロメ名〔名-, 名びろめ〕 ㊤776*c*

〔七夜〕 ㊦255c〔名付け〕 448b〔披露〕
ナビンドー ㊦271c〔ニールピトゥ〕
ナプキン ㊤572a〔月経〕
ナブラ ㊤506c〔漁法〕
堝 ㊦260a〔鍋〕
• 鍋《なべ》 ㊦**260a** ㊤905b〔スー〕
ナベカケズ ㊦128b〔筑波山〕
鍋頭 ㊤258c〔オジ・オバ〕
鍋勝 ㊤920c〔掏摸〕
鍋鉄 ㊦152b〔鉄〕
• ナベカリ ㊦**260b** ㊤819a〔舅礼〕
鍋沢ワカルパ ㊤515a〔金田一京助〕
鍋島焼 ㊤711a〔皿〕
鍋炭 ㊦260b〔鍋〕
ナベッショイウサギ ㊤156b〔兎〕
ナベドコロ ㊦16c〔台所〕
ナベモチ ㊦542c〔牡丹餅〕
• 鍋物《なべもの》 ㊦**260b**
鍋焼うどん ㊤173a〔うどん〕
ナマ ㊦243a〔苗間〕
• 名前《なまえ》 ㊦**260c** ㊤525c〔籤〕 869a〔署名〕 ㊦243c〔名替え〕 255b〔名付け〕 256b〔名付け親〕 684b〔命名〕 774a〔幼名〕
生皮 ㊤426b〔皮〕
• 生臭《なまぐさ》 ㊦**261b** ㊤763b〔四十九日〕
怠け者 ㊦817a〔労働倫理〕
ナマコ ㊤743b〔塩辛〕 ㊦444a〔漂泊漁民〕
海鼠壁 ㊤387b〔壁〕 544c〔蔵造〕
生米 ㊦324c〔野がえり〕
ナマス ㊦272b〔ニガテ〕
• 鱠〔膾，生酢〕《なます》 ㊦**261c** ㊤698b〔刺身〕 845b〔正月料理〕 859a〔醬油〕 ㊦112a〔調理法〕 263a〔生物〕
• ナマズ〔鯰〕 ㊦**261c** ㊤377c〔要石〕 764b〔地震〕 876a〔白蛇〕 ㊦235b〔トリックスター〕 262a〔鯰絵〕
鯰筊 ㊦261c〔ナマズ〕
• 鯰絵《なまずえ》 ㊦**262a** ㊤58b〔安政大地震〕 764c〔地震〕 820a〔終末論〕 ㊦261c〔ナマズ〕
ナマズ掛け ㊦261c〔ナマズ〕
ナマスクラベ ㊦662b〔麦ほめ〕
• ナマダンゴ〔生団子〕 ㊦**262b**
生成れ ㊤910b〔鮨〕
ナマノクサケ ㊦370c〔初丑〕
• ナマハゲ ㊦**262b** ㊤44a〔アマメハギ〕 87c〔異人㈠〕 88a〔異人歓待〕 271c〔鬼〕 302c〔外者歓待〕 331c〔隠れ蓑笠〕 355a〔仮装〕 407c〔仮面〕 624a〔小正月〕 624b〔小正月の訪問者〕 別刷〈仮面〉 別刷〈小正月〉 ㊦336b〔パーントゥ〕 540a〔ホスピタリティ〕 777a〔予祝儀礼〕 792a〔来訪神〕
生麩 ㊦452a〔麩〕
生仏 ㊤957c〔先祖〕
生身地蔵 ㊤770b〔地蔵伝説〕
• 生物《なまもの》 ㊦**263a**
生湯葉 ㊦190b〔豆腐〕
鉛灰吹法 ㊤513b〔銀山〕
なまり節 ㊤366c〔鰹節〕
波切り不動(和歌山) ㊦480a〔不動信仰〕
波不知船 ㊤79a〔イサバ〕
涙箸 ㊦833c〔渡箸〕
ナミダメシ ㊦447c〔昼寝〕
ナミノハナ ㊤130a〔忌言葉〕
波の花 ㊤742c〔塩〕
波平恵美子 ㊤566c〔ケガレ〕
ナメ ㊤409c〔カモシカ猟〕 838 表〔狩猟用具〕
ナメクジ〔なめくじ〕 ㊦52b〔田螺長者〕 619a〔ミミズ〕
ナメコ ㊤474a〔キノコ〕
ナメザイ ㊦609b〔味噌〕
菜飯 ㊦39a〔筍梅雨〕 →筍梅雨
なめし革 ㊤426c〔皮〕
ナメゾ ㊤838 表〔狩猟用具〕
ナメ流し ㊦203c〔毒流し〕
なめ味噌 ㊦609b〔味噌〕
ナメリ ㊤36c〔油〕
ナモミ〔-タクリ〕 ㊤44a〔アマメハギ〕 ㊦262c〔ナマハゲ〕
ナモミハギ ⇨ナマハゲ(㊦262b)
ナモミョウ ㊦262c〔ナマハゲ〕
• 納屋《なや》 ㊦**263a** ㊤183a〔厩〕 649b〔小屋〕 ㊦249b〔長屋門〕
納屋頭 ㊦71a〔炭鉱〕 408a〔飯場〕
なやし ㊤191c〔ウルシ〕
• 納屋集落《なやしゅうらく》 ㊦**263b**
納屋物 ㊤847b〔商業〕
納屋門 ㊦708b〔門㈠〕
ナヤライ ㊦117a〔追儺〕
ナラ ㊤741a〔シイタケ〕 787b〔柴〕 916c〔炭〕
奈良 ㊦265a〔ナル〕
• ナライ ㊦**263c**
ナライユタ ㊦764a〔ユタ〕
奈良絵本 ㊤212c〔絵本〕 266b〔御伽草子〕 →御伽草子
奈良街道 ㊤721c〔参宮街道〕
奈落〔-迦〕 ㊤755b〔地獄〕 →地獄
楢崎圭三 ㊤741a〔シイタケ〕
奈良晒 ㊤17a〔麻〕 421c〔カラムシ〕 927 図〔生業絵馬〕
ナラシマンガ ㊦566c〔馬鍬〕
ならずの梅 ㊦264a〔成らずの桃〕
ならずの李 ㊦264a〔成らずの桃〕
ならずの大豆 ㊦264a〔成らずの桃〕
ならずの椿 ㊦264a〔成らずの桃〕
• 成らずの桃《ならずのもも》 ㊦**264a**
奈良茶 ㊦92b〔茶粥〕
奈良漬 ㊤350a〔糟漬〕
奈良豆比古神社(奈良) ㊤919c〔相撲〕 ㊦623 図〔宮参り〕
なら梨採り〔奈良-〕 ㊤489c〔兄弟話〕 732a〔三人兄弟〕
ならぬ鐘 ㊤731c〔三右衛門話〕
ナラビ ㊤920c〔掏摸〕
並傘 ㊤413 図〔家紋〕
楢餅 ㊦695a〔餅〕
習わし ㊦638c〔民俗㈠〕
ナリ ㊤639a〔木の実〕
成相寺(京都) ㊤675 表〔西国巡礼〕
成箇郷帳 ㊤747c〔地方〕
• 成木責《なりきぜめ》 ㊦**264b** ㊤142c〔祝い棒〕 319a〔柿〕 624b〔小正月〕 713c〔猿蟹合戦〕 826b〔呪術〕 別刷〈小正月〉 ㊦81b〔力餅〕 133c〔筒粥〕 222c〔唱え言〕 267a〔なんじゃもんじゃ〕 785a〔嫁叩き〕
• 成田山(千葉)〔-不動〕《なりたさん》 ㊦**264b** →新勝寺
成田為三 ㊦194b〔童謡〕
成田詣 ㊦264c〔成田山〕
ナリヘンド ㊦519b〔遍路〕
ナリミソ ㊤639a〔木の実〕
• 成り物《なりもの》 ㊦**264c**
鳴り物 ㊤367c〔楽器〕
• ナル〔ナルイ，成，鳴，均，平，奈留〕 ㊦**265a** 82b〔地形名〕
鳴神 ㊦790c〔雷神〕
• 鳴子《なるこ》 ㊦**265a** ㊤268b〔威し〕 837 表〔狩猟法〕
成子天神社(東京) ㊦468 表〔富士塚〕
ナレズシ ⇨鮨(㊤910b) ㊤583b〔コイ〕 646a〔米〕 ㊦481a〔フナ〕 542a〔保存食〕
なれなれ ㊦264b〔成木責〕
奈路 ㊦265a〔ナル〕
• 縄《なわ》 ㊦**265b** ㊤937a〔背負縄〕 ㊦134c〔綱〕
縄掛地蔵 ㊦426a〔左〕
縄漁業 ㊤500c〔漁業〕
縄漁民 ㊤507a〔漁民〕
縄コダシ ㊤938a〔背負袋〕
縄縛り地蔵 ㊤770c〔地蔵伝説〕
• 苗代《なわしろ》 ㊦**266a** ㊤243a〔陸苗代〕 599a〔耕地〕 ㊦53c〔種子浸け〕 54b〔種子播き〕 56a〔種子もやし〕 197b〔通し苗代〕 242b〔苗印〕 242c〔苗取り〕 243a〔苗間〕 615a〔水口祭〕 702b〔籾殻〕
苗代祝い ㊦615a〔水口祭〕
苗代粥 ㊦266b〔苗代〕
苗代田 ㊦739a〔病い田〕
苗代半作 ㊦266a〔苗代〕
苗代祭 ㊤734a〔サンバイ〕
縄襷 ㊦43b〔襷〕
• 縄跳び《なわとび》 ㊦**266b** ㊤485b〔競技〕 ㊦835a〔藁〕

なわとび唄　㊤356a〔数え唄〕
縄絢い　㊦265b〔縄〕
縄ない上手　㊦267c〔難題聟〕
縄縫い　㊦265b〔縄〕
縄のれん〔-暖簾〕　㊤78b〔居酒屋〕　㊦834c〔藁〕
縄梯子　㊦357b〔梯子〕
•ナワバリ　㊦**266**c　㊤484c〔侠客〕　686a〔魚売り〕　㊦149c〔てき屋〕　716c〔ヤクザ〕　781c〔夜見世〕
ナワバリ(婚礼)　㊤別刷〈婚礼〉
縄張り　㊦266c〔ナワバリ〕
縄張定規植　㊤928b〔正条植え〕　㊦26c〔田植え法〕
縄引　㊦130c〔辻〕
縄袋　㊦834c〔藁〕
縄棟祭　㊤349b〔春日若宮御祭〕
縄目地蔵　㊤770c〔地蔵伝説〕
ナワメ筋　㊤535c〔首切れ馬〕
縄草鞋　㊦838 図〔草鞋〕
南岳寺(山形)　㊦597a〔ミイラ〕
南極老人　㊤775b〔七福神〕
南京糸あやつり　㊤111a〔糸あやつり〕
ナンキンイモ　㊤801b〔ジャガイモ〕
南京小僧　㊦725b〔養い子〕
南京錠　㊤319b〔鍵〕
南京寺(大阪)　㊤677a〔財神〕
南京町　㊦97b〔中華街〕
南京豆　㊦586c〔豆〕
南宮大社(岐阜)　㊤263a〔お田植祭〕
南宮大社鍛錬式　㊦452 図〔鞴〕
ナンゴ　㊦256b〔名付け親〕
南光坊(愛媛)　㊦519 表〔遍路〕
南郷茂章　㊤556a〔軍神〕
•なんじゃもんじゃ　㊦**267**a　㊤834a〔樹木崇拝〕
難渋町　㊤661a〔困窮島〕
ナンジョ　㊦267b〔南条踊り〕
•南条踊り《なんじょうおどり》　㊦**267**b
男色《なんしょく》　⇨同性愛(㊦183c)　㊦82c〔稚児〕
男色物　㊦183c〔同性愛〕
軟性下疳　㊤933a〔性病〕
南西諸島文化　㊤246c〔沖縄文化〕
なんぞ　㊦253a〔謎〕　→謎
•難題聟《なんだいむこ》　㊦**267**c
ナンチュ　㊤77b〔イザイホー〕　404c〔神人〕　別刷〈沖縄文化〉
•ナンテン〔南天〕　㊦**268**a　㊤594a〔荒神〕　684c〔榊〕　770b〔地蔵つけ〕　809c〔祝儀〕　㊦634b〔民間療法〕　767c〔夢〕
南天実　㊦633 表〔民間薬〕
•納戸〔ナンド〕《なんど》　㊦**268**b　㊤366a〔家長〕　664b〔婚舎〕　㊦107b〔帳台〕　205b〔床入れ〕　269c〔納戸神〕　449b〔広間型民家〕
納戸色　㊤8b〔あお〕　㊦268b〔納戸〕
ナンド祝い　㊦205b〔床入れ〕
ナントウ　㊦795b〔ラントウバ〕
•南島《なんとう》　㊦**268**c
•南島歌謡《なんとうかよう》　㊦**269**a
•『南島雑話』《なんとうざつわ》　㊦**269**b
南島正月　㊤14c〔秋祭〕
『南島説話』　㊤689c〔佐喜真興英〕　㊦822c〔炉辺叢書〕
『南島村内法』　㊤250c〔奥野彦六郎〕
『南島探験』　㊤695b〔笹森儀助〕
『南島談話』　㊦60c〔旅と伝説〕
南島文化　㊤246c〔沖縄文化〕　→沖縄文化
南島文化の総合的調査研究　㊦643c〔民俗学研究所〕
納戸頭　㊦268b〔納戸〕
納戸構　㊦107b〔帳台〕
•納戸神《なんどがみ》　㊦**269**c　㊤250c〔屋内神〕　330a〔隠れキリシタン〕　394b〔神〕　545b〔蔵開き〕　㊦268c〔納戸〕　589a〔マリア観音〕　737b〔藪神〕
納戸役　㊦268b〔納戸〕
ナンバ(しぐさ)　㊤753a〔しぐさ〕
ナンバ(履物)　㊦38a〔田下駄〕
難波船　㊤310a〔海難救助〕
ナンバモチ　㊦663b〔聟いじめ〕
南蛮　㊦821c〔轆轤〕
南幇　㊤593b〔公所・幇〕
南蛮いぶし　㊤778c〔十界修行〕
南蛮笠　㊤387a〔かぶりもの〕
南蛮瘡　㊤339b〔瘡〕　→梅毒
南蛮菓子　㊤342b〔菓子〕
ナンバンキビ　㊦193b〔トウモロコシ〕
南蛮子　㊦454a〔風水〕
南蛮しぼり　㊦181c〔銅山〕
南蛮頭巾　㊤387a〔かぶりもの〕
南蛮貿易　㊤847b〔商業〕　853a〔商人〕
南氷洋捕鯨　㊦536c〔捕鯨〕
「南部アイヤ節」　㊦340b〔ハイヤ節〕
南部イタコ　㊤52b〔あるき巫女〕
「南部牛追い唄」　㊦568a〔馬子唄〕
南部絵暦　㊤202c〔絵暦〕
「南部駒引唄」　㊦568a〔馬子唄〕
南部杜氏酒屋唄　㊤694a〔酒造り唄〕
南部菱刺　㊤698a〔刺子〕
『南方文化の探求』　㊤430b〔河村只雄〕

に

二上り甚句　㊤880a〔甚句〕
ニアセ　㊦609b〔味噌〕
ニイイエ　㊦503a〔分家〕
ニイールピトゥ　㊤12a〔アカマタ・クロマタ〕　→ニールピトゥ
「新潟おけさ」　㊤253a〔オケサ節〕
「新潟甚句」　㊤880b〔甚句〕
•根神〔ニーガン〕《ニーガン》　㊦**270**b　㊤167c〔御嶽〕　404a〔神役〕　404c〔神人〕　㊦122a〔ツカサ〕　279c〔根人〕　299b〔祝女〕　433c〔ヒヌカン〕
ニーダム Needham, Rodney　㊤597c〔構造主義〕　889b〔親族名称・呼称〕　㊦426a〔左〕
ニーダンゴ　㊤903c〔水団〕
ニートゥイ　㊤161c〔ウシデーク〕
根所　㊦270b〔根神〕　279c〔根人〕
新嘗　㊦13a〔大嘗祭〕　169a〔天道信仰〕
新嘗会　㊦510b〔別火〕
•新嘗祭《にいなめさい》　㊦**270**c　㊤676c〔祭日〕　701b〔雑穀〕　796c〔霜月祭〕　㊦114b〔鎮魂〕　212b〔祈年祭〕　310c〔年中行事㈠〕　375c〔初穂〕
新野神楽　㊦762a〔湯起請〕
•新箸《にいばし》　㊦**271**a
新浜鴨場　㊤410b〔鴨猟〕
ニービ　㊦558a〔マージ〕
ニイボトケ　㊤895b〔新仏〕
•新盆《にいぼん》　㊦**271**b　㊤327a〔神楽〕　㊦31a〔高燈籠〕　62b〔魂祭〕　→初盆
新盆見舞　㊦617c〔見舞〕
ニイヤ　㊦503a〔分家〕
根屋〔根家〕　㊤194c〔ウンジャミ〕　㊦196b〔殿〕　270b〔根神〕　279c〔根人〕
24D剤　㊤867a〔除草器〕
ニーラーグ　㊤48a〔アヤグ〕
ニーラスク　㊦28c〔他界観〕　271c〔ニールピトゥ〕
ニーラン　㊦289a〔ニライカナイ〕
ニーリ　㊦269b〔南島歌謡〕
•ニールピトゥ　㊦**271**c　→ニイールピトゥ
荷祝い　㊦784b〔嫁入り道具〕
丹生暦　㊤92c〔伊勢暦〕
丹生神社(三重)　㊤900b〔水銀〕
丹生都比売　㊤900b〔水銀〕
丹生大師　㊤900b〔水銀〕
丹生明神　㊤423b〔狩場〕　㊦114〔鎮守〕

煮売　㊦318b〔農間稼ぎ〕
煮売酒屋　㊤78a〔居酒屋〕
煮売屋　㊤78a〔居酒屋〕
丹生笑祭　㊦836c〔笑い祭〕
年糕　㊤840c〔春節〕　→ねんこう
ニオ　⇨稲積み(㊤116c)　㊤121c〔稲上げ〕　→ニュウ
においがけ　㊦173b〔天理教〕
仁王か　㊦514b〔屁ひり話〕
• 荷送り《におくり》　㊦**272a**　㊤990c〔村外婚〕
二階囃子　㊤452b〔祇園囃子〕
ニガイビト　㊦763c〔ユタ〕
ニガイフチ　㊦269b〔南島歌謡〕
煮籠　㊤336c〔籠〕
煮方　㊤98b〔板前〕
• 二月正月《にがつしょうがつ》　㊦**272b**
ニガツチ　㊦132a〔土〕
二月年〔-年取〕　㊦272b〔二月正月〕
二月祭　㊤169a〔打植祭〕
• ニガテ　㊦**272b**　586b〔蝮指〕
根神　㊦270b〔根神〕　→ニーガン
ニガモチ　㊦447c〔昼寝〕
ニガリ　㊦269a〔南島歌謡〕
苦汁　㊤742c〔塩〕　㊦190b〔豆腐〕
二期作　㊦285b〔二毛作〕　別刷〈野良仕事〉
和魂　㊤51b〔あらみたま〕　393c〔神〕　872b〔死霊〕　㊦809a〔霊魂〕
和幣　㊤8b〔あお〕
ニキリ　㊦153c〔手甲〕
ニギリ　㊤915c〔素捕り〕
握りずし　㊤910b〔鮨〕
握り捕り　㊤915c〔素捕り〕
握鋏　㊦354b〔鋏〕
握り箸　㊦833c〔渡箸〕
にぎり屁の命　㊦514b〔屁ひり話〕
• 握り飯《にぎりめし》　㊦**272b**　㊤955b〔先山参り〕
ニク　㊤409c〔カモシカ〕　→カモシカ
肉襦袢　㊤384c〔歌舞伎衣裳〕
• 肉食《にくしょく》　㊦**272c**
肉弾三勇士　㊤556a〔軍神〕
• 肉付き面《にくづきめん》　㊦**273b**
荷鞍　㊤544a〔鞍〕　㊦349a〔馬具〕
ニクヮ　㊤552c〔クワ〕
• 荷車《にぐるま》　㊦**273b**　㊤195b〔運搬具〕　806b〔車力〕
ニゲーグチ　㊤531b〔クチ〕
二絃琴　㊦12c〔大正琴〕
二胡　㊤613c〔胡弓〕
二鼓　㊦134b〔鼓〕
荷胛　㊤937a〔背負縄〕
ニゴーフチ　㊦269a〔南島歌謡〕
ニコグルマ　㊦301b〔ネコグルマ〕　→ネコグルマ
濁り酒　㊤281c〔お神酒〕　542a〔供物〕　875b〔白酒〕
ニゴロブナ　㊦481a〔フナ〕
ニザイリョウ〔荷宰領〕　㊦247c〔長持担ぎ〕　272a〔荷送り〕
• 虹《にじ》　㊦**273c**　㊤99b〔市〕
西新井大師(東京)　㊤222a〔縁日〕　㊦67c〔達磨市〕　215c〔年の市〕
西新井大師道　㊦189図〔道標〕
西掟　㊤172a〔掟〕　㊦564b〔間切〕
西浦所能山観音堂(静岡)　㊦648a〔民俗芸能〕
• 西浦田楽《にしうれでんがく》　㊦**274a**　㊤245c〔翁〕　719b〔散楽〕　㊦171b〔天白〕　445a〔ひょっとこ〕　546b〔仏舞〕　698b〔もどき〕
西大谷　㊤235a〔大谷本廟〕
西風祭　㊤341a〔風祭〕
西金砂神社(茨城)　㊤744a〔潮汲み〕　㊦28b〔高足〕
西川古柳　㊤549a〔車人形〕
西川古柳座　㊤549a〔車人形〕
錦絵　㊦262a〔鯰絵〕
錦影絵　㊤171c〔写し絵〕　401a〔紙芝居〕
ニシキギ　㊤871c〔シラミ〕
錦鯉　㊤583b〔コイ〕
錦凧　㊦39図〔凧〕
錦機　㊤290a〔織物〕
錦琵琶　㊦449c〔琵琶〕
二色蛇　㊦801a〔竜蛇〕
ニシジオ　㊤742c〔潮〕
『西太平洋の遠洋航海者』　㊦590a〔マリノフスキー〕
西田直二郎　㊦38c〔竹田聴洲〕　419c〔肥後和男〕　642c〔民俗学(二)〕
• 西角井正慶《にしつのいまさよし》　㊦**274c**　㊤351a〔風〕
西のお山　㊤683b〔蔵王信仰〕　→月山
西の覗き　㊤726b〔山上講〕　㊦616b〔峰入り〕
西宮神社(兵庫)〔戎社, -戎神社〕　㊤208b〔えびす〕　208c〔えびす講〕　209b〔えびす舞〕　209c〔えびすまわし〕　375b〔門付け〕　501c〔漁業信仰〕　㊦196b〔十日戎〕　447b〔蛭児〕
「西宮大明神」　㊤876b〔銀鏡神楽〕
西林国橋　㊦745a〔八岐大蛇〕
西廻り航路〔西回り-〕　㊤353b〔風待ち〕　464c〔北前船〕　739b〔塩飽衆〕
西三川砂金山　㊤689c〔砂金〕
西向天神社(東京)　㊦468表〔富士塚〕
西向不動明王　㊦605a〔水掛け不動〕
西村勝三　㊤534a〔沓〕
西村真次　㊦595b〔万葉集〕　635c〔民具〕
煮しめ〔-染め〕　㊤845b〔正月料理〕　㊦285c〔煮物〕
西馬音内盆踊り　㊤別刷〈仮面〉
西山宗因　㊦337a〔俳句〕
西山猟師〔-小猟師〕　㊤423a〔狩の巻物〕　㊦803b〔猟師〕
ニシュイ　㊦276c〔ニス〕　→ニス
二十一ヵ寺霊場　㊤842b〔巡礼〕
• 二重氏子《にじゅううじこ》　㊦**274c**
二十五回忌　㊦307b〔年忌〕
二十五三昧会　㊤44b〔阿弥陀信仰〕
二十五三昧講〔廿五-〕　㊤736b〔三昧〕　㊦314a〔念仏講〕
二十五日様　㊤310b〔海難法師〕　㊦410c〔日忌〕　→海難法師
二十五菩薩来迎会〔-練り供養〕　㊤44b〔阿弥陀信仰〕　275c〔お練り〕　283a〔お面被り〕　㊦307a〔練供養〕　790b〔来迎会〕　→お面被り　→迎講
二十三夜　㊦125c〔月待〕
二十三夜講　㊦126a〔月待〕　288a〔女人講〕　314a〔念仏講〕
• 二十三夜待《にじゅうさんやまち》　㊦**275a**　123b〔月〕
• 二十四気〔-節気〕《にじゅうしき》　㊦**275b**　㊤560c〔啓蟄〕　567c〔夏至〕　933c〔清明〕　934b〔清明節〕　㊦373b〔八節〕　797b〔立秋〕　797b〔立春〕
二十七回忌　㊦307b〔年忌〕
二十四輩巡拝　㊤842b〔巡礼〕
二重焦点眼鏡　㊦686a〔眼鏡〕
二重葬　㊦464a〔複葬〕
二重単系出自　㊤831a〔出自〕　㊦70a〔単系〕
二十二夜講　㊤57c〔安産祈願〕
• 二十八宿《にじゅうはっしゅく》　㊦**275b**　521b〔方位〕
二重門　㊦708b〔門(一)〕
24D剤　㊤867a〔除草器〕
ニショイミノ　㊤950a〔背中当〕
二升カブ　㊤148c〔姻戚〕
二升トムライ　㊤600a〔香典〕
二升泣き　㊦250a〔泣女〕
二条柳町遊廓　㊦755c〔遊廓〕
• ニシン〔鯡, 鯟, 鰊〕　㊦**275c**　276a〔ニシン場〕　276a〔ニシン漁〕
ニシン御殿　㊦276a〔ニシン場〕　753b〔やん衆〕
ニシン大尽　㊦753b〔やん衆〕
ニシン建網　㊦48c〔建網〕
• ニシン場　㊦**276a**　㊤753c〔繁次郎話〕　㊦753b〔やん衆〕
• ニシン漁　㊦**276a**　276a〔ニシン場〕　408b〔番屋〕
ニシンルイ　㊤897a〔親類〕
• ニス〔ニスイ〕　㊦**276c**
ニズリ　㊤984c〔袖なし〕
• ニセ　㊦**277a**　㊤690a〔作男・作女〕　㊦528c〔奉公人〕　823c〔若い衆〕
ニセイイウタ　㊦277a〔ニセ〕
ニセイリ　㊦277a〔ニセ〕
ニセウ　㊦238a〔ドングリ〕
ニセガイヤ　㊦277a〔ニセ〕
ニセガシタ　㊦277a〔ニセ〕
偽汽車　㊤470b〔狐話〕

ニセグミ〔二歳組，二才組〕 ㊤476b〔肝だめし〕 ㊦277a〔ニセ〕
二歳中 ㊦825c〔若者組〕
ニセハナシ ㊦277a〔ニセ〕
二才咄格式定目 ㊦827a〔若者条目〕
ニセミノ ㊤950b〔背中当〕
ニセヤド ㊦277a〔ニセ〕 306a〔寝宿〕
ニセヤマ ㊦277b〔ニセ〕
二善寺(長野) ㊦762c〔雪祭〕
二層構造理論 ㊤463b〔基層文化〕
二足 ㊦28a〔高足〕
ニソ講 ㊦277b〔ニソの杜〕
ニソ田 ㊦277b〔ニソの杜〕
• ニソの杜(福井) ㊦**277**b ㊤267b〔御鳥喰神事〕 930b〔聖地〕 ㊦625a〔名〕 706c〔森神〕
ニタ〔仁田，仁多，似田〕 ㊦298a〔ヌタ〕 298b〔ヌタ場〕 669b〔ムダ〕 →ヌタ
二竹 ㊤843a〔笙〕
煮だし ㊦41b〔だし〕
ニタッ ㊦298a〔ヌタ〕 →ヌタ
ニタマ〔ニダマ〕 ㊦272c〔握り飯〕 610b〔みたまの飯〕 →みたまの飯
にた待ち ⇨ヌタ場(㊦298b)
煮団子 ㊦70c〔団子〕
日常史派 ㊤801a〔社会史〕
日蔵 ㊤824a〔修験道〕
日曜市 ㊤別刷〈市〉 ㊦76c〔地域社会〕
ニチョウラ ㊦778b〔よそゆき〕
• 日琉同祖論《にちりゅうどうそろん》 ㊦**277**c ㊤127a〔伊波普猷〕
日輪崇拝 ㊦22b〔太陽崇拝〕 →太陽崇拝
日蓮 ㊤222a〔縁日〕 231b〔お会式〕 ㊦20b〔題目〕 23c〔第六天〕 544a〔法華信仰〕
日蓮宗 ㊤362a〔カタボッケ〕 459a〔鬼子母神〕 471a〔祈禱〕 513b〔銀山〕 ㊦468a〔不受不施〕
日露戦役紀念碑 ㊦99a〔忠魂碑〕
荷杖 ㊦121a〔杖〕
• 入棺《にっかん》 ㊦**278**a
• 日記《にっき》 ㊦**278**b
荷作り縄 ㊦265c〔縄〕
ニヅケ ㊤287b〔オヤシマイ〕
肉桂 ㊦633表〔民間薬〕
日系三世 ㊦279a〔日系社会〕
• 日系社会《にっけいしゃかい》 ㊦**278**c
日系人 ㊤365a〔勝組・負組〕 579c〔県人会(二)〕 669a〔婚礼(二)〕 783b〔シナメシ〕 ㊦234a〔鳥居(二)〕 278c〔日系社会〕
日系二世 ㊦279a〔日系社会〕
• 日光(栃木)《にっこう》 ㊦**279**b ㊤823c〔修験道〕 ㊦749c〔山伏〕
日光感精説話 ㊦22a〔太陽神話〕 22b〔太陽崇拝〕
日光権現 ㊤423b〔狩場〕
日光山(栃木) ㊤720a〔山岳信仰〕 ㊦616b〔峰入り〕
『日光山縁起』 ㊤715b〔猿丸太夫伝説〕
日光山修験 ㊦494c〔古峰信仰〕
日光責め ㊤602b〔強飯式〕
日光派 ㊤836a〔狩猟信仰〕
日光二荒山権現 ㊦405a〔磐次磐三郎〕
日光法印 ㊦613c〔三峯信仰〕
日昭 ㊤231b〔お会式〕
日食 ㊦22a〔太陽神話〕
『日鮮神話伝説の研究』 ㊦603b〔三品彰英〕
新田邦光 ㊤498a〔教派神道〕
新田神社(鹿児島) ㊤408図〔仮面〕
新田夜学会 ㊦713a〔夜学〕
新田義貞 ㊤847c〔将軍塚〕
• 根人〔ニッチュ〕《ニッチュ》 ㊦**279**c ㊤167c〔御嶽〕 270c〔おなり神〕 404c〔神人〕 ㊦270b〔根神〕
日天願 ㊦791b〔来世観〕
日天様 ㊦22b〔太陽崇拝〕
日当 ㊦156a〔出不足〕
ニッラ ㊦289a〔ニライカナイ〕
二度芋 ㊤801b〔ジャガイモ〕
二童敵討 ㊤540c〔組踊り〕
二頭引き犂 ㊤906b〔犂〕
二頭引き長床犂 ㊤906図〔犂〕
二燈用アングルランプ ㊦796a〔ランプ〕
二度のアズサ ㊤25c〔梓巫女〕 881a〔新口〕
二度の威嚇 ㊤308a〔怪談〕
新渡戸稲造 ㊤169b〔内郷村調査〕 263c〔小田内通敏〕 490c〔郷土〕 495a〔郷土会〕 747c〔地方〕 949a〔切腹〕 ㊦644c〔民俗学史〕
ニナ ㊦813c〔連尺〕
担い売り ㊤360c〔カタゲウイ〕
担棒 ㊦172a〔天秤棒〕
荷縄 ㊤950a〔背中当〕 →背負縄
丹塗矢型神話 ㊤882b〔神婚説話〕
二年坂 ㊤684b〔坂〕
二年参り ㊦376c〔初詣で〕
荷馬車 ㊦397a〔馬力〕
ニバンオヤコ ㊤897a〔親類〕
二番座 ㊤102b〔一番座〕 187c〔裏座〕
二番膳 ㊦448c〔披露宴〕
二番煙草 ㊦726c〔休み〕
二番鶏 ㊦291c〔鶏〕
二番ハカ ㊦341c〔ハカ〕
ニヒセ ㊦823c〔若い衆〕 →ニセ
• 二百十日《にひゃくとおか》 ㊦**279**c ㊤53a〔荒日〕 92c〔伊勢暦〕 341a〔風祭〕 352a〔風切り様〕 652b〔暦〕 701c〔雑節〕 ㊦156b〔出穂〕 279c〔二百二十日〕 716a〔厄〕 797b〔立春〕
• 二百二十日《にひゃくはつか》 ㊦**279**c ㊤53a〔荒日〕 701c〔雑節〕 ㊦156b〔出穂〕 716a〔厄〕
ニフ ㊤116b〔稲魂〕 →ニオ
荷船 ㊤305c〔廻船〕 ㊦509b〔弁才船〕
ニペシ ㊤711b〔サラニップ〕 ㊦66a〔タラ〕
ニホ ㊤116b〔稲魂〕 →ニオ
煮干し ㊤556c〔燻製〕 ㊦41b〔だし〕
ニホツミ ㊦777a〔予祝儀礼〕
『日本』 ㊦794a〔ラフカディオ＝ハーン〕
日本アンデルセン協会 ㊦467b〔藤沢衛彦〕
『日本一ノ画噺』 ㊤213a〔絵本〕
ニホンイノシシ ㊤124b〔猪〕
日本園芸会 ㊤152c〔植木屋〕
『日本往生極楽記』 ㊤229b〔往生伝〕 894b〔神仏霊験譚〕 ㊦474c〔仏教説話〕
『日本おとぎ話』 ㊦794a〔ラフカディオ＝ハーン〕
日本回帰運動 ㊤365a〔勝組・負組〕
日本海中部地震 ㊦136a〔津波〕
日本海流 ㊤550c〔黒潮〕 →黒潮
日本形船 ㊦831a〔和船〕 →和船
日本髪 ㊤399b〔髪型〕 438b〔簪〕 792c〔島田髷〕 ㊦590c〔丸髷〕 704c〔桃割〕
日本剃刀 ㊤402a〔剃刀〕
『日本歌謡叢書』 ㊦467b〔藤沢衛彦〕
日本観光文化研究所 ㊦624a〔宮本常一〕
『日本感霊録』 ㊤894b〔神仏霊験譚〕 ㊦474c〔仏教説話〕
日本記 ㊤607b〔幸若舞〕
日本棋院 ㊤76a〔囲碁〕
『日本郷土学』 ㊤263c〔小田内通敏〕
『日本魚名集覧』 ㊤791a〔渋沢敬三〕
『日本芸能伝承論』 ㊤75a〔池田弥三郎〕
日本競馬協会 ㊤561c〔競馬(二)〕
• 日本語《にほんご》 ㊦**280**a ㊤312b〔外来語〕 ㊦526a〔方言〕
日本洪水熱 ㊦133b〔ツツガムシ〕
『日本国現報善悪霊異記』 ㊦285a〔日本霊異記〕 →『日本霊異記』
『日本語の世界』 ㊤246b〔沖縄語〕
『日本婚姻史』 ㊦31c〔高群逸枝〕
『日本祭礼行事集成』 ㊦395b〔原田敏明〕
ニホンザル ㊤712a〔猿〕 714c〔サルマヤ〕 808b〔獣害〕 →猿
日本山岳会 ㊦38c〔武田久吉〕
日本三大馬市 ㊤181c〔馬市〕
日本三大祭 ㊦172c〔天満祭〕
日本児童文学者協会 ㊦467b〔藤沢衛彦〕
『日本史の虚像と実像』 ㊦828a〔和歌森太郎〕

日本酒　㊤692c〔酒(一)〕
日本住宅公団　㊦17a〔ダイニングキッチン〕
『日本庄園制史論』　㊤276b〔小野武夫〕
日本将棋連盟　㊤846b〔将棋〕
『日本常民生活資料叢書』　㊤30b〔アチック＝ミューゼアム〕
•日本常民文化研究所《にほんじょうみんぶんかけんきゅうじょ》　㊦**280b**　㊤30b〔アチック＝ミューゼアム〕　503a〔漁具〕　791a〔渋沢敬三〕　㊦623c〔宮本常一〕　636a〔民具〕　636c〔民具学〕　637c〔民具マンスリー〕　645b〔民俗学史〕　→アチック＝ミューゼアム
『日本書紀』　㊤90c〔出雲神話〕　㊦168a〔天孫降臨〕
•日本人(形質)《にほんじん》　㊦**280c**　㊤303a〔海上の道〕
•日本人(文化)《にほんじん》　㊦**281c**　㊤806b〔シャモ〕　㊦113b〔チョッパリ〕　830c〔和人〕
日本人会　㊦797c〔リトル東京〕
日本人起源論　㊦139a〔坪井正五郎〕
『日本人の芸能』　㊤75a〔池田弥三郎〕
『日本人の交際』　㊦828a〔和歌森太郎〕
『日本人の生活構造序説』　㊤409b〔蒲生正男〕
日本人町　㊦797c〔リトル東京〕
•日本人類学会《にほんじんるいがっかい》　㊦**282b**　㊤897a〔人類学雑誌〕
『日本神話研究』　㊦420a〔肥後和男〕
『日本神話の研究』　㊦577b〔松本信広〕
『日本水産史』　㊦636a〔民具〕
『日本水産誌』　㊦282c〔日本水産捕採誌〕
『日本水産製品誌』　㊦282c〔日本水産捕採誌〕
•『日本水産捕採誌』《にほんすいさんほさいし》　㊦**282c**
日本青年館　㊤931b〔青年会所〕　932b〔青年団〕　㊦654b〔民俗博物館〕
日本青年団協議会　㊤932b〔青年団〕
二本背負縄　㊤936図〔背負運搬具〕
日本船　㊦831a〔和船〕　→和船
『日本俗信辞典』　㊤913b〔鈴木棠三〕
『日本その日その日』　㊦635b〔民具〕
二本橇　㊦762b〔雪橇〕
『日本村落史概説』　㊤276b〔小野武夫〕
『日本村落史考』　㊤276a〔小野武夫〕
日本中央競馬会　㊤562a〔競馬(二)〕
日本中華聯合総会　㊤323a〔華僑総会〕
『日本鋳工史稿』　㊤585a〔甲寅叢書〕
『日本地理精説』　㊤263c〔小田内通敏〕
『日本的思考の原型』　㊦31b〔高取正男〕
『日本伝承民俗童話全集』　㊦467b〔藤沢衛彦〕
日本伝説学会　㊦467b〔藤沢衛彦〕
『日本伝説研究』　㊦467b〔藤沢衛彦〕
『日本伝説叢書』　㊦467b〔藤沢衛彦〕
•『日本伝説大系』《にほんでんせつたいけい》　㊦**282c**　167c〔伝説〕
•『日本伝説名彙』《にほんでんせつめいい》　㊦**283a**　㊤198c〔英雄伝説〕　㊦167b〔伝説〕　283a〔日本伝説大系〕
日本童話学会　㊦467b〔藤沢衛彦〕
『日本年中行事辞典』　㊤913b〔鈴木棠三〕
『日本農村社会学原理』　㊤912c〔鈴木栄太郎〕
『日本農民建築』　㊤84a〔石原憲治〕
『日本農民史料聚粋』　㊤276b〔小野武夫〕
『日本の隠れキリシタン』　㊦494b〔古野清人〕
『日本の菓子』　㊤123a〔井上頼寿〕
『日本之下層社会』　㊤920b〔スラム〕
『日本の家族』　㊦356c〔橋浦泰雄〕
『日本の憑きもの』(石塚尊俊)　㊦126c〔憑物〕
『日本の憑きもの』(吉田禎吾)　㊦127a〔憑物〕
『日本の伝説』　㊦197c〔ドーソン〕
『日本の祭』　㊤881b〔新国学〕　881c〔新国学談〕
『日本の民家』　㊤669c〔今和次郎〕
『日本の民具』　㊦636a〔民具〕
『日本の民俗』　㊤512a〔緊急民俗調査〕　㊦692b〔最上孝敬〕
『日本の民俗長崎』　㊦741b〔山口麻太郎〕
日本博物館学会　㊦623b〔宮本馨太郎〕
『日本巫女史』　㊦249a〔中山太郎〕
『日本仏教史論』　㊦549a〔堀一郎〕
日本舞踊　㊤820c〔襲名〕
『日本文化史研究』　㊦420a〔肥後和男〕
『日本文化の南漸』　㊤127a〔伊波普猷〕
『日本文化論』　㊤83a〔石田英一郎〕
『日本兵農史論』　㊤276b〔小野武夫〕
日本僻陬諸村に於ける郷党生活の資料蒐集調査　㊤729c〔山村調査〕
『日本瞥見記』　㊦794a〔ラフカディオ＝ハーン〕
日本町《にほんまち》　⇨リトル東京(㊦797c)
二本松提燈祭　㊦108a〔提燈祭〕
ニホンマムシ　㊦586a〔マムシ〕　→マムシ
ニホンミツバチ　㊦369a〔蜂蜜〕　773c〔養蜂〕
日本民家園　㊦712b〔野外博物館〕
日本民家集落博物館　㊦712b〔野外博物館〕
日本民具学会　㊦623b〔宮本馨太郎〕　624a〔宮本常一〕　636b〔民具〕　637a〔民具学〕　637b〔民具研究〕　638a〔民具マンスリー〕　645b〔民俗学史〕　811c〔歴史民俗資料館〕
日本民芸館　㊦638a〔民芸〕　734c〔柳宗悦〕
『日本民衆史』　㊦624b〔宮本常一〕
日本民俗学　㊤881b〔新国学〕　→民俗学
『日本民俗学』(中山太郎)　㊦249a〔中山太郎〕
•『日本民俗学』(1953創刊)《にほんみんぞくがく》　㊦**283a**　283c〔日本民俗学会〕
『日本民俗学概説』　㊦828a〔和歌森太郎〕
日本民族学協会　㊤791a〔渋沢敬三〕　㊦284a〔日本民族学会〕
日本民俗学講座　㊦283c〔日本民俗学講習会〕　632c〔民間伝承の会〕
•日本民俗学講習会《にほんみんぞくがくこうしゅうかい》　㊦**283b**　632b〔民間伝承の会〕　645a〔民俗学史〕　別刷〈民俗学史〉
日本民俗学懇談会　㊦632c〔民間伝承の会〕
『日本民俗学辞典』　㊦249a〔中山太郎〕
『日本民俗学史話』　㊤236c〔大藤時彦〕
『日本民俗学大系』　㊤238a〔大間知篤三〕　940c〔関敬吾〕　㊦692b〔最上孝敬〕
『日本民俗学より見たる家族制度の研究』　㊦356c〔橋浦泰雄〕
•日本民族学会《にほんみんぞくがっかい》　㊦**284a**　494b〔古野清人〕　643a〔民族学研究〕　645a〔民俗学史〕
日本民俗学会(1912設立)　㊦644b〔民俗学史〕
•日本民俗学会(1949設立)《にほんみんぞくがっかい》　㊦**283c**　283a〔日本民俗学〕　632a〔民間伝承(一)〕　632b〔民間伝承(二)〕　632b〔民間伝承の会〕　638c〔民俗(一)〕　645a〔民俗学史〕　別刷〈民俗学史〉
『日本民俗学会報』　㊦283a〔日本民俗学〕　284a〔日本民俗学会〕
日本民俗建築学会　㊦649a〔民俗建築〕
『日本民俗志』　㊦249a〔中山太郎〕
『日本民俗誌大系』　㊤954a〔全国民俗誌叢書〕
『日本民俗図誌』　㊦698c〔本山桂川〕
『日本民俗図録』　㊦643b〔民俗学研究所〕
『日本民俗地図』　㊤512a〔緊急民俗調査〕　㊦651c〔民俗地図〕
「日本民俗調査要項」　㊦103c〔調査項目〕
『日本民俗伝説全集』　㊦467b〔藤沢衛彦〕
『日本民族文化の起源』　㊦577b〔松本信広〕
『日本民俗論』　㊦828a〔和歌森太郎〕
『日本民謡集』　㊦572b〔町田嘉章〕
『日本民謡大観』　㊦572b〔町田嘉章〕
日本民話の会　㊤682c〔再話〕　→民話の会

『日本昔話名彙』　㊦661*a*〔昔話採集手帖〕
『日本昔噺』　㊤213*a*〔絵本〕
『日本昔噺』(巖谷小波)　㊤213*a*〔絵本〕　㊦659*b*〔昔話〕
•『日本昔話集成』《にほんむかしばなししゅうせい》　㊦**284*b***　㊤940*c*〔関敬吾〕　㊦18*b*〔タイプ＝インデックス〕　284*b*〔日本昔話大成〕　552*b*〔本格昔話〕　659*c*〔昔話〕　828*b*〔話型〕
•『日本昔話大成』《にほんむかしばなしたいせい》　㊦**284*b***　㊤940*c*〔関敬吾〕　㊦18*b*〔タイプ＝インデックス〕　284*b*〔日本昔話集成〕　552*b*〔本格昔話〕　659*c*〔昔話〕　828*b*〔話型〕
•『日本昔話通観』《にほんむかしばなしつうかん》　㊦**284*c***　660*c*〔昔話〕
『日本昔話の型とモチーフ索引』　㊤210*a*〔エフエフシー〕
•『日本昔話名彙』《にほんむかしばなしめいい》　㊦**284*c***　283*a*〔日本伝説名彙〕　284*b*〔日本昔話集成〕　659*c*〔昔話〕　828*b*〔話型〕
『日本盲人史』　㊦249*a*〔中山太郎〕
『日本有用水産誌』　㊦282*c*〔日本水産捕採誌〕
•『日本霊異記』《にほんりょういき》　㊦**285*a***　㊤308*a*〔怪談〕　894*b*〔神仏霊験譚〕　㊦474*c*〔仏教説話〕
『日本歴史地名大系』　㊦91*b*〔地名〕
日本歴史地理学会　㊤464*a*〔喜田貞吉〕
日本歴史地理研究会　㊤464*a*〔喜田貞吉〕
『日本労作民謡集成』　㊦572*b*〔町田嘉章〕
日本割賦保証株式会社　㊤437*c*〔冠婚葬祭互助会〕
煮豆　㊤845*b*〔正月料理〕　㊦13*c*〔大豆〕
•二毛作《にもうさく》　㊦**285*b***　㊤25*b*〔預け牛〕　438*a*〔間作〕　㊦447*b*〔肥料〕　662*b*〔麦田〕　806*a*〔輪作〕
ニモチ　㊦247*c*〔長持担ぎ〕
荷持唄　㊦187*c*〔道中唄〕　→長持唄
荷物問屋　㊤342*a*〔河岸〕
•煮物《にもの》　㊦**285*b***　8*b*〔大根〕
若一王子　㊤229*b*〔王子信仰〕
若王子　㊤229*a*〔王子信仰〕
ニュウ　㊤116*b*〔稲魂〕　116*c*〔稲積み〕　→ニオ
入移民　㊤132*a*〔移民㈠〕
ニューウェル　㊤47*a*〔アメリカ民俗学〕
•入家儀礼《にゅうかぎれい》　㊦**285*c***　㊤286*b*〔親子盃〕　375*a*〔門口〕　㊦784*a*〔嫁入婚〕
入学式　㊤369*a*〔学校行事〕
•ニューカマー　㊦**286*b***　㊤678*b*〔在日韓国・朝鮮人〕
ニュウギ〔新木〕　㊤272*b*〔鬼木〕　㊦34*a*〔薪〕
乳牛　㊤482*a*〔牛乳〕
乳牛戸　㊤156*c*〔牛〕
乳戸　㊤156*c*〔牛〕
入札　㊤140*a*〔入れ札〕　951*b*〔セリ〕　→セリ
乳酸発酵法　㊤556*c*〔燻製〕
入社式《にゅうしゃしき》　⇨イニシエーション(㊤118*c*)　㊦437*c*〔秘密結社〕
•入定《にゅうじょう》　㊦**286*b***
入定信仰　㊤497*c*〔行人塚〕
入定塚　㊤497*c*〔行人塚〕　㊦751*a*〔山伏塚〕
入定ミイラ　㊦597*a*〔ミイラ〕
入場料　㊦777*b*〔寄席〕
「ニュース歌謡」　㊤556*a*〔軍歌〕
•乳製品《にゅうせいひん》　㊦**286*c***
入村寄留　㊦554*b*〔本戸・寄留〕
入梅　㊤701*c*〔雑節〕　㊦141*b*〔梅雨〕
乳鉢　㊦339*c*〔売薬〕
•入峰修行《にゅうぶしゅぎょう》　㊦**287*a***　616*a*〔峰入り〕　→峰入り
如意輪観音〔-像〕　㊤448*a*〔観音信仰〕　㊦88*a*〔血の池地獄〕　126*a*〔月待〕　343図〔墓石〕
ニョウ　㊤116*c*〔稲積み〕
繞道祭　㊤238*b*〔大晦日〕　㊦437*c*〔火祭〕　510*a*〔別火〕
女房詞　㊤147*b*〔隠語〕
•女房座《にょうぼうざ》　㊦**287*b***　620*c*〔宮座〕
女色断ち　㊦47*a*〔断ち物〕
女体嶽　㊦420*a*〔英彦山信仰〕
•女人禁制《にょにんきんせい》　㊦**287*c***　㊤83*b*〔石鎚山信仰〕　143*a*〔岩木山信仰〕　571*a*〔結界〕　683*b*〔蔵王信仰〕　㊦50*a*〔立山登山〕　76*a*〔血〕　288*c*〔女人堂〕　631*c*〔民間信仰〕
女人結界　㊤571*a*〔結界〕　→女人禁制
•女人講《にょにんこう》　㊦**288*a***　㊤41*b*〔尼講〕　584*b*〔講〕　㊦314*a*〔念仏講〕
•女人高野《にょにんこうや》　㊦**288*b***
『女人政治考』　㊤689*c*〔佐喜真興英〕
『女人政治考・霊の島々』　㊤689*c*〔佐喜真興英〕
•女人堂《にょにんどう》　㊦**288*c***　780*b*〔米山信仰〕
如来教　㊤885*b*〔新宗教〕
如来荒神　㊤593*c*〔荒神〕
ニョライサン　㊤262*a*〔おそうぶつ〕
如来の代官　㊤72*a*〔生仏〕
ニヨリキ　㊦788*a*〔ヨリキ〕
•ニライカナイ　㊦**289*a***　㊤72*c*〔異郷〕　194*b*〔ウンジャミ〕　248*b*〔沖縄文化〕　551*a*〔黒潮文化〕　㊦28*c*〔他界観〕　207*b*〔常世〕　433*c*〔ヒヌカン〕　792*a*〔来訪神〕　799*b*〔竜宮〕
ニライの大主　㊦289*a*〔ニライカナイ〕
ニラミクラ　㊦289*c*〔にらめっこ〕
ニラミゴク　㊦289*c*〔にらめっこ〕
にらみ鯛　㊦2*c*〔タイ〕
•にらめっこ　㊦**289*b***
ニラメッコオビシャ　㊤279*b*〔おびしゃ〕
韮山笠　㊤339*a*〔笠〕
韮山頭巾　㊤909*a*〔頭巾〕
二輪車　㊤548*b*〔車〕　㊦273*c*〔荷車〕
ニルヤ・カナヤ　㊦289*a*〔ニライカナイ〕　→ニライカナイ
にるやセジ　㊤944*b*〔セジ〕
ニレー　㊦289*a*〔ニライカナイ〕
二臈〔二老〕　㊦815*c*〔臈次〕
ニロー　㊦289*a*〔ニライカナイ〕
ニローガミ　㊦271*c*〔ニールピトゥ〕
•ニワ　㊦**289*c***　㊤183*a*〔厩〕　㊦138*b*〔坪〕　209*c*〔ドジ〕　292*a*〔ニワバ〕　572*c*〔町屋〕　705*b*〔モヨリ〕　→土間
庭　㊤431*c*〔河原者〕　㊦205*b*〔土公神〕　678*a*〔村組〕
ニワアガリ　㊦291*b*〔庭仕事〕
•庭上げ〔庭上り〕《にわあげ》　㊦**290*b***　㊤116*a*〔稲作儀礼〕
ニワアライ　㊤121*c*〔稲上げ〕
•にわか〔俄，仁和賀，仁輪賀，仁和加，二〇加〕　㊦**290*b***　㊤415*a*〔カヤカブリ〕
俄狂言　㊦94*b*〔茶番〕
俄師　㊦287*b*〔にわか〕
俄芝居　㊤424*c*〔軽口〕
ニワカマド　㊦290*a*〔ニワ〕
•庭木《にわき》　㊦**290*c***　㊤152*a*〔植木市〕　152*b*〔植木屋〕　㊦290*a*〔ニワ〕　411*a*〔ヒイラギ〕　574*a*〔松〕　760*b*〔雪囲い〕
ニワクド　㊤391*a*〔竈〕
ニワグミ　㊦292*a*〔ニワバ〕　→ニワバ
庭蔵　㊤543*b*〔倉〕
ニワゲ　㊦290*b*〔庭上げ〕
庭下駄　㊤569*b*〔下駄〕
•庭仕事《にわしごと》　㊦**291*a***
ニワジマイ　㊤121*c*〔稲上げ〕
庭終い餅　㊤756*b*〔仕事納め〕
丹羽正伯　㊤372*c*〔家伝薬〕
庭葬礼　㊤972*c*〔葬送儀礼㈠〕
•庭田植《にわたうえ》　㊦**291*b***　㊤116*a*〔稲作儀礼〕　624*b*〔小正月〕　700*b*〔皐月〕　別刷〈小正月〉　㊦1*c*〔田遊び〕　25*b*〔田植え踊り〕　290*a*〔ニワ〕
•鶏《にわとり》　㊦**291*c***　㊤727*c*〔三牲〕　㊦254*c*〔雪崩〕　272*c*〔肉食〕
鶏石　㊦291*c*〔鶏〕
ニワトリカゼ　㊦440*a*〔百日咳〕
鶏淵　㊦291*c*〔鶏〕
鶏報恩　㊦191*b*〔動物報恩譚〕
鶏鉾　㊤452図〔祇園祭〕
ニワニオル　㊤571*c*〔月経〕
庭主　㊦149*c*〔てき屋〕

・ニワバ〔庭場〕 ㊦**292**a ㊤609c〔コーチ〕 ㊦149c〔てき屋〕 290b〔ニワ〕 678a〔村組〕
ニワバタケ ㊦290a〔ニワ〕
庭燎 ㊤857a〔照明〕
庭箒 ㊦525a〔箒〕
ニワ休み ㊦770b〔養蚕〕
ニワヨセ ㊦291b〔庭仕事〕
・ニンカリ ㊦**292**b
ニンカン ㊦293c〔人魚伝説〕
人気役者 ㊦717b〔役者〕
人魚 ㊦375b〔八百比丘尼〕
・人形《にんぎょう》 ㊦**292**b ㊤49a〔操三番叟〕 162b〔丑の刻参り〕 284c〔玩具〕 375c〔門入道〕 868c〔初七日〕 948b〔雪隠雛〕 ㊦133a〔土人形〕 429c〔ヒトツモノ〕 464b〔副葬品〕 492b〔風流〕 →デコ
人形遊び ㊦432c〔雛祭〕
人形操り ㊤523a〔傀儡子〕 860c〔浄瑠璃〕 945c〔説経節〕 ㊦293b〔人形浄瑠璃〕
人形市 ㊦432a〔雛市〕
・人形送り《にんぎょうおくり》 ㊦**293**a ㊤200b〔疫神送り〕 234a〔オオスケ人形〕 ㊦428b〔人形〕 716b〔厄落とし〕 718c〔厄除け〕
人形戯 ㊤523b〔傀儡子人形〕
人形供養 ㊤543a〔供養〕
人形芸 ㊤417c〔からくり人形〕
人形芝居 ㊤55a〔淡路人形浄瑠璃〕 54b〔阿波人形浄瑠璃〕 110c〔糸あやつり〕 465a〔義太夫〕 523a〔傀儡子〕 526a〔串人形〕 548c〔車人形〕 625a〔古浄瑠璃〕 ㊦150c〔でこまわし〕 323a〔農村舞台〕 334b〔のろま人形〕
・人形浄瑠璃《にんぎょうじょうるり》 ㊦**293**a ㊤54b〔淡路人形浄瑠璃〕 210a〔えびすまわし〕 220a〔演劇〕 245c〔翁〕 384a〔歌舞伎〕 417c〔からくり人形〕 465a〔義太夫〕 561a〔芸能〕 788a〔芝居小屋〕 ㊦506a〔文弥人形〕 611b〔道行〕 →文楽
人形遣い ㊦150c〔でこまわし〕
人形突 ㊤517c〔吟味〕 ㊦297b〔ヌスットオクリ〕
人形道祖神 ㊤346a〔鹿島人形〕
人形流し ㊤234a〔オオスケ人形〕 237c〔大祓え〕 ㊦305a〔ねぶた〕 →ひとがたながし
人形まわし ㊦150c〔でこまわし〕
・人魚伝説《にんぎょでんせつ》 ㊦**293**c
ニンギョノウオ ㊦780a〔ヨナタマ〕
ニングヮチウマチー(二月祭) ㊦670b〔ムヌン〕
人間界 ㊤778c〔十界修行〕
人間行 ㊤778c〔十界修行〕
ニンコ〔人狐〕 ㊤468c〔狐憑き〕 ㊦126c〔憑物〕 →ヒト狐
認識派 ㊤365a〔勝組・負組〕
ニンジュギモン ㊤177b〔産着〕
人長 ㊦597c〔御神楽〕
・妊娠《にんしん》 ㊦**294**a ㊤119b〔犬〕 ㊦118b〔通過儀礼〕 143c〔つわり〕 295a〔妊婦〕 448a〔ひるまもち〕
人参 ㊤796a〔シモツカレ〕
妊娠祈願《にんしんきがん》 ⇨子授け(㊤620c) ㊦294a〔妊娠〕
・人相・手相《にんそうてそう》 ㊦**294**b
ニンソー(福井) ㊦277b〔ニソの杜〕 →ニソの杜
ニンソク ㊦762c〔雪踏み〕
人足 ㊦109b〔町人〕 125c〔継場〕
人足手間 ㊤658a〔コワキ〕
忍冬 ㊦633 表〔民間薬〕
・人頭税《にんとうぜい》 ㊦**294**b ㊤247c〔沖縄文化〕 480c〔旧慣温存政策〕
仁和寺(京都) ㊦227c〔富籤〕
・ニンニク〔大蒜〕 ㊦**294**c ㊤691a〔作物禁忌〕 ㊦634b〔民間療法〕
人夫 ㊦408a〔飯場〕
・妊婦《にんぷ》 ㊦**295**a 294b〔妊娠〕 394c〔腹帯〕
ニンブチャー〔念仏者〕 ㊤298b〔隠亡〕 ㊦113c〔チョンダラー〕
人別 ㊦679c〔村仕事〕
人別改帳 ㊤821a〔宗門人別改帳〕
人別帳 ㊤626c〔戸籍〕
人名領 ㊤739b〔塩飽衆〕

ぬ

沼井 ㊤924a〔製塩〕
縫い笠 ㊤338b〔笠〕
縫い初め ㊤680b〔裁縫〕 721a〔三箇日〕 757a〔仕事始め〕
縫針師 ㊦398a〔針師〕
縫物師 ㊤772c〔仕立屋〕
縫紋 ㊦710a〔紋付〕
ヌーヤ ㊦692c〔殯〕
ヌエ ㊤139a〔文身〕 →シヌイェ
・鵺〔鵼〕《ぬえ》 ㊦**295**b
・ヌカ〔糠〕 ㊦**295**b ㊤481a〔救荒食物〕 645c〔米〕 ㊦296a〔糠袋〕 947b〔石鹸〕
ぬか雨 ㊤46a〔雨〕
・糠塚《ぬかづか》 ㊦**295**c 295c〔ヌカ〕
ヌカ漬 ㊦295b〔ヌカ〕
糠とり ㊦319b〔農具〕
・糠福米福《ぬかふくこめふく》 ㊦**295**c ㊤890b〔シンデレラ〕 ㊦585c〔継子話〕
・糠袋《ぬかぶくろ》 ㊦**296**a 295b〔ヌカ〕
ヌカブルイ ㊦493c〔篩〕
糠味噌 ㊦609b〔味噌〕
貫前神社(群馬) ㊤189a〔占い〕 416a〔粥占〕 ㊦536b〔卜占〕
ヌギファ ㊦297a〔ヌジファ〕
抜穂 ㊦375c〔初穂〕
抜き彫り ㊤139c〔刺青〕
貫屋 ㊤別刷〈沖縄文化〉 →貫木屋
抜参宮 ㊦296a〔抜参り〕 →抜参り
・抜参り《ぬけまいり》 ㊦**296**a ㊤94b〔伊勢参り〕 242a〔お蔭参り〕 ㊦555a〔本山参り〕
幣〔ヌサ〕《ぬさ》 ⇨御幣(㊤641a) ㊤569a〔削り掛け〕 ㊦296b〔ヌササン〕
ヌサウチ ㊦326a〔のさかけ〕
ヌサカケ ㊦別刷〈山の神〉
幣切り ㊦574b〔松会〕
・ヌササン ㊦**296**b
・塗師《ぬし》 ㊦**296**c ㊤612c〔御器〕 862c〔職人〕
・ヌシドリ ㊦**297**a
・ヌジファ〔抜霊〕 ㊦**297**a ㊤別刷〈沖縄文化〉
・ヌスットオクリ〔盗人送り〕 ㊦**297**b 115a〔鎮送呪術〕
ヌスット祭 ㊦297b〔ヌスットオクリ〕
・盗み《ぬすみ》 ㊦**297**b 680c〔村ハチブ〕
・盗み魚《ぬすみうお》 ㊦**298**a ㊤877a〔代分け〕 ㊦297c〔盗み〕
ヌスミドリ ㊦560c〔マエカケヨメドリ〕

• ヌタ(地名)〖沼田, 怒田, 奴田, 垈〗 ㊦**298***a* ㊤124*b*〔猪〕 ㊦669*b*〔ムダ〕 →ノタ
ヌタ(食物) ㊦13*c*〔大豆〕
• ヌタ場 ㊦**298***b*
• 貫木屋《ヌチジャー》 ㊦**298***b* ㊤920*a*〔スラブ屋〕 →貫屋
• 布《ぬの》 ㊦**298***c*
布子 ㊤627*c*〔小袖〕
布橋 ㊦355*c*〔橋〕
布橋灌頂 ㊦49*c*〔立山信仰〕
布目瓦 ㊤430*c*〔瓦〕
布目象嵌 ㊤966*b*〔象嵌〕
布屋 ㊦681*a*〔村屋〕
奴婢 ㊤574*c*〔下人〕
上り口説ち ㊤534*b*〔口説き〕
• 沼《ぬま》 ㊦**299***a* ㊤74*b*〔池〕
沼楽 ㊤324*b*〔楽打〕
沼田砥 ㊦175*a*〔砥石〕
ヌミ ㊤194*c*〔ウンジャミ〕
塗 ㊤779*a*〔漆器〕
塗り笠 ㊤338*b*〔笠〕
ヌリグサ ㊤524*a*〔草取り〕
塗輿 ㊤620*c*〔輿〕
塗籠 ㊦268*b*〔納戸〕
塗り大工 ㊤688*a*〔左官〕 →左官
塗天井 ㊦164*b*〔天井〕
塗長持 ㊦247*b*〔長持〕
塗浜 ㊤924*a*〔製塩〕
塗櫃 ㊦427*a*〔櫃〕
塗屋 ㊤431*b*〔瓦葺き〕
• 祝女〖祝〗《ヌル》 ㊦**299***a* ㊤22*c*〔アシビ〕 71*b*〔生き神〕 166*c*〔ウタカビ〕 167*c*〔御嶽〕 180*b*〔ウフンメ〕 225*a*〔御新下り〕 232*b*〔大アムシラレ〕 248*a*〔沖縄文化〕 295*b*〔女神主〕 402*a*〔神ダーリ〕 404*a*〔神役〕 404*c*〔神人〕 458*a*〔聞得大君〕 480*c*〔旧慣温存政策〕 753*a*〔シキョマ〕 865*c*〔女性祭司〕 別刷〈沖縄文化〉 ㊦115*b*〔君南風〕 122*a*〔ツカサ〕 145*c*〔ティダ〕 201*b*〔トキ(二)〕 270*b*〔根神〕 299*c*〔祝女殿内〕 353*c*〔羽衣伝説〕 433*c*〔ヒヌカン〕 600*a*〔巫女〕 764*a*〔ユタ〕
ヌルガナシー ㊦299*a*〔祝女〕
ヌルクミー ㊦299*a*〔祝女〕
祝女地 ㊦299*b*〔祝女〕
ヌルデンボウ ㊦837*a*〔薬馬〕
• 祝女殿内《ヌルドゥンチ》 ㊦**299***c* 299*b*〔祝女〕
祝女墓 ㊦299*c*〔祝女〕
ヌルミ ㊦300*a*〔ぬるめ〕
• ぬるめ ㊦**300***a*
ヌレーグトゥ(呪言) ㊤335*a*〔陰口〕
濡れ縁 ㊤217*b*〔縁側〕 222*a*〔縁台〕
濡れ雪 ㊦759*c*〔雪〕
ヌレワラジ ㊦787*b*〔寄親・寄子〕 →草鞋親

ね

ネ ㊤922*c*〔瀬〕
根 ㊤792*c*〔島田髷〕
• ネエシ ㊦**300***b* ㊤774*b*〔七島正月〕
ネーシ ㊤310*c*〔海難法師〕
内侍舞 ㊤450*a*〔神舞〕
ネーション ㊤207*a*〔エトノス〕
ネェデハレ ㊤988*b*〔ソラ腕〕
ネーマ ㊦243*a*〔苗間〕
ネエミの日 ㊦242*b*〔苗忌み〕
ネオ＝シャーマニズム ㊤798*b*〔シャーマニズム〕
願出嫡子 ㊦92*c*〔嫡子〕
根刈り ㊤122*b*〔稲刈り〕 808*c*〔収穫〕
寝棺 ㊤433*a*〔棺〕 688*b*〔坐棺〕 968*a*〔葬具〕
ネギ ㊤691*a*〔作物禁忌〕 ㊦634*b*〔民間療法〕
禰宜 ㊤447*a*〔神主〕 886*a*〔神職〕
ネギゴト ㊦303*c*〔ねっき〕
• ネギシ〖根岸〗 ㊦**300***b* 302*a*〔ネゴヤ〕
根岸鎮衛 ㊦619*b*〔耳袋〕
ネギドチ ㊦221*b*〔トチ〕
ネギ湯 ㊤707*a*〔さなぶり〕
ネグロイド ㊤884*c*〔人種〕
• 猫〖ネコ〗《ねこ》 ㊦**300***b* ㊤245*b*〔沖言葉〕 426*c*〔皮〕 819*b*〔十二支の由来〕 ㊦126*c*〔憑物〕 154*b*〔鉄砲〕 163*b*〔天気占い〕 301*a*〔猫絵〕 301*b*〔猫檀家〕 301*c*〔猫の踊り〕 444*c*〔屏風〕
ネゴ ㊤950*a*〔背中当〕
猫足膳 ㊤952*a*〔膳〕
猫石 ㊦300*c*〔猫〕 770*c*〔養蚕〕
• 猫絵《ねこえ》 ㊦**301***a* 300*c*〔猫〕 770*c*〔養蚕〕
• ネコグルマ〖ネコ, 猫車〗 ㊦**301***a* ㊤195*c*〔運搬具〕 ㊦273*c*〔荷車〕
ネゴザ〖寝茣蓙〗 ㊤619*c*〔茣蓙〕 879*c*〔寝具〕
猫裁判 ㊤517*c*〔吟味〕
根古志形 ㊤488*c*〔鏡台〕
猫地蔵 ㊦770*c*〔養蚕〕
猫浄瑠璃 ㊦301*c*〔猫の踊り〕
猫頭巾 ㊤909*a*〔頭巾〕
ネコダ ㊤938*a*〔背負袋〕
• 猫檀家《ねこだんか》 ㊦**301***b* ㊤948*a*〔殺生石〕 ㊦191*b*〔動物報思譚〕
猫寺(昔話) ㊦191*b*〔動物報思譚〕
猫寺(京都) ㊦582*b*〔招き猫〕
猫と南瓜 ㊤308*a*〔怪談〕 ㊦302*a*〔猫の踊り〕
猫と茶釜 ㊦52*c*〔狸〕
• 猫の踊り《ねこのおどり》 ㊦**301***c*
猫の浄瑠璃 ㊤308*a*〔怪談〕
猫の秘密 ㊤308*a*〔怪談〕 ㊦301*c*〔猫の踊り〕
猫また ㊦301*a*〔猫〕
猫又屋敷 ㊦191*b*〔動物報思譚〕
猫祭 ㊦582*b*〔招き猫〕
• ネゴヤ〖根小屋, 根古屋, 根古谷, 根興野〗 ㊦**302***a* 300*b*〔ネギシ〕 787*b*〔ヨリイ〕
根香寺(香川) ㊦519 表〔遍路〕
ネザサ ㊤694*c*〔笹〕
寝産 ㊤696*a*〔坐産〕 733*c*〔産婆〕
• 寝小便《ねしょうべん》 ㊦**302***b* ㊤855*b*〔小便〕 ㊦619*a*〔ミミズ〕
ネジリ ㊤667*b*〔コンブ〕 ㊦667*c*〔昆布漁〕
ネジリハチマキ〖ねじり鉢巻〗 ㊦155*b*〔手拭〕 367*b*〔鉢巻(一)〕
ネズコ ㊦434*c*〔ヒノキ〕
ネズップサゲ ㊦303*c*〔鼠塞ぎ〕
• 鼠《ねずみ》 ㊦**302***c* ㊤819*b*〔十二支の由来〕 ㊦55*b*〔種子籾囲い〕 123*a*〔使わしめ〕 300*b*〔猫〕 303*c*〔鼠塞ぎ〕
• 鼠浄土《ねずみじょうど》 ㊦**303***a* ㊤769*a*〔地蔵浄土〕 ㊦191*b*〔動物報思譚〕 223*a*〔隣の爺〕 303*a*〔鼠〕
鼠退治 ㊦191*b*〔動物報思譚〕
鼠捕り ㊤837 表〔狩猟法〕
鼠取りの薬売り ㊦781*b*〔呼売り〕
• 鼠の渡海《ねずみのとかい》 ㊦**303***b*
鼠の年玉 ㊦302*c*〔鼠〕
鼠の年取り ㊦302*c*〔鼠〕
鼠の嫁入り ㊦302*c*〔鼠〕 694*b*〔土竜の嫁入り〕
• 鼠塞ぎ《ねずみふたぎ》 ㊦**303***c*
鼠除け ㊦301*a*〔猫絵〕 770*c*〔養蚕〕
ねそ ㊤69*a*〔筏〕
寝たきり老人 ㊦816*b*〔老人〕
寝太郎話 ㊦223*c*〔隣の寝太郎〕
寝茶 ㊤18*b*〔朝茶〕
• ねっき ㊦**303***c*
熱気浴 ㊦495*c*〔風呂〕
ネックイ ㊦303*c*〔ねっき〕
根付 ㊤381*c*〔樺細工〕 971*a*〔装身具〕
根津権現祭礼 ㊦162*b*〔天下祭〕
熱さまし ㊤746*a*〔鹿〕
ネッスラー Nessler, Karl ㊦335*b*〔パーマ〕
ネッテイずもう ㊤919*b*〔相撲〕
ネッパリ木 ㊦別刷〈山の神〉
ネッポドキ ㊦200*c*〔トキ(一)〕
ネド ㊦304*a*〔ネドガエリ〕 306*a*〔寝宿〕 668*c*〔娘組〕 731*a*〔宿親・宿子〕
ネドオヤ ㊦668*c*〔娘組〕 731*a*〔宿親・宿子〕
• ネドガエリ ㊦**304***a*

寝床　㊤1*b*〔藍〕
ネドッコ　㊦668*c*〔娘組〕 731*a*〔宿親・宿子〕
ネドホウバイ　㊦668*c*〔娘組〕
根取米　㊦309*a*〔年貢〕
ネネッコダキ　㊦568*a*〔孫抱き〕
ネネミ　㊤737*c*〔産見舞〕
• 子の神《ねのかみ》　㊦**304***b* 302*c*〔鼠〕
子の神信仰　㊤473*c*〔甲子講〕
根の国　㊤72*b*〔異郷〕 ㊦28*c*〔他界観〕 791*a*〔来世観〕 799*b*〔竜宮〕
根の国訪問神話　㊤90*c*〔出雲神話〕
子の刻参り　㊤162*c*〔丑の刻参り〕
子の権現　㊦304*b*〔子の神〕 →子の神
子の聖　㊦304*b*〔子の神〕
子日遊　㊦576*a*〔松の内〕
子の日祭　㊤162*c*〔丑の日祭〕
ネノホシ　㊦625*c*〔妙見信仰〕
根花餅　㊤481*a*〔救荒食物〕
粘り餅　㊦695*a*〔餅〕
• 涅槃会〔-忌〕《ねはんえ》　㊦**304***c* 373*c*〔はったい粉〕 475*b*〔仏教民俗〕
涅槃講式　㊦304*c*〔涅槃会〕
涅槃寺(神奈川)　㊦93*c*〔茶湯寺参り〕
涅槃図　㊦304*c*〔涅槃会〕
涅槃像　㊦304*c*〔涅槃会〕
涅槃団子　㊦304*c*〔涅槃会〕
涅槃西　㊦304*c*〔涅槃会〕
寝冷え知らず　㊦395*a*〔腹掛け〕
• ネフスキー Nevskii, Nikolai Aleksandrovich　㊦**304***c* ㊤464*a*〔喜田貞吉〕 ㊦249*a*〔中山太郎〕 746*c*〔山中共古〕
• ねぶた〔ねぷた, -流し, ネブタ流し, ねぶり流し〕　㊦**305***a* ㊤445*c*〔竿燈〕 857*c*〔照明〕 ㊦292*c*〔人形〕 437*b*〔火祭〕 447*c*〔昼寝〕 716*b*〔厄落とし〕
根太　㊦149*a*〔できもの〕
根太天井　㊦164*b*〔天井〕
ねぶり箸　㊦833*c*〔渡箸〕
ネベヤ　㊦268*b*〔納戸〕 →納戸
寝間〔ネマ〕《ねま》　⇨納戸(㊦268*b*) ㊤257*b*〔押板〕 366*a*〔家長〕
ネマガリダケ　㊤724*a*〔山菜〕
• 寝巻《ねまき》　㊦**305***c*
寝待月　㊦126*a*〔月待〕
寝間中門　㊦101*a*〔中門造〕
寝間付き広間型　㊦449*a*〔広間型民家〕 581*b*〔間取り〕
ネムタ流し〔ネムリ-〕　㊦115*a*〔鎮送呪術〕 305*a*〔ねぶた〕
眠らせ唄　㊤649*a*〔子守唄〕
眠流し《ねむりながし》　⇨ねぶた(㊦305*a*)
眠り仏　㊦546*a*〔仏舞〕
ネヤ　㊤789*c*〔柴漬け漁〕
ネヤオヤ　㊦314*b*〔ネンヤ〕 535*a*〔ホーバイ〕 →宿親
ネヤコ　㊦314*b*〔ネンヤ〕
• 寝宿〔ネヤド〕《ねやど》　㊦**306***a* ㊤306*b*〔海村〕 664*b*〔婚舎〕 923*a*〔性〕 931*c*〔成年式〕 ㊦120*a*〔通婚圏〕 252*c*〔馴染〕 306*c*〔寝宿婚〕 314*b*〔ネンヤ〕 535*a*〔ホーバイ〕 668*c*〔娘組〕 730*c*〔宿親・宿子〕 823*c*〔若い衆〕 827*b*〔若者仲間〕 827*b*〔若者宿〕 →ネンヤ →ホーバイ
• 寝宿婚《ねやどこん》　㊦**306***c* ㊤658*c*〔婚姻〕 664*b*〔婚舎〕 ㊦304*a*〔ネドガエリ〕 306*b*〔寝宿〕
根雪　㊦759*c*〔雪〕
ネリ　㊤401*c*〔紙漉き〕
煉り白粉　㊤260*b*〔白粉〕
ネリガイ　㊤300*b*〔櫂〕 505*a*〔漁船〕
錬鉄　㊦152*b*〔鉄〕
• 練供養《ねりくよう》　㊦**307***a* ㊤283*a*〔お面被り〕 491*a*〔行道〕 ㊦474*b*〔仏教芸能〕 790*b*〔来迎会〕 814*b*〔れんぞ〕 →お練り
ネリクリ　㊦193*b*〔トウモロコシ〕
ネリゲ　㊤986*c*〔蕎麦掻〕
練り香　㊤953*a*〔線香〕
練築地　㊤430*c*〔瓦〕
練馬大根　㊦8*b*〔大根〕
練物　㊦492*b*〔風流〕
ネリヤ　㊦592*b*〔まんかい〕
• 練り嫁《ねりよめ》　㊦**307***b*
念入りの三部経　㊤198*a*〔永代経〕
年賀　㊦309*c*〔年始〕 →年始
年回忌　㊤327*a*〔神楽〕
年賀式　㊤844*c*〔正月〕
年賀状　㊦309*c*〔年始〕
ネンガラ　㊤485*b*〔競技〕 ㊦303*c*〔ねっき〕
• 年忌《ねんき》　㊦**307***b* 116*c*〔追善供養〕 228*a*〔弔い上げ〕
ネンギ　㊦303*c*〔ねっき〕
年忌供養　㊤972*c*〔葬送儀礼㈠〕 ㊦118*b*〔通過儀礼〕 541*b*〔墓制〕 別刷〈生と死〉
• 年季奉公〔年季〕《ねんきぼうこう》　㊦**307***c* ㊤113*c*〔糸満売り〕 290*b*〔お礼奉公〕 574*b*〔下男・下女〕 672*c*〔西行〕 690*a*〔作男・作女〕 ㊦48*c*〔出替り〕 222*b*〔徒弟制度〕
年季奉公人　㊤574*c*〔下人〕 751*b*〔仕着せ〕
年忌法要　㊤202*b*〔回向〕 ㊦21*a*〔逮夜〕 529*c*〔法事〕
年季身売り奉公　㊦528*b*〔奉公人〕
• 年期聟〔年季婿〕《ねんきむこ》　㊦**308***a* 664*a*〔聟入婚〕 815*b*〔労役婚〕
年季雇奉公人　㊦528*a*〔奉公人〕
• 年行事〔-行司〕《ねんぎょうじ》　㊦**308***b* 177*c*〔同行〕
年切奉公　㊦528*b*〔奉公人〕
ネング　㊤786*b*〔地主・小作〕
• 年貢《ねんぐ》　㊦**308***c* ㊤580*c*〔検地〕 ㊦309*a*〔年貢村請制〕 556*b*〔本百姓〕
ネングイ　㊦303*c*〔ねっき〕
年貢皆済目録　㊤747*c*〔地方〕
• 年貢村請制《ねんぐむらうけせい》　㊦**309***a*
年貢割付状　㊦309*a*〔年貢村請制〕
年貢割付帳　㊤747*c*〔地方〕
• 年糕《ねんこう》　㊦**309***b* →ニエンカオ
• 年功序列〔-制〕《ねんこうじょれつ》　㊦**309***b* ㊤358*a*〔家族国家観〕
ネンゴロ　㊦252*b*〔馴染〕
• 年始《ねんし》　㊦**309***c* 533*a*〔訪問〕
年始受け　㊦309*c*〔年始〕
撚糸機　㊤109*c*〔糸〕
念珠　㊤828*a*〔数珠〕 →数珠
年中行事　㊦165*b*〔伝承文化〕
『年中行事』　㊦348*b*〔萩原竜夫〕
念珠挽鋸　㊦325*b*〔鋸〕
• 年代領域原理《ねんだいりょういきげんり》　㊦**310***a* 502*b*〔文化領域〕
• 年中行事《ねんちゅうぎょうじ》　㊦**310***b* ㊤491*b*〔共同祈願〕 510*c*〔儀礼〕 ㊦579*a*〔祭〕 別刷〈盆〉
• 年中行事(沖縄)《ねんちゅうぎょうじ》　㊦**312***a* 387*b*〔ハマウリ〕
『年中行事絵巻』　㊤213*c*〔絵巻〕
『年中行事図説』　㊦643*b*〔民俗学研究所〕
燃燈　㊦625*c*〔妙見信仰〕
年頭　㊦373*a*〔初正月〕
ネンネコ　⇨半纏(㊦406*c*)
ねんねん子守　㊤46*b*〔飴屋踊り〕
• 年番《ねんばん》　㊦**312***b* 177*c*〔同行〕 308*b*〔年行事〕
年番大神楽　㊤594*b*〔荒神神楽〕 →荒神神楽
年番神主　㊤101*b*〔一年神主〕 ㊦621*c*〔宮座〕 →一年神主
年番長　㊦312*b*〔年番〕
• 念仏《ねんぶつ》　㊦**312***c* ㊤44*b*〔阿弥陀信仰〕 161*b*〔臼太鼓〕 269*c*〔踊り念仏〕 828*b*〔数珠繰り〕 ㊦141*a*〔通夜〕 169*a*〔天道念仏〕 313*a*〔念仏踊り〕 440*c*〔百万遍〕 476*a*〔仏教民俗〕 818*c*〔六斎念仏〕
ネンブツイレ　㊤140*a*〔イレボウシャ〕
念仏歌　㊤165*c*〔歌〕
念仏会　㊤821*b*〔十夜〕
• 念仏踊り《ねんぶつおどり》　㊦**313***a* ㊤220*c*〔遠州大念仏〕 269*a*〔踊り〕 269*c*〔踊り念仏〕 807*b*〔ジャンガラ〕 ㊦313*a*〔念仏〕 474*c*〔仏教芸能〕 523*c*〔放下〕 551*a*〔盆踊り㈠〕 628*b*〔弥勒踊り〕 648*a*〔民俗芸能〕 →風流大念仏
念仏狂言　㊦313*a*〔念仏〕
念仏行者　㊤486*c*〔行者〕

念仏組　㊤220c〔遠州大念仏〕
念仏剣舞　㊤581c〔剣舞〕→鬼剣舞
• 念仏講《ねんぶつこう》　㊦**314a**　㊤41b〔尼講〕46b〔飴屋踊り〕298b〔隠亡〕584b〔講〕607c〔御詠歌〕768c〔地蔵講〕969c〔葬式組〕㊦218c〔年寄組〕313a〔念仏〕565a〔枕経〕755a〔唯念〕829c〔和讃〕→往生講　→無常講　→来迎会
念仏講中　㊦820a〔六字名号塔〕
念仏講碑　㊤976a〔惣墓〕
念仏者　㊤298b〔隠亡〕737b〔三昧聖〕→三昧聖
念仏尺　㊦700b〔物差〕
念仏玉　㊤10b〔あか〕
念仏塚　㊤497c〔行人塚〕
念仏拍子物　㊦313b〔念仏踊り〕
• 念仏聖《ねんぶつひじり》　㊦**314a**　㊤575a〔毛坊主〕㊦121b〔杖〕366c〔鉢叩き〕
念仏風流　㊦492b〔風流〕
念仏申し　㊤331b〔隠れ念仏(二)〕
念仏和讃　㊤44b〔阿弥陀信仰〕
ネンボウ　㊦303c〔ねっき〕
• ネンヤ　㊦**314b**　306a〔寝宿〕535a〔ホーバイ〕827b〔若者宿〕→寝宿
年雇　㊦307c〔年季奉公〕528b〔奉公人〕
• 燃料《ねんりょう》　㊦**314b**　㊤941b〔石炭〕967a〔雑木林〕㊦702c〔籾殻〕835a〔藁〕
年礼　㊦309c〔年始〕→年始
• 年齢階梯制〔年齢階梯〕《ねんれいかいていせい》　㊦**315a**　㊤321b〔カギヒキ神事〕966b〔惣〕㊦316a〔年齢集団〕
年齢階梯制村落　㊤993a〔村落類型論〕
年齢組　㊦315c〔年齢階梯制〕316a〔年齢集団〕
• 年齢集団《ねんれいしゅうだん》　㊦**316a**　㊤306c〔海村〕551a〔黒潮文化〕635b〔子供組〕676b〔祭祀組織〕㊦102a〔中老〕315b〔年齢階梯制〕825c〔若者組〕
年齢順　㊦181b〔頭指〕

の

ノ〔野〕　㊦329b〔野良〕394a〔原〕
ノアイ　㊤718a〔さんか〕
• 野上り《のあがり》　㊦**317a**　㊤116a〔稲作儀礼〕
野上げ　㊦317a〔野上り〕
野遊び　㊤365b〔カチャーシー〕→モウアシビ
• 野荒し《のあらし》　㊦**317a**　126b〔月見〕
ノイネ　㊤243b〔オカボ〕
野位牌　㊤125b〔位牌〕
ノウ　㊤116c〔稲積み〕
• 能〔-楽〕《のう》　㊦**317b**　㊤220a〔演劇〕245b〔翁〕326c〔楽屋〕486a〔狂言〕561a〔芸能〕608b〔後宴〕713b〔猿楽〕734a〔三番叟〕764a〔師匠〕㊦458b〔笛〕489b〔舞踊〕611b〔道行〕648b〔民俗芸能〕710b〔問答〕758c〔幽霊〕
農上がり正月　㊤422a〔刈上げ祝い〕
納会　㊦532b〔忘年会〕
農会　㊦318c〔農業協同組合〕646c〔民俗技術〕
農楽　㊦102b〔秋夕〕
能楽堂　㊦317c〔能〕
農鍛冶　㊤344c〔貸鍬〕347b〔鍛冶屋〕
農家小組合　㊤780c〔実行組合〕
• 農神〔-様〕《のうがみ》　㊦**318a**　㊤118b〔稲荷信仰〕208a〔えびす〕690b〔作神〕822a〔十六団子〕㊦56a〔田の神〕747a〔山の神〕
農神上げ　㊦318a〔農神〕
農神おろし　㊦318a〔農神〕
農神様のお昇り日　㊦318a〔農神〕
農神迎え　㊦318a〔農神〕
納棺　㊤972b〔葬送儀礼(一)〕
能管　㊤367c〔楽器〕452a〔祇園囃子〕㊦391a〔囃し(二)〕458b〔笛〕
農間　㊦242a〔内職〕
• 農間稼ぎ《のうかんかせぎ》　㊦**318a**　別刷〈野良仕事〉
農間渡世　㊦318a〔農間稼ぎ〕→農間稼ぎ
農間余業　㊦318a〔農間稼ぎ〕→農間稼ぎ
農間余業取調帳　㊦318b〔農間稼ぎ〕
農協　㊤494a〔共同売店〕721b〔産業組合〕㊦318c〔農業協同組合〕
農業　㊦338c〔ハイヌウェレ〕
農業会　㊦318c〔農業協同組合〕
農業改良助長法　㊤924b〔生活改善運動〕
• 農業協同組合《のうぎょうきょうどうくみあい》　㊦**318b**　㊤721b〔産業組合〕→農協
農業協同組合法　㊦318b〔農業協同組合〕
能狂言　㊤486a〔狂言〕㊦165b〔伝承文化〕
『農業自得』　㊦322c〔農書〕
• 農業集落《のうぎょうしゅうらく》　㊦**318c**　㊤939a〔世界農林業センサス〕㊦322c〔農村〕
農業神　㊤394b〔神〕
『農業全書』　㊦322b〔農書〕
納経帳　㊦519a〔遍路〕
農業日記　㊦278b〔日記〕→農事日誌
農業立地論　㊤654c〔孤立国〕
農漁村共産体　㊤486b〔共産村落〕
『農漁村共産体の研究』　㊦63c〔田村浩〕
乃貢　㊦308c〔年貢〕
• 農具《のうぐ》　㊦**319a**　㊤907a〔犂〕㊦319b〔農具市〕349a〔馬具〕432a〔雛市〕
• 農具市《のうぐいち》　㊦**319b**　㊤別刷〈市〉
『農具便利論』　㊦322c〔農書〕
• 農耕儀礼《のうこうぎれい》　㊦**319c**　212b〔祈年祭〕
『農耕儀礼の研究』　㊦494b〔古野清人〕
農耕鞍　㊤544a〔鞍〕
農耕神　㊤117c〔稲荷信仰〕㊦161a〔出羽三山信仰〕513a〔蛇〕630c〔民間信仰〕
農耕図　㊤926a〔生業絵馬〕㊦別刷〈野良仕事〉
• 農耕文化論《のうこうぶんかろん》　㊦**320b**
農耕暦　㊦475b〔仏教民俗〕
能郷猿楽　㊤172b〔腕相撲〕
• 納骨《のうこつ》　㊦**320c**　㊤22b〔按司墓〕632b〔骨仏〕㊦28b〔他界観〕541a〔墓制〕
納骨信仰　㊤354b〔火葬〕605c〔高野詣〕
納骨墓　㊤873b〔シルヒラシ〕
• 野兎猟《のうさぎりょう》　㊦**321a**
• 納札《のうさつ》　㊦**321b**　㊤955c〔千社札〕㊦472a〔札所〕519a〔遍路〕
農山漁村　㊦333a〔農村〕
農山漁村経済更生運動　㊤721c〔産業組合〕780c〔実行組合〕924b〔生活改善運動〕
• 能地《のうじ》　㊦**321c**　㊤155a〔浮鯛系図〕911c〔頭上運搬〕
農事実行組合　㊤780c〔実行組合〕
• 農事日誌《のうじにっし》　㊦**322a**　278b〔日記〕
農事放送　㊦758a〔有線放送〕
• 農書《のうしょ》　㊦**322b**　646c〔民俗技術〕
能除〔-仙〕　㊤962a〔仙人〕
能装束　㊦317c〔能〕
農事暦　㊤652a〔暦〕㊦538b〔星〕
• 納税組合《のうぜいくみあい》　㊦**322c**
納税貯蓄組合　㊦322c〔納税組合〕
農船　㊤195c〔運搬具〕
• 農村《のうそん》　㊦**322c**　226b〔都鄙連続体論〕

農村歌舞伎　㊤245c〔翁〕
『農村社会学原理』　㊦186a〔同族家族〕
『農村の年中行事』　㊦38c〔武田久吉〕
• 農村舞台《のうそんぶたい》　㊦**323**a　㊤788a〔芝居小屋〕
農村民俗学　㊦216a〔都市民俗〕
• 能田多代子《のうだたよこ》　㊦**323**b　㊤214a〔江馬三枝子〕　940a〔瀬川清子〕
『能田多代子著作集』　㊦323b〔能田多代子〕
能田太郎　㊦323b〔能田多代子〕
農立て〘ノウダテ〙　㊤757a〔仕事始め〕　㊦27b〔田打正月〕　→田打正月
農地　㊤598c〔耕地〕
• 農地改革《のうちかいかく》　㊦**323**b　㊤348b〔頭分〕　853c〔小農〕　890b〔神田〕　㊦622b〔宮田〕
農地調整法　㊦323b〔農地改革〕
ノウデ　㊦243a〔苗取り〕
『農と民俗学』　㊤544c〔倉田一郎〕
ノウバセ　㊦243a〔苗取り〕
納髪　㊦28b〔他界観〕
脳病　㊤484c〔狂気〕
能舞台　㊦317c〔能〕
納弊　㊤663c〔婚資〕
ノウボッチ　㊤116c〔稲積み〕
乃米　㊦308c〔年貢〕
• 能舞《のうまい》　㊦**323**c　㊤328c〔神楽〕　㊦403a〔番楽〕　750a〔山伏神楽〕
能満長者　㊤259b〔おしら祭文〕
『能美郡民謡集』　㊦822c〔炉辺叢書〕
農民　㊤856b〔常民〕
『農民運動の現状及将来』　㊤276b〔小野武夫〕
農民漁業　㊤506c〔漁民〕
『農民経済史研究』　㊤276a〔小野武夫〕
農民社会　㊦650b〔民俗社会〕
『農民社会と文化』　㊦812a〔レッドフィールド〕
『農民俚譚』　㊤695a〔佐々木喜善〕
農飯　㊤53b〔アワ〕
能役者　㊦717b〔役者〕
農休み〘-日〙　㊤28b〔遊び日〕　㊦814a〔れんぞ〕
• 納涼《のうりょう》　㊦**324**a　㊤428b〔川施餓鬼〕　429b〔川開き〕　㊦481c〔船遊び〕
納涼踊り　㊤429b〔川開き〕
農林業センサス　㊦318c〔農業集落〕　→世界農林業センサス
ノオ　㊤116c〔稲積み〕
ノー　㊦394a〔原〕
ノオクリ　㊦328a〔野辺送り〕　→野辺送り
ノオテゴリ　㊦116a〔築地松〕
ノォレンウチ　㊦333b〔暖簾内〕
ノォレンジュウ　㊦333b〔暖簾内〕
• 野がえり《のがえり》　㊦**324**b
野鍛冶《のかじ》　⇨鍛冶屋(㊤347b)　㊦833c〔わたらい〕
ノガマ　㊤388c〔鎌鼬〕
• 野神《のがみ》　㊦**324**c　㊤158a〔牛神〕　160a〔牛神祭〕　㊦318a〔農神〕
野神講　㊤600c〔講田〕
野神田　㊤600c〔講田〕
野神祭〘ノガミマツリ〙　㊤133a〔芋競べ〕　703a〔サトイモ〕　917a〔墨塗り〕　919c〔相撲〕
ノカレサ　㊦796c〔離婚〕
• 軒《のき》　㊦**325**a
ノギ　㊦715c〔焼穂〕
軒遊び　㊦585b〔ままごと〕
禾落とし　㊦702a〔籾打棒〕
野木神社(茨城)　㊦108a〔提燈祭〕
軒場の梅　㊤89c〔和泉式部〕
軒割り　㊦488b〔夫役〕　680b〔村入用〕
野口雨情　㊦194b〔童謡〕　647a〔民俗芸術〕
野口勝一　㊦455a〔風俗画報〕
野口体操　㊦634b〔民間療法〕
野口武徳　㊤210c〔家船〕
野口晴哉　㊦634b〔民間療法〕
野蔵神社(滋賀)　㊤701b〔雑穀〕
ノゲイブシ　㊤871c〔尻炙り〕
ノゴ　㊤766a〔私生児〕
ノコギ　㊦48a〔脱穀〕
• 鋸《のこぎり》　㊦**325**b　㊤241b〔大鋸〕　275c〔斧〕　458b〔樵〕　986c〔杣〕　㊦別刷〈山の神〉
のこぎり商い　㊤231a〔近江商人〕
鋸鍛冶　㊤361b〔刀鍛冶〕
• 鋸鎌《のこぎりがま》　㊦**326**a　㊤388c〔鎌〕
野拵え　㊤32a〔穴掘り〕
残り苗　㊤877a〔しろみて〕
残り福　㊦196c〔十日戎〕
• のさかけ　㊦**326**a
野坂寺(埼玉)　㊦86 表〔秩父巡礼〕
荷前　㊦376a〔初穂〕
野崎観音(大阪)　㊤961c〔千日参り〕　㊦326b〔野崎参り〕
• 野崎参り《のざきまいり》　㊦**326**b
野里住吉神社(大阪)　㊤103c〔一夜官女〕
• のし　㊦**326**b　㊤169a〔内祝い〕　809c〔祝儀〕　㊦607a〔水引〕　→熨斗鮑
熨斗鮑〘ノシアワビ〙　㊤55a〔アワビ〕　449a〔乾物〕　㊦326b〔のし〕　438c〔干物〕　542a〔保存食〕　→のし
ノシツギ　㊦494a〔古着〕
のし包み　㊤289b〔折紙〕
熨斗袋　㊤55a〔アワビ〕
鮑結び　㊦607a〔水引〕
• 野宿《のじゅく》　㊦**327**a　㊤789a〔柴挿し(一)〕　㊦497a〔浮浪者〕
野代　㊦266a〔苗代〕
野筋　㊤465c〔几帳〕
野施行　㊤443c〔寒施行〕　→寒施行
のせ弾き　㊤278a〔お弾き〕
のぞき(修験)　㊤61a〔飯豊山参り〕
のぞき　㊦327b〔覗機関〕　→覗機関
• 覗機関《のぞきからくり》　㊦**327**b　15b〔大道芸〕
覗突き　㊤55a〔アワビ〕　→見突き
覗突漁　㊤94b〔磯〕　695a〔サザエ〕　→見突き漁
覗きメガネ　㊦353a〔箱ガラス〕　→箱ガラス
ノソメ　㊦776c〔予祝儀礼〕
ノタ〘ノダ〙　㊤124b〔猪〕　㊦298a〔ヌタ〕　669b〔ムダ〕　→ヌタ
野田恵美須(大阪)　㊦196c〔十日戎〕
野だたら〘-鑪〙　㊤446c〔かんな流し〕　㊦678c〔村下〕
ノダテゴト　㊦269a〔南島歌謡〕
ノダフジ　㊦466b〔藤〕
のたれ死　㊤71c〔行き倒れ〕　→行き倒れ
野団子　㊦565 図〔枕団子〕
ノチザン　㊤207b〔胞衣〕　→胞衣
後添い　㊤674c〔再婚〕
• 『後狩詞記』《のちのかりことばのき》　㊦**327**b　㊤423a〔狩の巻物〕　㊦別刷〈民俗学史〉
後の月　㊦587b〔豆名月〕
後の名月　㊤816b〔十三夜〕
野塚祭　㊤77a〔斎籠祭〕
• ノツゴ　㊦**327**c
ノツゴ祭　㊦327c〔ノツゴ〕
ノッタチ日待ち　㊤563b〔契約〕
のっと　㊦331c〔祝詞〕
ノッペ　㊦132a〔土〕
野壺　㊤608a〔肥取り〕
ノデワラ　㊦243a〔苗取り〕
のと〘のとごと〙　㊦331c〔祝詞〕
野道具　㊤967b〔葬具〕　→葬具
野床　㊦266a〔苗代〕
『能登—自然・文化・社会—』　㊤480a〔九学会連合調査〕
能登テント　㊤427c〔カワサキ〕
野鳶　㊦225c〔鳶職〕
野取絵図帳　㊦85b〔地租改正〕
野取帳　㊦85b〔地租改正〕
野鼠　㊦302c〔鼠〕
ノノ　㊦298c〔布〕
ノノサックリ　㊤700c〔サックリ〕
ノノサマ　㊦123b〔月〕
ノノサン　㊤859c〔精霊〕
野働き　㊤970a〔葬式組〕
野原　㊦329b〔野良〕
ノバン　㊦667c〔無常講〕
野非人　㊦433a〔非人〕
ノビル　㊦294c〔ニンニク〕
野普請　㊤32a〔穴掘り〕
ノブタ　㊦62c〔霊屋〕
延売買　㊤333a〔掛け売り〕
• 野辺送り《のべおくり》　㊦**328**a　㊤693a〔酒(二)〕　972c〔葬送儀礼(一)〕　㊦225c〔鳶職〕

365a〔裸足〕 425c〔左〕 別刷〈生と死〉
延べ竿 ㊦142b〔釣具〕
延鉄 ㊦152b〔鉄〕
昇せ糸 ㊤472b〔絹〕
•幟《のぼり》 ㊦**328b** ㊤612a〔五月節供〕 ㊦361b〔旗〕
ノボリウマ ㊦760c〔雪形〕
登窯 ㊤431b〔瓦師〕
上り小鉄 ㊤702a〔砂鉄〕
登り堰 ㊤940b〔堰〕 →箕の手堰
幟旗 ㊤290c〔お礼参り〕
ノボリ簗 ㊦732a〔簗〕
野間馬 ㊤180c〔馬〕
•野馬追い《のまおい》 ㊦**328c** ㊤181c〔馬〕 561c〔競馬(一)〕
野馬がけ ㊦328c〔野馬追い〕
ノマブネ ㊦254b〔灘回り〕
ノミ(道具) ㊤39a〔海女・海士〕 184b〔海〕
•ノミ(昆虫) ㊦**329a**
•鑿《のみ》 ㊦**329b** ㊤85b〔石屋〕 523a〔釘〕 ㊦108b〔手斧〕 389c〔刃物〕
蚤蚊の起り〔-起源〕 ㊦329b〔ノミ〕 329c〔蚤と虱の駆け足〕
鑿切り ㊤85b〔石屋〕
蚤と虱 ㊦329b〔ノミ〕 329c〔蚤と虱の駆け足〕
•蚤と虱の駆け足《のみとしらみのかけあし》 ㊦**329c** 329b〔ノミ〕
蚤と虱の相撲 ㊦329c〔蚤と虱の駆け足〕
ノミ取り粉 ㊦329b〔ノミ〕
蚤の牙 ㊦329b〔ノミ〕 329c〔蚤と虱の駆け足〕
野見宿禰 ㊤396c〔神あらそい〕 919c〔相撲〕
蚤は薬 ㊦9a〔泰作〕 329b〔ノミ〕 329c〔蚤と虱の駆け足〕
飲み水 ㊤150a〔飲用水〕
野宮 ㊤130c〔忌小屋〕
野村昭 ㊤980c〔俗信〕
野村純一 ㊦282c〔日本伝説大系〕
ノメゾウ ㊦761c〔雪靴〕
野本寛一 ㊦456b〔風土論〕
ノヤネ ㊦62c〔霊屋〕
•野良〔ノラ〕《のら》 ㊦**329c** ㊤992c〔村落領域〕 ㊦679b〔村境〕 別刷〈野良仕事〉
野良犬 ㊤364c〔家畜〕
野良風 ㊦329b〔野良〕
野良稼ぎ ㊦329b〔野良〕
•野良着《のらぎ》 ㊦**330a** ㊤477a〔着物〕 756b〔仕事着〕 ㊦329b〔野良〕 473a〔ふだん着〕
野良声 ㊦329b〔野良〕
野良三階 ㊤719a〔三階節〕
ノラシギモン ㊤756b〔仕事着〕 ㊦330a〔野良着〕
野良仕事 ㊦329b〔野良〕 別刷〈野良仕事〉
ノラジバン ㊤623a〔腰巻〕
野良育ち ㊦329b〔野良〕
ノラッキ ㊦330a〔野良着〕
野良友達 ㊦329b〔野良〕
野良鼠 ㊦329b〔野良〕
野良生え ㊦329b〔野良〕
ノラボウ ㊦329b〔野良〕
野良道 ㊤691a〔作場道〕
野良息子 ㊦329b〔野良〕
野良者 ㊦329b〔野良〕
野良藪 ㊦329b〔野良〕
•ノリ(海藻)〔海苔〕 ㊦**330b**
ノリ ㊤285a〔オモユ〕
乗合自動車 ㊤548b〔車〕
乗合馬車 ㊦397a〔馬力〕
乗岡憲正 ㊤380b〔金売り吉次〕
ノリオケ ㊤432c〔棺〕
•ノリカケウマ ㊦**331b**
ノリガメ ㊤432c〔棺〕
乗り組み祝い ㊦482a〔船祝い〕
海苔下駄 ㊤569b〔下駄〕
ノリコ ㊤44c〔網主・網子〕
乗尻 ㊤561b〔競馬(一)〕
•乗り初め《のりぞめ》 ㊦**331c** ㊤757a〔仕事始め〕 ㊦482c〔船おろし〕 484c〔船霊〕
乗り出し ㊦331c〔乗り初め〕 →乗り初め
•祝詞〔諄詞, 告刀, 詔戸, 詔刀, のりとごと〕《のりと》 ㊦**331c** 547c〔ほめ詞〕 671c〔棟上〕
糊取箴 ㊤713a〔箴〕
ノリフネ ㊤432c〔棺〕
•ノリワラ〔乗童, 法童, 尸童〕 ㊦**332b** 392a〔ハヤマ〕 392c〔ハヤマ信仰〕 789a〔よりまし〕
ノレン ㊤835a〔修羅〕
•暖簾《のれん》 ㊦**332c** ㊤8b〔あお〕 323b〔家具〕 847c〔商業〕 ㊦333b〔暖簾内〕 333c〔暖簾分け〕 506b〔分与財〕 607c〔店〕 786a〔嫁暖簾〕
•暖簾内《のれんうち》 ㊦**333b** ㊤322c〔家業〕 332a〔家訓〕 ㊦333c〔暖簾分け〕
•暖簾分け《のれんわけ》 ㊦**333c** ㊤322c〔家業〕 341b〔家産〕 847c〔商業〕 ㊦308a〔年季奉公〕 333b〔暖簾〕 333b〔暖簾内〕 502c〔分家〕 529b〔奉公人分家〕
ノロ ⇨祝女(㊦299a)
野呂 ㊦265a〔ナル〕
•呪い《のろい》 ㊦**334a** ㊤829a〔呪詛〕 834c〔呪文〕 →呪詛
呪い返し ㊦334a〔呪い〕
ノロイ田 ㊦739a〔病い田〕
呪地 ㊤530a〔くせ地〕 930a〔聖地〕
のろくもい地 ㊦299b〔祝女〕
•狼煙《のろし》 ㊦**334a** 120b〔通信法〕
•のろま人形 ㊦**334b** ㊤945c〔説経節〕
ノンノンサン ㊤859c〔精霊〕

は

・歯《は》　㊦ **335**a　㊤ 272c〔鬼子〕　㊦ 222a〔十月歯〕　302c〔鼠〕
バ　㊦ 449a〔広場〕
バー　㊤ 512c〔銀座〕
葉藍　㊤ 1b〔藍〕
ハーヴィオ Haavio, Martti Henrikki　㊤ 210a〔エフエフシー〕
パーキン Perkin, William Henry　㊤ 956c〔染色〕
パーク Park, Robert Ezra　㊤ 430b〔河村只雄〕
バーサンラ　㊦ 218c〔年寄組〕
・パーソナリティ personality　㊦ **335**a
パーソンズ Parsons, Talcott　㊤ 597b〔構造・機能主義〕　742a〔ジェンダー〕　㊦ 158b〔デュルケム〕
パーティーライン　㊦ 174a〔電話〕
ハートランド Hartland, E. S.　㊤ 73a〔イギリス民俗学〕
ハーナー Harner, M.　㊤ 798b〔シャーマニズム〕
婆の三つ疣　㊤ 307c〔怪談〕
・パーマ〘パーマネントウェーブ〙　㊦ **335**b
ハーモニカ　㊤ 367c〔楽器〕
パーランクー　㊤ 161c〔ウシデーク〕　㊦ 5c〔太鼓〕　7a〔太鼓踊り〕
バーリ　⇨ダカリ（㊦ 33b）
・爬竜〘ハーリー〙《ハーリー》　㊦ **335**c　㊤ 別刷〈沖縄文化〉　㊦ 80b〔力くらべ㈠〕
爬竜船　㊦ 483a〔舟競争〕
バール　㊦ 33b〔ダカリ〕
ハーレー〘パーレー〙　㊦ 335c〔爬竜〕→爬竜
・バーン Burne, Charlotte Sophia　㊦ **336**b
・パーントゥ　㊦ **336**b　㊤ 別刷〈沖縄文化〉
ハイ（魚名）　㊤ 155b〔ウグイ〕
ハイ（風名）　㊦ 341a〔ハエ㈡〕→ハエ
・灰《はい》　㊦ **336**c　339c〔灰屋〕　447a〔肥料〕
ばい　㊤ 418c〔唐竿〕
灰鮑　㊤ 55a〔アワビ〕
灰市　㊦ 702c〔籾殻〕
梅雨《ばいう》　⇨つゆ（㊦ 141c）
灰植え　㊤ 748c〔直播き〕
灰神楽　㊤ 594b〔荒神神楽〕
ハイカゴ　㊤ 936c〔背負籠〕
バイ風　㊦ 341a〔ハエ㈡〕
灰片付け　㊤ 342c〔火事〕
ハイカラ　㊤ 512c〔銀座〕
ハイカラ袖　㊤ 983c〔袖〕
梅花流　㊤ 607c〔御詠歌〕
配給切符　㊤ 647b〔米屋〕
・配給制度〘-制〙《はいきゅうせいど》　㊦ **336**c　㊤ 647b〔米屋〕　㊦ 21b〔代用食〕
・俳句《はいく》　㊦ **337**a　㊤ 558b〔芸事〕
配偶者　㊤ 896c〔親類〕
肺結核症　㊤ 571b〔結核〕
輩行制　㊤ 991a〔尊属〕
配合肥料　㊤ 516b〔金肥〕
ばい独楽　㊤ 642b〔独楽〕→ベエゴマ
・灰小屋《はいごや》　㊦ **337**b　㊤ 649b〔小屋〕　㊦ 339c〔灰屋〕
・売春《ばいしゅん》　㊦ **337**b　㊤ 478a〔客引〕
売春防止法　㊦ 337c〔売春〕
排簫　㊦ 458b〔笛〕
佩飾　㊤ 971a〔装身具〕
配水　㊤ 904b〔水利慣行〕
排水　㊤ 904b〔水利慣行〕
・パイスケ　㊦ **338**a　697b〔もっこ〕
媒染　㊤ 956b〔染色〕
媒染染料　㊤ 956b〔染色〕
・廃村《はいそん》　㊦ **338**a
買地券　㊦ 821a〔六文銭〕
蠅帳　㊤ 323c〔家具〕
牌寺　㊦ 542b〔菩提寺〕→菩提寺
拝殿　㊦ 111a〔庁屋〕
梅毒　㊤ 339b〔瘡〕　933a〔性病〕
灰問屋　㊦ 693b〔木灰〕
バイナータ　㊤ 781b〔湿田〕
バイ投げ　㊤ 837 裏〔狩猟法〕
灰納屋　㊦ 337b〔灰小屋〕→灰小屋
・ハイヌウェレ Hainuwele　㊦ **338**c
・ハイネ Heine, Heinrich　㊦ **339**a
灰の縄　㊦ 336c〔灰〕
売買春　㊦ 337c〔売春〕
灰引き　㊦ 339c〔灰屋〕
肺病　㊤ 571b〔結核〕
『誹風柳多留』　㊤ 965a〔川柳〕
・廃仏毀釈《はいぶつきしゃく》　㊦ **339**b　㊤ 894b〔神仏分離〕
ハイブネ　㊦ 61b〔田舟〕
灰部屋　㊦ 337b〔灰小屋〕→灰小屋
牌扁　㊦ 340c〔牌楼〕
灰坊　㊦ 585c〔継子話〕
灰坊太郎　㊦ 336c〔灰〕
灰干し魚　㊦ 693b〔木灰〕
灰干しワカメ　㊦ 693b〔木灰〕
ハイマツ　㊦ 573c〔松〕
拝舞　㊦ 489a〔舞踊〕
・灰屋《はいや》　㊦ **339**c
ハイヤー　㊦ 34c〔タクシー〕
ハイヤキ〘灰焼き〙　㊦ 447a〔肥料〕　743b〔山仕事〕
・売薬《ばいやく》　㊦ **339**c　147c〔出稼〕→薬売り
売薬さん〘-人，-商人〙　㊤ 244c〔置き薬〕　893a〔神農〕　㊦ 339c〔売薬〕　833c〔わたらい〕
・ハイヤ節　㊦ **340**b　㊤ 253b〔オケサ節〕→ハンヤ節
俳優　㊦ 717b〔役者〕
灰雪　㊦ 759c〔雪〕
灰寄せ　㊤ 342c〔火事〕
・牌楼《はいろう》　㊦ **340**c
ぱいろん　㊦ 509a〔ペーロン〕
バインダー　㊦ 48a〔脱穀〕
ハウ　㊦ 756b〔ユーカラ〕
ハウキ　㊦ 756b〔ユーカラ〕
波宇志別神社（秋田）　㊤ 577b〔喧嘩祭〕　797a〔霜月祭〕　㊦ 602b〔巫女舞〕　764c〔湯立神楽〕
バウジンガー Bausinger　㊦ 175b〔ドイツ民俗学〕
・パウチカムイ　㊦ **340**c
羽団扇　㊤ 170c〔団扇〕　㊦ 163b〔天狗〕
端浦　㊤ 187c〔浦〕　189c〔浦百姓〕
ハエ（魚名）　㊤ 155b〔ウグイ〕
・ハエ（昆虫）　㊦ **340**c
・ハエ（風名）　㊦ **341**a　521c〔方位〕　568c〔マジ〕
ハエ（地形）　㊤ 922c〔瀬〕
はえ　㊦ 806c〔リン場〕
南風掟　㊤ 172a〔掟〕　㊦ 564b〔間切〕
ハエズシ　㊦ 830c〔輪中〕
ハエタタキ　㊦ 341a〔ハエ㈠〕
南風泊　㊦ 341a〔ハエ㈡〕
ハエトリ紙　㊦ 341a〔ハエ㈠〕
ハエトリリボン　㊦ 341a〔ハエ㈠〕
・延縄〘ノベナワ〙《はえなわ》　㊦ **341**a　㊤ 500c〔漁業〕　503a〔漁具〕　707c〔サバ〕　㊦ 65c〔タラ〕
ハエヤ節　㊦ 340b〔ハイヤ節〕
・羽織《はおり》　㊦ **341**b　㊤ 476c〔着物〕　627c〔小袖〕　669b〔婚礼衣裳〕　984c〔袖なし〕　㊦ 709b〔紋付〕
羽織袴　㊦ 401b〔晴着〕
・ハカ（労働）　㊦ **341**c
ハカ（墓地）　㊤ 185c〔埋め墓〕　㊦ 560a〔詣り墓〕
ハカ（村落）〘パカ〙　㊦ 563b〔マキョ〕
・墓《はか》　㊦ **342**a　㊤ 62b〔家〕　426a〔カロート〕　859c〔精霊〕　958c〔先祖祭祀〕　㊦ 158c〔寺〕　320c〔納骨〕　386b〔破風墓〕　540b〔墓制〕　556b〔盆花〕　680b〔村墓〕　723b〔屋敷墓〕
墓穴掘り　㊤ 972b〔葬送儀礼㈠〕→穴掘り
・墓石《はかいし》　㊦ **342**b　㊤ 709c〔差別戒名〕→石塔
ハカウツシ　㊦ 417b〔ヒキハカ〕
墓郷　㊤ 601c〔郷墓〕　975c〔惣墓〕
墓獅子　㊤ 328c〔神楽〕
ハカショ　㊤ 78b〔いざなぎ流〕
・墓じるし《はかじるし》　㊦ **342**c

墓杉　㊤631a〔骨掛け〕
• ハカセ〔-サマ〕　㊦**344a**
羽ヶ瀬船　㊦486c〔船〕
墓掃除　㊦51b〔七夕〕 102b〔秋夕〕
墓葬礼　㊤972c〔葬送儀礼㈠〕
博多独楽　㊤642b〔独楽〕
博多どんたく　㊦238c〔どんたく〕
博多人形　㊦133a〔土人形〕
博多塀　㊦507b〔塀〕
博多松囃子　㊦238c〔どんたく〕 576b〔松囃子〕
• 歯固め〔ハガタメ〕《はがため》　㊦**344c** ㊤51c〔霰〕 317b〔鏡開き〕 317c〔鏡餅〕 546b〔栗〕 610a〔氷の朔日〕 ㊦539a〔干柿〕
歯固めの石　㊦344c〔歯固め〕
歯固めの餅　㊤474c〔キビ〕 ㊦663a〔むけ節供〕
博多山笠　㊤577a〔喧嘩〕
• 墓寺《はかでら》　㊦**344c** 158c〔寺〕
墓直し　㊤972c〔葬送儀礼㈠〕
刃鉄　㊦152b〔鉄〕
鋼　㊦152b〔鉄〕
釼　㊦45b〔鑢〕
墓念仏　㊤328c〔神楽〕
波賀のザンザカ踊り　㊤48a〔綾踊り〕
馬鹿の三杯汁　㊤874a〔汁物〕
馬鹿囃子《ばかばやし》　⇨祭囃子(㊦579b)
ハカマ　㊦835a〔藁〕
• 袴《はかま》　㊦**345b** ㊤669b〔婚礼衣裳〕 ㊦748c〔山袴〕
はがま　㊤391a〔竈〕
ハカマイリ　㊤202a〔絵系図〕 ㊦710b〔門徒〕
• 墓参り《はかまいり》　㊦**345c** ㊤138c〔イルカ〕 934a〔清明〕 934b〔清明節〕 ㊦102b〔秋夕〕 541b〔墓制〕 672a〔無墓制〕 684a〔命日〕 別刷〈盆〉
ハカマガミ　㊤509a〔切紙〕
• 袴着《はかまぎ》　㊦**346a** ㊤397a〔髪置き〕 773c〔七五三〕 ㊦210a〔年祝い〕 258b〔七つの祝い〕 →七五三
袴代　㊦755a〔結納〕
墓松　㊤631a〔骨掛け〕
墓見舞　㊤354b〔火葬〕
馬鹿聟《ばかむこ》　⇨愚か者(㊤291b)
墓守り　㊤737b〔三昧聖〕 →三昧聖
• 秤《はかり》　㊦**346b**
ハギ　㊤326a〔かくせつ〕
剝ぎ合わせ　㊤477a〔着物〕
掃出し窓　㊦580b〔窓〕
• 掃き立て《はきたて》　㊦**346c**
掃き立て日　㊦770a〔養蚕〕
萩取唄　㊦740a〔山唄〕 →草刈唄
接ぎ舟　㊤709a〔サバニ〕
• 履物《はきもの》　㊦**346c** 761b〔雪靴〕
• 萩原竜夫《はぎわらたつお》　㊦**348b** 420a〔肥後和男〕
ハギンニ(接ぎ舟)　㊤709b〔サバニ〕
璞　㊦181b〔銅山〕
貘　㊦33a〔宝船〕
• 馬具《ばぐ》　㊦**348c**
箔打　㊦339c〔売薬〕
博打　㊦350b〔博打〕 →賭博
白雲座　㊤788a〔芝居小屋〕
白雲寺(京都)　㊤29a〔愛宕信仰〕
箔絵　㊤779a〔漆器〕
ばくえき　㊦350b〔博打〕 →博打
白塩　㊤742b〔塩〕
麦翁　㊦132c〔土入れ〕 662a〔麦作〕
麦芽酢　㊤898c〔酢〕
白牛酪　㊦286c〔乳製品〕
歯臭　㊦421c〔被差別部落〕
舶載鏡　㊤316c〔鏡〕
白山(石川)　㊤720a〔山岳信仰〕 823c〔修験道〕 ㊦287c〔女人禁制〕 749c〔山伏〕
『白山記』　㊤824b〔修験道〕
白山権現　㊤661b〔権現〕
白山三所権現　㊦349b〔白山信仰〕
白山寺(福井)　㊦349b〔白山信仰〕
• 白山信仰《はくさんしんこう》　㊦**349a**
白山神社　㊦349c〔白山信仰〕 421c〔被差別部落〕
白山神社(岩手)　㊦100a〔中尊寺延年〕
白山神社(東京)　㊦468 表〔富士塚〕
白山神社(奈良)　㊤171a〔ウツギ〕
白山長滝神社(岐阜)　㊦648b〔民俗芸能〕 →長滝白山神社
白山参り　㊤138c〔イルカ〕
白山妙理大菩薩　㊦592a〔客人神〕
白蛇《はくじゃ》　⇨しろへび(㊤876a)
白蛇様　㊤876a〔白蛇〕
• 拍手《はくしゅ》　㊦**349c** ㊤348c〔柏手〕
• 白寿《はくじゅ》　㊦**350a** 210a〔年祝い〕 350a〔白寿〕
伯州綿　㊦831b〔棉〕
• 白状祭《はくじょうまつり》　㊦**350a**
薄葬　㊤354b〔火葬〕
曝葬　㊤977a〔葬法〕
• 博打《ばくち》　㊦**350b** 117b〔追放〕 →賭博
博奕打ち　㊦716b〔ヤクザ〕
爆竹　㊦259b〔七日正月〕
白鳥　㊤270c〔おなり神〕 870a〔白鳥伝説〕
白鳥処女説話　㊤870b〔白鳥伝説〕 ㊦169c〔天人女房〕
白鶴　㊤870a〔白鳥伝説〕
博徒　㊦266c〔ナワバリ〕 350c〔博打〕 716b〔ヤクザ〕
• 博徒聟入り《ばくとむこいり》　㊦**350c** 223c〔隣の寝太郎〕 267c〔難題聟〕
はくふき　㊦181b〔銅山〕
博物学　㊤589b〔考古学〕
博物館　㊦811c〔歴史民俗資料館〕
博物館学　㊦623b〔宮本馨太郎〕
白茅会　㊤169b〔内郷村調査〕 810b〔住居〕
白米　㊤645c〔米〕
• 白米城《はくまいじょう》　㊦**351a**
バクメシ　㊦662c〔麦飯〕
箔屋　㊤516a〔金箔打〕
舶来仕立職　㊤772c〔仕立屋〕
ハクラク〔白楽〕　㊦87c〔血とり場〕 351b〔博労〕 607a〔水呑〕 →博労
白露　㊦275b〔二十四気〕
白蠟　㊦360c〔ハゼ〕
• 博労〔馬喰, 馬苦労〕《ばくろう》　㊦**351b** ㊤157a〔牛市〕 181c〔馬市〕 ㊦378c〔馬頭観音〕 568a〔馬子唄〕 607a〔水呑〕 →ハクラク
バクロウヤサン　㊦351b〔博労〕
ハグロコ〔歯黒子〕　㊤277c〔お歯黒〕 380b〔鉄漿親〕
羽黒祭文黒百合姫　㊤37a〔安倍貞任〕
羽黒山(山形)　㊤725a〔三山参り〕 824a〔修験道〕 ㊦160c〔出羽三山信仰〕 616b〔峰入り〕 749c〔山伏〕
『羽黒山縁起』　㊤824b〔修験道〕
羽黒三山　㊦160c〔出羽三山信仰〕
羽黒修験〔-修験道〕　㊤513a〔金山〕 861b〔松例祭〕 ㊦160c〔出羽三山信仰〕 161b〔天蓋〕 169b〔天道念仏〕
歯黒《はぐろ》　⇨お歯黒(㊤277b)
羽黒山伏　㊦160c〔出羽三山信仰〕
破軍星　㊦625c〔妙見信仰〕
• ハケ〔端気, 峡, 波介, 化, 八景, 岵, 埰〕　㊦**351c** →カケ
化けくらべ　㊦419c〔彦市〕
はけご　㊤724b〔山菜〕
化け地蔵　㊤770c〔地蔵伝説〕
ハゲダコ　㊦404b〔半夏〕
ハゲダンゴ　㊦404b〔半夏〕
ハゲッショサバ　㊦404b〔半夏〕
ハゲッソ　㊦404b〔半夏〕
ハゲドキ　㊦200c〔トキ㈠〕
化け猫　㊦154b〔鉄砲〕
• 化け物《ばけもの》　㊦**351c** 769b〔妖怪〕
化物退治　㊤307c〔怪談〕
化物寺　㊤542b〔蜘蛛の糸〕 ㊦352a〔化け物〕
化物話　㊦361a〔派生昔話〕
化け物問答　㊤542b〔蜘蛛の糸〕 ㊦352a〔化け物〕
• 化物屋敷《ばけものやしき》　㊦**352a** ㊤845c〔城下町〕
• はげ山　㊦**352b**
ハゲン　㊦404b〔半夏〕
ハゲンジイ　㊦404b〔半夏〕
ハコ　㊤432c〔棺〕 688b〔坐棺〕
箱　㊤500c〔漁業〕
ハゴ　㊦834a〔罠〕 5606b〔水鳥猟〕
• 羽子板《はごいた》　㊦**352c** ㊤284b〔玩具〕

㊦373a〔初正月〕 385b〔羽根つき〕 389a〔破魔矢〕
羽子板市 ㊤99a〔市〕 別刷〈市〉 ㊦352c〔羽子板〕
ハゴイタクダキ〔羽子板砕き〕 ㊦352c〔羽子板〕 385b〔羽根つき〕
ハゴイタワラシ ㊦352c〔羽子板〕
羽子板割り ㊦385b〔羽根つき〕
馬耕 ㊤907a〔犂〕
ハコウチ ㊤715c〔猿まわし〕
• 箱ガラス《はこガラス》 ㊦**353a**
箱木千年家(兵庫) ㊦629c〔民家〕
筥崎宮(福岡)〔-八幡宮〕 ㊤257b〔押合い祭〕 577c〔喧嘩祭〕 ㊦737b〔流鏑馬〕
箱崎虎舞 ㊤別刷〈仮面〉
箱師 ㊤920c〔掏摸〕
箱膳《はこぜん》 ⇨膳(㊤951c) ㊦95a〔ちゃぶ台〕
箱大麻 ㊦19b〔大麻〕
函館中華山荘 ㊤323a〔華僑墓地〕
箱提燈〔筥-〕 ㊤857c〔照明〕 ㊦107c〔提燈〕
• 箱床《はこどこ》 ㊦**353b** ㊤879c〔寝具〕
箱根伊豆権現 ㊤249c〔お銀小銀〕
「箱根馬子唄」 ㊦568a〔馬子唄〕
ハコネヤ ㊤879c〔寝具〕
箱根山(神奈川) ㊤720a〔山岳信仰〕
箱鞴 ㊦452a〔鞴〕
はこべら ㊦258a〔七草〕
箱弁 ㊤772c〔仕出屋〕
箱枕 ㊦564c〔枕〕
はこまわし ⇨旅芸人(㊦60a)
箱メガネ ㊦353a〔箱ガラス〕 →水眼鏡
羽鷹 ㊤647c〔鷹〕
白楊 ㊦771c〔楊枝〕
羽衣 ㊦169c〔天人女房〕
羽衣石 ㊦353c〔羽衣伝説〕
羽衣説話 ㊦353c〔羽衣伝説〕
• 羽衣伝説《はごろもでんせつ》 ㊦**353c** ㊤47c〔アモレ女〕 551a〔黒潮文化〕 870b〔白鳥伝説〕
「羽衣伝説数種」 ㊤153a〔上田敏〕
羽衣松 ㊤339c〔笠掛け松〕 ㊦353c〔羽衣伝説〕
箱罠 ㊤837 表〔狩猟法〕
• ハサ〔稲架〕 ㊦**354a** ㊤116c〔稲場〕 121c〔稲掛け〕 122c〔稲刈り〕 ㊦別刷〈野良仕事〉
• ハサ木 ㊦**354a** ㊤117a〔稲場〕 ㊦407c〔ハンノキ〕
ハザグイ ㊤442b〔間食〕
刃刺 ㊤528b〔鯨船〕
馬刺 ㊤181c〔馬〕
ハサ縄 ㊦354a〔ハサ木〕
ハサ場 ㊦354a〔ハサ木〕
• ハザマ〔ハサマ, 狭間, 廻間, 峡間, 羽佐間, 迫, 迫間, 間, 挟間〕 ㊦**354b** ㊤694b〔サコ〕
ハサミ ㊤837 表〔狩猟法〕
• 鋏《はさみ》 ㊦**354b** 389c〔刃物〕
挟み罠 ㊤836c〔狩猟法〕
• 箸〔ハシ〕《はし》 ㊦**354c** ㊤127b〔イペパスイ〕 551c〔クロモジ〕 685a〔逆杉〕 864a〔食物禁忌〕 別刷〈小正月〉 ㊦271a〔新箸〕 346c〔掃き立て〕 355a〔橋〕 700c〔物作り〕
• 橋《はし》 ㊦**355a** ㊤52a〔歩き初め〕 68b〔異界〕 437a〔環濠集落〕 740a〔思案橋〕 948c〔雪隠参り〕 ㊦356a〔橋占〕
ハジ ㊤156a〔筌〕
はじ ㊦360c〔ハゼ〕 →ハゼ
• 恥《はじ》 ㊦**355c** 105b〔嘲笑〕 687c〔面子〕
パジ ㊦90b〔チマ＝チョゴリ〕
ハシイワイ ㊤519b〔食初め〕
• 橋占《はしうら》 ㊦**356a** ㊤740b〔思案橋〕 ㊦355b〔橋〕 679b〔村境〕 699a〔戻橋〕
• 橋浦泰雄《はしうらやすお》 ㊦**356b** 283c〔日本民俗学講習会〕 549a〔堀一郎〕 632c〔民間伝承の会〕
• 麻疹《はしか》 ㊦**356c** →ましん
橋懸り ㊦471b〔舞台〕
• はしかけ〔ハシカケ〕 ㊦**357a** ㊤668b〔婚約〕 990c〔村外婚〕 ㊦251b〔仲人〕 252a〔仲人親〕
ハシカケハッピ ㊦375b〔法被〕
ハジキ ㊤587b〔興行師〕
土師器 ㊤868a〔食器〕
ハジキダケ ㊤121a〔犬弾き〕
艀 ㊤195c〔運搬具〕
箸拳 ㊤577a〔拳〕
• 梯子《はしご》 ㊦**357b** 355a〔橋〕
ハシゴセナカチ ㊤937c〔背負梯子〕
• 梯子乗り《はしごのり》 ㊦**357b** 152a〔出初式〕
楷子乗演技之図 ㊦151 図〔出初式〕
箸杉 ㊦357c〔箸立伝説〕
箸揃え《はしぞろえ》 ⇨食初め(㊤519b)
箸立て杉 ㊦357c〔箸立伝説〕
• 箸立伝説《はしたてでんせつ》 ㊦**357c** ㊤603b〔弘法伝説〕 ㊦121c〔杖立伝説〕 685c〔夫婦杉〕
橋立堂(埼玉) ㊦86 表〔秩父巡礼〕
ハジチ ㊤139b〔文身〕
橋詰 ㊤426b〔川〕
ハシトリ ㊤752a〔シキマタギ〕 754b〔試験婚〕
箸取り ㊤7c〔アイヤケ〕
橋直し ㊦679c〔村仕事〕
箸の取りはじめ ㊤7c〔アイヤケ〕
恥の文化 ㊦282b〔日本人(二)〕 499c〔文化型〕 513a〔ベネディクト〕
箸墓 ㊦354c〔箸〕
圭冠 ㊤211c〔烏帽子〕
ハシハジメ ㊤519b〔食初め〕
ハシバミ ㊤638c〔木の実〕
橋姫 ㊤740b〔思案橋〕 ㊦355b〔橋〕 679b〔村境〕
• 橋姫伝説《はしひめでんせつ》 ㊦**357c** ㊤426b〔川〕
橋普請 ㊦679c〔村仕事〕
ハシマ ㊤442b〔間食〕
橋参り《はしまいり》 ⇨歩き初め(㊤52a) ㊦258c〔ナナトコマイリ〕 355b〔橋〕
橋本イツエ ㊦31c〔高群逸枝〕 →高群逸枝
爬砂 ㊤924a〔製塩〕
• 馬車《ばしゃ》 ㊦**358a** ㊤481b〔牛車〕 548b〔車〕
パジャマ ㊦360a〔寝巻〕
播種儀礼 ㊤115c〔稲作儀礼〕 ㊦303c〔鼠塞ぎ〕 320a〔農耕儀礼〕
派出所 ㊤840b〔巡査〕
• 播種法《はしゅほう》 ㊦**358b**
• バショウ ㊦**358c** ㊤137b〔衣料〕
芭蕉衣 ㊤163b〔ウシンチー〕 ㊦358c〔バショウ〕 359b〔芭蕉布〕
芭蕉紙 ㊦358c〔バショウ〕
• 場所請負制〔-制度〕《ばしょうけおいせい》 ㊦**358c** ㊤667c〔昆布漁〕 ㊦276a〔ニシン場〕 276b〔ニシン漁〕
場所請負人 ㊦359a〔場所請負制〕
馬娘交婚 ㊤260a〔オシラサマ〕
• 馬娘婚姻譚《ばじょうこんいんたん》 ㊦**359a** ㊤259b〔おしら祭文〕 ㊦190c〔動物観〕
馬上提燈 ㊦107c〔提燈〕
• 芭蕉布《ばしょうふ》 ㊦**359b**
破傷風 ㊤351c〔風邪〕
ハショゲン ㊦259a〔七日正月〕
場所廻り ㊤87b〔居職・出職〕
場所持 ㊦359a〔場所請負制〕
• 柱《はしら》 ㊦**359c** 7b〔大黒柱〕 246c〔中柱〕
柱系図 ㊤559c〔系図〕
柱松明 ㊤545c〔鞍馬火祭〕
柱立て ㊤581a〔建築儀礼〕 ㊦246c〔中柱〕
柱建て ㊦49a〔建て前〕 →建て前
柱巻 ㊦360a〔柱松〕 →柱松
• 柱松〔ハシライマツ〕《はしらまつ》 ㊦**360a** ㊤16b〔揚げ松明〕 251c〔送り火〕 ㊦19b〔松明〕 19c〔松明祭〕 200a〔戸隠信仰〕 437b〔火祭〕 574b〔松会〕 788b〔依代〕
柱松起し ㊦574b〔松会〕
柱祭 ㊦360a〔柱松〕 →柱松
柱餅 ㊦671b〔棟上〕
ハシリ ㊦245a〔流し〕 607a〔水屋(一)〕
走り ㊤446c〔かんな流し〕
• ハシリガネ ㊦**360b**
ハシリサキ ㊤150b〔飲用水〕
走縄 ㊦749b〔山伏〕

走百姓　㊦ 488*b*〔夫役〕
走舞　㊦ 460*a*〔舞楽〕
ハシリモト　㊦ 245*a*〔流し〕 607*a*〔水屋㈠〕
走物　㊦ 460*a*〔舞楽〕
走り物〘走り〙　㊦ 377*a*〔初物〕 →初物
バジル＝ホール　㊦ 79*a*〔チェンバレン〕
箸渡し　㊦ 833*c*〔渡箸〕
橋ワタシ　㊦ 357*a*〔はしかけ〕
橋渡し　㊦ 355*b*〔橋〕
ハス　㊤ 691*a*〔作物禁忌〕 ㊦ 813*c*〔レンコン〕
パスイ　㊤ 74*a*〔イクパスイ〕 →イクパスイ
パスイ(箸)　㊤ 127*b*〔イペパスイ〕
パスイイトゥパ　㊤ 111*b*〔イトゥパ〕
• 場末《ばすえ》　㊦ **360***b*
八菅山(神奈川)　㊦ 616*b*〔峰入り〕
蓮田　㊦ 1*b*〔田〕 813*c*〔レンコン〕
ハスの葉飯　㊦ 813*c*〔レンコン〕
ハセ〘ハゼ〙　㊦ 354*a*〔ハサ〕
ハゼ(魚名)　㊤ 215*a*〔魞〕
• ハゼ(植物)〘櫨，黄櫨〙　㊦ **360***c*
バセ　㊦ 69*a*〔俵〕
ハゼアミ　㊤ 696*b*〔刺網〕
• 派生昔話《はせいむかしばなし》　㊦ **361***a*　㊤ 436*a*〔完形昔話〕 ㊦ 284*c*〔日本昔話名彙〕 552*b*〔本格昔話〕 659*c*〔昔話〕
• パセオンカミ　㊦ **361***a*　296*c*〔ヌササン〕
長谷川一郎　㊤ 169*b*〔内郷村調査〕
長谷寺(奈良)　㊤ 675 裏〔西国巡礼〕 832*a*〔修二会〕 ㊦ 44*a*〔だだおし〕
馬橇　㊤ 988*b*〔橇〕 ㊦ 762*a*〔雪橇〕
ハタ　㊦ 40*b*〔凧揚げ〕
• 畑《はた》　㊦ **361***a*　㊤ 598*c*〔耕地〕 663*b*〔混作〕 853*c*〔定畑〕 ㊦ 364*a*〔畠〕 398*b*〔ハル㈡〕
• 旗《はた》　㊦ **361***b*　120*b*〔通信法〕 363*a*〔旗掛け松〕 680*c*〔村旗〕
バター　㊤ 157*a*〔牛〕 ㊦ 287*a*〔乳製品〕 536*b*〔牧畜〕
バターオイル　㊦ 286*c*〔乳製品〕
バタウチ〘-打ち〙　㊤ 715*c*〔猿まわし〕 ㊦ 15*a*〔大道芸〕
• 機織《はたおり》　㊦ **361***c*
機織唄　㊦ 661*c*〔麦打唄〕
• 機織淵《はたおりぶち》　㊦ **362***b*　473*b*〔淵〕
機卸し　㊤ 290*b*〔織物〕
• 裸《はだか》　㊦ **362***c*
裸踊り　㊤ 827*b*〔修正会〕 ㊦ 476*a*〔仏教民俗〕
• 旗掛け松《はたかけまつ》　㊦ **363***a*　㊤ 339*c*〔笠掛け松〕
裸潜水漁　㊤ 506*b*〔漁法〕 695*a*〔サザエ〕 899*b*〔水泳〕
『はだか風土記』　㊤ 75*a*〔池田弥三郎〕
裸参り〘-詣り〙　㊤ 433*a*〔寒〕 ㊦ 363*a*〔裸祭〕
• 裸祭《はだかまつり》　㊦ **363***a*　㊤ 257*a*〔押合い祭〕 351*a*〔風〕 577*c*〔喧嘩祭〕 827*b*〔修正会〕 ㊦ 362*c*〔裸〕
• 裸回り〘-廻り〙《はだかまわり》　㊦ **363***b*　㊤ 53*b*〔アワ〕 142*a*〔囲炉裏〕 ㊦ 362*c*〔裸〕 364*c*〔畑作儀礼〕
ハタ神　㊦ 790*c*〔雷神〕
裸麦　㊤ 239*a*〔大麦〕
• 肌着《はだぎ》　㊦ **363***c*　㊤ 771*c*〔下着〕 ㊦ 691*c*〔モウル〕
ハタキモノ　㊦ 503*c*〔粉食〕
• 畠《はたけ》　㊦ **363***c*　㊤ 853*c*〔定畑〕 ㊦ 361*a*〔畑〕 796*b*〔陸田〕
ハタケイモ　㊦ 20*a*〔タイモ〕
ハタコ　㊤ 766*a*〔私生児〕
旅籠〘-屋〙　㊤ 466*a*〔木賃宿〕 823*a*〔宿場町〕 ㊦ 125*c*〔継場〕 731*b*〔宿屋〕 802*b*〔寮〕
ハダコ　㊤ 771*c*〔下着〕 ㊦ 238*b*〔ドンザ〕 363*c*〔肌着〕
• 畑作《はたさく》　㊦ **364***b*
• 畑作儀礼《はたさくぎれい》　㊦ **364***c*　319*c*〔農耕儀礼〕
畑作文化　㊤ 115*c*〔稲作〕
畑作文化論《はたさくぶんかろん》　⇨農耕文化論(㊦ 319*c*) ㊦ 139*b*〔坪井洋文〕
• 裸足《はだし》　㊦ **365***a*
裸足足袋　㊤ 748*b*〔地下足袋〕
裸足参り　㊤ 280*b*〔お百度参り〕 433*a*〔寒〕 ㊦ 439*c*〔百度石〕
ハタシメ　㊦ 364*c*〔畑作〕
ハダスイ　㊤ 623*a*〔腰巻〕
ハダセ〘ハダソ〙　㊤ 623*a*〔腰巻〕
バタ建場　㊤ 529*c*〔屑屋〕
ハダツキ　㊦ 363*c*〔肌着〕
秦豊吉　㊤ 916*a*〔ストリップ〕
畑苗代　㊤ 243*a*〔陸苗代〕
畑稗　㊦ 413*b*〔稗田〕
• 旗振り通信〘旗通信〙《はたふりつうしん》　㊦ **365***b*　361*c*〔旗〕
幡祭　㊤ 629*a*〔ゴダチ〕 ㊦ 392*c*〔ハヤマ信仰〕
ハタ結び　㊦ 668*c*〔結び〕
ハダモッペ　㊦ 704*c*〔股引〕
旗山神社(鹿児島)　㊤ 790*a*〔柴祭〕
働き者　㊦ 817*a*〔労働倫理〕
• 蜂《はち》　㊦ **365***b*　75*a*〔蜻蛉長者〕 163*b*〔天気占い〕 367*b*〔蜂の子〕
• 鉢《はち》　㊦ **365***c*　㊤ 711*a*〔皿〕 868*a*〔食器〕 ㊦ 239*c*〔どんぶり〕
鈸　㊦ 230*c*〔銅鑼〕
桴　㊤ 368*b*〔鞨鼓〕 379*b*〔鉦〕 ㊦ 230*c*〔銅鑼〕
撥　㊤ 805*b*〔三味線〕
ハチアゲ　㊤ 917*c*〔炭焼き〕
ハチウリー　㊤ 36*a*〔アブシバレー〕
• バチェラー Batchelor, John　㊦ **365***c*
八王子権現　㊤ 229*b*〔王子信仰〕
• 八王子社《はちおうじしゃ》　㊦ **366***a*
八月踊り《はちがつおどり》　⇨十五夜踊り(㊤ 814*c*) ㊤ 50*c*〔アラセツ〕 269*b*〔踊り〕 ㊦ 126*b*〔月見〕 311*b*〔年中行事㈠〕
八月踊り歌　㊦ 269*b*〔南島歌謡〕
八学会連合　㊤ 940*a*〔瀬川清子〕
• 鉢かづき《はちかづき》　㊦ **366***b*
鉢かつぎ姫　㊦ 366*b*〔鉢かづき〕
鉢かぶり　㊦ 366*b*〔鉢かづき〕
はちく笠　㊤ 339*a*〔笠〕
八月アシビ〘-遊び〙　㊤ 22*c*〔アシビ〕 28*a*〔遊び〕 815*a*〔十五夜踊り〕
八月ウイミ(折目)　㊤ 789*b*〔柴挿し㈡〕
八月カシチー　㊤ 789*b*〔柴挿し㈡〕
八間〘-行燈〙　㊤ 58*c*〔行燈〕 857*b*〔照明〕
蜂子皇子　㊦ 160*c*〔出羽三山信仰〕
八十八ヵ所　㊦ 518*a*〔遍路〕
• 八十八夜《はちじゅうはちや》　㊦ **366***c*　㊤ 53*a*〔荒日〕 92*c*〔伊勢暦〕 610*c*〔ゴールデン＝ウィーク〕 652*b*〔暦〕 701*c*〔雑節〕 ㊦ 54*b*〔種子播き〕 346*c*〔掃き立て〕 797*b*〔立春〕
八十八夜れんぞ　㊦ 814*a*〔れんぞ〕
八助坊　㊦ 742*a*〔山小屋〕
バチ橇　㊦ 762*b*〔雪橇〕
八大王子　㊤ 580*b*〔眷属〕 ㊦ 366*b*〔八王子社〕
八大神社(京都)　㊤ 738*b*〔サンヤレ祭〕
八大童子　㊦ 366*b*〔八王子社〕
八大竜王　㊤ 170*c*〔ウッガン〕 ㊦ 801*b*〔竜神信仰〕
• 鉢叩き《はちたたき》　㊦ **366***c*　㊤ 298*b*〔隠亡〕 ㊦ 15*a*〔大道芸〕
鉢つき　㊦ 366*b*〔鉢かづき〕
ハチドウ　㊦ 774*a*〔養蜂〕
ハチトリテボ　㊦ 774*a*〔養蜂〕
八人童子　㊦ 366*b*〔八王子社〕
蜂の援助　㊦ 267*c*〔難題聟〕
• 蜂の子《はちのこ》　㊦ **367***b*
蜂の子飯　㊤ 648*a*〔五目飯〕
八八　㊦ 383*c*〔花札〕
ハチブ　⇨村ハチブ(㊦ 680*c*)
• 鉢巻(衣服)《はちまき》　㊦ **367***b*　155*b*〔手拭〕 401*b*〔晴着〕
• 鉢巻(アイヌ)《はちまき》　㊦ **368***a*
鉢巻(建築)　㊤ 544*c*〔蔵造〕
鉢巻き達磨　㊦ 67*b*〔達磨〕
八幡古表神社(福岡)　㊤ 523*b*〔傀儡子人形〕
八幡神〘-大神〙　㊤ 229*a*〔王子信仰〕 556*a*〔軍神〕 ㊦ 207*c*〔常世神〕 368*a*〔八幡信仰〕
• 八幡信仰《はちまんしんこう》　㊦ **368***a*　㊤ 663*b*〔権五郎伝説〕 ㊦ 530*c*〔放生会〕
八幡神社(栃木)　㊤ 685*a*〔逆杉〕
八幡神社(東京)　㊦ 468 裏〔富士塚〕

八幡神社(兵庫)　㊤別刷〈供物〉
八幡大権現　㊤661b〔権現〕
八幡大菩薩　㊤725b〔三社託宣〕　㊦368b〔八幡信仰〕
八幡造　㊦446a〔平入り〕
八幡祭　㊦32a〔高山祭〕
八味丸　㊤449b〔漢方〕
• 蜂蜜《はちみつ》　㊦**369a**　㊤43a〔甘味〕　342b〔菓子〕　㊦110c〔調味料〕
ハチメクイ　㊦796c〔離婚〕
八面大荒神　㊤655b〔御霊信仰〕
鉢屋　㊤298b〔隠亡〕　737b〔三昧聖〕　㊦406b〔番太〕　→三昧聖
八屋釣柿　㊤318c〔柿〕
バチ山　㊤131a〔忌地〕　135c〔入らず山〕　530a〔くせ地〕
葉茶屋　㊦95a〔茶店〕
八葉寺(福島)　㊦321a〔納骨〕　367a〔鉢叩き〕
八稜鏡　㊤316c〔鏡〕
• 八郎太郎《はちろうたろう》　㊦**369a**
パチンコ　㊤335a〔賭け事〕
• パチンコ屋　㊦**369b**
罰　㊦528a〔方言札〕
ハツアルキ　㊤704c〔里帰り〕
ハツイ　㊤285b〔オヤゲンゾ〕
• 初亥《はつい》　㊦**370a**　㊤123c〔亥子〕
ハツイヲ　㊤693c〔鮭〕
• 初市《はついち》　㊦**370a**　㊤99b〔市〕　別刷〈市〉
初入り　㊦140a〔妻問婚〕
ハツイワイ　㊦374b〔初他火〕
• 初卯《はつう》　㊦**370b**
ハツウオ　㊦378a〔初漁祝い〕
• 初丑《はつうし》　㊦**370c**
• 初午《はつうま》　㊦**370c**　㊤118b〔稲荷信仰〕　796a〔シモツカレ〕
初午詣　㊦370c〔初午〕
初卯詣　㊦370b〔初卯〕
初売り　㊤721a〔三箇日〕　847c〔商業〕　㊦370a〔初市〕　608c〔店〕
ハツエビス〔初恵比須〕　㊦196b〔十日戎〕　371b〔二十日正月〕
早穂　㊤677b〔賽銭〕　→初穂
初冲　㊦331c〔乗り初め〕　→乗り初め
ハッカ　㊤421b〔辛味〕
バッカ　㊦503a〔分家〕
初買い　㊦370a〔初市〕
バッカイ〔祓蓋〕　㊦441a〔白蓋〕　→白蓋
八海山神王　㊤別刷〈護符〉
• パッカイタラ　㊦**371a**
• 二十日戎《はつかえびす》　㊦**371a**
八花鏡　㊤316c〔鏡〕
八角トギリボー　㊦172図〔天秤棒〕
八角窓　㊦580b〔窓〕
ハツカゴ　㊦306b〔寝宿〕　→ハツヨゴレ
ハッカコシ　㊤596b〔香辛料〕
• 二十日正月《はつかしょうがつ》　㊦**371b**　㊤317b〔鏡開き〕　624b〔小正月〕　835b〔ジュリ馬〕　844c〔正月〕　㊦81b〔力餅〕　547a〔骨正月〕　575c〔松の内〕
ハツカド　㊤572a〔月経〕　867c〔初潮〕　㊦374b〔初他火〕
• 初鉦《はつがね》　㊦**371c**
二十日盆　㊦31a〔高燈籠〕
初鎌　㊤192a〔漆掻き〕
二十日寄り　㊦681b〔村寄合〕
初観音　㊦370a〔初市〕
葉付き　㊦627b〔御葭神事〕
ハヅキ　㊤139b〔文身〕
針突祝い　㊤139b〔文身〕
針突師　㊤139b〔文身〕
ハツギトウ　㊦704a〔モモテ祭〕
葉つき塔婆〔葉付-〕　㊤192b〔ウレツキトウバ〕　989c〔祖霊〕　→ウレツキトウバ
初甲子　㊤474a〔甲子講〕
初客　㊤295b〔女いちげん〕
八脚門　㊦708b〔門(一)〕
• 罰金《ばっきん》　㊦**371c**
白金懐炉　㊤312c〔懐炉〕
罰金刑　㊤681a〔財物没収〕
ハツクチ　㊤784a〔死口〕　880c〔新口〕　→新口
初鍬　㊦27b〔田打正月〕
• 八卦《はっけ》　㊦**372a**
伯家神道　㊤891a〔神道〕
八卦方位　㊦521c〔方位〕
八卦見　㊤189a〔占い〕　189b〔占い師〕　㊦372a〔八卦〕
発見　㊦501c〔文化変化〕
• 発酵食品《はっこうしょくひん》　㊦**372b**
• 初庚申《はつこうしん》　㊦**372b**　㊤595a〔庚申信仰〕
初弘法　㊦597b〔御影供〕
初護摩　㊤643a〔護摩〕
伐採　㊦752b〔山役〕
伐採夫　㊤986c〔杣〕
• 八朔〔-節供〕《はっさく》　㊦**372c**　㊤341a〔風祭〕　946b〔節供〕　㊦310c〔年中行事(一)〕　432c〔雛祭〕　447c〔昼寝〕　703b〔桃〕
八朔踊り　㊦372c〔八朔〕
八朔御祝儀　㊦372c〔八朔〕　→八朔
八朔人形　㊦292c〔人形〕　372c〔八朔〕
八朔雛　㊦372c〔八朔〕
八朔盆　㊦372c〔八朔〕
八朔祭　㊦372c〔八朔〕
初鮭儀礼　㊤693c〔鮭〕
初里帰り　㊤704c〔里帰り〕
末子《ばっし》　⇨まっし(㊦574c)
抜歯　㊤551a〔黒潮文化〕　㊦335a〔歯〕
八升芋　㊤801b〔ジャガイモ〕
• 初正月《はつしょうがつ》　㊦**373a**　352c〔羽子板〕　389a〔破魔矢〕　389b〔破魔弓〕
八将軍　㊦521c〔方位〕
筏乗人　㊤69b〔筏師〕　→筏師
八所御霊　㊤655b〔御霊信仰〕
八所神社(滋賀)　㊦68a〔タロウジ〕
ハッショノカゼ　㊤351c〔風邪〕
八寸方　㊤98b〔板前〕
• 発生《はっせい》　㊦**373a**
初歳暮　㊦373a〔初正月〕
初瀬街道　㊤722a〔参宮街道〕
• 八節《はっせつ》　㊦**373b**
• 初節供《はつぜっく》　㊦**373b**　㊤169a〔内祝い〕　717a〔産育儀礼〕　946c〔節供礼〕　㊦389b〔破魔弓〕　786b〔嫁風呂敷〕
八田網　㊤749c〔敷網〕
• はったい粉〔ハッタイコ〕　㊦**373c**　503c〔粉食〕
初大師　㊤643a〔護摩〕
はったい正月　㊦373c〔はったい粉〕
• 初田植《はつたうえ》　㊦**373c**　㊤116a〔稲作儀礼〕　㊦24b〔田植え〕　825a〔ワカメ〕　→サビラキ
初凧　㊦40b〔凧揚げ〕
八田三郎　㊤197c〔映像民俗学〕
バッタ塚　㊤114c〔イナゴ〕
ハツタビ　㊤572a〔月経〕　928c〔成女式〕　→ウイデ　→ハツデ
• 初他火《はつたび》　㊦**374b**　㊤867c〔初潮〕
ばったり〔バッタリ〕　⇨水車(㊤901b)　473a〔杵〕　→添水
バッタン　㊦362a〔機織〕
八反車　㊦別刷〈野良仕事〉
• 初誕生《はつたんじょう》　㊦**374b**　㊤717a〔産育儀礼〕　941c〔赤飯〕　978b〔草履〕　㊦72b〔誕生日〕　118b〔通過儀礼〕　210a〔年祝い〕　222a〔十月歯〕
バッタン杼　㊦409c〔杼〕
パッチ(服飾)　㊤771c〔下着〕　㊦345b〔袴〕
パッチ(アイヌ)　㊤135b〔イヨイキッ〕
八丁鉦　㊤381a〔鉦たたき〕
• ハッチョウジメ〔八丁注連〕　㊦**374c**　別刷〈村境〉
ハッチョウハイ　㊦109c〔チョウハイ〕
バッチョーガサ　㊤339a〔笠〕
ハッテ　㊦354a〔ハサ〕
ハツデ　㊤572a〔月経〕　928c〔成女式〕　㊦374b〔初他火〕
初出　㊦151c〔出初式〕　331c〔乗り初め〕　→乗り初め
ハット　㊤904a〔水団〕
ハットウ　㊤986b〔蕎麦〕　㊦503c〔粉食〕
「抜刀隊の歌」　㊤555c〔軍歌〕
ハットジル　㊤903c〔水団〕　→ハットダンゴ
ハットダンゴ　㊤903c〔水団〕　㊦503c〔粉食〕

初寅大祭　㊦423a〔毘沙門天〕
ハツドリイワイ　㊦378a〔初漁祝い〕
八鳥大山供養田植　㊤234図〔大田植〕
ハツナ　㊤693c〔鮭〕
初成り　㊦377a〔初物〕　→初物
• 初荷《はつに》　㊦**374**c　㊤651c〔御用始め〕　721a〔三箇日〕　757a〔仕事始め〕　㊦225c〔鳶職〕
初荷初買い　㊤844c〔正月〕
『初音草大鑑』　㊤619b〔ここも日本〕
• バッハオーフェン Bachofen, Johann Jakob　㊦**375**a
ハツハナ〘初花〙　㊤572a〔月経〕　㊦374b〔初他火〕　867c〔初潮〕
• 法被《はっぴ》　㊦**375**b
初日の出　㊦22b〔太陽崇拝〕
• 八百比丘尼《はっぴゃくびくに》　㊦**375**b　㊤38a〔尼〕　52b〔あるき巫女〕　㊦137a〔ツバキ〕　→白比丘尼
八百ベクサン　㊦293c〔人魚伝説〕
八品商　㊤777a〔質屋〕
筏夫　㊤69b〔筏師〕　→筏師
ハッピイ　㊦375b〔法被〕
初不動　㊤222b〔縁日〕　643a〔護摩〕　㊦370a〔初市〕
初船　㊦331c〔乗り初め〕　→乗り初め
パップルス　㊤805b〔シャボン玉〕
罰文　㊤460c〔起請文〕
初褌　㊤277a〔オバクレフンドシ〕
初褌の祝い　㊦509b〔へこ親〕　→褌祝い
ハツホ　㊤335c〔蔭膳〕
• 初穂《はつほ》　㊦**375**c　㊤677b〔賽銭〕　㊦270c〔新嘗祭〕　535b〔穂掛け〕　→早穂
ハッポウ〘はっぽう〙　㊦386a〔破風〕　別刷〈民家〉
八方行燈　㊤58c〔行燈〕　→八間行燈
八方棺　㊤433a〔棺〕
八方独楽　㊤642c〔独楽〕
八方にらみの猫　㊦301a〔猫絵〕
初穂儀礼　㊤14c〔秋祭〕　753a〔シキョマ〕　㊦310c〔年中行事㈠〕
• 伐木《ばつぼく》　㊦**376**a　㊤458b〔樵〕　477a〔木貰い〕　㊦738a〔山〕
初穂田　㊦622b〔宮田〕　→宮田
初穂祭　㊤809b〔収穫祭〕
初穂料　㊤160c〔氏子〕
初盆《はつぼん》　⇨新盆(㊦271b)　㊤939c〔施餓鬼〕
初参り　㊤725a〔三山参り〕
初峰入り　㊦749b〔山開き〕
初宮参り《はつみやまいり》　⇨宮参り(㊦623a)　㊦410a〔ヒアキ〕
初聟　㊦376b〔初聟入り〕　→初聟入り
• 初聟入り《はつむこいり》　㊦**376**b　㊤7c〔アイヤケ〕　19a〔朝聟入り〕　168c〔ウチアゲ〕　286b〔親子盃〕　658c〔婚姻〕　668b〔婚約〕　668c〔婚礼㈠〕　819a〔舅礼〕　㊦604c〔水祝い〕　664a〔聟入婚〕　664b〔聟逃げ〕
発明　㊦501c〔文化変化〕
発喪　㊦465a〔服喪〕
• 初詣で《はつもうで》　㊦**376**c　㊤211b〔恵方〕　㊦311c〔年中行事㈠〕　389a〔破魔矢〕　389b〔破魔弓〕
• 初物《はつもの》　㊦**377**a　375c〔初穂〕　455c〔風俗統制〕
ハツヤ〘初矢〙　㊦377b〔初矢の祝い〕　752b〔山分け〕
初薬師　㊤222b〔縁日〕
• 初矢の祝い《はつやのいわい》　㊦**377**b　→矢口祝い　→矢口開き　→矢開き
• 初山《はつやま》　㊦**377**b　㊤720b〔山岳信仰〕　㊦739b〔山入り㈠〕　→山入り
初山入り〘ハツヤマイリ，-踏み〙　㊤321a〔カギヒキ神事〕　㊦326a〔のさかけ〕　746c〔山の神〕
ハツユ(産湯)　㊤180a〔産湯〕
ハツユ(用水)　㊤942a〔堰普請〕
• 初夢《はつゆめ》　㊦**377**c　㊤721a〔三箇日〕　㊦32c〔宝船〕　767b〔夢〕
ハツヨゴモリ　㊤648c〔籠り〕
ハツヨゴレ　㊤572a〔月経〕　867c〔初潮〕　㊦306b〔寝宿〕
初寄合　㊦594b〔万雑〕
削斧　㊤275c〔斧〕
筏流手　㊤69b〔筏師〕　→筏師
• 初漁祝い《はつりょういわい》　㊦**378**a
ハデ　㊦354a〔ハサ〕
• 馬蹄石《ばていせき》　㊦**378**a　㊤644b〔駒繋ぎ松〕
• 果無し話〘果なし-〙《はてなしばなし》　㊦**378**b　㊤559a〔形式譚〕　㊦303b〔鼠の渡海〕　659c〔昔話〕
場天祝女　㊤458b〔聞得大君〕
鳩　㊤851c〔象徴〕　㊦123a〔使わしめ〕　163b〔天気占い〕
バト　㊤57a〔アンギン〕
• 馬頭観音《ばとうかんのん》　㊦**378**b　㊤712b〔猿〕　972a〔蒼前神〕　㊦88a〔血とり場〕　93a〔チャグチャグ馬ッコ〕　191a〔動物供養〕　397b〔馬力神〕　679b〔村境〕
鳩提燈　㊦223b〔隣の寝太郎〕　267c〔難題聟〕　351a〔博徒聟入り〕
鳩森八幡神社(東京)　㊦468園〔富士塚〕
鳩笛　㊦458b〔笛〕
ハトムギ　㊦633園〔民間薬〕
ハドリ　㊤80c〔石垣〕
ハナ(作り物)　㊤568c〔削り掛け〕　㊦700c〔物作り〕　→削り掛け
ハナ(贈答)　㊤809c〔祝儀〕
ハナ(地形)　㊦385b〔ハナワ〕
はな　㊦253b〔鉈〕
花　㊤114b〔イナウ〕　㊦697a〔餅花〕
花合せ　㊦383b〔花札〕　→花札
花泉凧三竦　㊦39図〔凧〕
花板　㊤98b〔板前〕
花市　㊤別刷〈市〉　㊦550c〔盆市〕　→盆市
花いちもんめ　㊤611a〔子買お〕　㊦840図〔童唄〕
花色　㊤8b〔あお〕
花牛　㊤234b〔大田植〕　543a〔供養田〕　㊦381b〔花田植〕
花奪い祭　㊦245c〔長滝の延年〕
花馬　㊦331b〔ノリカケウマ〕
花馬祭　㊤181c〔馬〕
花売りの縁　㊤540c〔組踊り〕
花会式　㊤831c〔修二会〕
花踊り　㊤41b〔雨乞い踊り〕　㊦46a〔太刀踊り〕
花折坂　㊤684b〔坂〕
ハナカキ　㊤568c〔削り掛け〕　→ハナケズリ　別刷〈小正月〉
花柿　㊦538c〔干柿〕
鼻かくし　㊤903a〔水中眼鏡〕
ハナカケ　㊤917a〔墨塗り〕　→墨塗り
鼻欠け地蔵　㊤770b〔地蔵伝説〕
• 花籠《はなかご》　㊦**378**c　㊤336c〔籠〕　967b〔葬具〕　㊦37b〔竹細工〕　788b〔依代〕
花笠　㊦6c〔太鼓踊り〕
花傘　㊦727b〔やすらい祭〕
• 花笠踊り《はながさおどり》　㊦**379**a　㊤41b〔雨乞い踊り〕　598b〔小歌踊り〕　㊦17b〔大念仏〕　267b〔南条踊り〕　744a〔山田白滝〕
ハナガタメ　㊤61b〔許嫁〕
花勝見　㊤412図〔家紋〕
ハナカマス　㊤430a〔川船〕
花かるた　㊤141a〔いろはがるた〕　㊦383b〔花札〕　→花札
花簪　㊤438b〔簪〕
ハナキ　㊤568c〔削り掛け〕　→削り掛け
• 花供〘-会，-峰〙《はなく》　㊦**379**c　㊤578a〔験競べ〕　㊦287a〔入峰修行〕　420b〔英彦山信仰〕　616b〔峰入り〕　749b〔山開き〕　→夏峰
花狂い　㊤15b〔悪態祭〕　548a〔狂い〕
『花車岩井扇』　㊤268a〔男舞〕
花車方　㊤288b〔女形〕
ハナゲエシバイ　㊦532b〔ホウヅケ〕
ハナケズリ　㊤568c〔削り掛け〕　→ハナカキ
花ゴザ〘-莫蓙〙　㊤619c〔莫蓙〕　㊦551a〔盆市〕
ハナゴシラエ　㊤967b〔葬具〕
• ハナコドリ〘ハナゴト，花香取り〙　㊦**380**a　624c〔宮守〕　→宮守
ハナサイタ　㊤867c〔初潮〕
鼻竿　㊦381c〔鼻取り〕

・花咲爺《はなさかじじい》　㊦ **380**a　㊤ 628a〔五大御伽噺〕　㊦ 191b〔動物報恩譚〕　223a〔隣の爺〕　336c〔灰〕
ハナザクロ　㊤ 692a〔ザクロ〕
はなし　㊦ 699c〔物語〕
・咄〔ハナシ，噺〕《はなし》　㊦ **380**b　㊤ 639c〔小咄〕　㊦ 699c〔物語〕
話　㊦ 380b〔咄〕
放し鵜飼い　㊤ 154b〔鵜飼い〕
咄家〔噺家〕　㊦ 380b〔咄〕　828b〔話芸〕　836b〔笑話〕　→落語家
話買い　㊦ 380c〔話千両〕　→話千両
話三荷　㊦ 267c〔難題聟〕
話上手　㊦ 267c〔難題聟〕
・鎮花〔-祭〕《はなしずめ》　㊦ **380**c　㊤ 201b〔疫病神〕　㊦ 718a〔厄病神〕
・話千両《はなしせんりょう》　㊦ **380**c　㊤ 406c〔甕〕　㊦ 420c〔彦八〕
ハナシネ　㊤ 736c〔散米〕　→散米
無刃鑿　㊦ 329b〔鑿〕
咄の者　㊤ 380b〔金売り吉次〕
放し雲雀　㊦ 436b〔ヒバリ〕
花島兵右衛門　㊦ 287a〔乳製品〕
花十字　㊤ 698a〔刺子〕
・花正月《はなしょうがつ》　㊦ **381**a
花園神社(茨城)　㊤ 743c〔潮汲み〕
花園神社(東京)　㊦ 235c〔酉の市〕　468 園〔富士塚〕
花揃宿　㊦ 747b〔山の神講〕
縹色　㊤ 8b〔あお〕
・花田植《はなたうえ》　㊦ **381**b　㊤ 157a〔牛〕　235a〔大田植〕　543b〔供養田〕　㊦ 24c〔田植え唄〕　161c〔田楽〕　648a〔民俗芸能〕　別刷〈野良仕事〉
鳥　㊤ 534a〔沓〕
鼻高面　㊤ 230a〔王の舞〕
鼻だし　㊤ 903a〔水中眼鏡〕
花立淵　㊦ 473c〔淵〕
花田番屋(北海道)　㊦ 408c〔番屋〕
花チラシ　㊦ 384c〔花見〕
花散里　㊤ 414 図〔家紋〕
ハナ付鉈　㊦ 253 図〔鉈〕
花作り　㊤ 858a〔唱門師〕
鼻綱　㊦ 177a〔闘牛〕
花摘み　㊤ 932a〔成年式〕
花摘堂　㊦ 288c〔女人堂〕
花跳び踊り　㊦ 46a〔太刀踊り〕
・鼻取り《はなとり》　㊦ **381**c　㊤ 875b〔代掻き〕
花取踊り〔花鳥-〕　㊦ 46a〔太刀踊り〕
鼻取り地蔵　㊤ 770c〔地蔵伝説〕　875b〔代掻き〕　894c〔神仏霊験譚〕　㊦ 26a〔田植え地蔵〕
バナナ　㊦ 358c〔バショウ〕
はななし　㊦ 253b〔鉈〕
はななた　㊦ 253b〔鉈〕
ハナナデ　㊦ 574c〔末子〕
花寝せ　㊦ 512a〔ベニバナ〕
花の窟　㊤ 79b〔石〕
・花の内《はなのうち》　㊦ **382**a
鼻の王　㊤ 230b〔王の舞〕
花の踊り　㊦ 6b〔太鼓踊り〕
・花の頭〔-塔〕《はなのとう》　㊦ **382**a
花の撓祭　㊦ 382a〔花の頭〕
花のほんげん祭文　㊤ 681b〔祭文〕
花の舞　㊦ 384b〔花祭(二)〕
ハナノリ　㊤ 69a〔筏〕
花芭蕉　㊦ 358c〔バショウ〕
・花火〔煙火，起火〕《はなび》　㊦ **382**b　㊤ 429b〔川開き〕　㊦ 383a〔花火師〕　481c〔船遊び〕　801c〔竜勢〕
・花火師《はなびし》　㊦ **383**a
花火船　㊦ 382c〔花火〕
ハナフキ　㊤ 967b〔葬具〕
・花札《はなふだ》　㊦ **383**b　㊤ 335a〔賭け事〕　425a〔かるた〕
花振り　㊦ 512a〔ベニバナ〕
花街　㊤ 559b〔芸者〕　687c〔盛り場〕
ハナマツの法　㊦ 742b〔ヤマサキ〕
・花祭(年中行事)《はなまつり》　㊦ **383**c　㊤ 171b〔卯月八日〕　㊦ 738c〔山遊び〕
・花祭(神楽)《はなまつり》　㊦ **384**a　㊤ 15b〔悪態祭〕　23a〔足拍子〕　92a〔伊勢神楽〕　328b〔神楽〕　408a〔仮面〕　734c〔三番叟〕　788c〔柴折り〕　796b〔霜月神楽〕　797a〔霜月祭〕　874b〔しろ〕　932a〔成年式〕　㊦ 161a〔天蓋〕　205c〔土公神〕　390a〔早川孝太郎〕　390c〔囃し(二)〕　489a〔冬祭〕　517b〔反閇〕　538c〔星〕　647c〔民俗芸能〕　698b〔もどき〕　762a〔湯起請〕　764c〔湯立神楽〕
花祭(羽黒山)　㊤ 725a〔三山参り〕
『花祭』　㊦ 384a〔花祭(二)〕　390a〔早川孝太郎〕
・花見《はなみ》　㊦ **384**c　㊤ 94c〔磯遊び〕　691c〔桜〕　㊦ 431c〔雛荒し〕　432c〔雛祭〕　701b〔物見遊山〕　738c〔山遊び〕
花御輿　㊤ 795b〔標山〕
ハナミゼック　㊦ 384c〔花見〕
・花道《はなみち》　㊦ **385**a　471c〔舞台〕
花見弁当箱　㊤ 819a〔重箱〕
ハナミヨウカ　㊦ 384c〔花見〕
花迎え　㊦ 574a〔松〕　→正月様迎え
ハナムケ　㊤ 964a〔餞別〕　→餞別
花結び　㊦ 668c〔結び〕
花餅　㊦ 512a〔ベニバナ〕　697a〔餅花〕
ハナヤ　㊤ 967a〔葬儀屋〕
花矢　㊦ 514b〔ヘペレアイ〕
花柳流　㊤ 66a〔家元〕
ハナヨセ　㊤ 784a〔死口〕
花嫁　㊤別刷〈婚礼〉　㊦ 331b〔ノリカケウマ〕　783b〔嫁入り行列〕
花嫁行列　㊤ 990c〔村外婚〕
花嫁代償　㊤ 663c〔婚資〕
花嫁祭《はなよめまつり》　⇨嫁市(㊦ 782c)
・ハナワ〔塙，花輪，花和，半縄〕　㊦ **385**a　㊦ 385b〔ハナワ〕
埴馬　㊤ 430c〔瓦〕
ハニマンガナシ　㊤ 344a〔鍛冶神〕
ハニヤスヒメ　㊦ 516a〔便所〕
埴鈴　㊤ 912a〔鈴〕
搬不倒酒胡子　㊦ 67b〔達磨〕
羽子　㊦ 385b〔羽根つき〕
跳ね板　㊦ 415b〔干潟漁〕
ハネ踊り　㊦ 6b〔太鼓踊り〕
ハネオヤ　㊤ 380b〔鉄漿親〕　㊦ 252a〔仲人親〕
ハネギ　㊤ 349c〔上総掘り〕
はね木　㊦ 325b〔軒〕
刎木鍬　㊤ 924a〔製塩〕
ハネコミ〔はね込み〕　㊤ 269a〔踊り〕　㊦ 6b〔太鼓踊り〕
羽地朝秀　㊤ 835a〔ジュリ〕　㊦ 277c〔日琉同祖論〕
羽田神社(東京)　㊦ 468 園〔富士塚〕
・羽根つき〔-突き，羽子突き〕《はねつき》　㊦ **385**b　㊤ 485a〔競技〕　㊦ 210b〔年占〕　352c〔羽子板〕
ハネ釣り　㊤ 707c〔サバ〕
はねつるべ〔跳ね釣瓶井戸〕　㊤ 434b〔灌漑〕　㊦ 143a〔釣瓶〕
ハネナガイナゴ　㊤ 114c〔イナゴ〕
はね能　㊦ 274b〔西浦田楽〕
羽箒　㊦ 346c〔掃き立て〕
羽休め木　㊤ 129c〔忌木〕
ハバ　㊤ 26a〔畦〕
ババ(家格)　㊤ 315a〔家格〕　㊦ 707c〔モロト〕
ババ(親族)　㊤ 258c〔オジ・オバ〕
馬場あき子　㊤ 271b〔鬼〕
バハイ教　㊤ 885b〔新宗教〕
パハカイペ　㊤ 889c〔シンタ〕
・妣が国《ははがくに》　㊦ **385**b　㊤ 72b〔異郷〕
ババカズキ　㊤ 34c〔姉女房〕
母方交叉イトコ婚　㊤ 112c〔イトコ婚〕
はばき〔ハバキ，脛巾〕　⇨脚絆(㊤ 478b)　㊦ 345b〔袴〕　834c〔藁〕
脛巾親　㊦ 838c〔草鞋親〕
ハハキガミ　㊦ 525b〔箒神〕　→箒神
ハバキツケ　㊤ 90b〔出雲信仰〕
ハバキヌギ　㊤ 90b〔出雲信仰〕　686c〔坂迎え〕
ババキモノ　㊤ 31c〔あとみらず〕
婆組　㊦ 119a〔通過儀礼〕
ババ講　㊤ 41b〔尼講〕　㊦ 218c〔年寄組〕
ババショ　㊦ 585c〔ままごと〕
妣の国　㊦ 28c〔他界観〕　791a〔来世観〕
・母の日《ははのひ》　㊦ **385**c　85c〔父の日〕
羽原又吉　㊤ 210c〔家船〕　506b〔漁村〕　㊦ 442b〔漂海民〕
ハビトゥス　㊦ 808b〔礼儀〕
・破風〔-板〕《はふ》　㊦ **386**a　㊤ 137b〔入母

屋〕 509b〔切り妻〕 567a〔懸魚〕 575c〔煙出し〕 ㊦ 139c〔妻入り〕 735c〔屋根〕 777c〔寄せ棟〕 833a〔渡辺綱〕
• ハブ ㊦ **386**a
• 破風墓《はふうばか》 ㊦ **386**b ㊤ 407b〔亀甲墓〕 873b〔シルヒラシ〕
• パフォーマンス ㊦ **386**c
ハブ酒 ㊦ 386b〔ハブ〕
羽二重 ㊦ 341c〔羽織〕
ハブツル ㊤ 855b〔小便〕
粉錫 ㊤ 568b〔化粧〕
はぶの言いわけ ㊦ 200a〔蜥蜴の尾〕
破風墓造営禁止令 ㊦ 386c〔破風墓〕
ハフ＝モデル ㊤ 848b〔商圏〕
祝 ㊦ 534a〔祝〕 →ほうり
ハブリ ㊦ 584b〔マブイ〕
祝部 ㊦ 534a〔祝〕
ハホ ㊦ 386a〔破風〕
ハボク ㊦ 149c〔てき屋〕
ハマ ㊤ 892b〔陣取り〕
• 浜《はま》 ㊦ **387**a ㊤ 184a〔海〕 312a〔海民〕
浜遊び ㊦ 689a〔モウアシビ〕
浜歩き ㊦ 443c〔漂着神〕 789b〔寄り物〕
ハマイデ ㊦ 624c〔神幸〕
浜出 ㊤ 607b〔幸若舞〕
ハマイバ ㊦ 389b〔破魔弓〕
ハマ打ち ㊦ 389b〔破魔弓〕
• ハマウリ〔ハマウリー，浜下り〕 ㊦ **387**b ㊤ 36a〔アブシバレー〕 176b〔ウビナディ〕 720c〔三月節供〕 ㊦ 388a〔浜降り〕 432c〔雛祭〕 670b〔ムヌン〕
ハマオギ ㊦ 775c〔ヨシ〕 →ヨシ
浜男 ㊤ 924a〔製塩〕
• 浜降り〔ハマオリ，-祭〕《はまおり》 ㊦ **387**c ㊤ 36a〔アブシバレー〕 94c〔磯遊び〕 128c〔忌み〕 130a〔忌籠り〕 184b〔海〕 465b〔忌中部屋〕 ㊦ 387a〔浜〕 624c〔神幸〕 753b〔ヤンサマチ〕 787c〔寄り神〕 →磯遊び
浜かがり ㊤ 190a〔浦役〕
浜神楽 ㊤ 244c〔隠岐神楽〕
浜灌頂 ㊤ 441b〔灌頂〕
• ハマグリ ㊦ **388**a ㊤ 745b〔潮干狩〕
• 蛤女房《はまぐりにょうぼう》 ㊦ **388**b 388b〔ハマグリ〕
蛤の草紙 ㊦ 388b〔蛤女房〕
• 浜下駄《はまげた》 ㊦ **388**c ㊤ 569b〔下駄〕
浜子 ㊤ 924a〔製塩〕
浜小屋 ㊦ 263a〔納屋〕
浜砂鉄 ㊤ 702b〔砂鉄〕
浜地 ㊤ 342a〔河岸〕
ハマスーコー(浜焼香) ㊦ 387b〔ハマウリ〕
浜施餓鬼 ㊤ 428c〔川施餓鬼〕
• 浜掃除《はまそうじ》 ㊦ **389**a
浜田耕作 ㊦ 419c〔肥後和男〕
浜田庄司 ㊦ 638a〔民芸〕 734c〔柳宗悦〕
「浜田節」 ㊦ 340b〔ハイヤ節〕
ハマチ ㊦ 491b〔ブリ〕
浜仲仕 ㊦ 244c〔仲仕〕
ハマ投げ ㊤ 485b〔競技〕
浜納豆 ㊦ 256c〔納豆〕
浜納屋 ㊦ 263a〔納屋〕
浜のオバ ㊦ 337c〔売春〕
ハマブネ ㊦ 227a〔どぶね〕
浜松祭 ㊦ 40 図〔凧揚げ〕
• 破魔矢《はまや》 ㊦ **389**a ㊤ 218c〔縁起物〕 ㊦ 373a〔初正月〕 389b〔破魔弓〕
浜役 ㊤ 190a〔浦役〕
• 破魔弓《はまゆみ》 ㊦ **389**b 373a〔初正月〕 389a〔破魔矢〕
浜離宮(東京) ㊤ 410b〔鴨猟〕
ハミ ㊦ 586b〔マムシ〕
ハミツメ ㊦ 586b〔蝮指〕 →蝮指
ハミンチュ ㊤ 77c〔イザイホー〕
ハメ ㊦ 586b〔マムシ〕
嵌め殺し窓 ㊦ 580b〔窓〕
ハモジ ㊤ 623a〔腰巻〕
• 刃物《はもの》 ㊦ **389**c 565b〔枕直し〕
刃物鍛冶 ㊤ 347b〔鍛冶屋〕 361b〔刀鍛冶〕
ハモハ踊り ㊦ 313c〔念仏踊り〕
ハヤ ㊤ 155b〔ウグイ〕
ハヤオケ ㊤ 432c〔棺〕
早桶屋 ㊤ 967a〔葬儀屋〕
• 早川孝太郎《はやかわこうたろう》 ㊦ **390**a 384a〔花祭㈡〕 517b〔反閇〕 636a〔民具〕 642c〔民俗学㈡〕 646c〔民俗芸術〕 822c〔炉辺叢書〕
『早川孝太郎全集』 ㊦ 390a〔早川孝太郎〕
早食い ㊤ 862a〔食事〕
早口唄 ㊤ 872a〔尻取り〕
• 早口言葉《はやくちことば》 ㊦ **390**b ㊤ 634b〔言葉遊び〕 ㊦ 841b〔童言葉〕
早口物語 ㊦ 392c〔早物語〕 →早物語
早口説 ㊦ 114a〔チョンダラー〕
早言葉 ㊦ 390b〔早口言葉〕 →早口言葉
林 ㊦ 705c〔森〕
• 囃し(芸能)〔囃子物〕《はやし》 ㊦ **390**b 579b〔祭囃子〕
• 囃し(民謡)《はやし》 ㊦ **390**c 640c〔民俗音楽〕
林永 ㊦ 308c〔年貢〕
林遠里 ㊤ 907a〔犂〕
囃子方 ㊦ 27c〔田人〕 317b〔能〕 390c〔囃し㈡〕
林家 ㊤ 76a〔囲碁〕
囃し言葉〔囃子言葉，囃子詞〕 ㊤ 294b〔音頭〕 ㊦ 391a〔囃し㈡〕 655c〔民謡〕
林神社(奈良) ㊦ 594a〔饅頭〕
囃し田《はやしだ》 ⇨花田植(㊦ 381b) ㊤ 235a〔大田植〕 543a〔供養田〕 ㊦ 24c〔田植え唄〕 161c〔田楽〕
ハヤシバタ〔林畑〕 ㊤ 508c〔切替畑〕 853c〔定畑〕 ㊦ 361b〔畑〕 →切替畑
林又七 ㊤ 966c〔象嵌〕
林家正楽 ㊤ 400a〔紙切〕
囃子屋台 ㊦ 727c〔屋台〕
林屋辰三郎 ㊦ 647c〔民俗芸能〕
早ずし ㊤ 910b〔鮨〕
早瀬 ㊤ 922c〔瀬〕
• 早池峰神楽《はやちねかぐら》 ㊦ **391**b ㊤別刷〈仮面〉 ㊦ 749c〔山伏神楽〕
早池峰しし踊り ㊤ 759b〔鹿踊り〕
早池峰神社(岩手) ㊦ 391b〔早池峰神楽〕
早付木 ㊦ 575b〔燐寸〕
ハヤテ ㊤ 351b〔風〕
ハヤト ㊦ 281b〔日本人㈠〕
隼人舞 ㊦ 558c〔舞〕
早鞆神社(福岡) ㊦ 686a〔和布刈神事〕
早練り ㊤ 275b〔お練り〕
• ハヤマ〔葉山，端山，羽山，麓山，早山，飛馬〕 ㊦ **392**a ㊤ 498b〔行屋〕 ㊦ 737c〔山〕
羽山籠り〔-ごもり〕 ㊤ 398c〔神がかり〕 ㊦ 332b〔ノリワラ〕 392a〔ハヤマ〕 392b〔ハヤマ信仰〕
麓山籠り ㊦ 332c〔ノリワラ〕
• ハヤマ信仰 ㊦ **392**b 332b〔ノリワラ〕 631a〔民間信仰〕
葉山祭 ㊦ 392a〔ハヤマ〕 392b〔ハヤマ信仰〕
速水保孝 ㊦ 126c〔憑物〕
• 早物語《はやものがたり》 ㊦ **392**c ㊤ 141b〔色話〕 ㊦ 390b〔早口言葉〕 700a〔物語〕
ハヤリ ㊦ 800a〔流行〕
はやり歌 ㊤ 165b〔歌〕 ㊦ 800c〔流行歌〕
流行唄 ㊦ 579c〔祭囃子〕
• 流行神《はやりがみ》 ㊦ **393**a ㊤ 394c〔神〕 454a〔祈願〕 666c〔金毘羅信仰〕 903a〔水天宮〕 ㊦ 226a〔飛神明〕 842b〔和霊信仰〕
ハヤリ正月 ㊤ 610a〔氷の朔日〕
• 流行目《はやりめ》 ㊦ **393**c
• ハヨㇰペ ㊦ **393**c
ハヨセ ㊦ 606b〔水鳥猟〕
• ハラ(地形) ㊦ **394**a ㊤ 307a〔開拓〕 ㊦ 398b〔ハル㈠〕
ハラ〔腹〕 ㊤ 888c〔親族〕 →門中
• 原《はら》 ㊦ **394**a
腹当て ㊦ 395a〔腹掛け〕
払鎌 ㊤ 388b〔鎌〕 ㊦ 241b〔薙鎌〕
ハラウズ ㊦ 402c〔ハロウジ〕

ハラウム　㊦295a〔妊婦〕
• 祓え《はらえ》　㊦**394**b　㊤12c〔贖物〕　㊦115a〔鎮送呪術〕　252a〔夏越の祓え〕　257c〔撫物〕　609c〔禊〕　610c〔御手洗〕
祓詞　㊦394b〔祓え〕
• 腹帯《はらおび》　㊦**394**c　㊤10a〔あか〕　57c〔安産祈願〕　278c〔帯祝い〕　903b〔水天宮〕　㊦295a〔妊婦〕　396a〔腹巻〕
腹赤　㊦569c〔マス〕
パラカ　㊦188a〔トゥナ〕　→トゥナ
• 腹掛け《はらがけ》　㊦**395**a　239c〔どんぶり〕
バラ狩　㊤426a〔川〕
ハラキリ　㊤949a〔切腹〕　→切腹
バラケ　㊦18a〔堆肥〕
パラジ　㊦402c〔ハロウジ〕
原体剣舞　㊤581c〔剣舞〕
• 原田敏明《はらだとしあき》　㊦**395**b　㊤394a〔神〕　801b〔社会と伝承〕　㊦38c〔竹田聴洲〕　158c〔寺〕　193c〔頭屋〕　679b〔村境〕
• バラッド ballade　㊦**396**a
腹取りの上手　㊦43c〔堕胎〕
ハラの神送り〔腹-〕　㊤200b〔疫神送り〕　201a〔疫病送り〕
パラパスイ　㊤127b〔イペパスイ〕
ハラビト　㊦295a〔妊婦〕
パラフィン蠟燭　㊦817a〔蠟燭〕
• 腹巻《はらまき》　㊦**396**a
孕み石《はらみいし》　⇨子産石(㊤603c)　㊤70c〔生石伝説〕
ハラミダセ　㊦396b〔ハラメウチ〕
ハラミダンゴ　㊦374a〔初田植〕
ハラミバシ　㊤142c〔祝い棒〕　416b〔粥の箸〕
ハラミブルマイ　㊦294a〔妊娠〕
孕み棒　㊤929b〔性信仰〕　→ハラメンボウ
ハラミヤミ　㊤475a〔擬娩〕
• ハラメウチ　㊦**396**b　222c〔唱え言〕　785a〔嫁叩き〕
ハラメンボウ〔-棒，ハラメボウ〕　㊤142c〔祝い棒〕　㊦396b〔ハラメウチ〕　425c〔左〕　→孕み棒
婆羅門　㊤453b〔伎楽〕
ハラヤ　㊤900b〔水銀〕
バラライカ　㊤367b〔楽器〕
ハラワタ　㊤747a〔鹿打ち神事〕
ハリ　㊤307a〔開拓〕
• 針《はり》　㊦**396**c　㊤107a〔一寸法師〕　737a〔三枚の御札〕　㊦389c〔刃物〕　397c〔針供養〕　398a〔針師〕
梁　㊦325b〔軒〕　397b〔梁組〕
鉤　㊦142a〔釣具〕
• 鍼《はり》　㊦**397**a　634a〔民間療法〕
バリ　㊦422b〔ヒシ〕
張り合い人形　㊦726a〔弥次郎兵衛〕
ハリアケ　㊤307a〔開拓〕
ハリアゲ　㊦376b〔初聟入り〕
張合せ戸　㊦174b〔戸〕
張り板　㊤959c〔洗濯〕
ハリイモ　㊤132c〔イモ〕
針苧桶　㊦398b〔針箱〕
針返し　㊦別刷〈民家〉
張り笠　㊤338b〔笠〕
• 馬力《ばりき》　㊦**397**a　㊤481b〔牛車〕　㊦358b〔馬車〕
• 馬力神《ばりきしん》　㊦**397**b
馬力屋　㊦397a〔馬力〕
張切網　㊦606b〔水鳥猟〕
• 梁組《はりぐみ》　㊦**397**b
はりくやまく　㊤365c〔カチャーシー〕
• 針供養《はりくよう》　㊦**397**c　㊤54c〔淡島信仰〕　543a〔供養〕　666b〔蒟蒻〕　680b〔裁縫〕　㊦396c〔針〕　463a〔服飾〕　769c〔八日吹き〕
針子　㊤170a〔内弟子〕　772c〔仕立屋〕　→お針
張り子　㊤495b〔郷土玩具〕
ハリコマ　㊦399b〔春駒〕
針刺し　㊦396c〔針〕
針刺し(建築)　㊦別刷〈民家〉
• 針師《はりし》　㊦**398**a
針仕事　㊤680b〔裁縫〕　㊦396c〔針〕　397c〔針供養〕
針磨〔針摺〕　㊦398a〔針師〕
針歳暮　㊦398a〔針供養〕
• ハリセンボン〔ハリセンボ，針千本〕　㊦**398**b　㊤165b〔嘘つき祝い〕　636c〔事八日〕　㊦398a〔針供養〕　765c〔指切り〕
墾り田　㊦399b〔春田〕
磔茂左衛門　㊤475b〔義民伝承〕
張付紋　㊦710a〔紋付〕
針筒　㊦396c〔針〕
榿　㊦407c〔ハンノキ〕　→ハンノキ
張り鋸　㊦325b〔鋸〕　→大鋸
• 針箱《はりばこ》　㊦**398**b　396c〔針〕
ハリバコギン　㊤757a〔私財〕
針箱銭　㊦241c〔ナイショ〕
ハリフグ　㊦398b〔ハリセンボン〕　→ハリセンボン
貼り札　㊤955c〔千社札〕
播磨糸長　㊦267c〔難題聟〕
針目覆い　㊦670c〔棟〕
• ハル(地形)　㊦**398**b　㊤307a〔開拓〕　㊦82b〔地形名〕
• ハル(沖縄)〔原〕　㊦**398**b　㊤707b〔サニ〕
バルイ　㊦184b〔同族〕
春一番　㊤351b〔風〕
ハルヴァ Harva, Uno　㊤798b〔シャーマニズム〕
春唄〔春歌〕　㊤165b〔歌〕　462c〔季節唄〕
春木伐り　㊦314c〔燃料〕
• 春祈禱《はるぎとう》　㊦**398**c　㊤97b〔イタコ〕　183c〔厩祭〕　491b〔共同祈願〕　㊦323c〔能舞〕　714b〔家祈禱〕
春木の山のぼり　㊦314c〔燃料〕
春熊猟　㊤536c〔熊狩り〕
春子　㊤741a〔シイタケ〕
• 春事《はるごと》　㊦**398**c　㊤186b〔梅若〕　187a〔梅若忌〕　632c〔コト〕　636c〔事八日〕
• 春駒《はるこま》　㊦**399**a　㊤375a〔門付け〕　392b〔竈祓え〕　643c〔駒踊り〕　823b〔祝福芸〕　㊦36b〔竹馬〕　290a〔ニワ〕　648b〔民俗芸能〕
春雨　㊤46a〔雨〕
ハルジューコー　㊤848b〔焼香〕
原勝負　㊦400c〔原山勝負〕
• 春田《はるた》　㊦**399**b
春大山　㊦14a〔大山信仰〕
• 春田打〔-打ち〕《はるたうち》　㊦**399**c　1b〔田遊び〕　212b〔祈年祭〕　399b〔春田〕
バルト Barthes, Roland　㊤597c〔構造主義〕
榛名講　㊦400a〔榛名信仰〕
榛名山(群馬)　㊤40c〔雨乞い〕　396c〔神あらそい〕　720a〔山岳信仰〕　㊦400a〔榛名信仰〕
榛名山参り　㊤341a〔風祭〕
榛名寺(群馬)　㊦400a〔榛名信仰〕
• 榛名信仰《はるなしんこう》　㊦**400**a
榛名神社(群馬)　㊦400a〔榛名信仰〕　729a〔矢立杉〕　790c〔雷神〕
ハルニレ　㊤30c〔アトゥシ〕
春の彼岸　㊤702a〔サツマイモ〕
原番札　㊦400c〔原山勝負〕
腹帯　㊦348c〔馬具〕
春日待　㊦398c〔春祈禱〕
春節　㊤462c〔季節唄〕
春船　㊤700b〔五月船〕
春マタギ　㊦803a〔猟師〕
• 春祭《はるまつり》　㊦**400**b　㊤14c〔秋祭〕　610c〔ゴールデン＝ウィーク〕　㊦681b〔村寄合〕
春峰　㊦287a〔入峰修行〕　420b〔英彦山信仰〕　616b〔峰入り〕　→順峰
春迎え　㊤102a〔一宮〕
ハルヤー(畑小屋)　㊤911a〔厨子甕〕
• 原山勝負《はるやましょうぶ》　㊦**400**c
ハレ　㊤549c〔くろ〕　565c〔ケガレ〕　568b〔化粧〕　687a〔酒盛〕　804a〔写真〕　866a〔女装〕　969a〔掃除〕　992c〔村落領域〕　別刷〈市〉　㊦175c〔胴上げ〕　201b〔時〕　401a〔晴着〕　577c〔祭〕　630c〔民間信仰〕
• 晴着《はれぎ》　㊦**401**a　㊤477a〔着物〕　566b〔褻着〕　㊦401c〔ハレ・ケ〕　463a〔服飾〕　473a〔ふだん着〕　492a〔振袖〕　701c〔喪服〕　778b〔よそゆき〕
馬櫪神　㊤972a〔蒼前神〕

破礼句　㊤838c〔春歌〕
• ハレ・ケ　㊦**401b**
ハレの日　㊦701a〔もの日〕
晴れ舞台　㊦401c〔ハレ・ケ〕
腫物　㊦149b〔できもの〕
馬簾　㊦37b〔竹細工〕
• バレンタインデー St. Valentine's day　㊦**402b**　㊤974c〔贈答〕　㊦311c〔年中行事㈠〕　579b〔祭〕
• ハロウジ〘パロージ〙　㊦**402b**　㊤66c〔家連合〕　187b〔ウヤンコー〕　247c〔沖縄文化〕　888c〔親族〕　896c〔親類〕
パロール　㊦794a〔ラング＝パロール〕
パロディ　㊦453b〔諷刺〕
刃渡り　㊦450a〔火渡り〕
ハン　㊦538a〔ポサル〕
判《はん》　⇨印鑑(㊤145b)　㊤145b〔印鑑〕　㊦255b〔捺印〕
班　㊤518a〔近隣〕　518b〔近隣組〕　540a〔組〕　㊦108b〔町内〕　678b〔村組〕
バン　㊤704c〔里帰り〕　㊦784a〔嫁入婚〕
番　㊦410b〔ヒートリ嫁〕
幡　㊤967b〔葬具〕　㊦328b〔幟〕
• パン　㊦**402c**
幇《パン》　⇨公所・幇(㊤593b)
挽歌　㊦692b〔殯〕
班蓋　㊦749b〔山伏〕
半櫃　㊦485a〔船簞笥〕
阪堺八講　㊤726b〔山上講〕
ハンガウィ　㊦102a〔秋夕〕　→秋夕
ハンガカ　㊦586c〔豆植棒〕
繁華街　㊤687b〔盛り場〕
• 番楽《ばんがく》　㊦**403a**　㊤328c〔神楽〕　705b〔里神楽〕　734c〔三番叟〕　㊦750a〔山伏神楽〕
番傘　㊤40b〔雨具〕
『番傘』　㊤965b〔川柳〕
半可通　㊦117c〔通〕
半合羽　㊤370b〔合羽〕
半跏趺座　㊤922図〔坐り方〕
半袴　㊤401a〔袴〕
蟠幹　㊦554c〔盆栽〕
半期　㊤7c〔アイヤケ〕
半季　㊦148c〔出替り〕
• 板木《ばんぎ》　㊦**403c**　㊤268b〔威し〕　㊦405b〔半鐘〕　435b〔火の見櫓〕
半季奉公　㊦307c〔年季奉公〕
半弓　㊤520a〔クー〕
板橋三娘子　㊦60c〔旅人馬〕
半強制移民　㊤132a〔移民㈠〕
ハンキリ　㊤756b〔仕事着〕
ハンギリ〘半切〙　㊤381b〔カネリ〕　㊦66a〔盥〕　66a〔盥舟〕
• ハングル　㊦**403c**
• 半夏〘ハンゲ，-生〙《はんげ》　㊦**404b**　㊤701c〔雑節〕　㊦364c〔畑作儀礼〕
半夏市　㊤181c〔馬市〕
半月　㊤414図〔家紋〕
番犬　㊤119a〔犬〕
半元服　㊤582a〔元服〕　㊦509b〔へこ親〕
半軒前　㊤105c〔一軒前〕
ハンコ　㊤756b〔仕事着〕
番子(番人)　㊦406b〔番太〕　→番太
番子(職人)　㊤731b〔山内〕　㊦45a〔鑪〕
礬紅　㊦515a〔ベンガラ〕
バンコさん　㊤98c〔板前〕
• ハンコタナ　㊦**404c**
万国旗　㊦361c〔旗〕
番小屋　㊦406b〔番太〕
ハンゴロシモチ　㊦542c〔牡丹餅〕
• 万歳《ばんざい》　㊦**404c**
半提　㊤847c〔商業〕
万三郎　㊦744b〔山立根元記〕
半紙　㊦309c〔年始〕
ハンジ　㊦764a〔ユタ〕
磐司　㊦744a〔山立ち〕
磐司岩〘万事岩〙　㊦405b〔磐次磐三郎〕
判じ絵　㊦453b〔諷刺〕
寒食　㊦627c〔名節〕
• 磐次磐三郎〘万次万三郎，万治万三郎〙《ばんじばんざぶろう》　㊦**405a**　㊤423a〔狩の巻物〕　715b〔猿丸太夫伝説〕　836a〔狩猟信仰〕　㊦571a〔マタギ〕　744a〔山立ち〕　803b〔猟師〕
藩社　㊤802a〔社格〕
晩酌　㊦411b〔ビール〕
播州鎌　㊤348a〔鍛冶屋〕　388c〔鎌〕　㊦326a〔鋸鎌〕
播州皿屋敷　㊤711c〔皿屋敷〕
搬出　㊦752b〔山役〕
半襦袢　㊤771c〔下着〕
• 半鐘《はんしょう》　㊦**405b**　㊤342c〔火事〕　856a〔情報伝達〕　㊦403c〔板木〕　435a〔火の見櫓〕
番匠　㊤862c〔職人〕　㊦4b〔大工〕
• 番水《ばんすい》　㊦**405c**　㊤434a〔灌漑〕　448c〔旱魃〕　905a〔水利慣行〕
盤双六　㊤910a〔双六㈠〕
• 藩制村〘藩政-〙《はんせいそん》　㊦**406a**　㊤231c〔大字〕　309b〔垣内〕　992b〔村落領域〕　㊦678c〔村境〕
反切　㊦404a〔ハングル〕
帆船　㊦487b〔船〕　831a〔和船〕
ハンセン病　㊦442c〔病気〕　790a〔癩〕
反葬　㊤323b〔華僑墓地〕
バンゾウ　㊤157b〔牛市〕
ハンゾウリ　㊤22a〔足半〕
半袖　㊤983c〔袖〕
半染め　㊦155a〔手拭〕
• 番太〘-多，-太郎，-非人〙《ばんた》　㊦**406b**　433a〔非人〕
ハンダイ〘飯台〙　㊤809c〔祝儀〕　862b〔食卓〕　㊦535a〔行器〕
番代　㊤588c〔後見〕
飯台行事　㊤941c〔赤飯〕
半田稲荷の行人　㊤447a〔願人坊主〕
万代橋　㊦355a〔橋〕
半田銀山(福島)　㊤513b〔銀山〕
繁多寺(愛媛)　㊦519表〔遍路〕
パンタタカー　㊤226a〔追込漁〕
番太の取子　㊦406c〔番太〕
埴田焙烙　㊦534c〔焙烙〕
半檀家〘-制〙《はんだんか》　⇨複檀家(㊦464c)　㊦69c〔檀家〕　568b〔孫門徒〕　631c〔民間信仰〕
パンチパーマ　㊦335c〔パーマ〕
ハンチメーの願い　㊤195b〔ウンネー折目〕
ハンチャ　㊦406c〔半纏〕
番茶　㊦91c〔茶〕　92b〔茶粥〕
『パンチャタントラ』　㊤521b〔寓話〕
バンチョ　㊤64b〔家順〕
番町皿屋敷　㊤711c〔皿屋敷〕
班長制　㊦312b〔年番〕
ハンデガイ嫁　㊦410b〔ヒートリ嫁〕
ハンテン　㊤756b〔仕事着〕
• 半纏〘袢-〙《はんてん》　㊦**406c**　㊤476c〔着物〕　984c〔袖なし〕
ハンテントッポ　㊦406c〔半纏〕
ハンド〘-ガメ〙　㊤646c〔米櫃〕
半唐　㊤109c〔糸〕
• 番頭《ばんとう》　㊦**407b**　㊤322c〔家業〕
坂東三十三所〘-ヵ所巡礼〙　㊤448a〔観音信仰〕　㊦85c〔秩父巡礼〕
坂東長者　㊤870b〔白鳥伝説〕
• バンドリ　㊦**407b**　㊤950a〔背中当〕　㊦616c〔蓑〕
バンドリ(動物)　㊤426c〔皮〕　→ムササビ
鑁阿寺(栃木)　㊦321c〔納札〕
番人　㊤470c〔木戸〕　㊦406b〔番太〕
万人講　㊦227c〔富籤〕　→富籤
半人前　㊤101a〔一人前〕
• ハンノキ　㊦**407c**　447a〔肥料〕
半暖簾　㊦333a〔暖簾〕
• 飯場《はんば》　㊦**408a**
バンバ　㊦762a〔雪鋤〕
馬場　㊦349b〔白山信仰〕
販売組合　㊤721b〔産業組合〕
• バンバ踊り　㊦**408a**
ハンバギ　㊤838表〔狩猟用具〕
ハンバクメシ　㊦662c〔麦飯〕
半幅帯　㊤278c〔帯〕
反鼻　㊦633表〔民間薬〕　→マムシ
• 半ぴ《はんぴ》　㊦**408b**
半臂　㊦375b〔法被〕
反復譚　㊤559a〔形式譚〕
ハンブンハタラキ〘ハンブバタラキ，半分働き〙　㊤704c〔里帰り〕　㊦308b

〔年期聟〕 401b〔ヒートリ婦〕 784a〔嫁入婚〕 815c〔労役婚〕
はんぺん ㊤900c〔水産加工〕
ハンボー ㊤911c〔頭上運搬〕
ハンマイ ㊤960a〔センタクガエリ〕
ハンマイビツ ㊤646c〔米櫃〕
ハンマイ袋 ㊤914b〔頭陀袋〕
ハンマエカケ ㊦560b〔前掛〕
洪門結社 ㊦438a〔秘密結社〕
半物草 ㊤22a〔足半〕 ㊦348a〔履物〕
ハンモモヒキ ㊦704c〔股引〕
• 番屋《ばんや》 ㊦**408b** ㊤503b〔漁具〕 931a〔青年会所〕 ㊦276a〔ニシン場〕 753b〔やん衆〕
半役 ㊤105c〔一軒前〕 315a〔家格〕
番役 ㊤575a〔毛坊主〕
ハンヤ節 ⇨ハイヤ節(㊦340b) ㊦820b〔六調子〕
版暦 ㊦603b〔三島暦〕
『万暦雑書三世相』 ㊤727b〔三世相〕

ひ

ヒ ㊤609c〔氷〕
• 火《ひ》 ㊦**409b** ㊤7b〔合火〕 131b〔忌火〕 141c〔囲炉裏〕 391a〔竈〕 511c〔禁忌〕 741c〔死穢〕 ㊦212c〔年越〕 434a〔火の神〕 472b〔二棟造〕 486b〔船幽霊〕 630c〔民間信仰〕 714c〔焼畑〕
• 杼《ひ》 ㊦**409c**
樋 ㊤903c〔水道〕
ヒアガリ ㊦410a〔ヒアキ〕
• ヒアキ ㊦**410a** ㊤565b〔ケガレ〕 830b〔出産〕
ヒアケ ㊤7b〔合火〕 868b〔初七日〕 ㊦410a〔ヒアキ〕 623a〔宮参り〕
火アゲ〔ヒアゲ，火あげ〕 ㊤16b〔揚げ松明〕 960a〔千駄焚き〕 ㊦19c〔松明祭〕 360a〔柱松〕 →柱松
ヒアゲ餅 ㊦623a〔宮参り〕
ピアノ ㊤367b〔楽器〕
ヒアワセ ㊤7c〔合火〕 303b〔会食〕 776c〔七夜〕
ピィカイジュ(控所) ㊤23c〔アシャギ〕
• 贔屓《ひいき》 ㊦**410a**
贔屓役者 ㊦717b〔役者〕
氷池 ㊤609c〔氷〕
ヒイゴ ㊦137c〔ツバメ〕
ヒージャー(動物) ㊦713b〔ヤギ〕
ヒージャー(樋川) ㊤299c〔カー〕
斐伊神社(島根) ㊦744c〔八岐大蛇〕
ビート ㊤703c〔砂糖〕
• ヒートリ嫁〔ヒートリ〕 ㊦**410a** ㊤704c〔里帰り〕 ㊦784a〔嫁入婚〕
ビーナ ㊤367b〔楽器〕
ヒーヌムン ㊤583a〔ケンムン〕
ピープル ㊤207a〔エトノス〕
• ビーフン〔米粉〕 ㊦**410b**
• 日忌《ひいみ》 ㊦**410c** ㊤131c〔忌日〕
ヒイミ降ろし ㊦398c〔春祈禱〕
日忌様 ㊤131c〔忌日〕 310b〔海難法師〕 →海難法師
• ヒイラギ ㊦**411a** ㊤275a〔鬼やらい〕 833c〔呪物崇拝〕 845a〔正月飾り〕
• ビール ㊦**411a** ㊤692c〔酒㈠〕
ビール麦 ㊤239a〔大麦〕
• 火入れ《ひいれ》 ㊦**411b** ㊤410c〔カヤ〕 451b〔木下し〕 ㊦別刷〈野良仕事〉
緋色 ㊤10a〔あか〕
微雨 ㊤46a〔雨〕
ヒウオ ㊤49c〔アユ〕
火打ち ㊦412a〔ピウチオァ〕
ピウチ ㊦412a〔ピウチオァ〕
• 火打ち石〔燧石〕《ひうちいし》 ㊦**411c** ㊤510a〔切り火〕 ㊦575b〔燐寸〕 →燧石
• ピウチオァ ㊦**412a**
火打ち金〔-鉄〕 ㊤510a〔切り火〕 ㊦411c〔火打ち石〕
火打ち鎌〔ヒウチガマ〕 ㊤510a〔切り火〕 ㊦411c〔火打ち石〕
火打ち道具 ㊦412a〔ピウチオァ〕
火打土台 ㊦211a〔土台〕
火打ち筒 ㊦412a〔火打ち石〕
火打ち箱 ㊦412a〔火打ち石〕
火打ち袋 ㊦412a〔火打ち石〕
日浦 ㊦432b〔日向・日陰〕
• ヒエ ㊦**412b** ㊤37b〔アマ〕 55b〔粟穂・稗穂〕 382b〔カブ㈡〕 481a〔救荒食物〕 691a〔作物禁忌〕 701a〔雑穀〕 828a〔主食〕 ㊦24b〔田植え〕 55c〔種子籾囲い〕 363b〔裸回り〕 411c〔火入れ〕 412c〔稗島〕 413b〔稗田〕 441c〔ピヤパ〕 714c〔焼畑〕
ヒエ(病名) ㊤339b〔瘡〕
比叡山(滋賀) ㊤720a〔山岳信仰〕 823c〔修験道〕 871a〔白髭明神〕 ㊦288a〔女人禁制〕
稗がち唄 ㊦715a〔焼畑〕
稗粥 ㊦412b〔ヒエ〕
稗酒 ㊦441c〔ピヤパ〕
日吉山王権現社(東京) ㊤732b〔山王祭〕 →日枝神社
日吉山王信仰 ㊤712b〔猿〕 732a〔山王信仰〕
日吉山王祭 ㊤222c〔延年〕
• 稗島《ひえしま》 ㊦**412c**
日枝神社(東京・江戸川区) ㊦468 表〔富士塚〕
日枝神社(東京・千代田区) ㊤732b〔山王祭〕 ㊦115a〔鎮守〕
日枝神社(岐阜) ㊦32a〔高山祭〕
日枝神社(滋賀) ㊤別刷〈供物〉
冷田 ㊦413b〔稗田〕
• 稗田《ひえた》 ㊦**413b**
稗搗き節 ㊦412b〔ヒエ〕 715a〔焼畑〕
稗糠餅 ㊦695a〔餅〕
稗穂《ひえぼ》 ⇨粟穂・稗穂(㊤55b)
• 日吉祭《ひえまつり》 ㊦**413b**
ヒエムロ ㊤38a〔アマ〕
稗飯 ㊦412b〔ヒエ〕
• ヒエラルヒー Hierarchie ㊦**413c**
ヒエリ ㊦300a〔ぬるめ〕
ヒオイ ㊦62c〔霊屋〕
檜扇 ㊤971a〔装身具〕 ㊦749b〔山伏〕
檜扇(家紋) ㊤413 図〔家紋〕
火桶 ㊤323c〔家具〕
火踊り ㊦別刷〈盆〉
美音天 ㊦517a〔弁天信仰〕 →弁才天
秘画 ㊤839c〔春画〕

火替え　㊦141a〔通夜〕
控帳　㊦470a〔普請帳〕
控柱　㊦359c〔柱〕
火ガカリ　㊤741c〔死穢〕
檜垣　㊤318a〔垣〕
菱垣廻船　㊤305c〔廻船〕 336b〔水夫〕 464c〔北前船〕 586b〔航海術〕 ㊦509c〔弁才船〕
皮革　㊤137c〔衣料〕
• 比較研究法《ひかくけんきゅうほう》　㊦**414a** ㊤816c〔重出立証法〕 ㊦414c〔比較民俗学〕 →重出立証法
比較展示　㊦653c〔民俗展示〕
• 比較民俗学《ひかくみんぞくがく》　㊦**414b** ㊤106a〔一国民俗学〕 941a〔関敬吾〕
比較民俗学会　㊦106c〔朝鮮民俗学〕
比較民族民俗学　㊦414c〔比較民俗学〕
日陰《ひかげ》　㊦432b〔日向・日陰〕
日笠　㊤338b〔笠〕
干菓子　㊤963c〔煎餅〕
『東石見田唄集』　㊦823a〔炉辺叢書〕
東大谷(京都)　㊤235a〔大谷本廟〕
東恩納寛惇　㊤56a〔泡盛〕 ㊦822c〔炉辺叢書〕
東九条マダン　㊦105c〔朝鮮人コミュニティー〕 571b〔マダン〕
ヒガシザ　㊦775c〔横座〕
ヒガシッチオ　㊤742c〔潮〕
東のお山　㊤683b〔蔵王信仰〕
東山猟師　㊦803b〔猟師〕
• 比嘉春潮《ひがしゅんちょう》　㊦**415a** ㊤792b〔嶋〕 ㊦394a〔ハラ〕
『比嘉春潮全集』　㊦415a〔比嘉春潮〕
日稼人足　㊦200b〔土方〕
• 干潟漁《ひがたりょう》　㊦**415a** ㊤506b〔漁法〕
日金山(静岡)　㊦28b〔他界観〕
氷上姉子神社(愛知)　㊦14a〔太々神楽〕
ヒカリ　㊤326a〔かくせつ〕
光　㊤856a〔情報伝達〕
光寄生　㊦466b〔藤〕
氷川神社(埼玉)　㊦215b〔年の市〕
氷川神社(東京・足立区千住大川町)　㊦468 表〔富士塚〕
氷川神社(東京・足立区西保木間)　㊦468 表〔富士塚〕
氷川神社(東京・板橋区赤塚)　㊦468 表〔富士塚〕
氷川神社(東京・板橋区氷川)　㊦468 表〔富士塚〕
氷川神社(東京・豊島区)　㊦468 表〔富士塚〕
氷川神社(東京・練馬区)　㊦468 表〔富士塚〕
氷川神社(東京・目黒区)　㊦468 表〔富士塚〕
氷川大神　㊦820a〔六所祭〕
ヒガワルクナル　㊤571c〔月経〕
• 被官《ひかん》　㊦**415b** ㊤574c〔家抱〕 580c〔検地〕 ㊦251a〔名子〕 459a〔賦役〕 471a〔譜代(二)〕 607a〔水呑〕 691a〔間人〕
• 彼岸《ひがん》　㊦**415c** ㊤616a〔極楽〕 701c〔雑節〕 ㊦346a〔墓参り〕 758c〔幽霊〕 791a〔来世観〕
彼岸会　㊦416a〔彼岸〕 475b〔仏教民俗〕
ヒガンバナ　㊦149b〔できもの〕 606a〔水晒し〕
彼岸礼　㊦554a〔本家礼〕
• ヒキ　㊦**416a**
ヒキ(贈答)　㊦417a〔引出物〕
ピキ　㊤888c〔親族〕 ㊦416a〔ヒキ〕
引上げ婆さん《ひきあげばあさん》　⇨取上げ婆さん(㊦232c)
ヒキアゲババ　㊦233a〔取上げ婆さん〕
• 引き網〚曳網〛《ひきあみ》　㊦**416b** ㊤45b〔網漁〕 500c〔漁業〕 503a〔漁具〕
引網漁　㊦711b〔ヤ〕
挽臼〚ヒキウス〛《ひきうす》　⇨臼(㊤163c) ㊤417a〔唐臼〕
挽き臼唄　㊤164b〔臼挽き唄〕 →臼挽き唄
ヒキオ　㊦135a〔綱〕
曳覆曼陀羅　㊤784c〔死装束〕
ヒキガエル　㊤313b〔カエル〕
引菓子　㊤347a〔菓子屋〕 ㊦417a〔引出物〕
ヒキギ　㊦225a〔ドビキ〕
ひき籤　㊤525c〔籤〕
引き鍬　㊤553a〔鍬〕 ㊦497b〔風呂鍬〕
曳子　㊤790c〔地曳網〕
引込み窓　㊦580b〔窓〕
引き肴　㊦417a〔引出物〕
ヒキシオ　㊤742c〔潮〕
火起請　㊤522b〔盟神探湯〕 ㊦761c〔湯起請〕 →鉄火
ヒキズリモチ　㊦696b〔餅搗踊り〕
引立烏帽子　㊤212a〔烏帽子〕
引立親　㊦838c〔草鞋親〕
引違い窓　㊦580b〔窓〕
• 引付け〚ひきつけ〛《ひきつけ》　㊦**416c** ㊤447b〔疳の虫〕 525b〔櫛〕 ㊦516b〔便所〕
引綱　㊤813b〔十五夜〕
ヒキテ　㊤45a〔網主・網子〕
ヒキデ　㊦417a〔引出物〕
引手茶屋　㊦95a〔茶店〕 95b〔茶屋〕
• 引出物《ひきでもの》　㊦**417a** →引き物
引戸　㊤750a〔敷居〕 ㊦174b〔戸〕
引縄釣り　㊤109a〔一本釣り〕
引き庭踊り　㊤269a〔踊り〕
引き抜き　㊤384c〔歌舞伎衣裳〕
• ヒキハカ　㊦**417b** →詣り墓
• 引き札《ひきふだ》　㊦**417b** 607c〔店〕
曳船　㊦486a〔船宿〕
引き幕　㊦471c〔舞台〕
• 蟇目神事《ひきめしんじ》　㊦**417c**
挽き餅　㊦695b〔餅〕
引き物〚ヒキモノ〛　㊤140a〔イレボウシャ〕 347a〔菓子屋〕 ㊦417a〔引出物〕
挽物　㊤779a〔漆器〕 →曲物
挽物膳　㊤952a〔膳〕
ヒキャク　⇨告げ人(㊦129a)
飛脚制度　㊦120b〔通信法〕
• 曳山〚引山，牽山，挽山〛《ひきやま》　㊦**418a** ㊤417c〔からくり人形〕 ㊦41b〔山車〕 247a〔長浜曳山祭〕 492b〔風流〕 751b〔山鉾〕
曳山祭　㊦32a〔高山祭〕
『ひきう殿物語』　㊤107b〔一寸法師〕
日切市　㊤103a〔市日〕
火鑽り臼　㊤510a〔切り火〕
火鑽り杵　㊤510a〔切り火〕
ひきわり麦〚挽割-〛　㊤239a〔大麦〕 ㊦662c〔麦飯〕
ヒキワリメシ〚挽割飯〛　㊤53a〔アワ〕 ㊦662c〔麦飯〕
比丘　㊤978b〔僧侶〕
• 魚籠〚魚籃〛《びく》　㊦**418b** ㊤336c〔籠〕 ㊦37b〔竹細工〕
樋口番　㊤942a〔堰番〕
ピクチャー＝ブライド　㊤669b〔婚礼(二)〕 →写真婚
• 比丘尼《びくに》　㊦**418b** ㊤38a〔尼〕 978b〔僧侶〕 ㊦375c〔八百比丘尼〕
比丘尼石　㊦231b〔虎が石〕 231c〔虎御前〕
ヒグマ　㊤67a〔イオマンテ〕 476a〔キムンカムイ〕 536a〔熊〕 921b〔スルク〕
日繰り　㊤330a〔隠れキリシタン〕
• 髭〚髯，鬚〛《ひげ》　㊦**418c** 691a〔毛髪〕
髯籠　㊦788b〔依代〕
「髯籠の話」　㊦別刷〈民俗学史〉
火消　㊦167a〔天水桶〕
火消組　㊦151c〔出初式〕
火消提燈　㊦108a〔提燈〕
• 火消し壺《ひけしつぼ》　㊦**419a**
火消屋敷　㊦435a〔火の見櫓〕
非血縁養子　㊦771b〔養子〕
鬚撫祭　㊦419a〔髭〕
ヒゴ　㊤349c〔上総掘り〕
卑語　㊤980a〔俗語〕
• 日乞い《ひごい》　㊦**419b** ㊤116a〔稲作儀礼〕 213b〔絵馬〕 491b〔共同祈願〕
• 彦市〚彦一〛《ひこいち》　㊦**419c** ㊤331b〔隠れ簑笠〕 465a〔吉五〕 ㊦828b〔話芸〕
彦市話〚彦一-〛　㊤267b〔おどけ者話〕
飛蝗　㊤114c〔イナゴ〕
飛行機馬鍬　㊦566c〔馬鍬〕
• 肥後和男《ひごかずお》　㊦**419c** 348b〔萩原竜夫〕 828a〔和歌森太郎〕
ヒゴクルマ　㊤349c〔上総掘り〕
英彦山(福岡・大分)〚彦-，日古-〛　㊤

720*a*〔山岳信仰〕 823*c*〔修験道〕 ㊦360*a*〔柱松〕 420*a*〔英彦山信仰〕 616*b*〔峰入り〕 749*c*〔山伏〕
彦山講　㊤825*b*〔修験道〕
彦山三所権現　㊦420*a*〔英彦山信仰〕
英彦山十二所権現　㊦420*a*〔英彦山信仰〕
英彦山神宮(福岡)　㊦574*b*〔松会〕
• 英彦山信仰《ひこさんしんこう》　㊦**420*a***
『彦山流記』　㊤824*b*〔修験道〕
彦七　㊦419*c*〔彦市〕
肥後象嵌ʹ　㊤966*c*〔象嵌〕
ヒコナ　㊤29*c*〔あだな〕
『肥後国天草郡答書』　㊤864*c*〔諸国風俗問状答〕
• 彦八《ひこはち》　㊦**420*b***　㊤465*a*〔吉五〕 ㊦419*c*〔彦市〕 828*b*〔話芸〕
彦八はなせ　㊦420*c*〔彦八〕
彦兵衛　㊦419*c*〔彦市〕
肥後盲僧　㊦690*a*〔盲僧〕
肥後モッコス　㊦697*c*〔モッコス〕
ヒゴヤ　㊤179*b*〔産屋〕
彦吉　㊤331*b*〔隠れ簑笠〕
日魚　㊤190*a*〔浦役〕
日先社(東京)　㊦370*a*〔初亥〕
販夫　㊤852*c*〔商人〕
• 販女〚-婦〛《ひさぎめ》　㊦**420*c***　㊤487*b*〔行商〕 847*a*〔商業〕 852*c*〔商人〕
『販女』　㊤940*a*〔瀬川清子〕
ヒサゴ〚瓢〛　⇨ヒョウタン(㊦443*b*)　㊤691*a*〔作物禁忌〕 ㊦422*b*〔ひしゃく〕
杓　㊦236*a*〔採物〕
• 庇《ひさし》　㊦**421*a***　㊤576*b*〔下屋〕 ㊦325*a*〔軒〕
• ヒザナオシ　㊦**421*a***
ヒザノバシ　㊦664*a*〔聟入婚〕
ヒサバ　㊤449*a*〔乾物〕
• 被差別部落《ひさべつぶらく》　㊦**421*b***　㊤427*c*〔皮細工〕 823*a*〔夙〕 904*b*〔水平社運動〕 ㊦349*c*〔白山信仰〕 490*b*〔部落解放運動〕
被差別部落民　㊤709*c*〔差別戒名〕
被差別民　㊤431*b*〔河原巻物〕 ㊦433*a*〔非人〕
販女　㊦420*c*〔販女〕 →ひさぎめ
火皿　㊦59*a*〔煙草道具〕
• ヒシ〚干瀬〛　㊦**422*b***
婢子　㊤720*b*〔三月節供〕 →這子
非時　㊦201*c*〔斎〕
• 醤〚ヒシオ〛《ひしお》　㊦**422*b***　609*b*〔味噌〕
菱川孫兵衛　㊦482*a*〔船絵馬〕
ヒジキ　㊤305*b*〔海藻〕 481*a*〔救荒食物〕
菱格子　㊤590*a*〔格子〕
ヒシザシ〚菱刺し〛　㊤756*c*〔仕事着〕 763*a*〔刺繡〕
ヒシテベコ　㊦488*b*〔麓〕
菱根池(島根)　㊤903*a*〔水葬〕
醬　㊤859*a*〔醬油〕
秘事法門　㊤331*b*〔隠れ念仏㈡〕
ヒシマエダレ　㊦560*b*〔前掛〕
菱餅　㊤474*c*〔キビ〕 ㊦373*c*〔初節供〕 432*c*〔雛祭〕 695*a*〔餅〕 696*a*〔餅搗き〕
• ひしゃく〚柄杓〛　㊦**422*b***　㊤12*a*〔アカトリ〕 57*c*〔安産祈願〕 185*b*〔海坊主〕 252図〔桶〕 320*a*〔柿渋〕 901*a*〔水死人〕 ㊦443*b*〔ヒョウタン〕
柄杓星　㊦538*b*〔星〕 →北斗七星
• 毘沙門天《びしゃもんてん》　㊦**423*a***　㊤222*b*〔縁日〕 775*b*〔七福神〕 775*c*〔七福神巡り〕
毘沙門堂(京都)　㊦423*a*〔毘沙門天〕
毘沙門堂牛玉宝印　㊤別刷〈護符〉
ビシャン　㊤85*b*〔石屋〕
• ビジュル〚ビジリ, ビジュン〛　㊦**423*b***　㊤283*b*〔重軽石〕
ビジュルヒチ　㊦423*b*〔ビジュル〕
美女奪還　㊤273*c*〔鬼退治〕
ヒジリ　㊤461*a*〔木尻〕
ひじり　㊤437*b*〔かんこ踊り〕
• 聖《ひじり》　㊦**424*a***　㊤443*a*〔勧進聖〕 674*a*〔西国巡礼〕 737*b*〔三昧聖〕 953*b*〔善光寺参り〕 ㊦314*a*〔念仏聖〕 444*b*〔漂泊民〕 475*b*〔仏教民俗〕 510*c*〔別所〕
聖神社(大阪)　㊤787*a*〔信太妻〕
聖寺　㊦344*c*〔墓寺〕
聖橋　㊦355*b*〔橋〕
聖屋敷　㊤106*a*〔一軒家〕
樋代　㊤890*a*〔神体〕
ヒジロ　㊤141*c*〔囲炉裏〕 874*c*〔地炉〕
非親族世帯　㊤944*c*〔世帯〕
非親族分家　㊦184*c*〔同族〕
ヒズ　㊦567*b*〔曲物〕
氷頭　㊤693*b*〔鮭〕
非政府組織　㊤820*b*〔住民運動〕
飛蟬　㊦821*c*〔轆轤〕
卑属《ひぞく》　⇨尊属(㊤991*a*)　㊦113*a*〔直系〕
• 額《ひたい》　㊦**424*a***
額烏帽子　㊤212*a*〔烏帽子〕
ひたい鬘　㊤372*a*〔鬘〕
ヒタイトリ〚額取り〛　㊤521*c*〔公界〕 931*c*〔成年式〕
額彫り　㊤139図〔刺青〕
火炬　㊦510*a*〔別火〕
火焚き　㊦544*b*〔ホッケンギョウ〕
ヒタキジロ　㊤874*c*〔地炉〕
火焚神事　㊦437*c*〔火祭〕
火焚乙女　㊦510*a*〔別火〕
火焚祭　㊤118*b*〔稲荷信仰〕
『飛驒考古学会々報』　㊦425*a*〔ひだびと〕
飛驒春慶　㊤779*b*〔漆器〕
『飛驒白川村』　㊤214*b*〔江馬三枝子〕
直垂　㊤401*a*〔袴〕 ㊦345*b*〔袴〕 710*a*〔紋付〕
火断ち　㊦47*a*〔断ち物〕
『常陸高岡村民俗誌』　㊤730*a*〔山村調査〕 954*a*〔全国民俗誌叢書〕
『常陸国水戸領答書』　㊤864*c*〔諸国風俗問状答〕
日立風流物　㊦492図〔風流〕
• 常陸坊海尊《ひたちぼうかいそん》　㊦**424*b***　㊤962*a*〔仙人〕
火達祭　㊦498*c*〔噴火〕
常陸山谷右衛門　㊤96*a*〔磯節〕
• 火棚《ひだな》　㊦**424*c***　38*a*〔アマ〕 ㊦188*a*〔トゥナ〕 別刷〈盆〉
火種　㊤237*a*〔大歳の火〕
火種もらい　㊤237*a*〔大歳の火〕
『飛驒の女たち』　㊤214*a*〔江馬三枝子〕
『飛驒の鳥』　㊦822*c*〔炉辺叢書〕
『飛驒の民話』　㊤214*a*〔江馬三枝子〕
• 『ひだびと』《ひだびと》　㊦**425*a***　㊤214*a*〔江馬三枝子〕
ヒタヒモイワイ　㊤280*a*〔帯とき〕
• 飛驒鰤《ひだぶり》　㊦**425*b***
ヒダマ　㊦429*a*〔人魂〕 →人魂
直面物　㊦317*c*〔能〕
• 左《ひだり》　㊦**425*b***
左衽〚左袵〛　㊦426*a*〔左前〕
左勝手　㊤370*a*〔勝手〕
左勝手型の住まい　㊤285*a*〔母屋〕
左甚五郎　㊦5*a*〔大工〕
左襷　㊦43*b*〔襷〕
左ない〚-綯い〛　㊦135*c*〔綱引き〕 265*b*〔縄〕
左綯い縄　㊦265*b*〔縄〕
左縄　㊦265*c*〔縄〕 759*b*〔湯灌〕
左ひしゃく　㊦759*b*〔湯灌〕
• 左前《ひだりまえ》　㊦**426*a***　㊤784*b*〔死装束〕
左ムネ　㊦426*a*〔左前〕
• ひだる神〚ヒダルー〛　㊦**426*c***　㊤16*a*〔悪魔〕 86*c*〔異常死〕 ㊦679*b*〔村境〕
ヒダルボウ　㊦426*c*〔ひだる神〕
非単系出自　㊤831*a*〔出自〕
ヒヂ　㊤600*a*〔香典〕
ヒチゲー　㊤310*c*〔海難法師〕 774*b*〔七島正月〕
• 篳篥《ひちりき》　㊦**426*c***　㊤26*a*〔東遊び〕 294*c*〔音頭〕 315*a*〔雅楽〕 367*c*〔楽器〕 ㊦458*b*〔笛〕
• 櫃《ひつ》　㊦**427*a***　㊤258*a*〔押入れ〕 323*b*〔家具〕
櫃石　㊤79*b*〔石〕
ひつけ　㊦524*a*〔放火〕 →放火
引っ越し蕎麦　㊤986*b*〔蕎麦〕
ヒッコロガシ　㊤135*a*〔弥谷参り〕
筆算人　㊦564*b*〔間切〕
筆算奉公人　㊦564*b*〔間切〕
羊　㊤727*c*〔三牲〕
引敷　㊦749*b*〔山伏〕
筆者　㊤480*c*〔旧慣温存政策〕

ヒッシュ〔ヒッシュウ〕 ㊤386図〔かぶりもの〕 ㊦155*b*〔手拭〕 367*c*〔鉢巻㈠〕
逼塞 ㊦508*b*〔閉門〕
ビッタレ ㊤466*c*〔着付〕
備中神楽《びっちゅうかぐら》 ⇨荒神神楽(㊤594*b*) ㊤91*a*〔出雲神話〕 328*c*〔神楽〕 455*a*〔記紀神話〕 ㊦441図〔白蓋〕
備中車 ㊦301*b*〔ネコグルマ〕
・備中鍬《びっちゅうぐわ》 ㊦**427***b* ㊤553*b*〔鍬〕
備中日照り ㊤960*a*〔千駄焚き〕
ビッチリ ㊦423*b*〔ビジュル〕
ヒヅツ ㊤838表〔狩猟用具〕
ヒッツミダンゴ ㊤904*a*〔水団〕
・ヒッパリ ㊦**427***c* →ナカマ
引張 ㊦781*c*〔夜見世〕
引っ張り屏風投げ団子 ㊦250*c*〔投上げ饅頭〕
・引っ張り餅《ひっぱりもち》 ㊦**427***c* ㊤490*b*〔兄弟餅〕 ㊦別刷〈生と死〉
火つるぎ〔-づるぎ〕 ㊦392*c*〔ハヤマ信仰〕 450*b*〔火渡り〕 →火渡り
ヒツワッパ ㊦567*b*〔曲物〕
・ヒデ(照明) ㊦**428***a*
ヒデ(香典) ㊤600*a*〔香典〕
ビディリ ㊦423*b*〔ビジュル〕
ヒテェ正月 ㊤874*c*〔次郎の朔日〕
碑伝型塔婆 ㊤985*b*〔卒塔婆〕 →板碑型塔婆
ヒデ鉢 ㊤857*b*〔照明〕 ㊦428*a*〔ヒデ〕
樋原墓地 ㊤602図〔郷墓〕
日手間取り ㊦441*b*〔日雇〕 →日雇
日照り ㊤448*b*〔旱魃〕 ㊦419*b*〔日乞い〕 →旱魃
悲田院の与次郎 ㊤375*b*〔門付け〕
一息 ㊦726*b*〔休み〕
人市 ㊦529*a*〔奉公人市〕
一打株 ㊤383*a*〔株〕 ㊦674*c*〔村株〕
ヒトウブヤ ㊤776*c*〔七夜〕
・単〔単衣〕《ひとえ》 ㊦**428***a* ㊤54*c*〔袷〕 477*a*〔着物〕 627*c*〔小袖〕 656*c*〔衣更〕 ㊦244*b*〔長着〕
単梅 ㊤412図〔家紋〕
単帯 ㊤278*c*〔帯〕
単長着 ㊦428*a*〔単〕
人置き ㊤532*a*〔口入れ〕
ヒドオシ ㊤129*c*〔忌木〕
ヒトカゲ ㊤315*c*〔案山子〕
・人形〔ヒトガタ，ひとがた，偶人，人像，木人〕《ひとがた》 ㊦**428***b* ㊤39*c*〔天児〕 268*b*〔威し〕 511*c*〔禁忌〕 ㊦245*b*〔流し雛〕 257*c*〔撫物〕 292*b*〔人形〕 293*a*〔人形送り〕 627*b*〔御葭神事〕 716*b*〔厄落とし〕
人形流し ㊤361*a*〔形代〕 →にんぎょうながし
・人神《ひとがみ》 ㊦**428***c* ㊤393*c*〔神〕 ㊦810*a*〔霊神〕
人神信仰 ㊤655*c*〔御霊信仰〕 983*a*〔祖師忌〕
・人柄《ひとがら》 ㊦**428***c* ㊤893*c*〔人物評〕
ヒト狐〔人狐〕 ㊤468*c*〔狐憑き〕 574*a*〔外道〕 ㊦126*c*〔憑物〕 189*a*〔トウビョウ〕
一下り ㊤429*a*〔河内音頭〕
日時計 ㊦204*c*〔時計〕
ヒトケダ ㊦399*b*〔春田〕
ヒドコ ㊤874*c*〔地炉〕
一言主神 ㊤961*c*〔仙人〕
ヒトコロビ ㊦202*c*〔毒〕
ヒトシチヤ ㊤776*c*〔七夜〕 ㊦258*b*〔ナナトコマイリ〕
一筋 ㊤429*a*〔河内音頭〕
一束熨斗 ㊤413図〔家紋〕
一束養子 ㊦457*c*〔夫婦養子〕
・人魂《ひとだま》 ㊦**429***a* ㊤149*c*〔インニンビ〕 274*b*〔鬼火㈠〕
ヒトチカラ ㊦726*c*〔休み〕
ヒトチャマ ㊤18*b*〔朝茶〕
一ツ足 ㊦760*a*〔雪女〕 →一本足
・一つ覚え《ひとつおぼえ》 ㊦**429***b*
ヒトツゴエ ㊤420*c*〔烏鳴き〕
ヒトッコワイ ㊦726*c*〔休み〕
一槌 ㊤414図〔家紋〕
ひとっぱやし ㊦580*a*〔祭囃子〕
一瓶子 ㊤413図〔家紋〕
一帆 ㊤413図〔家紋〕
一つ身 ㊤636*a*〔子供服〕
一つ眼鏡 ㊤903*a*〔水中眼鏡〕
・一目小僧《ひとつめこぞう》 ㊦**429***b* ㊤109*a*〔一本足〕 636*b*〔事八日〕
一つ目明神 ㊦568*b*〔将門伝説〕
・ヒトツモノ〔一物，一者〕 ㊦**429***c* ㊤360*c*〔肩車〕 635*b*〔子ども〕 ㊦83*c*〔稚児舞〕
一結綿 ㊤413図〔家紋〕
ヒトドリ ㊤別刷〈遊び〉
一七日 ㊤763*a*〔四十九日〕
ひとなみ〔人並み〕 ㊤942*b*〔世間〕 ㊦817*a*〔労働倫理〕
樋殿 ㊦515*c*〔便所〕
ひとはか ㊦817*a*〔労働倫理〕
・人柱《ひとばしら》 ㊦**430***b* 355*a*〔橋〕 358*a*〔橋姫伝説〕 431*a*〔人身御供〕 577*b*〔松浦佐用媛〕
人柱伝説 ㊤497*c*〔行人塚〕
ヒトパッカ ㊦342*a*〔ハカ〕
一日正月 ㊦272*b*〔二月正月〕
ビトビト ㊤466*c*〔着付〕
火燈し ㊦624*c*〔宮守〕 →宮守
人丸影供 ㊦430*c*〔人麻呂〕
・人麻呂《ひとまろ》 ㊦**430***c*
人丸神社 ㊦430*c*〔人麻呂〕
『人丸秘密抄』 ㊦430*c*〔人麻呂〕
ヒトミゴクウ ㊤別刷〈供物〉
・人身御供《ひとみごくう》 ㊦**430***c* ㊤75*b*〔生贄〕 713*c*〔猿神退治〕 別刷〈供物〉
ヒトミダンゴ ㊤783*a*〔楽〕
一節切 ㊤803*c*〔尺八〕 ㊦458*b*〔笛〕
醴酒 ㊤281*c*〔お神酒〕
人呼び ㊤970*a*〔葬式組〕
ヒトラメエ ㊦817*a*〔労働倫理〕
一人脚 ㊦340*a*〔売薬〕
独狂言 ㊦15*b*〔大道芸〕
・一人相撲〔-角力〕《ひとりずもう》 ㊦**431***a*
独り突 ㊦385*b*〔羽根つき〕
一人手伝 ㊤970*a*〔葬式組〕
ヒトリマエ ㊤101*a*〔一人前〕 →一人前
一人マタギ ㊦570*c*〔マタギ〕
・独り者《ひとりもの》 ㊦**431***b*
ヒドリ嫁 ㊦410*b*〔ヒートリ嫁〕
ヒドロタ ㊤781*b*〔湿田〕
ひな〔日名，日奈〕 ㊦432*b*〔日向・日陰〕
雛遊び ㊤720*b*〔三月節供〕 ㊦432*b*〔雛祭〕 →雛祭
・雛荒し《ひなあらし》 ㊦**431***c* 432*c*〔雛祭〕
雛あられ ㊤51*c*〔霰〕 ㊦432*c*〔雛祭〕
・雛市《ひないち》 ㊦**432***a* ㊤99*a*〔市〕
雛送り ㊤720*c*〔三月節供〕
雛飾り ㊤910*a*〔双六㈠〕 ㊦432*c*〔雛祭〕
ヒナギクモノ ㊦373*c*〔初節供〕
火ナゲ〔火投げ〕 ㊤16*b*〔揚げ松明〕 ㊦360*a*〔柱松〕 →柱松
ひな子剣舞 ㊤581*c*〔剣舞〕
ヒナサンアラシ ㊦431*c*〔雛荒し〕 →雛荒し
火なし釜 ㊦69*b*〔俵薬師〕
雛節供 ㊤720*b*〔三月節供〕 →三月節供
日向の祭 ㊤564*c*〔ゲーター祭〕
・日向・日陰《ひなたひかげ》 ㊦**432***b*
陽紋 ㊦710*a*〔紋付〕
日向薬師(神奈川) ㊦717*a*〔薬師信仰〕
日当山話 ㊤291*a*〔愚か村〕
雛流し ㊤54*c*〔淡島信仰〕 ㊦245*b*〔流し雛〕 384*c*〔花見〕
雛人形 ㊤720*b*〔三月節供〕 ㊦292*c*〔人形〕 432*b*〔雛祭〕
・雛祭《ひなまつり》 ㊦**432***b* ㊤51*c*〔霰〕 54*c*〔淡島信仰〕 720*b*〔三月節供〕 875*b*〔白酒〕 946*b*〔節供礼〕 ㊦388*b*〔ハマグリ〕 432*a*〔雛市〕 →三月節供
火縄銃 ㊦154*b*〔鉄砲〕
美男かずら ㊤396*b*〔髪油〕
避難港 ㊦615*c*〔港〕
ビニール縄 ㊦265*c*〔縄〕
ビニールロープ ㊦438*b*〔紐〕
皮肉 ㊦453*b*〔諷刺〕
・非人《ひにん》 ㊦**433***a* ㊤204*c*〔えた〕 686*b*〔坂の者〕 ㊦111*c*〔長吏〕 406*b*〔番太〕 421*b*〔被差別部落〕 508*b*〔平民〕

・避妊《ひにん》　㊦**433**b
非人番　㊦433a〔非人〕
非人宿　㊤686b〔坂の者〕　823a〔夙〕　㊦433a〔非人〕
・ヒヌカン(火の神)　㊦**433**b　㊤299b〔祝女〕　別刷〈沖縄文化〉　㊦297b〔ヌジファ〕　299c〔祝女殿内〕
樋抜き　㊤904c〔水利慣行〕
・ヒネオジ　㊦**433**c　431c〔独り者〕
ヒネリ足袋　㊤748b〔地下足袋〕
ヒネリミノ　㊤838 表〔狩猟用具〕
・丙午《ひのえうま》　㊦**434**a　㊤69a〔いかず後家〕　980c〔俗信〕
丙子　㊦434a〔丙午〕
檜枝岐歌舞伎　㊦648c〔民俗芸能〕
『檜枝岐民俗誌』　㊤954a〔全国民俗誌叢書〕
ヒノエマツリ　㊤50b〔アラセツ〕
日の神《ひのかみ》　⇨太陽崇拝(㊦22a)　㊦145c〔ティダ〕　168c〔天道信仰〕
・火の神《ひのかみ》　㊦**434**a　㊤81b〔石神〕　141c〔囲炉裏〕　391a〔竈神〕　593c〔荒神〕　677c〔柴燈護摩〕　758b〔自在鈎〕　㊦115b〔君南風〕　205c〔土公神〕　258b〔ナナトコマイリ〕　409b〔火〕　433b〔ヒヌカン〕　436c〔火伏せ〕　790c〔雷神〕
日神信仰　㊦168c〔天道信仰〕　→太陽崇拝
・ヒノキ〔檜〕　㊦**434**c　㊤928a〔製材〕　967a〔雑木林〕　㊦290c〔庭木〕　805c〔林業〕
ヒノキ笠　㊤338b〔笠〕
ひのきしん　㊦173b〔天理教〕
『火の国の女の日記』　㊦31c〔高群逸枝〕
・火のし〔-熨斗〕《ひのし》　㊦**435**a　327a〔のし〕
日野寿一　㊤981a〔俗信〕
ヒノタマ〔火の玉〕　㊤149c〔インニンビ〕　274b〔鬼火(一)〕　㊦429a〔人魂〕　→人魂
ヒノツジの取り上げ休み　㊦447c〔昼寝〕
ヒノツジ休み　㊦447c〔昼寝〕
ヒノツリ　㊦447c〔昼寝〕
日の出鶴　㊦40 図〔凧〕
日の出の的　㊦767a〔弓神事〕
日の出祭　㊦767a〔弓神事〕
火のトキ　㊦200c〔トキ(一)〕
日の伴　㊦22b〔太陽崇拝〕　416a〔彼岸〕　791b〔来世観〕
火の番　㊤310b〔海難救助〕　㊦443a〔拍子木〕
日の丸　㊦361c〔旗〕
火の見小屋　㊦108c〔町内〕
日御碕神社(島根)　㊦801b〔竜蛇〕
・火の見櫓《ひのみやぐら》　㊦**435**a　㊤342c〔火事〕　㊦403c〔板木〕　405b〔半鐘〕　443a〔拍子木〕
火の飯　㊤600a〔香典〕
日野薬師(福井)　㊦717a〔薬師信仰〕
火の山踊り〔日-〕　㊦267b〔南条踊り〕
火の用心　㊤342c〔火事〕　㊦443a〔拍子木〕
火の用心番　㊦147c〔出稼〕
ヒノリバ　㊦289c〔ニワ〕
ヒノリミノ　㊤838 表〔狩猟用具〕
ヒバ(植物)　㊤947b〔石鹸〕
ヒバ(干葉)　㊦542a〔保存食〕
・ピパ　㊦**435**c
・火箸《ひばし》　㊦**436**a
・火鉢《ひばち》　㊦**436**a　㊤323c〔家具〕　633b〔五徳〕　㊦75b〔暖房〕
ヒバ湯　㊦8c〔大根〕
・ヒバリ〔雲雀〕　㊦**436**b　㊤637a〔小鳥前生譚〕
雲雀牛飼　㊦436b〔ヒバリ〕
ヒバリゴチ　㊤630b〔コチ〕
雲雀と生き水　㊦192a〔動物昔話〕
雲雀と借金　㊦191c〔動物昔話〕　436b〔ヒバリ〕
雲雀博徒　㊦436b〔ヒバリ〕
ヒバリ結び　㊦668c〔結び〕
ヒハレ　㊦410a〔ヒアキ〕
狒狒　㊦740b〔山男〕
瀕　㊦330b〔ノリ〕
日々家内心得の事七ヶ条　㊤551b〔黒住教〕
日比谷大神宮(東京)　㊤572b〔結婚式場〕
・火吹き竹《ひふきだけ》　㊦**436**c　㊤612c〔古稀〕　㊦37a〔竹細工〕　508a〔米寿〕
比比丘女〔比々丘-〕　㊤611a〔子買お〕　637b〔子取ろ〕
・火伏せ〔-防せ, -除せ〕《ひぶせ》　㊦**436**c　㊤29a〔愛宕信仰〕　29b〔愛宕千日詣〕　142a〔囲炉裏〕　575c〔煙出し〕　㊦370c〔初午〕　430c〔人麻呂〕　433c〔ヒヌカン〕　434a〔火の神〕　714c〔焼畑〕
火伏祈禱　㊤661b〔権現〕
火防地蔵　㊤29a〔愛宕信仰〕
火伏せの神　㊤13b〔秋葉講〕　13c〔秋葉信仰〕　14b〔秋葉燈籠〕　593c〔荒神〕
火振りかまくら　㊤390a〔かまくら〕
被保護家計　㊤332c〔家計〕
ヒボトキ　㊦438c〔紐落し〕
『日間賀島民俗誌』　㊤954a〔全国民俗誌叢書〕
ヒマタ　㊤129c〔忌木〕
・日待《ひまち》　㊦**437**a　398c〔春祈禱〕　618a〔巳待〕　714b〔家祈禱〕
日待講　㊤92b〔伊勢講〕　584b〔講〕
・火祭《ひまつり》　㊦**437**b　㊤274b〔鬼火焚き〕　298b〔おんべ焼き〕　545b〔鞍馬火祭〕　624a〔小正月〕　635c〔子供組〕　678a〔サイトヤキ〕　688c〔左義長〕　722b〔三九郎焼き〕　770c〔地蔵盆〕　㊦19c〔松明祭〕　239b〔とんど〕　255a〔那智扇祭〕　271c〔新盆〕　409b〔火〕　630c〔民間信仰〕
樋祭　㊦64b〔溜池〕
日招岩　㊦22b〔太陽崇拝〕
日招壇　㊦22b〔太陽崇拝〕
日招き長者　㊤18c〔朝日長者〕　㊦784c〔嫁殺し田〕
ヒマヤ　㊦125a〔月小屋〕
・秘密結社《ひみつけっしゃ》　㊦**437**c　㊤118c〔イニシエーション〕　330c〔隠れ念仏(一)〕　331b〔隠れ念仏(二)〕
日牟礼神社(滋賀)　㊦482a〔船絵馬〕
・氷室《ひむろ》　㊦**438**a　㊤609c〔氷〕　㊦682a〔室〕
氷室の節会〔-節供〕　㊤610a〔氷の朔日〕
ヒムロノツイタチ　㊤610a〔氷の朔日〕
ヒメ　㊦616a〔港〕
姫飯〔糄糅〕　㊤415c〔粥〕　646a〔米〕　658a〔強飯〕
ヒメイエバエ　㊦340c〔ハエ(一)〕
姫金神　㊤665a〔金神〕
弱飯　㊤658a〔強飯〕
姫路革　㊤426c〔皮〕
姫達磨　㊦67b〔達磨〕
ヒメハジメ　㊤658a〔強飯〕
ヒメハブ　㊦386a〔ハブ〕
・紐《ひも》　㊦**438**b　㊤278b〔帯〕
日申し　㊦419b〔日乞い〕
・紐落し〔ヒモオトシ〕《ひもおとし》　㊦**438**c　㊤278c〔帯〕　280a〔帯とき〕　397a〔髪置き〕　→ヒモナオシ
紐落し祝い　㊦463a〔服飾〕
ひも皮うどん　㊤173a〔うどん〕
ヒモジイサマ　㊦426c〔ひだる神〕
火元　㊤342c〔火事〕　681a〔財物没収〕　㊦117b〔追放〕
火元入寺　㊤513c〔謹慎〕
ヒモトキ〔紐解き〕　㊤278c〔帯〕　280a〔帯とき〕　→紐落し
ヒモトキイワイ　㊦438c〔紐落し〕
ヒモナオシ〔紐直し〕　㊤280a〔帯とき〕　㊦438c〔紐落し〕　→紐落し
・干物《ひもの》　㊦**438**c　㊤449a〔乾物〕
檜物　㊤779a〔漆器〕　→曲物
ヒモハナシ　㊦438c〔紐落し〕
ヒモヤ　㊤571c〔月経〕
・神籬《ひもろぎ》　㊦**439**a　㊤441b〔勧請〕　677c〔祭壇〕　985a〔卒塔婆〕　㊦別刷〈山の神〉
鼻紋　㊦618c〔耳印〕
ヒヤ　㊤571c〔月経〕　㊦62c〔霊屋〕　704c〔喪屋〕
火屋　㊤354 図〔火葬〕　355c〔火葬場〕
ピャーシ　㊦269a〔南島歌謡〕
ビヤガーデン　㊦411b〔ビール〕
冷やかし唄　㊤356b〔数え言葉〕

百祝い　㊦210*a*〔年祝い〕 350*a*〔白寿〕
百観音巡礼　㊦85*c*〔秩父巡礼〕 472*b*〔札所〕
白豪　㊦433*b*〔避妊〕
百庚申　㊤595*c*〔庚申塔〕
百歳セジ　㊤944*b*〔セジ〕
白散　㊦219*a*〔屠蘇〕
・百姓《ひゃくしょう》　㊦**439*b***　㊤256*c*〔長百姓〕 283*c*〔重立〕 418*b*〔柄在家〕 ㊦504*b*〔分地制限令〕 556*b*〔本百姓〕 718*b*〔役家〕
百姓網　㊦673*c*〔村網〕 →村網
百姓一揆　㊤104*b*〔一揆〕 475*b*〔義民伝承〕
百姓株　㊤383*a*〔株〕 ㊦556*c*〔本百姓〕
百姓惣代　㊤974*a*〔惣代〕
百姓代　㊦681*b*〔村役〕
『百姓伝記』　㊦322*b*〔農書〕
百姓の節供　㊤522*b*〔九月節供〕
百姓山伏　㊤706*a*〔里修験〕
百神　㊤523*a*〔傀儡子〕
百姓　㊦439*b*〔百姓〕 →ひゃくしょう
百沢寺(青森)　㊤143*a*〔岩木山信仰〕
百太夫　㊤523*a*〔傀儡子〕 ㊦65*a*〔太夫〕
・百度石《ひゃくどいし》　㊦**439*c***　㊤280*b*〔お百度参り〕
ヒャクトコギモン　㊤177*b*〔産着〕
百度参り《ひゃくどまいり》　⇨お百度参り(㊤280*b*)
百日ごと　㊦586*b*〔マムシ〕
百日坂　㊤684*b*〔坂〕
・百日咳《ひゃくにちぜき》　㊦**440*a***
百日の一粒飯　㊤519*b*〔食初め〕
樋役人　㊤75*c*〔池守〕
百人一首　㊤425*a*〔かるた〕
・ヒャクハッタイ　㊦**440*b***　659*a*〔迎え火〕
・百万遍〔-念仏〕《ひゃくまんべん》　㊦**440*c***　㊤122*c*〔稲祈禱〕 771*a*〔地蔵盆〕 828*b*〔数珠繰り〕 ㊦141*a*〔通夜〕 312*c*〔念仏〕 314*a*〔念仏講〕 476*a*〔仏教民俗〕 別刷〈村境〉
百味の御食〔-の飲食〕　㊤542*a*〔供物〕 別刷〈供物〉 ㊦別刷〈盆〉
・百物語《ひゃくものがたり》　㊦**440*c***　㊤308*a*〔怪談〕 476*c*〔肝だめし〕
白癩　㊦790*a*〔癩〕 →ハンセン病
白蓮社　㊦314*a*〔念仏講〕
ヒヤケ　㊤735*a*〔産火〕
日焼けサロン　㊤961*b*〔銭湯〕
白蓋〔ビャッカイ，白開〕　㊤329*a*〔神楽〕 ㊦161*a*〔天蓋〕 441 図〔白蓋〕 →びゃっけ
「白蓋鬼神」　㊤876*b*〔銀鏡神楽〕
百回忌　㊦307*b*〔年忌〕
百貨店　㊦789*c*〔万屋〕
・百ヵ日《ひゃっかにち》　㊦**440*c***　㊤815*c*〔十三仏〕 881*a*〔新口〕 ㊦116*c*〔追善供養〕 345*c*〔墓参り〕
百花蜜　㊦369*a*〔蜂蜜〕
・白蓋〔ビャッケ〕《びゃっけ》　㊦**441*a***　㊤329*a*〔神楽〕 ㊦161*a*〔天蓋〕
百穴一荷　㊤795*c*〔下肥〕
白光真宏会　㊤240*a*〔大本教〕
ヒャッポンイワイ　㊦23*a*〔大漁祝い〕
・日雇〔-労働者〕《ひやとい》　㊦**441*b***　㊤342*a*〔河岸〕 738*a*〔山民〕 806*c*〔車力〕 ㊦148*c*〔出替り〕 157*c*〔出面〕 408*a*〔飯場〕 →日用 →雇い
日雇座　㊦408*a*〔飯場〕
・ピヤパ　㊦**441*c***
ビヤホール　㊦411*a*〔ビール〕
比山番楽〔ひやま〕　㊤328*c*〔神楽〕 ㊦403*b*〔番楽〕
冷麦　㊤172*c*〔うどん〕
ヒヤリ　㊤326*a*〔かくせつ〕
ヒヤリミズ　㊦300*a*〔ぬるめ〕
郷貫　㊦552*c*〔本貫〕
莧　㊤36*a*〔油〕
日向神楽　㊤408*a*〔仮面〕
日向勾当　㊤334*b*〔景清〕
日向神話　㊤455*a*〔記紀神話〕
ピューノシュ(日の主)　㊦445*c*〔日和見〕
ヒヨウ　㊤69*a*〔筏〕 690*a*〔作男・作女〕
日用〔日傭，日傭取り〕　㊤986*c*〔杣〕 ㊦441*b*〔日雇〕 801*c*〔流送〕 →日雇
・雹《ひょう》　㊦**442*a***
・憑依《ひょうい》　㊦**442*a***　㊤201*c*〔エクスタシー〕 398*a*〔神おろし〕 398*b*〔神がかり〕 ㊦126*b*〔憑物〕 334*a*〔呪い〕
美容院　㊤404*b*〔髪結〕
鋲打ち太鼓　㊦5*c*〔太鼓〕
苗裔神　㊦600*b*〔御子神㈠〕 →御子神
・漂海民《ひょうかいみん》　㊦**442*b***　444*a*〔漂泊漁民〕
・病気《びょうき》　㊦**442*b***　㊤716*b*〔さわり〕 ㊦167*c*〔伝染病〕
病気全快祝い　㊤169*a*〔内祝い〕
病気治し　㊤487*a*〔行者〕
病気見舞　㊦617*c*〔見舞〕
表具師〔-屋〕　㊤486*c*〔経師屋〕
兵庫口説　㊤880*a*〔甚句〕
兵庫灘五郷　㊦209*b*〔杜氏〕
・拍子木《ひょうしぎ》　㊦**443*a***　㊤856*a*〔情報伝達〕 ㊦435*a*〔火の見櫓〕
拍子物　㊦390*b*〔囃し㈠〕 →囃し
標準語　㊦280*a*〔日本語〕 526*a*〔方言〕 527*b*〔方言区画論〕
氷上漁　㊤506*b*〔漁法〕
秉燭　㊤857*b*〔照明〕
・ヒョウタン〔瓢箪〕　㊦**443*b***　367*a*〔鉢叩き〕 →ヒサゴ
瓢箪送り　㊦727*a*〔休み日〕
瓢箪鯰　㊤236*a*〔大津絵〕 ㊦262*a*〔ナマズ〕
漂着鯨　㊤527*c*〔鯨〕
・漂着神《ひょうちゃくしん》　㊦**443*c***　388*a*〔浜降り〕 787*c*〔寄り神〕
病中日記　㊦278*b*〔日記〕
表忠碑　㊦99*a*〔忠魂碑〕
平等寺(徳島)　㊦519 裏〔遍路〕
ヒョウトク〔ヒョートク〕　㊤391*c*〔竈神〕 ㊦409*b*〔火〕 799*c*〔竜宮童子〕
ヒヨウトリ　㊤690*a*〔作男・作女〕
病人伽　㊦141*a*〔通夜〕
標山　㊤795*b*〔標山〕 ㊦788*b*〔依代〕 →しめやま
・漂泊漁民《ひょうはくぎょみん》　㊦**443*c***
漂泊者　㊤487*b*〔行商〕
・漂泊民《ひょうはくみん》　㊦**444*b***　444*a*〔漂泊漁民〕 833*c*〔わたらい〕
評判　㊤856*a*〔情報伝達〕
・屏風《びょうぶ》　㊦**444*c***　㊤323*b*〔家具〕 ㊦250*c*〔投上げ饅頭〕
屏風祭　㊦444*c*〔屏風〕
表補衣師　㊤486*c*〔経師屋〕
平文　㊤779*a*〔漆器〕
雹乱除け　㊦791*b*〔雷電信仰〕
日用　㊦441*b*〔日雇〕
表裏立合道場　㊦182*c*〔道場〕
憑霊　㊤201*c*〔エクスタシー〕 ㊦126*b*〔憑物〕 442*a*〔憑依〕 →憑依
ヒョースベ〔ヒョースボ〕　㊤370*b*〔河童〕
比翼紋　㊦710*a*〔紋付〕
ヒヨケ　㊦62*c*〔霊屋〕
火除け　㊦436*c*〔火伏せ〕 →火伏せ
火除地蔵　㊤29*a*〔愛宕信仰〕
火除地　㊤687*b*〔盛り場〕
日吉社神人　㊤785*a*〔神人〕
日吉神社(滋賀)　㊦179*b*〔道化〕
日吉大社(滋賀)〔-社，-山王社〕　㊤732*a*〔山王信仰〕 ㊦413*b*〔日吉祭〕 601*a*〔神輿〕
日吉造　㊦446*a*〔平入り〕
ヒヨ衆　㊦225*a*〔鳶口〕
・ひょっとこ　㊦**445*a***　㊤243*c*〔おかめ〕 ㊦155*b*〔手拭〕
日和　㊦445*b*〔日和見〕
日和雨　㊤470*a*〔狐の嫁入り〕
日和神楽　㊤452*a*〔祇園囃子〕
日和下駄　㊤569*b*〔下駄〕
日和乞祈禱　㊤456*c*〔飢饉〕
・日和待ち《ひよりまち》　㊦**445*b***　㊤353*b*〔風待ち〕
比与利祭　㊤83*c*〔石取祭〕
・日和見《ひよりみ》　㊦**445*b***　445*b*〔日和待ち〕 445*c*〔日和山〕
日撰見　㊦312*a*〔年中行事㈡〕
日和見役　㊦445*b*〔日和見〕
日和申し　㊦419*b*〔日乞い〕

・日和山《ひよりやま》 ㊦**445***c* ㊤353*b*〔風待ち〕 ㊦445*b*〔日和待ち〕 445*b*〔日和見〕 486*a*〔船宿〕
ヒラ(家格) ㊤315*a*〔家格〕 ㊦707*c*〔モロト〕
ヒラ(罠) ㊤261*a*〔おす〕 837 表〔狩猟法〕
平等 ㊤232*b*〔大アムシラレ〕
平(住居) ㊤509*b*〔切り妻〕
平 ㊦707*c*〔モロト〕
ヒライゴメ ㊦714*a*〔焼米〕 →焼米
平石ふきこみ ㊦別刷〈民家〉
平泉藤原祭 ㊦100*a*〔中尊寺延年〕
平板張り天井 ㊦164*b*〔天井〕
平井の鳳凰の舞 ㊦729*c*〔奴踊り〕
・平入り《ひらいり》 ㊦**446***a* 139*c*〔妻入り〕 572*c*〔町屋〕
平打ち簪 ㊤438*b*〔簪〕
枚岡神社(大阪) ㊤416*a*〔粥占〕
平折敷 ㊤259*a*〔折敷〕
平織 ㊤290*a*〔織物〕
比良おろし ㊦446*c*〔比良の八荒〕
平釜 ㊤388*a*〔釜〕
平瓦 ㊤430*b*〔瓦〕 ㊦735*b*〔屋根〕
ヒラキ ㊤900*c*〔水産加工〕 ㊦438*c*〔干物〕
開き戸 ㊦174*b*〔戸〕
平鍬 ㊤875*b*〔代掻き〕
平格子 ㊤590*a*〔格子〕
平叉首 ㊤699*a*〔叉首〕
平書院 ㊤842*c*〔書院〕 ㊦206*a*〔床の間〕
ヒラシンルイ ㊤897*a*〔親類〕
ヒラセマンカイ〔平瀬-〕 ㊤50*c*〔アラセツ〕 304*b*〔海神〕 ㊦592*b*〔まんかい〕
平膳 ㊤952*a*〔膳〕
平象嵌 ㊤966*b*〔象嵌〕
平袖 ㊤983*c*〔袖〕
艜〔似艜〕 ㊤354*a*〔河川水運〕 430*a*〔川船〕 ㊦446*b*〔ヒラタブネ〕
・平田篤胤《ひらたあつたね》 ㊦**446***a* ㊤614*b*〔国学〕 ㊦644*b*〔民俗学史〕 698*a*〔本居宣長〕
比良大明神 ㊦446*c*〔比良の八荒〕
ヒラタケ ㊤474*a*〔キノコ〕
平田神社(鹿児島) ㊤790*a*〔柴祭〕
・ヒラタブネ〔平田舟, 平田船, 艜舟〕 ㊦**446***b* ㊤354*a*〔河川水運〕 641*b*〔ゴヘイタブネ〕
平付 ㊤730*c*〔蚕種〕
平包み〔-裹〕 ㊦134*a*〔包み〕 497*b*〔風呂敷〕
平手〔枚手, 葉盤〕 ㊤867*c*〔食器〕
開手 ㊤348*c*〔柏手〕
平等岩廻り ㊤726*b*〔山上講〕
平塔婆 ㊤985*c*〔卒塔婆〕
平戸神楽 ㊤71*a*〔壱岐神楽〕
『平戸藩法令規式集成』 ㊦741*b*〔山口麻太郎〕
平鍋 ㊦260*a*〔鍋〕
ヒラニセ ㊦277*a*〔ニセ〕
平野祭 ㊤25*c*〔東遊び〕
・比良の八荒《ひらのはっこう》 ㊦**446***c*
平場師 ㊤920*c*〔掏摸〕
比良八講 ㊦446*c*〔比良の八荒〕
ヒラビ ㊦149*c*〔てき屋〕
平百姓 ㊦439*b*〔百姓〕
平葺き ㊦別刷〈民家〉
比良明神(滋賀) ㊤871*a*〔白髭明神〕
ヒラヤ ㊦533*b*〔棒屋〕
平山輝男 ㊤246*b*〔沖縄語〕
平山敏治郎 ㊤864*b*〔諸国風俗問状答〕 ㊦別刷〈民俗学史〉
平楊枝 ㊦771*c*〔楊枝〕
平椀 ㊦842*c*〔椀〕
飛竜権現 ㊦255*a*〔那智扇祭〕
・肥料《ひりょう》 ㊦**446***c* ㊤130*a*〔忌籠り〕 422*b*〔刈敷〕 516*b*〔金肥〕 523*c*〔草刈場〕 608*a*〔肥取り〕 787*b*〔柴〕 795*c*〔下肥〕 ㊦18*a*〔堆肥〕 336*c*〔灰〕 337*b*〔灰小屋〕 339*c*〔灰屋〕 693*b*〔木灰〕 702*c*〔籾殻〕 835*a*〔藁〕
ヒル(動物) ㊦149*b*〔できもの〕
ヒル(植物) ㊦294*c*〔ニンニク〕
ヒル Hill, Reuben Lorenzo ㊤358*c*〔家族周期〕
昼歌 ㊦655*b*〔民謡〕
蛭釘 ㊦206*b*〔床の間〕
ヒルゲ ㊤861*c*〔食事〕
・蛭児〔水蛭子〕《ひるこ》 ㊦**447***b*
搗蒜 ㊤421*b*〔辛味〕 596*b*〔香辛料〕
・昼寝《ひるね》 ㊦**447***b* 726*c*〔休み〕
・ひるまもち〔昼飯持ち〕 ㊦**447***c* ㊤295*b*〔女神主〕 442*b*〔間食〕 ㊦162*a*〔田楽〕
昼間薬師 ㊤276*b*〔小野小町〕
昼むかし ㊦639*a*〔民俗(一)〕
平礼 ㊤211*c*〔烏帽子〕 →風折烏帽子
鰭 ㊤567*a*〔懸魚〕
ヒレ酒 ㊦460*c*〔フグ〕
・拾い親《ひろいおや》 ㊦**448***a* ㊤286*a*〔親子〕 287*a*〔親子成り〕 288*a*〔親分・子分〕 422*b*〔仮親〕 462*b*〔擬制的親子関係〕 706*a*〔里子〕 915*a*〔捨子〕 ㊦118*b*〔通過儀礼〕 232*b*〔取上げ親〕 235*a*〔取子〕 256*b*〔名付け親〕
拾い名 ㊤988*a*〔祖名継承〕
拾い物分配 ㊦191*c*〔動物昔話〕
・披露《ひろう》 ㊦**448***b* ㊤658*c*〔婚姻〕 867*a*〔所帯びろめ〕 ㊦783*c*〔嫁入り行列〕
ビロウ ㊤535*a*〔蒲葵〕 639*b*〔コバ〕 →蒲葵
・披露宴《ひろうえん》 ㊦**448***b* ㊤572*b*〔結婚式場〕 別刷〈婚礼〉 ㊦205*b*〔床入れ〕 448*b*〔披露〕 494*b*〔振舞い〕
蒲葵笠 ㊤339*a*〔笠〕
披露口上 ㊤591*c*〔口上〕
蒲葵扇 ㊤170*c*〔団扇〕
ヒロシキ ㊦497*c*〔風呂敷〕
広瀬神社(奈良) ㊤351*a*〔風〕
広瀬神社(大分) ㊤556*a*〔軍神〕
広瀬武夫 ㊤556*a*〔軍神〕
広袖 ㊤983*c*〔袖〕
広田吉右衛門 ㊤467*b*〔吉四六話〕
広田神社(兵庫) ㊤208*b*〔えびす〕 ㊦764*b*〔湯立〕
弘田竜太郎 ㊦194*b*〔童謡〕
・広場《ひろば》 ㊦**448***c*
広場村 ㊤821*c*〔集落〕
ヒロマ ㊦144*b*〔出居〕 449*a*〔広間型民家〕
広間型三間取り〔広間型〕 ㊦58*b*〔田の字型民家〕 449*a*〔広間型民家〕 581*b*〔間取り〕 別刷〈民家〉
・広間型民家《ひろまがたみんか》 ㊦**449***a*
広峰神社(兵庫) ㊦321*c*〔納札〕
ひろめ ㊤667*a*〔コンブ〕
ビワ〔枇杷〕 ㊤981*b*〔俗信〕 ㊦633*b*〔民間薬〕
・琵琶《びわ》 ㊦**449***c* ㊤250*a*〔奥浄瑠璃〕 315*a*〔雅楽〕 367*b*〔楽器〕 654*a*〔娯楽〕 ㊦690*a*〔盲僧琵琶〕
檜皮 ㊦434*c*〔ヒノキ〕
・檜皮葺き《ひわだぶき》 ㊦**450***a* 735*a*〔屋根〕
ヒワダヤ ㊦450*a*〔檜皮葺き〕
・火渡り《ひわたり》 ㊦**450***a* ㊤391*b*〔竈〕 678*a*〔柴燈護摩〕 ㊦392*c*〔ハヤマ信仰〕 437*b*〔火祭〕
琵琶床 ㊦206*b*〔床の間〕
琵琶法師《びわほうし》 ⇨盲僧琵琶(㊦690*a*) ㊤334*b*〔景清〕 375*b*〔門付け〕 626*a*〔瞽女〕 704*a*〔座頭〕 719*c*〔散楽〕 765*b*〔地神盲僧〕 803*b*〔石塔会〕 806*a*〔三味線〕 ㊦689*c*〔盲僧〕
火ヲカブル ㊤741*c*〔死穢〕
ヒヲトル嫁 ㊦410*b*〔ヒートリ嫁〕
・紅型《びんがた》 ㊦**450***b*
彼岸 ㊦312*a*〔年中行事(二)〕
賓客 ㊤302*c*〔外者歓待〕
ビンゴ ㊤485*a*〔競技〕
『備後今津村答書』 ㊤864*c*〔諸国風俗問状答〕
備後表 ㊤60*a*〔イ〕
備後神楽 ㊤594*b*〔荒神神楽〕
『備後国品治郡答書』 ㊤864*c*〔諸国風俗問状答〕
『備後国沼隈郡浦崎村答書』 ㊤864*c*〔諸国風俗問状答〕
『備後国深津郡本庄村答書』 ㊤864*c*〔諸国風俗問状答〕
『備後国福山領答書』 ㊤864*c*〔諸国風俗問状答〕
貧困曲線 ㊤358*b*〔家族周期〕
編木 ㊤695*b*〔ささら〕 ㊦391*a*〔囃し

㈡〕
鬢締め　㊦367b〔鉢巻㈠〕
品種改良　㊦53b〔種子換え〕
閩人三十六姓　㊤726a〔三十六姓〕
ビンズル〘ビンジリ〙　㊦423b〔ビジュル〕→ビジュル
・賓頭盧《びんずる》　㊦**450c**　423b〔ビジュル〕
ビンズルガナシ　㊦423b〔ビジュル〕
賓頭盧信仰　㊦78c〔智恵貰〕
鬢出し　㊤525b〔櫛〕
備長炭　㊤916c〔炭〕
鬢つけ油　㊤396a〔髪油〕
ヒンニギリ　㊤915c〔素捕り〕
ビンヌクブー（ボンノクボ）　㊦584b〔マブイ〕
ピンピン屋　㊦831c〔棉〕
・ヒンプン　㊦**451a**　㊤別刷〈沖縄文化〉
保栄茂親雲上盛良　㊤727a〔サンシン〕
・貧乏神《びんぼうがみ》　㊦**451b**　㊤394c〔神〕　783c〔死神〕　㊦718a〔厄病神〕
貧乏神と福の神　㊤340a〔笠地蔵〕
貧乏徳利　㊦204b〔徳利〕
貧乏髭　㊦418c〔髭〕
『貧民心理の研究』　㊤920b〔スラム〕

ふ

・麩《ふ》　㊦**452a**
歩　㊤877a〔代分け〕
ファース Firth, R.　㊤398b〔神がかり〕
ファーストフード　㊤303c〔外食〕
ファエドルス Phädrus　㊤521b〔寓話〕
ファッション　㊦516c〔変身〕　800a〔流行〕
ファミリー＝ライフサイクル　㊤358a〔家族周期〕
ファミリーレストラン　㊤303c〔外食〕
ファン　㊦410a〔贔屓〕
ファンダネ　㊦54a〔種子取り〕
ファン＝ヘネップ van Gennep, Arnold ⇨ヘネップ（㊦512b）
ブイ　㊤195c〔運搬具〕
フィールドワーク fieldwork ⇨民俗調査（㊦652c）　㊤738b〔参与観察〕　㊦455b〔風俗測定〕　623c〔宮本常一〕
フィールドワーク＝メソッド　㊦590a〔マリノフスキー〕
・鞴《ふいご》　㊦**452a**　㊤85b〔石屋〕　426c〔皮〕　㊦45b〔蹈鞴祭〕
・鞴祭《ふいごまつり》　㊦**452b**　㊤85b〔石屋〕　279c〔お火焚き〕　592c〔工場〕　㊦45b〔蹈鞴祭〕　437c〔火祭〕　452b〔鞴〕
フィチ　㊦416a〔ヒキ〕
フィットネスクラブ　㊤961b〔銭湯〕
フイン　㊤287c〔オヤシマイ〕
フィンプン　㊦451a〔ヒンプン〕→ヒンプン
フィンランド学派　㊤982a〔祖型〕　㊦453a〔フィンランド民俗学〕　811a〔歴史・地理的方法〕
『フィンランドの昔話目録』　㊤210a〔エフエフシー〕
フィンランド文学協会　㊦452c〔フィンランド民俗学〕
『フィンランド文学史』　㊤550a〔クローン, J〕
・フィンランド民俗学　㊦**452c**　㊤550a〔クローン, J〕
『フィンランド昔話㈠動物昔話』　㊤550a〔クローン, K〕
『フィンランド昔話研究㈠動物昔話』　㊤550a〔クローン, K〕
・プー　㊦**453a**
風位　㊦521c〔方位〕
風疫　㊤351c〔風邪〕→風邪
風害　㊤456a〔飢饉〕
封龕　㊤433b〔龕㈠〕
フーコー Foucault, Michel　㊤597c〔構造主義〕
・諷刺《ふうし》　㊦**453b**
風疾　㊤351c〔風邪〕→風邪
・風習《ふうしゅう》　㊦**453b**　㊤817b〔習俗〕　㊦220a〔土俗〕　638c〔民俗㈠〕
・風神《ふうじん》　㊦**453c**　㊤351a〔風〕　610a〔氷〕　㊦630b〔民間信仰〕
風神信仰　㊦45b〔蹈鞴祭〕
風神堂　㊤341a〔風祭〕
・風水《ふうすい》　㊦**453c**　㊤355b〔家相〕　㊦290c〔庭木〕　503b〔風水〕　653b〔民俗的方位観〕
風水師　㊦454a〔風水〕
風水術　㊦454a〔風水〕　521b〔方位〕
風水先生　㊦454a〔風水〕
風説　㊦799c〔流言蜚語〕
・風葬《ふうそう》　㊦**454b**　㊤306b〔崖葬〕　873b〔シルヒラシ〕　954b〔洗骨〕　977a〔葬法〕　㊦540b〔墓制〕
・風俗《ふうぞく》　㊦**454c**　219c〔土俗〕　453b〔風習〕　455b〔風俗測定〕　638c〔民俗㈠〕
風俗営業　㊤478a〔客引〕
・『風俗画報』《ふうぞくがほう》　㊦**455a**　別刷〈民俗学史〉
・風俗史《ふうぞくし》　㊦**455b**
風俗史学　㊤399b〔髪型〕
・風俗測定《ふうぞくそくてい》　㊦**455b**
風俗調査会　㊦98b〔中国民俗学〕
『風俗問状』　㊤864b〔諸国風俗問状答〕
『風俗問状答』《ふうぞくといじょうこたえ》 ⇨『諸国風俗問状答』（㊤864b）
・風俗統制《ふうぞくとうせい》　㊦**455c**　455a〔風俗〕
風鐸　㊦458a〔風鈴〕
フーチヌユーエー　㊤343c〔鍛冶神〕　㊦452c〔鞴祭〕
・風土《ふうど》　㊦**456a**　456b〔風土論〕
『風土』　㊦456b〔風土論〕　709b〔モンスーン〕
・風土論《ふうどろん》　㊦**456a**　㊤767a〔自然観〕
・夫婦《ふうふ》　㊦**456c**　㊤658b〔婚姻〕　685b〔盃事〕
・夫婦家族《ふうふかぞく》　㊦**457a**　㊤146b〔隠居分家〕　324c〔核家族化〕　359b〔家族類型〕　844b〔小家族〕　㊦3c〔大家族〕　113a〔直系家族〕　526a〔傍系家族〕
・符札《フーフダ》　㊦**457a**
夫婦の縁　㊤150a〔因縁話〕　194b〔運定め〕
夫婦別財制〘-財産制〙　㊤297b〔女紋〕　㊦831c〔ワタクサー〕
・夫婦別姓《ふうふべっせい》　㊦**457b**　456c〔夫婦〕
・夫婦養子《ふうふようし》　㊦**457c**　771b〔養子〕→両貰い
フーヤ　㊦別刷〈民家〉
・豊年祭〘プーリ，プーリー，プーリィ，

プーリィーン，プール，プールィ】《プーリ》 ㊦**457***c* ㊤12*a*〔アカマタ・クロマタ〕 51*a*〔アラセツ〕 248*a*〔沖縄文化〕 813*c*〔十五夜〕 ㊦126*b*〔月見〕 135*c*〔綱引き〕 271*c*〔ニールピトゥ〕 336*a*〔爬竜〕 757*a*〔ユークイ〕 759*b*〔世果報〕 768*c*〔ユンタ〕
フウリウ ㊦40*b*〔凧揚げ〕
• 風鈴《ふうりん》 ㊦**458***a*
風鈴そば ㊦458*a*〔風鈴〕
フール ㊦515*c*〔便所〕 →豚便所
プール ㊤624*c*〔小正月の訪問者〕
フールマブイ ㊦584*c*〔マブイグミ〕
• 笛《ふえ》 ㊦**458***b* ㊤284*c*〔玩具〕 367*c*〔楽器〕 803*c*〔尺八〕 ㊦37*a*〔竹細工〕 95*c*〔哨吶〕 391*a*〔囃し㈡〕
フェアリーテール ㊤266*c*〔お伽噺〕
フェイクロア ㊦459*c*〔フォークロア〕
晦日 ㊦627*c*〔名節〕
フェーヌシマ(南の島) ㊦523*a*〔棒踊り〕
• 賦役《ふえき》 ㊦**459***a* 471*a*〔譜代㈡〕
笛鹿 ㊤746*a*〔鹿〕
• 笛吹き聟《ふえふきむこ》 ㊦**459***a*
無塩 ㊦263*a*〔生物〕
フォークウェイズ ㊤710*b*〔サムナー〕
『フォークウェイズ』 ㊤710*b*〔サムナー〕
フォーク＝タクソノミー ㊦655*a*〔民俗分類〕
フォークレリジョン ㊦650*c*〔民俗宗教〕
• フォークロア folklore ㊦**459***b* 227*c*〔トムズ〕 632*a*〔民間伝承㈠〕 638*c*〔民俗㈠〕 644*a*〔民俗学史〕 →folklore
• フォークロリズム folklorism ㊦**459***c* 459*c*〔フォークロア〕
フォスター Foster George McLelland, Jr. ㊦650*b*〔民俗社会〕
フォルク ㊤207*b*〔エトノス〕 →Volk
フォルクスクンデ ㊦644*a*〔民俗学史〕 →Volkskunde
フカ ㊤36*c*〔油〕 245*b*〔沖言葉〕 710*c*〔サメ〕 ㊦834*b*〔ワニ〕
深編笠 ㊤338*b*〔笠〕 645*b*〔虚無僧〕 ㊦161*b*〔天蓋〕
深川芸者 ㊤559*b*〔芸者〕
深川丼 ㊤19*c*〔アサリ〕
深川の力持ち ㊦81*c*〔力持ち〕
深川八幡(東京)〔-八幡神社〕 ㊦215*c*〔年の市〕 235*c*〔酉の市〕
深川八幡祭 ㊤326*b*〔角乗り〕 ㊦150*b*〔手古舞〕
深川不動(東京) ㊤222*b*〔縁日〕
• 舞楽《ぶがく》 ㊦**459***c* ㊤315*a*〔雅楽〕 326*a*〔楽人〕 561*a*〔芸能〕 883*a*〔神事芸能〕 ㊦558*c*〔舞〕
フカグツ〔深沓〕 ㊦347図〔履物〕 761*b*〔雪靴〕 834*c*〔藁〕
フカゴヤ ㊤18*a*〔アサゴヤ〕
フカシ ㊤658*a*〔強飯〕
フカセ釣り ㊤155*b*〔ウグイ〕
ふかぬ堂〔吹かぬ-〕 ㊤341*a*〔風祭〕 351*a*〔風〕 ㊦453*c*〔風神〕
フカボーシ ㊦136*b*〔角隠し〕
深谷瓦 ㊤430*c*〔瓦〕
『布川案内記草稿』 ㊤12*c*〔赤松宗旦〕
普寛 ㊤293*c*〔御嶽行者〕 294*a*〔御嶽信仰〕 487*b*〔行者講〕
普寛講 ㊤294*a*〔御嶽信仰〕
• フキ ㊦**460***a* ㊤481*a*〔救荒食物〕 724*a*〔山菜〕 ㊦87*c*〔血止め〕
フキ〔吹，蕗，富貴〕 ㊦465*c*〔フケ〕
フギ ㊤287*c*〔オヤシマイ〕
吹上観音(埼玉) ㊦782*c*〔嫁市〕
葺き替え ㊦735*c*〔屋根替え〕 →屋根替え
吹革祭 ㊤279*c*〔お火焚き〕 →鞴祭
葺き籠り ㊤611*c*〔五月節供〕
吹差 ㊤731*b*〔山内〕
富貴寺(大分) ㊦818*a*〔六郷満山〕
フキダワラ ㊦460*b*〔フキ〕
葺土 ㊤431*b*〔瓦葺き〕
吹き流し ㊦671*b*〔棟上〕
フキノトウ ㊤724*b*〔山菜〕 ㊦460*a*〔フキ〕
吹きもの ㊦458*b*〔笛〕 →笛
舞曲 ㊤607*a*〔幸若舞〕
吹き寄せ菱格子 ㊤590*a*〔格子〕
夫銀 ㊦488*b*〔夫役〕
• フグ ㊦**460***b* 202*c*〔毒〕
ブク ㊦688*c*〔喪〕
副演出〔複-〕 ㊦698*b*〔もどき〕
• フクギ〔福木〕 ㊦**460***c* 724*c*〔屋敷林〕
福木正月 ㊤913*b*〔煤払い〕
• 復元的調査《ふくげんてきちょうさ》 ㊦**460***c*
• 福子《ふくご》 ㊦**462***a* 463*c*〔福助〕
• 複合家族《ふくごうかぞく》 ㊦**462***b* ㊤844*a*〔小家族〕 ㊦3*c*〔大家族〕 186*a*〔同族家族〕
• 複婚《ふくこん》 ㊦**462***b* ㊤815*a*〔重婚〕 ㊦71*c*〔単婚〕 →一妻多夫婚
複婚家族 ㊤326*a*〔拡大家族〕 359*b*〔家族類型〕 ㊦462*b*〔複合家族〕
福厳寺(愛知) ㊤13*c*〔秋葉信仰〕
• プクサ ㊦**462***c*
複材刳船 ㊦486*c*〔船〕
福済寺(長崎) ㊤323*b*〔華僑墓地〕 593*b*〔公所・幇〕 ㊦194*c*〔唐四ヵ寺〕
袱紗小袖 ㊤401*b*〔袢〕
フクジ ㊦132*a*〔土〕
ふぐし ㊦549*b*〔掘棒〕
福州幇 ㊤593*b*〔公所・幇〕
• 服飾《ふくしょく》 ㊦**463***a*
• 副食《ふくしょく》 ㊦**463***a*
福神《ふくじん》 ⇨七福神(㊤775*b*) ㊤118*a*〔稲荷信仰〕 394*c*〔神〕 ㊦7*a*〔大黒天〕 302*c*〔鼠〕 451*c*〔貧乏神〕 517*a*〔弁天信仰〕 531*b*〔疱瘡神〕
不具神 ㊤208*c*〔えびす〕
福神信仰 ㊦423*a*〔毘沙門天〕 631*b*〔民間信仰〕
複数民族学 ㊦643*a*〔民族学〕
• 福助《ふくすけ》 ㊦**463***b*
• 複世帯制《ふくせたいせい》 ㊦**463***c*
• 複葬《ふくそう》 ㊦**464***a* ㊤723*c*〔散骨〕
服装学 ㊤924*c*〔生活学〕
• 副葬品《ふくそうひん》 ㊦**464***b*
ブク田 ㊤131*a*〔忌地〕 530*a*〔くせ地〕 ㊦739*a*〔病い田〕
福田晃 ㊦282*c*〔日本伝説大系〕 839*b*〔藁しべ長者〕
福田アジオ ㊤641*b*〔個別分析法〕 817*a*〔重出立証法〕 856*c*〔常民〕 993*b*〔村落類型論〕
福田家(鳥取) ㊦別刷〈民家〉
福武直 ㊤66*b*〔家連合〕 993*a*〔村落類型論〕
福達磨 ㊦370*a*〔初市〕
フクダワラ ㊤321*a*〔カギヒキ神事〕
• 複檀家《ふくだんか》 ㊦**464***c* ㊤663*a*〔コンゴウマイリ〕 ㊦70*a*〔檀家〕 631*c*〔民間信仰〕 →半檀家
福茶 ㊤721*a*〔三箇日〕
フグちり ㊦460*c*〔フグ〕
腹痛 ㊦535*a*〔ホオズキ〕
福杖 ㊤608*b*〔牛玉杖〕
福田寺牛玉宝印 ㊤別刷〈護符〉
福徳正神 ㊦221*c*〔土地公〕 →土地公
福徳長者 ㊦465*a*〔福富長者〕
『福富草紙』 ㊤213*c*〔絵巻〕
• 福富長者《ふくとみちょうじゃ》 ㊦**464***c*
フクノカミ ㊤130*a*〔忌言葉〕
福の神 ㊦434*a*〔ヒネオジ〕
フクノカン ㊤353*a*〔カセダウチ〕
ブクバラシ ㊦116*c*〔追善供養〕
• 福引《ふくびき》 ㊦**465***a* ㊤335*b*〔賭け事〕 654*a*〔娯楽〕
福袋 ㊤690*a*〔砂金〕
匏 ㊤843*a*〔笙〕
福詣り ㊦370*c*〔初午〕
フクマル ㊤321*b*〔カギヒキ神事〕
福マル迎え ㊤238*b*〔大晦日〕
フクマルヨビ ㊤321*b*〔カギヒキ神事〕
フグミ ㊤711*a*〔もんぺ〕
複数民族学〔複-〕 ㊤207*b*〔エトノス〕
覆面 ㊦404*c*〔ハンコタナ〕
覆面頭巾 ㊤387*a*〔かぶりもの〕 909*a*〔頭巾〕
• 服喪《ふくも》 ㊦**465***a*
• フクラ ㊦**465***b*

袋網　㊤790b〔地曳網〕
梟　㊤637a〔小鳥前生譚〕
梟紺屋　㊦191c〔動物昔話〕
袋帯　㊤278c〔帯〕
フクロカツギ　㊤331c〔隠れんぼ〕
・福禄寿《ふくろくじゅ》　㊦**465**b　㊤775b〔七福神〕775c〔七福神巡り〕
袋堰　㊤434b〔灌漑〕940c〔堰〕
フクロナガサ　㊦157c〔手槍〕
福沸し　㊤721a〔三箇日〕
福笑い　㊤243c〔おかめ〕
・フケ〔福家，富家，浮気，布下，布計，婦気，更，深〕　㊦**465**c　145a〔低湿地〕466a〔フケダ〕
・父系《ふけい》　㊦**465**c
父系クラン　㊤546a〔クラン〕
父系社会　㊦465c〔父系〕
父系出自　㊤831a〔出自〕㊦70a〔単系〕
父系出自集団　㊤247c〔沖縄文化〕
父系リネージ　㊤546b〔クラン〕
福家梅太郎　㊤897a〔人類学雑誌〕
巫覡　㊤798a〔シャーマニズム〕
普化尺八　㊤803c〔尺八〕㊦458b〔笛〕
普化宗　㊤645b〔虚無僧〕
武家住宅　㊤577c〔玄関〕751b〔式台〕
フケジョロ〔外精霊，浮精霊〕　㊦658a〔無縁仏〕
・フケダ　㊦**466**a　㊤781b〔湿田〕
武家地　㊦573b〔町割〕
・武家造《ぶけづくり》　㊦**466**a
フケヌキ　㊦466a〔フケダ〕
『武家の女性』　㊦741b〔山川菊栄〕
夫権　㊤365c〔家長〕
普賢市　㊤848a〔上下ゆき〕
府県郷村社　㊤884a〔神社合祀〕
普賢サマ　㊤391a〔竈神〕
府県社　㊤802a〔社格〕
府県制　㊦107a〔町村制〕
普賢菩薩　㊤569c〔ケタイ神〕815c〔十三仏〕
フゴ　㊤82b〔イジコ〕838表〔狩猟用具〕
フゴ〔畚，奄〕　㊤935c〔背負運搬具〕㊦172a〔天秤棒〕
富国強兵　㊤990c〔村是〕㊦89b〔地方改良運動〕
フサ　㊦269a〔南島歌謡〕
趺座　㊤88c〔椅子〕
武財神　㊤677a〔財神〕
『武左衛門口伝はなし』　㊤748a〔仕方話〕
符坂油座　㊤36b〔油〕
総楊枝〔房-〕　㊦771c〔楊枝〕
・藤《ふじ》　㊦**466**b　㊤137b〔衣料〕981b〔俗信〕㊦14c〔ダイダラ法師〕298c〔布〕794b〔乱声〕
ブシ　㊤838表〔狩猟用具〕
武士　㊤948c〔切腹〕
富士浅間神社(東京・台東区)　㊤152b〔植木市〕㊦468表〔富士塚〕
富士浅間神社(東京・豊島区)　㊦468表〔富士塚〕
富士浅間神社(東京・調布市)　㊦468表〔富士塚〕
藤井清水　㊦572b〔町田嘉章〕
葛井寺(大阪)　㊤675表〔西国巡礼〕
藤井寺(徳島)　㊦519表〔遍路〕
藤井春洋　㊤289c〔折口信夫〕
節歌　㊦269b〔南島歌謡〕
伏拝　㊦773b〔遥拝〕
富士おろし　㊦137b〔ツバキ〕
富士颪　㊤338b〔笠〕
フジカ　㊤410a〔カモシカ猟〕
富士川都楽　㊤171c〔写し絵〕
夫食　㊤588b〔郷倉〕
富士行者　㊦466c〔富士講〕
・プシクスリ　㊦**466**b
・富士講《ふじこう》　㊦**466**c　㊤551b〔黒住教〕820a〔終末論〕825b〔修験道〕894b〔神仏分離〕925b〔性器崇拝〕952c〔浅間信仰〕㊦467c〔富士塚〕467c〔富士山〕540a〔星祭〕597a〔ミイラ〕
藤琴豊年踊り　㊤643c〔駒踊り〕
・藤沢衛彦《ふじさわもりひこ》　㊦**467**b
・富士山(山梨・静岡)《ふじさん》　㊦**467**b　㊤70c〔生石伝説〕341c〔火山〕396c〔神あらそい〕719c〔山岳信仰〕952b〔浅間信仰〕㊦14c〔ダイダラ法師〕466c〔富士講〕467c〔富士塚〕749a〔山開き〕
富士参詣曼荼羅図　㊦467b〔富士山〕
富士信仰《ふじしんこう》　⇨浅間信仰(㊤952b)　㊦466c〔富士講〕467c〔富士山〕
富士神社(東京・葛飾区)　㊤953a〔浅間信仰〕
富士神社(東京・北区)　㊦468表〔富士塚〕
富士神社(東京・文京区)　㊦467c〔富士塚〕
プシ＝タルシカヨプ　㊤69c〔イカヨァ〕
・富士塚《ふじづか》　㊦**467**c　㊤952c〔浅間信仰〕㊦466c〔富士講〕467c〔富士山〕→浅間塚
不二道　㊦467a〔富士講〕
武士道　㊤949a〔切腹〕
夫地頭　㊦681a〔村屋〕
藤巴　㊤411図〔家紋〕
フシヌケ　㊤714c〔猿股〕
藤布　㊤756c〔仕事着〕
武士の節供　㊤522b〔九月節供〕
藤の花立て　㊦780c〔米山信仰〕
ブシブロ　㊦436b〔火鉢〕
藤間流　㊤66a〔家元〕
伏見稲荷大社(京都)〔伏見稲荷〕　㊤117c〔稲荷信仰〕279c〔お火焚き〕468a〔狐〕502a〔漁業信仰〕㊦370c〔初午〕
伏見人形〔-土人形〕　㊦133a〔土人形〕463b〔福助〕
藤娘　㊤236a〔大津絵〕
富士村山修験　㊤824a〔修験道〕
藤守の田遊び　㊤別刷〈仮面〉
フジモン　㊤427a〔川倉地蔵〕
巫者　㊤798a〔シャーマニズム〕㊦183b〔トゥスクル〕195c〔トゥレンカムイ〕
歩射《ぶしゃ》　⇨おびしゃ(㊤279a)　㊦389b〔破魔矢〕704a〔モモテ祭〕737b〔流鏑馬〕766c〔弓神事〕
奉射祭　㊤118b〔稲荷信仰〕
武射祭　㊤396c〔神あらそい〕
符呪　㊦177b〔道教〕
不祝儀　㊤809c〔祝儀〕㊦124a〔つきあい〕
不祝儀帳　㊤974b〔贈答〕
武州達磨　㊦67c〔達磨市〕
巫祝　㊤798a〔シャーマニズム〕
武術　㊤899b〔水泳〕
・不受不施《ふじゅふせ》　㊦**468**a
不受不施派　㊤147c〔淫祠邪教〕㊦468a〔不受不施〕
巫女《ふじょ》　⇨みこ(㊦599c)
不浄　㊤530c〔糞〕992c〔村落領域〕
不浄クッ　㊤533b〔クッ(二)〕
無精競べ　㊤237b〔大話〕
無常講勤め　㊦667c〔無常講〕
フジョウナワ　㊦278a〔入棺〕
不浄の火　㊤941b〔石炭〕
不精髭　㊦418c〔髭〕
ブショウブロ〔ブショウロ〕　㊦436b〔火鉢〕
不浄屋敷　㊤681a〔財物没収〕
藤原釆女亮　㊤404a〔髪結〕
藤原勉　㊤552b〔黒百合姫〕
藤原秀郷　㊦69a〔俵藤太〕→俵藤太
藤原道長　㊤189c〔盂蘭盆会〕
藤原保昌　㊤831c〔酒呑童子〕
・婦人会《ふじんかい》　㊦**469**a　314a〔念仏講〕
婦人神職　㊤865a〔女子神職〕
『婦人戦線』　㊦31c〔高群逸枝〕
婦人団体　㊤1c〔愛国婦人会〕
・普請帳《ふしんちょう》　㊦**470**a
普請日記　㊦278b〔日記〕
普請見舞　㊦617c〔見舞〕
フス　㊦509c〔臍の緒〕
ブスケ Bousquet, George Hilaire　㊤304b〔海水浴〕
フスベウメ　㊤185c〔梅〕
燻べ革　㊤426c〔皮〕
衾　㊤879c〔寝具〕
麩　㊤481a〔救荒食物〕
・襖《ふすま》　㊦**470**a　㊤258a〔押入れ〕㊦

444c〔屏風〕
襖紙　㊤401c〔紙漉き〕
襖戸　㊦174b〔戸〕
• 布施《ふせ》　㊦**470b**　㊤621c〔乞食〕　782c〔祠堂銭〕
伏せ籠　㊦834a〔罠〕
伏鉦　㊤379b〔鉦〕
フセギ　㊦別刷〈村境〉
伏木　㊤741a〔シイタケ〕
伏面　㊤105c〔一軒前〕　625c〔戸数制限〕　㊦141c〔ツラダシ〕
伏せ糊　㊤956b〔染色〕
伏樋　㊤434b〔灌漑〕
伏せ焼き法　㊤917b〔炭焼き〕
夫銭　㊦488b〔夫役〕
豊前楽　㊤324b〔楽打〕
歩銭勘定　㊦681b〔村寄合〕
浮線蝶　㊤412図〔家紋〕
扶桑教　㊤498a〔教派神道〕　㊦467a〔富士講〕
扶桑教本庁(東京)　㊦468表〔富士塚〕
扶桑講　㊤584b〔講〕
風俗　㊤416c〔歌謡〕
豕　㊤727c〔三牲〕
• 豚《ぶた》　㊦**470b**　㊤247b〔沖縄文化〕　727c〔三牲〕　㊦272c〔肉食〕　618b〔耳印〕
札上　㊦321c〔納札〕
• 譜代(系譜)〔譜代〕《ふだい》　㊦**471a**
• 譜代(農村)〔フダイ，-下人，-奉行人〕《ふだい》　㊦**471a**　㊤479c〔旧家〕　㊦251a〔名子〕　415c〔被官〕　459a〔賦役〕　528a〔奉公人〕
• 舞台《ぶたい》　㊦**471b**　㊤326c〔楽屋〕
譜代門屋　㊦471a〔譜代(二)〕
舞台下駄　㊤569b〔下駄〕
札打ち　㊤828c〔数珠繰り〕　㊦472b〔札所〕
札打ち和讃　㊤607b〔御詠歌〕　→御詠歌
フタエドリ　㊤521c〔公界〕
• 双子《ふたご》　㊦**471c**
両子山(大分)　㊦818a〔六郷満山〕
両子寺(大分)　㊦818a〔六郷満山〕
• 札所《ふだしょ》　㊦**472a**　㊤674a〔西国巡礼〕　㊦321b〔納札〕　518a〔遍路〕　809b〔霊場〕
再栗　㊤603b〔弘法伝説〕
二つ岩団三郎　㊦666c〔ムジナ〕
二つ岩の団五郎貉　㊦53a〔狸〕
蓋付御櫃　㊤252図〔桶〕
二つ座繰　㊤472b〔絹〕
二乳草鞋　㊦837c〔草鞋〕
二つ眼鏡　㊤903a〔水中眼鏡〕
二輪鼓　㊤414図〔家紋〕
札取り機　㊦227c〔富籤〕
二七日　㊤763a〔四十九日〕
二形船　㊦486c〔船〕
豚肉料理　㊤249a〔沖縄料理〕
札の辻　㊤589c〔高札場〕　㊦130c〔辻〕
札挟み　㊦519a〔遍路〕
札打ち　㊦472b〔札所〕　→ふだうち
豚便所　㊦470c〔豚〕　515c〔便所〕
二股大根　㊤852c〔聖天信仰〕　929b〔性信仰〕　㊦8b〔大根〕
札まわし　㊦417b〔引き札〕
• 二棟造《ふたむねづくり》　㊦**472b**　㊤393a〔カマヤ建て〕　㊦629c〔民家〕　別刷〈民家〉　→分棟型
補陀落山　㊦472c〔補陀落渡海〕
補陀落浄土　㊤448a〔観音信仰〕　→ほだらくじょうど
• 補陀落渡海《ふだらくとかい》　㊦**472c**　㊤448a〔観音信仰〕　758b〔自殺〕　977b〔葬法〕　㊦28b〔他界観〕
二荒山神社(栃木)　㊤396c〔神あらそい〕　㊦28a〔高足〕　246c〔長床〕　417c〔蟇目神事〕
『二人兄弟』　㊤210a〔エフエフシー〕
二人狂い　㊤548a〔狂い〕
二人使い《ふたりづかい》　⇨告げ人(㊦129a)
二人手伝　㊤970a〔葬式組〕
二人箸　㊦833c〔渡箸〕
二人呼び　㊤970a〔葬式組〕
フダルガミ　㊦426c〔ひだる神〕
• ふだん着　㊦**473a**　㊤566b〔褻着〕　756b〔仕事着〕　㊦778b〔よそゆき〕
不断念仏　㊦312c〔念仏〕
フチ　㊤195c〔運搬具〕
フチ(アイヌ)　㊤199c〔エカシ〕
• 淵《ふち》　㊦**473b**　㊤175a〔姥が淵〕
縁笈　㊤225b〔笈〕
• 淵伝説《ふちでんせつ》　㊦**473c**
普茶料理　㊤850b〔精進料理〕
峰中　㊦287a〔入峰修行〕　→入峰修行
• 符丁〔-帳，-牒〕《ふちょう》　㊦**474a**　㊤147b〔隠語〕　153c〔魚市〕　847c〔商業〕
フツ　㊤834c〔呪文〕
不通　㊦117c〔通〕
普通人　㊤849b〔常人〕　→常人
普通世帯　㊤944c〔世帯〕
普通畑　㊦364b〔畑作〕
二日洗い　㊦605a〔水掛け着物〕
仏界　㊤778c〔十界修行〕
ぶっかえり　㊤384c〔歌舞伎衣裳〕
二日山　㊦739c〔山入り(一)〕
仏忌　㊦304c〔涅槃会〕　→涅槃会
服忌　㊦465a〔服喪〕
仏教　㊤394b〔神〕　893b〔神仏習合〕　㊦368a〔八幡信仰〕　475a〔仏教民俗〕　631b〔民間信仰〕
仏教会　㊦552a〔盆踊り(二)〕
仏教楽器　㊦190a〔銅拍子〕
『仏教活論』　㊤122c〔井上圓了〕
仏教歌謡　㊤416c〔歌謡〕
• 仏教芸能《ぶっきょうげいのう》　㊦**474b**　㊤883a〔神事芸能〕
仏教寺(岡山)　㊦408a〔バンバ踊り〕
• 仏教説話《ぶっきょうせつわ》　㊦**474c**　㊤735c〔三宝絵〕　804c〔沙石集〕
仏教葬　㊤354b〔火葬〕
仏教的稲荷信仰　㊤118a〔稲荷信仰〕
• 仏教民俗《ぶっきょうみんぞく》　㊦**475a**　㊤810c〔宗教〕
仏教民俗学　㊤652c〔五来重〕
『仏教民俗学論巧』　㊤652c〔五来重〕
• 『服忌令』《ぶっきりょう》　㊦**476c**
• 仏供《ぶつく》　㊦**477b**
仏具　㊤828a〔数珠〕
仏供田　㊦477b〔仏供〕
仏蔵　㊤543b〔倉〕
福建同郷会　㊦177c〔同郷会〕
復古神道　㊤891b〔神道〕　㊦446a〔平田篤胤〕
『復古と叙事詩』　㊦128a〔筑土鈴寛〕
ブッコミ　㊦711a〔もんぺ〕
打裂羽織　㊦341b〔羽織〕
仏讃　㊦829b〔和讃〕
仏寺　㊦158b〔寺〕　→寺
仏事　㊤953a〔線香〕
• 物質文化《ぶっしつぶんか》　㊦**477c**
• 『物質文化』《ぶっしつぶんか》　㊦**478a**
物質文化研究会　㊦478a〔物質文化(二)〕
仏聖　㊦477b〔仏供〕　→仏
仏餉　㊦477b〔仏供〕
仏生会　㊦475b〔仏教民俗〕
仏餉田　㊦477b〔仏供〕
仏餉取　㊦422c〔ひしゃく〕
仏餉米　㊦477b〔仏供〕
フッセゴ　㊤766a〔私生児〕
『仏説大蔵正教血盆経』　㊤573c〔血盆経〕　→血盆経
仏前草　㊤752b〔樒〕
仏陀　㊤545a〔仏〕
フッタレチュイ　㊦798b〔リムセ〕
• 仏壇《ぶつだん》　㊦**478a**　㊤321b〔餓鬼飯〕　395a〔神〕　677c〔祭壇〕　791b〔持仏堂〕　859c〔精霊〕　893c〔神仏習合〕　㊦94a〔茶の間〕　478c〔仏間〕　556b〔盆花〕　別刷〈民家〉
ブッチメ　㊦834a〔罠〕
ブッツケメシ　㊦205b〔床入れ〕
ブッツケ餅　㊦374b〔初誕生〕
フット〔払戸，発戸，風戸〕　㊦479a〔フト〕
仏堂　㊤604b〔公民館〕
振取　㊦445a〔ひょっとこ〕
ブッパ　㊤275b〔尾根〕　㊦803b〔猟師〕
• 物々交換《ぶつぶつこうかん》　㊦**478b**　㊤585b〔交易〕　700b〔五月船〕　743a〔塩売り〕　847a〔商業〕　975b〔相場〕　㊦442b〔漂海民〕　665a〔無言交易〕
• 仏間《ぶつま》　㊦**478c**　㊤331図〔隠れ念仏〕　791b〔持仏堂〕

仏米袋　㊦494a〔古着〕
• 仏滅〔物滅〕《ぶつめつ》　㊦**479**a　2c〔大安〕　229a〔友引〕　821b〔六曜〕
仏木寺(愛媛)　㊦519 表〔遍路〕
不定時法　㊤755a〔時刻〕
ブディスト＝ネーム　㊤312a〔戒名〕
フデオヤ〘筆親〙　㊤277b〔お歯黒〕　380b〔鉄漿親〕　→鉄漿親
フデコ〘筆子〙　㊤277b〔お歯黒〕　380b〔鉄漿親〕
• 筆子(寺子屋)《ふでこ》　㊦**479**a
筆子塚　㊦479a〔筆子〕
フテ正月　㊤875a〔次郎の朔日〕
• フト〘富戸，布土〙　㊦**479**a
• 普度〘-勝会〙《ふど》　㊦**479**b　684a〔冥宅〕
ブト　㊤542a〔供物〕
舞踏　㊦489a〔舞踊〕
ブドウ〘ぶどう〙　㊤863c〔植物禁忌〕　981b〔俗信〕
舞童　㊦82c〔稚児〕
不倒翁　㊦67b〔達磨〕
舞踏会　㊦489a〔舞踊〕
フトゥキ(仏)　㊦113c〔チョンダラー〕
不動講　㊤241a〔大山信仰〕　584b〔講〕
不動坂　㊤684a〔坂〕
• 不動信仰《ふどうしんこう》　㊦**479**c
ブドウ藤　㊤137b〔衣料〕
不動明王〘不動〙　㊤222b〔縁日〕　569c〔ケタイ神〕　593c〔荒神〕　815c〔十三仏〕　㊦479c〔不動信仰〕
• 『風土記』《ふどき》　㊦**480**b　83c〔地誌〕　91b〔地名伝説〕
風土記歌謡　㊤416c〔歌謡〕
フトゲツツガムシ　㊦133a〔ツツガムシ〕
懐抱え　㊤622b〔腰抱き〕
太布　㊦298c〔布〕　→たふ
フドノ〘府殿，不土野，不動野〙　㊦479a〔フト〕
ふとのりと〘-ごと〙　㊦331c〔祝詞〕
太占　㊤189a〔占い〕　㊦536a〔卜占〕
• 蒲団〘布団〙《ふとん》　㊦**480**c　㊤258a〔押入れ〕　388c〔ガマ〕　879c〔寝具〕　916b〔スベブトン〕　㊦305c〔寝巻〕
蒲団戸棚　㊦221b〔戸棚〕
• フナ　㊦**481**a　㊤432b〔川漁〕
• ブナ　㊦**481**b　㊤639a〔木の実〕
• 船遊び《ふなあそび》　㊦**481**c
ブナイ　㊤270b〔おなり神〕
鮒市　㊦481a〔フナ〕
• 船祝い《ふないわい》　㊦**481**c　㊤721a〔三箇日〕　㊦378a〔初漁祝い〕　484c〔船霊〕
舟鵜飼い　㊤154b〔鵜飼い〕
舟唄〘船唄〙　㊤95c〔磯節〕　㊦648c〔民俗芸能〕
• 船絵馬《ふなえま》　㊦**482**a　㊤926a〔生業絵馬〕
船起し　㊤757a〔仕事始め〕
• 船おろし〘-下し〙《ふなおろし》　㊦**482**b　㊤972a〔造船儀礼〕　㊦234c〔トリカジ〕　484b〔船霊〕　753c〔やん衆〕
プナカ　㊦336b〔パーントゥ〕
船懸け唄　㊤694a〔酒造り唄〕
舟型下駄　㊤569b〔下駄〕
舟型光背五輪浮彫塔　㊦343 図〔墓石〕
船方三役　㊤336b〔水夫〕
舟型集落　㊤426b〔川〕
• 舟形屋敷〘舟型-〙《ふながたやしき》　㊦**483**a　㊤426b〔川〕
フナガミ様　㊦484b〔船霊〕
ブナガヤ〘ブナガヤー〙　㊤458c〔キジムナー〕　583a〔ケンムン〕
• 舟競争《ふなきょうそう》　㊦**483**a　210b〔年占〕　508c〔ペーロン〕　→セリフネ
フナクイムシ　㊦484b〔船たで〕
船釘　㊤522c〔釘〕
舟競　㊤654a〔娯楽〕
フナグロ　㊦80b〔力くらべ㈠〕
船肥　㊤795c〔下肥〕
舟漕ぎ　㊤194b〔ウンジャミ〕
• 船越《ふなこし》　㊦**483**b
舟小屋〘船-〙　㊤297a〔女のよばい〕　㊦263a〔納屋〕
フナザイモン様　㊦484b〔船霊〕
フナシロ　㊤877a〔代分け〕
船代　㊤890a〔神体〕
フナゾコ　㊦401b〔晴着〕　701c〔喪服〕
舟底袖　㊤983c〔袖〕
• 船大工《ふなだいく》　㊦**483**c　㊤505a〔漁船〕　㊦4c〔大工〕　482b〔船おろし〕
• ブナ帯文化　㊦**484**a
船立御嶽　㊤343c〔鍛冶神〕
• 船たで〘フナタデ〙《ふなたで》　㊦**484**b　234c〔トリカジ〕　486b〔船幽霊〕
• 船霊〘フナダマ，-様，-さん，舟玉，船玉，船玉様，船魂〙《ふなだま》　㊦**484**b　㊤34c〔姉さま人形〕　208b〔えびす〕　245b〔沖言葉〕　344a〔カシキ〕　395a〔神〕　501c〔漁業信仰〕　505a〔漁船〕　972a〔造船儀礼〕　㊦234c〔トリカジ〕　378a〔初漁祝い〕　482b〔船おろし〕　486b〔船幽霊〕　565c〔枕箱〕　691b〔毛髪〕
船霊講　㊤584b〔講〕
船霊様の祝い　㊦482a〔船祝い〕
船霊様の年取り　㊦482a〔船祝い〕
船霊盗み　㊤209b〔えびす盗み〕
船霊祭　㊦484c〔船霊〕
船樽　㊤252 図〔桶〕
• 船簞笥《ふなだんす》　㊦**485**a
船繋ぎ場　㊦445c〔日和山〕
舟つなぎ石　㊤79b〔石〕
• フナド〘船人〙　㊦**485**b　㊤39a〔海女・海士〕　365b〔カチド〕　→海女・海士
岐神　㊤925a〔性器崇拝〕　㊦187b〔道祖神〕　→道祖神
船渡御　㊦131c〔津島祭〕　202b〔渡御〕
船止め　㊤59a〔アンバサマ〕
船乗り　㊤797b〔シャア〕
船場　㊤342a〔河岸〕
船橋　㊦355a〔橋〕　832c〔渡し〕
フナバリ　㊤505a〔漁船〕
船引き　㊤972b〔造船儀礼〕
船引網　㊦416b〔引き網〕
船鉾　㊦41c〔山車〕
• 船祭《ふなまつり》　㊦**485**b
船道　㊤429c〔川船〕
鮒飯　㊤648a〔五目飯〕
船持　㊤342a〔河岸〕
フナモト〘船元〙　㊤44c〔網主・網子〕　507c〔漁撈組織〕
• 船屋《ふなや》　㊦**485**c
フナ休み　㊦770b〔養蚕〕
• 船宿《ふなやど》　㊦**486**a　㊤503c〔漁港〕　㊦616a〔港〕　731c〔宿屋〕
船遊女　㊦360b〔ハシリガネ〕
• 船幽霊《ふなゆうれい》　㊦**486**b　㊤12a〔アカトリ〕　86c〔異常死〕　95b〔磯女〕　138c〔イルカ〕　185a〔海坊主〕　901a〔水死人〕
船遊山　㊦481c〔船遊び〕
プナルア家族　㊦692a〔モーガン〕
フナワタシ　㊦780c〔ヨバイ〕
フナンコグイ　㊦481b〔フナ〕
無難正月　㊦279c〔二百二十日〕
フネ(住居)　㊦607b〔水屋㈠〕
フネ(田舟)　㊦61b〔田舟〕
• 船〘舟〙《ふね》　㊦**486**c　㊤96a〔磯船〕　547a〔刳船〕　㊦89a〔チァ〕　590b〔丸木船〕　615c〔港〕
フノリ　㊤305c〔海藻〕
フバ　㊤535a〔蒲葵〕　→蒲葵
文箱　㊤381b〔樺細工〕
府八幡宮(静岡)　㊤53b〔アワ〕
巫病　㊦763c〔ユタ〕
吹雪八日　㊦769c〔八日吹き〕　→八日吹き
布弁神社(島根)　㊦592a〔客人神〕
父母仏　㊤852c〔聖天信仰〕
夫米　㊦488b〔夫役〕
武舞　㊦459c〔舞楽〕
踏板天井　㊦164b〔天井〕
踏み臼　㊤416c〔唐臼〕　472c〔杵〕　→唐臼
• 踏車《ふみぐるま》　㊦**487**b　㊤434b〔灌漑〕　㊦772c〔揚水器〕　801a〔竜骨車〕　→水車
• 踏耕《ふみこう》　㊦**487**c
踏込床　㊦206b〔床の間〕
踏鋤　㊤554a〔鍬〕　907b〔鋤〕　㊦48c〔タテザク〕　319a〔農具〕　497b〔風呂鍬〕
フミダワラ〘踏俵〙　㊦347 図〔履物〕　761c〔雪靴〕　762c〔雪踏み〕
踏鞴踏み唄　㊦828c〔業歌〕

フミモノ　㊦346c〔履物〕
負名　㊦511b〔別符〕 625a〔名〕
フムハナチ　㊦834a〔罠〕
• 麓《ふもと》　㊦**488a**
• 夫役《ぶやく》　㊦**488b**　㊤418b〔柄在家〕 542c〔公役〕 580c〔検地〕 821a〔宗門人別改帳〕 ㊦459a〔賦役〕 674c〔村株〕 679c〔村仕事〕 718b〔役家〕 752b〔山役〕
賦役　㊦488b〔夫役〕
ブユ　㊤299b〔蚊〕
冬唄　㊤462c〔季節唄〕
武勇伝説　㊤198c〔英雄伝説〕 →英雄伝説
• 冬折目《ふゆうんめ》　㊦**488b**　㊤180b〔ウフンメ〕
冬囲い　㊦760b〔雪囲い〕 →雪囲い
不輸租田　㊤890b〔神田〕
冬節　㊤462c〔季節唄〕
• 冬祭《ふゆまつり》　㊦**488c**　㊤92a〔伊勢神楽〕 328b〔神楽〕 別刷〈仮面〉 ㊦764c〔湯立神楽〕
冬峰　㊤617b〔穀霊〕 861b〔松例祭〕 ㊦287a〔入峰修行〕 616b〔峰入り〕
• 舞踊《ぶよう》　㊦**489a**　558c〔舞〕
ブライシ　㊤941b〔石炭〕
フライパン　㊦112a〔調理法〕 534c〔焙烙〕
フライパン焼き　㊦715c〔焼き物〕
• 部落《ぶらく》　㊦**489c**　㊤517c〔近隣〕 991c〔村落〕 ㊦421b〔被差別部落〕
• 部落会《ぶらくかい》　㊦**490a**　㊤518b〔近隣組〕 519b〔区〕 844a〔常会〕 ㊦223a〔隣組〕 489c〔部落〕 681b〔村寄合〕
部落改善運動　㊤904b〔水平社運動〕
部落会町内会等整備要領　㊤844a〔常会〕
• 部落解放運動《ぶらくかいほううんどう》　㊦**490a**
部落解放国策樹立請願運動　㊦490b〔部落解放運動〕
部落解放全国委員会〔-解放委員会〕　㊦422a〔被差別部落〕 490a〔部落解放運動〕
部落解放同盟　㊦422a〔被差別部落〕 490a〔部落解放運動〕
部落解放令　㊦421b〔被差別部落〕
部落産業　㊦421b〔被差別部落〕
部落費　㊦676a〔村勘定〕
フラターニティ　㊦438a〔秘密結社〕
フラテン　㊦244c〔仲仕〕
ぶらぶら神　㊤261a〔オシンメイ〕
ブランカール Blancard, René　㊦491a〔フランス民俗学〕
フランケ　㊤326c〔角巻〕 →角巻
• ぶらんこ〔ブランコ〕　㊦**490b**　㊤654a〔娯楽〕
『フランス農村史の基本性格』　㊦497c〔ブロック〕
『フランスの村, ヌーヴィル』　㊦491a〔フランス民俗学〕
フランス民衆芸術　㊦490c〔フランス民俗学〕
• フランス民俗学　㊦**490c**
『フランス民俗学』　㊦490c〔フランス民俗学〕
『フランス民族学』　㊦491a〔フランス民俗学〕
プランセット　㊤632a〔コックリさん〕
ブランド, J.　㊤73a〔イギリス民俗学〕
• ブリ(魚名)　㊦**491a**　㊤845a〔正月飾り〕 933c〔歳暮〕 ㊦214b〔年取肴〕 425b〔飛驒鰤〕 491c〔鰤起し〕 543b〔ボッカ〕
ブリ　㊤195c〔運搬具〕
ぶり〔ぶりこ〕　㊤418c〔唐竿〕
ブリアミ　㊤696b〔刺網〕
振り按摩　㊤59c〔按摩〕
フリーマーケット　㊤別刷〈市〉
フリーメースン　㊦438a〔秘密結社〕
振り打ち　㊤418b〔唐竿〕
• 振売り〔触売〕《ふりうり》　㊦**491b**　㊤190b〔売声〕 487c〔行商〕 644c〔小間物屋〕 698b〔刺身〕 847a〔商業〕 852c〔商人〕 ㊦46a〔立売り〕 360b〔場末〕 607c〔店〕 781a〔呼売り〕
• 鰤起し《ぶりおこし》　㊦**491c**　㊤403a〔雷〕
ふり籤　㊤525c〔籤〕
ブリグラ　㊦30b〔高倉〕
フリコミ　㊦132c〔土入れ〕
フリコミジョレン　㊦132c〔土入れ〕
• 振り米《ふりごめ》　㊦**491c**　㊤646a〔米〕 ㊦806b〔臨終〕
フリシキ　㊦497c〔風呂敷〕
• 振袖《ふりそで》　㊦**492a**　㊤476c〔着物〕 627c〔小袖〕 983c〔袖〕 ㊦401b〔晴着〕
振り茶　㊤18b〔朝茶〕
振りつづみ　㊦756b〔遊戯〕 →デンデン太鼓
フリツルベ　㊦772c〔揚水器〕
フリテ　㊤852a〔定使い〕 ㊦495b〔フレ〕
振り箸　㊦833c〔渡箸〕
ブリフォルト Briffault, R.　㊤754b〔試験婚〕
振り棒　㊤418b〔唐竿〕
フリマンガ　㊦566c〔馬鍬〕
フリヤ　㊤660a〔婚姻〕 778a〔実家〕
• 風流《ふりゅう》　㊦**492a**　㊤561a〔芸能〕 682a〔祭礼〕 908a〔数寄〕 ㊦6a〔太鼓踊り〕 313b〔念仏踊り〕 379a〔花笠踊り〕 381b〔花田植〕 492c〔浮立〕 551a〔盆踊り㈠〕 576b〔松囃子〕 578c〔祭〕 640c〔民俗音楽〕 647c〔民俗芸能〕 751a〔山鉾〕 →作り物
• 浮立《ふりゅう》　㊦**492c**　㊤269b〔踊り〕 ㊦6c〔太鼓踊り〕 492c〔風流〕 688a〔面浮立〕
風流歌　㊦655b〔民謡〕
風流踊り　㊤41a〔雨乞い踊り〕 269a〔踊り〕 269c〔踊り念仏〕 294c〔音頭〕 333c〔掛け踊り〕 437a〔かんこ踊り〕 598b〔小歌踊り〕 643c〔駒踊り〕 735b〔三匹獅子舞〕 ㊦313c〔念仏踊り〕 445a〔ひょっとこ〕 492b〔風流〕 611b〔道行〕 729c〔奴踊り〕
風流踊り歌　㊤540b〔組歌〕 598a〔小歌〕
風流傘　㊦41c〔山車〕 492b〔風流〕
• 風流獅子舞〔-踊り〕《ふりゅうししまい》　㊦**493a**　㊤269b〔踊り〕 759a〔鹿踊り〕
風流太鼓踊り　㊤269c〔踊り念仏〕 ㊦313c〔念仏踊り〕
風流大念仏　㊤269c〔踊り念仏〕 ㊦17b〔大念仏〕 313c〔念仏踊り〕 →念仏踊り
風流田楽　㊦161c〔田楽〕 492b〔風流〕
風流念仏踊り　㊤581b〔剣舞〕
風流囃子物　㊦390b〔囃し㈠〕 492b〔風流〕
不漁　㊦594c〔マンナオシ〕
ブリ漁　㊦485c〔船屋〕
• 篩《ふるい》　㊦**493b**　㊤336c〔籠〕 ㊦37b〔竹細工〕 105c〔調製〕 701c〔モノモライ〕
フルイコミ　㊦132c〔土入れ〕
フルイヤミ　㊤256a〔瘧〕 →瘧
フルート　㊤367c〔楽器〕
ブルーメンバッハ Blumenbach, Johann Friedrich　㊤884c〔人種〕
古川古松軒　㊦194a〔東遊雑記〕 644a〔民俗学史〕
古川緑波　㊤657b〔声色〕
• 古着《ふるぎ》　㊦**494a**　㊤137c〔衣料〕
古着市　㊤99a〔市〕 ㊦549c〔ぼろ市〕
古口〔-寄せ〕　㊤533a〔口寄せ〕 784a〔死口〕 880c〔新口〕 ㊦545b〔仏おろし〕
ふるさと創生　㊦674c〔ムラおこし〕
古士　㊤710c〔侍分〕
古侍衆　㊤710c〔侍分〕
フルシキ　㊦497c〔風呂敷〕
古島敏雄　㊦841c〔割替〕
古田良一　㊤233b〔大島正隆〕
フルチ　㊤623b〔腰湯〕
古手　㊤137c〔衣料〕 ㊦494a〔古着〕
古道具市　㊦549c〔ぼろ市〕
古戸田楽　㊤別刷〈仮面〉
• 古野清人《ふるのきよと》　㊦**494a**　㊤225c〔及川宏〕 ㊦426a〔左〕
『古野清人著作集』　㊦494b〔古野清人〕
• 振舞い《ふるまい》　㊦**494b**　448c〔披露宴〕
振舞い酒　㊦494b〔振舞い〕
• 古峰信仰《ふるみねしんこう》　㊦**494c**
古峰神社(栃木)〔古峯-〕　㊤640b〔古峰

ヶ原講〕 ㊦436c〔火伏せ〕 494c〔古峰信仰〕
・古屋の漏《ふるやのもり》 ㊦**495**a
ブルンヴァン, J. H. ㊦213c〔都市伝説〕
・フレ ㊦**495**a ㊤657c〔小若い衆〕 856a〔情報伝達〕
プレイイングカード ㊤425a〔かるた〕
・無礼講《ぶれいこう》 ㊦**495**b ㊤687a〔酒盛〕 839a〔春歌〕
ふれ売 ㊦491b〔振売り〕
・フレーザー〖フレイザー〗 Frazer, *Sir* James George ㊦**495**c ㊤83a〔石田英一郎〕 513c〔金枝篇〕 826a〔呪術〕 878c〔進化主義〕 ㊦61a〔タブー〕 112b〔長老制〕 別刷〈民俗学史〉 → Frazer, *Sir* James George
触頭 ㊦776a〔吉田神道〕
フレシサム ㊤806b〔シャモ〕
フレバン〖触番〗 ㊤193a〔噂話〕 ㊦495b〔フレ〕
フレヤク〖フレ役, 触れ役〗 ㊤852a〔定使い〕 ㊦495b〔フレ〕 679c〔村仕事〕
フロ ㊤171c〔写し絵〕
・風呂《ふろ》 ㊦**495**c ㊤342c〔火事〕 855a〔菖蒲湯〕 ㊦436c〔火吹き竹〕
フロイト Freud, Sigmund ㊦61a〔タブー〕
不老円 ㊦420b〔英彦山信仰〕
・浮浪者《ふろうしゃ》 ㊦**497**a
浮浪仲仕 ㊦244c〔仲仕〕
ブローカー ㊦244a〔仲買い〕
風呂桶 ㊤320a〔柿渋〕 323c〔家具〕 391a〔竈〕
風呂組 ㊤298b〔隠亡〕
・風呂鍬《ふろぐわ》 ㊦**497**a ㊤553b〔鍬〕
風呂小屋 ㊤494b〔共同風呂〕
・風呂敷《ふろしき》 ㊦**497**b ㊤107c〔イッタンフロシキ〕 604c〔紺屋〕 ㊦134a〔包み〕 786a〔嫁風呂敷〕
風呂敷頭巾 ㊤387a〔かぶりもの〕 909a〔頭巾〕
フロシキボッチ ㊤909a〔頭巾〕
風呂敷ヨメゴ ㊦142b〔ツリモノ〕
風呂鋤 ㊤907c〔鋤〕
・ブロック Bloch, Marc ㊦**497**c ㊤886c〔心性〕
・プロップ Propp, Vladimir Yakovlevich ㊦**498**a 822b〔ロシア民俗学〕
「プロテスタンティズムの倫理と資本主義の精神」 ㊤199b〔エートス〕
風呂場 ㊦497b〔風呂敷〕 607b〔水屋㈠〕
風呂屋《ふろや》 ⇨銭湯(㊤961a)
・分《ぶん》 ㊦**498**b
・噴火《ふんか》 ㊦**498**b
・文化《ぶんか》 ㊦**498**c 164c〔伝承〕 165b〔伝承文化〕 654b〔民俗文化〕
文化起源神話 ㊤971c〔創世神話〕
文化記号論 ㊤457c〔記号論〕
『文学と民俗学』 ㊤75a〔池田弥三郎〕
・文化型《ぶんかけい》 ㊦**499**b
・文化圏《ぶんかけん》 ㊦**499**c 502a〔文化要素〕
文化圏説 ㊦171c〔伝播主義〕 499c〔文化圏〕
『文化項目分類』 ㊦558c〔マードック〕
・文化祭《ぶんかさい》 ㊦**500**a
文化財 ㊦500a〔文化財保護法〕 654c〔民俗文化財〕
文化裁縫学院 ㊤636a〔子供服〕
文化財保護委員会 ㊤512a〔緊急民俗調査〕 ㊦651b〔民俗知識〕
・文化財保護法《ぶんかざいほごほう》 ㊦**500**a 650c〔民俗資料〕 654b〔民俗博物館〕 654c〔民俗文化財〕 811c〔歴史民俗資料館〕
文化史 ㊤801a〔社会史〕
文化史的民族学 ㊦171c〔伝播主義〕 499c〔文化圏〕
文化周圏論 ㊦172a〔伝播主義〕 652a〔民俗地図〕
・文化住宅《ぶんかじゅうたく》 ㊦**500**b
文化受容 ㊦171a〔伝播〕
文化進化〖-論〗 ㊤878c〔進化主義〕 ㊦277c〔日琉同祖論〕
・文化人類学《ぶんかじんるいがく》 ㊦**500**c ㊤767b〔自然人類学〕 ㊦284a〔日本民族学会〕 501c〔文化変化〕 643a〔民族学〕 651a〔民族性〕
『文化人類学序説』 ㊤83a〔石田英一郎〕
『文化人類学入門』 ㊦22c〔タイラー〕
『文化人類学ノート』 ㊤83a〔石田英一郎〕
文化接触 ㊦171a〔伝播〕 502a〔文化変化〕
文化層 ㊦499c〔文化圏〕
文化多元主義 ㊦279a〔日系社会〕
文化庁 ㊦500b〔文化財保護法〕 651b〔民俗知識〕
文化地理学 ㊦114a〔地理学〕
分割相続 ㊤297b〔女紋〕 374b〔家督相続〕 675b〔財産相続〕 974a〔相続〕 ㊦574c〔末子相続〕
分割地名 ㊦90c〔地名〕
文化伝播《ぶんかでんぱ》 ⇨伝播主義(㊦171c) ㊤729b〔残存〕 955a〔善根宿〕
文化特性 ㊦310a〔年代領域原理〕 502a〔文化要素〕 502b〔文化領域〕
『文化の型』 ㊦499b〔文化型〕 512c〔ベネディクト〕
・文化複合《ぶんかふくごう》 ㊦**501**b 502a〔文化要素〕
・文化変化《ぶんかへんか》 ㊦**501**c →文化変容
文化変容《ぶんかへんよう》 ⇨文化変化(㊦501c) ㊦171a〔伝播〕
・文化要素《ぶんかようそ》 ㊦**502**a 501b〔文化複合〕 501c〔文化変化〕
・文化領域《ぶんかりょういき》 ㊦**502**b 171c〔伝播主義〕 310a〔年代領域原理〕 502a〔文化要素〕
文金高島田 ㊤793a〔島田髷〕
ブン車 ㊤642b〔独楽〕
・分家《ぶんけ》 ㊦**502**c ㊤26b〔アゼチ〕 63b〔家〕 105b〔イッケ〕 105c〔一軒家〕 146a〔隠居分家〕 170b〔ウチワ〕 332a〔家訓〕 341b〔家産〕 549b〔クルワ〕 699a〔座順〕 872c〔ジルイ〕 887b〔親戚〕 ㊦184b〔同族〕 333b〔暖簾内〕 333c〔暖簾分け〕 448b〔披露〕 471a〔譜代㈡〕 503b〔分家制限〕 505a〔分牌祭祀〕 506b〔分与財〕 510c〔別家〕 553a〔本家〕 553c〔本家争い〕 554a〔本家礼〕 561c〔マキ〕 673c〔村入り〕 712a〔ヤウチ〕 720a〔ヤゴモリ〕
分家寄留 ㊦554b〔本戸・寄留〕
・分家制限《ぶんけせいげん》 ㊦**503**b 674a〔村入り〕
文庫 ㊤606c〔行李〕 ㊦37b〔竹細工〕
豊後節 ㊤384b〔歌舞伎〕 860c〔浄瑠璃〕
フンゴミ ㊦711a〔もんぺ〕 748c〔山袴〕
分際 ㊦498b〔分〕
フンシ ㊦402c〔ハロウジ〕
・風水〖フンシー, プンス, フンチ〗《フンシ》 ㊦**503**b
フンシマチガニ(風水松) ㊦503c〔風水〕
フンシミー(風水看) ㊦503c〔風水〕
風水森 ㊤524a〔クサティ〕
フンシャー ㊤194c〔ウンジャミ〕
風水山 ㊤524a〔クサティ〕
・分住隠居《ぶんじゅういんきょ》 ㊦**503**c 505b〔分牌祭祀〕
分処居住 ㊤660c〔婚姻居住方式〕
・粉食《ふんしょく》 ㊦**503**c
分水 ㊤905a〔水利慣行〕
分水嶺 ㊦599b〔水分神〕
分節体系 ㊦70a〔単系〕
紛争 ㊦95c〔チャランケ〕
分相応 ㊦498b〔分〕
・分村《ぶんそん》 ㊦**504**a ㊤204c〔枝村〕
・分村(北海道)《ぶんそん》 ㊦**504**a
分村計画運動 ㊦504a〔分村㈠〕
文台 ㊤323c〔家具〕
分地 ㊦504b〔分地制限令〕
・『分地制限令』《ぶんちせいげんれい》 ㊦**504**b
分附 ㊤574c〔家抱〕
分付主 ㊤658a〔コワキ〕
分付百姓 ㊤580c〔検地〕 658a〔コワキ〕
分付役儀 ㊤658a〔コワキ〕
分銅 ㊦346b〔秤〕

分銅(家紋)　㊤414 図〔家紋〕
分棟型　㊦472b〔二棟造〕 582a〔間取り〕 629c〔民家〕 →二棟造
フンドシ　㊤623a〔腰巻〕
• 褌《ふんどし》　㊦**504b**　㊤10b〔あか〕 277a〔オバクレフンドシ〕 340a〔笠地蔵〕 771c〔下着〕 ㊦504c〔褌祝い〕 →ヘコ
• 褌祝い《ふんどしいわい》　㊦**504c**　㊤582a〔元服〕 931c〔成年式〕 ㊦504c〔褌〕 →初褌の祝い
褌親　㊤826c〔呪術的親子〕 ㊦505a〔褌祝い〕 509a〔へこ親〕
忿怒荒神　㊤593c〔荒神〕
• 分牌祭祀《ぶんぱいさいし》　㊦**505a**　㊤126b〔位牌分け〕 365c〔家長〕 ㊦503c〔分住隠居〕
ブンブク　㊦666b〔ムジナ〕
• 文福茶釜《ぶんぶくちゃがま》　㊦**505c**　㊤830a〔術比べ〕 ㊦53b〔狸の八畳敷〕 191b〔動物報思譚〕
フンペネレ　㊦798b〔リムセ〕
分娩　㊤830b〔出産〕
分蜂　㊦774a〔養蜂〕
墳墓祭祀　㊤248a〔沖縄文化〕
分米　㊤580c〔検地〕
文舞　㊦459c〔舞楽〕
文明社会　㊦650b〔民俗社会〕
フンモン　㊦348a〔履物〕
ブンヤ　㊤571c〔月経〕 ㊦125a〔月小屋〕
• 文弥人形《ぶんやにんぎょう》　㊦**506a**
文弥節　㊦506a〔文弥人形〕
• 分与財《ぶんよざい》　㊦**506b**　503a〔分家〕
文楽　㊤220a〔演劇〕 →人形浄瑠璃 860c〔浄瑠璃〕
『分類アイヌ語辞典植物篇』　㊦114b〔知里真志保〕
『分類アイヌ語辞典動物篇』　㊦114b〔知里真志保〕
『分類アイヌ語辞典人間篇』　㊦114b〔知里真志保〕
『分類漁村語彙』　㊤544c〔倉田一郎〕
『分類山村語彙』　㊤544c〔倉田一郎〕
分類展示　㊦654a〔民俗展示〕
『分類の未開形態』　㊦692b〔モース, M〕

へ

• 屁《へ》　㊦**507a**
• 塀《へい》　㊦**507b**　451a〔ヒンプン〕 466a〔武家造〕
幣《へい》　⇨御幣(㊤641a)
「平安時代における怨霊の思想」　㊦420a〔肥後和男〕
屏位式位牌　㊤別刷〈沖縄文化〉
ヘイカサ　㊤80c〔石垣〕
閉眼供養　㊤305b〔改葬〕
斃牛馬処理　㊤427b〔皮細工〕
平曲　㊦449c〔琵琶〕
平均型　㊦798a〔理念型〕
幣串　㊤581b〔建築儀礼〕
平家　㊤362c〔語り〕 363c〔語りもの〕
平家谷　㊦507c〔平家伝説〕
• 平家伝説《へいけでんせつ》　㊦**507b**
平家琵琶　㊦449c〔琵琶〕
ヘイケボタル　㊦543a〔蛍〕
平絹　㊤465c〔几帳〕
平間寺(神奈川)　㊤643a〔護摩〕
平行イトコ　㊤112a〔イトコ〕 889 表〔親族名称・呼称〕
平行イトコ婚　㊤112c〔イトコ婚〕
米穀通帳　㊤647b〔米屋〕
べい独楽　㊤642b〔独楽〕 →ベエゴマ
米作　㊤115a〔稲作〕 →稲作
ヘイシキ　㊤621a〔腰当〕
• 米寿《べいじゅ》　㊦**507c**　㊤10b〔あか〕 460b〔喜寿〕 612b〔古稀〕 ㊦119a〔通過儀礼〕 148b〔手形〕 197a〔トーカチ〕 210a〔年祝い〕 350a〔白寿〕 696c〔餅搗踊り〕 816b〔老人〕 別刷〈生と死〉
塀重門　㊦708a〔門(一)〕
屏障具　㊤465c〔几帳〕
米食　㊦337a〔配給制度〕
平泉寺(福井)　㊦349b〔白山信仰〕
ヘイソク〘幣束〙　㊤298a〔オンベ〕 641a〔御幣〕 ㊦788c〔依代〕
「兵隊さんよありがとう」　㊤555c〔軍歌〕
兵隊ぶし　㊤555c〔軍歌〕
兵隊養子　㊦771b〔養子〕
幣立て神事　㊤131a〔忌挿し〕 789a〔柴挿し(一)〕
ヘイタブネ　㊤641b〔ゴヘイタブネ〕
平地村　㊤306b〔海村〕
ペイチャ　㊤937b〔背負梯子〕
幣束　㊤770b〔地蔵つけ〕
米納　㊦308c〔年貢〕
幣帛　㊤511c〔禁忌〕
• 平民《へいみん》　㊦**508a**　㊤849b〔常人〕 856b〔常民〕 ㊦439b〔百姓〕
『平民新聞』　㊦508b〔平民〕
• 閉門《へいもん》　㊦**508b**
平癒祈願　㊤453c〔祈願〕
• ペウンタンケ　㊦**508c**
べェ打ち　㊤837 表〔狩猟法〕
ベエゴマ〘ベーゴマ〙　㊤300a〔貝〕 別刷〈遊び〉 →べい独楽
親雲上《ペーチン》　⇨筑登之・親雲上(㊦82b) ㊤180a〔大屋子〕
• ペーロン　㊦**508c**　80b〔力くらべ(一)〕
ベカ〘ベカコ, ベカコー, ベカンコ〙　㊦510b〔べっかんこ〕
ペカウンニ　㊤31b〔アトゥシカラペ〕
片木塔婆　㊤985c〔卒塔婆〕
北京大学歌謡研究会　㊦98b〔中国民俗学〕
百中　㊦627c〔名節〕
ヘコ　㊤277a〔オバクレフンドシ〕 623a〔腰巻〕 ㊦504c〔褌〕 →褌
ヘコ祝い〘ヘコイワイ, 兵児-〙　㊦438c〔紐落し〕 505a〔褌祝い〕 509a〔へこ親〕 767c〔ユモジ祝い〕
兵児帯　㊤278c〔帯〕
• へこ親　㊦**509a**　505a〔褌祝い〕
ヘコカキ　㊤280a〔帯とき〕
ベコゾウリ　㊤22a〔足半〕
ヘコトリ　㊤280a〔帯とき〕
ヘコトリ祝い　㊤277a〔オバクレフンドシ〕 →オバクレフンドシ
ヘコニセ　㊦277a〔ニセ〕
• 弁才船〘弁財-, 平在-, 舳在-〙《べざいせん》　㊦**509b**　㊤195c〔運搬具〕 305c〔廻船〕 464c〔北前船〕 586b〔航海術〕 ㊦483c〔船大工〕 486c〔船〕 520 図〔帆〕 831a〔和船〕
平敷屋朝敏　㊤540c〔組踊り〕
平秩東作　㊤483b〔狂歌〕
• へそくり　㊦**509c**　㊤757a〔私財〕 ㊦547b〔ホマチ〕 588a〔繭〕
ヘソナ　㊦509c〔臍の緒〕
• 臍の緒〘へそ-〙《へそのお》　㊦**509c**　464b〔副葬品〕 544c〔穂摘具〕
ヘソバアサン　㊦233a〔取上げ婆さん〕
ヘソビ塗り　㊤917a〔墨塗り〕 →墨塗り
臍風呂　㊤84c〔石風呂〕 ㊦496a〔風呂〕
べた播き　㊦71c〔短冊苗代〕
ベタ松　㊦428a〔ヒデ〕
潤雪　㊦759c〔雪〕
ヘチガエリ　㊦109c〔チョウハイ〕
ヘチリ　㊤180c〔ウポポ〕
ベツ　㊤571c〔月経〕
ペッ＝イオル　㊤67b〔イオル〕
ベッカ　㊦503a〔分家〕

• 別火《べっか》 ㊦ **510**a ㊤ 18a〔アサゴヤ〕 130c〔忌小屋〕 131b〔忌火〕 179b〔産屋〕 511c〔禁忌〕 571c〔月経〕 648c〔籠り〕 735a〔産火〕 ㊦ 409c〔火〕
別格官幣社 ㊤ 801c〔社格〕
別釜 ㊤ 741c〔死穢〕
• べっかんこ ㊦ **510**b
別宮 ㊤ 93a〔伊勢信仰〕 947b〔摂社〕
• 別家〘ベッケ〙《べっけ》 ㊦ **510**c ㊤ 332a〔家訓〕 ㊦ 333b〔暖簾内〕 333c〔暖簾分け〕 416a〔番頭〕 503a〔分家〕 529b〔奉公人分家〕 561b〔マキ〕
ヘッケル Haeckel, Ernst Heinrich ㊤ 930a〔生態〕
鼈甲勝 ㊤ 920c〔掏摸〕
ベッザイ ㊤ 366a〔家長〕
別修永代経 ㊤ 198a〔永代経〕
• 別所《べっしょ》 ㊦ **510**c 444b〔漂泊民〕
別所聖 ㊤ 605b〔高野聖〕 ㊦ 510c〔別所〕
ペッソー ㊦ 7a〔太鼓踊り〕
別宅 ㊤ 796a〔仕舞屋〕
ベッタラ市〘べったら-〙 ㊤ 208c〔えびす講〕 別刷〈市〉
ベッチ ㊦ 503a〔分家〕
ヘッチェ ㊦ 756b〔ユーカㇻ〕
ヘッチゴゼン ㊤ 862a〔食事〕
ベッチャ ㊤ 571c〔月経〕
• 別帳場《べっちょうば》 ㊦ **511**a ㊤ 126a〔位牌分け〕 287c〔オヤシマイ〕 818b〔シュウトギリ〕
ヘッツイ ⇨竈(㊤ 391a)
ベットウ ㊤ 255c〔おこない〕
別当 ㊤ 706a〔里修験〕 880b〔神宮寺〕 ㊦ 111c〔長吏〕 →長吏
• 別当寺《べっとうじ》 ㊦ **511**b 622c〔宮寺〕 →神宮寺
別当職 ㊦ 511b〔別当寺〕
別当道場 ㊦ 182c〔道場〕
• 別符《べっぷ》 ㊦ **511**b
別本家 ㊦ 553b〔本家〕
別名 ㊦ 511c〔別符〕
ベツヤ ㊤ 179b〔産屋〕 571c〔月経〕 ㊦ 125a〔月小屋〕
ヘテロ＝セクシュアル ㊦ 183c〔同性愛〕
ベト ㊤ 366a〔家長〕
ペナンペウウェペケレ ㊤ 153b〔ウェペケレ〕
• 紅《べに》 ㊦ **511**c ㊤ 568a〔化粧〕
燕脂 ㊦ 511c〔紅〕 →紅
紅板 ㊦ 512a〔紅〕
紅色 ㊤ 10a〔あか〕
紅殻 ㊦ 514c〔ベンガラ〕 →ベンガラ
紅皿 ㊦ 512a〔紅〕
紅皿欠皿《べにざらかけざら》 ⇨糠福米福(㊦ 295c)
紅染め ㊦ 155a〔手拭〕
紅猪口 ㊦ 512a〔紅〕
• ベニバナ〘紅花〙 ㊦ **512**a ㊤ 956b〔染色〕 ㊦ 511c〔紅〕
紅餅 ㊦ 511c〔紅〕
紅屋 ㊦ 511c〔紅〕
ペヌァ ㊤ 665c〔コンチ〕
• ヘネップ Gennep, Arnold van ㊦ **512**b ㊤ 118c〔イニシエーション〕 ㊦ 118a〔通過儀礼〕 490c〔フランス民俗学〕
• ベネディクト Benedict, Ruth Fulton ㊦ **512**c 282b〔日本人㈡〕 335b〔パーソナリティ〕 355c〔恥〕 499b〔文化型〕
閉之固祭 ㊤ 929a〔性信仰〕
屁の悲劇 ㊦ 514b〔屁ひり話〕
屁の問答 ㊦ 514b〔屁ひり話〕
ヘノリ ㊤ 69a〔筏〕
• 蛇《へび》 ㊦ **513**a ㊤ 245a〔沖言葉〕 313c〔蛙と蛇〕 555a〔食わず女房〕 764c〔地震〕 855a〔菖蒲酒〕 876a〔白蛇〕 902b〔水神〕 937b〔背負縄〕 ㊦ 33b〔滝〕 123a〔使わしめ〕 126c〔憑物〕 163a〔天気占い〕 189a〔トウビョウ〕 190b〔動物観〕 205c〔土公神〕 386a〔ハブ〕 513c〔蛇聟入り〕 513c〔蛇女房〕 517a〔弁天信仰〕 586a〔マムシ〕 604a〔水〕 618c〔ミミズ〕 663a〔むけ節供〕 667a〔虫歯〕 731a〔夜刀神〕 766a〔指切り〕
蛇石神社(熊本) ㊤ 876b〔白蛇〕
蛇神 ㊤ 902b〔水神〕
蛇神信仰 ㊦ 801b〔竜神信仰〕
蛇車 ㊦ 772c〔揚水器〕 →水車
ヘビトンボ ㊦ 240a〔トンボ〕
• 蛇女房《へびにょうぼう》 ㊦ **513**c 191b〔動物報恩譚〕 513b〔蛇〕
蛇祭 ㊤ 別刷〈供物〉
蛇聟 ㊦ 513b〔蛇〕
• 蛇聟入り《へびむこいり》 ㊦ **513**c ㊤ 489c〔兄弟話〕 855a〔菖蒲酒〕 ㊦ 46c〔立ち聞き〕 586a〔継子話〕 629a〔三輪山伝説〕
屁ひりくらべ ㊦ 514b〔屁ひり話〕
屁ひり爺 ㊦ 36c〔竹伐爺〕 465a〔福富長者〕 514b〔屁ひり話〕 →竹伐爺
• 屁ひり話〘屁放り-〙《へひりばなし》 ㊦ **514**a ㊤ 237b〔大話〕
屁ひり嫁 ㊦ 507a〔屁〕 514a〔屁ひり話〕
• ヘペレアイ ㊦ **514**b
ヘミ ㊦ 586b〔マムシ〕
ヘヤ(住居) ㊤ 147a〔隠居屋〕 297a〔女のよばい〕 664a〔婚舎〕 ㊦ 268b〔納戸〕 306a〔寝宿〕
ヘヤ ㊦ 62c〔霊屋〕
部屋(住居) ㊦ 581a〔間取り〕
部屋(家格) ㊤ 527a〔クジヤ〕
部屋 ㊤ 98b〔板前〕 532a〔口入れ〕 806c〔車力〕
ヘヤ株 ㊤ 527a〔クジヤ〕
部屋戸棚 ㊦ 221a〔戸棚〕 →押込み
へやの起り ㊤ 237b〔大話〕
ヘヤミマイ〘-見舞〙 ㊤ 737c〔産見舞〕 ㊦ 617c〔見舞〕
ヘラ(道具) ㊤ 802b〔杓子〕 833b〔主婦権〕 →しゃもじ
ヘラ(植物) ㊤ 137b〔衣料〕
ベラ, R. N. ㊦ 549b〔堀一郎〕
ペラッネ＝キナ ㊤ 471c〔キナ〕
ヘラトリ ㊦ 514c〔へら渡し〕
ヘラマシ ㊤ 34c〔姉女房〕
ヘラマタギ ㊦ 570c〔マタギ〕
ヘラヤ ㊦ 533b〔棒屋〕
• へら渡し〘ヘラ-, ヘラワタシ〙 ㊦ **514**b ㊤ 802c〔杓子〕 833b〔主婦権〕
ペリー Perry, William James ㊦ 171c〔伝播主義〕
ベルク ㊦ 133a〔ツツガムシ〕
ヘルダー Herder, Johann Gottfried von ㊦ 456b〔風土論〕
ベルノ Bernot, Lucien ㊦ 491a〔フランス民俗学〕
ペロー Perrault, Charles ㊤ 890a〔シンデレラ〕
ベロベロ〘ベロ〙 ㊤ 389b〔釜神〕 389c〔釜神様の年取〕
ベロロ ㊤ 526b〔串人形〕
屁をにぎる ㊦ 514b〔屁ひり話〕
辺掻き ㊤ 192a〔漆掻き〕
• ベンガラ〘弁柄〙 ㊦ **514**c ㊤ 10a〔あか〕
ヘンケ ㊤ 199c〔エカシ〕
変化 ㊦ 769b〔妖怪〕
ベンケイ ㊦ 834c〔藁〕
• 弁慶《べんけい》 ㊦ **515**a ㊤ 272c〔鬼子〕 504c〔巨人伝説〕 ㊦ 14c〔ダイダラ法師〕 222a〔十月歯〕
べんけい石 ㊦ 81c〔力持ち〕
弁慶の足跡石 ㊤ 20b〔足跡石〕 ㊦ 515b〔弁慶〕
弁慶の立往生 ㊤ 236a〔大津絵〕
弁才船《べんざいせん》 ⇨べざいせん(㊦ 509b)
弁才天〘弁財天〙 ㊤ 118a〔稲荷信仰〕 775c〔七福神巡り〕 ㊦ 513b〔蛇〕 516c〔弁天信仰〕 517a〔弁天信仰〕 618a〔巳待〕 →大弁財天 →弁天
• べんざし〘弁指〙 ㊦ **515**b ㊤ 187c〔浦〕 507a〔漁民〕
弁士 ㊤ 196c〔映画〕
• 便所《べんじょ》 ㊦ **515**c ㊤ 24a〔アシンル〕 ㊦ 28c〔他界観〕 137a〔唾〕 516b〔便所神〕
遍照寺(和歌山) ㊦ 546b〔仏舞〕
• 便所神《べんじょがみ》 ㊦ **516**b ㊤ 52a〔歩き初め〕 194a〔運定め〕 250c〔屋内神〕 776c

〔七夜〕 ㊦258b〔ナナトコマイリ〕 516a〔便所〕
便所小屋 ㊤183a〔厩〕 649b〔小屋〕
便所参り《べんじょまいり》 ⇨雪隠参り(㊤948c) ㊤52a〔歩き初め〕 244a〔オガラ〕
• 変身《へんしん》 ㊦**516**c
弁天 ㊤222b〔縁日〕 ㊦517a〔弁天信仰〕 →弁才天
• 弁天信仰〔弁財天-〕《べんてんしんこう》 ㊦**516**c ㊤511b〔金華山〕
ヘンド ㊦518b〔遍路〕 →遍路
• 弁当《べんとう》 ㊦**517**a
弁当籠 ㊦37b〔竹細工〕
弁当行李 ㊤606c〔行李〕
変動相場制 ㊤975c〔相場〕
弁当箱 ㊦517c〔弁当〕
• 反閇〔反閉〕《へんばい》 ㊦**517**b ㊤919c〔相撲〕 ㊦14c〔大地踏み〕 177b〔道教〕 →へんべ
反閇 ㊤23a〔足拍子〕 →へんばい
• 便利屋《べんりや》 ㊦**517**c
返礼 ㊦124a〔つきあい〕
• 遍路《へんろ》 ㊦**518**a ㊤622a〔乞食〕 842a〔巡礼〕 ㊦520a〔遍路道〕 713c〔焼米〕 778a〔他所者〕
• 遍路道《へんろみち》 ㊦**520**a 520b〔遍路宿〕
• 遍路宿《へんろやど》 ㊦**520**b

ほ

• 帆《ほ》 ㊦**520**c ㊤505a〔漁船〕 ㊦667c〔筵〕
ホアゲ ㊤16b〔揚げ松明〕 ㊦360a〔柱松〕 →柱松
ボアズ Boas, Franz ㊤47a〔アメリカ民俗学〕 ㊦120c〔通文化的比較研究〕 171c〔伝播主義〕 502a〔文化要素〕 502b〔文化領域〕
• 会《ホイ》 ㊦**521**a
ポイカート ㊦175b〔ドイツ民俗学〕
ホイトウ ㊦488a〔踏耕〕
ホイドン ㊦534a〔祝〕
祝殿 ㊤886a〔神職〕
• ポイヤウンペ ㊦**521**a
ホイル焼き ㊦715c〔焼き物〕
拇印 ㊦140c〔爪印〕
ホウ(植物) ㊤348c〔柏餅〕
ホウ(風名) ㊦254c〔雪崩〕
帽 ㊦529c〔帽子〕 →帽子
棒 ㊦523a〔棒踊り〕
• 方位《ほうい》 ㊦**521**b ㊤205c〔干支〕 665a〔金神〕
方位磁石 ㊦521b〔方位〕
• 法印《ほういん》 ㊦**522**a ㊤329b〔神楽太夫〕 706a〔里修験〕 ㊦522b〔法印神楽〕 749c〔山伏〕
• 法印神楽《ほういんかぐら》 ㊦**522**b ㊤706a〔里修験〕 ㊦750a〔山伏神楽〕
法印塚 ㊤815b〔十三塚〕 ㊦750c〔山伏塚〕
法印と狐 ㊤307c〔怪談〕
棒受網 ㊤19c〔アジ〕 749c〔敷網〕
棒打ち ㊦523a〔棒踊り〕
法雲寺(埼玉) ㊤526c〔串人形〕 ㊦86表〔秩父巡礼〕
• 法会《ほうえ》 ㊦**522**b ㊤831c〔修二会〕 ㊦21a〔逮夜〕 474b〔仏教芸能〕 597b〔御影供〕
宝永地震津波 ㊦136a〔津波〕
防疫神 ㊤655b〔御霊信仰〕
方円社 ㊤76a〔囲碁〕
鳳凰の舞 ㊦7a〔太鼓踊り〕
• 棒踊り《ぼうおどり》 ㊦**523**a
報恩 ㊤138b〔異類婚姻譚〕 292a〔恩〕
• 報恩講《ほうおんこう》 ㊦**523**a ㊤24b〔小豆〕 269b〔御取越〕 575a〔毛坊主〕 584b〔講〕 850a〔正信偈〕 982c〔祖師忌〕 ㊦21a〔逮夜〕 183a〔道場〕 310c〔年中行事(一)〕 475c〔仏教民俗〕 568b〔孫門徒〕 597b〔御影供〕 710b〔門徒〕 →お講
報恩講荒れ ㊤254a〔お講凪〕
『報恩講式』 ㊦523b〔報恩講〕
『報恩講私記』 ㊦523b〔報恩講〕
『報恩講歎徳文』 ㊦523b〔報恩講〕 →歎徳文
報恩寺(東京) ㊦582b〔俎開き〕
防音戸 ㊦174b〔戸〕
報恩動物・恩知らずの人 ㊦191b〔動物報恩譚〕
• 放下〔-芸〕《ほうか》 ㊦**523**c ㊤858a〔唱門師〕 ㊦3a〔太神楽〕 15a〔大道芸〕
• 放火《ほうか》 ㊦**524**a ㊤342c〔火事〕 ㊦117b〔追放〕
• ホウカイ ㊦**524**b
法界供養碑 ㊤718b〔三界万霊碑〕 →三界万霊碑
ホウカイ火 ㊦524b〔ホウカイ〕
法界節 ㊦524b〔法界屋〕
ホウカイ飯 ㊦524b〔ホウカイ〕
• 法界屋《ほうかいや》 ㊦**524**b
放下歌 ㊦523c〔放下〕
方角石 ㊦445c〔日和山〕
鳳閣寺(奈良) ㊤238c〔大峯信仰〕
放下師 ㊦150c〔手品〕 523c〔放下〕
ボウガシラ ㊤779c〔地搗き〕
放下僧 ㊦150c〔手品〕 523c〔放下〕
放下大念仏 ㊤221a〔遠州大念仏〕 ㊦313c〔念仏踊り〕
• 奉加帳《ほうがちょう》 ㊦**524**c
防火壁 ㊤168b〔卯建〕
防火林 ㊦460c〔フクギ〕
幇間 ㊤559b〔芸者〕 657b〔声色〕 697c〔座敷芸〕
• 防寒着《ぼうかんぎ》 ㊦**524**c ㊤326c〔角巻〕
法眼様 ㊤828b〔数珠繰り〕
奉願道 ㊦688b〔面浮立〕
• 箒《ほうき》 ㊦**525**a ㊤630c〔御馳走〕 913b〔煤払い〕 別刷〈婚礼〉 ㊦295a〔妊婦〕 525b〔箒神〕 565b〔枕直し〕 682c〔ムンヌイェァ〕 834c〔藁〕
• 箒神《ほうきがみ》 ㊦**525**b ㊤57c〔安産祈願〕 176c〔産神〕 194a〔運定め〕 ㊦516b〔便所神〕
箒作り ㊤456c〔菊〕
棒杵 ㊤964a〔千本杵〕
ホウキノダイジン ㊦516a〔便所〕
ホウキモロコシ ㊤607a〔高粱〕
方形 ㊦777c〔寄せ棟〕
『宝篋印陀羅尼』 ㊦525c〔宝篋印塔〕
• 宝篋印塔《ほうきょういんとう》 ㊦**525**c 342b〔墓石〕
方切〔-限〕 ㊤377a〔門割制度〕 ㊦678a〔村組〕
法具 ㊤673b〔祭具〕
• 傍系《ぼうけい》 ㊦**525**c ㊤63a〔家〕 ㊦4a〔大家族〕 93c〔嫡系〕
• 傍系家族《ぼうけいかぞく》 ㊦**526**a ㊤359b〔家族類型〕

傍系血族　㊤891c〔親等〕
傍系尊属　㊤991a〔尊属〕
宝剣　㊤290c〔お礼参り〕
・方言《ほうげん》　㊦**526**a　172a〔伝播主義〕　280a〔日本語〕　527b〔方言地図〕　528a〔方言札〕
・封建遺制《ほうけんいせい》　㊦**526**c
方言学　㊤321c〔蝸牛考〕　578a〔言語地理学〕
ホウケンギョウ　㊦544b〔ホッケンギョウ〕　→ホッケンギョウ
・方言区画論《ほうげんくかくろん》　㊦**526**c
『封建社会』　㊦497c〔ブロック〕
方言周圏論《ほうげんしゅうけんろん》　⇨周圏論(㊤811c)　㊤321c〔蝸牛考〕　578b〔言語地理学〕　655a〔孤立国〕　729b〔残存〕　㊦171a〔伝播〕　172a〔伝播主義〕　310a〔年代領域原理〕　502a〔文化要素〕　645b〔民俗学史〕　652a〔民俗地図〕　811a〔歴史・地理的方法〕
冒険商人　㊤853a〔商人〕
・方言地図《ほうげんちず》　㊦**527**b　㊤578a〔言語地理学〕
方言調査会　㊦98b〔中国民俗学〕
方言地理学　㊤578a〔言語地理学〕　㊦527b〔方言地図〕　→言語地理学
・方言札《ほうげんふだ》　㊦**528**a
方言分布図　㊦527c〔方言地図〕
這子　㊤40a〔天児〕　720b〔三月節供〕　㊦292c〔人形〕
奉公　㊤690a〔作男・作女〕　867b〔女中〕　㊦307c〔年季奉公〕　528a〔奉公人〕
法号　㊤311c〔戒名〕
奉公市　㊦148a〔出稼〕　529a〔奉公人市〕
方広寺(京都)　㊦619a〔耳塚〕
奉公証文　㊦528b〔奉公人〕
・奉公人《ほうこうにん》　㊦**528**a　㊤33a〔アニ〕　322c〔家業〕　462a〔帰省〕　554b〔クワガシラ〕　574b〔下男・下女〕　751a〔仕着せ〕　780b〔シツケ奉公〕　㊦148c〔出替り〕　333c〔暖簾分け〕　407b〔番頭〕　529b〔奉公人分家〕　725a〔養い子〕　729b〔厄介〕　824a〔若勢〕　824a〔若勢市〕
・奉公人市《ほうこうにんいち》　㊦**529**a　㊤99a〔市〕　690b〔作男・作女〕　㊦148c〔出替り〕　528c〔奉公人〕
・奉公人分家《ほうこうにんぶんけ》　㊦**529**b　㊤373a〔門〕　690a〔作男・作女〕　㊦333c〔暖簾分け〕　502c〔分家〕　510c〔別家〕　528b〔奉公人〕
奉公人養子　㊦771b〔養子〕
奉公分の嫁　㊤754b〔試験婚〕
防護団　㊤855c〔消防団〕
ホウゴト　㊤708c〔鯖大師〕
宝厳寺(滋賀)　㊤675 園〔西国巡礼〕
防砂　㊤979a〔造林〕
豊作祈願　㊤453c〔祈願〕
法讃　㊦829b〔和讃〕
宝山寺(奈良)　㊤76c〔生駒山〕
法師　㊤706a〔里修験〕
・法事《ほうじ》　㊦**529**c　㊤763a〔四十九日〕
・帽子《ぼうし》　㊦**529**c　㊤387a〔かぶりもの〕
榜示改め　㊤484b〔境界争い〕
榜示石　㊤484b〔境界争い〕
榜示ざらえ　㊤484b〔境界争い〕
ボウジボ　㊦530a〔ぼうじ棒打ち〕
・ぼうじ棒打ち　㊦**530**a
ホウシャ　㊤140a〔イレボウシャ〕
法者　㊤327c〔神楽〕　329b〔神楽太夫〕
・法社会学《ほうしゃかいがく》　㊦**530**b
放射状都市　㊤821c〔集落〕
ホウシャマンジュウ　㊤140a〔イレボウシャ〕
芒種　㊦275b〔二十四気〕
宝寿寺(愛媛)　㊦519 園〔遍路〕
棒術　㊦523a〔棒踊り〕
ホウジョウ　㊤410a〔カモシカ猟〕
・方丈《ほうじょう》　㊦**530**b　㊤577c〔玄関〕　817b〔住職〕
報条　㊦417b〔引き札〕
放生池　㊦530c〔放生会〕
・放生会《ほうじょうえ》　㊦**530**c　㊤75b〔生贄〕　㊦540a〔ホゼ〕
法性寺(埼玉)　㊦86 園〔秩父巡礼〕
奉書焼き　㊦715c〔焼き物〕
報晨　㊦291c〔鶏〕
法人　㊤706a〔里修験〕
紡錘車　㊤111c〔糸繰り〕
坊主合羽　㊤370b〔合羽〕
ホオズキ市　㊤別刷〈市〉
法施　㊦470b〔布施〕
倣製鏡　㊤316c〔鏡〕
紡績糸　㊤109c〔糸〕
亡跡相続　㊤947a〔絶家〕
ホウゼ祭　㊦540b〔ホゼ〕
法泉寺(埼玉)　㊦86 園〔秩父巡礼〕
法善寺(大阪)　㊦605a〔水掛け不動〕
・疱瘡《ほうそう》　㊦**530**c　㊤58c〔アンバサマ〕　200c〔疫病〕　㊦167c〔伝染病〕　356c〔麻疹〕　381a〔花正月〕　531a〔疱瘡送り〕　531b〔疱瘡神〕
烹雑　㊤975a〔雑煮〕
疱瘡祝い　㊦531b〔疱瘡送り〕
房総団扇　㊤170c〔団扇〕
疱瘡絵　㊤10a〔あか〕　846a〔鍾馗(二)〕
・疱瘡送り《ほうそうおくり》　㊦**531**a　115a〔鎮送呪術〕　531b〔疱瘡神〕
疱瘡踊り　㊦531a〔疱瘡〕
・疱瘡神《ほうそうがみ》　㊦**531**b　㊤201b〔疫病神〕　394c〔神〕　㊦67b〔達磨〕　224c〔飛び神〕　393b〔流行神〕　531a〔疱瘡〕　531c〔疱瘡神送り〕　718a〔厄病神〕　718c〔厄除け〕
・疱瘡神送り〔-払い〕《ほうそうがみおくり》　㊦**531**c　㊤59b〔阿波囃子〕　200b〔疫神送り〕　㊦531a〔疱瘡〕
疱瘡小屋　㊦531b〔疱瘡神〕
方相氏　㊦117a〔追儺〕
宝蔵天女　㊤467a〔吉祥天信仰〕
疱瘡流し　㊦531a〔疱瘡〕
疱瘡囃子　㊦531a〔疱瘡送り〕
疱瘡除け　㊦531c〔疱瘡神〕
祝園神社(京都)　㊤77b〔斎籠祭〕　130b〔忌籠り〕
棒タラ　㊦65c〔タラ〕
法談　㊤945b〔説経〕　→説経
ほ打ち棒　㊤418b〔唐竿〕
房中術　㊤887c〔神仙思想〕
ホウチョウ　㊦253c〔鉈〕
ほうちょう　㊤173a〔うどん〕
・庖丁〔包丁〕《ほうちょう》　㊦**532**a　㊤554c〔桑切り庖丁〕　㊦389c〔刃物〕　582a〔俎〕
房丁　㊤430a〔川船〕
法長寺(埼玉)　㊦86 園〔秩父巡礼〕
庖丁ダマシ　㊤214c〔獲物分配〕
庖丁鉄　㊦152b〔鉄〕
防潮林　㊦460c〔フクギ〕　573c〔松〕
棒使い　㊦523a〔棒踊り〕
棒遣い　㊤526b〔串人形〕
・ホウヅケ　㊦**532**a
ホウデ　㊦537c〔祠〕
法定親族　㊤896c〔親類〕
法定嫡子　㊦92c〔嫡子〕
ホウトウ〔ほうとう，ホートー〕　㊤173a〔うどん〕　904a〔水団〕　㊦503c〔粉食〕
宝塔　㊤985a〔卒塔婆〕
報徳植え　㊤928b〔正条植え〕
法徳寺(奈良)　㊤719 図〔三界万霊碑〕
報徳社　㊤928b〔正条植え〕　㊦26c〔田植え法〕　71c〔短冊苗代〕
報徳精神　㊦89b〔地方改良運動〕
ホウトラマエ　㊤466b〔着付〕
・忘年会《ぼうねんかい》　㊦**532**b
法然上人二十五霊場　㊤842b〔巡礼〕
豊年棚　㊦214b〔歳徳さん〕
豊年祭　㊦540a〔ホゼ〕
豊年万作　㊦593b〔万作踊り〕
奉納　㊤453c〔祈願〕
奉納神楽　㊤328b〔神楽〕
奉納芸能　㊤883a〔神事芸能〕
奉納面　㊤408a〔仮面〕
朴ノ沢念仏剣舞　㊤581c〔剣舞〕
・棒の手《ぼうのて》　㊦**532**c
褒拝　㊤721b〔三跪九叩〕
棒秤　㊦346b〔秤〕
棒稲架　㊤122b〔稲掛け〕
宝引　㊤335b〔賭け事〕　654a〔娯楽〕　㊦350c〔博打〕　465a〔福引〕
防風　㊤979a〔造林〕
防風林　㊦460c〔フクギ〕　573c〔松〕

724c〔屋敷林〕
『宝物集』　㊦475a〔仏教説話〕
ボウフラ　㊤299b〔蚊〕
棒振り太鼓　㊤379b〔鉦〕
ポウポウ　㊤420a〔烏勧請〕
放牧　㊦536b〔牧畜〕 561c〔牧〕 562c〔牧畑〕
峯本院(静岡)　㊤13c〔秋葉信仰〕
宝満山(福岡)　㊦420b〔英彦山信仰〕 616b〔峰入り〕
宝満神社(鹿児島)　㊤11c〔赤米〕
法名　㊤311c〔戒名〕 709c〔差別戒名〕 →戒名
法名元　㊦182c〔道場〕
放免　㊦433a〔非人〕
朴物　㊤779a〔漆器〕
• 訪問《ほうもん》　㊦**533**a 123c〔つきあい〕 617c〔見舞〕
• 棒屋《ぼうや》　㊦**533**b 172a〔天秤棒〕
ホウユウ　㊦188c〔同年〕
放鷹　㊤410b〔鴨猟〕 ㊦29b〔鷹狩〕 →鷹狩
ホウライ　㊤509a〔切紙〕
蓬萊飾り　㊦309c〔年始〕
蓬萊山　㊦799b〔竜宮〕
鳳来寺(愛知)　㊤861a〔浄瑠璃姫〕
• 鳳来寺田楽《ほうらいじでんがく》　㊦**533**b 546b〔仏舞〕
蓬莱棚　㊤305c〔海藻〕
蓬萊盤　㊤208a〔エビ〕
• 祝《ほうり》　㊦**534**a ㊤447a〔神主〕 886a〔神職〕 ㊦578c〔祭〕
祝子　㊦534a〔祝〕
法律婚　㊤815a〔重婚〕
宝暦暦　㊤652 裏〔暦〕
法隆寺(奈良)　㊦700b〔物差〕
法隆寺西円堂　㊤831c〔修二会〕
法隆寺れんぞ　㊦814a〔れんぞ〕
豊漁　㊦297c〔盗み〕
豊漁祈願行事　㊦335c〔爬竜〕
暴力団　㊦716b〔ヤクザ〕
法輪寺(京都)　㊤816a〔十三参り〕 ㊦78b〔智恵貰〕 297a〔塗師〕
法輪寺(徳島)　㊦519 裏〔遍路〕
法蓮　㊤823c〔修験道〕
鳳輦　㊤620c〔輿〕 ㊦601b〔神輿〕
鳳輦船　㊦485c〔船祭〕
望楼　㊦435c〔火の見櫓〕
• 焙烙〔炮烙, 炮碌〕《ほうろく》　㊦**534**a ㊤339b〔瘡〕 ㊦716a〔焼き物〕
焙烙灸　㊦534 図〔焙烙〕
炮烙頭巾　㊤909a〔頭巾〕
封禄相続　㊤374b〔家督相続〕
炮烙割り　㊦534c〔焙烙〕
ホオ　㊤867c〔食器〕
ホー　㊤433c〔龕〕
ホーイ(祝)　㊦423b〔ビジュル〕 534a〔祝〕
ホーガクボシ　㊦625c〔妙見信仰〕
頬被り　㊦155b〔手拭〕
ホーカブリ　㊤386 図〔かぶりもの〕
ホーキギ　㊤129c〔忌木〕
ホーザー　㊦540b〔ホゼ〕
ホージケ　㊤576c〔ケヤキ姉妹〕
ホオジロ　㊤350b〔霞網〕
ボーズ　㊤835a〔修羅〕
• ホオズキ　㊦**534**c ㊤610c〔コオロシバア〕 ㊦43c〔堕胎〕
ホオズキ市〔酸漿-〕　㊤794a〔四万六千日〕 ㊦534c〔ホオズキ〕
ボーズワキ　㊤835a〔修羅〕
ボータ　㊤772a〔下着〕
ボーチ唄　㊦661b〔麦打唄〕 →麦打唄
ボーチョウ　㊦612a〔見突き〕
ほおの葉蒸し　㊦715c〔焼き物〕
• ホーバイ〔ホウバイ〕　㊦**535**a ㊤296c〔女のよばい〕 ㊦143c〔ツレ〕 188c〔同年〕 823c〔若い衆〕 827a〔若者仲間〕
「ホーハイ節」　㊦391b〔囃し(二)〕
朴歯下駄　㊤569b〔下駄〕
ほお葉焼き　㊦715c〔焼き物〕
頬紅　㊤568b〔化粧〕
ホームドレス　㊤444b〔簡単服〕
ホームレス　㊤920b〔スラム〕 ㊦497a〔浮浪者〕
ホーリー　㊦344b〔ハカセ〕
ポーリィ　㊦457c〔豊年祭〕 →豊年祭
火遠理命　㊤184c〔海幸山幸〕
ポールン　㊦479b〔普度〕
保温折衷苗代　㊦266b〔苗代〕
ホカイ　㊤523b〔傀儡子〕
• 行器〔外居〕《ほかい》　㊦**535**a ㊤323c〔家具〕 542a〔供物〕 809c〔祝儀〕 892a〔シントコ〕 ㊦524b〔ホウカイ〕
寿詞　㊦332a〔祝詞〕
• ほかいびと　㊦**535**b ㊤460b〔貴種流離譚〕 621c〔乞食〕 634c〔ことぶれ〕
行器祭　㊦535a〔行器〕
捕獲檻　㊤576a〔獣道〕
• 穂掛け《ほかけ》　㊦**535**b ㊤116a〔稲作儀礼〕 753a〔シキョマ〕 809a〔収穫祭〕 ㊦375c〔初穂〕
ホガケ　㊦714a〔焼米〕 →焼米
穂掛け儀礼　㊦320a〔農耕儀礼〕
ぼかし彫り　㊤139c〔刺青〕
ホカドン　㊦658a〔無縁仏〕
• ほがほが　㊦**535**c
外間守善　㊤43b〔アマミキョ〕 246b〔沖縄語〕 285b〔おもろさうし〕 ㊦269a〔南島歌謡〕
穂刈り《ほがり》　⇨収穫(㊤808c) ㊤122b〔稲刈り〕
『簠簋』　㊤614a〔五行〕
穂木　㊦211c〔年木〕 377b〔初山〕
穂切り具　㊦435c〔ピパ〕
ボク　㊦141a〔通夜〕
ぼく　㊦781c〔夜見世〕
卜雲寺(埼玉)　㊦86 裏〔秩父巡礼〕
• 『北越雪譜』《ほくえつせっぷ》　㊦**536**a 759a〔幽霊〕
墨刑　㊤138c〔文身〕
卜者　㊤798a〔シャーマニズム〕
牧場　㊦536b〔牧畜〕 561c〔牧〕
北辰祭文　㊤681a〔祭文〕
北辰祭　㊦625c〔妙見信仰〕
北進論　㊦277c〔日琉同祖論〕
ホグセボ　㊦587 図〔豆打棒〕
• 卜占《ぼくせん》　㊦**536**a ㊤188c〔占い〕 ㊦80b〔力くらべ(一)〕 766c〔弓神事〕
卜占儀礼　㊤624a〔小正月〕
卜占師　㊤798a〔シャーマニズム〕
卜宅　㊦454a〔風水〕
火口　㊤510a〔切り火〕 ㊦412a〔火打ち石〕
• 牧畜《ぼくちく》　㊦**536**b
幞頭　㊤211c〔烏帽子〕
北斗七星　㊦538b〔星〕 625c〔妙見信仰〕
北斗七星の由来　㊦169c〔天人女房〕
北斗法　㊦538b〔星〕
北斗御修法祭文　㊤681a〔祭文〕
北幇　㊤593b〔公所・幇〕
北里　㊦755c〔遊廓〕
木履　㊤569b〔下駄〕
北嶺修験　㊤578a〔験競べ〕
ホケ〔ボケ〕　㊦351c〔ハケ〕
• 捕鯨《ほげい》　㊦**536**c ㊤527c〔鯨〕 528b〔鯨船〕 921b〔スルク〕
母系クラン　㊤546a〔クラン〕
母系出自　㊤831a〔出自〕 ㊦70a〔単系〕
• 母系制《ぼけいせい》　㊦**537**a ㊤33c〔姉家督〕
『母系制の研究』　㊦31c〔高群逸枝〕
捕鯨船　㊤528b〔鯨船〕
法華経寺(千葉)　㊤231c〔お会式〕 459a〔鬼子母神〕
• 母権《ぼけん》　㊦**537**b
保健所活動　㊤924b〔生活改善運動〕
『母権制』　㊦375b〔バッハオーフェン〕
『母権論』　㊦375a〔バッハオーフェン〕
『母権論序説』　㊦375b〔バッハオーフェン〕
鉾　㊤452a〔祇園囃子〕 ㊦41b〔山車〕 236a〔採物〕 751a〔山鉾〕 788c〔依代〕
歩行　㊦832b〔渡し〕
歩行者天国　㊤512c〔銀座〕
母公堂　㊦288c〔女人堂〕
鉾車　㊦41c〔山車〕
鉾差し　㊦751b〔山鉾〕
鉾建て　㊤452c〔祇園祭〕
• 鉾町《ほこちょう》　㊦**537**b ㊤452c〔祇園祭〕
ホコツキ　㊦612a〔見突き〕

鉾流神事　㊦172c〔天満祭〕　257図〔夏祭〕
• 祠〔叢祠，秀倉，禿倉，宝倉，穂倉〕《ほこら》　㊦**537**b　㊤883b〔神社〕　㊦725b〔社〕　→神社
ボゴラス＝タン Bogoraz-tan, Vladimir Germanovich　㊦822a〔ロシア民俗学〕
ボサツ　㊦168c〔天道信仰〕
菩薩　㊦538a〔ポサル〕
菩薩界　㊤778c〔十界修行〕
菩薩行　㊤778c〔十界修行〕
ボサツサマ　㊤53b〔アワ〕
「菩薩物語由来」　㊤153a〔上田敏〕
ボサマ　㊤704a〔座頭〕　㊦424c〔常陸坊海尊〕
ボサマチ　㊦149c〔てき屋〕
• ポサル　㊦**538**a　106a〔朝鮮寺〕
ホシ　㊤366b〔カツオ〕
• ホシ　㊦**538**a
• 星《ほし》　㊦**538**a
• 糒〔干し飯，干飯，乾飯〕《ほしいい》　㊦**538**c　㊤148b〔インスタント食品〕　449a〔乾物〕　646a〔米〕　㊦542a〔保存食〕
干し芋　㊦542a〔保存食〕
星歌　㊤329b〔神楽歌〕
星梅鉢　㊤412図〔家紋〕
星占　㊤909c　㊦538b〔星〕
干鰯　㊦447a〔肥料〕
• 干柿《ほしがき》　㊦**538**c　㊤42c〔甘味〕
星甲　㊤831c〔酒呑童子〕
ホシカワ　㊤430a〔川干し〕
星供　㊦538b〔星〕　539c〔星祭〕
干草刈り　㊤523c〔草刈場〕
干魚　㊤900c〔水産加工〕
母子神　㊦368c〔八幡信仰〕
星神社　㊦539c〔星の宮〕
• 母子神信仰〔母子-〕《ぼししんしんこう》　㊦**539**a　㊤175b〔姥神〕　902c〔水神〕　㊦824c〔若宮〕
母子センター　㊤717b〔産院〕
干鱈　㊦542a〔保存食〕
星辻神社　㊦539c〔星の宮〕
墓室葬　㊤977a〔葬法〕
干し納豆　㊦256c〔納豆〕
保科正之　㊤894a〔神仏分離〕
星の舞　㊤876b〔銀鏡神楽〕
• 星の宮《ほしのみや》　㊦**539**c　㊤615b〔虚空蔵信仰〕
星宮神社　㊦539c〔星の宮〕
星の宮神社(栃木)　㊤173b〔鰻〕
干し葉《ほしば》　⇨保存食(㊦542a)　㊤148c〔インスタント食品〕
• 星祭《ほしまつり》　㊦**539**c　538b〔星〕
乾し見世　㊦781c〔夜見世〕
干し餅　㊦542a〔保存食〕
ホシャ　㊤596a〔荒神祓え〕
墓所　㊤102a〔市場〕　㊦342a〔墓〕
保証かぶり　㊤606c〔高利貸〕
墓上装置　㊦別刷<生と死>
補助食料　㊤702a〔サツマイモ〕
墓所聖　㊤298b〔隠亡〕　→隠亡
干しワカメ　㊤901a〔水産加工〕
戊申詔書　㊤884b〔神社合祀〕　㊦89b〔地方改良運動〕
• ホスピタリティ hospitality　㊦**540**a
• ホゼ〔豊祭，方祭〕　㊦**540**a
ホゼ　㊤310c〔海難法師〕　355a〔仮装〕　407c〔仮面〕
• 墓制《ぼせい》　㊦**540**b　75c〔単墓制〕　671c〔無墓制〕　803c〔両墓制〕
ホゼ市　㊦540b〔ホゼ〕
ホゼイワイ　㊤15a〔秋忘れ〕
ポゼッション　㊤201c〔エクスタシー〕　→憑依
墓相　㊦454a〔風水〕
細烏帽子　㊤211c〔烏帽子〕
細傘　㊤339b〔傘〕
細川幽斎　㊤483b〔狂歌〕
ホソメエリ　㊤215a〔魞〕
• 母村《ぼそん》　㊦**541**b
• 母村(北海道)《ぼそん》　㊦**541**c
• 保存食《ほぞんしょく》　㊦**542**a　㊤610b〔氷餅〕　910b〔鮨〕　㊦127c〔佃煮〕　463a〔プクサ〕
ホタ　㊦212a〔年木〕
ボタ〔-ギモノ〕　㊤772a〔下着〕
ポターニン Potanin, Grigorii Nikolaevich　㊦822a〔ロシア民俗学〕
母胎　㊤61a〔飯豊山参り〕
菩提神楽　㊤328c〔神楽〕
• 菩提寺〔-所〕《ぼだいじ》　㊦**542**b　㊤162a〔氏寺〕　337c〔過去帳〕　471c〔祈禱寺〕　㊦159a〔寺〕　345a〔墓寺〕
ホダオロシ　㊤741a〔シイタケ〕
武尊山(群馬)　㊤396c〔神あらそい〕
穂高神社(長野)　㊤131a〔忌挿し〕
榾木　㊤474a〔キノコ〕　741a〔シイタケ〕　㊦778c〔世継榾〕
榾場　㊤741a〔シイタケ〕
ボタハタキ　㊤920c〔掏摸〕
• 牡丹餅《ぼたもち》　㊦**542**c　㊤56c〔餡〕　265b〔落ち着き餅〕　432a〔かわりもの〕　642c〔ゴマ〕　㊦695b〔餅〕
ボタ山　㊦71a〔炭鉱〕
補陀落浄土　㊤538a〔熊野信仰〕　→ふだらくじょうど
補陀落渡海　㊤538a〔熊野信仰〕
• 蛍《ほたる》　㊦**543**a
ホタルイカ　㊤743b〔塩辛〕
蛍合戦　㊤543a〔蛍〕
蛍狩　㊦543b〔蛍〕
ホダレヒキ　㊦697a〔餅花〕
ぼたん　㊤124b〔猪〕
牡丹　㊤411図〔家紋〕
『牡丹燈籠』　㊦759a〔幽霊〕
牡丹に獅子　㊤412図〔家紋〕
ボチ　㊤185c〔埋め墓〕　㊦70b〔団子〕　560a〔詣り墓〕
墓地《ぼち》　⇨墓(㊦342a)　㊤298b〔隠亡〕　431a〔河原〕　723c〔散骨〕　736a〔三昧〕　975c〔惣墓〕　985図〔卒塔婆〕　㊦28c〔他界観〕　72c〔男女別墓制〕　344c〔墓寺〕　540b〔墓制〕　795b〔卵塔〕　803c〔両墓制〕　→三昧
ボチ　㊦70b〔団子〕
• ボッカ〔歩荷〕　㊦**543**b　㊤728c〔山村〕　㊦214c〔年取肴〕　425b〔飛驒鰤〕
渤海楽　㊤315a〔雅楽〕　㊦459c〔舞楽〕
北海道アイヌ協会　㊤6a〔アイヌ〕
北海道ウタリ協会　㊤3b〔アイヌ〕　㊦543c〔北海道旧土人保護法〕
北海道開拓の村　㊦712c〔野外博物館〕
• 北海道旧土人保護法《ほっかいどうきゅうどじんほごほう》　㊦**543**c　㊤6a〔アイヌ〕　482b〔給与地〕
北海道製酪販売組合　㊦287a〔乳製品〕
北海道南西沖地震津波　㊦136a〔津波〕
北極星　㊦539c〔星の宮〕　625c〔妙見信仰〕
ぽっくり下駄　㊤569b〔下駄〕　㊦348a〔履物〕　→こっぽり下駄
• ぽっくり信仰　㊦**543**c
ぽっくり寺参り　㊦543c〔ぽっくり信仰〕
法華一揆　㊤104b〔一揆〕　㊦105a〔町衆〕
法華行者　㊤486c〔行者〕
法華三昧堂　㊤736a〔三昧〕
法華宗　㊤362a〔カタボッケ〕
• 法華信仰《ほっけしんこう》　㊦**544**a
法華八講　㊤584a〔講〕
• ホッケンギョウ　㊦**544**b　㊤274c〔鬼火焚き〕　㊦239b〔とんど〕
ぼっこ食い娘　㊦267c〔難題聟〕
北国船　㊤464c〔北前船〕　586b〔航海術〕　㊦486c〔船〕
法者　㊤886a〔神職〕
『発心集』　㊦475a〔仏教説話〕
発疹チフス　㊦167c〔伝染病〕
ホッタ　㊤757a〔私財〕　878b〔しんがい〕　㊦547b〔ホマチ〕
ボッタ〔ボッタラ〕　㊤772a〔下着〕　㊦238b〔ドンザ〕　→ボト
北体嶽　㊦420a〔英彦山信仰〕
• 掘立柱《ほったてばしら》　㊦**544**b
堀田吉雄　㊤555b〔桑名日記・柏崎日記〕
ホッチ　㊤96b〔磯船〕
ボッチ　㊦525a〔防寒着〕
ホッドン　㊦534a〔祝〕
• 穂摘具《ほつみぐ》　㊦**544**c
最御崎寺(高知)　㊦519表〔遍路〕
穂積陳重　㊤674c〔財産相続〕　791a〔渋沢敬三〕

ホデ　㊤64*c*〔家印〕
布袋〘-和尚〙　㊤775*b*〔七福神〕775*c*〔七福神巡り〕
ホテトル　㊦337*c*〔売春〕
ぼてふり〘棒手振，ボテ振売り〙　㊤190*b*〔売声〕㊦491*c*〔振売り〕
ボテボテ茶　㊤466*c*〔喫茶〕
ホテム　㊦360*a*〔柱松〕→柱松
火照命　㊤184*c*〔海幸山幸〕
ホテル　㊦731*c*〔宿屋〕
ボデン　㊦441*b*〔白蓋〕
ホト　㊦479*a*〔フト〕
ホド〘程，保戸〙　㊦479*a*〔フト〕
ボト　㊤771*c*〔下着〕㊦363*c*〔肌着〕→ボッタ
ホドイモ　㊤403*a*〔雷〕
墓塔　㊤655*c*〔五輪塔〕
ホトケ〘-サン〙　㊤395*a*〔神〕859*c*〔精霊〕989*b*〔祖霊〕㊦565*c*〔枕飯〕
• 仏《ほとけ》　㊦**545***a*
仏送り　㊤803*b*〔石塔会〕
• 仏おろし〘-降ろし〙《ほとけおろし》　㊦**545***b*　㊤25*c*〔梓巫女〕52*b*〔あるき巫女〕97*b*〔イタコ〕398*a*〔神おろし〕400*a*〔神口〕533*a*〔口寄せ〕784*a*〔死口〕→死口
仏口　㊤400*a*〔神口〕→仏おろし
仏様の鏡　㊤445*b*〔寒天〕㊦207*c*〔心太〕
仏様の御馳走　㊦207*c*〔心太〕
仏様迎え　㊦550*c*〔盆市〕
ホトケサン　㊤262*a*〔おそうぶつ〕
仏流し　㊦228*a*〔弔い上げ〕
仏の行　㊤778*c*〔十界修行〕
ホトケノクチアケ　㊦371*c*〔初鉦〕
仏の座　㊦258*a*〔七草〕
• 仏の正月《ほとけのしょうがつ》　㊦**545***c*　346*a*〔墓参り〕371*c*〔初鉦〕
仏の年夜　㊦346*a*〔墓参り〕
仏別当　㊦560*a*〔詣りの仏〕
• 仏舞《ほとけまい》　㊦**546***a*
• ホトトギス〘時鳥〙　㊦**546***b*　㊤637*a*〔小鳥前生譚〕
『ホトトギス』　㊦337*a*〔俳句〕
• 時鳥と兄弟《ほととぎすときょうだい》　㊦**546***c*　㊤489*c*〔兄弟話〕637*a*〔小鳥前生譚〕㊦191*c*〔動物昔話〕546*c*〔ホトトギス〕
時鳥と計算　㊦546*c*〔ホトトギス〕
時鳥と小鍋　㊦546*c*〔ホトトギス〕
時鳥と包丁　㊦546*c*〔ホトトギス〕
時鳥と継子　㊦546*c*〔ホトトギス〕
ホトホト　㊤624*c*〔小正月の訪問者〕634*a*〔コトコト〕別刷〈小正月〉
• ポトラッチ potlatch　㊦**547***a*
ホトリナエ　㊤44*a*〔余り苗〕
ホニホロ飴売り　㊦95*c*〔哨吶〕
ホネウズキ　㊤339*b*〔瘡〕
骨おろし　㊦547*a*〔骨正月〕
骨掛け《ほねかけ》　⇨こつかけ(㊤631*a*)
骨くずし　㊦547*a*〔骨正月〕
• 骨正月《ほねしょうがつ》　㊦**547***a*　㊤317*b*〔鏡開き〕㊦371*b*〔二十日正月〕
骨休め　㊦182*b*〔湯治〕
火雷神社　㊤403*a*〔雷〕
火迦具土神　㊤14*a*〔秋葉信仰〕
穂の餅　㊤255*c*〔おこない〕
帆柱　㊤192*c*〔ウレツキトウバ〕
ホビ　㊤466*b*〔着付〕
帆引き網　㊦416*c*〔引き網〕
墓標　㊦342*c*〔墓じるし〕541*a*〔墓制〕
ホブシ　㊦549*c*〔掘棒〕
ホプニレ　㊤67*a*〔イオマンテ〕
• ホフマン＝クライヤー Hoffmann-Krayer, Eduard　㊦**547***a*　㊤939*a*〔世界民俗学文献目録〕
ボボサヅツミ　㊤177*b*〔産着〕
頬焼け地蔵　㊤770*b*〔地蔵伝説〕
• ホマチ　㊦**547***b*　㊤341*c*〔家産〕574*c*〔下人〕757*a*〔私財〕878*b*〔しんがい〕㊦241*c*〔ナイショ〕242*a*〔内職〕
帆待　㊤336*c*〔水夫〕
ホマチゴ　㊤757*c*〔私財〕
ホマチ田　㊤325*c*〔隠し田〕757*b*〔私財〕㊦547*b*〔ホマチ〕
穂水　㊦156*b*〔出穂〕
ホメオパシー　㊦634*b*〔民間療法〕
• ほめ詞　㊦**547***c*
ホモ＝セクシュアル〘ホモ〙　㊦183*c*〔同性愛〕
火屋　㊦795*b*〔ランプ〕
ホヤキ　㊦715*b*〔焼穂〕
穂焼き　㊦662*a*〔麦作〕
穂楊枝　㊦771*c*〔楊枝〕
• ホラ〘洞〙　㊦**548***a*　㊤518*a*〔近隣〕㊦138*b*〔坪〕678*a*〔村組〕
• 法螺《ほら》　㊦**548***a*
ボラ網　㊤45*c*〔網漁〕
• 法螺貝《ほらがい》　㊦**548***b*　㊤300*a*〔貝〕367*c*〔楽器〕856*a*〔情報伝達〕㊦160*b*〔デロレン祭文〕391*a*〔囃し(二)〕548*a*〔法螺〕749*b*〔山伏〕793図〔喇叭〕
洞床　㊦206*b*〔床の間〕
法螺話　㊦583*a*〔まのよい猟師〕
• 法螺吹き《ほらふき》　㊦**548***c*
ボラ漁ごっこ　㊤154*a*〔魚見〕
ホリ(地形)　㊤74*b*〔池〕→溜池
ホリ　㊦534*a*〔祝〕
濠　㊦466*a*〔武家造〕
• 堀一郎《ほりいちろう》　㊦**549***a*　㊤215*c*〔エリアーデ〕394*c*〔神〕815*b*〔十三塚〕980*c*〔俗信〕㊦630*a*〔民間信仰〕別刷〈民俗学史〉
『堀一郎著作集』　㊦549*b*〔堀一郎〕
掘井戸　㊤110*a*〔井戸〕
堀河院　㊤605*c*〔高野詣〕
堀川戎(大阪)　㊦196*c*〔十日戎〕
堀川ゴボウ　㊤641*b*〔ゴボウ〕
掘子　㊤602*c*〔坑夫〕861*c*〔職親〕㊦228*c*〔友子〕
掘り炬燵　㊤629*a*〔炬燵〕
堀込源太　㊦715*b*〔八木節〕
ポリス　㊤840*b*〔巡査〕
ホリタ　㊦242*a*〔内職〕
掘り田〘堀田〙　㊦145*a*〔低湿地〕830*c*〔輪中〕
ホリタゴ　㊤766*a*〔私生児〕
掘り取り　㊤808*c*〔収穫〕
掘抜井戸　㊤110*a*〔井戸〕349*b*〔上総掘り〕
• ホリノウチ〘堀ノ内，堀の内，堀之内〙　㊦**549***b*　174*c*〔土居〕302*a*〔ネゴヤ〕
• 掘棒《ほりぼう》　㊦**549***b*　㊤808*c*〔収穫〕907*b*〔鋤〕㊦319*a*〔農具〕
彫物　㊤139*b*〔刺青〕
ホルスタイン種　㊤157*a*〔牛〕
ボルテ, J　㊤210*a*〔エフエフシー〕
ポルノ　㊤839*c*〔春画〕
ポルム　㊦627*c*〔名節〕
ホルン　㊤367*c*〔楽器〕
群倉　㊦30*b*〔高倉〕
暮露　㊤645*b*〔虚無僧〕→虚無僧
• ぼろ市〘ボロ-〙　㊦**549***c*　㊤別刷〈市〉㊦319*c*〔農具市〕
ホロセ　㊤70*b*〔行き会い神〕
布裂草履　㊤978*a*〔草履〕
保呂羽山(秋田)　㊤328*a*〔神楽〕
保呂羽山霜月神楽　㊤796*c*〔霜月神楽〕797*a*〔霜月祭〕㊦647*c*〔民俗芸能〕764*c*〔湯立神楽〕
ホロヤ　㊦533*b*〔棒屋〕
ホワイトカラー　㊦74*a*〔団地〕
ホワイトデー　㊤974*c*〔贈答〕㊦402*b*〔バレンタインデー〕
• 盆(年中行事)《ぼん》　㊦**550***a*　㊤72*b*〔生見玉〕248*a*〔沖縄文化〕251*b*〔送り火〕319*b*〔餓鬼〕320*b*〔餓鬼棚〕321*b*〔餓鬼飯〕376*a*〔門火〕392*b*〔釜蓋朔日〕462*a*〔帰省〕688*c*〔左義長〕803*b*〔石塔会〕844*c*〔正月〕859*c*〔精霊〕860*a*〔精霊流し(一)〕902*c*〔水神〕㊦62*a*〔魂祭〕98*a*〔中元〕130*b*〔辻〕210*a*〔年占〕259*b*〔七日盆〕346*a*〔墓参り〕364*c*〔畑作儀礼〕440*b*〔ヒャクハッタイ〕486*b*〔船幽霊〕551*a*〔盆踊り(一)〕554*c*〔盆肴〕555*b*〔盆棚〕556*b*〔盆花〕557*c*〔盆礼〕585*b*〔ままごと〕658*b*〔無縁仏〕658*c*〔迎え火〕別刷〈盆〉
• 盆(道具)《ぼん》　㊦**550***a*　㊤323*c*〔家具〕381*c*〔樺細工〕
ポン　㊤718*a*〔さんか〕
本　㊦552*c*〔本貫〕
盆小豆　㊦586*c*〔豆〕

ホンイエ　㊦553b〔本家〕
ポンイカヨプ　㊤69c〔イカヨプ〕
• 盆市〔盆の-〕《ぼんいち》　㊦**550**c　㊤99a〔市〕102c〔市日〕別刷〈市〉㊦144c〔定期市〕→花市
本位牌　㊤125b〔位牌〕
盆入り　㊤392c〔釜蓋朔日〕
本因坊家　㊤76a〔囲碁〕
本浦　㊤187c〔浦〕189c〔浦百姓〕
本戎　㊦196c〔十日戎〕
ポンオキクルミ　㊤245a〔オキクルミ〕
• 盆踊り《ぼんおどり》　㊦**551**a　㊤23a〔足拍子〕54a〔阿波踊り〕77c〔いさ踊り〕197b〔エイサー〕269a〔踊り〕294c〔音頭〕332b〔掛けあい〕427b〔川倉地蔵〕591b〔江州音頭〕613c〔胡弓〕654b〔娯楽〕930b〔性道徳〕932a〔成年式〕㊦6b〔太鼓踊り〕46a〔太刀踊り〕145c〔貞操観念〕147a〔手踊り〕355b〔橋〕408a〔バンバ踊り〕474c〔仏教芸能〕550b〔盆㈡〕640c〔民俗音楽〕719a〔櫓〕820c〔六調子〕別刷〈盆〉
• 盆踊り(日系)《ぼんおどり》　㊦**552**a
盆踊り唄〔-歌〕　㊤165c〔歌〕428c〔河内音頭〕463c〔木曾節〕534b〔口説き〕880a〔甚句〕㊦453b〔諷刺〕655b〔民謡〕715b〔八木節〕
本海流番楽　㊦403b〔番楽〕
本格焼酎　㊤851b〔焼酎〕
• 本格昔話《ほんかくむかしばなし》　㊦**552**b　㊤1a〔アールネ・トンプソンの話型〕436a〔完形昔話〕㊦18b〔タイプ＝インデックス〕284c〔日本昔話大成〕659c〔昔話〕703c〔桃太郎〕
本歌どり　㊤313a〔替え歌〕
盆釜　㊤431a〔河原〕
• 盆竈《ぼんがま》　㊦**552**b　㊤321b〔餓鬼飯〕932a〔成年式〕→餓鬼飯　→川原飯　→盆飯
本枯節　㊤366c〔鰹節〕
本川神楽　㊤328b〔神楽〕別刷〈仮面〉
本瓦葺き　㊤431b〔瓦葺き〕㊦735b〔屋根〕
• 本貫《ほんがん》　㊦**552**c　184a〔同姓不婚・異姓不養〕
本願　㊤722c〔参詣曼荼羅〕
盆勧進　㊦552b〔盆竈〕→盆竈
本願聖　㊤978c〔僧侶〕
本曲　㊤804a〔尺八〕
ホンギリ　㊦511a〔別帳場〕
本金返し奉公　㊦528b〔奉公人〕
本宮　㊤947b〔摂社〕
本宮(和歌山)　㊤537c〔熊野信仰〕→熊野本宮大社
本宮寺(福井)　㊦349b〔白山信仰〕
盆籤　㊤930b〔性道徳〕
ポンクッ　㊦792b〔ラウンクッ〕
ポンクリ　㊤268b〔威し〕
• 本家《ほんけ》　㊦**553**a　㊤63b〔家〕105b〔イッケ〕170b〔ウチワ〕180a〔ウフヤー〕240b〔オーヤ〕549b〔クルワ〕676b〔祭祀組織〕699a〔座順〕872c〔ジルイ〕887b〔親戚〕㊦184b〔同族〕333b〔暖簾内〕333c〔暖簾分け〕502c〔分家〕503b〔分家制限〕505a〔分牌祭祀〕506b〔分与財〕553c〔本家争い〕554a〔本家礼〕561c〔マキ〕674a〔村入り〕712a〔ヤウチ〕720a〔ヤゴモリ〕
• 本家争い《ほんけあらそい》　㊦**553**c
盆景　㊤654a〔娯楽〕
本卦帰り〔-返り〕　㊤205c〔干支〕450a〔還暦〕→還暦
本家株　㊤383a〔株〕㊦674c〔村株〕
ホンケカマド　㊤391b〔竈〕
本懸魚　㊤567a〔懸魚〕
本家・分家　㊤747b〔ジカタ〕㊦711c〔ヤーンナー〕838c〔草鞋親〕
• 本家礼《ほんけれい》　㊦**554**a　553b〔本家〕
本拳　㊤576c〔拳〕
ホンゲンギョウ　㊦544b〔ホッケンギョウ〕→ホッケンギョウ
本戸　㊤985a〔ソトコ〕
ボンコ　㊦557c〔盆礼〕
本郷　㊦504a〔分村㈠〕541b〔母村㈠〕
• 本戸・寄留《ほんこきりゅう》　㊦**554**a
盆茣蓙　㊤860a〔精霊流し㈠〕
• 盆栽《ぼんさい》　㊦**554**b　㊤152a〔植木市〕152b〔植木屋〕㊦574a〔松〕
盆栽売り　㊤152c〔植木屋〕
盆栽村　㊤152c〔植木屋〕
• 盆肴〔盆魚〕《ぼんざかな》　㊦**554**c　㊤707c〔サバ〕933c〔歳暮〕㊦98a〔中元〕224b〔トビウオ〕
ホンサナブリ　㊤707a〔さなぶり〕
ホンサノボリ　㊤706c〔さなぶり〕
ボンサマ　㊤575a〔毛坊主〕
盆様　㊦550b〔盆㈡〕
本山　㊦557a〔本末制度〕
本山納骨　㊤235b〔大谷本廟〕㊦321a〔納骨〕541a〔墓制〕671c〔無墓制〕
本山派　㊤238c〔大峯信仰〕706a〔里修験〕824a〔修験道〕
• 本山参り《ほんざんまいり》　㊦**554**c　㊤254a〔お剃刀〕
本寺　㊦557a〔本末制度〕
梵字　㊤825c〔種子〕
• 本地垂迹〔-説〕《ほんじすいじゃく》　㊦**555**a　㊤580a〔眷属〕893b〔神仏習合〕
ポンシト　㊤782b〔シト〕
ポンシヌタプカウンクル　㊦521a〔ポイヤウンペ〕
本地仏　㊤890a〔神体〕㊦555a〔本地垂迹〕
本地仏曼荼羅　㊤538c〔熊野曼荼羅〕
本地物　㊦555b〔本地垂迹〕
本社　㊤947b〔摂社〕㊦575b〔末社〕
本迹曼荼羅　㊤538c〔熊野曼荼羅〕
本祝儀　㊤809c〔祝儀〕
梵鐘　㊤379c〔鐘〕
「本荘追分」　㊤227b〔追分節〕
盆正月　㊦727a〔休み日〕
本籍　㊦552c〔本貫〕
本所七不思議　㊤361c〔片葉の芦〕㊦258c〔七不思議〕
• 本陣《ほんじん》　㊦**555**b　㊤466a〔木賃宿〕751b〔式台〕823a〔宿場町〕㊦125c〔継場〕731b〔宿屋〕
ポンス〔ポンスケ〕　㊤718a〔さんか〕
ポンス醬油　㊦63b〔たまり〕
盆歳暮　㊤933c〔歳暮〕㊦557c〔盆礼〕
盆施餓鬼会　㊤939c〔施餓鬼〕
盆石　㊦554c〔盆栽〕
本膳料理　㊤638b〔小鍋立て〕772b〔仕出屋〕
本村　㊤204c〔枝村〕㊦504a〔分村㈠〕541b〔母村㈠〕
本尊元　㊦182c〔道場〕
本裁ち　㊤476c〔着物〕636a〔子供服〕
本田親徳　㊤240b〔大本教〕
ボンダテ　㊦557c〔盆礼〕
• 盆棚《ぼんだな》　㊦**555**b　㊤244a〔オガラ〕250c〔屋内神〕321b〔餓鬼飯〕482c〔キュウリ〕677c〔祭壇〕860a〔精霊流し㈠〕939c〔施餓鬼〕㊦62b〔魂祭〕252c〔ナス〕290a〔ニワ〕377a〔初物〕478a〔仏壇〕556b〔盆花〕別刷〈盆〉
ボンタマス　㊤862b〔食事〕
本田安次　㊦647c〔民俗芸能〕750a〔山伏神楽〕
ホンダワラ　㊤305b〔海藻〕
本帳　㊦18c〔大福帳〕
本調子甚句　㊤880a〔甚句〕
『本朝神仙伝』　㊤962a〔仙人〕
盆提燈　㊤857c〔照明〕㊦551a〔盆市〕
盆綱引き　㊤930b〔性道徳〕
本通夜　㊦141a〔通夜〕
本殿　㊤677c〔祭壇〕
• 梵天《ぼんてん》　㊦**556**a　㊤497c〔行人塚〕㊦169a〔天道念仏〕788b〔依代〕
「梵天国」　㊤946a〔説経節〕
ボンデンコンクール　㊤389c〔かまくら〕
梵天塚　㊦122a〔塚〕
本当　㊤9b〔蒼柴垣神事〕
本頭　㊤279a〔おびしゃ〕
盆燈籠　㊤857c〔照明〕
本毒　㊦204a〔毒流し〕
本床　㊦206b〔床の間〕
ホントノイタミ　㊦81a〔力綱〕
本土方言　㊦527a〔方言区画論〕
本途物成　㊦308c〔年貢〕

本西　㊦ 235c〔西の市〕
本直し　㊦ 627c〔味醂〕
盆俄　㊤ 761a〔地芝居〕
• 本人《ほんにん》　㊦ **556**b
本年貢　㊦ 308c〔年貢〕
ボンノクボ　㊤ 177c〔産毛剃り〕
本箱　㊤ 323c〔家具〕
• 盆花《ぼんばな》　㊦ **556**b　123b〔月〕　550c〔盆市〕
盆花迎え　㊤ 706b〔里宮〕
紅幇　㊦ 438a〔秘密結社〕
盆火　㊤ 635c〔子供組〕
ポン引〖-ヒキ，-ピキ，盆引，凡引〗　㊤ 478a〔客引〕
盆火焚き　㊤ 706b〔里宮〕
• 本百姓《ほんびゃくしょう》　㊦ **556**b　㊤ 136b〔入会〕　479c〔旧家〕　580c〔検地〕　710c〔侍分〕　㊦ 439b〔百姓〕　674c〔村株〕
本百姓株　㊤ 341b〔家産〕　383a〔株〕　㊦ 674c〔村株〕
本符牒　㊦ 474a〔符丁〕
本仏事　㊦ 307b〔年忌〕
盆船　㊦ 21a〔大文字焼き〕
本分家集団　㊤ 753b〔ジグミ〕
本帆　㊦ 520c〔帆〕
本邦離島村落の調査研究　㊦ 643b〔民俗学研究所〕　797b〔離島調査〕
本仏　㊦ 658b〔無縁仏〕
• 雪洞《ぼんぼり》　㊦ **556**c　㊤ 857b〔照明〕
雪洞燭台　㊤ 857 図〔照明〕　㊦ 556c〔雪洞〕
雪洞手燭　㊦ 556c〔雪洞〕
本牧　㊦ 563a〔牧畑〕
• 本末制度《ほんまつせいど》　㊦ **557**a
本祭　㊦ 782a〔宵宮〕
盆道　㊦ 62b〔魂祭〕
盆道つくり〖-作り，盆路-〗　㊤ 392c〔釜蓋朔日〕　706b〔里宮〕　㊦ 別刷〈盆〉
ホンミネ　㊦ 557b〔本棟造〕　→本棟造
盆見舞い　㊦ 557c〔盆礼〕
本明海上人　㊦ 597a〔ミイラ〕
本命供　㊦ 540a〔星祭〕
本明寺(山形)　㊦ 597a〔ミイラ〕
本命星　㊦ 539c〔星祭〕
本命日　㊦ 539c〔星祭〕
盆迎え　㊦ 別刷〈盆〉
• 本棟造〖ホンムネ〗《ほんむねづくり》　㊦ **557**b　139c〔妻入り〕　629c〔民家〕
ホンメイ　㊤ 507c〔漁撈組織〕
盆飯　㊤ 431a〔河原〕　㊦ 552b〔盆竈〕　→盆竈
本門寺(東京)　㊤ 152a〔植木市〕　231b〔お会式〕　982c〔祖師忌〕
本門仏立講　㊤ 885b〔新宗教〕
ホンヤ　㊤ 284c〔母屋〕　㊦ 139c〔妻入り〕　553b〔本家〕
盆屋　㊤ 344c〔貸席〕
本厄　㊦ 718a〔厄年〕
本役　㊤ 315a〔家格〕
ホンヤドリ　㊤ 31b〔跡取〕　32c〔アニ〕　㊦ 109a〔長男〕
本山砥　㊦ 175a〔砥石〕
ホンヤラドウ　㊦ 234b〔鳥追い〕
本立寺(東京)　㊦ 550a〔ぼろ市〕
本漁師　㊤ 432b〔川漁〕
• 盆礼《ぼんれい》　㊦ **557**c　533a〔訪問〕　554a〔本家礼〕　808b〔礼儀〕
ホンワタシ　㊦ 514b〔へら渡し〕

ま

魔　㊦ 486b〔船幽霊〕
マー　㊦ 619c〔ミャー〕
• マージ〖真土〗　㊦ **558**a
• マーダニ〖庭種子〗　㊦ **558**b
マーチ　㊦ 563b〔マキョ〕　→マキョ
• マードック Murdock, George Peter　㊦ **558**b　㊤ 324b〔核家族〕　326a〔拡大家族〕　359b〔家族類型〕　660b〔婚姻居住方式〕　889b〔親族名称・呼称〕　㊦ 113a〔直系家族〕　121a〔通文化的比較研究〕　457a〔夫婦家族〕　462b〔複合家族〕
マートン　㊦ 459b〔フォークロア〕
• 舞〖儛〗《まい》　㊦ **558**c　㊤ 548a〔狂い〕　734a〔三番叟〕　㊦ 83b〔稚児舞〕　489a〔舞踊〕
舞(芸能)　㊤ 530b〔曲舞〕　607a〔幸若舞〕　→曲舞
舞入れ　㊦ 30c〔高千穂神楽〕
『舞扇薗生梅』　㊤ 268a〔男舞〕
マイカー　㊤ 548b〔車〕
舞川獅子躍　㊤ 759b〔鹿踊り〕
舞錐　㊤ 510a〔切り火〕
舞車　㊤ 530b〔曲舞〕
• 迷子《まいご》　㊦ **559**a　㊤ 24c〔小豆〕
迷子のしるべ　㊦ 559b〔迷子〕
迷子札　㊦ 559b〔迷子〕
埋葬《まいそう》　⇨土葬(㊦ 219a)　㊤ 954b〔洗骨〕　972b〔葬送儀礼㈠〕
埋蔵文化財　㊦ 500b〔文化財保護法〕
埋葬墓地　㊤ 185c〔埋め墓〕　㊦ 75c〔単墓制〕　540c〔墓制〕　803c〔両墓制〕
蒔田　㊦ 730c〔ヤト〕　→摘み田
マイタケ　㊤ 474a〔キノコ〕
まい玉　㊦ 382a〔花の頭〕
舞処《まいと》　⇨舞台(㊦ 471b)
舞殿　㊤ 329b〔神楽殿〕　601b〔神殿〕　㊦ 161a〔天蓋〕　→神殿
毎日市　㊤ 99a〔市〕　㊦ 144c〔定期市〕
舞人　㊤ 932c〔細男〕
• マイノリティ minority　㊦ **559**b　㊤ 850c〔少数民族問題〕
マイノリティ運動　㊦ 797c〔リトル東京〕
舞場　㊦ 471b〔舞台〕
マイハダ　㊦ 435a〔ヒノキ〕
舞浮立　㊦ 493a〔浮立〕
舞々　㊤ 375b〔門付け〕　530b〔曲舞〕　607a〔幸若舞〕　㊦ 593a〔万歳〕　→

曲舞
舞々勘太夫　㊦593a〔万歳〕
まいまいず井戸　㊤110c〔井戸〕
舞々太夫　㊦65a〔太夫〕
致斎　㊤128b〔忌み〕 511c〔禁忌〕 ㊦699b〔物忌〕
マイヤー Meier, John　㊤939b〔世界民俗学文献目録〕
舞良戸　㊦174b〔戸〕
• 詣りの仏《まいりのほとけ》　㊦**559**b　㊤250c〔オクナイサマ〕 ㊦10c〔太子信仰〕
• 詣り墓《まいりばか》　㊦**560**a　㊤605a〔高野納骨〕 ㊦417b〔ヒキハカ〕 803c〔両墓制〕
『詣り墓』　㊦560a〔詣り墓〕 692b〔最上孝敬〕
参り見舞　㊦617c〔見舞〕
マイワイ　㊤45c〔網漁〕 ㊦23a〔大漁祝い〕 →マンイワイ
万祝着　㊦23a〔大漁祝い〕
マウシム　㊦709a〔モンスーン〕
マウチギミ　㊤276c〔小野小町〕
マウラー Maurer, Georg Ludwig von　㊤579a〔原始共産制〕
マエ　㊤127c〔居間〕
前帯　㊤278c〔帯〕
前書　㊤460c〔起請文〕
• 前掛《まえかけ》　㊦**560**b
前駈　㊦123a〔使わしめ〕
マエカケカブリ　㊦560c〔マエカケヨメドリ〕
マエカケジョウモン　㊤466b〔着付〕
マエカケナリ　㊦560c〔マエカケヨメドリ〕
• マエカケヨメドリ〔前掛け嫁どり〕　㊦**560**c
前勝手　㊤370b〔勝手〕 ㊦16c〔台所〕
前髪《まえがみ》　⇨小若い衆(㊤657c)
前髪祝い　㊦505a〔褌祝い〕
前神寺(愛媛)　㊤83b〔石鎚山信仰〕 ㊦519 裏〔遍路〕
前髪剃り　㊤582a〔元服〕
マエカワ　㊤838 裏〔狩猟用具〕
前句付　㊤965a〔川柳〕
マエザシキ　㊦144b〔出居〕
前地　㊤580c〔検地〕
前田常吉　㊤482a〔牛乳〕
マエダレ〔前垂れ〕　㊤751a〔仕着せ〕 ㊦560b〔前掛〕
前垂注連　㊤794c〔注連縄〕
前土間　㊦572c〔町屋〕
前囃子　㊦391a〔囃し(二)〕
前挽大鋸　㊦325b〔鋸〕
前挽鋸《まえびきのこ》　⇨大鋸(㊤241b)　㊤325 図〔鋸〕
マエブネ　㊤505a〔漁船〕
前厄　㊦718a〔厄年〕
魔王尊　㊤580b〔眷属〕 →天狗
マカ　㊦570c〔マタギ〕
マガ　㊦566b〔馬鍬〕
麻鞋　㊤534a〔沓〕
籬　㊤318a〔垣〕 →垣
まかせ網　㊦562a〔旋網〕
勾玉　㊤971a〔装身具〕
賄　㊤336b〔水夫〕
マカナイゴ　㊦4a〔大家族〕
真壁大アムシラレ　㊤232b〔大アムシラレ〕
真壁殿内　㊤232 表〔大アムシラレ〕
マガリ　㊤542a〔供物〕
まがりがね　㊤380c〔曲尺〕 →曲尺
• 曲家《まがりや》　㊦**560**c　㊤183a〔厩〕 ㊦75b〔暖房〕 101b〔中門造〕 629c〔民家〕 別刷〈民家〉
• マキ(同族)　㊦**561**b　㊤66c〔家連合〕 105b〔イッケ〕 107c〔イットウ〕 285c〔オヤコ〕 382a〔カブ(一)〕 546b〔クラン〕 573a〔血統〕 888b〔親族〕 990b〔ソン〕 ㊦184b〔同族〕 186b〔同族神〕 705b〔モヤイ〕
マキ(耕地)　㊤599a〔耕地〕
• 牧《まき》　㊦**561**c
• 旋網〔巻網〕《まきあみ》　㊦**562**a　㊤19c〔アジ〕 45b〔網漁〕 366b〔カツオ〕 503a〔漁具〕 707c〔サバ〕 ㊦224b〔トビウオ〕
巻網漁　㊦711b〔ヤ〕
マキ氏神　㊤159b〔氏神〕 ㊦186b〔同族神〕
蒔絵　㊤779a〔漆器〕
巻柿　㊦538c〔干柿〕
• 巻狩り《まきがり》　㊦**562**a　㊤423b〔狩場〕 536c〔熊狩り〕 576a〔獣道〕 835c〔狩猟〕 837a〔狩猟法〕 →追い込み猟
牧口常三郎　㊤169b〔内郷村調査〕 495b〔郷土会〕
マキクラ　㊦562a〔巻狩り〕
巻刺網　㊤696b〔刺網〕
マキシン　㊦661c〔麦作〕
巻ずし　㊦910b〔鮨〕
薪ストーブ　㊦75b〔暖房〕
蒔砂　㊤630c〔御馳走〕
巻袖　㊤983c〔袖〕
蒔き田　㊤748c〔直播き〕 ㊦140b〔摘み田〕 →摘み田
牧田茂　㊦別刷〈民俗学史〉
• マキタテ〔マキツケ〕　㊦**562**c　㊤748c〔直播き〕
牧野巽　㊤106c〔一子残留〕
牧の長者　㊤18c〔朝日長者〕
• 牧畑〔マキハタ〕《まきはた》　㊦**562**c　㊤508c〔切替畑〕 787b〔芝〕 853c〔定畑〕 ㊦361b〔畑〕 447a〔肥料〕 562a〔牧〕
マキビ　㊤474c〔キビ〕
巻き行器　㊦535a〔行器〕
槇本楠郎　㊦822c〔炉辺叢書〕
マギモン　㊤989a〔反り天秤〕
マキヤマ　㊦562a〔巻狩り〕
• マキョ〔マキ〕　㊦**563**b　㊤247b〔沖縄文化〕
マギラカシ　㊦664b〔聟まぎらかし〕
• マキリ　㊦**563**c　740c〔山刀〕
まぎり　㊤353a〔風待ち〕
• 間切《まぎり》　㊦**563**c　㊤28c〔当〕 247c〔沖縄文化〕 270c〔おなり神〕 480b〔旧慣温存政策〕 782c〔地頭〕 991b〔村内法〕 ㊦400c〔原山勝負〕
間切内法　㊤991c〔村内法〕
間切番所　㊦564b〔間切〕
間切役人　㊤231b〔オエカ地〕 ㊦564b〔間切〕 →オエカ人
巻竜　㊤412 図〔家紋〕
巻藁　㊦839b〔藁苞〕 →藁苞
巻藁船　㊦131c〔津島祭〕
薪割鉈　㊦253c〔鉈〕
マギン　㊤57a〔アンギン〕
マク　㊦563b〔マキョ〕 →マキョ
幕板　㊦325b〔軒〕
• 秣《まぐさ》　㊦**564**c　㊤523c〔草刈場〕
秣切り　㊦389c〔刃物〕
秣田　㊦564c〔秣〕
秣取唄　㊦740b〔山唄〕
秣場　㊤499c〔共有地〕
幕の内弁当　㊦517b〔弁当〕
まくら　㊦582b〔俎〕
• 枕《まくら》　㊦**564**c　㊤879b〔寝具〕 ㊦702b〔籾殻〕
マクライシ〔枕石〕　㊤739c〔シアゲ〕 ㊦342c〔墓じるし〕 564c〔枕〕 別刷〈生と死〉
枕絵《まくらえ》　⇨春画(㊤839c)
マクラオコシ　㊦564c〔枕〕
枕返し《まくらがえし》　⇨枕直し(㊦565b)
枕籠　㊦565a〔枕〕
枕刀　㊦806c〔臨終〕
• 枕経《まくらぎょう》　㊦**565**a　565c〔枕飯〕
枕詞　㊦91a〔地名〕
枕米　㊤31c〔あとみらず〕 ㊦564c〔枕〕
マクラサゲ　㊦258b〔ナナトコマイリ〕 564c〔枕〕
枕草子　㊤839c〔春画〕
• 枕団子《まくらだんご》　㊦**565**a　㊤783a〔粢〕 953b〔善光寺参り〕 972b〔葬送儀礼(一)〕 ㊦70c〔団子〕 564c〔枕〕 565c〔枕飯〕
• 枕直し〔マクラナオシ〕《まくらなおし》　㊦**565**b　㊤972b〔葬送儀礼(一)〕 ㊦564c〔枕〕 565a〔枕経〕 806c〔臨終〕 別刷〈生と死〉 →北枕
枕念仏　㊦565a〔枕経〕 →枕経
• 枕箱《まくらばこ》　㊦**565**c　565a〔枕〕
マクラハズシ　㊦564c〔枕〕

枕梁　㊦397c〔梁組〕
枕火　㊦564c〔枕〕
枕屏風　㊦444c〔屏風〕
•枕飯《まくらめし》　㊦**565c**　㊤953b〔善光寺参り〕　972b〔葬送儀礼(一)〕　㊦510a〔別火〕　564c〔枕〕　565a〔枕団子〕　806c〔臨終〕　別刷〈生と死〉
枕元　㊦63a〔魂呼び〕
•マクリ　㊦**566a**　㊤378c〔カニババ〕　㊦16a〔胎毒〕　87b〔乳つけ〕
マクル　㊤478c〔木遣り〕
万鍬　㊤924a〔製塩〕
•馬鍬〔杁〕《まぐわ》　㊦**566a**　㊤554a〔鍬〕　875b〔代掻き〕　㊦349a〔馬具〕　別刷〈野良仕事〉
馬鍬洗い　㊤116a〔稲作儀礼〕　875b〔代掻き〕
マクワウリ〔真桑瓜〕　㊤190b〔ウリ〕
マケ　㊤105b〔イッケ〕　107c〔イットウ〕　285c〔オヤコ〕　573a〔血統〕　㊦561b〔マキ〕　→マキ
マケアレ　㊤131b〔忌地〕
負け組み《まけぐみ》　⇨勝ち組み・負け組み(㊤365a)
•曲物《まげもの》　㊦**566c**　㊤691c〔桜〕　779a〔漆器〕　㊦422b〔ひしゃく〕　517c〔弁当〕
曲物桶　㊤253a〔桶〕
曲物師　㊤381c〔樺細工〕
マゲワッパ〔曲げわっぱ〕　㊤838 表〔狩猟用具〕　㊦567b〔曲物〕
•孫《まご》　㊦**567b**
•馬子《まご》　㊦**567c**　㊤286a〔親子〕　㊦100c〔中馬〕　568a〔馬子唄〕　→馬方
孫祝い　㊦568a〔孫抱き〕
•馬子唄《まごうた》　㊦**568a**　187c〔道中唄〕　648c〔民俗芸能〕　655b〔民謡〕
マゴジイサン　㊦567c〔孫〕
•孫抱き《まごだき》　㊦**568a**
孫太郎虫　㊦240a〔トンボ〕
孫檀家　㊦568b〔孫門徒〕　→孫門徒
マゴバアサン　㊦567c〔孫〕
孫庇　㊦421a〔庇〕
孫別家　㊦561b〔マキ〕
孫みせ　㊦568a〔孫抱き〕
真菰馬　㊦別刷〈盆〉
真菰行器　㊦535a〔行器〕
マコモモチ　㊦90a〔粽〕
•孫門徒《まごもんと》　㊦**568b**　㊤663a〔コンゴウマイリ〕
マサ　㊤98c〔板屋根〕
真砂　㊤702a〔砂鉄〕　900b〔水銀〕
正岡寛司　㊤464b〔喜多野清一〕
正岡子規　㊦337a〔俳句〕
•将門伝説《まさかどでんせつ》　㊦**568b**
マサカリ　㊤275 図〔斧〕
マサカリダテ〔鉞立て〕　㊤477b〔木貰い〕　972b〔造船儀礼〕
正木助次郎　㊤495b〔郷土会〕
真下駄　㊤569b〔下駄〕
マサスピトゥ　㊤434c〔カンカカリャー〕
柾目　㊤928a〔製材〕
マサ屋根　㊤98c〔板屋根〕　→板屋根
正夢　㊦767b〔夢〕
麻紙　㊤401c〔紙漉き〕
•マジ　㊦**568c**　341a〔ハエ(二)〕
真潮　㊤550c〔黒潮〕
間仕切り土台　㊦221a〔土台〕
マシジミ　㊤762b〔シジミ〕
マジックショー　㊦151a〔手品〕
マシドシ　㊤216a〔エリカケモチ〕
マジナイ〔-ゴト〕　㊦269b〔南島歌謡〕
•呪い〔禁厭〕《まじない》　㊦**569a**　㊤453c〔祈願〕　551b〔黒住教〕　764c〔地震〕　826a〔呪術〕　880c〔ジンクス〕　980a〔俗信〕　㊦634b〔民間医療〕　779b〔夜泣き〕
•呪い言葉《まじないことば》　㊦**569b**
マジニョイ　㊦269a〔南島歌謡〕
マジバエ　㊦569a〔マジ〕
マジムン　㊤582c〔ケンムン〕
麻疹　㊤200c〔疫病〕　→はしか
•マス　㊦**569b**　㊤245a〔沖言葉〕　432b〔川漁〕
•枡〔升〕《ます》　㊦**569c**　㊤833b〔主婦権〕
枡網　㊦145c〔定置網〕
マスウチ　㊦63a〔魂呼び〕　→魂呼び
マズキ　㊦662c〔麦飯〕
マスケ　㊦157c〔手槍〕
枡座　㊦570a〔枡〕
升酒屋　㊤78a〔居酒屋〕
枡刺し　㊤698a〔刺子〕
増田神社(三重)　㊦65b〔太夫村〕
益田嶺神社(福島)　㊦537 図〔祠〕
マストル　㊤855b〔小便〕
鱒女房　㊦569c〔マス〕
鱒淵　㊦473c〔淵〕
増間話　㊤291a〔愚か村〕
一寸見河東　㊤373c〔河東節〕
『真澄遊覧記』《ますみゆうらんき》　⇨菅江真澄(㊤905c)　㊦別刷〈民俗学史〉
マズン　㊤869c〔シラ〕
マゼ　㊦568c〔マジ〕　→マジ
交拏　㊤577a〔拏〕
マゼゴエ　㊤243b〔オカボ〕
混ぜご飯　㊤648a〔五目飯〕　→五目飯
マセ棒　㊤183a〔厩〕
混ぜ餅　㊦695a〔餅〕
•媽祖《まそ》　㊦**570b**
媽祖信仰　㊤270c〔おなり神〕
マダ　㊤137b〔衣料〕　783b〔科布〕
「また逢う日まで」　㊤532b〔口づけ〕
マタアジチ　㊤26b〔アゼチ〕
又仮塔婆　㊦228b〔弔い上げ〕
•マタギ〔又鬼〕　㊦**570c**　㊤129c〔忌木〕　233b〔大島正隆〕　254c〔オコゼ〕　423a〔狩の巻物〕　426c〔皮〕　532c〔口笛〕　551c〔クロモジ〕　575b〔毛祭〕　720a〔山岳信仰〕　738a〔山民〕　749a〔しかり〕　835b〔狩猟〕　836a〔狩猟儀礼〕　836a〔狩猟信仰〕　837c〔狩猟用具〕　863b〔職能神〕　㊦157c〔手槍〕　484a〔ブナ帯文化〕　562a〔巻狩り〕　744a〔山立ち〕　744b〔山立根元記〕　803a〔猟師〕　別刷〈山の神〉　→山立ち
マタギイワイ　㊦742a〔山小屋〕
マタギ勘定　㊦570c〔マタギ〕
マタギ言葉　㊤410a〔カモシカ猟〕　㊦570c〔マタギ〕　741c〔山言葉〕　→山言葉
『又鬼と山窩』　㊤633b〔後藤興善〕
マタギ袴　㊤426c〔皮〕
マタギベラ　㊤837c〔狩猟用具〕
又鍬　㊤301c〔開墾〕　㊦427b〔備中鍬〕　→備中鍬
又四郎尺　㊦700b〔物差〕
マタシンルイ　㊤896c〔親類〕
マタ橇　㊦762b〔雪橇〕
マタダテ　㊤370a〔合掌造〕
マタタビ　㊤12b〔アカマタ・クロマタ〕
マダヌノ　㊤783b〔科布〕
マタビエ　㊦412c〔ヒエ〕
杈椏　㊦587a〔豆打棒〕　→マトリ
マタフンドシ　㊦504c〔褌〕
又昔　㊤730c〔蚕種〕
まだら　㊤810a〔祝儀唄〕
摩吒羅神〔摩多羅-〕　㊤163a〔牛祭〕
摩多羅神祭　㊦690b〔毛越寺延年〕
•マダン　㊦**571a**
マダン劇　㊦67a〔タルチュム〕　106c〔朝鮮民俗学〕　571b〔マダン〕
マチ　㊦563b〔マキョ〕　→マキョ
•町《まち》　㊦**571b**　㊤673c〔在郷町〕　823a〔宿場町〕　㊦209a〔都市〕　573b〔町割〕
待合茶屋　㊤344c〔貸席〕　→出合茶屋
街占　㊦294b〔人相・手相〕
町掟　㊦105a〔町衆〕
町おこし　㊦459c〔フォークロリズム〕
•町会所《まちかいしょ》　㊦**571c**　㊤302c〔会所〕　㊦109b〔町人〕
町方　㊤747b〔地方〕
街芸　㊦15a〔大道芸〕
町芸者　㊤559b〔芸者〕
町工場　㊤592a〔工場〕
町小使　㊦517c〔便利屋〕
町座　㊤670b〔座(一)〕
町地　㊦573b〔町割〕
町式目　㊦105a〔町衆〕
町修験　㊦160b〔デロレン祭文〕
待ち女郎　㊦572b〔待ち女房〕　783b〔嫁入り行列〕

• 町田嘉章〘-佳声〙まちだかしょう　㊦**572a**　㊤165b〔歌〕　㊦340b〔ハイヤ節〕　840a〔童唄〕
町建場　㊤529c〔屑屋〕
町年寄　㊦218b〔年寄〕　573a〔町役人〕
町鳶　㊦225c〔鳶職〕
• 待ち女房まちにょうぼう　㊦**572b**
町年始　㊤845c〔城下町〕
町場　㊤673c〔在郷町〕　㊦209a〔都市〕　→在郷町
待ち針　㊦396c〔針〕
町火消　㊤855c〔消防団〕　㊦151c〔出初式〕　225c〔鳶職〕　405b〔半鐘〕
待ち伏せ猟　㊤536c〔熊狩り〕　576a〔獣道〕　837a〔狩猟法〕
• 町屋〘町家〙まちや　㊦**572b**　㊤590a〔格子〕　796a〔仕舞屋〕　845b〔城下町〕　㊦105a〔町衆〕　199c〔通り庭〕
• 町役人まちやくにん　㊦**573a**
マチヤド　㊤140c〔色直し〕　㊦248b〔中宿〕
マチュウ　㊦563b〔マキョ〕　→マキョ
マチユキボー　㊦172a〔天秤棒〕
• 町割まちわり　㊦**573b**
• 松まつ　㊦**573c**　㊤51a〔争いの樹〕　104a〔一夜松〕　167a〔御嶽〕　339c〔笠掛け松〕　340b〔笠杉〕　621a〔腰掛け松〕　644b〔駒繋ぎ松〕　845a〔正月飾り〕　916c〔炭〕　㊦164a〔天狗松〕　363a〔旗掛け松〕　576c〔松迎え〕　771c〔楊枝〕　780a〔夜泣松〕
松上げ行事　㊤29a〔愛宕信仰〕
• マツイ　㊦**574a**
松浦武四郎　㊦746c〔山中共古〕
• 松会まつえ　㊦**574a**　360a〔柱松〕
松右衛門帆　㊤586b〔航海術〕　㊦521a〔帆〕
松岡映丘　㊤81c〔石神問答〕　㊦390a〔早川孝太郎〕
松岡静雄　㊦823a〔炉辺叢書〕
松納め　㊦575c〔松の内〕
松尾芭蕉　㊦337a〔俳句〕
マッカ　㊤877a〔代分け〕　㊦503a〔分家〕
松飾り　㊤844b〔正月〕　㊦574a〔松〕　575c〔松の内〕
松皮餅　㊤481a〔救荒食物〕
マッキーバー MacIver, Robert Morrison　㊤493a〔共同体〕
松供養　㊤681b〔祭文〕
松倉太神楽　㊤別刷〈仮面〉
抹香　㊤752c〔樒〕　848b〔焼香〕　953a〔線香〕
抹額　㊦155b〔手拭〕
マッコツナギ　㊤182a〔馬こ繋ぎ〕
• 末期の水まつごのみず　㊦**574b**　㊤972b〔葬送儀礼㈠〕
松坂　㊤810a〔祝儀唄〕
• 末子まっし　㊦**574c**　㊤31b〔跡取〕　267c〔オトゴ〕　㊦92c〔嫡子〕　261a〔名前〕
マツジ　㊦574a〔マツイ〕
末寺まっじ　⇨本末制度(㊦557a)
• 末子相続〘-制〙まっしそうぞく　㊦**574c**　㊤65b〔家筋〕　106c〔一子残留〕　374b〔家督相続〕　675c〔財産相続〕　818c〔舅・姑〕　888b〔親族〕　973c〔相続〕　㊦73c〔段々畑〕　574c〔末子〕
松島流燈会　㊤428c〔川施餓鬼〕
• 末社まっしゃ　㊦**575b**　㊤947b〔摂社〕
松節供　㊦576c〔松迎え〕
末代上人　㊦467b〔富士山〕
松倒し　㊦574b〔松会〕
マツタケ　㊤474a〔キノコ〕　㊦574a〔松〕
マッタ杖　㊤837c〔狩猟用具〕
末男子相続　㊤961a〔選定相続〕
マツチ　㊦558a〔マージ〕
真土　㊦132a〔土〕
• 燐寸マッチ　㊦**575b**　㊤819c〔重箱〕
抹茶　㊦91c〔茶〕
待乳山(東京)　㊤852c〔聖天信仰〕
マッツイ　㊦574a〔マツイ〕
マット　㊤752c〔敷物〕
松燈蓋　㊤857b〔照明〕
松直し　㊦575c〔松の内〕
松永貞徳　㊤483b〔狂歌〕　㊦337a〔俳句〕
松永安左ェ門　㊦741b〔山口麻太郎〕
マツナラシ　㊤913b〔煤払い〕
松の伊勢参り　㊤834b〔樹木崇拝〕
• 松の内まつのうち　㊦**575c**　㊤233c〔大正月〕　720c〔三箇日〕
松尾寺(京都)　㊦546図〔仏舞〕
松尾大社(京都)〘-神社〙　㊤131a〔忌挿し〕　263a〔お田植祭〕　㊦382a〔花の頭〕　417c〔蟇目神事〕
松尾寺(京都)　㊤675裏〔西国巡礼〕　㊦546a〔仏舞〕
松尾祭　㊤682b〔祭礼〕
松の葉中　㊦575c〔松の内〕
『松屋筆記』　㊤904a〔随筆〕
松葉　㊦686a〔眼鏡〕
松葉型無床系有床犂　㊤906図〔犂〕
松葉型無床犂　㊤906b〔犂〕
松葉簪　㊤438b〔簪〕
松葉餅　㊦695a〔餅〕
松ばやし　㊦576c〔松迎え〕
• 松囃子〘松拍，松拍子，松奏〙まつばやし　㊦**576a**　㊤858a〔唱門師〕　㊦390c〔囃し㈠〕　648b〔民俗芸能〕
松原岩五郎　㊤920b〔スラム〕
松原八幡神社(兵庫)　㊤577b〔喧嘩祭〕
松聖　㊤617b〔穀霊〕　861a〔松例祭〕
マッピング＝メソード　㊦502b〔文化要素〕
末法思想　㊤768c〔地蔵講〕　769b〔地蔵信仰〕
マツボリ　㊤757a〔私財〕
マツボリゴ　㊤766a〔私生児〕
「松前追分」　㊤227b〔追分節〕
• 松前神楽まつまえかぐら　㊦**576c**
松前地　㊦358c〔場所請負制〕
「松前節」　㊤227b〔追分節〕
• 松迎えまつむかえ　㊦**576c**　㊤376b〔門松〕　706b〔里宮〕　844c〔正月〕　845a〔正月飾り〕　913b〔煤払い〕　㊦574a〔松〕　576b〔松囃子〕
『松虫寺縁起』　㊤259b〔おしら祭文〕
松村武雄　㊤394a〔神〕　㊦167c〔伝説〕　642c〔民俗学㈡〕
松本治一郎　㊤904b〔水平社運動〕
松本善甫　㊤910c〔鮨〕
• 松本信広まつもとのぶひろ　㊦**577a**　283c〔日本民俗学講習会〕　642c〔民俗学㈡〕
松本彦次郎　㊦828a〔和歌森太郎〕
松本楓湖　㊦455a〔風俗画報〕
松本芳夫　㊦822c〔炉辺叢書〕
マツヤキ　㊤688c〔左義長〕
松脂かき〘-搔き〙　㊤728c〔山村〕　㊦743b〔山仕事〕
松脂蠟燭　㊦817a〔蠟燭〕
松山原造　㊤907a〔犂〕
• 松浦佐用媛まつらさよひめ　㊦**577b**　㊤906a〔姿見の池〕　㊦431a〔人身御供〕
松浦静山　㊤369b〔甲子夜話〕
• 祭まつり　㊦**577c**　㊤161a〔氏子総代〕　393b〔神〕
マツリアゲ　㊦21b〔逮夜〕
祭歌　㊦655b〔民謡〕
祭納め　㊤131c〔忌日〕
祭組　㊤539c〔組〕　㊦678a〔村組〕
マツリゴ　㊦401a〔晴着〕
マツリゴトハジメ　㊤651c〔御用始め〕
マツリジマイ　㊦228a〔弔い上げ〕
祭田　㊦622b〔宮田〕　→宮田
『まつりと行事』　㊦356c〔橋浦泰雄〕
祭始め　㊤131c〔忌日〕
• 祭囃子まつりばやし　㊦**579b**　㊤379b〔鉦〕　613c〔胡弓〕　㊦391a〔囃し㈡〕　640c〔民俗音楽〕
祭半纏　㊦406c〔半纏〕
『祭り風土記』　㊦348b〔萩原竜夫〕
祭屋台　㊦43a〔山車〕
マテバシイ　㊤639a〔木の実〕　㊦237c〔ドングリ〕
• 窓まど　㊦**580b**　421a〔庇〕
マトイ　㊦704a〔モモテ祭〕
的射どん　㊦737c〔流鏑馬〕
マトウリ　㊦581a〔マトリ〕
的角　㊤413図〔家紋〕
マトギ　㊦803a〔猟師〕
窓木　㊤129c〔忌木〕

窓鍬　㊤553b〔鍬〕
真床覆衾　㊦161a〔天蓋〕 441b〔白蓋〕
的壊し　㊦766c〔弓神事〕
• 窓ふさぎ《まどふさぎ》　㊦**580**c
的ふみ　㊦766c〔弓神事〕
的破り　㊦766c〔弓神事〕
• マトリ　㊦**581**a 587a〔豆打棒〕
• 間取り《まどり》　㊦**581**a 58a〔田の字型民家〕 449a〔広間型民家〕 460c〔復元的調査〕 629b〔民家〕
マナ　㊤944b〔セジ〕
• 俎〘-板, 真菜板〙《まないた》　㊦**582**a ㊤323c〔家具〕 ㊦532a〔庖丁〕 ㊦732b〔柳〕
まないたなおし　㊤849c〔精進落し〕 →精進落し
マナイタナガシ　㊦448c〔披露宴〕 494c〔振舞い〕
• 俎開き《まないたびらき》　㊦**582**b
マナオシ〘真直し, 間直し〙　㊦594c〔マンナオ〕 →マンナオシ
俎据えの神事　㊤別刷〈供物〉
俎箸　㊦355a〔箸〕
マヌケドウシ　㊦493c〔篩〕
招き看板　㊤448c〔看板〕
• 招き猫《まねきねこ》　㊦**582**b ㊤219a〔縁起物〕 290c〔お礼参り〕 ㊦300c〔猫〕
魔ノ風　㊤70b〔行き会い神〕
真野長者〘万之-〙　㊤918a〔炭焼藤太〕 ㊦104c〔長者〕
魔の道　㊤535c〔首切れ馬〕
• まのよい猟師　㊦**582**c
間柱　㊦359c〔柱〕
マハツブ　㊦534c〔ホオズキ〕
間日　㊤665a〔金神〕
• 間引き(産育)《まびき》　㊦**583**a ㊤716c〔産育儀礼〕 ㊦43c〔堕胎〕 328a〔ノツゴ〕
• 間引き(農業)《まびき》　㊦**584**a
マブ　㊦595a〔マンボ〕
• 鉱〘坑, 間歩〙《まぶ》　㊦**584**a 71a〔炭鉱〕
• マブイ　㊦**584**b ㊤33b〔アニミズム〕 248a〔沖縄文化〕
マブイウチ(魂落とし)　㊦297b〔ヌジファ〕
マブイウティ(魂落ち)　㊦584b〔マブイ〕
• マブイグミ(魂籠め)　㊦**584**b ㊤別刷〈沖縄文化〉 ㊦297b〔ヌジファ〕 584b〔マブイ〕 764a〔ユタ〕
マブイヌギ(魂抜け)　㊦584b〔マブイ〕
マブイワカシ　㊦545b〔仏おろし〕 764a〔ユタ〕
• 蔟《まぶし》　㊦**584**c 834c〔藁〕
マブシワリ　㊤125a〔猪狩り〕
• 馬淵東一《まぶちとういち》　㊦**585**b ㊤597c〔構造主義〕 ㊦501b〔文化人類学〕
『馬淵東一著作集』　㊦585b〔馬淵東一〕
マブヤー　㊦584b〔マブイ〕 →マブイ
マブヤーウー(魂尾)　㊦584b〔マブイ〕
マブリ　㊦584b〔マブイ〕 →マブイ
マブリワアシ　㊦764a〔ユタ〕
魔法使いとその弟子　㊤830a〔術比べ〕
魔法昔話　㊦155a〔手無し娘〕
『魔法昔話の起源』　㊦498a〔プロップ〕
ママ　㊤174c〔乳母〕
ママア　㊤174c〔乳母〕
継子譚　㊦155a〔手無し娘〕
• ままごと　㊦**585**b ㊤別刷〈遊び〉 ㊦432c〔雛祭〕 552c〔盆竈〕
継子と鳥　㊤155c〔ウグイス〕 ㊦585c〔継子話〕
継子と笛　㊦586a〔継子話〕
継子の栗拾い　㊦585c〔継子話〕
継子の椎拾い　㊦585c〔継子話〕
• 継子話《ままこばなし》　㊦**585**c ㊤175c〔姥皮〕 890a〔シンデレラ〕 ㊦295c〔糠福米福〕 366b〔鉢かづき〕
• マムシ　㊦**586**a 149b〔できもの〕 633表〔民間薬〕 731b〔夜刀神〕
マムシ酒　㊦586b〔マムシ〕
• 蝮指《まむしゆび》　㊦**586**b 272b〔ニガテ〕
真結び　㊦668b〔結び〕
• 豆《まめ》　㊦**586**c 259b〔七日正月〕 366c〔八十八夜〕
マメアラシ　㊦431c〔雛荒し〕 →雛荒し
豆一　㊤107b〔一寸法師〕
• 豆植棒《まめうえぼう》　㊦**586**c
• 豆打棒《まめうちぼう》　㊦**587**a
• 豆占《まめうら》　㊦**587**a ㊤116a〔稲作儀礼〕 189a〔占い〕 949b〔節分〕 ㊦210b〔年占〕 586c〔豆〕
マメガキ　㊤320a〔柿渋〕
豆殻　㊤別刷〈婚礼〉
豆子話　㊤237b〔大話〕
豆挿し具　㊦586c〔豆植棒〕
マメシトギ　㊦13c〔大豆〕
豆助　㊤107b〔一寸法師〕
豆蔵　㊦524a〔放下〕 726a〔弥次郎兵衛〕
豆大師　㊤439b〔元三大師〕 別刷〈護符〉
豆狸　㊤24c〔小豆洗い〕
マメチャ　㊦92b〔茶粥〕
豆まき〘-撒き〙　㊤275a〔鬼やらい〕 949b〔節分〕 ㊦117b〔追儺〕 586c〔豆〕 718c〔厄除け〕
• 豆名月《まめめいげつ》　㊦**587**b ㊤134b〔芋名月〕 813b〔十五夜〕 816b〔十三夜〕 ㊦13c〔大豆〕 126a〔月見〕 320a〔農耕儀礼〕 364c〔畑作〕 364c〔畑作儀礼〕 586c〔豆〕
豆餅　㊦13c〔大豆〕
豆ランプ　㊦796a〔ランプ〕
魔物　㊦219b〔土葬〕
守犬　㊤219a〔縁起物〕
守り刀　㊤586a〔笄〕
マモリダマ　㊤125a〔命弾〕 →命弾
守札　㊤160b〔氏子〕 281b〔お守り〕 987図〔蘇民将来〕
マヤ(厩)　㊤183a〔厩〕 229c〔応接間〕
マヤ(林業)　㊤835a〔修羅〕
真屋　㊤137a〔入母屋〕 509c〔切り妻〕
マヤギトウ　㊤183b〔厩祭〕
マヤゴ　㊤766a〔私生児〕
マヤの神　㊦301a〔猫〕
マヤマツリ　㊤183b〔厩祭〕
マヤマツリノタユウ　㊤183b〔厩祭〕 →猿大夫
• 繭《まゆ》　㊦**587**c 584c〔蔟〕 770a〔養蚕〕
マユカキ〘繭掻き〙　㊦588a〔繭〕 588b〔繭玉〕 770c〔養蚕〕
繭倉　㊤543b〔倉〕
黛　㊤568b〔化粧〕
• 繭玉〘マユダマ, -団子, マユダンゴ〙《まゆだま》　㊦**588**a ㊤624b〔小正月〕 757a〔仕事始め〕 826b〔呪術〕 別刷〈小正月〉 ㊦70c〔団子〕 588a〔繭〕 697a〔餅花〕 770c〔養蚕〕 777a〔予祝儀礼〕
マユダマ下ろし　㊦371b〔二十日正月〕
繭玉飾り　㊦370a〔初市〕 588b〔繭玉〕
繭玉行事　㊤702a〔サツマイモ〕
繭団子　㊦366c〔八十八夜〕
繭箕　㊦612c〔箕作り〕
• マユンガナシ　㊦**588**b ㊤88a〔異人歓待〕 別刷〈沖縄文化〉 ㊦289a〔ニライカナイ〕 591a〔まれびと〕 792a〔来訪神〕
マヨヒガ　㊤330b〔隠れ里〕
迷い箸　㊦833c〔渡箸〕
• 魔除け《まよけ》　㊦**588**c ㊤10a〔あか〕 139a〔文身〕 143c〔イワシ〕 177b〔産着〕 255c〔おこない〕 375a〔門口〕 510a〔切り火〕 593c〔荒神〕 608b〔牛玉杖〕 636b〔事八日〕 740b〔シーサー〕 833c〔呪物崇拝〕 839c〔春画〕 854c〔ショウブ〕 912a〔鈴〕 964a〔千本杵〕 ㊦219b〔土葬〕 321c〔納札〕 350a〔拍手〕 389a〔破魔矢〕 398b〔ハリセンボン〕 438b〔紐〕 451b〔ヒンプン〕 457a〔符札〕 463a〔プクサ〕 538c〔星〕 569b〔呪い言葉〕 587b〔豆占〕 703b〔桃〕 767a〔弓神事〕 787a〔ヨモギ〕 794b〔乱声〕
魔羅　㊤15c〔悪魔〕
『マライシアに於ける稲作儀礼』　㊤174b〔宇野円空〕
マラソン足袋　㊤748b〔地下足袋〕
マラビトガミ　㊦591c〔客人神〕 →客人神
マラリア　㊤256a〔瘧〕
まり　㊦842b〔椀〕
• マリア観音　㊦**589**a 539a〔母子神信

仰〕
マリオネット ㊤110c〔糸あやつり〕
・摩利支天〔摩里支-，末利支-〕《まりしてん》 ㊦**589b**
・鞠つき歌《まりつきうた》 ㊦**589c**
・マリノフスキー Malinowski, Bronislaw Kasper ㊦**590a** ㊤14a〔秋葉隆〕 473a〔機能主義〕 623c〔互酬性〕 738c〔参与観察〕 ㊦158b〔デュルケム〕
マルアゴ ㊦224b〔トビウオ〕
丸内に酢漿草 ㊤412図〔家紋〕
丸内に覗梅 ㊤412図〔家紋〕
マルオケ ㊤432c〔棺〕
丸帯 ㊤278c〔帯〕
丸合羽 ㊤40b〔雨具〕 370b〔合羽〕 ㊦525a〔防寒着〕
丸亀団扇 ㊤170c〔団扇〕
丸亀道 ㊤666b〔金毘羅街道〕
丸瓦 ㊤430b〔瓦〕 ㊦735b〔屋根〕
マルキ ㊤430a〔川船〕 ㊦227a〔どぶね〕
丸木梯子 ㊦357b〔梯子〕
マルキビ ㊤474c〔キビ〕
・丸木舟〔独木-〕《まるきぶね》 ㊦**590b** ㊤5図〔アイヌ〕 94b〔磯〕 96b〔磯船〕 505a〔漁船〕 547c〔刳り物〕 586b〔航海術〕 709a〔サバニ〕 ㊦61b〔田舟〕 89a〔チㇷ゚〕 486c〔船〕 732b〔柳〕
マルキンニ(丸木舟) ㊤709a〔サバニ〕
マルクス Marx, Karl Heinrich ㊤493a〔共同体〕 579a〔原始共産制〕
マルク＝ブロック Marc Bloch ⇨ブロック(㊦497c)
マルコ ㊦70b〔団子〕
マルコブネ ㊦590c〔丸木舟〕
丸子船 ㊦314c〔燃料〕
丸刺し ㊤762c〔刺繡〕
丸頭巾 ㊤387a〔かぶりもの〕 909a〔頭巾〕
丸膳 ㊤952a〔膳〕
丸袖 ㊤983c〔袖〕
マルタ ㊤155b〔ウグイ〕
丸田 ㊦622b〔宮田〕
マルタブネ ㊦590c〔丸木舟〕
丸俵 ㊤410c〔カヤ〕
丸ちゃぶ ㊦94c〔ちゃぶ台〕
丸唐 ㊤109c〔糸〕
丸に揚羽蝶 ㊤412図〔家紋〕
丸に桔梗 ㊤411図〔家紋〕
丸に九枚笹 ㊤411図〔家紋〕
丸に獅子 ㊤412図〔家紋〕
丸に立葵 ㊤411図〔家紋〕
丸に橘 ㊤411図〔家紋〕
丸に根付梶葉 ㊤411図〔家紋〕
丸に二つ違雁 ㊤412図〔家紋〕
丸に三葉柏 ㊤412図〔家紋〕
丸葺き ㊦735c〔屋根替え〕
マルボシ〔丸干し〕 ㊤900c〔水産加工〕 ㊦438c〔干物〕
・丸髷《まるまげ》 ㊦**590c** ㊤438b〔簪〕 669b〔婚礼衣裳〕
円窓 ㊦580b〔窓〕
丸麦 ㊦662c〔麦飯〕
マルメシ ㊦686c〔飯〕
マルメモン ㊦70b〔団子〕
マルモント ㊦710a〔門徒〕
丸役 ㊦718b〔役家〕
丸山教 ㊤498a〔教派神道〕 ㊦467a〔富士講〕
丸山真男 ㊤428a〔川島武宜〕
丸山学 ㊦419c〔彦市〕
マルワッパ ㊦567b〔曲物〕
・マレㇷ゚ ㊦**591c**
マレㇰ ㊦591c〔マレㇷ゚〕
マレット Marett, Robert Raunlph ㊤33b〔アニミズム〕 ㊦61a〔タブー〕
・まれびと ㊦**591a** ㊤72c〔異郷〕 87b〔異人(一)〕 88a〔異人歓待〕 289c〔折口信夫〕 302c〔外者歓待〕 393c〔神〕 621c〔乞食〕 ㊦10a〔大師粥〕 10b〔大師講〕 28c〔他界観〕 171a〔天皇伝説〕 207b〔常世〕 591c〔客人神〕 644c〔民俗学史〕 647b〔民俗芸能〕 698b〔もどき〕
マレビトガミ〔まれびと神〕 ㊤624c〔小正月の訪問者〕 ㊦591c〔客人神〕 →客人神
マレビト信仰 ㊤840a〔巡行神〕
まれびと論 ㊤184b〔海〕 ㊦444b〔漂泊民〕
「まれびと論―その形成と骨格―」 ㊤75a〔池田弥三郎〕
マロウド ㊤302c〔外者歓待〕
マロウドカタル ㊤420c〔烏鳴き〕
・客人神《まろうどがみ》 ㊦**591c** 540a〔ホスピタリティ〕
客神社(島根) ㊦592a〔客人神〕
客神社(山口) ㊦592a〔客人神〕
客人宮 ㊤979c〔曾我兄弟〕
間脇 ㊦439b〔百姓〕
マワシ ㊤49a〔操三番叟〕
マワシ〔褌〕 ㊦504c〔褌〕 →褌
マワシ親 ㊤287a〔親子成り〕 422b〔仮親〕 ㊦509a〔へこ親〕
回し焼香 ㊤848b〔焼香〕
回挽鋸 ㊦325b〔鋸〕
まわし風呂 ㊦496b〔風呂〕
真綿 ㊦831a〔棉〕
廻り植え ㊦24b〔田植え〕 27a〔田植え法〕
廻り神楽 ㊦391c〔早池峰神楽〕 749c〔山伏神楽〕
・回り地蔵《まわりじぞう》 ㊦**592a**
まわり正月 ㊤793b〔地祭〕
マワリシンルイ ㊤148c〔姻戚〕
まわり太鼓 ㊦7a〔太鼓踊り〕
回り田の神 ㊦57a〔田の神像〕
回り燈籠 ㊤333b〔影絵〕
廻り床 ㊤87b〔居職・出職〕
回り舞台 ㊤384b〔歌舞伎〕 ㊦471c〔舞台〕
マワリヤド〔廻り宿〕 ㊤21b〔足入れ婚〕 ㊦306a〔寝宿〕
マン ㊦778b〔予兆〕
満意 ㊤824a〔修験道〕
マンイワイ〔マン祝い，万祝い〕 ㊤218c〔縁起かつぎ〕 241a〔大山信仰〕 ㊦23a〔大漁祝い〕 23b〔大漁節〕 →マイワイ
マンガ ㊤211a〔えぶり〕 762b〔シジミ〕 ㊦566b〔馬鍬〕
・まんかい ㊦**592b**
満海塚 ㊦750c〔山伏塚〕
マンガンタテ ㊤965a〔占有標〕
まんきゃ踊り ㊦592c〔まんかい〕
満行大権現 ㊦400a〔榛名信仰〕
万金丹 ㊤19a〔朝熊信仰〕
万九千神社(島根) ㊤90b〔出雲信仰〕
万石どおし〔万石，-通〕 ㊤953c〔千石どおし〕 963b〔千歯扱き〕 ㊦105c〔調製〕 763c〔ゆすり〕
マンゴシイワイ ㊦23a〔大漁祝い〕 →マンイワイ
万垢離 ㊤435a〔願掛け〕 437c〔寒垢離〕 954c〔千垢離〕
マンサージ ㊦144c〔ティーサージ〕
満座荒れ ㊤254a〔お講凪〕
・万歳《まんざい》 ㊦**592c** ㊤375a〔門口〕 375a〔門付け〕 392b〔竈祓え〕 823b〔祝福芸〕 ㊦405a〔万歳〕 593b〔漫才〕 598b〔三河万歳〕
・漫才〔万才〕《まんざい》 ㊦**593b**
万才敵討 ㊤540c〔組踊り〕
マンザイク ㊤765a〔地震〕
『万載和歌集』 ㊤483b〔狂歌〕
万作 ㊤628c〔広大寺〕
・万作踊り《まんさくおどり》 ㊦**593b** ㊤46b〔飴屋踊り〕
万作芝居 ㊦94b〔茶番〕 593c〔万作踊り〕
マンジオンナ ㊤182a〔石女〕
万次万三郎《まんじまんざぶろう》 ⇨磐次磐三郎(㊦405a)
・饅頭《まんじゅう》 ㊦**594a** ㊤43a〔甘味〕 56b〔餡〕 432a〔かわりもの〕 442b〔間食〕 ㊦250c〔投上げ饅頭〕
饅頭笠 ㊤339a〔笠〕 ㊦745c〔ヤマドッサン〕
マンション ㊤35a〔アパート〕 ㊦74a〔団地〕
万次郎の猫絵 ㊦301a〔猫絵〕
万神 ㊦657b〔ムーダン〕
・万雑《まんぞう》 ㊦**594b** ㊤535b〔区費〕
満蔵寺(埼玉) ㊤186b〔梅若〕 186c〔梅若忌〕

万雑帳　㊦594*b*〔万雑〕
マンダイ　㊤623*b*〔腰巻〕
茨田の堤(大阪)　㊤596*c*〔洪水〕
• 曼荼羅〘曼陀羅，慢怛羅〙《まんだら》　㊦**594***b*　㊤890*a*〔神体〕
曼荼羅寺(香川)　㊦519 表〔遍路〕
漫談　㊦593*b*〔漫才〕
マンチェスター学派　㊦171*c*〔伝播主義〕
満中陰《まんちゅういん》　⇨四十九日(㊤763*a*)　㊦97*a*〔中陰〕　465*b*〔服喪〕
満潮　㊤742*c*〔潮〕
マント　㊦525*a*〔防寒着〕
万燈　㊤770*c*〔地蔵盆〕　㊦531*a*〔疱瘡送り〕　659*a*〔迎え火〕
万燈供養　㊤231*b*〔お会式〕
万燈講　㊤231*c*〔お会式〕
万燈籠　㊦20*c*〔大文字焼き〕　→大文字焼き
満徳寺(群馬)　㊤38*a*〔尼〕　219*b*〔縁切寺〕
• マンナオシ〘間直し，真直し〙　㊦**594***c*　㊤209*b*〔えびす盗み〕　218*c*〔縁起かつぎ〕
マンニチの取子　㊦406*c*〔番太〕
万年樋　㊤903*c*〔水道〕
マンノウ〘万能〙　㊤554*a*〔鍬〕　808*c*〔収穫〕
マンパチ　㊤280*c*〔苧桶〕
マンハルト Mannhardt, Wilhelm　㊦175*a*〔ドイツ民俗学〕
万部経　㊤198*a*〔永代経〕
万福寺(京都)　㊤428*c*〔川施餓鬼〕　444*c*〔関帝信仰〕　㊦479*b*〔普度〕
万福寺(岡山)　㊤816*a*〔十三参り〕
• マンボ　㊦**595***a*　→横井戸
マンマ　㊦686*b*〔飯〕　→飯
幔幕　㊤323*b*〔家具〕
『満蒙の民族と宗教』　㊤14*b*〔秋葉隆〕
• 『万葉集』《まんようしゅう》　㊦**595***a*　㊤416*c*〔歌謡〕
『万葉集の文化史的研究』　㊦595*b*〔万葉集〕
『万葉集の民俗学的研究』　㊦249*a*〔中山太郎〕　595*b*〔万葉集〕

み

ミ　㊤230*a*〔オウツリ〕
巳　㊦628*c*〔弥勒信仰〕
• 箕《み》　㊦**595***c*　㊤70*b*〔行き会い神〕　162*b*〔丑の稲〕　718*b*〔さんか〕　775*b*〔七人ミサキ〕　別刷〈婚礼〉　㊦37*b*〔竹細工〕　612*c*〔箕作り〕　657*a*〔ムイ(二)〕　806*b*〔臨終〕
• 見合《みあい》　㊦**596***a*　㊤658*c*〔婚姻〕　990*c*〔村外婚〕　㊦142*a*〔釣書〕　251*c*〔仲人〕
見合市　㊦782*c*〔嫁市〕
見合観音　㊦782*c*〔嫁市〕
見合結婚　㊦813*a*〔恋愛結婚〕
御贖物　㊤361*a*〔形代〕　㊦257*c*〔撫物〕
身上がり　㊤97*a*〔イタコ〕
• みあれ〘御阿礼，御生，御形〙　㊦**596***b*　㊤8*c*〔葵祭〕　→葵祭
• 御阿礼神事〘みあれ〙《みあれのしんじ》　㊦**596***c*　㊤9*a*〔葵祭〕　403*b*〔神迎え〕　㊦439*b*〔神籬〕　596*b*〔みあれ〕
ミーグソー(新仏)　㊤527*c*〔グショー〕
三井寺(滋賀)　㊤675 表〔西国巡礼〕
三井寺話　㊤149*c*〔因縁話〕
ミード Mead, Margaret　㊤742*a*〔ジェンダー〕　㊦335*b*〔パーソナリティ〕　457*a*〔夫婦家族〕
ミーハロウジ　㊦402*c*〔ハロウジ〕
ミーフガー　㊤929*a*〔性信仰〕
• ミイラ　㊦**597***a*
ミイラ葬　㊤977*a*〔葬法〕
ミイラ仏　㊤497*c*〔行人塚〕　981*c*〔即身仏〕　㊦286*b*〔入定〕
身祝い　㊦717*c*〔厄年〕
ミウエ〘実植え〙　㊤748*c*〔直播き〕　㊦358*b*〔播種法〕
身内　㊤942*b*〔世間〕
巳午　㊦603*c*〔巳正月〕
見栄　㊤943*b*〔世間体〕　㊦800*b*〔流行〕
• 御影供《みえいく》　㊦**597***b*
御影講　㊤231*b*〔お会式〕　㊦597*b*〔御影供〕
御影堂　㊤302*b*〔開山忌〕　→開山堂
御影供　㊤302*b*〔開山忌〕
澪　㊤354*a*〔河川水運〕
澪筋　㊦445*c*〔日和山〕
『未開社会における構造と機能』　㊦793*c*〔ラドクリフ＝ブラウン〕
『未開社会における犯罪と慣習』　㊦590*b*〔マリノフスキー〕
未開宗教　㊤810*c*〔宗教〕
『未開人の政治と法律』　㊤908*c*〔杉浦健一〕
『未開人の性生活』　㊦590*b*〔マリノフスキー〕
未解放部落《みかいほうぶらく》　⇨被差別部落(㊦421*b*)
御餅　㊤685*c*〔肴〕
御篝火神事　㊦19*b*〔松明〕
磨丸太　㊦360*a*〔柱〕
• 御神楽《みかぐら》　㊦**597***c*　㊤315*a*〔雅楽〕　327*b*〔神楽〕　㊦602*a*〔巫女舞〕　647*c*〔民俗芸能〕
みかぐらうた　㊦173*b*〔天理教〕
御蔭神事　㊤403*b*〔神迎え〕
御陰燈籠　㊤858*b*〔常夜燈〕
御陰祭　㊤9*a*〔葵祭〕
御笠　㊤329*a*〔神楽〕　㊦441*b*〔白蓋〕
御形　㊤889*c*〔神体〕　→神体
御薪の儀　㊦212*a*〔年木〕
御上神社(滋賀)　㊤774*c*〔七度半の使〕　890*b*〔神田〕　899*b*〔ずいき祭〕　別刷〈供物〉　㊦601*b*〔神輿〕　621 図〔宮座〕
三上永人　㊦823*a*〔炉辺叢書〕
• 三河大神楽〘-太神楽〙《みかわだいかぐら》　㊦**597***c*
『三河国吉田領答書』　㊤864*c*〔諸国風俗問状答〕
• 三河万歳《みかわまんざい》　㊦**598***b*　㊤375*b*〔門付け〕　823*b*〔祝福芸〕　㊦593*a*〔万歳〕　648*b*〔民俗芸能〕
ミカワリ　㊦116*c*〔追善供養〕
身代わり地蔵　㊤769*c*〔地蔵信仰〕　770*b*〔地蔵伝説〕
• ミカワリバアサン〘ミカリ-，ミカリ婆さん〙　㊦**598***c*　㊤636*b*〔事八日〕
身代わり不動　㊦264*c*〔成田山〕　480*a*〔不動信仰〕
• ミカン　㊦**599***a*　452*b*〔鞴祭〕　633 表〔民間薬〕
みかん水　㊤935*a*〔清涼飲料〕
ミカン蜜　㊦369*a*〔蜂蜜〕
みかん割り　㊤549*b*〔榑〕　→榑
神酒〘御酒〙《みき》　⇨お神酒(㊤281*c*)　㊤542*a*〔供物〕　685*c*〔肴〕
右《みぎ》　⇨左(㊦425*b*)
ミキイレ　㊤476*a*〔決め酒〕
右勝手　㊤370*a*〔勝手〕
右勝手型の住まい　㊤285*a*〔母屋〕
神酒徳利　㊦204*b*〔徳利〕
右綯い縄　㊦265*b*〔縄〕
神酒の口　㊦36*a*〔竹〕
三木露風　㊦194*b*〔童謡〕
ミキン　㊦211*c*〔年神〕
神籤《みくじ》　⇨おみくじ(㊤282*a*)
三行半　㊤219*b*〔縁切寺〕　→離縁状
ミクニチ　㊤522*b*〔九月節供〕
御熊の神　㊤42*c*〔あまのじゃく〕
• 水分神《みくまりのかみ》　㊦**599***b*　㊤902*b*〔水神〕　㊦200*a*〔戸隠信仰〕　738*a*〔山〕

水分明神　㊤516c〔金峰山〕
ミクリ　㊦831c〔棉〕
ミクルーホ＝マクライ Miklukho-Maklai, Nikolai Nikolaevich　㊦822a〔ロシア民俗学〕
御車祭　㊤83c〔石取祭〕
「ミクロネシアにおける「同生地族」の形成」　㊤250c〔奥野彦六郎〕
三九日　㊤422a〔刈上げ祝い〕
御飯　㊤685c〔肴〕
御饌　㊤542a〔供物〕
御結鎮　㊤570a〔結鎮〕
御食津大神　㊤617c〔穀霊神話〕
御膳魂神　㊤617c〔穀霊神話〕
御食津神　㊤617c〔穀霊神話〕
三子　㊤109c〔糸〕
• 巫女《みこ》　㊦**599**c　㊤71b〔生き神〕　88b〔異人殺し〕　97a〔イタコ〕　295b〔女神主〕　327c〔神楽〕　372b〔桂女〕　400a〔神口〕　471b〔祈禱師〕　548a〔狂い〕　784a〔死口〕　788b〔柴打〕　798a〔シャーマニズム〕　865b〔女子神職〕　880c〔新口〕　906b〔姿見の池〕　926b〔聖婚〕　953b〔善光寺参り〕　㊦230b〔虎〕　231b〔虎が石〕　602a〔巫女舞〕　631a〔民間信仰〕　823b〔ワカ〕
• 神子《みこ》　㊦**600**b　㊤71b〔生き神〕　259図〔おしら祭文〕　327c〔神楽〕　798a〔シャーマニズム〕
御子　㊤798a〔シャーマニズム〕
ミゴ　㊦835a〔藁〕
御神屋　㊤741b〔椎葉神楽〕
巫女神楽　㊤327c〔神楽〕　705a〔里神楽〕　㊦602a〔巫女舞〕　647c〔民俗芸能〕　→巫女舞
• 御子神〔御児神〕《みこがみ》　㊦**600**b　㊤229a〔王子信仰〕　㊦366a〔八王子社〕　737a〔藪神〕　824c〔若宮〕　→若宮
• 御子神(中国・四国)《みこがみ》　㊦**600**c
ミコガミガサ　㊦600c〔御子神(二)〕
御子神信仰　㊤345b〔鹿島信仰〕
ミコガミスジ　㊦600c〔御子神(二)〕
• 神輿〔御輿〕《みこし》　㊦**601**a　㊤264b〔御旅所〕　㊦202b〔渡御〕　601c〔神輿洗い〕　624c〔神幸〕
• 神輿洗い〔御輿洗〕《みこしあらい》　㊦**601**c　㊤453a〔祇園祭〕
神輿宿　㊤264b〔御旅所〕　→御旅所
『巫女と仏教史』　㊦348b〔萩原竜夫〕
ミゴ縄　㊦265c〔縄〕
• 巫女舞《みこまい》　㊦**602**a　㊤328a〔神楽〕　561a〔芸能〕　705a〔里神楽〕　883a〔神事芸能〕　㊦489b〔舞踊〕　558c〔舞〕　647c〔民俗芸能〕
神子舞　㊤328a〔神楽〕　㊦602a〔巫女舞〕　647c〔民俗芸能〕　→巫女舞
御子舞　㊤328a〔神楽〕
ミコ寄せ　㊦545c〔仏おろし〕
見懲らし　㊤926c〔制裁〕
ミザ　㊦607b〔水屋(一)〕
• みさき〔ミサキ〕　㊦**602**c　㊤70b〔行き会い神〕　86c〔異常死〕　419c〔烏〕　775a〔七人ミサキ〕　783c〔死神〕　㊦14a〔大山信仰〕　123a〔使わしめ〕　658b〔無縁仏〕
• 岬《みさき》　㊦**602**c
みさきカゼ〔-風〕　㊤351c〔風邪〕　㊦602c〔みさき〕
御崎祭文　㊦602c〔みさき〕
「三崎甚句」　㊦340b〔ハイヤ節〕　391b〔囃し(二)〕
ミサキバナシ　㊦602c〔みさき〕
ミザクロ　㊤692a〔ザクロ〕
• 御射山祭〔-神事〕《みさやままつり》　㊦**603**a　㊤75b〔生贄〕　836b〔狩猟信仰〕　922a〔諏訪信仰〕
三沢勝衛　㊦658c〔向山雅重〕
ミジカ　㊤756b〔仕事着〕　㊦473b〔ふだん着〕
短着　㊤756c〔仕事着〕　894c〔甚兵衛〕　㊦375b〔法被〕
ミシキョマ　㊤182c〔ウマチー〕
• 三品彰英《みしなしょうえい》　㊦**603**b
『三品彰英論文集』　㊦603b〔三品彰英〕
ミシバオロシ　㊤789a〔柴挿し(一)〕
• 三島暦《みしまごよみ》　㊦**603**b　㊤652a〔暦〕
三島神社(京都)　㊤173b〔鰻〕
三島大社〔-神社〕(静岡)　㊤173b〔鰻〕　403a〔雷〕　㊦235c〔酉の市〕
ミジヤ　㊦607b〔水屋(一)〕
ミシャグチ　㊤802c〔石神〕
御左口神　㊤921c〔諏訪信仰〕
ミシャグパーシィ　㊦457c〔豊年祭〕
• 巳正月《みしょうがつ》　㊦**603**c　346a〔墓参り〕　427c〔引っ張り餅〕
御正体　㊤889c〔神体〕　→神体
• 御簾〔翠簾〕《みす》　㊦**603**c　㊤914b〔簾〕　㊦37a〔竹細工〕
簾　㊦37a〔竹細工〕
ミズ　㊤481a〔救荒食物〕　724a〔山菜〕
• 水《みず》　㊦**604**a　㊤743c〔潮汲み〕　㊦259c〔七日盆〕　605b〔水汲み〕
ミズアゲ　㊤942a〔堰普請〕
水浴びせ　㊦604c〔水祝い〕
水油　㊤396a〔髪油〕
水飴　㊤42c〔甘味〕　46b〔飴〕　㊦127c〔佃煮〕
• 水争い《みずあらそい》　㊦**604**b　㊤434a〔灌漑〕　448c〔旱魃〕　㊦別刷〈野良仕事〉
水稲荷神社(東京)　㊦468裏〔富士塚〕
ミズイボ　㊤127b〔疣〕
ミズイモ　㊦20a〔タイモ〕
• 水祝い《みずいわい》　㊦**604**c　㊤624b〔小正月〕　㊦823c〔若い衆〕
湖　㊤74b〔池〕
水占　㊤189a〔占い〕　㊦587b〔豆占〕　606a〔水試し〕
水売り　㊤935a〔清涼飲料〕
水桶　㊤252図〔桶〕　320a〔柿渋〕
水白粉　㊤260b〔白粉〕
水沢瀉　㊤411図〔家紋〕
水およぎ　㊤899b〔水泳〕　→水泳
ミズカエ　㊤430a〔川干し〕
水鏡　㊤906b〔姿見の池〕
水掛け　㊦604c〔水祝い〕
• 水掛け着物《みずかけきもの》　㊦**605**a　249c〔流灌頂〕　別刷〈生と死〉
• 水掛け不動《みずかけふどう》　㊦**605**a
水菓子　㊤9c〔青物市〕　342b〔菓子〕　㊦324b〔納涼〕
水方　㊤330a〔隠れキリシタン〕
水銀　㊤900b〔水銀〕　→すいぎん
水甕　㊤406c〔甕〕
水唐臼　㊤472c〔杵〕
水木帽子　㊦530a〔帽子〕
水行　㊤435b〔寒行〕　㊦33b〔滝〕
水切籠　㊤336c〔籠〕
ミズクチ　㊦615a〔水口〕
• 水汲み《みずくみ》　㊦**605**b
水車　㊤901b〔水車〕　→すいしゃ
水券　㊤905b〔水利慣行〕
水喧嘩　㊦604b〔水争い〕　→水争い
水乞鳥　㊤637a〔小鳥前生譚〕　㊦191c〔動物昔話〕
• 水子供養《みずこくよう》　㊦**605**b　43c〔堕胎〕　683b〔冥婚〕
水子塚　㊦43c〔堕胎〕
ミズゴヤ　㊤50a〔洗い場〕
水垢離　㊤435a〔願掛け〕　437c〔寒垢離〕　447a〔願人坊主〕　454a〔祈願〕　㊦806b〔臨終〕
水盃　㊤964a〔餞別〕　㊦152a〔出立ち〕
水指　㊦567図〔曲物〕
水授け　㊤330a〔隠れキリシタン〕
• 水晒し《みずさらし》　㊦**605**c
水沢謙一　㊤363a〔語り〕
ミスシダ　㊦739a〔病い田〕
水社会　㊤434a〔灌漑〕
水祝儀　㊦604c〔水祝い〕
水障子　㊤848c〔障子〕
三栖神社(京都)　㊦19b〔松明〕
ミススタケ　㊤694c〔笹〕
水修羅　㊤426c〔川狩〕
ミスズリ　㊦608a〔ミセセル〕　→ミセセル
水炊き　㊦260b〔鍋物〕
水断　㊤778c〔十界修行〕
水棚　㊤465a〔忌中部屋〕　㊦555b〔盆棚〕　別刷〈盆〉
水谷神社(兵庫)　㊤919b〔相撲〕
水田光　㊦5b〔大工と鬼六〕
• 水試し《みずだめし》　㊦**606**a　→水占
水樽　㊦66b〔樽〕
ミズチ　㊤370b〔河童〕

水茶屋　㊤466c〔喫茶〕 467a〔喫茶店〕 687b〔盛り場〕 ㊦95a〔茶店〕 95b〔茶屋〕
水釣唄　㊤694a〔酒造り唄〕
水止舞　㊤761c〔獅子舞㈠〕
ミズトリ　㊤49c〔綾取り〕
水鳥問屋　51606b〔水鳥猟〕
•水鳥猟《みずとりりょう》　㊦**606**b
ミズナラ　㊤639a〔木の実〕 ㊦237c〔ドングリ〕 606a〔水晒し〕
水苗代　㊦243a〔苗間〕
水抜間歩　㊦584a〔鉱〕
水の神　㊦516c〔弁天信仰〕 790c〔雷神〕
•水の神の寿命《みずのかみのじゅみょう》　㊦**606**b ㊤194a〔運定め〕
•水呑〔-百姓〕《みずのみ》　㊦**606**c 439b〔百姓〕 556c〔本百姓〕 →無高百姓
水野葉舟　㊤695a〔佐々木喜善〕 ㊦199b〔遠野物語〕
水野竜　㊤340c〔笠戸丸〕
ミズハリ　㊤207b〔胞衣〕
水番　㊤75c〔池守〕
•水引《みずひき》　㊦**607**a ㊤809c〔祝儀〕 ㊦668b〔結び〕
水引(労働)　㊤602c〔坑夫〕
水引き地蔵　㊤770c〔地蔵伝説〕 894c〔神仏霊験譚〕 ㊦26a〔田植え地蔵〕
御厨子引暖簾　㊦332c〔暖簾〕
水ブニ　㊤905b〔水利慣行〕
ミズブネ　㊦607b〔水屋㈠〕
水間寺(大阪)　㊦696b〔餅搗き〕
三隅治雄　㊦647b〔民俗芸能〕
水見舞　㊦617c〔見舞〕
水向け　㊦116c〔追善供養〕
水眼鏡　㊤903a〔水中眼鏡〕 ㊦353a〔箱ガラス〕
水餅　㊦824b〔若水〕
水守　㊦604b〔水〕
•水屋(住居)〔ミズヤ〕《みずや》　㊦**607**a ㊤50a〔洗い場〕 150a〔飲用水〕 ㊦221a〔戸棚〕 245a〔流し〕
•水屋(避難施設)《みずや》　㊦**607**b 611c〔水塚〕 830c〔輪中〕
水役　㊤75c〔池守〕
水役(婚礼)　㊦605a〔水祝い〕
水谷神社(奈良)　㊦380c〔鎮花〕
水屋中門　㊦101a〔中門造〕 245a〔流し〕
水雪　㊦759c〔雪〕
美豆良　㊤399b〔髪型〕
水割符帳　㊦64b〔溜池〕
店　㊤221c〔縁台〕 ㊦572c〔町屋〕
•店〔ミセ〕《みせ》　㊦**607**c
•ミセセル　㊦**608**a 269a〔南島歌謡〕
•見世物〔観物〕《みせもの》　㊦**608**b ㊤400a〔紙切〕 400c〔紙芝居〕 670c〔サーカス〕 ㊦327b〔覗機関〕 352a〔化物屋敷〕
見世物芸　㊤425b〔軽業〕 503c〔曲芸〕
見世物小屋　㊤197a〔映画館〕 425b〔軽業〕 ㊦15a〔大道芸〕
観物場取締規則　㊤587b〔興行師〕
見世物屋　㊤222a〔縁日〕
弥山(奈良)　㊤238c〔大峯信仰〕
•味噌《みそ》　㊦**609**a ㊤590a〔麴〕 744b〔塩漬〕 859a〔醬油〕 873c〔汁物〕 971a〔雑炊〕 ㊦13b〔大豆〕 110c〔調味料〕 634b〔民間療法〕 742a〔山小屋〕
ミゾイモ　㊦20a〔タイモ〕
ミソウズ　㊤971a〔雑炊〕
晦日市　㊦215c〔年の市〕 319c〔農具市〕
•味噌買橋《みそかいばし》　㊦**609**c 767a〔夢〕
ミソカソバ　㊤986b〔蕎麦〕
晦日餅　㊤875a〔次郎の朔日〕
•禊《みそぎ》　㊦**609**c ㊤648c〔籠り〕 742c〔塩〕 ㊦115a〔鎮送呪術〕 257c〔撫物〕 363a〔裸祭〕 394b〔祓え〕 610c〔御手洗〕 692c〔殯〕 764b〔湯立〕
禊教　㊤498a〔教派神道〕
禊祓え　㊤565a〔ケガレ〕
味噌蔵　㊤543b〔倉〕
味噌コガ　㊦50b〔譬え言葉〕
味噌漉笊　㊤336c〔籠〕 713a〔笊〕 ㊦37b〔竹細工〕
溝浚え〔溝浚い〕　㊤495a〔共同労働〕 542c〔公役〕 ㊦679c〔村仕事〕
味噌汁　㊤172c〔うどん〕 742b〔塩〕 873c〔汁物〕 ㊦41a〔だし〕 609a〔味噌〕
味噌たき　㊤844c〔正月〕
味噌だまり　㊦63b〔たまり〕 →たまり
味噌塚　㊦295c〔糠塚〕
味噌田楽　㊤266a〔おでん〕
ミゾトリアメ　㊦167a〔天水田〕
ミゾボリ　㊤942a〔堰普請〕
みぞれ〔霙〕　㊤46a〔雨〕 ㊦759c〔雪〕
御田　㊤890b〔神田〕 →神田
三滝神社(愛媛)　㊦730b〔八つ鹿踊り〕
•御岳《みたけ》　㊦**610**a
御岳教　㊦540a〔星祭〕
御嶽山(東京)　㊦610a〔御岳〕
御嶽山(山梨)　㊦610a〔御岳〕
御嶽社(東京)　㊦370b〔初卯〕
御嶽神社(東京)　㊦536b〔卜占〕
御嶽精進　㊤849a〔精進〕
ミタケマイリ　㊤166c〔歌垣〕
御嶽詣〔御岳-〕　㊤516c〔金峰山〕 ㊦610a〔御岳〕 809c〔霊場〕
御館・被官制　㊤314c〔家格〕
見立て茶番　㊦94b〔茶番〕
見立て料　㊤108c〔一俵香典〕
ミタネ　㊤264a〔オタネワタシ〕
御種子舟　㊤264a〔オタネワタシ〕
ミタネワタシ　㊤264a〔オタネワタシ〕
ミダの年夜　㊦346a〔墓参り〕
美田八幡宮(島根)　㊦101a〔中門口〕 162a〔田楽〕
みたま　㊤989b〔祖霊〕
御霊代　㊤889c〔神体〕 →神体
ミダマス　㊤877a〔代分け〕
•みたまの飯〔ミタマノメシ〕　㊦**610**b 62b〔魂祭〕 210c〔年男〕 211b〔年神〕 272c〔握り飯〕
ミタマ祭〔御霊-，御魂-〕　㊤328c〔神楽〕 655c〔御霊信仰〕 ㊦610b〔みたまの飯〕
魂祭　㊦610b〔みたまの飯〕
三田村鳶魚　㊤78a〔居酒屋〕
•御手洗《みたらし》　㊦**610**c
御手洗会　㊦610c〔御手洗〕
御手洗川(京都)　㊦610c〔御手洗〕
ミタラシダンゴ　㊦610c〔御手洗〕
御手洗祭　㊦610c〔御手洗〕
箕田流　㊦3c〔太神楽〕
乱籠　㊤336c〔籠〕
道饗祭　㊤200c〔疫病〕 201b〔疫病神〕 ㊦718a〔厄病神〕
ミチアケ　㊦764a〔ユタ〕
道唄《みちうた》　⇨道中唄(㊦187c)
道占　㊦356b〔橋占〕 →辻占
ミチオヤ　㊤70a〔イキアイオヤ〕
道刈り　㊤691a〔作場道〕
•道切り《みちきり》　㊦**610**c ㊤200c〔疫病〕 201b〔疫病神〕 491b〔共同祈願〕 992c〔村落領域〕 ㊦374c〔ハッチョウジメ〕 531a〔疱瘡〕 588c〔魔除け〕 679a〔村境〕 別刷〈村境〉
道草切り　㊦611a〔道普請〕
ミチコサエ　㊦611a〔道普請〕
道標《みちしるべ》　⇨どうひょう(㊦189a)
ミチツクリ〔道作り〕　㊦611a〔道普請〕 679c〔村仕事〕
ミチツケ　㊦762b〔雪踏み〕 →雪踏み
道直し　㊦679c〔村仕事〕
道の神〔道神〕　㊤683a〔塞の神〕 ㊦187b〔道祖神〕
道の曲舞　㊤530b〔曲舞〕
ミチハリ　㊦別刷〈村境〉
•道普請《みちぶしん》　㊦**611**a ㊤495a〔共同労働〕 542c〔公役〕 691a〔作場道〕 ㊦679c〔村仕事〕
ミチフミ〔道ふみ〕　㊦761c〔雪靴〕 762b〔雪踏み〕 →雪踏み
ミチフミガチキ　㊦762c〔雪踏み〕
ミチフミコーリキ　㊦762c〔雪踏み〕
•道行《みちゆき》　㊦**611**b ㊤360c〔肩車〕 799c〔竜踊り〕
道行文　㊦611b〔道行〕
ミチワリ　㊦762c〔雪踏み〕
三ツ石神社(岩手)　㊦148b〔手形石〕

三銀杏　㊤412 図〔家紋〕
三入子枡　㊤414 図〔家紋〕
碾磑　㊤163c〔臼〕
三鱗　㊤414 図〔家紋〕
三扇　㊤413 図〔家紋〕
• 水塚《みつか》　㊦**611c**　145a〔低湿地〕
ミッカイショウ　㊤177b〔産着〕
• 三日祝い《みっかいわい》　㊦**611c**　㊤177a〔産着〕　716c〔産育儀礼〕
三楓　㊤411 図〔家紋〕
三日がえり〔-帰り，ミッカガエリ〕　㊤7c〔アイヤケ〕　659c〔婚姻〕　704c〔里帰り〕
三日コロリ　㊤656c〔コロリ〕
みつがさね　㊦688b〔面浮立〕
三頭右巴　㊤414 図〔家紋〕
三日斎　㊦201c〔斎〕
三日ドロ　㊦663a〔麦飯〕
三日の洗い　㊦605a〔水掛け着物〕
三日干し　㊦605a〔水掛け着物〕
• 見突き《みつき》　㊦**612a**　㊤55a〔アワビ〕
• 密教《みっきょう》　㊦**612b**　㊤298c〔陰陽道〕　344a〔加持祈禱〕　471a〔祈禱〕　643a〔護摩〕　677c〔柴燈護摩〕　825c〔種子〕　882a〔真言〕　893b〔神仏習合〕　㊦217c〔土砂加持〕　334a〔呪い〕　749b〔山伏〕
ミツギ養子　㊦246a〔中継相続〕
見突き漁　㊤94b〔磯〕　97a〔磯漁〕　500c〔漁業〕　695a〔サザエ〕　㊦66a〔盥舟〕　127b〔突き漁〕　353a〔箱ガラス〕
• 箕作り《みつくり》　㊦**612c**　㊤718b〔さんか〕
ミヅクリ　㊤718a〔さんか〕
ミヅクリカンジン　㊤718a〔さんか〕
• 見附〔見付〕《みつけ》　㊦**613b**
三つ子縄　㊦265c〔縄〕
密言　㊤882a〔真言〕　→真言
密厳国　㊤616a〔極楽〕　→極楽
三地紙　㊤413 図〔家紋〕
密呪　㊤882a〔真言〕　→真言
密植　㊤979a〔造林〕
三ッ瀬川　㊤727b〔三途の川〕　→三途の川
三違櫂　㊤413 図〔家紋〕
ミヅチ　㊤902b〔水神〕
三蝶　㊤412 図〔家紋〕
三乳草鞋　㊦838 図〔草鞋〕
三つ丼　㊤845b〔正月料理〕
三つの祝い　㊦258b〔七つの祝い〕
三つ坊主　㊦241a〔呑竜〕
三手杵　㊤413 図〔家紋〕
ミツドウ　㊦774a〔養蜂〕
ミツノコロオビ　㊦438c〔紐落し〕
ミツバ　㊤724a〔山菜〕
三葉葵　㊤411 図〔家紋〕
ミツバチ　㊦365b〔蜂〕　369a〔蜂蜜〕　773c〔養蜂〕
三花懸魚　㊤567a〔懸魚〕
三引両　㊤414 図〔家紋〕
• ミツマタ〔三椏〕　㊦**613b**　㊤401c〔紙漉き〕
三ッ又稲架〔三叉-〕　㊤121c〔稲掛け〕　㊦354a〔ハサ〕
三つ身　㊤636a〔子供服〕
三峯講　㊦613c〔三峯信仰〕
三峯山(埼玉)　㊤720b〔山岳信仰〕　613c〔三峯信仰〕
• 三峯信仰《みつみねしんこう》　㊦**613c**
三峯神社(埼玉)〔三峰-〕　㊤124b〔猪〕　233a〔狼〕　473c〔機能神〕　764b〔猪除け〕　808c〔獣害〕　㊦613c〔三峯信仰〕　738c〔山遊び〕　739b〔山犬〕
• 三つ目〔ミツメ〕《みつめ》　㊦**613c**　㊤704c〔里帰り〕　716c〔産育儀礼〕　㊦421b〔ヒザナオシ〕　611c〔三日祝い〕
ミツメギモン　㊤177b〔産着〕
三つ目団子　㊦612a〔三日祝い〕
三つ目の祝い　㊦611c〔三日祝い〕
三つ目の初帰り　㊤778b〔実家〕
三つ物　㊦396b〔腹巻〕
三矢重松　㊤289b〔折口信夫〕
三寄鍬形　㊤413 図〔家紋〕
蜜蠟　㊦816c〔蠟燭〕
幣帛〔ミテグラ，幣〕《みてぐら》　⇨御幣(㊤641a)　751c〔式内社〕　㊦236a〔採物〕
御燈　㊦625c〔妙見信仰〕
ミドゥリ　㊤781b〔湿田〕
ミトグチ　㊦614c〔水口〕
水戸黄門　㊦267a〔なんじゃもんじゃ〕
ミトシロ〔御刀代，御戸代，神戸田地〕　㊤890b〔神田〕　→神田
御戸代会　㊤263b〔お田植祭〕
ミトマツリ〔みと祭〕　㊤116a〔稲作儀礼〕　608c〔牛玉杖〕　㊦615a〔水口〕　615a〔水口祭〕
三留栄三　㊤304b〔海水浴〕
身取鰒〔御取鮑〕　㊤55a〔アワビ〕　㊦327a〔のし〕
緑石　㊦768b〔百合若大臣〕
緑漆　㊤191c〔ウルシ〕　779a〔漆器〕
みどりの日　㊤610b〔ゴールデン＝ウィーク〕
緑ノ宮　㊦768b〔百合若大臣〕
緑丸　㊦768a〔百合若大臣〕
ミナオシ　㊤718a〔さんか〕
箕直し　㊦612c〔箕作り〕
『南方閑話』　㊦614c〔南方熊楠〕
• 南方熊楠《みなかたくまぐす》　㊦**614b**　㊤884b〔神社合祀〕　㊦431a〔人身御供〕　644b〔民俗学史〕　667a〔虫歯〕　別刷〈民俗学史〉
『南方随筆』　㊦614c〔南方熊楠〕
南方曼陀羅　㊦614b〔南方熊楠〕
• 水口《みなくち》　㊦**614c**　㊤44a〔余り苗〕　608b〔牛玉杖〕　㊦413b〔稗田〕
水口稗　㊦413b〔稗田〕
• 水口祭〔ミナクチマツリ〕《みなくちまつり》　㊦**615a**　㊤116a〔稲作儀礼〕　171c〔卯月八日〕　434b〔灌漑〕　690b〔作神〕　734a〔サンバイ〕　788b〔柴折り〕　㊦54c〔種子播き〕　169c〔天道花〕　615a〔水口〕
ミナクチモチ　㊦615a〔水口〕
ミナゴロシ　㊦542c〔牡丹餅〕
• 水無瀬川《みなせがわ》　㊦**615c**　264a〔成らずの桃〕
六月祓え〔水無月祓〕　㊦245b〔流し雛〕　292b〔人形〕　394b〔祓え〕　→夏越の祓え
• 港《みなと》　㊦**615c**　㊤504b〔漁場〕
港川人　㊤246c〔沖縄文化〕　㊦281a〔日本人㈠〕
港町　㊦208c〔都市〕　571b〔町〕　572c〔町屋〕　573b〔町割〕
南梅吉　㊤904b〔水平社運動〕
南座　㊤314a〔顔見世〕
南山話　㊤291a〔愚か村〕
南法華寺(奈良)　㊤675 表〔西国巡礼〕
源為朝　㊤198c〔英雄伝説〕
源義家　㊤198c〔英雄伝説〕　556a〔軍神〕　685a〔逆杉〕
源義経　㊤198c〔英雄伝説〕　㊦178b〔洞窟〕　424b〔常陸坊海尊〕　515a〔弁慶〕
源頼朝　㊦178b〔洞窟〕　357c〔箸立伝説〕
源頼光　㊤403a〔雷〕　515b〔金太郎〕　㊦832c〔渡辺綱〕
ミヌダル　㊦470c〔豚〕
ミネ　㊤154a〔魚見〕
• 峰入り〔-修行〕《みねいり》　㊦**616a**　㊤288c〔お山掛け〕　678a〔柴燈護摩〕　㊦160c〔出羽三山信仰〕　208b〔登山〕　287a〔入峰修行〕　717b〔役者〕　749b〔山開き〕　818b〔六郷満山〕
• 蓑〔ミノ〕《みの》　㊦**616c**　㊤40a〔雨具〕　838 表〔狩猟用具〕　㊦407b〔バンドリ〕　524c〔防寒着〕　745c〔ヤマドッサン〕　834c〔藁〕
ミノオクリ　㊦657b〔六日がえり〕
ミノカブリ　㊤353a〔カセダウチ〕
美濃紙　㊤401c〔紙漉き〕
蓑亀丸　㊤412 図〔家紋〕
ミノコ踊り〔弥勒-〕　㊦628a〔弥勒踊り〕
箕の手堰　㊤434b〔灌漑〕　940b〔堰〕
『美濃徳山村民俗誌』　㊤730a〔山村調査〕　954a〔全国民俗誌叢書〕
美濃流しにわか　㊦287c〔にわか〕
ミノヒ〔巳の日〕　㊦545c〔仏の正月〕　603c〔巳正月〕
巳の日正月　㊦603c〔巳正月〕
巳の日待　㊦437a〔日待〕
身延講　㊤584b〔講〕
蓑帽子　㊦530a〔帽子〕

ミノボッチ　㊦834c〔藁〕
ミノワ〖箕輪〗　㊦300b〔ネギシ〕 302a〔ネゴヤ〕
ミハカ　㊤185c〔埋め墓〕 ㊦804a〔両墓制〕
ミバショウ　㊦358c〔バショウ〕
三柱鳥居　㊦233c〔鳥居㈠〕
ミハチガツ　㊤51a〔アラセツ〕
ミバラミ　㊦156b〔出穂〕
「三原ヤッサ節」　㊦340b〔ハイヤ節〕
三春駒　㊦693b〔木馬〕
三平等大アムシラレ　㊤232b〔大アムシラレ〕
• 壬生狂言《みぶきょうげん》　㊦**617**a ㊤408a〔仮面〕 ㊦474c〔仏教芸能〕 648c〔民俗芸能〕
壬生寺(京都)　㊦617a〔壬生狂言〕 648c〔民俗芸能〕
御船祭　㊦485c〔船祭〕
• 身分《みぶん》　㊦**617**b ㊤300c〔階級〕 923a〔姓〕 ㊦617b〔身分階層制〕
• 身分階層制《みぶんかいそうせい》　㊦**617**b ㊤428a〔川島武宜〕
身分解放令　㊤426c〔皮〕
身分社会　㊤579a〔原始共産制〕
身分相続　㊤674c〔財産相続〕
美保神社(島根)〖美保関-〗　㊤9a〔蒼柴垣神事〕 101b〔一年神主〕 501c〔漁業信仰〕 774c〔七度半の使〕 ㊦592a〔客人神〕 602b〔巫女舞〕 764b〔湯立〕
『美保神社の研究』　㊦828a〔和歌森太郎〕
御馬　㊤895c〔神馬〕 →神馬
• 見舞《みまい》　㊦**617**c ㊤352a〔加勢〕 879b〔仁義㈡〕 ㊦124a〔つきあい〕 533a〔訪問〕
見舞い受け係　㊦109c〔帳場㈡〕
ミマキ　㊦561b〔マキ〕 →マキ
見巻き　㊤536c〔熊狩り〕
実蒔き　㊤748c〔直播き〕
• 巳待《みまち》　㊦**618**a 513b〔蛇〕
巳待講　㊦517a〔弁天信仰〕 618a〔巳待〕
巳待様　㊦731b〔夜刀神〕
三廻下役　㊦149c〔てき屋〕
ミミアネイ　㊤951b〔背守り〕
耳掻き　㊤438b〔簪〕
耳掻き簪　㊤438b〔簪〕
耳隠し　㊦335c〔パーマ〕
耳飾　㊤971a〔装身具〕
耳鐘　㊤981b〔俗信〕 ㊦619b〔耳塞ぎ〕
耳切団一　㊤831b〔呪的逃走〕
• 耳くじり《みみくじり》　㊦**618**b
ミミサキヤマガタ　㊦618b〔耳印〕
• 耳印《みみじるし》　㊦**618**b
弥美神社(福井)　㊤230b〔王の舞〕
• ミミズ　㊦**618**c ㊤855b〔小便〕 ㊦163b〔天気占い〕 633 図〔民間薬〕
ミミズ供養　㊦666b〔虫供養〕
蚯蚓神社(長野)　㊦619a〔ミミズ〕
蚯蚓と土　㊦191c〔動物昔話〕
蚯蚓と蛇の眼交換　㊦191c〔動物昔話〕
「ミミズの歌と蛇の目」　㊦618c〔ミミズ〕
• 耳だれ《みみだれ》　㊦**619**a
耳だれ地蔵　㊤435a〔願掛け〕
ミミダンゴ　㊦619b〔耳塞ぎ〕
• 耳塚《みみづか》　㊦**619**a
ミミツキバシ　㊤416b〔粥の箸〕
ミミナガ　㊤156b〔兎〕
耳判　㊦618b〔耳印〕
• 『耳袋』〖耳囊〗《みみぶくろ》　㊦**619**b ㊤904a〔随筆〕
• 耳塞ぎ〖ミミフタギ〗《みみふさぎ》　㊦**619**b 143c〔ツレ〕 195b〔同齢感覚〕 213a〔年違〕 618b〔耳くじり〕
耳塞ぎ餅〖耳フタギ-〗　㊤881b〔糁粉〕 ㊦195b〔同齢感覚〕 619b〔耳塞ぎ〕
耳輪　㊦292b〔ニンカリ〕
三村鐘三郎　㊤741a〔シイタケ〕
三室戸寺(京都)　㊤675 図〔西国巡礼〕
御影講　㊤982c〔祖師忌〕
ミモチ　㊦295a〔妊婦〕
宮　㊤883b〔神社〕 ㊦725b〔社〕 →神社
• ミャー(沖縄)〖庭〗　㊦**619**c
ミャー　㊤841b〔しゅんなめじょ〕 →柳餅
宮入り　㊤725c〔三社祭〕
ミヤウ　㊦184b〔同族〕
宮型霊柩車　㊦808c〔霊柩車〕
宮川秀行　㊤699c〔佐陀神能〕
宮城道雄　㊦194b〔童謡〕 572b〔町田嘉章〕
ミャク釣り　㊤155b〔ウグイ〕
ミヤケ〖三宅，屯倉，御宅〗　㊦43a〔タシロ〕
宮笥　㊦620a〔土産〕
• 土産〖-物〗《みやげ》　㊦**620**a ㊤963c〔煎餅〕 964a〔餞別〕 ㊦127c〔佃煮〕
土産絵　㊦237a〔泥絵〕
三宅島(東京)　㊦498c〔噴火〕
宮家準　㊦630b〔民間信仰〕
• 都《みやこ》　㊦**620**b
宮講　㊦181a〔堂座講〕
宮古馬　㊤180c〔馬〕
ミヤコザサ　㊤694c〔笹〕
『都風俗化粧伝』　㊤568b〔化粧〕
宮古方言　㊤246b〔沖縄語〕
• 宮座《みやざ》　㊦**620**c ㊤101b〔一年神主〕 158c〔氏神〕 160c〔氏子入り〕 212b〔烏帽子着祝い〕 268b〔オトナ〕 268c〔老人成〕 384c〔株座〕 476b〔肝煎〕 676b〔祭祀組織〕 682a〔座入り〕 753c〔地下〕 782c〔祠堂銭〕 899c〔ずいき祭〕 966b〔惣〕 ㊦111b〔庁屋〕 112c〔長老制〕 181a〔堂座講〕 181b〔頭指〕 188b〔頭人〕 193c〔頭屋〕 218b〔年寄〕 287b〔女房座〕 309b〔年功序列〕 316a〔年齢集団〕 578c〔祭〕 625a〔名〕 626b〔苗字〕 626c〔名主〕 674c〔村株〕 678c〔村座〕 707b〔モロト〕 815c〔臈次〕 816b〔老人〕 843a〔ワンジョウ〕
宮座株　㊤383a〔株〕
宮崎幡豆神社(愛知)　㊦258b〔七つの祝い〕
宮座講　㊤600b〔講田〕 ㊦181a〔堂座講〕
宮座祭祀　㊦395b〔原田敏明〕
宮座帳　㊤773c〔七五三〕
『宮座の研究』　㊦420a〔肥後和男〕
「宮さん宮さん」　㊤555c〔軍歌〕
宮主　㊤886a〔神職〕
宮重大根　㊦8b〔大根〕
宮祠堂金　㊤783a〔祠堂銭〕
• 宮島講《みやじまこう》　㊦**622**a ㊤267a〔御鳥喰神事〕
宮薗節　㊤860c〔浄瑠璃〕
• 宮田《みやだ》　㊦**622**b 621c〔宮座〕 →講田 →御供田
宮大工　㊦4c〔大工〕 483c〔船大工〕
ミヤダゴ　㊦364c〔畑作〕
宮出し　㊤725c〔三社祭〕
宮田登　㊤566a〔ケガレ〕 874b〔しろ〕 ㊦170b〔天皇〕 216b〔都市民俗〕 282c〔日本伝説大系〕 650a〔民俗誌〕 734b〔柳田国男研究〕 811a〔歴史人類学〕
宮太夫　㊦65a〔太夫〕
宮地芝居　㊦147b〔出開帳〕
「宮津ハイヤ節」　㊦340b〔ハイヤ節〕
• 宮寺《みやでら》　㊦**622**c ㊤880b〔神宮寺〕 ㊦511b〔別当寺〕
宮年寄　㊦218b〔年寄〕
• 宮良当壮《みやながまさもり》　㊦**622**c ㊤377c〔金関丈夫〕 ㊦113c〔チョンダラー〕 768c〔ユンタ〕 822c〔炉辺叢書〕
『宮良当壮全集』　㊦623a〔宮良当壮〕
ミヤマイラクサ　㊤57a〔アンギン〕 724a〔山菜〕 →アイコ
• 宮参り《みやまいり》　㊦**623**a ㊤48c〔あやつこ〕 52b〔歩き初め〕 121b〔犬張子〕 129a〔忌明け〕 138c〔イルカ〕 160b〔氏子〕 160c〔氏子入り〕 280a〔帯とき〕 515c〔巾着〕 565b〔ケガレ〕 717a〔産育儀礼〕 718a〔産穢〕 737c〔産見舞〕 774 図〔七五三〕 948c〔雪隠参り〕 ㊦118b〔通過儀礼〕 258a〔七つの祝い〕 346a〔袴着〕 424b〔額〕 438c〔紐落し〕 →初宮参り
ミヤマイリゴ　㊦401a〔晴着〕
宮曼荼羅　㊦555b〔本地垂迹〕
宮水　㊦128c〔造酒屋〕

宮持　㊦674b〔村隠居〕
• 宮本馨太郎《みやもとけいたろう》　㊦**623b**　㊤197c〔映像民俗学〕　㊦623c〔宮本常一〕　636a〔民具〕
宮本重胤　㊤282a〔神籤〕
• 宮本勢助《みやもとせいすけ》　㊦**623b**　623b〔宮本馨太郎〕　635c〔民具〕　642c〔民俗学㈡〕
• 宮本常一《みやもとつねいち》　㊦**623c**　㊤320c〔柿の木問答〕　503a〔漁具〕　715c〔猿まわし〕　954a〔全国民俗誌叢書〕　㊦636a〔民具〕　637a〔民具学〕　650a〔民俗誌〕　別刷〈民俗学史〉
『宮本常一著作集』　㊦624b〔宮本常一〕
• 宮守《みやもり》　㊦**624b**　㊤886a〔神職〕　㊦816b〔老人〕　→社守
ミュートゥンガン　㊤12a〔アカマタ・クロマタ〕
ミューラー Müller, Friedrich Max　㊤811a〔宗教学〕　898a〔神話学〕
• 神幸《みゆき》　㊦**624c**　㊤264b〔御旅所〕　275b〔お練り〕　㊦601a〔神輿〕
• 名《みょう》　㊦**625a**　511b〔別符〕　626c〔名主〕
妙安寺(埼玉)　㊦378c〔馬頭観音〕
明王　㊤2c〔愛染明王〕
妙音講　㊤704a〔座頭〕
妙音天　㊦517a〔弁天信仰〕　→弁才天
• ミョウガ〔-ダケ〕　㊦**625b**　㊤421b〔辛味〕
冥加永　㊦309a〔年貢〕
妙義社(東京)　㊦370b〔初卯〕
明喜神社(滋賀)　㊤別刷〈供物〉
明眼院(愛知)　㊤334c〔景清〕
妙見さま　㊦539c〔星の宮〕
• 妙見信仰《みょうけんしんこう》　㊦**625c**　177b〔道教〕　538b〔星〕
妙見の高市　㊦87b〔秩父夜祭〕
妙見菩薩　㊦87b〔秩父夜祭〕　539c〔星の宮〕　625c〔妙見信仰〕
妙見星神　㊤別刷〈護符〉
妙見祭　㊦87a〔秩父夜祭〕　→秩父夜祭
名号板碑　㊦819c〔六字名号塔〕　→六字名号塔
名号塔　㊦204a〔徳本〕
ミョウサ　㊦55c〔種子籾囲い〕
墓祀　㊦77c〔チェサ〕
• 苗字〔名字〕《みょうじ》　㊦**626a**　㊤407a〔家名〕　410b〔家紋〕　922c〔姓〕　㊦626b〔苗字帯刀〕　719b〔屋号〕
• 苗字帯刀《みょうじたいとう》　㊦**626b**
苗字必称令　㊦626a〔名字〕
苗字祭　㊤560b〔系図祭〕　→系図祭
• 名主《みょうしゅ》　㊦**626c**　68b〔タロウジ〕　251a〔名子〕　319b〔農具〕　439b〔百姓〕　625a〔名〕
ミョウショ　㊦625a〔名〕
明星天子　㊤16b〔明の明星〕
明星輪寺(岐阜)　㊦78c〔智恵貰〕
• 名神《みょうじん》　㊦**626c**　627a〔明神〕
• 明神《みょうじん》　㊦**627a**　㊤394a〔神〕　㊦810a〔霊神〕
ミョウジンサマ　㊦134c〔ツトッコミョウジン〕
明神さん〔-様〕　㊦193c〔頭屋〕　別刷〈生と死〉
名頭　㊤377b〔門割制度〕
茗石　㊦625b〔ミョウガ〕
名代家督　㊦246a〔中継相続〕
• 名田《みょうでん》　㊦**627b**　㊤307b〔開拓〕　㊦625a〔名〕
ミョウトゴ　㊦472a〔双子〕
命婦舞　㊤328a〔神楽〕
妙法山(和歌山)　㊦28b〔他界観〕
妙法寺(東京)　㊤222a〔縁日〕
名目金　㊤231a〔近江商人〕
明楽院塚　㊦750c〔山伏塚〕
ミヨケ　㊤280c〔苧桶〕
ミヨシ〔舳, 水押〕　㊤185b〔海坊主〕　㊦483c〔船大工〕
御葭　㊦131c〔津島祭〕　627b〔御葭神事〕
御葭刈り　㊦627b〔御葭神事〕
三善為康　㊤229b〔往生伝〕
• 御葭神事《みよしのしんじ》　㊦**627b**
神葭放流神事　㊦131b〔津島信仰〕
• 名節《ミョンジョル》　㊦**627c**　㊤989a〔ソル〕
• 味醂《みりん》　㊦**627c**　㊤43a〔甘味〕　590b〔麴〕　㊦110c〔調味料〕
味醂漬　㊦129c〔漬物〕
ミル　㊤305b〔海藻〕
ミルク　㊤別刷〈沖縄文化〉
ミルクウンケー(弥勒お迎え)　㊦759b〔世果報〕
ミルクグゥワティ　㊦145c〔ティダ〕
弥勒世　㊦759a〔世果報〕
• 見るなの座敷《みるなのざしき》　㊦**628a**　㊤73a〔異郷譚〕　155c〔ウグイス〕　㊦191b〔動物報恩譚〕
ミルヤ・カナヤ　㊦289a〔ニライカナイ〕　→ニライカナイ
ミルレル Miller, Fyodor Ivanovich　㊦822a〔ロシア民俗学〕
ミロク　㊤344c〔鹿島踊り〕　㊦792a〔来訪神〕
• 弥勒踊り《みろくおどり》　㊦**628a**　㊤270a〔踊り花見〕　345a〔鹿島踊り〕　㊦393b〔流行神〕　628c〔弥勒信仰〕　→鹿島踊り
身禄行者　㊤952c〔浅間信仰〕　㊦597a〔ミイラ〕　→食行身禄
弥勒下生信仰　㊤497c〔行人塚〕
弥勒三番叟　㊦628b〔弥勒踊り〕
• 弥勒信仰《みろくしんこう》　㊦**628c**　286c〔入定〕　597a〔ミイラ〕　628b〔弥勒踊り〕
弥勒仏　㊤820a〔終末論〕　㊦779b〔世直し〕
弥勒菩薩　㊤815c〔十三仏〕
ミワ　㊤281c〔お神酒〕
三輪崎の鯨踊り　㊤48a〔綾踊り〕
神神社(静岡)　㊤79b〔石〕
美和神社(山梨)　㊤329図〔神楽殿〕
実綿　㊦831b〔棉〕
三輪鳥居　㊦233c〔鳥居㈠〕
三輪山(奈良)　㊤720a〔山岳信仰〕　727c〔三途の川〕　㊦152b〔鉄〕　628c〔三輪山伝説〕
三輪山神話〔-型神話, -型神婚説話〕　㊤138a〔異類婚姻譚〕　771a〔始祖伝説〕　882b〔神婚説話〕　902b〔水神〕　926b〔聖婚〕
• 三輪山伝説《みわやまでんせつ》　㊦**628c**
三輪山神　㊦513a〔蛇〕
三輪れんぞ　㊦814a〔れんぞ〕
• 民家《みんか》　㊦**629b**　㊤10c〔赤城型民家〕　141c〔囲炉裏〕　168a〔卯建〕　369c〔合掌造〕　386a〔かぶと造〕　391a〔竈〕　393a〔カマヤ〕　393a〔カマヤ建て〕　524b〔草葺き〕　534c〔クド造〕　669c〔今和次郎〕　699図〔叉首〕　751b〔式台〕　781a〔実測調査〕　810a〔住居〕　920a〔スラブ屋〕　㊦58a〔田の字型民家〕　93c〔茶の間〕　101a〔中門造〕　107b〔帳台〕　124b〔突上げ二階〕　130a〔ツシ〕　144b〔出居〕　206a〔床の間〕　246c〔中柱〕　325b〔軒〕　421a〔庇〕　449a〔広間型民家〕　460c〔復元的調査〕　472b〔二棟造〕　557b〔本棟造〕　581a〔間取り〕　671b〔棟〕　735a〔屋根〕　736c〔屋根屋〕　別刷〈民家〉
民画　㊦237a〔泥絵〕
民間医療　㊦72b〔断食〕
民間古事　㊦459b〔フォークロア〕
• 民間信仰《みんかんしんこう》　㊦**630a**　㊤811a〔宗教〕　811a〔宗教学〕　㊦165b〔伝承文化〕　638c〔民俗㈠〕　650c〔民俗宗教〕
『民間信仰』　㊦549b〔堀一郎〕
『民間信仰史の研究』　㊦31b〔高取正男〕
『民間信仰の比較研究』　㊦243b〔直江広治〕
• 民間説話《みんかんせつわ》　㊦**632a**　㊤619c〔古今著聞集〕
『民間説話』　㊦239c〔トンプソン〕
• 民間伝承《みんかんでんしょう》　㊦**632a**　459b〔フォークロア〕　638c〔民俗㈠〕　645a〔民俗学史〕　646c〔民俗技術〕　→フォークロア
• 『民間伝承』《みんかんでんしょう》　㊦**632b**　㊤238a〔大間知篤三〕　㊦283a〔日本民俗学〕　283c〔日本民俗学講習会〕　283c〔日本民俗学会〕　356c〔橋浦泰雄〕　632b〔民間伝承の会〕　645a〔民俗学史〕

別刷〈民俗学史〉
民間伝承詩　㊦687b〔メルヘン〕
・民間伝承の会《みんかんでんしょうのかい》　㊦**632**b　㊤828b〔守随一〕　940a〔瀬川清子〕　㊦283c〔日本民俗学講習会〕　283c〔日本民俗学会〕　356c〔橋浦泰雄〕　623c〔宮本常一〕　632a〔民間伝承㈠〕　632b〔民間伝承㈡〕　638c〔民俗㈠〕　644a〔民俗学史〕　645a〔民俗学史〕　661a〔昔話採集手帖〕
「民間伝承の概念と民俗学の性格」　㊦別刷〈民俗学史〉
・『民間伝承論』《みんかんでんしょうろん》　㊦**632**c　㊤633b〔後藤興善〕　877c〔心意〕
民間伝承論の会　㊦693c〔木曜会〕
民間年中行事　㊦311a〔年中行事㈠〕
民間非営利団体　㊤820b〔住民運動〕
『民間服飾誌履物篇』　㊦623c〔宮本勢助〕
民間巫女　㊦763c〔ユタ〕
『民間文学論壇』　㊦98c〔中国民俗学〕
民間文芸　㊦459b〔フォークロア〕
『民間文芸季刊』　㊦98c〔中国民俗学〕
『民間文芸集刊』　㊦98c〔中国民俗学〕
・『民間文芸モチーフ索引』《みんかんぶんげいモチーフさくいん》　㊦**633**a　㊤210a〔エフエフシー〕　㊦239c〔トンプソン〕
・民間薬《みんかんやく》　㊦**633**b　㊤100a〔イチジク〕　449b〔漢方〕　537b〔熊の胆〕　803b〔シャクナゲ〕　913c〔雀〕　㊦52b〔タニシ〕
・民間療法《みんかんりょうほう》　㊦**634**a　㊤35c〔アブ〕　185c〔梅〕　855b〔小便〕　980a〔俗信〕　㊦295a〔ニンニク〕　369a〔蜂蜜〕　619a〔ミミズ〕
・民間暦《みんかんれき》　㊦**634**c　㊤652b〔暦〕
・民具《みんぐ》　㊦**634**c　㊤781a〔実測調査〕　㊦280b〔日本常民文化研究所〕　623b〔宮本馨太郎〕　636c〔民具学〕　637b〔民具実測図〕　651a〔民俗資料〕
・民具学《みんぐがく》　㊦**636**c　㊤791a〔渋沢敬三〕
『民具学の提唱』　㊦636b〔民具〕
『民具学会通信』　㊦637b〔民具研究〕
・『民具研究』《みんぐけんきゅう》　㊦**637**b
民具研究講座　㊦636b〔民具〕
・民具実測図《みんぐじっそくず》　㊦**637**b
『民具蒐集調査要目』　㊤925b〔生業〕
・『民具マンスリー』《みんぐマンスリー》　㊦**637**c　636b〔民具〕
『民具問答集』　㊦635b〔民具〕
『民具論集』　㊦637a〔民具学〕
・民芸《みんげい》　㊦**638**a　734c〔柳宗悦〕
『民事慣例類集』《みんじかんれいるいじゅう》　⇨『全国民事慣例類集』(㊤953c)
ミンジャ　㊤150b〔飲用水〕　㊦607b〔水屋㈠〕
・民衆《みんしゅう》　㊦**638**b
民衆的工芸　㊦638a〔民芸〕　→民芸
民主化　㊤514c〔近代化〕
民宿　㊦731b〔宿屋〕
・民俗《みんぞく》　㊦**638**c　228a〔トムズ〕　453b〔風習〕　455a〔風俗〕　632a〔民間伝承㈠〕
・『民俗』《みんぞく》　㊦**639**a　644c〔民俗学史〕
・民族《みんぞく》　㊦**639**a　㊤207a〔エトノス〕　615c〔国民性〕
・『民族』《みんぞく》　㊦**640**a　㊤51c〔有賀喜左衞門〕　㊦642c〔民俗学㈡〕　644c〔民俗学史〕
民俗宇宙観　㊤938a〔世界観〕
・民俗映像《みんぞくえいぞう》　㊦**640**a
・民俗音楽《みんぞくおんがく》　㊦**640**b
民族音楽　㊦640c〔民俗音楽〕
・民俗学《みんぞくがく》　㊦**640**c　㊤106a〔一国民俗学〕　791a〔渋沢敬三〕　800a〔社会学〕　㊦170a〔天皇〕　220c〔土俗学〕　414b〔比較民俗学〕　459b〔フォークロア〕　500c〔文化人類学〕　643c〔民俗学史〕　別刷〈民俗学史〉　→フォークロア　→日本民俗学
・『民俗学』《みんぞくがく》　㊦**642**c　640a〔民族㈡〕　645a〔民俗学史〕　別刷〈民俗学史〉
・民族学《みんぞくがく》　㊦**642**c　㊤207a〔エトノス〕　㊦220b〔土俗学〕　284a〔日本民族学会〕　500c〔文化人類学〕　651a〔民族性〕
『民族学』　㊦558b〔マードック〕
『民俗学概論』　㊦336b〔バーン〕
民俗学協会 The Folk-lore Society　㊦別刷〈民俗学史〉
民族学協会付属博物館　㊦280c〔日本常民文化研究所〕
『民俗学研究』　㊦643b〔民俗学研究所〕
・『民族学研究』《みんぞくがくけんきゅう》　㊦**643**a　㊤225b〔及川宏〕　㊦284a〔日本民族学会〕　494b〔古野清人〕
民俗学研究会　㊦106b〔朝鮮民俗学〕
・民俗学研究所《みんぞくがくけんきゅうしょ》　㊦**643**b　㊤463c〔北小浦民俗誌〕　968c〔綜合日本民俗語彙〕　㊦283c〔日本民俗学会〕　632b〔民間伝承㈡〕　645a〔民俗学史〕　646b〔民俗学辞典〕　693c〔木曜会〕　734b〔柳田文庫〕　797b〔離島調査〕　別刷〈民俗学史〉
民族学研究所　㊦280c〔日本常民文化研究所〕
民俗学講習会《みんぞくがくこうしゅうかい》　⇨日本民俗学講習会(㊦283b)
・民俗学史《みんぞくがくし》　㊦**643**c　別刷〈民俗学史〉
・『民俗学辞典』《みんぞくがくじてん》　㊦**646**b　㊤238a〔大間知篤三〕　㊦643b〔民俗学研究所〕　別刷〈民俗学史〉
『民俗学者通信』　㊤210a〔エフエフシー〕
民俗学者連盟　㊤210a〔エフエフシー〕　550b〔クローン, K〕
民族学振興会　㊦284a〔日本民族学会〕
『民俗学入門』　㊤633b〔後藤興善〕　㊦490c〔フランス民俗学〕
『民俗学の定義』　㊦490c〔フランス民俗学〕
『民俗学の話』　㊤521b〔グウルド〕
民族学博物館　㊦654b〔民俗博物館〕　712b〔野外博物館〕
『民俗学ハンドブック』　㊦336b〔バーン〕
・『民俗学評論』《みんぞくがくひょうろん》　㊦**646**b
『民俗学方法論』　㊤550b〔クローン, K〕　㊦811a〔歴史・地理的方法〕
『民俗学問答』　㊦356c〔橋浦泰雄〕
民俗学会　㊦106b〔朝鮮民俗学〕　642c〔民俗学㈡〕
民族学級　㊦105c〔朝鮮人コミュニティー〕
・民俗技術《みんぞくぎじゅつ》　㊦**646**c
『民俗記録』　㊦別刷〈民俗学史〉
民俗芸術　㊤496b〔郷土芸能〕
・『民俗芸術』《みんぞくげいじゅつ》　㊦**646**c
民俗芸術の会　㊦36b〔竹内芳太郎〕　647a〔民俗芸術〕
民俗継承体《みんぞくけいしょうたい》　⇨伝承母体(㊦165c)
・民俗芸能《みんぞくげいのう》　㊦**647**a　㊤408a〔仮面〕　496b〔郷土芸能〕　561a〔芸能〕　→芸能
民俗芸能学会　㊦647b〔民俗芸能〕
民俗芸能の会　㊦647a〔民俗芸能〕
『民俗研究』　㊦98c〔中国民俗学〕　698c〔本山桂川〕
『民族研究彙報』　㊦643b〔民族学研究〕
・『民俗建築』《みんぞくけんちく》　㊦**649**a　㊤84a〔石原憲治〕
民俗建築会　㊤84a〔石原憲治〕
・民俗語彙《みんぞくごい》　㊦**649**a　165b〔伝承者〕　526b〔方言〕
・民族考古学《みんぞくこうこがく》　㊦**649**b
民俗採訪　㊤676c〔採集〕
『民俗採訪』　㊦356c〔橋浦泰雄〕
・民俗誌《みんぞくし》　㊦**649**c　㊤777a〔市町村市民俗編〕　㊦77a〔地域性〕　77b〔地域民俗学〕　103c〔調査項目〕　→ethnography
民族誌　㊦501a〔文化人類学〕
民俗誌映画　㊦640a〔民俗映像〕
民俗誌映像　㊦640a〔民俗映像〕
民俗誌学　㊦650a〔民俗誌〕
民族誌学　㊦220b〔土俗学〕　643a〔民族学〕　→ethnography
民族誌学会　㊦490c〔フランス民俗学〕
民族誌博物館　㊦490c〔フランス民俗学〕
・民俗社会《みんぞくしゃかい》　㊦**650**b　654b〔民俗文化〕

民俗写真　㊦640a〔民俗映像〕
『民俗週刊』　㊦98b〔中国民俗学〕
・民俗宗教《みんぞくしゅうきょう》　㊦**650**c　㊤810c〔宗教〕　811a〔宗教学〕　㊦630a〔民間信仰〕
民族宗教　㊤810c〔宗教〕
民俗周圏論《みんぞくしゅうけんろん》　⇨周圏論(㊤811c)　㊤321c〔蝸牛考〕　557b〔形骸伝播〕　729b〔残存〕　㊦171b〔伝播〕　172a〔伝播主義〕　310a〔年代領域原理〕　414b〔比較研究法〕　652a〔民俗地図〕
民族集団　㊤203c〔エスニシティ〕　→エスニック＝グループ
民族主義　㊦639c〔民族㈠〕
・民俗資料《みんぞくしりょう》　㊦**650**c　165a〔伝承者〕　280b〔日本常民文化研究所〕　653b〔民俗展示〕　654c〔民俗文化財〕
民俗資料映像　㊦640a〔民俗映像〕
民俗資料緊急調査　㊤928a〔生産暦〕　㊦651c〔民俗地図〕　→緊急民俗調査
『民俗資料緊急調査手引』　㊤512a〔緊急民俗調査〕
民俗資料緊急調査票　㊦別刷〈民俗学史〉
『民俗資料緊急調査要項』　㊦103c〔調査項目〕
『民俗資料調査収集の手びき』　㊤512a〔緊急民俗調査〕　㊦651b〔民俗知識〕
民俗神道　㊤891b〔神道〕
・民族性《みんぞくせい》　㊦**651**a
民俗世界観　㊤938a〔世界観〕
『民俗選書』　㊦643b〔民俗学研究所〕
・民俗知識《みんぞくちしき》　㊦**651**b　㊤829b〔呪詛〕　㊦634c〔民間暦〕
民俗知識論　㊤520b〔空間認識〕
・民俗地図《みんぞくちず》　㊦**651**c　527c〔方言地図〕　649b〔民俗語彙〕
・民俗調査《みんぞくちょうさ》　㊦**652**c　㊤454b〔聞き書き〕　676c〔採集〕　928a〔生産暦〕　㊦103b〔調査項目〕　165a〔伝承者〕　221a〔土俗調査〕　→フィールドワーク
・民俗的方位観《みんぞくてきほういかん》　㊦**653**a　㊤520b〔空間認識〕　822a〔集落〕
・民俗展示《みんぞくてんじ》　㊦**653**b
「民俗伝説」　㊤153a〔上田敏〕
民俗伝説学　㊤153a〔上田敏〕　→俗説学
『民俗と植物』　㊦38c〔武田久吉〕
・『民族と歴史』《みんぞくとれきし》　㊦**654**a　㊤464a〔喜田貞吉〕　㊦644c〔民俗学史〕
「民俗における古代的なもの」　㊦420a〔肥後和男〕
「民俗の時代性と現代性」　㊦別刷〈民俗学史〉
・民俗博物館《みんぞくはくぶつかん》　㊦**654**a
民族博物館　㊦623c〔宮本常一〕
『民俗仏教と祖先信仰』　㊦38c〔竹田聴洲〕
・民俗文化《みんぞくぶんか》　㊦**654**b　459c〔フォークロリズム〕
民俗文化圏　㊦654c〔民俗文化〕
・民俗文化財《みんぞくぶんかざい》　㊦**654**c　500a〔文化財保護法〕　811c〔歴史民俗資料館〕
民俗文化領域〘-論〙　㊦77a〔地域性〕　77b〔地域民俗学〕　654c〔民俗文化〕
民俗分布図《みんぞくぶんぷず》　⇨民俗地図(㊦651c)
・民俗分類《みんぞくぶんるい》　㊦**655**a
民族方位　㊦653a〔民族的方位観〕
民俗領域論　㊦77a〔地域性〕　77b〔地域民俗学〕
ミンダラ＝フチ　㊤36c〔アペオイ〕
ミントングスク(沖縄)　㊤43b〔アマミキョ〕
民博　㊤616b〔国立民族学博物館〕　→国立民族学博物館
ミンマ　㊦603c〔巳正月〕
民有地　㊤450b〔官民有区分〕
民有林　㊤896b〔森林組合〕
・民謡《みんよう》　㊦**655**b　㊤165b〔歌〕　217a〔演歌㈠〕　294b〔音頭〕　329b〔神楽歌〕　416b〔歌謡〕　534b〔口説き〕　592c〔口承文芸〕　687b〔酒盛り唄〕　697c〔座敷唄〕　756a〔仕事唄〕　880a〔甚句〕　㊦164c〔伝承〕　640b〔民俗音楽〕　726a〔安来節〕
・民話《みんわ》　㊦**656**a　632a〔民間説話〕
『民話』　㊦656a〔民話〕
民話運動　㊤682c〔再話〕
民話の会　㊤682c〔再話〕　㊦624a〔宮本常一〕　656a〔民話〕

む

・ムイ(沖縄)〘杜，森〙　㊦**656**c　㊤167a〔御嶽〕　791c〔シマ〕
・ムイ(アイヌ)　㊦**657**a
・六日がえり《むいかがえり》　㊦**657**a
ムイカガリヤ　㊦657b〔六日がえり〕
ムイカダナ　㊦657b〔六日がえり〕
六日年越　㊤844c〔正月〕　㊦212c〔年越〕　259a〔七日正月〕
六日ドロ　㊦663a〔麦飯〕
六日祭　㊦245b〔長滝の延年〕
六日山　㊦739c〔山入り㈠〕
無畏施　㊦470b〔布施〕
ムース　㊦438a〔秘密結社〕
・ムーダン〘巫堂，巫党〙　㊦**657**b
ムート〘ムートゥ〙　㊤968b〔宗家〕　㊦669c〔ムトゥ〕　→ムトゥ
ムエー　㊦689a〔模合〕　→模合
・無縁《むえん》　㊦**657**c　㊤788b〔柴折り〕
『無縁・公界・楽』　㊤801a〔社会史〕
無縁所　㊦657c〔無縁〕　→アジール
無縁棚　㊤320b〔餓鬼棚〕　㊦658b〔無縁仏〕　→餓鬼棚
無縁墳墓　㊤724a〔散骨〕
ムエンホウカイ　㊦524b〔ホウカイ〕
・無縁仏〘-様〙《むえんぼとけ》　㊦**658**a　㊤319b〔餓鬼〕　321b〔餓鬼飯〕　872b〔死霊〕　957c〔先祖〕　㊦130b〔辻〕　228a〔弔い上げ〕　555c〔盆棚〕　723b〔屋敷先祖〕　772a〔幼児葬法〕　別刷〈盆〉　→餓鬼
無階級社会　㊤579a〔原始共産制〕
ムカイハル　㊦398b〔ハル㈠〕
・向山雅重《むかいやままさしげ》　㊦**658**c
『向山雅重著作集』　㊦658c〔向山雅重〕
ムカエウチアゲ〘迎え打揚げ〙　㊤19b〔朝賀入り〕　168c〔ウチアゲ〕
迎え馬　㊦331b〔ノリカケウマ〕　別刷〈盆〉
迎講　㊤44b〔阿弥陀信仰〕　㊦790b〔来迎会〕　→来迎会
・迎え火《むかえび》　㊦**658**c　㊤244a〔オガラ〕　251c〔送り火〕　375a〔門口〕　376a〔門火〕　㊦19b〔松明〕　19c〔松明祭〕　62b〔魂祭〕　437b〔火祭〕　別刷〈盆〉
迎え船　㊦別刷〈盆〉
むかえぼ　㊤273a〔鬼ごっこ〕
ムカエボトケ　㊤262a〔おそうぶつ〕
無家格型村落　㊤993a〔村落類型論〕
無格社　㊤159a〔氏神〕　801c〔社格〕　884a〔神社合祀〕　884c〔神社整理〕

ムカサリ絵馬 ㊦683b〔冥婚〕
昔語り ㊤362c〔語り〕
• 昔話〔昔ばなし〕《むかしばなし》 ㊦**659a** ㊤1a〔アールネ・トンプソンの話型〕 153b〔ウェペケレ〕 188a〔浦島太郎〕 241a〔オーラル＝ヒストリー〕 436a〔完形昔話〕 592c〔口承文芸〕 622b〔古事記〕 628a〔五大御伽噺〕 638a〔諺〕 682b〔再話〕 831a〔呪的逃走〕 897b〔神話〕 943c〔世間話〕 949c〔説話〕 982a〔祖型〕 ㊦18b〔タイプ＝インデックス〕 164c〔伝承〕 167b〔伝説〕 196a〔童話〕 284c〔日本昔話通観〕 380b〔咄〕 632a〔民間説話〕 660c〔昔話研究〕 661a〔昔話採集手帖〕 687b〔メルヘン〕 756b〔遊戯〕
『昔話』 ㊦659c〔昔話〕
『昔ばなし』 ㊦659c〔昔話〕
『昔話きちちゃんとんとん』 ㊤190c〔瓜子姫〕
• 『昔話研究』《むかしばなしけんきゅう》 ㊦**660c**
『昔話研究叢書』 ㊦660a〔昔話〕
• 『昔話採集手帖』《むかしばなしさいしゅうてちょう》 ㊦**661a** 284c〔日本昔話名彙〕 659a〔昔話〕
『昔話舌切雀』 ㊤772a〔舌切雀〕
『昔話の型』 ㊤1a〔アールネ〕 1b〔アールネ・トンプソンの話型〕 210a〔エフエフシー〕 ㊦18b〔タイプ＝インデックス〕 239c〔トンプソン〕 552b〔本格昔話〕 659c〔昔話〕 687b〔メルヘン〕 828b〔話型〕
『昔話の型目録』 ㊤1a〔アールネ〕 1a〔アールネ・トンプソンの話型〕 210a〔エフエフシー〕
『昔話の形態学』 ㊦498a〔プロップ〕
『昔話の比較研究』 ㊤1a〔アールネ〕 210a〔エフエフシー〕
昔話話型 ㊦284c〔日本昔話名彙〕
• ムカデ〔百足，呉公，蜈公〕 ㊦**661a** 123a〔使わしめ〕 137a〔唾〕 423a〔毘沙門天〕
百足獅子 ㊤761b〔獅子舞㈠〕
百足の医者迎え ㊦661b〔ムカデ〕
百足の使い ㊦661b〔ムカデ〕
むかで梯子 ㊦357b〔梯子〕
ムカワリ ㊦116c〔追善供養〕 307b〔年忌〕
ムキ ㊤547b〔刳船〕
麦 ㊤119b〔犬〕 435c〔換金作物〕 691a〔作物禁忌〕 702a〔サツマイモ〕 827c〔主食〕 ㊦132c〔土入れ〕 338c〔ハイヌウェレ〕 538b〔星〕 715b〔焼穂〕
麦揚笊 ㊤713a〔笊〕
• 麦打唄《むぎうちうた》 ㊦**661b** 696c〔餅搗踊り〕
ムギウラシ ㊦436b〔ヒバリ〕
ムキオガミ ㊦703c〔モモカ〕
麦刈り ㊦662a〔麦作〕
麦焦《むぎこがし》 ⇨はったい粉(㊦373c)
麦扱き ㊤963b〔千歯扱き〕
ムギコナシ ㊦715b〔焼穂〕
麦粉屁 ㊦514b〔屁ひり話〕
• 麦作《むぎさく》 ㊦**661c** 132c〔土入れ〕 303c〔鼠塞ぎ〕
麦正月 ㊦320a〔農耕儀礼〕 371b〔二十日正月〕 662b〔麦ほめ〕
• 麦田〔ムギタ〕《むぎた》 ㊦**662b** 399b〔春田〕
麦大祭 ㊤182b〔ウマチー〕
麦搗き唄《むぎつきうた》 ⇨麦打唄(㊦661b)
麦ドキ ㊦137b〔ツバキ〕
索餅 ㊤977c〔素麵〕 →素麵
麦念仏 ㊦320a〔農耕儀礼〕
麦のイトコ ㊤112b〔イトコ〕
麦初 ㊦377a〔初物〕
麦櫃 ㊤646c〔米櫃〕
麦踏み ㊤239a〔大麦〕 ㊦662a〔麦作〕 別刷〈野良仕事〉
麦風呂 ㊦496 図〔風呂〕
麦棒唄 ㊦661b〔麦打唄〕 →麦打唄
麦穂祭 ㊤182b〔ウマチー〕
• 麦ほめ《むぎほめ》 ㊦**662b** 364c〔畑作儀礼〕 371b〔二十日正月〕
麦ほめ節供 ㊦320a〔農耕儀礼〕
麦まき〔麦蒔き〕 ㊦358b〔播種法〕 661c〔麦作〕
ムキミヤ ㊤984a〔袖〕
• 麦飯《むぎめし》 ㊦**662c**
ムギメシ正月 ㊦371b〔二十日正月〕
ムキヤ ㊦450a〔檜皮葺き〕
ムギヤキ ㊦715b〔焼穂〕
麦山 ㊦563a〔牧畑〕
ムクエ ㊦759b〔湯灌〕
ムクゲ ㊤137b〔衣料〕 684b〔境木〕
椋神社(埼玉) ㊦383a〔花火〕 801c〔竜勢〕
木田大時の千里眼 ㊤787a〔信太妻〕
ムクチョーデー(婿兄弟) ㊤151c〔ウェーカー〕
ムクロジ ㊤947b〔石鹸〕
ムグロヨケ ㊦694a〔モグラ打ち〕
無形文化財 ㊦500a〔文化財保護法〕
無形民俗文化財《むけいみんぞくぶんかざい》 ⇨民俗文化財(㊦654c) ㊦500b〔文化財保護法〕
ムケカエリツイタチ ㊦252b〔夏越の祓え〕
• むけ節供〔ムケゼック〕 ㊦**663a** ㊤237c〔大祓え〕 ㊦252b〔夏越の祓え〕 344c〔歯固め〕
ムケノツイタチ〔-の朔日〕 ㊤472c〔衣脱ぎ朔日〕 610a〔氷の朔日〕 ㊦663a〔むけ節供〕 →むけ節供
• 聟〔婿，壻〕《むこ》 ㊦**663a** ㊤137a〔入り聟〕
• 聟いじめ《むこいじめ》 ㊦**663b** 605a〔水祝い〕 663b〔聟〕 664b〔聟逃げ〕
聟一見 ㊦663a〔聟〕
聟入り〔ムコイリ〕 ㊤7c〔アイヤケ〕 19b〔朝聟入り〕 819a〔舅礼〕 965c〔添い聟〕
• 「聟入考」《むこいりこう》 ㊦**663c**
• 聟入婚《むこいりこん》 ㊦**663c** ㊤21b〔足入れ婚〕 238a〔大間知篤三〕 286b〔親子盃〕 476a〔決め酒〕 658b〔婚姻〕 661a〔婚家〕 664a〔婚舎〕 668b〔婚約〕 705a〔里帰り〕 818c〔舅・姑〕 851a〔招婿婚〕 990c〔村外婚〕 ㊦140a〔妻問婚〕 448b〔披露〕 448c〔披露宴〕 782c〔嫁〕 783c〔嫁入婚〕 784b〔嫁入り道具〕 796c〔離婚〕
夢告 ㊦767b〔夢〕
向板 ㊤98b〔板前〕
向こう三軒両隣 ㊤518a〔近隣〕
ムコウハチマキ〔向鉢巻〕 ㊦155b〔手拭〕 367b〔鉢巻㈠〕
聟押し ㊦604c〔水祝い〕
ムコカクシ ㊤965c〔添い聟〕 →添い聟
聟酒 ㊦663a〔聟〕
聟添い〔ムコゾイ〕 ㊤965c〔添い聟〕 ㊦664b〔聟まぎらかし〕 →添い聟
婿づき ㊦205b〔床入れ〕
聟天蓋 ㊦663a〔聟〕
聟トギ〔聟伽〕 ㊦202a〔伽〕 664b〔聟まぎらかし〕
聟殿餅 ㊦663a〔聟〕
聟取り ㊤7c〔アイヤケ〕
婿取婚 ㊤851a〔招婿婚〕
• 聟逃げ《むこにげ》 ㊦**664b**
聟の食い立ち ㊦664b〔聟逃げ〕
聟の食い逃げ ㊦664b〔聟逃げ〕
聟の尻逃げ ㊦664b〔聟逃げ〕
婿の泣き節供 ㊦372c〔八朔〕
聟初入り ㊤704c〔里帰り〕 ㊦663a〔聟〕
聟伏せ ㊦664b〔聟まぎらかし〕
• 聟まぎらかし〔ムコマギラカシ〕《むこまぎらかし》 ㊦**664b** ㊤965c〔添い聟〕 ㊦663a〔聟〕 →添い聟
• 聟養子〔婿-〕《むこようし》 ㊦**664c** ㊤34a〔姉家督〕 ㊦663a〔聟〕 664a〔聟入婚〕 771b〔養子〕
聟養子婚 ㊤658c〔婚姻〕 664a〔婚舎〕 ㊦140a〔妻問婚〕
聟養子分家 ㊦502c〔分家〕
聟よび〔-呼び〕 ㊤7c〔アイヤケ〕 ㊦663a〔聟〕
聟脇〔ムコワキ〕 ㊤965c〔添い聟〕 ㊦664b〔聟まぎらかし〕 →添い聟
無言くらべ ㊤237b〔大話〕
• 無言交易《むごんこうえき》 ㊦**665a** ㊤585b〔交易〕 ㊦178c〔峠〕 478b〔物々交換〕
ムササビ ㊤426c〔皮〕 ㊦52c〔狸〕 407b〔バンドリ〕
武蔵路 ㊤390b〔鎌倉街道〕

虫　㊦137a〔唾〕
虫追い　㊦665b〔虫送り〕→虫送り
• 虫送り《むしおくり》　㊦**665**b　㊤114c〔イナゴ〕116a〔稲作儀礼〕194a〔ウンカ〕308b〔害虫〕324b〔楽打〕394c〔神〕491b〔共同祈願〕635c〔子供組〕683a〔塞の神〕992c〔村落領域〕㊦115a〔鎮送呪術〕159c〔テルテル坊主〕222c〔唱え言〕293a〔人形送り〕311c〔年中行事㈠〕320a〔農耕儀礼〕329b〔ノミ〕667a〔虫封じ〕679a〔村境〕716b〔厄落とし〕→虫祈禱
虫送り踊り　㊦267b〔南条踊り〕
虫籠　㊤337a〔籠〕㊦37b〔竹細工〕
蒸し蒲鉾　㊤392c〔蒲鉾〕
蒸し器　㊦667b〔蒸物〕
虫祈禱　㊤122c〔稲祈禱〕㊦665b〔虫送り〕→虫送り
虫切り　㊤97b〔イタコ〕447b〔疳の虫〕㊦667a〔虫封じ〕
虫切加持　㊦667a〔虫封じ〕
虫切り鎌　㊤447c〔疳の虫〕
• 虫供養《むしくよう》　㊦**666**b
虫拳　㊤577a〔拳〕
虫籠窓　㊦572c〔町屋〕580b〔窓〕
蒸米係　㊦209b〔杜氏〕
• ムジナ〔貉，狢〕　㊦**666**b　㊤24c〔小豆洗い〕470a〔狐話〕㊦505c〔文福茶釜〕
ムジナッパタキ　㊦694a〔モグラ打ち〕
ムシヌヌン　㊤36a〔アブシバレー〕
牟子垂衣　㊤387a〔かぶりもの〕
• 虫歯《むしば》　㊦**666**c
ムシバレー　㊤36a〔アブシバレー〕
• 虫封じ《むしふうじ》　㊦**667**a　㊤447b〔疳の虫〕508a〔鬼来迎〕㊦417a〔引付け〕535a〔ホオズキ〕
虫封じ朔日　㊦667a〔虫封じ〕
虫笛　㊦458c〔笛〕
虫札　㊤262c〔恐山〕
虫干し　㊤283a〔お面被り〕
蒸飯　㊤542a〔供物〕
• 蒸物《むしもの》　㊦**667**b
武者人形　㊤612a〔五月節供〕㊦71b〔端午節供〕292c〔人形〕373b〔初節供〕
武者幟　㊦328b〔幟〕
武者窓　㊦580b〔窓〕
蒸湯　㊦182c〔湯治〕
無宗教葬　㊤967b〔葬儀屋〕
無宿　㊤484b〔侠客〕
• 無常講〔ムジョウコウ〕《むじょうこう》　㊦**667**c　㊤539c〔組〕584b〔講〕607c〔御詠歌〕969c〔葬式組〕㊦314a〔念仏講〕678a〔村組〕→念仏講
無常講蔵　㊦667c〔無常講〕→無常小屋
無常講箱　㊦667c〔無常講〕
無常小屋　㊤967c〔葬具〕→無常講蔵
ムジョウブツ　㊤262a〔おそうぶつ〕
無床犂　㊤554a〔鍬〕906b〔犂〕㊦497b〔風呂鍬〕
虫除け　㊤122c〔稲祈禱〕381c〔蚊火〕839c〔春画〕㊦18a〔大般若〕780c〔米山信仰〕
ムジリ　㊤426c〔皮〕
• 筵〔蓆〕《むしろ》　㊦**667**c　㊤323b〔家具〕619c〔茣蓙〕709b〔座蒲団〕752c〔敷物〕879c〔寝具〕㊦44a〔畳〕834c〔藁〕
むしろうた　㊤841c〔順の舞〕
筵輿　㊤620c〔輿〕
筵敷き　㊦286a〔入家儀礼〕
莚帆　㊦521a〔帆〕
• 無尽〔-講〕《むじん》　㊦**668**a　㊤584b〔講〕969a〔相互扶助〕㊦58b〔頼母子〕372c〔初庚申〕689a〔模合〕→頼母子講
無人スタンド販売　㊦668a〔無人売店〕→無人売店
• 無人売店《むじんばいてん》　㊦**668**a　㊤585b〔交易〕
ムスビ　㊦272b〔握り飯〕
• 結び《むすび》　㊦**668**b
結び雁　㊤412 図〔家紋〕
結び切り　㊦607a〔水引〕
ムスビ盃　㊦685b〔夫婦盃〕
ムスメイセキ　㊤92a〔イセキ〕→イセキムスメ
娘義太夫《むすめぎだゆう》　⇨女義太夫(㊤295c)
• 娘組《むすめぐみ》　㊦**668**c　㊤277b〔お歯黒〕635a〔子ども〕㊦118c〔通過儀礼〕827b〔若者仲間〕
娘手踊り　㊦147a〔手踊り〕
娘仲間　㊦315b〔年齢階梯制〕827b〔若者仲間〕827c〔若者宿〕
娘の助言　㊦267c〔難題聟〕
娘の年季　㊤23b〔アシブミ〕
娘婿　㊦663a〔聟〕
娘宿　㊤811c〔自由結婚〕991b〔村内婚〕㊦306a〔寝宿〕730c〔宿親・宿子〕
無声映画　㊤196c〔映画〕
無石塔墓制　㊦672a〔無墓制〕804b〔両墓制〕
無線航法　㊤586b〔航海術〕
無線タクシー　㊦35a〔タクシー〕
無双網　㊤837 表〔狩猟法〕913c〔雀〕㊦606b〔水鳥猟〕
無爪背負梯子　㊤936 図〔背負運搬具〕
無双窓　㊦580b〔窓〕
• 無足人《むそくにん》　㊦**669**a　㊤710c〔侍分〕
ムタ　㊦298a〔ヌタ〕→ヌタ
• ムダ　㊦**669**b
無高百姓　㊦439b〔百姓〕556c〔本百姓〕
ムタダ　㊤781b〔湿田〕
ムダナ　㊤430a〔川船〕
無駄話　㊤622c〔ゴシップ〕→ゴシップ
ムダマ　㊤505a〔漁船〕547a〔刳船〕
無乳草鞋　㊦837c〔草鞋〕
六つ折れ眼鏡　㊦686a〔眼鏡〕
ムツカケ　㊦415b〔干潟漁〕
六県神社(奈良)　㊦2b〔田遊び〕
ムツキバ　㊦222a〔十月歯〕
ムックジャ　㊤785c〔シヌグ〕
• ムックリ　㊦**669**b
ムツゴロウ　㊦415b〔干潟漁〕
『陸奥信夫郡伊達郡風俗記』　㊤864b〔諸国風俗問状答〕
『陸奥白河領答書』　㊤864c〔諸国風俗問状答〕
六乳草鞋　㊦837c〔草鞋〕
• ムトゥ〔元〕　㊦**669**c　㊤167a〔御嶽〕180a〔ウフヤー〕703b〔サトゥ〕㊦387b〔ハマウリ〕682b〔門中〕→ムート
無燈蕎麦　㊦258c〔七不思議〕
武塔天神(兵庫)　㊤451c〔祇園信仰〕
ムトゥヤー〔元屋〕　㊦270b〔根神〕279c〔根人〕669c〔ムトゥ〕
六人部ヒトガタ〔身度部-〕　㊦292b〔人形〕
胸懸　㊦348c〔馬具〕
宗像大社(福岡)　㊤184b〔海〕
宗像大神　㊤99c〔市神〕
棟木　㊦671b〔棟上〕
ムナシメ　㊦671c〔棟上〕
• 棟札《むなふだ》　㊦**669**c
棟持柱　㊤168a〔卯建〕→卯建
棟門　㊦708a〔門㈠〕
ムヌ　㊤142a〔囲炉裏〕
ムヌシラシ　㊦670b〔ムヌン〕
ムヌシリ(物知り)　㊤434c〔カンカカリャー〕727b〔三世相〕㊦763c〔ユタ〕
ムヌチー〔ムヌチ〕　㊤248a〔沖縄文化〕798a〔シャーマニズム〕㊦763c〔ユタ〕
• ムヌン〔物忌〕　㊦**670**a　㊤128c〔忌み〕130a〔忌籠り〕248a〔沖縄文化〕
ムヌンイミ(物忌)　㊦670b〔ムヌン〕
• 棟《むね》　㊦**670**c　㊤526c〔グシマツリ〕
• 棟上〔-祭，-式，棟祭〕《むねあげ》　㊦**671**b　㊤581a〔建築儀礼〕783a〔楽〕㊦49a〔建て前〕195a〔棟梁送り〕389b〔破魔弓〕669c〔棟札〕671b〔棟〕696c〔餅搗踊り〕
ムネアゲオクリ　㊦195b〔棟梁送り〕
棟押さえ　㊦別刷〈民家〉
棟飾り　㊦670c〔棟〕
棟門　㊦708a〔門㈠〕
棟仕舞　㊤526c〔グシマツリ〕
宗忠神社(京都)　㊤551b〔黒住教〕

棟束　㊤168a〔卯建〕 →卯建
棟造り　㊦74a〔団地〕
棟餅　㊦671b〔棟上〕
棟祭　㊦671b〔棟〕
棟割　㊦488b〔夫役〕
棟割長屋　㊦248a〔長屋〕 736a〔屋根神〕 822a〔露路〕
無杼織機　㊦361c〔機織〕
無縫塔　㊦343図〔墓石〕 795a〔卵塔〕
• 無墓制《むぼせい》　㊦**671**c　541a〔墓制〕
無目敷居　㊤750a〔敷居〕
無油透漆　㊤191c〔ウルシ〕
• ムラ〔村〕　㊦**672**a　㊤232a〔大字〕 462a〔帰省〕 579a〔原始共産制〕 591a〔講中(二)〕 673c〔在郷町〕 991c〔村落〕 992c〔村落領域〕 ㊦338a〔廃村〕 571b〔町〕 679b〔村境〕 681b〔村寄合〕 832a〔私〕
ムラアシビ　㊤22c〔アシビ〕
• 村網《むらあみ》　㊦**673**c　㊤507b〔漁撈組織〕
• 村入り《むらいり》　㊦**673**c　㊤105c〔一軒前〕 212b〔烏帽子着祝い〕 499c〔共有地〕 ㊦138a〔潰れ屋敷〕 141b〔ツラダシ〕 448b〔披露〕 494b〔振舞い〕 503b〔分家制限〕 675a〔村株〕 680a〔村仕事〕 778a〔他所者〕 838b〔草鞋親〕
• 村隠居《むらいんきょ》　㊦**674**a　758b〔ユーブ〕
村氏神　㊤159a〔氏神〕 ㊦186c〔同族神〕
村占い　㊤97b〔イタコ〕
• 村絵図《むらえず》　㊦**674**b　㊤581a〔検地〕
村岡典嗣　㊦828a〔和歌森太郎〕
村掟　㊤441a〔慣習法〕 ㊦677a〔村極め〕
• ムラおこし　㊦**674**c　㊤107c〔一村一品運動〕 357b〔過疎化〕 728c〔山村〕
村会所　㊤302c〔会所〕
ムラガシラ(村頭)　㊤247c〔沖縄文化〕
村方　㊤747b〔地方〕 →地方
村方三役　㊤747c〔地方〕 858a〔庄屋〕 ㊦681b〔村役〕
村方史料〘-文書〙　㊤747c〔地方〕 747c〔地方史料〕 →地方史料
ムラガタミ(村固め)　㊤991c〔村内法〕
• 村株《むらかぶ》　㊦**674**c　㊤383a〔株〕 625c〔戸数制限〕
村上堆朱　㊦116c〔堆朱〕
• 村柄《むらがら》　㊦**675**a
• 村勘定《むらかんじょう》　㊦**676**a
村神主　㊦816b〔老人〕
ムラキドー　㊦676b〔村祈禱〕 →村祈禱
• 村祈禱《むらぎとう》　㊦**676**b　㊤400a〔神口〕 ㊦823b〔ワカ〕
村祈禱当番　㊦676b〔村祈禱〕
• 村君〘ムラギミ〙《むらぎみ》　㊦**676**b　㊤187c〔浦〕 507a〔漁民〕 961c〔船頭〕
• 村極め《むらぎめ》　㊦**676**b　㊤441a〔慣習法〕
村規約　㊦677a〔村極め〕
• 村切り《むらぎり》　㊦**677**b　406a〔藩制村〕
• 村組〘ムラグミ〙《むらぐみ》　㊦**678**a　㊤66c〔家連合〕 309a〔垣内〕 373a〔門〕 518a〔近隣〕 518a〔近隣組〕 539c〔組〕 676b〔祭祀組織〕 702b〔サト〕 969a〔相互扶助〕 969c〔葬式組〕 ㊦138b〔坪〕 165c〔伝承母体〕 177c〔同行〕 548a〔ホラ〕 667c〔無常講〕 681b〔村寄合〕 705b〔モヨリ〕 805b〔隣家〕
• 村下〘降下〙《むらげ》　㊦**678**c　㊤731b〔山内〕 ㊦45a〔鑪〕 →鑪師
• 村香典《むらこうでん》　㊦**678**c　㊤600a〔香典〕 600c〔香典帳〕
• 村座《むらざ》　㊦**678**c　㊤384c〔株座〕 670a〔座(一)〕 676b〔祭祀組織〕 ㊦621c〔宮座〕 707b〔モロト〕
• 村境《むらざかい》　㊦**678**c　㊤11c〔赤子塚〕 483c〔境界〕 683a〔塞の神〕 686c〔坂迎え〕 992c〔村落領域〕 ㊦28c〔他界観〕 122a〔塚〕 152a〔出立ち〕 611a〔道切り〕 631b〔民間信仰〕 666a〔虫送り〕 別刷〈村境〉
ムラサキノリ〘紫菜〙　㊤305b〔海藻〕 ㊦330b〔ノリ〕
紫帽子　㊦530a〔帽子〕
紫米　㊤11c〔赤米〕
村サナブリ　㊤706c〔さなぶり〕
村雨　㊤46a〔雨〕
• 村仕事《むらしごと》　㊦**679**c　㊤494c〔共同労働〕 542c〔公役〕 ㊦156a〔出不足〕 611a〔道普請〕 678b〔村組〕 681b〔村役〕 754b〔ゆい〕
村芝居《むらしばい》　⇨地芝居(㊤760c)　㊦323a〔農村舞台〕
ムラジマイ(村締まり)　㊤991c〔村内法〕
村島帰之　㊤920b〔スラム〕
ムラジュウト　㊦783b〔嫁いびり〕
村中若衆吟味之事　㊦827a〔若者条目〕
• 村揃《ムラジュリー》　㊦**680**a　㊤247c〔沖縄文化〕
村雑用〘-雑徭〙　㊦676a〔村勘定〕
ムラ田　㊤499a〔共有財産〕
村代　㊤658a〔コワキ〕
村武精一　㊦426a〔左〕
村田銃　㊦154b〔鉄砲〕
村附き　㊤160c〔氏子入り〕
村づきあい　㊦123c〔つきあい〕
「村と学童」　㊤979c〔疎開〕
ムラニ　㊦706b〔守り親〕
• 村入用《むらにゅうよう》　㊦**680**b　676a〔村勘定〕
村人足　㊦679c〔村仕事〕
ムラヌシドリ　㊦297a〔ヌシドリ〕
村年始　㊦309c〔年始〕
『村の祭祀』　㊦395b〔原田敏明〕
『村の女性』　㊦323b〔能田多代子〕
• 村墓《むらばか》　㊦**680**b　㊤306b〔崖葬〕
村ハズシ　㊦680c〔村ハチブ〕 →村ハチブ
• 村旗《むらばた》　㊦**680**c
• 村ハチブ《むらはちぶ》　㊦**680**c　㊤136b〔入会〕 140a〔入れ札〕 440c〔慣習法〕 926c〔制裁〕 970a〔葬式組〕 ㊦156a〔出不足〕 508c〔閉門〕 674b〔村隠居〕 677a〔村極め〕 681c〔村寄合〕
村法度　㊦677a〔村極め〕
村バナシ　㊦680c〔村ハチブ〕 →村ハチブ
村払い　㊤926c〔制裁〕 ㊦117b〔追放〕
村人　㊤753c〔地下〕
ムラプーリ　㊦457c〔豊年祭〕
村松虚空蔵堂(茨城)　㊤816a〔十三参り〕
『村祭と座』　㊦395b〔原田敏明〕
『村祭と聖なるもの』　㊦395b〔原田敏明〕
村明細帳　㊦318b〔農間稼ぎ〕
ムラモヤイ　㊦705b〔モヤイ〕
• 村屋《ムラヤー》　㊦**681**a　㊤247c〔沖縄文化〕
• 村役《むらやく》　㊦**681**a
村役人　㊤231b〔往来手形〕 541a〔組頭〕 ㊦309a〔年貢村請制〕 681b〔村役〕
ムラ山　㊤499c〔共有地〕
村山七郎　㊤43b〔アマミキョ〕
村山智順　㊦106b〔朝鮮民俗学〕
• 村寄合《むらよりあい》　㊦**681**b　9b〔代参〕
村連合　㊤974a〔惣代〕 →組合村
むらわたし　㊦688b〔面浮立〕
ムリアニ　㊦706b〔守り親〕
無理心中　㊤885a〔心中〕
無量光明土　㊤616a〔極楽〕 →極楽
無量寿仏土　㊤616a〔極楽〕 →極楽
ムル　㊦682a〔ムレ〕 705c〔森〕
• ムレ　㊦**682**a
• 室《むろ》　㊦**682**a
室(小屋)　㊤741a〔シイタケ〕
ムロアジ節　㊦41b〔だし〕
室生寺(奈良)　㊦288c〔女人高野〕
ムロえびすの年取り　㊤756b〔仕事納め〕
『牟婁口碑集』　㊦823a〔炉辺叢書〕
室町小歌　㊦800c〔流行歌〕
室町物語〘室町時代-〙　㊤266a〔御伽草子〕 →御伽草子
ムン　㊤582c〔ケンムン〕
門中　㊤546a〔クラン〕
ムンジレー　㊦670b〔ムヌン〕
ムン＝チセ　㊦84a〔チセ〕
• 門中《ムンチュウ》　㊦**682**b　㊤10c〔アガイマーイ〕 247c〔沖縄文化〕 357c〔家族〕 382a〔家譜〕 539c〔与〕 546b〔クラン〕 759a〔シジ〕 888c〔親族〕 968a〔宗家〕 別刷〈沖縄文化〉 ㊦70b〔単系〕 198b〔トートーメー〕 259c〔名

乗り頭〕 394a〔ハラ〕 416a〔ヒキ〕 669c〔ムトゥ〕
門中墓 ㊤873c〔シルヒラシ〕 954c〔洗骨〕 ㊦682c〔門中〕
• ムンヌイェプ ㊦**682**c
ムンヌキ(物の忌) ㊦670a〔ムヌン〕 →ムヌン
ムンヌキムン(物の忌もの) ㊦670a〔ムヌン〕 →ムヌン

め

目赤子 ㊦510b〔べっかんこ〕
メアテ ㊦686c〔目すだれ〕
目編み計算 ㊤45c〔網漁〕
目洗い池 ㊤663a〔権五郎伝説〕
明暗寺(京都) ㊤645c〔虚無僧〕
姪売ろ子売ろ ㊤611b〔子買お〕
明応地震 ㊦135c〔津波〕
冥界 ㊤755b〔地獄〕
冥官説話 ㊤276c〔小野篁〕
名曲喫茶 ㊤467a〔喫茶店〕
鳴弦 ㊦766b〔弓神楽〕
鳴弦の式 ㊦737c〔流鏑馬〕
鳴弦の法 ㊦417c〔蟇目神事〕
• 冥婚《めいこん》 ㊦**683**b
明治漁業法 ㊤502a〔漁業制度〕
明治神宮(東京) ㊤572b〔結婚式場〕
『明治前期土地制度史』 ㊤276b〔小野武夫〕
• 『明治大正史世相篇』《めいじたいしょうしせそうへん》 ㊦**683**c ㊤944b〔世相解説〕 ㊦216c〔都市民俗〕
明治民法 ㊤896c〔親類〕
明治村 ㊦712b〔野外博物館〕
鳴杖 ㊤803a〔錫杖〕
名所図会 ㊦83c〔地誌〕
• 迷信《めいしん》 ㊦**684**a ㊤147c〔淫祠邪教〕 ㊦434a〔丙午〕 631a〔民間信仰〕
メイスン Mason, Otis Tufton ㊦502b〔文化領域〕
明石寺(愛媛) ㊦519 表〔遍路〕
名節《めいせつ》 ⇨ミョンジョル(㊦627c)
• 冥宅《めいたく》 ㊦**684**a
冥宅契約書 ㊦684a〔冥宅〕
メイチュウ ㊤114c〔イナゴ〕
冥土 ㊤679a〔賽の河原〕
メイドノトリ ㊦546c〔ホトトギス〕
• 命日《めいにち》 ㊦**684**a ㊤367a〔月忌〕
• 命名《めいめい》 ㊦**684**b ㊤592c〔口承文芸〕 ㊦255c〔名付け〕
命名式 ㊤776c〔七夜〕
銘々膳 ㊤862c〔食卓〕 ㊦95a〔ちゃぶ台〕
命名法 ㊤987b〔祖名継承〕
冥陽会 ㊤939b〔施餓鬼〕 →施餓鬼
名誉会長 ㊤488c〔教祖〕
メーダマ ㊦588b〔繭玉〕 697a〔餅花〕 →繭玉
メエテ ㊤877a〔代分け〕
• メーデー May Day ㊦**685**a ㊤610b〔ゴールデン＝ウィーク〕
メートル ㊦700b〔物差〕
メーヌヤー(前の屋) ㊤23c〔アシャギ〕
メーンダカリ ㊦33b〔ダカリ〕
メオイ ㊤326a〔かくせつ〕
夫婦石 ㊤150c〔陰陽石〕
• 夫婦盃《めおとさかずき》 ㊦**685**b ㊤286b〔親子盃〕 668b〔婚礼(一)〕 ㊦456c〔夫婦〕 687a〔雌蝶・雄蝶〕
• 夫婦杉《めおとすぎ》 ㊦**685**b ㊤224b〔縁結び〕
夫婦松 ㊤224b〔縁結び〕 ㊦685b〔夫婦杉〕
メガ ㊦625b〔ミョウガ〕 →ミョウガ
メカカウ ㊦510b〔べっかんこ〕
メカクシ ㊦686c〔目すだれ〕
• 妾《めかけ》 ㊦**685**c
メカゴ〘目籠〙 ㊤275a〔鬼やらい〕 337 図〔籠〕 636 図〔事八日〕 936c〔背負籠〕 ㊦718c〔厄除け〕
メカゴ(病名) ㊦701b〔モノモライ〕
目勝ち ㊦289c〔にらめっこ〕
メカにまつわる怪談 ㊤308a〔怪談〕
• 眼鏡《めがね》 ㊦**685**c
眼鏡絵 ㊦237a〔泥絵〕
眼鏡師 ㊦685c〔眼鏡〕
妻鹿の喧嘩祭 ㊤577b〔喧嘩祭〕
メカブ ㊦824c〔ワカメ〕
メカリガマ ㊦612b〔見突き〕
• 和布刈神事《めかりしんじ》 ㊦**686**a 254a〔灘〕 825a〔ワカメ〕
和布刈神社(福岡) ㊦686a〔和布刈神事〕
メカリバアサン ㊦598c〔ミカワリバアサン〕
和布刈道 ㊦686a〔和布刈神事〕
銘苅子 ㊤540c〔組踊り〕
女河八幡宮(静岡) ㊦111b〔庁屋〕
メキアゲニカイ ㊦130b〔ツシ〕
めぐい棒 ㊤418c〔唐竿〕
眼薬 ㊦625b〔ミョウガ〕
盲敷居 ㊤750b〔敷居〕
目比 ㊦289c〔にらめっこ〕
盲巻き ㊤537a〔熊狩り〕
幻戯 ㊦150c〔手品〕
メグリ ㊤571c〔月経〕
巡り神《めぐりがみ》 ⇨巡行神(㊤840a)
巡り金神 ㊤665a〔金神〕
巡り地蔵《めぐりじぞう》 ⇨回り地蔵(㊦592a)
目黒不動(東京)〘-不動堂〙 ㊤222b〔縁日〕 488b〔行水〕 ㊦227c〔富籤〕 480a〔不動信仰〕
メゴ ㊤936c〔背負籠〕
メコジキ ㊦701b〔モノモライ〕 →モノモライ
メザシ ㊤933c〔歳暮〕 ㊦438c〔干物〕
目差 ㊤480c〔旧慣温存政策〕 ㊦681a〔村屋〕
目刺 ㊤243a〔おかっぱ〕
メザマシ ㊦80c〔力米〕

目覚まし時計　㊦204c〔時計〕
• 飯《めし》　㊦**686**b　㊤415c〔粥〕 648a〔五目飯〕
飯籠　㊤336c〔籠〕 ㊦37b〔竹細工〕
飯杓子　㊤802b〔杓子〕 →しゃもじ
メシタキボシ　㊦769a〔宵の明星〕
飯盗人〔-泥棒〕　㊤570a〔客比べ〕
飯盛女　㊤244a〔おかめ〕 ㊦125c〔継場〕
メジルシボシ　㊦625c〔妙見信仰〕
メジロ(鳥名)　㊤350b〔霞網〕
メジロ(魚名)　㊦491b〔ブリ〕
メジロ籠　㊤350b〔霞網〕
飯椀　㊤868a〔食器〕 ㊦842c〔椀〕
馬頭〔-鬼〕　㊤271b〔鬼〕 755b〔地獄〕
目透板張り天井　㊦164c〔天井〕
• 目すだれ《めすだれ》　㊦**686**c
芽砂　㊤704b〔サトウキビ〕
目狭笠　㊤338b〔笠〕
目立て　㊦325c〔鋸〕
めだな　㊤301b〔蚕棚〕
メダレ　㊤623b〔腰巻〕
• 雌蝶・雄蝶《めちょうおちょう》　㊦**687**a　685b〔夫婦盃〕 →雌蝶・女蝶
メッケイバナ　㊤215a〔獲物分配〕
滅罪招福　㊤955a〔善根宿〕
雌綱　㊤814 図〔十五夜〕
メッパ　㊦567b〔曲物〕
メドチ　㊤370b〔河童〕 900c〔スイコ〕
メトバシ　㊦325b〔鋸〕
目なし達磨　㊦67b〔達磨〕 67c〔達磨市〕
メノウ　㊦411c〔火打ち石〕
メノコマキリ　㊦563c〔マキリ〕
メノト　㊤174c〔乳母〕
乳母子関係　㊤462b〔擬制的親子関係〕 ㊦82a〔乳兄弟〕
メノハ　㊦824c〔ワカメ〕
メノ餅　㊦697a〔餅花〕
目弾き　㊤121a〔犬弾き〕
雌節　㊤366c〔鰹節〕
メフム〔メフン〕　㊤405c〔カムイチェプ〕 743c〔塩辛〕
メボイト　㊦701b〔モノモライ〕 →モノモライ
メマシ　㊤34c〔姉女房〕
メマツ　㊦573c〔松〕
メミ　㊤712b〔猿〕
メモライ　㊦701b〔モノモライ〕 →モノモライ
メモリアリズム　㊤983c〔祖先崇拝〕
目疾地蔵　㊤435a〔願掛け〕
米良神楽　㊤328b〔神楽〕
メラシ　㊤690a〔作男・作女〕
メリケン針　㊦396c〔針〕
メリヤス編み　㊤45b〔編物〕
• メルヘン〔メルヒェン〕 Märchen　㊦**687**a　㊤266c〔お伽噺〕 →童話
メロ　㊤690a〔作男・作女〕 ㊦528c〔奉公人〕
メロン　㊤691a〔作物禁忌〕
メロンカン　㊦510b〔べっかんこ〕
面《めん》　⇨仮面(㊤407c)
面踊り　㊤別刷〈仮面〉
綿花〔棉花〕　㊦831a〔棉〕
免許漁業　㊤502c〔漁業制度〕
• めんこ〔メンコ〕　㊦**687**b　㊤485b〔競技〕 別刷〈遊び〉
面様年頭　㊤別刷〈小正月〉 ㊦792a〔来訪神〕
メンザン　㊦404b〔半夏〕
雌獅子隠し〔雌鹿-〕　㊤735b〔三匹獅子舞〕 ㊦493b〔風流獅子舞〕 730b〔八つ鹿踊り〕
雌獅子狂い　㊤548a〔狂い〕
綿実油　㊤36b〔油〕
免定　㊦309a〔年貢村請制〕
メンソウ　㊦567b〔曲物〕
面疔　㊦149b〔できもの〕
メンツ　㊤838 表〔狩猟用具〕
• 面子 miǎn zi《めんつ》　㊦**687**c
面付帳　㊦680b〔村揃〕
免田神社(大阪)　㊦308c〔年行事〕
メンドン　㊤407c〔仮面〕
面罵　㊤926c〔制裁〕
メンパ　⇨曲物(㊦566c)　㊦517c〔弁当〕
• 面浮立《めんぶりゅう》　㊦**688**a　493a〔浮立〕

も

• 喪《も》　㊦**688**c　㊤61c〔言いならわし〕 ㊦465a〔服喪〕 476c〔服忌令〕
• 模合《もあい》　㊦**689**a　58b〔頼母子〕
モイウヤ　㊦706b〔守り親〕
• モイドン〔森殿〕　㊦**689**a　㊤170a〔ウッガン〕 ㊦186b〔同族神〕
• モウアシビ〔モー-, 毛遊び〕　㊦**689**a　㊤166c〔歌垣〕 365b〔カチャーシー〕 ㊦691c〔モー〕
モウガ　㊦566b〔馬鍬〕
モウケトリ分家　㊦503a〔分家〕
蒙古馬　㊤180c〔馬〕
モウシアゲ　㊤140a〔イレボウシャ〕
申合一札　㊦677a〔村極め〕
• 申し子《もうしご》　㊦**689**b
亡者踊り　㊤565c〔ケガレ〕
盲杖桜　㊦121c〔杖立伝説〕
毛如苞　㊤482a〔球陽〕
盲人拳　㊤577a〔拳〕
• 盲僧《もうそう》　㊦**689**c　㊤334b〔景清〕 596a〔荒神祓え〕 704a〔座頭〕 785c〔地主神〕 ㊦430b〔人柱〕
• 盲僧琵琶《もうそうびわ》　㊦**690**a　㊤250a〔奥浄瑠璃〕 362c〔語り〕 593c〔荒神〕 ㊦449c〔琵琶〕
毛泰運　㊤727a〔サンシン〕
毛越寺(岩手)　㊤15b〔悪態祭〕 223a〔延年〕 ㊦162a〔田楽〕 648a〔民俗芸能〕 690b〔毛越寺延年〕
• 毛越寺延年《もうつうじえんねん》　㊦**690**b　㊤408a〔仮面〕 別刷〈仮面〉 ㊦83 図〔稚児舞〕
毛越寺修正会　㊤608c〔牛玉杖〕
• 間人〔門男, 問人〕《もうと》　㊦**691**a　439b〔百姓〕 444b〔漂泊民〕 607a〔水呑〕
• 毛髪《もうはつ》　㊦**691**a　㊤270c〔おなり神〕
まうはらい　㊤458a〔聞得大君〕
魍魎　㊤73b〔生霊〕
• モウル　㊦**691**c
モエ　㊦705a〔モヤイ〕
モエイシ　㊤941b〔石炭〕 →石炭
• モー〔毛〕　㊦**691**c　㊤791c〔シマ〕
• モーガン Morgan, Lewis Henry　㊦**691**c　㊤83a〔石田英一郎〕 889a〔親族名称・呼称〕 ㊦375b〔バッハオーフェン〕 →モルガン
モーシャギ(申し上げ)　㊤335a〔陰口〕
モース Morse, Edward Sylvester　㊤753a〔しぐさ〕 ㊦635b〔民具〕
• モース Mauss, Marcel　㊦**692**a　㊤587a〔交換〕 623c〔互酬性〕

モータ　㊤772a〔下着〕
モーヤ　㊦692c〔殯〕
モオリ庄屋　㊤648b〔子守〕
モオリ仲間　㊤648b〔子守〕
モーレス　㊤710b〔サムナー〕
モーレツ社員　㊦817b〔労働倫理〕
モガ　㊤512c〔銀座〕
最上千駄　㊦512a〔ベニバナ〕
• 最上孝敬《もがみたかよし》　㊦**692**b　㊤954a〔全国民俗誌叢書〕　㊦283c〔日本民俗学講習会〕　549a〔堀一郎〕　560a〔詣り墓〕　803c〔両墓制〕
最上徳内　㊤801c〔ジャガイモ〕
• 殯〖モガリ，殯宮〗《もがり》　㊦**692**b　㊤130c〔忌小屋〕　977a〔葬法〕　㊦62c〔霊屋〕　465a〔服喪〕　688c〔喪〕　704c〔喪屋〕
もぎ箸　㊦833c〔渡箸〕
モク　㊦299a〔沼〕
もぐさ　㊤479b〔灸〕　㊦787a〔ヨモギ〕
木材伐採　㊦743a〔山仕事〕
• 木食《もくじき》　㊦**693**a
木食行　㊤615b〔穀断ち〕　981c〔即身仏〕
木食行者〖-上人〗　㊤615b〔穀断ち〕　㊦693a〔木食〕
木造船　㊦487b〔船〕
木炭　㊦314b〔燃料〕
木炭自動車　㊤917a〔炭〕
• 木馬《もくば》　㊦**693**b　㊤213a〔絵馬〕
• 木灰《もくばい》　㊦**693**b　336c〔灰〕
木幣　㊤114b〔イナウ〕　㊦296b〔ヌササン〕
木防已　㊦633 表〔民間薬〕
木母寺(東京)　㊤186b〔梅若〕　186c〔梅若忌〕
• 木曜会《もくようかい》　㊦**693**c　㊤236c〔大藤時彦〕　544b〔倉田一郎〕　729c〔山村調査〕　828b〔守随一〕　940a〔瀬川清子〕　㊦356c〔橋浦泰雄〕　632b〔民間伝承㈡〕　632b〔民間伝承の会〕　643b〔民俗学研究所〕　645a〔民俗学史〕　692b〔最上孝敬〕　741b〔山口貞夫〕
沐浴　㊤180a〔産湯〕　488b〔行水〕　672a〔斎戒沐浴〕　㊦610c〔御手洗〕
• モグラ　㊦**693**c　694a〔モグラオドシ〕　694a〔モグラ打ち〕
• モグラ打ち〖-ウチ〗　㊦**694**a　㊤116a〔稲作儀礼〕　635c〔子供組〕　別刷〈小正月〉　㊦222c〔唱え言〕　777a〔予祝儀礼〕
モグラ追い〖-オイ〗　㊦197b〔十日夜〕　694a〔モグラ〕
モグラ送り　㊤624a〔小正月〕　㊦234b〔鳥追い〕
• モグラオドシ　㊦**694**a　㊤268a〔威し〕
モグラタタキ　㊦694b〔モグラオドシ〕
モグラ捕り　㊤837 表〔狩猟法〕
• 土竜の嫁入り《もぐらのよめいり》　㊦**694**b
潜り突き漁　㊤500c〔漁業〕
• もぐり漁　㊦**694**c　㊤667b〔コンブ〕
→潜き漁　→潜水魚
木蠟　㊦360c〔ハゼ〕　816c〔蠟燭〕
目録　㊦417b〔引き札〕
末額　㊦155b〔手拭〕
文字　㊤856a〔情報伝達〕
藻塩　㊤742b〔塩〕
藻塩焼法　㊤923c〔製塩〕
文字鎖　㊤634b〔言葉遊び〕
文字紋　㊤414 図〔家紋〕
モジリ　㊤155c〔筌〕
モシㇼコㇿフチ　㊤36c〔アペカムイ〕
綟組織　㊤290a〔織物〕
モジリバンテン　㊦406c〔半纏〕
モスケ　㊦298a〔盗み魚〕
モセ　㊤711b〔サラニㇷ゚〕
• モチ　㊦**695**a　㊤115b〔稲作〕　474b〔キビ〕　645c〔米〕
• 餅《もち》　㊦**695**a　㊤185b〔海坊主〕　244b〔オカワ〕　265a〔落ち着き餅〕　317b〔鏡餅〕　321b〔かきもち〕　342b〔菓子〕　490b〔兄弟餅〕　542a〔供物〕　610b〔氷餅〕　630c〔御馳走〕　646a〔米〕　737c〔産見舞〕　763b〔四十九餅〕　863c〔食物禁忌〕　974c〔雑煮〕　㊦81a〔力餅〕　344c〔歯固め〕　373c〔初節供〕　374b〔初誕生〕　398a〔針供養〕　619b〔耳塞ぎ〕　696a〔餅搗き〕　696c〔餅無し正月〕
• 餅争い《もちあらそい》　㊦**695**b
• モチーフ motif　㊦**695**c　633a〔民間文芸モチーフ索引〕
餅負い　㊦696a〔餅搗き〕
餅柿　㊦538c〔干柿〕
モチ米　㊤658a〔強飯〕
餅正月　㊤864a〔食物禁忌〕
持高　㊦504b〔分地制限令〕
• 餅搗き《もちつき》　㊦**696**a　㊤844c〔正月〕　㊦696b〔餅搗踊り〕
餅搗き唄　㊦696b〔餅搗き〕
• 餅搗踊り《もちつきおどり》　㊦**696**b　661c〔麦打唄〕
望月駒　㊦562a〔牧〕
望月牧　㊦562a〔牧〕
餅搗囃子　㊦696b〔餅搗踊り〕
望年　㊤624a〔小正月〕
餅と白石　㊤307c〔怪談〕
• 餅無し正月〖餅なし-〗《もちなししょうがつ》　㊦**696**c　㊤134b〔芋正月〕　265a〔落人伝説〕　425c〔家例〕　844b〔正月〕　863c〔食物禁忌〕　975b〔雑煮〕　986b〔蕎麦〕　㊦76a〔血〕　139b〔坪井洋文〕
モチ縄　㊦834a〔罠〕
モチニニャーザル　㊤841b〔しゅんなめじょ〕
望の正月　㊤624a〔小正月〕　㊦239b〔とんど〕
餅の的伝説　㊤870b〔白鳥伝説〕
モチバシ　㊤416b〔粥の箸〕
持ち箸　㊦833c〔渡箸〕
• 餅花〖モチバナ〗《もちばな》　㊦**697**a　㊤116a〔稲作儀礼〕　624b〔小正月〕　別刷〈小正月〉　㊦310c〔年中行事㈠〕　777a〔予祝儀礼〕
餅踏み《もちふみ》　⇨初誕生(㊦374b)
モチメシ　㊦543a〔牡丹餅〕
餅貰い　㊦54a〔種子取り〕
もちやそび〖手玩，翫弄之具，弄具，玩物〗　㊤284b〔玩具〕
餅雪　㊦759c〔雪〕
鷸猟　51606b〔水鳥猟〕
木灰　㊤1b〔藍〕
木客　㊦740b〔山男〕
木鶴神　㊦5a〔大工〕
木器　㊦842b〔椀〕
木琴　㊤367c〔楽器〕
• もっこ〖畚，臾，持籠〗　㊦**697**a　㊤935c〔背負運搬具〕　㊦834c〔藁〕
木瓜　㊤414 図〔家紋〕
• モッコス〖木骨，木居士，黙居士〗　㊦**697**c
モッソ　㊦567b〔曲物〕
持立型無床犂　㊤906b〔犂〕
モッドシ　㊦396b〔ハラメウチ〕
モッパ　㊦238b〔ドンザ〕
モッペ　㊤756c〔仕事着〕　㊦704c〔股引〕
『モデルノロヂオ』　㊤589a〔考現学〕　669c〔今和次郎〕
モトイエ　㊦553b〔本家〕
元大谷　㊤235b〔大谷本廟〕
本居長世　㊦194b〔童謡〕
• 本居宣長《もとおりのりなが》　㊦**697**c　㊤393c〔神〕　614b〔国学〕　㊦446a〔平田篤胤〕　644a〔民俗学史〕　別刷〈民俗学史〉
『本居宣長全集』　㊦698a〔本居宣長〕
• もどき〖モドキ〗　㊦**698**a　㊤15b〔悪態祭〕　243c〔おかめ〕　246a〔翁〕　313a〔替え歌〕　㊦516c〔変身〕
モトギリ　㊦511a〔別帳場〕
元肥　㊦447b〔肥料〕
モドス　㊦583a〔間引き㈠〕
元巣神社(埼玉)　㊦110c〔徴兵逃れ〕
酛摺り唄　㊤694a〔酒造り唄〕
髻　㊤399b〔髪型〕
元木網　㊤483b〔狂歌〕
元厩　㊤181c〔馬市〕
求子舞　㊤26a〔東遊び〕
モトヤ(本家)　㊦553b〔本家〕
モトヤ　㊦711a〔門牌〕
モトヤマ　㊦226c〔鳥総立て〕
• 本山桂川《もとやまけいせん》　㊦**698**b　㊤455c〔聴耳草紙〕　495c〔郷土玩具〕　㊦644c〔民俗学史〕　823a〔炉辺叢書〕
モトヤマシ　㊤458b〔樵〕

本山寺(香川)　㊦519 裏〔遍路〕
戻り亥子　㊤123c〔亥子〕
戻り丑　㊦370c〔初丑〕 →上り丑
戻りガツオ　㊤366a〔カツオ〕
モドリゴザ　㊤784c〔死装束〕
• 戻橋《もどりばし》　㊦**698c**
戻り囃子　㊤452b〔祇園囃子〕 ㊦580a〔祭囃子〕
モノ　㊤582c〔ケンムン〕
鬼　㊤271b〔鬼〕 →おに
物合わせ　㊤155c〔ウグイス〕
• 物言う魚《ものいううお》　㊦**699a** 293c〔人魚伝説〕 780a〔ヨナタマ〕
物言う鰻　㊤173c〔鰻〕
物射沓　㊤534a〔沓〕
• 物忌〖諱忌，斎忌〗《ものいみ》　㊦**699b** ㊤128b〔忌み〕 129a〔忌がかり〕 140c〔イロ着〕 185a〔海留・山留〕 226c〔お忌みさん〕 310b〔海難法師〕 511b〔禁忌〕 610a〔氷の朔日〕 678b〔斎日〕 789b〔柴挿し(二)〕 850a〔精進堂〕 865b〔女子神職〕 ㊦72a〔断食〕 410c〔日忌〕 578a〔祭〕 580c〔窓ふさぎ〕 599c〔巫女〕 670a〔ムヌン〕 769c〔八日吹き〕 782a〔宵宮〕 →潔斎
物忌子　㊦699c〔物忌〕
物忌子良　㊦699c〔物忌〕
物忌父　㊦699c〔物忌〕
物忌母良　㊦699c〔物忌〕
物忌祭　㊤130b〔忌籠り〕
物置〖-小屋〗　㊤649b〔小屋〕 ㊦263a〔納屋〕
もの教え　㊤881a〔新口〕
もの隠し　㊤399a〔神隠し〕
• 物語《ものがたり》　㊦**699c**
物語絵巻　㊤213c〔絵巻〕
物語詩　㊦396a〔バラッド〕
物食う魚　㊤308a〔怪談〕
モノグサ　㊤22a〔足半〕 978a〔草履〕
• 物くさ太郎〖ものぐさ-〗《ものくさたろう》　㊦**700a** 223c〔隣の寝太郎〕 704a〔桃太郎〕
モノグルイ〖物狂〗　㊤484c〔狂気〕 548a〔狂い〕
物乞い　㊦327a〔野宿〕 778a〔他所者〕
• 物差《ものさし》　㊦**700b** ㊤380c〔曲尺〕 ㊦37a〔竹細工〕
モノシリ　㊤798a〔シャーマニズム〕
もの断ち　⇨断ち物(㊦46c)
• 物作り〔モノツクリ〕《ものつくり》　㊦**700c** ㊤[別刷]〈小正月〉 ㊦364c〔畑作儀礼〕 412c〔ヒエ〕 777a〔予祝儀礼〕
モノノケ〖もののけ，物怪，物の怪〗　㊤73b〔生霊〕 394a〔神〕 872b〔死霊〕 ㊦442c〔病気〕
物部神社(島根)　㊤263a〔お田植祭〕
• もの日　㊦**701a** ㊤131c〔忌日〕 432a〔かわりもの〕 ㊦310c〔年中行事(一)〕 579a〔祭〕
物干し竿　㊦37a〔竹細工〕
物干し竿売り　㊦781a〔呼売り〕
モノマエ　㊦701a〔もの日〕
物真似　㊤256a〔おこわざ〕 ㊦698a〔もどき〕
物真似芸　㊤486a〔狂言〕
物まね尽し　㊦777b〔寄席〕
• 物見遊山《ものみゆさん》　㊦**701a** ㊤654a〔娯楽〕
• モノモライ〖ものもらい〗　㊦**701b** ㊤24c〔小豆〕 525b〔櫛〕
もひ　㊦842b〔椀〕
• 喪服《もふく》　㊦**701c** ㊤140b〔イロ着〕 ㊦401a〔晴着〕 465a〔服喪〕
モボ　㊤512c〔銀座〕
模倣呪術　㊤826a〔呪術〕 →類感呪術
モミ　㊦702b〔籾殻〕 →籾殻
籾打槌　㊦702a〔籾打棒〕
モミウチドンジ　㊦702a〔籾打棒〕
• 籾打棒《もみうちぼう》　㊦**702a** 587a〔豆打棒〕
モミエブリ　㊤211b〔えぶり〕
揉烏帽子　㊤211c〔烏帽子〕
• 籾殻《もみがら》　㊦**702b** ㊤645c〔米〕
籾グラ〖籾蔵〗　㊤543b〔倉〕 ㊦55c〔種子籾囲い〕
モミジガサ　㊤724a〔山菜〕
紅葉傘　㊤339b〔傘〕
• 紅葉狩《もみじがり》　㊦**702c** 701b〔物見遊山〕
モミジ袋　㊦296a〔糠袋〕
紅葉山楽人　㊤315a〔雅楽〕
籾すり〖-摺り〗　㊦105c〔調製〕 290b〔庭上げ〕 319b〔農具〕
籾摺り臼　㊦105c〔調製〕
籾摺り唄　㊤164b〔臼挽き唄〕
籾種子ガコイ　㊦55c〔種子籾囲い〕
モミッコ　㊦702b〔籾殻〕 →籾殻
モミブチボウ　㊦702a〔籾打棒〕
モミヨウシ　㊦702a〔籾打棒〕
• 木綿〖文綿，毛綿〗《もめん》　㊦**703a** ㊤17b〔麻〕 109c〔糸〕 137c〔衣料〕 258a〔押入れ〕 701a〔サックリ〕 756c〔仕事着〕 879c〔寝具〕 ㊦298c〔布〕 480c〔蒲団〕
木綿糸　㊤109c〔糸〕
モメンサックリ　㊤700c〔サックリ〕
木綿玉　㊤624b〔小正月〕
木綿バナ　㊦697a〔餅花〕 →綿ダンゴ
木綿ヒキ　㊦831b〔棉〕
木綿服　㊤751a〔仕着せ〕
木綿帆　㊦521a〔帆〕
木綿綿　㊦480c〔蒲団〕
• 桃《もも》　㊦**703b** ㊤477b〔鬼門〕 638c〔木の実〕 875c〔白酒〕 ㊦264a〔成らずの桃〕 771c〔楊枝〕
• モモカ　㊦**703c** ㊤519c〔食初め〕
モモカマイリ　㊦703c〔モモカ〕
• 桃太郎《ももたろう》　㊦**703c** ㊤273c〔鬼退治〕 474c〔キビ〕 628a〔五大御伽噺〕 ㊦355b〔橋〕 380b〔花咲爺〕 659c〔昔話〕 703b〔桃〕
『桃太郎の誕生』　㊦659c〔昔話〕
『桃太郎の母』　㊤83a〔石田英一郎〕
百手神事　㊦766c〔弓神事〕
• モモテ祭〖モモテ〗　㊦**704a** ㊤189a〔占い〕 ㊦389b〔破魔矢〕
桃の子太郎　㊤73a〔異郷譚〕
桃の節供　㊤627a〔五節供〕 →上巳
桃の葉　㊦634b〔民間療法〕
桃の花　㊦432c〔雛祭〕
• 股引《ももひき》　㊦**704b** ㊤714c〔猿股〕 756c〔仕事着〕 771c〔下着〕 ㊦711a〔もんぺ〕
桃祭　㊤627a〔五節供〕 ㊦703b〔桃〕 →上巳
• 桃割《ももわれ》　㊦**704c**
モヤ(協同労働)　㊦705a〔モヤイ〕
モヤ　㊦704c〔喪屋〕
• 喪屋《もや》　㊦**704c** ㊤130c〔忌小屋〕 ㊦62c〔霊屋〕 307c〔年忌〕 688c〔喪〕 692b〔殯〕 [別刷]〈生と死〉
• モヤイ〖模合，催合〗　㊦**705a** ㊤351c〔加勢〕 362a〔カタフネ〕 494c〔共同労働〕 ㊦24c〔田植え〕 754a〔ゆい〕
モヤイ狩り　㊦705a〔モヤイ〕
モヤイ講　㊤584b〔講〕
モヤイ仕事　㊦679c〔村仕事〕 705b〔モヤイ〕
モヤイ水車　㊦705b〔モヤイ〕
モヤイ田　㊤499a〔共有財産〕 ㊦705a〔モヤイ〕
舫綱　㊤362a〔カタフネ〕
モヤイ風呂　㊦705b〔モヤイ〕
モヤイ結び　㊦668c〔結び〕
モヤイヤブ　㊦705b〔モヤイ〕
モヤイヤマ〖-山〗　㊤499a〔共有財産〕 499c〔共有地〕 ㊦705a〔モヤイ〕
モヤイ漁　㊦705a〔モヤイ〕
もやし播き　㊦56a〔種子もやし〕
モヤ山　㊤143a〔岩木山信仰〕
靄山(青森)　㊤288c〔お山掛け〕 289a〔お山参詣〕
燃る土　㊦258c〔七不思議〕
燃る水　㊦258c〔七不思議〕
モヨイ　㊦705a〔モヤイ〕
模様染　㊤956c〔染色〕
モヨグリ　㊦705b〔モヨリ〕
• モヨリ〖最寄〗　㊦**705b**
もらいカミゴト　㊤400c〔カミゴト〕
• 貰い子〖モライコ〗《もらいご》　㊦**705c** ㊤780b〔シツケ奉公〕 ㊦528c〔奉公人〕 725b〔養い子〕
貰帳　㊦470a〔普請帳〕
貰い風呂　㊦443b〔拍子木〕 496b〔風呂〕
モリ(地形)　㊦682a〔ムレ〕
モリ(子守)　㊦706a〔守り親〕

モリ　㊦706*c*〔森神〕
杜　㊤883*b*〔神社〕 ㊦725*b*〔社〕 →神社
・森《もり》　㊦**705*c*** 122*a*〔塚〕 689*a*〔モイドン〕 706*b*〔森神〕 737*c*〔山〕
森(神社)　㊦725*b*〔社〕 →神社
・銛《もり》　㊦**706*a*** 127*b*〔突き漁〕 694*c*〔もぐり漁〕 →ヤス
モリアネ〔モリアネイ，モリアニイ〕　㊤867*b*〔女中〕 ㊦706*a*〔守り親〕
森岡清美　㊤358*c*〔家族周期〕 359*b*〔家族類型〕 ㊦113*a*〔直系家族〕 186*a*〔同族家族〕 462*b*〔複合家族〕
盛岡さんさ踊り　㊤725*a*〔さんさ踊り〕
盛岡暦　㊤202*c*〔絵暦〕
モリオジイ　㊦706*a*〔守り親〕
・守り親〔モリオヤ〕《もりおや》　㊦**706*a*** ㊤462*b*〔擬制的親子関係〕 648*b*〔子守〕
モリガエ　㊦706*a*〔守り親〕
盛方　㊤98*b*〔板前〕
・森神《もりがみ》　㊦**706*b*** 186*b*〔同族神〕
森神信仰　㊦277*b*〔ニソの杜〕
森喜作　㊤741*a*〔シイタケ〕
・モリ供養　㊦**707*a***
守子　㊦600*b*〔神子〕
モリ講　㊦277*b*〔ニソの杜〕
盛り込め料理　㊤445*b*〔寒天〕
森崎大権現(長崎)　㊤252*b*〔おくんち〕
・『守貞漫稿』《もりさだまんこう》　㊦**707*b***
モリサマ(福井)〔-サン〕　㊦277*b*〔ニソの杜〕 706*c*〔森神〕 →ニソの杜
盛笊　㊤336*c*〔籠〕 713*b*〔笊〕 ㊦37*b*〔竹細工〕
盛り塩　㊤742*b*〔塩〕 745*a*〔潮花〕 745*c*〔塩盛り〕 →潮花
盛砂　㊤630*c*〔御馳走〕 ㊦290*a*〔ニワ〕
森田伍郎　㊦12*c*〔大正琴〕
守田座　㊦471*c*〔舞台〕
モリッカー　㊤648*b*〔子守〕 ㊦706*a*〔守り親〕
モリッカカァ　㊦706*a*〔守り親〕
モリッコ　㊦342*c*〔墓じるし〕
モリットー　㊤648*b*〔子守〕 ㊦706*a*〔守り親〕
モリヌイ　㊤951*b*〔背守り〕
森の舞楽獅子　㊤別刷〈仮面〉
モリノヤマ　㊦707*a*〔モリ供養〕
森八幡宮(大分)　㊦431*b*〔一人相撲〕
モリマツリ　㊦277*b*〔ニソの杜〕
モリャーシ　㊦688*b*〔面浮立〕
モリヤトイ祝い　㊤648*b*〔子守〕 ㊦706*a*〔守り親〕
モリヤトワレ祝い　㊤648*b*〔子守〕 ㊦706*a*〔守り親〕
モリ山　㊤143*a*〔岩木山信仰〕
護山神社(岐阜)　㊦14*a*〔太々神楽〕
守屋美都雄　㊤560*c*〔荊楚歳時記〕
森若大夫　㊤92*c*〔伊勢暦〕
茂林寺(群馬)　㊦505*c*〔文福茶釜〕
モルガン Morgan, Lewis Henry　⇨モーガン(㊦691*c*) ㊤579*a*〔原始共産制〕 878*c*〔進化主義〕
モルモン教　㊤885*b*〔新宗教〕
モレイラ　㊤7*a*〔アイヌモシㇼ〕 ㊦812*c*〔レプンクㇽ〕
諸石神社(静岡)　㊤84*c*〔石拾〕
モロコシ〔もろこし〕　㊤606*c*〔高粱〕 701*a*〔雑穀〕
モロコシ餅　㊦695*b*〔餅〕
モロタブネ　㊦590*b*〔丸木舟〕
諸手船　㊦80*b*〔力くらべ㈠〕
諸手船神事　㊤9*b*〔蒼柴垣神事〕 ㊦483*b*〔舟競争〕
・モロト〔諸頭，諸人，旧人，村生人〕　㊦**707*b*** ㊤315*a*〔家格〕
諸頭衆　㊦620*c*〔宮座〕
もろみ　㊦63*b*〔たまり〕
・門(建築)《もん》　㊦**707*c*** ㊤470*c*〔木戸〕 ㊦249*a*〔長屋門〕
・門(民俗)《もん》　㊦**708*c*** 別刷〈村境〉
モンガリ　㊤977*a*〔葬法〕 ㊦別刷〈生と死〉
モンクブキ　㊤108*c*〔一俵香典〕
聞香　㊤485*a*〔競技〕
モンゴロイド　㊤884*c*〔人種〕
モンジャの吉　㊤467*c*〔吉四六話〕
文殊菩薩　㊤569*c*〔ケタイ神〕 815*c*〔十三仏〕
・紋章《もんしょう》　㊦**708*c*** ㊤297*a*〔女紋〕
・モンスーン monsoon　㊦**709*a***
モンスーンアジア　㊦709*a*〔モンスーン〕
モンスーン的風土　㊦456*a*〔風土〕 456*b*〔風土論〕
門膳　㊦102*c*〔秋夕〕
・門前市《もんぜんいち》　㊦**709*b***
門前菓子　㊤963*c*〔煎餅〕
・門前町《もんぜんまち》　㊦**709*c*** 208*c*〔都市〕 571*b*〔町〕
藻垂　㊤924*a*〔製塩〕
門中《もんちゅう》　⇨ムンチュウ(㊦682*b*)
・紋付《もんつき》　㊦**709*c*** ㊤669*b*〔婚礼衣裳〕 ㊦401*b*〔晴着〕
紋付羽織　㊦710*a*〔紋付〕
紋付袴　㊦345*b*〔袴〕
モンツケ　㊦24*b*〔田植え〕
門弟制度　㊤169*c*〔内弟子〕
・門徒《もんと》　㊦**710*a*** 69*c*〔檀家〕
・問答《もんどう》　㊦**710*b***
門徒絵系図　㊤202*a*〔絵系図〕
モンドリ　㊤155*c*〔筌〕 ㊦62*c*〔霊屋〕
・門牌《もんぱい》　㊦**710*c***
モンビ　㊦201*b*〔時〕 310*c*〔年中行事㈠〕 701*a*〔もの日〕 →もの日
モンピョウ　㊦711*a*〔門牌〕
紋服　㊦345*b*〔袴〕
文部省史料館　㊤791*a*〔渋沢敬三〕 ㊦280*c*〔日本常民文化研究所〕
・もんぺ〔モンペ，モンペイ〕　㊦**711*a*** ㊤756*c*〔仕事着〕 ㊦330*a*〔野良着〕 345*b*〔袴〕 704*c*〔股引〕 748*c*〔山袴〕
モンペ網　㊤693*b*〔鮭〕
モンペー　㊦711*a*〔門牌〕
紋楊枝　㊦771*c*〔楊枝〕

や

や

ヤ(道具)　㊤85*b*〔石屋〕
• ヤ(アイヌ)　㊦**711*b***
矢　㊦37*a*〔竹細工〕 514*b*〔ヘペレアイ〕
ヤー(家)　㊤247*c*〔沖縄文化〕
ヤー公　㊦716*b*〔ヤクザ〕 →香具師
ヤーザス　㊤434*c*〔カンカカリャー〕
ヤージーシ(家厨子)　㊤911*a*〔厨子甕〕
ヤーツクリアンガマ　㊤56*c*〔アンガマ〕
ヤーツクリジラバ　㊤57*a*〔アンガマ〕
• ヤードゥイ〖屋取〗　㊦**711*b***
ヤアトコセ　㊤371*c*〔活惚〕
ヤーナー(家の名)　㊦774*b*〔幼名〕
ヤーヌタンカー　㊦246*c*〔中柱〕
ヤーヌナー(家の名)　㊦774*b*〔幼名〕
ヤーパラヌヨイ(家柱の祝い)　㊦246*c*〔中柱〕
ヤーマス　㊤705*c*〔里神〕
ヤーラスリ　㊦536*a*〔ほがほが〕
• ヤーンナー　㊦**711*c***
ヤイェラプ　㊦756*b*〔ユーカラ〕
• ヤイカガシ　㊦**711*c***　㊤268*b*〔威し〕 949*b*〔節分〕
ヤイカテカㇽ　㊦712*a*〔ヤイサマ〕
• ヤイサマ　㊦**711*c***
矢板　㊤509*c*〔切羽〕
焼津神社(静岡)　㊦250*b*〔泣き相撲〕
焼津節　㊤366*c*〔鰹節〕
やいと〖ヤイト〗 ⇨灸(㊤479*b*)　㊦718*c*〔厄除け〕
灸日　㊤481*c*〔灸すえ日〕
• ヤウチ　㊦**712*a***　㊤427*c*〔カワサキ〕 ㊦574*a*〔マツイ〕 705*b*〔モヤイ〕
ヤウチマキ　㊦561*b*〔マキ〕 →マキ
• 家移り〖屋移り〗《やうつり》　㊦**712*a***　㊤581*a*〔建築儀礼〕 ㊦7*c*〔大黒柱〕 833*b*〔ワタマシ〕
家移り祝い　㊤581*b*〔建築儀礼〕
ヤウツリガユ〖-粥〗　㊤24*b*〔小豆〕 ㊦712*b*〔家移り〕
家移り念仏　㊦712*a*〔家移り〕
ヤウン=イオㇽ　㊤67*b*〔イオㇽ〕
ヤウンモシㇼ　㊤7*a*〔アイヌモシㇼ〕
八重垣神社(島根)　㊤224*b*〔縁結び〕 317*a*〔鏡〕
八重桜　㊤412 図〔家紋〕
『八重山語彙』　㊦623*a*〔宮良当壮〕
『八重山古謡』　㊤460*a*〔喜舎場永珣〕
八重山津波　㊦136*a*〔津波〕
『八重山島民謡誌』　㊦822*c*〔炉辺叢書〕
八重山方言　㊤246*b*〔沖縄語〕
『八重山民俗誌』　㊤460*a*〔喜舎場永珣〕
『八重山民謡』　㊤460*a*〔喜舎場永珣〕
ヤエン　㊤353*b*〔架線〕
八百善　㊦804*c*〔料理屋〕
八乙女〖-舞，八女舞，八少女舞〗　㊤328*a*〔神楽〕
八乙女神楽　㊤244*c*〔隠岐神楽〕
八百比丘尼《やおびくに》 ⇨はっぴゃくびくに(㊦375*b*)
野外調査《やがいちょうさ》 ⇨民俗調査(㊦652*c*)
• 野外博物館《やがいはくぶつかん》　㊦**712*b***
• 夜学《やがく》　㊦**712*c***
ヤカタ　㊤977*a*〔葬法〕
屋形　㊤620*c*〔輿〕 ㊦302*a*〔ネゴヤ〕
館　㊦302*a*〔ネゴヤ〕 →タテ
家型墓　㊦386*b*〔破風墓〕
屋形船　㊤428*b*〔川施餓鬼〕 ㊦481*c*〔船遊び〕
夜学校　㊦713*a*〔夜学〕
ヤガマヤー　㊦306*a*〔寝宿〕
ヤ粥〖屋粥〗　㊦712*b*〔家移り〕 833*b*〔ワタマシ〕
ヤカン　㊦277*a*〔ニセ〕
• 薬罐〖-鑵〗《やかん》　㊦**713*a***
• ヤギ　㊦**713*b***　㊤247*b*〔沖縄文化〕
矢木　㊦584*a*〔鉱〕
焼芋屋〖焼き芋売り〗　㊦491*c*〔振売り〕 781*a*〔呼売り〕
• 焼印《やきいん》　㊦**713*b***
焼絵羽子板　㊦352*c*〔羽子板〕
ヤキオトシ　㊦715*b*〔焼穂〕
ヤキカガシ　㊦411*a*〔ヒイラギ〕
焼方　㊤98*b*〔板前〕
焼蒲鉾　㊤393*a*〔蒲鉾〕
焼子　㊤917*c*〔炭焼き〕
• 焼米《やきごめ》　㊦**713*c***　㊤148*b*〔インスタント食品〕 646*a*〔米〕 876*c*〔しろみて〕 ㊦27*b*〔田打ち〕 351*b*〔白米城〕 542*a*〔保存食〕 615*a*〔水口祭〕
焼塩　㊤742*b*〔塩〕
ヤキジモ　㊤315*c*〔案山子〕
八木奘三郎　㊦220*a*〔土俗会〕
焼き田楽　㊤265*c*〔おでん〕
• 家祈禱《やぎとう》　㊦**714*b***　㊤706*a*〔里修験〕 ㊦766*b*〔弓神楽〕
焼き直し　㊤674*c*〔再婚〕
ヤキバ　㊤355*c*〔火葬場〕
• 焼畑《やきはた》　㊦**714*b***　㊤24*a*〔小豆〕 50*b*〔アラク〕 52*c*〔荒地〕 53*a*〔アワ〕 307*b*〔開拓〕 451*b*〔木下し〕 480*a*〔休閑〕 508*c*〔切替畑〕 639*b*〔コバ〕 663*b*〔混作〕 699*a*〔サス〕 701*a*〔雑穀〕 728*b*〔山村〕 738*a*〔山民〕 749*b*〔時間認識〕 853*c*〔定畑〕 978*a*〔ソウリ〕 ㊦153*a*〔出作り〕 327*c*〔後狩詞記〕 358*b*〔播種法〕 361*b*〔畑〕 364*b*〔畑作〕 407*c*〔ハンノキ〕 411*b*〔火入れ〕 412*b*〔ヒエ〕 446*c*〔肥料〕 507*c*〔平家伝説〕 544*c*〔穂摘具〕 737*c*〔山〕 752*a*〔山焼き〕 別刷〈野良仕事〉 →切畑
焼麩　㊦452*a*〔麩〕
焼歩　㊤917*c*〔炭焼き〕
• 「八木節」《やぎぶし》　㊦**715*b***　㊤363*c*〔語りもの〕 ㊦655*c*〔民謡〕
• 焼穂《やきほ》　㊦**715*b***
焼き干し　㊤556*c*〔燻製〕
焼き饅頭　㊦303*c*〔鼠塞ぎ〕
焼味噌　㊤148*b*〔インスタント食品〕
ヤキメシ　㊦272*b*〔握り飯〕
ヤキモチ　㊦594*a*〔饅頭〕
焼き餅　㊤864*a*〔食物禁忌〕 ㊦193*b*〔トウモロコシ〕 303*c*〔鼠塞ぎ〕 695*a*〔餅〕
焼餅踊り　㊤269*b*〔踊り〕
• 焼き物《やきもの》　㊦**715*c***　㊤845*b*〔正月料理〕
焼物(陶器)　㊦339*c*〔灰屋〕 573*c*〔松〕
八木山越え　㊦178*c*〔峠〕
野球　㊤485*a*〔競技〕
ヤギョウ　㊤433*c*〔龕〕
夜行日　㊦716*a*〔厄〕
ヤギ料理　㊤249*a*〔沖縄料理〕
ヤク　㊤64*c*〔家順〕
• 厄《やく》　㊦**716*a***　716*b*〔厄落とし〕 717*c*〔厄年〕 718*c*〔厄除け〕
夜具　㊤415*a*〔蚊帳〕 ㊦305*c*〔寝巻〕
薬医門　㊦708*b*〔門(一)〕
厄祝い　㊦210*a*〔年祝い〕
約縁　㊦78*c*〔地縁〕
薬王寺(徳島)　㊦519 表〔遍路〕
• 厄落とし《やくおとし》　㊦**716*a***　㊤915*b*〔捨子〕 ㊦272*b*〔二月正月〕 716*a*〔厄〕 717*c*〔厄年〕 →厄払い
厄神　㊤131*c*〔忌日〕 ㊦706*c*〔森神〕 718*a*〔厄病神〕
厄神送り　㊤636*b*〔事八日〕
厄神追放　㊤397*c*〔神送り〕
厄神の膳　㊦451*c*〔貧乏神〕 718*b*〔厄病神〕
厄神の宿　㊦718*c*〔厄除け〕
家釘　㊤522*c*〔釘〕
ヤクサ　㊦737*b*〔藪神〕
• ヤクザ　㊦**716*b***　㊤484*c*〔俠客〕 ㊦753*a*〔闇市〕 808*b*〔礼儀〕
ヤクサイ餅　㊦494*b*〔振舞い〕
薬師　㊤222*a*〔縁日〕
薬師悔過　㊤565*a*〔悔過〕
薬師講　㊤584*b*〔講〕
薬師寺(奈良)　㊤831*c*〔修二会〕
• 薬師信仰《やくししんこう》　㊦**716*c***　㊤861*a*〔浄瑠璃姫〕
薬師堂　㊤292*b*〔温泉〕
薬師堂(高知)　㊤685*a*〔逆杉〕
薬師如来　㊤292*b*〔温泉〕 293*b*〔温泉発見伝説〕 815*c*〔十三仏〕 ㊦716*c*

〔薬師信仰〕
ヤクシバライ　㊤636c〔事八日〕
・役者《やくしゃ》　㊦**717b**
疫神社(岡山)　㊤418a〔唐子踊り〕
薬草《やくそう》　⇨民間薬(㊦633b)　㊦230a〔土用〕
・約束《やくそく》　㊦**717b**　137a〔唾〕
約束手形　㊦148a〔手形〕
厄月　㊦716a〔厄〕
・厄年《やくどし》　㊦**717c**　㊤10b〔あか〕　129b〔忌数〕　451a〔還暦〕　460a〔喜寿〕　816a〔十三参り〕　915a〔捨子〕　㊦78b〔智恵貰〕　210a〔年祝い〕　215c〔年廻り〕　272b〔二月正月〕　448b〔披露〕　494b〔振舞い〕　716a〔厄〕　716b〔厄落とし〕
厄年祝い　㊦118b〔通過儀礼〕　718a〔厄年〕
厄年棚　㊤402c〔神棚〕
夜具戸棚　㊦221b〔戸棚〕
ヤクナガシ　㊤731a〔桟俵〕
厄難克服譚　㊤273c〔鬼退治〕
役人　㊦717b〔役者〕
ヤク柱　㊦7b〔大黒柱〕
厄払い〔-祓い〕《やくばらい》　⇨厄落とし(㊦716a)　㊤375a〔門付け〕　453c〔祈願〕　689a〔左義長〕　㊦627b〔御葭神事〕　716a〔厄〕　783a〔嫁市〕　794b〔乱声〕
ヤクハリ〔役張〕　㊦146b〔定年〕　556b〔本人〕　674a〔村隠居〕
厄日　㊦279c〔二百十日〕　716a〔厄〕
・厄病神《やくびょうがみ》　㊦**718a**　㊤201a〔疫病神〕　㊦531c〔疱瘡神送り〕　→疫病神
疫病除け　㊦592b〔回り地蔵〕
役舞　㊤552a〔黒森神楽〕
薬味　㊤596b〔香辛料〕
役目　㊦679c〔村仕事〕
役目能　㊤89c〔出雲神楽〕
・役家〔役屋〕《やくや》　㊦**718b**　㊤284a〔重立〕　580c〔検地〕
役用日記　㊦278b〔日記〕
・厄除け《やくよけ》　㊦**718b**　㊤54b〔淡島信仰〕　176b〔ウビナディ〕　324a〔楽打〕　378b〔蟹年〕　708b〔鯖神社〕　912a〔鈴〕　㊦588c〔魔除け〕　716a〔厄〕
厄除大師　㊦718b〔厄除け〕
ヤグラ　㊦62c〔霊屋〕
やぐら　㊤629a〔炬燵〕
・櫓〔矢倉〕《やぐら》　㊦**718c**
矢倉株　㊦719a〔櫓〕
矢倉芝居　㊦719a〔櫓〕
櫓大工　㊦4c〔大工〕
矢倉太鼓　㊦719a〔櫓〕
屋倉つき　㊦509b〔弁才船〕
櫓造　㊦124b〔突上げ二階〕
櫓ドウヅキ　㊤779b〔地搗き〕
櫓時計　㊦204c〔時計〕
櫓門　㊦466a〔武家造〕　708b〔門(一)〕
八栗寺(香川)　㊦519 表〔遍路〕
・役割帳《やくわりちょう》　㊦**719a**
鉱気　㊦181b〔銅山〕
夜警　㊦443a〔拍子木〕
ヤケミサキ　㊦602c〔みさき〕
焼屋　㊦248a〔長屋〕
野犬　㊤119a〔犬〕
薬研　㊦339c〔売薬〕
ヤゲンさん　㊤535c〔首切れ馬〕
薬研堀不動(東京)　㊦215c〔年の市〕
ヤコ〔野狐〕　㊤467c〔狐〕　468c〔狐憑き〕　㊦126c〔憑物〕
ヤゴ　㊦240a〔トンボ〕
・屋号《やごう》　㊦**719a**　㊤26b〔アゼチ〕　29b〔あだな〕　65a〔家印〕　65a〔家筋〕　304c〔改姓改名運動〕　407a〔家名〕　㊦138a〔潰れ屋敷〕　333b〔暖簾内〕　333c〔暖簾分け〕　626b〔苗字〕　711c〔ヤーンナー〕
夜行列車　㊤459b〔汽車〕
・ヤゴモリ　㊦**720a**
弥五郎　㊤504c〔巨人伝説〕
弥五郎送り　㊤200b〔疫神送り〕　201a〔疫病送り〕　㊦292c〔人形〕
弥五郎殿〔-ドン〕　㊤408a〔仮面〕　725c〔三社託宣〕
弥五郎人形　㊦720a〔弥五郎祭〕
弥五郎淵　㊤175a〔姥が淵〕
・弥五郎祭《やごろうまつり》　㊦**720a**
・野菜《やさい》　㊦**720b**　㊤9c〔青物市〕　190b〔ウリ〕　724a〔山菜〕　㊦438b〔氷室〕
野菜生産安定出荷法　㊦720c〔野菜〕
八坂寺(愛媛)　㊦519 表〔遍路〕
弥栄神社(山口)　㊤689b〔鷺舞〕
八坂神社(福島)　㊦88 図〔茅の輪〕
八坂神社(千葉)　㊦580a〔祭囃子〕
八坂神社(東京)　㊦468 表〔富士塚〕
八坂神社(京都)　㊤120c〔犬神人〕　253c〔白朮祭〕　451c〔祇園信仰〕　452a〔祇園囃子〕　452b〔祇園祭〕　473c〔機能神〕　655b〔御霊信仰〕　㊦510a〔別火〕　579c〔祭囃子〕　778c〔世継榾〕
八坂神社(大阪)　㊤249b〔お饗盛り〕
ヤサカトメ　㊤921b〔諏訪信仰〕
矢刺し　㊤762c〔刺繡〕
・弥三郎婆《やさぶろうばあ》　㊦**720c**
八皿〔-のご祝い〕　㊦580c〔窓ふさぎ〕
八皿の人形送り　㊦580c〔窓ふさぎ〕
野蚕　㊤472a〔絹〕　→天蚕
香具師〔野士，弥四，矢師〕《やし》　⇨てき屋(㊦149b)　㊤222b〔縁日〕　401a〔紙芝居〕　893a〔神農〕　㊦15b〔大道芸〕　266c〔ナワバリ〕　716b〔ヤクザ〕　781c〔夜見世〕　833c〔わたらい〕
ヤジ　㊦721a〔屋敷〕
ヤジ(魚名)　㊤49c〔アユ〕
八醞酒　㊤148a〔飲酒〕
・屋敷《やしき》　㊦**721a**　㊤65a〔家筋〕　147a〔隠居屋〕　341b〔家産〕　374c〔門口〕　518a〔近隣〕　㊦678a〔村組〕　723b〔屋敷墓〕
屋敷稲荷　㊤468a〔狐〕
屋敷氏神　㊤159a〔氏神〕　㊦186c〔同族神〕
屋敷株　㊤383a〔株〕　㊦674c〔村株〕
・屋敷神《やしきがみ》　㊦**722b**　㊤55b〔粟穂・稗穂〕　81b〔石神〕　119c〔戌亥〕　142b〔祝殿〕　170c〔ウッガン〕　208b〔えびす〕　593c〔荒神〕　665a〔金神〕　748c〔地神〕　785c〔地主神〕　786b〔地の神〕　958c〔先祖祭祀〕　㊦134c〔ツトッコミョウジン〕　186b〔同族神〕　218a〔トシャマ〕　243a〔直江広治〕　392c〔ハヤマ信仰〕　517a〔弁天信仰〕　631b〔民間信仰〕　721c〔屋敷〕　723b〔屋敷先祖〕　723c〔屋敷墓〕　737b〔薮神〕
『屋敷神の研究』　㊦243a〔直江広治〕
屋敷木　㊦460c〔フクギ〕
屋敷荒神　㊤119c〔戌亥〕　841b〔しゅんなめじょ〕
・屋敷筋《やしきすじ》　㊦**723a**
・屋敷先祖《やしきせんぞ》　㊦**723a**　658b〔無縁仏〕　722b〔屋敷〕　723a〔屋敷筋〕
弥次喜多の金拾い　㊤46b〔飴屋踊り〕
屋敷地　㊦116a〔築地松〕　721b〔屋敷〕
屋敷取り　㊤778a〔地鎮祭〕
ヤシキナ　㊦719a〔屋号〕　→屋号
屋敷内無縁ボトケ　㊦723b〔屋敷先祖〕
屋敷名子　㊦722a〔屋敷〕
・屋敷墓《やしきばか》　㊦**723b**　㊤373a〔門〕　785c〔地主神〕　㊦75c〔単墓制〕　721c〔屋敷〕
・屋敷畑《やしきばたけ》　㊦**724a**　㊤955b〔前栽畑〕　→前栽畑
ヤシキボウコウ　㊦471a〔譜代(二)〕
屋敷ボトケ　㊦658b〔無縁仏〕　723a〔屋敷筋〕　723b〔屋敷先祖〕　→屋敷先祖
屋敷持ち　㊤580c〔検地〕
屋敷森　㊦724b〔屋敷林〕
屋敷門　㊦708b〔門(一)〕
・屋敷林《やしきりん》　㊦**724b**　㊤74a〔イグネ〕　729a〔散村〕　㊦116a〔築地松〕　629c〔民家〕　721c〔屋敷〕
屋敷割　㊦573b〔町割〕
ヤジク　㊤77b〔イザイホー〕
ヤジタテ　㊦722a〔屋敷〕
ヤシチヌウガン　㊦247a〔中柱〕
ヤシナイ　㊦528c〔奉公人〕　725b〔養い子〕
・養い親《やしないおや》　㊦**724c**　㊤422b〔仮親〕
養親子関係　㊤462b〔擬制的親子関係〕
・養い子《やしないご》　㊦**725a**　4a〔大家族〕　725a〔養い親〕

養い子奉公　㊤780b〔シツケ奉公〕
ヤシネゴオヤ　㊦203a〔得意〕
八島　㊤607b〔幸若舞〕
「矢島祭文」　㊤552a〔黒百合姫〕
屋島寺(香川)　㊦519裏〔遍路〕
八島役講　㊤825b〔修験道〕
夜叉　㊤271b〔鬼〕
ヤショウマ　㊦304c〔涅槃会〕
夜食　㊤442b〔間食〕 862a〔食事〕
• 社《やしろ》　㊦725b　㊤883b〔神社〕 →神社
社神楽　㊤91c〔伊勢神楽〕
屋代弘賢　㊤864b〔諸国風俗問状答〕 ㊦644b〔民俗学史〕 652c〔民俗調査〕
• 弥次郎兵衛《やじろべえ》　㊦725c
ヤス(漁具)　⇨銛(㊦706a)　㊤693b〔鮭〕 ㊦127b〔突き漁〕 612b〔見突き〕 694c〔もぐり漁〕
ヤス　㊤845a〔正月飾り〕
安井家　㊤76a〔囲碁〕
• 「安来節」《やすぎぶし》　㊦726a　218b〔ドジョウ〕
• 靖国神社(東京)《やすくにじんじゃ》　㊦726a　㊤618c〔護国神社〕 801c〔社格〕 848c〔招魂社〕 ㊦99a〔忠魂碑〕
ヤスコ　㊤48c〔あやつこ〕
安田ダシ　㊦41b〔ダシ〕
ヤストリ　㊦612a〔見突き〕
安野大田植　㊤234図〔大田植〕
• 休み《やすみ》　㊦726b
• 休み石《やすみいし》　㊦726c
休み木　㊤129c〔忌木〕
• 休み日《やすみび》　㊦727a　㊤15a〔秋忘れ〕 28b〔遊び〕 28b〔遊び日〕 40c〔雨乞い〕 131c〔忌日〕 296c〔女の家〕 400c〔カミゴト〕 632c〔コト〕 844c〔正月〕 別刷〈市〉 ㊦310c〔年中行事(一)〕 398c〔春事〕 701a〔もの日〕 817b〔労働倫理〕
やすめ　㊤別刷〈仮面〉 ㊦68a〔タロウジ〕
やすらい堂(京都)　㊦727c〔やすらい祭〕
やすらい花　㊦380c〔鎮花〕 390c〔囃し(一)〕 727b〔やすらい祭〕 →やすらい祭
• やすらい祭　㊦727b　㊤269a〔踊り〕 ㊦400b〔春祭〕 →やすらい花
ヤセウマ　㊦837a〔藁馬〕
痩馬　㊤937b〔背負梯子〕
野銭　㊦308c〔年貢〕
ヤゾ　㊤835a〔修羅〕
ヤゾウ　㊦155b〔手拭〕
八十玉籤　㊦61c〔玉串〕
ヤゾモタセ　㊤835a〔修羅〕
• 屋台《やたい》　㊦727c　32a〔高山祭〕 41b〔山車〕 418b〔曳山〕 492b〔風流〕 804c〔料理屋〕
家大工　㊦4c〔大工〕
• 八咫烏《やたがらす》　㊦728b　㊤267a〔御鳥喰神事〕 419c〔烏〕 ㊦123a〔使わしめ〕 602c〔みさき〕
• 矢立杉《やたてすぎ》　㊦729a
矢田寺(奈良)　㊤277a〔小野篁〕
やたら植え　㊦27a〔田植え法〕
矢田れんぞ　㊦814a〔れんぞ〕
ヤチ〔谷地〕　㊤535c〔クボ〕 ㊦145a〔低湿地〕 730b〔ヤト〕
ヤチウサギ　㊤156b〔兎〕
谷地田　㊤580c〔減反政策〕
ヤチチ　㊤48c〔あやつこ〕
谷地八幡神社(山形)　㊤326a〔楽人〕
谷地舞楽　㊤別刷〈仮面〉
ヤチャ　㊦149c〔てき屋〕
八千代座　㊤788a〔芝居小屋〕
ヤツ〔谷津〕　㊦730b〔ヤト〕
やつ　㊦678a〔村組〕
• 厄介《やっかい》　㊦729b　㊤95a〔居候〕 ㊦431b〔独り者〕
八ツ頭　㊤691a〔作物禁忌〕
八ヶ岳(山梨・長野)　㊤396c〔神あらそい〕
谷切り網〔-猟〕　㊤837b〔狩猟法〕 ㊦606b〔水鳥猟〕
ヤックラ　㊤80c〔石垣〕
ヤツコ　㊤48c〔あやつこ〕
奴　㊤333c〔掛け踊り〕
• 奴踊り《やっこおどり》　㊦729c
ヤッコガシ　㊤310b〔海難法師〕
奴詞　㊦729c〔奴踊り〕
奴ぶり〔-振り〕　㊤275c〔お練り〕 ㊦729c〔奴踊り〕
• 八つ鹿踊り《やつしかおどり》　㊦730a　㊤106c〔五つ鹿踊り〕 759b〔鹿踊り〕
ヤツジモ　㊤315c〔案山子〕
八代神社(三重)　㊤564c〔ゲーター祭〕
ヤツダ〔谷田〕　㊦1a〔田〕 730c〔ヤト〕
八つ棚　㊦別刷〈山の神〉
やったり踊り　㊦628b〔弥勒踊り〕
八つ茶　㊤18b〔朝茶〕
ヤッチャバ　㊤9c〔青物市〕 823a〔宿場町〕
矢筒　㊤69c〔イカヨ〕
ヤッテサマ〔ヤッテーサマ〕　㊤226b〔オイツキサマ〕
ヤツノカミ　㊦731a〔夜刀神〕
八撥　㊤368b〔羯鼓〕 →羯鼓
ヤツボ　㊤48c〔あやつこ〕
ヤツマタ　㊦412c〔ヒエ〕
八目草鞋　㊦749b〔山伏〕
ヤテーサマ　㊤226b〔オイツキサマ〕
やでん帽子　㊦530a〔帽子〕
• ヤト(地形)〔谷戸〕　㊦730b　731a〔夜刀神〕
ヤト(村組)　㊤518a〔近隣〕 ㊦138b〔坪〕 548a〔ホラ〕 678a〔村組〕
ヤド〔宿〕　㊤991b〔村内婚〕 ㊦535a〔ホーバイ〕 →寝宿
ヤトイ〔雇い〕　㊤574c〔家抱〕 753c〔繁次郎話〕 ㊦154a〔手伝い〕 276a〔ニシン場〕 441c〔日雇〕 459a〔賦役〕 471a〔譜代(二)〕 753b〔やん衆〕 →日雇
雇人分家　㊦510c〔別家〕
ヤトイングァ(雇い子)〔ヤトイングヮ〕　㊤113c〔糸満売り〕 114a〔糸満漁民〕
ヤドゥリ　㊦387b〔ハマウリ〕
宿親　㊤422b〔仮親〕 462b〔擬制的親子関係〕 ㊦251b〔仲人〕 252c〔馴染〕 306b〔寝宿〕 535a〔ホーバイ〕 827c〔若者宿〕 →ネヤオヤ
• 宿親・宿子《やどおややどこ》　㊦730c
宿子《やどこ》　⇨宿親・宿子(㊦730c)　㊦306b〔寝宿〕
宿下がり　㊦737a〔藪入り〕
夜刀神社(茨城)　㊦731b〔夜刀神〕
ヤトダ　㊦1a〔田〕 730c〔ヤト〕
ヤドナカマ　㊦120a〔通婚圏〕
• 夜刀神《やとのかみ》　㊦731a
宿引　㊤478a〔客引〕
ヤドホーバイ　㊦306c〔寝宿〕
• 宿屋《やどや》　㊦731b
宿屋取締規則　㊤920b〔スラム〕
宿り木　㊤129c〔忌木〕
矢取り地蔵　㊤770c〔地蔵伝説〕
箭取地蔵堂(滋賀)　㊤791b〔持仏堂〕
• 宿若い衆《やどわかいしゅう》　㊦731c　827c〔若者宿〕
雇われマタギ　㊦571a〔マタギ〕
簗　㊤23c〔網代〕 432c〔川漁〕 693b〔鮭〕 ㊦779a〔四手網〕
柳津虚空蔵(福島)　㊦363a〔裸祭〕 →円蔵寺
ヤナイレ　㊤207c〔エナツボ〕
谷中七福神　㊤775c〔七福神巡り〕
柳川啓一　㊦578a〔祭〕
梁川鹿踊り　㊤759b〔鹿踊り〕
柳川鍋　㊦218b〔ドジョウ〕
ヤナギ(魚名)　716b〔サワラ〕
ヤナギ　㊤298図〔オンベ〕
• 柳《やなぎ》　㊦732b　290c〔庭木〕 771c〔楊枝〕
柳蔭　㊦627c〔味醂〕
柳拳　㊤577a〔拳〕
柳行李　㊤606a〔行李〕
柳酒屋　㊤854b〔商標〕
柳貴家社中　㊦3b〔太神楽〕
• 柳田国男《やなぎたくにお》　㊦732b　㊤51c〔有賀喜左衛門〕 62c〔家〕 65b〔家出〕 75b〔生贄〕 81c〔石神問答〕 83a〔石田英一郎〕 91a〔遺制〕 106a〔一国民俗学〕 115b〔稲作〕 127a〔伊波普猷〕 159a〔氏神〕 167c〔宴〕 169b〔内郷村調査〕 191a〔瓜子姫〕 210c〔家船〕 214a〔江馬三枝子〕 236c〔大藤時彦〕 238a〔大間知篤三〕 243b

〔岡正雄〕 272c〔鬼子〕 286a〔親子〕 289a〔折口信夫〕 295b〔女神主〕 303a〔海上の道〕 304a〔海神〕 306a〔階層〕 306c〔海村調査〕 321c〔蝸牛考〕 336a〔懸けの魚〕 351a〔風〕 363c〔語りもの〕 374b〔家督〕 380b〔金売り吉次〕 394b〔神〕 423a〔狩の巻物〕 436a〔完形昔話〕 454b〔聞き書き〕 455c〔聴耳草紙〕 460a〔喜舎場永珣〕 463c〔北小浦民俗誌〕 464a〔喜田貞吉〕 467b〔吉四六話〕 483a〔饗宴〕 490c〔郷土〕 491c〔共同幻覚〕 495a〔郷土会〕 496a〔郷土教育〕 496c〔郷土研究㈠〕 496c〔郷土研究㈡〕 497a〔郷土史〕 497b〔郷土生活の研究法〕 513c〔金枝篇〕 514c〔近代化〕 520c〔偶然記録〕 527b〔くしゃみ〕 544b〔倉田一郎〕 552b〔黒百合姫〕 557b〔計画記録〕 565c〔ケガレ〕 578a〔言語芸術〕 578b〔言語地理学〕 585a〔甲寅叢書〕 587a〔交換〕 592c〔口承文芸〕 602c〔口碑〕 614c〔国史と民俗学〕 621c〔乞食〕 624a〔小正月〕 628c〔古代研究㈡〕 633b〔後藤興善〕 646b〔米倉法師〕 649a〔子守唄〕 652c〔五来重〕 655a〔孤立国〕 658b〔婚姻〕 664a〔婚舎〕 669c〔今和次郎〕 676c〔採集〕 689b〔佐喜真興英〕 691c〔桜田勝徳〕 695a〔佐々木喜善〕 721b〔産業組合〕 729b〔残存〕 729c〔山村調査〕 758b〔自殺〕 767c〔自然村〕 791a〔渋沢敬三〕 792a〔島〕 792b〔嶋〕 811c〔周圏論〕 815b〔十三塚〕 816c〔重出立証法〕 828b〔守随一〕 833b〔主婦権〕 849b〔常人〕 851a〔招婿婚〕 856b〔常民〕 859b〔照葉樹林文化〕 864b〔諸国風俗問状答〕 877c〔心意〕 878c〔心意現象〕 881b〔新国学〕 881c〔新国学談〕 884b〔神社合祀〕 886c〔心性〕 908b〔杉浦健一〕 911a〔筋〕 913a〔鈴木棠三〕 915a〔捨子〕 940a〔瀬川清子〕 943a〔世間知らず〕 944b〔世相解説〕 952b〔選挙〕 954a〔全国民俗誌叢書〕 954a〔全国昔話記録〕 957a〔先祖〕 959a〔先祖の話〕 968c〔綜合日本民俗語彙〕 980a〔俗信〕 982b〔祖型〕 989c〔祖霊〕 993a〔村落類型論〕 ㊦38c〔武田久吉〕 38c〔竹田聴洲〕 60c〔旅と伝説〕 70b〔団子〕 80c〔力くらべ㈡〕 90b〔粽〕 90c〔地名〕 100a〔中農〕 126c〔憑物〕 137a〔ツバキ〕 165a〔伝承者〕 167b〔伝説〕 170a〔天皇〕 171b〔天白〕 185a〔同族〕 186c〔同族神〕 191b〔動物昔話〕 199b〔遠野物語〕 207a〔常世〕 216a〔都市民俗〕 223a〔隣の爺〕 226b〔都鄙連続体論〕 243a〔直江広治〕 277c〔日琉同祖論〕 283a〔日本伝説名彙〕 283b〔日本民俗学講習会〕 283c〔日本民俗学会〕 284c〔日本昔話名彙〕 303b〔鼠浄土〕 304c〔ネフスキー〕 310a〔年代領域原理〕 323b〔能田多代子〕 327b〔後狩詞記〕 338c〔ハイヌウェレ〕 339a〔ハイネ〕 348b〔萩原竜夫〕 356b〔橋浦泰雄〕 361a〔派生昔話〕 362b〔機織淵〕 390a〔早川孝太郎〕 395b〔原田敏明〕 401b〔ハレ・ケ〕 415a〔比嘉春潮〕 429c〔一目小僧〕 431a〔人身御供〕 446b〔平田篤胤〕 489a〔冬祭〕 502a〔文化要素〕 508b〔平民〕 548b〔法螺〕 549a〔堀一郎〕 572b〔町田嘉章〕 577b〔松本信広〕 578c〔祭〕 582b〔招き猫〕 591a〔まれびと〕 614c〔南方熊楠〕 623b〔宮本勢助〕 623c〔宮本常一〕 632a〔民間伝承㈠〕 632b〔民間伝承㈡〕 632c〔民間伝承論〕 639b〔民族㈠〕 640a〔民族㈡〕 643b〔民俗学研究所〕 644a〔民俗学史〕 646b〔民俗学辞典〕 646c〔民俗芸術〕 647a〔民俗芸能〕 650a〔民俗誌〕 651c〔民俗地図〕 652c〔民俗調査〕 656a〔民話〕 659b〔昔話〕 660c〔昔話研究〕 661a〔昔話採集手帖〕 663c〔聟入考〕 668c〔娘組〕 674b〔村隠居〕 679a〔村境〕 683c〔明治大正史世相篇〕 691b〔毛髪〕 693c〔木曜会〕 704a〔桃太郎〕 706c〔森神〕 734b〔柳田国男研究〕 734b〔柳田文庫〕 740b〔山男〕 740c〔山女〕 741b〔山口貞夫〕 746b〔山中共古〕 748c〔山人〕 757b〔有形文化〕 781a〔ヨバイ〕 791a〔来世観〕 797a〔俚俗と民譚〕 797b〔離島調査〕 811a〔歴史人類学〕 811a〔歴史・地理的方法〕 822b〔炉辺叢書〕 828a〔和歌森太郎〕 828b〔話型〕 828c〔業歌〕 829a〔わざおぎ〕 836a〔笑話〕 839a〔藁しべ長者〕 別刷〈民俗学史〉

• 『柳田国男研究』《やなぎたくにおけんきゅう》 ㊦**734**b

『柳田国男入門』 ㊤236c〔大藤時彦〕

• 柳田文庫《やなぎたぶんこ》 ㊦**734**b ㊤497b〔郷土生活研究採集手帖〕

『柳田文庫蔵書目録』 ㊦734b〔柳田文庫〕

柳樽 ㊦66b〔樽〕 136c〔角樽〕

柳の牛玉 ㊤608c〔牛玉杖〕

柳森神社(東京) ㊦468 表〔富士塚〕

柳橋芸者 ㊤559b〔芸者〕

柳仏 ㊤192c〔ウレツキトウバ〕

• 柳宗悦《やなぎむねよし》 ㊦**734**c 638a〔民芸〕

柳餅 ㊤841b〔しゅんなめじょ〕 ㊦697a〔餅花〕

ヤナツボ ㊤207c〔エナツボ〕

矢奈比売神社(静岡) ㊤53b〔アワ〕 789a〔柴挿し㈠〕

簗漁 ㊦732a〔簗〕

ヤニギリ ㊤915c〔素捕り〕

夜尿症 ㊦302b〔寝小便〕 →寝小便

• 屋根《やね》 ㊦**735**a ㊤137a〔入母屋〕 431b〔瓦葺き〕 509b〔切り妻〕 524b〔草葺き〕 576b〔下屋〕 ㊦63a〔魂呼び〕 325a〔軒〕 386a〔破風〕 670c〔棟〕 735c〔屋根替え〕 736b〔屋根無尽〕 777c〔寄せ棟〕

屋根上げ ㊤612 図〔五月節供〕

屋根油 ㊤98c〔板屋根〕

屋根板割り ㊦743b〔山仕事〕

屋根裏 ㊦777c〔寄せ棟〕

• 屋根替え《やねがえ》 ㊦**735**c ㊤494c〔共同労働〕 747b〔ジカタ〕 ㊦754a〔ゆい〕

• 屋根神〘-様〙《やねがみ》 ㊦**736**a ㊤13b〔秋葉講〕

屋根萱 ㊤508c〔切替畑〕

屋根材 ㊤244a〔オガラ〕

屋根漆喰 ㊦別刷〈民家〉

屋根葺き ㊤581a〔建築儀礼〕 912b〔ススキ〕 968c〔相互扶助〕 ㊦735c〔屋根替え〕 736b〔屋根無尽〕

ヤネフキザサ ㊤694c〔笹〕

屋根葺き仲間 ㊤66c〔家連合〕

屋根船 ㊦481c〔船遊び〕

ヤネミミ ㊦619a〔耳だれ〕

• 屋根無尽《やねむじん》 ㊦**736**b 58b〔頼母子〕 →茅講 →茅無尽

• 屋根屋《やねや》 ㊦**736**c 10c〔太子信仰〕 318b〔農間稼ぎ〕 450a〔檜皮葺き〕 →茅葺き職人

矢口祝い ㊤835c〔狩猟〕 →初矢の祝い

矢口開き ㊤423b〔狩場〕 →初矢の祝い

矢の口祭《やのくちまつり》 ⇨初矢の祝い(㊦377b)

ヤノテンボーシ ㊦136b〔角隠し〕

谷の者 ㊤298b〔隠亡〕

ヤハタ ㊦368a〔八幡信仰〕

矢羽刺し ㊤698a〔刺子〕

弥彦神社(新潟) ㊦279c〔二百二十日〕 602b〔巫女舞〕

矢開き《やびらき》 ⇨初矢の祝い(㊦377b) ㊤214c〔獲物分配〕 835c〔狩猟〕

八開手 ㊤348c〔柏手〕

ヤブ ㊦714c〔焼畑〕

ヤブ(漁法) ㊤790a〔柴漬け漁〕

• 藪入り〘養父入り，走百病〙《やぶいり》 ㊦**737**a ㊤224b〔閻魔〕 462a〔帰省〕 844c〔正月〕 ㊦222b〔徒弟制度〕 550b〔盆㈡〕

ヤブガミ ㊦29b〔高神〕

• 薮神《やぶがみ》 ㊦**737**a →ヤボサ

ヤブコ ㊤766a〔私生児〕

ヤブサ〘-ガミ〙 ㊦737a〔藪神〕

• 流鏑馬《やぶさめ》 ㊦**737**b ㊤181c〔馬〕 654a

〔娯楽〕 883a〔神事芸能〕 ㊦766c〔弓神事〕
養父神社(兵庫) ㊤233a〔狼〕
弥帆 ㊦520c〔帆〕
ヤボ ㊦714c〔焼畑〕
• 野暮〖-天, -助〗《やぼ》 ㊦**737**c ㊤69c〔意気〕 ㊦117c〔通〕
ヤボガミ ㊦737a〔藪神〕
ヤボキリ ㊤451c〔木下し〕
ヤホコ ㊤836b〔狩猟信仰〕
ヤボサ ㊤930b〔聖地〕 ㊦737a〔藪神〕
矢保佐神社(長崎) ㊦737b〔藪神〕
夜発 ㊤375b〔門付け〕
ヤマ ㊤992c〔村落領域〕 ㊦705c〔森〕
ヤマ(山車) ㊦418b〔曳山〕
ヤマ(釣具) ㊦142b〔釣具〕
• 山〖軕〗《やま》 ㊦**737**c ㊤452a〔祇園囃子〕 ㊦41b〔山車〕 751a〔山鉾〕 791a〔来世観〕
山(鉱山) ㊦584a〔鉱〕
山上がり ㊤661a〔困窮島〕 ㊦705a〔喪屋〕
山明け ㊦738b〔山遊び〕 →山遊び
山アシナカ ㊤22b〔足半〕
• 山遊び《やまあそび》 ㊦**738**b ㊤94c〔磯遊び〕 ㊦384c〔花見〕 701b〔物見遊山〕
山当 ㊤28c〔当〕
• 山あて〖山アテ, 山当テ〗《やまあて》 ㊦**738**c ㊤9b〔青峰山〕 143a〔岩木山信仰〕 504b〔漁場〕 506c〔漁法〕 719c〔山岳信仰〕 ㊦738a〔山〕
ヤマアワセ ㊦330a〔野良着〕
病送り ㊤200b〔疫神送り〕
山行き ㊤720c〔三月節供〕
山石屋 ㊤85a〔石屋〕
• 病い田《やまいだ》 ㊦**739**a ㊤131a〔忌地〕 530a〔くせ地〕
病だすけ ㊦173c〔天理教〕
ヤマイタチ ㊤254b〔オコジョ〕 →オコジョ
• 山犬《やまいぬ》 ㊦**739**a ㊤124c〔猪〕 473c〔機能神〕 ㊦123a〔使わしめ〕
山犬信仰 ㊦715a〔焼畑〕
病鉢巻 ㊦367c〔鉢巻㈠〕
病ぶれ ㊤591c〔口上〕
ヤマイモ〖山芋〗 ㊤134a〔芋正月〕 173c〔鰻〕 481a〔救荒食物〕 ㊦546c〔時鳥と兄弟〕
• 山入り(年中行事)《やまいり》 ㊦**739**b ㊤420a〔鳥勧請〕 ㊦377b〔初山〕 →初山
• 山入り(儀礼)《やまいり》 ㊦**739**c ㊤477a〔木貰い〕 ㊦747a〔山の神〕 803b〔猟師〕
山入り言葉 ㊦741c〔山言葉〕
ヤマイワイ ㊤477b〔木貰い〕 ㊦377b〔初矢の祝い〕
• 山唄《やまうた》 ㊦**740**a
ヤマウド ㊤481a〔救荒食物〕
山姑 ㊦740b〔山男〕
野女 ㊦740b〔山男〕
山王 ㊦742c〔山師〕
山岡頭巾 ㊤387a〔かぶりもの〕 909a〔頭巾〕
山オコゼ ㊤254c〔オコゼ〕
• 山男〖山丈〗《やまおとこ》 ㊦**740**b 740c〔山女〕
• 山落し《やまおとし》 ㊦**740**c
山下り唄 ㊦740b〔山唄〕
山おろし ㊤972b〔造船儀礼〕 ㊦483a〔船おろし〕 740a〔山唄〕
山おろしの唄 ㊤694a〔酒造り唄〕 →酛摺り唄
• 山女《やまおんな》 ㊦**740**c 740b〔山男〕 752c〔山姥〕 →山姥
ヤマガ ㊤671b〔在〕
山神楽 ㊤491c〔共同幻覚〕
ヤマカゲ ㊤143a〔岩木山信仰〕 →お山参詣
山笠 ㊦41b〔山車〕 418b〔曳山〕
山稼 ㊦752b〔山役〕
• 山刀《やまがたな》 ㊦**740**c ㊤837c〔狩猟用具〕 ㊦253b〔鉈〕 →ナガサ
山片蟠桃 ㊤579a〔原始共産制〕
ヤマガテ ㊦720c〔野菜〕
山神 ㊦746c〔山の神〕
山茅 ㊦735a〔屋根〕
ヤマガラシ ㊦253b〔鉈〕 740c〔山刀〕
• 山川菊栄《やまかわきくえ》 ㊦**741**a
『山川菊栄集』 ㊦741b〔山川菊栄〕
ヤマキ ㊦561b〔マキ〕 →マキ
ヤマギ ㊤756b〔仕事着〕 ㊦330a〔野良着〕 473a〔ふだん着〕
ヤマキイ ㊦741 図〔山刀〕
山木遺跡(静岡) ㊤232b〔大足〕
ヤマギモン ㊤756b〔仕事着〕 ㊦330a〔野良着〕
山くじら ㊤124b〔猪〕
• 山口麻太郎《やまぐちあさたろう》 ㊦**741**b ㊤730a〔山村調査〕 ㊦77b〔地域民俗学〕 650a〔民俗誌〕
『山口麻太郎著作集』 ㊦741b〔山口麻太郎〕
• 山口貞夫《やまぐちさだお》 ㊦**741**b 632c〔民間伝承の会〕
山口昌男 ㊤808a〔周縁〕
山口祭 ㊤423b〔狩場〕
山国神社(京都) ㊤880b〔神宮寺〕
ヤマクラ ㊤835a〔修羅〕
山倉神社(千葉) ㊤694a〔鮭〕
• 山子(林業)《やまこ》 ㊦**741**c ㊤286a〔親子〕 458b〔樵〕
山子(鉱業) ㊤731b〔山内〕
ヤマゴ ㊦741c〔山子〕
山子 ㊤133b〔芋競べ〕
山コウゾ ㊤137b〔衣料〕
山越阿弥陀図 ㊦791a〔来世観〕
ヤマゴザ ㊤784c〔死装束〕
ヤマゴスル ㊦741c〔山子〕
• 山言葉〖山詞〗《やまことば》 ㊦**741**c ㊤130a〔忌言葉〕 245a〔沖言葉〕 423b〔狩場〕 835c〔狩猟〕 ㊦570c〔マタギ〕 740a〔山入り㈡〕 742a〔山小屋〕 747a〔山の神〕 803a〔猟師〕
山ごもり〖-籠り〗 ㊦432c〔雛祭〕 738b〔山〕
山籠行 ㊤981c〔即身仏〕
• 山小屋《やまごや》 ㊦**742**a ㊤649c〔小屋〕
• ヤマサキ ㊦**742**b 803a〔猟師〕
山先 ㊦228c〔友子〕
山崎長者 ㊤750b〔信貴山縁起絵巻〕
山崎の法事 ㊦742b〔ヤマサキ〕
山崎杢左衛門 ㊤331b〔隠れ念仏㈡〕
ヤマサク ㊦714c〔焼畑〕
ヤマザクラ ㊦54c〔種子蒔き桜〕
山狭神社(島根) ㊦592a〔客人神〕
山幸彦 ㊤184c〔海幸山幸〕
山砂鉄 ㊤702b〔砂鉄〕
• 山師《やまし》 ㊦**742**c ㊤458b〔樵〕 513b〔銀山〕 836b〔狩猟信仰〕 ㊦228c〔友子〕 584a〔鉱〕 743b〔山仕事〕 →杣頭
山路 ㊤698a〔刺子〕
山爺 ㊦429c〔一目小僧〕 740c〔山男〕
• 山仕事《やましごと》 ㊦**743**a ㊤728c〔山村〕 ㊦377b〔初山〕 739c〔山入り㈡〕
山仕事(葬送) ㊤32a〔穴掘り〕
山仕事始め ㊦747a〔山の神〕
ヤマシズメ ㊤477b〔木貰い〕
山下重民 ㊦455a〔風俗画報〕
山下洞人 ㊤246c〔沖縄文化〕
山科講 ㊦555a〔本山参り〕
山女郎 ㊦752c〔山姥〕 →山姥
山神社 ㊦746c〔山の神〕
山住神社(静岡) ㊤124c〔猪〕 764b〔猪除け〕 808c〔獣害〕
• ヤマセ〖山背〗 ㊦**743**c ㊤456a〔飢饉〕 ㊦141b〔梅雨〕 808a〔冷害〕
山銭 ㊦308c〔年貢〕
ヤマソ ㊤137b〔衣料〕
ヤマゾウリ ㊤22a〔足半〕
山橇 ㊤988b〔橇〕
山大将 ㊦742a〔山小屋〕
山高帽子 ㊤669b〔婚礼衣裳〕
山田家住宅(大阪) ㊦208a〔土座造〕
山田耕筰 ㊦194b〔童謡〕
山田三方 ㊤94a〔伊勢参り〕
• 山田白滝《やまだしらたき》 ㊦**743**c 267c〔難題聟〕
• 山立ち《やまだち》 ㊦**744**a 405a〔磐次磐三郎〕 803a〔猟師〕 →マタギ
• 『山立根元記』《やまだちこんげんのき》 ㊦**744**b
『山立根元巻』〖-根元之巻, 山達根元之巻〗 ㊤423a〔狩の巻物〕 ㊦744a〔山立ち〕
『山立根本之巻』 ㊦571a〔マタギ〕 744b〔山立根元記〕 803a〔猟師〕
ヤマダチ様〖山立-, 山達-〗 ㊦570c

〔マタギ〕
『山立由来記』 ㊦571*a*〔マタギ〕 744*b*〔山立根元記〕
『山達由来之事』 ㊦744*a*〔山立ち〕
山立猟師鉄砲持主 ㊦154*b*〔鉄砲〕
山立猟師役 ㊦744*a*〔山立ち〕
ヤマタテ ㊦377*b*〔初山〕 →初山
山建て ㊤452*c*〔祇園祭〕
• 八岐大蛇〘八俣-〙《やまたのおろち》 ㊦**744*c*** ㊤714*a*〔猿神退治〕
八俣の遠呂智退治神話〘八俣の大蛇〙 ㊤455*a*〔記紀神話〕
山田のつゆ ㊦744*a*〔山田白滝〕
山父 ㊦429*c*〔一目小僧〕 740*c*〔山男〕
ヤマッキ ㊦330*a*〔野良着〕
ヤマヅクリ ㊦714*c*〔焼畑〕
山寺 ㊦738*b*〔山〕
山寺(山形) ㊤175*b*〔姥神〕 ㊦88*b*〔血の池地獄〕 683*b*〔冥婚〕 →立石寺
ヤマト ㊦749*a*〔山人〕
ヤマド ㊦570*c*〔マタギ〕
• ヤマトゥ〘大和〙 ㊦**745*a***
大和の世 ㊤47*c*〔アメリカ世〕
山留〘ヤマドゥミ〙《ヤマドゥミ》 ⇨海留・山留(㊤185*a*) ㊤248*a*〔沖縄文化〕
ヤマトゥムーク(大和婿) ㊦745*b*〔ヤマトゥ〕
ヤマトゥユミ(大和嫁) ㊦745*b*〔ヤマトゥ〕
ヤマトゥンチュ ㊦745*b*〔ヤマトゥ〕
『倭をぐな』 ㊤290*a*〔折口信夫〕
大和鞍 ㊤544*a*〔鞍〕
大和士 ㊤349*b*〔春日若宮御祭〕
大和猿楽 ㊤713*b*〔猿楽〕 ㊦317*b*〔能〕
大和猿楽四座 ㊤670*c*〔座㈡〕
ヤマトシジミ ㊤762*b*〔シジミ〕
• 倭建命〘倭建-, 日本武尊〙《やまとたけるのみこと》 ㊦**745*b*** ㊤198*c*〔英雄伝説〕 685*a*〔逆杉〕 870*a*〔白鳥伝説〕 別刷〈護符〉 ㊦745*b*〔倭建命〕
• ヤマドッサン ㊦**745*c*** ㊤別刷〈小正月〉
大和天井 ㊤916*b*〔簀子天井〕 ㊦130*b*〔ツシ〕
大和名 ㊦774*b*〔幼名〕
『大和国高取領答書』 ㊤864*c*〔諸国風俗問状答〕
『倭姫命世記』 ㊤93*b*〔伊勢神道〕
大和塀 ㊦507*b*〔塀〕
『大和本草』 ㊤311*a*〔貝原益軒〕
• 倭舞〘大和-〙《やまとまい》 ㊦**745*c*** ㊤315*a*〔雅楽〕
大和窓 ㊦580*c*〔窓〕
大和万歳 ㊤823*b*〔祝福芸〕 ㊦593*a*〔万歳〕
大和民族 ㊦280*c*〔日本人㈠〕
• 大和棟《やまとむね》 ㊦**746*a*** 629*c*〔民家〕
山鳥娘 ㊤400*a*〔紙切〕
大和流 ㊤607*c*〔御詠歌〕
• 山中共古〘笑〙《やまなかきょうこ》 ㊦**746*b*** ㊤81*c*〔石神問答〕 ㊦823*a*〔炉辺叢書〕
『山中共古全集』 ㊦746*c*〔山中共古〕
山中塗 ㊤779*a*〔漆器〕
•「山中節」《やまなかぶし》 ㊦**746*c***
ヤマナジ ㊦241*b*〔薙鎌〕 741 図〔山刀〕
山名神社(静岡) ㊦648*b*〔民俗芸能〕
ヤマネコ ㊦301*b*〔ネコグルマ〕
山猫 ㊤523*a*〔傀儡子〕 ㊦52*c*〔狸〕
ヤマノイモ ㊤132*c*〔イモ〕
• 山の神《やまのかみ》 ㊦**746*c*** ㊤14*c*〔秋祭〕 109*a*〔一本足〕 125*a*〔猪狩り〕 129*c*〔忌木〕 170*a*〔ウッガン〕 176*c*〔産神〕 194*a*〔運定め〕 224*b*〔縁結び〕 233*a*〔狼〕 254*b*〔オコジョ〕 254*c*〔オコゼ〕 293*b*〔温泉発見伝説〕 316*b*〔案山子あげ〕 321*a*〔カギヒキ神事〕 394*b*〔神〕 423*a*〔狩の巻物〕 423*b*〔狩場〕 451*b*〔木下し〕 458*b*〔樵〕 476*a*〔キムンカムイ〕 477*a*〔木貰い〕 502*a*〔漁業信仰〕 554*b*〔鍬入れ〕 575*a*〔毛祭〕 589*c*〔コウザキ〕 629*b*〔木霊〕 651*a*〔子安神〕 706*b*〔里宮〕 728*b*〔山村〕 738*a*〔山民〕 790*a*〔柴祭〕 819*a*〔十二様〕 835*c*〔狩猟儀礼〕 836*a*〔狩猟信仰〕 863*b*〔職能神〕 902*b*〔水神〕 917*c*〔炭焼き〕 972*a*〔造船儀礼〕 ㊦29*a*〔高い山〕 56*b*〔田の神〕 57*b*〔田の神像〕 163*b*〔天狗〕 212*a*〔年木〕 226*c*〔鳥総立て〕 298*b*〔ヌタ場〕 318*a*〔農神〕 377*b*〔初山〕 400*b*〔春祭〕 429*c*〔一目小僧〕 513*a*〔蛇〕 516*b*〔便所神〕 584*a*〔鉱〕 630*b*〔民間信仰〕 662*b*〔麦ほめ〕 706*c*〔森神〕 738*a*〔山〕 738*b*〔山遊び〕 739*c*〔山入り㈠〕 739*c*〔山入り㈡〕 743*b*〔山仕事〕 747*b*〔山の神講〕 749*a*〔山人〕 762*b*〔雪橇〕 803*a*〔猟師〕 807*c*〔留守神〕 別刷〈山の神〉
山の神送り ㊤403*c*〔神迎え〕 ㊦別刷〈山の神〉
ヤマノカミオサメ ㊦326*a*〔のさかけ〕
山上オボツ ㊤281*a*〔オボツ・カグラ〕
山の神下ろし ㊦484*b*〔船霊〕
• 山の神講《やまのかみこう》 ㊦**747*b*** ㊤584*b*〔講〕 600*c*〔講田〕
『山の神祭文』 ㊤78*c*〔いざなぎ流〕
『山神作法之事』 ㊤423*a*〔狩の巻物〕
「山の神としての素戔嗚」 ㊦420*a*〔肥後和男〕
ヤマノカミノエンコロ ㊤254*b*〔オコジョ〕
山の神の勧進 ㊦別刷〈山の神〉
山の神腰掛け松 ㊤621*a*〔腰掛け松〕
山の神の祭文 ㊤681*b*〔祭文〕
山の神の田植え ㊦242*b*〔苗忌み〕
山の神祭 ㊤255*a*〔オコゼ〕 319*c*〔鈎掛け〕 635*c*〔子供組〕 783*a*〔楽〕 836*b*〔狩猟信仰〕 932*a*〔成年式〕 ㊦別刷〈山の神〉
山の神迎え ㊦別刷〈山の神〉
ヤマノクチ ㊦741*c*〔山言葉〕
• 山の口明け〘山の口〙《やまのくちあけ》 ㊦**747*c*** ㊤136*b*〔入会〕 499*c*〔共有地〕 499*c*〔共有地〕 523*c*〔草刈場〕 531*b*〔口明け〕 788*b*〔柴折り〕 ㊦377*b*〔初山〕 739*b*〔山入り㈠〕 743*a*〔山仕事〕 →初山
山鋸 ㊤348*a*〔鍛冶屋〕
• 山の背比べ《やまのせいくらべ》 ㊦**748*a***
• 山の手《やまのて》 ㊦**748*b*** ㊤773*a*〔下町〕
山の手七福神参り ㊤776*a*〔七福神巡り〕
山の墓 ㊤32*a*〔あとみらず〕
ヤマノヒト ㊤130*a*〔忌言葉〕 245*a*〔沖言葉〕
やまのひと ㊦749*a*〔山人〕
ヤマノモン ㊤718*a*〔さんか〕
山配 ㊤731*b*〔山内〕
山墓 ㊦738*b*〔山〕
• 山袴《やまばかま》 ㊦**748*c*** ㊤756*c*〔仕事着〕 ㊦345*b*〔袴〕 711*a*〔もんぺ〕
『山袴の話』 ㊦623*c*〔宮本勢助〕
ヤマハゲ ㊦262*c*〔ナマハゲ〕
山始め ㊤844*c*〔正月〕
山畑 ㊤853*c*〔定畑〕 ㊦361*b*〔畑〕
山母 ㊤42*c*〔あまのじゃく〕 ㊦752*c*〔山姥〕 →山姥
やまびこ〘山びこ〙 ㊤42*c*〔あまのじゃく〕 629*b*〔木霊〕
• 山人《やまびと》 ㊦**748*c*** ㊤523*b*〔傀儡子〕 738*a*〔山民〕 ㊦199*b*〔遠野物語〕 740*c*〔山女〕
ヤマビト(猟師) ㊦570*c*〔マタギ〕
ヤマビト(案山子) ㊤315*c*〔案山子〕
『山人外伝史料』 ㊦740*b*〔山男〕
山姫 ㊦752*c*〔山姥〕 →山姥
• 山開き《やまびらき》 ㊦**749*a*** 738*b*〔山遊び〕
ヤマブキ ㊤863*c*〔植物禁忌〕
ヤマフジ〘山藤〙 ㊤137*b*〔衣料〕 ㊦466*b*〔藤〕
• 山伏〘山臥〙《やまぶし》 ㊦**749*b*** ㊤87*c*〔異人㈠〕 88*a*〔異人歓待〕 88*b*〔異人殺し〕 223*a*〔延年〕 327*c*〔神楽〕 350*a*〔霞〕 471*b*〔祈禱師〕 577*c*〔験競べ〕 596*a*〔荒神祓え〕 602*b*〔強飯式〕 674*a*〔西国巡礼〕 706*a*〔里修験〕 824 図〔修験道〕 894*b*〔神仏分離〕 ㊦74*c*〔檀那場〕 208*b*〔登山〕 246*b*〔長床〕 262*c*〔ナマハゲ〕 379*c*〔花供〕 418*c*〔髭〕 430*b*〔人柱〕 444*b*〔漂泊民〕 522*b*〔法印神楽〕 532*c*〔棒の手〕 548*b*〔法螺貝〕 616*a*〔峰入り〕 →修験者

• 山伏神楽《やまぶしかぐら》 ㊦ **749**c ㊤ 60b〔言い立て〕 144a〔岩戸神楽〕 328c〔神楽〕 373b〔門打ち〕 551c〔黒森神楽〕 661b〔権現〕 662a〔権現舞〕 705b〔里神楽〕 734c〔三番叟〕 ㊦ 123a〔津軽神楽〕 183a〔道成寺〕 323c〔能舞〕 391b〔早池峰神楽〕 403a〔番楽〕 648a〔民俗芸能〕
• 山伏狐《やまぶしぎつね》 ㊦ **750**b
山伏十二道具〔-法具〕 ㊤ 673b〔祭具〕 824b〔修験道〕
山伏十六道具 ㊦ 749b〔山伏〕
山伏修験 ㊦ 690b〔盲僧琵琶〕
• 山伏塚《やまぶしづか》 ㊦ **750**c ㊤ 497c〔行人塚〕 ㊦ 122b〔塚〕
山伏山(石川) ㊦ 424c〔常陸坊海尊〕
ヤマプト ㊦ 749a〔山人〕
• 山鉾《やまぼこ》 ㊦ **751**a ㊤ 452a〔祇園囃子〕 452b〔祇園祭〕 795b〔標山〕 ㊦ 105a〔町衆〕 738a〔山〕
山鉾巡行 ㊤ 452a〔祇園囃子〕
山参り ㊤ 872b〔死霊〕
ヤママツリ ㊤ 477b〔木貰い〕
山繭 ㊦ 770c〔養蚕〕 →天蚕
ヤマミ(漁業) ㊤ 154a〔魚見〕
ヤマミ(花見)〔山見〕 ㊦ 384c〔花見〕 432c〔雛祭〕
• 山宮《やまみや》 ㊦ **751**c ㊤ 446b〔神無月〕 706b〔里宮〕
『山宮考』 ㊤ 881b〔新国学〕 881c〔新国学談〕
山村神社(滋賀) ㊤ 283b〔重軽石〕
山邑太左衛門 ㊦ 128c〔造酒屋〕
ヤマメゴ ㊤ 766a〔私生児〕
山元 ㊦ 742c〔山師〕
山本角太夫 ㊦ 506a〔文弥人形〕
山本喜七 ㊤ 249a〔オキュウト〕
山本源太夫 ㊦ 3a〔太神楽〕
山本ごい ㊤ 626b〔瞽女〕
山本三吉 ㊤ 111a〔糸あやつり〕
山本三之助 ㊤ 111a〔糸あやつり〕
山本松谷 ㊦ 455a〔風俗画報〕
山本滝之助 ㊤ 930c〔青年会〕 932b〔青年団〕
山本流 ㊦ 3c〔太神楽〕
• 山焼き《やまやき》 ㊦ **752**a 437b〔火祭〕
• 山役《やまやく》 ㊦ **752**b
山役銀 ㊦ 752b〔山役〕
山役米 ㊦ 752b〔山役〕
ヤマヤサイ ㊤ 724a〔山菜〕 →山菜
山屋田植え踊り ㊦ 25b〔田植え踊り〕
山雪 ㊦ 759c〔雪〕
山行唄 ㊦ 740a〔山唄〕
山若 ㊤ 133a〔芋競べ〕
山脇房子 ㊤ 865b〔処女会〕
山枠 ㊤ 544a〔鞍〕
ヤマワケ ㊤ 214c〔獲物分配〕
• 山分け《やまわけ》 ㊦ **752**b ㊤ 835c〔狩猟〕 ㊦ 841c〔割替〕
山童 ㊦ 740c〔山男〕
山𤢖 ㊦ 740b〔山男〕
山ン太郎 ㊤ 275a〔尾根〕 ㊦ 68b〔太郎の朔日〕
ヤマンド ㊦ 570c〔マタギ〕
• 山姥《やまんば》 ㊦ **752**c ㊤ 42c〔あまのじゃく〕 271b〔鬼〕 515b〔金太郎〕 555a〔食わず女房〕 737a〔三枚の御札〕 937b〔背負縄〕 ㊦ 181c〔逃竄譚〕 740c〔山女〕 760a〔雪女〕
• 闇市《やみいち》 ㊦ **753**a 728b〔屋台〕
闇取引 ㊦ 753a〔闇市〕
ヤムイモ ㊦ 338c〔ハイヌウェレ〕
ヤメ ㊦ 142b〔釣具〕
• やもめ ㊦ **753**a
家守 ㊤ 240c〔大屋・店子〕
ややなし ㊤ 420c〔烏鳴き〕
揶揄節 ㊤ 198b〔エイプリルフール〕
弥生機 ㊦ 361c〔機織〕
ヤライゴ ㊤ 651c〔子やらい〕
ヤラグロ ㊦ 535c〔ほがほが〕
ヤラシー ㊤ 521c〔クェーナ〕
ヤラシャレ節 ㊤ 719a〔三階節〕 →三階節
ヤㇻ＝チセ ㊦ 84a〔チセ〕
槍 ㊤ 835b〔狩猟〕
槍鉋 ㊤ 446b〔鉋〕
ヤリギ ㊤ 164a〔臼〕
ヤリキビキ ㊤ 921a〔摺臼〕
槍持ち奴 ㊤ 236a〔大津絵〕
ヤリモノガエ ㊤ 61b〔許嫁〕
野郎歌舞伎 ㊤ 384a〔歌舞伎〕 ㊦ 611c〔道行〕
ヤロウカマド ㊦ 529b〔奉公人分家〕
野郎双六 ㊤ 910a〔双六㈡〕
野郎帽子 ㊤ 387a〔かぶりもの〕 ㊦ 529c〔帽子〕
ヤワキ ㊤ 335a〔陰口〕
• ヤンサマチ ㊦ **753**b
ヤンジモ ㊤ 315c〔案山子〕
• やん衆 ㊦ **753**b
ヤンダ ㊦ 238b〔ドンザ〕
『山原の土俗』 ㊤ 793c〔島袋源七〕 ㊦ 823a〔炉辺叢書〕
山原船 ㊤ 494a〔共同売店〕
両班 ㊦ 113b〔チョッポ〕
山家清兵衛 ㊦ 842b〔和霊信仰〕
ヤンメ ㊦ 393c〔流行目〕
ヤンメ送り ㊦ 393c〔流行目〕
ヤンレ節 ㊤ 628c〔広大寺〕

ゆ

湯 ㊤ 646a〔米〕 ㊦ 495c〔風呂〕
ユアーシャー種 ㊤ 157a〔牛〕
ユアゲ ㊤ 942a〔堰普請〕
湯あたり ㊦ 182b〔湯治〕
ユアナ ㊤ 85a〔石風呂〕
ユアミ ㊦ 759b〔湯灌〕
ユアライ ㊦ 759b〔湯灌〕
• ゆい〔結〕 ㊦ **754**a ㊤ 66c〔家連合〕 351c〔加勢〕 494c〔共同労働〕 584b〔講〕 683c〔早乙女〕 968c〔相互扶助〕 ㊦ 24c〔田植え〕 154a〔手伝い〕 157a〔テマガエ〕 495a〔古屋の漏〕 671b〔棟〕 705a〔モヤイ〕 735c〔屋根替え〕 736c〔屋根屋〕 817b〔労働倫理〕
唯一神道 ㊦ 775c〔吉田神道〕 →吉田神道
唯一神明造 ㊤ 895c〔神明造〕
ユイーブニン ㊦ 758b〔ユーブ〕
結桶 ㊤ 253a〔桶〕 ㊦ 567b〔曲物〕
ゆい返し ㊦ 754a〔ゆい〕
遺教経会 ㊦ 304c〔涅槃会〕 →涅槃会
ゆい組 ㊤ 539c〔組〕 ㊦ 678a〔村組〕
結袈裟 ㊦ 749b〔山伏〕
ユイコ ㊦ 754a〔ゆい〕
• 遺言《ゆいごん》 ㊦ **754**c
ユイショ〔ユイシュ〕 ㊤ 896c〔親類〕 ㊦ 754b〔ゆい〕
ユイダル〔結樽〕 ㊦ 66a〔樽〕 272a〔荷送り〕
• 唯念《ゆいねん》 ㊦ **754**c
唯念寺(静岡) ㊦ 754c〔唯念〕
唯念名号碑 ㊦ 755a〔唯念〕
• 結納《ゆいのう》 ㊦ **755**a ㊤ 623c〔互酬性〕 659b〔婚姻〕 663c〔婚資〕 668b〔婚約〕 917a〔墨塗り〕 990c〔村外婚〕 ㊦ 754b〔ゆい〕
結納入れ ㊤別刷〈婚礼〉
結納返し ㊦ 755a〔結納〕
結納盃 ㊤ 476a〔決め酒〕
ユイノモノ ㊤ 668b〔婚約〕 ㊦ 755a〔結納〕
唯物史観 ㊦ 692a〔モーガン〕
• ユイマール ㊦ **755**c ㊤ 539c〔与〕
結い綿 ㊦ 704c〔桃割〕
ユー〔世〕 ㊦ 757a〔ユークイ〕 759a〔世果報〕 →世果報
友愛結婚 ㊤ 754b〔試験婚〕 →試験婚

雄黄酒　㊦71*a*〔端午節供〕
有害鳥獣駆除　㊤537*a*〔熊狩り〕
夕顔　㊤691*a*〔作物禁忌〕
• 遊廓《ゆうかく》　㊦**755***c*　㊤384*a*〔歌舞伎〕　559*b*〔芸者〕　687*c*〔盛り場〕　697*c*〔座敷芸〕　823*a*〔宿場町〕　845*b*〔城下町〕　㊦337*c*〔売春〕　616*a*〔港〕
遊楽　㊤292*a*〔温泉〕
• ユーカラ　㊦**756***a*　㊤593*a*〔口承文芸〕　㊦812*b*〔レプ〕
憂患クッ　㊤533*b*〔クッ(二)〕
• 遊戯《ゆうぎ》　㊦**756***b*　㊤338*a*〔かごめかごめ〕
結城座　㊤111*a*〔糸あやつり〕
結城紬　㊤472*b*〔絹〕
結城孫三郎　㊤111*a*〔糸あやつり〕
遊行寺(神奈川)　㊤71*c*〔行き倒れ〕
雄魚の淵　㊦473*c*〔淵〕
遊具　㊤284*b*〔玩具〕
• ユークイ〖世乞い〗　㊦**757***a*　74*b*〔タントゥイ〕　135*c*〔綱引き〕　289*a*〔ニライカナイ〕　759*b*〔世果報〕
ユークインマ　㊦757*b*〔ユークイ〕
夕占　㊦131*a*〔辻占〕　355*b*〔橋〕　356*b*〔橋占〕　→辻占
ユウゲ　㊤861*c*〔食事〕
• 有形文化《ゆうけいぶんか》　㊦**757***b*　㊤877*c*〔心意〕　㊦633*a*〔民間伝承論〕
有形文化財　㊦500*a*〔文化財保護法〕　650*c*〔民俗資料〕
有形民俗文化財《ゆうけいみんぞくぶんかざい》　⇨民俗文化財(㊦654*c*)
悠玄亭玉介　㊤657*b*〔声色〕
『遊幸思想』　㊦549*a*〔堀一郎〕
ユウサ　㊦490*b*〔ぶらんこ〕
結崎座　㊤713*b*〔猿楽〕
ユーザス　㊤434*c*〔カンカカリャー〕
ユウシ　㊤818*c*〔シュウトノツトメ〕
『有史以前の日本』　㊦234*a*〔鳥居龍蔵〕
優子相続　㊤973*c*〔相続〕　→選定相続
井主　㊦405*c*〔番水〕
優秀決制　㊤457*b*〔議決法〕
• 遊女《ゆうじょ》　㊦**757***c*　㊤227*a*〔花魁〕　375*b*〔門付け〕　384*a*〔歌舞伎〕　523*a*〔傀儡子〕　573*b*〔血判〕　835*a*〔ジュリ〕　933*a*〔性病〕　㊦65*a*〔太夫〕　337*b*〔売春〕　360*b*〔ハシリガネ〕　444*b*〔漂泊民〕　445*b*〔日和待ち〕　590*c*〔丸髷〕　755*c*〔遊廓〕
夕食　㊤862*a*〔食事〕
融通大念仏　㊦17*b*〔大念仏〕
融通念仏　㊤44*b*〔阿弥陀信仰〕　㊦17*b*〔大念仏〕　312*c*〔念仏〕
夕涼み　㊦324*a*〔納涼〕　481*c*〔船遊び〕　→納涼
夕星　㊦769*a*〔宵の明星〕
優生保護法　㊦605*c*〔水子供養〕
夕ゼチ　㊤946*b*〔節供〕
有線音楽放送　㊦758*a*〔有線放送〕
• 有線放送《ゆうせんほうそう》　㊦**757***c*　㊤852*a*〔定使い〕
有爪化背負梯子　㊤936 図〔背負運搬具〕
有職　㊦758*a*〔有職故実〕
• 有職故実《ゆうそくこじつ》　㊦**758***a*　㊤710*a*〔作法〕　㊦810*b*〔礼法〕
木綿襷　㊦43*b*〔襷〕
夕立　㊤46*a*〔雨〕
ユーダミ　㊤705*c*〔里神〕
夕茶　㊤18*b*〔朝茶〕
祐徳稲荷神社(佐賀)　㊤117*c*〔稲荷信仰〕　502*a*〔漁業信仰〕
ユーナゴ　㊤862*a*〔食事〕
ユーニガイ〖世願い〗　㊦759*b*〔世果報〕　→世果報
郵便　㊦120*b*〔通信法〕
• ユーブ　㊦**758***b*
ユーブハズレ　㊦758*b*〔ユーブ〕
ユウミ　㊤154*a*〔魚見〕
幽冥神　㊤178*b*〔産土〕
幽冥世　㊦706*c*〔森神〕
夕焼け　㊦778*c*〔予兆〕
有油透漆　㊤191*c*〔ウルシ〕
『酉陽雑俎』　㊤890*a*〔シンデレラ〕
遊里　㊤15*b*〔悪所〕
遊離魂　㊤393*c*〔神〕　㊦429*a*〔人魂〕
• 幽霊《ゆうれい》　㊦**758***b*　㊤307*c*〔怪談〕　451*b*〔消えた乗客〕　582*c*〔ケンムン〕　980*a*〔俗信〕　㊦351*c*〔化け物〕　769*b*〔妖怪〕
幽霊風　㊦758*c*〔幽霊〕
幽霊坂　㊤684*b*〔坂〕
幽霊船　㊦486*b*〔船幽霊〕
幽霊女房　㊤948*a*〔殺生石〕
幽霊花　㊦758*c*〔幽霊〕
融和運動　㊤904*b*〔水平社運動〕
ユーンカイ〖世迎い〗　㊦757*b*〔ユークイ〕
ユェージンサマ　㊤159*c*〔氏神〕
元宝　㊤840*c*〔春節〕
湯桶　㊤129*c*〔忌木〕
井落し　㊤448*c*〔旱魃〕
床　㊤846*b*〔床几〕
ユガケ　㊦153*c*〔手甲〕
世がけせち　㊤458*a*〔聞得大君〕
床師　㊦44*c*〔畳屋〕
• 浴衣《ゆかた》　㊦**759***a*　305*c*〔寝巻〕
ユカタジンベエ　㊤894*c*〔甚兵衛〕
湯帷子　㊦759*a*〔浴衣〕　→浴衣
ユカタベー〖-ベーヤ〗　㊦746*c*〔山中節〕
『ユカタンの民俗文化』　㊦812*a*〔レッドフィールド〕
床作り　㊦44*c*〔畳屋〕
ユカッチュ〖良人〗　㊤421*a*〔唐名〕　㊦711*b*〔ヤードゥイ〕
行波の神舞　㊤144*a*〔岩戸神楽〕
• 世果報《ユガフー》　㊦**759***a*　㊤458*a*〔聞得大君〕
床揉み唄　㊤694*a*〔酒造り唄〕
• 湯灌《ゆかん》　㊦**759***b*　㊤685*a*〔逆さ水〕　972*b*〔葬送儀礼(一)〕　㊦11*b*〔帝釈天〕　278*a*〔入棺〕
• 雪《ゆき》　㊦**759***c*
湯木　㊦764*b*〔湯立神楽〕
ユキアイ　㊤914*c*〔頭痛〕
悠紀院　㊤130*c*〔忌小屋〕
雪打ち　㊦761*b*〔雪合戦〕
雪起し　㊤403*a*〔雷〕
雪オナゴ　㊦760*a*〔雪女〕
• 雪女《ゆきおんな》　㊦**760***a*
雪オンバ　㊦760*a*〔雪女〕
雪かき　㊦481*b*〔ブナ〕
雪垣　㊦760*b*〔雪囲い〕　→雪囲い
雪カキベラ　㊤837*c*〔狩猟用具〕
• 雪囲い《ゆきがこい》　㊦**760***b*　㊤576*b*〔下屋〕
• 雪形《ゆきがた》　㊦**760***c*　㊤143*a*〔岩木山信仰〕　644*a*〔駒ヶ岳〕　㊦738*a*〔山〕
• 雪合戦《ゆきがっせん》　㊦**761***b*
雪神　㊦760*a*〔雪女〕
ユキキリ　㊦762*c*〔雪踏み〕
• 雪靴〖-沓〗《ゆきぐつ》　㊦**761***b*　㊤534*a*〔沓〕
雪晒　㊤17*b*〔麻〕
• 湯起請《ゆぎしょう》　㊦**761***c*　㊤517*c*〔吟味〕　522*b*〔盟神探湯〕
雪女郎　㊦760*a*〔雪女〕
雪印乳業　㊦287*a*〔乳製品〕
由岐神社(京都)　㊤545*b*〔鞍馬火祭〕
• 雪鋤《ゆきすき》　㊦**762***a*
行き初め〖ユキゾメ〗　㊤23*b*〔アシブミ〕　754*b*〔試験婚〕　㊦227*b*〔トマリゾメ〕
• 雪橇《ゆきぞり》　㊦**762***a*　㊤988*b*〔橇〕
行き倒れ　㊦559*a*〔迷子〕
雪だま投げ　㊦761*b*〔雪合戦〕
雪投げ　㊦761*b*〔雪合戦〕
行成網　㊦276*c*〔ニシン漁〕
雪入道　㊦760*a*〔雪女〕
雪の芸術展　㊤389*c*〔かまくら〕
ユキノシタ　㊦149*b*〔できもの〕
雪婆　㊦760*a*〔雪女〕
ユキバカマ〖雪袴〗　㊤756*c*〔仕事着〕　㊦345*b*〔袴〕　748*c*〔山袴〕
雪履き　㊦761*b*〔雪靴〕
雪ぶつけ　㊦761*b*〔雪合戦〕
雪船　㊤988*b*〔橇〕
• 雪踏み《ゆきふみ》　㊦**762***b*　679*c*〔村仕事〕
雪踏み俵　㊦834*c*〔藁〕
雪降り婆　㊦760*a*〔雪女〕
雪帽子　㊦524*c*〔防寒着〕
• 雪祭《ゆきまつり》　㊦**762***c*　㊤245*c*〔翁〕　310*a*〔海道下り〕　390*c*〔かまけわざ〕　408*a*〔仮面〕　561*b*〔競馬(一)〕　577*b*〔喧嘩祭〕　㊦162*a*〔田楽〕　489*a*〔冬祭〕　546*b*〔仏舞〕　698*a*〔もどき〕
• 雪見《ゆきみ》　㊦**763***b*
雪室　㊤389*c*〔かまくら〕
ユキメヨケ　㊦686*c*〔目すだれ〕

雪持笹　㊤411図〔家紋〕
• 遊行《ゆぎょう》　㊦**763**b　㊤665a〔金神〕
遊行宗　㊦763c〔遊行〕
遊行上人　㊦763c〔遊行〕
遊行聖〔-僧〕　㊤269c〔踊り念仏〕　㊦59b〔旅〕
遊行札　㊦763b〔遊行〕
雪輪　㊤414図〔家紋〕
雪草鞋　㊦838図〔草鞋〕
ユキンドウ　㊦234b〔鳥追い〕
雪ンバ〔雪ンボ〕　㊦760a〔雪女〕
湯口権　㊤292c〔温泉権〕
遊化　㊦763b〔遊行〕
遊芸人　㊤141a〔色話〕
ユサハリ　㊦490b〔ぶらんこ〕
「湯座屋節」　㊦746c〔山中節〕
ユサユサドンド　㊦490b〔ぶらんこ〕
湯沢酒屋唄　㊤694a〔酒造り唄〕
遊山　㊦763b〔遊行〕
遊山講〔ユサン-〕　㊤120b〔犬供養〕　811b〔十九夜講〕　㊦314a〔念仏講〕
遊山所　㊦701b〔物見遊山〕
遊山参り　㊦701b〔物見遊山〕
油脂　㊤919a〔スム〕
湯島聖堂(東京)　㊤893a〔神農〕
湯島天神(東京)〔-神社〕　㊤224b〔縁結び〕　㊦227c〔富籤〕
湯島の吉　㊤920c〔掏摸〕
柚子湯　㊦182a〔冬至〕
• 揺すり《ゆすり》　㊦**763**c
温泉神社　㊤293a〔温泉神社〕　→おんせんじんじゃ
温泉大明神　㊤293b〔温泉神社〕
世添うせぢ　㊤458a〔聞得大君〕
湯初めイワイ　㊦611c〔三日祝い〕
• ユタ　㊦**763**c　㊤71b〔生き神〕　100b〔イチジャマ〕　248a〔沖縄文化〕　398a〔神おろし〕　402a〔神ダーリ〕　404c〔神人〕　434c〔カンカカリャー〕　533a〔口寄せ〕　727b〔三世相〕　798a〔シャーマニズム〕　834c〔呪文〕　866b〔女装〕　別刷〈沖縄文化〉　㊦201b〔トキ(二)〕　297a〔ヌジファ〕　299c〔祝女〕　353c〔羽衣伝説〕　545b〔仏おろし〕　584c〔マブイグミ〕　599c〔巫女〕　810a〔霊媒〕
• 湯立《ゆだて》　㊦**764**b　㊤92a〔伊勢神楽〕　796b〔霜月神楽〕　㊦450a〔火渡り〕　765b〔湯立獅子舞〕
• 湯立神楽《ゆだてかぐら》　㊦**764**b　㊤92a〔伊勢神楽〕　327c〔神楽〕　349b〔春日若宮御祭〕　391a〔竈〕　705b〔里神楽〕　㊦384a〔花祭(二)〕　489a〔冬祭〕　647c〔民俗芸能〕　762a〔湯起請〕　764b〔湯立〕
湯立釜　㊤388a〔釜〕
湯立行事　㊤522b〔盟神探湯〕
• 湯立獅子舞《ゆだてししまい》　㊦**765**a
湯立託宣　㊦600b〔神子〕
湯立て法　㊦686b〔飯〕
湯たぶさ　㊦764b〔湯立神楽〕
ユタマンチャー(ユタ混じり)　㊤727b〔三世相〕
• ゆたんぽ〔湯湯婆〕　㊦**765**c　75b〔暖房〕
ゆ着錠　㊤319b〔鍵〕
湯漬　㊦93b〔茶漬〕
ゆで小豆　㊦324b〔納涼〕
茹饅頭　㊦594a〔饅頭〕
流頭　㊦627c〔名節〕
湯豆腐　㊦260b〔鍋物〕
ユドギ　㊦779a〔ヨトギ〕
湯殿山(山形)　㊤498c〔行屋〕　723b〔さんげさんげ〕　725a〔三山参り〕　981c〔即身仏〕　㊦88b〔血の池地獄〕　160b〔出羽三山信仰〕　169a〔天道念仏〕　628c〔弥勒信仰〕
湯殿山行人　㊤487a〔行者講〕
湯殿山神社(山形)　㊤293a〔温泉神社〕
ユトリ　㊤12a〔アカトリ〕
湯取り法　㊦686b〔飯〕
ユナガシ　㊦531b〔疱瘡送り〕
湯女風呂　㊦455c〔風俗統制〕
ユニフォーム　㊤933b〔制服〕
ユネスコ　㊦885a〔人種〕
温泉神社　㊤293a〔温泉神社〕　→おんせんじんじゃ
湯神社　㊤292b〔温泉〕
湯神社(愛媛)　㊤293a〔温泉神社〕
湯泉神社(長崎)　㊤293a〔温泉神社〕
「湯の廊下節」　㊦746c〔山中節〕
湯葉　㊦13c〔大豆〕　190b〔豆腐〕
湯花神楽　㊤92a〔伊勢神楽〕　328b〔神楽〕
指　㊦765c〔指切り〕
指影絵　㊤333a〔影絵〕
• 指切り《ゆびきり》　㊦**765**c　717c〔約束〕
指笛　㊦781b〔呼子笛〕
ユブスマ　㊤880a〔寝具〕
湯蓋　㊤329a〔神楽〕
湯槽　㊤323c〔家具〕
遊方　㊦763b〔遊行〕
湯箒　㊦764b〔湯立神楽〕
ユマキ　㊤623a〔腰巻〕　→腰巻
ユミ　㊦688c〔喪〕
弓　㊤520a〔クー〕　㊦236a〔採物〕
弓占　㊦389a〔破魔矢〕
• 弓神楽《ゆみかぐら》　㊦**766**a
弓掛け松　㊦64c〔為朝伝説〕
ユミギトウ〔弓祈禱〕　㊤471a〔祈禱〕　㊦704a〔モモテ祭〕　766c〔弓神事〕
• 弓神事《ゆみしんじ》　㊦**766**c　㊤189a〔占い〕　279a〔おびしゃ〕
弓鋸　㊤640a〔木挽〕　928a〔製材〕
弓破魔　㊦389b〔破魔矢〕
弓張提燈　㊦107c〔提燈〕
湯見舞い　㊤292c〔温泉〕
ユミマツリ　㊦704a〔モモテ祭〕
弓矢　㊤485a〔競技〕　837c〔狩猟用具〕
湯みやげ　㊤292c〔温泉〕
弓矢の神　㊦368c〔八幡信仰〕
ユムツンガン　㊤12a〔アカマタ・クロマタ〕
• 夢《ゆめ》　㊦**767**a　28a〔鷹〕　33a〔宝船〕　377c〔初夢〕　778c〔予兆〕
夢合わせ　㊦767b〔夢〕
夢占い　㊦767b〔夢〕
夢買い長者　㊤407a〔甕〕　㊦75a〔蜻蛉長者〕　104c〔長者〕　767a〔夢〕
夢書　㊦767b〔夢〕
夢違え　㊦767c〔夢〕
夢解き　㊦767b〔夢〕
夢の蜂　㊤983a〔蘇生譚〕
夢判じ　㊦767b〔夢〕
夢見小僧　㊤983a〔蘇生譚〕
ユモジ　㊤623a〔腰巻〕　㊦767c〔ユモジ祝い〕　→腰巻
• ユモジ祝い　㊦**767**c　㊤623a〔腰巻〕　931c〔成年式〕　㊦118c〔通過儀礼〕　505a〔褌祝い〕
湯屋　㊤961a〔銭湯〕
遊躍念仏〔踊躍-〕　㊤269c〔踊り念仏〕　㊦367a〔鉢叩き〕　474b〔仏教芸能〕　→踊り念仏
• ユラ　㊦**767**c
ユライ　㊤48c〔綾子舞〕
ユリ(地形)　㊦767c〔ユラ〕
ユリ　㊤217a〔演歌(一)〕
汰桶　㊦763c〔ゆすり〕
• 揺り籠〔ゆりかご〕《ゆりかご》　㊦**768**a　→揺籃
ユリ根　㊤481a〔救荒食物〕　㊦605c〔水晒し〕
ユリワ　㊤244b〔オカワ〕
• 百合若大臣〔百合若〕《ゆりわかだいじん》　㊦**768**a　504c〔巨人伝説〕
ユルイ　㊤874c〔地炉〕
ユルギ　㊤141c〔囲炉裏〕
ユルリ　㊤141c〔囲炉裏〕　946b〔節供〕
ユワルジ　㊤832c〔主婦〕
• ユング Jung, Carl Gustav　㊦**768**b　㊤898a〔神話学〕
ユングトゥ　㊦269b〔南島歌謡〕
• ユンタ　㊦**768**c　269b〔南島歌謡〕
ユンナキ　㊦250a〔泣女〕

よ

ヨイ　㊦754a〔ゆい〕
宵戎　㊦196c〔十日戎〕
夜市　㊤99a〔市〕
宵節供　㊤296b〔女の家〕
• 宵の明星《よいのみょうじょう》　㊦**769a**
庸　㊦488b〔夫役〕
• 妖怪《ようかい》　㊦**769a**　㊤24c〔小豆洗い〕 108a〔イヅナ〕 108c〔一本足〕 307c〔怪談〕 370b〔河童〕 458c〔キジムナー〕 491c〔共同幻覚〕 582c〔ケンムン〕 737a〔三枚の御札〕 831b〔酒呑童子〕 ㊦163b〔天狗〕 328a〔ノツゴ〕 351c〔化け物〕 429b〔一目小僧〕 598c〔ミカワリバアサン〕 752c〔山姥〕 760a〔雪女〕
要害　㊦302a〔ネゴヤ〕
妖怪学　㊤122c〔井上圓了〕
『妖怪学講義録』　㊤122c〔井上圓了〕
八日市音頭〔-祭文音頭〕　㊤428c〔河内音頭〕 591a〔江州音頭〕 →江州音頭
妖怪博士　㊤122c〔井上圓了〕 →井上圓了
妖怪変化　㊤980a〔俗信〕
ヨウカオクリ〔八日送り〕　㊤200b〔疫神送り〕 636b〔事八日〕 ㊦294c〔ニンニク〕
洋楽　㊤416c〔歌謡〕
八日講　㊤497c〔行人塚〕 725a〔三山参り〕
洋菓子　㊤342b〔菓子〕
ヨウカバナ〔八日花〕　㊦29a〔高い山〕 169c〔天道花〕 738c〔山遊び〕 →天道花
• 八日吹き《ようかふき》　㊦**769c**　㊤165b〔嘘つき祝い〕 263a〔お大師講吹き〕 636c〔事八日〕 ㊦398b〔ハリセンボン〕 →嘘つき祝い
八日待ち　㊤165b〔嘘つき祝い〕 →嘘つき祝い
八日待ち豆腐　㊤165b〔嘘つき祝い〕
ヨウカモチ　㊤636c〔事八日〕
ようかやき　㊦769c〔八日吹き〕
• 羊羹《ようかん》　㊦**769c**　㊤24b〔小豆〕
揚弓　㊤654a〔娯楽〕
謡曲　㊦317b〔能〕 →謡
洋釘　㊤522c〔釘〕
腰鼓　㊦134b〔鼓〕
洋語　㊤312b〔外来語〕 →外来語
• 影向《ようごう》　㊦**769c**
• 影向石《ようごういし》　㊦**770a**　㊤143b〔磐座〕 ㊦769c〔影向〕
影向松　㊦769c〔影向〕
影向祭　㊦769c〔影向〕
洋裁　㊤680b〔裁縫〕
• 養蚕《ようさん》　㊦**770a**　㊤10c〔赤城型民家〕 260a〔オシラサマ〕 301a〔蚕神〕 341c〔火山〕 369c〔合掌造〕 472a〔絹〕 524b〔草葺き〕 552c〔桑〕 927図〔生業絵馬〕 ㊦67c〔達磨市〕 75b〔暖房〕 124c〔突上げ二階〕 153a〔出作り〕 153c〔出作り小屋〕 178b〔洞窟〕 219a〔土葬〕 300c〔猫〕 301a〔猫絵〕 587c〔繭〕 629c〔民家〕 770c〔養蚕教師〕 777c〔寄せ棟〕 780b〔よなべ〕 別刷〈民家〉
養蚕業　㊤730c〔蚕種〕
• 養蚕教師《ようさんきょうし》　㊦**770c**
養蚕講習所　㊦771a〔養蚕教師〕
養蚕小屋　㊤567b〔木小屋話〕
養蚕神　㊤611b〔蚕影〕
養蚕図　㊤926a〔生業絵馬〕
養蚕農家　㊦386a〔破風〕
養蚕之大神　㊤別刷〈護符〉
養蚕用具　㊦584c〔蔟〕
妖祠　㊤147c〔淫祠邪教〕
• 養子《ようし》　㊦**771a**　㊤33c〔姉家督〕 705c〔里子〕 841c〔順養子〕 896b〔親類〕 ㊦457c〔夫婦養子〕 626a〔苗字〕
• 楊枝《ようじ》　㊦**771c**　㊤551c〔クロモジ〕
養子縁組　㊦110c〔徴兵逃れ〕
楊枝親　㊤380b〔鉄漿親〕
• 幼児葬法《ようじそうほう》　㊦**772a**　㊤639b〔子墓〕
養子奉公人　㊦528a〔奉公人〕
• 妖術《ようじゅつ》　㊦**772b**　㊤829b〔呪詛〕 →witchcraft
妖術信仰　㊤469c〔狐憑き〕 →witchcraft
洋酒盆　㊦550a〔盆(一)〕
養女　㊦771b〔養子〕
養生掻き法　㊤192a〔漆掻き〕
『養生訓』　㊤311a〔貝原益軒〕
養生講　㊤160a〔牛神祭〕
養殖筏　㊤69b〔筏〕
用心紙　㊦433b〔避妊〕
ヨウズ　㊤115a〔イナサ〕
ヨウスイ　㊤74b〔池〕 →溜池
• 用水《ようすい》　㊦**772b**　300a〔ぬるめ〕 405c〔番水〕 604b〔水争い〕
用水アゲ　㊤942a〔堰普請〕
• 揚水器《ようすいき》　㊦**772c**　800c〔竜骨車〕
用水組合　㊤74b〔池〕 →水利組合
用水小屋　㊤649c〔小屋〕
揚水水車　㊤901図〔水車〕
陽数　㊤929c〔聖数〕
陽石　㊤150c〔陰陽石〕 925図〔性器崇拝〕
要素　㊦695c〔モチーフ〕
洋燈　㊤857a〔照明〕 ㊦795b〔ランプ〕
笑酔人神事　㊦836b〔笑い祭〕
養豚団地　㊦470c〔豚〕
• 遙拝《ようはい》　㊦**773b**　㊤167b〔御嶽〕 172c〔ウトゥーシ〕
遙拝鳥居　㊦773c〔遥拝〕
洋鋏　㊦354c〔鋏〕
洋髪　㊤399b〔髪型〕
洋風小屋組　㊤650a〔小屋組〕
『陽復記』　㊤93c〔伊勢神道〕
洋服細民　㊤712a〔サラリーマン〕
洋服簞笥　㊦73b〔簞笥〕
洋服屋　㊤772c〔仕立屋〕
• 養蜂《ようほう》　㊦**773c**　365b〔蜂〕
妖魔　㊤458c〔キジムナー〕
• 幼名《ようみょう》　㊦**774a**　243c〔名替え〕 →ワラビナー
羊妙見菩薩　㊦625c〔妙見信仰〕
揺籃　㊤889c〔シンタ〕 →揺り籠
• 養老の滝《ようろうのたき》　㊦**774c**　㊤829a〔酒泉の発見〕
• ヨーカビー〔ヨウカビー〕　㊦**775a**　㊤789b〔柴挿し(二)〕
ヨーグルト　㊤157a〔牛〕
• 夜神楽《よかぐら》　㊦**775a**　㊤741a〔椎葉神楽〕 876b〔銀鏡神楽〕 ㊦30c〔高千穂神楽〕
• 夜語り《よがたり》　㊦**775a**　660c〔昔話〕
夜かぶり　㊦305c〔寝巻〕
ヨカヨカ飴屋　㊤46b〔飴屋踊り〕
ヨカヨカ節　㊤46b〔飴屋踊り〕
斧〔ヨキ〕《よき》　⇨おの(㊤275c)　㊤459c〔木地屋〕 547c〔刳り物〕 986c〔杣〕 ㊦108b〔手斧〕
ヨギ〔夜着〕　㊤880a〔寝具〕 ㊦305c〔寝巻〕
斧立て〔ヨキタテ〕　㊤458c〔樵〕 477b〔木貰い〕 ㊦226c〔鳥総立て〕 740a〔山入り(二)〕
余興まわし　㊤841c〔順の舞〕
杙上住居　㊦32b〔高床住居〕
浴堂　㊦496a〔風呂〕
ヨクナシゴ　㊤766b〔私生児〕
欲湯　㊦182b〔湯治〕
ヨケミズ　㊦300a〔ぬるめ〕
予言　㊦232b〔トランス〕
予言者　㊤398b〔神がかり〕 798c〔シャーマニズム〕
横穴　㊦595a〔マンボ〕 →横井戸
横編み　㊤45b〔編物〕
ヨコイ　㊦726b〔休み〕
横井戸　㊤110a〔井戸〕 595a〔マンボ〕
横井時敬　㊤221b〔塩水選〕 767c〔自然村〕
横畝　㊤174b〔畝〕
横笈　㊤225b〔笈〕
横岡番楽　㊦403図〔番楽〕
横帯　㊤278c〔帯〕

緯絣　㊤350c〔絣〕 956b〔染色〕
余呉型民家　㊦139c〔妻入り〕
横框　㊤390c〔框〕
横杵　㊤163c〔臼〕 472c〔杵〕
横櫛　㊤525b〔櫛〕
•横座〔ヨコザ〕《よこざ》　㊦**775b**　㊤127c〔居間〕 141c〔囲炉裏〕 245b〔沖言葉〕 315c〔嬶座〕 366a〔家長〕 461a〔木尻〕 629b〔炬燵〕 699a〔座順〕 ㊦75c〔暖房〕
ヨコザもち　㊤382b〔カブ㈠〕
緯縞　㊤956b〔染色〕
横槌　㊦132b〔槌〕
横手　㊤380c〔曲尺〕
寿詞　㊤60b〔言い立て〕
緯錦　㊤290b〔織物〕
ヨコネ　㊤339b〔瘡〕
横箸　㊦833c〔渡箸〕
横鉢巻　㊦367b〔鉢巻㈠〕
横浜中華街　㊤840c〔春節〕 ㊦340c〔牌楼〕
横浜中華義荘　㊤323a〔華僑墓地〕
横嵌板壁　㊤387b〔壁〕
横引き　㊤813 図〔十五夜〕
横笛　㊤26a〔東遊び〕 294c〔音頭〕
横帆　㊦520c〔帆〕
ヨコマキ〔横巻き〕　㊤537a〔熊狩り〕 ㊦562 図〔巻狩り〕
横峰寺(愛媛)　㊤83b〔石鎚山信仰〕 ㊦519 表〔遍路〕
横目　㊦488a〔麓〕
ヨコメンツ　㊦567b〔曲物〕
夜籠り　㊤648c〔籠り〕
横屋　㊤886a〔神職〕
横山源之助　㊤920b〔スラム〕
ヨゴラヤ　㊤179b〔産屋〕 572a〔月経〕
ヨゴレ　㊤571c〔月経〕
ヨゴレヤ　㊦125a〔月小屋〕
汚れ屋敷　㊤32a〔あとみらず〕
ヨコロズチ　㊦132b〔槌〕
•「ヨサコイ節」《よさこいぶし》　㊦**775b**
与謝蕪村　㊦337a〔俳句〕
•ヨシ〔葭〕　㊦**775c**　㊤415b〔茅場〕 524b〔草葺き〕 ㊦627b〔御葭神事〕 →アシ
吉川神道　㊤891a〔神道〕
吉崎御坊　㊦273b〔肉付き面〕
吉沢和夫　㊤682c〔再話〕
ヨシジ　㊦775c〔ヨシ〕
慶滋保胤　㊤229b〔往生伝〕
ヨシ簀〔葦－，葭－〕　㊤914b〔簾〕 ㊦775c〔ヨシ〕
吉田兼倶　㊤239c〔大元神楽〕 ㊦555b〔本地垂迹〕 775c〔吉田神道〕
吉田久庵　㊤59c〔按摩〕
吉田家　㊤888a〔神葬祭〕
吉田敬市　㊤210c〔家船〕
吉田謙吉　㊤669c〔今和次郎〕
吉田さん　㊦776a〔吉田神道〕
吉田神社(京都)　㊦775c〔吉田神道〕
•吉田神道《よしだしんとう》　㊦**775c**　㊤239c〔大元神楽〕 344b〔加持祈禱〕 471a〔祈禱〕 725b〔三社託宣〕 891a〔神道〕 ㊦339b〔廃仏毀釈〕 600b〔神子〕 809c〔霊神〕
吉田大奴行列　㊦729c〔奴踊り〕
吉田禎吾　㊦127a〔憑物〕 426a〔左〕
吉田奈良丸　㊦160b〔デロレン祭文〕
吉田文三郎　㊦293b〔人形浄瑠璃〕
吉田流　㊤59c〔按摩〕
義経駒繋ぎの松　㊤644b〔駒繋ぎ松〕
義経神社(北海道)　㊦776 図〔義経伝説〕
•義経伝説《よしつねでんせつ》　㊦**776b**　㊤380a〔金売り吉次〕 ㊦375c〔八百比丘尼〕
義経の腰掛け松　㊤621a〔腰掛け松〕
義経物　㊤250a〔奥浄瑠璃〕
吉野漆　㊤192b〔漆掻き〕
吉野川行き　㊤271a〔オナンジマイリ〕
吉野水分神社(奈良)　㊦599b〔水分神〕
吉野山(奈良)　㊤238b〔大峯信仰〕 720a〔山岳信仰〕 823c〔修験道〕
ヨシバ　㊦775c〔ヨシ〕
ヨシ葺き　㊤524b〔草葺き〕
ヨシマキ　㊦90a〔粽〕
与島人名会　㊤739b〔塩飽衆〕
善峰寺(京都)　㊤675 表〔西国巡礼〕
芳村正秉　㊤498a〔教派神道〕
吉本隆明　㊤492a〔共同幻想〕
ヨシヤッカラ　㊦775c〔ヨシ〕
預修　㊤478a〔逆修〕
『与州新居系図』　㊤559c〔系図〕
予祝　㊤223c〔えんぶり〕 ㊦310c〔年中行事㈠〕
•予祝儀礼《よしゅくぎれい》　㊦**776c**　㊤115c〔稲作儀礼〕 624a〔小正月〕 676c〔祭日〕 844b〔正月〕 別刷〈小正月〉 ㊦320a〔農耕儀礼〕
与二郎　㊦726a〔弥次郎兵衛〕
与次郎稲荷神社(秋田)　㊦777b〔与次郎飛脚〕
•与次郎飛脚《よじろうびきゃく》　㊦**777b**
与二郎兵衛　㊦726a〔弥次郎兵衛〕
『吉原雑話』　㊦746b〔山中共古〕
『吉原はやり小歌総まくり』　㊦800c〔流行歌〕
吉原遊廓　㊤15b〔悪所〕 227a〔花魁〕 ㊦755c〔遊廓〕
•寄席《よせ》　㊦**777b**　㊤220a〔演芸場〕 399c〔紙切〕 598b〔講談〕 657b〔声色〕 ㊦593b〔漫才〕
寄柄振　㊤924a〔製塩〕
寄せカブ　㊤382b〔カブ㈠〕
寄席芸　㊤503c〔曲芸〕
寄席芝居　㊦12a〔大衆演劇〕
寄せ鍋　㊦260b〔鍋物〕
寄せ箸　㊦833c〔渡箸〕
•寄せ棟《よせむね》　㊦**777c**　㊤369c〔合掌造〕 509c〔切り妻〕 524b〔草葺き〕 575c〔煙出し〕 ㊦735c〔屋根〕
寄棟造　㊤10c〔赤城型民家〕
ヨソイ〔－ギ，－キギモン〕　㊦778b〔よそゆき〕 →よそゆき
世そうセジ　㊤944b〔セジ〕
•他所者《よそもの》　㊦**778a**
•よそゆき　㊦**778b**　401a〔晴着〕 473b〔ふだん着〕
ヨタテヘンド　㊦519b〔遍路〕
涎がこぼれる　㊦420c〔彦八〕
•予兆《よちょう》　㊦**778b**　㊤880c〔ジンクス〕 980a〔俗信〕 ㊦137c〔ツバメ〕
四足膳　㊤952a〔膳〕
四つ折れ眼鏡　㊦686a〔眼鏡〕
四日サノボリ　㊤706c〔さなぶり〕
夜突き　㊦127b〔突き漁〕
世継様　㊦778c〔世継榾〕
世継ぎ地蔵　㊤620b〔子授け〕
•世継榾《よつぎほだ》　㊦**778c**　㊤238b〔大晦日〕
ヨヅクハデ　㊤122b〔稲掛け〕
夜漬け　㊦261c〔ナマズ〕
四つ竹　㊦391a〔囃し㈡〕
四つ竹踊り　㊤46b〔飴屋踊り〕
ヨツヂャ〔四つ茶〕　㊦18b〔朝茶〕 862a〔食事〕
四乳草鞋　㊦837c〔草鞋〕
•四手網《よつであみ》　㊦**779a**　㊤432c〔川漁〕 749c〔敷網〕 789c〔柴漬け漁〕
四つ留　㊦584a〔鉱〕
四花菱　㊤414 図〔家紋〕
四ツ又稲架　㊤122b〔稲掛け〕
四つ身　㊤636a〔子供服〕
ヨツミイワイ　㊦438c〔紐落し〕
四割菱　㊤414 図〔家紋〕
ヨテウエ　㊤707a〔さなぶり〕
ヨテコ　㊦574c〔末子〕
四天　㊤384c〔歌舞伎衣裳〕
ヨド　㊤791b〔持仏堂〕 ㊦782a〔宵宮〕
•ヨトギ〔夜伽〕　㊦**779a**　㊤972c〔葬送儀礼㈠〕 ㊦141a〔通夜〕 202a〔伽〕 →通夜
淀鯉　㊤583b〔コイ〕
世取り　㊦109a〔長男〕
夜鳥ボイ　㊤別刷〈小正月〉
ヨナ(胞衣)　㊤207b〔胞衣〕 →胞衣
ヨナ(降灰)　㊦498b〔噴火〕
夜儺追神事　㊦703b〔桃〕
•世直し《よなおし》　㊦**779a**　㊤820a〔終末論〕 ㊦393b〔流行神〕
世直し一揆　㊤104b〔一揆〕
世直し大明神　㊦779b〔世直し〕
世直り　㊦779a〔世直し〕
•夜泣き《よなき》　㊦**779b**　㊤593c〔荒神〕 ㊦780a〔夜泣石〕 780a〔夜泣松〕 781b〔夜干し〕
•夜泣石《よなきいし》　㊦**779c**　779c〔夜泣き〕

夜泣き貝　㊦779b〔夜泣き〕
夜泣き地蔵　㊦779c〔夜泣き〕
夜なきそば売り〘夜鳴き蕎麦屋〙　㊦458b〔風鈴〕 781b〔呼売り〕
・夜泣松《よなきまつ》　㊦**780**a 779b〔夜泣き〕
与那国馬　㊤180c〔馬〕
『与那国島図誌』　㊦698c〔本山桂川〕 823a〔炉辺叢書〕
与那国方言　㊤246b〔沖縄語〕
・ヨナタマ　㊦**780**a 293c〔人魚伝説〕 699a〔物言う魚〕
ヨナツボ　㊤207c〔エナツボ〕
ヨナ歯　㊦498c〔噴火〕
ヨナバカ　㊤639b〔子墓〕
ヨナビ　㊦202a〔伽〕
・よなべ〘夜業〙　㊦**780**a 242a〔内職〕
ヨナベヤド〘夜業宿〙　㊦306a〔寝宿〕 780b〔よなべ〕
ヨナボ　㊦292c〔人形〕
ヨヌシ　㊤366a〔家長〕
米沢織　㊦361c〔機織〕
米沢彦八　㊤424c〔軽口〕 ㊦419c〔彦市〕 836b〔笑話〕
米沢彦八(初代)　㊦420b〔彦八〕
米沢彦八(2代)　㊦420b〔彦八〕
米酢　㊤898c〔酢〕
米原長者　㊤18c〔朝日長者〕
米守　㊦816b〔老人〕
米山講　㊦780c〔米山信仰〕
「米山甚句」　㊤880a〔甚句〕
・米山信仰《よねやましんこう》　㊦**780**b
米山塔　㊦780c〔米山信仰〕
米山薬師(新潟)　㊦717a〔薬師信仰〕 780b〔米山信仰〕
ヨネンコウ　㊦212c〔年越〕
ヨノドリオイ　㊦234b〔鳥追い〕
四幅袴　㊤401a〔袴〕
・ヨバイ　㊦**780**c ㊤754b〔試験婚〕 811c〔自由結婚〕 869c〔初夜権〕 923a〔性〕 931c〔成年式〕 991b〔村内婚〕 ㊦145b〔貞操観念〕 306b〔寝宿〕 337c〔売春〕 664a〔聟入婚〕 812c〔恋愛〕 813a〔恋愛結婚〕 827c〔若者宿〕
ヨバイゴ　㊤766a〔私生児〕
ヨバレッコ　㊦585c〔ままごと〕
・呼売り《よびうり》　㊦**781**a ㊤644c〔小間物屋〕
ヨビカエシ　㊦63a〔魂呼び〕 →魂呼び
夜曳き馬子唄　㊦568a〔馬子唄〕 →馬子唄
・呼子笛《よびこぶえ》　㊦**781**b
呼込み　㊤478a〔客引〕
呼び寄せ老人　㊦816b〔老人〕 816c〔老人会〕
夜衾　㊦244b〔長着〕 305c〔寝巻〕
夜船　㊦542c〔牡丹餅〕
与兵衛　㊤910c〔鮨〕
・夜干し《よぼし》　㊦**781**b
ヨボシギ　㊤212b〔烏帽子着祝い〕
ヨマ　㊤147a〔隠居屋〕 ㊦142b〔釣具〕
ヨマキ　㊤757a〔私財〕
ヨマゴ　㊤146c〔隠居息子〕
ヨマダ　㊤146c〔隠居免〕
四間取り《よまどり》　⇨田の字型民家(㊦58a) ㊦206b〔床の間〕 449b〔広間型民家〕 581a〔間取り〕
ヨマバタケ　㊤146c〔隠居免〕
夜回り　㊦443a〔拍子木〕
ヨミゴト　㊤183c〔厩祭〕
忌挿し　㊤130c〔忌挿し〕
・夜見世〘-店〙《よみせ》　㊦**781**c ㊤222a〔縁日〕
塞坐黄泉戸大神　㊤683a〔塞の神〕
黄泉国　㊤72b〔異郷〕 ㊦28b〔他界観〕 791a〔来世観〕
・宵宮〘夜宮〙《よみや》　㊦**782**a ㊤222a〔縁日〕
ヨミヤダンゴ　㊦70b〔団子〕
・嫁《よめ》　㊦**782**a ㊤680b〔裁縫〕 778a〔実家〕 818b〔舅・姑〕 818c〔シュウトノツトメ〕 ㊦156b〔テボカライヨメ〕 243c〔名替え〕 252c〔ナス〕 285c〔入家儀礼〕 663a〔聟〕 783a〔嫁いびり〕
・嫁市《よめいち》　㊦**782**c ㊤99a〔市〕 ㊦786c〔嫁見せ〕
・嫁いびり〘-いじめ〙《よめいびり》　㊦**783**a ㊤818c〔舅・姑〕
嫁いぶし　㊦19c〔松明〕
嫁入り　㊤286b〔親子盃〕 別刷〈婚礼〉 ㊦156b〔テボカライヨメ〕 572b〔待ち女房〕 783c〔嫁入婚〕 784b〔嫁入り道具〕 786a〔嫁暖簾〕 786a〔嫁風呂敷〕
嫁入唄　㊦187c〔道中唄〕 →長持唄
ヨメイリキモノ　㊤140c〔色直し〕 →イロ →シロ
・嫁入り行列《よめいりぎょうれつ》　㊦**783**b 248b〔中宿〕 784a〔嫁入婚〕
・嫁入婚《よめいりこん》　㊦**783**c ㊤21b〔足入れ婚〕 168c〔ウチアゲ〕 286b〔親子盃〕 476a〔決め酒〕 658b〔婚姻〕 660c〔婚姻居住方式〕 661a〔婚家〕 664a〔婚舎〕 668b〔婚約〕 704b〔里帰り〕 990c〔村外婚〕 ㊦251b〔仲人〕 448b〔披露〕 448c〔披露宴〕 494b〔振舞い〕 663c〔聟入婚〕 685b〔夫婦盃〕 781a〔ヨバイ〕 782a〔嫁〕 783b〔嫁入り行列〕 784b〔嫁入り道具〕 786c〔嫁迎え〕 797a〔離婚〕
・嫁入り道具《よめいりどうぐ》　㊦**784**b ㊤680c〔裁縫〕 758c〔持参財〕 839c〔春画〕 910a〔双六(一)〕 別刷〈婚礼〉 ㊦73a〔箪笥〕 142b〔ツリモノ〕 221b〔戸棚〕 247b〔長持〕 247c〔長持担ぎ〕 272a〔荷送り〕 333a〔暖簾〕 388b〔ハマグリ〕 784a〔嫁入婚〕 786a〔嫁風呂敷〕
『嫁威谷物かたり』　㊦273b〔肉付き面〕
ヨメカガミ　㊦373a〔初正月〕
ヨメカクシ　㊦664b〔聟まぎらかし〕
嫁が田　㊤18c〔朝日長者〕 →嫁殺し田
ヨメカタギ　㊦785b〔嫁盗み〕
ヨメカタビラ　㊤361c〔帷子〕
嫁組　㊦119a〔通過儀礼〕
ヨメゲンゾ　㊦786b〔嫁見せ〕
嫁御祝い　㊦302c〔鼠〕
ヨメゴオットイ　㊦785b〔嫁盗み〕
・嫁殺し田《よめごろしだ》　㊦**784**c →嫁が田
ヨメザ　㊤461a〔木尻〕
ヨメサマ　㊤130a〔忌言葉〕
ヨメサンミ　㊦786b〔嫁見せ〕
嫁獅子　㊦598b〔三河大神楽〕
嫁姑関係　㊦784a〔嫁入婚〕
嫁女市　㊦432a〔雛市〕 →雛市
ヨメジョユエ　㊦396b〔ハラメウチ〕
嫁抱き　㊦286a〔入家儀礼〕
・嫁叩き《よめたたき》　㊦**784**c 133c〔筒粥〕
ヨメタタキボウ　㊤142c〔祝い棒〕
嫁づき　㊦205b〔床入れ〕
嫁出立ち　㊦786c〔嫁迎え〕
嫁トギ　㊦202a〔伽〕
ヨメドリ〘嫁取り〙　㊤168c〔ウチアゲ〕 ㊦783c〔嫁入婚〕
嫁取り橋　㊤219a〔縁切り〕
ヨメナシ〘嫁成し〙　㊤168c〔ウチアゲ〕 ㊦783c〔嫁入婚〕
ヨメニギリ　㊤21c〔足入れ婚〕 664b〔婚舎〕 ㊦304a〔ネドガエリ〕 306c〔寝宿婚〕 669a〔娘組〕
・嫁盗み《よめぬすみ》　㊦**785**b ㊤333c〔駆落〕 365c〔家長〕 811c〔自由結婚〕 991b〔村内婚〕 ㊦178c〔峠〕 230c〔ドラウチ〕
嫁の輿に牛　㊦267c〔難題聟〕
嫁の里帰り　㊤778a〔実家〕
嫁の田　㊦784c〔嫁殺し田〕
ヨメノニ　㊦786a〔嫁風呂敷〕
・嫁の歯《よめのは》　㊦**785**c
嫁の見せオボケ　㊤818c〔シュウトノツトメ〕
ヨメノメシ　㊤265b〔落ち着き餅〕
・嫁暖簾《よめのれん》　㊦**786**a ㊤別刷〈婚礼〉
嫁引き渡し　㊦248c
ヨメヒロウ　㊦786b〔嫁見せ〕
嫁不足　㊤301b〔外国人花嫁〕
・嫁風呂敷《よめぶろしき》　㊦**786**a 110a〔チョウハイ〕
嫁まぎらかし　㊦664b〔聟まぎらかし〕
嫁祭　㊦783a〔嫁市〕
・嫁見せ《よめみせ》　㊦**786**b
・嫁迎え《よめむかえ》　㊦**786**c ㊤別刷〈婚礼〉 ㊦783b〔嫁入り行列〕

ヨメリゴ　㊦401a〔晴着〕
嫁渡し　㊤286b〔親子盃〕
ヨモ　㊦582c〔招き猫〕
• ヨモギ　㊦**787a**　㊤296b〔女の家〕　479b〔灸〕　555a〔食わず女房〕　611c〔五月節供〕　㊦16a〔胎毒〕　71a〔端午節供〕　87c〔血止め〕
ヨモギ団子　㊤432a〔かわりもの〕　㊦787a〔ヨモギ〕
ヨモギ餅　㊦366c〔八十八夜〕　787a〔ヨモギ〕
• 黄泉戸喫《よもつへぐい》　㊦**787a**
四方赤良　㊤483b〔狂歌〕
ヨユヅリ　㊦92c〔嫡子〕
ヨリ　㊦681b〔村寄合〕
寄合　㊤873b〔汁講〕　974a〔惣代〕　㊦448b〔披露〕　494b〔振舞い〕
寄合稼ぎ　㊤447a〔かんな流し〕
寄合茶屋　㊤687c〔盛り場〕
寄合道場　㊦182c〔道場〕
• ヨリイ〔寄居，寄井〕　㊦**787b**　300b〔ネギシ〕　302a〔ネゴヤ〕
撚糸　㊤109c〔糸〕
寄魚　㊤551a〔黒潮〕
寄魚漁　㊤504b〔漁場〕
寄人　㊤312a〔海民〕　863a〔職人〕
ヨリエー　㊦681b〔村寄合〕
寄親　㊦778a〔他所者〕　838c〔草鞋親〕　→寄親・寄子
• 寄親・寄子《よりおやよりこ》　㊦**787b**　㊤240c〔大屋・店子〕　→寄親
• 寄り神《よりがみ》　㊦**787c**　443c〔漂着神〕　→漂着神
• ヨリキ〔与力〕　㊦**788a**　184b〔同族〕
寄木　㊤194a〔運定め〕
憑り木　㊦121c〔杖立伝説〕
寄木神社　㊦787c〔寄り神〕
与力窓　㊦580b〔窓〕
寄り鯨　㊤527c〔鯨〕
寄子《よりこ》　⇨寄親・寄子(㊦787b)
• 依代《よりしろ》　㊦**788b**　㊤245b〔招代〕　297c〔御柱〕　298a〔オンベ〕　684c〔榊〕　752b〔樒〕　795a〔標山〕　834a〔樹木崇拝〕　985a〔卒塔婆〕　㊦19c〔松明祭〕　83a〔稚児〕　236c〔採物〕　328b〔幟〕　363a〔旗掛け松〕　378b〔馬蹄石〕　439a〔神籬〕　556a〔梵天〕　615b〔水口祭〕　780a〔夜泣松〕
頼朝石　㊦726c〔休み石〕
「頼朝公御判物」　㊤431b〔河原巻物〕
頼朝伝説　㊦776b〔義経伝説〕
頼朝坊　㊦821a〔六部〕
撚花火　㊦382b〔花火〕
撚紐　㊦438b〔紐〕
• よりまし〔依坐，憑坐，尸童，憑人，神子〕　㊦**789a**　㊤71b〔生き神〕　360b〔肩車〕　798c〔シャーマニズム〕　㊦307b〔練り嫁〕　332b〔ノリワラ〕
寄町　㊦537b〔鉾町〕
ヨリマワシ　㊤775b〔七人ミサキ〕
• 寄り物《よりもの》　㊦**789b**　㊤225c〔追込漁〕　596c〔洪水〕　㊦443c〔漂着神〕　787c〔寄り神〕
寄り物拾い　㊦443c〔漂着神〕　789b〔寄り物〕
よりわら　㊦83a〔稚児〕
夜言葉　㊤130a〔忌言葉〕
夜参り　㊤162c〔丑の刻参り〕
鎧　㊦393c〔ハヨッペ〕　396b〔腹巻〕
鎧剣舞　㊤581c〔剣舞〕
鎧床　㊦206b〔床の間〕
万覚帳　㊦470a〔普請帳〕
• 万屋《よろずや》　㊦**789b**
ヨワシカワ　㊦203c〔毒流し〕
ヨワタシ　㊤867a〔所帯〕
四元方位　㊦521c〔方位〕

ら

羅　㊤290a〔織物〕
ラーペンペ　㊤471c〔キナ〕
ラーメン　㊤500a〔ギョーザ〕
• 癩《らい》　㊦**790a**　→ハンセン病
雷公　㊤236a〔大津絵〕
• 来迎会《らいごうえ》　㊦**790b**　㊤44b〔阿弥陀信仰〕　㊦307a〔練供養〕　→念仏講　→迎講
『雷公式』　㊤189a〔占い〕
来迎図　㊦791a〔来世観〕
頼豪説話　㊦303a〔鼠〕
来迎練供養　㊦814b〔れんぞ〕
癩者　㊦433a〔非人〕
礼手　㊤348c〔柏手〕
• 雷神《らいじん》　㊦**790c**　㊤46a〔雨〕　㊦630b〔民間信仰〕
雷神社　㊤403a〔雷〕
雷神信仰　㊤345b〔鹿島信仰〕　515c〔金太郎〕　㊦166a〔天神縁起〕　801c〔竜神信仰〕　→雷電信仰
ライスカレー　㊤801c〔ジャガイモ〕
来世　㊤68a〔異界〕
• 来世観《らいせかん》　㊦**791a**
雷鳥　㊤別刷〈護符〉
雷電さま　㊦790c〔雷神〕
• 雷電信仰《らいでんしんこう》　㊦**791b**　→雷神信仰
雷電神社　㊤403a〔雷〕
雷電神社(群馬)　㊦791b〔雷電信仰〕
雷電太々神楽講　㊦791b〔雷電信仰〕
来頭　㊤279a〔おびしゃ〕
来頭渡し　㊤264a〔オタネワタシ〕
礼拝　㊤453c〔祈願〕
ライフ＝インデキス　㊤313a〔替え歌〕
礼服　㊤627c〔小袖〕
ライフコース＝アプローチ　㊦791c〔ライフサイクル〕
• ライフサイクル lifecycl　㊦**791c**　㊤358 表〔家族周期〕
ライフステージ　㊦791c〔ライフサイクル〕
• 来訪神《らいほうしん》　㊦**792a**　㊤88b〔異人殺し〕　167b〔御嶽〕　194b〔ウンジャミ〕　236c〔大歳の客〕　310b〔海難法師〕　354c〔仮装〕　393c〔神〕　407c〔仮面〕　840a〔巡行神〕　㊦10b〔大師講〕　126b〔月見〕　214c〔トシドン〕　271c〔ニールピトゥ〕　336b〔パーントゥ〕　588b〔マユンガナシ〕　591a〔まれびと〕　616c〔蓑〕　706c〔森神〕
来訪神信仰　㊦11a〔大師信仰〕

雷鳴　㊦491c〔鰤起し〕
らい予防法　㊦790a〔癩〕
ライリー＝モデル　㊤848b〔商圏〕
羅宇　㊦59a〔煙草道具〕
ラヴジョイ Lovejoy, Arthur Oncken　㊤886c〔心性〕
羅宇屋　㊦781b〔呼売り〕
・ラウンクッ　㊦**792**b
ラウンズベリー Lounsbury, Floyd Glen　㊤889b〔親族名称・呼称〕
ラカン Lacan, Jacques　㊤597c〔構造主義〕
裸形　㊦455c〔風俗統制〕
楽市〘-楽座〙　㊤20c〔アジール〕　847b〔商業〕　別刷〈市〉
・落書〘楽書〙《らくがき》　㊦**792**c
落語《らくご》　⇨寄席(㊦777b)　㊤820c〔襲名〕　929b〔醒睡笑〕
落語家　㊤657b〔声色〕　748a〔仕方話〕　㊦253a〔謎〕　836b〔笑話〕　→咄家
ラクサク　㊤608b〔後宴〕
落首　㊤500a〔京童〕　㊦453b〔諷刺〕　792c〔落書〕
落書　㊤139c〔入れ札〕　500a〔京童〕　㊦792c〔落書〕
落城伝説　㊤229a〔黄金伝説〕　㊦351a〔白米城〕
落書起請　㊤139c〔入れ札〕
落地生根《らくちせいこん》　⇨落葉帰根・落地生根(㊦792c)
酪農　㊦536b〔牧畜〕
ラクビー　㊤485b〔競技〕
楽焼き　㊤654a〔娯楽〕
・落葉帰根・落地生根《らくようきこんらくちせいこん》　㊦**792**c
洛陽四十八願所巡り　㊤44c〔阿弥陀信仰〕
落雷伝説　㊤195a〔ウンナン神〕
『羅山先生文集』　㊤904a〔随筆〕
ラシ　㊤466b〔着付〕
ラジオ　㊦757c〔有線放送〕
ラシャ鋏　㊦354c〔鋏〕
羅刹　㊤271b〔鬼〕
羅卒　㊤840b〔巡査〕
・ラタㇱケㇷ　㊦**793**a
『ラ・タラスク』　㊦491a〔フランス民俗学〕
ラチ　㊦737b〔流鏑馬〕
辣韮　㊤691a〔作物禁忌〕
ラッグ　㊤752c〔敷物〕
・喇叭〘ラッパ〙《らっぱ》　㊦**793**b　㊤367c〔楽器〕
螺鈿　㊤55a〔アワビ〕　779a〔漆器〕
螺鈿細工　㊤300a〔貝〕
・ラドクリフ＝ブラウン Radcliffe-Brown, Alfred Reginald　㊦**793**c　㊤223c〔エンブリー〕　473b〔機能主義〕　597b〔構造・機能主義〕　800a〔社会構造〕　㊦158b〔デュルケム〕　590b〔マリノフスキー〕
羅機　㊤290a〔織物〕
羅盤　㊤727b〔三世相〕　㊦521b〔方位〕
ラ＝フォンテーヌ La Fontaine, Jean de　㊤521b〔寓話〕
・ラフカディオ＝ハーン Hearn, Lafcadio　㊦**793**c
ラフテー　㊦470c〔豚〕
ラマーズ法出産　㊤696a〔坐産〕
ラマッ　㊦238b〔トンコリ〕
・ラマッタㇰイコㇿ　㊦**794**a
ラムネ　㊤935a〔清涼飲料〕
ラング Lang, Andrew　㊤73a〔イギリス民俗学〕
・ラング・パロール langue parole　㊦**794**a
ランケ Ranke, Kurt　㊤210a〔エフエフシー〕
ランケ Ranke, Leopold von　㊤801a〔社会史〕
乱婚　㊦71c〔単婚〕
・乱声《らんじょう》　㊦**794**b　㊤255a〔おこない〕　608c〔牛玉杖〕　832a〔修二会〕
乱杖　㊦763a〔雪祭〕
・卵生神話《らんせいしんわ》　㊦**794**c
乱僧　㊤120c〔犬神人〕
籃胎漆器　㊤779a〔漆器〕
・卵塔〘欄塔，艦塔〙《らんとう》　㊦**795**a
・ラントウバ〘ラント，ラントウ，ラントバ〙　㊦**795**b　㊤186a〔埋め墓〕　㊦342a〔墓〕　342b〔墓石〕　560a〔詣り墓〕　804a〔両墓制〕
・ランプ lamp　㊦**795**b
・欄間《らんま》　㊦**796**a　㊤590a〔格子〕　㊦580b〔窓〕

り

履　㊤534a〔沓〕
離　㊦372a〔八卦〕
リーチ Leach, Bernard Howell　㊦734c〔柳宗悦〕
リーチ Leach, *Sir* Edmund Ronald　㊤597c〔構造主義〕　889b〔親族名称・呼称〕　㊦61a〔タブー〕
リード　㊤256b〔筬〕
リードオルガン　㊤367c〔楽器〕
立梅　㊦141b〔梅雨〕
・リール Riehl, Wilhelm Heinrich　㊦**796**b　175b〔ドイツ民俗学〕　644a〔民俗学史〕
リール論争　㊦796b〔リール〕
離縁　㊤182a〔石女〕　㊦784a〔嫁入婚〕　796c〔離婚〕　→離婚
離縁状　㊤219b〔縁切寺〕　㊦797a〔離婚〕
利器　㊦389c〔刃物〕　→刃物
力士　㊤453b〔伎楽〕
力車　㊤806b〔車力〕
力者　㊦43c〔堕胎〕
力織機　㊦361c〔機織〕
力杖　㊦272a〔荷送り〕
力棒　㊦272a〔荷送り〕
利久下駄　㊤569b〔下駄〕
陸上運搬具　㊤195b〔運搬具〕
六壬式占　㊤298c〔陰陽道〕
・陸田《りくでん》　㊦**796**b　1a〔田〕　364a〔畠〕
陸稲　㊤115a〔稲作〕
陸苗代　㊤243a〔陸苗代〕　→おかなわしろ
理源大師　㊤825a〔修験道〕
「俚諺と俗信との関係」　㊤980b〔俗信〕
利剣名号　㊦476a〔仏教民俗〕
犂耕　㊤906b〔犂〕
リコーダー　㊤367c〔楽器〕
・離婚《りこん》　㊦**796**c　㊤209b〔縁切寺〕　㊦784a〔嫁入婚〕　→離縁
理想型　㊦798a〔理念型〕　→理念型
・『俚俗と民譚』《りぞくとみんたん》　㊦**797**a
離村　㊦338a〔廃村〕
立花　㊦195a〔道楽〕
立夏　㊦275b〔二十四気〕　373b〔八節〕
律管　㊦458b〔笛〕
立石寺(山形)　㊤175b〔姥神〕　872b〔死霊〕　㊦683b〔冥婚〕
・立秋《りっしゅう》　㊦**797**b　275b〔二十四気〕　373b〔八節〕
・立春《りっしゅん》　㊦**797**b　㊤949a〔節分〕　㊦

275b〔二十四気〕 373b〔八節〕
立冬 ㊦275b〔二十四気〕 373b〔八節〕
離島及び沿海諸村に於ける郷党生活の調査 ㊤306c〔海村調査〕
離島及び沿海諸村に於ける郷土生活の調査 ㊦632c〔民間伝承の会〕 →海村調査
『離島採集手帳』 ㊦別刷〈民俗学史〉
『離島生活の研究』《りとうせいかつのけんきゅう》 ⇨離島調査(㊦797b) ㊤730a〔山村調査〕 ㊦643b〔民俗学研究所〕 797b〔離島調査〕
・離島調査《りとうちょうさ》 ㊦**797b** ㊤792a〔島〕 ㊦348b〔萩原竜夫〕
離頭銛 ㊦706a〔銛〕
・リトル東京 ㊦**797c**
リネージ ㊤546a〔クラン〕 831a〔出自〕 ㊦70a〔単系〕
・理念型《りねんけい》 ㊦**798a** 807a〔類型〕
理髪業 ㊦207a〔床屋〕
理髪師 ㊦207a〔床屋〕
理髪店 ㊤404b〔髪結〕 ㊦206c〔床屋〕
リビングルーム ㊤127c〔居間〕 ㊦17b〔ダイニングキッチン〕
・リムセ ㊦**798a**
・リヤカー ㊦**798b** ㊤530a〔屑屋〕 782a〔自転車〕
『略説身分法学―親族相続法の社会法律学―』 ㊦244b〔中川善之助〕
略法早修 ㊦440c〔百万遍〕
竜 ㊦801b〔竜神信仰〕
硫安 ㊤516b〔金肥〕 ㊦447a〔肥料〕
流域紋 ㊤111b〔イトゥパ〕
竜王 ㊦799a〔竜宮〕 801b〔竜神信仰〕
竜王山 ㊤960a〔千駄焚き〕
竜王の舞 ㊤230b〔王の舞〕
竜王申し ㊤40b〔雨乞い〕
・琉歌《りゅうか》 ㊦**798b** ㊤248b〔沖縄民謡〕 424b〔カリユシ〕 ㊦269b〔南島歌謡〕
竜蓋寺(奈良) ㊤675表〔西国巡礼〕
流下・枝条架法 ㊤924a〔製塩〕
・琉球〔流求〕《りゅうきゅう》 ㊦**798c** ㊤655a〔古琉球〕 ㊦268c〔南島〕
琉球藍 ㊤1b〔藍〕
リュウキュウイノシシ ㊤124b〔猪〕
リュウキュウイモ ㊤132c〔イモ〕
琉球王国 ㊦798c〔琉球〕
琉球瘡 ㊤339b〔瘡〕 →梅毒
『琉球共産村落之研究』 ㊦63c〔田村浩〕
琉球語 ㊤246b〔沖縄語〕 ㊦280a〔日本語〕
琉球国 ㊦798c〔琉球〕
『琉球国旧記』 ㊤247a〔沖縄文化〕
・『琉球国由来記』《りゅうきゅうこくゆらいき》 ㊦**799a** ㊤35c〔アブシバレー〕 247a〔沖縄文化〕
『琉球語文典及び語彙』 ㊦79a〔チェンバレン〕
琉球漆器 ㊤779b〔漆器〕
琉球処分 ㊦798c〔琉球〕
・『琉球神道記』《りゅうきゅうしんとうき》 ㊦**799a**
『琉球人名考』 ㊦822c〔炉辺叢書〕
琉球政府 ㊦798c〔琉球〕
『琉球―その島と人々―』 ㊦79a〔チェンバレン〕
「琉球の左を尊ぶ風習に就いて」 ㊤689b〔佐喜真興英〕
『琉球の歴史』 ㊦247b〔仲原善忠〕
琉球藩 ㊦798c〔琉球〕
琉球文化 ㊤246c〔沖縄文化〕 ㊦798c〔琉球〕 →沖縄文化
琉球方言 ㊤246b〔沖縄語〕 ㊦79a〔チェンバレン〕 527a〔方言区画論〕
「琉球方言概説」 ㊤246b〔沖縄語〕
琉球民族 ㊦280c〔日本人(一)〕 798c〔琉球〕
琉球民謡 ㊤248b〔沖縄民謡〕
『琉球与那国方言の研究』 ㊤246b〔沖縄語〕
琉球料理 ㊤249a〔沖縄料理〕
・竜宮《りゅうぐう》 ㊦**799a** ㊤501c〔漁業信仰〕 ㊦799b〔竜宮童子〕 801c〔竜神信仰〕
竜宮信仰 ㊤184b〔海〕
竜宮伝説 ㊤330b〔隠れ里〕
・竜宮童子《りゅうぐうどうじ》 ㊦**799b** ㊤73a〔異郷譚〕 87a〔異常誕生譚〕 ㊦799b〔竜宮〕
・竜宮女房《りゅうぐうにょうぼう》 ㊦**799c** 799b〔竜宮〕
竜宮の神 ㊦801b〔竜神信仰〕
・流言蜚語《りゅうげんひご》 ㊦**799c**
輪鼓 ㊤719b〔散楽〕 ㊦523c〔放下〕
・流行《りゅうこう》 ㊦**800a**
・流行歌《りゅうこうか》 ㊦**800c** ㊤217a〔演歌(一)〕
流行学 ㊤924c〔生活学〕
流行語 ㊦800b〔流行〕
竜光寺(愛媛) ㊦519表〔遍路〕
・竜骨車《りゅうこつしゃ》 ㊦**800c** ㊤434b〔灌漑〕 ㊦487c〔踏車〕 773a〔揚水器〕
・竜蛇《りゅうじゃ》 ㊦**801a**
竜蛇上げ ㊦801b〔竜蛇〕
留錫 ㊤803a〔錫杖〕
竜蛇屋 ㊦801b〔竜蛇〕
竜神 ㊤40b〔雨乞い〕 46a〔雨〕 304a〔海神〕 501c〔漁業信仰〕 ㊦419b〔日乞い〕 801b〔竜神信仰〕
・竜神信仰《りゅうじんしんこう》 ㊦**801b**
竜神祭 ㊦801c〔竜神信仰〕
流水 ㊤150a〔飲用水〕
流水灌頂 ㊤441b〔灌頂〕 →流灌頂
流水道路 ㊦759c〔雪〕
竜介 ㊤759c〔獅子芝居〕
・竜勢《りゅうせい》 ㊦**801c**
竜勢花火 ㊦801c〔竜勢〕
竜勢祭 ㊦383a〔花火〕 801c〔竜勢〕
竜石寺(埼玉) ㊦86表〔秩父巡礼〕
流雪溝 ㊦759c〔雪〕
・流送《りゅうそう》 ㊦**801c**
竜爪山(静岡) ㊦110c〔徴兵逃れ〕
「隆達節歌謡」 ㊤598a〔小歌〕
竜笛 ㊤315a〔雅楽〕 367c〔楽器〕 ㊦391a〔囃し(二)〕 458b〔笛〕
リュート ㊤367b〔楽器〕
竜燈 ㊤14c〔秋葉燈籠〕
流燈会 ㊤428c〔川施餓鬼〕
竜燈踊り ㊤799b〔竜踊り〕
竜燈松 ㊤834a〔樹木崇拝〕
竜吐水 ㊤342c〔火事〕
留日華僑総会 ㊤322c〔華僑総会〕
留日華僑代表者会議 ㊤323a〔華僑総会〕
竜女 ㊦482c〔船おろし〕
竜脳丸 ㊤372c〔家伝薬〕
竜爪 ㊤412図〔家紋〕
竜柱 ㊤581b〔建築儀礼〕
竜樋 ㊤903c〔水道〕
竜尾車 ㊤434b〔灌漑〕 ㊦773b〔揚水器〕
流木 ㊤426c〔川狩〕 →川狩
リュウマチ ㊦227b〔トベラ〕
竜丸 ㊤412図〔家紋〕
立螺 ㊦548b〔法螺貝〕
留連 ㊦3a〔大安〕
滝籠衆 ㊤239a〔大峯信仰〕
俚謡 ㊦655b〔民謡〕
・寮《りょう》 ㊦**802a** ㊤303a〔会所〕 ㊦138c〔坪〕
両足膳 ㊤952a〔膳〕
両界曼荼羅 ㊦594b〔曼荼羅〕
両替屋 ㊦346b〔秤〕
両カギ ㊤534c〔クド造〕 →クド造
量覚院(神奈川) ㊤13c〔秋葉信仰〕
漁神楽 ㊤244c〔隠岐神楽〕
両側町 ㊦573b〔町割〕
漁祈願 ㊤491b〔共同祈願〕
理容業 ㊦207a〔床屋〕
両口箸 ㊦355a〔箸〕
・漁供養《りょうくよう》 ㊦**802b**
・猟犬《りょうけん》 ㊦**802c** ㊤119a〔犬〕 835b〔狩猟〕 ㊦752c〔山分け〕
了源 ㊤202a〔絵系図〕
良源 ㊤282a〔神籤〕 439b〔元三大師〕 →元三大師
梁煌 ㊤482a〔球陽〕
両国の花火 ㊤429b〔川開き〕
猟小屋 ㊦229b〔鳥屋〕
両山寺(岡山) ㊤641c〔護法祭〕
理容師 ㊦207a〔床屋〕
・猟師《りょうし》 ㊦**803a** ㊤423a〔狩の巻物〕 836a〔狩猟信仰〕 963c〔千匹供養〕 ㊦570c〔マタギ〕 739c〔山入り(二)〕 742c〔ヤマサキ〕
漁師《りょうし》 ⇨漁民(㊤506c)
猟師鉄砲〔-筒〕 ㊦154b〔鉄砲〕
両社神社(滋賀) ㊤別刷〈供物〉
『梁塵秘抄』 ㊦800c〔流行歌〕

• 両性具有《りょうせいぐゆう》 ㊦**803**b ㊤866b〔女装〕 ㊦795a〔卵生神話〕
霊山護国神社(京都) ㊤848c〔招魂社〕
両仙寺(岡山) ㊤641c〔護法祭〕
霊山寺(徳島) ㊦519 表〔遍路〕
両祖忌 ㊤982c〔祖師忌〕
量地尺 ㊦700b〔物差〕
両中門造 ㊦101a〔中門造〕
「両津甚句」 ㊤880b〔甚句〕
両手鍋 ㊦260a〔鍋〕
両手廻し ㊤790c〔地曳網〕
両隣《りょうどなり》 ⇨隣家(㊦805a) ㊤518a〔近隣〕
両仲人 ㊦251b〔仲人〕
漁盗み ㊤208b〔えびす〕
両歯鋸 ㊦325c〔鋸〕
リョウビツ ㊤646c〔米櫃〕
リョウブ ㊤481a〔救荒食物〕
両部神道 ㊤891a〔神道〕
両部鳥居 ㊦233c〔鳥居㈠〕
領分 ㊤509c〔切羽〕
寮坊主 ㊦802a〔寮〕
『両峰問答秘録』 ㊤824b〔修験道〕
• 両墓制《りょうぼせい》 ㊦**803**c ㊤185c〔埋め墓〕 736a〔三昧〕 977b〔葬法〕 ㊦28b〔他界観〕 38c〔竹田聴洲〕 119a〔通過儀礼〕 342a〔墓〕 417b〔ヒキハカ〕 464a〔複葬〕 540c〔墓制〕 560a〔詣り墓〕 631a〔民間信仰〕 672a〔無墓制〕 723c〔屋敷墓〕 795b〔ラントウバ〕
了明尼 ㊤202a〔絵系図〕
両貰い ㊤137a〔入り聟〕 ㊦457c〔夫婦養子〕 →夫婦養子
良瑜 ㊤824a〔修験道〕
両養子 ㊦457c〔夫婦養子〕 →夫婦養子
料理 ㊤558b〔芸事〕 ㊦156c〔出前〕
料理茶屋 ㊤98b〔板前〕 559b〔芸者〕 687c〔盛り場〕 697c〔座敷芸〕 772b〔仕出屋〕 ㊦95a〔茶店〕 95b〔茶屋〕 804c〔料理屋〕
料理人 ㊤98c〔板前〕
料理番 ㊤98c〔板前〕
• 料理屋《りょうりや》 ㊦**804**c 109b〔帳場㈠〕
リョウリンカ ㊦805a〔隣家〕
旅館 ㊦109b〔帳場㈠〕 731c〔宿屋〕
緑茶 ㊦91c〔茶〕
緑礬 ㊦515a〔ベンガラ〕
緑肥 ㊦197b〔通し苗代〕
旅行案内記 ㊦188a〔道中記〕
旅順丸 ㊤340b〔笠戸丸〕
旅商 ㊤847a〔商業〕
霖雨 ㊤46a〔雨〕
燐火 ㊤274a〔鬼火㈠〕
• 隣家《りんか》 ㊦**805**a ㊤518a〔近隣〕
• 林業《りんぎょう》 ㊦**805**b ㊤738a〔山民〕 ㊦743a〔山仕事〕
林業金融調査会 ㊦623c〔宮本常一〕
リンゴ酢 ㊦110c〔調味料〕
輪栽式農法 ㊦806a〔輪作〕
• 輪作《りんさく》 ㊦**806**a ㊤480b〔休閑〕 ㊦447b〔肥料〕
リンジボトケ ㊤262a〔おそうぶつ〕
リンジャク ㊦813c〔連尺〕
• 臨終《りんじゅう》 ㊦**806**b
リンジュブツ ㊤262a〔おそうぶつ〕
林浄因 ㊦594a〔饅頭〕
臨時露店営業取締規制 ㊦753a〔闇市〕
臨川寺(長野) ㊤188a〔浦島太郎〕
林葬 ㊤977a〔葬法〕
輪蔵 ㊤53b〔アワ〕
竜胆 ㊤412 図〔家紋〕
厘取り ㊦309a〔年貢〕
リントン Linton, Ralph ㊦457a〔夫婦家族〕
輪王寺(栃木) ㊤223a〔延年〕 602b〔強飯式〕 ㊦648b〔民俗芸能〕
• リン場 ㊦**806**c
淋病 ㊤933a〔性病〕
隣保班〔隣保〕《りんぽはん》 ⇨隣組(㊦223a) ㊤518b〔近隣組〕 539c〔組〕 ㊦76b〔地域社会〕 154a〔手伝い〕 →隣組
林邑楽 ㊤315a〔雅楽〕 ㊦459c〔舞楽〕

る

• ルイ ㊦**807**a
類感呪術 ㊤390b〔かまけわざ〕 826a〔呪術〕 ㊦569a〔呪い〕
• 類型《るいけい》 ㊦**807**a
類似宗教 ㊤147c〔淫祠邪教〕
『類聚近世風俗志』 ㊦707b〔守貞漫稿〕
ルイス Lewis, I. M. ㊤798b〔シャーマニズム〕
累積譚 ㊤558c〔形式譚〕
• ルイベ ㊦**807**b ㊤405c〔カムイチェプ〕
類話 ㊤982a〔祖型〕
ルース＝ベネディクト Ruth Benedict ⇨ベネディクト(㊦512c)
ルーレット ㊤335a〔賭け事〕
ルウンペ ㊤510a〔切伏〕
六月ウマチー ㊤182b〔ウマチー〕 →稲大祭
六月プーズ ㊤55c〔粟祭〕
六月折目 ㊤785b〔シヌグ〕
『流刑の神々』 ㊦339a〔ハイネ〕
ルゴフ, J. ㊤801a〔社会史〕
• 留守神〔-様, 留守居-〕《るすがみ》 ㊦**807**b ㊤90b〔出雲信仰〕 446c〔神無月〕 666c〔金毘羅信仰〕
ルスチマキ ㊦90b〔粽〕
留守番電話 ㊦174a〔電話〕
留守見舞 ㊦617c〔見舞〕
ルル ㊤405b〔カムイチェプ〕

れ

礼　㊤879b〔仁義(二)〕
霊　㊤73b〔生霊〕
醴　㊤41c〔甘酒〕
霊界　㊤240b〔大本教〕
• 冷害《れいがい》　㊦**808**a　㊤456a〔飢饉〕
『霊界物語』　㊤240b〔大本教〕
• 礼儀《れいぎ》　㊦**808**b　㊤2a〔挨拶〕　㊦810b〔礼法〕　→礼法
礼儀作法　㊤710a〔作法〕　㊦808b〔礼儀〕　→作法
• 霊柩車《れいきゅうしゃ》　㊦**808**c　㊤967a〔葬儀屋〕
冷燻法　㊤556c〔燻製〕
霊験縁起　㊤218b〔縁起〕
• 霊魂《れいこん》　㊦**809**a　㊤33a〔アニミズム〕　66c〔イオマンテ〕　73b〔生霊〕　114b〔イナウ〕　398a〔神おろし〕　406a〔カムイモシㇼ〕　㊦28b〔他界観〕　114b〔鎮魂〕　584b〔マブイ〕　631a〔民間信仰〕
霊魂観　㊦597a〔ミイラ〕
『霊魂の行方』　㊦692b〔最上孝敬〕
• 例祭《れいさい》　㊦**809**b
例祭神楽　㊤244c〔隠岐神楽〕
霊山　㊤872b〔死霊〕　㊦49c〔立山信仰〕　208a〔登山〕
霊山縁起　㊤218b〔縁起〕
霊山信仰《れいざんしんこう》　⇨山岳信仰(㊤719c)　㊤396c〔神あらそい〕
霊璽　㊤888a〔神葬祭〕
霊社　㊤990a〔祖霊社〕　㊦809c〔霊神〕
• 霊場《れいじょう》　㊦**809**b
伶人　㊤326a〔楽人〕　→楽人
• 霊神《れいじん》　㊦**809**c
霊石　㊦423b〔ビジュル〕
霊体　㊤889c〔神体〕　→神体
例大祭　㊦809b〔例祭〕
霊地　㊦809b〔霊場〕
霊鳥　㊦291c〔鶏〕　546c〔ホトトギス〕
冷凍食品　㊤148b〔インスタント食品〕
霊肉二元観　㊦28b〔他界観〕
• 霊媒《れいばい》　㊦**810**a　㊤398b〔神がかり〕　798c〔シャーマニズム〕　㊦35 図〔託宣〕
霊媒信仰　㊤798b〔シャーマニズム〕
礼服　㊦401a〔晴着〕
霊簿　㊤337c〔過去帳〕　→過去帳
• 礼法《れいほう》　㊦**810**b　㊤710a〔作法〕　㊦808b〔礼儀〕　→礼儀
励法員　㊤331b〔隠れ念仏(二)〕
霊木　㊤894c〔神木〕　㊦703b〔桃〕　→神木
霊名簿　㊤337c〔過去帳〕　→過去帳
礼ヨビ　㊦494c〔振舞い〕
レヴィ＝ストロース Lévi-Strauss, Claude　㊤597c〔構造主義〕　623c〔互酬性〕　800a〔社会構造〕　898a〔神話学〕　㊦158b〔デュルケム〕　198a〔トーテミズム〕
レヴィレート　㊤477c〔逆縁婚〕
レーザー　㊤402a〔剃刀〕
『歴史科学としての民俗学』　㊤645b〔ゴム〕　816c〔重出立証法〕　㊦別刷〈民俗学史〉
歴史学　㊦811b〔歴史民俗学〕
『歴史学的方法の基準』　㊤801a〔社会史〕
歴史学派　㊦171c〔伝播主義〕
『歴史研究と民俗学』　㊦828a〔和歌森太郎〕
• 歴史人類学《れきしじんるいがく》　㊦**810**c　103b〔長期波動〕　497c〔ブロック〕
『歴史地理』　㊤464a〔喜田貞吉〕
• 歴史・地理的方法《れきしちりてきほうほう》　㊦**811**a
暦日　㊤205c〔干支〕
『歴史と民俗学』　㊦828a〔和歌森太郎〕
『歴史のこころ―日本史学界に対する苦言―』　㊤107a〔一志茂樹〕
『歴史のための弁明 歴史家の仕事』　㊦497c〔ブロック〕
• 歴史民俗学《れきしみんぞくがく》　㊦**811**b
歴史民俗学会　㊦106c〔朝鮮民俗学〕
• 歴史民俗資料館《れきしみんぞくしりょうかん》　㊦**811**c
レキション羽織　㊦341b〔羽織〕
暦注　㊤652a〔暦〕　701c〔雑書〕　738c〔三隣亡〕
暦法　㊤652a〔暦〕
レズ　㊦183c〔同性愛〕
レズビアン　㊦183c〔同性愛〕
• レタルペ〔レタラペ〕　㊦**811**c
列見　㊤275b〔お練り〕
列車　㊤459a〔汽車〕
レッシング Lessing, Gotthold Ephraim　㊤521b〔寓話〕
列村　㊤818a〔集村〕
• レッドフィールド Redfield, Robert　㊦**812**a　㊤430b〔河村只雄〕　㊦226b〔都鄙連続体論〕　650b〔民俗社会〕　654b〔民俗文化〕
レトルト食品　㊤148b〔インスタント食品〕
• レパオㇷ゚　㊦**812**a
• レㇷ゚ニ　㊦**812**b　756b〔ユーカㇻ〕
レプン＝イオㇽ　㊤67b〔イオㇽ〕
• レプンカムイ　㊦**812**b
• レプンクㇽ　㊦**812**b
レモン水　㊤935a〔清涼飲料〕
連　㊤54a〔阿波踊り〕　㊦316b〔年齢集団〕　410a〔贔屓〕
• 恋愛《れんあい》　㊦**812**c　㊤923b〔性〕　㊦252b〔馴染〕
• 恋愛結婚《れんあいけっこん》　㊦**812**c
煉瓦壁　㊤387b〔壁〕
レンガ蔵　㊤543b〔倉〕
連クド　㊦別刷〈民家〉
• レンゲ〔紫雲英〕　㊦**813**b
蓮華　㊤967b〔葬具〕
蓮華会　㊤313b〔蛙飛び〕　577c〔験競べ〕　㊦474b〔仏教芸能〕
蓮華会舞　㊦546a〔仏舞〕
蓮華蔵世界　㊤616a〔極楽〕　→極楽
蓮花谷聖　㊤605c〔高野聖〕
レンゲツツジ　㊤863c〔植物禁忌〕
レンゲ蜜　㊦369a〔蜂蜜〕
連合婦人会　㊤1c〔愛国婦人会〕　615c〔国防婦人会〕
• レンコン〔蓮根〕　㊦**813**c
連鎖組織《れんさそしき》　⇨家順(㊤64b)
『連鎖昔話研究』　㊤210a〔エフエフシー〕
連事　㊦710b〔問答〕　→つらねごと
連歯下駄　㊤569b〔下駄〕　㊦347 図〔履物〕
連子窓　㊦580b〔窓〕
• 連尺〔-雀, -索, -著〕《れんじゃく》　㊦**813**c　㊤937a〔背負縄〕
連雀商人　㊤487c〔行商〕　937a〔背負縄〕
連中　㊦410a〔贔屓〕
蓮昭寺(神奈川)　㊦534 図〔焙烙〕
レンショウボウ　㊤819a〔十二様〕　→ゴヘイ餅
• れんぞ　㊦**814**a　399a〔春事〕
れんぞの苦餅　㊦814b〔れんぞ〕
蓮台野　㊦28c〔他界観〕
• 連中《れんちゅう》　㊦**814**b
れんど　㊦814a〔れんぞ〕　→れんぞ
蓮如　㊤603a〔弘法清水〕　㊦85b〔乳銀杏〕　273b〔肉付き面〕　814b〔蓮如忌〕
• 蓮如忌《れんにょき》　㊦**814**b　710b〔門徒〕　→レンニョッサン
レンニョッサン　㊦475c〔仏教民俗〕　→蓮如忌
連拍手　㊤348c〔柏手〕
連判状　㊤104c〔一揆〕
鰊肥　㊦276a〔ニシン場〕
練沐　㊦692c〔殯〕　→殯
蓮門教　㊤498a〔教派神道〕
輦輿　㊤620c〔輿〕
連絡員制　㊦312b〔年番〕
レンリョット Lönnt, Elias　㊦452c〔フィンランド民俗学〕

ろ

炉《ろ》　⇨囲炉裏(㊤141c)　㊤323c〔家具〕　㊦112a〔調理法〕　409c〔火〕　436a〔火鉢〕　436a〔火箸〕
絽　㊤290a〔織物〕　656c〔衣更〕
• 艪〔櫓〕《ろ》　㊦**815**a　㊤300a〔櫂〕　505a〔漁船〕
呂色職　㊤779a〔漆器〕
蠟　㊦360c〔ハゼ〕
朗詠　㊤294c〔音頭〕　315a〔雅楽〕
労役　㊦681a〔村役〕
• 労役婚《ろうえきこん》　㊦**815**b　308b〔年期聟〕
『老媼夜譚』　㊤695a〔佐々木喜善〕
ロウカ　㊤217b〔縁側〕
廊下あらい　㊦753c〔やん衆〕
労咳　㊤571b〔結核〕
弄丸　㊦523c〔放下〕
労瘵　㊤571b〔結核〕
弄斎節　㊤598a〔小歌〕
労作唄　㊤755c〔仕事唄〕　㊦655b〔民謡〕　→仕事唄
• 臈次《ろうじ》　㊦**815**c
• 老人《ろうじん》　㊦**816**a　419a〔髭〕
• 老人会《ろうじんかい》　㊦**816**b　㊤564a〔敬老の日〕
老人組　㊦314a〔念仏講〕
老人クラブ　㊦816b〔老人会〕　→老人会
老人の日　㊤563c〔敬老の日〕
ロウソ　㊤273b〔鬼太鼓〕
• 蠟燭《ろうそく》　㊦**816**c　659a〔迎え火〕
労働移民　㊦278c〔日系社会〕
労働唄　㊤755c〔仕事唄〕　→仕事唄
労働慣行　㊤351c〔加勢〕　㊦154a〔手伝い〕
労働着　㊦748c〔山袴〕
労働者　㊦685a〔メーデー〕
• 労働倫理《ろうどうりんり》　㊦**817**a
老年組　㊦119a〔通過儀礼〕
老年講　㊤584b〔講〕
• 老農《ろうのう》　㊦**817**c
• 良弁《ろうべん》　㊦**817**c
良弁杉　㊦818a〔良弁〕
ロウマイビツ　㊤646c〔米櫃〕
楼門　㊦340c〔牌楼〕　708b〔門(一)〕
ロウロウ　㊤420a〔烏勧請〕
ロウントリー Rowntree, Beniamin Seebohn　㊤358a〔家族周期〕
「露営の歌」　㊤555c〔軍歌〕
ローウィ Lowie, Robert Heinrich　㊤430b〔河村只雄〕　889b〔親族名称・呼称〕
ロータリーキルン　㊤702b〔砂鉄〕
ローハ　㊦515a〔ベンガラ〕
蘆薈　㊦633 表〔民間薬〕　→アロエ
炉鉤　㊤718b〔さんか〕
六阿弥陀詣　㊤44c〔阿弥陀信仰〕　㊦416a〔彼岸〕
六入り　㊦737a〔藪入り〕
六月祓え《ろくがつはらえ》　⇨夏越の祓え(㊦252a)
六観音　㊤448a〔観音信仰〕　㊦378b〔馬頭観音〕
• 六郷満山(大分)《ろくごうまんざん》　㊦**818**a　㊤271c〔鬼会〕
• 六斎市《ろくさいいち》　㊦**818**b　㊤99a〔市〕　103a〔市日〕　847b〔商業〕　㊦144c〔定期市〕　709b〔門前市〕
六斎踊り　㊤678b〔斎日〕　→六斎念仏
六斎日　㊤678b〔斎日〕　㊦818b〔六斎市〕
• 六斎念仏《ろくさいねんぶつ》　㊦**818**c　㊤44b〔阿弥陀信仰〕　379b〔鉦〕　678b〔斎日〕　㊦17b〔大念仏〕　21a〔大文字焼き〕　313a〔念仏〕　476a〔仏教民俗〕
ロクサン　㊦819b〔六三〕　→ロックウサン
• 六三〔六算〕《ろくさん》　㊦**819**a
六三除け　㊦819b〔六三〕
• 六地蔵《ろくじぞう》　㊦**819**b　㊤768c〔地蔵講〕　769 図〔地蔵信仰〕　914a〔頭陀袋〕　967b〔葬具〕　976a〔惣墓〕　㊦328a〔野辺送り〕　480a〔不動信仰〕　820c〔六道〕　821b〔六文銭〕　別刷〈村境〉
六地蔵巡り〔-廻り，-巡拝〕　㊤277a〔小野篁〕　770a〔地蔵信仰〕　770c〔地蔵盆〕　842a〔巡礼〕
• 六字名号塔〔-碑〕《ろくじみょうごうとう》　㊦**819**c
六尺　㊤32a〔穴掘り〕
六社宮　㊦820a〔六所祭〕　→大国魂神社
六尺褌　㊤710c〔サメ〕
六尺ベコ　㊦504c〔褌〕
六尺棒　㊦172a〔天秤棒〕
六趣　㊦820c〔六道〕　→六道
六十里越街道　㊤725a〔三山参り〕
六十六部〔-聖〕　㊤490b〔経塚〕　722c〔参詣曼荼羅〕　㊦821a〔六部〕　→六部
六十六部巡礼　㊤842b〔巡礼〕
六条大麦　㊤239a〔大麦〕
六条道場　㊦182c〔道場〕
六条御息所　㊦758c〔幽霊〕
六所宮〔-明神〕　㊦820a〔六所祭〕　→大国魂神社
六所御霊　㊤655b〔御霊信仰〕
六所神社(静岡)　㊦801c〔竜勢〕
• 六所祭《ろくしょまつり》　㊦**820**a
六大市　㊦215c〔年の市〕
六大神　㊦820a〔六所祭〕
• 六調子《ろくちょうし》　㊦**820**b
ロクトウ　㊤903c〔水団〕
ロクドウ　㊤967b〔葬具〕
• 六道《ろくどう》　㊦**820**c　㊤319b〔餓鬼〕　㊦819b〔六地蔵〕
ロクトウ市　㊤別刷〈市〉
六道絵　㊦820c〔六道〕
六道十三仏ノカン文　㊤681b〔祭文〕
六道銭　㊦821a〔六文銭〕
六道珍皇寺(京都)　㊤277a〔小野篁〕
六道の辻　㊦820c〔六道〕
六道参り　㊦476a〔仏教民俗〕
六二連　㊦410a〔贔屓〕
六念　㊦312c〔念仏〕
六波羅蜜　㊦470b〔布施〕
六波羅蜜寺(京都)　㊤675 表〔西国巡礼〕
六柄約　㊤413 図〔家紋〕
• 六部《ろくぶ》　㊦**821**a　㊤87c〔異人(一)〕　88b〔異人殺し〕　665c〔こんな晩〕　㊦430b〔人柱〕　→六十六部
六部笠　㊤338b〔笠〕
六部殺し《ろくぶごろし》　⇨こんな晩(㊤665c)　㊤183c〔生まれかわり〕
六部塚　㊤497c〔行人塚〕
ロクマ　㊦372a〔八卦〕
六間取り　㊦58a〔田の字型民家〕　581a〔間取り〕
ログメンオリ　㊤31c〔あとみらず〕
• 六文銭《ろくもんせん》　㊦**821**a　㊤727c〔三途の川〕　914a〔頭陀袋〕　㊦278a〔入棺〕　464b〔副葬品〕
六葉　㊤567a〔懸魚〕
• 六曜〔-星〕《ろくよう》　㊦**821**b　2c〔大安〕　229a〔友引〕　479a〔仏滅〕　716a〔厄〕　→六輝
六連銭　㊤414 図〔家紋〕　㊦821b〔六文銭〕
• 轆轤《ろくろ》　㊦**821**b　㊤459b〔木地屋〕　618a〔こけし〕　656b〔惟喬親王〕　990b〔算盤〕　㊦180c〔陶工〕
轆轤車　㊤548c〔車人形〕
轆轤師〔-工〕　㊤161a〔氏子狩り〕　459b〔木地屋〕　→木地屋
櫓ザラ　㊤505a〔漁船〕
ロザリオ　㊤828b〔数珠〕
• 露路〔露地，路地〕《ろじ》　㊦**821**c　108c〔町内〕　822b〔露路裏〕
ロシア地理学協会　㊦822a〔ロシア民俗学〕
• ロシア民俗学　㊦**822**a
• 露路裏〔露地-〕《ろじうら》　㊦**822**b　㊤188a〔裏店〕
路地笠　㊤339a〔笠〕
露地戸　㊦174b〔戸〕
蘆舌　㊦426c〔篳篥〕
路村　㊤818a〔集村〕
炉棚　㊦188a〔トゥナ〕
露頂　㊤387a〔かぶりもの〕

六角堂(京都)　㊤378a〔要石〕
六角塔婆　㊤967b〔葬具〕
六輝　㊤191b〔砂川暦〕　㊦821b〔六曜〕
→六曜
ロッキング＝ホース　㊦693b〔木馬〕
ロックウサン　㊦7b〔大黒柱〕　205b〔土公神〕　819b〔六三〕
ロックウ柱　㊦7b〔大黒柱〕
ロックサマ　㊤391c〔竈神〕
六根清浄　㊦467a〔富士講〕
六方棺　㊤433a〔棺〕
櫓デ　㊤505a〔漁船〕
露店　㊤587b〔興行師〕　㊦369b〔パチンコ屋〕　781c〔夜見世〕
露天商〔露店-〕《ろてんしょう》　⇨てき屋(㊦149b)　㊤190b〔売声〕　222b〔縁日〕　別刷〈市〉　㊦728b〔屋台〕　781c〔夜見世〕
露天葬　㊤306b〔崖葬〕
ロブクロ　㊦155c〔手袋〕
•『炉辺叢書』《ろへんそうしょ》　㊦**822**b
ロルンプヤㇻ　㊤406a〔カムイプヤㇽ〕
ロルンプヤㇽ〔-プラィ〕　㊤406a〔カムイプヤㇽ〕
論義　㊦710b〔問答〕
『ロンドンの形成』　㊤645b〔ゴム〕

わ

ワー　㊤167a〔御嶽〕
ワーカーズコレクティブ　㊤820c〔住民運動〕
ワーン　㊤155a〔拝所〕　→御嶽
•ワイダ　㊦**823**b
猥談　㊤838b〔春歌〕
わいわい天王　㊤447a〔願人坊主〕
ワイン　㊤692c〔酒㊀〕
ワイン酢　㊦110c〔調味料〕
ワインビネガー　㊤898c〔酢〕
ワインホルト Weinhold, Karl　㊦644a〔民俗学史〕
輪踊り　㊤161b〔臼太鼓〕　333c〔掛け踊り〕
•ワカ(巫女)　㊦**823**b　㊤25c〔梓巫女〕　71b〔生口〕　400a〔神口〕　637a〔小鳥前生譚〕　784a〔死口〕　798a〔シャーマニズム〕　881a〔新口〕　㊦545b〔仏おろし〕　600a〔巫女〕　824c〔若宮〕
ワカ　㊦741c〔山言葉〕
和歌　㊤165b〔歌〕　416b〔歌謡〕
ワカイシュ　㊤690a〔作男・作女〕　㊦528c〔奉公人〕
•若い衆《わかいしゅ》　㊦**823**b　㊤657c〔小若い衆〕　㊦731c〔宿若い衆〕　825a〔若者〕　825c〔若者組〕
若い衆道理　㊦823c〔若い衆〕
若い衆宿　㊦827b〔若者宿〕　→若者宿
若い衆理屈　㊦823c〔若い衆〕
若いっさん　㊦340a〔売薬〕
若い者部屋　㊦827b〔若者宿〕　→若者宿
ワカイモン　㊤690a〔作男・作女〕　㊦528c〔奉公人〕
若宇加能売命　㊤617c〔穀霊神話〕
若男　㊦210c〔年男〕　→年男
若女形　㊤288b〔女形〕
•若返りの水《わかがえりのみず》　㊦**823**c　824b〔若水〕
若木《わかぎ》　⇨年木(㊦211c)　㊤757a〔仕事始め〕　㊦34a〔薪〕
若木伐り　㊦別刷〈山の神〉
若木バヤシ　㊦364c〔畑作〕
若木迎え　㊦739c〔山入り㊀〕
『我が国民間信仰史の研究』　㊦549a〔堀一郎〕
『我が国土』　㊤263c〔小田内通敏〕
和傘　㊤320a〔柿渋〕　㊦37b〔竹細工〕
ワカサギ　㊤432b〔川漁〕
『若狭国小浜領答書』　㊤864c〔諸国風俗問状答〕
輪飾り　㊤208a〔エビ〕　794c〔注連縄〕
ワカシ　㊦491b〔ブリ〕
和菓子　㊤342b〔菓子〕　347a〔菓子屋〕　445b〔寒天〕
若しあげ　㊤310b〔海難救助〕
わかし付け　㊤347b〔鍛冶屋〕
ワカシュ　㊦155b〔手拭〕
若衆　㊤336b〔水夫〕　㊦102a〔中老〕　621c〔宮座〕
若衆入り　㊤320c〔柿の木問答〕　582a〔元服〕
若衆かぶき　㊤384a〔歌舞伎〕
若衆条目《わかしゅうじょうもく》　⇨若者条目(㊦826b)
ワカシュウヤド　㊦306a〔寝宿〕
若衆組　㊦315b〔年齢階梯制〕
若杉山遺跡(徳島)　㊤900b〔水銀〕
『わが住む村』　㊦741b〔山川菊栄〕
•若勢〔ワカゼ〕《わかぜ》　㊦**824**a　㊤690a〔作男・作女〕　㊦528c〔奉公人〕　823c〔若い衆〕　824a〔若勢市〕　825c〔若者組〕
•若勢市《わかぜいち》　㊦**824**a　㊤563a〔契約〕　690b〔作男・作女〕　㊦529a〔奉公人市〕　824a〔若勢〕
ワカゼガシラ　㊦824a〔若勢市〕
我妻栄　㊦244b〔中川善之助〕
若党組　㊤710c〔侍分〕
ワカドシ　㊦396b〔ハラメウチ〕
若年　㊤624a〔小正月〕
ワカバ　㊦254c〔雪崩〕
和歌囃子　㊦580a〔祭囃子〕
•若水《わかみず》　㊦**824**b　㊤89a〔泉〕　111a〔井戸神〕　444b〔元旦〕　㊦210c〔年男〕　605b〔水汲み〕　606a〔水試し〕
若水汲み　㊤150b〔飲用水〕　844c〔正月〕　㊦51c〔七夕〕　824a〔若返りの水〕　→若水迎え
若水手拭　㊦824b〔若水〕
若水迎え　㊤845b〔正月料理〕　㊦604a〔水〕　824b〔若水〕　→若水汲み
•若宮《わかみや》　㊦**824**c　㊤229a〔王子信仰〕　655b〔御霊信仰〕　㊦600b〔御子神㊀〕　→御子神
若宮王子　㊤229b〔王子信仰〕
若宮神社(奈良)　㊤349b〔春日若宮御祭〕
若宮相撲神事　㊤899b〔ずいき祭〕　→ずいき祭
若宮八幡　㊦368a〔八幡信仰〕
•ワカメ　㊦**824**c　㊤305c〔海藻〕
若餅　㊦696a〔餅搗き〕
•若者《わかもの》　㊦**825**a
若者網　㊤507b〔漁撈組織〕
若者入り　㊤476b〔肝だめし〕
若者頭　㊦205b〔床入れ〕　826a〔若者組〕

・若者組《わかものぐみ》　㊦ **825b**　㊤ 101a〔一人前〕 136b〔入会〕 310a〔海難救助〕 584b〔講〕 635a〔子ども〕 635b〔子供組〕 657c〔小若い衆〕 660b〔婚姻規制〕 811c〔自由結婚〕 855b〔消防団〕 923a〔性〕 930b〔性道徳〕 930c〔青年会〕 931c〔成年式〕 932a〔青年団〕 ㊦ 102a〔中老〕 109a〔長男〕 111c〔庁屋〕 118c〔通過儀礼〕 120a〔通婚圏〕 143c〔ツレ〕 218c〔年寄組〕 247c〔長持担ぎ〕 315b〔年齢階梯制〕 316b〔年齢集団〕 665a〔聟養子〕 668c〔娘組〕 731c〔宿若い衆〕 823c〔若い衆〕 825b〔若者〕 826b〔若者条目〕 827a〔若者仲間〕 827b〔若者宿〕
若者契約　㊤ 563b〔契約〕 ㊦ 825c〔若者組〕
若者語　㊤ 980a〔俗語〕
若者言葉　㊦ 827a〔若者条目〕
若者酒　㊦ 66c〔樽入れ〕
若者中　㊦ 825c〔若者組〕
・若者条目《わかものじょうもく》　㊦ **826b**　㊤ 310a〔海難救助〕 ㊦ 826a〔若者組〕
『若者と娘をめぐる民俗』　㊤ 940a〔瀬川清子〕
・若者仲間《わかものなかま》　㊦ **827a**　㊤ 659b〔婚姻〕 923a〔性〕 ㊦ 785b〔嫁盗み〕 823c〔若い衆〕 826a〔若者組〕 827b〔若者宿〕
若者遍路　㊦ 520a〔遍路〕
・若者宿《わかものやど》　㊦ **827b**　㊤ 811c〔自由結婚〕 931a〔青年会所〕 965c〔添い聟〕 991b〔村内婚〕 ㊦ 306a〔寝宿〕 730c〔宿親・宿子〕 731c〔宿若い衆〕 780c〔ヨバイ〕 826a〔若者組〕
・和歌森太郎《わかもりたろう》　㊦ **828a**　㊤ 28a〔遊び〕 365c〔家長〕 463b〔基層文化〕 494a〔協同体〕 587a〔交換〕 887a〔人生儀礼〕 982b〔祖型〕 ㊦ 348b〔萩原竜夫〕 420a〔肥後和男〕 811b〔歴史民俗学〕
『和歌森太郎著作集』　㊦ 828a〔和歌森太郎〕
若柳流　㊤ 66a〔家元〕
和歌山街道　㊤ 722a〔参宮街道〕
ワカリ　㊦ 682b〔門中〕
ワカルパ　㊦ 756a〔ユーカラ〕
分かれ川　㊦ 483a〔舟形屋敷〕
別の櫛　㊤ 104c〔斎宮〕
ワカレヤ　㊦ 503a〔分家〕
若連中　㊦ 50a〔立山登山〕 814b〔連中〕 825c〔若者組〕
輪樏〔ワカンジキ〕　㊤ 551c〔クロモジ〕 838 裏〔狩猟用具〕 ㊦ 151a〔テシマ〕 347 図〔履物〕 761c〔雪靴〕
脇　㊦ 707c〔モロト〕
脇明け　㊦ 492a〔振袖〕
脇往還　㊤ 227c〔往還〕 309c〔街道〕 ㊦ 125c〔継場〕
ワキ方　㊦ 317b〔能〕
脇神　㊦ 270b〔根神〕
脇懸魚　㊤ 567a〔懸魚〕
涌出宮(京都)　㊤ 77a〔斎籠祭〕 774c〔七度半の使〕 ㊦ 287b〔女房座〕
脇当　㊤ 9b〔蒼柴垣神事〕
脇鍋　㊤ 98b〔板前〕
脇浜戎(大阪)　㊦ 196c〔十日戎〕
脇百姓　㊤ 314c〔家格〕 348b〔頭分〕 580c〔検地〕 658a〔コワキ〕 ㊦ 439b〔百姓〕 471a〔譜代(二)〕
脇本陣　㊤ 466a〔木賃宿〕 ㊦ 125c〔継場〕 731b〔宿屋〕
湧水　㊤ 150a〔飲用水〕 603b〔弘法伝説〕
脇聟　㊦ 664b〔聟まぎらかし〕
ワキメイ　㊤ 507c〔漁撈組織〕
脇役　㊤ 331b〔隠れ念仏(二)〕
和牛　㊤ 156c〔牛〕
ワギワカレ　㊦ 796c〔離婚〕
和釘　㊤ 522c〔釘〕
和沓　㊦ 347 図〔履物〕
・話型《わけい》　㊦ **828b**　㊤ 1a〔アールネ・トンプソンの話型〕 ㊦ 18b〔タイプ＝インデックス〕 284b〔日本昔話集成〕 284b〔日本昔話大成〕 687b〔メルヘン〕 695c〔モチーフ〕
・話芸《わげい》　㊦ **828b**
ワケウチ　㊤ 214c〔獲物分配〕
分木　㊤ 905a〔水利慣行〕
『和気系図』　㊤ 559c〔系図〕
ワケメシ　㊤ 265b〔落ち着き餅〕
和語　㊤ 312b〔外来語〕 ㊦ 280a〔日本語〕
輪越神事　㊦ 257b〔夏祭〕 →夏越の祓え
和琴　㊤ 26a〔東遊び〕
和裁　㊤ 680b〔裁縫〕
わさ植え　㊤ 305c〔海藻〕 ㊦ 825a〔ワカメ〕
・業歌《わざうた》　㊦ **828c**
・わざおぎ〔俳優〕　㊦ **828c**
・ワサビ　㊦ **829a**　㊤ 421b〔辛味〕 596b〔香辛料〕 724a〔山菜〕
ワサビ田　㊦ 407c〔ハンノキ〕
山葵漬け　㊦ 829a〔ワサビ〕
災い　㊤ 360c〔形代〕
・和讃《わさん》　㊦ **829b**　㊤ 269c〔踊り念仏〕 416c〔歌謡〕 607b〔御詠歌〕 ㊦ 313a〔念仏踊り〕 314a〔念仏講〕 523b〔報恩講〕
和三盆　㊤ 43a〔甘味〕
和市　㊤ 258b〔押売〕 975b〔相場〕
和紙　㊦ 613b〔ミツマタ〕
和磁石　㊤ 586b〔航海術〕
鷲の子育て　㊦ 818a〔良弁〕
鷲の育て子《わしのそだてご》　⇨良弁(㊦ 817c)
鷲宮催馬楽神楽　㊤ 別刷〈仮面〉
輪島塗　㊤ 192a〔ウルシ〕 779a〔漆器〕 ㊦ 296c〔塗師〕
・輪中《わじゅう》　㊦ **829c**　㊤ 426b〔川〕 ㊦ 145a〔低湿地〕 607b〔水屋(二)〕
輪中意識　㊦ 829c〔輪中〕
輪中根性　㊦ 829c〔輪中〕
ワ印　㊤ 839c〔春画〕
・和人《わじん》　㊦ **830c**　㊤ 4c〔アイヌ〕 307c〔開拓村落(二)〕 806b〔シャモ〕 892a〔シントコ〕
和人地　㊦ 358c〔場所請負制〕
ワス　㊦ 254c〔雪崩〕
『忘れられた日本人』　㊦ 624a〔宮本常一〕
ワセアゲ　㊤ 707a〔さなぶり〕
ワセツキ　㊦ 535c〔穂掛け〕
・和船〔倭船〕《わせん》　㊦ **831a**　㊤ 195c〔運搬具〕 505a〔漁船〕 ㊦ 483c〔船大工〕
『和俗童子訓』　㊤ 311a〔貝原益軒〕
ワタ　㊦ 703a〔木綿〕
・棉《わた》　㊦ **831a**
綿　㊤ 291a〔お礼参り〕 435c〔換金作物〕 879c〔寝具〕
綿入れ　㊤ 627c〔小袖〕 ㊦ 244b〔長着〕 406c〔半纏〕
綿打ち　㊤ 109c〔糸〕 ㊦ 831c〔棉〕
綿打唄　㊦ 828c〔業歌〕
・ワタクサー〔ワタクシ〕　㊦ **831c**　㊤ 258c〔オジ・オバ〕 757a〔私財〕 ㊦ 241c〔ナイショ〕
・私《わたくし》　㊦ **831c**
私枡　㊦ 570a〔枡〕
綿繰り　㊤ 109c〔糸〕 ㊦ 831c〔棉〕
・渡し《わたし》　㊦ **832b**
『私の日本地図』　㊦ 624b〔宮本常一〕
渡し箸　㊦ 833c〔渡箸〕
渡し舟　㊦ 832b〔渡し〕
和田千吉　㊤ 81c〔石神問答〕
綿相場　㊤ 975b〔相場〕
綿ダンゴ〔-団子〕　㊤ 624b〔小正月〕 ㊦ 697a〔餅花〕 831c〔棉〕
ワタツミカゴ　㊦ 831b〔棉〕
海神豊玉彦　㊤ 304a〔海神〕
綿津見神　㊤ 304a〔海神〕
わたつみの国　㊤ 72b〔異郷〕
海神宮　㊦ 28c〔他界観〕
渡部乙羽　㊦ 455a〔風俗画報〕
渡辺昭五　㊦ 282c〔日本伝説大系〕
・渡辺綱《わたなべのつな》　㊦ **832c**　㊤ 831c〔酒呑童子〕 ㊦ 698c〔戻橋〕
渡辺万寿太郎　㊦ 682b〔門中〕
綿貫勇彦　㊤ 822a〔集落〕
ワタヌキツイタチ　㊦ 252b〔夏越の祓え〕
綿貫哲雄　㊦ 828a〔和歌森太郎〕
ワタブチ屋　㊦ 831c〔棉〕
渡部勝之助　㊤ 555b〔桑名日記・柏崎

日記〕
渡部平太夫　㊤555*b*〔桑名日記・柏崎日記〕
㊤
• 綿帽子《わたぼうし》〔ワタボウシ〕　㊦**833*a***　㊤140*b*〔イロ着〕　367*a*〔カツギ㈡〕　387*a*〔かぶりもの〕　669*b*〔婚礼衣裳〕　㊦136*b*〔角隠し〕　401*b*〔晴着〕　529*c*〔帽子〕
ワタボウシカブリ　㊤367*a*〔カツギ㈡〕
ワタホカシ屋　㊦831*c*〔棉〕
ワタボシ　㊦701*c*〔喪服〕
• ワタマシ〔移徙〕　㊦**833*b***　㊤25*a*〔小豆粥〕　㊦712*a*〔家移り〕　833*b*〔ワタマシ〕
ワタマシ粥　㊦712*b*〔家移り〕
ワタマシ見舞　㊦617*c*〔見舞〕
綿守　㊦831*b*〔棉〕
綿雪　㊦759*c*〔雪〕
• わたらい　㊦**833*b***　㊤715*a*〔猿丸太夫伝説〕
度会神道　㊤93*b*〔伊勢神道〕　891*a*〔神道〕　→伊勢神道
渡り　㊦137*c*〔ツバメ〕
ワタリガイ　㊦833*b*〔ワタマシ〕
渡り金掘　㊦228*c*〔友子〕
渡り鳥　㊤419*b*〔鳥〕
ワタリガラス　㊦235*a*〔トリックスター〕
渡り川　㊤727*b*〔三途の川〕　→三途の川
ワタリゲエ　㊤25*a*〔小豆粥〕
渡り子　㊦444*b*〔漂泊民〕
渡り職人　㊤404*a*〔髪結〕　672*c*〔西行〕　㊦180*c*〔陶工〕　737*a*〔屋根屋〕
ワタリゾメ　㊤52*a*〔歩き初め〕
• 渡箸《わたりばし》　㊦**833*c***
渡り囃子　㊤452*b*〔祇園囃子〕　㊦580*a*〔祭囃子〕
渡りマタギ　㊦570*c*〔マタギ〕　→デアイマタギ
渡物　㊦625*a*〔神幸〕
渡櫓門　㊦708*b*〔門㈠〕
ワチ　㊤124*b*〔猪〕　→シシガキ
ワッカ　㊤837 図〔狩猟法〕
ワッカ掬い網　㊤909*b*〔掬い網〕
和辻哲郎　㊦456*a*〔風土〕　456*b*〔風土論〕　709*b*〔モンスーン〕
わっぱ〔ワッパ〕　⇨曲物(㊦566*c*)　㊤320*a*〔柿渋〕　㊦517*c*〔弁当〕
ワッパカ　㊦817*a*〔労働倫理〕
ワップ　㊤214*c*〔獲物分配〕
和同開珎　㊦181*b*〔銅山〕
和時計　㊦204*c*〔時計〕
• 罠《わな》　㊦**834*a***　㊤215*c*〔魞〕　261*a*〔おす〕　576*a*〔獣道〕　835*b*〔狩猟〕　836*c*〔狩猟法〕　837*c*〔狩猟用具〕
罠猟〔-法〕　㊤837 図〔狩猟法〕　㊦321*b*〔野兎猟〕
• ワニ　㊦**834*b***　㊤710*c*〔サメ〕　㊦770*c*〔養蚕〕
鰐　㊤666*b*〔金毘羅信仰〕
鰐鍋　㊦260*a*〔鍋〕
輪抜き達磨　㊦67*b*〔達磨〕
• ワノーウエ・ワノーサク　㊦**834*b***
ワノーサク　⇨ワノーウエ・ワノーサク(㊦834*b*)
和鋏　㊦354*b*〔鋏〕
和針　㊦396*c*〔針〕
わび　㊤908*a*〔数寄〕
詫び状　㊤681*a*〔財物没収〕
わび茶　㊤908*a*〔数寄〕　㊦94*a*〔茶の湯〕
和櫃　㊦427*a*〔櫃〕
和風小屋組　㊤650*a*〔小屋組〕
和風住宅　㊤909*a*〔数寄屋造〕
和服　㊤476*c*〔着物〕
ワヘンチャー　㊤151*c*〔ウェーカー〕
ワマカシ　㊦697*c*〔モッコス〕
和洋裁縫伝習所　㊤636*a*〔子供服〕
• 藁《わら》　㊦**834*b***　㊤731*a*〔桟俵〕　757*a*〔仕事始め〕　879*c*〔寝具〕　㊦839*b*〔藁苞〕
• 笑い《わらい》　㊦**835*b***　105*b*〔嘲笑〕　453*b*〔諷刺〕　836*a*〔笑話〕
笑絵　㊤839*c*〔春画〕
• 笑い講《わらいこう》　㊦**835*c***　836*c*〔笑い祭〕
• 笑話《わらいばなし》　㊦**836*a***　㊤1*a*〔アールネ・トンプソンの話型〕　105*a*〔一休話〕　237*b*〔大話〕　267*b*〔おどけ者話〕　291*a*〔愚か村〕　291*b*〔愚か者〕　465*a*〔吉五〕　467*b*〔吉四六話〕　570*a*〔客比べ〕　639*c*〔小咄〕　731*c*〔三右衛門話〕　929*b*〔醒睡笑〕　943*a*〔世間知らず〕　㊦284*c*〔日本昔話大成〕　361*a*〔派生昔話〕　380*b*〔咄〕　419*c*〔彦市〕　420*b*〔彦八〕　429*b*〔一つ覚え〕　514*a*〔屁ひり話〕　552*b*〔本格昔話〕　656*a*〔民話〕　659*c*〔昔話〕
笑話と逸話　㊦18*b*〔タイプ＝インデックス〕
• 笑い祭《わらいまつり》　㊦**836*b***
ワラ打ち　㊦835*a*〔藁〕
ワラウヅ　㊦837*c*〔草鞋〕
• 藁馬《わらうま》　㊦**836*c***　㊤376*a*〔門火〕　㊦834*c*〔藁〕
ワラウマヒキ　㊦836*c*〔藁馬〕
藁狐　㊤468*b*〔狐狩り〕
ワラ切り　㊦835*a*〔藁〕
草鞋　㊤534*a*〔沓〕
藁靴〔藁沓〕　㊦761*b*〔雪靴〕
ワラケテシ　㊦155*c*〔手袋〕
ワラケラ　㊦616 図〔蓑〕
ワラサ　㊦491*b*〔ブリ〕
藁皿　㊦834*c*〔藁〕
• 藁算《わらさん》　㊦**837*a***　㊤572*c*〔結縄〕　㊦438*b*〔紐〕　668*b*〔結び〕
• 草鞋《わらじ》　㊦**837*b***　㊤748*b*〔地下足袋〕　784*a*〔死装束〕　967*b*〔葬具〕　978*a*〔草履〕　㊦278*a*〔入棺〕　304*b*〔子の神〕　346*c*〔履物〕　531*b*〔疱瘡神〕　772*a*〔幼児葬法〕　834*c*〔藁〕
• 草鞋親〔ワラジオヤ〕《わらじおや》　㊦**838*b***　㊤105*c*〔一軒前〕　288*a*〔親分・子分〕　462*b*〔擬制的親子関係〕　㊦448*b*〔披露〕　503*b*〔分家制限〕　674*a*〔村入り〕　778*a*〔他所者〕　787*b*〔寄親・寄子〕　838*a*〔草鞋〕
藁仕事小屋　㊤567*b*〔木小屋話〕
ワラジ酒　㊦247*c*〔長持担ぎ〕　448*c*〔披露宴〕
わらじ銭〔草鞋-〕　㊤31*c*〔あとみらず〕　672*c*〔西行〕　964*a*〔餞別〕　㊦620*a*〔土産〕
草鞋脱ぎ場　㊦838*c*〔草鞋親〕
ワラジヌギベッケ　㊦503*a*〔分家〕
ワラシベ　㊤112*a*〔糸繰り〕
• 藁しべ長者《わらしべちょうじゃ》　㊦**838*c***　㊤35*c*〔アブ〕　894*c*〔神仏霊験譚〕　㊦104*c*〔長者〕　767*a*〔夢〕
ワラスグリ　㊦835*a*〔藁〕
ワラスベ　㊤112*a*〔糸繰り〕
藁製蔟　㊦770*b*〔養蚕〕
藁草履　㊤978*a*〔草履〕
ワラダ　㊦321*b*〔野兎猟〕
藁台網　㊦491*a*〔ブリ〕
ワラダ猟　㊤837 図〔狩猟法〕
ワラヅツミ　㊦836*c*〔藁馬〕
• 藁苞〔ワラット〕《わらつと》　㊦**839*b***　㊤321*a*〔カギヒキ神事〕　631*a*〔骨掛け〕　㊦133*c*〔包み〕　834*c*〔藁〕
• 藁鉄砲《わらでっぽう》　㊦**839*c***　㊤124*a*〔亥子〕　㊦8*c*〔大根の年取〕　126*b*〔月見〕　197*b*〔十日夜〕
藁手袋　㊦834*c*〔藁〕
ワラドコ　㊤879*c*〔寝具〕
藁縄　㊦265*b*〔縄〕　834*c*〔藁〕
ワラニオ　㊤116*c*〔稲積み〕
藁人形　㊤345*c*〔鹿島人形〕　826*a*〔呪術〕　㊦297*b*〔ヌスットオクリ〕　334*a*〔呪い〕　419*b*〔日乞い〕　464*b*〔副葬品〕　834*c*〔藁〕
藁の牛　㊤158*a*〔牛神〕
藁の贈り物　㊤570*a*〔客比べ〕
藁灰　㊦336*c*〔灰〕　835*a*〔藁〕
• ワラビ　㊦**840*a***　㊤481*a*〔救荒食物〕　724*a*〔山菜〕　㊦21*c*〔代用食〕　254*c*〔雪崩〕　752*a*〔山焼き〕
藁火　㊦285*c*〔入家儀礼〕　834*c*〔藁〕
ワラビナー　⇨幼名(㊦774*a*)　㊤304*c*〔改姓改名運動〕
ワラビ根　㊦605*c*〔水晒し〕
蕨の恩　㊦191*c*〔動物昔話〕
ワラビ餅〔蕨-〕　㊦695*b*〔餅〕　840*a*〔ワ

ラビ〕
藁葺き　㊦524b〔草葺き〕
ワラブトン〔藁蒲団〕　㊤879c〔寝具〕　㊦834c〔藁〕
ワラベ　㊤634c〔子ども〕→子ども
・童唄〔わらべ歌〕《わらべうた》　㊦**840**a　㊤356a〔数え唄〕　592c〔口承文芸〕　843c〔唱歌〕　㊦222c〔唱え言〕　589c〔鞠つき歌〕　640b〔民俗音楽〕　841a〔童言葉〕
『わらべうた―日本の伝承童謡―』　㊦572b〔町田嘉章〕
・童言葉〔童詞〕《わらべことば》　㊦**841**a　222c〔唱え言〕
童子堂(埼玉)　㊦86 表〔秩父巡礼〕
藁蛇　㊦513a〔蛇〕　別刷〈村境〉　別刷〈山の神〉
・ワラホウデン〔ワラホウデ〕　㊦**841**b　537c〔祠〕
ワラボッチ　㊦55c〔種子籾囲い〕
ワラマブシ　㊦584c〔蔟〕
ワラミノ　㊤838 表〔狩猟用具〕
藁筵　㊤390c〔叺〕
藁餅　㊤481a〔救荒食物〕
ワラワ　㊤634c〔子ども〕→子ども
童言葉　㊤531c〔口遊び〕
童名　㊦243c〔名替え〕　774a〔幼名〕
童舞　㊦460a〔舞楽〕
ワランヅ　㊦837c〔草鞋〕
わりあて　㊦817a〔労働倫理〕
割斧　㊤275c〔斧〕
・割替《わりかえ》　㊦**841**c　㊤525c〔籤〕
割替田　㊦834b〔ワノーウエ・ワノーサク〕
割木製材　㊤549b〔榑〕
ワリゴ　㊦567 図〔曲物〕
割り込み刃金　㊦389c〔刃物〕
破塩　㊤742b〔塩〕
ワリジケー網　㊤225c〔追込漁〕
割地　㊦841c〔割替〕
割鉈　㊦253c〔鉈〕
わりめえ　㊦817a〔労働倫理〕
割元　㊤974a〔惣代〕
割山　㊤499c〔共有地〕　967a〔雑木林〕
ワルキ　㊦314c〔燃料〕
・悪口《わるくち》　㊦**841**c
悪口唄　㊤356b〔数え言葉〕
悪口祭　㊤253c〔白朮祭〕→白朮祭
和霊胡大玉　㊤235c〔オオダマ〕
和霊さま　㊦842b〔和霊信仰〕
・和霊信仰《われいしんこう》　㊦**842**a　809c〔霊神〕
和霊神社(愛媛)　㊤655b〔御霊信仰〕　㊦842a〔和霊信仰〕
ワレイマチ　㊦842b〔和霊信仰〕
ワレモコウ　㊦87c〔血止め〕
和蠟燭　㊦107c〔提燈〕
わろうだ　㊤220c〔円座〕→円座
ワン　㊤167a〔御嶽〕
埦　㊤868a〔食器〕　㊦842b〔椀〕
・椀《わん》　㊦**842**b　㊤320a〔柿渋〕　612c〔御器〕　868a〔食器〕
碗　㊦842b〔椀〕
鋺　㊦842b〔椀〕
椀売り　㊦430b〔人柱〕
椀貸滝　㊦842c〔椀貸伝説〕
椀貸塚　㊦842c〔椀貸伝説〕
・椀貸伝説《わんかしでんせつ》　㊦**842**c　㊤330b〔隠れ里〕　㊦679b〔村境〕　842c〔椀〕
椀貸淵　㊦473b〔淵〕　474a〔淵伝説〕　842c〔椀貸伝説〕
椀貸山　㊦842c〔椀貸伝説〕
・ワンジョウ〔和尚，腕上〕　㊦**843**a　㊤268b〔オトナ〕→一老
ワンジョウ箱　㊦843a〔ワンジョウ〕
ワンピース　㊤444b〔簡単服〕
・椀船《わんぶね》　㊦**843**b

ん

ンム　㊤133a〔イモ〕　247b〔沖縄文化〕→サツマイモ
芋プール　㊤703a〔サトイモ〕

A

• Aarne, Antti Amatus ㊤**1a** 1a〔アールネ・トンプソンの話型〕 210a〔エフエフシー〕 ㊦18b〔タイプ＝インデックス〕 284b〔日本昔話集成〕 452c〔フィンランド民俗学〕 552b〔本格昔話〕 659c〔昔話〕 687b〔メルヘン〕 828b〔話型〕
A Book of Folklore ㊤521b〔グウルド〕
African Systems of Kinship and Marriage ㊦793c〔ラドクリフ＝ブラウン〕
agamy ㊤888c〔親族〕
A Grammar of the Aine Language ㊦366a〔バチェラー〕
Ainu Life and Lore ㊦366a〔バチェラー〕
Allen, M. ㊤118c〔イニシエーション〕
ancestor ㊤956c〔先祖〕 →祖先
anima ㊤33a〔アニミズム〕 →霊魂
• animism ㊤**33a**
Anthropological Science ㊤897b〔人類学雑誌〕
Antiquary ㊤645a〔ゴム〕
• April Fool's Day ㊤**198b**
Archaeological Review ㊤645a〔ゴム〕
• asile ㊤**20c**
association ㊤493a〔共同体〕
AT ⇨アールネ・トンプソンの話型(㊤1a) ㊦18b〔タイプ＝インデックス〕 453a〔フィンランド民俗学〕 828b〔話型〕
• Atic Museum ㊤**30b**

B

• Bachofen, Johann Jakob ㊦**375a**
• ballade ㊦**396a**
• Batchelor, John ㊦**365c**
Bausinger, Hermann ㊦175b〔ドイツ民俗学〕
• Benedict, Ruth Fulton ㊦**512c** 282b〔日本人㈡〕 335b〔パーソナリティ〕 355c〔恥〕 499b〔文化型〕
Bernot, Lucien ㊦491a〔フランス民俗学〕
Blancard, René ㊦491a〔フランス民俗学〕
• Bloch, Marc ㊦**497c** ㊤886c〔心性〕
Boas, Franz ㊤47a〔アメリカ民俗学〕 ㊦120c〔通文化的比較研究〕 171c〔伝播主義〕 502a〔文化要素〕 502b〔文化領域〕
Bogoraz-tan, Vladimir Germanovich ㊦822a〔ロシア民俗学〕
brideprice ㊤663c〔婚資〕
bridewealth ㊤663c〔婚資〕 →婚資
• Burne, Charlotte Sophia ㊦**336b**

C

• cannibalism ㊤**378c**
ceremony ㊤510b〔儀礼〕
• Chamberlain, Basil Hall ㊦**79a**
Chap-books and Folklore ㊤645a〔ゴム〕
• Charisma ㊤**422c**
• charivari ㊤**806c**
• Christmas ㊤**546c**
• Cinderella ㊤**890a**
citizen ㊤794a〔市民〕
• clan ㊤**546a**
clture trait ㊦502a〔文化要素〕
common people ㊤856c〔常民〕
community ㊤493a〔共同体〕
companionate marriage ㊤754b〔試験婚〕 →試験婚
compound family ㊦462b〔複合家族〕 →複合家族
conjugal family ㊦457a〔夫婦家族〕 →夫婦家族
Conklin, H. C. ㊦655a〔民俗分類〕
couvade ⇨擬娩(㊤474c)
Crime and Custom in Savage Society ㊦590b〔マリノフスキー〕
croyances populaires ㊦630a〔民間信仰〕 →民間信仰
cultural anthropology ㊦500c〔文化人類学〕 →文化人類学
culture ㊦498c〔文化〕
culture complex ㊦501b〔文化複合〕

D

descent ㊤830c〔出自〕
diffusionism ㊦171c〔伝播主義〕
DK ㊦17a〔ダイニングキッチン〕
domestic animal ㊤364b〔家畜〕 →家畜
dominant group ㊦559b〔マイノリティ〕
Dorf Gemeinschaft ㊤486b〔共産村落〕 →共産村落
• Dorson, Richard M. ㊦**197c**
Douglas, Mary Tew ㊦61a〔タブー〕
dowry ㊤758c〔持参財〕 →持参財
Dumont, Louis ㊦491a〔フランス民俗学〕
Dundes, Alan ㊦633a〔民間文芸モチーフ索引〕
• Durkheim, Emile ㊦**158a** ㊤493a〔共同体〕 800a〔社会構造〕 886c〔心性〕 ㊦402a〔ハレ・ケ〕 692a〔モース, M〕

E

Eberhard, Wolfram ㊤210a〔エフエフシー〕
• ecstasy ㊤**201c**
• Eliade, Mircea ㊤**215c** 118c〔イニシエーション〕 798a〔シャーマニズム〕 ㊦549b〔堀一郎〕 803c〔両性具有〕
Elton, Charles Sutherland ㊤930a〔生態〕
• Embree, John F. ㊤**223c** ㊦297a〔ヌシドリ〕
endogamy ㊦241b〔内婚〕
Engels, Friedrich ㊤579a〔原始共産制〕
Enzyklopädie des Märchens ㊦687b〔メルヘン〕
ethnic group ㊤207a〔エトノス〕 ㊦639c〔民族㈠〕 →エスニック＝グループ
• ethnicity ㊤**203c**
ethnoarchaeology ㊦649b〔民族考古学〕
ethnocentrism ㊤794b〔自民族中心主

義〕
ethnography ⇨民俗誌(㊦649c) ㊦220a〔土俗〕 220b〔土俗学〕 643a〔民族学〕
ethnologie ㊦643a〔民族学〕 →民族学
ethnology ㊤207a〔エトノス〕 ㊦220b〔土俗学〕 643a〔民族学〕 →民族学
• Ethnos ㊤**207**a ㊦639b〔民族㈠〕
• Ethos ㊤**199**b
Evans-Pritchard, Edward Evan ㊦426a〔左〕
exogamy ㊤302a〔外婚〕
extended family ㊤326a〔拡大家族〕 →拡大家族

F

FABULA ㊤614c〔国際口承文芸学会〕
fairy tale ㊤266c〔お伽噺〕
fakelore ㊦459c〔フォークロア〕
FAO ㊤938c〔世界農林業センサス〕
fetishism ㊤833c〔呪物崇拝〕 →呪物崇拝
FF ㊤210a〔エフエフシー〕 550b〔クローン, K〕
• FFC ㊤**210**a 550b〔クローン, K〕 ㊦453a〔フィンランド民俗学〕
fieldwork ㊦452a
Firth, R. ㊤398b〔神がかり〕
folk-beliefs ㊦630a〔民間信仰〕 →民間信仰
folk-cosmology ㊤938a〔世界観〕
folklife ㊦459b〔フォークロア〕
• folklore〖folk-lore〗 ㊦**459**b ㊤73a〔イギリス民俗学〕 73b〔イギリス民俗学〕 153a〔上田敏〕 982a〔俗説学〕 ㊦228a〔トムズ〕 632a〔民間伝承㈠〕 644a〔民俗学史〕 659a〔昔話〕 →フォークロア
Folklore as an Historical Science ㊤645b〔ゴム〕 ㊦別刷〈民俗学史〉 →『歴史科学としての民俗学』
Folklore Fellows Communications ㊤210a〔エフエフシー〕
• folklorism ㊦**459**c
folkloristics ㊦459b〔フォークロア〕 →民俗学
Folkore Journal ㊤645a〔ゴム〕
folk religion ㊦630a〔民間信仰〕 650c〔民俗宗教〕 →民俗宗教
folk society ㊦650b〔民俗社会〕
folkways ㊤710b〔サムナー〕
Formula Tales ㊤558c〔形式譚〕 →形式譚
• Frazer, *Sir* James George ㊦**495**c ㊤83a〔石田英一郎〕 513c〔金枝篇〕 826a〔呪術〕 878c〔進化主義〕 ㊦61a〔タブー〕 112b〔長老制〕 別刷〈民俗学史〉
functionalism ㊦590a〔マリノフスキー〕 →機能主義

G

• gender ㊤**742**a
gender role ㊤934b〔性役割〕 →性役割
general anthropology ㊦501a〔文化人類学〕
• Gennep, Arnold van〖Van Gennep〗 ㊦**512**b ㊤118c〔イニシエーション〕 ㊦118a〔通過儀礼〕 490c〔フランス民俗学〕
gerontocracy ㊦112b〔長老制〕
Gluckman, Herman Max ㊦118a〔通過儀礼〕
• Gomme, George Laurence ㊤**645**a 73a〔イギリス民俗学〕 816c〔重出立証法〕 ㊦336b〔バーン〕 別刷〈民俗学史〉
Goode, W. G. ㊤826b〔呪術〕
• Gould, Baring Sabine ㊤**521**a

H

Haavio, Martti Henrikki ㊤210a〔エフエフシー〕
habitus ㊦808b〔礼儀〕
Haeckel, Ernst Heinrich ㊤930a〔生態〕
• Hainuwele ㊦**338**c
Harner, M. ㊤798b〔シャーマニズム〕
Hartland, E. S. ㊤73a〔イギリス民俗学〕
Harva, Uno ㊤798b〔シャーマニズム〕
• Hearn, Lafcadio ㊦**793**c
• Heine, Heinrich ㊦**339**a
Herder, Johann Gottfried von ㊦456b〔風土論〕
• Hierarchie ㊦**413**c
hierogamy ㊤926b〔聖婚〕
• Hoffmann-Krayer, Eduard ㊦**547**a ㊤939a〔世界民俗学文献目録〕
• hospitality ㊦**540**a ㊤302b〔外者歓待〕
HRAF ㊦558b〔マードック〕
Hsu, Francis. L. K. ㊦282a〔日本人㈡〕
Human Relations Area File ㊦558b〔マードック〕

I

Idealtypus ㊦798a〔理念型〕 →理念型
incest ㊤514a〔近親婚〕
• incest taboo ㊤**149**a
• initiation ㊤**118**c
• Internatinal Folklore and Folklife Bibliography ㊤**939**a
International Society for Folk Narrative Research ㊤614b〔国際口承文芸学会〕
IRA ㊦438a〔秘密結社〕

J

JA ㊤721b〔産業組合〕 ㊦318c〔農業協同組合〕
• Jenzen, Adolf Ellegard ㊤**66**c ㊦338c〔ハイヌウェレ〕
• jinx ㊤**880**c
• Jung, Carl Gustav ㊦**768**b ㊤898a〔神話学〕

K

• kindred ㊤**515**c
Kozlov, Pyotr Kuzimich ㊦822a〔ロシア民俗学〕
Krasheninnikov, Stepan Petrovich ㊦822a〔ロシア民俗学〕
Kroeber, Alfred Louis ㊤889b〔親族

名称・呼称〕 ㊦502b〔文化領域〕 650b〔民俗社会〕 654b〔民俗文化〕
• Krohn, Julius ㊤**550**a ㊦452c〔フィンランド民俗学〕
• Krohn, Kaarle ㊤**550**a 1a〔アールネ・トンプソンの話型〕 210a〔エフエフシー〕 ㊦452c〔フィンランド民俗学〕 811a〔歴史・地理的方法〕
Kultur ㊦498c〔文化〕
Kulturkreis ㊦499c〔文化圏〕 →文化圏
Kunstmärchen ㊦687b〔メルヘン〕

L

• lamp ㊦**795**b
Lang, Andrew ㊤73a〔イギリス民俗学〕
• langue parole ㊦**794**a
Lateral family ㊦457a〔夫婦家族〕
Leach, *Sir* Edmund Ronald ㊤597c〔構造主義〕 889b〔親族名称・呼称〕 ㊦61a〔タブー〕
Le Folk-lore ㊦別刷〈民俗学史〉 →『民俗学』
Les Rites de Passage ㊤887a〔人生儀礼〕 →通過儀礼
Lévi-Strauss, Claude ㊤597c〔構造主義〕 623c〔互酬性〕 800a〔社会構造〕 898a〔神話学〕 ㊦158b〔デュルケム〕 198a〔トーテミズム〕
Lewis, I. M. ㊤798b〔シャーマニズム〕
• lifecycl ㊦**791**c
Linton, Ralph ㊦457a〔夫婦家族〕
local community ㊦76b〔地域社会〕 →地域社会
Lowie, Robert Heinrich ㊤430b〔河村只雄〕 889b〔親族名称・呼称〕

M

• Malinowski, Bronislaw Kasper ㊦**590**a ㊤14a〔秋葉隆〕 473a〔機能主義〕 623c〔互酬性〕 738c〔参与観察〕 ㊦158b〔デュルケム〕
māra ㊤15c〔悪魔〕
Marc Bloch ⇨ブロック(㊦590c)
• Märchen ㊦**687**a ㊤266c〔お伽噺〕
Marett, Robert Raunlph ㊤33b〔アニミズム〕 ㊦61a〔タブー〕
Marx, Karl Heinrich ㊤493a〔共同体〕 579a〔原始共産制〕
Mason, Otis Tufton ㊦502b〔文化領域〕
Maurer, Georg Ludwig von ㊤579a〔原始共産制〕
mausim ㊦709a〔モンスーン〕
• Mauss, Marcel ㊦**692**a ㊤587a〔交換〕
• May Day ㊦**685**a
Mead, Margaret ㊤742a〔ジェンダー〕 ㊦335b〔パーソナリティ〕 457a〔夫婦家族〕
medium ㊤398b〔神がかり〕 ㊦810a〔霊媒〕 →霊媒
mentalité ㊤886b〔心性〕 →心性
• miăn zi ㊦**687**c
Miklukho-Maklai, Nikolai Nikolaevich ㊦822a〔ロシア民俗学〕
• minority ㊦**559**b
minority problems ㊤850c〔少数民族問題〕
• monsoon ㊦**709**a
mores ㊤710b〔サムナー〕
• Morgan, Lewis Henry ㊦**691**c ㊤83a〔石田英一郎〕 579a〔原始共産制〕 878c〔進化主義〕 889a〔親族名称・呼称〕 ㊦375b〔バッハオーフェン〕
Morse, Edward Sylvester ㊤753a〔しぐさ〕 ㊦635b〔民具〕
• motif ㊦**695**c
Motif-Index of Folk-Literature ㊦633a〔民間文芸モチーフ索引〕 →民間文芸モチーフ索引
Müller, Gerhand Friedrich ㊦822a〔ロシア民俗学〕
• Murdock, George Peter ㊦**558**b ㊤324b〔核家族〕 326a〔拡大家族〕 359b〔家族類型〕 660b〔婚姻居住方式〕 889b〔親族名称・呼称〕 ㊦113a〔直系家族〕 121a〔通文化的比較研究〕 457a〔夫婦家族〕 462b〔複合家族〕

N

nation ㊤207a〔エトノス〕
Needham, Rodney ㊤597c〔構造主義〕 ㊤889b〔親族名称・呼称〕 ㊦426a〔左〕
Nessler, Karl ㊦335b〔パーマ〕
• Nevskii, Nikolai Aleksandrovich ㊦**304**c ㊤464a〔喜田貞吉〕 ㊦249a〔中山太郎〕 746c〔山中共古〕
NGO ㊤820b〔住民運動〕
NPO ㊤820b〔住民運動〕
nuclear family ㊤324b〔核家族〕 →核家族

O

Oĭrik Axel ㊤210a〔エフエフシー〕
• oral history ㊤**241**a
Ordinary Tales ㊦552b〔本格昔話〕 →本格昔話
Orokko ⇨ウィルタ(㊤151c)
Outline of Cultural Materials ㊦558c〔マードック〕

P

Park, Robert Ezra ㊤430b〔河村只雄〕
Parsons, Talcott ㊤597b〔構造・機能主義〕 742a〔ジェンダー〕 ㊦158b〔デュルケム〕
participant observation ㊤738b〔参与観察〕 →参与観察
Patterns of Culture ㊦512c〔ベネディクト〕
patterns of culture ㊦499b〔文化型〕
people ㊤207a〔エトノス〕
Perkin, William Henry ㊤956c〔染色〕
Perry, William James ㊦171c〔伝播主義〕
• personality ㊦**335**a
physical anthropology ㊦501a〔文化人類学〕 →自然人類学
Popular Antiquities ㊤73a〔イギリス民俗学〕
popular antiquities ㊦459b〔フォークロア〕
popular literature ㊦459b〔フォークロア〕
Potanin, Grigorii Nikolaevich ㊦822a〔ロシア民俗学〕
• potlatch ㊦**547**a
Primitive Folk-Moots ㊤645a〔ゴム〕

primogeniture　㊦104*b*〔長子相続〕→長子相続
prophet　㊤398*b*〔神がかり〕
• Propp, Vladimir Yakovlevich　㊦**498***a*

R

• Radcliffe-Brown, Alfred Reginald　㊦**793***c*　㊤223*c*〔エンブリー〕　473*b*〔機能主義〕　597*b*〔構造・機能主義〕　800*a*〔社会構造〕　㊦158*b*〔デュルケム〕　590*b*〔マリノフスキー〕
Ranke, Kurt　㊤210*a*〔エフエフシー〕
Rechtssoziologie　㊦530*b*〔法社会学〕
reciprocity　㊤623*b*〔互酬性〕→互酬性
• Redfield, Robert　㊦**812***a*　㊤430*b*〔河村只雄〕　㊦226*b*〔都鄙連続体論〕　650*b*〔民俗社会〕　654*b*〔民俗文化〕
religion populaire　㊦630*a*〔民間信仰〕→民俗宗教
• Riehl, Wilhelm Heinrich　㊦**796***b*　175*b*〔ドイツ民俗学〕　644*a*〔民俗学史〕
ritual　㊤510*b*〔儀礼〕
Ruth Benedict　⇨ベネディクト(㊦512*c*)

S

Saintyves, Pierre　㊦490*c*〔フランス民俗学〕
Schmidt, Wilhelm　㊤243*b*〔岡正雄〕　㊦171*c*〔伝播主義〕　499*c*〔文化圏〕
Sébillot, Paul　㊦490*c*〔フランス民俗学〕　別刷〈民俗学史〉
serial monogamy　㊦71*c*〔単婚〕
sex role　㊤934*b*〔性役割〕
• shamanism　㊤**797***c*
Shirokogorov, Sergei Mikhailovich　㊤798*b*〔シャーマニズム〕
Shternberg, Lev Jakovlevich　㊦822*a*〔ロシア民俗学〕
SKS　㊦452*c*〔フィンランド民俗学〕
Smith, Grafton Elliot　㊦171*c*〔伝播主義〕　501*c*〔文化複合〕
Smith, William Robertson　㊦495*c*〔フレーザー〕
social anthropology　㊦501*a*〔文化人類学〕
social stratification　㊤305*c*〔階層〕→階層
Social Structure　㊦558*c*〔マードック〕
social structure　㊤800*a*〔社会構造〕→社会構造
sociétēs organisés　㊤493*a*〔共同体〕
sociétēs segmentaives　㊤493*a*〔共同体〕
sociology of law　㊦530*b*〔法社会学〕→法社会学
sorcery　㊦772*b*〔妖術〕→邪術
spirit-possession　㊤469*c*〔狐憑き〕→精霊憑依信仰
stem family　㊦113*a*〔直系家族〕
Steward, Julian Haynes　㊦502*b*〔文化領域〕
• stove　㊤**915***b*
stratum　㊤305*c*〔階層〕→階層
Structure and Function in Primitive Society　㊦793*c*〔ラドクリフ＝ブラウン〕
Studies in Japanese folklore　㊦197*c*〔ドーソン〕
Studies of Cross-cultural comparison　㊦120*c*〔通文化的比較研究〕→通文化的比較研究
• St. Valentine's day　㊦**402***b*
Subtype　㊦828*b*〔話型〕→サブタイプ
• Sumner, William Graham　㊤**710***b*
superstition　㊦631*b*〔民間信仰〕→俗信
survival　㊤91*a*〔遺制〕
SUYE MURA a Japanese Village　㊤223*c*〔エンブリー〕→『須恵村―日本の村―』
symbol　⇨象徴(㊤895*c*)

T

• taboo　㊦**61***a*　㊤511*b*〔禁忌〕→タブー
tapu　㊤511*b*〔禁忌〕→タブー
• taxi　㊦**34***c*
• teknonymy　㊦**150***a*
territoriality　㊦266*c*〔ナワバリ〕
territory　㊦266*c*〔ナワバリ〕
Thailand, a loosely structured social system　㊤224*a*〔エンブリー〕
The Chrysanthemum and the Sword: Patterns of Japanese Culture　㊦513*a*〔ベネディクト〕
The Folklore Record　㊦別刷〈民俗学史〉
The Folk-lore Society　㊦別刷〈民俗学史〉
The Golden Bough　㊦別刷〈民俗学史〉→『金枝篇』
the Journal of Amencan Folklore　㊦197*c*〔ドーソン〕
The Making of London　㊤645*b*〔ゴム〕
The Sexual Life of Savages in North-Western Melanesia　㊦590*b*〔マリノフスキー〕
The Types of the Folktale　㊤1*b*〔アールネ〕　1*a*〔アールネ・トンプソンの話型〕　㊦18*b*〔タイプ＝インデックス〕　659*c*〔昔話〕　687*b*〔メルヘン〕　828*b*〔話型〕→昔話の型
• Thompson, Stith　㊦**239***c*　㊤1*a*〔アールネ〕　1*a*〔アールネ・トンプソンの話型〕　210*a*〔エフエフシー〕　558*c*〔形式譚〕　㊦18*b*〔タイプ＝インデックス〕　552*b*〔本格昔話〕　633*a*〔民間文芸モチーフ索引〕　659*c*〔昔話〕　687*b*〔メルヘン〕　695*c*〔モチーフ〕　828*b*〔話型〕
• Thoms, William John　㊦**227***c*　㊤73*a*〔イギリス民俗学〕　㊦459*b*〔フォークロア〕　643*c*〔民俗学史〕
Thünen, Johann Heinrich von　⇨孤立国(㊤654*c*)
• totemism　㊦**198***a*
tradition populaire　㊦5479〔民俗学史〕
• trance　㊦**232***a*　→トランス
• trial marriage　㊤**754***a*
• trickster　㊦**235***a*
Turner, Victor W.　㊤484*a*〔境界〕　597*c*〔構造主義〕　874*a*〔しろ〕　㊦118*a*〔通過儀礼〕　809*c*〔霊場〕
• Tylor, Edward Burnett　㊦**22***c*　㊤33*a*〔アニミズム〕　91*a*〔遺制〕　898*a*〔神話学〕　㊦120*c*〔通文化的比較研究〕　495*c*〔フレーザー〕
Type　㊦687*b*〔メルヘン〕　828*b*〔話型〕→話型
• type index　㊦**18***b*　→タイプ＝インデックス

U

• Uilta　㊤**151***c*

ultimogeniture　㊦104*b*〔長子相続〕→末子相続
urban legends　㊦213*c*〔都市伝説〕→都市伝説

V

vagina dentata　⇨嫁の歯(㊦785*c*)
van Gennep, Arnold　⇨ヘネップ(㊦512*a*)
Varagnac, André　㊦490*c*〔フランス民俗学〕
Verzeichnis der Märchentypen　㊤1*a*〔アールネ〕 1*a*〔アールネ・トンプソンの話型〕→『昔話の型目録』
village community　㊤486*b*〔共産村落〕→共産村落
Volk　㊤207*b*〔エトノス〕 ㊦639*b*〔民族(一)〕
Völkerkunde　㊤207*b*〔エトノス〕 ㊦643*a*〔民族学〕
Volksglauben　㊦630*a*〔民間信仰〕→民間信仰
Volkskunde　㊤207*b*〔エトノス〕 ㊦175*b*〔ドイツ民俗学〕 643*a*〔民族学〕 644*a*〔民俗学史〕
Volksreligion　㊦630*a*〔民間信仰〕→民俗宗教

W

Wallace, Anthony F. C.　㊤798*b*〔シャーマニズム〕
Walsh, R.　㊤798*b*〔シャーマニズム〕
Weber, Max　㊤199*b*〔エートス〕 422*c*〔カリスマ〕 493*b*〔共同体〕 886*c*〔心性〕 ㊦112*b*〔長老制〕 798*a*〔理念型〕
Weinhold, Karl　㊦175*a*〔ドイツ民俗学〕 644*a*〔民俗学史〕
Wells, Herbert George　㊤83*a*〔石田英一郎〕
Westermarck, Edward Alexander　㊤149*a*〔インセスト＝タブー〕 754*b*〔試験婚〕
Wissler, Clark　㊦310*a*〔年代領域原理〕 501*c*〔文化複合〕 502*b*〔文化領域〕
witchcraft　㊤469*c*〔狐憑き〕 ㊦772*b*〔妖術〕→妖術信仰

X

Xmas　㊤546*c*〔クリスマス〕→クリスマス

図　版　目　録

凡　例
◉　国宝
◎　重要文化財
〔史〕 国指定史跡

本　文　図　版　目　録

徳丸の田遊び　東京都板橋区……2
滝沢の田遊び「孕五月女」　静岡県藤枝市　藤枝市郷土博物館提供……2
江戸太神楽「花籠鞠の曲」……3
合掌造の下の大家族　岐阜県大野郡白川村……4
大太鼓　東京芸術大学美術館所蔵……5
ザンザカ踊り　兵庫県養父郡大屋町大杉　京都＝大森恵子撮影……6
太鼓踊り　京都府相楽郡南山城町田山　京都府教育庁提供……6
大黒柱　山梨県塩山市……7
太鼓櫓　滋賀県八日市市……8
太子講の掛け軸　神奈川県津久井郡藤野町牧野　神奈川県立歴史博物館提供……10
大社造　出雲大社本殿立面図……11
大正琴　宮崎＝宮崎まゆみ所蔵　東京＝東京書籍提供……12
太々神楽　長野県木曾郡上松町・駒ヶ岳神社……14
居合抜きの大道芸　横浜市中区野毛町　神奈川＝西海賢二撮影……15
パリでの日本人による大道芸　同上撮影……15
車輪に鉄を巻いた大八車　東京都練馬区　練馬区郷土資料室所蔵……17
タイマ……18
江戸時代の伊勢神宮の大麻　三重＝神宮徴古館農業館提供……19
愛知県の食用野草調理説明　名古屋市立博物館所蔵……21
田植え　田植えをする女性　茨城県　山口＝湯川洋司撮影……24
　田植え機による苗入れ　山口県　同上撮影……24
　人力で苗を補植　山口県　同上撮影……24
大沢田植え踊り　岩手県岩手郡滝沢村……25
田植え定規　『御殿場市史』別巻1より……26
田植え綱　『韮山町の民具』より……26
高足　兵庫県加東郡社町・住吉神社……28
鷹狩中の鷹匠と鷹　山形県最上郡真室川町　山形県立博物館提供……29
高倉の群倉　鹿児島県大島郡大和村大和浜……30
高燈籠　三重県志摩郡志摩町御座……31
宝船の図　東京都立中央図書館所蔵……33
興福寺の薪能　奈良市……34
託宣　守護神の憑入した霊媒とシャーマン……35
竹細工　四目編み　東京＝武蔵野美術大学民俗資料室所蔵……37
　六目編み　同上所蔵……37
　茣蓙目編み　同上所蔵……37
　網代編み　同上所蔵……37
　巻縁　同上所蔵……37
　当縁　同上所蔵……37
　菊底　同上所蔵……37
　網代編み　同上所蔵……37
各種の田下駄……38
タコ釣具　辻井善弥『磯漁の話』より……39
凧　男べらぼう　秋田県能代市　東京＝武蔵野美術大学民俗資料室所蔵……39
　花泉凧三竦　山形市　同上所蔵……39
　錦凧　東京都　同上所蔵……39
　駿河凧　静岡市　同上所蔵……40
　酒田奴　山形県酒田市　同上所蔵……40
　日の出鶴　長崎県福江市　同上所蔵……40
浜松祭の凧揚げ　静岡県浜松市　浜松市役所提供……40
蛸壺　山口県大島郡大島町……41
山車　長浜曳山祭の山車　滋賀県長浜市　滋賀＝中島誠一撮影……42
　知立祭の山車　愛知県知立市　知立市役所提供……42
　秩父夜祭の屋台　埼玉県秩父市　秩父観光協会提供……42
　博多祇園祭の山笠　福岡市　福岡市役所提供……42
　高山春祭の屋台　岐阜県高山市　高山市役所提供……42
　高山秋祭の屋台　布袋台のからくり人形　岐阜県高山市　同上提供……42

（2） 図版目録

畳屋の道具　針と庖丁　茨城県つくば市 ………………44
花取踊り　高知県須崎市大谷 ………………………………46
奪衣婆　優婆様　秋田県本荘市・正乗寺所蔵 ………47
竜　頭　和歌山県東牟婁郡古座川町明神 ……………47
和歌山県東牟婁郡古座川町長追 ……………47
和歌山県東牟婁郡古座川町一雨 ……………47
和歌山県東牟婁郡古座川町西川 ……………47
建て前　山形県西置賜郡飯豊町 …………………………49
「立山曼荼羅」に描かれた立山地獄　富山＝来迎寺所蔵　神奈川＝川崎市市民ミュージアム提供 ……………………………………………49
棚　田　高知県吾北郡吾北村津賀谷 ……………………51
種子浸け　青森県西津軽郡深浦町追良瀬　桜庭武則撮影　東京＝成城大学民俗学研究所提供 ……………………………………………53
琵琶湖岸の種子籾囲い ………………………………………55
田の神舞神職型の田の神像　鹿児島県姶良郡姶良町平松触田 ………………………………………57
田の神舞　鹿児島県姶良郡隼人町・鹿児島神宮 ………57
田の字型民家・サの字型民家 ……………………………58
『旅と伝説』創刊号　東京＝成城大学民俗学研究所所蔵 ……………………………………………………60
タマサイ ……………………………………………………62
シトキウシタマサイ ………………………………………62
田峯田楽の朝田楽　愛知県北設楽郡設楽町　設楽町教育委員会提供 ……………………………………63
タルチュム　韓国楊州の仮面劇 …………………………67
達磨市　群馬県高崎市　高崎市役所提供 ……………67
タントゥイ　竹富島の奉納舞踊　沖縄県八重山郡竹富町　沖縄＝国吉真太郎撮影 ……………………74
力　石　埼玉県和光市白子 ………………………………80
力　綱　京都府天田郡三和町・大原神社 ………………81
深川の力持ち　東京都江東区 ……………………………81
祇園祭長刀鉾の稚児 ………………………………………83
毛越寺延年「花折」の稚児舞　岩手県西磐井郡平泉町・毛越寺 …………………………………………83
チセの内部構造図　北海道教育委員会編『アイヌ民俗調査』1より ……………………………………84
秩父巡礼三十四所観音略図 ………………………………86
「熊野観心十界図」に描かれた血の池地獄　秋田市＝宝性寺所蔵　神奈川＝川崎市市民ミュージアム提供 ………………………………………88
茅の輪　福島県相馬市小泉・八坂神社 …………………88
チマ＝チョゴリ ……………………………………………90
チャグチャグ馬ッコ　岩手県紫波郡矢巾町 ……………93
哨　吶　東京＝竹内敏信撮影 ……………………………96
茶礼の供え物 ………………………………………………96
忠魂碑　群馬県太田市 ……………………………………98
中門造　新潟県魚沼地方　新潟県教育委員会編『越後の民家―中越編―』より ……………………101
忠霊塔　群馬県新田郡尾島町 …………………………101
秋夕の際の墓参り …………………………………………102
蔵提燈 ………………………………………………………107
小田原提燈（懐中提燈） …………………………………107
帳　箱　大阪市福島区＝海老江西之町所蔵 …………110
庁屋内での祭礼の打ち合わせ　静岡県湖西市新所・女河八幡宮　静岡県史編纂室提供 …111
調理法相関図 ………………………………………………112
築地松　島根県簸川郡斐川町 …………………………116
津軽神楽 ……………………………………………………122
突上げ二階　山梨県山梨市七日市場 …………………124
横槌の各種形態　岩井宏實他編『民具研究ハンドブック』より ……………………………………132
小　鼓 ………………………………………………………134
竹の網代に一貫張りをした葛籠 ………………………134
ツトッコミョウジン　岩手県陸前高田市長部　宮城＝川島秀一撮影 …………………………………134
十五夜の綱引き　鹿児島県枕崎市 ……………………135
角隠し　埼玉県秩父郡長瀞町　埼玉＝南良和撮影1962年 ………………………………………………136
角　樽 ………………………………………………………136
つぶろさし　新潟県佐渡郡羽茂町 ……………………138
ツルの先端の鉄 ……………………………………………142
車井戸の釣瓶　東京＝宮本記念財団提供 ……………143
跳ね釣瓶井戸　青森県上北郡六ヶ所村　同上提供 …143
低湿地　長野県大町市木崎湖畔 ………………………145
大謀漁業の定置網　文化庁編『漁業図集』より ……146
手古舞 ………………………………………………………150
テシマ ………………………………………………………151
梯子乗演技之図　『風俗画報』より …………………151
白山麓の出作小屋　石川県石川郡白峰村 ……………153
鉄砲堰　埼玉県秩父郡大滝村大山沢 …………………154
手　槍　柄付きナガサ　秋田県北秋田郡阿仁町比立内 ………………………………………………158
カモシカ用フクロナガサとクマヤリ　秋田県北秋田郡阿仁町打当　打当ふるさとセンター所蔵 ……………………………………158
大元神楽の天蓋引き　島根県邑智郡桜江町市山 ……161
田　楽　御宝殿の稚児田楽　福島県いわき市大倉・熊野神社　いわき市教育委員会提供 …162
田峯田楽の朝田楽　愛知県設楽郡設楽町設楽町教育委員会提供 …………………………162
美田八幡宮の田楽　島根県隠岐郡西ノ島町・美田八幡宮　西ノ島町教育委員会提供 ………………………………………162
天道念仏　さんじもさ踊り　福島県白河市関辺　白

河市教育委員会提供 ……169
各種の天秤棒 ……172
天満祭 鉾流神事 大阪市北区・大阪天満宮 大阪天満宮提供 ……173
船渡御 大阪市北区・大阪天満宮 同上提供 ……173
闘牛 沖縄県 ……176
神波多神社天王祭の道化狂言 奈良県山辺郡山添村 山添村歴史民俗資料館提供 ……179
闘鶏 鹿児島県 ……180
闘犬 茨城県 ……180
同族と親類の重なりとズレ ……184
同族家族 ……186
双体道祖神 長野県小県郡真田町東原 ……187
長野県東筑摩郡明科村萩原 ……187
トゥナ 北海道＝アイヌ民族博物館提供 ……188
道標 高野山の町石 和歌山県伊都郡高野町 …189
中仙道の一里塚 東京都北区西ヶ原 ……189
東海道と中仙道の分岐点の道標 滋賀県草津市草津 ……189
大山道の道標 東京都世田谷区 ……189
西新井大師道の道標 東京都北区東田端 ……189
銅拍子 大阪＝青木信二撮影 ……190
唐箕 ……192
十日戎 大阪市浪速区・今宮戎神社 ……196
トートーメー 沖縄県国頭郡 東京＝福田アジオ撮影 ……198
サガドキの子供たち 鹿児島県川辺郡知覧町 鹿児島＝野間口美樹撮影 ……201
田植えドキの藁苞を下げる 鹿児島県川辺郡川辺町 ……201
時の鐘 埼玉県川越市 ……202
戦前の毒消し売り ……203
徳本名号塔 群馬県勢多郡赤城村勝保沢 ……204
徳利 ……204
床の間 三重県上野市・町井家住宅◎ ……206
年木 長野県下伊那郡阿南町新野 東京＝倉石忠彦撮影 ……212
年棚 埼玉県秩父市 ……213
トシドン 鹿児島県薩摩郡下甑村手当 ……215
薬研堀不動の年の市 東京都中央区東日本橋 ……215
土葬 岩手県二戸郡 ……219
鳶口 ……225
邑知潟のどぶね 石川県羽咋市 ……227
鳥屋 栃木県安蘇郡田沼町 倉田一郎撮影 東京＝成城大学民俗学研究所提供 ……229
どやどや 大阪市天王寺区・四天王寺 大阪＝清風学園高等学校提供 ……229
銅鑼 東京＝国立劇場所蔵 大阪＝青木信二撮影 ……230
尾崎虎舞 岩手県釜石市 ……232
鳥居(一) 稲荷山参道の鳥居 京都市伏見区・伏見稲荷 ……233
各種の鳥居 ……233
酉の市 東京都台東区・鷲神社 ……235
採物 黒森神楽御堂入りの桶とすりこぎ 岩手県宮古市 ……236
牛伏七つ踊りの扇 岩手県宮古市 ……236
銀鏡神楽の御幣と鈴 宮崎県西都市 ……236
『ドルメン』創刊号 東京＝成城大学民俗学研究所所蔵 ……237
ドングリ食の全国分布 辻稜三「わが国における堅果食の分布に関する基礎的研究」(『立命館文学』535)より ……237
トンコリ 『蝦夷人弾琴図』より 北海道＝函館市立函館図書館所蔵 ……238
ドンザ 坂手のサシコ 三重県鳥羽市坂手島 三重＝海の博物館所蔵 ……238
博多どんたくの松囃子 ……239
苗取り 山口県 山口＝湯川洋司撮影 ……242
長滝の延年 岐阜県郡上郡白鳥町 岐阜＝白山文化博物館提供 ……245
長床 福島県喜多方市・熊野神社 喜多方市郷土民俗館提供 ……246
九尺二間の裏長屋間取り模式図(部分) ……248
大谷石造りの長屋門 宇都宮市 ……249
各地の鉈 朝岡康二『鍛冶の民俗技術』より ……253
夏祭 大阪天満宮天神祭の鉾流神事 大阪＝山村善太郎撮影 ……257
ナマハゲ 秋田県南秋田郡若美町福米沢 ……262
納屋集落 千葉県山武郡成東町 『青野寿郎著作集』1より ……263
鳴子を鳴らす農民 『耕稼春秋図屏風』より 静岡＝東海道広重美術館所蔵 ……265
南条踊り 山口県岩国市 岩国市教育委員会提供 …267
西浦田楽の高足舞 静岡県磐田郡水窪町西浦・所能山観音堂 長野＝桜井弘人撮影 ……274
ニシン漁 「北海道鰊大漁概況之図」(部分) ……276
『古平鰊漁十態』より ……276
『日本民俗学』第1号 東京＝成城大学民俗学研究所所蔵 ……283
火を跨ぐ入家儀礼 福島市 千葉＝萩原秀三郎撮影 ……286
青森ねぶたの人形燈籠 青森市 青森市役所提供 …305
弘前ねぶたの扇燈籠 青森県弘前市 ……305

（4） 図版目録

念仏踊り　一色放下大念仏　愛知県南設楽郡鳳来町 ……313
年齢階梯と年齢組 ……316
能「嵐山」(金春禅鳳作) ……317
稲含社八十八夜の農具市　群馬県伊勢崎市柴町　群馬＝板橋春夫撮影 ……319
能舞の渡辺綱　青森県下北郡東通村上田屋 ……324
野神祭(シャカシャカ祭)　奈良県橿原市上品寺町 ……325
前挽鋸実測図　滋賀＝水口町立歴史民俗資料館所蔵 ……325
鋸　鎌 ……326
のさかけ　新潟県岩船郡山北町　新潟＝金田文男撮影 ……326
の　し　熨斗鮑作り　三重県鳥羽市国崎町 ……326
玉貫鰒と身取鰒　三重県伊勢市・伊勢神宮 ……326
現代の熨斗 ……326
満洲の覗機関 ……327
野馬追い　上げ馬の奉納　福島県相馬郡小高町・小高神社 ……329
野良着　ハンキリ　埼玉県所沢市 ……330
ノ　リ　大正時代の大森海岸のノリ漁場　東京都大田区 ……330
現代のノリの摘採作業　宮城県松島湾　東京＝全国ノリ貝類協同組合連合会提供 ……331
ノリワラの託宣　福島市松川町羽山山頂 ……332
暖　簾　外暖簾『江戸名所図会』3より ……333
内暖簾 ……333
のろま人形　新潟県佐渡地方 ……334
爬　竜　沖縄県石垣市　石垣市史編集室提供 ……336
売薬さんの得意先訪問　富山市売薬資料館提供 ……340
牌　楼　長安門　神戸市中央区南京町 ……340
墓　石　宝篋印塔　京都府 ……343
五輪塔　奈良県 ……343
一石五輪塔　奈良県 ……343
舟型光背五輪浮彫塔　奈良県 ……343
板碑型墓塔　埼玉県 ……343
如意輪観音像墓塔　千葉県 ……343
無縫塔　埼玉県 ……343
角柱型墓塔　東京都 ……343
墓地の墓石群　三重県 ……343
墓じるし　自然石の墓じるし　三重県志摩郡阿児町 ……344
生木の墓じるし　千葉県 ……344
ハカセ　ダイサン　東京都新島 ……344
各種の履物 ……347
馬　具　犂を引く牛『絵本通宝志』より ……348
馬具の名所 ……349
箱ガラス　辻井善弥『磯漁の話』より ……353
ハサ木　新潟県西蒲原郡岩室町 ……354
機　織　長野＝上田市立博物館提供 ……362
蘇民祭　岩手県水沢市・黒石寺　水沢市観光協会提供 ……363
鉢叩き　空也念仏踊り　福島県河沼郡河東町・八葉寺　神奈川＝西海賢二撮影 ……367
初　市　山形市の十日市　山形市役所提供 ……370
パッカイタラ　北海道＝アイヌ民族博物館提供 ……371
子どもに鯛を背負わせる初誕生の行事　島根県八束郡八雲村　島根＝喜多村理子撮影 ……374
新年市中初荷の図『風俗画報』85号より　神奈川＝神奈川大学日本常民文化研究所所蔵 ……375
馬頭観音　群馬県群馬郡群馬町中里 ……378
花　籠　和歌山県東牟婁郡古座町 ……379
花笠踊り　山口県熊毛郡熊毛町　熊毛町役場提供 ……379
山形市　山形市役所提供 ……379
花田植　広島県山県郡千代田町 ……381
東都両国ばし夏景色　歌川貞秀筆　東京都江戸東京博物館所蔵 ……382
反閇を踏む花祭の榊鬼　愛知県北設楽郡豊根村下黒川 ……384
地狂言の舞台の花道　愛知県北設楽郡設楽町田峯　神奈川＝西海賢二撮影 ……385
破　風　山形県東田川郡朝日村田麦俣 ……386
破風墓　沖縄県中頭郡北谷町 ……386
浜降りの神事　福島県相馬郡鹿島町・鶏足神社 ……387
浜下駄　前後交換式の浜下駄　新潟＝上越市立水族博物館所蔵 ……388
ポックリ式の浜下駄　新潟＝糸魚川市歴史民俗資料館所蔵 ……388
初正月の破魔矢・破魔弓・羽子板 ……389
早池峰神楽　大償神楽「権現舞」　岩手県稗貫郡大迫町 ……391
腹　帯　愛知県一宮市　東京＝新谷尚紀提供 ……394
腹掛け『拾遺都名所図会』4より ……395
京坂にて男子所用の腹当『守貞漫稿』15より ……395
原田敏明　兵庫＝原田敏丸提供 ……395
軍兵の腹巻姿『蒙古襲来絵巻』より　宮内庁三の丸尚蔵館所蔵 ……396
梁組構造図 ……397
春　駒　新潟県佐渡郡相川町 ……399
春田打　岩手県北上市江釣子 ……399
横岡番楽の翁　秋田県由利郡象潟町 ……403
板　木　宮崎県西臼杵郡高千穂町・荒立神社　宮崎＝緒方俊輔撮影 ……403

山形県庄内地方のハンコタナ　山形＝致道博物館所蔵……404
京都府丹後地方の半纏　京都府宮津市……407
山形県庄内地方の祝いバンドリ　山形＝致道博物館所蔵……407
花田番屋◎　北海道留萌郡小平町……409
杼　長野＝上田市立博物館所蔵……410
火打ち金三種と火打ち石……412
稗　島　岩手県九戸郡山形村……413
地曳き網漁業の引き網　文化庁編『漁具図集』より……416
長浜曳山祭の曳山と子供歌舞伎　滋賀県長浜市……418
大型の火消し壺　山梨県山梨市……419
文政年間のおかげ参り柄杓　三重＝神宮徴古館所蔵……422
ウフワタビンジュル　沖縄県具志川市字前原……423
ビジュル石かつぎ　沖縄県石垣市　沖縄＝国吉真太郎撮影……423
火　棚……425
『ひだびと』第11年1号　東京＝成城大学民俗学研究所所蔵……425
備中鍬……427
ヒデ鉢……428
村境に立てられた人形　千葉県本埜村……428
肩車されるヒトツモノ　兵庫県高砂市・曾根天満宮提供……430
十軒店雛市　『江戸名所図会』1より……432
ヒヌカン　沖縄県北部……433
火のし　埼玉＝鳩ヶ谷市郷土資料館提供……435
火の見の板木　山口県阿武郡阿東町　橋浦泰雄撮影　東京＝成城大学民俗学研究所提供……435
火の見櫓　埼玉県鶴ヶ島市下新田……435
ピ　パ　北海道＝静内郷土館所蔵　北海道＝古原敏弘撮影……435
百度石　長野市・善光寺……439
ヒャクハッタイの火焚き　静岡市……440
備中神楽の白蓋　岡山県小田郡美星町……441
白　開　愛知県北設楽郡豊根町三沢……441
神楽面のひょっとこ　東京＝萩原家所蔵……445
広間型民家　福島県白河……449
寝間付き広間型民家　青森付近……449
ヒンプン　沖縄県島尻郡仲里村儀間……451
鍛錬式の鞴　岐阜県不破郡垂井町・南宮大社　愛知＝安城市歴史博物館提供……452
慈眼院の符札　那覇市　沖縄＝山里純一撮影……457
豊年祭　沖縄県石垣市大浜　沖縄＝国吉真太郎撮影……458
竜　笛　東京芸術大学美術館所蔵……458
復元的調査　現状平面図……461
　痕跡図……461
　復元平面図……461
複合家族模式図……462
富士講　火祭での富士講中　山梨県富士吉田市……466
　講社の旗と宿坊　山梨県富士吉田市……466
東京都二十三区および周辺の富士塚分布図……469
信州佐久郡上畑村佐々木家普請帳　神奈川＝川崎市立日本民家園所蔵……470
二棟造　太田家住宅◎　(旧所在)茨城県笠間市　神奈川県・川崎市立日本民家園……472
仏　壇　大阪府羽曳野市……478
普度勝会　京都府宇治市・万福寺……479
船絵馬　永宝丸船絵馬　新潟県・白山媛神社……482
　北前船船絵馬　兵庫県・興長寺……482
舟型屋敷見取図　静岡県榛原郡金谷町……483
船　霊　香川＝瀬戸内海歴史民俗資料館所蔵……484
船簞笥　三重＝海の博物館所蔵……485
丹後伊根浦の船屋群　京都府与謝郡伊根町……486
船　伊勢船……487
　北国船……487
踏　車　『農具便利論』下より……487
日立風流物表山　茨城県日立市助川町　日立市観光協会提供……492
武雄の荒踊り　佐賀県武雄市荒瀬……492
風流獅子舞……493
篩　東京＝武蔵野美術大学民俗資料室所蔵……493
風　呂　据風呂　モース『日本人の住まい』より……496
　五右衛門風呂　「新鐫膝栗毛」(池田英泉画)より……496
　膞風呂　モース『日本人の住まい』より……496
　鉄砲風呂　同上より……496
　籠風呂　中桐確太郎『風呂』より……496
　麦風呂　同上より……496
　籠風呂　同上より……496
風呂鍬……497
文化住宅間取り図……500
出入口に貼られた米寿の手形　奈良市元興寺付近……508
ベニバナ……512
便所模式図　福島県南会津郡檜枝岐村……516
遍　路　四国八十八ヵ所札所……518
　愛媛県周桑郡小松町・横峰寺付近　神奈川＝西海賢二撮影……520
十八世紀末期の千石積弁才船の帆……520
沖縄で用いられていた羅盤　沖縄県立博物館所蔵……521
現在の方位磁石……522

大海の放下　愛知県新城市大海　新城市教育委員会提供 ……523
防寒着の帽子のおばなぼっち　山形＝致道博物館所蔵 ……524
宝篋印塔　群馬県高崎市浜川町・来迎寺 ……525
方言地図　各都道府県別牛肉の消費量 ……527
　挽き肉の名称の東西分布 ……527
疱瘡神送り　宮城県刈田郡七ヶ宿町関 ……531
棒の手　愛知県尾張旭市東軍流 ……533
鳳来寺田楽　愛知県南設楽郡鳳来町　鳳来町教育委員会提供 ……533
焙烙灸　神奈川県平塚市・蓮昭寺　神奈川＝西海賢二撮影 ……534
行器　ダイカイ　神奈川県秦野市 ……535
藁の祠と木造の祠　福島県相馬郡小高町・益田嶺神社 ……537
仏舞　京都府舞鶴市松尾・松尾寺 ……546
法螺貝を吹く大峯山の修験者　奈良県吉野郡天川村大峯山中　東京＝鈴木正崇撮影 ……548
各種の掘棒　木下忠『日本農耕技術の起源と伝統』より ……549
世田谷のぼろ市　東京都世田谷区 ……550
佐渡の盆市　新潟県佐渡郡相川町　新潟＝佐藤利夫撮影 ……550
盆踊り　壬生川の盆踊り　愛媛県東予市壬生川　東予市教育委員会提供 ……551
　郡上八幡の盆踊り　岐阜県郡上郡八幡町　八幡町役場提供 ……551
盆棚　東京都小平市 ……555
鳥海山蕨岡の大御幣祭の梵天　山形県飽海郡遊佐町 ……556
本棟造　長野県東筑摩郡山形村 ……557
曲家　岩手県北上市・民俗村 ……560
曲家の間取り　岩手県遠野市上郷町 ……561
　岩手県紫波郡矢巾町 ……561
巻狩り　ヨコマキの略図『民俗資料選集』1より ……562
古琉球の間切り区分概念図　高良倉吉『琉球王国の構造』より ……564
野団子　岩手県宮古市　千葉＝山田慎也撮影 ……565
墓地の枕飯　埼玉県新座市大和田　東京＝新谷尚紀撮影 ……566
馬鍬　一般的な馬鍬 ……566
　ナラシマンガ ……566
　車馬鍬『農具便利論』中より ……566
曲物　蒸籠　青森地方 ……567
　尾鷲メッパ ……567
　ワリゴ　木曾地方 ……567
　水指 ……567
　建水 ……567
　衝重（丸三方） ……567
博多松囃子　福岡市　福岡市経済振興局提供 ……576
松前神楽の翁舞　北海道松前郡松前町　松前町教育委員会提供 ……576
祭囃子　戸塚囃子　東京都新宿区　東京＝吉田紘一撮影 ……579
間取り　前座敷三間取り　奈良県添上郡月ヶ瀬村 ……581
　摂丹型　旧大阪府豊中市所在 ……581
　北山型　京都府北桑田郡美山町 ……581
　北船井型　京都府船井郡丹波町 ……581
　琉球の民家の間取り　沖縄県島尻郡伊是名村 ……581
　広間型三間取り　旧神奈川県秦野市所在 ……581
下野国黒羽藩の間引きを戒める触れ「人面獣心の壁書」　栃木＝佐藤操所蔵　栃木県立博物館提供 ……583
簇　ワラマブシ　長野＝上田市立博物館提供 ……585
　回転簇　同上提供 ……585
豆植棒　ホグセボ　石川県羽咋郡富来町 ……587
　ガーガメ　石川県白山麓 ……587
山形県庄内地方の豆打棒　山形＝致道博物館所蔵 ……587
繭の標本　長野＝上田市博物館提供 ……587
繭玉　埼玉県秩父市 ……588
神詞を唱えるマユンガナシ　沖縄県石垣市川平 ……588
マリア観音　長崎奉行所キリシタン関係資料◎のうち　東京国立博物館所蔵 ……589
隠れキリシタンの納戸神　長崎県生月島 ……589
丸木船　鹿児島県熊毛郡南種子島町牛野 ……590
丸髷 ……590
まんかい　鹿児島県大島郡竜郷町　鹿児島＝久伸博撮影　鹿児島＝名瀬市立奄美博物館提供 ……592
万作踊り　埼玉県川越市老袋 ……593
箕　千葉＝新松戸郷土資料館所蔵 ……595
三河大神楽　獅子神楽　愛知県新城市中町 ……598
三河万歳　愛知県安城市 ……598
巫女による厄払いの数珠かけ ……600
神田祭の神輿宮入り　東京都千代田区＝神田神社提供 ……601
託宣の後の巫女舞 ……602
見世物　見世物小屋の絵看板　蔦秀明撮影 ……608
　鬼の子のミイラ　大分県下毛郡耶馬溪町・羅漢寺 ……608

ミツマタ　東京＝大堀一彦撮影……613
南方熊楠……614
水口祭　滋賀県栗太郡栗東町　栗東歴史民俗博物館提供……615
峰入り　山形県東田川郡羽黒町・羽黒山　神奈川＝西海賢二提供……616
蓑　ワラケラ　秋田県北秋田郡比内町扇田　東京＝宮本記念財団提供……616
壬生狂言「土蜘蛛」　京都市中京区・壬生寺提供……617
耳標　長野県南安曇郡奈川村保平……618
宮座　オコナイ　滋賀県伊香郡余呉町下丹生……621
オコナイ　滋賀県甲賀郡甲南町稗谷……621
芝原式　滋賀県野洲郡野洲町・御上神社……621
頭屋渡し　福井県三方郡三方町海山……621
宮参り　奈良市・奈良豆比古神社……623
宮本常一……624
弥勒踊り　千葉県館山市・洲崎神社　館山市教育委員会提供……628
三輪山　奈良県桜井市……629
民具実測図　風呂鍬実測図……637
『民具マンスリー』第1巻第1号　神奈川＝神奈川大学日本常民文化研究所所蔵……638
『民族』第1巻第1号　東京＝成城大学民俗学研究所所蔵……640
『民俗学』第1巻第1号　同上所蔵……642
『民族学研究』第1巻第1号　同上所蔵……643
民俗学研究所のメンバー（1955年12月4日）　東京＝成城大学民俗学研究所提供……643
『民俗芸術』創刊号　東京＝成城大学民俗学研究所所蔵……647
『民俗建築』第1号　同上所蔵……649
民俗地図　長野県における餅無し正月の伝承地『長野県史』民俗編5より……652
民俗展示　脱穀調整具の展示　神奈川県川崎市・川崎市市民ミュージアム……653
人形による再現展示　福井市・おさごえ民家園……653
虫送り　福島県大沼郡会津高田町下町　福島＝佐治靖撮影……665
無人売店　東京都調布市入間町……668
ムックリ　北海道＝アイヌ民族博物館所蔵……669
元興寺極楽坊本堂棟札　奈良＝元興寺文化財研究所所蔵……670
御上神社本殿修理棟札　滋賀＝御上神社所蔵……670
草葺き屋根の棟……671
河内国丹南郡日置庄岩室村村絵図　大阪府堺市岩室……675
明和四年山城国井ノ口村法度書　京都＝長岡京市立図書館提供……676・677
村境の注連縄を張り渡す場所　長野県東筑摩郡麻績村……679
村旗　石川県河北郡津幡町七黒……680
ムンヌイェプ……683
『明治大正史世相篇』4　東京＝成城大学民俗学研究所所蔵……683
東北地方の目すだれ　岩手＝碧祥寺博物館所蔵……686
音成の面浮立　佐賀県鹿島市音成……688
盲僧琵琶による長崎県対馬の荒神祓え　長崎県下県郡厳原町……690
毛越寺延年　岩手県西磐井郡平泉町・毛越寺……690
灰売人　『守貞漫稿』6より……693
木曜会初期のメンバー（1934年ころ）　東京＝成城大学民俗学研究所提供……693
餅搗踊り　埼玉県川越市南大塚　川越市教育委員会提供……696
もっこ　三枝妙子『民具実測図の方法』1より……697
一条戻橋　京都市上京区　奈良＝斎藤純撮影……699
白い喪服　埼玉県鳩ヶ谷市　鳩ヶ谷市郷土資料館提供……702
山形県置賜地方の籾打棒　山形＝農村文化研究所附設置賜民俗資料館所蔵……702
股引　京都府舞鶴市……704
神奈川県のカジキ用の銛先（銛頭）……706
各種の門……708
門口に立てる門牌　静岡県清水市但沼町……710
膳を供えた門牌　山梨県西八代郡六郷町……710
野外博物館　大阪・日本民家集落博物館……712
焼印……713
焼米作りと焼米　岡山県真庭郡中和村……714
焼畑の火入れ　石川県小松市小原……715
屋号　埼玉県浦和市大字北原　宇田哲雄「家格と家例」（『日本民俗学』176）より……719
弥五郎どん　鹿児島県曽於郡大隅町・岩川八幡神社……720
桜田家屋敷配置図　福島県田村郡滝根町　『滝根町史』3より……721
屋敷神　青森県西津軽郡深浦町追良瀬　桜庭武則撮影　東京＝成城大学民俗学研究所提供……722
屋敷墓　岡山県　東京＝新谷尚紀撮影……723
東北の弥次郎兵衛……725
靖国神社　東京都千代田区……726
祭の屋台　埼玉県秩父市・秩父夜祭　秩父観光協会提供……728
飲食店の屋台　福岡市博多区中洲　福岡市経済振興

局提供 ……728
八咫烏を描いた壁画　福岡県浮羽郡吉井町・珍敷塚古墳〔史〕 ……728
奴踊り　静岡県島田市・帯祭　島田市役所提供 …730
八つ鹿踊り　愛媛県宇和島市 ……730
簗　農商務省水産局編『日本水産捕採誌』より ……732
柳田国男 ……733
各種の屋根型 ……735
屋根替え　岐阜県大野郡白川村 ……736
屋根神　名古屋市中村区 ……736
神狼図　静岡県周智郡春野町＝春埜山本坊提供 …739
山刀各種　朝岡康二『鍛冶の民間技術』より ……741
阿仁マタギの『山立根本巻』と『山立根元秘巻』……744
備中神楽の八岐大蛇　岡山県小田郡美星町 ……745
大和棟　奈良県天理市 ……746
山の神講　滋賀県栗太郡栗東町上砥山 ……747
山伏　神奈川県小田原市御幸ノ浜　神奈川＝西海賢二撮影 ……749
山伏神楽　清祓い ……750
賢慶坊塚　群馬県群馬郡群馬町井出 ……750
祇園祭の船鉾　京都市　京都市観光協会提供 ……751
唯念碑　静岡県裾野市佐野　裾野市教育委員会提供 ……755
竹富島のユークイ　沖縄県八重山郡竹富町　沖縄＝国吉真太郎撮影 ……757
家と庭木の雪囲い　新潟県柏崎市藤井 ……760
雪形　白馬岳の代かき馬　長野県北安曇郡白馬村　長野＝渡辺逸雄撮影 ……761
爺ヶ岳の種子播き爺さん　長野県大町市　同上撮影 ……761
山形県庄内地方の雪靴　山形＝致道博物館所蔵 ……761
新潟地方のコシキ　新潟県十日町市＝十日町市博物館所蔵 ……762
新野の雪祭　長野県下伊那郡阿南町新野　阿南町教育委員会提供 ……763
黒森神楽の湯立託宣　岩手県 ……764
湯立獅子舞　神奈川県足柄下郡箱根町仙石原・諏訪神社 ……765
温石　岩手県西磐井郡平泉町・柳之御所跡出土 ……765
弓神楽　広島県甲奴郡上下町 ……766
養蚕　稚蚕の世話 ……770
踏車実測図　奈良県大和高田市土庫　芳井敬郎「龍骨車・踏車研究」(『日本歴史民俗学論集』2)より ……773
養蜂の道具　円筒型のミツドウ　島根県鹿足郡柿木村 ……773
ウッポウ　島根県鹿足郡柿木村 ……773
ミツトリ道具　島根県鹿足郡柿木村 …773
箱筒積み重ね型のミツドウ　島根県那賀郡弥栄町 ……773
ハチトリテボ　長崎県対馬地方 ……773
義経伝説の伝承地　北海道日高郡平取町・義経神社　平取町役場提供 ……776
夜見世　東京都文京区・根津神社 ……781
嫁暖簾　富山県砺波市　礪波郷土資料館所蔵 ……786
喇叭　玩具の喇叭　広島＝日本民具博物館所蔵　東京＝竹内敏信撮影 ……793
豆腐屋の喇叭　同上所蔵　大阪＝青木信二撮影 ……793
法螺貝　同上所蔵　同上撮影 ……793
法螺貝のかわりに使われる木貝　秋田県角館市　同上所蔵　同上撮影 ……793
卵塔　竜派禅珠墓　埼玉県川口市芝・長徳寺 …795
ランプ　台ランプ ……795
置ランプ ……795
吊ランプ ……795
『俚俗と民譚』第1巻第1号　東京＝成城大学民俗学研究所所蔵 ……797
江戸時代から昭和初期まで使われていた竜骨車　滋賀大学経済学部附属史料館所蔵 ……801
鮭の千本供養塔　新潟県岩船郡山北町 ……802
両墓制　埋葬墓地　京都府京田辺市 ……804
石塔墓地　京都府京田辺市 ……804
隣家　トナリ　滋賀県伊香郡高月町東物部 ……805
艪の名所 ……815
六斎念仏　福井県遠敷郡上中町瓜生・長源院　福井＝永江秀雄撮影 ……819
六字名号塔　正平7年時宗系六字名号板碑　神奈川＝鎌倉国宝館所蔵 ……819
浄土真宗系六字名号板碑　埼玉県蓮田市馬込・辻谷共同墓地 ……819
六地蔵・六道ロウソク　京都府京田辺市 ……820
『炉辺叢書』　柳田国男『郷土誌論』　神奈川＝神奈川大学日本常民文化研究所所蔵 ……822
若者条目　村若者掟之事(天明2年)　静岡県御殿場市竈 ……826
ワサビ田の構造図 ……829
木曾三川合流地点上空から見た輪中　岐阜＝海津町歴史民俗資料館提供 ……830
日野の渡し　『江戸名所図会』3より ……832
罠　ククリワナ　諸岡青人「房総の「わな」」(日本民具学会編『山と民具』)より ……834
ワラウマヒキ　長野県小県郡真田町戸沢　長野＝酒井紘撮影 ……837

藁　　算 ……………………………………………………837
草鞋の名所とはき方　東京都青梅市 …………………837
各種の草鞋 …………………………………………………838
藁　　苞　藁苞　京都府綴喜郡 …………………………839
　　　　　皿入れ　岐阜県本巣郡本巣町 ………………839
　　　　　イズミ　滋賀県高島郡朽木村 ………………839
　　　　　巻き柿　大分県中津市 …………………………839
　　　　　卵苞　東京都青梅市 ……………………………839
　　　　　餅苞　岐阜県加茂郡八百津町 …………………839
藁鉄砲作り　埼玉県秩父郡荒川村 ………………………840
童　　唄　花いちもんめ …………………………………840
ワラホウデン　茨城県勝田市　東京＝福田アジオ撮影 ……………………………………………………841

別　刷　図　版　目　録

農良仕事

1　農耕図掛軸　福島県岩瀬郡岩瀬村＝岩瀬村教育委員会所蔵
2　耕作風景　岐阜県揖斐郡旧徳山村　1984年　岐阜市＝増山たづ子撮影
3　牛　　耕　新潟県佐渡郡相川町戸地　1975年　新潟県佐渡郡相川町＝柳平則子撮影
4　畑作風景　広島県因島市大浜　1981年　薗部澄撮影　東京都千代田区＝日本写真機光学機器検査協会(JCII)所蔵
5　畦　塗　り　山口県玖珂郡錦町　1996年　山口市＝湯川洋司撮影
6　あらおこし　高知県土佐清水市松尾　1971年
7　あらがき　高知県高岡郡東津野村　1965年ごろ
　以上高知市＝田辺寿男撮影
8　馬の代掻き　岩手県岩手郡葛巻町小屋瀬　1957年　菊池俊吉撮影　東京都練馬区＝菊池徳子提供
9　種子ふり(摘み田)　埼玉県上尾市　木部良樹撮影　埼玉県北本市＝内田賢作提供
10　田植え(植え田)　岐阜県大野郡白川村　白川村教育委員会提供
11　十条田植機による田植え　宮城県登米郡南方町　1998年　宮城県＝長埜正光撮影
12　車田植え風景　新潟県両津市北鵜島　1976年　新潟市＝佐藤和彦撮影
13　二期作の田植え　高知県南国市岡豊　1972年　高知市＝田辺寿男撮影
14　水車踏み　新潟県中蒲原郡横越町藤山　1962年　山口賢俊撮影　新潟県新発田市＝山口多美子提供
15　田の草取り　福島県耶麻郡猪苗代町　橋本武撮影　福島県郡山市＝橋本勝雄提供
16　八反車による中耕除草　埼玉県秩父郡長瀞町野上　1968年　埼玉県北本市＝内田賢作撮影
17　仕事の合い間に　山口県阿武郡福栄村押原　1950年代前半　山口市＝下瀬武雄撮影
18　手刈りの稲刈り　福島県郡山市湖南町　橋本武撮影　福島県郡山市＝橋本勝雄提供
19　手押しの稲刈り機による稲刈り　宮城県登米郡南方町　1998年　宮城県＝長埜正光撮影
20　稲　　架　新潟県西蒲原郡分水町　1960年　新潟県西蒲原郡巻町＝斎藤文夫撮影
21　脱　　穀　山口県萩市土原　1950年代前半　山口市＝下瀬武雄撮影
22　焼畑の火入れ　高知県吾川郡池川町椿山　1987年　高知市＝田辺寿男撮影
23　エンガを使って畑をうない起す　埼玉県秩父郡荒川村下日野　1974年　埼玉県北本市＝内田賢作撮影
24　麦　踏　み　神奈川県秦野市　1950年　菊池俊吉撮影　東京都練馬区＝菊池徳子提供
25　茶　摘　み　埼玉県入間市宮寺　1977年
26　コンニャク作り　埼玉県秩父郡両神村薄　1974年
　以上埼玉県北本市＝内田賢作撮影
27　刈り干し　宮崎県西臼杵郡高千穂町　1976年　宮崎市＝芥川仁撮影
28　肥　出　し　秋田県横手市　1960年　千葉禎介撮影　秋田県横手市＝千葉禎子提供
29　野良帰り　福島県南会津郡南郷村　1970年　薗部澄撮影　東京都千代田区＝日本写真機光学機器検査協会(JCII)所蔵

生と死

1　子　産　石　神奈川県三浦半島
2・3　産小屋と力綱　福井県敦賀半島
　以上東京都昭島市＝新谷尚紀撮影
4　イ　ジ　コ　岩手県胆沢郡衣川村　千葉県市川市＝萩原秀三郎撮影
5・6・7　相撲の餅　奈良市奈良阪
8　明神様の祭と賽銭　奈良市大柳生町
　以上神奈川県川崎市＝関沢まゆみ撮影
9　手判と桝形　和歌山県橋本市境原　東京都昭島市＝新谷尚紀撮影
10　米寿の手判　奈良市大柳生町　神奈川県川崎市＝関沢まゆみ撮影
11　トーカチ　沖縄県
12　カジマヤー　沖縄県
　以上東京都江東区＝比嘉政夫撮影
13　ジャランポン祭　埼玉県秩父市下久那・諏訪神社　秩父市教育委員会提供
14　枕　直　し　埼玉県秩父地方
15　飾り団子の作製　埼玉県秩父地方
16　入　　棺　埼玉県秩父地方
17　葬　　儀　埼玉県秩父地方
　以上埼玉県立歴史資料館提供

18 一俵香典 昭和40年ころ 福井県三方郡美浜町 福井県三方郡美浜町＝小林一夫提供
19 出棺前の読経 昭和15年ころ 香川県大川郡長尾町
20 出棺前の別れ 香川県大川郡長尾町
以上岡山市＝太郎良裕子提供
21・22 穴掘り 埼玉県新座市大和田
23 野辺送り 埼玉県新座市大和田
以上東京都昭島市＝新谷尚紀撮影
24 善の綱 宮城県刈田郡七ヶ宿町 神奈川県秦野市＝須藤功撮影
25 引っ張り餅 青森県西津軽郡岩崎村 岡山市＝佐藤米司撮影
26 墓地の枕飯 埼玉県新座市大和田 東京都昭島市＝新谷尚紀撮影
27 墓地の魔除け イヌッパジキ 埼玉県秩父地方 埼玉県立歴史資料館提供
28 新墓の石吊し 長野県上伊那郡長谷村 長野県立歴史館提供
29 墓上装置 福井県大飯郡高浜町高野
30 墓上装置 兵庫県城崎郡竹野町須谷
31 墓上装置 香川県三豊郡仁尾町北草木
32 墓上装置 栃木県今市市芹沼
33 墓上装置 香川県三豊郡詫間町志々島本浦
34 水掛け着物 埼玉県新座市片山
35 四十九日までの祭壇 高知県安芸郡馬路村
以上東京都昭島市＝新谷尚紀撮影
36 後生車 宮城県桃生郡鳴瀬町 茨城県つくば市＝真野俊和撮影
37 ウレツキトウバ 京都府北桑田郡京北町 東京都昭島市＝新谷尚紀撮影

盆

1 七夕飾り 兵庫県姫路市大塩 姫路市教育委員会提供
2 七夕の真菰馬 群馬県館林市郷谷地区 館林市教育委員会提供
3 迎え火 香川県小豆郡内海町
4 高燈籠 千葉県市川市北国分
5 迎え船の笹竹を海に流す 三重県鳥羽市神島
6 墓掃除 三重県鳥羽市神島
以上千葉県市川市＝萩原秀三郎撮影
7 数珠繰り 東京都八丈島末吉村 東京都昭島市＝新谷尚紀撮影
8 地蔵盆 京都市 千葉県市川市＝萩原秀三郎撮影
9 新仏の水棚 高知県安芸郡北川村 高知県立歴史民俗資料館提供
10 新仏の水棚造り 高知県土佐市甲原 東京都昭島市＝新谷尚紀撮影
11 新仏の火棚 高知県香美郡物部村 高知県立歴史民俗資料館提供
12 先祖・新仏・無縁仏の盆棚 奈良市水間町 神奈川県川崎市＝関沢まゆみ撮影
13 仏壇の前の盆棚 静岡県小笠郡大須賀町
14 盆棚 東京都東久留米市小山
以上東京都昭島市＝新谷尚紀撮影
15 縁側の無縁仏の供物 奈良市大柳生町
16 仏壇の供物 奈良市水間町
17・18 縁先の無縁棚 奈良市水間町
以上神奈川県川崎市＝関沢まゆみ撮影
19 毛馬内の盆踊り 秋田県鹿角市 鹿角市役所提供
20 鹿踊り 岩手県花巻市 花巻市役所提供
21 ジャンガラ念仏踊り 福島県たいら市 たいら市教育委員会提供
22 遠州大念仏 静岡県浜松市 浜松市博物館提供
23 阿波踊り 徳島市 徳島市役所提供
24 いさ踊り 愛媛県宇和島市 宇和島市教育委員会提供
25 チャンココ 長崎県福江市 福江市役所提供
26 精霊流し 長崎市 長崎市役所提供
27 精霊船 神奈川県横須賀市三戸 東京都昭島市＝新谷尚紀撮影
28 火踊り 兵庫県洲本市・盛光寺 盛光寺提供

民家

1 叉首組 (旧所在)岐阜県大野郡白川村・山下家住宅 神奈川県川崎市多摩区・日本民家園
2 合掌造 岐阜県大野郡白川村 白川村教育委員会提供
3 曲家 岩手県遠野市 遠野市立博物館提供
4 中門造 秋田市・小野家住宅
5 かぶと造 山形県東田川郡朝日村・旧渋谷家住宅
以上東京都町田市＝小林昌人撮影
6 二棟造 沖縄県竹富島 重要伝統的建造物群保存地区 竹富町教育委員会提供
7 囲炉裏 富山県東礪波郡上平村・岩瀬家住宅 薗部澄撮影 日本写真機光学機器検査協会(JCII)所蔵
8 連クド 奈良県生駒郡安堵町・中家住宅◎ 江戸時代中期 岩田恒雄撮影 奈良県生駒郡安堵町＝中寧提供

9　仏壇・神棚　埼玉県秩父郡大滝村・幸島家住宅　東京都町田市＝小林昌人撮影
10　竹簀子天井　(旧所在)神奈川県秦野市・北村家住宅◎　1687年(貞享4)　神奈川県川崎市多摩区・日本民家園
11　土座造　(旧所在)長野県下水内郡栄村・山田家住宅◎　江戸時代後期　大阪府豊中市・日本民家集落博物館
12　杉皮葺き屋根　京都府北桑田郡京北町
13　石置き屋根から平石ふきこみへの移行　長野県茅野市
14　屋根漆喰　愛媛県南宇和郡西海町
15　平葺き(外観)　京都府北桑田郡美山町
16　平葺き針刺し　東京都西多摩郡奥多摩町
17　針返し　富山県礪波郡平村
18　棟押さえ　茨城県新治郡八郷町
19　屋根刈り込み　秋田県由利郡矢島町
20　芝　棟　岩手県気仙郡住田町
　以上茨城県つくば市＝安藤邦廣撮影
21　外　観　入母屋造
22　玄　関
23　竈
24　囲炉裏の間
25　オクノマ・ナカノマ
　以上鳥取市・福田家◎　江戸時代前期　鳥取市教育委員会提供

民俗学史

1　柳田国男『後狩詞記』初版本　1909年
2　『後狩詞記』に掲載された『狩の巻』の写し
　以上東京都世田谷区＝成城大学民俗学研究所所蔵
　宮崎県東臼杵郡椎葉村＝永松敦撮影
3　椎葉遠景　宮崎県東臼杵郡椎葉村　宮崎県東臼杵郡椎葉村＝永松敦撮影
4　民俗学協会『民俗記録』 The Folk-lore Record　1880年
5　ゴム『歴史科学としての民俗学』 Folklore as an Historical Science　1908年
6　フレーザー『金枝篇』 The Golden Bough　1912年
7　セビオ『民俗学』 Le Folk-lore　1913年
　以上東京都世田谷区＝成城大学民俗学研究所所蔵
8　本居宣長
9　本居宣長『玉勝間』 自筆草稿本◎
　以上三重県松阪市＝本居宣長記念館所蔵
10　菅江真澄『真澄遊覧記』◎のうち「奥の手振り」　秋田市＝辻兵吉所蔵
11　菅江真澄　秋田県能代市＝杉本松太郎所蔵
12　『諸国風俗問状答』「出羽国秋田領答書」　東京都千代田区＝国立公文書館内閣文庫所蔵
13　鳥居龍蔵　徳島県鳴門市＝鳥居龍次郎提供
14　鳥居龍蔵「土俗会談話録」(『東京人類学会雑誌』第94号　1894年)　横浜市＝神奈川大学日本常民文化研究所所蔵
15　坪井正五郎　東京都台東区＝日本学士院提供
16　坪井正五郎「土俗調査より生ずる三利益」(『東京人類学会雑誌』第95号　1894年)
17・18　『風俗画報』第1号(1889年)の表紙と第113号(1896年)の挿絵
　以上横浜市＝神奈川大学日本常民文化研究所所蔵
19　『遠野物語』初版本第1号　1910年
20　『遠野物語』初稿本三部作
　以上岩手県＝遠野市立博物館所蔵
21　柳田国男　貴族院書記官長時代の肖像画(伊原宇三郎筆)　東京都千代田区＝参議院所蔵　竹田敏撮影
22　遠野遠景　岩手県遠野市　遠野市＝浦田穂一撮影
23・24　神奈川県津久井郡内郷村調査の際のスケッチと(増原)村落図(今和次郎筆)　1918年　東京都新宿区＝工学院大学所蔵
25　柳田国男『郷土会記録』　1922年
26　『民間伝承』第1号　1935年
　以上東京都世田谷区＝成城大学民俗学研究所所蔵
27　柳田国男「蝸牛考」(『人類学雑誌』第474号　1927年)論文と周圏論地図　横浜市＝神奈川大学日本常民文化研究所所蔵
28・29　第1回日本民俗学講習会の講演時間割と柳田国男の講演　1935年　東京都調布市＝藤田三男編集事務所提供
30　山村調査の『採集手帖』(茨城県、大間知篤三記載　1934年)
31　『郷土誌むつ』第1輯　1931年
32　『郷土誌うとう』第1号　1933年
33　『高志路』第1巻第1号　1935年
34　『因伯民談』第1巻第1号　1936年
35　『近畿民俗』第1巻第1号　1936年
　以上東京都世田谷区＝成城大学民俗学研究所所蔵
36　折口信夫　東京都渋谷区＝日本近代文学館提供
37　粉河祭の髯籠　和歌山県那賀郡粉河町　東京都練馬区＝福田アジオ提供
38　折口信夫「髯籠の話」(『郷土研究』第3巻第2号　1915年)　東京都世田谷区＝成城大学民俗学研究所所蔵
39　渋沢敬三

40・41 アチック＝ミューゼアム(1925年)と『アチック＝マンスリー』第1号(1935年) 横浜市＝神奈川大学日本常民文化研究所所蔵
42 九学会の対馬での調査(1950-51年)で海士の調査をする渋沢敬三 東京都品川区＝牧田茂撮影
43 『離島採集手帳』(佐賀県、郷田洋文記載 1952年) 東京都世田谷区＝成城大学民俗学研究所所蔵
44 山口県大島郡大島町屋代で開拓の調査(1980年)をする宮本常一 大津市＝須藤護撮影
45 民俗学研究所 1954年
46 女性民俗研究会 1947年ころ
以上東京都世田谷区＝成城大学民俗学研究所提供
47 民俗学研究所編『民俗学辞典』初版本 1951年 東京都千代田区＝東京堂出版所蔵
48 平山敏治郎「史料としての伝承」(『民間伝承』第15巻第3号 1951年)
49 牧田茂「民俗の時代性と現代性」(『民間伝承』第15巻第6号 1951年)
50 堀一郎「民間伝承の概念と民俗学の性格」(『民間伝承』第15巻第9号 1951年)
以上横浜市＝神奈川大学日本常民文化研究所所蔵
51 民俗資料緊急調査票の原本(青森県) 1962年
52 民俗資料緊急調査票の原本(群馬県) 1963年
以上東京都千代田区＝文化庁所蔵
53 1950年代から90年代までに刊行された民俗学の講座類
54 日本民俗学会第48回年会 島根県浜田市 1996年 島根県大田市＝白石昭臣撮影 島根＝山陰中央新報社提供
55 大学教育における民俗学の授業 東京都・成城大学文芸学部文化史学科の1997年度履修要項
56 公開講座での民具作図実習 横浜市・神奈川大学第1回常民文化講座 1997年 神奈川大学日本常民文化研究所提供
57 博物館の民俗展示 千葉県佐倉市・国立歴史民俗博物館
58 日本民俗学会の50周年記念シンポジウム 1999年 東京都墨田区・曳舟文化センター 東京都文京区＝和歌森民男撮影

村　境

1 勧請吊と神楽太夫 滋賀県八日市市妙法寺 東京都練馬区＝福田アジオ撮影
2 村境のシーサー 沖縄県島尻郡伊平屋村字田名 沖縄県島尻郡伊平屋村＝新垣正順撮影
3 環濠集落の入口 奈良県大和郡山市稗田 大和郡山市教育委員会提供
4 村境の門 上狛郷絵図(正徳5年4月)部分 京都府相楽郡山城町＝柳沢保所蔵 山城町教育委員会提供
5 現在の井ノ坂口 京都府相楽郡山城町上狛 京都府＝横出洋二撮影 京都府立山城郷土資料館提供
6 菅浦の西門 滋賀県伊香郡西浅井町菅浦 西浅井町役場提供
7 村境の百万遍の念仏 青森県上北郡六ヶ所村平沼 青森県＝高橋総司撮影 六ヶ所村立郷土館提供
8 双体道祖神 群馬県吾妻郡中之条町馬滑 群馬県吾妻郡中之条町＝奈良秀重撮影
9 単体丸彫道祖神 静岡県田方郡韮山町多田 韮山町教育委員会提供
10 常夜燈 滋賀県野洲郡野洲町北桜 東京都練馬区＝福田アジオ撮影
11 村境の六地蔵 京都府宮津市字山中 京都府宮津市＝井之本泰撮影 京都府立丹後郷土資料館提供
12 カシマサマ 秋田県平鹿郡大森町末野 福島県郡山市＝佐治靖撮影
13 疫病人形送り 岩手県和賀郡湯田町白木野 神奈川県川崎市＝神野善治撮影
14 ショウキサマ 新潟県東蒲原郡津川町大牧
15 ショウキサマ 新潟県東蒲原郡鹿瀬町夏渡戸
以上東京都練馬区＝福田アジオ撮影
16 ツジギリの大蛇 千葉県市川市国府台
17 シメツリのタコ 千葉県袖ヶ浦市神納上新田 千葉県立房総のむら提供
18 道切りの大草鞋 横浜市戸塚区南谷戸
19 オオニンギョウ 茨城県石岡市井関字代田
以上神奈川県川崎市＝神野善治撮影
20～24 フセギの藁蛇 東京都清瀬市下宿
25 勧請吊 滋賀県八日市市広間
26～28 勧請吊と勧請板 福井県大飯郡大飯町大島
29 ツジギリ 静岡県沼津市西三分市
30 八丁注連 群馬県勢多郡北橘村
31 ミチハリ 新潟県両津市北小浦
以上東京都練馬区＝福田アジオ撮影

山　の　神

1 子持ちの山の神 熊本県球磨郡水上村 千葉県市川

市＝萩原秀三郎撮影
2　山の神像　山形県最上郡真室川町　山形県最上郡真室川町＝結城英雄撮影
3　マタギのケボカイ　秋田県北秋田郡阿仁町　秋田県北秋田郡阿仁町＝松崎時幸提供
4　山の神に捧げる　宮崎県東臼杵郡椎葉村　山口市＝湯川洋司撮影
5　オコゼ奉納絵馬　山形県東田川郡立川町　山形県東田川郡立川町＝金内寅雄所蔵　立川町教育委員会提供
6　サンスケ　青森県南津軽郡大鰐町　青森県弘前市＝成田敏提供
7　ネッパリ木　岩手県遠野市　遠野市立博物館提供
8　ナギカエシの札　石川県白山麓　石川県加賀市＝伊藤常次郎所蔵　加賀市教育委員会提供
9　ヌサカケ　新潟県岩船郡山北町　新潟市＝金田文男撮影
10　鉱山の山の神　熊本県荒尾市府本　熊本市＝牛島盛光撮影
11　木地屋の山の神像　福島県南会津郡舘岩村　福島県郡山市＝佐治靖撮影
12　カギヒキ　滋賀県甲賀郡水口町　滋賀県近江八幡市＝米田実撮影
13　オンタイ・メンタイ　滋賀県八日市市妙法寺　東京都練馬区＝福田アジオ撮影
14・15　若木伐りと山の神迎え　熊本県芦北郡芦北町宮崎　熊本市＝牛島盛光撮影
16・17　山の神の勧進　山形県最上郡金山町　金山町教育委員会提供
18　山の神祭 託宣　山形県米沢市笹野　山形県＝小貫幸太郎撮影
19・20　天 狗 祭　埼玉県秩父郡荒川村　荒川村教育委員会提供
21　山の神とんど　三重県鈴鹿市土師町　千葉県市川市＝萩原秀三郎撮影
22　御供えの八つ棚　熊本県球磨郡球磨村　球磨村教育委員会提供
23　銀鏡神楽のシシトギリ　宮崎県西都市　宮崎県東臼杵郡椎葉村＝永松敦撮影
24・25　蓋井島の山の神神事　四の山の神籬と山の神送り　山口県下関市蓋井島　山口市＝湯川洋司撮影
26　神代神楽の山の神面　岩手県二戸市＝呑香稲荷神社所蔵
27　藁蛇の山の神　山口県玖珂郡本郷村　山口市＝湯川洋司撮影
28　斧・鋸をもつ山の神　岩手県立博物館所蔵
29　鳥の羽をもつ山の神　大分県直入郡直入町　直入町教育委員会提供
30　猪にのる山の神　熊本県荒尾市樺　熊本市＝牛島盛光撮影

さまざまな山の神　山の神の姿は各地においてさまざまに具象化され、祭祀の対象とされてきた。それらはまつり手の生業や願いを端的に反映している場合が多く、自由なその表現は山の神が持つイメージの豊かさをそのまま伝えている。

28　斧・鋸をもつ山の神
岩手県立博物館所蔵

27　藁蛇の山の神　山口県玖珂郡本郷村

26　神代神楽の山の神面
岩手県二戸市・呑香稲荷

29　鳥の羽をもつ山の神　大分県直入郡直入町

30　猪にのる山の神　熊本県荒尾市樺

（湯川　洋司）

山の神の祭　山の神の祭は、山の神に与えられてきた多様なイメージを反映して、さまざまに行われてきた。春と秋の二度の祭をする所もあれば、正月・五月・九月の十七日など定期的にまつる場合も見られ、全国的に統一された祭日はない。またその内容も各地各様に展開し、子供たちが主役になる祭、豊猟への祈りや感謝を示す祭、焼畑をはじめ農作と結びつく祭、森の祭、神楽として演じられる祭など、さまざまな形を示している。

23　**銀鏡神楽のシシトギリ**　宮崎県西都市

22　**御供えの八つ棚**　熊本県球磨郡球磨村

24・25　**蓋井島の山の神神事**　四の山の神籬と山の神送り
山口県下関市蓋井島

19・20　天狗祭　埼玉県秩父郡荒川村

21　山の神のとんど　三重県鈴鹿市土師町

16・17　山の神の勧進　山形県最上郡金山町

18　山の神祭　託宣　山形県米沢市笹野

里へ下る山の神　山を本拠とするはずの山の神が、特定の時期や祭に際して里へ下ったり、招かれたりすることがある。南九州における正月の若木伐りに伴う山の神迎えや、山形県最上郡金山町の山の神の勧進などは、そうした内容を持つ儀礼や祭である。水田稲作を主生業とした農民の間には、春の農作開始時期になると里近くの小高い山にたたずむ山の神が里へ下って田の神となり、農作の推移を見守り、秋に再び山へ戻るとする春秋去来伝承が保持されている場合がある。山形県米沢市笹野の山の神祭は、ウマと呼ぶ人に山の神が憑いてその年の作柄などについて託宣をする。

12　カギヒキ　滋賀県甲賀郡水口町

13　オンタイ・メンタイ　滋賀県八日市市妙法寺

14・15　若木伐りと山の神迎え　熊本県芦北郡芦北町

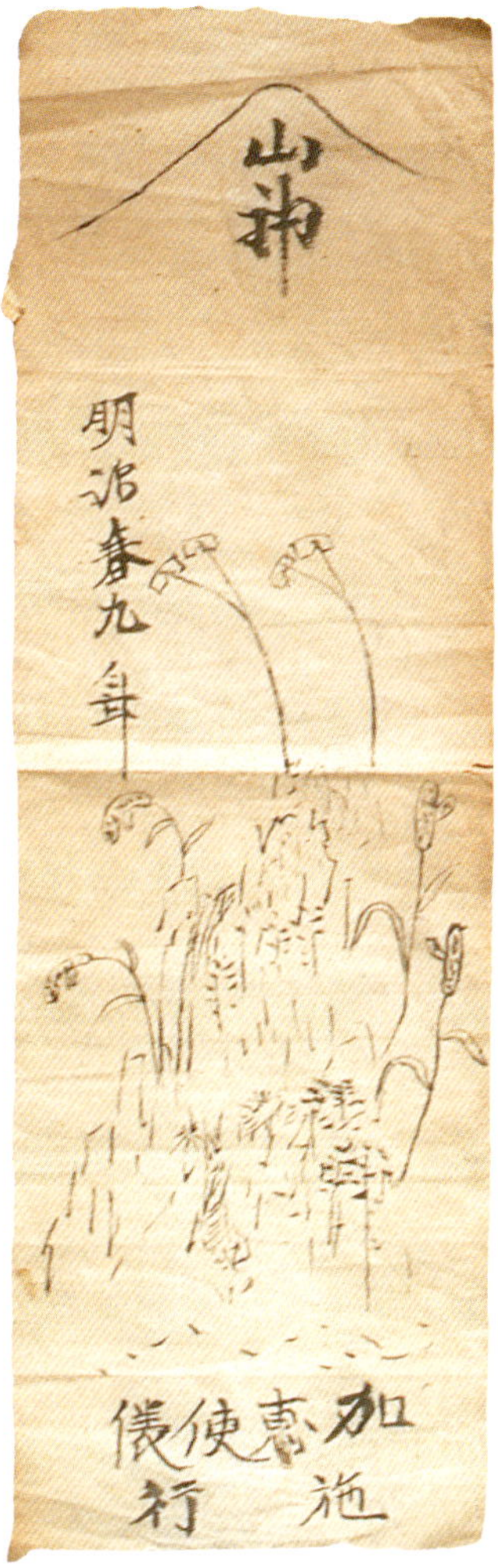

8　ナギカエシの札
石川県白山麓

7　ネッパリ木
岩手県遠野市

9　ヌサカケ　新潟県岩船郡山北町

10　鉱山の山の神
熊本県荒尾市府本

11　木地屋の山の神像
福島県南会津郡舘岩村

山でまつられる山の神　山に生きる人々は、山の神を獣や樹木の主として崇め、入山時には山の神に対し何らかの儀礼を行う場合が少なくない。また猟師は、熊や猪などの大型獣を捕獲したときにはその魂を慰め、山の神に心臓などの内臓の一部を奉げて猟果を感謝する。杣は大木の伐採に際しては山の神の神意を占い許しを得なければ伐採はせず、また伐採後にトブサタテの儀礼を行なった。鉱山や炭鉱などで働く人々や木地屋なども、それぞれに独特な山の神信仰を形成し伝承してきた。

3　マタギのケボカイ　秋田県北秋田郡阿仁町

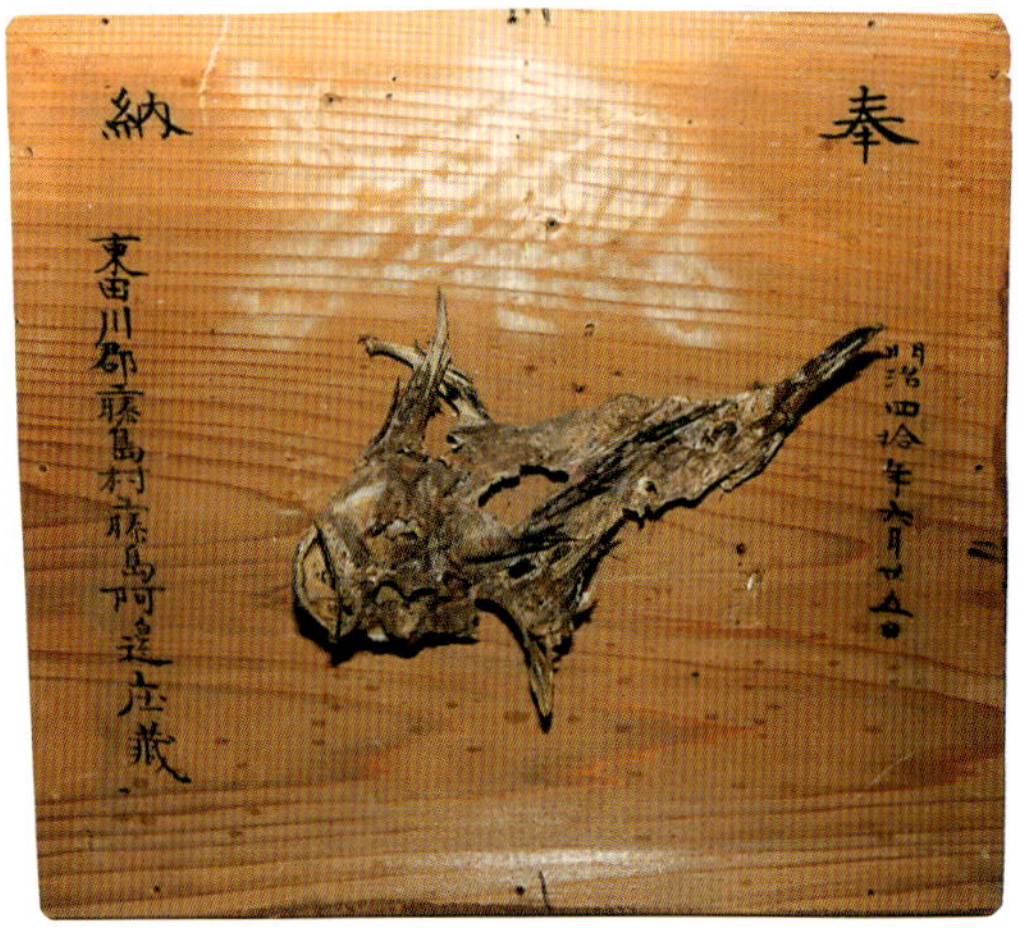

5　**オコゼ奉納絵馬**　山形県東田川郡立川町

4　**山の神に捧げる**　宮崎県東臼杵郡椎葉村

6　サンスケ　青森県南津軽郡大鰐町

山の神

山の神は広く各地で信仰されている一般的な神である。その名称からして山に棲むとみられた神霊をいうのが原義であろうが、実際には山で働く人々のほか、農民や漁民の間にも信じられ、その信仰は多様性を帯びながらほぼ全国に行き渡っている。神道では大山祇神、木花開耶姫などを当てるが、十二様、オサトサマ、サガミサマなどその呼称はさまざまあり、その性格もまた女性神・男性神・夫婦神とするほか、産神としたり、天狗や河童・山姥などと同一視する場合もあり、多様である。山で働く人々は山の神に対して通常強い畏怖の念を抱いているが、その信仰は山の神像を崇めるというより、山中において山の神の存在を常に意識しその意に反しないように行動を慎むところに重点が置かれてきた。山言葉もそうした観念の所産である。これに対し、農民は山の神に呪的な殖産力を見出し、農作の安全と豊穣を祈る態度が著しく、漁民もまた山の神に豊漁を期待する。

1　子持ちの山の神　熊本県球磨郡水上村

2　山の神像　山形県最上郡真室川町

29　ツジギリ　静岡県沼津市大平西三分市

30　八丁注連　群馬県北橘村

31　ミチハリ　新潟県両津市北小浦

（福田　アジオ）

25　勧請吊　滋賀県八日市市広間

26　勧請吊と勧請板
福井県大飯町大島

28　勧請板(裏)

27　勧請板(表)